SAMHWA

MODELL

DEUTSCH-KOREANISCHES WÖRTERBUCH

모델
三和 獨韓辭典

韓國獨語獨文學會 編

㈱ 三和出版社

머 리 말

이 "모델 독한사전"은 우리 나라에서 이미 나온 어느 독한 사전과도 다르다. 그 한 가지 예로서 우선 어휘 수를 들 수 있다. 총 어휘 수는 복합어를 포함해서 50만이 넘는다. 그리고 각 표제어 아래에는 용도에 따라 필요한 예문들이 등재되어 있다. 용례가 딸린 사전이 외국어 학습에 긴요함은 말할 필요가 없을 것이다. 우리는 이 표제어 대부분을 전 6권으로 되어 있는 "두덴"의 "독일어 대사전"(Duden: *Das große Wörterbuch der deutschen Sprache*)에서 수용하였을 뿐 아니라, 마찬가지로 전 6권으로 된 "브로크하우스-바리히"의 "독일어 사전"(Brockhaus-Wahrig: *Deutsches Wörterbuch*) 및 "두덴"의 "독일어 보편 사전"(Duden: *Deutsches Universalwörterbuch A−Z*)에 등장하는 고유명사 및 신조어들(예컨대 "Aids" 등)도 추가하였다. 이 사전의 특징에 대해 한 마디만 더 덧붙이자면 발음 표기의 혁신을 특기할 수 있다. 이 독한 사전은 "두덴"의 표준 발음을 따르고 있기 때문이다. 이는 실제적인 독일어의 발음 현실에 따랐음을 의미한다. 앞으로는 한국의 모든 독한 사전들이 이 발음 체계를 따를 것이며 결국 독일어 발음 교육 역시 이에 준해서 이루어지리라고 믿는다. 따라서, 이 사전은 여러 측면에서 타의 추종을 불허한다고 감히 말할 수 있다.

이러한 독한 사전 사업의 기획이 이루어진 시기는 지난 1982년으로 거슬러 올라간다. 10년이 넘는 기간 동안 많은 어려움을 겪은 끝에 이제 이 사업이 빛을 보게 된 것이다. 처음 이 사업을 구상하고 기획할 당시의 한국독어독문학회장(이상일 교수)과 그 동안 온갖 노력을 기울여 왔던 역대 간행 위원장(학회장)을 비롯해서 처음부터 끝까지 이 사업을 이끌어 온 대표 편찬위원(허창운 교수)과 재무위원(이원양 교수) 및 편찬위원들(송동준, 배정석, 황윤석, 이인웅, 고영석, 조전, 안삼환 교수), 그리고 힘겨운 집필 작업에 희생적으로 참여한 모든 집필 교수 여러분들은 이제 무한한 보람과 감회를 느낄 만하다. 남에게 의존하지 않고 우리의 실력으로 비로소 제대로 된 독한 사전을 한 권 만들어 냈기 때문이다.

물론, 이 사업의 성공에는 재정적 뒷받침도 뒤따라야 했다. 우선 출발 단계에서 독한 사전 편찬 사업을 한국독어독문학회의 공동 연구 과제로 인정해 준 교육부(당시 문교부)에 감사의 뜻을 표하고 싶다. 또한, 이 사업이 본 궤도에 오르는 데에는 모든 집필자 여러분의 희생 정신과 학회 회원 여러분의 아낌없는 성원이 필수적이었다. 특히, 당시 젊었던 한국독어독문학회의 소장파 집필 교수들의 열성을 잊을 수 없다. 그 중에는 부득이한 개인 사정으로 중도에서 집필을 그만 둔 분들(송윤엽, 차봉희, 김광규, 이난희, 한기상 교수 등)도 있고, 또 오늘의 이 결실을 보지 못한 채 아깝게 타계한 분(고 김재민 교수)도 있다.

아무튼, 우리는 처음부터 이 사업을 공동의 연구 과제로 알고 소명 의식에 입각한 책임 집필을 원칙으로 삼아 왔다. 따라서, 마지막까지 이 사업을 지켜 온 집필 교수들의 명단과 그들의 집필 부분을 이 자리에 밝혀 두는 바이다(집필 분담표 참조).

한동안 이 사업은 재정적 어려움으로 인해 교착 상태에 빠진 적도 있었다. 그 때 독일

측의 지원이 없었더라면 이 사업은 끝내 중단되었을지도 모른다. 일찍이 한국독어독문학회의 "한독 사전"(1982) 사업을 지원하여 한독 협력의 표본이 되기도 한 독일의 국민차재단(Stiftung Volkswagenwerk)에서 다행히도 재정적 지원을 해 주었기 때문에, 정체되었던 이 사업은 집필진도 증원되는 등 다시 활기를 되찾아 집중적으로 원고 집필을 진척시켜 나갈 수 있었다. 그러나 예기치 않게 우리는 중도에서 출판사를 교체해야만 하는 어려움을 겪게 되었고, 이에 따라 "독한 대사전"을 펴내려던 당초의 계획은 수정되어 유감스럽게도 중사전이라는 한정된 지면에 맞도록 원고를 축약해야만 했다. 이러한 험로를 거쳐서 오늘의 영광에 이른 우리는 이제 삼화 출판사와 더불어 각고의 결실을 가져오게 한 모든 참여자들의 이름으로 "모델 독한사전"의 탄생을 진심으로 축하하고 싶다.

한국독어독문학회는 학계의 학문적 성숙을 입증해 준 이 사전의 간행을 모든 회원과 함께 기뻐하면서 앞으로 이 사전이 한독 협력 사업에 모범적인 이정표가 되어 눈에 보이지 않는 기여를 하리라고 믿어 의심치 않는다. 그러기에 이 사업의 결실에 이바지한 교육부와 독일의 국민차재단, 그리고 10여년이 넘도록 사명감으로 이 사업에 진력한 대표 편찬위원과 재무위원을 비롯한 편찬위원들 및 집필 교수들에게 학회는 다시 한번 감사의 뜻을 전하고자 한다. 물론, 미흡한 점들도 없지 않아 있을 것이다. 이런 문제들은 앞으로 끊임없는 수정 작업을 통해서 개선해 나갈 것임을 이 사전의 이용자들에게 약속드리면서, 아울러 가차없는 질정(叱正)을 부탁드리는 바이다.

1995년 12월

한국독어독문학회

VORWORT

Das Modell „Deutsch-Koreanisches Wörterbuch" unterscheidet sich in vieler Hinsicht von den bereits vorhandenen. Es enthält einschließlich der Komposita rund 500 000 Eintragungen. Es ist ein Bedeutungswörterbuch mit ausführlichen semantischen Angaben und zahlreichen Anwendungsbeispielen. Wir hoffen deswegen, deß es mit seinen vielen Anwendungsbeispielen besonders für fremdsprachige Benutzer eine informative Hilfe ist.

Die Auswahl des Wortschatzes zu diesem Wörterbuch beruht in der Hauptsache auf dem sechsbändigen Duden „Das große Wörterbuch der deutschen Sprache". Zusätzlich wurden Eigennamen und neue Wörter wie z. B. „Aids" aus dem sechsbändigen „Brockhaus-Wahrig, Deutsches Wörterbuch" und dem Duden „Deutsches Universalwörterbuch" übernommen.

Ein anderer hervorzuhebender Unterschied dieses Wörterbuchs zu den bereits vorliegenden besteht darin, daß es die deutsche Standardaussprache des Duden-Aussprachewörterbuchs übernommen hat. In Zukunft werden auch andere Wörterbücher unserem Beispiel folgen. Aus diesen kurz erwähnten Gründen u. a. ist das Modell „Deutsch-Koreanisches Wörterbuch" ein beispielgebendes Wörterbuch mit vielen Vorzügen.

Die Planung zu diesem Wörterbuchprojekt und die ersten Arbeiten haben schon im Jahr 1982 begonnen. Nach zehnjähriger schwieriger und mühevoller Arbeit erblickt dieses Wörterbuch nun endlich das Licht der Welt. Alle, die das Projekt ins Leben gerufen und sich für dessen Gelingen eingesetzt haben, können jetzt aufatmen und sich freuen. Der derzeitige Präsident der Koreanischen Gesellschaft für Germanistik (KGG) Prof. Dr. RHIE Sang-Il initiierte das Projekt und seine Nachfolger im Amt leiten es. Besonders anerkennenswert ist, daß der Chef-Redakteur Prof. Dr. HUR Tschang-Un und das für Finanzen zuständige Vorstandsmitglied der Wörterbuchkommission Prof. Dr. RHIE Won-Yang über ein Jahrzehnt lang in der Leitung des Projekts für die Kontinuität der Arbeit gesorgt haben. Die verantwortlichen Mitglieder der Redaktionskommission Prof. Dr. SONG Dong-Zun, Prof. Dr. BAE Tscheong-Seok, Prof. Dr. HOANG Youn-Sheok, Prof. Dr. LEE Inn-Ung, Prof. Dr. KOH Young-Suk, Prof. Dr. CHO Kyun und Prof. Dr. AHN Sam-Huan waren ebenfalls von Anfang an maßgeblich in leitender Stellung an diesem Projekt beteiligt. Aber ohne die intensive Mitarbeit der unten in der Liste genannten Kollegen wäre die

Vollendung dieses Wörterbuchs nicht möglich gewesen. Das aufopferungsvolle Engagement der damals noch jüngeren Germanisten und die moralische Unterstützung durch die Mitglieder der KGG trugen maßgeblich zu dessen Fertigstellung bei. Im Laufe der Zeit mußten aber einige Kollegen bedauerlicherweise aus privaten Gründen ausscheiden. Prof. Dr. KIM Jae-Min ist zu unserem großen Bedauern während seiner Mitarbeit verstorben.

Alle Mitarbeiter dieses Wörterbuchs haben unsere Arbeit als einen gemeinsamen Forschungsauftrag angesehen, wobei jeder für den jeweils von ihm erarbeiteten Teil Verantwortung übernimmt. Aus diesem Grunde bringen wir unten die Liste der beteiligten Kollegen und der von ihnen erstellten Teile (siehe Tabelle der Mitarbeiter).

Ohne finanzielle Unterstützung des Koreanischen Erziehungsministeriums wäre dieses Projekt gar nicht zustande gekommen. Aber nach einigen Jahren geriet die Wörterbucharbeit wegen finanzieller Schwierigkeiten ins Stocken. In dieser Krise sprang die Stiftung Volkswagenwerk der Bundesrepublik Deutschland, die schon einmal das Essence „Koreanisch-Deutsches Wörterbuch"(1982) der KGG unterstützt hatte, ein und half uns aus der schwierigen Lage heraus. Dank der großzügigen finanziellen Hilfe der Stiftung Volkswagenwerk konnte die Arbeit fortgesetzt werden und zum Abschluß gelangen. An dieser Stelle sei dafür dem Koreanischen Erziehungsministerium und der Stiftung Volkswagenwerk aufrichtiger Dank ausgesprochen. Wir freuen uns über die erfolgreiche koreanisch-deutsche Zusammenarbeit auf kulturellem Gebiet.

Kleinere Versehen und Mängel sind sicher nicht auszuschließen. Sie werden verbessert werden. Auch werden Lücken geschlossen und notwendige Ergänzungen vorgenommen werden. Deshalb werden der Verlag Samhwa und der Herausgeber allen denen Dank wissen, die ihnen Beobachtungen, Anregungen oder Kritiken bei der Benutzung des Modell „Deutsch-Koreanisches Wörterbuch" mitteilen.

Seoul, im Dezember 1995   Koreanische Gesellschaft für Germanistik

집필 분담표

시작 표제어	마침 표제어	성 명	소 속
a	Anaerobier	송 동 준	서 울 대
Anagramm	approximativ	윤 도 중	숭 실 대
Après-Ski	ausmugeln	김 홍 진	숭 실 대
ausmünden	Befeuerung	박 용 삼	숭 실 대
Beffchen	Blutgruppenbestimmung	이 광 숙	서 울 대
Blutgruppenunters.	Civet	김 희 자	순 천 향 대
Claim	Doppelstockschub	이 원 양	한 양 대
Doppelstopper	eigenwillig	오 청 자	충 북 대
Eigenwilligkeit	er	김 승 옥	고 려 대
erachten	Explosion	윤 용 호	고 려 대
explosionsartig	Foße	김 성 대	단 국 대
fossil	F-Zug	전 영 운	중 앙 대
g, G	Ghostwriter	고 위 공	홍 익 대
G.I.	Großzügigkeit	안 문 영	충 남 대
Größe	Halblinke	공동 작업	
[1]halblinks	Handloch	고 김 재 민	숙 명 여 대
Handlonge	Heratimuster	장 영 태	홍 익 대
herauf	hintenvor	장 진 길	홍 익 대
hintenan	Integrität	임 종 대	서 울 대
Integument	Kalziumverbindung	이 문 희	전 북 대
kam	Klippschüler	이 인 웅	한 국 외 대
Klippe	Kräuter	김 충 남	한 국 외 대
Kräuteraufguß	Leibchen	김 원 식	한 국 외 대
Leibes-; ~beschaffenh.	liegen	공동 작업	
liegenbleiben	Lusche	최 민 숙	이 화 여 대
[2]Lusche	Markt	김 미 란	숙 명 여 대
markt-, Markt-;	Nachgiebigkeit	황 종 인	한 국 외 대
nachgießen	Nystagmus	김 경 욱	한 국 외 대
o, O	[2]Plan	황 윤 석	서 울 대
[1]plan-, Plan-;	Puritanismus	임 한 순	서 울 대
Purpur	Romanismus	조 견	성 균 관 대
Romanist	Schande	권 길 중	성 균 관 대
Schandeck	Schwängerung	배 정 석	성 신 여 대
Schwanjungfrau	Singularform	조 두 환	건 국 대
Singularetantum	sozusagen	허 창 운	서 울 대
Spachtel	Subkontinent	안 삼 환	서 울 대
subkrustal	[1]Tau-; Tauwurm	전 영 애	경 원 대
[2]Tau-; Tauende	Todeszone	신 우 균	교 원 대
tödlich	unrealistisch	고 영 석	연 세 대
unrecht	Verpflegungssatz	임 호 일	동 국 대
verpflichten	weiterhelfen	김 수 용	연 세 대
weiterkämpfen	Zephyr	구 정 철	서 울 여 대
Zeppelin	z. Z.	허 창 운	서 울 대

일러두기

Ⅰ. 어　　휘

a) 이 사전은 총 50여만 단어를 수록하고 있고 현재 사용되고 있는 독일어 어휘는 빠짐없이 수록하려고 했다. 그러나 그때 그때 상황에 따라 일시적으로 형성되었지만 독일어의 고정 성분이라고 할 수는 없는 어휘와 방언은 원칙적으로 제외했다.
b) 고어, 전문어, 특수어 등은 그 사용 빈도에 따라 제한적으로만 받아들였다.
c) 약어나 단축어의 경우는 그것들이 단어처럼 사용되는 경우에만 받아들였다.
　　예컨대: Akkumulator 대신에 Akku, Lastkraftwagen 대신에 Lkw.
d) 국명과 중요한 지명을 제외한 고유명사, 상표, 인공어는 종속(種屬)명사로서나 보통명사로 사용될 때에만 받아들였다.
　　예컨대: Casanova, Perlon ⓦ₂, Bikini.

Ⅱ. 표제어의 배열과 처리

a) 표제어는 알파벳 순으로 배열하되, 어원이 다른 표제어는 언제나 새로운 행으로 시작하며 어원이 같은 표제어들은 행을 바꾸지 않고 연달아 배열한다.
b) 표제어에 대한 설명은 다음과 같은 순서에 따라 구성한다.
　　표제어—[발음]—명사의 성, 단수 2격 및 복수 1격 어미—〈품사, 복수 사용 여부, 완료조동사 등 문법 사항〉—[어원]—《문체적 평가 및 용법, 사용 지역 및 시대 구별》—【전문어·특수어】—역어—용례와 숙어적 표현.
c) 하나의 표제어 전체에 해당되는 것이 아니라 특정 의미에만 해당되는 사항은 해당 역어 앞에 놓인다.
　　예컨대: **Ansprache**, die; -n 1. (간단한) 인사말 …. 2.〖군·사냥〗(특징을 지적하는) 서술, 설명 …. 3. a)《아어·드물게》호칭, 칭호 ….

1. 표제어

a) 표제어는 고딕체로 한다. 별형이 있으면 고딕체로 병기하되, 이 별형이 알파벳 순서에 맞지 않을 때에는 명조체로 병기하고, 알파벳 순서상의 해당 위치에 고딕 표제어로 내세운다. 그 역어는 참조 표시(↑)로 처리한다.
　　예컨대: **Dinghi**,《보다 자주》**Dingi**.
　　　　　　Abenteurerin,《또한》Abenteuerin.
　　　　　　Abenteuerin: ↑Abenteurerin.
b) 동음이의어(Homonyme)나 동형이음어(Homographe)는 표제어 앞 위에 숫자를 붙여 구별한다.
　　예컨대: ¹**Ball** — ²**Ball**
　　　　　　¹**modern** — ²**modern**
c) 오늘날의 정서법에 맞지 않는 별형은 주 형태의 표제어와 병기하지 않고, 단순히 참조 지시의 형태로 따로 내세운다.
　　예컨대: **Canoe**: ↑Kanu

d) (1) 같은 규정어를 갖는 복합어들은 그 규정어 밑에 한꺼번에 배열한다.

예컨대: **alt-, Alt-**: ~**adlig.** ~**ammann** (= altadlig. Altammann).

따라서 Beiz라는 규정어를 갖는 복합어 Beiztrommel은 beizählen이나 beizen보다 앞서서 배열된다.

(2) 이음표를 갖는 복합명사는 그 기간어(基幹語)를 대문자로 씀으로써 표시한다.

예컨대: **Abc-**: ~**Buch**, das (= Abc-Buch)

(3) 규정어 자체가 복합어일 때에는 그 복합어가 독자적인 규정어가 되어 다성분 복합어들을 거느리게 되고 참조 표시에 따라 새로운 행으로 시작되는 새 표제어 항목에 배열한다.

예컨대: **Eisen-**: ~**bahn**, die ↑Eisenbahn u. Eisenbahn-.

e) 용례에서는 표제어의 첫자로만 표시하며, 명사와 형용사의 격변화형은 그 변화어미로만 표시한다. 단 동사의 인칭변화형은 단축하지 않는다.

예컨대: **bohren**: ein Loch in die Wand b.

borkig: -es Holz.

bohren: der Zahnarzt bohrt.

2. 발 음

발음 기호는 "국제 음성 협회"(International Phonetic Association)의 발음 표기법에 따른다.

a	**h**a**t**	hat	iː	v**ie**l	fiːl	œ̃	**Parfum**	parˈfœ̃ː
aː	**B**a**hn**	baːn	i	**St**u**die**	ˈʃtuːdiə	ɔy	**H**eu	hɔy
ɐ	**Ob**er	ˈoːbɐ	ɪ	**B**ir**ke**	ˈbɪrkə	p	**P**a**kt**	pakt
ɐ̯	**Uhr**	uːɐ̯	j	**j**a	jaː	pf	**Pfahl**	pfaːl
ã	**pens**ee	pãˈseː	k	**k**al**t**	kalt	r	**R**as**t**	rast
ãː	**Abonne**men**t**	abɔnəˈmãː	l	**L**as**t**	last	s	**H**as**t**	hast
ai̯	**w**ei**t**	vai̯t	l̩	**N**a**bel**	ˈnaːbl̩	ʃ	**sch**a**l**	ʃaːl
au̯	**H**au**t**	hau̯t	m	**M**as**t**	mast	t	**T**a**l**	taːl
b	**B**all	bal	m̩	**gro**ßem	ˈgroːsm̩	ts	**Z**a**hl**	tsaːl
ç	**i**ch	ɪç	n	**N**ah**t**	naːt	tʃ	**M**a**tsch**	matʃ
d	**d**ann	dan	n̩	**b**aden	ˈbaːdn̩	u	**k**u**lant**	kuˈlant
dʒ	**G**in	dʒɪn	ŋ	**l**ang	laŋ	uː	**H**u**t**	huːt
e	**M**e**than**	meˈtaːn	o	**M**o**ral**	moˈraːl	u̯	**akt**u**ell**	akˈtu̯ɛl
eː	**B**ee**t**	beːt	oː	**B**oo**t**	boːt	ʊ	**P**ul**t**	pʊlt
ɛ	**h**ä**tte**	ˈhɛtə	o̯	**l**o**yal**	loaˈjaːl	v	**w**as	vas
ɛː	**w**ä**hlen**	ˈvɛːlən	ð	**Fon**d**ue**	fõˈdyː	x	**B**a**ch**	bax
ɛ̃	**timbr**ier**en**	tɛ̃ˈbriːrən	õ	**Fon**d	fõː	y	**Ph**y**sik**	fyˈziːk
ɛ̃ː	**T**im**bre**	ˈtɛ̃ːbrə	ɔ	**P**os**t**	pɔst	yː	**R**ü**be**	ˈryːbə
ə	**h**al**te**	ˈhaltə	ø	**Ök**o**nom**	økoˈnoːm	y̆	**Et**ui	eˈty̆iː
f	**F**aß	fas	øː	**Öl**	øːl	ʏ	**f**ü**llen**	ˈfʏlən
g	**G**as**t**	gast	œ	**g**ö**ttlich**	ˈgœtlɪç	z	**H**a**se**	ˈhaːzə
h	**h**a**t**	hat	œ̃	**ch**a**cun à**	ʃakœ̃ːsõˈgu	ʒ	**G**eni**e**	ʒeˈniː
i	**v**i**tal**	viˈtaːl		**son goût**				

영어 발음의 표기

ɑː	Hardware	engl.	ˈhɑːdwɛə	ou	Choke	engl.	tʃouk	
æ	Campus	engl.	ˈkæmpəs	ð	on the rocks	engl.	ɔn ðə ˈrɔks	
ʌ	Country-Music	engl.	ˈkʌntrɪmjuːzɪk	θ	Thriller	engl.	ˈθrɪlə	
əː	Covergirl	engl.	ˈkʌvəgəːl	w	Whisky	engl.	ˈwɪskɪ	
ɔː	Corned beef	engl.	ˈkɔːnd ˈbiːf					

기타의 발음 부호

| 성문 파열음. 예컨대: **beachten** [bə'|axtn̩]
| 모음으로 시작하는 낱말 앞에서는 생략. 예컨대: **Ast** [ast], 원래는 [|ast]
:   장음. 예컨대: **ba̱de** ['ba:də]
~   비모음(鼻母音). 예컨대: **Fond** [fõ:]
'   강음. 예컨대: **A̱ffe** ['afə], **Apothe̱ke** [apo'te:kə]
,   음절성 자음. 예컨대: **Büffel** ['bʏfl̩]
˘   비음절성 모음(위 혹은 아래에 붙여). 예컨대: **Stu̱die** ['ʃtu:di̯ə], **Etui̱** [ə'tỹi:]
_   파찰음(破擦音) 및 복모음. 예컨대: **Pu̱tz** [pʊts], **wei̱t** [vai̯t]
-     음절 경계. 예컨대: **a̱bspanen** ['ap-ʃpa:nən]

a) 발음 표기는 표제어 다음에 [ ] 안에 넣는다. 발음 표기가 되어 있지 않은 표제어에는 해당 모음의 강음 표시와 장단 표시만을 한다. 해당 모음 밑의 .은 단강음, _은 장강음을 표시한다.
   예컨대: **A̱ffe, Apothe̱ke**
b) 동음이의어의 경우 같은 발음은 [-]으로 표시한다.
   예컨대: **¹Ball** [bal], **²Ball** [-]

3. 문법 사항

a) 명사를 제외하고 발음 표기 다음에 〈 〉 안에 품사가 표시된다.
   예컨대: **ab** [ap] 〈Präp.³〉, **beide** ['bai̯də] 〈Indefinitpron.〉
b) 명사의 경우에는 품사 표시 대신에 정관사와 단수 2격 및 복수 1격의 어미가 온다. 여성 명사의 경우에는 복수 1격의 어미만 표시한다.
   예컨대: **Asyl** [a'zy:l], das; -s, -e; **Birne** ['bɪrnə], die; -n
c) 동사의 경우 강변화 및 불규칙 변화동사는 낱말 오른쪽 어깨에 *표로 표시하고 약변화를 겸할 경우에는 (*)표로 표시한다. 완료조동사는 〈h〉, 〈s〉 및 〈h/s〉로 표시하고 각각 haben, sein 및 haben과 sein의 겸용 등을 뜻한다.
   예컨대: **blasen*** ['bla:zn̩] 〈h〉, **stecken**^(*) ['ʃtɛkn̩] 〈h〉
d) 명사화된 형용사는 낱말의 오른쪽 어깨에 *표를 하고 정관사를 함께 쓴다.
   예컨대: **Abgeordnete***, der / die
e) 전치사의 격지배는 〈Präp.³〉, 〈Präp.³/⁴〉, 〈Präp.²⁽³⁾〉(2격 지배이나 드물게 3격도 쓸 때) 등으로 표시한다.
f) 기타의 문법적 설명 역시 〈 〉 안에 넣는다.
   예컨대: 〈비인칭〉, 〈어미없이〉

4. 어 원

a) 어원은 격표시 또는 〈문법 사항〉 다음에 [ ] 안에 표시한다.
b) 순 독일어는 어원을 생략한다.

c) 외래어 내지 차용어는 현존 어원이 있는 경우 그것만을 표시하고(예컨대: engl.), 기타의 경우는 라틴어, 그리스어를 표시한다.
d) 고유명사가 어원이거나 특별한 사유로 인해 생긴 단어의 경우 해당 사실을 간략히 설명해 준다.

5. 문체적 평가, 지역 및 시대 구별

해당 단어의 문체적 평가와, 사용 지역이나 사용 시대는 《 》 안에 표시한다.

a) 문체적 평가

(1) 대부분의 어휘는 그 문체적 가치가 중립인 정상어(正常語)이며, 문체적 평가와 연관된 아무런 표시도 하지 않는다.

(2) 정상어층의 위쪽에 자리하며, 일정한 지식과 좋은 교육을 전제로 하는 어휘들에는 《교양어》라는 표시를 붙인다. 전문어나 일상어가 아닌 대부분의 외래어가 여기에 속한다.

  예컨대: **Affront, eruieren**

(3) 보다 한 단계 높은 곳에는, 격식을 차린 엄숙한 자리에서나 때때로 문학에서도 사용되는 《아어》(예컨대: Antlitz, Haupt)와, 주로 문학에서나 나타나며 오늘날에는 대체로 낡아버렸거나 의고취미에서나 사용되는 《시어》(예컨대: beglänzen, Odem)가 자리한다.

(4) 정상어의 아래층은 보다 복잡하게 구분된다. 정상어에 가까우며 일상적인 교제, 특히 친숙하고 허물없는 사이에 통상적으로 사용되는 어휘가 《통용어》이다.

  예컨대: **flitzen, gewieft**

(5) 그 태도가 어려워함이나 조심성이 없고 부분적으로는 경솔하고 거칠기까지 한 표현은 "가볍다"는 뜻의 《경》으로 표시한다.

  예컨대: **anpfeifen, Armleuchter**

(6) 거칠고 천한 표현은 《속어》(예컨대: Arsch, bescheißen)로, 외설적이거나 야비한 표현은 《비어》(예컨대: Fotze, vögeln)로 표시한다.

(7) 덧붙여 《농》(농담조), 《조롱》, 《반어》, 《폄》(폄어적), 《강조》, 《과시》, 《은폐/미화》, 《욕》 등의 표시가 사용된다.

b) 지역 및 시대 구별

(1) 특정 지역에서만 사용되는 낱말은 《nordd.》, 《schweiz.》, 《österr.》 등으로 그 지역을 명시해 준다.

(2) 사용 지역의 경계를 정확히 한정짓기 어려울 때에는 《지역적》이라 표시한다.

(3) 통일 이전의 두 국가의 언어적 특수성을 명시할 필요가 있을 때에는 각각 《구서독》(예컨대: Lastenausgleich) 또는 《구동독》(예컨대: Abschnittsbevollmächtigter)으로 표시한다.

(4) 드물게 사용되는, 대개 나이든 세대에서만 사용되는 낱말은 《준고어》로 표시한다.

  예컨대: Backfisch

(5) 더 이상 현대어는 아니지만, 의고취미에서나 농담조 또는 반어적으로 사용되고 있는 낱말은 《고어》로 표시한다.

  예컨대: **fürbaß, Muhme**

(6) 더 이상 통상적이 아니거나 시의에 맞지 않는 사태를 나타내는 낱말은 《옛》, 《구제》, 《전에는》 등으로 표시한다.

  예컨대: **Armenarzt, Hungerturm**

(7) 그 뜻하는 바가 지나간 역사 시대에 속하는 낱말은 《역사적》으로 표시한다.

예컨대: **Bannfluch, Lehnswesen**

6. 전문어・특수어

전문어와 특수어는 그 사용 분야를 【　】안에 정확히 밝힌다. 동식물 이름과 같이 그 소속이 분명한 경우는 따로 전문 분야를 표시하지 않을 수도 있다. 전문 분야 표시가 "은어" 표시를 겸하고 있을 때에는 해당 낱말이 "은어"이지 전문어가 아님을 뜻한다.

예컨대: **Lombard**《금융・은어》
Lombardgeschäft【금융】

7. 역　　어

a) 역어의 분류는 뜻 차이의 대소에 따라 아라비아 숫자, 알파벳 소문자, 세미콜론(;), 코머(,)의 순서로 구분한다.
b) 용례나 역어 중 앞의 어구와 대체할 수 있는 말을 넣을 때는 〔　〕를 사용하고, 보충 설명이 필요할 때에는 (　)를 사용한다.
c) 동의어만으로 역어를 대신할 때에는 참조 표시(↑)를 한다.
　　예컨대: **Schiffsbrücke**, die; ↑Pontonbrücke.
d) 반대어가 있을 때에는 역어 뒤에 (　) 안에 넣는다. 경우에 따라서는 역어 앞에 두기도 한다.

8. 용　　례

a) 용례는 본래적인 의미로 사용된 것을 앞세우고 비유적 내지 전의적 의미로 사용된 것은 뒤에 놓으며 그 앞에는 │전의│로 표시한다.
b) 숙어적인 표현은 해당 의미항의 마지막 용례로 주어지거나, 어떤 의미항에도 소속시킬 수 없을 때에는 독자적인 항목 번호 아래 주어지며 고딕체로 처리한다.
c) 숙어적인 표현은 그 표현에 나타나는 첫번째 명사 표제어 항에서 제시되며, 명사가 없을 때에는 독자적인 의미를 갖는 첫번째 낱말(형용사, 동사 등)의 표제어 항에서 제시된다.
　　예컨대: frieren wie ein Schneider는 표제어 "Schneider"항에, durch dick und dünn은 표제어 "dick"항에서 제시된다.

III. 기　　호

- 　(1) 복합어의 결합 부호
　　　예컨대: **doppel-, Doppel-**: ~**achse**, die
　(2) 어구 병렬의 연자(連字) 부호
　　　예컨대: **Park-and-ride-System**
~ 　반복 기호(복합표제어에서 그 규정어의 반복을 위해서)
　　　예컨대: **Damen-**: ~**bad**
~ 　반복기호로 대신된 해당음절이 단강음인 경우

예컨대: **alt-**, **²Alt-**: ~**adlig**

~ 반복기호로 대신된 해당음절이 장강음인 경우

예컨대: **drei-**, **Drei-**: ~**achser**

↑ (1) 동의어

예컨대: **Canoe**: ↑Kanu

(2) 동사의 부정형 표시나 기타 참조 표시

예컨대: **blieb** [bli:p] ↑bleiben 참조.

abertausend ↑aber- 참조.

* (1) 표제어의 오른쪽 어깨에 붙여 강변화 및 불규칙변화 동사를 나타내며 약변화를 겸할 때에는 ⁽*⁾로 표시함.

예컨대: **anschieben***

(2) 표제어의 오른쪽 어깨에 붙여 형용사의 명사화를 나타냄.

예컨대: **Abgeordnete***, der / die

< 어원의 전래 순서를 나타냄.

예컨대: **parallel** [paraˈleːl] 〈Adj.〉 [lat. parallēlus < griech. parállēlos]

〈 〉 품사, 완료조동사 등 문법 사항 설명시에 씀.

( ) (1) 용례나 역어에서 보충 설명을 할 때

(2) 어구의 생략이 가능할 때

예컨대: an den Vortrag schließt (sich) eine Diskussion an

(3) 반대어나 한자(漢字)를 넣을 때

[ ] (1) 발음 표시를 할 때

(2) 어원을 밝힐 때

〔 〕 대체괄호(앞의 어구와 대체할 수 있는 말을 넣을 때)

〖 〗 전문어나 특수어의 표시

《 》 (1) 해당 표제어의 문체적 평가를 나타낼 때

예컨대: **anschreien*** 《폄》 (폄어적임을 뜻함)

(2) 사용 지역 및 시대를 구별할 때

예컨대: **Anschreibebogen**, der; -s, - 《südd., österr.》

Armenarzt, der 《옛》

(3) 기타 용법 설명시에

예컨대: **o!** [oː] 〈Interj.〉 《기쁨, 경탄, 동경 등에 쓰임》

Ⅳ. 약어표

1. 전문어 및 특수어 표시

[가] 가톨릭 [법] 법률 용어
[관] 관청어 [상] 상인어
[광] 광업, 광부어 [핵] 핵공학
[군] 군사, 군인어

2. 문체적 평가(위의 Ⅱ, 5 a)항 참조)

《경》 가벼운 표현
《농》 농담조
《욕》 욕설
《펌》 폄어적

3. 독일어 약어

— A —

adj.	adjektivisch
Adj.	Adjektiv
adv.	adverbial
Adv.	Adverb
aengl.	altenglisch
afghan.	afghanisch
afläm.	altflämisch
afränk.	altfränkisch
afries.	altfriesisch
afrik.	afrikanisch
afrz.	altfranzösisch
ägypt.	ägyptisch
ahd.	althochdeutsch
aind.	altindisch
air.	altirisch
aisl.	altisländisch
aital.	altitalienisch
akkad.	akkadisch
alat.	altlateinisch
alban.	albanisch
alchimistenlat.	alchimisten-lateinisch
alemann.	alemannisch
alit.	altlitauisch
allg.	allgemein
altgriech.	altgriechisch
alttest.	alttestamentlich
amerik.	amerikanisch
andalus.	andalusisch
anglo-amerik.	anglo-amerikanisch
anglofrz.	anglofranzösisch
angloind.	angloindisch
annamit.	annamitisch
anord.	altnordisch
apoln.	altpolnisch
apreuß.	altpreußisch
aprovenz.	altprovenzalisch
arab.	arabisch
aram.	aramäisch
armen.	armenisch
Art.	Artikel
aruss.	altrussisch
asächs.	altsächsisch
aschwed.	altschwedisch
aslaw.	altslawisch
assyr.	assyrisch
attr.	attributiv
awest.	awestisch
aztek.	aztekisch

— B —

babyl.	babylonisch
balt.	baltisch
baltoslaw.	baltoslawisch
Bantuspr.	Bantusprache
bask.	baskisch
bayr.	bayrisch
bed.	bedeutet, bedeuten
Bed.	Bedeutung(en)
begr.	begründet
berlin.	berlinisch
bes.	besonders
best.	bestimmt
bibl.	biblisch
bildl.	bildlich
böhm.	böhmisch
bras.	brasilianisch
bret.	bretonisch
bulgar.	bulgarisch
byzant.	byzantinisch
bzw.	beziehungsweise

— C —

chald.	chaldäisch
chilen.	chilenisch
chin.	chinesisch

— D —

dän.	dänisch
Demonstrativpron.	Demonstrativpronomen
dgl.	dergleichen
d. h.	das heißt
d. i.	das ist
dt.	deutsch

— E —

ebd.	ebenda
ehem.	ehemals, ehemalig
Eigenn.	Eigenname
eigtl.	eigentlich
eingef.	eingeführt
einschl.	einschließlich
engl.	englisch
entspr.	entsprechend, entspricht
entw.	entweder
erw.(aus, zu)	erweitert
eskim.	eskimoisch
etrusk.	etruskisch
etw.	etwas

— F —

fam.	familiär
finn.	finnisch
finnougr.	finnougrisch
fläm.	flämisch
fränk.	fränkisch
fries.	friesisch
frühnhd.	frühneuhochdeutsch
frz.	französisch

— G —

gäl.	gälisch

gall.	gallisch	jap.	japanisch	mgriech.	mittelgriechisch
galloroman.	galloromanisch	jav.	javanisch	mhd.	mittelhochdeutsch
gaskogn.	gaskognisch	jidd.	jiddisch	mind.	mittelindisch
geb. (aus)	gebildet	jmd.	jemand	mir.	mittelirisch
gebr.	gebräuchlich, gebraucht	jmdm.	jemandem	mlat.	mittellateinisch
		jmdn.	jemanden	mniederd.	mittelniederdeutsch
gegr.	gegründet	jmds.	jemandes	mniederl.	mittelniederländisch
gek. (aus)	gekürzt	jüd.	jüdisch		
gelegtl.	gelegentlich	jugoslaw.	jugoslawisch	mong.	mongolisch
gemein-germ.	gemein-germanisch			mpers.	mittelpersisch
				mundartl.	mundartlich

— K —

gepr.	geprägt	kalm.	kalmückisch		
germ.	germanisch	kanad.	kanadisch		— N —
gew.	gewöhnlich	karib.	karibisch		
gleichbed.	gleichbedeutend	katal.	katalanisch	neutest.	neutestamentlich
got.	gotisch	kaukas.	kaukasisch	nfrz.	neufranzösisch
griech.	griechisch	kelt.	keltisch	ngriech.	neugriechisch
		kirchenlat.	kirchenlateinisch	nhd.	neuhochdeutsch
	— H —	kirchenslaw.	kirchenslawisch	niederd.	niederdeutsch
hait.	haitisch	kirchl.	kirchlich	niederl.	niederländisch
hebr.	hebräisch	kirg.	kirgisisch	nlat.	neulateinisch
hess.	hessisch	klass.-lat.	klassisch-lateinisch	nord.	nordisch
hethit.	hethitisch	kommu-nist.	im kommunistischen Sprachgebrauch	nordamerik.	nordamerikanisch
hindust.	hindustanisch			nordd.	norddeutsch
hist.	historisch			nordgerm.	nordgermanisch
hochd.	hochdeutsch	Konj.	Konjunktion	nordostd.	nordostdeutsch
hottentott.	hottentottisch	kopt.	koptisch	nordwestd.	nordwestdeutsch
H. u.	(weitere) Herkunft ungeklärt	korean.	koreanisch	norm.	normannisch
		kreol.	kreolisch	norw.	norwegisch
		kret.	kretisch	Num.	Numerale
	— I —	krimgot.	krimgotisch		
iber.	iberisch	kroat.	kroatisch		— O —
idg.	indogermanisch	kuban.	kubanisch		
illyr.	illyrisch			o.	ohne
ind.	indisch		— L —	o. ä.	oder ähnliche(s), ähnlichem
Indefinit-pron.	Indefinitpronomen	ladin.	ladinisch	o. Art.	ohne Artikel
indekl.	indeklinabel	langob.	langobardisch	obd.	oberdeutsch
indian.	indianisch	lapp.	lappisch	obersächs.	obersächsisch
Indianerspr.	Indianersprache	lat.	lateinisch	od.	oder
indoiran.	indoiranisch	lett.	lettisch	o. dgl.	oder dergleichen
indon.	indonesisch	lit.	litauisch	offz.	offiziell
Interj.	Interjektion	luxemb.	luxemburgisch	o. Pl.	ohne Plural
intr.	intransitiv			osk.	oskisch
ir.	irisch		— M —	osman.	osmanisch
iran.	iranisch			ostd.	ostdeutsch
islam.	islamisch	m.	männlich	österr.	österreichisch
isländ.	isländisch	malai.	malaiisch	Österr.	Österreich
ital.	italienisch	md.	mitteldeutsch	ostfrz.	ostfranzösisch
		melanes.	melanesisch	ostgerm.	ostgermanisch
	— J —	mengl.	mittelenglisch	ostniederd.	ostniederdeutsch
jakut.	jakutisch	mex.	mexikanisch	ostpreuß.	ostpreußisch
		mfrz.	mittelfranzösisch		

— P —

palästin.	palästinensisch
part.	partizipial
pers.	persisch ; persönlich
peruan.	peruanisch
pfälz.	pfälzisch
phöniz.	phönizisch
phryg.	phrygisch
pik.	pikardisch
Pl.	Plural
polit.	politisch
poln.	polnisch
polynes.	polynesisch
port.	portugiesisch
Präp.	Präposition
preuß.	preußisch
Pron.	Pronomen
provenz.	provenzalisch

— R —

refl.	reflexiv
rhein.	rheinisch
röm.	römisch
roman.	romanisch
rumän.	rumänisch
russ.	russisch

— S —

s.	siehe ; sächlich
sächs.	sächsisch
sanskr.	sanskritisch
schles.	schlesisch
schott.	schottisch
schw.	schwach (gebeugt)
schwäb.	schwäbisch
schwed.	schwedisch
schweiz.	schweizerisch
s. d.	siehe dies, siehe dort
semit.	semitisch
serb.	serbisch
serbokroat.	serbokroatisch
Sg.	Singular
sibir.	sibirisch
singhal.	singhalesisch
sizilian.	sizilianisch
skand.	skandinavisch
slaw.	slawisch
slowak.	slowakisch
slowen.	slowenisch
s. o.	siehe oben
sorb.	sorbisch
span.	spanisch
spätahd.	spätalthochdeutsch
spätgriech.	spätgriechisch
spätlat.	spätlateinisch
spätmhd.	spätmittelhochdeutsch
s. u.	siehe unten
südamerik.	südamerikanisch
südd.	süddeutsch
südslaw.	südslawisch
südwestd.	südwestdeutsch
sumer.	sumerisch
syr.	syrisch

— T —

tahit.	tahitisch
tamil.	tamilisch
tat.	tatarisch
techn.	technisch
tessin.	tessinisch
thrak.	thrakisch
thüring.	thüringisch
tib.	tibetisch
tirol.	tirolisch
tochar.	tocharisch
tr.	transitiv
Trenn.	Trennung
tschech.	tschechisch
tungus.	tungusisch
türk.	türkisch
turkotat.	turkotatarisch

— U —

u.	und
u. a.	und and(e)re, und and(e)res, unter ander(e)m, unter ander(e)n
u. ä.	und ähnliche(s), und ähnlichem
übertr.	übertragen
u. dgl.	und dergleichen
u. d. T.	unter dem Titel
ugr.	ugrisch
ukrain.	ukrainisch
umbr.	umbrisch
unbest.	unbestimmt
unflekt.	unflektiert
ung.	ungarisch
ungebr.	ungebräuchlich
unpers.	unpersönlich
unv.	unverwandt
urspr.	ursprünglich
unverw.	urverwandt
usw.	und so weiter

— V —

v. a.	vor allem
venez.	venezianisch
verw.	verwandt
vgl. (d.)	vergleiche (dies)
viell.	vielleicht
vlat.	vulgärlateinisch
volkst.	volkstümlich

— W —

w.	weiblich
wahrsch.	wahrscheinlich
westd.	westdeutsch
westfäl.	westfälisch
westgerm.	westgermanisch
westmd.	westmitteldeutsch
westniederd.	westniederdeutsch
westslaw.	westslawisch
wiener.	wienerisch
Ⓦz	Warenzeichen

— Z —

Zahlw.	Zahlwort
z. B.	zum Beispiel
z. T.	zum Teil
zw.	zwischen

A

a = a-Moll; ¹Ar.
a, A [aː], das; - [aː 《통용어》 aːs], - [aː 《통용어》 aːs] **1.** 독일어 자모의 첫글자: 상규 wer A sagt, muß auch B sagen 시작했으면 계속해야 한다; **das A und O**《드물게》**das A und das O**《통용어》요점, 핵심, 가장 중요한 것; **von A bis Z**《통용어》처음부터 끝까지, 예외없이. **2.**《음악》가음(音), 기본 장음계의 제6음(보통 대문자는 장조, 소문자는 단조의 음): auf dem Klavier das a anschlagen 피아노로 가 음을 치다. **ä, Ä** [ɛː], das; - [ɛː《통용어》ɛːs], - [ɛː《통용어》ɛːs], a, A의 변모음.
A = A-Dur; Ampere(암페어); Autobahn.
A̅ (로마의 수 표시 기호) = 5000
Å (옛: A, AE, ÅE) = Ångström, Ångströmeinheit.
α, A: ↑Alpha.
à [a] 〈Präp.〉 [frz. à] **1.**《상·통용어》···à, 단가(單價)···의: zehn Marken à 50 Pfennig 50페니히 짜리로 10장 [개]. **2.**《다음과 같은 프랑스어 관용구에서, 예컨대》à la carte 메뉴 중에서 임의로 한 가지씩; à tour prix 어떤 값을 치르더라도, 반드시, 꼭.
a. = am(지명에, 예컨대: Frankfurt a. Main); alt 전(前) (스위스에서 관직 앞에, 예컨대: a. Bundesrat 전 연방 정부 각료).
a., -A. = anno, Anno.
a- [《griech.》a-] (형용사와 결합하여 그 뜻을 부정함) 비(非)-, 무(不)-: apolitisch 비정치적; atypisch 전형적이 아닌; [의학] 부정형(不定型)의.
a. a. = ad acta.
Aa [aˈlaː], die; - 〈의성어〉〈아동〉똥: Aa machen 똥누다, 응가를 하다.
AA = Auswärtiges Amt 외무부, anonyme Alkoholiker 익명의 알코올 중독자.
Aachen [ˈaːxn̩] 아헨(독일 도시). ¹**Aachener**, der; -s, - 아헨 사람. ²**Aachener** 〈Adj.; 격변화 없음〉 아헨의.
Aal [aːl] der; -(e)s, -e 뱀장어: A. grün 【요리】뱀장어 점; A. blau 【요리】식초로 푸른색이 나게 한 뱀장어 조림; -e fangen 뱀장어를 잡다; **glatt wie ein A. sein** (미끄러워) 잡을 수가 없다, 어떤 상황에서도 약삭빠르게 잘 빠져 나가다; **sich(drehen und) winden(krümmen) wie ein A.**(어려운 상황에서) 빠져 나가려고 몸부림 치다.
aal-, Aal-: **~artig** 〈Adj.〉뱀장어 같은. **~fang,** der 뱀장어잡이. **~fischer,** der 뱀장어잡이 어부. **~fischerei,** die 뱀장어잡이(어업). **~förmig** 〈Adj.〉뱀장어 모양의. **~glatt** 〈Adj.〉**1.**《드물게》아주 매끄러운: -e Griffe 매끈매끈한 손잡이. **2.**《편》붙잡기 힘든, 약은, 약삭빠른. **~gleich** 〈Adj.〉뱀장어 같은. **~hamen,** der 〈지역적〉뱀장어 그물. **~kasten,** der (쇠막대기 격자로 만든) 뱀장어잡이 통. **~korb,** der 뱀장어잡이 바구니. **~leiter,** die (방축이나 폭포 등을 넘어가도록 설치한) 뱀장어 사다리. **~mutter,** die 〈Pl. ~muttern〉 태생(胎生)의 베도라치. **~quappe,** die (nordd.) **1.** 모래 (유일하게 민물에 사는 대구속 물고기). **2.** ↑mutter. **~räucherei,** die **1.**〈Pl. 없음〉뱀장어 훈제. **2.** 뱀장어 훈제 공장. **~raupe,** die ↑~mutter. **~reuse,** die 뱀장어 이살. **~speer,** der 뱀장어잡이 작살. **~ste-**
chen, das 작살뱀장어잡이. **~strich,** der (마소 등의 등 한가운데 길게 나 있는 검은) 줄무늬. **~suppe,** die 뱀장어 수프. **~tierchen,** das ↑Älchen (2).
aalen [ˈaːlən], sich 〈h〉〈통용어〉몸을 쭉 뻗고 편안히 쉬다: sich am Strand a. 해변에서 길게 누워 편안히 쉬다.
a. a. O. = am angeführten[angegebenen] Ort 위에 인용한 곳, 상게서.
Aar [aːɐ̯], der; -(e)s, -e 〈시어·고어〉↑Adler.
Aarau [ˈaːrau] 아라우(스위스 아르가우 주의 수도). **Aare** [ˈaːrə] die 아레 강(스위스의 강). **Aargau** [ˈaːrɡau] der; -s, - 아르가우(스위스의 주). ¹**Aargauer,** der; -s, - 아르가우 사람(주민). ²**Aargauer** 〈Adj.; 격변화 없음〉아르가우의.
aargauisch 〈Adj.〉아르가우적인.
Aas [aːs], das; -es, -e / Äser [ˈɛːzɐ] **1.** 〈Pl. Aase〉썩은 짐승의 시체, 썩은 고기: von A. leben 썩은 짐승의 시체를 먹고 살다. **2.**〈Pl. Äser〉〈속어·경멸조〉더러운 자식, 상놈, 개새끼: **ein A. auf der Baßgeige sein** 《경》몹시 교활하다, 아주 약삭빠르다. **3. kein A.**《속어》아무도[한 놈도] ···하지 않는다: kein A. ist zu sehen 한 놈도 보이지 않는다.
aas-, Aas-: **~bande,** die 〈속어·편〉(↑Bande를 강조하는 말) 패거리, 패거리. **~blume,** die 【식물】스타페리아속. **~fliege,** die 쉬파리. **~fressend** 〈Adj.〉썩은 고기를 먹는. **~fresser,** der 썩은 고기를 먹는 짐승. **~geier,** der 독수리과; 착취자, 죽은 사람이나 방어 불능자의 금품을 터는 사람. **~geruch,** der 썩은 고기 냄새. **~gestank,** der 〈편〉썩은 고기 냄새. **~insekt,** das 썩은 고기를 먹는 곤충. **~jäger,** der 밀렵꾼(密獵家), 닥치는 대로 쏘는 사냥꾼. **~jägerei,** die 밀렵. **~käfer,** der [동물] 송장벌레과의 갑충. **~krähe,** die [동물] 까마귀. **~seite,** die [제혁] 가죽의 안쪽(반대): Narbenseite). **~vogel,** der 썩은 고기를 먹는 새(조류).
aasen [ˈaːzn̩] 〈h〉〈경·nordd.〉낭비하다: er aaste mit dem Geld[seinen Kräften] 그는 돈[힘]을 낭비했다.
aasig [ˈaːzɪç] 〈Adj.〉**1.** 썩은 고기의, 부패한. **2.** 천박한, 비열한. **3.**〈경〉지독히, 몹시, 엄청나게: etw. tut a. weh 무엇이 지독히 아프다.
Aaser ↑Aser.
Aast [aːst], das; -(e)s, Äster [ˈɛːstɐ]〈지역적〉↑Aas (2).
A. B. = Augsburger Bekenntnis 아우구스부르크의 신앙 고백.
ab [ap] **I.** 〈Präp.³〉**1.**《공간적으로》···로부터: ab Werk 공장으로부터, 공장도; ab (unserem) Lager 창고로부터. **2.**《시간적으로》···부터: alle Frauen ab dem 35. Lebensjahr 35세 이상의 모든 여자들; Jugendliche ab 18 Jahren 18세 이상의 청소년; ab kommendem Montag 다음 월요일부터, 내주 오늘부터. **3.**《순서 및 서열》···부터: die Dienstgrade ab Unteroffizier 하사관 이상의 계급; ab nächster Ausgabe 다음 판(版)부터. **II.** 〈Adv.〉**1. a)** 떨어져, 떠나서, 아주 멀리 떨어져 있지 않은 곳에 놓여 있다; [교통] Kassel ab 7³⁰ 7시 30분 카셀 발(發); [무대 지문] ab (geht ab, soll abgehen) 퇴장; **ab durch die Mitte[ab die Post]**《통용어》가버려, (물러)가; **ab nach Kassel**《통용어》(어서) 나가, 가버려;

ab trimo(trümo) 《지역적》 《물러》가. **b)** 〈전치사 "von"의 강조〉 《통용어》 …(로)부터: von Rom [Montag] ab 로마[월요일]로부터. **2.** 《통용어》 떨어진, 분리된: ich wußte nicht, daß der Knopf ab war 단추가 떨어진 것을 나는 알지 못했다. **3.** 아래로, 밑으로: Gewehr ab! 세워 총!; Helm ab zum Gebet! 철모 벗고 묵념!; [전의] ich weiß nicht, warum ich so ab bin 《통용어·nordd.》 내가 왜 이토록 피곤한지 모르겠어. **4.** 〈다른 단어와 짝을 이루어〉 **a)** auf und ab 위로 아래로, 이리저리, 오락가락. **b)** ab und zu 때때로, 이따금: α) ab und zu besuche ich meine Eltern 이따금 나는 부모님을 찾아뵌다. β) 《고어》 들락날락. **c)** ab und 《nordd.》 이따금.

Aba [a'baː], die; -s [arab. 'abā'] (아랍인들이 입는) 통 넓고, 소매없는 망토, 아바.

Abakus [ˈa(ː)bakʊs], der; -, - [lat. abacus < griech. ábax (2격: ábakos)]. **1.** (고대의) 주판, 장기판. **2.** [건축] 아바쿠스(원주 위의 관판(冠板)).

abänderbar [ˈapɛndɐbaːɐ̯] 〈Adj.〉 변경할 수 있는: -e Entscheidungen 변경할 수 있는 결정. **Abänderbarkeit, die** 변경 가능성. **abänderlich** 〈Adj.〉 《고어·관》 = abänderbar. **Abänderlichkeit, die** 변경 가능성. **abändern** 〈h〉 **1.** (약간) 변경하다, 고치다: das Programm a. 프로그램을 약간 변경하다. **2.** [생물] 〈돌연변이나 환경에 의해〉 변(화)하다: die Farben der Blüten ändern oft stark ab 꽃의 색은 자주 심하게 변화한다. **Abänderung, die** ↑abändern의 명사형.

Abänderungs-, Abänderungs- ~**antrag, der** [의회] ↑Amendement. ~**bedürftig** 〈Adj.〉 수정 [변경]이 필요한. ~**fähig** 〈Adj.〉 변경 가능한. ~**klage, die** [법] (배상 등에 대한) 판결 변경 소송. ~**vorschlag, der** 수정[변경] 제안.

Abandon [abaˈdõː], der; -s, -s [frz. abandon] [법] (권리의) 포기, 위부(委付). **abandonnieren** [abadɔ-ˈniːrən] 〈h〉 [frz. abandonner] **1.** 《고어》 포기하다, 맡기다. **2.** [법] 위부(委付)를 선언하다.

abängsten, sich 〈h〉 《드물게·고어》 ↑abängstigen. **abängstigen, sich** 〈h〉 (오랫동안) 계속 몹시 불안해 하다, 애태우다: ich habe mich tagelang wegen des Unglücks abgeängstigt 나는 그 사고 때문에 수일 동안 몹시 애태웠다.

abarbeiten 〈h〉 **1. a)** (빚을) 일해서 갚다, (벌을) 일로 치르다: das Essen a. 밥값을 노동으로 치루다. **b)** 일하여 끝내다[보내다]: sein Pensum a. 자기의 작업량을 해치우다. **2. a)** 일하여 닳게 하다: du hast dir die Finger abgearbeitet 《통용어》 너는 손가락이 닳도록 열심히 일했다; abgearbeitete Hände 일하여 닳고 거칠어진 손. **b)** (기구로) 제거하다: die vorstehenden Enden a. 앞으로 튀어나온 끝부분을 잘라내다. **c)** [선원] (배를) 다시금 부양시키다, 이초(離礁)시키다. **3.** 〈a. + sich〉 장시간 힘들여 일하다, 천신만고하다: ich arbeite mich ab, und du schaust zu 나는 천신만고하는데 너는 보고만 있구나. **Abarbeitung, die** ↑abarbeiten의 명사형.

abärgern, sich 〈h〉 《통용어》 오랫동안 계속 몹시 화내다 [속썩이다]: ich ärgerte mich mit den Schülern ab 나는 학생들 때문에 오랫동안 속을 썩였다.

Abart, die; -en a) [생물] 변종. **b)** [우표] 정상적인 것과 약간 다른 것. **abarten** 〈s〉 《아이》 (정상적인 것과) 차이가 나다, 벗어나다, 변종[변질]되다. **Abartung, die; -en** ↑abarten의 명사형. **abartig** 〈Adj.〉 변종의, 변태의: eine -e Neigung haben 변태적 경향을 갖다. **Abartigkeit, die; -en** 변태, 비정상.

à bas [aˈba; frz. aus ↑à u. bas] 타도하자! 내려라! 끝어내려!

abäschern [ˈapɛʃɐn], **sich** 〈h〉 〈niederd., ostmd.〉 끊임없이 바쁘게 일해 지치다.

abäsen 〈h〉 《사냥》 **1.** 풀을 다 뜯어먹어 땅바닥이 들어나게 하다: das Reh äste die ganze Stelle ab 노루가 그 장소의 풀을 모두 뜯어먹어 바닥이 들어났다. **2.** (다) 뜯어먹다: das Wild hat die jungen Blätter abgeäst … 짐승이 새 잎들을 다 뜯어먹어 버렸다.

Abasie [abaˈziː], die; -n [...ˈziːən] [의학] 보행 불능증.

abasten, sich 〈h〉 《경》 운반하느라 몹시 고생하다(골탕먹다): ich astete mich mit dem Koffer ab 나는 트렁크를 나르느라고 골탕먹었다. **sich einen a.** 《통용어》 무거운 것을 운반하느라 애를 먹다.

abästen [ˈapɛstn̩] 〈h〉 나뭇가지를 잘라 내다: ich ästete den gefällten Baum ab 나는 베어 넘어뜨린 그 나무에서 가지를 잘라 냈다.

Abata: ↑Abaton.

Abate [aˈbaːtə], der; -(n), -n (또는) 〈ital.〉 …ti [...ti; ital. u. span. Form von dt. ↑Abt, frz. abbé] (이탈리아와 스페인의) 재속(在俗) 신부.

abatmen 〈h〉 [의학] 숨과 함께 토해 내다[내뿜다].

Abaton [ˈa(ː)baton], das; -s, Abata [subst. Neutr. zu griech. ábatos] [종교] 그리스 정교 성당의 지성소(至聖所).

a battuta [a baˈtuːta, aus ital. ↑a u. battuta] [음악] (다시금 정확히) 박자에 맞추어(약어: a batt.).

abätzen 〈h〉 **1.** 부식제를 써서 제거하다: der Arzt ätzte die Warze ab 의사가 부식제로 무사마귀를 제거했다. **2.** 부식제를 써서 깨끗이 닦다: den Marmor a. 부식제를 써서 대리석을 깨끗이 닦다. **Abätzung, die; -en** ↑abätzen의 명사형.

Abb. = Abbildung.

Abba [ˈaba; lat.-griech.-aram.] **1.** (신약에서 하나님의 호칭) 아버지시여. **2.** (동방정교회에서 성직자에 대한 호칭) 사부님.

abbacken¹ 〈h〉 《빵 따위를》 구워서 완성하다, 다 굽다. **2.** 〈요식업〉 (반죽이) 구워져 그릇 바닥에서 떨어지다 〔일어나다〕. **3.** 《지역적》 잘못 구워 빵껍질이 부풀어오르다: abgebackenes Brot 잘못 구워 껍질이 부풀어오른 빵.

abbaden 〈h〉 《드물게》 목욕하여 때를 씻어 내다: ich badete alle vier Kinder ab 나는 네 아이 모두를 목욕시켜 때를 씻어 냈다.

abbaggern 〈h〉 준설(浚渫)〔굴삭〕하여 없애다〔제거하다〕: eine Sandbank a. 모래톱을 준설하여 없애다. **Abbaggerung, die; -en** ↑abbaggern의 명사형.

abbaken [ˈapbaːkn̩] 〈h〉 [해양] 부이(부표)로 표시하다: wir bakten das Fahrwasser ab 우리는 수로를 부이로 표시했다.

abbalgen 〈h〉 **1.** 【사냥】 가죽을 벗기다: einen Hasen a. 토끼의 가죽을 벗기다. **2.** 〈a. + sich〉 《통용어》 맞붙어 싸워 지치다: die Kinder haben sich nun genug abgebalgt 아이들이 싸워 이젠 지칠 대로 지쳤다.

abbalzen 〈h〉 【사냥】 (날짐승의) 교미를 끝내다.

abbasten [ˈapbastn̩] 〈h〉 《드물게》 껍질을 벗기다: einen Baum a. 나무의 껍질을 벗기다.

Abbau, der; -(e)s, -e / -ten 1. 〈Pl. 없음〉 철거, 해체: der A. von Gerüsten (Zelten) 비계(천막)의 철거. **2.** 인하: ein stufenweiser A. der Gehälter(Preise) 봉급(가격)의 단계적 인하. **3.** 점차적인 퇴거(제거): A. der Zwangsarbeitslager 강제 노동 수용소의 점차적인 제거. **4.** 감원, 해고: rigoroser A. von Beamten 공무원의 가혹한 감원. **5.** 〈Pl. 없음〉 [화학·생물] 분해: A. von Traubenzucker 포도당의 분해. **6.** [광] **a)** 〈Pl. 없음〉 채굴, 채광: der A. der Flöze ist hier äußerst schwierig 충상광(層狀鑛)의 채광은 여기서는 매우 어렵다. **b)** 〈Pl. Abbaue/Abbauten〉 채광장, 막장. **7.** 〈Pl.

없음》(작물의) 수확력 감퇴, 감소: 전의 der A. der Kräfte im Alter 노령에서의 체력 감퇴. 8. 〈Pl. Abbauten〉《nordostd.》 외딴 집. 9. 【텀블링】꿀만들기를 끝낸 후 꿀풀기.

abbau-, Abbau-: ~**arbeiten** 철거[해체] 작업, 채굴 작업. ~**erscheinung,** die 퇴화 현상. ~**feld,** das 채굴장[지역]. ~**gerechtigkeit,** die (다른 사람에 속하는 땅에서의) 채굴권. ~**hammer,** der 【광】 채굴용 압축공기 해머. ~**methode,** die 채굴법, 채굴 방식. ~**ort,** das 채굴 장소. ~**produkt,** das 분해 산물. ~**prozeß,** der 퇴거[분해] 과정. ~**recht,** das 채굴권. ~**stelle,** die 채굴 지점. ~**strecke,** die 채탄[채광] 갱도. ~**verfahren,** das 채굴법. ~**vermögen,** das 분해 능력. ~**würdig** 〈Adj.〉 채굴할 가치가 있는.

abbauen 〈h〉 **1.** 철거하다: die Gerüste[Zelte] a. 비계 〔천막〕을 철거하다. **2.** 인하하다, 깎아 내리다: die Gehälter[Preise] a. 봉급[가격]을 인하하다. **3.** 점차 없애다, 제거하다: Steuervergünstigungen wieder a. 세금 특혜를 다시금 점차 없애다; 《(또한) a. + sich》 die Vorurteile bauen sich immer stärker ab 선입견이 점점 더 없어지고 있다. **4.** 감원하다, 해고하다: Beamte a. 공무원을 감원하다. **5.** 【화학·생물】 분해하다: Kohlenhydrate zu Milchsäure a. 탄수화물을 분해하여 유산으로 만들다. **6.** 【광】 채굴하다: Erze a. 광석을 채굴하다. **7.** 【농업】 (작물의) 수확력[질]이 떨어지다: diese Kartoffelsorte hat (infolge einer Viruskrankheit) abgebaut 이 감자 종류는 (바이러스병으로 인해) 수확력이 떨어졌다. **8.** 능력이 감퇴하다: der Mensch baut im Alter körperlich und geistig ab 인간의 능력은 나이가 들면 육체적으로나 정신적으로 감퇴한다. **9.** 【텀블링】꿀만들기를 끝낸 후 꿀을 풀다: eine Pyramide a. 피라미드를 풀다.

abbaumen ['apbaumən] 〈h/s〉 【사냥】 (짐승이) 나무에서 떠나가다[뛰어내리다, 날아가다].

Abbé [a'be:], der; -s, -s [frz. abbé] (프랑스의) 하급 재속 신부.

abbedingen* 〈h〉 【법】 계약을 통해서 폐지하다: diese Vorschriften können abbedungen werden 이 규정들은 계약을 통해서 폐지될 수 있다.

abbeeren ['apbe:rən] 〈h〉 (고어·지역적) **1.** (줄기에서 포도, 딸기 등을) 따다: wir beerten die Weintrauben ab 우리는 포도를 땄다. **2.** (나무에서 포도, 딸기 등을) 따다.

abbehalten* 〈h〉 (모자를) 벗은 채로 있다, 들고 있다: den Hut a. 모자를 벗어 들고 있다.

abbeißen* 〈h〉 물어 뜯다: eine Zigarre a. 여송연의 끝을 물어 뜯어내다; sich eher[lieber] die Zunge a. als etw. sagen[verraten] 죽어도 입을 열지 않다; **einen a.** 《nordd.》 술 한 잔 마시다.

abbeizen 〈h〉【수공】 **1.** 부식제를 써서 제거하다: den alten Anstrich a. 부식제를 써서 칠한 지 오래된 페인트를 제거하다. **2.** 부식제를 써서 깨끗이 하다: ich habe die Tür abgebeizt 나는 부식제를 써서 문을 깨끗이 했다. **Abbeizmittel,** das 부식제.

abbekommen* 〈h〉 **1.** 분배 받다, 제몫으로 받다: sie hat keinen Mann abbekommen《통용어·농》그 여자는 결혼하지 못했다. **2.** 어쩔 수 없이 당하다: der Wagen hat, Gott sei Dank, nichts abbekommen 다행스럽게도 차가 망가지지 않았다. **3.** 떼어 내다: ich kriege die Farbe nicht von den Fingern a. 손가락에 묻은 물감을 지우지 않다.

abberufen* 〈h〉 (면직, 전보하기 위해) 소환하다: einen Botschafter (von seinem Posten) a. 대사를 소환하다; 전의 Gott hat ihn abberufen 그는 죽었다; **abberufen werden** 《아이·은폐》 죽다. **Abberufung,** die; -en 소환, 면직.

abbestellen 〈h〉 **1.** 주문을 취소하다: die Zeitung[ein Hotelzimmer] a. 신문 구독[호텔방 예약]을 취소하다. **2.** 부른 인부를 못 오게 하다. **Abbestellung,** die; -en 주문[예약] 취소.

abbeten 〈h〉 **1.** 《밤》 **a)** 줄줄 기계적으로 기도하다. **b)** 《통용어·일반적》단조롭게 암송하다. **2.** 기도로 물리치다 《셋다》: seine Sünden a. 죄를 기도로 셋다.

abbetteln 〈h〉 《통용어》 구걸하여[간청하여] 얻다: der Mutter 50 Pfennig für ein Eis a. 어머니에게 간청하여 아이스크림 사 먹을 돈 50 페니히를 얻다.

abbeuteln 〈h〉《österr.》 ↑abschütteln.

abbezahlen 〈h〉 **1.** 나누어 갚다, 분할 상환하다: ich bezahlte die Schuld ab 나는 그 빚을 나누어 갚았다. **2.** 할부금[월부금]을 지불하다: ich muß noch den Fernseher a. 나는 아직도 그 텔레비전의 월부금을 내야 한다. **Abbezahlung,** die; -en 분할 상환, 분납.

abbiegen*¹ 〈s〉 옆으로 꺾이다, 방향이 바뀌다: die Straße biegt nach links ab 길이 왼쪽으로 꺾인다. **2.** 〈h〉 **a)** 다른 방향으로 꺾다[굽히다]. **b)** 《통용어》 (무엇의) 방향을 바꾸다, 호전시키다: er hat die Sache noch einmal abgebogen 그는 그 일을 다시 한번 호전시켰다. **Abbiegespur,** die; -en (교차로 전의) 방향 전환[우회 전, 좌회전] 차선. **Abbiegung,** die; -en **1.** 방향 전환. **2.** 길이 꺾이는 지점: gehen Sie dann bis zur nächsten A. 그리고 나서 다음 번 길이 꺾이는 지점까지 가시오.

Abbild, das; -(e)s, -er 모사(模寫), 복사, 코피, 모상(模像), 초상: ein A. von etw. herstellen 무엇의 모상을 만들다. **abbilden** 〈h〉 모사하다, 복사하다, 사생하다, 초상을 그리다, 묘사하다: jmdn.[einen Gegenstand] naturgetreu a. 누구[어떤 대상]을 있는 그대로 그리다[만들다]; 전의 die Menschen, die uns der Dichter abbildet 작가가 우리에게 생생하게 묘사해 주는 인간들. **abbildern** ['apbɪldɐn] 〈h〉《드물게·지역적》↑abbilden 참조. **Abbildtheorie,** die; -n 【철학】 모사설. **Abbildung,** die; -en **1.** 모사, 복사, 사생. **2.** 사본, 사생화, 초상화, 삽화: das Lexikon enthält viele -en 이 사전은 많은 삽화를 담고 있다(약어: Abb.).

Abbildungs-: ~**fehler,** der 【광학】 복사 결함. ~**freiheit,** die (신문, 잡지 등에) 저명 인사의 사진을 게재할 수 있는 자유. ~**maßstab,** der 【사진】 사진 척도[크기].

abbimsen 〈h〉 《경·지역적》 부정한 방법으로 옮겨 쓰다 [베끼다], 도용하다: die Rechenaufgaben a. 산수 숙제를 부정하게 베끼다.

abbinden 〈h〉 **I. 1.** 풀다, 풀어놓다: die Schürze a. 앞치마를 벗다; darf ich mir die Krawatte a.? 넥타이를 풀어도 되겠습니까? **2.** 묶어서 묶다: das Haar am Hinterkopf a. 머리를 뒤로 묶다. **3. a)** 동이다, 끈으로 졸라매다: eine Arterie a. 동맥을 동여매다. **b)** 묶어서 떼어 내다: die Nabelschnur a. 탯줄을 묶어서 떼어 내다. **4.** 【수공】 **a)** 【목공】 깎아 맞추어 넣다. **b)** 【통장의】 테를 매다: das Faß muß neu abgebunden werden 그 통에 새로 테를 매야 한다. **5. ein Kalb a.** 【농업】 송아지의 젖을 떼다. **6.** 【요식업】 진하게 하다: die Suppe mit Mehl a. 수프를 밀가루로 진하게 하다. **II.** 【토목】 (시멘트 등이) 굳다. **Abbindung,** die; -en ↑abbinden의 명사형.

Abbiß, der; Abbisses, Abbisse **1.** 【사냥】 짐승이 물어 뜯은 자국, 물어 뜯긴 (식물의) 새순. **2.** 【식물】 **a)** 바람에 부러진 소나무의 순. **b)** ↑Teufelsabbiß.

Abbitte, die; -n 용서를 빎, 사죄: jmdm. A. leisten [tun] 누구에게 용서를 빌다. **abbitten** 〈h〉 (누구에게 부당하게 가한 잘못에 대해) 사죄하다, 용서를 빌다: ich habe ihm vieles abzubitten 나는 그에게 많은 것을 사죄해야 한다.

abblasen⁎ ⟨h⟩ **1. a)** 불어 없애다[털다]: er blies den Staub von dem Buch ab 그는 책의 먼지를 불어 털었다. **b)** 불어서 깨끗이 하다: er hat die Bücher abgeblasen 그는 책들을 불어서 깨끗이 했다. **2.** [기술] **a)** (가스 따위를) 배출[방출]시키다: Dampf a. 수증기를 배출시키다. **b)** (연소 장치의) 가동을 중지하다: einen Hochofen a. 용광로의 가동을 중지하다. **3. a)** [사냥·군사] (호각이나 나팔을) 불어 끝나게 하다, 종료 나팔[호각]을 불다. **b)** [통용어·일반적] 취소하다, 그만두다: das ganze Unternehmen a. 전체 계획을 취소하다. **Abblasung,** die ↑abblasen의 명사형.

abblassen ⟨s⟩ 《아어》 퇴색하다, 파리해지다: die Farben blassen ab 색들이 퇴색했다; 전의 abgeblaßte Erinnerungen 희미하게 된 회상; abgeblaßte Redensarten 의미 없는 상투어.

abblatten ['apblatn] ⟨h⟩ [농업] (무의) 잎을 (사료용으로 쓰기 위해) 따다.

abblättern 1. a) ⟨s⟩ 잎이 (하나하나) 떨어지다: die Rosen sind abgeblättert 장미꽃잎이 하나하나 떨어졌다. **b)** ⟨s⟩ 조각으로 갈라져 떨어지다: der Bewurf blättert ab 모르타르가 일어나 한 조각씩 떨어진다. **2.** ⟨h⟩ 《지역적》 잎을 따내다; 《드물게》 ↑abblatten 참조.

abbleiben⁎ ⟨통용어·nordd.⟩ 《대개 wo와 함께》 (모르는 곳에) 가서 머물러 있다: ich weiß gar nicht, wo er abgeblieben ist 그가 어디에 가 (머물러) 있는지 나는 전혀 몰라.

abbleichen ⟨s⟩ 《드물게》 퇴색하다, 바래다: abgebleichte Bucheinbände 색이 바랜 책의 장정.

Abblende, die [영화] 페이드 아웃(영상이 점차 희미해져 없어짐)(반대: Aufblende). **abblenden** ⟨h⟩ **1. a)** [군] 불빛이 새어 나가지 않게 가리다: die Lampe[die Fenster] a. 불빛이 새어 나가지 않게 등[창문]을 가리다. **b)** [교통] (전조등을) 하향 조정하다: die Scheinwerfer a. 전조등을 하향 조정하다. **2. a)** (등의) 불이 꺼지다: die Scheinwerfer blenden ab 전조등이 꺼진다. **b)** [사진] 조리개를 좁히다[죄다]: auf diesem Bild hast du zu stark abgeblendet 너는 이 사진을 찍을 때 조리개를 너무 많이 줄였어. **c)** [영화] 화면의 촬영(한 컷)을 끝마치다. **Abblendlicht,** das (자동차의) 조정한 전조등의 빛. **Abblendung,** die; -en ↑abblenden의 명사형.

abblitzen ⟨s⟩ 《통용어》 퇴짜맞다: er ist bei ihr abgeblitzt 그는 그녀에게서 퇴짜맞았다; das Mädchen läßt alle a. 그 처녀는 모든 남자들을 퇴짜놓는다.

abblocken ⟨h⟩ [스포츠] 상대의 공격을 차단하다: er blockte den Ball am Netz ab 그는 네트에서 블로킹을 했다; er hat den linken Haken abgeblockt 그는 상대의 왼쪽 훅을 막았다. **Abblockung,** die; -en 공격 차단, 블로킹.

abblühen ⟨h/s⟩ 《아어》 꽃이 시들다: die Rosen blühen ab 장미꽃들이 시든다; 전의 ihre Jugend war nun endgültig abgeblüht 그녀의 청춘이 이제 완전히 지나가 버렸다.

abbohren ⟨h⟩ **1.** 《광·기술》 **a)** 구멍을 뚫어 제거하다. **b)** 구멍을 뚫어 (지질을) 조사하다: die ganze Talsohle wurde abgebohrt 전 골짜기의 바닥에 구멍을 뚫어 조사했다. **2.** [학생] 베끼다, 커닝하다.

abborgen ⟨h⟩ 《강조》 (누구로부터 무엇을) 빌리다(꾸다): er borgte ihm ständig Geld ab 그는 계속 그로부터 돈을 빌렸다.

abböschen ⟨h⟩ 비탈지게 하다, 경사지게 하다: man böschte das Ufer ab 강변 뚝을 경사지게 했다. **Abböschung,** die; -en 경사, 사면.

Abbrand, der; -(e)s, Abbrände **1.** 《드물게》 소각, 연소. **2.** [핵공학] (원자로에서) 핵연료의 에너지화[변화]. **3.** [제련] **a)** 연소로 인한 금속 중량의 감소. **b)** 쇠똥, 쇠 부스러기. **4.** [로켓 공학] 고체 연료의 연소. **Abbrandler** ['apbrantlɐ], 《방언》 **Abbrändler** ['apbrɛntlɐ], der; -s, - 《österr·통용어》 화재의 피해자.

abbraten⁎ ⟨h⟩ 《드물게》 완전히[충분히] 굽다.

abbrauchen ⟨h⟩ 써서 닳아지게[해지게] 하다: er braucht die Jacke rasch ab 그의 웃옷은 빨리 해진다; 전의 abgebrauchte Begriffe 진부한 개념들.

abbrausen 1. ⟨h⟩ 샤워시키다: ich habe mich kalt abgebraust 나는 찬물로 샤워했다. **2.** ⟨s⟩ 《통용어》 (차가) 요란한 소리를 내며 떠나가다: mit Vollgas a. (차가) 윙하며 전속력으로 떠나가다.

abbrechen⁎ **1. a)** ⟨h⟩ 꺾어 떼다, 꺾다, 부러뜨리다: eine Nadel a. 바늘을 부러뜨리다; ich habe mir einen Zahn abgebrochen 나는 이를 부러뜨렸다; **sich [k]einen a.** 《통용어》 (무슨 일을) 해체하다. **b)** ⟨h⟩ (만들었던 것을) 분해하다, 해체하다: eine Pontonbrücke a. 부교를 해체하다. **c)** ⟨h⟩ 헐다, 철거하다: ein altes Haus a. 낡은 집을 헐다; 전의 die Brücken zur Vergangenheit a. 과거와 단절하다. **d)** 갑자기 끊다, 돌연 중단[단절]하다: die diplomatischen Beziehungen zu[mit] einem Staat a. 어떤 나라와의 외교 관계를 갑자기 단절하다; der Kampf mußte in der 3. Runde abgebrochen werden 그 시합은 3회전에서 돌연 중단되어야 했다; abgebrochene Sätze 단절된 토막 문장들. **2. a)** ⟨s⟩ 부러지다, 부러져 나가다: die Messerspitze brach ab 칼끝이 부러졌다. **b)** ⟨h⟩ (하던 행동을) 뚝 그치다, 중단하다: sie lachte laut, brach aber mitten im Lachen ab 그녀는 소리 높이 웃었으나 웃는 도중 웃음을 뚝 그쳤다. **c)** ⟨s⟩ 중단되다, 끝나다: der Brief brach ab 편지가 중단되었다. **d)** ⟨s⟩ 낭떠러지를 이루다: der Felsen bricht fast senkrecht ab 바위가 거의 수직으로 낭떠러지를 이룬다. **e)** [군] (일렬) 종대로 행진 대열을 갖추다 《대부분 명령형》: rechts brecht ab — im Schritt marsch! 우측으로 일렬 종대-구보 행진! **f)** ⟨h⟩ [인쇄·군고어] 한 행에서 다음 행으로 넘어가다.

abbremsen ⟨h⟩ 속도를 줄여 멈추게 하다, (브레이크로) 속도를 줄이다: die Fallgeschwindigkeit auf 400 km/h a. 낙하 속도를 시속 400km로 줄이다. **Abbremsung,** die; -en ↑abbremsen의 명사형.

abbrennen⁎ **1. a)** ⟨h⟩ 태워 버리다: ein Haus a. 집을 태워 버리다. **b)** ⟨h⟩ 소각하다, 태워 없애다: ein Moor a. 습지에 불을 질러 잡초를 없애다. **c)** ⟨h⟩ [금속] 담금질하다, 정련하다. **d)** ⟨h⟩ [기술] 부식 처리하다. **e)** ⟨h⟩ 태워 없애다: Benzinreste a. 남은 휘발유를 태워 없애다. **f)** ⟨h⟩ 점화하여 태우다(폭발시키다). **g)** ⟨h⟩ [군·고어] 발사(발포)하다. **h)** ⟨h⟩ [요리] 냄비 속의 묽은 반죽을 불위에 올려 놓고 거어 덩어리져 냄비 바닥에서 일어나게 하다. **i)** ⟨h⟩ 《österr·통용어》 갈색이 되게 하다, 햇볕에 태우다: die Sonne hat sein Gesicht abgebrannt 햇볕이 그의 얼굴을 태웠다. **2. a)** ⟨s⟩ 타버리다, 소실되다, 전소되다: der Schuppen brannte ab 창고가 소실되었다. **b)** ⟨s⟩ 화재로 피해를 입다: wir sind schon zweimal abgebrannt 우리는 벌써 두 번이나 화재의 피해를 입었다; 속담 dreimal umgezogen ist (so gut wie) einmal abgebrannt 이사 세 번은 화재 한 번과 같다; 전의 abgebrannt sein 빈털터리다, 돈 다 없어지다. **c)** ⟨s⟩ 타 없어지다, 타 내려가다: abgebrannte Kerzen 타내려간 초.

Abbreviation [abrevia'tsjoːn], die; -en [lat. abbreviātiō] (↑abbrevieren의 명사화) 《고어》 **1.** 단축. **2.** ↑Abbreviatur. **Abbreviatur** [abrevia'tuːɐ], die; -en 약어(略語), 약칭. **Abbreviatursprache,** die 일상어의 약식 표현 방법. **abbreviieren** [abrevi'iːrən] ⟨h⟩

[lat. abbreviāre] 《고어》 (특히 단어를) 줄이다, 단축하다.

ạbbringen* 1. ⟨h⟩ 떨어[떼어]지게 하다, 그만두게 하다: er ist durch nichts von ihr abzubringen 무슨 수를 써도 그를 그 여자로부터 떨어지게 할 수 없다. 2. 《통용어》 제거하다, 떼내다: bringst du den Flecken vom Tischtuch nicht ab? 너는 탁자보에서 그 얼룩을 제거하지 못하느냐? 3. [선원] (좌초한 배를) 이초(離礁)시키다.

ạbbröckeln 1. a) ⟨s⟩ 부서져 떨어[벗겨]지다: der Verputz war abgebröckelt 겉칠이 벗겨졌다. b) ⟨s⟩ [증권] (시세가) 떨어지다, 내리다. 2. ⟨h⟩ 《드물게》 부수어 떼어 내다, 허물어뜨리다: das Hochwasser hat hier das Erdreich abgebröckelt 홍수가 여기 토양을 허물어 뜨렸다. **Abbröck(e)lung**, die 벗겨짐, 떨어짐, 시세 하락.

ạbbrocken ⟨h⟩ 《südd., österr.》 (꽃을) 꺾다, (열매를) 따다.

Ạbbruch, der; -(e)s, Abbrüche 1. ⟨Pl. 없음⟩ 철거, 해체: der A. des Zeltes 천막의 철거. 2. ⟨Pl. 없음⟩ 허물기: der A. des alten Hauses 낡은 집을 허무는 것; **ein Haus auf A. verkaufen** 집을 허는 조건으로[헌 재목 값으로] 팔다; **auf A. heiraten** 《통용어 · 농》 상대가 곧 죽을 것을 기대하고 결혼하다. 3. 단절, 절단, 중단: **mit dem A. der diplomatischen Beziehungen drohen** 외교 관계를 단절하겠다고 위협하다; [권투] durch A. unterliegen 티케이오(T.K.O) 패하다. 4. a) 부러짐, 깨짐: **bei einem A. des Eises** 얼음장이 깨질 때. b) 부러진[깨어진] 조각, 《복수》 장소. 5. 피해, 손해: **das tut der Liebe keinen A.** 《통용어 · 농》 그것은 전혀 지장이 없다.

ạbbruch-, Ạbbruch-: ~**arbeit**, ⟨österr.⟩ ~**sarbeit**, die ⟨대개 Pl.⟩ 허무는 공사, (건축물 따위의) 철거 공사. ~**arbeiter**, der (건축물) 철거 공사 인부. ~**firma**, die 철거 공사를 하는 회사. ~**genehmigung**, die 건축물 철거 승인. ~**kosten** ⟨Pl.⟩ 철거 비용. ~**material**, das 건축물 철거 때 나오는 재료(돌, 송판, 문짝 등). ~**quote**, die 케이오(K.O) 율. ~**reif** ⟨Adj.⟩ 헐어[철거해야] 할. ~**sieg**, der [권투] 티케이오(T.K.O) 승. ~**sieger**, der [권투] 티케이오(T.K.O)승한 선수. ~**unternehmen**, das ↑**firma**.

ạbbrühen ⟨h⟩ 삶다, 데치다, 끓는 물을 부어 익히다: Geflügel a. 날짐승의 털을 뽑기 위해 끓는 물을 끼얹다.

ạbbrummen 1. ⟨h⟩ 《경 · 조용조》 징역살이하다, 복역하다: eine dreiwöchige Strafe a. 3주간 복역하다. 2. ⟨s⟩ 《통용어》 붕붕거리며 떠나가다.

ạbbuchen ⟨h⟩ [상인] 지출로 기재하다, 차감하다: die Bank buchte den Betrag von meinem Konto ab 은행이 그 금액을 내 구좌에서 차감했다. **Abbuchung**, die; -en 지출 기재, 차감.

ạbbücken ⟨h⟩ [기계체조] 한 종목을 끝맺을 때 양쪽의 발을 쭉 뻗고 몸을 굽힌 자세로 뛰어내리다.

ạbbügeln ⟨h⟩ 1. [재단] (새로 만든 옷을) 다리미질하여 끝맺음하다. 2. [스키] 리프트의 손잡이를 놓다. **Abbügler**, der; -s, - 새로 만든 옷을 다리미질하여 끝맺음하는 직공.

ạbbummeln ⟨h⟩ 《통용어》 (초과 근무한 시간을) 휴식 시간으로 상쇄하다.

Ạbbund, der; -(e)s [목공] 다듬은 건축재를 시험삼아 서로 연결해 보기.

ạbbürsten ⟨h⟩ 1. a) 솔질하여 털다: ich bürstete ihm die Haare von der Jacke ab 나는 그의 윗옷에서 머리털을 솔질하여 털어 주었다. b) 솔질하여 깨끗이 하다: ich habe ihn abgebürstet 나는 그가 입고 있는 옷을 솔질하여 깨끗이 했다. 2. 《지역적》 야단치다, 꾸짖다.

ạbbusseln ⟨h⟩ 《통용어 · österr.》 ↑**abküssen**.

ạbbüßen ⟨h⟩ 1. [교회 · 종교] 속죄하다: seine Schuld a. 자기 죄를 속죄하다. 2. [법] 죄값을 치르다, 복역하다: eine lange Freiheitsstrafe a. 오랫동안 복역하다. **Abbüßung**, die; -en 속죄, 수형(受刑).

Abc [a(:)be(:)'tse:], das; -, - 1. (독일어 자모 전체로서의) 아베체, 알파벳: **das Abc lernen[aufsagen]** 아베체를 배우다(암송하다). 2. 표제어가 알파벳 순으로 된 책: Abc der Nobelpreisträger 노벨상 수상자를 알파벳 순으로 기재한 책. 3. 초보, 기본, 입문: **das Abc der Wirtschaft** 경제학 입문.

Abc-: ~**Buch**, das 《고어》 국민 학교 일학년용 독일어 교과서. ~**Code**, der ⟨Pl. 없음⟩ (영어로 된) 국제 전신 약호부(略號簿). ~**Folge**, die 아베체[알파벳] 순서. ~**Ordnung**, die 아베체[알파벳] 순서. ~**Schütze**, der 국민 학교 1학년생.

ABC-: ~**Abwehr**, die 화생방 무기에 대한 방어. ~**Alarm**, die 화생방 경보. ~**Gefahr**, die 화생방 무기 사용이 나타나는 위험. ~**Kampfmittel** ⟨Pl.⟩ 화생방 [방사능, 생물학, 화학] 무기. ~**Schutzmaske**, die (화생방) 방독면. ~**Staaten** ⟨Pl.⟩ [세 국가명의 첫글자에 의함]: 남아메리카의 Argentinien, Brasilien, Chile 세 나라. ~**Waffen:** ↑**ABC-Kampfmittel**.

ạbchecken a) 검사하다, 검열하다, 조사하다. b) 명단에 표시를 하며 검사하다.

ạbdachen ['apdaxn], sich ⟨h⟩ (지붕 모양으로) 기울다: **das Waldland dacht sich nach Nordwesten zu ab** 그 임야는 서북쪽으로 경사진다. **Abdachung**, die; -en 지붕 모양의 경사, 사면, 구배.

ạbdämmen ⟨h⟩ 1. a) 둑(제방)을 쌓아 흐르지 못하게 하다. b) 둑을 쌓아 물을 막다[물로부터 보호하다]: **eine Wiese a.** 둑을 쌓아 초지에 물이 들어오는 것을 막다. 2. 저지하다: **eine Entwicklung a.** 어떤 발전을 저지하다. **Abdämmung**, die; -en 둑을 쌓아 막기, 축제(築堤), 둑, 제방.

Ạbdampf, der; -(e)s, Abdämpfe [기술] 폐증기(廢蒸氣), 배기(排氣).

¹**Ạbdampf-** (Abdampf): ~**austritt**, der 증기 마개 [꼭지, 코크]. ~**entöler**, der 배기 탈유(脫油) 장치. ~**heizung**, die 배기 난방. ~**kessel**, der 증기 가마. ~**leitung**, die (증기 기관의) 배기관(管). ~**rohr**, das 배기관(管). ~**turbine**, die 증기 터빈. ~**verwertung**, die 배기 이용. ~**vorwärmer**, der 배기를 이용하여 기관의 물을 일차적으로 데우는 가열기. ~**wärme**, die 1. [기술] 배기열. 2. [화학] 증발시키는 데 사용되는 열량.

²**Ạbdampf-** (abdampfen): ~**apparat**, der 증발 장치. ~**gefäß**, das 증발 팬. ~**pfanne**, der 증발 가마. ~**rückstand**, der 증발하고 남은 찌꺼기. ~**schale**, die 증발 접시. ~**vorrichtung**, die 증발 장치.

ạbdampfen 1. a) ⟨h⟩ 증발하다. b) ⟨s⟩ [화학] 증기나 가스로 분리되다: **die Menge Alkohol, die bis jetzt abgedampft ist** 지금까지 증기로 분리된 알코올 양. c) ⟨s⟩ 《통용어》 (차 타고) 떠나다. 2. ⟨h⟩ [화학] 증발(기화)시키다.

¹**ạbdämpfen** ⟨h⟩ 완화시키다, (빛 · 소리를) 약하게 하다, (흥분을) 억제하다: **den Schall durch Isolierung a.** 방음을 통해 소리를 죽이다.

²**ạbdämpfen** ⟨h⟩ 1. 찌다, 삶다: Kartoffeln a. 감자를 찌다. 2. 축축한 천을 덮고 다림질하다.

ạbdanken ⟨h⟩ 1. 퇴위하다, 퇴직하다: **der König dankte ab** 왕이 퇴위했다. 2. 《고어》 제대[전역]시키다, 면직시키다: abgedankte Offiziere 퇴역 장교들. **Abdankung**, die; -en 1. a) 퇴직, 퇴위, 해임, 면직, 전역: **die A. des Generals war lange**

beschlossen 그 장군의 전역은 오래전에 결정되었던 것이다. 2. 《schweiz.》 장례식.

abdarben, sich ⟨h⟩ (아이) (무리하게) 절약하다: ich darbte mir die paar Groschen dafür (am[vom] Munde) ab 나는 그것을 위해 몇 푼을 (먹을 것도 제대로 먹지 않고) 절약했다.

abdasseln ['apdasln] ⟨h⟩ 망교종(虻蛟腫: 쇠파리에 쏘여 생기는 종기)을 치료하다. **Abdasseler, Abdaßler,** der; -s, - 소의 망교종을 치료하는 사람. **Abdasselung** [**Abdaßlung**] die; -en 망교종 치료.

Abdeck- (abdecken 1 c): ~**creme,** die 피부가 깨끗치 못한 것을 카버하기 위한 화장용 크림. ~**mittel,** das 〔금속〕금속 및 합금의 용해 표면을 덮는 재료. ~**platte,** die 〔토건〕덮개판, 상판(上板).

abdecken ⟨h⟩ **1. a)** 덮개[뚜껑]를 벗기다: sie deckte das Tuch von dem Krug ab 그녀는 항아리를 덮은 천을 벗겼다. **b)** 덮고 있는 것을 벗겨 내다: α) 《일반적》 der Orkan hat viele Häuser abgedeckt 태풍이 많은 집들의 지붕을 벗겨 놓았다; den Tisch a. 식탁을 치우다. β) 《고어》 죽은 짐승의 가죽을 벗기다. **c)** α) 덮다, 가리다: ein Grab mit Tannenzweigen a. 잣나뭇가지로 무덤을 덮다. β) 《재생 공학》 (부식 작용을 방지하기 위해) 부식되지 않는 물질로 덮어 씌우다, 도료를 칠하다. **2.** 막다, 방어하다: 〔장기〕er deckte mit dem Turm seine Dame ab 그는 룩으로 여왕을 막았다; 〔스포츠〕den gegnerischen Stürmer a. 적 팀의 공격수를 막다. **3.** 〔상인〕(빛 따위를) 갚다, 지불하다. **4.** 충족시키다, 커버하다: das deckt alle Bedürfnisse ab 그것은 모든 수요를 충족시킨다. **Abdecker,** der; -s, - 가죽 벗기는 사람. **Abdeckerei** [apdekə'rai], die; -en 《준고어·폄》**1.** 박피업(剝皮業). **2.** 박피 공장. **Abdeckung,** die; -en ↑ abdecken의 (1 c, 2 및 3의) 명사형.

Abdera [ap'de:ra] 압데라(고대 그리스의 도시). **Abderit** [apdeˈrit], der; -en, -en **1.** 압데라의 시민(주민). **2.** 《교양어·고어》 우매한 사람.

abdestillieren ⟨h⟩ 《화학》 증류(蒸溜)를 통해 제거하다: das Zink wird abdestilliert 주석이 증류를 통해 제거된다.

abdichten ⟨h⟩ **a)** 메우다, 밀폐하다, 물이 새지[스며들지] 못하게 하다: ein Leck a. 새는 구멍을 메우다. **b)** 밀폐되어 있다, 스며들지 않다: gut abdichtende Behälter 잘 밀폐되어 있는 용기(容器). **Abdichtung,** die; -en **1.** 〈Pl. 없음〉 밀폐, 방수 처리. **2.** 밀폐[방수 처리된] 곳: die A. hält das Grundwasser fern 방수 처리된 그곳에는 지하수가 스며들지 않는다. **Abdichtungsarbeiten** ⟨Pl.⟩ 밀폐 작업, 방수 처리 작업. **Abdichtungsmaterial,** das 밀폐[패킹] 재료.

abdienen ⟨h⟩ **1.** 〔특히 군〕복무를 마치다: sein Jahr a. 복무 연한을 끝내다. **2.** 《드물게》보답하다, 보상하다: den Applaus mit Zugaben a. 앙코르로 박수 갈채에 보답하다.

Abdikation [apdikaˈtsi̯oːn], die; -en [lat. abdicátiō] 《고어》 사직, 퇴위.

abdingbar ['apdɪŋbaːɐ̯] 《Adj.》 〔노동법〕 합의에 의해 변경[절충]할 수 있는: diese Bestimmungen sind a. 이 규정은 합의에 의해 변경할 수 있다. **Abdingbarkeit,** die 합의에 의한 변경[절충] 가능성. **abdingen** 《드물게·준고어》 교섭[절충]하여 얻어내다: dieses Recht kann mir keiner a. 나는 이 권리를 아무에게도 양도하지 않겠다.

abdizieren [apdiˈtsi:rən] ⟨h⟩ [lat. abdicáre] 《고어》 사직하다, 퇴위하다.

abdocken ⟨h⟩ 〔사냥〕 사냥개의 목줄을 (팔에서) 풀어 주다.

Abdomen [ap'do:mən], das; -s, - / 〔전문 용어로만〕

Abdomina [ap'do:mina; lat. abdómen] **1.** 〔의학〕배, 복부. **2.** 〔동물〕절족(節足) 동물의 후반신. **abdominal** [apdomi'na:l] 《Adj.》 〔의학〕 복부의.

abdonnern ⟨s⟩ 《통용어》 (차, 비행기 따위가) 우뢰 같은 소리를 내며 떠나가다.

abdorren ⟨s⟩ (아이) 말라 비틀어지다, 시들다: die Zweige dorrten ab 가지들이 시들었다.

abdrängen ⟨h⟩ 밀어 제치다: ich ließ mich von meinem Platz nicht a. 나는 내 자리에서 밀려나지 않았다.

abdrehen ⟨h⟩ **1. a)** 스위치를 돌려 끄다[잠그다]: das Licht a. 스위치를 돌려 불[전등]을 끄다; den Wasserhahn a. 수도꼭지를 잠그다. **b)** (목을) 비틀어 죽이다: einem Huhn den Hals a. 닭의 목을 비틀어 죽이다. **c)** 돌리다: ich drehte mich halb ab 나는 몸을 반쯤 돌렸다. **d)** 영화 촬영을 끝내다. **2.** ⟨s/h⟩ 방향을 바꾸다: das Flugzeug dreht nach Osten ab 비행기가 동쪽으로 방향을 바꾼다.

abdreschen: ↑ abgedroschen 참조.

Abdrift, die; -en 〔항해·항공〕(바람 및 조류로 인한) 편류(偏流). **abdriften** ⟨s⟩ 편류하다.

abdrosseln ⟨h⟩ **1.** (드물게) 사람의 목을 꼭 누르다. **2.** 〔기술〕**a)** 흐름(유통)을 막다: den Dampf a. 증기의 유통을 차단하다. **b)** 연료의 흐름을 막아 속도를 줄이다[정지시키다]: den Motor a. 연료의 흐름을 막아 모터를 정지시키다. **c)** 잠그어 흐름을 막다: den Gashahn a. 가스꼭지를 잠그다. **Abdrosselung, Abdroßlung,** die ↑ abdrosseln의 명사형.

¹Abdruck, der; -(e)s, -e 〈Pl. 없음〉 인쇄, 복제(複製): der A. des Romans beginnt im nächsten Heft 그 소설의 게재는 다음 호부터 시작된다. **2.** 인쇄물, 복제품.

²Abdruck, der; -(e)s, Abdrücke **1.** 〈Pl. 없음〉 눌러 찍음, 각인: der A. in Wachs dauert nicht lange 밀랍에 찍은 것은 오래가지 않는다. **2.** 압형(押型), 각인된 [찍혀진] 자국.

abdrucken ⟨h⟩ (잡지나 신문에) 게재하다: einen Roman a. (lassen) 소설을 게재하다.

abdrücken ⟨h⟩ **1. a)** 사람의 숨통을 막다: die Erregung drückte ihr die Luft ab 흥분하여 그녀는 숨통이 막혔다. **b)** 눌러서 유통을 막다: ich habe mir die Ader abgedrückt 나는 내 혈관을 눌러 피가 흐르지 않게 했다. **2.** 눌러[밀쳐] 떠나가 하다: er hat das Boot mit dem Fuß vom Ufer abgedrückt 그는 보트를 발로 밀쳐 물가에서 떠나가게 했다. **3.** 방아쇠를 당기다, 발사하다, (활을) 쏘다: das Gewehr a. 총의 방아쇠를 당겨 사격하다; auf jmdn. a. 누구를 향해 총을 쏘다. **4.** 《통용어》 꽉 끌어안고 키스하다: die Mutter drückte ihr gerettetes Kind ab 어머니가 구조된 아이를 꽉 끌어안고 키스했다. **5.** 무엇의 압형(押型)을 뜨다: Zähne in Gips a. 석고로 치형(齒型)을 뜨다; der Spur hatte sich im Erdboden abgedrückt 자국이 땅바닥에 남았다.

abducken ⟨h⟩ 〔권투〕 몸을 굽혀[더킹 모션으로] 상대의 공격을 피하다.

abdunkeln 1. a) ⟨h⟩ 차량하다, 어둡게 하다: ein Zimmer a. 방을 어둡게 하다. **b)** ⟨h⟩ (색을) 어둡게[진하게] 하다. **2.** ⟨s/h⟩ 《드물게》 (색깔이) 더 어두워[진해]지다.

abduschen ⟨h⟩ 샤워(관수욕)를 시키다: ich duschte mich warm ab 나는 더운물로 샤워했다.

Abe, Abé: ↑ Abee.

abebben ⟨s⟩ 가라앉다, 수그러들다: der Lärm[seine Erregung] ebbt langsam ab 소음[그의 흥분]이 가라앉는다.

Abece: ↑ Abc. **Abecedarium** [abetse'da:ri̯ʊm], das; -s, ...ien [...i̯ən; 2: lat. abecedárium abecedárius

1. (14~15세기 독일법전의) 알파벳 순의 색인. **2.** (16세기) 알파벳 순으로 정리한 교과서. **abecelich** [abeˈtseːliç] 〈Adj.〉 알파벳 순의: das Register ist a. 그 목록은 알파벳 순으로 되어 있다.

Abee [aˈbeː, 《또한》abeː], der, 《또한》das; -s, -s [↑ ¹Abort, Abtritt의 프랑스어화]《지역적·은폐》화장실: ich muß mal ganz schnell auf 'n A. 나는 급히 화장실에 가야겠어.

abeggen 〈h〉 〖농업〗 **1.** 써레 비슷한 제초기로 풀을 뽑다. **2.** 써레 비슷한 제초기로 밭을 완전히 매다.

abeilen 〈s〉〖고어·무대 지문〗급히 퇴장하다 〈오직 현재형으로만 사용〉: eilt durch eine Seitentür ab 옆문을 통해 급히 퇴장.

Abelmoschus [ab|ˈmɔʃʊs, 《또한》¹aːb|-], der; -, -se [lat. abelmoschus] 〖식물〗아벨모스크, 아욱과 부용속 (씨에서 향료를 제조).

abend [ˈaːbn̩t] 〈Adv.〉 저녁[밤]에: heute[gestern, morgen, Dienstag] a. 오늘[어제, 내일, 화요일] 저녁[밤]에. **Abend** [-], der; -s, -e **1. a)** 저녁, 밤(잠자리에 들기 이전의)〈반대: Morgen〉: ein warmer A. 온화한 저녁[밤]; des -s (아이) 저녁[밤]에; eines [schönen] -s 어느 (날씨 좋은) 날 저녁[밤](에); diesen[jeden] A. 오늘[매일] 저녁[밤]; es wird A. 저녁이 되다, 날이 저문다; am A. vorher 전날 저녁[밤]에; am ersten [gestrigen, gleichen] A. 첫날[어제, 바로 그날] 저녁[밤]에. A. für A. 저녁마다; vom Morgen bis zum A. 아침부터 저녁까지; 전의 im A. des Lebens 〈아이〉 노년에; 성구 es ist noch nicht aller Tage A. 아직 결판난 것은 아니다, 아직 희망이 있다; 속담 man soll den Tag nicht vor dem A. loben 밤이 되기 전에 하루의 재수를 논하지 말라, 마지막까지 기다린 다음에 평가해야 한다; **guten A.!** (밤·저녁 인사) 안녕하십니까; **zu A. essen** 저녁 식사를 하다; **Heiliger A.** 크리스마스 이브. **b) er kann mich am A. besuchen** 《은폐·속어》그놈나 동이나 먹어라. **2.** 저녁 모임, 야회: ein gemütlicher A. 유쾌한 저녁 모임; **ein bunter A.** 여러 가지 다채로운 프로그램을 담은 저녁 행사. **3.** 〈고어〉서쪽.

abend-, Abend-: ~akademie, die 야간 (전문) 대학. **~andacht**, die 저녁 기도. **~anzug**, der 야회복 (남자용). **~ausgabe**, die 〖신문〗 석간. **~beleuchtung**, die 저녁때의 조명. **~blatt**, das 〖신문〗석간 신문. **~brot**, das 저녁 식사. **~brottisch**, der 저녁 식사의 식탁. **~brotzeit**, die 저녁 식사 시간. **~dämmerung**, die 황혼, 땅거미. **~essen**, das 저녁 식사. **~friede(n)**, der 저녁의 평온. **~füllend** 〈Adj.〉저녁 늦게까지의 시간을 채우는. **~füller**, der 저녁 늦게까지의 시간을 채우는(긴) 공연물. **~gage**, der 하루 저녁 출연료. **~gebet**, das 저녁 기도. **~glocke**, die 저녁때 울리는 교회의 종, 만종(晚鐘). **~gottesdienst**, der 〖종교〗저녁 예배. **~gymnasium**, das 야간 고등 학교. **~hauch**, der 《시어》 저녁 바람[서늘한 바람]. **~hauptschule**, die (국민 학교 (기초 과정) 4년을 마친 후 입학하는 대개 5년제) 야간 본과정(本課程) 학교. **~himmel**, der 저녁 하늘. **~hochschule**, die 야간대학. **~imbiß**, der 간단한 저녁 식사. **~kasse**, die 저녁 공연 전에 문을 여는 (극장의) 매표구. **~kleid**, das (숙녀의) 야회복. **~kleidung**, die 야회복 (차림). **~konzert**, das 저녁 연주회. **~kühle**, die 저녁 냉기. **~kurs, ~kursus**, der 야간 강습[강좌]. **~land**, das (pl. 없음) 서양(西洋: Morgenland). **~länder** [-lɛndɐ], der; -s, - 서양인. **~ländisch** [-lɛndɪʃ] 〈Adj.〉서양의. **~läuten** 저녁 종소리, 만종의 울림. **~lehrgang**, der ↑Abendkurs(us). **~lektüre**, die 야간 독서. **~licht**, das 《Pl. 없음》 (시어) 저녁놀, 석양. **~lied**, das 저녁 노래. **~luft**, die 저

녁 공기. **~mahl**, das **1.**《고어·südd.》저녁 식사. **2.** 〈Pl. 없음〉 〖종교〗 최후의 만찬. **3.** 〈Pl. -e〉 〖개신교〗성찬(식), 〖가〗 영성체(領聖體): darauf will ich das **A. nehmen** (준교어) 그것을 나는 확실히 알고 있다. **~mahlsbrot**, das 성찬식의 빵. **~mahlsfeier**, die 성찬식. **~mahlsgemeinschaft**, die 성찬식에 모인 신도들. **~mahlsgerät**, das 성찬식 용구. **~mahlskelch**, der 성찬식의 잔. **~mahlstisch**, der 성찬식 식탁. **~mahlswein**, der 성찬식의 포도주. **~mahlzeit**, die 저녁밥, 만찬. **~mantel**, der 저녁 나들이용 외투. **~messe**, die 〖가〗저녁 미사. **~musik**, die 소야곡. **~nachrichten** 〈Pl.〉 (방송국의) 저녁 뉴스. **~nebel**, der 저녁 안개. **~oberschule**, die ↑-gymnasium. **~programm**, das 〖라디오·텔레비전〗 저녁 프로그램. **~realschule**, die (국민학교 4년을 마친 다음 들어가는 6년제) 야간 실업 학교. **~rot**, das 저녁 노을. **~röte**, die (아이) ↑~rot. **~ruhe**, die 저녁 휴식[잠]. **~schein**, der 저녁 노을[햇빛]. **~schoppen**, der 저녁 술. **~schule**, die (특히 직장인을 위한) 야간 학교. **~schüler**, der 야간 학교 학생. **~segen**, der 〖기독교〗 (짧은) 저녁 기도. **~seite**, die 〈고어·고풍적〉서쪽. **~sonne**, die 석양, 저녁 해. **~sonnenschein**, der 석양빛. **~spaziergang**, der 저녁 산책. **~ständchen**, das ↑~musik. **~stern**, der 금성(金星). **~stimmung**, die 저녁의 평온한 분위기. **~studium**, das (직장인을 위한) 야간 대학 공부. **~stunde**, die (대개 Pl.) 저녁 시간. **~tasche**, die (축소형) **~täschchen**, das (작은) 야회(夜會)용 여자 핸드백. **~tisch**, der 저녁상. **~toilette**, die **1.** 여자의 야회복 차림. **2.** (아이) 잠자기 전에 하는 화장. **~universität**, die (구동독) (직장인을 위한) 야간 대학교. **~unterhaltung**, die 저녁[밤]의 여흥(오락, 환담). **~unterricht**, der 야간 수업. **~veranstaltung**, die 저녁 모임, 저녁 연회. **~vorstellung**, die 저녁 공연. **~wind**, der 저녁 바람. **~zeit**, die 저녁 시각. **~zeitung**, die 석간 신문. **~zug**, der 야간 열차.

abendelang 〈Adj.〉 몇 날 저녁[밤] 동안. **abendlich** [ˈaːbn̩tlɪç] 〈Adj. meist nur attr.〉저녁의, 밤의, 야간의: das -e Bad 저녁 목욕; -e Kühle 저녁 나절의 선선함. **abends** [ˈaːbn̩ts] 〈Adv.〉저녁에: a. um 8 Uhr 저녁 8시에; von a. bis morgens 저녁에서 아침까지; Dienstag[dienstags] a. 화요일 저녁에.

Abenteuer [ˈaːbn̩tɔʏɐ], das; -s, - **1.** 모험, 모험적 사건 [상황]: A. bestehen 모험을 이겨내다. **2.** 모험적 체험: die Fahrt war ein A. 그 여행은 모험이었다. **3.** 〈뱀〉 모험: Napoleons A. in Ägypten 나폴레옹의 이집트에서의 모험. **4.** 연애 사건, 사랑의 모험[체험]: Lydia war sein erstes A. gewesen 뤼디아는 그에게 처음으로 사랑의 체험을 안겨 준 여자였다.

abenteuer-, Abenteuer-: ~buch, das 모험담 책. **~drang**, der 모험 충동, 모험을 향한 갈망. **~durst**, der 모험에 대한 갈망. **~film**, 《또한》 Abenteuerfilm, der 모험 영화. **~geschichte**, 《또한》 Abenteurergeschichte, die 모험담. **~hunger**, der 모험에 대한 갈망. **~hungrig** 〈Adj.〉 모험을 갈망하는. **~lust**, 《또한》 Abenteuerlust, die 모험욕, 모험심. **~lustig** 〈Adj.〉 모험을 좋아하는, 모험심이 강한. **~politik**, 《또한》 Abenteuerpolitik, die 모험 정치. **~reich** 〈Adj.〉모험에 찬. **~roman**, 《또한》 Abenteurerroman, der 모험 소설. **~spielplatz**, der (어린이들이 모험심을 발휘할 수 있도록 만든) 모험 놀이터. **~story**, 《또한》 Abenteuerstory, die 모험 (단편) 소설. **~sucht, die** 광적인 모험심. **~süchtig** 〈Adj.〉 모험심이 광적으로 강한. **~voll** 〈Adj.〉 모험에 찬.

Abenteuerin: ↑Abenteurerin. **abenteuerlich**

Abenteurerlichkeit ['a:bṇtɔyrliç] ⟨Adj.⟩ 1. 모험에 찬, 모험적인: -e Geschichten 모험에 찬 이야기. 2. ((隆)) 위험스런, 모험적인: dein Vorhaben scheint mir recht a. [zu sein] 너의 계획은 나에겐 매우 모험적인 것으로 여겨진다. 3. 진기한, 공상적인, 괴상한: in -er Vermummung 괴상하게 변장을 하고. 4. ((드물게)) 모험기가 있는, 모험을 좋아하는. **Abenteuerlichkeit**, die; -en 모험적인 사건[체험]: der Weg war von gefährlicher A. 그 길은 아슬아슬한 모험을 겪게 했다. **abenteuern** ['a:bṇtɔyɐn] ⟨s⟩ 모험하러[모험을 찾아] 나서다. **Abenteuertum** ↑ **Abenteurertum**. **Abenteurer** ['a:bṇtɔyrɐ], der; -s, - ((경멸적)) 무모한 모험가, 떠돌이꾼.
Abenteurer-: ~**film**, der 모험 영화. ~**geist**, der 모험가 정신. ~**geschichte**, die 모험담. ~**gestalt**, die 모험가적 인물. ~**leben**, das 모험가의 삶. ~**lust**, die 모험욕, 모험심. ~**natur**, die 1. 모험가적 천성[기질]. 2. 모험을 좋아하는 사람, 모험가. ~**politik**, die 모험 정치. ~**roman**, der ↑ Abenteuerroman. ~**romantik**, die 모험가의 낭만(성).
Abenteurerin, ((또한)) Abenteuerin, die; -nen ↑ Abenteurer의 여성형. **Abenteurertum**, ((또한)) Abenteuertum, das; -s 모험가의 생활 방식, 모험가적 기질.
aber ['a:bɐ] I. ⟨Adv.⟩ (고어) 다시(금), 또다시: a. und abermals 자꾸[몇번이고] 되풀이하여; Hunderte und a. Hunderte (Tiere) 수백 (마리의 짐승). II. ⟨Konj.⟩ 1. a) 그러나(반대를 표현함): er schlief, a. sie wachte 그는 잠잤다. 그러나 그녀는 깨어 있었다. b) 하지만(기대에 어긋남을 표현함): ich habe davon gehört, a. ich glaube es nicht 나는 그것에 대해 들었다. 하지만 나는 그것을 믿지 않아. 2. a) 한데, 그렇지만, 하지만(제한, 유보, 정정, 보충을 표현함): er trank gern, a. nicht unmäßig 그는 술을 즐겨 마시지만 무절제하게 마시지는 않았다. b) (준고어) 그리고, 그런데(앞과의 연결을 표현함): als es a. dunkel wurde, machten sie Rast 그런데 날이 어두워지자 그들은 휴식을 취했다. 3. 그렇지만, 아니(이의, 반대를 표현함): einer von uns muß es a. gewesen sein 아니, 그것은 우리들 중의 한 사람이었음이 틀림없다. 4. 정말, 진정, 물론(강조를 표현함): a. gern 정말 기꺼이 (할거야); alles, a. auch alles würde er tun 그는 모든 것을, 정말 모든 것을 할거야. **a)** (기쁨, 인정을 표현함) du spielst a. gut! 너는 (게임을) 정말 잘 하는구나! **b)** (놀라움을 표현함) die ist a. dick! 저 여자는 정말 뚱보군! **c)** (불쾌감을 표현함) die hat a. recht!: 그 여자 정말 못 된 짓 해 주었구나! **d)** (무마(撫摩)를 표현함) a., meine Herrschaften 제발 여러분!; a., a. 그러지 말어! **Aber** [-], das; -s, - (통용어) 이의(異議), 반대: ich will kein A. hören 나는 어떤 이의도 듣지 않겠어. 2. 문제, 난관: die Sache hat ihr A. 그 일에는 문제거리가 있다.
aber-, Aber- (aber I): ~**hundert** ⟨Num.⟩ (아어) 수백의; ~**hunderte** ⟨Pl.⟩ (아어) 수 백: vor -en von Jahren 수백년 전에. ~**malig, ~mals**: ↑ abermalig, abermals. ~**tausend** ⟨Num.⟩ (아어) 수 천의. ~**tausende** ⟨Pl.⟩ (아어) 수 천.
Aberglaube, der; -ns, ((드물게)) Aberglauben, der; -s 1. 미신: ein verbreiteter A. 널리 퍼진 미신. 2. 망상, 선입견. **abergläubig** ['a:bɐglɔybɪç] ⟨Adj.⟩ ((고어 · 드물게)) ↑ abergläubisch. **abergläubisch** ⟨Adj.⟩ 미신적인, 미신을 믿는.
aberhundert: ↑ aber-, Aber- 참조.
aberkennen* (드물게 비분리) (판결에 의해) 누구의 무엇을 박탈(부인)하다: jmdm. die bürgerlichen Ehrenrechte a. 판결에 의해 누구의 공민권을 박탈하다. **Aberkennung**, die; -en (판결에 의한) 박탈, 부인.

abermalig ['a:bɐma:lıç] ⟨Adj.⟩ 다시[또] 한번의, 재차의: eine -e Verlängerung der Dienstzeit 또 한번의 근무 연한 연장. **abermals** ['a:bɐma:ls] ⟨Adv.⟩ 새로이, 또 다시, 다시 한번, 재차.
abernten ⟨h⟩ 1. (곡식을) 완전히 거두어 들이다, 수확을 끝내다: man erntete das Getreide ab 곡식을 완전히 거두어 들였다; ⟨4격 목적어 없이도⟩ wir haben bereits abgeerntet 우리는 벌써 수확을 끝냈다. 2. 수확하여 비게 하다: das Feld a. 수확하여 들판을 비게 하다.
Aberration [aplera:tsli̯o:n], die; -en [lat. aberratio]. 1. (생물) 변형, 이상형. 2. (천문) 광행차(光行差). 3. (광학) (렌즈의) 수차(收差): chromatische A. 색(色)수차.
Abersinn, der -(e)s (드물게 · 고풍적) 부조리, 넌센스, 어리석음, 몰상식. **abersinnig** ⟨Adj.⟩ ((드물게 · 고풍적)) 상식 밖의, 몰상식한, 어처구니없는.
abertausend: ↑ aber-, Aber- 참조.
Aberwitz, der; -es (아어 · 드물게) 넌센스, 어리석음, 몰상식, 어처구니없는 말. **aberwitzig** ⟨Adj.⟩ 상식 밖의, 미치광이의, 어처구니없는, 어리석은.
aberziehen* ⟨h⟩ 교육을 통해 버릇을 없애다(반대: anerziehen).
abessen* ⟨h⟩ 1. **a)** 먹어 치우다. **b)** (깨끗이) 다 먹어 비우다: den Teller a. 깨끗이 다 먹어 접시를 비우다. **c)** (통용어) (돈을) 먹는 데 다 쓰다: die zwanzig Mark kann man gar nicht a. 20마르크를 먹는 데 다 쓸 수는 없다. 2. 식사를 끝내다: ⟨대개 과거형이나 비인칭 수동으로 사용됨⟩ es ist abgegessen 식사가 끝났다; **bei jmdm. abgegessen haben** ((통용어 · ostmd.)) 누구 집에서 환대받지 못하다.
Abessinien, -s 1. 아베시니아(↑ Äthiopien의 옛 명칭). 2. ((통용어 · 농)) 나체 해수욕장. **Abessinier**, der; -s, - 아베시니아[에티오피아] 사람[인]. **abessinisch** ⟨Adj.⟩ 아베시니아의.
Abessiv, der; -s, -e [lat. abesse] [언어] 1. 부재격(不在格) (핀란드어 · 헝가리어에서 사용되는 격. 예컨대: finn. talotta = 집이 없는). 2. 부재격의 단어.
abfackeln ⟨h⟩ [기술] (필요없는 가스 등을) 태워 없애다, 소각하다. **Abfackelung, Abfackelung**, die; -en 소각.
abfädeln ⟨h⟩ (지역적) (콩깍지의) 심줄을 떼어내다: die grünen Bohnen werden sorgfältig abgefädelt 푸른 완두콩깍지의 심줄을 세심히 제거한다.
abfahrbereit ⟨Adj.⟩ 출발 준비가 (완료)된: der Wagen ist a. 자동차는 출발 준비가 되어 있다. **abfahren 1.** ⟨s⟩ **a)** 출발하다: der Bus fährt gleich ab 버스가 곧 출발한다. **b)** ((경 · 속어)) 꺼지다, 없어지다, 사라지다: (전의) er wird wohl bald a. (경 · 은어) 그는 아마 곧 죽을 것이다. **c)** (썰매나 스키를) 타고 아래로 내려가다. **d)** (경) 퇴짜맞다, 거절당하다: ((종종 "lassen"과 함께)) jmdn. derb a. lassen 누구를 우악스럽게 퇴짜 놓다, 누구의 요구를 우악스럽게 거절하다. **e)** (경) (누구를) 호되게 나무라다: mit dem Kerl sind wir aber abgefahren! 한데 우리는 그 녀석을 호되게 나무랐지. **2.** ⟨h⟩ (차편으로) 운반해 가다: Müll a. 쓰레기를 실어가다. **b)** ⟨h/s⟩ 차를 타고 시찰하다: die Beamten haben [sind] die nähere Umgebung abgefahren 관리들은 차를 타고 가까운 주위를 시찰했다. **c)** (어떤 지대를) 미끄러져 내려가다. **d)** ⟨h⟩ 차로 받아 부수다[무너뜨리다]: ich fuhr mit dem Wagen ein Stück von der Mauer ab 나는 차로 담을 받아 어느 한 부분을 무너뜨렸다. **e)** α) ⟨h⟩ 차를 많이 몰아 마모시키다: du fährst die Reifen rasch ab 너는 차를 많이 몰아 타이어를 빨리 마모시키는구나. β) ⟨a + sich⟩ ⟨h⟩ 차가 많이 굴러 닳다: der rechte Hinterreifen hat sich[ist] am stärksten abgefahren 오른쪽 뒷 타이어가 제일 많이 닳았다. **f)** ⟨h⟩ ((통

용어》(복수 승차권을) 다 사용하다: hast du deine Mehrfahrtenkarte schon abgefahren? 너는 너의 복수 승차권을 벌써 다 사용했느냐? g) 【영화·라디오·텔레비전】 방송(방영)하기 시작하다. **Abfahrt**, die; -en **1.** 출발, 발차: die A. verzögert sich 발차가 지연되다. **2.** 【스키·썰매 경기】 **a)** 타고 내려가기, 활강(滑降): die A. war gefährlich 활강은 위험했다. **b)** 활강 코스. **c)** 활강 출발 지점. **3.** 【관】 반출: die A. von Müll 쓰레기 반출. **4.** 고속도로에서 벗어나는 출구, 인터체인지: die A. (nach) Wiesbaden 비스바덴 행 출구.

Abfahrt- 〈독일 연방 철도와 체신청에서만 이 형식〉 《대개는》 **¹Abfahrts-** (Abfahrt 1): **abfahrtbereit** 〈Adj.〉 발차(출발) 준비가 (완료)된. **¹Abfahrt(s)~befehl**, der 【철도】 발차 명령. **~datum**, das 출발 날짜. **~gleis**, das 발차선(發車線). **~plan**, der **1.** ↑~tafel. **2.** 〈Pl.〉 발차(시간) 계획. **~signal**, das 발차[출발] 신호. **~stelle**, die 발차[출발] 장소. **~tafel**, die 【철도】 열차 출발 시간표. **~tag**, der 출발일. **~termin**, der 출발 시간. **~zeichen**, das 발차[출발] 신호. **~zeit**, die 출발 시간.

²Abfahrts- (Abfahrt 2 a): **~hang**, der 활강(滑降)하는 언덕. **~lauf**, der 활강(경기)(스키 스포츠용품). **~läufer**, der 활강 선수. **~piste**, die 활강 코스. **~rennen**, das 활강 경주. **~strecke**, die 활강 코스.

Abfall, der; -(e)s, Abfälle **1.** 폐물, 쓰레기: Kübel mit übelriechendem A. 악취가 풍기는 쓰레기통. **2.** 〈Pl. 없음〉 【종교·정치】 배반, 이반(離反), 탈퇴: A. vom Glauben 배교(背敎). **3.** 〈Pl. 없음〉 비탈, (급)경사: die Wiese erstreckt sich in sanftem A. bis zu meinem Haus 이 초원은 완만한 경사를 이루어 우리집까지 뻗어 있다; der A. seiner Leistungen ist unverkennbar 그의 실적의 감소는 명백하다.

Abfall-: **~beseitigung**, die (Abfall 1) 폐물[쓰레기] 제거. **~eimer**, der 쓰레기통. **~erzeugnis**, das ↑ **~produkt**, die 쓰레기 구덩이. **~haufen**, der 쓰레기 더미. **~korb**, der (방에 두는) 쓰레기통. **~kübel**, der (밖에 두는) 쓰레기통. **~material**, das 산업 쓰레기, 산업 폐기물. **~produkt**, das **1.** 폐기물을 이용한 산물, 재활용품. **2.** 부산물. **~rohr**, das 【토목】 (처마) 물받이통. **~stoff**, der 《대개 Pl.》 ↑~material. **~tonne**, die (금속제의 큰) 쓰레기통. **~verwertung**, die (Abfall 1) 쓰레기[폐기물] 활용.

abfallen* 〈s〉 **1. a)** 쓰레기로 나오다: in der Küche fallen viele Kartoffelschalen ab 부엌에서는 많은 감자 껍질이 쓰레기로 나온다. **b)** 이익이 남다(생기다), (누구의) 수중에 들어가다: was fällt für mich dabei ab? 거기에서 내게 생기는 이익이 무엇이냐? **2.** 떨어지다: der Mörtel fällt von der Wand ab 모르타르가 벽에서 떨어진다. **3.** 【종교·정치】 등지다, 배반[이탈]하다: vom Glauben [von der Partei] a. 배교자가 되다(탈당하다). **4.** 기울다, (급)경사지다: das Gebirge fällt nach Osten ab 산맥이 동쪽으로 경사지고 있다; abfallende Wege 경사진 길. **5. a)** 감소하다, 저하하다, 하락하다: der Wasserdruck fiel ab 수압이 떨어졌다. **b)** 【스포츠】 (누구보다) 뒤처지다, 뒤떨어지다. **c)** 《드물게》 여위다, 살이 빠지다. **6.** 《드물게》 퇴짜맞다, 거절 당하다. **7.** 【선원】 돛에 바람을 많이 받도록 침로(針路)를 바꾸다: das Boot fällt ab 보트는 바람을 등지도록 침로를 바꾼다. **8.** 【사냥】 (사냥개가) 짐승의 발자국을 놓치다. **b)** (꿩 따위가) 나무에서 날아가다. **Abfaller** [ápfalǝ], der; -s, - **1.** 【수영】 몸을 꼿꼿이 하고 앞으로 뛰는 다이빙. **2.** 【파우스트볼】 상대편에서 수직 가까워지도록 높이 올려 준 볼.

abfällig 〈Adj.〉 부정적인, 동의하지 않는, 거부하는, 경멸적인: die Bemerkung war a. 그 언급은 부정적이다.

abfälschen 〈h〉 【구기】 상대편이 예기치 못한 방향으로 공을 가게 하다(보내다).

abfangen* 〈h〉 **1. a)** 가로채다, 납치하다: einen Brief a. 편지를 가로채다; die Maschine war von den sowjetischen Jägern abgefangen worden 그 비행기는 소련 전투기들에 의해 납치되었다. **b)** (길목을 지켜) 누구를 붙잡다. **c)** 【스포츠】 (누구를) 따라 잡다: jmdn. erst auf den letzten zwanzig Metern a. 마지막 20미터를 남겨 놓고서 비로소 누구를 따라잡다. **d)** 저지하다, 막다, 멈추게 하다, 방어하다: den Vorstoß des Feindes a. 적의 돌격을 저지하다. **e)** 【토건·기술】【하중(荷重)을】 겸목으로 받치다. **f)** (미끄러지는 자동차 따위를) 정상 상태로 되돌리다: einen schleudernden Wagen a. 미끄러지나는 자동차를 정상 상태로 되돌리다. **g)** 【육상】 던지기 한 다음 앞으로 쏠리는 몸을 가누다. **2.** 【사냥】 (총 맞은 짐승에게) 사냥칼로 자비의 일격을 가하여 숨을 거두게 하다. **Abfangjäger**, der 【군】 요격 전투기. **Abfangsatellit**, der 【군】 요격 인공위성.

abfärben 〈h〉 **1.** 색이 빠져 다른 것에 번지다. **2.** 영향을 미치다: der schlechte Umgang färbt auf den Jungen ab 나쁜 친구와의 교제가 그 소년에게 영향을 미친다.

abfasen 〈h〉 【목공·석공】 모서리를 둥글게 하다.

abfassen 〈h〉 **1.** (문서, 편지 따위를) 작성(기초)하다, 쓰다: einen Brief a. 편지를 쓰다. **2.** 《통용어》 붙잡다, (현행범을) 체포하다: einen Dieb a. 도둑을 잡다. **Abfassung**, die; -en (문서의) 작성, 기안. **Abfassungszeit**, die (문서의) 작성 시간.

abfaulen 〈h〉 썩어 떨어지다: die Blätter faulten ab 잎이 썩어 떨어졌다.

abfedern 〈h〉 **1. a)** (충격 따위를) 용수철을 달아 흡수하다: jede Bodenwelle a. 울퉁불퉁한 지면으로 인한 충격을 용수철을 달아 흡수하다. **b)** 【스포츠】 아래로 향한 동작에서 위로 향한 동작으로 넘어가기 위해 손이나 발을 흔들다. **c)** 【육상】 ↑nachfedern. **2.** 【기술】 용수철을 달다. **Abfederung**, die; -en ↑abfedern의 명사형.

abfegen 1. 【지역적】 **a)** 〈h〉 쓸어 내다: den Schnee (vom Geländer) a. 눈을 (난간에서) 쓸어 내다. **b)** 〈h〉 쓸어 깨끗이 하다: das Brett a. 널빤지를 깨끗이 털다. **2.** 〈s〉 《통용어》 재빨리 달아나다, 떠나다: mit dem Motorrad a. 오토바이로 재빨리 달아나 버리다.

abfeiern 〈h〉 **1.** 초과 근무를 휴식으로 상쇄하다: Überstunden a. 초과 근무한 시간을 휴식으로 상쇄하다. **2.** 《드물게》 송별연을 베풀다: man feierte ihn mit großem Trara ab 야단법석을 떨며 그에게 송별연을 베풀었다.

abfeilen 〈h〉 **1. a)** 줄로 깎아 내다: ich feilte die scharfen Zacken ab 나는 날카로운 꼭지를 줄로 깎아 냈다. **b)** 줄로 썰어 잘라 내다. **2. a)** 줄로 갈아 매끈하게 하다: ich feilte (mir) den eingerissenen Fingernagel ab 나는 찢겨진 손톱을 줄로 갈아 매끈하게 했다. **b)** 줄로 갈아 짧게 하다: ich habe den Schlüsselbart abgefeilt 나는 열쇠의 걸쇠를 줄로 갈아 낮추었다. **3.** 【학생·지역적】 훔쳐 보다, 커닝하다: er hat ganze Passagen abgefeilt 그는 전 구절을 (커닝으로) 베꼈다.

abfeilschen 〈h〉 《껌》 값을 깎아 내리다: er hat ein paar Mark vom Preis abgefeilscht 그는 정가에서 몇 마르크를 깎아 내렸다.

abferkeln 〈h〉 【농업】 (돼지가) 새끼를 낳다.

abfertigen 〈h〉 **1.** (우편물을) 발송하다, 발송[출발] 준비를 마치다: Pakete[ein Schiff] a. 소포를 발송하다[배의 출항 준비를 마치다]. **2.** 처리하다: die Reisenden (am Schalter) a. (창구에서) 여행자의 일을 처리해 주다. **3.** 《통용어》 퇴짜놓다: unwirsch fertigte sie einen Liebhaber ab 그 여자는 자기를 좋아하는 두 남자를 매정하게 퇴짜놓았다. **4.** 【스포츠】 완패(完敗)시키다: die

deutsche Mannschaft wurde klar 1 : 6 abgefertigt 독일 팀은 1 : 6으로 완패했다. **Abfertigung**, die; -en ↑ abfertigen의 명사형.
Abfertigungs-: **~baracke**, die 수하물[소포] 취급 창고. **~beamte**, der 우편물[수하물] 발송계 직원. **~dienst**, der (발송, 통관 수속의) 처리 업무. **~gebäude**, das 여객 및 수하물을 처리하는 건물. **~gebühr**, die 수하물[화물 소포] 발송료. **~halle**, die 여객 및 화물을 처리하는 홀. **~schalter**, der 발송[통관 수속] 창구.
abfetten ⟨h⟩ **1.** 《요리》 (무엇에서) 기름을 건져 내다[떠내다]. **2.** (다른 것에) 기름기를 묻게 하다: der Kuchen hat (auf das Papier) abgefettet 케이크의 기름기가 (종이에) 번졌다.
abfetzen ⟨h⟩ 《통용어》 갈기갈기 찢다: ich hatte mir bei dem Sturz die Haut abgefetzt 나는 떨어질 때 피부를 갈기갈기 찢었다.
abfeuern ⟨h⟩ **1.** 발포하다, 발사하다: eine Kanone a. 대포(大砲)를 쏘다. **2.** 발사하다, 쏘아올리다: eine Rakete a. 로켓을 발사하다.
abfiedeln ⟨h⟩ **1.** 《드물게》 바이올린을 (서툴게) 켜다: ich fied(e)le mein Liedchen ab 나는 바이올린으로 나의 노래를 켠다. **2.** 《지역적》 여러 번 칼질하여 자르다: ich habe (mir) ein tüchtiges Stück Brot abgefiedelt 나는 여러 번 칼질하여 빵 조각을 크게 잘라냈다.
abfieren ⟨h⟩ 《선위》 (밧줄을) 늦추다.
abfieseln ['apfi:zln] ⟨h⟩ (bayr., österr.의 방언) 물어 뜯다: ich fies(e)le das Hühnerbein ab 나는 닭다리를 물어 뜯는다.
abfilmen ⟨h⟩ 영화화하다. **Abfilmung**, die; -en 영화화.
abfiltern ⟨h⟩ ↑abfiltrieren. **Abfilterung**, die; -en 여과(濾過). **abfiltrieren** ⟨h⟩ 여과하다, 거르다. **Abfiltrierung**, die; -en 여과.
abfinden* ⟨h⟩ **1.** 배상하다, 보상하다: jmdn. großzügig a. 누구에게 관대하게 배상하다; [전의] ich ließ mich mit dieser Bemerkung nicht a. 나는 그 말에 만족하지 않았다. **2.** ⟨a. + sich⟩ **a)** 합의를 보다, 타협하다: ich fand mich mit den Gläubigern ab 나는 채권자들과 타협했다. **b)** 《지역적》 사의를 표하다, 답례하다: ich habe mich bei ihm für seine Gefälligkeit mit einem Buch abgefunden ich habe 책 한 권으로 그의 후의에 답례했다. **c)** (무엇에) 만족(순응, 감수)하다: ich fand mich mit meinem Schicksal ab 나는 내 운명에 순응했다. **Abfindung**, die; -en **1.** 배상, 보상: **A.** der Gläubiger 채권자들에 대한 보상. **2.** 보상금. **Abfindungserklärung**, die 보상하겠다는 선언. **Abfindungssumme**, die (Pl. 없음) 배상금 (2).
abfingern ⟨h⟩ 손가락으로 만지작거리다: Münzen a. 동전을 손가락으로 만지작거리다.
abfischen ⟨h⟩ 고기를 남김없이 모두 잡다: den Teich a. 그 연못의 고기를 남김없이 잡다.
abflachen ['apflaxn] **1.** ⟨h⟩ 평평하게 하다, 완만히 비탈지게 하다. **2.** ⟨a. + sich; h⟩ 평평해지다: die Geschwulst flachte sich langsam ab 종양(혹)이 서서히 가라앉았다. **b)** (수량이) 감소되다, 줄다: Zuwachs bei Autoproduktion und Zulassungen flacht sich ab 자동차의 생산과 자동차 신고의 증가가 둔화되고 있다. **3.** ⟨s⟩ 수준이 떨어지다: die Unterhaltung flachte später merklich ab 대화의 수준이 후에 눈에 띄어 떨어졌다. **Abflachung**, die; -en **1.** 완만한 경사[사면], 평평한 땅. **2.** ↑abflachen의 명사형.
abflammen ⟨h⟩ **a)** 불태워 깨끗이 하다(없애다): Enten a. 오리의 털을 불에 그슬려 태워 없애다. **b)** 불로 태워 깨끗이 하다[없애다].
abflanken ⟨h⟩ 《제조》 옆으로 뛰어내리다.

abflauen ⟨s⟩ 잔잔해지다, 점차 약해지다: der Wind war abgeflaut 바람이 잔잔해졌다; die Begeisterung flaute ab 열광이 가라앉았다.
abfliegen* **1.** ⟨s⟩ **a)** (새가) 날아가다(반대: anfliegen): die Taube flog ab 비둘기가 날아갔다. **b)** (비행기가) 이륙하다, 출발하다, (사람이 비행기를 타고) 출발하다: unsere Maschine fliegt in der Nacht ab 우리 비행기는 밤에 출발한다. **c)** (통용어) 갑자기 떨어져 나가다: die Radkappe ist (mir) abgeflogen (내)자동차 바퀴 덮개가 갑자기 떨어져 나갔다. **2.** ⟨h⟩ **a)** 비행기로 실어가다, 공수하다: man flog die Verwundeten (aus dem Kessel) ab 부상병들을 비행기로 (포위된 곳에서) 실어갔다. **b)** (새나 비행기가) 날면서 정찰[시찰]하다, 정찰 비행하다: die Front a. 전방을 정찰 비행하다.
abfließen* ⟨s⟩ **1. a)** 밑으로 흘러내리다. **b)** 흘러가다: der Regen ist nicht abgeflossen 빗물이 (밑 속으로) 다 스며들지 않았다; [전의] der Verkehr fließt schlecht ab 교통이 잘 소통되지 않는다; das Geld fließt ins Ausland ab 돈이 외국으로 유출된다. **2.** (물이) 빠지다: die Wanne fließt so schlecht ab 욕조의 물이 잘 빠지지 않는다.
abflößen ⟨h⟩ (목재를) 뗏목으로 만들어 보내다.
Abflug, der; -(e)s, Abflüge **1.** ⟨Pl. 없음⟩ 날아감. **2.** 이륙, 비행기의 출발: der A. hat sich verzögert 비행기의 출발이 지연되었다.
Abflug-, Abflug-: **~bereit** ⟨Adj.⟩ 이륙 준비가 되어 있는. **~geschwindigkeit**, die 이륙 속도. **~gewicht**, das [항공] 이륙 중량. **~hafen**, der [항공] 이륙 공항. **~ort**, der 이륙지, 이륙 장소. **~stellung**, die [동물] 이륙 자세. **~tag**, der 비행기 출발일, 이륙일. **~zeit**, die 비행기 출발 시간, 이륙 시간.
Abfluß, der; Abflusses, Abflüsse **1.** ⟨Pl. 없음⟩ 배출(排出), 배수(排水), 유출: den **A.** des Wassers erleichtern 배수가 잘 되게 하다; [전의] der **A.** von Kapital ins Ausland verhindern 자본의 해외 유출을 막다. **2.** 배수구, 하수구, 물 빠지는 구멍(관): der **A.** der Badewanne ist verstopft 욕조의 물 빠지는 구멍이 막혔다.
Abfluß-: **~becken**, das (땅 속의) 배수통. **~gebiet**, das [지리] 자연 배수 지역. **~graben**, der 배수구(排水溝), 하수구, die ↑~graben. **~grube**, die ↑~graben. **~hahn**, der 배수 콕[꼭지]. **~kanal**, der 배수로, 하수도. **~loch**, das 배수구(排水口), 수채 구멍. **~los** ⟨Adj.⟩ [지리] (하천이) 바다로 흘러가지 못한. **~rinne**, die 개골창, 수채. **~rohr**, das 배수관, 하수관. **~röhre**, die ↑~rohr. **~ventil**, das 배수판(排水瓣).
abfohlen ⟨h⟩ 《농업》 (말이) 새끼(망아지)를 낳다.
Abfolge, die; -n 순번, 연속, 순서: die **A.** der Ereignisse 잇달은 사건들; in logischer **A.** 논리적 순서로.
abfordern ⟨h⟩ (강력히) 요구하다, 청구하다: der Polizist forderte mir die Kennkarte ab 경찰이 내게 신분증 제시를 요구했다.
abformen ⟨h⟩ 본[모형]을 뜨다: jmds. Züge in Gips a. 누구의 모습을 석고로 본을 뜨다. **Abformung**, die; -en 모형, 본.
abfotografieren ⟨h⟩ 사진 복사를 하다, 사진 찍다: die Familie a. 가족 사진을 찍다.
abfragen ⟨h⟩ **1.** (테스트하기 위해) 물어보다: ich fragte ihn[ihm] lateinische Vokabeln ab 나는 그에게 라틴어 단어를 물어 테스트했다; der Lehrer hat mich abgefragt 선생님이 나를 시험하기 위해 물었다. **2. a)** [전화] 전화하여 전화선을 점검하다. **b)** [정자·전산] 조사·확인하여 결과를 제시하게 하다. **b)** 《준고어》 (물어서) 알아내다: sie wollte ihm sein Geheimnis a. 그 여자는 그에게서 비밀을 (물어) 알아내고자 했다.

Abfragung, die; -en ↑abfragen의 명사형.
abfressen* 〈h〉 1. 먹어 치우다: die Hasen fraßen den Kohl ab 토끼들이 배추를 다 먹어 치웠다. 2. 먹어서 비게 하다: die Vögel fressen die Holunderstraücher ab 새들이 딱총나무의 열매를 다 쪼아 먹는다.
abfretten, sich 〈h〉《südd., österr.·통용어》애써 고생하다(지치다), 악전 고투하다.
abfrieren* 1. 〈s〉 **a)** 얼어 죽어 떨어지다: die Knospen froren ab 꽃봉오리들이 얼어 죽어 떨어졌다. **b)** 동상에 걸리다: die Ohren frieren mir ab 내 귀가 동상에 걸려 있다. 2. 〈h〉《통용어·과장적》동상으로 잃다: **sich einen a.**《통용어》호되게〔몹시〕추위에 떨다: ich habe mir bei der Kälte (ganz schön) einen abgefroren 나는 그 추위에 호되게 떨었어. 3. 〈s〉《드물게》얼어붙다, 빙결(氷結)하다: die Leitung friert ab (수도)관이 얼어붙다.
abfrottieren 〈h〉 세게 문지르다: ich frottierte mir den Rücken ab 나는 내 등을 세게 문질렀다.
abfühlen 〈h〉《준고어》느낌으로 알아차리다, 감지하다: ich fühlte es der Mutter ab, daß sie mir insgeheim dankbar dafür war 나는 어머님이 남몰래 그것에 대해 내게 감사하고 있음을 감지하였다. 2. 더듬어 찾다, 주사(走査)하다.
Abfuhr, die; -en 1. 운송, 반출, 수거: A. von Müll 쓰레기 반출〔수거〕. 2. 〔대학생〕 퇴학, 시간 종료 전의 퇴제. 3. **a)** 단호한〔냉담한〕 거절, 호된 질책: jmdm. eine A. erteilen 누구를 호되게 나무라다. **b)** 〔스포츠〕 패배: sich eine schwere A. holen 크게 패하다.
Abführ- (abführen 2 b): **~mittel**, das 설사시키는 약, 하제(下劑). **~pille**, die 알로 된 하제. **~schokolade**, die 초콜릿으로 된 하제.
abführen 〈h〉 1. **a)** (잡은 사람을) 데리고 가다, 끌고가다: die Gangster wurden abgeführt 갱들이 붙잡혀 갔다. **b)** 〔대학생〕(상처 등으로 인해) 결투 시간 종료 전에 패한 것으로 선언하다〔선언하게 하다〕. **c)** 딴 데로 유도하다〔돌리다〕: Abgase a. 배기 가스를 딴 데로 돌리다. **d)** 딴 데로 이끌다: dieser Weg führt uns von unserem Ziel ab 이 길은 우리를 목적지와는 다른 곳으로 가게 하는다; ⎡전의⎦ jmdn. vom rechten Weg a. 누구를 탈선하게 하다; vom Thema a. 주제에서 벗어나게 하다. **e)** (길이) 갈라지다: an dieser Stelle führt der Weg von der Hauptstraße ab 이 곳에서 길이 간선 도로에서 갈라진다. **f)** 지불하다: Steuern an das Finanzamt a. 세무서에 세금을 내다. 2. **a)** (대개 현재분사로) 변을 보게 하다: abführende Mittel 설사약, 하제. **b)** 변을 보다: sie konnte schon drei Tage nicht a. 그 여자는 벌써 3일 동안 변을 볼 수 없었다. 3. 《준고어》속이다. 4. 〔인용〕 끝맺음 인용 부호를 달다(반대: anführen). 5. 〔사냥〕 (개를) 훈련시키다. **Abführung**, die; -en 연행, 유도, 끝맺음 인용 부호.
Abfüll-: **~anlage**, die (액체를 병 따위에) 채워 넣는 시설〔공장〕. **~apparat**, der 채워 넣는 기계. **~automat**, der 채워 넣는 자동 기계. **~datum**, das 채워 넣은 날짜. **~maschine**, die 채워 넣는 기계. **~vorgang**, der 채워 넣는 과정.
abfüllen 〈h〉 1. (차례로 병에) 채워 넣다: man füllte die Flaschen mit Apfelwein ab 병에 사과주를 차례차례 채워 넣었다. 2. 큰 용기에서 작은 용기에 따르다: Wein a. 포도주를 통에서 (병에) 따르다. **Abfüllung**, die; ↑abfüllen의 명사형.
¹abfüttern 〈h〉 사료〔먹이〕를 주다: ich fütterte das Vieh ab 나는 짐승에게 사료를 주었다. **¹Abfütterung**, die; -en ↑¹abfüttern의 명사형.
²abfüttern 〈h〉 (의복에) 안감을 대다: ich fütterte den Mantel mit Seide ab 나는 외투의 안감을 비단으로 대었다. **²Abfütterung**, die; -en (의복의) 안감을 댐, (속에 댄) 안감.

Abg. = Abgeordnete.
Abgabe, die; -n 1. 〈Pl. 없음〉내어 줌, 교부, 인도, 제출: A. der Prüfungsarbeiten 시험 답안의 제출. 2. 〈대개 Pl.〉세금, 공과(公課)금: -n erheben〔entrichten〕세금을 징수하다〔납부하다〕. 3. 〔경제〕 판매, 매도. 4. 〔구기〕 **a)** 패스. **b)** 패스된 공: der gegnerische Läufer konnte die A. erlaufen 적의 하프백이 패스된 공을 달려가 잡을 수 있었다. **c)** 상실, 패함, 내어 줌: die A. eines Satzes 한 세트를 잃음. 5. 〈Pl. 없음〉(총의) 발사. 6. 발산, 방출: unter A. von Wärme 열을 내뿜으며. 7. 발표, 발언: die A. einer Erklärung 성명 발표.
abgabe-, Abgabe- (Abgabe 1, 3): **~pflichtig** 〈Adj.〉 1. 제출 의무가 있는. 2. ↑abgabenpflichtig. **~preis**, der (including 판매) 판매가. 〔중앙 은행의〕 할인율. **~soll**, das ↑Ablieferungssoll. **~termin**, der (논문 따위의) 제출 기한.
abgaben-, Abgaben- (Abgabe 2): **~autonomie**, die 조세의 자치권. **~beitreibung**, die 세금 징수. **~bewilligung**, die (국회의) 조세 동의. **~frei** 〈Adj.〉 면세의. **~ordnung**, die 조세 법규(약어: AO). **~pflichtig** 〈Adj.〉 납세 의무가 있는. **~recht**, das 세법. **~senkung**, die 세금〔공과금〕 인하.
Abgang, der; -(e)s, Abgänge 1. **a)** 〈Pl. 없음〉 퇴거, 퇴장: von ihm Beifall umrauschte A. des berühmten Schauspielers 그 유명한 배우의 박수갈채 속의 퇴장; sich einen guten A. verschaffen 물러갈 때 좋은 인상을 남기다. **b)** 물러감, 퇴직, 졸업: nach dem A. von der Schule 학교를 졸업한 후. **c)** 졸업〔퇴직〕하는 사람: an unserer Schule haben wir 5 Abgänge 우리 학교에서는 5명의 졸업생이 있다. **d)** 〔군·의학〕 죽음, 사망. 2. 출발: kurz vor A. des Zuges 기차가 출발하기 직전. 3. 〈Pl. 없음〉 발신, 발송: vor A. der Post 우편물의 발송 전. 4. (썩은 기구에서) 뛰어내림. 5. **a)** 〈Pl. 없음〉 배출, 배설, (결석 등의) 제거. **b)** 〔의학〕 유산, 사산: einen A. haben 유산하다. 6. 〈Pl. 없음〉〔상〕(대개 **haben**이나 **finden**과 함께) 판매: diese Ware hat〔findet〕reißenden A. 이 상품은 날개 돋힌 듯이 잘 팔린다. 7. 〔고어·상〕 탈락, 손실: beim Obsthandel gibt es viel A. 과일 장사에서는 버리는 것이 많다. 8. 〈österr.·관〉 결손: den A. von 50 S mußte die Kassierin ersetzen 50 실링의 결손은 출납계(여자)가 보충해야 했다. **Abgänger**, der; -s, - 〔관〕 졸업생. **abgängig** 〈Adj.〉 1. 〔지역무〕 쓸모없는, 폐물이 된: es wurden meist -e alte Kühe geschlachtet 대부분 쓸모없는 늙은 암소들이 도살되었다. 2. 〈관·österr.〉(사람이) 실종된, 행방불명의: es werden alle -en Personen registriert 모든 실종자들이 등록된다. **Abgängigkeitsanzeige**, die 《österr.》 실종신고.
Abgangs-: 1. (Abgang 1 b): **~examen**, das 졸업 시험. **~prüfung**, die 졸업 시험. **~zeugnis**, das (졸업 전에 퇴교하는 학생에게 주는) 수료증. 2. (Abgang 2, 3): **~datum**, das 출발〔발신〕 날짜. **~hafen**, der 출발항(港). **~meldung**, die 출발〔발송〕 신고. **~station**, die 출발역, 발신국. **~tag**, der 발신〔출발〕일. **~zeit**, die 출발〔발신〕 시각.
Abgas, das; -es, -e 〈대개 Pl.〉 배기가스: die -e der Motoren 엔진의 배기가스.
abgas-, Abgas- 〔특히 자동차〕: **~entgiftung**, die 배기가스 제독. **~frei** 〈Adj.〉 배기가스를 내뿜지 않는. **~reduziert** 〈Adj.〉 배기〔폐기〕가스를 줄인, 배기가스가 감축된. **~turbine**, die 배기가스를 이용한 터빈. **~verwertung**, die 배기가스 이용. **~wert**, der 대기의 배기가스 함유량. **~wolke**, die 배기가스 구름, 매연.

abgaunern ⟨h⟩ (통용어·폄) 사취하다: ich gaunerte ihm das Geld ab 나는 그에게서 돈을 사취했다.

ABGB = Allgemeines Bürgerliches Gesetzbuch 오스트리아의 민법전.

abgearbeitet: ↑abarbeiten 참조.

abgeben' ⟨h⟩ **1. a)** 교부하다, 넘겨 주다, 인도하다: einen Brief (eigenhändig) a. 편지를 (직접) 전달하다; 전의 seine Stimme bei der Wahl a. 선거에서 투표하다, **b)** 맡기다: den Mantel in der Garderobe a. 옷 보관소에 외투를 맡기다. **2. a)** (일부를) 떼어(나누어) 주다: er hat mir die Hälfte des Kuchens[vom Kuchen] abgegeben 그는 내게 케이크의 반을 떼어 주었다. **b)** 내주다, 사퇴하다: den Vorsitz a. 의장직을 사퇴하다; Mitarbeiter a. müssen 직원을 내줘야 하다. **3.** 헐값으로 팔다: Eier a. 계란을 헐값으로 팔다. **4.** [구기] 패스하다: den Ball an den Verteidiger a. 공을 수비수에게 패스하다. **5.** (총을) 쏘다, 사격하다: einen Warnschuß a. 경고 사격하다. **6.** 내뿜다, 발산(방출)하다: der Ofen gibt genügend Wärme ab 난로가 열을 충분히 내뿜다. **7.** 발표하다, 발언하다: eine Erklärung a. 성명을 발표하다. **8. a)** (통용어) …의 역을 하다: den Willhelm Tell a. 빌헬름 텔 역을 하다. **b)** …으로 적합하다[나타나다, 기능하다], …을 이루다: er gab eine komische Figur ab 그는 우스꽝스러운 모습을 보였다; den Hintergrund für etwas a. 무엇의 배경을 이루다. **9.** [카드] 마지막으로 패를 돌리다(반대: angeben). **10.** ⟨a. + sich⟩ **a)** 무엇에 종사하다, 어떤 일을 하다, 누구와 어울리다(관계하다): sich viel mit kleinen Kindern a. 어린 아이들과 많이 놀아 주다. **b)** (통용어) (누구와) 교제하다, 관계하다, 어울리다: sich mit Prostituierten 창녀와 관계하다; **jmdm. (et)was(eins) a.** (통용어) 누구를 때리다(욕하다): er hat den Hund eins abgegeben 그는 개를 때렸다.

abgeblaßt: ↑abblassen 참조.

abgebrannt: ↑abbrennen (1 i u. 2 b) 참조.

abgebraucht: ↑abbrauchen 참조.

abgebrochen: ↑abbrechen (1 d) 참조.

abgebrüht ['apgəbry:t] ⟨Adj.⟩ (통용어) 둔한, 무감각한. **Abgebrühtheit**, die 무감각성.

abgedankt: ↑abdanken 참조.

abgedroschen ['apgədrɔʃn] ⟨Adj.⟩ (통용어) 진부한, 낡은: -e Worte 진부한 말들. **Abgedroschenheit**, die 진부함, 무의미.

abgefeimt ['apgəfaimt] ⟨Adj.⟩ 교활한, 약삭빠른, 노회한: ein -er Schurke 교활한 악한. **Abgefeimtheit**, die; -en 교활, 노회(老獪).

abgefuckt [...fakt] ⟨Adj.⟩ [engl. to fuck] (청소년·속어) 형편없는: ein -es Hotel 형편없는 호텔.

abgegangen: ↑abgehen (11 b) 참조.

abgegriffen: ↑abgreifen (1) 참조.

abgehackt ⟨Adj.⟩ 조각 난, 토막 난, 단속(斷續)의: mit -er Stimme sprechen 떠듬거리며 말하다.

abgehangen: ↑'abhängen (1) 참조.

abgehärmt: ↑abhärmen 참조.

abgehärtet: ↑abhärten 참조.

abgehen' ⟨s⟩ **1. a)** 떠나가다, 퇴장하다: Eduard macht eine verzweifelte Geste und geht ab 에두아르트는 절망적인 몸짓을 하고 떠나간다. **b)** 졸업하다, 떠나다, 사직[사임]하다: nach der zehnten Klasse a. 10학년을 마치고 졸업하다; er ist abgegangen worden 《학생·농》 그는 퇴학당했다. **2.** (배·차가) 출발하다: der Zug geht gleich ab 기차가 곧 출발한다. **3.** 발신[발송]되다: die Waren werden mit dem nächsten Schiff a. 상품은 다음 배로 발송된다. **4.** [제조] 기구에서 뛰어내리다. **5. a)** (길이) 갈라지다: der Weg geht von der Hauptstraße ab 길이 간선도로에서 갈라진다. **b)** 다른 방향으로 꺾이다: der Weg geht dann links ab 그런 다음 길이 왼쪽으로 꺾인다. **6.** 벗겨[떨어, 지워]지다: hier ist der Putz abgegangen 여기 (회)벽이 벗겨졌다; mir ist ein Knopf abgegangen 내게서 단추가 하나 떨어져 나갔다. **7.** 배설되다: ihm ging Wasser ab 그는 오줌을 쌌다; **jmdm. geht einer ab** 《비어》 누구(남자)가 성교하지 않고 사정하다. **8.** 발사되다: plötzlich ging ein Schuß ab 갑자기 총 한 방이 발사되었다. **9.** 팔리다: die Ware geht reißend ab 그 상품이 날개 돋친 듯이 잘 팔린다. **10.** 제외(공제)되다: von dem Gewicht geht die Verpackung ab 무게에서 포장은 제외된다. **11. a)** (무엇이) 모자라다, 없다: jmdm. geht der Humor ab 누구는 유머가 없다. **b)** (고어·전문어) (대개 과거분사로) 소멸하다, 사용되지 않다: abgegangene Flußnamen 없어진 강 이름들. **12.** 벗어나다, 이탈(탈피)하다: von einer Gewohnheit[einem Grundsatz] a. 습관에서 탈피하다 [원칙에서 벗어나다]. **13.** (어떤 방식으로) 진행하다, 끝나다: es ist ohne Geschrei abgegangen 소란없이 끝났다. **14.** 시찰하다: die Strecke noch einmal a. 그 구역을 다시 한번 시찰하다.

abgehetzt: ↑abhetzen (2) 참조.

abgeizen, sich ⟨h⟩ 아끼고 아껴서 남기다: er hatte sich die Summe von seinem Lohn abgegeizt 그는 아끼고 아껴서 그의 임금에서 그 액수를 남겼다.

abgekämpft: ↑abkämpfen (2) 참조.

abgekartet: ↑abkarten 참조.

abgeklappert ⟨Adj.⟩ (폄) **1.** 낡은, 낡아빠진: das Auto ist schon recht a. 그 자동차는 이미 아주 낡았다. **2.** 진부한, 내용이 없는: diese Redewendungen sind ziemlich a. 이 성구들은 상당히 진부한 것이다.

abgeklärt ['apgəklɛ:ɐ̯t] ⟨Adj.⟩ 명철한, 원숙하고 사려깊은. **Abgeklärtheit**, die 원숙함, 명철(성): sein Vater hatte seine A. eingebüßt 그의 아버지는 명철성을 상실했다.

abgelagert: ↑ablagern (2) 참조.

Abgeld, das; -(e)s, -er ↑Disagio.

abgelebt ['apgəle:pt] ⟨Adj.⟩ (아어) **1.** 노쇠한: 전의 tausendmal lebendiger als in unserem -en Europa 우리의 노쇠한 유럽보다 천 배나 활발한. **2.** 낡은, 시대에 뒤진. **Abgelebtheit**, die 노쇠, 시대에 뒤짐.

abgeledert ⟨Adj.⟩ (지역적) **a)** 닳아빠진. **b)** 남루한 차림의, 영락한: ein -er Kerl 남루한 옷차림의 사내.

abgelegen ['apgəle:gn] ⟨Adj.⟩ 변두리에[멀리 떨어져] 놓여 있는, 외딴: ein -es Dorf 외딴 마을. **Abgelegenheit**, die 변두리, 벽지, 두메.

abgeleiert: ↑ableiern (2) 참조.

abgelten' ⟨h⟩ 보상(변상, 변제)하다, 지불하다: mit dieser Zahlung sind alle Ansprüche abgegolten 이 지불로 모든 청구권이 보상되었다. **Abgeltung**, die; -en 변상, 보상.

abgelumpt ['apgəlumpt] ⟨Adj.⟩ (통용어) 남루한 옷차림의, 몰락한: ein -er Bettler 남루한 옷차림의 거지.

abgemacht: ↑abmachen 참조.

abgemagert: ↑abmagern (1) 참조.

abgemergelt: ↑abmergeln 참조.

abgemessen ['apgəmɛsn] ⟨Adj.⟩ (아어) 균일한, 규칙적인, 침착한, 절도 있는, 신중한: eine genaue und -e Lebensweise 정확하고 규칙적인 생활 방식. **Abgemessenheit**, die 균일(규칙)성, 신중(침착)성.

abgeneigt ['apgənaikt] ⟨Adj.⟩ 《다음 용법으로》 **jmdm.[einer Sache] a. sein** 누구(무엇)를 싫어하다 [좋아하지 않다]: einem Plan a. sein 어떤 계획에 부정적인 태도를 가지다; nicht a. sein, etwas zu tun 무엇을 하는 것을 싫어하지 않다. **Abgeneigtheit**, die 혐오, 반

발, 반갑.
abgenutzt: ↑abnutzen 참조.
Abgeordnete' ['apgəjɔrdnətə], der/die (국회) 의원(議員), 위원(委員), 대표(약어: Abg.).
Abgeordneten-: ~**bank**, die 〈Pl. ...bänke〉 (국회의) 의석, 의원석. ~**haus**, das 1. 국회, 의회, 하원. 2. (국회) 의사당. ~**kammer**, die (의원 전체를 통칭하는 의미의) 국회(하원), 의사당. ~**mandat**, das 의원에게 부여된 위임(委任), 의원직. ~**sitz**, der 의석. ~**wahl**, die (국회) 의원 선거.
abgeplattet: ↑abplatten 참조.
abgeraten' 〈s〉 《준고어》알지 못하고(자기도 모르게) 이탈하다.
abgerechnet: ↑abrechnen 참조.
abgerissen ['apgərɪsn] 〈Adj.〉 1. a) 낡은, 닳아 빠진, 해진, 누더기의. b) 해진 옷을 입은, 남루한. 2. 갈기갈기 찢긴, 연관이 없는. **Abgerissenheit**, die ↑abgerissen의 명사형.
abgerundet ['apgərundət] ↑abrunden 참조. **Abgerundetheit**, die 완성.
abgesagt 〈Adj.〉 《다음 용법으로》 **ein -er Feind von etw.** 《아이》무엇을 단호히 반대하는 사람.
Abgesandte', der/die 〈고어·아어〉사절(使節), 사신(使臣).
Abgesang, der; -(e)s, Abgesänge 1. [운율] 연가와 직장(職匠)가인의 노래에서 삼분되고 있는 절의 마지막 부분(반대: Aufgesang), 후절(後節). 2. 《아어》 a) 마지막 소리, 작별. b) 마지막 작품, 작별 노래.
abgeschabt: ↑abschaben 참조.
abgeschieden ['apgəʃiːdn] 〈Adj.〉 《아어》 1. (멀리) 떨어진, 외로운, 외딴. 2. 죽은, 고(故)…: -e Seelen 죽은 영혼(영령)들. **Abgeschiedene'**, der/die 죽은 사람, 고인. **Abgeschiedenheit**, die 은둔, 은거(隱居), 한적(閑寂).
abgeschlafft: ↑abschlaffen (b) 참조.
abgeschlagen ['apgəʃlaːgn] 〈Adj.〉 1. [스포츠] 완패한. 2. 《지역적》 지친, 피로한. 3. (그릇이) 이가 빠진. **Abgeschlagenheit**, die 피로, 의기 소침.
abgeschliffen: ↑abschleifen 참조. **Abgeschliffenheit**, die 갈아진 모양, 마멸(磨滅)(마모), (인품이) 원만함[세련됨].
abgeschlossen ['apgəʃlɔsn] 〈Adj.〉 1. 격리된, 고립된. 2. 폐쇄적인, (사방이 건물 등으로 둘러싸여) 폐쇄된. 3. (구성이) 완결된. **Abgeschlossenheit**, die 격리, 고립, 완결, 종결.
abgeschmackt ['abgəʃmakt] 〈Adj.〉무미한, 김빠진, 재미없는, 우매한, 멍청한. **Abgeschmacktheit**, die; -en 몰취미, 우매, 멍청한 언동.
abgeschnitten ['apgəʃnɪtn] ↑abschneiden (1, 2, 5) 참조. **Abgeschnittenheit**, die 차단, 단절, 차단된[고절된] 상태.
abgesehen: ↑absehen (4) 참조.
abgesondert ['apgəzɔndərt] ↑absondern (1) 참조. **Abgesondertheit**, die 격리, 고립, 격리된[고립된] 상태.
abgespannt ['apgəʃpant] 〈Adj.〉 (육체적, 혹은 정신적 노고로 인해) 쇠약해진, 지친, 기진맥진한. **Abgespanntheit**, die 피로, 기진맥진.
abgespielt: ↑abspielen (1 b) 참조.
Abgestalt, die; -en 〈고어〉불구자, 기형.
abgestanden ['apgəʃtandn] 〈Adj.〉 1. a) (오래 놓아두어) 김빠진: das Bier schmeckt a. 맥주가 김빠진 맛이 난다. b) 신선하지 않은, 상한. 2. 무의미한, 내용없는. **Abgestandenheit**, die 무미, 신선하지 않은 상태.
abgestimmt ['apgəʃtɪmt]: ↑abstimmen (2) 참조.

Abgöttin

Abgestimmtheit, die 일치, 조화.
abgestorben ['apgəʃtɔrbn]: ↑absterben (1 b, 2) 참조. **Abgestorbenheit**, die (신체 국부의) 무감각, (나뭇가지 등이) 죽은 상태.
abgestumpft ['apgəʃtumpft] ↑abstumpfen (2) 참조. **Abgestumpftheit**, die (칼날 따위가) 무딤; [전의] 무감각, 둔감.
abgetakelt 〈Adj.〉 《경》 낡은, 폐물이 된, 닳아빠진, 시들은, 한물이 간.
abgetan: ↑abtun (3) 참조.
abgetragen: ↑abtragen (3) 참조.
abgetrieben: ↑abtreiben (4) 참조.
abgewetzt: ↑abwetzen (1 b) 참조.
abgewinnen' 〈h〉 a) [놀이(게임)에서] 누구에게 이기다: er hat ihm im Kartenspiel viel Geld abgewonnen 그는 카드놀이에서 그에게 이겨 많은 돈을 땄다. b) 누구[무엇]에서 무엇을 획득하다, 애써 얻게 되다: dem Meer Land a. 바다로부터 땅을 획득하다(바다를 메워 땅을 얻다). c) 어떤 것에서 긍정적이고 좋은 면을 찾아보다: er hat der Sache Geschmack abgewonnen 그는 그 일에 취미를 느꼈다.
abgewirtschaftet: ↑abwirtschaften 참조.
abgewogen ['apgəvoːgn] ↑abwägen (1) 참조. **Abgewogenheit**, die 균형, 조화(調和).
abgewöhnen 〈h〉 어떤 버릇을 버리게하다: ich habe mir das Rauchen abgewöhnt 나는 흡연 습관을 버렸다 [담배를 끊었다]; 《명사화》 《농》 einen (*Schnaps*) noch zum A. (소주) 한 잔만 더, 이것으로 그만 둘테니. **Abgewöhnung**, die 버릇의 교정.
abgewohnt: ↑abwohnen (1) 참조.
abgewrackt: ↑abwracken 참조.
abgezehrt: ↑abzehren 참조.
abgezirkelt: ↑abzirkeln 참조.
abgezogen ['apgətsoːgn] 〈Adj.〉 《드물게》 파생적, 추상적. **Abgezogenheit**, die ↑abgezogen의 명사형.
abgießen' 〈h〉 1. a) (통에서) 따라 내다. b) 따라 냄으로써 내용물을 줄이다. 2. a) (무엇을) 쏟아 내다. b) 삶은 것에서 삶은 물을 따라 내다. 3. [미술·주물] 주조하다, 주형으로 뜨다. 4. [주물] (쇠붙이)를 녹여 붓다(채우다).
Abglanz, der; -es 1. 반사(광), 반영. 2. 여운.
Abgleich ['apglaiç], der; -(e)s, -e 〈Pl. 드물게〉 [무선·전기] 조정. **abgleichen'** 〈h〉 1. [토목·수공] 고르다, 균등하게 하다, 가지런히 하다. 2. (도량형기를) 바르게 맞추다, 맞추어 조정하다. 3. [무선·전기] 콘덴서나 코일의 채널을 맞추다. 4. [광학] 두 눈의 시력을 서로 맞추다. **Abgleichung**, die; -en ↑abgleichen의 명사형.
abgleiten' 〈s〉 《아이》 1. a) (발판을 잃고) 옆으로[밑으로] 미끄러지다: [전의] die Beleidigungen glitten von ihm ab 그 모욕에도 그는 아랑곳하지 않았다. b) (자기도 모르게) 벗어나다: von der Bahn der Tugend a. 도덕의 길에서 벗어나다(잘못된 길로 빠져들다). 2. a) 《드물게》아래로 미끄러지다: [전의] in Anarchie a. 무정부상태로 전락하다. b) 저하하다, 나빠지다. c) 타락하다. d) (가치가) 떨어지다.
abgliedern 〈h〉 구분하다, 절단하다. **Abgliederung**, die; -en 구분, 절단.
abglitschen 〈s〉 《통용어》 미끄러져 떨어지다.
abgondeln 〈s〉 《통용어》 천천히 떠나가다.
Abgott, der; -(e)s, Abgötter 1. 《고어》 거짓[이교도의] 신, 우상. 2. 정열적인 숭배의 대상, 신격화된 존재. **Abgötterei** [apgœtə'raj], die 〈고어〉 《우》 우상 숭배: sie trieben A. 그들은 우상 숭배를 했다. 2. 사람 혹은 사물에 대한 과도한 숭배. **Abgöttin**, die; -nen 《고어》 1. ↑Abgott (1)의 여성형. 2. 열렬히 사랑받는 여자. **abgöt-**

tisch ['apgœtɪʃ] 〈Adj.〉 **1.** 《준고어》 우상 숭배의: ein hölzernes Bild a. verehren 목상(木像)을 우상처럼 숭배하다. **2.** 우상처럼, 지나친 사랑으로. **Abgottschlange**, die; -n 이무기(뱀은 특히 뱀의 고향, 멕시코에서 그것이 지닌 힘과 아름다움 때문에 신적인 숭배를 받는다; ↑ Königsschlange 참조).

abgraben* 〈h〉 **1.** (삽으로) 파내다, 파헤치다: er grub das Erdreich ab 그는 지면을 파헤쳤다. **2.** 수로를 파 물을 끌어가다: 전의 jmdm. das Wasser a. 누구의 생존을 위협[말살]하다, 누구를 궁지에 빠뜨리다.

abgrämen, sich 〈h〉 근심으로 수척해지다.

abgrasen 〈h〉 **1.** 《드물게》 풀을 샅샅이 뜯어먹다: 전의 dieser Themenkreis ist schon abgegrast 이 주제 분야는 이미 샅샅이 연구되었다. **2.** 《통용어》 샅샅이[철저하게] 수색하다.

abgraten ['apgraːtn̩] 〈h〉 (주물의) 날카로운 모서리를 깎아내다.

abgrätschen 〈s〉 【체조】 두 다리를 벌린 자세로 기구에서 떠나다.

abgreifen* 〈h〉 **1.** 자주 만져 닳게 하다: 〈대개 과거형으로, 특히 과거분사형으로〉 전의 es klingt albern und abgegriffen, aber es ist wahr 그것은 어리석고 진부하게 들린다, 하지만 그것은 사실이다. **2.** 만지면서 진단하다. **3.** (손가락 따위를 벌려) 재다. **4.** 【전기·전자】 뽑아[끌어] 내다: eine Spannung a. 전류를 뽑아[끌어] 내다.

abgrenzen 〈h〉 **1.** 경계를 긋다, 분리하다. **2.** 구분하다, 분류하다. **Abgrenzung**, die; -en 구획, 구분, 분리.

Abgriff, der; -(e)s, -e 【전기·전자】 **1.** 《Pl. 없음》 (전류의) 포착[끌어감]. **2.** 전류 포착 장치.

Abgrund, der; -(e)s, Abgründe **1.** 낭떠러지, 절벽. **2.** (아어) **a)** 《종종 Pl.》 심연: die Abgründe der menschlichen Seele 인간 영혼의 심연. **b)** 상상할 수 없는 규모(정도). **c)** 몰락, 타락: das Volk in den A. führen 민중을 타락시키다. **d)** 메꿀 수 없는 틈, 화해할 수 없는 분열.

abgrund- 〈sehr, überaus를 뜻하는 규정어로서 형용사와 함께 사용〉: **~häßlich** 아주 미운, 아주 못생긴. **~tief** 한없이 깊은.

abgründig ['apɡrʏndɪç] 〈Adj.〉 (아어) **1.** 신비스런, 수수께끼 같은. **2.** 깊이를 헤아릴 수 없는, 어마어마하게 큰. **Abgründigkeit**, die ↑abgründig의 명사형.

abgruppieren 〈h〉 저임금 계층으로 분류하다. **Abgruppierung**, die -en 저임금 계층으로의 분류.

abgucken 〈h〉 《통용어》 보고 알아채다: jmdm. einen Trick a. 누구의 속임수를 보고 알아채다. **2.** 【학생】 커닝하다. **3. ich guck' dir nichts ab** 《통용어, 친근한 사이, 특히 아이들 사이에서》 너 수줍어할 필요없어.

Abgunst, die 《고어·아어》 증오, 시기, 질투, 악의. **abgünstig** 〈Adj.〉 《고어·아어》 미운, 질투하는, 악의있는.

Abguß, der; Abgusses, Abgüsse **1.** (지역격) 하수구. **2.** 【미술】 주상(鑄像). **3.** 【주물】 (끝손질을 하지 않은) 주물주.

Abh. = Abhandlung.

abhaben* 〈h〉 《통용어》 **1.** 한몫을 받다: **einen a.** (경) 1) 술 취하다. 2) 좀 둔하다, 약삭빠르지 못하다. **2.** 입고 [쓰고] 있지 않다, 벗고 있다: er hatte den Hut ab 그는 모자를 벗고 있었다. **3.** 제거해 버리다, 없애 버리다.

abhacken 〈h〉 (칼, 도끼 따위로) 잘라 내다: ich würde mir eher[lieber] die Finger[die Hand, den Daumen] a., als mich dazu hergeben 《통용어·과장》 나는 절대 그러한 일에 가담하지 않을 것이다; die Beine sind mir wie abgehackt 《통용어》 나는 지쳐서 거의 걸을 수가 없다.

abhäkeln 〈h〉 코바늘로 (본을) 뜨개질하다.

abhaken 〈h〉 **1.** 갈고리로부터 벗기다, 훅을 풀다. **2.** 갈고리 표시(= V)로 체크하다(처리되었음을 뜻함): 전의 die Streitfragen in der Sache waren rasch abgehakt 그 일에서 쟁점들은 신속히 처리되었다.

abhalftern 〈h〉 **1.** 《드물게》 말에서 굴레를 벗기다. **2.** 《통용어》 면직시키다, 영향력을 제거시키다. **Abhalfterung**, die ↑abhalftern의 명사형.

abhalten* 〈h〉 **1. a)** 멀리 거리를 두고 잡다: die Zeitung beim Lesen weiter (von sich) a. 신문을 읽을 때 (눈에서) 멀리 떼다. **b)** 어린 아이가 대소변을 할 수 있도록 안다. **2. a)** 가까이 오지 못하게 하다, 막다. **b)** (무엇을) 그냥 두게 하다, 못하게 하다, 방해하다: eine dringende Angelegenheit hielt mich davon ab, an der Feier teilzunehmen 급한 일로 나는 축제에 참석 못했다. **3.** 거행하다, 개최하다, 집행하다: eine Konferenz[eine Versammlung] a. 회의를 개최하다. **4.** 《nordd. / md.》 견디다, 오래 가다, 지탱하다. **5.** 【선원】 a) 무엇에서 벗어나도록 침로를 바꾸다. **b)** ↑abfallen (7) 참조: die Jolle hält (vom Wind) ab 그 작은 요트는 바람을 받도록 방향을 바꾼다. **Abhaltung**, die; -en **1.** 장애, 방해. **2.** 〈Pl. 없음〉 거행, 개최, 실시.

abhandeln 〈h〉 **1. a)** 누구에게서 흥정하여 사들이다: jmdm. einen Pelz a. 그에게서 모피를 흥정하여 사들이다. **b)** 흥정하여 값을 깎다: 전의 ich lasse mir von meinem Recht nichts a. 나는 내 권리를 조금도 양보하지 않아. **2.** 학술적으로 다루다, 논술하다.

abhanden [ap'handn̩] 〈Adv.〉 《거의 다음 용법으로만》 **(jmdm.) a. kommen** (누구에게서) 없어지다, 분실되다. **Abhandenkommen**, das; -s 분실.

Abhandlung, die; -en **1.** 논술, 《학술적인》 취급. **2.** (학술) 논문: eine A. verfassen[schreiben] 논문을 작성하다[쓰다] (약어: Abh.).

Abhang, der; -(e)s, Abhänge 비탈, 언덕.

abhangen 《구형, 방언, schweiz.》 ↑¹abhängen 참조.

¹abhängen* 〈h〉 **1.** (특히 도살한 짐승의 고기를) 오랫동안 매달아 연하게 하다. **2.** 《고어·드물게》 끌어내려 드리워져 있다. **3.** 기울다, 아래쪽으로 향하다. **3. a)** (무엇에) 달려 있다, 좌우되다: die Heilung des Patienten hängt von der richtigen Diagnose ab 환자의 치유는 올바른 진단에 달려 있다; es hängt viel davon für mich ab 그것은 내게 매우 중요하다. **b)** 의존하고 있다: viele Studenten hängen finanziell von ihren Eltern ab 많은 대학생들이 경제적으로 그들 양친에 의존하고 있었다. **²abhängen** 〈h〉 **1.** (걸려 있는 것을) 벗기다, 떼다. **2.** (차량을) 분리하다, 떼다. **3. a)** (관계를) 멀쳐 버리다. **b)** 《통용어》 【스포츠】 누구의 추격을 뿌리치고 리드하다. **4.** 수화기를 걸어 전화를 끊다. **abhängig** ['aphɛŋɪç] 〈Adj.〉 **1. a)** (무엇에) 의존하는, 좌우되는: das ist von den Umständen a. 그것은 상황에 달려있다. **b)** 의존하고 있는: von den Eltern finanziell a. sein 경제적으로 양친에 의존하고 있다. **2.** 매어있는, 종속된: -er Satz 부문장, 종속문(Neben-, Gliedsatz). **3.** 《고어》 탈진, 기울어진. **Abhängigkeit**, die; -en 종속, 예속, 의존: in A. geraten 종속[예속]하게 되다. **Abhängigkeitsgefühl**, das 예속 감정. **Abhängigkeitsverhältnis**, das 종속[예속] 관계. **Abhängling** ['aphɛŋlɪŋ], der; -s, -e 【건축】 종루(宗石), 단대공(후기 고딕 양식 교회 천정의 아치형 천정의 뼈대 장식 끝부분을 묶듯이 연결하고 있는 천정 장식).

abharken 〈h〉 《nordd.》 갈퀴로 긁어 내다.

abhärmen, sich 〈h〉 계속 큰 걱정을 하다: ein abgehärmtes Gesicht 걱정으로 여윈 얼굴.

abhärten 〈h〉 단련하다, 단단하게 하다: 전의 ein abge-

härteter Journalist 무감각하게 된 기자. **A̱bhärtung,** die 단련.
abha̱speln ⟨h⟩ **1.** (실패에서) 실을 풀어내다. **2.** 급히 암송하듯 말하다: einen Vortrag a. 강연을 급히 암송하듯하다. **3.** ⟨a. + sich⟩ 《지역적》 허겁지겁하다, 지치다.
a̱bhauen* ⟨h/s⟩ **1. a)** ⟨h⟩ 쳐내다, 쳐서 떼다 **b)** 쳐서 잘라 내다: beinahe hätte er mir den Finger abgehauen 하마터면 나는 손가락을 잘라 낼 뻔했어. **2.** ⟨h⟩ 【학생】 (남의 답안을) 베껴 쓰다, 커닝하다. **3.** 《경》 ⟨s⟩ 달아나다, 가버리다, 없어지다: Mensch, hau ab! 이 친구, 꺼져 버려! **4.** ⟨h⟩ 【광】 (경사진 갱도를 파는 경우) 위에서 아래쪽으로 갱도를 파내려가다(반대: aufhauen).
a̱bhäuten ⟨h⟩ (짐승의) 가죽을 벗기다.
A̱bhebegabel, die; -n 수화기 걸이.
A̱bhebegeschwindigkeit, die; -en 이륙 속도: die A. (der „Concorde") liegt bei 325 km/h (콩코르드의) 이륙 속도는 시속 325km이다. **a̱bheben*** ⟨h⟩ **1. a)** 들어내다, 떼어내다: Karten a. (카드놀이에서) 패를 떼다; die Kruste hebt sich immer von selbst ab (빵)껍질은 언제나 저절로 일어나 떨어진다. **b)** (예금을) 인출하다, 찾다: Geld (vom Konto) a. 계좌에서 예금을 인출하다. **c)** ⟨a. + sich⟩ 두드러져 보이다, 뚜렷이 나타나다, 대조를 이루다: die Türme hoben sich vom/gegen den/ Abendhimmel ab 탑이 저녁하늘에 두드러져 보였다. **2. a)** 《경》 이륙하다. **b)** 《지역적·광》 지적하다, 주의를 환기시키다. **A̱bhebung,** die; -en (예금의) 인출, 철거, 배제.
a̱beben ⟨h⟩ 사이편으로 (액체를) 끌어내다.
a̱bhechten ⟨h⟩ 【체조】 몸을 죽 편 자세로 뛰어내리다.
a̱bheften ⟨h⟩ **1.** 서류철에 철하다: Rechnungen a. 계산서를 철하다. **2.** 성기게 꿰매다. **A̱bheftung,** die; -en ↑abheften의 명사형.
a̱bheilen ⟨s⟩ 완치되다. **A̱bheilung,** die; -en 치료.
a̱bhelfen* ⟨h⟩ 제거하다, 없애다, 시정하다: berechtigten Beschwerden a. 지당한 불평을 들어 시정하다.
a̱bhetzen ⟨h⟩ **1.** (말, 개 따위를) 마구 몰아 지치게 하다. **2.** ⟨a. + sich⟩ 분망하여(서둘러서) 지치다.
a̱bheuern ⟨h⟩ 《반대: anheuern》 **1. a)** 《선원》 (선원직에서) 해임하다: ein Besatzungsmitglied a. 승무원을 해임하다. **b)** 《통용어·일반적》 어떤 직장에 있는 사람을 빼내오다, 전직시키다. **2.** 《선원》 선원직을 그만 두다. **A̱bheuerung,** die; -en (선원직의) 해임, 사임.
A̱bhieb, der; -(e)s 【임업】 **1.** 벌목. **2.** 나무가 잘려진 위치(元).
A̱bhilfe, die 구제, 시정(책).
abhi̱n ⟨Adv.⟩ 《schweiz.·관》 최근, 지난번, 얼마전.
A̱bhitze, die 【기술】 여열(餘熱), 폐열(廢熱). **A̱bhitzeverwertung,** die 폐열 이용.
a̱bhobeln ⟨h⟩ **1.** 대패질로 매끈하게 하다. **2.** 대패로 깎아내다. **3.** 대패로 더 얇게[작게] 만들다.
a̱bhocken ⟨s⟩ **1.** 【체조】 쪼그린 자세로 뛰어내리다: in den Stand a. 쪼그린 자세로 뛰어내려 서다. **2.** 【스키】 쪼그린 자세를 취하다.
a̱bhold ⟨Adj.⟩ 《다음 용법으로》 **jmdm. [einer Sache] a. sein** 누구[무엇]을 싫어하다.
a̱bholen ⟨h⟩ **1.** (무엇을) 가지러 가(오)다, 가서 가져오다: Theaterkarten an der Kasse a. 매표소에서 극장표를 가져 오다. **2.** (누구를) 마중나가다, 데리러 가다(오다): er holte mich am Bahnhof ab 그는 나를 정거장에 마중나왔다. **3.** 《통용어·은혜》 체포하다. **A̱bholer,** der; -s, - 무엇을 가지러 가는(오는) 사람. **A̱bholung,** die; -en ↑abholen의 명사형.
a̱bholzen ⟨h⟩ **1.** 벌목하다. **2.** 한 구역의 수목을 모조리 베어 버리다. **A̱bholzung,** die; -en 벌채.
A̱bhör- (abhören 3, 4): **~anlage,** die 청취 시설. **~apparat,** der 청취 기구. **~dienst,** der 청취 근무. **~einrichtung,** die 청취 설비. **~gerät,** das 청취 기재. **~kabine,** die 청취실. **~raum,** der 청취실. **~tisch,** der 【영화】 청취석. **~verbot,** das 청취[도청] 금지. **~wanze,** die 《통용어》 (작은 송신기를 담은) 도청 기구.
a̱bhorchen ⟨h⟩ **1. a)** (귀를 대고) 주의하여 듣다. **b)** 청진하다: das Herz a. 심장을 청진하다. **2.** 《드물게》 엿듣다, 도청하다. **3.** 《드물게》 경청하여 알아 내다[밝혀 내다]: Er horchte den Fahrtgeräuschen die Entfernung zur nächsten Haltestelle ab 그는 기차 소음 소리를 듣고 다음 정거장까지의 거리를 밝혀 냈다.
a̱bhören ⟨h⟩ **1.** (누구에게서) 배운 것을 물어 보다: den Schülern die Vokabeln a. 학생들에게 배운 단어들을 물어보다; die Mutter hörte ihn ab 어머니가 그에게 배운 것을 물어보았다. **2.** 청진하다. **3.** (검토하기 위해) 들어 보다. **4.** 엿듣다, 도청하다: die Telefonleitung a. 전화선을 몰래 연결하여 엿듣다. **5.** (금지된 것을) 몰래 청취하다. **6.** 《드물게》 듣고 알다(알아 내다): **A̱bhörung,** die; -en ↑abhören의 명사형.
A̱bhub, der; -(e)s 《아어·준고어·경멸》 찌꺼기, 쓰레기.
a̱bhumpeln ⟨s⟩ 절름[비틀]거리면서 물러가다.
a̱bhungern, sich ⟨h⟩ **1.** 배를 줄이고 저축하다[절약하여 가능케 하다]: ich habe mir die Reise abgehungert 나는 굶어 절약해서 그 여행 비용을 마련했다. **2.** 굶어 살을 빼다(몸무게를 줄이다). **3.** 몹시 굶주리다, 굶어 쇠약해지다: abgehungert aussehen 굶주려 기진 맥진하게 보이다.
a̱bhusten ⟨h⟩ 기침하여 떼어[토해] 내다: Schleim a. 기침해서 가래를 떼어 내다.
A̱bi ['abi], das; -s, -s 【학생】 ↑Abitur의 약칭.
Abidjan [abi'dʒaːn] 아비쟝(상아 해안 Côte d'ivoire의 수도).
a̱bimpfen ⟨h⟩ 【세균】 왁친을 뽑아 내다. **A̱bimpfung,** die; -en 왁친 채취.
abi̱rren ⟨s⟩ (아이) 길을 잃다, 올바른 길에서 벗어 나다: 전의 vom Thema a. 주제에서 벗어나다. **Abi̱rrung,** die; -en ↑abirren의 명사형.
abisoli̱eren ⟨h⟩ (무엇의) 절연체를 제거하다.
Abitu̱r [abi'tuːɐ̯], das; -s, -e 고등 학교 졸업[대학 입학] 자격 시험; 【학생】 ins A. steigen 고등 학교 졸업[대학 입학] 자격 시험에 합격하다. **Abiturie̱nt** [abitu'riɛnt], der; -en, -en [lat. abitūriēns (2격: abitūrientis)] 고등 학교 졸업(자격) 시험의 수험생, 고등 학교 졸업반 학생.
Abiturie̱nten-: ~ball, der 고등 학교 졸업 기념 학생 무도회. **~examen,** das 고등 학교 졸업(대학 입학) 자격 시험. **~lehrgang,** der 《österr.》 고등 학교 졸업을 위한 일년 코스 직업 예비 학교. **~klasse,** die 고등 학교 졸업반. **~prüfung,** die 고등 학교 졸업(대학 입학) (자격) 시험. **~treffen,** das 고등 학교 졸업반 학생 모임. **~zeugnis,** das 고등 학교 졸업(대학 입학) (자격) 시험 합격증.
Abiturie̱ntin, die; -nen ↑Abiturient의 여성형.
Abitu̱rzeitung, die; -en 고등 학교 졸업 기념문집(재학생 및 선생들을 시구가 만들어낸). **Abiturzeugnis,** das; -ses, -se 고등 학교 졸업(대학 입학) (자격) 시험 합격증.
a̱bjagen ⟨h⟩ **1.** 추적하여 빼앗다: der Stürmer jagte ihm wieder den Ball ab 공격수가 그를 쫓아서 공을 다시금 빼앗았다. 전의 jmdm. Kunden a. 누구에게서 고객을 뺏다. **2. a)** 몰아대어 지치게 하다: die Pferde a. 말을 몰아대어 지치게 하다. **b)** ⟨a. + sich⟩ 《통용어》 분망하여 지치다.
Abjudikati̱on, die; -en [lat. abjudicāre] 【법】 ↑

Aberkennung. **abjudizieren** ⟨h⟩ ↑aberkennen.
Abjuration, die, -en [lat. abjurare] ↑Abschwörung. **abjurieren** ⟨h⟩ ↑abschwören.
Abk. = Abkürzung.
abkalben ⟨h⟩ 《농업》 ↑kalben.
abkämmen ⟨h⟩ **1.** 빗으로 빗어 제거하다. **2.** (빗날같이) 총총히 열을 지어 샅샅이 뒤지다: ein Waldstück nach einem Sträfling a. 죄수를 찾으려고 총총히 열을 지어 숲 속을 샅샅이 뒤지다.
abkämpfen ⟨h⟩ **1.** 《준고어》 힘들여〔싸워〕얻다: ich habe ihm seine Zustimmung mit großer Mühe abgekämpft 나는 매우 애쓴 끝에 그의 동의를 얻었다. **2.** ⟨a. + sich⟩ 싸워 지치다: abgekämpfte Truppen 싸우다 지친 군대.
abkanten ⟨h⟩ **1.** 모〔가장자리〕를 없애다. **2.** 모(가장자리)를 둥글게하다. **3.** 모서리를 만들다. **4.** 모서리(가장자리)를 넘겨 짐을 내리다: schwere Geräte vom Wagen a. 무거운 기재를 차의 짐싣는 곳 가장자리(받침 모서리)를 넘겨 내리다.
abkanzeln ['apkants|n] ⟨h⟩ 《통용어》 질책하다, 마구 나무라다. **Abkanzelung**, 《드물게》 **Abkanzlung**, die; -en 질책, 견책.
abkapiteln ['apkapɪt|n] ⟨h⟩ 《방언》 질책하다, 호통 치다.
abkappen ⟨h⟩ **1.** 끝부분을 잘라내다: Zweige a. 나뭇가지의 우듬지를 치다. **2.** 자르다.
abkapseln ['apkaps|n] ⟨h⟩ 캡슐에 넣어 봉하다: 전의 ich kaps(e)le mich gegen meine Umwelt ab 나는 내 주위와 담을 쌓는다. **Abkapselung**, 《드물게》 **Abkapslung**, die; -en 고립, 격리, 캡슐에 넣기.

abkargen, sich ⟨h⟩ 《아어》 절약해서 무엇을 얻다〔손에 넣다〕.
abkarren ⟨h⟩ 짐수레로 운반하다.
abkarten ['apkartn] ⟨h⟩ 《통용어》 몰래 획책하다, 공모하다: eine abgekartete Gaunerei 사기 공모.
abkassieren ⟨h⟩ 《통용어》 누구로부터 돈을 징수하다: der Ober hat alle Tische bereits abkassiert 웨이터가 이미 모든 식탁에서 수금을 했다.
abkauen ⟨h⟩ **1. a)** 물어 뜯다, 물어 뜯어 손상시키다: Nägel a. 손톱을 물어 뜯다. **b)** 씹어서 닳다. **2.** (말이) 재갈에 익숙해지다. **3.** 《비어》 남자의 성기를 입으로 빨아 사정시키다.
abkaufen ⟨h⟩ **1.** 누구에게서 무엇을 사들이다: 전의 Laß dir nicht jedes Wort a. 그토록 말없이 있지 마. **2.** 구입권(사은권, 딱지, 표 등)을 모두 쓰다(사용하다). **3.** 《통용어》 믿다(대개 부정할 때): ich kauf ihm die Story nicht ab 나는 그 사람의 이야기를 믿지 않아.
abkehlen ⟨h⟩ **1.** 짐승의 목을 자르다. **2.** [수공] 홈을 파다.
Abkehr ['apkeːɐ̯], die; 전향, 포기: das bedeutet eine A. von der bisherigen Politik 그것은 지금까지의 정치에서 전향을 의미한다. **¹abkehren** ⟨h⟩ 전향하다, 돌리다: sie kehrte ihr Gesicht ab 그녀는 얼굴을 돌렸다; ich kehrte mich von ihr ab 나는 그녀로부터 몸을 돌렸다.
²abkehren ⟨h⟩ **a)** 쓸어 제거하다. **b)** 청소하다.
abketteln ⟨h⟩ ↑abketten ⟨2⟩. **abketten** ⟨h⟩ **1.** 사슬〔줄〕에서 풀다. **2.** (뜨개질) 마지막 줄의 코를 맺다〔잇다〕.
abkindern ⟨h⟩ 《은어》 (국가에서 융자한 돈을) 아이를 낳음으로써 갚을 필요가 없어지다.
abkippen 1. a) ⟨h⟩ 기울게 해서 아래로 떨어뜨리다. **b)** ⟨s⟩ 아래로 떨어지다: die Maschine ist abgekippt 〔조종〕 비행기가 아래로 기울면서〔뒤집히면서〕 (옆으로) 곤두박질했다. **2.** ⟨h⟩ 덤프차에서 짐을 부리다.
abklabastern ⟨h⟩ (nordostd.) 차례로 찾다〔탐방하다〕.
abklappen ⟨h⟩ 아래로 꺾다: die Lehne a. (의자의) 등

받이를 아래로 펴〔꺾〕다.
abklappern ⟨h⟩ 《통용어》 차례차례 샅샅이) 찾다: er hatte die halbe Stadt nach einem Zimmer abgeklappert 그는 방을 구하려고 도시의 반을 샅샅이 돌아다녔다.
abklären ⟨h⟩ 맑게 하다, 밝히다. **Abklärung**, die; -en ↑abklären의 명사형.
Abklatsch, der; -(e)s, -e **1. a)** [예술] 모사(품), 모조(품). **b)** (폄) 모방, 흉내. **2.** [인쇄] 교정쇄, 젤리, 스테로판: einen A. machen 교정쇄를 뜨다〔만들다〕. **3.** (우표) 우표의 뒷면에 우표 그림이 묻든 우표. **abklatschen** ⟨h⟩ **1.** 손뼉을 쳐 춤추고 있는 사람의 상대를 자기에게 양보하라고 요구하다. **2.** 〔연극·영화〕 손뼉을 쳐 중단시키다. **3.** [구기] 두 손을 펴 (공을) 쳐내다. **4.** [의학] 환자의 몸을 젖은 수건으로 박타(拍打)하다. **5. a)** [예술] 모방하여 만들다. **b)** 《폄》 단지 그대로 묘사하다: in seinen Romanen klatscht er das Leben ab, wie es ist 자기 소설에서 그는 삶을 실제 있는 그대로 묘사하고 있을 뿐이다. **Abklatscher**, der; -s, - 《스포츠·은어》 두 손을 펴 쳐낸 공. **Abklatschung**, die; -en 박타, 모조, 묘사.

abklauben ⟨h⟩ 《지역적》 **a)** 뜯어내다, 쥐어뜯다, 물어뜯다. **b)** 뜯어내어 제거하다.
abklavieren ['apklaviːrən], sich ⟨h⟩ 《지역적》 무엇을 보고 알아내다, 산출하다.
abklemmen ⟨h⟩ **1.** (집게 따위로) 집어 자르다: ich hatte mir einmal an einer Maschine einen Finger abgeklemmt 나는 언젠가 기계에 손가락 하나가 끼어 잘렸다. **2. a)** 겸자(鉗子)로 결찰(結紮)하다, 집게로 조이다: die Nabelschnur a. 탯줄을 겸자로 결찰하다. **b)** 집게〔조임쇠〕를 풀다. **Abklemmung**, die; -en ↑abklemmen의 명사형.
Abklingbecken, das [원자로] 방사능 재가 떨어질 때까지 원자로 안 연소재를 저장해 두는 밀폐된 콘크리트 물통.
abklingeln ⟨h⟩ 《통용어》 벨을 울려 발차 신호를 하다. **b)** 벨을 울려 전화를 끊다(통화를 끝내다).
abklingen* ⟨s⟩ **1.** (소리가) 점차로 사라〔낮아〕지다. **2.** 약해지다, 사라지다.
abklopfen ⟨h⟩ **1. a)** 털어서 제거하다, 두드려 털다: den Schnee vom Mantel ab. 외투에서 눈을 털어내다. **b)** 털어 깨끗이 하다: ich klopfte ihm den Mantel ab 나는 외투의 먼지를 깨끗이 털었다. **2.** 가볍게 두드리면서 애무하다. **3.** [의학] 타진(打診)하다: 전의 der Blick des Tischlermeisters klopfte die Möbel ab 도목수의 시선은 가구들을 살펴보고 있었다. **4.** (지휘자가 지휘봉을 두드려) 중지 신호를 하다. **5.** 《스포츠·검도》 게임을 포기한다는 신호로 손으로 두 번 바닥이나 상대방의 몸을 두드리다.
abkloppen ⟨h⟩ 《경·지역적》 **1.** ↑abklopfen (5). **2.** (학교에서 다른 학생의 것을) 베끼다.
abknabbern ⟨h⟩ 《통용어·친근》 **1.** 갉아〔물어〕뜯다. **2.** 말끔히 뜯어먹다: die Knochen a. 뼈에 붙은 살을 말끔히 뜯어먹다.
abknallen ⟨h⟩ 《폄》 마구 쏘아 죽이다.
abknappen ['apknapn̩] 《지역적》 ↑abknapsen.
abknapsen ⟨h⟩ 《통용어》 일부를 빼앗다〔떼어내다〕: sie knapste ihm noch eine Mark von seinem Taschengeld ab 그 여자는 그의 용돈에서 1마르크를 떼었다.
abknaupeln ⟨h⟩ 《지역적》 (이나 손가락으로) 쥐어뜯다.
abkneifen* ⟨h⟩ (집게 따위로) 집어 자르다.
abknicken 1. ⟨h⟩ **a)** 꺾다. **b)** 아래로 꺾다: die Blumen waren nur abgeknickt, nicht abgerissen 꽃들이 다만 아래로 꺾여져 있을 뿐이지 잘려나간 것이 아니었다. **2.** ⟨s⟩ 꺾이〔굽히기〕를 하다: in der Hüfte a. 맨는

체조에서 허리굽히기를 하다; 〖교통〗 abknickende Vorfahrt 회전 우선. **Abknickung**, die; -en 꺾기, 굽히기, 회전로.

abknipsen ⟨h⟩ 〖통용어〗 **1.** (가위나 집게 등으로 작은 것, 얇은 것을) 잘라내다. **2.** (사진 필름을) 끝까지 모두 찍다.

abknöpfen ⟨h⟩ **1.** 단추를 끄르다(반대: anknöpfen): sich die Hosenträger a. 바지의 멜빵 단추를 끄르다. **2.** 《경》누구에게서 빼앗다: ich habe ihm beim Kartenspielen fünf Mark abgeknöpft 나는 카드놀이로 그에게서 5마르크를 땄다.

abknüpfen ⟨h⟩ 《드물게》매듭을 풀다: er hat ihr das Kopftuch abgeknüpft 그는 그녀의 머릿수건 매듭을 풀어 주었다.

abknutschen ⟨h⟩ 《속어》끌어안고 마구 입맞추다〔애무하다〕.

abkochen ⟨h⟩ **1. a)** 《드물게》푹 삶다, 푹 끓이다, 푹 익히다. **b)** 끓여 살균하다. **c)** 야외에서 취사하다. **d)** 달여내다: (Heil)kräuter a. 약초를 달여내다. **2.** 《경》녹초가 되게 하다. **3.** 《경·지역적》옭아내다, 털다. **4.** 《권투 은어》시합전에 체중을 줄이다. **Abkochung**, die; -en 탕약, 엑기스, 끓인 즙.

abkommandieren ⟨h⟩ 〖군〗 파견하다: jmdn. an die Front a. 누구를 전방으로 파견하다. **Abkommandierung**, die; -en 파견.

Abkomme ['apkɔmə], der; -n, -n ↑Nachkomme. **abkommen*** ⟨s⟩ 〔s. fig.〕 **1. a)** 방향을 잃다, 길을 잃다: vom Weg(e) a. 길을 잃다. **b)** 빗나가다: vom Thema a. 주제에서 빗나가다. **c)** (무엇을) 떠나다, 포기하다. **2. a)** 〖스포츠〗출발[스타트]하다. **b)** 〖사격〗조준하다. **3.** (매인 일에서) 빠져 나가다, 틈을 내다: für ein paar Stunden nicht a. können 몇 시간도 빠져나갈 수 없다〔틈을 낼 수 없다〕. **4.** 시대에 뒤지다, 사용되지 않다. **5.** 〖지역적〗(몸이) 허약(수척)해지다. **6.** 〖자전거 폴로〗 경기 도중 바닥에 몸이 닿다. **Abkommen**, das; -s, - 합의, 협정, 조약: das A. kommt zustande (tritt in Kraft) 협정이 이루어지다〔발효하다〕; ein A. treffen (schließen) 협정을 맺다. **Abkommenschaft**, die 《고어》자손, 후예. **abkömmlich** ['apkœmlɪç] ⟨Adj.⟩ 빠져 나가도 되는, 없어도 괜찮은. **Abkömmlichkeit**, die 빠져 나갈 수 있는 가능성. **Abkömmling** ['apkœmlɪŋ], der; -s, -e 〖법〗자손, 후예. **2.** 〖화학〗 유도체(誘導體).

abkönnen* ⟨h⟩ (nordd.·병) 참다, 견디다 (대개 부정적으로 사용).

abkonterfeien ⟨h⟩ 《고어·고풍》 모사(模寫)하다, 모방하다: sich vom Fotografen a. (fotografieren) lassen 사진사에게서 사진을 찍다.

abkoppeln ⟨h⟩ **1.** (짐승을) 함께 매어놓은 끈에서 풀다. **2.** (차 따위의) 연결을 풀다. **Abkoppelung**, die; -en ↑abkoppeln의 명사형.

abkrageln ['apkra:gl̩n] ⟨h⟩ 《österr.·통용어》날짐승의 목을 비틀다〔자르다〕.

abkragen ['apkra:gn̩] ⟨h⟩ 〖토목〗 (돌을) 비스듬히 자르다.

abkratzen 1. ⟨h⟩ **a)** 긁어내다: sich den Bart a. 《통용어》 수염을 깎다. **b)** 문질러[긁어] 깨끗이 하다: die Schuhe a. 신을 문질러 깨끗이 하다[털다]. **2.** ⟨s⟩ **a)** 《경·준교어》가버리다. **b)** 《속어》죽다. **Abkratzer**, der; -s, - (신발의 흙을 털기 위해 현관에 설치한 쇠로 된) 흙털개.

abkriegen ⟨h⟩ 《통용어》 **1.** 자기의 몫으로 차지하다〔획득하다〕: sie hat keinen Mann abgekriegt 그 여자는 결혼하지 못했다. **2.** 당하다, 감수하다. **3.** (달라 붙어 있는 것을) 떼다, 열다.

abkucken (nordd.) ⟨h⟩ ↑abgucken.

abkühlen 1. ⟨h⟩ 식히다, 차게 하다: um mich ein wenig abzukühlen, suchte ich meinen Adlatus ... auf 흥분을 가라앉히기 위해 나는 조력자를 찾았다. **2.** ⟨a. + sich⟩ 식다, 냉각되다: das Wasser hat sich [ist] nun genung abgekühlt 물이 이제 충분히 식혀졌다; 〖전의〗 ihre Beziehungen kühlten sich ab 그들의 관계는 냉각되었다. **Abkühlung**, die; -en **1.** 냉각: die Schmelze kristallisiert bei A. 그 용액은 냉각시키면 결정(結晶) 된다. **2.** 온도[기온]의 저하.

abkündigen ⟨h⟩ 〖교회〗설교단에서 공고하다[발표하다]. **Abkündigung**, die; -en (설교단에서의) 공고, 알림, 발표.

Abkunft ['apkʊnft], die 출신, 혈통, 계통.

abkupfern ⟨h⟩ 《지역적·병》 허가없이 전용하다, 베끼다, 커닝하다.

abkuppeln ⟨h⟩ ↑abkoppeln (2).

abkurbeln ⟨h⟩ 〖영화 은어〗촬영하다.

abkürzen ⟨h⟩ **1.** (공간·시간적으로) 단축하다: einen Weg a. 길을 단축하다, 지름길로 가다. **2.** (과정, 상태, 행위를) 예정보다 일찍 끝내다, 단축하다: die Rede a. 연설을 단축하다[예정보다 일찍 끝내다]. **3.** 약어(略語)로 표현[표기]하다, 요약하다. **Abkürzung**, die; -en **1.** 단축, 생략. **2.** 지름길. **3.** 약어, 요약(어).

Abkürzungs-: ~fimmel, der 약어 사용벽(癖). **~liste**, die ↑-verzeichnis. **~punkt**, der 〖문헌·인쇄〗 (약어 뒤에 붙이는) 생략점. **~sprache**, die 약어(문)체(약어: Akusprache). **~verzeichnis**, das 약어표. **~weg**, der 지름길. **~wort**, das 약어. **~zeichen**, das ↑Sigel.

abküssen ⟨h⟩ 여러 번 격렬하게 키스하다.

Ablad ['aplat], der; -s (schweiz.) 짐을 부림, 하역(荷役). **abladen** ⟨h⟩ **1. a)** 짐을 부리다(반대: aufladen): 〖전의〗 wo kann ich Sie a.? 《통용어·농》어디에 당신을 내려드릴까요?; die Schuld auf einen anderen a. 죄를 다른 사람에게 전가하다. **b)** (짐을 내려 차를) 비게 하다: einen Lastwagen a. 화물차의 짐을 부리다. **2.** 〖토목〗선적하다. **Abladeplatz**, der 짐을 부리는 곳, 하역소. **Ablader**, der; -s, - **1.** 짐을 부리는 사람, 하역 인부. **2.** 〖무역〗선적인(船積人), 선적 회사. **Abladung**, die; -en ↑abladen의 명사형.

Ablage, die; -n **1.** 〈Pl. 없음〉(알을) 낳음, 산란(産卵). **2.** 저장, 저장소. **3.** 《대개 Pl.》《드물게》창고에 보관된 서류. **4.** (schweiz.) 수납소, 대리점. **5.** (schweiz.) 보관, 기탁.

ablagern 1. ⟨sich⟩ **a)** 퇴적시키다, 침전시키다. **2.** ⟨h/s⟩ 저장하여 품질이 좋아지다(익다): abgelagerte Weine 저장하여 맛이 잘든[잘 익은] 포도주. **3.** ⟨h⟩ 보관시키다, 기탁하다. **Ablagerung**, die; -en **1. a)** 퇴적, 침전. **b)** 퇴적물, 침전물. **2.** 저장: die A. von Wein 포도주 저장. **3.** 보관, 기탁.

ablaichen ⟨h⟩ 〖동물〗 (물고기, 개구리 따위가) 알을 낳다.

Ablaktation [aplakta'tsjoːn], die; -en [lat. ablactātio] 이유(離乳). **ablaktieren** [aplak'tiːrən] ⟨h⟩ **1.** 《의학·고어》젖을 떼다. **2.** 〖식물〗접붙이다.

ablandig ['aplandɪç] ⟨Adj.⟩ 〖선원〗(뭍에서부터) 바다로 향한(반대: auflandig): -er Wind 뭍에서 바다로 부는 바람.

ablängen ⟨h⟩ 〖수공〗 일정한 길이로 자르다.

Ablaß ['aplas], der; Ablasses, Ablässe ['aplɛsə] **1.** 〖가〗사죄(赦罪), 속죄, 대사(大赦). **2. a)** 유출(流出), 방출(放出), 배수, 배기. **b)** 배기[배수]구, 배기[배수]관.

¹Ablaß- (Ablaß 1): **~brief**, der (중세의) 대사부(大赦符), 면죄부(免罪符), 사죄장(赦罪狀). **~handel**, der 면죄부 판매. **~krämer**, der 면죄부 판매인(성직자에 대한 욕설). **~lehre**, die 면죄설(免罪說). **~praxis**, die 면

²**Ablaß-** 죄 실무. **~prediger,** der 면죄 설교사(성직자). **~streit,** der 면죄에 대한 논쟁. **~wesen,** das 면죄 제도. **~zettel,** der ↑brief.

²**Ablaß-** (Ablaß 2): **~hahn,** der 배수[배기] 코크(꼭지). **~rohr,** das 배수[배기]관. **~schraube,** die 배수[배기] 나사. **~ventil,** das 배수[배기]판(밸브). **~vorrichtung,** die 배수[배기] 장치.

ạblassen' ⟨h⟩ **1. a)** 방출(방류)시키다, 흘러나오게 하다. **b)** 유출시키다, 배출시키다: die Luft aus einem Reifen a. 타이어에서 공기를 빼다. **c)** (방류함으로써) 비게 하다. **2.** 놓아보내다: Brieftauben a. 전서(傳書) 비둘기를 날려보내다. **3.** 양도하다, 팔다. **4.** 값을 깎아주다, 할인해주다: er läßt (ihm) von dem Preis 15% ab 그는 (그에게) 값의 15%를 할인해 준다. **5.** 《통용어》 방치하다, (다시) 닫지 않다. **6. a)** 그만두다: von einem Vorhaben a. 어떤 계획을 그만두다. **b)** 〈누구에게〉 더 이상 상대하지 않다, 포기하다.

Ablation [abla'tsjo:n], die; -en **1.** 제거, 〖의학〗 절제(切除). **2.** 〖지질〗 **a)** (빙하의) 융해 분리. **b)** ↑Abtragung.

Ablativ ['ablati:f], der; -s, -e [...i:və; lat. ablātīvus] 〖언어〗 탈격. **2.** 탈격의 단어. **Ablativus absolutus** ['ablati:vus apzo'lu:tus], der; - -, ...vi ...ti ...vi ...ti 〖언어〗 절대 탈격.

ạblatschen ⟨경⟩ **1.** ⟨h⟩ (구두 따위를) 마구 신어 망그러뜨리다 〈대개 과거분사로〉 abgelatschte Stiefel 낡은(망그러뜨려진) 장화. **2.** ⟨s⟩ 다리를 질질 끌면서 떠나다.

Ạblauf, der; -(e)s, Abläufe-**1.** ⟨Pl. 없음⟩ 〖스포츠〗 스타트, 출발점. **2. a)** ⟨Pl. 없음⟩ (물의 유출(流出), 흘러감. **b)** 유출구, 배수구. **3.** 〖선원〗 진수(進水). **4. a)** 경과, 진행: der A. der Ereignisse 사건의 경과. **b)** 〖텔레비전·라디오〗 프로그램 순서. **5.** ⟨Pl. 없음⟩ 만기, 만료: vor A. der gesetzten Frist 정해진 기한의 만료 전에. **6.** 〖육상〗 릴레이 경기에서 바통을 받는 주자의 스타트.

Ạblauf- (ablaufen): **~bahn,** die ⟨스키⟩ 도약대의 활주로. **~berg,** der 〖철도〗 험프(중력으로 조차(操車)하기 위해 만들어진 언덕), 활주구(滑走丘). **~frist,** die 만료 기간, (어음 따위의) 기한. **~geschwindigkeit,** die 활주 속도. **~gleis,** das 〖철도〗 (험프의) 전락선(轉落線). **~marke,** die 〖육상〗 주자 출발 표지선. **~plan,** der 〖텔레비전·방송〗 프로그램 방송 계획. **~rinne,** die 홈통, 배수구, (배의) 갑판 배수공(孔). **~rohr,** das 배수[하수]관. **~tempo,** das ↑ ~geschwindigkeit. **~ventil,** das 배수[하수]판(瓣).

ạblaufen' **1.** ⟨s⟩ **a)** 《드물게》 달려서 가버리다. **b)** 〖스포츠〗 스타트하다. **c)** 〖선원〗 항로를 바꾸다. **2.** ⟨s⟩ **a)** 흘러나가다, 유출하다: das Wasser aus der Wanne a. lassen 물을 물통에서 흘러나가게 하다. **b)** 흘러나가 비게 되다. **3.** ⟨s⟩ **a)** 흘러내리다: 〖전의〗 an ihm läuft alles ab 모든 것에 그는 무관심하다; **jmdn. a. lassen** 《통용어·드물게》 누구를 냉담하게 거절하다. **b)** 물이 빠져 건조되다. **4.** ⟨s⟩ **a)** 〖철도〗 험프(활주구)를 따라 내려가다. **b)** 〖선원〗 진수(進水)하다: das Schiff seitlich a. lassen 배를 옆(횡면)으로 진수시키다. **5.** ⟨s⟩ **a)** (감긴 것이) 끝까지 풀리다: das Tonband a. lassen 녹음 테이프를 끝까지 다 돌리다. **b)** 기계가 진행을 멈추다; 시계가 다 풀리다: die Uhr ist abgelaufen 시계가 멎었다. **c)** 진행되다, 경과하다: alles ist gut abgelaufen 모든 것은 잘 진행되었다. **6.** ⟨s⟩ 끝나다: das Visum ist längst abgelaufen 비자 기간은 오래 만료되었다. **7.** ⟨s⟩ 《드물게》 갈리다, 갈라지다: von der Landstraße läuft ein Weg ab 국도(國道)로부터 길이 하나 갈라진다. **8.** ⟨s/h⟩ **a)** (시찰이나 조사의 목적으로) (길을) 따라가다[걷다]. **b)** (장소나 사람들을) 샅샅이 차례로 찾아 돌아다니다: ich habe [bin] die ganze Gegend abgelaufen 나는 온 지역을 찾아 돌아다녔다. **9.** ⟨h⟩ **a)** (신발 창 따위가) 달려서[걸어서] 닳게 하다. **b)** ⟨a. + sich⟩ 걸어서[달려서] 닳다. **10.** ⟨a. + sich⟩ ⟨h⟩ 《통용어》 너무 걸어 피로하게 되다.

ạblaugen ⟨h⟩ **a)** 잿물로 씻다[닦다]. **b)** 잿물로 제거하다. **Ablaugung,** die; -en ↑ablaugen의 명사형.

ạblauschen ⟨h⟩ 《아어》 열심히 듣고 알다.

ạblausen ⟨h⟩ **1.** 《통용어》 이를 잡다. **2.** 《경》 피를 써 나하나 빼앗다: jmdm. alle seine Moneten a. 누구의 돈을 피를 써 모두 빼앗다.

Ạblaut, der; -(e)s, -e [1819년 Jacob Grimm이 이 개념을 ↑Umlaut의 대치 개념으로 도입] 〖언어〗 (특히 동사의 강변화에서) 모음 교체, 전모음(轉母音). **ablauten** ⟨h⟩ 〖언어〗 모음 교체(전모음)하다.

ạbläuten ⟨h⟩ **a)** 출발 신호를 울리다. **b)** 종료 신호를 울리다.

ạbleben 《고어·아어》 **1.** ⟨h⟩ 보내다, 지내다: er lebte die restlichen Jahre im Exil ab 그는 여생을 망명 생활로 보냈다. **2.** ⟨s⟩ 죽다. ⟨명사화⟩ **Ableben,** das; -s 《아어》 죽음, 사거(死去).

ạblecken ⟨h⟩ **a)** 혀로서 닦아내다. **b)** 핥아서 깨끗이 하다.

ạbledern ⟨h⟩ **1.** 《고어》 짐승의 가죽을 벗기다. **2.** 《지역적》 심하게[호되게] 매질하다. **3.** 《통용어》 가죽 수건으로 닦아 윤이 나게 하다.

ạbleeren ⟨h⟩ 《드물게》 비우다, 치우다.

ạblegen ⟨h⟩ 빚을 갚다, 무엇을 배상하다. **1. a)** (옷 가지를) 벗다: 〖전의〗 die Maske a. 가면을 벗다; die sterbliche Hülle a. 《아어》 죽다. **b)** (특히 옷을) 더 이상 입지 않다: die Trauerkleidung a. 상복을 더 이상 입지 않다; 〖전의〗 sie hatte ihre Scheu abgelegt 그녀는 이젠 수줍어 하지 않는다. **c)** (속어·지역적) (아이를) 낳다. **2.** (어떤 곳에) 내려놓다: eine Last[den Hörer] a. 짐[수화기]을 내려놓다; 〖사무〗 Bestellungen a. 주문 사항을 철해서 정리하다; 〖인쇄〗 die Schrift a. (문선된) 글자를 활자 상자에 집어넣어 조판하다; 〖카드〗 Herzas a. 하트 에이스 패를 버리다. **3.** 〈숙어적 표현으로〉 이행하다: ein Examen a. 시험을 치르다; einen Eid a. 선서를 하다; die Beichte a. 《아어》 고해하다; für jmdn. [etw.] Zeugnis a. 누구[무엇]를 위해 증언하다; ein Geständnis a. 자백하다; ein Gelübde a. 맹세하다; Rechenschaft (über etwas) a. (무엇에 관하여) 보고[설명]하다; einen Beweis (für etwas) a. (무엇에 대한) 증거를 대다. **4.** 《아어》 (무엇을) 의도하다, 노리다: er hatte es auf eine Kränkung abgelegt 그는 모욕해 줄(괴롭혀 줄) 의도였다. **5.** 〖선원〗 출범하다(반대: anlegen). **Ableger,** der; -s, -**1. a)** (휘묻이하기 위한) 어린가지, 휘묻이, 꺾꽂이. **2. a)** 《통용어·농》 아들, 자손. **b)** 〖경제〗 지점, 지사(支社). **Ablegung,** die; -en ↑ablegen의 명사형.

ạblehnen ⟨h⟩ **1.** 수락하지 않다: er hat das Amt abgelehnt 그는 그 관직을 수락하지 않았다. **2.** 거부하다, 승낙하지 않다, 각하(却下)하다: einen Antrag, ein Gesuch a. 신청을 각하(却下)하다. **3.** 반대하다, 환영하지 않다, 동의하지 않다: die modernen Maler a. 그는 현대 화가들에 대해 부정적이다. **4.** (해당되지 않는 것으로) 각하하다, 거절하다: ich muß jede Verantwortung a. 나는 모든 책임을 거부하지 않을 수 없네요. **5.** (요구한 것을) 행하지 않다, 거부하다: die Ausführung eines Befehls a. 명령 이행을 거부하다. **Ablehnung,** die; -en 거부, 거절, 반대, 각하: auf A. stoßen 거부[반대, 각하]되다.

ạbleiern ⟨h⟩ 《통용어·경》 **1.** (외운 것[텍스트]을) 단조롭게 암송하다[낭독하다]. **2.** (다른 사람이 이미 알고 있는 것을) 번번이 되풀이하다: festgelegte Dogmen (immer wieder) a. 요지 부동한 독단을 번번이 되풀이하다.

ạbleisten ⟨h⟩ 끝까지 행하다, 이행하다: die Militärzeit a. 군복무(기간)를 치르다. **Ableistung,** die; -en ↑

ableisten의 명사형.
ableiten ⟨h⟩ **1.** 다른 방향으로 이끌다[유도하다]: das Wasser a. 물을 다른 데로 끌다; [전의] seinen Zorn a. 화를 다른 데로[다른 행동으로] 돌리다. **2. a)** (무엇을) 근원으로 하다, (무엇에) 파생시키다, 전개시키다: der Anspruch leitet sich aus ererbten Privilegien ab 그 요구는 상속된 특권에 근거한다; [언어] ein Wort a. 어떤 단어를 파생시키다; [수학] eine Formel a. 어떤 공식을 전개시키다. **b)** 무엇으로 소급하다: seine Herkunft von den Einwanderern a. 그의 혈통을 이주민으로 소급해서 찾다; [언어] das Wort leitet sich aus dem Griechischen ab 그 단어의 어원은 그리스어이다. **Ableitung**, die; -en **1.** 끌어옴, 유도, 파생. **2.** 파생어. **Ableitungssilbe**, die [언어] 파생어를 만드는 전[후]철.
Ablenk-: ↑**Ablenkungs-**.
ablenken ⟨h⟩ **1.** 딴 쪽으로 돌리다: den Ball zur Ecke a. 공의 방향을 코너로 돌리다. **2. a)** (생각·관심을) 돌리다: er versuchte, den Verdacht von sich abzulenken 그는 자신의 혐의를 다른 데로 돌리려고 애썼다. **b)** 다른 생각을 하게 하다, 기분을 전환시키다: du lenkst dich ein wenig ab, wenn du ins Kino gehst 영화관에 가면 너는 다소 기분 전환이 된다. **c)** 대화의 주제를 바꾸다. **Ablenkung**, die; -en **1.** 전환, 다른 방향으로 바꿈. **2.** 기분 전환, 오락.
Ablenkungs-: ~**manöver**, das 적을 속이는 조처, 기만 작전. ~**maßnahme**, die ↑-manöver. ~**versuch**, der [심리] 기본 전환 시도.
ablernen ⟨h⟩ 누구의 무엇을 보고 익히다: ich lernte ihm den Kniff ab 나는 그의 술책을 보고 익혔다.
¹**ablesen*** ⟨h⟩ **a)** 하나하나 따[잡아]내다: er liest Kartoffelkäfer ab 그는 콜로라도 딱정벌레를 하나하나 잡아냈다. **b)** 하나하나 따냄으로써 비게 하다. ²**ablesen*** ⟨h⟩ **1.** 쓴 것을 보고 말하다, (원고 따위를) 낭독하다. **2. a)** (가스, 전기 미터기 따위를) 검침(檢針)하다: den Stromzähler a. 전기 계량기를 검침하다. **b)** 측정기를 보고 사용량을 확인하다: Gas [Strom] a. 가스[전기]의 사용량을 미터기를 보고 확인하다. **3. a)** 무엇을 보고 알아내다: jmdm. jeden Wunsch von den Augen a. 누구의 소망을 눈을 보고 모두 알아채다. **b)** 추론하다: die Bedeutung des Ereignisses kann man daraus a., daß … 이 사건의 의미를 다음에서 추론할 수 있다. **Ableser**, der; -s, - 검침원(檢針員). **Ablesung**, die; -en ↑ ablesen의 명사형.
ableuchten ⟨h⟩ 불로 비추며 찾다, 탐조등(探照燈)으로 비추다.
ableugnen ⟨h⟩ 강력히 부인(부정)하다, 거부하다. **Ableugnung**, die; -en 부인, 부정, 거부.
ablichten ⟨h⟩ 사진 복사를 하다. **Ablichtung**, die; -en **1.** 사진 복사하기. **2.** 사진 복사.
abliebeln ⟨h⟩ 애무하다, 애무하면서 쓰다듬다.
abliefern ⟨h⟩ **1.** 인도하다, 교부하다, 건네주다: Waren a. 상품을 인도하다. **2.** ⟪통용어⟫ (의무적으로 지정된 곳에) 데려가 (인도)하다: die Tochter wieder bei den Eltern a. 딸을 다시금 부모에게 데려다 주다. **Ablieferung**, die; -en 인도, 교부, 인계.
Ablieferungs-: ⟪대개 전문 분야⟫: ~**bescheid**, der 인도 결정. ~**bescheinigung**, die 인도증(引渡證). ~**frist**, die 인도 기간. ~**pflicht**, die ⟨Pl. 없음⟩ 인도 의무. ~**preis**, der 인도 가격. ~**rückstand**, der 인도해야 할 잔고(殘高). ~**soll**, das (농산물의) 공출[할당] 의무량, 인도분(引渡分). ~**termin**, der 인도 기일. ~**zwang**, der ⟨Pl. 없음⟩ 인도의 의무.
abliegen* ⟨h⟩ **1.** ⟪드물게⟫ 멀리 떨어져 있다 [놓여 있다]: drei Kilometer (weit) a. 3킬로미터 멀리 떨어져 있다.
2. ⟪südd., österr.⟫ 오래 두어 연해게 되다[품질이 좋아지다]: (대개 과거분사로) das Fleisch ist abgelegen 고기가 오래 재워져 연해게 되다.
ablisten [ˈaplɪstn̩] ⟨h⟩ 무엇을 편취[사취]하다: jmdm. sein Geld a. 누구에게서 돈을 편취하다.
ablochen ⟨h⟩ [전산] 천공 카드에 입력하다. **Ablocher**, der; -s, - (컴퓨터의) 천공기. **Ablochung**, die; -en 천공 카드에 입력함.
ablocken ⟨h⟩ 꾀어서[속여서] 빼앗다, 옮아내다: er hat mir 100 Mark abgelockt 그는 나를 꾀어서 100마르크를 옮아냈다.
ablohnen ⟨h⟩ ⟪준고어⟫ **1.** 급료[대가]를 지불하다: er lohnte den Kutscher ab 그는 마부에게 요금을 지불했다. **2.** 급료를 주어 해고하다. **Ablohnung**, die; -en ↑ ablohnen의 명사형.
ablöschen ⟨h.⟩ ⟪드물게·지역적⟫ **1. a)** 지우다, **b)** 지워 깨끗이 하다: er hat die Tafel abgelöscht 그는 흑판을 지워 깨끗이 했다. **2.** (잉크 따위를) 압지로 말리다. **3. a)** (타고 있는 것을) 끄다. **b)** [요리] (차가운 물 따위로) 식히다.
Ablöse [ˈapløːzə], die; -n **1.** ⟪드물게⟫ 교체, 교대. **2. a)** ⟪österr., schweiz.⟫ (프로 선수의) 이적료(移籍料). **b)** ⟪österr.⟫ 셋값[셋방] 인수금(액). **ablösen** ⟨h⟩ **1. a)** 떼 (어내)다, 분리하다: die Briefmarke vorsichtig a. 우표를 조심스럽게 떼다. **b)** ⟨a. + sich⟩ 떨어지다: [전의] von seinem Gesicht löste sich eine Qual ab, die es verzerrt hatte 그의 얼굴을 찡그리게 했던 고통의 빛이 사라졌다. **2.** 교대하다, 교체하다: der Vorsitzende muß abgelöst werden 의장은 교체되어나야 한다; [전의] der Frühling löst den Winter ab 겨울이 가고 봄이 온다. **3.** [화폐] 일시불로 상환하다. **Ablösespiel**, das [프로 스포츠] 이적 시합(이적하는 선수가 그가 몸담고 있던 팀과 그가 이적하게 되는 팀간에 합의된 경기로서 수입금은 그가 있던 팀에 귀속됨). **Ablösesumme**, die [프로 스포츠] (선수의) 이적료(移籍料). **Ablösung**, die; -en **1.** 분리, 떨어짐, 박리(剝離): die A. der Netzhaut [의학] 망막 박리. **2. a)** 교대, 교체. **b)** 교대자[병]. **3.** [화폐] 일시불 상환: Frei durch A. [우표] 요금 별납.
Ablösungs-: ~**betrag**, der 상환액. ~**gesetz**, das (역사적) (농민 해방으로 인한) 상환령. ~**prozeß**, der 상환 과정. ~**summe**, die ↑Ablösesumme. ~**verordnung**, die 상환 규정.
abluchsen ⟨h⟩ ⟪경⟫ **1.** 속임수로 빼앗다: jmdm. einen Zehnmarkschein a. 누구에게서 10마르크 지폐를 속임수로 빼앗다. **2.** 누구의 무엇을 간파하다[알아내다]: jmdm. ein Geheimnis a. 누구의 비밀을 알아내다.
Abluft, die [기술] 배기(排氣).
ablutschen ⟨h⟩ ⟪통용어⟫ **1. a)** 빨아서[핥아서] 없애다. **b)** 빨아서[핥아서] 비게 하다. **c)** 빨아서 소모시키다. **2.** (비어) 남성의 성기를 빨아 사정(射精)하게 하다.
ABM = Arbeitsbeschaffungsmaßnahme.
abmachen ⟨h⟩ **1.** 제거하다, 떼어내다: das Schild von der Tür a. 문패를 떼어내다. **2.** 합의를 보다, 합의하다: einen neuen Termin a. 새로운 기간을 합의하다; Abgemacht! 동의하오. **3.** 처리하다, 해결하다, 청산하다: etwas gütlich a. 무엇을 화해로 해결하다. **4.** ⟪통용어⟫ 끝내다, 마치다: seine Dienstzeit abgemacht haben 그의 복무 기간을 끝마치다. **Abmachung**, die; -en 협정, 타협: mit jmdm. (über etw.) eine A. treffen 누구와 (무엇일에 대해) 협정을 맺다 [협약을 하다].
abmagern [ˈapmaːgɐn] **1.** ⟨s⟩ 여위다, 마르다. **2.** ⟨h⟩ 위게 하다. **Abmagerung**, die; -en ↑ abmagern의 명사형. **Abmagerungskur**, die 탈지(脫脂) 요법, 감식(減食) 요법, 다이어트 요법.
abmähen ⟨h⟩ **1.** 낫으로 베다. **2.** (풀밭의) 풀을 베어내다.

abmahnen ⟨h⟩ 1. 《아어·준고어》 경고[충고]하여 그만두게 하다: er mahnte mich von dem Unternehmen ab 그는 나를 충고[경고]하여 그 사업을 못하게 했다. 2. 강력히 경고[독촉]하다. **Abmahnung**, die; -en ↑ abmahnen의 명사형.

abmalen ⟨h⟩ 1. 모사하다, 그대로 본떠 그리다, 베끼다: sich a. lassen 자기의 초상화를 그리게 하다. 2. ⟨a. + sich⟩ 《아어》 반영되다, 드러나다, 표현되다.

abmarachen ['apmaraxn̩], sich ⟨h⟩ ⟨nordd.⟩ 몹시 애쓰다.

abmarken ['apmarkn̩] ⟨h⟩ 〔관〕 구획을 정하다, 경계를 표시하다. **Abmarkung**, die; -en ↑ abmarken의 명사형.

abmarkten ⟨h⟩ 《아어》 값을 깎다: ich marktete dem Händler schließlich hundert Mark ab 나는 그 상인에게서 결국 100마르크를 깎았다. 〔전의〕 er ließ sich sein Recht nicht a. 그는 자기의 권리를 한치도 양보하지 않았다.

Abmarsch, der; -(e)s, Abmärsche 《드물게 Pl.》 행진, 행군. **abmarschbereit** ⟨Adj.⟩ 행진 준비가 다 된. **abmarschieren** 1. ⟨s⟩ 행진하다. 2. ⟨s/h⟩ 탐사하기 위해 출발하다, 탐사하러 돌아다니다.

abmartern ⟨h⟩ 《아어》 계속 몹시 괴롭히다[고문하다]: ich habe mich unnötig damit abgemartert 나는 쓸데없이 그것 때문에 계속 몹시 괴로워했다.

abmatten ['apmatn̩] ⟨h⟩ 《아어》 지치게 하다, 기진맥진하게 하다: das Fieber mattete ihn ab 열이 그를 기진맥진하게 했다. **Abmattung**, die; -en ↑ abmatten의 명사형.

abmehren ⟨h⟩ ⟨schweiz.⟩ 1. 거수 다수결로 부결시키다. 2. 거수로 표결하다.

abmeiern ['apmaiɐn] ⟨h⟩ ⟨역사적⟩ 《누구로부터》 소작권을 회수하다: man meierte die Pächter ab 소작인들로부터 소작권을 회수했다. **Abmeierung**, die; -en ⟨역사적⟩ (지주의) 소작지 회수(권).

abmeißeln ⟨h⟩ 1. 끌로 쪼아내다. 2. 끌질하여 작게 하다. 3. 《드물게》 끌질하여 모조(模彫)하다. **Abmeißelung**, 《드물게》 **Abmeißlung**, die; -en ↑ abmeißeln의 명사형.

Abmelde- 〔행정〕 ~**bestätigung**, die 퇴거[전출] 신고 확인(증). ~**formular**, das 퇴거[전출] 신고 용지[양식]. ~**schein**, der 퇴거[전출] 신고증.

abmelden ⟨h⟩ 1. a) 〔군〕 퇴거[전출] 신고를 하다; sich bei seinem Kommandeur a. 사령관에게 전출 신고를 하다. b) 〔거주〕 퇴거[전출] 신고를 하다: hast du dich [deine Familie] schon (bei der Polizei) abgemeldet? 너(네 가족)의 전출[전출] 신고는 (경찰에) 벌써 했느냐? c) 탈회[퇴교] 신고를 하다. d) 임시 운휴 신고를 하다. 2. 《스포츠·은어》 상대를 꼼짝 못하게 하다[제압하다]. 3. (bei jmdm.) abgemeldet sein 〔통용어〕 (누구의) 호의[총애]를 잃다. **Abmeldung**, die; -en 퇴거[전출] 신고.

Abmelkbetrieb, der; -(e)s, -e ↑ -wirtschaft. **Abmelkwirtschaft**, die; -en 〔농업〕 낙농(酪農). **abmelken*** 〔농업〕 a) 우유를 짜다: einem Tier ein wenig Milch a. 짐승의 젖을 약간 짜다; 〔전의〕 der Schriftsteller milkt den Zeitgenossen seine Existenz ab 작가는 동시대인들을 대상으로 자기의 생계를 이어간다. b) 우유[젖]를 모두 다 짜다.

abmergeln, sich ⟨h⟩ 〔지역적〕 (과도한 일이나 걱정으로) 지치다, 쇠진해지다: 《대개 과거분사로》 abgemergelte Frauen 기진맥진한 여자들.

abmessen* ⟨h⟩ 1. 재다, 측정[명]하다: 〔전의〕 das Ausmaß eines Schadens noch nicht a. können 피해도(被害度)는 아직 헤아릴[평가할] 수 없다. 2. 치수를 재어 마르다. **Abmessung**, die; -en 1. 측량, 측정, 평가. 2. (길이, 넓이, 두께 등의) 치수, 척도.

abmieten ⟨h⟩ 《드물게》 빌리다, 임차(賃借)하다: jmdm. ein Zimmer a. 누구에게서 방을 빌리다.

abmildern ⟨h⟩ 약화시키다, 완화하다, 부드럽게 하다. **Abmilderung**, die; -en 약화, 완화.

abmontieren ⟨h⟩ 1. (기계의 부분을 공구를 사용하여) 떼어내다(반대: anmontieren): ein Rad (vom Auto) a. (자동차에서) 바퀴 하나를 떼어내다. 2. (조립물에서) 분리되다.

abmüden ['apmy:dn̩] ⟨h⟩ 《아어·드물게》 지치게 하다, 피로하게 하다: ich müdete mich ab 나는 기진맥진했다.

abmühen, sich ⟨h⟩ 애쓰다, 수고하다: sich mit jmdm. [an einer Aufgabe] a. 누구[어떤 과제]에게서 열중하다.

abmurksen ⟨h⟩ [niederd. murken] 《경》 [українці] 죽이다: 〔전의〕 den Motor a. (잘못된어) 엔진을 꺼지게 하다.

abmustern ⟨h⟩ 선원 명부에서 삭제되다(반대: anmustern) 〔선원〕 a) (선원을) 해고하다. b) 선원 근무를 그만두다. **Abmusterung**, die; -en (선원의) 해고(반대: Anmusterung).

abnabeln ['apnaːbl̩n] ⟨h⟩ 1. 탯줄을 자르다[끊다]: ich nab(e)le das Neugeborene ab 나는 갓난애의 탯줄을 자른다. 2. 〔농〕 그만두다, 포기하다: von dem Traum, Sportflieger zu werden, a. 스포츠 비행사가 되려는 꿈을 그만두다[버리다]. **Abnabelung**, 《드물게》 **Abnablung**, die; -en ↑ abnabeln의 명사형.

abnagen ⟨h⟩ 1. 물어 뜯다, 갉아 먹다. 2. 갉아[뜯어] 먹어 아무것도 붙어있지 않게 하다.

abnähen ⟨h⟩ 바느질하여 (꿰매어) 줄이다. **Abnäher** ['apnɛːɐ], der; -s, - 꿰맨 주름, 줄인 솔기.

Abnahme ['apnaːmə], die; -n 1. 〔Pl. 없음〕 떼어냄, 제거, 절단: die A. eines Beines 다리의 절단. 2. 감소, 감퇴(반대: Zunahme): eine merkliche A. des Gewichts 뚜렷한 체중 감소. 3. (상품의) 〔Pl.〕 인수, 구입, 구매: A. finden 팔리다. 4. 〔Pl. 드물게〕 수락: die A. eines Versprechens 약속 수락. 5. 〔Pl. 드물게〕 a) 검열, 검사, 감정: die A. der Parade 사열(査閱), 열병(閱兵). b) 검열관, 검사원.

¹**Abnahme-** (Abnahme 3): ~**bedingung**, die 〔대개 Pl.〕 (상품의) 구입 조건. ~**frist**, die 구입 기간. ~**garantie**, die 구입 보증. ~**verweigerung**, die 구입(인수) 거부. ~**verzögerung**, die 구입(인수) 지연.

²**Abnahme-** (Abnahme 5): ~**beamte**, der 검사관. ~**bedingung**, die 검사 조건. ~**fahrt**, die (차나 배를 구입할 때) 시운전. ~**flug**, der (구입시) 시험 비행. ~**kommission**, die 검사 위원회. ~**prüfung**, die (구입품의) 품질(규격) 검사. ~**vorschrift**, die 검사 규정. ~**zeichnung**, die 검사 표시.

abnehmen* ⟨h⟩ (I 9, II의 반대: zunehmen) **I. 1.** 벗다, 떼어내다, 내리다, 절단하다: den Hut [die Brille] a. 모자(안경)을 벗다; er nahm den Hörer ab 그는 수화기를 들었다; er nahm sich den Bart ab 그는 수염을 깎았다; das Bein mußte ihm schließlich abgenommen werden 결국 그의 다리를 절단할 수밖에 없었다. 2. a) 받아들이다: ich nahm ihr die Einkaufstasche ab 그는 그녀가 든 쇼핑백을 받아들었다. b) 떠맡다: der Mutter eine Arbeit a. 어머니의 일을 떠맡다. 3. 인수하다, 받아들이다: 〔전의〕 jmdm. einen Eid[ein Versprechen] a. 누구에게서 선서(약속)를 받다; der Priester nahm ihm die Beichte ab 신부가 그의 고해를 들었다. 4. (달라고) 요구하다. 5. 검사(감정)하다: einen Neubau a. 신축 건물의 준공 검사를 하다. 6. a) 빼앗다, 차압하다: der Polizist hat ihm den Führerschein abgenommen 경찰관이 그의 운전 면허증을 빼앗았다[차압했다]. b) (놀이[시합]에

서) 따다, 이기다: jmdm. beim Skat viel Geld a. 카드놀이에서 누구의 돈을 많이 따다. **7.** 사들이다, 구입하다: 전의 das nehme ich ihm nicht ab 《통용어·대개 부정문》나는 그의 말을 믿지 않아. **8. a)** 모사(模寫)하다, 《본》뜨다: Fingerabdrücke a. 지문(指紋)을 뜨다. **b)** 《굳고어·농》사진 찍다. **9.** (뜨개감의) 코를 줄이다. **10.** 《드물게·준고어》추정[추측]하다: ich konnte an[aus] ihrem Verhalten nichts a. 나는 그녀의 태도에서 아무것도 추측할 수 없었다. **II. 1.** (무게가) 줄다. **2.** (크기·강도가) 줄다[약해지다]: seine Kräfte nahmen rasch ab 그의 힘이 갑자기 떨어졌다; die Tage nehmen ab 낮이 짧아진다. **Abnehmer**, der; -s, - 구입자, 구매자, 고객. **Abnehmerkreis**, der 구매자 그룹[계층]. **Abnehmerland**, das 구매[수입]국.

Abneigung, die; -en 〈Pl. 드물게〉혐오, 꺼림: gegen jmdn. [etw.] eine unüberwindliche A. haben 누구[무엇]에 대해 도저히 어쩔 수 없는 혐오감을 갖다.

abnibbeln ['apnɪb|n] 〈s〉 [niederd. nibbeln] 《berlin.·경》죽다.

abnicken 〈h〉 《사냥》(짐승의) 목덜미를 찔러서 죽이다.

abnorm [ap'nɔrm] 〈Adj.〉 [lat. abnōrmis] (반대: normal) **1.** 정상이 아닌, 병적인. **2.** 보통이 아닌, 터무니없는. **abnormal** 〈Adj.〉 《österr. / schweiz.》 비정상적인. **Abnormität** [apnɔrmi'tɛːt], die; -en [lat. abnōrmitās] **1.** 비정상, 이상, 변태. **2.** 불구, 기형.

abnötigen 〈h〉 《아어》 강요하다, 어쩔 수 없이 하게 하다: er nötigte mir eine Antwort ab 그는 내게서 대답을 강요했다. **Abnötigung**, die; -en 강요.

abnutzen 〈h〉 《지역적》 **abnützen** 〈h〉 **a)** 써서 낡게 하다: (종종 과거분사로) ein abgenutzter Teppich 낡아빠진 양탄자. **b)** 〈a. + sich〉 낡게 되다, 소모되다, 망가지다. **Abnutzung**, 《지역적》 **Abnützung**, die; -en 마멸(磨滅), 소모.

Abnutzungs-, 《지역적》 **Abnützungs-**: **~erscheinung**, die 마멸[소모] 현상, 소모 사용증. **~kampf**, der 《군》 소모전. **~krankheit**, die 〈의학〉 소모성 질환. **~quote**, die [의학] (체내 단백질의) 소모율.

Abo ['abo], das; -s, -s 《통용어》 ↑ Abonnement의 약어.

abominabel [abomi'naːbl] 〈Adj.〉 [frz. abominable < lat. abōminābilis] 《고어》 혐오스런, 아주 싫은, 형편없는.

Abonnement [abɔna'mãː, 《schweiz.》 ...ə'mɛnt], das; -s, -s, 《schweiz.》 -e [frz. abonnement] 정기 구독, 정기 회원권.

Abonnement(s)-: **~bedingungen** 〈Pl.〉 정기 회원권 구입 조건. **~betrag**, der 정기권[정기 구독] 금액. **~karte**, die 정기권. **~konzert**, das 정기권 소지자를 위한 음악회(콘서트). **~preis**, der 정기권 소지자를 위한 할인가. **~vorstellung**, die 정기권 소지자를 위한 공연. **~zeit**, die 정기권 유효 시기.

Abonnent [abɔ'nɛnt], der; -en, -en 정기권 소지자, 정기 구독자. **Abonnentenliste**, die 정기 구독자[정기 회원] 명부. **Abonnentenzahl**, die 정기 구독자[정기 회원] 수. **a. abonnieren** [abɔ'niːrən] 〈h〉 [frz. abonner] **1.** 정기 구독하다, 정기권을 구입하다: eine Zeitung a. 신문을 정기 구독하다; ich werde auf den „Sprachspiegel" a. 나는 "Sprachspiegel"지를 정기 구독할 것이다. **2.** auf etw. abonniert sein 무엇을 정기 구독[무엇의 정기권을 소지]하고 있다.

abordnen 〈h〉 파견하다: jmdn. zu einer Konferenz a. 누구를 어떤 회의에 파견하다 (↑ Abgeordnete 참조). **Abordnung**, die; -en **1.** 〈Pl. 없음〉 파견: die A. eines Bevollmächtigten befürworten 전권자의 파견

을 추천하다. **2.** 파견원 일행, 대표단.

¹Abort [a'bɔrt, 《통용어》 'abɔrt], der; -(e)s, -e [niederd. Afort] 뒷간, 변소: auf den A. gehen 뒷간[변소]에 가다.

²Abort [a'bɔrt], der; -s, -e [lat. abortus] 〖의학〗 유산, 낙태. **³Abort** [-], der; -s, -e [engl. abort < lat. abortus] 〖우주〗 우주 비행의 중지[취소].

Abort- (¹Abort): **~anlage**, die 〈대개 Pl.〉 변소, 화장실. **~brille**, die 《통용어》 ↑ Klosettsitz. **~deckel**, der 변기 뚜껑. **~druckspüler**, der 변소의 수세식 시설[장치]. **~frau**, die 변소의 청소부. **~grube**, die 뒷간[변소]의 똥통, 변기의 분뇨통. **~schlüssel**, der 변소의 열쇠.

abortieren [abɔr'tiːrən] 〈h〉 〖의학〗 낙태[유산]하다: die Frau abortierte 그 부인은 유산했다. **Abortion** [abɔr'tsioːn], die; -en [lat. abortio] 〖의학〗 낙태. **abortiv** [abɔr'tiːf] 〈Adj.〉 [lat. abortīvus] 〖의학〗 낙태를 유발하는, 유산의: -e Mittel 낙태약.

ab ovo [ap 'oːvo; lat.] **1.** 애초부터, 처음부터. **2.** 원래부터, 근본적으로: deshalb ist jede Formalisierung ab ovo eine Idealisierung 그 때문에 형식화는 모두 근본적으로 이상화인 것이다.

abpacken 〈h〉 《상》 (상품을 소비자용으로) 꾸리다(포장하다). **Abpackung**, die; -en ↑abpacken의 명사형.

abpaddeln 〈h〉 《카누》 **1.** 시즌 마지막으로 카누의 노를 공동으로 젓다(반대: anpaddeln). **2.** 어떤 구간을 카누로 노저어 통과하다.

abparken 〈h〉 (파킹 미터기에 앞 사람이 넣은 돈이 남아 이 시간을 이용하여) 편승 주차하다: ich parkte die Viertelstunde noch ab 나는 15분이나 편승 주차했다.

abpassen 〈h〉 **1. a)** (적절한 시기를) 기다리다[엿보다]. **b)** (정기적으로 오는 사람을) 기다리다: den Briefträger a. 편지 배달부가 오는 것을 기다리다. **2.** (준고어) (알맞게) 맞추어 만들다: den Vorhang in der Länge a. 커튼의 길이를 맞추어 만들다.

abpassieren 〈h〉 《요리》 (체로) 거르다[여과하다].

abpatrouillieren 〈h〉 순찰하다, 척후병을 파견하다.

abpausen 〈h〉 카본지로 복사하다.

abpellen 〈h〉 [nordd.] (감자 따위의) 껍질을 벗기다.

abperlen 〈s〉 방울져 흘러내리다.

abpesern 〈h〉 《지역적》 방화[화재를 일으켜] 태워버리다.

abpfeifen' 〈h〉 《스포츠》 **a)** (심판이) 호각을 불어 중단시키다. **b)** (심판이) 호각을 불어 경기를 끝나게 하다: die erste Halbzeit a. 호각을 불어 전반전을 끝나게 하다. **Abpfiff**, der; -(e)s, -e 《스포츠》 경기 종료 호각.

abpflücken 〈h〉 **a)** (열매 따위를) 따다, 꺾다. **b)** 따내어 비게[없게] 하다.

abphotographieren: ↑abfotografieren.

abpinnen 〈h〉 《학생》 (부정으로) 베껴 쓰다, 커닝하다.

abpinseln 〈h〉 《통용어·경》 모사하다, 보고 그대로 그리다.

abplacken, sich 〈h〉 《지역적·통용어》 ↑abplagen.

abplagen 〈h〉 《s》 천신만고(千辛萬苦)하다[힘들게 일하다]: ich habe mich mein ganzes Leben lang abgeplagt 나는 일평생 내내 천신만고했다.

abplatten 1. 〈h〉 편평(扁平)하게 하다, 반반하게 하다. **2.** 〈s〉 편편해지다.

abplätten 〈h〉 다림질로 (천에) 옮기다: ein Muster a. 무늬본을 다림질로 (천에) 옮기다. **Abplättmuster**, das 다림질하여 (천에) 옮기기도 한 견본.

Abplattung, die; -en 편평하게 한 것(편편한 상태): die A. der Erde 지구의 편평한 상태(양극간 직경의 단축).

abplatzen 〈s〉 "탁" 떨어지다.

abpolstern 〈h〉 (충격을 방지하거나 방음을 위해) 쿠션을 넣다(대다): etw. mit alten Autoreifen a. 무엇에 헌

abprägen

(자동차) 타이어를 (쿠션으로) 대어 충격을 막다.

abprägen ⟨h⟩ 새기다, 모사하다: [전의] das Wesen des Menschen prägt sich in seiner Geschichte ab 인간의 본질이 이간 역사에 그대로 새겨진다.

Abprall, der; -(e)s, -e ⟨Pl. 드물게⟩ 튀어 나옴, 반사(反射). **abprallen** ⟨s⟩ 부딪쳐 튀어 나오다, 되튀다: der Ball prallte von der Latte ab 공이 골대에 맞고 튀어 나왔다. **Abpraller** ['apralɐ], der; -s, - [구기] (골대 따위에 맞고) 튀어 나오는 공.

abpressen ⟨h⟩ **1.** 눌러서 내보내다(나가게 하다): die Hitze preßte ihm manchen Schweißtropfen ab 더위 때문에 그는 많은 땀을 흘렸다. **2.** 강요하다, 강탈하다: jmdm. ein Geständnis a. 누구를 강압하여 자백하게 하다. **3.** 조이다: diese Vorstellung preßte ihm den Atem ab 이 생각은 그의 숨을 조였다. **Abpressung,** die; -en ↑abpressen의 명사형.

abprotzen ⟨h⟩ **1.** [군] (발포 준비를 위해 대포를) 견인차에서 떼다(반대: aufprotzen): die Kanoniere protzten das Geschütz ab 포병들이 대포를 견인차에서 떼었다. **2.** ⟪속어⟫ 똥을 누다.

abpumpen ⟨h⟩ **1.** 펌프로 퍼내다: Wasser a. 물을 펌프로 퍼내다. **2.** ⟪경⟫ 빌리다, 차용하다: ich habe ihm 20 Mark abgepumpt 나는 그에게서 20 마르크를 빌렸다.

Abputz, der; -es, -e ⟨드물게⟩ ↑Verputz. **abputzen** ⟨h⟩ **1. a)** ⟪통용어·친근⟫ 문질러 깨끗이 하다: kannst du dir die Schuhe richtig abgeputzt? 신 밑바닥을 잘 문질러 깨끗이 했느냐? **b)** ⟨드물게⟩ 닦아 없애다: du mußt noch die Flecken a. 너 그 얼룩도 닦아 없애야 한다. **2.** 회를 바르다: wir müssen das Haus a. lassen 우리는 집에 회칠을 하게 해야 한다. **3.** ⟨지역적⟩ 꾸짖다: der Vater putzte den Jungen tüchtig ab 아버지가 아들을 몹시 꾸짖었다.

abqualen ⟨h⟩ **1. a)** ⟨a. + sich⟩ 수고하다, 고생하다: sich lange mit einer Arbeit a. 일 때문에 오랫동안 고생하다. **b)** ⟨a. + sich⟩ 억지로 무엇을 하다: ich hatte mir ein Lächeln abgequält 나는 억지로 미소를 지었다. **2.** ⟪고어⟫ 몹시 괴롭히다: sein Gehirn a. 그의 골머리를 아프게[썩게] 하다.

abqualifizieren ⟨h⟩ 혹평하다, 부정적으로 평가하다: ein Buch a. 책을 혹평하다. **Abqualifizierung,** die; -en 혹평, 부정적 평가.

abquetschen ⟨h⟩ 뭉개어 떨어지게 하다, 으깨어 떼다: ich habe mir um ein Haar den Finger abgequetscht 하마터면 내 손가락이 뭉개져 떨어져 나갈 뻔했다. **Abquetschung,** die; -en ↑abquetschen의 명사형.

abrackern, sich ⟨h⟩ ⟪경⟫ 악착같이 하다: ich rackerte mich mit dem schweren Koffer ab 나는 그 무거운 트렁크를 악착같이 들고 갔다.

abradieren ⟨h⟩ 문질러 없애다: einen Flecken von der Tapete a. 벽지의 얼룩을 문질러 없애다.

Abraham ['a:braham]; hebr. „Vater der Menge", 누가복음 16장 22절에 따라] ⟪다음 용법으로⟫ **wie in -s Schoß** ⟪통용어⟫ 안전한, 확실한 보호를 받고 있는, 어떠한 염려도 할 필요없는.

abrahmen ['apra:mən] ⟨h⟩ (우유에서) 유지(乳脂)를 걷어내다[떠내다]: die Milch vorher a. 우유에서 먼저 유지를 걷어내다[떠내다]. [전의] da hat jemand (alles) abgerahmt ⟪통용어⟫ 그것에서 알짜는 누가 다 빼어 갔다.

Abrakadabra [a:braka'da:bra, ⟪또한⟫ '- - - '- -], das; -s [lat. abracadabra] **1.** 주문(呪文). **2.** 뜻을 알 수 없는 말, 허튼 소리, 잠꼬대: Es war alles A., was er daherredete 그가 마구 지껄인 말은 모두 잠꼬대 같은 말이었다.

Abrasax [a:bra'zaks] ↑Abraxas.

abrasieren ⟨h⟩ **a)** (수염·머리를) 깎다[면도하다]: ich rasierte ihm den Bart ab 나는 그의 수염을 깎아 주었다. **b)** ⟪통용어⟫ 파괴하여 싹 없애다, 깔아뭉개다: ganze Straßenzüge a. 모든 가로(건물들)를 폭파하여 납작하게 만들다.

Abrasion [abra'zio:n], die; -en [lat. abrāsio] **1.** 긁어 냄, 깎아 냄. **2.** [지질] (파도에 의한) 해안 침식. **3.** [의학] (자궁의) 소파(搔把).

abraten[1] ⟨h⟩ 무엇을 하지 말도록 충고하다(반대: zuraten): jmdm. von der Heirat a. 누구에게 결혼을 하지 말도록 충고하다.

abrauchen ⟨h⟩ 테스트[품질 검사]하기 위해 담배 피우다: ⟪명사화⟫ im Prinzip hätte das A. von 200 Zigaretten pro Sorte genügt 원칙으로는 종류당 200개의 담배를 테스트 흡연하는 것으로 충분했을 것이다. **Abrauchmaschine,** die; -n 테스트 흡연 장치, (담배의) 품질 검사기.

Abraum, der; -(e)s **1.** [광] 광상을 덮고 있는 표토, 폐석층(廢石層). **2.** ⟨지역적⟩ 폐물, 쓰레기.

Abraum- (Abraum 1): **~bagger,** der 폐석 준설기. **~betrieb,** der (광산의) 폐석 처리 사업체. **~förderung,** der 폐석 운반. **~gestein,** das. **~halde,** die 폐석 더미. **~kippe,** die 폐석장(場). **~salz,** das ⟨대개 Pl.⟩ 가리염(塩). **~wagen,** der 폐석 운반차.

abräumen ⟨h⟩ **1. a)** 치우다, 날라가다: die Teller a. 접시를 치우다. **b)** [광] (폐석을) 날라가다: die Deckschicht a. 광상을 덮고 있는 표토를 걷어내다. **2.** 치워 끝이 하다.

abrauschen ⟨s⟩ ⟪통용어⟫ **a)** (자동차, 오토바이 따위로) 붕하고 떠나 버리다. **b)** 눈길을 끄는 동작을 하면서 가 버리다: die Diva rauschte ab 프리마돈나는 벌떡 일어나가 버렸다.

Abraxas [a'braksas] ⟨관사없이⟩ 주문(呪文).

abreagieren ⟨h⟩ [심리] **1.** (특정한 반응으로 긴장 따위를) 진정시키다, 소산(消散)시키다. **2.** ⟨a. + sich⟩ 진정하다, 정화(淨化)되다. **Abreaktion,** die; -en 정화 작용(淨化作用)(↑abreagieren의 명사형).

abrebeln ⟨h⟩ ⟪österr.⟫ ↑rebeln (2).

abrechen ⟨h⟩ ⟪md. südd.⟫ **a)** 쇠스랑으로 긁어 내다: das Laub vom Rasen a. 나뭇잎을 쇠스랑으로 잔디에서 긁어 내다. **b)** 쇠스랑으로 깨끗이 하다: den Rasen a. 쇠스랑으로 잔디를 깨끗이 손질하다.

abrechnen ⟨h⟩ **1.** 공제하다, 제(除)하다: die Mehrwertsteuer a. 부가가치세를 공제하다; abgerechnet, daß ich einverstanden 그것을 제외한다면 나는 동의[찬성]해. **2. a)** 셈하다, 결산하다: die Kasse a. 회계 결산을 하다. **b)** 대차 관계를 청산하다: ich rechnete mit dem Mann in aller Hast ab 나는 그 남자와의 대차 관계를 황급히 청산했다. **3.** 담판하다, 결말을 짓다, 앙갚음하다: nach dem Krieg werden wir mit diesen Brüdern a. 전쟁이 끝나면 우리는 이들 형제와 담판을 지을 것이다. **Abrechnung,** die; -en **1.** 공제, 할인: etw. in A. bringen [격식 독어] 무엇을 (공)제하다; in A. kommen [격식 독어] 공제되다. **2. a)** 결산, 차감 계정: die A. machen 결산하다. **b)** 결산 서류. **3.** 보복, 앙갚음: die Stunde der A. wird kommen 보복할 날이 올 것이다.

Abrechnungs- (은행·상): **~beleg,** der 결산[청산] 증거 서류. **~stelle,** die 어음 교환소. **~termin,** der 결산[청산] 기간. **~verfahren,** das 결산 절차. **~verkehr,** der 청산 거래(은행간의 채무 결제), 어음 교환. **~wesen,** das ⟨Pl. 없음⟩ 청산 거래[어음 교환] 제도.

Abrede, die; -n **1.** ⟪아어·준고어⟫ 협정, 타협: das ist wider die A. 그것은 협정에 위배된다. **2.** etw. in A.

abreden ⟨h⟩ **1.** 《준고어》 하지말도록 충고하다, 말리다: ich versuchte vergebens, ihm davon abzureden 나는 그가 그것을 하지 말도록 충고했으나 허사였다. **2.** 《아어·준고어》 타협하다, 협정하다, 합의하다: sie haben den Plan heimlich miteinander abgeredet 그들은 그 계획에 대해 몰래 서로 합의했다.

abregen, sich ⟨h⟩ 《농·통용어》 진정하다(반대: aufregen): bis morgen früh hat er sich wieder abgeregt 내일 아침까지는 그는 다시금 진정하고 있을 것이다.

abregnen ⟨h⟩ **a)** 비로 씻어 내다. **b)** ⟨a. + sich⟩ 비를 내리다[쏟다]: die Wolken regnen sich ab 구름이 비를 쏟는다[내린다].

abreiben* ⟨h⟩ **1. a)** 문질러 제거하다(떼어내다): den feinen Rost von dem Metall a. 쇠붙이에 엷게 낀 녹을 문질러 제거하다. **b)** 문질러 깨끗이 하다[닦다]: ich rieb (mir) die Hände an den Hosen ab 나는 두 손을 바지에 문질러 닦았다. **2. a)** 닦아 말리다: das Kind nach dem Baden a. 목욕 후 아이의 몸을 닦아 말리다. **b)** (몸·피부를) 마찰하다. **3.** 《드물게》 문질러 닳게 하다: der Samt reibt sich schnell ab 비로도는 빨리 닳는다. **4.** 껍질을 벗기다: Zitrone a. 레몬의 껍질을 채칼로 깎아 벗기다. **5.** 《지역적》 회젓다: abgeriebener Kuchen: ↑Rührkuchen. **Abreibung**, die; -en **1.** (피부의) 마찰: eine kalte A. 냉수 마찰. **2.** 《통용어》 **a)** 매, 후려치기. **b)** 심한 질책: eine A. wortlos hinnehmen 심한 질책을 말없이 감수하다.

Abreise, die; -n (여행의) 출발: die A. erfolgte [vollzog sich] wie vorgesehen 예정대로 (여행을) 떠났다. **abreisen** ⟨s⟩ **1.** 출발하다, 여행을 떠나다. **2.** 귀로에 오르다: unser Besuch reist morgen (wieder) ab 우리집 손님은 내일 다시금 귀로에 오른다.

Abreiß-: **~block**, der ⟨Pl.: ...blocks, 《드물게》 ...blöcke⟩ 한 장씩 뜯어 쓸 수 있도록 한 메모 용지. **~kalender**, der 낱장을 뜯어낼 수 있는 일력(日曆), 달력.

abreißen*1. ⟨h⟩ **a)** 뜯어[찢어] 내다: ein Kalenderblatt a. 달력의 종이를 한 장 뜯어 내다. **b)** 홱 벗겨[떼어] 버리다: ich riß (mir) den Kopfhörer ab 나는 귀에 걸었던 이어폰을 홱 벗겨 버렸다. **2.** ⟨s⟩ **a)** 찢어지다, 뜯기다, 끊어지다: der Schnürsenkel riß ab 신끈이 끊어졌다. **b)** 갑자기 중단되다: die Funkverbindung riß ab 무선 연락이 갑자기 두절됐다. **3.** ⟨h⟩ 헐다, 파괴하다: ein baufälliges Haus a. 낡은 집을 헐다. **4.** ⟨h⟩ 《통용어·지역적》 마구 입어 해어뜨리다: ein abgerissener Anzug 해어진 양복. **5.** ⟨h⟩ (경) (의무 기간을) 치르다: seinen Militärdienst a. 병역을 치르다: er muß ein Jahr a. 그는 일년의 형기를 치러야 한다.

abreiten*1. ⟨s⟩ **a)** 말을 타고 떠나다: sie sind eben abgeritten 그들은 방금 말을 타고 떠났다. **b)** [사냥] (뇌조가) 날아가 버리다. **2. a)** ⟨h/s⟩ 말을 타고 순시하다: die Posten a. 말을 타고 초소를 순시하다. **b)** ⟨h⟩ 말을 오래 타 지치게 하다: ein junges Pferd a. 어린 말을 오래 타 지치게 하다. **c)** ⟨h⟩ [선원] 폭풍을 (난바다에서 또는 정박하여) 견디어 내다. **3.** [폴로 경기] 적이 공을 잡지 못하게 밀치다. **Abreit(e)platz**, der; -es, ...plätze [승마] (경마장가에 있는) 연습용 승마장.

abrennen ⟨통용어⟩ **1.** ⟨h/s⟩ 찾아 돌아다니다: die ganze Stadt nach etw. a. 무엇을 찾으려고 온 도시를 돌아다니다. **2.** ⟨a. + sich⟩ 달려서 지치다: warum rennst du dich so ab? 너는 무엇 때문에 지치도록 돌아다니느냐?

abrichten ⟨h⟩ (짐승을) 길들이다, 훈련시키다: einen Hund richtig a. 개를 올바르게 훈련시키다. **Abrichter**, der; -s, - 조교사(助敎司), 조련사. **Abrichtung**, die 조교(助敎), 조련, (짐승의) 훈련.

Abrieb ['apri:p], der; -(e)s, -e **1.** ⟨Pl. 없음⟩ 마모, 마손, 부서져 떨어짐. **2.** 마모로 생긴 것[조각]: der A. von Steinkohle bei der Aufbereitung 선광(選鑛) 때 생기는 석탄 부스러기.

abrieb-, **Abrieb-**: **~beanspruchung**, die 마모 부담. **~fest** ⟨Adj.⟩ 마모되지 않는, 닳지 않는. **~festigkeit**, die ↑~fest의 명사형.

abriegeln ⟨h⟩ **a)** 빗장으로 잠그다: riegeln Sie bitte die Tür ab! 문을 빗장으로 잠구어 주시오. **b)** 출입을 차단하다: die Polizei hatte das Viertel hermetisch abgeriegelt 경찰이 그 구역의 출입을 엄중히 차단했다. **Abriegelung**, (또한) **Abrieglung**, die; -en ↑abriegeln의 명사형.

abringen* ⟨h⟩ 애써 달성하다, 쟁취하다: ich habe ihm das Versprechen abgerungen, nicht mehr zu rauchen 나는 그로부터 더 이상 담배를 피우지 않겠다는 약속을 겨우 받아냈다.

abrinnen* ⟨s⟩ **1.** 아래로 흘러내리다, 방울져 떨어지다: das Wasser rann ab (von) der Ölhaut ab 유포(油布)에서 물이 (천천히) 흘러내리다. **2.** 흘러가다, 흘러 없어지다: das Regenwasser rinnt nur langsam ab 빗물은 느리게 흘러갈 뿐이다.

Abriß, der; Abrisses, Abrisse **1. a)** ⟨Pl. 없음⟩ 찢어 떼어 냄, 허묾: unser Haus stand auf A. 우리 집은 허물도록 되어 있었다. **b)** (입장권 따위의) 떼어 내는 부분: A., als Eintrittsausweis ungültig 떼어 낸 쪽지는 입장권으로서 유효하지 않음. **2.** ⟨고어⟩ 약도, 윤곽: einen A. von etw. machen 무엇의 약도를 작성하다. **3.** 적요, 개요: der Hauptteil enthält einen A. der Lautlehre 음운론의 개요가 본론에 들어 있다. **Abrißarbeiten** ⟨Pl.⟩ 철거 작업. **Abrißfirma**, die 철거 회사.

abrollen 1. a) ⟨h⟩ (말아놓은 것을) 풀다, 펼치다: Tau a. 밧줄을 풀다; [전의] den Faden der Erzählung a. lassen 이야기의 실마리를 풀다. **b)** ⟨s⟩ 돌아가며 풀리다: der Film rollt ab (영화) 필름이 돌아간다. **2. a)** ⟨h⟩ [체조·스포츠] (발꿈치에서 발가락까지 이용해서) 구르는 동작을 하다. **b)** [권투] 머리와 상체를 둥글게 함으로써 상대의 타격을 피하다. **c)** ⟨s⟩ [체조·스포츠] 재주 넘기하다, 거꾸로 넘다: nach vorn a. 앞으로 재주넘기하다. **d)** [농구] 적의 수비가 공을 못받게 막으면서 몸을 바스켓 쪽으로 돌리다. **3. a)** ⟨h⟩ 수레[차]로 운반하다: der Spediteur hat die Kisten abgerollt 운송업자가 궤짝을 운반해 갔다. **b)** ⟨s⟩ 구르면서 떠나가다[전의: anrollen]: das Flugzeug rollt zum Start ab 비행기가 발진하기 위해 굴러간다. **4.** ⟨s⟩ 진행되다: das Programm rollt reibungslos ab 프로그램이 탈없이 진행되고 있다.

abrubbeln ⟨h⟩ 《지역적·친근》 깨끗하게 훔치다: ich habe mich[mir] nach dem Bad den Körper abgerubbelt 나는 목욕 후 몸의 물기를 말끔히 훔쳤다.

abrücken 1. ⟨h⟩ 밀치다, 밀어내다: ich rückte das Bett von der Wand ab 나는 침대를 벽으로부터 밀어냈다. **2.** ⟨s⟩ 물러나다: ich rückte ein wenig von ihm ab 나는 그로부터 약간 물러났다. **3.** ⟨s⟩ 거리를 두다, 누구와 절교하다: er mußte von seinen Äußerungen a. 그는 자신의 발언을 부인하지 않을 수 없었다. **4.** [군] ⟨s⟩ 행진해 가다, 떠나가다: in die Kaserne a. 병영으로 행진해 가다; [전의] die beiden Mädchen rückten ab 《통용어》 두 소녀는 떠나갔다.

abrudern ⟨h⟩ [조정] 시즌 마지막으로 모여 조정(漕艇)하다(반대: anrudern): wir ruderten vorigen Sonntag ab 우리는 지난 일요일 시즌 마지막으로 조정했다.

Abruf, der; -(e)s, -e **1.** 소환: sich auf A. bereit halten 소환에 대한 준비를 하고 있다. **2.** [상] (구매한 상품의) 인도 청구: eine Ware auf A. kaufen 청구시 인도

조건으로 상품을 구매하다. **3.** 〖화폐〗〖예금의〗인출: der A. einer Summe 일정액의 인출.
ạbrufbereit 〈Adj.〉 소환 준비가 되어 있는.
ạbrufen 〈h〉 **1. a)** 불러내다: jmdn. aus einer Sitzung a. 누구를 회의에서 불러내다. **b)** 《드물게》 소환하다, 면직시키다: einen Funktionär (von seinem Posten) a. 관리를 면직시키다; 전의 Gott hat sie ins Jenseits abgerufen 〈아어·미화〉 그 여자는 죽었다. **2. a)** 〖준비되어 있는 것을〗 유선 및 무선 통신으로 요구[제시]하다; das Artilleriefeuer im wirkungsvollsten Moment a. 가장 효과적인 순간에 포격 지시를 내리다. **b)** 〖항공〗 착륙을 명하다: eine Maschine a. 비행기의 착륙을 명하다. **3. a)** 〖상〗〖상품의〗 인도를 청구하다: den Rest einer Ware a. 잔여 상품의 인도를 판매자에게 청구하다. **b)** 〖화폐〗〖예금을〗 인출하다: eine bestimmte Summe von jmds. Konto a. 일정액을 누구의 계정에서 인출하다.
ạbrühren 〈h〉 〖요리〗 잘 휘젓다: sie rührte die Suppe mit einem Ei ab 그 여자는 수프에 계란 하나를 깨어 넣어 충분히 휘저었다.
ạbrumpeln 1. 《ostmd.》〈h〉↑abrubbeln. **2.** 〈s〉 덜컹덜컹하며 떠나가다: der Wagen ist abgerumpelt 자동차가 덜커덩거리며 떠나갔다.
ạbrunden 〈h〉 **1.** 둥글게 하다: die Ecken a. 각진 모퉁이를 둥글게 하다. **2.** 〖옆 토지를 구입하여〗 경지를 정리하다. **3.** 〈수의〉 우수리를 잘라 버리다〖잘라 올리다〗: 81.5 auf 81 〖82〗 a. 81.5의 우수리를 잘라 81〖82〗로 만들다. **4.** 완성되다: das Bild rundet sich langsam ab 그림이 천천히 완성된다. **Ạbrundung,** die; -en ↑abrunden의 명사형.
ạbrupfen 〈h〉 쥐어 뜯다, 뜯어내다.
abrụpt [ap'rupt] 〈Adj.〉 [lat. abruptus] **1.** 불의의, 급작스런: in einem etwas -en Ende kommen 다소 갑작스레 끝나다. **2.** 연결〖관련〗이 없는, 두서 없는: a. antworten 두서없이 대답하다.
ạbrüsten 〈h〉 **1.** 군비를 축소하다〈반대: aufrüsten〉: die Großmächte haben immer noch nicht abgerüstet 강대국들은 여전히 군비를 축소하지 않았다; 《드물게》 4격 목적어와 함께 die Atomwaffen a. 핵무기를 축소하다. **2.** 〖토건〗 비계를 철거하다〈반대: einrüsten〉: wir haben das Haus schon längst abgerüstet 우리는 이미 오래전에 그 집의 비계를 철거했다. **Ạbrüstung,** die 군비 축소〈반대: Aufrüstung〉.
Ạbrüstungs- (Abrüstung 1): **~abkommen,** das 군축 협정. **~debatte,** die 군축 토의. **~konferenz,** die 군축 회의. **~test,** der 군축 조사〖검사〗. **~verhandlung,** die 〈대개 Pl.〉 군축 협상.
ạbrutschen 〈s〉 **1.** 미끄러져 떨어지다: das Messer ist mir abgerutscht 칼이 내 손에서 미끄러져 떨어졌다. **2. a)** 밑으로 미끄러져 내리다: Erdmassen sind abgerutscht 흙더미가 미끄러져 내렸다; die Maschine rutschte ab 〖조종사〗 비행기가 날개 한쪽을 옆으로 비스듬히 하고 하강했다; 전의 der Verein ist auf den 8. Tabellenplatz abgerutscht 그 클럽은 8위로 떨어졌다. **b)** 떨어지다, 나빠지다: seine Leistungen rutschen immer mehr ab 그의 성적이 점점 떨어진다. **c)** 타락하다: sie ist völlig abgerutscht 그 여자는 완전히 타락했다.
Abrụzzen [a'brutsn] 〈Pl.〉 관사와 함께) **1.** 알루첸(중부 이탈리아 남쪽 지명). **2.** ↑Abruzzischer Apennin.
Abrụzzischer Apenninn, der 아펜닌 산맥의 일부.
Abs. = Absatz; Absender.
ạbsäbeln 〈h〉 《통속어》 솜씨없게〖서툴게〗 베다: ich säb(e)le (mir) ein Stück von der Wurst ab 나는 아무 생각이 없이 순대 한 조각을 잘라낸다.
¹ạbsacken 〈h〉 자루에(나누어) 담다: Getreide a. 곡식을 자루에 담다.

²ạbsacken 〈s〉 《통속어》 **1. a)** 가라앉다: der Boden sackt ab 땅이 가라앉는다. **b)** 〈배가〉 침몰하다. **c)** 〈비행기가〉 갑자기 고도를 잃다: das Flugzeug sackt ab 비행기가 고도를 잃고 급강하한다. **2. a)** 내려가다, 떨어지다: sein Blutdruck sackt ab 그의 혈압이 떨어진다. **b)** 나빠지다: der Schüler ist (in seinen Leistungen) abgesackt 그 학생의 성적이 나빠졌다. **c)** 타락하다: er ist völlig abgesackt 그는 완전히 타락했다.
Ạbsage, die; -n **1. a)** 취소, 거절〈반대: Zusage〉: die A. kam überraschend 이 거절 통보는 예기치 못한 일이었다. **b)** 거부: eine A. an totalitäre Politik und Ideologie 전체주의적 정치와 이데올로기의 거부. **2.** 〖방송〗 방송〖방영〗 마지막에 끝맺음하는 말〈반대: Ansage〉.
ạbsagen 〈h〉 **1.** 철회하다: eine Veranstaltung a. 행사를 철회하다. **2.** 취소하다: seinen Besuch a. 그의 방문을 취소하다. **3.** 약속의 취소를 통보하다: ich habe dem Mann, mit dem ich mich treffen wollte, abgesagt 나는 그 남자에게 만날 약속을 취소하다고 통보했다. **4.** 《아어》 단념하다, 포기하다: dem Alkohol a. 술을 끊다. **5.** 〖방송〗 방송〖방영〗을 끝맺는 말을 하다.
ạbsägen 〈h〉 **1.** 톱으로 썰다〖자르다〗: einen Ast a. 나뭇가지를 톱으로 자르다. **2.** 《통속어》 해고하다, 파면시키다: einen Beamten a. 관리를 파면시키다.
ạbsahnen 〈h〉 **1.** 《지역적》〈우유에서〉 유지〈크림〉를 떼내다: die Milch muß noch abgesahnt werden 그 우유에서는 유지를 떼내야 한다. **2.** 《통속어》〈값진 것을〉 빼앗다〈자기 것으로 하다〉: der Staat sahnt Steuern ab 국가가 세금을 짜낸다.
ạbsammeln 〈h〉 **1.** 하나하나 제거하다: Käfer a. 딱정벌레를 하나하나 잡아내다. **2.** 제거하여 비게 하다.
ạbsatteln 〈h〉 〈말에서〉 안장을 내리다: das Pferd a. 말에서 안장을 내리다.
ạbsättigen 〈h〉 《대개 다음 용법으로》 abgesättigt sein 〖화학〗 포화 상태이다. **Ạbsättigung,** die; -en 포화 상태.
Ạbsatz, der; -es, Absätze **1.** 〈구두의〉 뒷굽, 뒤창: die Absätze schieftreten 신을 신어 뒷창이 비스듬히[비뚤어지게] 닳게 하다; **auf dem A. kehrtmachen** 즉시 돌아서다〈돌아가다〉. **2. a)** 단락(段落), 개행(改行): einen A. machen 행을 바꾸다. **b)** 절(節), 파라그라프: Kapitel III, vorletzter A. 제 3 장 마지막 전 패러그라프〖약어: Abs.〗. **3.** 〖상〗 판매(고): der A. der Waren ist rückläufig 상품의 판매고가 줄어들고 있다. **4.** (면이, 혹은 지속해 나가던 것이) 중단되는 곳: A. einer Treppe 계단의 중단(中段), 계단참. **5.** 〖지질〗 침전물, 앙금: A. von Schlamm und Kies 진흙과 자갈로 된 침전물. **6. in Absätzen** 띄엄띄엄, 사이를 두고: Töne in einzelnen Absätzen ausstoßen 소리들을 각기 사이를 두고 내다.
ạbsatz-, Ạbsatz-: ~chance, die 판매 찬스. **~erfolg,** der 판매 성과. **~ferkel,** das 젖 땐 직후의 새끼 돼지. **~flaute,** die 판매 부진. **~fohlen,** das 젖 땐 직후의 망아지. **~förderung,** die 판매 촉진. **~forschung,** die 판매 연구. **~garantie,** die 판매 보증. **~gebiet,** das 판로(販路). **~genossenschaft,** die 판매 조합. **~gestein,** das 〖지질〗 침적암. **~honorar,** das 〈저자에게 주는〉 인세(印稅). **~kick,** der 〖축구〗 힐 킥. **~kosten** 〈Pl.〉 판매 비용. **~leder,** das 〈구두〉 뒤축의 가죽. **~markt,** der 판매 시장. **~schwierigkeiten** 〈Pl.〉 판매상의 애로. **~sorgen** 〈Pl.〉 판매에 대한 걱정. **~steigerung,** die 판매량의 상승. **~stockung,** die 판매 부진. **~trick,** der 〖축구〗 힐 트릭. **~weg,** der 판로(販路). **~weise** 〈Adv.〉 단속적(斷續的)으로, 띄엄띄엄. **~zeichen,** das 〖인쇄〗 단

absaufen' ⟨s⟩ **1. a)** 《경》 가라앉다, 침몰하다: der Kutter ist abgesoffen 커터[보트]가 가라앉았다. **b)** 《속어》 익사하다: fünf Matrosen soffen ab 다섯 명의 선원이 익사했다. **2.** 《통용어》 카뷰레터에 기름이 너무 많이 들어와 (자동차 엔진이) 꺼지다: im Leerlauf säuft der Motor ab 공회전시에 엔진이 꺼진다. **3.** 【광】 물로 채워지다: die Grube ist abgesoffen 갱(坑)에 물이 가득 찼다.

absaugen ⟨h⟩ **1.** 빨아내다: die Pumpe saugt das Wasser ab 펌프가 물을 끌어낸다[끌어올린다]. **2.** 빨아들여 깨끗이 하다: den Teppich a. 진공 소제기로 양탄자를 청소하다.

absausen ⟨s⟩ 《통용어》 홱 달아나다, (차가) 홱 떠나다: er sauste in großem Tempo ab 그는 고속으로 차를 몰고 홱 떠났다.

abschaben ⟨h⟩ **1. a)** 깎아내다, 긁어내다: mit einem Spachtel den Putz (von der Mauer) a. 벽에 칠한 것을 주걱으로 긁어내다; ich habe mir den Bart abgeschabt 《통용어》 나는 수염을 깎았다. **b)** 긁어내어 깨끗하게 하다[청소하다]: die Wand a. 벽에 더러운 것을 긁어내어 깨끗이 하다. **2.** 닳아 해지게 하다: ein -es Mäntelchen 낡아 해어진 반 코트.

abschaffen ⟨h⟩ **1. a)** 폐지하다: die Todesstrafe a. 사형(死刑)을 폐지하다. **b)** 없애다, 제거하다: die Autos müßten alle abgeschafft werden 자동차는 모두 없애야만 할 것이다. **c)** (가축을) 더 이상 기르지 않다: die einzige Kuh a. müssen 하나 남은 암소를 없애지 않을 수 없다. **d)** 《통용어》 해고하다: den Chauffeur a. 운전사를 해고하다. **2.** ⟨a. + sich⟩ ⟨südwestd., schweiz.⟩ 일하여 지치다: du schaffst dich zu sehr ab 너는 지치도록 너무 심하게 일한다. **3.** ⟨österr.· 준고어⟩ 추방하다 (↑abschieben). **Abschaffung,** die; -en 폐지, 제거, 해고, (국외) 추방.

abschälen ⟨h⟩ **1.** (껍질을) 벗기다: die Rinde a. 나무껍질을 벗기다. **2.** (무엇의) 껍질을 벗기다: einen Baum (stamm) a. 나무(줄기)의 껍질을 벗기다.

abschalten ⟨h⟩ **1. a)** 스위치로 끄다(끊다)(반대: anschalten): den Strom a. 스위치를 내려 전류를 끊다. **b)** 끄다, (작동을) 멈추게 하다(반대: anschalten): das Radio a. 라디오를 끄다. **2.** 《통용어》 주의력[정신] 집중을 하지 않다: einige Zuhörer hatten bereits abgeschaltet 청중의 몇몇은 이미 듣고 있지 않았다. **Abschaltung,** die; -en 끄기, 차단, 끊음.

abschatten ⟨h⟩ **1.** ↑abschattieren. **2.** 음영(陰影)을 붙이다, 어둡게하다: einen Raum a. 공간을 어둡게하다. **Abschattung,** die; -en ↑abschatten의 명사형. **abschattieren** ⟨h⟩ 음영[그늘]을 통해 돋보이게 하다: den Hintergrund eines Bildes a. 그림의 배경을 어둡게 하여 그림이 돋보이게 하다. **Abschattierung,** die; -en 음영(법).

abschätzen ⟨h⟩ **a)** 평가하다, 어림잡다, 사정하다: die Entfernung richtig a. 거리를 올바르게 어림잡다. **b)** 자기 나름으로[특수한 관점에서] 평가하다: der Ober schätzte den Gast ab 웨이터는 손님을 자기 나름으로 평가했다. **abschätzig** ⟨Adj.⟩ 경멸의, 얕잡아보는: über jmdn. a. urteilen 누구에 대해 경멸적으로 평하다. **Abschätzigkeit,** die 경멸적인 태도, 얕잡아보는 것. **Abschätzung,** die; -en ↑abschätzen의 명사형.

Abschaum, der; -(e)s 찌꺼기, 맥채: A. der Menschheit 인간 말짜.

abschäumen ⟨h⟩ 【요리】 떠 있는 찌꺼기를 걷어내다: die Brühe a. 수프에 떠 있는 찌꺼기를 걷어내다.

abscheiden' **1.** ⟨h⟩ **a)** 《드물게·아어》 헤어지게하다, 분리하다: das Tier scheidet sich von der Gruppe ab 그 짐승이 무리에서 이탈한다. **b)** 【금속·화학·물리·생물】 분리하다, 분비하다, 침전하다: die Lösung hat Salz abgeschieden 용액이 소금을 침전시켰다. **2.** ⟨s⟩ 《아어·미화》 죽다: in Frieden a. 평화롭게 죽다. **Abscheider,** der; -s, - 【처치】 분리기. **Abscheidung,** die; -en 분리, 분비.

¹abscheren ⟨h⟩ **a)** 깎다: den Schafen wurde die Wolle abgeschoren 양의 털을 깎았다. **b)** 박박 깎아버리다.

²abscheren 【기술】 ⟨h⟩ (금속을) 자르다, 전단(剪斷)하다: das Blech a. 함석을 자르다. **b)** ⟨s⟩ 떨어져 나가다: der Führungsarm der Hinterachse ist bei dem Unfall abgeschert 뒤차축의 가이드 암이 (교통) 사고 때 떨어져 나갔다. **Abscherung,** die; -en **1.** 【기술】 전단, 과도한 전단응력(剪斷應力)으로 인한 파열. **2.** 【지질】 암반층의 섭동(攝動).

Abscheu, der; -s, 《드물게》 die **a)** 《드물게》 구역질, 징그러움, 역겨움: sein A. vor Spinnen ist unbeschreiblich 거미에 대한 그의 역겨움은 이루 형용할 수가 없다. **b)** 혐오(嫌惡): vor einem Menschen A. haben 사람에 대해 혐오감을 갖다; sein Benehmen erfüllte sie mit A. 그의 태도는 그녀의 마음을 혐오감으로 차게 했다.

abscheuern ⟨h⟩ **1. a)** 문질러 없애다: den Schmutz a. 때를 문질러[솔질하여] 없애다. **b)** 문질러[솔질하여] 깨끗이 하다: den Tisch a. 책상을 문질러 닦다. **2.** 세게 문질러[마찰로] 벗겨지게 하다: ich habe mir die Haut am Arm abgescheuert 나는 팔의 피부가 벗겨졌다. **3.** 문질러 닳아 떨어지게 하다: du hast den rechten Ärmel abgescheuert 너의 오른쪽 소매가 닳아 떨어졌다.

abscheuerregend ⟨Adj.⟩ 혐오감을 일으키는: eine -e Handlungsweise 혐오감을 일으키는 행동 방식. **abscheulich** [apʃɔyliç] ⟨Adj.⟩ **a)** 구역질 나는, 역겨운: ein -er Geruch 구역질나는 냄새. **b)** 추악한, 비열한: eine -e Tat 비열한[역겨운] 행위. **c)** 《동사 및 형용사의 강조》 매우, 지독히: es ist a. kalt 날씨가 지독히 춥다. **Abscheulichkeit,** die; -en ↑abscheulich의 명사형, ↑abscheulich의 언동.

abschicken ⟨h⟩ **a)** 발송하다, 송부하다: Post a. 우편을 발송하다. **b)** 파견하다: einen Boten mit einer Nachricht a. 어떤 소식을 전하도록 사환을 보내다.

Abschiebebehaft, die ↑Abschiebungshaft. **abschieben'** **1.** ⟨h⟩ **a)** 밀쳐내다: das Bett von der Wand a. 침대를 벽에서 밀쳐내다; [전의] die Schuld auf andere abzuschieben suchen 죄를 다른 사람에게 전가하려 하다. **b)** 추방하다: jmdn. über die Grenze a. 누구를 국외로 추방하다. **c)** 《통용어》 밀어내어 영향력을 없애다, 직위 해제시키다: einen Funktionär a. 직원[요원]을 직위 해제시키다. **2.** ⟨s⟩ ⟨경⟩ 떠나다: er schob vergnügt ab 그는 만족해서 떠났다. **Abschiebung,** die; -en 강제 퇴거, 추방. **Abschiebungshaft,** die 추방을 위한 구류.

Abschied ['apʃiːt], der; -(e)s, -e **1.** ⟨Pl.은 아어와 시어⟩ 작별, 이별, 떠남: **A. nehmen** 작별하다; **auf französisch A. nehmen** 《통용어》 몰래 떠나다, **2.** ⟨아어·고어⟩ 해고, 면직: den A. erteilen(geben) 누구를 해고하다. **3.** ⟨역사적⟩ 의결, 결의: die Abschiede des Reichstages 독일 제국 의회의 의결들.

Abschieds-: **~abend,** der 작별전 마지막 저녁. **~besuch,** der 작별[고별] 방문. **~brief,** der 작별 편지. **~essen,** das 송별 식사. **~feier,** die 송별연, 졸업식. **~geschenk,** das 작별 선물. **~gesuch,** das 사직원. **~gruß,** der 작별 인사. **~kuß,** der 이별의 키스. **~rede,** die 고별사. **~schmaus,** der 송별 연. **~schmerz,** der 이별의 고통. **~spiel,** das 【축구】 고별 경기. **~stunde,** die 작별 시간. **~szene,** die 작별 장

abschießen

면. ~**tag,** der 작별 날. ~**träne,** die 〈대개 Pl.〉 이별의 눈물. ~**trunk,** der 이별주. ~**vorstellung,** die 고별 공연. ~**weh,** das 〔시적〕 이별의 쓰라림. ~**wort,** das 〈대개 Pl.〉 고별사.

abschießen* 1. 〈h〉 **a)** 쏘다, 발사하다: einen Pfeil a. 화살을 쏘다; 〔전의〕 wütende Blicke a. 화 나는 눈초리로 쏘아보다; die Reporter schossen ihre Fragen ab 기자들이 질문 공세를 했다. **b)** (총기를) 발사하다: ein Gewehr a. 총을 쏘다. 2. 〈h〉 **a)** 쏘아 죽이다: krankes Wild a. 병든 엽수를 쏘아 죽이다; **zum Abschießen aussehen**(sein) 《농》 몹시 우스꽝스런〔도저히 볼 수 없는〕 모습이다. **b)** 〔통용어〕 어떤 직위에서 쫓아내다: einen Politiker a. 정치가를 거세하다. 3. 〈h〉 쏘아 파괴하다: einen Panzer(ein Flugzeug) a. 전차(비행기)를 쏘아 파괴하다. 4. 〈h〉 (신체의 부분을) 총격으로 떨어져 나가게 하다: man hat ihm im Krieg beide Beine abgeschossen 그는 전쟁에서 총에 맞아 두 다리를 잃었다. 5. 〈s〉 (österr., südwestd.) 퇴색하다: der Stoff ist abgeschossen 천이 퇴색하다. 6. 〈h〉 〔구기〕 (볼을) 위력있게 차다〔던지다〕. 7. 〈h〉 〔권투〕 결정타를 날리다, K.O. 펀치를 먹이다.

abschildern 〈h〉 (아이) 정확하게 또는 세세하게 묘사하다〔그리다〕: jmds. Leben a. 누구의 인생을 상세하게 묘사하다. **Abschilderung,** die; -en 묘사, 사생(寫生).

abschilfern 〈h〉 〈지역적〉 비늘 모양으로 벗겨져 떨어지다. **Abschilferung,** die; -en ↑abschilfern의 명사형.

abschinden*, sich 1. 〔통용어〕 계속 몹시 애쓰다, 뼈빠지게 일하다: ich habe mich jahrelang für den Jungen abgeschunden 나는 수년 동안 그 소년을 위해 뼈빠지게 일했다. 2. 〔준고어〕 긁혀 상처를 입다: ich habe mir beim Sturz die Haut abgeschunden 나는 추락할 때 피부가 긁혀서 상처를 입었다.

abschirmen 〈h〉 1. 차폐(遮蔽)하다, 가리다: seine Augen mit der Hand a. 눈을 손으로 가리다; jmdn. gegen schädliche Einflüsse a. 누가 나쁜 영향을 못받게 보호하다. 2. **a)** (빛을) 가리다: das grelle Licht mit einem(durch ein) Tuch a. 눈부신 빛을 천으로 가리다. **b)** 광원(光源)을 가리다: eine Lampe mit einem Tuch a. 등을 천으로 가리다. **Abschirmung,** die; -en 차폐, 가림.

abschirren 〈h〉 마구(馬具)를 벗기다(반대: aufschirren): er schirrte das Pferd ab 그는 말의 마구를 벗겼다.

abschlachten 〈h〉 1. 도살하다: die erkrankten Schweine mußten sämtlich abgeschlachtet werden 병든 돼지를 모두 도살하지 않을 수 없었다. 2. 무자비하게 학살하다: er hat Tausende a. lassen 그는 수천명을 무자비하게 학살했다. **Abschlachtung,** die; -en 도살, 학살.

abschlaffen ['apʃlafn] **a)** 〈h〉 지치게 하다: das endlose Gerede hatte ihn abgeschlafft 끝없는 수다가 그를 지치게 했다. **b)** 〈s〉 지치게 되다: Wer abschlafft, ist selber schuld! 지쳐 죽 늘어지는 사람은 자기 탓이다!

Abschlag, der; -(e)s, Abschläge 1. **a)** 〔축구〕 골킥: seine Abschläge blieben kurz 그의 골킥은 멀리 가지 않았다. **b)** 〔하키〕 Bully. **c)** 〔골프〕 티에서 제1구를 쳐내기. 2. **a)** 〔상〕 가격 하락, 할인: bei einem 〔은행〕 정확한 증금(正貨割增金)〔↑Disagio〕. 3. 분할불〔分割賄〕: etw. auf A. kaufen 무엇을 분할불〔할부〕로 사다. 4. 〔선사시대〕 석기(石器). 5. 배수(排水). 6. 〔광〕 폭파로 생긴 지하(갱도) 공간. 7. 〔고어〕 거절. **abschlagen*** 〈h〉 1. 쳐서 떼어내다〔잘라내다〕: jmdm. den Kopf a. (칼로) 누구의 목을 쳐서 자르다. 2. 《지역적》 철거하다, 뜯어내다, 헐

어버리다, 해체하다(반대: aufschlagen): sie schlugen die Möbel für den Transport ab 그들은 가구를 운송하기 위해 분해했다. 3. 〔선원〕 돛대에서 풀다〔내리다〕. 4. 칸막이하다: das Atelier war ein abgeschlagener Teil eines alten Speichers 그 아틀리에는 옛날 창고를 칸막이 한 것이다. 5. **a)** 〔축구〕 (골키퍼가 잡은 공을 떨어뜨려서) 골킥을 하다. **b)** 〔하키〕 프리오프하다. 6. 〔군〕 격퇴하다: einen Angriff des Feindes a. 적의 공격을 격퇴하다. 7. 거절하다: er hat mein Anliegen glatt (rundweg) abgeschlagen 그는 내 문제를 딱 잘라 거절했다. 8. 〈a. + sich〉 강하하다, 침전하다: die Feuchtigkeit hat sich an den Scheiben abgeschlagen 습기가 창유리에 서렸다. **abschlägig** ['apʃlɛːgɪç] 〈 Adj.〉 〔관〕 거절하는: eine -e Antwort erteilen 거절하는 대답을 하다; jmdn.〔etw., jmdm. / etw.³〕 a. bescheiden 누구(무엇)의 청원을 기각하다. **abschläglich** ['apʃlɛːklɪç] 〈 Adj.〉 〔고어〕 분할불의: -e Zahlungen 분할 지불.

Abschlags-: ~**dividende,** die 가〔임시〕배당(假〔臨時〕配當〕. ~**punkt,** der 〔미니 골프〕 코스 시작 지점. ~**summe,** die 분할불 금액, 월부금. ~**verteilung,** die (재권) 분할 분배, 일부 가배당. ~**zahlung,** die 〔민법〕 Abschlagzahlung. die 분할불, 할부.

abschlämmen 〈h〉 1. 세척하여 침전시키다. 2. 진흙을 털어내다: Gold durch Abschlämmen vom Gestein trennen 진흙을 털어내어 금을 사석으로부터 분리시키다.

abschlecken 〈h〉 《österr., südd.》 ↑**ablecken**.

abschleifen* 〈h〉 1. **a)** 닦아〔갈아〕 없애다: den Rost vom Messer abgeschliffen 나는 칼의 녹을 갈아 없앴다. **b)** 닦아〔갈아〕 광택을 내다: der Parkettboden ist abgeschliffen 쪽매 널마루가 매끈하게 되었다. 2. 〈a. + sich〉 닳다: Milchzähne schleifen sich im Laufe der Zeit ab 젖니는 세월이 지나면서 닳는다; 〔전의〕 seine rauhen Seiten werden sich schon noch a. 그의 거칠은 면이 머지 않아 누구러질 것이다. **Abschleifung,** die; -en ↑abschleifen의 명사형.

Abschlepp-: (모두 자동차와 관련): ~**betrieb,** der 차량 견인 회사(서비스). ~**dienst,** der (서비스). ~**firma,** die ↑~betrieb. ~**kosten** 〈Pl.〉 차량 견인 비용. ~**kran,** der 차량 견인 크레인. ~**seil,** das 차량 견인 밧줄. ~**stange,** die (견인차와 끌려가는 차의 간격 유지를 위한) 차량 견인봉. ~**unternehmen,** das ↑~betrieb. ~**unternehmer,** der 차량 견인업자. ~**wagen,** der 견인차.

abschleppen 〈h〉 1. **a)** 〔자동차〕 (자동차를) 끌고가다. **b)** 〔선원〕 (파손, 또는 좌초된 배를) 끌고가다: ein Schiff a. 파손된 배를 끌고가다. **c)** 〔농〕 (누구를) 끌고가다: einen Betrunkenen a. 술취한 사람을 끌고가다. 2. 〈a. + sich〉 〔통용어〕 무엇을 운반하여 지치다: ich habe mich mit〔an〕 dem Koffer abgeschleppt 나는 트렁크를 운반하다가 지쳤다.

abschließen* 〈h〉 1. **a)** 잠그다: die Tür war abgeschlossen 문은 잠겨 있었다. **b)** 〔지역적〕 무엇 안에 넣고 자물쇠를 채우다: Geld a. 돈을 (금고에) 넣고 자물쇠를 채우다; 〔전의〕 alles in sich a. 모든 것을 마음 속에 집어 넣고 있다. 2. 차단하다, 격리하다: etw. luftdicht a. 무엇을 밀폐하다: du kannst dich doch nicht hier vor der Welt a.! 하지만 너는 여기서 세상을 등질 수 없어! 3. 끝맺음하다: die Veranstaltung wurde durch ein Feuerwerk abgeschlossen 그 행사는 불꽃놀이로 끝났다. 4. 끝내다, 끝마치다: einen Roman a. 소설을 끝내다; ein Konto a. 〔은행·상〕 결산하다. 5. **a)** 끝나다: die Tapete schließt mit einer goldenen Borte ab 벽걸이 양단자는 금테두리로 (끝) 장식되어 있다; mit einem Fehlbetrag a. 결손으로 끝나다, 적자다. **b)** 거래〔관계〕

Abschnitt

끊다: ich habe mit ihr abgeschlossen 나는 그 여자와의 관계를 끊었다. **6.** (계약을) 체결하다: ich habe eine Versicherung abgeschlossen 나는 보험 계약을 체결했다; Geschäfte a. 사업 계약을 맺다. **Abschließung, die; -en** 폐쇄, 차단. **Abschluß, der;** Abschlusses, Abschlüsse **1.** 폐쇄, 차단, 격리: einen luftdichten A. herstellen 밀폐시키다. **2.** 끝맺음 부분(장식): der A. der Tapete 벽걸이 양탄자의 가장자리(장식). **3. a)** ⟨Pl. 없음⟩ 끝, 종결: die Verhandlungen nähern sich dem A. 협상(교섭)이 끝나간다; **zum A. kommen [gelangen]** ⟪강조⟫ 종결되다, 끝나다; **etw. zum A. bringen** ⟪강조⟫ 종결하다, 끝내다. **b)** [상] (연말) 결산, 청산: der A. der Bücher 장부의 대차 결산. **c)** [구기] 골라 연결되는 끝마무리: es fehlt der A. 골라 연결되는 끝마무리가 없다. **4. a)** ⟨Pl. 없음⟩ 체결, 협정: bei A. des Vertrages 계약 체결시. **b)** [상] 매매(사업) 계약: die Firma hat gute Abschlüsse erzielt 그 회사는 유리한 사업 계약들을 성립시켰다. **Abschluß-: ~arbeiten** ⟨Pl.⟩ [경제] **1.** 정규 작업 시간이 끝난 뒤 청소 및 정돈 작업. **2.** 연말 결산 작업. **~ball, der** 졸업(수료, 종료) 무도회. **~bilanz, die** [상] 대차 대조표. **~examen, das** (대학의) 졸업 시험. **~feier, die** [학교] 졸업 축하연. **~klasse, die** [학교] 졸업반. **~kundgebung, die** (축하연 등) 행사 종료 선언. **~leiste, die** 가장자리 장식데. **~prüfung, die 1.** [학교] 학년말 고사, 졸업 시험. **2.** [경제] 회계 감사. **~rechnung, die** [경제] (연말) 결산. **~sitzung, die** (집회) 최종 회의. **~training, das** [스포츠] (시합전) 마지막 훈련. **~veranstaltung, die** (축제 및 회의에서) 마지막 행사. **~zahlung, die** [세무] (종합) 소득세 연말 정산 차액 지불. **~zensur, die** [학교] 졸업(학년말) 성적. **~zeugnis, das** [학교] **1.** 졸업(학년말) 성적증명서. **2.** ↑ Abgangszeugnis.
abschmalzen ⟨h⟩ ⟪österr.⟫ ↑ abschmälzen.
abschmälzen ⟨h⟩ [요리] 뜨겁게 녹인 버터와 잘게 썰어 기름에 볶은 양파를 쏟아붓다: Nudeln a. 국수에 뜨겁게 녹인 버터와 잘게 썰어 볶은 양파를 치다.
abschmatzen ⟨h⟩ ⟪통용어⟫ 소리나게 마구 키스하다.
abschmecken ⟨h⟩ **a)** 맛을 보고 양념을 치다: das Essen ist gut abgeschmeckt 음식의 양념이 잘 되었다. **b)** 시식[시음]하다, 맛을 보다: er schmeckt (den Wein) ab 그는 (포도주를) 시음한다.
abschmeicheln ⟨h⟩ 누구에게 아첨하여 무엇을 얻다: jmdm. ein Lob a. 누구에게 아첨하여 칭찬을 받다.
abschmeißen' ⟪통용어⟫ ↑ abwerfen.
abschmelzen' **1.** ⟨s⟩ (얼음 및 금속이) 녹다: das Blei schmilzt ab 납이 녹는다. **2.** ⟨h⟩ (얼음 및 금속을) 용해시키다: die Hitze schmolz das Blei ab 열이 납을 용해시켰다. **Abschmelzung, die;** -en 용해.
abschmettern ⟨h⟩ ⟪통용어⟫ 단호히 거절하다: einen Antrag a. 제의를 거절하며, 신청을 거부하다.
abschmieren 1. ⟨h⟩ [기술] 기름(윤활유)을 치다. **2.** ⟨h⟩ [학생] **a)** 아무렇게나 마구 베끼다: er hat etwas ganz schnell abgeschmiert 그는 그것을 매우 신속히 마구 베꼈다. **b)** 표절하다, 부정한 방법으로 베끼다: die Rechenaufgabe von jmdm. a. 계산 문제를 누구의 것을 보고 부정으로 베끼다. **3.** ⟨s⟩ **a)** [비행사] ↑ abkippen: das Segelflugzeug schmierte plötzlich in 30m Höhe ab 글라이더가 갑자기 30 미터 고공에서 곤두박이로 추락했다. **b)** ⟨통용어⟩ (산악인이) 미끄러져 떨어지다: die beiden Bergsteiger sind in der Nordwand abgeschmiert 두 등산가가 북쪽 벼랑에서 추락했다. **4.** ⟨h⟩ ⟪경⟫ (누구의) 명예를 훼손시키다, 깎아내리다. **Abschmierfett, das** 윤활유.
abschminken ⟨h⟩ **1.** 화장을 지우다: ich muß (mir) noch das Gesicht a. 나는 얼굴 화장도 지워야 해. **2.**

⟪경⟫ 포기하다, 단념하다: die Reise schminken wir uns besser ab 우리 여행을 포기하는 것이 낫겠어; das kannst du dir gleich a. 그것은 문제가 안돼.
abschmirgeln ⟨h⟩ **1.** 샌드 페이퍼로 갈아 매끈하게 하다. **2.** 샌드 페이퍼로 갈아 제거하다: die kleinen Unebenheiten a. 다소 울퉁불퉁한 부분을 페이퍼로 갈아 없애다.
abschmücken ⟨h⟩ ⟪통용어⟫ 장식을 제거하다: den Tannenbaum a. 크리스마스 트리의 장식을 제거하다.
abschmulen ⟨h⟩ ⟪통용어・지역적⟫ 표절하다, 부정한 방법으로 베끼다: er schmulte die Lösungen von seinem Nachbar ab 그는 답을 옆사람의 것을 보고 베꼈다.
Abschn. = Abschnitt (1).
abschnallen ⟨h⟩ **1.** 죔쇠[버클]를 풀다(반대: anschnallen): die Schlittschuhe a. 스케이트 구두의 죔쇠를 풀다. **2.** ⟨a. + sich⟩ 죔쇠를 풀고 벨트로부터 벗어나다. **3.** ⟪통용어⟫ 더 이상 정신적으로 따를 수 없다: ich wollte mir den Vortrag anhören, aber nach zehn Minuten schnallte ich (geistig) ab 나는 강연을 열심히 듣고자 했다. 하지만 10분이 지나서 나는 더 이상 따를 수 없었다(이해할 수 없었다).
abschnappen 1. a) ⟨s/h⟩ ⟪통용어⟫ 갑자기 중단하다: die Musik schnappte gerade ab 음악이 방금 갑자기 멈었다. **b)** ⟨s⟩ ⟪경⟫ 죽다: vor einer Stunde ist er abgeschnappt 한 시간 전에 그는 죽었다. **2.** ⟨s⟩ ⟪통용어⟫ (타협이나 흥정에서) 마지막 순간에 (그만두고) 물러나다: er ist doch noch abgeschnappt 하지만 그는 마지막 순간에 물러났다. **3.** ⟨h⟩ ⟪통용어⟫ 마지막 순간에 다다르다(붙잡다): ich schnappte ihn an der Haustür gerade noch ab 나는 마지막 순간에 겨우 그를 현관문에서 만났다(붙잡았다).
abschneiden ⟨h⟩ **1. a)** 잘라내다, 베어내다: ein paar Blumen a. 몇 송이의 꽃을 잘라내다; ich habe mir den Daumen abgeschnitten 나는 엄지손가락이 잘려 나갔다. **b)** 바싹 자르다(깎다): jmdm. die Haare a. 누구의 머리를 바싹 깎다. **2.** ⟨군⟩ 차단하다: den Truppen die Zufuhr a. 군대의 보급로를 차단하다. **3.** 중단하다, 가로막다: das Wort a. 말을 가로막다. **4.** ⟨길을⟩ 질러가다: wir schneiden ab, wenn wir hier gehen 우리가 이리로 가면 지름길을 간다. **5.** 어떤 성과를 갖다: er hat bei der Prüfung gut abgeschnitten 그는 시험을 잘 치루었다. **Abschneider, der; -s, -** 단편. **2.** ⟪통용어⟫ 지름길.
abschnellen 1. a) ⟨h⟩ ⟪통겨서⟫ 날려 보내다, 쏘다: einen Pfeil a. 화살을 통겨 날리다. **b)** ⟨a. + sich⟩ ⟨h⟩ 바닥을 두 발로 힘차게 밀쳐 뛰어 오르다(도약하다): ich schnellte mich vom Brett ab 나는 발판을 힘차게 밀쳐 도약했다. **2. a)** ⟨s⟩ 통겨 날아가다: der Pfeil schnellte (von der Sehne) ab 화살이 시위에서 날아갔다. **b)** ⟨s⟩ 바닥을 두 발로 힘차게 밀치면서 뛰어오르다(도약하다).
Abschneller, der; -s, - [핸드볼] 두 손으로 밀어 던지기: der A. eignet sich besonders für das Zuspiel auf kurze Entfernungen 두 손으로 밀어 던지기는 특히 단거리 패스에 적합하다.
abschnippeln ⟨h⟩ ⟪통용어⟫ 잘게 잘라내다: ich habe (mir) von dem harten Käse mühsam ein paar Stücke abgeschnippelt 나는 딱딱한 치즈 덩어리에서 몇 조각을 힘들여 잘라냈다.
Abschnitt, der; -(e)s, -e **1.** 장(章), 절(節): die Schrift zerfällt in mehrere ~e 이 책은(논문은) 여러 장으로 되어 있다(약어: Abschn.). **2. a)** 지구(地區), 구역: einen A. verteidigen 어떤 지구를 방어하다. **b)** (구동네) 지구, 거주구: wer ist für diesen A. zuständig? 이 거주구 담당은 누구인가? **3.** 시기, 시대: ein neuer A. im Leben des Künstlers 그 예술가의 생애에서 새로

운 시기. **4.** 잘려진 조각, 단편(斷片): ein A. Heftpflaster 반창고 조각. **5.** 〈서식이나 입장권 등의〉 자를 수 있는 쪽지 부분: der A. der Postanweisung 우편환 송금 쪽지. **6.** 〔수학〕 선분, (원의) 궁형: der A. eines Kreises 원의 궁형. **Abschnittsbevollmächtigte',** der 〈구동독〉 지구 전속 경찰(약어: ABV〕. **Abschnittsgliederung,** die 번호순에 의한 장의 배열. **abschnitt(s)weise** 〈Adv.〉 장(章)별로.

Abschnitzel, das; -s, - (österr., südd.) 잘라낸 조각, 작은 고기 조각.

abschnüren 〈h〉 **1.** 졸라매어 흐름을 중단시키다: das Gummiband schnürt das Blut ab 고무끈이 졸리어 피가 돌지 못한다; 〔전의〕 sie versuchten ihm die Luft abzuschnüren 그들은 그를 경제적으로 망하게 하려 했다. **2.** 차단하다: Panzer schnüren die Ausfallstraßen ab 전차들이 도심을 빠져나가는 간선 도로를 차단한다.

Abschnürung, die; -en 결찰(結紮), 차단.

abschnurren 〈s〉 윙윙하고 거침없이 달려가다〔작동하다〕: der Automat schnurrte ab 자동 판매기가 윙윙하고 작동했다.

abschöpfen 〈h〉 (거품, 기름 따위를) 떠내다, 건져내다: den Rahm von der Milch a. 우유를 탈지(脫脂)하다 〈우유에서 유지를 떠내다〕; 〔전의〕 Gewinne a. 이익금을 빼돌리다. **Abschöpfung,** die; -en 수입품 관세.

abschotten ['ap-ʃɔtn̩] 〈h〉 〔조선〕 방수 격벽(防水隔壁)을 붙이다. **Abschottung,** die; -en ↑abschotten의 명사형.

abschrägen 〈h〉 비탈지게 하다: Balken a. 들보를 비탈지게 하다. **Abschrägung,** die; -en 경사, 구배, 비탈.

abschrammen 1. 〈h〉 (통용어〕 ↑abschürfen 참조: ich habe mir das Knie abgeschrammt 나는 무릎에 찰과상을 입었다. **2.** 〈s〉 《nordd.·경》 급히 떠나가다: ich bin zornig abgeschrammt 나는 화가 나서 훌쩍 자리를 떴다. **3.** 〈s〉 《속어》 죽다, 뒈지다.

abschranken ['ap-ʃraŋkŋ̍] 〈h〉 횡목(橫木)으로 차단하다: die Brücke ist abgeschrankt worden 다리가 횡목으로 차단되었다. **Abschrankung,** die; -en **1.** 차단. **2.** 차단물.

abschrauben 〈h〉 **a)** 나사를 돌려 빼다〔열다〕〔반대: aufschrauben〕: die Kappe (von der Tube) a. 튜브의 뚜껑을 돌려 열다. **b)** 나사못을 풀어 떼어내다〔반대: anschrauben〕: das Türschild a. 나사못을 풀어 문패를 떼다.

abschrecken 〈h〉 **1.** 겁먹게 하다, 놀라 물러서게 하다, 겁먹게 하여 그만두게 하다: der hohe Preis schreckte ihn ab 값이 비싸 그는 깜짝 놀랐다; er läßt sich durch nichts a. 그는 어떤 일이 있어도 끄떡도 하지 않는다. **2. a)** 〔기술〕 급냉시키다: danach wird die Legierung mit Wasser abgeschreckt 그런 다음 합금을 물로 급냉시킨다. **b)** 〔요리〕 끓인 다음 찬물을 끼얹다: die gekochten Eier a. 삶은 계란에 찬물을 끼얹다. **Abschreckung,** die; -en 위협, 경고.

Abschreckungs-: ~mittel, das 위협 수단. **~politik,** die 위협 정치〔정책〕. **~strafe,** die 〔법〕 위협형 (刑). **~streitmacht,** die 〔군〕 위협용 병력. **~waffe,** die 〔군〕 위협용 무기. **~wirkung,** die 위협 효과.

abschreiben' 〈h〉 **a)** 베끼다: (sich) eine Stelle aus einem Buch a. 책의 어떤 부분을 베끼다. **b)** 정서하다: das Ganze noch einmal sauber a. 전부를 다시 한번 정서하다. **c)** 〔학교〕 커닝하다, 표절하다: von einem Mitschüler a. 반학생의 것을 보고 커닝하다〔베끼다〕. 〔경제〕 **a)** 감가상각(減價償却)하다: Maschinen a. 기계를 감가상각하다. **b)** 공제하다, 삭제하다: ich habe den Betrag von ihrer Rechnung abgeschrieben 나는 그 액수를 그녀의 계정에서 공제했다. **3.** 편지로 취소하다〔거

절하다〕: ich muß dir leider a. 나는 유감스럽지만 편지로 네게 거절 통보를 하지 않을 수 없다. **4.** 써서 닳게 하다: der Bleistift schreibt sich schnell ab 연필이 빨리 닳는다. **5.** (통용어〕 포기하다, 없어진 것으로 생각하다: den verlorenen Ring kannst du a. 잃은 반지는 없어진 것으로 생각해. **Abschreiber,** der; -s, - 복사하는 사람, 베끼는 사람, 표절하는 사람. **Abschreibung,** die; -en **1.** 감가 상각. **2.** 감가 상각액.

abschreien', sich 〈h〉 (통용어〕 계속 고함쳐 지치다: ich habe mich abgeschrie(e)n 나는 고함치다 지쳤다.

abschreiten' 〈아어〕 **1. a)** 〈h/s〉 사열하다, 열병하다: der General hat〔ist〕 die Front abgeschritten 장군은 전선 군인들을 열병했다. **b)** 〈h〉 걸음으로 재다, 보측하다: die Entfernung a. 거리를 보측하다. **2.** 〈s〉 (아어〕 의젓한 걸음으로 가버리다〔떠나다〕.

Abschrift, die; -en 사본: beglaubigte -en von Zeugnissen 증서의 공증(公證) 사본. **abschriftlich** 〈Adj.〉 〔사무〕 사본의: einen Brief a. mitschicken 사본으로 된 편지를 한 장 동봉하다.

Abschrot, der; -(e)s, -e 모루의 정. **abschroten** 〈h〉 〔금속〕 모루의 정에 올려 놓고 쳐서 자르다〔끊다〕. **Abschröter,** der; -s, - 금속 절단용 쇠망치.

abschrubben 〈h〉 (통용어〕 **1. a)** (솔로〕 문질러 깨끗이 하다: ich schrubbe mich(mir den Rücken) mit einer Bürste ab 나는 솔로 몸〔등〕을 문질러 깨끗이 씻는다. **b)** 문질러 없애다: den Dreck a. 더럽게 묻은 것을 문질러 없애다. **2.** (통용어〕 (어떤 구간을〕 가다.

abschuften, sich 〈h〉 (통용어〕 고되게 일하여 지치다: mein ganzes Leben lang habe ich mich für euch abgeschuftet 나는 너희들을 위해 평생을 고되게 일해 지쳤다.

abschuppen 〈h〉 **1.** 고기의 비늘을 떼내다. **2.** 〈a. + sich〉 비늘이 떨어지다, 비늘 모양으로 벗어지다: die Hautpartikel schuppen (sich) ab 피부가 부분적으로 비늘 모양으로 벗겨진다. **Abschuppung,** die; -en **1.** 표피박탈(表皮剝脫〕. **2.** 〔지질〕 박리(작용〕(剝離作用〕.

abschürfen 〈h〉 **a)** 긁히어 상처가 나게 하다: sich die Haut am Ellbogen a. 팔꿈치의 피부가 긁히어 상처가 나다. **b)** 찰과상을 내다. **Abschürfung,** die; -en **1.** ↑abschürfen의 명사형. **2.** 찰과상.

Abschuß, der; Abschusses, Abschüsse **1. a)** 발사. **b)** (총포의〕 발포, 발사: die Abschüsse der Kanonen 대포의 발사〔발포〕. **2.** 사살: der A. von Wild 엽수의 사살. **3.** 격파, 격추: der A. eines viermotorigen Bombers 4발 폭격기 격추.

Abschuß-: ~basis, die 〔군〕 로켓 발사 기지. **~liste,** die (일정한 기간에 속음질 사냥을 위한〕 엽수 사살 수 목록: 〔전의〕 jmdn. auf die A. setzen 누구를 체포〔해고〕 명단에 올려놓다. **~plan,** der 〔사냥〕 속음질 사냥의 연차 계획. **~prämie,** die 특정 짐승의 사냥에 대해 주는 상 (상여금〕. **~rampe,** die 로켓 발사대. **~silo,** der 로켓 발사 벙커. **~vorrichtung,** die 로켓 발사대〔장치〕. **~ziffer,** die 격추 비행기의 대수.

abschüssig ['ap-ʃʏsɪç] 〈Adj.〉 급경사의: eine -e Straße 급경사 길. **Abschüssigkeit,** die ↑abschüssig의 명사형.

abschütteln 〈h〉 **1.** 흔들어 털어 버리다: 〔전의〕 ein Joch a. 속박을 벗어나다. **b)** 흔들어 깨끗이 하다: das Tischtuch a. 상보를 깨끗이 털다. **2. a)** 떨쳐 버리다, 묵살〔극복〕하다: die Müdigkeit〔den Ärger〕 a. 피로〔화〕를 떨쳐 버리다. **b)** 귀찮게 구는 사람으로부터 벗어나다, **c)** 뿌리치다, 따돌리다: es gelang ihm, den Verfolger abzuschütteln 그는 추적자를 뿌리칠 수 있었다. **Abschüttelung,** die ↑abschütteln의 명사형.

abschütten 〈h〉 **1. a)** (물 따위를〕 쏟아내다: die Hälfte

des Wassers aus dem Eimer a. 물통의 반을 쏟아 내다. **b)** 쏟아 없애다: den Eimer a. 통에 담긴 것을 쏟아 내다. **2. a)** (물 따위를) 따라내다: das Wasser von den Kartoffeln a. 물을 감자에서 따라 내다. **b)** (삶거나 끓인 것에서) 물을 비워 없애다: die Kartoffeln a. 감자를 삶은 물에서 건져 내다.

abschwächen ⟨h⟩ **1.** (점차로) 약화시키다: der Botschafter schwächte seine Äußerungen ab 대사는 그의 표현을 보다 부드럽게 했다. **2.** ⟨a. + sich⟩ **a)** 약화되다, 부드럽게 되다: der Lärm schwächte sich ab 소음이 약해졌다. **b)** [기상] das Hoch über Osteuropa schwächt sich ab 동유럽 상공의 고기압이 약해지고 있다. **3.** [사진] 감력제(減力劑) 처리를 하다: bei großformatigen Negativen lassen sich auch einzelne Partien a. 큰 원판의 경우 각 부분도 감력제 처리를 할 수 있다. **Abschwächer** ['apˈʃvɛçɐ], der; -s, - [사진] 감력제(사진에서 너무 어둡게 나온 것을 밝게 하는 시약). **Abschwächung,** die; -en ↑ abschwächen의 명사형.

abschwarten ⟨h⟩ **1.** [사냥] 가죽을 벗기다: eine Sau a. 암산돼지의 가죽을 벗기다. **2.** [제재] 나무 껍질을 벗기다: die Bretter müssen abgeschwartet werden 판자의 (나무) 껍질을 벗겨 내야만 한다. **3.** 《지역적》 몹시 매질하다.

abschwatzen ⟨h⟩ 《통용어》 그럴듯한 말로 꾀어 얻어 내다: er hat ihm 300 Mark abgeschwatzt 그는 그를 감언으로 꾀어 300마르크를 얻어 냈다. **abschwätzen** 《지역적》 ↑ abschwatzen.

abschweifen ⟨s⟩ **1.** 《아어》 (일시적으로) 가던 길을 벗어 나다: sie waren vom Weg abgeschweift u. hatten sich dann verlaufen 그들은 가던 길을 벗어났다가 길을 잃고 말았다. **2.** (주제나 원래의 목적에서) 벗어나다: jmds. Gedanken schweifen von etw. ab 누구의 생각이 무엇에서 이탈하다[벗어나다]. **Abschweifung,** die; -en 방황, 탈선, 이탈.

abschwellen' (반대: anschwellen) **1.** (부기가) 가라앉다: das verletzte Knie schwoll ab 다친 무릎의 부기가 가라앉았다. **2.** (소리가) 점차 약해지다[조용해지다]: das Motorengeräusch schwillt ab 모터의 소음이 점차 약해지다.

abschwemmen ⟨h⟩ **a)** 떠내려 보내다, 씻어 흘려 보내다: das Flußwasser schwemmte den Sand vom Ufer ab 강물이 둑으로부터 모래를 씻어 흘려 보냈다. **b)** 씻어 깨끗이 하다. **Abschwemmung,** die; -en ↑ abschwemmen의 명사형.

abschwenken 1. ⟨s⟩ 선회(旋回)하다: die Kolonne schwenkt links ab 종대(縱隊)가 좌로 방향을 돌린다; [전의] 《통용어》 er ist wieder von der Theologie abgeschwenkt 그는 또다시 신학 공부를 그만 두었다. **2.** ⟨h⟩ **a)** 흔들어 떨어뜨리다. **b)** 흔들어 깨끗이 하다: die Gläser a. 유리잔을 헹구다.

abschwimmen' **1.** ⟨s⟩ **a)** 헤엄쳐 떠나가다: er schwamm vom Boot ab und winkte noch einmal 그는 보트로부터 헤엄쳐 나가면서 다시 한번 손짓했다. **b)** 《지역적》 떠나가다, 가버리다: eben ist er abgeschwommen 방금 그는 떠나갔다. **2.** ⟨h⟩ **a)** 《통용어》 수영을 해서 무엇을 없애다[빼다]: überflüssige Pfunde a. 수영을 해서 군살을 빼다; (어떤 구간을, 어떤 시간 동안) 수영하다: ich hatte meine halbe Stunde abgeschwommen 나는 반 시간 동안 수영했다. **c)** 《통용어》 수영하여 다 써버리다: seine Karte a. 수영 카드를 다 써 버리다.

abschwindeln ⟨h⟩ 사기쳐 얻다, 사기치다.

abschwingen' **1.** [제조] 몸을 스윙하여 뛰어내리다. **2.** [스키] 스윙으로 방향을 바꾸다.

abschwirren ⟨s⟩ (반대: anschwirren) **a)** 윙윙거리며 날아가버리다: die Libelle schwirrte ab 잠자리가 윙윙거리며 날아가버렸다. **b)** 《통용어》 가버리다: er ist schon wieder abgeschwirrt 그는 벌써 또 가버렸다.

abschwitzen ⟨h⟩ [스포츠] 땀흘려 몸무게를 빼다: sein Übergewicht a. 초과된 몸무게를 땀흘려 빼다.

abschwören' ⟨h⟩ **1.** 맹세하여 버리다[끊다]: seinem Glauben a. 자기 신앙을 버릴 것을 맹세하다; [전의] dem Alkohol a. 술을 끊을 것을 맹세하다. **2.** 《준고어》 맹세코 부정하다: eine Mittäterschaft a. 공범임을 맹세코 부정하다. **Abschwörung,** die; -en ↑ abschwören의 명사형.

Abschwung, der; -(e)s, Abschwünge **1.** 몸을 흔들어 뛰어내리기(반대: Aufschwung): ein A. vom Barren 평행봉에서 몸을 흔들어 뛰어내리기. **2.** 몸을 흔들어 방향 바꾸기: einen A. machen 몸을 흔들어 방향바꾸기를 하다. **3.** [골프] 수평으로 머리 위에 올린 골프채를 아래로 내리치기, 스윙다운. **4.** [경제] 경기 후퇴(반대: Aufschwung).

absegeln 1. ⟨s⟩ 출범하다: der Schoner segelte Ende des Monats von Hamburg ab 스쿠너 선(船)은 월말 함부르크에서 출범했다; [전의] stolzgeschwellt seg(e)le ich ab 《경》 의기양양하게 나는 떠난다. **2.** ⟨h⟩ **a)** 일정한 구간[거리]을 범주(帆走)하다. **b)** 범선으로 …을 따라 항해하다: die Küste a. 범선으로 해안을 따라 항해하다. **3.** ⟨h⟩ 범선 항해시 …를 잃다: den Mast a. 범선 항해시 돛대를 잃다. **4.** [요트] (범주) 시즌 마지막 범주를 하다(반대: ansegeln): wir haben noch nicht abgesegelt 우리는 아직도 시즌 마지막 범주를 하지 않았다.

absegnen ⟨h⟩ 《통용어·농》 변호하다, 승인하다: das Flugblatt muß noch offiziell abgesegnet werden 그 유인물은 공인을 받아야 한다. **Absegnung,** die; -en ↑ absegnen의 명사형.

absehbar ['apzeːbaːɐ̯] ⟨Adj.⟩ 시야에 있는, 내다볼 수 있는, 분별할 수 있는: in -er Zeit 머지않아; das Ende ist noch nicht a. 결말은 아직도 알 수가 없다. **absehen**' ⟨h⟩ **1.** 무엇을 보고 배우다: das Kunststück hat er seinem Bruder abgesehen 그 재주는 그가 형으로부터 배워 익힌 것이다. **2.** 예측하다: die Folgen lassen sich nicht a. 결과는 아직 예측할 수가 없다. **3.** 중지하다, 그만두다: von einem Besuch a. 방문을 그만두다. **4.** 도외시하다: 《종종 과거분사로》 von wenigen Ausnahmen abgesehen 몇몇 예외를 도외시하면; abgesehen davon, daß … …을 도외시하면(제외하고). **5.** ⟨a. + es⟩ **a)** 무엇을 노리다[겨냥하다]: es war eine Kränkung a. 모욕할 것을 노리다. **b)** 무엇을 몹시 갖고자 하다[탐내다]: es auf jmds. Geld abgesehen haben 누구의 돈을 몹시 탐냈다. **c)** (누구를) 손에 넣고자 하다, 노리다: das Mädchen hat es auf ihn abgesehen 그 처녀는 그와 결혼하려고 했다. **d)** 《통용어》 《누구를》 계속 흠잡다[괴롭히다]: der Chef hat es heute auf dich abgesehen 네 주인은 오늘 계속 너를 혐뜯었다. **6.** 《학생》 커닝하다: er hat bei mir abgesehen 그는 내것을 보고 커닝했다. **7.** 말하는 사람의 입놀림을 보고 이해하다, 독순(讀脣)하다: die taubstummen Kinder lernen a. 농아들은 말하는 사람의 입놀림을 보고 이해하는 것을 배운다. **Absehunterricht,** der 독순(讀脣) 수업.

abseifen ⟨h⟩ 비누로 씻다: sie seifte ihm den Rücken ab 그녀는 그의 등을 비누로 씻어 주었다.

abseihen ⟨h⟩ 여과하다, 걸러서 깨끗이 하다.

abseilen ⟨h⟩ **1.** 로프로 무엇을 아래로 내리다: ich seilte mich ab [등산] 나는 로프를 타고 내려왔다. **2.** ⟨a. + sich⟩ 《통용어》 가 버리다, 사라지다, 도망가 버리다: die Ganoven haben sich längst abgeseilt 사기꾼들은 이미 오래전에 도망쳤다.

absein' ⟨s⟩ 《통용어》 **1.** (멀리) 떨어져 있다: die Hütte

soll weit von jeder menschlichen Behausung a. 제련 공장은 인가에서 멀리 떨어져 있어야 한다. **2.** 풀어져[떨어져] 있다: der Knopf ist fast ganz ab 단추가 거의 떨어져 있다. **3.** 지쳐 있다: sie war völlig ab 그녀는 완전히 지쳐 있었다.

abseit ⟨Adv.⟩ ⟪österr.⟫ ↑abseits (2).

¹Abseite, die; -n [lat. absīda < griech. (h)apsída] ⟪niederd., rhein.⟫ (지붕 밑) 경사진 칸막이: die leeren Koffer kommen in die A. 빈 트렁크는 지붕 밑 칸막이 속에 집어 넣는다.

²Abseite, die; -n [섬유] 붙여 짠 안감, 직물의 뒷면. **Abseitengewebe**, das 양면 다 사용할 수 있는 직물. **Abseitenstoff**, der 양면 모두 사용할 수 있는 옷감. **abseitig** ['apzaitɪç] ⟨Adj.⟩ **a)** (아이) 떨어져 있는: eine -e Gasse 외진 골목길. **b)** 비정상적인, 유별난, 독특한. **c)** 병적인, 정도에서 벗어난: -e Neigungen haben 병적인 취미를 갖다. **Abseitigkeit**, die; -en ↑abseitig의 명사형. **abseits** ['apzaits; engl. offside] **1.** ⟨Präp.²⟩ 떨어져: a. des Weges 길에서 떨어져. **2.** ⟨Adv.⟩ **a)** 떨어져, 멀리, 외부에: a. stehen 떨어져 있다. **b) a. sein[stehen]** [축구] 오프사이드 위치에 있다. ⟪명사화⟫ **Abseits**, das; -, - 오프사이드: der Schiedsrichter pfiff A. 심판이 오프사이드 호각을 불었다.

abseits-, Abseits- [스포츠] **~falle**, die 오프사이드 작전: die A. klappte 오프사이드 작전이 적중했다. **~linie**, die 오프사이드 선(라인). **~pfiff**, der 오프사이드 호각. **~position**, die ↑-stellung. **~regel**, die 오프사이드 규칙. **~stellung**, die 오프사이드 위치. **~tor**, das 오프사이드 골(오프사이드 위치에서 차 넣은 골). **~verdächtig** ⟨Adj.⟩ 오프사이드 혐의가 있는.

Absence [a'psɛ̃ːs], die; -n [frz. absence] [의학] 발작적인 의식 몽롱(상태), (일시적인) 실신, 방심.

absenden⁽*⁾ **a)** 발송하다: ein Paket a. 소포를 발송하다. **b)** 파견하다, 보내다: einen Boten a. 사환을 보내다. **Absender**, der; -s, - **1.** 발송인, 발신인(약어: Abs.). **2.** 발송인 주소: steht ein A. auf dem Brief? 편지에 발송인 주소가 적혀 있느냐? **Absendung**, die; -en 발송, 파견.

absengen ⟨h⟩ **a)** 그슬려[태워] 없애다: die Federreste von den Schlachthühnern a. 도살된 닭털을 그슬려 없애다. **b)** 남은 깃털을 그슬려 없애다: ein Huhn a. 닭의 남은 깃털을 그슬려 없애다.

absenken ⟨h⟩ **1.** ⟨a. + sich⟩ 경사지다, 기울다: das Gelände senkt sich zum Fluß hin ab 지형이 강쪽으로 경사져 있다. **2.** [지하 공사] (인공적으로 지하 수위를) 낮추다: das Grundwasser a. 지하수위를 낮추다. **3.** 가라앉히다: einen Senkkasten a. 잠함(潛函)을 (수중에) 가라앉히다. **4.** [원예] 휘묻이하다: Weinstöcke a. 포도나무를 휘묻이하다. **Absenker**, der; -s, - 휘묻이에 쓰이는 어린 가지. **Absenkung**, die; -en 경사, 침강(沈降).

absent [ap'zɛnt] ⟨Adj.⟩ [lat. absēns] ⟪고어⟫ 결석의, 부재중의. **absentieren** [apzɛn'tiːrən], sich ⟨h⟩ [frz. s'absenter] ⟪교양어·준고어⟫ 물러가다, 퇴거하다, 자리를 뜨다. **Absenz** [ap'zɛnts], die; -en [lat. absentia] **a)** ⟪교양어⟫ 부재: die A. aller Werte 모든 가치의 부재. **b)** ⟪österr., schweiz.⟫ 결석: du mußt dich für deine -en entschuldigen 너는 너의 결석에 대한 사유를 해명해야 한다. **c)** [의학] ↑Absence.

abserbeln ⟨s⟩ ⟪schweiz.⟫ 시들다, 죽어가다.

abservieren ⟨h⟩ **1. a)** (사용한 그릇을) 치우다: das Geschirr a. 상의 그릇을 치우다. **b)** 그릇을 치워 (상을) 깨끗이 하다: den Tisch a. 그릇을 치워 식탁을 깨끗이 하다. **2.** [경] 누구의 영향력(힘)을 제거하다, 파면하다: sie haben ihn abserviert 그들은 그의 세력을 제거했다[그를 해직했다]. **3.** ⟪경⟫ 살해하다. **4.** ⟪스포츠 은어⟫ 확실하게 이기다, 압승하다: die junge Mannschaft servierte die erfahrene Elf 5:0 ab 신생 축구 팀이 경험많은 팀을 5대 0으로 압승했다. **Abservierung**, die; -en 거세, 파면.

Absetz-: **~bassin**, das ↑-becken. **~becken**, das 침전조(沈殿槽). **~bewegung**, die [군] 후퇴, 퇴각. **~gebiet**, das [공군] 낙하산 부대 투입 지역. **~geschwindigkeit**, die (앙금의) 침전 속도. **~säge**, die [목공] 골조(骨組) 톱. **~wagen**, der ↑Hubstapler.

absetzbar ['apzɛtsbaːɐ̯] ⟨Adj.⟩ **1.** 세액 공제가 되는: die Ausgaben für die Haftpflichtversicherung sind (steuerlich) a. 책임 보험 지출액은 세액 공제를 받을 수 있다. **2.** 팔리는: leicht -e Ware 잘 팔리는 상품. **absetzen** ⟨h⟩ **1.** 벗다(반대: aufsetzen): den Hut a. 모자를 벗다. **2.** 내려놓다: das Gepäck a. 짐을 내려놓다. **3.** 중단하다: das Glas vom Mund a. 잔을 입에서 떼다; er trinkt, ohne abzusetzen 그는 단숨에 마신다. **4.** (차에서) 내려 주다: jmdn. in seinem Wagen mitnehmen und am Bahnhof a. 누구를 차에 동승시켜 역에서 내려 주다. **5.** (말이) 흔들어 떨어뜨리다. **6. a)** 침전시키다: der Fluß setzte eine Masse Geröll ab 강물이 자갈 더미를 침전[퇴적]시켰다. **b)** ⟨a. + sich⟩ (가라앉아) 쌓이다: eine Menge Staub hat sich hier abgesetzt 많은 먼지가 여기에 쌓였다. **7.** 파면[해임]시키다(반대: einsetzen): die Regierung wurde abgesetzt 정부가 무너졌다. **8. a)** 삭제하다, 취소하다: etw. von der Tagesordnung a. 무엇을 의사 일정에서 삭제하다. **b)** 그만두다, 중지하다: eine Therapie a. 치료를 그만두다. **9.** [상] (대량으로) 판매하다: wir haben alle Exemplare a. können 우리는 물건 모두를 판매할 수 있었다. **10.** [세무] 세액 공제를 하다: die Kosten für etw. a. können 무엇에 대한 비용을 세액 공제할 수 있다. **11.** [농업] (가축을) 젖떼다: ein Kalb a. 송아지를 젖떼다. **12. a)** 행갈·인쇄] 행을 바꾸다: eine Zeile a. 어떤 행을 새 행으로 시작하도록 하다(행을 바꾸다). **b)** [인쇄] 조판하다, 활자로 짜다: ein Manuskript a. lassen 원고를 조판하게 하다. **13.** [선원] 정박한 곳에서 밀어내다: das Boot von der Brücke a. 보트를 잔교(선창)에서 밀어내다. **14.** [의학] ↑amputieren. **15.** ⟨a. + sich⟩ **a)** (통용어) 몰래 가버리다, 도망치다: ich hatte mich nach Österreich abgesetzt 나는 오스트리아로 도망쳤다. **b)** [군] 퇴각(후퇴)하다. **16.** (옷에) 단을 붙이다: ⟨대개 과거분사로⟩ mit Samt abgesetzte Ärmel 비로드 단을 붙인 소매. **17. es setzt etwas ab** ⟪통용어⟫ 매질(처벌, 싸움질)이 있다: gleich setzt es etwas ab 곧 매질(처벌)이 있을 것이다. **Absetzer**, der; -s, - **1.** (갇탄 노천광의) 준설 장비. **2.** [공군] (공수 부대의) 투하 지휘관. **Absetzung**, die; -en 해임, 파면, 취소, 삭제, 공제.

absichern ⟨h⟩ **1.** 안전 장치를 하다: eine Baustelle a. 공사장에 안전 장치를 하다. **2.** ⟨a. + sich⟩ (불의의 사고에 대한) 안전 조치를 취하다: ich sicherte mich vertraglich ab 나는 계약상으로 내 자신의 안전을 취했다. **Absicherung**, die; -en 안전 조치(장치).

Absicht, die; -en 의도, 의향, 계획, 목적: das war nie meine A. 그것은 전혀 내 의도가 아니었다; **mit A.** 의도적으로, 고의로; **ohne A.** 무심코; **sich mit der A. tragen** 의도하다; **(ernste) Absichten auf jmdn. haben** 누구와 결혼하려 하다. **absichtlich** ['apzɪçtlɪç, ⟨강조⟩ '---] ⟨Adj.⟩ 의도적으로, 고의로: -e Kränkung 고의적인 모욕. **Absichtlichkeit**, die; -en 고의, 고의적인 행위. **absichtslos** ⟨Adj.⟩ 고의적이 아닌. **Absichtslosigkeit**, die ↑absichtslos의 명사형. **absichtsvoll** ⟨Adj.⟩ 아주 고의적인(계획적인).

absiedeln ⟨h⟩ [의학] 전이(轉移)하다, 번지게 하다: der

Tumor hat Tochtergeschwülste abgesiedelt 종양이 옮아가 새끼 종양을 만들었다. **Absiedlung**, die; -en ↑ Metastase.
absingen* ⟨h⟩ **1.** (노래를) 처음에서 끝까지 다 부르다: alle Strophen eines Liedes a. (노래의) 모든 절을 다 노래하다. **2.** (연습하지 않고) 즉석에서 노래부르다: sie singt alle Lieder vom Blatt ab 그 여자는 모든 노래를 악보를 보고 즉석에서 부른다.
absinken* ⟨s⟩ **1. a)** 침몰하다: das Boot sank in Sekundenschnelle ab 보트가 순식간에 침몰했다. **b)** 가라앉다: die Küste sinkt jährlich um einige Zentimeter ab 해안이 매년 몇 센티미터씩 가라앉는다. **2. a)** 하강하다, 약해지다: der Blutdruck [die Temperatur] sinkt ab 혈압[기온]이 내려가다. **b)** 적어지다, 약해지다: das Interesse sinkt weiter ab 관심이 계속 적어진다. **c)** 감퇴되다, 나빠지다: in seinen Leistungen a. 그의 업적 [성적]이 나빠지다. **d)** 타락하다: er sinkt immer mehr ab 그는 점점 타락하고 있다.
Absinth [ap'zɪnt], der; -(e)s, -e [frz. absinthe] 압생트 (독한 양주의 일종).
absitzen* 1. 《통용어》 ⟨h⟩ **a)** 《쩜》 (시간을) 억지로 보내다: täglich 8 Stunden im Büro a. müssen 매일 8시간을 사무실에서 (억지로) 있어야 한다. **b)** (형기를) 마치다: er hat seine Strafe abgesessen 그는 그의 형기를 형무소에서 마쳤다. **2.** ⟨s⟩ **a)** (말에서) 내리다: er saß (vom Pferd) ab 그는 말에서 내렸다. **b)** (차, 자전거 등에서) 내리다: die Jungen sitzen von ihren Rädern ab 사내아이들이 자전거에서 내린다. **c)** [제조] 앉은 자세로 뛰어내려 땅에 서다: vom Kasten a. 뜀틀에서 앉은 자세로 뛰어내려 땅에 서다. **3.** ⟨h⟩ 떨어져 앉다: du sitzt viel zu weit vom Tisch ab 너는 책상에서 너무 멀리 떨어져 앉아 있다. **4.** ⟨h⟩ 앉아서 닳게하다: abgesessene Sessel 많이 앉아서 낡아버린 안락의자. **5.** 《schweiz.》 ⟨s⟩ 앉다: sitz ab! 앉아!
absocken ⟨s⟩ 《경》 급히 가버리다(반대: ansocken): er ist gleich danach wieder abgesockt 그는 그 후 곧 다시 가버렸다.
absolut [apzo'luːt] ⟨Adj.⟩ **1.** 전체[독재]의, 무한정의: ein -er Herrscher 전제 군주. **2.** 절대적인, 무조건의: -e Glaubens- und Gewissensfreiheit 절대적 신앙 및 양심의 자유. **3.** 완전한: eine Stimmung von -em Feierabend 완전히 근무가 끝난 분위기. **4.** 최고의, 최종의: eine -e Grenze erreichen 최종의 한계에 이르다. **5.** 전적인, 완전한: für -e Ruhe sorgen 완전한 평온이 있도록 돌보다. **6.** 순수한, 절대적인: -es Denken 순수한 사고; das -e Sein 절대적 존재. **7.** 종속되지 않는, 독립된 (반대: relativ); -e Größen 절대 크기. **8.** [자연과학] **a)** 순수한: -er Alkohol 순수(무수) 알코올. **b)** (확정된 특수 단위와 관련된) 절대의: -er Nullpunkt 절대 영도 (-273.15°C). **9.** ⟨Adj.와 동사를 강조⟩ 도대체, 전적으로: das kann ich a. nicht leiden 나는 그것을 도대체가 참을 수 없이. **Absolutheit**, die ↑absolut의 명사형. **Absolutheitsanspruch**, der 절대성 요구. **Absolution** [apzolu'tsjoːn], die; -, en [lat. absolūtio] [가] 면죄, 사죄: jmdm. (die) A. erteilen 누구의 죄를 면죄하다. **Absolutismus** […'tɪsmus], der; - 《역사적》 (17, 18세기의) 절대 왕정, 전제[전제]주의 der aufgeklärte A. 계몽(된) 절대주의. **Absolutist**, der; -en, -en 《고어》 절대주의자, 전제군주. **absolutistisch** ⟨Adj.⟩ 전제의, 독재의, 전제주의적인: der -e Staat 전제주의 국가. **Absolutorium** […'toːrjum], das; -s, …ien […jən]; lat. absolūtōrium] **1.** 《고어》 고등 학교 졸업증서. **2.** 《österr.》 (대학의) 수료 증명서: ich habe mir am Dekanat des A. geholt 나는 학장실에서 수료증을 받아 왔다. **Absolvent** [apzol'vɛnt], der; -en, -en [lat. absolvēns] 졸업생, 졸업반 학생. **absolvieren** [...'viːrən] ⟨h⟩ [lat. absolvere] **1. a)** 졸업하다: Gymnasium a. 고등 학교를 졸업하다. **b)** 끝마치다, 완료하다: ein Pensum a. 숙제를 끝마치다. **c)** 합격하다: hat er sein Examen absolviert? 그는 시험에 합격했느냐? **2.** [가] 면죄하다, 사죄하다. **Absolvierung**, die 졸업, 완료.
absonderlich [ap'zɔndɐlɪç] ⟨Adj.⟩ 특이한, 이상한, 진기한: ein -er Mensch 진기한 인간. **Absonderlichkeit**, die; -en 진기함, 특이함. **absondern** ⟨h⟩ **1.** ⟨a. + sich⟩ (누구와) 교제[접촉]를 피하다: er sondert sich meist von seinen Mitschülern ab 그는 자기 학우들과는 대부분 접촉을 하지 않았다. **2.** 고립하다, 격리하다: an eine Diphtherie Erkrankten a. 디프테리아 환자를 격리시키다. **3.** [아이] 분리[구분]하다. **4.** [생물·의학] 분비하다: Gifte a. 독을 분비하다. **Absonderung**, die; -en **1.** 분리, 격리, 고립. **2.** 분비, 분비물: eine A. der Schweißdrüsen 한선(汗腺)의 분비물.
Absonderungs- [생물·의학] ~**drüse**, die 분비선(腺). ~**gewebe**, das 분비 조직. ~**organ**, das 분비기관. ~**stoff**, der 분비물. ~**tätigkeit**, die ⟨Pl. 없음⟩ 분비 활동.
absonnig ⟨Adj.⟩ 《원예》 응달진, 햇볕이 잘 들지 않는.
Absorbens [ap'zɔrbɛns], das; -, …nzien [apzɔr'bɛntsjən] /…ntia […'bɛntsia; lat. absorbēns] [화학·물리] 흡수제(劑). **Absorber** [ap'zɔrbɐ], der; -s,- [engl. absorber] **1.** [방사선 화학] ↑Absorbens. **2.** (액체, 가스, 광선 등의) 흡수 장치. **absorbieren** [apzɔr'biːrən] ⟨h⟩ [lat. absorbēre] **1.** [화학·물리·생리] 흡수하다: die Atmosphäre absorbiert aus dem Weltraum kommende Strahlungsenergie 대기는 우주에서 오는 복사 에너지를 흡수한다. **2.** 요구하다, 소모하다: die Aufgabe hatte alle seine Kräfte absorbiert 이 과제는 그의 전력을 요했다[소모했다]. **Absorption** [apzɔrp'tsjoːn], die [lat. absorptio] [화학·물리·생리] 흡수, 소모, 요구; in großen Höhen ist die A. der Atmosphäre kaum noch wirksam 고공에서는 대기의 흡수 작용이 거의 일어나지 않는다.
Absorptions- [화학·물리·생리] ~**fähigkeit**, die 흡수력. ~**gewebe**, das 흡수 조직. ~**kältemaschine**, die 흡수식 냉각기. ~**mittel**, das 흡수제(吸收劑). ~**spektrum**, das 흡수 스펙트럼. ~**verlust**, der 흡수 손실. ~**vermögen**, das 흡수 능력. ~**vorgang**, der 흡수 과정. ~**wärme**, die 흡수열.
absorptiv [apzɔrp'tiːf] ⟨Adj.⟩ [lat. absorptīvus] 흡수성의, 흡수할 수 있는. **Absorptiv** [-], das; -s, -e [...'tiːvə] 흡수성 물질.
abspalten ⟨h⟩ **1.** 쪼개다, 빠개다: ich habe ein Stück Holz abgespaltet 나는 한 토막의 나무를 빠갰다. **2.** ⟨a. + sich⟩ 분리되다: aus der Physiologie hat sich die physiologische Chemie abgespalten 생리학에서 생리화학이 분리되었다. **3.** [화학] 분리[분열]시키다: das Enzym hat Phosphat abgespaltet 효소는 인산염을 분리시켰다. **Abspaltung**, die; -en 분리, 분비물.
abspanen ['ap-ʃpaːnən] ⟨h⟩ [기술] (금속 제품의 표면을) 깎아 매끈하게 처리하다.
abspänen ⟨h⟩ 《지역적》 젖을 떼다: die Kleine kriegt Zähnchen, du mußt es a. 꼬마가 이가 나네, 너는 젖을 떼어야겠어.
Abspann, der; -(e)s, -e (영화, TV 프로그램 끝의) 제작진 소개(자막)(↑Nachspann).
Abspann-: ~**isolator**, der [전기] 전선[절연] 애자(碍子). ~**leine**, die ↑seil. ~**mast**, der [전기] 전선주 (특히 고압선의 철탑). ~**seil**, das [기술] (현수막 등에) 양쪽에서 팽팽히 매어 떠받치는 줄. ~**transforma-**

¹abspannen

tor, der [전기] 변압기. ~werk, das [전기] 변전소.
¹**abspannen** ⟨h⟩ **1.** (소나 말을) 수레에서 풀다(반대: anspannen): hast du die Pferde abgespannt? 너는 말을 수레에서 풀었느냐? **2.** 《드물게》긴장을 풀다: die Glieder a. 팔다리의 긴장을 풀다. **3.** [기술] 줄을 팽팽히 매어 떠받치다(안전하게 하다): einen Pylon mit Schrägseilen a. 신전의 탑을 줄로 서로 팽팽히 마주 매어 떠받치다.
²**abspannen** ⟨h⟩ 《드물게》 이간질하다, 유혹해 가다: er hat mir die Freundin abgespannt 그는 나의 애인을 유혹해 갔다.
Abspannung, die **1.** 피로, 권태: das Gesicht drückte äußerste A. aus 얼굴에 극도의 피로가 드러났다. **2.** **a)** 줄로 팽팽히 매어 떠받침(곤두세움). **b)** [기술] 양쪽에서 팽팽히 매어 떠받치는 줄: die A. ist gerissen 양쪽에서 팽팽히 맨 줄이 끊어졌다.
absparen, sich ⟨h⟩ 《오랫동안》 절약해서 취득하다: ich habe mir das Rad von meinem Taschengeld abgespart 나는 용돈을 절약하여 자전거를 샀다.
abspecken [ˈap-ʃpɛkn̩] ⟨h⟩ 《경》 체중을 줄이다: in einer Woche 5 Pfund a. 일주일에 체중을 5파운드 줄이다.
abspeisen 1. a) 《팸》 먹이다, 식사하게 하다: die Kinder werden in der Küche abgespeist 아이들은 부엌에서 식사하도록 한다. **b)** 《통용어》 구슬려 넘어가게 하다: jmdn. mit Redensarten a. 누구를 감언이설로 구슬려 넘어가게 하다. **2.** 《드물게·아어》다 먹어치우다, 식사를 끝내다: kaum hatte er abgespeist, so kehrte auch Joachim zurück 그가 식사를 끝내자마자 요아힘도 돌아왔다. **Abspeisung**, die -en 급식, 식사 대접.
abspenstig [ˈap-ʃpɛnstɪç] 《다음 용법으로》 jmdm. jmdn.[etw.] a. machen 누가 누구를 등지게 하다[누구를 설득하여 무엇을 내놓게 하다]: er hat ihm die Freundin a. gemacht 그는 그의 애인을 유혹해 갔다.
Absperr-: **~dienst**, der [속도 경기] 출입 차단 경비 근무. **~graben**, der (동물원의) 차단호(壕). **~hahn**, der [기술] (수도나 가스의) 잠그는 꼭지. **~kette**, die 차단 대열. **~kommando**, das [경찰·군] 차단 담당반. **~mannschaft**, die [속도경기] 출입 차단 담당반. **~mauer**, die 차단벽. **~schieber**, der [기술] 차단판 (瓣). **~seil**, das 출입 차단 로프. **~ventil**, das [기술] 차단판(瓣). **~vorrichtung**, die [기술] 차단 장치.
absperren ⟨h⟩ **1.** (österr., südd.) 잠그다: das Zimmer(die Wohnungstür) a. 방(현관문)을 잠그다. **2.** 차단하다, 통행을 막다: die Unglücksstelle hermetisch a. 사고 지점의 통행을 완전히 차단하다. **3.** (흐름을) 막아 중단시키다. **4.** [목공] 쪽마루지게 무늬목을 붙이다.
Absperrung, die, -en **1.** 차단, 폐쇄, 단절. **2.** 차단목, 횡목(横木), 목책: die -en durchbrechen 차단목을 부수다.
abspiegeln ⟨h⟩ **1. a)** 비추다, 반사[반영]하다. **b)** ⟨a. + sich⟩ 비치다: der Baum spiegelt sich im Wasser ab 나무가 물에 비친다. **Abspiegelung**, **Abspieglung**, die; -en 반사, 반영, 영상, 그림자.
Abspiel, das; -s, -e [구기] 패스: dem Verteidiger unterlief ein schlechtes A. 수비가 잘못된 패스를 했다.
abspielen ⟨h⟩ **1. a)** 끝까지 연주하다(돌아가게) 하다: er spielte das Tonband ab 그는 녹음 테이프를 끝까지 틀었다. **b)** 연주하여(틀어서) 닳게 하다: du hast die Platte schon ganz schön abgespielt 너는 벌써 (전축) 판이 닳도록 플레이트분사로] 너무 상영하여 남은 영화 필름. **2.** 연습하지 않고 악보를 보고 연주하다: er kann alles vom Blatt a. 그는 모든 곡을 연습하지 않고 악보를 보고 연주할 수 있다. **3.** [구기] 패스하다. **4.** ⟨a. + sich⟩ 일어나다, 진행되다, 행해지다: alles spielte sich rasend schnell ab 모든 것이 순식간에 일어났다; da[hier] spielt sich nichts ab! 《통용어》 그것은 문제가 되지 않는다.
abspinnen* ⟨h⟩ 실을 다 잣다: sie hat den Faden ganz abgesponnen 그녀는 실을 모두 자았다; 《《또한》 a. + sich⟩ überall spannen sich Handlungen ab 어디에서나 일(사건)이 전개되었다.
absplittern 1. ⟨h⟩ 찢다, 조각내다: der Blitz splitterte den Ast ab 번개가 나뭇가지를 찢어 놓았다. **2.** ⟨s⟩ 찢어지다, 조각나다: der Lack ist abgesplittert 라크 칠한 것이 조각조각이 일어났다(벗겨졌다). **3.** ⟨a. + sich⟩ 찢어지다: die kleine Gruppe splitterte sich ab 그 작은 그룹은 산산 조각났다. **Absplitterung**, die; -en ↑absplittern의 명사형.
Absprache, die; -n 협정, 협약, 타협: eine A. treffen 협약[타협]하다. **abspraechegemäß** ⟨Adj.⟩ 협약[협정]에 의한. **absprechen*** ⟨h⟩ **1. a)** 판결에 의거하여 박탈하다(반대: zusprechen). **b)** 누구의 무엇을 부인하다: er sprach ihm jede Sachkenntnis ab 그는 그에게 어떤 전 문지식이 있음을 인정하지 않았다. **2.** 협정하다, 담합하다: 《또한》 a. + sich⟩ ich habe mich mit ihm abgesprochen 나는 그와 협약했다. **3.** 《고어》 부정적으로 언급하다. 《아직도 현재분사로》 **absprechend** 부정적인, 경멸적인: ein -es Urteil 부정적인 판단, 혹평; sich a. über jmdn.[etw.] äußern 누구[무엇]를 혹평하다.
abspreizen ⟨h⟩ **1.** 옆으로 내뻗다: ich hielt die Hände abgespreizt 나는 두 손을 옆으로 쭉 뻗고 있었다. **2.** [토건] (수직으로 된 것을) 수평으로 받치다.
absprengen ⟨h⟩ **1.** 파열시키다, 폭파하다: er sprengte das Gesteinsstück ab 그는 그 바위 덩이를 폭파했다. **2.** (전체에서) 분리시키다.
abspringen* ⟨s⟩ **1. a)** (땅을 박차며) 뛰다, 점프하다: er springt mit dem linken Bein ab 그는 왼발로 점프했다. **b)** (차 따위에서) 뛰어내리다(반대: aufspringen): der Pilot ist mit dem Fallschirm abgesprungen 조종사가 낙하산으로 뛰어내렸다. **c)** 튀어 벌리다(풀리다): die Deckel sprangen von den Kisten ab 상자의 뚜껑이 튀어 열렸다. **d)** 튀어[떨어져] 일어나다: an einigen Stellen war der Lack abgesprungen 군데 라크 칠한 것이 떨어져 일어났다. **e)** 튀어나오다, 되튀다: der Ball sprang vom Pfosten ab 공이 골대를 맞고 튀어나왔다. **2.** 《통용어》 돌아서다, 갑자기 물러나다: vor Unterzeichnung eines Vertrages a. 서명하기 직전에 갑자기 계약을 그만두다.
abspritzen 1. ⟨h⟩ **a)** 물을 뿜어 씻어내다: ich habe den Wagen abgespritzt 나는 자동차에 물을 뿜어 깨끗이 씻었다. **b)** 물을 뿜어 없애다: ich werde den Dreck mit dem Schlauch a. 나는 그 오물을 호스로 뿜어서 깨끗이 씻어낼 것이다. **c)** (식물에) 약을 뿌다[치다]: die Beerensträucher a. 딸기 넝쿨에 약을 뿌다. **2.** ⟨h⟩ 《나치·은폐》 주사로 살해하다: die Häftlinge sind abgespritzt worden 수감자들은 주사로 살해되었다. **3.** ⟨s⟩ 튀다, 튀겨 나오다: die Wassertropfen spritzten von der Schutzscheibe ab 물방울이 보호용 창유리에 부딪쳐 튀었다. **4.** ⟨s⟩ 《경》 급히 달아나다(가버리다): der Kradmelder spritzte ab 오토바이 전령이 급히 가버렸다. **5.** ⟨h⟩ [요리] 양념으로 몇 방울 치다.
Absprung, der; -(e)s, Absprünge **a)** 점프, 뜀: den Körper nach dem A. weit nach vorn werfen 점프한 다음 몸을 멀리 앞으로 던지다. **b)** 뛰어내림: A. vom Sprungturm (수영) 다이빙 도약대에서 뛰어내림.
Absprung-: **~balken**, der [육상] ↑Sprungbalken. **~basis**, die [군] 공격 개시 기지. **~bein**, das [육상] 점프를 때 힘을 주는 발. **~bombe**, die [군] 우주 정거장이나 인공위성에서 발사되어 조종되는 폭탄. **~hafen**, der [공군] (군용기의) 출격 기지. **~höhe**, die [공군]

abstellen

낙하산 투하 높이. **~linie,** die 【육상】（넓이뛰기 및 삼단 뛰기에서의）뜀판 뒤쪽의 경계선, 답절선(踏切線). **~raum,** der 【육상】↑-zone. **~schritt,** der 【육상】 달려서 점프하기 직전의 걸음. **~tisch,** der 【스키】 비약대의 끝 난간, 점프대. **~zone,** die 【육상】 뜀판 전후의 너비 80cm 되는 공간.

abspulen ⟨h⟩ **1.** (반대: aufspulen) **a)** 얼레에서 (실을) 풀다: das Tau hat sich abgespult 밧줄이 얼레에서 풀렸다. **b)** 얼레에서 풀다: das Garn a. 실을 얼레에서 풀다. **2.** 《통용어》 (영화를) 상영하다: einen Film a. 영화를 돌리다.

abspülen ⟨h⟩ **a)** 씻어내다, 씻어 없애다: den Seifenschaum mit Wasser a. 비누거품을 물로 씻어내다. **b)** 씻어 깨끗하게 하다: den Teller mit heißem Wasser a. 접시를 더운 물로 깨끗이 씻다. **Abspülung,** die; -en 【지질】 (암석) 지표 삭마작용, 표면 침식.

abspunden ⟨h⟩ 【기술】 방수벽으로 분리시키다: eine riesige Fläche des Flußbettes vom Rhein wurde abgespundet 라인 강 하상의 거대한 한 면이 방수벽으로 분리되었다.

abstammen 혈통을 잇다, 유래하다: er stammte in direkter Linie von Karl dem Großen ab 그는 카를 대제의 직계 후손이다. **Abstammung,** die 혈통, 가문: er ist adliger A. 그는 귀족 가문 출신이다.

abstammungs-, Abstammungs-: **~geschichtlich** ⟨Adj.⟩ 인류 계통사적인, 진화사적인. **~klage,** die 【법】 친자 확인 소송, 인지(認知) 청구 소송. **~lehre,** die 【생물】 진화론. **~merkmal,** das 【종축(種畜)의】 혈통 특징. **~nachweis,** der 【축산】 종축의 혈통 증명(부보). **2.** 《나치》 독일(아리안) 혈통 증명. **~prüfung,** die 【법】 친자 확인 검사. **~recht,** das 【법】 국적 취득시 혈통상의 권한. **~theorie,** die 진화론의 이론. **~urkunde,** die (종축 등의) 혈통 증명서[족보].

Abstand, der; -(e)s, Abstände **1. a)** 간격, 거리: der A. zwischen ihnen hatte sich verkleinert 그들 사이의 간격이 좁아졌다; in 50 Meter A. 50m 간격을 두고; 전의 der soziale A. 사회적 지위의 차이; **von etw. A. nehmen** (아이) 무엇을 하지 말다, 무엇을 단념하다; **mit A.** 훨씬, 월등하게: er war mit A. der Beste 그는 월등하게 뛰어난 수석이다. **b)** 시간적 간격: ein A. von 14 Sekunden 14초의 간격; jmdn. in regelmäßigen Abständen besuchen 누구를 일정한 시간의 간격을 두고 규칙적으로 방문하다; 전의 es fehlt ihm noch der innere A. zu den Ereignissen 그가 그 사건을 침착하게 판단하기에는 아직도 내면적인 거리가 결여되고 있다. **2.** (대인 관계에서의) 거리, 삼가하는 태도: den gebührenden A. wahren 합당한 거리를 유지하다, 상황에 어울리게 삼가하는 태도를 지니다. **3.** 《통용어》↑Abstandssumme, Abfindung. **abständig** ⟨Adj.⟩ 〖임업〗 고목이 된, 고사(枯死)한: -e Bäume 고사나무. **Abständigkeit,** die 〖드물게〗 노후(老朽), 진부(陳腐). **Abstandhalter,** der (자전거의) 수평손잡이. **Abstandkelle,** die ↑Abstandhalter. **Abstandssumme,** die; -n 배상금, 위약금: eine erhebliche A. bieten 상당액의 배상금을 제시하다.

abstatten ['ap-ʃtatn̩] ⟨h⟩ (아이) (무엇을) 하다, 베풀다: jmdm. Bericht a. 누구에게 보고하다; jmdm. einen Besuch a. 누구를 방문하다. **Abstattung,** die ↑abstatten의 명사형.

abstauben ⟨h⟩ 먼지를 털다: sie staubt nicht gründlich genug ab 그 여자는 먼지를 철저히 털지 않는다. **2.** 《경》 부정한 방법으로 갖다, 몰래 손에 넣다: ein paar Zigaretten a. 몇 개비의 담배를 몰래 손에 넣다. **3.** 〖축구〗 운 좋게 힘들이지 않고 골인시키다. **4.** 〖지역적〗 욕하다, 꾸짖다. **Abstauber,** der; -s, - 운 좋게 힘들이지 않고 골인시킨 선수. **Abstaubertor,** das 우연〖행운〗골. **abstäuben** 〖지역적〗↑abstauben (1, 4).

abstechen* ⟨h⟩ **1.** (짐승을) 목 찔러 죽이다: ein Schwein a. 돼지를 목 찔러 도살하다. **2.** 찔러 떼어내다 (떠내다): Teig mit einem Löffel a. 반죽을 수저로 떠내다. **3. a)** 구멍을 통해 흘러나오게 하다: Bier a. 통의 마개를 뽑아 맥주가 흘러나오게 하다. **b)** 유출구를 열다: einen Hochofen a. 용광로의 유출구를 열다. **4.** 컴퍼스로 척도를 옮기다. **5.** 뚜렷한 대조를 이루다: sie stach durch ihr gepflegtes Äußeres von den anderen ab 그 여자는 그녀의 잘 가꾼 외모로 인해 다른 여자들과는 뚜렷한 대조를 이루었다. **Abstecher** ['ap-ʃtɛçɐ], der; -s, - (예정 밖의 곳에 들러가는) 들름길(여행): einen kurzen A. nach Berlin machen[unternehmen] (여행 예정에 없던) 베를린을 잠시 들러가다.

abstecken ⟨h⟩ **1.** 말뚝을 박아 경계를 짓다[표시하다]: den Kurs für ein Skirennen a. 스키 활주 코스에 말뚝을 박아 표시하다. **2.** 【재단】 핀을 꽂아 집는 곳을 표시하다: die Schneiderin steckt das Kleid ab 여자 재단사가 옷에 핀을 꽂아 새로 깁는 곳을 표시한다. **3.** (박았던 것을) 다시 떼다 (반대: anstecken): das Namensschildchen a. 이름 팻말을 다시 떼다.

abstehen* ⟨h⟩ **1. a)** 떨어져 있다: der Schrank steht zu weit von der Wand ab 장이 벽에서 너무 많이 떨어져 있다. **b)** 붙어 있지 않는: abstehende Ohren 좌우로 펼쳐진 귀, 쫑긋 세워진 귀. **2.** (아이) 무엇에 거리를 두다, 포기〖단념〗하다: von einem Plan a. 계획을 포기하다. **3.** 《통용어》 서서 (시간을) 보내다: zwei Stunden Wache a. 두 시간 동안 보초를 서다. **Absteher,** der; -s, - 〖곡예〗 (머리를 다른 사람의 발 사이에 넣고) 몸의 수평 잡기.

abstehlen* ⟨h⟩ 애써[교묘히] 빼앗다: ich muß mir die Zeit dazu a. 나는 그것을 위해서는 시간을 내지 않을 수 없다.

absteifen ⟨h⟩ 【토건】 기둥(각목)으로 받치다: der Schacht muß abgesteift werden 갱도를 각목으로 받쳐야만 한다. **Absteifung,** die; -en ↑absteifen의 명사형.

Absteige, die; -n 《통용어》↑Absteigequartier 참조. **absteigen*** ⟨s⟩ **1.** (반대: aufsteigen) **a)** (무엇에서) 내리다: vom Pferd a. 말에서 내리다. **b)** 내려가다: ins Tal a. 골짜기로 내려가다. **c)** 〈종종 현재분사로〉 absteigend 하강적인, 내려가는: ein -es Heizungsrohr 하강 난방 파이프; 전의 die -e Linie 비속(卑屬), 후손. **2.** (준고어) (호텔, 여관 등에) 들르다, 묵다: in einem kleinen Hotel a. 작은 호텔에서 묵다. **3.** 【스포츠】 등급이 내려가다 (반대: aufsteigen): der Verein ist in der vorigen Saison abgestiegen 그 팀의 전적은 지난 시즌에는 내려갔다. **Absteigequartier,** 《österr.》 **Absteigquartier,** das **1.** (여행할 때 묵는) 호텔, 숙박소. **2.** (멤) **a)** ↑Stundenhotel. **b)** 기혼 남자가 애인과 외도하는 제2의 집, 작은댁. **Absteiger,** der; -s, - 하강 팀 (반대: Aufsteiger).

Abstell-: **~bahnhof,** der 조차역(操車驛), 대피역(待避驛). **~gleis,** das 대피선, 측선(側線): **jmdn.**〖드물게〗 **etw.**〗 **auf das〖aufs/auf ein〗 A. schieben** 《통용어》 누구〖무엇〗의 영향력을 잃게 하다, 누구를 좌천시키다. **~hahn,** der (물이나 가스를 잠그는 꼭지). **~hebel,** der (타이프라이터의) 행간(行間) 레버. **~kammer,** der, 《잡동사니를 넣어두는 곳》. **~platz,** der 일시적으로 세워 두는 곳 (자전거나 차 등). **~raum,** der 헛간, 광. **~tisch,** der (음식을) 치우는 상. **~vorrichtung,** der (기계의) 정지〖잠그는〗 장치.

abstellen ⟨h⟩ **1.** 내려놓다: seinen Koffer a. 가방을 내려놓다. **2. a)** 넣어 두다: die alten Möbel in der

Dachkammer a. 옛 가구를 다락방에 넣어 두다. b) (잠시) 세워 두다: das Fahrrad an der Wand a. 자전거를 벽에 세워 두다. 3. 떼어 놓다: wir müssen den Schrank ein wenig von der Wand a. 우리는 장을 벽에서 조금 떼어놓아야 한다. 4. (반대: anstellen) a) (흐름을) 멈추게 하다: das Gas a. 가스를 잠그다. b) 끊다, 끄다: das Radio a. 라디오를 끄다. 5. 제거하다, 없애다: Mißstände a. 폐단을 제거하다. 6. 파견하다, 명령하다: einen Häftling (für Außenarbeiten) a. 죄수에게 외외 작업을 하도록 명령하다. 7. a) (반대에) 맞추다: die Produktion auf den Publikumsgeschmack a. 생산을 대중의 취향에 맞추다. b) 고려(참작)하다: Er hatte bereits auf diesen Einwand abgestellt 그는 이미 이러한 이의를 고려했었다. 8. [스포츠] 팀 외의 경기를 허락하다: der Verein wollte keinen Spieler a. 그 단체는 소속 선수 누구에게도 팀 외의 경기를 허락하려 하지 않았다. 9. (schweiz.) 서다(stehen). Abstellung, die; -en 넣어둠, 세워 둠, 차단; 작동 정지, 제거, 파견.
abstempeln ⟨h⟩ 1. 스탬프[도장]을 찍다: Briefmarken a. 우표에 소인(스탬프)을 찍다. 2. (무엇으로) 규정하다: eine Bewegung als reaktionär a. 어떤 운동을 반동으로 규정하다. Abstemp(e)lung, die; -en 소인, 스탬프.
absteppen ⟨h⟩ 누비다: ein abgesteppter Kragen 누빈 칼라[옷깃].
absterben* ⟨s⟩ 1. a) 《고어》↑sterben 참조. b) 서서히 사멸하다, 말라 죽다: abgestorbene Bäume 말라 죽은 나무들. c) 사라지다, 없어지다: das alte Brauchtum stirbt allmählich ab 옛 관습이 점차 사라져간다. 2. 무감각해지다: die Zehen sind (mir) vor Kälte (wie) abgestorben 내 발가락이 추위에 무감각해졌다.
Abstich, der; -(e)s, -e 1. 《Pl. 없음》 쩔러 떼어냄: der A. von Rasen 잔디를 뜸. 2. 《재단》 남자용 웃옷의 앞·끝선 재단 방식. 3. 【제련】 a) 《Pl. 없음》 (용광로에서) 쏟아 비움: der A. des Roheisens 선철을 용광로에서 쏟아 비움. b) (용광로의) 유출구.
Abstieg ['apʃtiːk], der; -(e)s, -e (반대: Aufstieg) 1. a) 하강(下降): der A. vom Gipfel war recht beschwerlich 꼭대기에서 내려오는 일은 정말 힘들었다. b) 내리막길: ein steiler A. 가파른 내리막길. 2. a) 쇠퇴, 몰락: einen wirtschaftlichen A. erleben 경제의 쇠퇴 [몰락]을 겪다. b) [스포츠] 하위 그룹으로 내려감: die Elf mußte gegen den A. kämpfen 그 축구 팀은 하위 그룹으로 떨어지지 않기 위해 싸워야 했다.
abstiegs-, Abstiegs-: ~bahn, die [우주] 하강 궤도. ~gefahr, die [스포츠] 하위 그룹으로 떨어질 위험. ~gefährdet ⟨Adj.⟩ [스포츠] die ~e Elf 하위로 떨어져 위험이 있는 축구 팀. ~kampf, der [스포츠] a) der A. unter den Vereinen spitzt sich zu 하위 그룹으로 떨어지지 않기 위한 팀간의 싸움이 치열해진다. b) 하위그룹으로 떨어지느냐 않느냐를 가름하는 시합. ~kandidat, der [스포츠] 하위 그룹으로 탈락할 후보 팀. ~stufe, die (달이나 유성 표면에 하강하기 위한 독립 된 추진장치를 지닌 로켓 부분) 하강단(下降段).
abstillen ⟨h⟩ (동물새끼, 갓난아이에게서) 젖을 떼다: du mußt den Kleinen a. 너는 (사내) 아이에게서 젖을 떼야 한다.
Abstimm- [통신] ~anzeige, die (라디오의) 동조 (同調) 지시 장치(매직아이 따위). ~anzeigeröhre, die 동조 지시관(指示管). ~automatik, die (라디오의) 동조(同調) 자동 장치. ~knopf, der 동조 단추(버튼). ~kondensator, der 동조(同調) 콘덴서. ~kreis, der (주파수를 맞출수 있는) 동조 회로(回路). ~schärfe, die 동조(同調) 정확도. ~verstärker, der 동조 보강 장치. ~vorrichtung, die 동조 장치.

abstimmen ⟨h⟩ 1. 투표하다, 표결하다: über einen Antrag a. 어떤 제안을 표결에 붙이다. 2. 맞추다: seine Rede auf die Zuhörer a. 연설을 청중에 맞추어 하다. Abstimmung, die; -en 1. 투표, 표결: eine geheime A. vornehmen 비밀 투표를 하다. 2. 조정, 조절: die A. der Konten [상] 계정(計定) 조절.
Abstimmungs-: ~ergebnis, das 투표 결과. ~niederlage, die 투표에서의 패배. ~sieg, der 투표에서의 승리. ~verfahren, das 투표[표결] 절차.
abstinent [apstiˈnɛnt] ⟨Adj.⟩ [lat. abstinēns] 삼가는, 금욕하는, 금주(禁酒)의: a. leben 금욕(금주) 생활을 하다. Abstinent [-], der; -en, -en 《드물게》 금욕(금주) 주의자. Abstinenz [apstiˈnɛnts], die [lat. abstinentia] (19세기 알코올 향유와 관련하여 영어 abstinence의 영향) 금욕, 금주(禁酒). Abstinenzler, der; -s, - (뤕) 금주가, 금욕가.
Abstinenz-: ~bewegung, die 금주 운동. ~erscheinung, die [의학] 금단 증상(禁斷症狀). ~gebot, das [가] 육류 금식 명령. ~tag, der [가] 육류 금식일, 소재일(小齊日). ~theorie, die [경제] 제욕설(制慾說), 절욕설(節慾說), 이자는 소비를 억제하고 자본을 축적한 데에 대한 보상이라는 설. ~verein, der 금주(금연) 회(禁酒[禁煙]會). ~verpflichtung, die 금주(금연) 의무.
abstinken* ⟨s⟩. 1. 《통용어》 가버리다: stink ab! 가버려! / 나가! 2. 《속어·지역적》 죽다: Gott sei Dank ist dieser Mistkerl abgestunken 잘 됐군! 그 비열한 녀석이 죽었어.
abstoppen ⟨h⟩ 1. a) 멈추다, 정지시키다: ein Polizist stoppte den Verkehr ab 경찰이 교통을 정지시켰다. b) 멎다: der Wagen stoppte plötzlich ab 자동차가 갑자기 섰다. 2. 스톱워치로 재다: die Zeit(des Läufers) a. 스톱워치로 시간(주자(走者)의 시간)을 재다.
Abstoß, der; -es, Abstöße 1. 밀어드림, 밀쳐 냄: ein kräftiger A. 힘차게 밀쳐 냄. 2. [축구] 골킥: der A. mißglückte 골킥이 실패했다. Abstoßbein, das [육상] (넓이뛰기나 장애물 경기에서 점프할 때) 땅을 밀치는 발. abstoßen* 1. a) ⟨h⟩ 밀쳐 떠나게 하다: er hat das Boot vom Ufer abgestoßen 그는 보트를 둑으로부터 밀쳐 떠나게 했다; ich stieß mich mit den Füßen (vom Boden) ab 나는 두 발에 반동을 주어서 껑충 뛰었다. b) ⟨s/h⟩ (배가) 이륙하다: die Stelle, von der das Boot abgestoßen war[hatte] 보트가 이륙했던 지점 [곳]. 2. ⟨h⟩ 떨쳐 버리게 하다: [전의] ich mußte die Vergangenheit a. 나는 과거로부터 벗어나야 했다. b) (밀쳐서) 던지다, 떨어뜨리다: die Schlange stößt ihre Haut ab 뱀이 허물을 벗는다. 3. ⟨h⟩ a) 갚다: seine Schulden abzustoßen suchen 빚을 갚으려고 애쓰다. b) 팔아 치우다, 처분하다: sie müssen ihre Aktien in aller Stille a. 그들은 주식을 몰래 처분해야 한다. 4. ⟨h⟩ 부딪혀 상하게 하다(떨어뜨리다): die Möbel a. 가구를 부딪혀 상하게 하다; abgestoßene Tassen 이빠진 잔들. 5. ⟨h⟩ 반발을 불러 일으키다: dieser Mensch stößt mich ab 이 인간은 내게 반발심을 불러 일으킨다; sie war abstoßend häßlich 그녀는 아주 못 생겼다 (구역질이 나도록 추하다). 6. ⟨h⟩ [육상] 투포환을 던지다: kraftvoll a. 힘차게 포환을 던지다. Abstoßung, die 밀어 뜨림, 처분, 반발.
abstottern ⟨h⟩ 《통용어》 a) (대가를) 분할 지불하다: den Fernseher a. 텔레비전을 분할 지불하다. b) (일정 금액을) 분할 지불하다: wir müssen monatlich fünfzig Mark a. 우리는 매달 50마르크을 지불해야 한다. Abstotterung, die; -en ↑abstottern의 명사형.
abstrafen ⟨h⟩ (아이) 처벌하며, 징벌하다: ein Kind mit Schlägen a. 아이를 매로 벌하다. Abstrafung,

die; -en 처벌, 징벌.
abstrahieren [apstra'hi:rən] ⟨h⟩ [1:lat. abstrahere] (교양어) **1.** 추상하다, 특수한 것에서 보편적인 것을 끌어내다, 일반화하다: aus etw. Normen a. 무엇에서 규범을 끌어내다. **2.** 도외시하다, 포기하다: die Darstellung abstrahiert beinahe völlig von konkreten Beispielen 그 서술은 구체적인 실례를 거의 도외시하고 있다.
abstrahlen ⟨h⟩ 방사(放射)하다, 복사(輻射)하다: Sonnenwärme a. 태양열을 방사(복사)하다. **Abstrahlung**, die; -en 방사(放射).
abstrakt [ap'strakt] ⟨Adj.⟩ [lat. abstractus] 추상적인, 개념적인, 보편적인(반대: konkret): -e Kunst (20세기의) 추상 예술; die Antwort war mir etwas zu a. 그 대답은 내겐 다소 너무 추상적이었다. **Abstraktheit**, die; -en ↑abstrakt의 명사형(반대: Konkretheit). **Abstraktion** [apstrak'tsio:n], die; -en [lat. abstractiō] **a)** 추상(화): zu keiner A. fähig sein 추상화가 불가능하다. **b)** (일반화된) 추상적 개념: zu einer kraftlosen A. verblassen 맥없는[무의미한] 추상적 개념으로 퇴색하다[되다]. **Abstraktionsvermögen**, das 추상능력. **Abstraktum** [ap'straktum], das; -s, ..ta [...ta; lat. abstractum] (반대: Konkretum) **1.** [철학] 추상개념. **2.** [언어] 추상 명사: „Liebe" ist ein A. "사랑"은 추상명사다.
abstrampeln, sich ⟨h⟩ 《통용어》 **a)** (페달을 밟을 때) 온 힘을 다하다: ich fahre ständig gegen den Wind, stramp(e)le mich ab 나는 계속 바람과 반대 방향으로 타고 가며 페달 밟느라고 안간힘을 쓴다. **b)** 몹시 애쓰다: ich stramp(e)le mich ab, und du liegst auf der faulen Haut 나는 죽을 애를 쓰고 있는데 너는 빈둥거리고 있구나.
absträngen ⟨h⟩ (우마를) 수레에서 풀다(반대: anstrangen): die Pferde a. 마차에서 말을 풀다.
abstrapazieren ⟨h⟩ 혹사하다: sich a. 오랫동안 너무 과로하다; du hast deine Nerven sehr abstrapaziert 너는 신경을 너무 썼다[혹사했다].
abstreichen¹ 1. ⟨h⟩ 문질러 떼버리다, 닦아내다: den Dreck von den Schuhen a. 신에서 먼지[진흙]를 닦아내다. **2.** ⟨h⟩ 삭제하다, 삭감하다: er streicht von seiner Forderung hundert Mark ab 그는 자기의 요구액에서 100마르크를 삭감했다. **3.** ⟨h⟩ 샅샅이 찾다: Polizisten mit Spürhunden strichen das Gelände ab 경찰이 수색견(捜索犬)을 가지고 그 지대를 샅샅이 수색했다. **4.** ⟨s⟩ (사냥) 날아가버리다(반대: anstreichen): langsam streicht der Auerhahn ab 들꿩이 천천히 날아가버렸다. **Abstreicher**, der; -s, - ⟨지역적⟩ ↑Abtreter.
abstreifen 1. ⟨h⟩ **a)** (장갑이나 장신구 등을) 벗다: seine Armbanduhr a. 손목시계를 벗다. **b)** 버리다: Vorurteile a. 선입견을 버리다. **2.** ⟨h⟩ 샅샅이 찾다: Polizisten streifen die ganze Umgegend nach flüchtigen Gefangenen ab 경찰이 이 부근을 모두 샅샅이 뒤져 도망중인 죄수들을 찾고 있다. **3.** ⟨h⟩ ⟨지역적⟩ 털어서[문질러] 깨끗이 하다: ich habe (mir) die Füße abgestreift 나는 발을 깨끗이 털었다. **4.** ⟨h⟩ [스포츠] (수비를) 따돌리다. **5.** ⟨s⟩ 길을 헤매다, 옆길로 벗어나다: sie sind vom Weg(e) abgestreift 그들은 옆길을 벗어났다. **Abstreifer**, der; -s, - ⟨지역적⟩ ↑Abtreter.
abstreiten* ⟨h⟩ **1.** 부정하다, 부인하다: jede Beteiligung an etw. a. 무엇에의 관여를 전적으로 부인하다. **2.** 인정하지 않다: er ist ein guter Organisator, das kann ihm keiner a. 그는 훌륭한 조직가이다. 그에게 이것을 인정하지 않을 사람은 아무도 없다.
Abstrich, der; -(e)s, -e **1.** 삭감, 삭제: die Regierung mußte sich einen A. von 2 Milliarden am Etat gefallen lassen 정부는 20억 마르크의 예산 삭감에 만족하지 않을 수 없었다. **2.** [의학] **a)** (검사용) 조직의 채취: einen A. machen (검사용) 조직을 채취하다. **b)** 채취한 (검사용) 조직: den A. einfärben 채취한 조직을 채색하다. **3.** [문헌] (글자의) 아래쪽으로 그은 획(반대: Aufstrich 2, Anstrich 3 b). **4.** (현악기에서) 활을 아래쪽으로 그음(반대: Aufstrich 3).
abströmen ⟨s⟩ **1.** 흘러내리다: abströmender Regen 흘러내리는 빗물. **2.** 흘러가버리다(반대: anströmen): endlich strömte das Wasser ab 드디어 물이 빠졌다; [전의] die Menge strömte aus dem Stadion ab 군중(관중)이 경기장에서 [썰물처럼] 빠져 나갔다.
abstrus [ap'stru:s] ⟨Adj.⟩ [lat. abstrūsus] 혼란한, (불확실하여) 이해하기 힘든: eine -e Idee 분명하지 않아 이해하기 어려운 생각.
abstufen ⟨h⟩ **1.** 층계를 달다, 여러 층으로 나누다, 계단식으로 만들다: das Gelände stuft sich ab 그 지형은 계단식으로 되어 있다; [전의] die Gehälter a. 월급(봉급)을 (계단식으로) 등급화하다; fein abgestufte Farben 섬세한 뉘앙스를 지닌 색깔들. **2.** 임금의 등급을 내리다[격하하다]. **Abstufung**, die -en **1.** 단계, 등급, 뉘앙스의 차이. **2.** 계단식 구성[편성]: [전의] die A. der Gehälter 봉급의 계단식 등급화. **3.** 뉘앙스.
abstumpfen 1. ⟨h⟩ **a)** 무디게 하다: die Spitze etwas a. 뾰족한 끝을 좀 무디게 하다. **b)** 무감각[무관심]하게 하다: die Not hat ihn abgestumpft 곤경이 그를 무감각하게 했다. **2.** ⟨s⟩ 《드물게》 무디어지다: die Schneide ist abgestumpft (칼날이 무디졌다. **b)** 무감각[무관심]해지다: ein abgestumpftes Gewissen 무감각해진 양심. **Abstumpfung**, die ↑abstumpfen의 명사형.
Absturz, der; -es, Abstürze **1.** ⟨Pl. 없음⟩ 추락: der A. des Flugzeuges 비행기 추락. **2.** 낭떠러지: ein fast senkrechter A. 거의 수직의 낭떠러지. **abstürzen** ⟨s⟩ **1.** 추락하다: das Flugzeug stürzte ab 비행기가 추락했다. **2.** 낭떠러지를 이루다: der Hang stürzt fast senkrecht zum Meer ab 비탈이 바다를 향해 거의 수직의 낭떠러지를 이루고 있다.
abstutzen ⟨h⟩ (끝을) 자르다: einem Hund den Schwanz a. 개의 꼬리를 자르다.
abstützen ⟨h⟩ **1.** 무너지지 않게 받치다: [전의] seine Behauptung durch Belege a. 주장을 예증을 통해 보강하다. **2.** 받치면서 (몸을) 떨어지게 하다: ich stützte mich von der Wand ab 나는 벽을 받침으로 하여 몸을 벽으로부터 떨어지게 했다. **Abstützung**, die; -en ↑abstützen의 명사형.
absuchen ⟨h⟩ **1. a)** 찾아서 잡아내다: Läuse a. 이를 잡아내다. 나뭇가지에 붙은 열매를 샅샅이 따내다. **2. a)** 샅샅이 찾다[수색하다]: die Polizei suchte mit Hunden die Gegend ab 경찰이 개를 가지고 그 지역을 샅샅이 수색했다. **b)** 찾으면서 훑어 보다: wir suchten den Himmel nach Fallschirmen ab 우리는 낙하산을 찾으려고 하늘을 훑어보았다. **c)** 찾으면 돌아다니다: sie suchte mit der Kerze das ganze Zimmer nach dem Tier ab 그녀는 짐승을 찾으려고 촛불을 들고 온방을 돌아다녔다.
Absud [ap'zu:t, 《또한》 -'-], der; -(e)s, -e 《고어·아어》 달인 액즙, 끓인 즙: einen A. von Kräutern herstellen 약초를 달여서 즙을 만들다.
absurd [ap'zurt] ⟨Adj.⟩ [lat. absurdus] 불합리한, 이치에 어긋난, 허무 맹랑한: -e Gedanke 불합리한 생각; -es Theater 부조리 연극. **Absurdität** [ap-zurdi'tɛ:t], die; -en 불합리, 부조리, 사리에 어긋난 언행.
Abszeß [aps'tsɛs], der; ⟨또한⟩ des, Abszesses, Abszesse [lat. abscessus] **a)** [의학] 화농소(化膿巢), 농양(膿瘍). **b)** 《교양어》 농양(膿瘍): einen A. im Nacken haben

Abszisse 목덜미에 농양이 생겼다.

Abszisse [apsˈtsɪsə], die; -n [lat. (linea) abscissa] [수학] 횡좌표(橫座標). **Abszissenachse**, die 횡축(橫軸).

Abt [apt], der; -(e)s, Äbte [ˈɛptə; lat. abbātem] (대)수도원장: der regierende A. wird vom Konvent meist auf Lebenszeit gewählt 대수도원장은 성직자 회의에서 대개 평생 동안 하도록 선출된다.

Abt. = Abteilung.

Abt- († Abts-도 참조): **~haus**, das 수도원장 집(건물). **~wahl**, die 수도원장 선출. **~wohnung**, die 수도원장 집(거소).

abtakeln ⟨h⟩ [선원] [배의] 의장(艤裝)[삭구(索具)]을 풀다(반대: auftakeln): ein Schiff a. müssen 배의 의장을 풀어야만 한다. **Abtakelung, Abtaklung**, die; -en ↑abtakeln의 명사형.

abtanken ⟨h⟩ 탱크에서 빼내다: den Sauerstoff a. 산소를 탱크에서 빼내다.

abtanzen ⟨s⟩ 《경》 1. 가버리다(반대: antanzen): die beiden tanzten ab 두 사람은 가버렸다. 2. 죽다.

abtasten ⟨h⟩ 1. 더듬어 찾다: den Mann nach versteckten Waffen a. 무기를 몸에 숨겨 소지하지 않았나 그 남자의 몸을 검색하다. 2. [정보] 주사(走査)하다. **Abtastung**, die; -en 신체 검색, 주사(走査).

abtauchen ⟨s⟩ 1. [선원] [잠수함 등이] 물 속으로 잠기다. 2. [권투] ↑abducken.

abtauen ⟨h⟩ **a)** 결빙(結氷)을 (녹여) 제거하다: den Kühlschrank a. 냉장고에 낀 성에를 녹여 없애다. **b)** (얼음을 녹이다): das Eis von den Scheiben a. 유리창에 낀 얼음을 녹이다. **2.** ⟨s⟩ **a)** 녹다: das Fenster taute ab 창문의 결빙이 녹았다. **b)** 녹다: das Eis taute ab 얼음이 녹았다.

Abtausch, der; -(e)s **1.** ↑Schlagabtausch. **2.** [장기] (같은 가치의) 말과 맞바꾸기: A. der Türme 성장(城將) [카슬]을 서로 교환하여 따먹기. **3.** 《schweiz.》 ↑Tausch: A. von Grundstücken 토지 교환. **abtauschen** ⟨h⟩ **1. a)** [장기] 상대의 말을 (교환으로) 잡다: die Damen gleich zu Anfang a. 초판에 여왕을 서로 잡다. **b)** (일반적) 교환하여 얻다: diese Marken habe ich ihm abgetauscht 나는 이 우표들을 교환하여 그로부터 얻었다. **2.** 《schweiz.》 ↑tauschen: den Platz mit jmdm. a. 자리를 누구와 바꾸다.

abtaxieren ⟨h⟩ 평가(사정(査定))하다: die Möglichkeiten für etw. a. 무엇에 대한 가능성을 사정하다.

Abtei [apˈtai], die; -en [lat. abbatia] 대수도원, 대수도원(領). **Abteilikör**, der 베네딕트주(酒)와 비슷한 약초 리큐르 이름.

Abteil [apˈtail, (지역적) ˈ--], das; -(e)s, -e **1. a)** 칸막이한 열차의 객실: das A. ist besetzt 이 객실에는 자리가 찼다. **b)** 《통용어》 객실의 손님들: das ganze A. lacht 객실의 손님들이 모두 웃는다. **2.** 칸막이한 곳: er brachte seine Sachen im hintersten A. des Dachbodens unter 그는 자기 물건들을 지붕 밑 다락방 제일 뒤쪽 칸막이에 넣어두었다. **abteilen** ⟨h⟩ 구분[분할]하다: durch eine Trennwand einen Abstellraum a. 분리벽을 설치하여 광을 분할하다. **Abteiltür**, die; -en (열차의) 칸막이 객실문. **¹Abteilung** [apˈtailʊŋ], die; -en **a)** ⟨Pl. 없음⟩ 구분, 분할 (행이 끝날 때). **b)** 분할된 곳, 구획. **A. der Wörter** 단어의 분철 (행이 끝날 때). **²Abteilung** [apˈtailʊŋ, (österr.) ˈap...], die; -en **1.** [군] **a)** 부대: marschierende Abteilungen 행진 부대. **b)** 대대(大隊): der Kommandeur einer A. 대대장. **2.** (회사, 관청, 병원, 백화점 등의) 부(部), 국(局), 과(課), 과): die chirurgische A. 외과(外科). A. für Haushaltswaren (백화점의) 가정용품부. **3.** [지질] 통(統)[계(系)의 (階)의 중간에 위치하는 연대층 순서의 구분. **4.** [임업]

산림구.

Abteilungs- (²Abteilung): **~befehl**, der [군] 대대명령. **~chef**, der ↑~leiter. **~kommandeur**, der [군] 대대장. **~leiter**, der [행정] 부장, 국장, 과장.

abtelefonieren ⟨h⟩ 《통용어》 전화로 취소하다: sie hat abtelefoniert, weil sie unerwartet Besuch bekommen hat 그녀는 예기치 아니한 방문을 받게 되었기 때문에 전화로 (약속을) 취소했다.

abtelegrafieren ⟨h⟩ 《통용어》 전보로 취소하다.

Abtestat, das; -(e)s, -e (구제) (대학의) 수강 확인(학기 말 교수가 학생의 수강 기록부에 기재된 자기의 강의 제목 옆에 서명함으로써 수강을 증명했음): sich ein A. holen 청강확인을 받아오다. **abtestieren** ⟨h⟩ (대학 교수가) 수강 확인[증명]을 하다: unter diesen Umständen kann ich nicht a. 이러한 상황에서는 나는 수강 확인(증명)을 해 줄 수 없다.

abteufen ⟨h⟩ [광] 수직으로 파내려가다: einen neuen Schacht a. 새로운 수갱(竪坑)을 파내려가다. **Abteufung**, die; -en 수갱(파기).

abtippen ⟨h⟩ 《통용어》 타자기로 찍다: einen Brief a. 편지를 타자기로 찍다(타이프하다).

abtischen ⟨h⟩ 《schweiz.》 상을 치우다: plötzlich tischte sie ab 그녀는 갑자기 상을 치웠다.

Äbtissin [ɛpˈtɪsɪn], die; -nen [lat. abbātissa] 여(자)수도원장.

abtönen ⟨h⟩ 색조를 변화시키다, 뉘앙스를 주다: die Farbe des Sitzpolsters a. 쿠션의 색조를 변화하게 하다. **Abtönung**, die; -en **1.** 색조의 변화. **2.** 뉘앙스: Farben in vielerlei -en 다양한 뉘앙스를 지닌 색깔들. **Abtönungspartikel**, die; -en [언어학] 심태사(心態詞), 심태의 불변화사(denn, doch, ja, nur 등).

abtöten ⟨h⟩ (신경, 세균 따위를) 죽이다, 사멸시키다: das Mittel tötet die Krankheitserreger ab 그 약은 병원체를 죽인다; [전의] Schmerz a. 고통을 진정시키다. **Abtötung**, die; -en ↑abtöten의 명사형.

abtraben 1. ⟨s⟩ 말을 타고 속보로 가버리다: die Reiter trabten ab 기사들이 말을 타고 속보로 가버렸다; [전의] Fritzchen nickte und trabte eilig ab 《통용어》 프리즈는 목을 끄덕이고 급히 떠나갔다. **2.** ⟨a. + sich⟩ 《말이》 많이 달려 지치다: die Pferde haben sich abgetrabt 말이 많이 달려 지쳤다. **3.** ⟨h/s⟩ 속보로 지나과 하다: einen langen Waldweg a. 긴 숲길을 속보로 달려서 통과하다.

Abtrag [ˈaptraːk], der; -(e)s **1.** (아이) 손해, 손실: jmdm. [einer Sache] A. tun 누구[어떤 일]에게 손해를 끼치다. **2.** 《schweiz.》 ↑Abtragung. **abtragen'** ⟨h⟩ **1. a)** 운반해 가다, (흙을 파 올려 한곳을) 평평하게 하다: einen Hügel a. 언덕을 깎아 평평하게 하다. **b)** 헐다, 허물다: eine Mauer a. 담을 헐다. **c)** (아이) 식탁에서 날아 가다(순반해 가다): die Teller a. 식(식사한) 접시를 식탁에서 치우다. **2.** (아이) 부채, 이자 따위를) 지불하다, 갚다, 조금씩 갚아 나가다: eine Schuld a. 부채를 갚다; [전의] Dank a. 감사하다. **3.** 입어 해뜨리다: du hast den Anzug ziemlich rasch abgetragen 너는 양복을 상당히 빨리 해뜨렸다. **4.** [수학] 전사(轉寫)하다, 전이 (轉移)하다: die Strecke (auf der Geraden) a. 직선으로 전사하다. **abträgig** [ˈaptrɛːgɪç] ⟨Adj.⟩ 《schweiz.》 ↑abträglich. **abträglich** [ˈaptrɛːklɪç] ⟨Adj.⟩ 유해한, 불리한: etw. ist jmdm. [einer Sache] a. (아이) 무엇이 누구(어떤 것)에게 해롭다: er soll dem Regime ~ Äußerungen getan haben 그는 정부에 불리한 발언을 했다고 한다. **Abträglichkeit**, die; -en 유해(有害), 불리. **Abtragung**, die; -en 운반해 감, [지질] 삭마(削磨), 철거, 지불, 분할 상환, 반환, 전사(轉寫).

abtrainieren ⟨h⟩ 운동으로 몸무게를 줄이다: einige

Pfunde a. müssen 운동으로 체중을 몇 파운드 줄여야만 한다.

Abtransport, der; -(e)s, -e 급송, 수송(반대: Antransport): der A. der Verwundeten 부상자의 수송.

abtransportieren ⟨h⟩ 운반해 가다, 수송하다(반대: antransportieren): die Möbel mit einem Lastwagen a. 가구를 화물차로 운반해 가다.

abtreiben* 1. a) ⟨h⟩ 표류케 하다, 목적과 다른 방향으로 가게 하다: die Strömung hat das Boot abgetrieben 조류가 보트를 표류케 했다. **b)** ⟨s⟩ 표류하다, 휩쓸려 가다: das Boot treibt vom Ufer ab 보트가 물가로부터 떠내려간다. **2.** ⟨h⟩ **a)** 몸에서부터 배설되게 하다, 구제(驅除)하다: das Mittel hat die Würmer abgetrieben 그 약이 기생충을 구제했다. **b)** 낙태하다: ein Kind a. 아이를 낙태하다. **3.** ⟨h⟩ **a)** (가축을) 높은 초원에서 골짜기로 내리몰다: die Kühe a. 젖소를 골짜기로 내리몰다. **b)** (가축을) 몰아내다: das Vieh ist abgetrieben worden 가축이 몰아내어졌다. **4.** ⟨h⟩ 《고어》 너무 몰아 지치게 하다: ein abgetriebener Klepper 너무 몰아 지친 늙다리 말. **5.** ⟨h⟩ 〖임업〗 (숲을) 벌채하다: Waldflächen, die gerade abgetrieben sind 바로 얼마전 벌채된 임야. **6.** ⟨h⟩ 〖사냥〗 짐승을 모두 몰아내다: das Revier a. 사냥터의 짐승을 (몰이꾼을 시켜) 모두 몰아내다. **7.** ⟨h⟩ **a)** 〖금속〗 정련(精鍊)하다: man hat das Blei abgetrieben und dadurch reines Silber gewonnen 정련하여 납을 제거하고 순수한 은을 얻었다. **b)** 〖화학〗 증류하여 분리시키다: Brom a. 증류하여 브롬을 분리시키다[만들다]. **8.** ⟨h⟩ 〖광〗 **a)** 암석에 두꺼운 판자를 대다. **b)** 두꺼운 판자를 대어 갱도를 만들다. **9.** ⟨österr., südd.⟩ 달걀 노른자위를 거품이 나도록 휘젓다. **Abtreibung,** die; -en 낙태.

Abtreibungs-: ~mittel, das 낙태약. **~paragraph,** der (형법의) 낙태 조항(독일 형법 제218조). **~verbot,** das 낙태 금지. **~verfahren,** das 낙태 절차. **~versuch,** der 낙태 시도. **~werkzeuge** ⟨Pl.⟩ 낙태 수술용 도구.

abtrennen ⟨h⟩ **1. a)** (달았던 것을) 떼어 내다: die Knöpfe a. 단추를 떼어 내다. **b)** 분리시키다: einen Scheck (aus dem Scheckbuch) a. 수표를 떼다. **c)** 절단하다: bei dem Unfall wurde ihm ein Bein abgetrennt 사고 때 그의 발이 끊겨 나갔다. **2. a)** 《공간적으로》 분리시키다: vom Gros der Truppen abgetrennt werden 주력 부대로부터 분리되다. **b)** (공간의 일부를) 분리시키다: ein Vorhang trennt einen Teil des Raumes ab 장막이 공간의 일부를 분리시키고 있다. **Abtrennung,** die; -en 분리, 절단.

abtreppen ⟨h⟩ 《드믈게》 계단식으로 만들다: einen Garten a. 정원을 계단식으로 만들다. **Abtreppung,** die; -en ↑abtreppen의 명사형.

abtreten* 1. ⟨s⟩ (명령에 따라) 물러가다, 퇴장하다: der Offizier ließ die Wache a. 장교가 보초를 물러가게 했다; von Beifall umrauscht, trat der Schauspieler ab 박수갈채를 받으며 배우가 퇴장했다. **2.** ⟨s⟩ **a)** (활동 영역에서) 물러가다: von der Bühne a. 《활동》 무대를 떠나다. **b)** 《통용어》 죽다: nun ist er endlich doch abgetreten! 이제 그는 드디어 죽었어! **3.** ⟨h⟩ **a)** 넘겨주다: jmdm. seinen Platz a. 누구에게 자기 자리를 넘겨(내어) 주다. **b)** 양도하다, 위임하다: seine Rechte einem anderen [an einen anderen] a. 누구에게 자기 권리를 양도하다. **4.** ⟨h⟩ **a)** 자주 밟아 (많이지게[망가지게]) 하다: den Teppich a. 양탄자를 오래 사용해[자주 밟아] 닳게 하다. **b)** (신을) 오래 신어 닳게 하다: abgetretene Absätze 닳아빠진 구두 뒤꿈치. **c)** ⟨s/h⟩ 밟아 닳다[망가지다]: der Teppich hat sich schnell abgetreten 양탄자가 빨리 망가졌다[닳았다]. **5.** ⟨h⟩ **a)** 밟아서 털다(떼다): hast du (dir) den Schnee abgetreten? 너는 신에 달라붙은 눈을 털었느냐? **b)** 먼지나 눈을 털어 (신을) 깨끗이 하다: hast du (dir) die Stiefel an der Fußmatte abgetreten? 너는 장화를 현관의 매트에 털어 깨끗이 했느냐? **6.** ⟨h⟩ 밟아 떼어지게 하다: er hat ihr auf der Treppe den Absatz abgetreten 그는 계단에서 그녀의 신 뒤꿈치를 차 떨어지게 했다. **Abtreter,** der; -s, - (현관의 구두 흙을 터는) 매트;《지역적》↑Abstreicher, Abstreifer. **Abtretung,** die; -en 양도.

Abtrieb, der; -(e)s, -e **1.** 가축을 산 위에서 골짜기로 몰아내림(반대: Auftrieb). **2. a)** 벌채. **b)** 벌채된 산림 구역. **3.** 〖화학〗 (화학 변화를 통한 소재의) 분리, 증류 분리 (蒸溜分離). **4.** ⟨österr., südd.⟩ 거품이 일도록 휘저어진 재료. **5.** 〖기술〗 말단 동력.

Abtrift: ↑Abdrift.

abtrinken* ⟨h⟩ **a)** (가득 찬 용기에서) 입만 대고 한 모금 들이키다: trink erst ab, damit du nichts verschüttest! 한 방울도 쏟아지지 않도록 입만 대고 한 모금 들이마셔라. **b)** (맨 윗부분을) 들이마시다: die Blume vom Bier a. 맥주 거품을 들이마시다.

Abtritt, der; -(e)s, -e **1.** 퇴장: der A. von der Bühne 무대에서의 퇴장. **2.** 《지역적》 변소.

Abtrockentuch, das; -(e)s, ...tücher 《통용어》 마른 행주, 그릇 말리는 수건. **abtrocknen 1. a)** ⟨h⟩ (문질러) 말리다: die Mutter trocknete das Kind ab 엄마가 아이의 몸을 문질러 말려 주었다; Geschirr a. 그릇을 닦아 물기를 없애다. **b)** ⟨h⟩ (젖은 것을) 닦아주다: ich trocknete mir die Tränen ab 나는 눈물을 닦았다. **2.** ⟨h/s⟩ 마르다: die Straße trocknet ab 거리가 말랐다.

Abtropf-: ~blech, das 〖기술〗 방울받이. **~brett,** das 〖가정〗 (부엌의) 식기 건조대. **~gefäß,** das 〖기술〗 (액체가) 방울방울 듣게하는 통. **~gestell,** das 〖가정〗 얼개미(어래미). **~schale,** die 〖기술〗 기름받이.

abtropfen 1. a) ⟨s⟩ 뚝뚝 듣다, 방울로 되어 떨어지다: der Regen tropft von den Bäumen ab 빗방울이 나무에서 떨어진다. **b)** ⟨h⟩ 물기가 빠지게 하다: die Nudeln werden abgetropft 국수의 물기가 빠진다. **c)** ⟨s⟩ 물기가 방울져 빠지다: die Wäsche muß erst a. 빨래의 물기가 우선 빠져야 한다. **d)** ⟨s⟩ 《스포츠 은어》 (공이) 몸에 닿아 수직으로 떨어지다: er ließ den Ball von der Brust a. und knallte ihn ins Tor 그는 공을 가슴으로 받아 수직으로 떨어지게 하고는 강하게 슛팅하여 골인시켰다. **Abtropfer,** der; -s, - 《스포츠 은어》 몸으로 받아 수직으로 떨어지는 공.

abtrotten ⟨s⟩ 《통용어》 터벅터벅 걸어가 버리다: mißmutig a. 기분이 나빠 터벅터벅 걸어가 버리다.

abtrotzen ⟨h⟩ 억지를 써서[고집을 부려] 얻어내다: sie hat den Eltern die Heirat abgetrotzt 그녀는 고집을 부려 양친으로부터 결혼 승락을 얻어냈다.

abtrudeln ⟨s⟩ **1.** [조종사] 나선형으로 돌며 추락하다: das Sportflugzeug trudelte plötzlich ab 경기용 비행기가 갑자기 나선형을 그리면서 추락했다. **2.** 《경》 꺼지다, (급히) 사라지다: ich trud(e)le ab 나는 꺼지겠다.

abtrumpfen ⟨h⟩ **1.** [카드] 상대방보다 높은 끗수의 패를 내다. **2.** 《통용어》 쏘아붙이다, 닦아세우다: ich habe ihn ordentlich abgetrumpft 나는 그를 심하게 쏘아 붙였다.

abtrünnig ['aptrʏnɪç] ⟨Adj.⟩ 불성실한, 배반한, 변절한: er ist der Partei a. geworden 그는 당을 배반했다. **Abtrünnige',** der/die 변절자, 배반자. **Abtrünnigkeit,** die 불성실, 변절, 배반, 〖종교〗 배교.

Abts- (↑Abt-도 참조): **~stab,** der 대 수도원장의 홀장 (忽杖). **~thron,** der 대 수도원장의 옥좌. **~würde,** die 대 수도원장의 직위.

abtun* ⟨h⟩ **1.** 《통용어》 벗다, 떼어[풀어]놓다: den

Schlips a. 넥타이를 풀다. **2. a)** 경시하다, 경시하여(가볍게) 처리하다; etw. als unwichtig a. 무엇을 하찮은 것으로 처리하다. **b)** 얕보다, 냉대하다: jmdn. arrogant a. 누구를 냉담하게 대하다. **3.** 《드물게》해치우다, 처리하다: eine Sache so schnell wie möglich a. 어떤 것을 가능한 한 빨리 처리하다; 《대개 과거분사 + sein》die Affäre war abgetan 그 사건은 이미 처리되었다(끝이 났다). **4.** 《지역적》처형하다, 도살하다: ein Tier mit einem Hieb a. 짐승을 한 칼로 도살하다.

abtupfen ⟨h⟩ **a)** (가볍게 두드려) 닦아 내다: ich tupfte das Blut mit Watte ab 나는 피를 탈지면으로 가볍게 두드려 닦아 냈다. **b)** 가볍게 두드려 닦다: ich tupfte mir mit der Serviette die Mundwinkel ab 나는 냅킨으로 입가장자리를 가볍게 두드려 닦았다.

abturnen ⟨h⟩ 어떤 기간에 마지막으로 함께 기계체조를 하다: wir turnen morgen ab 우리는 내일 이번 기간 마지막으로 함께 기계체조를 한다.

abtüten ['aptyːtn̩] ⟨h.⟩ 일정한 분량으로 (종이) 봉지에 꾸리다.

Abu 《또한》'abu] 아랍어로 "아버지"라는 뜻으로 남자 이름 앞에 붙는 고유 명사: Abu Hassan 아부 하산.

Abu Dhabi 1. 아부다비(아랍에미리트 연방). **2.** 아랍에미리트의 수도(首都).

abundant [abʊn'dant] ⟨Adj.⟩ [lat. abundāns] 《교양어·학문어》빈번한, 풍부한: das -e Vorkommen von etw. 무엇이 빈번하게 나타남; -e Zahl [수학] 풍수(豊數), 과잉수. **Abundanz** [abʊn'dants], die [lat. abundantia] 풍부, 충일, 높은 빈도.

ab urbē conditā [ap 'urba 'kondita:; lat.] (seit Gründung der Stadt) 로마 건도(建都)(기원전 753년) 후(약어: a.u.c.).

aburteilen ⟨h⟩ **1.** 최종 (유죄) 판결을 내리다: der Verbrecher wurde vom Schwurgericht abgeurteilt 범인이 배심 재판소에서 유죄 판결을 받았다. **2.** (윤리적인 관점에서) 벌 주다, 비난하다: als Laie kann man diese Sache nicht einfach a. 속인으로서 이 일을 경솔히 단죄할 수 없다. **Aburteilung**, die; -en 유죄 판결, 단죄(斷罪), 혹평.

abusiv [apluˈziːf] ⟨Adj.⟩ [lat. abusivus] 《교양어》남용하는, 부당한: der -e Gebrauch von etw. 무엇의 남용 [부당한 사용]. **Abusus** [apˈuːzʊs], der; - [lat. abūsus] 《교양어·의학》남용.

abverdienen ⟨h⟩ 《준고어》일하여 (빚 등을) 갚다: du mußt dir die Unterkunft a. 너는 일을 해줌으로써 숙박비를 갚아야 해.

Abverkauf, der; -(e)s 《österr.》몽땅 떨이 판매(Ausverkauf).

abverlangen ⟨h⟩ (대가로) 요구하다: er hat ihr für das alte Auto einen viel zu hohen Preis abverlangt 그는 헌 자동차의 대가로 그녀에게 너무 비싼 가격을 요구했다.

abvermieten ⟨h⟩ 전대(轉貸)하다: ein Zimmer an einen Studenten a. 방 하나를 대학생에게 전대하다.

abvieren ⟨h⟩ [목공] (목재를) 네모지게 자르다. **Abvierung**, die; -en 네모지게 자르기, 사각목(四角木).

Abwaage, die; -n [권투] (시합전) 계체량(計體量).

abwackeln 1. ⟨s⟩ 《통용어》비틀거리면서 가버리다: die Alte wackelte wütend ab 노파는 화가 나 비틀거리면서 가버렸다. **2.** 《지역적》《누구로》되게 매질하다[구타하다].

abwägen(*) **1.** 신중하게 검토하다, 헤아리다, 고려하다: das Pro und Kontra einer Sache a. 어떤 일의 좋은 면과 나쁜 면을 신중하게 검토하다; sorgfältig abgewogene Worte 신중하게 고려해서 택한 말. **2.** 《고어》↑abwiegen. **abwägsam** ['apvɛːkzaːm] ⟨Adj.⟩ 《드물게》신중한, 깊이 생각하는: etw. a. prüfen 무엇을 신중

히 검토하다. **Abwägung**, die; -en 신중한 검토, 고려, 계량(計量).

Abwahl, die 투표에 의한 해임. **abwählbar** ⟨Adj.⟩ **1.** 선택할 수 있는. **2.** 해임할 수 있는(absetzbar). **abwählen** ⟨h⟩ **1.** 재선하지 않다, 투표로 해임하다: der Vorsitzende wurde von den Mitgliedern abgewählt 회원들은 회장을 재선하지 않았다. **2.** [학교] (김나지움 마지막 2년 동안 어떤 선택 과목을) 더이상 이수하지 않다: er hat Latein abgewählt 그는 라틴어를 더이상 이수하지 않았다.

abwälzen ⟨h⟩ **1.** (무거운 것을) 굴려 내리다, 굴려 가져가다. **2.** (짐스러운 것을) 전가(轉嫁)하다: die Verantwortung auf einen anderen a. 책임을 다른 사람에게 전가하다. **Abwälzung**, die ↑abwälzen의 명사형.

abwandeln ⟨h⟩ **1.** (부분적으로) 변화시키다: ich wand(e)le das Thema ab 나는 테마를 약간 변경한다. **2.** [고어] ↑flektieren. **Abwandlung**, ⟨드물게⟩ **Abwandelung**, die; -en **1.** 변화. **2.** 변화된 형식: ein Muster in vielfachen -en 다양하게 변화시킨 모형.

abwandern 1. a) ⟨s⟩ 《드물게》걸어서 떠나가다: er wanderte morgens ab 그는 아침에 걸어서 떠났다. **b)** ⟨h/s⟩ 방랑하다, 돌아다니다: er wanderte den ganzen Wald ab 그는 온 숲을 돌아다녔다. **2.** ⟨s⟩ 이전(移轉)하다: viele arme Bauern sind in die Stadt abgewandert 많은 가난한 농부들이 도시로 이주했다. **3.** [스포츠] ⟨s⟩ **a)** 이적(移籍)하다: einige Spieler sind abgewandert 몇몇 선수들이 이적했다. **b)** 경기장을 도중에 떠나다: nach der Pause wanderten viele Zuschauer ab 중간 휴식 후 많은 관객이 경기장을 떠났다. **Abwanderung**, die; -en 돌아다님, 방랑, 이전(移轉), 이적(移籍).

Abwärme, die [기술] 여열, 폐열: die A. ausnutzen 폐열을 이용하다.

Abwart, der; -s, -e, 《드물게·민속적》 Abwärte 《schweiz.》(저택) 관리인, 수위. **Abwartin** ['apvartɪn], die; -nen ↑Abwart의 여성형.

abwarten ⟨h⟩ **1.** (오는 것을) 기다리다: den Briefträger a. 우체부를 기다리다. **2.** (끝나는 것을) 기다리다: das Unwetter a. 사나운 날씨가 그칠 때를 기다리다.

abwärts ['apvɛrts] ⟨Adv.⟩ 아래쪽으로, 아래로(반대: aufwärts): a. gehen 아래쪽으로 가다; schön, daß der Weg jetzt a. führt 이제 길이 아래로 내려가서 좋구나!; 전의 vom Major (an) a. 대대장 이하.

abwärts-, Abwärts-: **~bewegung**, die 하강(下降)(운동), 하락, 감소. **~entwicklung**, die 하향 발전, 퇴보. **~führen** ⟨h⟩ 나쁜 상태가 되게 하다, 비참하게 하다: er hat sein Volk abwärtsgeführt 그는 국민을 몰락의 길로 인도했다. **~gehen*** ⟨s⟩ 나빠지게 되다(반대: aufwärtsgehen): mit meiner Gesundheit geht es abwärts 내 건강 상태는 악화되고 있다. **~technik**, die ↑~wechsel. **~trend**, der 하향 추세. **~wechsel**, der [육상] (릴레이 경주에서) 위에서 아래로의 바통 교체.

Abwasch ['apvaʃ] **1.** der; -(e)s 《통용어》 **a)** 깨끗이 씻음, 설거지: du machst bitte den A., ja? 설거지는 제발 네가 좀 해, 하겠지?; **das ist ein A.[das geht in einem A.]** 《경》그것은 한꺼번에 해치울 수 있다. **b)** 설거지할 식기: wir lassen den A. im Becken stehen 우리는 설거지할 식기를 (설거지대에) 담구어 둔다. **2.** die; -en(설거지대)(臺), 싱크대의 그릇 씻기는 물통.

Abwasch- (abwaschen): **~becken**, das 설거지대, 싱크대의 (그릇 담그는) 물통. **~lappen**, der 행주. **~mittel**, das 설거지용 세척제. **~schaff**, das 《österr.》싱크대의 설거지용 물통의 큰 것. **~schüssel**, die (싱크대의) 설거지용 물통. **~tuch**, das ⟨Pl.

...tücher) ↑-lappen. ~wasser, das 〈Pl.: ...wässer〉 1. 설거지용 물. 2. 설거지된 구정물.
ạbwaschbar 〈Adj.〉 (물과 비누로) 씻을 수 있는.
ạbwaschen 〈h〉 1. (물과 비누 등으로) 씻어 내다: den Schmutz vom Gesicht a. 얼굴에 묻은 때를 씻어 내다. 2. 깨끗이 씻다: das Gesicht a. 얼굴을 깨끗이 씻다[세수하다]; [전의] das ist ein Abwaschen 〈경〉 그것은 한꺼번에 해치울 수 있다. Abwaschung, die; -en 세정(洗淨) (↑abwaschen의 명사형): kalte, (wechsel)warme -en (혈액 순환 및 건강을 위한) 냉온수욕.
Ạbwasser, das; -s, Ạbwässer [기술] 폐수(廢水), 하수: die Abwässer der Brauerei fließen in den Fluß 맥주 공장의 폐수가 하천으로 흘러들어간다.
ạbwasser-, Ạbwasser-: ~ableitung, die 폐수(하수)관. ~aufbereitung, die 하수의 정화(淨化)[재이용]. ~bakterien 〈Pl.〉 하수 박테리아. ~belastung, die ↑-last. ~beseitigung, die (물에서) 폐수 제거. ~genossenschaft, die 하수(관리)조합. ~kanal, der 하수도. ~kanalisation, die 하수도 체계. ~kläranlage, die 폐수[하수] 처리[정화] 시설. ~klärung, die 하수 정화[처리]. ~last, die 하수[폐수]로 인한 물의 오염. ~leitung, die 하수관. ~menge, die 하수[폐수]량. ~reinigung, die 폐수[하수] 정화[처리]. ~rohr, das 하수관. ~rückstände 〈Pl.〉 (하수 처리 후의) 찌꺼기. ~technik, die 폐수[하수] 처리 기술. ~technisch 〈Adj.〉 폐수 처리 기술의. ~verband, der ↑-genossenschaft. ~verwertung, die 하수[폐수] 이용. ~wiederverwertung, die 하수[폐수] 재이용. ~wirtschaft, die 하수[폐수] 관리. ~zone, die 하수[폐수] 구역. ~zuleitung, die 폐수[하수] 공급.
ạbwechseln 〈h〉 1. 교대하여 나타나다: Regen und Sonnenschein wechseln (sich) ab 비왔다 햇볕났다 했다. 2. (서로) 교대하다: die beiden wechseln (sich) in der Pflege des Kranken ab 두 사람은 환자 간호를 교대한다. Ạbwechslung, 《드물게》 Ạbwechselung, die; -en 교대, 변화, 기분 전환: die A. lieben 자주 애인을 바꾸다.
ạbwechslungs-: ~halber 〈Adv.〉 변화(기분 전환)를 위해. ~los 〈Adj.〉 변화없는, 단조로운. ~reich 〈Adj.〉 변화가 많은, 단조롭지 않은.
Ạbweg, der; -(e)s, -e 〈대개 Pl.〉 (도덕적으로나 사상적으로) 잘못된 길, 사도(邪道): auf -e geraten 잘못된 길로 들어서다. abwegig ['apveːgɪç] 〈Adj.〉 옆길로 빠진, 사도의, 잘못된, 기이한, 드문: ich finde diesen Gedanken nicht so a. 나는 그 생각을 그렇게 잘못된 것으로 여기지 않는다. Ạbwegigkeit, die; -en 잘못됨, 사도(邪道).
Ạbwehr, die 1. a) 거부, 저항: auf A. stoßen 저항에 부딪히다. b) 거부: die A. staatlicher Eingriffe 국가 개입의 거부. c) 방어: die A. des Feindes war nur gering 적의 방어는 별 것 아니었다. 2. a) [군] 저항군, 저항 부대: die A. wurde vernichtet 저항군은 섬멸되었다. b) [군] 방첩(防諜) [스포츠] 수비[수비진]: die A. überlaufen 수비진을 괴롭히다. 3. [스포츠] a) (구기 시합에서) 수비 행위[플레이]: eine riskante A. 위험한 수비 플레이. b) (수비하여) 막아 낸 공.
ạbwehr-, Ạbwehr-: ~aktion, die ↑~handlung. ~beamte, der 방첩 기관 요원. ~bereit 〈Adj.〉 방어 준비가 된. ~bereitschaft, die [군] 방어 준비 태세. ~bewegung, die 방어 동작. ~boxer, der ↑Defensivboxer. ~dienst, der [군] 방첩 기관[활동]. ~erfolg, der [군] 방어 성과. ~fähigkeit, die [생리] 방어 능력. ~ferment, das [생리] 항독 효소. ~feuer, das [군] 방어 사격[포화(砲火)]. ~front, die 방어 공동 전선. ~geschütz, das [군] 고사포.

~handlung, die 방어 행위. ~kampf, der [군·정치·경제] 방어전. ~kette, die [스포츠] 수비벽: eine dichte A. durchbrechen 밀집 수비벽을 뚫다. ~kraft, die 〈대개 Pl.〉 [생리] 저항력. ~linie, die [자전거 경로] (골문 중앙에서 4m 떨어진 반원형의) 수비선. ~maßnahme, die 〈대개 Pl.〉 방어[방위] 조처[시책]. ~mechanismus, der 〈대개 Pl.〉 1. [정신분석] 방어 기제(타부시된 본능 충동 억압을 위한 무의식적 행동 방식). 2. [생리] (육체 속에 이물질이 들어올 때) 방어 체제. ~mittel, das 방어 수단, 예방약. ~reaktion, die [생리·심리] 거절 반응, 방어 반응. ~riegel, der [스포츠] 빗장식 방어 체제. ~schlacht, die [군] 방어전. ~spiel, das [스포츠] 1. [탁구] 수비(위주) 플레이. 2. 수비수들의 플레이. ~spieler, die [스포츠] 1. 수비수. 2. 수비 위주 선수. ~stellung, die 수비 자세. ~stoff, der 〈대개 Pl.〉 [생리·의학] 항체. ~strategie, die [군] 방어 작전. ~waffe, die 〈대개 Pl.〉 [군] 방어용 무기. ~zauber, der [민속] 악령을 막기 위한 마술(주술), 호부(護符). ~zeichen, das [경제] (상표 도용을 방지하기 위한) 등록 상표. ~zoll, der [경제] (내국 제품) 보호 관세.
ạbwehren 〈h〉 1. 물리치다, 격퇴하다: den Feind a. 적을 물리치다; einen Eckball a. 코너킥한 볼을 막아 내다. 2. 막다, 저지하다: eine Gefahr a. 위험을 방지하다. 3. 거절하다, 거부하다: eine Zumutung a. 과도한 요구를 거절하다. 4. 허용하지 않다: einen Besucher a. 방문객을 허용하지 않다. 5. 거부적인 반응을 하다: abwehrend die Hand heben 거부하는 동작으로 손을 들다.
¹ạbweichen a) 〈h〉 (부착되어 있는 것을) 습기를 통해 부드럽게 하여 떼다: das Etikett von der Flasche a. 병에 붙은 상표를 축축하게 하여 떼다. b) 〈s〉 부드럽게 되어 떨어지다: das Plakat weichte ab 포스터가 (비에) 축축하게 되어 떨어졌다.
²ạbweichen* 〈s〉 1. 빗나가다, 벗어나다: von der Straße a. 길에서 벗어나다. [전의] er ist niemals von seinen Grundsätzen abgewichen 그는 한번도 자기의 주의(主義)에서 벗어나지 않았다. 2. 다르다, 구분되다: die Fassung weicht im Wortlaut von der anderen ab 이 판(版)의 본문은 다른 판의 것과 다르다; abweichende Ansichten 다른 견해들. Ạbweichler, der; -s, - [russ. uklonist] 당노선 이탈자. ạbweichlerisch 〈Adj.〉 당노선 이탈의. Ạbweichlertum, das; -s [russ. uklonizm] 당노선 이탈 행위[이탈자 정신]. Ạbweichung, der; -en 1. 탈락, 빗나감: jede A. von der Regel gilt als Fehler 규범에서 이탈(규칙 위반)은 모두 결함으로 간주된다. 2. 차이(점), 편차: es gibt erhebliche -en in ihrer Auffassung von der Sache 그 일에 대한 그들의 견해에는 상당한 차이점이 있다.
ạbweiden 〈h〉 a) (가축이 풀을) 모조리 뜯어먹다: das Gras a. 풀을 모조리 뜯어먹다. b) (무엇의) 풀을 모조리 뜯어먹다: die Wiesen a. 목장의 풀을 모조리 뜯어먹다.
ạbweisen* 〈h〉 a) 받아가게 하다, 받아들이지 않다: den Besucher a. 방문객을 받아들이지 않다. b) 거절하다, 기각하다: eine Klage a. 고소를 기각하다. c) 물리치다, 격퇴하다: einen Angriff a. 공격을 격퇴하다. Ạbweiser, der; -s, - 1. [토건] 방축석(防築石). 2. [조선] 가교(架橋)용 배의 방충목(防衝木). 3. [수리] 방파제, 돌제(突堤). Ạbweisung, der; -en 1. 거부, 기각, 거절: die A. des Antrages 신청의 거절. 2. 거부적인 태도: er suchte die kränkende A. zu lindern 그는 모욕적인 거부 태도를 억제하려고 애썼다.
ạbwelken 〈s〉 (아어·드물게) 시들다: die Rosen sind abgewelkt 장미가 시들었다.
ạbwenden*¹ 1. 다른 쪽으로 돌리다, 외면하다: den

abwendig

Blick a. 시선을 다른 쪽으로 돌리다; ich wandte [wendete] mich schnell ab 나는 재빨리 몸을 돌렸다; mit abgewandtem[abgewendetem] Gesicht dasitzen 얼굴을 돌리고 앉아 있다; 전의 er hat sich von seinen Freunden abgewendet[abgewandt] 그는 자기 친구들을 저버렸다. 2. ⟨약변화로만 사용⟩ **a)** 피하다, 빗나가게 하다: einen Hieb a. (펜싱에서) 공격을 피하다[빗나가게 하다]. **b)** 예방하다, 방지하다: den Krieg a. 전쟁을 방지하다. **c)** 막다, 멀리하다: eine Katastrophe a. 파국을 막다. **d)** [체조] 돌면서 내리다: vom Stufenbarren a. 계단식 평행봉에서 돌면서 내리다. **abwendig** ⟨Adj.⟩ ⟪다음 용법으로⟫ **jmdm. jmdn. a. machen** (준고어) 누구를 누구에게서 등지게 하다; **jmdn. einer Sache a. machen** ⟪드물게⟫ 누가 무엇을 싫어하게 하다. **Abwendung, die 1.** 전향, 기피. **2.** 방지, 예방: die A. der Gefahr 위험의 방지.

abwerben* ⟨h⟩ [상・경제] (다른 직장에서 사람을) 빼오다, 스카우트하다: Arbeitskräfte a. 노동자를 빼오다. **Abwerber**, der; -s, - 스카우트 담당. **Abwerbung**, die; -en 스카우트 행위.

abwerfen* ⟨h⟩ **1. a)** (높은 곳에서) 떨어지게 하다, 투하하다: Bomben a. 폭탄을 투하하다. **b)** (구차한 것을) 벗어던지다, 떨어뜨리다: das Pferd warf den Reiter ab 말이 기수를 흔들어 떨어뜨렸다. **c)** [카드] (불필요한 카드를) 뽑아 던지다: den König a. 킹 카드를 뽑아 던지다. **d)** 벗어 던지다: das Joch der Sklaverei a. 노예의 굴레를 벗어던지다. **2.** [스포츠] **a)** 공으로 맞히다. **b)** 밀쳐 떨어뜨리다: beim Hochsprung die Latte a. 높이뛰기에서 횡목(橫木)을 떨어뜨리다. **c)** [축구] (키퍼가) 공을 던져 주다: der Torwart wirft ab 키퍼가 공을 던져 준다. **d)** [독일식 크리켓] 상대 팀 경기자를 공으로 맞히어 물러나게 하다. **e)** [유상] (창, 원반, 砲丸)을 손에서 퉁겨 나가게 하다, 던지다. **f)** [체조] 몸을 던져 자세를 바꾸다: in den Stand a. 물구나무서기 자세에서 몸을 던져 선 자세로 바꾸다. **3.** (이익 따위를) 낳다, 가져오다: gewaltige Gewinne a. 엄청난 이익을 가져오다.

abwerten ⟨h⟩ **1.** [화폐] 감가하다, 구매력을 낮추다, 평가절하하다: den Dollar a. 달러를 평가 절하하다. **2.** 낮게 평가하다, 경시(輕視)하다: eine abwertende Kritik 가치를 깎아 내리는[부정적] 비평. **Abwertung**, die; -en 평가 절하, 가치를 깎아 내림.

abwesend [ˈapvezn̩t] ⟨Adj.⟩ ⟨lat. absēns⟩ **1.** (그곳에) 없는, 부재의, 결석한⟨반대: anwesend⟩: er war viel von zu Hause a. 그는 자주 집에 없었다. **2.** 방심한, 얼이 미친, 정신이 나간: mit -en Blicken 멍청한[정신이 나간] 눈으로 하고. **Abwesende***, der/die 부재자, 결석자. **Abwesenheit**, die; -en [lat. absentia] **1.** 부재, 결석: jmds. A. zu etw. benutzen 누구가 없는 것을 무엇을 위해 이용하다; während meiner A. 내가 없는 동안에; **durch A. glänzen** ⟨반어⟩ 없는 것이 눈에 띄다, 결석하다. **2.** 방심(상태), 정신이 나감: aus einer A. wieder zu sich kommen 방심 상태에서 다시 본정신으로 돌아오다. **Abwesenheitspfleger**, der [법] 부재자 재산 관리인. **Abwesenheitsprotest**, der [어음] 지불인 부재로 인한 어음 인수 거절.

Abwetter ⟨Pl.⟩ [광] (갱내의) 탁한 공기, 폐기(廢氣): die A. werden in dieser Grube auf natürlichen Wege abgeführt 이 갱내의 폐기는 자연적인 방법으로 낮으로 빠진다. **abwettern** ⟨h⟩ [선원] (특히 범선이 폭풍을) 헤쳐 나오다: einen Sturm abwettern 폭풍을 헤쳐 나오다.

abwetzen 1. ⟨h⟩ **a)** ⟪드물게⟫ 갈아서 없애다: den Rost von der Sense a. 낫의 녹을 갈아 없애다. **b)** 닳아서 얇아지게 하다: abgewetzte Hosen 닳아 낡아빠진 바지. **2.** ⟨s⟩ ⟪통용어⟫ 급히 달아나다⟨반대: angewetzt kommen⟫: als sie die Fensterscheibe eingeworfen hatten, sind sie abgewetzt 그들이 창유리를 부수고 급히 달아났다.

abwichsen ⟨h⟩ **1.** ⟪연극 은어⟫ (어떤 역을) 너무나 자주 공연하다. **2. sich³ einen a.** ⟪비어⟫ 자위 행위를 하다 (onanieren). **Abwichshure**, die; -n ⟪비어⟫ 손님에게 수음(手淫)을 해 주는 창녀.

abwickeln ⟨h⟩ **1.** (감은 것을) 풀다: ich wickelte (mir) den Verband ab 나는 (감았던) 붕대를 풀었다. **2. a)** 차례로 처리하다[해결하다]: ein Geschäft a. 어떤 사업을 차례로 해결[처리]해 가다. **b)** 조직하다, 수행하다: eine Veranstaltung a. 어떤 행사[모임]을 개최하다. **3.** ⟨a. + sich⟩ 질서있게 진행되다: der Verkehr wickelt sich reibungslos ab 교통이 마찰없이 잘 유통된다. **Abwickler**, der; -s, - 청산인, 해결인. **Abwicklung**, ⟪드물게⟫ **Abwickelung**, die; -en 풀음, 처리, 청산.

abwiegeln ⟨h⟩ **1. a)** (흥분한 무리를) 진정시키다⟨반대: aufwiegeln⟩: er versuchte vergebens, die erbosten Demonstranten abzuwiegeln 그는 격노한 데모 군중을 진정시키려 했으나 헛되었다. **b)** (흥분을) 가라앉히다. **2.** 상대화하다, 하찮은 것으로 기술[취급]하다: in der Diskussion versuchte er immer wieder abzuwiegeln 토론에서 그는 번번히 흥분을 별 근거없는 것으로 취급함으로써 무마시키려 했다. **Abwieg(e)lung**, die ↑abwiegeln의 명사형.

abwiegen* ⟨h⟩ **1.** 저울질하다, (일정한 분량을) 저울로 달다: Kartoffeln a. (일정량의) 감자를 저울로 달다. **2.** [권투・체급 경기] (경쟁자에게 계체량(計體量)를 하다: die Gegner wurden nacheinander abgewogen 시합 전에 두 상대 선수는 차례로 체중을 달았다.

abwimmeln ⟨h⟩ ⟪통용어⟫ (귀찮은 사람이나 일을) 떼치다, 뿌리치다: eine Arbeit a. 어떤 일을 떼치다.

Abwind, der; -(e)s, -e ⟨반대: Aufwind⟩ **1.** [기상] 하강 기류. **2.** [항공] 주익(主翼) 영역 내의 하강 기류.

abwinkeln ⟨h⟩ (팔・다리의 관절을 굽혀) 각이 지게 하다: mit abgewinkelten Armen 두 팔을 굽히고서.

abwinken ⟨h⟩ (과거분사는 지역적: abgewunken) **1.** 손짓으로 거절하다: ärgerlich a. 화난 손짓으로 거절하다. **2.** [모터 스포츠] **a)** 손짓 신호로 끝나게 하다: ein Rennen a. 손짓 신호로 경주를 끝나게 하다. **b)** 손짓으로 정지[출발] 신호를 하다: einen Rennfahrer a. 손짓으로 자동차 경주자에게 정지[출발] 신호를 하다.

abwirtschaften ⟨h⟩ **a)** 잘못된 경영으로 망하다[파산하다]: die Firma hat abgewirtschaftet 그 회사는[잘못된] 경영으로 망했다. **b)** 잘못된 경영으로 망치다[파산시키다]: seinen Hof abgewirtschaftet haben 잘못된 경영으로 농장을 망쳤다.

abwischen ⟨h⟩ **a)** 닦아 내다: sich den Schweiß von der Stirn a. 이마의 땀을 닦아 내다. **b)** 닦아 깨끗이 하다: ich wischte mir die Hände an der Hose ab 나는 두 손을 바지에 닦아 깨끗이 했다.

abwohnen ⟨h⟩ ⟪통용어⟫ **1.** 오래 살아 낡게 하다: abgewohnte Räume 오래 살아 낡아진 방들. **2.** 선불한 돈을 집세로 청산하다: einen Baukostenzuschuß a. 건축비 보조금을 집세로 청산하다. **Abwohnung**, die ↑abwohnen의 명사형.

abwracken [ˈapvrakn̩] ⟨h⟩ (노후 선박을) 해체하다: ein Schiff a. 배를 해체하다; 전의 ein abgewrackter Komiker 실력이 한물 간[퇴역] 희극 배우. **Abwrackfirma**, die 해체 처리 회사. **Abwrackung**, die (선박) 해체.

Abwurf, der; -(e)s, Abwürfe **1.** 투하: der A. einer Wasserstoffbombe 수소 폭탄 투하. **2.** [스포츠] **a)** (승마 장애물 뛰어넘기에서) 장애물 윗부분을 떨어뜨림. **b)**

《축구》 α) (골키퍼의) 공던지기, β) 던진 공: den A. mit dem Oberschenkel stoppen 골키퍼가 던진 공을 허벅다리로 받다. c) [핸드볼·수구] α) (골키퍼의) 투구(投球): den A. ausführen (골키퍼가) 공을 던지다. β) (골키퍼가) 던진 공: der A. ging ins Aus 골키퍼가 던진 공이 라인 밖으로 나갔다. d) [독일식 크리켓] 상대 선수를 맞혀 나가게 하는 투구. e) (육상) 창, 원반, 해머가 선수의 손에서 떠나는 단계. 3. [사냥] 사슴의 빠진 뿔.

Abwurf-: ~**ball**, der 〈Pl. 없음〉 피구(避球): A. spielen 피구(놀이)하다. ~**band**, das [기술] (물건을 실어다 던져 주는) 긴 콘베이어 벨트. ~**bogen**, der [육상] 궁형으로 된 투창 경계 표지물(나무나 쇠로 되어 있고 선수는 이것에 닿아도 넘어도 안됨). ~**linie**, die [스포츠] 투창 경계선. ~**stange**, die [사냥] ↑Abwurf (3). ~**vorrichtung**, die (군항공·기술) (폭탄 등의) 투하 장치.

abwürgen 〈h〉 1. 《드물게》 목을 졸라 죽이다: der Marder würgte das Huhn ab 담비가 닭의 목을 물어 죽였다. 2. 탄압하다, 압살하다: einen Streik a. 스트라이크를 탄압하다. 3. 《통용어》 실수로 (모터가) 꺼지게 하다.

abyssal [abyˈsaːl] 〈Adj.〉 [lat. abyssalis] (다음 용법으로) -**e Region**, -**er Bereich** (해양) 심해대(深海帶). **Abyssal** das; -s ↑**abyssale Region**. **abyssisch** [aˈbysɪʃ] 〈Adj.〉 1. [지질] 지저(地底)의: -e Gesteine 심성암(深成岩). 2. [해양] 심해의, 해저의: -e Ablagerungen 심해 퇴적물(層). 3. [교양어·고어] 밑바닥을 알 수 없는, 한없이 깊은. **Abyssus** [aˈbysʊs], der, - [lat. abyssus < griech. ábyssos] (고어) 1. 심연. 2. 지옥, 나락(奈落).

abzahlen 〈h〉 **a)** 대금을 분할 지불하다, 분납하다: ein Auto a. 자동차의 대금을 분납하다. **b)** 청산하다, 갚다: ich muß das Darlehen mit monatlich hundert Mark a. 나는 대부 받은 돈을 매달 100마르크씩 갚아야 한다.

abzählen 〈h〉 **a)** 세다: die Anwesenden a. 출석자의 수를 세다. **b)** [스포츠·군] (일정 수까지) 번호를 계속함으로써 그룹을 만들다, (같은 인원 수의) 반으로 나누다: zu zweien[zu vieren] a.! 하나, 둘[하나, 둘, 셋, 넷] 번호! **c)** 세어서 빼다(들어내다): Zigaretten a. 담배를 세어 집어 내다. **d)** [아이들 놀이] 수나 음절에 운을 붙여 헤아림으로써 (무엇을) 결정하다: die Kinder wollten Verstecken spielen und zählten ab, wer suchen sollte 아이들은 숨바꼭질을 하고자 했다, 그래서 수에 운을 붙여 헤아림으로써 술래를 결정했다. **e)** Ja와 Nein을 교체하며 헤아림으로써 가부를 결정하다(마지막 헤아리는 대답이 결정적이다): etw. an den Blütenblättern der Margerite a. 데이지의 꽃잎을 Ja와 Nein을 번갈아 헤아림으로써 가부를 결정하다. **Abzählreim**, der, **Abzählvers**, der 아이들 놀이에서 특정한 역을 결정하기 위해 수를 노래하며 헤아리는 운.

Abzahlung, die; -en 분할불: auf A. kaufen[verkaufen] 분할불로 사다(팔다).

Abzahlungs-: ~**geschäft**, das 분할불 판매(점). ~**gesetz**, das 분할불 판매법(法). ~**hypothek**, die 분할불 저당권. ~**kauf**, der 분할불 구입. ~**käufer**, der 분할불 구입자. ~**rate**, die 분할불 입금(액). ~**system**, das 분할불 제도. ~**verpflichtung**, die 분할불 의무. ~**vertrag**, der 분할불 구입 계약. ~**wesen**, das 〈Pl. 없음〉 분할불 제도.

abzapfen 〈h〉 **a)** 마개를 뽑아 따르다: Wein a. 포도주의 마개를 뽑아 따르다; jmdm. Blut a. 《통용어》 방혈하다, 사혈(瀉血)하다. **b)** 《드물게》 마개를 뽑아 서서히 비우다: ein Faß a. 통의 마개를 뽑아 서서히 비우다. **Abzapfung**, die; -en ↑abzapfen의 명사형.

abzappeln, sich 〈h〉 오랫동안 몹시 버둥거리다; 전의 《통용어》 er zappelte sich ab, um noch fertig zu werden 그는 끝내기 위해 몸부림쳤다.

abzäumen 〈h〉 《드물게》 (말의) 재갈을 벗기다(반대: aufzäumen): die Pferde a. 말의 재갈을 벗기다.

abzäunen 〈h〉 울타리로 구획하다(경계를 표시하다): ein Grundstück a. 울타리로 대지를 구획하다. **Abzäunung**, die; -en 울타리로 구획(경계 표시).

abzehren 〈h〉 쇠약하게 하다, 여위게 하다: die Krankheit hat ihn völlig abgezehrt 병이 그를 완전히 쇠약하게 만들었다. **Abzehrung**, die 《고어》 쇠약함.

Abzeichen, das; -s, - **a)** (소속의) 표지 핀, 배지: ein A. am Rockaufschlag tragen 배지를 웃옷 칼라에 꽂고 다니다. **b)** 장식 액자, 기념 메달: wir verkaufen morgen A. für die Caritas 우리는 내일 자선을 위한 기념 메달을 판매한다. **c)** 기장(記章), 휘장: er trug die A. eines Generals 그는 장군의 휘장을 달고 다녔다. **d)** [축산] 얼룩점.

abzeichnen 〈h〉 1. 모사[사생]하다: ein Haus a. 집을 사생하다. 2. (서류에 받았다는 표시로) 사인하다: er zeichnete den Rapport ab, ohne ihn gelesen zu haben 그는 보고서를 읽어보지도 않고 보고서에 사인했다. 3. 〈a. + sich〉 **a)** 두드러지게 나타나다(드러나다): die Konturen von etw. zeichnen sich auf einem Hintergrund ab 무엇의 윤곽이 어떤 배경에서 두드러지게 드러난다. **b)** 반영하다, 비치다: in seinem Gesicht zeichnete sich ein plötzliches Erschrecken ab 그의 얼굴에는 갑자기 놀라움이 비쳤다. **Abzeichnung**, die; -en 사인, 서명.

Abzieh-: ~**apparat**, der 1. 칼날 세우는(칼 가는) 기구. 2. ↑~**presse**. ~**bild**, das (유리잔, 장난감, 부활절 계란 등에 옮겨 놓은) 복사 그림. ~**klinge**, die (칼날을 세우는) 강철 칼날. ~**presse**, die (교정용 파하는) 손으로 미는 인쇄기. ~**riemen**, der (면도칼 따위를 가는) 혁지(革砥), 피대(皮帶). ~**stahl**, der 강철 숫돌. ~**stein**, der 숫돌. ~**vorrichtung**, die [기술] (축으로부터) 바퀴 뽑는 장치(브레이스).

abziehen¹ 〈h〉 1. 〈h〉 **a)** 뽑다, 빼다: einen Ring vom Finger a. 반지를 손가락에서 빼다. **b)** (지역적) 벗다: die Mütze a. 모자를 벗다. 2. 〈h〉 **a)** (짐승의 가죽을) 벗기다: dem Hasen das Fell a. 토끼의 가죽을 벗기다. **b)** (짐승 자체를 목적어로) 가죽을 벗기다: den Hasen a. 토끼의 가죽을 벗기다. 3. 〈h〉 까다, 떼어 내다: Pfirsiche a. 복숭아의 껍질을 벗기다(까다). 4. 〈h〉 **a)** (침대 커버를) 벗기다: das Bettzeug a. 침대 커버를 벗기다. **b)** 《침대 자체를 목적어로》 die Betten a. 침대 커버를 벗기다. 5. 〈h〉 방아쇠를 당기다, 안전판을 뽑다: die Handgranate a. 수류탄의 안전판을 뽑다. 6. 〈h〉 닦다, 대패질하다: das Parkett mit Stahlspänen a. 쪽마루를 대패로 매끈하게 깎다. 7. 〈h〉 (칼을) 갈아 칼날을 세우다: das Messer auf einem Stein a. 칼을 숫돌에 갈다. 8. 〈h〉 **a)** [사진] 인화하다, 사진을 뽑다. **b)** [인쇄] (손으로 미는 인쇄기로) 인쇄하다, 코피하다, 전사(轉寫)하다. 9. 〈h〉 [요리] (수프 등에 계란 등을 휘저어 넣어) 진하게 하다: die Suppe mit einem Ei a. 수프에 계란을 하나 풀어 휘젓다. 10. 〈h〉 (술 등을) 옮겨 붓다: Wein auf Flaschen a. 포도주를 통에서 병으로 옮겨 붓다. 11. 〈h〉 [섬유] (색을) 뽑아내다, 탈색하다: die alte dunkle Farbe a. 낡은 검은색을 탈색하다. 12. 〈h〉 [군] 철수시키다: die Truppen sind aus ihren Stellungen abgezogen worden 부대를 그들의 위치로부터 철수시켰다. 13. 〈h〉 (주의, 생각 따위를) 다른 데로 돌리다: die vielen Ablenkungen zogen ihn von seiner Arbeit ab 많은 기분 전환의 계기가 그의 주의력을 공부에서 다른 데로 돌리게 하였다. 14. 〈h〉 빼다, 공제하다: 20 von 100 a. 100에서 20을 빼다. 15. 〈h〉 《경》 (모임 따위를) 의례적으로 열다: eine Party a.

파티를 열다. 16. ⟨s⟩ 기류에 실려가다, 떠나가다: der Rauch zieht ab 연기가 걷힌다. 17. ⟨s⟩ **a)** 〔군〕 퇴각하다, 철수하다: die Truppen zogen ab 부대가 퇴각했다. **b)** 《통용어》 물러가다, 떠나다: das kleine Mädchen zog strahlend ab 그 소녀는 만면에 희색을 띠고 물러갔다. 18. ⟨h⟩ 《구기 은어》 갑자기 강한 슈팅을 하다. **Abzieher, der**; -s, - 〔인쇄〕 교정쇄를 미는 사람.

abzielen ⟨h⟩ 겨냥하다, 목표로 삼다: er zielt mit seinen Worten auf das Mitgefühl seiner Zuhörer ab 그는 그의 말로 청중의 동정을 겨냥한다.

abzirkeln ⟨h⟩ 컴퍼스로 정밀하게 재다: eine Entfernung auf der Karte a. 지도상의 거리를 컴퍼스로 정확히 재다: 전의 er zirkelt seine Worte ab 그는 신중하게 생각해서 말한다. **Abzirklung[Abzirkelung], die** 컴퍼스에 의한 정확한 측정.

abzischen ⟨s⟩ 《경》 후다닥 떠나다: zisch ab! 꺼져!

abzittern ⟨s⟩ 《경》 떠나다: zittere bloß ab! 제발 떠나줘!

abzotteln ⟨s⟩ 《경》 어슬렁거리면서 떠나다: ich zott(e)le ab 나는 어슬렁거리면서 천천히 떠나간다.

Abzug, der; -(e)s, Abzüge **1.** 〔무기〕 방아쇠: den Finger am A. haben 손가락을 방아쇠에 대고 있다. **2. a)** 〔사진〕 인화(印畫), 양화(陽畫): Abzüge machen lassen 양화를 만들게 하다(사진을 뽑게 하다). **b)** 〔인쇄〕 교정쇄: der A. ist noch nicht korrigiert 그 교정쇄는 아직도 교정을 보지 않았다. **3. a)** 빼어 냄, 공제: nach A. der Unkosten 잡비를 (공)제하고; etw. in A. bringen 무엇을 공제하다. **b)** ⟨Pl.⟩ 세금, 세액: meine Abzüge sind sehr hoch 내 세금은 대단히 많다. **4. a)** ⟨Pl. 없음⟩ 빠져 나감, 배출, 유출: wir müssen für ausreichenden A. der Gase sorgen 우리는 가스가 충분히 빠져 나가도록 보살피어야 한다. **b)** 배기관(排氣管), 환기 장치: über dem Herd befindet sich ein A. für den Rauch 난로 위에는 연기가 빠져 나가도록 배기 장치가 되어 있다. **5.** 〔군〕 철수; 철수 군대. der Besatzungstruppen 수비대의 철수. **abzüglich** ['aptsy:klɪç] ⟨Präp.²⟩ 〔상〕 …을 (공)제하고; a. der Unkosten 잡비를 제하고; a. Rabatt 할인액을 제하고(= a. des Rabatts).

abzugs-, Abzugs- (이따금 abzug-, Abzug-과 혼용): ~**bügel, der** 〔무기〕 방아쇠 울. ~**fähig** ⟨Adj.⟩ 〔세무〕 공제할 수 있는. ~**feder, die** 〔무기〕 방아쇠 용 수철. ~**frei** ⟨Adj.⟩ 세액 공제가 없는. ~**graben, der** 하수구(渠). ~**hahn, der** 〔무기〕 공이치기. ~**haube, die** 〔토건〕 난로 위의 배기 장치, 레인지 후드. ~**hebel, der** 방아쇠. ~**kamin, der** 〔토건〕 굴뚝. ~**kanal, der** 〔토건·기술〕 하수구(로), 배수로. ~**leine, die** 〔무기〕 대포 발사끈. ~**loch, das** 〔토건〕 통풍 구멍. ~**rinne, die** 〔도로〕 배수로, 도랑. ~**rohr, das** 〔토건〕 배수판, 배기관. ~**schach, das** 디스카버드 체크(퀸, 비숍, 카슬의 세력선에서 말을 하나 물러나게 함으로써 받게 되는 '장군'). ~**schacht, der** 〔토건〕 배기 수갱(竪坑). ~**vorrichtung, die** 〔무기〕 발포(발사) 장치. ~**wasser, das** 〔수리공사〕 배수 장치.

abzupfen ⟨h⟩ **a)** 뜯어내다: die (Blüten)blätter a. 꽃잎을 뜯어내다. **b)** 무엇에게 따내다: abgezupfte Traubenstiele 포도송이를 따내고 남은 줄기.

abzwacken ⟨h⟩ **1.** 집어 떼어내다(끊다): ein Stück Draht a. 철사 한 토막을 집어 끊다. **2.** 얼마되지 않는 데 덜다: vom Haushaltsgeld zehn Mark für Kosmetik a. 얼마 되지 않는 가계비에서 10마르크를 화장품을 사기 위해 덜다.

abzwecken ['aptsvɛkŋ] ⟨h⟩ 《드물게》 무엇을 겨냥하다 (abzielen): Maßnahmen, die auf eine Sicherung seiner Macht abzweckten 그의 권력의 안전을 겨냥한 조치. **Abzweckung, die** †abzwecken의 명사형.

Abzweig, der; -(e)s, -e **1.** 〔교통〕 갈림길, (특히 고속 도로의) 분기점. **2.** 〔기술〕 파이프의 T자 조인트, 분기관. **Abzweig-**: ~**dose, die** 〔전기〕 (벽내 배선의) 분기(分岐) 박스. ~**kasten, der** 〔전기〕 (벽내 배선의) 분기상자 (分岐箱子). ~**klemme, die** 〔전기〕 분기 단자(端子). ~**muffe, die** 〔전기〕 분기 소켓. ~**rohr, das** 〔전기〕 분기관(管). ~**stelle, die** **1.** 〔철도〕 분기점. **2.** † Abzweig (1).

abzweigen ['aptsvaign] **1.** ⟨s⟩ **a)** 분기(分岐)하다, (길이) 갈리다: der Pfad zweigte früher an dieser Stelle ab 길이 전에는 이 지점에서 갈리었다. **b)** 《드물게》 (본래의 방향에서) 벗어나다: weiter unten zweigt Peter vom Wege ab 저 멀리 밑에서 페터는 길을 벗어나고 있다. **2.** ⟨h⟩ (어떤 목적으로) 일부를 떼어내다: einen Teil des Geldes zur Schuldentilgung a. 돈의 일부를 빚을 갚기 위해 떼어놓다. **Abzweigung, die**; -en 분기(分岐), 분기점, 지맥(支脈), 지선(支線).

abzwicken ⟨h⟩ 집어 떼다(끊다): ein Stück Draht a. 철사 한 토막을 집어 잘라 내다.

abzwingen ⟨h⟩ 강요하다, 억지로 하게 하다, 어쩔 수 없이 (무엇을) 하게 하다: dem Gegner Bewunderung a. 상대로 하여금 어쩔 수 없이 감탄하도록 하다.

abzwitschern ⟨s⟩ 《경》 가벼리다, 떠나다: nach dem Frühstück sind sie endlich abgezwitschert 아침 식사가 끝난 뒤 그들은 드디어 갔다.

Ac = Actinium.

a c. = a conto.

a c. = à condition.

a cappella [a ka'pɛla; ital. cappella] 〔음악〕 반주 없이: a c. singen 반주 없이 노래하다. **A-Cappella-Chor, der** 무반주 합창.

acc. c. inf. = accusativus cum infinitivo(†Akkusativ).

accel. = accelerando.

accelerando [atʃele'rando] ⟨Adv.⟩ [ital. accelerando] 〔음악〕 점점 빠르게(약어: accel.).

Accent aigu [aksa'te:gy; frz. accent aigu, der]; --, -s -s [aksa:zɛ'gy] 프랑스어의 양음부(揚音符)(예컨대: é 의 ʹ). **Accent circonflexe** [aksɑ̃sirkɔ̃'flɛks; frz. accent circonflexe, der]; --, -s -s [aksɑ̃sirkɔ̃'flɛks] 프랑스어의 장음부(예컨대: ô의 ˆ). **Accent grave** [aksa'gra:v; frz. accent grave, der]; --, -s -s [aksa'gra:v] 프랑스어의 억음(抑音)부(예컨대: è의 ˋ).

Accessoires [aksɛ'soʹa:ɐ̯(s)] ⟨Pl.⟩ [frz. accessoires] 악세사리.

Accompagnato [akɔmpan'jaːto], das; -s, -s/...ti [...ti; ital. accompagnato] 〔음악〕 반주가 있는 서창(叙唱).

Accra ['akra] 아크라(아프리카 가나의 수도).

Accrochage [akrɔ'ʃa:ʒ], die; -n [frz. accrochage] 사설 화랑 소장품 전시회.

Ace [eɪs], das; -, -s [...sɪz; engl. ace] 〔골프·테니스〕에이스(As).

Acella Ⓦ [a'tsɛla], das 《인공어》 아셀라(영화비닐 호일의 일종).

Acetat [atse'taːt], das; -s, -e [lat. acētum] 〔화학〕 **1.** ⟨Pl. 없음⟩ 아세테이트(화학 섬유의 일종). **2.** 초산염. **Acetatfolie, die** 아세테이트 호일. **Acetatseide, die** 아세테이트견(絹). **Aceton** [atse'toːn], das; -s [lat. acētum] 〔화학〕 아세톤. **Acetum** [a'tseːtʊm], das; -s [lat. acētum] 〔화학·약학〕 식초(Essig).

Acetylen [atsety'leːn], das; -s [lat. acētum u. griech. hýlē] 〔화학〕 아세틸렌.

Acetylen-: ~**brenner, der** 아세틸렌 용접기. ~**gas,**

das 아세틸렌 가스. ~**lampe,** die 아세틸렌 램프. ~**schweißung,** die 아세틸렌 용접.

ach [ax] 〈Interj.〉 **a)** 아아, 오오《경악, 당황, 동정을 나타냄》; ach Gott! 오오 하나님！; ach je! 아아, 저런！ **b)** 《반어적 유감을 나타냄》ach, wie schade! 아아, 정말 유감스럽군！ **c)** 《비탄을 나타냄》 **ach und weh schreien**《통용어》비탄하다. **d)**《놀라움・탄복을 나타냄》ach, das ist mir neu! 아아, 그건 내게 새로운 사실인데！; ach, den meinst du? 아아, 그 자를 말하는가？ **e)**《소망, 요구를 나타냄》ach, wäre doch schon Feierabend! 아아, 근무 시간이 빨리 끝났으면！ **f)**《불쾌함을 나타냄》ach, das verstehst du nicht 아아, 그것을 너는 이해 못해. **g)**《이해를 나타냄》(ach + so) da hörten sie auf mit der Brüllerei, sagten „Ach so" 그 때 그들은 소리 높여 욕지거리하는 것을 그만두고 "아아, 그래" 하고 말했다. **h)**《부정을 나타냄》(ach + wo) [woher/was]》《통용어》ach wo, wir waren zu Hause 아니야, 우린 집에 있었어. **Ach** [-], das; -s, - ↑ ach의 명사형: sein ewiges Ach und Weh fällt mir auf die Nerven 그의 그칠 줄 모르는 비탄은 나를 신경질 나게 한다; **mit Ach und Krach**《통용어》간신히, 겨우.

Achäer [ax'ɛːɐ], der; -s, - 아카이아 사람(고대 그리스의 한 종족). **Achaia** [ax'aːja], das; -s 아카이아(그리스의 지방).

Achäne [a'xɛːnə], die; -n [griech. a- u. chaínein] 〖식물〗수과(瘦果)(민들레의 열매 따위).

Achat [a'xaːt], der; -(e)s, -e [lat. achātēs < griech. achátēs] 〖광물〗마노(瑪瑙)(최초의 산지 시칠리아 섬의 Achates 강의 이름에서). **achaten** [a'xaːtn̩] 〈Adj.〉 마노의, 마노로 만든.

acheln [axl̩n] 〈h〉 [jidd. achlen] 《지역적》 먹다.

Achensee ['axn̩zeː], der; -s 아헨제(오스트리아의 북 티롤 지방에 있는 호수).

Acheron ['axerɔn], der; -(s) (그리스 신화에서) 지옥의 강, 아케론 강(江).

Acheuléen [aʃøle'ẽː], das; -(s) (북 프랑스의 지명 Saint Acheul에서) 아쉘기(期) (구석기 시대의 제 2기).

Achillesferse [a'xɪles-], die; -n (그리스 전설의 영웅 아킬레스의 몸에 상처를 입힐 수 있는 유일한 곳인 발꿈치에서 유래. 이곳은 그의 어머니가 그를 지옥의 강에 담글 때 잡았던 곳으로 후일 바로 여기에 화살을 맞고 그는 살해되었다)《교양어》아킬레스 발꿈치, 상처 입을 수 있는 곳, (강자의) 약점: das ist seine A. 그것이 그의 약점이다. **Achillessehne,** die; -n 〖해부〗아킬레스 건(腱). **Achillessehnenreflex,** der 〖의학〗아킬레스 건 반사. **Achillessehnenriß,** der 아킬레스 건 파열(스포츠의 의한 전형적 상처).

Ach-Laut ['ax-], der; -(e)s, -e 독일어에서 모음 a, o, u 다음에 오는 ch 발음([x])(예컨대: ach, Koch, Geruch).

a. Chr. (n.) = ante Christum (natum).

Achromasie [akroma'ziː], die; -n [..iːən; griech. a u. chrōma] 〖광학〗무색소성(無色素性), 수색성(收色性). **Achromat** [akro'maːt], der; -(e)s, -e 〖광학〗색소 지우는 대물 렌즈, 색소(色消) 렌즈, **achromatisch** [akro'maːtɪʃ] 〈Adj.〉 [griech. achroématos] 〖광학〗색이 없는, 색수차(色收差)가 없는, 무색성의: Schwarz und Weiß sind -e Farben 흑과 백은 색수차가 없는[수색성의] 색이다. **Achromatismus** [akroma'tɪsmʊs], der; -, ...men ↑Achromasie.

achs-, Achs- (↑achsen-, Achsen- 도 참조): ~**abstand,** der 축의 간격, ↑antrieb, der 〖자동차〗축구동(軸驅動). ~**bruch**(Achsenbruch) der 차축의 부러짐, 차축 절손(折損). ~**druck,** der 〈Pl.: ...drücke〉 ↑ ~last. ~**getriebe,** der 〖자동차〗축구동(식) 기어. ~**kilometer,** der 〖철도〗(경영 실태 파악을 위한) 차축과 달린 거리(km)를 토대로 한 통계 수치, 차축 킬로. ~**lager,** das 축 좌철(座鐵), 와서. ~**last,** die 축압(軸壓). ~**nagel,** der 비녀장(바퀴를 굴대에 고정시키는 편). ~**recht** 〈Adj.〉↑axial. ~**schenkel,** der 〖자동차〗축각(軸脚)(앞의 축 끝부분과 바퀴를 연결한 곳). ~**stand,** der ↑ ~abstand. ~**sturz,** der 축각 경사(軸脚傾斜). ~**welle,** die 〖자동차〗운전축, 주동축.

Achse ['aksə], die; -n **1.** 〖기술〗**a)** 축대: ein Zug mit(von) 80 -n 80개의 차축을 단 기차: [전의] die A. Berlin-Rom 추축국(2차 대전시 나치 독일과 파시즘 이탈리아간의 공조 체제 명칭), **auf (der) A. sein**《통용어》도중에 있다, (사업) 여행중이다, **per A.** 〖교통〗육로(陸路) 운송으로. **b)** (일반적으로) 축(軸): die A. der Schleifscheibe 유리같이 원반의 축. **2.** (생각된) 회전축: ich drehte mich um die eigene A. 나는 내 자신의 (회전)축을 중심으로 돌았다. **3. a)** 〖수학〗α) ↑ Symmetrieachse. β) ↑ Koordinatenachse. **b)** 〖지질〗(생각된) 지층의 축선. **c)** 〖건축〗설계도의 수평선과 수직선. **4.** 〖생물〗↑Sproßachse.

Achsel ['aksl̩], die; -n **1. a)** 어깨: die -n hochziehen [fallenlassen] 어깨를 치켜 올리다[축떨어 뜨리다]; **(über jmdn.) [etw.] die -n [mit den -n/die A.] zucken** (누구, 무엇에 대해) 모른다는 표현으로 어깨를 으쓱 치켜올리다; **etw. auf die leichte A. nehmen** 무엇을 대수롭지 않게 다루다; **etw. auf seine -n nehmen** 무엇에 대한 책임을 지다; **auf beiden -n (Wasser) tragen** (고어) 양다리 짚다; **jmdn. [etw.] über die A. ansehen** 누구[무엇]를 멸시하다(얕보다). **b)** 겨드랑이: der A. Fieber messen 겨드랑이에 온도계를 넣어 열을 재다; in der -n ausrasieren 겨드랑이 털을 다 깎다. **c)** 〖재단〗(옷의) 어깨 부분: die A. muß gehoben werden 어깨 부분을 높여야만 한다. **2.** 〖식물〗↑ Blattachsel.

achsel-, Achsel-: ~**band,** das 〈Pl.: -bänder〉 여자 옷의 멜빵[어깨끈]. ~**drüse,** die 액와선(腋窩腺). ~**griff,** der (물에 빠진 사람을 구조하기 위해) 어깨 밑에 손을 넣어 잡는 것. ~**grube,** die ↑ ~höhle. ~**haare** 〈Pl.〉겨드랑이 털. ~**höhle,** die 겨드랑이, 액와(腋窩). ~**klappe,** die 〈대개 Pl.〉〖군〗견장, 계급장. ~**knospe,** der 〖식물〗액아(腋芽). ~**polster,** das 어깨 심. ~**schnur,** die 〈Pl. -schnüre〉견장 장식끈. ~**schweiß,** der 겨드랑이 땀. ~**sproß,** der 〖식물〗잎아래에서 나온 새싹. ~**ständig** 〈Adj.〉〖식물〗엽액(葉腋)의, 액생(腋生)의. ~**stück,** das 〈Pl.〉↑ ~klappe. ~**zucken,** das; -s 어깨를 치켜 올리면서 으쓱함(잘 모를 때나 무관심의 표현 동작). ~**zuckend** 〈Adj.〉 a. hinausgehen 어깨를 으쓱하며 나가 버리다.

achseln ['aksl̩n] 〈h〉《지역적》어깨에 메다: den Rechen a. 갈퀴를 어깨에 메다.

achsen-, Achsen- (↑achs-, Achs- 도 참조): ~**bruch,** der ↑ Achsbruch. ~**drehung,** die 축(軸)을 중심으로 하는 회전: die A. der Erde 지구의 자전. ~**kreuz,** das 〖수학〗↑Koordinatenkreuz. ~**mächte** 〈Pl.〉〖정치〗추축국(1936∼43)의 독일과 이탈리아: 1940년의 조약에는 일본도 포함). ~**symmetrie,** die 〖수학〗축대칭. ~**symmetrisch** 〈Adj.〉축대칭의. ~**zylinder,** der 〖의학〗(신경의) 축색(軸索).

-achser [-aksɐ] 〖다음의 복합어로〗 Dreiachser [3achser] 축이 세 개 있는 차. **achsig** ['aksɪç]〈Adj.〉축의, 축을 이룬(axial), **Achsigkeit,** die 축성(軸性)(Axialität).

-achsig [-aksɪç] 〖다음의 합성어로, 예컨대〗dreiachsig [3achsig] 축이 세 개 달린(있는).

acht [axt] 〈기수(基數)〉 8, 여덟(의): a. und eins ist [macht/gibt] neun 8과 1을 합하면 9다; zu a. 여덟이서; 〈통용어〉 zu -en 여덟이서; 〈아이〉 unser a. 우리 여덟; um a. 여덟 시에; 〈통용어〉 Schlag a. 여덟 시에; halb a. 일곱 시 반(에); alle a. Tage 1주일마다; er wird heute a. (Jahre) 그는 오늘로 만 8세가 된다; ich fahre mit der Linie a. 나는 8번 전차(버스)를 탄다; die Mannschaft gewann a. zu vier 그 팀은 8:4로 이겼다. **acht...** ['axt...] 〈↑acht의 서수〉 〈수로 표시할 때:8〉: er ist der Achte in der Klasse 그는 성적이 반에서 8번째다; heute ist der -e Januar 오늘은 1월 8일이다; Heinrich der Achte 하인리히 8세. **¹Acht** [-], die; -en **a)** 8이라는 수(숫자): eine arabische[römische] A. 아랍 숫자의 팔:8[로마 숫자의 팔:Ⅷ]. **b)** 8자형: auf dem Eis eine A. laufen 8자형을 그리는 스케이팅을 하다. **c)** 〈통용어〉 〈농〉 수갑: jmdm. die (stählerne) A. anlegen 누구에게 수갑을 채우다. **d)** 〈카드의〉 8자 패: die A. abwerfen 8자 패를 버리다. **e)** 〈통용어〉 8번(선)차: ich bin mit der A. gefahren 나는 8번 차를 타고 왔다[갔다].
²Acht [-], die 〈역사적〉 법률의 보호 박탈, 추방, 〔종교〕 파문: über jmdn. die A. verhängen[jmdn. mit der A. belegen] 누구에게서 법률의 보호를 박탈하다; **jmdn. in A. und Bann tun** 1) 〈역사적〉 누구를 파문하다. 2) 《아이》 누구를 어떤 공동체에서 추방하다.
³Acht [-], die 〈고어〉 주의 〈특정의 숙어로만 사용, 그 때문에 대개의 경우 소문자로 쓰임〉 etw. außer A.[《드물게》 aus der A./außer aller A.] lassen 무엇을 주의(고려)하지 않다, 무엇을 무시(도외시)하다; etw. in a. nehmen 무엇에 주의를 기울이다; sich in a. nehmen 조심하다. **acht-, Acht-** 추방의
acht-, Acht- 〈숫자: 8〉: **~armig** 〈Adj.〉 팔(가지)이 8개의. **~bändig** 〈Adj.〉 8권으로 된: ein -es Lexikon 8권으로 된 《백과》 사전. **~bässig** [-bɛsɪç] 〈Adj.〉 ein -es Akkordeon 저음이 8개 있는 아코디언. **~blättrig** 〈Adj.〉 〔식물〕 꽃잎이 8개 있는(달린). **~eck**, das 8각형. **~eckig** 〈Adj.〉 8각(형)의. **~einhalb** 〈분수〉 8½, 8과 반: vor a. Jahren 8년 반전(↑~undeinhalb). **~ender**, der 〔사냥〕 여덟 가닥의 뿔을 가진 사슴(한 쪽에 네 가닥의 뿔). **~faltig** 〈Adj.〉 〈드물게〉 주름이 여덟인. **~fältig** 〈Adj.〉 〈아이〉 ↑achtfach. **~flach**, **~flächner**, der ↑Oktaeder. **~füßer** [~füßler] der ↑Oktopode. **~geschossig** 〈Adj.〉 ein -es Gebäude 8층 건물. **~gliedrig** 〈Adj.〉 8절의, 여덟 부분으로 된. **~groschenjunge**, der **a)** 〈경찰의〉 끄나풀〔앞잡이〕. **b)** 동성 연애형 청소년. **~hundert** 〈기수〉 팔백, 800. **~jährig** 〈Adj.〉 **a)** ein -es Mädchen 여덟 살(의) 소녀. **b)** 8년간의: eine -e Amtszeit 8년(간)의 재직 기간. **~jährlich** 〈Adj.〉 8년마다(의)/8년만다(의). **~kampf**, der 〔육상〕 〈여자 및 14~16세의 청소년이 하는〉 8종목 제조 경기. **~kantig** 〈Adj.〉 모(서리)가 여덟인: **jmdn. a. hinauswerfen**[**hinausschmeißen/rausschmeißen**] 〈경〉 누구를 거칠게 방에서 쫓아내다. **~klassig** 〈Adj.〉 (= 8klassig) 여덟 반의. **~mal** 〈Adv.〉 여덟 번. **~malig** 〈Adj.〉 (= 8malig) 여덟 번의. **~meter**, der 실내 축구에서 페널티 킥. **~monatig** 〈Adj.〉 (= 8monatig) **a)** 8개월 된. **b)** 8개월(간)의. **~monatlich** 〈Adj.〉 (= 8monatlich)(8)개월마다(의). **~monatskind**, das 8삭둥이. **~pfünder**, der (= 8pfünder) **1.** 〈옛〉 8파운드 무게의 포탄을 쏘던 대포. **2.** 〈무게가〉 8파운드의 것. **~pfündig** 〈Adj.〉 (= 8pfündig) 8파운드의. **~polröhre**, die 〔전기〕 8극(진공)관. **~prozentig** 〈Adj.〉 (= 8%ig) 8퍼센트의. **~punktschrift**, die 〔인쇄〕 8포인트 활자. **~seitig** 〈Adj.〉 (= 8seitig) 8면의: ein -es Vieleck 8면체. **~silbig** 〈Adj.〉 ein -es Wort 8음절의 단어. **~spännig** 〈Adj.〉 8마리 말이 끄는. **~stellig** 〈Adj.〉 eine -e Zahl 8자리의 수. **~stöckig** 〈Adj.〉 (= 8stöckig) ein -es Haus 8층 집. **~stundentag**, der 하루 8시간 노동(의 작업일). **~stündig** 〈Adj.〉 (= 8stündig) 8시간의. **~tägig** 〈Adj.〉 (= 8tägig) 8일간의. **~täglich** 〈Adj.〉 (= 8täglich) 8일마다(의). **~tausend** 〈기수〉 (= 8000) 팔천. **~tausender**, der 8000 미터급의 산(봉우리). **~teilig** 〈Adj.〉 (= 8teilig) ein -es Service 8조각으로 된 한 벌의 식기. **~tonner**, der (= 8tonner) 8톤 적재량의 화물 자동차. **~uhrvorstellung**, die 저녁 8시 연극 공연(영화 상영). **~uhrzug**, der 8시 발 열차. **~undeinhalb** ↑~einhalb 참조. **~undvierziger** [...fɪrtsɪɡɐ], der; -s, - 1848년 혁명 가담자 및 동조자. **~undvierzigflächner** ['axt|ʊnt'fɪrtsɪç-], der 48면 정규 수정체. **~wöchentlich** 〈Adj.〉 8주마다의. **~wöchig** 〈Adj.〉 **a)** 8주가 된. **b)** 8주간의. **~zehn** 〈기수〉 (= 18) 십팔〔열여덟〕. **~zehnender**, der 〔사냥〕 열여덟 가닥의 뿔을 가진 사슴(한 쪽에 아홉 가닥의 뿔). **~zehnjährig** 〈Adj.〉 (= 18jährig) **a)** ein -er Bursche 18세의 사내. **b)** 18년간의. **~zeilig** 〈Adj.〉 eine -e Strophe 18행으로 된 시련(詩聯). **~zöllig**[**~zollig**] 〈Adj.〉 (= 8zöllig) 〈길이가〉 18인치의. **~zylinder**, der (= 8zylinder) **a)** ↑Achtzylindermotor. **b)** 8기통(엔진) 자동차. **~zylindermotor**, der 8기통. **~zylindrig** 〈Adj.〉 (= 8zylindrig) 8기통의.
achtbar ['axtbaːɐ̯] 〈Adj.〉 〈아이〉 **a)** 존경받을 만한: aus -er Familie stammen 존경받을 만한 가문 출신이다. **b)** 인정〔존경〕받을 만한: eine -e Leistung 인정할 만한 업적.
Achtbarkeit, die ↑achtbar의 명사형.
achtel ['axtl] 〈분수〉 8분의 1의: drei a. Liter $\frac{3}{8}$리터.
Achtel [-], der; -s, - **a)** 〈양의〉 8분의 1: ein A. vom Kuchen 이 케이크의 $\frac{1}{8}$. **b)** 〔음악〕 ↑Achtelnote.
Achtel-: **~finale**, das 〔스포츠〕 8강전(16강이 겨루는 토너먼트 경기). **~finalist**, der 8강을 뽑는 16강에 참가하는 선수(팀). **~liter**, der $\frac{1}{8}$리터: einen A. Wein bestellen $\frac{1}{8}$리터 포도주를 주문하다. **~los**, das 8분 복권. **~note**, die 〔음악〕 8분 음표. **~pause**, die 〔음악〕 8분 휴지부. **~zentner**, der $\frac{1}{8}$첸트너(1첸트너는 100파운드).
achteln ['axtln] 〈h〉 8(등)분하다.
achten ['axtn̩] 〈h〉 **1.** 존경〔존중〕하다: das Gesetz a. 법을 존중하다. **2. a)** 주의하다, 신경을 쓰다: er achtete nicht auf die Passanten 그는 통행인들에 주의하지 않았다; er sprach weiter, ohne auf die Zwischenrufe zu achten 그는 말하는 도중 다른 사람들이 외치는 소리에 신경을 쓰지 않고 계속해 말했다; 〈auf·중간어로서 2격 및 4격 목적어와 함께, 대개 부정문에서〉 a. achtete nicht des Schmerzes[die Gefahr] 그는 고통[위험]에 신경쓰지 않았다(고통[위험]을 개의치 않았다). **b)** 주의하여 돌보다, 유념하다: auf das Kind a. 아이를 주의하여 돌보다; auf Pünktlichkeit a. 정시에 도착하도록 유념하다. **3.** 《아어·준고어》 보다, 생각하다〔여기다〕: etwas für Betrug a. 무엇을 사기라고 생각하다.
ächten ['ɛçtn̩] 〈h〉 **a)** 〈역사적〉 누구로부터 법(률)의 보호를 박탈하다: er wurde vom Kaiser geächtet 황제가 그로부터 법의 보호를 박탈했다. **b)** 〈공동에서〉 추방하다: die anderen Häftlinge ächteten ihn 다른 죄수들이 그를 추방했다. **c)** 〈공동의 적으로〉 비난하다, 배척하다: die Todesstrafe ä. 사형 제도를 배척하다.
achtens ['axtn̩s] 〈Adv.〉 여덟 번째의.
achtenswert 〈Adj.〉 존경할 만한, 주목할 만한: -e

Motive 주목할 만한 동기들.

Achter ['axtɐ], der; -s. - **1.** [스포츠] **a)** [조정] 8인승 (경주용) 보트(8명의 조정수와 1명의 조타수). **b)** (스케이팅, 승마에서) 8자형 피겨. **2.** 《지역적》↑¹Acht (a, e).

¹Achter-: **~bahn, die** (축제의 광장이나 놀이터에서) 8자형의 여러 활주로로 된 승강 철도(스릴을 즐기게 하는 오락 시설), 팔팔 열차. **~kreisen, das** [체조] 8자 그리기 체조. **~lauf, der** [핸드볼] 8자형 공격. **~mannschaft, die** 8인승 보트 팀. **~reihe, die** 8명(대)열 (列).

achter-, **²Achter-** [선원]: **~aus** 〈Adv.〉 뒤로. **~deck, das** ↑Hinterdeck. **~last, die** 선미가 앞보다 깊게 물에 잠기도록 실은 짐. **~lastig** [-lastɪç] 〈Adj.〉 선미가 앞보다 깊이 물에 잠기도록 한: ein -es Schiff 선미가 앞보다 깊게 물에 잠기도록 짐을 실은 배. **~lastigkeit, die** 선미가 무거운 상태. **~schiff, das** ↑Hinterschiff. **~steven, der** ↑Hintersteven.

Ächter ['ɛçtɐ], der; -s. - **1.** 《역사적》법률을 보호를 박탈당한 사람. **2.** 《드물게》법률을 박탈하는 사람.

achterlei 〈격변화 없음〉 **a)** 8종류의: in a. Farben 여덟 가지 색으로; a. Sorten Papier 8종류의 종이. **b)** 여덟 가지(물건): a. zu besorgen haben 여덟 가지를 마련해야 한다.

achterlich ['axtɐlɪç] 〈Adj.〉 [선원] 뒤쪽에서 오는: der Wind war a. 바람은 뒤쪽에서 불어왔다. **achtern** ['axtɐn] 〈Adv.〉 [선원] 뒤쪽에(배 중간 뒤쪽): nach a. gehen 선미로 가다.

achtfach 〈배수〉 (= 8 fach) 8배의, 팔중(八重)의: die -e Menge 8배의 양(量). **Achtfache**, das (= 8 fache) 8배: etw. um das A. erhöhen 무엇을 8배 높이다[늘이다].

achtgeben* 〈h〉 **a)** …에 주의하다, 유념하다, 신경을 쓰다: wir haben uns nicht auf die Zeit achtgegeben 우리는 시간을 유념하지 않았다; auf die kleinen Geschwister a. 어린 동생들을 주의해 돌보다; gib auf dich acht! 네 자신에 주의해! **b)** 조심하다: man muß sehr a. in den Felsen 낭떠러지에서는 아주 조심해야 한다. **achthaben**〈h〉**a)** (아이) ↑ achtgeben (a) auf die Kinder a. 아이들을 주의해서 돌보다. **b)** 《아이·준고어》…에 주의하다: er hatte auf den Verkehr nicht achtgehabt 그는 교통에 주의하지 않았다: ② 격 목적어와도) sie hatten des Weges kaum achtgehabt 그들은 길을 거의 주의하지 않았다.

Achtling ['axtlɪŋ], der; -s, -e **1.** 여덟 쌍둥이. **2.** 8페니 히 짜리 옛날 동전.

achtlos 〈Adj.〉 부주의한, 생각없는: etw. a. wegwerfen 무엇을 부주의하여 던져 버리다. **Achtlosigkeit, die;** -en 부주의, 조심성 없음. **achtsam** ['axtza:m] 〈Adj.〉 〈반대: unachtsam〉 (아이) **a)** 주의깊은, 조심성 있는: ein -es Auge auf jmdn. [etw.] haben 누구[무엇]를 주의깊게 살피다(바라보다). **b)** 신중한, 조심스러운: etw. a. ausführen 무엇을 신중하게 이행하다. **Achtsamkeit, die** 〈반대: Unachtsamkeit〉 주의, 신중. **Achtung** ['axtʊŋ], die **1.** 존경, 경의: die gegenseitige A. 그것은 서로의 존경심을 불러일으킨다; jmdm. A. entgegenbringen 누구에게 경의를 표하다; sich allgemeine A. erfreuen 모든 사람의 존경을 받다. **alle A.!** 정말 놀라운데! (경탄의 표현). **2.** 주의, 조심. 《다음 용법으로만》 **a)** 《경고의 외침으로》A.! 조심! **b)** 《경고로》A., Stufe! 계단 주의! **c)** 《주목해 줄 것을 요구하는 외침으로》A., Aufnahme! 자, (사진) 찍어요! **d)** 《군사 명령으로》A., präsentiert das Gewehr! 차렷, 총! **Ächtung** ['ɛçtʊŋ], die; -en **a)** 법률 보호의 박탈. **b)** 추방, 배척, 거부, 매장: der sozialen Ä. entgehen wollen 사회적 매장을 피하려 하다.

achtunggebietend 〈Adj.〉 존경심을 불러일으키는, 위엄있는, 당당한: eine -e Persönlichkeit 위엄있는 인물.

achtungs-, **Achtungs-** (Achtung 1): **~applaus, der** 의례적인 갈채. **~bezeigung, die** 경의의 표현. **~erfolg, der** 괜찮은 성과, 무난한 성과. **~voll** 〈Adj.〉 공경하는, 정중한, 존경심에 찬: mit -en Mienen 정중한[존경심에 찬] 표정으로.

achtzig ['axtsɪç] 〈기수〉(= 80) 팔십: a. fahren 《통용어》 시속 80 km로 (차를) 몰다; 《통용어》**auf a. sein** 매우 화나 있다; **auf a. kommen** 매우 화내다; **jmdn. auf a. bringen** 누구를 매우 화나게 하다. **Achtzig** [-], die 팔십(의 수): er ist Mitte (der) A. 그의 나이는 80 중반이다; in die A. kommen (나이가) 80이 되다. **achtziger** ['axtsɪgɐ] 〈Adj.〉 (= 80 er) **1.** 80년에 나온(포도주, 잠지 등): das ist ein a. Jahrgang 그것은 80년산 (포도주)이다. **2.** 80년대의: in den a. Jahren des vorigen Jahrhunderts 지난 세기 80년대에. **Achtziger** [-] **1.** der; -s, -a) 80대의 남자. **b)** 제 80연대 소속의 장병. **c)** 80년산 포도주. **2.** 〈Pl.〉↑Achtzigerjahre (의 약어). **Achtzigerin, die;** -nen ↑ Achtziger (1 a)의 여성형, 80대의 여자. **Achtzigerjahre** [(또한)'---'---] 〈Pl.〉 80 대 (80 대~89 세): in den -n sein (나이가) 80대이다. **achtzigst...** ['axtsɪçst...] 〈↑ achtzig 의 서수〉 (= 80.) 80 번째의, 제 80 의. **achtzigstel** 〈분수〉 (= $\frac{1}{80}$) 80 분의 1 의. **Achtzigstel, das** 〈schweiz.〉 der; -s, - 80 분의 1.

ächzen ['ɛçtsn] 〈h〉 신음하다: ächzend aus dem Wagen steigen 신음하며 차에서 내리다; [전의] die Bodenbretter ächzten unter den Tritten 발로 마룻장을 밟자 삐걱거렸다. **Ächzen** [-], das; -s 신음. **Ächzer, der;** -s, - 《통용어》신음 소리: einen Ä. von sich geben 신음 소리를 내다.

a. c. i. = accusativus cum infinitivo(↑ Akkusativ).

Acidität. [lat. acidus] [화학] 산성. **Acidose, die;** -en [의학] 산혈증(酸血症)〔혈액 속에 산도가 증가하는 병〕.

Acker ['akɐ], der; -s, **Äcker** ['ɛkɐ]/〈지적 단위〉 〈축소형: ↑Äckerchen〉 **1.** 전답, 경작지: ein fruchtbarer A. 비옥한 전답; die Äcker liegen brach 전답이 한지(閑地)에 놓여 있다[이용되고 있지 않다]; den A. bestellen 밭을 갈다. **2.** 아커(경작 면적의 옛 단위): 10 A. Land 10 아커의 땅.

acker-, **Acker-**: **~bau, der** 〈Pl. 없음〉 경작, 농업: A. und Viehzucht 농정 목축; **von A. und Viehzucht keine Ahnung haben** 어떤 분야에서 무식하다, 전혀 아무것도 모르다. **~bauerzeugnisse** 〈Pl.〉 농산물, 농작물. **~bauschule, die** 농업 (전문) 학교. **~bautreibend** 〈Adj.〉 농업을 영위하고 있는, 농사를 짓는. **~bauer 1.** der; -s, -n (드물게: -s), -n (고어) 농부, 농민. **2.** der; -s, - 〈대개: Pl.〉 [인종] 농경 민족[족]. **~beet, das** 이랑. **~bestellung, die** 경작. **~boden, der** 경작지. **~bohne, die** ↑Pferdebohne. **~bürger, der** 《역사적》 (시 경계 내에서) 경작을 했던 소도시 시민. **~bürgerstadt, die** ↑ Ackerbürger가 있던 도시. **~distel, die** [식물] 엉겅퀴과(科)에 속하는 뿌리가 긴 성가신 밭 잡초: Cirsium arvense). **~erbse, die** [농업] 사료 및 퇴비용 식물. **~erde, die** 경작지. **~fläche, die** 경작지면, 전답, **~fräse, die** ↑ Bodenfräse. **~fuchsschwanz, der** 잡초의 일종(학명: Alopecurus myosuroides). **~furche, die** 밭고랑. **~gare, die** ↑ Bodengare. **~gauchheil, der** 잡초의 일종(학명: Anagallis arvensis), **~gaul, der** 《경멸》 **~pferd**. **~gerät, das** 〈대개 Pl.〉 농기구. **~hahnenfuß, der** (밭에 나는) 잡초의 일종(학명: Ranunculus *arvensis*). ~**kamille**, die 엉거시과에 속하는 카밀레류(類). ~**krume**, die 【농업】 경토(耕土), 상부의 부식토층. ~**land**, das 〈Pl. 없음〉 경작지. ~**mann**: ↑Ackersmann. ~**mennig**, der ↑Odermennig. ~**nahrung**, die 【농업】 한 농가의 식구(4인 기준)를 부양하기에 족한 경지 면적(독일에서는 한 면적이 7.5ha). ~**pferd**, das 농경마(馬). ~**rain**, der 이랑. ~**rettich**, der ↑Hederich. ~**rittersporn**, der 밭 잡초의 일종(학명: *Delphium Consolida*). ~**salat**, der ↑Feldsalat. ~**schachtelhalm**, der 밭 잡초의 일종(학명: *Equisetum arvense*). ~**schädling**, der 밭작물 해충. ~**schleife**[~**schleppe**] die 【농업】 밭의 흙을 고르는 기구. ~**schlepper**, der 경운기(耕耘機). ~**schnecke**, die (농작물에 해를 끼치는) 괄태충의 일종. ~**scholle**, die (쟁기로 파헤친) 흙덩이. ~**senf**, der 야생겨자(잡초의 일종). ~**spark**/~**spergel**/~**spörgel**] der 밭 잡초의 일종으로서 사료용으로도 재배함(학명: *Spergula arvensis*). ~**unkraut**, das 밭 잡초. ~**wagen**, der 농업용 다목적 차량(구루마). ~**walze**, die 농경용 롤러. ~**wicke**, die 【농업】 사료용 식물의 일종(학명: *Vicia Sativa*). ~**winde**, die 밭 잡초로서 메꽃의 일종 (학명: *Convolvulus arvensis*). ~**zahl**, die 〈Pl. 없음〉【농업】 농경 토지 평가에서의 등급 수치.

Äckerchen ['ɛkəçən], das; -s ↑Acker. **ackern** ['akɐn] ⟨h⟩ **a)** 〈드물게〉 쟁기질하다: er hilft den Bauern a. 그는 농부들이 쟁기질하는 것을 돕는다. **b)** 〈통용어〉 수고하다, 노고를 겪다. **Ackersmann**, der ⟨Pl. : ...leute⟩ 〈고어〉 농부.

Ackja ['akja], der; -(s), -n [schwed. ackja] **1.** (북극 지방의) 보트 모양의 썰매, 순록(馴鹿)이 끄는 썰매. **2.** (산악 구조대의) 구조용 썰매.

à condition [a kōdi'sjō] 〖상〗 조건부로.

a conto [a 'kɔnto] 〖금융〗 할부로, 내입금(內入金)으로.

Acquisiteur: ↑Akquisiteur. **Acquit** [a'ki], das; -s, -s [frz. acquit] 〈상 · 고어〉 영수증.

Acre ['eɪkɐ], der; -s, -s [engl. acre] 에이커(약 4,047 m²).

Acrolein: ↑Akrolein.

Acryl- [a'kry:l-]: ~**faser**, die 아크릴사(絲). ~**glas**, das 〈Pl. 없음〉 아크릴 유리. ~**harz**, das 아크릴 수지. ~**säure**, die 아크릴 산.

ACS = Automobil-Club der Schweiz 스위스 자동차 클럽.

Actinium [ak'ti:niʊm], das; -s 악티늄(기호: Ac). **Actino-**: ↑Aktino-.

Action ['ækʃən], die; [engl. action] 액션, 긴장감 있는 행위(영화나 소설 따위에서).

Action-: ~**comic**, der 액션 코믹. ~**film**, der 액션 영화, 액션물. 〈붙임표로 연결〉 ~**painting** [-peɪntɪŋ], das; - [engl. action painting] 액션 페인팅(1940년대 말 미국에서 발생한 추상화의 한 양식).

Actrice: ↑Aktrice.

ad [at; lat. ad absurdum, ad acta] ad 1: ...ad 2: ... 따위와 같은 라틴어 성구에 쓰임.

a. d. = a dato.

a. d. = an der(지역 이름에 사용: 예컨대: Frankfurt a. d. Oder).

a. D. = außer Dienst 퇴역한, 퇴직한.

A. D. = Anno Domini.

Adabei ['aːdabaɪ], der; -s, -s 〈österr. · 통용어〉 어디나 끼어드는 사람, 잘난 체하는 사람.

ad absurdum 《다음 용법으로》 **etw. jmdm., sich**] **ad a. führen** 《교양어》 무엇(누구, 자신)이 불합리함을 논증하다.

ADAC = Allgemeiner Deutscher Automobilclub 전

(全) 독일 자동차 클럽.

ad acta [at 'akta] 《다음 용법으로》 **etw. ad a. legen** 1) 《고어》 무엇을 다른 서류와 함께 치워버리다. 2) 《교양어》 중지(포기)하다, 끝난 것으로 정리하다, 묵살해 버리다.

adagio [a'daːdʒo, 〈또한〉 a'daːʒjo] ⟨Adv.⟩ [ital. adagio] 【음악】 느리게. **Adagio** [-], das; -s, -s 느린 곡조.

Adam ['aːdam; hebr. 'aḏam = 아담(창세기에 나오는 최초 인간)] **1.** der; -s, -s 《통용어·농》 남자(여자의 상대로서). **2. seit -s Zeiten** 《통용어》 까마득한 옛날부터, 태고(太古) 이래; **von A. und Eva abstammen** 《통용어》 (어떤 일이) 아주 오래되다; **bei A. und Eva anfangen**[**beginnen**] 《통용어》 (이야기 따위를) 장황하게 늘어놓다, 아주 처음부터 시작하다; **der alte A.** 《준고어》 인간의 원죄; **den alten A. ausziehen** (회개하여) 새사람이 되다, 갱생하다. **Adam Riese** [-'riːzə; 수학자 Adam Ries(e)(1492∼1559)에서 연유함]《다음 용법으로》 **nach A. R.** 《통용어·농》 정확하게 말하자면: das macht nach A. R. zehn Mark 정확히 계산해서 그것은 10 마르크다.

Adamit [ada'miːt], der; -en, -en 아담파(신도). **adamitisch** ⟨Adj.⟩ 아담파의.

Adams-: ~**apfel**, der 목젖, 울대뼈, 결후(結喉), 후두돌기(喉頭突起). ~**kostüm**, das 《다음 용법으로》 **im A.** 《통용어·농》 나체로(아담의 의상으로): im A. herumlaufen 발가벗고 돌아다니다.

Adaptabilität [adaptabili'tɛːt], die [lat. adaptābilis] 적응력. **Adaptation** [adapta'tsjoːn], die; -en [lat. adaptātio] **1.** ⟨Pl. 없음⟩ 【생물】 (환경에의) 적응, 적합, 순응. **2.** ⟨Pl. 없음⟩ 【사회】 (인간의 사회 환경에의) 적응, 순응, 적응. **3.** 개작형, 번안물. **Adaptationsvermögen**, das 적응력. **Adapter** [a'daptɐ, ⟨engl.⟩ ə'dæptə], der; -s, - [engl. adapter] 어댑터, 보조 기구. **adaptieren** [adap'tiːrən] ⟨h⟩ [lat. adaptāre] **1.** 적응[순응]시키다; 적합하게 하다; 개작[각색, 번안]하다: einen Roman für den Film a. 소설을 영화화하다. **2.** (österr.) **a)** (집을) 수리하다. **b)** (특수한 목적을 위해) 설비하다, 개조하다. **Adaptierung**, die; -en ↑adaptieren의 명사형. **Adaption** [adap'tsjoːn], die; -en ↑Adaptation. **1.** ⟨전문어⟩ ↑Adaptation (1∼3). **2.** (österr.) ↑Adaptierung. **adaptiv** [adap'tiːf] ⟨Adj.⟩ 적응하는, 적응할 수 있는; (건물을) 수리할 수 있는.

adäquat [atɛ'kvaːt, 《또한》 '- - - -] ⟨Adj.⟩ [lat. adaequātus] 《교양어》 적당[적합]한(반대: inadäquat).

a dato [a 'daːto] 〖경제〗 이 날짜로부터.

ADB = Allgemeine Deutsche Biographie 전(全)독일 전기대감(傳記大鑑)(1900년까지 사망한 독일의 저명 인사의 전기를 수록한 총서로서 1875∼1912에 간행, 총 55권).

ad calendas graecas [at ka'lɛndas 'greːkas] 《교양어》 여지껏 ...하지 않는, 전대 미문의, 고금에 없는.

Addend [a'dɛnt], der; -en, -en [lat. addendum] 〈고어 · 드물게〉 더해야 할 수, 피가수(被加數). **Addendum** [a'dɛndʊm], das; -s, ...da 〈대개 Pl.〉 [lat. addendum] 〈고어〉 추가(물), 보충, (책 따위의) 보충, 증보.

addieren [a'diːrən] ⟨h⟩ [lat. addere] 《교양어》 **a)** 보태다, 가(加)하다, 합계하다(반대: subtrahieren). **b)** ⟨a. + sich⟩ 어떤 금액에 달하다, 가산되다. **Addiermaschine**, die 계산기.

addio [a'diːo] ⟨Adv.⟩ [ital. addio] 《교양어》 잘 가[잘 있어], 안녕! ↑Ade.

Addis Abeba [- 'abeba, 《또한》 - a'beːba] 아디스 아베바(에티오피아의 수도).

Addition [adi'tsjoːn], die; -en [lat. additio] 《교양어》 부가, 첨가, 덧셈, 가산(법); 추가된 것, 부가물(반대: Subtraktion). **additional** [aditsjoˈnaːl] ⟨Adj.⟩ 부가

ad infinitum

[추가]의. **Additionswort**, das 【언어】 ↑Kopulativum. **additiv** [adi'ti:f] 〈Adj.〉 [lat. additīvus] (반대: subtraktiv) 첨가[추가]하는, 부가적인, 누적된; 덧셈일의, 가법(加法)의. ein -es Verfahren 【사진】 가색법(加色法). 〈명사화〉 **Additiv** [-], das; -s, -e [...'ti:və; engl. additive] 첨가제[물].

addizieren [adi'tsi:rən] 〈h〉 [lat. addīcere] 판결에 의하여 부여하다[귀속시키다].

Adduktion [adʊk'tsjo:n], die; -en 【의학】 내전(內轉). **Adduktor**, der; -s, ...oren 【의학】 내전근(筋).

ade [a'de:] 〈Adv.〉 [lat. ad deum] 【고어·지역적】 안녕! (작별의 인사): jmdm. [(sich) gegenseitig] a. sagen 누구에게[서로] 작별 인사를 하다. **Ade** [-], das; -s, -s (작별 인사로서의) 안녕.

Adebar ['a:dəbar], der; -s, -e 〈niedd.〉 ↑Storch.

Adel ['a:dl], der; -s **1. a)** 귀족 (계급). **b)** 귀족 가문. **2.** 귀족 출신[가문]: von A. sein 귀족 출신이다; 성규 A. verpflichtet (= noblesse oblige) 신분에는 의무가 따른다. **3.** 고귀, 고상, 숭고함, 기품, 품위. **adelig**: ↑**adlig**. **adeln** ['a:dln] 〈h〉 **1.** (jmdn.) 귀족의 신분을 부여하다, 귀족의 일원이 되게 하다. **2.** (아이) 고상하게 하다, 세련되게 하다.

adels-, Adels-: ~**anmaßung**, die 귀족 칭호의 사칭 (詐稱). ~**brief**, der 작위(爵位) 수여증. ~**buch**, das ↑~matrikel. ~**diplom**, das ↑~erhebung, die 귀족으로의 승격, 서작(叙爵). ↑~**familie**, die 귀족 가문. ~**geschlecht**, das 귀족 혈통[가문]. ~**herrschaft**, die 귀족 정치. ~**kalender**, der ↑~matrikel. ~**klasse**, die 귀족 계급. ~**krone**, die 귀족관(貴族冠)(작위가 없는 귀족용). ~**lexikon**, das 귀족 명감(明鑑)(18~19세기의). ~**matrikel**, die 공식 귀족 명부. ~**palast**, der 귀족의 궁. ~**partikel**, die (von, de 따위와 같이) 귀족의 이름 앞에 붙는 불변화사. ~**prädikat**, das ↑~partikel. ~**privileg**, das 귀족의 특권. ~**probe**, die 기사 가계 증명(騎士家系證明). ~**rang**, der 귀족 계급. ~**stand**, der 귀족 신분[계급]. ~**stolz** 〈Adj.; nicht adv.〉 귀족의 신분[명문]을 자랑하는. ~**stolz**, der 귀족의 신분에 대한 자랑[긍지]. ~**titel**, der 작위, 귀족의 칭호. ~**verleihung**, die 작위 수여.

Adelung ['a:dəluŋ], die; -en ↑adeln의 명사화.

Aden ['a:dn] 아덴(예멘의 수도).

Adenom [ade'no:m], das; -s, -e [gr. adén] 【의학】 선종(腺腫). **adenomatös** [adenoma'tø:s] 〈Adj.〉 【의학】 선종상(腺腫狀)의.

Adenotomie [adeno'tomi:], die; -en 【의학】 인두 편도선(咽頭扁桃腺) 제거 수술.

Adept [a'dɛpt], der; -en, -en [lat. adeptus] **a)** 비술(秘術)[연금술사]의 대가. **b)** 【교양어·농】 전문가, 대가.

Ader ['a:dɐ], der; -n **1.** 〈축소형〉 ↑**Äderchen** [정문어]: die -n traten an seinen Schläfen hervor 그의 관자놀이 혈관이 솟아 올랐다; **sich³ die -n öffnen** (아어) 혈관을 끊어 자살하다; jmdm. zur A. lassen 1) 〈정문어〉 누구의 피를 뽑다, 누구에게서 방혈법(放血法)[사혈법(瀉血法)]을 쓰다. 2) 《통용어·농》 누구에게서 돈을 우려내다. **2.** 〈Pl. 없음〉 소질, 천성; keine A. für etw. haben 무엇에 대한 소질이 없다; eine leichte A. haben 천성이 경박하다. **3. a)** 【식물】 엽맥(葉脈), 나뭇결. **b)** 【동물】 (곤충 날개의) 시맥(翅脈). **c)** 【제재】 무늬목 장식. **d)** 【지질·광】 광맥, (지하)수맥, (석재 따위의) 줄무늬, 결. **e)** 【전기】 (케이블의) 심선(心線).

ader-, Äder-: ~**geflecht**, das 맥락총(脈絡叢). ~**geschwulst**, die 【의학】 혈관종. ~**haut**, die (【의학】 (눈의) 맥락막(脈絡膜). ~**klemme**, die ↑~presse. ~**knoten**, der 정맥류(靜脈瘤). ~**presse**, die [의

학] 지혈기(止血器), 혈관 압저기(壓抵器). ~**reich** 〈Adj.〉 혈관이 많은. ~**strang**, der 혈관.

Äderchen ['ɛːdɐçən], das; -s, - ↑Ader (1). **aderig** ['aːdəriç], **äderig** ['ɛːdəriç], **adrig** ['aːdriç], **ädrig** ['ɛːdriç] 〈Adj.〉 【전문어】 혈관이 있는, 정맥의, 동맥의; (돌, 나무 따위에) 결이 있는.

Aderlaß ['aːdɐlas], der; ...lasses, ...lässe [...lɛsə] **a)** [의학] 사혈(瀉血), 방혈(放血). **b)** 피해, 손실. **ädern** ['ɛːdɐn], 〈전문어〉 **adern** ['aːdɐn] 〈h〉 《드물게》 (돌, 나무 따위에) 줄무늬를 새기다[그리다]: fein geäderter Marmor 줄무늬가 있는 대리석. **Aderung**, **Äderung**, die; -en (시맥, 엽맥(翅脈, 葉脈)의) 맥상(脈相).

Adespota [a'dɛspɔta] 〈Pl.〉 [griech. adespota] 저자 불명의 작품(특히 찬송가의); 임자없는 물건.

Adessiv ['atɛsiːf], 〈또한〉 --'-], der; -s, -e [lat. adesse] 【언어】 **1.** 위치 및 장소를 나타내는 격(格)(예컨대: 핀란드어: talolla = auf dem Haus). **2.** 위치[장소] 격의 단어.

à deux mains [adø'mɛ̃] (피아노 연주에서) 두 손으로.

Adgo ['atgo], die (= Allgemeine Deutsche Gebührenordnung für Ärzte) 전(全)독일 의료 수가 규정.

Adhärens [at'hɛːrɛns], das; -, ...renzien, älter: ...tien [...hɛ'rɛntsjən] 〈대개 Pl.〉 [lat. adhaerēns] **1.** 《고어》 부속(부착)물. **2.** 【화학】 접착제. **adhärent** [athɛ'rɛnt] 〈Adj.〉 접착하는, 접착성의, 잘 붙는, (누구에) 호의를 갖는, (누구를) 지지하는. **Adhärenz** [athɛ'rɛnts], die [lat. adhaerentia] 《고어》 **a)** 집착, 애착, 귀의, 충성. **b)** 접착, 부착, 유착. **adhärieren** [athɛ'riːrən] 〈h〉 [lat. adhaerēre] 《고어》 부착[접착]하다; (...에게) 애착[호의]을 갖다, (의견 따위를) 고집하다, 찬성하다. **Adhäsion** [at'hɛːzjoːn], die; -en [lat. adhaesio] **1.** 【물리】 (분자의) 응집력. **2.** 【의학】 유착(瘉着). **3.** 【식물】 착생(着生). **4.** ↑Akzession (2).

Adhäsions-: ~**bahn**, die 마찰 추진식 철도(보통의 궤도식 철도). ~**fett**, das (동륜에 거는 벨트에 바르는) 점착유지(粘着油脂). ~**klausel**, die ↑Akzessionsklausel. ~**kraft**, die 【물리】 점착력. ~**prozeß**, der ~**verfahren**, das 【법】 부대 항소(附帶抗訴). ~**verschluß**, der (뗏다 붙였다 할 수 있는) 접착제로 봉함(되지나 인쇄물 등).

adhäsiv [athɛ'ziːf] 〈Adj.〉 부착력이 있는, 접착성의.

adhibieren [athi'biːrən] 〈h〉 [lat. adhibēre] 《고어》 적용[이용]하다; 《전문가 등에게》 의논하다, 의견을 듣다.

ad hoc [at 'hɔk, at /'hoːk] 《교양어》 **a)** 이 목적으로, 이것을 위해서. **b)** 당면 문제에 한해서, 임시 변통으로. **Ad-hoc-Bildung**, die 임시 조어. **Ad-hoc-Erklärung**, die (준비 없이 하는) 즉석 설명. **Ad-hoc-Interpretation**, die 즉석 해설.

adhortativ [athɔrta'tiːf] 〈Adj.〉 [lat. adhortātīvus] 《고어》 권고(勸誘)적인, 경고적인. **Adhortativ** [-] der; -s, -e [...'tiːvə] 【언어】 권장법(예컨대: Hoffen wir es! 기대해 보자!).

adiabatisch [adia'baːtɪʃ] 〈Adj.〉 [griech. adiábatos] 【물리·기상】 단열(斷熱)의, 단열적인.

Adiaphora [a'dia:fɔra, ...'diaf...] 〈Pl.〉 [griech. adiáphora] 【철학】 그 자체로서는 가(可)도 아니요 불가(不可)도 아닌 행위 또는 의견.

adieu [a'djøː] 〈Adv.〉 [frz. adieu] 《준고어·지역적》 안녕(작별 인사로서): jmdm. a. sagen 누구에게 작별(의) 말을 하다. **Adieu** [-], das; -s, -s 작별 인사, 고별.

Ädikula [ɛ'diːkula], die; ...lä [...lɛ; lat. aedicula] 【건축】, 벽감(壁龕)(초상, 꽃병 따위를 놓는 장식 부분).

Ädil [ɛ'diːl], der; -s/-en, -en [lat. aedilis] 《역사적》 안찰관(按擦官)(고대 로마의 고위 관직).

ad infinitum [at infi'niːtʊm] 《교양어》 끝없이, 무한히:

Adjektiv 48

eine Verlängerung ad i. 무기한 연장.
Adjektiv ['atjekti:f, (또한) --'-], das; -s, -e [...i:və; lat. adiectīvum] 【언어학】형용사. **adjektivieren** [atjekti'vi:rən] 〈h〉 형용사화하다, 형용사로 만들다. **adjektivisch** [(또한) --'--] 〈Adj.〉 형용사의, 형용사적: -er Gebrauch 형용사적 용법.
Adjudikation [atjudika'tsjo:n], die; -en, -en [lat. adiucatio] 재결(裁決), 판결에 의한 인정. **adjudizieren**, 〈h〉 [lat. adjudicare] 【법】판결에 의해 인정하다.
Adjunkt [at'juŋkt], der; -en, -en [lat. adiūnctus] **a)** 《고어》보좌관, 조수, 대리. **b)** 《österr., schweiz.》사무관 보(補).
Adjustage [atjʊs'ta:ʒə], die; -n [frz. ajustage] 【기술】(압연 공장의 마무리 부서인) 성형 압출부(成形壓出部).
adjustieren [atjʊs'ti:rən] 〈h〉 [frz. ajuster] **1. a)** 【기술】(연장을) 조정하다. **b)** 【측정기술】 조절하여 맞추다, (무게 따위를) 검량하다, (계기를) 검정하다. **2.** 《österr.·준고어》제복을 입히다, 장비를 갖추게 하다. Soldaten a. 병졸들에게 제복을 입히다. **Adjustierung**, die; -en **1.** 조정, 조절. **2.** 《österr.》**a)** 근무복, 제복. **b)** 《농》차림(새), 외관, 분장: in sonderbarer A. auftreten 기묘한 차림새로 나타나다.
Adjutant [atju'tant], der; -en, -en [frz. adjudant] 【군】부관. **Adjutantur** [atjutan'tu:ɐ], die; -en 부관의 직(위). **Adjutor** [at'ju:tɔr, (또한) ...to:r], der; -s, -en [...'to:rən; lat. adiūtor] 《고어》조수. **Adjutum** [at'ju:tʊm], das; -s, ...ten [lat. adiūtum] **1.** 《고어》보조(金). **2.** 《österr.》임시 수당, 일시 수당.
ad l. = ad libitum.
Adlatus [at'la:tʊs], der; -, ...ten, (또한) ...ti 《고어·농》조수, 조력자, 원조자.
Adler ['a:dlɐ], der; -s, - **1.** 독수리. **2.** 독수리 문장(紋章): der preußischen A. 프러시아의 제국의 문장.
adler-, Adler-: **~auge**, das 독수리의 눈, 형안(炯眼).
~äugig 〈Adj.〉독수리 눈의, 형안의. **~blick**, der 예리한 눈빛[눈초리]. **~farn**, der 【식물】고사리. **~fibel**, die 독수리 모양의 브로치. **~flügel**, der ↑Adlersflügel. **~horst**, der 독수리의 둥지. **~kopf**, der 독수리의 머리. **~nase**, die 매부리코. **~rochen**, der 【동물】가오리의 일종. **~schwung**, der 【기계체조】양 팔꿈치를 평행봉에 대고 매달렸다가 몸을 흔들어 팔을 세우는 동작.
Adlers-: **~fittiche** 〈Pl.〉, **~flügel** 〈Pl.〉《다음 용법으로》**auf -n** 《시어·준고어》바람같이 빨리.
ad libitum [at 'li:bitʊm] **a)** 《교양어》자유롭게, 마음대로. **b)** 【음악】(일정한 템포에 구애 받지 않고(약어: ad l., ad lib., a. l.).
adlig ['a:dlɪç, (아어) adelig ['a:dəlɪç] 〈Adj.〉 **1. a)** 귀족의, 명문의. **b)** 귀족인, 귀족에 속하는. **2.** (아어) 고귀한, 기품있는, 고상한. **Adlige***, Adelige ['a:d(ə)lɪɡə], der/die 귀족(의 한 사람).
Administration [atminɪstra'tsjo:n], die; -en [lat. administrātio] **1. a)** 관리(管理), 운영; 행정; 처리, 시행, 집행. **b)** (행정) 관청, 행정 기관. **2.** 《구동독·폄》 관료적 지령, 관료 통제. **3.** 【군】행정, **administrativ** [atminɪstra'ti:f] 〈Adj.〉 **1. a)** 행정(관리)의. **b)** 관청의. **2.** 《구동독·폄》관료적인, 하향식(下向式). **Administrator** [atminɪs'tra:tɔr, (또한) ...to:r], der; -s, -en [...'to:rən; lat. administrātor] **a)** 관리자, 대리인, 집행자. **b)** 【가】(사교구 등의) 관리자. **c)** 농장 관리인. **administrieren** [atminɪs'tri:rən] 〈h〉 [lat. administrāre] **1.** 관리(집행)하다. **2.** 《구동독·폄》관료적으로 지령하다.
admirabel [atmi'ra:bl] 〈Adj.: ...abler, -ste〉 [lat.

admīrābilis 《고어》찬탄해 마지 않음, 참으로 훌륭한, 뛰어난.
Admiral [atmi'ra:l], der; -s, -e/...räle [...'rɛ:lə; frz. admiral] **1.** 〈Pl.: Admiräle로도 사용〉해군 대장, 제독, 함대 사령(장)관. **2.** 【동물】알붐나비과의 나비. **3.** 〈Pl. 없음〉 적포도주, 계란, 설탕 따위를 칵테일한 더운 음료.
Admiral- ([군]: ↑Admirals-도 참조): **~arzt**, der 준장 계급의 해군 군의관. **~stab**, der 해군 참모 본부. **~stabsarzt**, der 소장 계급의 해군 군의관. **~stabsoffizier**, der 해군의 참모 장교.
Admiralität [atmirali'tɛ:t], die; -en **a)** (총칭) 해군 장성, 해군 대장(의 직). **b)** 해군 본부, 함대 사령부. **Admiralitätsinseln** 〈Pl.〉 (뉴기니아의 동북부에 있는) 아드미럴리티 군도. **Admiralitätskarte**, die 해군 본부가 발행한 해도(海圖).
Admirals- (↑Admiral-도 참조): **~barkasse**, die (기함 부속의) 함대 사령관용 보트. **~flagge**, die (함대) 사령관기, 해군 대장[제독]의 기. **~kajüte**, die 함대 사령관(제독)의 선실. **~rang**, der 제독의 계급. **~schiff**, das 기함(旗艦).
Admission [atmɪ'sjo:n], die; -en [lat. admissio = das Hinzulassen] 【기술】 급기(給氣), 급입(給入), 진입(進入). **Admittanz** [atmɪ'tants], die [engl. admittance] 【전기】 어드미턴스(전류가 흐르기 쉬운 정도를 나타내는 양이며 Impedanz의 역수임).
ADN = Allgemeiner Deutscher Nachrichtendienst 전(全)독일 통신사(구동독의 통신사).
Adnex [at'nɛks], der; -es, -e [lat. adnexum] 《고어》부록, 부속물, 추가.
adnominal [atnomi'na:l] 〈Adj.〉 [lat. ↑ad u. nōmen] 【언어】명사를 수식하는.
ad notam [at 'no:tam] 《다음 용법으로》 **etw. ad. n. nehmen** 《교양어·고어》무엇에 유의하다, 무엇을 명심하다.
ad oculos [at 'o:kulɔs] 《다음 용법으로》 **jmdm. etw. ad o. demonstrieren** 《교양어》누구의 눈 앞에 무엇을 증명해 보이다, 보여주다.
Adoleszent [adolɛs'tsɛnt], der; -en, -en [lat. adolēscēns] 【의학】청소년, 미성년자. **Adoleszenz** [adolɛs'tsɛnts], die [lat. adolēscentia] 【의학】청춘; 사춘기, 청년기.
Adonai [ad'ona:i] [hebr. ặdônạy = mein Herr] 【구약】아도나이(우리 주 하나님).
Adonis [a'do:nɪs] **1:** griech. Ádōnis 아도니스(그리스 신화에서 Aphrodite가 애인으로 삼은 미소년의 이름. **2:** 죽은 뒤 Aphrodite에 의해 꽃으로 변한 아도니스에서)】 **1.** der; -, -se **a)** 미청년(美靑年): 《대개 다음 용법과 같이 부정적으로》 kein A. (nicht gerade ein A.) sein 《교양어》 미남은 아니다. **b)** 《통용어·반어》 (처녀의) 애인. **2.** die ↑Adonisröschen.
Adonis-: **~bläuling**, der 부전나비과(科)에 속하는 나비. **~falter**, der ↑~bläuling. **~garten**, der 아도니스 축제 때 다산(多産) 예배를 위한 식물(특히 곡식)을 심어 가꾼 작은 그릇(화분). **~käfer**, der 무당벌레의 일종. **~röschen**, das 복수초(福壽草)속.
adoptieren [adɔp'ti:rən] 〈h〉 [lat. adoptāre] **1.** 양자로 삼다, 입양하다: ein Kind a. 아이를 입양하다. **2.** 채용하다, 채택하다: jmds. Namen a. 누구의 이름을 따다. **Adoption** [adɔp'tsjo:n], die; -en [lat. adoptio] 양자 입양.
Adoptiv- [adɔp'ti:f-: lat. adoptīvus] (입양의 형태): **~bruder**, der 입양 형제. **~eltern** 〈Pl.〉양부모. **~kaiser**, der (역사적) 로마 제국 시대에 양자가 되어 제위를 계승한 황제. **~kind**, das 양자[녀]. **~mutter**,

die 양어머니. ~**schwester,** die 입양 자매. ~**sohn,** der 양자. ~**tochter,** die 양녀. ~**vater,** der 양아버지.
adorabel [adoˈraːb]] ⟨Adj.⟩ [lat. adōrābilis] 《고어》 숭배할 가치가 있는, 숭앙할 만한. **Adorant** [adoˈrant], der; -en, -en [lat. adōrāns] [예술] 예배자 상(像); 숭배자. **Adoration** [adoraˈtsi̯oːn], die; -en [lat. adōrātio] 숭배, 경모, 흠모. **a)** 『가』 [신에 대한] 예배. **b)** 《새로 선출된 교황에 대한 추기경들의》경의(를 표하기), **adorieren** [adoˈriːrən] ⟨h⟩ [lat. adōrāre] 《교양어》 숭배(흠모)하다, 예배하다.
Adr. = Adresse (1).
ad referendum [at refeˈrɛndʊm] 《관·법·고어》 (정부에) 보고하기 위해.
ad rem [at ˈrem] 《교양어》 요령있게, 적절하게.
Adrema [aˈdreːma], die; -s ↑Adressiermaschine 의 약칭. **adremieren** [adreˈmiːrən] ⟨h⟩ 주소 인쇄기로 주소를 인쇄하다.
Adrenalin [adrenaˈliːn], das; -s [의학] 아드레날린[부신(副腎)호르몬].
Adreß- (지역적·특히 schweiz.↑Adressen-의 고형): ~**änderung,** die (schweiz.) 주소 변경. ~**buch,** das 주소록, 인명부. ~**buchverlag,** der 주소록[인명록] 출판사. ~**liste,** die 주소 목록. ~**spediteur,** der [경제] (폐차 등) 고물 처리업자.
Adressant [adrɛˈsant], der; -en, -en 《고어》 발신인. **Adressat** [adrɛˈsaːt], der; -en, -en **a)** (공고용》 수신[취]인. **b)** (강습소의) 수강생[자]. **Adresse** [aˈdrɛsa], die; -n [frz. adresse] **1.** 주소(성명): **sich an die richtige A. wenden** (교양어) 제 곳을 찾아가다; **bei jmdm. an die falsche[verkehrte] A. kommen [geraten]** 《통용어》 번지수가 틀리다, 전혀 당치 않다, 가차없이 거절당하다. **2.** (교양어) **a)** 건의서, 청원서. **b)** (상부 기관에 보내는) 상신문, 보고서, 감사[축하] 메시지: **eine A. an den Parteitag richten** 전당 대회에 축하 메시지를 보내다. **3.** [전산] 어드레스(기억 장소).
Adressen- (↑Adreß-도 참조): ~**änderung,** die 주소 변동. ~**büchlein,** das 주소록 수첩. ~**büro,** das 주소업 회사. ~**datei,** die 주소록 파일. ~**heft,** das 주소록. ~**liste,** die 주소(인명) 명부. ~**sammlung,** die 주소록. ~**verzeichnis,** das 주소록, 인명록.
adressieren [adrɛˈsiːrən] ⟨h⟩ [frz. adresser] **1.** 수신인의 주소·성명을 쓰다: **einen Brief falsch a.** 편지에 수신인의 주소를 잘못 쓰다. **2.** 누구에게 써 보내다, 송부하다: **der Brief ist an dich adressiert** 그 편지는 너에게 온 것이다; 전의 seine Worte waren an mich adressiert 그의 말은 나를 두고 한 것이었다; der Spieler adressiert seine Pässe haargenau [구기] 그 선수는 패스를 아주 정확히 보낸다. **3.** 《고어》 소개하다, 추천하다.
Adressiermaschine, die 주소 인쇄기.
adrett [aˈdrɛt] ⟨Adj.⟩ [frz. adroit] 깔끔한, 산뜻한, 깨끗한: **sie ist immer a. (gekleidet)** 그녀는 항상 (옷차림이) 깔끔하다.
Adria [ˈaːdria], die 아드리아 해. **Adriatische Meer,** das; -n -(e)s 아드리아 해(지중해의 일부).
adrig, ädrig: ↑aderig, äderig.
Adrio [ˈaːdrio], das; -s, -s, [frz. atriau] (schweiz.) 아드리오(돼지창자에 송아지[돼지] 고기를 넣고 꿰멘 프라이용 소시지).
adschüs [aˈtʃyːs] 《통용어·지역적》↑adieu.
Adsorbat [atzɔrˈbaːt], das; -s, -e **Adsorbens,** 흡착질(吸着質). **Adsorbens** [atˈzɔrbɛns], das; -, ...nzien [...ˈbɛntsi̯ən], (또한) ...ntia [...ˈbɛntsi̯a] [화학·물리] 흡착액(吸着液), 흡착매(媒). **Adsorber** [atˈzɔrbɐ], der; -s, - **1.** ↑Adsorbens 참조. **2.** (냉동기의) 흡착실.
adsorbieren [atzɔrˈbiːrən] ⟨h⟩ [lat. ad- u. sorbēre] [화학·물리] (숯 따위가 가스·색소 따위를) 흡착하다, (음파, 광선 따위를) 흡수하다. **Adsorption** [atzɔrpˈtsi̯oːn], die; -en 흡착, 흡수.
Adsorptions-: ~**formel,** die 흡착 공식. ~**gesetz,** das 흡착 법칙. ~**kältemaschine,** die 흡착식 냉동기. ~**kohle,** die ↑Aktivkohle. ~**mechanismus,** der 흡착 장치. ~**vermögen,** das 흡착력. ~**vorgang,** der 흡착 과정. ~**wärme,** die 흡착열. ~**wirkung,** die 흡착 효과[작용].
adsorptiv [atzɔrpˈtiːf] ⟨Adj.⟩ 흡착력이 있는, 흡착성의. **Adsorptiv** [-], des; -s, -e [...ˈtiːvə] ↑Adsorbat.
Adstringens [atˈstrɪŋɛns], das; -, ...nzien [...ˈgɛntsi̯ən] /...ntia [...ˈgɛntsi̯a] /...a(d)stringēns [의학] 수렴제(收斂劑), 지혈제. **adstringieren** [atstrɪŋˈgiːrən] ⟨h⟩ [lat. a(d)stringere] [의학] 수렴시키다, 지혈(止血)하다.
Äduer [ˈɛːduɐ], der; -s, - 갈리아 종족에 속하는 사람.
Adular [aduˈlaːɐ], der; -s, -e [ital. adularia 스위스의 알프스 Adula 산의 이름에서] 빙장석(氷長石).
A-Dur [(또한) ˈˈ-], des; - 가⟨A⟩장조(기호: A).
A-Dur-Etüde, die 가 장조 연습곡. **A-Dur-Tonleiter,** die 가 장조 음계.
ad us. = ad usum. **ad usum** [at ˈuːzʊm; lat. ↑ad u. ūsus] (= zum Gebrauch) (의사의 처방에서) ……용(用).
ad usum Delphiniz [- - dɛlˈfiːni; lat. 프랑스 황태자를 가르치기 위해 고전들에 주석을 부친 것에서 유래함, ↑Dauphin 참조] 생도용, 학생용(교정본). **ad usum proprium** [- - ˈproːprium; auch:proː...; lat. ↑ad usum u. proprius] (의사 처방에서 의사자신을 위한) 자가 사용용(用).
ad valorem [at vaˈloːrɛm; lat. ↑ad u. valor] 가치에 따라(세액 사정 등에서).
Advantage [ədˈvɑːntɪdʒ], der; -s, -s [engl. advantage] [테니스] 어드벤티지(듀스 다음의 1 득점).
Advektion [advɛkˈtsi̯oːn], die; -en [lat. advectio] [기상] 수평대류(水平對流)(반대: Konvektion).
Advent [atˈvɛnt], der; -s, -e [lat. adventus] [기독교] **a)** 강림절(크리스마스 전의 4주간). **b)** (앞에 서수와 함께) 강림절 각 일요일: **erster A.** 강림절 첫째 주일.
Advent-: ↑Advents-.
Adventist [atvɛnˈtɪst], der; -en, -en [engl.-amerik. adventist] (그리스도의) 재림절 신자(그리스도 교의 일파).
Adventiv- [atvɛnˈtiːf-]: ~**knospe,** die [식물] 부정아(不定芽). ~**krater,** der [지질] 기생(寄生) 화구, 측화구(側火口). ~**pflanze,** die [식물] 부정 식물(어떤 지역에 원래 자생한 것이 아닌 식물). ~**sproß,** der [식물] 부정묘(苗). ~**wurzel,** die [식물] 부정근(根).
adventlich [atˈvɛntlɪç] ⟨Adj.⟩ 강림절의.
Advents-: ~**brauch,** der 강림절의 풍습. ~**gemüse,** das (지역적) 강림절 전후에 심는 채소(특히 오그랑 양배추). ~**kalender,** der (어린이가 강림절 기간 중에 하나씩 열게 되어 있는) 강림절 달력. ~**kerze,** die (강림절 축제시) 장식대에 켜 놓는 양초. ~**kranz,** der 강림절 화환(전나무 가지로 만듦). ~**leuchter,** der 강림절 촛대. ~**lied,** das 강림절에 관계되는 성가. ~**sammlung,** die 강림절 기간의 헌금. ~**schmuck,** der 강림절 장식품. ~**sonntag,** der 강림절 중의 주일[일요일]. ~**spiel,** das 강림절에 관계되는 성경 소재의 아마추어 종교극. ~**stern,** der [식물] 포인세티아(대극과(大戟科)에 속하는 장식용의 낙엽 활엽 관목). ~**stimmung,** die 강림절의 (즐거운) 분위기. ~**woche,** die 강림절 기간 중의 한 주: **die erste A.** 강림절 첫 주. ~**zeit,** die 강림절 (기간).
Adverb [atˈvɛrp], das; -s, -ien [...rbi̯ən; lat. adver-

bium] 〔언어〕 부사. **adverbal** [atver'ba:l] 〈Adj.〉 1. 동사 보조어의, 동사에 속하는. 2. ↑adverbial. **adverbial** [atver'bia:l] 〈Adj.〉 〔lat. adverbiālis〕 부사의: ~e Bestimmung ↑Adverbialbestimmung, **Adverbial** [-], das; -s, -e ↑Adviale. **Adverbiale**, das; -s, ...lien [...li̯ən] ↑Adverbialbestimmung.
Adverbial- 〔언어〕: ~**adjektiv**, das 부사 파생 형용사 (예컨대: dortig, heutig). ~**bestimmung**, die 부사적 규정, 상황어. ~**satz**, der 상황문, 부사절. ~**suffix**, das 부사 어미.
adverbiell [atver'bi̯ɛl] 《드물게》 ↑adverbial. **Adverbium** [at'vɛrbi̯ʊm], das; -s, ...ia [...i̯a] ↑Adverb 의 고형.
adversativ [atvɛrza'ti:f] 〈Adj.〉 〔lat. adversātīvus〕 〔언어〕 상반〔반대〕의, 대립〔대조〕을 이루는: -e Konjunktion 상반〔반의(反意)〕 접속사(예컨대: aber, doch).
Advertising ['ædvətaɪzɪŋ], das; -s, -s 〔engl. advertising〕 a) 광고, 선전(하는 행위). b) 광고, 선전.
Advocatus Dei [atvo'ka:tʊs 'de:i], der; - -, ...ti - [...ti -; lat. advocātus dei = Anwalt Gottes] 〔가〕 열성 신청자(列聖申請者), 열성 찬성자. **Advocatus Diaboli** [- di'a:boli], der; - -, ...ti - [lat. advocātus diaboli] a) 〔가〕 열성(列聖) 반대자, 열성 조사 심문검사. b) 혹평가, 중상가. **Advokat** [atvo'ka:t], der; -en, -en 〔lat. advocātus〕 《schweiz. 와 österr. 그 밖엔 고어 또는 폄》 변호사, 법률 고문: 전의 die -en der Freiheit 자유의 대변자들. **advokatisch** 〈Adj.〉 변호사의, 변호사를 통한. **Advokatur** [atvoka'tu:ɐ], die; -en 〈Adj.〉 《Pl. 없음》 변호사 신분〔직〕. b) 변호사업. **Advokaturbüro**, das; -s, -s, -bureau, das; -s, -x 《schweiz.》 변호사 사무소. **Advokaturskanzlei**, die; -en 《österr.》 변호사 사무소. **Advokatu̯rskonzipient**, der; -en, -en 《österr.》 견습 변호사.
adynamisch [ady'na:mɪʃ, 《또한》 '----] 〈Adj.〉 〔의학〕 쇠약한, 무기력한.
AE = 1. Ångström(einheit). 2. astronomische Einheit.
ÅE = Ångstrom(einheit).
aero-, Aero- [aero-; griech. aēr] 《전문어》 공중〔기체〕: ~**batik** [...ba:tɪk], die 〔engl. aerobatics〕 곡예 비행. ~**bic** [a'erobik], das; -s 〔engl. 《대개 관사없이》 engl. amerik. aerobics〕 에어로빅, 에어로빅 건강법. ~**biologie**, die 공중생물학. ~**biont** [...'bi̯ɔnt], der; -en, -en [griech. biōn] ↑Aerobier. ~**bios** [...'bi:ɔs], der; - [griech. bíos] 공중 생물의 총칭, 호기성(好氣性) 미생물. ~**bus** [a'e:ro-], der 1. 에어버스(여객용 헬리콥터 등). 2. 공중 케이블카. ~**club**: ↑~klub 참조. ~**drom** [...'dro:m], das; -s, -e [griech. drómos] 〔언어〕 비행장, 공항. ~**dynạmik**, die 〔물리〕 기체 역학, 항공 역학. ~**dynạmiker**, der; -s, - 기체〔항공〕역학자. ~**dynạmisch** 〈Adj.〉 기체〔항공〕 역학상의. ~**flot** [...flɔt, 《russ.》 aera'flɔt], die 구소련 항공 회사. ~**fotografie̱**, die 공중 사진. b) 공중〔항공〕 측량도. ~**gramm**, das 항공 엽서, 에어로 그람. ~**klub** [a'e:ro-], der 비행〔공중 스포츠〕클럽. ~**lith** [...'li:t, ...'lɪt], der; -en/ -s, -e/ -en 〔고어〕 운석(隕石). ~**logie**, die; 고층 기상학. ~**mechạnik**, die 〔물리〕 기체〔항공〕 역학. ~**medizin**, die 항공 의학. ~**meter**, das; -s, - 기량계(氣量計). ~**naut**, der; -en, -en 〔고어〕 비행사. ~**nautik**, die 비행술, 항공학. ~**nautiker**, der 항공 전문가. ~**nautisch** 〈Adj.〉 비행술〔항공학〕의. ~**nomie**, die [griech. nómos] 〔고도 30 km 이상의〕 초고층(超高層) 대기 물리학. ~**nomiesatellit**, der 초고층 대기 물리학 연구용 인공 위성. ~**pause**, die 대기권과 우주 공간의 점이층(漸移層). ~**plan** [...'pla:n], der; -(e)s, -e [griech. aeróplanos] 《고어》 비행기. ~**salon** [a'e:ro-], der 항공기 전시회. ~**sol** [...'zo:l], das; -s, -e [lat. solūtio] a) 에어로졸, 연무질(煙霧質). b) 〔의학〕 흡입제. ~**solieren** [...zo'li:rən] 〈h〉 에어로졸 상태가 되게 하다. ~**statik**, die 〔물리〕 기체 정력학(靜力學); 항공술. ~**statisch** 〈Adj.〉 기체 정력학의. ~**taxe** [a'e:ro-], die 임대 비행기. ~**therapie̱**, die 〔의학〕 대기〔공기〕요법. ~**therm** [...'tɛrm] 〈Adj.〉 [griech. thermós] 더운 공기로 재조합하는〔처리하는〕. ~**train** [a'e:ro-], der 궤도 비행 열차(압축 공기 위를 활주하도록 한 기차).
aerob [ae'ro:p] 〈Adj.〉 《생물》 호기성(好氣性)의(반대: anaerob). **Aerobier** [ae'ro:biɐ], der; -s, - 《생물》 호기성 생물(특히 세균류)(반대: Anaerobier).
AF = Air France.
Affaire [a'fɛ:rə] ↑Affäre. **Affäre** die; -n [frz. affaire] **a)** 《불유쾌한》 사건〔일〕, 분쟁, 난처한 일: eine peinliche A. beilegen 난처한 사건을 조정〔처리〕하다; in dunkle -n verwickelt sein 애매한 사건에 얽혀들어 있다: **sich (mit etw.) aus der A. ziehen** 《통용어》 잽싸게 곤경에서 빠져나오다. **b)** 《준고어》 연애 사건, 정사(情事). **c)** 《통용어》 문건, 용무, 사무.
Äffchen ['ɛfçən], das; -s, - ↑Affe (1) 참조. **Affe** ['afə], der; -n, -n 1. 《축소형: ↑Äffchen》 원숭이: 성규 ein bin doch nicht den Affe! 《경》 나는 네가 하라는 대로 하지 않겠어, 나는 너만 따라 하지 않겠어; **nicht um einen Wald voll (von) -n** 《경》 그것은 문제가 되지 않는다, 고려할 가치가 없다; **ich denke, mich laust der A.!** 《통용어》 정말 뜻밖인데, 도깨비에 홀린 듯해; **dasitzen wie ein A. auf dem Schleifstein** 《통용어・농》몸을 꾸부리고 앉아 어쩌할 바를 모르고 있다; **wie vom wilden -n gebissen** 《경》 정신나간, 미친; **seinem -n Zucker geben** 《통용어》 자기가 좋아하는 짓거리만 하다, 자기가 좋아하는 테마에 대해서만 이야기하다〔신나게 떠들다〕; **jmdn. zum -n halten** 《통용어》 누구를 놀리다〔우롱하다〕; **einen -n an jmdm. gefressen haben** 《통용어》 누구를 몹시 좋아 하다, 누구에게 홀딱 반하다. **2.** 〔욕〕 **a)** 병신, 병신 같은 놈, 멍청이. **b)** 건방진 녀석. **3.** 《경》 술에 매우 취함: jeden Freitag kommt er mit einem -n nach Hause 금요일마다 그는 술에 취해 귀가한다; **sich einen -n kaufen** 취하도록 마시려고 가다; **einen -n (sitzen) haben** 취해 있다. **4.** 《군・통용어》 배낭: den A. packen 배낭을 꾸리다.
Affekt [a'fɛkt], der; -(e)s, -e [lat. affectus] **1. a)** 흥분, 감동, 격정: einen A. auslösen 흥분을 가라앉히다; im A. 감정이 격하여, 충동적으로. **b)** 《오직 Pl.》 정열, 열정: jmds. -e aufführen 누구의 욕정을 끓어 오르게 하다. **2.** 의향(意向), (하려는) 생각.
affekt-, Affekt-: ~**ausbruch**, der 흥분의 폭발. ~**äußerung**, die 정의적(情意的) 표현〔감정적 색채를 띤 비속한 표현〕. ~**betont** 〈Adj.〉 감정적인. ~**geladen** 〈Adj.〉 〔격한〕 감정이 담긴. ~**handlung**, die 〔법〕 격정적 행위. ~**stau**, der 〔심리〕 감정의 울적(鬱積)〔누적〕. ~**stauung** 〔심리〕 ↑~stau. ~**steigerung**, die 〔심리〕 감정의 고조. ~**verdrạ̈ngung**, die 〔심리〕 감정전이〔억제된 감정이 다른 체험 영역이나 무의식의 영역으로 옮겨 감〕. ~**verlagerung**, die ↑~verdrängung.
Affektation [afɛkta'tsi̯o:n], die [lat. affectātio] 《드물게》 ↑Affektiertheit. **affektiert** [afɛk'ti:ɐt] 〈Adj.〉 《교양》 잘난 체하는, 허세 부리는; 꾸민, 부자연한. **Affektiertheit**, die; -en 1. 《Pl. 없음》 허세 부림〔교만〕. 2. 잘난체 하는〔꾸민〕 언동(言動).

Affektion [afɛkˈtsi̯oːn], die; -en [lat. affectio] 1. 《고어》 호의, 애착, 애호. 2. 《의학》 질환. **Affektionswert**, der 애호가에게만 통용되는 가치. **affektioniert** [afɛktsi̯oˈniːrɛt] 〈Adj.〉 《고어》 애정이 넘치는, 따뜻한; 애정이 깊은, 사랑하는. **affektisch** [aˈfɛktɪʃ] 〈Adj.〉 《언어》 정의적(情意的). **affektiv** [afɛkˈtiːf] 〈Adj.〉 [lat. affectīvus] 《심리》 감정적. **Affektivität** [afɛktiviˈtɛːt], die 감정, 정서; 정서[정동]성(情動性); 감정[정동] 상태. **affektuos** [afɛkˈtu̯oːs], **affektuös** [...øːs] 〈Adj.〉 따뜻한 감정의.

äffen [ˈɛfn̩] 〈h〉 1. (아이) 놀리다, 속이다. 2. 《드물게》 흉내내다.

affen-, ¹Affen- : **~ähnlich** 〈Adj.〉 원숭이와 비슷한 (닮은). **~arsch**, der 《비어》 원숭이 궁둥이(욕으로서): du A. 더러운 녀석! **~art**, die 원숭이 종류, 원후류(遠猴類). **~artig** 〈Adj.〉 원숭이류의; 원숭이 같은. **~blume**, die ↑Gauklerblume. **~brotbaum**, der 바오밥나무(열대 아프리카에 자라는 거목으로 오이처럼 생긴 먹을 수 있는 과실이 열림). **~fett**, das 《Pl. 없음》 《속어·펌》 마가린. **~fratze**, die 《펌》 원숭이 얼굴, 원숭이같이 추한 얼굴. **~gesicht**, das ↑fratze. **~griff**, der 《체조》 손가락 모아 잡기(다섯 손가락을 한 방향으로 해서 봉(棒)을 잡음). **~haus**, das 원숭이 우리. **~haut**, die 《섬유》 벨벳 모양의 직물. **~jacke**, die, **~jäckchen**, das 《군·농》 짧고 꽉 조이는 군복 옷음. **~käfig**, der 원숭이 우리. **~kasten**, der 1. ↑käfig. 2. 《경》 a) 《펌》 ↑**stall** (2). b) 〈schweiz.〉 죄수 호송차. **~komödie**, die ↑theater. **~liebe**, die 맹목적인 사랑, 익애(溺愛). **~lücke**, die 《동물》 큰 유인원의 치열(齒列)에 난 틈. **~mensch**, der 《고생물》 원인(猿人). **~pinscher**, der 1. 아펜핀셔(발바리의 일종). 2. 《경》 (욕) 맞할 것, 개새끼. **~schaukel**, die 1. 《군·농》 양 갈래로 땋은 머리. **~stall**, der 《펌》 1. ↑käfig. 2. 너무 나 좁고 형편없는 숙박소. 3. 어중이 떠중이, 오합지중(烏合之衆). **~tanz**, der 《경》 1. 방종(放縱). 2. ↑**theater**. **~theater**, das 《경·펌》 매우 서툰 연극이; 익살스러운 것. **~weibchen**, das ↑Affin. **~zeck**, der 《통용어·펌》 ↑~theater.

²Affen- 《강조의 뜻》("몹시 큰"의 뜻): **~geschwindigkeit**, die 맹렬한 속력. **~hitze**, die 혹서, 맹렬한 더위. **~schande**, die 큰 모욕[수치]. 대단한 추문. **~schwein**, das 〈Pl. 없음〉 큰 행운(다행). **~spektakel**, der 《펌》 야단법석. **~tempo**, das ↑~geschwindigkeit. **~zahn**, der 〈Pl. 없음〉 ↑~tempo. **Äffer** [ˈɛfɐ], der, -s, - 《고어》 조롱하는 사람, 기만하는 사람. **Afferei** [ɛfəˈrai], die; -en 《통용어·펌》 능내. **Äfferei** [ɛfəˈrai], die; -en 《고어》 우롱, 기만.

afferent [afeˈrɛnt] 〈Adj.〉 [lat. afferre] 《의학》 수입(輸入)의, 구심성(求心性)의(신경)(반대: efferent) **Afferenz**, die; -en 《생리·의학》 구심성의 신경 섬유를 통해 말단 신경으로부터 중앙 신경 체계로 유도되는 자극.

affettuoso [afeˈtu̯oːzo] 〈Adv.〉 [ital. affettuoso] 《음악》《템포가》 격정적.

Affichage [afiˈʃaːʒə], die; [frz. affichage] 〈schweiz.〉 포스터 광고. **Affiche** [aˈfiːʃə], die(s) aˈfɪʃə], die; -n [frz. affiche] 《고어·광고식·schweiz.》 삐라, 포스터, 게시(揭示). **affichieren** [afiˈʃiːrən] 〈h〉 [frz. afficher] 삐라[포스터]를 붙이다.

Affidavit [afiˈdaːvɪt], das, -s, -s [engl. affidavit] 1. (외국인 입국자에 대한) 신원 보증. 2. (법정에서의) 선서(공술).

affig [ˈafɪç] 〈Adj.〉 《통용어·펌》 1. 멋부리는, 우쭐대는, 건방진. 2. 원숭이 같은.

affigieren [afiˈgiːrən] 〈h〉 [lat. affigere] 1. 《고어》 부착시키다, 붙이다, 바르다. 2. 《언어》 접사(接辭)를 붙이다. **Affigierung**, die; -en ↑affigieren의 명사형.

Affigkeit [ˈafɪçkait], die; -en 《통용어》 a) 《Pl. 없음》 허영, 자만, 멋부림. b) 자만스런[멋부리는] 행위.

Affiliation [afilia̯ˈtsi̯oːn], die; -en [1, 2, 5: lat. affiliātio] 1. 가입, 가맹(加盟), 입회; 병합, 합병. 2. 《프리메이슨》 (회원의) 집회소 교체. 3. 《경제》 자(子)회사, 지점. 4. 《언어》 동족 관계. 5. 《법·고어》 ↑Adoption. **affiliieren** [afiliˈiːrən] 〈h〉 [lat. affiliāre] 가입시키다, 병합하다.

affin [aˈfiːn] 〈Adj.〉 [lat. affinis] 1. 《드물게》 유사한, 대응하는. 2. 《수학》 의사(擬似)의: -e Geometrie 의사 기하학.

Äffin [ˈɛfɪn], die; -nen ↑Affe (1)의 여성형.

Affination [afinaˈtsi̯oːn], die [화학] 《금, 은 등의》 정련 (精錬). **affinieren** [afiˈniːrən] 《a》 [frz. affiner] 정련하다. **Affinierung**, die; -en ↑Affination. **Affinität** [afiniˈtɛːt], die; -en [lat. affinitās] 1. 친족관계, 유연(類緣): zu jmdm. A. fühlen 누구에게 친근감을 느끼다. 2. a) 《화학》 친화력(親和力). b) 《기하》 아핀 변환 (變換). c) 《원예》 (접목할 때 접목과 원목간의) 친화성. d) 《섬유》 (섬유의) 색소 및 광택의 수용도[수용 능력].

Affirmation [afɪrmaˈtsi̯oːn], die; -en [lat. affirmātio] [논리] 긍정(반대: Negation), 시인(是認). **affirmativ** [afɪrmaˈtiːf] 〈Adj.〉 [lat. affirmātīvus] [논리] 긍정 [단정]적인, 확언적인(반대: negativ): ein -er Aussagesatz 긍정 서술문. **Affirmative** [...ˈtiːvə], die; -n 《드물게》 긍정적 의견(반대: Negative); 동의, 확인, 인가. **affirmieren** [afɪrˈmiːrən] 〈h〉 [lat. affirmāre] 《드물게》 긍정[확인, 동의]하다(반대: negieren).

äffisch [ˈɛfɪʃ] 〈Adj.〉 원숭이류의(affenartig).

Affix [ˈafɪks], das; -es, -e [lat. affixus] [언어] 접사(接辭), 첨가철(添加綴)(Präfix, Infix, Suffix의 총칭).

affizieren [afiˈtsiːrən] 〈h〉 [lat. afficere] a) 《고어·드물게》 자극하다. b) 《의학》 이환(罹患)시키다. c) 《언어》 직접적으로 작용하다: affiziertes Objekt 피동(被動) 목적어(반대: effiziertes Objekt)《예컨대: den Kuchen essen》.

Affrikata [afriˈkaːta], **Affrikate** [...tə], die; ...ten [lat. affricāta] 《음성》 파찰음(破擦音), 마찰음이 붙은 파열음(예컨대: Pf). **affrizieren** [afriˈtsiːrən] 〈h〉 [lat. affricāre] (폐색음 b, p, d, t, g, k 등을) 파찰음으로 바꾸다.

Affront [aˈfrõː; 《또한》 aˈfrɔnt], der; -s, -s [frz. affront] 《교양어》 조롱, 모욕, 비방.

affrös [aˈfrøːs] 〈Adj.〉 [frz. affreux] 《고어》 역겨운, 추악한, 지긋지긋한, 귀찮은.

Afghan [afˈgaːn], der; -(s), -s 아프간(아프가니스탄산 수제품 양모 양탄자). **Afghane** [afˈgaːnə], der; -n, -n 아프가니스탄 산 그레이 하운드 사냥개, 아프가니스탄 인(사람). **Afghani** [afˈgaːni], der; -s, -s 아프가니스탄의 화폐 단위. **afghanisch** [...niʃ] 〈Adj.〉 아프가니스탄 (사람)의. **Afghanistan** [...nistaːn], -s 아프가니스탄 (나라 이름).

AFN [ˈeiˈɛfɛn], der; - [American Forces Net-Work] 《해외 주둔 미군 방송망》의 약어.

à fonds perdu [aˈfõperˈdy; frz. ↑à (2), fonds] 상환받을 가망없이, 밑질 것을 각오하고, 내버린 돈으로 치고.

AFP = Agence France-Press 프랑스 통신사.

a fresco [aˈfrɛsko; ital. ↑a u. fresco] 새로 칠한 석회벽 위에.

Afrika [ˈaːfrɪka, ˈafrika], -s 아프리카(대륙). **Afrikaander** [afrɪˈkaːndɐ], der; -s, - 남아프리카 태생의 백인(아프리칸스를 말하는). **afrikaans** [afriˈkaːns] 〈Adj.〉 아프

리칸스(어)의(남아프리카의 공용 네덜란드어의): -e Literatur 아프리카스 문학. **Afrikaans** [-], das; - (또는)) -en 아프리칸스(남아프리카의 공용 네덜란드어).
Afrikaans [afri'ka:na] ⟨Pl.⟩ [lat. Africāa] 「출판] 아프리카 관계 도서. **Afrikander** [afri'kandɐ] ↑ Afrikaander. **Afrikaner** [afri'ka:nɐ], der; -s, - 아프리카인(검은 피부의). **Afrikanerin**, die; -nen ↑ Afrikaner의 여성형. **afrikanisch** [afri'kaniʃ] ⟨Adj.⟩ 아프리카(인)의. **afrikanisieren** [afrikani'zi:rən] ⟨h⟩ 아프리카화하다. **Afrikanisierung**, die 아프리카화. **Afrikanist** [afrika'nɪst], der; -en, -en 아프리카학 전공학자, 아프리카 어문학자. **Afrikanistik**, die 아프리카학(아프리카 민족들의 언어와 문화를 연구).
afro-, Afro- ['afro-] 아프리카의, 아프리카에 속하는, 아프리카계의: ~**alpin** ⟨Adj.⟩ 아프리카 열대 고산 지역의. ~**amerikaner** ['a:f..., (또한) 'af...], der; -s, - 미국에 사는 아프리카 흑인. ~**amerikanisch** ⟨Adj.⟩ **a)** 《붙임표로 연결》 아프리카·미국의. **b)** 《붙임표 없이》 미국에 있는 아프리카 흑인들의, 아프리카계 미국 흑인의. ~**asiatisch** ⟨Adj.⟩ 아프리카·아시아의. ~**kubanisch** ⟨Adj.⟩ 아프리카·쿠바의. ~**Look**, der 아프로 헤어스타일(흑인풍의 고수머리 조발형).
After ['aftɐ], der; -s, - 후부, 엉덩이, 둔부, 항문(肛門).
after-, After-: ~**bildung**, die 《고어》 사이비 교육, 엉터리 교육. ~**brunft**, die 《사냥》 때늦은 발정(發情). ~**brut**, die 《사냥》 《야금(野禽)의 두 번째》 이상 부화(異狀孵化). ~**drüse**, die 《동물》 항문선(肛門線). ~**entzündung**, die 《의학》 항문 염증. ~**fistel**, die 《의학》 치루(痔瘻). ~**flosse**, die 《동물》 꼬리지느러미. ~**flügel**, der 《사냥》 새의 소익(小翼), 작은 날개. ~**furche**, die 《의학》 항문구(肛門溝). ~**fuß**, der 《대개 Pl.》 《동물》 《절족(節足) 동물》 추진각(推進脚). ~**gegend**, die 《의학》 항문 주위. ~**glaube**, der 《종교·고어》 미신(Aberglaube). ~**jucken**, das 《의학》 항문 소양(搔痒). ~**klaue**, die **a)** 《우제류(偶蹄類)의》 제2(제5)지(指), 가제(假蹄). **b)** ↑ ~**kralle**. ~**könig**, der 《고어》 **a)** 가짜 임금, 참왕(僭王). **b)** 부왕(副王). ~**kralle**, die 《개의》 뒷발톱. ~**leder**, das **a)** 《뒷부》 《구두의》 뒤축가죽. **b)** 《고어》 《못쓰는》 가죽 쪼가리. ~**lehen**, das 《중세의》 가신봉토(家臣封土), 신하의 영지(領地). ~**logik**, die 《드물게》 사이비 논리, made, die 《의학》 요충(蟯蟲). ~**miete**, die 《고어》 ↑ Untermiete. ~**mieter**, der 《고어》 ↑ Untermieter. ~**montag**, der 《예》 화요일(Dienstag), 매고기의》 사이비 시학, 미숙한 문예(文藝). ~**pacht**, die 《농업》 《토지의》 전대(轉貸). ~**raupe**, die 《동물》 잎벌과 곤충의 애벌레. ~**rede**, die 《고어》 험구, 비방, 중상. ~**reden**, der 《고어》 험구하다, 중상하다. ~**rüsselkäfer**, ~**rüßler**, der 바구미과(科)의 일종(학명: Rhynchitinae). ~**sausen**, das; -s 《속어》 **a)** 방귀. **b)** 불안, 공포. ~**schrunde**, die 《의학》 항문 점막에 갈라진 상처. ~**skorpion**, der 거미속(屬)의 일종. ~**spinne**, der 《Weberknecht. ~**vasall**, der 《중세》 가신봉토(家臣封土)의 소유자. ~**weisheit**, die 《고어》 사이비 학문, 지해. ~**wissenschaft**, die 《고어》 사이비 학문. ~**wurm**, der ↑ ~made. ~**zehe**, die 《동물》 유사 첫모지. ~**zitze**, die 《동물》 유사 젖꼭지.
after shave ['a:ftə ʃeiv] 《광고》 면도 후의. **Aftershave-Lotion** ['ɑ:ftə ʃeiv 'loʊʃən], die; -s 애프터 셰이브 로션.
Ag = Argentum.
a. G. = **1.** auf Gegenseitigkeit 상호, 서로. **2.** als Gast 객원 배우로서.
AG = **1.** Aktiengesellschaft 주식 회사. **2.** Amtsgericht 지방 법원 지원.

Aga ['aːga], der; -s, -s [türk. ağa = Herr] 《예》 《터키의 칭호》 사령관, 대장, 사관, 관리, 감독관, 족장. **Aga Khan** [- 'kaːn], der; - -s, - -e [türk. khān = Herrscher] 아가칸(회교 이스마일파 우두머리의 세습 칭호).
Ägadische Inseln ⟨Pl.⟩ 시칠리아 서방에 있는 군도(群島).
Ägäis [ɛ'geːis], die, **Ägäisches Meer**, das; -n, -(e)s 에게 해(지중해의 일부).
Agape [a'gaːpe], die; -n [...pn; lat. agapē] **1.** ⟨Pl. 없음⟩ [기독교] 아가페, 사심없는 영적인 사랑(예컨대: 하나님의 사랑, 이웃 사랑, 원수에 대한 사랑 등). **2.** 애연(愛宴)(초기 그리스도 교회에서 빈자를 위해 베푼 회식).
Agar-Agar [a(ː)gar|a(ː)gar], der[das]; -s [malai. agar-agar] 우뭇가사리, 한천.
Agave [a'gaːvə], die; -n [frz. agave] [식물] 용설란(龍舌蘭).
Agence France-Presse [aʒɑ̃sfrɑ̃s'prɛs], die 프랑스 통신사(약어: AFP).
Agenda [a'gɛnda], die; ...den [lat. agenda] **1.** (메모용) 수첩, 비망록. **2.** 협의 사항(리스트), 의사 일정.
Agende [a'gɛndə], die; -n [신교] **a)** 예배식서, 신자용 편람. **b)** 예배 순서. **Agenden** [a'gɛndn̩] ⟨Pl.⟩ (österr.) 책임(과제), 처리해야 할 과제. **Agens** ['aːgɛns], das; -, Agenzien [a'gɛntsjən; lat. agēns, lat. agere] **1.** 원동력. **2.** [철학] 동인(動因). **3.** [의학] **a)** 작용 인자, 작용 물질. **b)** 병인(病因). **4.** [드물게] der [언어] 동작의 주체, 기동자(起動者)(반대: Patiens).
Agent [a'gɛnt], der; -en, -en [ital. agente] **1.** 정보요원, 스파이, 간첩: einen -en auf jmdn. ansetzen 첩보원으로 하여금 누구를 정탐하게 하다. **2. a)** 《경제·준고어》 중개인, 대리인. **b)** 연예인 소개업자. **3.** [외교] 비공식 외교관.
Agenten- (Agent 1): ~**austausch** der 스파이 교환. ~**dienst**, der 《대개 Pl.》 정보 수집(첩보) 활동. ~**netz**, das; ~**ring**, der 정보(첩보)망. ~**sender**, der, ~**tätigkeit**, die 스파이(간첩) 활동. ~**treff**, der 스파이(간첩) 접선. ~**zentrale**, die 첩보 본부.
Agentie [agɛn'tsi:], die; -n [...iːən; ital. agenzia] (österr.) 도나우 강 기선(汽船) 회사의 영업소. **agentieren** [agɛn'tiːrən] ⟨h⟩ (österr.) 대리점을 하다, 경영하다.
Agentin [a'gɛntin], die; -nen ↑ Agent (1, 2)의 여성형. **Agent provocateur** [a'ʒɑ̃ː provoka'tøːɐ], der; - -, -s - -s [a'ʒɑ̃ː provoka'tøːɐ; frz. agent provocateur] (경찰 따위의) 첩자; 끄나풀; 선동자, 교사자: einem A. p. auf den Leim gehen 경찰의 끄나풀에 걸려들다. **Agentur** [agɛn'tuːɐ], die; -en **1.** 《경제·통신》 대리, 중계, 알선; 대리업, 대리점. **2.** [사회] 중개자, 주선자. ~**bericht**, der; **Agenturmeldung**, die 통신사 제공 보도(기사). **Agenzien**: ↑ Agens의 복수형.
Aggiornamento [adʒɔrnaˈmɛnto], das; -s [가] 《체제, 교리 등의》 현대화.
Agglomerat [aglomeˈraːt], das; -(e)s, -e [lat. agglomerātus] **1.** (아이) 누적, 퇴적, 더미, 무더기. **2. a)** [금속] 응괴(凝塊). **b)** [지질] 집괴암(集塊岩). **Agglomeration** [aglomeraˈtsjoːn], die; -en [lat. agglomerātio] 퇴적, 집적(集積)(작용), 집괴(集塊). **agglomerieren** [aglomeˈriːrən] ⟨h⟩ [lat. agglomerāre] **a)** 덩어리지게 하다, 응집하다, 누적하다. **b)** ⟨a. + sich⟩ 누적되다, 쌓여서 더미가 되다.
Agglutination [aglutinaˈtsjoːn], die; -en [lat. agglūtinātio] **1.** [의학] 유착. **2.** [언어] **a)** 융합 형성(관사 및 전치사를 다음의 명사와 융합하는 것). **b)** 굴착, 교착(膠着). **agglutinieren** [agluti'niːrən] ⟨h⟩ [lat. agglūtināre] **a)** [의학] 응집하다, 유착하다: Blutkörperchen

a. 혈구를 응집하다. b) [언어] 교착시키다: agglutinierende Sprachen 굴착어(터키어, 핀랜드어, 한국어, 일본어에서처럼 첨가철을 어간에 교착시킴으로써 문법적 기능이 이행되는 언어)(반대: flektierende u. isolierende Sprachen). **Agglutinierung**, die; -en ↑ agglutinieren의 명사형.

Aggravation [agrava'tsion], die; -en [lat. aggravātio] [의학] 1. (병의) 악화. 2. 중대화(重大化), 증가, 가중(형벌 따위의). **aggravieren** [agra'vi:rən] ⟨h⟩ [lat. aggravāre] [의학] (병자가 자기 병을) 과장하다.

Aggregat [agre'ga:t], das; -(e)s, -e 1. [기술] (몇 개의 기계가 모여 한조가 되는) 연결 기계. 2. [수학] 총계, 총화. 3. [지질] 집성암(集成岩), 혼성암. 4. [사회] (통계 조사를 위해) 임의로 선정된 사람들의 총계. 5. ↑ Aggregation (2). **Aggregation** [agrega'tsio:n], die; -en [lat. aggregātio] 1. 집합, 집적. 2. [화학] (분자 및 이온의) 집합, 응집. **Aggregatzustand**, der; -(e)s, ...stände [화학] 집합(응집) 상태(고체, 액체, 기체 등). **aggregieren** [agre'gi:rən] ⟨h⟩ [lat. aggregāre] 집합(집적)시키다; (단체에) 가입[편입]시키다. **Aggregierung**, die; -en 집합, 집적, 가입, 편입.

Aggression [agre'sio:n], die; -en [lat. aggressio] 1. [국제법] 공격, 침략, 침범. 2. [심리] a) 공격. b) 공격적 입장(태도).

Aggressions-: **~absichten** ⟨Pl.⟩ 공격 의도. **~basis**, die [군] 공격 기지. **~handlung**, die 공격 행동. **~instinkt**, der 공격 본능. **~inversion**, die [심리] 공격성 도착(倒錯)(증). **~krieg**, der 침략 전쟁. **~lust**, die 공격욕. **~politik**, die 침략 정책. **~tendenz**, die 공격성. **~trieb**, der [심리] 공격 충동.

aggressiv [agrε'si:f] ⟨Adj.⟩ 1. a) 공격적, 호전적. b) 도전적: ein -er Tonfall 시비조의 어조. 2. a) (무엇이) 눈을 자극하는, 눈에 띄는: -e Farben 요란한 빛깔. b) 파괴적인: weiches Wasser ist gegen Metalle -er als hartes 금속에 대해서 연수(軟水)는 경수(硬水)보다 더 파괴적이다. 3. 집중된. 4. 안전을 무시한, 난폭한(반대: defensiv): er fährt sehr a. 그는 난폭 운전을 한다. **aggressivieren** [agresivi'i:rən] ⟨h⟩ 도발하다. **Aggressivierung**, die; -en ↑ aggressivieren의 명사형. **Aggressivität** [agresivi'tε:t], die; -en (Pl. 없음) a) [심리] 공격성, 공격적 태도. b) 공격욕. 2. 공격적 언동. **Aggressor** [a'grεsɔr, ⟨또한⟩ ...so:r], der; -s, -en [agre'so:rən; lat. aggressor] [국제법] 침략자, 침략국, 공격자.

Agha: ↑ Aga.

Ägide [ε'gi:də; lat. aegis < griech. aigís] [다음 용법으로] **unter jmds. Ä.** ⟨교양어⟩ 누구의 비호[보호] 하에.

agieren [a'gi:rən] ⟨h⟩ [lat. agere] ⟨교양어⟩ 1. 행하다, 행동하다: sie agieren für Körperseife 그들은 목욕비누 선전을 한다. 2. [연극] a) ⟨준고어⟩ (어떤 역을) 맡아 하다. b) 출연하다. 3. 몸짓[손짓]을 하다, 표정으로 나타내다: mit den Händen a. 손짓으로 이야기하다.

agil [a'gi:l] ⟨Adj.⟩ [frz. agile] ⟨교양어⟩ 민첩한, 잽싼, 익숙한. **Agilität** [agili'tε:t], die; [frz. agilité] 민첩, 노련.

Ägina [ε'gi:na], -s 1. 에기나(그리스 섬). 2. 에기나 섬의 도시. **Äginete** [εgi'ne:tə], der; -n, -n 1. 에기나 섬의 주민. 2. ⟨Pl.⟩ 에기나 사원의 박공 조각상.

Agio [a'ʒio, ⟨또한⟩ a'dʒo], das; -s, Agien [ital. ag(g)io] [은행·증권] 액면 초과액, 프리미엄, 환금 차액 (반대: Disagio). **Agiotage** [aʒio'ta:ʒə], die [frz. agiotage] ⟨주식⟩ 투기 매매, 증권 판매; 증권업. **Agioteur** [aʒio'tø:r], der; -s, -e [frz. agioteur] ⟨증권⟩ 거래업자, 주식[증권] 투기자. **agiotieren** [aʒio'ti:rən] ⟨h⟩ [frz. agioter] 주식 투기를 하다, 증권 거래를 하다, 주식을 매매하다.

Agitation [agita'tsio:n], die; -en [engl. agitation < lat. agitātio = das In-Bewegung-Setzen] a) ⟨폄⟩ 선동, 교사(敎唆): eine radikale A. betreiben 과격한 선동을 한다. b) ⟨정치적⟩ 선전 활동: A. und Propaganda 선동과 선전(대중 감화를 위한 공산주의 이념 작업의 주된 수단; 약어: ↑ Agitprop)..

Agitations- (Agitation b): **~anweisung**, die 선전[활동]지침. **~arbeit**, die ⟨Pl. 없음⟩ 선전 작업. **~film**, der 선전 영화. **~gruppe**, die 선전 그룹. **~material**, das 선전 자료. **~redner**, der 선전 연사(演士). **~tätigkeit**, die 선전[선동] 활동.

agitato [adʒi'ta:to] ⟨Adv.⟩ [ital. agitato] [음악] 아지타토, ⟨템포가⟩ 격렬하게. **Agitator** [agi'ta:tor, ⟨또한⟩ ...to:r], der; -s, -en [agita:torən; engl. agitator] 선동자, 정치 선전가, 대중 운동가. **agitatorisch** [agita'to:rɪʃ] ⟨Adj.⟩ a) 선동적(인). b) 선동하는. **agitieren** [agi'ti:rən] ⟨h⟩ [engl. agitate] a) 선동(교란)하다: für Streik a. 스트라이크를 선동하다. b) ⟨누구를⟩ 선동하다, 부추기다. **agitiert** ⟨Adj.⟩ [심리] 흥분한, 불안한. **Agitiertheit**, die [심리] 흥분, 불안.

Agitprop [agit'prɔp; Agitation und Propaganda] 1. die [마르크시즘] (대중의 혁명 의식을 고취하고 계급 투쟁에 적극 참여케 하기 위한) 선전 활동. 2. der; -(s), -s ⟨통용어⟩ 선전 활동가.

Agitprop-: **~dichtung**, die 선전용 문학. **~gruppe**, die ⟨구동독⟩ (연극·음악에 의한) 선전 활동대. **~stück**, das 선전용 극본. **~theater**, das 선전용 연극. **~truppe**, die 선전 목적의 극단.

Aglaia [a'gla:ja, ⟨또한⟩ a'glaia] [그리스 신화] 아글라야 (우아의 여신).

Aglei [a'glai]: ↑ Akelei.

Agnat [a'gna:t], der; -en, -en [lat. agnātus] a) (로마법에서) 부계(父系) 친족(반대: Kognat). b) (게르만 법에서) 부계(父系) 친족(親族).

Agni ['agni] [인도 신화] 아그니(불의 신).

Agnomen [a'gno:mən], das; -s, ...mina [lat. agnomen] (고대 로마인에서 개인적인 특성이나 업적을 표현하는) 제4명(名), 첨가명(예컨대: P. Cornelius Scipino Africanus).

Agnosie [agnо'zi:], die; -n [...ɪən; griech. agnōsía] 1. [의학] 인지(認知) 불능(증), 실인증(失認症). 2. ⟨Pl. 없음⟩ [철학] 부지(不知). **Agnostiker** [a'gnɔstikɐ], der; -s, - 불가지론자(不可知論者). **Agnostizismus** [agnosti'tsismus], der; - [철학] 불가지론. **agnostizistisch** ⟨Adj.⟩ 불가지론의.

agnoszieren [agnоs'tsi:rən] ⟨h⟩ [lat. agnōscere] 1. ⟨고어⟩ 승인[인지]하다. 2. 신원을 확인하다.

Agnus Dei ['agnus 'dei], das; - -, - - [lat. = Lamm Gottes] [기독교] a) ⟨Pl. 없음⟩ 하나님의 어린양(그리스도의 호칭, 요한복음 1장 29절). b) [가] Agnus Dei라는 말로 시작하는 기도문 및 성가. c) 교황에 의해 축복을 받은 천주의 어린양을 나타내는 밀랍으로 된 작은 원반.

Agogik [a'go:gɪk], die [zu griech. agogḗ = Tempo der Musik] [음악] (연주할 때의) 템포 변형법, 속도법[학]. **agogisch** ⟨Adj.⟩ 속도법[학](상)의.

à gogo [a'go:'go; frz. ↑ à u. gogo] (대량으로), 많이, 임의로: Hits à gogo 많은 히트곡.

Agon [a'go:n], der; -s, -e [lat. agōn] (고대 그리스에서) 1. 체육[기예](技藝)] 경기, 투쟁, 경쟁. 2. 〈아티카 희극의 중심부를 이루는〉 논쟁, 토론. **agonal** [ago'na:l] ⟨Adj.⟩ 체육[기예] 경기의, 투쟁적인.

Agonie [ago'ni:], die; -n [...i:ən; lat. agōnía < griech. agōnía] ⟨의학·교양어⟩ 단말마(斷末魔), 죽음의 고통; 빈사, 고민: in A. verfallen 죽음의 고통에 빠지

Agonist 54

다. **Agonist** [ago'nɪst], der; -en, -en [lat. agōnista < griech. agōnistḗs] **1.** (고대 그리스의) 체육[기예] 경기 참가자, 투기자(鬪技者). **2.** [의학] 주동근(主動筋), 작동근(作動筋). **Agonistik**, die [lat. agonisticus < griech. agōnistikós] (고대 그리스의) 체육 경기학.

¹**Agora** [ago'ra:], die; -s/Agoren [a'go:rən]; griech. agorá] (고대 그리스의) 시장(市場). **Agoraphobie** [agorafo'bi:], die; -n [...i:ən; aus ↑Agora u. ↑Phobie] [의학·심리] 광장 공포(廣場恐怖)(증). **Agoras** /**Agoren**: ↑¹Agora의 복수형. **Agoroṭ**: ↑²Agora의 복수형. ²**Agora** [ago'ra], die; Agorot [hebr. āḡōrā] 아고라(이스라엘의 화폐 단위).

Agraffe [a'grafə], die; -n [frz. agrafe] **1.** 브로치, (옷깃 따위를 여미는) 쇠붙이. **2.** [건축] 아치[창틀]의 꺾쇠꼴 장식, 꺾쇠. **3.** [의학] 창상구(創傷鉤), 상처 쇠붙이.

Agram [a:gram] 아그람(유고슬라비아의 도시 Zagreb의 옛 독일 이름).

agrar-, Agrar- [a'gra:ɐ̯'-; lat. agrārius] 〈전문어·복합어〉 농업-, 농업(의)-: ~**bevölkerung**, die 농업 인구. ~**erzeugnis**, das 농작물, 농산물. ~**export**, der 농산물 수출. ~**fonds**, der 농업 기금. ~**gebiet**, das 농업 지역. ~**gemeinschaft**, die 《österr.》 ↑Allmende. ~**geographie**, die 농업 지리학. ~**geschichte**, die 농업사(史). ~**gesellschaft**, die 농업 사회. ~**import**, der 농산물 수입. ~**krise**, die 농업 공황. ~**land**, das **1.** ↑~staat. **2.** 〈Pl. 없음〉 《드물게》 농지. ~**markt**, der 농산물 시장. ~**politik**, die 농업 정책, 농정(農政). ~**politiker**, der 농업 정책가. ~**politisch** 〈Adj.〉 농업(상)의, 농정의. ~**preise** 〈Pl.〉 농산물 가격. ~**produkt**, das 농산물. ~**reform**, die 농제(農制) 개혁. ~**sektor**, der 농업 분야. ~**soziologie**, die 농업 사회학. ~**staat**, der 농업국. ~**struktur**, die 농업 구조. ~**technik**, die 농업 기술. ~**überschuß**, der 농산물 과잉. ~**verfassung**, die 농업 그 체제, 농업 사회 구조. ~**wissenschaft**, die ↑Agronomie. ~**wissenschaftler**, der 농학자. ~**zoll**, der 〈대개 Pl.〉 농업 보호 관세.

Agrarier [a'gra:riɐ̯], der; -s, - [lat. agrāriī] 〈준고어〉 농업 경영자, 중농주의자(특히 1871년 이후 동부 독일에서) 대지주(大地主). **agrarisch** 〈Adj.〉 농업(사)의.

Agrasel ['a:graːzl̩] **Agrassel** ['a:grasl̩], das; -s, -n 〈대개 Pl.〉 《österr.》 구즈베리(열매).

Agreement [ə'griːmənt], das; -s, -s [engl. agreement] [국제법] 협약, 협정, 합의. **agreieren** [agre'iːrən] 〈h〉 [frz. agréer] 〈드물게〉 허락[동의]하다, 승인하다. **Agrément** [agre'mãː], das; -s, -s [frz. agrément] [외교] (대사·공사를 파견할 때 미리 주재국으로부터 구하는) 승인, 아그레망; 허락, 동의: jmdm. das A. erteilen 누구에게 아그레망을 수여하다. **Agréments** [agre'mãːs] 〈Pl.〉 [frz. (notes d') agrément] [음악] 장식음.

ägrieren [ɛ'griːrən] 〈h〉 [frz. aigrir] 〈고어〉 노하게 하다, 격분시키다.

Agrikultur [agri-], die [lat. agrīcultūra] 농경(農耕), 농업. **Agrikulturchemie**, die 농예(農藝) 화학.

agro-, Agro- ['aːgro-; griech. agrós] 〈복합어〉 "농업"(의): ~**biologie**, die 농업 생물학. ~**biologisch** 〈Adj.〉 농업 생물학의. ~**stadt**, die (소비에트 연방의) 농업 도시. ~**technik**, die [nach russ. agrotechnika] 농업 공학[기술]. ~**technisch** 〈Adj.〉 농업 공학[기술]의. ~**typus**, der 재배식물류(類).

Agronom [agro'noːm], der; -en, -en [a: griech. agronómos; b: russ. agronom] **a)** [구닥독] 〈전문교 육을 받은〉 농장 경영자; 농학자. **b)** 《구동독》 농업 전문 지도자. **Agronomie** [...no'miː] die 농학. **agrono-** misch 〈Adj.〉 농학의.

Agrumen [a'gruːmən], **Agrumi** [a'gruːmi] 〈Pl.〉 [ital. agrume] 《고어》 감귤류(甘橘類).

Ägypter [ɛ'gʏptɐ], -s 이집트인. **Ägypter** [ɛ'gʏptɐ], der; -s, - 이집트 인(人). **ägyptisch** [ɛ'gʏptɪʃ] 〈Adj.〉 이집트(말·사람)의: die -e Augenkrankheit [의학] 트라홈 (↑Trachom). **Ägyptisch** [ɛ'gʏptɪʃ], das; -s, 〈정관사와 함께〉 **Ägyptische**, das; -n 이집트어. **ägyptisieren** [ɛgʏpti'ziːrən] 〈h〉 이집트화하다, (고대) 이집트 풍으로 하다. **Ägyptologe** [ɛgʏpto'loːgə], der; -n, -n 이집트(고고)학 학자. **Ägyptologie**, die 이집트 (고고)학, 고대 이집트학. **ägyptologisch** 〈Adj.〉 ↑ Ägyptologie의 형용사.

ah [aː] 〈Interj.〉 **a)** 아(놀라움, 경탄을 표현): ah, wie schön! 아, 어쩌면 이렇게 아름다운지! **b)** 아(기쁨, 희열을 표현): ah, wie schön warm es hier ist! 아, 여기는 따뜻하기도 하다! **c)** 아(뒤늦게 설명을 듣고 이해가 간다는 표현): ah so (ist das)! 아 그래! 〈명사화〉 **Ah**, das; -s, -s ↑ah 감탄사의 소리.

Ah = Amperestunde.

äh [ɛ(ː)] 〈Interj.〉 **a)** 에이, 허(불쾌를 표현): äh, das kann ich nicht sehen! 허, 목불인견(目不忍見)이로군. **b)** 에에(말이 생각에 떠오르지 않을 때 중간 중간에 삽입시키는 소리).

aha [a'ha(ː)] 〈Interj.〉 아하, 그렇군, 아니, 정말(갑자기 이해·납득이 갈 때): so hängt das zusammen! 아하, 그런 관계로군. **Aha-Erlebnis**, das [독일계 미국 심리 학자 K. Bühler에 의해 만들어진 개념] [심리] 아하 체험 (알지 못했던 두 사건의 상관 관계가 갑자기 생각에 떠올라 알게 되는 현상).

Ahasver [a'hasvɐ̯, (또한) ahas've:ɐ̯], der; -s, -s/-e [Ahasverus = der Ewige Jude] 아하스버, 영원한(유랑하는) 유태인(형장으로 가는 그리스도를 자기집 앞에서 쉬지 못하게 하고 욕설을 한 응보로 그리스도의 재림 때까지 지상을 유랑한다는 구두장이). **ahasverisch** [ahas'veːrɪʃ] 〈Adj.〉 《교양어》 안주할 곳이 없는, 방황하는. **Ahasverus** [ahas'veːrʊs], der; -, 《드물게》 -se ↑Ahasver.

ahd. = althochdeutsch.

ahistorisch 〈Adj.〉 비역사적, 역사와 무관한.

Ahlbeere ['aːl-], die; -n 《nordd.》 까마까치밥나무의 열매.

Ahle ['aːlə], die; -n **a)** 펀치, (구두장이의) 송곳, 구멍 뚫는 연장. **b)** (식자공이 교정할 때 사용하는) 핀셋. **c)** ↑ Reibahle.

Ahlkirsche ['aːl-], die; -n 〈지역적〉 ↑ Traubenkirsche.

Ahming ['aːmɪŋ], die; -e / -s [선원] 흘수선(吃水線), 흘수표(標).

Ahn [aːn], der; -(e)s / -en, -en **1.** 〈대개 Pl.〉 《아어》 선조. **2.** 〈고어·지역적〉 조부, 할아버지.

Ahn- (↑ Ahnen- 참조): ~**frau**, die 〈아어·준고어〉 시조비(始祖妣). ~**herr**, der 〈아어·준고어〉 시조, 조상. ~**herrin**, die ↑~herr의 여성형.

¹**ahnden** ['aːndn̩] 〈h〉 〈교양어〉 벌하다: ein Unrecht streng a. 부정을 엄하게 벌하다. **Ahndung**, die; -en 처벌, 징벌.

²**ahnden** [-] 〈h〉 〈시어·고어〉 ↑ ahnen. **ahndevoll** 〈Adj.〉 시어·고어〉 ↑ ahnungsvoll.

¹**Ahne** ['aːnə], der; -n, -n ↑ Ahn의 병용형. ²**Ahne** [-], die; -n 〈시어·고어〉 ↑ Ahne.

ähneln ['ɛːnl̩n] 〈h〉 (…와) 비슷하다, (를) 닮다: er ähnelt seinem Bruder 그는 그의 형과 비슷하다; die Geschwister ähneln sich 형제자매가 서로 닮았다. **ahnen** ['aːnən] 〈h〉 **1.** 어렴풋이 느끼다, 예감하다: nicht das mindeste a. 전혀 예감하지 못하다; 〈아어〉 mir ahnte

nichts Gutes 어쩐지 좋지 않은 예감이 들었다. **2. a)** 어 렴풋이 알다, 추측하다, 예상하다: die Wahrheit a. 사실 을 어렴풋이 알다; 《아어》 ihm ahnte nichts von den Schwierigkeiten 그는 어려움에 대해서 전혀 알지 못했 다; **(ach,) du ahnst es nicht!** 《경》《불쾌하게 놀랄 때 의 표현》 이게 무슨 짓인가, 놀랬는데. **b)** ⟨zu 부정법에서⟩ die Wagen waren mehr zu a. in der Dunkelheit als zu sehen 차량들은 어둠 속에서 어렴풋이 겨우 알아볼 수 있을 뿐이었지 확실하게 볼 수는 없었다.
Ahnen: ↑Ahn, ¹Ahne, ²Ahne의 복수형.
Ahnen- ⟨↑Ahn- 참조⟩: **~bild**, das **1.** 선조의 초상. **2.** 【민속】 ↑~figur. **~figur**, die 【민속】 선조의 형상. **~forschung**, die ↑Genealogie. **~galerie**, die 선조 초상 진열실(귀족 저택 내에 있는). **~grab**, das 선조의 무덤. **~kult**, der 【민속】 조상 숭배. **~paß**, der 《나 치》 아리안 계(系) 증명서[확인증]. **~probe**, die 《나치》 귀족 가문 증명. **~reihe**, die 대대의 조상, 가계(家系), 가통(家統). **~saal**, der 선조 초상화 진열실. **~tafel**, die 《아어》 가계도(家系圖), 족보. **~verehrung**, die 조상숭배(崇拜). **~kult**.
Ahnin ['a:nɪn], die; -nen 《드물게》↑²Ahne.
ähnlich ['ɛ:nlɪç] ⟨Adj.⟩ **1.** 닮은, 비슷한: jmdm. ä. sehen 누구와 닮다; sie sahen sich (einander) täuschend ä. 그들은 구별할 수 없을 정도로 서로 닮았다; und -e(s) 기타 이와 비슷한[같은] 것(약어: u.ä.). **etw. sieht jmdm. ä.** 《통용어》무엇은 누구가 행한 일 같이 이 다. **2.** ⟨Präp.³의 기능⟩ …처럼: ä. einem Pfeil schoß der Düsenjäger durch den Himmel 제트 전투기가 쏜 살같이 창공을 날아갔다. **Ähnlichkeit**, die; -en 유사, 유동, 근사점; 상사(相似): er hatte Ä. mit einem Affen 그는 원숭이와 유사한 모습을 지녔었다; es besteht eine Ä. zwischen beiden 둘 사이에는 유사점이 있다.
Ahnung ['a:nʊŋ], die; -en **1.** 예감, 예상, 예견: eine A. des kommenden Unheils 다가올 재앙에 대한 예감. **2.** 추측, (모호한) 관념〈생각〉; 의심, 의구심: von etw. absolut keine A. haben 무엇에 대해 꿈에도 생각지 못 하다; hast du eine A., wo Mutter hingegangen ist? 어머니가 어디로 가셨는지 알고 있나?; **von Tuten und Blasen [von Ackerbau und Viehzucht] keine A. haben** 《통용어》 (어떤 분야에서) 전혀 아무것 도 모르다; **keine A.!** 《통용어》 전혀 모른다, 결코 그렇지 않다, 천만에(강한 부정); **hast du eine A.!** 《통용어》 무슨 (얼토당토 않는) 생각을 하고 있느냐!
ahnungs-, Ahnungs-: **~los** ⟨Adj.⟩ 아무것도 모르 는, 전혀 예견[예감]하지 못한. **~losigkeit**, die ↑~los의 명사형: politische A. 정치적 무지(無知). **~vermögen**, das 예감 능력. **~voll** ⟨Adj.⟩《아어》(불안한) 예 감을 품고 있는, 불안을 느끼는, 불길한 예감이 드는.
ahoi [a'hɔy] ⟨Adj.⟩ ⟨engl. ahoy⟩【선원】 어어이(다른 배 를 부르는 소리).
Ahorn ['a:hɔrn], der; -s, -e 《드물게 Pl.》 **1.** 단풍나무. **2.** (Pl. 없음) 단풍나무 재목.
Ahr [a:ɐ̯], die 아르 강(江)(라인 강의 지류).
Ährchen ['ɛːɐ̯çən], das; -s, - **1.** ↑Ähre의 축소형. **2.** 작 은 이삭. **Ähre** ['ɛ:rə], die; -n 《축소형: ↑Ärchen (1)》 이삭, 수상화서(穗狀花序): -n lesen 이삭을 줍다.
ähren-, Ähren-: **~blond** ⟨Adj.; nicht adv.⟩ 이삭 의 색을 띤, 담황색의, 금발의. **~büschel**, das 이삭 다 발. **~feld**, das 이삭이 여문 들. **~förmig** ⟨Adj.⟩ 이삭 모양의. **~heber**, der 【농】 콤바인의 예취기(刈取機). **~kranz**, der (추수제 때) 이삭으로 만든 관. **~lese**, die 이삭줍기. **~lesen**, das ↑~lese. **~leserin**, die 이삭줍 는 여자.
Ai ['a:i], das; -s, -s ⟨port. ai⟩【동물】세손가락나무늘보.
Aida [a'i:da], die; -(s) 【섬유】 면 및 인조섬유로 된 수예용 바탕천.
Aide [ɛ:t], der; -n, -n ['ɛ:də]; frz. aide] **1.** 《고어》 조수, 조력자. **2.** 《schweiz.》 견습 요리사. **3.** 〈카드놀이의〉 상 대(자). **Aide-mémoire** ['ɛ:tmemo̯'a:ɐ̯], das; -, - [frz. aide-mémoire]【정치·외교】 각서(覺書), 메모, 비망록.
Aids [eɪdʒ], das; - (대개 관사없이 사용) [engl. acquired immune deficiency syndrome의 약어] 【의학】후천성 면역 결핍증(사망률이 높음), 에이즈. **aidskrank** ⟨Adj.⟩ 에이즈 병에 걸린. **Aidstest**, der 후천성 면역 결 핍증 테스트: sie will (sich) den A. machen lassen 그 여자는 에이즈 테스트를 받고자 한다.
Aigrette [ɛ'grɛtə], die; -n [frz. aigrette] **1.** (모자 및 머 리의) 깃털 장식. **2.** (불꽃놀이에서) 다발 모양의 불꽃.
Aiguière [ɛ'gi̯ɛ:rə], die; -n [frz. aiguière] (르네상스 시 대의) 손잡이가 달린 물병.
Aikido [ai'ki:do], das; -(s) 합기도(合氣道).
¹Air [ɛ:ɐ̯], das; -(s), -s 《드물게 Pl.》 [frz. air] 《교양어》 풍채, 태도, 모습, 기미, 무드, 분위기: sich ein A. von Künstlertum geben 예술가인 체하다.
²Air [-], das; -s, -s [frz. air] 【음악】 노래, 가요, 선율; 영창(詠唱).
Air- [ɛ:ɐ̯-; engl. air]: **~bag** [-bæg], der; -s, -s 에어 백. **~bus**, der 【비행】 에어버스. **~conditioner** [-kəndɪʃənə], der; -s, -, **~conditioning** [-kəndɪʃnɪŋ], das; -s, -s 에어컨(디셔너). **~fresh** [-frɛʃ], das; -, - 공기청정제. **~port** [-pɔrt], der; -s, -s 공항, 비행장. **~terminal**, der; 《또한》 das ↑~port.
Airedaleterrier ['ɛ:ɐ̯deɪl-], der; -s, - ["Airedale 1 라고 하는 영국 북쪽 Aire 강 골짜기 이름에서] 에어델테리 어(영국 원산의 개).
Air France [ɛr'frã:s], die 에어 프랑스(프랑스 항공 회사, 약어: AF).
ais, Ais ['a:ɪs], das; -, - 올림가 음, 올림가 장조.
Aitel ['aitl], der; -s, - 《südd., österr., schweiz》 ↑Döbel.
Aja ['a:ja], die; -, -s [ital. aia] 《고어》 여자 가정 교사(상 류가정의).
Ajatollah, der; -(s), -s [pers. āya'ullāh = Licht Gottes] 아야톨라(이슬람 시아파의 최고 성직자 칭호).
Ajax ['a:jaks, 'aiaks], der; -, - [텀블링] 아약스(3인 혹은 5인이 한 조가 되어 하는 아크로바트와 유사한 운동으로 상 단의 인물은 물구나무서기를 함).
à jour [a'ʒu:ɐ̯; österr.] ajour [a'ʒu:ɐ̯; frz. à jour] **1.** 【부기】 오늘까지의, 기장필(起帳畢)의. **2.** 투명한, 빛이 새어들게 된: a j. gefaßt (보석을) 환히 들여다 보이게 끼워 넣은. **3.** 【섬유】 작은 구멍이 있는, 망사의. **4.** 【건축】 《장식 조 각에》 어떤 면에 붙어 있지 않은.
Ajour- [-]: **~arbeit**, die a) 틈새가 나게 한 세공, 투조 (透彫) 세공, 오픈워크(openwork). b) ↑~stickerei. c) 【건축】 투조 세공 장식. **~fassung**, die 투조 세공 보 석채. **~gewebe**, das ↑~ware. **~musterung**, die 【섬유】 망사. **~stickerei**, die 들여다 보이게 성기게 짜 는 뜨개질, 걸러뜨기. **~stil**, der 【건축】 투조 조각 장식 의 양식. **~stoff**, der 【섬유】 망사꼴로 성기게 짠 천. **~ware**, die 【섬유】 성기게 짠 직물류.
ajourieren [aʒu'ri:rən] ⟨h⟩ **1.** 《österr.》 걸러뜨기를 하 다. **2.** 시국에 뒤지지 않게 하다; 누구에게 정보를 빠짐없 이 제공하다.
AK = **1.** Aktienkapital. **2.** Armeekorps.
Akademie [akade'mi:], die; -n [...i:ən; 1 a: frz. académie] **1. a)** 학술 협회, 아카데미: A. der Wissenschaften (der Künste) 과학 협회[예술원]. **b)** 아카데미(학 술협회) 건물. **2.** (전문) 대학원, 전문 학교. **3.** 《österr.》 문 학회, 음악회. **Akademiemitglied**, das·학술 협회의

회원. **Akademieschrift**, die 학술 협회 (정기) 간행물.
Akademiker [aka'deːmikɐ], der; -s, - [lat. academicus] 1. 대학 교육을 받은 사람. 2. 《드물게》 학술 협회[아카데미] 회원. **Akademikerin**, die; -nen / Akademiker의 여성형. **akademisch** 〈Adj.〉 1. 대학의: -es Proletariat 대학 졸업자로서 직장난으로 자신이 받은 교육에 상응하는 직장이 없는 사람; -es Viertel 대학의 15분(대학의 강의 등을 정각보다 15분 늦게 시작하는 것을 말함); -er Rat 대학 중급 교원(교수 임용 자격을 획득 못한 교원: 청호로는 Akademischer Rat); a. (vor) gebildet sein 대학 교육을 받았다, 대학을 나왔다. 2. a) 《미술·편》 인습적인, 형식·전형적인, 생기가 없는, 보수적인, 구태의. b) 《편》 현실에서 유리된, 무미건조한, 이론적인, 관념적인. c) 쓸데없는, 불필요한. **akademisieren** [akademi'ziːrən] 〈h〉 a) 아카데미 식으로 만들다. b) 《편》 인습적인 방식으로[관념적으로] 다루다[처리하다]. c) (직장의 직원을) 대학 출신으로 충원하다. **Akademisierung**, die ↑akademisieren의 명사형. **Akademismus** [akade'mɪsmʊs], der; - 《편》 아카데미즘(예술 및 학문에서 현실을 외면하고 규범에만 얽매인 고루한 활동 방식). **Akademist**, der; -en, -en 《고어》 ↑Akademiker (2).
Akanthus [a'kantʊs], der; -, - [1: lat. acanthus < griech. ákanthos] 1. ↑Bärenklau (1). 2. 【예술】 (코린트식 기둥머리의) 아칸더스 잎 모양의 장식. **Akanthusblatt**, das ↑Akanthus (2).
akatalektisch 〈Adj.〉 [lat. acatalēcticus] 【시학】 각운(脚韻)이 완전한, 완전 각운의.
Akatholik [akato'lik], der; -en, -en 《드물게》 비[非]가톨릭 교도. **akatholisch** 〈Adj.〉 [lat. acatholicus] 비가톨릭의.
akausal 〈Adj.〉 【철학】 인과(因果) 관계가 없는, 무원인의.
Akazie [a'kaːtsi̯ə], die; -n [lat. acacia < griech. akakía] 1. 【식물】 아카시아 : 〈성구〉 das ist (ja) [es ist] um auf die -n zu klettern 그것은 당치도 않다, 그것은 언어 도단이다. 2. 《통용어》 ↑Robinie.
Akelei [akəˈlaɪ̯], die; -en 【식물】 매발톱속(屬).
Aki [ˈaki], das; -(s), -(s) (↑Aktualitätenkino의 약칭) (구서독에서, 특히 기차 정거장의 기다리는 손님을 위해) 현실성을 띤 내용의 짧은 영화들(뉴스, 오락 영화, 다큐멘터리, 트릭 영화 등)을 연속 상영하는 영화관.
Akinakes [akiˈnakes], der; -, - [griech. akinákēs] (스키타이인 및 고대 페르시아인들이 쓰던) 쌍날의 십자형 칼.
Akinesie [akineˈziː], die [gr. akinēsía] 【의학】 무동증(無動症), 운동 불능(증). **akinetisch** [akiˈneːtɪʃ] 〈Adj.〉 무동증(운동 불능)의.
Akk. = Akkusativ.
Akkad [ˈakat] 아카트(고대 바빌로니아의 도시; 성서: 창세기 10장 10절). **akkadisch** [aˈkaːdɪʃ] 〈Adj.〉 아카트(인, 어)의. **Akkadisch**, das; -(s) (정관사와 함께) **Akkadische**, das; -n 아카트 어(바빌로니아와 앗시리아의 셈 인종 언어).
Akklamation [aklamaˈtsi̯oːn], die; -en [lat. acclāmātio] (《교양어》, 특히 österr. / schweiz》 1. 갈채, 박수. 2. 구두 표결, 갈채 동의: per A. 구두 표결로. **akklamieren** [aklaˈmiːrən] 〈h〉 [lat. acclāmāre] (《교양어》, 특히 österr.》 1. a) 갈채하다. b) 찬동하다. 2. 환호로 찬성 투표하다, 갈채 동의로 선출하다.
Akklimatisation [aklimatizaˈtsi̯oːn], die; -en 풍토 적응(순화), (환경) 순응. **akklimatisieren** […ˈziːrən], sich 〈h〉 《교양어》 풍토(기후)에 적응하다. **Akklimatisierung**, die ↑Akklimatisation.
Akkolade [akoˈlaːdə], die; -n [frz. accolade] 1. 【인쇄】 중괄호(｛ ｝). 2. 기사 임명식(때의 의례적인 엄숙한 포옹).

akkommodabel [akomoˈdaːbl̩] 〈Adj.〉 [frz. accommodable] 1. 【생리】 적응[순응]력이 있는. 2. 《고어》 조정할 수 있는, 유용한. **Akkommodation** […daˈtsi̯oːn], die; -en [frz. accommodation] 1. 【생리】 a) 적합, 적응, 순응. b) 〈시력〉 조절, (안구 수정체의) 원근 조절. 2. (어떤 종교가 다른 종교의 이념에) 동화. **Akkommodationsfähigkeit**, die (안구의) 조절력. **akkommodieren** […ˈdiːrən] 〈h〉 [frz. accommoder] 1. 【생리】 a) 적합[적응]시키다, 조절하다. b) 〈a. + sich〉 적응[순응]하다. 2. 〈a. + sich〉 《고어》 타협[화해]하다.
Akkompagnement [akɔmpanjəˈmãː], das; -s, -s [frz. accompagnement] 【음악】 반주. **akkompagnieren** […ˈjiːrən] 〈h〉 [frz. accompagner] 【음악】 반주를 하다: die Sängerin am Klavier a. 그 여가수의 노래에 피아노 반주를 하다. **Akkompagnist** […ˈjɪst], der; -en, -en 【음악·고어】 반주자.
[1]**Akkord** [aˈkɔrt], der; -(e)s, -e [frz. accord] 【음악】 화음: dissonante -e 불협화음; 〈전의〉 ein A. aus 45 verschiedenen Düften 45 가지 향기의 화합.
[2]**Akkord** [-], der; -(e)s, -e [frz. accord] 1. 【경제】 도급, 청부: im(in, auf.) A. arbeiten 청부를 맡아(도급으로) 일하다. 2. a) 【법】 협정, 타협, 화해: einen A. mit seinen Gläubigern abschließen 채무자와 타협[협정]하다. b) 〈통용어〉 화음.
[1]**Akkord-** ([1]Akkord): **~dissonanz**, die 화음 부조화. **~flöte**, die (민속 음악 놀이에서 사용된) 이중 플루트(구멍이 두 줄로 되어 있어 여주자의 연주가 가능). **~lehre**, die 화성학(和聲學). **~passage**, die 화음 파사쥐(화음의 소리들을 통한 빠른 진행). **~verbindung**, die 화음 연결.
[2]**Akkord-** ([2]Akkord 1): **~arbeit**, die 도급일. **~arbeiter**, der 도급 일꾼. **~bedingungen** 〈Pl.〉 청부(도급) 조건. **~lohn**, der 청부금, 일한 분량에 따라 지급되는 임금(Stücklohn). **~(richt)satz**, der 도급 임금(率). **~schere**, die 정상(正常)이 아닌 특별 능력에 기반한 도급 임금의 확장. **~system**, das 도급 임금제. **~unterlagen** 〈Pl.〉 도급(청부) 서류. **~vertrag**, der 청부(도급불) 계약. **~zettel**, der 도급 전표(傳票). **~zuschlag**, der 도급불 할증액, 도급 특별 수당.
Akkordeon [aˈkɔrdeɔn], das; -s, -s [1829년 오스트리아 악기 제작공 C. Demian이 [1]Akkord 와 연관하여 만든 말] 아코디온, 손풍금. **Akkordeonist** […eoˈnɪst], der; -en, -en 아코디온 연주자.
akkordieren [akɔrˈdiːrən] 〈h〉 [frz. accorder] 협정을 맺다, 타협을 맺다: Gewinnbeteiligung a. 이익 배당에 대한 협정을 맺다.
akkreditieren [akrediˈtiːrən] 〈h〉 [frz. accréditer] 1. 【특히 외교】 신임장을 수여하여 파견하다, 전권을 주다(대사 파견에): einen Botschafter a. 대사를 정식으로 파견하다. 2. (은행) (누구를 위해) 크레디트를 설정하다: bei dieser Bank bin ich akkreditiert 나는 이 은행에 크레디트 설정이 되어 있다. **Akkreditierung**, die ↑akkreditieren의 명사형. **Akkreditiv** […ˈtiːf], das; -s, -e […ˈiːvə] 1. 【외교】 신임장. 2. 【은행】 신용장: ein A. stellen (누구에게) 신용장을 내주다.
Akku [ˈaku], der; -s, -s 《통용어》 ↑Akkumulator (1) 의 약칭.
Akkulturation [akʊltura'tsi̯oːn], die; -en 【인류·사회심리】 (개인 및 집단의) 외래 문화 수용, (다른 문화와의 접촉을 통한) 문화적 동화. **akkulturieren** […ˈriːrən] 〈h〉 (특정한 문화 환경에) 동화[순응]시키다: Die fremde Religion ist akkulturiert worden 그 외래 종교는 동화되었다.

Akkumulat [akumu'la:t], das; -(e)s, -e 〖지질〗 ↑ Agglomerat (2 b).
Akkumulation [akumula'tsio:n], die; -en [lat. accumulātio] 1. 《교양어》 축적, 집적: die A. von Giftstoffen in verschiedenen Organismen 여러 유기체 내에 독소(毒素)의 축적. 2. 《전문어》 a) 〖경제〗 (자본, 생산 수단의) 축적: die A. von Kapital 자본의 축적. b) 〖지질〗 퇴적, 침적(沈積). c) 〖양식〗 (강한 이미지 부각을 위해) 소개념의 나열. **Akkumulator** [...'la:tɔr, ...to:ɐ], der; -s, -en [...la'to:rən; lat. accumulātor] 〖기술〗 1. 축전지: der A. ist aufgeladen 축전지가 충전되었다(약칭: ↑Akku). 2. 축압기(압력수를 담은). 3. 〖전산〗 누산기(累算器). **akkumulieren** [...'li:rən] 〈h〉 [lat. accumulāre] 《교양어·전문어》 축적(집적)하다; ⟨a. + sich⟩ 축적되다, 쌓이다: die Schwierigkeiten akkumulierten sich로 어려운 일들이 중첩되었다.
akkurat [aku'ra:t; lat. accūrātus] I. ⟨Adj.⟩ 《교양어》 1. 면밀한, 단정한, 깨끗한: seine Schrift ist sehr a. 그의 글씨는 깨끗하다; er ist immer äußerst a. gekleidet 그는 언제나 아주 단정하게 옷을 입고 있다. 2. 정확한, 적확한: die -e Führung der Gesangsstimmen 노래 음성의 정확한 처리. II. ⟨Adv.⟩ 《지역적》 꼭, 바로: a. wie eine Baronin, sagte er lachend "꼭 남작 부인 같군!" 하고 그는 웃으면서 말했다. **Akkuratesse** [akura'tɛsə], die 면밀, 세심.
Akkusativ ['akuzati:f], der; -, -e [...i:və; lat. cāsus] accūsātivus] 〖언어〗 1. ⟨Pl. 없음⟩ 4격, 목적격, 대격(對格)(약어: Akk.): die Präposition „gegen" regiert den A. 전치사 gegen 은 4격을 지배한다. 2. 4격의 단어: der Satz enthält zwei -e 그 문장에는 2개의 4격 단어가 포함되어 있다. **akkusativisch** [...vɪʃ] ⟨Adj.⟩ 4격의. **Akkusativobjekt**, das 〖언어〗 4격 목적어.
Akme [ak'me:], die [griech. akmé] 〖의학〗 (병의) 고비, 위기, (오르가슴 따위의) 절정.
Akne ['akno], die; -n [griech. akné] 〖의학〗 좌창(座瘡), 여드름.
Akolyth [ako'ly:t] 《드물게》 **Akoluth** [ako'lu:t], der; -en, -en [lat. acolythus, acoluthus < griech. akólouthos] 〖가〗 시제(侍祭).
Akonto [a'kɔnto], das; -s, -s [...ten] (österr.》 제1회 불입(금): ein A. leisten 제1회 불입금을 지불하다. **Akontozahlung**, die; -en 〖은행〗 할부불, 제1회 불입(금).
akquirieren [akvi'ri:rən] ⟨h⟩ [lat. acquīrere] 1. 《고어》 획득하다, 구입하다. 2. 〖경제〗 외판원으로 일하다, 고객을 유치하다. **Akquisiteur** [akvizi'tø:ɐ], der; -s, -e a) 〖경제〗 외판원, 세일즈맨, 선전원. b) 〖신문〗 광고 모집인. **Akquisition** [akvizi'tsio:n], die; -en [lat. acquīsītio] 1. 《고어》 획득, 조달, 입수(入手). 2. 〖경제〗 (외판원으로서의) 고객 유치. **Akquisitor** [akvi'zi:tɔr, ...to:ɐ], der; -s, -en [akvizi'to:rən; lat. acquīsītor] (österr.》 ↑Acquisiteur. **akquisitorisch** [akvizi'to:rɪʃ] ⟨Adj.⟩ 1. 외판원식의, 세일즈맨 방식의. 2. 고객 유치(방식)의.
Akribie [akri'bi:], die [lat. acrība < griech. akrībeia] 《교양어》 정밀, 철저: bei aller wissenschaftlichen A. 학문적 철저성에도 불구하고, 과학적 정밀성에도 불구하고. **akribisch** [a'kri:bɪʃ] ⟨Adj.⟩ 《교양어》 정밀한, 철저한: -es Quellenstudium 철저한 자료 연구. **akribistisch** [akri'bɪstɪʃ] ⟨Adj.⟩ ↑akribisch의 강의(强意)형: -e Kleinarbeit 정밀 세공.
akritisch ⟨Adj.⟩ 《교양어》 무비판의, 비판 정신이 없는.
Akrobat [akro'ba:t], der; -en, -en [griech. akrobátos] 곡예사, 줄타기 광대. **Akrobatik**, die a) 곡예(곡예사의 능숙성): eine bewundernswerte A. 놀라운 곡

예. b) 곡예 동작: er kann A. und Steptanzen 그는 곡예를 할 수 있고 스텝 댄스를 출 수 있다. **Akrobatikläufer**, der; -s, - 체조용 매트. **Akrobatin**, die; -nen ↑Akrobat의 여성형. **akrobatisch** ⟨Adj.⟩ a) 곡예사가 해 보인. b) 곡예적, 곡예의.
Akrolein [akrole'i:n], das; -s 〖화학〗 아크로레인.
Akronym [akro'ny:m], das; -s, -e 두자어(頭字語) (Initialwort) (예컨대: UNO).
Akropolis [a'kro:pɔlis], die; ...len [akro'po:lən] a) (고대 그리스의 많은 도시에서) 산·언덕 위에 자리한 성. b) ⟨Pl. 없음⟩ 고대 아테네의 성.
Akrostichon [a'krɔstiçɔn], das; -s, ...chen [...cha] [griech. akróstichon] a) 〖시〗 아크로스티크(각 행 혹은 각 연의 첫 글자, 첫 음절 혹은 첫 단어를 모으면 하나의 단어나 문장이 되는 기교 시형). b) 아크로스티크 시의 각 행·각 연의 첫 글자, 첫 음절, 혹은 첫 단어.
Akroter [akro'te:ɐ], der; -s, -e (고형) **Akroterie** [-riə], die; -n, **Akroterion** [-riɔn], **Akroterium** [-riʊm], das; -s, ...ien [...iən; lat. acrōtērium < griech. akrōtérion] 아크로테리아(고대 그리스 신전의 합각 머리 장식).
Akryl-: ↑Acryl-.
äks [ɛ:ks] ⟨Interj.⟩ 쳇, 에이(혐오, 구역질, 불쾌의 표현): äks, wie das schmeckt! 에이 맛없어, 구역질 나!
Akt [akt], der; -(e)s, -e / -en [lat. āctus] 1. ⟨Pl.: -e⟩ a) 행위, 동작: eines schöpferischer A. 창조적 행위: rechtswidrige -e 불법 행위들. b) 의식(儀式), 축제: dem A. der Einweihung beiwohnen 낙성식(落成式)에 참가하다. c) 심리(審理): alle -e unserer Exekutive sind rechtsstaatlich 우리 행정부의 모든 조치는 법에 의거하고 있다. d) ↑Geschlechtsakt의 약칭. 2. ⟨Pl. : -e⟩ 〖연극〗 막: eine Tragödie in fünf -en 5막(으로 된) 비극. 3. ⟨Pl. -e⟩ 〖서커스·쇼〗 공연물, (쇼의) 한 프로: ein akrobatischer A. 곡예 프로. 4. ⟨Pl. -e⟩ 〖예술〗 나체화, 나체상: einen A. zeichnen 나체화를 그리다. 5. ⟨Pl. Akten⟩ 《südd., österr.》 서류, 기록: ein A. mit dem Zeichen 2JS 2JS 기호가 적힌 서류.
Akt-: **~aufnahme**, die 나체 사진. **~bild**, das 나체화. **~darstellung**, die 나체 묘사(법). **~einteilung**, die 막(幕)에 의한 분할. **~foto**, das ↑~aufnahme. **~fotograf**, der 나체 사진사(사진 작가). **~fotografie**, die 1. ⟨Pl. 없음⟩ 나체 촬영. 2. ↑~aufnahme. **~gemälde**, das 나체화. **~klasse**, die 미술 대학 마지막 학년(나체화 실습을 하는). **~malerei**, die 나체 그림(회화). **~modell**, das 나체 모델. **~schluß**, der 한 막(幕)의 마지막 장면. **~studie**, die 나체화 습작. **~zeichnen**, das 나체화 그리기(스케치). **~zeichnung**, die 나체화 스케치.
Aktant [ak'tant], der; -en, -en [frz. actant] 〖언어〗 동사 의존 문장 성분, 공연 성분(共演成分).
Akte ['aktə], die; -n 〈종종 Pl.〉 〖행정·법〗 기록, 문서, 서류, 소송 기록, 조서: hinter Bergen von -n vergraben sitzen 서류 더미에 파묻혀 일하다; das kommt in die -n 그것은 서류에 기록된다(등재된다). **über etw. die -n schließen** 무엇을 종결된 것으로 하다, 무엇을 더 이상 심리하지 않다; **etw. zu den -n legen** 《통용어》 처리된 것으로 정리하다, 더 이상 문제 삼지 않다. **Aktei** [ak'tai], die; -en (정리된) 서류(문서)집, 서류(문서) 보관실.
akten-, Akten-: **~bock**, der 서류가(架). **~dekkel**, der (마분지로 된) 서류철. **~einsicht**, die 열람. **~format**, das 서류용 규격: ein Bogen in A. 서류용 규격의 용지. **~fuchs**, der 《통용어·경》 서류 통(通)(서류를 취급하는 데 통달한 사람). **~hefter**, der 서류꽂이, 파일. **~heftmaschine**, die 스테이플러,

호치키스. ~**koffer**, der 서류용 트렁크. ~**kundig** 〈Adj.〉 서류[문서, 기록]에 의거 증명할 수 있는. ~**mappe**, die 1. 서류 끼우개, 서류 가방(팔 밑에 끼고 다니는). 2. (nordd.) ↑~tasche. ~**notiz**, die 서류에 기재한 메모. ~**ordner**, der 서류철, 파일. ~**regal**, das 서류 정리 선반[서가]. ~**schrank**, der 서류 보관 장(欌). ~**ständer**, der ↑~bock. ~**staub**, der 서류의 먼지. ~**stoß**, der 서류의 더미. ~**tasche**, die 서류 가방. ~**vermerk**, der ↑~notiz. ~**wolf**, der 서류 파쇄기[폐기 처분기]. ~**zeichen**, das 서류 부호[번호].

Akteur [ak'tø:ɐ̯], der; -s, -e [frz. acteur < lat. āctor] 《아어》 1. (사건의) 가담자, 행위자: die -e der außerparlamentarischen Opposition 재야 인사들. 2. a) [연극·영화] 배우: ein guter A. 훌륭한 배우. b) [스포츠] (운동) 선수: Torhüter Bayer und Weber waren die besten -e nach Meinung des Trainers 키퍼인 바이어와 베버는 트레이너의 견해에 의하면 최우수 선수들이었다.

Aktie ['aktsi̯ə], die; -n [niederl. actie < lat. āctio] [경제] 주(株), 주식: die -n steigen(fallen) 주가가 오르다[떨어지다]; sein Vermögen in -n anlegen 재산을 주식에 투자하다; **wie stehen die -n?** (통용어·농) 그래, 어떻게 지내고 있나? 형편이 어때?; **jmds. -n steigen** (통용어) 누구의 주가가 올라가다.

Aktien-: ~**ausgabe**, die 주식 발행. ~**besitz**, der 주식 소유. ~**bezugsrecht**, das 신주 인수권(引受權). ~**bier**, das 주식 회사형 맥주 공장에서 생산된 맥주. ~**brauerei**, die 주식 회사형 맥주 공장. ~**gesellschaft**, die 주식 회사(약어: AG). ~**gesetz**, das 주식법. ~**index**, der 주가 지수(株價指數). ~**inhaber**, der 주주(株主). ~**kapital**, das 주식 자본. ~**kauf**, der 주식 구매. ~**kommanditgesellschaft**, die 주식 합자 회사. ~**kurs**, der 주가(株價). ~**markt**, der 주식 시장. ~**mehrheit**, die 과반수주(過半數株) (소유). ~**paket**, das 한 개인이 소유한 많은 액수의 주식. ~**recht**, das 주식 회사 관계 법규. ~**spekulation**, die 주식 투기.

-aktig [-|aktɪç] 《다음의 합성어로, 예컨대》 dreiaktig 3막으로 된[구성된].

Aktinie [ak'ti:ni̯ə], die; -n 말미잘류(類). **aktinisch** [ak'tɪnɪʃ] 〈Adj.〉 **a)** [물리] 방사선의: -e Heilquellen 방사선 온천. **b)** [의학] 화학선(방사선)에 의한: -e Krankheiten 방사선 질병. **Aktinium**: ↑Actinium.

Aktino- [aktino-]: ~**graph**, der; -en, -en 일사(日射) 기록계. ~**meter**, das; -s, - [기상] 태양 광선 측정계. ~**metrie**, die 태양 광선 측정(법). ~**morph** 〈Adj.〉 [생물] 방사 모양의.

Aktion [ak'tsi̯o:n], die; -en [lat. āctio] 1. (계획된) 집단 행동, 조처: eine gemeinsame A. planen 공동 집단 행동을 계획하다: die A. wird eingestellt (계획된) 집단 행동을 중단하다: die Katholische A. 가톨릭의 구호 활동. 2. 행동, 활동, 행위: das Verhältnis von A. und Kontemplation 행동과 명상의 관계; **in A.** 행동[활동]중; in A. treten(setzen) 활동[행동]으로 옮기다. 3. [승마] (말의) 걸음 동작[방식]. 4. [물리] 작용. **aktional** [aktsi̯o'na:l], **aktionell** [aktsi̯o'nɛl] 〈Adj.〉 [언어] (동사의) 동작 양태의: verunfallen ... durch das Präfix ver- kommt eine aktionale Komponente hinzu: → in ein Unglück geraten 'Verunfallen'... 전철 ver-를 통해 동작 양태적 성분이 첨가된다 → 불행에 빠지다. **Aktionär** [aktsi̯o'nɛ:ɐ̯], der; -s, -e [frz. actionnaire] 주주(株主). **Aktionärsversammlung**, die 주주 총회. **aktionell** ↑aktional. **Aktionismus** [aktsi̯o'nɪsmʊs], der; - 1. 행동주의. 2. 《폄》 과장된 활동욕(慾): blinder A.

맹목적인 활동욕. **Aktionist** [aktsi̯o'nɪst], der; -en, -en 행동주의자. **aktionistisch** 〈Adj.〉 1. 행동주의의. 2. 행동주의자의.

aktions-, **Aktions-**: ~**art**, die [언어] (동사의) 동작 양태. ~**ausschuß**, der 집단 행동의 추진 위원회. ~**bereich**, der 행동[활동] 범위. ~**einheit**, die (반자본주의적) 행동 공동체: A. der Arbeiterklasse 노동자 계급의 (반자본주의적) 행동 공동체. ~**fähig** 〈Adj.〉 행동[활동] 능력이 있는(반대: ~unfähig). ~**fähigkeit**, die 〈Pl. 없음〉 행동 능력. ~**freiheit**, die 〈Pl. 없음〉 행동[활동]의 자유. ~**gemeinschaft**, die ↑~einheit. ~**komitee**, das ↑~ausschuß. ~**möglichkeit**, die 행동 가능성. ~**potential**, das [생리] 활동(동작) 전위(電位). ~**programm**, das (사회 단체의) 목적 수행을 위한 프로그램. ~**radius**, der 1. 행동 반경. 2. (비행기 및 배의) 항속 거리. ~**strom**, der [생리] 활동(동작) 전류. ~**turbine**, die [기술] 구동(驅動) 터빈. ~**unfähig** 〈Adj.〉 행동 능력이 없는(반대: ~fähig). ~**unfähigkeit**, die 〈Pl. 없음〉 ↑~unfähig의 명사형. ~**zentrum**, das 1. **a)** 행동[활동]의 중심(지): die Dohlen betrachteten ihren Dachboden als A. 갈녀들은 지붕 밑 다락방을 그들 활동의 주 무대로 여겼다. **b)** (정치) 운동의 중심[핵심]: sie besinnen sich auf ihre Rolle als A. der Lohnabhängigen 그들은 임금 노동자들의 단체 행동의 핵심부로서의 자기들의 역할을 자각한다. 2. [기상] 작용 중심 (대개는 고기압 및 저기압권의).

aktiv [ak'ti:f, 《또한》 '- -] 〈Adj.〉 [lat. ātīvus] 1. **a)** 활동적인, 열성적인: ein -er Teilnehmer 열성적인 참가자; politisch a. sein 정치적 활동하기 있다. **b)** 적극적인, 능동적인(반대: passiv): er ist daran auch a. beteiligt gewesen 그는 그것에도 또한 적극적으로 가담했었다; -es Wahlrecht 선거권; -e Bestechung 공직자에게 주는 뇌물; -e Handelsbilanz 흑자 무역. **c)** 효력이 좋은: biologisch -es Insulin 생물학적으로 효력이 좋은 인슐린. 2. [군] **a)** 현역의: ein -er Offizier 현역 장교 (반대: Reserveoffizier); a. dienen 현역으로 근무하다. **b)** 의무 군복무의: -e Dienstzeit 의무 군복무 기간. 3. **a)** 정규 활동을 하는. **b)** [스포츠] 팀 멤버로 활약 중인: ein -er Fußballspieler 팀 멤버로 활약 중인 축구 선수. 4. [화학] 활성(活性)의(반대: inaktiv): -e Festkörper 활성 고체. 5. [언어] **aktivisch**: -e Verbformen 능동(형)의 동사형. ¹**Aktiv** [ak'ti:f], das; -s, -e [...və] [lat. (genus) āctīvum] [언어] 능동형: das Verb steht im A. 동사가 능동형으로 되어 있다. ²**Aktiv** [ak'ti:f], das; -s, -e [...və] -s [russ. aktiw < lat. āctīvus] 《구동독》 (집단에서) 열성적 활동가 그룹.

Akjv-: ~**bürger**, der (schweiz.) 선거권과 피선거권을 가진 시민[국민]. ~**bürgerin**, die ↑~bürger의 여성형. ~**bürgerschaft**, die ↑~bürger. ~**forderung**, die 미회수 대부금. ~**geschäft**, das (은행의) 주동적 업무 (수동 업무 따위)(반대: Passivgeschäft). ~**handel**, der 주동 무역, 수출 무역(반대: Passivhandel). ~**kohle**, die [화학] 활성탄(活性炭)(약어: A-Kohle). ~**legitimation**, die [법] 적극적 자격(반대: Passivlegitimation): jmdm. fehlt die A. 누구에게 적극적 자격이 없다. ~**posten**, der (부기의) 차변(借邊) 항목(전의): das naturwissenschaftlich-technische Potential ist hier ein erheblicher A. 자연 과학적·기술적 가능성은 여기서 하나의 중요한 차변 항목에 해당된다고 보겠다. ~**prozeß**, der [법의] 원고(原告) 재판(원고로서 하는 재판)(반대: Passivprozeß). ~**ruder**, das [조선] 자종 능력을 높이기 위해) 날개에 보조 프로펠러를 장치한 키. ~**saldo**, der 차변(借邊) 잔고. ~**seite**, die 차변 자산. ~**vermögen**, das 현재 자산, 차변 자산. ~**zinsen** 〈Pl.〉 미회수 대부금 이자.

Aktiva [ak'ti:va] 〈Pl.〉 [lat. āctīvus] 차변(借邊)〔현재〕자산. **Aktivator** [akti'va:tor, 《또한》...to:ɐ̯], der; -s, -en [...va'to:rən] **1.** 【화학】 활성제. **2.** 【물리】 발광체의 발광 불능 기질(基質)을 발광제화하는 소재. **3.** 【의학】 혈청의 항체 형성 촉진소. **4.** 【치의】 턱 조절기. **Aktive'** [ak'ti:və] **1.** der/die 주전(主戰) 선수(늘 경기에 기용되는). **2.** die 〈통용어·고어〉손수 말지 아니한 담배: noch im 1945 waren manche froh, wenn sie mal eine A. rauchen konnten 1945 년 직후에는 적지않은 사람들은 손수 말지 아니한 담배를 피울 수 있을 때에는 기뻐했다. **Aktiven** [ak'ti:vn̩, 《schweiz.》 'ak...] ↑ Aktiva. **aktivieren** [akti'vi:rən] 〈h〉 [frz. activer] **1.** 활발하게 하다, 촉진하다: die Jugend a. 청소년들을 활동적이 되게 하다; durch dieses Präparat wird die Drüsentätigkeit aktiviert 이 약제는 선(腺)의 활동을 촉진한다. **2.** 【화학】 활성화하다: aktivierte Essigsäure 활성 초산. **3.** 【물리】(안정된 원자핵을) 미립자를 투사하여 인위적으로 방사성의 원자핵으로 변화시키다. **4.** 차변(借邊) 항목으로 기장하다(반대: passivieren): eine Werterhöhung a. 가치 상승을 차변 항목으로 기장하다. 《또한》 a. + sich〉 die britische Zahlungsbilanz hat sich aktiviert 영국의 국제 수지는 흑자를 기록했다. **Aktivierung**, die; -en ↑aktivieren의 명사형. **aktivisch** [ak'ti:viʃ, 《또한》 '---] 〈Adj.〉 【언어】능동의: die -en Formen des Verbs 동사의 능동형들. **Aktivismus** [akti'vɪsmʊs], der; - [독일 언론인 Kurt Hiller가 사용] **1.** 적극성, 활동성. **2.** 행동주의(1915~1920 년 문학을 목적 이행을 위한 수단으로 이해한 사회 참여 문학 운동). **Aktivist** [akti'vɪst], der; -en, -en [2 russ. aktiwist] **1.** 행동가, 행동주의자, 활동가. **2.** 《구동독》모범 노동자: A. der sozialistischen Arbeit 사회주의 노동의 모범 노동자.

Aktivịsten-《구동독》: **~abzeichen**, das 모범 노동자 훈장. **~bewegung**, die 모범 노동자들의 운동. **~brigade**, die 모범 노동자 작업조. **~dissertation**, die 모범 노동자가 자기의 새롭고 진보적인 노동 방법에 대해 하는 보고 강연. **~ehrung**, die 모범 노동자 표창[포상]. **~schule**, die 모범 노동자 학교(새롭고 진보적인 노동 방법을 가르치는 과정). **~tagung**, die 모범 노동자 집회.

Aktivistin [akti'vɪstɪn], die; -nen ↑Aktivist (2)의 여성. **aktivistisch** 〈Adj.〉 **1.** 행동적인, 활동적인, 적극적인. **2.** 행동주의의, 행동주의적인. **Aktivitas** [ak'tivitas], die 【대학생】(집합적) 학생 조합 회원. **Aktivität** [aktivi'tɛ:t], die; -en **1.** 〈Pl. 없음〉능동성, 적극성, 활동력, 활기(반대: Passivität, Inaktivität): die politische A. der Partei hat sich verstärkt 정당의 정치 활동이 강화되었다. **2.** 〈대개 Pl.〉 행동, 활동: jede A. ist hier verboten 모든 활동이 여기서는 금지되어 있다. **3.** 【화학】활동(농)도, 활(동)성(반대: Inaktivität). **4.** ↑Radioaktivität.

Aktrice [ak'tri:sə], die; -n [frz. actrice] 《준고어》여배우.

aktual [ak'tua:l] 〈Adj.〉 [lat. āctuālis] **1.** 【철학】활동적인(반대: potential). **2.** 【언어】명백히 드러난[표현된](반대: potential). **aktualisieren** [aktuali'zi:rən] 〈h〉 《교양어》현실화하다, 현실적인 것이 되게 하다: einen alten Film wieder a. 옛날 영화를 현실에 맞게 다시 만들다; 〈a. + sich〉 jmds. Überlegungen aktualisieren sich 누구의 생각이 현실적으로 되다. **Aktualisierung**, die; -en ↑aktualisieren의 명사형. **Aktualismus** [aktua'lɪsmʊs], der; - 【철학】악투알리즘(현실은 계속 활동적인 존재이지 변화하지 않는 존재가 아니라는 학설). **Aktualität** [aktuali'tɛ:t], die; -en **1.** 〈Pl. 없음〉 현재(目下)의 현실, 현실성, 시사성: der Film ist von außerordentlicher A. 그 영화는 시사(時事)성을 아주 강하게 띠고 있는 영화다. **2.** 〈Pl.〉《교양어》시국[시사] 문제: auf die -en neugierig sein 시사 문제에 호기심을 갖다. **3.** 〈Pl. 없음〉 【철학】 현실성(반대: Potentialität). **Aktualitätenkino**, das 시사성 소품 영화들이 연속 상연되는 영화관(약어: Aki).

Aktuar [ak'tua:ɐ̯], der; -s, -e [lat. āctuārius] **1.** 《고어》재판소 서기. **2.** 《schweiz.》(클럽, 조합의) 서기. **3.** 보험 및 경제 수학자, 통계 수학자.

aktuell [ak'tuɛl] 〈Adj.〉 [frz. actuel] **1.** 현실성이 있는, 시대에 맞는: ein -es Thema 현실성을 띤 주제; sich als a. erweisen 현실성이 있는 것으로 판명되다. **2.** 〈유행·경제〉시대에 맞는, 최신(식)의, 최신 유행의: in Schnittformen des -en Stadtanzugs 최신 유행 도시형 양복 재단으로.

Aktus ['aktʊs], der; -, - [...uːs; lat. āctus] 《고어》《학교의》행사.

Akupressur [akuprɛ'su:ɐ̯], die; -en [lat. acus u. pressūra] 지압 요법(指壓療法). **Akupunkteur** [akupʊŋk'tøːɐ̯], der; -s, -e 침의(鍼醫), 침쟁이. **akupunktieren** [akupʊŋk'ti:rən] 〈h〉 침술로 치료하다, 침을 놓다: wollen wir den Patienten a.? 환자에게 침요법을 쓰기로 할까요? **Akupunktur** [...'tu:ɐ̯], die; -en [lat. acus u. pūnctūra] 【의학】침술, 침요법. **Akupunkturist** [...tu'rɪst], der; -en, -en ↑Akupunkteur.

Aküsprache ['aky-], die; -n ↑Abkürzungssprache.

Akustik [a'kʊstɪk], die; **1.** 【물리】음향학: die physikalische A. ist ein Teilgebiet der Mechanik 물리 음향학은 역학의 한 분야다. **2.** 음향 효과: der Konzertsaal hat eine gute A. 그 콘서트홀은 좋은 음향 효과를 지녔다. **Akustiker**, des; -s, - **1.** 음향학자, 음향 전문가. **2.** ↑akustischer Typ(us). **akustisch** 〈Adj.〉 [griech. akoustikós] **1.** 음향 효과의: die -en Verhältnisse in diesem Saal sind schlecht 이 홀은 음향 효과가 나쁘다. **2.** 청각의, 음향의: -e Signale 음향 신호; -er Typ(us) 청각형(型) 인간(본 것보다는 들은 것을 더 잘 기억하는). **akut** [a'ku:t] 〈Adj.〉 [lat. acūtus] **1.** 강렬한, 절박한, 긴급의: eine -e Frage 위급한 문제; eine -e Gefahr bilden 아주 절박한 위험을 만들다. **2.** 【의학】급성의(반대: chronisch): eine -e fieberhafte Erkrankung 급성 열병. **Akut** [-], der; -(e)s, -e [lat. acūtus(accentus)] **1.** 【음성】악센트, 양음(鍚音). **2.** 【활자 매체】 발음 구별 부호(´). **Akutkranke'**, der/die 급성 환자. **Akutkrankenhaus**, das 급성 환자 수용 병원.

Akzeleration [aktselera'tsi̯oːn], die; -en [lat. accelerātio] **1. a)** 《교양어》(청소년의) 성장 및 성적 성숙의 조기화. **b)** 《생물》(짐승의) 개체 발전 과정 가속화. **2.** 〈시계가〉점점 빨리 감. **3.** 【천문】(달의) 공전 속도 증가: die säkulare A. des Mondes 백년간의 달 공전 속도 증가. **Akzelerationsprozeß**, der 유체적 성숙 조기화 과정, 개체 발전 과정의 가속화 프로세스. **Akzelerator** [...'ra:tor, 《또한》 ...to:ɐ̯], der; -s, -en [...ra'to:rən] **1.** 【경제】가속도 인자(因子). **2.** 【핵공학】입자(粒子) 가속기. **3.** (자동차의) 가속 페달, 액셀러레이터. **akzelerieren** [...'ri:rən] 〈h〉가속하다, 촉진하다.

Akzent [ak'tsɛnt], der; -(e)s, -e [lat. accentus] **1.** 【언어】**a)** 악센트, 강음(強音): der A. liegt auf der zweiten Silbe 악센트가 둘째 음절에 있다. **b)** 강음[양음] 부호: einen Buchstaben mit einem A. versehen 글자에 강음 부호를 붙이다. **2.** 〈Pl. 없음〉억양, 어조: mit ausländischem A. sprechen 외국어 억양으로 말하다. **3.** 강조, 역점: auf etw. einen besonderen A. legen 무엇을 특별히 강조하다.

akzent-, Akzẹnt-: **~buchstabe**, der 【언어】악센트가 있는 글자. **~frei** 〈Adj.〉억양이 없는: sie spricht

Akzentuation

das Russische a. 그 여자는 러시아 어를 외국인의 억양 없이 말한다. ~**los** ⟨Adj.⟩ ↑~frei. ~**setzung**, die 《교양》 역점[중점]두기, 강조. ~**träger**, der [언어] 악센트를 지니는 음절, 단자, 어군(語群). ~**verschiebung**, die a) [언어] 악센트의 이동. b) 역점(사항) 변경, 강조(사항) 변경. ~**wechsel**, der [언어] 악센트 교체. ~**zeichen**, das ↑Akzent (1 b).

Akzentuation [aktsɛntuaˈtsjoːn], die; -en ↑Akzentuierung. **akzentuieren** [...uˈiːrən] ⟨h⟩ [lat. accentus] a) 억양을 정확하게 발음하다: die Wörter genau a. 단어들의 억양을 정확하게 발음하다. b) 강조하다: dieser Schnitt akzentuiert die Figur 이 재단법은 몸매를 강조한다(드러나게 한다). c) 각별한 특징을 부여하다: Interessante Steppnähte akzentuieren diesen Regenmantel 주의를 끄는 누빔 바느질이 이 우의(雨衣)에 독특한 특징을 준다. d) ⟨a. + sich⟩ 명확하게 되다, 드러나다, 분명해지다: der Unterschied in der Argumentation akzentuiert sich in den Plädoyers der Verteidiger 논증에서의 차이가 변호사들의 변론에서 분명하게 드러난다. **Akzentuierung**, die; -en 강조.

Akzept [akˈtsɛpt], das; -(e)s, -e [lat. acceptum] [금융] a) (어음의) 인수, 수령. b) 인수 어음. **akzeptabel** [aktsɛpˈtaːbl] ⟨Adj.⟩ [frz. acceptable] 인수할 수 있는, 수락할 수 있는: ein ...ables Angebot 수락할 수 있는 제의; etw. für a. halten 무엇을 수락[용인]할 수 있는 것으로 생각하다. **Akzeptabilität** [...tabiliˈtɛːt], die [engl. acceptability] 1. 수락할 수 있는 것[일]. 2. [언어] 허용 가능성. **Akzeptant** [...ˈtant], der; -en, -en [lat. acceptāns] a) [금융] 어음 인수인. b) (교양어) 수취인, 받아들이는 사람. **Akzeptanz** [...ˈtants], die [광고] 인수[수락] 용의. **Akzeptation** [...aˈtsjoːn], die; -en 인수, 수락. **akzeptierbar** [...ˈtiːrbaːɐ̯] ⟨Adj.⟩ 《교양어》 인수할 수 있는, 수락할 수 있는, 용인할 수 있는. **akzeptieren** [...ˈtiːrən] ⟨h⟩ [lat. acceptāre] 받아들이다, 인수하다, 동의하다: der Vorschlag wurde von allen akzeptiert 그 제의는 모두가 받아들였다. **Akzeptierung**, die; -en 승인, 수락, 동의. **Akzeptkredit**: ↑Wechselkredit. **Akzeptor** [akˈtsɛptoːɐ̯, ...toːɐ̯], der; -s, -en [...ˈtoːrən] a) [금융] (어음) 인수인. b) [화학] 수용체: Basen sind -en für Protonen 염기는 프로톤 수용체다.

Akzession [aktsɛˈsjoːn], die; -en [lat. accessio] 1. [행정] 신규 구입: A. von Büchern 책의 신규 구입; die Mittel für -en sind gekürzt worden 신규 구입 자금이 삭감되었다. 2. 가맹(加盟), 가입: die A. Großbritanniens zur EG 영국의 구주 공동체 가입. **Akzessionsklausel**, die [국제법] (국제 조약의) 가맹 조항. **Akzessionsliste**, die [행정] (도서관, 미술관 등의) 신규 구입품 목록. **akzessorisch** ⟨Adj.⟩ [lat. accessus] 부가적인, 보조의, 부차적인: -e Rechte [법] 따르는[부차적] 권리.

Akzidens [ˈaktsidɛns], das; -, ...denzien(b의 경우는 《또한》...dentien) [...ˈdɛntsiaː] ...dentsia] a: lat. accidens] a) [철학] 우연적인 것, 우유적(偶有的) 속성, 우연성. b) [음악] 임시 기호(예컨대: ♯, ♭). **akzidentell** [...ˈtɛl] ⟨Adj.⟩ [frz. accidentel] a) 우연의, 비본질적인(반대: essentiell). b) [의학] 우발성의: -e Herzgeräusche 우발성 심장 소음. **akzidentiell** [...ˈtsiɛl] ↑akzidentell. **Akzidentien** ↑Akzidens의 복수형. **Akzidenz** [aktsiˈdɛnts], die; -en [lat. accidentia] 1. (서적 인쇄가 아닌) 잡종 인쇄물(예컨대: 광고, 서식 용지 등). 2. [철학] ↑Akzidens (a). **Akzidenz-**: ~**druck**, der 《복》 ~**e** 잡종류 인쇄(광고나 명함 따위). ~**druckerei**, die (광고, 명함, 용지 등) 잡종물 전문 인쇄소. ~**satz**, der ⟨Pl. 없음⟩ 잡종 인쇄물 조판. ~**schriften** ⟨Pl.⟩ [인쇄] 디스플레이 체, 표제어 광고용의 대형 활자. ~**setzer**, der 잡종 인쇄물 전문 식자공. ~**setzerei**, die 잡종 인쇄물 식자직(職).
Akzidenzien: ↑Akzidens의 복수형.
Akzise [akˈtsiːzə], die; -en [frz. accise < niederl. accijs] 《구제》 간접세, 소비세, 통행세, 관세.
al [al; ital. < lat. ille] ···까지, ···로(auf)(예컨대: al fine, al pari).
a. l. = ad libitum
Al = Aluminium.
ä. L. [계보·족보] = ältere(r) Linie.
à la [a la; frz. < lat. illam] a) 《통용어》 ···풍(류, 식)으로, ···처럼: eine Kurzgeschichte à la Hemingway 헤밍웨이 식의 단편 소설. ↑à la baisse, à la bonne heure, à la carte, à la hausse, à la longue, à la mode; à la suite 참조. b) [요식업] ···에 따라서: Schnitzel à la Holstein 홀슈타인 식 커틀릿.
alaaf [aˈlaːf] ⟨Interj.⟩ [allaf = all(es) ab] (rhein.) 만세 (특히 카니발 때 외치는 환성): Kölle alaaf! 쾰른 만세! (명사화) die fröhlichen "Helaus" und "Alaafs" der Karnevalisten 카니발에 참가한 사람들이 즐겁게 외치는 "만세" 소리들.
à la baisse [a la ˈbɛːs; frz.] [증권] 하락을 예상하고(투기할 때) 《반대: à la hausse》: à la b. verkaufen 하락을 예상하고 팔아버리다.
Alabama [alaˈbaːma; ⟨engl.⟩ æləˈbæmə], -s 앨라배마 (미국의 주).
Alabaster [alaˈbastɐ], der; -s, - [lat. alabaster, alabastrum < griech. alábastros] 1. [광석] 설화석고(雪花石膏): ihre Hände waren weiß wie A. 그 여자의 손은 설화석고[눈]처럼 희었다. 2. 《nordd.》 (아이들 놀이용) 유색 유리알《Murmel》. **alabasterfarben** ⟨Adj.⟩ 눈같이 흰, 순백(純白)의. **Alabasterglas**, das ⟨Pl. 없음⟩ 젖빛 글라스. **alabastern** ⟨Adj.⟩ a) 설화석고의: ein -es Gefäß 설화석고로 만든 그릇. b) 《시어》 눈같이 흰, 설백의: -e Haut 눈같이 흰 피부.
à la bonne heure! [alaboˈnœːɐ̯, frz. < lat. hora] 잘 됐어, 좋아!
à la carte [alaˈkart; frz.] [요식업] 식단표[메뉴]에 있는 것으로, 식단표에서 골라: à la c. essen 식단표에서 골라 식사하다.
à la hausse [a la ˈoːs; frz.] [증권] 값이 오를 것을 예상하고(반대: à la baisse): à la h. kaufen 값이 오를 것을 예상하고 사다.
à la jardinière [alaʒardiˈnjɛːr; frz.] [요리] 여자 정원사식으로(야채를 곁들인).
à la longue [a laˈlɔ̃ːg; frz.] 오래 가서는, 결국에는.
à la meunière [alamøˈnjɛːr; frz.] [요리] 방앗간 여주인 식으로/생선을 가루에 저며 버터에 튀긴).
à la mode [a la ˈmod; frz.] 《고어》 유행에 따라, 최신 유행으로: er ist ganz à la m. gekleidet 그는 최신 유행의 옷차림을 하고 있다. **Alamodeliteratur** [alaˈmoːdə...], die ⟨Pl. 없음⟩ [문예학] 알라모데 문학(프랑스 고전주의 양식을 모방했던 17세기 초 독일 궁정 오락 문학). **Alamodezeit**, die ⟨Pl. 없음⟩ 알라모데 시대(17세기 초).
Aland [ˈaːlant], der; -s, -e 황어(잉어과).
Alandinseln [ˈaː...] ⟨Pl.⟩ 알란트 섬(발트 해에 있는 핀란드의 군도(群島)).
Alane [aˈlaːnə], der; -n, -n 옛 이란 유목민.
Alant [aˈlant], der; -(e)s, -e 목향(木香).
Atlantkampfer, der [화학] 알란트 장뇌(樟腦), 헬레닌. **Alantöl**, das ⟨Pl. 없음⟩ 금불초유(금불초의 뿌리에서 채취한 약용유).
Alarm [aˈlarm], der; -(e)s, -e [ital. allarme] 1. 경보, 비상경보: A. auslösen[geben] (비상) 경보를 울리다;

Aldebaran

〖전의〗 eine leichte Tuberkulose, die nicht zum A. nötigte 불안해 할 정도가 아닌 가벼운 결핵병; **blinder A.** 잘못하여 울려진 경보, 헛소동; **Alarm schlagen** 경보를 울리다, 위험 신호를 하다, 구원을 요청하다. **2.** 경보 발령 중의 상태, 비상 사태: der A. dauerte mehrere Stunden 경보(상태)가 여러 시간 동안 해제되지 않았다.
alarm-, Alarm-: ~**anlage**, die 경보 장치. ~**bereit** 〈Adj.〉 경보 태세의: man hielt sich a. 경보 태세를 하고 있다. ~**bereitschaft**, die 〈Pl. 없음〉 경보 태세: in A. stehen 경보 태세를 갖추고 있다. ~**fall**, der 경보 발령: im Alarmfall(e) 경보 발령의 경우에. ~**geber**, der 자동 경보기. ~**glocke**, die 경종. ~**klingel**, die 경보(비상)벨. ~**pikett**, das《schweiz.》특별 기동대. ~**reaktion**, die 〖의학〗 경고 반응: die -en des Körpers 육체의 경고 반응. ~**ruf**, der 경보의 외침, 구원을 요청하는 외침. ~**schalter**, der 경보 스위치. ~**schaltung**, die 자동 경보 장치. ~**schrei**, der ↑~ruf. ~**schreiber** 〖의학〗 위험도 기록제(환자의 위험 측량치를 기록으로 기록해 주는 기구). ~**signal**, das **a)** 경보 신호. **b)**〈드물게〉경보기(器). ~**steuerung**, die (일정한 수치에 도달하면 경보를 울리는) 자동 경보 장치. ~**stufe**, die 경보의 등급〖종류〗: A. 3. 경보 3호. ~**übung**, die 경보 훈련. ~**verursachend** 〈Adj.〉 경보의 근거가 이루는: -e Faktoren 경보의 근거가 되는 요인들. ~**vorrichtung**, die 경보 장치. ~**zeichen**, das 경보 신호. ~**zustand**, der 경보 발령 중의 상태.
alarmieren [alar'miːrən] [frz. alarmer] **1.** 〈h〉 급히 알리다(구조 요청을 위해): die Feuerwehr a. 소방서에 급히 알리다. **2.** 놀라게 하다, 경고하다: das nächtliche Klingeln alarmierte alle Bahn에 울린 초인종 소리는 모두를 놀라게 했다; -de Nachrichten 불안스런 뉴스. **Alarmierung**, die; -en ↑ alarmieren의 명사형.
Alaska [a'laska, 《engl.》 elæskə], -s **1.** 알래스카 반도. **2.** 알래스카(미국의 주).
à la suite [ala'suit; frz.]《군·구제》...을 수행하여(im Gefolge von...): er war als Major à la s. des 10. Regiments gestellt 그는 제10연대 소속 소령으로 근무.
Alaun [a'laun], der; -s, -e [lat. alūmen] **a)** 〖화학〗 명반(明礬). **b)**〖의학·공학〗명반용액〖지혈(止血)제 및 매염(媒染)제의 일종〗.
alaun-, Alaun-: ~**erde**, die 반도(礬土), 유황토. ~**fixierbad**, das 〖사진〗명반정착욕(明礬定着浴). ~**gerbung**, die 명반 유피 가공법(明礬鞣皮加工法). ~**haltig** 〈Adj.〉 명반을 함유한. ~**schiefer**, der 명반편암(片岩). ~**stein**, der 명반석(지혈제로 사용).
alaunig 〈Adj.〉 ↑ alaunhaltig. **alaunisieren** [alauni'ziːrən] 〈h〉 명반으로 처리(가공)하다. **Alaunisierung**, die; -en ↑ alaunisieren의 명사형.
A-Laut ['aːlaut], der; -(e)s, -e (모음) a의 음.
Alb [alp], der; -(e)s, -en 《대개 Pl.》 (게르만 신화에서 땅 밑에 사는) 정령. ↑²Alb u. ¹Alp.
¹**Alba** ['alba], die; Alben ↑¹Albe. ²**Alba** [-], die; (aprovenz. alba) (중세 남 프랑스 음유 시인의) 조별가(朝別歌).
Albaner [al'baːnɐ], der; -s, - 알바니아 사람. **Albanien** [al'baːniən], -s 알바니아(발칸 반도의 공화국). **albanisch** 〈Adj.〉 알바니아(어)의. **Albanisch** [al'baːnɪʃ], das; -(s) u. 〈반드시 정관사와 함께〉 **Albanische***, das 알바니아 어.
Albatros ['albatrɔs], der; -, -se [niederl. albatros] **1.** 〖조류〗 신천옹(信天翁)(남반구의 바다에 사는 바다제비의 일종). **2.** 〖골프〗 알바트로스.
Albdruck: ↑ Alpdruck의 잘못된 다른 표기.
¹**Albe** ['albə], die; -n/ ↑¹Alba/[lat. albus] 알백(가톨릭 및 영국 국교의 사제가 미사 때 입는 백색의 제의(祭衣)).
²**Albe** [-], der; -n, -n ↑ Alb.
Albedo [al'beːdo], die [lat. albēdo] 〖물리〗 알베도(비반사면에 비친 태양의 입사광에 대한 반사광의 강도 비율).
Alben ['albn̩] ↑ Alb, ¹Alba, ¹Albe, ²Albe, Album의 복수형.
Alberei [albə'raj], die; -en 어리석은[명청한] 일[행동], 유치한 농담[익살]: laß doch diese -en! 그런 명청한 짓거리는 제발 그만 둬! ¹**albern** ['albɐn] 〈h〉 명청하게 웃다, 우둔한 짓을 하다: ihr habt die ganze Zeit bloß gealbert 너희들은 그 시간 내내 명청한 짓만 했지. ²**albern** [-] 〈Adj.〉 ['uāri- = freundlich, gütig]《폄》 **a)** 단순한, 어리석은, 바보 같은: -es Benehmen 바보 같은 행동[태도]; diese Mädchen sind -e Gänse 그 처녀들은 바보 같은 계집애들이야. **b)** 〈통용어〉 하찮은, 대수롭잖은: wegen dieser -en Fünf ist er sitzengeblieben! 이 하찮은 "가(可)" 때문에 그는 낙제했다. **Albernheit**, die; -en 어리석은[바보 같은] 행동[태도].
Albigenser [albi'gɛnzɐ], der; -, - 알비 사람(남 프랑스의); 〈Pl.〉 〖종교〗 알비파(반교황을 표방하여 반역한 12-13세기 그리스도 교의 한 파).
Albinismus [albi'nɪsmʊs], der; - 〖의학〗 (머리, 털, 눈에 나타나는) 색소 결핍증, 백색증. **Albino**, der; -s, -s [span. albino < lat. albus] **a)** 색소 결핍증환자(동물): dieser Hase ist ein A. 이 토끼는 색소 결핍증에 걸려 있다. **b)** 색소 결핍증에 걸린 식물(잎, 꽃잎, 씨앗 등에). **albinotisch** [albi'noːtɪʃ] 〈Adj.〉 백색증의, 백피(白皮)증의.
Albion ['albiɔn], -s 《시어》 영국(England).
Albtraum: ↑ Alptraum의 잘못된 표기.
Album ['albʊm], das; -s, Alben/Albums [lat. album] **1.** 앨범, 기념첩. **a)** (사진, 우표, 우편엽서 등의) 앨범: ich muß meine Bilder noch ins A. kleben 난 내 사진들을 앨범에 붙여야 해. **b)** (음반꽂이) 앨범. **2.** (두 장으로 된) 레코드(음반) 첩: das A. enthält die Sinfonien von Brahms 이 레코드 첩에는 브람스의 심포니가 들어있다.
album-, Album-: ~**blatt**, das 앨범의 한 면(쪽). **-reif** 〈Adj.〉 앨범에 보관할 가치가 있는. ~**vers**, der 앨범(기념첩)용의 시구(詩句).
Albumen [al'buːmɔs], das; -s [lat. albūmen] 〖생물〗 흰자, 난백(卵白). **Albumin** [albu'miːn], das; -s, -e **a)** 〈대개 Pl.〉 〖생물〗 알부민, 수용(水溶)성 단백질: -e sind besonders in Eiern, in der Milch und im Blutserum enthalten 알부민은 특히 계란, 우유, 혈청 속에 함유되어 있다. **b)** 〖공학〗 접착제의 일종. **albuminös** [...miːˈnøːs] 〈Adj.〉 단백질을 함유한. **Albuminurie** [albuminuˈriː], die; -n 〖의학〗 단백뇨(尿). **Albus** ['albʊs] der; -, -se [lat. albus] 《구제》 중세 독일의 은화(銀貨) 이름.
alcäisch [al'tsɛːɪʃ] ↑ alkäisch.
Alcantara [(span.) al'kantara], das; -(s) (인공어) 〖섬유〗 (정교하게 만든) 인조 가죽.
Alchemie [alçe'miː] ↑ Alchimie.
Alchen ['ɛːlçən], das; -s, - **1.** 새끼뱀장어. **2.** 〖동물〗 선충류(線蟲類).
Alchimie [alçi'miː, (bayr. / österr.) alki'miː], die [frz. alchimie < span. alquimia < arab. al-kimiyā]《역사적》 연금술(鍊金術), 속임수. **Alchimist** [...ˈmɪst], der; -en, -en 연금술사. **Alchimistenküche**, die 연금술사의 작업장(실험실). **alchimistisch** 〈Adj.〉 연금술의, 불가사의한.
alcyonisch [al'tsyːɔnɪʃ] ↑ alkyonisch.
Aldebaran [aldeba'ran, (또한) ...'baːran], der; -s 〖천문〗 알데바란(황소자리 중의 일등성).

Aldehyd [alde'hy:t], der; -s, -e [Alcoholus dehydrogenātus] 【화학】 알데히드. **Aldehydharz**, -das 알데히드 수지(樹脂)(인조 수지의 일종).

Alderman ['ɔldəmən], der; -s, ...men [...mən; (engl.) alderman] (영, 미의) 시(市) 참사 회원.

Ale [e:l, (engl.) ɛɪl], das; -s, -s [engl. ale] 에일(영국산 맥주의 일종).

alea iacta est ['a:lea'jakta 'ɛst; lat. = 주사위는 던져졌다 (시저가 한 말로 전하고 있음)] 결정은 이미 내렸다, 일은 이미 벌어졌다.

Aleatorik [alea'to:rɪk], die [lat. āleātor] 【음악】 우연성 [불확정성] 작법. **aleatorisch** 〈Adj.〉 우연에 근거한, 우연에 내맡겨진: -e Dichtung 우연성 문학(다다이즘에서 발단된 문학 경향); -e Verträge 【법】 사행계약(射倖契約).

Alekto [a'lɛkto], -s 【그리스 신화】 알렉토(복수의 여신: ↑Erinnye).

Alemanne [alə'manə], der; -n, -n 알레만 사람(라인 강과 도나우 강 상류에 사는 서 게르만 족의 종족). **alemannisch** [alə'manɪʃ] 〈Adj.〉 알레만 사람[어]의. **Alemannisch**, das; -(s) u. 〈반드시 정관사와 함께〉 **Alemannische***, das 알레만 어.

Aleppokiefer [a'lɛpo-], [시리아의 도시 Aleppo에서] die; -n 알레포 소나무(지중해 연안산 소나무의 일종).

alert [a'lɛrt] 〈Adj.〉 [frz. alerte] **a)** 활발한, 민첩한 (munter): ein -es Mädchen 활발한 처녀. **b)** 활달한, 건강한: er ist wieder ganz a. 그는 완전히 건강을 회복했다.

Aleuron [a'lɔyrɔn], das; -s [griech. áleuron] 【생물】 알루론, 호분(糊粉).

Aleuten [ale'u:tn̩] 〈Pl.〉 알류산 (열도)(베링 해와 태평양 간의 섬들).

Alexander Lucas [ale'ksandɐ 'lu:kas], die [19세기 프랑스의 과수 재배자 Alexander Lucas에 따라] 알렉산더 루카스(배(梨)의 품종).

alexandria [alɛ'ksandria], **Alexandrien** [ale'ksandriən] 알렉산드리아(이집트의 도시). ¹**Alexandriner** [aleksan'ri:nɐ], der; -s, - 알렉산드리아 사람(시민).

²**Alexandriner** [aleksand'ri:nɐ], der; -s, - 《운율》 알렉산더 격(格)의 시행(詩行), 6각 단장격(短長格)의 시 형태(중세 프랑스어의 대왕의 전설에 대한 서사시에서 유래). **Alexandrit** [...'drɪt, ...'dri:t], der; -s, -e [러시아 황제 알렉산더 2세에 따라] 알렉산더 석(石)(매우 강도가 높은 보석의 일종).

Alexianer [ale'ksia:nɐ], der; -s, - [가] 알렉시우스 수도회(修道會)의 교인. **Alexianerin**, die; -nen ↑Alexianer의 여자 교인.

Alexin [alɛ'ksi:n], das; -s, -e 《대개 Pl.》 [griech. aléxein] 【의학】 알렉신(혈청에 들어있는 살균소).

Alfagras, das; -es, ...gräser [arab. ḥalfā'] 【식물】 아프리카띠(Esparto).

alfanzen [al'fantsn̩] 〈h〉 [ital. all'avanzo] 《고어》 **1.** 익살부리다. **2.** 사기하다. **Alfanzerei** [alfantsə'raɪ], die; -en 《대개 Pl.》《고어》 **1.** 익살, 어릿광대짓. **2.** 사기, 속임수.

Alfenid [alfe'ni:t, (ㅁ.) ...ɪt], das; -s [frz. alfénide] (동 60%, 아연 30%, 니켈 10%로 배합).

al fine [al'fi:ne; ital.] 〈음악〉 끝까지(bis zum Schluß).

al fresco [al'frɛsko] ↑a fresco.

Alge ['algə], die; -n [lat. alga] 【식물】 말, 바닷말, 해초.

Algebra [algebra, (österr.) al'ge:bra], die; ...bren [arab. al-ǧabr] 【수학】 **a)** 대수(학). **b)** 대수 구조, 대수계(系). **Algebraiker** [alge'braːikɐ], der; -s, - 대수학자. **algebraisch** [...ɪʃ] 〈Adj.〉 대수(학)의: -e Struktur 대수 구조. **Algebraisierung** die; -en 대수학의 표현(수단)을 통한 비대수학적 이론의 서술.

algen-, **Algen-**: ~**ähnlich** 〈Adj.〉 ↑~artig. ~**artig** 〈Adj.〉 **a)** (바닷)말 종류의. **b)** (바닷)말과 유사한. ~**kunde**, die 조류학(藻類學). ~**kundlich** 〈Adj.〉 조류학의. ~**pilz**, der 조균류(藻菌類).

Algenib [alge'ni:p], der; -s 【천문】 **1.** 알게니브(페가수스 자리 감마성). **2.** 페가수스 좌의 별.

Algerien [al'ge:riən], -s 알제리(북 아프리카에 있는 국명). **Algerier**, der; -s, - 알제리 인(人). **algerisch** [al'ge:rɪʃ] 〈Adj.〉 알제리 인[어]의. **Algier** [...ʒi:ɐ] 알지에(알제리의 수도).

Algol [al'go:l], der; -s 페르세우스 자리의 별.

ALGOL ['algol], das; -(s) [인공어 engl. **alg**orithmic **l**anguage] 【전산】 알골, 국제 전산어.

Algologe [algo'lo:gə], der; -n, -n (바닷)말 연구가, 조류(藻類)학자. **Algologie** [...lo'gi:], die ↑**Algenkunde**. **algologisch** 〈Adj.〉 ↑algenkundlich.

¹**Algonkin** [al'gɔŋkin, (engl.) æl'gɔŋkɪn], der; -(s), - (대개 Pl.) 알공킹 족(族)(북 아메리카 인디언 어족에 속함). ²**Algonkin**, das; -(s) 알공킹 어(語).

algonkisch [al'gɔŋkiʃ] 〈Adj.〉 【지질】 알공키아 계(界)의, 원생계(原生界)의. **Algonkium** [...kiʊm], das; -s 【지질】 알공키아[원생]계(界).

Algorithmus [algo'rɪtmʊs], der; -, ...men [...mən; griech. arithmós u. pers.-arab. Mathematiker Muhammad Ibn Mūsā Al-Hwārizmīy] 【수학·전산】 알고리듬, 계산법, 십진법. **algorithmisch** 〈Adj.〉 알고리듬의, 계산법에 의한.

Algraphie [독일어화되어] **Algrafie** [algra'fi:], die; -n [...iən; (인공어) aus: **Al**uminium u. -**graphie**] **1.** (Pl. 없음) 【인쇄】 알루미늄 평판(平版) 인쇄법. **2.** 알루미늄 평판으로 인쇄한 판화(版畫).

Alhambra [al'hambra, (span.) a'lambra, (engl.) æl'hæmbra], die 알함브라(스페인의 Granada에 있는 궁전).

Alhidade [alhi'da:də], die; -n [arab. al'idāda] 앨리데이드, 시준의(視準儀).

Alia [('ital.) 'a:lia] ↑Aliud의 복수형.

alias [a:lias] 〈Adv.〉 [lat. aliās] 《경찰어·반어》 별칭은, 일명 …, 본명은: der beschuldigte Meyer a. Müller a. Schulze 피의자 마이어, 별칭 뮐러 혹은 슐체.

Alibi ['a:libi], das; -s, -s [lat. alibī] **a)** 【법】 현장 부재, 알리바이: ein hieb- u. stichfestes A. beibringen [nachweisen] 확고한 알리바이를 증명하다. **b)** 변명, 당하는: ein moralisches A. für sein Amüsement finden 자신의 외도(外道)에 대한 도덕적인 변명을 찾다.

Alibi-: ~**beweis**, der 알리바이(현장 부재) 증명. ~**frau**, die 알리바이 여성(업주나 기관이 여성 차별을 하지 않는다는 증거로 한 여자에게 비교적 높은 직위 및 기능을 부여하는 경우 그 여자). ~**funktion**, die 알리바이 기능(부정 및 결함을 은폐하기 위해 부여된 기능).

Alignement [alɪnjəˈmaː], das; -s, -s [frz. alignement] 【도로·철도】 (도로 및 철도를 만들 때) 직선 측량: 〈전의〉 ein A. der Währungen 통화(환율) 지침. **alignieren** [alɪnˈjiːrən] 〈h〉 (건축선을) 측량하다.

alimentär [alimen'tɛ:ɐ] 〈Adj.〉 [lat. alimentārius] 영양(榮養)의, 식이(食餌)의. **Alimentation** [...ta'tsio:n], die; -en 부양(扶養). **alimentationspflichtig** 〈Adj.〉 부양 의무가 있는. **Alimente** [ali'mɛntə] 〈Pl.〉 [lat. alimenta] 【법】 (이혼한 처나 사생아를 위한) 부양료, 양육비: A. zahlen 양육비를 지불하다. **Alimentenklage**, die 양육비 청구 소송. **alimentieren** [alimɛn'ti:rən] 〈h〉 양육비를 지불하다, 부양[부양]하다. **Alimentierung**, die; -en ↑alimentieren의 명사형.

Alinea [a'li:nea], das; -s, -s [aus lat. ā u. līnea] 《인쇄》

고어)) 신행(新行), 개행(改行), 개절(改節), 단락(段落)(약어: Al.). **alineieren** [aline'iːrən] ⟨h⟩ 행을 바꾸다, 새 절로 하다.

aliphatisch [ali'faːtɪʃ; griech. áleiphar] 《다음의 용법으로》 **-e Verbindungen** 지방족(脂肪族) 화합물.

aliquant [ali'kvant] ⟨Adj.⟩ [lat. aliquantus] 【수학】 (어떤 수를) 나눌 수 없는, 나누어서 나머지가 남는: fünf ist ein -er Teil von zwölf 12는 5로 나누어지지 않는다.

aliquot [ali'kvɔt] ⟨Adj.⟩ [lat. aliquot] 【수학】 나눌 수 있는, 나누어지는. **Aliquote** [ali'kvoːtə], die; -n **1.** 【수학】(어떤 다른 수를) 나눌 수 있는 수, 약수(約數). **2.** 【음악】 **a)** 《대개 Pl.》 배음(倍音). **b)** 오르간 음전(音栓)(Orgelregister).

Aliquot- 【음악】: **~flügel**, der 공명현(共鳴弦)이 있는 피아노. **~saite**, die 공명현. **~stimme**, die 오르간 음전(音栓). **~ton**, der 《대개 Pl.》 Aliquote (2 a).

Alitalia [(ital.) ali'taːlia], die 이탈리아 국제 항공사.

Aliud [(ital.) 'aːliud], das; -, Alia ['aːlia] 【법】 합의 대상[계약 조건]과 다른 것. **Aliudlieferung**, die 【법】 합의 대상과 다른 것의 양도.

Alk [alk], der; -(e)s, -en [(a)nord. ālka] 【조류】 바다쇠오리.

Alkahest [alka'hɛst], der/das; -(e)s [lat. alchahest] 【연금술】 모든 소재를 녹일 수 있다고 하는 용액.

alkäisch [al'kɛːɪʃ] ⟨Adj.⟩ [lat. Alcaicus < griech. Alkaïkós(시인 Alkaios에서 유래)] 알카이오스(의), 알카이오스 격(格)의: -e Strophe 알카이오스 시련(詩聯).

Alkalde [al'kaldə], der; -n, -n [span. alcalde < arab. al-qādī] (스페인의) 재판관, 시장(市長).

Alkali [al'kaːli, 'alkali], das; -s, -en 《대개 Pl.》 [al-'kaːliən; frz. alcali < span. álcali < arab. al-qalīy] 【화학】 **a)** 알칼리. **b)** 알칼리 금속의 탄산염.

alkali-, **Alkali-**: **~blau**, das 알칼리 블루(인쇄 및 제지용 색소). **~frei** ⟨Adj.⟩ 【광고】 알칼리성이 없는: ein -es Waschmittel 알칼리성이 없는 세제(洗劑). **~lösung**, die 【화학】 알칼리성 용액. **~metall**, das 【화학】 알칼리 금속(나트륨, 칼륨 따위의 6 원소). **~salz**, das 알칼리 염. **~zelle**, die 【사진·영화·텔레비전】 알칼리 전지(電池).

Alkalimetrie [alkalime'triː] die 【화학】 알칼리 정량(定量), 알칼리 적정(滴定). **alkalisch** [al'kaːlɪʃ] ⟨Adj.⟩ 【화학】 알칼리성의: -e Reaktion 알칼리성 반응. **alkalisieren** [alkali'ziːrən] ⟨h⟩ [알칼리성을 띠다] 알칼리화하다. **Alkalität** [alkali'tɛːt], die 알칼리 함유도(度).

Alkaloid [alkaloˈiːt], das; -(e)s, -e 【화학】 알칼로이드, 식물염기(塩基).

Alkanna [al'kana], die [span. alcana < arab. al-hinnā'] 【식물】 알카나속(남유럽산 지치과), 헤나(Henna), 부처꽃속.

Alkazar [al'kaːzaɐ, alkaˈtsaːɐ, al'kaːtsaɐ], der; -s, -e [span. alcázar < arab. al-qasr] 성, 궁전(스페인의).

Alkohol ['alkohoːl, 《또한》 --'-], der; -s, -e [span. alcohol < arab. al-kuhḷ] **1.** 【화학】 알코올: mehrwertiger A. 다가(多價) 알코올. **2. a)** 《Pl. 없음》 주정(酒精): Weinbrand enthält mindestens 38% A. 와인 브렌디는 38%의 주정을 함유한다. **b)** 알코올 음료, 주류(酒類): keinen A. trinken 술을 전혀 마시지 않는다; den A. nicht vertragen 술을 못 마시다; A. löst die Zunge 술은 말을 많이 하게 하다; **etw. in A. ertränken** 무엇을 술로 잊으려하다; **jmdn. unter A. setzen** 《통용어》 누구를 (술) 취하게 하다; **unter A. stehen** (술) 취해 있다.

alkohol-, **Alkohol-**: **~abhängig** ⟨Adj.⟩ 알코올 중독의. **~abhängige***, der/die 알코올 중독자. **~arm** ⟨Adj.⟩ 알코올 성분[함양]이 적은. **~ausschank**, der 술 장사, 선술집, 바. **~einfluß**, der 《Pl. 없음》 알코올 영향(음주자에 대한). **~einwirkung**, die 《Pl. 없음》 ↑~einfluß. **~fahne**, die 《Pl. 없음》 (통용어) 입에서 풍기는 불쾌한 술 냄새. **~fest** ⟨Adj.⟩ 술의 강한, 알코올 작용에 민감하지 않은. **~festigkeit**, die ↑~fest의 명사형. **~frei** ⟨Adj.⟩ **a)** 알코올을 함유하지 않은. **b)** 술을 팔지 않는: ein -es Gasthaus 술을 팔지 않는 음식점. **~gegner**, der 술을 싫어하는 사람, 음주 반대론자. **~gehalt**, der 알코올 함유량. **~genuß**, der 《Pl. 없음》 음주(飲酒). **~haltig** ⟨Adj.⟩ 알코올을 함유한. **~konsum**, der 《Pl. 없음》 알코올 소모[수요], 술의 대량 소모. **~krank** ⟨Adj.⟩ 알코올 중독의. **~kranke***, der/die 알코올 중독자. **~löslich** ⟨Adj.⟩ 【화학】 알코올에 용해되는. **~mißbrauch**, der 《Pl. 없음》 알코올 남용. **~nachweis**, der 혈중 알코올 검증. **~pegel**, der 《통용어》 혈중 알코올 농도(↑~reich). **~reich** ⟨Adj.⟩ 알코올 함유량이 많은: -e Getränke 알코올 함유량이 많은 주류(술). **~schmuggler**, der 주류 밀수자. **~spiegel**, der 혈중 알코올 농도(↑~pegel). **~süchtig** ⟨Adj.⟩ 알코올 중독의. **~süchtige***, der/die 알코올 중독(환)자. **~sünder**, der 《통용어》 음주 운전자. **~test**, der 혈중 알코올 농도 측정. **~verband**, der 【의학】 알코올에 적신 붕대. **~verbot**, das **a)** 음주 금지. **b)** 주류 제조 및 판매 금지. **~vergiftung**, die 【의학】 알코올 중독 (상태).

Alkoholika [alko'hoːlika] ⟨Pl.⟩ 주류, 술. **Alkoholiker**, der; -s, - 상습 음주자, 알코올 중독자. **alkoholisch** ⟨Adj.⟩ **1. a)** 알코올을 함유한: -e Getränke 주류, 술. **b)** 주류의, 알코올을 음료의: -e Exzesse 음주 난동[폭행]. **c)** 상습 음주자, 알코올 중독의. **2.** 【화학】 알코올의: -e Gärung 알코올 발효(醱酵). **alkoholisieren** [alkoholi'ziːrən] ⟨h⟩ **1.** 알코올화하다, 알코올에 담그다, 알코올 처리하다: Wein a. 포도주를 정류(精溜)하다. **2.** 《농》 (술) 취하게 하다. **alkoholisiert** ⟨Adj.⟩ der offenkundig -e Fahrer 명백히 술 취한 운전자; sich a. ans Steuer setzen 술에 취한 상태에서 운전대를 잡다(음주 운전하다). **Alkoholismus** [alkoho'lɪsmʊs] der; - **a)** 음주벽: Verein zur Bekämpfung des A. 음주벽 퇴치 협회. **b)** 【의학】 알코올 과음으로 인한 손상, (만성) 알코올 중독. **Alkoholometer** [alkoholoˈ...], das; -s, - 알코올 비중계.

Alkor [al'koːɐ, '--'--], der; -s 알코아(별 이름).

Alkoven [al'koːvn, '--'--], der; -s [frz. alcôve < span. alcoba] 【건축】 알코브(대개 침대를 놓는 벽의 쪽 들어선 곳).

Alkyl [al'kyːl], das; -s, -e [《인공어》 aus 1. **Alkohol** u. Suffix **-yl**] 【화학】 알킬기(基)(메탄 계열 탄화수소에서 수소 1원자를 뺀 원자단). **Alkylation** [alkylla'tsioːn], die; -en 알킬화(化). **Alkylgruppe**, die 【화학】 알킬단(團), 알킬기. **alkylieren** [alky'liːrən] ⟨h⟩ 【화학】 알킬화하다, 알킬기로 바꾸다. **Alkylierung**, die; -en ↑ alkylieren의 명사형.

Alkyone [al'kyoːnə], die 알키오네(별 이름). **alkyonisch** [al'kyoːnɪʃ] ⟨Adj.⟩ [zu griech. alkyóneiai (hēmérai) = 물총새(griech. alkyóne)가 둥지를 짓고 바다가 평온한 겨울날은: 여기에서 조용한 평온] 《다음 용법으로》 **-e Tage** 《아이》 평온한 나날(특히 동지 전후의).

¹all [al] ⟨부정대명사 및 부정수사⟩ **1.** aller, alle, alles; (어미 없이) ⟨Sg.⟩ 모든 모두; aller gesunde Fortschritt 모든 건전한 발전; alles Glück dieser Erde 세상의 모든 행복; allen Ernstes 아주 진지하게; die Wurzel allen Übels 모든 악의 뿌리; trotz aller Mühe 모든 노력을 다했음에도 (불구하고); in aller Stille 아주 조용히; aller Wahrscheinlichkeit nach 아마도 틀림없

이, 심중팔구는; 〈어미 없이〉 all dies(es) 이 모든 것; all deine Mühe 너의 모든 노력; 〈독립해서〉 alles schon einmal dagewesen! 해 아래에는 새로운 것은 없다(전도서 1:9); alles in Ordnung 만사(모두)가 정상하다(모두 잘 되어 있다); **alles in allem** 요컨대, 전체로 보아, 말하자면; **vor allem** 무엇보다도, 특히. **b)** 하나 하나, 각각, 모두: alle wesentliche Information 중요한 정보는 〈어떤 것이나〉 모두; Bücher aller Art 모든 종류의 책(들); jmdm. alles Gute wünschen 누구의 만복을 빌다; gegen alle Erwartung 전혀 예기치 않게도; 〈독립해서〉 alles braucht seine Zeit 어떤 것이나 그 나름대로 시간이 걸린다; alles hat (seine) zwei Seiten 모든 사물은 양면성을 지니고 있다; 〈alles + wer, was, wen, wen〉 wer alles ist denn dagewesen? 도대체 어떤 사람들이 거기에 갔었지? wen alles hast du eingeladen? 어떤 사람들을 초청했지? was war dort alles zu sehen? 어떤 것을 그 곳에서 볼 수 있었지? [성구] was es (nicht) alles gibt! 없는 것이 없군!; **all(es) und jedes** 무엇이나 다, 예외없이. **c)** alles 〈중성·단수〉〈통용어〉 모두, 모든 사람: alles hört auf mein Kommando! 모두 내 명령을 들으시오!; alles aussteigen! 모두 하차해 주십시오! **2.** alle, 〈어미없이〉 all 〈Pl.〉 **a)** 모든: alle Leute 모든 사람; trotz aller Bemühungen 온갖 노력을 했음에도 〈불구하고〉; all die Jahre über 그 동안 내내〔줄곧〕; 〈독립해서〉 wir[sie] alle 우리는〔그들〕 모두; das Wohl aller 모두의 행복〔복지〕. **b)** 《보다 강하게 개별화하면서》 모든: das übersteigt alle Erwartungen 그것은 전혀 기대 밖이다〔그것은 어떤 기대도 능가하고 있다〕; dem Wunsch aller Teilnehmer entsprechen 모든 참가자들의 소원에 상응하다; 〈독립해서〉 alle vier 넷 모두, 네 사람 모두; der Kampf aller gegen alle 〈각자〉 모두에 대한 〈각자〉 모두의 싸움; die Leute können alle nicht mehr 사람들은 모두 지쳤다(기진맥진했다). **3.** 〈alle + 시간 및 양의 명사 (대개 Pl.)〉 = 〈규칙적인 반복을 표현〉 매(每) …마다: der Omnibus fährt alle 12 Minuten 버스는 12분 간격으로 운행된다; alle halbe(n) Stunden 30분마다, 30분 간격으로; alle fünf Meter 5미터마다, 5미터 간격으로.

²all [-] 〈Adv.〉 《nordd.》 벌써, 또: a. wieder Bratkartoffeln 〈벌써〉 또 감자볶음이야!

All [-], das; -s 우주: der Vorstoß ins All 우주에로의 돌진(우주 탐험).

¹alla ['ala] 〈Interj.〉 [frz. allons] 《südwestd.》 자, 어서 《고무하면서》: a., gehn wir 자 가자구!; a. tschüs! 그럼, 안녕!

²alla [-; ital. < lat. illa] …식[조]으로(in der Art von, auf … Weise) 〈예컨대: alla breve〉.

all̥abendlich 〈Adj.〉 저녁마다의: der -e Spaziergang 저녁마다 하는 산책. **all̥abends** 〈Adv.〉 《아이》 저녁마다(jeden Abend).

alla breve ['ala 'bre:və; ital. < lat. brevis] [음악] 2/2 박자로. **Alla-breve-Takt**, der 2/2 박자.

Allah ['ala], -s [arab.] [이슬람교] 알라(이슬람교의 유일신).

alla marcia ['alla'martʃa; ital.] [음악] 행진곡 조로.

alla polacca ['ala po'laka; ital.] [음악] 폴로네스(폴란드의 민속 춤, 3/4 박자 리듬) 조(調)로.

alla prima [-'pri:ma; ital] [회화] 한번 칠해서, 프리마 화법으로.

allargando [alar'gando; ital.] 〈음악〉 알라간도, 점점 느리게.

Allasch ['alaʃ], der; -s, -e [라트비아의 지명 Allasch에서 처음 생산된데서] 알라슈(술) 〈카룸의 열매를 넣어 만든 리큐르의 일종〉.

alla tedesca ['ala te'deska; ital.] [음악] 독일(무곡)풍으로.

Allativ ['ala:ti:f], der; -s, -e [lat. allatum] [언어] **1.** 〈Pl. 없음〉 (핀란드·헝가리 어군에서의) 향격(向格). **2.** 향격의 단어.

alla turca ['ala 'turka; ital.] [음악] 터키 풍으로.

alla zingarese [- tsɪŋga're:zə; ital.] [음악] 집시 풍으로.

allbekannt 〈Adj.〉 잘 알려진, 주지의, 유명한: ein -es Sprichwort 잘 알려진 격언.

allbot(t) [al'bot] 〈Adv.〉 [aus ↑all(e) u. ↑Bot(t); mhd. al bot] 《schweiz. mdal.》 번번이.

all̥da 〈Adv.〉 《준고어》 바로 그곳에.

all̥dem: ↑all̥edem.

all̥deutsch 〈Adj.〉 《역사적》 전 독일(주의)의, 모든 독일인을 포함하는.

all̥dieweil 《또한》 --ˈ-] **I.** 〈Konj.〉 《고어·농》 ↑ weil: ich kann es dir nicht erklären, a. ich es selbst nicht begriffen habe 내 자신 그것을 파악하지 못했으므로, 난 네게 그것을 설명할 수 없어. **II.** 〈Adv.〉 《아이·농》 그러는 동안.

alle ['alə] 〈Adv.〉 〈통용어〉 **a)** 다 쓰고 없는, 바닥이 난: der Schnaps ist[wird] a. 소주가 바닥이 났다(다 마시고 없다). **b)** 기진한, 녹초가 된: **jmdn. a. machen** α) 〈통용어〉 누구를 〈도덕적으로·사회적으로〉 몰락시키다. β) [부랑자] 죽이다, 살해하다.

allebendig 〈Adj.〉 《시어·고어》 아주 팔팔한, 생기 발랄한.

alledem, **alldem** 〈반드시 Präp.와 함께 사용〉 이 모든 것: trotz a. 이 모든 것에도 불구하고.

Allee [a'le:], die; -n [...e:ən; frz. allée] 가로수 길, 공원 길.

Allegat [ale'ga:t], das; -(e)s, -e [lat. allēgātum] 인용문, 인용 출처. **Allegation** [alega'tsio:n], die; -en 인용. **Allegatstrich**, der (편지에서) 동봉물 지시선(線). **allegieren** [ale'gi:rən] 〈h〉 인용하다.

Alleghenies ['ælɪgənɪz] 〈Pl.〉, **Alleghenygebirge** ['ælɪgenɪ], das; -s. 앨리게니스(북 아메리카의 산맥).

Allegorese [alego're:zə], die; -n 우의(寓意)적 해석. **Allegorie** [...'ri:], die; -n [...i:ən; lat. allēgoria < griech. allēgoría] [미술·문학] 비유, 우의(寓意), 알레고리: diese Frauengestalt ist eine A. der Gerechtigkeit 이 여인상은 정의의 알레고리다. **Allegorik** [ale-'go:rɪk], die 우의적 묘사법. **allegorisch** 〈Adj.〉 [lat. allēgoricus < griech. allēgorikos] 우의적인, 알레고리의: -e Gestalten 알레고리 인물(상). **allegorisieren** [...gori'zi:rən] 〈h〉 비유적으로 표현하다, 우의화하다. **Allegorisierung**, die; -en **1.** ↑allegorisieren의 명사형. **2.** 알레고리화된 것.

allegretto [ale'greto] 〈Adv.〉 [ital. allegretto] [음악] 좀 빠르게, 적당히 쾌활하게. **Allegretto** [-], das; -s, -s/...tti(...ti) 좀 쾌속조의 악곡. **allegro** [a'le:gro] 〈Adv.〉 [ital. allegro] [음악] 빠르게, 활발하게. **Allegro** [-], das; -s, -s/...gri [...gri] 쾌속조의 악곡. **Allegroform**, die [언어] 빠르게 말함으로 나는 생기는 생략형(예컨대: gnädige Frau → gnä' Frau).

¹allein [a'laɪn], 《또한 통용어로》 **alleine** [a'laɪnə] **I.** 〈Adj.〉 **a)** 혼자, 홀로: a. reisen 혼자 여행하다; hier sind wir (ganz) a. 여기에는 우리만 있다(방해할 사람이 아무도 없다); **a. stehen** 독신이다, 혈혈 단신이다. **b)** 외로운: sich sehr a. fühlen 매우 외롭게 느끼다. **c)** 단독으로, 남의 도움없이: das habe ich a. gemacht 그것을 난 혼자(단독으로) 했다; **von allein(e)** 〈통용어〉 혼자서, 혼자 힘으로: das weiß ich von allein(e) 나는 그것을 혼자서[혼자 힘으로] 알아낸거야. **II.** 〈Adv.〉 **a)** 《아이》 다만, 오직: er a. ist daran schuld 오직 그만이 그것

에 대한 책임이 있다. **b)** ···만으로도(종종 schon과 함께 사용): (schon) der Gedanke a. [a. schon der Gedanke] ist schrecklich 그 생각만으로도 소름 끼친다.
²**allein** [-] 〈Konj.〉 그러나, 하지만: ich hoffte auf ihn, a. ich wurde bitter enttäuscht 나는 그에게 희망을 걸었다. 그러나 무참히 실망하고 말았다.
allein-, Allein-: ~**arbeit**, die 〈Pl. 없음〉 [교육] 혼자서 처리해야 하는 숙제. ~**berechtigung**, die 독점권. ~**besitz**, der 독점, 전유(專有). ~**besitzer**, der 독점자. ~**eigentum**, das [법] 전유(재산)(專有財産) (반대: Miteigentum). ~**eigentümer**, der 전유자(專有者). ~**erbe**, der 단독 상속인(상속자)(반대: Miterbe). ~**erbin**, die ↑~erbe의 여성형. ~**erziehend** 〈Adj.〉 [관] 부모 중 한 사람이 양육(교육)하는. ~**erziehende**', der/die ↑~erziehend의 명사형. ~**finanzierung**, die 단독 자금 조달. ~**flieger**, der [항공] 단독 비행사. ~**flug**, der [항공] 단독 비행. ~**gang**, der **a)** [경마·사이클·육상] 독주(獨走): er unterbot den bestehenden Rekord im A. 그는 독주로 기존 기록을 깼다. **b)** [구기] 단독으로 적의 수비 돌파(공을 패스하지 않고): zu einem A. starten 단독으로 적의 수비를 돌파해 나가다. **c)** [등산] 단독 등반. **d)** 단독 행위(행동): der A. des Ministers 장관의 단독 행위. ~**gänger**, der; -s, - (남과 어울리지 않고) 혼자 자기 일만을 하는 사람, 고독한 사람, 괴짜. ~**gesellschafter**, der [법] 회사의 단독 주주(株主). ~**gültigkeit**, die 단독 효력(적법성). ~**handel**, der 독점 판매, 전매(專賣). ~**händler**, der 독점 판매인, 전매업자. ~**herr**, der 독점 주인, 독제 군주, 독재자. ~**herrschaft**, die 〈Pl. 없음〉 독재권, 독점 정치. ~**herrscher**, der 독재자, 전제 군주. ~**inhaber**, der [경제] 단독 소유주, 독점 주인. ~**kind**, das 독자(獨子), 외동 아들(딸). ~**mädchen**, das 집안의 모든 일을 혼자 도맡아 하는 하녀(가정부). ~**recht**, das 독점권, 전매권. ~**reisende**', der/die 혼자 여행하는 사람. ~**schuld**, die 〈Pl. 없음〉 단독 책임, 혼자만의 죄. ~**sein**, das **1.** 혼자 있는 것. **2.** 외로움, 고독: das A. des Menschen in der Menge 군중 속에서의 고독. ~**seligmachend** 〈Adj.〉 [가] 에 의해 교회 유일하게 구원을 주는 교회(가톨릭 교회). ~**spiel**, das 혼자 하는 놀이[연주, 연극]. ~**spieler**, der 단독 연주자(연기자). ~**stehend** 〈Adj.〉 독신의, 미혼의, 친척이 없는. (명사화) ~**stehende**', der/die; ~**stellung**, die 〈Pl. 없음〉 [법] 특허 보호. ~**täter**, der [법] 단독범. ~**unterhalter**, der 원맨쇼를 하는 연예인. ~**untermiete**, die (österr.) 세든 집을 다시 몽땅 세놓는 것, 구 딸린 집. ~**verdiener**, der 가족 중 혼자만 벌이하는 사람. ~**verkauf**, der 〈Pl. 없음〉 단독 판매. ~**verschulden**, das ↑~schuld. ~**vertreter**, der 독점 판매 대상[대리인]. ~**vertretung**, die [경제·정치] 독점 대리, 단독 대표. ~**vertretungsanspruch**, der 독점 대표권 주장. ~**vertretungsrecht**, das 독점 대리권, 단독 대표권. ~**vertrieb**, der 〈Pl. 없음〉 ↑~verkauf. ~**wort**, das (schweiz.) 단독 대변(代辯): das A. führen 단독 대변(代辯)을 하다.
alleine: ↑allein 참조. **alleinig** [a'lainɪç] 〈Adj.〉 **1.** 단독의, 유일한, 독점적인: der ~e Vertreter 단독 대리인[대표자]. **2.** (österr.) ↑alleinstehend 참조: eine ~e Dame 독신녀.
allel [a'leːl] 〈Adj.〉 [griech. allḗlōn] 대립 인자(對立因子)의. **Allel** [-], das; -s, -e 〈대개 Pl.〉 [생물] 대립 인자(對立因子).
alleluja! [alle'luːja] ↑halleluja.
allemal [ˈaləmaːl] 〈Adv.〉 **1.** 언제나, 번번이: **ein für a.** 한번만, 이번만, 이번을 끝으로. **2.** 〈통용어〉 틀림없이,

확실히, 물론.
Allemande [aləˈmãːd(ə)], die; -n [frz. allemande] **a)** 알레망드(16세기 독일에서 프랑스로 전해진 무도곡). **b)** 조곡(組曲)의 악장.
allenfalls [ˈalənˈfals, 《또한》'---] 〈Adv.〉 **a)** 기껏해야: es kann a. noch eine Stunde dauern 기껏해야 한 시간 더 걸릴 것이다. **b)** 아마도, 경우에 따라서는.
allenfalsig: ↑allfalsig.
allenthalben [ˈalənthalbən] 〈Adv.〉 《아어·준고어》 어디에서나, 도처에서: das Lied ist jetzt a. zu hören 그 노래는 요즘 어디에서나 들을 수가 있다.
Aller [ˈalɐ], die 알러 강(江)(베저(Weser) 강의 지류].
aller-, Aller- 〈최상급의 강조〉 더 없이 ···한: allerberühmtest 더없이[너무나] 유명한.
alleraller-, Alleraller- 〈aller+최상급의 강조형〉 너무너무 ···한: alleraller**best** 너무너무 좋은.
allerart 〈어미없음〉 〈준고어〉 ↑allerlei: a. Blumen 가지각색의 꽃들.
alleräußerst... 〈Adj.〉 ↑äußerst...의 강조형 **1.** 아주 멀리 떨어져 있는: am -en Ende der Stadt 도시의 가장 변두리에. **2.** 극단의, 극단적인: mit -er Umsicht zu Werke gehen 더없이[아주] 신중하게 착수하다. **3.** 아주 [가장] 나쁜: im -en Fall 최악의 경우.
Allerbarmer, der; -s 자비로우신 주 하나님(신 및 그리스도를 지칭).
allerbest... 〈Adj.〉 ↑best의 강조형: es ist das -e zu schweigen 입다무는 것이 제일 좋아.
allerdings 〈Adv.〉 **1.** 물론, 하지만: er ist sehr stark, a. wenig geschickt 그는 매우 강해. 하지만 노련하지가 못해. **2.** 물론, 틀림없이: „Hast du das gewußt?" „Allerdings!" 그것을 알고 있었니? – 물론이지!
allerenden 〈Adv.〉 《준고어·지역적》 도처에: a. mit Schwierigkeiten kämpfen müssen 도처에서 어려움과 싸워야하다.
allererst... **1.** 〈Num.〉 ↑erst의 강조형: in der -en Reihe 맨 앞 줄에. **2.** 〈Adj.〉 아주 좋은: Stoffe -er Qualität 최고급 복지(服地).
allerfrühestens 〈Adv.〉 ↑frühestens의 강조형.
allerg [aˈlɛrk] ↑allergisch. **Allergen** [alɛrˈgeːn], das; -s, -e 〈대개 Pl.〉 [의학] 알레르겐(알레르기를 일으키는 물질). **Allergie** [alɛrˈgiː], die; -n [...iːən; zu griech. állos u. érgon = Fremdeinwirkung] [의학] 알레르기, 이상 과민성: an einer A. leiden 알레르기로 고생하다. **Allergiepaß**, der [의학] 알레르기 체질 증명서. **Allergiker** [aˈlɛrgikɐ], der; -s, - [의학] 알레르기 체질의 사람. **allergisch** [aˈlɛrgɪʃ] [의학] 〈Adj.〉 **a)** 알레르기의, 알레르기에서 연유하는: -e Krankheiten 알레르기성 질환; [전의] auf jede Äußerung in der Öffentlichkeit a. reagieren 공적인 발언에는 어떤 것에나 알레르기적 반응을 일으키다. **b)** 알레르기성(체질)의: meine Haut ist a. gegen das Waschmittel 내 피부는 세제(洗劑)에 알레르기성 반응을 일으킨다.
allergnädigst... 〈Adj.〉 《역사적》 gnädigst...의 강조형: der Römisch-Kaiserlichen Majestät, unserem -en Herrn 우리들의 자비하신 군주, 로마 황제 폐하께.
Allergologe [alɛrgoˈloːgə], der; -n, -n [의학] 알레르기 학자, **Allergologie** [...loˈgiː], die [의학] 알레르기 학. **allergologisch** 〈Adj.〉 알레르기학의.
allergrößt... 〈Adj.〉 ↑größt...의 강조형: sich die -e Mühe geben 더할 수 없이 많이 애쓰다.
allerhand 〈어미없음〉 〈통용어〉 온갖 종류의, 가지가지의, 잡다한: er hat a. durchgemacht 그는 온갖 고난을 다 겪었다; a. Schwierigkeiten 가지가지의 고난; **das ist (ja, doch) a. (für'n Groschen)!** 그건 너무 지나친데! 그건 있을 수 없는 일인데!

Allerheiligen 〈관사없이〉 〈수식어가 있을 때: das nächste A.〉 〔가〕 제성첨례(諸聖瞻禮), 모든 성인 대축일, 만성절(萬聖節)(11월 1일): morgen ist A. 내일은 만성절이다; zu A. 만성절(萬聖節)에. **Allerheiligenbild,** das 만성상(萬聖像) (전 인류의 대변자들이 그리스도에게 경배하는 것을 묘사한 그림). **Allerheiligenfest,** das 만성절(Allerheiligen). **allerheiligst...** 〈Adj.〉 ↑heiligst...의 강조형. **Allerheiligste,** das 1. ↑Abaton. 2. 〔유태교〕예루살렘 성전의 지성소(至聖所): 전의 es gelang ihr, in sein -s, seine Bibliothek, vorzudringen 그녀는 더 없는 그의 성소인 그의 서실에 침입할 수 있었다. 3. 〔가〕성체. 4. 《스포츠 은어》골: das A. hüten 골키퍼를 하다.

allerherzlichst... 〈Adj.〉 ↑herzlichst...의 강조형.

allerhöchst... 〈Adj.〉 ↑höchst...의 강조형: die -e Spitze 가장 높은 꼭대기. 〈명사화〉 der Allerhöchste 〈아어〉(지고의) 신(神), 하나님(Gott). **allerhöchstens** 〈Adv.〉 ↑höchstens의 강조형: sie ist a. zwanzig 그녀는 아무리 많아야 스무살이다.

allerlei 〔격변화 없음〕 각종의, 가지가지의, 잡다한: - Ausgaben 각종의 지출. **Allerlei,** das; -s, -s 잡다한 혼합(물), 뒤범벅. **Leipziger Allerlei** (당근, 풋콩, 완두, 샐러리, 캐비지, 아스파라거스 등으로 만든) 혼합 야채 샐러드.

allerletzt... 1. 〈Num.〉 ↑letzt...의 강조형: im -en Augenblick 최후의 순간에. 2. 〈Adj.〉〈경〉아주 나쁜, 추한, 상스러운: das ist ja der -e Hut, den du da aufhast 네가 쓰고 있는 모자는 너무나 보기 흉칙해; 성규 jmd. (etw.) ist (ja, wirklich) das Allerletzte! 누구(무엇)가 정말 나쁜 놈(형편없는 것)이다!

allerliebst... 〈Adj.〉 1. ↑liebst...의 강조형: das wäre mir am -en 그렇게 하는 것이 내겐 제일 좋겠어. 2. 사랑스런, 아주 매력적인, 아주 어여쁜: sie trägt ein -es Kleidchen 그 여자는 아주 매력적인 옷을 입고 있다.

allermeist 〈Adv.〉 ↑meist의 강조형. **allermeist...** 〈부정대명사·부정수사〉 ↑meist...의 강조형: in den -en Fällen 대부분의 경우.

allermindest... 〈Adj.〉 ↑mindest...의 강조형: er hat nicht die -en Aussichten 그의 장래는 아주 절망적이다〔어둡다〕. **allermindestens** 〈Adv.〉 ↑mindestens의 강조형.

allernächst... 〈Adj.〉 ↑nächst...의 강조형: die -en Verwandten 아주 가까운 친척.

allerneuest..., **allerneuest...** 〈Adj.〉 ↑neu(e)st...의 강조형: das -e Modell 최신 모델.

allernötigst..., **allernotwendigst...** 〈Adj.〉 ↑nötigst..., ↑notwendigst...의 강조형: nur das Allernötigste mitnehmen 극히 필요한 것만 가져가다.

allerorten 〈Adv.〉 〈준고어〉 곳곳에, 도처에. **allerorts** 〈Adv.〉 〈아어〉 곳곳에, 도처에: a. Freunde und Bekannte haben 도처에 친구와 친지가 있다.

allerschlimmst... 〈Adj.〉 ↑schlimmst...의 강조형: sich auf das Allerschlimmste gefaßt machen 최악의 상황을 각오하다. **allerschlimmstenfalls** 〈Adv.〉 ↑schlimmstenfalls의 강조형.

allerschönst... 〈Adj.〉 ↑schönst...의 강조형: das -e Mädchen 더 없이 아름다운 처녀.

Allerseelen 〈관사없이〉 〈부가어가 있으면: das nächste A. 따위로〉 [Allerseelentag] 〔가〕 위령의 날, 만령절(萬靈節)(11월 2일): morgen ist A. 내일은 만령절이다. **Allerseelentag,** der ↑Allerseelen 참조.

allerseits ['alɐ̯ˌzaɪ̯ts] 〈Adv.〉 1. 모두(들): Guten Abend die Herren a. 여러분 모두들 안녕하시오(저녁 인사). 2. ↑allseits.

allerspätestens 〈Adv.〉 ↑spätestens의 강조형.

alleruntertänigst... 〈Adj.〉 《역사적》 ↑untertänigst...의 강조형.

allerwärts 〈Adv.〉 ↑überall 참조.

allerwege(n), **allerwegs,** allewege 〈Adv.〉 《고어·지역적》 어디에서나 늘, 계속.

allerweil: ↑allweil.

Allerwelts- 〈통용어·겸〉: **~geschmack,** der 평범한 취미(취향). **~gesicht,** das 평범한 얼굴. **~kerl,** der 약방의 감초, 척척 박사. **~mittel,** das 만병 통치약. **~pflanze,** die 〔식물〕어디에서나 자랄 수 있는 식물. **~wort,** das 〈Pl.: ...wörter〉 a) 통용어, 일상어. b) 흔히 쓰는 [별 의미 없는] 말: „interessant" ist ein A. "interessant"는 막연한 말이다.

allerwenigst... 〈Adj.〉 ↑wenigst...의 강조형: das ist nur den -en (Menschen) bekannt 그것은 극소수의 사람들에게만 알려져 있다. **allerwenigstens** 〈Adv.〉 ↑wenigstens의 강조형: er hätte sich a. entschuldigen können 그는 적어도 미안하다고 사죄할 수는 있었을 텐데.

Allerwerteste*, der 〈통용어·은폐·농〉 엉덩이(Gesäß): auf die -n fallen 엉덩방아를 찧다.

allerwichtigst... 〈Adj.〉 ↑wichtigst...의 강조형: das ist jetzt am -en 그것이 지금 무엇보다도 중요하다.

alles: ↑¹all 참조.

Alles- (복합형): **~besserwisser,** der 《통용어》 모든 것을 잘 아는 체하는 독선적인 사람. **~brenner,** der 어떤 연료나 태울 수 있는 난로, 만능 난로. **~fresser,** der 잡식 동물. **~kleber,** der 만능 접착제[풀]. **~könner,** der 만능 선수. **~wisser,** der; -s, - **~besserwisser**. **~wisserei,** die 《폄》 모든 것을 다 아는체 하는 짓거리, 언제나 자기가 옳다고 하는 짓거리.

allesamt 〈부정대명사·부정수사〉《통용어》통틀어, 모조리, 모두 함께: wir standen a. auf 우리는 모두 함께 일어났다.

allewege 〈Adv.〉 ↑allerwege(n).

alleweil: ↑allweil.

allez! [aˈleː] 〈Interj.〉 〔frz. allez!〕 〈고어·지역적〉 앞으로 가!

allezeit, allzeit 〈Adv.〉 《준고어·지역적》 언제나, 항시.

allfällig [〔또한〕 −ˈ−−] 〈Adj.〉 《österr. schweiz》 있을 수 있는, 만일의, 경우에 따라서는. **allfallsig** 〈Adj.〉 〈고풍〉 ↑allfällig 참조.

Allgäu [ˈalɡɔy], das; -s 알고이(독일의 알프스 지역 이름). ¹**Allgäuer** [ˈalɡɔyɐ], der; -s, - 알고이에 사는 사람. ²**Allgäuer** 〈Adj.; 격변화 없음〉, **allgäuisch** [ˈalɡɔyɪʃ], 〈Adj.〉 알고이의.

Allgegenwart, die 1. 〔기독교 신학〕 (신)의 편재(遍在). 2. 〈시어〉 상재(常在), 항상 존재함. **allgegenwärtig** [〔또한〕 −−−ˈ−−] 〈Adj.〉 1. 편재(遍在)하는. 2. 〈준고어·아어〉 잠착로, 서서히, 차차.

allgemach 〈Adv.〉 〈준고어·아어〉 잠착로, 서서히, 차차.

allgemein 〈Adj.〉 1. a) 공통의, 일반적인, 전반적인: -es Aufsehen erregen 사방에 물의를 일으키다; im -en Sprachgebrauch 일반적인 언어 사용에서. b) 〈adv.〉 어디에나, 사방에, 전반적으로: a. geachtet sein 어디에서나 존경을 받고 있다. c) 모든 사람에게 알려진[변져 있는]: die Auseinandersetzung wird a. 그 논쟁은 모든 사람이 알고 있다. 2. a) 모든 사람에게 해당되는: im -en Interesse liegen 모든 사람(모두)의 관심사다; Allgemeine Ortskrankenkasse (약어: AOK) 지방 의료 보험 회사 이름. b) 공동의, 모든 사람에 의한: ein -er Beschluß 공동 결의. 3. a) 세부적이 아닌, 특수적이지 않은, 전문적이 아닌: Arzt für -e Medizin 일반의(一般

醫); im -en 일반적으로, 대개, 대체적으로. b) 《큄》 막연한, 불확실한: seine Ausführungen blieben viel zu a. 그의 논술은 너무나도 막연했다. c) 포괄적인, 광범한: seine -e Belesenheit ist erstaunlich 그의 박식은 정말 놀랍다.

allgemein-, Allgemein-: ~befinden, das [의학] 전신(의 건강) 상태. ~begriff, der [철학·언어] 일반개념(반대: Individualbegriff). ~besitz, der 공공의 소유, 공공 재산: die Weiden sind A. 이들 목초지는 공공의 소유다. ~bildend 〈Adj.〉 a) 일반 교육(교양)의: der -e Charakter der öffentlichen Schulen 공립 학교의 일반 교육적 특성. b) 일반 교양을 가르치는. ~bildung, die 〈Pl. 없음〉 일반 교양. ~erkrankung, die [의학] 전신병(全身病), 온몸이 병이 듦. ~gültig 〈Adj.〉 어느 곳에서나 통용되는, 보편 타당한. ~gültigkeit, die 보편 타당성. ~gut, das (정신적인) 공공 소유물[재산], 일반 상식. ~interesse, das 모두의 관심, 공공[일반]의 관심. ~medizin, die 일반 의학: Arzt für A. 일반의사(一般醫). ~platz, der 《대개 Pl.》 상투어, 빈말: sich in Allgemeinplätzen ergehen 상투어[빈말]만 늘어놓다. ~verbindlich 〈Adj.〉 누구에게나 구속력이 있는. ~verbindlichkeit, die 〈Pl. 없음〉 †~verbindliche의 명사형. ~verbindlichkeitserklärung, die [경제] (노동 협약의) 일반 구속(拘束) 선언. ~verständlich 〈Adj.〉 누구나 알 수 있는, 평이한, 통속적인: sich a. ausdrücken 쉽게 표현하는. ~verständlichkeit, die 누구나 알 수 있는 것, 평이한 것. ~wissen, das 일반 지식. ~wohl, das 공공의 복지, 공익(共益).

Allgemeinheit, die; -en 1. 〈Pl. 없음〉 일반, 공중, 공공(公共): Dienst an der A. 공공(公,共)에 대한 봉사. 2. 〈Pl. 없음〉 불확실, 애매함, 막연함: Erklärungen von großer A. 아주 막연한 해명. 3. 〈Pl.〉 막연한 피상적인 말, 빈 말: sich in -en ergehen 막연한 빈말만 늘어놓다.

Allgewalt, die; -en 《아어》 무한하고 광대하여 지고(至高)한 힘, 전능(全能): A. Gottes 하느님의 전능(全能)하심. allgewaltig 〈Adj.〉 《아어》 전능의: der -e Gott 전능하신 하느님.

allgütig 〈Adj.〉 모든 사람에게 자비로운, 대자대비(大慈大悲)의: Gott ist allwissend und a. 하느님은 전지(全知)하시고 대자대비(大慈大悲)하시다. Allgütige', der 《아어》 신, 하느님.

Allheilmittel, das; -s, - 만병 통치약: etw. als A. preisen 무엇을 만병 통치약으로 찬양하다[선전하다].
Allheit ['alhait], die 〈철학〉 전체, 총체.
allhier 〈Adv.〉 《관·고어》 바로 여기에서, 같은 곳에서.
Alliance [a'ljɑ:s], die; -n †Allianz의 구식 표기.
Allianz [a'ljants], die; -en [frz. alliance] 1. 〈국제법〉 국가 동맹(특히 17-19세기의): die Heilige A. 신성(神聖) 동맹(1815). 2. 동맹, 연합. 3. 〈고어〉 결혼, 혼인.
Allianzwappen, das [문장(紋章)] 두 문장(紋章)을 조합한 문장.
alliebend 〈Adj.〉 《아어》 모든 사람과 만물을 사랑하는: der -e Vater 하느님.
Alligator [ali'gaːtor, ...toːɐ], der; -s, -en [...ga'toːrən]; engl. alligator < span. el lagarto [동물] (비교적 주둥이가 짧고 아메리카에 많이 사는 아시아에 서식하는) 악어. Alligatorenfarm, die 악어 양식원(養殖園). Alligatorschildkröte, die 악어거북(대형 거북의 일종).
alliieren [ali'iːrən], sich /h/ [frz. allier < lat. alligāre] 결합[동맹]하다: die beiden Staaten haben sich alliiert 양국은 동맹을 맺었다. alliiert 〈Adj.〉 a) 동맹 맺은: die -en Truppen 동맹군(軍). b) 연합군[국]의: die -en Luftangriffe auf Berlin 연합군의 베를린 공습(空襲). Alliierte', der 《대개 Pl.》 a) 동맹국, 동맹자: das Land war damals unser -r 그 나라는 당시 우리의 동맹국이었다. b) 〈Pl.〉《역사적》(제1, 2차 세계대전 때 독일에 대해 싸운) 연합군.

Alliteration [alitera'tsjoːn], die; -en [zu lat. †ad u. littera = Buchstabe] [운율] 두운법(頭韻法). alliterieren [...'riːrən] /h/ 두운법을 보이다, 두운법에 따르다: diese Verse alliterieren nicht 이들 시행에는 두운법이 나타나 있지 않다.
alljährlich 〈Adj.〉 †jährlich의 강조형: die -en Festspiele 매년 있는 축제들.
Allmacht, die (아어) 전능(全能): die A. Gottes 신(神)의 전능. allmächtig 〈Adj.〉 [lat. omnipotēns의 차용어] 전능한, 무한한 힘을 지닌: der -e Gott 전능하신 하느님; -er Gott! 아이구 큰일인데! 어마나! (몹시 놀랄 때 외치는 소리); der Tod ist a. 죽음은 전능하다. Allmächtige', der 《아어》 † Gott: beim -n schwören 하느님에게 대고 맹세하다, -r! 전능하신 하느님! Allmächtigkeit, die †Allmacht.
allmählich [al'mɛːlɪç] 〈Adj.〉 점차적인, 서서히 진행되는: das -e Nachlassen der Kräfte im Alter 노령에 점차 기력이 쇠하는 것; es wurde a. dunkler 서서히 어두워졌다.
Allmeind [al'maɪnt], Allmend [al'mɛnt], die; -en (schweiz.): † Allmende. Allmende [al'mɛndə], die; -n 공유지[공용지] (공용의 산림, 목초지 등).
allmonatlich 〈Adj.〉 † monatlich의 강조형: -e Zahlungen 매달 하는 지불(支拂).
allmorgendlich 〈Adj.〉 † morgentlich의 강조형: der -e Spaziergang 매일 아침 하는 산보. allmorgens 〈Adv.〉 《아어》 매일 아침(에).
Allmutter, die 《시어》 A. Natur 만물의 어머니 자연.
allnächtlich 〈Adj.〉 † nächtlich의 강조형: -e Träume 밤마다 꾸는 꿈.
allochthon [alɔx...] 〈Adj.〉 [griech. állos] [지질] 이 지성(異地性)의, 다른 곳에서 생겨난: -e Gesteine 이지성 암석.
Allod [a'loːt], das; -(e)s, -e [lat. al(l)ōdium] [중세법] 자유지(自由地), 비봉토(非封土), 완전 사유지.
allodial [alo'djaːl] 〈Adj.〉 자유지의, 비봉토의. Allodialgut, das 1. † Allod. 2. 《역사적》 군주 가문의 사유재산.
Allogamie [aloga'miː], die; -n [griech. állos u. gámos] [식물] 이화 수정(異花受精), 타화(他花) 수정.
Allograph [alo'graːf] das; -s, -e [griech. állos u. † ²Graph] [언어] 변이(變異) 그래프(예컨대: hassen, Haß).
Allokation [alokatsjoːn], die; -en [zu †ad u. lat. locare] [경제] 배당, 배치.
Allokution [aloku'tsjoːn], die; -en [lat. allocūtio] 교황의 훈시[고유(告諭)].
Allomorph [alo'mɔrf], das; -s, -e [engl. allomorph] [언어] 변이형(태) (變異形態).
all'ongarese [alˈɔŋgaˈreːzə] † all'ungherese.
Allonge [a'lōːʒə], die; -n [frz. allonge] 1. [출판] 백지 면, 백지 페이지. 2. [경제] (환·어음의) 부전(付箋). 3. (아연 주조를 위한) 수접관(受接管). Allongeausfall, der [펠싱] 길게 찌르기. Allongepérücke, die (17·18세기 목과 어깨까지 덮는 긴) 남성용 가발.
all'ongharese [alɔŋgaˈreːzə] † all'ungherese.
allons! [aˈlōː] 〈Interj.〉 [frz. allons] 《고어·교양어·농》 자 갑시다, 어서.
Allopath [alo'paːt], der; -en, -en 역증요법(逆症療法)을 행하는 의사. 역증요법가(家). Allopathie [alopaˈtiː], die [griech. állos u. †-pathie] 역증요법. allopathisch [alo'paːtɪʃ] 〈Adj.〉 역증요법의.

Allophon [alo'fo:n], das; -s, -e [griech. állos u. ↑Phonem] [언어] a) (의미에 변화를 가져오지 않는) 변이음(變異音)(예컨대: Zungen -r와 Zäptchen -r). b) (이 웃음의 영향으로 나타나는) 변이음(變異音)(예컨대: "ich"와 "auch"에서 ch).

Alloplastik, die; -en [의학] a) ⟨Pl. 없음⟩ 이물(異物) 사용 성형 수술(반대: Autoplastik): die A. anwenden (이물(사용) 성형 수술을 하다. b) (상아, 은판 등 성형 수술에서 유기 조직의 대용품으로 사용하는) 이물(異物).

Allosem [alo'zɛ:m], das; -s, -e [griech. álos = anderer u. ↑Sem] [언어] 변이(變異) 의미(예컨대: "Hund" = Tier u. "Hund" = Förderwagen).

Allotria [a'lo:tria], das; -(s) ⟨⟨준고어⟩⟩ die Allotria ⟨Pl.⟩ [griech. allótria = sachfremde, abwegige Dinge] 법석, 해폐: A. treiben 법석을 떨다.

all'ottava [alo'ta:va; ital., ²alla u. ottava] [음악] 한 옥타브 높은.

Allparteien- 모든 정당이 참가하는: **Allparteienkabinett** 거국(擧國) 내각; -regierung 거국 정부.

allpott: ↑allbot.

allrad-, Allrad- ⟨자동차⟩: **~antrieb**, der 사륜구동(四輪驅動), die (모터 사이클에서) 양륜 스프링 장치. **~getrieben** ⟨Adj.⟩ 사륜구동의: -e Traktoren 사륜(四輪)구동 트랙터. **~lenkung**, die 사륜 조종(장치), **~schlepper**, der 사륜구동 견인차.

all right! [ˈɔːl ˈraɪt; engl. = alles richtig] 좋아! 오케이.

Allround- [ˈɔːlˈraʊnd-; engl. all round = vielseitig]: **~athlet**, der 여러 종류의 육상 경기를 하는 선수. **Allrounder** [ˈɔːlˈraʊndə], der; -s, - [engl. all-rounder] ↑Allroundman. **~kleid**, das 다목적 의상(축제, 행사, 극장 방문 등 여러 기회에 입을 수 있는 옷). **~man** [-mən], der; -s, -men [-mən; engl.] 만능(다예다재)인 사람. **~musiker**, der (음악의 여러 분야에 능통한) 만능 음악가. **~spieler**, der ⟨스포츠⟩ (여러 포지션을 다 감당하는) 만능 선수. **~sportler**, der (여러 종목에 능통한) 만능 스포츠맨. **~unterhalter**, der (다양한 방법으로 손님들을 즐겁게 할 수 있는) 만능 카바레 연예인.

allseitig [ˈalzaɪtɪç] ⟨Adj.⟩ a) 전반적인, 모든 방면에 의: wir hoffen auf a-e Unterstützung 우리는 모든 방면에서의 지원을 희망한다. b) 다양한, 다방면의; 광범위한: eine -e Ausbildung 다양한 교육(훈련). **Allseitigkeit**, die 다면성(多面性). **allseits** [ˈalzaɪts] ⟨Adv.⟩ 도처에, 모든 방면에(서).

All-Star-Band [ˈɔːlˈstaː-], das; -s [engl.-amerik. all-star] a) 인기 연주자들이 총출연한 재즈 악단. b) 일류 재즈 음악 악단.

Allstrom- [전기]: **~empfänger**, der 교직(交直) (AC/DC) 양용 수신기[라디오]. **~gerät**, das 교직 양용 전열 기구. **~motor**, der 교직 양용 모터.

allstündlich ⟨Adj.⟩ ↑stündlich의 강조형: a. wiederkehren 매 시간마다 되돌아오다.

Alltag, der; -(e)s, -e 1. 평일(平日): im A. 평일에. 2. ⟨Pl. 없음⟩ 일상(日常)의 단조로움: der graue A. 단조로운 나날. **alltäglich** ⟨Adj.⟩ 1. [ˈ---] ⟨드물게⟩ 평일의, 평일을 위한: -e Kleidung 평상복. 2. [--ˈ-] 일상의, 평범한, 진부한: eine ganz -e Szene 일상에서 흔히 볼 수 있는 장면; die Geschichte kommt mir recht a. vor 그 이야기는 내게 아주 평범한 것 같이 생각된다; ⟨명사화⟩ etwas ganz Alltägliches 아주 일상적인 것. 3. [ˈ-ˈ--, (또한) ˈ--ˈ-] ↑täglich의 강조형. **Alltäglichkeit**, die; -en a) ⟨Pl. 없음⟩ 평범성, 습관. b) 일상의 단조로움: es ist die Rede von -en 그 연설은 일상의 상투어뿐이었다. **alltags** ⟨Adv.⟩ 평일에.

Alltags-: **~anzug**, der 평상복 정장(반대: Sonntagsanzug). **~ärger**, der 일상에서 흔히 있는 속상하는 일. **~beschäftigung**, die 일상사(事). **~dinge** ⟨Pl.⟩ 일상에서 중요한 일거리. **~ehe**, die 평범한 결혼 생활(부부 생활). **~erfahrung**, die 일상적인 경험. **~gewand**, das ⟨⟨아어⟩⟩ ↑-anzug. **~kleid**, das ↑-anzug. **~kleidung**, die ↑-anzug. **~kost**, die 일상의 식사, 평범한 요리. **~kram**, der 일상 잡무. **~leben**, das 일상 생활. **~mensch**, der 범인(凡人), 평범한 사람. **~misere**, die 일상 볼 수 있는 비참(곤궁). **~pflicht**, die ⟨대개 Pl.⟩ 일상의 의무. **~praxis**, die ⟨대개 Pl.⟩ 일상 실무. **~sorgen** ⟨Pl.⟩ 일상의 근심(번거로움). **~sprache**, die [언어] 일상어. **~theorie**, die [사회] (학문적 근거가 없는) 행동 지침 이론. **~trott**, der ⟨펌⟩ 단조롭게 반복되는 일과(日課). **~verstand**, der 평범한 지능. **~wort**, das ⟨Pl. : ...wörter⟩ 일상 용어.

allüberall ⟨Adv.⟩ überall의 강조형.

allumfassend ⟨Adj.⟩ ⟨아어⟩ 모든 것[일체]을 포괄하는. **Allumfassendheit**, die ↑allumfassend의 명사형.

all'ungherese [alʊŋɡeˈreːzə; ital., ²alla u. ungherese = ungarisch] [음악] 헝가리(집시) 음악풍의.

Allüre [aˈlyːrə], die; -n ⟨대개 Pl.⟩ [frz. allure] ⟨⟨교양어⟩ ⟨펌⟩⟩ (유별난) 거동(태도): seine -n ablegen 자기의 유별난 태도를 버리다.

alluvial [aluˈvi̯aːl] ⟨Adj.⟩ [지질] a) 충적층(沖積層)의, 퇴적 토사의. b) 침적(沈積)(퇴적)된. **Alluvium** [aˈluːvi̯ʊm], das; -s [lat. alluvium = das Anspülen, die Anschwemmung] ↑Holozän의 구형.

Allvater, der; -s [신화·종교] 만물의 아버지(창조주), 신: A. gebot mir dies 만물의 창조주께서 내게 이것을 명하셨다.

allverehrt ⟨Adj.⟩ 만인에게 존경받는.

allweg ⟨Adv.⟩ ⟨schwäb.⟩ 여하튼, 어느 경우든(jedenfalls).

allweil, alleweil, allerweil ⟨Adv.⟩ ⟨österr.⟩ 언제나(immer).

Allwetter-: **~jäger**, der 전천후 전투기. **~kleidung**, die 전천후 복장(의류). **~landung**, die [항공] 전천후 착륙, 계기(計器) 착륙. **~mantel**, der ↑-kleidung. **~platz**, der ↑Hartplatz. **~straße**, die 전천후 도로. **~verdeck**, das (자동차의) 전천후 덮개. **~zoo**, der 지붕이 있는 동물원.

allwissend [ˈalˈvɪsnt] ⟨Adj.⟩ 전지(全知)의: der -e Gott 전지하신 하느님; Doktor Allwissend 전지 박사 (동화의 인물). ⟨명사화⟩ **Allwissende***, der 신(神), 하느님(Gott). **Allwissenheit**, die (하느님의) 전지(全知).

allwo ⟨관·고어⟩ ↑wo.

allwöchentlich ⟨Adj.⟩ ↑wöchentlich의 강조형: a. nach Berlin fahren 매주 베를린으로 여행하다.

allzeit : ↑allezeit.

allzu ⟨Adv.⟩ ↑zu의 강조형: die Last ist a. schwer 짐이 너무 무겁다; einer Sache kein a. großes Gewicht beilegen 어떤 일에 너무 큰 비중을 두지 않는다.

allzu- (이하 모두 Adv.). **~bald** 매우 빨리. **~früh** 너무나 일찍(빨리): er hat a. sterben müssen 그는 너무나 일찍 죽어야만 했다. **~gern** 매우 기꺼이. **~gleich** a) ⟨시어⟩ ↑zugleich의 강조형. b) ⟨아어⟩ 모두 함께(공동으로). **~groß** 너무 큰. **~gut** 지나치게 잘, 너무 잘: sich a. auskennen 너무 잘 알다. **~hauf** ⟨고어⟩ 모두 떼를 지어(서), 무더기로. **~lang, ~lange** 너무 오랫동안. **~leicht** 너무 가볍게. **~menschlich** 너무 인간적인. **~oft** 너무 종종(자주), 매우 빈번히. **~schnell** 너무 빠르게. **~sehr** 지나치게, 너무 심하게: er hat nur a. recht 그는 너무나도 옳다. **~selten** 매우 드물게. **~viel** 너무

나도 많이, 과대하게: 솔답 a. ist ungesund 지나침은 해롭다. **~weit** 너무나 멀리.

allzumal ⟨Adv.⟩ 《드물게》 1. 모두 다 (함께), 예와 없이: Wir sind a. Sünder 우리는 모두 죄인들이다. 2. 언제나, 대체로.

Allzweck-: ~egge, die 〔농업〕 다목적 써레. **~fahrzeug**, das 다목적 차(車)(차량). **~halle**, die 다목적 홀. **~möbel**, das 다목적 가구. **~schlepper**, der 〔농업〕 다목적 트랙터. **~tisch**, der 다목적 탁자. **~tuch**, das 〈Pl.: ...tücher〉 다목적 수건. **~wagen**, der 〔농업〕 다목적 차(車). **~zange**, die 다목적 펜찌 (집게).

Alm [alm], die; -en (알프스의) 고원 방목지(高原放牧地): das Vieh auf die A. treiben 가축을 고원 방목지로 내몰다.

Alm-: ~abtrieb, der (가을에 가축을 축사에 가두기 위해) 고원 방목지로부터 밑으로 내모는 것. **~auftrieb**, der (봄에 가축을) 축사로부터 고원 방목지로 내모는 것. **~dorf**, das (알프스의) 움막 마을. **~hirt**, der (알프스의) 목동(牧童). **~hütte**, die (알프스의) 움막 농가. **~rausch**, der; -(e)s 〔lat. ruscus = Mäusedorn〕 《österr., südd.》 석남속(石南屬). **~rose**, die 《österr., südd.》 ↑Alpenrose. **~wiese**, die (알프스의) 고원 목초지. **~wirtschaft**, die (알프스의) 고원 영농(營農).

Alma mater ['alma 'ma:tɐ], die 〔lat. alma māter = nährende Mutter〕 《교양어·아어·종종 농》 대학교, 대학.

Almanach ['almanax], der; -s, -e 〔출판〕 a) 《옛》 연감(年鑑), 연보(年報). b) 《출판사의》 연간 카탈로그.

Almandin [alman'di:n], der; -s, -e 〔mlat. al(a)mandina, 고대의 소아시아의 도시 Alabanda에서 유래〕 귀석류석(貴柘榴石).

almen ['almən] ⟨h⟩ 《österr.》 방목하다: die Bergbauern almen ihr Vieh 고원 지역의 농부들이 그들의 가축을 방목한다. **Almenrausch** ['almən-] ↑Almrausch. **Almer**, der; -s, -e 《österr.》 알프스의 목자(牧者). **Almerin**, die; -nen ↑Almer의 여성형.

Almosen ['almozn̩, 또한 -'-], das; -s, - 〔griech. eleēmosýnē = Mitleid, Erbarmen〕 1. 동냥, 자선, 시물(施物): einem Bettler ein A. geben 거지에게 동냥을 주다. 2. 《평》 형편 없는 보수: für ein A. arbeiten müssen 형편없는 보수를 받고 일해야만 한다.

Almosen-: ~amt, das (중세 궁정의) 자선금 관리청(관리청). **~büchse**, die 자선함, 헌금 상자. **~empfänger**, der 《평》 자선을 받는 빈민. **~geld**, das 〈대개 Pl.〉 (역사적) 자선(헌)금. **~kasten**, der (역사적) 빈민 구호 기금 보관소. **~pfennig**, der (역사적) 빈민 구호금. **~pflege**, die (역사적) 빈민(施物) 관리. **~pfleger**, der ↑Almosenier. **~salz**, das ⟨Pl. 없음⟩ (역사적) 빈민에게 무상으로 배급하는 소금. **~stiftung**, die (역사적) 빈민 구호 기금, 자선 헌금함, 시주함. **~verteilung**, die 자선금(구호금, 시물) 분배.

Almosenier [almozə'ni:ɐ], der; -s, -e (역사적) (교회의) 자선(시물)관리인 성직자.

Aloe ['a:loe], die; -n [...oən; lat. aloē < griech. alóē, ⟨Pl.⟩ = Aloeholz〕 1. 〔식물〕 알로에. 2. ⟨Pl. 없음⟩ 알로에의 수액(樹液).

Alogik, die 〔griech. a- = nicht, un- u. ↑Logik〕 비논리(성). **alogisch** ⟨Adj.⟩ 비논리적인, 비논리의.

¹Alp [alp], der; -(e)s, -e 1. 악몽, 악몽: etw. liegt wie ein A. auf jmds. Brust 무엇이 악몽처럼 누구의 가슴을 짓누르고 있다. 2. ⟨Pl. 없음⟩ 《아어》 심적인 압박, 가슴이 죄이는 듯한 불안: ein A. ist von mir gewichen 심적인 압박이 내게서 사라졌다.

²Alp [-], die; -en 《schweiz.》 ↑Alm, Alpe.

¹Alp- (¹Alp): **~druck**, der ↑¹Alp (2): von einem A. befreit sein 심적인 압박에서 벗어나다. **~drücken**, das; -s 가위눌림, 악몽: A. haben 가위눌리다. **~fuß**, 'er ↑Drudenfuß. **~kreuz**, das ↑ ~fuß. **~ranke**, die ↑Mistel. **~schoß**, der 《민간》 ↑Belemnit. **~traum**, der 악몽: von Alpträumen geplagt werden 악몽에 시달리다.

²Alp- (²Alp): **~horn**, das ⟨Pl.: ...hörner⟩ 알프스 혼른. **~hornbläser**, der 알프스 호른 취주자. **~hütte**, die ↑Almhütte. **~segen**, der (가축을 방목하기 전에 신부가 내리는) 축복. **~weide**, die 알프스 고원 목장(초지). **~wirtschaft**, die ↑Almwirtschaft.

¹Alpaka [al'paka], das ⟨2 b: der⟩; -s, -s 〔span. alpaca〕 1. 알파카(남미산의 양). 2. ⟨Pl. 없음⟩ a) 알파카 양모. b) der; -s 알파카 모혼방 직물. c) 재생 혼합 양모.

²Alpaka [-], das; -s 알파카(구리, 니켈 및 아연의 합금): Bestecke aus A. 알파카 식기.

Alpaka- (¹Alpaka): **~garn**, das 알파카 모사(毛絲). **~kleid**, das 알파카 모직으로 만든 옷. **~wolle**, die 알파카 양모.

al pari [al 'pa:ri] 〔ital., eigtl. = zu gleichem (Wert)〕 (주식의) 액면가(額面價)로.

Alpe ['alpə], die; -n ⟨동사⟩ ↑²Alp. **alpen** ['alpn̩] ⟨h⟩ 《schweiz., österr.》 a) 고원 목장지에 (가축을) 방목하다. b) (가축이) 고원 방목장에 나가 있다. **Alpen** ['alpn̩] ⟨Pl. 로만⟩ 알프스 산맥.

alpen-, Alpen-: ~artig ⟨Adj.⟩ 알프스 유형의. **~bock**, der 〔동물〕 하늘소의 일종. **~dollar**, der 《österr., 통용어·농》 ↑Schilling의 별명. **~führer**, der 알프스 기행 안내서. **~garten**, der (알프스 식물 연구를 위한) 알프스 식물원. **~glöckchen**, das 〔식물〕 앵초과의 여러해살이 풀(학명: Soldanella alpina). **~glühen**, das 알프스 산정의 저녁(아침) 놀. **~jäger**, der 1. 《드물게》 알프스의 사냥꾼. 2. 이탈리아·프랑스의 산악 부대 병사. **~kette**, die 알프스의 연봉(連峰). **~klub**, der ↑ ~verein. **~land**, das ⟨Pl. 없음⟩ 알프스 지방. **~ländisch** ⟨Adj.⟩ 알프스 지방의. **~paß**, der 알프스의 고갯길(영(嶺)). **~republik**, die 《통용어·농》 오스트리아. **~rose**, die 〔식물〕 알프스 등장미 (Almrose, Almenrausch). **~rot**, das 적설(赤雪)(산악 및 극(極) 지방에서 홍조(紅藻)에 의해 눈이 붉게 물든 것). **~scharte**, die 〔식물〕 『독북한』(학명: Saussurea alpini), 수레바퀴국화속. **~veilchen**, das 〔식물〕 시클라멘, 앵초과. **~verein**, der 알프스 산악 협회. **~vorland**, das ⟨Pl. 없음⟩ 알프스의 북쪽 전방(산악) 지역.

Alpha ['alfa], das; -(s), -s 〔lat. alpha < griech. álpha = Ochse (고대 히브리어 철자가 황소머리와 비슷한데서 유래)〕 (그리스 자모의 첫자: Α, α).

alpha-, Alpha-: ~merisch: ↑ ~numerisch의 약칭. **~numgrisch** ⟨Adj.⟩ 〔전산〕 문자 숫자 병용 방식의. **~strahlen, α-Strahlen** ⟨Pl.〕 〔물〕 알파선(線). **~strahler, α-Strahler**, der 〔핵〕 알파선을 방사하는 방사성 물질(동위원소). **~teilchen, α-Teilchen**, das 〔핵〕 알파 입자(粒子). **~tier**, das 〔형태〕 (집단 생활을 하는 동물의) 우두머리.

¹Alphabet [alfa'be:t], das; -(e)s, -e 〔griech. alphábētos〕 자모(字母), 알파벳: das kleine A. 소문자 자모; das deutsche A. 독일어 자모. **²Alphabet** [-], der; -en, -en 문자 해독자(반대: Analphabet). **alphabetisch** ⟨Adj.⟩ 자모(알파벳)(順)의: das Verzeichnis ist a. 그 목록(목차)은 알파벳순이다.

alphabetisieren [alfabeti'zi:rən] ⟨h⟩ 1. 알파벳순으로 열거하다(정리하다): Karteikarten a. 색인(목록, 기록) 카드를 알파벳순으로 정리하다. 2. 문맹자에게 읽고 쓰는 법을 가르쳐 주다. **Alphabetisierung**, die ↑alphabe-

alphamerisch tisieren의 명사형.
alphamerisch: ↑alpha-, Alpha-.
Alphard [alˈfart], der; - 【천문】 해사좌(海蛇座)에서 제일 밝은 별.
alpin [alˈpiːn] 〈Adj.〉 [lat. alpīnus = zu den Alpen gehörig] 1. 알프스의, 고산성(高山性)의: -e Skigebiete 알프스의 스키 지역. 2. 알프스[등산(악)]에서 나는: -e Flora 고산 식물. 3. 【스키】 알펜 경기의, 하강과 회전 종목의: -e Wettbewerbe 알펜 경기. 4. (알프스, 고산 지역의) 등산에 관련된: -e Ausrüstung 등산 장비. **Alpinarium** [alpiˈnaːrɪʊm], das; -s …ien [..ɪən] 고산 자연 공원. **Alpini** [alˈpiːni] 〈Pl.〉 [ital. alpini] 이탈리아 산악 부대. **Alpiniade** [alpinˈiaːdə], die; -n [russ. alpiniada] 〈동구(東歐)의〉 등산 경기. **Alpinismus** [alpiˈnɪsmʊs], der; - (알프스, 높은 산의) 등산. **Alpinist** [...ˈnɪst], der; -en, -en (알프스, 높은 산의) 등산가. **Alpinistik**, die ↑Alpinismus. **alpinịstisch** 〈Adj.〉 (알프스, 높은 산) 등산의, 등산가의: eine unerhörte -e Leistung 전대 미문의 등산 성과[기록]. **Alpinum** [alˈpiːnʊm], das; -s, …nen (학문 연구의 목적으로) 고산 식물을 본래의 환경 형태로 심어놓은 식물원. **Älpler** [ˈɛlplɐ], der; -s, - 1. 알프스 지방의 주민. 2. (고어) 알프스 지방의 목동. **älplerisch** 〈Adj.〉 알프스 지방 주민의. **Älpung** [ˈɛlpʊŋ], die (알프스의 고원에서) 가축의 하기 방목(放牧).
Alraun [alˈraʊn], der; -(e)s, -e (드물게) ↑Alraune.
Alraune, die; -n 1. 【식물】 만드라고라(Mandragora). 2. 알라운(인간을 섬기는 작은 요정). **Alraunwurzel**, die ↑Alraun 1.
¹**als** [als] I. 〈시간 접속사로〉 …할 때, …하자. 1. a) 〈als 문장의 시제가 주문장의 시제보다 앞섬〉 als wir das Haus erreicht hatten, (da) fing es an zu regnen 우리가 집에 도착하자 비가 오기 시작했다. b) 〈als 문장의 시제가 주문장의 시제와 동일〉 als sie eine Zeitung kauft, (da) wird sie von dem Herrn angesprochen 그녀가 신문을 살 때 그 신사가 그녀에게 말을 건다. c) 〈als 문장의 시제가 주문장의 시제보다 뒤짐〉 kaum hatte er sich umgezogen, als der Besuch eintraf 방문객이 왔을 때 그는 막 옷을 갈아 입었었다(그가 옷을 갈아 입자마자 방문객이 왔다). 2. 〈시간의 부사와 함께〉 vor vier Tagen, als... 4일전 …했을 때. II. 〈상황 접속사로〉 1. 〈양쪽이 같지 않을 때〉 a) (비교와 다음에) ich bin älter als er 나는 그 보다 나이가 많다; lieber sterben als unfrei sein 부자유스럽게 되기보다 차라리 죽다; mehr aus Mitleid als aus Liebe 사랑해서라기보다는 동정에서. b) 〈ander..., anders, nichts, kein, niemand, umgekehrt, entgegengesetzt 다음에〉 alles andere als schön 전혀 아름답지 않은; anders, als ich es mir gedacht hatte 내가 생각했던 것과는 달리; nichts als Unfug 못된 짓거리 외에 아무것도 아닌; umgekehrt, als ich erwartete 내가 기대했던 것과는 반대로. 2. 〈양쪽이 같을 때; 종종 oh, 또는 wenn과 함께〉 er sah, als habe er nichts gehört, aus dem Fenster 그는 아무것도 듣지 못했다는 듯이 창 밖을 내다보았다; mir kam es vor, als ob ich schon Stunden gewartet hätte 내게는 마치 내가 벌써 몇 시간이고 기다린 것처럼 생각되었다. 3. 〈양쪽이 같을 때; 대개 숙어적 사용, 또는 대신에 wie를 사용할 수도 있다〉 so bald als möglich 가능한한 빨리; doppelt so groß als …보다 두 배가 큰; sowohl …als (auch) …도, …도. 4. a) 〈준고어 · 통용어: wie와 함께〉 obgleich er sich da nicht so fühlte als wie zu Hause 비록 그는 그곳에서 집에 있는 것처럼 (편안히) 느끼지는 못했지만. b) 〈통용어: als만 사용해도 되는 곳에 wie와 함께〉 eine schönere Umgebung, als wie man sie hier in der Stadt hat 이 도시에서 보는 것보다 한층 아름다운 주위 환

경. 5. 〈insofern, insoweit와 함께〉 insofern als ich dazu überhaupt imstande bin 도대체 내가 그렇게 할 수 있는 한. 6. 〈고어: 열거하기 위해〉 die vornehmen Taunusbäder, als: Wiesbaden, Homburg, Langenschwalbach 타우누스 산 지역의 일급 온천장은 비스바덴, 홈부르크, 랑엔슈발바흐다. 7. 〈…로서의 뜻으로〉 a) 〈동격어와 함께〉 Schmidt als Vorgesetzter 상사로서의 슈밋트; meine Aufgabe als Lehrer ist es …선생으로서 나의 과제는 …이다. b) 〈목적보어와 함께〉 du fühlst dich als Held ist es als guter Freund zur Annahme dieser Bedingungen 나는 너의 좋은 친구로서 네가 이 조건들을 수락할 것을 권한다. 8. (zu + Adj., als daß 형식) die Aufgabe ist viel zu schwierig, als daß man sie auf Anhieb lösen könnte 그 과제는 너무나 어려워 당장에 풀 수가 없다. 9. (um so (드물게: desto) + 비교급, als의 형식) der Vorfall ist um so bedauerlicher, als er unserem Ansehen schadet 그 사건은 우리의 위신을 해치기 때문에 더욱더 유감스런 일이다.
²**als** [-] 〈Adv.〉 (westmitteld.) 1. 계속해서: er hat als Unsinn gebabbelt 그는 계속 헛소리를 재잘거렸다. 2. 종종, 때때로.
al s. = al segno.
alsbạld 〈Adv.〉 〈아어 · 준고어〉 즉각, 즉시, 바로.
alsbạldig 〈Adj.〉 〈격식높여〉 baldig의 강조형: die Ware ist zum -en Verbrauch bestimmt 이 상품은 즉시 사용하도록 (규정)되어 있다.
alsdạnn 〈Adv.〉 1. 〈아어 · 준고어〉 1. 〈dann의 강조형 (sodann, darauf, hierauf). 2. 〈südd., österr.〉 자, 어 제는, 그러면: a., bis morgen 자 그럼 내일 다시 만나.
al secco [al ˈzɛko; ital.; secco = Zeichen] 【음악】 al secco.
al segno [al ˈzɛnjo; ital.; segno = Zeichen] 【음악】 알 제뇨(악곡을 반복 연주할 때 "기호까지만 연주"의 뜻; 약어: al s.).
alsfọrt 〈Adv.〉 (westmitteld.) 끊임없이.
ạlso [ˈalzo] 〈Adv.〉 1. a) 〈귀결을 표현〉 그러니까, 그래서, 따라서: er litt um sie, a. liebte er sie 그는 그녀 때문에 괴로워했다. 그러니까 그는 그녀를 사랑했던 것이다. b) 〈앞의 것을 요약하면서 말을 속행할 때〉 다시 말하면, 말하자면 (das heißt). c) 〈중단된 생각을 속행할 때〉 a. ich meine, daß … 그래서 내가 뜻하는 것은 …. d) 〈감정 강조의 진술, 질문, 외침, 요구 등에 사용〉 a., kommst du jetzt oder nicht? 자 너 지금 가(오)겠니, 아니면 못 가(오)겠니? a., gute Nacht! 자 잘 자! na a.! 그렇지 아! 자 어서! 2. 〈고어〉 ↑so의 강조형: Also sprach Zarathustra 짜라투스트라는 그렇게 말했다 (니체의 저서 명).
Als-ob, das; - 가정(假定): Philosophie des A. 가정(假定)의 철학. ↑als (II 2).
alsobạld 〈Adv.〉 〈고어〉 〈Adv.〉 ↑alsbald 참조. **alsogleich** 〈Adv.〉 〈아어 · 고어〉 ↑(so-)gleich의 강조형.
Ạlster [ˈalstɐ], die 알스타(엘베 강 하류의 지류). **Ạlsterwasser**, das 〈Pl. …wässer〉 (지역적) 맥주와 레몬주로 만든 음료수.
alt [alt] 〈Adj.; älter, älteste〉 1. a) 나이가 든, 늙은(반대: jung): -in -er Mann(Baum) 노인[노목]; **a. und jung** 누구나, 늙은이나 젊은이나; **nicht a. werden** 〈통용어〉 오래 있지 않다, 오래 견디지 못하다. b) 노쇠한, 늙은 티가 나는; mit ihren -en, zittrigen Händen 그녀의 노쇠한 떨리는 손으로. 2. 일정한 나이의: ein drei Wochen -er Säugling 생후 3주 된 젖먹이; für wie a. schätzen Sie mich? 당신은 나를 몇 살로 보십니까?; (성구) man ist so a., wie man sich fühlt 사람의 나이는 자신이 느끼기 나름이다. 3. 〈반대: neu〉 a) 일정한 시간

alt-, ²Alt-

이 된[지난], 일정한 시간 동안 사용된: ein drei Jahre -er Wagen 3년된[3년 동안 사용한] 자동차; das Spiel ist gerade zwei Minuten a. 《스포츠 은어》 경기 시작 2분이 막 지났다. **b)** 오래 된, 낡은, 헌: -e Schuhe 헌 신; mit -en Büchern handeln 헌[중고]책 매매를 하다; 성구 aus a. mach neu 헌 것을(고쳐) 새것으로 만들어라. **4. a)** 오래 된(반대: frisch): eine -e Wunde 오래 된 상처; der Fisch ist schon a. 그 생선은 이미 신선하지 않다. **b)** 지난[묵은] 해의: die -en Kartoffeln aufbrauchen 묵은 감자를 소비하다. **5.** (반대: neu) **a)** 오랜, 오랜 전통을 지닌: eine -e Erfahrung 오랜 경험; die Familie ist schon sehr a. 그 가문은 아주 오래 된 가문이다. **b)** 긴 세월의, 오랜: wir sind -e Freunde 우리는 오랜 친구다. **c)** 다 알려져 진부한, 뻔한, 지루한: ein -er Witz 누구나 다 아는 위트; 《통용어》 immer die -e Platte[die -e Leier, das -e Lied] 늘 같은 말[짓거리, 것]. **6.** (반대: modern) **a)** 옛, 옛날의, 이전의, 전 시대의: -e deutsche Sagen 옛 독일 전설; die ältere Kolonialzeit 이전의 식민지. **b)** 고대의, 고전의: die -en Griechen 고대 그리스인; -e Sprachen 고대어(그리스어, 라틴어). **c)** 골동품의 가치가 있는, 오래 되어 귀중한: -es Porzellan 골동품 도자기; -er Wein 오래 된 포도주. **7.** 변하지 아니한, 친숙한: sie ist ganz die -e 그녀는 옛날 그대로다; wir bleiben die -en 우리들 사이에는 아무런 변화도 없다; alles beim -en lassen 모든 것을 그대로 두다(아무것도 변경하지 않다). **8.** 이전의, 한때의(반대: neu): seine -en Kollegen besuchen 자기의 이전 동료들을 방문하다. **9. a)** 《친근》 na, -er Junge, wie geht's? 그래, 이 친구 어떻게 지내지? **b)** 《통용어 · 폄》 지독한, 노회한, 더러운: der -e Geizkragen! 지독한 구두쇠!; sie ist eine -e Hexe 그 여자는 노회한 마녀야. 〖속어〗 ~es Schwein! 더러운 녀석!

Alt [-], der, -s, -e [ital. alto < lat.(võx) alta] 《음악》 **1. a)** 알토(저음의 여자 또는 소년 목소리): sie singt A. 그 여자는 알토(목소리)로 노래부른다. **b)** 《Pl. 없음》 합창에서 알토 음역(音域): sie singt jetzt im A. mit 그 여자는 지금 알토 음역에서 노래부른다. **2.** 〈Pl. 없음〉 **a)** 독창의 알토 부분. **b)** 합창 악장에서 알토 목소리. **3.** 《드물게》 알토 여가수(Altistin).

¹Alt- 〖음악〗: ~**blockflöte**, die 알토 연주 블록플루트. ~**flöte**, die 알토 연주 플루트. ~**geige**, die ↑Bratsche. ~**instrument**, das 알토 연주 악기. ~**klarinette**, die 알토 (연주) 클라리네트. ~**lage**, die 알토(음역, 音域). ~**oboe**, die ↑Englischhorn. ~**partie**, die (악곡에서) 알토 성부(聲部). ~**posaune**, die 알토 (연주) 트럼본. ~**sänger**, der ↑Altist. ~**sängerin**, die ↑Altistin(↑~sänger의 여성형). ~**saxophon**, das 알토 (연주) 색소폰. ~**schlüssel**, der 알토 기호. ~**solo**, das 알토 솔로. ~**stimme**, die **1.** ↑Alt (1 a). **2.** 알토 성부(聲部)(알토 가수용 악보).

alt-, ²Alt-: ~**adlig** 〈아이〉 **adelig** 〈Adj.〉 옛 귀족 출신의. ~**ammann** [(또한) -'--], der 《schweiz.》 생존하고 있는 전(前) 시장(군수). ~**angesehen** 〈Adj.〉 옛부터 유명한. ~**angesessen** 〈Adj.〉 ↑~**eingesessen**. ~**angestammt** 〈Adj.〉 옛부터 유래하는, 전래의, 전통의: -e Sitten 옛부터 내려온 풍습. ~**ansässig** 〈Adj.〉 ↑~**eingesessen**. ~**backen** 〈Adj.〉 **1.** 구운지 오래 된, 딱딱한(반대: frischbacken). -es Brot 딱딱하게 메마른 빵. **2.** 〈폄〉 낡은, 진부한, 시대에 뒤진: seine Ansichten sind ziemlich a. 그의 견해는 상당히 진부하다. ~**bau**, der 〈Pl.: -ten〉 (반대: Neubau) **1.** 《구제》 특정 시점 이전 입주 완료된 상태의 주거용 건물. **2.** 비교적 오래 된 건물, 구건물: die Vorlesungen finden im A. der Universität statt 강의는 대학교 구건물에서 한다. ~**bauer**, der **1.** 나이든 농부(반대: Jungbauer). **2.** 《구동독·옛》 원주(토착) 농민(반대: Neubauer, Siedler). ~**bäuerin**, die ↑~**bauer**의 여성형. ~**baumodernisierung**, die ↑~**bau**: 개조를 통한 현대화. ~**bauwohnung**, die ↑~**bau**: 내의 주거(住居) (반대: Neubauwohnung). ~**bekannt** 〈Adj.〉 오래 전부터 알려진(알고 있는). ~**-Berlin**, das 구(舊) 베를린(베를린의 구시가). ~**berühmt** 〈Adj.〉 옛부터 이름난(유명한). ~**besitz**, der 옛부터의 소유(물). ~**bewährt** 〈Adj.〉 오랫동안 유지된, 정평이 있는. ~**bier**, das 독특한 맛으로, 알트비어(갈색을 띤 씁쓸한 맛의 맥주로서 라인-베스트팔렌 지역에서 애용). ~**bulgarisch** 〈Adj.〉 고대 불가리아어의. ~**bundeskanzler**, der 〈생존하고 있는〉 전(前) 연방(구서독) 수상. ~**bundespräsident**, der 〈생존하고 있는〉 전 연방[구서독] 대통령. ~**bundesrat**, der 《schweiz.》 〈생존해 있는〉 스위스 연방 정부 전직 각료. ~**bundestrainer**, der 〈생존해 있는〉 전 국가 대표 팀 트레이너[감독]. ~**bürger**, der 나이 많은 시민. ~**bürgermeister**, der 〈생존해 있는〉 전 시장. ~**christlich** 〈Adj.〉 고대[초기] 크리스트 교의. ~**deutsch** 〈Adj.〉 옛독일 (15, 16세기)[양식]의, 옛 독일 양식을 모방한: -e Malerei 옛 독일 미술; -e Stilmöbel 옛 독일 양식을 모방한 가구. ~**ehrwürdig** 〈Adj.〉 《아이》 오래 되고 존귀한, 나이가 많고 존경스런. ~**eingeführt** 〈Adj.〉 오래 전부터 있어 온, 정평있는, 믿을 만한: eine -e Firma 정평 있는 회사; -e Gewohnheiten 오래 전부터 있어 온 습관. ~**eingesessen** 〈Adj.〉 옛부터 정주한[살아온], 토착(土着)의: einer -en Familie entstammen 토착민 가문 출신이다. (명사화) ~**eingesessene**, der / die 토착민. ~**eingewurzelt** 〈Adj.〉 오래전부터 뿌리내린. ~**eisen**, das 〈Pl. 없음〉 고철(古鐵). ~**erfahren** 〈Adj.〉 오랜 경험을 쌓은, 노련한: -e Piloten 노련한 비행사. ~**erprobt** 〈Adj.〉 (오랜 시험을 통해) 확실한, 믿을 만한, (약) 효험이 있는. ~**flug**, der 일년생 이상의 통신 비둘기 날리기 경연(반대: Jungflug). ~**fränkisch** 〈Adj.〉 《준고어》 구식의, 고풍의, 시대에 뒤진. ~**gedient** 〈Adj.〉 장기 복무한, 노련한. ~**geld**, das (1948년 화폐 개혁 이전의) 구화폐. ~**genosse**, der 고참 당원. ~**geselle**, der 《고어》 (공장 내의) 최고령 직공. ~**gewohnt** 〈Adj.〉 옛부터 살아온, 친숙한. ~**glas**, das 〈Pl. 없음〉 헌 유리. ~**gläubig** 〈Adj.〉 《종교·준고어》 러시아 정교의. (명사화) ~**gläubige**, der / die 러시아 정교도. ~**gold**, das **1.** 《준고어》 고금(古金). **2.** 고금색(古金色)[적황색]. ~**grad**, der 〖수학〗 (원을 360으로 나눈) 각도, 도(度)[기호: °〕. ~**griechisch** 〈Adj.〉 고대 그리스(어)의. ~**handel**, der 〈준고어〉 ↑~**warenhandel**. ~**händler**, der ↑~**warenhändler**. ~**Heidelberg** [...'haidl-berk], 하이델베르크의 구 시가. ~**hergebracht** 〈Adj.〉 옛부터의, 전통[인습]적, 옛부터 내려올: man begrüßt sich auf -e Weise 옛부터 내려온 방식으로 서로 인사한다. ~**herkömmlich** 〈Adj.〉 ↑**herkömmlich**의 강조형. ~**herrenmannschaft**, die 《스포츠》 (32세 이상의 선수로 구성된) 장년 팀. ~**herrenschaft**, die; -en 《대학생》 대학 동창회. ~**hochdeutsch** 〈Adj.〉 (11세기 중엽 이전) 고고(古高) 독어의(약어: ahd.). (명사화) ~**hochdeutsch**, das 고고 독어. ~**hochdeutsche**, das (일반적 의미) ↑~**hochdeutsch**. ~**indisch**, das; -(s), ~**indische**, das (아리안 족의) 고대 인도어. ~**internationale***, der 《스포츠》 전(前) 국가 대표 선수. ~**jahr(s)abend** 〈준고어〉 -'---], der 《지역적》 섣달 그믐날 밤, 제야[석]. ~**jahrstag** 〖또한〗 -'---], der 《지역적》 섣달 그믐날. ~**jüngferlich** 〈Adj.〉 노처녀 같은, 변덕스러운. ~**jüngferlichkeit**, die 노처녀성, 변덕스러움. ~**jungfernschaft**, die, ~**jungfernstand**, der 〈Pl.

없음) 《평》 노처녀 신분. ~**kanzler**, der 《생존해 있는》 전(前) 수상. ~**katholik / Alt-Katholik**, der 구 가톨릭파(1870년경 로마 교황의 불가류(不可謬)설에 반대하여 설립된 종단) 교도. ~**katholisch** 〈Adj.〉 구 가톨릭파의. ~**katholizismus**, der 구 가톨릭파의 교의(敎義). ~**kirchenslawisch** 〈Adj.〉 고대 슬라브어의. ~**kleiderhändler**, der 헌 옷 장수. ~**klug** 〈Adj.〉 애어른의, 아이답지 않게 건방진, 조숙한. ~**klugheit**, die ↑~klug 의 명사형. ~**knecht**, der 《고어》 시종의 우두머리. ~**kunst**, die 〈Pl. 없음〉 옛날 미술품, 골동품. ~**liberale**, der / die 온건 자유주의자(특히 1848년 이후 프로이센의). ~**magd**, der 《고어》 하녀의 우두머리. ~**material**, das 고물, 폐물. ~**materialhandel**, der 고물 장사. ~**materialhändler**, der 고물 장수, 고물상. ~**materialsammlung**, die 고물 수집. ~**meister**, der **1.** 《옛》 길드(동업 조합)의 조합장. **2.** 《일반적》《학문・예술・스포츠계의》 대원로, 거장: Goethe, der A. der deutschen Dichtung 독일 문학의 거장 괴테. **3.** 《스포츠》 《스포츠》 전(前) 챔피언. ~**metall**, das 고물 금속, (특히) 고철(古鐵). ~**miete**, die 《옛》 ↑Altbauwohnung의 집세. ~**minute**, die [수학] ↑Altgrad의 60분의 1, 분(分)(기호: ʹ). ~**modisch** 〈Adj.〉 유행(시대)에 뒤진, 구식의, 고풍의. ~**nordisch** 〈Adj.〉 고대 북구어의(고대 아이슬란드, 노르웨이, 스웨덴, 덴마크의). ~**nordisch**, das; -(s), ~**nordische**, das 고대 북구어. ~**papier**, das 〈Pl. 없음〉 헌 종이, 폐지(廢紙). ~**papiersammlung**, die 헌 종이 수집. ~**philologe**, der 《그리스・로마의》 고전 어문(古典語文) 학자. ~**philologie**, die 고전 어학, 고전 문헌학, 고전 문학 연구. ~**philologisch** 〈Adj.〉 고전 어학 《문헌학, 문학》의. ~**reich** 〈Adj.〉 《준고어》 옛부터 부자의. ~**reich**, das 〈Pl. 없음〉 《나치》 (1938년 오스트리아 합병 이전의) 구 독일 제국. ~**reichskanzler**, der 《옛》 《생존해 있는》 전(前) 제국 재상. ~**renommiert** 〈Adj.〉 옛부터 유명한. ~**Rom**: der 고대의 로마, 구로마 (로마의 구시가 das alte Rom). ~**römisch** 〈Adj.〉 고대(구) 로마의. ~**rosa** 〈Adj.〉 자색(紫色)이 나는, 진한 핑크색의. ~**schnee**, der 온지 며칠 된 눈(雪)(반대: Neuschnee). ~**schneedecke**, die 온지 며칠되어 쌓인 눈. ~**schrift**, die 《드물게》 ↑Antiqua. ~**schultheiß**, der **1.** 《생존해 있는》 전(前) 동(洞)장(長). **2.** (스위스 루체른 주에서) 생존해 있는 전(前) 주지사. ~**sein** das 나이들어 있음. ~**sekunde**, die [수학] ↑Altminute의 60분의 1, 초(秒)(기호: ʺ). ~**silber**, das **1.** 《준고어》 이미 한번 가공되었던 것, 고은(古銀). **2.** 진한 은색, 고은색(古銀色). ~**sitz**, der 《고어》 ↑Altenteil 참조. ~**sparer**, der 《나치》 1940년 1월 1일부터 화폐 개혁 때(1948)까지의 증명된 예금주. ~**sprachler** [-ʃpraːxlɐ], der; -s, - 고대어[고전어] 학자(Altphilologe). ~**sprachlich** 〈Adj.〉 고대어[고전어]의. ~**stadt**, die 구 시가지. ~**stadtsanierung**, die 구 시가지 재개발. ~**steinzeit**, die 〖인류〗 구석기 시대(Paläolithikum). ~**steinzeitlich** 〈Adj.〉 구석기 시대의. ~**stoff**, der 《나치》 폐품. ~**stoffsammlung**, die 《나치》 폐품 수집. ~**testamentarisch** 〈Adj.〉 구약 성서의, 구약 성서에서 유래하는: von -er Strenge 구약 성서적인 엄격성을 가진. ~**testamentler** [-testamɛntlɐ], der; -s, - 구약 성서 학자(연구가). ~**testamentlich** [-testamɛntlɪç] 〈Adj.〉 구약 성서의, 구약 성서와 관계된: -e Forschungen 구약 성서 연구. ~**tier**, das [사냥] 어미 암사슴. ~**überkommen** 〈Adj.〉 옛부터 내려오는, 전통적인. ~**überliefert** 〈Adj.〉 ↑~übernommen. ~**vater**, der 《옛》 조상, 선조, 족장, 가장. ~**väterisch** [-fɛːtərɪʃ] 〈Adj.〉 **1.** 고풍스러운, 낡은, 시대(유행)에 뒤진: er kleidet sich a.

그는 유행에 뒤진 옷차림을 한다. **2.** 《드물게》 ↑altväterlich 참조. ~**väterlich** 〈Adj.〉 **1.** 존경스런, 위엄있는, 가부장적인: -e Haltung 가부장적인 위엄있는 태도. **2.** 《드물게》 ↑altväterisch. ~**vertraut** 〈Adj.〉 오래 전(옛)부터 친숙한, 잘 알려진: eine -e Umgebung 옛부터 친숙한 주위 환경. ~**vordern** [-fɔrdən] 〈Pl.〉 《고어・아어》 선조, 조상. ~**waren** 〈Pl.〉 고물, 중고품, 골동품. ~**warenhandel**, der 중고품[고물] 장사(매매). ~**warenhändler**, der 중고품[고물]상[장수]. ~**wasser**, das 〖Pl. ~wasser〗 배수(背水), 완류(緩流). ~**weiberfabel**, die ↑~weibermärchen. ~**weiberfas(t)nacht**, die 《지역적》 ↑Aschermittwoch 직전의 목요일. ~**weibergeschwätz**, das 《평》 허튼 소리. ~**weiberklatsch**, der 험담. ~**weiberknoten**, der [선원] 엉터리 뱃줄 매듭. ~**weibermärchen**, das 엉터리 이야기, 할머니 동화. ~**weibermühle**, die 《신화》 (노파를 젊은 처녀로 변하게 했다는) 노파 물레방아. ~**weibersommer**, der **1.** 늦여름[초가을] 날. **2.** 늦여름[초가을] 공중에 떠도는 긴 거미줄. ~**weltlich** 〈Adj.〉 (신대륙 미국에 대해 유럽, 아시아, 아프리카) 구세계의, 구세계적. ~**Wien**: 옛 빈. ~**wienerisch** 〈Adj.〉 옛 비엔나의. ~**wohnung**, die ↑Altbauwohnung의 구형.

Altai [al'tai, al'tai; (russ.) al'taj], der; -(s) 알타이(중앙아시아에 있는 산맥). **altaisch** [al'taːɪʃ] 〈Adj.〉 알타이어의: -e Sprache 알타이어.

Altair [al'taːɪr], der ↑Atair.

Altan [al'taːn], der; -(e)s, -e [ital. altana] [건축] 발코니. **Altane** [-ə], die; -n 《지역적》 ↑Altan.

Altar [al'taːɐ̯, (또한) ˈ--], der; -(e)s, Altäre **1.** 《종교》 (기독교의) 성찬대, 제단: jmdn. zum A. führen (아이) 어떤 여자와 결혼하다. **2.** 《종교》 (이교도에서) 제대, 제단: der A. des Zeus 제우스 신의 제단. 전의 jmdn. (etw.) auf den A. der Gerechtigkeit opfern (아어) 누구(무엇)를 정의를 위해 희생시키다.

Altar-: ~**aufsatz**, der 제단 후면 장식벽. ~**bekleidung**, die 제단 받침 장식. ~**bild**, das 제단벽화 《위쪽의 종교화. ~**blatt**, das 제단화(畵). ~**decke**, die 제단 장식보, 제단보. ~**diener**, der [가] 복사(服事)(Ministrant). ~**gerät**, das 성찬 성물, 성구(聖具)(연단의 접시가, 촛대 등). ~**gesang**, der 《가》 성찬 창송. ~**nische**, die 제단이 설치된 벽감(壁龕)(Nische). ~**raum**, der 제단실. ~**(s)sakrament**, das 성찬식 (Eucharistie). ~**tisch**, der 성찬대(臺). ~**tuch**, das ↑~decke. ~**verkleidung**, die ↑~bekleidung. ~**vorsatz**, der ↑~bekleidung. ~**wein**, der 성찬용 포도주.

Altchen: ↑Alterchen.

¹**Alte*** [ˈaltə], der **1.** 노인. **2.** 《경》 아버지: mein -r erlaubt das nicht 우리 아버지가 그것을 허락하지 않아. **3.** 《경》 남편: Mein -r ist zu eifersüchtig 내 남편은 질투가 너무 심해. **4.** 《경》 상관, 고용주, 사장. **5.** [카드] 최고의 재크. **6.** (österr.) 묵은 포도주.

²**Alte*** [-], die **1.** 노파. **2.** 《경》 어머니. **3.** 《경》 부인 (Ehefrau). **4.** 《경》 여자 상사, 여고용주. **5.** 《경》 [동물] 어미 짐승: die A. leckte die Jungen ab 어미 짐승이 새끼들을 핥아 준다. **6.** [민속] (수확 때) 들판의 마지막 곡식단.

³**Alte*** [-], das 옛 것, 오래 된 것: Altes und Neues 옛 (오래 된) 것과 새것.

älteln [ˈɛltln] 〈v〉 《고어》 점점 나이가 들다: 《대개 현재분사로 사용》 seine ältelnde Tochter 점점 나이 들어가는 그의 딸.

Alten [ˈaltn] 〈Pl.〉 **1.** 나이 든 사람들. **2.** 《경》 양친, 부모

(Eltern): meine A. sind heute nicht zu Hause 우리 부모님은 오늘 집에 계시지 않는다. 3. 《역사적》 선조, 고대의 민족들. 4. [스포츠] 시합 경험이 많은 선수, 원로(元老). 5. [동물] 짐승의 애비와 어미; 속담 Wie die A. sungen, so zwitschern auch die Jungen 부전자전(父傳子傳).

Alten-: ~**heim**, das 양로원. ~**heimler**, der 《통용어》 양로원 입주자. ~**hilfe**, die 노인 부조. ~**nachmittag**, der 노인들의 다과 모임. ~**pfleger**, der 노인 간호사. ~**pflegerin**, die ↑~pfleger의 여성형. ~**tagesstätte**, die 노인정(亭). ~**teil**, das 《특히 농민의 경우 후계자에게 농장 및 재산을 넘겨주고 은퇴할 때》 자신의 노후를 위한 재산 보유분: jmdn. auf das A. schicken 누구를 은퇴하게 하다; 전의 sich aufs[ins] A. zurückziehen 은퇴[퇴직]하다. ~**teiler**, der 자신의 노후를 위한 재산 보유분을 갖고 은퇴한 사람(농부). ~**wohnheim**, das 노인 기숙사. ~**wohnung**, die 노인 기숙사 내의 방.

Alter ['altɐ], das; -s, - **1. a)** 노년, 노령, 고령: das A. macht sich langsam bemerkbar 노령 현상이 점차 나타난다; 50 ist noch kein A. 50 나이는 늙은 것이 아니다; man sieht ihm sein A. nicht an 그는 보기보다 나이가 많다; 속담 A. schützt vor Torheit nicht 나이 들어도 바보짓은 한다. **b)** 오랜 세월[연수]: die Tapeten sind vor A. vergilbt 벽지가 오랜 세월에 누렇게 되었다. **2. a)** 나이; 어느 jugendliches(blühendes] A. 젊은[한창] 나이; er hat das wehrpflichtige A. noch nicht erreicht 그는 아직 군복무할 나이가 안 되었다; ins heiratsfähige A. kommen 결혼할 연령이 되다; seine Frau ist im kritischen A. 그의 부인은 갱년기를 맞고 있다. **b)** (경과된) 햇수: das A. eines Gemäldes schätzen 어떤 그림이 얼마나 오래 되었는가를 평가하다. **3.** 《고어》 시대, 시기, 시절: das goldene A 황금 시기. **4. a)** 노인(반대: Jugend): man soll das A. ehren 노인을 존경해야 한다. **b)** 일정한 연령층의 사람들에게는: dieses A. ist nicht zugelassen 이 연령층의 사람들에게는 (입장을) 허가하지 않는다.

älter ['ɛltɐ] 〈Adj.〉 **1.** (절대 비교급) 중년의, 젊지도 늙지도 않은 나이의: eine -e Dame 중년의 숙녀. **2.** ↑alt (2, 6 a)의 비교급. **Ältere***, der / die 웬만큼 나이가 먼 사람: die ~n unter uns 우리들 중 비교적 나이가 많은 분들.

Älter-: ~**mann**, der 《고어》 조합장. ~**mutter**, die 《지역적·고어》 조모(祖母), 선조(여자). ~**vater**, der 《지역적·고어》 조부, 선조.

Alteration [altera'tsi̯oːn], die; -en [lat. alterāre] **1. a)** 《고어》 흥분, 분개, 격앙, 어리둥절: ihr Gesicht war von einer heftigen A. gerötet 그녀의 얼굴은 격렬한 흥분으로 빨개졌다. **b)** 《의학》 악화(惡化), 병적 변화. **2.** 《음악》 (화음의 반음계적) 변화, 변음.

Älterchen ['altɐçən], Altchen ['altçən] 〈관사 없이〉 노형(老兄) (비교적 나이 든 사람에게 붙이는 다정한 호칭).

Ältere: ↑älter 참조.

Alter ego ['altɐ 'eːgoː, 'altɐ'ego], das [lat. alter ego = anderes Ich] **1.** 아주 친한 친구. **2.** 다른 자아, 제2의 자아, 자기분신. **3.** ↑'Es (S. Freud에서 본능적인 것을 표현하는 개념). **4.** (C. G. Jung에서) ↑Anima (2)와 ↑Animus (1)(잠재 의식에 있는 다른 성의 성격을 표현하는 개념). **5.** 분신(物).

alterieren [alte'riːrən] 〈h〉 [lat. alterāre = anders machen] **1. a)** 《고어》 흥분시키다, 화나게 하다, 갈팡질팡하게 하다. **b)** 〈a. + sich〉 《준고어·지역적》 흥분하다, 격분하다. **2. a)** 변화(변경)시키다: diese Tatsache ist durch nichts zu a. 이 사실은 절대로 변경시킬 수 없다. **b)** 《음악》 (화음을 반음계적) 변화시키다: alterierte Akkorde 변화 화음.

~**alterig**, ~**altrig** [-|alt(ə)rɪç] 《다음의 합성어로, 예컨대》 gleichalt(e)rig 같은 나이의.

alterlos 〈Adj.〉 《österr., schweiz.》↑alterslos.

altern ['altɐn] 〈s / ↑다음게 h〉 **1. a)** 늙다, 노쇠하다: -e altere vorzeitig 나는 너무 빨리 늙는다; er ist rasch gealtert 그는 빨리 늙었다. **b)** (드물게) 더 늙게 보이게 하다, 늙게 하다. **2. a)** 오래 되어 변하다, (숙 등이) 익다: gealterter Wein 오랫동안 저장되어 잘 익은[해묵은] 포도주; gealterte Parfüms 변질된 향수. **b)** 변화시키다, (숙을) 익게 하다: die Weine werden künstlich gealtert 포도주를 인공적으로 익게 하다.

Alternanz [altɛ'nants], die; -en [lat. alternāre] **1.** (준고어) 교체. **2.** [농업] (과일의) 해갈이. **3.** [언어학] ↑Alternation (2). **Alternat** [altɛr'naːt], das; -(e)s [lat. alternatus] (조약 체결시) 순위 교환 의례. **Alternation** [alterna'tsi̯oːn], die; -en [lat. alternātio = Wechsel] **1.** ↑Alternanz (1). **2.** [언어] 이형 교체(異型交替). **alternativ** [alterna'tiːf] 〈Adj.〉 [frz. alternatif] 《교양어》 선택적인, 양자 택일의, 대안을 제시하는: eine -e Politik aufzeigen 양자 택일의 정책을 제시하다; a. zwei Vorschläge machen 어느 것을 선택해도 좋도록 두 종류의 제안을 하다.

Alternativ-: ~**bewegung**, die 기존 정책(에 대한) 대안(代案), 재야(在野) 운동. ~**energie**, die 대체 에너지. ~**entwurf**, der [정치] (정부 제출 법안에 대한 야당의) 대안. ~**ler**, der; -s, - 《준고어》↑~bewegung의 추종자. ~**lösung**, die 선택적으로 제시된 해결(책). ~**möglichkeit**, die 양자 택일의 가능성. ~**programm**, das 양자 택일의 프로그램. ~**szene**, die ↑~bewegung에 참여하는 사람들의 집단(서클). ~**vorschlag**, der 양자 택일의 제의.

Alternative [altɛrna'tiːvə], die; -n [frz. alternative] 《교양어》 **1.** 양자 택일: vor der A. stehen[vor die A. gestellt sein] 양자 택일의 상황에 직면하고 있다. **2.** 제2의 가능성: es gibt verschiedene -n zur Lösung dieses Problems 이 문제를 푸는 데는 여러 다른 가능성이 있다. **alternieren** [alter'niːrən] 〈h〉 [lat. alternāre] 교체(교대)하다: in dieser Szene alternieren die schärfsten Kontraste 이 장면에서는 더 없이 날카로운 대조가 번갈아 나타난다; -de Besetzung [연극] (한 역에 대한) 복수 배역[캐스팅]; -de Blattstellung [생물] 호생엽형(互生葉型); -des Fieber [의학] 교열 열, 말라리아; -de Persönlichkeit [심리] 교체 인격(의식 분열을 보이는 사람); -de Reihe [수학] 교대급수; -der Strom [전기] 교류; -de Verse [운율] 교체 운율 시행(詩行).

Alterns-: ~**forschung**, die 《전에는 또한》 Altersforschung] die 노화(老化) 연구. ~**theorie**, die 노화 이론. ~**vorgang**, der 노화(과정).

alters 《다음 용법으로》 seit a.; von a. her (아이) 예부터, 오래 전부터; vor a. (고어) 옛날, 오래 전에, 언젠가.

alters-, **Alters-**: ~**abbau**, der 《Pl. 없음》 노쇠(老衰). ~**abstand**, der 나이(연령) 차이. ~**angabe**, die 연령 제시, 나이를 말함(댐). ~**anzeichen**, das 노화(老化) 현상(징후). ~**asyl**, das 《의학》 양로원, 보호소. ~**aufbau**, der 〈Pl. 없음〉 (집단·주민의) 연령 구성. ~**bedingt** 〈Adj.〉 **1.** 연령에 제약된, 연령으로 인한: -e Unarten eines Kindes 나이로 나타나는 아이의 버릇없는 행동. **2.** 고령[노령]으로 인한: -e Krankheiten 노인병. ~**beschwerde**, die 《대개 Pl.》 노인성 장애. ~**bestimmung**, die 동·식물의) 나이 추정, (고고사, 예술사, 지질학에서) 시대[연대] 감정. ~**blödsinn**, der [의학] 노인성 치매(痴呆). ~**brand**, der 〈Pl. 없음〉 [의학] 노인성 회저(壞疽). ~**disposition**, die [의학] 연령에 따라 병에 걸리기 쉬운 소질. ~**eigensinn**, der ↑~starrsinn. ~**einsamkeit**, die 노령의 고독(외로

Altertum 74

움. ~**erkrankung**, die 노인병. ~**erscheinung**, die 노화 현상. ~**fleck**, der 〈대개 Pl.〉 검버섯. ~**forschung**, die ↑Alternsforschung. ~**freibetrag**, der 노령 면세 소득액(60세 이상만 해당). ~**fürsorge**, die 노인 복지(사업). ~**geld**, das 퇴직·농부 복지 연금. ~**genosse**, der 같은 연배의 사람, 동갑(同甲)내기. ~**genossin**, die ↑~genosse의 여성형. ~**gewicht**, das 【경마】 말의 나이별 최저 하중(荷重). ~**gewichtsrennen**, das 【경마】 위의 하중을 싣고 달리는 경주. ~**gliederung**, die ↑~aufbau. ~**grenze**, die **1.** 나이[연령] 제한: eine A. festlegen 나이 제한을 하다. **2.** 정년(停年): die A. erreicht haben 정년이 되다. ~**gründe** 〈Pl.〉 나이 든[많은] 탓: aus -n 나이 많은 탓으로. ~**gruppe**, die 동년배 집단[그룹], 동갑(내기) 그룹. ~**haut**, die (얇고 건조하며 주름지고 탄력이 없는) 노인성 피부. ~**heilkunde**, die 노인 의학. ~**heim**, das ↑Altenheim. ~**herz**, das 노인성 심장(예컨대: 기능 저하 등). ~**hilfe**, die 고령자 부조. ~**hochdruck**, der 노인성 고혈압. ~**jahr**, das 〈schweiz.〉↑Lebensjahr. ~**jubilar**, der (특히 österr.) 〈금혼식 등〉 기념 축제를 갖는 노인. ~**klasse**, die **1.** ↑~gruppe. **2.** [스포츠] 연령별 클래스. **3.** (가축에 있어서) 같은 나이의 짐승. **4.** [산림] 수령(樹齡)에 따른 삼림 분포. ~**kleid**, das [사냥] 성장한 야생 조류의 깃털. ~**krankheit**, die 노인병. ~**leiden**, das ↑~krankheit. ~**los** 〈Adj.〉 나이 든 징후가 보이지 않는, 연령이 없는. ~**marasmus**, der [의학] ↑~schwäche. ~**mäßig** 〈Adj.〉 연령에 상응하는, 나이에 따른. ~**mundart**, die (아이의 성장 단계에 따른) 연령별 어투. ~**panik**, die 노인성 불안증. ~**pension**, die (österr.) 양노(養老) 연금. ~**präsident**, der (정식 의장 선출 전의) 최고령 임시 의장. ~**prozeß**, der 노화(老化) 과정. ~**pyramide**, die 피라미드형 연령 분포도. ~**rente**, die 양로 연금. ~**roman**, der 만년(晩年)작 소설. ~**ruhegeld**, das 양로 연금. ~**schwach** 〈Adj.〉 **a)** 노쇠한, 노약한: ein -es Auto 낡아서 덜컥거리는 자동차. ~**schwäche**, die 〈Pl. 없음〉 노쇠, 노약. ~**sicherung**, die 양로 보험. ~**sichtig** 〈Adj.〉 원시의, 노안(老眼)의. ~**sichtigkeit**, die 원시, 노안. ~**sitz**, der 노후의 거주지, 노후 별장. ~**soziologie**, die 노인 사회학. ~**sport**, der 노인 스포츠. ~**starre**, die 노인 고집. ~**starrsinnig** 〈Adj.〉 노인처럼 고집스러운. ~**stil**, der 〈Pl. 없음〉 (예술가의) 만년(晩年) 양식. ~**stufe**, die 연령 단계(계층), 연령층. ~**struktur**, die ↑~aufbau. ~**unterschied**, der 연령 차(이). ~**versicherung**, die 양로 보험. ~**versorgung**, die 양로 제도, 노령 연금. ~**weitsichtigkeit**, die ↑~sichtigkeit. ~**werk**, das 만년의 작품(Spätwerk). ~**zuschlag**, der **1.** 연령에 따른 가봉(加俸). **2.** 《schweiz.》 (사격 시합에서) 연령별 점수 가감.

Altertum ['altɛtuːm], das; -s **a)** 고대(어떤 민족이나 문화의 최고 유사 시기): Sagen aus dem deutschen A. 독일 고대 전설. **b)** (그리스·로마의) 고대(Antike). **Altertümelei** [...tyːmə'laɪ], die; -en 고대풍(古代風)의 과장된 모방, 의고(擬古) 취미. **altertümeln** ['altɛtyːmln] 〈h〉 고대풍을 과장되게 모방하다. (대개 현재분사로) eine -de Ausdrucksweise 고대풍의 표현법. **Altertümer** [...tyːmɐ] 〈Pl.〉 고대의 유물, 골동품, 고대 미술품. **Altertümler** [...tyːmlɐ] der; -s. - 〈고어〉 고대풍을 과장되게 모방하는 사람. **altertümlich** [...tyːmlɪç] 〈Adj.〉 고대의, 고풍의: eine -e Wohnungseinrichtung 고풍스러운 집안 설비. **Altertümlichkeit**, die 고풍 (古風).

Altertums-: ~**forscher**, der 고대 연구가, 고고학자. ~**forschung**, die 고대 연구, 고고학. ~**kunde**, die 고

대학, 고고학. ~**wert**, der 〈Pl. 없음〉 《거의 다음 용법으로만》 **A. haben** 골동품 가치가 있다; dieses Möbelstück hat A. 이 가구는 골동품 가치가 있다. ~**wissenschaft**, die ↑~kunde.

Alterung ['altərʊŋ], die; -en **1.** 〈Pl. 없음〉 (생물, 주로 사람의) 고령화, 노령화: die A. der Bevölkerung 주민의 고령화. **2. a)** (재료나 기구의) 노화(老化)로 인한 변질. **b)** 노화로 인한 조직 및 성분의 변화.

alterungs-, Alterungs-: ~**beständig** 〈Adj.〉 (재료, 기구, 기계, 소재 등이) 노화하지 않는, 영구적인: ein -er Kunststoff 반 영구적인 합성물질. ~**mittel**, das 인공 숙성제(熟成劑)[처리법]. ~**prozeß**, der 노화과정. ~**schutzmittel**, das 탄성고무의 산화(老化) 방지용 화합물. ~**versuch**, der (재료 검사를 위한) 소재의 인공적 노화(老化) 시험.

Älteste* ['ɛltəstə] der / die **1.** 단체의 최연장자, (교구의) 장로: der Rat der -n 장로 협의회. **2.** 장남, 장녀.

Ältesten-: ~**kreis**, der 한 교구의 장로[장로회]. ~**prediger**, der 장로 설교사[사제]. ~**rat**, der 〈Pl.: ...räte〉 **1. a)** 국회[의회] 운영 위원회. **b)** 〈Pl. 없음〉 (구 서독의) 연방 의회[하원] 의장 보좌 기구. **2.** (원시 민족의) 장로 회의. ~**recht**, das 〈Pl. 없음〉 **1.** [법] 연장(年長) 상속권. **2.** [지역적] 장자 상속권. ~**sitzung**, die 교회 장로 회의[모임]. ~**würde**, die 최연장자[장로]로서의 직분과 품격.

Althee [al'teːə], die; -n [...eːən; lat. althaea < griech. althaía] **a)** [식물] 알테아(접시꽃속의 일종)(Eibisch). **b)** 알테아의 꽃, 잎, 뿌리에서 빼낸 재료로 만든) 진해제.

Altist [al'tɪst], der; -en, -en 알토 가수(대개 소년). **Altistin**, die; -nen ↑Altist의 여성형.

ältlich ['ɛltlɪç] 〈Adj.〉 젊다고 말할 수 없는, 늙음의 징후를 보이는, 좀 나이 든[늙은]: eine Frau mit einem -en Gesicht 좀 나이든 얼굴을 한 부인.

-altrig: ↑-alterig.

Altruismus [altru'ɪsmʊs], der; - [frz. altruisme] 《교양어》이타주의(利他主義)《반대: Egoismus》. **Altruist**, der; -en, -en [frz. altruiste] 《교양어》이타주의자《반대: Egoist》. **altruistisch** 〈Adj.〉 《교양어》이 타주의의, 이타적인《반대: egoistisch》: rein -e Ziele verfolgen 순수히 이타주의적인 목적을 추구하다.

Alu [a'luː], das; -s 〈구어〉 ↑Aluminium의 약칭. **Alufolie**, die ↑Aluminiumfolie의 약칭. **aluminieren** [alumi'niːrən] 〈h〉 알루미늄 도금하다. **Aluminium** [alu'miːnɪʊm], das; -s [lat. alūmen] 알루미늄 (금속원소; 기호: Al; 통용적 약어: Alu).

aluminium-, Aluminium-: ~**blech**, das 알루미늄 판(板). ~**druck**, der 〈Pl.: -drucke〉 [인] Al-graphie. ~**farbe**, die 알루미늄 분말 도료. ~**folie**, die (포장용) 알루미늄 박지(薄紙). ~**haltig** 〈Adj.〉 알루미늄을 함유한. ~**(staub)lunge**, die 알루미늄 진폐증(일종의 직업병).

Alumnat [alʊm'naːt], das; -(e)s, -e [lat. alumnus] **1.** 무료 학생 기숙사(Internat), 기숙사 학교. **2.** 《österr.》 (종단 경영의) 신학교. **3.** 《옛》 교회 경영의 학교. **Alumne** [a'lʊmnə], der; -n, -n, **Alumnus** [...nʊs], der; -, ...nen [lat. alumnus = Pflegekind, Schüler] ↑Alumnat의 학생.

Alveolar [alveo'laːɐ], der; -s, -e [언어] 치경음(齒莖音). **Alveole** [alve'oːlə], die; -n 〈대개 Pl.〉 [lat. alveolus < kleine Mulde, Wanne] [의학] **a)** 치조(齒槽). **b)** 폐포(肺胞).

Alwegbahn ['alveːk-], die; -en [스웨덴의 기업가 Axel Lenhart Wenner-Gren의 기업가] 고가(高架) 모노레일.

Alzerl ['altsɐl], das; -s - [ital. alzo] 《österr.》약간, 조금(ein wenig): ein A. Käs 약간의 치즈, 치즈 조금.

am [am] ⟨Präp. an + Art. dem⟩ **1. a)** ⟨공간적으로⟩ ⟨대개 분리 가능⟩ ↑an I, 1 b 참조; ⟨분리 불가⟩ α) ⟨지리적 이름 및 개념의 경우⟩ Frankfurt am Main 마인강의 프랑크푸르트; am Atlantischen Ozean 대서양에 면[접]한; am Äquator 적도에 면[접]한. β) ⟨다음과 같은 용법의 경우⟩ am Ziel sein 목적지에 도달해 있다; am Ende 끝판에, 결국; etw. am Rande bemerken 무엇을 덧붙여 말하다; ⟨상⟩ etw. am Lager haben 무엇을 재고로 가지고 있다; etw. am Stück kaufen 무엇을 썰지않고[덩이로] 판다. **b)** ⟨시간적으로⟩ ⟨분리불가⟩ ↑an I, 2 a 참조. **2.** ⟨am + 최상급⟩ am besten 제일 좋은 ; er läuft am schnellsten 그가 제일 빨리 달린다. **3.** ⟨am + 부정형 명사⟩ **a)** ⟨몇몇 동사의 경우는 an+3격⟩ er zweifelte am Gelingen 그는 성공할지 의심했다. **b)** ⟨am... + 부정형 명사 + sein⟩ ⟨지역적⟩ ⋯ 중이다: das Mittagessen ist am Kochen 점심식사를 짓고 있는 중이다.
Am = Americium.
AM = Amplitudenmodulation.
a.m. = ante meridiem; post mortem.
amabile [a'ma:bilə] ⟨Adv.⟩ [ital. amabile] [음악] 아마빌레, 부드럽게, 사랑스럽게.
amagnetisch ⟨Adj.⟩ 내자성(耐磁性)의.
Amalgam [amal'ga:m], das; -s, -e [arab. al-malġam] [화학] 아말감, 수은과 금속의 합금. **Amalgamfüllung**, die [의학] 아말감 전치(塡齒). **Amalgamation** [amalgama'tsio:n], die; -en [화공] 아말감법(금, 은제[정]련법). **amalgamieren** [...ga'mi:rən] ⟨h⟩ **1.** [기술] (금속을) 수은과 합금하다, 아말감을 만들다: Zinn mit Quecksilber a. 주석을 수은과 합금하다. **2.** [기술] 아말감법으로 금[은]을 빼내다[정련하다]. **3.** ⟨교양어⟩ 혼합하다, 융합하다: amalgamierte Meinungen 혼합된 생각[견해]. **Amalgamierung**, die; -en ↑amalgamieren의 명사형.
Amant [a'mã:], der; -s, -s [frz. amant] ⟨고어⟩ 연인, 애인.
Amarant [ama'rant], der; -s, -e [1 : lat. amarantus < gr. amáranton] **1.** [식물] 애머랜드(비름과에 속함). **2.** ⟨Pl. 없음; 중성⟩(das)으로도 사용⟩ 짙은 자홍색 염료. **amaranten** ⟨Adj.⟩ 짙은 자홍색의. **amarantrot** ⟨Adj.⟩ ↑amaranten.
Amarelle [amaˈrɛlə], die; -n [lat. amārus] [식물] 매우 신 버찌의 일종.
Amaryl [ama'ryl], der; -s, -e 담녹색의 인조 사파이어. **Amaryllis**, die; ...llen [lat. < gr. Amaryllís] [식물] 아마릴리스속(屬). **Amaryllisgewächs**, das ⟨대개 Pl.⟩ [식물] 아마릴리스속(Amaryllis).
Amateur [ama'tø:ɐ̯], der; -s, -e [frz. amateur < lat. amātor = Liebhaber, Verehrer] **a)** 취미로 하는 애호가. **b)** 아마추어 선수(반대 : Profi). **c)** ⟨폄⟩ 비 전문가, 딜레탕트.
Amateur-: **~bestimmungen** ⟨Pl.⟩ [스포츠] ⟨국제적⟩ 아마추어 규정. **~film**, der 아마추어(비 전문가)가 만든 영화. **~fotograf**, der 아마추어 사진사. **~fotografie**, die 아마추어 사진. **~funk**, der 아마추어 무선(無線) 방송, 햄. **~funker**, der 아마추어 무선 방송가. **~koch**, der 아마추어 요리사. **~liga**, die [축구] 최상급 소속 아마추어(축구) 팀. **~mannschaft**, die 아마추어 팀. **~regel**, die 국제 경기 및 올림픽 경기 참가 조건 규정. **~reiter**, der 자기 소유의 말을 타는 기수(騎手) (Herrenreiter). **~spiel**, das [스포츠] 아마추어 팀간의 경기. **~sport**, der 아마추어 스포츠. **~sportler**, der 아마추어 운동인(스포츠맨). **~status**, der ⟨Pl. 없음⟩ [스포츠] 아마추어 자격. **~statut**, das ↑~bestimmungen. **~theater**, das 소인극(素人劇).
amateurhaft ⟨Adj.⟩ 서투른, 전문가답지 못한. **ama-**

teurisch ⟨드물게⟩ ↑amateurhaft. **Amateurismus** [amatøˈrɪsmʊs], der; - 아마추어리즘, 아마추어 정신.
Amati [a'ma:ti], die; -s 16, 17세기 이탈리아 인 아마티가 제작한 바이올린.
Amazonas [ama'tso:nas, (span.) amaˈθonas, (bras.) ɐmaˈzonas], der; - 아마존 강.
Amazone [ama'tso:nə], die; -n [lat.-griech. Amāzōn] **1.** [그리스 신화] 아마존 족(族)(소아시아의 호전적 여인족). **2. a)** 여자 기수(騎手), 여자기마술가(騎馬術家). **b)** (자동차 경기의) 여자 선수. **3.** 날씬한 미모의 처녀. **4.** ⟨고어⟩ 남성답게 처신하는 여자, 여장부. **5.** ↑Amazonenpapagei.
Amazonen-: **~ameise**, die ↑↑Amazone (1)에서 [동물] 아마존개미(불개미의 일종). **~jacke**, die 짧은 부인용 재킷. **~papagei**, der [동물] 보스앵무새(큰 앵무새의 일종). **~springen**, das [경마] 여자 장애물 비월 경기. **~stein**, der 아마존석(石), 천하석(天河石) (녹색의 준보석). **~strom**, der; -(e)s ↑Amazonas.
Ambassade [amba'sa:də, (frz.) ãba'sad], die; -n [frz. ambassade] 대사관, 공사관. **Ambassadeur** [...sa'dø:ɐ̯], der; -s, -e [frz. ambassadeur] 대사(大使), 공사(公使).
Ambe ['ambə], die; -n [frz. ambe < lat. ambo = beide] [수학] 두 수의 조합.
Amber ['ambɐ], der; -s, -n [frz. ambre], **Ambra** ['ambra], die; -s [ital. ambra] **a)** 말향고래의 장(腸) 배설물. **b)** 위의 것으로 만든 향료. **Amberbaum**, der [강한 냄새가 나는 송진에서] [식물] (단풍잎) 풍나무.
Ambiente [am'bjɛntə], das; - [ital. ambiente] ⟨교양어⟩ 환경, 분위기.
ambig, **ambigue** [am'bi:k] ⟨Adj.⟩ [lat. ambiguus, zu: ambigere] ⟨전문어⟩ 다의(多意)적인, 이중 의미의. **Ambiguität** [ambigui'tɛ:t], die; -en [lat. ambiguitas] ⟨전문어⟩ ↑ambigue의 명사형.
Ambition [ambi'tsio:n], die; -en ⟨대개 Pl.⟩ [frz. ambition] ⟨교양어⟩ 야심, 공명심: er hat keine -en 그는 야심이 없다(현재 직위에 만족하다). **ambitioniert** [...io'ni:ɐ̯t] ⟨Adj.⟩ ⟨아어⟩ 야심 있는, 공명심이 강한: ein -er Sportler 야심 있는 스포츠맨(운동 선수). **ambitiös** [...'tsiø:s] ⟨Adj.⟩ [lat. ambitiōsus] ⟨폄⟩ 야심적으로 불타는, 야심에 불타는.
ambivalent [ambivaˈlɛnt] ⟨Adj.⟩ [lat. ambi- = von zwei Seiten u. valēns = stark, mächtig] [의학·심리·언어] 두 개의 상반된 가치를 동시에 함유하는, 이중가(二重價)의, 반대 감정 병렬의: -e Gefühle 상반된 양가(兩價) 감정(예컨대는 Haßliebe); a. reagieren 상반된 감정을 동시에 담고 반응하다. ⟨명사형⟩ **Ambivalenz** [...ˈlɛnts], die; -en 두 개의 상반된 가치를 동시에 함유한 상태, 상반 감정의 병존.
¹Ambo ['ambo], der; -s, -s/...ben [ital. ambo < lat. ambo] ⟨österr.⟩ 이중 당첨 복권.
²Ambo ['ambo], der; -s, -s, **Ambon** ['ambɔn], der; -s, **Ambonen** [griech. ámbōn] (초기 기독교회의) 독경단(讀經壇).
Amboß ['ambɔs], der; ...osses, ...osse; ⟨축소형: ↑Amboßchen⟩ **1.** 모루: das glühende Eisen auf den A. legen 빨갛게 단 쇠를 모루 위에 놓다[얹다]. **2.** [해부] (귀의) 침골(砧骨). **3.** [음악] 철상(鐵床)(타악기의 일종). **4.** [무기] 뇌관(雷管).
Amboß-: **~bahn**, die 모루의 윗 평면. **~einsatz**, der 모루의 고정 장치. **~fuß**, der 모루 버팀다리. **~klotz**, der 모루 받침목[대]. **~rüttler**, der [토목] (충격을 이용한) 땅 다지는 기계. **~stock**, der ↑~klotz. **~wolke**, die [기상] 새털구름(Zirruswolke). **Ambößchen** ['ambœsçən], das; -s, - ↑Amboß의 축소형.

Ambra: ↑Amber.
Ambrosia [am'bro:zia], die [lat. -griech. ambrosía = Unsterblichkeit] **1.** [그리스 신화] 암브로시아(신들의 식사). **2.** 디저트의 일종. **3.** 특정한 곤충의 버섯류 먹이.
ambrosisch [am'bro:zɪʃ] ⟨Adj.⟩ [아이·준고어] 감미로운, 더할이 좋은: -e Düfte 감미로운 향기. **Ambrosiapilz**, der 암브로시아버섯.
ambulant [ambu'lant] ⟨Adj.⟩ [frz. ambulant < lat. ambulāns] **1.** 이동하는, 순회(巡回)하는: -er Handel 이동 판매, 행상; ein Gewerbe a. betreiben 어떤 영업을 돌아다니면서 하다. **2.** [의학] 외래의(반대: stationär): -e Behandlung 외래 진료; der Verletzte konnte a. versorgt werden 그 부상자는 외래 진료를 받을 수 있었다. **Ambulanz** [ambu'lants] die; -en [frz. ambulance] [의학] **a)** 야전 병원, 이동 진료소. **b)** 앰블런스, 구급차. **c)** 응급(진료)실. **d)** (병원의) 외래 진료부 [시설]. **Ambulanzgehilfe**, der 위의 조수(助手). **Ambulanzwagen**, der ↑Ambulanz (a, b). **ambulatorisch** [ambula'to:rɪʃ] ⟨Adj.⟩ [lat. ambulātōrius = beweglich] ↑ambulant (2). **Ambulatorium** [...riʊm], das; -s, ...ien [...jən] (특히 구동독) 외래 진료시설.
Ameise ['a:maizə], die; -n [동물] 개미: hier wimmelt es von -n 여기에는 개미가 우글거린다.
ameisen-, Ameisen-: ~**bär**, der [동물] (중·남미산) 큰개미핥기. ~**ei**, das (대개 Pl.) ⟨통속어⟩ 개미알. ~**fischchen**, das [동물] 개미집에 서식하는 반대좀. ~**fleiß**, der [동물] 개미처럼 부지런함, 대단한 근면. ~**geist**, der ⟨Pl. 없음⟩ ↑~spiritus. ~**grille**, die [동물] 개미집에 기생하는 귀뚜라미의 일종. ~**groß** ⟨Adj.⟩ 개미 크기의, 개미만한. ~**haufen**, der 개미둑, 개미탑. ~**igel**, der [동물] 바늘두더지. ~**jungfer**, die [동물] 명주잠자리. ~**kribbeln**, ~**laufen**, das; -s [의학] 의주감(蟻走感), 의양(蟻癢)(마치 개미가 피부를 기는 듯한 가려움증). ~**löwe**, der [동물] 개미귀신 (↑~jungfer의 유충). ~**nest**, das 개미집. ~**pfad**, der ↑~straße. ~**puppe**, die 개미 알. ~**säure**, die ⟨Pl. 없음⟩ [화학] 개미산(酸). ~**spiritus**, der ⟨Pl. 없음⟩ [화학·의학] 개미산정(精). ~**staat**, der (엄격한 조직체계를 지닌) 개미의 생활 공동체. ~**straße**, die [동물] (집과 먹이의 곳간에 개미가 만든) 개미길. ~**vogel**, der [동물] (남미산) 개미잡이새. ~**wespe**, die ↑Bienenameise.
ameisenhaft ⟨Adj.⟩ 부지런한. **Ameisenhaftigkeit**, die ↑ameisenhaft의 명사형.
Amelioration [ameliora'tsio:n], die; -en [frz. amélioration] **a)** 토지(경지) 개량. **b)** 금속의 정제(精製). **ameliorieren** [...'ri:rən] ⟨h⟩ [frz. améliorer] (경지를) 개량하다.
Amelkorn ['a:ml-], das; -s ↑Emmer 참조.
amen ['a:mɛn, 'a:mən] ⟨Adv.⟩ [griech. āmēn < hebr. 'āmen = wahrlich; es geschehe!] [종교] 아멘(기도, 축복, 독경(讀經), 설교 후 끝맺음 말): **zu allem ja und a. sagen** ⟨통속어⟩ 모든 것에 동의하다. ⟨명사화⟩ **Amen** [-], das; -s, - 승낙, 확언: 성구 **das ist so sicher wie das A. in der Kirche** 그것은 아주 확실하다; **sein A. (zu etw.) geben** (무엇에) 동의하다.
Amendement [amãdə'mã:], Amendment [ə'mɛndmənt], das; -s, -s [frz. amendement] **1.** [의회·헌법·국제법] **a)** (법안의) 수정 제안(동의). **b)** 개정 법안. **2.** [법] 재판도중 제소(提訴) 내용의 정정[변경]. **amendieren** [amɛn'di:rən] ⟨h⟩ [frz. amender] 수정안(정정안)을 제출하다. **Amendment** [engl. amendment < frz. amendement] ↑Amendement.
Amenorrhö, Amenorrhöe [ameno'rø:], die; ...öen [...ø:ən] [의학] 무월경(無月經). **amenorrhoisch** ⟨Adj.⟩ 무월경의.
American Bar [ə'mɛrɪkən 'ba:ɐ̯], die; -(s) (오전부터 문을 여는) 호텔 바.
American way of life [ə'mɛrɪkən 'weɪ əv 'laɪf], der; - - - - [engl.-amerik.] 미국식 생활 방식[태도].
Americium [ame'ri:tsiʊm], das; -s [engl. americium] 아메리씀[-슘](초(超) 우라늄 원소명, 기호: Am).
Amerika [a'me:rika], -s **1.** 아메리카[미] 대륙. **2.** Vereinigte Staaten von Amerika (미합중국)의 약칭.
amerika-, Amerika- [a'me:rika-]: ~**deutsche'**, der/die 미국 출생[거주] 독일인. ~**feindlich** ⟨Adj.⟩ 미국을 싫어하는. ~**freundlich** ⟨Adj.⟩ 미국을 좋아하는. ~**haus**, das (외국에 있는) 미 문화원.
Amerikana, Americana [ameri'ka:na] ⟨Pl.⟩ [출판] 미국 관계 도서. **Amerikaner** [...], der; -s, - **1.** 미국인. **2.** (밀과 설탕으로 만든 둥근형의) 과자류. **Amerikanerrebe**, die [포도 재배] 미국산 포도나무의 일종. **Amerikanerwagen**, der (schweiz.) 미국(산) 자동차. **amerikanisch** ⟨Adj.⟩ 미국의, 아메리카의: ⟨다음 용법으로⟩ **amerikanische Einstellung** [영화] 사람을 무릎부분까지만 나오게 하는 촬영법. **Amerikanisch**, das; -(s) 미어(美語), 미국 영어. **Amerikanische**, das; -n ⟨정관사와 함께만⟩ **a)** ↑Amerikanisch. **b)** 미국적인 것. **amerikanisieren** [amerikani'zi:rən] ⟨h⟩ **a)** 미국화하다. **b)** [경제] (회사를) 미국 자본으로 경영하다, (회사를) 미국 경영하에 두다. **Amerikanisierung**, die; -en ↑amerikanisieren의 명사형. **Amerikanismus** [...'nɪsmʊs], der; -, ...men [amerik. americanism] [언어] **1.** 미어(美語)어법. **2.** 미어(美語)에서의 차용어(借用語). **Amerikanist**, der; -en, -en 미국학 학자. **Amerikanistik**, die ⟨Pl. 없음⟩ 미국학, 아메리카학. **b)** 아메리카 인디언족의 역사, 문화, 언어 연구. **amerikanistisch** ⟨Adj.⟩ **a)** 미국학의: -es Wörterbuch 미국학 사전. **b)** 미국풍의. **Amerikanizität** [...nitsi'tɛ:t], die ⟨교양어⟩ 미국 근성, 미국계.
amethodisch ⟨Adj.⟩ [griech. a- = nicht, un- u. ↑methodisch] 체계성이 없는, 체계적이 아닌, 계획이 없는.
Amethyst [ame'tʏst], der; -(e)s, -e [lat. amethystus < griech. améthystos] [광석] 자수정. **amethysten** ⟨Adj.⟩ ⟨시어⟩ 자수정 색의. **amethystfarben** ⟨Adj.⟩ 자색의, 보라색의.
Ameublement [amøblə'mã:], das; -s, -s [frz. ameublement] [고어] 가구 설비.
¹Ami ['ami], der; -(s), -(s) ⟨통속어⟩ ↑Amerikaner의 약칭, 점령지의 미군(美軍). **²Ami** [-], die; -s ⟨통속어⟩ 미국 담배.
Amid [a'mi:t], das; -(e)s, -e [화학] **a)** 아미드(암모니아 화합물). **b)** 수소원자가 잔유 산(酸)으로 대체된 암모니아.
Amin [a'mi:n], das; -s, -e [화학] 아민. **Aminierung**, die; -en [화학] 아미노 기(基) 결합. **Aminogruppe**, die [화학] 아미노 기(基). **Aminosäure**, die [화학] 아미노 산(酸).
Amitose [ami'to:zə], die; -n [griech. a- = nicht, un- u. ↑Mitose] [생물] (세포핵의) 무사(無絲)[직접] 분열. **amitotisch** ⟨Adj.⟩ [생물] 무사(無絲)[직접] 분열의.
Amman ['aman] 암만(요르단 왕국의 수도).
Ammann [aman], der; -(e)s, Ammänner ['amɛnɐ] (schweiz.) 기관장, 대표, 장(長). **Ammannjahr**, das ⟨대개 Pl.⟩ ↑Ammann의 임기.
Amme ['amə], die; -n **1. a)** 보모(保母). **b)** 유모. **2.** [생물] 무정난(無精卵) 산란의 암컷.
Ammen-: ~**biene**, die [동물] 보모일벌(유충을 보살

피는 동안의 일벌). ~**bier**, das 《Pl. 없음》《통용어·농》 알코올 함유량이 적은 맥주(Malzbier). ~**generation**, die 《생물》 무성(無性) 세대. ~**hai**, der 《동물》 수염상어과(科). ~**märchen**, das 옛날 이야기, 허황된 이야기. ~**vogel**, der 보모(保母)새(다른 새의 알을 부화하거나 새끼를 기르는 새). ~**zeugung**, die 《생물》 무성 생식.
Ammer ['amɐ], die; -n 《전문어로서 또한》 der; -s, -n 《동물》 멧새류.
Ammoniak [amo'niak, 《또는》 '–––, 《österr. a'mo:...], der; -s [lat. (sāl) Ammōniacum = ammonisches (Salz) < griech. ammōniakón] 《화학》 암모니아.
ammoniak-, Ammoniak-: ~**dünger**, der 암모니아 비료. ~**haltig** [-haltɪç] 〈Adj.〉 《화학》 암모니아를 함유한. ~**lösung**, die 암모니아 수용액(↑Salmiakgeist). ~**salz**, das 암모니아 염. ~**seife**, die 암모니아 비누.
Ammonit [amo'ni:t, 《또한》 ...'nɪt], der; -en, -en [lat. cornū Ammōnis = Horn des Ammon] **a)** 《동물》 암모나이트(사멸한 연체동물류). **b)** 〈지질·고고〉 암모나이트의 화석, 국석(菊石). **Ammonium** [a'mo:nium], das; -s 《화학》 암모늄. **Ammonshorn** ['amɔn-], das 〈Pl. ...hörner〉 **1.** 《동물·해부》 뇌의 해마(海馬)(해마처럼 생긴 융기). **2.** ↑Ammonit (b).
Amnestie [amnɛs'ti:], die; -n [...i:ən; lat. amnēstia < griech. amnēstía = Vergessen, Vergebung] 《법》 사면(赦免), 특사(特赦): eine A. erlassen 사면을 내리다 [베풀다]. **Amnestiegesetz**, das 사면법. **amnestieren** [amnɛs'ti:rən] 〈h〉 사면(특사)하다, 사면[특사]을 베풀다: einige hundert politische Häftlinge wurden amnestiert 수백명의 정치범[정치수]들이 사면을 받았다. **Amnestierung**, die; -en ↑amnestieren의 명사형. **Amnesty International** ['æmnɪstɪ ɪntəˈnæʃənl], 국제 사면 위원회.
Amöbe [a'mø:bə], die; -n [griech. amoibé = Wechsel, Veränderung] 《생물》 아메바.
amöben-, Amöben-: ~**artig** 〈Adj.〉 《생물》 아메바 유형의. ~**befall**, der 《생물·의학》 《조직에》 아메바 침투. ~**ruhr**, die 《의학》 아메바성 이질. ~**seuche**, die 《양봉》 아메바 병.
Amok ['a:mɔk, 《또한》 a'mɔk], das; -s [malai. amuk = wütend, rasend] 《대개 다음 용법으로》 **A. laufen** 미쳐 날뛰며 마구 살해하다; **A. fahren** 미친 듯 차를 몰아 살상하다.
Amok-: ~**fahrer**, der 난폭 운전자. ~**fahrt**, die 난폭 운전. ~**lauf**, der; ~**laufen**, das; -s 살인 광란. ~**läufer**, der 살인 광란자. ~**schütze**, der 총기 난사 살인자.
a-Moll ['a:mɔl, 《또한》 '–'–], das; - 《음악》 가 단조. (기호: A) (↑a., A 2 참조). **a-Moll-Etüde**, die 가 단조 연습곡. **a-Moll-Tonleiter**, die 가[a]를 기본음으로 한 단조(短調) 음계.
Amor ['a:mɔr, 《또한》 'a:mo:ɐ̯; lat. Amor = römischer Gott der Liebe] 《다음 용법으로》 **von -s Pfeil getroffen (sein, werden)** 《시어》 사랑에 빠지다, 반하다.
Amoral, die [griech. a- = nicht, un- u. ↑Moral] 《교양어》 부도덕, 무(無)도덕: jmdn. der A. bezichtigen 누구의 부도덕을 문책하다. **amoralisch** [《또한》 –'–––] 〈Adj.〉 **a)** 비도덕적인, 부도덕한: ein -er Mensch 비도덕적[부도덕]한 인간. **b)** 도덕과 무관한, 도덕을 초월한. **Amoralismus** [amora'lɪsmʊs], der; - 《교양어》 무도덕주의. **amoralistisch** 〈Adj.〉 무도덕주의의: eine -e Einstellung 무도덕주의적 태도. **Amoralität** [...li'tɛ:t], die 《교양어》 어떤 도덕률도 인정하지 않는 태도나 생활 방식.

Amorces [a'mɔrs] 〈Pl.〉 [frz. amorces] 《딱총의》 화약지(紙).

Amorette [amo'rɛtə], die; -n 《예술》 날개가 달린 사랑의 동신(童神), 《특히 분수대의》 벌거숭이 어린이 상(Putte). **Amor fati** ['a:mɔr 'fa:ti], der; -, - [lat. amor = Liebe u. fātum] 《철학》 《인간의 위대성 표지로서》 숙명적인 것에 대한 사랑. **amoroso** [amo'ro:zo] 〈Adv.〉 [ital. amoroso] 《음악》 애정을 가지고.

amorph [a'mɔrf] 〈Adj.〉 [griech. ámorphos] **1.** 《교양어》 형체[형상]가 없는, 무형의: eine -e Masse 무형의 대중. **2. a)** 《물리》 무결정(無結晶)의: -e Stoffe 무결정 소재. **b)** 《생물》 무정형(無定形)의.

Amortisation [amɔrtiza'tsjo:n], die; -en **1.** 《경제》 **a)** 《점진적인 부채의》 상환: eine kurzfristige A. 단기(短期) 상환. **b)** 투자 비용 회수. **c)** 《구동독》 《생산 기본재의》 감가 상각. **2.** 《법》 **a)** 재산 회수에 대한 제한 및 승낙 유보. **b)** 《증서의》 무효 선언. **Amortisationsdauer**, die 상환 기간. **Amortisationsfonds**, der **a)** 감채(減債) 기금, 상환 기금. **b)** 《구동독》 감가 상각 기금《마모된 생산 설비 대체를 위한 기금》. **amortisierbar** 《채무를》 상환할 수 있는: diese Schuld ist in 20 Jahren a. 이 부채는 20년 후면 모두 상환될 수 있다. **amortisieren** [...'zi:rən] 〈h〉 [frz. amortir] 《경제》 **1.** 《어떤 부채를 일정한 계획에 따라》 점차 상환[상각]하다: ein Darlehen a. 대부금을 점차 상환하다 **1.** 《a.》 《투자액을 여기에서 나오는 수익으로》 점차 회수하다. **b)** 《a. + sich》 die Investition hat sich schon längst amortisiert 투자액은 이미 오래전에 모두 회수되었다. **2.** 《구동독》 감가 상각하다. **Amortisierung**, die; -en ↑Amortisation.

Amouren [a'mu:rən] 〈Pl.〉 [frz. amours] 《준고어·농》 연애, 정사. **amourös** [amu'rø:s] 〈Adj.〉 [frz. amoureux] **a)** 연애의, 정사의: -e Abenteuer 정사 사건. **b)** 《드물게》 연애를 좋아하는, 요염한: sie war ein -es Wesen 그 여자는 연애를 좋아하는 천성이었다.

Ampel ['ampl̩], die; -n [lat. ampulla = kleine Flasche, Ölgefäß] **1.** 현등(懸燈)(Hängelampe): im Zimmer brannte eine düstere A. 방에는 어둠침침한 현등이 켜져 있었다. **2.** 교통 신호등: die A. ist außer Betrieb [steht auf Rot] 신호등이 고장이다[빨갛게 켜져 있다]. **3.** 매단 화분(Blumenampel).

Ampel-: ~**anlage**, die 《교통》신호 시설. ~**kreuzung**, die 신호등이 있는 십자로. ~**pflanze**, die 매다는 화분용 식물. ~**system**, das 교통 신호 체계. ~**wald**, der 《통용어·농》 신호등이 아주 많은 교차로.
Ampere [am'pɛ:ɐ̯], das; -(s), - [1881, 프랑스 물리학자 A. M. Ampère의 이름에서] 암페어(전류의 실용 단위; 기호: A).

Ampere-: ~**meter**, das 암페어 계(計), 전류계. ~**sekunde**, die 암페어 초(秒)(기호: As). ~**stunde**, die 암페어 시(時)(기호: Ah). ~**stundenzähler**, der 암페어 시《전기》 계량기. ~**windungszahl**, die 암페어 회수(回數).

Ampex ['ampɛks], die 《텔레비전 은어》《암펙스 방식의》 녹화 테이프. **Ampexverfahren**, das 《녹화·녹음의》 암펙스 방식(Ampex: 미국 전자 회사명).

Ampfer ['ampfɐ], der; -s, - 《생물》 참소리쟁이, 수영류(類).

Amphetamin [amfeta'mi:n], das; -s, -e 《화학·의학》 암페타민.

Amphibie [am'fi:biə], die; -n [lat. amphíbion < griech. amphíbion = doppellebig] 《동물》 양서류(兩棲類).

Amphibien-: ~**fahrzeug**, das 수륙 양용 차량. ~**flugzeug**, das 수륙 양용 비행기. ~**panzer**, der 수

류 양용 전차(戰車). **~wagen,** der ↑~fahrzeug.
amphibisch [amˈfiːbɪʃ] 〈Adj.〉 **1.** 수륙 양생의; ein ~es Lebewesen 수륙 양생 동물. **2.** 〖군〗 수륙 양면에서 작전하는: -e Kampfeinheiten 수륙 양면 작전 부대. **Amphibium** [...biʊm], das; -s, ...ien [...jən] 〖드물게〗↑ Amphibie.
Amphibolie [amfiboˈliː], die; -n [...iːən; lat. amphibolia < griech. amphibolía] **a)** 〖철학〗 이중의(二重意), 애매 모호. **b)** 〖문체〗 다의성. **amphibolisch** [...ˈboːlɪʃ] 〈Adj.〉 이중성의, 애매 모호한.
Amphiole [amˈfi̯oːlə], die; -n 〖의학〗 암피올(주사액용의 앰플).
Amphitheater [amˈfiː-], das; -s, - [lat. amphitheatron < griech. amphitheátron] 〖고대 로마의〗 옥외(屋外) 원형 극장. **amphitheatralisch** [amfitea'traːlɪʃ] 〈Adj.〉 [lat. amphitheatrālis] 원형 극장형의.
Amphora [ˈamfora], die; ...ren [...ˈfoːrən], **Amphore** [amˈfoːrə], die; -n [lat. amphora < griech. amphoreús] 앰포라(고대 그리스·로마의 양쪽 손잡이가 달린 단지).
amphoter [amfoˈteːɐ] 〈Adj.〉 [griech. amphóteros = beide] 〖화학〗 (산·염기) 양성적인.
Amplifikation [amplifikaˈtsi̯oːn], die; -en [lat. amplificātio] **1.** 〖문체〗 확충(법), 부연(敷衍). **2.** 〖정신분석〗 (정신 요법에서) 대화를 통한 꿈의 (내용) 확충. **amplifizieren** [...fiˈtsiːrən] 〈h〉 [lat. amplificāre] 확충(확장)하다, 부연하다, 여러 관점에서 고찰하다.
Amplitude [ampliˈtuːdə], die; -n [lat. amplitūdo = Größe, Weite] 〖물리〗 진폭(소수의) 편각(便角), 진폭(振幅). **Amplitudenmodulation** [물리·통신] 진폭 변조(變調)(약어: AM).
Ampulle [amˈpʊlə], die; -n [lat. ampulla] **1.** 〖의학〗 앰풀(주사액의). **2.** 〖해부〗 (직장, 난관 등의) 팽대부(膨大部). **3.** 〖예술〗 고대 로마의 작은 주전자 또는 병. **ampullenförmig** 〈Adj.〉 ↑ Ampulle (3) 모양의.
Amputation [amputaˈtsi̯oːn], die; -en [lat. amputātio] 〖의학〗 절단(술): eine A. vornehmen 절단 수술을 하다.
Amputations- 〖의학〗 : **~messer,** das (외과용의) 절단용 칼. **~stumpf,** der 절단 토막(신체의). **~täuschung,** die 환지통(幻肢痛). **~versuch,** der 〖행태〗 실험 동물의 절단 실험.
amputieren [ampuˈtiːrən] 〈h〉 [lat. amputāre, eigtl. = ringsum abschneiden] 〖의학〗 (신체의 부분을) 절단하다: der Arzt mußte ihm das Bein a. 의사가 그의 다리를 절단(수술)해야 했다; der amputierte Patient 절단 수술(을 받은) 환자. 〈명사화〉 **Amputierte*,** der/die 절단 수술을 받은 사람. **Amputiertensport,** der 〖의학〗 절단 수술을 받은 사람을 위한 스포츠.
Amsel [ˈamzl̩], die; -n 〖동물〗 지빠귀.
Amsel-: ~männchen, das 지빠귀 수컷. **~ruf,** der, **~schlag,** der 〈Pl. 없음〉 지빠귀 노래 소리. **~weibchen,** das 지빠귀 암컷.
Amsterdam [amstɐˈdam, 〈또한〉 '- - -] 암스테르담 (네덜란드의 수도). **¹Amsterdamer,** der; -s, - 암스테르담 시민. **²Amsterdamer** 〈Adj.〉 암스테르담의.
Amt [amt], das; -(e)s, Ämter [ˈɛmtɐ] 〖축소형: Ämtchen〗 **a)** 공직, 관직: ein geistliches A. 성직(聖職); ein A. übernehmen 어떤 공직을 수임하다; sein A. niederlegen 어떤 공직을 사임하다; (noch) im A. sein (아직) 봉직 중이다; **in Amt und Würden** 《반어적》 고관 대작직에 있는; **kraft meines Amtes** 《아어·군어》 나의 직위를 근거로, 내 직권으로. **b)** 직무, 직분, 임무: **seines -es walten** (아어) 직무를 수행하다. **2. a)** 관공서, 관청, 근무처: A. für Denkmalpflege 문화재 관리국; A. für Statistik 통계국; aufs A. gehen 관청에 가다(일을 보기 위해); **Auswärtiges A.** 외무부〈성〉(약어: AA); **von -s wegen** 공무상, 직무상. **b)** 관청(관공서)의 청사(건물): das A. betreten 관청에 들어가다. **c)** 전화(교환)국: das A. anrufen 전화(교환)국에 전화하다; bitte A. 전화(교환)국과의 연결을 부탁합니다; Amt - welche Nummer wünschen Sie? 네, 교환입니다. 어떤 번호를 대어 드릴까요?; das Fräulein vom A. 전화 교환양. **3.** ↑Amtsbezirk. **4.** 〖가〗 성의 (盛儀) 미사: ein A. (ab)halten 성의 미사를 올리다; A. beiwohnen 성의 미사에 참석하다. **Ämtchen** [ˈɛmtçən], das; -s, - 〈편〉 ↑ Amt (1). **Amtei** [amˈtai̯], die; -en 〈고어·schweiz.〉 ↑Amtsbezirk. **amten** [ˈamtn̩] 〈h〉 〖특히 schweiz.〗 ↑amtieren.
Ämter-: ~jagd, die 〈Pl. 없음〉 엽관(獵官) 운동. **~jäger,** der 엽관 운동자. **~kauf,** der 매관(賣官) 행위, 매관 매직. **~laufbahn,** die 관직자의 승진 코스. **~patronage,** die (관직에서) 정실(情實) 인사, 청탁 인사.
amtieren [amˈtiːrən] 〈h〉 **a)** (관직(공직)에) 재직하다: als Lehrer a. 교사로 재직하다. **b)** 임시로 누구의 공직(관직)을 대리 수행하다: (대개 현재분사로 사용) der zur Zeit amtierende Bürgermeister 임시 대리 시장. **c)** 어떤 직무를 떠맡다. **amtlich** [ˈamtlɪç] 〈Adj.〉 **1. a)** 공적인, 관(官)의, 당국의: -e Bekanntmachungen 당국의 공지 사항; das -e Kennzeichen 차량 운행 허가 번호; 〈명사화〉 das ist etwas Amtliches 그것은 관(당국)에서 나온 것이다. **b)** 직무상의, 공무상의: er ist in -em Auftrag hier 그는 공무로 여기 와 있다. **c)** 당국에서 나온, 공식적인, 신빙성이 있는, 확실한: das sind -e Äußerungen 그것은 공식적인 언급이다; die Sache ist a. 〖통용어〗 그것(그 일)은 확실해. **2.** 중요한, 진지한: er machte eine -e Miene 그는 진지한 표정을 지었다.
amtlicherseits 〈Adv.〉 당국으로서는: a. wurde dazu nicht Stellung genommen 당국으로서는 그것에 대해 태도 표명을 하지 않았다. **Amtlichkeit,** die 공적인 태도(성질), 공무성(性). **Amtmann,** der; -(e)s, Amtmänner, 〈또한〉 Amtleute 고위 관리. **Amtmännin,** die; -nen **1.** ↑Amtmann의 여성형. **2.** 《고어》 ↑Amtmann의 부인.
amts-, Amts-: ~adel, der 〖역사적〗 관직을 지닌 귀족. **~anmaßung,** die 〖법〗 직권 남용, 월권 행위. **~antritt,** der 취임. **~anwalt,** der 〖법〗 지방 검찰청(지청)의 행정 직원. **~anwaltschaft,** die 검찰 직원의 신분. **~apparat,** der 〈Pl. 없음〉 국가 공무원 및 기구(의 통칭). **~arzt,** der 보건소 의사, 공의(公醫). **~ärztlich** 〈Adj.〉 공의(公醫)의. **~befugnis,** die 직권. **~bereich,** der (관청의) 관할 구역, **~bezeichnung,** die **a)** (관청 부서의) 공식적 명칭. **b)** 관직(官職)명. **~bezirk,** der ↑~bereich. **~blatt,** das 관보(官報). **~bote,** der 관청의 사환, 외근직(外勤職). **~bruder,** der (성직자간의) 동료. **~dauer,** die 〈schweiz. 〈또한〉 Pl.: -n〉 관직의 임기. **~deutsch,** das 〖편〗 관청 독(일)어. **~diener,** der (관청의) 사환, (재판소의) 정리. **~eid,** der (공무원의) 취임 선서. **~einführung,** die 공직(관직) 취임식. **~enthebung,** die 관직 해임, 해직(解職). **~entsetzung,** die 〈österr./schweiz.〉 ↑~enthebung. **~erschleichung,** die 부정으로 얻은 관직, 매관(買官). **~führung,** die 〈Pl. 없음〉 직무 수행 방식: Klagen über eine autoritäre A. 권위주의적 직무 수행 방식에 대한 불평. **~gebäude,** das 관청 건물[청사]. **~geheimnis,** das **a)** 〈Pl. 없음〉 (공무원의) 기밀 엄수 의무: kraft seines -es A. berufen 기밀 엄수 의무를 근거로 [끌어] 대다. **b)** 직무상 기밀 사항. **~gericht,** das **a)** 지방 법원 지원. **b)** 지방 법원 지원 청사.

~gerichtsdirektor, der (1972년까지의 직명) 지방 법원장. **~gerichtspräsident**, der (1972년까지의 직명) 비교적 큰 지방 법원장. **~gerichtsrat**, der (1972년까지의 직명) 지방 법원 지원 판사. **~gerichtsverfahren**, das (지방 법원에서의) 민사 소송 절차. **~geschäfte** 〈Pl.〉 공무(公務). **~gewalt**, die 〈Pl. 없음〉 직권, 권한. **~haftung**, die [법] 공권력 부당 행사의 책임. **~halber** 〈Adv.〉 직무상, 직권으로: etwas a. beschlagnahmen 무엇을 직권으로 차압하다. **~handeln** 〈h〉 (österr.) (공무원이)직무를 행하다, 공무를 집행하다. **~handlung**, die (공무원의) 직무상의 행위. **~hauptmann**, der 〈고어〉 ↑ Amtshauptmannschaft의 행정(관청)장(長). **~hauptmannschaft**, die (1939년까지 있었던) 작센 주(州)의 최하위 행정 단위. **~hilfe**, die 관청간의 협조. **~kanzlei**, die (österr.) 관청 사무실[집무실]. **~kappel** [...kapl], das, -s, -n (österr. 통용어) a) (공무원의) 정모(正帽). b) 완고한 공무원(관리). **~kette**, die 특정 공직자가 그의 소속 관청 위엄의 표지로 목에 거는 목걸이. **~kleidung**, die 관복(官服), 법복, 가운(법관, 검사, 사제, 교수 등의). **~leitung**, die 시외 전화업: alle -en nach Berlin waren belegt 베를린 시외 전화선은 모두 통화 중이었다. **~miene**, die (반어적) 벼슬아치 티를 내는 얼굴 표정. **~mißbrauch**, der 직권 남용. **~müde** 〈Adj.〉 직무에 지친(권태를 느끼는). **~nachfolge**, die (공직의) 후임(後任). **~nachfolger**, der (공직의) 후임자(반대: Amtsvorgänger). **~niederlegung**, die 사임, 퇴직. **~patronage**, die ↑ Ämterpatronage. **~periode**, die 임기. **~person**, die (공무를 집행하는) 관리(공무원). **~pflicht**, die 직무상의 의무. **~pflichtverletzung**, die (제3자에 대한) 직무 불이행. **~rat**, der 고위 직 관리. **~räume** 〈Pl.〉 관청의 사무실. **~richter**, der (예) 지방 법원의 판사. **~schimmel**, der (Pl. 없음) (농) 관청의 기계적인 사무 처리, 관료주의: den A. reiten 관청의 낡은 규정을 엄수하다; der A. wiehert 만사가 관료적이다, 관료주의가 지배한다. **~siegel**, das ↑ Dienstsiegel. **~sitz**, der a) (해당) 관청의 소재지. b) 관청의 청사. **~sprache**, die 1. a) 공용어. b) 국제(기구) 공용어. 2. 관청 독일어(Amtsdeutsch). **~stube**, die 〈준어〉 (관청의) 집무실, 사무실. **~stunden** 〈Pl.〉 (관청의) 집무 시간. **~tätigkeit**, die 공무(집무) (활동). **~ton**, der (Pl. 없음) 관료적 어조 (語調). **~tracht**, die ↑ ~kleidung. **~träger**, der [법] 공직자, 공무원. **~übergabe**, die 관직 이양식. **~übernahme**, die 관직 인수식. **~unterschlagung**, die [법] 공금(公金) 횡령. **~vergehen**, das 공무상의 범죄, 공무상 직무 유기. **~vermittlung**, die 교환국을 통한 전화 연결. **~verschwiegenheit**, die 공무원의 기밀 엄수 의무. **~verständnis**, das (Pl. 없음) [신학] (신교와 구교에 있어서 서로 다른) 성직의 이해. **~verweser**, der ((아이)) (고관의) 직무 대행자. **~verzicht**, der 공직 수행의 포기. **~vorgänger**, der (공직의) 전임자. **~vormundschaft**, die 사생아에 대한 관청(아동 복지국)의 후견. **~vorstand** [**~vorsteher**], der [법] (비교적 작은) 관청의 장(長). **~weg**, der ↑ Dienstweg. **~wohnung**, die 관사 Dienstwohnung. **~zeit**, die 재직 기간. **~zimmer**, das (관청의) 집무실. **~zucht**, die 관청의 기율(紀律) [기강].

Amulett [amu'lɛt], das; -(e)s, -e [lat. amulētum] 부적(符籍), 액막이.

amüsant [amy'zant] 〈Adj.〉 [frz. amusant] 재미있는, 즐거운: er weiß a. zu erzählen 그는 이야기를 재미있게 할 줄 안다. **Amüsement** [amyzə'ma:], das; -s, -s [frz. amusement] 여흥, 오락: etw. nur zu seinem A. tun 무엇을 오직 그를 즐겁게 하기 위해 하다. **amüsieren** [amy'zi:rən] 〈h〉 [frz. (s')amuser] 1. 〈a. + sich〉 즐기다, 재미있게 시간보내다: amüsiert euch gut! 너희들 재미있게 놀아라! 2. 〈a. + sich〉〈누구를〉 놀리다, 웃음거리로 삼다: die Leute amüsierten sich über ihn 사람들이 그를 놀려댔다. 3. 〈누구를〉 즐겁게[흥겹게] 해주다: der Gedanke amüsierte ihn 그 생각이 그를 즐겁게 했다; (종종 과거분사로) er war sehr amüsiert(lachte amüsiert) 그는 아주 즐거워했다(즐거워 웃었다).

Amüsier-: **~betrieb**, der ↑ ~lokal. **~lokal**, das (멸) 밤 유흥업소. **~nudel**, die (통용어) 사람들을 즐겁게 하는 재주가 있는 사람. **~viertel**, das 환락가(街). **Amüsiertheit**, die 흥겨움.

amusisch [(또한) -!'--] 〈Adj.〉 [griech. ámousos] (교양어) 예술적 재능(감각)이 없는: ihre Kinder sind völlig a. 그녀의 아이들은 예술적 재능이 전혀 없다.

amythisch [(또한) -!'--] 〈Adj.〉 [griech. a- = nicht, un- u. ↑ mythisch] 신화가 없는.

an [an] I. 〈Präp.³/⁴〉 1. 《공간적》 a) 《4격 지배, 방향을 표현》: die Leiter an den Baum lehnen 사다리를 나무에 기대어 놓다; ein Paket an jmdn. schicken 소포를 누구에게 송부하다. b) 《3격 지배, 위치를 표현》: die Leiter lehnt am Baum 사다리가 나무에 기대어 있다; Trier liegt an der Mosel 트리어 시(市)는 모젤 강변에 (위치하고) 있다; er ist Lehrer an dieser Schule 그는 이 학교 선생이다; er geht an Krücken 그는 목발을 짚고 다닌다. c) 〈x an x 형식〉: sie standen Kopf an Kopf 그들은 서로 머리가 맞닿을 정도로 비좁게 서 있었다; sie wohnen Tür an Tür 그들은 바로 이웃간이다. 2. 《시간적》 《3격 지배, 시점을 표현》 an einem Wintermorgen 어느 겨울 아침에; am 31. Januar 1월 31일(에); (südd.) an[zu] Ostern 부활절에. 3. 《시간·공간과 무관, 3·4격 지배, 관계를 표현》: an einer Krankheit sterben 병으로 죽다; Mangel an Lebensmitteln haben 식료품이 부족하다; an jmdn. [eine Sache] glauben 누구[무엇]를 믿다; er ist schuld an dem Unglück 그는 그 사고에 책임이 있다; an der Meldung ist nichts 그 보고는 엉터리다(사실이 아니다); er appelliert an ihr Gewissen 그는 그녀의 양심에 호소했다; **an (und für) sich** 그 자체, 본래(는), 근본적으로(는): dagegen ist an sich nichts einzuwenden 그것 자체에 대해서는 이의를 제기할 것(반대할 것)이 전혀 없다; **etwas an sich haben** (통용어) 무엇인가 특별한 점[면]이 있다; **an sich halten** 애써 자제하다; **es ist an dem** 그것은 그렇다(그래); **es ist an jmdm., etw. zu tun** (아어) 무엇을 하는 것이 누구의 임무다. 4. 〈bis an +4격〉 a) 《공간적》 das Wasser reichte ihm bis an die Knie 물이 그의 무릎까지 찼다. b) 《시간적》 er war gesund bis an seinen letzten Lebenstag(bis an sein Lebensende) 그는 그의 마지막 날(죽을 때)까지 건강했다. 5. 〈an jmdn. [etw.] vorbei +동사〉 am Bedarf vorbeiplanen 수요에 빗나간(상응하지 않는) 계획을 세우다; an den Schülern vorbeilehren 학생들에게 빗나가는(상응하지 않는) 교육을 하다. II. 〈Adv.〉 1. a) 《교통》 《도착을 표현》 Frankfurt an: 17⁵⁰ 프랑크푸르트 17시 50분 도착. b) 〈Präp. "von"의 강조: von—an〉 von Rom[dort] an 로마[그곳]에서부터; von Montag[heute] an 월요일[오늘]부터. 2. a) 《통용어》 (sein 동사와 결합》 작동(가동)하고 있는, 켜져 있는: ich wußte nicht, daß das Licht (das Radio) an war 나는 그 불(라디오)이 켜져 있는 줄을 몰랐다. b) 《명령문에서》 켜라! (andrehen!): Licht an! 불을 켜라! c) 《다음 용법으로》 **ohne etw. an** (통용어) 몸에 아무것도 걸치지 않은, 벌거벗은. 3. 《통용어》 약, 대략: die Strecke war an (die) 30 Kilometer lang 그 구간 거리는 약 30킬로미터였다. 4. 《관용구로》 ab und

Ana 80

an 때때로.
Ana ['a:na], die; -s [명사어미 -ana (예컨대: in Goethe-ana)] 《준고어》 저명 인사의 명언[잠언]집.
Anabaptismus [anabap'tɪsmʊs], der; - 재세례파의 교의. **Anabaptist**, der; -en, -en [griech. anabaptízein = wiederholt untertauchen] 재세례파의 교도.
Anabolikum [ana'bo:likʊm], das; -s, ...ka 〈대개 Pl.〉 [griech. aná = (hin)auf u. bállein = werfen] 〔약학〕 근육 강장제.
Anachoret [anaço're:t, 《또한》 .ko..., ...xo...], der; -en, -en [lat. anachōrēta < griech. anachōrētḗs = zurückgezogen(Lebender)] 〔역사적〕 (초기 그리스도교의) 은자(隱者), 은둔자. **Anachoretentum**, das; -s 은자의 정신[태도, 기풍]. **anachoretisch** 〈Adj.〉 [lat. anachōrēticus < griech. anachōrētikós] 은자의, 은자적인.
Anachronismus [anakro'nɪsmʊs], der; -, ...men [...mən; griech. anachronismós = Verwechslung der Zeiten] 《교양어》 **1.** 시대 착오, 아나크로니즘, 잘못된 시대 배열. **2.** 시대에 뒤진 체제[행위]. **anachronistisch** 〈Adj.〉 《교양어》 **1.** 시대 착오의. **2.** 시대에 맞지 않는, 시대에 뒤진.
anaerob [an|ae'ro:p] 〈Adj.〉 [griech. an = nicht, un- und ↑aerob 참조] 〔생물〕 혐기성(嫌氣性)의, 산소 없이 생존가능한(반대: aerob). **Anaerobier** [an|ae'ro:biɐ], der; -s, - 〔생물〕 혐기성 미생물(반대: Aerobier).
Anagramm [ana'gram], das; -s, -e [griech. aná-gramma] **1.** 기존 단어의 철자를 바꾸어 새 단어[말] 만들기(예컨대: Kant에서 Tank). **2.** 철자(글자) 맞추기. **anagrammatisch** [anagra'ma:tɪʃ] 〈Adj.〉 철자(글자) 맞추기의.
Anakoluth [anako'lu:t], das/der; -s, -e [lat. anacolūthon < griech. anakoloúthon] 〔언어〕 (시작과 끝의 구조가 다른) 파격 문장(Satzbruch). **Anakoluthie** [...lu'ti:], die; -, [...'ti:ən; griech. anakoloythía] ↑ Anakoluth, **anakoluthisch** 〈Adj.〉 〔언어〕 파격 문장의.
Anakonda [ana'kɔnda], die; -, -s 애나콘다(남아메리카 산 뱀).
Anakreontik [anakre'ɔntɪk], die [그리스의 서정 시인 Anakréon (um) 580~nach 495)을 따라] 〔문예학〕 아나크레온파(풍)의 문학 운동[조류], 로코코 시대의 사랑, 술, 흥겨운 모임 등을 주요 주제로 한 서정시. **Anakre-ontiker**, der; -s, - 《문예학》 아나크레온파(풍)의 시인. **anakreontisch** 〈Adj.〉 《문예학》 아나크레온파의: -er Vers 아나크레온의 이름을 따서 명명된 고대 그리스의 시구(∪—∪∪—∪—: 약강으로 되어 있음).
anal [a'na:l] 〈Adj.〉 [lat. ānus] 〔의학〕 항문의: -e Phase 〔정신 분석〕 성(性)적 쾌감을 항문 부근에서 느끼는 유아기(幼兒期).
Anal- ~**erotik**, die 〔정신분석〕 특히 장(腸)을 비울 때 항문 부근에서 느끼는 (유아의) 성적 쾌감, 항문애(肛門愛). ~**erotiker**, der 항문 부근에서 성적 쾌감을 느끼는 사람. ~**fissur**, die 〔의학〕 부위, 피부의 균열, 항문 열상(裂傷). ~**fistel**, die 〔의학〕 항문 누관(瘻管), 질누(疾瘻). ~**öffnung**, die 〔해부〕 항문의 맨 바깥 부위. ~**verkehr**, der 항문 성교(남근의 항문 삽입).
Analekten [ana'lɛktn] 〈Pl.〉 [lat. analecta < griech. análekta] 《교양어》 선집(選集), 발췌집, 어록(語錄).
analektisch 〈Adj.〉 《교양어》 어록(語錄)의.
Analgetikum [anal'ge:tikʊm], das; -s, ...ka [...ka; griech. a(n)- = nicht, un- u. álgos = Schmerz] 〔의학〕 진통제.
analog [ana'lo:k] 〈Adj.〉 [frz. analogue] **1.** 《교양어》 ...에 상응하는, 유사한, 비슷한, 비교할 만한, 동류의, 유추의: eine -e Erscheinung 유사한[유추] 현상; a. (zu) diesem Fall 이 경우와 비슷한. **2.** 〔전산〕 아날로그 방식의, 계량형(計量型)의(반대: digital 2). **Analogie** [analo'gi:], die; -, ...ɪən [lat. analogia < griech. analogía] **1.** 《교양어》 상응, 유사(성): zwischen den beiden Fällen besteht eine A. 그 두 경우 사이에는 유사점이 있다; eine A. aufweisen 유사성[점]을 보이다; in A. zu ... 무엇과 유사하게. **2.** 〔생물〕 상사기관(相似器官), (기능면의) 유사성: Kiemen und Lungen sind -n 아가미와 폐는 기능면에서 동일하다. **3.** 〔법〕 유추(類推) 해석[적용]. **4.** 〔언어〕 **a)** (고대 그리스어, 라틴어에서 형태 또는 조어상의) 일치 현상. **b)** 유추(작용).
Analogie- ~**bildung**, die 〔언어〕 유추형(類推形): „nachts" ist als A. zu „tags, morgens" entstanden „nachts"란 단어는 tags, morgens의 유추 작용으로 생성된 것이다. ~**erzählung**, die 비슷한 이야기를 말함으로써 원하는 바를 이루려 하는 주문(呪文)의 형식. ~**mo-dell**, das 〔물리 · 기술〕 유사 모델: -e sind die Grund-lage für Analogrechner 유사 모델은 아나로그(식) 계산기의 기초이다. ~**schluß**, der 〔철학〕 유추(법), 유비추리(類比推理): der A. vom Tier auf den Menschen 동물인 인간에 대한 유비추리. ~**verfahren**, das 〔물리 · 기술〕 유추 처리 방식(유사 모델의 정립과 사용). ~**zauber**, der 모방 주술(呪術).
analogisch [ana'lo:gɪʃ] 〈Adj.〉 일치 현상(유추)에 의한 (근거)한, 유추적, 유사적. **Analogismus** [analo-'gɪsmʊs], der; -, ...men ↑ Analogieschluß 참조.
Analogon [a'na:logɔn, 《또한》 a'na...], das; -s, ...ga [...ga; griech. análogon] 《교양어》 유사(비슷)한 경우, 유사(상사)물: dazu gibt es in der Geschichte kaum ein A. 거기에 대해선 역사상 유사한 경우가 거의 없다. **Analogrechner**, der 〔전산〕 아나로그 계산기(반대: Digitalrechner). **Analoguhr**, die 아나로그(숫자판) 시계.
Analphabet [an|alfa'be:t, 《또한》 '----], der; -en, -en [griech. analphábētos] **1.** 문맹자, 까막눈이, 무학자. **2.** 《폄》 문외한(門外漢), 눈 뜬 장님, 바보, 명청이: ein politischer A. 정치의 문외한.
Analphabetentum, das; -s **1.** 문맹, 문맹률. **2.** 어리석음, 무지, 우둔한 것. **analphabetisch** 〈Adj.〉 문맹의, 글을 읽고 쓸 수 없는: ein hoher Prozentsatz der Bevölkerung ist a. 국민의 상당수가 문맹이다. **Anal-phabetismus** [an|alfabe'tɪsmʊs], der; - 문맹, 무학.
Analysand [analy'zant], der; -en, -en 〔정신 분석〕 정신 분석을 받는 환자. **Analysator** [analy'za:tor, 《또한》 ...to:ɐ], der; -s, -en [...za'to:rən] **1.** 〔물리〕 검광자(檢光子). **2.** 〔물리〕 (진동 조화를 위한) 진동 분석 장치. **3.** 〔정신 분석〕 정신 분석의(사). **Analyse** [ana'ly:zə], die; -n [lat. analysis griech. análysis] **1.** 《교양어》 분석: die A. seelischer Vorgänge 심리 현상의 분석; eine A. machen 분석하다; etw. einer A. unterziehen 무엇을 분석하다. **2.** 〔화학〕 분해.
Analysen- ~**lampe**, die 자외선등. ~**waage**, die 〔화학〕 분석용 천칭(天秤).
analysieren [analy'zi:rən] 〈h〉 《교양어》 분석[분해]하다: einen Roman[einen Satz] a. 소설[문장]을 분석하다; in gemeinsamer Diskussion werden neu ent-standene Probleme analysiert 공동의 토론을 통해 새로 생겨난 문제들이 분석된다. **Analysis** [a'na:lyzɪs], die [lat. analysis < griech. análysis] **1.** 〔수학〕 해석학(解析學). **2.** 〔기하〕 (기하학의 문제를 풀기 위한) 예비 분석. **Analyst** [ana'lyst], der; -en, -en 〔증권〕 증권 분석자(분석가). **Analytik** [ana'ly:tɪk], die [lat. analytice < griech. analytikḗ(téchnē)] **1.** 〔철학〕 분석론. **2.** 분석화학. **Analytiker** der; -s, - 《교양어》 분석가(자), 분

석적 방법을 사용하는 사람. **analytisch** ⟨Adj.⟩ [lat. analyticus < griech. analytikós] 《교양어》 분석적(인): eine -e Untersuchung〔Methode〕 분석적 연구〔방법〕; -e Chemie 분석 화학; -e Geometrie 해석 기하; -e Sprachen 분석적 언어; -e Statistik 분석 통계학; -es Drama 분석극〔예컨대: 소포클레스의 외디푸스 왕〕; -es Urteil 〖철학〗 분석적 판단.

Anämie [anɛ'miː], die; -n [...iːən; griech. anaimía] 〖의학〗 빈혈(증): perniziöse A. 악성 빈혈. **anämisch** [a'nɛːmɪʃ] ⟨Adj.⟩ 빈혈(성)의: was die Monotonie seiner ohnehin -en Prosa noch erhöht 전의 〖퓜〗 그것은 그의 그렇지 않아도 무미건조한 산문의 단조로움을 더해 준다.

Anamnese [anam'neːzə], die; -n [lat.-griech. anámnēsis] 〖의학〗 병력(病歷). **anamnestisch** [anam'nɛstɪʃ], **anamnetisch** [anam'neːtɪʃ] ⟨Adj.⟩ 병력의.

Ananas ['ananas], die; - / -se [port. ananás] 1. 파인애플〔아나나스〕 나무. 2. 파인애플〔아나나스〕(열매).

Ananas-: ~**erdbeere**, die (알이 큰) 네덜란드 딸기. ~**frucht**, die 파인애플 (열매). ~**galle**, die 〖식물〗 벌레에 의해 어린 독일 가문비나무가지에 생기는 파인애플 형상의 목식자(沒食子). ~**krankheit**, die 〖파인애플과 같은 모양에 따라〗 〖식물〗 카네이션 가지의 기형(畸形).

Anankasmus [anaŋ'kasmʊs], der; -s, ...men 〖심리〗 강박 관념. **Ananke** [a'naŋke], die [griech. anágkē] 〖철학〗 (운명의 신), 운명, 필연.

Anapäst [ana'pɛːst], der; -(e)s, -e [lat. anapaestus < griech. anapaistos] 〖운율〗 약약강격(弱弱强格), 억양양격(抑抑揚格), 단단장격, 단단장격.

Anapher [a'nafɐ], die; -n [lat. anaphora < griech. anaphorá] 〖양식〗 두어 첩용(頭語疊用), 수어구(首語句) 반복〔예컨대: das Wasser rauscht, das Wasser schwoll〕.

Anaphora [a'naːfora, ⟨또한⟩ a'naː...], die; ...rä [...rɛ; lat. anaphora < griech. anaphorá] ↑ Anapher. **anaphorisch** [ana'foːrɪʃ] ⟨Adj.⟩ 수어구(首語句) 반복의.

anarch [a'narç] ⟨Adj.⟩ [griech. ánarchos] 《드물게》↑ anarchisch 대신 쓰임. **Anarchie** [anar'çiː], die; -n [...iːən; griech. anarchía] 무정부 (상태), 무질서, 혼란, 난세: es herrscht A. 무정부 상태이다; einen Staat〔die Wirtschaft〕 an den Rand der A. bringen 국가〔경제〕를 무정부〔무질서〕 상태로까지 끌고가다. **anarchisch** [a'narçɪʃ] ⟨Adj.⟩ 무법의, 무질서한, 혼란한: -e Zustände 무정부 상태; -e Leben 무질서하게 살다. **Anarchismus** [arar'çɪsmʊs], der; - 1. 무정부주의: sich zum A. bekennen 무정부주의를 신봉하다. 2. 무정부주의자들. **Anarchist**, der; -en, -en [frz. anarchiste] 무정부주의자, 아나키스트: Bakunin war ein russischer A. 바쿠닌은 러시아의 무정부주의자였다. **Anarchistin**, die; -nen ↑ Anarchist의 여성형. **anarchistisch** ⟨Adj.⟩ 무정부주의(적인)의, 무(無)법의, 무질서한: um sich selbst zu retten, griff der Staat zu ebenfalls -en Mitteln 저 자신을 구출하기 위해 국가는 마찬가지로 불법적인 수단을 사용하였다. **Anarcho**, der; -(s), -(s) 《은어》 무정부주의자. **Anarchosyndikalismus** [anarçoz...], der; - [griech. ánarchos, u. ↑ Syndikalismus] 아나르코생디칼리즘(20세기 초 무정부주의의 영향을 받은 불란서 노동 운동). **Anarchosyndikalist**, der; -en, -en 아나르코생디칼리스트. **Anarchoszene**, die 《은어》 무정부주의자들의 분위기, 무정부주의적 이념에 가까운 사람들.

anastatisch [ana'staːtɪʃ] ⟨Adj.⟩ [griech. aná = hin auf u. griech. statikós = stellend] 회복〔소생〕시키는: -er Druck 철판(凸版) 인쇄(법).

Anästhesie [anɛste'ziː], die; -n [...iːən; griech. anaisthēsía] 〖의학〗 1. 마취: lokale A. 국부 마취. 2. 마비, 감각 상실, 무감각(증). **anästhesieren** [anɛste'ziːrən] ⟨h⟩ 〖의학〗 마취시키다: den Patienten vor der Operation a. 환자를 수술 전에 마취시키다. **Anästhesiologe** [anɛsteːzio-], der; -n, -n 〖의학〗 마취학자, 마취과 의사. **Anästhesiologie**, die 〖의학〗 마취학. **anästhesiologisch** ⟨Adj.⟩ 마취(학)의. **Anästhesist** [anɛste'zɪst], der; -en, -en 〖의학〗 마취과 전문의의(의사). **Anästhetikum** [anɛs'teːtikʊm], das; -s, ...ka 〖의학〗 마취제: ein allgemeines〔örtliches〕 A. 전신〔국부〕 마취제. **anästhetisch** ⟨Adj.⟩ 〖의학〗 **a)** 마취의. **b)** 무감각의. **anästhetisieren** [anɛsteti'ziːrən] ⟨h⟩ ↑ anästhesieren 참조.

Anastigmat [an|astɪ'gmaːt], der; -en, -en / das; -s, -e 〖사진〗 수차보정(收差補正) 렌즈. **anastigmatisch** ⟨Adj.⟩ 〖사진〗 수차 보정을 한, 뒤틀리지 않은(반대: astigmatisch).

Anathem [ana'teːm], das; -s, -e ↑ Anathema (1). **Anathema** [a'naːtema, ⟨또한⟩ a'naː...], das; -s, -ta [...teːmata; lat. anathema < griech. anáthema] 1. 〖가〗 파문, 이단 관결. 2. 〖고대 종교〗 **a)** (신에게 바치는) 공물, 제물. **b)** 신의 분노를 산 것, 저주받은 것. **anathematisieren** [anatemati'ziːrən] ⟨h⟩ [lat. anathematizāre < griech. anathematízein] 〖가〗 파문하다, **Anathematisierung**, die; -en 〖가〗 이단 판결.

anational [〔또한〕 ---'-] ⟨Adj.⟩ 비국민적인, 제 나라에 대해 냉담한.

anatmen ⟨h⟩ 입김을 불다: 전의 angeatmet von einem Kachelofen 타일제(製) 난로의 입김을 쬐다.

Anatol ['anatoːl, ⟨또한⟩ ---'-], der; -(s), -s ↑ Anatolien에 대한 소아시아산 수제 (기도용) 양탄자.

Anatolien [ana'toːliən], -s 아나톨리아(터키의 아시아에 속한 땅). **anatolisch** ⟨Adj.⟩ 아나톨리아의.

Anatom [ana'toːm], der; -en, -en 〖의학〗 해부학자. **Anatomie** [anato'miː], die; -n [...iːən; lat. anatomia < griech. anatomía] 〖의학〗 1. **a)** 해부학: systematische A. 조직 해부학. **b)** 신체 구조, 골격: eine A. der Altersstufen〔der Rassen〕 연령별〔종족별〕 구조. 2. 해부학 교실: eine Leiche an die A. geben 시체를 해부학 교실에 주다. **Anatomiesaal**, der 〖의학〗 해부학 강의실. **anatomieren** [anato'miːrən] ⟨h⟩ 〖의학〗 해부하다. **anatomisch** [ana'toːmɪʃ] ⟨Adj.⟩ 〖의학〗 **a)** (신체) 구조(상)의: ein -er Defekt 신체 구조상의 결함. **b)** 해부학의: ein -es Lehrbuch 해부학 교과서; zur Herstellung -er Präparate gehört Geschick, Ruhe und viel Geduld 해부학 표본을 만드는 데에는 손재주, 침착성, 많은 인내심이 요구된다.

¹**anbacken** 1. ⟨h⟩ **a)** (빵을) 살짝 굽다. **b)** 굽기 위해 짧은 시간 오븐에 넣어 두다: der Kuchen soll 10 Minuten a. 케이크를 10분간 오븐에 넣어 둔다. 2. ⟨s⟩ 눌어 붙다(빵 따위가).

²**anbacken** ⟨s⟩ 《지역적》 눌러〔달라〕붙다, 점착(粘着)하다: der Schnee backt (an den Schuhen) an 눈이 (신발에) 달라 붙는다.

anbahnen ⟨h⟩ **a)** 길을 내다〔트다〕, 개척하다, (관계를) 맺기 시작하다: eine Verbindung〔Gespräche〕 a. 관계〔대화〕를 시작하다; die angebahnten Geschäfte hatten sich zerschlagen 시작되었던 사업이 수포로 돌아갔다. **b)** (a. + sich) 싹트다, 시작되다: in den Beziehungen beider Länder bahnt sich langsam eine Wende an 그 두 국가 사이의 관계에는 서서히 어떤 전환이 싹트고 있다. **Anbahnung**, die; -en ↑ anbahnen의 명사형.

anbalzen ⟨h⟩ (새 따위가) 소리를 내어 부르다: der

anbandeln

junge Vogel balzt seinen Pfleger an 어린 새가 소리를 내어 양육자를 부른다.
anbandeln ['anbandln] 《südd., österr.》 ↑ anbändeln. **anbändeln** ['anbɛndln] 〈h〉 《통용어》 **a)** 애정 관계를 맺다, 연애하다: als der Sohn mit einer minderjährigen Hausgehilfin anbändelte, machte der Vater ihm Vorwürfe 아들이 미성년 하녀와 애정 관계를 맺자 아버지가 아들을 나무랐다. **b)** 누구와 싸움을 시작하다. **Anbänd(e)lung,** die; -en ↑anbändeln의 명사형.
Anbau, der; -(e)s, -ten **1. a)** 《Pl. 없음》 증축(增築), 붙여 지음: mit dem A. eines Seitenflügels beginnen 별채의 증축을 시작하다. **b)** 증축한 건물, 붙여 지은 건물, 별채: ein stilwidriger A. 본채의 양식과 어울리지 않게 증축한 건물. **2.** 《Pl. 없음》 [농업] 경작, 재배: der A. von Getreide 곡물 재배.
anbau-, Anbau-: ~beschränkung, die 경작 제한. **~fähig** 〈Adj.〉 경작[재배]할 수 있는. **~fläche,** die 경작지, 경지 면적. **~gebiet,** das 경작[재배]지(역). **~grenze,** die 경작 한계(선). **~hobel,** der [광] 《자동》 채탄기. **~küche,** die 세트를 이루는 가구로 꾸며진 주방. **~methode,** die ↑-verfahren. **~möbel,** das 세트를 이루는 가구. **~motor,** der 자전거에 다는 보조 모터. **~plan,** der 《구동독》 농업[재배] 계획. **~raupe,** die [기술] 탈곡기용 캐터필러. **~schrank,** der 세트를 이루는 가구 《책장 따위》. **~technik,** die; ↑-verfahren. **~technisch** 〈Adj.〉 재배 기술(상)의. **~verfahren,** das 경작[재배]술[방법]. **~wand,** die 세트를 이루는 가구로 꾸며진 벽.
anbauen 〈h〉 **1. a)** 무엇에 붙여 짓다, 무엇에 닿아 내다: sie bauten einen Seitenflügel an das 《(드물게)》 an dem》 Hauptgebäude an 그들은 별채를 본채에 붙여 지었다; 전의 Dominosteine a. 도미노 말을 늘어놓다. 증축(확장)하다: das Geschäft ging so gut, daß sie a. mußten 가게가 하도 잘 되어서 그들은 가게를 확장하지 않을 수 없었다; 전의 wenn wir a., finden alle Gäste Platz 탁자를 하나 붙이면 모든 손님이 다 앉을 수 있다. **c)** 〈a. + sich〉 어디에 집을 짓다, 정착하다: sie haben sich außerhalb der Stadt angebaut 그들은 교외에 정착하였다. **2.** 경작[재배]하다: Getreide[Tabak] a. 곡식[담배]을 경작하다.
anbefehlen* 〈h〉 《아이》 **1.** 간곡히 당부하다, 분명하게 명령하다: jmdm. die größte Zurückhaltung a. 누구에게 최대한 자제할 것을 간곡히 당부하다. **2.** 누구[무엇]를 누구의 보호에 맡기다: er befahl seine Kinder der Obhut seines Freundes an 그는 자식들을 친구의 보호에 맡겼다.
Anbeginn, der; -(e)s 《아이》 시작, 발단, 처음: seit A. der Welt 천지개벽 때부터; von A. war die Sache verfahren 그 일은 처음부터 교착되었다.
anbehagen 〈h〉 《드물게》 기쁘게[즐겁게] 하다.
anbehalten* 〈h〉 《통용어》 (옷, 신발 따위를) 벗지 않다: den Mantel. a. 외투를 벗지 않다.
anbei [또한] 〈Adv.〉 《관》 이것과 함께, 동봉(첨부)하여: a. übersenden wir ihnen die gewünschten Unterlagen 귀하께서 청하신 자료들을 동봉합니다.
anbeißen* 〈h〉 **1.** 한 입 베어 물다; 먹기 시작하다: einen Apfel a. 사과를 한 입 베어 물다(먹기 시작하다); ein angebissenes Stück Brot 베어 먹은 자국이 있는 빵; **zum Anbeißen sein(aussehen)** 《통용어》 한입 물어 주고 싶도록 귀엽(예쁘)다. **2.** (물고기가 낚시의 미끼를) 물다, 삼키다, 달려들다: 전의 der Hotelier wollte anfangs nicht so recht a. 《통용어》 그 호텔업자는 처음에는 선뜻 제안에 응하려 하지 않았다; die Marie kriegt nur ein paar tausend Mark, und deshalb beißt ja auch niemand an 《통용어》 마리는 몇 천 마르크밖에 받지 못한다. 그래서 아무도 그녀와 결혼하려고 달려들지 않는다.
anbekommen* 〈h〉 (힘들게) (옷을) 입다, (신발을) 신다, 쓰다, 끼다(흔히 부정적으로 사용됨. 반대: ausbekommen): ich habe die Schuhe nicht anbekommen 애를 아무리 썼어도 결국 나는 구두를 신지 못했다.
anbelangen 〈h〉 《거의 다음 용법으로》 **was jmdn. [etw.] anbelangt** 누구[무엇]에 관해서는, 누구[무엇]으로서는.
anbellen 〈h〉 누구[무엇]를 향해 짖다: 전의 er machte ein finsteres Gesicht, bellte rauh alle an 그는 험상궂은 얼굴을 하고서 모두에게 심한 욕설을 퍼부었다.
anbequemen, sich 〈h〉 무엇에 적응(순응)하다, 따르다: sich der herrschenden Sitte a. 보편적인 관습에 따르다.
anberaumen ['anbərauman] 〈h〉 《관》 날짜[시간, 기한]를 정하다: eine Sitzung[eine Verhandlung] a. 회의[협상] 날짜[시간]을 정하다; der anberaumte Termin 정해진 일시[때]. **Anberaumung,** die; -en ↑anberaumen의 명사형.
anbeten 〈h〉 **a)** 숭배[경배]하다: Götzen[Götter] a. 우상[신]을 숭배하다. **b)** 숭배(흠모)하다, 애지중지 섬기다, 유상사하다: er betet seine Frau an 그는 아내를 신처럼 떠받든다; 전의 [폄] das Geld[die Technik] a. 돈[기술]을 우상시하다. **Anbeter,** der; -s, -a 숭배자. **b)** 숭배자, 연모자(戀慕者), 흠모자: ein heimlicher A. 모습을 드러내지 않는 숭배자.
Anbetracht 《다음 용법으로만》 **in A. einer Sache** 무엇을 고려(감안)하여: in A. der Lage[seines hohen Alters] 상황[그의 고령]을 고려하여.
anbetreffen* 〈h〉 《거의 다음 용법으로만》 **was jmdn. [etw.] anbetrifft** 누구[무엇]에 관해서는, 누구[무엇]으로서는: was mich[diese Sache] anbetrifft, (so) bin ich einverstanden 나로서는[이 일이라면 나는] 찬성한다.
anbetteln 〈h〉 구걸[애걸]하다: Kinder betteln in den Elendsvierteln die Passanten (um Geld[Brot]) an 어린이는 빈민가에서 행인들에게 (돈[빵])을 구걸한다. **Anbetung** ['anbe:tʊŋ], die; -en 《드물게 Pl.》 **a)** 경배: die A. des Jesuskindes 아기 예수에 대한 경배. **b)** 숭배, 흠모, 연모, 사모. **anbetungsvoll** 〈Adj.〉 《아이》 경배[숭배]하는, 흠모[연모]하는: in -er Haltung 숭배[흠모]하는 태도로. **anbetungswürdig** 〈Adj.〉 숭배[흠모]할 만한: eine -e Frau 흠모할 만한 여인.
anbeugen 〈h〉 (신체의 일부를) 구부리다: der Körperbehinderte konnte die Beine nicht a. 그 신체 장애자는 양 다리를 구부릴 수 없었다.
anbezahlen 〈h〉 물품 대금의 일부[첫 지불금]를 낸다: ein Kleidungsstück[ein Auto] a. 옷[자동차]의 첫 지불금을 낸다.
anbiedern ['anbidərn], sich 〈h〉 《폄》 (누구에게) 알랑거리다, 환심을 사려고 하다: ich dachte nicht daran, mich bei ihm anzubiedern 그에게 알랑거릴 생각을 나는 하지 않았다. **Anbiederung,** die; -en 알랑거림, 환심사기. **Anbiederungsversuch,** der ↑Anbiederung의 시도(試圖): einen A. machen 환심을 사기 위해 접근을 시도하다.
anbieten* 〈h〉 **1. a)** 제공[제안]하다: jmdm. seine Hilfe[seine Begleitung] a. 누구에게 도움을[동행을] 꺼겠다고 제안하다; er bot der alten Frau seinen Platz an 그는 그 노부인에게 제 자리를 내주었다; 전의 jmdm. Ohrfeigen(Schläge) a. 《반어》 누구에게 귀싸대기를[흠뻑] 때려 주겠다고 위협하다. **b)** 〈a. + sich〉 무엇을 하겠다고 자청하다: er bietet sich als Vermittler an 그가 중

개인으로 나서겠다고 자청하였다. **c)** 〈손님에게 먹고 마실 것을〉 내놓다, 제공[권]하다: ich kann dir nicht einmal einen Schnaps a. 나는 너에게 소주 한 잔 내놓을 수 없구나; er bot ihm eine Zigarette an 그는 그에게 담배를 하나 권했다; nichts anzubieten[zum Anbieten] haben 내놓을[권할] 것이 하나도 없다. **d)** 《흔히 수동으로》〈선택하도록〉 마련[준비]해 놓다: Griechisch sollte an allen Gymnasien wenigstens angeboten werden 그리스어는 모든 고등 학교에서 최소한 선택 과목으로라도 설치되어야 한다; jmdm. etw. als Gegengabe[als Ersatz] a. 누구에게 무엇을 답례품[대용품]으로 내놓다. **2. a)** 제안하다: jmdm. das Du anbieten 누구에게 말을 놓자고 제안하다; der Minister hat seinen Rücktritt angeboten 장관은 사의를 표하였다. **b)** 팔려고 내놓다: etw. zu günstigem Preis a. 무엇을 싼 값에 내놓다. **c)** 〈직책을〉 제안하다: jmdm. eine neue Position [den Ministersessel] a. 누구에게 새 직위(장관 자리)를 주겠다고 제안하다. **3.** 〈a. + sich〉 **a)** 고려되다, 나타나다: eine Lösung bietet sich an 한 해결책이 나타난다. **b)** 적당하다, 안성맞춤이다: der Ort bietet sich für das Treffen (geradezu) an 그 장소는 이 회동에는 (아주) 안성맞춤이다.

Anbieter, der; -s, - 〖경제〗 공급자.

anbinden* 〈h〉 **1. a)** 매다, 묶다: das Boot am Ufer a. 보트를 해안에 묶어 두다; 〖성구〗 er läßt sich nicht a. 그는 예속되지 않고 자유로이 행동하기를 원한다; man kann die Kinder nicht a. 자식들을 붙들어 놓을 수 없다; **angebunden sein** 할 일이 너무 많아서 다른 일을 할 짬이 없다; **kurz angebunden (sein)** 무뚝뚝스럽게 [쌀쌀맞게] (대하다). **b)** 〖농업〗〈짐승을〉 키우다: ein Kalb a. 송아지를 키우다. **2.** 〈아이〉 **a)** 싸움을 걸다, 생트집을 잡다: er wagt nicht, mit mir anzubinden 그는 감히 나에게 싸움을 걸지 못한다. **b)** 〈진실하지 않은〉 연애를 시작하다: er versuchte, mit der Kellnerin anzubinden 그는 식당 여종업원과 연애를 걸려고 꾀했다.

Anbiß, der; Anbisses, Anbisse **1.** 깨물음, 물어 뜯음: der A. zeigte, daß der Apfel noch nicht reif war 깨물어 보니 사과가 아직 익지 않았음을 알 수 있었다. **2.** 깨문 자국: die Früchte haben[zeigen] Anbisse 과일들에 깨물은 자국이 있다.

anblaffen 〈h〉 **1.** 〈통용어·편〉〈개가〉 짖(어대)다. **2.** 〖경〗 호통[야단]치다, 꾸짖다.

anblasen* 〈h〉 **1.** 누구(무엇)를 향해 불다: blase mich nicht mit dem Zigarettenrauch an! 나에게 담배연기를 불지 말아라. **2.** 〖경〗 심하게 호통[야단]치다, 꾸짖다. **3.** [음악] 불기(연주하기) 시작하다, 아주 가볍게 불다: eine Trompete a. 트럼펫을 불기 시작하다. **4.** 바람을 불어 일으키다(반대: ausblasen 2): den Hochofen a. 용광로를 가동하다; 〖전의〗 den Lebensfunken wieder a. 생명의 불씨를 다시 일으키다. **5.** (나팔 따위를 불어) 시작을 알리다(반대: abblasen): sie haben das neue Jahr angeblasen 그들은 새해의 시작을 알렸다.

anblättern 〈h〉 〈책 따위를〉 훑어보다, 뒤적이다: ich konnte das Heft nur a., nicht lesen 나는 그 팜플렛을 대충 훑어 보았을 뿐 읽지는 못했다.

anblecken 〈h〉 이빨을 드러내고 으르렁대다: plötzlich bleckte ihn der Hund an drohend an 갑자기 개가 우리에게 위협적으로 으르렁대었다; 〖전의〗 der Chef hat ihn ganz schön angebleckt 사장이 그를 몹시 야단쳤다.

anblenden 〈h〉 (특히 도로 교통에서 헤드라이트 따위로) 신호를 보내다: der Fahrer hinter mir hat mich fortwährend angeblendet 내 뒤의 운전자가 계속해서 나에게 신호를 보내왔다.

Anblick, der; -(e)s, -e **a)** 모습, 광경, 구경거리: ein erfreulicher[trostloser] A. bot sich ihm dar 흐뭇한 [암담한] 광경이 그의 눈 앞에 펼쳐졌다; man wollte ihm den traurigen A. ersparen 사람들은 그에게 그 슬픈 광경을 보여주려 하지 않았다; sich in einen A. vertiefen[verlieren] 넋 놓고 바라보다; 〖성구〗 ein A. für Götter 〈통용어〉 아주 재미있는 모습[광경]. **b)** 〈Pl. 없음〉 바라봄, 주시, 관찰: beim (bloßen) A. einer Sache 무슨 일을 (그냥) 보기만 해도. **anblicken** 〈h〉 바라보다, 주시하다: er blickte sie lächelnd an 그는 그녀를 미소지으며 바라보았다; jmdn. unverwandt a. 누구를 시선을 돌리지 않고 바라보다; 〖전의〗 die Rosen blickten sie traurig an 장미꽃들이 그녀를 슬프게 바라보았다.

anblinken 〈h〉 **a)** 반짝반짝 비추다: plötzlich blinkte mich eine Taschenlampe an 갑자기 손전등이 나를 반짝반짝 비추었다. **b)** 불빛 신호로 무엇을 하도록 요구하다, 불빛 신호를 보내다: ich blinkte ihn kurz an, fuhr an ihm vorbei, und er folgte uns 나는 그에게 짧게 불빛 신호를 보내고 그의 옆을 지나 차를 앞으로 몰자 그가 우리 뒤를 따랐다.

anblinzeln 〈h〉 **1.** 눈을 깜박이며(가늘게 뜨고) 〈바라〉보다: er blinzelte mich verschlafen an 잠이 덜 깬 눈을 깜박거리며 그는 나를 보았다. **2.** 눈을 깜박거려 동정(동의, 공감)의 뜻을 표하다, 눈짓하다: sie blinzelte ihn verstohlen an 그녀는 그에게 몰래 눈짓하였다. **anblinzen** 〈h〉 〈고어·지역적〉 ↑ anblinzeln.

anblitzen 〈h〉 쏘는 듯한 눈매로 보다, 노려보다: jmdn. wütend[triumphierend] a. 누구를 노해서 노려보다[의기 양양하게 바라보다].

anbohren 〈h〉 **1.** 구멍을 뚫다[뚫기 시작하다]: die Käfer haben das Holz[den Baumstamm] angebohrt 풍뎅이들이 나무에 구멍을 뚫었다. **2.** 시추하다: neue Quellen[ein Erdölvorkommen] a. 새 수원을 파다[유전을 시추하다]. **3.** 〈통용어〉 조르다, 조심스럽게 묻다: jmdn. mit Fragen a. 누구에게 자꾸 묻다. **Anbohrung,** die; -en ↑ anbohren의 명사형.

anborgen 〈h〉 〈준고어〉 돈을 빌리다(꾸다): sie borgte ihn um 10 Mark an 그녀는 그에게서 10 마르크를 꾸었다.

Anbot ['anbo:t], das; -(e)s, -e (österr.·준고어) ↑ Angebot.

anbranden 〈h〉 물거품을 내며 무엇에 부딪치다, 무엇에 부딪쳐 부서지다: die anbrandenden Fluten 부딪쳐 부서지는 파도.

anbrassen 〈h〉 〖선원〗 돛대의 밧줄을 당겨 돛이 바람을 받게하다(반대: aufbrassen): die Matrosen braßten die Segel dichter an 선원들이 돛대의 밧줄을 당겨 돛이 바람을 더 받게 하였다.

anbraten* 〈h〉 〖요리〗 (고기를) 살짝 굽다.

anbrauchen 〈h〉 〈통용어〉 사용하기 시작하다, 사용하기 위해 포장을 뜯다(풀다): angebrauchte Sachen 중고품.

anbräunen 1. 〖요리〗 살짝 데치다: die Zwiebeln werden angebräunt 양파를 살짝 데친다. **2.** 〈통용어〉 햇볕에 살짝 타다: 〈대개 완료형으로〉 du bist im Urlaub etwas angebräunt 너 휴가 중에 약간 탔구나.

anbrausen 〈s〉 굉음을 내며 돌진해 오다: 〈특히 과거분사 + kommen의 용법으로〉 der Zug kam mit siebzig Stundenkilometern Geschwindigkeit angebraust 기차가 시속 70 km의 속도로 달려왔다.

anbrechen*1. 1. 〈h〉 금가다, 깨지기[부서지기] 시작하다: das Stuhlbein ist angebrochen 의자의 다리에 금이 갔다; er ist abgestürzt, hat sich das Rückgrat angebrochen 그는 넘어져 등뼈에 금이 갔다. **2.** 〈h〉 쓰기 시작하다, 손을 대다, 사용하기 위해 포장을 뜯(뜸, 덮기): ein neues Paket Zucker a. 새 설탕 봉지를 뜯다; die Zigarettenpackung ist noch nicht angebrochen 담

anbremsen 84

배갑은 아직 개봉되지 않았다; 전의 ein angebrochener Abend 《통용어》이미 얼마 정도 지나가 버린 저녁. **3.** ⟨s⟩ 《아어》 《시가》 시작되다, 열리다: der Tag bricht an 날이 밝아 온다; eine neue Zeit ist angebrochen 새 시대가 시작되었다.

ạnbremsen ⟨h⟩ 제동을 걸어 속도를 줄이다, 제동 장치를 밟기 시작하다: der Fahrer hat zu spät angebremst 운전자가 너무 늦게 제동을 걸기 시작했다. **Ạnbremspunkt**, der ⟨드물게 Pl.⟩ 제동점.

ạnbrennen' **1.** ⟨h⟩ 불을 붙이다, 점화하다: an den Holzstoß (die Pfeife) a. 나무더미[파이프]에 불을 붙이다; ich brannte mir eine Zigarette an 나는 담배에 불을 붙여 물었다. **2.** ⟨s⟩ 불이 붙다, 타기 시작하다: der Holzstoß [die Kohlen] sind angebrannt 나뭇더미[석탄]에 불이 붙었다. **3.** ⟨s⟩ 《음식이 타》 눌어 붙다, 눈다: das Essen ist angebrannt 음식이 눌어 붙었다; **nichts a. lassen** 1) 《통용어》아무 것도 놓치지[빠뜨리지] 않다. 2) 《스포츠 은어》 골을 허용하지 않다. **Ạnbrennholz**, das ⟨Pl. 없음⟩ 불쏘시개용 나무.

ạnbringen' ⟨h⟩ **1.** 《통용어》 《집으로》 가져[데려]오다: die Kinder brachten ein Eichhörnchen an 아이들이 다람쥐 한 마리를 집으로 가져왔다. **2.** 설치[설비, 장치]하다, 달다: eine Lampe an der ⟨드물게⟩ [an die] Decke a. 전등을 천정에 달다; Schilder a. 문패[팻말]을 달다. **3.** 말을 꺼내다, 털어놓다, 말하다: eine Beschwerde bei jmdm. a. 누구에게 불평을 털어놓다; der Kardinal bringt nun seine Neuigkeit an 추기경이 이제 새 소식을 털어 놓는다; sein Wissen a. können 지식을 보여 줄 수 있다. **4.** 《통용어》 **a)** 취직[출가]시키다: sie bemüht sich, ihre Tochter anzubringen 그녀는 딸을 시집보내려고 애쓴다. **b)** 팔다, 처분하다: die Ware ist schwer anzubringen 이 상품을 팔아 치우기 어렵다. **5.** ⟨고어·지역적⟩ 일러 바치다, 밀고하다: er hat ihn [alles; beim Lehrer] angebracht 그는 그[모든 것]를 (선생님께) 일러 바쳤다. **6.** 《통용어》 입을[신을, 쓸] 수 있다⟨반대: ausbringen⟩: die Schuhe habe ich kaum angebracht 신발을 거의 신을 수 없었다. **Ạnbringer**, der; -s, - ⟨고어⟩ 밀고자, 밀정. **Ạnbringung**, die ↑anbringen의 명사형.

Ạnbruch, der; -(e)s, Anbrüche **1.** ⟨Pl. 없음⟩ 《아어》 시작; der A. einer neuen Zeit 새 시대의 시작; bei [vor, mit] A. der Dunkelheit 어두어지기 시작하면[이전에, 시작하면서]. **2.** 갈라진[부서진] 틈(새), 금: der Apparat zeigte auch nicht den Schatten eines -s 기계는 금간 자국도 없었다. **3.** [광] 노출 광맥: ein frischer A. 새로 나타난 노출 광맥. **4. a)** [임업] 썩은 목재. **b)** [사냥] 죽어 썩는 짐승. **ạnbrüchig** ⟨Adj.⟩ 썩는, 부패한.

ạnbrühen ⟨h⟩ **a)** 끓는 물을 붓다: Kaffee a. 커피에 끓는 물을 붓다. **b)** 끓는 물에 잠시 넣다: angebrühte Tomaten 끓는 물에 잠시 넣었다 꺼낸 토마토.

ạnbrüllen ⟨h⟩ **1. a)** 누구를 향해 짖다, 포효하다: die Kuh brüllte mich an 암소가 나를 향해 울었다. **b)** 《통용어》 큰소리로 호통치다, 야단치다: sie haben sich gegenseitig angebrüllt 그들은 서로 상대방에게 큰소리로 호통쳤다. **2.** 《통용어》 어떤 소음보다 목소리를 더 크게 내어 외치다: gegen den Motorenlärm a. 모터소리보다 더 크게 외쳐 말하다.

ạnbrummen ⟨h⟩ **1.** 《짐승이》 누구를 향해 으르렁거리다: der Bär brummte ihn an 곰이 그를 향해 으르렁거렸다. **2.** 《통용어》 퉁명스런 목소리로 외치다[비난하다].

ạnbrüten ⟨h⟩ 알을 품기 시작하다: die Gans hat die Eier bereits angebrütet 거위가 벌써 알을 품기 시작했다.

ạnbuffen ⟨h⟩ [↑puffen 참조] 《속어》 임신시키다.

Anchovis 〈전문어〉 ↑Anchovis.
Anciennitätsprinzip [asiɛni'tɛːts-], das; -(e)s [frz. ancienneté] 연공 서열제: Beförderung nach dem A. 연공 서열제에 의한 승진. **Ancien régime** [ãsiɛːre'ʒiːm], das; - - 앙시앙 레짐, 구정체(舊政體), 구체제(프랑스 대혁명(1789)전의 절대 왕정).

Ạndacht ['andaxt], die; -en **1.** ⟨Pl. 없음⟩ 정신 집중, 경건: vor dem Altar in frommer A. knien 경건히 정신을 가다듬고 제단 앞에 무릎을 꿇다. **2.** ⟨약식⟩ 예배, 기도, 경건회: eine A. halten 약식 예배를 올리다. **3.** ⟨Pl. 없음⟩ 정신 집중, 심사숙고, 삼매(三昧): die Zuhörer waren in tiefe A. versunken 청중은 깊은 삼매경에 빠졌다; mit A. zuhören 정신을 가다듬고 경청하다; etw. mit A. verspeisen 《농》 무엇을 여유를 가지고 음미하며 먹다. **ạndächtig** ['andɛçtɪç] ⟨Adj.⟩ **1.** 경건한, 신앙심이 깊은: a. niederknien 경건하게 무릎 꿇다. **2.** 정신을 가다듬은, 감동된: jmdm. a. lauschen 누구의 말에 정신을 가다듬고 귀를 기울이다; das Gas a. austrinken 《농》 술잔을 천천히 음미하며 비우다. **3.** 엄숙⟨장중⟩한: eine -e Stille 엄숙한 고요.

ạndachts-, Ạndachts-: **~bild**, das [예술] 성상(聖像), 성화: nach dem Ostermesse wurden -er verteilt 부활절 미사 후에 성화가 분배되었다. **~buch**, das 기도서. **~übung**, die ⟨대개 Pl.⟩ 예배, 기도(회), 경건회: sie besuchten regelmäßig die -en 그들은 규칙적으로 기도회에 참석하였다. **~voll** ⟨Adj.⟩ 《아어》 엄숙한, 장엄한: in -er Haltung 엄숙한 태도[자세]로.

Andalusien [anda'luːziən] 안달루시아⟨스페인 최남단, 지중해에 면한 곡창 지대⟩. **Andalusier**, der; -s, - 안달루시아 인⟨사람⟩ **andalusisch** ⟨Adj.⟩ 안달루시아 (지방)의.

ạndampfen ⟨s⟩ 증기를 내뿜으며 달려오다 ⟨대개 과거분사 + kommen의 용법으로⟩ die Lok kommt angedampft 기관차가 증기를 내뿜으며 달려온다; 전의 die Nachbarin dampft an 옆집 아낙네가 씩씩거리며 달려온다.

andante [an'dantə] ⟨Adv.⟩ [ital. andante] [음악] 느리게. **Andante** [-], das; -(s), -s ⟨아어⟩ 느린 곡조의 곡. **andantino** [...'tiːno] ⟨Adv.⟩ [ital. andantino] 안단테보다 약간 빠르게, 조금 느리게. **Andantino** [-], das; -s, -s /...ni] 약간 느린 곡조의 곡.

ạndauen ['andauən] ⟨h⟩ [의학] 소화하기 시작하다: die Nahrung wird im Körper angedaut 음식물이 체내에서 소화되기 시작한다.

Ạndauer, die 지속, 계속: bei längerer A. des Regens 비가 오래 끌면. **ạndauern** ⟨h⟩ 지속⟨계속⟩되다: der Zustand dauerte an 그 상태가 지속되었다; andauernder Frost 계속적인 추위.

ạndauernd ⟨Adj.⟩ 지속적인, 끊임없는: es regnete a. 끊임없이 비가 왔다; a. fragte er dasselbe 그는 계속해서 같은 것을 질문했다; diese -en Störungen! 방해가 정말 끊임없군.

Ạndauung, die [↑anduauen 참조] [의학] 소화의 시작.

Anden ['andn] ⟨항상 정관사와 함께, Pl.⟩ 안데스 산맥⟨남미의⟩. **andin** ⟨Adj.⟩ 안데스 산맥의.

Andenken, das, -s, - **1.** ⟨Pl. 없음⟩ 추억, 기억, 기념: bei jmdm. in gutem A. stehen 누구에게 좋은 인상으로 남아 있다; jmdm. ein liebevolles A. bewahren 누구에 대하여 애정어린 기억을 가지고 있다. **2.** 기념품[물], 선물: ein Laden, der A. verkauft 기념품을 파는 가게; der Ring ist ein A. an meine Großmutter 그 반지는 나의 할머니에 대한 기념물이다.

ạnder... ['andə...] ⟨Indefinitpron.⟩ 〈수〉 ⟨쌍으로 된 것에서는⟩ 제 2 의: die eine Hälfte essen, die andere aufheben 한 쪽 반은 먹고 다른 반 쪽은 남겨 두

다; am anderen Ende 다른 쪽 끝에; weder das eine noch das andere 양쪽 다 아니다. b) 다른, (다수로 된 것 에서는) 다음의: er durfte bleiben, die beiden anderen mußten den Saal verlassen 그는 머물러도 되었지만 다른 두 사람은 홀을 떠나야 했다; 성규 was dem einen recht ist, ist dem anderen billig 누구나 똑같은 권리를 갖고 있다; ein(e)s nach dem ander(e)n erledigen 일을 하나씩 차례차례 처리하다; ein Jahr um das andere 해마다, 수년간 줄곧; einen Brief über den [nach dem] ander(e)n schreiben 편지를 잇달아 쓰다; einer hinter dem ander(e)n 한 사람씩 차례차례로; am ander(e)n Tag 이튿(다음) 날에. 2. 다른, 틀린, 상이한: andere Maßstäbe anlegen 다른 척도(기준, 자)를 사용하다; mit anderen Worten 바꾸어 말하면; er ist anderer Meinung als ich 그는 나와 의견이 다르다; das ist etwas (ganz) anderes 그것은 (전혀) 다르다; mit jemand anderem sprechen 어떤 다른 사람과 말하다; jemand anderen fragen 어떤 다른 사람에게 질문하다; nichts anderes als ... 오로지 ...; ein anderer Mensch werden 딴 사람이 되다; da müssen schon andere kommen 보다 유능한 사람들이 와야 한다; man hat mich eines anderen belehrt 나의 잘못을 바로 잡아 주었다; das machst du anderen weis 너 그런 속임수를 다른 바보들에게나 쓰렴; dem hätte ich an deiner Stelle etwas anderes erzählt 내가 너였더라면 그에게 분명하게 의사를 표시했었을텐데; beinahe hätte ich etwas ganz anderes gesagt 《통용어》 나는 하마터면 험한[불경스런] 말을 할 뻔했다; das ist alles andere als die Wahrheit 그것은 진실과는 전혀 다르다; 성규 andere Länder, andere Sitten 나라가 다르면 풍속도 다르다.

ändérbar ['ɛndɛbaːɐ] 〈Adj.〉 고칠(개정, 변경할) 수 있는: der Entwurf[Plan] ist jederzeit ä. 그 안[계획]은 어느 때나 고칠 수 있다. **Ändérbarkeit**, die ↑änderbar의 명사형: die Ä. der Gesetzesvorlage 법률안의 개정 가능성.

anderenfalls, ándernfalls 〈Adv.〉 그렇지 않으면, 다른 경우에는: die Anweisungen müssen befolgt werden, a. können Komplikationen eintreten 지시 사항들은 준수되어야 한다. 그렇지 않으면 일이 꼬이게 될 수 있다.

anderenorts, ándernorts, ánderorts 〈Adv.〉 《아어》 다른 곳[장소]에서: ich kann a. mein Geld verdienen 나는 다른 곳에서 돈을 벌 수 있다.

anderentags, ánderntags 〈Adv.〉 《아어》 이튿[다음]날에: a. wurde die Diskussion fortgeführt 이튿날 토론이 계속되었다.

anderenteils, ándernteils 〈Adv.〉 다른 한편: 《대개 einsteils와 대구를 이루어》 er sprach einsteils wie ein junger Träumer, andernteils hätte man ihn für einen Schwindler halten können 그는 한편으론 젊은 몽상가처럼 말하기도 했고 다른 한편으로는 사람들이 그를 사기꾼으로 간주할 수도 있었다.

andererseits, ándererseits, ánderseits 〈Adv.〉 다른 한편(면): es kränkte ihn, andererseits machte es ihn auch stolz 그것이 그의 마음을 상하게 했으나 다른 한편 그를 자랑스럽게 만들기도 했다; 《einerseits와 대구를 이루어》 einerseits machte das Spaß, andererseits Angst 그것은 일면 재미와 다른 일면 두려움을 주었다.

Ándergeschwisterkind, das; -(e)s, -er 《지역적》 재종(재종) 형제, 육촌.

Ánderkonto, das; -s, ...ten (재산 관리인이 관리하는) 신탁(예금) 구좌.

anderlei 〈Adj.; 변화 없음〉 《아어》 종류가 다른, 상이한: a. Meinungen kamen auf 다른 의견들이 대두되었다.

andermal 《다음 용법으로만》 ein andermal 다른 때[기회]에: wir befassen uns damit ein a. 우리 그것을 다른 기회에 다루기로 하자; heute nicht, ein a. 오늘이 아니라 언젠가 다른 기회에.

ändern ['ɛndɐn] 〈h〉 1. a) 고치다, 변경(개정)하다: daran ist nichts zu ä. 그것은 어떻게 고칠 도리가 없다; das Flugzeug ändert seinen Kurs um 30 Grad 비행기가 항로를 30° 변경한다; man muß noch einige Details ä. 세부 사항 몇 가지를 더 고쳐야 한다. b) 고치다, 바꾸다, 교환하다, 변형[변용]하다: seine Meinung [den Ton] ä. 의견[말투]을 바꾸다; alte Menschen kann man nicht mehr ä. 노인들의 습관을 고칠 수 없다. 2. 〈ä. + sich〉 바뀌다, 달라지다: sich grundlegend ä. 철저히 달라지다; daran läßt sich nichts ä. 그것은 어떻게 고칠 도리가 없다; du hast dich sehr geändert 너 많이 변했구나.

andernfalls: ↑anderenfalls.
andernorts: ↑anderenorts.
andernstags: ↑anderentags.
andernteils: ↑anderenteils.
anderorts: ↑anderenorts.

anders ['andɐs] 〈Adv.〉 1. a) 다르게, 달리, 다른 방식[법]으로: a. denken(handeln, fühlen) 다르게 생각하다[행동하다, 느끼다]. b) 《als와 결합하여》 누구(무엇)와는 다르게, 달리: dennoch war er, a. als Paasch, nicht durchs Examen gefallen 그러나 그는 파쉬와는 달리 시험에 떨어지지 않았다. c) 《nicht와 결합하여》 바로[오로지, 오직] 그렇게: so und nicht a. 오직 그렇게 만; etw. nicht a. kennen 무엇을 오로지 그렇게만 알다. d) 종류가 다른, 낯선: a. aussehen[wirken] 낯설게 보이다[낯선 느낌을 주다]. e) 《은폐》 어딘지 모르게 좋은[훌륭한, 나쁜]: früher war alles ganz a. 옛날에는 모든 것이 훨씬 좋았지. f) 《부정대명사 및 부사와 결합하여》 wer(jemand, irgendwo, nirgendwo, nirgends) a. 그 밖의 다른 누가(사람, 어떤 곳, 어떤 곳도 아닌). g) 《의문사와 결합하여》 그 밖에: wie[wer, was. wo] a. 어떻게 달리[다른 누가, 다른 무엇이, 어떤 다른 곳에). h) 《드물게, 접속사와 결합하여》 wenn a. 만약 ... 이 아니라고 (가정)한다면. 2. 《통용어》 그렇지 않으면, 다른 경우에.

anders-, Anders-: **~artig** 〈Adj.〉 《종류가》 다른, 상이한(반대: gleichartig): im -es Aussehen (Verhalten) 다른 외모(태도). **~artigkeit**, die 다름, 상이함. **~denkend** 〈Adj.〉 (특히 정치적, 종교적으로) 의견[생각]을 달리하는: eine -e Minderheit 의견 (생각)이 소수. **~denkende*, der / die 《대개 Pl.》 의견(생각)이 다른 사람. **~farbig** 〈Adj.〉 색(깔)이 다른, 다른 색의: ein -es Kleid 색깔이 다른 원피스. **~farbige*, der / die 《대개 Pl.》 피부색이 다른 사람. **~geartet** 〈Adj.〉 유형(종류)이 다른: -e Probleme 유형이 다른 문제들; die Schwierigkeiten sind a. 그 어려움은 유형이 다른 것들이다. **~geschlechtlich** 〈Adj.〉 성(性)이 다른, 이성(異性)의: ein -er Partner 이성 파트너. **~gesinnt** 〈Adj.〉 생각(사상, 의견)이 다른. **~gesinnte*, der/die 《대개 Pl.》 생각(사상)이 다른 사람. **~gläubig** 〈Adj.〉 종교(종파)가 다른. **~gläubige*, der/die 《대개 Pl.》 종교(종파)가 다른 사람. **~herum** 〈통용어〉 〈Adv.〉 1. a) 다른(반대) 방향으로: etw. a. stellen 무엇을 반대 방향으로 세워 놓다. b) 다른(반대) 방향에: der Kühlschrank steht jetzt a. 냉장고가 이제 반대 방향에 서 있다. c) 다른(반대) 방향(으로부터): jetzt versucht er, a. an das Kabel zu kommen 그는 이제 다른 방향에서 케이블에 접근하려고 시도한다. 2.《통용어·은폐》 동성 연애의. **~lautend** 〈Adj.; nicht adv.〉 내용[글자]이 다른: -e Berichte[Meldungen] 내용이 틀린

보고들. ~rum: ↑ ~herum. ~sein, das; -s 《아이》 유형[질]이 다름, 규범에서 벗어남, 상이함. ~sprachig 〈Adj.〉 a) 언어(말)가 다른: der -e Bevölkerungsteil 국민 가운데 언어가 다른 사람들. b) 다른 언어로 쓰여진: die -e Literatur steht im zweiten Regal 다른 말로 된 문헌은 둘째 서가에 있다. ~wie 〈Adv.〉 《통용어》 어떤 다른 방식[방법]으로: das hättest du a. machen müssen 너는 그것을 어떤 다른 방식으로 했어야 했다. ~wo 〈Adv.〉 《통용어》 어떤 다른 곳에: hier ist es schöner als a. 여기가 다른 어떤 곳보다도 더 아름답다. ~woher 〈Adv.〉 《통용어》 어떤 다른 곳(쪽, 편)에서(으로부터): die Waffen bekamen sie a. 그들은 무기를 다른 곳으로부터 얻었다. ~wohin 〈Adv.〉 《통용어》 어떤 다른 곳으로: wir stellen den Schrank a. 장을 어떤 다른 곳에 두자.

anderseits: ↑ andererseits.

anderthalb ['andɐt'halp] 〈Num.〉 ↑ ein(und)einhalb: a. Liter Milch 우유 1.5ℓ; a. Meter Stoff 천 1.5m; ich habe a. Stunden gewartet 나는 한시간 반 기다렸다. **anderthalbfach**: ↑ eineinhalbfach. **anderthalbmal**: ↑ eineinhalbmal. **Anderthalbmaster**: ↑ Eineinhalbmaster.

Änderung [ˈɛndərʊŋ], die; -en 1. 고침, 수정, 개정, 변형, 변경: eine geringfügige Ä. vornehmen 약간 수정 하다; eine Ä. der Verfassung 헌법개정; -en vorbehalten 변경될 수도 있음. 2. 변화, 변경, 변동: eine Ä. der Meinung[der Sinnesart] 의견(마음가짐)의 변화; eine Ä. herbeiführen 변화[개혁]을 유발[야기]하다. **Änderungs-**: ~**antrag**, der 〈정치〉 법률 개정안. ~**sucht**, die 〈Pl. 없음〉 (병적인) 개정(수정)욕(慾). ~**vorschlag**, der 수정(개정)하자는 제안. ~**wunsch**, der 수정[개정]하자는 소망.

anderwärtig [...ˈvɛrtɪç] 〈Adj.〉 《드물게》 다른 곳에 위치하는, 출처가 다른: -e Informationen 출처가 다른 정보.

anderwärts [...ˈvɛrts] 〈Adv.〉 [↑ ~wärts] 《아이》 어떤 다른 곳에: hier ist es immer kälter als a. 이곳은 다른 어떤 곳보다 항상 더 춥다.

anderweit 〈Adv.〉 《아이》 다른 관점[측면]에서: a. benötigt[entschädigt] werden 다른 측면에서 소용(보상)되다.

anderweitig [...ˈvaɪtɪç] 1. 〈Adj.〉 그 밖의, 다른: mit -en Dingen beschäftigt sein 그 밖의 다른 일들을 처리하고 있다. 2. 〈Adv.〉 a) 다른 곳에서: sich a. mit allem Nötigen versorgen können 다른 곳에서나 필요한 모든 것을 마련할 수 있다. b) 다른 곳[사람]에게: etw. a. vergeben 무엇을 다른 곳[사람]에게 할당하다.

andeuten 〈h〉 1. a) 암시(시사)하다, 변죽울리다, 운을 떼다: einen Wunsch[ein Vorhaben] vorsichtig a. 소원[의도]을 조심스럽게 시사하다; er deutete ihm an, daß es Zeit sei, aufzubrechen 그는 그에게 떠날 시간이 되었음을 암시했다. b) 윤곽만 서술하다[그리다], 스케치하다: einen Plan nur in Umrissen a. 계획의 윤곽만을 서술하다. 2. 〈a. + sich〉 드러나다[나타나다], 징조가 보이다: eine günstige Wendung deutet sich an 호전될 징조가 보인다. **Andeutung**, die; -en 1. 암시, 시사: geheimnisvolle[dunkle] -en 비밀스런[불분명한] 암시; -en über etw. machen 무엇을 시사하다; in -en sprechen (불분명하게) 암시적으로 말하다. 2. 시늉, 흔적: die A. eines Lächelns[einer Verbeugung] 미소 짓는[인사하는] 시늉. **andeutungsweise** 〈Adv.〉 암시적으로, 은근히, 막연히, 넌지시, 단편적으로: etw. a. erzählen 무엇을 넌지시 이야기하다; davon war nur a. die Rede 그것은 단지 단편적으로만 언급되었다; 《드물게 부가어적으로》 der a. Versuch einer Annäherung 은근한 접근 시도.

andichten 〈h〉 1. 누구에게 무엇을 덮어 씌우다, 날조하다: jmdm. unlautere Absichten[übernatürliche Fähigkeiten] a. 누구에게 불순한 의도[초자연적인 능력]가 있다고 날조하다. 2. 누구(무엇)을 대상으로 시를 짓[읊]다: er dichtete mit Vorliebe die Frauen an 그는 즐겨 여성을 대상으로 시를 썼다.

andicken [ˈandɪkŋ] 〈h〉 【요리】 (밀가루 따위로) 진하게 만들다: sie dickte die Soße[die Suppe] mit Mehl an 그녀는 소스(수프)를 밀가루로 진하게 만들었다.

andienen 〈h〉 출하하다, (강)권하다, 제안하다: jmdm. eine Position[eine Aufgabe] a. 누구에게 어떤 직위[임무]를 제안하다; [전의] er hat sich der Partei immer wieder angedient 그는 거듭하여 당에 봉사하기를 자원하였다. **Andienung**, die; -en 1. 출하, 제공, 제안: die A. von Waren 상품의 출하. 2. 【해양】 (보험 가입자의) 해손(海損) 보상 청구. **Andienungspflicht**, die 〈Pl. 없음〉 법정 기간 안에 해손 보상을 청구할 의무. **Andienungsstraße**, die 【교통·경제】 화물차 통행을 위해 일반 차량의 통행을 제한하는 도로.

andin 〈Adj.〉 안데스 산맥의.

andiskutieren 〈h〉 협의[토론]하기 시작하다: ein Thema a. 어떤 주제에 대해 토론[협의]하기 시작하다.

andocken 〈h〉 【우주】 도킹하다. **Andockung**, die; -en 도킹.

andonnern 〈h〉 《통용어》 1. 굉음을 내며 다가오다: 《혼히 과거분사 + kommen의 용법으로》 ein Lastwagen kam angedonnert 화물자동차가 큰 소음을 내며 다가왔다. 2. 큰 소리로 호통 《야단》치다: der Unteroffizier donnerte den Rekruten an 하사관이 신병에게 큰소리로 호통쳤다.

Andorra [anˈdɔra, 《span.》 anˈdɔrra], -s 안도라(피레네 산맥에 위치한 나라). **Andorraner**, der -s, - 안도라 인[사람]. **andorranisch** 〈Adj.〉 안도라의.

Andrang, der; -(e)s 1. 밀려드는 군중(인파), 쇄도, (사람들이) 밀려듬[몰려듬], 혼잡: der A. bei der Eröffnung war enorm 개막식에 몰려든 인파는 엄청났다; es herrschte großer A. von Kauflustigen 구매자들이 엄청나게 몰려들었다. 2. 《드물게》 갑자기 몰려듬, 쏠임: er litt unter häufigem A. des Blutes zum Kopf 그는 자주 뇌에 피가 몰려 고통을 당하였다. **andrängen** 〈s〉 몰려[밀려]오다[들], 쇄도하다: die andrängenden Wassermassen 밀려드는 물.

andre...: ↑ ander...

Andreaskreuz [anˈdreːas-], das, -es, -e [이런 십자가에 못박혀 처형되었다는 성 안드레아스의 이름을 따서] 1. X형 십자가(기독교에서 예수 수난의 상징). 2. 【교통】 철도 건널목 표시.

andrehen 〈h〉 1. 《통용어》 (스위치[꼭지]를 틀어서) 키다, 작동시키다(반대: ausdrehen, abdrehen): das Licht[das Wasser, das Radio] a. 전기[수도, 라디오]을 켜다. 2. 돌려서 고정시키다[죄다]: die Schrauben [den Griff] a. 나사[손잡이]를 돌려 죄다. 3. 《통용어》 좋지 않은 물건을 비싸게 팔다: er hat mir zermatschte Früchte angedreht 그는 나에게 으깨진 과일을 비싸게 팔았다. 4. 【영화】 촬영을 시작하다, 촬영에 들어가다: im Herbst letzten Jahres wurde angedreht 작년 가을에 촬영이 시작되었다. **Andrehkurbel**, die 〈자동차〉 기동(起動) 크랭크(핸들).

andrerseits: ↑ andererseits.

andressieren 〈h〉 1. (짐승을) 훈련시키다: einem Hund ein Kunststück a. 개에게 재주를 훈련시키다. 2. 《통용어·경》 훈련을 통해 몸에 배게 가르치다: seine Höflichkeit ist nur andressiert 그의 예의바름은 단지 훈련된 것일 따름이다.

andringen* ⟨s⟩ (아이) 쇄도하다, 밀어닥치다, 몰려오다: das feindliche Heer dringt gegen die Stadt an 적군이 도시를 향해 쇄도하고 있다; andringende Massen (Fluten) 밀어닥치는 무리[파도].

Androgen [andro'ge:n], das; -s, -e [griech. anḗr (2격: andrós) = Mann, Mensch u. ↑-gen] 【의학】 남성 호르몬(반대: Östtrogen).

androgyn [andro'gy:n], ⟨Adj.⟩ 【생물】 암수 한 그루[한 몸]의. **Androgynie**, die ⟨Pl. 없음⟩ 【생물】 암수 한 그루(한 몸).

androhen ⟨h⟩ 위협[협박]하다: jmdm. Rache [ein Gerichtsverfahren] a. 누구에게 복수[고소]하겠다고 위협하다.

Androhung, die; -en 위협, 협박: unter A. von Gewalt 폭력을 쓰겠다고 협박하면서.

Androide [andro'i:də], **Android** [andro'i:t], der; ...den, ...den [griech. anḗr (2격: andrós) = Mann, Mensch] 인조 인간. **Androloge** [...'lo:gə], der; -n, -n 남성과 전문의. **Andrologie** [...lo'gi:], die ↑ Männerheilkunde. **andrologisch** ⟨Adj.⟩ 남성과 전문의(학)의. **androphil** ⟨Adj.⟩ [griech. phileīn = lieben] 【의학・심리학】 성숙한 남성에게 성적 충동을 느끼는.

Andromeda [an'dro:meda], die ⟨Pl. 없음⟩ 안드로메다좌(座).

andröseln ⟨h⟩ 《다음 용법으로》 sich einen a. 한 잔 마시다[꺾다].

Andruck, der; -(e)s, -e 1. 【인쇄】 시쇄, 시험 인쇄. 2. ⟨Pl. 없음⟩ **a)** 【기술】 기술을 쓸 때 생기는 반동력. **b)** 【로켓기술】 가속시 조종사가 받는 반동력.

andrucken ⟨h⟩ 【인쇄】 **a)** 시쇄본(試刷本)을 인쇄하다, 시험인쇄하다. **b)** 인쇄를 시작하다.

andrücken ⟨h⟩ 1. 무엇에 대고 누르다, 눌러 고정시키다[다지다]: mit Klebstoff bestrichene Bruchstellen fest a. 찢어진 곳에 풀을 발라 꼭꼭 누르다. 2. (스위치를 눌러) 켜다, 작동시키다: das Licht a. 스위치를 눌러 불을 켜다.

Andruckexemplar, das; -s, -e 【인쇄】 **a)** 시쇄본(試刷本). **b)** 인쇄를 시작해서 처음 찍혀 나온 것 중의 하나.

andudeln ⟨h⟩ 《경・다음 용법으로만》 sich einen a. 술에 취하다, 취하도록 마시다: ich habe mir neulich einen angedudelt 나는 최근 취하도록 마셨다.

andünsten ⟨h⟩ 【요리】 살짝 찌다[튀기다], 끓이다]: in heißem Öl kurz a. 끓는 기름 속에 넣고 살짝 튀기다.

anecken ['an|ɛkn] ⟨s⟩ [↑ Ecke 참조] 1. (실수로) 무엇에 부딪히다: ich bin mit dem Rad (am Bordstein) angeeckt 나는 자전거를 타고서 (보도의 연석에) 부딪쳤다. 2. (통속어) 감정을 상하게 하다, 모나게 보이다: er will auf keinen Fall a. 그는 결코 모나게 보이려 하지 않는다.

aneifern ⟨h⟩ (südd., österr.) 격려[고무, 응원]하다: die Freunde eiferten ihn an 친구들이 그를 응원하였다.

aneignen, sich ⟨h⟩ 1. (불법적으로) 제 것으로 만들다, 탈취하다: du hast dir das Buch widerrechtlich angeeignet 너는 그 책을 불법적으로 네 것으로 만들었다. 2. 습득하다, (배워) 익히다, 배우다: du hast dir neue Kenntnisse [gute Umgangsformen] angeeignet 너는 새로운 지식(훌륭한 교제술)을 습득하였구나. **Aneignung**, die; -en 1. **a)** 【법】 (소유자 없는 물건, 동물에 대한) 소유권 획득. **b)** 횡령, 불법적인 탈취: die A. fremden Eigentums wird bestraft 남의 소유물의 횡령은 처벌된다. 2. 【교육】 배움, 학습, 습득: in diesem Lebensalter hat der A. von Fremdsprachen Vorrang 이 연령(층)에서는 외국어를 배우는 것이 우선적이다. **Aneignungsrecht**, das 【법】 선점(先占)권.

aneinander [anǀaiˈnandə] ⟨Adv.⟩ 1. 서로서로: **a.** denken 서로를 생각하다. 2. 엇비켜, 나란히, 잇대어: **a.** vorbeigehen 엇비켜 지나가다; sie reden **a.** vorbei 그들은 서로 빗나가는 말을 한다(상대의 말은 고려하지 않고).

aneinander-, Aneinander-: ~**bauen** ⟨h⟩ 잇대어 짓다: Häuser **a.** 집들을 잇대어 짓다. ~**binden*** ⟨h⟩ 1. 서로 연결하다[잇다], 함께 묶다: sie haben die Gefangenen aneinandergebunden 그들은 포로들을 함께 묶었다. 2. 끈[줄]의 양 끝을 옹쳐 매다: die Schnur ist gerissen, soll ich die Enden **a.**? 줄이 끊어졌군. 양끝을 옹쳐 맬까? 3. ⟨**a.** + sich⟩ 한 줄[끈]으로 함께 묶다. ~**drängen** ⟨h⟩ 1. 밀착되도록 밀어내다[부치다]: die entgegenströmenden Menschen drängten die beiden dicht aneinander 밀려드는 사람들은 그 둘을 밀착되도록 밀어부쳤다. 2. ⟨**a.** + sich⟩ 서로 달라붙다, 밀착하다: in der Kälte (vor Angst) drängten sich die Menschen dicht aneinander 추위에(겁이 나서) 사람들은 서로 달라붙었다. ~**drücken** ⟨h⟩ 1. 무엇에 대고 누르다, 양쪽에서 서로 누르다: zum Kleben muß man beide Teile fest **a.** 접착시키기 위해서는 양쪽을 서로 꼭 눌러야 한다. 2. ⟨**a.** + sich⟩ 서로 몸을 밀착시키다: die beiden Kinder drückten sich fest aneinander 그 두 아이는 서로 몸을 밀착시켰다. ~**fesseln** ⟨h⟩ 1. 함께(서로) 묶다: man hatte die Gefangenen zu zweit und zu dritt aneinandergefesselt 포로들을 둘씩, 셋씩 함께 묶었다. 2. ⟨**a.** + sich⟩ 서로서로 얽매이다: sie haben sich so aneinandergefesselt, daß keiner ohne den anderen das Haus verläßt 그들은 서로 꼭 얽매여서 누구도 다른 쪽을 두고 집을 떠날 수 없다. ~**fügen** ⟨h⟩. 서로 잇대어[끼워] 맞추다, 접합하다: ich versuche, die Bruchstücke wieder aneinanderzufügen 나는 조각들을 다시 끼워 맞추려고 한다. 2. ⟨**a.** + sich⟩ 어우러지다, 끼워 맞춰지다: die einzelnen Teile des Bildes fügen sich harmonisch aneinander 그림의 각각의 부분이 조화있게 어우러진다. ~**geraten** ⟨s⟩ 서로 맞붙어 싸우다: zuletzt gerieten die beiden Männer aneinander 마지막에 가서 그 두 남자는 맞붙어 싸우기 시작했다. ~**grenzen** ⟨h⟩ 경계(선)이 맞물어 있다, 경계선을 함께 하다: [전의] ihre Aufgabenbereiche haben direkt aneinandergrenzt 그들의 업무 분야는 직접 맞물어 있었다. ~**haften** ⟨h⟩ ↑**kleben**. ~**halten*** ⟨h⟩ 서로 맞대다, 서로 견주어 보다: er hielt die einzelnen Farben aneinander 그는 개개의 색깔들을 서로 견주어 보았다. ~**hängen**(*) ⟨h⟩. 1. (약변화) 나란히 걸다: sie begann, Girlanden aneinanderzuhängen 그녀는 꽃장식을 나란히 걸기 시작했다. 2. (강변화) **a)** 촘촘히 걸려 있다: die Lampions hingen zu dicht aneinander 제등이 너무 촘촘히 걸려 있었다. **b)** 서로 애착을 느끼다, 따르다, 결속되어 있다: die Zwillinge haben sehr aneinandergehangen 그 쌍둥이는 서로 아주 애착을 느꼈다. ~**heften** ⟨h⟩ 1. 함께 철하다: die Seiten müssen aneinandergeheftet werden 이 낱장들을 묶어 철해야 한다. 2. [재단] 꿰매 연결하다. ~**ketten** ⟨h⟩ 1. 사슬로 서로 묶다, 얽어 매다: am Abend werden die Boote aneinandergekettet 배들이 저녁에 사슬로 서로 묶여 있다. 2. ⟨**a.** + sich⟩ 서로 꼭 묶다. ~**klammern** ⟨h⟩ 1. 클립으로 묶다: die Fotokopie und den Brief **a.** 복사와 편지를 클립으로 묶다. 2. ⟨**a.** + sich⟩ 서로 껴안다: die beiden Äffchen hatten sich fest aneinandergeklammert 두 원숭이는 서로 꼭 껴안았다. ~**kleben** ⟨h⟩ 1. 서로 접착시키다[붙이다]: erst müssen die beiden Hauptteile aneinandergeklebt werden 우선이 두 큰 조각들을 붙여야 된다. 2. **a)** (조각들이) 서로 달라붙어[접착되어] 있다: die Einzelteile kleben fest aneinander 개개 조각들이 착 달라붙어 있다. b) 《통용어》 《사람이》 떨어지지 않고 붙어 있다[다니다]: seit ein paar Wochen kleben die beiden aneinander 몇 주 전부터 그 둘은 떨어지지 않고 붙어 있다. ~**knoten** ⟨h⟩ 서로 옹쳐 매다. ~**knüpfen** ⟨h⟩ 서로 잇다, 연결하다. ~**koppeln** ⟨h⟩ [기술] (움직이도록) 서로 연결하다: Wagen(Raumschiffe) a. 차량(우주선)을 연결하다. ~**kriechen*** ⟨s⟩ 기어서 서로 몸을 밀착시키다. ~**legen** ⟨h⟩ 1. 나란히[옆에, 함께] 놓다: die Hände a. 양 손을 나란히 놓다. 2. ⟨a. + sich⟩ 몸을 밀착해 눕다. ~**lehnen**, sich ⟨h⟩ 서로 (몸을) 기대다[의지하다]: sich vor Müdigkeit a. 피곤해서 서로 몸을 기대다. ~**liegen*** ⟨h⟩ 간격없이 나란히 (놓여) 있다. ~**nähen** ⟨h⟩ 꿰매 잇다 (연결하다). ~**passen** ⟨h⟩ 꼭 들어 맞다: die Puzzlesteine passen genau aneinander 퍼즐 조각들이 꼭 들어 맞는다. ~**prallen** ⟨s⟩ 격렬하게 맞부딪치다, 충돌하다. ~**pressen** ⟨h⟩ 무엇에 대고 누르다, 양쪽에서[서로] 누르다: er preßte die Fäuste aneinander 그는 주먹을 마주 대고 눌렀다. ~**reiben*** (마주 대고) 부비다: die Hände aneinanderreiben 손을 마주 대고 부비다. ~**reihen** ⟨h⟩ 1. 나란히 열지어 놓다, 옆에다 바짝 붙여 놓다: fünfzehn gleiche, aneinandergereihte Bände 나란히 병렬해 놓은 같은 책 열다섯 권. 2. ⟨a. + sich⟩ a) (시간적으로) 뒤를 잇다: die Nächte reihten sich aneinander 여러 밤이 뒤를 이었다. b) (아어) 나란히 늘어서다: die Bücher reihen sich im Regal aneinander 책들이 서가에 나란히 늘어서 있다. ~**reihung**, die; -en ↑ ~reihen의 명사형. ~**rücken** ⟨s⟩ 가깝게 다가서다[앉다]: eng[dicht] a. 가깝게 다가서다. ~**schieben*** ⟨h⟩ 서로 밀다. ~**schlagen** ⟨h⟩ 마주 두드리다: sie schlugen im Takt die Hölzer aneinander 그들은 박자에 맞춰 나무 조각을 마주 두드렸다. ~**schließen** ⟨h⟩ 1. (함께) 잠그다. 2. [전기] (회로을) 연결하다. 3. ⟨a. + sich⟩ 연합하다: die Verfolgten haben sich aneinandergeschlossen 박해받는 사람들이 연합 전선을 구축하다. ~**schmieden** ⟨h⟩ 쇠를 달구어 서로 잇다: die Sklaven waren aneinandergeschmiedet 노예들은 쇠사슬로 서로 묶여 있었다. ~**schmiegen**, sich ⟨h⟩ 서로 몸을 밀착시키다: eng aneinandergeschmiegt dalagen 몸을 밀착시키고 누워 있다. ~**schneiden*** ⟨h⟩ [영화] 편집하다. ~**schrauben** ⟨h⟩ 나사로 잇다[연결하다, 붙이다]: die beiden Teile waren aneinandergeschraubt 그 두 부분은 나사로 연결되어 있다. ~**schweißen** ⟨h⟩ 용접하다. ~**setzen** ⟨h⟩ 끼워 맞추다[넣다]: zwei Teile a. 두 조각을 끼워 맞추다. ~**stecken** ⟨h⟩ 1. 끼워 맞추다[넣다]: Spielsteine auf verschiedene Weise a. 장난감 조각들을 여러 방식으로 끼워 맞추다. 2. 꼭 끼어 있다. ~**stellen** ⟨h⟩ 나란히 (세워)놓다: wir können die zwei Schränke a. 우리는 두 장롱을 나란히 놓을 수 있다. ~**stoßen*** ⟨h⟩ 1. 충돌하다: wer hat gesehen, wie die Fahrzeuge aneinandergestoßen sind? 자동차들이 어떻게 충돌했는지 누가 보았나? 2. 경계선이 마주치다: an dieser Nahtstelle stoßen Ost und West aneinander 바로 이 봉합선에서 동·서양 진영의 경계가 마주친다. ~**wachsen** ⟨s⟩ 유착(癒着)하다: die Knochen müssen zuerst a. 뼈들이 우선 유착해야 된다.

Anekdötchen [anɛk'dœːtçən], das; -s, - ↑ Anekdote 의 축소형. **Anekdote** [anɛk'doːtə], die; -n (축소형: ↑ Anekdötchen) [frz. anecdote, griech. anékdota] (비잔틴의 역사가 Prokop의 저서의 제목에 따라) 일화: eine kleine A. erzählen 짧은 일화를 이야기하다. **anekdotenhaft** ⟨Adj.⟩ 일화 같은, 일화풍의: etw. a. erzählen 무엇을 일화풍으로 이야기하다. **Anekdotik**, die 《아어》 한 시대에[인물]에 대한 일화의 전부. **anekdotisch** ⟨Adj.⟩ 일화 형식으로 쓰여진, 일화 형식의: -e Zeit-, Gesellschaftsbilder 일화 형식으로 그린 시대와 사회상.

anekeln ⟨h⟩ 구역질[욕지기]나게 하다: der Anblick[die Person) ekelte mich an 그 광경[사람]은 나를 구역질나게 했다.

Anemograph [anemo'graːf], der; -en, -en 자기(自記) 풍력계. **Anemometer** [anemo'meːtɐ], das; -s, - 풍속[력]계.

Anemone [ane'moːnə], die; -n [lat. anemōnē < griech. anemṓnē] 아네모네.

anempfehlen* ⟨h⟩ 간곡히 권고[충고]하다: jmdm. ein Verhalten ausdrücklich[wärmstens] a. 누구에게 어떤 행동[태도]을 하라고 힘주어[간곡히] 권고하다. **Anempfehlung**, die; -en 1. 권고[충고]함. 2. 충고.

anempfinden* ⟨h⟩ 감득(感得)하다, 자기가 경험한 일처럼 느끼다. **Anempfindung**, die; -en ↑ anempfinden의 명사형.

Anerbe, der; -n, -n [법] (농토의) 단독 상속인. **Anerbenfolge**, die 일자 상속(一子相續) 순서[서열]. **Anerbenrecht**, das ⟨Pl. 없음⟩ [법] 일자 상속법.

anerbieten*, sich ⟨h⟩ 무엇할 용의가 있음을 밝히다, 자청하다: ich erbiete mich an, dich zu begleiten 나는 너와 동행할 용의가 있다. **Anerbieten**, das; -s, - ⟨드물게 Pl.⟩ 제의, 제안: ein großmütiges A. 아량있는 제안.

Anerbietung, die; -en 《고어》 ↑ Anerbieten.

anerkannt ['anɛɐkant] ⟨Adj.⟩ 인정 받은, 정평[명망]있는: ein -er Fachmann (Wissenschaftler) 정평 있는 전문가[학자]. **anerkanntermaßen** ⟨Adv.⟩ 정평대로, 자타가 공인한 바와 같이: a. gehört a. zu den tüchtigsten Metzgern der Stadt 그는 자타가 공인하는 바와 같이 그 시에서 가장 유능한 정육점 주인 중의 하나이다. **anerkennen*** ⟨h⟩ a) 인정[시인, 승인]하다: er erkannte die Berechtigung einer Opposition an 그는 야당의 정당성을 인정하였다. b) 알아주다, 존중하다: die Mitmenschen(Spielregeln, jmds. Bemühungen) a. 이웃(경기 규칙, 누구의 노력)을 존중하다. 2. 인정[승인, 공인]하다: eine neue Regierung[einen Staat) diplomatisch a. 새 정부[국가]를 외교적으로 승인하다; jmdn. als rechtmäßigen Herrn a. 누구를 합법적인 주인으로 인정하다. **anerkennenswert** ⟨Adj.⟩ 알아 줄 만한: eure Bemühungen sind a. 너희들의 노력은 칭찬할 만하다. **anerkennenswerterweise** ⟨Adv.⟩ 칭찬할 만하게. ¹**Anerkenntnis**, die; -se ⟨드물게 Pl.⟩ 《아어》 승인, 인정, 동의: in A. der Zwangslage 긴급 상황임을 인정하다. ²**Anerkenntnis**, das; -ses, -se [법] 인지(認知), 인낙(認諾). **Anerkenntnisurteil**, das [법] 인지에 의한 판결. **Anerkennung**, die; -en 1. 존중, 알아 줌, 청찬, 인정: A. von Leistungen 기록(성적)의 인정; keine A. finden 인정 받지 못하다; mit A. von jmdm. sprechen 누구에 관해서 청찬하는 말을 하다. 2. ⟨드물게 Pl.⟩ a) 인정, 승인, 공인: die diplomatische A. eines Staates 한 국가의 외교적 승인. b) 동의, 승락, 인정: unter A. des Prinzips der Gleichberechtigung 평등 원칙의 인정하에서. **Anerkennungsschreiben**, das 감사장, 표창장, 인정서: er erhielt zahlreiche A. 그는 수많이 많은 감사장을 받았다. **Anerkennungsurkunde**, die (국가가 주는) 감사장, 표창장, 인정서.

Aneroid [anero'iːt], das; -(e)s, -e [griech. a- = nicht, un- u. nērós = fließend, feucht, naß], **Aneroidbarometer**, das; -s, - [기상] 아네로이드[무수은(無水銀)] 기압계.

anerziehen* ⟨h⟩ 몸에 배도록 가르치다(반대: aberziehen): jmdm. gute Umgangsformen a. 누구에게 훌륭한 교제 형식을 몸에 배도록 가르치다.

anessen', sich ⟨h⟩ 먹어서 어떤 상태에 빠지다: du hast dir ein Bäuchlein angegessen 너 먹어서 배가 나왔구나.

Aneurysma [anɔy'rysma], das; -s, ...men [griech. aneúrysma = Erweiterung] [의학] 동맥류[動脈瘤].

anfachen ⟨h⟩ 《아이》 바람을 불어 불 피우다, 부채질하다: [전의] jmds. Leidenschaften a. 누구의 열정을 자극하다[부추기다]; das hat seine Begierde angefacht 그것이 그의 호기심에 불을 댕겼다. **Anfachung**, die; -en ↑ anfachen의 명사형.

anfahren' **1.** ⟨s⟩ (자동차가) 출발하다, 달리기 시작하다: die Straßenbahn fuhr an 전차가 출발했다. **2.** ⟨s⟩ (자동차 타고 다가오다: in seinem Sportwagen in rasendem Tempo angefahren kommen 그의 스포츠카를 타고 무서운 속도로 달려오다. **3. a)** ⟨h⟩ 무엇을 향해 차를 몰다: Berlin a. 베를린을 향해 차를 몰다. **b)** ⟨h⟩ 운전하면서 다가올 장애물에 대비하다: er fuhr eine Kurve falsch an 그는 커브를 잘못 돌았다. **4.** ⟨h⟩ (자동차 따위로) 운반해 오다: Kohle a. 석탄을 실어 오다; [전의] Getränke anfahren lassen 《통용어》 마실 것을 많이 가져오게 하다, 기부하다. **5.** ⟨h⟩ **a)** (운전하다가) 사람을 치다: er hat eine alte Frau angefahren 그는 한 노파를 치었다. **b)** 들이받다. **6.** ⟨h⟩ 야단[호통]치다: einen Untergebenen heftig a. 부하에게 호되게 야단치다. **7.** ⟨h⟩ [기술] 《대개 수동으로》 공장을 가동하다, 생산을 시작하다. **8.** [광] **a)** ⟨s⟩ 입갱(入坑)하다: eine Frühschicht a. 특근하기 위해 입갱하다. **b)** ⟨h⟩ 갱을 파 광맥을 채취할 수 있게 하다. **Anfahrschacht**, der 입갱로, 하강갱(下降坑). **Anfahrt**, die; -en **1. a)** (자동차 따위를) 타고 옴, 도착: sie konnten nur die A. zweier Autos melden 그들은 단지 자동차 두 대가 도착했음을 알릴 수 있었다. **b)** 차로(도달)하는 데 필요한 시간: die A. dauert mindestens eine Stunde 도착하는 데에는 최소한 한 시간 걸린다. **2.** 진입(로): das Krankenhaus hat für die Krankenwagen eine besondere A. 그 병원에는 구급차를 위한 별도의 진입로가 있다. **3.** [광] 입갱 (入坑).

Anfahrts-: **~kosten** ⟨Pl.⟩ 수송[운송]비(용). **~straße**, die 진입로. **~weg**, der 진입로. **~zeit**, die 도달하는 데 필요한 시간.

Anfall, der; -s, Anfälle **1.** 발작: einen A. von Hysterie haben[erleiden] 히스테리 발작을 일으키다; [전의] ein A. von Fleiß 발작적으로 부지런을 떪; **einen A. bekommen[kriegen]** 《통용어》 발작[이성]을 잃다. **2.** ⟨Pl. 없음⟩ 수확(량), 생산(량): der A. an Roheisen ist sehr gering 철광석 생산량은 아주 적다. **3.** ⟨Pl. 없음⟩ (무엇의 결과로) 생김, 발생: der A. an Arbeiten war sehr gering 부수[결과]적으로 발생하는 일의 양은 아주 적었다. **anfallartig** ⟨Adj.⟩ 발작적인, 짧으나 격렬한: Schmerzen kommen a. 통증은 발작적으로 온다.

anfallen' **1.** ⟨h⟩ 기습[습격]하다: sie haben ihn aus dem Hinterhalt angefallen 그들은 매복했다가 그를 기습하였다; die Wölfe versuchten, den Schlitten anzufallen 늑대들이 썰매를 습격하려고 하였다; [전의] er hat ihn mit groben Worten angefallen 그는 갑자기 그에게 심한 욕설을 퍼부었다. **2.** ⟨h⟩ (감정이) 엄습하다: Angst fiel ihn an 두려움이 그를 엄습하였다. **3.** ⟨s⟩ (부수적[결과적]으로) 생기다, 발생하다: hohe Kosten sind angefallen 많은 비용이 발생했다; alle anfallenden Arbeiten 부수적으로 발생하는 모든 일. **anfällig** ⟨Adj.⟩ 병에 걸리기 쉬운, 저항력이 약한: sie ist ziemlich a. für [《드물게》 gegen] Erkältungen 그녀는 감기에 약하다; der wirtschaftliche besonders a. Mittelstand 경제적으로 특히 취약한 중산층. **Anfälligkeit**, die ↑anfällig의 명사형: A. für Krankheiten 병에 대

한 저항력이 없음; [전의] Motor u. Getriebe zeichnen sich durch geringe A. aus 모터와 연동기의 특징은 고장이 잘 안 나는 점이다.

anfalls-, **Anfalls-** (Anfall 1): **~bereitschaft**, die 발작성향. **~leiden**, das 간질병. **~weise** ⟨Adv.⟩ 발작과 같이, 발작적으로: -s Hinken 발작적으로 다리를 절뚝거림.

Anfang, der; -(e)s, -fänge (반대: Ende) **a)** ⟨드물게 Pl.⟩ 발생, 시작, 기원, 태초: der A. der Weltgeschichte 세계사의 기원; der A. aller Leiden 모든 고통의 발단; von (allem) A. an (맨)처음부터; **von A. bis Ende** 처음부터 끝까지(빠진 것 없이). **b)** 개시, 시작, 착수: einen neuen A. machen mit etw. 무엇을 다시 시작하다; [성구] das ist der A. vom Ende 망할 날이 멀지 않았다, 패망의 시작이다; [속담] aller A. ist schwer 시작이 바이다; **den A. machen** 무엇을 맨 먼저 시작하다; **seinen A. nehmen** 《아어》 시작하다. **c)** 시작 단계, 초창기, 첫머리: der A. der Erzählung war ziemlich unklar 이야기의 첫머리는 다소 불분명했다; die Erforschung des Weltraums steckt erst in den Anfängen 우주 탐색은 겨우 초창기에 머물러 있다. **d)** ⟨Pl. 없음⟩ (어느 시기, 기간의) 처음 부분, ...초(初): A. der fünfziger Jahre 50년대초: A. des Monats 상순, 월초(月初); die Frau dürfte so A. des Fünfziger sein 《통용어》 그 부인은 50대 초반일 것이다; **zu[am, im] A.** 처음에, 먼저, **e)** (공간의) 시작, 처음: der A. einer Strecke [einer Straße] 구간[도로]의 시작. **anfangen**' ⟨h⟩ **1. a)** 시작[개시, 착수]하다: eine Arbeit a. 일을 시작하다 (반대: beenden); gleich werden die Sirenen zu heulen a. 곧 사이렌이 울리기 시작할 것이다; du hast angefangen 《통용어》 네가 (싸움을) 시작했다; eine Geschichte [ein Verhältnis] mit jmdm. a. 《은폐》 누구와 애정 관계를 시작하다. **b)** (훈련, 직업을) 시작하다: am 1. Januar können Sie a. 1월 1일부터 출근하시오; (ganz) von vorn(e)[von klein auf] a. (맨) 밑바닥에서부터 시작하다. **c)** (말을) 시작하다, 말문을 열다(반대: schließen); und etwas unvermutet fing er an 그리고 약간 의외로 그가 말문을 열었다. **d)** 어떤 주제를 언급하다, 화제를 꺼내다: nun fang du auch noch damit an! 이제 그것에 관해서는 그만 이야기해라. **2. a)** 무엇에 사용하다, ⟨행⟩하다: nichts[viel] mit sich anzufangen wissen 무엇을 해야 좋을지 모르다[알다]; mit ihm ist heute nichts anzufangen 그는 오늘 컨디션이 나쁘다, 그와는 오늘 아무 일도 할 수 없다. **b)** ⟨행⟩하다: was können[sollen] wir nachher a? 그 뒤에 우리는 무엇을 할 수 있는가[해야 좋은가]?; eine Sache richtig [verkehrt] a. 일을 옳게[거꾸로] 하다. **3.** 시작되다[하다](반대: aufhören, schließen, zu Ende gehen): hier fängt das Sperrgebiet an 여기에서 금지 구역이 시작된다; das Wort fängt mit P an 그 단어는 P로 시작된다; das fängt ja gut an 《반어적》 그것 참 제대로 시작되는군. **Anfänger**, der; -s, - 초보[심]자, 신출내기[기], 신참: Kurse für A. 초보자를 위한 코스, 초급반; er ist ein blutiger A. auf diesem Gebiet 《통용어》 그는 이 분야에서 새파란 신출내기이다. **Anfängerin**, die ↑ Anfänger의 여성형. **Anfängerkurs**, der; -es, -e, **~Kursus**, der 신참 초급[기초]반. **Anfängerübung**, die; -en 초보자를 위한 연습. **anfänglich** ['anfɛŋlɪç] ⟨Adj.⟩ 처음[최초]의: nach -em Zögern [Mißtrauen] 처음에는 주저[믿지 못]하다가. **anfangs** ['anfaŋs] **I.** ⟨Adv.⟩ 처음[시작, 최초]에, 원래, 우선은: a. ging alles gut 처음에는 모든 것이 순조로웠다; die a. aufgestellte Hypothese war falsch 처음에 세운 가설이 잘못이었다. **II.** ⟨Präp.[2]⟩ 《통용어》 (시간의) 처음에, 초(初)에: a. des Jahres[der Woche] 연[주]초에.

Anfangs-: ~buchstabe, der a) 첫[머리] 글자[철자]: mit großen -n 첫 글자를 대문자로써. b) 〈Pl.로만〉고유명사[이름]의 머리글자: in die Wäsche eingestickte -n 내복에 수놓은 이름의 머리글자. ~drittel, das [아이스하키] 일[첫] 피어리어드. ~erfolg, der 시작할 때의 커다란 성공[성과]. ~gehalt, das 〈Pl.: ...gehälter〉 초봉. ~geschwindigkeit, die a) 처음[출발시]의 속도. b) [탄도] 총알이 총구를 떠난 직후의 속도. ~gründe 〈Pl.〉[lat. elementa] 원리: die A. der Mathematik 수학의 원리. ~hälfte, die [스포츠] 전반(전)(반대: Schlußhälfte). ~kapital, das 창립[창업] 자본(금). ~reim, der [문학] 시행두운(詩行頭韻)(반대: Endreim). ~schwierigkeit, die 〈대개 Pl.〉처음에 겪는 어려움: keine(große) -en haben 처음에 어려움을 겪지 않다[많이 겪다]. ~silbe, die 첫음절. ~stadium, das 시작 단계: der Bau ist noch im A. 공사는 아직 시작 단계에 처해 있다. ~stück, das 맨 처음[앞]의 것. ~stufe, die ↑~stadium. ~temperatur, die 처음의 온도. ~unterricht, der 신입생을 대상으로 한 수업, 첫수업. ~wort, das 〈Pl.: ...wörter〉[한 행(行), 연(聯), 텍스트]의 첫단어. ~zeit, die 시작 시간.

anfärben 〈h〉 (부분적으로 살짝) 물들이다, 염색하다: Stoffteile a. 천조각을 염색하다. Anfärbung, die; -en ↑anfärben의 명사형.

anfassen 〈h〉 1. a) (붙)잡다, (손으로) 건드리다, 만져[대]보다: den warmen Ofen[etw.] mit spitzen Fingern[vorsichtig] a. 따뜻한 난로[무엇]를 손가락 끝으로[조심스럽게] 만져 보다. b) 손을 잡다: die Mutter faßt das Kind an und geht mit ihm über die Straße 엄마가 아이의 손을 잡고서 길을 건넜다. c) 〈a. + sich〉 촉감이 무엇 같다: das faßt sich wie Wolle an 이것의 촉감은 양털 같다. 2. (일정한 방식으로) 다루다, 취급하다: jmdn. verständnisvoll a. 누구를 이해심 있게 다루다. 3. a) 협력하다, 돕다: der Korb ist schwer, faß doch mal (mit) an! 바구니가 무겁다. 드는 데 (함께) 좀 도와 줘. b) (어떤 방식으로) 착수하다, 시작하다: eine Arbeit[ein Problem] geschickt[mit Eifer] a. 일[문제]를 재치있게[열성을 가지고] 시작하다. 4. 〈아이〉(감정이) 엄습하다, 사로잡다: Angst[Schrecken, Sehnsucht] faßte ihn an 두려움[놀람, 동경]이 그를 사로잡았다.

anfauchen 〈h〉 1. 누구를 향해 야옹거리다: die Katze faucht den Hund an 고양이가 개를 향해 야옹댄다. 2. 몹시 꾸짖다.

anfaulen 〈s〉 썩기[부패하기] 시작하다: angefaulte Äpfel 썩기 시작한 사과.

anfechtbar ['anfɛçtbaːɐ] 〈Adj.〉 논란[이의, 반박]의 여지가 있는: ein ~es Urteil 논란의 여지가 있는 판결. Anfechtbarkeit, die 〈Pl. 없음〉 ↑anfechtbar의 명사형. anfechten* 〈h〉 1. 논란(반박)하다, 이의를 제기하다: ein Urteil[einen Vertrag] a. 판결[계약]에 불복하다. 2. a) 불안하게 하다, 괴롭히다, 걱정시키다: Versuchungen fechten ihn an 유혹이 그를 괴롭힌다; ich ließ es mich nicht a. 나는 그것으로 혼란을 일으키지 않았다. b) 〈아이〉 엄습하다, 사로잡다: was fictht dich an? 너 어떻게 된 거냐? Anfechtung, die; -en 1. [법] 불복, 취소(청구): die A. eines Urteils 판결에 대한 불복. 2. 〈대개 Pl.〉 〈아이〉 유혹: eine innere A. 내적유혹; schweren -en ausgesetzt sein 심각한 자기 회의에 빠지다. Anfechtungsklage, die [법] 취소청구 소송, 항고소송.

anfegen 〈s〉 (거의 다음 용법으로). angefegt kommen (통용어) 빠른 속도로 (다가)오다: sie kamen mit ihren Motorrädern angefegt 그들은 오토바이를 타고 빠르게 왔다.

anfeinden ['anfaɪndn̩] 〈h〉 〈아이〉 적대시하다: er wurde von allen angefeindet 그는 모두로부터 적대시 되었다. Anfeindung, die; -en 적대(시), 적대감.

anfeixen 〈h〉 (통용어) 악의적으로 웃다: er feixte mich schadenfroh an 그는 고소하다는 듯 나를 향해 악의적으로 웃었다.

anfersen ['anfɛrzn̩] 〈h〉 1. [스포츠] 달리면서 발꿈치로 엉덩이나 장딴지를 건드리다. 2. 떨어진 양말에 뒤꿈치를 기어 넣다: Strümpfe a. 양말에 뒤꿈치를 기어 넣다.

anfertigen 〈h〉 생산하다, 제작하다, 작성하다: diese Fabrik fertigt nur Waren erster Qualität an 이 공장은 최고 품질의 상품만을 생산한다; sich beim Schneider einen Anzug a. lassen 양복점에서 양복을 맞추다. Anfertigung, die; -en 제작, 작성, 생산. Anfertigungskosten 〈Pl.〉 제작[생산]비.

anfesseln 〈h〉 무엇에 묶다: sie haben ihn (an den Baum) angefesselt 그들은 그를 (나무에) 묶었다.

anfetzen 〈h〉 (청소년어) 몹시 자극하다, 흥분시키다: diese Musik fetzt (mich) unheimlich an 이 음악이 (나를) 몹시 흥분시킨다.

anfeuchten 〈h〉 물기를 묻히다, 적시다, 축이다: ich feuchte mir die Lippen an 나는 입술을 축인다. Anfeuchter, der; -s, - 물기를 묻히기 위한 스폰지나 붓. Anfeuchtung, die; -en 물축이기.

anfeuern 〈h〉 1. 불 붙이다, 불을 지피다: den Ofen (einen Herd) a. 난로(화덕)에 불 붙이다. 2. 응원하다, 격려하다: jmds. Mut a. 누구의 용기를 북돋아 주다; jmdn. zu immer größeren Leistungen a. 누구에게 점점 더 좋은 성적[기록]을 올리도록 응원[격려]하다. Anfeuerung, die; -en 응원, 격려.

anfinden*, sich 〈h〉 다시 나타나다, 출현하다: 〈대개 wieder와 함께〉 Verschwundenes findet sich wieder 사라진 것이 다시 나타난다.

anfisteln 〈h〉 (통용어) 목소리를 높여 야단치다: einen Untergebenen wütend a. 부하에게 화가 나 큰 목소리로 야단치다.

anfixen 〈h〉 (은어) 누구를 꼬여 처음으로 마약을 복용하도록 하다.

anflachsen 〈h〉 (통용어) 놀리다, 조롱하다: er flachst mich dauernd an 그는 나를 끊임없이 놀린다.

anflanschen 〈h〉 [기술] 플랜지로 연결하다, 잇다: ein Rohr(eine Pumpe) a. 관(펌프)을 플랜지로 잇다.

anflattern 〈s〉 빠른 날갯짓으로 날아오다: ein Vogel kommt angeflattert 새가 날개를 팔락거리며 날아온다; 〈전의〉 ein Blatt kommt angeflattert 종이 한 장이 팔랑거리며 날아온다.

anflegeln 〈h〉 (통용어) 야비한 욕설을 퍼붓다, 비난하다: ich fleg(e)le ihn an 나는 그를 상스러운 욕설로 비난한다.

anflehen 〈h〉 애원[간청]하다: jmdn. weinend(auf den Knien) (um Hilfe) a. 누구에게 울면서(무릎을 꿇고)(도움을) 간청하다. Anflehung, die; -en 애원, 간청.

anflennen 〈h〉 (통용어・펌) 울면서 애걸하다, 애걸복걸하다, 읍소하다.

anfletschen 〈h〉 (짐승이) 이빨을 드러내고 으르렁거리다: der Hund fletschte den Briefträger an 개가 집배원을 향해 이빨을 드러내고 으르렁거렸다.

anflicken 〈h〉 1. (지역적) 무엇에 대고 깁다, 잇다, 덧붙이다: zur Verlängerung ein Stück Draht a. 연장하기 위해 철사 한 토막을 잇다. 2. (통용어) 비방(중상, 협담)하다: er wollte ihm unbedingt etwas a. 그는 그를 무조건 비방하려 하였다.

anfliegen* 1. 〈s〉 날아오다(반대: abfliegen): eine Möwe fliegt an und läßt sich auf der Mauer nieder 갈매기 한 마리가 날아와 담 위에 앉는다; ein Schneeball kam angeflogen 눈 뭉치가 날아왔다; 〈전의〉 im Hui!

flogen die Pferde an 순식간에 말들이 나는 듯이 달려왔다. **2.** ⟨h⟩ **a)** 어디로 비행하다. **b)** (어떤 항로에) 취항하다: Bukarest wird von vielen Fluggesellschaften angeflogen 수많은 항공사들이 부카레스트에 취항하고 있다. **3. a)** ⟨s⟩ 쉽게 습득하다, 익히다, 배우다: alles ist ihm (nur so) angeflogen 그는 모든 것을 (그냥) 힘 안들이고 배운다. **b)** ⟨h⟩ 엄습하다, 사로잡다: Angst fliegt sie an 공포가 그녀를 사로잡는다.

anfließen* ⟨s⟩ 《대개 다음 용법으로》 **angeflossen kommen** 흘러 오다.

anflitzen ⟨s⟩ 《대개 다음 용법으로》 **angeflitzt kommen** 《통용어》 질주해 오다: die Rennwagen kommen angeflitzt 경주용 자동차들이 질주해 온다.

anflöten ⟨h⟩ 《통용어》 감언이설로 속이려 하다.

Anflug, der; -(e)s, Anflüge **1.** [항공] **a)** (일정한 목적지로의) 항로, 비행 거리: 비행 거리가 너무 멀다. **b)** 착륙 진입 비행, 착륙하기 위한 접근: die Maschine befindet sich bereits im A. 비행기는 이미 착륙하기 위해 접근 중이다. **2.** 기미, 김새, 징후: ein leichter A. von Ironie 가벼운 빈정거림. **3.** [임업] **a)** 바람에 의한 씨앗의 확산, 날라온 씨앗. **b)** 바람에 날라온 씨앗에서 자란 나무싹(반대: Aufschlag (5)).

Anflug-: **~brett,** das (새집에 붙어 있는) 널판지. **~futter,** das [동물] 바람에 날려온 물고기의 먹이(특히 곤충). **~höhe,** die [항공] 착륙 비행의 (제한) 고도. **~nahrung,** die = ~futter. **~sektor,** der [항공] 주로의 제한선. **~stange,** die = ~brett. **~weg,** der 착륙 진입로. **~zeit,** die [항공] **a)** 착륙 시작 시각. **b)** 착륙 소요 시간.

anflunkern ⟨h⟩ 《통용어》 거짓말하다, 속이다: hör auf, du flunkerst mich ja nur an 그만 둬, 너는 나를 속이려고만 하잖아.

anfluten ⟨s⟩ 〈아어〉: das Wasser kam angeflutet 물이 넘실넘실 흘러온다.

anfordern ⟨h⟩ 요구하다, 청구하다, 주문하다: ein Gutachten[zusätzliche Arbeitskräfte] a. 의견서[추가의 일손]를 요구하다. **Anforderung,** die; -en **1.** 요구, 청구, 주문: eine schriftliche A. von Ersatzteilen 부속품에 대한 서류상의 청구. **2.** 《대개 Pl.》(능력에 대한) 주문, 요구 사항: allen -en genügen[gerecht werden] 모든 주문(사항)을 충족시키다; die Aufgabe stellt hohe -en an Geist und Ausdauer 이 과제는 고도의 정신력과 지구력을 요구한다.

Anfrage, die; -n 문의, 조회, 질의, 질문: eine telefonische A. an jmdn. richten 누구에게 전화로 문의하다; [의회] kleine A. (서면상의) 대정부 질문; große A. (본회의의) 대정부 질문. **anfragen** ⟨h⟩ 문의[조회, 질문, 질의]하다: brieflich wegen einer Sache bei jmdm. [⟨schweiz.⟩ jmdn.] a. 무슨 일 때문에 편지로 누구에게 문의하다.

anfressen* ⟨h⟩ **1.** 갉아먹다, (일부만을) 먹다: die Raupen haben den Kohl angefressen 애벌레들이 배추를 갉아먹었다. **2.** ⟨a. + sich⟩ 《속어》 너무 먹어 무엇이 생기다: du hast dir einen Bauch angefressen 너는 너무 먹어 배가 나왔다. **3.** 부식하기[좀먹기] 시작하다: Rost frißt Eisen an 녹이 쇠를 부식하기 시작한다; 전의 von der Zivilisation angefressen 문명에 의해 좀먹은.

anfreunden ['anfrɔyndn̩], sich ⟨h⟩ **1.** 누구와 친해지다, 친구가 되다: sich leicht mit jmdm. a. 누구와 쉽게 친해지다; die beiden haben sich rasch angefreundet 그 둘은 빠르게 친한 친구가 되었다. **2.** 익숙[친숙]해지다: sich mit einem Gedanken(einer Vorstellung) a. 어떤 생각(표상)에 익숙해지다. **Anfreundung,** die; -en 친(숙)해지기.

anfrieren* ⟨s⟩ **1.** 무엇에 얼어붙다: das Eis friert an den Behälter an 얼음이 그릇에 얼어붙었다. **2.** 살짝 얼다, 성에가 끼다: die Kartoffeln sind angefroren 감자가 약간 얼었다. **3.** ⟨a. + sich⟩ 《통용어》 (신체의 일부가) 얼다: ich habe mir die Nase angefroren 나의 코가 얼었다.

anfrischen ⟨h⟩ [사냥] (개에게 말로써) 시키다.

anfrotzeln ⟨h⟩ 《통용어》 놀리다, 야유하다: sie haben einander[sich gegenseitig] angefrotzelt 그들은 서로 야유하였다.

anfügen ⟨h⟩ 덧붙이다, 추가하다: einem Brief einige Zeilen a. 편지에 몇 줄을 덧붙이다. **Anfügung,** die; -en 덧붙이기, 추가.

anfühlen ⟨h⟩ **a)** (시험하기 위해) 만져 보다: einen Stoff a. 천을 만져 보다. **b)** ⟨a. + sich⟩ 어떻게 감촉되다, 느껴지다: etw. fühlt sich weich an 무엇의 감촉이 부드럽다.

Anfuhr ['anfuːɐ], die; -en 수송, 운송(해 옴), 반입: die A. von Versorgungsgütern 생필품의 수송. **anführen** ⟨h⟩ **1. a)** (앞에서) 이끌다, 선도(先導)하다: einen Festzug a. 축제 행렬을 선도하다. **b)** 지휘하다, 통솔하다: eine Truppe a. 한 부대를 지휘하다. **2. a)** (보기, 이유를) 들다, 언급하다, 열거하다: etw. als Beispiel a. 무엇을 보기로 들다; die oben angeführten Thesen a. [앞]에서 열거한 논제들. **b)** 누구의 이름을 대다: jmdn. als Zeugen[als Gewährsmann] a. 누구를 증인(보증인)으로 대다. **c)** 인용하다: er führte mehrere Zitate aus der Bibel an 그는 성경에서 여러 대목을 인용했다. **3.** 《통용어》 속이다, 우롱하다: du hast mich aber gründlich angeführt 너는 나를 철저히 기만하였구나. **4.** [문헌·인쇄] 문장에 시작의 인용 부호를 붙이다(반대: abführen). **Anführer,** der; -s, - 《흔히 편》 우두머리, 두목, 괴수: der A. einer radikalen Gruppe 과격파의 우두머리. **Anführerin,** die; -nen 《Anführer의 여성형. **Anführung,** die; -en **1.** 《대개 unter와 결합하여》 지휘, 인솔: unter A. eines Generals 장군의 인솔하에. **2. a)** 언급, 열거: besondere A. von Ereignissen 사건들의 특별한 언급. **b)** 인용: der Vortrag war aufgelockert durch die A. einiger Zitate 강연은 인용이 몇 개 들어가 부드러워졌다. **3.** 인용문. **Anführungsstrich,** der 《대개 Pl.》 ↑ ~zeichen. **Anführungszeichen,** das 《대개 Pl.》 [문헌·인쇄] 인용 부호, 따옴표: halbe A. 작은 따옴표; ein Wort mit A. versehen 어떤 단어를 따옴표 속에 넣다.

anfüllen ⟨h⟩ 가득(꽉) 채우다: das Zimmer ist mit allerlei Gerümpel angefüllt 방은 온갖 잡동사니로 꽉 차 있다.

anfunkeln (번뜩이는 눈으로) 노려보다: ich funk(e)le ihn wütend an 나는 화가 나 그를 노려본다.

anfunken ⟨h⟩ 무선전신으로 호출하다, 연락을 취하다: einen Truppenteil a. 부대를 무전으로 호출하다.

anfurzen ⟨h⟩ 《비》 야단치다.

anfuttern, sich ⟨h⟩ 《경》 과식하여 무엇이 생기다.

Angabe, die; -n **1.** 진술, 언명, 언급, 보고, 신고: genaue -n zu etw. machen[über jmdn., etw.] machen 무엇[누구]에 대해 정확한 진술을 하다; ohne A. der Adresse 주소를 언급하지 않고. **2.** 《Pl. 없음》 《통용어》 자랑, 허풍, 큰소리: diese Behauptung ist reine A. 이 주장은 순전히 허풍이다. **3.** [스포츠] **a)** 서브: der Spieler verfügt über eine starke A. 이 선수는 강한 서브를 갖고 있다. **b)** 서브된 공: jmdm. die Aus서브가 아웃되다. **4.** ⟨österr.⟩ 계약금, 초임금, 첫물임금: eine A. leisten 계약금을 내다. **Angabelinie,** die [스포츠] 서비스 라인.

angaffen ⟨h⟩ 《약간 편》 호기심에 차서 뚫어져라[멍하니] 바라보다: die Kinder gafften ihn mit offenem

Mund an 아이들이 그를 입을 벌리고 멍하니 바라보았다.

angähnen ⟨h⟩ 무엇[누구]을 보며 하품하다: 전의 unendliche Öde gähnt mich an 끝없는 황무지가 내 앞에 펼쳐졌다.

angaloppieren ⟨s⟩ **1.** (말을 타고) 달려오다: die Reiter kommen angaloppiert 기수들이 질주해 온다; 전의 Fritz kam angaloppiert (통용어) 프리츠가 큰 걸음으로 성큼성큼 다가왔다. **2.** 달리기[질주하기] 시작하다.

Angang, der; -s **1.** 《지역적》시작, 시초, 착수, 출발점: der A. von zwei neuen offiziellen Rundfunkprogrammen 새로운 두 공공 방송 프로그램의 시작. **2.** [민속] (민속 신앙에서 운수를 점치는 외출시의) 최초의 마주침[조우]: der A. eines jungen Mannes wird als günstig, der einer alten Frau als ungünstig empfunden 젊은 남자와 마주치는 것은 길조로, 늙은 여자와 마주치는 것은 흉조로 간주된다. **angängig** ⟨Adj.⟩ 가능한, 허락된, 허용된: eine nicht -e Handlungsweise 허용되지 않는 행동 방식. **Angangsglaube,** der; -ns [민속] 우연한 조우가 운명에 영향을 미친다는 미신.

angealtert ['angəˌaltɐt] ⟨Adj.⟩ 《드물게》약간 늙은, 초로의: ein -er Mann 초로의 남자.

angeäthert ['angəˌɛːtɐt] ⟨Adj.⟩ 《경》약간 술에 취한, 약간 술기운이 있는.

angeben' ⟨h⟩ **1. a)** 말하다, 알리다, 보고하다, 들다, 대다: Personalien a. 인적 사항을 말하다; etw. als Grund a. 무엇을 이유로 대다. **b)** (지)정하다: den Takt a. 박자를 정하다. **c)** 표시하다: die Umrisse des Gebäudes a. 건물의 윤곽을 표시하다. **2.** 《준고어》신고하다, 고발하다, 무고하다, 고자질하다: einen Diebstahl a. 도둑맞은 것을 신고하다; jmdn. wegen eines Vergehens a. 누가 나쁜 짓을 했다고 고발하다. **3.** 《통용어》떠벌리다, 호언장담하다, 허풍 떨다, 빼기다, 큰소리치다: gib bloß nicht so an! 제발 그렇게 허풍떨지 마라; er hat mit seinen Eroberungen furchtbar angegeben 그는 여자들을 정복한 이야기를 몹시 떠벌렸다. **4. a)** [구기] 먼저 서브하다. **b)** [카드] 패를 돌리다(반대: abgeben). **Angeber,** der; -s, - **1.** 배신자, 밀고자: im Lager gab es einen A. 수용소 안에 밀고자가 하나 있었다. **2.** (통용어) 허풍선이, 떠버리: er ist nichts als ein A. 그는 떠버리에 불과하다. **Angeberei** [angeːbəˈraɪ], die; -en 《통용어》**1.** ⟨Pl. 없음⟩ 허풍(떨기), 빼기기, 뽐내기: was er sagt, ist alles A. 그가 말하는 것은 전부 허풍이다. **2.** 허풍, 빼기[뽐내]는 태도[말]: sein -en beruhen auf einem Minderwertigkeitskomplex 그의 빼기는 태도는 열등 의식에 근거한다. **angeberisch** ['ange:bərɪʃ] ⟨Adj.⟩ 《통용어》허풍떠는, 뽐내는, 빼기는: -er Kerl 허풍떠는 사람.

Angebetete' ['angəbeːtətə], der / die 사모(숭배)되는 사람, 연인, 애인.

Angebinde, das; -s, - [전에는 선물받는자의 팔에 매어 주었던 것] 《준고어·아어》작은 선물: jmdm. ein A. verehren 누구에게 작은 선물을 바치다.

angeblich ['ange:plɪç] ⟨Adj.⟩ 자청하는, 공인되지 않은, 명목상의: ein -er Augenzeuge Onkel 자칭 목격자 삼촌; er war a. verreist 그는 여행을 떠났다고 주장한다.

angeboren ⟨Adj.⟩ 타고난, 천성의, 선천적인: ein -er Fehler 천성적인 결함; die Krankheit ist a. 그 병은 선천적이다.

Angebot, das; -(e)s, -e **1. a)** [주로 상] (판매) 제안, 견값, 오퍼, 입찰: jmdm. ein A. machen 누구에게 제안을 하다; ein A. erhalten[ablehnen] 판매 제안을 접수[거절]하다. **b)** (경매에서) 최초의 가격 제시: das A. beträgt 500 DM 최초의 가격은 500 마르크이다. **2.** ⟨Pl. 없음⟩ [상] 팔려고 내놓은 물건, 상품: ein großes A. 많은 상품; das A. an[von] Kleidern 팔 의류품. **3.** ⟨Pl. 없음⟩ [경제] 공급(반대: Nachfrage): A. und Nachfrage bilden den Markt 공급과 수요가 시장을 형성한다. **Angebots-** ['angəbraxt]: ~**abgabe,** die (매물에 대한 정보를 담은) 매물 설명(서). ~**ausschreibung,** die 경쟁 입찰. ~**druck,** der 공급 과잉. ~**elastizität,** die 공급자가 부르는 가격의 탄력성. ~**kalkulation,** die 공급 가격의 산출을 위한 견적. ~**kartell,** das 공급 카르텔. ~**kurs,** der 판매 시세. ~**lücke,** die 공급 부족: eine A. im Konsumgüterbereich 소비재 분야의 공급 부족. ~**monopol,** das 공급 독점. ~**preis,** der 공급자가 구하는 가격. ~**überhang,** der 과잉 공급량.

angebracht ['angəbraxt] ⟨Adj.⟩ 적절한, 타당한, 합당한, 온당한, 알맞은: eine keineswegs -e Bemerkung 결코 적절하지 못한 논평; etw. für a. halten 무엇을 타당하다고 간주하다.

angebrachtermaßen ⟨Adv.⟩ 적절하게: diese Tatsachen sind a. nicht veröffentlicht worden 이 사실들은 타당하게도 공개되지 않았다.

angebrannt: ↑anbrennen (2, 3) 참조.
angebraucht: ↑anbrauchen 참조.
angebräunt: ↑anbräunen 참조.
angebraust: ↑anbrausen 참조.
angebrochen: ↑anbrechen 참조.
angebrütet: ↑anbrüten 참조.
angebunden: ↑anbinden(1 a) 참조.
angedampft: ↑andampfen 참조.
angedeihen, 《단지 다음 용법으로만》**jmdm. etw. a. lassen** 아낌 또는 반의) 누구에게 무엇을 주다[허락하다]: jmdm. Schonung(Schutz) a. lassen 누구에게 보호받도록 해 주다.

Angedenken, das; -s **1.** (고어) 기념품[물]. **2.** 《아어》기념, 기억, 회상: jmdm. ein treues A. bewahren 누구를 잊지않고 기억하다; zum ewigen A. 영원히 기억하기 위해; **seligen -s 1)** (준고어) 작고한, 돌아가신: mein Großvater seligen -s 돌아가신 나의 할아버지. **2)** 《통용어·농》옛날의, 이전의: die gute Postkutsche seligen -s 옛날의 좋았던 우편마차.

angedient: ↑andienen 참조.
angedonnert: ↑andonnern 참조.
angedunt ['angədʊnt] ⟨Adj.⟩ 《지역적》약간 술취한.
angeduselt ['angədʊːzlt] ⟨Adj.⟩ ⟨↑Dusel 참조⟩ 《경》약간 술취한.

angefahren: ↑anfahren (2) 참조.
angefault: ↑anfaulen 참조.
angefegt: ↑anfegen 참조.
angefeindet: ↑anfeinden 참조.
angeflattert: ↑anflattern 참조.
angeflitzt: ↑anflitzen 참조.
angeflogen: ↑anfliegen 참조.
angefroren: ↑anfrieren 참조.
angeführt: ↑anführen (1, 2, 3) 참조.
angefüllt: ↑anfüllen 참조.
angegangen ['angəgaŋən] ⟨Adj.⟩ **1.** (다음 용법으로) **a. kommen** 걸어오다: er kam a., als ob nichts geschehen sei 그는 마치 아무 일도 일어나지 않은 것처럼 걸어왔다. **2.** 《지역적》썩기[상하기] 시작한: das Fleisch ist schon a. 고기가 이미 상하기 시작했다.

angegeben: ↑angeben 참조.
angegilbt ['angəgɪlpt] ⟨Adj.⟩ 약간 누렇게 된[바랜]: -e Blätter 약간 누렇게 바랜 종이.

angegliedert: ↑angliedern 참조.
angegondelt: ↑angondeln 참조.
angegossen: ↑angießen 참조.
angegraut ['angəgraʊt] ⟨Adj.⟩ 희끗희끗한: ein Herr

mit -en Schläfen 관자놀이가 희끗희끗한 신사.
angegriffen ['angəgrɪfn̩] ↑angreifen 참조. **Angegriffenheit**, die ↑angegriffen의 명사형.
angehalten: ↑anhalten 참조.
angehaucht: ↑anhauchen 참조.
angeheiratet ['angəhaɪratət] 〈Adj.〉 혼인으로 친척이 된: ein -er Onkel 시[처]삼촌; die -e Verwandtschaft 시[처]가 친척.
angeheitert ['angəhaɪtɐt] 〈Adj.〉 얼큰한, 술에 취해 기분이 좋은, 약간 취한: eine -e Gesellschaft 술기운이 얼큰한 일단의 사람들.
angeheizt: ↑anheizen 참조.
angehen¹. 1. 《통용어》 시작하다, 출발하다(반대: ausgehen): das Theater geht um halb acht an 극장은 7시 반에 시작한다; die Schule geht morgen an 내일 개학이다. **2.** 〈s〉《통용어》 불타기[빛을 발하기] 시작하다. (반대: ausgehen): das Feuer geht an 불이 타기 시작한다. **3.** 〈s〉 **a)** 《통용어》 뿌리 박(내리)다: die Ableger sind alle angegangen 꺾꽂이한 가지들이 전부 뿌리를 내렸다. **b)** 〔의학·생물〕 (박테리아 따위를) 배양하다. **4.** 〈h, (südd.) s〉 (아이) 공격하다, 적의를 품고 접근하다: der Bär ging den Jäger an 곰이 사냥꾼에게 덤벼들었다. **5.** [스포츠] 〈h, (südd.) s〉 **a)** 적을 공격하다: der Verteidiger hat den Stürmer von hinten angegangen 수비수가 공격수를 뒤에서 공격하였다. **b)** 경기에 임하다, 경기를 ...: die Mannschaft hatte das Spiel zu schnell angegangen 그 팀은 경기를 너무 서둘렀다. **c)** 〔경마〕 장애물을 넘기 위해 접근하다: der Reiter hat das Hindernis im Galopp angegangen 기수가 장애물을 향해 질주하였다. **d)** 〔경마·스키〕 위험한 구간에 접어들다. **6. a)** 〈h, (südd.) s〉 착수하다, 손대다, 해결[극복]하려 하다: er ging die anstehenden Probleme zielstrebig an 그는 현안 문제들에 목표 의식을 가지고 손을 대기 시작하였다. **b)** 〈s〉 맞서 싸우다, 대항하다, 무엇에 대해 조치를 취하다: gegen die Umweltverschmutzung a. 환경 오염에 대해 조치를 취하다; gegen jmds. Willen[Absicht] a. 누구의 의지[의사]에 맞서 싸우다. **7.** 〈h, (südd.) s〉 누구에게 무엇을 부탁하다, 조르다: er ging mich um ein Darlehen an 그는 나에게 빚을 달라고 졸랐다; jmdn. um Rat a. 누구에게 조언을 부탁하다. **8.** 〈s〉 누구의 일이다, 누구와 상관있다. 〈완료형으로 잘 안쓰임〉: das geht ihn nichts an 그것은 그와 아무런 상관이 없다; was geht mich das 그것이 나하고 무슨 상관이야. **9.** 〈s〉 가능하다, 괜찮다, 할 만하다: das mag noch a. 그것은 그래도 괜찮다; die Hitze ist gerade noch angegangen 더위는 그럭저럭 참을 만하다. **10.** 〈h〉 관계 있다, ...에 관련되다: was deine Frage angeht, so ... 너의 질문에 관련하여 ....
angehend ['angə:ənt] 〈Adj.〉 교육[훈련] 중에 있는, 장차(미래): der -en Lehrer 교육 중에 있는 교사들.
angehetzt ['angəhɛtst] 《다음 용법으로》 **a. kommen** 〔경〕 헐레벌떡 (뛰어) 오다.
angeheult: ↑anheulen 참조.
angehören 〈h〉 무엇[누구]에 속하다, 집단의 일원이다: der Regierung a. 내각의 일원이다. **angehörig** 〈Adj.〉 누구[무엇]에 속하는, 딸린, 소속되는: einer linksradikalen Gruppe -e Studenten 극좌파 단체에 소속된 대학생들. **Angehörige*** ['angəhø:rɪgə], der/die **a)** (대개 Pl.) 가족, 가까운 일가, 친척. **b)** 구성원, 일원, 지지자, 지원자.
angejagt ['angəja:kt] 《다음 용법으로》 **a. kommen** 《통용어》 빠른 속도로 다가오다.
angejahrt ['angəja:ɐt] 〈Adj.〉 나이가 든, 지긋한.
angekauft: ↑ankaufen 참조.
angekeucht ['angəkɔʏçt] 《다음 용법으로》 **a. kommen** 《통용어》 숨을 헐떡이며 다가오다.
Angeklagte* ['angəkla:ktə], der/die 피고(인): einen -n vernehmen 피고인을 심문하다.
angekleckert ['angəklɛkɐt] 《다음 용법으로》 **a. kommen** 《통용어·병》 **1.** 자꾸 성가시게 〔귀찮게〕 하다 (굴다). **2.** 점차 모이다 (나타나다).
angeknabbert: ↑anknabbern 참조.
angeknackst: ↑anknacksen 참조.
angeknickt: ↑anknicken 참조.
angekohlt: ↑¹,²ankohlen 참조.
angekommen: ↑ankommen 참조.
angekränkelt ['angəkrɛŋk]t] 〈Adj.〉 저항력이 약한, 병약한: 〔전의〕 er war von Selbstsucht und Eitelkeit a. 그는 이기와 자만에 빠져 있었다.
angekratzt ['angəkratst] 〈Adj.〉〔경〕 약간 생활에 찌든.
angekreuzt: ↑ankreuzen 참조.
angekrochen: ↑ankriechen 참조.
Angel ['aŋl̩], die; -n [mhd. angel, ahd. angul] **1.** 낚시: die A. auswerfen [einziehen] 낚시를 던지다[건져 올리다]; 〔전의〕 sie wirft die A. nach dem jungen Mann aus 그녀는 그 젊은 남자를 향해 낚시를 던진다; er geht ihr an die A. 그는 그녀의 낚시에 걸린다. **2.** 돌쩌귀, 경첩: die Tür aus den -n heben 문을 돌쩌귀에서 들어내다; **etw. aus den -n heben** 무엇의 균형을 깨뜨리다, 근본적으로 고치다: die Welt aus den -n heben wollen 세상을 근본적으로 개혁하려고 하다.
¹Angel- (Angel 1): **~blei**, das (낚시의) 납봉. **~fischer**, der ↑Angler. **~fischerei**, die (스포츠로 하는) 낚시. **~gerät**, der 낚시 도구. **~haken**, der 낚시 바늘. **~köder**, der 낚시밥, 미끼. **~leine**, die 낚시줄. **~platz** (허가증이 발부된) 낚시터. **~rute**, die 낚시대. **~schein**, der 낚시 허가증. **~schnur**, die ↑~leine. **~sport**, der 낚시 스포츠.
²Angel- (Angel 2): **~gelenk**, das 〔동물〕 (곤충의) 가동관절(可動關節). **~punkt**, der 선회점, 축점(軸點), 중심, 핵심, 요점: der Lebensstandard ist zum A. aller Dinge geworden 생활 수준이 모든 것의 핵심이 되었다. **~zapfen**, der ↑Angel (2).
angelangt: ↑anlangen 참조.
angelatscht: ↑anlatschen 참조.
angelaufen: ↑anlaufen 참조.
Angeld, das; -(e)s, -er 〔고어〕 계약금, 선불, 선금.
angelegen 〈Adj.〉《다음 용법으로》 **sich³ etw. a. sein lassen** (아이) 무엇에 마음을 쓰다, 관심을 가지다, 중시하다: er ließ mir die Erziehung meiner Kinder sehr a. sein 나는 자식들의 교육을 매우 중시하였다.
Angelegenheit, die, -en 용무, 용건, 사무, 일, 문제, 걱정거리: das ist meine A. 그것은 내 일이다 (다른 사람과는 관련이 없다); eine A. in Ordnung bringen [erledigen] 용건을 해결[처리]하다; um was für eine A. handelt es sich? 무슨 일이냐?; sich in jmds. -en mischen 남의 일에 끼어들다; er kam in einer dienstlichen A. zu ihm 그는 업무상 용무가 있어 그에게 왔다.
angelegentlich 〈Adv.〉〔경〕 자세히, 상세히, 열심히, 간절히. **angelegt** ['angəlɛkt] 〈Adj.〉 (오직 sein과 결합하여) 소질[자질, 성향]이 있는.
angelernt: ↑anlernen 참조.
Angelika [aŋ'ge:lika], die; ...ken / -s [lat. angelicus] 〔식물〕 구리때 (약용 식물). **Angelikaöl**, das 〔Pl. 없음〕. 구리때 기름. **Angelikasäure**, die 〔Pl. 없음〕. 구리때 산.
angeln ['aŋl̩n] 〈h〉 **1.** 낚시(질)하다, 고기를 낚다: **a.** 낚시하러 가다; er angelt an der Barsche a. 농어를 낚시하다; 〔전의〕 《통용어》 ich ang(e)le mir einen Mann 나는 사내를 하나 낚는 (꼬신)다. **2.** 《통용어》 떨어져 있는 것을 (조

심스럽게) 잡다, 잡으려하다.
angeloben ⟨h⟩ **1.** 《아이》 서약하다, 맹세하다. **2.** 《österr.》 선서[서약]시키다. **Angelobung**, die; -en ↑angeloben의 명사형.
Angelsachse ['aŋ]zaksə], der; -n, -n **1.** 《역사적》 앵글로 색슨인[사람]. **2.** 영국인, 영국계 미국인. **angelsächsisch** ⟨Adj.⟩ **1.** 앵글로 색슨족[계]의. **2.** 영국인의, 영국계 미국인의. **Angelsächsisch**, das; -(s) / 《오의 정관사와 함께》 **Angelsächsische**, das; -n 앵글로 색슨족의 언어(말), 영어.
Angelus ['angelʊs], der, 《또한》 das; -, - [lat. angelus] 《가》 신탁의 기도, **a)** 삼종 기도(Angelus라는 말로 시작되는 기도). **b)** 삼종 기도를 알리는 종소리. **Angelusläuten**, das; -s 삼종 기도의 종소리(기도 시각을 알리는).
angemessen ⟨Adj.⟩ 적절한, 적당한, 알맞은, 타당한; einen Zeitpunkt für a. halten 어떤 시점을 적절하다고 생각하다. **Angemessenheit**, die; -en 적절[적당, 타당]함, 알맞음.
angenagelt: ↑annageln 참조.
angenähert: ↑annähern 참조.
angenehm ⟨Adj.⟩ 기분 좋은, 쾌적한, 유쾌한, 안락한, 즐거운(반대: unangenehm); (ich wünsche dir eine) -e Reise! 즐거운 여행이 되길 바란다！; er(sein Besuch) ist uns sehr a. 그의 방문이 우리에게는 아주 기쁘다; es wäre mir (sehr) a., wenn ... …이라면 나는 (아주) 기쁘겠다; a. überrascht sein 기분 좋게 놀라다.
angenehmerweise ⟨Adv.⟩ 기쁘게(도), 기분 좋게(도), 만족스럽게(도).
angenommen ⟨Adj.⟩ ↑annehmen (특히 6 b) 참조.
angepaddelt: ↑anpaddeln (1) 참조.
angepaßt ['angəpast] ↑anpassen (3) 참조. **Angepaßtheit**, die ⟨Pl. 없음⟩ 적응된 상태: die bürgerliche A. 부르주아적인 적응.
angepest: ↑anpesen 참조.
angepoltert: ↑anpoltern 참조.
angepreschst: ↑anpreschen 참조.
Anger [aŋɐ], der; -s, - 《지역적》 (마을의) 풀밭, 초원. **Angerdorf**, das 초원 주위로 둥글게 세워진 마을. **Angerblümchen**, das 《지역적》 데이지(꽃).
angeradelt: ↑anradeln 참조.
angerannt: ↑anrennen 참조.
angerasselt: ↑anrasseln 참조.
angerast: ↑anrasen 참조.
angerattert: ↑anrattern 참조.
angeräuchert: ↑anräuchern 참조.
angeraucht ['angərauxt] ⟨Adj.⟩ 《준고어》 연기에 약간 그을린.
angerauscht: ↑anrauschen 참조.
angeregt ['angəre:kt] ⟨Adj.⟩ (특히 대화가) 활기 찬, 활발한, 흥미 있는; sich a. unterhalten 활발하게 이야기를 나누다. **Angeregtheit**, die ⟨Pl. 없음⟩ 활기, 흥분, 들뜬 기분.
angerissen: ↑anreißen 참조.
angeritten: ↑anreiten 참조.
angerollt: ↑anrollen 참조.
angerostet: ↑anrosten 참조.
angerudert: ↑anrudern (1) 참조.
angerührt: ↑anrühren 참조.
angeruβt: ↑anrußen 참조.
angesagt: ↑ansagen (2) 참조.
angesäuselt ['angəzɔyzlt] ⟨Adj.⟩ 《통용어》 약간 (술)취한.
angesaust: ↑ansausen 참조.
angeschest: ↑anschesen 참조.

angeschimmelt: ↑anschimmeln 참조.
angeschissen: ↑anscheißen 참조.
angeschlagen ['angəʃla:gŋ] ⟨Adj.⟩ 기운이 떨어진, 풀이 죽은, 지친: seine -e Gesundheit 약간 나빠진 건강.
angeschlendert: ↑anschlendern 참조.
angeschlichen: ↑anschleichen (1) 참조.
angeschlossen: ↑anschließen 참조.
angeschmuddelt 《통용어》 ↑angeschmutzt.
angeschmutzt ['angəʃmʊtst] ⟨Adj.⟩ 약간 더러운, 때가 탄.
angeschnallt: ↑anschnallen 참조.
angeschnauft: ↑anschnaufen 참조.
angeschnitten: ↑anschneiden 참조.
angeschoben: ↑anschieben 참조.
angeschossen: ↑anschießen 참조.
angeschrieben: ↑anschreiben (2) 참조.
Angeschuldigte* ['angəʃʊldɪçtə], der / die 피고인, 피의자.
angeschwankt: ↑anschwanken 참조.
angeschwänzelt: ↑anschwänzeln 참조.
angeschwärmt: ↑anschwärmen 참조.
angeschwärzt: ↑anschwärzen 참조.
angeschwirrt: ↑anschwirren 참조.
angeschwommen: ↑anschwimmen (1 b) 참조.
angesegelt: ↑ansegeln (1 b) 참조.
angesehen ['angəze:ən] ⟨Adj.⟩ 명망[신망]있는, 존경받는: sie stammt aus einer -en Familie 그녀는 명문 가문 출신이다.
angesessen: ↑eingesessen 참조.
angesetzt: ↑ansetzen 참조.
Angesicht ['angəzɪçt], das; -(e)s, -er / 《österr.》 -e 《아이》 **a)** 얼굴: **im A.** 1) 눈 앞에 보고, 목격하고, 직면하여: im A. der Gefahr 위험에 직면하여. 2) 고려(참작)하여, 관점에서: im A. der Tatsache, daß ... …이란 사실을 고려하여; **jmdn. von A. kennen** (아이) 누구와 면식(안면)이 있다. **b)** 얼굴 표정: sein A. verklärte sich 그의 얼굴 표정이 밝아졌다. **angesichts** ⟨Präp.²⟩ 《아이》 **a)** 직면하여, 목격하고: a. des Todes 죽음에 직면하여. **b)** 고려(참작)하여, 관점에서, 관하여: a. der Lage 사정을 참작하여.
angesockt: ↑ansocken 참조.
angesoffen: ↑ansaufen 참조.
angespannt ['angəʃpant] ⟨Adj.⟩ **a)** 긴장한, (정신을) 집중한. **b)** 위험한, 우려(염려)되는, 걱정스러운. **Angespanntheit**, die ↑angespannt의 명사형.
angesprengt: ↑ansprengen 참조.
angespritzt: ↑anspritzen (2) 참조.
angesprungen: ↑anspringen (3) 참조.
angestakst: ↑anstaksen 참조.
angestammt ['angəʃtamt] ⟨Adj.⟩ 전승(래)된, 유전된, 유산으로 물려받은, 상속된: diese Rechte sind a. 이 권리들은 상속된 것이다.
angestapft: ↑anstapfen 참조.
angestaubt ['angəʃtaupt] ⟨Adj.⟩ (약간) 낡은, 시대에 뒤떨어진: -e Ansichten 시대에 뒤떨어진 견해.
Angestellte* ['angəʃtɛltə], der / die 관리(사무)직 사원, 직원, 종업원, 월급쟁이, 화이트 칼라: die -n unserer Firma 우리 회사의 관리직 사원들.
Angestellten-: ~gewerkschaft, die 사무직 근로자 노동 조합. **~verhältnis**, das (계약에 의한) 고용 관계. **~versicherung**, die 사무직 근로자 사회 보장 보험. **~versicherungsgesetz**, das 사무직 근로자 연금 보험법(약어: AVG).
Angestelltenschaft, die 관리직 사원 전체.
angestiefelt ['angəʃti:flt] 《다음 용법으로》 a. kom-

men 《친근》 바삐 다가오다.

angestrengt ['angəʃtrɛŋt] 〈Adj.〉 정신을 집중한, 긴장한, 애쓰는: mit -er Aufmerksamkeit 주의력을 집중시켜. **Angestrengtheit**, die 〈Pl. 없음〉 ↑angestrengt의 명사형.

angeströmt: ↑anströmen (2) 참조.

angestürmt: ↑anstürmen (b) 참조.

angestürzt: ↑anstürzen 참조.

angetan 《다음 용법으로》 **es jmdm. a. haben** 누구를 매료(매혹)시키다: er [sein Geigenspiel] hat es ihr a. 그[그의 바이올린 연주]가 그녀를 매료시켰다; **von jmdm. (etw.) a. sein** 누구[무엇]에 매혹되다; **danach [dazu] a. sein** 《흔히 부정으로》 무엇에 적절(적합)하지 못한, 유리하지 않은: die Lage ist nicht dazu a., Feste zu feiern 잔치를 벌이기에는 상황이 적절치 못하다.

angetanzt: ↑antanzen 참조.

angetobt: ↑antoben 참조.

angetrabt: ↑antraben 참조.

Angetraute', der / die 《농》 배우자.

angetrunken 〈Adj.〉 약간 (술)취한. **Angetrunkenheit**, die ↑angetrunken의 명사형.

angetuckert: ↑antuckern 참조.

angeturnt: ↑anturnen 참조.

angewackelt: ↑anwackeln 참조.

angewalzt: ↑anwalzen 참조.

angewandt 〈Adj.〉 응용(적용)된(반대: theoretisch): -e Chemie 응용 화학; -e Kunst 응용 미술(공예).

angewärmt: ↑anwärmen 참조.

angewatschelt: ↑anwatscheln 참조.

Angewende ['angəvɛndə], das; -s, - 《지역적》 두렁, 밭가의 이랑(쟁기질한 자리).

angewendet: ↑anwenden 참조.

angewetzt: ↑anwetzen 참조.

angewidert: ↑anwidern 참조.

angewiesen ['angəviːzn̩] 《다음 용법으로》 **auf jmdn. [etw.] a. sein** 누구[무엇]에 의지하다, 예속되다: auf sich selbst a. sein 외부의 도움을 전혀 받지 않다.

angewöhnen 〈h〉 습관(버릇) 들이다: sich Pünktlichkeit a. 시간 지키는 습관을 들이다; gewöhne dir endlich an, deutlich zu sprechen 제발, 똑똑히 말하는 습관을 들여라. **Angewohnheit**, die; -en (나쁜) 습관, 버릇: eine A. annehmen (ablegen) 습관을 들이다 [버리다]. **Angewöhnung**, die 습관(버릇) 들이기.

angewurzelt: ↑anwurzeln 참조.

angezeigt ['angətsaikt] 〈Adj.〉 《아어》 적당(합당)한, 온당한.

angezischt: ↑anzischen (3) 참조.

angezockelt: ↑anzockeln 참조.

angezogen: ↑anziehen 참조.

angezottelt: ↑anzotteln 참조.

angezwitschert: ↑anzwitschern 참조.

angießen' 〈h〉 **1.** (식물에) 처음으로 물을 주다. **2.** [요리] (구이에 물, 소스를) 약간 붓다. **3.** [주물] 녹여 붙이다, 용접하다: ein Metallstück a. 금속 조각을 용접하다; etw. sitzt [paßt] wie angegossen (통용어) 무엇이 (안성맞춤과 같이) 꼭 맞다. **Angießverfahren**, das 용접 처리.

angiften 〈h〉 《경》 (화가 나서) 호통(야단)치다.

Angina [aŋˈgiːna], die; ...nen [lat. angina] [의학] 후두염, 편도선염. **Angina pectoris** [- ˈpɛktɔrɪs], die [lat. pectus] [의학] 협심증.

Angiogramm [aŋgioˈgram], das; -s, -e [griech. ageĩon (= Blut) gefäß u. grámma, ↑Gramm] [의학] 맥관(脈管) 촬영도, 혈관 조영도(造影圖). **Angiographie**, die; -n [zu griech. gráphein = schreiben]

[의학] 맥관 촬영 [혈관조영] 법. **angiographieren** 〈h〉 [의학] **a)** 맥관 촬영 [혈관 조영]하다. **b)** 방사선을 이용해 맥관(혈관)을 촬영하다. **angioigraphisch** 〈Adj.〉 [의학] 맥관 촬영 [혈관 조영]의. **Angiom**, das; -s, -e 혈관 [임파선] 종(腫). **Angiospermen** 〈Pl.〉 [zu ↑Sperma 참조] 피자(被子)식물.

angirren: ↑angurren 참조.

angleichen' 〈h〉 누구 [무엇]에 같게 [균등하게] 하다, 맞추다, 동화시키다: die Löhne den Preisen a. 임금을 물가에 맞추다; sie haben sich (einander) angeglichen 그들은 서로 동화되었다. **Angleichung**, die; -en ↑angleichen의 명사형.

Angler ['aŋlɐ], der; -s, - **1.** 낚시꾼, 낚시하는 사람. **2.** ↑Anglerfisch. **Anglerfisch**, der 아귀. **anglerisch** 〈Adj.〉 낚시(꾼)의.

angliedern 〈h〉 병합(편입)하다, 가입(부속)시키다: der Schule ist ein Internat angegliedert 그 학교에는 기숙사가 딸려 있다. **Angliederung**, die; -en 병합, 부속.

Anglikaner, der; -s, - 영국 국교도. **anglikanisch** [aŋgliˈkaːnɪʃ] 〈Adj.〉 [engl. anglican] 영국 국교회의. **Anglikanismus** [...kaˈnɪsmʊs], der; - 영국 국교의 교의 (教義). **anglisieren** [aŋgliˈziːrən] 〈h〉 **1.** 영국화하다. **2.** ↑englisieren (1). **Anglisierung**, die 영국화. **Anglisierungsprozeß**, der 영국화의 과정. **Anglist** [aŋˈglɪst], der; -en, -en 영어 영문학자(도). **Anglistik**, die 영어 영문학. **Anglistin**, die; -nen Anglist의 여성형. **anglistisch** 〈Adj.〉 영어 영문학의.

Anglizismus [aŋgliˈtsɪsmʊs], der; -, ...men [언어] 영어 특유의 어법. **Anglo-Amerikaner** [aŋgloˌameriˈkaːnɐ], der; -s, - 앵글로색슨 국가의 국민. **Angloamerikaner**, der; -s, - 영국계 미국인. **Anglomane** [aŋgloˈmaːnə], der; -n, -n 영국 숭배자, 영국광(狂). **Anglomanie** [...maˈniː], die 영국 숭배. **anglophil** [...ˈfiːl] 〈Adj.〉 친영(親英)적인, 영국을 좋아하는(반대: anglophob). **Anglophilie** [...fiˈliː], die [griech. philía] 친영(적 태도)(반대: Anglophobie). **anglophob** [...foːp] 〈Adj.〉 반영(反英)적인. **Anglophobie** [...foˈbiː], die 〈Pl. 없음〉 반영(적 태도), 영국 혐오.

anglotzen 〈h〉 《경》 응시하다, 빤히 바라보다.

anglühen 〈h〉 **1.** 작열시키다, 달구다: ein Hufeisen a. 편자를 달구다. **2.** 작열하는 빛을 비추다: [전의] ihre Augen glühten ihn an 타는 듯한 그녀의 두 눈이 그를 쏘아보았다.

Angola [anˈgoːla, port. ɐŋˈgɔlɐ], das; -s 앙골라. **Angolaner**, der; -s, - 앙골라인(사람). **angolanisch** 〈Adj.〉 앙골라(인)의.

angondeln 〈s〉 《과거분사 + kommen의 용법으로만》 《통용어》 천천히 (무엇을 타고) 다가오다(반대: abgondeln): er kam (auf seinem Fahrrad) angegondelt 그는 (자전거를 타고) 천천히 다가왔다.

Angora- [aŋˈgoːra-, 앙카라의 옛 이름 Angora에서]: **~behaarung**, die 앙고라 털. **~kaninchen**, das 앙고라토끼. **~katze**, die (털이 긴) 앙고라고양이. **~wolle**, die [섬유] **a)** 모헤어(앙고라 염소의 털). **b)** 앙고라토끼털. **~ziege**, die 앙고라염소.

Angostura ⓦ [aŋgɔsˈtuːra], der; -s, -s [span. angostura] 앙고스투라 리큐어 (쓴 맛이 나는 칵테일용 술).

Angostura-: **~baum**, der 앙고스투라 나무(북부 남미에서 자라며 그 껍질은 소화제를 만드는 데에 쓰임). **~bitter**, der; -s, - 앙고스투라 나무 술. **~rinde**, die 앙고스투라 나무 껍질.

angrauen: ↑angegraut 참조.

angreifbar 〈Adj.〉 공격할 수 있는, 비판(반박)의 여지가 있는: ein -es Urteil 비판의 여지가 있는 판결; seine

Thesen sind alle a. 그의 논지들은 전부 비판의 여지가 있다. **Angreifbarkeit,** die ↑angreifbar의 명사형. **angreifen*** ⟨h⟩ **1. a)** 공격하다, 습격하다: mit Panzern a. 탱크로 공격하다; im Tiefflug a. 저공 비행으로 공격하다. **b)** (운동경기에서) 공격하다, 공세를 취하다, 주도권을 잡다, 앞서다: der Sturm der Fußballmannschaft griff planlos und hektisch an 그 축구 팀의 공격진은 무계획적이고 두서없이 공격하였다. **c)** (강하게) 비판하다, 논박(반박)하다: jmds. Standpunkt öffentlich a. 누구의 입장을 공개적으로 비판하다. **2.** (지역적) **a)** 붙잡다, 만지다, 손대다: du darfst hier nichts a. 너 여기에 있는 어떤 것에도 손 대서는 안된다. **b)** ⟨a. + sich⟩ 촉감이 …하다: der Stoff greift sich weich an 이 천은 촉감이 부드럽다. **3.** 마지못해 쓰기(사용하기) 시작하다, 처음으로 손을 대다: den Vorrat a. 비축한 것을 쓰기 시작하다. **4. a)** 착수하다, (일을) 시작하다 (eine Aufgabe entschlossen(vernünftig) a. 어떤 과제에 결단력 있게(현명하게) 착수하다. **b)** 어디에서 시작(출발)하다: an den neuesten Meldungen angreifende Überlegungen 최신의 보고에서 출발하는 심사숙고. **5. a)** 쇠약(피로)하게 하다, 해치다: die Anstrengung(Krankheit) greift ihn an 노력(병)이 그의 건강을 해친다; 《종종 과거분사로》er wirkte etwas angegriffen 그는 약간 쇠약한 인상을 주었다. **b)** 상하게 하다, 부식시키다: der Rost greift das Eisen an 녹이 쇠를 부식시킨다. **Angreifer,** der; -s, - 공격자, 침략자, 반대자. **angreiferisch:** ↑angriffslustig.

angrenzen ⟨h⟩ 경계를 접하다, 서로 이웃하다: der Garten grenzt (unmittelbar) an den Fluß an 정원은 (직접) 강에 맞닿아 있다. **Angrenzer,** der; -s, - (지역적) 이웃 사람. **Angrenzung,** die ↑angrenzen의 명사형.

Angriff, der; -(e)s, -e **a)** 공격, 공세, 습격: heftige -e 격렬한 공격; einen A. fliegen(abwehren) 공격하다(공격을 물리치다); zum A. übergehen 공격으로 넘어가다, 역습하다. **b)** [스포츠] α) 공격하다: einen A. starten(parieren) 공격을 개시하다(막아내다). β) 공격수: der A. war ausgesprochen schlecht 공격수들이 아주 나빴다. **c)** (날카로운) 비판, 비난: versteckte(massive) -e gegen jmdn. richten 누구에게 은근한(집중적인) 비판(비난)을 가하다; die Abwehr von -en gegen den Staat und die Verfassung 국가와 헌법에 대한 공격의 격퇴. **d)** etw. **in Angriff nehmen** 착수하다, 시작하다. **angriffig** ⟨Adj.⟩ 《특히 schweiz.》 공격(호전)적인, 적극적인, 진취적인.

angriffs-, Angriffs-: ~bewegung, die **a)** [군] 공세. **b)** [스포츠] 공격, 공세. **~bündnis,** das 《특히 정치》 공격(침략) 동맹, 공격을 위한 연합 전선: ein A. schließen 공격 동맹을 체결하다. **~drittel,** das [아이스하키] 공격 지역. **~fläche,** die ⟨취⟩약점: 전의 er durfte einem so gefährlichen Mann keinerlei bequeme -n bieten 그는 그렇게 위험한 사나이에게 손쉽게 공격할 수 있는 약점을 결코 보여서는 안되었다. **~fußball,** der ⟨Pl. 없음⟩ [스포츠] 공격적인 축구. **~geist,** der ⟨Pl. 없음⟩ 공격 정신. **~krieg,** der 침략 전쟁(반대: Verteidigungskrieg). **~linie,** die **1.** [배구] 공격선. **2.** [구기] (일렬로 포진한) 공격수, 공격선, 공격진: die gegnerische A. formierte sich blitzschnell 적의 공격선은 번개같이 빨리 형성되었다. **~lust,** die 공격욕, 난투성. **~lustig** ⟨Adj.⟩ 공격(호전)적인, 난폭한. **~plan,** der 《특히 군》공격(작전) 계획. **~punkt,** der **1.** [군] 공격(개시) 지점. **2.** ↑~fläche: 전의 jmdm. keine -e bieten wollen 누구에게 약점을 노출하지 않으려 하다. **~spiel,** das [스포츠의 경기] 어택(반대: Defensivspiel). **~spieler,** der [구기] **1.** 《특히 탁구》 공격형 선수. **2.** 공격수. **3.** [배구] ↑Netzspieler. **~taktik,** die 공격 전술[략]: die A. des Gegners durchschauen 적의 공격 전술을 간파하다. **~verteidigung,** die [아이스하키] 공격성 수비(상대방의 골지역에서부터 시작되는 수비). **~waffe,** die 《군》공격용 무기(반대: Verteidigungswaffe). **~weise** ⟨Adv.⟩ 공격적으로: eine a. geführte Verteidigung 공격적인 수비.

angrinsen ⟨h⟩ 《경》 히죽 웃으며 보다(신호를 보내다); jmdn. albern a. 야비하게 웃으며 누구를 보다; [gegenseitig] a. 서로 히죽 웃으며 보다.

angrobsen ['aŋɡrɔpsn̩] ⟨h⟩ ⟨지역적⟩ 거칠게 야단(호통)치다.

angrunzen ⟨h⟩ 《경》 야단(호통)치다, 누구에게 화풀이하다: immer wieder grunzte er seine Familie an 그는 거듭해서 가족에게 호통쳤다.

Angst [aŋst], die; Ängste 불안, 근심, 걱정, 두려움, 공포: eine wachsende A. befällt jmdn. 점증하는 불안이 누구에게 닥쳐온다; er hat A. 그는 두려워한다 (겁을 낸다); jmdm. durch[mit] etw. A. einjagen 누구에게 무엇으로 겁을 주다; in großer A. 매우 두려워[불안해] 서; in tausend Ängsten schweben 몹시 걱정[근심]하다; [상규] mehr A. als Vaterlandsliebe haben 《농》 몹시 겁을 내다, 겁이 매우 많다; **es mit der A.[zu tun] bekommen(kriegen)** 갑자기 겁을 내다(두려워하다), 경악하다 《다음 용법에서는 소문자로》 **jmdm. ist [wird] (es) angst (und bange)** 누가 겁을 낸다[두려워한다]; **jmdm. angst (und bange) machen** 누구에게 겁을 주다; die Auswegslosigkeit hat ihr a. gemacht 진퇴유곡의 상태가 그녀에게 겁을 주었다.

angst-, Angst-: ~arsch, der 《속어》 겁쟁이. **~bebend** ⟨Adj.⟩ ⟨아어⟩ 겁에 질려[두려워] 떠는. **~erfüllt** ⟨Adj.⟩ ⟨아어⟩ 겁에 질린, 두려움에 찬. **~frei** ⟨Adj.⟩ 겁(공포)을 주지 않는. **~gefühl,** das 두려움, 공포(심), 불안감. **~gegner,** der 《스포츠·통용어》 두려운 상대. **~gepeinigt:** ↑~gequält. **~gepeitscht** ⟨Adj.⟩ ⟨아어⟩ 겁에 질린, 전전긍긍하는, 불안에 떠는. **~gequält** ⟨Adj.⟩ 두려움으로 고통을 당하는, 공포에 떠는. **~geschrei,** das **a)** 비명, 절규. **b)** [사냥] 수놈에게 쫓기는 암노루의 비명. **~hase,** der 《통용어》 겁쟁이. **~kauf,** der 《통용어》 (물자 부족을 우려한) 사재기. **~klausel,** die 《법·고어》 무담보[보증] 약관, 무담보 배서(어음)의. **~laut,** der (동물들이) 겁에 질려 내는 소리. **~lust,** die [심리] 짜릿짜릿한 쾌감. **~macher,** der 《통용어》 불안(감) 조성자. **~meier,** der ↑~hase. **~neurose,** die 【의학·심리학】 공포(불안) 신경증. **~parole,** die 《대개 Pl.》 《통용어·쬠》 (정치, 경제의 추세에 관해서) 불안, 공포를 조성하려는 의도의 발언(구호). **~psychose,** die 【의학·심리학】 (극도의) 정신 불안. **~röhre,** die [1848년 Wien의 저항적인 대학생들이 쟁이 넓은 모자 대신 썼던 데서 유래] 《통용어·농》 실크 해트. **~ruf,** der ↑~schrei. **~schrei,** der 비명, 절규. **~schweiß,** der 식은 땀. **~traum,** der 흉(악)몽. **~verzerrt** ⟨Adj.⟩ 겁에 질린, 불안감으로 일그러진: mit -en Gesicht 겁에 질린 얼굴로. **~voll** ⟨Adj.⟩ 두려운(불안)한. **~vorstellungen** ⟨Pl.⟩ 공포 관념, 관념상으로만 존재하는 불안감[두려움]. **~zitternd:** ↑~bebend. **~zustand,** der 불안(공포) 상태: Angstzustände haben 신경질적인 불안감을 가지다.

ängsten ['ɛŋstn̩], sich ⟨h⟩ ⟨고어⟩ ↑ängstigen (2) 참조: der Nachteil, der ihn am meisten ängstet 그를 가장 불안하게 하는 불리한 점. **ängstigen** ['ɛŋstɪɡn̩] ⟨h⟩ **1.** 불안하게 하다, 겁을 주다, 걱정시키다: ein unheimlicher Traum ängstigte ihn 무시무시한 꿈이 그를 불안하게 하였다. **2.** ⟨ä. + sich⟩ 두려워하다, 겁을 내다, 누구(무엇) 때문에 근심[걱정]하다: ich ängstige mich vor der Zukunft 나는 미래를 두려워한다. **Ängsti-**

gung, die; -en ↑ängstigen의 명사형. **ängstlich** ['ɛŋstlɪç] ⟨Adj.⟩ **1. a)** 두려워하는, 걱정하는, 불안해하는: ein -es Gesicht machen 근심스러운 얼굴을 하다. **b)** 소심한, 겁먹은, 자신감이 없는: er wirkte ein wenig ä. 그는 약간 소심한 인상을 주었다. **2.** (아주) 세심한, 꼼꼼한: ein ä. gehütetes Geheimnis 아주 꼼꼼하게 숨겼던 비밀. **Ängstlichkeit**, die ↑ängstlich의 명사형.
Ångström ['ɔŋstrøːm, 'aŋ...], das; -(s), - [스웨덴의 물리학자 A.Y. Ångström의 이름에서] 옹스트롬 단위(단파장(短波長)의 측정 단위로 1cm의 1억분의 일)(기호: Å). **Ångströmeinheit**, die ↑Ångström.
angucken ⟨h⟩ 《통용어》 **1.** (바라)보다: jmdn. komisch starr a. 누구를 이상하게 바라보다. **2.** 자세히 들여다 보다, 관찰하다: wir wollen (uns) einmal die Karte a. 우리 한번 지도를 자세히 들여다 보자.
angular [aŋgu'laːɐ] ⟨Adj.⟩ [lat. angulāris = winklig, eckig] 모가 난, 모서리 진.
angurten, sich ⟨h⟩ 【자동차】 안전 벨트를 매다(착용하다): es ist Vorschrift, sich anzugurten 안전벨트를 착용하는 것은 법으로 정해진 사항이다.
Anguß, der; Angusses, Angüsse **1.** 【제조】 거푸집, 금형, 주형. **2.** 【인쇄】 (지형 만들 때의) 납찌꺼기. **3.** 【도자】 **a)** 유약을 입힘. **b)** 유약층.
anhaben* ⟨h⟩ **1.** 《통용어》 (모자를 제외한 옷을) 입고 있다, (신발을) 신고 있다(반대: aushaben): ein rotes Kleid a. 빨간 옷을 입고 있다. **2.** 《화법조동사와 함께, 주로 부정(否定)으로》 피해[손해]를 입히다: der Sturm konnte dem Boot nichts a. 폭풍은 그 보트에 아무런 피해를 주지 못했다.
anhaften ⟨h⟩ **1.** 묻다, 달라 붙다: an dieser Stelle haftet noch etwas Schmutz an 이 자리에 아직도 때가 약간 묻어 있다. **2.** 수반(부수)되다: ein Nachteil haftet einer Sache an 불이익이 어떤 일에 수반된다.
anhägern ['anhɛːgɐn] ⟨h⟩ 《고어》 (모래, 흙을) 퇴적하다. **Anhägerung**, die; -en 퇴적(층).
anhäkeln ⟨h⟩ 코바늘로 짜 붙이다.
anhaken ⟨h⟩ **1.** (갈고리로) 걸다, 걸어 고정시키다: er hakte die Feldflasche am Gürtel an 그는 수통을 혁띠에 찼다. **2.** 체크 표시를 하다: Daten[Namen] a. 날짜 [이름]에 체크 표시를 하다.
anhalftern ⟨h⟩ (말에) 고삐를 매다.
Anhalt, der; -(e)s, -e 근거, 받침, 발판: einen A. für [zu] etw. suchen[finden] 무엇을 위한 발판을 찾다[발견하다]; keinen A. bieten 근거를 제공하지 않다. **Anhaltelager**, das; -s, - 과거 오스트리아의 강제 수용소. **anhalten*** ⟨h⟩ **1. a)** 정지(시키다)하다, 멈추다, 세우다: das Fahrzeug a. 차를 멈추다; den Atem a. 호흡을 정지하다. **b)** 멈춰 서다, 정지하다: das Auto hielt vor dem Haus an 자동차가 그 집 앞에 멈췄다. **2.** ... 하도록 가르치다, 타이르다: ein Kind zur Sauberkeit a. 어린이에게 청결히 하도록 가르치다. **3.** 지속하다, 계속되다: das schöne Wetter hält an 좋은 날씨가 계속되고 있다. **4.** 《고어》 (여자의 부모에게) 청혼[구혼]하다: um die Hand der Tochter a. 딸과 결혼을 허락을 구하다. **5.** 같다. 대보다: dabei hielt er ihm den Rock (zur Probe) an 나는 저고리를 (시험삼아) 몸에 대보았다. **6.** ⟨a. + sich⟩ 꼭 붙잡다, 기대다: du mußt dich am Geländer a. 너는 난간을 꼭 붙잡아라. **anhaltend** ['anhaltn̩t] ⟨Adj.⟩ 지속적인, 끊임(중단)없는: -er Regen 끊임없이 내리는 비. **Anhalter**, der; -s, - (태워 달라고) 차를 세우는 사람, **per Anhalter reisen[fahren]** 《통용어》 남의 차에 편승하여 여행하다. **Anhalterin**, die; -nen ↑Anhalter의 여성형. **Anhalteweg**, der; -(e)s, -e 【교통】 제동거리. **Anhaltspunkt**, der; -(e)s, -e

(가정, 추측의) 근거: einen A. geben 근거를 제공하다.
an Hand, 《지금은 주로》 **anhand** ⟨Präp.²⟩ ↑Hand 참조.
Anhang, der; -(e)s, Anhänge **1.** 부록, 부속물, 부칙, 추신: im A. des Buches befinden sich die Anmerkungen 주는 책의 부록에 있다. **2. a)** 신봉자[추종자], 지지자, 한패, 일파: diese Bewegung hat keinen großen A. 이 운동은 지지자가 많지 않다. **b)** 가족, 친척, 일가: er hatte keinen A. 그는 가족이 없었다.
Anhänge-: **~adresse**, die (짐, 소포의) 꼬리표. **~schild**, das ↑~adresse. **~schloß**, das ↑Vorhängeschloß. **~vorrichtung**, die 【자동차】 연결 장치.
anhangen 《옛 말)》 ↑**anhängen*** ⟨h⟩ 《아어》 **1.** 결부[연결]되어 있다, 달라 붙다: das Gefühl der Schuld wird ihm immer a. 죄책감이 영원히 그에게 달라붙어 있을 것이다. **2.** 애착[호감, 소속감]을 느끼다(가지다), 편들다: einer Sekte a. 어떤 종파에 호감을 느끼다. ²**anhängen** ⟨h⟩ **1. a)** 걸다, 매달다: ein Schildchen a. 표찰을 걸다; (den Hörer) a. 《고어》 송수화기를 내려 놓다. **b)** (자동)차를 연결하다, 매달다: einen Schlafwagen (an den Zug) a. 침대차를 (기차에) 연결하다. **2.** ⟨a. + sich⟩ 매달리다. **b)** 《통용어》 (경주에서 누구의 뒤를 바싹 따르다(쫓다): ich hängte mich an meinen Vordermann an 나는 앞 주자를 바싹 따라붙었다. **3.** 덧붙이다. 부가(추가)하다: ein Nachwort a. 후기를 덧붙이다. **4.** 《통용어·俗》 **a)** 뒤집어(덮어) 씌우다, 전가하다: jmdn. einen Betrug a. 누가 사기쳤다고 뒤집어 씌우다. **b)** (나쁜 물건을 속여서) 팔다, 떠넘기다[맡기다]: jmdn. eine ganze Lieferung schlechter Waren a. 누구에게 나쁜 상품 전량을 속여서 팔아 넘기다. **Anhänger**, der; -s, - **1.** 지지자, 신봉자, 추종자, 제자, 패: ein leidenschaftlicher A. 열정적인 지지자. **2.** 연결될 차(량), 트레일러. **3.** (줄에 매달아 차는) 보석, 목걸이, 장신구: sie trug einen A. aus Rosenquarz 그녀는 자수정 장신구를 걸고 있었다. **4.** 꼬리표, 이름표, 번호표: einen A. am Koffer befestigen 트렁크에 이름표를 붙이다. **5.** 《지역적》 (옷에 붙어 있는) 걸개: der A. des Mantels ist abgerissen 외투의 걸개가 뜯어졌다. **Anhängerlore**, die; -n 경철도(輕鐵道)의 연결용 무개화차. **Anhängerschaft**, die 《추종(지지, 신봉)자(의 전부)》: seine A. vergrößert sich ständig 그의 추종자들은 끊임없이 증가한다. **Anhängerzahl**, die; -en 추종[지지, 신봉]자의 수(숫자). **anhängig** [법] 《다음 용법으로》 **-es Verfahren** 계류중인 사건; **etw. ist a.** 무엇이 법원에 계류중이다; **etwas a. machen** 무엇 때문에 소송을 제기하다. **Anhängigkeit**, die ↑anhängig의 명사형. **anhänglich** ['anhɛŋlɪç] ⟨Adj.; auch adv.⟩ (잘) 따르는, 충직한, 심복의: der Hund ist sehr a. 그 개는 사람을 잘 따른다. **Anhänglichkeit**, die ↑anhänglich의 명사형: aus (alter) A. (오래 된) 충성심에서. **Anhängsel** ['anhɛŋzl̩], das; -s, - **1.** 장신구, 패물, 장식, 기념품: eine goldene Uhrkette mit vielen zierlichen -n 우아한 장식이 많이 달린 금시계줄. **2.** 부속(첨가)물, 부수 현상. **anhangsweise** ⟨Adv.⟩ 부록으로(서), 부록 형태로: die anschließende Diskussion erscheint a. 그 뒤에 이어지는 토론은 부록 형태로 출판된다.
Anhauch, der; -(e)s 《아어》 입김, 기미, 흔적: 전의 ein A. des Unheimlichen 무시무시한 기미. **anhauchen** ⟨h⟩ **1.** 누구[무엇]에 입김을 불다: einen Spiegel (zum Reinigen) a. (닦기 위해) 거울에 입김을 불다; sie war rosig angehaucht 그녀의 얼굴은 불그레 물들어 있었다; 전의 er war kommunistisch angehaucht 그는 약간 공산주의에 물들었다. **2.** (경) 격렬히 비난[질책]하다, 야단치다: der Chef hat ihn ordentlich angehaucht 사

장이 그를 호되게 야단쳤다.

anhauen⁽*⁾ ⟨h⟩ **1.** 베기 시작하다: er hieb mit der Axt den Baum an 그는 도끼로 그 나무를 찍기 시작했다. **2.** 《경》《뻔뻔스럽게》 금품을 요구하다, 조르다: ich haute ihn um 50 Mark an 나는 그에게 50 마르크를 달라고 요구하였다.

anhäufeln ⟨h⟩ 《농업·원예》 쌓아 올리다, 쌓아 북돋다.

anhäufen ⟨h⟩ **a)** 쌓아 올리다, 모으다, 모아 저장하다, 축적하다: Geld a. 돈을 모으다. **b)** ⟨a. + sich⟩ 모이다, 쌓이다: die Arbeit häuft sich immer mehr an 나의 일거리가 점점 더 쌓인다. **Anhäufung**, die; -en 축적(물).

¹**anheben*** ⟨h⟩ **1.** (조금) 들어올리다, 치켜들다: einen Schrank a. 장을 치켜들다. **2.** 올리다, 인상하다: die Mehrwertsteuer von 10 auf 11 Prozent a. 부가 가치세율을 10%에서 11%로 인상하다. ²**anheben*** (아어) **1. a)** (어떤 행위를) 시작하다: zu sprechen [zu singen] a. 말[노래]하기 시작하다. **2.** 시작되다: der Gesang hob an 노래가 시작되었다. **Anhebung**, die; -en 인상.

anheften ⟨h⟩ 붙이다, 철하다, 고정시키다: einen Zettel an die [an der] Tür an 나는 문에 쪽지를 붙여 놓았다. **Anheftung**, die; -en ↑anheften의 명사형.

anheilen ⟨s⟩ 아물다, 낫다: die Haut ist völlig angeheilt 살갗이 완전히 아물었다.

anheim- [an'haim-]: **~fallen*** ⟨s⟩ (아어) 무엇에 귀속되다, 무엇의 제물이 되다: der Vergessenheit a. 잊혀지다; der Zerstörung a. 파괴의 제물이 되다. **~geben*** ⟨h⟩ (아어) **a)** 맡기다, 넘겨주다: das Kind wird der Obhut der Schwester anheimgegeben 그 아이는 누님의 보호에 맡겨진다. **b)** ⟨a. + sich⟩ 자신에 내맡기다: sich dem leichten Schaukeln des Bootes a. 배의 약한 흔들림에 몸을 내맡기다. **~stellen** ⟨h⟩ (아어) 일임하다, 재량에 맡기다: ich stelle es Ihnen [Ihrem Belieben] anheim 나는 이것을 당신[당신의 재량]에게 맡깁니다; 〈전의〉 ich stellte mich dem Schicksal anheim 나는 내 자신을 운명에 맡겼다.

anheimeln ['anhaimln] ⟨h⟩ 아늑한[편안한] 느낌을 주다: das Zimmer heimelte ihn auf den ersten Blick an 그 방은 첫 눈에 그에게 아늑한 느낌을 주었다. **anheimelnd** 아늑한, 편안한, 친근한, 제 집 같은: eine -e Atmosphäre 아늑한 분위기; das Haus blickte ihm a. entgegen 집이 그를 친근하게 마주보았다.

anheiraten: ↑angeheiratet 참조.

anheischig ['anhaiʃɪç] ⟨h⟩ 《다음 용법으로만》 **sich a. machen** 《아어》 자청하여 떠맡다, 자임하다: ich machte mich a., die Teilung des Erbes durchzusetzen 나는 유산 분배를 관철시킬 과제를 자청해서 떠맡았다.

anheizen ⟨h⟩ **1.** 불을 피우다, 불때기 시작하다, 점화하다: den Ofen a. 난로에 불을 피우다. **2.** (통용어) 달아오르게 하다, 부채질하다, 가열[조장]하다: die Stimmung a. 기분을 달아오르게 하다. **Anheizung**, die 가열.

anherrschen ⟨h⟩ (아어) 호통[야단]치다: jmdn. grob a. 누구에게 거칠게 야단치다.

anhetzen: ↑angehetzt 참조.

anheuern ⟨h⟩ (반대: abheuern) **1. a)** [선원] 고용[채용]하다: Matrosen a. 선원들을 채용하다. **b)** [선원] (선원으로) 고용되다: er heuerte als Junge auf einem Schiff nach Venezuela an 그는 어려서 베네수엘라 행 배에 고용되었다. **2.** (통용어) 모집하다, 뽑다. **Anheuerung**, die; -en (선원)의 채용, 고용, 모집.

anheulen ⟨h⟩ **1.** 짖(어대)다: der Hund heult den Mond an 개가 달을 보고 짖는다. **2.** 《과거분사 + kommen》 (너무 빠른 나머지) 회색 소리를 내며 다가오다: der Rennwagen kam angeheult 경주용 자동차가 회색 소리를 내며 다가왔다.

anhexen ⟨h⟩ **1.** 마술로 누구에게 (재앙 따위를) 주다: man sagt von ihr, sie hexe den Leuten Krankheiten an 그녀가 마술을 써서 사람들에게 병을 준다고 사람들이 말한다. **2.** [재단] 헤링본 스티치로 꿰매다.

Anhieb 《다음 용법으로만》 **auf (den ersten) A.** 《통용어》 처음 시도에, 단숨에, 즉시, 시작하자마자: auf (den ersten) A. etw. bewirken [erreichen] können 처음 시도에 즉각 무엇을 성취할 수 있다; alles klappte auf A. 모든 것이 즉시 잘 되었다.

Anhimmelei [anhɪmə'lai], die; -en 《통용어·폄》 찬양, 숭배, 경모. **anhimmeln** ⟨h⟩ 《통용어》 **a)** 감격해서 바라보다. **b)** 열광적으로 숭배[찬양, 환호]하다: einen Filmstar a. 영화 배우를 열광적으로 숭배하다. **Anhimmelung**, (드물게) **Anhimmlung**, die; -en (열렬한) 숭배, 환호, 열광.

anhin ⟨Adv.⟩ 《schweiz.》 다음, 오는 《날짜 뒤에 옴》: am 1. Oktober a. 오는 10월 1일에; bis a. 《준고어》 지금까지.

anhocken ⟨h⟩ **a)** [체조] 무릎 굽히기 자세를 취하다. **b)** [스키] 약간 웅크린 자세를 취하다.

Anhöhe, die; -n 언덕, 구릉: felsige -n 바위로 된 구릉; auf einer A. stehen [liegen] 언덕 위에 서 [놓여] 있다.

anholen: ↑anbrassen.

anhören ⟨h⟩ **1. a)** 귀 기울이다, 들어주다: jmds. Beschwerden a. 누구의 항의에 귀를 기울이다; ich hörte mir die Pläne meines Freundes geduldig an 나는 내 친구의 계획들을 인내심을 가지고 들어주었다. **b)** 정신을 차려 듣다, 경청하다: ein Konzert a. 연주를 경청하다; heute abend höre ich mir ein Hörspiel an 나는 오늘 저녁에 방송극을 듣겠다. **2.** (무의식적으로) 그냥 듣다 리다: ein Gespräch am Nachbartisch (mit) a. 옆 탁자에서 오가는 대화를 그냥 듣다; ich kann das nicht mehr mit a. 나는 그 이상 그냥 들을 수 없다. **3.** 듣고 무엇을 알아차리[깨닫]다: man hörte ihr die Verzweiflung an 그녀의 말을 들어보면 그녀가 절망하고 있다는 것을 알아차릴 수 있었다; eine Spur von Tadel ist dem Satz anzuhören 그 문장을 읽으면 약간의 비난기가 감지된다. **4.** ⟨a. + sich⟩ 무엇처럼 들리다, 무엇하는 것 같은 소리가 나다: das hört sich aber häßlich an 듣기가 좋지 않구나; es hörte sich an, als ob sie stritten 그들이 싸우는 것 같이 들렸다.

Anhörtermin, der 청문회(의) 날짜: einen A. festlegen 청문회의 날짜를 정하다. **Anhörung**, die; -en ↑Hearing. **Anhörungsverfahren**, **Anhörverfahren**, das 청문회(절차): ein A. vorbereiten 청문회를 준비하다.

anhosen ['anho:zn̩] sich ⟨h⟩ 《obersächs.》 (지역적) (이상하게) 옷을 입다, 옷차림을 하다.

anhupen ⟨h⟩ 경음기를 눌러 신호하다, 경적을 울리다: er hupte den langsam fahrenden Wagen vor ihm ungeduldig an 그는 앞에서 천천히 가는 차를 향해 초조하게 경적을 울렸다.

anhusten ⟨h⟩ **1.** (누구의 얼굴을 향해) 기침하다: huste mich bitte nicht an! 내 얼굴을 향해 기침하지 마라! **2.** 《경》 야단 [호통]치다, 꾸짖다: der Chef hat ihn angehustet 사장이 그를 꾸짖었다.

Anhydrid [anhy'dri:t], das; -s, -e [...i:də] griech. ándydros [물 없는] 무수물 (無水物). **Anhydrit** [anhy'drit, ...rɪt] das; -s, -e 무수 (無水) 석고.

Änigma [ɛ'nɪgma; lat. aenigma < griech. aínigma], das; -s, -ta /...men 《수수께끼》. **änigmatisch** [ɛnɪ'gma:tɪʃ] ⟨Adj.⟩ 《교양어》 수수께끼 같은, 불가해한. **änigmatisieren** [ɛnɪgmati'zi:rən] ⟨h⟩ 《교양

Anilin [ani'liːn], das; -s [frz. anil] 【화학】아닐린.
Anilin-: ~**druck**, der 〈Pl. 없음〉《인쇄·고어》아닐린 인쇄. ~**farben** 〈Pl.〉《고어》↑Teerfarben. ~**leder**, das 아닐린 색소로 염색한 가죽.
Anima ['aːnima], die; -s [lat. anima] **1.**【철학】(영)혼, 얼. **2.**〈Pl. 없음〉【심리】남성의 억압된 여성적 특성 (C.G. Jung의 개념, 반대: Animus 1). **3.** 금화[은화]의 비귀금속 알맹이.
animalisch [ani'maːliʃ] 〈Adj.〉 [lat. animal] **a)** 동물 [짐승]의, 동물에서 유래하는: -er Dünger 동물에서 나온 거름. **b)** 동물적인, 동물[짐승] 같은: -e Wärme ausstrahlen 동물적인 온기를 발산하다. **c)** 본능적인, 야수적인: das bereitet ihm ein geradezu -es Vergnügen 그것은 그에게 거의 본능적 만족을 준다; -er Haß 야수적인 증오.
Animateur [anima'tøːɐ̯], der; -s, -e 오락(여흥) 주도자.
Animation [anima'tsi̯oːn], die; -en [lat. animātio] 【영화】애니메이션. **Animationsfilm**, der 트릭 필름, 만화영화, 동화(動畫). **animativ** [anima'tiːf; engl. animative]〈Adj.〉《교양어》활력[활기] 주는, 자극하는.
animato [ani'mato]〈Adj.〉[ital. animato]【음악】생기있게, 활발하게.
Animator [ani'maːtɔr], 《또한》...toːɐ̯], der; -s, -en [...ma'toːrən; lat. animātor]【영화】만화 영화가.
Animier-: ~**dame**, die 호스티스, 바걸, 기생. ~**kneipe**, die ↑~lokal. ~**lokal**, 그 호스티스가 있는 술집. ~**mädchen**, das ↑~dame.
animieren [ani'miːrən] 〈h〉 [frz. animer] **1.** 자극(고무, 격려)하다, 기분을 북돋우 주다: jmdn. zum Trinken a. 누구에게 술을 마시라고 권하다. **2.**【영화】트릭[만화] 영화를 제작하다. **Animierung**, die; -en 자극, 격려, 고무.
Animismus [ani'mɪsmʊs], der; - [lat. anima] **1.**【인종】물활론(物活論), 만유정신론(萬有精神論). **2.**【심리】정령설(精靈說)(반대: Spiritualismus). **3.**【의학】영혼불멸설. **Animo** ['aːnimo], das; -s [ital. animo] (österr.) **a)** 활기, 흥미: mit A. bei der Sache sein 좋아하는 일에 임하다. **b)** 선호, 특히 좋아함: er hat ein A. für gutes Essen 그는 좋은 음식을 특히 좋아한다. **animos** [ani'moːs]〈Adj.〉[lat. animōsus] **1.** 적대적인, 적대시하는. **2.**【고어】흥분한, 화난, 격분한. **Animosität** [animozi'tɛːt], die; -en [lat. animōsitās] **a)** 〈Pl. 없음〉적의: eine A. gegen einige Parteigegner 몇몇 당내 적대자들에 대한 적의. **b)** 적대적인 표현(들): in der Zeitung standen ein paar -en gegen den Kandidaten 그 후보에게 적대적인 표현들이 두세 개 신문에 실려 있었다. **Animus** ['aːnimʊs], der; - [lat. animus] **1.**【심리】여성의 억압된 남성적 특성 (C. G. Jung의 개념, 반대: Anima 2). **2.**【통용어】예감, 영감: ich habe da so einen A. 나에게 어떤 영감이 떠오른다.
Anion ['anioːn], das; -s, -en [a'nioːnən] 음(陰)이온(반대: Ion). **anionisch** 〈Adj.〉【물리·화학】음이온의.
Anis [a'niːs; 〈오직 österr. 에서만〉'aːnis], der; -(es), -e [lat. anīsum < griech. ánison, ánēs(s)on, ánēthon] **a)** 아니스(동부 지중해 지방에서 나는 향료 및 약용 식물). **b)** 말린 아니스 열매.
Anis-: ~**bogen**, der 〈대개 Pl.〉(österr.) 아니스 열매를 넣고 활 모양으로 구운 빵. ~**brot**, das 아니스 빵. ~**geschmack**, der 아니스 향. ~**likör**, der ↑Anisette. ~**öl**, das 아니스 유(油). ~**plätzchen**, das 〈대개 Pl.〉아니스 향내 나는 고급빵. ~**scharte**, die 〈대개 Pl.〉(österr.) ↑Anisbogen. ~**schnaps**, der 아니스 화주(火酒).
Anisette [ani'zɛt], der; -s [frz. anisette] 아니스 주

(酒).
anjagen 〈s〉《통용어》급하게[허겁지겁] 달려오다:《대개 과거분사 + kommen의 용법으로》sie kamen auf ihren Motorrädern angejagt 그들은 오토바이를 타고 질주해왔다.
ankämpfen 〈h〉 대항해[맞서] 싸우다, 저항하다, 투쟁하다: gegen den Sturm a. 폭풍에 맞서 싸우다; 전의 gegen den Schlaf a. 졸음에 맞서 싸우다.
Ankara ['aŋkara] 앙카라(터키의 수도).
ankarren 〈h〉《통용어》(많은 짐을) 수레(짐차)로 나르다, 운반하다: Kartoffeln a. 감자를 수레로 실어 오다. **ankarriolen** 〈s〉《통용어》(탈것을) 타고 오다.
Ankathete, die; -n 직삼각형에서 직각을 이루는 한 변.
Ankauf, der; -(e)s, Ankäufe 구입, 구매: der A. von Wertpapieren 유가증권의 구입; einen A. tätigen 구입하다, 사들이다. **ankaufen** 〈h〉 **1.** 구입하다, 사들이다: Aktien a. 주식을 사들이다. **2.**〈a. + sich〉살 집(대지)을 구입하다: er hat sich in einem kleinen Ort in Südfrankreich angekauft 그는 남 프랑스의 조그만 마을에 살 집을 구입했다. **Ankäufer**, der; -s, - 구매자, 소비자. **Ankaufsetat**, der; -s, -s 구매 예산: der A. des Landesmuseums 주립 박물관의 구매 예산. **Ankaufsrecht**, das; -(e)s, -e 【법】구매권.
¹**Anke** ['aŋkə], die; -n **1.**【금속】반구형 형철(型鐵). **2.**〈지역적〉목(덜미).
²**Anke**, der; -n, -n 바다송어.
ankehrig ['ankeːrɪç] 〈Adj.〉《schweiz.》 솜씨[재치] 있는.
ankeifen 〈h〉 쳇 소리로 야단치다, 나무라다: die Alte keifte die Kinder an 노파가 아이들에게 쳇소리로 야단쳤다.
anken ['aŋkn̩] 〈h〉《schweiz.》 버터를 만들다, 버터가 되다, 버터를 바르다. **Anken** [-], der; -s 《schweiz.》 버터.
¹**Anker** ['aŋkɐ], der; -s, - [lat. anc(h)eria] 옛날의 액량(液量) 단위(약 34~39 ℓ).
²**Anker** [-], der; -s, - [lat. ancora < griech. ágkȳra] **1.**【해양】닻: den A. auswerfen 닻을 내리다; den A. hieven(lichten) 【선원】닻을 올리다(감아 올리다); 전의 sein Glaube diente ihm als A. 그의 신앙이 그에게는 닻[지주] 역할을 하였다; **sich vor A. legen** 닻을 내리다, 정박하다; **vor A. liegen(treiben)** 정박하다 있다; **A. werfen(vor A. gehen)** 1) 닻을 내리다. 2)《통용어》어디에 머무르다, 휴식을 취하다, 주저앉다. **2.**【시계】평형륜 제지기(平衡輪制止器). **3.**【토목】꺾쇠, 거멀장. **4.**【물리】전기자(電機子), 발전자(發電子), 〈자석의〉접극자(接極子).
Anker-: ~**boje**, die 닻을 표시하는 부표(浮標). ~**gebühr**, die 【해양】정박료(碇泊料). ~**geschirr**, das 【해양】닻을 내리는 데에 필요한 모든 도구. ~**grund**, der 【해양】투묘지(投錨地), 투묘 해저(海底). ~**hemmung**, die 【시계】평형륜 제지기. ~**kette**, die 【해양】닻줄(쇠로 된). ~**klüse**, die 【해양】닻줄 구멍. ~**kreuz**, das 【해양·예술】닻 모양의 십자가. ~**mast**, der 【우주】(우주선의) 계류탑(繫留塔). ~**platz**, der 【해양】정박 지점. 닻을 내리는 곳. ~**spill**, das ↑~winde. ~**tau**, das 닻줄. ~**uhr**, die 【시계】평형륜 제지기가 있는 시계. ~**wickelei**, die; -en 전자 모터 수선소. ~**wicklung**, die 【전기】전기자 코일. ~**winde**, die 【해양】양묘기(揚錨機), 닻을 올려놓는 기구.
ankern ['aŋkɐn] 〈h〉 **a)** 닻을 내리다, 정박하다: das Schiff ankert immer im südlichen Teil des Hafens 그 배는 항상 항구의 남쪽에 정박한다. **b)** 정박하고 있다: das Schiff ankert hier schon einen Monat 그 배는 이 곳에 이미 한달째 정박 중이다.

anketteln ⟨h⟩ 【섬유】 (편물을) 짜서 잇다.

anketten ⟨h⟩ 쇠사슬로 묶[매]다: das Fahrrad an einen [einem] Zaun a. 자전거를 쇠사슬로 울타리에 매다; die Gefangenen waren alle angekettet 체포된 사람들은 모두 쇠사슬에 묶여 있었다; 전의 durch unseren Besuch sind wir zur Zeit sehr angekettet 우리의 방문으로 우리는 요즘은 시간적으로 여유가 없다.

ankeuchen ⟨h⟩ ↑angekeucht 참조.

ankieken ⟨h⟩ (nordd. · 통용어) ↑ansehen 참조: du kannst dir das Boot ja mal a. 너는 그 배를 한번 구경해 볼 수 있어.

ankippen ⟨h⟩ 약간 기울이다.

ankitten ⟨h⟩ (접합제로) 접합하다, 붙이다: den Henkel wieder an die Kanne a. 손잡이를 다시 주전자에 접합하다.

ankläffen ⟨h⟩ 《폄》 으르렁대다, (크게) 짖다: der Köter kläffte mich die ganze Zeit an 개가 줄창 나에게 으르렁대었다; 전의 der Polizist kläffte ihn an 《경》 경찰관이 그를 심하게 야단쳤다.

Anklage, die; -n **1.** 《Pl. 없음》 **a)** 고소, 기소, 소송, 공소(公訴): die A. lautet auf Totschlag 살인 혐의로 기소하다; die A. stüzt sich auf Indizien 공소 유지는 방증에 의한다; A. erheben 기소하다. **b)** 공소권자, 검사, 검찰: die Zeugin der A. 검찰측 여증인. **2.** 《아어》 고발, 탄핵, 비난: massive -n gegen jmdn. vorbringen 누구를 통렬하게 비난[탄핵]하다.

Anklage-: ~**bank**, die 〈Pl.: ~bänke〉 피고(인)석; sie brach auf der A. zusammen 그녀는 피고인석에서 기절하였다; 전의 nicht Technik, Wissenschaft oder Automation sind auf die A. zu setzen 기술, 학문 또는 자동화를 피고석에 앉혀서는 안된다. ~**erhebung**, die 고발, 기소. ~**punkt**, der 기소 사항, 혐의. ~**schrift**, die 기소장. ~**vertreter**, der 《법》 공소권자, 검사. ~**vertretung** die, 검찰.

anklagen ⟨h⟩ **1.** 기소하다, 소송을 제기하다: er wurde angeklagt u. zum Tode verurteilt 그는 기소되어 사형 선고를 받았다; jmdn. des Hochverrats a. 《아어》 누구를 반역죄로 기소하다. **2.** 《아어》 고발하다, 비난[탄핵]하다: er klagte sich als der[《드물게》 den] Mörder seines Kindes an 그는 자기 자식의 살인자가 자신이라고 탄핵한다; der Film klagt die sozialen Mißstände an 그 영화는 사회의 병폐를 고발한다. **Ankläger**, der; -s, - 원고, 기소자, 고소인: der öffentliche A. 검사. **anklägerisch** ⟨Adj.⟩ 비난[탄핵]하는: in -em Ton 비난하는 어조로.

anklammern ⟨h⟩ **1.** (집게로) 고정하다, 묶다, 매달다: Kleidungsstücke an die Wäscheleine a. 옷가지들을 집게로 빨랫줄에 매달다. **2.** ⟨a. + sich⟩ 매달리다, 달라붙다: das Kind klammerte sich ängstlich an die[an der] Mutter an 아이는 겁을 먹고 엄마에게 매달렸다; 전의 sich an das Leben a. 삶에 집착하다.

Anklang, der; -(e)s, Anklänge **1.** 유사성[점], 상기[연상]시키는 것: das Theaterstück enthält viele Anklänge an Brecht 이 희곡은 브레히트와 유사점이 많다. **2. A. finden** 호응[갈채, 공감, 공명]을 얻다: der Gedanke des Umweltschutzes findet zu wenig A. in der Gesellschaft 환경보호 사상은 사회에서 호응을 너무 얻지 못한다.

anklatschen ⟨h⟩ 《경》 아무렇게나 붙이다: das Haar ist angeklatscht 머리카락이 몸에 찾어 착 달라붙어 있다.

ankleben 1. ⟨h⟩ (풀 따위로) 붙이다: ein Plakat a. 플래카드를 붙이다; Tapeten a. 벽지를 바르다. **2.** ⟨s⟩ 달라붙다: der Teig ist an der Schüssel angeklebt 반죽이 대접에 꼭 달라 붙었다.

ankleckern ⟨h⟩ ↑angekleckert 참조.

Ankleide-: ~**kabine**, die 탈의실, 갱의실, 시착(試着)실: die -n im Schwimmbad 수영장의 탈의실. ~**puppe**, die 마네킹: 전의 die Neue in der Klasse ist eine A. 새로 전학 온 여학생은 마네킹처럼 옷을 입는다. ~**raum**, der 갱의실. ~**spiegel**, der 경대, 옷 입을 때 보는 거울. ~**zelle**, die ↑~kabine 참조. ~**zimmer**, das ↑~raum.

ankleiden ⟨h⟩ 《아어》 옷을 입히다: sich für den Theaterbesuch a. 극장에 갈 옷차림을 하다; ich bin noch nicht angekleidet 나는 아직 옷을 입지 않았다. **Ankleider**, der; -s, - 〔연극〕 의상 담당자, 《schweiz.》 옷 보관소 담당자. **Ankleiderin**, die; -nen ↑Ankleider 의 여성형. **Ankleidung**, die; -en 옷 입히기.

anklеistern ⟨h⟩ 《경》 ↑ankleben 참조.

anklingeln ⟨h⟩ 《통용어》 ↑anrufen (3) 참조: er hat heute sehr früh bei mir angeklingelt 그는 오늘 아침 아주 이른 시간에 나에게 전화를 걸었다.

anklingen* ⟨h⟩ **a)** 약간 일치[유사]하다, 상기[연상, 회상]시키다: dieses Schauspiel klingt sehr an Brecht an 이 연극은 브레히트를 많이 연상시킨다. **b)** 암시적으로 표현되다, 변주 울리다, 감지되다, 들리다: in ihren Worten klang so etwas wie Wehmut an 그녀의 말속에는 비애 같은 것이 감지된다.

anklopfen ⟨h⟩ **1.** 문을 두드리다, 노크하다: leise an die [der] Tür a. 조용히 문을 두드리다; er trat ein, ohne anzukopfen 그는 문을 두드리지 않은 채 들어왔다. **2.** 《통용어》 (조심스럽게) 부탁하다, 묻다, 문의하다: bei jmdn. um Geld a. 누구에게 조심스럽게 돈을 융통해 달라고 부탁하다. **Anklopfer**, der; -s, - 노크용 문고리. **Anklopfring**, der 노크용 둥근 문고리.

anknabbern ⟨h⟩ 갉아먹기 시작하다: Mäuse knabbern die Nüsse an 쥐들이 호두를 갉아먹기 시작한다; 《명사화》 sie sieht zum Anknabbern aus 《통용어》 그녀는 깨물어주고 싶도록 귀엽다; 전의 der Staat muß seine Goldreserven a. 국가가 비축한 금에 손을 대지 않을 수 없다.

anknacken ↑anknacksen 참조.

anknacksen ⟨h⟩ 《통용어》 약간 깨지다[부러지다], 금가다: ich habe mir den Fuß angeknackst 나는 다리를 삐었다; ein angeknackstes Tischbein 금이 간 책상다리; 전의 ihre Gesundheit[ihr Stolz] war ziemlich angeknackst 그녀의 건강[자존심]은 꽤 상했다.

anknarren ⟨h⟩ 《통용어》 퉁명스럽게 야단치다.

anknicken ⟨h⟩ (약간) 꺾다, 찢다: ein angeknickter Zweig lag auf der Erde 약간 꺾여진 나뭇가지가 땅바닥에 놓여 있었다.

anknipsen ⟨h⟩ 《통용어》 스위치를 눌러 (불 따위를) 켜다 《반대: ausknipsen》: das Licht a. 스위치를 눌러 전등을 켜다.

anknöpfen ⟨h⟩ 단추를 채워 고정시키다, 달다, 연결하다 《반대: abknöpfen》.

anknoten ⟨h⟩ 묶어 연결하다: ein Seil a. 밧줄을 묶어 연결하다.

anknüpfen ⟨h⟩ **1.** 연결하다, 잇다: eine Schnur[ein Band] wieder a. 줄[끈]을 다시 잇다. **2.** 접목하다, 계승하다: an einen Gedanken[eine Entwicklung, alte Traditionen] a. 생각[발전 추세, 오랜 전통]에 접목하다. **3.** 접촉을 시작하다, 관계를 맺다: eine Unterhaltung [Beziehungen] a. 담소를 시작하다[관계를 맺다]. **Anknüpfung**, die; -en 연결, 접목, 접점. **Anknüpfungspunkt**, der 이야기의 실마리, 접합점: einen A. suchen 대화의 실마리를 찾다.

anknurren ⟨h⟩ **1.** 누구[무엇]를 향해 으르렁대다: der Hund knurrte den Vertreter an 개가 외판원에게 으르렁댔다. **2.** 《통용어》 잔소리하다, 야단치다.

ankochen ⟨h⟩ 살짝 데치다[삶다, 끓이다]: die Spargel sollen nur kurz angekocht werden 아스파라거스는 살짝 데쳐야만 된다. **Ankochstufe, die** ⟨Pl. 없음⟩ 전기 화덕의 최고온도.

anködern ⟨h⟩ 1. [낚시] 낚싯바늘에 미끼를 달다: er rührte sich nur, um den Fang vom Haken zu nehmen und neu anzuködern 그는 오직 잡은 고기를 낚싯바늘에서 떼어내고 새 미끼를 끼우기 위해서만 몸을 움직였다. 2. [사냥] 미끼로 꾀다. 3. 꾀다, 유혹하다: man hatte versucht, ihn mit Geld anzuködern 그는 돈으로 꼬이려고 했었다.

ankohlen ⟨h⟩ 1. ⟨친근⟩ (장난으로) 속이다, 거짓말하다: du kohlst mich mit deiner Geschichte ja nur an! 너 그 이야기로 단지 나를 속이려 하는구나! 2. 부분적으로 그을리다: ⟨대개 과거분사로⟩ angekohlte Balken 약간 그을린 서까래.

ankommen* ⟨s⟩ 1. 도착하다: ein Brief ist angekommen 편지가 도착하였다; pünktlich a. 정각에 도착하다; 전의 bei unseren Nachbarn ist kürzlich das vierte Kind angekommen 우리 옆집에 4번째 아기가 얼마 전에 태어났다. 2. ⟨통용어⟩ 되풀이 하여 성가시[귀찮]게 굴다: er kommt immer wieder mit denselben Märchen an 그는 항상 똑같은 이야기를 반복하여 성가시게 한다. 3. ⟨통용어⟩ 취직하다, 일자리를 얻다: er ist in diesem Betrieb als Werbefachmann angekommen 그는 이 회사에 광고 전문가로 취직하였다. 4. ⟨통용어⟩ 호응[호평]을 얻다, 좋은 반응을 얻다(불러 일으키다): dieser Schlager[das Buch, die Werbung] kommt bei den Leuten an 이 유행가[책, 광고]는 사람들에게 좋은 반응을 얻고 있다; 전의 damit werden wir schön a. ⟨반어적⟩ 그것으로 우리는 망신을 당할 것이다. 5. 대항하다, 필적하다, 이핑하 해보다: (gegen ihn[gegen diese Entwicklung] kann man nicht[nur schwer] a. 그에게는[그 사이에 대항해] 어떻게 해볼 도리가 없다[해보기가 아주 어렵다]. 6. ⟨아어⟩ a) 생기다, 일어나다, 엄습하다: ein Gefühl kommt ihn an 어떤 감정이 그에게 생긴다. b) 누구에게 어렵게[힘들게] 되다. 7. 누구(무엇)에 달려 있다, 좌우되다, 관건[문제]이 되는 것은 ···이다, 중요하다: auf ihn kommt es an 그에게 달려 있다; es paar Mark kommt es mir nicht an 나로서는 잔돈푼 얼마가 문제되지 않는다; **es auf etw. a. lassen** 감행하다, 감내하다: es auf einen Versuch a. lassen 시도를 감행하다. **es d(a)rauf a. lassen** ⟨통용어⟩ (사태의 추이) 관망하다. **Ankömmling** ['ankœmlɪŋ], der; -s, -e 막 도착한 사람, 신참(자): der Empfang(die Begrüßung) der -e 막 도착한 사람들을 맞우하기[환영]; 전의 alle wollten den kleinen A. sehen 모두가 다 그 작은 신생아를 보려고 하였다.

ankönnen* ⟨h⟩ ⟨통용어⟩ 대적[필적]하다: er kann gegen mich nicht an 그는 나에게 대적하지 못한다.

ankoppeln ⟨h.⟩ 1. ↑ankuppeln 참조.: einen Wagen [das Raumschiff] a. 차량(우주선)을 연결하다. 2. (여러 짐승들을) 한 무리로 묶다: sie koppelten die Jagdhunde an 그는 사냥개들을 한 줄로 묶었다. **Ankopp(e)lung, die**; -en 연결.

ankören ⟨h⟩ [농업] 종축으로 결정하다(고르다).

ankörnen ⟨h⟩ [사냥] 먼젓 미끼로 뿌려 짐승을 꾀다 [유혹하다]. 2. [수공] 구멍 뚫을 곳을 송곳으로 표시하다.

ankotzen ⟨h⟩ ⟨속어⟩ 1. a) 구토물로 더럽히다. b) 구역 질[신물]나게 하다, 역겹[지겹]게 하다: euer Gejammere kotzt mich an 너희들의 끊임없는 않는 소리가 나에게는 구역질이 난다. 2. 거칠게 야단치다, 나무라다: der Spieß hat ihn gehörig angekotzt 상사(上士)가 그를 호되게 야단쳤다.

ankrallen ⟨h⟩ 1. ⟨a. + sich⟩ 발톱으로 매달리다: der Vogel krallt sich am Käfig an 새가 발톱으로 새장에 매달린다; 전의 das Kind krallte sich an das Gitter des Laufstalls an 아기가 운동용 아기 우리의 격자에 꽉 매달렸다. 2. ⟨지역적⟩ 조르다, 간청하다: er hat mich schon wieder wegen 30 Mark angekrallt 그는 또다시 나에게 30마르크를 달라고 졸랐다.

Ankratz ['ankrats] ⟨다음 용법으로⟩ **A. haben** ⟨지역적⟩ (여자가) 남자들에게 인기가 있다. **ankratzen** ⟨h⟩ 1. 할퀴다, 긁다: bei dem Unfall wurde der Wagen nur leicht angekratzt 그 사고에서 자동차는 약간 긁히기만 하였다. 2. ⟨a. + sich⟩ ⟨통용어⟩ **a)** 비위를 맞추다, 아양 떨다: du hast dich beim Lehrer angekratzt 너는 선생님에게 아양을 떨었다. **b)** 친구[애인]로 만들다[삼다]: ich kratz mir eine an 나는 여자 친구를 하나 만들어야겠다.

ankrausen ⟨h⟩ [재단] (잔)주름을 잡다: ein leicht angekrauster Rock 잔주름이 있는 치마.

ankreiden ['ankraidn] ⟨h⟩ 1. ⟨고어⟩ (외상 술값을) 적다, 달아 놓다: alle Getränke a. 마신 것을 전부 달아 놓다. 2. 나쁘게 생각하다, 비난하다: jmdm. etw. übel a. 누구의 무엇을 나쁘게 생각하다; man kreidet ihm sein Verhalten (als Schwäche) an 사람들은 그의 태도를 (약점이라고) 좋지 않게 생각한다.

Ankreis, der; -es, -e [기하] (3각형의) 방접원(傍接圓). **Ankreuzbrief**, der [사무] 이미 인쇄되어 해당란에 십자 표시만 하면 되는 편지.

ankreuzen 1. ⟨h⟩ 십자표로를 하다: er kreuzte den Namen an 그는 그 이름에 십자표를 하였다. 2. ⟨h/s⟩ [요트] 바람을 거슬러 범주하다. **Ankreuzung, die**; -en 십자표하기.

ankriechen* ⟨s⟩ 기어오다, 기어서 접근하다: einen feindlichen Posten von hinten a. 적의 초소에 배후에서 포복하여 접근하다; ⟨주로 과거분사+kommen과 함께 으로⟩ der Hund kam unterwürfig angekrochen 개가 아양을 떨며 살살 기어왔다.

ankriegen ⟨h⟩ ⟨통용어⟩ ↑anbekommen 참조.

ankucken (nordd.) ↑angucken 참조.

ankümmeln ⟨h⟩ ⟨다음 용법으로⟩ **sich einen a.** ⟨통용어⟩ 술에 취하다.

ankünden ⟨아어·준고어⟩ ↑ankündigen 참조. **ankündigen** ⟨h⟩ **a)** 예고하다, 통지하다: etw. rechtzeitig a. 무엇을 제 때에 통지하다; seinen Besuch a. 그의 방문을 예고하다; eine Veranstaltung in der Zeitung a. 모임을 신문을 통해 알리다. **b)** ⟨a. + sich⟩ 어떤 징후를 통해 접근을 알리다, 예고하다: die Krankheit kündigt sich durch Kopfschmerzen und Durchfall an 그 병은 두통과 설사의 증상으로 시작된다; der Frühling kündigt sich an 봄이 그 소식을 전한다. **Ankündigung, die**; -en 예고, 통지, 통지, 광고. **Ankündigungskommando, das** [군] 예령(豫令).

Ankunft ['ankʊnft], die, ⟨Pl. 드묾 c. schweiz.⟩ **Ankünfte** ['ankʏnftə] 도착: die rechtzeitige(verspätete) A. 정시 도착(연착); jmds. A. mitteilen(erwarten) 누구의 도착을 알리다(기다리다); die glückliche A. eines Stammhalters 종손의 무사한 출생.

Ankunfts-: ~**halle, die** [항공] 도착기(到着機) 대합실. ~**ort**, der [교통] 도착지. ~**tafel**, die (열차, 비행기의) 도착 시간표. ~**termin**, der 도착 시간. ~**zeit**, die 도착 시간.

ankuppeln ⟨h⟩ ⟨차량 따위를⟩ 연결하다: einen Waggon a. 차량을 연결하다. **Ankupp(e)lung, die**; -en 연결.

ankurbeln ⟨h⟩ 1. 크랭크를 돌려 발동을 걸다: den Motor a. 크랭크를 돌려 모터에 발동을 걸다. 2. 활성화 [부양]시키다, 촉진하다: die Wirtschaft[die Produktion] a. 경제[생산]를 활성화시키다; 전의 Adrenalin kurbelt den Stoffwechsel an 아드레날린은 신진대사를 촉진한다. **Ankurb(e)lung**, die; -en 크랭크 돌리기, 발동걸기, 활성화, 촉진. **Ankurbelungskredit**, der 【경제】 경기 부양을 위한 대출[융자]: einen A. gewähren 경기 부양을 위한 대출을 허락하다.

ankuscheln, sich ⟨h⟩ 누구에게 몸을 비비대다: ich kusch(e)le mich an die Mutter an 나는 엄마의 품 속으로 파고든다.

Ankylose [anky'lo:zə], die; -n [griech. agkýlos] 【의학】 관절 경직.

anlächeln ⟨h⟩ 미소지으며 보다, 누구에게 미소짓다: jmdn. freundlich a. 누구에게 친절히 미소짓다.

anlachen ⟨h⟩ 1. 웃으며 (바라)보다: jmdn. fröhlich a. 누구를 밝게 웃으며 보다; sie lachten sich an 그들은 서로 웃으며 바라 보았다; 전의 ein blauer Himmel lachte uns an 푸른 하늘이 우리를 보며 웃었다. 2. ⟨a. + sich⟩ 《경》 사귀다, 낚다, 애정 관계를 맺다: du hast gegen einen Studenten angelacht 너 대학생을 하나 사귀었구나.

Anlage, die; -n 1. 설치, 건설, 만들기: jmdn. mit der A. eines Stausees beauftragen 누구에게 저수지 건설을 맡기다. 2. 투자: eine sichere prämienbegünstigte A. 안전하고 특별 이익금이 있는 투자. 3. (공공) 시설, 공원, 녹지: städtische -n 시립 공원; militärische -n bewachen 군사 시설을 경비하다. 4. 시설, 설비, 장비, 장치: eine technische A. 기계 설비; sanitäre -n 화장실. 5. 설계, 구조, 구성: die A. des Romans[der Symphonie] 그 소설[교향곡]의 구조. 6. 체질, 기질, 소질, 자질, 재능, 성향: eine A. zu Allergien haben 알레르기 체질이다; eine A. zur Musik 음악에의 재능. 7. 【사무】 첨부(물), 동봉: als A. sende ich ein Attest 증명서를 동봉합니다.

anlage-, Anlage-: **~bedingt** ⟨Adj.⟩ 체질적인: die Krankheit ist a. 그 병은 체질적인 요인에 의한 것이다. **~berater**, der 【경제】 투자 상담가: einen A. konsultieren 투자 상담가와 상담하다. **~beratung**, die; -en 투자 상담. **~kapital**, das 【경제】 설립 자본. **~papier**, das 【경제】 투자 증권. **~strich**, der 【사무】 첨부물이 있음을 알리는 편지의 가장자리에 그어진 사선. **~vermögen**, das 【경제】 고정 자산.

anlagern ⟨h⟩ 《화학》 a. 수용하다, 받아들이다. b) 결합 (화합): das Molekül lagert sich an ein Ion an 분자는 이온과 결합한다. **Anlagerung**, die; -en 결합, 화합. **Anlagerungsverbindung**, die 화합물.

anlanden a) ⟨h⟩ 상륙시키다, 하역하다: Truppen a. 부대를 상륙시키다. **b)** ⟨s⟩ 도착하다, 접안하다: das Schiff landete in einer Bucht an 그 배는 만에 도착하였다. ⟨h/s⟩ 【지질】 토사(土砂)의 퇴적으로 (땅이) 넓어지다: die Sandbank [die Insel] landet an 모래톱[섬]이 토사의 퇴적으로 넓어진다. **Anlandung**, die; -en 상륙, 도착, 충적(沖積)(토).

anlangen 1. ⟨s⟩ 《아어》 도착(도달)하다: glücklich am Ziel a. 무사히 목적지에 도착하다; 전의 auf der Höhe des Ruhmes angelangt sein 명성의 절정에 도달하다. 2. ⟨h⟩ 《지역적》 손대다, 만지다: du darfst die Ausstellungsstücke nicht a. 너 전시품들에 손을 대서는 안 된다. 3. ⟨h⟩ 관계하다: was mich[diese Frage] anlangt ... 나로서는[이 문제에 관해서는] ….

anlappen ['anlapp] ⟨h⟩ 《지역적》 (대수롭지 않은 일로) 야단치다, 꾸짖다.

anlaschen ⟨h⟩ 《철도》 접합판으로 선로를 연결하다.

Anlaß ['anlas], der; ..lasses, ..lässe ['anlɛsə] 1. 동인, 계기: der A. des Streites 싸움의 원인; ein unmittelbarer A. zur Besorgnis besteht nicht 걱정해야 할 직접적인 원인은 없다; jmdm. A. zu etw. geben 누구에게 무엇을 할 구실을 주다; keinen A. zu etw. sehen 무엇을 할 근거를 찾지 못하다; beim geringsten[ohne besonderen] A. 사소한 구실만 있으면[특별한 이유없이]; etw. zum Anlaß nehmen 무엇을 계기로 삼다. 2. 기회, 계기: ein willkommener A. 안성맞춤의 기회; aus A. seines Jubiläums 기념일을 맞이하여[기회삼아]; einen A. nicht vorübergehen lassen 기회를 놓치지 않다[움켜잡다]. 3. 《schweiz.》 행사, 축연.

anlassen* ⟨h⟩ 1. 시동을 걸다: einen Motor[Wagen] a. 모터[자동차]의 발동을 걸다. 2. 《통용어》 입(신)은 채로 있다, 벗지 않다: den Mantel[die Schuhe] a. 외투[신발]를 벗지 않다. 3. 켠 대로 놓아두다, 끄지 않다: das Radio[die Scheinwerfer] a. 라디오[전조등]를 끄지 않고 놓아두다. 4. 《통용어》 **a)** 시작하다. **b)** 시작이 …하다: das Geschäft[der Tag] läßt sich gut an 장사[하루]의 개시가 좋다. 5. 《아어》 야단치다, 꾸짖다, 나무라다: jmdn. grob a. 누구를 거칠게 꾸짖다. 6. 【기술】 달구어 단단하게 하다: Stahl a. 강철을 달구어 단단하게 하다. **Anlasser** ['anlasɐ], der; -s, - 【기술】 시동[점화] 장치. **Anlaßfarbe**, die ↑Anlauffarbe. **anläßlich** ['anlɛslɪç] ⟨Präp.²⟩ 즈음(맞이)하여, …의 기회에: eine Feier a. seines Geburtstages 그의 생일을 맞이하여 벌인 잔치.

anlasten ⟨h⟩ **a)** 누구에게 무엇의 책임을 지우다: jmdm. die Schuld an etw. a. 누구에게 무엇의 책임을 지우다. **b)** 《준고어》 떠넘기다: die Kosten den Verursachern a. 비용을 장본인들에게 부담시키다.

anlatschen ⟨s⟩ 다리를 질질 끌며 오다: 《주로 과거분사+kommen의 용법으로》 nach einer Stunde kam er endlich angelatscht 그는 마침내 한 시간 뒤에 다리를 질질 끌며 왔다.

Anlauf, der; -(e)s, Anläufe 1. 돌격, 돌진, 시도: eine Festung im ersten A. nehmen 요새를 단숨[일거]에 점령하다; 전의 etw. gelingt beim ersten A. 무엇이 첫번째 시도에 성공되다; **einen (neuen) A. nehmen [machen]** (새롭게) 시도[시작]하다. 2. 【스포츠】 **a)** 도움닫기: ohne A. springen 도움닫기 없이 도약하다; **A. nehmen** 【스포츠】 도움닫기 하다. 3. 도움닫기 구간: ein kurzer A. 짧은 도움닫기 구간. 3. ⟨Pl. 없음⟩ 시작, 개시: der A. der Produktion 생산 개시.

Anlauf-: **~adresse**, die 청소년들이 비상시에 도움을 청할 수 있는 공공 기관의 주소. **~farbe**, die 【기술】 강철을 가열할 때 나는 빛깔. **~schwierigkeit**, die; -en ↑Anfangsschwierigkeit. **~stelle**, die ↑~adresse. **~turm**, der 【스키】 (점프의) 출발점. **~zeit**, die **a)** 【자동차】 엔진이 더워지기까지의 시간. **b)** 준비 기간. **c)** 【연극·영화】 개봉 상연 기간, 첫 공연 기간.

anlaufen* **1.** ⟨s⟩ 달려오다: (대개 과거분사+kommen의 용법으로) der Junge kam (heulend) angelaufen 그 사내아이가 엉엉 울면서 달려왔다. 2. **a)** ⟨s⟩ (달리면서) 들이받다, 충돌하다, 부딪치다: gegen die Parkuhr a. 주차시계를 들이받다. **b)** ⟨s⟩ 타파하다, 조치를 취하다: gegen Vorurteile a. 편견에 타파하다. 3. **a)** ⟨s⟩ 【스포츠】 도움닫기 하다. **b)** 【육상】 경주(의 첫 부분)을 (어떻게) 달리다, 주파하다: die 400m in 57 Sekunden a. 400m를 57초에 주파하다. 4. ⟨h⟩ (배가) 어디를 향해 항해하다, 기항하다: einen Hafen a. 어떤 항구를 향해 항해하다. 5. ⟨s⟩ 작동하기 시작하다: der Motor läuft an 모터가 작동하기 시작한다. 6. ⟨s⟩ 시작[개시]되다: die Fahndung läuft sofort an 수배가 즉시 시작된다. 7. ⟨s⟩ 《지역적》 부어 오르다: die Backe läuft an 뺨이 부어 오른다. 8. ⟨s⟩ 어떤 색깔을 띠다: sein Gesicht lief rot an 그의 얼굴이 빨갛게 되었다. 9. ⟨s⟩ 김이 서리다: die Fensterscheibe läuft an 유리창에 김이 서린다. 10. ⟨s⟩ 증가[상

승)하다: die Kosten laufen leider ziemlich an 비용이 유감스럽게도 꽤 많아진다. **11.** 〈s〉《준고어》냉대 받다: bei jmdm. übel a. 누구한테서 심한 냉대를 받다.
Anlaut, der; -(e)s, -e [언어] 초두음(初頭音), 초성(初聲)(반대: Auslaut): im A. stehen 초성이다. **anlauten** 〈h〉 [언어] 어떤 음으로 시작되다, 초성이 무엇이다(반대: auslauten): Wörter, die mit d a. d로 시작되는 단어들. **Anlautreim,** der; -(e)s, -e 두운(頭韻).
anläuten 〈h〉 **1.** 《지역적》↑anrufen 참조: den 《(schweiz.)》dem) Vater a. 아버지에게 전화를 걸다. **2.** [스포츠] 시작 종을 치다(반대: ausläuten): ein Spiel a. 경기의 시작 종을 치다.
anlecken 〈h〉 살짝 핥다, 침을 살짝 묻히다: die Briefmarke a. 우표에 침을 살짝 묻히다.
Anlege-: ~**apparat,** der [인쇄] 급지 장치(紙張裝置). ~**brücke,** die 선창(船艙), 선착장. ~**platz,** der 부두, 선창. ~**steg,** der 선창. ~**stelle,** die 선착장.
anlegen 〈h〉 **1.** 갖다 대다(놓다, 붙이다): die Leiter[ein Lineal] a. 사다리(자)를 갖다 대다; die Ohren a. 귀를 갖다 대다; [전의] einen strengen Maßstab a. 엄격하으로 심판(판정)하다. **2.** (땔감을) 불 위에 올려 놓다: Kohlen [Holz] a. 석탄(장작)을 불 위에 올려 놓다. **3. a)** 총을 쏠 [사격] 준비를 하다: er legte an und schoß 그는 사격 준비를 하고 쏘았다. **b)** 누구에게 총을 겨누다, 겨냥하다: auf den Flüchtenden a. 도망치는 자를 겨냥하다. **4.** (아이) (특정한 옷을) 입다: Trauerkleidung a. 상복을 입다. **5.** 건설하다, 조형(형성)하다, 작성하다: einen Garten a. 정원을 만들다; Statistiken(ein Verzeichnis) a. 통계(목록)을 작성하다. **6. a)** 투자하다: sein Geld vorteilhaft a. 그의 돈을 유리하게 투자하다. **b)** 지출(지불)하다, 돈을 내(쓰)다: wieviel wollen Sie für das Bild a.? 이 그림에 얼마를 내시겠습니까? **7.** 노리다, 겨냥하다: es auf jmdn. a. 누구를 목표로 겨냥하다; alles daraut a. jmdn. zu täuschen 누구를 속이는 것을 모든 것의 목표로 삼다. **8.** 〈a. + sich〉싸움[시비] 걸다: sich mit jmdm. a. wollen 누구에게 시비 걸려고 하다. **9.** 정박(접안)하다(반대: ablegen): das Schiff legt pünktlich am Kai an the ship arrived 배가 부두에 정박한다.
Anleger, der; -s, - **1.** [인쇄] 삽지공(挿紙工). **2.** 남의 기업에 투자한 사람, 투자자. **Anlegerin,** die; -nen ↑Anleger의 여성형.
anlehnen 〈h〉 **a)** 기대다, 의지하다: eine Leiter an die Mauer a. 사다리를 담에 기대어 놓다; [전의] sich eng an ein Vorbild a. 모범을 단단히 따르다. **b)** 약간 열어 놓다, 문을 기대어 놓다: die Tür nur a. 문을 꼭 닫지 않은 채로 두다; ein angelehntes Fenster 꼭 닫지 않은 창문. **Anlehnung,** die; -en **a)** 의지, 발판: A. an jmdm. Stärkeren(Größern) suchen(finden) 보다 강한(큰) 사람에게서 의지를 찾(발견하)다. **b)** 의존, 모범으로 삼음, 영향 받음: die A. an Brecht ist deutlich zu merken 브레히트를 모범으로 한 것을 분명히 느낄 수 있다; in [unter] A. an die Romantik 낭만주의로 하여. **Anlehnungsbedürfnis,** das 의존심, 의타심. **anlehnungsbedürftig** 〈Adj.; nicht adv.〉의타적인, 의타심이 많은(강한): -e Menschen 의타심이 많은 사람; (besonders) a. sein (특히) 의타적이다.
anleiern 〈h〉《통용어》활성화시키다, 활발하게 하다.
Anleihe, die; -n **1.** 융자, 차입(금), 차관, 공채, 사채: eine bis 1980 unkündbare A. 1980년까지 해약할 수 없는 융자; öffentliche(staatliche) -n 공(국)채; eine A. aufnehmen 차입(기채, 융자)하다; [전의] bei jmdm. eine A. machen 〈농〉누구에게서 돈을 꾸다. **2.** 차용, 표절: eine A. bei Mozart(Goethe, Picasso) machen 모차르트(괴테, 피카소)를 차용(표절)하다.

Anleihe- [경제] ~**ablösung,** die 차입금(공채) 상환. ~**kapital,** das 차입 자본. ~**markt,** der 사채 시장. ~**papier,** das 채권, 이 기채에 의한 채무. ~**schuld,** die 기채에 의한 채무. ~**zeichnung,** die 차관(사채) 조인에 의한 의무. **Anleihen,** das; -s, - 《(schweiz.)》↑Anleihe.
anleimen 〈h〉 **1.** 아교로 붙이다, 접착하다: ein abgeplatztes Stück Holz am Tisch(an den Tisch) wieder a. 떨어져 나간 나무 조각을 탁자에 다시 아교로 붙이다. **2.** 《통용어》속이다: einen alten Mann a. 노인을 속이다.
anleinen 〈h〉 줄에 매다: den Hund am Türpfosten a. 개를 문설주에 매(어두)다.
anleiten 〈h〉 **a)** 지도하다, 이끌다: die Schüler a. 학생들을 지도하다. **b)** 무엇하도록 지도하다, 가르치다, 교육하다: die Kinder zur Selbständigkeit a. 아이들이 자주성을 갖도록 교육하다. **Anleiter,** der; -s, - 지도자(원).
Anleitung, die; -en **1.** 지도, 가르침, 교시, 지시: etw. unter (der) A. eines anderen tun 무엇을 다른 사람의 지도하에 (행)하다. **2.** 안내장(문): die A. aufheben 안내장을 보관하다.
Anlern-: ~**beruf,** der 단기 교육의 직업. ~**verhältnis,** das《준고어》도제 관계. ~**zeit,** die 연수(수습) 기간.
anlernen 〈h〉 **1.** (직업을 위해) 교육하다, 훈련시키다: die jungen Kräfte[den Nachwuchs] a. 젊은이들(후진)을 교육하다. **2.** 〈a. + sich〉(피상적으로) 습득하다, 익히다, 배워 알다: ich habe mir die Prüfungskenntnisse angelernt 나는 시험에 필요한 지식들을 습득하였다. **Anlernling** ['anlɛrnlɪŋ], der; -s, -e 연수생.
anlesen* 〈h〉 **1.** (책 따위의) 앞부분만을 읽다: ein Buch a. 책의 첫 몇 장만을 읽다. **2.** 〈a. + sich〉독서를 통해 습득하다: eine nur angelesene Kenntnis 단지 독서를 통해 얻은 (피상적인) 지식.
anleuchten 〈h〉 불을 비추다, 조명하다: den Dieb mit der Taschenlampe a. 손전등으로 도둑을 비추다.
anliefern 〈h〉 납품(배달)하다, 물건을 공급하다: die Firma hat noch nicht angeliefert 그 회사는 아직 납품하지 않았다. **Anlieferung,** die; -en 납품, 배달.
anliegen* 〈h〉 **1.** (옷이) 몸에 꼭 끼다: der Pullover liegt eng an 스웨터가 꼭 낀다. **2.** 《통용어》처리를 기다리다, 처리되다: liegt etwas Besonderes an? 처리해야 할 특별한 것이 있나? **3.** (아이) 누구의 관심(중대)사이다: die Reform liegt dem Minister an 그 개혁은 장관의 관심사이다. **4.** (아이) 조르다, 성가시게(귀찮게) 하다: jmdm. mit Beschwerden a. 항의를 해 누구를 성가시게 하다. **5.** [선원] 진로를 잡다: an den richtigen Kurs a. 옳은 진로를 잡다. **Anliegen,** das; -s, - 관심사, 소원, 바램, (간)청, 부탁: ein A. an jmdn. haben 누구에게 부탁이 있다; ein dringendes A. vortragen(vorbringen) 절실한 바램을 개진하다. **anliegend** 〈Adj.〉 **1.** 인접한, 이웃의, 나란히 붙어 있는: -e Grundstücke 나란히 붙어 있는 대지. **2.** [사무] 동봉하는, 첨부하는: -e Schriftstücke 동봉하는 서류. **Anlieger,** der; -s, - 이웃, (인근) 지역 주민; [교통] frei für A. (인근) 지역 주민은 통행 자유. **Anliegerstaat,** der 연안(沿岸)국(가): die an der Nordsee 북해 연안국들. **Anliegerverkehr,** der (인근) 지역 주민에만 제한된 통행.
anlieken ['anliːkn̩] 〈h〉 [선원] 돛 가장자리에 달린 밧줄을 돛에 묶다.
anlinsen 〈h〉《통용어》훔쳐(몰래) 보다: jmdn. verstohlen a. 누구를 몰래 훔쳐 보다.
anlocken 〈h〉 꾀어(들이)다, 유혹하다: Vögel (mit Futter) a. 새들을 (먹이로) 꾀다; [전의] die Musik hatte viele Leute angelockt 음악이 많은 사람들을 꾀어 들였

다. **Anlockung**, die; -en 유혹, 꾐.
anlöten ⟨h⟩ 납땜하여 붙이다: den Draht an den[⟪드물게⟫dem] Bügel a. 철사를 옷걸이에 납땜으로 붙이다.
anlügen* ⟨h⟩ 누구를 면전에서 속이다, 태연히 거짓말하다: einen Fragenden frech[unverschämt] a. 물어 보는 사람을 뻔뻔스럽게 속이다.
anluven ⟨h⟩ 〔선원〕 이물을 바람받이 쪽으로 돌리다(반대: abfallen 7).
Anm. = ↑ Anmerkung (2).
anmachen ⟨h⟩ ⟪통용어⟫ **1.** 부착하다, (매)달다, 설치[장치]하다: ein Schild an der Haustür a. 대문에 표찰을 달다. **2.** (반대: ausmachen) **a)** 스위치를 켜다: das Licht a. 불을 켜다. **b)** 불을 피우다: Feuer a. 불을 피우다. **3.** (되)섞다, 섞어[주물러] 만들다, 준비하다: Gips a. 석고를 주물러 준비하다; Salat mit Öl und Essig a. 샐러드에 기름과 초를 쳐 버무리다. **4.** 추근거리다, 따라하도록 부추기다: der Schlagersänger fing an zu klatschen und machte das Publikum an 가수가 손뼉을 치기 시작하여 청중이 따라서 손뼉치도록 유도하였다; mach mich jetzt nicht an 지금 나에게 추근거리지마; obwohl er seine Freundin dabei hatte, machte er mich immer an 그의 애인이 옆에 있었는데도 그는 끊임없이 나에게 추근거렸다.
anmahnen ⟨h⟩ 독촉(재촉, 최고)하다: eine Ratenzahlung a. 할부금을 독촉하다. **Anmahnung**, die; -en 독촉, 재촉, 최고.
anmalen ⟨h⟩ **a)** 그리다. **b)** ⟪통용어⟫ 색칠하다: den Gartenzaun a. 정원 울타리를 색칠하다. **c)** ⟪통용어·농⟫ 야하게[진하게] 화장하다: ich male mich[mir] die Lippen an 나는 입술 연지를 바른다; du hast dich aber angemalt 너 참 야하게 화장했군.
Anmarsch, der; -(e)s **1.** 진군, 행진, 진격: der A. der Truppen 부대의 진군; **im A. sein 1)** 진격[접근] 중이다: der Feind ist im A. 적군이 진격 중이다. **2)** ⟪통용어·농⟫ 오는 도중이다: sie ist bereits im A. 그녀는 벌써 오는 도중이다. **2.** ⟪통용어⟫ (목적지까지의) 거리: ein A. von einer halben Stunde 30분 거리. **anmarschieren** ⟨s⟩ 행진[진군] 오다: die Truppen marschierten auf unsere Wohnung an 부대들이 행진해 왔다; ⟨주로 과거분사+kommen의 용법으로⟩ die Wanderer kommen anmarschiert 방랑자들이 다가온다. **Anmarschweg**, der (목적지까지의) 거리, 가야할 길.
anmaßen ['anmaːsn̩], sich ⟨h⟩ 부당하게 차지하다, 무엇이 있다고 믿다, 제것인 체하다: du maßt dir diese Befugnis an 너는 이 권한을 부당하게 차지하고 있다; sich Vorrechte a. 특권이 있다고 믿다. **anmaßend** ⟨Adj.⟩ 저 혼자 잘난 체하는, 교오(驕傲)한: ein -er Ton 잘난 체하는 어조. **Anmaßung**, die; -en 오만불손, 월권: eine freche A. 뻔뻔스러운 오만불손.
anmeckern ⟨h⟩ ⟪경⟫ 잔소리하다: jmdn. fortwährend a. 누구에게 끊임없이 잔소리하다.
anmeiern ['anmaiɐn] ⟨h⟩ ⟨지역적⟩ 속이다.
Anmelde-, Anmelde-: ~**formular**, das 신고⟨등록, 계출⟩ 용지[서식]. ~**frist**, die 신고[등록] 기간. ~**pflicht**, die 신고[계출] 의무. ~**pflichtig** ⟨Adj.⟩ 신고[계출] 의무가 있는: -e Krankheiten 신고 의무가 있는 질병.
anmelden ⟨h⟩ **1.** 알리다, 통지하다: seinen Besuch telefonisch a. 방문하겠다고 전화로 알리다; sein Kommen beim Direktor a. lassen 사장에게 면담을 신청하다. **2.** 신고[신청]하다: seinen Wohnsitz a. 거주지를 신고하다; ein Patent beim Patentamt a. 특허청에 특허를 출원하다. **3.** 등록하다, 접수시키다: einen Kurs a. 강좌에 등록하다. **4.** 개진[제시]하다, 관찰시키다: seine Bedenken[Zweifel, Wünsche] a. 자기의 우려[회의,

원]을 개진하다. **Anmeldung**, die; -en **1.** 통지, 신고, 신청 등록, 접수, 개진. **2.** ⟪통용어⟫ 신고소, 접수처: zuerst müssen Sie in die A. gehen 당신은 우선 접수처에 가야만 합니다.
anmerken ⟨h⟩ **1.** 알아차리다, 눈치채다, 깨닫다: jmdm. den Ärger a. 누가 화났음을 눈치채다; ich lasse mir nichts a. 나는 아무것도 내색하지 않겠다. **2.** 기입[기록]하다, 표시하다: einen Tag im Kalender (rot) a. 어느 한 날을 달력에 (빨갛게) 표시하다. **3.** ⟨아어⟩ 무엇에 관해 주석을 달다: dazu möchte ich noch folgendes a. 그에 관해 나는 또 다음과 같은 것을 말하고 싶다. **Anmerkung** ['anmɛrkʊŋ] die; -en **1.** ⟨아어⟩ ⟨구두의⟩ 의견 개진, ⟨논⟩평: eine beiläufige⟨flüchtige⟩ A. 부수적인⟨피상적인⟩ 논평. **2.** 주(註), 주석[해], 각주: einen Text mit -en versehen 텍스트에 주석을 달다⟨약어: Anm.⟩. **anmerkungsweise** ⟨Adv.⟩ 덧붙여 (말하자면).
anmessen* ⟨h⟩ ↑angemessen 참조 **1.** (옷 따위를) 맞추다: jmdm. einen Anzug a. (lassen) 누구에게 양복 한 벌을 맞추어 주다. **2.** 〔물리〕 천체와 지구 사이의 거리를 재다.
anmieten ⟨h⟩ 세내다, 임대하다: Räume(einen Leihwagen) a. 공간(임대 자동차)를 세내다. **Anmietung**, die; -en 임대.
anmit ⟨Adv.⟩ ⟨schweiz.·관⟩ 이에, 이로써: a. wird bekanntgegeben, daß ... 이에 ...을 공고함.
anmontieren ⟨h⟩ 설치〔가설〕하다(반대: abmontieren): einen Feuerlöscher (an der⟨die⟩ Wand) a. 소화기를 (벽에) 부착시키다. **Anmontierung**, die; -en 설치, 가설.
anmotzen ⟨h⟩ ⟪통용어⟫ 투덜대다, 성가시게 하다.
anmustern ⟨h⟩ 〔선원〕 (반대: abmustern) **a)** ⟨선원을⟩ 고(雇)하다: sich a. lassen 선원으로 고용되다. **b)** 선원으로 취직하다: als Schiffsjunge a. 견습 선원으로 취직하다. **Anmusterung**, die; -en (선원으로서의) 채용, 취직.
Anmut, die ⟨Pl. 없음⟩ ⟪아어⟫ 우아, 기품, 매력: sich mit A. bewegen 우아하게 몸을 움직이다; 전의 die A. einer Landschaft 경관의 수려함. **anmuten** ['anmuːtn̩] ⟨h⟩ **1.** ⟨아어⟩ 어떤 인상〔느낌〕을 주다: das mutet mich seltsam an 그것은 나에게 기이한 느낌을 준다; ein seltsam anmutender Anblick 기이한 느낌을 주는 광경. **2.** ⟨고어·schweiz.⟩ 요구하다, 기대하다. **anmutig** ⟨Adj.⟩ ⟨아어⟩ 우아한 (기품[매력]있는): -es Lächeln 우아한 미소; 전의 ein -es Schlößchen 매력적인 성. **anmut(s)los** ⟨Adj.⟩ ⟨아어⟩ 기품[매력] 없는. **Anmut(s)losigkeit**, die ⟨Pl. 없음⟩ 기품[매력] 없음. **Anmutung** ['anmuːtʊŋ] die; -en **1.** ⟨schweiz.⟩ ↑Zumutung. **2.** 감정, 기분, 느낌. **anmut(s)voll** ⟨Adj.⟩ ⟨아어⟩ 아주 우아한, 기품[매력]있는: das Mädchen verneigte sich a. 그 소녀는 아주 우아하게 머리를 숙였다.
annadeln ⟨h⟩ ⟨österr.⟩ (압)핀으로 꼽다, 고정시키다.
annageln ⟨h⟩ 못으로 박다: ein Schild an die⟨der⟩ Wand a. 표찰을 벽에 못으로 박다; wie angenagelt dastehen 못 박힌 듯 꼼짝하지 않고 서 있다.
annagen 갉아먹기 시작하다: angenagte Äpfel 갉아먹은 사과; 전의 daß die Inflation seine Ersparnisse annagt 인플레이션이 그의 저축을 갉아먹기 시작한 것.
annähen ⟨h⟩ 꿰매(달)다: einen Knopf fest a. 단추를 단단하게 꿰매 달다.
annähern ⟨h⟩ **1.** ⟨a. + sich⟩ **a)** 다가오[가]다, 접근하다: man sieht die Menschen sich a. 사람들이 접근하는 것을 본다; 전의 sich einem Grenzwert a. 한계치에 접근한다. **b)** 사이가 가까워지다, 접근하다: sich dem

annonciern

westlichen Block a. 서방권(圈)에 접근하다; sich einander nur schwer a. können 아주 어렵게 서로 가까 워질 수 있다. 2. 무엇에 근접[접근]시키다, 근사(비슷)하게 하다: verschiedene Standpunkte einander a. 상이한 입장들을 서로 접근시키다. **annähernd** ⟨Adv.⟩ 대략, 대충, 대개: die Kinder sind a. gleich groß 아이들은 키가 대개 비슷하다; mit -er Sicherheit 거의 확실하게. **Annäherung**, die; -en 1. a) 접근. b) 인간적인 접근, 친근, 화친: die A. der beiden geschah im verborgenen 그 둘의 인간적인 접근은 은밀하게 이루어졌다. 2. 근접, 접근, 유사: eine A. der gegenseitigen Standpunkte erzielen 상반되는 입장들의 접근을 성사시키다.

annäherungs-, Annäherungs-: ~**politik**, die 친선 정책. ~**versuch**, der 애정 관계를 맺으려는 시도, 접근 시도 in plumper A. 서투른 접근 시도를 [e] machen 접근을 시도하다. ~**weise** ⟨Adv.⟩ ↑annähernd. ~**wert**, der 근사치(近似値): -e angeben 근사치를 대다.

Annahme ['anna:mə], die; -n 1. a) 수령, 수취, 인수, 접수: die A. eines Pakets verweigern 소포 수령을 거부하다. b) 《스포츠》 ↑Ballannahme. c) 승인, 동의, 수락, 통과: die A. einer Gesetzesvorlage[der Dissertation] 법안[박사 학위 논문]의 승인[통과]. d) 획(취)득: die A. eines anderen Namens gestatten 다른 이름의 취득을 허락하다. e) 채용, 받아들임, 입학 허가: über jmds A. entscheiden 누구의 채용에 관해 결정하다; **A. an Kindes Statt** 입양. 2. 접수처[창구]: etw. bei der A. abgeben 무엇을 접수처에 맡기다. 3. 가정, 추측, 견해: eine weitverbreitete A. 널리 유포된 추측; ich war der A., daß er krank sei 나는 그가 아프다고 추측했다; etw. tun[unterlassen] in der A., daß ... ... 라는 가정에서 무엇을 하다[하지 않다].

Annahme-: ~**bestätigung**, die 수령[인수][확인]증: eine A. vorlegen 수령 확인증을 제시하다. ~**erklärung**, die 수령[확인]증. ~**frist**, die 수령 기간. ~**stelle**, die 접수처[창구]. ~**vermerk**, der 영수증 부본. ~**verweigerung**, die (우편물의) 수령 거부: das Recht der A. [auf / zur A.] 우편물 수령 거부권.

Annalen [a'na:lən] ⟨Pl.⟩ [lat. (Libri) annāles] 《역사적》 연감(年鑑), 연보, 연대기: in den A. verzeichnet sein 연감에 기록되어 있다. **Annalist** [ana'lɪst], der; -en, -en (연감, 연보, 연대기의) 편저자. **Annalistik**, die 연감[연대기] 편찬.

Annaten [a'na:tn] ⟨Pl.⟩ [lat. annāta] (중세에 교황에게 바친) 초년도 현상 성직록(初年度 獻上 聖職祿).

annehmbar ['anne:mba:ɐ̯] ⟨Adj.⟩ **a)** 수락(승락, 허락)할 수 있는, 받아들일 수 있는: ein -er Vorschlag 수락할 수 있는 제안. **b)** (꽤) 좋은, 훌륭한, 괜찮은: ein -es Wetter 꽤 좋은 날씨; sie spielt ganz a. Klavier 그녀는 꽤 훌륭하게 피아노를 친다. **Annehmbarkeit**, die ⟨Pl. 없음⟩ ↑annehmbar의 명사형. **annehmen*** ⟨h⟩ **1. a)** 받(아들이)다: ein Geschenk a. 선물을 받다. **b)** 수령하다, 받아 두다, 인수하다: einen Brief für den Nachbarn a. 이웃의 편지를 받아 두다; einen Wechsel a. 어음을 인수하다; einen Reisescheck a. 여행자 수표를 환전해 주다. **c)** (요구에) 따르(응하)다, (제안을) 받아들이다: eine Einladung a. 초대에 응하다. **d)** (부름, 도전에) 응하다, 수락하다: den Kampf a. 싸움에 응하다. **e)** 감수하다: das Urteil a. 판결을 받아들이다. **2.** 동의 [승인]하다, 통과시키다, 수락[채택]하다: der Antrag wurde einstimmig angenommen 그 제안은 만장일치로 채택되었다. **3.** 취하다, 취하다, 가정하다: ein Pseudonym a. 가명을 취하다; die Katastrophe nimmt unvorstellbare Ausmaße an 그 재난은 상상을

초월하는 규모이다. **4. a)** (입학을) 허락하다, 채용하다: neue Arbeitskräfte a. 새 일꾼들을 채용하다. **b)** 《통용어》 입양(入養)하다. **5.** (염료, 습기를) 빨아들이다, 흡수하다: dieser Stoff nimmt Farbe gut an 이 천은 염료를 잘 빨아들인다. **6. a)** 추측하다: er ist nicht, wie vielfach angenommen wird, der Autor 여러 사람들이 추측하는 바와 같이 그는 저자가 아니다. **b)** 가정하다: etw. als gegeben[als Tatsache] a. 무엇을 주어진 것 [사실]으로 가정하다; angenommen, daß ... ...라고 가정해 보자. **7.** 돌보다, 보살피다. **a)** (아이) sich der Verletzten a. 부상자들을 돌보다. **b)** 《지역어》 sich um die Angelegenheit a. 그 일을 보살피다. **8.** 《준고어》 명심하다. **9.** 《사냥》 **a)** (짐승의) 발자국을 발견하여 쫓다. **b)** 짐승이 다니는 길에 들어서다. **c)** (먹이를) 먹다. **d)** 공격하다: jmdn. [ein Tier] a. 누구[짐승]를 공격하다. **10.** 《스포츠》 (패스된 볼을) 받다: **das kannst du a.** 《통용어》 그것은 틀림없다[확실하다]. **jmdn. (hart) a.** 《통용어》 누구에게 거칠게 대하다. **annehmlich** ['anne:mlɪç] ⟨Adj.⟩ 《준고어》 **a)** 만족할 만한, 호감이 가는: eine -e Position 만족할 만한 자리. **b)** ↑annehmbar (1): die Bedingungen sind a. 조건들은 수락할 만하다. **Annehmlichkeit**, die; -en ⟨대개 Pl.⟩ 안락함, 편리, 이득, 이점: sich viele -en leisten können 많은 안락함을 누릴 수 있다; auf eine A. verzichten müssen 어떤 이득을 포기해야 한다.

annektieren [anɛk'tiːrən] ⟨h⟩ [frz. annexer] 합병(병합, 강점)하다: ein Gebiet a. 어떤 지역을 합병하다. **Annektierung**, die; -en 합병, 병합, 강점. **Annex** [a'nɛks], der; -es, -e [lat. annexus] (교양어) 부속물, 부칙, 첨가물. **Annexbau**, der ⟨Pl. -bauten⟩ 부속 건물, 별관, 사랑채. **Annexion** [anɛ'ksjoːn], die; -en [frz. annexion] 병합, 강점: ein Land vergrößert sein Territorium durch -en 한 나라가 합병을 통해 영토를 확장하다. **Annexionismus** [anɛksio'nɪsmʊs], der; - 합병론(주의). **Annexionist** [...'nɪst], der; -en, -en 합병론[주의]자. **annexionistisch** ⟨Adj.⟩ 합병론[주의]의.

anniesen ⟨h⟩ **1.** (누구의 얼굴을 향해) 재채기하다. **2.** 《경》 호통(야단)치다: laß dich doch von ihm nicht so a. 그의 잔소리를 그렇게 듣고만 있지 마라.

annieten ⟨h⟩ 대갈못[리벳트]으로 연결[고정]하다.

Anniversar [anivɛr'zaːɐ̯], das; -s, -e [lat. anniversārium] **1.** 《교양어》 기념일: sein 50. A. begehen [feiern] 50주년을 맞이하다. **2.** 《천주교의》 망자(亡者)를 위한 미사. **Anniversarium** [anivɛr'zaːriʊm], das; -s, ...ien [...iən] ↑Anniversar.

anno, Anno [lat. anno] 《고어》 (몇) 년에: erbaut a. 1911 1911년 준공; **A. dazumal** 《예날에, 난 그 시절에: A. d. war das Leben noch viel leichter 옛날에 인생살이는 훨씬 쉬웠다; **A. Domini** ['do:mini] 서기 ... 년, 기원후 ... 년: A. Domini 1584 서기 1584년 (약어: A.D.); **A. dunnemals** ↑dunnemals. **A. Tobak** 《통용어 · 농》 옛날 옛적에, 호랑이 담배 피우던 시절에: dein Hut ist noch von A. Tobak 네 모자는 아직 호랑이 담배 피우던 시절의 것이구나.

Annonce [a'nõːsə], die; -n [frz. annonce] (신문, 잡지의) 광고: eine A. aufgeben 광고를 내다; sich auf eine A. melden 신문 광고에 응답하다.

Annoncen-: ~**blatt**, das 광고 신문: das A. aufschlagen 광고 신문을 펼치다. ~**expedition**, die 광고 대리점. ~**teil**, der 광고란: den A. überfliegen 광고란을 훑어보다.

Annonceuse [anõ'søːzə], die; -n ⟨드물게⟩ (주문 받는) 종업원. **annonciern** [anõ'siːrən] ⟨h⟩ [frz. annoncer] **a)** (신문) 광고를 내다. **b)** 광고하다: neue Modelle a. 새

Anonne

모델들을 광고하다.
Anonne [a'nɔːnə], die; -n [span. anona] 열대 과일의 일종.
Annotation [anota'tsjoːn], die; -en 《대개 Pl.》 [!: lat. annotatio] **1.** 《고어》주석, 주해. **2.** 《서적·구동독》신간 서적 목록.
annullieren [anʊ'liːrən] ⟨h⟩ [lat. annullāre] 파기[취소]하다, 무효를 선언하다: ein Gerichtsurteil[einen Vertrag] a. 법정의 판결[계약]을 파기하다[무효라 선언하다]. **Annulierung**, die; -en 파기, 취소, 무효 선언.
Anode [a'noːdə], die; -n [engl. anode] 【물리】양극(陽極).(반대: Kathode). **anodisch** ⟨Adj⟩ 양극의.
anöden ⟨h⟩ **a)** 지루하게[하품나게] 하다, 지겹게 만들다: das Leben ödet mich an 삶이 나를 지겹게 만든다. **b)** 《통용어》귀찮게[성가시게] 하다: die Betrunkenen ödeten die Gäste an 취한 사람들이 손님들을 귀찮게 하였다.
Anoden-: ~**batterie**, die 양극 전지. ~**spannung**, die 양극 전압. ~**strahlen** ⟨Pl.⟩ 양극선(線). ~**strom**, der 양극 전류.
anomal ['anomaːl, 《또한》——'—] ⟨Adj.⟩ [lat. anōmalus < griech. anómalos] 이상한, 비정상적인, 변칙(태)의: -e Beziehungen 비정상적인 관계; sich a. verhalten 이상하게 행동하다. **Anomalie** [anoma'liː], die; -n [...iːən; lat. anōmalia < griech. anōmalía] **a)** 이상, 파격, 변칙, 비정상: eine A. aufweisen[zeigen] 이상함을 보이다. **b)** 【생물】(신체적인)결함, 이상: eine angeborene A. 선천적인 신체 이상; -n des Gehirns 뇌의 이상.
Anomie [ano'miː], die; -n [griech. anomía] 【사회】가치 혼돈, 아노미.
anonym [ano'nyːm] ⟨Adj.⟩ 《교양어》익명(匿名)의, 무명의, 저자 불명의: ein -er Verfasser 익명의 저자; ein(en) Traktat a. herausgeben 소책자를 익명으로 출판하다. **Anonymität** [anonymi'tɛːt], die 《교양어》익명(성), 무명, 작자미상: die A. wahren[aufgeben] 익명성을 유지하다[포기하다]. **Anonymus** [a'noːnymʊs], der; -, ...mi 《또는》...nymen [anoˈnyːmən; lat. anōnymos < griech. anónymos] 《교양어》익명의 작자[필자], 무명씨(無名氏): der Verfasser ist ein A. aus dem 17. Jh. 저자는 17세기에 살았던 무명씨이다.
Anopheles [a'noːfelɛs], die [griech. anōphelḗs] 말라리아모기.
Anorak ['anorak], der; -s, -s [eskim. anorak] **1.** (에스키모인의) 아노락 재킷. **2.** 두건이 달린 방풍·방한용 재킷.
anordnen ⟨h⟩ **1.** 정리[정돈]하다, 배열[배치]하다: die einzelnen Kapitel eines Buches systematisch a. 책의 각 단원들을 체계적으로 배열하다. **2.** 명령[지시]하다: der Arzt ordnete strenge Bettruhe an 의사는 침대에 누워 절대 안정을 취하라고 지시하였다. **Anordnung**, die; -en **1.** 정리, 정돈, 배열, 배치: eine übersichtliche A. vornehmen 일목요연하게 정돈[배치]하다. **2.** 명령, 지시: -en erlassen[treffen] 명령을 내리다; das geschah auf meine A. 그것은 나의 지시에 의해 이루어졌다.
Anorganiker [anˈɔrɡaːnikɐ], der; -s, - 무기화학자.
anorganisch ⟨Adj.⟩ (반대: organisch) **1. a)** 무생물의. **b)** 무기물(無機物)의. **2.** (자연) 법칙에 따르지 않는, 무질서한: -es Wachstum 변칙적인 성장. **anormal** ⟨Adj.⟩ 비정상적인, 이상한, 병적인: einen -en Eindruck auf jmdn. machen 누구에게 비정상적인 인상을 주다.
Anpaarung, die; -en 【사육】교배(交配).
anpacken ⟨h⟩ **1. a)** 움켜잡다: jmdn. grob am Arm a.

누구의 팔을 거칠게 움켜잡다; er packte die Kiste mit beiden Händen an 그는 상자를 두 손으로 움켜잡았다. **b)** (공격하기 위해) 움켜잡다: der Vogel packte das Jungtier mit den Klauen an 그 새가 어린 짐승을 발톱으로 움켜잡았다; pack an! 엇!(개에게 물으라는 명령). **c)** 함께 거들[돕]다: wenn alle mit a., haben wir die Sachen schnell weggeschafft 모두 함께 거들면 우리 그 일을 빨리 해치울 것이다. **2.** 착수하다, 시작하다: ein Problem a. 문제에 착수하다. **3.** 《통용어》(일정한 방식으로) 다루다, 대하다, 처리하다: der Lehrer hat die Schüler hart angepackt 그 교사는 학생들을 엄하게 다루었다.
anpaddeln 1. 《대개 과거분사+kommen의 용법으로》노를 저어 다가오다: eben kommen sie angepaddelt 그들이 막 노를 저어 오고 있다. **2.** ⟨h⟩ 《카누 시즌을 개시[개막]하다(반대: abpaddeln 1): ich padd(e)le morgen mit meinen Freunden an 나는 내일 친구들과 함께 즈 카누 시즌을 연다.
anpappen 1. 《통용어》⟨h⟩ (임시 변통으로) 붙이다. 접착하다: ich pappe einen Zettel an meiner Tür an 나는 임시변통으로 쪽지를 방문에다 붙인다; ein angepapptes Bärtchen 붙인 수염. **2.** 《지역적》⟨s⟩ (꼭) 달라붙다: der Schnee pappt an 눈이 달라붙는다.
anpassen ⟨h⟩ **1.** 누구[무엇]에 맞추다, 맞게 하다: jmdm. einen Anzug[Kleider] a. 양복[옷]을 누구에게 맞추다; Türrahmen und Türen müssen einander angepaßt werden 문틀과 문은 서로 맞아야 한다. **2.** 무엇에 맞[어울리]게 하다, 조화시키다: seine Kleidung dem festlichen Anlaß a. 옷차림을 엄숙한 자리에 어울리게 하다; die Sätze der Kriegsopferversorgung wurden am 1. Januar 1967 angepaßt 전몰 희생자 연금이 1967년 1월 1일에 현실화되었다. **3.** ⟨a. + sich⟩ 적응[순응]하다, 따르다: sich der Zeit[Wirklichkeit] a. 시대[현실]에 적응하다; sich in der Kleidung den anderen a. 옷차림에 남들과 보조를 맞추다; sich einander a. 서로서로 적응할 수 있다; der angepaßte Mensch 【사회】(환경, 시대, 형편에) 적응한 인간. **Anpasser**, der; -s, - 《정치》정치적 기회주의자. **Anpassung**, die; -en 적응, 순응, 조절, 현실화: A. der Löhne[Renten] 임금[연금]의 현실화; A. an veränderte räumliche Gegebenheiten 변화된 공간 여건에의 적응; der Begriff der A. wurde hauptsächlich in der amerikanischen Psychologie und Soziologie entwickelt 적응이란 개념은 주로 미국의 심리학계 와 사회학계에서 개발되었다.
anpassungs-, Anpassungs-: ~**fähig** ⟨Adj.⟩ 적응력이 있는. ~**fähigkeit**, die ↑~vermögen. ~**hilfe**, die 【경제】적응 보조비. ~**mechanismus**, der 【생물·행태】적(순)응 메커니즘. ~**prozeß**, der 적응 과정. ~**reaktion**, die 《대개 Pl.》【의학】적(순)응 반응. ~**schwierigkeiten** ⟨Pl.⟩ 【사회】적응 장애(곤란). ~**vermögen**, das ⟨드물게 Pl.⟩ 【사회】적응력: er hat keinerlei A. 그는 적응력이 전혀 없다. ~**vorgang**, der 적응(과정).
anpatzen ⟨h⟩ (österr.·통용어) 더럽히다, 얼룩지게 하다: ich habe mein neues Kleid mit Rotwein angepatzt 나는 새 적포도주를 흘려 새 옷을 더럽혔다.
anpeilen ⟨h⟩ 【항해·항공】방향을 어디로 정하다, 무엇을 목표로 삼다: den Leuchtturm anpeilen 등대를 목표로 하다; die vorübergehenden Mädchen a. 지나가는 여자들을 주시하다. **b)** 【방송】무선 방위 측정(無線方位測定)을 하다, 방향 탐지기로 위치를 찾아내다: ein Flugzeug a. 비행기의 위치를 찾아내다. **Anpeilung**, die; -en 무선 방위 측정.
anpeitschen ⟨h⟩ 무자비하게[채찍질하여] 무엇을 시키

다: die Arbeiter werden zu immer neuen Sonderschichten, Überstunden angepeitscht 노동자들은 항상 특근과 연장 근무를 하도록 무자비하게 강요당한다.
anpellen ⟨h⟩ 《지역적·경》 옷을 입다.
anpesen ⟨s⟩ (nordd.·경) 헐레벌떡(허겁지겁) 뛰어(달려)오다: 《대개 과거분사 + kommen의 용법으로》 da kommt er angepest 저기 그가 헐레벌떡 뛰어온다.
anpfeifen* ⟨h⟩ **1.** [스포츠] 경기 시작의 호각을 불다, 호각을 불어 경기를 시작하게 하다: die zweite Halbzeit wurde angepfiffen 후반전 시작 호각이 울렸다. **2.**《경》 큰 소리로 꾸짖다: der Chef hat ihn angepfiffen 상사가 그를 큰 소리로 꾸짖었다. **Anpfiff**, der; -(e)s, -e **1.** [스포츠] 경기 시작 호각: nach dem A. des Schiedsrichters 심판의 시작 호각이 울린 후에. **2.**《경》상사의 호된 질책(꾸짖음): einen A. bekommen 상사의 호된 질책을 받다.
anpflanzen ⟨h⟩ **a)** 심다: Blumen (im Garten) a. 꽃을 (정원에) 심다. **b)** 재배하다, 심다: die Beete sind frisch angepflanzt 밭(화단)에 막 심기를 끝냈다. **c)** 재배하다: Mais[Tabak] a. 옥수수[담배]를 재배하다. **Anpflanzung**, die; -en **1.** 재배: dieser Boden ist zur A. von Getreide nicht geeignet 이 땅은 곡물의 재배에는 부적당하다. **2.** 지배지(경작지), 조림지: auf dem Kahlschlag wurde eine neue A. angelegt 벌채지에 새로운 경작지가 조성되었다.
anpflaumen ⟨h⟩ 《통용어》놀리다, 야유(조롱)하다: er machte sich einen Spaß daraus, alle Mädchen anzupflaumen 그는 모든 여자들을 놀리는 것을 재미로 삼았다. **Anpflaumerei**, die; -en 《통용어》 야유, 조롱, 놀림: laß doch die ewige A. 끊임없이 야유하는 것을 그만 해라. **Anpflaumung**, die; -en 《통용어》야유, 조롱.
anpflocken ⟨h⟩ **a)** 말뚝에 묶다: ein Boot a. 배를 말뚝에 묶어 두다. **b)** 말뚝을 박아 고정시키다: die Zelte müssen angepflockt werden 말뚝을 박아 천막을 고정시켜야 한다. **anpflöcken**:《드물게》↑ anpflocken.
¹**anpicken** ⟨h⟩ (부리로) 쪼아 먹다, 쪼다.
²**anpicken** (österr.) **a)** ⟨s⟩ 달라붙다, 접착되다: das Blatt pickt an 이(종이)장이 붙어 있다. **b)** ⟨h⟩ 붙이다, 접착시키다: er hat den Henkel wieder angepickt 그는 손잡이를 다시 붙였다.
anpinkeln ⟨h⟩《경》 오줌을 누다: am Tor pinkelte einer den Hoheitsadler an 누군가가 대문의 독일국 독수리 문장에 오줌을 누었다.
anpinnen ⟨h⟩ (nordd.) 핀으로 꼽아 두다: ein Foto an die Schranktür a. 사진을 옷장 문에 핀으로 꽂아 두다.
anpinseln ⟨h⟩ 《통용어》 **a)** (색)칠하다: Fenster (bunt) a. 창에 (알록달록하게) 색칠하다; du hast dich aber gewaltig angepinselt 너 얼굴에 화장품을 처발랐구나. **b)** (벽, 문 등에) 글자를 쓰다.
anpirschen ⟨h⟩ [사냥] **a)** 짐승에게 살금살금 다가가다: Wild in der freien Steppe a. 확 뚫린 초원에서 짐승에게 살금살금 다가가다. **b)** ⟨a. + sich⟩ 살금살금 다가가다, 접근하다: ich pirschte mich mit schußbereiter Kamera an 나는 모든 준비가 다 된 카메라를 들고 살금살금 접근하였다.
anpissen ⟨h⟩ 《속어》↑ anpinkeln.
anplieren ⟨h⟩ (nordd.) 눈을 껌벅이며 멍청히 바라보다.
Anpöbelei, die; -en 《통용어》 야유, 모욕적인 언사[말]: von denen haben wir nur -en zu erwarten 그 자들로부터 우리는 모욕적인 말밖에 기대할 것이 없다.
anpöbeln ⟨h⟩ 《통용어》 욕을(야유)하다, 무례하게 굴다: die Leute auf der Straße a. 노상에서 사람들에게 무례하게 굴다. **Anpöb(e)lung**, die; -en ↑ anpöbeln의 명사형.

anpochen ⟨h⟩《지역적·아어》(조심스럽게) 문을 두드리다: er hat dreimal angepocht, aber niemand hat aufgemacht 그는 세 번이나 문을 두드렸으나 아무도 문을 열어 주지 않았다; 《전의》 ich werde einmal bei meinem Vater a., ob er uns helfen kann 나는 아버지가 우리를 도울 수 있는지 한번 넌지시 물어 보아야겠다.
anpoltern ⟨s⟩ 《대개 다음 용법으로》 **angepoltert kommen** 요란한 (발)소리를 내며 (다가)오다: eben kommt er angepoltert 그가 막 요란한 소리를 내며 오고 있다.
anpopeln ⟨h⟩ 《경》 비판하다, 비판적으로 대하다.
Anprall, der; -(e)s 부딪침, 충돌, 충격: der A. der Wellen gegen die Mauer 파도가 담을 때림; dem A. standhalten 충돌을 견디어 내다. **anprallen** ⟨s⟩ 부딪치다, 충돌하다: hart an[gegen] die Mauer a. 벽에 강하게 부딪치다.
anprangern ['anpraŋɐn] ⟨h⟩ (공개적으로) 비난(공격, 탄핵)하다, 잘못을 공개(폭로)하다: die Mißstände wurden angeprangert 비리들이 폭로되었다; die Korruption der Verwaltung a. 행정의 부정을 비난(폭로)하다; ich werde ihn als Betrüger a. 나는 그를 사기꾼으로 탄핵하겠다. **Anprangerung**, die; -en 비난, 탄핵, 폭로.
anpreien ⟨h⟩ [선원] 다른 배를 부르다.
anpreisen* ⟨h⟩ 칭찬(천거, 권고)하다, 선전하다: eine Ware[einen Schlagersänger] a. 어떤 상품(가수)을 칭찬하다; das Hotel preist sich als mit allem Komfort ausgestattet an 그 호텔은 모든 편의 시설을 다 갖추었다고 선전한다. **Anpreisung**, die; -en 칭찬, 천거.
anpreschen ⟨s⟩ 《대개 다음 용법으로》 **angeprescht kommen** 《통용어》 서둘러 달려오다: atemlos angeprescht kommen 숨을 헐떡이며 바쁘게 달려오다.
anpressen ⟨h⟩ 무엇에 대고 세게 누르다: er preßte das Ohr an die Tür und horchte 그는 귀를 문에 바짝 대고 엿들었다.
Anprobe, die; -n **1.** 가봉(假縫)한 옷을 입어 보기: zur A. kommen 가봉한 옷을 입어 보기 위해 오다; ich bin um 10 Uhr zur A. [zu einer A.] bestellt 나는 10시에 가봉한 옷을 입어 보기로 되어 있다. **2.** (옷을 입어 보는) 칸막이, 장소. **anprobieren** ⟨h⟩ **a)** (맞는가) 입(신)어 보다: einen Anzug a. 양복을 맞는가 입어 보다; morgen kannst du a. kommen 《통용어》 너 내일 가봉한 옷을 입어 보러 와도 된다. **b)** 시험삼아 입히다: der Schneider probierte ihm den Anzug an 재단사가 그에게 그 양복을 시험 삼아 입혔다.
anpummeln ['anpʊm|n] ⟨h⟩ 《지역적》 두텁고 따뜻하게 옷을 (껴)입히다: der hat sich aber angepummelt! 저자는 옷을 아주 두텁게 껴입었구나; sie pummelt ihre Kinder immer so dick an 그녀는 항상 아이들에게 두텁고 따뜻하게 옷을 입힌다.
anpumpen ⟨h⟩ 《경》 돈을 빌리(꾸)다: er hat mich um 50 Mark angepumpt 그는 나에게서 50마르크를 빌려 갔다.
anpusten ⟨h⟩ 《통용어》 누구(무엇)를 향해 입김을 불다, 바람을 불다: draußen pustet uns ein starker Wind an 밖에서 강한 바람이 우리에게 불어온다; er ist so schwach, daß er umfällt, wenn man ihn anpustet 그는 아주 약해서 누가 입김만 불어도 넘어질 정도이다.
Anputz, der; -es《지역적》 성장(盛裝), 요란한 옷차림. **anputzen** ⟨h⟩ 《지역적》 성장시키다, 요란하게 치장시키다: sie hat ihre Kinder [sich] sonntäglich angeputzt 그녀는 아이들을 성장시켰다(성장하였다).
anquälen, sich ⟨h⟩ 억지로 기뻐 하다.
anquasseln ⟨h⟩ 《경》 스럼없이 말을 걸다.
anquatschen ⟨h⟩ 《경》 스스럼없이 (넉살좋게) 말을 걸다: ich habe keine Lust, mich von jedem Flegel a.

anquirlen zu lassen 나는 모든 무례배들이 나에게 지분거리게 할 마음이 없다.

anquirlen ⟨h⟩ 【요리】 a) 무엇을 넣어 휘젓다: du mußt noch ein Ei a. 너 달걀을 하나 더 깨넣고 휘저어야 되겠다. b) 휘젓다.

anradeln ⟨s⟩ 《대개 다음 용법으로》 **angeradelt kommen** 자전거를 타고 다가오다.

anrainen ['anrainǝn] ⟨h⟩ 경계를 접하다, 인접하다: die anrainenden Siedlungen 인접한 마을들. **Anrainer** der; -s, - 【행정】 a) 이웃 사람: die arabischen A. des Roten Meeres 홍해 연안에 이웃해 사는 아랍인들. b) 《특히 österr.》 연도(沿道)민, 이웃 주민.

Anrainer-: ~**grundstück**, das 경계를 같이 하는 토[대]지. ~**land**, das ⟨Pl.: -länder⟩ 연안국: die Anrainerländer des Bodensees 보덴제 연안국들. ~**macht**, die 연안 세력: die Sowjetunion ist eine A. des Schwarzen Meeres 소련은 흑해 연안 세력이다. ~**staat**, der ⟨대개 Pl.⟩ 연안국. ~**verkehr**, der ⟨Pl. 없음⟩ 《특히 österr.》 ↑Anliegerverkehr.

Anrand, der; -s 【지역적】 도움닫기: einen A. nehmen 도움닫기하다.

anranzen ⟨h⟩ 《경》 《호되게》 꾸짖다, 질책하다, 호통 치다: seine Untergebenen a. 부하들을 호되게 꾸짖다. **Anranzer**, der; -s, - 《경》 호된 꾸지람, 엄한 질책: einen A. bekommen 호된 꾸지람을 받다.

anrasen ⟨s⟩ 《통용어》 질주해 오다, 빠르게 달려오다 《대개 다음 용법으로》 **angerast kommen**: er ist angerast gekommen und ins Haus gestürzt 그는 전속력으로 달려와 집안으로 뛰어들었다.

anrasseln 1. ⟨s⟩ 《통용어》 딸랑딸랑[딸가닥 딸가닥] 소리 내며 《다가》오다; die Feuerwehr rasselte an 소방차가 딸랑딸랑 소리 내며 왔다. 《대개 다음 용법으로》 **angerasselt kommen**: die alte Straßenbahn kam angerasselt 낡은 전차가 덜커덩거리며 달려왔다. **2.** ⟨h⟩ 《경》 거칠게 야단치다, 나무라다.

anraten* ⟨h⟩ 권(고)하다, 충고하다: jmdm. Vernunft a. 누구에게 이성을 찾으라고 충고하다; auf Anraten des Arztes 의사의 권고에 따라.

anrattern ⟨s⟩ 《대개 다음 용법으로》 **angerattert kommen** 《통용어》 덜커덩 소리 내며 오다: er kam in seinem alten Wägelchen angerattert 그는 자기의 낡고 작은 차를 타고 덜컹거리며 왔다.

anrauchen ⟨h⟩ **1.** 담배에 불을 붙여 피우기 시작하다: rauch mir bitte eine Zigarette an! 담배 한 대 불을 붙여 다오; eine angerauchte Zigarre 불을 붙인 여송연. **2.** 누구에게 연기를 내뿜다.

anräuchern ⟨h⟩ 살짝 그을리다, 훈제(燻製)로 만들다: mageres Schweinefleisch, leicht angeräuchert 살짝 그을린 기름기 없는 돼지고기.

anrauhen ⟨h⟩ 《가죽, 천 등》 표면을 약간 꺼칠꺼칠하게 하다: der Stoff ist auf der Unterseite leicht angerauht 이 천은 아랫면이 약간 꺼칠꺼칠하게 되어 있다; 〔전의〕 Bierdunst und Zigarettenrauch hatten seine Stimme angerauht 맥주 증기와 담배 연기가 그의 목소리를 약간 꺼칠하게 만들었다.

Anraum, Anreim, der; -(e)s 《특히 bayr.-österr.》 무서리.

anraunzen ⟨h⟩ 《경》 거친 말로 사납게 야단치다, 꾸짖다. **Anraunzer**, der; -s, - 《경》 호된 질책, 꾸지람: er hat vom Chef einen A. bekommen 그는 장(長)으로부터 호된 꾸지람을 들었다.

anrauschen ⟨s⟩ 《대개 다음 용법으로》 **angerauscht kommen** 《통용어》 1) 살랑살랑〔쏴쏴, 졸졸〕 소리 내며 (다가)오다. 2) 몸짓을 크게 하여 눈길을 끌면서 (다가)오다.

anrechenbar ['anrɛçnba:ɐ̯] ⟨Adj.⟩ 【사회보장】 계산에 넣을 수 있는. **anrechnen** ⟨h⟩ **1. a)** 《별도로》 계산하다, 계산에 넣다: diese Zusatzleistung hat er (uns) nicht (mit) angerechnet 이 별도의 일을 그는 (우리의) 계산에 넣지 않았다. **b)** 평가하다: der Schüler war so lange krank, daß ihm die schlechte Arbeit nicht angerechnet werden konnte 이 학생은 너무나 오래 아팠기 때문에 이 나쁜 시험은 성적 평가에 넣을 수 없다. **c)** 계상하다, 계산에 포함시키다: das Auto wurde ihnen mit 500 Mark angerechnet 그들의 자동차는 500 마르크로 계산되었다. **2.** 평가〔참작〕하다: 【법】 etwas als strafmildernd a. 무엇을 형량을 경감시키는 정상으로 참작하다; jmdm. etw. als Verfehlung a. 무엇을 누구의 실수로 평가하다. **Anrechnung**, die; -en 계상, 계산, 참작: unter A. der Untersuchungshaft 미결 구치 기간을 포함하여; **in A. bringen** 《격식어》 계산하다, 계산에 넣다. **anrechnungsfähig** ⟨Adj.⟩ 【사회보장】 계산에 넣을 수 있는: -e Versicherungszeiten 계산에 넣을 수 있는 보험 기간. **Anrechnungszeitraum**, der 【사회보장】 계산에 넣을 수 있는 보험 기간.

Anrecht, das; -(e)s, -e **1.** 권리, 요〔청〕구(권): er hat (besitzt) ein altes A. auf diese Wohnung 그는 이 아파트에 대한 오랜 권리를 소유한다; sein A. geltend machen 그의 권리를 주장(관철)하다. **2.** (연극, 음악회의) 정기 회원권: wir bitten unsere Abonnenten, ihr A. bis zum 1. September zu erneuern 우리의 정기 회원들에게 회원권을 9월 1일까지 갱신할 것을 부탁합니다. **Anrechtler**, der; -s, - 정기 회원. **Anrechtskarte**, die 정기 회원권(증). **Anrechtsschein**, der 【경제】 권리주.

Anrede, die; -n **1.** 호칭: eine höfliche A. 정중한 호칭; eine A. umgehen〔vermeiden〕 호칭을 피하다. **2. a)** 《드물게》 말을 걺, 다른 사람에게 한 말: er blieb stehen, als verlange ihn nach einer A. 그는 마치 말을 걸고 싶은 마음이 있다는 듯이 멈춰 섰다. **b)** 《schweiz.》 연설, 식사(式辭), 기념사: eine A. halten 연설을 하다.

Anrede- 【언어】: ~**fall**, der 호격(呼格). ~**fürwort**, das 호격 인칭대명사: Du, ihr und Sie sind Anredefürwörter "du, ihr, Sie"는 호격 인칭대명사들이다. ~**nominativ**, der 호칭의 1격〔주격〕.

anreden ⟨h⟩ **1. a)** 말을 걸다: der Nachbar redete mich an 이웃 사람이 나에게 말을 걸었다. **b)** 누구를 어떤 호칭〔직함〕으로 부르다: jmdn. mit „du"(„Sie") a. 누구를 du(Sie)로써 호칭하다. **2.** 누구〔무엇〕에 대항해 자기 의견〔주장〕을 관철시키려 말하다: gegen solchen Lärm kann ich nicht mehr a. 그러한 소음에 대해 나는 더 이상 어찌 해볼 수 없다.

anregen ⟨h⟩ **1. a)** 고무〔격려, 자극〕하다, 하도록 시키다: das regte ihn zum Nachdenken an 그것이 그로 하여금 숙고하도록 만들었다. **b)** 제안〔제창, 제기〕하다: Prof. Müller hat diese Dissertation angeregt 이 박사 학위 논문의 제안은 뮐러 교수로부터 나왔다. **2.** 활발〔각성〕하게 하다, 정신〔기운〕이 나게 하다: Kaffee und Tee regen (die Lebensgeister) an 커피와 차는 정신을 자극한다〔생기를 일깨운다〕; ein anregendes Mittel 흥분〔각성〕제; in angeregtem Gespräch 활발한 대화 속에서. **3.** 【물리】 여기(勵起)하다: ein Atom kann nur sprunghaft angeregt werden 원자는 갑자기 여기될 수 있다. **Anreger**, der; -s, - 자극〔격려, 고무〕하는 사람, 선동〔창〕자: Herder war für seine Zeitgenossen ein großer A. 헤르더는 동시대인들에게 많은 자극을 준 사람이었다. **Anregung**, die; -en **1. a)** ⟨Pl. 없음⟩ 활성화, 촉진: die A. von Diskussionen 토론의 활성화. **b)** 자극, 격려, 고무: (fruchtbare) -en geben〔empfangen〕 (유익한) 자극을 주다〔받다〕; sich wertvolle -en holen 유

Anrichte

익한 자극을 얻다. c) 제안, 제창, 제기, 발의: eine A. befolgen 제안에 따르다; -en unterbreiten 제안하다. 2. ⟨Pl. 없음⟩ 자극, 촉진, 활성화: ein Mittel zur A. des Appetits[der Verdauung] 식욕[소화]의 촉진제; 전의 das Spielzeug dient der A. der Phantasie 장난감은 상상력을 촉진하는 데 도움이 된다. **Anregungsmittel,** das 자극(각성, 홍분)제: der Arzt hat ihm ein A. verschrieben 의사는 그에게 각성제를 처방하였다.

anreiben* ⟨h⟩ 1. ⟪지역적⟫ ⟨성냥을⟩ 그어 불을 붙이다: ein Streichholz a. 성냥을 그어 불을 붙이다. 2. ⟪전문어⟫ a) (물감에 물 등을 넣어) 섞다, 혼합하다, 휘젓다: er hat etwas Farbe angerieben 그는 물감을 약간 넣고 휘저었다. b) 문질러 붙이다[바르다]: das Einbandgewebe wird mit dem Handrücken auf dem Buchdeckel angerieben 장정용 천은 손등으로 부벼 책표지에 붙인다.

anreichen ⟨h⟩ ⟪지역적⟫ 건네 주다: ich muß die Bücher dort oben einordnen, kannst du sie mir mal anreichen? 이 책들을 저 위에 꽂아 두어야겠으니 그 것들을 나에게 집어 줄 수 있느냐?

anreichern ['anraiçɐn] ⟨h⟩ a) 쌓다, 축적하다: die giftigen Stoffe werden im Körpergewebe angereichert 유독 물질들이 신체 구조 속에 축적된다; mit Rauch, Gas, Staub und Dämpfen angereicherte Luft 연기, 가스, 먼지, 증기로 가득 찬 공기; ⟪또한⟫ a. + sich⟩ diese Stoffe können sich im Nervensystem a. 이 물질들은 신경 계통에 축적될 수 있다. b) 첨가(농축, 강화)하다, (내용을) 풍부하게 하다: Lebensmittel mit Vitaminen a. 식료품에 비타민을 첨가하다. c) ⟨a. + sich⟩ 축적하다, 모으다. **Anreicherung,** die; -en ↑anreichern의 명사형. **Anreicherungssystem,** das ⟨자동차⟫ 기화기, 기화 장치.

¹anreihen ⟨h⟩ a) 한 줄로 늘어세우다, 실로 꿰다: Perlen a. 진주를 꿰다. b) ⟨a. + sich⟩ ⟪아어⟫ 늘어[줄]서다, 대열에 끼다: 전의 das reiht sich seinen Taten würdig an 그것은 그의 행적에 잘 들어 맞는다; ein weiterer Bericht reiht sich an 다른 보고가 뒤를 잇는다.

²anreihen* 듬성듬성 꿰매다, 가봉하다: sie hat den Rock zur Anprobe erst einmal angereihen 그녀는 치마를 우선 한번 입어 보기 위해 가봉하였다.

¹Anreim, der; -(e)s ↑Anraum.

²Anreim, der; -(e)s, -en ⟨a⟫ ⟪드물게⟫ Alliteration. **anreimen** ⟨h⟩ ⟪드물게⟫ ↑alliterieren.

Anreise, die; -n a) ⟪목적지로 차를 타고⟫ 감: die A. erfolgt über München, die Rückfahrt über Ulm 갈 때는 뮌헨을, 올 때는 울름을 경유한다; die A. dauert 10 Stunden 가는 데에 10시간 걸린다. b) 도착: wir erwarten die A. einer größeren Reisegesellschaft 우리는 비교적 규모가 큰 여행단의 도착을 기다린다. **anreisen** ⟨s⟩ a) ⟪목적지로⟫ 가다, 여행하다: sie reisen mit dem Auto an 그들은 승용차로 여행한다. b) 도착하다, 오다: die Teilnehmer reisen aus allen Himmelsrichtungen an 참석자들은 각지로부터 온다; aus Hamburg angereist kommen 함부르크로부터 온다. **Anreisetag,** der 도착일: der Montag gilt als A. 월요일이 도착일이다. **Anreisetermin,** der 도착 시간[일정].

anreißen* ⟨h⟩ 1. 찢기 시작하다, 약간 찢다: das Buch hat schon angerissene Ecken 그 책의 모서리들이 이미 찢어져 있다. 2. ⟪통용어⟫ (포장을 찢고) 사용하기 시작하다: die Zigaretten a. 담배값을 뜯다; Vorräte a. 비축물을 사용하기 시작하다. 3. ⟪지역적⟫ (성냥 등으로) 불을 켜다. 4. 시동을 걸다: er riß den Außenbordmotor an, und das Boot schoß los 그는 선외 모터를 가동시켰다, 그리고 배는 빠르게 나아갔다. 5. ⟪기술⟫ (가공될 금속 따위에) 패션(罫線)을 긋다: der Blechzuschneider reißt (das Material) an 함석 절단공이 (재료에) 패션을 긋는다. 6. [임업] 나무에 금을 그어(베라는 0 따위의) 표시하다. 7. 화제로 삼다, 이야기를 꺼내다, 언급하다: soziale Probleme a. 사회적 문제들을 화제로 삼다. 8. ⟪통용어⟫ 호[유]객하다, 손님을 끌어들이다: er hatte sich auf den Markt gestellt, um die Leute anzureißen 그는 사람들을 끌어들이기 위해 장바닥에 진을 쳤다. **Anreißer,** der; -s, - [기술] 패션공(罫線工). 2. ⟪통용어⟫ a) 호객[유객]꾼. b) 선전용 상품. **Anreißerei** [anraɪsəˈraɪ] die; -en ⟪통용어⟫ ↑an**reißerisch** ⟨Adj.⟩ ⟪통용어⟫ 손님의 관심(눈)만을 끌기 위한, 과대 광고의: ein -es Plakat 손님의 관심을 끌기 위한 현수막; der -e Titel eines Buches 호기심을 끄는 책 제목. **Anreißertum,** das; -s ⟪드물게⟫ 과대 광고. **Anreißwerkzeug,** das [기술] 패션 긋는 기구(금속 가공용).

anreiten* 1. ⟨s⟩ 말을 타고 오다 ⟨대개 다음 용법으로⟩ **angeritten kommen**: da kommen die ersten angeritten 저기 최초의 사람들이 말을 타고 온다. 2. a) ⟨h⟩ 말을 타고 어디로 향하다, 나아가다. b) ⟨s⟩ [군] 말을 타고 공격하다(싸우다): die Reiterei reitet gegen den Feind an 기병이 적을 공격한다. 3. a) ⟨s⟩ 말을 달리기 시작하다, 말 타고 출발하다: er ist gerade angeritten 그는 막 말 타고 떠났다. b) ⟪대개 명사화⟫ 승마 시즌의 개시 [막]: am nächsten Sonntag ist feierliches Anreiten 다음 토요일에 승마 시즌이 화려하게 개막된다. 4. ⟨h⟩ 말을 조련(調練)하다: er hat das Pferd gut angeritten 그는 그 말을 잘 조련하였다.

Anreiz, der; -es, -e 자극, 충동, 격려, 촉진, 매력: im A. zum Sparen 절약(저축) 촉진; etw. erhöht den A. mehr 무엇이 매력을 돋군다. **anreizen** ⟨h⟩ a) 촉진[격려, 고무, 충동]하다, 불러 일으키다: den Appetit a. 입맛을 돋구다. b) 자극하다, 돋구다, 불러 일으키다: den Appetit a. 입맛을 돋구다.

Anrempelei, die; -en a) 끊임없는 충돌, 부딪침: auf dieser Straße ist man oft -en von Betrunkenen ausgesetzt 이 거리에서는 자주 취객들이 툭툭 치면서 지나간다. b) 비난, 욕설, 모욕: ich kann die dauernden -en nicht mehr hören! 나는 이 지속적인 비난을 더 이상 들을수 없다. **anrempeln** ⟨h⟩ ⟪경⟫ a) (의도적으로) 지나치면서 부딪치다, 툭 치다: ich remp(e)le im Dunkeln so leicht andere Leute an 나는 어둠 속에서 지나치는 다른 사람들을 아주 잘 건드린다. b) ⟪모⟫욕하다, 비난하다. **Anremp(e)lung,** die; -en 충돌, 욕설, 비난.

anrennen* 1. ⟪다음 용법으로⟫ **angerannt kommen** ⟨s⟩ 달려[뛰어]오다: da kommt er ja schon angerannt! 그가 벌써 저기 달려오고 있다. 2. ⟨s⟩ 누구[무엇]를 향해[거슬러] 달려가다: er ist die ganze Zeit gegen den Sturm angerannt 그는 줄곧 폭풍우와 싸우며 달려갔다. 3. a) ⟨s⟩ ⟪통용어⟫ 무엇을 향해 달려가다, 달려[뛰어]가면서 부딪치다: mit dem Ellbogen an[gegen] die Fensterecke a. 뛰어가면서 팔꿈치를 창문 모서리에 부딪치다. b) 돌격[돌진]하다, 공격하다: gegen feindliche Stellungen a. 적 진지를 향해 돌격하다; 전의 gegen Konkurrenten a. 경쟁자를 공격하다. 4. ⟨h⟩ a) ⟪지역적⟫ 툭 치다, 밀치다: er hat mich (mit dem Knie) angerannt 그는 나를 (무릎으로) 툭 쳤다. b) ⟨a. + sich⟩ ⟪통용어⟫ (신체의 일부분을 어디에) 부딪치다: an dieser Ecke renne ich mir immer wieder das Knie an 나는 항상 이 모서리에 무릎을 부딪치곤 한다.

Anrichte, die; -n a) 찬장, 음식을 차려 놓는 탁자, 뷔페 탁자, 배선대(配膳臺): das Essen steht auf der A. 음식이 뷔페 탁자 위에 차려져 있다; die Teller aus der A.

anrichten 110

nehmen 접시를 찬장에서 꺼내다. **b)** 조리실: in der A. arbeiten 조리실에서 일하다.
anrichten ⟨h⟩ **1.** 준비된 음식을 늘어 놓다, 상을 차리다: er deckt den Tisch, und sie richtet das Essen an 그는 상을 차리고 그녀는 음식을 늘어 놓는다; es ist angerichtet (아이) 식탁이 차려졌다. **2.** (나쁜 일을) 야기하다, 저지르다: Unfug a. 비행을 저지르다; was hast du wieder alles angerichtet! 너 또 많은 잘못을 저질렀구나; der Orkan richtete schwere Verwüstungen an 태풍이 엄청난 피해를 입혔다; für den angerichteten Schaden aufkommen 입힌 손해를 배상하다. **Anrichtetisch,** der 배선대(配膳臺), 뷔페 탁자.
anriechen* ⟨h⟩ 《드물게》 **a)** (코를 킁킁거리며) 냄새 말다: der Hund riecht den Knochen an 개가 코를 킁킁거리며 뼈의 냄새를 맡는다. **b)** 냄새로 무엇을 알아차리다, 누구[무엇]에게서 냄새를 맡다: den Alkohol riecht man ihm schon von weitem an 멀리서부터 그에게서 나는 술 냄새를 맡을 수 있다.
anriemen ⟨h⟩ 《지역적》 가죽 끈으로 묶다.
Anriß, der; Anrisses, Anrisse **1.** 갈라진 틈[금], 약간 찢어짐: sich beim Bodenturnen einen A. der Achillessehne zuziehen 마루 운동을 하다가 아킬레스건이 약간 찢어지다. **2.** [기술] 괘선(罫線): einen A. auf einem Werkstück anfertigen 가공할 재료에 괘선을 긋다. **3.** [조정] 노젓기.
anristen ['anrɪstn̩] ⟨h⟩ [기계제조] 발등을 기구나 손에 살짝 대다.
Anritt, der; -(e)s, -e **a)** [고어] 말을 타고 접근함. **b)** [고어] 기마 공격: der A. gegen die feindliche Batterie 적 포병대에 대한 기마 공격. **c)** 《드물게》 말을 타고 출발함.
anritzen ⟨h⟩ 살짝 할퀴다, 생채기를 내다: einen Baum a. 나무에 살짝 금을 긋다; zur Blutuntersuchung wurde dem Patienten das Ohr leicht angeritzt 피 검사를 위해 환자의 귓밥을 약간 베었다.
anrollen 1. ⟨s⟩ **a)** 구르기 시작하다, 출발하다: der Zug rollte an 기차가 움직이기 시작하였다. 전의 kurz bevor am Sonntag eine zweite große Suchaktion anrollte 일요일의 대대적인 수색 작업이 시작되기 직전에. **b)** 굴러 오다(반대: abrollen): mit Gütern beladene Waggons rollen an 화물이 적재된 차량들이 굴러 온다; 《자주 다음 용법으로》 **angerollt kommen**: ein Lastwagen kommt angerollt 화물차가 굴러 온다. **2.** ⟨s⟩ 누구[무엇]를 향해 돌진하다, 달려들다: dann rollten Panzer gegen die deutsche Artillerie an 그리고 나서 전차들이 독일 포병대를 향해 돌진하였다. **3.** ⟨h⟩ 굴려서 운반해(날라) 오다(반대: abrollen): er hat die Fässer angerollt 그는 통들을 굴려서 가져 왔다.
anrosten ⟨s⟩ 녹슬기 시작하다, 약간 녹슬다: der Wagen ist schon ziemlich angerostet 차가 벌써 꽤 녹슬었다.
anrösten ⟨h⟩ 살짝 굽다, 그을리다.
anrotzen ⟨h⟩ 《비어》 심하게 비난(욕)하다, 욕설을 퍼붓다: ich lasse mich doch von so einem Schnösel nicht a.! 나는 저 따위 건방진 놈에게서 욕설을 듣지 않겠다.
anrüchig ['anrʏçɪç] ⟨Adj.⟩ **a)** 악명높은, 평판이 나쁜: ein -es Lokal 평판이 나쁜 술집; es handelt sich um eine ziemlich -e Person 문제되는 사람은 꽤 악명 높은 사람이다. **b)** (약간) 외설적인, 추잡한: -e Witze 약간 외설적인 재담; das kommt mir stark a. vor 내가 보기에 그것은 아주 외설적인 것 같다. **Anrüchigkeit,** die ↑ anrüchig의 명사형.
anrucken ⟨h⟩ **a)** (차 따위가) 덜컹하며 출발하다: der Zug ruckte an 기차가 덜컹하며 출발하였다. **b)** 《드물게》 잡아 당기다.

anrücken 1. ⟨s⟩ (무리를 지어) 다가[몰려]오다, 접근하다: die anrückenden Truppen 접근하는 부대; 전의 (농) morgen rücken meine Verwandten an 내일 내 친척들이 몰려온다. **2. a)** ⟨h⟩ 약간 밀다: wir wollen den Tisch noch etwas a. 책상을 약간 더 밀까. **b)** ⟨s⟩ 누구(무엇)에게 밀어 붙이다: du mußt das Regal fest (an die Wand) a. 너 책장을 (벽에다) 바짝 밀어 붙여야겠다. **c)** ⟨s⟩ 바짝 (달라)붙다: das Kind rückte aus Furcht an die Mutter an 아이가 겁이 나서 엄마에게 바짝 달라붙었다.
anrudern 1. ⟨s⟩ 노를 저어 (다가)오다: sie sind ganz langsam angerudert 그들은 아주 천천히 노를 저어 왔다. 《과거분사+kommen》 er kam gemächlich angerudert 그는 느긋하게 노를 저어 왔다. **2.** [조정] ⟨h⟩ 그 시즌의 조정 경기를 개시하다(반대: abrudern): wir ruderten letzten Sonntag an 우리는 지난 일요일에 금년 처음으로 조정 경기를 가졌다; heute ist Anrudern 오늘이 조정 경기의 개막일이다.
Anruf, der; -(e)s, -e **1.** 부름, 수하(誰何): auf einen A. reagieren 부름에 반응하다; ohne A. schießen 수하도 없이 발사하다; 전의 der A. des Gewissens[dem A. Gottes] folgen 양심의 목소리[신의 부름]에 따르다. **2.** 전화(통화): heute kamen sechs -e 오늘 전화가 여섯 번 걸려왔다; einen A. erwarten 전화를 기다리다.
Anruf-: ~beantworter, der; -s, - [전화] 자동 응답기. **~lampe,** die [전화] 전화 수신 신호등. **~schranke,** die ⟨대개 Pl.⟩ [철도] 호출에 의해 열리는 건널목 단기.
anrufen* ⟨h⟩ **1.** (이름을) 부르다, 수하(誰何)하다: einen Schlafenden a. 잠 자는 사람을 부르다: der Wachtposten rief ihn an 보초가 그를 향해 수하하였다. **2. a)** 간청(탄원)하다, 누구의 조언[도움]을 간구하다: Gott a. 신의 은총을 간구하다. **b)** (아이) 중재를 부탁하다, 제소하다: sie haben die Gerichte angerufen 그들은 법정에 제소하였다. **c)** ⟨s⟩ 누구에게 은총[도움]을 간청하다. **d)** 간구[간청]하다: jmds. Mitleid[Vermittlung] a. 누구의 동정[중재]을 간청하다. **3.** 전화를 걸다, 전화 수신 신호등. einen Bekannten (die Polizei) a. 친지(경찰)에게 전화를 걸다; 《südwestdt. u. schweiz. 통용어에서는 3격과 함께도》 rufen Sie mir bitte heute abend wieder an 오늘 저녁에 다시 한번 전화해 주십시오; bei der Bank in München a. 뮌헨의 은행에 전화하다. **Anrufer,** der; -s, - 송화자(送話者), 전화를 거는 사람: ein anonymer A. 익명의 송화자. **Anrufung,** die; -en 간청, 간구, 탄원.
anrühren ⟨h⟩ **1. a)** (손으로) 만지다, 손을 대다, 건드리다, 살짝 잡다: rühr mich nicht an! 내 몸에 손을 대지 말아라; bevor die Polizei kommt, dürfen wir nichts a. 경찰이 오기 전에 아무 것도 손 대서는 안된다; ihr Bett war nicht angerührt 그녀의 침대는 손 하나 대지 않았다; 전의 etwas Unheimliches wurde damit angerührt 그것으로써 비밀스러운 것이 건드려졌다. **b)** 손대다, 건드리다, 사용하다: 《부정 또는 제한적으로만》 das Essen kaum a. 음식에 거의 손도 대지 않다; keine Zigaretten a. 담배에 손도 대지 않는다; er rührte seine Frau nicht mehr an 《완곡》 그는 더 이상 아내의 몸에 손을 대지 않았다. **2.** (아이) 감동시키다, 마음을 움직이다, 심금을 울리다: das Leid der Flüchtlinge rührte ihn an 피난민들의 고생이 그의 심금을 울렸다. **3.** 섞다, 혼합하다, 섞어 휘젓다: Farbe (mit Wasser) a. 물감을 (물과 함께) 섞다; einen Teig mit Mehl a. 반죽을 밀가루와 섞다.
anrußen ⟨h⟩ 살짝 그을리다, 꺼멓게 그을리다: die vielen Kerzen haben die Zimmerdecke angerußt 많은 초들이 천정을 꺼멓게 그을렸다; angerußte Häuserwände

꺼멓게 그슬린 벽.
ans [ans] 〈Präp. + Art.〉 *an das* 1. 《분리 가능》 **a)** 어디로(방향 표시)(↑an (1 a)): ans Meer reisen 바다로 여행하다. **b)** 어디에(활동 영역 표시): sich ans Steuer setzen 운전석에 앉다; ans Theater gehen 연극계에 투신하다. 2. 《분리 불가·다음 용법으로》 **ans (Tages)-licht kommen** 드러나다, 밝혀지다 (↑Licht); **jmdm. etw. ans Herz legen** 누구에게 무엇을 간곡히 권하다 (↑Herz); **jmdm. ans Leder wollen** 누구를 공격하려고 [누구에게 피해를 입히려고] 하다 (↑Leder). 3. 《드물게 분리·명사화한 부정형과 함께》 ans Aufstehen [Weggehen] denken 일어날 [떠나갈] 것을 생각하다.
ạnsäbeln 〈h〉 《통용어》 서투르게 자르다.
ạnsacken 〈h〉 《특히 sächs.》 (무거운 것을 운반하려고) 번쩍 들어[올리다]: er sackte den großen Koffer an und trug ihn zum Zug 그는 그 큰 트렁크를 번쩍 들어 기차로 가져갔다.
ạnsäen 〈h〉 씨앗을 뿌리다, (곡식을) 심다: auf diesem Feld will er Weizen a. 그는 이 밭에 밀을 심으려 한다.
Ạnsage, die; -n 1. 《방송·연예》 (순서) 예고 안내, 사회 (반대): Absage 2): die A. übernehmen 사회를 맡다. 2. 《스포츠》 **a)** 결과[기록, 중간 기록] 발표: auf die A. der Ergebnisse warten 결과 발표를 기다리다. **b)** (경기 선수에게 주는) 작전 지시, 안내(말). 3. [카드] (으뜸패, 득점수 등의) 선언. **Ansagedienst**, der = Fernsprechansagedienst의 약칭. **ạnsagen** 〈h〉 알리다, 선언하다. die Zeit a. 시간을 알리다; die Firma hat Bankrott angesagt 그 회사는 파산 선고를 하였다; [카드] Schneider a. 상대방에게 30점을 주지 않겠다고 선언하다. 2. 〈a. + sich〉 방문을 통지[고]하다, 알리다: sich bei einem Freund [für Dienstag abend] a. 친구에게 [화요일 저녁에] 방문하겠다고 통지하다; ich bin morgen beim Arzt angesagt 나는 내일 병원에 예약이 되어 있다. 3. [사무] 받아쓰도록 구술하다: Telegramme telefonisch a. 전화로 전보 문안들을 구술하다. 4. 《고어》 말하다, 전달하다, 알리다: er fürchtete sich, seiner Frau diese Nachricht anzusagen 그는 그 소식을 아내에게 말하기가 두려웠다.
ạnsägen 〈h〉 베[썰]기 시작하다, 약간 베[썰]다: einen Baum [ein Brett] a. 나무 [널판지]를 약간 썰어 샘김을두내다.
Ạnsager, der; -s, - **a)** 〈준어〉 아나운서: die Stimme des -s 아나운서의 목소리. **b)** (쇼 따위의) 사회자: ein geschickter, schlagfertiger A. 재치있고 말 솜씨 좋은 사회자.
ạnsamen ['anzaːmən], sich 〈h〉 [임업] 자생하다: hier haben sich junge Fichten angesamt 여기에 어린 가문비나무들이 자생하였다. **Ạnsamung**, die; -en 자생한 어린 나무들.
ạnsammeln 〈h〉 1. 모으다, 수집하다, 축적하다: Reichtümer a. 재산을 모으다; atomares Potential a. 핵 잠재력을 축적하다. 2. 〈a.+sich〉 **a)** 모이다, 모여들다. **b)** 〈a.+sich〉 쌓이다, 모이다, 축적되다: [전의] Zorn, Mißmut und Empörung haben sich in ihnen angesammelt 분노, 불쾌감, 화가 그들의 마음 속에 쌓였다. **Ạnsammlung**, die; -en 1. 수집, 축적: zur A. von Vermögen sparen 재산을 모으기 위해 절약하다. 2. 사람 떼[무리], 군중: eine A. aufgeregter, neugieriger Menschen 흥분하고 호기심에 찬 사람들의 무리.
ạnsässig ['anzɛsɪç] 〈Adj.〉 《대개 다음 용법으로》 **irgendwo a. sein** 어디에 (오래) 살[거주하]다, 정착하다: in Bonn a. sein 본에 오래 전부터 거주하다; eine

lange in England ansässige französische Familie 오래 전부터 영국에 정착한 한 프랑스 가족. **Ạnsässigkeit**, die 거주, 정착.
Ạnsatz, der; -es, Ansätze 1. [기술] 부착(부가)물, 이음쇠, 연결관: ein Rohr mit einem A. versehen 관에 연결관을 부착하다. 2. (최초의 가시적인) 징후, 조짐, 기미, 싹, 눈[胚]: der Baum zeigte einen reichlichen A. von Früchten 그 나무는 열매가 많이 달릴 조짐을 보인다; du hast schon ein ganz klein wenig A. zum Bauch 너 벌써 배가 약간 나올 기미를 보이는구나. 3. **a)** 달라[엉켜] 붙음, 침전, 퇴적: dieses Mittel verhindert den A. von Kalkstein 이 물질은 석회석이 달라붙는 것을 막아준다. **b)** 달라붙은 층, 침전층, 때(접시, 냄비에 낀). 4. [해부] 사지 또는 신체 일부가 시작되는 부위: der A. der Oberarme 상완(上腕)이 시작되는 곳. 5. 시작, 출발, 개시, 발단, 단초: der erste A. zu einer Besserung 회복(回復)의 첫 시작: er kam nicht über die ersten Ansätze hinaus 그는 최초의 시작 단계를 벗어나지 못했다. 6. [음악] 취주(법), 방법(법), 가창(법): er hat keinen A. mehr, weil er lange nicht Trompete geblasen hat 그는 오랫동안 트럼펫을 불지 않았기 때문에 이제는 정확하지 못한다; einen schönen A. haben 아름다운 가창법을 가지다. 7. [경제] 견적, 책정 금액, 계정: **in A. bringen** [격식독어] 책정하다, 예산에 올리다. **außer A. bleiben** [격식독어] 계산하지 않다, 계산에 넣지 않다: die Sonderausgaben bleiben außer A. 특별 지출들은 계산에 포함되지 않는다. 8. [수학] (방정)식: der Schüler konnte den A. nicht finden 그 학생은 (방정)식을 찾을 수 없었다. 9. [화학] 합성.
Ạnsatz-: ~**punkt**, der 출발점, 시작점, 착수점: ein methodischer A. 방법(론)상의 출발점; die A. zur Kritik 비판[평]의 출발점. ~**rohr**, das [해부] 발성기관으로서의 구강, 후두공(喉頭腔). ~**stelle**, die 출발점, 시작점, 착수점. ~**störung**, die [의학] 젖먹이의 영양 장애. ~**stück**, das 부착(부가)물, 연결관.
ạnsauen 〈h〉 《속어》 거칠게 욕(비난)하다.
ạnsäuern 1. 〈s〉 시어지[상하]기 시작하다: die Milch ist schon ein wenig angesäuert 우유가 벌써 약간 상하기 시작했다. 2. **a)** 〈h〉 (밀가루 반죽에) 이스트를 넣다: den Brotteig a. 빵반죽에 이스트를 넣다. **b)** [화학] 〈h〉 산(酸)을 혼합하다, 산성화하다.
ạnsaufen, sich 〈h〉 술 마시다, 술 마셔 어떤 상태에 도달하다: du hast dir wohl erst Mut a. müssen? 너 먼저 술을 마셔 용기를 얻어야 하는 모양이구나; **sich einen (Rausch) a.** 《속어》 술 취하다.
Ạnsaug- [대개 자동차]: ~**druck**, der 〈Pl. ... drücke〉 (실린더 안에서의) 가스 압축. ~**geräusch**, das [특히 자동차] 공기 흡인 소음. ~**geräuschdämpfer**, der 공기 흡인소음 제거기. ~**kanal**, der 흡인 통로. ~**luft**, die [특히 자동차] 흡인 공기. ~**querschnitt**, der 흡인관의 단면, 흡인량. ~**rohr**, das 흡인관. ~**stutzen**, der [특히 자동차] ↑Ansaugrohr. ~**takt**, der 흡인 박자(속도). ~**volumen**, das 흡인량: das A. wird durch den Hubraum bestimmt 흡인량은 피스톤 배출량에 의해 결정된다.
ạnsaugen(*) 1. **a)** 빨아들이다, 흡인(吸引)하다: Luft a. 공기를 빨아들이다; [전의] sie wurde von einem Wirbel der Qual und Trauer angesogen 그녀는 고통과 슬픔의 소용돌이 속으로 빨려 들어갔다. **b)** 빨아서 입을 대고 빨[기 시작하]다: er steckte einen Schlauch in den Tank und saugte ihn an, bis das Benzin herausfloß 그는 호스를 탱크에 집어 넣고 휘발유가 흘러 나올 때까지 호스를 빨았다. 2. 〈a.+sich〉 달라붙어 빨아먹다: ein Blutegel hat sich angesaugt 거머리가 달라붙어 피를 빨아먹었다.

ạnsäuseln, sich ⟨h⟩ 《다음 용법으로》 **sich einen a.** 《통용어》 거나하게 술 마시다: heute säus(e)le ich mir einen an 나 오늘 거나하게 마시겠다.

ạnsausen ⟨s⟩ 《대개 다음 용법으로》 **angesaust kommen** 《통용어》 바람같이 달려오다: er kam mit dem Wagen angesaust 그는 자동차를 몰아 바람같이 달려왔다.

Anschaffe [ˈanʃafə], die **1.** 《bayr.》 명령, 지시. **2.** 《지역적》 돈벌이, 일자리, 직장. **3.** 《경》 **a)** 매춘: auf ⟨die⟩ A. gehen 몸을 팔다. **b)** 짝찾기, 짝구하기. **4.** 《경》 도둑질, 절도. **anschaffen** ⟨h⟩ **1.** 《내구재를》 구입하다, 사다, 장만하다: wir haben neue Möbel angeschafft 우리는 새 가구를 들여놓았다; 전의 《통용어》 낳다: sie haben Kinder a. 아이들을 낳다; du solltest dir einen Liebhaber a. 너 애인을 구해야 되겠다; sich ein dickes Fell a. 뻔뻔스러워지다. **2. a)** 《지역적》 돈을 벌다, 돈벌이하다: ich muß a. (gehen), sonst komme ich nie auf einen grünen Zweig 나는 돈을 벌어야겠다. 그렇지 않으면 나는 결대 성공하지 못한다. **b)** 《경》 몸을 팔다: als Prostituierte a. gehen 창녀로서 몸을 팔다. **c)** 《경》 훔치다, 도둑질하다. **3.** 《südd., österr.》 **a)** 명령[지시]하다: sie schafft nur den ganzen Tag an 그녀는 하루종일 지시만 한다; 숙담 wer zahlt, schafft an 돈 내는 사람이 결정한다. **b)** 《식당에서》 주문하다. **Anschaffer,** der, -s, - 《경》 도둑. **Anschafferei,** die; -en 《südd., österr.》 명령, 지시. **Anschaffung,** die; -en **a)** 《내구재의》 구입, 장만, 마련: die Ersparnisse reichen gerade zur A. einiger Möbel 저축한 돈은 겨우 가구 몇 가지를 들여 놓으면 그만이다; **-en machen** 사(들이)다, 장만하다: sie haben zu viele -en gemacht 그들은 너무 많이 사들였다. **b)** 구입한 물건: dies Gemälde ist eine sehr wertvolle A. 이 그림은 아주 많은 돈을 주고 산 것이다.

Anschaffungs- (anschaffen [1.]) **~kosten** ⟨Pl.⟩ 구입비(용): langlebige Gebrauchsgüter mit hohen A. 구입비가 많이 드는 내구재(耐久財). **~preis,** der 구입가: die A. war damals rund tausend Mark 구입가는 그 당시 대충 천 마르크였다. **~wert,** der 구입가: der heutige Wert dieses Gemäldes liegt weit über dem A. 이 그림의 시가는 구입가보다 훨씬 높다.

ạnschäften ⟨h⟩ **1.** 《원예》 접붙이다, 접목하다. **2.** 《제재》 단면적이 비슷한 다른 목재를 붙여 연장하다.

ạnschalten ⟨h⟩ 《스위치를》 켜다(반대: abschalten): das Radio a. 라디오를 켜다.

ạnschauen ⟨h⟩ 《지역적, 특히 südd., österr., schweiz., 그외 아어》 **1.** (바라)보다, 응시하다: jmdn. nachdenklich a. 누구를 골똘히 생각하며 바라보다; einander [sich (gegenseitig)] a. 서로를 응시하다. **2.** 관찰하다, 구경하다, 살펴[둘러]보다: ich habe mir die Stadt angeschaut 나는 시가지를 둘러보았다; 전의 ich schau' solche Weiber nicht an 나는 그런 여자들을 거들떠보지도 않는다. **anschaulich** [ˈanʃaulɪç] ⟨Adj.⟩ 명백한, 일목요연한, 생생한: eine -e Darstellung 생생한 서술; die Personen des Dramas sind ungewöhnlich a. dargestellt 그 희곡의 등장 인물들은 유달리 생생하게 묘사되어 있다; (jmdm.) etw. a. machen (누구에게) 무엇을 분명하게 해주다. **Anschaulichkeit,** die 명백, 명료, 구체성: die Darstellung gewinnt auf diese Weise an A. 서술은 이러한 방식으로 더욱 명백해진다. **Anschauung,** die; -en **1.** 의견, 견해, 관(觀): moderne politische -en 현대적인 정치적 견해; eine weitverbreitete A. 널리 퍼진 견해; das ist die herrschende A. 이것이 지배적인 견해이다; er hat rückständige -en darüber 그는 그것에 관해 뒤떨어진 견해를 가지고 있다; ich teile deine A. von der Sache 나는 그

일에 관해 너와 의견을 같이 한다; zu der A. gelangen, daß ... ...라는 견해에 도달하다. **2. a)** 《Pl. 없음》 관찰, 관조, 명상: in A. versunken vor einem Bild stehen 명상에 잠긴 채 그림 앞에 서 있다; in A. der russischen Vorgänge 러시아에서 벌어지는 사건들을 고려하며. **b)** 표상(表象), 인상, 직관: etw. aus unmittelbarer A. kennen 무엇을 직관에 의해 알다.

Anschauungs-: ~kraft, die 상상력. **~material,** das 실물(實物) 학습 자료, 시각 학습 자료: er hatte reichliches A. zusammengetragen 그는 실물 학습 자료를 풍부히 수집하였다. **~mittel,** das 실물 학습 자료. **~objekt,** das 관조[찰] 대상. **~unterricht,** der ⟨Pl. 없음⟩ 《교육》 실물 학습 자료를 이용한 수업, 시각 교육. **~vermögen,** das 상상력. **~weise,** die 사고 방식, 견해.

Anschein, der; -(e)s ⟨Pl. 없음⟩ 외관, 외양, 외모, 겉모습, 겉보기, 인상: dem äußeren A. zum Trotz 겉보기와는 달리; es hat den A., als ob ... 겉보기로는 마치 ...인 듯하다; **dem [allem] A. nach** 추측컨대, 분명히, 겉보기로는; **den A. erwecken** 인상을 주다; **sich den A. geben** 척(체)하다: gib dir doch nicht den A., als ob du etwas davon verstündest! 너 그것을 아는 척하지 마라. **anscheinen** ⟨h⟩ 비추다: ich lasse mich von der Sonne a. 나는 햇볕을 쪼인다. **anscheinend** ⟨Adv.⟩ 겉보기에는, 외관상으로는, 분명히: er ist a. ganz begabt 그는 분명히 재주가 많은 것 같네. a. wußte er noch nicht, was ihm bevorstand 그는 분명히 그에게 무슨 일이 닥칠 것인지 아직 몰랐던 것 같았다.

ạnscheißen* ⟨h⟩ 《비어》 **1.** 속이다: mit diesem Vehikel bist du aber ganz schön angeschissen worden 이 차로 너는 철저하게 속임을 당했구나. **2.** 꾸짖다, 험한 욕설을 퍼붓다: ich lass' mich doch von der Direktion nicht ständig a. 나는 간부들로부터 항상 욕만 얻어먹지는 않겠다. **3.** 《다음 용법으로》 angeschissen kommen 경우에 따라서는 누구를 찾아오다. **4. scheiß die Wand an!** 《군》 나 좀 가만 놔둬, 나는 아무래도 상관없어.

ạnschesen ⟨s⟩ 《대개 다음 용법으로》 **angeschest kommen** (nordd.) 《황》 급하게 (다가)오다.

ạnschicken, sich ⟨h⟩ (아어) 막 ...하려고 하다: sich zum Gehen a. 막 가려고 하다.

ạnschieben ⟨h⟩ **1. a)** (탈 것을) 밀다, 밀어 움직이게 하다: den Karren a. 수레를 밀다; der Motor springt nicht an, könnt ihr mich[den Wagen] mal a. 시동이 걸리지 않는데, 너희들 내 차를 좀 밀어줄 수 있겠니. **b)** [실내하키] 퍽을 밀어넣다. **2.** 무엇을 밀어서 무엇에 바짝 붙이다: das Sofa an die Wand a. 소파를 벽에 바짝 밀어 붙이다. **3.** 《다음 용법으로》 **angeschoben kommen** 《경》 느릿느릿(어슬렁 어슬렁) (다가)오다: die Mütze schief auf dem Kopf, die Hände in den Hosentaschen, so kamen sie angeschoben 모자를 머리에 삐딱하게 얹고 손은 바지 주머니에 집어 넣고 그들은 느릿느릿 다가왔다.

ạnschielen ⟨h⟩ 《통용어》 곁눈질하다, 훔쳐보다: jmdn. ängstlich a. 누구를 겁에 질려 곁눈질하다.

ạnschießen* **1.** ⟨h⟩ 총상을 입히다, 총을 쏘아 부상시키다: sie haben wieder einen Flüchtling angeschossen 그들은 또다시 도망자에게 총상을 입혔다. **2.** ⟨h⟩ 《군·사냥》 표적을 사격하다, 시사(試射)하다: schwere Waffen a. 중화기를 시사하다. **3.** ⟨h⟩ a) 축포를 발사하다, 예포를 쏘아 (귀빈을) 맞이하다: das neue Jahr a. 축포를 쏘아 새해를 맞이하다. **b)** [육상경기] 총을 쏘아 경기 시작을 알리다; 총을 쏘아 마지막 바퀴임을 알리다. **4.** ⟨h⟩ 《광》 발파하여 노출시키다: eine Ader a. 발파하여 광맥을 노출시키다. **5.** ⟨h⟩ [축구] den Ball gegen

anschleichen

einen Spieler schießen 선수의 몸을 향해 공을 차다. **6.** ⟨h⟩ 《통용어》 비방[비난]하다, 중상 모략하다: die Konkurrenz in ganz häßlicher Weise a. 경쟁자를 악랄하게 중상 모략하다. **7.** ⟨s⟩ 《드물게》 바삐씨 (다가)오다, 요란한 소리를 내며 쏜살같이 (다가)오다 《대개 다음 용법으로》 **angeschossen kommen**: dort kommt schon der erste Rennwagen angeschossen 선두 자동차가 벌써 저기 쏜살같이 달려온다.
anschiffen ⟨h⟩ ↑anpinkeln.
anschiften ⟨h⟩ 《지역적》 ↑anschäften (2).
anschimmeln ⟨s⟩ 곰팡 나기[곰팡 슬기] 시작하다: die Wurst schimmelt an 소시지가 곰팡 나기 시작한다.
anschimpfen 큰소리로 야단치다, 꾸짖다.
anschirren ⟨h⟩ 말에 마차를 달다, 재갈을 채우다《반대: abschirren》: das Pferd wurde angeschirrt 말에 마차를 달았다; dem Pferd das Zaumzeug a. 말에 재갈을 채우다.
Anschiß, der; Anschisses, Anschisse 《비어》 야단, 질책, 꾸짐; einen A. bekommen 야단맞다; jmdm. einen A. verpassen 누구에게 야단치다.
Anschlag, der; -(e)s, Anschläge **1.** 벽보, 광고문, 게시《안내》문, 포스터: die Anschläge der gegnerischen Partei wurden heruntergerissen 상대당의 광고문들이 찢기었다; einen A. machen 벽보를 게시하다. **2.** 음모, 흉계, 암살《계획》: ein verbrecherischer A. 범죄적인 음모; der A. ist mißglückt 그 흉계는 실패하였다; einen A. auf das Staatsoberhaupt planen 국가 원수에 대한 암살을 계획하다; 〖전의〗 einen A. auf jmdn. vorhaben《통용어》누구에게서 무엇을 뺏어[얻어] 내려고 하다. **3.** 때림, 부딪침: den gleichmäßigen A. der Wellen an die Schiffswand hören 파도가 배를 규칙적으로 때리는 소리를 듣다. **4.** 《드물게》 짧게 짖는 소리. **5.** (건반, 현 따위를 두드려서 나는) 소리, 음, (피아노의) 터치, 탄주법: einen weichen A. haben 부드러운 음을 내다; er spielt mit zu hartem A. 그는 너무 딱딱한 터치로 연주한다. **6.** ⟨Pl. 없음⟩ 두드림, 터치, 사용: diese Maschine hat einen ganz leichten A. 이 타자기는 자판을 두드리기가 아주 부드럽다. **7. a)** ⟨Pl.⟩ (자판 따위를) 두드림, 두드리는 횟수: sie schreibt 300 Anschläge in der Minute 그녀는 일 분에 300자를 친다. **b)** 《대개 Pl.》 (타자기의 철자 또는 행의) 간격: die Zeilenlänge auf 50 Anschläge einstellen 한 줄의 길이를 50자로 맞추다. **8.** (숨바꼭질에서) **a)** 술래가 누구를 찾았다는 표시로 야도하면서 손으로 때리는 곳, 술래 기둥: er ist ganz schnell zum A. gelaufen 그는 아주 빨리 술래 기둥으로 달려갔다. **b)** 야도하면서 손바닥으로 치기: Anschlag für Emil! 에밀, 야도. **9.** 《군·사냥》 사격 자세: ein Posten mit dem Karabiner im A. 기관단총을 들고 사격 자세를 취하고 있는 보초; die Gewehre gehen in A. 총을 겨누다. **10.** 〖상〗 견적: der A. beläuft sich auf dreitausend Mark 견적은 3,000 마르크이다; **in Anschlag bringen**《격식독어》 계산[고려]에 넣다; auch die Vorteile von etw. in A. bringen müssen 무엇의 이 점들도 역시 고려에 넣어야 한다. **11.** 〖기술〗 한계점: die Sauerstoffflasche bis zum A. aufdrehen 산소통의 마개를 돌아가지 않는 한계점까지 열다. **12.** 〖광〗 적치장(積置場), 갱저 조차장(坑底操車場). **13.** 〖낚시〗 낚아채기: der A. glückt nur, wenn er unmittelbar auf den Biß erfolgt 낚아채기는 고기가 무는 동시에 해야만 성공한다. **14.** 〖수공〗 《드물게》의 첫 코= 80 Maschen A., dann jede zweite Reihe 2 Maschen zunehmen 첫 줄에 80코, 그리고 나서 매 두 줄마다 코를 두개씩 늘린다. **15.** 〖스포츠〗 서브, 시구(始球).
Anschlag-: **~brett**, das 게시판. **~säule**, die ↑ Litfaßsäule. **~tafel**, die ↑ ~brett. **~winkel**, der

〖수공〗 작각자.
anschlagen¹ 1. ⟨h⟩ 게시하다: das Programm am Schwarzen Brett a. 프로그램을 게시판에 붙이다; ich habe diese Mitteilung irgendwo angeschlagen gesehen 나는 이 전달 사항이 어디엔가 게시되어 있는 것을 보았다. **2. a)** ⟨s⟩ 부딪치다, 충돌하다: mit dem Kopf (an die Wand) a. 머리를 (벽에) 부딪치다; die Wellen schlugen kaum hörbar (an das[an dem] Ufer) an 파도가 거의 들리지 않게 (해안에) 부딪쳤다. **b)** ⟨a. + sich⟩ ⟨s⟩ 부딪치다, 어디에 부딪쳐 다치다: ich habe mir an einer scharfen Ecke den Kopf angeschlagen 나는 날카로운 모서리에 머리를 부딪쳤다. **3.** ⟨h⟩ **a)** 〖수영〗 (반환점과 결승점에서) 터치하다: bei der Wende hatte er als erster (am Beckenrand) angeschlagen 그는 반환점에서 일착으로 (벽을) 터치하였다. **b)** (슬프게) 울리다, 외치며 슬퍼 기둥을 때리다. **4.** ⟨h⟩ 부딪쳐 상하게 하다, 훼손시키다: beim Geschirrspülen einen Teller a. 설거지하다가 접시 하나를 부딪쳐 깨뜨리다; angeschlagene Tassen 깨진 찻잔들. **5.** ⟨h⟩ **a)** (글자판 따위를) 두드리다: bei vier Durchschlägen muß man viel kräftiger a. 먹지를 네 장이나 댈려면 자판을 훨씬 힘차게 두들겨야 한다. **b)** (두드려서) 소리를 내다: einzelne Tasten a. 건반을 몇개를 두드려 소리를 내다. **c)** (음을) 잡다: den Kammerton a. 표준율을 잡다; er hat die Melodie auf dem Klavier angeschlagen 그는 피아노로 그 곡조를 짚어나갔다; 〖전의〗 eine gellende Lache a. 홍소를 터트리다. **d)** 다르게 계속[시작]하다, (보조, 태도 따위를) 바꾸다: einen schnelleren Schritt[eine schnellere Gangart] a. 보조를 빨리하다. **6.** ⟨h⟩ **a)** 울리다: die Glocke hat angeschlagen 종이 울렸다; die Turmuhr schlägt (die Stunden) an 시계탑의 시계가 (시간을) 알린다. **b)** 짖다, 지저귀다: die Hunde schlagen an 개들이 짖는다. **7.** ⟨h⟩ **a)** 고정하다, 붙이다. **b)** 〖선원〗 꽉 잡아 매다: die Leine a. 밧줄을 꽉 잡아 매다; er hat den Anker an die Kette angeschlagen 그는 닻을 닻줄에 꽉 잡아 맸다. **c)** 〖기술·광〗 케이블에 매달다. **8.** ⟨h⟩ **a)** (도가 따위로) 나무에 표시하다, 벨 준비를 하다: ein Dutzend Bäume a. 나무 여나문 그루에 벨 표시를 한다. **b)** 《österr.》 (술통을) 열다, 따다. **9.** ⟨h⟩ 《군·사냥·준고어》 **a)** 장전하다: ich lernte, wie man eine Pistole anschlägt und wie man zielt 나는 권총을 장전하고 조준하는 법을 배웠다. **b)** 장전한 무기로 조준하다, 겨누다: auf den Fuchs a. 여우를 겨누다. **10.** 〖자전거 구기〗 시구하다. **11.** ⟨h⟩ (아이) 평가[견적, 고려]하다: jmds. Verdienste hoch a. 누구의 공을 높이 평가하다; wenn man anschlägt, daß … 을 고려하면, …을 생각하면. **12.** ⟨h⟩ **a)** 효과[효험]가 있다, 잘 듣[되]다: das Mittel schlägt bei ihm an 약이 그에게는 효과가 있다; der Garten schlägt gut an 정원이 잘된다. **b)** 《은폐》 살찌다 하다: das gute Essen hat bei ihm gleich angeschlagen 좋은 음식이 그녀를 곧 살찌게 하였다. **Anschläger**, der; -s, - **1.** 〖광〗 (수갱에서) 광석 운반 광부. **2.** 〖파우스트볼〗 서브하는 선수. **anschlägig** ['anʃlɛːgɪç] ⟨Adj.⟩ 《지역적》 영리한, 꾀가 많은: ein -er Kopf 영리한 머리(사람). **Anschlägigkeit**, die 영리함, 꾀가 많음.
anschlämmen ⟨h⟩ 《드물게》 토사(土砂)가 쓸려 내리다[쌓이다].
anschleichen¹ 1. ⟨s⟩ 살금살금 다가오다, 몰래 접근하다: 《대개 다음 용법으로》 **angeschlichen kommen**) 소리없이 다가오다: auf leisen Sohlen kam er angeschlichen 그는 발소리 내지 않고 살금살금 다가왔다. **2)** 《통용어》 불만 부적절한 때에 오다: O. kommst du schon wieder angeschlichen? 너 또 안 좋은 때에 오느냐? **2.** ⟨h⟩ **a)** 목표로 삼아 몰래 다가가다[접근하다]: das Wild

a. 짐승을 목표로 삼아 살금살금 접근하다. **b)** ⟨a. + sich⟩ 몰래 다가가다: sich mit dem Fotoapparat in der Hand (an das Wild) a. 손에 사진기를 들고 (그 짐승에게) 살금살금 접근하다.

¹**anschleifen'** ⟨h⟩ **a)** 살짝 갈다: einen Stein an einer Seite a. 돌의 한 면을 약간 갈다. **b)** 뾰족하게 갈다: Werkzeugstähle a. 공구용 강철을 뾰족하게 갈다. **c)** 갈아서 어떤 형태로 만들다: dem Messer eine Spitze a. 칼을 갈아 날이 서게 하다.

²**anschleifen** ⟨통용어·폄⟩ 질질 끌어 가져오다: er schleifte viele Bücher an 그는 많은 책을 애써서 가져왔다.

anschlendern ⟨s⟩ ⟨통용어⟩ 어슬렁어슬렁[느릿느릿] (다가)오다; ⟨대개 다음 용법으로⟩ **angeschlendert kommen**: Arm in Arm kamen sie angeschlendert 그들은 팔짱을 끼고 느릿느릿 걸어왔다.

anschleppen ⟨h⟩ **1.** 힘들여 가져[운반해] 오다: er schleppte viele Bücher an 그는 애써 많은 책을 가져 왔다; 전의 viele Freunde a. 많은 친구들을 예고없이 데리고 오다. **2.** 차의 시동이 걸리도록 끌다: der Wagen mußte oft angeschleppt werden 그 차는 종종 시동이 걸리도록 끌어야 했었다.

anschließen' ⟨h⟩ **1.** 잠가 매다[묶다], 열쇠를 채우다: das Fahrrad (am[《드물게》an den] Gartenzaun) a. 자전거를 (정원 울타리에) 묶다. **2.** 연결하다, 접속시키다: einen Schlauch an den(am) Wasserhahn a. 수도 꼭지에 고무관을 연결하다; das Haus an die Fernheizung a. 집을 지역 난방에 연결하다. **3.** 덧붙이다, 첨(추가)하다: ich möchte eine Frage[an eine Frage] eine weitere a. 나는 한 질문에 다른 질문을 덧붙이고 싶다. **4.** (시간, 공간적으로) 뒤를 잇다, 붙어 있다, 접하다, 연결되다: an das Haus schließen (sich) Stallungen an 가축 우리들이 집에 붙어 있다; an den Vortrag schließt (sich) eine Diskussion an 강연 뒤에 토론이 이어진다. **5.** ⟨a. + sich⟩ 가입[가담]하다, 한 패가 되다, 끼다: sich einer Gruppe a. 어떤 단체에 가입하다[끼다]. **b)** 동조(찬동, 찬성)하다: sich einer Meinung a. 어떤 의견에 동조하다; ich schließe mich an 나는 같은 생각이다. **c)** 따르다, 애정을 쏟다: sich einem Menschen a. 어떤 사람을 따르다; sich schnell a. (können) 빨리 가까워진다. **6.** (옷이) 꼭 끼다: der Kragen schließt eng (am Hals) an 옷깃이 (목에) 꼭 낀다. **anschließend** ⟨Adv.⟩ 뒤를 이어, 이어서, 그 뒤[후, 다음]에, 그리고 나서: a. verreisen wir 우리는 뒤를 이어서 여행을 떠난다: erst mit der Bahn und dann mit einem Schiff 처음에는 기차로 그 다음에는 배로.

Anschliff, der; -(e)s, -e **a)** ⟨Pl. 없음⟩ 갈기. **b)** 갈아서 만든 형태, 단면.

Anschluß, der; Anschlusses, Anschlüsse **1. a)** 연결, 접속: elektrischen A. haben 전기가 연결되다; A. an die Kanalisation 하수도에의 연결. **b)** 전화 시설: einen A. beantragen 전화 가설을 신청하다. **c)** 전화 연결: auf den A. warten 통화가 연결되기를 기다리다. **2.** (교통편의) 접속, 연결: sofort A. haben 즉시 연결되는 차편이 있다; seinen A. erreichen[verpassen] 갈아 탈 기차에 대다[기차를 놓치다]. vom 18.10 Uhr haben Sie den A. nach ... 18시 10분에 ···행 연결 열차가 있습니다; **den A. verpaßt haben** ⟨통용어⟩ **1)** 배우자를 찾지 못하다. **2)** 승진하지 못하다. **3.** ⟨Pl. 없음⟩ **a)** 사람과의 관계[접촉], 친교, 교분, 교제: A. suchen[finden] 사람과의 접촉을 구[발견]하다; Ausländern den A. erleichtern 외국인들에게 사람과의 접촉을 용이하게 해 주다. **b)** (앞과의) 연결, 따라붙음: A. an die Spitzengruppe 선두 그룹에 따라붙음; nicht den A. verlieren 선두와의 연결을 잃지 않다[뒤로 축 처지지 않다]; **im A. an 1)** 바로 뒤를 이어, 무엇과 관련하여: im A. an den letzten Brief 지난 번 편지의 바로 뒤를 이어. **2)** 본 받아서, 모범으로 하여: eine Komposition im A. an Schönberg 쇤베르크를 모범으로 한 작곡. **c)** ⟨스포츠⟩ 상대방에게 한 점[골] 차로 따라붙는 득점: zum A. kommen 한 골 차로 추격하는 득점을 올리다. **4.** 합병, 병합, 편입: der A. des Saargebiets 자르 지방의 병합.

anschluß-, Anschluß-: **~bahn**, die 지선(支線), 접속선. **~dose**, die 콘센트, 접속함. **~fertig** ⟨Adj.⟩ 전선에 연결해 즉시 사용할 수 있는. **~gleis**, das [철도] 연계 철도. **~inhaber**, der 전화 가입자. **~kabel**, das 연결 케이블. **~konkurs**, der [경제] (협상 절차에 따른) 파산 합의. **~linie**, die 접속 노선. **~rohr**, das 접속[연결]관. **~stelle**, die 고속도로와 연결되는 지점. **~strecke**, die 접속 구간. **~stück**, das (기계의) 연결 부분. **~tor**, das 동점[접합]관. **~treffer**, der [구기] 상대방과의 격차를 1점으로 줄이는 득점[골]: den A. erzielen 상대방과의 격차를 1점으로 줄이는 득점을 올리다. **~zug**, der 접속 열차. **~zwang**, der ⟨Pl. 없음⟩ [행정] 주택 소유주가 기존의 모든 배전망, 하수망에 가입할 의무.

anschmachten ⟨h⟩ 애타는[사모하는] 마음으로 바라보다: einen Filmstar a. 은막의 스타를 애타는 마음으로 바라보다.

anschmeicheln, sich ⟨h⟩ ⟨드물게⟩ 아첨[아부]하다, 아양 떨다: sich bei jmdm. a. 누구에게 아첨하다.

anschmeißen' ⟨h⟩ ⟨경⟩ **1.** 가동[작동]시키다, 시동을 걸다: den Motor a. 모터에 시동을 걸다. **2.** ⟨a. + sich⟩ 아첨하다, 알랑대다: sich dem Chef a. 사장에게 아첨하다.

anschmelzen' **1. a)** ⟨h⟩ 녹이기 시작하다. **b)** ⟨s⟩ 녹기 시작하다, 약간 녹다: die Eisdecke ist angeschmolzen 얼음(장)이 약간 녹았다. **2.** ⟨h⟩ [기술] 용접하다.

anschmieden ⟨h⟩ 불러서 무엇에 붙이다: 전의 sich nicht a. lassen 어디에 진득하게 붙어[눌러] 있지 않다; an seinen Arbeitsplatz angeschmiedet sein 자기 직장에 들러 붙어 있다.

anschmiegen ⟨h⟩ 누구[무엇]에 매달리다, 달라붙다, 몸을 갖다: das Kind schmiegte sich (an die Mutter) an 아이가 제 몸을 (엄마에게) 갖다 댔다; 전의 das Kleid schmiegt sich eng dem[an den] Körper an 옷이 몸에 착 달라붙는다. **anschmiegsam** ⟨Adj.⟩ 나긋나긋한, 잘 따르는, 유순한, 적응력이 뛰어난: a. sein 잘 따르다. **Anschmiegsamkeit**, die ↑anschmiegsam의 명사형.

anschmieren ⟨h⟩ **1. a)** 더럽히다, 흘리다, 칠하다: wo hast du dich denn so mit (Tinte) angeschmiert? 너 도대체 어디서 그렇게 (잉크를 흘려) 더럽혔느냐? **b)** ⟨통용어·폄⟩ 적당히 날림으로 색칠하다: sie hat sich allzu sehr angeschmiert 그녀는 너무 야하게 화장하였다. **2.** ⟨경⟩ 속이다, 사기치다: mit diesem Teppich ist er angeschmiert worden 그는 이 양탄자를 속아서 샀다. **3.** ⟨a. + sich⟩ ⟨약간 폄⟩ 아첨[아부]하다, 알랑대다: du verstehst dich ganz schön beim Chef anzuschmieren 너는 사장에게 잘도 아부한다.

anschmoren ⟨h⟩ [요리] 살짝 삶다: das Fleisch a. 고기를 살짝 삶다.

anschnallen ⟨h⟩ 묶다, 죔쇠로 죄다(반대: abschnallen): das Kind im Wagen a. 아이를 수용차 의자 벨트로 묶다; sich a. 안전 벨트를 매다. **Anschnallgurt**, der 안전 벨트. **Anschnallgurtpflicht**, die 안전 벨트 착용 의무.

anschnaufen ⟨s⟩ ⟨다음 용법으로⟩ **angeschnauft kommen** 숨을 헐떡이며[씩씩거리며] 다가오다: der letzte Läufer kommt angeschnauft 마지막 주자가 헐

달려온다.

anschnauzen ⟨h⟩ 《통용어》심하게 꾸짖다, 호통[야단]치다: die Kinder a. 아이들을 꾸짖다; sie schnauzten sich dauernd (gegenseitig) an 그들은 끊임없이 상호간에 호통쳤다. **Anschnauzer**, der; -s, - 《통용어》잔소리, 힐책, 꾸지람: einen A. kriegen 꾸지람을 얻어 듣다.

anschneiden* ⟨h⟩ **1.** 먹기 위해 첫 조각을 자르다: den Kuchen a. 케이크에서 첫 조각을 자르다. **2.** 언급하다, (문제·주제를) 끄집어내다, 제기하다: ein Thema a. 주제를 언급하다. **3.** [재단] 어떤 부분을 다른 것과 함께 재단하다: angeschnittene Ärmel 상의와 함께 재단된 소매. **4. a)** [교통·모터스포츠] 모퉁이를 안쪽으로 돌다. **b)** [스키] 기둥에 바짝 붙어 기문(旗門)을 통과하다: beim Slalom die Tore geschickt a. 회전 경기에서 재치 있게 기둥에 바짝 붙어 기문들을 통과하다. **5.** [구기] 공에 회전을 주다: ein geschickt angeschnittener Ball 재치 있게 회전을 준 공. **6.** [사진·영화] 일부만을 영상[화면]에 담다. **7.** [고고학] 발굴 작업에서 무엇을 찾아내다: bei den Ausschachtungsarbeiten wurde ein römisches Haus angeschnitten 발굴 작업에서 로마 시대의 집 한 채가 발견되었다. **8.** [사냥] (죽은 짐승을) 뜯어먹다. **Anschnitt**, der; -(e)s, -e **a)** 절단면. **b)** 잘라낸 가장자리 조각: für den A. des Brotes gibt es viele Bezeichnungen 빵의 가장자리 조각에 대한 명칭이 많다.

anschnorren ⟨h⟩ 《지역적·경》치근치근 구걸하다, 조르다: den Vater dauernd um Geld a. 아버지에게 끊임없이 돈을 달라고 조르다.

Anschovis, 《전문어》 Anchovis [an'ʃoːvɪs], die [niederl. ansjovis] (양념을 하고) 소금에 절인 작은 생선: mit Eierscheiben und A. belegte Brötchen 삶은 계란과 소금에 절인 작은 생선을 속에 넣은 빵. **Anschovispaste**, die 《빵에 발라 먹는》 생선 파스타.

anschrauben ⟨h⟩ **a)** 나사로 고정하다(반대: abschrauben): ein Schild a. 표찰을 나사로 고정하다. **b)** 꼭 죄다: die Scharniere wieder a. 돌쩌귀를 다시 꼭 죄다.

Anschreibebogen, der; -s, -, 《südd., österr.》 ...bögen [스포츠] 경기 기록부. **anschreiben*** ⟨h⟩ **1.** (여럿이 볼 수 있는 곳에) 쓰다: Vokabeln (an die Tafel) a. 단어들을 (칠판에) 쓰다; der Name steht dort angeschrieben 그 이름은 저기에 쓰여 있다. **2.** 기록하다, 기입하다: beim Kaufmann immer a. lassen 상인에게서 항상 외상으로 사다; **bei jmdm. gut [schlecht] angeschrieben sein** 《통용어》누구한테 잘 보이다, 평이 좋다: er ist beim Chef gut angeschrieben 그는 장(長)한테 잘 보였다. **3.** 《관·격식어》 누구에게 공한(公翰)[편지]을 쓰다[보내다]: eine Behörde a. 관청에 공한을 보내다; vierzig Prozent der angeschriebenen Studenten bejahten die Frage 서면으로 물어 본 대학생의 40%가 그 질문에 긍정하는 답을 하였다. **4.** [필기 도구가] 써지다: der Füllfederhalter schreibt sofort an 그 만년필은 즉시 써진다. **5. a)** (a. + sich) 글을 씀으로써 어떤 특정한 상태에 이르다. **b)** 글을 써서 무엇에 대항해 싸우다: gegen die Verzweiflung a. 절망에 대항해 싸우기 위해 글을 쓴다. **6.** 《schweiz.》 표제를 달다, 기입하다: Akten a. 서류철에 표제를 써넣다. **Anschreiben**, das; -s, - 《관》 공문(公翰), 공문: die Unterlagen mit einem A. an die zuständige Stelle schicken 자료들을 공문과 함께 담당 부서에 보내다. **Anschreibung**, die; -en [스포츠] 경기 기록문.

anschreien* ⟨h⟩ 《폄》 고함[호통]치다: jmdn. aufgeregt a. 누구에게 흥분해서 고함치다; ich lasse mich nicht dauernd a.! 나는 끊임없이 호통을 듣고 있지만 않겠다.

Anschrift, die; -en 주소: A. unbekannt 주소 불명; seine A. angeben 그의 주소를 대다. **Anschriftenänderung**, die 주소 변경. **Anschriftenverzeichnis**, das 주소(목)록.

anschuldigen ['anʃʊldɪɡn̩] ⟨h⟩ 《아어》 (공개적으로) 죄가 있다고 비난하다, 고발[고소]하다: jmdn. des Diebstahls[wegen eines Diebstahls] a. 누구를 절도죄로 고발하다; Sie sind angeschuldigt, den Mord begangen zu haben 당신은 살인을 저지른 혐의로 고소되었습니다. **Anschuldigung**, die; -en 죄가 있다는 비난, 고소, 고발: eine falsche A. 무고(誣告); die -en zurückweisen 죄가 있다는 비난을 일축하다.

anschummeln ⟨h⟩ 《경》 속이다, 사기치다.

anschüren ⟨h⟩ 휘저어 불(꽃)을 돋우다[다시 살아나게 하다]: das Feuer a. 불(불꽃)을 휘저어 다시 살아나게 하다; 전의 jmds. Zorn a. 누구의 분노를 다시 살아나게 하다.

Anschuß, der; Anschusses, Anschüsse [사냥] **1. a)** 사격했을 순간에 짐승이 있던 곳: den A. verbrechen 사격했을 때 짐승이 있던 곳을 나뭇가지를 꺾어 표시하다. **b)** (짐승의) 총알에 맞은 곳. **2.** 제 1 발, 첫발.

anschütten ⟨h⟩ 인공적으로 높이다, 성토하다, 쌓아 올리다: Gelände (auf eine bestimmte Höhe) a. 난간을 (일정한 높이에) 쌓다. **Anschüttung**, die; -en 성토, 쌓아 올림.

anschwanken ⟨s⟩ 비틀거리며 (다가) 오다: ⟨대개 과거분사+kommen⟩ zwei Betrunkene kamen angeschwankt 술에 취한 두 사람이 비틀거리며 다가왔다.

anschwänzeln ⟨s⟩ 꼬리를 흔들며 (다가)오[접근하]다: ⟨대개 과거분사+kommen⟩ der Hund kommt angeschwänzelt 개가 꼬리를 흔들며 다가온다.

anschwänzen ⟨h⟩ [양조] (물을 부어) 향료를 여과하다.

anschwärmen 1. ⟨h⟩ [무리] 이루다: die Bienen schwärmen an 벌들이 떼를 지어 날아오다. ⟨대개 과거분사+kommen⟩: sie kommen (in Scharen) angeschwärmt 그들이 (떼를 지어) 날아온다. **2.** ⟨h⟩ 열렬히 숭배하다: seinen Lehrer a. 그의 선생님을 열렬히 숭배하다.

anschwärzen ⟨h⟩ **1.** 《드물게》 검게 (칠)하다: sich das Kleid a. 옷의 한 곳을 더럽히다. **2.** 《통용어·폄》 중상[모략, 비방]하다: einen Kollegen (beim Chef) a. 동료를 (상사한테) 중상 모략하다. **Anschwärzung**, die; -en 중상, 모략, 비방.

anschweben ⟨s⟩ (천천히) 날아오다: ein anschwebendes Flugzeug 착륙하려고 천천히 나는 비행기. **Anschwebegeschwindigkeit**, die 착륙에 알맞은 속도.

anschweigen ⟨h⟩ 누구에게 침묵으로 대하다, 말을 하지 않다, 대화를 피하다: er hat ihn lange angeschwiegen 그는 오랫동안 말을 하지 않았다.

¹**anschweißen** ⟨h⟩ [기술] 용접하다: ein Metallstück (an das[an dem] Gerät) a. 쇳조각을 (기계에) 용접하다.

²**anschweißen** ⟨h⟩ [사냥] 짐승을 쏘아 상처를 입히다: er hat das Reh angeschweißt 그는 노루를 쏘아 상처를 입혔다.

¹**anschwellen*** ⟨s⟩ **1.** (반대: abschwellen) **a)** 부(풀)어오르다, 붓다: die Beine schwellen an 양 다리가 부어오른다; die Lymphdrüsen sind angeschwollen 임파선이 부었다. **b)** 소리가 커지다: der Lärm schwillt an 소음이 커진다. **2.** (위협적으로) 커지다, 많아지다, 증가하다: die Wasser schwillt an 물이 불어난다; 전의 die Arbeit schwillt immer mehr an 일이 점점 더 많아진다. ²**anschwellen** ⟨h⟩ 부풀리다, 팽창시키다, 증대시키다: der Wind hat die Segel angeschwellt 바람이 돛을 팽팽하게 하였다; 전의 eine kleine Verfehlung zum Skandal a. 조그만 실수를 스캔들로 부풀

리다. **Anschwellung**, die; -en 부어 오름, 부기.
anschwemmen ⟨h⟩ (물결이) 해안으로 떠밀다, 해안에 충적하다: die Flut schwemmt Kleinholz an 물결이 작은 목재를 해안으로 떠민다; angeschwemmtes Land 충적토(沖積土), 모래톱. **Anschwemmung**, die; -en ↑anschwemmen의 명사형. **Anschwemmungsküste**, die 충적토 해안.
anschwimmen* **1. a)** ⟨h⟩ 무엇을 향해 헤엄치다, 헤엄쳐 나가다: eine Boje a. 부표를 향해 헤엄쳐 나가다. **b)** ⟨s⟩ 헤엄쳐 (다가)오다: ⟨대개 과거분사+kommen⟩ da kommt er angeschwommen 그가 저기 헤엄쳐 온다. **2.** ⟨s⟩ 거슬러 헤엄치다, 역행하다: gegen die Strömung a. 물결에 거슬러 헤엄치다, 시류에 역행하다. **3.** ⟨h⟩ 수영 시즌을 개막하다: wir haben gestern angeschwommen 우리 어제 수영 시즌을 개막하였다.
anschwindeln ⟨h⟩ ⟨통용어⟩ 속이다, 사기치다: du willst mich wohl a.? 너 나를 속이려고 하지?
anschwingen* ⟨h⟩ [스포츠] (탄력을 얻기 위해) 몸을 흔들기 시작하다.
anschwirren ⟨s⟩ (반대: abschwirren) **a)** 붕(웅) 소리를 내며 날아오다. **b)** ⟨경⟩ 예고 없이 찾아오다: ⟨대개 과거분사 + kommen⟩ da kommt er doch schon wieder angeschwirrt! 저기 그가 벌써 또 아무 예고 없이 오는다.
anschwitzen ⟨h⟩ [요리] 끓는 기름에 살짝 데치다.
Anschwung, der; -(e)s, Anschwünge 예비 동작: ein geschickter A. des Diskuswerfers 원반던지기 선수의 교묘한 예비 동작.
ansegeln 1. a) ⟨h⟩ 무엇을 향해 범주(帆走)하다: eine Insel a. 섬을 향해 요트를 몰다. **b)** ⟨h⟩ 요트를 몰고서 내는 활공(滑空)으로 (다가)오다: ⟨대개 과거분사 + kommen⟩ eine Möwe kommt angesegelt 갈매기가 활공해 온다. **2.** ⟨h⟩ 요트[글라이더] 시즌을 개막하다(반대: absegeln).
ansehen* ⟨h⟩ **1.** (바라)보다, 응시하다: einen Menschen ernst a. 어떤 사람을 진지하게 바라보다; sieh mich (nicht so) an! 나를 바라보아라(그렇게 보지 말아라); jmdn. groß a. 누구를 놀라서 눈을 둥그렇게 뜨고 바라보다; [전의] jmdn. von oben (herab) a. 누구를 내려다보다[깔보다]; jmdn. nicht mehr a. (wollen) 앞으로 누구의 꼴도 보고 싶지 않다. **2.** 자세히 관찰하다, 둘러(살펴)보다, 구경(관람)하다: (sich) Bilder a. 그림을 구경하다; eine Wohnung a. 집을 구경하[둘러 보]다; ich werde mir die Sache a. 나는 그 일을 살펴보겠다; **sieh (mal) (einer) an!** ⟨통용어⟩ 누가 꿈엔들 생각이나 했었나; **das sehe sich einer an!** ⟨통용어⟩ 그것 믿기지 않는군[아주 놀랍군]. **3. a)** ⟨a. + sich⟩ 어떻게 보이다: es sah sich an, als würde ein Unglück geschehen 불행이 일어날 것처럼 보였다. **b)** (다음 용법으로) **anzusehen sein** 어떻게 보이다, 보기가 어떠하다: sie ist in diesem Kleid hübsch anzusehen 그녀가 이 옷을 입으니 예뻐 보인다. **4.** 얼굴[외모]을 보고 알아차리다: jmdm. sein Alter a. 누구의 얼굴을 보고 나이를 알아차리다. **5. a)** 평가(판단)하다: etw. anders a. 무엇을 다르게 평가하다. **b)** 간주하다, 누구[무엇]이라고 생각하다: jmdn. als seinen Freund a. 누구를 친구라고 간주하다; etw. als(für) eine Pflicht a. 무엇을 자신의 의무로 간주하다; etw. als eilig a. 무엇을 바쁜 것으로 간주하다; sich als Held[⟨준고어⟩ als Helden] a. 자신이 영웅이라고 생각하다; **jmdn. nicht für voll a.** 누구를 정상적인 사람이라고 간주하지 않다. **6.** 목격하다, 방관하다: ⟨대개 부정으로⟩ das Elend nicht mehr (mit) a. können 그 비참함을 더 이상 방관만 할 수 없다. **Ansehen**, das; -s **1.** 존경, 명망, 명성, 위신, 체면: großes A. genießen 높은 명성을 누리다, 커다란 존경을 받다; sein A. durch etw. verlieren 명성을 무엇을 통해 잃다; sich A. verschaffen 명성을 얻다; (bei jmdm.) in hohem A. stehen (누구한테서) 대단한 존경을 받다; zu A. kommen 명성을 얻다. **2.** ⟨아어⟩ 외모, 겉모습: ein Greis von ehrwürdigem A. 존경심을 불러 일으키는 외모를 한 백발 노인; die Sache gewinnt ein anderes A. 그 일은 다르게 평가되어야 한다; **(nur) von[vom] A.** 단지 얼굴로만: jmdn. nur vom A. kennen 누구와 (이름은 모르고) 얼굴만 알다; **ohne A. der Person** 누구이건간에 관계없이: es müssen alle ohne A. der Person gehört werden 누구이건간에 관계없이 모두 다 들어보아야 한다. **ansehenswert** ⟨Adj.⟩ 볼만한: eine -e Ausstellung 구경할 만한 전시회. **ansehnlich** ['anze:nlɪç] ⟨Adj.⟩ **1.** 이목을 끄는, 상당한, 상당히 많은: ein -er Betrag 상당한 금액. **2.** ⟨준고어⟩ (풍채가) 당당한, 훌륭한: eine -e Person 풍채가 당당한 사람; die Dekoration ist recht a. 장식이 아주 훌륭하다. **Ansehnlichkeit**, die ↑ansehnlich의 명사형. **Ansehung** (다음 용법으로만) **in A.** ⟨준고어⟩ 무엇을 고려[참작]하여: in A. der Tatsache, daß ... …이란 사실을 고려하여.

anseilen ⟨h⟩ (특히 등산할 때 추락 방지를 위해) 자일로 매다: jmdn. [sich] a. 누구[자신]를 자일로 매다. **Anseilknoten**, der 자일의 매듭.

ansein* ⟨s⟩ ⟨통용어⟩ (전열 기구, 기계 따위를) 켜 놓다, 시동을 걸어 놓다(반대: aussein): der Motor[das Licht] ist angewesen 모터[전동]가 켜져 있다.

ansengen ⟨h⟩ 조금 태우다, 그스리다, 그스리게 하다: ich habe mir die Haare angesengt 나는 머리카락을 약간 그슬렸다; es riecht angesengt 탄내가 난다.

ansetzen ⟨h⟩ **1.** 일정한 행위를 시작하기 위해 무엇을 어떤 상태로 가져가다, 어디에 (갖다) 대다(반대: absetzen): den Bohrer a. 천공기를 (갖다) 대다; er setzte die Feder an 그는 펜을 갖다 대었다; [전의] den Hebel an der richtigen Stelle a. 일을 옳게 착수하다. **2.** (덧)붙이다, 달다: ein Verlängerungsstück (an ein[einem] Rohr) a. 연결관을 (관에) 덧붙이다; tief angesetzte Taschen 아래쪽 깊숙히 단 호주머니. **3.** 시작하다: die Haare setzen bei ihm sehr tief an 그의 머리털은 아주 깊숙한 곳에서 나기 시작한다. **4. a)** 무엇을 시작하다: zum Reden a. 말하기 시작하다; er setzte mehrmals zum Sprechen an, brachte aber kein Wort hervor 그는 여러 번 말하려고 시작하였으나 한 마디도 입 밖에 내지 못하였다; an einer bestimmten Stelle a. 일정한 곳에서 시작하다; zum Überholen a. 추월하기 시작하다. **b)** 시작되다: hier muß die Kritik a. 여기에서 비판이 시작되어야 한다. **5. a)** (열매, 꽃 따위를) 맺기[피우기] 시작하다: die Erdbeeren haben gut angesetzt 딸기가 열매를 잘 맺었다. **b)** (열매가) 열리다, (꽃이) 피(어나)다: die Knospen haben (neu) angesetzt 봉오리들이 (새로) 맺어졌다. **c)** (바라지 않던 것을) 형성하다, (녹이) 슬다, (살이) 찌다: das Eisen setzt Rost an 쇠에 녹이 슨다; Fett a. 살이 찌다. **d)** (a. + sich) 끼다, 달라 붙다, 침전하다: dort hat sich Kalk angesetzt 거기에 석회가 끼었다. **6. a)** (기간, 날짜를) 정하다, 잡다: eine Besprechung a. 협의 날짜를 정하다; die Aufführung ist für den (auf den) 1. Mai angesetzt 공연 날짜는 5월 1일로 잡혔다. **b)** 견적(산출, 산정, 책정)하다: die Kosten mit drei Millionen a. 비용을 삼백만으로 책정하다; für die Proben vier Monate a. 연습 기간으로 4개월을 책정하다. **c)** [수학] 방정식(등식)을 만들다. **7.** 투입하다, 위임하다, 맡기다: Hunde a. 개들을 투입하다; acht Mitarbeiter auf ein neues Projekt a. 직원 8명을 새로운 계획에 투입하다. **b)** ⟨스포츠 은어⟩ 한 선수에게 누구의 수비를 전담시키다: jmdn. auf jmdn. a. 누구

를 누구의 전담 수비로 붙이다. **8. a)** (가공하기 위해 반죽 따위를) 이기다, 섞다, 젓다: Kuchenteig a. 케이크 반죽을 이기다; Leim a. 진흙을 반죽하다. **b)** 《지역적》 화덕[불] 위에 올려 놓다: das Fleisch (mit wenig Wasser) a. 고기를 (물을 약간 부어) 불 위에 올려 놓다. **9.** 눌어붙다: Milch setzt leicht an 우유는 쉽게 눌어붙는다. **10.** 《지역적》 ⟨a. + sich⟩ 《사냥》매복하여 기다리다: der Jäger setzt sich auf Sauen an 사냥꾼이 매복하여 멧돼지를 기다린다. **11.** 《다음 용법으로》**angesetzt kommen** 성큼성큼 뛰어오다: der Hund kommt angesetzt 개가 성큼성큼 뛰어온다. **Ansetzung**, die ↑ansetzen의 명사형.

anseufzen ⟨h⟩ 탄식하며 말하다, 한탄하다.

Ansicht, die; -en **1.** 의견, 견해, 생각, 확신: die richtige A. 옳은 견해; altmodische -en haben 낡은 견해를 가지다; eine A. vertreten[einer A. sein] 의견을 가지다[의견이 같다]; nach meiner A. [meiner A. nach] 내 견해로는. **2.** 그림, 풍경(화): eine A. der Stadt 도시의 경치를 담은 그림; bunte -en von der alten Kirche 옛 성당의 천연색 그림. **3.** 눈에 보이는 부분[면], 전면(前面): die vordere A. des Schlosses 성의 전면. **4. zur A.** 검사하[살펴보]기 위해, 견본으로: eine Ware zur A. bestellen 어떤 상품을 견본으로 주문하다. **Ansichtenpostkarte**, die 《드물게》↑Ansichtspostkarte. **ansichtig** ['anzɪçtɪç] ⟨Adj.⟩ 《다음 용법으로만》 **jmds.[einer Sache] a. werden** ⟨아어⟩ 누구[무엇]를 보다, 알아차리다: des Freundes a. werden 친구를 보...

Ansichts-: ~**karte**, ~**postkarte**, die 그림 엽서. ~**sache**, die 《다음 용법으로만》**das[etw.] ist A.** 그것[무엇]은 견해상의 문제이다: das Wie ist (hier) A. (여기에서) 어떻게는 견해상의 문제이다. ~**seite**, die (건물의) 눈에 보이는 측면, 전면. ~**sendung**, die 견본 송부[발송]. ~**skizze**, die 풍경 소묘.

Ansiedelei [anzi:dəˈlai], die; -en 《작은 마을, 주거지. **ansiedeln** ⟨h⟩ **a)** ⟨a. + sich⟩ 정착하다, 자리 잡다: sich (auf dem Land) a. (시골에) 정착하다; [전의] diese Krankheitskeime siedeln sich auch in anderen Organen an 이 병원체는 또한 다른 기관들도 침범한다. **b)** 정착[이주]시키다: Flüchtlinge auf dem Land[eine Tierart in Europa] a. 피난민들을 농촌에 정착시키다[어떤 동물의 종(種)을 유럽에 이주시키다]; [전의] dieses Kunstwerk ist in der frühen Gotik anzusiedeln 이 예술품은 초기 고딕 양식에 포함시켜야 할 것이다. **Ansiedelung** = ↑Ansiedlung. **Ansiedler**, der; -s, - 정착[이주]민[자]: die ersten A. kamen aus Holland 최초의 이주자들은 홀랜드에서 왔다. **Ansiedlerin**, die; -nen ↑Ansiedler의 여성형. **Ansiedlung**, Ansiedelung, die; -en **a)** 정착, 이주. **b)** 작은 마을, 부락: dort entstanden die ersten -en 거기에 최초의 집들이 생겨났다. **Ansied(e)lungsgenehmigung**, die 이주 허가: (sich) eine A. holen 이주 허가를 얻다.

ansingen* ⟨h⟩ **1. a)** 노래로 찬양(찬미)하다: die Freundin[den Mond] a. 여자 친구[달]를 찬송하다. **b)** 노래를 불러 환영[축원]하다: den Frühling[den Advent] a. 봄[강림절]의 도래(到來)를 노래를 불러 축하하다. **c)** 공연(노래)을 시작하다. **2.** (배우가 위해 먼저 노래를 불러 보다: die neuen Lieder erst a. lassen 새 노래들을 먼저 불러 보게 하다. **3.** 누구[무엇]보다 더 큰소리로 노래부르다: gegen das Orchester a. 관현악단의 연주보다 더 큰소리로 노래부른다.

ansinnen* ⟨h⟩ 《아어·드물게》(무리[부당]하게) 요구하다: so etwas hat man mir angesonnen! 그 따위 것을 나에게 요구하였다. **Ansinnen**, das; -s, - 《부당[무리]한》 요구, 제안: ein freches A. 뻔뻔스러운 요구.

Ansitz, der; -es, -e **1.** 《사냥》**a)** 매복처(埋伏處), 망보는 곳: auf den A. gehen 매복하다. **b)** 매복: ein langer, vergeblicher A. 길고 소득 없는 매복. **2.** 《österr.》 저택(邸宅): einen A. in den Bergen haben 산 속에 저택을 소유하다. **ansitzen*** ⟨h⟩ 《사냥》짐승이 나타나기를 매복하고 기다리다.

ansocken ⟨s⟩ 《경》바쁘게[서둘러] 오다《반대: absocken》《대개 과거분사 + kommen의 용법으로》da kommt er angesockt 그가 저기 바쁘게 오고 있다.

ansohlen ⟨h⟩ **1.** (양말이나 팬티 스타킹에) 새로 발바닥을 짜다: die Strümpfe a. 양말에 발바닥을 새로 짜다. **2.** 《지역적》속이다.

ansonst I. ⟨Adv.⟩ ↑ansonsten. **II.** ⟨Konj.⟩ 《österr., schweiz.》그렇지 않으면. **ansonsten** [anˈzɔnstən] ⟨Adv.⟩ 《친근·통용어》**a)** 그 밖(외)에: a. nichts Neues 그 밖에는 새로운 것이 없다. **b)** 다른 경우에는, 그렇지 않으면: zur Vermeidung von Steuererhöhungen, die a. notwendig wären 그렇지 않으면 불가피한 세율 인상을 피하기 위하여.

anspannen ⟨h⟩ **1.** (말 따위를 마차에) 매달다, 메우다《반대: abspannen》: den Wagen a. 마차에 말을 매달다; a. lassen 마차를 준비시키다. **2.** 팽팽하게 하다《잡아 당기다》: die Zügel a. 고삐를 바짝 당기다. **3. a)** 긴장시키다: die Muskeln a. 근육을 긴장시키다. **b)** ⟨a. + sich⟩ 긴장된다: alle Muskeln spannen sich an 모든 근육이 긴장된다. **Anspannung**, die; -en **1.** 《Pl. 없음》긴장, 힘 모으기: unter A. aller Kräfte 온 힘을 다 모아서. **2.** 노력, 진력.

ansparen ⟨h⟩ 절약하여 모으다, 저축하다: das Geld für einen neuen Wagen a. 새 차 살 돈을 절약하여 모으다. **Ansparzeit**, die 저축 기간: ohne A. gibt es für den Bausparer keinen Kredit 주택 부금 가입자는 일정 기간 불입하지 않으면 대출이 안된다. **Ansparung**, die; -en 저축, 절약.

anspazieren ⟨s⟩ 《통용어》느릿느릿 (다가)오다. 《대개 과거분사 + kommen의 용법으로》 da kommt er endlich anspaziert 그가 마침내 저기 느릿느릿 걸어오고 있다.

anspeien ⟨h⟩ ⟨아어⟩ 침을 뱉다: sie haben ihn angespie(e)n 그들은 그에게 침을 뱉었다.

Anspiel, das; -(e)s, -e **1.** 《스포츠》경기[게임] 개시, 선공(先攻), 선(先): das A. haben[ausführen] 선(공)이다[선공하다]. **2.** 《스포츠》**a)** 패스, 연결. **b)** 패스된 공: das A. aufnehmen 패스된 공을 잡다. **anspielbar** ⟨Adj.⟩ 《스포츠》수비가 붙지 않은 패스 받을 준비가 된: ein -er Außenstürmer 수비가 붙지 않은 날개[윙]. **anspielen** ⟨h⟩ **1.** 《스포츠》패스하다: den Linksaußen a. 왼쪽 날개[윙]에게 패스하다. **2. a)** 《스포츠》경기[게임, 놀이]를 개시하다, 첫 카드[패]를 던지다[뽑다]: Trumpf[Herz] a. 으뜸패[하트]를 먼저 뽑다; der Spielführer hat angespielt 주장이 경기를 개시하였다. **b)** 【구기】선공이다: die Engländer spielten in der Verlängerung an 영국 팀이 연장전에서 선공이었다. **3.** 넌지시 암시하다, 슬쩍 비꼬다: auf die Vorgänge a. 일의 경과를 넌지시 암시하다. **Anspielung**, die; -en 암시, 시사, 비꿈: eine persönliche A. 일신상의 비꿈; die A. absichtlich überhören 의도적으로 귓등으로 흘리다.

anspießen ⟨h⟩ 꼬챙이에 꽂다: Kartoffeln[den Braten] a. 감자[구운 고기]를 꽂다.

anspinnen* ⟨h⟩ **a)** 조심스럽게 시작하다, (관계를) 맺다: eine Unterhaltung[ein Liebesverhältnis (mit jmdm.)] a. 담소를 시작하다[(누구와) 애정 관계를 맺다]. **b)** ⟨a. + sich⟩ 서서히 시작된다, 풀려 나가다, 생기다, 일어나다: ein Gespräch spinnt sich an 대화가 서서히

서히 시작된다; da hat sich etwas angesponnen 무슨 일이 생겼다.
anspitzen ⟨h⟩ 1. 뾰족하게 하다: Bleistifte a. 연필을 뾰족하게 깎다. 2. (통틀어) 독려하다, 몰아대다: er hat den Lehrling tüchtig angepitzt 그는 견습공을 몹시 다그쳤다. **Anspitzer,** der; -s, - 끝을 뾰족하게 하는 기구, 연필깎기.
Ansporn, der; -(e)s 자극, 격려, 고무, 편달: etw. ist ein A. für jmdn. 무엇이 누구에게 자극[격려]이 된다. **anspornen** ⟨h⟩ 1. (말에) 박차를 가하다, 설명: der Reiter spornt das Pferd an 기수가 말에 박차를 가한다. 2. 독려[격려, 고무, 편달]하다: jmdn. zu höheren Leistungen a. 보다 좋은 성적을 올리라고 누구를 격려하다. **Ansporner,** der; -s, - 격려[편달]하는 사람, 모범이 되는 사람. **Anspornung,** die; -en ↑ anspornen의 명사형.
Ansprache, die; -n 1. (간단한) 인사말, 식사(式辭), 연설: eine zündende A. halten 선동적인 인사말을 하다. 2. 【군·사냥】(특징을 지적하는) 서술, 설명: die A. des Ziels 목표물에 대한 설명. 3. a) (아이·드물게) 호칭, 칭호: ihm steht die A. Exzellenz zu 그에게는 각하라는 호칭을 붙여야 한다. b) 말 걸어음: der Kunde schmökert in den Regalen, aber er fürchtet die A. des Buchhändlers 그 손님은 서가에서 책을 뒤적이나 책방주인이 말을 걸어오는 것을 두려워한다. 4. (특히 südd., österr.) 대화, 접촉, 교제: keine[viel] A. haben 교제가 없다[많다]. **ansprechbar** ['anʃprɛçbaːɐ] ⟨Adj.⟩ 1. 다른 일을 하지 않아서 말을 들을 수 있는: ich bin jetzt nicht a. 나는 지금 남의 말을 들을 형편이 아니다. 2. 무엇에 반응할 수 있는, 말대꾸할 수 있는: der Kranke ist noch nicht wieder a. 환자는 아직 말대꾸할 수 없다. **Ansprechbarkeit,** die ⟨Pl. 없음⟩ 1. ansprechbar의 명사형. **Ansprechdauer,** die ↑ -zeit. **ansprechen*** ⟨h⟩ 1. 말을 걸다: jmdn. auf der Straße a. 길에서 누구에게 말을 걸다; sie wird dauernd von Männern angesprochen 그녀는 끊임없이 사내들로부터 추근거림을 받는다. 2. (어떤 호칭으로) 부르다, 호칭하다; jmdn. mit einem Titel a. 누구를 직함으로 부르다. 3. a) 집단에 호소하다: die Bürger a. 시민들에게 호소하다. b) 의견을 청[부탁]하다: jmdn. auf einen Vorfall a. 누구에게 사건에 대한 의견을 부탁하다; jmdn. um seine Hilfe[um Geld] a. 누구에게 도움[돈]을 청하다. 4. 거론[언급]하다: das Thema a. 주제를 거론하다. 5. 무어라고 지칭[간주, 생각]하다: jmdn. als Nachfolger a. 누구를 후계자로 지정하다. 6. a) (사냥) 무슨 짐승인지 알아차리다. b) 【군】정확한 위치를 알아내다: einen anfliegenden Verband a. 날아오는 편대의 정확한 위치를 알아내다. 7. 긍정적인 인상을 남기다, 마음에 들다, 감동을 주다, 감동시키다: der Vortrag hat viele Menschen angesprochen 그 강연은 많은 사람을 감동시켰다. 8. a) 긍정적으로 반응하다: der Patient spricht auf das Mittel nicht an 환자는 이 방법[약]에 긍정적 반응을 하지 않는다; gut ansprechende Bremsen 말을 잘 듣는 브레이크. b) 효험이 있다: das Mittel spricht (bei ihm) nicht an 이 약은 (그에게는) 효험이 없다. 9. 【음악】 소리를 내다: diese Flöte spricht leicht an 이 플루트는 소리가 잘 난다. 10. (드물게) 요구[주장]하다. **ansprechend** ['anʃprɛçnt] ⟨Adj.⟩ 마음에 드는, 마음을 끄는, 호감이 가는, 매력적인: ein -es Wesen 마음을 끄는 사람(성격); das ist recht a. gestaltet 그것은 아주 매력적으로 꾸며졌다. **Ansprecher,** der; -s, - (schweiz.) 청원자. **Ansprechpartner,** der 대화 상대자, 접촉 대상자, 담당자. **Ansprechzeit,** die 【자동차】 제동 장치가 작동하는 데 걸리는 시간.

ansprengen ⟨s⟩ 말을 달려오다: ⟨대개 과거분사 + kommen의 용법으로⟩ da kommen sie ange.prengt 그들이 저기 말을 달려온다.
anspringen* 1. a) ⟨h⟩ 덮치다, 습격[엄습]하다: der Löwe springt ein Zebra an 사자가 얼룩말을 덮친다; [전의] Furcht springt sie an ⟨⟨아이⟩⟩ 두려움이 그녀를 엄습한다. b) ⟨s⟩ 기뻐서 누구에게 뛰어오르다: der Hund springt seinen Herrn an 개가 기뻐서 주인에게 뛰어오른다. c) ⟨s⟩ 무엇을 향해 뛰어오르다: gegen die Mauer a. 담을 향해 뛰어오르다; [전의] die Flut springt gegen die Deiche an 물결이 제방을 향해 뛰어오른다. 2. ⟨h/s⟩ 【기계제조】 a) (기구에) 뛰어오르다: den hohen Holm a. 평행봉에 뛰어오르다. b) 도약하면서 동작[연기]하다: eine Rolle a. 도약하면서 회전하다; ein angesprungener Überschlag 뛰어오르면서 공중제비. 3. ⟨s⟩ 성큼성큼 뛰어오다: ⟨대개 과거분사+kommen의 용법으로⟩ die Kinder kommen angesprungen 아이들이 뛰어온다. 4. ⟨s⟩ 발[시]동이 걸리다: der Motor[der Wagen] springt (gut, schwer, nicht) an 모터[자동차]가 시동이 (잘, 힘들게, 안) 걸린다. 5. ⟨s⟩ (통용어) 수락하다: auf ein Angebot (sofort, nicht) a. 제안에 (즉시, 안) 응하다.
anspritzen 1. ⟨h⟩ a) (물 따위를) 뿌리다, 살포하다, 튀기다: das vorbeifahrende Auto spritzte ihn an 지나가는 자동차가 그에게 물을 튕겼다. b) 뿌리다: ich habe ihr[mir] Parfüm angespritzt 나는 그녀[내 몸]에게 향수를 뿌렸다. 2. ⟨s⟩ (통용어) 빨리 (다가)오다: ⟨대개 과거분사 + kommen의 용법으로⟩ er kam sofort angespritzt 그는 즉시 빠르게 다가왔다.
Anspruch, der; -(e)s, Ansprüche 1. 요구, 청구: ein berechtigter A. 정당한 요구; bescheidene Ansprüche 사소한 요구; seine Ansprüche anmelden [durchsetzen] 자기의 요구를 제기하다[관철시키다]; A. auf etw. erheben 무엇을 요구하다; (keine) Ansprüche stellen 욕심이 (안) 많다, 까다롭다[까다롭지 않다]; jmdn.(etw.) in Anspruch nehmen 1) 누구[무엇]를 이용[사용]하다: er nahm seine Hilfe gern in A. 그는 그의 도움을 기꺼이 받아들였다. 2) 요구하다: der Beruf nimmt ihn ganz in A. 직업이 그의 모든 것을 요구한다 (그는 직업에 얽매여 꼼짝도 하지 못한다). 2. 권리, 권한: seine Ansprüche sind erloschen 그의 권리는 소멸되었다. ((k)einen) A. auf etw. haben 무엇에 대한 권리[청구권]이 있다[없다].
anspruchs-, Anspruchs-: ~berechtigt ⟨Adj.⟩ 【관】청구권[권리]이 있는: -e Gläubiger 청구권이 있는 채권자. **~los** ⟨Adj.⟩ a) 욕심이 없는: ein -er Mensch 욕심이 없는 사람, 둔한 사람, 까다롭지 않은, 겸허한; ein -es Vergnügen 부담없는 엔조이; diese Musik ist sehr a. 이 음악은 아주 소박하다. **~losigkeit,** die ⟨Pl. 없음⟩ ↑~los의 명사형. **~voll** ⟨Adj.⟩ a) 요구하는 바가 많은, 수준 높은, 까다로운: ein -es Publikum 수준 높은 관중; zu a. sein 너무 까다롭다. b) 【광고】 수준 높은, 품위 있는: ein -es Parfüm 고상한 향수; a. gekleidet sein 품위 있는 옷차림을 하다.
ansprühen 표면에 물을 뿌리다: Pflanzen a. 식물에 물을 뿌리다.
Ansprung, der; -(e)s, Ansprünge 1. 뛰어오름, 도약. 2. 【기계제조】 a) 기구에 뛰어오름. b) 착지하기 위해 한 발로 하는 도약.
anspucken ⟨h⟩ 누구(무엇)에게 침을 뱉다: einen Menschen a. 어떤 사람에게 침을 뱉다.
anspülen ⟨h⟩ 해안으로 떠밀다: die Strömung spülte einen Ertrunkenen an 조수가 익사체를 해안으로 떠밀어 왔다. **Anspülung,** die; -en 1. 떠밀. 2. 충적토.
anspüren ⟨h⟩ ⟨아이⟩ 누구의 무엇을 감지하다, 알아차리

다: man kann ihm den Schrecken a. 그가 전율하는 것을 알아차릴 수 있다.

ạnstacheln ⟨h⟩ 격려[고무]하다: jmds. Ehrgeiz (durch Lob) a. 누구의 명예심을 (칭찬함으로써) 고무하다; der erste Erfolg hat ihn zu neuen Anstrengungen angestachelt 최초의 성공에 고무되어 그는 새롭게 노력하였다. **Anstach(e)lung**, die; -en 독려, 격려.

ạnstaksen ⟨s⟩ 《통용어》 뻣뻣하게 걸어오다; 《대개 과거분사+kommen의 용법으로》 da hinten kommt er angestakst 저 뒤에 그가 뻣뻣하게 걸어온다.

Anstalt ['anʃtalt], die; -en **a)** (공공) 시설, 기관: eine Schaubühne, die ihre Mission als moralische A. erfüllen dürfte 도덕 기관으로서의 사명을 완수해야 하는 무대. **b)** 《흔히 은폐》 (정신병, 중독 환자 등의) 치료 시설: in eine geschlossene A. eingewiesen werden 출입이 제한된 치료 시설에 수용되다. **c)** 기업, 회사, 협회, 연구소: eine kartographische A. 지도 제작 연구소. **Anstalten** ⟨Pl.⟩ 준비, 채비. 《대개 다음 용법으로》 [keine] A. machen 무엇하려고 준비[채비]하다[하지 않다]: er machte A. wegzugehen 그는 떠날 채비를 하였다; **A. treffen** 준비[채비]하다: A. zu einer Reise treffen 여행할 준비[채비]를 하다.

Ạnstalts-: ~**arzt**, der (정신병, 중독 환자 등의) 치료 시설의 의사. ~**erziehung**, die 교육 시설에서의 교육. ~**geistliche***, der (치료) 시설의 교역자. ~**kleidung**, die 시설의 제복. ~**kost**, die (치료) 시설의 급식. ~**leiter**, der (요양)원장. ~**zögling**, der (교육 시설의) 학생, 피교육자.

¹**Ạnstand**, der; -(e)s, Anstände ↑ Ansitz (1).

²**Ạnstand**, der; -(e)s, Anstände **1.** 《Pl. 없음》 훌륭한 예의 범절, 단정한 태도[몸가짐]: A. haben 예의 범절이 바르다; das erfordert der A. [ist gegen allen A.] 예의 범절은 그것을 요구한다[그것은 예의 범절에 어긋난다]. **2.** 《südd., österr.》 어려움, 애로(사항), 불쾌한 일: es hat keinen A. gegeben 어려움이 없었다; Anstände bei der Zollkontrolle 세관 검사에서의 애로 사항; [**keinen] A. an etw. nehmen** 무엇에 마음을 상해 항의하다[마음을 상하지 않다]: die Nachbarn haben an dem nächtlichen Lärm A. genommen 이웃 주민들은 야밤의 소음에 항의하였다; **keinen A. nehmen** 무엇을 하는 데 주저하지 않다. **ạnständig** ⟨Adj.⟩ **1. a)** 행실이 바른, 예의바른, 단정한: -es Betragen 바른 몸가짐. **b)** 분별 있는, 인정할 만한: ein Appell an den -en Kraftfahrer 분별 있는 운전자들에 대한 호소. **2.** 《통용어》 만족할 만한, 바람직한: -es Aussehen 번듯한 외모; jmdn. a. bezahlen 누구에게 충분하게 지불하다. **3.** 《통용어》 상당한, 꽤 많은: -e Schulden haben 꽤 많은 빚을 지고 있다; es regnet ganz a. 비가 제법 심하게 내린다. **anständigerweise** ⟨Adv.⟩ 예의바르게, 분별있게: er hat a. geschwiegen 그는 분별있게 침묵하였다. **Anständigkeit**, die 예의바름, 단정.

Anstands-, Ạnstands-: ~**besuch**, der 예방(禮訪): einen A. machen 예방하다. ~**dame**, die 《준고어》 샤프롱. ~**gefühl**, das 《Pl. 없음》 예절 감각, 예의심(禮儀心). ~**halber** ⟨Adv.⟩ 예의[도리]상, 체면치레로: a. müssen wir ihn besuchen 우리는 도리상 그를 방문해야 된다. ~**happen**, der 《통용어》 (체면치레로 남겨 놓는) 마지막 한 조각(빵, 고기 따위의): einen A. übriglassen 마지막 한 조각을 남겨 놓다. ~**los** ⟨Adv.⟩ 지체[주저]하지 않고, 까탈부리지 않고: etw. a. bezahlen [anerkennen] 무엇을 지체하지 않고 지불[인정]하다. ~**regel**, die ⟨대개 Pl.⟩ 예법, 예절. ~**unterricht**, der ⟨Pl. 없음⟩ 예법[예절] 수업. ~**wauwau**, der 《통용어·농》 샤프롱.

ạnstänkern ⟨h⟩ 《경·폄》 폭언하다: jmdn. [einander,

sich] a. 누구에게[서로] 폭언하다.

ạnstapfen ⟨s⟩ 《대개 다음 용법으로》 **angestapft kommen** 무거운 발걸음으로 터덜터덜 걸어오다: die Männer kamen durch den Schnee angestapft 남자들이 무거운 발걸음으로 눈 속을 걸어왔다.

ạnstarren ⟨h⟩ 응시하다: jmdn. (unverwandt) a. 누구를 (시선을 돌리지 않고) 응시하다; sie starren einander an 그들은 서로를 응시하였다.

anstạtt [an'ʃtat; mhd. an-stat] **I.** ⟨Konj.⟩ 대신: dunkelblau a. schwarz. 검정 대신 짙은 남색; er las, a. zu arbeiten [《준고어》 a. daß er arbeitete] 그는 일하는 대신 책을 읽었다. **II.** ⟨Präp.²⟩ 대신(에): er übernahm die Aufgabe a. seines Bruders 그는 그 임무를 동생[형] 대신 떠맡았다.

ạnstauben ⟨s⟩ 먼지가 약간 끼다: Wäsche, leicht angestaubt, billig abzugeben 약간 먼지 낀 내의를 싸게 판매함.

ạnstauen ⟨h⟩ (둑을 쌓아) 물을 막다, 저수(貯水)하다: Wasser a. 물을 막다; das Blut hat sich angestaut 피가 모였다; 전의 angestaute Wut 쌓인 분노. **Anstauung**, die; -en 저수, 축적.

ạnstaunen ⟨h⟩ 놀라 바라보다, 경탄하다: jmdn. [etw.] neugierig a. 누구(무엇)를 호기심에 차서 바라보다: den Zauberer a. 마술사를 놀라 바라보다.

ạnstechen* ⟨h⟩ **1. a)** 살짝 찌르다, 찔러 보다: die Kartoffeln a. 감자를 (익었는지) 찔러 보다; in ein Stück Fleisch (mit der Gabel) a. 고기 조각을 (포크로) 찔러 보다. **b)** 찔러서 다치게[상하게] 하다: Autoreifen a. 자동차 바퀴를 찔러 상하게 하다; ein angestochener Apfel 벌레 먹은 사과; er brüllt, rennt umher wie ein angestochener Eber 그는 칼에 찔린 수퇘지처럼 울부짖으며 날뛴다. **2. a)** (통, 깡통 따위를) 따다: ein Faß Bier a. 맥주통을 따다. **b)** [고고] 발굴하다.

Ạnsteckblume, die (옷이나 머리에 꽂는) 조화(造花).

ạnstecken ⟨h⟩ **1. a)** (바늘, 핀 따위) 꽂다(반대: abstecken 3): eine Blume [eine Nadel] (am [an den] Rockaufschlag) a. 꽃[핀]을 (저고리 깃에) 꽂다; (sich) falsche Zöpfe a. 가발 쪽을 꽂다. **b)** (반지를) 끼다: er steckt ihr einen Brillantring an 그는 그녀에게 보석 반지를 끼워 준다. **2. a)** 《지역적》 불(을) 붙이다: Gas [Kerzen] a. 가스[초]에 불을 붙이다. **b)** 불(을) 붙이다: ich steckte mir eine Zigarette an 나는 담배에 불을 붙였다. **c)** 방화하다: die Scheune ist mutwillig angesteckt worden 헛간은 고의로 방화되었다. **3. a)** 전염[감염]시키다: er steckt uns alle (mit seiner Erkältung) an 그는 우리 모두에게 (감기를) 전염시켰다; 전의 andere mit seinem Lachen [seiner Angst] a. 다른 사람들에게 웃음(두려움)을 옮기다. **b)** 전염[감염]되다, 옮아가다: Grippe steckt an 독감은 전염된다; anstekkende Krankheiten 전염병; 전의 Lachen [Gähnen] steckt an 웃음[하품]은 전염된다. **4.** 《지역적》 ↑anstechen (2 a). **Ạnstecknadel** die 옷핀, (장식용) 핀, 배지. **Ạnsteckung**, die; -en ⟨드물게 Pl.⟩ 전염, 감염: A. durch Berührung 접촉에 의한 전(감)염; sich vor A. schützen 전(감)염되지 않도록 하다.

Ạnsteckungs-, Ạnsteckungs-: ~**fähig** ⟨Adj.⟩ 《격리독어》 전염성의. ~**gefahr**, die 전염[감염]의 위험(성). ~**herd**, der ↑~**quelle**. ~**möglichkeit**, die 전염[감염] 가능성. ~**quelle**, die 감염원(感染源).

ạnstehen* **1.** ⟨h/ ⟨지역적⟩ s⟩ 차례(끼기)를 기다리다, 줄 서서 기다리다: (stundenlang) bei einer Behörde [um Brot] a. (몇 시간 동안) 관청에서 [빵을 구하려고] 기다리다. **2.** ⟨h/ ⟨지역적⟩ s⟩ **a)** 《격식독어》 처리[해결]되지 않고 기다리다, 처리가 지연되다: diese Arbeit steht schon lange an 이 일은 이미 오래전부터 처리되길 기다리고

있다; anstehende Probleme 현안 문제들; etw. a. lassen 무엇을 미루다, 연기하다, 지체하다. b) [법] (기일이) 정해지다: ein Termin steht noch nicht(steht auf Montag) an 일정이 아직 정해지지 않았다(월요일로 잡혔다). 3. a) (아이) 어울리다, 적합하다. ⟨h/ [지역적]⟩ s⟩: das steht ihm wohl(übel, nicht) an 그것은 그에게 잘(안) 어울린다. b) ⟨h⟩ nicht a., etw. zu tun 주저하지 않고 무엇을 하다: ich stehe nicht an, das zu tun 나는 그것을 주저하지 않고 한다. 4. ⟨h⟩ [지질·광] 노출되다: dort steht glänzende Fettkohle an 저기 반짝반짝 빛나는 역청탄(瀝靑炭)이 노출되어 있다. 5. ⟨s⟩ (österr.) 누구(무엇)에 의지하다: auf ihn stehe ich nicht an 나는 그에게 의지하지 않는다.

ạnsteigen* ⟨s⟩ 1. a) 가풀막지다, 위로 향하다: die Straße[das Gelände] steigt an 길[지대]이 가풀막지다; sanft ansteigende Wiesen 약간 가풀막지는 초원. b) 오르막길을 오르다, 올라가다. 2. a) 높아지다, 상승하다, (물이) 붇다: das Wasser[die Flut, die Temperatur] steigt an 물[파랑, 기온]이 붇다(올라간다). b) (수량이) 늘다: die Besucherzahl steigt an 방문객 수가 증가한다.

an Stẹlle, (또한) **anstelle** ⟨Präp.²⟩ 대신(에): a. seines Bruders 그의 형 대신; a. von Reden werden Taten erwartet 말 대신 행동이 기대된다.

ạnstellen ⟨h⟩ ↑ Angestellte 참조. 1. a) 옆에[기대어] 놓다[세우다]: eine Leiter an den (↑ 드물게) am Baum a. 사다리를 나무에 기대어 놓다. b) 줄 서다: sich hinten a. 열의 꽁무니에 붙어 서다; sich stundenlang nach Eintrittskarten a. 입장권을 구하려고 몇 시간 동안 줄 서다. 2. (반대: abstellen 4) a) (가스, 수도 꼭지)를 틀다: das Gas[das Wasser] a. 가스[수도]를 틀다. b) 스위치를 넣다: die Maschine[das Radio] a. 기계의 스위치를 넣다[라디오를 켜다]. 3. a) 채용[고용]하다: er ist fest [staatlich, zur Probe] angestellt 그는 정식으로 [공무원으로, 수습 사원으로] 채용되었다. b) (통용어) 누구에게 어떤 일을 시키다: du willst dauernd jemanden für dich a. (통용어) 너는 끊임없이 네 일을 다른 사람에게 맡기려 한다. 4. (기능동사) (행)하다: mit jmdm. ein Verhör a. 누구를 심문하다; Vermutungen a. 추측하다; Überlegungen über etw. a. 무엇을 깊이 생각하다. 5. (행동) a) (행)하다: der Arzt hat alles mögliche (mit ihm) angestellt 의사는 그에게 가능한 치료를 다 해보았다. b) 저지르다: Unfug a. 못된 짓을 저지르다: was hast du da wieder angestellt! 너 또 무슨 일을 저질렀구나! c) (통용어) 시작(처리)하다: wie soll ich das a.? 그것을 어떻게 시작하면 좋지? 6. (통용어) 행동[처신]하다: sich geschickt[dumm] (bei etw.) a. (어떤 일에 있어서) 재치있게 (미련하게) 처신하다; stell dich nicht so an! 그렇게 우는 소리 좀 하지 말아라, 그렇게 점잔 빼지 말아라. **Anstellerei,** die; -en (폄) 점잔빼기, 죽는 시늉. **ạnstellig** ⟨Adj.⟩ 솜씨 [재치, 재주] 있는, 능숙한: ein -er Mensch 솜씨 있는 사람. **Anstelligkeit,** die; 솜씨, 능수능란. **Ạnstellung,** die; -en a) 채용, 임용: die A. weiterer Mitarbeiter 그 밖의 직원의 채용. b) (취직)자리, 일자리: eine (feste) A. finden [haben] (정식의) (일)자리를 발견하다 [가지고 있다].

anstellungs-, Anstellungs-: ~**betrug,** der [법] 위장 취업. ~**fähig** ⟨Adj.⟩ 채용[임용]하기에 적당한. ~**verhältnis,** das 고용관계: in einem festen A. stehen 정식 고용 관계를 맺고 있다. ~**vertrag,** der 고용 계약.

anstẹmmen ⟨h⟩ 무엇에 대고 버티다: sich mit den Schultern (gegen die Tür) a. 어깨로 (문에 대고) 버티다.

ạnsteuern 1. 키를 어떤 방향으로 돌리다. eine Bucht [den Flugplatz] a. 만(비행장)으로 방향을 잡다; [전의] (통용어 · 농) er steuerte die Theke an 그는 스탠드로 방향을 잡았다. 2. [전자] (무엇을 회로에) 장착(裝着)하다. **Ạnsteuerung,** die ↑ ansteuern의 명사형.

Ạnstich, der; -(e)s 1. (술통 따위의) 개봉: der A. eines Bierfasses 맥주통의 개봉. 2. 개봉한 술통에서 처음 따라낸 술: den frischen A. probieren 술통에서 처음 따라낸 신선한 술을 맛보다.

anstiefeln: ↑ angestiefelt 참조.

Ạnstieg ⟨'anʃtiːk⟩, der; -(e)s, -e 1. (Pl. 없음) 상승, 올라감: der A. der Straße 길이 위로 올라감. 2. (Pl. 없음) 상승, 증가: der A. der Temperatur (der Kosten) 기온[비용]의 상승. 3. a) 올라가기, 오름: ein steiler [mühsamer] A. 가파른[힘든] 오름. b) 정상에 이르는 길: der Berg hat drei -e 그 산은 정상에 오르는 길이 세 개 있다. **Ạnstiegszeit,** die 올라가는 시간.

anstieren ⟨h⟩ (폄) 응시하다, 노려보다: er stierte mich unverwandt an 그는 시선을 돌리지 않고 나를 응시하였다.

ạnstiften ⟨h⟩ a) (나쁜 일을) 꾸미다: 화를 일으키다[음모를 꾸미다]. b) 선동(교사, 사주)하다: jmdn. zum Betrug a. 누구에게 속임수를 쓰도록 부추기다. **Ạnstifter,** der; -s, - 선동자, 원흉. **Ạnstifterin,** die; -nen ↑ Anstifter의 여성형. **Ạnstiftung,** die; -en ↑ anstiften의 명사형.

ạnstimmen ⟨h⟩ a) 연주하기[노래부르기] 시작하다: das Orchester stimmte einen Marsch an 관현악단이 행진곡을 연주하기 시작했다. b) (웃음·환호)를 터뜨리다: ein Gelächter [Geschrei] a. 웃음[외마디 소리]을 터뜨리다.

ạnstinken ⟨h⟩ 1. (속어) 혐오감을 느끼게 하다, 구역질 나게 하다: die Sache stinkt mich allmählich an 이 일이 점차로 나에게 혐오감을 느끼게 한다. 2. **gegen jmdn.** [etw.] **nicht a. können** (속어) 누구[무엇]에 대해 속수무책이다.

anstolzieren ⟨s⟩ (다음 용법으로) **anstolziert kommen** 점잖은 걸음걸이로 (다가)오다.

Anstoß, der; -es, Anstöße 1. 부딪침, 충돌, 충격: dies Glas bricht schon beim leichtesten A. 이 유리잔은 조그만 충격에도 깨진다. 2. [축구] 킥 오프, 선공(先攻): den A. haben[ausführen] 선공이다[킥 오프하다]. 3. 자극, 충격, 동인(動因), 동기: es bedurfte nur eines -es 필요한 것은 오직 자극뿐이었다; **den A. zu etw. geben** 무엇의 동기가 되다: die Ablehnung des Antrags gab den A. zum Aufstand 그 제안의 거부가 저항의 동기가 되었다. 4. **A. erregen** 누구의 감정[거부감]을 유발하다: mit seinem Benehmen hat er A. (bei ihr) erregt 그의 행동으로써 그는 (그녀의) 불쾌감을 유발하였다; **an etw. A. nehmen** 무엇에 기분이 상하다: ich nehme an seiner saloppen Kleidung keinen A. 나는 그의 가벼운 옷차림이 불쾌하지 않다. **anstoßen*** 1. ⟨h⟩ a) 약간 밀(치)다, 건드리다, 치다: das Pendel einer Uhr a. 시계의 추를 약간 건드리다; jmdn. (aus Versehen) a. 누구를 (실수로) 밀다; jmdn. mit dem Fuß a. 누구에게 발로 건드려 몰래 신호를 보내다; [전의] **eine Tat [jmdn. zu einer Tat]** a. 어떤 행위(누구에게 어떤 행위)를 하도록 동기를 부여하다. b) [축구] 킥 오프하다. 2. ⟨s⟩ 무엇에 부딪치다, 찧다: mit dem Kopf an eine scharfe Ecke a. 머리를 뾰족한 모서리에 부딪치다. 3. ⟨h⟩ 혀짜래기 소리를 내다: er stößt beim Sprechen immer (mit der Zunge) an 그는 말할 때 항상 혀끝이 이에 닿는다. 4. ⟨h⟩ (술)잔을 맞부딪치다: auf jmds. Wohl a. 누구의 건강을 위해 건배(축배)를 들다. 5. ⟨s⟩ 불쾌감[거부감]을 유발하다: mit dieser Bemerkung ist er beim Chef angestoßen 이 말로써 그는 사장의 기분을 건드렸다; jmd. stößt überall an 누구는 어디에서나 혐오감을 준다. **6.** ⟨h⟩ 《드물게》 접경(接境)하다: das Grundstück stößt an den Wald an 그 땅은 숲과 접경하고 있다. **Anstößer**, der; -s, - ⟨schweiz.⟩ 이웃(사람). **anstößig** ⟨Adj.⟩ 불쾌감을 유발하는: -e Witze 상스러운 재담; sich a. benehmen 상스럽게 처신하다. **Anstößigkeit**, die; -en 상스러움.

anstrahlen ⟨h⟩ **1.** 조명하다, 불을 비추다: der Schauspieler wurde hell angestrahlt 그 배우는 밝은 조명을 받았다; von der Sonne angestrahlte Berggipfel 햇빛을 밝게 받는 산꼭대기. **2.** 밝게 웃으며 (바라)보다: sie strahlte ihn an 그녀는 밝게 웃으며 그를 보았다.

anstrången ⟨h⟩ 마차를 달다(반대: absträngen): die Pferde a. 말에 마차를 달다.

anstreben ⟨h⟩ 《아어》 무엇을 위해 노력하다: das Glück [eine bessere Stellung, den Kauf eines Hauses] a. 행복[보다 나은 지위, 집을 사기]을 위해 노력하다. **anstrebenswert** ⟨Adj.⟩ 추구해 볼 만한: ein -es Ziel 추구해 볼 만한 목표.

anstreichen' ⟨h⟩ **1.** 색칠하다: Gartenmöbel (bunt) a. 정원용 가구를 (알록달록하게) 색칠하다; das Haus frisch a. lassen 집을 새로 칠하게 하다. **2.** 밑줄을 긋다: die wichtigen Stellen in einem Aufsatz a. 논문의 가장 중요한 곳에 밑줄을 긋다; die Fehler (rot) a. 잘못된 곳에 (빨갛게) 밑줄을 긋다. **3.** 성냥을 그어 불을 붙이다. **4.** 《지역적》 앙갚음하다: das werde ich ihm a. 나는 그에게 그것을 앙갚음하겠다. **5.** 【사냥】 **a)** 《새가》 날기 시작하다, 날아오르다. **b)** 《날짐승이 용하다 나뭇가지에》 스치다. **Anstreicher**, der; -s, - 《지역적》칠장이, 페인트공.

anstreifen ⟨h⟩ **1.** 살짝 스치다: der Wagen hat ihn nur angestreift 그 자동차는 그를 살짝 스쳤을 뿐이다. **2.** (옷을) 빨리 입다, 뒤집어 쓰다, (신발을) 신다: die Jacke [den Schuh] a. 재킷을 걸치다[신발을 신다].

anstrengen ['anʃtrɛŋən] ⟨h⟩ ↑ angestrengt 참조 **1. a)** ⟨a. + sich⟩ 전력을 다하다: sich sehr [nicht sonderlich] a. 아주 노력하다[특별히 노력하지 않다]; du mußt dich (in der Schule) mehr a. 너 (학교에서) 더욱 노력해야 되겠어. **b)** 《보다 좋은 기능을 위해》긴장시키다, 곤두세우다: seinen Geist [seine Kräfte] a. 정신(힘)을 긴장시키다. **2.** 힘들게〔피곤케〕하다, 고생시키다: die kleine Schrift strengt die Augen an 이 작은 글씨가 눈을 피곤케 한다; der Besuch hat den Kranken (zu sehr) angestrengt 방문객이 환자를 (너무나) 피로하게 만들었다. **3.** 【법】 소송을 제기하다, 고소하다: eine Klage (gegen jmdn.) a. 《누구를 상대로》 소송을 제기하다.

anstrengend ⟨Adj.⟩ 아주 힘드는: -e Arbeit 아주 힘드는 일; es ist sehr a., diesem Vortrag zu folgen 이 강연을 따라가기가 아주 힘들다. **Anstrengung**, die; -en **1.** 노력, 진력, 수고: vergebliche -en 헛된 노력; seine -en verstärken 노력을 강화하다; mit äußerster A. 극단적인 노력을 다하여; **-en machen** 〔〔아어〕 unternehmen〕 노력(진력)하다. **2.** 신고(辛苦), 고통, 피로: sich von den -en der Reise erholen 여행의 피로를 풀다.

Anstrich, der; -(e)s, -e **1. a)** ⟨Pl. 없음⟩ 〈색〕칠하기, 도색: ein neuer A. wird 2,000 Mark kosten 새로 칠하는 데에는 2,000 마르크가 들 것이다. **b)** 도료, 색, 페인트: der helle A. gefällt mir 밝은 페인트가 마음에 든다. **2.** ⟨Pl. 없음⟩ 외관, 모양, 면모; die Sache hat einen offiziellen A. 그 일은 공적인 면모를 갖는다; **einer Sache einen bestimmten A. geben** 어떤 일에 일정한 모양을 부여하다. **3.** 《드물게》 **a)** 밑줄, 밑줄긋기; ein Buch mit -en versehen 책에 밑줄을 긋다. **b)** 【문헌】 위로 향한 선.

anstricken ⟨h⟩ 짜 잇다: Ärmel[einen Rand] an den Pullover a. 스웨터에 소매[단]을 짜 잇다.

anströmen ⟨s⟩ **1.** 흘러오다(반대: abströmen): anströmende Kaltluft 흘러오는 찬 공기. **2.** (인파가) 밀려들다[오다]: viele kamen (zum Fußballspiel) angeströmt (축구 경기에) 많은 사람들이 몰려 들었다.

anstücke(l)n ⟨h⟩ 깁다, 잇대다, 연장하다: die Leitung [das Kleid] a. 전선을 연장하다[옷을 깁다].

Ansturm, der; -(e)s, Anstürme **a)** 돌진, 돌격; dem A. des Gegners trotzen 적의 돌격에 대항하다. **b)** 쇄도, 밀려옴: der A. von Autogrammjägern 서명을 받으려는 사람들의 쇄도; A. nach Karten 입장권을 구하려는 사람들의 쇄도. **anstürmen** ⟨s⟩ **a)** 돌격하다, 쇄도하다: gegen eine Festung a. 요새를 향해 돌격하다; Wellen stürmen gegen die Küste an 파도가 해안으로 밀려온다; 〔전의〕 gegen das Schicksal a. 운명에 대항하다. **b)** 《과거분사 + kommen》 바삐 (몰려)오다: auf seinen Ruf kamen die Jungen sofort angestürmt 그가 부르자 젊은이들이 바쁘게 몰려왔다.

anstürzen 《다음 용법으로》**angestürzt kommen** 허겁지겁 달려오다: im letzten Augenblick kamen sie angestürzt 그들은 마지막 순간에 허겁지겁 달려왔다.

ansuchen ⟨h⟩ ⟨österr.⟩ 청(원)하다: um Asyl a. 망명을 청원하다. **Ansuchen**, das; -s, - 청원: ein A. einreichen 청원서를 제출하다. **Ansucher**, der; -s, - ⟨österr.⟩ 청원자.

Antacidum [ant'a:tsidʊm] ↑ Antazidum.

Antagonismus [antago'nɪsmʊs], der; -, ...men [griech. antagónisma] (교양어) 대립(관계), 적대(관계), 반목, 갈등: A. der Kulturen [Geschlechter, Klassen] 문화(성, 계급)간의 대립; A. zwischen Bürger und Künstler 시민과 예술가간의 대립. **Antagonist** [...'nɪst], der; -en, -en [lat. antagōnista < griech. antagōnistḗs] **1.** 적수, 맞수, 적대자, 상대: die beiden sind -en 그 둘은 적대자들이다. **2.** 【의학】 길항근(拮抗筋). **antagonistisch** ⟨Adj.⟩ 적대적인, 모순되는, 반대의: -e Gefühle 적대적인 감정.

antaillieren 〔재단〕 허리를 약간 들어가게 하다: den Mantel a. 외투의 허리를 약간 들어가게 하다.

antanzen ⟨s⟩ 《경》 등장(출현)하다(반대: abtanzen (1)): die ersten Gäste tanzen an 첫 손님들이 나타난다; 《흔히 과거분사+kommen의 용법으로》 kommst du schon wieder angetanzt? 《폄》 너 또다시 나를 방해하느냐?

Antares [an'ta:rɛs, 'antarɛs], der; - ⟨Pl. 없음⟩ 전갈자리에서 가장 밝은 별.

Antarktika [ant'arktika], -s 남극 대륙. **Antarktis** [ant'arktis], die 남극 지방. **antarktisch** ⟨Adj.⟩ 남극(지방, 대륙)의.

antasten ⟨h⟩ **1.** 만지다, 살짝 손대다: einen ausgestellten Gegenstand (vorsichtig) a. 전시된 물건을 (조심스럽게) 만져 보다; 〔전의〕 das Thema wurde nur eben angetastet 그 주제는 그저 슬쩍 건드리기만 하였다. **2.** 소비하기〔쓰기〕 시작하다: 《주로 부정으로》 das Geld (nicht) a. 돈에 손대(지 않)다. **3.** (명예를) 훼손하다, (권리를) 침해하다: jmds. Ehre a. 누구의 명예를 훼손하다.

antatschen ⟨h⟩ 《통용어》 서투르게 잡다, 공격하다: tatsch nicht alles an! 아무 것에나 다 손대지 마라.

antauchen ⟨h⟩ 《오스트리아어》 밀다: bitte hilf mir a.! 미는 데에 도와 줘. **b)** 보다 힘을 내다, 노력하다, 애쓰다.

antauen 1. ⟨h/s⟩ (표면이) 녹기 시작하다: die Schneedecke war wider Erwarten angetaut 덮인 눈이 기대와는 달리 녹기 시작하였다. **2. a)** ⟨h⟩ 살짝 녹이다: die gefrorenen Lebensmittel a. 냉동된 음식물을 살짝 녹이

다. b) ⟨s⟩ 약간 녹다: das Fleisch aus der Kühltruhe ist angetaut 냉동기에서 꺼낸 고기가 약간 녹았다.
antäuschen ⟨h⟩ [스포츠] 페인트 모션을 쓰다: er täuschte links an und ging rechts vorbei 그는 왼쪽으로 속이고 오른쪽으로 돌았다.
Antazidum, das; -s, ...da [lat. acidus] [의학] 위산 제거제, 제산제.
Ante ['antə], die; -n [lat. antae (Pl.)] [건축] 벽단주(壁端柱), 안타. **Antenkapitell**, das 벽단주두(壁端柱頭). **Antentempel**, der 벽단주 사원.
ante Christum (natum) ['antə 'krɪstʊm 'na:tʊm; lat.] 그리스도 탄생전, 서력 기원전: im Jahre 333 ante Christum natum. (약어: a. Chr. (n).) 서력 기원전 333년에.
antedatieren ⟨h⟩ [lat. ante u. ↑datieren] ⟨고어⟩ ⟨서류를⟩ a) 실제보다 앞선 날짜로 하다. b) 실제보다 뒤진 날짜로 하다.
anteigen ['antaign] ⟨h⟩ 반죽하다, 뒤섞다: den Kuchen a. 케이크 원료를 반죽하다.
Anteil, der; -(e)s, -e **1. a)** 몫, 배당, 할당: der A. des einzelnen am Sozialprodukt 국민 총 생산에 있어서 개인의 몫; A. fordern 제 몫을 요구하다; auf seinen A. verzichten 제 몫을 포기하다; **A. an etw. haben** 관계하다, 한몫 하(거들)다: er hat einen A. an diesem Erfolg 그는 이 성과에 한몫 거들었다. **b)** (회사 자본금의) 지분(持分): seine -e bei der Gesellschaft betragen etwa 40% 그 회사 자본금에서 그의 지분은 약 40%이다; seine -e verkaufen 그의 지분을 처분하다. **2.** ⟨Pl. 없음⟩ 관여, 흥미: voller A. für alles sein 모든 것에 관심이 많다; **(tätigen) A. an etw. nehmen** 무엇에 (적극적으로) 참여하다: er nahm A. an der Diskussion 그는 토론에 참여하였다; **A. an jmdm. [etw.] nehmen(zeigen,** (아이) **bekunden)** 1) 누구(무엇)에 관심[흥미]을 보이다: er nahm regen A. an der Politik 그는 정치에 지대한 관심을 보인다. 2) 동정심을 보이다(나타내다): A. an jmds. Ergehen nehmen 누구의 안부에 관심을 보이다.

anteil-, Anteil- (↑anteils-, Anteils-도 참조): **~lohn**, der [농업] 현물 임금(품삯). **~los**, (또한) anteilslos ⟨Adj.⟩ 관심[흥미] 없는. **~mäßig**, (또한) anteilsmäßig ⟨Adj.⟩ [격식 독어] 몫[지분]에 따른, 비례 배분의: a. ist das nicht viel 몫에 따르면 그것은 많지 않다. **~schein**, der [경제] 지분 증서, 주식. **~urlaub**, der 1년 동안 근무한 시간에 따른 휴가, 연차 휴가.
anteilig ⟨Adj.⟩ 몫[지분]에 따른, 비례 배분의: der -e Urlaub 일한 몫에 따른 휴가; den Gewinn a. verteilen 이익금을 몫에 따라 나누다. **Anteilnahme** ['antailna:mə], die **1.** 참여: unter reger[starker] A. der Bevölkerung 국민[주민]의 활발한 참여 속에. **2.** 관심, 흥미, 동정, 공감: seine A. aussprechen 그의 동정을 표현하다; mit A. zuhören 관심[흥미]을 가지고 경청하다.
anteils-, Anteils- (↑anteil-, Anteil-도 참조): **~eigner**, der [경제] 주주, 지분 소유자: den Gewinn an die A. ausschütten 이익을 주주들에게 나누어 주다. **~los** ⟨Adj.⟩ ↑anteillos. **~mäßig** ⟨Adj.⟩ ↑anteilmäßig. **~recht**, das [경제] 자본금에 대한 지분권(持分權).
antelefonieren ⟨h⟩ ⟨통용어⟩ 전화를 걸다: die Freundin[bei der Firma] a. 여자 친구[회사]에게 전화를 걸다.
ante meridiem ['antə me'ri:diəm; lat. = vor Mittag] (특히 영국에서) 오전(약어: a. m.): um 10 Uhr a. m. 오전 10시에.
ante mortem ['antə 'mɔrtem] [lat. = vor dem Tod] [의학] 임종 직전에(약어: a. m.).

Antenkapitell: ↑Ante 참조.
Antenne [an'tenə], die; -n [lat. antenna] **1.** 안테나: eine A. (auf dem Dach) anbringen 안테나를 (지붕에) 세우다; die A. erden 안테나에 어스를 설치하다. **(k) eine A. für etw. haben** ⟨통용어⟩ 무엇에 대한 센스가 있다[없다]: er hat eine besondere A. für die Preisentwicklung und kauft immer das Richtige zur rechten Zeit 그는 물가 동향에 대한 특별한 감각이 있어서 항상 적당한 시점에 적당한 것을 산다. **2.** [동물] 더듬이.
Antennen-: **~draht**, der 안테나 선. **~mast**, der 안테나 기둥. **~wald**, der ⟨통용어⟩ (지붕 위의) 안테나 숲. **~widerstand**, der 안테나 저항.
Antentempel: ↑Ante 참조.
Antepänultima [antepe'nʊltima], die; ...mä / ...men [lat. antepaenultima] [언어] 안티페널트가 있는 끝에서 세번째 모음.
Antependium [ante'pɛndiʊm] das, -s, ...ien [lat. antependium] [예술] 제단 앞에 드리운 장식.
ante portas ['antə 'pɔrta:s; lat. = vor den Toren] ⟨교양어⟩ 접근중.
Antestat, das; -(e)s, -e [대학] (학기초에 담당 교수가 서명하는) 수강 확인증. **antestieren** ⟨h⟩ 수강 확인증을 발행하다.
Antezedens [ante'tse:dɛns], das; -, ...zedenzien [...tse'dɛntsiən; lat. antecēdēns] [철학] 원인, 이유.
Anthemion [an'te:miɔn], das; -s, ...ien [...iən; griech. anthémion] [건축] 인동덩굴 무늬, 종려잎 장식 (고대 그리스 건축의).
Anthologie [antolo'gi:], die; -n [...i:ən; griech. anthologíā] 명작선(집): eine A. moderner Lyrik 근대 서정시선집. **anthologisch** [...'lo:gɪʃ] ⟨Adj.⟩ 명작선집의, 가려 뽑은: eine -e Sammlung 명작 모음.
Anthracen, Anthrazen [antra'tse:n], das; -s, -e [zu griech. ánthrax = Kohle] 안트라센. **anthrazit** ⟨Adj.⟩ ↑anthrazitfarben의 약칭.
Anthrazit [antra'tsi:t, (또한) ...tsɪt], der; -s, -e [lat. anthracītēs < griech. anthrakítēs] 무연탄.
anthrazit-, Anthrazit-: **~farben, ~farbig, ~grau** ⟨Adj.⟩ 석탄 색깔의, 흑회색의: ein -er Anzug 흑회색 양복. **~kohle**, die ↑Anthrazit. **~ofen**, der 석탄 난로.
anthropo..., Anthropo... [antropo...; griech. ánthrōpos] ⟨인간을 뜻하는 규정어로서⟩ (예컨대) **anthropologisch, Anthropologie. anthropogen** [antropo'ge:n] ⟨Adj.⟩ [griech. ánthrōpos und -genḗs] 인간에 의해 야기된[만들어진], 인공의. **Anthropoide** [...'i:də], der; -n, -n, (또한) **Anthropoid** [...'i:t], der; -en, -en 유인원(類人猿). **Anthropologe** [...'lo:gə], der; -n, -n 인류학자. **Anthropologie** [...lo'gi:], die a) 인류학. b) 인류학의 역사. **anthropologisch** [...'lo:gɪʃ] ⟨Adj.⟩ 인류학의, 인류학적(인): -e Forschungen 인류학 연구; -e Pädagogik 인류학적 교육학. **anthropomorph** [...'mɔrf] ⟨Adj.⟩ [griech. anthrōpómorphos] 인간의 모습을 한. **anthropomorphisch** ⟨Adj.⟩ 인간의 모습[형상]에 관한. **anthropomorphisieren** [...mɔrfi'zi:rən] ⟨h⟩ 의인[인간, 인격]화하다: Tiere a. 동물들을 의인화하다; eine -de Betrachtung Gottes 신을 인간화하는 관찰. **Anthropomorphisierung**, der; -en 의인화, 인격화. **Anthropomorphismus** [...mɔr'fɪsmʊs], der; -, ...men **1.** ⟨Pl. 없음⟩ (특히 신의) 인간화, 인격화, 의인관(擬人觀), 신인동형동성설(神人同形同性說). **2.** 인간이 아닌 존재의 인성, 인격. **Anthropophage** [antropo'fa:gə], der; -n, -n [griech. phageīn] ⟨전문어⟩ 식인종. **Anthropophobie**,

die 【심리】 대인 공포(증). **Anthroposoph** [...'zo:f], der; -en, -en 인지학자(人智學者). **Anthroposophie** [...zo'fi:], die [griech. sophía] 인지학(人智學). **anthroposophisch** [...'zo:fɪʃ] 〈Adj.〉인지학(상)의, 인지학적(인): eine -e Weltanschauung 인지학적인 세계관. **Anthropotechnik**, die 인간 공학. **anthropozentrisch** 〈Adj.〉인간 중심의: ein -es Weltbild 인간 중심적 세계상.

anti..., **Anti...** [anti...] 《모음과 때따로 h 앞에서》 ant..., Ant... [griech. antí] 반(反), 비(非), 역(逆), 대(對), 배척의 뜻을 갖는 접두어(예컨대: Antipathie, antikonzeptionell, Antirakete).

Antialkoholiker 《또한》 '------], der; -s, - 술 안 마시는 사람, 금주(론)자.

antiautoritär 《또한》 '------] 〈Adj.〉 반[비]권위(주의)적인(반대: autoritär): -e Erziehung 반권위주의적 교육; sein Kind a. erziehen 자식을 비권위적으로 기르다.

Antibabypille, 《또한》 **Anti-Baby-Pille**, die; -n 《통용어》 경구 피임약.

antibakteriell 〈Adj.〉 항균성의: -e Medikamente 항균성 의약품.

Antibiont [...'bjont], der; -en, -en [griech. bĩon] 【생물】 항생 미생물. **Antibiose** [...'bjo:zə], die; -n [griech. bíos] 【생물】 항생 (작용). **Antibiotikum** [...'bjo:tikʊm], das; -s, ..ka [...ka; griech. biōtikós] 【의학】 항생 물질. **antibiotisch** 〈Adj.〉 【의학】 항생성의, 항생물질의.

Antibolschewismus 《또한》 '------], der; - 반(反)볼세비즘. **antibolschewistisch** 《또한》 '------] 〈Adj.〉 반볼세비즘의, 반볼세비즘적인: -e Propaganda 반볼세비즘적 선전.

antichambrieren [antiʃam'bri:rən] 〈h〉 [lat. camera] 1. 《고어》 대기실에서 기다리다: stundenlang a. müssen 수시간 동안 대기실에서 기다려야 한다. **2. a)** 자꾸 부탁(청원, 청탁)하다: wegen seiner Beförderung mußte er immer wieder bei seinen Vorgesetzten a. 그는 승진 때문에 상사에게 자꾸 부탁해야 되었다. **b)** 〈람〉 빌붙다, 비굴하게 굴다: beim Präsidenten a. 회장에게 아부하다.

Antichrist [lat. antichristus < griech. antíchristos] 1. der; -(s) 악마, 그리스도의 적. 2. der; -en, -en 반기독교인, 기독교 배척자: er ist überzeugter A. 그는 확고한 반기독교인이다. **antichristlich** 《또한》 --'--] 〈Adj.〉반기독교(인)의.

antidemokratisch 《또한》 '------] 〈Adj.〉 **a)** 반(비)민주(주의)적(인): -e Gesetze 반민주적 법률들. **b)** 반민주적: -e Tendenzen 반민주적인 경향; a. eingestellt sein 반민주적인 성향을 지니고 있다.

Antidepressivum [...depre'si:vʊm], das; -s, ...va 《대개 Pl.》우울증 치료제.

Antidiabetikum [...dia'be:tikʊm], das; -s, ...ka 당뇨병약.

Antidot [...'do:t], das; -s, -e, 《또한》 **Antidoton** [an'ti:doton], das; -s, ...ta [...ta; lat. antidotum < griech. antídoton] 【의학】 해독제.

Antidumpinggesetz [...'dampɪŋ-, 《또한》 '------], das; -es, -e 덤핑(투매) 금지법. **Antidumpingzoll** [...'dampɪŋ-, 《또한》 '------], der; -(e)s, ...zölle 반덤핑 관세.

Antifaktor, der; -s, -en 【의학】 항응고성분, 용혈성분.

Antifaschismus 《또한》 '-----], der; - (Pl. 없음) 1. 반파시즘 운동[주의]. 2. 반파시즘. **Antifaschist** 《또한》 '-----], der; -en, -en 반파시스트. **antifaschistisch** 《또한》 '-----] 〈Adj.〉 **a)** 반파시즘 (운

동)의: -e Bücher[Filme] 반파시즘의 서적[영화]들. **b)** 반파시즘적(인).

Antifouling ['æntɪ'faʊlɪŋ], das; -s [engl. fouling] 《배의 잠수 부분에 해조나 조개들이 달라붙는 것을 방지하기 위한》 페인트 칠.

Antigen [...'ge:n], das; -s, -e [↑~gen 참조] 【의학·생물】 항원(抗原), 안티겐.

Antigone [an'ti:gone] 고대 그리스 신화의 인물(테베왕 오이디푸스의 딸).

Antigua [《engl.》 æn'ti:gə, 《span.》 an'tiɣυa]: 서인도 제도의 한 섬. **Antigua und Barbuda**, -s und -s 앤티가 바부아《카리브 해의 섬 나라》.

Antiheld, der; -en, -en 《소설이나 희곡의》 소극(수동)적 주인공, 반주인공: Büchners Leonce ist ein typischer A. 뷔히너의 레옹세는 전형적인 수동적 주인공이다.

antik [an'ti:k] 〈Adj.〉 [frz. antique] 1. 고대의, 그리스·로마 시대의: das -e Griechenland 고대 그리스; die -e Kultur[Mythologie] 고대의 문화(신화). 2. 고풍의, 고풍[옛 양식]을 모방한: ein -er Leuchter 고풍을 모방한 촛대; a. eingerichtet sein 고풍으로 꾸미다. **Antikaglien** [...'kaljən] 〈Pl.〉 [ital. anticaglia] 【예술】 고대의 작은 미술품.

Antikath(o)de, die; -n 〈진공관의〉대음극(對陰極).

Antike [an'ti:kə], die; -n [frz. antique] 1. 〈Pl. 없음〉 고대, 옛 그리스·로마 시대, 고대의 문화: die griechische[römische] A. 그리스[로마]의 고대; die Kunst der A. 고대의 예술. 2. 《대개 Pl.》고대의 예술품. **Antikensammlung**, die 고대 그리스·로마 예술품 모음. **antikisch** [an'ti:kiʃ] 〈Adj.〉 [lat. autíquus] 고대 양식의, 고대 양식을 모방하는, 의고전적: eine -e Statue 고대 양식을 모방한 입상; a. stilisierte Figuren 고풍으로 단순화된 인물들. **antikisieren** [antiki'zi:rən] 〈h〉 고대 양식을 모방하다《주로 현재분사로》: -de Dichtung 고대 양식을 모방한 문학.

antiklerikal 《또한》 '------] 〈Adj.〉 반교회적(인): -e Strömungen 반교회적 조류; a. eingestellt sein 반교회적 생각을 가지고 있다. **Antiklerikalismus** 《또한》 '------], der; - 반교회주의, 반교권주의.

Antiklimax, die 【양식】 점강법(漸降法)《강한 표현에서 약한 표현으로, 중요한 것에서 덜 중요한 것으로 나가는 수사법》《반대: Klimax》.

antiklinal [...kli'na:l] 〈Adj.〉 [griech. klínein] 배사(背斜)의.

Antiklopfmittel, das; -s, - 폭연(爆燃) 방지제.

antikommunistisch 《또한》 '------] 〈Adj.〉 반공(산주의)의.

Antikonzeption, die 【의학】 피임(避姙). **antikonzeptionell** 〈Adj.〉 피임의: -e Mittel 피임약, 피임 기구. **Antikonzeptivum** [...kɔntsɛp'ti:vʊm], das; -s, ...va 피임약.

Antikörper, der; -s, - 《대개 Pl.》【의학】 항체(抗體), 항소(抗素).

Antikritik 《또한》 '-----], die; -en 반론, 반박.

Antillen [an'tɪlən] 〈Pl. 오직 관사와 함께〉: die großen, die kleinen A. 서인도 제도.

Antilope [anti'lo:pə], die; -n [frz. antilope] 영양(羚羊).

Antimachiavellismus, der; - 마키아벨리에 대한 프리드리히 대왕의 글에서] 반마키아벨리즘.

Antimaterie, die 반물질(反物質).

Antimilitarismus 《또한》 '------], der; - **a)** 반군국주의. **b)** 《구동독》 반군국주의(제국주의의 군사 정책에 대한 반대 운동). **Antimilitarist** 《또한》 '------], der; -en, -en 반군국주의자. **antimilitaristisch** 《또한》 '------] 〈Adj.〉 반군국주의적

Antimon 124

(인), 반군국주의의: eine -e Politik betreiben 반군국주의적 정책을 추구하다.
Antimon [anti'mo:n, ((österr.)) '– – –], das; -s [lat. antimonium] 안티몬, 화학 기호: Sb [↑Stibium). **Antimonblüte**, die [광물] 안티몬화(華). **Antimonglanz**, der; -es [광물] 휘(輝)안티몬 광(鑛).
antimonarchisch [((또한)) '– – – – –] 〈Adj.〉 반군주제의.
Antineuralgikum [...nɔy'ralgikʊm], das; -s, …ka [의학] **a)** 신경통 치료제. **b)** 진통제.
Antinomie [...no'mi:], die; -n [...i:ən] lat. antinomia < griech. antinomía [철학·법] 이율 배반, 모순, 자가 당착. **antinomisch** [...'no:mɪʃ] 〈Adj.〉 이율 배반적인, 모순되는: die -e Struktur einer Aussage 어떤 진술의 모순된 구조.
Antipathie [...pa'ti:], die; -n [...i:ən; lat. antipathīa < griech. antipátheia] 〈교양어〉 반감, 혐오감 (반대: Sympathie): eine unüberwindliche A. gegen jmdn. haben 누구에 대해 극복할 수 없는 반감을 가지다.
Antiphlogistikum [antiflo'gɪstikʊm], das; -s, …ka [의학] 소염제(消炎劑). **antiphlogistisch** 〈Adj.〉 [의학] 염증을 억제하는.
Antiphon [...'fo:n], die; -en [lat. antiphōna < griech. antiphōna] (예배) 교창(交唱). **Antiphonar** [...fo'na:ɐ̯], das; -s, -ien [...ri:ən; lat. antiphōnārium] 교창 성가집.
Antiphrase, die; -n [lat. antiphrasis < griech. antíphrasis] [수사] 반어(反語).
Antipode [...'po:də], der; -n, -n [griech. antípous, Pl. antípodes] **1.** [지리] 대척자(對蹠者)(지구의 정반대 쪽에 사는 사람): die Franzosen sind die -n Neuseelands 프랑스인들은 뉴질랜드의 대척자이다. **2.** 정반대의 사람: er ist in jeder Hinsicht mein A. 그는 모든 면에서 나와 정반대되는 사람이다. **Antipodin**, die; -nen ↑Antipode의 여성형.
antippen 〈h〉 **1.** 살짝 건드리다(두드리다): er tippte mich vorsichtig an 그는 나를 조심스럽게 건드렸다; 전의 eine schwierige Frage a. 어려운 문제를 슬쩍 건드리다. **2.** 《통용어》 조심스럽게 문의하다: ich werde bei ihm einmal a. 그에게 한번 문의해 보아야겠다.
Antipyretikum [...py're:tikʊm], das; -s, …ka [...ka] [의학] 해열제(반대: Pyretikum).
Antiqua [an'ti:kva], die [lat. antīqua] (인쇄·문헌) 로마(라틴) 문자체(오늘날 일반적으로 사용되는). **Antiquar** [anti'kva:ɐ̯], der; -s, -e [lat. antīquārius] 고서점 주인, 골동품상. **Antiquariat** [...kva'ria:t], das; -(e)s, -e **a)** 〈Pl. 없음〉 고서 판매업, 재고본 판매업. **b)** 고서점, 헌책방: ein wissenschaftliches A. betreiben 학술 전문 고서점을 운영하다. **Antiquarin**, die; -nen ↑Antiquar의 여성형. **antiquarisch** [...'kva:rɪʃ] 〈Adj.〉 **a)** 고서점을 통한: eine Zeitschrift a. erwerben 잡지를 고서점에서 구하다. **b)** 고물의, 낡은, 헌: ein Liebhaber -en Spielzeugs 고물 장난감 애호가. **Antiquaschrift**, die ↑Antiqua. **antiquiert** [...'kvi:ɐ̯t] 〈Adj.〉 (멸) 낡은, 오래 된, 구식의, 시대에 뒤떨어진: eine -e Sprache 구식 언어; a. denken 시대에 뒤떨어지게 생각하다. **Antiquiertheit**, die; -en **a)** 〈Pl. 없음〉 오래 된(낡은) 것의 고수, 수구. **b)** 〈Pl. 없음〉 구식의 행태. **c)** 고풍의 관습, 관행. **Antiquität** [...kvi'tɛ:t], die; -en 〈대개 Pl.〉 [lat. antīquitātēs] 고미술품, 골동품.
Antiquitäten-: **~handel**, der 고미술품(골동품)상(매매업), **~händler**, der 골동품 상인. **~sammler**, der 골동품 수집가. **~sammlung**, die 골동품 수집.
Antirakete, **Antiraketenrakete**, die; -n 대(對)로켓 미사일.

Antirheumatikum [...rɔy'ma:tikʊm], das; -s, …ka [...ka; zu griech. rheumatikós = rheumatisch] [의학] 류머티즘 치료제.
Antisemit, der; -en, -en 유태(인) 배척(주의)자, 반유태주의자. **antisemitisch** 〈Adj.〉 유태인 배척(주의)의, 반유태주의의, 유태인을 적대시하는: er hat sich a. verhalten 그는 반유태주의적인 태도를 취했다. **Antisemitismus**, der; - 〈Pl. 없음〉 **a)** 유태인에 대한 적대감 [혐오감]. **b)** 반유태주의, 유태인 배척주의.
Antisepsis, die [의학] 방부법(防腐法), 살균 소독. **Antiseptikum** [...'zɛptikʊm], das; -s, …ka [...ka] [의학] 방부제, 살균 소독약. **antiseptisch** 〈Adj.〉 [의학] 살균 소독의, 방부성의: ein -er Verband 소독 붕대.
Antiserum, das; -s, …ren 《또는》…ra [의학] 항혈청 (抗血淸)(항체를 포함한 혈청).
Anti-Skating-Vorrichtung [-'skeɪtɪŋ-] [기술] 전축 바늘의 미끄러짐을 방지하는 장치.
Antispasmodikum [...spas'mo:dikʊm], **Antispastikum** [...'spastikʊm], das; -s, …ka [의학] 진경제(鎭痙劑).
antistatisch 〈Adj.〉 [물리] 정전기(靜電氣)를 방지하는.
Antistes [an'tɪstɛs], der; -, …stites …titɛs; lat. antistes] **1.** (고대) 신관의 칭호. **2.** 주교와 수도원장에 붙이는 호칭.
Antistrophe [((또한)) '– – – –], die; -n [lat. -griech. antistrophē] (고대 그리스 비극 등에서 합창대의) 안티슈트로페(대응연).
Antiteilchen, das; -s, - [핵물리] 반입자(反粒子).
Antitheater, das; -s 〈Pl. 없음〉 반(연)극(현대 실험극의 총칭).
Antithese [((또한)) '– – – –], die; -n [lat.-griech. antíthesis] **1.** 반(대)명제, 반정립. **2.** [양식] 대구(對句)(대조법) (예컨대: Freund und Feind). **Antithetik** [...'te:tɪk], die [철학] 모순론[법]. **antithetisch** [...'te:tɪʃ] 〈Adj.〉 [lat. antitheticus < griech. antithetikós] 상반되는, 대립적인, 대조적인: die -e Struktur einer Aussage 어떤 진술의 상반 구조.
Antitoxin [((또한)) '– – – –], das; -s, -e [의학] (혈청 중의) 항독소(抗毒素).
Antitranspirant [...transpi'rant], das; -s, -e / -s 제한제(制汗劑), 땀을 억제하는 약.
Antitrustbewegung [...'trast-], ((또한)) '– – – – –], die [경제] 독과점 금지 운동.
Antivitamin [((또한)) '– – – –], das; -s, -e [생물·의학] 항비타민, 길항물(拮抗體).
Antizipation [...tsipa'tsio:n], die; -en [lat. anticipatio] 〈교양어〉 선행, 선취, 예견, 예상. **antizipieren** [...tsi'pi:rən] 〈h〉 [lat. anticipāre] 〈교양어〉 앞서 사용(행)하다, 선취하다, 예측(예견)하다: den Still späterer Epochen a. 후대의 양식을 선취하다. **2.** (상) 기한 전에 지불하다.
antizyklisch [((또한)) ...'tsyk....'– – – –] 〈Adj.〉 **1.** 불규칙성 순환의. **2.** [경제] 현재의 경기 상태에 역행하는, 반경기순환적(인)(반대: prozyklisch): -e Finanz- und Wirtschaftspolitik 경기 억제적인 재정과 경제 정책. **Antizyklone** [((또한)) '– – – –], die; -n [기상] 고기압대.

Antlitz ['antlɪts], das; -es, -e (시어·아어) 얼굴, 용모: ein edles A. 기품있는 용모; 전의 das A. der Macht 권력의 모습.
antoben 1. 〈h〉 **a)** 몹시 격분하다, 미친 듯이 날뛰다: der Gefangene tobte gegen seine Wärter an 죄수가 간수에게 미친 듯이 날뛰었다. **b)** 격분해서 고함치다: er hat mich furchtbar angetobt 그는 나에게 미친 듯이 고함쳤다. **2.** 〈s〉 떠들면서 다가오다: 〈대개 과거분사 + kom-

men의 용법으로〉 die Kinder kamen angetobt 어린이들이 떠들면서 다가왔다.
antönen 1. 〈s〉《아어·드물게》울리기 시작하다, 연주하기 시작하다 : ein Thema a. 테마를 연주하기 시작하다. **2.** 〈h〉《österr., schweiz.》암시하다, 운을 떼다.
Antonym [anto'ny:m], das; -s, -e [zu ↑anti... u. griech. ónyma = Name] 【언어】반대말(예컨대 : schwarz—weiß, starten—landen; 반대 : Synonym).
antörnen 〈h〉↑²anturnen.
antraben 1. 〈h〉(말이) 달리기 시작하다. **2.** 〈s〉(말이) 달려오다(반대 : abtraben); 〈대개 과거분사+kommen의 용법으로〉 sie kam auf einer Stute angetrabt 그녀는 암말을 타고 달려왔다; 전의 wenig später kam die zweite Gruppe angetrabt 《통용어》잠시 뒤에 두번째 집단이 몰려왔다.
Antrag ['antra:k] der; -(e)s, Anträge **1. a)** 신청, 청구 : bei einer Behörde einen A. auf Unterstützung stellen 어떤 관청에 지원을 신청하다. **b)** 신청서, 신청 용지 : sich am Schalter einen A. besorgen 창구에서 신청서를 얻다. **2.** 제의, 제안, 법(동의)안 : im Parlament einbringen 국회에 법안(동의안)을 제출하다. **3. a)** 〈아어·준고어〉제의 : er machte den A. zu vermitteln 그는 중재하겠다는 제의를 했다. **b)** 청혼, 구혼 : einem Mädchen einen A. machen 처녀에게 구혼하다. **antragen*** 〈h〉《아어》제안(제의)하다 : er hat mir das Du angetragen 그는 내게 말을 놓자고 제의했다.
antrags-, Antrags-: **~delikt**, das 【법】친고죄(親告罪). **~formular**, das 신청서, 신청 용지. **~gemäß** 〈Adj.〉제의(제안)에 따라, 제의(제안)과 같이 : es wurde a. beschlossen 제안과 같이 결정되었다.
Antragsteller [-ʃtɛlɐ], der; -s, - 신청자, 청구자, 출원자.
antrainieren 〈h〉훈련시키다, 습득시키다 : jmdm. bestimmte Verhaltensweisen a. 누구에게 일정한 행동 양식을 습득시키다.
Antransport, der; -(e)s, -e 반입(搬入), 운반(해 옴)(반대 : Abtransport). **antransportieren** 〈h〉반입하다, 운반해 오다(반대 : abtransportieren) : die Möbel sind gerade antransportiert worden 가구들이 막 반입되었다.
antrauen 〈h〉《준고어》짝지우다, 결혼시키다 : ein Mädchen einem Mann a. 처녀를 어떤 남자와 결혼시키다.
antreffen* 〈h〉만나다, 보다 : jmdm. bei der Arbeit a. 일하고 있는 중 누구를 만나다; er trifft mich nie zu Hause an 그는 나를 절대 집에서 만나지 못한다.
antreiben* **1.** 〈h〉 **a)** (내)몰다, 몰아가다 : er trieb die Pferde an 그는 말들을 몰아갔다. **b)** 재촉(닥달)하다 : der Chef trieb uns zur Eile an 사장이 우리에게 서두르라고 채근하였다. **c)** 무엇하도록 시키다, 충동하다. **2.** 〈h〉(기계 따위를) 움직이다, 돌리다 : früher hat der Wind die Mühle angetrieben 이전에는 바람이 방아를 돌렸다. **3. a)** 〈h〉떠밀다, 표류시키다 : die Wellen trieben das Boot ans Ufer an 파도가 배를 강변으로 밀어붙혔다. **b)** 〈s〉떠밀리다 : Eisschollen sind ans Ufer angetrieben 얼음 덩어리들이 강변으로 떠밀려 왔다. **4.** 〈h〉【원예】발아(發芽)시키다 : die Pflanzen im Gewächshaus a. 식물들을 온실에서 발아시키다. **Antreiber**, der; -s, - 《폄》일하도록 채근하는 사람, 근로 감독. **Antreibermethode**, die 노동 착취 수법. **Antreibersystem**, das 노동 착취 체제. **Antreibung**, die ↑antreiben의 (1, 2) 명사형.
antreten* **1.** 〈h〉밟다, 밟아 다지다 : die Erde um die Pflanzen herum a. 식물 주위의 흙을 밟아 다진다. **2.** 〈h〉페달을 밟아 시동을 걸다 : das Motorrad a. 오토바이의 페달을 밟아 시동을 걸다. **3.** 〈s〉【스포츠】속도를 내기 시작하다 : plötzlich[kräftig] a. 갑자기[힘차게] 속도를 내기 시작하다. **4.** 〈s〉 **a)** (어떤 대형으로) 정열하다 : die Schüler sind[stehen] der Größe nach angetreten 학생들이 키 순서대로 정열했다. **b)** 【스포츠】시합에 나가다, 출전하다, 겨루다 : gegen den Weltmeister a. 세계 선수권자와 겨루다. **c)** (무엇을 하기 위해) 어떤 곳에 나타나다 : wir sind pünktlich zum Dienst angetreten 우리는 정각에 근무지에 나타났다. **5.** 〈h〉 **a)** 무엇을 시작하다, 제일보를 내디디다 : eine Reise a. 여행을 시작하다; eine Strafe a. 형기를 시작하다. **b)** 〈직책 따위를) 떠맡다 : jmds. Nachfolge a. 누구의 후임으로 부임하다. **6.** 〈s〉【언어】덧붙다 : die Endung tritt an den Stamm an 어미가 어간에 붙는다. **7.** 〈h〉《아어》누구에게 다가가다, 접근하다 : unverhofft trat ihn der Tod an 예기치 않게 죽음이 그에게 다가왔다.
Antrieb, der; -(e)s, -e **1.** 추진력, (원)동력, 추진(구동) 장치 : ein Motor mit elektrischem A. 전동 모터. **2.** 동인, 동기, 자극 : die -e seines Handelns 그의 행동 동기; aus eigenem A. handeln 자발적으로 행동하다.
antriebs-, Antriebs-: **~achse**, die 【기술】동축(動軸), 구동차축(驅動車軸). **~aggregat**, das 【기술】동력 장치, 원동기. **~arm** 〈Adj.〉【심리】추진력[분발력]이 부족한, 소극적인. **~kraft**, die 【기술】원동[추진, 구동]력, 동력. **~rad**, das 【기술】동륜(動輪). **~scheibe**, die 【기술】원조차(原調車). **~schwach** 〈Adj.〉【심리】추진력[분발력]이 약한, 소극[수동]적인. **~stark** 〈Adj.〉【심리】추진력[분발력]이 강한, 적극[능동]적인. **~system**, das 【로켓】추진 장치. **~welle**, die 【기술】주동(운전) 축.
antrinken* 〈h〉 **1.** 조금 마시다, 입을 대다 : den Wein a. 포도주를 조금 마시다 : 〈대개 과거분사로〉 angetrunkene Bierflaschen 조금밖에 따르지 않은 맥주병들. **2.** 마셔서 어떤 상태가 되다 : sich einen Rausch[Schwips] a. 술을 마셔 취하다; **sich³ einen a.** 《통용어》곤취하다. **Antrinket**, der; -s 《schweiz.》(Pl. 없음) **1.** 성당[교회] 헌당 기념 축제, 전야의 축배. **2.** (새 주인의) 신장 개업.
antrippeln 〈h〉【유상】잰 걸음으로 출발하다.
Antritt, der; -(e)s **1. a)** 시작, 출발, 첫발을 내디딤 : der A. einer Reise 여행의 시작. **b)** 떠맡음, 인수, 취임 : der A. eines Amtes 관직 취임. **2.** 【스포츠】순발력.
antritts-, Antritts-: **~besuch**, der 취임 인사 방문[예방] : seinen A. abstatten[bei jmdm. machen] 취임 인사차 방문하다[누구를 방문하다]. **~münze**, die 정부 출범 기념 주화. **~rede**, die 취임사. **~schnell** 〈Adj.〉【스포츠】순발력 있는 : ein -er Läufer 순발력 있는 주자. **~schnelligkeit, die 빠른 순발력. ~vermögen**, das 【스포츠】↑Antritt (2). **~vorlesung**, die 교수의 취임(공개) 강의.
antrocknen 〈s〉 **1.** 말라붙다 : die Reste sind am Teller angetrocknet 찌꺼기가 접시에 말라붙었다. **2.** 약간 마르다 : die Wäsche ist nur angetrocknet 빨래가 약간 말랐을 뿐이다.
antuckern 〈s〉《통용어》천천히 통통거리며 (다가)오다 : 〈대개 과거분사+kommen의 용법으로〉 das Motorboot kam angetuckert 모터 보트가 천천히 통통거리며 다가왔다.
antun* 〈h〉 **1. a)** 행하다, 베풀다, 표하다 : jmdm. Gutes a. 누구에게 선행을 베풀다. **b)** 가하다 : jmdm. Böses a. 누구에게 나쁜 일을 가하다; tu mir das ja nicht an 《통용어》제발 그만 둬!; **sich etw. a.** 《통용어·은폐》자살하다. **2.** 매혹[매료]하다, 호리다 : sein Aussehen tat es ihr an[hat es ihr angetan] 그의 모습이 그녀를 매혹시켰다. **3. a)** 〈지역적〉(옷을) 입다, 몸에 걸치다 : ich tu

mir nur die Jacke an 난 저고리만 걸치겠다. **b)** 《아이》 옷차림을 하다: sie taten sich abends festlich an 그들은 저녁에 성장을 했다.

antupfen 〈h〉 슬쩍 건드리다: jmdn. mit dem Finger a. 누구를 손가락으로 슬쩍 건드리다.

¹anturnen 1. 〈s〉《통용어》법석대며《소란 피우며》《다가》오다: 〈대개 과거분사+kommen의 용법으로〉 die Kinder kamen fröhlich angeturnt 어린이들이 즐겁게 법석대며 다가왔다. **2.** 〈h〉《체조》옥외 시즌을 하다.

²anturnen ['antɐrnən] 〈h〉《통용어》**1.** 《마약으로》 환각 상태에 빠뜨리다. **2.** 흥분시키다, 돌게 하다.

Antwerpen [ant'vɛrpn, '– – –, (niederl.) 'antwɛrpə] 앤트워프《벨기에의 도시》. **¹Antwerpener**, der; -s, - 앤트워프 시민[주민]. **²Antwerpener** 〈Adj.; 격변화 없음〉 앤트워프의.

Antwort ['antvɔrt], die; -en **a)** 답, 대답, 회답, 답변: eine höfliche A. 정중한 대답; die A. blieb aus 대답이 나오지 않았다, (k)eine A. geben 대답하다[하지 않다]; jmdm. eine abschlägige A. erteilen 누구에게 거절하는 답을 하다; jmdm. die A. in den Mund legen 누구에게 대답할 말을 가르쳐 주다; um keine A. verlegen sein 대답을 못해 쩔쩔매는 법이 없다; 속담 keine A. ist auch eine A. 무답(無答)도 답이다. u. a. w. g. (um Antwort wird gebeten) 회답을 요망함(초청장에). **b)** 반응, 응답: als A. wies er stumm auf die Tür 그는 응답으로 말없이 문을 가리켰다.

Antwort-: ~**brief**, der 답장, 답신. ~**karte**, die 회신 엽서. ~**note**, die 《외교》《정부간의》 회답 문서. ~**postkarte**, die 《우편》 왕복 엽서. ~**schein**, der: ein internationaler A. 국제 반신권(返信券).

antworten ['antvɔrtn] 〈h〉 **a)** 《대》답《답변, 회답, 회신》하다: auf eine Frage a. 질문에 대답하다; mit Ja oder Nein a. 예 또는 아니오로써 대답하다; er konnte mir nicht ohne weiteres a. 그는 나에게 거침없이 대답할 수 없었다. **b)** 응답[반응]하다: sie antwortete darauf mit einem Achselzucken 그녀는 그에 대한 응답으로 어깨를 추스렸다.

antwortlich 〈Präp.²〉《격식독어·상업·고어》《격어》회답[회신]으로: a. Ihres Briefes 귀하의 서신에 대한 회답으로.

anulken 〈h〉《통용어》놀리다: er ist ein Spaßvogel, der jeden anulkt 그는 누구나 놀리는 장난꾸러기이다.

Anus ['a:nʊs], der; -, Ani ['a:ni; lat. Anus] 《의학》 항문. **Anus praeter**, der - -, **Ani** -, 《통용어에서는》- - [lat. Anus praeternaturalis의 약어]《의학》 인공 항문.

anvertrauen 〈h〉 **1. a)** 맡기다, 위임[위탁]하다: jmdm. ein Amt a. 누구에게 직책을 맡기다; 전의 sie vertrauten seine sterbliche Hülle der Erde an 《아어·운폐》 그들은 그의 시신을 매장하였다. **b)** 맡기다: wir haben uns seiner Führung anvertraut 우리는 우리 자신을 그의 지도하에 맡겼다. **2. a)** 《비밀 따위를》 털어놓다; jmdm. ein Geheimnis a. 누구에게 비밀을 털어놓다; 《드물게》ich anvertraue dir ... 너에게 무엇을 고백한다. **b)** 〈a. + sich〉 속마음을 털어놓다: sich jmdm. rückhaltlos a. 누구에게 속마음을 가차없이 털어놓다.

anverwandeln 〈h〉 《아어》 자기 것으로 만들다; du verwandelst dir gerne fremde Auffassungen an 《드물게》du anverwandelst dir....) 너는 남의 견해들을 잘도 너의 것으로 만든다. **Anverwandlung**, die; -en 자기 것으로 수용.

anverwandt 〈Adj.〉《고어·아어》 친척인, 혈연 관계의: eine mir -e Dame 나와 친척인 여자. **Anverwandte*,** der / die 《아어》 친척.

anvettern ['anfetɐn] 〈h〉 아첨하다, 비위를 맞추다.

anvisieren 〈h〉 **1.** 겨누다, 조준하다: einen feindlichen Panzer a. 적의 전차를 겨누다. **2.** 목표를 삼다, 추구하다: eine Aufgabe a. 과업을 추구하다.

Anwachs ['anvaks], der; -es 《드물게》 ↑ Anwachsung. **anwachsen** 〈s〉 **1. a)** 유착(癒着)하다, 아물다: die transplantierte Haut ist angewachsen 이식한 살갗이 유착하였다. **b)** 뿌리박[내리]다: die verpflanzten Bäume sind gut angewachsen 옮겨 심은 나무들이 뿌리를 잘 내렸다. **2.** 끊임없이 증가하다, 늘어[불어]나다, 많아지다: anwachsende Schulden 늘어나는 빚. **Anwachsung**, die 《법》《타상속권자의 탈락에 의한》 상속 지분 증가.

anwackeln 〈h〉《통용어》천천히《서툴게》걸어오다: 〈대개 과거분사+kommen의 용법으로〉eine Ente kam angewackelt 오리 한 마리가 뒤뚱뒤뚱 걸어왔다.

anwählen 〈h〉 **a)** 《전화 따위의》 번호를 돌리다: London kann direkt angewählt werden 런던은 직접 통화가 가능하다. **b)** 《무선 신호로》호출하다.

Anwalt ['anvalt], der; -(e)s, Anwälte ['anvɛltə] **1.** 변호사, 법률 고문: ich habe mir einen A. genommen 나는 변호사를 선임하였다; sich vor Gericht durch seinen A. vertreten lassen 변호사를 대리인으로 법정에 내세우다. **2.** 옹호자, 지지자, 대변인: er machte sich zum A. der Armen 그는 가난한 자들의 대변인을 자임하였다. **Anwältin** ['anvɛltɪn], die; -nen ↑ Anwalt의 여성형.

Anwalts-: ~**büro**, das **1.** 변호사《법률》사무소. **2.** 합동 법률 사무소. ~**gebühr**, die 《변호사의》 수임료. ~**kammer**, die 《법》 **1.** 변호사회. **2.** 《구동독》변호사 연합. ~**kanzlei**, die 《südd.》 ↑ ~büro. ~**prozeß**, der 《법》 필요적 변호 사건. ~**zwang**, der 《Pl. 없음》 《법》 변호사 강제주의, 필요적 변호사 제도.

Anwaltschaft, die; -en **1.** 변호사의 총수: die A. unserer Stadt 우리 도시에 사는 변호사의 총수. **2.** 변호사의 직[신분]: das Prinzip der freien A. 변호사의 신분 보장에 관한 원칙. **3.** 변호: die A. in einem Prozeß übernehmen 어떤 소송 사건에서 변호를 맡다. **anwaltschaftlich** 〈Adj.〉 변호사 〈신분〉의.

anwalzen 〈s〉《경》천천히《다가》오다: 〈대개 과거분사 + kommen의 용법으로〉die Nachbarin kommt ja schon wieder angewalzt 옆집 아낙네가 벌써 또 오고 있네.

anwandeln 〈h〉《아어》《병, 감정 따위가》사로잡다, 엄습하다: eine Stimmung [ein Gefühl] wandelte ihn an 어떤 기분[감정]이 그를 엄습하였다. **Anwandelung**, 〈흔히〉 **Anwandlung**, die; -en 《갑자기 나타나는》 기분, 변덕, 발작: eine A. von Furcht überkam [befiel] ihn 돌연한 두려움이 그를 사로잡았다; sonderbare -en haben 기이한 행동[태도]를 취하다; einer plötzlichen A. folgend 갑작스런 기분에 따라.

anwanzen, sich 〈h〉《경》아부《아첨》하다; er wollte sich beim Chef a. 그는 사장에게 아부하려 하였다.

anwärmen 〈h〉 약간 데치다: die Suppe a. 수프를 살짝 데우다; ich wärme mir die kalten Füße am Ofen an 나는 언 발을 난로에 녹인다.

Anwärter, der; -s, - 《유력한》 후보(자): er ist der sicherste A. auf eine olympische Medaille 그는 가장 확실한 올림픽 메달 후보이다. **Anwartschaft**, die; -en 《권리, 지위 따위의》계승권, 권리: die A. auf ein Amt besitzen 어떤 직위의 승계권을 가지다.

anwatscheln 〈h〉《경》 뒤뚱뒤뚱 걸어오다: 〈대개 과거분사 + kommen의 용법으로〉 eine Ente kam angewatschelt 오리 한 마리《뚱뚱한 노파》가 뒤뚱뚱 걸어왔다.

anwehen 1. 〈h〉《아어》바람을 누구를 향해 불다: ein Luftzug wehte sie an 바람이 그녀에게 불어왔다; 전의 ein Schauer[eine Todesahnung] weht mich an 전율

[죽음의 예감]이 나에게 불어 닥친다. **2. a)** ⟨h⟩ 바람이 불어 모으다[쌓이게 하다]: der Wind hat viel Schnee [Sand, Blätter] angeweht 바람이 눈[모래, 나뭇잎]을 많이 불어 모았다. **b)** ⟨s⟩ 바람에 의해 모[쌓]이다: hier weht immer viel Sand an 여기는 바람에 의해 모래가 항상 많이 쌓인다.
anweisen* ⟨h⟩ **1.** 지정[할당]하다: man wies mir meine Arbeit an 사람들이 나에게 일거리를 할당하였다; jmdm. ein Quartier a. 누구에게 숙소를 지정해 주다. **2.** 지시하다, 위임하다: er ist angewiesen, uns sofort zu verständigen 그는 우리에게 즉시 연락하라는 지시를 받았다. **3.** 지도하다: den Lehrling (bei der Arbeit) a. 견습공을 (작업중에) 지도하다. **4. a)** 송금하다. **b)** (누구의 계좌에) 입금시키다: den Angestellten wurde ihr Gehalt angewiesen 직원들의 통장에 봉급이 입금되었다. **Anweisung, die;** -en **1.** 지정, 할당. **2.** 지시, 명령, 지령: eine A. befolgen 지시에 따르다; wir haben strikte A. weiterzuarbeiten 우리는 계속 작업하라는 지엄한 명령을 받았다. **3.** 사용법, 사용 설명서: eine A. ist dem Gerät beigefügt 기계에 사용 설명서가 첨부되어 있다. **4. a)** 송금, 입금: um A. des Geldes auf ein Konto bitten 돈을 통장에 입금시켜 달라고 부탁하다. **b)** 지불 지시(위탁): die A. des Gehalts erfolgt demnächst 봉급의 지불 지시는 곧 내려질 것이다. **c)** [금융] 은행환(換), 우편환: eine A. auf[über] einen Betrag ausstellen[ausschreiben] 액면 …짜리의 환을 발행하다 (약어: Anw.).
anwendbar ['anvɛntba:ɐ] ⟨Adj.⟩ 사용(응용, 이용, 적용)할 수 있는: eine -e Methode finden 적용할 수 있는 방법을 찾다; die Theorie erwies sich als nur bedingt auf die Praxis[in der Praxis] a. 그 이론은 제한적으로만 실제에 적용할 수 있다고 판명되었다. **Anwendbarkeit, die** ↑anwendbar의 명사형: das Mittel wird noch auf seine A. geprüft 이 약은 아직 사용 가능성을 시험중이다. **anwenden*** ⟨h⟩ **1.** 쓰다, 이용하다: eine Technik richtig a. 기술을 올바르게 사용하다; wir haben viel Sorgfalt auf die Sache angewendet [angewandt] 우리는 이 일에 신경을 많이 썼다. **2.** 적용 [응용, 원용]하다: einen Paragraphen auf einen Fall a. 어떤 법률 조항을 어떤 경우에 적용하다; das Zitat läßt sich nicht darauf a. 그 인용문은 거기에 적용되지 않는다. **Anwendung, die;** -en **1.** 사용, 적용, 응용, 이용: die A. einer Bestimmung auf einen Fall 어떤 규정의 어떤 경우에의 적용; **etw. in[zur] A. bringen** [격식독어] 사용[응용]하다; **zur A. kommen[gelangen]**; **A. finden** 《격식독어》 사용[응용]되다. **2.** [의학] (특히 크나이프식) 수요요법(水療療法).
anwendungs-, Anwendungs-: **~bereich, der** 사용 범위: den A. eines Heilmittels erweitern 어떤 치료약의 사용 범위를 넓히다. **~gebiet, das** 적용 범위: das neue Verfahren ist für ein breites A. geeignet 이 새 방법은 넓은 적용 범위에 적당하다. **~möglichkeit, die** 적용[응용] 가능성. **~technik, die** 사용[응용] 기술. **~technisch** ⟨Adj⟩ 응용 기술상의: -e Verfahren 응용 기술상의 방법. **~vorschrift, die** 사용법: die A. für ein Medikament durchlesen 약의 사용법을 읽어 보다.
anwerben* ⟨h⟩ 모집[모병]하다: Soldaten[Arbeitskräfte, Freiwillige] a. 병사(근로자, 지원자)를 모집하다; sich (für einen[zu einem] Dienst) a. lassen (어떤 일에) 응모하다. **Anwerbung, die;** -en 모집, 모병.
anwerfen* ⟨h⟩ **1.** 던져 붙이다: zum Verputzen wird Mörtel od. Kalk (an die Wand) angeworfen 칠하기 위해 모르타르나 석회를 (벽에) 던져 붙이다. **2.** 작동시키다: den Motor[den Wagen] a. 모터[자동차]를 작동시

키다. **3.** [송구·농구] 공을 던져 경기를 시작하다, 토스하다.
Anwert, der; -(e)s 《bayr., österr.》 존중, 중시, 높은 평가: A. finden[A. haben] 높이 평가되다.
Anwesen, das; -s, - (집이 있는) 넓은 대지: ein einsames, ländliches A. 한적한 시골의 토지.
anwesend ['anveːznt] ⟨Adj.⟩ 출석[참석]한, (자리에) 있는(반대: abwesend): alle -en Personen 참석한 모든 사람들; bei einer Sitzung a. sein 회의에 참석하다; 전의 nicht ganz a. sein 《통용어·농》 정신을 팔고 있다. **Anwesende*, der** / **die** 참석자(반대: Abwesende): verehrte A. 존경하는 참석자 여러분; alle -n erhoben sich 참석자들은 모두 일어섰다. **Anwesenheit, die;** (반대: Abwesenheit) **1.** 출석, 참석, 현재 어디에 있음: jmds. A. feststellen[vermissen] 누구의 참석을 확인하다[누가 참석하지 않아 섭섭하다]; bei[während] meiner A. 내가 있는 자리에서[동안에]; in A. sämtlicher Mitglieder 모든 회원들이 다 참석한 가운데. **2.** 있음, 현존함: die A. von Metall feststellen 광물이 있음을 확인하다. **Anwesenheitsliste, die** 출석부.
anwettern ⟨h⟩ 《드물게》 호통 치다, 꾸짖다.
anwetzen ⟨s⟩ 《경》 급하게 (다가)오다(반대: abwetzen): (대개 과거분사 + kommen의 용법으로) atemlos kam er angewetzt 그는 숨을 헐떡이며 바쁘게 다가왔다.
anwidern ⟨h⟩ 《관》 혐오(혐오감)를 느끼게 하다, 구역질 나게 하다: er[sein Anblick] widert mich an 그를 보면 나는 혐오감을 느낀다; sich von etw. angewidert fühlen 무엇에 의해 구역질을 느끼다.
anwinkeln ⟨h⟩ 약간 구부리다: leicht angewinkelte Ellbogen 약간 구부린 팔꿈치.
anwinseln ⟨h⟩ 누구를 향해 낑낑거리다, 쩔쩔 울다: der Hund winselte seinen Herrn an 개가 주인을 향해 낑낑거렸다; 전의 er winselte mich um Hilfe an 《관》 그는 나에게 도와달라고 읍소하였다.
anwohnen ⟨h⟩ 《아어·드물게》 **1.** 바로 옆에 살다[거주하다]: einem Fluß a. 바로 강 옆에 살다. **2.** 참석하다. **Anwohner, der;** -s, - 무엇의 바로 옆에 사는 사람[주민]: die A. eines Flusses 어떤 강 옆에 사는 주민들. **Anwohnerschaft, die** 무엇의 바로 옆에 사는 사람들 전체.
Anwuchs, der; -es **1.** 《드물게》 뿌리내림, 착근, 성장. **2.** [임업] 어린 나무숲.
Anwurf, der; -(e)s, Anwürfe **1.** ⟨Pl. 없음⟩ [구기] 경기장 중앙에서 경기를 시작하기 위해 공을 던짐, 토스: den A. ausführen 공을 던져 경기를 시작하다; A. haben 선공(先攻)권을 가지다. **2.** 《준고어》 모르타르, 회칠. **3.** 비난, 비방(誹謗): scharfe Anwürfe gegen jmdn. erheben 누구에게 신랄한 비난을 퍼붓다.
anwurzeln ⟨s⟩ 뿌리내리다: **wie angewurzelt (da) stehen[stehenbleiben]** 뿌리가 박힌 듯 꼼짝하지 않고 서 있다.
Anzahl, die a) 약간의 수, 일정한 숫자: eine unbedeutende[eine stattliche] A. 미미한[상당한] 숫자; eine ganze A. von Kindern kam uns entgegen 아주 많은 수의 어린이들이 우리를 향해 왔다. **b)** (전체의) 수, 총수: die A. der Teilnehmer war nicht ausreichend 참석자의 숫자는 충분하지 않았다. **anzahlen** ⟨h⟩ **a)** (할부의) 계약금으로 지불하다: die Hälfte des Preises a. 가격의 절반을 계약금으로 지불하다; was[wieviel] hat er angezahlt? 그가 얼마를 계약금으로 냈느냐? **b)** (할부에서) 무엇의 계약금[최초 할부금]을 지불하다: die Waschmaschine a. 세탁기를 할부로 구입하여 첫회 할부금을 지불하다. **anzählen** ⟨h⟩ [스포츠] (권투에서) 카운트를 시작하다. **Anzahlung, die;** -en (할부의) 계약금 [첫회 할부금] 지불[불입]: etwas gegen eine kleine A.

[ohne A.] kaufen[bekommen] 무엇을 적은 계약금을 주고[계약금 없이] 사다. **Anzahlungssumme**, die 계약금[초회 할부금] 액수.

anzapfen ⟨h⟩ **a)** 구멍을 내어 액체를 받아 내다: Bäume zur Harzgewinnung a. 송진을 채취하기 위해 나무 껍질에 구멍을 뚫다; der Wirt hat frisch angezapft 술집 주인이 새 술통을 땄다. **b)** 《통용어》도청 장치를 하다, 도청하다: eine Leitung [einen Draht] a. 전화선에 도청 장치를 하다. **c)** 《통용어》돈을 (염치없이) 꾸다[빌리다, 울겨 내다]. **Anzapfung**, die; -en ↑anzapfen의 명사형.

anzaubern ⟨h⟩ **a)** 마술로 조달[입수]하다: das kann ich dir nicht a. 나는 마술을 사용해 그것을 너에게 마련해 줄 수 없다. **b)** 마법으로 누구에게 재앙을 주다: jmdn. eine Krankheit a. 마법으로 누구에게 병을 주다.

Anzeichen, das; -s, - **a)** 징후, 징조, 전조: A. eines Gewitters 뇌우(雷雨)의 징조; die A. für eine Krise mehren sich 위기를 예고하는 징조들이 많아진다; die ersten A. einer Krankheit 병의 초기 증상들. **b)** 표, 시, 특징, 조짐, 기미, 기색: A. von Reue erkennen lassen 후회하는 기미를 보이다; bei dem geringsten A. des Widerstandes sollten die Ausgänge besetzt werden 저항하는 기미가 조금만 보여도 출구들을 봉쇄해야 한다.

anzeichnen ⟨h⟩ **a)** 그리다: eine Figur (an die Wandtafel) a. 어떤 형상을 (칠판에) 그리다. **b)** 표를 하다, 표시하다: eine Stelle in einem Buch a. 책 속에 어떤 대목을 표시하다.

Anzeige, die; -n **1.** 고발, 고소, 투서, 신고: eine A. verfolgen 고발 사항을 추적하다; bei der Polizei A. gegen jmdn. (wegen einer Sache) erstatten 누구를 (무슨 일 때문에) 경찰에 고발하다; jmdn. [etw.] zur Anzeige bringen 《격식독어》누구[무엇]를 고발[고소]하다. **2. a)** 〈인쇄〉통지문, 알리는 글, 청첩장: wir haben die A. ihrer Vermählung erhalten 우리는 그들의 청첩장을 받았다. **b)** 광고, 공고(公告): eine A. aufgeben 광고를 내다; sich auf eine A. (hin) melden 광고에 응하다. **3. a)** (계기의) 가리킴, (계기의) 수치: die A. eines Meßinstruments 계기의 수치. **b)** 계(량)기; 계전기 die elektrische A. ist ausgefallen 전기 계기가 고장났다.

anzeige-, Anzeige-: **~blatt**, das ↑ Anzeigenblatt. **~gerät**, das 계(량)기. **~pflicht**, die 신고 의무(예컨대: 출생, 사망, 범죄 등등). **~pflichtig** ⟨Adj.⟩ 신고 의무가 있는: -e Krankheiten 법정 전염병. **~tafel**, die [스포츠] (경기장에 설치된) 전광판, 안내판.

anzeigen ⟨h⟩ **1.** 고발[신고]하다: einen Dieb (bei der Polizei) a. (경찰에) 도둑놈을 고발하다. **2. a)** 알리다, 광고[공고, 공표]하다: seine Verlobung a. 약혼을 알리다; der Verlag hat die neuen Bücher angezeigt 출판사는 신간 서적들을 광고하였다. **b)** 알리다, 통지[예고]하다: er hat uns seinen Besuch angezeigt 〈아이〉그가 우리를 방문하겠다고 통지하였다. **3.** 가리키다, 예고하다: die Uhr zeigt fünf Minuten nach neun an 시계 바늘이 9시 5분을 가리키고 있다; das Barometer hatte schönes Wetter angezeigt 청우계가 좋은 날씨를 예고하였다.

Anzeigen- (Anzeige 2 b): **~blatt**, das 광고 신문. **~expedition**, die 광고 대리점(대행사). **~ring**, der 공동의 광고 업무를 위한 지방지(地方紙)들의 연합. **~teil**, der 광고란, 광고면. **~vermittlung**, die ↑ ~expedition. **~werbung**, die 광고를 통한 선전.

Anzeiger, der; -s, - **1.** 계(량)기: der A. für den Ölstand ist defekt 휘발유 계기가 고장났다. **2.** (작은) 광고 신문, 홍보 신문(의 이름): im lokalen [im literarischen] A. blättern 지방 광고 신문[문학 홍보 신문]을 뒤적이다.

anzelten ⟨h⟩ 야영 시즌을 개막하다: 《대개 명사로》morgen ist Anzelten 내일이 야영 시즌 개막일이다.

anzetteln ⟨h⟩ 《폄》(나쁜 일, 음모 따위를) 꾸미다, 모의[획책]하다: eine Verschwörung [einen Putsch] a. 모반(쿠데타)을 획책하다. **Anzett(e)ler**, der; -s, - (나쁜 일의) 주동자. **Anzett(e)lung**, die; -en 획책, 음모, 모의.

anziehen¹ 1. ⟨h⟩ **a)** 자기(몸) 쪽으로 당기다: die Beine a. 다리를 몸 쪽으로 당기다. **b)** (특히 식료품이) 흡수하다, 빨아들이다: Salz zieht die Feuchtigkeit an 소금은 (공기중의) 습기를 빨아들인다. **c)** 끌어당기다, 유혹(유인)하다, 마음을 끌다: sich von jmdm. angezogen fühlen 누구에게 마음이 끌림을 느끼다; die Ausstellung zog viele Besucher an 그 전시회는 많은 관람자들을 끌어들였다. **2.** ⟨h⟩ **a)** 바짝(팽팽하게) 당기다: die Zügel a. 고삐를 바짝 당기다. **b)** 바짝(꽉) 죄다(당기다): eine Schraube a. 나사를 꽉 죄다; er hatte vergessen, die Handbremse anzuziehen 그는 손브레이크 당기는 것을 잊었다. 〈전의〉der Staat zieht die Steuerschraube angezogen 국가가 세금을 증액하여 거둬 들였다. **3.** ⟨h⟩ 《지역적》문을 조금 열리도록 닫다: die Tür leise a. 방문을 조금 열리도록 닫다. **4. a)** ⟨h⟩ 움직이기 시작하다: die Pferde ziehen an 말들이 움직이기 시작한다. **b)** ⟨s⟩ 《준고어》다가오다, 접근하다: das feindliche Heer zog an 적군이 접근한다. **c)** ⟨h⟩ 【장기】선수로 두다, 선(先)이다: Weiß zieht an 백이 선이다. **5.** ⟨h⟩ **a)** 옷을 입(히)다: sich warm a. 따뜻하게 옷을 입다; ein Kind a. 아이에게 옷을 입히다; elegant angezogen sein 옷차림이 우아하다. **b)** (옷을) 입다, (장갑을) 끼다, (신발을) 신다, (모자를) 쓰다: den Mantel a. 외투를 입다; die Mütze a. 《지역적》모자를 쓰다; nichts anzuziehen haben 입을 것이 없다. **6.** ⟨h⟩ 【증권·상인】(가격이) 올라가다, 상승하다: die Aktien ziehen an 주식 시세가 올라간다. **7.** ⟨h⟩ 속력을 내다: der Sprinter zog vom Start weg energisch an 그 단거리 선수는 출발선에서부터 힘차게 속력을 내어 내달렸다. **8.** ⟨h⟩ 《준고어》인용하다: einen Autor a. 어떤 저자를 인용하다. **anziehend** ⟨Adj.⟩ 마음을 끄는, 매력있는[적인]: ein -es Äußeres 매력적인 외모; a. sein 매력적이다. **Anziehung**, die; -en **1.** 《Pl. 없음》 끌어당기기, 매력: eine starke A. auf jmdn. ausüben 누구에게 강한 매력을 발하다. **2.** 유혹, 매혹: den -en der Großstadt erliegen 대도시의 유혹에 굴복하다. **Anziehungskraft**, die **1.** [물리] 인력, 중력: die A. der Erde 지구의 중력. **2.** 《Pl. 없음》매력: eine unwiderstehliche A. besitzen 물리칠 수 없는 매력을 가지다.

anzielen ⟨h⟩ 목표하다, 목표로 삼다: das angezielte Ergebnis wurde nicht erreicht 목표했던 결과가 달성되지 못했다.

anzischen 1. ⟨h⟩ (동물이) 누구를 향해 쉿소리를 내다: der Schwan hat mich böse angezischt 백조가 나를 향해 안 좋은 쉿소리를 울렸다. **2.** ⟨h⟩ 《통용어》몹시 야단[호통] 치다. **3.** ⟨s⟩ 《경》빠르게 다가오다: 《대개 과거분사 + kommen의 용법으로》er kam sofort angezischt 그는 즉시 휙 달려왔다. **4.** sich³ einen a. ⟨h⟩ 《경》취하도록 마시다.

anzittern ⟨s⟩ 《경》(다가)오다, 가까이 오다: 《대개 과거분사 + kommen의 용법으로》um vier Uhr kam er angezittert 그가 네 시에 왔다.

anzockeln ⟨s⟩ 《경》천천히 (다가)오다, 접근하다: 《대개 과거분사 + kommen의 용법으로》ein Pferdegespann kam angezockelt 마차가 느릿느릿 다가왔다.

anzotteln ⟨s⟩ 《통용어》천천히 (다가)오다, 접근하다: 《대개 과거분사+kommen의 용법으로》eine Schar müder Kinder kam angezottelt 지친 어린이들 한 떼가

어슬렁어슬렁 다가왔다.

Anzucht, die; Anzüchte **1.** 〖광〗 배수로. **2.** 〈Pl. 없음〉 재배, 사육. **Anzuchtgarten,** der 묘포, 묘목원.

anzuckeln 〈s〉 《통용어》 ↑anzockeln.

Anzug, der; -(e)s, Anzüge **1.** 양복(한 벌의) 신사복: der A. sitzt schlecht(paßt nicht) 양복이 맞지 않는다; einen A. von der Stange kaufen 기성복을 한 벌 사다; im dunklen A. erscheinen 검은색 양복을 입고 나타나다; **erster[zweiter] A.** 《스포츠 은어》 제 1[2] 군(진); jmdn. **aus dem A. stoßen(boxen)** 《경》 누구를 흠 뻑 두들기다; **aus dem A. fallen** 《경》 비쩍 마르다; **aus dem A. kippen**(경) 1) 바닥에 넘어(쓰러)지다. 2) 깜짝 놀라다. **2.** 가속력(성): das Auto ist schlecht im A. 그 차는 가속력이 나쁘다. **3. im A. sein** 접근 중이다, 다가오고 있다: der Feind ist im A. 적이 다가오고 있다; Gefahr ist im A. 위험이 다가온다. **4.** (장기 따위의) 첫, 선(先). **5.** 《schweiz.》 침대보(시트). **6.** 《schweiz.》 《의회에서의》 동의(動議).

anzüglich ['antsy:klɪç] 〈Adj.〉 **1.** 빈정거리는, 비꼬는, 암시적인: werde nur nicht a.! 제발 빈정거리지 마라; er lächelte a. 그는 비꼬는 미소를 지었다. **2.** 외설적인, 음탕한: -e Witze erzählen 외설적인 재담을 이야기하다. **Anzüglichkeit,** die; -en **1.** 〈Pl. 없음〉 암시적인(빈정대는) 투. **2.** 암시[외설]적인 말, 비꼬는(빈정대는) 말: seine Rede war voller -en 그의 연설은 비꼬는 말로 가득 찼었다. **Anzugskraft,** die 〈자동차의 출발〉 가속력. **Anzugstoff,** der 양복의 옷감. **Anzugsvermögen,** das ↑Anzug (2).

anzünden 〈h〉 a) 불붙이다, 점화하다: ein Streichholz a. 성냥에 불붙이다. **b)** 불붙이다: ich zündete mir eine Zigarette an 나는 담배에 불붙여 물었다. **c)** 방화하다, 불지르다: ein Haus a. 집에 불지르다. **Anzünder,** der; -s, - (특히 가스의) 점화기.

anzwecken 〈h〉 《지역적》 압정으로 꽂다: ein Plakat (an die Wand) a. 플라카드를 (벽에) 압정으로 꽂다.

anzweifeln 〈h〉 반신반의하다, 의심하다: ich zweifelte die Echtheit des Bildes an 나는 그 그림이 진짜인지 의심하였다. **Anzweif(e)lung,** die; -en 반신반의, 의심 (하기).

anzwinkern 〈h〉 눈을 깜박이며 보다.

anzwitschern **1.** 〈s〉 《통용어》 천천히 나타나다, 오다: 〈대개 과거분사 + kommen의 용법으로〉 um 9 Uhr endlich kamen sie angezwitschert 그들은 마침내 9시에 천천히 나타났다. **2. sich³ einen a.** 〈h〉 취하도록 마시다.

ao., a.o.(Prof.) = außerordentliche(r) Professor) 부교수.

AOK = Allgemeine Ortskrankenkasse 지역 의료 보험 조합.

Äolien [ɛ'oːliən], -s 에올리아(소아시아 북서 해안 지역의 옛 이름). **äolisch** 〈Adj.〉 **1.** 에올리아의: -e Tonart 〖음악〗 에올리안 조(調), 에올리안 선법: Äolisch Inseln 에올리아 군도. **2.** 〖지질〗 바람에 의한, 풍성(風成)의.

Äolsharfe ['ɛːɔls-], die; -n **1.** 아이올로스의 하프(바람이 불면 울림), 풍금(風琴). **2.** 오르간의 낮고 부드러운 음역.

Äolus ['ɛːɔlʊs] 아이올로스(고대 그리스의 바람의 신).

Äon [ɛːˈɔːn], der; -s, -en [ɛˈɔːnən] (대개 Pl.) [lat. aeōn < griech. aiōn] 《교양어》 무한한 시간, 영원, 영겁: das wird in -en nicht geschehen 그것은 영원히 일어나지 않을 것이다. **äonenlang** 〈Adj.〉 《교양어》 영원한, 장구한, 무한히 긴.

Aorist [aoˈrɪst], der; -(e)s, -e [lat. aoristos < griech. aóristos] 〖언어〗 그리스어의 부정(不定) 과거.

Aorta [aˈɔrta], die ...ten [...tn; griech. aortē] 〖의학〗 대동맥.

Aorten- [aˈɔrtn-] 〖의학〗: **~bogen,** der 대동맥 궁(弓). **~druck,** der 대동맥 압(壓). **~klappe,** die 대동맥 판(弁). **~klappeninsuffizienz,** die 대동맥 판 폐쇄 부전증.

AP ['eɪ'piː] 에이피 통신.

APA = Austria Presse Agentur 오스트리아 통신.

Apache [aˈpaxə], der; -n, -n [frz. apache] 《준교어》 대도시의 깡패, 부랑배(특히 세기말 파리의). **Apachenball,** der 《준교어》 부랑배 차림의 가장 무도회.

Apanage [apaˈnaːʒə], die; -n [frz. apanage] **a)** 왕족의 세비(歲費), 연금, 영지: eine A. beziehen(erhalten) 왕족의 세비를 받다. **b)** (정기적인 고액의) 금전적 원조(지원). **Apanageherzogtum,** das 《역사적》 통치권이 제한적인 공국, 공작령. **Apanagesystem,** das 《역사적》 (프랑스에서 18세기까지 존재했던) 왕족에의 세비(영지) 수여 제도.

apart [aˈpart] 〈Adj.〉 [frz. à part] **1.** 독특한 매력이 있는, 아주 매력적인, 운치 있는: ein -es Kleid[Gesicht] 독특한 매력이 있는 옷(얼굴); sie kleidet sich a. 그녀는 아주 매력적인 옷차림을 한다. **2.** 〖서적〗 낱권으로, 한 권씩: fehlende Einzelbände werden a. nachgeliefert 빠진 낱권들은 한 권씩 추후에 공급된다. **Apartbestellung,** die 〖서적〗 《전집류의》 낱권 주문. **Apartheid** [aˈpartˌhaɪt], die [afrikaans apartheid] 〈남아프리카 공화국의〉 인종 차별, 흑백 분리. **Apartheidpolitik,** die 인종 차별 정책, 흑백 분리 정책. **Apartheit,** die 독특(특별)한 매력이 있음. **Apartment** [aˈpartmənt, 〈engl.〉 əˈpaːtmənt], das; -s, -s [engl.-amerik. apartment] 아파트(한 방 세대). **Apartmenthaus,** das **1.** 아파트. **2.** 《은폐》 유곽.

Apathie [apaˈtiː], die; -n [...iən; frz. apathie] **a)** 무관심, 무감각, 냉담: aus seiner A. erwachen 무관심(무감각) 상태에서 깨어나다; in A. versinken 무감각 상태에 빠지다. **b)** 〖의학〗 병적인 무감각(상태), 무감각증. **apathisch** [aˈpaːtɪʃ] 〈Adj.〉 무관심한, 무감각한, 냉담한: ein -er Mensch 무감각한 사람; völlig a. sein 완전히 무관심의 상태로 있다.

Apatit [apaˈtiːt, 〈또한〉 ...tɪt], der; -s, -e [griech. apátē] 인회석(燐灰石).

Apenin [apeˈniːn], der; -s 〈또는〉 Apenninen 〈Pl.〉; 오직 관사와 함께 〉 〈이탈리아의〉 아페닌 산맥. **Apenninenhalbinsel** die 〖지리〗 아페닌 반도.

aper ['aːpɐ] 〈Adj.〉 《südd., österr., schweiz.》 눈이 없는, 눈이 쌓여 있지 않은: ein -er Südhang 눈이 없는 남향 언덕.

Aperçu [aperˈsyː], das; -s, -s [frz. aperçu] 《교양어》 재치있는 말(표현), 기지에 찬 말: (geistreiche) -s in seine Rede einstreuen 연설의 중간중간에 재치있는 말을 끼워 넣다.

Aperitif [aperiˈtiːf, 《또한》 ...tɪf], der; -s, -s. / -e [...iːvə; frz. apéritif] 〈식사 전에 마시는〉 식욕 촉진 음료〔술〕: einen A. nehmen 식욕 촉진주를 한 잔 마시다. **Aperitivum** [...ˈtiːvʊm], das; -s, ...va 〖의학〗 **1.** 설사 약. **2.** 식욕 촉진제(약).

apern ['aːpɐn] 〈h〉 《südd., österr., schweiz.》 **a)** 눈이 녹다: es apert 눈이 녹는다. **b)** (드물게) 눈을 치우다. **Apertur** [apɐrˈtuːɐ], die; -en [lat. apertūra] 〖광학 · 사진〗 구경(口徑), 개구(開口).

Aperung ['aːpɐrʊŋ], die; -en 《südd., österr., schweiz.》 〈Pl. 없음〉 눈이 녹음. **b)** 눈이 녹은 지역(곳). **Aperwetter,** das 《südd., österr., schweiz.》 눈을 녹이는 날씨, 해빙 기후. **Aperwind,** der 《südd., österr., schweiz.》 훈풍.

Apex ['aːpɛks], der; -, Apizes [ˈaːpitseːs; lat. apex] **1.** 〖천문〗 향점(向點). **2.** 〖언어〗 장(모)음 부호(예컨대: ˊ

Apfel 130

《또는》'). **3.** 〔언어〕 강(強)음 부호(예컨대: ').
Apfel ['apfl], der; -s, Äpfel ['ɛpfl] **1.** 〈축소형: ↑ Äpfelchen〉 사과: ein grüner A. 푸른 A.; A. im Schlafrock 사과 파이; Äpfel pflücken 사과를 따다; 족담 der A. fällt nicht weit vom Stamm[《통용어·농》 nicht weit vom Pferd] 부전자전이다; **so voll sein, daß kein A. zur Erde fallen kann** 입추의 여지도 없다; **Äpfel und Birnen zusammenzählen [Äpfel mit Birnen addieren]** 물과 기름을 섞다; **für einen A. und ein Ei**《통용어》아주 싸게, 헐값으로; **in den sauren A. beißen**《통용어》울며 겨자 먹기로 하다. **2. a)** 사과나무: die Äpfel tragen dieses Jahr gut 금년에 사과나무들이 열매를 잘 맺었다. **b)** 사과종류: dies ist ein früher A. 이것은 조생종 사과이다. **3.**〈Pl.〉《은폐》젖가슴.

apfel-, Apfel- (Apfel 1): **~artig**〈Adj.〉사과 모양의. **~auflauf,** der 사과 파이. **~bäckchen,** das〈대개 Pl.〉《친근》사과 (모양의) 빰. **~baum,** der 사과나무. **~blüte,** die **a)** 사과꽃. **b)** 사과꽃이 피는 시기: die A. ist schon vorüber[war dieses Jahr besonders schön] 사과꽃 시절이 벌써 지나갔다(금년에는 유달리 아름다웠다). **~blütenstecher,** der; -s, - 사과나무하늘소. **~brei,** der〈Pl. 없음〉사과죽. **~frucht,** die〔식물〕 장미나무과에 속하는 식물의 열매. **~gehäuse,** die 사과속. **~gelee,** das / der 사과 젤리. **~gewächs,** das〔식물〕장미나무과에 속하는 식물. **~griebs,** der〈지역적〉↑~gehäuse. **~grün**〈Adj.〉담록(淡綠)색의. **~grutzen,** der〈지역적〉↑~gehäuse. **~horde,** die (판자로 만든) 사과 저장대. **~kern,** der 사과씨. **~kompott,** das 사과 절임[콤포트]. **~kraut,** das〔지역적〕 사과 시럽. **~kuchen,** der 사과 케이크. **~made,** der 카르모카푸사(사과 속에 사는 벌레)의 애벌레. **~most,** der **a)** 사과즙. **b)**〈südd.〉사과주. **~mus,** das ↑~brei. **gerührt (sein) wie A.**《통용어·농》아주 감동된다(되다). **~pfannkuchen,** der 사과 조각을 밀가루로 반죽하여 군 과자. **~quitte,** die 사과 모양의 마르멜로. **~rund**〈Adj.〉사과처럼 둥근. **~saft,** der 사과 쥬스. **~säure,** die 사과산. **~schale,** die 사과껍질. **~schimmel,** der 회색의 둥근 반점이 있는 백마. **~schnitz,** der〈대개 Pl.〉〔지역적〕껍질을 벗기고 속을 베어낸 사과 조각. **~schorf,** der 사과(열매나 잎의) 부스럼. **~sorte,** die 사과의 품종[종류]. **~strudel,** der 사과 파이. **~tasche,** die 사과 파이. **~tee,** der 사과 차. **~torte,** die 사과 케이크. **~wein,** der 사과주, 애플 와인. **~wickler,** der 사과 벌레, 코들링 나방의 유충.

Äpfelchen ['ɛpflçən], das; -s, - ↑Apfel (1)의 축소형.
apfelig ['apfəlɪç]〈Adj.〉〔지역적〕반점 있는. **äpfeln** ['ɛpfln]〈h〉(말이) 똥싸다.
Apfelsine [apfl'ziːnə], die; -n [niederd. Appelsina) **a)** 오렌지: eine A. schälen 오렌지 껍질을 벗기다. **b)** 오렌지나무.
Apfelsinen-: ~baum, der 오렌지나무. **~kern,** der 오렌지 씨. **~saft,** der 오렌지 쥬스. **~schale,** die 오렌지 껍질. **~scheibe,** die 오렌지 조각.
Apg. = Apostelgeschichte (2) 사도행전.
Aphärese [afɛ'reːzə], die; -n [lat. aphaeresis] 〔언어〕 두음(頭音) 생략(예컨대: es 대신 's).
Aphasie [afa'ziː], die; -n [...iːən; griech. aphasía] **1.** 〔의학〕 실어증(失語症). **2.** 〔철학〕 확실히 알려지지 않는 것에 대한 판단 유보.
Aphel [a'feːl], das; -s, -e / **Aphelium** [a'feːliʊm], das; -s, ...ien [...iən; griech. apó] 〔천문〕 원(일)점(遠(日)點) (반대: Perihel).
Aphelandra [afɛl'andra], die; ...dren (쥐꼬리망초과) 아칸더스의 일종.

Aphongetriebe [aˈfoːn-], das; -s, - 〔기술〕 저소음 변속기.
Aphorismus [afoˈrɪsmʊs], der; -, ...men [...mən]; lat. aphorismus < griech. aphorismós] 〔교양어〕 경구, 격언, 잠언, 경구: geschliffene Aphorismen 잘 닦인 경구. **Aphoristik** [afoˈrɪstɪk], die 잠언[격언, 금언, 경구] 을 만드는 능력[재주]. **Aphoristiker,** der; -s, - 잠언 〔격언, 경구〕 작가. **anphoristisch**〈Adj.〉[griech. aphoristikós] 잠언[격언, 경구](조)의; 경구적인, 간단명료한, 간결한: -er Stil 경구적인 문체.
Aphrodisiakum [afrodiˈziːakʊm], das; -s, ...ka [...ka; griech. aphrodisiakós] 〔의학〕 최음제(催淫劑), 미약(媚藥). **Aphrodisie** [afrodiˈziː], die; -n [...iːən; griech. aphrodísia] 〔의학〕 성욕과대증. **aphrodisisch** [afroˈdiːzɪʃ]〈Adj.〉[griech. aphrodísios] 〔교양어〕 **a)** 아프로디테의, 사랑의. **b)** 성욕을 자극[촉진]하는, 최음성의: -e Mittel 성욕 자극제.
Aphrodite [afroˈdiːtə] 아프로디테(그리스 신화의 사랑의 여신). **aphrodjtisch**〈Adj.〉사랑의 여신의.
Aphthe ['aftə], die; -n〈대개 Pl.〉[lat. aphtha < griech. áphtha] 〔의학〕 부패성 구강염(口腔炎), 아구창 (牙口瘡). **Aphthenseuche,** die ↑Maul-und Klauenseuche.
a piacere [a piaˈtʃɛːrə] ital., aus a (↑a) u. piacere] 〔음악〕 마음-(기분)대로.
apikal [apiˈkaːl]〈Adj.〉[lat. apex] **1.** 〔식물〕 위로 향한 (식물의 성장), 첨단(尖端)의. **2.** 〔언어〕 혀끝의, 혀끝에서 나는(소리가).
Apis [ˈaːpɪs], der; -, Apisstiere [griech. Āpis] (고대 이집트인들이 숭배한) 성우(聖牛).
apl. (Prof.) = außerplanmäßig(er Professor) 비정규교수.
Aplanat [aplaˈnaːt], der; -en, -en, 〈또한〉das; -s, -e 〔광학〕 무수차(無收差) 렌즈. **aplanatisch**〈Adj.〉[engl. aplanatic] 〔광학〕 무수차의, 불유(不遊)의: -e Linsen 불유렌즈.
Aplomb [aˈplɔ̃ː], der; -s [frz. aplomb] **1.** 〔교양어〕 **a)** (태도가) 침착한, 당당한. **b)** 당돌한, 대담한, 뻔뻔스러움: etw. mit A. durchzusetzen versuchen 무엇을 대담하게 관철시키려 하다. **2.** 〔발레〕 아플롱, 수직, 연직(호트러지지 않는 자세).
APO, die 〈Pl.〉 **Apo** ['aːpo], die = außerparlamentarische Opposition (60년대말의) 원외(院外) 야당.
Apochromat [apokro'maːt], der; -en, -en, 〈또한〉das; -s, -e 〔광학〕 아포크로매트(색약 교정 렌즈). **apochromatisch**〈Adj.〉〔광학〕 색약 교정 렌즈의.
apodiktisch [apoˈdɪktɪʃ]〈Adj.〉[lat. apodicticus < griech. apodeiktikós] **1.** 〔철학〕 자명한, 반박할 수 없는, 확실한: -e Beweise[Urteile] 자명한 증거. **2.** 〔교양어〕 반박[이론]의 여지가 없는: etwas a. formulieren [erklären] 무엇을 반박의 여지가 없도록 표현[설명]하다.
Apogäum [apoˈgɛːʊm], das; -s, ...äen [...ɛːən; griech. apógeion] 〔천문·우주〕 원지점(遠地點) (반대: Perigäum). **Apogäumssatellit,** der 〔우주〕 원지점에서 발사되는 인공위성. **Apogäumstriebwerk,** das 〔우주〕 원지점에서 점화되는 로켓 추진 장치.
Apokalypse [apokaˈlʏpsə], die; -n [lat. apocalypsis < griech. apokálypsi] **1.** 〔종교〕 (세계 종말을 예언한) 계시서(啓示書), 묵시록(默示錄). **2.** 〈Pl. 없음〉〔교양어〕 멸망, 파멸, 재앙, 종말. **Apokalyptik** [...ˈlʏptɪk], die **1.** 〔종교〕 묵시록[종말론]적 예언서류(類). **2.** 세계종말론. **Apokalyptiker,** der; -s, - 〔종교〕 묵(계)시록(의) 저자(해석자). **apokalyptisch**〈Adj.〉〔종교〕 묵(계)시록의: **die Apokalyptischen Reiter** 계시록의 4기사(요한계시록 6장의 페스트, 전쟁, 기아, 죽음을 상징하

는). 2. 《교양어》 **a)** 세계 종말을 암시하는, 재앙을 가져오는. **b)** 암흑의, 신비한.

Apokoinu [apo'kɔy'nu:], das; -(s), -s [griech. apò koinoū] 〖양식〗공유(共有) 구문(문장의 한 요소 또는 단어가 쌍방의 문장 요소를 동시에 받는).

Apokope [a'poːkopɛ], die, -n [apo'koːpn; lat. apocopē < griech. apokopḗ] 〖언어〗어미음 탈락〖생략〗(예컨대: hatte 대신 hatt'). **apokopieren** [apoko'piːrən] 〈h〉〖언어〗어미를 생략하다.

apokryph [apo'kryːf] 〈Adj.〉 [lat. apocryphus < griech. apókryphos] **1.** 〖종교〗성서 외전(外典)의, 경전(經典)외 성서의. **2.** 《교양어》 전거(典據)가 의심스러운, 공인받지 않은, 가짜의, 위작(僞作)의. **Apokryph** [-], das; -s, -ᴇɴ (또한) **Apokryphon** [a'poːkryfɔn], das; -s, …pha […faː] / …phen [apo'kryːfn̩] 〈대개 Pl.〉 [lat. apocryphum] 〖종교〗성서 외전, 경전외 성서.

apolitisch (또한) −−'−−] 〈Adj.〉 [griech. apolitikós] 《교양어》 **a)** 비정치적인, 정치색이 없는: ein -es Theaterstück 정치색이 없는 연극. **b)** 비정치적이, 정치에 관심이 없는: er ist völlig a. 그는 정치에 전혀 관심이 없다.

Apoll [a'pɔl], der; -s, -s 〈아이〉 ↑Apollo (2): ein bezaubernder A. 매력적인 미청년. **apollinisch** [apo-'liːnɪʃ] 〈Adj.〉 [lat. Apollineus] 《교양어》 **1.** 아폴로의, 아폴로적인. **2.** 〖특히 철학〗아폴로적인, 조화된, 균형〖절도〗있는(반대: dionysisch). **¹Apollo** [a'polo], 아폴로신. **²Apollo**, der; -s, -s 〖젊고 아름다운 그리스·로마의 예언, 문학, 조화, 질서의 신 아폴로의 이름에 따라〗 **1.** 미청년, 미남. **2.** 나비의 일종.

³Apollo 아폴로 계획(미국의 달 탐사 계획).

Apollo-: **~falter**, der 나비의 일종(흰 빛 날개에 검은 점이 있음). **~Programm**, das 〈Pl. 없음〉아폴로 계획. **~Raumfahrzeug**, das 아폴로 우주선. **~Raumschiff**, das ↑~Raumfahrzeug.

Apolog [apo'loːk], der; -s, -ᴇ [lat. apologus < griech. apólogos] 〖문예〗교훈적인 이야기, 교훈담, 우화. **Apologet** [apolo'geːt], der; -ᴇɴ, -ᴇɴ **a)** 《교양어》 지지자, 옹호자, 변호자, 제창자. **b)** 〖종교〗(초기 기독교의) 호교가(護敎家), 호교론자. **Apologetik**, die; -ᴇɴ [lat. apologēticum] **1.** 《교양어》 a) 변호, 변명. **b)** 호교. **2.** 〈Pl. 없음〉 〖신학〗호교학, 호교론. **apologetisch** 〈Adj.〉 [lat. apologēticus < griech. apologētikós] 《교양어》 지지(옹호, 변호, 변명)하는. **Apologie** [apolo'giː], die; -n […iːən; lat. apologia < griech. apología] 《교양어》 **a)** 변명, 변호, 옹호, 지지. **b)** 변명(변호)서, 변호 연설: eine A. halten 변호하다. **apologisieren** [apologi'ziːrən] 〈h〉 《교양어》 변호(변명)하다.

apophantisch [apo'fantɪʃ] 〈Adj.〉 griech. apophantikós] 《교양어》 진술〖주장〗하는, 강조하는.

Apophthegma [apo'ftɛgma], das; -s, …men / -ta [griech apóphthegma] 《교양어》 경구, 잠언, 격언.

Apophyse [apo'fyːzə], die; -n griech. apóphysis] 〖해부〗골단(骨端), 골돌기(骨突起), 관절단(關節端).

Apoplektiker [apo'plɛktikɐ], der; -s, - [lat. apoplēcticus] 〖의학〗 **a)** 뇌졸중 성향의 사람. **b)** 뇌졸중 후유증 환자. **apoplektisch** [apo'plɛktɪʃ] 〈Adj.〉 [lat. apoplēcticus < griech. apoplēktikós] 〖의학〗 **a)** 뇌졸중의, 뇌졸중을 보이는, 뇌졸중에 의한: -er Anfall 뇌졸중 발작. **b)** = im Aussehen 뇌졸중을 보이는 외모. **c)** 뇌졸중 성향이 있는: er ist stark a. 그는 뇌졸중 성향이 강하다. **Apoplexie** [apople'ksiː], die; -n […iːən; lat. apoplēxia < griech. apoplēxía] **1.** 〖의학〗뇌졸중, 뇌일혈, 중풍. **2.** 〖식물〗핵과수(核果樹) 수관(樹冠)의 돌연 고사(枯死).

Aporie [apo'riː], die; -n […iːən; lat. aporia < griech. aporia] **a)** 〖철학〗(명제의) 해결 불가능성. **b)** 《교양어》 당혹, 난처함, 어찌할 바 모름.

Apostasie [aposta'ziː], die; -n […iːən; lat. apostasia < griech. apostasía] **a)** 《교양어》 (특히 기독교로부터의) 배신, 배교(背敎). **b)** 〖가〗(성직자 신분에서의) 이탈. **Apostat** [apo'staːt], der; -ᴇɴ, -ᴇɴ [lat. apostata < griech. apostátēs] 《교양어》 (특히 기독교의) 배반자, 배교자.

Apostel [a'pɔstl̩], der; -s, - [lat. apostolus < griech. apóstolos] **1.** 〖가〗사도: die zwölf A. 12 사도. **2.** 《교양어·반어》 제창(提唱)자, 지지자, 신봉자: ein A. der Gewaltlosigkeit 비폭력의 신봉자.

Apostel-: **~amt**, das 〈Pl. 없음〉 〖신학〗사도의 직(職). **~brief**, der 〖신학〗사도 서간(書簡). **~geschichte**, die 〖신학〗 **1.** 사도들의 활약상을 담은 이야기. **2.** 〈Pl. 없음〉사도행전(使徒行傳). **~krug**, der 12 사도를 약각한 도자기. **~löffel**, der 자루 끝에 사도 그림의 장식이 있는 수저. **~spiel**, das 〖문예〗사도극(使徒劇).

a posteriori [aːpɔste'rioːri; alt. = vom Späteren her] (반대: a priori) **a)** 〖철학〗경험적인, 경험에 의한: eine Erkenntnis a p. 경험에 의한 인식. **b)** 《교양어》 추후에, 사후에: das läßt sich erst a p. feststellen 그것은 사후에야 비로소 확인할 수 있다. **Aposteriori** [aposte'rioːri], das; -s, - [철학] 경험성(性), 경험에 의한 인식(반대: Apriori). **aposteriorisch** 〈Adj.〉 〖철학〗경험의(따른), 경험적인(반대: apriorisch).

Apostilb [apo'stɪlp], das; -s, -ᴇ 《물리·고어》광도의 단위(기호: asb).

Apostolat [apostoˈlaːt], das / der; -(e)s, -ᴇ [lat. apostolātus] 〖신학〗 **a)** 사도의 직, 주교[신부]의 직. **b)** (비성직자에게 위임되는) 사도의 직, 전〖포교 임무〗(↑Laien-apostolat). **Apostoliker** [apɔs'toːlikɐ], der; -s, - [lat. apostolicus] 〖종교〗사도 추종자. **Apostolikum**, das; -s 〖신학〗사도 신경(信經). **apostolisch** 〈Adj.〉 [lat. apostolicus < griech. apostolikós] 〖신학〗 **a)** 사도의, 사도의 가르침에 의한: apostolisches Glaubensbekenntnis 사도 신경. **b)** 〖가〗교황(청)의: Apostolischer Nuntius 교황청 대사; Apostolischer Segen 교황의 축복; Apostolischer Stuhl 교황의 직.

Apostroph [apo'stroːf], (또한) der; -s, -ᴇ [lat. apostrophos < griech. apóstrophos] 〖언어〗생략 부호('): einen A. setzen 생략 부호를 달〖치〗다. **Apostrophe** [a'pɔstrofɛ, apo'stroːfə], die; -n [lat. apostrophe < griech. apostrophḗ] 〖수사〗돈호법(頓呼法). **apostrophieren** [apostro'fiːrən] 〈h〉 **1.** (언어·드물게) 생략 부호를 달[치]다. **2.** 《교양어》 **a)** 언급 [인용]하다: jmdn.[etw.] a. 누구[무엇]를 인용하다. **b)** 무엇이라 칭하다, 부르다, 말하다, 특징지우다: jmdn. als gutmütig a. 누구를 마음씨 좋다고 말하다; etwas als ein Mißgeschick a. 무엇을 불운이라 칭하다. **c)** (드물게) 누구에게 (정중하게) 말을 걸다, 언급하다: einen hohen Gast mit wohlgesetzten Worten a. 정중한 말로써 귀한 손님을 언급하다. **Apostrophierung**, die; -ᴇɴ ↑apostrophieren의 명사형.

Apotheke [apoˈteːkə], die; -n [lat. apothēca < griech. apothḗkḗ] **1.** 약방, 약국. **2.** (휴대용, 비상용) 약상자. **3.** 《통용어·폄》비싸기로 유명한 가게.

Apotheken-: **~helferin**, die 약국 여조수. **~pflichtig** 〈Adj.〉약국에서만 구할[살] 수 있는: das Mittel ist a. 그 약은 약국에서만 살 수 있다. **~schränkchen**, das 약상자. **~schwester**, die 약국 담당 간호사.

Apotheker [apoˈteːkɐ], der; -s, - [lat. apothēcārius] **1.** 약(제)사. **2.** 《통용어·폄》비싸기로 유명한 가게의 주

Apotheker- 인.
Apotheker-: ~**fauna**, die 《옛》 한약의 약재로 쓰이는 말린 동물. ~**gewicht**, das 약의 중량 단위(예컨대: Gran, Unze). ~**kammer**, die 〈Pl. 없음〉 약사회. ~**preis**, der 〈대개 Pl.〉《통용어·펌》 터무니없이 비싼 가격. ~**waage**, die 천칭(天秤).
Apotheose [apote'o:zə], die; -n [lat. apothēōsis < griech. apothéōsis] **1.** 《교양어》 **a)** 신격화(神格化): eine A. Napoleons 나폴레옹의 신격화. **b)** 숭배, 찬양, 찬미: die A. der modernen Naturwissenschaften 현대 자연 과학의 숭배. **c)** 《예술》 신격화의 표현(물). **2.** 《연극》 장중한 끝장면.
apotropäisch [apotro'pɛːɪʃ] 〈Adj.〉 [griech. apotrópaios] 《교양어》 재앙을 막아 주(방지하)는.
Apparat [apa'raːt], der; -(e)s, -e [1: lat. apparātus] **1.** 기계, 기구, 기기: ein kleiner A. 작은 기계; den A. einschalten [ausschalten] 기계를 틀다 [끄다 특히 일상 생활에서]. **a)** 전화(기)의 약칭: jmdn. am A. verlangen 누구를 바꿔 달라고 하다. **b)** 라디오 《드물게》 텔레비전 수상(기)의 약칭: den A. andrehen 라디오 [텔레비전]을 켜다. **c)** 면도기의 약칭. **d)** 사진기의 약칭: mit diesem einfachen A. macht er die schönsten Bilder 이 간단한 사진기로 그는 아주 멋있는 사진들을 찍는다. **2.** 장비, 기구, 조직, 체제: ein technischer A. 기술 장비; der schwerfällige A. der Verwaltung 느린 행정 조직. **3.** 《전문어》 **a)** 《학술 작업을 위해 수합해 놓은》 보조 [참고] 자료: A. zu diesem Kolloquium steht allen Teilnehmern zur Verfügung 이 집담회를 위한 보조 자료는 모든 참가자들이 이용할 수 있다. **b)** 《이본(異本)과 수정을 모은 원전의》 고증(考證) 자료: 《흔히 kritischer A.의 용법으로》 eine Textausgabe mit (kritischem) A. 원전의 (비판적) 고증 자료가 수록된 판(版). **4.** 《해부》 기관(器官) 《대개 복합어로, 예컨대》 Verdauungsapparat 소화 기관. **5.** 《통용어》 별나게 큰 [이상한] 것, 이 목을 끄는 것. **Apparatebau**, der; -(e)s [기술] 기구 [기계] 제조 [제작]. ~**medizin**, die 《첨단》 기기 의학.
apparativ [apara'tiːf] 〈Adj.〉 〔기술〕기구[기계, 기기]의[에 관한]: -e Einrichtungen 기계설비. **b)** 기구 [기계] 제조[제작]에 관한: neuerer -e Entwicklungen 최근의 기계 제작의 발달. **c)** 기구[기계]를 이용하는: -e Methoden 기계를 이용한 방법. **d)** 기구[기계]를 이용하여 확인하는: -e Diagnostik 기계적 의료기기를 이용한 진단. **Apparatschik** [apa'ratʃɪk], der; -s, -e [russ. apparattschik] 《펌》《동구 전체주의 국가의》관료주의적〈교조주의적〉 간부 [정치국원]. **Apparatur** [apara'tuːɐ̯], die; -en 《한벌의》 기구[기계, 장비]. eine komplizierte A. 복잡한 기계. **Apparillo**, der; -s, -s 《통용어·농》 물건, 기구, 기계: was ist das denn für'n komischer A.? 이것은 도대체 무슨 우스꽝스러운 물건이냐?
Appartement [aparta'mãː, 《또한 schweiz.》 ...'mɛnt], das; -s, -s, 《또한 schweiz.》 -e [frz. appartement] **a)** 《고급 호텔의 방이 여러 개인》 특실. **b)** 아파트. **Appartementhaus**, das 공동 주택, 다세대 주택. **Appartementwohnung**, die ↑ Appartement (b).
appassionato [apasio'naːto; lat. passio] 〔음악〕열정적으로.
Appeal [ə'piːl], der; -s 〈Pl. 없음〉 [engl. appeal] **a)** 《교양어》 매력, 호소력 《흔히 복합어로 쓰임》. **b)** 《광고》 자극, 충동, 매력.
Appeasement [ə'piːzmənt] das; -s [engl. appeasement] 《정치·대개 펌》 유화 정책.
Appell [a'pɛl], der; -s, -e [frz. appel] **1. a)** 호소: ein A. an das Gefühl [an die Vernunft] 감정 [이성]에의 호소. **b)** 호소, 요구: ein dringender A. zum Frieden [zur Zusammenarbeit, zur Unterstützung der Betroffenen] 평화에의 [동참에의, 당사자들을 돕자는] 간절한 호소. **c)** 《드물게》 ↑ Appeal (b). **2.** 《군》 점호, 집합: der morgendliche [abendliche] A. 아침 [저녁] 점호; einen A. abhalten 점호하다; zum A. antreten 점호받기 위해 집합하다. **3.** 〔펜싱〕 앞발구르기. **4.** 〔사냥〕 《사냥개의》 순종, 복종: der Hund hat guten A. 그 사냥개는 말을 잘 듣는다 [잘 듣지 않는다, 전혀 안 듣는다]; 《대개 다음 용법으로》 A. haben 말을 잘 듣는다, 순종하다. **Appellation** [apɛla'tsi̯oːn], die; -en [lat. appellātio] 《법·고어·schweiz.》 항소 (抗訴). **Appellationsgericht**, das 《법·고어》 항소 법원, 고등 법원. **Appellationsprivileg**, das 《법·역사적》 《영주의》 항소 기각 특권. **Appellativ** [apɛla'tiːf], das; -s, -e [...va; 축소형: ↑ Appellativum] 〔언어〕《종과 개체를 함께 가르키는》종족 (種屬) 명사, 보통명사 《예컨대: Mensch, Blume, Tisch》. **appellativisch** 〈Adj.〉 〔언어〕 종족명사의: -e Substantive 종속적인 명사들. **Appellativname**, der 〔언어〕 종속명사로 사용되는 고유명사 《예컨대: Zeppelin》. **Appellativum** [apɛla'tiːvʊm], das; -s, ...va [...va; lat. appellātīvum] ↑ Appellativ. **appellieren** [apɛ'liːrən] 〈h〉 [lat. appellāre] **1.** 《교양어》 **a)** 《누구에게》 호소하다: an das Volk a. 민중에게 호소하다. **b)** 《감정, 이성 따위에》 호소하다: an jmds. Ehrgefühl a. 누구의 명예심에 호소하다. **2.** 《법·고어》 항소(抗訴) 하다: an ein höheres Gericht [gegen ein Urteil] a. 상급 법원에 [어떤 판결에 대해] 항소하다. **Appellplatz**, der 〔군〕 점호장 (點呼場).
Appendix [a'pɛndɪks], der; -, ...dizes [...dɪtses] 《또는》 der; -es, -e (↑ Pkt. 3) [lat. appendix] **1.** 《교양어》 부속물, 첨가물: die Organisation ist ein bloßer A. der Staatspartei 그 조직은 유일당의 단순한 부속물에 지나지 않는다. **2.** 《전문어》 《책의》 부록 《정오표, 도표, 고증자료 등을 담은》. **3.** 《전문어》 die, ...dizes **a)** 〔교양어〕 《또는》 der; -, ...dizes **a)** 〔교양어〕 《맹장의》 충수(蟲垂), 충양돌기(蟲樣突起). **b)** 〔해부〕 돌기. **4.** 〔음악〕 《풍선의》 바람 구멍. **Appendizitis** [apɛndi'tsiːtɪs], die; ...itiden [...tsi'tiːdn̩] 〔의학〕 맹장염, 충수염 (蟲垂炎).
Appenzell [apɛn'tsɛl, '---] 아펜쩰 《스위스 도시 및 주》: A. Außerrhoden, A. Innerrhoden 스위스의 지명; **¹Appenzeller**, der; -s, - 아펜쩰 사람 《주민》. **²Appenzeller** 〈Adj.; 격변화 없음〉 아펜쩰의 (~): Käse 아펜쩰산 치즈. **³Appenzeller**, der; -s, -e [ursprünglich aus Appenzell stammender] 아펜쩰 치즈. **appenzellisch** 〈Adj.〉 아펜쩰의.
Apperzeption [apɛrtsɛp'tsi̯oːn], die; -en [frz. aperception] **1.** 〔철학〕 통각 (統覺), 명각 (明覺). **2.** 〔심리〕 통각. **apperzeptiv** [...'tiːf] 〈Adj.〉 〔심리〕 통각에 의한 [의], 통각적인: -e Wahrnehmungen 통각에 의한 감지. **apperzipieren** [apɛrtsi'piːrən] 〈h〉 〔심리〕 통각 [명각] 하다, 의식에 수용하다.
Appetenz [ape'tɛnts], die; -en [lat. appetentia] 〔행태〕 욕구, 본능. **Appetenzverhalten**, das 〔행태〕 본능 충족 전단계 행동. **Appetit** [ape'tiːt, ...'tɪt], der; -(e)s [lat. appetītus] 식욕, 밥맛, 입맛: der A. ist mir vergangen 식욕이 없어졌다; den A. wecken 식욕을 돋우다; jmdm. den A. verderben 누구의 식욕을 잃게 하다; A. auf etwas haben 무엇을 먹고 싶다; das kann man mit A. essen 그것은 정갈하고 먹음직스럽다; 《성구》 der A. kommt beim [im] Essen 먹어 보아야 입맛도 난다 《일을 일단 시작해야 재미도 생기는 법이다》; **guten A.!** 많이 [맛있게] 드십시오.
appetit-, Appetit-: ~**anregend** 〈Adj.〉 **a)** 식욕을 돋구는, 맛있는: das Gericht sieht sehr a. aus 그것 참 먹음직스럽게 생겼구나. **b)** 식욕을 촉진하는 [돋우는]: ein -es

Mittel 식욕 촉진제. **~bissen,** 《또한》 Appetitsbissen, der ↑~happen. **~brötchen,** 《또한》 Appetitsbrötchen, das 아주 맛있는 것을 속에 넣은 빵. **~häppchen,** das ↑~happen. **~happen,** 《또한》 Appetitshappen, der 작고 맛있는 음식(빵). **~hemmer** [-hɛmɐ], der ↑~zügler. **~los** 〈Adj.〉 식욕[입맛] 없는. **~losigkeit,** die 식욕[입맛] 없음, 식욕 부진. **~zügler** [-tsy:glɐ], der 【약학】 식욕 억제제.

appetitlich [apeˈtiːtlɪç 《또한》...ˈtɪtlɪç] 〈Adj.〉 **a)** 식욕[구미] 돋구는, 맛있어 보이는: a. angerichtete Speisen 식욕 돋구게 마련된 음식. **b)** 정갈한: etwas ist a. verpackt 무엇이 정갈하게 포장되어 있다. **c)** 산뜻하게 보이는: ein -es junges Mädchen 산뜻하게 보이는 젊은 처녀.

Appetits-: ↑Appetit-.

Appetizer [ˈæpɪtaɪzə], der; -s, - [engl. appetizer] 【약】 식욕 촉진제.

applanieren [aplaˈniːrən] 〈h〉 [frz. aplanir] **a)** 평평하게 하다[고르다]. **b)** 《싸움을》 조정하다. **Applanierung,** die; -en ↑applanieren의 명사형.

applaudieren [aplauˈdiːrən] 〈h〉 [lat. applaudere] (교양어) **a)** 박수 치다, 박수 갈채를 보내다: dem Solisten a. 독주자에게 박수 갈채를 보내다. **b)** 《드물게》 박수를 보내 주다; 《대개 수동으로》 der Komponist, aber auch die konzentriert musizierende Kapelle wurden herzlich applaudiert 작곡가 그리고 정신을 집중해 연주한 악단도 따뜻한 박수를 받았다. **Applaus** [aˈplaus], der; -es, -e [lat. applausus] 《교양어》 박수(갈채): stürmischer A. 우뢰와 같은 박수 갈채; der A. setzt ein 박수가 시작된다.

applikabel [apliˈkaːb]] 〈Adj.〉 [zu lat. applicāre] 《교양어》 응용[이용]할 수 있는. **Applikabilität,** die 《교양어·드물게》 응용[이용] 가능성. **Applikant** [apliˈkant], der; -en, -en [lat. applicāns] 《고어》 **a)** 지원자, 후보자. **b)** 청원자. **Applikation** [aplikaˈtsi̯oːn], die; -en [lat. applicātio] **1.** 《교양어》 **a)** 이용, 응용, 적용. **b)** 설치, 부착, 고정. **2.** 《고어》 **a)** 지원, 응모. **b)** 청원서. **3.** 《고어》 근면, 열성, 열의. **4.** 【의학】 (약의) 투여, 투약(投藥), (치료법의) 적용. **5.** 【가】 특별바느질. **6.** 【섬유·재단】 아플리케. **Applikationsraum,** der 【의학】 방사선 치료(처치)실. **Applikationsstickerei,** die 【섬유】 아플리케 자수 수예. **Applikator** [apliˈkaːtɔr, 《또한》...toːɐ], der; -s, -en [apliˈkaːtoːrən; zu lat. applicātus, 2. Part. von: applicāre, ↑applizieren] 【의학】 도포구(塗布具), 도포기(器). **Applikatur** [aplikaˈtuːɐ], die; -en 《고어》 **1.** 《교양어》 사용, 이용, 운용, 적용. **2.** 【음악】 운지법(運指法). **applizieren** [apliˈtsiːrən] 〈h〉 [lat. applicāre] **1.** 《교양어》 사용, 이용, 적용, 응용하다: eine Terminologie a. 전문 용어를 사용하다. **2.** 【의학】 (약을) 투여(투약)하다, (치료법을) 사용하다: der Arzt applizierte ihm zuerst eine Spritze in den Unterarm 의사는 우선 그의 아랫팔에 주사를 한 대 놓았다. **3. a)** 《교양어》 설치하다, 부착(고정)하다. **b)** 《섬유·재단》 장식물을 달다. **c)** 《드물게》 채색하다. **Applizierung,** die; -en ↑applizieren의 명사형.

Appoggiatur [apɔdʒaˈtuːɐ], **Appoggiatura** [...ˈtuːra], die; ...ren [ital. appoggiatura] 【음악】 전타음(前打音).

apport! [aˈpɔrt; frz. apɔrte] 《사냥》 (사냥개에게) 찾아와, 물어와. **Apport** [-], der; -s, -e [frz. apport] **1.** 《경제·고어》 현물 출자. **2.** 《사냥》 개가 물어 가지고 옴. **3.** 《심령》 (염력(念力)에 의한) 위치 변동, (없던 물건의) 출현. **apportieren** [apɔrˈtiːrən] 〈h〉 [lat. apportāre] 《사냥》 (개가 찾아서) 가져오다: der Hund apportiert den Stock 개가 지팡이를 물어서 가져온다; der Hund kann bereits a. 그 개는 벌써 물건을 물어서 가져올 수 있다. **Apportierhund,** der 물건을 물어서 가져오도록 훈련받은 개.

Apposition [apoziˈtsi̯oːn], die; -en [mlat. appositio < lat. appositio = das Hinsetzen, Zusatz] 【언어】 동격(同格) 《예컨대: Karl der Große, er als behandelnder Arzt》. **appositionell** [...i̯oˈnɛl] 〈Adj.〉 【언어】 동격의, 동격으로 쓰인, 동격의 위치에 있는. **appositiv** [...ˈtiːf] 〈Adj.〉 【언어】 동격으로 쓰인, 동격의 위치에 있는.

appraisiv [apreˈziːf] 〈Adj.〉 [engl. appraisive] 【언어】 가치 평가적인.

Appreteur [apreˈtøːɐ], der; -s, -e 《섬유》 마무리공(工). **appretieren** [apreˈtiːrən] 〈h〉 [frz. apprêtêr] 《섬유》 (직물, 가죽, 목재, 종이에) 광택을 내다, 마무르다. **Appretur** [apreˈtuːɐ], die; -en 《섬유》 **a)** (직물의) 광택(윤)내기, 광택 내는 마무리. **b)** 광택제. **c)** 《전문어·은어》 (광택 내는) 마무리 작업장, 광택실: er arbeitet in der A. 그는 광택실에서 근무하다.

Approach [əˈproutʃ], der; -(e)s, -s [engl. approach] **1.** 【학문】 (문제) 접근(방식)(시각)(視角). **2.** 【광고】 선전문의 첫머리. **3.** 【항공】 (활주로에의) 진입. **4.** 【골프】 어프로치 샷.

Approbation [aprobaˈtsi̯oːn], die; -en [lat. approbātio] **1.** (의사, 약사의) (개업) 면허: dem Zahnarzt wurde die A. erteilt 치과의사에게 (개업) 면허가 교부되었다. **2.** 《가》 **a)** (출판, 수도원 등에 대한 교회의) 인가 (認可), 승인. **b)** (복음 전파, 성체 성사의) 권한. **approbieren** [aproˈbiːrən] 〈h〉 [mlat. approbāre] 《고어》 인가 (승인)하다. **approbiert** [aproˈbiːrt] 〈Adj.〉 (의사, 약사로) 면허를 받은, 면허가 있는: ein -er Tierarzt 면허가 있는 수의사.

Approvisation [aprovizaˈtsi̯oːn], die; -en (österr.·관·고어) 식량 보급(공급). **approvisionieren** [aproviziˈoˈniːrən] 〈h〉 [frz. approvisionner] (österr.·관·고어) 식량을 보급(공급)하다. **Approvisionierung,** die; -en ↑Approvisation.

Approximation [aprɔksimaˈtsi̯oːn], die; -en [lat. approximātio] **1.** 《교양어》 (목표에의) 접근. **2.** 《수학》 근사치. **approximativ** [...ˈtiːf] 〈Adj.〉 《교양어》 근사한, 대략의: -e Werte 근사한 수치: die Preise lauten a. wie folgt... 가격들은 대략 다음과 같다.

Apr. = April.

Après-Ski [apreˈʃiː 《frz.》 aprɛsˈki], das; - [frz. après-ski] **a)** (일반적으로 겨울 휴가를 즐기는 사람들이) 스키를 탄 후에 입는 산뜻한 방한복. **b)** 《스키를 탄 후에 갖는》 환담, 오락, 즐거움. **Après-Ski-Kleidung,** die (Pl. 없음). **Après-Ski-Kostüm,** das ↑Après-Ski (a).

Aprikose [apriˈkoːzə], die; -n [niederl. abrikoos] **1. a)** 《식물》 살구. **b)** 살구나무(Aprikosenbaum의 약칭). **2.** 살구나무와 비슷한 일본산 정원수.

aprikosen-, Aprikosen-: ~artig 〈Adj.〉 살구류(類)의. **~baum,** der 살구나무(아시아 산(産)). **~blüte,** die 살구꽃. **haut,** die ↑Pfirsichhaut. **~likör,** der 살구 술. **~marmelade,** die 살구 잼. **~saft,** der 살구 쥬스. **~sorte,** die 살구 종류.

April [aˈprɪl], der; -(s), -e [lat. Aprīlis (mēnsis)] 4월: veränderlich wie der A. 4월 날씨처럼 변덕스러운; im Laufe des April(s) des Monats A.] 4월(동안에), 4월중에; jmdn. in den A. schicken 누구를 속여 넘기다[4월 바보로 만들다]. **A., A.!** (4월 바보가 된 사람을 조롱하며 부르는 소리) 4월 바보! 《약어: Apr.》.

April-: ~schauer, der 4월 소나기(갑작스런, 대개 억수

a prima vista

로 쏟아지는). **~scherz**, der 만우절의 장난(농담): das ist doch wohl ein A.! 그것은 아마 사실이 아닐거야! **~(s)narr**, der 속은 사람(만우절에), 만우절 바보[놀리는 표현]. **~thesen** 〈Pl.〉 4월 강령(1917년 4월 17일 Petrograd에서 Lenin이 선언, 2월 혁명에서 10월 혁명으로 가는 과정의 볼셰비키당의 행동 지침). **~wetter**, das 〈Pl. 없음〉 (독일의) 4월 날씨(4월에 흔히 있는 예측 불허의 급변하는 날씨로 대개는 소나기 오는 차가운 날씨).

a prima vista [a ˈpriːma ˈvɪsta; ital. = auf den ersten Blick] **a)** 사전의 지식 없이, 준비 없이: a p. v. etwas schwer beurteilen können 사전의 지식 없이 평가하기가 어렵다. **b)** 《음악·드믐게》 악보의 사전 연습이나 지식 없이: a p. v. spielen 악보의 사전 연습 없이 연주하다.

a priori [aː priˈoːri; lat. = vom Früheren her] (반대: posteriori). **a)** 【철학】선험적으로. **b)** 《교양어》처음부터, 근본적으로, 다른 증거 없이. **Apriori** [apriˈoːri], das; -, - 【철학】 ③ 아프리오리 (선험적인 것) (반대: Aposteriori). **apriorisch** 〈Adj.〉【철학】(반대: aposteriorisch) 선험적인, 선천적인.

Apriorismus [aprioˈrɪsmʊs], der; - 【철학】선험〔선천〕주의.

apropos [aproˈpoː] 〈Adv.〉 [frz. à propos] 《교양어》그 밖에, 덧붙여, 겸하여, 그것은 그렇다고 치고.

Apside [aˈpsiːdə], die; -n [lat. apsida] **1.** 【천문】(중심천체로부터 유성의) 원점 또는 근점. **2.** ↑Apsis. **Apsis** [ˈapsɪs], die; ...iden [aˈpsiːdn; lat. apsis < griech. apsís] **1.** 【건축】성당의 반원형의 벽감(壁龕). **2.** (천막 속에 짐을 넣어 두기 위한) 반원형의 니치.

Apulien [aˈpuːljən], -s 폴리아(이탈리아의 지역명). **Apulier**, der; -s, - 폴리아 사람. **apulisch** 〈Adj.〉 폴리아(사람)의.

Aqua destillata [ˈakva dɛstɪˈlaːta], das; - - [lat. aqua u. dēstīllāta] 【화학】(무색, 무취, 무미의 투명한 화학적으로 거의 순수한) 증류수.

Aquädukt [akvɛˈdʊkt], der / das; -(e)s, -e [lat. aquae ductus] (고대 로마의) (고가) 수도, 송수로. **Aquakultur** [ˈaːkva-], die; -en **1. a)** 〈Pl. 없음〉 (바다에서) 조개류의 양식. **b)** 양식법(일정 설비를 이용한 집중 생산 과정). **2.** 양식(양어)장. **Aquamarin** [akvamaˈriːn], der; -s, -e [lat. aqua marīna] 녹옥석(綠玉石). **aquamarin** [-] 〈Adj.〉 녹옥석 색깔의: aquamarinblau, aguamarininfarben 〈Adj.〉 ↑aquamarin. **Aquanaut** [...ˈnaʊt], der; -en, -en 수중 탐험가. **Aquanautik** [...ˈnaʊtɪk], die; - (해양학 중의) ~수중(해저) 탐구 분야. **Aquaplaning** [ˈplaːnɪŋ], 《드믐게》 ˈpleɪnɪŋ], das; -(s) [engl. aquaplaning] (자동차의) 수막 현상(으로 미끄러짐).

Aquarell [...ˈrɛl], das; -s, -e [ital. acquerello] 《회화》 수채화: **A. malen** 수채화를 그리다; **in A.** 수채화물감으로 (그린).

Aquarell-: **~druck**, der 〈Pl.: -drucke〉 수채화 오프셋 인쇄. **~farbe**, die 수채화 그림물감. **~holzschnitt**, der 수채화 물감용 목판(木板). **~maler**, der ↑Aquarellist. **~malerei**, die **1.** 〈Pl. 없음〉수채화 예술(법). **2.** 수채화. **~technik**, die 수채화 기술(기법).

aquarellieren [akvarɛˈliːrən] 〈h〉【회화】수채화를 그리다. **Aquarellist** [...ˈlɪst], der; -en, -en 수채화가. **Aquarellistin**, die; -, -nen ↑Aquarellist의 여성형.

Aquarianer [...ˈriːanɐ], der; -s, - 수족관 전문가.

Aquarien: ↑Aquarium의 복수형.

Aquarien- [aˈkvaːriən-] -: **~fisch**, die **a)** 수족관 물고기. **b)** 수족관에 적합한 물고기. **~freund**, der ↑**~liebhaber**. **~glas**, das 어항. **~haus**, das 수족관 건물(동물원의). **~kunde**, die 〈Pl. 없음〉 수족관 지식. **~liebhaber**, der 수족관 동식물 애호가. **~pflanze**, die **a)** 수족관 식물. **b)** 수족관에 적합한 식물. **~tier**, das **a)** 수족관 동물. **b)** 수족관에 적합한 동물.

Aquarist [akvaˈrɪst], der; -en, -en 수족관 전문가[애호가]. **Aquaristik**, die ↑Aquarienkunde. **aquaristisch** 〈Adj.〉 수족관학적.

Aquarium [aˈkvaːriʊm], das; -s, ...ien [...iən; lat. aquārius] **1.** (수중 생물을 기르는) 수조(水槽), 수족관: **ein A. anlegen** 수족관을 설치하다. **~haus**, **Aquatel** [akvaˈtɛl], das; -s, -s [lat. aqua u. ↑Hotel] 선박 호텔. **Aquatinta** [...ˈtɪnta], die; ...ten [...tan; ital. acquatinta] **a)** 〈Pl. 없음〉 동판 부식법(의 일종), 아쿠아틴트 작품. **b)** 《드믐게》 아쿠아틴트. **aquatisch** 〈aˈkvaːtɪʃ〉 〈Adj.〉 [lat. aquāticus] 【생물】물의, 물 속(؜)에 살고 있는, 수생(水生)의.

Äquator [ɛˈkvaːtɔr, (또한) ...toːɐ], der; -en [...ˈtoːrən; lat. acquator] **1.** 〈Pl. 없음〉 적도. **2.** 【수학】 대원(大圓). **äquatorial** [ɛkvatoˈriaːl] 〈Adj.〉 **a)** 적도의, 적도에 속하는. **b)** 적도 아래〔근처〕에 있는. **Äquatortaufe**, die 적도 세례(적도를 최초로 통과할 경우 물 속에서 세례를 받는 선원들의 관습).

Äquatorial-; **~guinea**, -s (아프리카의 국가) 적도 기니. **~regen**, der 적도 우기(雨期) (일년에 두 번 적도 지역에 나타나는 우기). **~strom**, der 적도 해류.

à quatre mains [akatrəˈmɛ̃; frz. = für vier Hände] 【음악】 2인 연주의(vierhändig). **à quatre parties** [...parˈtiː; frz. = für vier Stimmen] 《음악·드믐게》 4성의, 4성을 위한, 4음부의(vierstimmig).

Aquavit [akvaˈviːt, (또한) ...ˈvɪt], der; -s, -e [lat. aqua vītae] 화주의 일종(백색 또는 황색으로 주로 카룸의 열매로 향기를 내는 화주).

äquidistant [ɛkvidɪsˈtant] 〈Adj.〉 [lat. aequidistāns] 【수학】 (점이나 커브에서) 등거리(동일 간격)의. **Äquidistanz**, die; -en 【수학】 등거리(동일 간격).

Äquilibrist [ɛkviliˈbrɪst], 《또한》 Equilibrist [ɛkvi...], der; -en, -en [frz. équilibriste] 《교양어》 (줄타기) 곡예사. **Äquilibristik**, 《또한》 Equilibristik, die 《교양어》 (줄타기) 곡예. **äquilibristisch**, 《또한》 equilibristisch 〈Adj.〉 곡예의, 줄타기 같은.

äquinoktial [ɛkvinɔkˈtsiaːl] 〈Adj.〉 [lat. aequinoctialis] 【천문, 지리】 밤낮의 길이가 같은 (주야 평분(平分)의), 춘분(춘분)의. **Äquinoktialstürme** 〈Pl.〉 【지리】 춘분(춘분) 때에 부는 폭풍우. **Äquinoktium** [...ˈnɔktsiʊm], das; -s, ...ien [...iən; lat. aequinoctium] 【지리】 주야 평분 시점(밤낮의 길이가 같은 때): im Frühjahr liegt das A. um den 21. März, im Herbst um den 23. September 봄에는 주야 평분 시점이 3월 21일, 가을에는 9월 23일경이다.

Aquitanien [akviˈtaːniən], -s 아퀴텐(프랑스 남서부의 역사적 지명).

äquivalent [ɛkvivaˈlɛnt] 〈Adj.〉 [lat. aequivalēns] 《교양어》 등가(等價)의, 대응(對等)의: -e Mengen 【수학】 대등집합. **Äquivalent** [-], das; -(e)s, -e 《교양어》 등가, 대응 배상(배상): für eine solche Leistung ist diese Bezahlung kein richtiges Ä. 그와 같은 업무의 대가로 이와 같은 보수를 받는다는 것은 옳은 배상이 아니다. **Äquivalenz** [...ˈlɛnts], die; -en [lat. aequivalentia] **1.** 《교양어》 상당, 등가(等價), 대가, 보상. **2.** 【논리학】 (두가지 진술의) 등가(성). **3.** 【수학】 (두개 집합의) 대등〔등가〕.

äquivok [ɛkviˈvoːk] 〈Adj.〉 [lat. aequivocus] **a)** 《언어·철학》 두 가지 의미의, 다의적인, 소리는 같으나 의미가 다른. **b)** 《교양어》 애매한, 모호한 여러 가지로 해석될 수 있는.

¹**Ar**[aːɐ], das / der; -s, -e (그러나: 10 -) [frz. are] 지적(地積)의 단위(= 100m²)(기호: a).

²**Ar** = Argon.

Ara ['aːra], der; -s, -s [Tupi arara] 【동물】 (중앙 아메리카의 크고, 꼬리가 길며, 찬란한) 앵무새의 일종.

Ära ['ɛːra], die; Ären [lat. aera] **1.** 《역사적》 (역사상의) 시대, 시기, 기원, 연호: die christliche Ä. 서력 기원; eine neue Ä. begann 새로운 시대가 시작됐다; die Ä. des Kapitalismus. 자본주의 시대. **2.** 【지질】 **a)** 〈지질 분류상의〉 대(代). **b)** 습곡 시기(Faltungsära).

Araber ['aːrabɐ, 《또한》 'ar..., 〈지역적〉 a'raːbɐ!], der; -s, - [lat. Arabes < griech. Arabes] **1.** 아라비아 사람. **2.** 아라비아 말(馬): alle warmblütigen Pferderassen stammen vom A. ab 모든 온혈 말(馬種)들은 아라비아 말(馬) 후예들이다. **Arabeske** [ara'bɛskə], die; -n [frz. arabesque] **1.** 【미술】 아라베스크, 아라비아 무늬, 당초문(唐草紋). **2.** 【음악】 **a)** 멜로디 수식(부분), 일종의 광상곡(狂想曲). **b)** 〈피아노를 위한〉 경쾌한 곡. **Arabesque** [ara'bɛsk], die; -s [...'bɛsk] 【발레】 아라베스크 (발레의 한 가지 자세). **Arabien** [a'raːbiən] -s 〈국명〉 아라비아. **arabisch** [a'raːbɪʃ] 〈Adj.〉 아라비아 사람(말)의. **Arabisch**, das; -(s), 〈정관사하고만〉 **Arabische*, das**; -n 아라비아어(말). **arabisieren** 〈h〉 아라비아(어)화하다. **Arabisierung**, die 아라비아(어)화. **Arabist** [ara'bɪst], der; -en, -en 아라비아어(어문) 학자. **Arabistik**, die 아라비아 어문학. **arabistisch** 〈Adj.〉 아라비아 어문학의.

Arachniden [arax'niːdn̩] **Arachnoiden** [araxnoʼiːdn̩] 〈Pl.〉 [griech. aráchnē u. -eidés] 【동물】 거미류(의 절지 동물).

Arachnologe [araxno'loːgə], der; -n, -n [griech. aráchnē] 【동물】 거미(류) 학자. **Arachnologie** [...loʼgiː], die 【동물】 거미(류)탐구, 거미(류)학: **arachnologisch** 〈Adj.〉 거미학의.

Aragón [...ɡɔn], -s ↑Aragonien 의 스페인어형. **Aragonese** [arago'neːzə], der; -n, -n 《드물게》 ↑ Aragonier. **Aragonien** [ara'goːniən], -s 아라곤(스페인 북동부 지방). **Aragonier** [ara'goːniɐ], der; -s, - 아라곤 사람. **aragonisch** [ara'goːnɪʃ] 〈Adj.〉 아라곤의.

Aragonit [arago'niːt, ...nɪt], der; -s 【광】 아라고 나이트, 산(霰)석, 싸라돌.

Aralie [a'raːliə], die; -n **a)** 【식】 땅두릅(속). **b)** ↑ Zimmeralralie.

Aralsee [aːra(ː)lzeː], der; -s 아랄 해(중앙 아시아 호수).

Aramäa [ara'mɛːa], -s 아람(시리아의 옛 이름). **Aramäer** [ara'mɛːɐ], der; -, - 아람인(서북 셈족의 유목민). **aramäisch** [ara'mɛːɪʃ] 〈Adj.〉 아람인(어)의. **Aramäisch**, das; -(s) 〈정관사 하고만〉 **Aramäische*, das**; -n 아람어(서북 셈어족에 속함).

Arancini [aran'tʃiːni] 〈Pl.〉 [ital. arancini] 〈österr.〉 설탕으로 졸인(초콜릿을 입힌) 오렌지 껍질.

Aräometer [arɛo-], das; -s, - [griech. araiós] 【물리】 (액체의 희박도·밀도를 재는) 부칭(浮秤), 액체 비중계.

Arar [e'raːr̩], das; -s, -e [lat. aerārium] 〈österr. · 준고어·법〉 **a)** 국고(國庫), 국유 재산. **b)** 〈국가 재산의 관리자라는 의미로〉 국고. **ärarisch** [e'raːrɪʃ] 〈Adj.〉 국고의, 국유 재산의.

Arara [a'raːra], der; -s, -s ↑Ara.

Ararat [aːraraːt, 《또한》ararat], der; -(s) 아라랏(터키의 가장 높은 산).

Araukaner [arau'kaːnɐ], der; -s, - 아라우칸 인디언족 (남아메리카의).

Araukarie [arau'kaːriə], die; -n 칠레의 Arauco 지방명에 따라. 삼나무속.

Arazzo [a'ratso], der; -s, ...zzi [ital. arazzo] (그림 무늬가 있는) 플랑드르의 벽걸이 양탄자.

Arbeit ['arbait], die; -en **1. a)** (맡은) 일, 작업, 연구: an(bei) der A. sein 작업 중이다; an die A. gehen 작업을 시작하다; die A. einstellen(niederlegen) 파업하다; diese A. geht mir leicht von der Hand 이 일은 나에게 손쉬운 일이다; die A. läuft uns nicht davon 《농》 우리는 그 일을 서두를 필요가 없네; jmdm. eine A. abnehmen 누구에게서 일을 덜어 주다; **ganze (gründliche) A. leisten(tun / 〈통용어〉 machen)** 일을 철저히 끝내다(종종 부정적인 의미로 쓰임). **b)** 〈Pl. 없음〉 (육체적·정신적) 노동, 일, 활동: mit der A. aufhören 노동을 중단하다; 〈전의〉 die A. der Maschine geht fast lautlos vor sich 기계는 거의 소리를 내지 않고 일한다; 〈성구〉 der [die] hat die A. nicht erfunden 그 [그녀] 는 애써 일하려 하지 않는다; 〈속담〉 nach getaner A. ist gut ruh(e)n 일을 끝낸 후의 휴식은 상쾌하다; **etw. in A. geben** 무엇을 만들게 하다; **etw. in A. haben** 현재 무슨 일을 하고 있다; **in A. sein** (사람이) 일하는 중이다, (물품이) 제작 중에 있다. **c)** 〈Pl. 없음〉 노고(수고), 애쓰기, 귀찮은 일. **d)** 〈Pl. 없음〉 직업, 직장 (일), 업무, 생업: A. suchen 일자리를 찾다; ohne A. sein 실직하다; von der A. kommen(zur A. gehen) 퇴근(출근)하다; 〈속담〉 jede A. ist ihres Lohnes wert 무슨 일이든 대가를 받을 만하다; **(bei jmdm.) in A. sein(stehen)** 누구에게 고용되어 있다; **von seiner Hände A. leben** 《아어》 간신히 스스로 생계를 꾸려가다. **2.** 〈Pl. 없음〉 【스포츠】 트레이닝. **3.** 〈Pl. 없음〉 **a)** 【경마】 조마(사용 목적에 따라 말을 훈련시킴). **b)** 【사냥】 사냥개의 (노획물 찾기) 훈련. **4. a)** 노작(勞作), (제) 작품, 제조품, (연구) 논문: junge Künstler stellten ihre -en aus 젊은 예술가들이 그들의 작품(작품)들을 전시했다; 〈전의〉 das ist bestellte Arbeit 거기에는 의도가 숨어 있다. **b)** 시험, (교실에서의) 과제: Klaus hat die A. in Mathematik nicht mitgeschrieben 클라우스는 수학시험을 보지 않았다. **c)** 솜씨, 만듦새, 조형(물), 형성(물). **5.** 【물리】 작용.

arbeit-, Arbeit- 〈↑arbeiter, Arbeiter-; arbeits-, Arbeits-도 참조〉: **~erleichternd, ~arbeitserleichternd** 〈Adj.〉 일을 경감시켜 주는. **~erschwerend,** 《또한》 arbeitserschwerend 〈Adj.〉 일을 어렵게 하는. **~ersparend,** 《또한》 arbeitsersparend 〈Adj.〉 일을 덜어 주는. **~geber,** der 고용주(반대: Arbeitnehmer). **~geberseite**, die 〈Pl. 없음〉 고용자측. **~geberverband**, der 고용자간(경영자) 단체 연합. **~nehmer**, der 피고용자, 노동자(반대: Arbeitgeber). **~nehmerorganisation**, die, **~nehmerschaft**, die 노조(노동 조합). **~nehmerseite**, die 〈Pl. 없음〉 피고용자측. **~nehmervertretung**, die 피고용자 대표. **~sparend,** 《또한》 arbeitssparend 〈Adj.〉 노동 절약의, 노동을 단축하는. **~suchend** 〈Adj.〉 일자리를 찾는, 구직 중의. **~suchende*,** der / die 구직자.

arbeiten ['arbaitn̩] 〈h〉 **1. a)** 일(을) 하다, 노동하다, 공부, 연구(에 종사)하다: den ganzen Tag a. 온종일 일하다; an einem Roman a. 소설을 쓰고 있다; für [gegen] Geld a. 보수를 받고 일하다; andere für sich a. lassen 자기일을 남에게 시키다; unter Tarif a. 너무 값싸게 일하다; sein Geld a. lassen 자신의 돈을 유리하게 투자하다. **b)** 직장 생활[직업을 갖고 일]을 하다: nur halbtags a. 반나절만 일하다; in einer Fabrik a. 공장에서 일하다; wir arbeiten in drei Schichten 우리는 세 팀으로 나누어져 일한다. **c)** 누구[무엇]에 관한 연구를 하다 [글을 쓰다]: er arbeitet über den Expressionismus 그는 표현주의에 대해 연구한다. **d)** 〈a. + sich〉 일정한 방식으로 일하여지다: es arbeitet sich gut in diesem

Betrieb 이 공장에서는 일하기 좋다. **2. a)** 무엇을 위해 진력하다, 어떤 목표로 일하다: für den Frieden a. 평화를 위해 진력하다. **b)** 누구[무엇]를 해가 되도록 도모하다, 누구[무엇]에게 저항[방어]하다: gegen das Regime a. 반정부 운동을 하다. **3. a)** (무엇을 위해) 전력[안간힘]을 다하다; 전의 das Schiff arbeitet in der Dünung 배가 큰 물결 속에서 고전하고 있다. **b)** ⟨a. + sich⟩ (한가지 목표를 향해) 꾸준히[애써] 나아가다: sich durch das Gebüsch a. 애써 덤불을 뚫고 나아가다; 전의 sich in die Höhe a. 경제적·사회적으로 향상되기 위해 노력하다. **4.** ⟨a. + sich⟩ **a)** 어떤 상태가 되도록 일하다: sich müde a. 지치도록 일하다. **b)** 신체 일부가 어떤 상태가 되도록 일을 하다: ich habe mir den Rücken lahm gearbeitet 나는 등이 마비될 정도로 일했다; das Herz des Patienten arbeitet regelmäßig 환자의 심장은 규칙적으로 뛰고 있다; das Holz arbeitet 목재가 휜다; der Wein arbeitet 포도주가 발효한다. **5.** 기능을 발휘하다[작동하다], 움직이다; **6.** 누구를 번거롭게 하다[피롭히다], 마음을 쓰게 하다. **7.** [스포츠] 트레이닝하다: Spitzensportler müssen hart a. 최우수 선수들은 심하게 트레이닝을 해야 한다. **8. a)** [경마] 말을 길들이다[조련하다]. **b)** [사냥] 사냥개를 (노획물을 찾도록) 훈련시키다. **9.** [수공] 창작하다, 만들어 내다: welcher Schneider hat diesen Anzug gearbeitet? 어느 재단사가 이 옷을 만들었는가? **Arbeiter,** der; -s, - **a)** (정신적·육체적) 노동자, 일[연구]하는 사람. **b)** (주로 육체 노동을 하는) 노동자, 노무자, 공장 노동자(공원), 근로자: gelernter A. 숙련공; die A. ausbeuten 노동자를 착취하다.

arbeiter-, Arbeiter- (↑arbeit-, Arbeit-, arbeits-, Arbeits-도 참조): **~aktie,** die ↑Belegschaftsaktie. **~ameise,** die [동물] 일개미. **~aufstand,** der 노동(자) 봉기. **~ausstand,** der ↑Streik. **~bauer,** der 공장 노동자가 본업인 농부. **~berufsschule,** die (입시 공을 위한) 특수 직업 학교. **~bevölkerung,** die ⟨Pl. 없음⟩ (주로 노동자들로 구성된) 노동층. **~bewegung,** die ⟨Pl. 없음⟩ [정치] 노동(자) 운동: das Ursprungsland der modernen A. ist England 현대 노동자 운동의 원조는 영국이다. **~biene,** die [동물] 일벌. **~bildung,** die ⟨Pl. 없음⟩ 노동자 교육. **~demonstration,** die 노동자 데모. **~denkmal,** das (통용어·농) 농뱅이(일은 않고 작업 기계에 기대서 놓는 자). **~dichter,** der (노동 출신의 또는 노동 문제를 다루는) 노동 작가(시인). **~dichtung,** die 노동 문학[시]. **~fahrkarte,** die: ↑Arbeiterrückfahrkarte의 약칭. **~familie,** die 노동자 가정. **~feindlich** ⟨Adj.⟩ 노동자를 적대시하는, 노동자의 이익에 반하는. **~festspiele** ⟨Pl.⟩ (구동독) [연례] 노동자 연극 축제. **~forelle,** die (옛 통용어·농) 청어(Hering). **~frage,** die ⟨Pl. 없음⟩ 노동(자) 문제. **~freundlich** ⟨Adj.⟩ 노동자편의, 노동자를 좋아하는. **~führer,** der 노동자 지도자, 노조 간부. **~funktionär,** der 노조 임원. **~gewerkschaft,** die 노동 조합. **~hochschule,** die 노동자 대학. **~interessen** ⟨Pl.⟩ 노동자의 권익. **~jugend,** die ⟨Pl. 없음⟩ 노동 청년(들). **~jugendbewegung,** die ⟨Pl. 없음⟩ 노동 청년 운동. **~jugendorganisation,** die 노동 청년 운동 기구. **~jugendverband,** der 노동 청년 운동 협회. **~kampfgruß,** der 노동 운동의 단결 투쟁표시 (오른손 주먹을 들어 올리는). **~kind,** das 노동자 가정의 자녀. **~klasse,** die ⟨Pl. 없음⟩ 노동(자) 계급. **~kolonie,** die 일자리를 찾는 실직자 보호소. **~kontrolle,** die (구동독) 생산 공장 감독 기관. **~kontrolleur,** der (구동독) 생산 공장 감독자(감사자). **~literatur,** die 노동 문학. **~massen** ⟨Pl.⟩ 노동자 군중. **~milieu,** das ⟨Pl. 없음⟩ 노동자층의 생활 배경. **~organisation,** die 노동자 조직체(정당, 노조 따위). **~partei,** die 노동당. **~pfarrer,** der (신교의) 노동 목사. **~priester,** der (가톨릭의) 노동 사제(司祭). **~rat,** der (공산국의) 노동자 평의회. **~rentenversicherung,** die ⟨Pl. 없음⟩ 노동 연금 보험. **~rückfahrkarte,** die [철도] 통근용 할인 왕복 승차권. **~schriftsteller,** der 노동 소설가(노동자 출신의, 또는 노동 문제를 다루는). **~seelsorge,** die [가] 노동자의 사제직(司祭職). **~sekretär,** der (옛) 노조 사무국장. **~sekretariat,** das (옛) 노조 사무국. **~selbstverwaltung,** die 노동자 자체의 공장 경영. **~siedlung,** die 노동자 거주지(단지). **~sohn,** der 노동자의 아들(무식). **~stadt,** die 노동자 도시. **~stand,** der 노동자 계층[계급]. **~student,** der (구동독) 노동자 경력을 가진 대학생. **~theater,** das (구동독) 노동자 연극. **~turn-und-sportbewegung,** die (옛) 독일 노동자 체육협회. **~unfallversicherung,** die 노동 재해 보험. **~unruhen** ⟨Pl.⟩ 노동자 소요. **~vierein,** der 노동자 협회. **~verräter,** der (정치·폄) 노동자 권익을 배반한 정치인. **~sammlung,** die 노동자 집회. **~vertretung,** die 노동자[노조] 대표. **~veteran,** der (구동독) 유공 원로 노동자. **~viertel,** das (특히) 노동자 거주 지구. **~vorstadt,** die 변두리의 노동자 거주 지역. **~wochenkarte,** die [철도] (노동자용 할인) 주간 승차권. **~wohlfahrt,** die ⟨Pl. 없음⟩ 노동자 복지 (협회). **~wohngemeinde,** die 노동자 공동 주거 지구. **~wohnung,** die 노동자 아파트[주택]. **~zeit,** die (계약상의) 노동 시간. **~zeitung,** die 노동자 신문. **~zug,** der [철도] (노동자용) 통근 열차.

Arbeiterin, die; -nen **1.** 여자 노동자(근로자), 여공. **2.** [동물] (생식 기능이 없는) 일벌, 일개미. **Arbeiterschaft,** die; -en 노동자[근로자] 전체, 노동계층(전체).

Arbeiter-und-Bauern-: **~Fakultät,** die (구동독) (노동자·농민의 대학 진학 자격 과정의) 노동학부(약어: ABF). **~Inspektion,** die ⟨Pl. 없음⟩ (구동독) 노동 농민 감사국(약어: ABI). **~Macht,** die ⟨Pl. 없음⟩ (구동독) (마르크스·레닌주의의) 노농(勞農)국가. **~Regierung,** die (구동독) 노동 정부. **~Staat,** der 노동국가.

Arbeiter-und-Soldaten-Rat, der; -(e)s, -Räte 노병(勞兵) 혁명 위원회(1905년과 1917년 러시아에, 1918년 11월 혁명 중 독일에서 노동자와 군인에 의해 결성).

arbeits-, Arbeits- (↑arbeit-, Arbeit-; arbeiter-, Arbeiter-도 참조): **~ablauf,** der 작업 진행(과정). **~abschnitt,** der 작업[연구] 과정의 시간 단계. **~aktie,** die 노동주(식). **~ameise,** die [동물] 일개미. **~amt,** das 노동(관)청, 직업 소개소. **~anfall,** der ⟨Pl. 없음⟩ 일의 쌓임, 산적한 일[작업량]. **~anfang,** der (반대: Arbeitsende, -schluß) 노동[일]의 시작, 작업 착수. **~angebot,** das 노동[일] 제공[제시], 구인(求人). **~anleitung,** die 노동[일] 지도[교시, 안내]. **~anstalt,** die ↑-haus. **~antritt,** der (직장의) 직무 시작, 작업 개시. **~anweisung,** die 작업 지침. **~anzug,** der 노동복, 작업복. **~atmosphäre,** die 분위기[환경]. **~auffassung,** die 직무의 태도(사명감). **~auflage,** die [법] (소년 형법에서 처벌 대신) 특정일의 부과. **~auftrag,** der 일[작업] 위탁. **~aufwand,** der 노동 비용, 작업 경비. **~ausfall,** der 휴업, 휴무, 노동[작업] 중지. **~ausrüstung,** die 작업 장비. **~ausschuß,** der (특정 문제를 다루는) 전문[특별] 위원회. **~ausweis,** der 작업 허가증, 취업 허가증. **~bedingungen** ⟨Pl.⟩ 노동 조건, 작업 환경. **~befreiung,** die (짧은 기간의) 휴가. **~beginn,** der (반대: Arbeitsende, -schluß) 노동[일]의 시작(개시). **~behörde,** die 노동(관)청, 노동 당국. **~belastung,** die (정신적·육체적) 노동 부담, 짐스런 노동. **~berater,** der (노동청의) 노동

문제 고문[상담관]. ~**bereich**, der 《드물게》 das 1. 노동 영역, 활동 분야. 2. 행동 반경, 작업 범위. ~**bericht**, der 작업[연구] 보고. ~**beschaffung**, die 노동[일자리] 공급[지원], 실업 대책. ~**beschaffungsmaßnahme**, die 《대개 Pl.》 실업 대책[실업자 고용] 조치. ~**beschaffungsprogramm**, das 실업자 고용 계획. ~**bescheinigung**, die 취업[고용] 증명서, 노동 인증(認證). ~**besprechung**, die 작업 심의[협의]. ~**besuch**, der 【정치】 (공동 작업을 위한) 협의[교섭] 방문, 실무 방문. ~**bewußtsein**, das: ↑auffassung: 노동 의식, 노동관(觀). ~**biene**, die 《동물》 일벌: 전의 sie ist eine richtige A. 그 여자는 부지런한 일꾼이다(《편》일 밖에 모르는 사람이다. ~**brigade**, die 《구동독》 (생산성 향상 때문에 경쟁시키기 위한) 작업반. ~**buch**, das 《옛》 노동관청에 의한 노동[근로]자의 노동 상황 기록부. ~**bühne**, die 【기술】 작업대(臺). ~**dauer**, die 작업[연구] 소요 시간. ~**dienst**, der 1. 노동[근로] 봉사. 2. a) 노동[근로] 봉사 조직체[기구]. b) ↑Reichsarbeitsdienst 참조. ~**dienstpflicht**, die 《Pl. 없음》 《나치》 제국 근로 봉사대 복무 의무. ~**direktor**, der (광산 · 철강 산업에의) 노무부장. ~**disziplin**, die 작업 원칙[규칙], 노동 규율. ~**eifer**, der 작업 열의, 노동 의무. ~**einheit**, die 1. 《구동독》 작업량 단위. 2. ↑Bauenheit. 3. 노동시간 단위. ~**einkommen**, das 노동[근로] 소득. ~**einsparung**, die (기계화 따위에 의한) 노동력[작업비] 절약. ~**einstellung**, die 1. 동맹파업[스트라이크], 작업 정지. 2. 노동 의식, 작업 태도. ~**einteilung**, die 작업[노동]분배[분할]. ~**elan**, der 작업[작업] 의욕[열의]. ~**elefant**, die 작업용 코끼리. ~**emigrant**, der 【사회】 노동이민자(이주자). ~**ende**, das (반대: Arbeitsanfang, ~beginn) 작업[노동] 종료[끝]. ~**entgelt**, das 노동 대가[보수]. ~**enthusiasmus**, der 노동 열의[열풍]. ~**erfahrung**, die 노동[연구] 경험[체험]. ~**ergebnis**, das 노동[작업] 결과, 일의 결과. ~**erlaubnis**, die 노동 허가. ~**erleichternd** 〈Adj.〉 《드물게》 ↑arbeitererleichternd. 노동을 덜어 주는. ~**erleichterung**, die 노동 경감, 일을 덜어줌. ~**erschwerend** 〈Adj.〉 《드물게》 노동[일]을 절약시키는 (↑arbeitersparend). ~**ersparnis** die 노동[일]의 절약. ~**ertrag**, der 노동[일]의 수익, 근로 소득. ~**essen**, das 【정치】 협의(협상)차 회식. ~**ethos**, das 【철학 · 교육】 노동[직업] 윤리. ~**exemplar**, das 책[논문] 견본. ~**extensiv** 〈Adj.〉 【경제】 (경영, 경작시) (粗放)적인 (자본과 노동력을 적게 들이는): -e Landwirtschaft 조방 농업(반대: arbeitsintensiv). ~**fähig** 〈Adj.〉 노동 능력이 있는, 일할 수 있는(반대: arbeitsunfähig). ~**fähigkeit**, die 《Pl. 없음》 (반대: Arbeitsunfähigkeit) 노동 능력. ~**fanatismus**, der 광신(열광)(주의). ~**feld**, das 《아이》 노동 분야[영역], 활동 분야. ~**fieber**, das 지나친 노동 열의, 맹렬한 연구욕. ~**frei** 〈Adj.〉 일이 없는, 휴가의[쉬는]. ~**freude**, die 노동[일]의 기쁨[즐거움]. ~**freudig** 〈Adj.〉 노동[일]을 좋아하는(즐겨하는). ~**freudigkeit**, die 노동[작업] 의욕. ~**friede**, der, 《아이》 ~**friede** 노사간의 원만한 상태, 노사 휴전. ~**front**, die ↑Deutsche Arbeitsfront의 약칭. 《나치》 노동 전선(약어: DAF). ~**frühstück**, das 협의[업] 차 조찬회. ~**gang**, der 1. 공정(工程), 작업 단계. 2. 《Pl. 없음》 《드물게》 작업 (진행) 과정. ~**gebiet**, das 일[노동]의 영역[분야], 활동 분야. ~**gemeinschaft**, die 1. (교육, 학술의) 연구회, 사업 공동체(약어: Arge). 2. 《드물게》 (사업, 연구의) 공동 협력. ~**genehmigung**, die 노동 허가. ~**genosse**, der 《준고어》 ↑kollege. ~**gerät**, das 1. 작업용 도구[기계], 조사 장치. 2. 작업기구[용구]의 전체. ~**gericht**, das 노동 재판소[법원]. ~**gerichtlich**

〈Adj.〉 노동 재판소의. ~**gerichtsprozeß**, der 노동(법원의) 재판. ~**gestaltung**, die 작업[연구] 진행 과정의 구성. ~**grundlage**, die 작업 기초, 연구 토대. ~**gruppe**, die 작업[연구] 그룹[반]. ~**haus**, das 강제 노동 교도소[갱생원]. ~**heft**, das 【학교】 과제장, 숙제 노트. ~**hilfe**, die 일[연구] 보조, 참고서. ~**hose**, die 작업복 바지. ~**hub**, der (4행정 기관의) 제삼 행정(行程). ~**hygiene**, die 노동 위생. ~**hygienisch** 〈Adj.〉 노동 위생의. ~**hypothese**, die 연구 가설[가정]. ~**inspektion**, die (오스트리아와 스위스에서 노동 보호법상의) 영업 감찰(기관). ~**instruktion**, die 노동 [일, 작업] 지침. ~**intensiv** 〈Adj.〉 【경제】 (경영 · 경작의) 집약적(많은 자본과 노동력을 쓰는)(반대: arbeitsextensiv). ~**jacke**, die 작업복 웃옷[상의]. ~**jubiläum**, das (한 회사에서 20년 · 30년의) 장기근속 기념일. ~**kamerad**, der 직장 동료, 동업자. ~**kampf**, der 노동 투쟁[분쟁]. ~**kampfmaßnahme**, der 《대개 Pl.》 노동쟁의 방책수립[조치]. ~**kittel**, der 노동[작업]복 덧옷[가운]. ~**kleidung**, die 노동[작업] 복. ~**klima**, das 《Pl. 없음》 작업 분위기, 노동 환경. ~**kluft**, die 《통용어》 작업[노동]복. ~**kollege**, der 직장 동료, 동업자. ~**kollektiv**, das 《구동독》 노동[작업] 그룹[반], 생산 공동체. ~**kommando**, das (특정한 일을 수행하는) 긴급 작업반, 특수 파견대. ~**konflikt**, der 노사 분쟁[갈등]. ~**korb**, der (축소형), ~**körbchen**, das 《고어》 (여성의) 바느질 광주리, 뜨개질 바구니. ~**kosten** 《Pl.》 작업 소요 경비. ~**kraft**, die 1. 노동[작업] 능력. 2. 노동(인)력, 일꾼. ~**kräftelenkung**, die 《Pl. 없음》 《구동독》 (당국의) 인력의 노동력 양성과 분배 조종. ~**kräfteplan**, der 《구동독》 노동(인)력 계획. ~**kreis**, der 노동[작업] 공동체, 연구회. ~**lager**, das 강제 노동 수용소. ~**lärm**, der 작업 소음. ~**last**, die 노동[연구] 부담. ~**leben**, das 《Pl. 없음》 노동 생활, 직장 생활. ~**leistung**, die 작업 성과, 생산량, 노동[작업] 능률. ~**lenkung**, die (노동력의 분배와 투입의 관한) 당국의 노동 지도. ~**leute**: ↑~mann의 복수형. ~**lied**, das 1. 노동 노래[가]. 2. 노동(민)요. ~**lismer**, der 《schweiz.》 작업복 털실 조끼. ~**lohn**, der 《당주 · 주당의》 노동 임금. ~**los** 〈Adj.〉 1. 실업(실직)의, 무직의. 2. 《대개는 다음 용법으로》 -es Einkommen 불로(不勞) 소득, 그의 실업자, 실직자. ~**losenfürsorge**, die 《옛》 ↑Arbeitslosenhilfe. ~**losengeld**, das 《Pl. 없음》 실업 보험금. ~**losenheer**, das 실업자 무리[대(大)]. ~**losenhilfe**, die 《Pl. 없음》 1. 실업 구제 기관[사업]. 2. (실업보험 혜택을 못받는 빈한한 실업자를 위한) 실업 구제금. ~**losenquote**, die 실업률. ~**losenunterstützung**, die 《옛》 ↑Arbeitslosengeld. ~**losenversicherung**, die 1. 실업 보험. 2. (국가의) 실업 보험 시설[기관]. ~**losenzahl**, die, ~**losenziffer**, die 실업자수(數). ~**losigkeit**, die 실업, 무직. ~**lust**, die 《Pl. 없음》 일할 의욕, 노동 [작업] 의욕. ~**lustig** 〈Adj.〉 일할 의욕이 있는(일을 좋아하는). ~**maid**, die 《나치》 (제국 근로 봉사대의) 최하위급 근로자 여성대원. ~**mangel**, der 《Pl. 없음》 (노동) 부족, 일자리 부족. ~**mann**, der 1. 〈Pl. ...männer / ...leute〉 《고어》 노동자, 수공업자. 2. 〈Pl. ...männer〉 《나치》 제국 근로 봉사대의 최하급 남성 근로 봉사대원. ~**mantel**, der 작업[노동]복, 긴 덧옷[가운]. ~**mappe**, die 연구 자료[서류]철[파일]. ~**markt**, der 《Pl. 없음》 노동 수급의 시장. ~**maschine**, die 1. 작업 기계(반대: Kraftmaschine). 2. 《편》 기계처럼 일하는 사람. ~**mäßig** 〈Adj.〉 일[노동, 작업]에 알맞는[관한]. ~**material**, das 일[연구] 자료. ~**medizin**, die 산업[노동] 의학. ~**mediziner**, der 산업[노동] 의학자[의사]. ~**mensch**, der 일밖에 모르는

arbeits-, Arbeits-

人間. ~**methode**, die 연구[작업] 방법. ~**minister**, der 노동(부) 장관. ~**ministerium**, das 노동부. ~**mittel**, das 작업 수단, 연구 재료. ~**modell**, das 작업(연구) 모델[견본]. ~**möglichkeit**, die 일[연구, 작업]의 가능성. ~**moral**, die 노동 윤리, 직업 의식, 연구 태도. ~**nachweis**, der 1. 직업 소개. 2. (당국의) 직업 소개소. ~**neurose**, die [의학] 직업 노이로제[신경증]. ~**niederlegung**, die 작업 정지, 파업. ~**norm**, die 1. 노동 기준량. 2. 《구동독》 규정 작업(시간). ~**normenvertrag**, der 노동 기준량 임금 계약. ~**normung**, die 《구동독》 작업 규정화. ~**ordnung**, die 1. 《드물게》 일의 질서, 정상적[정규의] 일. 2. 사무분담제도, 3. 노동[작업] 규칙(규정). ~**organisation**, die 노동[일]의 조직. ~**ort**, der 노동 장소, 직장, 작업장. ~**pädagogik**, die 1. 노동 교육. 2. 노동 교육학. ~**papier**, das 1. 《정치》 정책(사업, 연구) 보고서. 2. 《Pl.》 노동 경력[관계] 서류(증명서). ~**pause**, die 노동(의) 휴식 시간. ~**pensum**, das 과제, 과업. ~**pferd**, das 역마(役馬); er ist ein A. 그는 지칠 줄 모르고 일하는 사람이다. ~**pflicht**, die 노동 의무. ~**physiologie**, die (노동 의학 분야의) 노동 생리학. ~**plan**, der 연구[작업, 노동] 계획. ~**planung**, die 노동[연구] 기획. ~**platz**, der 1. a) 일[공부]할 장소, 작업장. b) 근무처, 일터, 직장. 2. 직업, 지위, 직책, 직무. ~**platzsicherung**, die 직장의 확보. ~**platzstudie**, die 직장설비와 인력수급의 분석연구. ~**platzvermittlung**, die 직장 알선, 직업 소개(소). ~**platzwechsel**, der 직장 변경, 직업 전환. ~**probe**, die 작업 검사용 견본. ~**produkt**, das 노동[작업] 생산품. ~**produktivität**, die [경제] 노동 생산성. ~**programm**, das 작업[연구] 계획[프로그램]. ~**prozeß**, der 연구[작업] 과정. ~**psychiatrie**, die 노동[직업] 정신 의학. ~**psychologie**, die 노동[직업] 심리학. ~**pult**, das 《고어》(읽고, 쓰고, 그리기 위한) 작업대. ~**raum**, der 작업실, 연구실, 실험실. ~**recht**, das 《Pl. 없음》 노동법, 노동 권리. ~**rechtler**, der 노동법 전문가[법률가]. ~**rechtlich** 〈Adj.〉 노동법(상)의. ~**reich**〈Adj.〉 일이 많은. ~**reserve**, die 《대개 Pl.》 노동예비인력. ~**rhythmus**, der 노동[작업] 리듬. ~**richter**, der 노동 재판관. ~**richtlinie**, die 《대개 Pl.》 연구[작업] 방침[원칙]. ~**richtung**, die (학문의) 연구 방향(경향). ~**ruhe**, die (특별한 동기에서 온) 작업 휴식. ~**sache**, die 1. 《Pl.》 작업(연구) 도구[용구]. 2. 《Pl.》 작업복. 3. [법] 노동관계(소송)사건. ~**scheu** 〈Adj.〉 일을 싫어하는, 게으른(반대: arbeitswillig). ~**scheu**, die 노동 혐오, 일하기 싫음. ~**schicht**, die 교대조 작업반(공장·광산의). ~**schluß**, der 일[작업] 종료[끝](반대: Arbeitsanfang, -beginn). ~**schritt**, der 작업[연구] 단계. ~**schule**, die 1. 실업(고등)학교. 2. 수공 직업 학교. 3. 생산 실업 학교. ~**schutz**, der 노동자 보호, 노동[산업] 재해 방지. ~**schutzbestimmung**, die 노동 보호 규정. ~**schutzbrille**, die (용접시의) 보호 안경. ~**schutzgesetzgebung**, die 노동 보호 입법. ~**schwung**, der 《Pl. 없음》 작업 비약, 연구 열의. ~**sitzung**, die 《정치》 (공통 문제[테마]의) 회의. ~**sklave**, der 《폄》 일의 노예(노예처럼 일하는 사람). ~**soziologie**, die 노동사회학. ~**sparend** 〈Adj.〉 《드물게》 ↑arbeitsparend. ~**spitze**, die 《구동독》 특별 작업 부담. ~**sprache**, die 번역(통역)자의 담당 언어. ~**stab**, der 임무 작업 지도부[스탭]. ~**stätte**, die 1. (아이) 작업장(실), 연구실. 2. 직장, 근무처. ~**stelle**, die 1. a) 직장, 근무처. b) 지위[직위], 직업, 직무. 2. (연구소 기관의) 작은 부서, 특수분과. ~**stil**, der 일[연구, 작업] 스타일[방식]. ~**stimmung**, die 일할 기분[심정]. ~**streit**, der [법] 노동쟁

의. ~**strom**, der 1. [전기] (기계를 작동시키는) 동력 전류. 2. (장치를 작동시킬 때만 흐르는) 입력 전류(반대: Ruhestrom). ~**stube**, die 《준고어》 작업실, 공부방, 일하는 방. ~**studie**, die (능률 향상을 위한 작업 공정의 분석 등의 학술적) 작업 연구. ~**stufe**, die 1. 작업 단계. 2. [교육] (실기 수업 과제의 여러 단계 중 하나의) 실습[학습] 단계. ~**stuhl**, der 작업 의자. ~**stunde**, die 작업 시간. ~**suche**, die 구직. ~**suchend**, ~**suchende*** 《드물게》 ↑arbeitsuchend, Arbeitsuchende. ~**sucht**, die 《Pl. 없음》 노동[일]벽(癖). ~**süchtig** 〈Adj.〉 일에 미친, 노동벽에 걸린. ~**tag**, der 작업일, 일하는 날, 노동(근무)일, 평일. ~**täglich** 〈Adj.〉 작업일의, 일하는 날마다의, 평일의. ~**tagung**, die (공동) 작업[연구] 회의. ~**takt**, der 1. [기계] ↑~hub. 2. [기계] 기계 작동의 반복 단계. 3. 콘베이어 작동의 반복 공정. ~**tätigkeit**, die 노동[일] 활동, 직장생활, 직업에 종사함. ~**team**, das 연구[작업]팀[반]. ~**technik**, die 작업[연구] 방법, 작업 기술. ~**teilig** 〈Adj.〉 분업의. ~**teilung**, die 분업. ~**temperatur**, die [기술] (기계·기구의) 작동[작업] 온도. ~**tempo**, das 작업 속도, 연구[일의] 속도. ~**therapie**, die 작업요법. ~**tier**, das 역축(役畜), 노동용 짐승: 전의 er ist ein A. 《폄》 그는 일만 하는 사람이다. ~**tisch**, der 작업 책상[대]. ~**titel**, der (책, 작품 등의) 가(임시) 제목. ~**treffen**, das [정치] (정치인·기업인의) 협의차 (비공식) 회합. ~**überlastung**, die 작업의 과잉 부담. ~**unfähig** 〈Adj.〉 (병·육체적 상태로 인해) 일할 수 없는, 일할 능력이 없는(반대: arbeitsfähig). ~**unfähigkeit**, die 《Pl. 없음》 (병·육체적 사유로 인한) 노동[작업] 불능. ~**unfall**, der 노동 재해, 작업 사고. ~**unlust**, die 노동하기 싫음, 작업 불만[혐오]. ~**unlustig** 〈Adj.〉 노동하기 싫은, 작업이 내키지 않는, 노동 의욕이 없는. ~**unterbrechung**, die 작업[일, 연구] 중단. ~**unterbruch**, der 《schweiz.》 ↑~unterbrechung. ~**unterlage**, die 《대개 Pl.》 작업[연구] 기초[자료]. ~**unterricht**, der (직업 학교의) 작업 수업(방법), 실습 수업. ~**unwillig** 〈Adj.〉 일[작업·연구]할 뜻이 없는. ~**urlaub**, der 작업 활동을 위한 병역 휴가. ~**verdienst**, der 작업 수입[벌이]. ~**vereinbarung**, die 노동 관계 합의(협약). ~**vereinfachung**, die 작업 단순화(간략화). ~**verfahren**, das 작업 방식[방법]. ~**verfassung**, die 노동 헌장. ~**vergabe**, die 작업[연구] 위임[위탁]. ~**vergütung**, die 작업[연구] 사례(보수). ~**verhältnis**, das 1. 고용[노사] 관계. 2. 《Pl.》 노동 조건, 직업 환경. ~**verhinderung**, die 작업[일·연구] 방해[저해, 저지]. ~**verlust**, der 작업[일·연구] 손실. ~**vermittlung**, die 직업 소개. ~**verpflichtung**, die ↑Dienstverpflichtung. ~**verrichtung**, die 《대개 Pl.》 수행할 직무[업무]. ~**versäumnis**, das 직무 태만, 결근. ~**verteilung**, die 노동[작업] 분배, 분업. ~**vertrag**, der 노동[고용] 계약. ~**verweigerung**, die 노동[작업] 거부. ~**verwendungsfähig** 〈Adj.〉《군·옛》(신체적 결함으로 군복무[전투]는 불가능하지만) 근로 복무가 가능한(약어: av., a.v.). ~**verwendungsfähigkeit**, die 《Pl. 없음》 군대의 근로 복무 가능. ~**veteran**, der ↑Arbeiterveteran. ~**vorbereiter**, der 작업공정 입안 전문가. ~**vorbereitung**, die 1. 《대개 Pl.》 작업[연구] 준비. 2. 《Pl. 없음》 [경제] 작업 공정의 입안(立案). ~**vorgang**, der 작업[연구] (진행) 과정. ~**vorhaben**, das 작업[연구] 계획. ~**vorlage**, die 작업[연구] 모델[견본]. ~**wagen**, der 도로[철도] 공사용 차량. ~**weise**, die 1. 작업[연구] 방법, 작업 방법, 기능. ~**welt**, die 노동계, 직업 세계, 연구 분야. ~**werkzeug**, das 연장, 작업 기구[도구], 공구. ~**wille**, der

노동[작업, 연구] 의욕[의지]. ~willig 〈Adj.〉 일[연구]할 의욕[의지]이 있는(반대: arbeitsunwillig, -scheu). ~wissenschaft, die 노동[과]학. ~woche, die (일주일 단위의) 노동 주일. ~wut, die 《농》 강렬한(과대한) 노동[연구] 의욕. ~wütig 〈Adj.〉《농》강한 노동[연구] 의욕이 있는. ~zeit, die 1. 노동[근무·근로]시간: gleitende A. 변동 노동 시간제. 2. 작업 소요 시간. ~zeitbeginn, der 작업[노동] 시작 시간. ~zeitordnung, die 〈Pl. 없음〉 법정 노동 시간(약어: AZO). ~zeitverkürzung, die 작업[노동] 시간 단축. ~zeitversäumnis, das 작업[노동] 시간 지체(소홀). ~zeitschutz, der 작업[노동]시간 보호(책). ~zeitstudie, die 노동 시간 연구. ~zeug, das 〈Pl. 없음〉《통용어》1. 작업복. 2. 연장, 작업 도구[기구], 공구. ~zeugnis, das 노동[근무] 증명서. ~ziel, das 작업[연구] 목표. ~zimmer, das (정신적인) 작업방, 연구실[서재]. ~zug, der 〔철도〕(철도 작업을 위한) 공사(工事) 열차. ~zwang, der 작업[연구] 강요. ~zweig, der 노동[작업·연구] 부문.
arbeitsam ['arbajtza:m] 〈Adj.〉《아어·준고어》 1. 부지런한, 근면한, 열심히 일하는. 2. 일로 꽉 찬, 일이 많은. Arbeitsamkeit, die 근면.
Arbiter ['arbitɐ], der; -s, - [lat. arbiter] 《고어》 심판관, (로마 민법의) 중재 재판관. - elegantiarum [-elegan'tsia:rɔm], - elegantiae [- ele'gantsie͜ɛ], - - - [lat. elegantia] 《고어》 취미[생활 양식]의 감정인[대가, 전문가].
Arbitrage [arbi'tra:ʒə], die; -n [frz. arbitrage] 1. 〔상법〕중재 재판. 2. 〔증권·경제〕제정(裁定) (거래), 차액 취득 매매.
arbiträr [arbi'trɛ:ɐ̯] 〈Adj.〉 [frz. arbitraire] 《교양어》 임의의(= beliebig), 자의적인, 수의적인, 재량에 의한: eine -e Größe 〔수학〕 임의 상수; das sprachliche Zeichen ist a. 〔언어〕 언어기호는 자의적이다. Arbitrarität [arbitrari'tɛ:t], die 임의[자의]성.
Arbitration [arbitra'tsjo:n], die [engl. arbitration] 조정, 중재(재판).
Arboretum [arbo're:tʊm], das; -s, ...ten [lat. arboretum] 〔식물〕 (연구용) 수목원, 묘포, 종묘 재배원.
Arbuse [ar'bu:zə], die; -n [russ. arbus] 〔식물〕 수박.
arc = Arkus.
Archaik [ar'ça:ik], die [griech. archaïkós] 《교양어》 (문화시대의) 초기 (시대), 고대(식). Archaiker [ar'ça:ikɐ], der; -s, - (대중 스타일의)고대 예술가. Archaikum [ar'ça:ikʊm], Archäikum [ar'çɛ:ikʊm], das; -s 〔지질〕 태고대의 시생대(始生代). archaisch [ar'ça:iʃ] 〈Adj.〉 1. a) 고대의, 태고의, 원시 시대의. b) 〔심리〕 (발전사적으로) 초기(단계)의, 미발달의. 2. 낡은, 진부한, 고풍의. 3. (초기 그리스 예술양식인) 아르카이크의: -es Lächeln 아르카이크 스마일(초기 그리스 조각의 미소 띤 표정). archäisch [ar'çɛ:iʃ] 〈Adj.〉 〔지질〕 시생대의. archaisieren [arçai'zi:rən] 〈h〉 [griech. archaïzein] (언어·예술의) 고풍 표현을 사용하다, 고풍으로 만들다, 의고조(擬古調)로 하다: die -de Sprache einer Dichtung 시의 의고조 언어. Archaismus [arça'ɪsmʊs], der; -, ...men [griech. archaïsmós] 《교양어·양식·예술》 1. (언어·예술에 나타나는) 고어, 고문체, 고풍적 표현. 2. 〈Pl. 없음〉 (언어·예술의) 의고주의, 아르카이즘. Archaist [arça'ɪst], der; -en, -en 《교양어》 의고주의자, 고어 사용자. archaistisch 〈Adj.〉 《교양어》 의고주의의, 고풍으로 표현하는. Archangelsk [ar'çaŋ]sk. ar'çaŋgɛlsk, (russ.) ar'xangiljsk] (러시아 공화국의 도시 이름) 아르한겔스크. Archanthropinen [arçantro'pi:nən] 〈Pl.〉 [griech. arché / ánthrōpos] (사람과 고등 유인원 사이의) 원인(猿人). Archäologe

[arçɛo'lo:gə], der; -n, -n [griech. archaiológos] 고고학자. Archäologie [...lo'gi:], die [griech. archaiologia] 고고학. Archäologin, die; -nen (↑ Archäologe의 여성형). archäologisch 〈Adj.〉 고고학의. Archäopteryx [arçɛ'ɔpterʏks], die / der; -, -e / ...pteryges [arçɛɔp'te:rygɛ:s; griech. ptéryx] 시조(始祖)새(Urvogel). Archäozoikum [arçɛo'tsoːikʊm], das; -s [griech. zōḗ] 〔지질〕 태고대(太古代).
Arche ['arçə], die; -n [lat. arca] 1. die A. (Noah) 《성경》 노아의 방주: 〔전의〕 ...dieses Hotel ist die letzte A. ...이 방은 마지막 피난처이다. 2. 《통용어》 (고풍의) 큰 차[배].
Archetyp [arçe'ty:p, (또한) '- - -], der; -s, -en, Archetypus [arçe'ty:pʊs], der; - -, ...pen [lat. archetypum < griech. archétypon] 1. 〔철학〕 원형(原型), 전형. 2. 〔심리〕 (C. G. Jung의 집합 무의식에 있는) 원형(元型), 현형. 3. a) 가장 오래된 필사본[인쇄본]. b) 예술품[문헌]의 원본. 4. 〔생물〕 원래 형태[원형]. archetypisch [arçe'ty:pɪʃ / '- - - -] 〈Adj.〉 1. 원형의, 원본의. 2. 모범적인, 전형적인, 이상적인. Archetypus: ↑Archetyp.
Archidiakon [arçi-, 《südd. / österr.》 ar-, -s / -en, -e(n) [lat. archidiaconus < griech. archidiákonos] 1. a) (고대·중세 초기 교회의) 부주교. b) 영국 성공회의 부감독 대리. 2. (특히 중세의) 대주교. 3. (신교에서의 도시 교회의) 대집사. 4. (신교의 도시 교회의) 부목사. Archidiakonat, das / der, -(e)s, -e [lat. archidiaconātus] 1. 부주교직, 비품 대리직, 대교구장직, 대집사직, 부목사직. 2. 부주교[비품 대리]의 방[주거], 대교구장[부목사]의 방[집]. 3. 교구(教區).
Archilexem [arçi-, -s, -e [griech. archi-] 〔언어〕 (한 휘장 안에서 가장 일반적 내용을 가진) 상위어휘소(예컨대: Gaul, Rappe, Hengst에 대한 Pferd).
Archimandrit [arçiman'dri:t], der; -en, -en [lat. archimandrītēs < griech. archimandrī́tēs] 1. 대수도원장(동방 교회의). 2. (동방 교회의 공로 신부에 대한 명예칭호) 대수도사.
archimedisch [arçi'me:dɪʃ] 〈Adj.〉 (그리스의 수학자) 아르키메데스(식)의: -e Schraube 아르키메데스의 나선양수기; -es Axiom 〔수학〕 아르키메데스의 공리. Archimedisch [-] 〈Adj.〉 아르키메데스에 의해 생긴: -es Prinzip [물리] 아르키메데스 원리; 〔전의〕 der -e [ein -er] Punkt 축점, 선회점.
Archipel [arçi'pe:l], der; -s, -e [ital. arc(h)ipelago] 〔지리〕 군도(群島), 다도해(多島海), 군도(群島)제도, 열도: der Malaiische A. 말레이 군도.
Archipresbyter, der; -s, - [lat. archipresbyter] 1. 〔역사〕 (비품 교회의) 수석 사제, 최고 신부. 2. a) (신교의) 지방교구장. b) (신교 공로 성직자의 명예 칭호) 대장로.
Architekt [arçi'tɛkt], der; -en, -en [lat. architectus < griech. architéktōn] 1. 건축기사, 건축가, 설계자. 2. 〔정치적 분위에의 고안자, 창조자.
Architekten-: ~büro, das 건축 사무소. ~gattin, (österr.) ~gattin, die 건축 기사 부인. ~kollektiv, das 건축 기사 공동체[연구팀]. ~wettbewerb, der 건축 기사 경기회.
Architektenschaft, die; -en (어떤 지역의) 건축 기사 전체. Architektin, die; -nen (↑Architekt의 여성형). Architektonik [arçitɛk'to:nɪk], die; -en 1. 〈Pl. 없음〉 건축학, 건축술. 2. a) 건축양식. b) 구조, 구성: die A. des menschlichen Körpers 인체의 구조. architektonisch 〈Adj.〉 [lat. architectonicus < griech. architektonikós] 1. 건축학의, 건축술의, 건축예술의. 2. 구조상의, 구성적인. Architektur [arçitɛk'tu:ɐ̯], die;

Architektur-

-en [lat. architectūra] **1.** ⟨Pl. 없음⟩ 건축(예술), 건축학(술): A. studieren 대학에서 건축학을 공부하다. **2. a)** 건축의 예술적 구성(구조). **b)** 건축 양식. **3. a)** ⟨Pl. 없음⟩ (민족·시대의) 건축물. **b)** 《드물게》 건축학적 창작 [제작].

Architektur-: ~**bild**, das [예술] 건축 설계도, 마련 그림. ~**modell**, das 《건축·예술》건축 모델. ~**plastik**, die 건축 플라스틱, 건축 조형 미술, 건축 미술품(↑Bauplastik). ~**zeichnung**, die 건축 도안, 건축 제도[스케치].

architektural [...tu'ra:l] ⟨Adj.⟩ [frz. / engl. architectural] ⟨schweiz.⟩ ↑architektonisch (1).

Architrav [arçi'tra:f], der; -s, -e [...'tra:və; ital. architrave] (고전 건축의) 평방(平枋): die -e eines griechischen Tempels 그리스 사원의 평방들.

Archiv [ar'çi:f], das; -s, -e [ar'çi:və; lat. archivum < griech. archeîon] **1. a)** 기록 보관소, 문서국. **b)** 기록 《문서》집. **c)** 기록 보관 건물, 문고, 문서실. **2.** (학술지 제명) 논총.

archiv-, Archiv-: ~**akten** ⟨Pl.⟩ 문서실(기록실) 서류. ~**assessor**, der 문서 업무 담당 고급 관리. ~**beamte**, der 문서국 공무원. ~**benutzer**, der 문서(실) 이용자. ~**benutzung**, die 문서(실) 이용. ~**bild**, das 사진(그림) 자료실의 사진(그림). ~**dienst**, der (공무원의) 문서실 근무. ~**direktor**, der 문서실장[국장]. ~**exemplar**, das 문서(기록)실용 견본. ~**geschichte**, die 문서(제도)의 역사. ~**gut**, das ⟨Pl. 없음⟩ 문서 (기록)실에 수집된 총문서 자료. ~**kunde**, die 문서(기록)학. ~**kundlich** ⟨Adj.⟩ 문서(기록)학의. ~**lehre**, die 문서(기록)학설[이론]. ~**material**, das 문서(기록) 자료. ~**pflege**, die 문서(기록) 보호. ~**rat**, der **a)** ⟨Pl. 없음⟩ ⟨문서담당 공무원 칭호⟩문서 위원직. **b)** ⟨복수 -räte⟩ 문서위원. ~**recht**, das ⟨Pl. 없음⟩ 문서(기록) 법(률). ~**referendar**, der 문서(기록)실 연수관. ~**schule**, die 문서학교. ~**verwaltung**, die 문서(기록)관리(행정). ~**wesen**, das ⟨Pl. 없음⟩ 문서(기록) 제도. ~**wissenschaft**, die ⟨Pl. 없음⟩ 문서(기록)학.

Archivalien [arçi'va:liən] ⟨Pl.⟩ (문서실의) 기록. **Archivalienkunde**, die 문서 (전문)지식, 문서학. **archivalisch** ⟨Adj.⟩ **1.** 문서의. **2.** 문서 보관소의, 문서 (기록)실의. **Archivar** [...'va:r], der; -s, -e 기록(문서) 전문가(담당자). **archivieren** [...'vi:rən] ⟨h⟩ 문서들을 문서실에 수용(비치)하다. **Archivierung**, die; -en 문서들의 문서실 수용(비치). **Archivistik** [...'vɪstɪk], die 문서학.

Archivolte [...'vɔltə], die; -n [ital. archivolto] (건축·예) **1.** 장식 (홍예) 창도리. **2.** (로마네스크·고딕의) 정문의 조형 아치.

Archon ['arçɔ:n], der; -s, -ten [ar'çɔntn], **Archont** [ar'çɔnt], der; -en, -en [lat. archon < griech. árchōn] (고대 그리스 도시 국가의) 집정관[아르콘].

Arcus: ↑Arkus.

ARD = Arbeitsgemeinschaft der öffentlich-rechtlichen Rundfunkanstalten der Bundesrepublik Deutschland 독일 연방공화국 공영 방송국 연합체[제 1 텔레비전 방송].

Ardabil [arda'bi:l], **Ardebil** [arde'bi:l], der; -(s), -s (이란의 도시 이름에서) 아르다빌 양탄자(융단).

Ardennen [ar'dɛnən] ⟨Art.과 함께만; Pl.⟩ (대부분 벨기에에 뻗어있는) 아르덴 산맥.

Are ['a:rə], die; -n ⟨⟨schweiz.⟩⟩ ↑Ar. **areal** [are'a:l] ⟨Adj.⟩ [lat. ārea] 분포지역의. ~e Linguistik 언어지리학. **Areal** [-], das; -s, -e **1.** 지면(地面), 면적. **2.** (한정된) 땅, 지대, 대지, 토지. **3.** (동식물·언어현상의) 분포 지역.

areal-, Areal-: ~**kunde**, die (동·식물의) 분포 지역학. ~**linguistik**, die 지역언어학, 언어 지리학. ~**methode**, die (임의 추출 여론 조사에서) 지역 조사법(대표적 지역을 선정 그곳 사람들에게 설문조사하는 것)(반대: Quotenmethode).

Arekanuß [a're:ka-], die; -nüsse [port. areca] [식물] 빈랑자(檳榔子). **Arekapalme**, die; -n [식물] 빈랑나무.

areligiös ⟨Adj.⟩ 비종교적인, 무종교의.

Aren: ↑Ära의 복수형.

Arena [a're:na], die; ...nen [lat. (h)arēna] **1. a)** ⟨옛⟩ (고대 로마의 Amphitheater 안의) 원형 투기장(鬪技場). **b)** (계단식 관중석이 있는) 운동 경기장, 스타디움. **2. a)** 투우장. **b)** 서커스 연기장. **3.** ⟨österr.·준고어⟩ 여름의 야외무대.

Arenen: ↑Arena의 복수형.

Areopag [areo'pa:k], der; -s [lat. Arēopagus < griech. Areiópagos] 아레오파고스 회의(고대 아테네의 아레오파고스 언덕에 있는 최고 법정).

Ares ['a:rɛs] 아레스(그리스 신화의 군신).

Arete [are'te:], die [griech. aretḗ] 덕(미덕), 유능[수완].

Aretologie [aretolo'gi:], die 덕론(德論).

Arezzo [(ital.) a'rɛtsso] 아레초(이탈리아의 도시).

arg [ark] ⟨Adj.⟩: ärger, ärgste) **1. a)** (고어·아이) 못된, 비열한, 악의 있는: es ist nichts Arges an ihm 그에게는 악의가 없다. **b)** 나쁜, 역겨운, 기분 나쁜: -es Wetter 나쁜 날씨; es ist mir a., daß ... (지역적) ...이 나에게는 유감이다; etw. liegt im argen 무엇이 잘못됐다(나쁜 상태에 있다). **2. a)** 심한, 대단한, 지독한: eine -e Enttäuschung 심한 실망. **b)** (통용어) (강조적으로) 매우, 무척, 대단히: es ist a. warm (날씨가) 무척 덥다; es ist noch a. jung 그녀는 아직도 매우 젊다; ein Husten quälte ihn a. 기침이 그를 무척 괴롭혔다. **Arg** [-], das; -s ⟨고어·아이⟩ 악의, 악, 잘못: es ist kein A. an(in) ihm 그에게는 아무런 악의가 없다. **Arge** ['argə], der; -n ⟨고어⟩ 악마, 사탄.

arg-, Arg-: ~**denkend** ⟨Adj.⟩ ⟨고어·아이⟩ 나쁜 생각을 품은, 못된 생각을 가진. ~**gesinnt** ⟨Adj.⟩ ⟨고어·아이⟩ 나쁜 짓을 꾀하는, 악의 있는. ~**list**, die ⟨Pl. 없음⟩ ⟨아이⟩ 간계(奸計), 술책, 교활, 기만. ~**listig** ⟨Adj.⟩ 교활한, 음흉한, 간사한, 사악한. ~**listigkeit**, die 교활함, 기만, 사악함. ~**los** ⟨Adj.⟩ **1.** 악의 없는, 해가 없는. **2.** 아무것도 모르는, 천진한, 깊이 신뢰하는. ~**losigkeit** [...lo:zɪçkaɪt], die 무죄, 무해, 순결. ~**wohn**: ↑Argwohn.

Argali ['argali], der ⟨또는⟩ das; -(s), -s [mongol.] 중앙 아시아의 야생양(羊).

Argentinien [argɛn'ti:niən], -s 아르헨티나(남아메리카의 국가). **Argentinier** [argɛn'ti:niɐ], der; -s, - 아르헨티나 사람. **argentinisch** [argɛn'ti:nɪʃ] ⟨Adj.⟩ 아르헨티나(사람)의. **Argentit** [argɛn'ti:t /...ɪt], der; -s, -e [광] 휘은광. **Argentum** [ar'gɛntʊm], das; -(s) [lat. argentum] [화학] 은(銀) (화학 기호: Ag).

ärger: ↑arg 참조. **Ärger** ['ɛrgɐ], der; -s **1.** 분노(화), 귀찮은 일, 언짢은 일, 성냄, 골냄: seinen Ä. an jmdm. [etw.] auslassen 누구(무엇)에게 분노를 터뜨리다(화풀이하다): du warst außer dir vor Ä. 너는 화가 나서 제정신이 아니었다: grün und gelb(schwarz) vor Ä. werden(sein) 화가 나서[분에 못이겨] 시퍼렇게 되다. **2.** 기분 나쁜 일, 화나는 일, 역겨움(짜증), 불쾌: der tägliche Ä. im Beruf 직장에서 매일 있는 짜증; laß das, sonst bekommst du Ä.! (경고) 그만둬, 그렇지 않으면 너 좋지 않은 일(불쾌한 일)이 생겨! **ärgerlich** ⟨Adj.⟩ **1.** (무척) 화가 난, 짜증난, 역겨운, 언짢은, 골성)이 난: sie ist ä. auf(über) mich(über den Miß-

Arithmetiker

erfolg〕 그녀는 나에게〔그 실패 때문에〕화를 냈다. **2.** 화를 유발시키는, 기분 나쁜, 불쾌한. **ärgerlicherweise** 〈Adv.〉 기분 나쁘게, 불쾌하게. **Ärgerlichkeit,** die; -en **1.** 〈Pl. 없음〉 억거심[역정심], 지긋지긋함. **2.** 〈Pl. 없음〉 불쾌함. **3.** 화날 일〔상황〕, 불쾌한 일: auf solche -en waren sie nicht gefaßt 그와 같은 불쾌한 일이 있을 줄 그녀는 몰랐다. **ärgern** 〈h〉 **1. a)** 성[화]나게 하다, 기분 나쁘게[분통터지게] 만들다: seine Anwesenheit ärgerte mich 그가 참석한 것이 나를 화나게 했다; ihn ärgert die Fliege an der Wand 모든 사소한 일이 그를 화나게 한다. **b)** 화를 나게 해서 어떤 상태가 되게 하다: jmdn. krank[zu Tode] ä. 누구를 병이 나도록[죽도록] 화나게 하다. **2.** 〈ä. + sich〉 **a)** 화나다, 비위[기분]가 상하다, 분함을 느끼다: ich habe mich über ihn[über den Fehler] furchtbar geärgert 나는 그 사람에 대해서 [실수에 대해서] 대단히 화가 났다; Mensch, ärger(e) dich nicht! (주사위 놀이에서) 제기랄, 화내지마! **b)** 자신의 분노로 어떤 상태가 되다: 〔전의〕 sich krank[zu Tode] ä. 몹시 화나다; sich schwarz[grün und blau / gelb und grün] ä. 〔통용어〕 매우 화나다[격노하다]. **Ärgernis,** das; -ses, -se **1.** 〈Pl. 없음〉 감정의 상함, 분노[분개]. Ä. erregen 누구의 감정을 해치다: Ä. an etwas nehmen 〈준고어〉 무엇에 분노하다. **2.** 화날 일, 분격을 일으키는 사건: ein öffentliches Ä. 〔법〕 공분(公憤)을 일으키는 사건[스캔들]. **3.** 〈대개 Pl.〉 기분 나쁜 일, 불쾌한 일: die kleinen -se des Alltags 일상의 자질구레한 불쾌한 일들.
Arginin [argi'ni:n]; das; -s, -e 〔생물〕 아르기닌(모든 단백질 속에 내포된 아미노산).
Argo ['argo], die 〔천문〕 아르고 별자리.
Argon ['argɔn, 〈또한〉 ar'go:n]; das; -s 〔griech. argós〕 〔화학〕 아르곤(기호: Ar).
Argonaut [argo'naut], der; -en, -en 〔lat. Argonauta < griech. Argonaútēs〕 **1.** (신화에 나오는 Argo라는 배의 승무원) 아르코나우뎨스. **2.** 〈대개 Pl.〉 조개낙지.
Argonnen [ar'gɔnən] 〈Pl.; 관사와 함께만〉 아르곤(프랑스의 산맥).
Argot [ar'go:], das / der; -s, -s 〔frz. argot〕 **1.** 〈Pl. 없음〉 프랑스어의 부랑어. **2.** 〈Pl. 없음〉 프랑스어의 통용어. **3.** 〈사회·직업 집단의〉 특수어, 은어. **Argotismus** [argo'tɪsmʊs], der; -, ...men 일반 프랑스어 속에 은어에서 유래된 표현(방식).
ärgste: ↑arg.
Argument [argu'mɛnt], das; -(e)s, -e 〔lat. argūmentum〕 **1.** 주장의 근거, 논거[논증], 증명[증거]: das ist kein A.(gegen meine Behauptung) 그것은 나의 주장에 대한 반론이 못된다. **2.** 〔수학〕 (함수의) 독립변수. **Argumentation** [...mɛnta'tsjo:n], die; -en 〔lat. argumentatio〕 논증, 추론, 입증. **argumentativ** [...ta'ti:f] 〈Adj.〉 〔lat. argūmentātīvus〕 〔교양어〕 **1.** 논거(상)의, 증거(상)의. **2.** 근거[논거, 증거]의 도움으로〔에 의한〕. **argumentatorisch** [...'to:rɪʃ] 〈Adj.〉 〈드물게〉 ↑argumentative (2). **argumentieren** [...'ti:rən] 〈h〉 〔lat. argūmentārī〕 논증[추론]하다, 증명[증거 제시]하다: gegen jmds. Behauptung a. 누구의 주장에 반론을 펴다. **Argumentierung** die; -en ↑Argumentation.
Argus ['argʊs], der; -, -se 〔그리스 신화에서 백 개의 눈을 가진 거인 Árgos에 따라〕 〔교양어〕 엄중한 감시인.
argus-, Argus- 〈~auge, das 〈대개 Pl.〉 〔교양어〕 감시의 눈, 형안. **~äugig** 〈Adj.〉 형안의, 날카로운 눈의. **~blick,** der 〈대개 Pl.〉 〔교양어〕 ↑~auge.
Argwohn ['arkwo:n], der; -(e)s 〔아어〕 의심, 시의, 의심, 불신: A. (gegen jmdn. (etw.)) hegen 누구(무엇)에 대해〕 의심을 품다. **argwöhnen** ['arkwø:nən] 〈h〉 〈아어〕 의심하다, 잘못 추측하다, 두려워하다: er argwöhnte eine Falle 그는 함정이 있을까 두려워했다. **argwöhnisch** 〈Adj.〉 불신하는, 의심하는, 앙심을 품은: ein -er Blick 의심하는 눈초리.
Arhythmie. ↑Arrhythmie.
Ari ['a:ri], die; -s 〔군〕 ↑Artillerie의 약칭.
Ariadnefaden [a'riadnə-, a'rjatna-], der; -s 아리아드네의 실(그리스 신화에서 Ariadne가 Theseus를 미궁에서 구출한 실뭉치), 해결의 실마리.
Arianer [a'ria:nɐ], der; -s, - 아리우스교도(주의자). **arianisch** 〈Adj.〉 아리우스교[주의]의. **Arianisch** 〈Adj.〉 아리우스(교도·주의자)의. **Arianismus** [aria'nɪsmʊs], der; 아리우스교[주의](고대 기독교의 일파, 그리스도의 신성을 부인함).
arid [a'ri:t] 〈Adj.〉 〔lat. ãridus〕 〔지리〕 (기후가) 건조한, (토지가) 메마른, 불모의. **Aridität** [aridi'tɛ:t], die 건조, 메마름, 불모.
Arie ['a:ria], die; -n 〔ital. aria〕 아리아, 영창(곡).
¹Ariel ['a:riɛl, ...ie̯l] 아리엘(예루살렘의 옛 이름).
²Ariel, der; -s 〔천문〕 아리엘(천왕성의 제 1 위성).
Arier ['a:riɐ], der; -s, - 〔sanskr. árya = Edler〕 **1.** 〔인종·언어〕 아리안, 아리아어족. **2.** 〈나치〉 아리안(종), 북방인(종), 비유태인. **Ariernachweis,** der 〈나치〉 아리안계 혈통 증명(서). **Arierparagraph,** der 〈나치〉 비아리아인 배척 조항.
Aries ['a:ries], der 〔천문〕 백양궁(白羊宮).
Arietta [a'riɛta], **Ariette** [...tə], die; ...tten 〔ital. arietta〕 〔음악〕 아리엣타, 작은 아리아, 소영창. **arios** [a'riɔs] 〈Adj.〉 〔ital. arioso〕 노래와 같은, 선율적인, 곡조가 아름다운. **arioso** [a'rio:zo; ital. arioso] 〔음악〕 가요풍으로, 선율적으로. **Arioso,** das; -s, -s / ...si [...zi] **1.** 아리오소. **2.** 아리오소스(서창적 기악곡).
arisch ['a:rɪʃ] 〈Adj.〉 **1.** 〔인종·언어〕 아리아인[어족]의. **2.** 〈나치〉 아리아혈통[비유태인]의. **arisieren** [ari'zi:rən] 〈h〉 〈나치〉 아리안화(化)하다(유태인 재산을 아리안[독일인] 재산으로 옮기다. **Arisierung,** die; -en 아리안화.
Aristie [arɪs'ti:], die; -n [...iən] griech. aristeía〕 영웅적 행위(의 찬미).
Aristokrat [arɪsto'kra:t], der; -en, -en **1.** 귀족 정치주의자, 귀족. **2.** 귀족적인 사람, 품위있는 사람, 귀족자. **Aristokratie** [...kra'ti:], die; -n [...iən; lat. aristocratia < griech. aristokratia] **1.** 〔옛〕 **a)** 〈Pl. 없음〉 귀족 정치, 귀족제. **b)** 귀족정치(귀족층). **2.** 귀족층(귀족계급): A. und Bourgeoisie stritten sich um die Macht 귀족 계급과 시민 계급이 권력다툼을 했다. 〔전의〕 die A. des Geldes[Geistes] (재산 또는 정신에 관한) 지도층(엘리트). **3.** 〈Pl. 없음〉 품위, 고귀, 기품, 귀족성. **aristokratisch** [...'kra:tɪʃ] 〈Adj.〉 **1.** 귀족 정치(주의)의, 귀족 국가의. **2.** 귀족적인, 귀족적인.
Aristophaneus [arɪstofa'ne:ʊs], der; -, ...neen [...'ne:ən; lat. Aristophaneus < griech. Aristopháneios] (운율) 아리스토파네스 운율(고대 그리스의 장단음 절 운율). **aristophanisch** [arɪsto'fa:nɪʃ] 〈Adj.〉 〈교양어〉 (고대 그리스 희극시인) 아리스토파네스 풍의, 위트있는, 재치있는, 익살스러운.
Aristoteliker [arɪsto'te:likɐ], der; -s, - 아리스토텔레스 학도(학파), 아리스토텔레스 철학의 신봉자. **aristotelisch** 〈Adj.〉 아리스토텔레스의, 아리스토텔레스[학파]의. **Aristotelismus** [...te'lɪsmʊs], der; - 아리스토텔레스주의(의 철학).
Arithmetik [arɪt'me:tɪk 〈드물게〉 arɪtme'ti:k], die; -en 〔lat. arithmética < griech. arithmētikḗ〕 (반대: Algebra) **1.** 〈Pl. 없음〉 산술, 산수. **2.** 산술교본, 산수책 (교과서). **Arithmetiker** [...'me:tikɐ], der; -s, - 산수

학자, 산술전문가, 산수교사. **arithmẹtisch** 〈Adj.〉 산술(산수)의: -es Mittel 산술 평균; -e Folge[Reihe] 산술(등차)급수.

Arithmogriph [arıtmo'griːf], der; -en, -en [griech. arithmós / griphos] 수의 수수께끼.

Arizona [ari'tsoːna, 《engl.》 ærı'zoʊnə], -s 아리조나(미국의 주).

Arkade [ar'kaːdə], die; -n [frz. arcade] 1. 아치(두 개의 기둥 위에 놓인 궁형) 홍예(문). 2. 《대개 Pl.》 홍예복도, 유개(有蓋)도로, 아케이트. 3. 【필적】 (필기체 소문자의) 아치형 곡선.

arkadieren 〈h〉 【토건】 건물에 아케이트[홍예 복도]를 설치하다.

Arkadien [ar'kaːdiən], das; -(s) [고대 그리스 Peloponnes 반도에 있는 지방 Arkadien에 따라】《시어·교양어》 행복의 나라[방], 아르카디아, 목가적 이상향. das A. der Wissenschaft 학문의 이상향. **Arkadier**, der; -s, - 《교양어》 목가적 이상향[행복의 나라]에 사는 사람[아르카디아 사람]. **arkadisch** 〈Adj.〉 《시어·교양어》 전원[목가]적인, 이상향[아르카디아]의, 순박[소박]한: -e Dichtung[Poesie] 【문학】 전원[목가]시.

Arkansas [ar'kansas, 《engl.》 aːkənsɔː, aː'kænzəs] 아칸소(미국의 주).

Arkanum [ar'kaːnʊm], das; -s, ...na 《교양어》 1. 비밀. 2. 비약, 묘약, 영약.

Arkebuse [arke'buːzə], die; -n [frz. arquebuse] (15~16세기의 화승총(Hakenbüchse). **Arkebusier** [arkebu'ziːɐ̯], der; -s, -e [frz. arquebusier] 화승총 병(사).

Arkona [ar'koːna], -s 아르코나(독일의 섬 Rügen의 북쪽 갑).

Arkose [ar'koːzə], die; - 【광】 아르코스(장석질) 사암(砂岩).

Arkosol, das; -s, ...ien 【건축】 (지하 납골당에 있는) 아치형 납골 벽감.

Arktiker ['arktikɐ], der; -s, - 북극 지방의 주민. **Arktis** ['arktɪs], die 북극 지방.

arktisch ['arktɪʃ] 〈Adj.〉 [lat. arcticus ← griech. arktikós] 북극(지방)의: 【전의】 -e Kälte 매서운 추위.

Arkuballiste [arkuba'lɪstə], die; -n [lat. arcuballista] (로마·중세 때의 쇠뇌 같은) 투석기.

Arkus ['arkʊs], Arcus [-], der; -, - [...uːs; lat. arcus] 【수학】 호(弧), 원호 (기호: arc).

Ạrkus- 【수학】 ~**funktion**, die 역삼각함수. ~**kosinus**, der 아크 코사인. ~**kotangens**, der 아크 코탄젠트. ~**sinus**, der 아크 사인. ~**tangens**, der 아크 탄젠트.

Arles [arl] 아를(프랑스의 도시 이름).

arm [arm] 〈Adj.; ärmer, ärmste〉 1. (반대: reich) a) 가난한, 빈곤[한]의, 재산이 없는: ihre Verschwendungssucht hat ihn a. gemacht 그녀의 낭비벽이 그를 가난하게 만들었다; durch diesen Kauf bin ich um 100 Mark ärmer geworden 《통용어·농》 이것을 삼으로써 나는 100마르크를 잃었다; die Ärmsten der Armen 가난한 사람들 중의 가장 가난한 사람들; **a. und reich** 《고어》 가난한 자나 부유한 자나 할 것 없이 모두[구별없이]. b) 부족한, (무엇이) 모자라는, 결핍된, 빈약한: -es Erz 【광】 빈광(貧鑛); **a. an etwas sein**, **um jmdn.**[**um etwas**] **ärmer werden** 누구[무엇]를 잃다. 2. 불행한, 가엾은, 한탄스러운, 불쌍한 가련한: das -e Kind; 불쌍한 아이; der arme -e Kerl 《통용어》 가련한 녀석[놈]; **a. dran sein**. 《통용어》 유감이다[안 됐다].

Ạrm [arm], der; -(e)s, -e 1. (축소형: ↑Ärmchen) 팔: den A. beugen[strecken] 팔을 굽히다[뻗다]; sie schlang ihre -e um seinen Hals 그녀는 그의 목을 껴안았다; ich habe mir den A. gebrochen 나는(나의) 팔을 부러뜨렸다; ein Kind auf den A. nehmen 아이를 팔에 안다; wir können hier noch zwei starke -e gebrauchen 우리는 여기에 아직도 힘써 도와줄 사람이 더 필요하다; 【전의】 der A. des Gesetzes 법률의 힘; **einen langen A. haben** 큰 영향력을 가지고 있다; **jmdn. am steifen A. verhungern lassen** 《통용어》 (통용으로) 누구를 (어떤 수단을 써서라도) 골탕먹이다; **jmdn. auf den A. nehmen** 《통용어》 누구를 놀리다[희롱하다]; **jmdm. in den A. fallen** 누구의 무엇을 방해하다; **jmdm. in die -e laufen** 《통용어》 누구를 우연히 만나다; **jmdm.**[**einer Sache**] **in die -e treiben** (손해이지만) 누구[어떤 일]와 관계하게 하다; **sich jmdm.** [**einer Sache**] **in die -e werfen** 《편》 누구[무엇]에게 완전히 헌신하다[빠지다]; **jmdn. mit offenen -en aufnehmen**[**empfangen**] 누구를 주저없이[최고로] 환영하다; **jmdm. (mit etw.) unter die -e greifen** 누구를 (무엇으로) 돌봐주다[도와주다]. 2. 팔 모양의 것, (나무 따위의) 가지, (강의) 지류, (산의) 지맥, (도구의) 횡목, 자루: ein Kronleuchter mit acht -en 가지가 여덟 개 달린 샹들리에; der Fluß teilt sich an der Mündung in drei -e 강은 강어귀에서 3지류로 나누어진다. 3. 소매: ein Kleid mit halbem A. 반 소매 옷. 4. 《은폐》 a) 궁둥이. b) (욕) 얼간이, 멍청이.

ạrm-, Ạrm-: ~**amputiert** 〈Adj.〉 팔을 절단한: ein Armamputierter 팔이 절단된 사람. ~**arbeit**, die 〈Pl. 없음〉 【스포츠】 팔 트레이닝. ~**bad**, das 【의학】 팔목욕 ((찬)물 속에 팔을 담그는 치료법). ~**badewanne**, die 팔 목욕통. ~**band**, das 팔찌. 팔찌. ~**banduhr**, die 팔뚝(목)시계. ~**beuge**, die 1. 팔오금. 2. 《대개 Pl.》 【체조】 (엎드려 뻗친 상태에서) 팔굽히기. ~**beugen**, das 【체조】 팔굽혀[팔굽기]하기. ~**bewegung**, die 팔 동작[움직임]. ~**binde**, die 1. 완장. 2. 삼각건(三角巾) (부상당한 팔을 어깨에 걸매는 붕대). ~**blatt**, das (겨드랑이의) 땀받이. ~**bruch**, der 팔의 부러짐, 팔의 골절. ~**brust**, die; -brüste / -e [lat. arcuballista] 《옛》 쇠뇌, 노(弩). ~**dick** 〈Adj.〉 팔만큼 굵은, 팔뚝 굵기의. ~**flor**, der 완상장(腕喪章) (상을 당한 사람이 팔에 두르는 검은 띠). ~**flosser** [-flɔsɐ], der 【동물】 아귀목(目)의 물고기. (Pediculati). ~**förmig** [-fœrmɪç] 〈Adj.〉 팔 모양의. ~**füßer** (...fyːsɐ], ~**füßler** [-fyːslɐ], der; -s 【동물】 완족류(腕足類) (학명: Brachiopoden). ~**geige**, die 《고어》 비올라(Bratsche). ~**gelenk**, das 팔(의) 관절. ~**guß**, der (건강요법으로) 팔에 (찬)물로 끼얹기. ~**haltung**, die 팔의 자세. ~**hebel**, der (유도에서 상대의) 팔꿈치 관절 잡아당겨 비틀기. ~**knochen**, der 팔뼈. ~**kreisen**, das 【체조】 팔 회전[돌리기]. ~**kugel**, die 【재단】 윗소매의 반원 모양의 부분. ~**lang** 〈Adj.〉 팔만큼 긴, 팔길이의. ~**länge**, die 팔길이. ~**lehne**, die (의자의) 팔걸이. ~**leuchter**, der 1. 가지 달린 촛대 [샹들리에]. 2. 《경》 바보, 돌대가리, 멍청이. ~**loch**, das 1. 옷의 소맷부리(매구). 2. 《은폐》 바보, 돌대가리. ~**los** 〈Adj.〉 팔이 없는. ~**manschette**, die 【의학】 (혈압계 도구 중) 고무완대(腕帶). ~**muskel**, der 팔근육, 이두박근(상완의 이두근). ~**polster**, das (의자의) 쿠션이 든 팔걸이. ~**prothese**, die 의족 팔, 인공팔[의완(義腕)]. ~**reif**, ~**reifen**, der 팔찌. ~**ring**, der 팔가락지. ~**schiene**, die 1. (갑옷의) 팔가리개[완갑(腕甲)]. 2. (접골용의) 부목(副木). ~**schlag**, der 【수영】 1. 팔의 전진 운동. 2. 팔의 전진 운동 횟수(속도). ~**schlüssel**, der (레슬링에서) 등 위로 팔 끌어당기기. ~**schutz**, der (되튀기는 활시위로부터) 팔 보호용(가죽) 띠. ~**schützer**, der 1. ↑Armschutz. 2. 소매싸개. ~**schwinge**, die 【동물】 (새의) 어깨날개. ~**schwingen**, das 【체조】 팔 흔들기. ~**sessel**, der 팔걸이(가 있는

는) 안락의자. **~spange**, die 팔찌. **~speiche**, die 전박골(前膊骨) (팔 안쪽의), 요골(橈骨). **~stuhl**, der 팔걸이(가 있는) 의자. **~stummel**, der 《경》 병신팔, ↑ ~stumpf. **~stumpf**, der (사고·수술의 의해) 팔이 잘리고 남은 부분. **~stütze**, die 팔길이. **~tragetuch**, das 삼각건(巾) (부상당한 팔을 어깨에 걸메는 붕대). **~verband**, der 팔 붕대. **~voll**, der; -, - 한 아름: Zwei A. Brennholz 두 아름의 장작. **~zug**, der (레슬링에서) 팔 잡아당기기.

Armada [ar'ma:da], die; ...den / -s [span. armada] 《교양어》 (무적)함대, 편대, 부대.

Armageddon [arma'gedɔn], das; - [hebr.; 요한 계시록 16장 16절에 따라 아마겟돈(선의 힘과 악마의 최후의 결전장); (정치적) 파국, 대참사.

Armagnac [arman'jak], der; -(s), -s - [frz. Armagnac] 《프랑스어》 아르마냐크 산 브랜디.

Armarium [ar'ma:riʊm], das; -s, ...ien [...jən; lat. armārium] 【가】 (교회의 제단 옆에 있는) 성유물 보관 벽감.

Armatur [arma'tu:ɐ̯], die; -en [lat. armātūra] 1. (기계류, 차량의) 장비. 2. 《대개 Pl.》 (기계류·차량의) 조작 장치, 계기(計器). 3. 《대개 Pl.》 (욕실 따위에 있는) 개폐 장치, 수도꼭지.

Armaturen-: ~brett, das 계기판(자동차, 비행기 따위의). **~tafel**, die: ↑~brett. **~werk**, das 계기 제작공장.

Ärmchen ['ɛrmçən], das; -s, - ↑Arm (1)의 축소형.

Arme' ['armə], die ↑arm 참조. **Armee** [ar'me:], die; -n [...e:ən; frz. armée] 1. a) 군대, 군세(軍勢): Rote A. 적군(赤軍); zur großen A. abberufen werden 《고어·완곡》 죽다. b) 군단, (전투) 부대: die erste A. 제 1 군단. 2. 다수(많은 수), 대군(大軍): eine A. von Arbeitslosen 실업자 대군.

Armee-: ~abteilung, die 임시편성[소규모] 부대, 지대(支隊). **~befehl**, der 군의 명령. **~Einheit**, die 군단위. **~fahrzeug**, das 군 차량. **~führer**, der 군 지도자[지휘자], 총통. **~führung**, die 군 지도[지휘], 사령. **~general**, der 군 장군[장성], (구동독의) 인민군 대장. **~gruppe**, die 연합군단. **~korps**, das 군단(軍團) (약어: AK). **~oberkommando**, das 군 총사령부(약어: AOK). **~sanität**, die 《schweiz.》 군 위생(제도), 위생부대. **~spiel**, das 《schweiz.》 군악대. **~stab**, der 군 사령부[참모부]. **~zeitung**, die 군 신문.

Ärmel ['ɛrməl], der; -s, - (옷의 소매): jmdn. am Ä. zupfen 누구의 소매를 잡아당기다; **sich³ die Ä. hochkrempeln** 《통용어》 소매를 걷어부치고 나서서[본격적으로 일을 시작하다]; **sich³ etw. aus dem Ä. [aus den -n] schütteln** 《통용어》 무엇을 즉석에서[손쉽게] 해내다; **leck mich am A.!** 《속어·완곡》 내 옷소매나 핥아라(나를 가만히 내버려라)!

ärmel-, Ärmel-: ~abzeichen, das (제복의) 소매에 붙힌 휘장. **~aufschlag**, der 소매깃[커프스]. **~brett**, das 소매 다리미판. **~futter**, das 소매 안감. **~halter**, der 소매용 가터[소매 대님]. **~kanal**, der 《Pl. 없음》 영불[영국과 프랑스 사이의] 해협[해로]. **~kusine**, die (지역적·농) 여자친구(젊은이의). **~lismer**, der 《schweiz.》 ↑Lismer 참조. **~loch**, das 소맷부리, 매구, 소매통. **~los** 《Adj.》 소매없는. **~schoner**, der 소매기가. **~schützer**, der 소매싸우개[커프스]. **~streifen**, der (특히 서열 표시로) 제복소매의 줄(표장). **~weste**, die 소매 달린 조끼.

Armeleute-: 《農》 ~essen, das 빈약한 식사. **~geruch**, der 빈곤의 티[냄새]. **~milieu**, das 빈민가. **~sohn**, der 빈민의 아들. **~viertel**, das 빈민촌[지역], 달동네.

armen-, Armen-: ~anwalt, der 【법】 빈민자 변호사, (빈민구조법에 의한) 국선 변호인. **~arzt**, der 《옛》 무료 진료소 의사. **~fürsorge**, die 영세민[빈민] 구제. **~genössig** [...gənœsɪç] 〈Adj.〉 《schweiz.》 빈민구호를 요하는, 영세민 구호대상의. **~haus**, das 《고어》 구빈원, 빈민자 구호 숙소. **~häusler**, der 《고어》 구빈원의 거주자. **~kasse**, die 〈Pl. 없음〉 1. 《고어》 빈민 구제 기금. 2. 《다음 용법으로》 **etwas aus der A. kriegen** (지역적·은폐·농) (호되게) 얻어맞다. **~pflege**, die 〈Pl. 없음〉 《고어》 빈민 구제(보호). **~pfleger**, der (고어) 빈민(영세민) 구호 위원. **~recht**, das 〈Pl. 없음〉 《법》 빈민무료 소송권, 빈민 구호법. **~rechtszeugnis**, das 《법》 빈민무료 소송권 증명서, 생활 보호 대상자(영세민) 증명서. **~verteidiger**, der ↑~anwalt. **~viertel**, das 빈민촌[굴].

Armenien [ar'me:niən], -s 아르메니아(소아시아의 공화국). **Armenier** [ar'me:niɐ], der; -s, - 아르메니아 사람. **armenisch** [ar'me:nɪʃ] 〈Adj.〉 아르메니아(인[어]).

Armensünder-: ↑Armsünder-의 오스트리아 표기.

ärmer: ↑arm.

Armeslänge, die (아이) 팔(의) 길이, 팔길이만큼의 거리: sich jmdm. auf A. nähern 누구에게 팔길이만큼 다가가다.

Armesünder, der; Armensünders, Armensünder 《고어》 사형수.

Armesünder-: ↑Armsünder- 참조.

armieren [ar'mi:rən] 〈h〉 [frz. armer] 1. 《군·고어》 무장하다, 무기를 설치하다(반대: desarmieren 1): eine Festung (mit Kanonen) a. 요새를 (대포로) 무장하다. 2. a) 【토목·기술】 보강재를 넣어 튼튼하게 하다, (철근 따위로) 보강하다: armierter Beton 철근 콘크리트. b) 【기술】 (자석에) 보자자(保磁子)를 붙이다, (계기, 조정기 따위를) 장치하다. **Armierung**, die; -en ↑armieren 의 명사형. **Armierungseisen**, das ↑Armierungsstahl. **Armierungsstahl**, der (콘크리트의) 보강 철근.

-armig [- |armɪç] 《다음과 같은 복합어로, 예컨대》 einarmig 팔이 하나뿐인; achtarmig 팔[팔 모양의 것]이 여덟 개인.

ärmlich ['ɛrmlɪç] 〈Adj.〉 **a)** 《드물게》 (정말) 가난한, 곤궁한, 빈한한: er stammte aus einer -en Familie 그는 가난한 집안의 출신이었다. **b)** (물질적으로) 부족한, 초라한, 빈약한: eine -e Wohnung 초라한 집[방]. **c)** 《드물게》 가련한, 한심한, 가엾은, 불충분한: ein -er Lichtschein 희미한 불빛. **Ärmlichkeit**, die ↑ärmlich의 명사형.

Ärmling ['ɛrmlɪŋ], der; -s, - 소매덮개, 커프스, 토시.

Armorika [ar'mo:rika], -s 아르모리카(프랑스의 북서부 지방 Bretagne에 대한 켈트어 명칭).

armselig 〈Adj.〉 **a)** 아주 가난한, 궁색한, 빈약한, 초라한: in einer -en Hütte leben 초라한 오두막에서 살다. **b)** (질적) 시시한, 불쌍한, 애처로운: ein -es Schifferklavier 시시한 손풍금. **Armseligkeit**, die ↑armselig의 명사형. **ärmste:** ↑arm.

Armsünder-, 《또한》 Armesünder-, 《österr.》 Armensünder-: **~glocke**, die (옛) 처형종(처형시에 울린 종), 사형집행종. **~glöckchen**, das ↑~glocke의 축소형. **~hemd**, das 《옛》 (사형수의) 처형의(처형장으로 갈 때) 입는 옷. **~miene**, die 《농》 죄의식을 느끼는[뉘우치는] 얼굴, 애처로운 얼굴(표정).

Armut ['armu:t], die 1. (der: Reichtum) **a)** 가난, 궁, 빈곤: in A. leben 가난하게 살다. **b)** 빈약, 비참, 궁색, 부족[결핍]: diese Schrift verrät A. des Ausdrucks 이 글은 표현의 부족함을 드러내고 있다. 2. 《준

Armutei 144

고어》 빈민(가난한 사람 전체). **Armutei** [armuˈtai], die 《지역적》 궁상(곤궁한 상태). **Armutszeugnis**, das [lat. testimonium paupertatis] 【법】 빈민 무료 소송권 증명서, 영세민(생활 보호) 대상 증명: **etwas ist ein A. für jmdn.** 무엇이 누구의 무능함을 증명한다; **jmdm. [sich / einer Sache] mit etw. ein A. ausstellen** 무엇과 관련하여 누구를[자신을/어떤 일을] 무능하다고 폭로하다.

Arni [ˈarni], der; -s, -s [Hindi] 【동물】 아르니(인도의 큰 물소).

Arnika [ˈarnika], die; -s **1.** 【식물】 아르니카(엉거시과의 약초). **2.** 〈Pl. 없음〉 아르니카 엑스(트랙트). **Arnikatinktur**, die 아르니카팅크[정기(丁幾)].

Arno [ˈarno, 《engl.》 ˈaːnou], der; -s (이탈리아의) 아르노 강.

Arom [aˈroːm], das; -s, -e: 《시어》 ↑Aroma (1). **Aroma** [aˈroːma], das; -s, ...men [...mən] / -s / 〈고형〉 -ta [-ta; lat. arōma < griech. árōma] **1.** 방향(芳香), 향기, 강한 좋은 냄새, 특유한 식물 향기: das A. der Erdbeeren[des Kaffees] 딸기[커피]의 향기. **2.** 향수, 향료, 향기있는 양념.

Aromat [aroˈmaːt], der; -en, -en 【화학】 방향족 탄화물 【화합물】. **aromatisch** [aroˈmaːtɪʃ] 〈Adj.〉 [lat. arōmaticus < griech. arōmatikós] 방향이 있는, 좋은 향기가 나는, 맛좋은. **aromatisieren** [aromatiˈziːrən] 〈h〉 방향성을 내게 하다, 향기나게 하다. **Aromatisierung**, die; -en ↑Aromat의 명사형.

Aron(s)stab [ˈaːron(s)-], der; -(e)s, ...stäbe [lat. aron < griech. áron] (독성이 있는) 천남성과(天南星科)식물의 일종(학명: *Arum maculatum*).

Arpeggiatur [arpɛdʒaˈtuːɐ], die; -en 【음악】 일련의 펼침[분산]화음(아르페지오). **arpeggieren** [arpɛˈdʒiːrən] 〈h〉 [ital. arpeggiare] 【음악】 펼침[분산]화음으로 연주하다. **arpeggio** [arˈpɛdʒo] 〈Adv.〉 【음악】 펼침[분산] 화음으로. **Arpeggio** [-], das; -s, -s / ...ggien [...dʒiən; ital. arpeggio] 【음악】 펼침[분산]화음 연주곡, 아르페지오(파사주).

Arrak [ˈarak], der; -s, -e / -s [frz. arak] 아락술(쌀이나 당밀로 만드는 동인도의 화주).

Arrangement [arãʒəˈmãː], das; -s, -s [frz. arrangement] **1.** 【교양어】 **a)** 배열, (예술적) 정리, 조직적인 준비. **b)** 예술적으로 정리[배열]된 것, 취향에 맞게 꾸며놓은 것: jmdm. ein A. aus Blumen überreichen 누구에게 꽃묶음을 헌정하다. **2.** 【음악】 **a)** 편곡(개작) (다른 악기들의 사용을 위해서 만든). **b)** (재즈에서) 한 테마의 관현악 편곡. **3.** 【교양어】 조정, 일치, 화해, 협정. **4.** 【화폐】 주식거래의 완료[청산]. **Arrangeur** [arãˈʒøːɐ], der; -s, -e [frz. arrangeur] **1.** 《교양어》 정리[조정, 조직]하는 사람. **2.** 【음악】 편곡자. **arrangieren** [arãˈʒiːrən] 〈h〉 [frz. arranger] **1. a)** 준비[정리, 배치, 설비, 조직]하다. **b)** 모양있게 꾸미다, 예술적으로 구성하다. **c)** 【음악】 (악곡을) 기악용으로 편곡하다, (가요를) 관현악으로 편곡하다. **2.** 〈a. + sich〉 일치점[해결점]을 발견하다, 화해하다, 합의하다: sich (mit dem politischen Gegner) a. (정적政敵)과) 화해하다, 일치점을 발견하다; du mußt dich (mit den Verhältnissen) a. 너는 (주어진 상황에) 적응해야 한다. **Arrangierprobe**, die (연극의) 배치 연습.

Arrazzo: ↑Arazzo.

Arrest [aˈrɛst], der; -(e)s, -e [lat. arrestum] **1. a)** 구류, 구금, 감금, (학생의 방과 후) 학교에 남아있는 벌: drei Tage leichten A. bekommen 3일간의 가벼운 구금형을 받다; der Schüler bekam eine Stunde A. 그 학생은 방과 후 1시간 학교에 남아 있는 벌을 받았다. **b)** 구류[구금] 장소. **2.** 【법】 압류, 차압, 보전(保全)): jmdms. Vermögen mit A. belegen. 누구의 재산을 압류하다. **Arrestant** [arɛsˈtant], der; -en, -en [lat. arrestāns] 《준고어》 피구금자, 구류된 자. **Arrestlokal**, das; -(e)s, -e 《준고어》 (임시) 구류소[유치장]. **Arrestzelle**, die; -n 구금실[감방]. **arretieren** [areˈtiːrən] 〈h〉 [frz. arrêter] **1.** 《준고어》 체포[구류]하다, 수감하다. **2.** 제동하다, (어떤 기구의 움직이는 부분을) 제어하다, 멈추게 하다. **Arretierung**, die; -en **1.** 체포, 구금; 제동, 저지. **2.** 제동[제어]장치(계측기 따위의). **Arretstoß** [aˈrɛ(ː)-], der; -es, -stöße [frz. arrêt] 【펜싱】 (상대의 공격을 막기위한 찌르기) 저지 타격.

Arrhythmie [arytˈmiː], die; -n [...iən; lat. arrhythmia < griech. arrhythmia] **1.** 불규칙성, 불규칙한 운동 [율동]. **2.** 【의학】 불규칙한 맥박, 부정맥(不整脈).

Arrival [əˈraivəl] 〈engl. arrival〉〈Art. 없음〉 도착(공항의 지시표지어).

arrivederci! [ariveˈdɛrtʃi; ital.] 《통용어 · 청소년》 안녕 (= auf Wiedersehen!).

arrivieren [ariˈviːrən] 〈s〉 [frz. arriver] 출세[성공]하다: 【전의】 arrivierte er nun über Nacht zum nationalen Märtyrer 그는 이제 밤 사이에 민족적 순교자로 부상했다. **arriviert a)** 성공을 거둔, 명성을 얻은. **b)** 【펌】 벼락 출세한. **Arrivierte***, der / die **1.** 인정받는 [명성을 얻은] 예술가[작가], 성공한 사람. **2.** 【펌】 벼락 출세한 사람. **Arrivist** [ariˈvɪst], der; -en, -en [frz. arriviste] 【펌】 벼락 출세한 사람, 출세주의자.

arrogant [aroˈgant] 〈Adj.〉 [frz. arrogant] 【펌】 불손한, 오만한, 자만하는(건방진): ein -es Benehmen 불손한 태도. **Arroganz** [aroˈgants], die [lat. arrogantia] 【펌】 불손, 오만, 자만.

arrondieren [arõˈdiːrən, 〈또는〉 arõˈdi...] 〈h〉 [frz. arrondir] **1.** 둥글게 하다, (경지를) 정리하다. **2.** ...의 모[모서리]를 굴리다[둥글게 하다]. **Arrondierung**, die; -en 둥글게 하기, 경지 정리. **Arrondissement** [arõdisəˈmãː], das; -s, -s [frz. arrondissement] **a)** (프랑스의 행정 구역) 군(郡). **b)** (프랑스 대도시의 행정 구역) 구(區), 시구(市區).

Arrowroot [ˈɛrorut], das; -s [engl. arrowroot] **1.** ↑Pfeilwurz. **2.** (마란타, 고구마, 감자 따위에서 얻은) 녹말, 갈분.

Ars [ars; lat. ars] 《다음 용법으로》 **A. antiqua** [-anˈtiːkva], die; - - [lat. antiquus] 아르스 안티콰(13세기 프랑스의 정량 음악의 전성기 양식)(반대: Ars nova); **A. musica** [-ˈmuːzika], die; - - [lat. mūsicus] (중세의 자유7과 중의 하나이던) 음악(교과); **A. nova** [-ˈnoːva], die; - - [lat. novus] 아르스노바(14세기 프랑스 음악의 새로운 경향)(반대: Ars antiqua); **A. poetica** [-poˈeːtika], die; - - [lat. poēticus] 시문학, 시학; **A. povera** [- ˈpoːvera], die; - - [ital. povero] 아르테 포베라(흙, 재, 쓰레기와 같은 잡동사니 소재를 이용한 입체적 예술 작품).

Ars antiqua: ↑Ars 참조.

Arsch [arʃ], der; -(e)s, Ärsche [ˈɛrʃə] 《속어》 **1.** 궁둥이: jmdm. geht der A. mit Grundeis 누가 몹시 불안하다(겁을 먹다); den A. offen haben 제 정신이 아니다(돌다)(누구의 태도에 대한 비판의 표현); den A. zukneifen 죽다; einen kalten A. kriegen 죽다; einen kalten A. haben 죽어 있다; jmdm. den A. aufreißen 누구를 망신시키다; jmdm. am A. haben 누구를 별로 좋지않은 일에 끌어들이다; am A. der Welt 세상의 끝에, 아주 멀리 떨어진 곳에; leck mich am A.! 나를 가만히 내버려둬! sich[3] am A. abfingern können 생각할 수 있는 일이다, 자명하다; jmdm. in den A. kriechen 누구에게 굽신거리다; im A. sein 파괴[파멸]되어 있다. **2.** 《욕》 바보, 돌

대가리: du A. mit Ohren 이런 바보.
arsch-, Arsch-: **~backe**, die 《대가 Pl.》《속어》엉덩이. **~betrüger**, der 《속어·농》엉덩이를 덮지 못하는 짧은 옷. **~ficker**, **-s**, **-** 〔비어·팸〕동성연애자 (Homosexueller). **~geige**, die《속어·팸》욕(설). **~klar** 〈Adj.〉《속어》아주 명백한, 자명한. **~kriecher**, der《속어·팸》(지나치게) 아첨하는 사람〔아첨꾼〕. **~lecker**, der《속어》↑**~kriecher**. **~leder**, das 〔광〕(누워서 작업할 때) 바지엉덩판에 두르는 가죽. **~loch**, das《속어》1. 항문. 2. 욕설: dieses A.! 이 더러운 놈! **~pauker**, der《속어·팸》(경멸적으로) 교사(教師). **~ruhe**, die《속어·팸》굉장히 고요함, 절대 정숙. **~wisch**, der《속어·팸》가치없는 글〔작품〕.
Arschin [arˈʃiːn], der; -(s), -en (《그러나: 3-》 [russ. arschin] 옛날 러시아의 척도(길이)(71.1cm).
Arsch-und-Titten-Presse, die 〔비어〕(주로 여자 나체사진이 담긴) 누드 잡지〔간행물〕.
¹**Arsen**: ↑**Arsis**의 복수형.
²**Arsen** [arˈzeːn], das; -s [lat. arsenicum < griech. arsenikón] 〔화학〕비소(砒素)(기호: As).
arsen-, Arsen-: **~haltig** 〈Adj.〉비소를 함유〔포함〕하고 있는. **~kies**, der 〔광〕독사(毒砂), 유비철광. **~oxyd**, das 〔화학〕산화비소. **~sulfid**, das 〔화학〕황화비소. **~verbindung**, die 〔화학〕비소화합물. **~vergiftung**, die 비소 중독. **~wasserstoff**, der 〔화학〕비화(砒化)수소.
Arsenal [arzeˈnaːl], das; -s, -e [ital. arsenale] 1. 병기창고, 무기고: 〔전의〕 wir müssen unsere geistigen und seelischen -e nutzen 우리는 우리의 정신적인 그리고 영혼의 무기를 이용해야 한다. 2. 수집(품), 축적(물): ein A. von leeren Bierflaschen 빈 맥주병의 축적.
arsenig [arˈzeːnɪç] 《다음 용법으로》**-e Säure** 아비산. **Arsenik** [..ik], das; -s 비산, 비석(砒石), 백비. **arsenikhaltig** 〈Adj.〉비소를 함유하는.
Arsis [ˈarzɪs], die; Arsen 1. 〔운율〕 a) (그리스·로마 시대 시학의) 약음부. b) (근대 시학의) 강음부. 2. 〔음악〕상박(上拍)〔여린 박〕.
Ars musica, Ars nova, Ars poetica, Ars povera: ↑**Ars** 참조.
Art [aːɐ̯t], die; -en 1. 《Pl. 없음》천성, 특성, 성질, 본성, 기질, 성격: das entspricht nicht seiner A. 그것은 그의 기질에 맞지 않는다; der Junge war von stiller A. 그 소년은 천성이 조용하였다. 2. 《Pl. 없음》 방법, 방식, 양식, 풍(風), 유(流): sie wollte auf natürliche A. leben 그 여자는 자연적 (방식)으로 살아가려고 했다; auf die eine oder andere A. (und Weise) 어떻게 해서든지, 아무튼; Umstandsbestimmung der A. und Weise 〔언어〕 방법의 상황어(Modalangabe); **in der A. (von)** …과 같은 방법〔양식, 풍〕으로; **nach A.** 누구 (집)식(류)의. 3. 《Pl. 없음》(통용어) 좋은 태도〔몸가짐, 자세〕, 정식: das ist doch keine A.! 그것은 되먹지 않았다!; **… daß es (nur so) eine A. hat** 더 좋을 수 없을 만큼, 훌륭하게. 4. **a)** 종류: alle -en von Blumen 모든 종류의 꽃; 〔속담〕 A. läßt nicht von A. 그 아비의 그 아들. **b)** 〔생물〕 종(種), 속(屬): **eine A. (von)** …와 (약간) 비슷한 것〔일종의 …〕; **aus der A. schlagen** 같은 종(種)과는 다르다(별종이다, 이채롭다); **in jmds. A. schlagen** (그의 친족의) 누구와 비슷하다〔닮다〕.
Art. = Artikel.
art-, Art- (↑**arten-, Arten-** 참조): **~angabe**, die 〔언어〕 방법의(의미) 상황어. **~begriff**, der 종(種) 개념. **~bildung**, die 〔생물〕 종(種) 형성. **~eigen** 〈Adj.〉 〔생물〕 종(種)의, 동종의(반대: art-fremd): -es Eiweiß 동종 단백질. **~erhaltend** 〈Adj.〉 〔생물·행태〕 종(種)을 보존하는. **~erhal-tung**, die 〔생물·행태〕 (동)종 보존. **~fremd** 〈Adj.〉 〔생물〕 이종(異種)의, 이질적인, 외부종(산)의: -es Eiweiß 이종 단백질. **~genosse**, der 동종의 인간(동종), 동성질자(同性質者). **~gleich** 〈Adj.〉 같은 종류(종)의, 동질의. **~unterschied**, der 종(種)의 차이(구별), 본질적 차이. **~verschieden** 〈Adj.〉 이질적인, 다른 종(種)의. **~verwandt** 〈Adj.〉 이종과 비슷한 〔친족 관계의〕, 유사종의. **~wort**, der 〈Pl. -wörter〉 〔언어〕 형용사(Adjektiv).
Art deco [aːɐ̯ˈdeːko], die; - - [frz. art déco(ratif) [예술〕아르데코(1920~1940년 사이의 디자인 운동으로 대담한 윤곽, 유선·직선형, 플라스틱 등 신소재 사용이 특징).
Art-direction [ˈɑːt dɪˈrɛkʃən], die [engl. art direction] (광고 대리점에서 도안, 레이아웃을 담당하는) 미술기획부서. **Art-director** [ˈɑːt dɪˈrɛktɐ], der; -s, -s (광고 대리점에서 도안, 레이아웃을 담당하는) 미술기획부서장〔아트 디렉터〕.
Artefakt [arteˈfakt], das; -(e)s, -e [lat. arte / factum] 1. 〔고고학, 예술품, 공예품: er wußte nicht, aus welcher Epoche das A. stammte 그는 그 예술품이 어느 시대의 것인지를 몰랐다. 2. 〔고고학〕 인공 유물(선사 시대의 도구). 3. 〔의학〕 인위적 신체 변형〔상해〕, 자해 행위. 4. 〔전자〕 방해 신호.
Artel [arˈtel, (또한) arˈtjel], das; -s, -s [russ. artel] **a)** (제정 러시아의) 노동자 협동 조합. **b)** (구소련의) 농업생산 협동 조합(사유 재산이 가능한).
Artemis [ˈartemɪs] 아르테미스(그리스의 수렵의 여신).
arten [ˈaːɐ̯tn] 〈s〉 (아어) 누구와 비슷해지다, 누구를 닮다: es war ein sehr revkes Kind, das nach der Mutter artete 그 아이는 어머니를 닮은 아주 진지한 애였다.
arten-, Arten- (↑**art-, Art-** 도 참조): **~reich** 〈Adj.〉 〔생물〕 종류가 다양한(종), 다종의. **~reichtum**, der 〈Pl. 없음〉 〔생물〕 종류의 풍부〔다양함〕. **~satz**, der 〈Pl. 없음〉 〔인쇄〕 이름, 숫자, 기호로 구성되어 시간, 비용이 많이 드는 식자(植字)〔조판〕.
Arterie [arˈteːri̯ə], die; -n [lat. artēria < griech. artēría] 〔의학〕 동맥(반대: Vene): die Aorta ist die größte A. 대동맥은 가장 큰 동맥이다. **arteriell** [arteˈri̯ɛl] 〈Adj.〉 **a)** 동맥의. **b)** 산소를 함유한(반대: venös). **Arterienentzündung**, die 동맥염. **Arterienverkalkung**, die (통용어) ↑Arteriosklerose. **Arteriitis**, die; Arteriitiden 〔의학〕 동맥염. **Arteriosklerose** [arterio-], die 〔의학〕 동맥경화(증). **arteriosklerotisch** 〈Adj.〉 **a)** 동맥경화(증)의. **b)** 동맥경화(증)에 의한〔기인된〕.
artesisch [arˈteːzɪʃ] 〈Adj.〉 [nach frz. (puits) artésien] 《다음 용법으로》 **-er Brunnen** 아르트와식 우물(프랑스 Artois 지역에서 처음 팠던 지하수 압력으로 솟아나오게 깊이 판 우물).
Artes liberales [ˈartəs libeˈraːləs] 〈Pl.〉 [lat. artēs liberālēs] 자유(7)과 (중세의 기초학에 속하는 7개의 문예 및 학예로 문법, 수사학, 변증법, 산술, 기하, 천문, 음악).
Arthralgie, die; -n [griech. árthron u. álgos] 〔의학〕 관절통.
Arthritiker [arˈtriːtikɐ], der; -s, - 관절염(통풍)환자. **Arthritis** [..tis], die; ..itiden ..riˈtiːdn] 〔의학〕 관절염, 통풍(痛風). < griech. arthrîtis 〔의학〕 관절염, 통풍(痛風). **arthritisch** 〈Adj.〉 관절염의〔을 앓는〕. **Arthroplastik** [artro..], die; -en [griech. árthron] 〔의학〕 관절성형술. **Arthropoden** 〈Pl.〉 [griech. poús] 〔동물〕 절지동물. **Arthrose** [arˈtroːzə], die; -n [griech. árthron] 〔의학〕 (만성) 관절증. **Arthroskopie**, die; -n [griech. skopeîn] 〔의학〕 관절경 검사.
artifiziell [artifiˈtsi̯ɛl] 〈Adj.〉 [frz. artificiel] **a)** 인공 (인위)적인. **b)** 부자연스러운, 일부러 꾸민.

artig ['aːɐ̯tɪç] ⟨Adj.⟩ **1.** 점잖은, 얌전한: sei artig! 얌전히 있어라! **2. a)** 〈아어·준고어〉 공손한, 정중한: mit einer -en Verbeugung 공손한 인사로써. **b)** 〈고어〉 친절한, 상냥한, 애교있는, 귀여운: ein -es Mädchen 귀여운 소녀.

-artig [-'|aːɐ̯tɪç] **1.** (명사와 결합하는 접미사) …과 같은[비슷한](예컨대: blitzartig). **2.** (복합어에서) …성질[종류]의(예컨대: fremdartig).

Artigkeit, die; -en **1.** ⟨Pl. 없음⟩〈아어·준고어〉얌전함, 점잖음, 공손, 친절함, 상냥함. **2.** 〈대개 Pl.〉 공손한[상냥한] 말씨, 듣기 좋은 인사말, 아첨.

Artikel [ar'tiːk], 〈또한〉 …'tɪk], der; -s, - [lat. articulus; 3: frz. article] **1.** (신문의) 논설[기사], 논문, 기고, (사전의) 표제어: wissenschaftliche A. über Umweltschutz schreiben 환경 보호에 대한 학술 논문을 쓰다. **2. a)** (번호로 표시된 법이나 계약 등의) 항목, 조항: A. 1 der Verfassung 헌법 제1조(약어: Art.). **b)** 교리, 교조, 강령(약어: Art.). **3.** 상품, 물품, 품목: einen A. führen 상품을 비치하다(약어: Art.). **4.** [언어] 관사(약어: Art.): der bestimmte (unbestimmte) A. 정(부정)관사.

Artikel-: ~**reihe**, die (어떤 주요 테마에 대한) 논문 시리즈, 연재 기사[논문]. ~**schreiber**, der 논설가, 기고자, 기사를 쓰는 사람. ~**serie**, die ↑~reihe.

Artikler [ar'tiːklɐ, 〈또한〉…'tɪk…], der; -s, - 기고자, 논설가, 논설위원.

artikular [artikuˈlaːɐ̯] ⟨Adj.⟩ [lat. articularius] [의학] 관절의.

Artikulation [artikulaˈtsi̯oːn], die; -en [lat. articulātio] **1. a)** 분명한 발음, 음절을 끊은 명료한 발음, 구절법(句節法). **b)** [음성] 조음(調音). **2.** 말로 표현: die A. der Gedanken 사고의 교환. **3.** [치과] (상하치의) 교합(咬合). **4.** [음악] 음의 이음[레가토 주법], 음의 끊음[스타카토 주법] (↑legato, ↑staccato 참조).

artikulations-, Artikulations-: ~**art**, die [음성] 조음(調音) 방법, 조음 종류. ~**basis**, die [음성] 조음 기저(조음 전후에 나타나는 조음 기관의 정지 상태). ~**fähig** ⟨Adj.⟩ [음성] 발음력[발표력]이 있는. ~**organe** ⟨Pl.⟩ [음성·해부] 조음[발음]기관(器官). ~**stelle**, die [음성·해부] 조음 장소(위치). ~**vermögen**, das 표현력.

artikulatorisch [artikulaˈtoːrɪʃ] ⟨Adj.⟩ 조음(調音)의, 조음에 관계되는. **artikulieren** [...'liːrən] ⟨h⟩ [lat. articulāre] **1.** (음절, 단어, 문장을) 분명히 말하다, 음절로 나누어 명확하게 발음하다. **2. a)** (교양의) (생각이나 느낌을) 말로 표현하다: seinen Willen a. 자기의 의지를 표현하다. **b)** ⟨a. + sich⟩ 자신을 표명하다: die Extremisten artikulierten sich durch Terrorakte 과격파들은 테러 행위로 자신들을 표명했다. **c)** ⟨a. + sich⟩ 표현되다. **Artikuliertheit**, die 표현[발음]됨, 표명. **Artikulierung**, die; -en ↑Artikulation (1, 2).

Artillerie [artɪləˈriː, 〈또한〉'----], die; -n [...i:ən] [frz. artillerie] [군] **a)** 포병대: bei der A. dienen 포병대에 근무하다. **b)** 포, 대포.

Artillerie-: ~**abteilung**, die 대포(부)대. ~**angriff**, der 대포 공격. ~**beschuß**, der 대포 사격[포격]. ~**feuer**, das ⟨Pl. 없음⟩ 집중 포격, 포화. ~**offizier**, der 포병 장교. ~**regiment**, das 포병 연대. ~**vorbereitung**, die (공격에 선행된) 예비[준비] 포격.

Artillerist [artɪləˈrɪst, 〈또한〉'----], der; -en, -en 포병. **artilleristisch** ⟨Adj.⟩ 포병[포술]의, 대포의.

Artischocke [artiˈʃɔkə], die; -n [ital. articiocco] **1.** [식물] 아티초크(엉거시과의 다년초). **2.** 아티초크의 꽃망울(맛좋음). **Artischockenboden**, der ⟨대개 Pl.⟩ (맛좋은) 아티초크 화탁(꽃밭).

Artist [arˈtɪst], der; -en, -en [frz. artiste] **1.** (곡마단 따위의) 곡예사: die -en bekamen viel Applaus 곡예사들은 많은 박수를 받았다. **2.** 〈드물게〉 탁월한 예술가, 명인. **Artistenfakultät**, die; -en (중세 대학의) 자유 7과(7 학예) 학부. **Artistik**, die **1.** 곡예(술), 연예. **2. a)** 숙련된 연기[솜씨], 몸동작의 민첩함. **b)** (외형상의) 기교: das ist bloße A. 《폄》 그것은 단순한 기교일뿐이다. **Artistin**, die; -nen ↑Artist의 여성형. **artistisch** ⟨Adj.⟩ **1.** 곡예(사)의. **2. a)** 예술가[예술가]와 같이 기교 있는, 숙련된, 능숙한. **b)** 예술가처럼 보이는[예술가적인], 형식상으로 그럴듯한: die innere Leere wird mit -er Raffinesse überdeckt 내용의 빈 것이 외형적 기교로 가리어진다.

Artothek [artoˈteːk], die; -en [lat. ars u. griech. thḗkē] (미술품을 개인에게 빌려 주는) 대출 미술관(문화랑).

Artung ['aːɐ̯tʊŋ], die; -en 〈드물게〉본질, 성질(특성), 소질: der A. nach zueinander passen 성질상 서로 맞다[어울린다].

Arve ['arvə], die; -n ⟨schweiz.⟩ (고산에서 성장하는) 소나무의 한 종류(씨는 식용) (학명: *Zirbelkiefer*).

Arznei [aːɐ̯ʦˈnai̯], die; -en 〈준고어〉약제, 약품, (물)약: eine A. verordnen (verschreiben) 약을 처방하다; 《형식상으로 그럴듯한》 etw. ist für jmdn. eine bittere A. 《전의》〈통용어〉 무엇이 누구에게는 쓴 약(경험, 교훈)이다.

Arznei-: ~**buch**, das 약전(藥典), 약국방(藥局方). 처방서: Deutsches A. 독일 약전(약어: DAB). ~**kunde**, die ↑~lehre. ~**lehre**, die 약학, 조제법, 제약학. ~**löffel**, der 약 뜨는 숟가락. ~**mittel**, das ⟨전문어⟩ (상위 개념으로서) 약, 약제품. ~**mittelforschung**, die ⟨Pl. 없음⟩ 약리[약품]학. ~**mittelgesetz**, das (약품의 판매 및 사용을 규정하는) 약품법. ~**mittelhersteller**, der 약품 제조[생산]자. ~**mittelkunde**, die 약리학, 약품학. ~**mittelmißbrauch**, der 약품 남용[악용]. ~**mittelversorgung**, die 약품 공급. ~**pflanze**, die 약용 식물. ~**schränkchen**, das 가정 상비약 상자.

arzneilich ⟨Adj.⟩ 약물의, 약에 관한.

Arzt [aːɐ̯ʦt], der; -es, Ärzte ['ɛːɐ̯ʦtə; lat. archiāter < griech. archíatros] 의사: ein praktischer A. (전문의에 대한) 일반의사; zum A. gehen 병원에 가다.

Arzt-: ~**beruf**, der 의사의 직업(職). ~**frau**, der 의사 부인. ~**helferin**, die 의사 진료 조수, 의무 간호사. ~**praxis**, die **a)** 의원. **b)** ⟨Pl. 없음⟩ 의사의 (담당)환자[고객]층. ~**rechnung**, die 의사의 진료 계산서. ~**wahl**, die ⟨Pl. 없음⟩ 의사 선택(권).

Ärzte-: ~**besteck**, das (의사의) 의료 기구. ~**kammer**, die 의사회. ~**kollegium**, das 의사 위원회. ~**kommission**, die ↑~kollegium. ~**mangel**, der ⟨Pl. 없음⟩ 의사의 부족. ~**tagung**, die 의사회의[회합]. ~**vertreter**, der (의사들에게 회사의 약품·의료 기구 따위를 판매하는) 의료품 판매 대리인.

Ärzteschaft, die 의사 전체. **Ärztin** ['ɛːɐ̯ʦtɪn], die; -nen 여의사. **ärztlich** ⟨Adj.⟩ 의사의, 의술의[의료]의: ein -es Attest 의사의 진단서; sich ä. behandeln lassen 의사의 치료를 받다. **ärztlicherseits** ⟨Adv.⟩ 《격식》 의사측에서, 의사측에. **Arzttum**, das, -s 의사직, 의사임.

as, ¹As, das; -, - [음악] 반음 낮은 a, A(내림 가).

²As, das; -ses, -se [frz. as] **1.** (카드놀이에서) 1(에이스)(의 패): alle vier -se in der Hand haben 에이스 패 4개를 모두 손에 들고 있다. **2.** ⟨통용어⟩ 일류 선수, 제일인자: ein A. in Mathematik sein 수학에 제일인자이다; **ein As auf der Baßgeige sein** ⟨경⟩ 아주 약삭빠르다. **b)** [광고] 인기 품목. **3.** [스포츠] **a)** [테니스] 에이스(서브로 얻은 점): mit einem A. beendete er das Match 에이스로 그는 시합을 끝냈다. **b)** [골프] 홀

인원.

³As [as], der; -ses, -se [lat. as] 고대 로마의 화폐[중량] 단위.

⁴As = Arsen.

A-Saite, die; -n 〈현악기의〉 A[가 장조]현.

asb = Apostilb.

Asbest [asˈbɛst], der; -(e)s, -e [lat. asbestos < griech. ásbestos] 【광】 석면.

Asbest-: **~anzug**, der 〈내화성의〉 석면복. **~beton**, der 석면 콘크리트. **~platte**, die 석면 판(뜨거운 냄비나 다리미의 받침대). **~staub**, der 석면 분진. **~staublunge**, die ↑Asbestose. **~teller**, der 석면 접시. **~zement**, der 석면 시멘트.

Asbestose [asbɛsˈtoːzə], die; -n 【의학】〈진폐증 중의〉석면폐(증).

Asch [aʃ], der; -(e)s, Äsche [ˈɛʃə] (ostmd.) 대접, 우묵한 접시, 사발.

asch-, **Asch-** (↑Aschen-도 참조): **~becher**: ↑Aschenbecher. **~blond** 〈Adj.〉 잿빛 금발의. **~eimer**, 〈또한〉 Ascheneimer, der 재담는 통[바께쓰]. **~fahl** 〈Adj.〉 〈흥분, 놀람으로〉 창백한. **~farben** 〈Adj.〉 회색의, 잿빛의. **~grau** 〈Adj.〉 잿빛의, 회색의: **bis ins Aschgraue** 〈통용어〉 무한히 오래도록[지겨울 정도로 계속해서]. **~kasten**, 〈또한〉 Aschenkasten, der 〈난로 따위의〉 재받이 상자.

Aschanti [aˈʃanti], der; -, - 아샨티 족(서아프리카 황금해안의 흑인). **Aschantinuß**, die; -nüsse [아프리카의 아샨티족에 따라] 〈österr.〉 땅콩.

Asche [ˈaʃə], die; -n 【기술】 -n 1. 재: die A.(von der Zigarre) abstreifen 〈담배〉재를 털다; **sich³ A. aufs Haupt streuen** 〈농〉 [참회하다(마카베오 제1서 3장 47절에 따라)] 겸손하게 후회하다. **2.** 〈Pl. 없음〉 〈통용어〉 잔돈: blanke A. 은화. **Aschegehalt**, der 회분(灰分) 함유량. **Aschepartikelchen**, das 〈대개 Pl.〉 재의 미립자.

Äsche, die; -n 【동물】 연어속(물고기).

aschen-, **Aschen-** (↑Asch-도 참조): **~bahn**, die 〈스포츠〉 석탄재를 깐 경주로. **~becher**, 〈또한〉 Aschbecher, der 재떨이. **~brödel** [...brøːdl], das; -s, - 부엌데기, 천덕꾸러기. **~brödeldasein** das 부엌데기 신세: in ein A. führen 천덕꾸러기로 살다. **~eimer**, 〈또한〉 Ascheimer, der 재(를 담는) 통. **~kasten**, 〈또한〉 ↑Aschkasten. **~krug**, der 유골 단지. **~platz**, der 【테니스】 광재가루를 깐 운동장. **~puttel** [...pʊtl], das; -s, - 1. ↑~brödel. 2. 〈Pl. 없음〉 아션푸텔(그림 동화에 나오는 인물). **~regen**, der 낙진(落塵).

Ascher [ˈaʃɐ], der; -s 〈통용어·지역적〉 ↑Aschenbecher.

aschig [ˈaʃɪç] 〈Adj.〉 **a)** 재로 된, 재 같은. **b)** 잿빛의: -es Haar 잿빛머리.

Ascorbinsäure [askɔrˈbiːn-], die 아스코르빈산(비타민 C의 화학 명칭).

As-Dur [ˈas-, 〈또한〉 '--], das; - 【음악】내림 가 장조(長調)(기호: As). **As-Dur-Etüde**, die 내림 가 장조 연습곡.

Ase [ˈaːzə], der; -n, -n 〈대개 Pl.〉 [anord. āss] 【게르만 신화】 아제(가장 폭력적인 신족의 대표신).

a secco [aˈzeko; ital. = "auf dem Trockenen"] 건물외 벽에 모래와 풀(粥)을 섞어 발라 말린 다음 그림을 그리는 회화술(중세의 회화술).

äsen [ˈɛːzn] 〈h〉 [사냥] 〈육식 동물이나 산돼지를 제외한 야생 동물이〉 먹이를 먹다: das Rotwild äst 사슴이 먹이를 뜯다; 〈《또한》 ä. + sich〉: der starke Bock äste sich auf dem Wiesenfleck 그 힘센 숫염소는 조그만 풀밭뙈기에서 풀을 뜯었다.

Asepsis [aˈzɛpsɪs], die 【의학】 무균(無菌). **Aseptik** [aˈzɛptɪk], die 【의학】 방부 조치, 무균법. **aseptisch** 〈Adj.〉 【의학】 **a)** 균이 없는: eine Wunde a. behandeln 상처를 소독해서 치료하다. **b)** 전염성이 없는.

¹Äser [ˈɛːzɐ], der; -s, - 【사냥】 〈육식 동물을 제외한 야생 동물의〉 주둥아리.

²Äser ↑Aas의 복수형.

asexual, **asexuell** [《또한》 --'-] 〈Adj.〉 **1.** 성(性)에 대해 무감각한(불감증의). **2.** 무성의, 성의 구별이 없는.

Asiatika [aˈzi̯aːtika] 〈Pl.〉 〈서적〉 아시아에 관한 서적들.

Askari [asˈkaːri], der; -s, -s [arab. askarīy] 전 독일령 동부 아프리카 내의 아프리카인 군인.

Askese [asˈkeːzə], die [griech. áskēsis] **a)** 금욕 생활: sexuelle A. üben 성적 금욕 생활을 하다. **b)** 참회 고행. **Asket** [asˈkeːt], der; -en, -en [lat. ascēta] 금욕자, 고행자. **Asketik** [asˈkeːtɪk], die ↑Asketik. **Asketiker** [asˈkeːtɪkɐ] ↑Asziteker. **asketisch** [asˈkeːtɪʃ] 〈Adj.〉 **a)** 금욕의, 절제의: ein -es Leben 금욕적 생활. **b)** 고행을 하는. **c)** 고행자와 같은, 금욕자다운.

Ascorbinsäure: ↑Ascorbinsäure.

Äskulapstab [ɛskuˈlaːp-], der; -(e)s, -stäbe 그리스로마의 의술신(神) 애스쿠라프의 뱀이 감긴 지팡이(의술의 상징).

as-Moll [ˈasmɔl, 《또한》 '-'-], das; - 【음악】 내림 가 단조(기호: as). **as-Moll-Etüde**, die 내림 가 단조 연습곡.

äsopisch [ɛˈzoːpɪʃ] 〈Adj.〉 〈교양어·준고어〉 이솝과 같은, 기지에 찬: -e Erzählweise 기지에 가득 찬 이야기 방식.

asozial [《또한》 --'-] 〈Adj.〉 **a)** 반사회적인, 사회에 해로운: sich a. verhalten 사회에 해가 되는 행동을 하다. **b)** 공동생활이 능하지 못한: a. veranlagt sein 공동 생활에 부적합한 천성을 지니다. **Asozialität** [azotsi̯aliˈtɛːt], die ↑asozial의 명사형.

Asparagin [asparaˈgiːn], das; -s 아스파라긴 산(酸)의 유도체. **Asparaginsäure**, die 아스파라긴 산(酸). **Asparagus** [asˈpaːragʊs, 《또한》 ...ˈpa..., ...ˈraːgʊs], der; - [lat. asparagus < griech. aspáragos] **a)** 아스파라거스 (채소 식물). **b)** 꽃을 묶을 때 사용되는 아스파라거스의 총칭.

Aspekt [asˈpɛkt], der; -(e)s, -e [lat. aspectus] **1.** 《교양어》 시각(視角), 시점(視點), 관점(觀點): den sozialen A. eines Problems betonen 한 문제의 사회적 관점을 강조하다. **2.** 【천문·점성술】 성위(星位). **3.** 【언어】 상(相), 동작 양태(動作樣態).

Aspergill [asperˈgɪl], das; -s, -e [lat. aspergillum] 【가】 관수기(灌水器). **Aspersion** [asperˈzi̯oːn], die; -en [lat. aspersio] 관수, 성수를 뿌림.

Aspermatismus [aspɛrmaˈtɪsmʊs], der; - 【의학】 **1.** 정액 결핍증, 사정 불능. **2.** ↑Aspermie (1). **Aspermie** [asperˈmiː], die 【의학】 **1.** 〈정액 내에〉 정충 결핍증. **2.** ↑Aspermatismus (1).

Asphalt [asˈfalt, 《또한》 --], das; -s [기술] -e [frz. asphalte] 아스팔트.

Asphalt-: **~bahn**, die 〈볼링〉 포장된 구주희장. **~decke**, die 아스팔트 포장. **~lack**, der 기름과 섞어 녹인 아스팔트 용액(溶液). **~presse**, die 〈대도시인의〉 센세이션 신문. **~straße**, die 아스팔트 포장 도로.

asphaltieren [asfalˈtiːrən] 〈h〉 〈길에〉 아스팔트를 깔다.

Aspik [asˈpiːk, 《또한》 asˈpɪk, '--], der 〈österr. das, 《또한》 der〉; -s, -e [frz. aspic] 아교나 송아지뼈로 만든 젤리.

Aspirant [aspiˈrant], der; -en, -en [frz. aspirant] **1.** 지원자, 임용 후보자: ein A. für einen Posten 부서의

임용 후보자. 2. 《구동독》 대학의 학문적 신진 세력. **Aspirantur** [...'tuːr̥], die; -en 《구동독》 신진학자 양성을 위한 특별 과정. **Aspirata** [aspiˈraːta], die; ...ten /...tä [...tɛ; lat. aspīrāta] 【음성】 기식음(氣息音), 대기폐쇄음(ph, th, kh 따위), **Aspiration** [...aˈtsi̯oːn], die; -en [lat. aspīrātio] 1. 《대개 Pl.》 《교양어》 노력, 희망, 야심적 계획; -en auf[nach] etw. haben …에 대한 희망을 가지다. 2. 【음성】 기식음(氣息音) 발음. **aspiratorisch** [...ˈtoːrɪʃ] 〈Adj.〉 【음성】 기식음을 내는. **aspirieren** [...'riːrən] 〈h〉 [frz. aspirer] 1. a) 《고어》 얻고자 노력하다, 기대하다. b) (österr.) 무엇을 지망하다: auf einen Posten a. 한 직책을 지망하다. 2. 【음성】 기식음을 내다.

Aspisviper ['aspɪs-], die; -n [lat. aspis < griech. aspís] 코브라속(屬)의 독사.

aß [aːs] † essen 참조.

¹Aß [as], das; Asses, Asse (österr.) †²As.

²Aß [as], das; Asses, Asse (österr.·통용어) 농양(膿瘍).

Assagai [asaˈgai], der; -s, -e [engl. assagai] 아프리카의 카퍼 족이 사용하는 투창.

assai [aˈsai; (ital.) assai] 【음악】 《속도 표시와 결합하여》 대단히, 충분히, 상당히: allegro assai 대단히 빠르게.

assanieren [asaˈniːrən] 〈h〉 [frz. assainir] (österr.) 위생적으로 하다, (위생적 관점에서) 개량하다: eine Stadt [ein Gelände] a. 한 도시[지역]를 개량하다. **Assanierung**, die; -en (österr.) 주택 개량, 재개발.

Assassine [asaˈsiːnə], der; -n, -n [ital. assassino] 1. 《대개 Pl.》 마호멧교의 한 종파. 2. 《고어》 암살자, 자객.

Assaut [aˈsoː], das; -s, -s [frz. assaut] (펜싱의) 공격 연습.

äße [ˈɛːsə] † essen 참조.

Assekurant [asekuˈrant], der; -en, -en 《고어》 보험업자. **Assekuranz** [...'rants], die; -en [ital. assicuranza] 《고어·전문어》 보험 (회사).

Assekuranz-: **~brief**, der 《고어》 보험증서. **~police**, die †~brief. **~prinzip**, das 〈Pl. 없음〉 보험 원리.

Assekurat [...ˈraːt], der; -en, -en [ital. assicurato] 《고어》 피보험자, 보험가입자. **assekurieren** [...ˈriːrən] 〈h〉 [ital. assicurare] 《고어》 보증하다, 보험에 가입하다.

Assel ['asl], die; -n 【동물】 쥐며느리, 지네. **Asselspinne**, die 바다거미.

Assemblage [asãˈblaːʒ(ə)], die; -n [frz. assemblage] 【예술】 고부조(高浮彫), 다른 소재를 결합하여 만든 조각품. **Assembler** [əˈsɛmblɐ], der; -s, - [engl. assembler] 【전산】 1. 〈Pl. 없음〉 어셈블러 프로그램(일종의 컴퓨터 언어). 2. 기계 번역 프로그램. **Assembling** [əˈsɛmblɪŋ], das; -s, -s [engl. assembling] 【경제】 기업의 병합.

assentieren [asɛnˈtiːrən] 〈h〉 [lat. assentīre] 1. 《고어》 동의[찬성]하다: er assentierte gerne, daß er sich geirrt habe 그는 자신이 잘못했다는 것을 흔쾌히 수긍했다. 2. (österr.·준고어) 징병 검사를 하다. **Assentierung**, die; -en (österr.·준고어) 징병 검사. **Assentkommission** [aˈsɛnt-], die; -en (österr.·준고어) 징병 검사 위원회.

asserieren [aseˈriːrən] 〈h〉 [lat. asserere] 【철학】 주장하다, 확언하다: die Richtigkeit einer Theorie a. 이론의 정당성을 주장하다. **Assertion** [asɛrˈtsi̯oːn], die; -en [lat. assertio] 【철학】 주장, 단언. **assertorisch** [...ˈtoːrɪʃ] 〈Adj.〉 [lat. assertōrius] 【철학】 단정하는, 확언적: -e Urteile 【논리】 단정적 판단(논거 없이 타당성을 요하는 사실 주장).

Asservat [asɛrˈvaːt], das; -(e)s, -e [lat. asservātus] 증

거물. **Asservatenkammer**, die 증거물 보관 장소. **Asservatenkonto**, das 일정한 목적을 위해 인출이 유보된 은행 구좌. **Asservatenraum**, der ↑Asservatenkammer. **asservieren** [...ˈviːrən] 〈h〉 [lat. asservāre] 《고어》 (관청에) 보관하다.

Assessor [aˈsɛsɔr, 《또한》 ...soːr̥], der; -s, -en [...'soːrən; lat. assessor] 시보(試補) 《약어: Ass.》. **assessoral** [asesoˈraːl] 〈Adj.〉 시보의. **Assessorin** [aseˈsoːrɪn], die; -nen ↑Assessor의 여성형. **assessorisch** [aseˈsoːrɪʃ] † assessoral.

Assibilation [asibilaˈtsi̯oːn], die; -en 【음성】 a) 폐색음(閉塞音)과 치음(齒音)의 복합음(예컨대: "Zahn"의 경우 t + s = z). b) 폐색음의 치음화(예컨대: 저지 독어의 "Water" = 표준 독어의 "Wasser"). **assibilieren** [...ˈliːrən] 〈h〉 [lat. assībilāre] 【음성】 a) 폐색음과 치음의 복합음을 내다. b) 폐색음을 치음으로 발음하다. **Assibilierung**, die; -en ↑Assibilation.

Assiette [aˈsi̯ɛtə], die; -n [frz. assiette] 1. 《고어》 접시: Käse auf einer A. reichen 치즈의 접시를 건네다. 2. (österr.·고어) 전채(前菜). 3. 《고어》 위치, 상태, 기분: eine gute A. haben 좋은 컨디션을 가지다.

Assignant [asɪˈgnant], der; -en, -en [lat. assīgnāns] 【고어】 어음발행인. **Assignat** [...ˈgnaːt], der; -en, -en [lat. assīgnātus] 【고어】 어음 지불인. **Assignatar** [...gnaˈtaːr̥] 【고어】 어음수취인. **Assignaten** [...ˈgnaːtn̩] 〈Pl.〉 [frz. assignat] 프랑스 제1공화국의 지폐. **Assignation** [...gnaˈtsi̯oːn], die; -en [lat. assīgnātio] 【고어】 어음 발행. **assignieren** [...ˈgniːrən] 〈h〉 [lat. assīgnāre] 《고어》 (어음을) 발행하다.

Assimilat [asimiˈlaːt], das; -(e)s, -e [lat. assimilātus] 동화산물(同化産物). **Assimilation** [...laˈtsi̯oːn], die; -en [lat. assimilātio] 【음성】 1. a) 《생물》 동화 작용. 통화; 적응: die A. an bestehende Verhältnisse 기존 환경에의 적응. 2. 【음성】 자음동화(예컨대: 중고 독어의 "lamb" → 신고 독어의 "Lamm")(반대: Dissimilation 1). 3. 《사회》 (어떤 개인이나 단체가 다른 민족이나 단체의 특색에) 동화. 4. 【심리】 새로운 관념과 기존의 관념의 융합. 5. 【생리】 동화산물의 생성 (반대: Dissimilation 2). 6. 【발생】 후천성 형질의 유전인자화. **assimilatorisch** [...ˈtoːrɪʃ] 〈Adj.〉 a) 동화의. b) 동화로 생긴: -er Lautwandel 동화로 인한 음성 변화. **assimilieren** [...ˈliːrən] 〈h〉 [lat. assimilāre] 1. 【생물】 동화 작용을 하다 (반대: dissimilieren): die Pflanzen assimilieren Kohlensäure 식물은 탄산 동화 작용을 한다. 2. 동화하다, 적응하다: sich leicht an eine Umgebung a. 주위 환경에 쉽게 적응하다; der neue Schüler wurde von der Klasse rasch assimiliert 새로운 학생은 신속히 학급에 동화되었다. **Assimilierung**, die; -en ↑Assimilation.

Assisen [aˈsiːzn̩] 〈Pl.〉 [frz. assises] 스위스와 프랑스의 배심 재판.

Assistent [asɪsˈtɛnt], der; -en, -en [lat. assistēns] a) 조수, 보좌관. b) 조교: er ist A. am Institut für Phonetik 그는 음성학 연구소의 조교로 있다(약어: Ass.). **Assistentin** [aseˈsoːrɪn], die; -nen ↑Assistent의 여성형. **Assistenz** [...ˈtɛnts], die; -en [lat. assistentia] 1. 도움, 원조: jmdm. A. leisten 누구를 도와주다. 2. 입회(立會)(예컨대: 가톨릭 신부의 결혼식 입회). **Assistenzarzt**, der 《과장 의사를 조력하는》 일반 의사. **Assistenzprofessor**, der 조교수. **assistieren** [...ˈtiːrən] 〈h〉 [lat. assistere] 보좌하다, 돕다: er assistierte (ihm) bei der Operation 그는 (그의) 수술을 보좌했다.

Associé [asoˈsi̯eː], der; -s, -s [frz. associé] 《고어》 사원, 조합원.

Assoluta [asoˈluːta], die; -s [ital. assoluta] 발레와 오페

라의 여성 톱스타.

Assonanz [aso'nants], die; -en 〔운율〕 반운(半韻), 모운(母韻)(모음만의 압운(押韻))〈예컨대: laben: klagen〕.

assortieren [asɔr'tiːrən] 〈h〉 [frz. assortir] 〔상〕 상품을 종류별로 분류하고 구색을 갖추다: (대개 과거분사로) ein gut assortiertes Lager 잘 정돈된 창고. **Assortiment** [asɔrti'mɛnt], das; -(e)s, -e [frz. assortiment] 《고어》 입고[재고]품, 물건가지수(數), 분류된 상품.

Assoziation [asotsia'tsjoːn], die; -en [frz. association] 1. 〔심리〕 연상(聯想): -en erwecken 연상감을 일깨우다. 2. 〔정치〕 연합, 조합: die A. afrikanischer Staaten 아프리카 국가 연합. **Assoziationsfreiheit**, die 〈Pl. 없음〉 결사의 자유. **assoziativ** [...'tiːf] 〈Adj.〉 **a)** 〔심리〕 연상적: eine -e Gedankenkette 연상적 연쇄 사고. **b)** 《교양어》 결합하는. **assoziieren** [...tsi'iːrən] 〈h〉 [frz. s'associer] 1. 〔심리〕 연상시키다: der Name assoziiert in mir liebe Erinnerungen 그 이름은 내게 아름다운 추억들을 연상시켜 준다. 2. 결합하다, 제휴하다: sich mit[an] einer Gemeinschaft a. 어느 공동체와 제휴하다: die (mit) den EG assoziierten Staaten 유럽 공동체(EG)에 가입한 국가들. **Assoziierung**, die; -en 제휴상의 결합: die A. mit[an] einer Gemeinschaft 어느 공동체와의 계약상 제휴.

Assumptionist [asumptsio'nɪst], der; -en, -en 승천교단(가톨릭의 한 교단). **Assumtion** [asum'tsjoːn], die; -en [lat. assūmptio] 1. 〈Pl. 없음〉 마리아의 승천. 2. 【예술】 마리아의 승천도(昇天圖). **Assunta** [a'sunta], die; ...ten [ital. assunta] ↑Assumtion (2)에 대한 이탈리아어(語).

Assureelinien [asy'reː-] ↑Azureelinien.

Assyriologe [asyrio'loːgə], der; -n, -n 아시리아 학(學)자. **Assyriologie** [...lo'giː], die 아시리아어 및 바빌론 학(學). **assyriologisch** 〈Adj.〉 아시리아 학의.

Ast [ast], der; -(e)s, Äste ['ɛstə] 1. 〈축소형: ↑Ästchen〉 (줄기에서 벗어난) 큰 가지: der Vogel hüpft von A. zu A. 새가 가지에서 가지로 뛴다: 〔전의〕 den A. absägen, auf dem man sitzt 《통용어》 그의 생활 근거까지 박탈하다; **auf dem absteigenden A. sein.** 1) 능력이 감소되다. 2) 생활 형편이 악화되다; **einen A. durchsägen** 《통용어·농》 코를 몹시 골다. 2. 옹이. 3. 〈Pl. 없음〉 《경》 **a)** 등: den Rucksack auf den A. nehmen 배낭을 등에 지다. **b)** 굽은 등: vom vielen Sitzen einen A. bekommen 많이 앉아서 등이 굽다; sich³ einen A. lachen 《경》 포복절도하다.

aṣt-, Ast-: ~gabel, die 분지(分枝). **~loch**, das 재의) 옹이구멍. **~rein** 〈Adj.〉 1. 옹이가 없는. 2. 《통용어》 (도덕적으로) 나무랄데 없는. 3. 《통용어》 진짜의, 흠이 없는. **~werk**, das 〈Pl. 없음〉 나뭇가지(의 전부).

AStA ['asta], der; -(s), -(s) Allgemeiner Studentenausschuß (대학의) 학생 자치회.

astasieren [asta'ziːrən] 〈h〉 〔물리〕 (측정 장치를) 외부의 힘에 영향받지 않도록 보호하다. **Astat** [a'staːt, ast...], (국제 전문어) [astaˈtiːn], das; -s [griech. ástatos] 아스타틴(방사성 원소명)(기호: At). **astatisch** [a'staːtɪʃ, ast...] 〈Adj.〉 〔물리〕 전장(電場)이나 자장(磁場)의 영향을 받지 않는.

Ästchen ['ɛstçən], das; -s, - 잔가지. **asten** ['astn] 《통용어》 1. 〈h〉 몹시 애를 쓰다: er hat ganz schön a. müssen 그는 아주 무척 애를 써야 했다. 2. 〈h〉 무거운 짐을 어디로 운반하다, 끙끙거리며 끌고 가다: ein Klavier in den 4. Stock a. 피아노를 끙끙대며 5층으로 끌어 올리다. 3. 〈s〉 힘겹게 길을 가다: sie sind auf den Berg geastet 그들은 애를 쓰며 산을 올라갔다. 4. 【학생】 〈h〉 배우다, (공부를) 파다. **ästen** ['ɛstn] 〈h〉 《드물게》 가지를 치다.

Aster ['astɐ], die; -n [lat. astēr < griech. astēr] 과꽃.
Äster: ↑Aast의 복수형.

Asteriskus [aste'rɪskʊs], der; -, ...ken [lat. asteriscus < griech. asterískos] 〔서적·문헌〕 별표(기호: *). **a)** 각주(脚註)에 대한 지시로서. **b)** 〔언어〕 (출처가) 증명은 되지 않고, 추론만 된 어형의 표시로. **Asteroid** [astero'iːt], der; -en, -en 소행성.

Asthenie [aste'niː], die; -n [...iːən; griech. asthéneia] 【의학】 〈Pl. 없음〉 무력, 쇠약. 2. 병으로 인한 허약. **Astheniker** [as'teːnikɐ, ast...], der; -s, - 허약자. **asthenisch** [a'steːnɪʃ, ast...] 〈Adj.〉 허약 체질의.

Ästhet [ɛs'teːt], der; -en, -en [griech. aisthētés] 심미안(審美眼)을 가진 사람, 유미주의자(唯美主義者). **Ästhetik** [ɛs'teːtɪk], die; -en [griech. aisthētikḗ(téchnē)] 1. 미학. 2. 〈Pl. 없음〉 양식미(樣式美), 아름다움: die Ä. darf nicht in erster Linie zu kommen 아름다움을 소홀히 해서는 안된다. 3. 〈Pl. 없음〉 미적 감각: es fehlt seiner Gestaltung Geschmack und Ä. 그의 조형에는 취향과 미적 감각이 결여되어 있다. **Ästhetiker** [ɛs'teːtikɐ], der; -s, - 미학자. **ästhetisch** [ɛs'teːtɪʃ] 〈Adj.〉 1. 미학적인: die Darbietung war ein -er Genuß 그 공연은 미학적 감각을 만족시켜 주었다. 2. 미적인, 풍취가 있는, 우아한, 마음에 드는: sein Aussehen war nicht gerade ä. 그의 외모는 그야말로 혐오스러웠다. 3. 너무 정제(精製)된. **ästhetisieren** [ɛsteti'ziːrən] 〈h〉 (일방적으로) 미학적인 관점에서 평가하다, 미학적으로 형상화하다. **Ästhetisierung**, die; -en ästhetisieren의 명사형. **Ästhetizismus** [...'tsɪsmʊs], der 유미주의. **Ästhetizist** ['tsɪst], der; -en, -en 유미주의자. **ästhetizistisch** 〈Adj.〉 유미주의적인.

Asthma ['astma], das; -s [griech. āsthma] 천식(喘息). **Asthmaanfall**, der 천식 발작. **Asthmatiker** [ast'maːtikɐ], der; -s, - 천식환자. **asthmatisch** 〈Adj.〉 1. 천식으로 말미암은. 2. 천식을 앓는.

astig ['astɪç] 〈Adj.〉 가지가 많은. **ästig** 〈Adj.〉 1. (드물게) 가지가 많은, 가지쳐진. 2. ↑astig.

astigmatisch [astɪ'gmaːtɪʃ] 〈Adj.〉 난시의, 렌즈의 사상(寫像)에 흠이 있는(반대: anastigmatisch). **Astigmatismus** [astɪgma'tɪsmʊs], der; - 1. 【물리】 렌즈의 사상(寫像)결함. 2. 【의학】 난시.

Ästimation [ɛstima'tsjoːn], die; -en [frz. estimation] 《준고어》 1. 존중, 존경. 2. 〈Pl. 없음〉 평가, 인정. **ästimieren** [ɛsti'miːrən] 〈h〉 [frz. estimer < lat. aestimāre] 《준고어》 인정하다, 평가하다, 존중하다.

Astrachan ['astraxan], der; -s, -s 〔구소련 남부 도시 Astrachan에서〕 1. 남 러시아의 아스트라칸 산(産) 양피. 2. 모피 모양의 플러시 직물(織物).

Astragal [astra'gaːl], der; -s, -e, **Astragalus** [as'traːgalʊs], der; -, ...li [...li; lat. astragalus < griech. astrágalos] 〔건축〕 옥연(玉緣) (건물 기둥의 몸통과 머리 사이에 위치한 장식용 원형 단면).

astral [as'traːl] 〈Adj.〉 [lat. astrālis] 별의, 별에 관한, 별에서 생기는.

Astral-: ~körper, der ↑~leib (3). **~leib**, der 1. 【인지】 인체내의 정령(精靈), 영체(靈體). 2. 【심령】 사멸하지 않는 불가시의 인간 육신. 3. 《통용어·반어》 (아름다운) 인간의 육체. **~licht**, das 은하수의 별빛. **~mythologie**, die 천체 신화. **~religion**, die 천체 숭배.

Astralon ⓌⓏ [astra'loːn], das; -s 〈인공어〉 아스트랄론(투명한 합성수지).

astro-, Astro- [griech. ástron] 천체-, 우주-: **~graph**, der; -en, -en 1. 천체 촬영 망원경. 2. 천체 제도기(天體製圖器). **~lab(ium)** [...'laːp, ...'laːbjum], das; -s, ...bien [...la:bjən] 《역사적》 천체 관측기. **~lo-**

astrophisch 150

ge, der; -n, -n [lat. astrologus < griech. astrológos] **a)** 점성술사. **b)** 《농》 정정(政情) 예언가. **~logie,** die [lat. astrologia < griech. astrología]: 점성술. **~logisch** 〈Adj.〉 [lat. astrologicus < griech. astrologikós] **a)** 점성술에 관한, 점성술의. **b)** 점성술이 빛은. **~meter,** das; -s 천체 광도계. **~naut,** der; -en, -en 우주 비행사. **~nautik,** die 우주 비행학. **~nautin,** die; -nen ↑ ~naut의 여성형. **~nautisch** 〈Adj.〉 우주 비행에 관한. **~nom** [...'no:m], der; -en, -en [lat. astronomus < griech. astronómos] 천문학자. **~nomie** [...no'mi:], die [lat. astronomia < griech. astronomía] 천문학. **~nomin** [...'no'mɪn], die; -nen ↑ ~nom의 여성형. **~nomisch** 〈Adj.〉 [lat. astronomicus < griech. astronomikós] **1.** 천문학의; -e Einheit 천문 단위(약어: AE); -e Uhr 천문학 분야에서 사용하는 정밀 시계; -e Zeichen 천체 및 점성 표지. **2.** 《통용어》엄청나게 큰, 상상을 불허하는, 천문학적인. **~physik,** die 우주 물리학, 천체 물리학. **~physikalisch** 〈Adj.〉 우주 물리학의. **~physiker,** der 우주 물리학자.

astrophisch [《또한》 -'-–-] 〈Adj.〉《시에서》시연(詩聯)으로 〈구분〉되어 있지 않은.

Ästuar(ium) [ɛs'tua:r, ...'tua:riʊm], das; -s, ...rien [...riən; lat. aestuārium] 깔때기 모양의 하구(河口).

Äsung ['ɛ:zʊŋ], die; -en [사냥] 들짐승의 먹이를, 목초: Flächen mit reichhaltiger Ä. 목초가 풍성히 깔린 땅뙈기.

Asyl [a'zy:l], das; -s, -e [lat. asylum < griech. ásylon] **1.** 집없는 사람 수용소, 무료 숙박소. **2.** (쫓기는 자의) 수용 및 보호, 피난(처): bei jmdm. ein A. finden 누구에게서 피난처를 찾다; jmdm. A. gewähren 누구에게 망명을 허락하다. **Asylant,** der; -en, -en 정치적 망명 희망자. **Asylantenkammer,** die 망명 담당 부서. **Asylantrag,** der 망명 신청. **Asylbewerber,** der ↑ Asylant. **Asylierung** [azy'li:rʊŋ], die; -en 수용소에 입소(入所). **Asylrecht,** das; -(e)s **1.** 망명자의 피보호권; A. genießen. 망명자로서 피보호권을 향유하다. **2.** 망명자에 대한 비호권(庇護權). **Asylwerber,** der; -s, - ⟨österr.⟩ 망명 희망자.

Asymmetrie, die; -n [...iən; griech. asymmetría] 불균형, 비대칭(반대). **asymmetrisch** [《또한》 --'--] 〈Adj.〉 불균형의, 균형이 없는(반대: symmetrisch): -e Gespräche [사회] 권위주의적 입장에서 나누는 대화.

Asymptote [azym'pto:tə], die; -n [griech. asýmptōtos] 〔수학〕(쌍곡선의) 점근선(漸近線). **asymptotisch** 〈Adj.〉 점근선의.

asynchron [《또한》 --'-] 〈Adj.〉《전문어》비동시적인, 같은 속도로 진행되지 않는(반대: synchron).

asyndetisch [《또한》 --'--] 〈Adj.〉 **1.** 접속사가 없는 단어열이나 문장열의. **2.** 접속사가 생략된(반대: syndetisch). **Asyndeton** [a'zyndetɔn], das; -s, ...ta [lat. asyndeton < griech. asýndeton] 접속사가 생략된 단어열이나 문장열(烈), 나열.

Aszendent [astsɛn'dɛnt], der; -en, -en [lat. ascendēns] **1.** 〔계보〕조상, 선조(반대: Deszendent 1). **2.** (반대: Deszendent 2) 〔점성술〕 **a)** 출생시에 동쪽 지평선 위에 나타나는 황도십이궁(黃道十二宮) 표시. **b)** 〔천문〕 떠오르는 성좌(별). **c)** 〔천문〕 천체의 출현(天體), 동출). **Aszendenz** [...'dɛnts], die, -, -en **1.** 〔계보〕 계열, 가계(家系)(반대: Deszendenz 1). **2.** 〔천문〕천체의 출현(상승, 동출)(반대: Deszendenz 2). **aszendieren** [...di'ran] [lat. ascendere] **1.** 〔천문〕〈s〉떠오르다, 상승하다. **2.** 〈고어〉〈s/h〉승진되다.

Aszese [as'tse:zə] usw. ↑ Askese usw. **Aszetik**

[...e:tɪk], die 〔가〕완전한 복음정신을 추구하는 교리. **Aszetiker,** der; -s, - 복음 정신 교리의 신봉자.

Aszites [as'tsi:tɛs], der; - [griech. askítēs] 〔의학〕복수(腹水).

ataktisch [a'taktɪʃ] 〈Adj.〉 [griech. átaktos] 〔의학〕불규칙적인, 고르지 못한.

ata ['ata] 《다음 용법으로》 **a. (a.) gehen** 〔아동어〕집 밖으로 나가다, 산보가다.

Ataman [ata'ma:n], der; -s, -e [russ. ataman] (코사크의) 족장.

Atavismus [ata'vɪsmʊs], der; -, ...men [...mən] 《전문어》 **1.** 〈Pl. 없음〉 격세유전(隔世遺傳). **2.** 돌연변이로 나타나는 육체적, 정신적 특징. **atavistisch** 〈Adj.〉 **a)** 《전문어》격세유전의. **b)** (교양어・펌) 원시적인.

Ataxie [a'ksi:], die; -n [...iən; griech. ataxía] 〔의학〕운동 장애.

Atelier [ata'lie:], das; -s, -s [frz. atelier] **a)** (예술가, 재단사, 사진사)의 작업실, 아틀리에. **b)** 영화 촬영장: Mitte Mai soll der Fünfteiler ins A. gehen 5월 중순에 5부작이 촬영될 예정이다.

Atelier-: ~aufnahme, die 아틀리에에서의 영화 촬영. **~betrieb,** der 아틀리에의 기업. **~fenster,** das 아틀리에 창. **~fest,** das 예술인 잔치. **~kamera,** die 300m 필름용 대형 카메라. **~wohnung,** die 지붕 밑의 대형 아파트.

Atem ['a:təm], der; -s **1.** 호흡: einen langen(den längeren) A. haben (어떤 논쟁이나 다툼에 있어) 끈질기다(상대방보다 좀더 끈질기다); einen kurzen A. haben (아이) 천식기가 있다; jmdn.(etw.) in A. halten 누구(무엇)를 긴장시키다, 안심을 시키지 않다; in einem(im selben, im gleichen) A. (거의) 동시에. **2.** 기식(氣息), 입김, 숨: außer A. sein(kommen) 숨이 차다(차 오르다); 〔전의〕der (heiße) A. der Revolution wehte durch das Land 혁명의 (뜨거운) 숨결이 전국에 퍼지다. A. holen(schöpfen) 숨을 돌리다; jmdm. den A. verschlagen 말을 못하게 하다; jmdm. geht der A. aus 누가 힘이 다 빠지다, 경제적으로 끝장나다.

atem-, Atem-: ~beklemmung, die 숨가쁨. **~beraubend,** (《또한》 atemberaubend) 〈Adj.〉 숨막히는, 극도로 흥분시키는: der Trapezakt war geradezu a. 그 곡예 동작은 그야말로 숨이 막힐 듯했다. **~beschwerden** 〈Pl.〉 호흡 곤란. **~frequenz,** die 〔의학〕(1분간의) 호흡 횟수. **~führung,** die 〈Pl. 없음〉〔음악〕호흡법. **~gymnastik,** die 호흡 운동, 숨쉬기 운동. **~holen,** das; -s 숨을 들이마심. **~lähmung,** die 〈Pl. 없음〉〔의학〕호흡 장애. **~los** 〈Adj.〉 **1.** 숨 가쁜, 숨이 찬. **2.** 빠른, 끊임없는: in -er Folge 숨길 사이 없이, 연이어. **3.** 긴장한, 흥분한: a. lauschen 바짝 긴장해서 듣다. **~losigkeit,** die ↑~los의 명사형. **~luft,** die 〈Pl. 없음〉호흡 공기. **~maske,** die 〔의학〕흡입용 마스크. **~not,** die 〈Pl. 없음〉호흡 곤란. **~pause,** die 숨을 돌리기 위한 짧은 휴식. **~raubend** 〈Adj.〉↑atemberaubend. **~schutzgerät,** das 호흡 보호 기구, 방독면 〔마스크〕. **~technik,** die 올바른 호흡법(노래나 연설할 때). **~übung,** die 심호흡 운동. **~wege** 〈Pl.〉 기도(氣道). **~zentrum,** das 〔의학〕 호흡 중추. **~zug,** der 한번 들이쉬고 내쉼, 호흡: bis zum letzten A. (아어・은폐) 죽을 때까지; im letzten A. 바로 뒤에; in einem(im selben, im gleichen) A. (거의) 동시에.

a tempo [a 'tɛmpo; ital.] **1.** 〔음악〕다시 본래의 속도로, 아템포. **2.** 《통용어》즉시, 빨리: etw. a. t. besorgen 무엇을 즉시 구입하다.

Äthan [ɛ'ta:n], das; -s 〔화학〕에탄(포화 탄화수소의 일종).

Athanasie [atana'zi:], die [griech. athanasía] 《종교》 불멸(不滅).

Äthanol [εta'noːl], das; -s 에탄올(에틸 알코올의 별명).

Atheismus [ateˈtsmʊs], der; - 무신론. **Atheist** [ateˈɪst], der; -en, -en 무신론자. **atheistisch** 〈Adj.〉 a) 무신론을 신봉하는. b) 무신론의.

athematisch [(또한) ――ˈ――] 〈Adj.〉 (반대: thematisch) 1. 《음악》 주제(主題)가 없는, 무주제적인. 2. 〖언어〗 간모음(幹母音)이 없이 형성된, 비간모음적.

Äther [ˈɛːtɐ], der; -s [lat. aethēr < griech. aithḗr] 1. 《아어》 천공(天空): die Lerche erhebt sich in den lichten Ä. 종달새가 맑은 창공으로 솟아 오르다. 2. 에테르(전자파의 매질(媒質)이라고 여겨지는 가상 물질). 3. 〖그리스 철학〗 정기(精氣), (생명과 우주의) 근원적인 원소. 4. a) 《화학》 에테르 기(基). b) 에테르(마취제로 사용되는 무색의 가연소성의 휘발성 액체).

Äther-: ~**leib**, der 〖인지〗 영기체(靈氣體). ~**narkose**, die, ~**rausch**, der 에테르 마취. ~**schwingung**, die 에테르파 진동[파동]. ~**welle**, die 《대개 Pl.》 에테르파, 전자파.

ätherisch [ɛˈteːrɪʃ] 〈Adj.〉 1. a) 《고어》 천상의. b) (입김처럼) 부드러운, (전자파처럼) 부드럽고 영묘한. 2. 에테르 모양의, 에테르를 함유한, 에테르 향기가 있는: ein ~er Duft 방향(芳香). **ätherisieren** [ɛteriˈziːrən] 〈h〉 〖의학〗 에테르로 마취시키다.

atherman [aterˈmaːn] 〈Adj.〉 〖물리〗 불투열(不透熱)의.

äthern [ˈɛːtɐn] ↑ätherisieren.

Äthiopien [ɛtiˈoːpiən], -s 에티오피아(동 아프리카의 나라). **Äthiopier** [ɛtiˈoːpiɐ], der; -s - 에티오피아 사람.

äthiopisch 〈Adj.〉 에티오피아의.

Athlet [atˈleːt], der; -en, -en [lat. athlēta < griech. athlētḗs] 1. 《통용어》 힘세고, 근육이 발달한 남자. 2. 《스포츠》 (육상) 경기자, 운동 선수. **Athletik**, die [lat. athlētica] 1. a) 운동 경기. b) 고대 그리스의 (육상) 경기 시합. 2. 경기술, 체육 이론. **Athletiker**, der; -s, - [의학·심리] 투사(장사) 같은 사람, 근골(筋骨)이 실한 사람. **athletisch** 〈Adj.〉 [lat. āthlēticus < griech. āthlētikós] 1. 근골이 실한. b) 운동 경기의.

Äthyl [ɛˈtyːl], das; -s 《화학》 에틸(基). **Äthylalkohol**, der 에틸 알코올, 주정(酒精). **Äthylen** [ɛtyˈleːn], das; -s 에틸렌.

Ätiologie [ɛtioloˈgiː], die; -n [...iːən; lat. aetiologia < griech. aitiología] 1. 《교양어》 〈Pl. 없음〉 병인론, 병인학(病因學). 2. 원인론. **ätiologisch** [ɛtioˈloːgɪʃ] 〈Adj.〉 《교양어》 병인학적, 원인론의, 원인을 규명하는: -e Sagen 《전문어》 원인(해석) 전설.

Atlant [atˈlant], der; -en, -en [griech. Átlās 고대 그리스의 신 ↑ˈAtlas에 따라] 〖건축〗 대들보를 받쳐 주는 남자 형상의 기둥. **atlantisch** [atˈlantɪʃ] 〈Adj.〉 [lat. atlanticus < griech. atlantikós] 1. 대서양의. 2. 북대서양 조약 기구의: die -e Gemeinschaft 대서양 공동체.

¹**Atlas** [ˈatlas], der; - (또는) -ses, Atlanten [atˈlantn̩], (또한) ~se [고대 그리스의 신 Atlās에 따라] 1. 지리부도. 2. 도해서(圖解書). ²**Atlas** [-], der; - (또는) -ses [고대 그리스 신 ↑¹Atlas에 따라] 《의학》 제 1 경추(頸椎), 목뼈.

³**Atlas** [-], der; - (또는) -ses, -se [arab. aṭlas] 공단, 수자(繻子), 사탱.

¹**Atlas-** (¹Atlas): ~**band**, der 《Pl. -bände》 《대개 사전의 마지막 권으로 포함된》 지도집(地圖集). ~**format**, das 아트라스 판(判)(지도장용의 특대판).

atlas-, ²**Atlas-** (³Atlas): ~**artig** 〈Adj.〉 목뼈류의, 공단류의. ~**band**, das 《Pl. -bände》 공단 붕대. ~**bindung**, die 〖섬유〗 수자직(繻子織)으로 짜는 법. ~**schleife**, die 공단 리본. ~**schuh**, der 공단 신.

~**seide**, die 공단.

atlassen [ˈatlasn̩] 〈Adj.〉 《드물게》 공단으로 만든.

Atman [ˈaːtman], der, 《또한》 das; -(s) [aind. ātmán] (인도 철학의) 아트만, 불멸의 영혼.

atmen [ˈaːtmən] 〈h〉 1. 호흡하다: tief a. 심호흡을 하다; 〖전의〗 frei a. (können) 자유롭다, 억압 받지 않다. 2. 《아어》 숨을 들이마시다: die feuchte Nachtluft a. 축축한 밤공기를 들이마시다. 3. 《아어》 풍기다, 발산하다: das Buch atmet den Geist der Vergangenheit 그 책은 과거의 정신으로 충만해 있다.

-atmig [-laːtmɪç] 《다음의 합성어의, 예컨대》 kurzatmig.

Atmosphäre [atmoˈsfɛːrə], die; -n 1. a) 대기, 공기: der Satellit verglühte beim Wiedereintritt in die A. 그 위성은 대기권 재진입시에 소실되었다. b) 천체 주위의 가스층(層): die A. der Venus 금성의 가스층. 2. a) 분위기, 특색: diese Stadt hat keine A. 이 도시는 특색이 없다; die A. vergiften 분위기를 망치다; eine behagliche A. schaffen 쾌적한 분위기를 조성하다. b) 환경: die fremde A. ängstigte mich 나는 낯선 환경에 불안을 느꼈다. 3. 〖물리〗 기압(氣壓) (압력의 단위): physikalische A. 물리적 기압(기호: atm); technische A. 기술상의 기압(기호: at); der Kessel steht unter einem Druck von 40 -n 그 기관(汽罐)은 기압 40의 압력을 받고 있다. **Atmosphärendruck**, der 〈Pl. ...drücke〉 기압으로 표기된 압력. **Atmosphärenüberdruck**, der 〈Pl. ...drücke〉 정상 기압을 초과한 압력(기호: atü). **atmosphärisch** 〈Adj.〉 1. a) 대기권의: das -e Geschehen 대기권의 현상. b) 대기중에 있는: -e Elektrizität 기상 전기(氣象電氣). 2. 분위기를 조성하는: das Buch besitzt -e Dichte 그 책은 분위기를 풍기는 밀도를 지니고 있다.

Atmung [ˈaːtmʊŋ], die 호흡: künstliche A. 인공 호흡; die A. beschleunigt sich 호흡이 빨라지다.

atmungs-, **Atmungs-**: ~**aktiv** 〈Adj.〉 〖광고〗 공기가 통하는 이 옷감은 통기(通氣)가 된다. ~**apparat**, der 〖의학〗 인공 호흡기. ~**freundlich** 〈Adj.〉 ~aktiv. ~**geräusch**, das 〖의학〗 숨쉬는 소리. ~**organ**, das 《대개 Pl.》 〖의학·생물〗 호흡기(呼吸器): Erkrankung der -e 호흡기 질환.

Atoll [aˈtɔl], das; -s, -e [engl. atoll] 환상 산호섬, 환초(環礁).

Atom [aˈtoːm], das; -s, -e [lat. atomus < griech. átomos] a) 원자(原子). b) 미소량: nicht ein A. [kein A.] 티끌만큼도 없다, 전무(全無)하다.

atom-, **Atom-**: ~**abfall**, der 방사능 폐기물. ~**angriff**, der 핵공격. ~**antrieb**, der 원자력 추진 장치. ~**basis**, die 핵무기 기지. ~**betrieben** 〈Adj.〉 원자력 추진의. ~**bombe**, die 원자탄. ~**bomber**, der 원자탄 탑재기. ~**bunker**, der 원폭용 방공호. ~**busen**, der 《통용어·농》 매력 있고 풍만한 유방. ~**ei**, das 《통용어·농》 ↑Kernreaktor. ~**energie**, die 〈Pl. 없음〉 원자력, 핵 에너지. ~**explosion**, die 원자탄 폭발. ~**forscher**, der 원자력 연구가. ~**forschung**, die 원자력 연구. ~**gegner**, der 원자력 발전 반대론자. ~**gewicht**, das 원자량. ~**gramm**, das ↑Grammatom. ~**gruppe**, die 동일하거나 상이한 원자의 일정수(數). ~**kanone**, die 원자포. ~**kern**, der 원자핵. ~**klub**, der 《통용어》 핵보유국 단체. ~**kraft**, die 〈Pl. 없음〉 원자력. ~**kraftwerk**, das 원자력 발전소. ~**krieg**, der 핵 전쟁. ~**macht**, die 1. 핵무기 보유국. 2. 〈Pl. 없음〉 핵 장비국. ~**meiler**, der 《드물게》 대형 원자로. ~**modell**, das 〖물리〗 원자 모형. ~**müll**, der 방사능폐기물. ~**physik**, die ↑Kernphysik. ~**physikalisch** 〈Adj.〉 ↑kernphysikalisch. ~**physiker**, der ↑

Kernphysiker. ~**pilz**, der 핵 폭발시에 생기는 버섯 모양의 거대한 구름. ~**rakete**, die 원자력 추진 로켓. ~**reaktion**, die ↑Kernreaktion. ~**reaktor**, der ↑ Kernreaktor. ~**rüstung**, die 〈Pl. 없음〉 핵무장. ~**spaltung**, die ↑Kernspaltung. ~**sperrvertrag**, der 〈Pl. 없음〉 핵 확산 방지 조약. ~**sprengkopf**, der; 〈Pl. ...köpfe〉〔군〕핵 탄두. ~**stopp**, der 핵실험 정지. ~**strahlen**〈Pl.〉원자선(원자핵 변화시에 발생하는 광선). ~**strahlung**, die 원자선. ~**streitmacht**, die 핵 장비군. ~**strom**, der 원자력 발전(을 통해 생산되는) 전류〔전기〕. ~**technik**, die 〈Pl. 없음〉원자력 개발 기술. ~**test**, der 핵(폭발) 실험. ~**teststopp**, der 핵실험 정지. ~**teststoppabkommen**, das 핵실험 정지 협정. ~**theorie**, die 원자 이론. ~**tod**, der 〈Pl. 없음〉 핵무기(방사능)에 의한 죽음. ~**U-Boot**, das 원자력 잠수함. ~**uhr**, die 원자 시계. ~**umwandlung**, die 원자(핵) 변화. ~**unterseeboot**, das 원자력 잠수함(↑Atom-U-Boot). ~**versuch**, der ↑~test. ~**versuchsstopp**, der 핵실험 정지. ~**volumen**, das 〔물리〕원자용적. ~**waffe**, die 〈대개 Pl.〉원자무기, 핵무기. ~**waffenfrei**〈Adj.〉핵 무기가 배치되지 않은. ~**waffensperrvertrag**, der 〈Pl. 없음〉↑~sperrvertrag. ~**wärme**, die 〔물리〕원자열. ~**wissenschaft**, die 〈Pl. 없음〉원자학. ~**wissenschaftler**, der 원자학자. ~**zeichen**, das 원자 기호. ~**zeitalter**, das 〈Pl. 없음〉〔물리〕원자력 시대. ~**zerfall**, der 〔물리〕원자의 붕괴. ~**zertrümmerung**, die 핵분열.

atomar [ato'maːɐ̯]〈Adj.〉**1.** 원자의: die -e Struktur der Materie 물질(物質)의 원자 구조. **2. a)** 원자력의: das -e Zeitalter 원자력 시대; -er Antrieb 원자력 동력(動力). **b)** 핵병기(核兵器)의: ein -er Krieg 핵 전쟁; a. bewaffnet sein 핵병기로 무장되다. **3.**〔통용어·과장〕우수한, 최상의, 압도적인. **atomisch** [a'toːmɪʃ]〈Adj.〉〈schweiz.〉↑atomar. **Atomiseur** [atomi'zøːɐ̯], der; -s, -e 분무기(噴霧器). **atomisieren** [...'ziːrən]〈h〉**1. a)** 가루로 만들다, 분쇄(粉碎)하다: ganze Häuserblocks wurden bei der Explosion atomisiert 폭발시 전 가구가 파괴되어 분쇄되었다. **b)** (액체를) 분무하다. **2.**〔폄〕뜯어 망치다, 뜯어 벌리다: eine atomisierende Betrachtungsweise 낱낱이 뜯어 보는 관찰 방법. **Atomisierung**, die; -en ↑atomisieren의 명사형. **Atomismus** [ato'mɪsmʊs], der; - 원자론(原子論). **Atomist** [ato'mɪst], der; -en, -en 원자론자. **Atomistik**, die ↑Atomismus. **atomistisch** [-ɪʃ]〈Adj.〉**1.** 원자론의, 원자론적인. **2.**〔교양어〕낱낱이 뜯어 보는: ein Ganzes a. zerlegen 전체를 낱낱이 뜯어 망치다.

atonal [(또한) - - -]〈Adj.〉〔음악〕무조(無調)의, 비음조적(非音調的)인(반대: tonal): -e Musik 무조음악(無調音樂). **Atonalist** [atona'lɪst], der; -en, -en 무조음악의 신봉자. **Atonalität** [atonali'tɛːt], die 〔음악〕무조성, 무조음악의 작곡 양식.

Atout [a'tuː], das,〈또한〉der; -s, -s [frz. atout] (카드놀이에서의) 으뜸패.

à tout prix [atu'priː; frz.]〔교양어〕꼭, 반드시, 어떤 대가를 치르고라도.

atoxisch [(또한) - ' - -]〈Adj.〉〔전문어〕독이 없는(반대: toxisch).

Atrium ['aːtriʊm], das; -s, ...ien [...iən; lat. ātrium] **1.** (고대 로마니 때 주택의) 아트리움, 대청(大廳), 안마당. **2.** (고대 기독교나 로마네스코식 교회의) 기둥으로 된 바깥 인 전당(前堂). **3.**〔의학〕(심장의) 전실(前室), 심방(心房). **Atriumbungalow**, der 아트리움이 있는 방갈로. **Atriumhaus**, das 안마당이 있는 집, 아트리움 집.

Atrophie [atro'fiː], die; -n [...iːən; lat. atrophia < griech. atrophía] 〔의학〕(특별히 영양 실조로 인한 기관, 조직, 세포 따위의) 위축(萎縮) 증세, 영양 실조증. **atrophieren** [atro'fiːrən]〈s〉〔의학〕(기관이) 위축하다: der Muskel ist atrophiert 근육이 위축되었다.

Atropin [atro'piːn], das; -s 〔약학〕 아트로핀.

ätsch [ɛːtʃ]〈Interj.〉〔아동〕(남의 실수를 고소해 할 때) 그것 봐! 꼴좋다! : jetzt bist du hingefallen, ä.! 그것 봐, 이젠 네가 넘어졌지!

attacca [a'taka; ital. attaccare의 단수 명령형에서] 〔음악〕(악장과 악장 사이에) 끊지 않고 지속해서.

Attaché [ata'ʃeː], der; -s, -s [frz. attaché] **1.** 외교관 보, (대사·공사의) 수행원, 아타셰. **2.** 외교 공관의 전문 담당관, 대사관원. **Attachement** [ataʃ'mãː], das; -s, -s [frz. attachement] (고어) 애모: sein A. an dem verehrten Lehrer 존경하는 스승에 대한 그의 애모의 마음. **attachieren** [ata'ʃiːrən]〔고어〕**1.** 배분하다, 배속시키다: einem Sachbearbeiter einen Berater (lose) a. 실무자 한 사람에 고문 한 사람씩을 배치하다. **2.**〈a. + sich〉따르다, 애착을 갖다: jmdm. (an jmdn.) attachiert sein 누구와 친교를 맺고 있다. **Attacke** [a'takə], die; -n [1: frz. attaque] **1. a)**〔역사적〕기마 공격: eine A. (auf(gegen) den Feind reiten 말을 타고 적을 공격하다; zur A. blasen 공격 나팔을 불다. **b) eine A. gegen jmdn. (etw.) reiten** 누구(무엇)에게 날카롭게 대항하다. **b)** 공격: das ist eine A. auf die Meinungsfreiheit 그것은 언론 자유에 대한 공격인데! **c)**〔격렬한〕비판: eine A. der Opposition gegen die (Gesetzesvorlage der) Regierung 정부(가 제안한 법률안)에 대한 야당의 비판. **2.**〔의학〕발작: der Herzkranke hat die A. überstanden 그 심장병 환자는 발작을 견디어 냈다. **3.**〔음악〕아타케(재즈 음악 연주에 있어 크고, 폭발적인 음(音)으로 시작하는 것). **attackieren** [ata'kiːrən]〈h〉[frz. attaquer] **a)**〔역사적〕(말을 타고) 공격하다: den Feind (die feindlichen Stellungen) a. (말을 타고) 적진을 공격하다. **b)** 공격하다: plötzlich wurde er von den beiden Frauen von hinten attackiert 그는 뒤로부터 갑자기 두 여인의 공격을 받았다. **c)** (신랄하게) 비판하다: jmdn. (wegen seines Verhaltens) (jmds. Verhalten) a. 누구의 태도를 신랄하게 비판하다.

Attentat ['atn̩taːt,〈또한〉atɛn'taːt], das; -(e)s, -e 암살: ein A. (auf jmdn.) begehen〔verüben〕누구를 암살하다; der Diktator fiel einem A. zum Opfer 그 독재자는 암살되었다; **ein A. (auf jmdn.) vorhaben** 〈통용어·농〉누구에게서 특정한 무엇을 노리다(원하다). **Attentäter** ['atn̩tɛːtɐ,〈또한〉atɛn'tɛːtɐ], der; -s, - 암살자, 자객.

Attentismus [atɛn'tɪsmʊs], der; - [frz. attentisme] (정견·권) 형세 관망주의, 대기 자세.

Attest [a'tɛst], das; -(e)s, -e **1.** (의사의) 진단서: (jmdm.) ein A. ausstellen 〔(aus)schreiben〕누구에게 진단서를 발행하다. **2.** (고어) 감정서, 증명. **Attestation** [atɛsta'tsi̯oːn], die; -en [lat. attestātiō] 〔구동독〕**a)** 교사 자격 부여. **b)** (기사) 자격 인정. **c)** 장교의 고과 (考課). **attestieren** [atɛs'tiːrən]〈h〉[lat. attestārī] **1.** 증명하다, 인정(확인)하다: einer Sache eine hohe Qualität a. 어떤 물건의 고급 품질을 보증하다. **2.** 〈구동독〉자격을 부여하다. **Attestierung**, die; -en ↑attestieren의 명사형.

Ätti ['ɛti], der; -s 〈schweiz.〉**1.** 아버지. **2.** 노인, 원로 (元老).

Attika ['atika], die; ...ken [lat. Attica] 〔건축〕 아티카 (아티카식 건물의) 꼬미 다락, 지붕 장식.

Attila ['atila], die; -s [훈족왕 Attila에서] **1.** (헝가리 민족의상의) 짧은 상의(上衣). **2.** 끈이 달린 표기병(驃騎兵) 의 군복.

attisch ['atɪʃ]〈Adj.〉아티카의, 아테네풍(風)의, 재치 있

는: 《다음 용법으로》 **-er Witz, -es Salz** 《교양어》 세련된 재담, 재치 있는 익살.
Attitude [ati'ty:d], die; -s [...y:d] ↑Attitüde (3); **Attitüde** [...də], die; -n [frz. attitude] 《교양어》 **1.** 자세: eine A. annehmen[einnehmen] 어떤 자세를 취하다. **2.** 마음가짐: mit[in] der A. des Experten auftreten 전문가의 마음가짐으로 행동하다. **3.** [발레] 몸의 수평 자세.
Attizismus [ati'tsɪsmus], der; - [lat. atticismos < griech. attikismós] (간결, 우아한) 아티카 풍(風)의 문체, 아티카의 어풍(語風). **Attizist** [ati'tsɪst], der; -en, -en [griech. attikistés] 아티카 풍 작가. **attizistisch** 〈Adj.〉 아티카 풍의.
Attraktion [atrak'tsio:n], die; -en [engl. attraction] **1.** 〈Pl. 없음〉《교양어》 이끎, 매력(魅力): etw. gewinnt an A. 무엇이 매력을 얻다. **2.** 인기거리, 인기물(人氣物): der Aussichtsturm mit dem Drehrestaurant ist eine besondere A. für die Besucher 회전 식당이 있는 전망탑이 방문객들에게 특별히 인기가 있다; der Zirkus wartet mit neuen -en auf 그 서커스단은 새로운 인기 프로를 가지고 손님을 모신다. **Attraktionskapelle**, die; -n 《schweiz.》 인기 악단. **attraktiv** [atrak'ti:f] 〈Adj.〉 [frz. attractif] **1.** 인기 있는, 후한, 탐나는: als Wahlkandidat nicht a. genug sein 선거 출마자로서 그다지 인기가 없다. **2.** 매력적인, 아름다운: eine -e Frau[Erscheinung] 매력적인 여인[외모]; das Kleid ist sehr a. 그 옷은 매우 아름답다. **Attraktivität** [...tivi'tε:t], die 매력, 인기.
Attrappe [a'trapə], die; -n [frz. attrape] 모조품(模造品), 《진열용의》 포장품: leere -n 실속없는 모조품; 전의 diese Institution ist eine reine A. 《교양어·폄》 이 연구소야말로 순전히 전시용의 (위장) 연구소이다. **Attrappenversuch**, der 〈행태〉 모조품을 통한 동물 실험.
attribuieren [atribu'i:rən] 〈h〉 [lat. attribuere] **1.** 《교양어》 **a)** 표지(標識)를 붙여 주다, 상징물을 부여하다: der Justitia ist die Waage attribuiert 저울은 유스티티아(정의의 여신)의 표지로 정해져 있다. **b)** 성격 지우다, 속성을 부여하다. **2.** [언어] **a)** 부가어[수식어]를 붙이다: einem Substantiv ein Adjektiv a. 명사에 형용사를 수식어로 붙이다. **b)** 《드물게》 수식하다. **Attribuierung**, die; -en 〈attribuieren의 명사형〉. **Attribut** [atri'bu:t], das; -(e)s, -e [lat. attribūtum] **1. a)** 《교양어》 특성, 특징: jmdm. das A. der Unfehlbarkeit zuschreiben 누구에게 무오류(無誤性)의 특성을 부여하다. **b)** 상징(물), 심볼, 표지: die Waage ist ein A. der Justitia 저울은 정의의 여신 유스티티아의 심볼이다. **2. a)** [철학] 본질, 본질. **b)** [언어] 부가어, 부가(어), 첨가: das A. eines Substantivs 명사의 수식(어). **attributiv** [...bu'ti:f] 〈Adj.〉 [언어] 수식어의, 부가적인. **Attributivum** [...'ti:vʊm], das; -s, ...va [언어] 수식어, 부가어. **Attributsatz**, der; -es, ...sätze [언어] 수식의 역할을 하는 부문장(副文章).
atü [a'ty:] 기압(Atmosphärenüberdruck)에 대한 기호.
atypisch [(또한) -'--] 〈Adj.〉 비전형적인, 변칙적인 〈반대: typisch〉: ein -er Krankheitsverlauf 변형(變形)적인 병의 경과.
Ätz-: ~alkalien 〈Pl.〉 [화학] 가성(苛性) 알칼리. **~bad**, das [그래픽] 부식욕(腐蝕浴)[부식욕액에 흠뻑 담금], 에칭욕(浴). **~druck**, der [섬유] 발염(抜染) [직물류에 무늬를 만들기 위한 염료 및 인쇄 처리]. **~flüssigkeit**, die 부식 용액. **~kalk**, der 소석회(消石灰). **~kunst**, die 〈Pl. 없음〉 에칭, 부식 동판술, 식각술. **~lauge**, die 가성(苛性) 알칼리. **~nadel**, die 에칭용(用) 조각침(彫刻針). **~natron**, das [화학] 가성의, 수산화 나트륨. **~stein**, der 막대기 모양의 질산은(부식

제). **~stiff**, der 부식간(腐蝕桿), 에칭용 조각칼. **~verfahren**, das 부식 처리법. **~wasser**, das [그래픽] 에칭용수(水).
Atze ['atsə] 《berlin.》 **1.** die; -n, 《드물게》 der; -n, -n **a)** 형제. **b)** 친구. **2.** die; -n **a)** 자매. **b)** 여자 친구. **3.** 《Art. 없음》 친밀감 있는 호칭.
Ätze ['ɛtsə], die; -n [그래픽] 에칭용(用) 부식액(腐蝕液).
Atzel ['atsl], die; -n 《지역적》 까치. **atzeln** ['atsļn] 〈h〉《지역적·농》 훔치다.
atzen ['atsņ] 〈h〉《사냥》 **a)** 《새가새들에게》 먹이를 주다, 먹이다: 전의 jmdn. a. 《농》 누구에게 먹을 것을 주다. **b)** 〈a. + sich〉《드물게》 《음식을》 먹다, 섭취하다.
ätzen ['ɛtsņ] 〈h〉 **1.** 《세포 조직을》 소작(燒灼)하다: Wundränder mit Höllenstein ä. 상처의 가장자리를 질산은(窒酸銀) 막대로 소작하다. **2.** 부식(腐蝕)시키다: die Säure ätzt 산(酸)은 부식 작용을 한다; 《대개 현재분사로》 ätzende Chemikalien 부식 작용을 하는 화학 물질; 전의 ätzender Rauch 독한 냄새; ätzend(st)er Spott 모욕적인 농담. **3.** 《부식제를 사용하여》 식각(蝕刻)[부각]하다: ein Bild auf[in] die Kupferplatte ä. 동판에 그림을 식각하다. **Ätzer** ['ɛtsɐ], der; -s, - 에칭 제작자, 동판 부각사(師). **Atzung**, die; -en **1.** 먹이주기: die A. der Vogelbrut 새 새끼에게 먹이주기; 전의 《농》 die A. der Gäste 손님 치다거리. **2.** 먹이, 모이. **Ätzung**, die; -en ↑ätzen의 명사형.
au [au] 〈Interj.〉 **1.** 《아픔의 표현으로서》 아야: au, das tut weh! 아야, 아퍼! **2.** 《기쁨의 표현으로서》 야, 와: au ja! 와, 그래!; au (fein), das macht Spaß! 야, 그거 참 재미있다!
Au [au], die; -en 《südd., österr.》 ↑Aue (1).
aua ['aua] 〈Interj.〉《아동·통용어》《신체상의 아픔의 표현으로서》 아야: a., du hast mich getreten! 아야, 네가 나를 밟았어!
aubergine [obɛr'ʒi:n] 〈Adj.〉 격변화 없음 가지색의: ein a. Kleid 가지색 옷. **Aubergine** [...], die; -n [frz. aubergine] **a)** 가지(나무). **b)** 가지(열매). **auberginefarben** 〈Adj.〉 ↑aubergine.
auch [aux] 〈Adv.〉 **1.** …도, 역시, 마찬가지로: du bist a. (so) einer von denen 너도 그들과 마찬가지인 (그런) 사람이야; alle schwiegen, a. der Fahrer sprach kein Wort 모두 입을 다물고 있었다, 운전수도 마찬가지로 아무 말이 없었다; sowohl … als auch; sowohl … wie auch …와 마찬가지로, …도 역시; nicht nur …, sondern auch …뿐만 아니라, …도 역시. **2.** 뿐만 아니라, 게다가, 그 위에, 덧붙여: ich kann nicht, ich will a. nicht 나는 할 만한 능력이 없다, 뿐만 아니라 할 의사도 없다; ich hatte a. (noch) die Kosten zu zahlen 나는 (게다가) 덧붙여 비용까지도 지불해야 했다; weshalb stehen Sie a. hier herum? 게다가 당신은 무엇 때문에 여기서 빈둥거리는가? **3.** 가지, 마저, 조차: a. die kleinste Freude wird einem verdorben 하찮은 기쁨마저도 없어지다; er arbeitete weiter, a. als er reich geworden war 그는 부자가 되고서도 계속 일을 했다; er gab mir a. nicht einen Pfennig 그는 내게 단 한푼조차도 주지 않았다. **4.** 사실로, 실제로, 자연히: sie sah krank aus, und sie war es a. 보기에 그녀는 정말 그런 것 같았네, 실제로도 아팠다. **5. a)** 《일반화하여 용인(容認)의 뜻으로》: wer a. immer … 《그가》 누구이든; was a.(immer) geschieht … 무슨 일이 일어나든; wo er a. hinkommt, wird er jubelnd begrüßt 그는 어딜 가든 열광적인 환영을 받는다; wie dem a. sei … 가부(可否)간에, 어쨌든. **b)** 《양보적; wenn, so, wie와 결합해서》: er hat Zeit, wenn er a. das Gegenteil behauptet 그는 아니라고 하더라도 시간은 있다; es meldete sich niemand, sooft ich a. anrief 내가 그처럼 빈번히 전화를 했음에도 불구하

고 받는 이가 없었다; wenn a.! 《통용어》 괜찮아 !
Auch- 《사람의 칭호와 결합해서, 반어》 한낱 대수롭지 않은, 자칭(自稱)의: 《예컨대》 **~dichter,** der 자칭시인(自稱詩人). **~künstler,** der 자칭 예술가(自稱藝術家).
au contraire [oko'trɛːr, frz.] 《교양어》 반대로: "sind Sie nun enttäuscht?" — "Keineswegs, a. c." 자 이제 실망하셨지요 ? —아닙니다, 그 반대입니다.
au courant [oku'rã, frz.] 《교양어》 현상(現狀)에 정통하고 있는, 어떤 사물에 정통한: über diese Dinge bin ich nicht mehr a. c. 나는 이제 이 일에 정통하지 못하다.
audiatur et altera pars [auˈdiaːtur ɛt 'altera 'pars; lat.] 《법》상대방 이야기도 역시 들어보아야 한다(법원칙).
Audienz [auˈdiɛnts], die; -en [lat. audientia] 공식 회견, 접견, 알현(謁見): jmdm. (eine) A. geben (gewähren) 누구에게 알현을 허용하다; jmdm. um eine A. bitten 누구에게 접견을 청하다; jemand wird zur A. zugelassen 누구에게 접견이 허용되다. **Audimax** [audi'maks], das; - [대학생] ↑Auditorium maximum의 약칭.
audio-, Audio- [audio-]: **~lingual** 〈Adj.〉 《외국어 학습상》 청각과 구두어 의인, 듣고 말하기의. **~loge,** der; -n, -n 〔의학〕 청각학(聽覺學) 전문의. **~logie,** die 〔의학〕 청각학(聽覺學). **~meter,** das 〔의학〕 청력계(聽力計). **~metrie,** die 〔의학〕 청력 측정. **~metrisch** 〈Adj.〉 〔의학〕 청력 측정상의. **~Video-Technik,** die 〈Pl. 없음〉〔전문어〕 오디오 비디오 기술. **¹~vision,** die 〔전문어〕 **1.** 시청각기기(視聽覺機器)(를 다루는) 기술. **2.** 음향과 영상을 합한 정보. **²~vision,** das; -s, -e 〔전문어〕 VTR. **~visuell** 〈Adj.〉 〔전문어〕 시청각 교육의: -er Unterricht 시청각 수업.
Audion [ˈaudiɔn], das; -s, -s /...onen [auˈdioːnən] 〔전기〕 오디온, 검파증폭기(檢波增幅器). **Audionröhre,** die 오디온 진공관(眞空管). **Audiphon** [audiˈfoːn], das; -s, -e 보청기(補聽器). **Auditeur** [audiˈtøːr], der; -s, -e [frz. auditeur] 〔옛〕 군법 회의의 판사(判事).
Audition […ˈtsioːn], die; -en [lat. auditio] 〔신학〕계시의 말씀을 들음. **auditiv** [audiˈtiːf] 〈Adj.〉 **1.** 〔의학〕 **a)** 청각의. **b)** 청취력이 있는. **2.** 〔심리〕 청각이 뛰어난. **Auditor** [auˈdiːtɔr, ...toːr], der; -s, -en [audiˈtoːrən; lat.] **1. a)** 〔로마 교황청의〕 판사. **b)** 교회 재판의 심문판사. **c)** 로마 교황청의 관리. **d)** (österr., schweiz.) ↑Auditeur. **Auditorium** [audiˈtoːrium], der; -s, ...ien [...iən; lat. auditorium] **1.** 강의실. **2.** 〔교양어〕 청중. **Auditorium maximum** [- ˈmaksimum], das; - - [lat. maximus = großter] 〔대학의〕 대강당.
Aue [ˈauə], die; -n 〈südd., österr. · 시어〉 Au, die; Auen **1.** 〈지역적·시어〉 〈물가에 있는〉 초지(草地), 푸른 풀밭. **2.** 〈지역적〉 강 가운데의 섬. **Auenlandschaft,** die 목초지(牧草地). **Au(en)wald,** der 《물에 자리잡은》 수풀.
Auer- [auə-]: **~hahn,** der 큰 뇌조(雷鳥)의 수컷. **~henne,** die 큰 뇌조의 암컷. **~huhn,** das 큰 뇌조(雷鳥). **~wild,** das 큰 뇌조(총칭).
Auerlicht [-], das 〔옛〕〈오스트리아 화학자 Auer 남작이 발명한〉 가스등(燈).
Auerochse [-], der 《멸종된》 들소의 일종.
auf [auf] **I.** 〈Präp.³/⁴〉 **1.** 《공간적》 **a)** 〈3격과 함께〉 α) 〈윗면의 접촉이나 장소를 표시함〉 …의 위에, …의 표면에: a. einer Bank 긴의자 위에; a. dem Pferd sitzen 말 위에 앉아 있다; die Vase steht a. dem Tisch 꽃병이 책상 위에 있다. β) 〈어떤 공간이나 건물 내에 머무름을 나타내거나 존재, 사건, 활동 등의 영역을 표시함〉…에: a. seinem Zimmer bleiben 그의 방에 머무르다; a. der Post arbeiten 우체국에 근무하다; a. dem Bau arbeiten 건축 현장에서 일하다; sie ist noch a. der Schule 그녀는 아직 학교에 다니고 있다[아직 학생이다]. γ) 《참여나 활동 중임을 표시함》…〔행사〕에, …중에: a. einer Hochzeit 결혼식에; sich a. einem Spaziergang [der Jagd] befinden 산보[사냥] 중이다. a. Wanderschaft [Urlaub] sein 여행[휴가] 중이다. **b)** 〈4격과 함께〉《방향 지시》 α) 《장소, 표면, 범위, 목적지 등과 관련됨》…(에)로, …을 향하여: sich a. die Couch setzen 안락의자에 앉다; die Vase a. den Schrank stellen 꽃병을 책장 위에 놓다; a. den Baum klettern 나무 위로 오르다; aufs Land ziehen 시골로 이사하다; er geht a. die Stadt zu 그는 도시로 향하여 간다; 전의 er geht schon a. die Achtzig zu 그는 벌써 80세를 바라본다. β) 《어떤 공간이나 건물로 이동함을 나타내거나 존재, 사건, 활동 영역으로서 방향 표시》: er geht a. sein Zimmer 그는 자기 방으로 간다; jmdn. a. die Post schicken 누구를 우체국에 보내다; er geht a. die Universität 그는 대학에 다닌다. γ) 《행위의 시작, 용무·활동에 종사하고 있음을 나타냄》: a. einen Ball gehen 무도회에 가다; a. eine Tagung fahren 어느 회의에 가다; a. Urlaub gehen 휴가를 가다. **c)** 〈4격과 함께〉 《거리의 표시를 위해》: a. 100 Meter herankommen 100m 거리로 접근하다; die Explosion war a. zwei Kilometer (Entfernung) zu hören 폭발은 2km 거리에서 들을 수 있었다. **2.** 《시간적》 《4격과 함께》 **a)** 《시간 간격의 표시》…동안: a. längere Zeit mit etw. beschäftigst sein 오랫동안 무엇에 종사하다; a. ein paar Tage verreisen 며칠간 여행을 가다. **b)** 《지역적》 《시각(時刻)의 표시》: a. Weihnachten verreisen wir 성탄절에 우리는 여행을 떠난다; das Taxi ist a. 16 Uhr bestellt 16시에 맞추어 택시 예약이 되어 있다; **a. einmal** 《통용어》 1) 갑자기, 돌연히. 2) 동시에, 한꺼번에: er hat alles a. einmal gegessen 그는 한꺼번에 다 먹었다. **c)** 《전환, 후속, 순서의 표시》: von einem Tag a. den anderen änderte sich das Bild 하룻밤새에 모습이 변했다; a. Regen folgt Sonnenschein 비온 후에 햇볕이 나다. **d)** 《반복의 표시, 직접적인 연속의 표시》: es folgte Angriff a. Angriff 공격에 공격이 이어졌다. **3.** 〈4격과 함께〉《방법의 표시》: a. höfliche Weise 정중하게, 예의바르게; sich a. deutsch unterhalten 독일어로 대화하다; a. Tod u. Leben kämpfen 생사를 걸고 싸우다; 〈최상급 앞에 위치하여〉 jmdn. a. das [aufs] herzlichste begrüßen 누구에게 진심으로 인사하다. **4.** 《목표, 목적, 염원을 표시함》〈4격과 함께〉 …을 위하여, …을 목적으로: a. Zeit spielen 《스포츠》 시간끌기 작전으로 경기를 하다; a. jmds. Wohl trinken 누구의 건강을 위하여 건배하다. **5.** 《이유와 전제의 표시를 위하여》〈4격과 함께〉 a. Veranlassung (Initiative) von… …을 계기로[…의 주선으로]; a. einen Brief antworten 편지에 답장을 쓰다. **6.** 《물량의 단위에 따른 분배를 표시하기 위하여》 〈4격과 함께〉…(當), …마다, …앞에〉: 2 Eßlöffel Waschpulver a. einen Liter 1 리터당 2 순가락의 세제(洗劑). **7.** 《다른 낱말과 함께 관용구를 이루어》 〈4격과 함께〉: a. jmdn. [etw.] achten 누구[무엇]을 주목하다; sich a. jmdn. [etw.] freuen 누구[무엇]을 기쁜 마음으로 기다리다(기대하다); böse a. jmdn. sein 누구를 못마땅히 여기다. **II.** 〈Adv.〉 **1. a)** 일어서, 위로: **a. und davon** 《통용어》 꺼져다, 뛰다. **a. an die Arbeit!** 작업 개시! **2.** 열린〈반대〉: a. 《통용어》 Fenster a.! 창문을 열어! **b)** 〈경·형용사적 부가어로서〉 das aufe Fenster 열려져 있는 창. **3.** 《짝말로》 a. u. ab [a. u. nieder] **a)** 상하로: die Schaukel wippte a. u. ab 시소가 올라갔다 내려왔다 했다; 〔전의〕 das Auf und Ab des Lebens 삶의 기복(起伏). **b)** 이리 저리로: sie ging im Garten immer a. und ab 그녀는 정원에서 자꾸만 왔다갔다 했다. **4.** 《von

과 결합하여》 …부터: von Jugend a. 어려서부터; von Grund a. 철저하게, 완전히.

aufächzen ⟨h⟩ (갑자기 짧게) 신음하다.

aufaddieren ⟨h⟩ 《통용어》 **1.** 덧셈하다, 합산하다. **2.** ⟨a. + sich⟩ 증가하다, 불어나다.

au fait [oˈfɛ; frz. au fait] 《교양어·준고어》 정통한: jmdn. a. f. setzen. 《교양어·준고어》 누구를 계몽하다.

aufapplizieren ⟨h⟩ ↑applizieren.

aufarbeiten ⟨h⟩ **1. a)** (밀린 것을) 해치우다. **b)** 다 써버리다: die Bestände sind noch nicht aufgearbeitet 재고품이 아직도 다 쓰이지 않았다. **2.** 종합적으로 관찰[고찰]하다, 계속 추론하다. **3.** 수리하다, 재생[갱신]하다. **4.** ⟨a. + sich⟩ 몸을 가까스로 일으키다. **Aufarbeitung**, die; -en ↑aufarbeiten의 명사형.

aufatmen ⟨h⟩ **1.** 심호흡을 하다. **2.** 안심하다, 안도의 숨을 쉬다.

aufbacken* 1. 다시 굽다. **2.** 《지역적》 덥히다, (음식을) 다시 데우다.

aufbähen ⟨h⟩ (südd., österr., schweiz.》 ↑aufbacken 참조.

aufbahren ⟨h⟩ (시체를) 관대에 안치하다. **Aufbahrung**, die; -en 시체 안치. **Aufbahrungshalle**, die 시체 안치소.

aufbammeln ⟨h⟩ **1.** 《지역적》 (장난감 따위를) 앞뒤로 흔들리도록 매어 달다. **2.** 《경》 목매달아 죽이다(↑aufhängen (2)).

aufbänken ['aufbɛŋkn̩] ⟨h⟩ 《석공》 (돌을) 절단대 위에 올려 놓다.

Aufbau, der; -(e)s, -ten **1.** (Pl. 없음) **a)** 《반대: Abbau》 구축(構築), 건립. **b)** 재건(再建). **2.** 〈Pl. 없음〉 부흥: den wirtschaftlichen A. beschleunigen 경제 부흥을 가속화하다. **3.** 〈Pl. 없음〉 구성, 구조: der A. der Erzählung[des Dramas] 소설[희곡]의 구조. **4. a)** 상부 구조물, 상옥. **b)** 【자동차】 차체.

aufbau-, Aufbau- (Aufbau, aufbauen): **~arbeit**, die 건설[재건] 작업. **~darlehen**, das 재건 융자금. **~erhaltung**, die ↑~kost. **~gesetz**, das 《대개 Pl.》 (독일의 2차대전 이후의) 지역 재건법. **~gymnasium**, das 단기 김나지움. **~helfer**, der 《구동독》 건축 봉사원. **~kost**, der (체력 증진용) 영양식. **~lehrgang**, der 재교육 과정. **~lotterie**, die 《구동독》 재건 복권. **~mittel**, das 강장제, 영양제. **~möbel**, das 《대개 Pl.》 조립가구. **~nadel**, die 《구동독》 건축 봉사대원이 꽂는 핀. **~ort**, der (Pl. ~orte) 건설단지. **~prinzip**, das 구성[배열] 원칙. **~prozeß**, der 건설[건립] 과정. **~salze** 〈Pl.〉 ↑Nährsalze. **~schicht**, die 《구동독》 자발적인 건설 작업조(組). **~schule**, die 단기과정 김나지움(6학년이나 7학년 기초과정을 마친 후 아비투어를 하기 위해 진학하는 학교). **~spiel**, das 【구기】 예선 경기. **~spieler**, der 【구기】 게임 메이커. **~stufe**, die ↑~zug. **~stunde**, die 《구동독》 ↑~schicht. **~training**, das 【스포츠】 체력 단련 트레이닝[강훈]. **~wille**, der 재건 의지. **~willig** 〈Adj.〉 재건 의지가 있는. **~zug**, der 【교육】 **a)** (실업 학교 졸업생이 대학 입학 자격을 얻기 위한) 김나지움의 특별반. **b)** 실업 학교 교과 과정을 가르치는 국민학교의 부설 과정. **c)** ↑~lehrgang.

aufbauen ⟨h⟩ **1. a)** 세우다, 짓다, 조립하다(반대: abbauen): Zelte wurden in Eile aufgebaut 천막이 급히 가설되었다. **b)** 재건하다: die zerstörten Stadtteile wurden wieder aufgebaut 파괴되었던 도시의 일부 지역이 재건되었다. **c)** 차리다, 마련하다: ein kaltes Büffet auf dem Tisch a. 냉육(冷肉) 뷔페를 테이블 위에 차려 놓다. **2.** 조직하다, 구축하다: eine Partei zentralistisch a. 한 정당을 중앙 집권적으로 조직하다. **3. a)** 출세시키다, 유명하게 만들다, 준비하다: einen Sänger a. 어느 가수를 유명하게 만들다. **b)** (특별한 것을) 개발하다, 성사시키다: der Versicherungsagent baute den neuen Bezirk auf 그 보험 회사원은 새로운 지역을 개발하였다. **4.** 배열하다, 구성하다: er hat seinen Vortrag gut aufgebaut 그의 강연은 짜임새가 훌륭했다. **5. a)** 기초나 전제로 삼다: eine Theorie auf einer Annahme a. 어떤 가정을 바탕으로 이론을 세우다. **b)** 무엇에 근거를 두다: seine Darstellung der Epoche baut auf ganz neuen Quellen auf 그 시기에 대한 그의 묘사는 아주 새로운 자료에 근거를 두고 있다; 《또한》 a. + sich》 mein Plan baut sich auf folgenden Erwägungen auf 나의 계획은 다음과 같은 계산에 바탕을 두고 있다. **6.** 【화학】 합성하다(반대: abbauen): der Stoff baut sich aus folgenden Elementen auf 이 물질은 다음의 요소로 합성된다. **7.** ⟨a. + sich⟩ **a)** 발생하다, 형성되다: ein neues Hochdruckgebiet baut sich auf 새로운 고기압 지대가 발생한다. **b)** 첩첩이 쌓이다, 불어나다: schwere Gewitterwolken hatten sich aufgebaut 짙은 소나비 구름이 불어났다. **8.** ⟨a. + sich⟩ 《통용어》 우뚝 서다: er baute sich an der Mauer auf 그는 담 옆에 우뚝 섰다. **b)** 【군】 차려 자세를 취하다.

aufbaumeln ⟨h⟩ 《경》 **a)** 목매달아 죽이다: die Soldaten baumelten die Partisanen auf 군인들이 빨치산을 목매달아 죽였다. **b)** ⟨a. + sich⟩ 목매달아 죽다: er hat sich aus Liebeskummer aufgebaumelt 그는 사랑의 번민으로 목매달아 죽었다.

aufbaumen ⟨h/s⟩ 【사냥】 나무 위로 날아가 앉다, 나무 위로 기어오르다(반대: abbaumen): eine Wildkatze hat [ist] in der alten Eiche aufgebaumt 살쾡이 한 마리가 참나무 고목으로 기어올랐다.

aufbäumen, sich ⟨h⟩ **1.** 장승처럼 서다, 봉립(棒立)하다: bei dem plötzlichen Schrei bäumte sich das Pferd jäh auf 돌연한 외침 때문에 말이 갑자기 뒷발로 곧추섰다. **2.** 거역하다: sich gegen sein Schicksal a. 그의 운명에 거역하다.

aufbauschen ⟨h⟩ **1. a)** 팽창하게 하다: der Wind bauscht die Segel auf 바람에 돛이 팽창되다. **b)** ⟨a. + sich⟩ die Röcke bauschten sich im Wind auf 치마가 바람에 부풀어오르다. **2. a)** 과장하다: Kleinigkeiten unnötig a. 사소한 일을 불필요하게 과장하다; der Vorfall wurde zu einem Skandal aufgebauscht 그 사건은 과장되어 스캔들이 되었다. **b)** ⟨a. + sich⟩ 확대되다: diese Angelegenheit bauschte sich zu einer innenpolitischen Krise auf 이 사건은 내정적인 위기로 확대되었다.

Aufbauten 〈Pl.〉 【조선】 상갑판의 선실.

aufbeben ⟨h⟩ 《시어》 (돌연히 짧게) 진동하다: die Erde bebte auf 땅이 갑자기 진동했다.

aufbegehren ⟨h⟩ (아이) 반항하다, 거역하다: er begehrte gegen sein Schicksal auf 그는 그의 운명에 거역했다.

aufbehalten* 1. 《통용어》 (특히 모자를) 벗지 않다 (반대: absetzen, abnehmen): behalten Sie ruhig Ihren Hut auf 그냥 모자를 쓰고 계십시오. **2.** 《통용어》 펴 놓아두다: den Schirm a. 우산을 펴 놓아두다. **3.** 《고어》 보전하다.

aufbeißen* ⟨h⟩ **1.** 깨물어 열다: eine Nuß a. 호도를 깨물어 열다. **2.** (신체의 일부를) 물어 상처를 내다: ich habe mir die Lippe aufgebissen 나는 입술을 깨물었다; der Hund hätte ihm beinahe die Schlagader aufgebissen 그 개가 그의 동맥을 뻔했다.

aufbeizen ⟨h⟩ (가구에) 부식제로 닦아서 윤을 내다: die alte Kommode a. 낡은 옷장을 부식제로 닦아 윤을 내다.

aufbekommen* ⟨h⟩ 《통용어》 **1.** (힘들여서만) 열 수 있 다(반대: zubekommen): schließlich bekam er die schwere Eisentür doch auf 끝내 그는 그 무거운 철문을 열 수 있었다. **2.** (과제를) 부여 받다: wir haben für morgen 10 Rechenaufgaben aufbekommen 우리는 산수 10문제를 내일 숙제로 받았다. **3.** 다 먹을 수 있다: ich bekomme das Stück Torte schon noch auf 아직도 나는 그 파이 조각을 다 먹어 치울 수 있어. **4.** (제대로) 쓰다: ich bekomme die Mütze nicht auf, sie ist zu klein für mich 그 모자는 내게 너무 작아서 올바로 쓸 수가 없다.

aufbellen ⟨h⟩ (갑자기 짧게) 짖다: der Hund bellte im Schlaf mehrmals leise auf 그 개는 자면서 여러 번 낮게 짖었다.

aufbereiten ⟨h⟩ **1.** 준비하다: Trinkwasser a. 식수를 정수하다; Erze a. 철을 선광(選鑛)하다. **2.** 해명하다, 해독하다: ein Philologenteam hat den verderbten Urtext aufbereitet 어느 문헌학자 팀이 손상된 원문을 해독했다. **3.** 평가하다: Statistiken a. 통계를 평가하다. **Aufbereitung**, die; -en ↑aufbereiten의 명사형.

Aufbereitungs- [제철·광산·수리] : **~anlage**, die 선광장(選鑛場). **~gerät**, das 선광기. **~kunde**, die 선광학. **~maschine**, die 선광기. **~prozeß**, der 선광 과정. **~technik**, die 선광(기)술. **~verfahren**, das 선광(기)술.

aufbersten* ⟨s⟩ (아이) 파열하다, 터지다.

aufbessern ⟨h⟩ 개선하다: das Gehalt[die Renten] a. 봉급[연금]을 올리다. **Aufbesserung**, die; -en ↑aufbessern의 명사형.

aufbetten ⟨h⟩ a) (지역적) 잠자리를 만들다. b) (침대에서) 몸을 일으켜 세우다[높여 주다]. **Aufbettung**, die; -en ↑aufbetten의 명사형.

aufbewahren ⟨h⟩ 보존하다, 보관하다: Dokumente gut a. 서류를 잘 보존하다; etwas für die Nachwelt a. 무엇을 후세를 위해 보존하다. **Aufbewahrung**, die; 보존, 보관: er hat die Bücher einem Freund zur A. gegeben 그는 그 책을 한 친구에게 보관하도록 맡겼다. b) [교통] 보관소.

Aufbewahrungs-: **~gebühr**, die 보관료. **~ort**, der 보관소. **~pflicht**, die [경제] (업무 기록의) 보관의무. **~raum**, der 보관 장소[공간]. **~schein**, der [경제·교통] 보관증. **~stelle**, die 보관소. **~zeit**, die 보관 기간.

aufbiegen* ⟨h⟩ a) 펴다: den Schlüsselring a. 열쇠고리를 펴다. b) 열다: den Deckel der Büchse a. 깡통의 뚜껑을 열다.

aufbieten* ⟨h⟩ **1.** 제공하다, 경주(傾注)하다, 모으다: seinen Einfluß a. 그의 영향력을 발휘하다. **2.** 소집하다, 투입하다: Militär a. 군대를 동원하다. **3.** (혼인을) 공시[예고]하다. **4.** (경매에서) 출발 가격을 제시하다. **Aufbietung**, die; -en **1.** 제공, 경주: mit[bei] A. aller Kräfte 전력을 다하여. **2.** a) 소집. b) 투입: die A. des Polizeiapparates 경찰력의 투입. **3.** 공고, 예고: die A. des Brautpaares 혼인[약혼] 공고.

aufbinden* ⟨h⟩ **1.** 풀다, 열다(반대: zubinden): ich mußte mir die Krawatte a. 나는 넥타이를 풀어야 했다. **2.** 묶다: die Reben a. [포도] 포도송이를 묶다. **3.** a) 매어 달다: das Kochgeschirr auf den Rucksack a. 식기를 배낭에 매어 달다. b) 《통용어》 부과하다. **4.** 그럴싸하게 꾸며 대다: wer hat dir diese Lüge aufgebunden? 네게 이 따위 거짓말을 꾸며 대던 자가 누구냐? **5.** [서적] 제본하다.

Aufbiß, der; Aufbisses, Aufbisse [치과] 치열 교정기.

aufblähen ⟨h⟩ **1.** a) 부풀리다, 팽창시키다: der Wind hat die Wäsche auf der Leine aufgebläht 줄에 널린 빨래가 바람에 팽팽해졌다; der Bauch der Kuh ist ganz aufgebläht 암소의 뱃고래가 팽팽해졌다; 전의 man sollte den Verwaltungsapparat nicht noch mehr a. 행정 기구가 더 이상 비대해지지는 말아야 한다. b) ⟨a. + sich⟩ 부풀다, 팽창하다: die Segel blähten sich im Wind auf 돛이 바람에 부풀었다. **2.** ⟨a. + sich⟩ 《명》 뽐내다, 거드름피우다: bläh dich nicht so auf! 너, 그렇게 거드름피우지 마! **Aufblähung**, die; -en **1.** 팽창. **2.** [의학] 고창(증)(鼓腸(症)).

aufblasbar ⟨Adj.⟩ 부풀릴 수 있는, 공기를 넣을 수 있는: eine -e Schwimmweste 공기를 넣을 수 있는 구명 재킷.

aufblasen* ⟨h⟩ **1.** a) (공기를 불어 넣어) 부풀리다: eine Papiertüte a. 종이 봉투에 공기를 불어 부풀게 하다. b) 불어 올리다. **2.** ⟨a. + sich⟩ 《통용어·명》 뽐내다: blas dich doch nicht so auf! 그렇게 뽐내지 좀 마라!; so ein aufgeblasener Kerl! 그런 교만한 녀석!

aufblättern 1. ⟨h⟩ a) (책이나 신문을) 펴다: ein Wörterbuch a. 사전을 펴다. b) (책의) 페이지를 넘기다: gelangweilt die Illustrierten a. 심심해서 잡지를 뒤적이다. **2.** ⟨a. + sich⟩ (아이) (꽃이) 피다: die Rosen sind[haben sich] schon aufgeblättert 벌써 장미꽃이 피었다.

aufbleiben* ⟨s⟩ 《통용어》 **1.** 열려 있다(반대: zubleiben): das Fenster ist die ganze Nacht über aufgeblieben 창문이 밤새도록 열려 있었다. **2.** (자지 않고) 깨어 있다: bis 23 Uhr a. 11시까지 깨어 있다.

Aufblende, die [영화] 용명(溶明), 차차 밝아짐(반대: Abblende). **aufblenden** ⟨h⟩ **1.** 환하게 비추다: die Scheinwerfer blendeten plötzlich auf 헤드라이트가 갑자기 환하게 비쳤다. **2.** [교통] (자동차의) 원거리 등(燈)을 켜다: der LKW blendete auf 그 화물 자동차는 원거리 등을 켰다. **3.** [사진] (렌즈의) 조리개를 열다. **4.** [영화] a) 촬영을 시작하다. b) (영화 장면이) 밝아지기 시작하다: eine Szene aus dem alten Film blendete auf 그 옛날 영화의 한 장면이 떠올랐다. **Aufblendung**, die; -en ↑aufblenden의 명사형.

Aufblick, der; -(e)s, -e (아이) 쳐다봄, 우러러봄, 앙망(仰望). **aufblicken** ⟨h⟩ **1.** 쳐다보다: freundlich a. 친근감 있게 쳐다보다. **2.** 우러러보다, 앙모(仰慕)하다: ehrfürchtig zu jmdm. a. 누구를 경외(敬畏)하는 마음으로 우러러보다.

aufblinken ⟨h⟩ 번쩍 빛나다: Lichter blinken im Dunkel auf 어둠 속에서 빛이 번쩍 빛나다; 전의 in seinen Augen blinkte Begierde auf 그의 눈에 탐욕이 번뜩였다.

aufblinzeln ⟨h⟩ 깜박이며 쳐다보다.

aufblitzen ⟨h⟩ a) 반짝 빛나다: eine Taschenlampe blitzte plötzlich auf 회중전등이 갑자기 반짝하고 비쳤다. b) ⟨s⟩ 갑자기 나타나다: eine Idee blitzte in ihm auf 그에게 불현듯 한 아이디어가 떠올랐다.

aufblocken ⟨h⟩ [사냥] (야생조가 나무 위나 바위 위에) 내려 앉다.

aufblonden ['aufblɔndn̩] ⟨h⟩ (금발을) 더욱 밝은 색으로 물들이다: sie ließ sich beim Friseur die Haare a. 그녀는 미장원에서 금발을 밝은 색으로 물들였다.

aufblühen ⟨s⟩ **1.** 꽃피다: die Rosen fangen gerade an aufzublühen 방금 장미꽃이 피기 시작하였다; 전의 ihr blasses Gesicht war bei seinen Worten auf einmal aufgeblüht 《아이》 그의 말에 그녀의 창백한 얼굴이 갑자기 장미빛으로 변하였다. **2.** a) 발전하다, 번영하다: Wissenschaft und Handel blühten auf 학문과 상업이 발달했다. b) 소생(蘇生)하다: er blüht sichtbar auf, seit er den Arbeitsplatz gewechselt hat 그는 직장을 옮기고부터 눈에 띄게 활력을 되찾고 있다. **Aufblüte**, die 《지역적》 개화(開花).

aufbocken ⟨h⟩ [기술] (자동차를) 정비대(整備臺) 위에 세우다.

aufbohren ⟨h⟩ 구멍을 뚫다: den Tresor a. 금고에 구멍을 뚫다.

aufbranden ⟨s⟩ 《아어》(파도가 부딪쳐) 부서지다: [전의] Beifall brandet im Saal auf 홀 안에 갑자기 박수가 쏟아지다.

aufbrassen ⟨h⟩ [선원] (배와 활대가 수직이 되도록) 아딧줄로 활대를 돌리다(반대: anbrassen): die Seeleute haben das Schiff aufgebraßt 선원들이 그 배의 활대를 아딧줄로 돌렸다.

aufbraten* ⟨h⟩ (기름에) 잠시 덥히다.

Aufbrauch, der; -s [상] 모조리 써 버림, 완전 소비.

aufbrauchen ⟨h⟩ 모조리 다 써 버리다: seine Energie ist aufgebraucht 그의 정력이 다 소진되었다.

aufbrausen ⟨s⟩ 1. 거품이 일다, 부풀어오르다: die Natron braust im Wasser auf 중탄산소다는 물 속에서 거품을 내며 부풀어오른다; [전의] Beifall[Jubel] brauste auf 박수[함성]가 터져 나왔다. 2. 화를 불끈 내다: ein aufbrausendes Temperament haben 격앙(激昂)하기 쉬운 기질을 가지다.

aufbrechen* 1. ⟨h⟩ a) (닫힌 것을) 억지로 열다: er brach die Kiste mit einem Stemmeisen auf 그는 끌로 상자를 열어 젖혔다. b) (굳은 지면을) 파헤치다: das Schwarzwild hat die Erde aufgebrochen 멧돼지가 땅을 파헤쳐 놓았다. c) 《아어》성급히 열다: einen Brief a. 편지를 아무렇게나 뜯다. d) [사냥] (죽은 짐승의) 내장을 끄집어 내다. 2. ⟨s⟩ a) 열리다, 터지다: die Kastanienknospen sind aufgebrochen 밤나무 싹이 텄다. b) (표면이) 갈라지다, 터지다: ein Geschwür bricht auf 종기가 터지다; [전의] alte Wunden brachen in ihm auf 그의 마음 속에 옛날 상처가 도졌다. c) 《아어》 불쑥 나타나다, 돌발하다: ein Gegensatz war zwischen ihnen aufgebrochen 그들 사이에 대립(감정)이 생겼다. 3. 떠나다, 출발하다: in aller Frühe a. 이른 새벽에 떠나다; [명사화] es ist Zeit zum Aufbrechen 출발할 시간이다.

aufbrennen* 1. (가축에게) 화인(火印)을 찍다: den Kälbern das Zeichen der Ranch a. 송아지들에게 목장 표지의 화인을 찍다; **jmdm. eins a.** [경] 1) 누구에게 한 대 먹이다, 한 대 갈기다. 2) 발사(發射)하다: dem Wilddieb eins a. 밀렵자를 향해 한 방 쏘다. 2. ⟨s⟩ a) 타오르다: [전의] wilder Haß brennt in ihm auf 그에게 격한 증오심이 불타오르다. b) 불에 태우다. 3. ⟨h⟩ 불에 태워서 열다: einen Verschluß mit der Sauerstofflanze a. 마개를 산소용접봉으로 태워서 열다. 4. [포도] ⟨h⟩ (포도주통을) 유황으로 그을리다.

aufbringen* ⟨h⟩ 1. 비용을 조달하다: Geld für die Reparaturen a. 수리비를 조달하다; [전의] Kraft zu etw. a. 무엇을 할 힘을 내다. 2. 《통용어》애써 열다(반대: zubringen). 3. 도입하다, 퍼뜨리다: eine neue Mode a. 새로운 유행을 퍼뜨리다. 4. a) 격분시키다: der geringste Anlaß bringt ihn auf 하찮은 일에도 그는 격분을 잘 한다. b) 자극하다, 선동하다: Sie versucht, ihn gegen seine Eltern aufzubringen 그녀는 그가 부모와 사이가 나빠지게 하려고 시도한다. 5. [선원] a) (돛을) 올리다. b) 나포하다: der Tanker wurde auf hoher See aufgebracht 그 유조선은 공해에서 나포되었다. 6. 《드물게》바르다, 칠하다: Creme auf das Gesicht a. 크림을 얼굴에 바르다. 7. [고어] 키우다, 양육하다: er ist von Pflegeeltern aufgebracht worden 그는 양부모에게서 자랐다. **Aufbringer**, der; -s, - [선원] 나포선(拿捕船). **Aufbringung**, die (비용) 조달, 동원하기, 나포.

aufbrisen ['aufbri:zṇ] ⟨h⟩ (바람이) 약간 세게 불다: am Morgen briste der Wind wieder auf 아침에 바람이 다시 세차게 불었다.

aufbröckeln a) ⟨s⟩ 잘게 부서지다: das Gestein bröckelte auf 그 돌은 잘게 부서졌다; [전의] die Stadt bröckelte hier auf, verlor ihr Gesicht 그 도시는 이곳에서 분쇄(紛碎)되어 그 모습을 찾아볼 수가 없었다. b) ⟨h⟩ 잘게 부수다.

aufbrodeln ⟨s⟩ 부글부글 끓어오르다: aus dem Tal brodelte Nebel auf 골짜기에서 안개가 뭉게뭉게 피어올랐다; [전의] Unzufriedenheit war im Land aufgebrodelt 나라 안에 불만이 팽배했다.

Aufbruch, der; -(e)s, Aufbrüche 1. 출발: im A. begriffen sein 출발중이다; zum A. mahnen[drängen] 출발을 재촉하다[독촉하다]. 2. 갈라진 곳, 균열(龜裂): die durch Frost entstandenen Aufbrüche auf der Autobahn 고속도로상의 동파(凍破)된 곳. 3. [사냥] 짐승의 내장. 4. 《아어》각성, 궐기: der A. der jungen Völker Afrikas 신생 아프리카 국민의 궐기. 5. [광] 밑에서 위로 진행하는 채굴(採鑛).

aufbruchs-, **Aufbruchs-**: **~bereit** ⟨Adj.⟩ 출발 준비가 된: a. dastehen 출발 준비를 완료하고 버티고 서 있다. **~signal**, das 출발 신호. **~spalte**, die [지질] 화성암의 상층부의 팽창으로 인해 생겨난 균열. **~stimmung**, die 출발 전의 설레임의 분위기: es herrschte A. 출발 분위기에 젖어 있었다.

aufbrühen ⟨h⟩ 끓는 물을 부어 (음료를) 만들다: Kaffee [Tee] a. 끓는 물로 커피[홍차]를 타다.

aufbrüllen ⟨h⟩ (갑자기, 짧게) 울부짖다, 포효하다: die Rinder brüllten vor Durst auf 황소들이 목이 말라 포효했다; [전의] die Geschütze brüllten auf 대포들이 발사되었다.

aufbrummen 1. ⟨h⟩ 갑자기 으르렁거리다: das Nebelhorn brummte mehrmals auf 무적(霧笛)이 여러 번 울렸다. 2. 《통용어》(벌로) 부과(賦課)하다: wir bekamen eine Strafarbeit aufgebrummt 우리들은 벌과(罰科)를 부여 받았다; jmdm. die Kosten für etw. a. 누구에게 무엇에 대한 비용을 물게 하다. 3. ⟨s⟩ a) 《통용어》 충돌하다: er ist auf meinen Wagen aufgebrummt 그는 내 차를 들이박았다. b) [선원] 좌초하다: das Schiff brummte auf 그 배는 좌초했다.

aufbuckeln ⟨h⟩ 《통용어》 짊어지우다, 짊어지우다: ich buckelte mir die Kiepe Holz auf 나는 장작 소쿠리를 짊어졌다; [전의] ich buck(e)lte mir doch nicht die ganze Arbeit auf 나는 전작업을 다 떠맡지는 않을 테야.

Aufbügelmuster, das; -s, - (다리미용) 자수본. **aufbügeln** a) ⟨h⟩ 다리미로 구김살을 펴다: ich büg(e)le den Rock noch schnell auf 저고리[스커트]를 빨리 다리마!; [전의] man hat die etwas verstaubte Komödie neu aufgebügelt 《통용어》약간 진부한 희극을 새롭게 현대화시켰다. b) 다림질하여 다른 천에 옮기다: ein Stickmuster auf den Kissenbezug a. 자수본을 다리미로 베갯잇에 옮기다.

aufbumsen [경] 1. ⟨h⟩ 쿵 소리를 내다, 쿵쿵거리다: den schweren Koffer auf die Diele a. 무거운 가방을 복도 위에 쿵 소리를 내며 놓다. 2. ⟨s⟩ 쿵 소리를 내며 떨어지다: der Ball bumste auf das Pflaster auf 그 공은 쿵 소리를 내며 아스팔트 위에 떨어졌다.

aufbürden ['aufbyrdṇ] ⟨h⟩ 지우다, 짊어지게 하다: die Flüchtlinge hatten ihr Hab und Gut einem Esel aufgebürdet 피난민들은 전재산을 나귀 등에 실었다. **Aufbürdung**, die ⟨ aufbürden의 명사형.

aufbürsten ⟨h⟩ a) (털, 비로드 따위를) 솔질하다: die Wildlederjacke[die Pelzkappe] a. 산짐승가죽 재킷[털모자]을 솔질하다. b) (머리를) 위로 솔질하다.

aufdämmern ⟨s⟩ 《아어》 1. 날이 새다, 동이 트다: der Tag dämmerte im Osten auf 동녘에 날이 밝아 오다;

aufdampfen 158

[전의] ein Hoffnungsschimmer dämmert auf 희망의 빛이 보이다. 2. a) 마음에 떠오르다: eine Vermutung dämmert in jmdm. auf 누구에게 추측이 떠오르다. b) 뚜렷해지다, 이해되다, 납득되다: dämmert ihm immer noch nicht auf, warum er das gesagt hat? 그가 왜 그런 말을 했는지, 아직도 이해가 안돼?

aufdampfen 1. ⟨s⟩ 증발하다, 김이 피어 오르다: über dem Fluß dampfte Nebel auf 강 위에 안개가 피어올랐다. 2. 【기술】⟨h⟩ 증착(蒸着)시키다: auf das Zink eine Goldschicht a. 아연에 금막(金膜)을 증착시키다.

aufdämpfen ⟨h⟩ 증기 다림질하다: einen Hut a. 모자를 증기 다림질하다.

aufdecken ⟨h⟩ **1.** 덮개를 벗기다(반대: zudecken): das Kind a. 아이의 이불을 걷다; du hast dich im Schlaf aufgedeckt 너는 잠자면서 이불을 걷어 찼다. **2.** (화투놀이에서) 패를 까 보이다: willst du deine Karten nicht endlich a.? 너의 패를 끝끝내 까 보이지 않을 작정이냐? **3. a)** (식탁보를) 덮다[깔다]: zum Abendessen ein neues Tischtuch a. 저녁식사를 위해 식탁보를 새것으로 덮다. **b)** 밥상을 차리다: die Kinder hatten schon aufgedeckt 벌써 아이들이 밥상을 차려 놓았었다. **4.** 폭로하다, 적발하다: Mißstände schonungslos a. 부정을 가차없이 폭로하다. **Aufdeckung**, die; -en 폭로, 적발.

aufdonnern, sich ⟨h⟩ (폄) (지나치게) 멋을 내다, 옷치장을 하다: du donnerst dich immer fürchterlich auf 너는 언제 보아도 지나치게 멋을 내는구나.

aufdornen ['aufdɔrnən] ⟨h⟩ 【기술】 원뿔형의 쐐기를 이용하여 구멍을 넓히다.

aufdrängeln ⟨h⟩ (통용어) 졸라대다.

aufdrängen ⟨h⟩ **1.** 끈질기게 조르다, 강요하다: jmdm. seine Ansichten a. 누구에게 자기 견해를 강요하다; er hat mir seine Begleitung förmlich aufgedrängt 그는 내게 형식적으로 그의 동행을 고집했다. **2.** ⟨a. + sich⟩ 시키지도 않은 일을 행했다고 나서다: allen Leuten hast du dich (als Ratgeber) aufgedrängt 너는 누구에게나 조언자로 자처(自處)했다; ich will mich nicht a. 나는 부담이 되고 싶은 생각은 없다. **3.** ⟨a. + sich⟩ 불가피하게 떠오르다, 무의식적으로 나타나다: ein Gedanke drängt sich auf 부지(不知)중에 어떤 생각이 떠오르다.

aufdrehen ⟨h⟩ **1. a)** 틀어서 열다(반대: zudrehen): den Verschluß a. 마개를 틀어서 열다. **b)** (통용어) 잠김 밸브를 열다: das Gas a. 밸브를 열어 가스가 나오게 하다. **c)** 돌려서 느슨하게 하다, 풀다: eine Schraube a. 나사를 풀어 놓다. **d)** (통용어) 돌려서 볼륨을 높이다: das Radio a. 라디오의 볼륨을 높이다. **e)** (südd., österr.) 스위치를 넣다: die Zimmerbeleuchtung a. 실내 조명등에 스위치를 켜다. **f)** [지역적] 태엽을 감다. **2. a)** (머리를) 말아 올리다: sie drehte sich³ nach dem Waschen die Haare auf 그녀는 머리를 감은 후 말아 올렸다. **b)** 비틀어 올리다: den Schnurrbart a. 콧수염을 비틀어 올리다. **3.** (통용어) 속력을 내다: auf der Autobahn mächtig a. 고속도로상에서 대단한 속력을 내다; [전의] in der zweiten Halbzeit hatte die Mannschaft noch einmal aufgedreht 그 팀은 후반전에 다시 한번 피치를 올렸다. **4.** (통용어) **a)** 유쾌해지다: nach dem dritten Glas drehte er mächtig auf 석 잔을 마신 후 그의 기분은 매우 유쾌해졌다. **b)** (südd., österr.) 욱하기 시작하다, 화가 나다. **5.** [선원] 풍향이나 조류의 반대 방향으로 배를 돌리다.

aufdrieseln ['aufdri:zln] (지역적) ↑aufdröseln.

aufdringen' ⟨h⟩ (고어) ↑aufdrängen (1, 2). **aufdringlich** ⟨Adj.⟩ 추근추근한, 귀찮게 조르는, 부담을 주는: -e Musik 부담감을 주는 음악; [전의] ein -er Geruch 악취(惡臭). **Aufdringlichkeit**, die; -en **a)**

⟨Pl. 없음⟩ 끈덕지게 졸라댐, 부담을 주는 행실: die freche A. dieses Reporters 이 기자(記者)의 뻔뻔스럽게 졸라대는 태도. **b)** 부담을 주는 언동(言動).

aufdröhnen ⟨h/s⟩ **a)** 갑자기 울려 퍼지다, 진동하다: Beifall ist aufgedröhnt 박수가 갑자기 요란하게 울려퍼졌다. **b)** 요란한 소리를 내다: die Motoren dröhnten auf 모터가 시끄러운 소리를 냈다.

aufdröseln ⟨h⟩ (통용어) (꼬인 것을) 힘겹게 풀다: eine Kordel a. 노끈을 풀다; [전의] einen schwierigen Satz a. 난해한 문장을 해석하다.

Aufdruck, der; -(e)s, -e **1. a)** (편지나 엽서에) 짧게 찍힌 문구(회사명, 날짜 등). **b)** [우표] ↑Überdruck 참조 (기존의 우표에 추가로 찍힌 변동된 가격 표시). **2.** [물리] (액체의) 상향 압력(上向壓力). **aufdrucken** ⟨h⟩ (도장 따위를) 찍다: auf den Stoff sind geometrische Muster aufgedruckt 천에 기하학적 모형이 찍혀 있다. **Aufdruckfälschung**, die 우표 가격의 위조. **Aufdruckfehldruck**, der 우표 가격의 오식(誤植).

aufdrücken ⟨h⟩ **1. a)** 밀어 열다: die Tür a. 문을 밀어 열다. **b)** 집안에서 단추를 눌러 현관문을 열다. **c)** (통용어) 눌러 짜다: einen Pickel a. 여드름을 눌러 짜다. **2. a)** 《통용어》 눌러 쓰다: sich einen Hut a. 모자를 눌러 쓰다. **b)** 도장을 찍다: jmdm. einen a. 《경》 입을 맞추다. **c)** 찍어 누르다: den Bleistift beim Schreiben nicht zu sehr a. 글씨 쓸 때에 연필을 너무 눌러 쓰지 않는다.

aufeinander ⟨Adv.⟩ **1.** 겹쳐서, 포개어: die Bücher sollen nicht a. liegen, sondern nebeneinander stehen 책은 포개어 놓을 것이 아니라 나란히 세워야 한다. **2. a)** 서로 서로, 차례로: a. angewiesen sein 서로 의지하다. **b)** 서로 대결해서: a. losgehen 서로 대결해서 싸우다.

aufeinander-, Aufeinander-: **~beißen'** ⟨h⟩ 이를 악물다: beiß die Zähne aufeinander, wenn's weh tut! 아프거든 이를 악물어라! **~drücken** ⟨h⟩ …에 눌러 붙이다: die mit Klebstoff bestrichenen Seiten fest a. 풀칠이 되어 있는 쪽을 단단히 눌러 붙이다. **~folge**, die 계속, 연속: in rascher A. schoß er vier Tore 그는 짧은 간격을 두고 연거푸 네 골을 넣었다. **~folgen** ⟨s⟩ 연속하다, 잇달다: an mehreren aufeinanderfolgenden Tagen 잇달아 여러 날에. **~hängen a)** ⟨h⟩ 포개어 걸다. **b)** 포개어 걸려 있다: die Anzüge hingen aufeinander 양복이 포개어 걸려 있었다. **~häufen** ⟨h⟩ 포개어 쌓다. **~hetzen** ⟨h⟩ 서로 싸움을 부추기다: er hetzte die Hunde aufeinander 그는 개들을 부추겨 싸움을 시켰다. **~legen** ⟨h⟩ 포개어 놓다. **~liegen'** ⟨h⟩ 포개어 놓여 있다, 겹쳐 있다. **~passen** ⟨h⟩ (크기가 같아) 꼭 겹쳐지다. **~prallen** ⟨h⟩ 충돌하다, 맞부딪치다: die beiden Autos prallten aufeinander 자동차 두대가 충돌했다. **~pressen** ⟨h⟩ 무엇을 무엇 위에 올려 놓고 [서로] 누르다: die Lippen a. 입을 꼭 다물다. **~reihen** ⟨h⟩ 가지런히 배열하다, 나란히 놓다. **~schichten** ⟨h⟩ 차곡차곡 쌓다. **~schlagen'** ⟨h⟩ 심하게 충돌하다 [맞부딪치다]. **~setzen** ⟨h⟩ 포개어 놓다. **~sitzen'** ⟨h⟩ (통용어) 끼어 앉다, 바짝 붙어 앉다. **~stapeln** ⟨h⟩ 차곡차곡 쌓아올리다. **~stoßen'** ⟨s⟩ 충돌하다: [전의] die Meinungen waren heftig aufeinandergestoßen 의견들이 심하게 충돌했다; wir sind gestern zufällig aufeinandergestoßen 우리들은 어제 우연히 만났다. **~treffen'** ⟨s⟩ 격돌하다, 맞닥뜨리다. **~türmen** ⟨h⟩ 차곡차곡 쌓아올리다.

aufentern ⟨s⟩ ↑entern (2 a)(반대: niederentern).

Aufenthalt [auf|enthalt], der; -(e)s, -e **1.** 체류, 체재, 머무름: bei meinem A. [während meines -s] in München 내가 뮌헨에 머무를 때[머무는 동안]. **2. a)** (운행

auffangen

의) 중단, 멈춤, 정차: der Zug hat in Basel nur wenige Minuten A. 이 기차는 바젤에서 불과 몇분간만 정차한다; ohne A. durchfahren 서지 않고 통과하다. **b)** 《아어·드물게》 지체, 지연. **3.** 《아어》 거처(居處), 거주지: sein jetziger A. ist Mannheim 그의 현 거주지는 만하임이다; **A. nehmen** 《아어》 거처를 정하다: er hatte vorübergehend in Berlin A. genommen 그는 임시로 베를린에 거처를 정했다. **Aufenthalter,** der; -s, - 《schweiz.》 (일시적) 거주(체류)자.

Aufenthalts-: ~**beschränkung,** die (외국인에 한) 체류 기간 제한. ~**bewilligung,** die ↑~erlaubnis. ~**dauer,** die 체류 기간. ~**erlaubnis,** die 체류 허가. ~**genehmigung,** die ↑~erlaubnis. ~**ort,** der 체류지, 거주지. ~**raum,** der 휴게실, 친교실, 라운지. ~**verbot,** das 체재 금지. ~**verlängerung,** die 체류 허가 연장.

auferlegen 《아어》 부과(賦課)하다: jmdm. eine Geldbuße (Beschränkungen) a. 누구에게 벌금(제한)을 부과하다; du brauchst dir keinen Zwang aufzuerlegen 너는 강요당할 필요가 없다. **Auferlegung,** die ↑ auferlegen의 명사형.

auferstehen* ['ɑufʔɛrʃteːən, 《드물게》 ——'——] 《대개 부정사와 과거분사로》 《종교》 부활하다, 소생하다: wir werden am Jüngsten Tage alle a. 우리는 모두 최후의 심판의 날에 부활할 것이다; die Worte des Auferstandenen 부활한 예수의 말씀; [전의] bist du wieder auferstanden? 《통용어·농》 자네 오랜 병 끝에 다시 소생했나? **Auferstehung,** die; -en 《종교》 부활, 소생: die A. des Gekreuzigten 십자가에 못박혀 죽은 사람의 부활; [전의] die alten Formen erlebten ihre A. 《아어》 오래된 형식들이 다시 소생했다; **(fröhliche) A. feiern** 《농·반어》 (오랫동안 잊혀졌던 것이) 다시 인기를 얻다, 유행하다.

Auferstehungs-: ~**feier,** die 《Pl. 없음》 《종교》 예수의 부활을 기념하는 축제. ~**fest,** das 《Pl. 없음》 《아어》 부활절. ~**gedanke,** der 《Pl. 없음》 《종교》 부활 사상. ~**glaube,** der 《종교》 부활 신앙. ~**tag,** der 《Pl. 없음》 부활(절)의 날.

auferwecken 《대개 부정사와 과거분사로》 소생시키다: [전의] dieser Anblick hatte ein Kindheitserlebnis in ihm auferweckt 《아어》 이 광경이 그에게 소년기의 체험을 일깨워주었다. **Auferweckung,** die; -en ↑auferwecken의 명사형.

aufessen* ⟨h⟩ 남김없이 다 먹(어 치우)다: er hat den Teller nicht aufgegessen 《통용어》 그는 다 먹지 않고 접시에 음식을 남겼다; iß bitte rasch auf! 어서 빨리 다 먹어 치워라!.

auffächern ⟨h⟩ **1.** 부채꼴로 펼치다[배열하다]. **2.** 일목요연하게 설명[전개]하다. **3.** ⟨a. + sich⟩ 부채꼴로 퍼지다, (방사형으로) 뻗어나가다. **Auffächerung,** die; -en ↑auffächern의 명사형.

auffädeln ⟨h⟩ 실에 꿰다, 주렁주렁 매달다: ich fäd(e)le Apfelkerne auf 나는 사과씨를 실에 꿰고 있다. **Auffäd(e)lung,** die ↑auffädeln의 명사형.

auffädmen ['ɑufʔɛːdmən] ⟨h⟩ 《지역적》 ↑auffädeln 참조.

auffahren* **1.** ⟨s⟩ (자동차 따위가 달리다가 뒤에서) 들이받다, 추돌하다: der Pkw fuhr auf den Lastwagen auf 그 승용차가 화물차를 들이받았다. **2.** ⟨s⟩ (앞차에) 바짝 붙어 달리다. **3. a)** ⟨s⟩ (차 따위가 일정한 장소에) 접근하다, 다다르다, (차를) 문앞[현관]에 대다: die Busse fuhren in Reihen vor dem Rathaus auf 버스가 열을 지어 시청 앞에 나타나 대기했다. **b)** 《군》 ⟨s⟩ 일정한 장소에 도착해서 사격대형으로 포진하다, 일정한 장소에 도착해 사격대형으로 포진시키다. **4.** 《경》 ⟨h⟩ (음식

을 식탁에) 내놓다: was der Wirt für wenig Geld ließ, war vortrefflich 식당 주인이 적은 값에 내놓은 음식은 훌륭했다. **5.** 《드물게》 ⟨h⟩ 싣고와서 쏟다: Kies a. 자갈을 싣고와 쏟다. **6.** ⟨h⟩ 차가 많이 다녀 망가뜨리다: der Traktor hat den Waldweg völlig aufgefahren 트랙터가 숲길을 완전히 망가뜨렸다. **7.** ⟨s⟩ **a)** 깜짝 놀라 뛰어 일어나다: aus dem Schlaf a. 잠에서 화다닥 깨어나다. **b)** 버럭 화를 내다: bei diesen Worten war er verärgert aufgefahren 이 말에 그는 노해서 화를 벌컥 냈다. **8.** 《드물게》 ⟨s⟩ (갑자기 격렬하게) 일다, 돌발하다: ein Sturm fuhr auf dem Donau (突風)이 불었다. **9.** 《드물게》 ⟨s⟩ 확 열리다: die Tür fuhr quietschend auf 문이 삐걱거리며 확 열렸다. **10.** 《광》 **a)** ⟨s⟩ 갱에서 나오다. **b)** ⟨h⟩ 갱도(坑道)를 뚫다[넓히다]. **11.** 《기독교》 ⟨s⟩ 승천하다. **Auffahrschaden,** der 추돌(追突) 사고로 인한 손해.

Auffahrt, die; -en **1.** 탈것을 타고 오름[올라감]: die A. zum Gipfel dauert eine Stunde 정상까지 타고 오르는데 1시간 걸린다. **2. a)** 고속도로 진입로. **b)** 큰 건물의 진입로. **3.** (차 따위가) 질서 정연하게 나타나 대기함. **4.** 《고어》 행진. **5.** 《Pl. 없음》 《기독교》 **a)** (südwestd.·준고어·schweiz.》 그리스도의 승천. **b)** 《schweiz》 승천일. **6.** 《광》 출갱(出坑). **Auffahrtrampe,** die 오르막길의 경사면. **Auffahrunfall,** der 추돌 사고.

Auffahrts-: ~**fest,** das 《schweiz.》 그리스도의 승천제. ~**straße,** die ↑Auffahrt (2 a). ~**tag,** der ↑ Auffahrt (5 b).

auffallen ⟨s⟩ **1. a)** 센세이션을 일으키다, 관심(이목)을 끌다: er ist in der Schule nicht sonderlich aufgefallen 그는 학교에서 별다른 주목을 받지 못했다; es fällt allgemein auf, daß ... ···한 사실이 일반적인 관심을 끈다. **b)** 눈에 띄다, 이상하게 보이다: ist Ihnen nichts aufgefallen? 당신에겐 이상하게 보인 것이 하나도 없나요?; die Ähnlichkeit zwischen beiden ist uns gleich aufgefallen 두사람 사이의 닮은점이 우리에겐 금방 눈에 띄던걸요. **2.** (광선 따위가 무엇 위에) 떨어지다: das Licht fiel schräg (auf die Wasserfläche) auf 빛이 (수면에) 사각을 이루며 떨어졌다. **auffallend** ⟨Adj.⟩ 눈에 확 띄는, 이목을 끄는, 기묘한, 특이한: eine -e Erscheinung 인상적인 외모; eine Frau von -er Schönheit 뛰어난 미모를 지닌 여인; (das) stimmt a.! 《통용어·농》 자네 말이 정말 옳아!; ein a. ernstes Kind 눈에 띄게 진지한 아이. **auffällig** ⟨Adj.⟩ 이목을 끄는, 관심을 불러 일으키는: -e Spuren entdecken 수상한 흔적을 발견하다; -e Farben lieben 짙은 색을 좋아하다; er ist a. oft bei ihr 그는 유난히 자주 그녀에게 간다. **Auffälligkeit,** die ↑auffällig의 명사형.

auffalten ⟨h⟩ **1. a)** (접힌 것을) 펴다. **b)** ⟨a. + sich⟩ 펴지다, 열리다: der Fallschirm hatte sich nicht aufgefaltet 낙하산이 퍼지지 않았다. **2.** ⟨a. + sich⟩ 〔지질〕 습곡(褶曲)을 형성하다. **Auffaltung,** die 습곡 형성.

Auffang-: ~**becken,** das a) 《드물게》 (빗)물받이 통, 저수조. **b)** 집합장소, 집결지. ~**behälter,** der ↑~gefäß. ~**gebiet,** das (피난민) 수용지구, (이주민) 정착지. ~**gefäß,** das 물받이 그릇. ~**kommando,** das 《군》 패잔병을 긁어 모으는 부대. ~**lager,** das (피난민, 귀향자 등의) 임시 수용소. ~**linie,** die 《군》 ↑~stellung. ~**stelle,** die (낙오병, 피난민) 임시수용소. ~**stellung,** die 《군》 요격 진지. ~**vorrichtung,** die

auffangen* ⟨h⟩ **1.** (움직이거나 넘어지는 것을) 붙잡다, 붙들다: das stolpernde Kind gerade noch a. 넘어지는 아이를 간신히 붙잡다. **a)** 《용기에》 받아 모으다: Regenwasser in einer Tonne a. 빗물을 큰 통에 받다. **b)** (피난민, 입국자를) 수용하다. **3.** 비행기의 수평을 유지케

auffärben

하여 추락을 막다. **4. a)** (타격, 충격을) 막아내다, 완화하다: die Polsterung soll die Erschütterung a. 속을 넣는 것은 진동을 완화하기 위함이다. **b)** 저지하다: die Panzerdivision sollte den feindlichen Vorstoß a. 그 기갑사단의 임무는 적의 돌격을 저지하는 것이었다. **5.** 억제하다: den Konjunkturrückgang (Preissteigerungen) a. 경기 후퇴[물가 상승]를 억제하다. **6.** (도망자 따위를) 체포하다. **7.** [수공] (뜨개질할 때 빠뜨린 코를 바늘에) 끼다. **8.** (우연히) 듣다, 보다: einen bösen Seitenblick a. 눈흘김을 우연히 목격하다. **9.** [무선] 우연히 수신하다.

auffärben ⟨h⟩ 새로 물감을 들이다(염색하다): einen Mantel a. 외투에 물감을 새로 들이다.

auffassen ⟨h⟩ **1.** (무엇을 특정하게) 이해[풀이, 해석]하다: er hat meine Bemerkung persönlich aufgefaßt 그는 나의 발언을 인신 공격으로 이해했다; er hat meine Bemerkung falsch aufgefaßt 그는 나의 발언을 오해했다. **2.** 파악하다, 납득하다: auch schwierige Zusammenhänge schnell a. 어려운 (사물의) 맥락도 빨리 파악하다. **Auffassung**, die; -en **1.** 견해, 의견, 관(觀): unterschiedliche -en haben 견해의 차이가 나다; der A. sein, daß ... ...한 견해이다; nach christlicher A. 기독교의 견해를 따르면; zu der A. gelangen, daß ... ...라는 견해에 다다르다. **2.** ⟨Pl. 없음⟩ 이해력.

Auffassungs-: **~gabe**, die ⟨Pl. 없음⟩ 파악력, 이해력. **~kraft**, die ⟨Pl. 없음⟩ ↑~gabe: seine A. hat etwas nachgelassen 그의 이해력이 약간 떨어서다. **~sache**, die (다음 용법으로만) **das [etwas] ist A.** (통용어) 그것(무엇)에 대해서는 여러 가지 견해가 있을 수 있다. **~vermögen**, das ⟨Pl. 없음⟩ ↑~gabe. **~weise**, die (주관적) 사고 방식, 성향.

auffegen ⟨h⟩ **1.** (쓰레받기에) 쓸어 담다: das verschüttete Salz a. 쏟아진 소금을 쓸어 담다. **2.** (시어·드물게) 치솟게 하다.

auffeilen ⟨h⟩ 줄질하여 열다: das verrostete Schloß a. 녹슨 자물쇠를 줄로 썰어 열다.

auffetten ⟨h⟩ [농업] (우유를) 농축하다. **Auffettung**, die (우유의) 농축.

auffetzen ⟨h⟩ (통용어) (종이로 된 것을) 찢어 열다.

auffeudeln ⟨h⟩ ⟨nordd.⟩ 훔치다, 닦아 내다: den Schmutz a. 오물을 닦아 내다.

auf(f)i ['aufi] ⟨Adv.⟩ ⟨bayr., österr.⟩ 위로(↑hinauf, nach oben).

auffieren ⟨h⟩ [선원] 닻줄(밧줄)을 늦추다.

auffindbar ⟨Adj.⟩ 찾아낼 수 있는 ⟨대개 부정으로⟩: der Schlüssel ist nicht a. 그 열쇠는 찾아낼 수가 없다.

auffinden* ⟨h⟩ (우연히) 찾아내다, 발견하다: der Schmuck war nirgends aufzufinden 그 장신구에는 아무 곳에서 찾을 수가 없었다. **Auffindung**, die 발견.

auffischen ⟨h⟩ **1.** (통용어) 물에서 건져내다, 낚아 올리다: die Gekenterten wurden von einem Dampfer aufgefischt 난파된 자들은 기선에 의해 구조되었다. **2.** (경)(우연히) 찾아내다, 만나다, 사귀다; 구하다, 얻다: wo hast du denn diesen Schmöker aufgefischt? 도대체 이런 시시껄렁한 책을 어디서 구했니?

auffitzen ⟨h⟩ ⟨지역적⟩ (뒤엉킨 것을 급하게) 풀다.

aufflackern ⟨s⟩ ⟨방언적⟩ ↑aufflackern. **aufflackern** ⟨s⟩ 불꽃이 춤추듯 타오르다: die Kerzen flackerten gespenstisch auf 촛불이 유령처럼 타올랐다. [전의] in seinen Augen flackerte Wahnsinn auf 그의 눈에는 광기(狂氣)가 번뜩였다; der Widerstand war noch einmal kurz aufgeflackert 다시 한번 잠간 동안 저항의 불꽃이 일었다.

aufflammen ⟨s⟩ **1.** 갑자기 활활 타오르다: [전의] in seinen Augen flammte Zorn [Leidenschaft] auf 그의 두눈엔 노여움[정열]의 빛이 활활 타올랐다; Unruhen flammten auf 소요가 갑자기 일어났다. **2.** (드물게) 무엇에 대해 노여움을 나타내다.

aufflattern ⟨s⟩ 푸드득 날아오르다: eine Krähe flatterte auf 까마귀 한 마리가 푸드득 날아갔다; die Buchseiten flatterten auf 책장이 바람에 홀딱 젖혀졌다.

aufflechten* ⟨h⟩ **a)** (딴[꼰] 것을) 풀다: die Zöpfe a. 쪽진 머리를 풀다. **b)** ⟨드물게⟩ ↑flechten.

aufflicken ⟨h⟩ ⟨지역적⟩ 헝겊을 대어 깁다: eine Strickjacke mit aufgeflickten Ellbogen 팔꿈치에 헝겊을 댄 편물 상의.

auffliegen* ⟨s⟩ **1.** 날아오르다, 날아가다: die Amsel flog erschreckt auf 지빠귀가 깜짝 놀라 날아갔다. **2.** 홱 열리다: das Fenster flog auf 창문이 홱 열렸다. **3.** (통용어) (갑자기) 끝장나다, 중단되다: der Rauschgiftschmuggel ist aufgeflogen 마약밀수는 발각되어 끝장났다; eine Konferenz a. lassen 회의를 중단되게 하다. **4.** [고어] 폭발하다.

aufflimmern ⟨s⟩ 반짝[번쩍]이기 시작하다: über uns flimmerten die ersten Sterne auf 우리의 머리 위에서 별들이 반짝이기 시작했다.

auffordern ⟨h⟩ **a)** 요구[요청]하다, 재촉하다: die Sieger hatten die Stadt zur Übergabe aufgefordert 승자는 그 도시를 양도하라고 요구했다; jeder Bürger ist aufgefordert, bei den Wahlen seine Stimme abzugeben 모든 국민에게 선거에서 투표하도록 요청되었다. **b)** 청(請)하다, 권(勸)하다: er forderte ihn zum Sitzen auf 그는 그에게 앉기를 권했다; er nickte ihm auffordernd zu 그는 그를 격려하는 뜻에서 그를 향해 고개를 끄덕였다. **c)** 춤을 청하다, 춤 상대가 되어 달라고 부탁하다. **Aufforderung**, die; -en **a)** 요구, 요청, 간청: auf wiederholte A. (hin) 반복되는 요청에 의해; einer A. nachkommen 요청에 응하다. **b)** 초대, 권유: **das ist eine A. zum Tanz** (통용어) 그것은 도전인데.

Aufforderungs-: **~charakter**, der [심리] 어떤 일이나 사건에서 연유하여 일정한 태도를 취하도록 요구하는 자극, 유의성(誘意性). **~satz**, der [언어] 요구문(예컨대: Folge ihm!). **~schreiben**, das 최고장(催告狀), 요청서.

aufforsten ['aufforstn] ⟨h⟩ [임업] 새로 나무를 심다, 재조림하다: man hat das Ödland aufgeforstet und Industrien errichtet 황무지에 나무를 새로 심고 산업 시설을 세웠다. **Aufforstung**, die; -en (재)조림.

auffressen* ⟨h⟩ **1.** 다 먹어 치우다: das Fleisch hat unsere Katze aufgefressen 우리 집 고양이가 그 고기를 몽땅 먹어 치웠다; [전의] jmdn. vor Liebe a. können (통용어) 통째로 삼키고 싶도록 (몹시) 사랑하다. **2.** (통용어) 진을 빼다, 빈털터리로 만들다. **3.** 껍질을 벗기다: man wird aufgefressen von den Steuern und Zinsen 세금과 이자 때문에 빈털터리가 되었다.

auffrieren*1. ⟨지역적⟩ **a)** 녹다. **b)** ⟨h⟩ 녹이다: wir haben die Wasserleitung (wieder) aufgefroren 우리는 수도관을 녹였다. **2.** [농업·임업] (땅이 얼어 뿌리가) 뜨다.

auffrischen 1. ⟨h⟩ **a)** (낡은 것, 기억, 어학을) 새롭게 하다, 재생하다: die Politur der Kommode a. 장롱의 니스칠을 새롭게 하다; [전의] er hat seine Englischkenntnisse [seine Erinnerungen] (wieder) aufgefrischt 그는 영어 지식[기억]을 되살렸다. **b)** (비축량을) 보충하다. **2.** ⟨h/s⟩ 강해지다, 세지다: der Wind hatte [war] aufgefrischt 바람이 강해졌다. **Auffrischung**, die; -en ↑auffrischen의 명사형.

auffrisieren ⟨h⟩ (통용어) **1.** (모터 등의) 성능을 높이다: auffrisierte Maschinen 성능이 강화된 기계들. **2.** 이발을 다시 하다: bevor ich ins Theater fuhr, ließ ich

mir die Haare a. 나는 극장에 가기 전에 머리 손질을 다 시 했다.
aufführbar ⟨Adj.⟩ 상연할 수 있는: eine kaum -e Oper 상연이 거의 불가능한 오페라. **Aufführbarkeit**, die 상연할 수 있음. **aufführen** ⟨h⟩ **1. a)** 상연하다, 상영하다, 연주하다: Stücke moderner Autoren a. 현대 작가들의 작품을 상연하다. **b)** 시행하다, 개최하다: einen Ringkampf a. 레슬링 시합을 개최하다; 전의 mußt du denn gleich so ein Theater a. 《통용어》 그렇게 불필요하게 흥분해야 되겠니? **2.** ⟨a. + sich⟩ 행동〔처신〕하다: er hat sich wie ein Verrückter aufgeführt 그는 미친 사람처럼 행동했다; er hat sich wieder einmal aufgeführt! 그가 또 한번 말썽을 일으켰어! **3.** (이름을) 대다, 거명하다, (예를) 들다, (계산서에) 올리다, 열거하다: jmdn. als Zeugen namentlich a. 증인으로 누구의 이름을 거명하다; er hatte noch weitere Beispiele aufgeführt 그는 그 밖의 예를 더 들었다. **4.** ⟨아어⟩ 설치하다, 쌓아 올리다, 짓다: eine Mauer a. 담벽을 쌓아 올리다. **Aufführung**, die; -en **1.** 연주, 상연, 상영, 공연: etw. zur A. bringen 《격식 독어》 상연〔공연〕하다. **2.** 《아어·드물게》 품행, 몸가짐, 행동거지. **3.** 거명(擧名), 열거. **4.** ⟨아어⟩ 설치, 건축.
aufführungs-, **Aufführungs-** (Aufführung 1): **~praxis**, die (Pl. 없음) 《음악》 가창법(歌唱法), 연주법. **~recht**, das 흥행권, 공연권. **~reif** ⟨Adj.⟩ 상연할 수 있을 정도로 좋은.
auffüllen ⟨h⟩ **1. a)** 다시 채워 넣다: Öl a. 기름을 (채워) 넣다. **b)** 다시 가득 채우다: die Kanister mit Petroleum a. 통에 석유를 가득 채우다. **2.** 보충하다: das Bataillon wurde aufgefüllt 대대의 (손실된) 병력이 충원되었다. **3.** 《통용어》 (그릇에) 담다: ihr könnt euch die Suppe selbst a. 자네들 수프를 손수 떠 와도 되네. **4.** 〔요식〕 무엇에 붓다: sie füllte das angedünstete Gemüse mit einer Fleischbrühe auf 그녀는 살짝 데친 야채에 고기국물을 부었다. **5.** 매립(埋立)하다, 메꾸다. **6.** ⟨a. + sich⟩ 〔기상〕 (저기압이) 약해지다. **Auffüllmaterial**, das 매립에 쓰이는 것. **Auffüllung**, die; -en ↑auffüllen의 명사형.
auffunkeln ⟨h⟩ 불꽃을 발하다, 반짝이다.
auffußen ⟨h⟩ 〔승마〕 (말이) 땅에 발을 내려 놓다, 땅을 밟다.
auffuttern ⟨h⟩ 《통용어·농》 먹어 치우다: ich futtere auch noch die übriggebliebenen Brötchen auf 나는 남은 빵도 다 먹어 치운다.
¹**auffüttern** ⟨h⟩ **a)** ⟨어린 짐승을⟩ 먹이를 주어 키우다, 사육(飼育)하다. **b)** 《친근》 몸조리시키다, 섭양(攝養)하다.
²**auffüttern** ⟨h⟩ 〔토건〕 (밑받침을) 괴다, 안을 대다.
Aufgabe, die; -n **1.** 의뢰(依賴), 부탁(委託), (우편물의) 발송, 탁송: die A. eines Telegramms〔einer Annonce〕전보 발송〔광고 게재〕의뢰. **2. a)** 임무, 책무, 사명, 위임 받은 일: eine vordringliche A. 긴급한 임무; wichtige -n stehen ihm bevor 그의 목전에는 중요한 책무들이 놓여 있다; das ist nicht meine A. 그것은 나의 임무가 아니다; es ist nicht die A. dieser Darstellung, ... 이 서술의 의도는 ···이 아니다; eine A. übernehmen〔bewältigen〕임무를 맡다〔처리하다〕; dieses Instrument hat die A., ... 이 도구의 기능은 ···이다; ich habe es mir zur A. gemacht, ... 나는 ···하는 것을 나의 목표로 삼았다. **b)** 과제(課題): eine schwierige A. 어려운 과제. **c)** 《대개 Pl.》 숙제: keine -n aufhaben 숙제가 없다; die Kinder müssen noch ihre -n machen 아이들은 숙제를 해야 된다. **d)** 계산 문제. **3. a)** 중단, 중도포기: die A. des Widerstandes 저항의 중단; die A. des Kampfes 〔스포츠〕 경기 포기. **b)** 단념, 포기, 사임(辭任), 사직(辭職): die A. seiner Pläne 계획의 포기;

die A. seiner verschiedenen Ehrenämter 여러 명예직의 사임; die Besitzer haben sich zur A. ihres Geschäftes entschlossen 사업주들이 폐업(廢業)을 결심했다. **4.** 〔매구〕 서브; die A. ausführen 서브를 넣다.
Aufgabe- (↑Aufgaben-도 참조): **~bescheinigung**, die 〔우편〕 (전보 특수 우편물의) 접수증. **~ort**, der 발송지. **~stempel**, der 발송인, **~tag**, der 발송일. **~vorrichtung**, die 〔기술〕 급송(給送) 장치, (용광로의) 급광 장치(給鑛裝置). **~zeit**, die 발송 시간.
aufgabeln ⟨h⟩ **1.** 〔경〕 알게 되다, 만나다, 사귀다, 줍다: er hatte das Mädchen in einem Lokal aufgegabelt 그는 그 아가씨를 어느 술집에서 알게 되었다; 전의 ich gab(e)le mir ungern eine Erkältung auf 나는 감기에 걸리고 싶지 않다. **2.** (건초를) 긁어 모으다.
Aufgaben- (Aufgabe 2; ↑Aufgabe-도 참조): **~bereich**, der 임무〔책임〕범위〔분야〕: das fällt nicht in seinen A. 그것은 그의 임무 범위에 속하지 않는다. **~buch**, das **a)** 연습 문제집. **b)** ↑~heft. **~feld**, das 《드물게》 ↑~bereich. **~gebiet**, das ↑~bereich. **~heft**, das 숙제장. **~komplex**, der 서로 연관되는, 복합적인 임무〔책무〕. **~kreis**, der ↑~bereich. **~sammlung**, die 〔계산〕 문제집. **~stellung**, die 출제〔설정〕, 책임, 임무. **~verteilung**, die 업무 분담.
aufgagen [aufgeɡn] ⟨h⟩ 개그(익살)를 가미하다.
aufgähnen ⟨h⟩ 갑자스레 하품하다.
Aufgalopp, der; -s, -s / 《드물게》 **-e a)** 〔승마〕 (관중과 심판 앞에서의) 연습 갤럽. **b)** 〔스포츠〕 연습 경기, 예선, 1차전.
Aufgang, der; -(e)s, Aufgänge **1.** (천체의) 떠오름, 출현(반대: Untergang): den A. der Sonne beobachten 일출(日出)을 구경하다; 전의 die Erde vom A. der Sonne bis zu ihrem Niedergang 〔시어〕 해 돋는 데부터 해 지는 데까지, 지구 전체. **2. a)** (대문〔현관문〕으로) 올라가는 계단: dieses Haus hat mehrere Aufgänge 이 집엔 대문으로 올라가는 계단이 여러 개 있다. **b)** 《드물게》 오르막 길. **3.** 〔제조〕 시작. **4.** (Pl. 없음) 〔사냥〕 해금(解禁). **Aufgangspunkt**, der 〔천문〕 (천체의) 떠오르는 지점.
aufgären[⁾] ⟨s/h⟩ 《드물게》 발효하여 끓어 오르다, 격앙하다.
aufgebauscht Adj.: ↑aufbauschen (2) 참조.
aufgeben[⁾] ⟨h⟩ **1.** (처리를 위해) 넘겨주다, 맡기다, (우편물을 우체국에) 내다: ein Telegramm bei〔auf〕 der Post a. 우체국에서 전보를 치다; eine Annonce a. 신문에 광고를 내다; der Gast gab beim Ober seine Bestellung auf 그 손님은 종업원에게 주문했다. **2. a)** 숙제를 내주다: er hat uns viel aufgegeben 그는 우리에게 숙제를 많이 내주었다. **b)** 문제를 내다: die Sphinx, die jedem Vorübergehenden ein Rätsel aufgab 모든 행인에게 수수께끼를 낸 스핑크스. **c)** 《아어·준고어》 무엇을 하라고 책임을 맡기다, 부과하다: sie glaubte, es sei ihr aufgegeben, schweigend zu dulden 그녀는 말없이 인내하는 것이 그녀의 팔자라고 믿었다. **3.** 《지역적》 (음식을) 접시에 담아 주다: die Mutter mußte den Kindern zum zweitenmal a. 어머니는 아이들 접시에 두 번째로 음식을 담아 주어야 했다. **4.** 〔기술〕 (원료를) 공급하다, 급송(給送)하다. **5.** 〔상〕 알리다: richtige Maße a. 정확한 치수를 알리다. **6.** 〔구기〕 ↑aufschlagen. **7. a)** 중단하다, 포기하다: das Rauchen a. 담배를 끊다; das Studium a. 학업을 중단하다; im Rennen a. 경주 중간에 기권하다. **b)** 폐업하다, 사임〔사직〕하다, 버리다: wegen finanzieller Schwierigkeiten sein Geschäft a. 자금난으로 폐업하다; ein Amt a. 사임하다; Grundsätze〔Gewohnheiten〕 a. 원칙을 포기하다〔습관을 버리다〕; alle Hoffnung a. 모든 희망을 버리다. **c)** 죽

Aufgeber

은 것으로 치다, 가망없다고 생각하다: die Ärzte hatten den Patienten schon aufgegeben 의사들은 이미 그 환자를 포기했다; dich selbst darfst du niemals a. 너는 결코 자포자기하려서는 안된다. **d)** 그만두다, 손을 들다, 포기[단념]하다: er gibt nicht so leicht auf 그는 그렇게 쉽게 그만둘 사람이 아니다; gib's auf! 《통용어》 단념하게! **e)** 【스포츠】 기권하다: der Europameister mußte in der 7. Runde a. 유럽 챔피언은 7라운드에서 기권할 수밖에 없었다. **Aufgeber**, der; -s, - **1.** ↑Aufgabevorrichtung. **2.** 【배구】 서브하는 선수.

aufgebläht ['aufgəble:t] ↑aufblähen 참조. **Aufgeblähtheit**, die ↑aufgebläht의 명사형.

aufgeblasen ['aufgəbla:zn] ↑aufblasen (2) 참조. **Aufgeblasenheit**, die 교만, 거드름.

Aufgebot, das; -(e)s, -e **1.** 투입된 인원[물자], 《대표》 선수단: ein starkes A. von Polizeikräften 대단위 경찰 병력의 투입. **2.** 《결과 사유가 있는지 알아내기 위한》 결혼 예고. **3.** 【법】 공시 최고. **4.** 《Pl. 없음》《준고어》 (힘의) 경주, 투입: mit dem A. [unter A.] seiner letzten Kräfte 그의 마지막 힘을 투입하여. **5.** 【군】 **a)** 《역사적》 징집. **b)** 《schweiz.》 집징령. **Aufgebotsschein**, der 결혼 예고 증명서. **Aufgebotsverfahren**, das 공시 최고 수속.

aufgebracht ['aufgəbraxt] ↑aufbringen (4 a) 참조. **Aufgebrachtheit**, die ↑aufgebracht의 명사형.

aufgedonnert: ↑aufdonnern 참조.

aufgedreht ['aufgədre:t] 《Adj.》 《통용어》 흥분한, 기분이 좋은[들뜬]: er war heute sonderbar a. 그는 오늘 이상하리만큼 기분이 좋았다. **Aufgedrehtheit**, die ↑aufgedreht의 명사형.

aufgedruckt: ↑aufdrucken 참조.

aufgedunsen ['aufgədʊnzn] 《Adj.》 부은, 부풀어오른: sein Gesicht war müde und a. 그의 얼굴은 피곤하고 부어 있었다. **Aufgedunsenheit**, die ↑aufgedunsen의 명사형.

aufgehen* ⟨s⟩ **1.** 뜨다(반대: untergehen): der Mond ist aufgegangen 달이 떴다. **2. a)** 열리다(반대: zugehen): das Fenster geht nur schwer auf 창문이 잘 열리지 않는다; endlich ging der Vorhang auf 마침내 막이 올라갔다. **b)** 터지다: ihre Lippen waren aufgegangen 그녀의 입술이 터졌다. **c)** 풀리다, 느슨해지다: der Knoten geht immer wieder auf 매듭이 자꾸 풀린다. **d)** 피다, 펴지다: die Knospen gehen schon auf 벌써 꽃봉오리가 핀다; der Fallschirm ging nicht auf 낙하산이 펴지지 않았다. **3. a)** 싹트다, 솟다: der Samen ging auf 씨앗이 싹텄다; die Pocken gehen auf 종두가 양성 반응을 일으킨다. **b)** 《드물게·아어》 《생각 따위가》 떠오르다: in ihm ging eine Ahnung auf 그에게 하나의 예감이 떠올랐다. **4.** (반죽이) 부풀어오르다. **5.** (의미 따위가) 의식[인식]되다, 명료해[깨달아]지다: ihr geht die Bedeutung dieses Geschehens auf 이 사건의 의미가 그녀에게 분명하게 의식된다. **6.** 【수학】 나머지 없이 나누어지다: die Rechnung ist nicht glatt aufgegangen 계산이 매끄럽게 되지 않았다, 일이 계획대로 되지 않았다. **7. a)** 누구[무엇]와 일체가 되다, 헌신[몰두, 전념]하다, 무엇에서 자아성취를 찾다: ganz in seinem Beruf a. 자기 직업에 완전히 몰입하다. **b)** 무엇으로 넘어가다, 소멸하다: in blauen Dunst a. 푸른 연기로 화하다. **8.** 【사냥】 해금(解禁)기가 지나 사냥이 시작되다. **9.** 【사냥】 (들새가) 날아오르다. **10.** 【광】 (갱내의 물이) 솟아오르다.

aufgehoben: ↑aufheben (2, 3 a) 참조.

aufgeien [선원] 돛을 활대에 매달다.

aufgeigen ⟨h⟩ 《드물게》 (춤 따위에 맞추어) 바이올린을 연주하다.

aufgeilen ⟨h⟩ 《속어》 정욕을 자극하다: Pornofilme geilen ihn auf 도색 영화를 보면 그는 성적 충동을 느낀다.

aufgeklärt ['aufgəklɛ:ɐ̯t] 《Adj.》 개화된, 편견(미신)이 없는, 사고 방식이 자유로운: ein -er Geist 편견없는 사람. **Aufgeklärtheit**, die ↑aufgeklärt의 명사형.

aufgeknöpft ['aufgəknœpft] 《Adj.》 《통용어》 사근사근한, 다변의, 개방적인, 속을 터놓는(반대: zugeknöpft).

aufgekratzt ['aufgəkratst] 《Adj.》 《통용어》 매우 즐거운, 기분이 좋은, 쾌활한. **Aufgekratztheit**, die ↑aufgekratzt의 명사형.

Aufgeld, das; -(e)s, -er **1.** 【화폐】 ↑Agio. **2.** 《지역적》 웃돈, 할증금. **3.** 《지역적·준고어》 계약금.

aufgelegt ['aufgəle:kt] 《Adj.》 **1.** …한 심기(心氣)를 가진, 기분이 …한: der gut[schlecht] -e Vater 심기가 좋은[불편한] 아버지; **zu etw. a., sein** …할 기분이다: sie war zum Tanzen a. 그녀는 춤추고 싶은 기분이었다; ich bin heute nicht (dazu) a., Besuch zu empfangen 나는 오늘 방문객을 맞이할 기분이 아니다; ein zu jedem Unfug -es Kind 어떤 개구쟁이짓도 할 수 있는 아이. **2.** (喩) 분명한, 명백한: das ist ein -er Unsinn 그것은 명백한 넌센스다. **Aufgelegtheit**, die ↑aufgelegt의 명사형.

aufgellen: (갑자기 짧게) 날카로운 소리가 나다(울리다).

aufgelockert: ↑auflockern (1, 3 b) 참조.

aufgelöst ['aufgəlø:st] 《Adj.》 **a)** 제정신이 아닌, 이성을 잃은: er war vor Schmerz ganz a. 그는 아파서 완전히 제정신이 아니었다. **b)** 탈진한, 기진맥진한: ich bin ganz a. bei dieser Hitze 나는 이 더위로 인해 완전히 기진맥진해 있다. **Aufgelöstheit**, die ↑aufgelöst의 명사형.

aufgemacht: ↑aufmachen (4) 참조.

aufgeputzt: ↑aufputzen 참조.

aufgeräumt [aufgərɔʏmt] 《Adj.》 쾌활한, 기분이 좋은: er war heute besonders a. 그는 오늘 특별히 기분이 좋았다. **Aufgeräumtheit**, die ↑aufgeräumt의 명사형.

aufgeregt ['aufgəre:kt] 《Adj.》 ↑aufregen (1 a) 참조. **Aufgeregtheit**, die 흥분, 격앙.

Aufgesang, der; -(e)s, Aufgesänge 【운율】 (↑Minnesang이나 ↑Meistersang의) 전절(前節), (찬미가의) 서곡 (반대: Abgesang).

aufgeschlossen ['aufgəʃlɔsn] 《Adj.》 마음이 열린, 속이 트인, 붙임성 있는, 편견이 없는, 관심을 가지는: sie macht einen -en Eindruck 그녀는 속이 트인 여자라는 인상을 준다; er war an diesem Abend heiter und a. 오늘 저녁 그는 쾌활하고 붙임성있게 굴었다; a. für politische Fragen 정치적 문제에 관심이 있는. **Aufgeschlossenheit**, die ↑aufgeschlossen의 명사형: ein Buch mit A. lesen 책을 편견없이 읽다.

aufgeschmissen (《다음 용법으로만》) **a. sein** 《경》 곤경에 빠진, 옴짝달싹 못하는, 진퇴양난의: wenn er uns nicht hilft, sind wir a. 그가 돕지 않으면 우리는 옴짝달싹 못한다.

aufgeschossen: ↑aufschießen (1 b) 참조.

aufgeschwemmt ['aufgəʃvɛmt] ↑aufschwemmen 참조. **Aufgeschwemmtheit**, die ↑aufgeschwemmt의 명사형.

aufgesprungen: ↑aufspringen (5) 참조.

aufgetakelt: ↑auftakeln (2) 참조.

aufgeweckt ['aufgəvɛkt] 《Adj.》 이해가 빠른, 영리한: ein -es Kind 영리한 아이. **Aufgeweckheit**, die ↑aufgeweckt의 명사형.

aufgeworfen: ↑aufwerfen (1 c, 3, 5) 참조.

aufgezogen: ↑aufziehen (4 b) 참조.

aufgießen* ⟨h⟩ **a)** (음료수를) 끓이다: Kaffee a. 커피를 끓이다. **b)** (물 따위를 무엇에) 붓다. **c)** [요식] 넣다, 붓다: eine Mehlschwitze a. 볶은 밀가루를 넣다.

aufglänzen ⟨h⟩ 갑자기 빛을 발하기 시작하다, 빛나다: der Mond glänzte hinter den Tannen auf 달이 전나무 뒤에서 빛을 발하기 시작했다. [전의] ihr Gesicht hatte bei seinen Worten aufgeglänzt 그의 말에 그녀 얼굴에 기쁨의 빛이 떠올랐다.

aufgleisen ⟨h⟩ [기술] 궤도에 올려 놓다: die Arbeiter gleisten die Straßenbahn wieder auf 인부들이 전차를 다시 궤도에 올려 놓았다. **Aufgleisung,** die; -en 궤도에 올려 놓기. **Aufgleisungsgerät,** das 복선기(復線機). **Aufgleisvorrichtung,** die ↑ Aufgleisungsgerät.

Aufgleit- [기상]: **~fläche,** die 전면(前面), 한랭 기단과 온난 기단의 경계면. **~front,** die 온난 전선(溫暖前線). **~zone,** die 온난 기단(溫暖氣團)의 상승 지대.

aufgleiten* ⟨s⟩ [기상] (기단의 전면이) 상승하다: Wetterlagen, bei denen Warmluft über Kaltluft aufgleitet 따뜻한 공기가 찬 공기 위로 상승하는 기상 상황.

aufgliedern ⟨h⟩ 분류하다, 나누다: die Gesellschaft in Klassen a. 사회를 계급으로 나누다. **Aufgliederung,** die; -en 분류.

aufglimmen* ⟨아어⟩ 희미한 빛을 발하기[반짝이기] 시작하다, 빨갛게 달다[타오르다]: ein einzelner Stern glomm auf 별 하나만이 반짝였다; [전의] die in ihm aufglimmende Hoffnung 《시어》 그의 내부에서 반짝이기 시작하는 희망.

aufglitzern ⟨h⟩ 반짝이며 나타나다: die Tautropfen glitzerten in der Sonne auf 이슬방울이 햇빛에 영롱하게 반짝였다; [전의] in ihren Augen hatte für einen Moment Spott aufgeglitzert 한순간 그녀의 눈에는 경멸의 빛이 어렸다.

aufglühen ⟨h⟩ 빨갛게 타오르다[빛나다]: die Zigarette glühte in der Dunkelheit auf 담뱃불이 어둠 속에서 빨갛게 타올랐다; [전의] ihr Gesicht glühte auf vor Empörung 그녀의 얼굴은 분노로 빨개졌다.

aufgraben* ⟨h⟩ **a)** 흙을 파 뒤집다, 갈아 엎다: den trockenen Lehmboden a. 메마른 찰흙땅을 갈아 엎다. **b)** 굴착하다: eine Wasserader a. 수맥(水脈)을 발굴하다. **Aufgrabung,** die; -en ↑ aufgraben의 명사형.

aufgrätschen ⟨h/s⟩ [체조] 벌린 두 다리[발]로 기구 위에 올라가도록 뛰어 오르다.

aufgreifen* ⟨h⟩ (수상한 부랑자를) 검거하다, 붙잡다: den entsprungenen Häftling[einen jugendlichen Ausreißer] bei einer Razzia a. 일제 단속 때에 탈출한 죄수[가출 청소년]를 잡다. **2. a)** (생각 따위를) 받아들여 계속 사유하다, 다시 관심[흥미]을 갖다: ein Thema [einen Gedanken] a. 어떤 테마(생각)를 받아들여 계속 사유하다. **b)** (이야기의 실마리를) 다시 끄집어내다, 계속하다: das frühere Gespräch a. 이전의 대화를 계속하다. **3.** 《드물게》 집어 들다.

auf Grund, aufgrund: ↑ Grund (5) 참조.

aufgrünen ⟨h⟩ 녹지를 조성하다: das Neubaugebiet a. 신시가지에 녹지를 조성하다. **Aufgrünung,** die; -en 녹지 조성.

aufgrunzen ⟨h⟩ 갑자기 꿀꿀대다.

aufgucken ⟨h⟩ 《통용어》 쳐다보다, 위를 보다: er guckt kaum von der Arbeit auf 그는 일감에서 시선을 떼는 일이 거의 없다.

aufgurten ⟨h⟩ (말의) 배띠를 풀다.

Aufguß, der; Aufgusses, Aufgüsse (식물의) 우려낸 물[즙, 차]: einen A. aus Sennesblättern machen 센나 잎으로 차를 만들다; [전의] was er später schrieb, war nur noch ein zweiter A. seiner ersten Gedich-

te 《폄》 그가 나중에 쓴 것은 단지 그의 첫번째 시들의 재탕에 불과했다. **Aufgußtierchen,** das 〈대개 Pl.〉 [생물] 적충류(滴蟲類), 섬모충(纖毛蟲).

aufhaben* ⟨h⟩ 《통용어》 **1.** (모자 따위를) 쓰고 있다: sie hat ihre Brille nicht aufgehabt 그녀는 안경을 끼지 않았다. **2.** (숙제를) 받다, 할일을 부여받다: haben wir für morgen etwas in Englisch auf? 우리 내일 영어 숙제가 뭐 있니? **3. a)** 열어 놓다, (눈을) 뜨다: wir hatten die Tür auf 우리는 문을 열어 놓았다. **b)** (가까스로) 열다: endlich einen Knoten a. 마침내 매듭 하나를 풀다. **c)** (상점이나 관청이) 영업하다, 근무하다: die Hauptpost hat auch abends auf 중앙 우체국은 밤에도 열려 있다; wir haben unser Geschäft samstags nicht auf 우리는 토요일에는 가게를 열지 않는다. **4.** 다 먹다: er hat sein Brot noch nicht auf 그는 아직 빵을 다 먹지 않았다. **5.** [사냥] 뿔이 달리다.

aufhacken ⟨h⟩ **a)** (곡괭이로) 파[헤치]다: den gefrorenen Boden a. 언 땅을 곡괭이로 파헤치다. **b)** (새들이) 부리로 쪼아 열다.

aufhaken ⟨h⟩ **1.** 훅을 벗기다[벗겨 열다](반대: zuhaken): die Gartentür a. 정원 출입문을 열다. **2.** [사냥] ↑ aufblocken.

aufhalden ['aufhaldn] ⟨h⟩ (팔리지 않는 석탄 등을) 쌓아 놓다, 야적하다. **Aufhaldung,** die; -en ↑ aufhalden 의 명사형.

aufhallen ⟨h⟩ (소리가) 갑자기 짧게 울리다.

aufhalsen ⟨h⟩ 《통용어·폄》 (짐, 부담을) 지우다, 과하다: jmdm. zuviel Arbeit a. 누구에게 너무나 많은 일의 부담을 주다; sie hat ihrer Mutter auch noch das dritte Kind aufgehalst 그녀는 셋째 아이까지도 그녀의 어머니에게 떠맡겼다.

Aufhalt, der; -(e)s, -e (지역적) 지체, 중단. **aufhalten*** ⟨h⟩ **1. a)** 막다, 저지하다: einen Fliehenden a. 도망자를 저지하다; eine Entwicklung[die Katastrophe] nicht a. können 진전(참사)을 막지 못하다. **b)** 지장(支障)을 주다, 방해하다: lassen Sie sich durch mich nicht a.! 저 때문에 구애받지 마십시오! **c)** 〈a. + sich〉 보살피다, 마음을 쓰다, 무엇으로 시간을 보내다: er kann sich nicht mit jedem schwachen Schüler a. 그는 성적이 부진한 학생들을 하나하나 보살펴 줄 수는 없다. **2.** 〈a. + sich〉 체류하다, 머무르다: sich zu Hause[bei Freunden] a. 집에 있다[친구 집에 머무르다]. **3.** 《통용어》 열어 놓다, 벌려 주다: jmdm. die Tür a. 누구에게 문을 열어 주다. **4.** 〈a. + sich〉 흥분하다, 악평하다: sich über jmds. Benehmen a. 누구의 태도를 비방하다. **5.** ⟨nordd.·통용어⟩ 그만두다, 중지하다. **aufhältlich** ['aufheltlɪç] 〈Adj.〉 《schweiz.》 체류하는, 거주하는. **Aufhaltstoß,** der [펜싱] 상대의 공격을 저지하기 위해 정면으로 찌르기. **Aufhaltung,** die; -en 《드물게》 지연, 중단.

aufhängen ⟨h⟩ **1. a)** 걸다: das Bild (an einen Nagel) a. 그림을 (못에) 걸다; wo darf ich mich a.? 《통용어·농》 내 외투 어디에 걸으면 되지? **b)** (통화 후 송수화기를) 걸다, 내려놓다. **2.** 《통용어》 **a)** 교살(絞殺)하다: den Mörder (an einem Baum) a. 살인자를 (나무에) 목매달아 죽이다. **b)** 〈a. + sich〉 목매달아 죽다: er hat sich mit einer Wäscheleine aufgehängt 그는 빨랫줄로 목매달아 죽었다. **3.** 《통용어·폄》 **a)** (안 좋은 물건을 사도록) 부추기다, 속여서 팔아 넘기다. **b)** (거짓말을 사실인양) 이야기하다: wer hat dir denn dieses Märchen aufgehängt? 도대체 네게 이처럼 터무니 없는 이야길 한 게 누구냐? **c)** (달갑지 않은 일을) 떠맡[넘기]다: warum hast du dir diese langweilige Arbeit a. lassen? 무엇 때문에 이런 따분한 일을 떠맡았니?; er hat ihr ein Kind aufgehängt 그는 그녀에게 임신시켰다. **4.**

(광범위한 문제를 특정 사건이나 경우에서 출발하여) 전개 [개진]하다. **Aufhänger**, der; -s, -. **1.** (옷 따위에 붙어 있는) 걸이, 걸개. **2.** 어떤 문제를 (언론에서) 다룰 계기가 되는 사건: der Bestechungsskandal erwies sich als geeigneter A. für eine breit angelegte Kritik an der Regierung 그 수뢰 사건은 정부에 대한 대대적인 비판의 적절한 계기를 마련해 준 것으로 밝혀졌다. **Aufhängung**, die [기술] 장착[부착] 방식.
Aufhärtung, die [기술] 용접의 최고 경도(硬度).
aufhaschen ⟨h⟩ (지역적) 날쌔게 잡다: 전의 ich konnte seinen Blick a. 나는 재빨리 그의 시선을 잡을 수 있었다.
aufhauen¹. ⟨h⟩ **1.** 깨다, 깨서 열다: die Kokosnuß mit einem Hammer a. 야자 열매를 망치로 깨다. **2.** (통용어) **a)** ⟨s⟩ (몸의 일부를) 부딪치다: mit dem Hinterkopf auf die [auf den] Fliesen. 뒤통수를 타일에 부딪치다. **b)** ⟨h⟩ (부딪혀) 다치다: ich habe mir bei dem Sturz das Knie aufgehauen 나는 넘어져 무릎을 다쳤다. **3.** ⟨h⟩ (österr. · 통용어) 호사스럽게 생활하다, 사치하다. **4.** ⟨h⟩ [광] 파 올라가다(반대: abhauen 4).
aufhäufeln ⟨h⟩ **a)** 북돋우다: die Bohnen a. 완두콩에 흙을 북돋아 주다. **b)** (건초 등을) 조그만 무더기로 쌓아 올리다. **Aufhäuf(e)lung**, die; -en ↑aufhäufeln의 명사형. **aufhäufen** ⟨h⟩ **a)** (무더기로) 쌓아 올리다: Erde a. 흙을 쌓아 올리다; 전의 er hat Reichtümer aufgehäuft 그는 재산을 모았다. **b)** ⟨a. + sich⟩ (무더기로) 쌓이다: in der Abfallgrube häuft sich der Müll auf 쓰레기장 웅덩이에 쓰레기가 쌓인다; 전의 seine Schulden hatten sich so aufgehäuft, daß er Konkurs anmelden mußte 그는 빚더미가 쌓여 파산 선고를 신청할 수밖에 없었다. **Aufhäufung**, die; -en ↑aufhäufen의 명사형.
aufheben* ⟨h⟩ **1. a)** 줍다, 집어 들다: etw. Heruntergefallenes wieder a. 떨어진 것을 다시 줍다. **b)** ⟨a. + sich⟩ 《아어 · 준고어》 일어서다: ich hob mich mühsam vom Sessel auf 나는 힘들게 의자에서 일어섰다. **c)** 올리다, 쳐들다: die Hand zum Schwur a. 맹세의 표시로 손을 들다; die Schüler wagten nicht, den Kopf aufzuheben 학생들은 감히 머리를 들 생각을 하지 못했다. **d)** 들어 올리다: den Deckel des Suppentopfes a. 수프 냄비 뚜껑을 들어 올리다. **2.** 보관(간수)하다: Briefe zur Erinnerung a. 편지를 기념하기 위해 보관하다; sie hebt alles auf 그녀는 아무것도 버리지 않는다; gut[schlecht] aufgehoben sein 좋은 [나쁜] 대접을 받다: das Kind war bei seinen Pflegeeltern gut aufgehoben 그 아이는 양부모 밑에서 잘 지내고 있었다; Geheimnisse sind bei ihm schlecht aufgehoben 그는 비밀을 잘 지키지 못한다. **3. a)** 폐지하다, 제거하다, 해체하다: die Todesstrafe a. 사형을 폐지하다; einen Haftbefehl a. 구속 영장을 철회하다; 정규 aufgeschoben ist nicht aufgehoben 연기는 중지가 아니다. **b)** 상쇄(相殺)하다: der Verlust hebt den Gewinn wieder auf 손해가 이익을 상쇄한다; ⟨a. + sich⟩ +2 und -2 heben sich gegenseitig auf +2와 -2는 상쇄된다. **c)** (공식적으로) 중지하다, 끝내다: der Vorsitzende hob gegen 22ʰ die Versammlung auf 의장이 22시경에 폐회했다. **4.** ⟨h⟩ 체포하다: die Bande wurde in der Nacht aufgehoben 그 패거리가 밤에 체포되었다. **Aufheben**, das; -s [검사(劍士)가 무기를 들 때 떠드는 소리에서] 《다음 용법으로》 **viel Aufheben(s)[kein A.] von etw.[jmdm.] machen** (아이) 무엇(누구)에 대해 야단법석을 떨다[떨지 않다]; **ohne (jedes[großes]) A.** (아이) 아무런 소동도 피우지 않고, 야단법석을 떨지 않고. **Aufhebung**, die; -en **1. a)** 폐지, 무효화, 해체: die A. der Zölle 관세 폐지;

die A. der ehelichen Gemeinschaft [법] 별거. **b)** 종결: die A. der Sitzung 폐회. **2.** 《고어》 체포, 검거. **Aufhebungsklage**, die [법] (법적 관계의) 취소 소송. **Aufhebungsvertrag**, der [법 · 경제] (법적 관계의) 취소 계약.
aufheften ⟨h⟩ **1.** 꿰매어 붙이다(달다). **2.** 《고어》 곧이 듣게 하다.
aufheißen ⟨h⟩ [선원] ↑²heißen.
aufheitern ['aufhaitən] ⟨h⟩ **a)** 기운을 내게 하다, 기분을 풀어 주다, 유쾌하게 하다: um ihn etwas aufzuheitern, erzähle ich ihm einige Geschichten 그를 좀 명랑하게 만들려고 나는 몇가지 이야기를 들려주고 있네. **b)** ⟨a. + sich⟩ (날씨가) 개다, 맑아지다: der Himmel hat sich aufgeheitert 하늘이 개었다. **Aufheiterung**, die; -en ↑aufheitern의 명사형.
aufheizen ⟨h⟩ **a)** [물리 · 기술] 서서히 가열하다(덥히다): Luft a. 공기를 서서히 덥히다; 전의 das oppositionelle Mißtrauen a. 야당의 불신을 심화시키다. **b)** ⟨a. + sich⟩ [물리 · 기술] 서서히 더워지다.
aufhelfen* ⟨h⟩ **a)** 부축하여 일으키다: dem gestürzten Radfahrer a. 자전거 타다 넘어진 사람을 부축하여 일으키다; 전의 Freunde hatten beschlossen, dem in finanzielle Schwierigkeiten geratenen Schriftsteller aufzuhelfen 친구들이 경제적으로 어려움에 처한 작가를 돕기로 결정했다. **b)** 개선하다: dieser Erfolg half seinem lädierten Selbstbewußtsein auf 이번 성공으로 그의 손상된 자부심이 회복되었다. **Aufhelfer**, der; -s, - (고어) (침대에서 일어날 때) 붙잡는 줄.
aufhellen ⟨h⟩ **1. a)** 밝게 [맑게] 하다: ein altes Gemälde a. 고화(古畫)의 색깔을 선명하게 하다; 전의 diese Reise hatte sein Gemüt etwas aufgehellt 이번 여행으로 그의 기분이 어느 정도 밝아졌다. **b)** 해명하다: die Motive eines Verbrechens a. 범행의 동기를 밝히다. **2.** ⟨a. + sich⟩ **a)** (날씨가) 개다, 밝아[맑아] 지다: der Himmel hatte sich am Horizont etwas aufgehellt 지평선 위의 하늘이 약간 훤해졌다; 전의 seine Miene hellte sich auf 그의 표정이 밝아졌다. **b)** ⟨a. + sich⟩ 투명[분명]해지다, 간파되다: erst nach mehrmaligem Lesen hellte sich mir der Sinn des Gedichtes auf 그 시는 여러 번 읽고 나니 비로소 그 뜻이 간파되었다. **Aufheller**, der; -s, - **1.** [사진] 보조광원. **2.** [섬유] 표백제. **Aufhellung**, die; -en ↑aufhellen의 명사형.
aufhenken ⟨h⟩ (고어) ↑aufhängen (2).
aufhetzen ⟨h⟩ **a)** 선동하다, 부추기다: das Volk a. 민중을 선동하다. **b)** 사주(使嗾)하다: er hetzte die Masse zu Gewalttaten auf 그는 대중에게 폭력을 사주했다. **Aufhetzer**, der; -s, - 선동자, 사주자. **Aufhetzerei**, die; -en 선동, 사주. **Aufhetzung**, die; -en 선동, 사주.
aufheulen ⟨h⟩ **a)** 울부짖다, 요란한 소리를 내다: der Motor heulte auf 그 엔진이 요란한 소리를 냈다; die Menge heulte auf vor Enttäuschung 군중이 절망한 나머지 울부짖었다. **b)** (통용어) 갑자기 소리내어 울다.
aufhieven ⟨h⟩ ↑hieven.
aufhin (Adv.) (österr., bayr.) ↑hinauf.
aufhirten ⟨h⟩ (schweiz.) 건초를 고산 지대 목장으로 운반하다.
aufhissen ⟨h⟩ (돛, 기 따위를) 달다.
¹aufhocken ⟨h/s⟩ **1.** [체조] 웅크린 자세가 되도록 기구 위에 뛰어오르다. **2.** (지역적) (탈것에) 올라 타다.
²aufhocken ⟨h⟩ **1.** (지역적) ↑aufhucken 참조. **2.** [농업] (건초나 곡식을) 낟가리로 쌓다. **Aufhocker**, der; -s [민속] 뒤에서 외딴 행인의 어깨에 올라타 목을 조르는 귀신.

aufhöhen ⟨h⟩ ⟨아어⟩ **a)** 높이다, 돋우다. **b)** ⟨밝은 색채를 칠하여⟩ 두드러지게 나타내다. **c)** 손질하다, 돋보이게 하다: sie hat ihr Aussehen mit Make-up aufgehöht 그녀는 메이크-업으로 외모를 돋보이게 했다. **Aufhöhung,** die; -en ↑aufhöhen의 명사형.

aufholen ⟨h⟩ **1. a)** 만회하다, 회복하다: der Zug holte (die Verspätung) auf 열차는 ⟨지체한 시간을⟩ 만회했다; sie hatte den versäumten Lernstoff rasch aufgeholt 그녀는 빼먹은 학습 내용을 빨리 만회했다. **b)** 차이를 줄이다, 나아지다, 뒤를 쫓다, ⟨시세가⟩ 상승하다: der deutsche Läufer holte in der letzten Runde noch (ein paar Meter) auf 독일 육상선수는 마지막 라운드에서 앞 선수와의 간격을 (몇미터) 좁혔다. **2.** [선원] 높이 달다, 끌어 올리다: die Segel a. 돛을 높이 달다. **Aufholer,** der; -s, - 아딛줄.

aufholzen ⟨h⟩ **a)** [임업] ↑aufforsten. **b)** [사냥] ↑aufbaumen. **c)** ⟨지역적⟩ ↑aufbürden. **Aufholzung,** die; -en ↑aufholzen의 명사형.

aufhopsen ⟨s⟩ ⟨지역적⟩ ↑aufhüpfen.

aufhorchen ⟨h⟩ 귀를 기울이다, 경청하다: als sie ihren Namen hörte, horchte sie auf 그녀의 이름이 들리자 그녀는 귀를 기울였다; 전의 in den fünfziger Jahren erschienen von ihr Gedichte, die a. ließen 오십년대에 주목을 끌만한 그녀의 시가 발표되었다.

aufhören ⟨h⟩ **a)** 끝나다, 그치다: der Regen hatte aufgehört 비가 그쳤다; an dieser Stelle hört der Weg auf 여기서 길이 끊긴다; das muß a.! ⟨통용어⟩ 이렇게 계속될 순 없어!; da hört der Spaß auf ⟨통용어⟩ 이젠 보고만 있을 순 없다; **da hört (sich) doch alles auf!** ⟨통용어⟩ 그건 너무한데[지나친데]! **b)** 끝내다, 중지하다⟨반대: anfangen⟩: sie hörten nicht auf zu schimpfen 그녀는 욕설을 멈추지 않았다; hör endlich auf! 제발 입다물어라[그만해라]!; wir haben heute abend früher aufgehört 우리는 오늘 저녁 일찍 일을 끝냈다; er hört am nächsten Ersten auf 그는 다음달 초 하루에 직장을 그만둔다.

aufhübschen ['aʊfhʏpʃn̩] ⟨h⟩ ⟨드물게⟩ 더 아름답게[매력적으로] 만들다, 모양 내다: du hast dich aufgehübscht 너 모양 좀 냈군.

aufhucken ⟨h⟩ ⟨통용어⟩ **a)** ⟨짐을⟩ 지다, 어깨에 메다: den Sack Kartoffeln a. 감자 자루를 어깨에 메다. **b)** ⟨짐을⟩ 지우다: er huckte ihm den schweren Rucksack auf 그는 무거운 배낭을 그에게 지웠다.

aufhüpfen ⟨s⟩ 깡충깡충 뛰다: die Kinder hüpften auf vor Freude 아이들이 기뻐서 깡충깡충 뛰었다.

aufhussen ['aʊfhʊsn̩] ⟨h⟩ ⟨österr.·통용어⟩ 선동하다, 부추기다. **Aufhusser,** der; -s, - 선동자.

aufjagen ⟨h⟩ ⟨짐승을⟩ 놀라게 하여 달아나게[날아가게] 하다: Feldhasen a. 산토끼를 달아나게 하다; 전의 das Klingeln jagte sie aus dem Schlaf auf 그녀는 자다가 초인종 소리에 후다닥 일어났다.

aufjammern ⟨h⟩ 비명(悲鳴)을 지르다: mit jedem Schlag jammerte der Gepeinigte lauter auf 고문 당하는 사람은 매를 맞을 때마다 더 크게 비명을 질렀다.

aufjauchzen ⟨h⟩ 환성을 올리다: vor freudiger Überraschung laut a. 뜻밖의 기쁜 소식을 맞아 크게 환성을 지르다.

aufjaulen ⟨h⟩ 갑자기 킹킹거리다, 울부짖다: der Hund jaulte vor Schmerz auf 개는 고통에 못이겨 킹킹거렸다.

aufjubeln ⟨h⟩ 환호성을 지르다: er wird a., wenn er vom Sieg seiner Mannschaft hört 자기 팀이 승리한 것을 들으면, 그는 환호성을 지를 것이다.

aufkaden ['aʊfkaːdn̩] ⟨h⟩ [수리] ⟨물이 불 때 판자나 말뚝을 이용하여⟩ 제방(堤防)을 높이다. **Aufkadung,** die; -en ↑aufkaden의 명사형.

aufkämmen ⟨h⟩ **1. a)** ⟨머리를⟩ 빗어 올리다. **b)** 빗질하여 머리를 다시 한번 가다듬다: das Lehrmädchen hat die Perücken aufgekämmt 여자 견습생이 가발에 빗질을 했다. **2.** [목공] ⟨직각으로 교차하는⟩ 목재의 이(齒)를 꼭 맞추다.

aufkantern ⟨h⟩ **1.** 모로 세우다, 세로로 놓다. **2.** [스키] ⟨속도를 늦추기 위해⟩ 체중을 스키의 안쪽이나 바깥쪽으로 옮기다.

aufkantern ⟨h⟩ [승마] 연습으로 달리다.

aufkaschieren ⟨h⟩ ⟨österr.⟩ 붙이다: eine Fotografie auf einen Karton a. 사진을 판지(板紙)에 붙이다.

aufkauen ⟨h⟩ ⟨드물게⟩ 씹어서 으깨다.

Aufkauf, der; -(e)s, Aufkäufe 사 모으기, 매점. **aufkaufen** ⟨h⟩ 매점(買占)하다, 사 모으다: in Erwartung von Mißernten Getreide a. 흉작을 예상하고 곡물을 사 모으다. **Aufkäufer,** der; -s, - 매점하는 사람: dieser Antiquar ist A. von Erstausgaben 이 고서적상은 초판본을 매점하는 상인이다. **Aufkaufhandel,** der; -s [경제] 매점상(買占商).

aufkehren ⟨h⟩ ⟨südd.⟩ 쓸어 담다.

aufkeilen ⟨h⟩ [광] 광석(鑛石)을 떼어 내다.

aufkeimen ⟨s⟩ 싹트다: der Weizen ist schon aufgekeimt 벌써 밀의 싹이 텄다; 전의 Zweifel[Zuneigung] keimt in jmdm. auf 누구의 마음 속에 의심[호감]이 싹튼다.

aufkellen ['aʊfkɛlən] ⟨h⟩ 국자로 퍼 담다: 전의 was sich einer aufkellt, soll er auch essen 퍼 담은 것은 자기가 먹어야 마땅하다, 자신의 행동에 책임을 겨야 한다.

aufkichern ⟨h⟩ ⟨드물게⟩ 킥킥거리다.

Aufkimmung, die; -en [선원] 뱃바닥이 옆으로 경사짐.

aufkippen ⟨s⟩ **1.** 넘어져 모서리가 무엇에 부딪치다. **2.** [학생어] ↑auffliegen (3): er ist beim Abspicken aufgekippt 그는 커닝하다 걸렸다.

aufklaffen ⟨h/s⟩ ⟨틈이⟩ 벌어지다, 균열이 생기다: die Wunde des Verletzten hatte gräßlich aufgeklafft 부상자의 상처가 흉측하게 벌어졌다; 전의 die Gegensätze zwischen den Siegermächten waren nach dem Krieg erneut aufgeklafft 전승국간의 대립이 전후에 다시 나타났다.

aufklagen ⟨h⟩ ⟨드물게⟩ 신음 소리를 내다, 갑자기 짧게 신음하다.

aufklammern ⟨h⟩ [의학] 집게로 놓다.

Aufklang, der; -(e)s, Aufklänge ⟨아어·드물게⟩ 개막, 시작, 서막.

aufklappbar ['aʊfklapbaːɐ̯] ⟨Adj.⟩ 접는 식의, 접었다 폈다 할 수 있는. **aufklappen 1.** ⟨반대: zuklappen⟩ **a)** ⟨h⟩ ⟨한쪽이 고정된 것을⟩ 젖혀[들어] 열다(펴다): den Kofferraum des Pkws a. 승용차의 트렁크를 열다; er hatte das Messer blitzschnell aufgeklappt 그는 번개처럼 칼을 뺐다; das Buch a. 책을 펴다. **b)** ⟨s⟩ 열리다: das Fenster ist aufgeklappt 창문이 열렸다. **2.** ⟨h⟩ 위로 젖히다, 위를 향하여 하다⟨반대: herunterklappen⟩: er klappte den Uniformkragen auf 그는 유니폼의 깃을 위로 세웠다.

aufklaren ['aʊfklaːrən] ⟨h⟩ **1.** [기상] 개다: der Himmel klarte am Nachmittag wieder auf 하늘은 오후에 다시 갰다. **2.** [선원] 치우다, 정리[청소]하다.

aufklären ⟨h⟩ **1. a)** 밝히다, 진상을 밝히다, ⟨불분명한 점을⟩ 해명하다, 제거하다: ein Verbrechen a. 범행을 밝히다; einen Irrtum [Widersprüche] a. 오류[모순점]를 밝히다. **b)** ⟨a. + sich⟩ 밝혀지다, 풀리다: die Mißverständnisse haben sich längst aufgeklärt 오해는 오래

전에 풀렸다. 2. a) 계몽(啓蒙)하다, 깨우쳐[알려]주다: er klärte mich über den wahren Sachverhalt auf 그는 사태의 진상을 내게 알려 주었다; können Sie mich (darüber) a., was dieser Ausdruck bedeutet? 이 표현의 의미를 제게 설명해 주실 수 있으십니까? b) (어린이에게) 성교육을 시키다: es ist die Aufgabe der Schule, die Kinder aufzuklären 어린이에게 성교육을 시키는 것은 학교의 임무다. c) (구동독) (정치적으로) 선전하다, 선동하다. 3. 〈a. + sich〉 (날씨가) 개다: [전의] seine finstere Miene klärte sich auf 그의 어두운 표정이 밝아졌다. 4. 〖군〗 정찰하다: die genaue Stellung des Feindes aufzuklären versuchen 적의 정확한 위치를 정찰하려고 하다. **Aufklärer**, der; -s, -1. 계몽주의자. 2. 〖군〗 a) ↑Aufklärungsflugzeug. b) 척후병, 정찰병. 3. (구동독) 정치 선전원. **aufklärerisch** 〈Adj.〉 a) 계몽주의적인, 계몽주의자(류)의, 자유 사상을 지닌, 합리적인. b) 교도적(教導的)인, 계몽적인: die -e Absicht seiner Romane 그의 소설이 가진 계몽적 의도. **Aufklärung**, die; -en 1. 진상 규명, 해결: dieses Verbrechen harrt noch der restlosen A. 이 범행은 아직도 철저한 진상 규명이 이루어져야 한다. 2. a) 설명, 해명: von jmdm. die gewünschte A. erhalten 누구로부터 원했던 설명을 듣다. b) (Pl. 없음) 성교육. c) 교화, 계몽: die A. der Bevölkerung über Möglichkeiten der Geburtenregelung 산아 제한 방법에 대한 국민 계몽. d) (구동독) 정치 선전[선전]. 3. (Pl. 없음) 계몽주의 (합리주의와 진보적 신념을 바탕으로 한 18세기 유럽의 사상적 조류). 4. 〖군〗 정찰(偵察).
Aufklärungs-: **~arbeit**, die 계몽[정치 교육] 활동. **~bataillon**, das 〖군〗 정찰 대대. **~beschluß**, der 〖법〗 특정 사안에 대해 소송 당사자들의 해명을 요구하는 법원의 (잠정) 결정. **~broschüre**, die 선전책자, 계몽책자. **~buch**, das 성교육서. **~film**, der 성교육 영화. **~flug**, der 〖군〗 정찰 비행. **~flugzeug**, das 〖군〗 정찰기. **~kampagne**, die 계몽 운동(캠페인). **~literatur**, die 1. 계몽[교육]을 위한 책자. 2. 계몽주의 (시대의) 문학. **~lokal**, das (구동독) 정치 교육장(場). **~material**, das 교육 자료. **~mittel** 〈Pl.〉 〖군〗 정찰 부대. **~pflicht**, die 〖법〗 설명[진상 규명] 의무: die A. des Arztes 예정된 수술의 위험성을 환자에게 설명해야 할 의사의 의무; A. des Richters 소송 당사자들로부터 사건의 진상을 규명해내야 하는 판사의 의무. **~schrift**, die 어떤 문제에 대해 포괄적인 정보를 주는 글. **~tätigkeit**, die 계몽[선전] 활동. **~truppe**, die 〖군〗 정찰 부대. **~zeit**, die (Pl. 없음) 계몽주의 시대. **~zeitalter**, das ↑~zeit. **~ziel**, das 〖군〗 정찰 목표.
aufklatschen 〈s〉 (어디에) 철썩 소리를 내며 떨어지다.
aufklauben 〈h〉 (지역적으로) 주워 모으다.
Aufkleb(e)-: **~adresse**, die 〖우편〗 (소포에 부착하는) 주소 기재용 스티커. **~etikett**, das (상표 등과 같이) 글자가 인쇄된 스티커. **~zettel**, der ↑Aufkleber.
aufkleben 〈h〉 붙이다: eine Briefmarke auf einen Brief a. 편지에 우표를 붙이다; die Mutter klebte ihm ein Pflaster auf 어머니가 그에게 밴드를 붙여 주었다. **Aufkleber**, der; -s, - 스티커.
aufkleistern 〈h〉 (통용어) (풀로 아무렇게나) 붙이다.
aufklingen' 〈s〉 (소리가) 갑자기 짧게 울리다: Stimmen klangen auf einmal neben ihm im Dunkel auf 갑자기 그의 옆에서 어둠 속에서 음성이 들렸다.
aufklinken 〈h〉 (문의 손잡이를) 눌러서 열다(반대: zuklinken).
aufklopfen 〈h〉 1. 두드리다. 2. (껍데기를) 두드려 깨다: wir klopften die Nüsse (mit einem Hammer) auf 우리는 망치로 호두를 깼다. 3. (깃털 이불 따위를) 두드려 고르게 하다.

aufknabbern 〈h〉 (친근) 단단한 것을 조금씩 씹어 먹다: Erdnüsse a. 땅콩을 바삭바삭 씹어 먹다.
aufknacken 〈h〉 a) 딱[빠드득] 소리나게 깨뜨리다: Nüsse (mit den Zähnen) a. 호두를 (이로) 빠드득 깨뜨리다. b) 〖통용어〗 부수어 열다: einen Tresor a. 금고를 부수어 열다.
aufknallen 《경》 1. 〈s〉 (심하게) 부딪치다, 들이받다: das Auto ist auf einen Lastwagen aufgeknallt 자동차가 화물차를 들이받았다. 2. 〈h〉 (벌로) 과하다: der Lehrer hat uns zwei Stunden Arrest aufgeknallt 선생님이 우리에게 벌로 방과 후에 2시간 동안 학교에 남아 있도록 했다. 3. 〈h〉 (드물게) (문을) 소리나게 벌컥 열어 젖히다(반대: zuknallen).
aufknien 〈h〉 a) 〖체조〗 상체를 펴고 무릎 꿇은 자세가 되도록 기구에 뛰어오르다. b) 〈a. + sich〉 무릎 꿇고 앉다: er kniete sich (auf die Bank) auf 그는 (벤치에) 무릎을 꿇고 앉았다.
aufknipsen 〈h〉 〖통용어〗 (똑딱 단추 따위를) 철컥 열다.
aufknöpfen 〈h〉 1. 단추를 끄르다(반대: zuknöpfen): ich knöpfte mir den Mantel auf 나는 외투 단추를 끌렀다; [전의] knöpf (dir) die Ohren auf! 《통용어·농》 귀를 열고 잘들어! 2. (단추를 끼워) 달다: einen weißen Kragen auf das Hemd a. 셔츠에 하얀 칼라를 달다.
aufknoten 〈h〉 a) 매듭을 풀다: er knotete seine Schuhriemen auf 그는 구두끈을 풀었다. b) (매듭 지어진 것을 풀어) 열다(반대: zuknoten): ein Paket a. 소포의 끈을 풀어 열다.
aufknüpfen 〈h〉 1. a) 목매달아 죽이다. b) 〈a. + sich〉 목매달아 죽다: sie hat sich in einem Anfall von Schwermut aufgeknüpft 그녀는 우울증 발작으로 목매어 자살했다. 2. a) (매듭 따위를) 풀다. b) ↑aufknoten (b).
aufkochen 〈h〉 1. a) 끓이다: die Suppe unter Umrühren a. 수프를 저으면서 끓이다. b) 끓기 시작하다: warte, bis das Wasser aufkocht 물이 끓을 때까지 기다려라. 2. 다시 끓이다[덥히다]: jmdm. aufgekochten Kaffee vorsetzen 누구에게 다시 데운 커피를 내놓다. 3. (südd., österr.) 음식을 많이 장만하다: für das Fest wurde groß aufgekocht (잔치를 위하여) 음식을 푸짐하게 장만하다.
aufkohlen 〈h〉 〖기술〗 (탄소가 적은 강철을) 탄소 처리하다. **Aufkohlung**, die; -en 탄소 처리.
aufkommen' 〈s〉 1. 발생하다, 생기다, 세력이 커지다, 유행하기 시작하다, 퍼지기 시작하다: Wind kommt auf 바람이 인다; es kamen Gerüchte auf, er wolle zurücktreten 그가 사임하려고 한다는 소문이 났다; Mißtrauen kam auf 불신감이 생겼다; es wollte keine rechte Stimmung a. 제대로 분위기가 형성되지 않았다. 2. a) 비용을 부담하다, 떠맡다, 보상하다: für den Unterhalt der Kinder a. 아이들의 생활비를 부담하다; für den entstandenen Sachschaden a. 발생된 물적 손실을 보상하다. b) 책임지다, 보증하다: für die Sicherheit Berlins a. 베를린의 안전을 보장하다. 3. a) (감)당하다: (대개 부정으로) gegen einen mächtigen Mann nicht a. können 힘센 남자에겐 당할 수가 없다. b) 누구와 어깨를 나란히 하다, 누구에게 필적(匹敵)하다: 《대개 부정으로》 du wolltest niemanden neben dir a. lassen 너는 누구도 너의 경쟁 상대가 되는 것을 원치 않았다. 4. 《준고어》 a) 일어서[나]다: er kam nur mit Mühe vom Boden auf 그는 간신히 바닥에서 일어섰다. b) 건강을 회복하다. 5. (지역적) 밝혀지다, 드러나다: der Schwindel kam auf 사기(詐欺)가 들통났다. 6. 어디에 떨어지다[뛰어오르다]: der Akrobat kam auf das[auf dem] Netz auf 줄타기 광대가 그물 위에 떨어졌다. 7. 〖스포츠〗 만회하

다, 따라붙다, 우세해지다: der Läufer kommt jetzt auf und übernimmt die Spitze des Feldes 그 주자가 지금 따라붙어 필드의 선두로 나서고 있다. **8.** [선원] (배가) 시야에 나타나다, 다가오다. **Aufkommen**, das; -s **1.** [경제] **a)** (일정 기간 내의) 수입금(收入金), 세수(稅收): das A. (aus) der Körperschaftssteuer 법인 세수 총액. **b)** 《구동독》 공출(供出). **2.** 치유(治癒), 건강 회복.

aufkorken ⟨h⟩ 코르크 마개를 빼다(따다).

aufkrachen ⟨s⟩ 《통용어》 **1.** (꿰맨 것이) 터지다: die Naht ist aufgekratzt 솔기가 터졌다. **2.** 쾅 소리를 내며 떨어지다: der schwere Ast ist auf das[auf dem] Wagendach aufgekracht 무거운 나뭇가지가 자동차 지붕 위로 쿵하고 떨어졌다. **3.** 쾅 소리를 내며 열리다: da krachte die Tür auf 문이 쾅 열렸다.

aufkratzen ⟨h⟩ **1. a)** (아문 상처를) 긁어 벌어지게 하다 [덧내다]: du kratzt dir die Wunde am Knie immer wieder auf 너는 무릎 상처를 자꾸 긁어서 덧내곤 하는구나. **b)** 긁어서 상처를 내다: die Dornen kratzten ihm das Gesicht auf 그의 얼굴은 가시에 긁혀 상처가 났다. **2.** 까칠까칠하게 하다. **3.** 《통용어》 유쾌하게 하다, 기분좋게 만들다.

aufkreischen ⟨h⟩ 소리지르다: voller Schrecken schrill a. 기겁하여 날카로운 비명을 지르다; [전의] aufkreischende Bremsen 꺽하며 급정거하는 브레이크.

aufkrempeln ⟨h⟩ (옷소매 따위를) 걷어 올리다: ich kremp(e)le (mir) die Hemdsärmel bis zum Ellbogen auf 나는 셔츠 소매를 팔꿈치까지 걷어 올린다.

aufkreuzen 1. 《경》 ⟨s⟩ (뜻밖에) 나타나다: er ist gestern schon wieder bei uns aufgekreuzt 그는 어제 또 다시 우리집을 찾아왔다; dann ist er auf einmal wieder in seiner Heimatstadt aufgekreuzt 그 후 그는 다시 갑자기 고향에 나타났다. **2.** [선원] ⟨s / h⟩ 바람을 안고 갈지자(之)형으로 항진(航進)하다.

aufkriegen ⟨h⟩ 《통용어》 ↑aufbekommen.

aufkünden ⟨h⟩ 《아어·스위스.》 ↑aufkündigen.

aufkündigen ⟨h⟩ **a)** (↑kündigen의 강조형) 해약을 예고[통보]하다, 해약하다: das Mietsverhältnis a. 임대차 계약의 해약을 통보하다. **b)** (아이) (관계를) 끊다, 절교하다: er hat ihm die Freundschaft aufgekündigt 그는 그 사람과 절교했다. **Aufkündigung**, die; -en ↑aufkündigen의 명사형.

aufkupfern ['aufkupfɐn] ⟨h⟩ [인쇄] (요(凹)판 인쇄 실린더에) 동판(銅板)을 입히다.

aufkurbeln ⟨h⟩ **1.** 손잡이를 돌려 열다: das Wagenfenster a. 자동차 창문을 열다. **2.** [재봉] (재봉틀로 꿰매) 붙이다, 달다.

Aufl. = Auflage.

auflachen ⟨h⟩ (갑자기) 웃음을 터뜨리다: schallend a. 큰소리로 웃다.

auflackieren ⟨h⟩ 라크칠을 새로 하다.

aufladen¹ ⟨h⟩ **1. a)** (짐을) 싣다(반대: abladen): Rüben (auf den Lastwagen) a. 화물차에 무를 싣다; die Kinder halfen beim Aufladen 아이들이 짐을 싣는 일을 도왔다. **b)** 《통용어》 짐을 지우다: [전의] er lud seiner Frau die Verantwortung für die Kinder auf 그는 아이들에 대한 책임을 아내에게 지웠다. **2.** [물리] **a)** α) 충전하다(반대: entladen): eine Batterie a. 전지를 충전하다; [전의] eine emotional aufgeladene Diskussion 감정이 개입된 토론. β) ⟨a. + sich⟩ 전기를 띠다(반대: entladen 2 b): manche Textilien laden sich elektrostatisch auf 몇몇 섬유류는 정전기를 띠고 있다. **b)** 압축 공기를 공급하여 엔진의 성능을 높이다. **Aufladeplatz**, der 적하장(積荷場). **Auflader**, der; -s, - 하역인부. **Aufladung**, die; -en ↑aufladen의 명사형.

Auflage, die; -n **1. a)** [서적] 판(版), 발행 부수(약6인: Aufl.): die erste A. dieses Werkes erschien 1923 이 작품의 초판(初版)은 1923년에 발행되었다; sechste, neubearbeitete u. erweiterte A. 확대 개정 제 6판. **b)** [경제] 생산량. **2.** [ён] **a)** (무엇 위에 얹는) 의무, 조건: er übermachte sein ganzes Vermögen der Kirche mit der A., es für Missionszwecke zu verwenden 그는 전재산을 선교 목적에 사용하는 조건으로 교회에 유증(遺贈)했다. **b)** [구동독 경제] 계획 목표값. **3. a)** 라이닝, 안감, 씌우개, 덮개. **b)** 코팅, 도금(鍍金): eine A. aus Silber 은도금. **4.** 받침대, 총가(銃架): ohne A. schießen 받침대없이 사격하다. **5.** [제재] (통나무를 두 번 잘라 가공할 때) 첫번째 톱으로 잘린 면.

Auflage- (때때로 Auflagen-과 혼용됨): ~druck, (또한) **Auflagendruck**, der ⟨Pl. ...drucke⟩ [서적] (시험 인쇄 후의) 판(版)의 인쇄. ~fläche, die 접촉면. ~höhe, (또한) **Auflagenhöhe**, die [서적] 발행 부수: eine A. von über einer Million Exemplaren 1백만부가 넘는 발행 부수. ~ziffer, (또한) **Auflagenziffer**, die [서적] (한판의) 발행 부수.

Auflager, das; -s, - [건축] 받침대, 지주, 주춧돌.

auflagern ⟨h⟩ **a)** 무엇 위에 쌓다(올려 놓다): er hatte die schweren Bretter auf zwei Stützböcke aufgelagert 그는 무거운 널판지를 두개의 받침대 위에 쌓았다. **b)** 무엇 위에 쌓여[놓여] 있다. **Auflagerung**, die; -en ↑auflagern의 명사형.

auflandig ['auflandɪç] ⟨Adj.⟩ [선원] 육지를 향한(반대: ablandig): die Strömung ist a. 조류가 육지 쪽으로 흐른다. **Auflandung**, die; -en **a)** [수리·농업] 범람에 의한 지표면의 상승. **b)** [수리] 토사가 쌓임. **Auflandungsteich**, der [수리] (공장 폐수의) 침전지.

auflassen¹ 1. 《통용어》 열어 놓다: laß doch die Fenster auf! 창문을 좀 열어 놓아라!; den Mantel a. 외투의 단추를 채우지 않다. **2.** 《통용어》 (모자를) 쓰고 있다, 쓴 채로 있다. **3.** 《통용어》 (잠자지 않고) 깨어 있게 하다. **4.** 띄워 올리다: Luftballons wurden aufgelassen 풍선들이 띄워졌다. **5. a)** (südd., österr.) 폐업하다, 문 닫다: jetzt hatte er das Geschäft verkauft und die Werkstätte aufgelassen 이제 그는 가게를 팔고 공장문도 닫았다. **b)** [광] 폐광하다. **6.** [법] (토지 따위를) 양도하다, 포기하다. **auflässig** ⟨Adj.⟩ [광] 폐광된. **Auflassung**, die; -en **1. a)** (südd., österr.) 폐업, 문닫음. **b)** [광] 폐광. **2.** [법] (부동산 소유권의) 양도. **3. die A. geben** (지역적 · 농) (잔치의) 시작 신호를 하다.

auflasten ⟨h⟩ 《드물게》 짐을 지우다: [전의] ihm wurde alle unangenehme Arbeit aufgelastet 궂은 일이란 궂은 일은 모두 그의 몫이었다.

auflauern ⟨h⟩ 누구를 숨어서 기다리다[노리다]: er lauerte ihm an einer dunklen Straßenecke auf 그는 어두운 길모퉁이에 숨어서 그 사람을 기다렸다.

Auflauf, der; -(e)s, Aufläufe **1.** 떼, 무리: vor dem Rathaus gab es einen A. empörter Bürger 시청 앞에는 한떼의 격분한 시민들이 모여 들었다. **2.** 구워서 부풀린 과자, 수플레: ein A. mit Käse u. Schinken 치즈와 햄이 든 수플레.

Auflauf-: ~bremse, die (자동차) 트레일러용 자동브레이크. ~form, die 수플레 틀[거푸집]. ~krankheit, die [농업] 곡식싹에 생기는 병(病).

auflaufen¹ 1. ⟨s⟩ **a)** [선원] 좌초(坐礁)하다: der Dampfer lief auf einen Eisberg auf 그 배는 빙산에 좌초했다. **b)** 뛰어가다가 부딪치다: ich wäre beinahe auf dich aufgelaufen 나는 달리다가 하마터면 너와 부딪칠 뻔 했다; der Verteidiger ließ seinen Gegenspieler a. [축구] 수비수가 상대 선수와 충돌을 야기했다. **2.** ⟨s⟩ **a)**

aufleben

《드물게·지역적》부풀어오르다, 팽창하다. **b)** 늘다, 증가하다, 쌓이다: die Zinsen auf meinem Sparkonto sind auf 60 DM aufgelaufen 나의 예금통장에 이자가 60 DM으로 늘어났다. **3.**【수리】⟨s⟩《밀물로 인해 물이》불어나다: auflaufendes Wasser 만조(滿潮)시 하천으로 역류하는 조류. **4.**【농업】⟨s⟩《싹이》돋아나다, 싹트다: die Frühkartoffeln sind aufgelaufen 올 감자 싹이 돋아났다. **5.**【경주】⟨s⟩ 따라붙[잡]다: zur Spitzengruppe a. 선두 그룹에 따라붙다. **6.** ⟨a. + sich⟩《통용어》⟨h⟩ 걸어서 발이 붓다: bei der langen Wanderung habe ich mir die Füße aufgelaufen 오래 걸어서 나의 양쪽 발이 부었다.

aufleben ⟨s⟩ **a)** 되살아나다, 생기를 얻다: die Regenfälle nach der langen Trockenzeit ließen die Natur wieder a. 오랜 가뭄 끝에 내린 비가 자연에 생기를 주었다; 전의 beim Anblick der Flasche Korn lebte er plötzlich auf 소주병을 보자 그는 갑자기 생기가 돌았다. **b)** 새로 시작되다, 소생하다: als ein neuer Gast kam, lebte das Gespräch wieder auf 새 손님이 오자 대화는 다시 활기를 띠었다.

auflecken ⟨h⟩ 핥아 먹다: die Katze hat die Milchlache vom Boden aufgeleckt 고양이가 바닥에 흘린 우유를 핥아 먹었다.

Auflegematratze, die; -n (침대의) 매트. **auflegen** ⟨h⟩ **1. a)** 무엇 위에 (올려)놓다[깔다, 덮다]: eine neue Tischdecke a. 새 식탁보를 깔다; ein Gedeck a. 식사용 구를 차려 놓다; eine (Schall)platte a. 음반을 올려 놓다; wir müssen noch mehr (Briketts) a. (불에) 연탄을 더 넣어야 하겠다; Make-up a. 얼굴 화장을 하다; er legte den Hörer auf 송수화기를 걸이에 올려 놓다; mit aufgelegten Ellbogen 팔꿈치를 괸 채로. **b)** 전화 통화를 끊다: er wollte noch etwas sagen, aber sie hatte schon aufgelegt 그는 좀더 말을 하고 싶었으나 그녀는 이미 전화를 끊었다. **2.**《드물게》부과하다, 지우다. **3.** 열람하도록 전열하다[전시하다]: die Liste für die Gemeinderatswahl wird erst morgen aufgelegt 기초의회의원 입후보자 명단은 내일에야 공포된다. **4.** ⟨a. + sich⟩《지역적》다투다, 싸움을 걸다. **5. a)**【서적】(다시) 출간(出刊)하다; (책을) 간행[출판]하다: seine Romane sind später nicht wieder aufgelegt worden 그의 소설들은 그 후에 다시 출판되지 않았다. **b)**【경제】(대량으로) 생산을 시작하다: eine neue Serie von etw. auflegen 무엇의 새로운 시리즈 생산을 시작하다. **6.**【화폐·재정】(주식이나 채권을) 시장에 내놓다: an der Börse waren neue Aktien aufgelegt worden 증권 시장에 새로운 주식이 나왔다. **7.**【선원】(배를) 일시적으로 휴항(休航)시키다. **Aufleger**, der; -s, - **1.** ↑Auflegematratze. **2.** 부과자, 처벌자. **3.** 트레일러. **Auflegung** die; -en ↑auflegen의 명사형.

auflehnen ⟨h⟩ **1.** ⟨a. + sich⟩ 반항(저항)하다, 반발하다: sich gegen die bestehende Ordnung a. 기존 질서에 반항하다. **2.**《지역적》(팔로) 기대다, 버티다, 짚다. **Auflehnung**, die; -en 반항, 반란, 반발.

aufleimen ⟨h⟩ 아교로 붙이다: die abgebrochenen Figürchen wieder auf die[auf der] Unterlage a. 떨어져 나간 조각을 다시 받침대에 아교로 붙이다.

aufleisten ⟨h⟩ **1.** 구두를 구두골에 끼우다. **2.** 테두리를 달다, 테를 두르다. **Aufleistung**, die; -en ↑aufleisten 의 명사형.

auflesen* ⟨h⟩ **1. a)** 줍다, 주워 올리다, 주워 모으다: Fallobst a. 낙과(落果)를 주워 모으다. **b)**《통용어》챙기다, 주워 넣다: er hatte ein paar spanische Redensarten aufgelesen, die er überall anbrachte 그는 얼마 더 스페인 말을 얻어듣고 나서 아무 곳에서나 이를 써 먹었다. **c)**《통용어·농》묻혀 오다, 걸리다: ich hatte in den Tropen eine Viruskrankheit aufgelesen 나는 열대 지방에서 바이러스 병(病)에 걸렸다. **2.**《통용어·폄》꿰차다, 주워 가지다: ein Mädchen aus der Gosse a. 밑바닥 환경의 한 아가씨를 꿰차다.

aufleuchten ⟨h / s⟩ 번쩍 빛나다, 빛을 발(發)하(기 시작하)다: eine Lampe leuchtete auf 램프불이 환하게 비쳤다; 전의 seine Augen hatten freudig aufgeleuchtet 그의 눈에는 기쁨의 빛이 번쩍였다.

Auflicht, das; -(e)s【광학·사진】조명, 라이트. **auflichten** ⟨h⟩ **a)** 간벌(間伐)하다: man müßte den Wald etwas a. 숲을 좀 간벌해야 하겠는데; von Gärten aufgelichtete Stadtbezirke 정원들이 사이사이에 박혀 трик 있는 지역. **b)** 밝게 하다: man könnte die Räume durch hellere Tapeten etwas a. 밝은 벽지를 사용하면 그 방들이 다소 훤해질 수 있을 텐데. **c)** 밝히다: das Geheimnis wird wohl nie aufgelichtet werden 그 비밀은 영원히 밝혀지지 않을 것이다. **d)** ⟨a. + sich⟩ α) 밝아[맑아]지다: der Himmel lichtete sich gegen Nachmittag etwas auf 저녁나절에 하늘이 다소 밝아졌다. β) 투명(분명)해지다: die Zusammenhänge, die bisher im Dunkel lagen, haben sich aufgelichtet 지금까지 애매했던 상관 관계들이 분명해졌다. **Auflichtmikroskop**, das; -s, -e【광학】불투명체 검사용 현미경. **Auflichtung**, die; -en ↑auflichten의 명사형.

Auflieferer, der; -s, - 발송자, 탁송자. **aufliefern** ⟨h⟩ 발송하다, 탁송하다: ich liefere mein Reisegepäck morgen auf 내일 나는 수하물을 내일 탁송한다. **Auflieferung**, die; -en 탁송.

aufliegen* ⟨h⟩ **1. a)** (무엇 위에) 놓여 있다, 얹혀 있다. der Deckel liegt nicht richtig auf 뚜껑이 제대로 놓여 있지 않다. **b)**《준고어·지역적》부담[짐]이 되다: die Verantwortung lag ihm schwer auf 그 책임이 그에게 큰 짐이 되었다. **2.** 열람[이용]하도록 비치[진열]되다: von morgen an liegen Wahlverzeichnisse auf 내일부터 선거인명부가 열람할 수 있도록 전열된다. **3.** ⟨a. + sich⟩ **a)**《통용어》오래 누워있어 몸 어디에 헌데가 생기다: ich habe mir den Rücken aufgelegen 오래 누워 지내다 보니 내 등에 헌데가 생겼다. **b)** 오래 누워 있어 헌데가 생기다. **4.**【선원】(배가) 일시적으로 휴항 중에 있다. **Aufliegezeit**, die 휴항 기간.

auflisten 목록을 만들다: das Sammeln u. Auflisten von Wortmaterial 언어 자료의 수집과 목록 작성. **Auflistung**, die; -en 목록 작성.

auflockern ⟨h⟩ **1.** 늦추다, 느슨하게 하다, (흙을) 부드럽게 부수다: aufgelockerte Bewölkung 드문드문 끼어 있는 구름. **2.** ⟨a. + sich⟩ (근육의) 긴장을 풀다: ich schlenkere mit Armen u. Beinen, um mich aufzulockern 나는 몸을 풀기 위해 팔과 다리를 흔들었다. **3. a)** 다양하게 만들다, 변화를 주다: ein Wohngebiet durch Grünanlagen a. 주택가에 녹지대를 조성하여 변화를 주다. **b)** 부드럽게[풀어지게] 하다: der Alkohol trug dazu bei, die Atmosphäre aufzulockern 술이 분위기를 부드럽게 하는데 기여했다. **Auflockerung**, die; -en ↑auflockern의 명사형.

auflodern ⟨s⟩ 활활 타오르다: er goß Benzin in die Flammen, so daß sie hoch auflodern 그는 불꽃이 활활 타오르도록 휘발유를 부었다; 전의 in Irland lodern die Straßenkämpfe wieder auf 아일랜드에서 시가전이 재연되었다.

auflohen ⟨s⟩ (아이) ↑auflodern: das Papier lohte hell auf 종이가 활활 탔다. 전의 die Flamme der Begeisterung lohte in ihnen auf 감격의 불꽃이 그들의 내부에서 활활 타올랐다.

auflösbar ['aufløːsbaːɐ] ⟨Adj.⟩ **1.**【화학】가용성의, 용해되는. **2.** 풀 수 있는: ein schwer auflösbarer Knoten 풀기 어려운 매듭. **3. a)** 취소[파기]할 수 있는: ein -er Vertrag 취소할 수 있는 계약. **b) [수학]** 풀 수 있는. **Auflösbarkeit,** die ↑auflösbar의 명사형. **auflösen** ⟨h⟩ **1. a)** 녹이다, 용해하다: Tabletten in einem Glas Wasser a. 알약을 한 컵의 물 속에 녹이다. **b)** ⟨a. + sich⟩ 풀어지다, 녹다, 용해되다, 해체되다: der Zucker hat sich aufgelöst 설탕이 녹았다; 전의 Zeichen des sich auflösenden Reiches 붕괴되는 제국의 징조. **c)** ⟨a. + sich⟩ (무엇으로) 이행(移行)하다, 바뀌다: die dunklen Wolken lösten sich in prasselnden Regen auf 먹구름이 후두두 소리를 내는 비로 변했다. **2. a)** 《아 어》 (매듭, 엉킨 것을) 풀다: eine kunstvoll geschlungene Schleife a. 기교를 부려 맨 나비넥타이를 풀다; ich löste mir das Haar auf 나는 머리를 풀었다. **b)** ⟨a. + sich⟩ 《아어》 풀리다, 느슨해지다: ihr Haar löst sich immer wieder auf 그녀의 머리가 자꾸만 풀린다. **3. a)** 폐지[폐업]하다, 해산[해체]하다, (계약을) 취소[파기]하다: die Regierung hat das Parlament aufgelöst 정부가 국회를 해산하였다; er wollte den Vertrag mit der Firma a. 그 회사와의 계약을 파기하려 하였다; die Verlobung a. 파혼하다; die Ehe wurde aufgelöst 그 결혼은 파탄이 났다; die Klammern a. **[수학]** 계산을 하여 괄호를 없애다. **b)** ⟨a. + sich⟩ 없어지다, 소멸[붕괴]되다, 해산하다: die alten Ordnungen lösten sich auf 구질서는 붕괴되었다; die Menschenmassen hatten sich aufgelöst 군중이 흩어졌다. **4. a)** 해결하다: wie kann man diese Schwierigkeiten a.? 이 어려움을 어떻게 해결할 수 있을까? **b)** 해답을 얻다, 풀다: es ist gar nicht leicht, dieses Rätsel aufzulösen 이 수수께끼를 풀기가 결코 쉽지 않다. **c)** ⟨a. + sich⟩ 풀리다, 밝혀지다: das Mißverständnis wird sich a. 그 오해는 풀릴 것이다. **5. [음악] a)** 임시 기호를 취소하다. **b)** 불협화음을 협화음으로 이행시키다. **6. [광학·사진]** (상의 인접한 작은 부분들을) 분명히 식별(識別)할 수 있게 촬영하다. **Auflösung,** die; -en **1. a)** 소멸, 해체, 분해. **b)** 《정신 상태의》 혼란. **2.** 파기, 폐지, 해체. **3.** 풀이, 해답, 해결: die A. des Rätsels finden Sie auf Seite 27 수수께끼의 해답은 27페이지에 있다. **4. [음악] a)** 임시 기호의 취소. **b)** 불협화음의 협화음으로의 이행(移行). **5. [광학·사진]** 상의 인접한 작은 부분들의 식별이 가능한 촬영. **Auflösungs-: ~erscheinung,** die 붕괴[해체] 현상. **~prozeß,** der 붕괴[해체, 분해] 과정. **~tendenz,** die 붕괴 경향. **~vermögen,** das **[광학]** 해상력(解像力). **~zeichen,** das **[음악]** 제자리표(♮).

auflöten ⟨h⟩ 납땜하다.

auflüpfisch ['auflʏpfɪʃ] ⟨Adj.⟩ (schweiz.) 선동적인, 반항적인: -e Reden führen 선동적인 연설을 하다.

auflutschen ⟨h⟩ 《통용어》 (사탕 따위를) 빨아서 (다)먹다.

aufluven ⟨h⟩ **[선원]** 뱃머리를 바람이 부는 방향으로 돌리다.

auf'm ['aufm] auf dem의 통용어.

Aufmache, die (berlin.·통용어) 겉모양, 외양. **aufmachen** ⟨h⟩ **1.** 《통용어》 **a)** 열다, (매듭, 단추)를 풀다 (반대: zumachen): er hat mir nicht aufgemacht 그 는 내게 문을 열어 주지 않았다. **b)** (마개를) 따다: eine Flasche a. 병을 따다; einen Tresor a. [부랑자어] 금고를 열다; jmdn. a. 《통용어》 누구를 개복 수술하다; das Haar a. 머리를 풀다. **c)** 가게 문을 열다, 개점(開店)하다: die Geschäfte machen um 8 Uhr auf 상점은 8시에 문을 연다. **2.** 《통용어》 **a)** 새로 차리다, 설립하다: eine Filiale a. 지점(支店)을 내다. **b)** 설립되다, 개업하다: hier haben viele neue Geschäfte aufgemacht 이 곳에는 많은 상점들이 새로 개점되었다. **3.** 《통용어·신문》 눈길을 끄는 제목을 달다. **4.** 장식하다, 장정하다, 포장하다: ein Buch hübsch a. 책을 예쁘게 장정하다; sie hatte sich auf jung aufgemacht 그녀는 젊어 보이게 치장을 했다. **5.** 길을 떠나다, 출발하다, 준비하다: sich in aller Frühe zu einem Spaziergang a. 이른 새벽에 산보를 나가다; sie machten sich endlich auf, uns zu besuchen 그들은 마침내 우리를 방문하려는 채비를 하였다; 전의 ein Wind hatte sich aufgemacht 《시어》 바람이 일었다. **6. [스키]** 도약을 시작하다. **7. [지역적]** 붙이다, 매달다, 걸다: ein Plakat im Fenster a. 포스터를 창문에 붙이다. **Aufmacher,** der; -s, - **[신문]** 시선을 끄는 제목, 머릿기사.

Aufmacher-: ~foto, das 눈에 잘 뜨이는 장소에 게재된 사진. **~seite,** die 시선을 끄는 제목[머릿기사]이 있는 면. **~story,** die 사진을 곁들여 눈길을 끌게 만든 신문[잡지] 기사.

Aufmachung, die; -en **1.** 겉치레, 치장, 차림, 장식, 장정, 포장: sie erschien in eleganter A. 그녀는 우아한 차림으로 나타났다; die Blätter berichteten darüber in großer A. 신문들은 그에 대해서 대서특필로 보도했다. **2. [신문]** 머릿기사(의 제목), 일면[톱]기사.

aufmalen ⟨h⟩ **a)** 무엇 위에 그리다: ein großes Schild, auf das[auf dem] eine schwarze Hand aufgemalt war 검은 손이 그려져 있는 커다란 표지판. **b)** 《통용어》 서틀게 글씨를 쓰다.

Aufmarsch, der; -(e)s, Aufmärsche 퍼레이드, (시위) 행진, 집결. **Aufmarschgebiet,** das 퍼레이드[행진] 지역. **aufmarschieren** ⟨s⟩ 퍼레이드하다, 행진하다, 집결하다: die aufmarschierten Truppen 집결한 군대; 전의 er ließ seine sieben Kinder a. **[농]** 그는 그의 일곱 아이들을 불러 모았다.

Aufmaß, das; -es, -e **[토건] a)** 측량. **b)** (측량으로 얻은 건물 따위의) 치수.

aufmeißeln 끌로 열다.

aufmerken ⟨h⟩ **1.** 《아어》 주의하다: (auf alles) gut a. 《매사에》 주의를 기울이다. **2.** 갑자기 정신을 바짝 차리다 [귀를 기울이다]. **aufmerksam** ['aufmɛrkza:m] ⟨Adj.⟩ **1.** 주의 깊은, 정신을 집중시킨: einer Darbietung a. folgen 상연(上演)을 주의 깊게 지켜보다; **jmdn. auf jmdn.(etw.) a. machen** 누구에게 누구[무엇]에 대해서 주의를 환기시키다[지적하다]; **(auf jmdn.(etw.)) a. werden** (누구[무엇])을 알아차리다, 눈여겨보다, 주목하다: ich bin auf ihn a. geworden, als er so provozierend zu husten begann 그 남자가 그처럼 도전적으로 기침을 하기 시작했을 때, 나는 그를 눈여겨보게 되었다. **2.** 정중한, 친절한, 눈치빠른, 빈틈없는: das ist sehr a. von Ihnen 댁은 참 친절한 분이시군요. **Aufmerksamkeit,** die; -en **1. (Pl.** 없음**)** 주의, 관심, 집중력: die A. der Zuhörer läßt nach 청중의 집중력이 떨어진다; A. für etw. zeigen 무엇에 관심을 나타내다; es scheint ihrer A. entgangen zu sein, daß ... 그들은 아직도 ...을 알아차리지 못한 것 같다. **2.** 친절, 조심성: er umgab sie mit großer A. 그는 그녀를 빈틈없이 다루었다. **3.** 작은 선물.

aufmessen* ⟨h⟩ **[건축]** (건물 따위를) 측량(測定)하다: ein Gebäude a. 건물을 측량하다.

aufmöbeln ['aufmøb(ə)ln] ⟨h⟩ **1.** 새롭게 단장[수리]하다: einen alten Kahn a. 낡은 배를 수리하다; 전의 die Mannschaft muß ihren Ruf a. 그 팀은 명성을 되찾아야 한다. **2.** 기운을 내게 하다, 원기를 북돋아 주다: der Kaffee hat ihn aufgemöbelt 커피가 그의 기운을 내게 해주었다. **3.** 기분을 전환시키다, 즐겁게 하다: die Reise hatte sie wieder aufgemöbelt 여행이 그녀의 기분을 바꾸어 놓았다. **Aufmöb(e)lung,** die; -en ↑aufmöbeln의 명사형.

aufmontieren ⟨h⟩ 무엇 위에 붙이다[달다]: ein Schild

aufmotzen

auf die Tür a. 문에 문패를 달다.
aufmotzen ['aufmɔtsn̩] ⟨h⟩ 《통용어》 (모양새, 효과, 성능 따위를 높이기 위해) 가다듬다, 손을 보다, 개량(改良)하다.
aufmuck(s)en ⟨h⟩ 《통용어》 (가볍게) 항변(항의)하다: keiner wagte aufzumuck(s)en 어느 누구도 감히 항변할 생각을 하지 못했다.
aufmuntern ['aufmʊntɐn] ⟨h⟩ **1. a)** 기분 좋게[유쾌하게] 만들다: er versuchte, die anderen mit lustigen Geschichten aufzumuntern 그는 재미있는 이야기로써 다른 사람들을 즐겁게 하려고 애썼다. **b)** 활기를 주다, 자극하다: der Alkohol munterte sie auf 술이 그들에게 활기를 주었다. **2.** 격려하다: zum Weitermachen a. 계속하도록 격려하다. **Aufmunterung**, die; -en ↑aufmuntern의 명사형.
aufmüpfig ['aufmʏpfɪç] ⟨Adj.⟩ 《통용어》 반항적인; a. (gegen jmdn. [etw.]) sein (누구[무엇]에 대해서) 반항적이다. **Aufmüpfigkeit**, die; -en 《통용어》 **1.** ⟨Pl. 없음⟩ 반항심. **2.** 반항적인 태도.
aufmutzen ['aufmʊtsn̩] ⟨h⟩ **1.** (지역적) 비난하다: jmdm. seine Fehler a. 누구의 잘못을 비난하다. **2.** 《드물게》 ↑aufmutzen.
auf'n [aufn̩] auf den의 통용어.
Aufnäharbeit, die; -en 《재봉》 기워 붙인 무늬, 아플리케. **aufnähen** ⟨h⟩ 기워 붙이다: eine Tasche (auf das Kleid) a. (옷에) 주머니를 기워 달다.
Aufnahme ['aufnaːmə] die; -n **1.** 개시, 시작: die A. von Verhandlungen 협상 개시. **2. a)** 수용(收容): jmds. A. in ein Krankenhaus einleiten 누구의 입원을 주선하다. **b)** 받아(맞아)들임, 영접, 접대: die A. (in der Familie) war überaus herzlich 그 가정에서의 영접은 지나치리만큼 따뜻했다. **c)** 접수실[처], 수위실. **3.** 가입, 입회: die A. in einen Verein beantragen 어느 단체에 가입을 신청하다. **4.** (돈의) 차입: die A. einer Anleihe beschließen 공채의 기채(起債)를 결정하다. **5. a)** 받아들여 사용하기, 통용(通用): die A. eines Wortes in eine Sprache 한 언어 속에 어떤 단어를 받아들여 사용하기. **b)** 수록(收錄), 등재: die A. eines Wortes ins Lexikon 어떤 단어의 사전에의 수록. **6.** (조서·목록의) 작성: die A. eines Geländes (지도 제작을 위한) 지형의 측량. **7. a)** 촬영, 녹음. **b)** 사진: der Fotograf machte eine A. von dem Paar 사진사가 그 쌍의 사진을 한 장 찍었다. **8. a)** 녹음, 취입. **b)** 녹음(된 테이프). **9.** 반응: die Sendung fand (eine) begeisterte A. 그 방송 프로는 열렬한 호응을 얻었다. **10.** ⟨Pl. 없음⟩ 섭취: die A. der Nahrung 영양 섭취.
aufnahme-, Aufnahme-: **~bedingung**, die ⟨대개 Pl.⟩ 입회[가입] 조건. **~bereit** ⟨Adj.⟩ 받아들일 준비가 되어 있는: für geistige Anregung a. sein 정신적 자극을 받아들일 태세가 되어 있다. **~bereitschaft**, die ⟨Pl. 없음⟩ 받아들일 태세[용의]. **~fähig** ⟨Adj.⟩ 받아들일 수 있는, 수용[소화] 할 수 있는: -e Märkte 수용력있는 시장. **~fähigkeit**, die ⟨Pl. 없음⟩ 소화력, 이해력, 감수성. **~gebühr**, die 입회(가입)비. **~prüfung**, die 입학시험. **~vermögen**, das ⟨Pl. 없음⟩ **1.** 이해력, 감수성. **2.** 수용 능력, 용량(容量). **~wagen**, der (방송국의) 중계차.
aufnahms-, Aufnahms-: ⟨österr.⟩ ↑aufnahme-, Aufnahme- 참조.
aufnehmen' ⟨h⟩ **1. a)** 집어 올리다, 들다: den Rucksack a. 배낭을 메다; die Mutter nahm das Kind a. 어머니가 아이를 안아 들었다. **b)** [축구] 볼을 잡다, 볼을 차지하다. **c)** ⟨nordd.⟩ (걸레로) 훔치다, 닦[아내]다: **es mit jmdm. [etw.] a.** (**können**) 누구[무엇]와 겨루다 [대적, 경쟁하다](겨룰 수 있다): mit dem nehme ich es(im Trinken) noch allemal auf (술 마시는 일이라면) 언제고 그 친구와 겨루어 볼 용의가 있다. **2.** 시작하다: den Kampf a. 전투를 시작하다; diplomatische Beziehungen mit einem Land[zu einem Staat] a. 어느 나라[국가]와 외교 관계를 트다; mit jmdm. Kontakt a. 누구와 접촉을 개시하다; Gespräche wieder a. 대화를 계속하다. **3.** 맞이하다, (자기 집에) 받아들이다[숙박시키다]: Flüchtlinge (bei sich) a. 난민들을 (자기 집에) 받아들이다; [전의] die Nacht nahm uns auf 《시어》 밤이 우리를 에워쌌다. **4. a)** 받아들이다, 가입[입학]시키다: sein Sohn wurde in die Schule aufgenommen 그의 아들은 학교에 들어갔다. **b)** 《österr.》 고용하다, 채용하다. **c)** 끼워 넣다: ein Stück in den Spielplan a. 어느 작품을 공연 계획에 끼워 넣다. **5.** 수용(收容)하다: eine Gondel der Seilbahn nimmt 40 Personen auf 케이블카는 40명을 수용한다; [전의] der Arbeitsmarkt nimmt noch Arbeitskräfte auf 노동 시장은 아직도 노동력을 소화할 수 있다. **6.** 이해하다, 수용(受容)하다: der Schüler nimmt leicht auf 그 학생은 쉽게 이해한다. **7.** 흡수하다, 섭취하다: der Kranke nimmt wieder Nahrung auf 환자가 다시 음식물을 먹는다. **8.** (돈을) 차용하다: eine Anleihe a. 기채(起債)하다. **9.** (특정한 방식으로) 받아들이다, 반응하다: einen Vorschlag freundlich a. 어떤 제안에 호의적인 반응을 보이다. **10. a)** 기록하다, (서류를) 작성하다: der Polizist nahm seine Personalien auf 그 경찰관은 그의 인적사항을 적었다; ein Gelände a. (지도 제작을 위해) 지형을 측량하다. **b)** 촬영하다: mehrere Bilder a. 여러 장의 사진을 촬영하다. **c)** 녹음하다, 취입하다: ein Gespräch auf Band a. 대화를 테이프에 녹음하다. **11.** [승마] (말의) 주의를 집중시키게 하다. **12.** [수공] 코를 추가로 바늘에 끼다.
Aufnehmer, der; -s, - **1.** ⟨nordd.⟩ 걸레. **2.** (지역적) 쓰레받기.
äufnen ['ɔyfnən] ⟨h⟩ ⟨schweiz.⟩ (돈 따위를) 늘리다: ein Kapital ä. 증자(增資)하다.
aufnesteln ⟨h⟩ (끈을) 풀다, (단추를) 끄르다: die Schuhe a. 구두끈을 풀다.
aufnorden ['aufnɔrdn̩] ⟨h⟩ ["북방 민족"이 우월하다는 나치의 인종론에 따라] (준교어·반어) (무엇을 첨가하여) 질을 높이다: Malzkaffee mit Bohnenkaffee a. 원두커피를 첨가하여 대용 커피의 질을 높이다; aufgenordete Haare 금발로 염색한 머리.
aufnötigen ⟨h⟩ 강요하다, 억지로 떠맡기다: jmdm. ein zweites Stück Kuchen a. 누구에게 케이크 한 쪽을 더 먹으라고 강요하다; die Lage nötigt uns Zurückhaltung auf 형편이 우리에게 자중할 것을 요구한다.
Äufnung, die; -en ↑äufnen의 명사형.
aufoktroyieren ⟨h⟩ 《교양어》 강요하다, 강제하다: jmdm. seine Meinung a. 누구에게 자기의 의견을 강요하다.
aufopfern ⟨h⟩ **1.** (아이) 희생하다, 희생으로 바치다: sein Leben für jmdn. [etw.] a. 누구[무엇]를 위하여 생명을 희생하다. **2.** ⟨a. + sich⟩ 헌신하다: sich für die Familie a. 가족을 위하여 헌신하다. **aufopfernd** 헌신적인, 희생적인: sich a. einer Sache widmen 어떤 일에 희생적으로 헌신하다. **Aufopferung**, die; -en 헌신, 희생: für jmdn. mit A. sorgen 누구를 헌신적으로 돌보다. **aufopferungsbereit** ⟨Adj.⟩ 헌신[희생]할 각오가 되어 있는. **Aufopferungsbereitschaft**, die ⟨Pl. 없음⟩ 헌신적 마음가짐.
au four [oˈfuːr, frz. au fuːr] [요리] 오븐에서 구운.
aufpacken ⟨h⟩ **1. a)** (짐을) 싣다, 지우다: jmdm. etw. a. 누구에게 어떤 짐을 지우다; Koffer (auf den Wagen) a. 여행용 가방을 (차에) 싣다; [전의] jmdm. alle Verantwortung a. 누구에게 모든 책임을 지우다. **b)** 짐

을 가득 싣다: den Wagen a. 차에 짐을 가득 싣다. 2. 《지역적》《출발하기 위해》짐을 꾸리다. 3. 《통용어》 (꾸려진 것을) 풀다: ein Paket a. 소포를 풀다.

aufpäppeln 〈h〉《친근》잘 먹이고 보살펴 키우다[회복시키다, 다시 기운을 차리게 하다]: ein Kind a. 어린아이를 잘 먹여 키우다.

aufpappen 〈h〉《지역적》(풀로) 붙이다.

aufpassen 〈h〉 **1. a)** 주의하다, 조심하다, 정신을 차리다: auf die Verkehrszeichen a. 교통 표지판에 유의하다; der Schüler paßt nicht auf 그 학생은 수업 시간에 주의 깊게 듣지 않는다; er paßt auf wie ein Schießhund [wie ein Luchs] 그는 몹시 조심한다; aufgepaßt! 주의, 조심! ; paß auf 《통용어》das ändert sich noch 두고 봐, 달라질테니. **b)** 돌보다, 감시하다: auf die Kinder a. 아이들을 돌보다. **2.** 《지역적》(숨어서) 망보다, 동정을 살피다: er paßte ihm an der Ecke auf 그는 구석에 숨어서 그 남자의 동정을 살폈다. **3.** 《지역적》(모자를) 씌워 보다: (jmdm.) einen Hut a. (누구에게) 모자를 씌워 보다, 씌어 los einen Hut a. 모자를 써 보다. **Aufpasser,** der; -s, - **1.** 《폄》밀정, 스파이. **2.** 감시자, 망보는 사람, 파수꾼.

aufpeitschen 〈h〉 **1.** 마구 휘젓다, 물결을 일으키다: der Sturm peitscht die Wellen auf 폭풍이 파도를 일으켰다. **2.** 몹시 흥분시키다, 격렬하게 자극하다: die Musik peitscht die Sinne auf 그 음악은 관능을 자극한다; sich mit[durch] Bohnenkaffee a. 원두커피를 마심으로 기운을 돋구다. **Aufpeitschung,** die; -en ↑aufpeitschen의 명사형.

aufpelzen ['aufpɛltsn] 〈h〉《österr.》부과하다, 떠맡기다: jmdm. eine Strafe a. 누구에게 벌을 주다; einer Mannschaft 4 Tore a. [스포츠] 어느 팀에게 4골을 먹이다.

aufpeppen 〈h〉 활기를 불어넣다.

aufpflanzen 〈h〉 **1. a)** (기 따위를) 세우다, 게양하다: eine Fahne a. 기를 세우다. **b)** (총검을) 착검하다, 꽂다: das Seitengewehr a. 착검[着劍]하다. **2.** 《통용어》도전하듯 버티고 서다: sich vor dem Eingang a. 출입구 앞에 딱 버티고 서다.

aufpflügen 〈h〉 쟁기로 갈아 엎다: das Schiff pflügt das Meer auf 《시어》배가 바다를 헤집는다.

aufpfropfen 〈h〉 접붙이다, 접목하다: ein Reis (auf einen Stamm) a. 어린 가지를 (줄기에) 접목하다; 전의 einem Volk eine fremde Kultur a. 어떤 민족에게 외래 문화를 강요하다. **Aufpfropfung,** die; -en ↑aufpfropfen의 명사형.

¹**aufpicken** 〈h〉 **1.** 쪼아먹다: der Vogel pickt Körner (vom Boden) auf 새가 (땅바닥에서) 곡식을 쪼아먹는다; 전의 aufgepickte Klassikerzitate 고전에서 주워 읽은 문구들. **2.** 쪼아서 깨뜨리다.

²**aufpicken** 〈h〉《österr.·통용어》(풀로) 붙이다.

aufplätten (nordd.) ↑aufbügeln.

aufplatzen 〈s〉 터지다, 벌어지다: die Knospen platzen auf 꽃봉오리가 벌어진다; die Naht ist aufgeplatzt 솔기가 터졌다.

aufplustern 〈h〉 **1.** 깃털을 곤두세우다: 전의 ein Ereignis a. 《통용어·폄》사건을 과장하다. **2.** 〈a. + sich〉 **a)** 깃털을 곤두세우고 으스대다. **b)** 《통용어·폄》뽐내다, 과시하다: sich (mit seinem Können) gewaltig a. 《자신의 능력을》엄청나게 과시하다.

aufpolieren 〈h〉 닦아서 광(光)내다: Möbel a. 가구를 닦아 광내다; 전의 seine Kenntnisse[jmds. Ansehen] a. 그의 지식[누구의 명망]을 새롭게 하다.

aufpolstern 〈h〉 쿠션을 새로 끼워 넣다: ein Sofa a. 소파의 쿠션을 새로 바꾸다.

aufpoppen ['aufpɔpn] 〈h〉 대중 예술풍으로 만들다.

aufprägen 〈h〉 각인(刻印)하다, 도장을 찍다: auf die Vorderseite ließ er sein Wappen a. 그는 전면에 자신의 문장을 찍게 했다; 전의 jmdm. [einer Zeit] seinen Stempel a. 누구(시대)에 결정적 영향을 주다, 누구(시대)를 바꾸어 놓다.

Aufprall, der; -(e)s, -e 충돌, 충격: das Kreischen der Leute hat den A. verschluckt 사람들의 비명이 부딪치는 소리를 압도했다. **aufprallen** 〈s〉 부딪치다, 충돌하다: das Auto prallte auf den Mast auf 그 자동차는 전주(電柱)에 충돌했다.

Aufpreis, der; -es, -e 추가액, 웃돈, 프레미엄: der Wagen wird gegen einen A. auch mit Automatik geliefert 그 차는 웃돈을 내면 자동으로도 살 수 있다.

aufprobieren 〈h〉 (안경, 모자 따위를) 써보다.

aufprotzen 〈h〉《군》앞차에 연결하여 출발 준비를 하다 (반대: abprotzen 1): ein Geschütz a. 대포를 앞차량에 연결하다.

aufpulvern 〈h〉《통용어》기운[용기]을 나게 하다: sich mit Kaffee a. 커피를 마시고 기운을 내다; er wollte die Moral der Truppe a. 그는 부대의 사기를 높이려고 했다. **Aufpulverung,** die; -en ↑aufpulvern의 명사형. **Aufpulverungsmittel,** das 《통용어》자극물, 흥분제.

aufpumpen 〈h〉 **1. a)** 펌프로 공기를 채우다, 바람을 넣다: eine Luftmatratze a. 매트리스에 펌프로 공기를 채우다. **b)** (…의) 타이어에 펌프로 바람을 넣다: ein Fahrrad a. 자전거에 타이어에 펌프로 바람을 넣다. **2.** 〈a. + sich〉《통용어》 **a)** 뽐내다, 허세를 피우다. **b)** 흥분[분격]하다.

aufpusten 〈h〉《지역적》↑aufblasen.

aufputschen 〈h〉《폄》 **1.** 선동하다, 부추기다: die öffentliche Meinung gegen jmdn. a. 누구를 반대하도록 여론을 선동하다. **2.** (약물 따위로) 자극하다, 북돋우다: seine Nerven durch Kaffee a. 커피를 마셔서 원기를 북돋우다. **Aufputschmittel,** das 자극제, 각성제. **Aufputschung,** die; -en ↑aufputschen의 명사형. **Aufputschungsmittel,** das 흥분제, 각성제.

Aufputz, der; -es 장식(治粧), 성장(盛裝): in festlichem A. erscheinen 성장을 하고 나타나다. **aufputzen** 〈h〉 **1.** 치장하다, 성장(盛裝)하다. **2.** 《통용어·폄》돈보이게 하다, 조작하다: eine Bilanz a. 결산을 그럴싸하게 조작하다; ein Märchen durch Zutaten phantastisch a. 옛날 이야기에 살을 부쳐서 환상적으로 만들다.

aufquellen¹ 〈s〉 **1.** 부풀어오르다: der Teig quillt auf 반죽이 부풀어오른다. **2.** (아이) 솟아오르다: Rauch quoll aus den Hütten auf 오두막집들에서 연기가 솟아올랐다; 전의 Sehnsucht quillt in ihr auf 그녀의 마음 속에 그리움이 솟아나다.

aufraffen 〈h〉 **1.** 걷어 올리다, 접어 올리다: den Rock a. 저고리를 접어 올리다. **2.** 〈a. + sich〉 **a)** 벌떡 일어나다, 갑자기 일어나다. **b)** 기운을 내어 무엇을 하다: sich zu einer Arbeit a. 힘을 내어 어떤 일을 하다; sich dazu a., etwas zu tun 무엇을 할 결심을 하다; sich aus seinen Träumen a. 꿈에서 깨어나 정신을 차리다.

aufragen 〈h〉 솟아오르다: die Türme der Stadt ragten in den[zum] Himmel auf 도시의 탑들이 (하늘로) 치솟아 있다.

aufranken, sich 〈h〉《아어》(덩굴이) 뻗어 오르다: der Efeu rankt sich an der Wand auf 담쟁이가 덩굴로 벽에 뻗어 오른다.

aufrappeln, sich 〈h〉《통용어》 **a)** 벌떡 일어서다: sich aus dem Bett a. 침대에서 벌떡 일어나다. **b)** 기운을 차리다, 회복하다, 자리에서 다시 일어나다: es ging ihm eine Zeitlang sehr schlecht, aber jetzt hat er sich wieder aufgerappelt 한동안 그는 건강이 아주 나빴으나 지금은

aufrauchen   다시 기운을 차렸다. **c)** 어떤 일을 하려고 결심을 하다.
aufrauchen ⟨h⟩ **1.** (담배를) 다 피우다. **2.** (담배를) 피워 없애다.
aufräufeln ['aufrɔyfl̩n] ⟨h⟩ ↑auftrennen (2).
aufrauhen ⟨h⟩ (표면을) 거칠게[꺼끌꺼끌하게] 하다.
aufräumen ⟨h⟩ **1. a)** 정리하다, 정돈하다: das Zimmer a. 방을 정리하다. **b)** 치우다, 제 위치에 놓다: die Spielsachen a. 장난감을 치우다. **2.** 맹위를 떨치다, 창궐(猖獗)하다, 희생자를 내다: die Seuche hat unter der Bevölkerung furchtbar aufgeräumt 그 전염병은 주민들 가운데 엄청난 희생자를 냈다. **3.** 끝장을 내다, 배제하다: mit Vorurteilen a. 선입견을 버리다. **Aufräumung**, die 청소 작업. **Aufräumungsarbeiten** ⟨Pl.⟩ 제거, 청소, 소탕, 정리, 걷어치움.
aufrauschen **1.** ⟨s⟩ 와삭와삭 소리를 내며 (공중으로) 오르다: eine Schar Wildenten rauschte auf 한 떼의 기러기가 소리를 내며 날아올랐다. **2.** ⟨h/s⟩ 갑자기 소란스러워지다: in einem Windstoß rauschten die Bäume auf 돌풍에 나무들이 흔들리며 소리를 냈다.
aufrechnen ⟨h⟩ **1.** 계산(計上)하다: dem Hausbesitzer die Reparaturkosten a. 수리비를 집주인의 계산서에 써 넣다. **2.** 상쇄하다, 차감 계산하다. **Aufrechnung**, die; -en ↑aufrechnen의 명사형.
aufrecht ⟨Adj.⟩ **1.** 곧추 선, 똑바른, 수직의: eine -e Haltung 똑바른 자세; **sich nicht mehr[kaum noch] a. halten können** (피곤하여) 더 이상 똑바로 서 있을 수가 없다. **2.** 올바른, 정직한. **aufrechterhalten*** ⟨h⟩ 지탱하다, 견지[지지, 유지]하다, 고수[固執]하다, 고집[주장]하다: den Kontakt (mit jmdm.) a. 누구와의 접촉을 유지하다. **Aufrechterhaltung**, die 지탱, 유지, 고지[固持], 고집.
aufrecken ⟨h⟩ **a)** 곧추 세우다, 위로 펴다[뻗치다]: den Kopf a. 고개를 꼿꼿이 세우다. **b)** ⟨a. + sich⟩ 몸을 펴다, (동물이 귀를) 쫑긋 세우다: der Gorilla hatte sich drohend aufgereckt 그 고릴라는 위협조로 몸을 똑바로 세웠다.
aufreden ⟨h⟩ ↑aufschwatzen.
aufregen ⟨h⟩ **1. a)** 시끄럽게 하다, 자극하다, 흥분시키다, 격동[격앙]시키다, 선동하다: die Nachricht regte sie sehr auf 그 소식은 그녀를 몹시 자극했다. **b)** ⟨a. + sich⟩ 흥분하다: sich über jmdn. a. 누구에 대해 흥분하다. **2.** ⟨a. + sich⟩ (통용어) 분개하다, 노하다. **Aufregung**, die; -en **a)** 흥분, 격앙: in A. geraten 흥분하다, 떨들다; er schwitzte vor A. 흥분한 나머지 그는 땀을 흘렸다. **b)** 혼란, 동요.
aufreiben* ⟨h⟩. **1.** ⟨a. + sich⟩ (상처가 나도록) 마구 문지르다. **2. a)** ⟨a. + sich⟩ 체력을 완전히 소모하다, 못쓰게 되다: du reibst dich bei dieser Arbeit auf 너는 이 일에 너의 힘을 다 쓰고 있다. **b)** 지치게 하다: die Sorge (um ihre Familie) hat sie vorzeitig aufgerieben (가족에 대한) 걱정 때문에 그녀는 일찌감치 늙수크레 되었다. **3.** 파괴[섬멸]하다. **Aufreibung**, die ↑aufreiben의 명사형.
aufreihen ⟨h⟩ **a)** 차례차례 실에 꿰다: Perlen (auf eine Schnur) a. 진주를 (실에) 꿰다. **b)** 가지런히 세우다, 늘 어놓다: Bücher im Regal a. 책을 책꽂이에 가지런히 세워 놓다. **Aufreihung**, die ↑aufreihen의 명사형.
aufreißen* **1.** ⟨h⟩ 찢어 젖히다, 개봉하다: einen Brief a. 편지를 개봉하다. **2.** ⟨h⟩ 활짝 열다: den Mund [die Augen] a. ⟨통용어⟩ 입을 딱 벌리다[눈을 크게 뜨다]. **3.** ⟨h⟩ 파헤치다: das Pflaster a. 포장도로를 파헤치다. **4. a)** ⟨s⟩ 갈라지다: die Hose ist an der Seite aufgerissen 바지의 옆이 찢어졌다. **b)** ⟨h⟩ 찢어 상처를 내다, 파괴하다, 손상을 입히다, …에 구멍을 내다: der Schiffsrumpf wurde aufgerissen 선체에 구멍이 났다

[선체가 파괴되었다]. **c)** ⟨스포츠⟩ ⟨h⟩ 교란시켜 돌파하다: die Stürmer rissen mit direkten Pässen die Abwehr auf 공격수들이 직접 패스로 방어진을 돌파하였다. **5.** ⟨기술⟩ ⟨h⟩ 설계하다. **6.** ⟨h⟩ 스케치하다, 약술하다, 약도를 그리다. **7.** ⟨h⟩ ⟨경⟩ **a)** 낚다: ein Mädchen a. 처녀를 낚다. **b)** 얻다. **Aufreißer**, der; -s, - ⟨스포츠⟩ **1.** ⟨레슬링⟩ 엎드린 선수를 일으키는 클린치 동작. **2.** ⟨은어⟩ (상대방을 따돌리는) 돌파 전문 선수.
aufreiten* **1.** ⟨a. + sich⟩ ⟨s⟩ 승마로 쓸려서 다치다[까지다]: ich habe mich aufgeritten 나는 말을 타서 찰상(擦傷)을 입었다. **2.** ⟨s⟩ 말을 타고 전진하다. **3.** [동물] ⟨s⟩ 교미하다.
aufreizen ⟨h⟩ **1.** 부추기다, 선동하다: jmdn. zum Widerstand a. 누구를 부추기어 저항하게 하다. **2.** 자극하다, 도발하다: sie hat einen aufreizenden Gang 그 녀의 걸음걸이에 도전적인 데가 있다. **Aufreizung**, die; -en ↑aufreizen의 명사형.
aufribbeln ⟨h⟩ ⟨지역적⟩ ↑auftrennen (2).
Aufrichte, die; -n ⟨schweiz.⟩ 상량식(上樑式).
aufrichten ⟨h⟩ **1.** 똑바로 일으키다: einen Kranken im Bett a. 환자를 침대에서 일으키다[세우다]. **2.** 건설[설치]하다: eine Straßensperre a. 바리케이드를 설치하다. **3. a)** 위로하다, 격려하다. **b)** ⟨a. + sich⟩ 기운을 다시 얻다, 위로를 받다: ich habe mich an ihm wieder aufgerichtet 나는 그에 의해서 다시 기운을 얻었다. **4.** ⟨지역적⟩ 수리하다, 재생시키다. **aufrichtig** ⟨Adj.⟩ 솔 직한, 정직한, 공명한, 똑바른, 성실한, 숨김없는(반대: unaufrichtig). **Aufrichtigkeit**, die ⟨Pl. 없음⟩ 정직, 솔직, 공명, 성실, 진짜. **Aufrichtung**, die ↑aufrichten의 명사형.
aufriegeln ⟨h⟩ 빗장을 빼서 열다(반대: zuriegeln): das Tor a. 빗장을 빼서 대문을 열다. **Aufrieg(e)lung**, die; -en ↑aufriegeln의 명사형.
aufriggen ⟨h⟩ ⟨선원⟩ ↑auftakeln.
Aufriß, der; Aufrisses, Aufrisse **1.** ⟨건축⟩ 정면도, 측 면도, 투사도, 직립평면도, 외면도. **2.** 약설(略說), 개관, 스케치, 윤곽도: ein A. der Literaturgeschichte 문학사 개설. **Aufrißzeichnung**, die 정면도의 작도(作圖).
aufritzen ⟨h⟩ **a)** 째어 열다. **b)** 째어서 상처를 내다: ich habe mir die Haut an der Kante aufgeritzt 나는 모서리에 부딪쳐 피부에 상처가 났다.
aufrollen ⟨h⟩ **1. a)** 돌돌 감다, 말아 올리다: den Teppich a. 양탄자를 말다; ⟨a. + sich⟩ 그 종이는 자꾸만 말려 올라간다. **b)** ⟨통용어⟩ 클립에 감다: ich habe mir die Haare aufgerollt 나는 머리를 곱슬곱슬하게 했다[말았다]. **c)** 접 어 올리다: den Ärmel a. 소매를 접어 올리다. **2. a)** 풀 다, 펴다, 넓히다: eine Landkarte a. 지도를 펴다. **b)** (돌돌) 감아서 열다. **3.** 제기[제출]하다, 전개시키다, (화제 따위를) 꺼내다: einen Prozeß noch einmal a. 소송을 다시 제기하다. **4.** ⟨군·스포츠⟩ 측면을 돌파하다: eine feindliche Stellung a. 적진을 측면 돌파하다. **Aufrollung**, die; -en ↑aufrollen의 명사형.
aufrücken ⟨s⟩ **1.** 전진하다, (누구를) 뒤따라 나아가다: können Sie etwas näher a. 좀더 가까이 앞으로 나가십시요. **2.** 승진하다, 승진하다: zum Abteilungsleiter a. 과장으로 승진하다. **Aufrückung**, die; -en ↑aufrücken의 명사형.
Aufruf, der; -(e)s, -e **1.** 호명(呼名), 호출, 소환. **2.** 포고, 고시, 성명, 격문: einen A. (an die Bevölkerung) erlassen (주민들에게) 고시하다. **3.** [전산] 작동 명령: einen A. geben 작동 명령을 내리다. **4.** [금융] (지폐의) 회수, 무효 선고. **aufrufen*** ⟨h⟩ **1.** 호명[호출]하다: jmds. Namen a. 누구의 이름을 부르다. **2. a)** 불러서 일으키다, 불러내다, 호소하다: die Bevölkerung zu

[zum Widerstand] a. 주민들에게 저항을 호소하다. **b)** 《아어》 환기(喚起)시키다, 불러 깨우다, 동원하다. **3.** 《법》 소환(召喚)하다: einen Zeugen a. 증인을 소환하다. **4.** [전산] 작동시키다: ein Programm a. 어떤 프로그램을 작동시키다. **5.** 【금융】 회수하다. **Aufrufung, die** ↑aufrufen의 명사형.

aufruhen ⟨h⟩ 《아어》 안치(安置)되어 있다, 받쳐져 있다: die Figuren ruhen auf einem Sockel auf 조상(彫像)들이 받침대 위에 받쳐져 있다.

Aufruhr ['aufru:ɐ̯], der; -s **1.** 반란, 반역, 폭동: das Militär ist in offenem A. 군부가 공공연히 반란을 일으키고 있다. **2. a)** 격동, 흥분: jmds. Leidenschaften in A. bringen 누구의 정열을 격발(激發)시키다; 전의 ein A. der Elemente 《아어》 악천후, 폭풍우. **b)** 혼란, 소동: die Menschenmenge geriet in A. 군중이 소동을 피웠다. **aufrühren** ⟨h⟩ **1.** 떠오르게 하다, 휘저어 솟아오르게 하다: den Bodensatz a. 침전물을 떠오르게 하다. **2. a)** 《아어》 불러 일으키다, 일깨우다: die Leidenschaften a. 정열을 일깨우다. **b)** (지난 일 따위를) 들추어 내다: eine Jahrzehnte vergessene, unangenehme Geschichte wieder a. 잊은 지 오래된 기분 나쁜 이야기를 다시 들추어 내다. **3.** 《아어》 흥분케 하다, 격동케 하다. **4.** 《드물게》 선동하다, 봉기시키다: die Massen a. 군중을 선동하다. **Aufrührer** der; -s, - [zu Aufruhr (1)] 반역자, 반란[모반]자; 폭도, 반도, **aufrührerisch** ⟨Adj.⟩ **a)** 선동적인. **b)** 소요(반란)을 일으키는, 봉기하는.

aufrunden ⟨h⟩ 반올림하다, 사사오입(四捨五入)하다 (반대: abrunden 3): den Geldbetrag von 9, 60 Mark auf 10 Mark) a. 금액을 (9마르크 60페니히에서 10마르크로) 반올림하다. **Aufrundung, die;** -en ↑aufrunden의 명사형.

aufrüsten ⟨h⟩ (반대: abrüsten 1) **a)** 군비를 갖추다, 군비를 확장[강화]하다: von vielen Ländern wird (wieder) aufgerüstet 많은 나라들이 재군비(再軍備)를 하고 있다. **b)** 무장하다: ein Land (atomar) a. 한 나라를 (핵으로) 무장하다. **Aufrüstung, die;** -en 재군비, 군비 확장(반대: Abrüstung).

aufrütteln ⟨h⟩ 흔들어 깨우다: 전의 das Gewissen der Menschen a. 사람들의 양심을 일깨우다. **Aufrütt(e)lung, die;** -en ↑aufrütteln의 명사형.

aufs [aufs] ⟨Präp. + Art.⟩ auf das.

aufsacken ⟨h⟩ **1.** 자루에 담다. **2.** 《경》 어깨에 지다[메다].

aufsagen ⟨h⟩ **1.** 《시》 암송하다, 음송(吟誦)하다: ein Gedicht a. 시를 암송하다. **2.** 《아어》 단교를 선언하다, 해고를 통고하다: jmdm. die Freundschaft a. 누구에게 절교를 선언하다. **Aufsagung, die;** ↑aufsagen의 명사형.

aufsammeln ⟨h⟩ **1.** 주워 모으다. **2.** 《통용어》 붙잡아 가두다. **3.** 《드물게》 쌓아놓다, 축적하다: 전의 der Groll hat sich in ihm aufgesammelt 그의 마음 속에 원한이 쌓였다.

aufsanden ⟨h⟩ [지리] 토사를 충적(沖積)하다. **Aufsandung, die;** -en **1.** 충적. **2.** 충적지(沖積地).

aufsässig ['aufzɛsɪç] ⟨Adj.⟩ **a)** 고분고분하지 않은, 불손한: sich a. gegen jmdn. verhalten 누구에게 불손한 태도를 취하다. **b)** 반역적인, 반항적인. **Aufsässigkeit, die;** -en **1.** ⟨Pl. 없음⟩ 순종하지 않는 태도. **2.** 반항적인 언행.

aufsatteln ⟨h⟩ **1.** (말에) 안장을 놓다. **2.** 【기술】 (견인차를) 연결하다.

Aufsatz, der; -es, Aufsätze **1. a)** 작문. **b)** 논문: einen A. über die neuesten Forschungsergebnisse veröffentlichen 최신 연구 결과에 대한 논문을 발표하다. **2. a)** 얹는 것, 위에 놓는 것, (가구의) 머리장식. **b)** (오르간의) 리드 파이프의 공명체(共鳴體). **c)** (식탁 중앙의) 장식대. **3.** (말(馬)의) 목과 동체 사이의 부분. **Aufsatzheft, das** 작문 공책. **Aufsatzthema, das** 작문[논문] 테마.

aufsaugen⁽*⁾, **1.** 빨아들이다, 흡수하다: 전의 die Erde saugte[sog] die Feuchtigkeit auf 흙이 습기를 흡수했다: den Wissensstoff in sich a. 지식을 수용하다. **2.** (주의, 정력 따위를) 빼앗다, 소모하다: die Arbeit hatte ihn völlig aufgesaugt[aufgesogen] 작업으로 인해 그는 완전히 탈진했다. **Aufsaugung, die;** ↑aufsaugen의 명사형.

aufsäugen ⟨h⟩ 젖을 먹여 기르다, 유양(乳養)하다. **Aufsäugung, die;** -en ↑aufsäugen의 명사형.

aufschalten ⟨h⟩ [전화] 통화 중에 연결하다. **Aufschaltung, die;** -en ↑aufschalten의 명사형.

aufschärfen ⟨h⟩ 《사냥》 (짐승의) 가죽을 발기다. **Aufschärfung, die;** -en ↑aufschalten의 명사형.

aufscharren ⟨h⟩ **a)** 헤집다, 긁어(후벼) 내다. **b)** 파헤치다(반대: zuscharren).

aufschauen ⟨h⟩ **1.** 《südd., österr., schweiz.》 쳐다보다, (책 따위로부터) 눈을 들다: zum Himmel a. 하늘을 쳐다보다. **2.** 《아어》 우러러보다: zu jmdn. a. 누구를 우러러보다.

aufschaufeln ⟨h⟩ **a)** 삽으로 퍼올리다. **b)** 삽으로 파내다, 발굴하다(반대: zuschaufeln).

aufschaukeln, sich ⟨h⟩ **1.** 점점 세게 흔들리다, 요동하다. **2.** 《통용어》 (효과가) 상승하다, 고조되다: die Erregung der Massen schaukelte sich je mehr auf, je länger das Spiel dauerte 경기가 진행될수록 관중의 흥분이 점점 더 고조되었다.

aufschäumbar ['aufʃɔʏmbaːɐ̯] ⟨Adj.⟩ 《기술》 거품이 이는. **aufschäumen 1.** ⟨s / h⟩ 거품이 일다, 끓어오르다, 비등하다. **2.** 끓어오르게 하다. **3.** 《드물게》 ⟨h⟩ (사람이) 노하다.

aufscheinen* ⟨s⟩ **1.** 《아어》 빛나다, 번쩍거리다: in der Ferne schienen Lichter auf 멀리 불빛이 반짝거렸다. **2.** 《österr.》 나타나다: sein Name schien in den Spalten der Zeitungen auf 신문의 지면에 그의 이름이 실려 있었다.

aufscheuchen ⟨h⟩ **1.** (놀라게 하여) 몰아대다, 쫓아 버리다: Tiere durch ein lautes Geräusch a. 짐승들을 큰소리를 내어 쫓아 버리다. **2.** 《통용어》 못하게 하다, 방해하다: jmdn. aus seiner Kontemplation a. 누구의 명상을 방해하다.

aufscheuern ⟨h⟩ **a)** 문질러서 상처를 내다: ich habe ihm die Haut aufgescheuert 나는 그의 피부에 찰상을 입혔다. **b)** ⟨a. + sich⟩ 찰상(擦傷)을 입다: seine Knie haben sich bei dem Sturz aufgescheuert 넘어져서 그의 무릎에 찰과상(擦過傷)을 입었다.

aufschichten ⟨h⟩ 쌓아 올리다, 포개어 쌓다: Holzscheite (an der Hauswand) a. 나무토막을 (벽에 대어) 차곡차곡 쌓다. **b)** 층을 이루게 하다: einen Holzstoß a. 장작더미를 만들다. **Aufschichtung, die;** -en ↑aufschichten의 명사형.

aufschieben* ⟨h⟩ **1. a)** (문을) 밀어 열다(반대: zuschieben), **b)** (문) 빗장을 벗기다. **2.** 연기하다, 유예(猶豫)하다: die Abreise (auf den, bis zum nächsten Tag) a. 출발을 (다음날로) 미루다; 성규 aufgeschoben ist nicht aufgehoben 연기는 중지가 아니다. **Aufschiebung, die;** -en ↑aufschieben의 명사형.

aufschießen* **1. a)** ⟨s⟩ 치솟다, 분출하다: eine Stichflamme schießt auf 불꽃이 치솟는다. **b)** (초목이) 무성히, 갑자기 생장하며, 무럭무럭 자라다: nach dem Regen ist die Saat aufgeschossen 씨앗이 비온 후에 싹이

텄다. c) 갑자기 일어서다. 2. 《아이》 ⟨s⟩ 발생하다, 생기다. 3. ⟨h⟩ 【선원】 a) 《밧줄을》 감아올리다. b) 《범선을》 맞바람을 이용하여 멈추게 하다.

aufschimmern ⟨h/s⟩ 《아이》 《불꽃이나 빛이》 번쩍하다: Lichter schimmern in der Ferne auf 멀리서 빛이 번쩍인다: 전의 in seinen Augen schimmerte Hoffnung auf 그의 눈에서 희망이 번쩍였다.

aufschinden* ⟨h⟩ ↑aufschürfen: ich habe mir bei dem Sturz die Knie aufgeschunden 나는 넘어져 무릎이 벗겨졌다.

aufschirren ⟨h⟩ (말에) 마구(馬具)를 매다(반대: abschirren).

Aufschlag, der; -(e)s, Aufschläge 1. 떨어져 부딪침: beim A. zerschellen 바닥에 부딪혀 산산조각이 나다. 2. 【스포츠】 서브 (넣기): A. haben 서브권을 가지다. 3. 값이 오름, 가격 상승(반대: Abschlag 2 a): einen A. von 20% erheben 가격을 20% 올리다. 4. 《옷소매나 바지의》 접은 부분, 접은 옷깃, 커프스, 소맷부리: eine Uniform mit roten Aufschlägen 붉은색 단이 달린 유니폼. 5. 【임업】 실생(實生), 자생 묘목(반대: Anflug 3 b).

Aufschlag-: ~**ball,** der 【스포츠】 서브볼. ~**fehler,** der 【스포츠】 서브 미스. ~**feld,** das 【스포츠】 서비스 코트. ~**linie,** die 【스포츠】 서브 라인. ~**spiel,** das 【스포츠】 서브 게임. ~**zünder,** der 착발신관(着發信管)(반대: Zeitzünder).

aufschlagen* 1. ⟨s⟩ 떨어져 부딪치다: bei dem Sturz (mit dem Kopf auf der[die] Straße) a. 넘어지면서 (머리를 노상(路上)에) 부딪치다. 2. 《매를 맞거나 넘어져》 다치다: ich habe mir bei dem Sturz das Knie aufgeschlagen 나는 넘어져 무릎을 다쳤다. 3. ⟨h⟩ 쳐서 열다(알을) 깨뜨리다, (통의 마개를 빼다): ein Ei (am Tellerrand) a. 달걀을 (접시 가장자리에 부딪쳐서) 깨다. 4. 【스포츠】 ⟨h⟩ 서브를 넣다. 5. ⟨s⟩ 홱 열리다(반대: zuschlagen): durch den Wind schlug die Tür auf 문이 바람에 홱 열렸다. 6. (책을) 펴다, 책장을 넘기다, 펴서 읽다, (사전을) 찾다. 7. ⟨h⟩ (눈을) 부릅뜨다. 8. ⟨h⟩ 걷어 올리다, 접어 올리다. 9. ⟨h⟩ 세우다, 짓다, (천막을) 치다, (잠자리를) 깔다(반대: abschlagen). 10. ⟨h⟩ (주소지를) 정하다, 정주(定住)하다: seinen ständigen Wohnsitz in München a. 그의 주소지를 뮌헨에 정하다. 11. ⟨s⟩ 타오르다. 12. ⟨h⟩ (반대: abschlagen) a) (가격을) 올리다: die Händler haben die Preise[mit den Preisen] aufgeschlagen 상인들이 가격을 올렸다. b) 가산(加算)하다: die Schreibgebühren werden auf diese Summe aufgeschlagen 대서료(代書料)가 총액에 가산된다. c) 오르다, (값이) 상승하다: das Obst hat um 10% (im Preis) aufgeschlagen 과일이 (가격면에서) 10%정도 올랐다. 13. 【수공】 ⟨h⟩ (뜨개질의) 코를 바늘에 꿰다. **Aufschläger,** der 【스포츠】 서브 넣는 선수. **Aufschlagung,** die ↑aufschlagen의 명사형.

aufschlämmen ⟨s⟩ 앙금이 앉다, 침전물이 생기다. **Aufschlämmung,** die; -en ↑aufschlämmen의 명사형.

Aufschleppe, die; -n 1. 【해양】 선박 인양(引揚) 장치. 2. 【어업】 《포경선의 잡은 고래를 끌어올리는 장치. **aufschleppen** ⟨h⟩ 1. 【해양】 (인양 장치를 이용해) 배를 육지로 끌어올리다. 2. (지역적) 《옷을》 입어 낡아지게 하다. **Aufschleppung,** die; -en ↑aufschleppen의 명사형.

aufschleudern ⟨h⟩ 위로 던지다, 튀어오르게 하다: die Räder schleuderten Erde u. Steine auf 바퀴가 흙과 돌을 튀게 했다. **Aufschleuderung,** die; -en ↑aufschleudern의 명사형.

aufschlicken ⟨h⟩ 【지리】 진흙으로 돋우다. **Aufschlickung,** die; -en ↑aufschlicken의 명사형.

aufschließen* ⟨h⟩ 1. 열다, (문의) 자물쇠를 열다(반대: zuschließen): die Haustür (mit einem Nachschlüssel) a. 대문을 (여벌 열쇠로) 열다; 전의 der Lehrer hat den Schülern den Sinn des Gedichtes aufgeschlossen 《아이》 교사가 학생들에게 그 시의 의미를 설명했다. 2. 《아이》 드러내다, 알리다: jmdm. sein Herz a. 누구에게 마음 속을 털어놓다; 전의 (a. + sich) eine neue Welt schloß sich ihm auf 새로운 세계가 그에게 나타났다. 3. 【광업】 (광산 따위를) 개굴[開掘]하다. 4. 【제련】 분쇄하여 선광(選鑛)하다. 5. 【화학·생물】 (불용성의 물질을) 가용성으로 하다, (용제로) 녹이다. 6. 【관】 (공공시설에) 병합하다. 7. a) (열의 간격을 좁히기 위해) 위로 나아가다. b) 【스포츠】 (최우수 선수[팀]에) 도달하다: mit diesem Sieg schloß die Mannschaft zur Spitzengruppe auf 그 팀은 이번 승리로 선두 그룹에 끼었다. **Aufschließung,** die ↑aufschließen의 명사형.

aufschlingen* ⟨h⟩ 1. (매듭 따위를) 풀다(반대: zuschlingen). 2. 《드물게》 번개같이 먹어 치우다.

aufschlitzen ⟨h⟩ 베어 쪼개다, 찢어 젖히다, (짐승의 배를) 가르다: einen Brief(umschlag) a. 편지(봉투)를 봉하다.

aufschluchzen ⟨h⟩ 흐느껴 울다.

aufschlucken ⟨h⟩ 점차로 약화시키다, (색채 따위를) 옅게 하다, 흡수하다: Wände schlucken den Schall auf 벽이 음향을 흡수하다.

aufschlürfen ⟨h⟩ 홀짝홀짝[쩝끔쩝끔] 다 마시다.

Aufschluß, der; Aufschlusses, Aufschlüsse 1. 해명, 설명, 정보, 지식: A. geben 설명하다; sich A. über etw. verschaffen 무엇에 대해 조사하다. 2. 【광업】 지하 자원의 개발. 3. 【제련】 선광(選鑛). 4. 【화학·생물】 용해. 5. 【지질】 노두(露頭). 6. (교도소 내 감방의) 개방(開房). **Aufschlußarbeiten** ⟨Pl.⟩ 지하 자원 개발 작업. **aufschlüsseln** 분류하다, 해독(판독)하다: etw. nach Typen a. 무엇을 유형에 따라 분류하다. **Aufschlüsselung,** die **Aufschlüßlung,** die ↑aufschlüsseln의 명사형. **aufschlußreich** ⟨Adj.⟩ 개발적인, 유익한, 교훈적인, 새로운 지식을 주는, 시사하는 바가 많은.

aufschmelzen* 1. 《드물게》 a) ⟨s⟩ 녹다, 용해되다. b) ⟨h⟩ 녹이다, 용해하다. 2. 【기술】 ⟨h⟩ 녹여서 칠하다. **Aufschmelzung,** die; -en 【기술】 1. 녹여서 칠함. 2. 녹여서 칠한 표면.

aufschmieren ⟨h⟩ 《통용어》 칠해 버리다, 칠해[발라] 대다: du darfst nicht soviel Farbe a. 너는 그렇게 많은 페인트를 마구 칠해서는 안된다.

aufschminken ⟨h⟩ 《드물게》 꾸며서 모양을 내다. **aufschnallen** ⟨h⟩ 1. (구두 따위의) 죔쇠를 풀다(반대: zuschnallen): die Schuhe a. 구두의 죔쇠를 풀다. 2. (끈으로) 단단히 붙잡아 매다(반대: abschnallen): das Gepäck auf das Autodach a. 짐을 자동차 지붕 위에 붙잡아 매다.

aufschnappen 1. ⟨s⟩ (문이) 탁하고 열리다, 확 열리다, 갑자기 열리다(반대: zuschnappen). 2. ⟨h⟩ 잽싸게 잡아 물다: der Hund schnappt das Stück Wurst auf 그 개는 소시지 토막을 덥석 입에 문다. 3. 《통용어》 ⟨h⟩ 우연히 듣다, 엿듣다.

aufschnaufen ⟨h⟩ 《südd., österr.·통용어》 안도의 숨을 내쉬다.

aufschneiden* ⟨h⟩ 1. 절개(切開)하다, 해부하다: jmdm. den Bauch a. 《농》 누구를 수술하다. 2. 얇은 조각으로 자르다, 얇게 썰다: die Wurst a. 소시지를 얇게 썰다. 3. 《통용어·폄》 허풍떨다, 과장하다: wenn er von seinen Erlebnissen berichtet, schneidet er immer fürchterlich auf 그는 체험담을 이야기할때면 언제나 매우 허풍을 떤다. **Aufschneider,** der; -s, - 《통용

어·펌] 허풍쟁이, 사기꾼. **Aufschneiderei**, die; -en 《통용어·펌》 허풍, 거짓말. **aufschneiderisch** 〈Adj.〉 허풍떠는, 자랑하는.

aufschnellen 〈s〉 **a)** 뛰어[튀겨]오르다: er schnellte erschrocken von seinem Sitz auf 그는 놀라서 자리에서 벌떡 일어났다. **b)** 《드물게》 (문이) 갑자기 열리다.

Aufschnitt, der; -(e)s (소시지 따위의 얇게 썬) 조각. **Aufschnittplatte**, die 얇게 썬 소시지나 치즈가 담긴 접시.

aufschnulzen 〈h〉 (어떤 작품을) 센티멘틀하게[감상적으로] 되도록 각색하다.

aufschnüren 〈h〉 **1. a)** …의 끈을 풀다(반대: verschnüren): ein Päckchen a. 소포의 끈을 풀다. **b)** (…의 끈을 풀어) 열다(반대: zuschnüren): die Schuhe a. 구두끈을 풀다. **2.** 《드물게》 끈으로 동여매다, (트렁크를) 잡아매다: einen Koffer auf dem Gepäckträger a. 여행가방을 (자동차) 짐받이에 끈으로 동여매다.

aufschönen 〈h〉 《드물게》 미화(美化)하다.

aufschottern 〈h〉 【지질】 퇴적(堆積)시키다. **Aufschotterung**, die; -en ↑aufschottern의 명사형.

aufschrammen 〈h〉 찰과상[생채기]을 입히다.

aufschrauben 〈h〉 **1.** (반대: zuschrauben) **a)** 비틀어 열다: ein Marmeladenglas a. 과일잼병을 비틀어 열다. **b)** 나사를 돌려 열다. **2.** (반대: abschrauben) **a)** 나사못으로 죄다. **b)** 나사못으로 고정시키다: ein Namensschild (auf die Tür) a. 문패를 나사못으로 (대문에) 고정시키다.

¹**aufschrecken** 〈h〉 깜짝 놀라게 하다, 몰아내다: das Wild durch Schüsse a. 들짐승을 총을 쏘아서 쫓다.

²**aufschrecken*** 〈s〉 무엇에 놀라 뛰어 일어나다.

Aufschrei, der; -(e)s -e 고함, 절규, 비명, 날카로운 소리: A. der Freude ausstoßen 기쁨의 탄성을 내지르다; 전의 ein A. der Empörung ging durch das Land [아이] 분노의 함성이 온나라를 진동시켰다.

aufschreiben* 〈h〉 **a)** 적어 두다, 기록하다: einen Gedanken a. 생각을 기록하다. **b)** 적다: der Polizist hat den Verkehrssünder aufgeschrieben 《통용어》 경찰관은 교통 법규 위반자의 인적 사항을 적었다. **c)** 《통용어》 …의 처방을 쓰다: der Arzt hat mir ein Kopfschmerzmittel aufgeschrieben 의사는 나에게 두통약의 처방을 써 주었다. **d)** 《지역적》 외상으로 적어 두다.

aufschreien* 〈h〉 소리지르다, 고함치다, 절규하다: vor Schmetz a. 아파서 소리지르다.

Aufschrift, die; -en **a)** (논문 따위의) 표제, 레테르, 부전지, 명(銘) 비문(碑文): die Flasche trägt die A. 그 병엔 레테르가 붙어 있다. **b)** 《드물게》 (수신인의) 주소, 성명: die A. des Briefes war unleserlich 그 편지의 주소는 알아 볼 수가 없었다.

aufschrumpfen 〈h〉 【기술】 (열을 가해) 팽창시켜 끼우다. **Aufschrumpfung**, die; -en ↑aufschrumpfen의 명사형.

Aufschub, der; -(e)s, Aufschübe 연기, 유예: um A. bitten 연기 요청을 하다; etw. ohne A. tun 무엇을 지체없이 실행하다.

aufschürfen 〈h〉 긁어서 생채기를 내다, (피부를) 스쳐서 벗겨지게 하다. **Aufschürfung**, die; -en **1.** ↑aufschürfen의 명사형. **2.** 스쳐서 난 생채기, 긁혀서 벗겨진 상처.

aufschürzen 〈h〉 걷어[접어] 올리다: einen langen Rock beim Treppensteigen a. 계단을 오를 때 긴 치마를 걷어 올리다; 전의 die Lippen a. 《아이, 준고어》 입을 삐쭉 내밀다.

aufschütteln 〈h〉 (오리털 이불 따위를) 흔들어 부풀게 하다, 흔들어 올리다. **Aufschütt(e)lung**, die; -en ↑aufschütteln의 명사형. **aufschütten** 〈h〉 **1.** (…위에) 부어 넣다[쏟다]: Koks a. 코크스를 채우다. **2. a)** 쌓아 올리다. **b)** (…에 흙을) 쌓아 올리다: einen Deich a. 제방을 축조(築造)하다. **c)** 돋우다, 넓히다. **3.** [지리] 퇴적으로 생기게 하다. **Aufschüttung**, die; -en **1.** 부어넣음, 저장, 퇴적; 돋우어 올림, 흙을 쌓아 올림. **2. a)** 북돋우어진 땅, 제방(堤防). **b)** [지리] 퇴적.

aufschwatzen, 《지역적》 **aufschwätzen** 〈h〉 지껄여 (서 믿게 하여) 팔아 넘기다, 감언이설로 떠맡기다.

aufschwefeln 〈s〉 아래로 솟다, 휠휠 날아오르다.

aufschweißen 〈h〉 【기술】 **1.** 용접하다. **2.** 용접기로 뚫다. **Aufschweißung**, die; -en ↑aufschweißen의 명사형.

¹**aufschwellen*** 〈s〉 (반대: abschwellen) **1.** 붓다, 부풀어오르다: der Fuß schwoll auf 발이 부어올랐다; 전의 die Sprache schwillt auf 어휘가 늘고 있다. **2.** 소리가 커지다 [더 요란해지다]: Beifall schwillt auf 박수 소리가 더 요란해지고 있다. ²**aufschwellen** 〈h〉 부풀게 하다: der Wind schwellt die Segel auf 바람이 돛을 팽팽하게 하다. ¹**Aufschwellung**, die; -en ↑²aufschwellen의 명사형. ²**Aufschwellung**, die; -en ↑²aufschwellen의 명사형.

aufschwemmen 〈h〉 해면처럼 부풀리다, (동물을) 살찌우다: ein aufgeschwemmtes Gesicht 부은[살찐] 얼굴. **Aufschwemmung**, die; -en ↑aufschwemmen의 명사형.

aufschwimmen* 〈s〉 **a)** 부상(浮上)하다. **b)** 〔조선〕 (진수(進水)하는 배가) 물 위에 뜨다. **c)** 【교통】 물에 잠긴 도로 위를 활주하는 하이드로 플레이닝 현상.

aufschwindeln 〈h〉 《통용어》 속여서 사게 하다, 꼬임수를 써서 물건을 팔다.

aufschwingen* 〈h〉 **1. a)** 〈a. + sich〉 높이 오르다, 비상(飛上)하다. **b)** 【사냥】 (나무 위에) 내려앉다(반대: abschwingen). **2.** 〔체조〕 뛰어오르다, 도약(跳躍)하다(반대: abschwingen). **3.** 〈a. + sich〉 **a)** 약진(향상)하다: er hat sich zum Klassenbesten aufgeschwungen 그는 성적이 올라 학급 수석이 되었다. **b)** 출세하다, 성공하다, …라고 자처하다, 주제넘게 …인 체하다: er schwingt sich zum Richter über andere auf 그는 자칭 타인의 재판관이다. **c)** 기운을 내어서 무엇을 하다, 분기하다. **4.** 〔문어〕 갑자기 열리다(반대: zuschwingen). **Aufschwung**, der; -(e)s, Aufschwünge **1.** 〔체조〕 뛰어오르기(반대: Abschwung). **2.** 〔아이〕 (정신적인) 고양(高揚), 발양(發揚). **3.** 비약(飛躍), 발전, 향상, 경기 상승.

aufsehen 〈h〉 **1.** 쳐다보다, 올려다 보다: von der Arbeit a. 일에서 눈을 떼어[일손을 놓고] 쳐다보다. **2.** 우러러보다, 존경하다, 경탄하다: voll Dankbarkeit zu jmdm. a. 누구를 고마움에 가득 차서 우러러보다. **Aufsehen**, das; -s **1.** 쳐다봄. **2.** 주목, 관심, 인기: das Buch erregte großes Aufsehen 그 책은 대단한 주목[센세이션]을 끌었다[일으켰다]. **aufsehenerregend** 〈Adj.〉 세인의 이목을 끄는, 센세이셔널한. **Aufseher**, der; -s, - 감독자, 감시자, 관리인, 보호자, 후견자, (공장의) 감독. **Aufseherin**, die; -nen ↑Aufseher의 여성형.

aufseilen 〈h〉 로프[자일]로 끌어올리다(반대: abseilen): sich a. 로프[자일]로 오르다. **Aufseilung**, die; -en ↑aufseilen의 명사형.

aufsein* 〈s〉 (부정형과 분사로만 붙여 써서) 《통용어》 1. (반대: zusein) **a)** 열려 있다. **b)** 잠겨 있지 않다. **c)** 열어 놓다. **2. a)** 깨어(일어나, 자지 않고) 있다. **b)** 잠자리에서 일어나 있다, 침대에서 나와 있다.

aufsetzen 〈h〉 **1.** 씌우다, 끼우다(반대: absetzen 1): sich(dem Kind) eine Mütze a. 모자를 쓰다(아이에게 모자를 씌우다); 전의 die Brille a. 안경을 끼다; ein

Aufsetzer

Lächeln a. 의식적으로 미소를 보이다. **2.** (화덕 따위에) 올려 놓다; Kaffeewasser a. 커피물을 불 위에 올려 놓다. **3. a)** 작성하다. **b)** 기초하다: (jmdm. [für jmdn.]) einen Brief a. (누구에게 보낼) 편지 초안을 만들다. **4.** 《지역적》 쌓아 올리다[포개다]. **5.** (일으켜) 세우다: Kegel a. 볼링의 핀을 일으켜 세우다. **6.** (무엇의) 위에 건립하다, 증축하다: ein weiteres Stockwerk a. 한층을 더 올려 짓다. **7.** 기워 붙이다: Taschen auf das Kleid a. 드레스에 주머니를 기워 붙이다(달다). **8.** (위에) 내려 놓다: die Füße auf den Boden a. 발을 방바닥에 내려 놓다. **9.** 내리다, 착륙하다: das Flugzeug setzte weich auf der[auf die] Piste auf 그 비행기는 활주로에 연착륙(軟着陸)했다. **10.** 입을 않히다: das Kind (im Bett) a. (침대에) 어린아이를 일으켜 않히다. **11.** [선원] 육지로 인양하다. **12.** [사냥] 뿔이 돋다. **13.** [광] (광맥이) 나타나다. **14. a)** [축구·핸드볼] (공을) 바운드(bound)시키다. **b)** [럭비] 킥을 위해 공을 땅에 놓다. **Aufsetzer**, der; -s, - **a)** [축구·핸드볼] 땅에서 튀어오르는 볼. **b)** [럭비] 킥을 위해 볼을 땅에 놓는 선수.

aufseufzen ⟨h⟩ (갑자기, 짧게) 탄식하다: erleichtert a. 안도의 한숨을 내쉬다.

Aufsicht, die; -en **1.** ⟨Pl. 없음⟩ 감시, 감독: die A. führen (haben) über jmdn. [etw.] 누구(무엇)를 감독하다. **2.** 감독자, 감독직(職), 현장관리자(의 사무실). **3.** 부감(俯瞰), 부시(俯視), 조감(鳥瞰): einen Körper in (der) A. zeichnen 신체의 조감도(부감도)를 그리다. **Aufsichter**, der 《구동독》 (철도의) 운행주임. **aufsichtführend** ⟨Adj.⟩ 감독(지도)하는. **Aufsichtführende***, der / die; -n, -n 감독자, 지도자.

Aufsichts-: **~beamte***, der 감독관. **~behörde**, die 감독관청. **~personal**, das 감독(지도)요원. **~pflicht**, die ⟨Pl. 없음⟩ [법] (특히 미성년자에 대한) 감독 의무. **~rat**, der [경제] **a)** (회사의) 감사기관. **b)** 감사(監査, 감사역(監査役).

aufsicht(s)los ⟨Adj.⟩ 감독되지 않는, 무감독의, 방임한.

aufsiedeln ⟨h⟩ [지리] 새로 정착시키다, 새로이 식민하다. **Aufsied(e)lung**, die; -en ↑aufsiedeln의 명사형.

aufsingen* ⟨h⟩ [선원] 조업 중에 박자에 맞추어 함께 노래를 부르다.

aufsitzen* **1. a)** ⟨s⟩ (말을) 타다, 앉다(반대: absitzen). **b)** ⟨s⟩ 동승하다: ich ließ meinen Bruder hinter mir a. 나는 뒷좌석에 동생을 앉혔다. **c)** [체조] ⟨s⟩ 운동 기구 위에 뛰어오르다. **2.** 《통용어》 **a)** ⟨h⟩ (침대에) 일어나 앉아 있다. **b)** ⟨h⟩ 자고 있지 않다. **3.** ⟨h⟩ 위에 놓여 있다, 실려 있다, 얹혀 있다. **4.** [선원] ⟨h⟩ (배가) 좌초하여 있다. **5.** 《지역적》 ⟨h⟩ 괴롭히다, 부담을 끼치다: sie sitzen ihren Nachbarn auf 그들은 이웃에게 부담을 끼치고 있다. **6.** ⟨s⟩ 누구(무엇)의 속임수에 넘어가다: einem Betrüger a. 사기꾼의 속임수에 넘어가다. **7.** 《통용어》 ⟨s⟩ 곤경에 있다. **Aufsitzer**, der; -s, - 《österr.》 속임, 사기.

aufspalten* **a)** 쪼개다, 찢다, 분할하다, 분해하다: Eiweiß wird durch Enzyme aufgespalten 단백질은 효소에 의해 분해된다. **b)** ⟨a. + sich⟩ 쪼개지다, 분열되다: die Partei hat sich in zwei Lager aufgespalten 그 정당은 두 파로 갈라졌다. **Aufspaltung**, die; -en ↑aufspalten의 명사형.

aufspannen ⟨h⟩ **a)** (부채, 우산, 텐트 따위를) 펴다, 펼치다. **b)** 무엇에 펼쳐 고정시키다, 끼우다: Papier auf das Zeichenbrett a. 종이를 화판(제도판)에 끼우다. **Aufspannung**, die ↑aufspannen의 명사형.

aufsparen ⟨h⟩ 무엇을 후일을 위해[비상시에] 남겨 두다, 저축하다: ich habe mir ein Stück Kuchen aufgespart 나는 케이크 한 쪽을 남겨 두었다; 《전의》 er hat sich die Pointe bis zum Schluß aufgespart 그는 끝까지 핵심은 말하지 않았다; das Schicksal hatte ihn für diese Aufgabe aufgespart (아이) 운명이 그를 이 일을 위하여 아끼어 두었었다. **Aufsparung**, die ↑aufsparen의 명사형.

aufspeichern ⟨h⟩ **a)** (창고에) 쌓아 두다, (곡물을) 저장하다, (부를) 축적하다: Lebensmittel a. 식료품을 저장하다; 《전의》 Ärger in sich a. 화를 마음 속에 누적(累積)하다. **b)** ⟨a. + sich⟩ 쌓이다. **Aufspeicherung**, die; -en ↑aufspeichern의 명사형.

aufsperren ⟨h⟩ **a)** (부리, 목구멍 따위를) 딱 벌리다, 활짝 열다. **b)** 《통용어》 (닫힌 것을) 열다. **c)** 《südd., österr.》 (잠겨 있는 것을) 열다.

aufspielen ⟨h⟩ **1.** (무도, 놀이를 위해) 연주하다: eine Musikkapelle spielte (zum Tanz) auf 악단이 (춤을 위한) 곡을 연주하다. **2.** [스포츠] (어떤 방식으로) 경기를 하다: die Mannschaft spielte glänzend auf 그 팀은 뛰어난 경기를 했다. **3.** ⟨a. + sich⟩ **a)** 《覽》 뽐내다. **b)** …인 체하다: du spielst dich gerne als Held auf 너는 영웅인 체하기를 좋아한다.

aufspießen ⟨h⟩ **1. a)** (포크 따위로) 찌르다, 찔러서 들다: ein Stück Fleisch (mit der Gabel) a. 고기 한 점을 (포크로) 찔러서 들다. **b)** 찔러 고정시키다: Insekten a. 곤충을 바늘에 찔러 고정시키다. **2.** 공개적으로 비판하다, 탄핵하다.

aufsplittern **1.** ⟨s⟩ 부서지다, 조각나다, 동강나다: das Holz splittert durch den Druck auf 목재가 압력에 못이겨 동강난다. **2.** ⟨h⟩ 깨뜨리다, 분할하다, 분열시키다: der Konflikt hat die Partei aufgesplittert 갈등으로 인해 그 정당은 분열되었다; ⟨a. + sich⟩ die Gruppe wird sich a. 그 단체는 분열될 것이다. **Aufsplitterung**, die; -en ↑aufsplittern의 명사형.

aufsprayen ⟨h⟩ 《통용어》 내뿜다, 분사(噴射)하다.

aufsprengen ⟨h⟩ **1. a)** 폭파하다, 부수어 열다: einen Geldschrank a. 금고를 부수어 열다. **b)** 폭파하여 틈을 만들다. **2.** [사냥] 쫓아내다, 몰아내다. **Aufsprengung**, die ↑aufsprengen의 명사형.

aufsprießen* ⟨s⟩ (아이) 싹트다, 발생하다, 자라나다.

aufspringen* ⟨s⟩ **1.** 뛰어오르다: erregt vom Stuhl a. 흥분해서 의자에서 벌떡 일어나다. **2.** (달리는) 차 위에 뛰어오르다(반대: abspringen). **3. a)** 갑자기 열리다, 펄떡 열리다: der Deckel ist aufgesprungen 뚜껑이 홱 열렸다; die Samenkapseln werden bald a. 포자낭이 곧 터져 열릴 것이다. **b)** (꽃봉오리가) 방긋이 피기 시작하다. **4.** (공 따위가 땅에 맞아) 튀어오르다. **5.** (손이) 트다. **6.** (바람이) 일다.

aufspritzen **1.** ⟨s⟩ 분출(噴出)하다, 세차게 솟아 나오다. **2.** 《통용어》 ⟨s⟩ 벌떡 일어서다: plötzlich spritzte der Kerl auf u. lief davon 그 녀석은 벌떡 일어나서 도망갔다. **3.** ⟨h⟩ 분사(噴射)하다, 분출시키다: Farbe a. 페인트를 분무기로 분사하다.

aufsprossen ⟨s⟩ (아이·준고어) ↑aufsprießen.

aufsprudeln ⟨h⟩ 용솟음치다, 거품이 일다, 끓어오르다: beim Öffnen der Flasche ist die Limonade aufgesprudelt 병을 열자 음료수가 치솟아 나왔다.

aufsprühen **1.** ⟨s⟩ 날아 튀어오르다: 《전의》 in der Höhe sprühte ein Chor energischer Knabenstimmen auf 높은 곳에서 씩씩한 소년들의 합창소리가 울려 퍼졌다. **2.** ⟨h⟩ 뿌려서 칠하다: Farbe a. 페인트를 뿌려서 칠하다.

Aufsprung, der; -[e]s, Aufsprünge **1. a)** 착지(着地), 강착(降着). **b)** [수영] 도약판 위에서의 점프. **2.** [체조] **a)** 운동 기구 위로 뛰어오르기. **b)** 솟구침, 도약.

aufspulen ⟨h⟩ (실을) 얼레에 감다(반대: abspulen): einen Film a. (eine Spule) a. 필름을 (보빈에) 감다.

aufspülen ⟨h⟩ **1.** (토사를) 충적(沖積)하다. **2.** [해양] (진흙이나 모래 따위로) 돋우다. **3.** 《지역적》 (식기를) 씻

다. **Aufspülung**, die; -en ↑aufspülen의 명사형.
aufspüren ⟨h⟩ 냄새를 맡다, 알아내다, 찾아내다: einen Verbrecher a. 범인을 찾아내다; ein Geheimnis a. 비밀을 벗겨 내다. **Aufspürung**, die; -en ↑aufspüren의 명사형.
aufstacheln ⟨h⟩ **1.** 선동하다, 사주하다. **2.** 자극하다, 격려[고무]하다. **Aufstache(e)lung**, die; -en ↑aufstacheln의 명사형.
aufstampfen ⟨h⟩ 발을 구르다, 짓밟다: fest a., um den Schnee von den Schuhen zu entfernen 구두에 묻은 눈을 제거하기 위해 발을 세차게 구르다.
Aufstand, der; -(e)s, Aufstände 봉기, 반란, 폭동: ein bewaffneter A. 무장 봉기.
aufständern ['ʔaʊfʃtɛndɐn] ⟨h⟩ 【지하공사】(무엇의) 대(架臺)[고가(高架)]를 세우다. **Aufständerung**, die; -en ↑aufständern의 명사형.
aufständisch ⟨Adj.⟩ 반란[폭동]을 일으킨. **Aufständische***, der / die; -n, -n [격변화] 반란[폭동]가담자.
aufstapeln ⟨h⟩ 쌓아 올리다, 퇴적하다, 저장하다: alte Zeitungen a. 낡은 신문을 차곡차곡 쌓아놓다. **Aufstap(e)lung**, die; -en ↑aufstapeln의 명사형.
aufstarren ⟨h⟩ (드물게, 아이) **1.** 위쪽을 응시하다. **2.** 똑바로 서있다, 치솟다, 솟아 있다.
Aufstau, der; -s **1.** [기술] 기류의 인공적 차단. **2.** [수리] 하천을 막아 수면을 높이기.
aufstäuben ⟨s⟩ 먼지처럼 회오리치며 일어나다.
aufstauen ⟨h⟩ **a)** (물을) 둑으로 막다. **b)** ⟨a. + sich⟩ (물이 막혀) 붇다, 늘다: [전의] Ärger stauen sich in jmdm. auf 누구의 가슴 속에 분노가 쌓이다. **Aufstauung**, die; -en ↑aufstauen의 명사형.
aufstechen* ⟨h⟩ **1.** 찔러서 열다: ein Geschwür a. 종기를 바늘로 찔러서 터뜨리다. **2.** [지역적] 흠잡다, 지적하다: Fehler a. 잘못을 지적하다. **3.** (닳아서 무지러진 동판 따위를) 다시 새기다, 수정하다. **4.** [사냥] (짐승이) 숨은 곳에서 놀라서 뛰어나오다.
aufstecken ⟨h⟩ **1.** 위쪽에 꽂다, (옷을) 걷어 올려서 안전핀으로 꽂다, (머리 장식을) 꽂다: das Haar a. 머리를 빗어 들어 올리다. **2.** (기 따위를) 꽂다, 걸다: eine Fahne a. 기(旗)를 게양하다. **3.** (의식적으로) 나타내다: eine Amtsmiene a. 벼슬아치 티를 내다, 거드름 피우다. **4.** [통용어] 그만두다, 중지하다, 포기하다: das Studium a. 학업을 포기하다. **5.** [지역적] 부착하다, 달다: Gardinen a. 커튼을 달다. **6.** [지역적] (사료 거는 시렁 속에) 가득 채워 넣다. **7.** [지역적] 벌다, 얻다.
aufstehen* **1.** ⟨s⟩ **a)** 일어서다: vom Stuhl a. 의자에서 일어서다; vom Tisch a. (식사를 끝내고) 식탁에서 일어나다. **b)** 일을 일으키다: der Gestürzte stand mühsam auf 넘어진 사람은 가까스로 일어났다; **nicht mehr[nicht wieder] a.** (은폐) 죽다. **c)** (잠자리나 병석에서) 기상하다, 일어나다, (명사적) 일어나기: die frühe A. fällt ihm schwer 일찍 일어나는 것이 그 남자에게는 어려운 일이다; **da mußt du früher[eher] a.** (경) [마음먹은 일을 이행하자면] 너는 더 좋은 생각[착상]을 가져야 한다. **2.** ⟨s⟩ 저항하다, 반항하다, 반기를 들다. **3.** ⟨h⟩ (아이) (감정이) 생기다, 떠오르다, 나타나다: eine Erinnerung war in ihm aufgestanden 그에게 한가지 추억이 떠올랐다. **4.** ⟨h⟩ 똑바로 서 있다. **5.** ⟨h⟩ (문 따위가) 열려 있다. **6.** [사냥] ⟨s⟩ (새가) 날아가다.
aufsteigen* ⟨s⟩ **1.** 올라타다(반대: absteigen 1 a): auf das Fahrrad a. 자전거에 올라타다. **2.** (산을) 오르다(반대: absteigen 1 b): zum Gipfel a. 정상을 오르다. **3. a)** (연기, 안개가) 피어 오르다: Nebel steigt aus den Wiesen) auf 풀밭에서) 안개가 피어 오른다. **b)** 날아오르다: ein Hubschrauber steigt auf 헬리콥터가 날아오르다; die Sonne steigt am Horizont auf 태양이 지평선위에 떠오르다. **c)** 표면으로 떠오르다: aus dem Meer a. 바다 속에서 떠오르다. **4.** ⟨아이⟩ 높이 솟다, 솟아오르다. **5.** ⟨아이⟩ 떠오르다: ein Gedanke steigt in jmdm. auf 누구에게 어떤 생각이 떠오르다. **6. a)** 승진하다, 지위가 오르다(반대: absteigen 1 b): zum Direktor der Firma a. 회사의 이사로 승진하다. **b)** [스포츠] 승급(昇級)하다(반대: absteigen 3). **Aufsteiger**, der; -s, - (반대: Absteiger) **1.** [통용어] 출세한 사람, 성공한 사람. **2.** [스포츠] 상위 리그로 올라온 팀.
aufstellen ⟨h⟩ **1. a)** 세우다, 놓다, 올려 놓다: Tische u. Stühle (auf der Terrasse) a. 테이블과 의자를 (테라스에) 내다 놓다; eine Falle a. 덫을 놓다. **b)** 세우다, 배치하다: einen Posten (an der Tür) a. (문에) 보초 한명을 세우다. **c)** 설치하다, 건립하다: ein Denkmal a. 기념물을 건립하다. **d)** (넘어진 것을) 바로 세우다: die Kegel a. (볼링의) 핀을 세우다. **2. a)** 곧추 세우다: der Hund stellt die Ohren auf 그 개가 두 귀를 쫑긋 세운다. **b)** ⟨a. + sich⟩ (털, 머리카락 따위가) 일어나다. **3.** 편성하다, 정렬시키다: eine Mannschaft a. 팀을 편성하다. **4.** (후보로) 세우다, 지명하다: jmdn. als Kandidaten a. 누구를 후보로 지명하다. **5. a)** 입안(立案)하다, 작성하다: eine Liste a. 리스트를 작성하다. **b)** (법칙이나 학설을) 세우다, (원칙을) 정하다: eine Theorie a. 이론을 정립하다. **c)** (신기록을) 내다, 달성하다: einen Rekord a. 기록을 세우다. **d)** ⟨기능 동사로⟩ 말하다: eine Forderung(Vermutung, Behauptung) a. 요구(추측, 주장)하다. **6.** [지역적] 불에 올려놓다. **7.** (nordd.) (일을) 저지르다. **Aufsteller**, der; -s, - (볼링에서) 세우는 사람, 설립자, 설치자, 건설자, (기계의) 장치자, 조립자. **Aufstellung**, die; -en ↑aufstellen의 명사형: **Aufstellung nehmen** 진을 치다, 자리를 잡다.
aufstemmen ⟨h⟩ **1.** 비틀어 열다, 끌을 사용하여 열다. **2.** 짚다, 받치다, 버티다: seinen Fuß [sich (mit seinem Fuß auf etw.)] a. (발을) 무엇 위에 얹어 놓다. **3.** [체조] (평행봉에서) 몸을 팔로 지명하다. **Aufstemmung**, die; -en ↑aufstemmen의 명사형.
aufstempeln ⟨h⟩ 스탬프를 찍다.
aufsteppen ⟨h⟩ **a)** 누벼 깁다: Taschen (auf den Mantel) a. (외투에) 주머니를 꿰매어 달다. **b)** 누비질을 하다.
aufsticken ⟨h⟩ **1.** 수를 놓다; 꿰매다, 꿰매어 붙이다. **2.** [기술] (강철을) 질화처리(窒化處理)하다, 질화강(窒化鋼)으로 만들다. **Aufstickung**, die; -en ↑aufsticken의 명사형.
aufstieben* ⟨h⟩ **1.** (눈 따위가) 흩날리다. **2.** [사냥] (날짐승이) 푸드득 (놀라서) 날아가다.
Aufstieg ['aʊfʃtiːk], der; -(e)s, -e (반대: Abstieg) **1. a)** 오르기: ein gefährlicher A. 매우 위험한 등정(登頂). **b)** 오르막 길, 치받이, 올라가는 어귀. **2. a)** 진급, 향상, 발전: das Land erlebte einen wirtschaftlichen A. 그 나라는 경제 발전을 이룩했다. **b)** [스포츠] (상위급으로) 승급.
Aufstiegs-: **~bahn**, die [우주] (인공위성의) 궤도 진입까지의 상승 코스. **~chance**, die 승진 기회. **~möglichkeit**, die 승진 가능성. **~runde**, die [스포츠] 상위급으로의 승급을 가리는 한판 승부. **~spiel**, das [스포츠] 승급 결정 시합.
aufstöbern ⟨h⟩ **1.** (사냥에서 짐승을) 몰아내다. **2.** 찾아내다, 수집하다: ein lange gesuchtes Buch endlich in einem Antiquariat a. 오랫동안 찾던 책을 마침내 어느 고서점에서 찾아내다. **Aufstöberung**, die; -en ↑aufstöbern의 명사형.
aufstocken ⟨h⟩ **1.** 층을 높여 짓다, 증축하다. **2.** 늘리다, 증액하다: einen Etat (um 10 Millionen auf 50 Millionen) a. 예산을 (1,000만 정도 늘려서 5,000만으로) 증액하다; die Gesellschaft stockt auf 그 회사는 증자한다.

Aufstockung, die; -en ↑aufstocken의 명사형.
aufstöhnen 〈갑자기〉 소리 내며 신음하다.
aufstöpseln 〈h〉 〈통용어〉 마개를 뽑고 열다(반대: zustöpseln): eine Flasche a. 병마개를 뽑다.
aufstören 〈h〉 〈드물게〉 **a)** 놀라게 하다. **b)** 방해하다, 훼방 놓다.
aufstoßen*1. 〈h〉 밀쳐 열다, (발로) 차서 열다. **2. a)** 〈h〉 부딪쳐 다치다: hast du dir das Knie aufgestoßen? 너는 무릎을 부딪쳐 다쳤느냐? **b)** 〈s〉 맞부딪치다: er ist mit der Stirn auf die Tischkante aufgestoßen 그는 이마를 테이블 모서리에 맞부딪쳤다. **3.** 〈h〉 부딪다, 탁 치다: beim Gehen stößt er den Stock (auf den Boden) auf 그는 길을 갈 때 지팡이로 (땅 위를) 치는 버릇이 있다. **4. a)** 〈h〉 소리 내어 트림하다: das Baby muß noch a. 아기는 아직 트림을 안했으니 해야 돼. **b)** 〈s/h〉 (먹은 음식이) 넘어오다, 생목이 오르다: das Essen ist[hat] ihm aufgestoßen 그에겐 생목이 올랐다. **5.** 〈통용어〉 〈s〉 떠오르다, 나타나다, 일어나다, 마주치다: bei seinen Beobachtungen ist ihm einiges Verdächtige aufgestoßen 관찰하는 중에 몇 가지 수상한 점이 그에게 떠올랐다.

aufstrahlen 〈h〉 **1.** 밝은 빛을 발하며 빛나다. **2.** 빛나다, 기쁜 기색(氣色)을 보이다: ihre Augen strahlten auf 그녀의 눈이 환히 빛났다.

aufsträuben 〈h〉 (머리카락 따위를) 곤두세우다: das Fell des Hundes hatte sich aufgesträubt 개털이 곤두섰다.

aufstreben 〈h〉 **1.** 〈아어〉 오르려고[향상하려고] 애쓰다, 치솟다: Hochhäuser streben auf 고층 건물들이 치솟아 있다. **2.** (사회적, 정치적, 경제적으로) 향상하다, 발전하다: eine aufstrebende Industriestadt 발전하는 산업 도시.

aufstreichen*1. 〈h〉 (위에) 바르다, 칠하다: du streichst (dir) die Butter zu dick auf 너는 버터를 너무 두껍게 바른다. **2.** 〈사냥〉 〈s〉 (땅에서) 날아오르다.

aufstreifen 〈h〉 (소매를) 걷어 올리다.

aufstreuen 〈h〉 **a)** 뿌리다, 살포하다. **b)** (볏짚을) 깔다: den Tieren im Stall Stroh a. 우리 속에 있는 가축에 볏짚을 깔아 주다. **Aufstreuung**, die; -en ↑aufstreuen의 명사형.

Aufstrich, der; -(e)s, -e **1.** 〈드물게〉 Brotaufstrich. **2.** (글자의) 위로 그은 획(반대: Abstrich 3). **3.** 〈현악기의〉 활을 켜 올림, 상궁(上弓)(반대: Abstrich 4).

aufstufen 〈h〉 〈관〉 승격(승급)시키다: eine Bundesstraße zu einer Stadtautobahn a. 국도를 고속도로로 승격시키다. **Aufstufung**, die; -en ↑aufstufen의 명사형.

aufstuhlen ['aʊfʃtuːlən] 〈h〉 테이블 위에 의자를 뒤집어 엎어놓다: vor der Polizeistunde begannen die Lokale aufzustuhlen 음식점들은 폐점 시간이 임박하자 의자를 테이블 위에 뒤집어 엎어놓기 시작했다.

aufstülpen 〈h〉 **1. a)** 씌우다: einen Schirm auf die Lampe a. 전등에 갓을 씌우다. **b)** (모자 따위를) 급히 [쑥] 씌우다: sie hatte dem Kind rasch die Mütze aufgestülpt 그녀는 아이에게 재빨리 모자를 쑥 뒤집어 씌웠다. **2.** (소맷부리, 모자의 테 따위를) 위로 접어 젖히다: den Mantelkragen a. 외투깃을 세우다; 〈전의〉 die Lippen a. 입술을 내밀다; eine aufgestülpte Nase 들창코.

aufstützen 〈h〉 **1.** 버티다, 받치다: die Arme auf den (auf den) Tisch a. 팔로 테이블을 짚다; mit aufgestütztem Kopf dasitzen 머리를 받친 채로 앉아 있다. **2.** 짚고[받치고] 일으키다: den Kranken a. 환자를 부축하여 일으키다.

aufsuchen 〈h〉 **1.** 방문하다, 만나러 가다, 찾아가다: Freunde (in ihrer Wohnung) a. 친구들을 (집으로) 만나러 가다; er muß einen Arzt a. 그는 꼭 의사의 진찰을 받아야 한다; wir haben früh das Bett aufgesucht 《아어》 우리는 일찍 잠자리에 들었다. **2. a)** 〈드물게〉 줍다: Geldstücke (vom Boden) a. (땅바닥에서) 동전을 줍다. **b)** 찾아내다: eine Adresse im Telefonbuch a. 전화 번호부에서 주소를 찾아내다.

aufsummen, aufsummieren 〈h〉 **a)** 〈전산〉 합계하다. **b)** 〈a. + sich〉 일정한 액수에 이르다: die Spenden haben sich zu einem hohen Betrag aufsummiert 희사금은 높은 액수에 달했다. **Aufsummierung**, die; -en ↑aufsummieren의 명사형.

aufsüßen 〈h〉 (무엇에 설탕을 넣어) 단맛을 내다.

auftabellieren 〈h〉 (무엇의) 일람표를 만들다. **Auftabellierung**, die; -en ↑auftabellieren의 명사형.

auftakeln 〈h〉 **1.** 〈선원〉 (배에) 삭구(索具)를 장비하다, 돛을 달다(반대: abtakeln). **2.** 〈통용어·폄〉 요란한 옷차림을 하다[꾸미다]. **Auftakelung**, die; -en ↑auftakeln의 명사형.

Auftakt, der; -(e)s, -e **1.** 〈드물게 Pl.〉 (행사의) 시작, 발단, 서막, 개막. **2.** 〖음악〗 상박(上拍), 곡을 시작하는 불완전 음절. **3.** 〖운율〗 억양없는 첫 음절.

auftanken 〈h〉 **a)** 연료를 공급(보급)하다, 비축 연료를 보충하다: die Maschine tankt hier auf 그 비행기는 이곳에서 연료를 채운다; 〈전의〉 wir müssen im Urlaub neue Kräfte a. 우리는 휴가 기간에 새로운 힘을 축적하지 않으면 안된다. **b)** (자동차의) 연료 탱크를 가득 채우다: das Auto a. 자동차의 연료탱크를 가득 채우다.

auftauchen 〈s〉 **1.** (표면에) 떠오르다: das U-Boot ist wieder aufgetaucht 잠수함이 다시 물 위로 떠올랐다; 〈전의〉 er tauchte aus seinen Träumen auf 그는 더 이상 공상에 잠기지 않았다. **2. a)** (생각지도 않았는데) 보이다, 나타나다: am Horizont tauchten die Berge auf 지평선에 산들이 불쑥 그 모습을 드러냈다. **b)** 불쑥[돌연히] 나타나다, 거기에 있다, 와 있다: ein Unbekannter tauchte plötzlich in der Gesellschaft auf 낯모르는 사람이 불쑥 모임에 참석했다; die Akten tauchten erst nach vielen Jahren wieder auf 그 서류들은 여러 해 지난 후에 비로소 발견되었다; 〈전의〉 Probleme tauchen auf 문제가 제기되다.

auftauen 1. a) 〈h〉 (얼은 것을) 녹게 하다. **b)** 〈h〉 (얼음을) 녹이다. **2. a)** 〈s〉 녹다, 녹아 없어지다. **b)** 〈s〉 얼었던 감정이) 풀리다, (어색한 감정이) 풀리다: die vereiste Starre löste sich, die Gedanken tauten auf 얼어붙었던 경직이 풀리고, 사고가 다시 회복되었다. **3.** 〈s〉 마음을 터놓다. **Auftauung**, die; -en ↑auftauen의 명사형.

aufteen [...tiːn] 〈h〉 〖골프〗 공을 때리기 위하여 티 위에 올려 놓다.

auftelien 〈h〉 **1.** 배분하다, 나누어 주다: das Land (an die Bauern) a. 땅을 (농부들에게) 분배하다. **2. a)** 분할하다: einen Raum a. 공간을 분할하다. **b)** 분류하다: die Teilnehmer in mehrere Gruppen a. 참가자들을 여러 그룹으로 편성하다. **Aufteilung**, die; -en ↑aufteilen의 명사형.

auftippen 〈h〉 (공이) 땅에 닿아 튀어오르다.

auftischen 〈h〉 **1.** 식탁에 내놓다: (jmdm.) reichlich a. (누구에게) 풍성히 대접하다. **2.** 〈통용어·폄〉 꾸며 대다, 이야기 따위를 꺼내다: (jmdm.) Lügen a. (누구에게) 거짓말을 꾸며대다.

Auftrag ['aʊftraːk], der; -(e)s, Aufträge **1.** 지시, 명령, 위임(委任): sich eines -es entledigen 지시를 이행하다; er kam in m. A. seiner Firma 그는 회사의 위임을 받고 왔다(편지 서명란에 쓰는 약어: i. A. 또는 I.A.). **2.** 주문: ein A. über [《드물게》 auf] die Lieferung von Schreibtischen 책상 공급에 대한 주문; etw. in A. geben 【상】 주문하다. **3.** 사명, 임무: der gesellschaftliche A. der Partei 정당의 사회적 사명. 4. (색)칠하기, 바르기. **auftragen*** ⟨h⟩ 1. (아이) (음식을) 식탁에 올리다. 2. 바르다, 칠하다: Farbe a. 색을 칠하다. 3. 위임하다, 위탁하다, 과(課)하다: er hat mir einen Gruß an dich aufgetragen 그는 자네에 대한 외부 인사를 내게 부탁했네. 4. (옷을) 해질 때까지 입다, 입어 낡아 지게 하다. 5. 뚱뚱해 보이게 하다: diese Jacke trägt sehr auf 이 윗도리를 입으면 몹시 뚱뚱해 보인다. **Auftraggeber**, der; -s, - 위임자, 주문자. **Auftragung**, die ↑auftragen (2)의 명사형.

auftrags-, **Auftrags-**: ~**bestätigung**, die 주문의 확인. ~**buch**, das 주문장부. ~**gemäß** ⟨Adj.⟩ 위임에 의해, 주문대로. ~**lage**, die 주문 상태. ~**polster**, das [경제] 수주 준비 재고(품)(受注準備在庫(品)). ~**werk**, das (특정의 예술가에게 위촉한) 위촉 작품.

auftreffen* ⟨s⟩ (무엇 위에) 부딪치다: die Rakete ist auf der Mondoberfläche aufgetroffen 그 로켓은 달의 표면에 닿았다.

auftreiben* 1. ⟨h⟩ a) 위로 움직이게 하다(먼지, 파도 따위를) 일으키다. b) 쫓아 버리다, 몰아내다. 2. a) ⟨h⟩ 부풀리다, 팽창시키다: die Hefe treibt den Teig auf 효모가 반죽을 부풀린다. b) 부풀다, 붇다. 3. ⟨동물⟩ ⟨h⟩ 찾아내다, 구해 주다, 징발하다: die nötige Geld a. 필요한 돈을 조달하다. 4. ⟨h⟩ a) 매물로 내놓다, 팔려고 내놓다: Kälber a. 송아지를 팔려고 내놓다. b) 가축을 풀밭으로 몰다.

auftrennen ⟨h⟩ 1. 뜯다, 떼어 내다: sie mußte das Genähte wieder a. 그녀는 꿰맨 것을 다시 뜯지 않을 수 없었다. 2. ⟨지역적⟩ (솔기, 코를) 풀다: den Pullover a. 쉐타를 풀다. **Auftrennung**, die; -en ↑auftrennen의 명사형.

auftreten* 1. ⟨s⟩ 밟다, 디디다: kräftig (leise) a. 힘차게 (조용히) 걷다. 2. ⟨h⟩ 발길로 차서 열다: er hat die Tür aufgetreten 그는 문을 발길로 차서 열었다. 3. ⟨s⟩ **a)** 행동하다, 처신하다: bescheiden a. 겸손하게 행동하다. **b)** (특별한 신분 혹은 특정의 의도를 가지고) 나타나다, 걸어 나오다: er trat (vor einem großen Publikum) als Redner auf 그는 (많은 청중 앞에) 연사로 나섰다. **c)** (무대에) 등장하다. 4. ⟨s⟩ **a)** 발생하다, 나타나다, 생기다: Meinungsverschiedenheiten traten auf 의견 차이가 생겼다. **b)** 돌발(突發)하다: Seuchen waren aufgetreten 전염병이 돌발했다. **Auftreten**, das; -s ↑auftreten의 명사형.

Auftrieb, der; -(e)s, -e 1. ⟨Pl. 없음⟩ [물리] 부력(浮力), 양력(揚力), 추진력. 2. ⟨Pl. 없음⟩ 자극, 격려, 활력. 3. **a)** 팔려고 내놓은 가축(의 마리수). **b)** (알프스의 목장으로) 가축을 몰아댐(반대: Abtrieb). **Auftriebskraft**, die 부력, 양력.

Auftritt, der; -(e)s, -e 1. [연극] (무대에) 등장, 출연 (반대: Abtritt): auf seinen A. warten (배우가) 자신의 출연을 기다리다. 2. [연극] 장(場), 막, 장면, 광경: der fünfte Akt hat nur zwei -e 제5막은 단지 2장으로 되어 있다. 3. 말다툼: einen A. mit jmdm. provozieren (haben) 누구와 논쟁하다. 4. 사건, 소동. **Auftrittsverbot**, das 출연 금지.

auftrocknen ⟨h⟩ **a)** (흘린 액체를) 깨끗이 훔치다(닦다): sie hat das verschüttete Wasser aufgetrocknet 그녀는 엎질러진 물을 깨끗이 훔쳤다. **b)** (액체, 페인트 따위가) 바싹 마르다.

auftrumpfen ⟨h⟩ 1. 우세를 뚜렷이 드러내다: Amerikas Leichtathleten trumpfen schon zu Beginn der Wettkämpfe (mit zwei neuen Rekorden) auf 미국의 육상 선수들은 경기 초반에 (2개의 신기록을 냄으로써) 우세를 입증하고 있다. 2. 누구에 대해서 의기양양해 하다: er trumpfte auf u. forderte bessere Behandlung 그

는 기고만장해서 보다 나은 대접을 요구했다.

auftun* ⟨h⟩ 1. (아이·준고어) 열다: den Mund a. 입을 열다, 말하다. 2. ⟨아이⟩ ⟨a. + sich⟩ **a)** 열리다, 열려 있다: die Pforte tat sich auf 대문이 열렸다; [전의] eine breite Straße tat sich (vor ihm) auf (그의 앞에) 넓은 도로가 나 있었다. **b)** 나타나다, (전망이) 트이다. 3. ⟨지역적⟩ ⟨a. + sich⟩ 창립되다. 4. ⟨통용어⟩ 찾아내다. 5. ⟨통용어⟩ 접시에 담아 주다, 식탁에 내놓다. 6. ⟨지역적⟩ 위에 얹다, (안경, 모자를) 쓰다.

auftunken ⟨h⟩ 남김없이 다 먹다: die Soße mit Brot a. 소스를 빵에 찍어 남김없이 다 먹다.

auftupfen ⟨h⟩ 살짝 눌러 닦아 내다: Blutstropfen (mit einem Tuch) a. 핏방울을 (수건으로) 닦아 내다.

auftürmen ⟨h⟩ **a)** (탑처럼) 쌓다. **b)** ⟨a. + sich⟩ 우뚝 솟아오르다, 겹쳐 쌓이다.

aufwachen ⟨s⟩ 깨어나다, 눈뜨다: aus der Narkose a. 마취에서 깨어나다.

aufwachsen* ⟨s⟩ 1. 자라다, 성장하다: wir sind zusammen aufgewachsen 우리들은 함께 컸다. 2. (아이) 불쑥 나타나다, 점점 크게 나타나다.

aufwallen ⟨s⟩ **a)** 끓어 오르다, 비등하다, 거품이 일다: die Milch wallt im (Topf) auf 우유가 (단지에서) 끓어 오른다; [전의] mit aufwallendem Blut 몹시 흥분해서. **b)** 뭉게뭉게 피어오르다, (연기가) 나다. **c)** (아이) 격화하다, 치밀어 오른다: Haß wallte in ihr auf 미움이 그녀의 마음 속에서 치밀어 올랐다. **Aufwallung**, die; -en ↑aufwallen의 명사형.

aufwältigen ['aufvɛltɪgn̩] ⟨h⟩ [광] 붕괴된 갱도를 복구하다. **Aufwältigung**, die; -en ↑aufwältigen의 명사형.

aufwalzen ⟨h⟩ [건축] 롤러로 위에 얇게 입히다, 롤러로 (페인트 따위를) 칠하다.

Aufwand ['aufvant], der; -(e)s **a)** 소비, 소모: ein großer A. an Energie 대규모의 에너지 소모. **b)** 비용, 경비. **c)** 낭비, 사치: einen unnötigen A. (mit etw.) treiben (무엇에) 불필요한 낭비를 하다. **Aufwandsentschädigung**, die; -en (공직에 따른 개인 부담에 대하여 국가가 지급하는) 수당(手當). **Aufwand(s)steuer**, die; -n (축연세, 자동차세 등 일정한 범위를 넘는 개인의 지출 비용에 대해 물리는) 특별 소비세, 사치세.

aufwärmen ⟨h⟩ 1. (음식을) 다시 데우다: das Essen vom Mittag a. 점심 식사를 다시 데우다; [전의] alte Geschichten wieder a. ⟨통용어·폄⟩ 묵은 이야기를 다시 꺼내다. 2. ⟨a. + sich⟩ 몸을 거슬러 올라가다. 3. [스포츠] 몸을 풀다, 워밍업하다. **Aufwärmer**, der; -s, - [스포츠 용어] 연습 게임. **Aufwärmung**, die; -en ↑aufwärmen의 명사형.

Aufwartefrau, die; -en ⟨지역적⟩ 청소부, 파출부. **aufwarten** ⟨h⟩ 1. **a)** ⟨아이⟩ 대접하다, 증정하다. **b)** 바치다, 내놓다. 2. (준고어) 시중 들다: den Gästen a. 손님들의 시중을 들다. 3. ⟨아이·준고어⟩ 찾아뵙다, 예방하다. **Aufwärter**, der; -s, - 웨이터, 보이. **Aufwärterin**, die; -nen ↑Aufwärter의 여성형. **Aufwartestelle**, die; -n 파출부 자리.

aufwärts ⟨Adv.⟩ 위쪽으로(반대: abwärts): hier führt der Weg a. 여기서 길이 위쪽으로 뻗어 있다; den Fluß a. 강을 거슬러 올라가다; [전의] von 100 Mark a. 100마르크 이상의; vom General a. 장군 이상의.

aufwärts-, **Aufwärts-**: ~**bewegung**, die ↑~**entwicklung**. ~**drall**, der [스포츠] 상향 회전. ~**entwicklung**, die 상승, 증대. ~**gehen*** ⟨s⟩ 향상하다, 한층 좋아지다(반대: abwärtsgehen). ~**haken**, der [권투] 어퍼컷. ~**streben**, das (경제적·사회적인) 상승 노력. ~**trend**, der ↑~**entwicklung**.

Aufwartung, die; -en 1. a) 〈고어〉 시중, 서비스. b) 《지역적》청소, 세탁. 2. 《지역적》청소부, 파출부, (시간제) 가정부. 3. 《준고어》예방: **jmdm. seine A. machen** 누구를 예방하다.

Aufwasch ['aufvaʃ], der; -(e)s 《지역적》 1. 설거지, 사용한 식기를 씻는 일. 2. 설거지할 식기: **das ist ein A.**; **das geht[das machen wir] in einem A.** 《통용어》 그것은 모두 한꺼번에 해치울 수 있다.

Aufwasch-: ~**becken**, das 《부의》개숫물 그릇. ~**lappen**, der 행주. ~**wasser**, das 〈Pl. 없음〉개숫물, 헹구는 물.

aufwaschen* 〈h〉《지역적》(식기 따위를) 씻어 깨끗이하다, 문질러 닦아 내다: **das ist im Aufwaschen; das geht[das machen wir] in einem Aufwaschen** 《통용어》그것은 모두 한꺼번에 해치울 수 있다.

aufwecken 1. 〈h〉깨우다, 눈뜨게 하다, 일으키다, 활기를 띠게 하다, 격려하다, (흥미를) 불러 일으키다.

aufwehen 〈h〉 1. a) (먼지 따위를) 휘몰아 올리다. b) (눈 따위를) 불어 쌓다. c) (먼지 따위가) 휘몰려 오르다. 2. 〈아어〉바람이 불어 열다, 바람이 불어 노출시키다[덮개를 벗기다].

aufweichen 1. 〈h〉축이다, (축여) 부드럽게 하다, (녹여) 부드럽게 하다: **der Regen hat den Boden aufgeweicht** 비가 와서 땅바닥이 물러졌다; 전의 **ein System a.** 체제를 내부로부터 파괴하다. 2. 〈s〉부드러워지다, 물러지다: **die Fronten weichen auf** 전선이 와해되다. **Aufweichung**, die; -en ↑aufweichen의 명사형.

aufweinen 〈h〉울음보를 터뜨리다, 큰소리로 울다.

Aufweis ['aufvais], der; -es, -e 제시, 명시, 지적. **aufweisen*** 〈h〉 a) 지적하다. b) 제시하다: **etw. aufzuweisen haben** 내 보일 만한 것을 가지다. **Aufweisung**, die; -en ↑aufweisen의 명사형.

aufwenden* 〈h〉(돈, 노력 따위를) 들이다, 소비하다, 소모하다. **aufwendig** 〈Adj.〉많은 돈을 필요로 하는. **Aufwendung**, die; -en a) 씀, 소비: **unter A. seiner ganzen Beredsamkeit etw. durchsetzen** 그의 온갖 말재주를 다 부려서 무엇을 관철시키다. b) 〈Pl.〉비용, 지출.

aufwerfen* 〈h〉 1. a) 위로 던지다, 위로 향하게 하다: **den Kopf a.** 고개를 번쩍 쳐들다. b) 무엇의 위에 던지다: **Holzscheite a.** 나무토막을 불 위에 던지다. **c)** 쌓다, 쌓아 올리다, 구축하다: **einen Damm a.** 둑을 쌓다. **2.** (문 따위를) 밀어[밀쳐] 열다. **3.** (질문 따위를) 제기하다. **4.** 〈a. + sich〉 주제넘게 …인 체하다: **sich zum Richter a.** 주제넘게도 재판관인 체하다. **5.**《드물게》(입을) 삐죽 내밀다.

aufwerten 〈h〉가치를 인상하다: **die Währung a.** 화폐를 평가절상하다. **Aufwertung**, die; -en ↑aufwerten의 명사형.

aufwickeln 〈h〉 1. a) 감아 올리다, 똘똘 감다: **ein Bindfaden auf eine Spule a.** 실을 실패에 감다. b) 《통용어》클립에 말다: **jmdm. die Haare a.** 누구의 머리를 클립에 말다; **die Ärmel a.** 소매를 접어 올리다. **2.** (감긴 것을) 풀다, 끄르다. **Aufwickelspule**, die 【영화】필름을 감는 보빈. **Aufwick(e)lung**, die; -en ↑aufwickeln의 명사형.

Aufwiegelei [aufvi:gəˈlai], die; -en 《폄》선동, 사주, 교사(敎唆): **jmdn. wegen A. anklagen.** 누구를 교사죄로 고소하다. **aufwiegeln** ['aufvi:gln] 〈h〉선동하다, 사주(使嗾)하다《반대》 abwiegeln 1 a) **Aufwieg(e)lung**, die; -en ↑aufwiegeln의 명사형.

aufwiegen* 〈h〉같은 중량이다, 필적이다, (손실 따위를) 메우다, 보상하다.

Aufwiegler ['aufvi:glɐ], der; -s, - 선동자, 교사자. **aufwieglerisch** 〈Adj.〉선동적인.

aufwimmern 〈h〉갑자기 훌쩍훌쩍 울다, 소리 내어 신음하다.

Aufwind, der; -(e)s, -e 【기상】 상승 기류《반대: Abwind》: 전의 **durch etw. (neuen) A. bekommen** 무엇을 통해 (새로운) 활력을 얻다.

aufwinden* 〈h〉 1. 감아 올리다: **den Anker a.** 닻을 감아 올리다. 2.《드물게》(…에) 감다: **ein Kabel auf eine Rolle a.** 전선을 보빈(얼레)에 휘감다.

aufwirbeln a) 〈h〉 (나뭇잎, 먼지 따위를) 날려 올라가게 하다: **das Auto wirbelte Staub auf** 자동차가 먼지를 일으켰다. **b)** 〈s〉 회오리쳐 일어나다.

aufwischen 〈h〉 **a)** (물기 따위를) 훔치다, 훔쳐내다. **b)** 걸레질하다. **Aufwischlappen**, der 걸레.

aufwogen 〈h〉큰 파도가 일다, 격랑이 일다.

aufwölben, sich 〈h〉아치 모양을 만들다.

aufwölken 〈s〉(시어) 구름떼같이 날아오르다.

Aufwuchs, der; -es, Aufwüchse 1. 〈Pl. 없음〉성장. 2. 【임업】어린 나무 숲, 유목(乳木), 식림 지역. 3. 〈생물〉부착생물(附着生物).

aufwühlen 〈h〉 1. a) 파내다. b) 파헤치다, 파 뒤집다. 2. 파도를 일으키다, 휘젓다: 전의 **die Nachricht wühlte ihn bis ins Innerste auf** 그 소식이 그를 몹시 흥분시켰다.

Aufwurf, der; -(e)s, Aufwürfe 《드물게》 1. a) 파올림. b) 파 올려 쌓인 흙, 제방, 동산. 2. 《südd.》경매.

aufzahlen 〈h〉 《südd., österr.》추가 지불하다. **Aufzahlung**, die; -en ↑aufzahlen의 명사형.

aufzählen 〈h〉 a)《드물게》세어 나가다: **jmdm. das Geld a.** 누구에게 돈을 일일이 세어 지불하다. **b)** 열거하다, 호명하다: **jmdm. zwanzig a.**《통용어》누구에게 20대를 (세어 가면서) 때리다. **Aufzählung**, die; -en ↑aufzählen의 명사형.

aufzäumen 〈h〉고삐를 걸다《반대: abzäumen》: **die Pferde a.** 말에 고삐를 걸다; 전의 **er hat seinen Plan verkehrt aufgezäumt**《통용어》그는 그의 계획을 잘못 착수하였다.

aufzehren 〈h〉《아어》 **a)** 다 소비하다: **seine ganzen Ersparnisse a.** 저축한 돈을 다 써버리다. **b)** 〈a. + sich〉지칠대로 지치다, 소요되다, 쇠약해지다. **Aufzehrung**, die; -en ↑aufzehren의 명사형.

aufzeichnen 〈h〉 1. (연필로) 그리다, 스케치하다: **einen Grundriß genau a.** 약도를 정확히 그리다. **2.** 기록하다, 녹화하다: **eine Rede wortwörtlich a.** 연설을 한마디 한마디 기록하다; **eine Sendung a.** 방송을 녹화하다. **Aufzeichnung**, die; -en 1. 〈애별〉그림, 스케치. 2. a) 기록, 녹음[화]: **-en mit der Kamera[mit dem Tonbandgerät] machen** 카메라로 녹화하다[녹음기로 녹음하다]. b) 【무선·텔레비전】녹화 방송《반대: Direktsendung, Direktübertragung, Live-Sendung》.

aufzeigen 〈h〉《아어》보이다, 나타내다, 밝히다.

aufzerren 〈h〉 1. 잡아 찢다, 찢어 발기다, (무리하게) 열다: **die Krawatte ungeduldig a.** 넥타이를 성급하게 풀어 당겨 풀다. 2. 잡아 당겨 일으키다.

aufziehen* 1. 〈h〉끌어 올리다. 2. 〈h〉 a) (문 따위를) 열다. b) 〈서랍을〉 뽑다: **Flaschen a.** 병마개를 열다. 3. 〈h〉붙이다, (천 따위를) 팽팽하게 펴다: **eine Landkarte a.** 지도를 붙이다; **eine Stickerei a.** 자수(刺繡)를 수틀에 끼우다. 4. 〈h〉 a) 【태엽을】감다, (현(絃)을) 죄다. b) 태엽을 감아 준비하다: **das Spielzeugauto a.** 장난감 자동차 태엽을 감아 출발 준비를 완료하다; 전의 **er war heute sehr aufgezogen** 그는 오늘 대단히 흥분해 있었다. **5.** 〈h〉양육하다. 6.《통용어》실행하다, 조직하다, 개최하다: **ein Fest a.** 축제를 개최하다. 7.《통용어》〈h〉놀리다, 조롱하다. 8. 〈s〉 a) 대열에

지어 행진하다. b) 다가오다, 나타나다. 9. ⟨h⟩ (넥타이 따위를) 풀다, 끄르다. 10. ⟨h⟩ (진열장의 마네킨에) 옷을 입히다. 11. 《지역적》 ↑aufwischen. 12. ⟨h⟩ 〖의학〗 a) (주사액을) 주사기에 흡인(吸引)시키다. b) 주사 놓을 준비를 하다.

Aufzucht, die; -en 1. 《Pl. 없음》 (가축의) 사육, (식물의) 재배, (아이의) 양육. 2. 새끼. **aufzüchten** ⟨h⟩ 사육하다, 재배하다.

aufzucken 1. 《아이》 ⟨h/s⟩ (불빛이) 번쩍하다. 2. 《드물게》 ⟨h⟩ 깜짝 놀라 벌떡 일어서다, 깜짝 놀라다.

Aufzug, der; -(e)s, Aufzüge 1. a) 행진, 행렬. b) 접근. 2. 승강기, 엘리베이터. 3. 《씸》 복장, 차림: in diesem A. kann ich mich nirgends blicken lassen 이런 차림으로는 나는 어느 곳에도 못간다. 4. 막(幕). 5. 〖제조〗 풀업(Pull-up).

Aufzug- (Aufzug 2): **~führer**, der 엘리베이터 운전원. **~schacht**, der 엘리베이터의 샤프트, 엘리베이터 통로. **~seil**, das 승강기 자일. **~tür**, die 엘리베이터 문.

aufzüngeln ⟨s⟩ 《아이》 불꽃이 타오르다: 전의 an vielen Orten im Land züngelte der Aufruhr auf 《아이》 나라 안 여러 곳에서 반란이 불길처럼 일어났다.

aufzupfen ⟨h⟩ 1. 잠아 뽑다, 쥐어 뜯다, 잠아 찢다. 2. (얽힌 것을) 풀다.

aufzwingen* ⟨h⟩ 1. 강요하다. 2. ⟨a. + sich⟩ 끈질기게 떠오르다: ein Gedanke zwang sich ihm auf 어떤 생각이 그에게 끈질기게 떠올랐다.

aufzwirbeln ⟨h⟩ (콧수염을) 꼬아올리다.

Augapfel ['auk-] der; -s, ...äpfel 눈알, 안구, 동자: die Augäpfel rollen 눈알을 굴리다; jmdn.(etw.) **wie seinen A. hüten** 누구(무엇)를 소중히 보호하다.

Auge ['augə], das; -s, -n 1. 《축소형: ↑Äugelchen, Aug(e)lein》 눈, 안구(眼球): vorstehende(große/ -n) 튀어나온(큰) 눈; kurzsichtige -n 근시안; das rechte [linke] A. 오른쪽[왼쪽] 눈; zornige[sanfte] -n 성난 [부드러운] 눈; die -n strahlen[schmerzen] 눈이 빛난다(아프다); seine -n weiteten sich vor Entsetzen 그는 놀라서 눈이 휘둥그래졌다; die -n öffnen / aufschlagen[auf jmdn. richten] 눈을 뜨다[누구에게 돌리다]; er hat ein A. verloren 그는 한 눈을 잃었다; sich die -n reiben 두 눈을 비비다; gute[schlechte] -n haben 눈이 좋다[나쁘다]; auf einem A. blind sein 한 눈이 멀었다; jmdm. nicht in die -n sehen können (양심의 가책으로) 누구의 눈을 쳐다볼 수 없다; jmdm. stehen die Tränen in den -n 누구의 눈에 눈물이 글썽하다; etw. mit eigenen -n gesehen haben 무엇을 직접 목격하였다; ein blaues A. haben 《한쪽》 눈에 멍이 들다; die -n erheben[abwenden, zu Boden senken] 시선을 들다[돌리다, 땅으로 떨구다]; der sieht mit dem linken A. in die rechte Westentasche 《berlin.》 그는 사팔눈이다; er macht -n wie ein gestochenes Kalb 《통용어》 그는 멍(청)하니 노려보고 있다; 성구 die -n sind größer als der Magen 음식을 너무 많이 접시에 담다; 속담 aus den -n, aus dem Sinn 안 보면 마음도 멀어진다; **magisches A.** 매직 아이; **das A. des Gesetzes** 《농》 법의 수호자, 경찰; **so weit das A. reicht** 볼 수 있는 한, 눈길이 미치는 만큼; jmdm. **gehen die -n auf** 누가 갑자기 진상을 깨닫다: auf einmal gingen ihm die -n auf, und er erkannte, daß die ganze Sache ein Betrug war 갑자기 그는 이제 확 뜨여, 그 일이 전부 사기임을 깨달았다; jmdm. **gehen die -n noch auf** 《통용어》 조만간 눈을 뜨게 되다, 언젠가는 실상(사정이 예상과는 다르다는 사실)을 깨닫게 되다; jmdm. **gehen die -n über 1)** 누구의 눈이 휘둥그래지다[뒤집히다], 첫눈에 압도되다: beim Anblick dieser Schätze gingen ihm die -n über 그는 이 보물들을 보자 눈이 휘둥그래졌다. 2) 《아어》 누구에게 눈물이 나다(요한복음 11장 35절에 따라): bei der Erinnerung an die schöne Zeit gingen ihr manchmal die -n über 그 아름다웠던 시절을 회상할 때면 그녀의 눈에서는 가끔 눈물이 넘쳐 흘렀다; **das A. beleidigen** 보기에 흉하다, 눈에 거슬리다: diese Farbenzusammenstellung beleidigt das A. 이 색깔들의 배합은 눈에 몹시 거슬린다; **ein A. voll Schlaf nehmen** 잠깐 눈을 붙이다; **da bleibt kein A. trocken** 《통용어》 1) 눈이 젖지 않은 사람이 하나도 없다, 모두 감격하여 운다. 2) 모두 눈물이 나도록 웃다. 3) 《불행》 당하지 않은 사람이 없다; jmds. **-n brechen** 《아어》 눈빛이 꺼지다, 누가 영면하다; **seinen (eigenen) -n nicht trauen** 《통용어》 자신의 눈을 못믿다, 뜻밖이어서 이해하지 못하다; **-n wie ein Luchs haben** 샅쾡이 같은 눈을 가지다, 눈을 부릅뜨고 빠짐없이 살펴보다; **hinten keine -n haben** 《통용어》 《대개 성난 어조로》 뒤통수에는 눈이 없다, (등) 뒤에서 무슨일이 일어나는지는 볼 수 없다; **seine -n überall haben** 모든것을 다 감시하다, 못보는 것이 없다; **(große) -n machen** 《통용어》 두 눈이 휘둥그래지다, 놀라다; jmdm. **(schöne) -n machen** 《통용어》 누구에게 추파를 던지다; **die -n offen haben [offenhalten]** 주의하다, 감시하다; **die -n schließen [zumachen]** 《미화》 눈을 감다, 죽다; **die -n vor etw. verschließen** 무엇을 못본[모르는] 체하다; **sich (nach jmdm.[etw.]) die -n aus dem Kopf sehen[schauen]** 《통용어》 《누구(무엇)》 눈이 빠지게 기다리다, 헛되이 기대를 가지고 감시하다; jmdm. **am liebsten die -n auskratzen mögen** 《통용어》 누구의 눈알을 후벼내고 싶다, 누구를 죽이고 싶도록 화가 나다; **ein A. riskieren** 《통용어》 《누구를(무엇을)》 훔쳐보다; **ein A. auf jmdn.(etw.) werfen** 《통용어》 누구(무엇)에게 관심을 가지기 시작하다; **ein A. auf jmdn. haben** 1) 누구(무엇)에게 주의하다. 2) 누구(무엇)를 좋아하다, 누구(무엇)에게 호감을 느끼다; **die -n auf Null gestellt haben** [부랑자어] 눈을 감았다, 죽었다; **ein A. für etw. haben** 무엇을 보는 눈[무엇에 대한 안목]이 있다; **kein A. zutun** 《통용어》 눈을 붙이지 못하다, 잠을 자지 못하다; **-n im Kopf haben** 《통용어》 통찰력[판단력]이 있다; **keine -n im Kopf haben** 《통용어》 조심하지 않다; jmdm. **die -n öffnen** 누구에게 현실에 대한 눈을 뜨게 하다, 누구를 계몽하다; **sich die -n ausweinen[aus dem Kopf weinen]** 눈이 통통 붓게 울다(예레미아 애가 2장 11절에 따라); jmdm. **etw. an den -n ablesen** 누구의 눈초리로 무엇을 알아차리다; jmdm.(etw.) **nicht aus den -n lassen** 누구에게서 눈을 떼지 않다; jmdn.(etw.) **aus dem A.[aus den -n) verlieren** 누구(무엇)를 놓쳐 버리다; **(vor Arbeit [Schwäche]) nicht mehr aus den -n sehen können** (일을 너무 많이 하여[심신쇠약으로]) 더 이상 눈이 제대로 보이지 않다[눈을 제대로 뜨고 있을 수 없다]; **geh mir aus den -n!** 썩 없어져[꺼져]!; jmdm. [einander] **A. in A. gegenüberstehen** 누구와[서로] 마주 대면하여 서 있다; **etw. im A. haben** 무엇을 의도[계획]하다; jmdn.(etw.) **im A. behalten** 누구[무엇]에게서 눈을 떼지 않다, 누구[무엇]를 관찰[추적]하다; **in den -n von ...** ...의 눈에는, ...의 견해로는: in den -n der Gesellschaft ist er ein Verbrecher 세상의 눈으로 볼 때 그는 범죄자다; **etw. fällt[springt] (jmdm.) ins A.[in die -n]** 무엇이 (누구의) 눈에 띄다; **etw. sticht jmdm. ins A.** [in die -n] 무엇이 누구의 시선[마음]을 끌다; jmdm. **zu tief in die -n gesehen haben** 누구에게 반했다; **etw. ins**

A. fassen 무엇을 계획[예정]하다; **einer Gefahr ins A. sehen** 위험에 과감히 맞닥뜨리다; **etw. geht ins A.**《통용어》무엇이 좋지 않게 끝나다, 나쁜 결과를 가져오다; **in jmds. -n steigen(sinken)** 누구의 눈에 들다 [눈 밖에 나다], 누구의 신망을 얻다[잃다]; **mit bloßem(unbewaffnetem) A.** 육안(맨눈)으로; **mit einem lachenden und einem weinenden A.** 한 눈엔 웃음을, 또 한 눈엔 눈물을 담고, 한편 기쁘고 한편 슬픈 마음으로(아마도 햄릿 I 막 2장에서); **mit offenen -n schlafen**《통용어》1)《흔히 비난의 뜻으로》눈은 떴지만 졸고 있다, 멍청해[얼이 빠져] 있다. 2) 졸다; **mit einem blauen A. davonkommen**《통용어》요행히 (큰 손해를 보지 않고) 모면하다; **etw.[jmdn.] mit anderen(neuen) -n (an)sehen(betrachten)** 무엇 [누구]을 다른[새로운] 눈으로 보다, 다시 보다; **jmdn. [etw.] mit den -n verfolgen** 누구[무엇]을 예의(銳意)주시하다; **jmdn.[etw.] mit den -n verschlingen**《통용어》누구[무엇]를 집어삼키듯이[탐욕스런 눈으로] 바라보다; **etw. nicht nur um jmds. schöner blauer -n willen tun** 누구에 대한 호의 때문만으로 무엇을 하는 것은 아니다; **A. um A., Zahn um Zahn** 눈은 눈으로 이는 이로 갚다 (출애굽기 21장 24절에서); **unter vier -n** 단둘이서, 내밀하게; **unter jmds. -n** 하필 누가 지켜보는 가운데; **jmdm. nicht (wieder) unter die -n kommen(treten) dürfen** (다시는) 누구의 눈에 떠어서는[앞에 나타나서는] 안되다; **jmdm. wird es schwarz vor den -n** 누구의 눈앞이 캄캄해지다, 누가 기절하다; **vor aller -n** 만인이 보는 가운데, 공공연히, 공개적으로; **jmdm. etw. vor -n führen (halten / stellen)** 누구에게 무엇을 눈앞에[똑똑히] 보여주다; **etw. schwebt jmdm. vor -n** 무엇이 누구의 눈앞에 어른거려, 누가 무엇을 분명히 깨닫게 되다. **2.** [식물의] 싹, 눈, 배아(胚芽), 봉오리: **die -n aus der Kartoffel ausschneiden** 감자의 눈을 파내다. **3. a)**《주사위의》점: **er hat sieben -n geworfen** 그는 주사위를 던져 7점을 냈다. **b)** (특정의 놀이에서) 점수, 끗수: **beim Skat zählt die Dame drei -n, der König vier** 스카트 놀이에서 큰은 3점, 킹은 4점에 해당한다. **4.** (수프에 뜬) 기름 방울: **auf der Suppe schwimmen viele -n** 수프에 기름방울이 많이 떠 있다. 성구 **in dieser Suppe schauen mehr -n hinein als heraus**《통용어》수프가 멀겋고 건더기가 적다. **Äugelchen** ['ɔyɡlçən], **Äug(e)lein** ['ɔyɡəlaın, -ɔyklaın], **das**; -s, - ↑**Auge** (1)의 축소형. **Augelei** [ɔyɡə'laı], **die**; **-en** 《병》추파를 (던지다). **äugeln**《뜀》[ɔyɡḷn], **1.** 곁눈 주다, 추파를 던지다: **nach jmdm. ä.** 누구에게 추파를 던지다. **2.** [원예] 접붙이다, 접목하다: **Obstbäume(Rosen) ä.** 과수 [장미]를 접목하다. **äugen** [ɔyɡn] 〈h〉 [mhd. ōugen] 주시하다, 노려보다: **das Tier äugte in unsere Richtung** 그 짐승은 우리 쪽을 쳐다보았다.

augen-, Augen-: **~abstand**, **der** 《의학》두 눈동자 사이의 간격. **~arzt**, **der** 안과 의사. **~ärztlich**〈Adj.〉안과 의사의: **ein -es Gutachten** 안과 의사의 소견서. **~aufschlag**, **der** 눈을 치뜨기. **~ausdruck**, **der** 눈의 표정. **~auswischerei**, **die**《통용어》사기, 속임수: **diese Maßnahme ist reine A.** 이 조치는 순전한 속임수이다. **~bad**, **das** 세안(洗眼). **~badewanne**, **die** 세안용 대야. **~bank**, **die** [의학] 안구(각막) 은행, 아이뱅크. **~binde**, **die** 안대(眼帶): **eine A. tragen** 안대를 하다. **~blick**, [《또한》- - | - ~] **der a)** (눈 깜짝할) 순간, 찰나: **in geschichtlicher A.** 역사적인 순간; **einen A. bitte!** 잠깐만 (기다리세요)! **b)** 시점, 시기, 기회: **im entscheidenden A. etw. tun** 결정적인 시점에서 무엇을 하다; **den Zug im letzten A. erreichen** 가까스로 기차에 닿다; **alle -e**《통용어》번번히, 늘; **jeden A.** 금방[금]이라도; **im A.** 지금, 당장에(는); **einen lichten A. haben** 1) (병자가) 일시적으로 맑은 정신을 갖다. 2)《농》좋은 착상[생각]을 갖게 되다 […이 떠오르다. **~blicklich** [《또한》- - | - ~]〈Adj.〉**1.** 당장의, 즉각적인, 지체없는: **a. einschlafen** 즉시 잠들다; **auf -e Hilfe hoffen** 지체없는 도움을 기대하다. **2.** 지금의, 현재의: **wo ist er a. beschäftigt?** 그는 현재 어디에서 일하고 있습니까? **~blicks**〈Adv.〉즉각, 즉속히, 순식간에: **a. verläßt du das Zimmer!** 너 당장 방에서 나가는 거다! **~blickserfolg**, **der** 일시적인 성공. **~blicksidee**, **die** 일시적인 착상(아이디어). **~blickssache**, **die** 잠깐 동안의[일시적인] 일. **~blinzeln**, **das**; **-s** 눈을 깜박이기, 눈짓. **~braue**, **die** 눈썹: **buschige -n** 더부룩한 눈썹; **sich die -n auszupfen** 눈썹을 뽑다. **~brauenbogen**, **der** 눈썹 (의 활[초승달] 모양). **~brauenstift**, **der** 눈썹 그리개. **~butter**, **die** 눈곱. **~deckel**, **der** ↑**-lid**. **~diagnose**, **die** 눈 진단 (법) (홍채의 상태에서 질병의 종류를 판단하는, 의학적으로 논란이 되고 있는 방법). **~diagnostiker**, **der**. 눈 진단 (법) 시술가(의원). **~entzündung**, **die** 안염. **~fällig**〈Adj.〉눈에 띄는, 현저(명백)한: **ein -er Zusammenhang** 뚜렷한 관련성. **~fältchen**〈Pl.〉눈가의 잔주름: **beim Lachen werden ihre A. sichtbar** 그 여자는 웃을 때 눈가의 잔주름이 보인다. **~farbe**, **die** 눈(의) 색깔: **eine helle A.** 밝은 눈 색깔. **~fehler**, **der** 눈의 결함: **den A. (mit einer Brille) korrigieren** 눈의 결함을 (안경을 써서) 교정하다. **~fistel**, **die** [의학] 누관(淚管). **~fleck**, **der** 《생물》 안점(眼点)(하등(원생) 동물의 시각 기관). **~flimmern**, **das**; **-s** 광시증(光視症). **~glas**, **das**〈Pl.: ~gläser〉[고어·아직 österr.] 안경(의 총 칭): **Augengläser tragen** 안경을 쓰다. **~gymnastik**, **die** 눈 운동: **A. treiben** 눈 운동을 하다. **~heilkunde**, **die** 안과학. **~höhe**, **die**《다음 용법으로만》**in A.** 눈 높이로: **etw. in A. anbringen** 무엇을 눈 높이에 달다. **~höhle**, **die** 눈구멍, 완와(眼窩). **~klappe**, **die** ↑**-binde**. **~klinik**, **die** 안과 병원(병실). **~krankheit**, **die** 눈병. **~leiden**, **das** 눈병. **~licht**, **das**〈Pl. 없음〉시력: **das A. verlieren [zurückgewinnen]** 시력을 잃다[되찾다]. **~lid**, **das** 눈꺼풀. **~maß**, **das** 눈대중, 목산(目算), 목측(능력): **ein gutes[schlechtes] A. haben** 눈대중이 정확하다(부정확하다); 전의 **Politik mit A.** 안목 있는(사태를 개관할 줄 아는) 정치. **~mensch**, **der**《통용어》(인상을 주로 시각에 의존하여 받아들이는) 시각형 인간. **~merk**, **das**《다음 용법으로만》**sein A. auf jmdn.[etw.] richten (lenken) / jmdn.[einer Sache] sein A. zuwenden** 누구[무엇]에게 주목하다(관심을 쏟다). **~muskel**, **der** 안근(眼筋). **~nerv**, **der** 시신경(視神經). **~optiker**, **der** 안과 광학기 전문가, 안경사, 안경방. **~paar**, **das** (아이) 두 눈: **er sah erstaunte -e auf sich gerichtet** 그는 놀란 두 눈들이 자기를 주시하고 있는 것을 보았다. **~pflege**, **die**《화장》눈의 건강 관리, 눈화장: **A. machen**《통용어·농》(눈 관리를 하다) 자다. **~prothese**, **die** 의안(義眼): **seit dem Krieg trägt er links eine A.** 전쟁 이후 그는 왼쪽에 의안을 끼고 있다. **~pulver**, **das**《다음 용법으로만》**ein A. sein**《통용어》깨알 같은 글자(바느질 따위): **deine Schrift ist ja das reinste A.!** 네 글씨는 정말 깨알같구나! **~ränder**〈Pl.〉눈 가장자리: **gerötete A. haben** 눈 가장자리가 벌겋다. **~ringe**,〈Pl.〉↑**-schatten**. **~salbe**, **die** 안연고(眼軟膏). **~schatten**〈Pl.〉눈 언저리: **dunkle A. haben** 눈언저리가 검다. **~schein**, **der** (아이) 목격, 실견(實見), (실지) 검증: **wie der. A. zeigt(lehrt)** 보아서 알 수 있듯이; **sich durch A. von etw. überzeugen** 무엇을 직접(몸소) 보아 확인하다; **jmdn.[etw.] in A.**

nehmen (면밀히, 비판적으로) 관찰하다, 검사[검증]하다. **~scheinlich** [《또한》 --'--] 〈Adj.〉《아어》 명백한, 확실한: a. ist er heute weggefahren 그는 오늘 떠나간 것이 분명하다. **~schirm**, der 보안용 챙, 아이셰이드. **~schmaus** der 《농》 눈요기거리; etw. ist ein A. 무엇은 눈요깃감이다, 보기에 좋다. **~schondienst** 《다음의 용법으로만》 A. haben[machen] 《군》 잠자다. **~schwäche**, die 약시(弱視). **~spalte**, die 안점(眼点)(태아의 안형성질(眼形成質)). **~spiegel**, der 《의학》 검안경(檢眼鏡). **~spiegelung**, die 《의학》 검안경 검사. **~sprache**, die 눈으로 하는 말[신호]. **~stein**, der 《의학》 누선 결석(淚腺結石). **~stern**, der 《시어》 눈동자: leuchtende -e 빛나는 눈동자; 《전의》 das Kind war ihr (ganzer) A. 《친근》 아이는 그녀의 눈동자같이 귀한 (유일한) 보배였다. **~täuschung**, die 눈의 착각, 착시(錯視). **~tierchen**, das 편모충류(鞭毛蟲類). **~tripper**, der 《의학》 임질성 결막염. **~tropfen** 〈Pl.〉 점안수(點眼水), 안약. **~trost**, der a) 《식물》 약용 좁쌀풀(현삼과). b) 《시어》 최대의 낙(樂), 가장 사랑스러운〔값진〕것: das Mädchen war sein (ganzer) A. 그 여자 아이가 그의 (유일한) 보물이었다. **~weide**, die 〈Pl. 없음〉 [mhd. ougenweide] 눈요기: dieser Anblick ist eine (wahre) A. 이 광경이야말로 (진정) 멋진 눈요기거리. **~wimper**, die 속눈썹. **~winkel**, der 눈초리, 안각(眼角): jmdn. aus den -n betrachten 누구를 곁눈질로 살펴보다. **~wischerei**, die ↑~auswischerei. **~zahl**, die (주사위 놀이에서 얻은) 눈수, 점수. **~zahn**, der 송곳니. **~zeuge**, der 목격자, 실지(현장) 증인. **~zeugenbericht**, der 목격자의 보고[제보]. **~zeugin**, die ↑~zeuge의 여성형. **~zittern**, das 안구진탕(眼球震盪). **~zwinkern**, das; -s 눈을 깜박[금벅]여 의사를 소통하기. **~zwinkernd** 〈Adj.〉 눈을 깜박이는.

Augiasstall [au'gi:as-, 《또한》 'augias-], der; -(e)s 〈Pl. 없음〉 [고대 그리스 왕 Augias의 30년간 청소하지 않은 외양간을 영웅 Herkules가 단 하루 동안에 깨끗이 치움] a) 아우기아스의 외양간, 불결한 장소. b) 무질서, 적폐(積弊), 부패상: **den A. ausmisten[reinigen]** 《아어》 악폐를 쇄신하다, 질서를 회복하다.

-äugig [-'ɔygɪç] 《"눈의"를 뜻하는 합성어에서, 예컨대》 blauäugig, einäugig. **Äuglein** ['ɔyklain], das ↑ Äugelchen.

Augit [au'gi:t, 《또한》 au'git], der; -s, -e [zu griech. augé] 〔지질〕 휘석(輝石).

Augment [au'gmɛnt] der; -s, -e [lat. augmentum] 〔언어〕 첨자(添字), 접두 모음자 (특히 산스크리트어·그리스어에서 과거 시제 변화시 동사의 어두에 붙는 모음). **Augmentation** [augmɛnta'tsjo:n], die; -en [lat. augmentātio] 〔음악〕 a) 증음. b) 주제(테마)의 확대(반대: Diminution). **Augmentativ** [augmɛnta'ti:f], das; -s, -e 〔언어〕 (접미사에 의한) 확대형(擴大形)(확장형(擴張形)) (명사), 확대사(辭). **Augmentativsuffix**, das 확대 접미사(예컨대: ital. -one). **Augmentativum** [...'ti:vum], das; -s, ...va [...va] ↑ Augmentativ. **augmentieren** 〈h〉 [lat. augmentāre] 첨음(添音)하다.

au gratin [ogra'tɛ̃; frz. au gratin] 〔요식〕 빵가루를 씌워서 구운.

Augsburg ['auksburk] 아우크스부르크(독일 Bayern의 도시). **¹Augsburger** ['auksburgɐ], der; -s, - 아우크스부르크 사람(주민).

Augur ['augur], der; -s / -en, -en [...'gu:rən; lat. augur] 《교양어·조롱》 《대개 Pl.》 (고대 로마의) 조복자(鳥卜者), 예언가, 점쟁이, 소식통.

Augurenlächeln, das; -s 《아어·폄》 (내막을 아는 사람끼리 주고받는) 의미 심장한 미소: mit A. (내막을 아는) 의미 심장한 미소를 지으며.

¹August [au'gust], der; -(e)s / -, -e [lat. (mēnsis) Augustus] 8월 (약어: Aug.).

²August ['august; lat. Augustus, ↑¹August] 《다음 용법으로》 **der dumme A.** (서커스의) (어릿)광대, 익살꾼.

august-, August-: **~apfel**, der ↑ Klarapfel (연두색·황색의 이른 사과). **~feier**, die 8월제 (1291년 8월의 최초 서약 동맹에서 유래하는 스위스의 건국 기념 축제).

augusteisch [augus'te:iʃ] 〈Adj.〉 [로마 초대 황제 Augustus에 따라] 《다음 용법으로》 **ein -es Zeitalter** 《교양어》 학문과 예술의 융성 시대.

Augustiner [augus'ti:nɐ], der; -s, - [신학자 Augustīnus(354~430)에 따라] 아우구스티누스회(會) 수도사.

Augustiner-: **~chorherr**, der 아우구스티누스 수도 참사회 회원. **~chorherrenstift**, das 아우구스티누스 수도 참사회. **~eremit**, der 아우구스티누스회의 수도승. **~regel**, die 아우구스티누스회 규범.

Auktion [auk'tsio:n], die; -en [lat.auctio] 경매: sich etw. auf einer A. ersteigern 무엇을 경매에서 낙찰시키다(구매하다).

Auktionator [auktsjo'na:tɔr, ...to:ɐ̯], der; -s, ...oren [...na'to:rən; lat. auctiōnātor] 경매인. **auktionieren** 〈h〉 [lat.auctiōnārī] 경매에 붙이다.

Aul [aul], der; -s, -e [tatar. u. kirgis. aul] (터키 민족의) 천막촌, 야영지.

Aula ['aula], die; ...len / -s [lat. aula < griech. aulé] 1. 〔학교의〕 대강당. 2. (고대 그리스·로마 건물의) 앞뜰, 현관. 3. (제정로마 시대의) 궁전. 4. (기독교 바실리카의) 앞뜰.

Aule ['aulə], die; -n 《지역적·속어》 가래 (침).

Aulos ['aulɔs], der; -s, ...oi [...lɔy; griech. aulós] 아울로스(목적(牧笛)과 비슷한 고대 그리스의 악기).

au naturel [onaty'rɛl; frz. au naturel] 〔요식〕 (음식이나 음료에 인공 조미료를 넣지 않은) 자연 그대로(의), 생 [날것]으로.

au pair [o'pɛːɐ̯; frz. au pair] (일반적으로 외국에서 가사일을 돕는 일자리와 관련하여) 보수는 없이 숙식과 용돈만 제공 받는: au p. arbeiten 침식만 제공 받고 일하다. **Au-pair-Girl**, das ↑ Au-pair-Mädchen. **Au-pair-Mädchen**, das (외국에서 말을 배우기 위해 침식만 제공 받고 일하는) 가사 보조 여학생[여대생]. **Au-pair-Stelle**, die (침식만 제공 받는) 가사 보조원 자리.

Aura ['aura], die [lat. aura < griech. aúra] 1. 《아어》 영기(靈氣), 신비로운 효력: von der A. eines Geheimnisses umgeben sein 어떤 신비의 영기에 둘러싸여 있다. 2. 〔의학〕 (간질, 히스테리 따위의) 전조(前兆), 전구(前驅) 증상.

Aurar: ↑ Eyrir의 복수형.

Aureole [aure'o:lə], die; -n [mlat. aureola, lat. aureolus의 여성 명사화] 1. 《교양어》 〈성상의〉 후광(後光), 원광(圓光), 배광(背光): das Christusbild mit der goldenen A. 황금빛 후광이 있는 그리스도 상(像). 2. 〔광〕 (메탄가스가 있을 때 광부의 안전등에서 생기는 청색의) 가스 검출 광운, 청색 발광(發光). 3. 〔기상〕 〔해·달의〕 무리, 광환(光環), 고압 발광.

Aurignacien [ɔrinja'sjɛ̃:], das; -(s) [프랑스 도시 Aurignac에 따라] 〔인류〕 오리냐크 기(期) (후기 구석기 시대의 하나). **Aurignacmensch** [ɔrinjak'mɛnʃ], der; -en 오리냐크 인(人). **Aurignacrasse**, die 오리냐크 인종(人種).

Aurikel [au'ri:kl], die; -n [lat.auricula] 앵초(櫻草)속.

¹Aurora [au'ro:ra] 오로라(로마 신화에서 새벽의 여신).

²Aurora [-], die 《대개 관사없이》 [lat. aurōra] 《시어》 서

광, 여명, 극광, 오로라. **Aurorafalter**, der 〖동물〗 갈 고리나비의 일종.

Aurum ['aʊrʊm], das; -(s) 금(↑Gold의 라틴어, 화학 기호: Au).

aus [aʊs; mhd., ahd. ūʒ] **I**. ⟨Präp.³⟩ **1. a)** 《방향》 안으로부터 밖으로(반대: in): a. dem Haus gehen 집에서 〔집 밖으로〕 나가다; ein Buch a. dem Schrank nehmen 책장에서 책 한 권을 꺼내다. **b)** 《출처·기원》 …으로부터: er kommt a. Hamburg〔der Schweiz〕 그는 함부르크〔스위스〕 태생이다; ein Werk a. dem Jahr 1750 1750년에 출간된 작품; a. der Nähe 근처로부터; a. 100m Entfernung 100미터 거리에서; er liest a. seinem Roman 그는 자신의 소설 일부를 읽는다〔낭독한다〕. **c)** 《상태의 변화》 …에서: a. tiefem Schlaf erwachen 깊은 잠에서 깨어나다. **2.** 《원인·근거》 …때문에: a. Angst〔Hunger〕 겁에서 〔배가 고파서〕; ⟨무사 heraus의 강화되어⟩ > er handelte a. einer Notlage heraus 그는 긴급 상황에서 행동했다; **a. sich heraus** 자발적으로, 자진해서. **3. a)** 《재료》 …으로 된: eine Bank a. Holz 목제 벤치; ein Haus a. Fertigteilen 완성 부품으로 조립하여 지은 집, 조립식 건물. **b)** 《생성의 뜻을 나타내는 동사와 결합하여 발전의 앞 단계를 표현》 a. den Raupen entwickeln sich Schmetterlinge 애벌레가 변태해서 나비가 된다. **4.** 《österr.》 (…의 분야)에서: er hat die Prüfung a. Latein abgelegt 그는 라틴어 시험을 치렀다. **II**. ⟨Adv.⟩ **1.** 《자주 명령 또는 생략 어법에서》 **a)** 《통용어》 《완료·소멸》: a. der Traum von einem Sieg 승리의 꿈은 끝장이다; sieben, acht, neun —a.! 《권투》 셋, 여덟, 아홉—아웃트! **b)** 《명령·촉구》 꺼(반대: an): Licht a.! 불 꺼!; 《경박한 통용어에서 드물게 형용사적 부가어로》 eine ause Straßenlaterne 불 꺼진 가로등. **2.** ⟨다음 용법으로⟩ von—aus **a)** …에서 (↑von—her): von Mannheim a. sind es zwei Stunden 만하임에서 (출발하여) 2시간 거리다; 〖전의〗 von seinem Standpunkt a. betrachtet, stellt sich die Sache anders dar 그의 입장에서 보면, 그 일은 좀 다르다; **von mir a.** 《통용어》 나 때문에, 나를 위해. **b)** …(으)로부터(↑von—an): von Hamburg a. fuhren sie mit dem Schiff 그들은 함부르크에서부터 배를 타고 갔다. **3. bei jmdm. ein und a.**〔a. und ein〕**gehen** 누구의 집에 자주 드나들다; **nicht a. noch ein**〔**nicht ein noch a.** / **nicht a. und ein** / **nicht ein und a.** / **weder a. noch ein** / **weder ein noch a.**〕**wissen** 어쩔줄을 모르다. **Aus**, das; -, - 〔engl. out〕**1.** 〈Pl. 없음〉 〖구기〗 장외(場外), 아우트: der Ball rollte ins A. 공이 장외로 굴러갔다. **2.** 〈Pl. 없음〉 〖구기〗 퇴장, 탈락. **3.** 〖야구〗 (타자, 주자의) 실격(失格), 아우트.

ausagieren ⟨h⟩ 〖심리〗 (감정을) 행동으로 옮기다, 발산하다.

ausapern ⟨südd., österr., schweiz.⟩ **a)** ⟨s⟩ 눈이 없어지다, 제설되다: die Hänge sind ausgeapert 비탈길의 눈이 치워〔없어〕졌다. **b)** ⟨h⟩ 눈을 치우다, 제설하다: die Sonne hat die Felder ausgeapert 햇볕이 들판의 눈을 녹여 없앴다. **Ausaperung**, die; -en **a)** 제설(除雪). **b)** 제설된〔눈이 (녹아) 없어진〕 장소.

ausarbeiten ⟨h⟩ **1. a)** 만들어 내다, 제작하다: einen Entwurf〔einen Plan〕 a. 초안(계획안)을 작성하다. **b)** 완성하다: etw. in allen Einzelheiten〔im Detail〕 a. 무엇을 세부에 이르기까지 모두 완성하여 그에 관한 세부 작업을 하다. **2.** ⟨a. + sich⟩ (육체 노동으로) 몸을 단련하다, 육체 노동으로 다른 활동과 조화를 이루다: an den Wochenenden arbeite ich mich durch Gartenarbeit aus 주말마다 나는 정원 작업으로 몸을 단련한다. **Ausarbeitung**, die; -en ↑ausarbeiten의 명사형.

ausarten ⟨s⟩ **1. a)** 악화(퇴폐, 변질)하다: der Streit artete in eine Schlägerei aus 말다툼이 악화되어 격투가 벌어졌다; Mut darf nicht zum Leichtsinn a. 용기가 경솔로 변질해서는 안된다. **b)** 버릇없어지다, 체통〔절도〕을 잃다: wenn er Alkohol getrunken hat, artet er leicht aus 그는 술을 마시면 쉽게 절도를 잃는다. **2.** 〖식물·동물〗 퇴화(변성)하다: diese Getreidesorte ist ausgeartet 이 곡물은 퇴화했다. **Ausartung**, die; -en ↑ausarten의 명사형.

ausästen ['aʊsɛstn] ⟨h⟩ **a)** (나무의) 가지를 치다, 전정(剪定)하다: die Obstbäume müssen ausgeästet werden 그 과일나무들은 가지를 쳐 주어야 하겠다. **b)** (벌목한 나무를) 다듬다.

ausatmen ⟨h⟩ **1.** 숨을 내쉬다(반대: einatmen): atmen Sie ruhig ein und aus 숨을 조용히 들이쉬고 내쉬세요; die eingeatmete Luft (durch die Nase) a. 들이마신 공기를 (코로) 내뿜다. **2.** 《현재완료로만》 《아어·드물게》 숨이 끊어지다, 죽다: er hat ausgeatmet 그는 숨이 끊어졌다. **Ausatmung**, die; -en ↑ausatmen의 명사형. **Ausatmungsluft**, die ⟨Pl. 없음⟩ 내쉰 공기.

ausätschen ['aʊsɛtʃn] ⟨h⟩ 〖지역적〗 ("거봐라, 그래 싸다"라고 소리치며) 놀리다, 비웃다: die Kinder haben ihn ausgeätscht 아이들이 "거봐라"면서 그를 놀려댔다.

ausätzen ⟨h⟩ (에칭 약물로) 부식시켜〔소작(燒灼)하여〕 없애다.

ausbacken* ⟨h/s⟩ 〖요리〗 **1.** (기름에) 튀기다, 굽다, 구워내다: sie hat die Pfannkuchen (in Öl) ausgebacken 그녀는 호트케이크를 (기름에) 구웠다. **2. a)** 다 굽다: 《대개 과거분사로》 das Brot mußt gut ausgebacken sein 그 빵은 틀림없이 잘 구워졌을 것이다. **b)** (익을 때까지) 충분히 굽다: du hast den Kuchen nicht ausgebacken 너는 케이크를 충분히 굽지 않았다.

ausbaden ⟨h⟩ 〖마지막 목욕객이 욕조의 물을 빼고 뒤처리를 하던 옛 규정에서〗 《통용어》 (무엇의 결과에 대한) 책임을 지다(떠맡다), 뒤치다꺼리를 하다: 《대개 화법조동사, 특히 müssen과 함께》 seinen Leichtsinn mußte ich a. 그의 경솔한 행동의 뒤처리를 내가 해야 했다.

ausbaggern ⟨h⟩ **a)** (굴덕이를) 굴착기〔준설기〕로 파서 만들다: eine Baugrube a. 굴착기로 건물의 기초 공사용 구덩이를 파다. **b)** (준설기로) 물밑을 치다(청소하다): das Flußbett a. 강바닥을 준설하다. **c)** 준설기로 파내다, 준설해내다: Geröll (aus dem Flußbett) a. (강바닥에서) 준설기로 자갈을 파내다. **Ausbaggerung**, die; -en ↑ausbaggern의 명사형.

ausbaken ['aʊsbaːkn] ⟨h⟩ 〖해양〗 (무엇에) 부표(浮標)를 설치하다, 부표로 항로를 표시하다: die Fahrrinne ist ausgebakt (worden) 이 수로에 부표가 설치되어 있다.

ausbalancieren ⟨h⟩ **a)** 평형을 이루다, 균형을 유지하다: 〖전의〗 Kräfte〔Interessen〕 a. 세력(이해 관계)들을 조정하여 균형을 이루다. **b)** ⟨a. + sich⟩ 균형이 잡히다, 평형을 유지하게 되다: die Gewichte müssen sich exakt a. 《시계》 추는 정확히 균형이 잡혀야 한다. **Ausbalancierung**, die; -en ↑ausbalancierung의 명사형.

ausbaldowern ⟨h⟩ 〖경〗 깜새를 채다, 알아〔찾아〕내다: eine geheime Zusammenkunft a. 비밀 회동을 알아내다.

ausbalgen, **ausbälgen** ⟨h⟩ 〖지역적〗 **a)** 〖사냥〗 (동물의) 가죽을 벗기다: einen Hasen a. 토끼의 가죽을 벗기다.

Ausball, der; -(e)s, Ausbälle 〖구기〗 장외(場外)로 나간 공, 아웃.

Ausbau, der; -(e)s, Ausbauten **1.** 〈Pl. 없음〉 철거, 제거, 해체(반대: Einbau): ein A. des Motors war unumgänglich 엔진의 해체〔엔진을 떼어 내는 작업〕가 불

가피했다. 2. 〈Pl. 없음〉확장, 확대, 증축: sie planen einen A. ihres Hauses 그들은 집을 증축을 계획하고 있다; [전의] der A. des Schulwesens 학교 제도의 확충; [스포츠] der A. seines Vorsprungs (an Punkten) 그의 (점수의) 우위를 굳히기[강화하기]. 3. 〈Pl. 없음〉개축, 개조: der A. einer Scheune zu einem Wohngebäude 창고를 주거용 건물로 개조하기. 4. [광] ↑Grubenausbau. 5. 독립 농가, 외딴집. 6. 《지역적·고어》돌출부, 돌출창(窗).

ausbau-, Ausbau-: **~fähig** 〈Adj.〉확장[확대·증축] 가능한[에 적합한]. **~gebiet**, das 재개발 지구. **~geschwindigkeit**, die [교통] 구간 안전 속도. **~gewerbe**, das 증개축 관련 업종, 수리 보수업. **~maschine**, die 굴착기(掘鑿機). **~würdig** 〈Adj.〉확장(증개축)할 가치가 있는.

ausbauchen 〈h〉 **a)** 불룩하게 하다: der Wind baucht die Segel aus 바람이 돛을 불룩하게 펼쳐준다. **b)** 〈a. + sich〉불룩해지다: die Vorhänge bauchen sich im Wind aus 커튼들이 바람에 불룩해진다. **Ausbauchung**, die; -en ↑ausbauchen의 명사형.

ausbauen 〈h〉 **1.** 떼어 내다, 해체[제거, 철거]하다(반대: einbauen): den Motor[die Batterie] aus dem Auto a. 자동차에서 엔진[배터리]을 떼어 내다. **2.** 확장하다, 확대하다: das Straßennetz a. 도로망을 확장하다; die Fachhochschule wird zu einer Universität ausgebaut 전문 대학이 종합 대학교로 승격된다; [전의] Handelsbeziehungen a. 통상 관계를 확대하다. **3.** 개축(개조)하다: das Dachgeschoß zu einer Wohnung a. 다락층을 살림집[방]으로 개조하다. **4.** [포도] (포도주를) 숙성(熟成)시키다. **5.** [광] (채광을 위해 갱도를) 완전하게 하다: einen Schacht (in Stahl(beton)) a. 수직갱을 철근(콘크리트)(으)로 강화하다. **6.** 《고어》튀어 나오게 [돌출시켜] 짓다.

ausbedingen', sich 〈h〉(권리를) 유보하다, (조건으로) 요구하다: ich habe mir bestimmte Rechte ausbedungen 나는 특정의 권리들을 요구했다.

ausbehalten', sich 〈h〉《고어·아직 지역적》↑sich vorbehalten, sich ausbedingen.

ausbeinen ['ausbain] 〈h〉 [zu ↑Bein (5)] 《österr.· 방언적》 **a)** (발라낸) 고기에서 뼈를 발라 내다: einen Schinken a. 넓적다리 고기에서 뼈를 발라 내다. **b)** 《농》떼어 내다, 분해하다, 해체[제거]하다: den Motor[das Uhrwerk] a. 엔진을 떼어 내다[시계를 분해하다]. **ausbeinen** ['ausbainən] 《지역적》↑ausbeinelen (a). **Ausbeinmesser**, das; -s, - 뼈 발라 내는 칼.

ausbeißen' 〈h〉 **1.** 〈a. + sich〉이를 부러뜨리다: hast du dir (an dem Kirschkern) einen Zahn ausgebissen? 너는 (버찌씨를 깨물어) 이를 부러뜨렸다고? **2.** 《지역적》밀어내다, 배척하다. **3.** [지질] 노출되다, 드러나다: hier beißt an mehreren Stellen das Gestein aus 여기 몇몇 장소에서 암반이 노출된다.

ausbeizen 〈h〉 **a)** 부식제(腐蝕劑)를 써서 제거하다: das wilde Fleisch an den Wundrändern a. 상처 가장자리의 군살을 녹여내다. **b)** 소염제(消炎劑)로 닦다, 소독하다: eine Wunde a. 상처를 소염제로 닦다.

ausbekommen' 〈h〉《통용어》 **1.** (가까스로) 벗을 수 있다《자주 부정으로》(반대: anbekommen): ich habe die Schuhe[den Ring] nicht ausbekommen 나는 구두를 벗을[반지를 뺄] 수 없다. **2.** 다 먹을[마실] 수 있다《자주 부정으로》: es war so viel, daß sie die Schüssel nicht ausbekam 그녀가 접시를 다 비울 수 없을만큼 양이 많았다. **3.** 《지역적》다 읽을[독파(讀破)] 할 수 있다《자주 부정으로》: ich habe das Buch in einem Tag ausbekommen 나는 그 책을 하루에 다 읽어 치울 수 있었다.

ausbessern 〈h〉 **a)** 수선[수리]하다, 복구[복원]하다: das Dach a. 지붕을 수리하다. **b)** (훼손된 부분을) 제거하다: einen Schaden (an der Tapete) a. (벽지의) 파손된 곳을 떼어내다. **Ausbesserung**, die; -en ↑ausbessern의 명사형.

ausbesserungs-, Ausbesserungs-: **~arbeit**, die; -en 《대개 Pl.》보수[수리] 작업. **~bedürftig** 〈Adj.〉수선[수리]을 요하는. **~werk**, das [철도] (기관차) 수리 공장, 차량 정비창.

ausbetonieren 〈h〉콘크리트로 완전히 덮다: den Boden a. 바닥을 콘크리트로 포장하다. **Ausbetonierung**, die; -en ↑ausbetonieren의 명사형.

ausbetten 〈h〉 **1.** (자리를 손보기 위해 환자를) 침대에서 일으키다: jeden Morgen werden die Kranken ausgebettet 환자들은 매일 아침 자리 정돈 때 침대에서 내려오게 되어 있다. **2.** (시체를) 파내다, 발굴하다, 개장(改葬)하다. **Ausbettung**, die; -en ↑ausbetten의 명사형.

ausbeulen 〈h〉 **1. a)** (옷 따위를 오래 입어) 툭 불거져 나오게 하다: er hat seine Hose ausgebeult 그는 바지를 오래 입어 무릎이 모양없이 쑥 불거져 나오게 했다. **b)** 〈a. + sich〉(모양없게) 불거져 나오다: der Rock hat sich schnell ausgebeult 그 스커트는 금방 구겨져 불룩 튀어나왔다. **2.** 구겨진[불거져 나온] 자리를 펴다: den zerdrückten Hut a. 찌그러진 모자를 펴다. **Ausbeulung**, die; -en ↑ausbeulen의 명사형.

Ausbeute, die; -n 이득, 결실, 성과, 수확(물), 산출고: die wissenschaftliche A. dieser Arbeit ist bescheiden 이 연구 논문의 학문적 수확은 보잘것없다; eine reiche A. (Kohle) 풍부한 (석탄) 산출량.

ausbeuteln 〈h〉《지역적》《österr.》 **1.** 털다: die Tischdecke a. 식탁보를 털다. **2.** (옷이) 모양없게 툭 불거지게 하다. **3.** (놀음에서 누구의) 돈을 다 따다, (누구에게서) 돈을 몽땅 털어 내다: beim Kartenspiel haben sie ihn (völlig) ausgebeutelt 카드 놀음에서 그들은 그의 돈을 (완전히) 털었다; ich bin ganz ausgebeutelt 나는 한 푼도 없이 다 틸렸다. **4.** (누구의 비밀을) 캐물어 알아내다: sie haben ihn beim Abendschoppen schließlich ausgebeutelt 그들은 저녁에 포도주(맥주)잔을 기울이며 그의 인품[속마음]을 속속들이 캐내었다.

ausbeuten ['ausboytn] 〈h〉 [zu mhd. biuten (mniederd. būten)] **1. a)** (광산을) 채굴[개발]하다: ein Erzvorkommen a. 산출 광석을 채굴하다. **b)** 조직적으로 [충분히] 이용하다: alle historischen Quellen a. 모든 사료(史料)를 십분 활용하다; er hat die Arbeiten anderer Wissenschaftler schamlos ausgebeutet 그는 다른 학자들의 논문들을 파렴치하게 표절했다. **2. a)** 《경》(누구가) 자기의 이용물로 삼다, 우려먹다: jmds. Arbeitskraft a. 누구의 노동력을 혹사하다. **b)** 《마르크스주의》착취하다. **c)** 《경》악용하다: jmds. Unkenntnis[Gutmütigkeit] a. 누구의 무지(호의)를 악용하다. **Ausbeuter**, der; -s, - a) 《경》혹사자, 악용자. **b)** 《마르크스주의》착취자. **Ausbeuterei** [ausboytə'raj], die; 《통용어·경》악용, 착취(행위). **ausbeuterisch** 〈Adj.〉착취[혹사]하는, 착취적인. **Ausbeutung**, die; -en 채광, 채굴, 이용, 혹사, 착취. **Ausbeutungstheorie**, die 착취 이론.

ausbezahlen 〈h〉 **a)** (전액) 지불하다: den Firmenangegörigen das Gehalt a. 회사 직원들에게 봉급을 지급하다; das Darlehen wird sofort ausbezahlt 대부금은 즉시 제공된다. **b)** 《지역적》보수를 지급하다: die Tagelöhner a. 일용 노동자들에게 일당을 지급하다. **c)** (재산을) 현금으로 분배하다: er hat seine Geschwister nach dem Tod des Vaters ausbezahlt 그는 부친 사망 후 동기들에게 재산상속분을 현금으로 나눠주었다.

Ausbezahlung, die; -en ↑ausbezahlen의 명사형.
ausbiegen* 1. ⟨h⟩ (굽은 것을) 펴다: er hat die verbogenen Metallstäbe wieder ausgebogen 그는 굽은 금속 막대기들을 도로 폈다. 2. 《지역적》⟨s⟩ 피하다: er ist dem Radfahrer ausgebogen 그는 자전거(운전자)를 피했다[에게 길을 비켜 주었다]; in letzter Zeit biegt er immer aus 그는 마지막 순간에는 늘 물러선다[충돌을 피한다].
ausbieten* ⟨h⟩《드물게》**a)** 팔려고 내놓다: die Bauern bieten ihre Erzeugnisse auf dem Markt aus 농부들이 그들의 농산품을 팔려고 시장에 내놓는다. **b)** (경매에서) 팔려고 값을 부르다. **Ausbietung**, die; -en (경매인들에 의한) 호가(呼價) 요청, 값을 외쳐 부르기. **Ausbietungsgarantie**, die (강제 경매에서 저당권 한도까지 값 가하도록 규정한) 최저호가 보장(의무).
ausbilden ⟨h⟩ **1. a)** 교육하다, 양성(육성)하다, 기르다: Lehrlinge a. 도제(실습생)를 양성하다; jmdn. an einer Maschine[im Zeichnen] 누구에게 기계 조작[제도, 도안]을 수련시키다. **b)** ⟨a. + sich⟩ 교육을 받다, 수련을 쌓다: sich als Pianist[zum Pianisten] a. 피아니스트로서의[가 되기 위한] 교육을 받다; seine Anlagen a. 자기의 소질을 계발[도야]하다. **2. a)** 생기게 하다, 만들어 내다: die Pflanzen bilden Blätter aus 식물은 잎을 만들어 낸다. **b)** (일정한 방법으로) 형성(구성)하다, 만들다: etw. hohl a. 무엇을 속이 비게 제작하다. **c)** ⟨a. + sich⟩ (일정한 방법으로) 형성(생성)되다, 생기다: die Blüten bilden sich sehr langsam aus 개화(開花)는 아주 천천히 이루어진다. **Ausbildende*,** der / die; -n, -n 양성자, 지도원, 교육자. **Ausbilder**, der; -s, - 교육자, (특히 군대의) 교관, 훈련관. **Ausbildner**, der; -s, -《österr.》(군대의) 교관. **Ausbildung**, die; -en (전문) 교육, 양성, 훈련, 수련, 직업 교육, 형성, 발육, 성숙.
Ausbildungs-: **~beihilfe**, die 교육 기간 특별(부양) 수당. **~beruf**, der 양성(교육) 직업. **~dauer**, die (직업) 교육 기간. **~film**, der 교육용 영화. **~förderung**, die 육영 장학(사업). **~förderungsgesetz**, das 육영 장학(촉진)법. **~kurs**, der, **~kursus**, der 교육 과정. **~lehrgang**, der (직업) 교육 과정. **~methode**, die 교육 방법. **~munition**, die 《군》훈련용[교육용] 탄약. **~offizier**, der 《군》훈련 담당 장교. **~ordnung**, die 직업 교육 영(令), 직업 교육 규정. **~personal**, das 직업 양성 요원, 훈련 요원. **~pflicht**, die 직업 훈련(교육자) 의무. **~platz**, der 직업 훈련 정원(定員), 직업 교육을 받을수 있는 자리. **~richtlinie**, die (대개 Pl.) (직업) 교육 지침. **~stand**, der; -(e)s 교육 수준. **~stätte**, die 교육장, (직업) 훈련소, 양성소. **~versicherung**, die 교육 보험. **~vertrag**, der 직업 교육 계약. **~wesen**, das ⟨Pl. 없음⟩ 교육 제도. **~zeit**, die (교육[훈련) 기간. **~ziel**, das 교육 목표.
ausbimmeln ⟨h⟩ (통용어) (종이) 다 울리다, 그치다.
ausbinden* ⟨h⟩ **1.** (인쇄) (조판한 활자를) 실로 묶다: Satzkolumnen a. 식자 조판한 난을 실로 동여매다. **2.** (토건) 접합하다, 짜맞추다: ein Dach a. 지붕을 조립하다. **3.** (승마) (말의 머리와 목의 자세를) 교정용 고삐로 고정시키다. **Ausbindeholz**, das (지붕 따위의) 조립용 목재. **Ausbindezügel**, der (대개 Pl.) (말의) 자세 교정용 고삐.
Ausbiß, der; Ausbisses, Ausbisse ↑Ausstrich (2).
ausbitten*, sich ⟨h⟩ **1. a)** (아이) (무엇을) 청하여 얻다, 청구(간청, 부탁)하다: ich habe mir Bedenkzeit ausgebeten 나는 생각해 볼 시간을 간청하여 얻어 냈다; die Nachbarin hat sich den Staubsauger ausgebeten 이웃집 여자는 진공 청소기를 빌려 냈다(갔다). **b)** 요구(요청)하다, 촉구하다: ich bitte mir Ruhe aus 나는 조용히 해줄 것을 요청한다; das möchte ich mir ausgebeten

haben 나는 그것을 당연한 일로 생각한다. **2.** 《고어》함께 외출하도록 초대하다: wir wurden zum Abendessen ausgebeten 우리는 저녁 외식에 초대 받았다.
ausblasen* ⟨h⟩ **1.** 불어 끄다: das Streichholz a. 성냥불을 혹 불어 끄다. **2.** (제련) (용광로의) 불을 꺼 가동을 중지하다 (반대: anblasen): den Hochofen a. 용광로의 불을 끄다. **3. a)** 불어서 없애다[날려버리다]: den Dotter aus dem Ei a. 달걀의 노른자를 불어 내다. **b)** 불어서 깨끗하게 하다: den Kamm a. 빗을 불어서 머리카락을 떨다. **4.** (숨 따위를) 내뿜다: den Rauch a. 연기를 내뿜다. **5.** (바람이) 잠잠해지다, 멎다, 자다, (피리 따위를) 불기를 마치다, 다 불다. **Ausbläser**, der; -s, - (군) 폭발하지 않고 타버린 불완전 탄체(彈體), 불발탄(不發彈).
ausblassen ⟨s⟩《드물게》완전히 바래다: die Tapete ist ganz ausgeblaßt 벽지가 완전히 바랬다; ausgeblaßte Vorhänge 빛깔이 바랜 커튼.
Ausblasung, die; -en (지질) **1.** ⟨Pl. 없음⟩↑Deflation (2). **2.** (암석에서) 풍식(風蝕)으로 파인 자리(구멍).
ausbleiben* ⟨s⟩ **a)** (기대한 일이) 생기지[일어나지] 않다: die erhoffte Wirkung[das befürchtete Chaos] blieb aus 고대했던 효과[걱정했던 혼란]가 일어나지 않았다; es konnte ja nicht a., daß er sich erkältete 그는 감기에 걸릴 수밖에 없었다. **b)** (더 이상) 오지 않다: die Kunden bleiben aus 고객들이 (이제는) 오지 않는다; (명사화) das Ausbleiben einer Nachricht beunruhigte sie 소식이 오지 않아 그 여자는 불안해 했다. **c)** 돌아오지[귀가하지] 않다: über Nacht a. 밤새도록 돌아오지 않다. **d)** 중단되다, 멈추다: der Puls[die Atmung] blieb aus 맥박(호흡)이 멎었다.
¹ausbleichen* ⟨s⟩ 색이 바래다, 파리해지다: der Stoff bleicht aus 그 옷감은 색이 바랜다; ausgeblichene Farben 희미해진 색채들; ausgebleichte Gebeine 퇴색한 유골. **²ausbleichen** ⟨h⟩ 퇴색시키다, 색이 바래게 하다: die Sonne hat der Vorhänge ausgebleicht 햇볕이 커튼을 바래게 했다.
ausblenden ⟨h⟩ **a)** (방송·텔레비전·영화) (소리나 영상을) 서서히 약하게 하여 없애다, 용암(溶暗)[페이드 아웃]되게 하다 (반대: einblenden a): während einer Livesendung den Ton a. 생방송 중에 음을 페이드 아웃 시키다. **b)** ⟨a. + sich⟩ (방송·텔레비전) (방송국이) 특정 방송을(순서를) 끝내다 (반대: einblenden b). **Ausblendung**, die; -en ↑ausblenden의 명사형.
Ausblick, der; -(e)s, -e **a)** 조망(眺望), 전망, 경치: ein herrlicher (wunderschöner) A. 기막히게 아름다운 전망(경치); jmdm. den A. versperren 누구의 전망을 차단하다. **b)** (장래의) 전망(展望), 예상: ein kurzer A. auf die bevorstehende Entwicklung 임박한 사태 발전에 관한 짤막한 전망. **ausblicken** ⟨h⟩ (아이) (기대, 탐색하여) 전망(조망)하다, 대망(待望)하다: sehnsüchtig [ängstlich] nach jmdm. a. 그리움[겁]에 차서 누구를 바라보다.
ausblitzen ⟨h⟩ 번개가 그치다: (대개 복합시제로) die Wanderer warteten in der Schutzhütte, bis es ausgeblitzt hatte 산보객들은 번개가 그칠 때까지 피난용 오두막에서 기다렸다.
ausblühen 1. ⟨h⟩ 꽃철이 지나다: die Tulpen haben für dieses Frühjahr ausgeblüht 금년 봄 튤립의 꽃철은 끝났다. **2.** ⟨s⟩ **a)** (지질·광물) (땅이나 벽표면에 염분 따위가) 하얗게 스며나오다, 백화(白華) 가 생기다: an vielen Stellen des Bodens blüht Salpeter aus 지면의 여러 곳에 하얗게 초석(硝石)이 피어나온다. **b)** 백화(白華) (염분의 얼룩)가 덮이다: das Gestein blüht aus 바위에 백화가 덮이다. **Ausblühung**, die; -en (어떤 식물의) 꽃철이 지남, (표면에 스며나온) 염분의 얼룩점, 백화현상.
ausbluten a) ⟨s⟩ 피를 다 흘려 버리다: ein geschlach-

tetes Tier a. lassen 도살된 짐승의 피를 다 빼다; das Schaf ist ausgeblutet 양이 피를 다 쏟아 냈다; 전의 ein ausgeblutetes Land (전쟁으로) 국력이 소진된 나라. **b)** ⟨h⟩ 출혈이 그치다: die Wunde hat endlich ausgeblutet 마침내 상처의 출혈이 멎었다. **c)** ⟨a. + sich⟩ ⟨h⟩ 돈을 다 써버리다, 재정적으로 고갈되다: sie haben sich bei dem Hausbau völlig ausgeblutet 그들은 집 짓는 데 돈을 다 쏟아 부었다.

ausbogen ['ausbo:gṇ] ⟨h⟩ 〖재단〗 활짝로 재단하다(깁다): den Saum des Kleides a. 옷의 가장자리를 둥글게 재단하다.

ausbohlen ['ausbo:lṇ] ⟨h⟩ 두꺼운 널빤지로 덮다: den Fußboden a. 실내 바닥에 두꺼운 널빤지를 깔다.

ausbohren ⟨h⟩ **a)** 구멍을 뚫다, 파서 만들다[넓히다]: einen Brunnen a. 우물을 파다. **b)** 후벼(파) 내다: die Kerngehäuse aus den Äpfeln a. 사과의 속을 도려내다.

ausbojen ['ausbo:jan] ⟨h⟩ 〖해양〗 (항로로) 부표(浮標)로 표시하다: das Fahrwasser a. 수로에 부표를 띄우다.

ausbomben ⟨h⟩ (대개 수동형 및 과거분사로) **a)** 폭격으로 가재(家財)를 소실시키다: er[die Familie] wurde im Krieg zweimal ausgebombt worden 그[그 가정]는 전쟁 중에 두 번이나 폭격으로 가산을 소실당했다. **b)** 폭격으로 파괴하다: sein Geschäft ist ausgebombt worden 그의 가게는 폭격으로 날아가버렸다. **Ausbombung**, die; -en ↑ausbomben의 명사형.

ausbooten ['ausbo:tṇ] ⟨h⟩ **1.** 〖해양〗 **a)** (모선으로부터) 소형 보트로 상륙(양륙)시키다: die Passagiere werden ausgebootet 승객들이 작은 배로 옮겨져 육지로 운송된다. **b)** 누구, 무엇을 보트에 내리다(꺼내다). **c)** 작은 배로 함선을 떠나 상륙하다: vor der Insel mußten sie a. 섬 앞에서 그들은 (상륙하기 위해) 보트로 옮겨 타야 했다. **2.** 〖통용어〗 (달갑지 않은 사람을) 해고하다, 쫓아내다: einen Rivalen a. 경쟁자를 밀어내다. **Ausbootung**, die; -en ↑ausbooten의 명사형.

ausborgen ⟨h⟩ 〖지역적〗 **a)** 빌다: ich habe (mir) das Porzellan für die Feier bei[von] Freunden ausgeborgt 나는 그 도자기를 기념일에 쓰려고 친구들에게서 빌려 왔다. **b)** 빌리다, 빌려 주다: er wollte seine Bücher nicht an einen Fremden a. 그는 자기 책들을 낯선 사람에게 빌려 주려 하지 않았다.

ausboxen ⟨h⟩ (권투 경기에서) 이기다, 제압하다: er hat alle seine Gegner ausgeboxt 그는 권투에서 상대를 모조리 제압했다.

ausbraten* **a)** ⟨s⟩ (고기를 구울 때 기름이) 빠져 나오다: aus dem Speck ist viel Fett ausgebraten 비계살에서 많은 기름이 빠져 나왔다. **b)** ⟨h⟩ (고기를 구워) 기름이 빠져 나오게 하다: sie hat Speck ausgebraten 그 여자는 비계살을 구워 기름을 뺐다. **c)** ⟨h⟩ 충분히 굽다: das Fleisch muß gut ausgebraten sein 고기는 충분히 잘 구워야 한다.

ausbrauchen ⟨h⟩ 〖경〗 쓸 수 있을 때까지 사용하다: ich habe die Werkzeuge ausgebraucht 나는 그 연장들을 더 이상 사용하지 않는다.

ausbrausen ⟨h⟩ 〖드물게〗 발효가 끝나다, (술이) 완전히 익다.

ausbrechen* **1. a)** ⟨h⟩ 뽑아 내다, 헐어 내다: Steine (aus der Mauer) a. (담벼락에서) 돌을 빼내다; sie haben eine Wand ausgebrochen 그들은 한쪽 벽을 헐었다; ich habe mir beim Sturz einen Zahn ausgebrochen 나는 넘어져서 이 한 개를 부러뜨렸다. **b)** ⟨s⟩ 빠지다, 떨어져 나가다. **c)** ⟨h⟩ (벽을) 헐어서 (무엇을) 만들다: ein Fenster a. 담벼락을 헐고 창문을 내다. **2.** ⟨h⟩ 〖원예·포도〗 **a)** 열매가 달리의(지나치게 많은) 가지(순)를 잘라 내다. **b)** 순(筍)을 쳐 주다: die Reben a. 포도덩굴의 순(筍)을 쳐 주다. **c)** 〖지역적〗 열매를 따내다. **3.** ⟨h⟩ (먹은 것을) 토하다: der Kranke brach das Essen (wieder) aus 그 환자는 먹은 음식을 (다시) 토했다. **4.** ⟨s⟩ **a)** 부수고 나오다, 탈출(탈옥)하다: ein Gefangener ist (aus dem Gefängnis) ausgebrochen 수감자 한 명이 (교도소에서) 탈옥했다. **b)** 〖군〗 적의 포위망을 뚫다(돌파(突破)하다): die Truppe brach aus dem Kessel aus 그 부대는 갇힌 분지에서 뚫고 나왔다. **c)** (공동체에서) 이탈하다, 탈퇴하다: aus seiner Ehe a. 이혼하다. **5.** ⟨s⟩ **a)** 〖승마〗 (말이) 장애물을 피해 궤도에서 이탈하다. **b)** 〖코스〗 벗어나다: bei einer Bremsprobe war (ihm) der Wagen seitlich ausgebrochen 그 차는 제동장치 점검시 옆으로 미끄러져 나갔다. **6.** ⟨s⟩ **a)** (땀이) 솟아나다: dem Kranken brach der Schweiß aus 환자에게 땀이 솟아났다. **b)** (돌발적인 사건이) 터지다, 일어나다, 돌발(突發)하다: Jubel(Streit, eine Meuterei, ein Aufstand, eine Panik, eine Feuersbrunst) bricht aus 갑자기 환성(싸움, 모반, 반란, 공포감, 화재)이 일어나다[돌발하다]; das Jahr, in dem der Krieg ausgebrochen war 전쟁이 발발했던 해. **c)** (병 따위가) 발생하다: eine Epidemie bricht aus 전염병이 발생하다. **7.** ⟨s⟩ (화산이) 폭발(爆發)하다: der Vulkan brach einige Male mit großer Heftigkeit aus 그 화산은 몇 번 격렬하게 폭발했다. **8.** ⟨s⟩ (감정의 표현과 관련하여) 터뜨리다: in Gelächter(Weinen, Zorn) a. 웃음(울음, 분노)을 터뜨리다. **Ausbrecher**, der; -s, **- 1.** 〖통용어〗 탈옥수. **2.** 〖승마〗 장애물을 회피하는 말. **Ausbrecherkrebs**, der 〖의학〗 **a)** 악성 종양(惡性腫瘍). **b)** 〖Pl 없음〗 (폐암이나 기관지암처럼 다른 부위로 번지는) 전이암(轉移癌).

ausbreiten ⟨h⟩ **1. a)** (접힌 것을) 펴다: eine Decke[die Zeitung] a. 이불[신문]을 펴다; 전의 seine Gedanken (vor jmdm.) a. 그의 생각을 (누구 앞에서) 개진하다. **b)** 펼쳐놓다: den Inhalt eines Paketes auf dem Tisch a. 소포의 내용물을 책상 위에 펼쳐놓다. **2.** (양으로 되어 있는 것을) 펼치다, 벌리다: die Flügel a. 날개를 펼치다; mit ausgebreiteten Armen auf jmdn. zukommen 양 팔을 벌리고 누구에게 다가가다. **3.** ⟨a. + sich⟩ **a)** 퍼진다: das Unkraut breitet sich aus 잡초가 퍼진다; 전의 den Staat, darin sich Luxus und Wohlleben ausbreiten 사치와 풍요가 만연(蔓延)된 국가를. **b)** 번지다, 퍼지다, 확산되다: das Feuer breitete sich mit Windeseile aus 불이 질풍처럼 번졌다. **c)** 펼쳐져 있다: Wiesen und Felder breiteten sich vor seinen Augen aus 초원과 밭이 그의 눈앞에 펼쳐져 있었다. **4.** ⟨a. + sich⟩ 〖램〗 장황하게 늘어놓다: er konnte sich stundenlang über sein Lieblingsthema a. 그는 좋아하는 화제를 가지고는 몇 시간이고 장황하게 지껄여 댈 수 있었다. **5.** ⟨a. + sich⟩ 〖통용어〗 자리를 많이 차지하고 편한 자세를 취하다: sie hat sich auf dem Sofa ausgebreitet 그녀는 소파위에 넓게 자리를 차지했다. **Ausbreitung**, die ↑ausbreiten의 명사형.

Ausbreitungs-: **~drang**, der 확장(확산, 번식) 욕구. **~gebiet**, das 분포(번식, 면연, 전파) 지역. **~geschwindigkeit**, die 번식(만연, 확산, 전파) 속도. **~reaktion**, die 〖생리〗 자극과 무관한 감각 기관의 반응.

ausbremsen ⟨h⟩ 〖속도경기〗 커브 진입시 늦게 제동을 걸어 다른 차를 추월하다.

ausbrennen* **1. a)** ⟨s⟩ 다 타다: die Kerze brennt aus 초가 다 타다; ein ausgebrannter Krater 꺼진 분화구. **2.** ⟨s⟩ **a)** 내부가 다 타다: das Gebäude brannte völlig aus 건물 내부가 모조리 다 타버렸다. **b)** 〖통용어〗 화재로 가진 것을 잃다: sie waren im Krieg zweimal ausgebrannt 그들은 전쟁중에 두번 화재를 만나 가진 것

을 다 잃었다. 3. 《지역적》 〈h〉 불태워 없애다: ein Wespennest a. 벌집을 불태워 없애다. 4. 〈h〉 a) 소작(燒灼)으로 소독하다: der Arzt brannte die Wunde aus 의사가 상처를 소작하여 소독했다. b) 소각(燒灼)하여 제거하다. 5. 〈h〉 [섬유] 불로 지져 무늬를 만들다. 6. 〈h〉 《드물게》 (햇볕에) 바싹 마르다, 타다: die Sonne hatte die Wiesen ausgebrannt 햇볕에 풀밭이 바싹 말랐다; 전의 die Kehle war ihm (wie) ausgebrannt 그의 목구멍이 타는 것 같았다. 7. 《대개 과거분사로》 a) 심신이 완전히 탈진한: wenn wir zurückkehren, sind wir ausgebrannt 집에 돌아가면 우리는 완전히 탈진하게 된다. b) [스포츠] 육체적으로 좋은 성적을 낼 상태가 아닌.

Ausbrenner, der; -s, - [섬유] 불로 지져 무늬를 만든 옷감.

ausbringen* 〈h〉 1. (축배[건배]의) 말을 하다: einen Trinkspruch a. 축배를 제창(齊唱)하다; jmds. Gesundheit a. 《아어·드물게》 누구의 건강을 기원하며 잔을 들다. 2. [선원] (배에서 꺼내) 물 속에 넣다: die Netze a. 그물을 물 속에 넣다. 3. 《통용어》 가까스로 벗다《반대: anbringen》: ich bringe die Schuhe nicht aus 나는 아무리 애써도 구두를 벗을 수가 없다. 4. [인쇄] 단어 사이의 간격을 넓혀 행을 늘리다《반대: einbringen 6 b》. 5. [사냥] 부화하다: die Eier werden ausgebracht 달같이 부화된다. 6. 《고어》 지껄여 대다, (말을) 퍼뜨리다: ein Gerücht a. 소문을 퍼뜨리다. 7. a) [광] 채굴하다: in dieser Grube wird Eisenerz ausgebracht 이 광갱(鑛坑)에서 철광이 채굴된다. b) [제련] (금속을) 정련(精鍊)하다: aus diesen Erzen wird Zink ausgebracht 이 광석에서 아연이 정련된다. 8. [농업] 뿌리다, 산포(散布)하다. **Ausbringung**, die; -en ↑ausbringen의 명사형.

ausbröckeln 〈s〉 a) 부서져 떨어지다. b) 부서져 흠집이 나다.

Ausbruch, der; -(e)s, Ausbrüche 1. a) 탈출, 탈옥: der A. der Gefangenen wurde zu spät bemerkt 수감자의 탈옥이 뒤늦게 발각되었다. b) [군] 포위망의 돌파: einen A. wagen 포위망의 돌파를 감행하다. c) 이탈, 탈퇴: der A. aus der bürgerlichen Gesellschaft 시민 사회에서의 이탈. 2. a) (돌발적인 사건의) 발발(勃發), 돌발(突發): der A. des Krieges 전쟁의 발발(勃發). b) 급작스러운 발생: der A. einer Krankheit 급작스러운 발병; **zum A. kommen** 《강조》 발발[돌발, 발생]하다: die Krankheit kam ganz plötzlich zum A. 그 병은 아주 급작스럽게 발생했다. 3. (감정의) 폭발, 분출: sich vor jmds. unbeherrschten Ausbrüchen fürchten 누구의 무절제한 감정의 폭발을 겁내다. 4. [광] (폭파로 생긴 갱내의) 공동(空洞). 5. [포도] a) 정선된 포도로 빚은 특급 포도주. b) 특급 포도주용 포도의 정선(精選).

Ausbruchs-: **~beben**, das [지질] 화산 폭발을 야기하는 지진. **~herd**, der [지질] 용암이 분출하는 장소. **~versuch**, der a) [형] 탈옥[탈출] 시도. b) 이탈 시도. c) [군] 포위망 돌파 시도.

Ausbruchwein, der; -(e)s, -e [포도] ↑Ausbruch (5 a).

ausbrühen 〈h〉 《드물게》 a) 끓는 물로 가시다[씻다]: die Kaffeekanne a. 커피 주전자를 끓는 물로 가시다. b) 뜨거운 물에 삶아 빨다: neue Wäschestücke a. 새 내복을 삶다.

ausbrüllen 〈h〉 《통용어》 (울부짖기[외치기])를 그치다.

ausbrüten 〈h〉 1. a) (새 새끼를) 까다(부화하다): kleine Hühnchen a. 병아리를 까다. b) (알을) 품다: die Henne brütete die Eier aus 암탉이 알을 품어 병아리를 깠다. 2. a) 《통용어》 (나쁜 짓을) 계획하다, 꾸미다: einen Racheplan a. 복수 계획을 짜내다. b) 《통용어·농》 병의

징후가 있다: die Kinder brüten eine Erkältung aus 그 어린애들에게 감기증세가 있다. **Ausbrütung**, die ↑ausbrüten의 명사형.

ausbuchen 〈h〉 1. 좌석이 다 차다, 매진하다: Flugzeuge waren wochenlang ausgebucht 비행기가 몇 주 동안 만원(滿員)이었다. 2. [상·금융] (장부에서) 삭제하다, 말소(抹消)하다. **Ausbuchung**, die; -en ↑ausbuchen의 명사형.

ausbuchstabieren 〈h〉 철자를 처음부터 끝까지 말하다: ein Wort a. 한 단어의 철자를 처음부터 끝까지 대다.

ausbuchten ['ausbuxtn] 〈h〉 1. 만곡처럼 밖으로 구부러지다. 2. 바깥쪽으로 구부러지게 하다: wir werden die Straße an dieser Stelle a. 우리는 이곳에서 도로를 바깥쪽으로 구부러지게 만들 것이다; ein stark ausgebuchtetes Ufer 굴곡이 심한 해안. **Ausbuchtung**, die; -en 《반대: Einbuchtung》 a) (바깥쪽으로 구부러진) 활꼴, 궁형(弓形). b) 궁형으로 패인 곳.

ausbuddeln 〈h〉 《통용어》 파내다《반대: einbuddeln》: Kartoffeln a. 감자를 캐내다; 전의 alte Briefschaften aus der Schublade a. 옛 편지를 서랍에서 끄집어 내다.

ausbügeln 〈h〉 1. a) 다리다: den Anzug a. 양복을 다리다. b) 다려서 (주름 따위를) 펴다: Falten (aus einem Kleidungsstück) a. (의복의) 주름을 다려서 없애다. 2. 《경》 해결[정리]하다, 정상화시키다: die Angelegenheit muß unbedingt wieder ausgebügelt werden 그 일은 무조건 다시 정상화되어야 한다.

ausbuhen 〈h〉 《통용어》 우 소리를 질러 못마땅함을 알리다: der Künstler wurde ausgebuht 그 예술가는 야유의 우 소리를 들었다.

Ausbund, der; -(e)s 《폄 또는 반어》 표본, 전형, 화신: er ist ein A. an(von) Bosheit 그는 악의 화신이다.

ausbündig 〈Adj.〉 《고어》 비상한, 어마어마한, 엄청난: das war a. dumm von ihm 그것은 그의 엄청난 바보짓이었어.

ausbürgern ['ausbʏrgɐn] 〈h〉 [für frz. expatrier] 국적을 박탈하다《반대: einbürgern 1》: er wurde während des Dritten Reiches ausgebürgert 그는 제3제국 시절 국적을 박탈당했다. **Ausbürgerung**, die; -en 국적 박탈.

ausbürsten 〈h〉 a) 솔로 털다: den Staub (aus dem Mantel) a. (외투에 묻은) 먼지를 솔로 털다. b) 솔질하다: die Kleider a. 옷을 솔질하다. c) (머리를 솔로) 빗다: die Haare sollen häufiger ausgebürstet werden 머리는 자주 솔로 빗어 주는 게 좋아.

ausbüßen 〈h〉 《고어·아직 지역적》 뒷일을 감당하다, 이 치다꺼리를 하다: ich habe die Sache (für dich) ausgebüßt 내가 (네 대신) 그 일의 뒤치다꺼리를 했어.

ausbuxen ['ausbʏksn] 〈s〉 [niederd. utbüksen] 《통용어·농》 달아나다, 도망치다: die Kinder waren ausgebuxt, nachdem sie die Fensterscheibe eingeworfen hatten 아이들이 유리창에 돌을 던지고 달아났다.

ausdampfen a) 〈s〉 증발하다: die Feuchtigkeit ist aus den Wäldern ausgedampft 숲의 습기가 증발했다. b) 〈h〉 식을 때까지 김이 나다: die heiße Flüssigkeit dampft aus 더운 액체는 식을 때까지 김이 난다. c) 〈s〉 김이 다 빠지다, 김이 그만 나다: die Kartoffeln haben noch nicht ausgedampft 감자는 아직도 김이 난다.

Ausdauer, die 지구력, 끈기, 인내심: er hat keine A. bei der Arbeit 그는 일하는 데 끈기가 없다; nur mit großer A. wird er sein Ziel erreichen 커다란 인내심을 가져야만이 그는 목표에 도달할 것이다.

Ausdauer- [스포츠의학]: **~grenze**, die 지구력의 한계. **~quotient**, der 인체의 지구력을 계산하는 공식. **~training**, das 지구력 훈련.

ausdauern 〈h〉 《아어·준고어》 오래가다[지탱하다]: aus-

dauernd ⟨Adj.⟩ **1.** 지구적[인내심]이 있는, 끈기있는: der Strauß ist der -ste Läufer von allen Steppentieren 모든 초원 동물 가운데에서 타조가 가장 끈기있게 달리는 짐승이다. **2.** [식물] 다년생의(반대: einjährig 2): Sträucher gehören zu den -en Pflanzen 관목은 다년생식물에 속한다.

ausdehnbar ['ausdeːnbaːɐ̯] ⟨Adj.⟩ **a)** 늘어나는: das Gewebe ist wenig a. 그 직물은 거의 늘어나지 않는다. **b)** 팽창 가능성이 있는: die Handelsbeziehungen sind noch erheblich a. 통상 관계는 아직도 현저히 늘어날 수 있다. **Ausdehnbarkeit**, die ↑ausdehnbar의 명사형.

ausdehnen ⟨h⟩ **1. a)** 늘리다, 팽창[확대]시키다: die Hitze hatte die Eisenbahnschienen ausgedehnt 더위에 철도선로가 팽창했다. **b)** ⟨a. + sich⟩ 팽창되다, 늘어나다: Gas dehnt sich bei Erwärmung aus 가스는 가열하면 부피가 팽창된다. **c)** 확장하다: die Grenzen eines Staates a. 한 국가의 국경을 확장하다. **d)** 포함시키다, 적용 범위를 넓히다: Vorschriften auf einen größeren Personenkreis a. 규정의 적용 범위를 더 많은 사람들에게까지 넓히다. **2.** ⟨a. + sich⟩ 퍼지다, 확장[확대]되다: der Nebel dehnt sich (rasch über das Land) aus 안개가 (빨리 육지로) 퍼진다. **3. a)** 연장하다: seinen Aufenthalt bis zum folgenden Tag a. 그의 체재를 다음날까지 연장하다; ausgedehnte Morgenspaziergänge 긴 아침 산책. **b)** ⟨a. + sich⟩ (예상보다) 오래 지속되다, 연장되다: die Besprechung dehnte sich bis nach Mitternacht aus 논의는 자정 지나서까지 지속되었다. **4.** ⟨a. + sich⟩ 넓게 펼쳐지다: weites Land dehnt sich vor seinen Augen aus 넓은 땅이 그의 눈앞에 펼쳐진다; er besaß ausgedehnte Ländereien 그는 넓은 땅을 소유하고 있었다. **Ausdehnung**, die; -en ↑ausdehnen의 명사형.

ausdehnungs-, Ausdehnungs-: ~drang, der 팽창욕. **-fähig** ⟨Adj.⟩ 팽창[확장]할 수 있는. **-fähigkeit**, die 팽창[신축]능력, 확장력. **-gefäß**, das [기술] 난방 장치의 물받이통. **-koeffizient**, der [물리] 팽창계수. **-kraft**, die ↑Expansionskraft. **-politik**, die ↑Expansionspolitik. **-regler**, der [기술] 열 팽창을 이용한 온도 조절 장치. **-thermometer**, das [기술] 열 팽창을 이용한 온도계. **-vermögen**, das ↑Expansionsvermögen.

ausdeichen ['ausdaiçn] ⟨h⟩ 제방을 뒤로 옮겨 땅을 보호 구역에서 제외시키다(반대: eindeichen). **Ausdeichung**, die; -en ↑의 명사형.

ausdenken* ⟨h⟩ **1.** ⟨a. + sich⟩ **a)** 생각해내다: sich eine Überraschung [etwas Lustiges] a. 깜짝 놀랄 일 [어떤 재미있는 일]을 생각해내다; **da mußt du dir schon etwas anderes a.!** (통용어) 네 말이 내겐 곧이 들리지 않아! **b)** 무엇을 머릿속에 그리다, 상상하다: das ist eine ausgedachte Geschichte 그것은 꾸며 낸 이야기이다. **2.** 심사 숙고하다, 끝까지 생각하다: nachdem ich den Gedanken ausgedacht hatte 나는 그 생각을 심사 숙고한 후에; **nicht auszudenken sein** 상상할 수 없다: die Folgen dieses Leichtsinns sind gar nicht auszudenken 그 경솔한 행동의 결과는 전혀 예측할 수가 없다.

ausdeuten ⟨h⟩ 해석하다: jmds. Äußerungen (richtig (falsch)) a. 누구의 언급을 (옳게(틀리게)) 해석하다.

ausdeutschen ['ausdɔytʃn] ⟨h⟩ (고어·österr.·통용어) 상세히 설명하다: man muß ihm alles erst umständlich a. 그에게는 모든 것을 아주 자세하게 설명해주어야 한다.

Ausdeutung, die; -en **1.** ⟨Pl. 없음⟩ 알아듣게 설명하기. **2.** 해석.

ausdielen ⟨h⟩ 바닥에 널판지[무늬목]를 깔다.

ausdienen ⟨h⟩ ⟨과거분사와 haben과 결합한 시제로만⟩ **1.** 《준고어》 군복무를 마치다: im Juli hat er ausgedient 그는 7월에 군복무를 마쳤다. **2.** 《통용어》 못 쓰게 되다: diese Schuhe haben ausgedient 이 구두는 못 신게 되었다.

ausdifferenzieren, sich ⟨h⟩ (분리하여) 독립하다. **Ausdifferenzierung**, die; -en **1.** ⟨Pl. 없음⟩ 분리 독립. **2.** 분리 독립된 것.

Ausding, das; -(e)s, -e (고어) ↑Ausgedinge. **ausdingen** (고어) ↑ausbedingen.

ausdiskutieren ⟨h⟩ 모든 점에 의견이 일치될 때까지 토론하다: Probleme muß man a. 문제들은 의견이 일치될 때까지 토론해야 한다; ein noch nicht ausdiskutierter Punkt 아직 합의가 이루어지지 않은 한 가지 점.

ausdocken ⟨h⟩ [조선] (배를) 도크에서 내보내다, 진수(進水)하다(반대: eindocken).

ausdorren ⟨s⟩ 바싹 마르다: der Erdboden ist durch die Hitze völlig ausgedorrt 지면은 더위에 완전히 말랐다.

ausdörren a) ⟨s⟩ ↑ausdorren. **b)** ⟨h⟩ 바싹 말리다: die Hitze hatte das Land ausgedörrt 더위가 땅을 완전히 마르게 했다; ausgedörrtes Holz 바싹 말린[마른] 목재.

ausdrehen ⟨h⟩ **1.** 《통용어》 **a)** (스위치를 돌려) 끄다(반대: andrehen 1): das Radio a. 라디오를 끄다. **b)** (꼭지를 돌려) 잠그다(반대: andrehen 1): das Gas a. 가스를 잠그다. **2.** 《드물게》 돌려빼내다(반대: eindrehen 1). **3.** (속도 경기) 자동차의 출력을 최고로 올리다. **4.** [기술] (선반(旋盤) 위에서) 구멍을 뚫다. **5.** 《지역적》 (빨래를) 짜다. **6.** 《지역적》 비틀다: ein Gelenk a. 관절을 비틀다.

ausdreschen* ⟨h⟩ **1. a)** 타작[탈곡]하다: Weizen a. 밀을 타작하다. **b)** 타작하여 (낟알을) 얻다: den Samen a. 타작하여 씨앗을 얻다. **2.** 타작을 마치다: die Bauern haben für dieses Jahr ausgedroschen 농부들은 금년 타작을 마쳤다.

ausdribbeln ⟨h⟩ [축구] 드리블로 상대 선수를 젖히다.

ausdrillen ⟨h⟩ [농업] (기계로) 씨앗을 뿌리다, 파종하다.

¹**Ausdruck**, der; -(e)s, Ausdrücke **1.** 말, 용어(用語), 표현: ein gewählter[fachsprachlicher] A. 정선된[전문적] 표현; **das ist gar kein A.** 그 표현은 너무 약해; **Ausdrücke gebrauchen**[(아어) **im Munde führen** (통용어) **an sich haben)** 지속한[상스러운] 언사를 쓰다; **sich im A. vergreifen** 적당치 않은 말투로 말하다. **2.** ⟨Pl. 없음⟩ **a)** 언어구사(言語驅使), 표현 방법, 문체: er besitzt große Gewandtheit im A. 그는 언어를 구사하는 솜씨가 대단히 능숙하다. **b)** 표현력, 예술적 표현: ein Gedicht mit viel A. vortragen 어떤 시를 예술적 감정이 넘치도록 낭송하다. **3.** ⟨Pl. 없음⟩ 표시(表示), 상징(象徵), 특징: Monumentalität ist der A. dieser Epoche 이 시대의 특징은 웅대함이다; ich nehme meine Äußerung mit dem A. tiefen Bedauerns zurück 깊은 유감의 뜻을 표현하면서 나는 내 발언을 취소한다; **einer Sache A. geben[verleihen]** 알리다, 표명하다; **etw. zum A. bringen** 표명하다, 알리다: seinen Dank zum A. bringen 사의를 표하다; **etw. kommt in etw. zum A.** 무엇이 무엇 에서 표현되다 [분명해지다]: in seinen Worten kam seine Verbitterung zum A. 그의 말 속에 그의 불쾌한 감정이 표출되었다. **4.** 표정: sein Gesicht bekam einen erschrockenen A. 그의 얼굴은 화가 난 표정을 띠었다. **5.** [수학] 수식(數式). **6.** [전산] 기호(記號).

²**Ausdruck**, der; -(e)s, -e **1. a)** [통신] 수신문면(受信文面), 텔렉스로 전송된 텍스트. **b)** [전산] 아웃 풋(Output), 처리 결과. **c)** [인쇄] 인쇄 완료. **ausdrucken** ⟨h⟩

ausdrücken

1. [인쇄] **a)** 인쇄를 완료하다: die erste Auflage des Lexikons ist ausgedruckt 그 사전의 초판 인쇄가 끝났다. **b)** 특정한 상태로 인쇄되다: einige Buchstaben haben schlecht ausgedruckt 몇몇 글자가 나쁘게 인쇄 되었다. **c)** 단축하지 않고 인쇄하다: der Text ist ganz auszudrucken 텍스트는 생략없이 전부 인쇄되어야 한다. **2.** [전산·통신] 인쇄해 내놓다, 처리된 정보를 내놓는다. **3.** (목록 따위에) 싣다, 올리다.

ausdrücken ⟨h⟩ **1. a)** 짜내다: den Saft (aus den Apfelsinen) a. (오렌지에서) 즙을 짜내다. **b)** 짜다: eine Zitrone a. 레몬을 짜다. **2.** 비벼 끄다: die Zigarette (im Aschenbecher) a. 담배를 (재털이에) 비벼 끄다. **3. a)** (특정한 방식으로) 표현하다: etw. klar [verständlich] a. 무엇을 분명하게[알아듣게] 표현하다; etw. kaum mit Worten a. können 무엇을 말로 표현 할 수 없다; etw. in Prozenten a. 무엇을 퍼센트로 표현 하다. **b)** ⟨a. + sich⟩ (특정한 방식으로) 말하다: sich klar a. 분명하게 말하다. **c)** 말로 표현하다: seine Dankbarkeit a. 사의를 말로 표명하다. **4. a)** 알리다, 보이다, 반영하다: seine Haltung drückte Trauer und Müdigkeit aus 그의 태도에 슬픔과 피곤이 배어 있었다 [엿보였다]. **b)** ⟨a. + sich⟩ 드러나[나타]나다: in seinen Worten drückte sich seine Freude aus 그의 말 속에 그의 기쁨이 드러났다.

ausdrücklich [[또한]] -'--] ⟨Adj.⟩ 강조하여, 명확한, 명시적인, 단호한: auf -en Wunsch 단호한 요구에 따라; etw. a. betonen 무엇을 특별히 강조하다. **Ausdrücklichkeit**, die ↑ausdrücklich의 명사형.

ausdrucks-, Ausdrucks- ⟨'Ausdruck⟩: **~bedürfnis**, das (Pl. 없음) 표현 욕구. **~bewegung**, die [심리] (몸짓, 손짓, 표정 등) 심경을 드러내는 무의식적 동작. **~erscheinung**, die ↑~bewegung. **~fähig** ⟨Adj.⟩ 표현 능력이 있는, 표정이 풍부한. **~fähigkeit**, die 표현 능력, 표현 재능. **~form**, die 표현 형식. **~fülle**, die 풍부한 표현. **~gebärde**, die 의사나 감정 표현의 몸짓. **~gehalt**, der 표현 내용. **~häufung**, die ↑Pleonasmus. **~kraft**, die (Pl. 없음) 표현력. **~kunde**, die ↑~psychologie. **~kunst**, die (Pl. 없음) (드물게) ↑Expressionismus. **~laut**, der [행태·심리] 감정 표현의 소리. **~leer** ⟨Adj.⟩ ↑~los (a). **~los** ⟨Adj.⟩ **a)** 표정이 없는, 무표정한: sein Gesicht war sehr ernst und doch fast a. 그의 얼굴은 매우 진지 했지만 거의 표정이 없었다. **b)** 감정을 담지 않은. **~losigkeit**, die ↑~los의 명사형. **~mittel**, das (대개 Pl.) 표현 수단. **~möglichkeit**, die (대개 Pl.) 표현 가능성. **~psychologie**, die 표현 심리학. **~schwach** ⟨Adj.⟩ 표현(력)이 약한. **~seite**, die [언어] 표현 측면 (반대: Inhaltsseite). **~stark** ⟨Adj.⟩ 표현(력)이 강한. **~stellung**, die 표현 [언어] (강조하기 위한) 문두(文頭) 어순. **~tanz**, der (Pl. 없음) 표현 무용. **~test**, der 표현 (내용) 테스트, der (Pl. 없음) [심리] 감정 표현 능력의 감소. **~verhalten**, das (Pl. 없음) [행태] (동종이나 이종의 동물 사이의) 의사 소통 동작. **~vermögen**, das (Pl. 없음) 표현 능력. **~voll** ⟨Adj.⟩ [nach frz. expressif] **a)** 표정이 풍부한, 의미심 장한: -e Augen 표정이 풍부한 눈. **b)** (예술적) 감정이 풍부한: er singt sehr a. 그는 감정이 아주 풍부한 노래를 부른다. **~weise**, die 표현 방식: eine gewählte A. 품위있는 표현 방식. **~wort**, das [스위스 언어학자 H. Glinz가 처음 사용] [언어] 감탄사.

Ausdrusch der; -(e)s, -e [농업] **a)** (Pl. 없음) 타작: beim A. sein 타작하고 있다. **b)** 타작량, 탈곡.

ausdulden ⟨h⟩ **a)** (고어) ↑erdulden, ertragen: sein Leiden a. 고난을 감내하다. **b)** (아이·드물게) 오랜 고 생[고통] 끝에 죽다: er wird bald ausgeduldet haben 그는 오랜 고생 끝에 곧 죽을 것이다.

ausdünnen ['ausdʏnən] ⟨h⟩ **1. a)** [원예] (열매 따위를) 솎아 내다. **b)** [농업] (촘촘히 난 식물을) 솎다, 성기게 하다: Rüben werden (maschinell) ausgedünnt 무를 (기계로) 솎아 주다. **2.** 숱이 많은 머리털을 잘라내다: der Friseur hat mein Haar[mir das Haar] ausgedünnt 이발사가 나의 숱이 많은 머리카락을 쳐냈다. **Ausdünner**, der; -s, - [농업] 무를 솎아 내는 기계. **Ausdünnung**, die; -en 솎아 냄.

ausdunsten, ⟨자주⟩ **ausdünsten** ⟨h⟩ **a)** (습기가) 증발 하다, 땀이 나다: bei den hohen Temperatur dünstet der Körper aus 기온이 높을 때는 몸에서 땀이 난다. **b)** 냄새를 피우다: der Sumpf hat einen faulige Geruch ausgedünstet 늪에서 썩은 냄새가 났다. **Ausdunstung,** ⟨자주⟩ **Ausdünstung,** die; -en **1.** ↑ausdunsten, ausdünsten의 명사형. **2.** 체취, 악취.

auseggen ⟨h⟩ [농업] 써레로 캐내다, 써레질해서 제거하다: Kartoffeln a. 감자를 써레로 캐내다.

auseinander ⟨Adv.⟩ **1.** (서로) 떨어져, 갈라져, 따로따로(반대: zusammen): die beiden Familien wohnen weit a. 두 가족은 멀리 떨어져 살고 있다; das Wort muß a. geschrieben werden 그 단어는 떼어 써야 한다; er bemerkte, daß ihre Zähne weit a. standen 그는 그녀의 이 사이가 많이 벌어져 있는 것을 보았다; die Vorgänge liegen zeitlich weit a. 그 사건들은 시간적으로 큰 간격을 두고 일어났다; die Kinder sind im Alter nicht weit a. (통용어) 그 아이들은 나이 차가 많지 않다; **a. sein** **1)** (통용어) 헤어지다, 갈라서다: Tery und Marthe sind wieder a. 테리와 마르테는 다시 헤어졌다. **2)** (통용어) 없어지다, 해소되다: die Verlobung ist a. 그 약혼은 해소되었다. **3)** (지역적) 흩어지다, 제정신이 아니다: er war ganz a. 그는 전혀 제정신이 아니었다. **2.** 유기적(단계적)으로, 차차: Formeln a. ableiten 공식을 단계적으로 유도해내다.

auseinander-, Auseinander-: ~bekommen* ⟨h⟩ 떼어내다, 가르다, 자르다, 쪼개다: er hat das zähe Fleisch nicht auseinanderbekommen 그는 질긴 고기를 가르지 못했다. **~biegen*** ⟨h⟩ 휘어서 떼어놓다: die Drähte einer Leitung a. 전선의 철사를 휘어서 떼어놓다. **~brechen*** ⟨h⟩ (둘 또는 여러 조각으로) 동강내다: einen Stock a. 막대기를 동강내다. **b)** ⟨s⟩ 동강나다, 부서지다, 조각나다: der Tisch ist auseinandergebrochen 책상이 부서졌다; [전의] wegen der grundsätzlichen Meinungsverschiedenheiten brach die Koalition auseinander 근본적인 의견 차이 때문에 그 연립정부는 와해되었다. **~breiten** ⟨h⟩ (접은 것을) 펴다 (반대: zusammenlegen, zusammenfalten): eine Decke [die Zeitung] a. 이불[신문]을 펴다. **~bringen*** ⟨h⟩ (통용어) **1.** (붙어 있는 것을) 가르다, 떼다, 분리시키다: [전의] er versuchte vergebens, die beiden Streithähne auseinanderzubringen 그는 두 마리의 싸움닭을 떼어놓으려고 했지만 헛수고였다. **2.** 갈라놓다, 이간붙이다: die Verlobten durch sein Gerede a. 속닥여서 약혼자들을 이간붙이다. **~dividieren** ⟨h⟩ 나누다, 분리하다: etw., was eine Einheit darstellt, a. wollen 통일체를 이루는 것을 떼어놓으려 하다. **~entwickeln, sich** ⟨h⟩ (발달 과정에서) 멀어지다, 소원해지다: die Partner haben sich im Laufe der Jahre auseinanderentwickelt 그 동업자들은 해가 지나는 사이에 멀어졌다. **~entwicklung**, die ↑~entwickeln의 명사형. **~fächern, sich** ⟨h⟩ 전문 분야별로 나뉘어지다. **~fächerung**, die ↑~fächern의 명사형. **~fahren*** ⟨s⟩ 떨어지다, 서로 반대 방향으로 움직이다: ihre Köpfe fuhren auseinander 그들의 머리가 떨어졌다. **~fallen*** ⟨s⟩ 붕괴되다, 와해되다: das Auto fällt bald auseinander 그 자동차는 곧 망가질 것이다; 전의 die Gruppe fiel völlig auseinander 그 단체는 완전히 와해되었다. ~**falten** ⟨h⟩ 1. (접힌 것을) 펴다⟨반대: zusammenfalten⟩: ein Tuch a. 수건을 펴다. 2. ⟨a. + sich⟩ 갈라지다, 펴지다. ~**fitzen** ⟨h⟩ 《통용어》 (얽힌 것을) 풀다: Wollfäden a. 털실을 풀다. ~**fliegen*** ⟨s⟩ 1. 사방으로 날아가다: durch einen Windstoß aufgewirbelt, flogen die Blätter auseinander 잎사귀들이 질풍에 말려 사방으로 날아갔다. 2. 산산조각이 나다: das Auto war durch die Explosion einem Zeitbombe auseinandergeflogen 그 자동차는 시한폭탄의 폭발로 산산조각이 났다. ~**fliehen*** ⟨s⟩ 산지 사방으로 흩어지다, 뿔뿔이 도망가다: die Menge floh auseinander 군중이 뿔뿔이 도망쳤다. ~**fließen*** ⟨s⟩ **a)** 흘러퍼지다: die Lava floß rasch auseinander 용암이 빠른 속도로 흘러퍼졌다. **b)** 녹다: die Butter ist in der Sonne auseinandergeflossen 버터가 햇볕에 녹았다. **c)** 번지다: die Farben sind in dem nassen Stoff auseinandergeflossen 젖은 헝겊 속에서 물감이 번졌다. ~**flitzen** ⟨s⟩ 《통용어》 사방으로 도망치다: die Jungen flitzten nach allen Richtungen auseinander 사내아이들이 사방으로 도망쳤다. ~**gehen*** ⟨s⟩ 1. **a)** 흩어지다: an der Ecke gingen sie auseinander 그들은 모퉁이에서 흩어졌다. **b)** (특정한 방식으로) 헤어지다: grußlos u. 인사없이 헤어지다; sie gingen im Zorn auseinander 그들은 화가 난 채 헤어졌다. 2. 《통용어》 (인간 관계가) 해소[파기]되다: ihre Verlobung ging auseinander 그들의 약혼은 파기되었다. 3. **a)** 갈라지다: die Straßen gehen an dieser Stelle auseinander 도로는 이 곳에서 갈라진다. **b)** 갈라지다: ich sah das Rote Meer a. und eine Straße freigeben 나는 홍해가 갈라지고 길이 나는 것을 보았다. 4. 《통용어》 부서지다: das Spielzeug ist auseinandergegangen 장난감이 부서졌다. 5. 어긋나다, 엇갈리다: Ansichten gehen auseinander 견해가 엇갈린다. 6. 《통용어》 뚱뚱해지다, 몸이 불다: in letzter Zeit ist sie sehr auseinandergegangen 최근에 그녀의 몸이 몹시 불었다. ~**halten*** ⟨h⟩ (사람, 사물을) 구별하다: Ursache und Wirkung auseinanderzuhalten, ist oft nicht leicht 원인과 결과를 구별하기가 때때로 쉽지 않다. ~**jagen** ⟨h⟩ 쫓아버리다, 쫓아 흩어지게 하다. ~**kennen*** ⟨h⟩ 구별할 수 있다: Zwillinge nicht a. 쌍둥이를 구별할 수 없다. ~**klaffen** ⟨h⟩ 1. 벌어지다: die Wunde klaffte auseinander 상처가 벌어졌다. 2. 차이가 크게 나다: Meinungen klaffen auseinander 의견차가 크게 나다. ~**klamüsern** ⟨h⟩ 《지역적》 **a)** 엉킨 일을 정돈하다. **b)** 설명하다: kannst du mir das mal a.? 내게 그것을 좀 설명해줄 수 있겠니? ~**klauben** ⟨h⟩ 《süddt., österr., schweiz.》 해어[갈라]놓다, 분류하다: Brauchbares und Unbrauchbares a. 쓸모있는 것과 쓸모없는 것을 분류하다. ~**kommen*** ⟨s⟩ 《통용어》 **a)** 남남이 되다: die Geschwister waren im Laufe der Jahre auseinandergekommen 그 남매들은 세월이 지나는 사이에 남남처럼 되었다. **b)** 연락이 끊기다. ~**kriegen** ⟨h⟩ 《통용어》 ↑~bekommen. ~**laufen*** ⟨s⟩ 1. **a)** 번지다: die Farbe ist auseinandergelaufen 색이 번졌다. **b)** 녹아내리다: der Käse ist auseinandergelaufen 치즈가 녹아내렸다. 2. 《통용어》 다시 헤어지다: sie waren nur zwei Jahre verheiratet u. sind dann auseinandergelaufen 그들은 2년간만 부부로 함께 살고는 다시 헤어졌다. 3. 사방 방향으로 갈라지다: die Wege laufen an dieser Stelle auseinander 길들이 여기서 사방으로 갈라진다. ~**leben**, sich ⟨h⟩ 사이가 멀어지다, 소원(疏遠)하다: sich mit jmdm. a. 누구와의 사이가 멀어지다. ~**machen** ⟨h⟩ 《통용어》 분해하다: er hat den Apparat ganz auseinandergemacht 그는 그 기계

를 완전히 분해했다. 2. 《통용어》 펴다: kannst du mir den Stadtplan a.? 시가지도를 좀 펴볼 수 있겠니? 3. 《통용어》 뻗다: die Arme a. 팔을 뻗다. 4. 《지역적》 (유산을) 나누다, 분배하다. ~**nehmen*** ⟨h⟩ 1. 분해하다⟨반대: zusammensetzen⟩: den Motor a. 엔진을 분해하다. 2. 《경》 완승하다, 완패시키다: in Südamerika nahm Brasilien Englands Fußball-Nationalelf regelrecht auseinander 남미에서 브라질은 영국의 축구 국가 대표팀을 죽사발을 만들었다. ~**pflücken** ⟨h⟩ 뜯다, 따다: Salat a. 상추를 뜯다; 전의 ein Kritiker hat in der Zeitung das Theaterstück ganz auseinandergepflückt 어느 비평가가 신문에서 그 연극을 혹평했다. ~**platzen** ⟨s⟩ 터지다, 파열되다: die Glühbirne ist auseinandergeplatzt 그 전등은 파열되었다. ~**posamentieren** ⟨h⟩ 《지역적》 상세히 설명하다: hast du ihm auseinanderposamentiert, welchen Weg er fahren muß? 자가 어느 길로 차를 몰고가야 하는지 상세히 설명해주었니? ~**reißen*** ⟨h⟩ 1. **a)** 찢다: den Briefumschlag a. 편지 봉투를 찢다; 전의 man kann, man darf diese Einheit nicht a. 이 통일은 깰 수도 없고, 깨서도 안된다. **b)** 박살내다, 부수어 산산조각을 내다: die Sprengladung hat das Auto auseinandergerissen 장전된 폭약이 폭발하여 그 자동차는 박살났다. 2. (사람을 강제로) 떼어놓게, 갈라놓다: durch die Scheidung der Eltern wurden die Geschwister auseinandergerissen 부모들의 이혼으로 형제자매들이 헤어졌다. ~**rollen** ⟨h⟩ 1. 굴러서 떼어놓다. ⟨둘둘 말은 것을⟩ 펴다⟨반대: zusammenrollen⟩: den Teppich a. 양탄자를 펴다. 3. ⟨a. + sich⟩ 펴다, 뻗다⟨반대: sich zusammenrollen⟩: der Igel rollte sich auseinander 고슴도치가 몸을 폈다. ~**rücken a)** ⟨h⟩ ⟨물건을⟩ 떼어놓다: wir haben die beiden Schränke auseinandergerückt 우리는 두 장농을 떼어놓았다. **b)** ⟨s⟩ (사람) 사이를 넓히다: sie waren mit ihren Stühlen auseinandergerückt 그들은 그들이 앉은 의자의 간격을 넓혔다. ~**rupfen** ⟨h⟩ 뜯어내다: eine Blüte a. 꽃잎을 뜯어내다. ~**säbeln** ⟨h⟩ 《통용어》 ↑~schneiden. ~**scharren** h⟩ 헤집어 흐트러놓다: die Hühner haben die Körner auseinandergescharrt 닭들이 곡식을 헤집어 놓았다. ~**scheuchen** ⟨h⟩ 쫓아버리다: mit Steinwürfen versuchten sie die Vögel auseinanderzuscheuchen 그들은 돌을 던져 새들을 쫓아 버리려고 했다. ~**schieben*** ⟨h⟩ 밀어서 떼어놓다, 밀어 열다⟨반대: zusammenschieben⟩: die zwei Flügel einer Schiebetür a. 미닫이문 두 쪽을 밀어서 벌리다. ~**schlagen*** ⟨h⟩ 1. (도끼 따위로) 때려부수다: einen alten Stuhl a. 낡은 의자를 때려부수다. 2. (손으로) 열어 젖히다: den Mantel a. 외투를 열어젖히다. ~**schneiden*** ⟨h⟩ 조각으로 자르다, 절단하다: den Stoff a. 옷감을 자르다. ~**schrauben** ⟨h⟩ 나사를 풀어 해체[분해]하다: ein Möbelstück a. 가구를 해체하다. ~**setzen** ⟨h⟩ 1. 설명하다, 해설[논술, 분석]하다: jmdm. seine Pläne a. 누구에게 자신의 계획을 설명하다. 2. ⟨a. + sich⟩ **a)** 어떤 일에 깊게 몰두[골몰, 심취]하다, 비판적으로 깊게 생각하다: sich mit einem Problem a. 어떤 문제와 씨름하다; ich habe mich lange mit diesem Philosophen auseinandergesetzt 나는 오랫동안 이 철학자의 저서에 몰두하였다. **b)** 누구와 대화로 문제를 해결하다: kameradschaftlich setzen wir uns auseinander 우리는 사이 좋게 대화로 문제를 해결한다. 3. 〔법〕 (법적으로 소유 관계를) 정리하다, 공동 재산을 분배하다: 《또한 a. + sich》 die Erben haben sich auseinandergesetzt 상속인들은 법적으로 재산을 분배하였다. ~**setzung**, die 1. 몰두, 열중, 심취(心醉): die politische und ideologische A. mit dem Nazismus 나치즘에 대한 정치적, 이념

적 대결. **2. a)** 토론, 논쟁: scharfe -en 날카로운 논쟁. **b)** 언쟁: es kam häufig zu heftigen -en zwischen den Eheleuten 그들 부부 사이에는 종종 격렬한 언쟁이 일어났다. **c)** 싸움, 분쟁, 전투: es kam zu einer militärischen A. 무력충돌이 일어났다. **3.** [법] (자산 따위의) 분할, 정리: die Erben beantragten die A. 상속자들은 재산 분할을 신청했다. **~spreiten** ⟨h⟩ ⟨아이⟩ ↑~breiten, **~spreizen** ⟨h⟩ (옆으로) 벌리다: die Beine a. 다리를 벌리다. **~sprengen** ⟨h⟩ **1. a)** 폭파하다: einen alten Bunker a. 낡은 벙커를 폭파하다. **b)** 파열시키다: die Wucht des Aufpralls sprengte das Gefäß auseinander 충돌의 압력은 그 통을 파열시켰다. **2.** (군중을) 사방으로 흩어지게 하다, 궤란(潰亂)시키다: die Wasserwerfer der Polizei hatten den Menschenauflauf rasch auseindergesprengt 경찰의 물대포가 운집된 군중을 재빨리 해산시켰다. **3.** (들짐승이) 흩어져 도망치다: durch Geräusche aufgeschreckt, sprengte das Rudel auseinander 짐승의 떼가 소음에 질겁하여 뿔뿔이 도망쳤다. **~springen*** ⟨s⟩ 산산조각이 나다: das Glas fiel auf den Boden u. sprang auseinander 유리잔이 바닥에 떨어져 산산조각이 났다. **~spritzen** ⟨s⟩ (통용어) 재빨리 사방으로 흩어지다. **~stieben*'**, ⟨stob / stiebte auseinander, ist auseinandergesoben / auseinandergestiebt⟩ 재빨리 흩어지다, 비산(飛散)하다: die Vögel sind auseinandergestoben 새들이 잽싸게 흩어져 날아갔다. **~streben 1.** ⟨s⟩ 사방으로 흩어지다 (반대: zueinanderstreben): nach dem Ende des Vortrages sind sie schnell auseinandergestrebt 강연 후에 그들은 빨리 흩어졌다. **2.** ⟨h⟩ **a)** 헤어지다, 헤어지려고[결별하려고] 하다: die beiden Partner haben schon seit längerer Zeit auseinandergestrebt 두 동업자들은 벌써 오래 전부터 헤어지려고 했다. **b)** 갈리다, 나뉘다, 분열하다: auseinanderstrebende Meinungen 상반되는 의견. **~strömen** ⟨s⟩ (반대: zusammenströmen) **1.** 물줄기가 갈라져 흐르다: die Wassermassen strömten auseinander 물흐름이 갈라졌다. **2.** ↑gehen (1 a). **~treiben*** (반대: zusammentreiben) **1.** ⟨h⟩ 해산시키다, 갈라[떼어] 놓다: Demonstranten a. 데모대를 해산시키다. **2.** ⟨s⟩ 흩어지다, 떨어지다: die Wolken sind auseinandergetrieben 구름이 흩어졌다. **~trennen** ⟨h⟩ ↑zertrennen, **~treten* 1.** ⟨h⟩ (드물게) 밟아 부수다: er hat die Kiste auseinandergetreten 그는 그 상자를 밟아 부수었다. **2.** ⟨s⟩ (아이 · 드물게) 비켜[물러]서다: die Menschenmenge war auseinandergetreten, um dem prominenten Gast Platz zu machen 귀빈에게 길을 비켜주기 위해서 군중들은 물러섰다. **~wehen 1.** ⟨h⟩ 사방으로 흩날리다(반대: zusammenwehen): der Wind wehte den Sand auseinander 바람이 모래를 흩날렸다. **2.** ⟨s⟩ 흩날리다: die Manuskriptblätter waren auseinandergeweht 원고지가 흩날렸다. **~weichen*** ⟨h⟩ ⟨아이⟩ 비켜서다, 피하다: die Menge wich respektvoll auseinander 군중들은 존경심에 가득 차서 비켜섰다. **~wickeln** ⟨h⟩ (접은 것을) 펴다(반대: zusammenwickeln): ein Segel a. 돛을 펴다. **~zerren** ⟨h⟩ 찢어 발기다: die Löwen zerrten die Beute auseinander 사자들이 포획물을 찢어발겼다. **~ziehen*** ⟨h⟩ **a)** 잡아당겨 늘리다: sie zog das Gummiband auseinander 그녀는 고무줄을 잡아당겨 늘렸다. **b)** 잡아떼다, 잡아당겨 떼다[가르다, 분리하다]: zwei Kabel a. 두 개의 전선을 잡아당겨 떼다. **2.** ⟨s⟩ 옆으로 끌어당겨 열다: sie zog die Vorhänge auseinander 그녀는 커튼을 옆으로 끌어당겨 열었다. **3.** ⟨a. + sich⟩ (삼이 별어지면서) 갈라지다, 분산하다, 분열하다: die marschierende Gruppe hat sich auseinandergezogen 행진하는 그룹이 갈라졌다. **4.** ⟨s⟩ 헤어져 살다(반대: zusammenziehen): die beiden haben nur kurze Zeit zusammengewohnt, dann sind sie auseinandergezogen 그 두 사람은 잠깐 동안만 함께 살다가 헤어졌다. **~zupfen** ⟨h⟩ 잡아뜯다: sie hat die Blüte auseinanderzupft 그녀는 꽃을 잡아 뜯었다.

auseisen ⟨h⟩ (얼어붙은 것을) 얼음에서 꺼내다: einen festgefrorenen Eimer a. 꽁꽁 얼어붙은 물동이를 녹여 꺼내다; [전의] er versuchte seinen Freund auszueisen ⟨드물게⟩ 그는 친구를 궁지에서 구출하려고 애썼다.

auseitern ⟨h⟩ 화농(化膿)이 그치다: die Wunde hat ausgeeitert 상처는 곪기를 멈추었다.

ausentwickeln ⟨h⟩ **1.** ⟨a. + sich⟩ 완전히 발육하다: der Embryo konnte sich a. 태아는 완전히 발육할 수 있었다. **2.** [사진] 완전히 현상하다. **Ausentwicklung**, die; -en ↑ausentwickeln의 명사형.

auserkiesen* ⟨h⟩ ⟨아이⟩ 가려 뽑다, 선택하다 ⟨부정형과 능동 현재형으로는 사용되지 않는다⟩: ich habe mir dieses Auto auserkoren ⟨농⟩ 나는 이 자동차를 골라잡았다.

auserkoren ['ausɐkoːrən] ⟨아이⟩ 선택된: er war a., dieses Amt zu übernehmen 그는 이 직책을 맡도록 선택되었다. **Auserkorene***, der / die ⟨농⟩ 친구, 약혼자[녀], 애인.

¹auserlesen* ⟨h⟩ ⟨아이·드물게⟩ 선택하다, 선정하다: man erlas ihn aus, den Preis zu überreichen 그 상의 시상자로 그가 선정되었다. **²auserlesen** ['ausɐleːzn] **a)** ⟨아이⟩ 정선된, 고급의, 특별한: -e Speisen 고급 음식. **b)** ⟨Adj.; 강조⟩ 대단히, 뛰어나게, 특출하게: a. schöne Stücke 특출하게 아름다운 작품. **Auserlesenheit**, die ↑auserlesen의 명사형.

ausersehen* ⟨h⟩ ⟨아이⟩ 무엇으로 선정[내정]하다: man hatte ihn als Leiter ausersehen 그가 책임자로 선정되었다.

auserwählen ⟨h⟩ ⟨아이⟩ **a)** 선택하다, 가려 뽑다: ich habe mir ihn auserwählt, weil ... ... 이기 때문에 나는 그를 선택했다. **b)** 선발하다, 선정하다: viele sind berufen, aber wenige sind auserwählt 부름을 받은 사람은 많으나 택함을 입은 사람은 적으니라. **Auserwählte***, der / die **a)** ⟨아이⟩ 선택[선발, 선정]된 사람. **b)** ⟨농⟩ 친구, 애인, 약혼자[녀]. **Auserwählung**, die; -en ↑auserwählen의 명사형.

auserzählen ⟨h⟩ 끝까지 이야기를 끝내다: laß ihn (die Geschichte) a.! 그로 하여금 (그 이야기를) 끝까지 이야기하도록 내버려둬라!

aussessen* ⟨h⟩ **a)** 먹어서 비우다: du sollst den Teller a. 너는 다 먹어 접시를 비워야 돼. **b)** (남김없이) 다 먹다: hast du die Suppe ausgegessen? 수프를 다 먹었니? **2.** (대개 복합시제로) (통용어) 식사를 끝내다: die Kinder haben noch nicht ausgegessen 아이들은 아직도 식사를 끝내지 않았다.

ausfachen ['ausfaxn] ⟨h⟩ **1.** [목공] (장 따위에) 칸막이를 하다, 서랍을 달다. **2.** [건축] 칸막이 벽을 쌓다. **Ausfachung**, die; -en ↑ausfachen의 명사형.

ausfächern ⟨h⟩ **1.** ↑ausfachen (1). **2. a)** 부채꼴로 산개(散開)하다, **b)** ⟨a. + sich⟩ 부채꼴로 갈라지다. **Ausfächerung**, die; -en ↑ausfächern의 명사형.

ausfädeln ⟨h⟩ **1. a)** 바늘귀에서 실을 뽑다(반대: einfädeln). **b)** ⟨a. + sich⟩ 실이 바늘 귀에서 빠진다: das Garn fädelt sich leicht aus 실이 바늘 귀에서 쉽게 빠진다. **2.** ⟨a. + sich⟩ [교통] (코스를 변경할 목적으로) 차선(차량 행렬)을 벗어나다(반대: sich einfädeln): du mußt versuchen, dich jetzt auszufädeln 지금 차선을 벗어나려고 하지 않으면 안돼. **Ausfäd(e)lung**, die; -en ↑ausfädeln의 명사형. **Ausfäd(e)lungsspur**, die; -en [교통] 코스 진입 차선(車線): die A. nach Frankfurt nehmen 프랑크푸르트행 진입 차선을 타다.

Ausfahr-: ~**anschlag**, der 【기술】 자동차의 밖으로 나올 수 있는 부분을 더 이상 못 나오게 하는 장치. ~**gleis**, das 【철도】 역에서 빠져나가는 열차의 선로(반대: Einfahrgleis). ~**gruppe**, die 【철도】 열차 편성 정거장의 출발 차를 위해 예비해둔 선로군(반대: Einfahrgruppe). ~**signal**, das 【철도】 발차 신호(반대: Einfahrsignal). ~**verrieg(e)lung**, die 【기술】 자동차의 밖으로 뺄[뽑을, 펼] 수 있는 부분을 고정하는 장치. ~**weg**, der 【기술】 밖으로 뺄[뽑을, 펼] 수 있는 기계의 움직이는 범위.

ausfahrbar ['ausfa:ɐ̯ba:ɐ̯] 〈Adj.〉 올리고 내리고 할 수 있는, 밖으로 뺄[뽑을, 펼] 수 있는: eine -e Antenne 올렸다 내렸다 할 수 있는 안테나. **ausfahren*** 1. 〈s〉 **a)** 출발하다, 타고 나가다: am frühen Morgen fuhren die Fischerboote zum Heringsfang aus 이른 아침 어선들이 청어잡이를 위해 출발했다. **b)** (역, 항구 등을) 떠나다 (반대: einfahren 1): das Schiff fuhr aus dem Hafen aus 그 배는 그 항구를 떠났다; die Bergleute fahren bei Schichtende aus 【광】광부들은 교대 시간이 되면 출갱한다. **2. a)** 〈s〉 드라이브하다, 차를 타고 나가다: mit der Familie a. 가족과 함께 드라이브하다. **b)** 〈h〉 (특히 아이를) 태우고 드라이브하다: die Mutter fährt das Baby aus 어머니는 아기를 태우고 드라이브를 한다. **3.** 〈h〉 차로 배달하다: Kohlen a. 석탄을 차로 배달하다. **4. a)** 〈기술〉 〈h〉 (기계의 밖으로 뽑을[펼, 뺄] 수 있는 부분을) 펴다, 올리다, 내리다(반대: einfahren 6): die Landeklappen[die Antenne] a. 착륙 날개를 펴다. **b)** 〈기술〉 (가동장치가) 나오다, 내려지다: die Gangway fährt aus 비행기 트랩이 내려진다. **5.** 〈h〉 【선원】 **a)** ↑ausbringen (2): die Matrosen haben den Anker ausgefahren 선원들이 닻을 내렸다. **b)** 〈h〉 (밧줄 따위를) 계류선(繫留船)이 있는 곳으로 보내다. **6.** 〈h〉 (개폐식 다리를) 통행을 위해 열다: die Schiffbrücke a. 부교(浮橋)를 열다. **7.** 〈h; 대개 과거분사로〉 (많은 통행으로 길을) 몹시 훼손시키다: die Panzer haben die Wege völlig ausgefahren 탱크가 길들을 완전히 파손시켰다. **8. a)** 〈s〉 코스를 완주하다: ein Rennen a. 달리기 코스를 완주하다. **b)** 〈h〉 (커브 길의) 바깥쪽을 달리다. **9.** 〈h〉 【속도경기】 개최하다: eine Meisterschaft a. 선수권전을 개최하다. **10.** 〈h〉 **a)** 전속력으로 몰다: er hat seinen Wagen niemals voll ausgefahren 그는 자신의 차를 전속력으로 몰아본 적이 없다. **b)** 완전 가동시키다: im Anfang haben sie die Anlage nur zum Teil ausgefahren 그들은 처음에 시설을 일부분만 가동했다. **11.** 〈s〉 《고어·지역적》 미끄러지다, 빗나가다: das Messer war ausgefahren u. ihm in die Hand eingedrungen 칼이 미끄러져 그의 손을 찔렀다; die Schere war ihm ausgefahren 가위가 그의 손에서 떨어졌다. **12.** 〈s〉 거세게 몸을 움직이다: sein Arm war ausgefahren 그의 팔이 거세게 움직였다. **13.** 〈s〉 (악귀가) 신들린 사람의 몸에서 나가다. **14.** 【사냥】 **a)** 〈s〉 (여우나 토끼가) 굴에서 나오다(반대: einfahren 7). **b)** 〈h〉 (들짐승의) 내장을 꺼내다: einen Hasen a. 토끼의 내장을 꺼내다. **Ausfahrer**, der; -s, - (지역적) 상품 배달차 운전 기사. **Ausfahrt**, die; -en **1. a)** 출항, 발차. **b)** 차의 나감(반대: Einfahrt 1): er trat näher ans Fenster, um die A. beobachten zu können 그는 떠나가는 것을 보기 위해 창가로 다가갔다; der Zug hat noch keine A. 그 기차는 아직 정거장을 출발하면 안된다. **2. a)** (차량의) 출구(반대: Einfahrt): bitte die A. freihalten 출입구로 차차하지 마시오. **b)** 고속도로에서 나가는 곳, 출구. **3.** 드라이브: eine kleine A. machen 간단한 드라이브를 하다.

Ausfahr- (Ausfahrt 1): ~**(s)erlaubnis**, die 출항[출발, 발차] 허가(반대: Einfahrt(s)erlaubnis). ~**(s)gleise**, das ↑Ausfahrgleis(반대: Einfahrt(s)geleise, -(s)gleis). ~**sschild**, das 출구 표지판. ~**(s)signal**, das ↑Ausfahrsignal(반대: Einfahrt(s)signal). ~**sstraße**, die 한 장소에서 딴 곳으로 빠지는 도로.

Ausfall, der; -(e)s, Ausfälle **1. a)** 빠짐: der A. der Zähne 이의 빠짐. **b)** 【언어】 어중음 소실(語中音消失), 악센트가 없는 자음 사이 모음의 생략(탈락). **2. a)** 탈락, 열리지 않음: der A. des Unterrichts 휴강. **b)** 손실, 손해, 감소: ein A. des Verdienstes 수입의 감소. **c)** 일어나지[나타나지] 않음. **d)** 〈Pl. 없음〉 결석, 결근, 부재, 빠짐: mit einem mehrwöchigen A. des Erkrankten muß gerechnet werden 이 환자는 여러 주 결근할 것으로 보아야 한다. **e)** 〈Pl. 없음〉 고장: der A. der Maschine 기계의 고장. **f)** 《대개 Pl.》 퇴직의 경우, 퇴직자, 무능력자: es gab Ausfälle durch Krankheit 질병으로 인한 퇴직의 경우들이 있었다. **3.** 결과, 상태: der A. der Ernte 수확의 결과. **4. a)** 【펜싱】 칼을 든 팔과 앞발이 나 뻗으며 하는 공격. **b)** 【역도】 역기(力器)를 들 때 앞 무릎을 굽히고 뒷 무릎을 쭉 펴면서 다리를 앞뒤로 벌리는 동작. **c)** 【체조】 한 다리를 앞이나 옆으로 뻗는 동작. **5.** 【군】 적의 포위망 돌파: einen A. versuchen 포위망 돌파를 시도하다. **6.** 인신 공격, 비방: seine bissigen Ausfälle ließen den Minister kalt 그의 혹독한 비방을 장관은 개의치 않았다.

ausfall-, **Ausfall-**: ~**bein**, das 【펜싱】 검을 든 손과 함께 앞으로 내디디는 다리. ~**bürgschaft**, die 【법】 채 상보증(賠償保證). ~**(s)erscheinung**, die 【의학】 탈락 [결락] 증상. ~**muster**, das 【상】 상품 견본. ~**probe**, die ↑~muster. ~**schritt**, der 【스포츠】 옆, 앞 또는 뒤로 가는 스텝. ~**schwung**, der 【스키】 ↑Telemarkschwung. ~**sicher** 〈Adj.〉 【기술】 (어떤 부분이) 고장나도 전체적으로 지장이 없는. ~**sicherheit**, die 〈Pl. 없음〉 ↑~sicher의 명사형. ~**stellung**, die 【펜싱】 ↑Ausfall (4 a)의 자세. ~**straße**, die 【교통】 시외로 빠지는 간선도로(반대: Einfallstraße). ~**swinkel**, der 〈역사적〉 돌파구 : Reflexionswinkel. ~**(s)tor**, das 〈역사적〉 돌파구. ~**wahrscheinlichkeit**, die 〈Pl. 없음〉 【기술】 고장률. ~**warnzeichen**, das 【기술】 (계기 따위의) 정전이나 고장 신호. ~**zeit**, die **1.** 【법】 퇴직 후에 담당했던 일과 유사한 업무에 종사할 수 없도록 계약상 정해진 기간. **2.** 【연금】 질병이나 사고에 의한 휴직 기간.

ausfällbar ['ausfɛlba:ɐ̯] 〈Adj.〉 【화학】 결정을 분리할 수 있는. **Ausfällbarkeit**, die 【화학】 ↑ausfällbar의 명사형. **ausfallen*** 1. 〈s〉 **a)** 빠지다, 탈락하다: die Zähne fallen (jmdm.) aus (누구의) 이빨이 빠진다; ausgefallene Haare 빠진 머리카락. **b)** 【화학】 (결정이) 분리되다, 침전하다. **c)** 【언어】 (강세가 없는 자음 사이의 모음이) 소실되다, 탈락하다. **2.** (a. + sub) 【통용어·지역적】 〈h〉 넘어져 부러뜨리다: ich habe mir bei dem Sturz einen Zahn ausgefallen 나는 넘어지는 바람에 이 한 개를 부러뜨렸다. **3.** 〈s〉 **a)** (피치 못할 사정으로) 행해지지[열리지] 않다, 취소되다: die Veranstaltung[das Spiel] fällt aus 행사[경기]가 개최되지 않는다; der Unterricht ist ausgefallen 수업이 없다. **b)** 일어나지 않다, 주어지지[공급되지] 않다: sein Verdienst ist durch seine längere Krankheit ausgefallen 장기간 아팠기 때문에 수입이 줄어들었다. **c)** 멎다, 일어나지 않다. **d)** 결석[결근]하다, 빠지다: er ist wegen Krankheit eine Woche lang ausgefallen 그는 아파서 일주일간 결석했다. **e)** 갑자기 고장나다, 정지하다: die Maschine ist ausgefallen 그 기계는 갑자기 멈췄다. **4.** 〈s〉 일정한 결과를 내다, 일정한 상태가 되다: die Ernte ist gut ausgefallen 추수의 결과가 좋았다; die Niederlage in diesem Spiel fiel sehr deutlich aus 이 시합의 패배는 아주 분명하게 나타났다. **5.** 〈s〉 《군·고어》 포위망을

ausfällen

돌파하다: die eingeschlossenen Soldaten waren ausgefallen 포위된 병사들은 포위망을 돌파했다.
ausfällen ⟨h⟩ **1.**【화학】(결정을) 분리하다. **2.**《schweiz.·법》(벌을) 내리다, 선고하다. **ausfallend** ['ausfalənt] ⟨Adj.⟩ 모욕적인, 버릇없는, 인신 공격적인: er wird leicht a. (gegen andere) 그는 쉽게 (남을) 욕[인신 공격]한다. **ausfällig** ⟨Adj.⟩ ↑ausfallend (1). **Ausfälligkeit**, die; -en 모욕[인신 공격]적인 언동. **Ausfällung**, die; -en ↑ausfällen의 명사형.
ausfaltbar ['ausfaltbaːɐ̯] ⟨Adj.⟩ 펼 수 있는. **Ausfaltbarkeit**, die 펼 수 있음. **ausfalten** ⟨h⟩ **1.** (접힌 것을) 펴다: einen eingehefteten Stadtplan a. 책으로 된 시가 지도를 펴다. **2.** ⟨a. + sich⟩《드물게》전개되다, 발전하다. **Ausfaltung**, die; -en 《드물게》발달.
ausfärben ⟨h⟩ **1.** 완전히 염색하다: man hat die Wolle blau ausgefärbt 그 양모를 완전히 파랗게 물들였다. **2.** ⟨s⟩ 색이 짜지다: die Farbe war völlig ausgefärbt 색이 완전히 빠졌다. **Ausfärbung**, die; -en **1.** 물듦, 착색. **2.** 색이 빠짐.
ausfasern ⟨s / h⟩ 올을 풀다: der Teppich ist ausgefasert 양탄자의 올이 풀렸다.
ausfassen ⟨h⟩《österr.》얻다, 받다.
ausfaulen ⟨s⟩ **1.** 썩다: die Wintersaat ist ausgefault 겨울 작물이 동해(凍害)를 입었다. **2.** (이가) 썩어서 빠지다: zwei Backenzähne sind (ihm) ausgefault (그의) 어금니 2개가 썩어서 빠졌다.
ausfechten* ⟨h⟩ 결판날 때까지 싸우다, 싸워서 해결하다: er hatte manchen Strauß auszufechten 그는 가끔 양보하는 싸움을 해야 했다.
ausfedern ⟨h⟩ **1.** (충격을) 탄력성있게 받아들이다. **2.**【기술】스프링 장치를 하다: die Achse ist schlecht ausgefedert 차축의 스프링 장치가 좋지 않다. **Ausfederung**, die; -en ↑ausfedern의 명사형.
ausfegen ⟨h⟩ **1.**《지역적》**a)** 쓸어 내다: den Schmutz (aus dem Raum) a. (실내의) 오물을 쓸어 내다. **b)** 청소하다: das Zimmer a. 방을 청소한다. **2.**《지역적》나뭇가지를 치다: die Apfelbäume a. 사과나무 가지를 치다. **Ausfeger**, der; -s, -《지역적》**1.** 비. **2.** 산회, 마지막 춤. **Ausfegsel** ['ausfeːksl̩], das; -s《지역적》쓰레기, 오물.
ausfeilen ⟨h⟩ **1. a)** 줄로 다듬다: einen Schlüssel a. 열쇠를 줄로 다듬다. **b)** 줄로 갈아 만들다: ein Loch a. 줄로 구멍을 내다. **2.** 퇴고하다, 갈고 다듬다: eine Rede a. 연설문을 퇴고하다. **Ausfeilung**, die; -en ↑ausfeilen의 명사형.
ausfenstern ⟨h⟩《고어》꾸짖다, 욕하다.
ausfertigen ⟨h⟩【관】**a)** (서류를) 발행하다: einen Paß [ein Zeugnis] a. 여권(증명서)을 발행하다. **b)** 서류를 작성하다: einen Vertrag a. 계약서를 만들다. **c)** 서명하다: 127 Gesetze hat er ausgefertigt 그는 127 법안에 서명했다. **Ausfertiger**, der; -s, - 발행자, 작성자, 서명인. **Ausfertigung**, die; -en **a)** 작성. **b)** 작성된 서류: müssen wir erst einen Lebenslauf in vier -en einreichen? 우리들이 우선 이력서 4부를 작성해서 제출해야 되는 겁니까? **c)**【공법】(판결문의) 정본(正本): die A. hat die Kraft des Originals 이 정본은 원본(原本)의 효력을 가진다. **d)** (독일의 입법 절차 상의) 대통령의 서명.
Ausfertigungs-: **~datum**, das (서류) 작성일, 발행일. **~gebühr**, die 서류 작성(발행)료. **~tag**, der (서류) 작성일, 발행일.
ausfetten ⟨h⟩《지역적》(빵틀에) 기름칠을 하다.
ausfeuern ⟨h⟩《지역적》(말이) 발로 차다.
ausfieren ⟨h⟩【선원】돛줄을 늦추다.
ausfiltern ⟨h⟩【기술】(필터로) 걸러 내다, 여과하다. **Ausfilterung**, die; -en ↑ausfiltern의 명사형.

ausfilzen ⟨h⟩ **1.**【피혁】털을 채워 넣다: ein Polster a. 방석에 털을 채워 넣다. **2.**《고어·방언적》심하게 꾸짖다.
ausfinden* ⟨h⟩《드물게》**1.** ↑herausfinden 참조. **2.** ⟨a. + sich⟩ 형편[사정, 지리]을 잘 알고 있다, 능통[정통]하다: ich finde mich noch nicht gut aus in dem neuen System 나는 아직 새로운 체제에 그다지 밝지 못하다. **ausfindig** ⟨Adv.⟩《다음 용법으로만》**jmdn.** [**etw.**] **a. machen** 누구[무엇]를 (오랫동안 애써서 구우) 찾아내다: jmds. Aufenthaltsort [eine Möglichkeit] a. machen 누구의 거처[가능성]를 찾아내다. **Ausfindigmachung**, die 찾아냄.
ausfirnissen ⟨h⟩ 안을 골고루 니스칠을 하다: ein Schrankfach a. 옷장서랍 속을 골고루 니스칠을 하다.
ausfischen ⟨h⟩ **1. a)** (고기를) 잡아[낚아] 올리다: Karpfen (aus dem Teich) a. (연못에서) 잉어를 낚아 올리다. **b)** 있는 고기를 다 잡다: sie haben den See völlig ausgefischt 그들은 호수에 있는 고기를 모조리 다 잡았다. **2.** (대개 복합시제로) 고기잡이를 끝내다: sie haben für dieses Jahr ausgefischt 그들은 금년의 고기잡이를 끝냈다.
ausfitten ['ausfɪtn̩] ⟨h⟩【선원】(배에) 항해 장비를 설비하다.
ausflackern a) ⟨s⟩ 깜빡깜빡 꺼지다: die Glühbirne ist ausgeflackert 전등이 깜박이며 꺼졌다. **b)** ⟨h⟩ (불꽃이) 타기를 그치다: die Petroleumlampe hat ausgeflackert 석유 등불이 꺼졌다.
ausflaggen ⟨h⟩ **1.**【선원】기(旗)로 장식하다. **2.**【선원】다른 나라 국기를 달고 항해하다. **3.** 기(旗)로 표시하다. **Ausflaggung**, die; -en ↑ausflaggen의 명사형.
ausflanken ⟨s /《드물게》h⟩【체조】다리를 굴러 뒤로 기구를 뛰어넘거나 뛰어내리다.
ausflanschen ⟨h⟩【기술】플랜지의 일부를 떼어 내다.
ausflechten* ⟨h⟩《고어·방언》엮어 짠 것으로 채우다.
ausflecken ⟨h⟩【그래픽】(뾰족한 연필이나 붓으로) 수정하다: einen Fehler aus einem Negativ a. 사진 원판의 결함을 제거하다.
ausfleischen ['ausflaɪ̯ʃn̩] ⟨h⟩【제혁】(가죽에 붙어 있는) 살을 긁어 내다. **Ausfleischmesser**, das 가죽에 붙어 있는 살을 긁어 내는 칼. **Ausfleischung**, die (가죽에 붙어 있는) 살을 긁어 내기.
ausflennen ⟨h⟩《통용어》**a)** 울음을 그치다:《대개 복합시제로》hast du bald ausgeflennt? 너는 곧 울음을 그치겠니? **b)** ⟨a. + sich⟩ 실컷 울다: das Kind hat sich bei der Mutter ausgeflennt 그 아이는 엄마에게 가서 실컷 울었다.
ausflicken ⟨h⟩《통용어》(응급 조처로) 깁다, 수선(수리)하다: ein Dach [ein Kleidungsstück] a. 지붕[옷]을 임시 방편으로 수리하다.
ausfliegen* 1. ⟨s⟩ **a)** (밖으로) 날아가다(반대: einfliegen 1): die beiden Störche sind ausgeflogen, um Futter zu suchen 두 마리 황새는 먹이를 구하려 밖으로 날아갔다:《전의》die ganze Familie war ausgeflogen《통용어》그 가족은 전부 집에 없었다. **b)** (새 새끼가) 날게 되어 보금자리를 뜨다: die jungen Vögel fliegen bald aus 어린 새들은 곧 날게 되어 보금자리를 떠나게 될 것이다. **2. a)** ⟨s⟩ (위험 지역 따위를) 비행기를 타고 떠나다[탈출하다]: er ist ausgeflogen, um die Versorgung zu organisieren 그 사람은 급양 대책을 마련하기 위하여 비행기로 떠났다. **b)** ⟨s⟩ (비행기 따위가) 특정 지역을 떠나다: die unbekannten Flugzeuge sind wieder ausgeflogen 정체 불명의 비행기들은 다시 사라졌다. **c)** ⟨h⟩ (위험 지역에서) 비행기로 실어 나르다(대피시키다): man hatte Frauen u. Kinder ausgeflogen 여자들과 어린애들을 비행기로 대피시켰다. **3.** ⟨h⟩ (비행기가) 전속력으로 날다: die „Concorde" konnte auf

dem Flug nach Berlin ihre volle Geschwindigkeit nicht a. 콩코드 비행기는 베를린으로 비행 중 전속력을 낼 수 없었다.
ausfliesen ⟨h⟩ 타일을 깔다: das Bad wird neu ausgefliest 욕실에 타일을 새로 깐다.
ausfließen* ⟨s⟩ **1. a)** 흘러나가다: durch ein Leck im Faß floß das Benzin aus 통의 틈새를 통해 휘발유가 흘러나갔다. **b)** (그릇이) 새다: ein Faß fließt aus 통이 샌다. **c)** (강 따위가) 발원(發源)하다: bei Stein fließt der Rhein (aus dem Bodensee) aus 라인강은 쉬타인에서 (보덴세로부터) 발원한다. **2.** (물감이) 사방으로 퍼지다.
ausflippen ['ausflɪpn] ⟨s⟩ [engl. to flip out] **a)** 상습적인 마약 복용으로 현실을 도피하다. **b)** 마약에 취하다: er ist seit Tagen ausgeflippt 그는 며칠째 마약에 취해 있다. **c)** (의식적으로) 사회의 규범을 벗어나다, 사회에서 이탈하다: Gitties Gründe zum Ausflippen 기티가 사회를 등지는 이유들. **d)** 《경》 제 정신을 잃다.
ausflocken 【화학】 **a)** ⟨h⟩ 용액에서 콜로이드를 석출(析出)하다. **b)** ⟨s⟩ 용액에서 콜로이드 형태로 석출(析出)되다: der Käsestoff ist bei der Gerinnung ausgeflockt 치즈 원료는 응고시킬 때 교질 형태로 된다. **Ausflokkung**, die; -en ↑ausflocken의 명사형.
Ausflucht, die; Ausflüchte [...flʏçtə] **1.** ⟨대개 Pl.⟩ 핑계, 구실: meine Erklärungen klingen wie Ausflüchte 내 설명은 핑계처럼 들릴 것이다; Ausflüchte machen 발뺌하다. **2.** 도망, 탈출(구), 빠져 나갈 구멍: es gibt keine A. 빠져 나갈 구멍이 없다.
Ausflug, der; -(e)s, Ausflüge **1.** 소풍, 짧은 여행: einen A. machen 소풍을 가다; 전의 der Professor machte nach diesem A. ins Philosophische eine kurze Pause 그 교수는 본론에서 벗어나 철학 얘기를 한 후에 잠간 휴식 시간을 가졌다. **2. a)** (벌이나 새 따위가) 날아감. **b)** 【양봉】 벌집의 구멍. **Ausflügler**, der; -s, - 소풍객.
Ausflugs- (Ausflug 1): **~café**, das 소풍객들이 찾는 카페. **~dampfer**, der 유람선. **~fahrt**, der 드라이브, 선상 유람. **~lokal**, das 소풍객들이 찾는 숲집. **~ort**, der ⟨Pl. ...orte⟩ 유원지. **~restaurant**, das 소풍객을 위한 식당. **~schiff**, das 유람선. **~verkehr**, der 행락객으로 인한 교통. **~ziel**, das 소풍의 행선지, 유원지.
Ausflugschneise, die; -n 【항공】 이륙 활주로의 연장선상의 공로(空路)(또한: Einflugschneise).
Ausfluß, der; Ausflusses, Ausflüsse **1. a)** ⟨Pl. 없음⟩ (액체나 가스의) 유출(流出): den A. des Öls einzudämmen suchen 기름의 유출을 방지하려고 애쓰다. **b)** 【기술】 유출량: der A. wurde auf 100 Liter pro Minute verringert 유출량이 분당 100리터로 줄었다. **2. a)** 흘러나가는 구멍, 배수구. **b)** (호수 따위에서 발원하는 강 따위의) 발원지(發源地). **3.** 【의학】 **a)** 고름, 분비물. **b)** 대하(帶下): an A. leiden 대하증(帶下症)으로 고생하다. **4.** (아이) 영향, 결과, 발로: ein A. überhitzter Phantasie 지나친 상상력의 결과.
Ausfluß-: **~geschwindigkeit**, die 【기술】 유출 속도. **~hahn**, der 배수관 꼭지. **~loch**, das 유출구. **~menge**, die 【기술】 유출량. **~öffnung**, die 유출구. **~rohr**, das 유출관.
ausfolgen ⟨h⟩ 【고어】 folgen = folgen lassen, zuteilen] (österr. · 관) 교부하다, 인도하다, 수교(手交)하다: jmdm. ein Schriftstück a. 누구에게 서류를 교부하다. **Ausfolgung**, die; -en 교부, 수교.
ausformen ⟨h⟩ **1. a)** (가볍게 주무를 수 있는 재료를) 어떤 모양으로 만들다: Teig zu Klößen a. 반죽을 경단으로 만들다. **b)** 가볍게 주무를 수 있는 재료로 어떤 모양으로 만들다: Klöße aus A. 반죽으로 경단을 만들다. **2. a)** (예술 작품에) 완성된 형태를 부여하다, 완성하다: ein Kunst-werk a. 예술 작품을 완성하다. **b)** ⟨a. + sich⟩ 어떤 형태를 갖게 되다, 특정한 것이 되다: seine Überlegungen haben sich zu einer Philosophie ausgeformt 그의 심사숙고한 생각들이 철학의 형태를 갖추게 되었다.
ausformulieren ⟨h⟩ (생각이나 사상을) 다듬어 말로 표현하다: seine Gedanken a. 그의 생각을 말로 표현하다. **Ausformulierung**, die; -en ↑ausformulieren의 명사형.
Ausformung, die; -en **1.** ↑ausformen의 명사형. **2.** 형(形), 형태.
ausforschen ⟨h⟩ **1.** 꼬치꼬치 캐묻다: jmdn. über jmdn. a. 누구에게 누구에 관해 꼬치꼬치 캐묻다. **2.** 찾아(알아)내다, 탐색하다: jmds. Versteck a. 누구의 은신처를 알아내다. **3.** (österr. · 관) 색출하다. **Ausforschung**, die; -en ↑ausforschen의 명사형.
ausfrachten ⟨h⟩ 【해양】 (화물을) 하역하다: Container a. 컨테이너를 하역하다. **Ausfrachtung**, die; -en 하역.
ausfragen ⟨h⟩ **a)** 캐묻다: jmdn. nach einem Sachverhalt [über eine Person, wegen einer Angelegenheit] a. 누구에게 무엇에 대해서[누구에 관해서, 무슨 일 때문에] 꼬치꼬치 캐묻다; 성어 so fragt man die Leute aus (구식의 무례한 질문에 대한 대답으로) 왜나 캐어물으시는군. **b)** (통상 현재완료형으로) 묻기를 끝내다: hast du bald ausgefragt? 질문할 것 다 했어? **Ausfrager**, der; -s, - 질문자, 심문자, 인터뷰 기자. **Ausfragerei** [ausfraːɡəˈraɪ], die; -en 꼬치꼬치 캐물음.
ausfransen a) ⟨s⟩ (옷감, 옷의) 단이 풀리다: in ausgefransten Hosen herumlaufen 단이 풀려 너덜너덜한 바지를 입고 나다니다; 《또한》 a. + sich der Teppich hat sich ausgefranst 양탄자의 단이 풀렸다. **b)** ⟨h⟩ 단을 풀어서 술로 만들다: eine Tischdecke rundum a. 식탁보의 가장자리를 풀어서 빙둘러 술을 만들다.
ausfräsen ⟨h⟩ 【기술】 **a)** 프레이즈반(盤)으로 제거하다: Unebenheiten an einem Werkstück a. 어떤 자재(資材)의 울퉁불퉁한 것을 프레이즈반으로 평평하게 깎다. **b)** 프레이즈반을 이용하여 평평하게 만들다: ein Werkstück a. 어떤 자재를 프레이즈반으로 평평하게 만들다. **Ausfräsung**, die; -en ↑ausfräsen의 명사형.
ausfratscheln ['ausfratʃl̩n] ⟨h⟩ (österr. · 통용어) 분별없이 캐묻다: laß dich nicht a.! 아무 질문에나 대답하지 마라!
ausfressen* ⟨h⟩ **1. a)** 쪼아 내어 먹다: die Vögel haben die Körner (aus dem Futternapf) ausgefressen 새들이 모이를 (모이통에서) 쪼아 내어 먹었다. **b)** 먹어서 그릇을 비우다, (과일 따위를) 다 파먹다: er hat die ganze Schüssel ausgefressen 그는 사발을 다 비웠다. **c)** 다 먹다: (대개 완료형으로) die Pferde haben noch nicht ausgefressen 말들은 아직 다 먹지 않았다. **2.** 침식(侵蝕)하다: das Wasser hat die Ufer über weite Strecken ausgefressen 물이 해안의 상당한 거리를 침식했다. **3.** 《경》 뒤치다꺼리를 하다. **4.** (통용어) (벌 받을 짓을) 저지르다: (대개 완료형으로) hat er was ausgefressen? 그가 무슨 벌 받을 짓을 저질렀나?
ausfrieren* 1. 〈농업〉 (농작물이) 한해를 입다, 얼어 죽다: die Saat ist in dem kalten Winter fast ganz ausgefroren 씨앗이 추운 겨울에 거의 얼어 죽었다. **2.** ⟨s⟩ (물이) 완전히 얼(어붙)다: der See ist bei der Kälte ausgefroren 그 호수는 이번 추위에 완전히 얼어붙었다. **3.** 〈과거분사로 혼히 sein과 결합하여〉 꽁꽁 얼다: sie kamen ganz ausgefroren nach Hause 그들은 몸이 꽁꽁 얼어 가지고 집에 왔다. **4.** ⟨h⟩ 【기술】 (혼합물을) 동결 분리시키다.
ausfugen ⟨h⟩ 【토건】 (벽돌담의) 틈새나 이음매를 메꾸어 바르다. **Ausfugung**, die; -en ↑ausfugen의 명사형.

Ausfuhr ['ausfuːɐ], die; -en (반대: Einfuhr) **a)** 〈Pl. 없음〉 수출: die A. von Weizen wurde verboten 밀의 수출이 금지되었다. **b)** 수출(상)품: das Land muß seine A. steigern 그 나라는 수출상품을 늘려야 한다.
Ausfuhr- 〈경제〉: ~**artikel**, der 수출품. ~**beschränkung**, die 수출 제한. ~**bestimmung**, die 〈대개 Pl.〉 수출 규정. ~**bewilligung**, die 수출 승인. ~**bürgschaft**, die 수출 보증. ~**erlaubnis**, die 수출 허가. ~**finanzierung**, die 수출 금융. ~**förderung**, die 수출 장려. ~**garantie**, die 수출 보증. ~**genehmigung**, die 수출 허가. ~**gut**, das 〈대개 Pl.〉 수출품. ~**hafen**, der 수출항. ~**händler**, der 수출업자. ~**kredit**, der 수출 신용 대부. ~**land**, das 〈Pl. -länder〉 수출국. ~**liste**, die 수출 송장. ~**lizenz**, die 수출 허가. ~**monopol**, das 수출 독점. ~**prämie**, die 수출 장려금. ~**quote**, die 수출 쿼터. ~**sperre**, die 수출 금지. ~**subvention**, die 수출 보조금. ~**überschuß**, der 수출 초과. ~**verbot**, das 수출 금지. ~**volumen**, das 수출량. ~**wert**, der 〈Pl. 없음〉 수출(가). ~**zoll**, der 수출 관세.

ausführbar ['ausfyːɐbaːɐ] 〈Adj.〉 **1.** 실행할[실현될] 수 있는: er hält den Plan nicht für a. 그는 이 계획을 실행가능한 것으로 보지 않는다. **2.** 수출에 적합한, 수출 가능한: diese leicht verderblichen Produkte sind nicht a. 쉽게 손상되는 이 생산물은 수출에 적합치 않다. **Ausführbarkeit**, die ↑ausführbar의 명사형.

ausführen 〈h〉 **1. a)** 밖으로 데리고 나가다, 데리고 산책하다: sie führt morgens und abends ihren Hund aus 그녀는 아침 저녁으로 개를 데리고 산책한다. **b)** (대개 여성을) 외식에 초대하다, 누구와 함께 외출하다. **c)** (다른 사람들과 어울리게 할 목적으로) 누구를 대동하여 외출하다: die Eltern führen ihre Töchter aus 부모들이 딸을 대동하여 외출한다. **d)** 《통용어·농》 새 옷을 입고 사람들 앞에 나가다: sie wollte sofort das neue Kleid a. 그녀는 즉시 새 옷을 입고 외출하려고 했다. **2.** 수출하다 (반대: einführen 2): Getreide a. 곡물을 수출하다. **3. a)** 실행하다: ein Vorhaben a. 계획을 실행하다. **b)** 이행[시행]하다, 완수하다: einen Befehl a. 명령을 이행하다; die ausführende Gewalt 행정부(行政府). **c)** (특정한 일을) 하다, 끝내다: eine Reparatur a. 수리를 하다; alle Arbeiten zur vollen Zufriedenheit a. 모든 일을 완전히 만족스럽게 끝내다. **4. a)** 완성하다: den Schluß des vierten Aktes ist von dem Dichter nicht ausgeführt worden 4막의 끝부분은 작가에 의해 완성되지 않았다. **b)** (어떤 재료를 가지고) 만들다, 꾸미다: ein Bild in Öl a. 그림을 유화로 그리다. **5. a)** (특정한 동작을) 행[취]하다: bestimmte Tanzschritte a. 일정한 댄스 스텝을 취하다. **b)** 〔구기〕 (축구나 아이스하키에서) …을 하다: einen Freistoß a. 프리킥을 하다. **6.** (구두나 서면으로) 상세히 설명하다: etw. an zahlreichen Beispielen a. 무엇을 많은 예를 들어서 설명하다. **7.** 〈지역적·농〉 앗다: sie wollte mir meinen neuen Hut a. 그녀는 나의 새 모자를 빼앗으려고 했다. **Ausführende**°, der / die 〈대개 Pl.〉 (예술 행위의) 출연자, 연주자. **Ausführer**, der; -s, - ↑Exporteur(반대: Einführer).

ausführlich ['ausfyːɐlɪç, 〈또한〉 –'– –] 〈Adj.〉 상세한, 자세한, 장황한: eine –e Darstellung 상세한 묘사; a. über etw. berichten 무엇에 대하여 자세히 보고하다. **Ausführlichkeit** [〈또한〉 – ' – – – –], die 상세함, 장황함. **Ausführung**, die; -en **1.** 〈Pl. 없음〉 **a)** 실행, 실현: etw. **zur A. bringen** 〈강조해서〉 무엇을 실행하다; **zur A. gelangen[kommen]** 〈강조해서〉 실현[실행]되다. **b)** 이행(履行), 완수: die A. eines Befehls 명령의 수행. **c)** 작업의 끝남: die A. der Reparatur nimmt mehrere Wochen in Anspruch 수리를 끝내려

면 여러 주가 걸린다. **2. a)** 〈Pl. 없음〉 완성: die A. (der Skizzen) vornehmen (스케치의) 완성에 착수하다. **b)** 만듦새, 됨됨이, 품질: Ledertaschen in verschiedenen -en 다양한 만듦새의 가죽 가방. **3.** 〈Pl. 없음〉 **a)** 특정한 동작을 행[취]하기: die exakte A. der Tanzschritte ist wichtig 댄스 스텝을 정확히 밟는 것이 중요하다. **b)** 〔구기〕 프리킥[코너 킥, 페널티 킥]하기. **4.** 〈Pl.〉 묘사, 상론(詳論).

Ausführungs-: ~**art**, die 만듦새, 품질. ~**bestimmung**, die 〈대개 Pl.〉 시행 규정. ~**gesetz**, das 시행법, 시행령. ~**kontrolle**, die 시행 감독. ~**organ**, das 시행 기관. ~**verordnung**, die 시행 세칙. ~**weise**, die 시행 방법. ~**zeichnung**, die [건축] 설계도. ~**zeit**, die (독일의 전국 노동시간 산출 위원회(REFA)가 산출해낸) 작업 수행 시간.

ausfüllen 〈h〉 **1. a)** (빈 곳을) 메우다, 채우다: ein Loch (mit Steinen) a. 구멍을 (돌로) 메우다; 전의 Lücken in der Gesetzgebung a. 법률의 미비점을 보완하다. **b)** (일정한 공간을) 다 차지하다: die Tür füllte fast die Breite der Zelle aus 그 문은 그 방의 너비를 거의 다 차지했다; wenn jemand seine Kleidungsstücke nicht richtig ausfüllt 《농》 옷이 어떤 사람에게 너무 크면. **2.** 〔서식을〕 작성하다, 기재하다: füllen Sie bitte diesen Fragebogen aus! 이 설문지를 기입하시오! **3. a)** (시간을) 보내다, 때우다: seine freie Zeit mit etw. a. 여가 시간을 무엇을 하며 보내다. **b)** (일정한 시간을) 채우다: die Lektüre füllte die Wartezeit aus 독서로 기다리는 시간을 채웠다. **4.** (직책을) 어떻게 감당(堪當)하다: seinen Posten nicht ausreichend a. 직책을 제대로 감당하다. **5. a)** (활동이나 일 따위가 내면적으로) 만족(시킴)시키다: die Hausarbeit füllt sie nicht aus 집안 살림이 그녀의 마음을 만족시키지 않는다; sie hatte ein ausgefülltes Leben 그녀의 삶은 충만된 것이었다. **b)** (어떤 생각이) 누구를 온통 지배하다, 온통 어떤 생각뿐이다: der Gedanke an eine baldige Heimkehr füllte sie ganz aus 그녀에게는 머지 않아 집에 돌아간다는 생각 뿐이었다. **Ausfüllung**, die ↑ausfüllen의 명사형.

ausfuttern: ↑¹ausfüttern (2) 참조.
¹**ausfüttern** 〈h〉 **1. a)** 안감을 대다: der Mantel war mit Pelz ausgefüttert 그 외투는 안감을 털로 댔다. **b)** 안쪽을 무엇으로 대다: der Koffer ist (mit Stoff) ausgefüttert 그 여행용 가방은 (헝겊으로) 안을 댔다. **2.** [토건] (빈 공간을) 메우다. ¹**Ausfütterung**, die; -en ↑ausfüttern의 명사형.

²**ausfüttern** 〈h〉 짐승을 잘 먹이다: das Vieh a. 가축을 잘 먹이다. ²**Ausfütterung**, die ↑ausfüttern의 명사형.

Ausg. = Ausgabe.
Ausgabe, die; -n **1.** 〈Pl. 없음〉 **a)** 분배, 지급, 내줌, 배부: die A. des Essens 식사 지급. **b)** 배달, 교부: die A. der Post 우편 배달. **c)** 〔금융〕 (공채나 주식의) 발행. **d)** 〔금융〕 (화폐의) 발행, 유통: die A. neuer Fünfmarkstücke 새로운 5마르크짜리 주화의 발행. **e)** 통지, 통보: die A. eines Befehls 명령의 통보. **2.** 교부(지급)처. **3.** 〈대개 Pl.〉 지출(반대: Einnahme 1): laufende -n 경상비. **4. a)** (서적의) 판(版), 간(刊), 본(本): eine gebundene A. 장정판; die A. erster [letzter] Hand 저자가 직접 간행한 초(종)판본. **b)** 〔드물게〕 ⁸ Auflage (1 a). **5. a)** (신문이나 잡지의) 호(號): in welcher A. stand die Nachricht? 몇 호에 그 뉴스가 실렸는가? **b)** 방송, 방영: die letzte A. der Tagesschau um 23 Uhr 오늘의 뉴스 마지막 방영은 23시. **6.** (상품의) 타입, 형(식): die viertürige A. eines Autos 어떤 자동차의 문짝 4개 달린 형. **7.** [전산] 출력, 아웃 풋(output) (반대: Eingabe 3 b).

ausgabe-, **¹Ausgabe-** (Ausgabe 3): **~(n)beleg**, der 지불 영수증. **~(n)buch**, das 금전 지출부. **~freudig** 〈Adj.〉 지출 성향이 높은. **~nflut**, die 〈Pl. 없음〉 금전 지출의 누적. **~npolitik**, die 지출 정책. **~(n)wirksam** 〈Adj.〉〈국가의〉지출에 영향을 미치는.

²Ausgabe- (Ausgabe 1): **~kurs**, der [금융]〈유가증권의〉발행가. **~preis**, der [↑~kurs. **~schalter**, der 교부 창구. **~stelle**, die 교부처, 배부 장소. **~termin**, der 교부[배부] 기간. **~wert**, der 〈Pl. 없음〉[금융]〈유가증권의〉발행가[반대: Nennwert).

Ausgang, der; -(e)s, Ausgänge **1. a)** 외출, 산책: es war der erste A. für den Rekonvaleszenten 그 회복기 환자에게는 그것이 첫 외출이었다. **b)** (가정부나 군인의) 외출일, 외출하는 날, 쉬는 날. **2.** (반대: Eingang 1) **a)** 출구, 문: das Gebäude hat mehrere Ausgänge 이 건물엔 출구가 여러 개 있다; am A. warten 출구에서 기다리다. **b)** 어귀(於口), 변두리, 끝머리: sie wohnen am A. des Dorfes 그들은 그 마을 어귀에 산다. **c)** 배설구(排泄口), 배출구(排出口): bei der Operation wurde ein künstlicher A.(Darmausgang) geschaffen 수술할 때에 인공 배설부(항문)이 만들어졌다. **3. a)** 〈Pl. 없음〉말기(末期): am A. des Mittelalters 중세말에. **b)** 끝, 결과, 결말: der A. des Krieges war ungewiß 전쟁의 결과는 유동적이었다. **c)** (시구 따위의) 결어, 종성(終聲), 결말: der A. des Romans 그 소설의 결말. **4.** 〈Pl. 없음〉시작, 출발점: sie kehrten an den A. ihres Gesprächs zurück 그들은 대화의 출발점으로 다시 돌아왔다; **seinen A. von etw. nehmen** 무엇에서 시작(출발)하다. **5.** [사무] (반대: Eingang 4) **a)** 〈Pl. 없음〉(우편물 따위의) 발송. **b)** 〈대개 Pl.〉발송준비가 된 우편물. **ausgangs** ['ausgaŋs] **I.** 〈Adv.〉변두리에, 외곽 지대에, 끝머리에. **II.** 〈Präp.²〉(반대: eingangs II) **a)** (공간적) 끝머리에: an der Kurve 커브의 끝머리에서. **b)** (시간적) 끝에, 말(末)에: ein Mann a. der Fünfziger 50대 말의 남자.

Ausgangs-: **~basis**, die 출발 기지, 발진 기반. **~beschränkung**, die 〈Pl. 없음〉[군] 외출 제한. **~frage**, die 서두[모두] 질문. **~geschwindigkeit**, die 출발 속도. **~gestein**, das [지질] 토양을 형성한 암석. **~lage**, die 시작[출발]할 때의 여건[상황]. **~material**, das 원료. **~position**, die 시작[출발]할 때의 여건[상황, 위치]. **~punkt**, der 출발점, 기점: München war der A. ihrer Reise 뮌헨이 그들의 여행의 출발지점이었다. **~sperre**, die [군] 외출 금지. **~sprache**, die [언어] 원어(반대: Zielsprache). **~stelle**, die 출발지(점). **~stellung**, die **1.** [스포츠] ↑Grundstellung: in A. gehen 출발 자세를 취하다. **2.** [군] 공격 기지. **~stoff**, der 원료. **~tür**, die 출구. **~verbot**, das [↑~sperre. **~wert**, der [세금] 토지 가격을 사정할 때 기준이 되는 가격. **~zeile**, die [인쇄] 문단의 마지막 행. **~zustand**, der 원상(原狀).

ausgären* 〈h/s〉발효가 끝나다: der Wein hat[ist] ausgegärt[ausgegoren] 그 포도주는 발효가 끝났다; [전의] meine inzwischen zur vollen Reife ausgegorenen Pläne 그 동안 충분히 숙성(熟成)된 나의 계획. **Ausgärung**, die; -en ↑ausgären의 명사형.

ausgasen 1. 〈h〉가스로 소독하다: man hat die Stallungen ausgegast 외양간을 가스로 소독했다. **2.** 〈s〉 [광] 가스가 나가다. **Ausgasung**, die; -en ↑ausgasen의 명사형.

ausgeapert: ↑ausapern 참조.
ausgearbeitet: ↑ausarbeiten (1 b) 참조.
ausgeartet: ↑ausarten 참조.
ausgebacken: ↑ausbacken (2 a) 참조.
ausgebaut: ↑ausbauen (1~3) 참조.

ausgeben* 〈h〉 **1. a)** 나누어 주다, 분배하다: Verpflegung a. 음식을 나누어 주다. **b)** 수교[교부]하다: die Bücher werden am Schalter ausgegeben 책이 창구에서 교부된다. **c)** [금융] (주식 따위를) 발매하다, 발행하다: die Gesellschaft gibt neue Aktien aus 그 회사는 새 주식을 발행한다. **d)** [금융] (새 화폐를) 발행하다: neue Fünfmarkstücke a. 새 5마르크 주화를 발행한다. **e)** [군] (어떤 명령을) 내리다: einen Befehl a. 명령을 발하다. **f)** [전산] 출력하다, 아웃풋하다: der Computer gibt einen Text aus 컴퓨터가 하나의 텍스트를 인쇄하여 출력한다. **2. a)** (돈을) 쓰다, 지출하다: er hat sein ganzes Geld ausgegeben 그는 가지고 있는 돈을 다 썼다; sie gibt gerne Geld aus 그녀는 돈 쓰길 좋아한다[낭비벽이 있다]; wieviel hast du für die Ausrüstung ausgegeben? 너 그 장비 얼마 주었니? **b)** 《통용어》회사하다, 사다: (für die Kollegen) eine Runde Bier a. (동료들에게) 맥주를 한 순배 사다. **3.** 〈a. + sich〉진력(盡力)하다: du hast dich bei dieser Arbeit völlig ausgegeben 너는 이 일에 너의 전력을 다 했다. **4.** 〈a. + sich〉사칭(詐稱)하다, 억지 주장하다: eine Weibsperson, die sich für die Frau meines Sohnes ausgibt 내 아들의 아내임을 사칭하는 여자. **5.** 《지역적》**a)** 부풀다, 부풀어오르다: der Teig gibt viel aus 반죽이 많이 부풀어 오른다. **b)** 소출을 내다: der Acker hat wenig ausgegeben 그 밭은 소출을 적게 냈다. **6.** (일을) 외부에 의뢰하다, 남에게 맡기다: die Wäsche a. 빨래를 남에게 맡기다.

ausgebessert: ↑ausbessern 참조.
ausgebeult: ↑ausbeulen 참조.
Ausgebeutete* ['ausgəbɔytətə], der / die 착취 당하는 사람, 피착취자.
ausgebildet: ↑ausbilden 참조.
ausgebissen: ↑ausbeißen 참조.
ausgeblaßt: ↑ausblassen 참조.
ausgebleicht: ↑ ¹²ausbleichen 참조.
ausgeblichen: ↑ ¹ausbleichen 참조.
ausgeblutet: ↑ausbluten 참조.
ausgebogt: ↑ausbogen 참조.
ausgebombt: ↑ausbomben 참조. **Ausgebombte*** ['ausgəbɔmptə], der / die 공습 피해자, 피폭자.
ausgebootet: ↑ausbooten 참조.
ausgeborgt: ↑ausborgen 참조.
Ausgebot, das; -(e)s, -e ↑Ausbietung 참조.
ausgebrannt: ↑ausbrennen 참조.
ausgebraten: ↑ausbraten 참조.
ausgebreitet: ↑ausbreiten 참조.
ausgebröselt ['ausgəbrø:z|t] 〈Adj.〉빵부스러기를 뿌린.
ausgebucht: ↑ausbuchen 참조.
ausgebuchtet: ↑ausbuchten (2) 참조.
ausgebufft ['ausgəbʊft] 〈Adj.〉《경·펌》**1.** 닳고 닳은, 약아빠른: ein -er Geschäftsmann 능수능란한 장사꾼. **2.** 끝난, 해결된, 처리된. **Ausgebuffte***, der / die 닳고 닳은 사람.
ausgebuht: ↑ausbuhen 참조.
Ausgeburt, die; -en 《아어·펌》**a)** (나쁜 의미의) 산물, 소산: die -en des menschlichen Geistes sind Haß, Neid, Machtstreben 인간정신의 나쁜 소산들은 증오와 시기와 권력욕이다. **b)** (악의) 화신, 전형.
ausgedacht: ↑ausdenken 참조.
ausgedehnt: ↑ausdehnen 참조.
ausgedient: ↑ausdienen 참조.
Ausgedinge, das; -s, -, 《드물게》**Ausgeding** ['ausgədɪŋ(ə)], das; -(e)s, -e 〈지역적〉↑(특히 농부의) Altenteil: er hat sich auf sein[ins] A. zurückge-

Ausgedinger

zogen 그는 자신의 노후의 거처로 물러갔다. **Ausgedinger**, der; -s, - 《지역적》 노후의 거처에 살고 있는 사람.
Ausgedingerin, die; -nen ↑Ausgedinger의 여성형.
ausgedorrt: ↑ausdorren 참조.
ausgedörrt: ↑ausdörren 참조.
ausgedruckt: ↑ausdrucken 참조.
ausgefahren: ↑ausfahren (7) 참조.
ausgefallen ⟨Adj.⟩ 이상한, 남다른, 별난: ihr Geschmack ist etwas a. 그녀의 취향은 좀 특이하다.
ausgefasert: ↑ausfasern 참조.
ausgefedert: ↑ausfedern 참조.
ausgefeilt: ↑ausfeilen 참조.
ausgefeimt [ˈausgəfaimt] ⟨Adj.⟩ ↑abgefeimt 참조.
ausgeflaggt: ↑ausflaggen 참조.
ausgeflippt [ˈausgəflɪpt] ↑ausflippen 참조. **Ausgeflippte'**, der / die 마약 중독자, 사회 이탈자.
ausgefranst: ↑ausfransen 참조.
ausgefuchst [ˈausgəfʊkst] ⟨Adj.⟩ [zu Fuchs = angehender Student] 《통용어》 노련하고 요령 좋은: 전의 mit -er Elektronik 최고로 정밀한 전자 기술로.
ausgefüllt: ↑ausfüllen (5 a) 참조.
ausgeglichen ⟨Adj.⟩ 《반대: unausgeglichen》 **a)** 원만한, 침착한, 균형잡힌. **b)** 한결같은, 변덕스럽지 않은: ein -es Klima (사철이) 고른 기후; 전의 die Mannschaft ist ein -es Team [스포츠] 그 팀은 각 포지션을 맡은 선수들의 실력이 고른 팀이다. **c)** [스포츠] 우열이 가려지지 않은, 비긴, 무승부의: die erste Runde war a. 1회전은 무승부로 끝났다. **Ausgeglichenheit**, die 원만함, 조화로움, 균형같음.
ausgeglüht: ↑ausglühen 참조.
ausgegoren: ↑ausgären 참조.
ausgeh-, Ausgeh- (ausgehen 1): ~**anzug**, der 〖군〗외출복. ~**bereit** ⟨Adj.⟩ 외출 준비가 된. ~**erlaubnis**, die 외출 허가. ~**fertig** ⟨Adj.⟩ 외출 준비가 된. ~**uniform**, die 〖군〗↑~anzug. ~**verbot**, das 〖군〗외출 금지.
ausgehen' ⟨s⟩ **1. a)** (볼일 보러) 나가다, 외출하다: sie war ausgegangen, um einen Besuch zu machen 그녀는 누구를 방문하러 외출했다. **b)** (놀러) 외출하다, 식당 [술집, 무도장]에 가다: häufig (sonntags) a. 자주 [일요일마다] 외식하다. **2.** (특정 지점에서) 시작되다, 갈라지다: von diesem Knotenpunkt gehen mehrere Fernstraßen aus a. 이 교차점에서 여러 개의 장거리 도로가 갈라져 나간다. **3.** (우편물을) 발송하다: die aus- und eingehende Post 발송되고 도착하는 우편물. **4. a)** (누구로부터) 나오다, 유래(由來)하다: die Anregung geht vom Minister aus 그 발의는 장관에게서 나왔다. **b)** 발산되다, 풍겨나오다: Sicherheit geht von jmdm. aus 그에게서 안정감이 풍겨져 나온다. **5.** 출발점으로 삼다, 무엇을 근거로 삼다: du gehst von falschen Voraussetzungen aus 너는 잘못된 전제에서 출발하고 있어. **6.** 무엇을 목표로 삼다, 무엇을 겨냥하다[노리다]: auf Gewinn(Betrug) a. 이익(사기)을 목표로 하다. **7. a)** (일정한 방법으로) 끝나다, 어떤 결과를 가져오다: das kann nicht gut a. 그것은 좋게 끝날 수가 없다; der Autounfall hätte schlimmer a. können 그 교통 사고는 더 나쁜 결과를 가져올 수도 있었어. **b)** 《지역적》 끝나다, 파(罷)하다《반대: angehen 1》: die Schule geht um 12 Uhr aus 학교는 12시에 끝난다. **c)** [언어] 어떤 철자(음절)로 끝나다: auf einen Vokal a. 모음으로 끝나다. **d)** 《드물게》 무엇으로 넘어가다, 무엇으로 끝나다: das Muster geht am Rand in Bogen aus 그 무늬는 가장자리에 가서 궁형(弓形)으로 끝난다. **8.** (있던 것이) 다 없어지다, 바닥나다: das Geld ging uns aus 우리는 돈이 다 떨어졌다; 전의 allmählich geht mir die Geduld aus 점차로 나의 인내심이 한계를 드러낸다. **9.** 빠져(떨어져) 나가다: die Haare gehen ihm aus 그는 머리가 많이 빠진다. **10.** 《통용어》벗겨지다: die nassen Handschuhe gingen schwer aus 그 젖은 장갑은 쉽게 벗겨지지 않았다. **11.** 꺼지다《반대: angehen 2》: die Pfeife war ihm ausgegangen 그의 파이프가 꺼졌다. **12.** 《지역적》 **a)** (물감이) 세탁할 때 빠지다. **b)** (직물이) 세탁할 때 탈색되다: der Stoff geht beim Waschen aus 이 옷감은 세탁하면 물감이 빠진다. **13.** 《지역적》 걸음으로 재다, 보측(步測) 하다; 《통용어》 **es geht sich aus** (österr.) 그런대로 충분하다: du brauchst mir kein Geld zu borgen, es geht sich aus 자네 내게 돈 꾸어 주지 않아도 돼, 그럭저럭 되겠어. **ausgehend** ⟨Adj.⟩ 끝 나가는, 말엽(末葉)의: im -en Mittelalter 중세말에.
Ausgehende, das; -n [지질] ↑Ausstrich (2).
Ausgeher, der; -s, - 《südd.》 사환, 심부름꾼.
ausgehöhlt: ↑aushöhlen 참조.
ausgehungert [ˈausgəhʊŋɐt] ⟨Adj.⟩ **a)** 몹시 배고픈, 몹시 허기진: nach dem langen Marsch waren sie ganz a. 장거리 행군 후에 그들은 아주 배가 고팠다. **b)** 허기에 지치다.
ausgeizen ⟨h⟩ 〖농업·포도〗불필요한 어린순이나 가지를 잘라내다.
ausgekämmt: ↑auskämmen (1 b) 참조.
ausgekämpft: ↑auskämpfen (3) 참조.
ausgeklügelt: ↑ausklügeln 참조.
ausgekocht [ˈausgəkɔxt] ⟨Adj.⟩ 《통용어·폄》 교활한, 노회(老獪)한: wenn Sie es gewesen sind, sind Sie ein ganz -er Hund 만약 그것이 당신이라면, 당신은 아주 교활한 사람이오.
ausgekühlt: ↑auskühlen 참조.
ausgelassen ⟨Adj.⟩ 자유 분방한, 거리낌없이 즐거운: in -er Stimmung sein 자유 분방한 분위기이다; sie tanzten a. 그들은 거리낌없이 춤을 추었다. **Ausgelassenheit**, die; -en **a)** ⟨Pl. 없음⟩ 자유 분방함, 거리낌없이 즐거움. **b)** 자유 분방한 행동.
ausgelastet: ↑auslasten 참조.
ausgelatscht: ↑auslatschen 참조.
ausgelaugt: ↑auslaugen 참조.
ausgeleiert: ↑ausleiern 참조.
ausgelernt [ˈausgəlɛrnt] ↑auslernen 참조. **Ausgelernte'**, der / die 학업(직업 교육)을 마친 사람.
ausgelesen: ↑¹auslesen (2) 참조.
ausgeliefert [ˈausgəliːfɐt] ↑ausliefern 참조. **Ausgeliefertsein**, das; -s 속수무책(束手無策), 내맡겨짐: der Mensch mit seiner Gier nach dem Leben und seinem A. an den Tod 삶에 대해서는 애착을 가지고 죽음에는 속수무책인 인간.
ausgelitten 《다음 용법으로만》 **a. haben** 《아어》 아파서 무척 고생하다가 죽다.
ausgemacht [ˈausgəmaxt] ⟨Adj.⟩ **1.** 확실한, 확정된, 결정된: etw. als a. voraussetzen 무엇을 확정된 것으로 전제하다; ich kann nicht genesen, es ist a. 나는 병은 나을 수가 없어, 그건 확실해. **2. a)** 완전한, 대단한, 아주 큰: eine -e Dummheit 대단한 바보짓; er ist ein -er Snob 그는 완전한 속물이다. **b)** 《형용사를 강조하여》 매우, 대단히, 아주: das war ein a. schäbiges Verhalten 그것은 대단히 저속한 태도였다.
ausgemauert: ↑ausmauern 참조.
ausgemergelt: ↑ausmergeln 참조.
ausgemittelt: ↑ausmitteln 참조.
ausgemugelt [ˈausgəmuːgl̩t, ...muːgl̩t] ⟨Adj.⟩ 《österr.》 (스키 코스가) 아주 많이 타 울퉁불퉁해진.
ausgemustert: ↑ausmustern 참조.

ausgenommen ⟨Konj.⟩ …을[(…할 때)] 제외하고: 《후치된 관계사 또는 부문장과 함께》 er widerspricht allen, a. dem Vater 그는 아버지를 제외하고는 누구에게나 대든다; wir werden kommen, a. es regnet 우리는 올 것입니다, 비가 오면 몰라도; 《1격 관계사는 전치 또는 후치》 alle waren gekommen, a. sein Bruder[sein Bruder a.] 그의 형을 제외하고서 모두 다 왔다.

ausgenutzt: ↑ausnutzen 참조.

ausgepicht ['ausɡəpɪçt] ⟨Adj.⟩ ↑auspichen 참조 《통용어》 1. 노련한, 교활한. 2. 더 할 수 없이 같고 닦은, 아주 세련된: ein -er Geschmack 아주 세련된 맛.

ausgeplatzt: ↑ausplatzen 참조.

ausgeplündert: ↑ausplündern 참조.

ausgepolstert: ↑auspolstern 참조.

ausgepowert: ↑auspowern 참조.

ausgeprägt ['ausɡəprɛ:kt] ↑ausprägen 참조. **Ausgeprägtheit**, die ↑ausgeprägt의 명사형.

ausgepumpt ['ausɡəpʊmpt] ⟨Adj.⟩ 《경》 녹초가 된, 기진맥진한: nach dem anstrengenden Training war die Mannschaft völlig a. 고된 훈련 후 그 팀은 완전히 녹초가 되었다.

ausgerben ⟨h⟩ 【제혁】완전히 무두질하다.

ausgerechnet ['ausɡəreçnət, 《또한》'−−'−−] ⟨Adv.⟩ 《통용어》 바로, 꼭, 하필: a. heute, wo ich keine Zeit habe 하필 내가 시간이 없는 오늘; das muß a. mir passieren! 그게 하필이면 내게 일어나다니!

ausgereckt: ↑ausrecken 참조.

ausgereift: ↑ausreifen 참조. **Ausgereiftheit**, die ↑ausgereift의 명사형.

ausgerenkt: ↑ausrenken 참조.

ausgerichtet: ↑ausrichten 참조.

ausgerissen: ↑ausreißen 참조.

ausgeruht: ↑ausruhen 참조.

ausgerungen: ↑ausringen (2) 참조.

ausgerüstet: ↑ausrüsten 참조.

ausgeschaltet: ↑ausschalten 참조.

ausgeschamt, ausgschamt ['ausɡəʃa:mt, …sk ʃa:mt] ⟨Adj.⟩ 《지역적》 부끄러움을 모르는, 뻔뻔스러운.

ausgeschieden: ↑ausscheiden 참조.

ausgeschildert: ↑ausschildern 참조.

ausgeschissen: ↑ausscheißen 참조.

ausgeschlagen: ↑ausschlagen 참조.

ausgeschlossen 《또한》 '−−'−− ⟨Adj.⟩ 불가능한, 생각할[있을] 수 없는: es ist nicht (ganz) a., daß … 사실은 (완전히) 불가능한 것은 아니다; a.! ich mache das nicht! 어림없다, 나는 그 짓 안한다!; etw. für a. halten 무엇을 불가능한 것으로 여기다.

ausgeschmückt: ↑ausschmücken 참조.

ausgeschnitten ⟨Adj.⟩ (옷의) 가슴이 깊이 패인: sie trägt gerne tief a. 《통용어》 그녀는 가슴이 패인 옷을 즐겨 입는다.

ausgeschossen: ↑ausschießen 참조.

ausgeschrägt: ↑ausschrägen 참조.

ausgeschrieben ⟨Adj.⟩ 달필(達筆)의: er hat eine -e Handschrift 그는 달필이다.

ausgesessen: ↑aussitzen 참조.

ausgesetzt ['ausɡəzɛtst] ↑aussetzen 참조. **Ausgesetztheit**, die 유기(遺棄), 방치(放置).

ausgesorgt ⟨Adj.⟩ 《다음 용법으로》 **a. haben** 《통용어》 생계(生計)에 걱정이 없다: a. 이 자리로 그는 (일생 동안) 생계가 보장되었다.

ausgesperrt ['ausɡəʃpɛrt] ↑aussperren 참조. **Ausgesperrte**‚ der / die (파업중) 고용주의 직장 폐쇄로 일할 수 없게 된 근로자.

ausgespielt ['ausɡəʃpi:lt] ⟨Adj.⟩ 《다음 용법으로》 **a. haben** 역할이 끝나다, 영향력[힘]이 없다: dieser Politiker hat a. 이 정치가는 끝장났다; er hat bei mir a. 《통용어》 그 사람 내게는 끝난 사람이야.

ausgesprochen ⟨Adj.⟩ (↑aussprechen 참조) **a)** 뚜렷한, 특별한: eine -e Vorliebe für etw. haben 무엇을 특별히 선호하다; die Festlaune war von Anfang an sehr a. 축제의 기분은 처음부터 각별했다. **b)** 《형용사를 강조하여》 대단히, 특별히: er ist ein a. freundlicher Mann 그는 대단히 친절한 사람이다. **ausgesprochenermaßen** ⟨Adv.⟩ 분명히, 틀림없이: sie gehörten a. zum radikalen Flügel 그들은 분명하게 과격파에 속했다.

ausgestalten ⟨h⟩ 1. **a)** 계획을 세워 준비하다, 기획하다: ein Fest a. 축제를 계획성 있게 준비하다. **b)** 형태를 부여하다, 특정한 방식으로 꾸미다: einen Raum geschmackvoll a. 공간을 운치있게 꾸미다. 2. 발전시키다, 확대하다: eine Idee zum Grundbegriff einer Methode a. 어떤 이념을 어떤 방법의 근본개념으로 확대 발전시키다. **Ausgestaltung**, die; -en **a)** (Pl. 없음) ↑ausgestalten의 명사형. **b)** 형태, 형식.

ausgestanden: ↑ausstehen 참조.

ausgestellt: ↑ausstellen 참조.

ausgesternt: ↑ausgestirnt.

ausgesteuert ['ausɡəʃtɔyət] ↑aussteuern 참조. **Ausgesteuerte**‚ der / die 실업 보험금 수급기간 만료자(수급 자격 상실자).

ausgestirnt ['ausɡəʃtɪrnt] ⟨Adj.⟩ 《시어》 별들이 총총한.

ausgestochen: ↑ausstechen 참조. **Ausgestochene**, das; -n, - (지역적) **a)** 여러 가지 형태로 찍어낸 비스킷. **b)** (Pl. 없음) 여러 가지 형태로 찍어낸(특히 크리스마스철의) 과자.

ausgestopft: ↑ausstopfen 참조.

ausgestorben ['ausɡəʃtɔrbn̩] ⟨Adj.⟩ 황량한, 인적이 끊긴[없는]: abends ist die Innenstadt völlig a. 저녁이면 도심지에는 완전히 인적이 끊긴다.

ausgestoßen: ↑ausstoßen 참조.

ausgestreckt: ↑ausstrecken 참조.

ausgesucht ['ausɡəzuxt] ⟨Adj.⟩ 1. 우수한, 특선된, 정선된: -e Weine 특선 포도주; sie beschimpfte ihn mit -en Schmähungen (반어) 그녀는 특종의 험담으로 그를 비방했다. 2. **a)** 대단히 큰, 각별한: dann fragte ich sie mit -er Freundlichkeit 그런다음 나는 그녀에게 각별히 친절하게 물었다. **b)** 《형용사를 강조하여》 대단히, 특별히: a. höflich 아주 공손하게. 3. (좋은 것은 골라내고) 남은, 고를게 별로 없는. **Ausgesuchtheit**, die ↑ausgesucht의 명사형.

ausgetäfelt: ↑austäfeln 참조.

ausgetauscht: ↑austauschen 참조.

ausgeteert: ↑austeeren 참조.

ausgetreten: ↑austreten 참조.

ausgetrocknet: ↑austrocknen 참조.

ausgewachsen ⟨Adj.⟩ 1. 전의 ein -er Skandal 커다란 스캔들; ein -er Blödsinn 《통용어》 완벽한 바보짓. 2. 곱사등의, 기형으로 자란. **Ausgewachsensein**, das; -s 다 자람.

ausgewählt: ↑auswählen 참조. **Ausgewähltheit**, die ↑ausgewählt의 명사형.

ausgewalzt: ↑auswalzen 참조.

ausgewandert: ↑auswandern 참조. **Ausgewanderte**‚ der / die 이민(移民).

ausgewaschen: ↑auswaschen 참조.

ausgewechselt: ↑auswechseln 참조.

ausgeweidet: ↑ausweiden 참조.

ausgeweitet: ↑ausweiten 참조.

ausgewertet: ↑auswerten 참조.
ausgewetzt: ↑auswetzen 참조.
ausgewiesen: ↑ausweisen 참조. **Ausgewiesene***, der/die 국외로 추방된 자.
ausgewintert: ↑auswintern 참조.
ausgewittert: ↑auswittern 참조.
ausgewogen ⟨Adj.⟩ 균형 잡힌, 조화를 이룬(↑auswägen 참조): ein -es Programm aufstellen 균형 잡힌 프로그램을 작성하다. **Ausgewogenheit**, die 균형(감), 조화.
ausgewöhnen ⟨h⟩ 정든 환경에서 떠날 준비를 시키다. **Ausgewöhnung**, die; -en ↑ausgewöhnen의 명사형.
ausgezackt: ↑auszacken 참조.
ausgezahnt: ↑auszahnen 참조
ausgezehrt ['ausgəʦeːɐt] ↑auszehren 참조. **Ausgezehrtheit**, die ↑ausgezehrt의 명사형.
ausgezeichnet ['ausgətsaiçnət, (또한) '— — ' — —] ⟨Adj.⟩ 뛰어난, 탁월한, 우수한(↑auszeichnen (3 a) 참조): das Essen war a. 식사는 아주 훌륭했다; a. Deutsch sprechen 독일어를 뛰어나게 구사하다.
ausgezipfelt: ↑auszipfeln 참조.
ausgiebig ['ausgiːbɪç] ⟨Adj.⟩ 1. 풍부한: die ehrgeizig geplante und a. dekorierte Enzyklopädie 야심있게 계획하고 호화롭게 꾸며진 백과사전; einen -en Mittagsschlaf halten 늘어지게 낮잠자다; sie hatten a. gefrühstückt 그들은 풍성한 아침식사를 했었다. 2. ⟨준고어⟩ 수확이 많은, 수익성이 좋은: eine -e Sorte 수확이 많은 품종. **Ausgiebigkeit**, die ↑ausgiebig의 명사형.
ausgießen* ⟨h⟩ 1. a) 쏟아 버리다: das Wasser (in den Spülstein) a. 물을 (개수대에) 쏟아 버리다. b) 쏟아 비우다: sie goß ihr Glas aus 그녀는 잔을 쏟아 비웠다. 2. 누구(무엇) 위에 붓다: sie haben Salböl über die Toten ausgegossen 그들은 향유를 죽은 사람들 위에 부었다; 전의 während wir unseren Hohn über den Erfolglosen ausgossen 우리가 그 패배자를 비웃던 동안. 3. ⟨기술⟩(빈 공간에 나중에 굳어지는 액체를) 부어넣다: Risse (mit Teer) a. 틈새에 (타르를) 부어넣다. 4. 부어서 끄다: sie versuchten das schwelende Feuer auszugießen 그들은 약해지는 불을 물을 부어 끄려고 했다. **Ausgießer**, der; -s, - 주전자(항아리)의 귀때. **Ausgießung**, die; -en 1. ↑ausgießen 3의 명사형. 2. die A. des Heiligen Geistes [기독교] 사도들의 성령 충만.
ausgipsen ⟨h⟩ 석고로 발라 메우다: Löcher (in der Wand) a. (벽의) 구멍들을 석고로 발라 메우다.
Ausgleich ['ausglaiç], der; -(e)s, -e 1. a) 균일화, 평준화, 조정, 조절, 화해, 타협: auf (einen) A. bedacht sein 균형을 맞추는데 마음을 쓰다. b) 보상, 대응 조치: als A. [zum A.] für seine sitzende Lebensweise treibt er Sport 그는 앉아 사는 생활방식의 보완책으로 운동을 한다. 2. [금융] ↑Kontoausgleich의 약칭. 3. (Pl. 없음) [구기] 동점, 타이: er erzielte mit einem Linksschuß den A. 그는 왼발 슛으로 동점 골을 얻었다. 4. [승마] a) 핸디캡 조절. b) ↑Ausgleichsrennen (a) 참조.
Ausgleich-: **~becken**, das [수리] (발전용수의) 조정지(調整池). **~behälter**, der ↑~becken. **~getriebe**, das ↑~sgetriebe. **~stelle**, die [토건] 평평한 밑바닥, (바닥이나 지면의 울퉁불퉁한 곳을) 평평하게 하는 층. **~steuer**, die (수입품과 국산품의 가격 균형을 위하여 부과되는) 균형세. **~weiher**, der ↑~becken.
ausgleichen* ⟨h⟩ a) 고르게 하다, 평준화하다, 차이를 없애다: Niveauunterschiede a. 수준의 차이를 없애다. b) ⟨a. + sich⟩ (차이가) 제거되다, 없어지다: die Unterschiede zwischen den beiden Gruppen glichen sich wieder aus 두 그룹간의 차이가 다시 없어졌다. 2. a) 완화[해소]시키다: Spannungen[Konflikte] a. 긴장[갈등]을 해소시키다. b) ⟨a. + sich⟩ 완화[제거, 해소]되다: die Spannungen glichen sich allmählich wieder aus 긴장이 다시 점차 해소되었다. 3. 메우다, 보충하다: er versucht seinen Mangel an Bewegung durch sportliche Betätigung auszugleichen 그는 운동 부족을 스포츠로 메우려고 한다. 4. a) [상] 지불하다, 청산하다: Schulden a. 부채를 청산하다. b) [금융] 계정의 대차를 일치시키다. c) ⟨a. + sich⟩ [금융] 대차의 균형이 이루어지다. 5. [구기] 동점을 이루다, 동점 골을 넣다. **Ausgleicher**, der; -s, - 1. [요트] 핸디캡 레이스에 참가한 요트. 2. [요트·경주] 핸디캡 심사원.
Ausgleichs-: **~abgabe**, die [재정] 1. (정해진 숫자의 중증애자를 고용하지 않은 기업이 내는) 중증애자 복지 부담금. 2. (전쟁으로 재산상 피해를 입지 않은 사람이 내는) 전쟁 피해 부담금. 3. (EC의) 농산품 품종 개량을 위한 부담금. **~amt**, das 부담 조정 관청. **~fonds**, der [재정] 부담 조정기금. **~gefäß**, das [기술] (일정한 기구에 부착되어 있는) 온도에 따른 액체의 부피 변화를 조절하는 통. **~getriebe**, das [기술] ↑Differential. **~gymnastik**, die 직업에 따라 신체의 일부만을 사용하는 것을 보완해주는 체조, (자세)교정(矯正) 체조. **~klasse**, die [조정] 핸디캡 레이스에 참가한 요트의 등급. **~küste**, die [지질] 절벽과 평지가 교차하는 해안 형태. **~leistung**, die [금융] 망명자나 전상자에게 지급하는 지원금. **~quittung**, die 고용관계 청산 증명서. **~rennen**, das a) [승마] 핸디캡 경주. b) [조정] 상이한 크기의 요트가 참가하는 조정경기. **~rente**, die (전쟁희생자의 수입에 따라 지급되는) 보상연금. **~sport**, der 보완 운동. **~tor**, das [구기] 동점 골. **~treffer**, der ↑~tor. **~turnen**, das ↑~gymnastik.
ausgleiten* ⟨s⟩ 1. 미끄러지다: meine Füße glitten auf den feuchten Blättern aus 나의 두 발이 젖은 나뭇잎 위에서 미끄러졌다. 2. 손에서 미끄러져 떨어지다. 3. 미끄러져 가다가 서다.
ausgliedern ⟨h⟩ (전체에서) 떼어 내다, 분리하다(반대: eingliedern): einzelne Gebiete wurden aus dem Verwaltungsbereich ausgegliedert 그 행정 구역에서 개별 지역이 분리되었다; 전의 ein besonders heikles Problem wurde bei den Verhandlungen ausgegliedert 협상 때 특별히 까다로운 문제는 제외되었다. **Ausgliederung**, die; -en ↑ausgliedern의 명사형.
ausglimmen* ⟨glomm / glimmte aus, hat / ist ausgeglommen / ausgeglimmt⟩ ⟨고어·아이⟩ a) ⟨s⟩ (불 따위가 점차) 꺼져 가다: das Holz im Kamin glomm aus 벽난로 속의 장작불이 꺼져 갔다. b) ⟨h⟩ 꺼지다: die verbrannten Balken haben noch nicht ausgeglimmt 불에 탄 각목들이 아직도 꺼지질 않았다.
ausglitschen ⟨s⟩ ⟨지역어⟩ 미끄러지다: er war auf den Holzplanken ausgeglitscht und gestürzt 그는 나무판자 위에서 미끄러져 넘어졌다.
ausglühen 1. ⟨h⟩ 불에 달구다: Nadeln a. 바늘을 불에 달구다. b) 바싹 말리다: die Hitze hatte das Land ausgeglüht 무더위가 땅을 바싹 마르게 했다. 2. ⟨h⟩ 작열이 끝나다, 식다, 꺼져 버리다: das Licht im ist erloschen, die Drähte der Lampe glühten aus 전등 필라멘트의 불이 꺼졌다. 3. ⟨s⟩ 내부가 완전히 타다: das Fahrzeug war völlig ausgeglüht 그 차의 내부가 완전히 타버렸다. 4. [기술] ⟨h⟩ (금속을) 달구었다가 서서히 식히다. **Ausglühung**, die ↑ausglühen의 명사형.
ausgraben* ⟨h⟩ 1. a) 파내다(반대: eingraben 1 a): einige Kisten mit Wertsachen a. 귀중품이 담긴 상자 몇 개를 파내다; ⟪또한⟫ ⟨a. + sich⟩ wir sind zuge-

schüttet und müssen uns a. 우리는 매장되어 스스로 파헤치고 나와야 했다. **b)** 발굴하다: einen Tempel a. 사원을 발굴하다. **c)** (나무 따위를) 캐다(반대: eingraben 1 b): Sträucher (mit den Wurzeln) a. 관목을 (뿌리 채) 캐다. **d)** 《드물게》(감자 따위를) 캐다, 수확하다. **e)** (묵은 것, 잊은 것을) 부활시키다, 리바이벌시키다, 다시 꺼내다: ein altes Theaterstück wieder a. 옛 연극 작품을 재공연하다. **2.** 《드물게》(구덩 따위를) 파다: eine Grube a. 구덩이를 파다. **Ausgräber**, der; -s, - 발굴자. **Ausgrabung**, die; -en **a)** 발굴: die A. einer vorgeschichtlichen Siedlung 선사 시대 취락지의 발굴. **b)** 발굴물, 출토품.

Ausgrabungs-: ~**arbeit**, die 〈대개 Pl.〉 발굴 작업. ~**fund**, der 출토품. ~**ort**, der 〈Pl. ...orte〉 발굴 장소. ~**stätte**, die 〈아어〉 발굴 장소.

ausgrasen 〈h〉 잡초를 뽑다, 제초하다: ein Beet a. 화단의 풀을 뽑다.

ausgräten ['ausgrɛ:tn̩] ↑entgräten.

ausgrätschen 〈h〉 **a)** 다리를 벌리다. **b)** [체조] 다리를 벌리며 뛰어 오르다.

ausgreifen* 〈h〉 **a)** 말이 (앞으로 나아가기 위해) 앞발을 떼어 놓다. **b)** 성큼성큼 걷다: 〈대개 현재분사로〉 er ging mit ausgreifenden Schritten 그는 성큼성큼 걸어갔다.

ausgrenzen 〈h〉 떼어내다, 제외시키다: wenn der Wissenschaftler einen bestimmten Wellenbereich ausgrenzt 만약 그 학자가 일정한 주파수대를 제외시킨다면. **Ausgrenzung**, die 분리, 제외.

Ausgriff, der; -(e)s, -e 다른 〈새〉 분야에로의 진출.

ausgrübeln 〈h〉 **1.** 오랜 숙고 끝에 생각해 내다: er grübelte einen Plan aus 그는 오랜 생각 끝에 하나의 계획을 내놓았다. **2.** 생각을 마치다: hast du bald ausgegrübelt? 너 이제 생각 다 했어?

ausgründen 〈h〉 [경제] (자회사(子會社)를) 설립하다: eine Tochtergesellschaft a. 자회사를 설립하다. **Ausgründung**, die; -en **1.** 〈Pl. 없음〉 자회사 설립. **2.** 자회사.

ausgschamt: ↑ausgeschamt.

Ausguck ['ausguk], der; -s, -e [für niederd. utkīk < niederl. uitkijk] **1.** 감시 초소. ükīk < niederl. uitkijk **a)** nicht verlassen 그의 감시 초소를 떠나지 않다; A. halten 망보다. **2.** [선원] **a)** 배 위의 망대. **b)** 망 보는 선원(수병).

Ausguck-: ~**loch**, das ↑Ausguck (1). ~**mann**, der ↑Ausguck (2 b) 참조. ~**posten**, der ↑Ausguck (2 b).

ausgucken 〈h〉 《통용어》 **1.** 감시하다, 망(望)보다: die Mutter guckte ungeduldig nach den Kindern aus 어머니는 마음을 조이며 아이들을 망보았다. **2.** 알아내다, 자세히 살펴보다: ich habe mir genau ausgeguckt, wie der Weg verläuft 나는 그 길이 어떻게 나 있나를 정확히 알아냈다.

Ausguß, der; Ausgusses, Ausgüsse **1. a)** 개수대: das Waschwasser in den A. schütten 빨래한 물을 개수대에 쏟다. **b)** 하수구: ein verstopfter A. 막힌 하수구. **2.** 《지역적》 구정물, 하수. **3.** 《지역적》 (주전자 따위의) 귀때. **4.** [제련] 주괴(鑄塊).

Ausguß-: ~**becken**, das ↑Ausguß (1 a). ~**rohr**, das 하수관. ~**wasser**, das 하수, 구정물.

aushaaren 〈h〉 (모피의) 털이 빠지다: der Pelz haart aus 모피의 털이 빠진다.

aushaben* 〈h〉 **1.** 《통용어》 (옷을) 벗고 있다(반대: anhaben 1): die Schuhe a. 신발을 벗고 있다. **2.** 《통용어》 다 읽다: er hat das Buch schon aus 그는 이미 그 책을 독파하였다. **3.** 《지역적》 **a)** (마셔[먹어]서) 비우다: den Teller[die Flasche] a. 접시[병]를 비우다. **b)** 다 먹다, 다 마시다: hast du die Suppe bald aus? 너 수프를 곧 다 먹겠니? **4.** 《통용어》 (수업이) 끝나다: wann habt ihr heute aus? 너희들 오늘 수업 언제 끝나니?

aushacken 〈h〉 **1. a)** 호미로 캐다: Kartoffeln a. 호미로 감자를 캐다. **b)** 호미로 파내다: Unkraut a. 잡초를 호미로 파내다. **2.** 부리로 쪼아내다: Möwen hatten dem Toten die Augen ausgehackt 갈매기들이 시체의 눈을 쪼아냈다. **3.** 《österr.》 도살한 짐승의 각을 뜨다: ein Schwein a. 잡은 돼지의 각을 뜨다.

aushagern ['ausha:gɐn] 〈s〉 [토양] 메마르다: der Boden der Kahlflächen ist völlig ausgehagert 초목이 없는 그 땅은 완전히 메말랐다. **Aushagerung**, die; -en ↑aushagern의 명사형.

aushakbar ['ausha:kba:ɐ̯] 〈Adj.〉 고리(혹)를 풀 수 있는.

aushakeln ['ausha:kl̩n] 〈h〉 ↑aushaken (2) 참조. **aushaken** 〈h〉 **1. a)** 고리를 벗기다, 혹(hook)을 풀다(반대: einhaken 1): eine Kette a. 쇠사슬의 고리를 벗기다. **b)** 〈a. + sich〉 혹이 열리다, 고리가 벗겨지다: der Verschluß hatte sich ausgehakt 그 지퍼는 열렸었다; **es hakt bei jmdm. aus** 《통용어》 **1)** 다른 사람의 행동 방식이 누구에게 이해(납득)가 되지 않다: wenn ich so etwas höre, dann hakt's bei mir aus 그런 이야기를 들으면 내게는 이해가 되질 않아. **2)** 이야기의 실마리를 놓치다: während er sprach, hakte es plötzlich bei ihm aus 그는 말하는 도중 이야기의 실마리를 놓쳤다. **3)** 더 이상 참지 못하다, 마음의 평정을 잃다. **2.** [사냥] 야생 조류의 내장을 꺼내다.

aushallen 〈h〉 《드물게》 울림이 그치다: der Donner hat ausgehallt 천둥소리가 그쳤다.

Aushalt, der; -(e)s, -e 〈지역적〉 ↑Alteteil. **aushalten*** 〈h〉 **1.** 참아[견디] 내다: sie hatten Hunger [Schmerzen] auszuhalten 그들은 허기[아픔]를 참아 내야만 했다; es ist kaum (noch) zum Aushalten (더 이상) 참아 낼 수가 없다; hier läßt es sich a. 여기는 참을 만하다. **2.** 맞버티다, 버텨 내다: jmds. Blick a. 누구의 시선에 맞버티다; 〈전의〉 dieser Apparat hält jeden Vergleich mit der ausländischen Konkurrenz aus 이 기계는 외국의 경쟁 상품과 어느모로 비교해도 손색이 없다. **3.** 배겨 내다: sie hatte bei ihm ausgehalten, bis zu seinem Tod 그녀는 그가 죽을 때까지 그의 곁에서 견디었다. **4.** [음악] (음을) 악보에 표시된 박자만큼 끌다. **5.** 《통용어·폄》 먹여 살리다: die Frauen, die von den Bankiers ausgehalten werden 은 행가들이 먹여 살리는 여인들. **6.** 〈a. + sich〉 《지역적》 유보(留保)하다: er hat sich das Wohnrecht im Haus ausgehalten 그는 그 가옥내의 거주권을 유보했다. **7.** [임업] 목재를 일정 길이로 잘라 나누어 놓다. **Aushaltung**, die ↑aushalten의 명사형.

aushämmern 〈h〉 **a)** 망치로 두들겨 펴다: eine Beule aus dem Kotflügel a. 진흙받이의 쭈그러진 곳을 망치로 펴다. **b)** 망치로 두들겨 금속 제품을 만들다: einen Teller a. 두들겨 접시를 만들다.

aushandeln 〈h〉 교섭을 하여 결말을 짓다, 타결(妥結)을 보다: einen Kompromiß (Vertrag) a. 교섭을 하여 타협안[계약서]에 합의하다. **Aushandlung**, die ↑aushandeln의 명사형.

aushändigen ['aushɛndɪgn̩] 〈h〉 넘겨주다, 인도[교부]하다: jmdm. Dokumente[Geld] aushändigen 누구에게 문서[돈]를 넘겨주다; morgen früh werden ihre Entlassungspapiere ausgehändigt 내일 아침에 그들의 석방증이 교부된다. **Aushändiger** ['aushɛndɪgɐ], der; -s, - 교부하는 사람. **Aushändigung**, die 교부, 수교(手交).

Aushang, der; -(e)s, Aushänge 게시문, 포스터, 벽보, 방문(榜文): einen A. machen 게시하다; etw. durch

A. bekanntmachen 벽보를 통해 무엇을 알리다.
Aushänge-: **~bogen**, der 【인쇄】 견본쇄(見本刷). **~kasten**, der (상자모양의) 게시판. **~säge**, die 톱날을 바꿀 수 있는 실톱. **~schild**, das **1.** 간판. **2.** 얼굴(마담), 간판(스타): er diente mir als bekannter Namen nur als A. für die Firma 그는 유명한 이름으로 그 회사의 얼굴 노릇만 한다.
aushangen (고형·방언· schweiz.) ↑¹aushängen.
¹aushängen ⟨h⟩ 내걸리다, 게시되다: eine Bekanntmachung hängt (am Schwarzen Brett) aus 광고가 (게시판에) 게시되어 있다; die Brautleute hängen im Bürgermeisteramt aus 《통용어》 신랑 신부의 결혼 예고가 시청에 공시되었다. **²aushängen** ⟨h⟩ **1.** 내걸다, 게시하다, 공시하다: eine Bekanntmachung [einen Fahrplan] a. 광고[차 시간표]를 게시하다. **2. a)** (고정 장치에서) 들어내다, 떼어 내다(반대: einhängen 1 a): eine Tür a. 문을 돌쩌귀에서 떼어 내다. **b)** ⟨s⟩ (고정장치에서) 빠지다, 떨어[풀어]지다: die Kette hat sich ausgehängt 쇠사슬이 풀어졌다. **3.** ⟨a. + sich⟩ 《통용어》 떼어 내다(반대: einhängen 2): plötzlich hängte sie sich bei ihm aus 그녀는 갑자기 그와 끼었던 팔짱을 풀었다. **4.** ⟨a. + sich⟩ 《통용어》 ↑ausrenken 참조: ich habe mir den Arm ausgehängt 나는 팔을 뼈었다. **5.** ⟨a. + sich⟩ 옷을 걸어놓아 구김살을 펴다: die Hose beult am Knie, hängt sich aber wieder aus 바지가 무릎이 붉어났으나 걸어놓으면 다시 펴진다. **Aushänger**, der; -s, - ↑Aushängebogen.
Aushangfahrplan, der; -(e)s, ...pläne 게시용 차량[열차] 운행 시간표.
ausharken ⟨h⟩ 《nordd.》 **a)** 갈퀴 비슷한 연장으로 없애다: das Unkraut zwischen den Bäumen a. 나무 사이에 난 잡초를 갈퀴 비슷한 연장으로 제거하다. **b)** 갈퀴 비슷한 연장으로 가꾸다: ein Beet a. 꽃밭을 갈퀴로 가꾸다.
ausharren ⟨h⟩ 《아어》 참고 견디다, 견디어 내다: er hat in seinem Versteck ausgeharrt 그는 은신처에서 참고 견디었다.
aushärten 【기술】 **1. a)** ⟨h⟩ 경화(硬化)시키다, 경도(硬度)를 높이다: eine Aluminiumlegierung a. 알루미늄합금의 경도를 높이다. **b)** ⟨s⟩ 경도[강도]가 높아지다: die Legierung härtet aus 합금의 강도가 높아진다. **2.** ⟨s⟩ 《아교 따위가》 굳어지다: dieser Leim ist sehr rasch ausgehärtet 이 아교는 대단히 빨리 굳었다. **Aushärtung**, die; -en ↑aushärten의 명사형.
Aushauch, der; -(e)s, -e 《드물게》 숨을 내쉬기. **aushauchen** ⟨h⟩ 《아어》 **a)** 숨을 내쉬다: den Atem a. 숨을 내쉬다. **b)** 풍기다, 발산하다: Duft[einen üblen Geruch] a. 향기[나쁜 냄새]를 풍기다. **c)** 속삭이듯 말하다, 토하다: einen Seufzer a. 한숨을 낮게 토하다. **Aushauchung**, die; -en ↑aushauchen의 명사형.
aushauen⟨*⟩ (haute / hieb aus, hat ausgehauen / 《지역적 또한》 ausgehaut) ⟨h⟩ **1. a)** 연장으로 두드려 홈이나 구멍을 파다: ein Loch im Eis a. 얼음에 구멍을 내다. **b)** 연장으로 돌파해 나가다: einen Weg durch den Fels a. 바위를 뚫고 길을 내다. **c)** 다듬어 만들다, 조형하다: ein Standbild in Marmor a. 대리석 입상을 조형하다; ein Steinmetz hat die Inschrift auf dem Grabstein ausgehauen 석공이 묘비에 비명을 새겼다. **2. a)** 간벌(間伐)하다: Fichten a. 소나무를 간벌하다. **b)** 벌목하다, 베어내다. **c)** 나무의 마른가지를 치다: die Obstbäume werden ausgehauen 과수의 마른가지가 제거된다. **3.** 【광】 ↑abbauen 참조. **4.** 《지역적》 잡은 짐승의 각을 뜨다: er haute das Schwein aus 그는 돼지의 각을 떴다. **5.** 《지역적》 구타하다: er haute aus den Jungen fürchterlich aus 그는 소년을 심하게 구타했다.

aushäusig ['aushɔyzɪç] ⟨Adj.⟩ 집 밖의, 가정 외의: er ist oft a. 그는 자주 집에 없다; Oliver bleibt hin und wieder länger a., als nötig wäre 올리버는 때때로 필요 이상 오랫동안 집을 비운다. **Aushäusigkeit**, die 집에 없음, 외출.
ausheben⟨*⟩ ⟨h⟩ **1. a)** (흙 따위를) 파내다: für das Fundament mußte viel Erde ausgehoben werden 기초 공사를 위해서 많은 흙을 파내야 했다. **b)** (흙을 파내어) 만들다: einen Graben a. 땅을 파 도랑을 만들다. **2.** (문짝 따위를) 경첩에서 떼어 내다(반대: einheben 1): einen Fensterflügel a. 창문짝을 떼어 내다. **3. a)** 새 집에서 집어 내다, 꺼내다: sie haben heimlich die Eier ausgehoben 그들은 새집에서 새알을 몰래 꺼냈다. **b)** 알이나 새끼를 꺼내 집을 비우다: die Bäuerin nahm abends die Nester aus 그 농부의 아낙네는 저녁마다 새집들을 뒤져 새알을 꺼냈다. **c)** 《지역적》 (우체통을) 비우다: dieser Briefkasten wird dreimal am Tag ausgehoben 이 우체통은 하루에 세 번 비워진다. **4.** 수배 중인 범죄 집단을 찾아내 체포하다: ein Verbrechernest a. 범죄자의 소굴을 소탕(掃蕩)하다. **5.** 【고어】 징집(徵集)하다: Truppen a. 군대를 징집하다. **6.** 【레슬링】 상대방을 쳐들다. **7.** ⟨a. + sich⟩ 《통용어》 ↑ausrenken: ich habe mir den Arm ausgehoben 나는 팔을 뼈었다. **8.** 《통용어》 ↑aushebern: bei der Untersuchung wurde ihm der Magen ausgehoben 진찰시에 그의 위액이 채취되었다. **9.** 【인쇄】 **a)** 채운 식자가(植字架)에서 식자셈(植字行)을 뽑아 내다. **b)** 인쇄를 마친 뒤 인쇄기에서 동판을 뽑아 내다. **Ausheber**, der; -s, - **1.** 【레슬링】 들어올리기의 한 잡기. **2.** 【제혁】 가죽의 흠집. **aushebern** ['aushe:bɐn] ⟨h⟩ (↑Heber 참조) 【의학】 위액이나 위의 내용물을 채취하다. **Ausheberung**, die; -en ↑aushebern의 명사형. **Aushebung**, die; -en ↑ausheben (1, 3 c, 4, 5, 8)의 명사형.
aushecheln ⟨h⟩ 삼을 훑다.
aushecken ⟨h⟩ 《통용어》 생각해내다, 계획하다, (음모를) 꾸미다: die Kinder hecken immer neue Streiche aus 어린이들은 항상 새로운 장난들을 생각해낸다.
ausheilen 1. 《드물게》 ⟨h⟩ 다 낫게 하다, 완치시키다: der Arzt hat den Patienten ausgeheilt 의사가 그 환자를 완치시켰다. 《또한》 ⟨a. + sich⟩ du mußt dich erst a., bevor du wieder anfängst zu arbeiten 일을 다시 시작하기 전에 너는 우선 병이 다 나아야 한다. **2.** ⟨s⟩ **a)** (병이) 없어지다, 치유되다: eine frühe Tuberkulose ist ausgeheilt 초기의 결핵이 없어졌다. **b)** (신체 기관이) 다 낫다, 완치되다: seine Lunge ist ausgeheilt 그의 폐는 다 나았다. **Ausheilung**, die; -en ↑ausheilen의 명사형.
ausheimisch ⟨Adj.⟩ 《지역적·고어》 외국의, 외래의, 이국적인(반대: einheimisch b).
ausheizen ⟨h⟩ 《드물게》 (방을) 충분히 난방하다[덥히다].
aushelfen⟨*⟩ ⟨h⟩ **a)** (무엇을 빌려)주어 누구를 곤궁에서 구하다, 누구를 도와주다: die Nachbarin half mir (mit Zucker) ausgeholfen 옆집 여자가 (설탕을 주어) 나를 도왔다. **b)** 임시로 돕다[거들다]: er mußte vorübergehend in einer anderen Abteilung seines Betriebes a. 그는 당분간 회사의 다른 부서에서 일을 거들어야 했다; einander ⟨sich⟩ ⟨sich (gegenseitig)⟩ a. 어려운 때에 서로 돕다. **Aushelfer**, der; -s, - 《드물게》 (임시) 보조원. **Aushelferin**, die; -nen ↑Aushelfer의 여성형.
aushetzen ⟨h⟩ 【사냥】 사냥개를 시켜 여우나 오소리를 굴에서 몰아내다.
ausheulen ⟨h⟩ **1.** 《통용어》 **a)** 울음을 멈추다 《대개 복합 시제로》 hast du bald ausgeheult? 너 이제 울긴 다 울었니? **b)** ⟨a. + sich⟩ 실컷 울다: das Kind hat sich bei der Mutter ausgeheult 그 아이는 엄마에게 가서 실컷 울

었다. 2. 울리기를 멈추다: die Sirene hat ausgeheult 사이렌 소리가 멈추었다.

Aushilfe, die; -n 1. (궁한 상황에서의) 도움, 보조: Freunde um A. bitten 친구들에게 도움을 청하다; jmdn. zur A. einstellen 누구를 임시 변동으로 채용하다. 2. (임시) 보조원.

aushilfs-, Aushilfs-: **~arbeit,** die 〈대개 Pl.〉임시로 생긴 일거리. **~ausgabe,** die【유료】a) 가쇄(加刷) 우표. b) 임시 발행 우표. **~kellner,** der 임시[대리] 웨이터. **~koch,** der 임시[대리] 요리사. **~kraft,** die 임시직 근로자(노동자). **~lehrer,** der 임시[대리] 교사. **~personal,** das 임시 직원. **~weise** 〈Adv.〉임시(직으)로, 잠정적으로: er arbeitet a. in einer Buchhandlung 그는 어느 서점에서 임시직으로 일하고 있다; eine a. Beschäftigung 임시 고용.

aushobeln 〈h〉대패로 깎다: Bretter a. 널판지를 대패로 깎다.

aushöhlen 〈h〉(속을) 파(후벼, 도려) 내다: ein Brötchen mit dem Finger a. 둥근 빵의 속을 손가락으로 파내다; 전의 jmds. Kompetenzen Stück für Stück a. 누구의 권한을 조금씩 조금씩 잠식하다: die durch die Strapazen wochenlanger Märsche ausgehöhlten Menschen 수주 동안 힘들게 행군해 기진맥진한 사람들. **Aushöhlung,** die; -en 1. 〈Pl. 없음〉↑aushöhlen의 명사형. 2. die A. des Gesetzesbegriffs 법개념의 손상. 2. 움푹 패인(들어간) 곳.

aushöhnen 〈h〉(드물게) 비웃다, 조소하다.

ausholen 〈h〉1. a) 치려고 팔을 쳐들다: er holte aus und versetzte seinem Gegner einen Schlag 그는 팔을 쳐들어 상대방에게 일격을 가했다; mit dem Arm a. 팔을 쳐들다. zum Wurf a. 던질려고 팔을 뒤로 제키다. b) 성큼성큼 걸어가다: die Pferde holten aus dem Wanderschritt aus 말들이 성큼성큼 걸어갔다. 2. 소급하여 이야기하다, 상세히 보고하다: er holt immer sehr weit aus in seinen Berichten 그는 보고할 때 항상 아주 멀리 소급하여 이야기한다. 3. 《통용어》누구에게 꼬치 꼬치 캐어 묻다, 누구에게서 비밀을 알아내다: sie unterließ es, mich über meine Person und mein Vorhaben auszuholen 그녀는 내 개인의 신상과 계획에 대해 캐어 묻기를 단념했다. 4. 【선원】범색(帆索)을 치다. **Ausholer,** der; -s, - 【선원】범색을 치는데 쓰이는 밧줄.

ausholzen 〈h〉1. 벌체하다, 간벌하다: die Fichten müssen ausgeholzt werden 그 소나무들은 벌체되어야 한다. 2. 벌목하다. **Ausholzung,** die; -en ↑ausholzen의 명사형.

aushorchen, 〈h〉정보[비밀]를 알아(캐어)내다, 캐묻다: er kommt nur, um mich auszuhorchen 그는 오직 나에게서 정보를 캐어 내기 위해 온다. **Aushorcher,** der; -s, - 탐방자(探訪者). **Aushorchung,** die; -en ↑aushorchen의 명사형.

aushorsten 〈h〉【사냥】(매 새끼를) 길들이기 위해 보금자리에서 꺼내 오다. **Aushorstung,** die; -en ↑aushorsten의 명사형.

Aushub, der; -(e)s 【지하공사】1. 흙을 파냄. 2. 파낸 흙.

aushülsen 〈h〉껍질을 까다, 깍지를 벗기다: Erbsen a. 완두콩을 까다.

aushungern 〈h〉a) (기운이 빠지도록) 굶기다: unsere Leute werden vor unseren Augen ausgehungert 우리 동료들은 우리 목전에서 굶어 지쳤다. b) (포위된 병력 따위를) 굶겨서 항복을 강요하다, 기아전법(飢餓戰法)을 쓰다: die Stadt a. 도시주민을 굶주려 항복하게 하다. c) 【크리켓】공을 빈 본루로 던지거나 가져오다. **Aushungerung,** die ↑aushungern의 명사형.

aushusten 〈h〉1. 기침하여 뱉(어내)다: Schleim a. 기침

하여 가래를 뱉다. 2. 기침을 그치다: 《(또한) a. + sich》du hast dich nicht richtig ausgehustet 너는 제대로 기침이 그치지 않았다.

ausixen ['aus|Iksn] 〈h〉1. 【사무】(타이프를 잘못 쳤을 때) X자로 지우다. 2. 《지역적》↑austüfteln.

ausjammern 〈h〉a) 한탄하기를 그치다: 《대개 복합시제로》hast du endlich ausgejammert? 너 드디어 한탄할 것 다 했니? b) 〈a. + sich〉하소연하여 고통을 덜다: sie hat sich bei der Nachbarin ausgejammert 그녀는 이웃 여인에게 하소연을 하여 고통을 덜었다.

ausjäten 〈h〉a) (잡초를) 뽑다: Unkraut (aus den Beeten) a. (화단에서) 잡초를 뽑다. b) 제초하다, 김을 매다: die Blumenbeete a. 꽃밭에 김을 매다.

auskalken 〈h〉석회유(石灰乳)를 바르다: der Hühnerstall muß ausgekalkt werden 닭장에 석회유를 발라야 한다.

auskalkulieren 〈h〉정확히 계산하다: die Kosten müssen genau auskalkuliert werden 비용은 정확히 계산되어야 한다. **Auskalkulierung,** die; -en ↑auskalkulieren의 명사형.

auskälten 〈s〉(고어·지역적) 차가워지다, 식다: nach dem Marsch waren sie ganz ausgekältet 행진이 끝난 후 그들은 온몸이 식었다. **Auskältung,** die ↑auskälten의 명사형.

auskämmen 〈h〉1. a) 빗어 없애다: jmdm. [sich] etw. (aus dem Haar) a. 누구[자신]의 머리를 빗어 무엇을 없애다. b) 머리카락을 빗어 빠지게 하다: ausgekämmte Haare 빗질하여 빠진 머리카락들. 2. a) 빗질하다, 조발하다: sie sieht nicht, daß sich filme, während sie sich auskämmt 그녀가 머리를 손질하는 동안 내가 사진을 찍는 것을 그녀는 보지 못한다. b) 빗질하여 머리를 가다듬다: jmdm. das Haar a. 누구의 머리를 손질하다. 3. a) 선발하다, 차출(差出)하다: aus den in Europa stationierten US-Einheiten sollen 15000 Spezialisten ausgekämmt werden 유럽 주둔 미군 부대에서 15000명의 전문가들이 차출될 예정이다. b) 샅샅이 [이 잡듯] 수색하다: die Wälder nach Spürhunden a. 수색견을 데리고 숲을 이 잡듯 수색하다. **Auskämmung,** die; -en ↑auskämmen의 명사형.

auskämpfen 〈h〉1. 《드물게》싸움을 끝내다: das Land kann diesen Krieg nicht mehr a. 그 나라는 이 전쟁을 더 이상 끝낼 수 없다. 2. 끝까지 싸우다, 싸워서 결판을 내다: Interessengegensätze im Parlament a. 이해의 상충(相衝)을 국회에서 결판을 내다; er mußte einen schweren Kampf mit sich a. 그는 자신과의 힘든 싸움을 죽을 때까지 싸워야 했다. 3. **ausgekämpft haben** 〈아어〉(모진 고생 끝에) 죽었다.

auskapiteln: ↑abkapiteln.

auskauen 〈h〉1. 오래 씹다, 충분히 씹다: einen Kaugummi a. 껌을 오래 씹다. 2. a) 씹기를 그치다: 《대개 복합시제로》hast du bald ausgekaut? 너 이제 다 씹었어? b) 끝까지 씹다, 다 씹다: du mußt erst a., bevor du sprichst 너는 우선 다 씹고 나서 말하도록 해야 한다.

auskaufen 〈h〉1. 모조리 사다: die Touristen haben den ganzen Laden ausgekauft 관광객들이 그 상점의 물건을 모조리 다 샀다. 2. 《아어·드물게》이용하다: sie haben jede Gelegenheit ausgekauft, sich in der fremden Stadt umzusehen 그들은 낯선 도시를 둘러보기 위하여 있는 기회는 다 이용했다.

auskegeln 〈h〉1. 무엇을 내기로 볼링 경기를 하다, 볼링 경기에서 무엇을 상으로 걸다: morgen werden sie den Pokal a. 그들은 내일 우승컵 쟁탈 볼링 경기를 할 것이다. 2. 〈a. + sich〉《지역적》↑ausrenken: ich habe mir den Arm ausgekegelt 나는 팔을 삐었다.

auskehlen ⟨h⟩ [목공] 홈을 파다: Bretter a. 날판지에 홈을 파다. **Auskehlung**, die; -en 1. 《Pl. 없음》 홈을 파기. 2. 홈.

¹auskehren ⟨h⟩ a) 쓸어 내다: mit dem Besen den Schmutz (aus dem Raum) a. 빗자루로 (방안의) 먼지를 쓸어 내다. b) (방을) 청소하다: ich muß noch a. 나 아직 방 청소해야 돼.

²auskehren ⟨h⟩ [↑¹kehren] 《고어》 (권리가 있는 사람에게) 지불하다: eine Summe an jmdn. a. 누구에게 얼마의 액수를 지불하다.

Auskehricht, der; -s 《고어·지역적》 ↑Kehricht.

auskeilen ⟨h⟩ 1. (광맥이) 쐐기 모양으로 뻗다: 《또한 a. + sich》 der Gang hat sich an dieser Stelle ausgekeilt 통로가 이곳에서 쐐기 모양으로 뻗어나 있었다. 2. (말이) 뒷발질하다.

auskeimen a) ⟨s⟩ 싹트다: die Kartoffeln im Keller keimen aus 지하실에 있는 감자에서 싹이 난다. b) ⟨h⟩ 싹트기를 그치다. **Auskeimung**, die ↑auskeimen의 명사형.

auskeltern ⟨h⟩ [포도] ↑keltern. **Auskelterung**, die; -en 포도 짜기.

auskennen', sich ⟨h⟩ 잘 알고 있다, 정통하다, 다룰 줄 알다: ich kenne mich gut aus hier 나는 이곳을 잘 알고 있다; in dieser Materie kenne ich mich aus 이 주제에 대해서는 내가 정통하다; er kannte sich aus mit den Gesetzen 그는 그 법규들을 훤히 알고 있었다.

auskerben ⟨h⟩ 눈금을 새기다: einen Haselstock a. 개암나무 막대기에 눈금을 새기다. **Auskerbung**, die; -en 1. 《Pl. 없음》 눈금 새겨 넣기. 2. 눈금을 새긴 자리.

auskernen ⟨h⟩ a) (과일의) 씨를 발라 내다: Kirschen a. 버찌의 씨를 발라 내다. b) 《지역적》 깍지를 까다: Erbsen a. 완두콩 깍지를 까다. **Auskernung**, die ↑auskernen의 명사형.

auskiesen ⟨h⟩ 자갈을 채취하다. **Auskiesung**, die 자갈 채취.

auskippen ⟨h⟩ a) (기울여서) 쏟아 내다: Zigarettenasche a. 재털이의 담배재를 쏟아 내다. b) (통 따위를) 쏟아 비우다: Papierkorb a. 휴지통을 비우다.

auskitten ⟨h⟩ 시멘트[접합제]를 발라 때우다: Löcher in der Wand a. 벽에 난 구멍들을 시멘트로 발라 때우다.

ausklagen ⟨h⟩ 1. (아이) a) 하소연하다: sein Leid a. 고통을 하소연하다. b) ⟨a. + sich⟩ 불평하다, 불만을 털어놓다: sie hatte das Bedürfnis, sich auszuklagen 그녀는 불만을 털어놓고 싶은 욕구를 가졌다. c) 불평을 그치다: 《대개 복합시제로》 es dauerte lange, bis sie ausgeklagt hatte 그녀가 불평을 멈추기까지는 오랜 시간이 걸렸다. 2. [법] a) 고소하다, 소송을 제기하다: die Miete a. 임대료 청구 소송을 제기하다. b) 명도(明渡) 소송을 제기하다, 소송을 제기하여 내보내다: sie wurden aus ihrer Wohnung ausgeklagt 그들은 소송을 당해 집에서 쫓겨났다. **Ausklagung**, die; -en ↑ausklagen의 명사형.

ausklammern ⟨h⟩ 1. [수학] 괄호(括弧) 밖으로 내보내다: x a. X를 괄호 밖으로 내보내다. 2. [언어] (문장의 한 성분을) 뒤로 술어[문장틀] 뒤로 보내다. 3. 제외하다, 배제하다: man kann Frankreich aus den Bemühungen um die europäische Einigung nicht a. 유럽통합의 노력에서 프랑스를 제외할 수는 없다. **Ausklammerung**, die; -en ↑ausklammern의 명사형.

ausklamüsern ⟨h⟩ 《통용어》 생각[고안]해내다, 찾아내다: eine neue Methode a. 새로운 방법을 생각해내다.

Ausklang, der; -(e)s, Ausklänge 1. 《드물게》 (음악의) 끝. 2. (아이) 종결, 결말: der harmonische A. eines Abends 어떤 저녁 행사의 순조로운 끝맺음.

ausklappbar ['ausklapbaːr] ⟨Adj.⟩ 펼 수 있는: -e Bildtafeln 펼 수 있는 화표. **ausklappen** ⟨h⟩ 펴다(반대: einklappen): eine Schreibplatte a. 서판을 펴다.

ausklarieren ⟨h⟩ [관세·해양] 출항 선박이나 화물의 출항세를 물다(반대: einklarieren). **Ausklarierung**, die; -en 출항세 납부.

ausklauben ⟨h⟩ 《지역적》 (손가락으로) 집어 내다, 가려 내다: Erbsen a. 완두콩을 가려내다.

auskleben ⟨h⟩ 무엇의 안쪽을 바르다: eine Schublade a. 서랍의 안쪽을 바르다.

auskleiden ⟨h⟩ 1. (아이) 옷을 벗기다: einen Kranken a. 환자의 옷을 벗기다. 2. 무엇의 내부를 바르다(덮다): einen Raum mit einer Seidentapete a. 어떤 방의 내부를 비단벽지로 도배하다. **Auskleidung**, die; -en 1. a) 탈의, 옷벗기기. b) 안감, 내장재. 2. 《Pl. 없음》 [군] (제대시의) 군장반납.

auskleistern ⟨h⟩ 《통용어》 ↑auskleben.

ausklengen ⟨h⟩ [임업] (솔방울 따위에서) 씨를 빼내다: Fichtensamen a. 잣을 빼내다.

ausklicken ⟨s⟩ 찰칵 소리를 내며 멈추다(반대: einklicken): der Plattenspieler klickte aus 전축이 찰칵하며 작동을 멈추었다.

ausklingen ⟨h⟩ 1. a) ⟨h⟩ 울리기를 그치다: die Glocken hatten ausgeklungen 종소리가 그쳤었다. b) ⟨s⟩ 울림이 끝나다: als das letzte Lied ausgeklungen war, gingen sie nach Hause 마지막 노래가 끝났을 때 그들은 집으로 갔다. 2. a) (어떻게) 끝나다: der Tag war harmonisch ausgeklungen 그날 행사는 순조롭게 끝났다. b) 무엇으로 끝나다, 끝에 가서 무엇으로 바뀌다: der Streit ist bald in eine Versöhnung ausgeklungen 그 싸움은 곧 화해로 끝이 났다.

ausklinken a) ⟨h⟩ 밖으로 떨어뜨리다: sie hatten die Bombenladung über der Stadt ausgeklinkt 그들은 장전된 폭탄을 그 도시 위에 투하했다. b) ⟨s⟩ 풀리다: das Seil muß automatisch a. 밧줄은 자동적으로 풀려야 된다; 《또한 a. + sich》 das Halteseil darf sich nicht von selbst a. 버티는 밧줄은 저절로 풀리면 안된다; 전의 ich kann nicht bis zum Ende der Sitzung bleiben und klinke mich am 12 Uhr aus 《농》 나는 회의에 끝까지 머물 수 없어 12시에 퇴장하겠다.

ausklopfen ⟨h⟩ a) 털어 내다: den Schmutz (aus der Fußmatte) a. (신발닦이에서) 진흙을 털어 내다. b) 깨끗이 털다, 두들겨[털어] 청소하다: einen Teppich a. 양탄자를 두들겨 먼지를 털어 내다. **Ausklopfer**, der; -s, - ↑Teppichklopfer.

ausklügeln ⟨h⟩ 머리를 짜서 생각해내다: eine Methode a. 머리를 짜서 방법을 생각해내다; ein ausgeklügeltes System 깊이 생각하여 고안해낸 체재. **Ausklüg(e)lung**, die ↑ausklügeln의 명사형.

auskneifen' ⟨s⟩ [für niederd. ütknipen, zu: knipen, ↑¹kneipen] 《통용어》 (겁이나 슬그머니) 도망치다: sie wollten vor der letzten Unterrichtsstunde a. 그들은 마지막 수업시간 전에 슬쩍 도망치려고 했다.

ausknipsen ⟨h⟩ 《통용어》 스위치를 끄다(반대: anknipsen): das Licht a. 전등의 스위치를 끄다. 2. (담배 불을) 비벼 끄다.

ausknobeln ⟨h⟩ 《통용어》 1. 주사위를 던져 결정하다: wir knobelten aus, wer die Sache bezahlen sollte 누가 돈을 낼지 우리들은 주사위를 던져 결정하였다. 2. (머리를 짜서) 고안해내다: einen Plan a. 계획을 생각해 내다. **Ausknob(e)lung**, die; -en ↑ausknobeln의 명사형.

ausknocken ['ausnɔkn] ⟨h⟩ [für engl. to knock out] [권투] 케이 오로 이기다: 전의 er hat seinen Konkurrenten ausgeknockt 그는 경쟁자를 물리쳤다.

ausknöpfbar ['ausknœpfbaːr] ⟨Adj.⟩ 단추를 풀어 뗄 수

있는(반대: einknöpfbar). **ausknöpfeln** ['ausknœpfln] ⟨h⟩ 《드물게》↑ausknöpfen. **ausknöpfen** ⟨h⟩ 단추를 풀어 떼어 내다(반대: einknöpfen): das Futter (aus dem Mantel) a. 단추를 풀어 안감을 (외투에서) 떼어 내다.

auskochen 1. ⟨h⟩ 푹 삶다, 오랫동안 끓이다: sie hat Knochen ausgekocht 그녀는 뼈다귀를 푹 삶았다. 2. ⟨h⟩ 《지역적》 (기름기를) 녹이다. 3. a) ⟨h⟩ 《드물게》 (빨래를) 삶다. b) ⟨h⟩ 끓는 물에 소독하다: die Arzthelferin hat die Instrumente ausgekocht 그 간호 보조원은 기구들을 끓는 물에 소독하였다. 4. ⟨s⟩ 《드물게》끓어 넘치다: die Milch ist aus dem Topf ausgekocht 우유가 냄비에서 끓어 넘쳤다. 5. ⟨h⟩ 《österr.》 밥을 해 주다: sie kocht für ihren Untermieter aus 그녀는 세들어 사는 사람에게 밥을 해 준다. 6. ⟨h⟩ 《경·폄》 (못된 짓을) 생각해내다, 꾸미다, 계획하다: ich möchte nur wissen, wer das ausgekocht hat 나는 누가 그 일을 꾸몄는지 알고 싶을 뿐이다. 7. ⟨s⟩ 《경》 생각을 끝내다, 결정하다: ausgekocht ist die Frage noch lange nicht 그 문제 결정 나려면 아직 멀었다. 8. ⟨s⟩ 《폭》[폭파술] (폭약이) 불발하다. **Auskocherin** ['ausk‿xərɪn], die; -nen (österr.·고어) 여자 요리사.

auskoffern ['auskɔfɐn] ⟨h⟩ 《도로건설》 (도로를) 파내다: einen Straßenabschnitt a. 도로의 일정 구간을 파내다. **Auskofferung**, die; -en ↑auskoffern의 명사형.
auskolken ['auskɔlkn] ⟨h⟩ 《지질》 (물살이) 바닥을 패이게 하다(각아 내다). **Auskolkung**, die; -en 1. 〈Pl. 없음〉 ↑auskolken의 명사형. 2. 물살로 패인 바닥(구멍).

auskommen' ⟨s⟩ 1. 꾸려 나가다: mit dem Haushaltsgeld auszukommen versuchen 그 생활비로 살림을 꾸려 나가려고 하다; ich komme einigermaßen aus 나는 어느 정도 꾸려 나간다. 2. 없이 지내다 〈전치사 ohne와 함께〉: er kommt nicht ohne seine Frau aus 그 사람 마누라 없이는 못 살아; er kommt auch ohne Uhr aus 그는 시계 없이도 살 수 있다. 3. 구와 사이좋게 지내다: 〈전치사 mit과 함께〉 er hatte seine Mucken, aber ich bin immer gut mit ihm ausgekommen 그 사람 변덕이 있지만 나는 그와 늘 사이 좋게 지냈다. 4. 《südd., österr.》 도망가다, 도주하다: ein Gefangener ist (aus der Haftanstalt) ausgekommen 죄수 한 명이 (구치소에서) 도주했다. 5. 《지역적》 부화하다: die Eier werden bald a. 곧 병아리가 깬다. 6. 《지역적》 발생하다, 일어나다: ein Brand ist ausgekommen 불이 났다. 7. 《지역적》 알려지다: es ist ausgekommen, daß ... ...하다는 것이 알려졌다. **Auskommen**, das; -s 1. 먹고 살 만한 수입, 생계: ein (gutes) A. haben 생계가 넉넉하다. 2. mit jmdm. ist kein A. 누구는 사귀[견디]기 어려운 사람이다. **auskömmlich** ['auskœmlɪç] 〈Adj.〉 (먹고 살기에) 넉넉한: -e Verhältnisse 먹고 살기엔 걱정이 없는 형편.

auskomponieren ⟨h⟩ 작곡을 완성하다.
auskopieren ⟨h⟩ 《사진》 인화(印畫)하다. **Auskopierpapier**, das (현상하지 않아도 사진이 생기는) 인화지(印畫紙), 감광지(感光紙). **Auskopierprozeß**, der 인화 처리.
auskoppeln ⟨h⟩ 1. (묶은 개를) 풀어 주다: ich kopp(e)le die Hunde aus 나는 개들을 풀어 놓는다. 2. 이미 LP반(盤)에 수록된 노래를 독집으로 내놓다. **Auskopp(e)lung**, die; -en ↑auskoppeln의 명사형.
auskorrigieren ⟨h⟩ (결함을) 교정하다, 제거하다.
auskosten ⟨h⟩ 《아어》 a) 만끽(滿喫)하다, 끝까지 즐기다: er hat die Freuden des Lebens ausgekostet 그는 삶의 기쁨을 만끽했다. b) 이겨[견디] 내다: Schmerzen a. 아픔을 이겨 내다.
auskotzen ⟨h⟩ 《속어》 a) 먹은 것을 토(吐)하다: mein ganzes Abendessen hab' ich ausgekotzt 나는 저녁 먹은 밥을 모두 토했다. b) 〈a. + sich〉 구토(嘔吐)하다: 〔전의〕 ich habe mich bei einem Kameraden ausgekotzt 나는 한 동료에게 화풀이를 했다[하고 싶은 말을 다 털어 놨다].

auskragen ['auskraːɡn̩] ⟨h⟩ 〔건축〕 a) 돌출해 있다: ein Geschoß kragt aus 한 층(層)이 튀어나와 있다. b) 돌출시키다: einen Sims a. 추녀 돌림띠를 돌출시키다. **Auskragung**, die; -en 1. 〈Pl. 없음〉 돌출. 2. (건물의) 돌출부.

auskramen ⟨h⟩ 《통용어》 1. a) 끄집어 내다, 찾아 꺼내다: alte Fotografien (aus der Schublade) a. 옛날 사진을 (서랍에서) 끄집어내다; 〔전의〕 alte Erinnerungen a. 옛 추억을 되살리다. b) 끄집어 내 비우다: er hat die ganze Kiste ausgekramt, ohne das Gesuchte zu finden 그는 상자에 들어 있는 것을 전부 끄집어내 보았지만 찾는 물건을 찾지 못했다. 2. (비밀을) 털어놓다: er hat (alles) ausgekramt 그는 (모든 것을) 털어놓았다. **Auskramung**, die ↑auskramen의 명사형.

auskratzen 1. ⟨h⟩ (뾰족한 것으로) 긁어 없애다: einen Flecken a. 얼룩을 긁어 없애다. 2. ⟨h⟩ a) 긁어 내다: sie hat den Rest (aus der Schüssel) ausgekratzt 그녀는 (대접에서) 나머지를 긁어 냈다. b) (그릇을) 긁어서 깨끗이 하다: sie hat die Teigschüssel ausgekratzt 그녀는 반죽그릇에 붙은 찌꺼기를 깨끗이 긁어 냈다. 3. ⟨h⟩ 〔의학〕 (자궁을) 긁어 내다, 소파(搔爬)하다: die Patientin wurde ausgekratzt 그 여환자는 자궁 소파 수술을 받았다. 4. ⟨s⟩ 《경》 달아나다, 도망치다: er ist (vor dem Lehrer) ausgekratzt 그는 (선생님 앞에서) 달아났다. **Auskratzung**, die; -en 〔의학〕 소파(搔爬).

auskrauten ⟨h⟩ 《지역적》 a) 잡초를 뽑다: die Quecken (aus den Beeten) a. (화단에서) 개밀을 뽑아 내다. b) 김매다: einen Acker a. 밭의 김을 매다.
auskriechen' ⟨s⟩ 알에서 (부화되어) 나오다.
auskriegen ⟨h⟩ 《통용어》 ↑ausbekommen.
Auskristallisation, die; -en 결정화(結晶化). **auskristallisieren** 1. ⟨h⟩ 결정체를 얻다, 결정이 되어 나오다: durch Verdunstenlassen der Lösung Kochsalz a. 용액을 증발시켜 식염의 결정체를 얻다. 2. ⟨s⟩ 결정체로 침전되다[남다]: das Salz ist auskristallisiert 소금이 결정체로 남는다. **Auskristallisierung**, die ↑auskristallisieren의 명사형.

Auskuck ['auskʊk], der 〈nordd.〉↑Ausguck. **auskucken** 〈nordd.〉↑ausgucken.
auskugeln ⟨h⟩ [volksetymologisch umgedeutet aus ↑auskegeln] ↑ausrenken: bei dem Sturz hat er sich den Arm ausgekugelt 그는 넘어져 팔을 삐었다. **Auskugelung**, 《드물게》 **Auskuglung**, die; -en 삐기.

auskühlen 1. ⟨h⟩ 완전히 식히다, 온도[체온]을 심하게 떨어뜨리다: der eisige Wind kühlte den Körper aus 얼음장 같은 바람이 몸을 식게 했다. 2. ⟨s⟩ 온도가 몹시 내려가다, 식다, 추워지다: der Raum kühlt schnell aus 그 방은 금방 식는다. **Auskühlung**, die ↑auskühlen의 명사형.

Auskultant [auskʊl'tant], der; -en, -en [lat. auscultāns (2격: auscultantis)↑auskultāre, ↑auskultieren 참조] 〔법·고어〕 1. (투표권이 없는) 업저버, 방청자, 배석자. 2. 《österr.》 판사시보.
Auskultation [...]: die; -en [lat. auscultātiō] 〔의학〕 청진(聽診). **Auskultator** [...'taːtɔr, 《또한》 ...toːɐ̯], der; -s, -en [...ta'toːrən; lat. auscultātor] 〔법·고어〕 판사시보. **auskultatorisch** [...taˈtoːrɪʃ] 〈Adj.〉 〔의학〕 청진상의, 청진에 의한. **auskultieren** [...'tiːrən] ⟨h⟩ [lat. auscultāre] 〔의학〕 (신체 기관을) 청

진하다: die Lunge a. 폐를 청진하다.
auskundschaften ⟨h⟩ 《물래》 탐색하여 알아[찾아]내다, 정찰하다: jmds. Vermögensverhältnisse a. 누구의 재산 상태를 알아내다. **Auskundschafter**, der; -s, - 밀정, 정보원. **Auskundschaftung**, die; 탐색하여 알아[찾아]내기, 정찰.
Auskunft ['auskunft], die; Auskünfte [...kynftə; früher = Weg od. Mittel, um aus etw. herauszukommen; ↑auskommen 참조] 1. 《질의에 대한》 알림, 정보, 안내: eine A. geben(einholen) 정보를 주다(얻다). 2. ⟨Pl. 없음⟩ 《역이나 전화국의》 안내소. 3. 《고어·지역적》 방책, 탈출구. **Auskunftei** [auskunfˈtai], die; -en [1989년 독어독문학자 V. Pfister에 의해 처음 사용] 흥신소.
Auskunfts-: ~**beamte***, der 《역의》 안내원. ~**büro**, das 관광객《여행자》안내소. ~**dienst**, der ↑Fernsprechauskunftsdienst의 약칭. ~**person**, die 《설문조사 따위의》 응답자. ~**pflicht**, die ⟨Pl. 없음⟩ 《법》《다른 사람에게》 정보 제공 의무. ~**pflichtig** ⟨Adj.⟩ 정보 제공 의무가 있는. ~**recht**, das ⟨Pl. 없음⟩ 《법》《다른 사람으로부터의》 정보 요구권. ~**schalter**, der 안내창구. ~**stelle**, die 안내소. ~**verweigerungsrecht**, das; -(e)s 《법》《증인의》 진술 거부권.
auskuppeln ⟨h⟩ 《자동차》 기어를 풀[빼]다《반대: einkuppeln》: vor dem Schalten muß ausgekuppelt werden 기어를 넣기 전에 빼야 한다. **Auskupp(e)lung**, die; -en 기어 풀[빼]기.
auskurieren ⟨h⟩ 《통용어》 완치시키다: der Arzt wird dich wieder a. 의사가 너를 완치시킬 거야; 《(또한) a. + sich》 es dauerte lange, bis ich mich wieder auskuriert hatte 내가 완쾌되기까지 오랜 시간이 걸렸다. **Auskurierung**, die; -en 완치, 완쾌.
auslachen ⟨h⟩ 1. 비웃다, 조소하다: laß dich nicht a.! 웃음거리가 되지마라! 2. ⟨a. + sich⟩ 마음껏[실컷] 웃다: es ist gut, sich wieder einmal richtig auszulachen 한번 제대로 마음껏 웃어보는 것은 좋다. 3. 웃음을 그치다: 《대개 복합시제로》 endlich hatten sie ausgelacht 마침내 그들이 웃음을 그쳤다.
Auslad ['auslaːt], der; -es 《schweiz.》 하역《반대: Einlad》.
Auslade- ('ausladen 1): ~**bahnhof**, der 화물이 하역되는 역. ~**platz**, der 하역장. ~**rampe**, die 화물 전용 플랫폼. ~**stelle**, die 하역장.
¹**ausladen*** ⟨h⟩ 1. a) 화물차[선]에서 짐을 부리다, 하역하다《반대: ¹einladen》: die Fracht (aus dem Waggon) a. 화물을 《화차에서》 하역하다; einen Verletzten (aus dem Krankenwagen) a. 《구급차에서》 부상자를 내리다. b) 화물차[선]를 하역하다: das Schiff a. 배를 하역하다. 2. a) ↑auskragen: das Vordach lädt (weit) aus 처마가 《많이》 튀어나왔다. b) 뻗어 있다, 퍼지다: -de Bäume 가지가 사방으로 뻗어 있는 나무들. c) 사지를 쭉 펴다, 팔을 뒤로 잡아당기다: 《대개 현재분사로》 er machte mit den Armen eine -de Bewegung 그는 두 팔을 쭉 펴는 동작을 취했다.
²**ausladen*** ⟨h⟩ [Gegenbildung zu ²einladen] 《통용어·농》 초대를 취소하다: einen Gast wieder a. 초대한 손님에 대한 초대를 취소하다.
Auslader, der; -s, - 《해양》 하역 노무자, 하역부.
¹**Ausladung**, die; -en 1. 하역. 2. ↑Auskragung.
²**Ausladung**, die; -en a) 초대의 취소. b) 초대되었다가 취소됨.
Auslage, die; -n 1. a) 진열품, 진열된 상품[물건]: die Auslage(n) eines Juweliers 보석상의 진열품[들]. b) 진열장[창]: ein Buch in die A. legen 책을 진열장에 넣다. 2. ⟨대개 Pl.⟩ 경비, 비용: jmdm. seine -n erstatten 누구에게 지출한 경비를 돌려주다. 3. 《스포츠》 a) 《펜싱》 경기 시작 자세. b) 《권투》 기본 자세. c) 《조정》 노젓기 동작의 첫단계 자세. d) 《육상》 기본 자세. 4. 《사냥》 뿔사이의 폭.
Auslage(n)-: ~**fenster**, das 진열창, 쇼윈도. ~**material**, das 쇼윈도 진열품. ~**tisch**, der 상품 진열대.
auslagern ⟨h⟩ 1. 《귀중품, 미술품을》 안전한 곳으로 옮기다: während des Krieges waren die Gemälde des Museums ausgelagert 전쟁 중에 그 미술관의 그림들이 안전한 곳으로 옮겨졌다. 2. 팔기 위해 창고에서 꺼내다《반대: einlagern 1》. **Auslagerung**, die; -en ↑auslagern의 명사형.
Ausland, das; -(e)s [↑Auslander, ausländisch로부터 역조어] 1. 외국《반대: Inland》: im A. leben 외국에서 살다; sein Bruder ist ins A. gegangen 그의 형은 외국으로 이주했다. 2. 외국《정부나 주민을 지칭하여》: das feindliche A. 적대적인 외국《정부》. **Ausländer** ['ausləndɐ], der; -s, - 외국인: einem A. eine Arbeitserlaubnis erteilen 외국인에게 노동 허가를 주다.
ausländer-, **Ausländer-**: ~**feindlich** ⟨Adj.⟩ 외국인에게 적대적인. ~**kolonie**, die 외교관 등 외국인이 많이 모여 사는 지역. ~**konto**, das 외국의 거주자의 은행 구좌. ~**recht**, das ⟨Pl. 없음⟩ 외국인 특별법.
Ausländerin, die; -nen ↑Ausländer의 여성형. **ausländisch** ['auslɛndɪʃ] ⟨Adj.⟩ a) 외국(산)의: -e Waren[Zeitungen] 외국 상품[신문]; er hat viele -e Freunde 그는 외국인 친구가 많다. b) 《드물게》이국풍의: -es Aussehen 이국풍의 용모.
auslands-, **Auslands-**: ~**absatz**, der ⟨Pl. 없음⟩ 《경제》 상품의 해외 판매[로]. ~**abteilung**, die 《기업의》 해외부, 무역부. ~**anleihe**, die 《금융》 외채. ~**aufenthalt**, der 해외 체재. ~**bank**, die 외국은행. ~**beziehungen**, die ⟨Pl.⟩ 대외 관계, 외국과의 관계. ~**brief**, der 해외로 가는 편지. ~**deutsche***, der / die 《고어》 외위(在外) 독일인. ~**fracht**, die 국제 화물. ~**geschäft**, das 무역, 외국과의 거래. ~**gespräch**, das 국제 전화. ~**hilfe**, die ⟨Pl. 없음⟩ 대외《경제》원조. ~**investition**, die 《경제》 해외 투자. ~**kapital**, das ⟨Pl. 없음⟩ 《경제》 외국 자본. ~**konto**, das 외국 은행 구좌. ~**korrespondent**, der 해외 특파원. ~**kredit**, der 외국에서 얻은 빚. ~**kunde**, die 외국학(外國學) ~**markt**, der 《경제》 해외 시장. ~**niederlassung**, die 해외 지점[사]. ~**presse**, die 해외 언론. ~**reise**, die 외국《해외》여행. ~**schule**, die 외국인 학교. ~**schutzbrief**, der 자동차 클럽이 외국 여행하는 회원에게 발행하는 보증서. ~**sender**, der 《방송》 외국 방송국(사). ~**sendung**, die 1. 국제 우편(물). 2. 국제 방송. ~**spiel**, das 《스포츠》 해외에서 열리는 단체 경기, 국제 경기. ~**tournee**, die 해외 순회 공연. ~**verbindungen** ⟨Pl.⟩ ↑~beziehungen. ~**vermögen**, das 해외 재산. ~**vertretung**, die 《기업의》 해외 출장소[대리점].
auslangen ⟨h⟩ 《지역적》 1. 팔을 뻗다: er langte mit dem Arm (zum Schlag) aus 그는 《때릴려고》 팔을 뻗었다. 2. 특정 목적에 충분하다, 족하다: das Geld langt nicht aus 돈이 충분하지 않다; **das[sein] Auslangen finden[haben]** 《오스트리아》 생계를 꾸려 가다.
auslängen ⟨h⟩ 《임업》 《통나무를》 자를 위치를 《길이에 따라》 정하다. **Auslängung**, die; -en ↑auslängen의 명사형.
Auslaß ['auslas], der; Auslasses, Auslässe [...ləsə] 《기술》 배출구, 방수구, 배기구. **auslassen*** ⟨h⟩ 1. 《드물게》 내보내다, 《밖으로》 풀어 주다: Dampf a. 증기를 방출하다. 2. 《österr.》 a) 석방하다, 풀어 주다, 밖으로 내보내다: wer hat den Hund ausgelassen 누가 개를 풀

auslegen

어 주었느냐? **b)** 가만 내버려 두다, 더 이상 귀찮게 하지 않다: laß mich endlich aus mit deinen Fragen 제발 질문으로 나를 귀찮게 하지 좀 말아다오. **3. a)** (읽거나 쓸 때) 빠뜨리다, 빼먹다: ein Wort (beim Schreiben versehentlich) a. (쓸 때 실수로) 한 단어를 빠뜨리다. **b)** (고의적으로) 말하지[알리지] 않다: diese Sache hast du aber in deinem Bericht ausgelassen 너는 이 일을 보고에서 언급하지 않았다. **c)** (순서를) 건너뛰다: er hat bei der Verteilung ein Kind ausgelassen 그는 나누어 주면서 한 아이를 건너뛰었다. **d)** 놓치다, 지나치다: 《대개 부정으로》 keine Chance a. 한번의 기회도 놓치지 않다. **4.** 엉뚱한 사람에게 화풀이하다[신경질부리다]: seinen Ärger an den Untergebenen a. 부하에게 화풀이하다. **5.** ⟨a. + sich⟩ 《뼘》 (일정한 방식으로) 누구[무엇]에 대한 의견을 말하다: warum hast du dich so negativ über den Fremden ausgelassen? 너는 왜 그 이방인에 대해 그처럼 부정적인 의견을 표시했느냐? **6.** 【요리】 오래 가열하여 녹이다: Butter a. 버터를 녹이다. **7.** 【재단】 단을 뜯어 늘이다[넓히다]: die Ärmel a. 단을 뜯어 소매를 늘이다. **8.** 《통용어》 (옷을) 입지 않다: es ist so warm, du kannst den Mantel a. 날씨가 하도 따뜻해 외투를 입지 않아도 되겠다. **9.** 《통용어》 (가전 제품, 전등 따위의) 스위치를 켜지 않다: das Radio a. 라디오를 켜지 않다. **b)** (난로 따위를) 켜지 않다: wir können heute die Heizung a. 오늘 난방을 켜지 않아도 되겠다. **Auslassung**, die; -en **a)** 누락, 빠뜨림, 생략. **b)** ⟨Pl.⟩ 《경》 표명된 의견, 말, 이야기.

Auslassungs-: **~punkte** ⟨Pl.⟩ **1.** 생략 부호(…). **2.** (수학의) 그러므로 기호(∴), 왜냐하면 기호(∵). **~satz**, der 【언어】 ↑Ellipse (2 b). **~zeichen**, das 【언어】 ↑ Apostroph.

auslasten ⟨h⟩ **1. a)** (화물차 따위에) 적재 용량까지 짐을 싣다: ein Fahrzeug a. 차량에 적재 한도까지 짐을 싣다. **b)** 한계 능력[용량]까지 이용하다, 완전 가동하다: die Kapazität einer Maschine a. 기계를 최대한 가동하다; die Bauunternehmen sind ausgelastet 건설업체들은 한계 능력까지 완전 가동 중이다. **2.** (일·활동이) 누구의 능력[힘]을 완전히 요구하다: die Hausarbeit lastete sie nicht aus 그녀는 집안일을 하고도 힘이 남았다. **Auslastung**, die ↑auslasten의 명사형.

auslatschen ⟨h⟩ 《통용어》 (신발을) 오래 신어서 해지게 [늘어나게] 하다: seine Schuhe a. 구두를 오래 신어 닳게 하다.

Auslauf, der; -(e)s, Ausläufe **1. a)** ⟨Pl. 없음⟩ 유출, 누출(漏出), 흘러나옴. **b)** 흘러나갈 곳: das Wasser sucht sich einen A. 물은 흘러나갈 곳을 찾는다. **2. a)** ⟨Pl. 없음⟩ 밖에서 뛰놀거나 운동할 기회[자유]: die Kinder haben zu wenig A. 어린이들이 밖에서 뛰어놀 기회가 너무 없다. **b)** 이리저리 돌아다닐 공간. **3.** 【스포츠】 **a)** 〈육상〉 a) 마지막 장애물에서 결승점까지의 구간. β) 결승점을 지나 정지하기 위해 필요한 구간. **b)** 〈스키점프〉 착지한 후 속도를 줄이는데 사용하는 구간. **c)** 〈펜싱〉 경기장 뒤쪽의 평면. **auslaufen*1.** ⟨s⟩ **a)** 흘러나오다, 유출[누출]되다: das Benzin ist (aus dem Tank) ausgelaufen 벤진이 (탱크에서) 흘러나왔다. **b)** (용기가) 새[흘러]나가 비다: das Faß ist ausgelaufen 통에 새 있다. **2.** ⟨s⟩ 출항(出航)하다⟨반대: einlaufen 2 b⟩: das Schiff wird morgen a. 그 배는 내일 출항할 것이다. **3.** ⟨s⟩ 서서히 정지하다, 동작을 멈추다: die Motoren laufen langsam aus 모터의 동작이 서서히 멈춘다. **4.** ⟨s⟩ 【스포츠】 결승점을 지나 달리는 속도를 서서히 늦추다. **5.** ⟨s⟩ 끝나다: der Weg läuft am Waldrand aus 그 길은 숲의 가장자리에서 끝난다. **6.** ⟨s⟩ 중단되다, 계속되지 않다: eine Serie läuft aus 시리즈가 끝난다. **7.** ⟨s⟩ 무엇으로 이어지다: das Tal läuft in eine ausgedehnte Ebene aus 그

계곡이 넓은 평야로 이어진다. **8.** ⟨s⟩ (기간 따위가) 끝나다: der Mietvertrag[die Amtszeit des Präsidenten] läuft bald aus 임대 계약[대통령의 임기]이 곧 끝난다. **9.** ⟨s⟩ 특정하게 끝나다: der Streit wird böse für ihn a. 그 싸움은 그에게 나쁘게 끝날 것이다. **10.** ⟨s⟩ (물감이) 번지다, (색이) 빠지다: die Farben sind beim Waschen ausgelaufen 빨래할 때 색깔이 빠졌다. **11.** ⟨a. + sich⟩ ⟨h⟩ 운동삼아 달리다[산책하다], 조깅하다: wir haben uns wieder einmal ordentlich ausgelaufen 우리는 한번 제대로 달렸다. **Ausläufer**, der; -s, - **1.** 무엇이 이어지는[합류되는] 것, 연장, 말단부, 지류, 지맥: die A. des Schwarzwaldes 슈바르츠발트의 연장; die A. eines Hochdruckgebietes 【기상】 고기압의 돌출부. **2.** 【식물】 옆에 난 가지[순]. **3.** ⟨österr., schweiz.⟩ 심부름꾼.

auslaugen ⟨h⟩ **a)** (용해되는 성분을) 씻어[뽑아] 내다. **b)** (물, 갯물 등이) 어떤 물질로부터 특정 성분을 빼다가: das Wasser laugt die Böden aus 물이 토양을 잠식한다; ⟨전의⟩ die Arbeit hatte sie ausgelaugt 일이 그녀를 지치게 했다; ein ausgelaugter Körper 지친 육체. **Auslaugung**, die; -en ↑auslaugen의 명사형.

Auslaut, der; -(e)s, -e 【언어】 (단어나 음절의) 말음(末音)⟨반대: Anlaut⟩. **auslauten** ⟨h⟩ 【언어】 어떤 철자로 끝나다⟨반대: anlauten⟩: das Wort lautet auf e aus 그 단어는 e로 끝난다; ein auslautender Konsonant 말음에 위치하는 자음.

ausläuten ⟨h⟩ **1.** 끝송을 치다, 종을 쳐 끝을 알리다⟨반대: einläuten⟩: den Gottesdienst a. 종을 쳐 예배가 끝났음을 알리다. **2.** 【고어】 널리 알리다, 공표하다. **3.** 종소리가 그치다: die Glocken haben ausgeläutet 종들이 울기를 그쳤다.

Auslautverhärtung, die 【언어】 말음(末音) 자음의 무성음화.

ausleben ⟨h⟩ **1.** ⟨a. + sich⟩ (특히 성적으로) 생활을 즐긴 대로 즐기다: du willst dich ausleben 너는 (성) 생활을 제약없이 즐기려 한다. **2.** 《아이》 (재능 따위를) 마음껏 발휘하다, 펼치다, 실현시키다: seine Begabung a. 재능을 충분히 펼치다. **3.** ⟨a. + sich⟩ 《아이》 형상화되다, 형체를 얻다: seine Phantasie lebt sich in seinen Bildern aus 그의 환상은 그의 그림 속에 형상화되어 있다.

auslecken ⟨h⟩ **a)** (그릇에서) 핥아 내다: den Pudding a. 푸딩을 핥아 내다. **b)** 핥아서 비우다: die Schüssel a. 주발을 핥아서 비우다.

ausleeren ⟨h⟩ **a)** (그릇에 담긴 것을) 쏟아 버리다: das Abwaschwasser a. 구정물을 쏟아 버리다. **b)** (내용물을) 쏟아서 비우다: sein Glas in einem Zug a. 자기 잔을 한 모금에 비우다.

auslegen ⟨h⟩ **1. a)** 펴놓다, 늘어[벌려]놓다, 진열하다: Waren (im Schaufenster) a. 상품을 (쇼윈도에) 진열하다. **b)** (미끼, 덫 따위를) 안 보이게 놓다: Rattengift a. 쥐약을 놓다. **c)** (땅에) 심다: Kartoffeln a. 감자를 심다. **d)** 【기술】 설치하다: Kabel a. 전선을 제 자리에 설치하다. **2. a)** 깔다, 바르다: einen Schrank (mit Papier) a. 장에 (종이를) 바르다. **b)** 무엇을 어디에 박아 넣다, 상감(象嵌)하다: eine Tischplatte mit Elfenbein a. 탁자판을 상아로 상감하다. **3.** (돈을) 입체하다, 빌려 주다: jmdm. eine bestimmte Summe a. 누구에게 일정 액수를 빌려 주다. **4.** 해석하다: etw. als Furcht a. 무엇을 두려움으로 해석하다; etw. zu jmds. Gunsten a. 무엇을 누구에게 유리하게 해석하다; jmds. Worte falsch a. 누구의 말을 잘못 해석하다. **5.** 【기술】 설비(組立)하다: der Motor ist für 180 km/h Höchstgeschwindigkeit ausgelegt 그 모터는 최고속도 시속 180km로 설비되어 있다. **6.** 〈지역〉 몸이 불다, 뚱뚱해지다: er hat zu sehr ausgelegt 그는 몸이 너무 많이 붙었다. **Ausleger,** der; -s, -. **1.** 해석자, 해설자. **2.** [기술] (기중기의) 지부, 데릭. **3.** [조정] **a)** 노 받침대. **b)** 뒤집히지 않도록 보트 옆에 붙여 놓은 부재(浮材). **Auslegeware,** die 바닥에 까는 양탄자. **Auslegung,** die; -en ↑auslegen (1, 4)의 명사형. **Auslegungsfrage,** die 해석상의 문제. **Auslegungsmethode,** die 해석 방법.

ausleiern ⟨h⟩ [통용어] **a)** 많이 사용해 아귀가 딱 맞지 않게 하다. **b)** 느슨해지다, 늘어나다: der Mechanismus leiert mit der Zeit aus 기계 장치가 시간이 지남에 따라 느슨해진다; ausgeleiertes Gummiband 늘어난 고무줄.

Ausleihe, die; -n **1.** ⟨Pl. 없음⟩ 대출, 빌려 줌. **2.** [도서관의] 대출하는 곳. **ausleihen*** ⟨h⟩ **1.** 빌리다, 꾸다: ich habe (mir) ein Buch (bei/von) seinem Freund ausgeliehen 나는 (그의 친구로부터) 책 한 권을 빌렸다. **2.** 빌려[꾸어] 주다: ich habe ihm[an ihn] ein Buch ausgeliehen 나는 그에게 책 한 권을 빌려 주었다. **Ausleiher,** der; -s, - 빌려 주는 사람, 임대인. **Ausleihung,** die; -en ↑ausleihen의 명사형.

auslernen ⟨h⟩ [직업] 교육을 마치다, 수업 연한을 마치다; 졸업하다: er lernt in diesem Jahr aus 그는 금년에 교육을 마친다; ein ausgelernter Schreiner 교육을 마친 목수; [성구] man lernt nie aus (im Leben) 인생 수업에는 끝이 없다.

Auslese, die; -n **1.** ⟨Pl. 없음⟩ 선발, 선택, 가려 뽑음: eine strenge A. treffen 엄격하게 선발하다. **2.** (어느 집단의) 정수, 엘리트. **3.** 특급 포도주. **¹auslesen*** ⟨h⟩ **1. a)** (열등한 것을) 가려[골라]내다: die faulen Äpfel a. 썩은 사과들을 추려 내다. **b)** 쓸 수 없는[상한] 부분을 제거하다. **2.** ⟨아이⟩ 가려 뽑다, 선발[선별]하다: die besten Schüler a. 최우수 학생들을 선발하다. **²auslesen*** ⟨h⟩ **a)** 독파하다, 통독하다, 다 읽다: ein Buch (in einem Zug) a. 어떤 책을 (단숨에) 독파하다. **b)** 읽기를 그치다: hast du bald ausgelesen? 너 곧 읽기를 그만두겠니?

ausleuchten ⟨h⟩ 샅샅이 불을 비추다, 완전히 조명하다: einen Raum a. 공간을 완전히 조명하다; [전의] die Hintergründe eines Vorgangs a. 어떤 사건의 배경을 샅샅이 밝히다. **Ausleuchtung,** die; -en ↑ausleuchten의 명사형.

auslichten ⟨h⟩가지치기를 하다: Obstbäume a. 과실수의 가지치기를 하다. **Auslichtung,** die; -en 가지치기.

ausliefern ⟨h⟩ **1.** 인도하다, 넘기다: einen politischen Flüchtling (an seinen Heimatstaat) a. 정치적 망명자를 (본국으로) 송환하다; sich selbst der Polizei a. 경찰에 자수하다; [전의] hilflos seinen Feinden ausgeliefert sein 속수무책으로 적의 수중에 들어가 있다. **2.** [상] 공급 [인도]하다: wir liefern am 1. Dezember aus 우리는 12월 1일에 상품을 공급합니다. **Auslieferung,** die; -en **1.** (범인 따위의) 인도: jmds. A. fordern 누구의 인도를 요구하다. **2.** 상품의 인도[인도].

Auslieferungs-: ~**antrag,** der [법] (도주자, 범인의) 인도 청구. ~**lager,** das [경제] 물품 인도 창고, 배송창고. ~**vertrag,** der [법] 범인 인도 조약.

ausliegen* ⟨h⟩ **1.** 전시[진열, 비치]되다: Waren liegen im Schaufenster aus 상품들이 쇼윈도에 전시되어 있다; Zeitschriften liegen (in der Bibliothek) aus (도서관에) 잡지들이 진열되어 있다. **2.** (덫 따위가) 놓여 있다, 설치되어 있다: Netze liegen aus 그물이 쳐져 있다. **Ausliefer** ['ausli:ɡɐ], der; -s, - [지리] 경계를 이루는 지형의 마지막을 이루는 산, 외좌층(外座層).

Auslinie, die; -n [구기] 옆줄.

ausliten ['auslitn], ⟨또한⟩ ¹auslitn] ⟨h⟩ [기술] 용기의 용량을 측정하다.

ausloben ⟨h⟩ [법] 현상금을 걸다: für die Aufklärung eines Verbrechens einen Geldbetrag a. 어떤 범죄를 해결하는 데에 얼마의 액수를 현상금으로 걸다. **Auslobung,** die; -en 현상금(으로) 걸기.

auslöffeln ⟨h⟩ **a)** 수저로 다 먹(어 치우)다: die Suppe a. 수프를 수저로 떠서 다 먹다; **a. müssen, was man sich eingebrockt hat** 자기가 한 일의 결과를 책임져야 한다. **b)** 수저로 떠서 비우다: das Honigglas a. 꿀병을 수저로 떠서 비우다.

auslogieren ⟨h⟩ [고어] ↑ausquartieren.

auslohnen ⟨h⟩ [해고시] 임금을 지불하다: die Arbeiter a. 해고하면서 노동자들에게 임금을 정산하여 지불하다. **Auslohnung,** die; -en (해고시의) 임금 지불.

auslöhnen ⟨h⟩ ↑auslohnen. **Auslöhnung,** die; -en ↑Auslohnung.

¹auslöschen ⟨h⟩ ⟨아어⟩ **1. a)** 완전히 끄다: das Feuer im Herd a. 화덕의 불을 완전히 끄다. **b)** (촛불 따위를) 끄다: die Fackel a. 횃불을 끄다. **c)** ⟨아이⟩ (불을) 끄다: das Licht a. 전등을 끄다. **2.** 지우다, (지위) 없애다: Spuren a. 흔적을 지워 없애다; [전의] die Erinnerung an jmdn. [etw.] a. 누구[무엇]에 대한 기억을 지워버리다; ein Menschenleben a. 사람을 죽이다. **²auslöschen*** (lischt aus, losch / (또한) löschte aus, ist ausgelöscht / (또한) ausgeloschen) ⟨h · 고어⟩ (완전히)꺼지다: die Kerze losch aus 촛불이 꺼졌다. **¹Auslöschung,** die ↑¹auslöschen의 명사형. **²Auslöschung,** die ↑²auslöschen의 명사형.

Auslöse-: ⟨↑auslösen (1, 2) 참조⟩: ~**funktion,** die [행태] 종 특유의 행태를 유발하는 기능. ~**handlung,** die [행태] 종 특유의 행태를 유발하는 행위[행동]. ~**hebel,** der [기술] 작동 레버. ~**knopf,** der [기술] 작동 단추(보턴). ~**mechanismus,** der [기술] 작동 메커니즘. ~**schema,** das [행태] 반응을 유발하는 복합적인 자극의 도식. ~**vorrichtung,** die 작동(릴리즈) 장치.

auslosen ⟨h⟩ 추첨[제비]으로 결정하다, 추첨하다: Teilnehmer[eine Reihenfolge] a. 참가자[순서]를 추첨으로 결정하다.

auslösen ⟨h⟩ **1. a)** 작동시키다: einen Mechanismus (durch Knopfdruck)(den Verschluß des Fotoapparates) a. (단추를 눌러) 메카니즘을 작동시키다[사진기의 셔터를 누르다]. **b)** ⟨a. + sich⟩ 작동되다: die Alarmanlage löst sich automatisch von Sensor an 경보기가 자동적으로 작동된다. **2.** 유발하다, 불러 일으키다, 환기하다, 발상시키다: eine Reaktion[Handlung, Freude] a. 반응 [행동, 기쁨]을 불러 일으키다. **3.** [지역의] 발라(벗겨) 내다: die Knochen (aus dem Fleisch) a. (고기에서) 뼈를 발라 내다. **4.** ⟨준고어⟩ **a)** (돈을 지불하고) 도로 찾다, 회수하다: ein Pfand a. 전당잡힌 물건을 도로 찾다. **b)** 몸값을 치르고 석방시키다: einen Gefangenen a. 몸값을 치르고 포로를 석방시키다. **Auslöser,** der; -s, - **1.** [기술] (사진기의) 셔터, 릴리즈: auf den A. drücken 셔터를 누르다; [전의] dieser Vorwurf war A. des Streits 이 비난이 그 싸움을 유발했다. **2.** [심리 · 행태] 본능적 행태를 유발하는 자극.

Auslosung, die; -en 추첨, 제비뽑기.

Auslösung, die; -en **1.** ↑auslösen의 명사형. **2. a)** 출장비, **b)** 원격지 출장 수당.

ausloten ⟨h⟩ **1.** [해양] 측연(測鉛)으로 수심을 재다: [전의] jmds. Wesen auszuloten suchen ⟨아어⟩ 누구의 본심을 알아내려 하다. **2.** [기술] 측연으로 수직선을 정하다. **Auslotung,** die; -en ↑ausloten의 명사형.

Auslucht ['auslʊxt], die; -e [für niederd. utlucht, zu: lucht] [건축] **1.** 지면에서 시작되는 건물의 장식이 많고 튀어나온 전면. **2.** 교회 건물의 측면 계랑(繁廊) 위의 횡방공(橫膀拱).

auslüften ⟨h⟩ **1. a)** 통풍[환기]시키다: einen Raum a.

Ausmündung

방을 환기시키다. b) 신선한 공기를 쐬다: die Wintersachen müssen erst a. 겨울 옷들은 먼저 공기를 쐬어야 한다. 2. 《통용어·농》 바람 쏘이다, 산책하다. **Auslüftung**, die; -en ↑auslüften의 명사형.

Auslug ['auslu:k], der; -(e)s, -e 《준고어》 ↑Ausguck.

auslugen ⟨h⟩ 《준고어·지역적》 망[옆]보다.

auslutschen ⟨h⟩ 《통용어》 a) 빨아내다: den Saft (aus einer Zitrone) a. (레몬의) 즙을 빨아내다. b) 즙을 빨아내다.

ausmachen ⟨h⟩ 1. 《통용어》 a) (스위치를 눌러[돌려]) 끄다(반대: anmachen 2): das Radio a. 라디오를 끄다. b) (불을) 끄다(반대: anzünden): die Zigarette a. 담뱃불을 끄다. 2. 캐(내)다: Kartoffeln a. 감자를 캐다. 3. 결정(약정, 협정)하다: einen Termin (Treffpunkt) a. 약속 날짜[만날 장소]를 정하다; etw. mit jmdm. [miteinander] a. 무엇을 누구와 [함께] 결정하다. 4. (망원경 따위로) 원거리에 있는 것을 찾아[알아]내다: den Standort eines Schiffes a. 배의 위치를 알아내다; etw. ist schwer auszumachen 무엇은 찾아[알아]내기가 어렵다. 5. (문제 따위를) 해결하다: einen Rechtsstreit vor Gericht a. 법적인 다툼을 법정으로 가지고 가다; etw. mit sich selbst [mit sich alleine] a. 무엇을 스스로 해결하다. 6. 총계가 …이다: die Gesamtsumme macht 100 Mark aus 총액은 100 마르크이다. 7. a) (무엇의 본질을) 이루다, 형성하다: die Farben machen den Reiz seiner Bilder aus 색채가 그의 그림들의 매력이다; ihm fehlt alles, was einen großen Künstler ausmacht 위대한 예술가의 본질을 이루는 모든 것이 그에게는 없다. b) 《통용어》 긍정적 또는 부정적으로 작용하다: die neue Tapete macht sehr viel aus 새 벽지가 크게 작용한다. 8. 무엇의 내용을 이루다: die Sorge für ihre Familie macht ihr Leben aus 가족에 대한 걱정이 그녀의 삶을 이루고 있다. 9. a) 문제가 되다, 중요하다: ein Prozent mehr macht nicht viel aus 일 프로 더 된다고 별로 문제될 것 없다. b) 누구에게 지장을 주다[폐가 되다]: würde es Ihnen etwas a., den Platz zu wechseln? 자리를 바꾸면 당신에게 폐가 되겠습니까? 10. ⟨a. + sich⟩ 《속어》 오줌[똥]을 싸다: wer hat sich denn da ausgemacht? 대체 누가 여기에다 싸놨지?

ausmahlen ⟨h⟩ 곱게 빻[갈]다: Weizen a. 밀을 곱게 빻다. **Ausmahlung**, die; -en 곱게 빻기.

ausmalen ⟨h⟩ 1. a) 색칠[채색]하다: einen Holzschnitt a. 목판화를 채색하다. b) 내부 공간에 그림을 그려넣다: einen Kirchenraum a. 교회의 내부 공간에 그림을 그려 장식하다. c) 《지역적》 완전히 페인트칠하다. 2. a) 생생하게 묘사하다[그리다]: ein Erlebnis (in grellen Farben) a. 체험을 (원색적으로) 생생하게 묘사하다. b) 자세하게 상상하다[머리 속에 그리다]: ich hatte mir die Reise (in Gedanken) so schön ausgemalt 나는 (머리 속에) 그 여행을 아주 아름다울 것으로 상상했다. **Ausmalung**, die; -en ↑ausmalen의 명사형.

ausmanövrieren ⟨h⟩ 교묘한 책략(술수)으로 경쟁자를 따돌리다: einen Gegner a. 교묘한 책략으로 적대자를 따돌리다.

ausmarchen ['ausmarçn] ⟨h⟩ 《schweiz.》 《권리, 이권의》 한계를 정하다. **Ausmarchung**, die; -en ↑ausmarchen의 명사형.

ausmären, sich ⟨h⟩ 《지역적》 1. 빈둥거리며 일하다, 게으름피우다: der Mann sich heute wieder aus und wird den Zug verpassen 저 자는 오늘 또 게으름피워 기차를 놓칠 것 같다. 2. 빈둥거리기를 멈추다, 끝내다: mär dich endlich aus! 제발 그만 빈둥거려라! 3. 끝없이 이야기하다: unsre Nachbarin hat sich wieder (eine Stunde) ausgemärt 우리 옆집 여자가 또 다시 (한 시간 동안) 이야기를 늘어놓았다.

Ausmarsch, der; -(e)s, Ausmärsche 행진하여 나감, 출진, 출발(반대: Einmarsch). **ausmarschieren** ⟨s⟩ 발진하다, 행진하여 나가다(반대: einmarschieren): die Kompanie ist ausmarschiert 중대가 발진하였다.

Ausmaß, das; -es -e 1. 크기, 부피, 외연: ein Bergmassiv von gewaltigen -en 엄청난 크기의 산괴(山塊). 2. 범위, 규모, 정도: ein Betrug größten -es [von größtem] A. 대규모 사기; bis zu einem gewissen A. 일정 범위까지.

ausmauern ⟨h⟩ 내벽을 쌓다: einen alten Baum a. 고목의 공동을 시멘트로 때우다. **Ausmauerung**, die; -en ↑ausmauern의 명사형.

ausmeißeln ⟨h⟩ a) 끌로 조각하다(새기다): eine Inschrift aus dem Marmorblock a. 끌로 대리석에 글자를 새기다. b) 끌로 파[깎아]내다: einen Zahn a. 이를 끌로 뽑아내다. **Ausmeiß(e)lung**, die; -en ↑ausmeißeln의 명사형.

ausmelken* ⟨h⟩ a) 완전히 짜(내)다: die Euter ganz a. (가축의) 젖통을 완전히 짜내다. b) (우유를) 짜다: die Milch vollständig a. 우유를 완전히 짜다.

ausmergeln ['ausmergln] ⟨h⟩ 쇠약하게 하다: die Krankheit hatte sie völlig ausgemergelt 병이 그녀를 완전히 쇠약하게 만들었다; ein ausgemergeltes Gesicht 수척해진 얼굴. **Ausmerg(e)lung**, die 쇠약하게 함.

ausmerzen ['ausmertsn] ⟨h⟩ 1. a) 박멸하다, 근절시키다: Ungeziefer a. 해충을 박멸하다. b) 사육에 적합치 않은 것으로 가려내다: die zur Zucht ungeeigneten Tiere a. 사육에 적당하지 않은 짐승들을 가려내다. 2. (잘못된 것을) 없애다, 지우다: die stehengebliebenen Fehler im Manuskript a. 남아 있는 오자를 원고에서 없애다; 《전의》 etw. aus der Erinnerung a. 무엇을 기억에서 지워 버리다. **Ausmerzung**, die; -en ↑ausmerzen의 명사형.

ausmessen* ⟨h⟩ 측량하다, 재다: ein Grundstück a. 토지를 측량하다; 《전의》 die Ebene, soweit das Auge sie a. kann 눈으로 어림짐작할 수 있는 평야. **Ausmessung**, die; -en 측량.

¹**ausmieten** ⟨h⟩ 《schweiz.》 때때로 세놓다. ¹**Ausmietung**, die; -en ↑ausmieten의 명사형.

²**ausmieten** ⟨h⟩ 《농업》 (감자 따위를) 움에서 꺼내다(반대: einmieten). ²**Ausmietung**, die; -en 움에서 꺼내기.

ausmisten ⟨h⟩ 1. (마구간 따위를) 청소하다: einen Stall a. 외양간을 청소하다. 2. 《통용어》 a) 사용하지 않는 것을 버리다[치우다]: den Kleiderschrank a. 사용하지 않는 옷은 버려 옷장을 정돈하다. b) 불필요한 것으로 골라내 버리다: den alten Kram kannst du a. 너 그 낡은 허접쓰레기를 버려도 된다.

ausmitteln ['ausmitln] ⟨h⟩ 《드물게》 알아[찾아]내다: jmds. Adresse a. 누구의 주소를 알아내다. **Ausmitt(e)lung**, die; -en 알아[찾아]내기.

ausmöblieren ⟨h⟩ 가구 일습을 비치하다: einen Raum a. 방에 가구 일습을 비치하다. **Ausmöblierung**, die; -en ↑ausmöblieren의 명사형.

ausmontieren ⟨h⟩ (일부를) 떼어 내다(반대: einmontieren): den Motor aus dem Auto a. (자동차에서) 모터를 떼어 내다. **Ausmontierung**, die; -en (일부를) 떼어 냄.

ausmugeln ['ausmu:gln] ⟨h⟩ 《österr.》 (길을) 울퉁불퉁하게 만들다.

ausmünden ⟨h/s⟩ 《드물게》 무엇으로 끝나다 (in etw.⁴): 무엇에 흘러 들어가다: die Straßen des Ortes münden alle in einen weiten Platz aus 그 지역의 거리들은 모두 넓은 광장으로 통한다; **Ausmündung**, die; -en 하구,

출구.
ausmünzen 〈*h*〉 **1.** 화폐로 주조하다. **2.** 이용하다. **Ausmünzung**, die; -en 화폐의 주조.
ausmustern 〈*h*〉 **1.** 〔군〕 징병 검사에서 판정을 내리다. **2.** (사용할 수 없게 된 것을) 골라내다. **3.** 〔섬유〕 (무늬를) 작성하다. **Ausmusterung**, die; -en ↑ausmustern의 명사형.
Ausnahme ['ausnaːmə], die; -n 예외, 제외, 이례(異例); 특수한 경우: eine A. machen 예외를 만들다; 성구 keine Regel ohne A. 예외없는 규칙은 없다.
Ausnahme-: **~athlet**, der 〔스포츠〕 예외적인 경기자, 특수한 선수. **~befugnis**, die 예외 권능. **~bestimmung**, die 〔법〕 예외 규정. **~erscheinung**, die 예외 현상. **~fall**, der 예외적 경우, 특례. **~gericht**, das 〔법〕 특별 재판소. **~mensch**, der 예외적 인간, 기인(奇人). **~situation**, die 예외적 상황. **~stellung**, die 예외적 입장. **~zustand**, der 비상 사태.
ausnahms-, Ausnahms-: **~fall**, der (österr.) ↑ Ausnahmefall. **~los** 〈Adj.〉 예외 없는. **~losigkeit**, die 예외 없음. **~weise** 〈Adv.〉 예외로서, 예외적으로.
ausnehmen¹ 〈*h*〉 **1. a)** 끄집어내다, 들어내다 **b)** (새 등의 둥지를) 털다: 전의 ein Verbrechernest a. 범죄자의 소굴을 쓸어 버리다. **2. a)** (내장을) 들어내다, 꺼내다, 뽑아 내다: die Eingeweide a. 내장을 꺼내다. **b)** (죽인 동물의 것을) 비우다: ein Huhn a. 닭의 내장을 꺼내어 비우다. **3.** 《폄·준고어》 **a)** (누구에게서 돈을) 갈취하다. **b)** (꼬치꼬치) 캐묻다. **4.** 제외하다, 함께 계산하지 않다. **5.** (아이) 〈a. + sich〉 작용하다, (효과를) 나타내다: das Bild nimmt sich in diesem Raum sehr gut aus 그 그림은 이 방에 매우 훌륭하게 어울린다. **6.** (österr.) 인식〔구별, 감지〕하다. **ausnehmend** ['ausneːmənt] 〈Adj.〉 (아이) **a)** 비상한, 비범한. **b)** 대단히, 몹시.
Ausnehmer, der; -s, - (österr.) 은거 재산으로 생활하는 농부.
ausnüchtern 〈*h*〉 (술에 잔뜩 취했다가) 깨어나다. **Ausnüchterung**, die; -en ↑ausnüchtern의 명사형.
Ausnüchterungszelle, die (경찰서의) 만취자 보호실.
ausnutzen, 《지역적》 **ausnützen** 〈*h*〉 **1. a)** 이용을 대로 다 이용하다. **b)** (유리한 지위를 이용하여) 이익을 취하다. **2.** 착취하다. **Ausnutzung**, 《지역적》 **Ausnützung**, die ↑ausnutzen의 명사형.
auspacken 〈*h*〉 **1. a)** 포장을 풀고 끄집어 내다(반대: einpacken 1). **b)** (내용물을 꺼내어) 비우다 (반대: packen): den Koffer a. 트렁크를 비우다. **2. a)** 《통용어》 퍼뜨리다, 널리 알리다. **b)** 《경》 비밀을 누설하다, 실토하다. **c)** 《통용어》 실토하다, 화를 터뜨리다: in der Auseinandersetzung mit dem Vorgesetzten hat er furchtbar ausgepackt 그는 그의 상사와의 논쟁에서 무섭게 화를 터뜨렸다.
ausparken 〈*h*〉 (주차 중인 두 차 사이의 틈에서) 빠져 나오다 (반대: einparken).
auspeitschen 〈*h*〉 (무자비하게) 채찍질하다. **Auspeitschung**, die; -en ↑auspeitschen의 명사형.
auspendeln 〈s〉 **1.** 이리저리 흔들리다가 멈추다. **2.** 〔복싱〕(상대방의 주먹을) 상체를 요리조리 흔들어 피하다. **Auspendler**, der; -s, - 직장에서 집으로 가는 통근자 (반대: Einpendler).
auspennen 〈*h*〉 《경》 ↑ausschlafen.
auspfählen ['auspfɛːlən] 〈*h*〉 《드물게》 **1.** 담을 둘러싸다. **2.** 〔교양에〕 받침목으로 받치다.
auspfeifen 〈*h*〉 (연극 배우 따위를) 휘파람을 불어 조소〔야유〕하다.
auspflanzen 〈*h*〉 **1.** (어린식물을 옥외에) 옮겨 심다, 이식하다. **2.** 〔의학〕 (기관이나 조직을) 떼어 내다 (반대: einpflanzen). **Auspflanzung**, die; -en ↑auspflanzen의 명사형.
auspflücken 〈*h*〉 **a)** 따내다, 뜯어내다. **b)** 《지역적》 (콩 따위를) 깍지에서 꺼내다.
Auspizium [aus'piːtsiʊm], das; -s, ...ien [...jən]; lat, auspicium 《아이》 〈대개 Pl.〉 전조, 예시: unter jmds. [einer Sache] Auspizien 《통용어》 어떤 사람 [기관]의 비호〔권력〕 아래.
ausplaudern 〈*h*〉 **1.** (비밀 따위를) 함부로 지껄이다, 누설하다. **2.** 〈a. + sich〉 마음껏〔실컷〕 지껄이다.
ausplauschen 〈*h*〉 (österr.) **1.** ↑ausplaudern (a). **2.** 〈a. + sich〉 끝까지 지껄여 대다.
ausplündern 〈*h*〉 **a)** 남김없이 빼앗다, 다 약탈하다. **b)** (어떤 지역 등을) 털어버리다: den Kühlschrank a. 《농》 냉장고 속의 것을 다 꺼내 먹다. **Ausplünderung**, die; -en ↑ausplündern의 명사형.
auspolstern 〈*h*〉 속을 채워 넣다: einen Mantel a. 외투 속을 솜으로 채워 넣다. **Auspolsterung**, die; -en ↑ auspolstern의 명사형.
ausposaunen 〈*h*〉 《통용어》《경·폄》 (비밀을) 사방팔방으로 떠벌리다.
auspowern ['auspoːvɐn] 〈*h*〉《통용어·폄》 빈곤에 빠뜨리다, 착취하다; 전의 ein ausgepowerter Acker 황폐화된 토지. **Auspowerung**, die ↑auspowern의 명사형.
ausprägen 〈*h*〉 **1.** 〔금속〕 (화폐를) 주조하다. **2.** 〈a. + sich〉 **a)** 표현되다, 나타나다, 명백해지다. **b)** 점차적으로 생겨나다, 형성되어 나오다. **Ausprägung**, die; -en ↑ ausprägen의 명사형.
auspreisen 〈*h*〉 〔상〕 (상품에) 정찰표를 붙이다.
auspressen 〈*h*〉 **a)** (즙 따위를) 짜내다. **b)** 눌러서 즙을 얻다; 전의 jmdn. a. (wie eine Zitrone) 누구를 (레몬처럼) 눌러짜다, 귀찮을 때까지 질문하다. **Auspressung**, die; -en ↑auspressen의 명사형.
ausproben 〈*h*〉 《드물게》 ↑ erproben.
ausprobieren 〈*h*〉 음미하다, 시험하다: ein neues Medikament (an jmdm.) a. 새 약제(藥劑)를 (누구에게) 시험하다.
Auspuff, der; -(e)s, -e 〔기술〕 배기관(排氣管), 배기 장치.
Auspuff-: **~anlage**, die 〔기술〕 배기관 설비〔시설〕. **~flamme**, die 배기 화염. **~gase** 〈Pl.〉 배기 가스. **~rohr**, das 배기관. **~topf**, der (배기관의) 소음기(消音器).
auspuffen 〈*h*〉 (배기 가스를) 사출(排出)하다.
auspumpen 〈*h*〉 **a)** 펌프로 퍼내다 (반대: einpumpen). **b)** 펌프질해서 비우다: (jmdm.) den Magen a. 〔의학〕 (누구의) 위를 펌프질해서 비우다.
auspunkten 〈*h*〉 《복싱》 (상대를) 판정승하다: 전의 du hast mich ausgepunktet 너는 나를 능가했다.
auspusten 〈*h*〉 《지역적》 **1.** (촛불 따위를) 불어 끄다 (↑ ausblasen (1)). **2.** (파리를 물듯이) 숨을 내쉬다 (↑ ausbassen (4)). **3.** (파리 따위) 불기를 마치다 (↑ ausblasen (3)).
ausputzen 〈*h*〉 《지역적》 **a)** 가지를 쳐서 손질하다. **b)** (속을) 깨끗이 하다. **2.** 《지역적》 누구를 이용하다. **3.** 《준고어》 **a)** (무엇으로) 꾸미다, 장식하다. **b)** 나들이 옷을 입다, 치장하다. **4.** 〔축구〕 수비로 뛰다. **Ausputzer**, der; -s, - **1.** 〔축구〕 수비수. **2.** 《지역적》 남을 이용하는 사람.
ausquartieren 〈*h*〉 숙소에서 내보내다, 다른 숙소로 옮기게 하다. **Ausquartierung**, die; -en ↑ausquartieren 의 명사형.
ausquatschen 〈*h*〉 《경》 **1.** 지껄이다, 누설하다. **2.** 〈a. + sich〉 (마음 속의 것을) 다 털어놓다.

ausquellen' ⟨h⟩ 부풀게 하다.
ausquetschen ⟨h⟩ 《드물게》 **a)** ↑auspressen (a). **b)** ↑auspressen (b): jmdn. wie eine Zitrone a. 누구에게 레몬을 짜듯이 집요하게 질문해서 알아내다.
ausradeln, ausrädeln ⟨h⟩ **1.** (반죽을) 작은 톱니바퀴 칼로 잘라 내다. **2.** (재단본을 가지고) 본뜨다.
ausradieren ⟨h⟩ **1.** (쓰여진 것을) 지우개로 지우다: 전의 etw. aus seinem Gedächtnis a. 무엇을 그의 기억에서 지우다. **2.** (아비한 어조) **a)** 털끝도 남김 없이 파괴하다. **b)** 누구를 죽이다, 멸절하다. **Ausradierung**, die ↑ausradieren의 명사형.
ausrangieren ⟨h⟩ 《통용어》 (고물 따위를) 가려내다, 더 이상 사용하지 않다. **Ausrangierung**, die ↑ausrangieren의 명사형.
ausrasen ⟨h⟩ 《또한》 a. + sich》 광란[노도]이 그치다(수그러 들다).
ausrasieren ⟨h⟩ **a)** (털을) 면도해서 없애다: (jmdn. [sich]) die Haare a. (누구(자신)의) 털을 깍아 없애다. **b)** 면도해서 털을 제거하다: (jmdm. [sich]) den Nacken a. (누구(자신)의) 목에 있는 털을 깍아 버리다. **c)** (수염 따위를) 면도하여 고치다(어떤 형태로 만들다).
¹ausrasten ⟨s⟩ 《기술》 맞물려 고착되어 있는 상태에서 풀려나다(반대: einrasten 1).
²ausrasten ⟨h⟩ 《südd., österr.》 휴식(휴양)하다: 《또한》 a. + sich er muß sich von Zeit zu Zeit a. 그는 때때로 휴식해야 한다.
ausratschen ⟨h⟩ 《österr. · 통용어》 **1.** 함부로 지껄이다. **2.** ⟨a. + sich⟩ 충분히 대화하다, 잡담하다.
ausrauben ⟨h⟩ **1.** 남김없이 약탈하다. **2.** (완력을 써서) 소유물을 모두 빼앗다. **Ausraubung**, die; -en ↑ausrauben의 명사형. **ausräubern** ⟨h⟩ **1.** 노략질(약탈)하다: 전의 sie haben gestern abend den Kühlschrank ausgeräubert 〈농〉 그들이 어제 저녁에 냉장고 속의 음식을 깡그리 먹어 치웠다. **2.** (공격(기습)하여) 모든 것을 빼앗다. **Ausräuberung**, die ↑ausräubern의 명사형.
ausräuchern ⟨h⟩ **1. a)** (해충을 연기나 가스로) 몰아내다, 박멸하다. **b)** [사냥] (여우 등을 가스로) 굴 밖으로 몰아내다. **2.** 연기로 (방 따위의) 해충을 절멸하다: 전의 ein Diebesnest a. 은신처에 숨어 있는 도둑을 붙잡다. **Ausräucherung**, die; -en ↑ausräuchern의 명사형.
ausraufen ⟨h⟩ 《드물게》 (많은 데서) 뽑아 내다, 쥐어 뜯어 내다: Gras a. 풀을 뽑아 내다.
ausräumen ⟨h⟩ **1. a)** (방 따위에서) 내가다, (그릇 등에서) 끄집어내다(반대: einräumen 1 a). **b)** (방 따위를) 비우다(반대: einräumen 1 b). **c)** 약탈하다, 훔치다. **2.** [의학] 유산 후에 남은 조직을 자궁에서 제거하다. **3.** (방해되는 것을) 제거하다: Mißverständnisse a. 오해를 제거하다. **Ausräumung**, die ↑ausräumen의 명사형.
ausrechen ⟨h⟩ ⟨md., südd.⟩ **a)** 갈퀴로 긁어내다. **b)** 갈퀴로 무엇을 비우다.
ausrechnen ⟨h⟩ **1. a)** 셈으로 풀다. **b)** 계산으로 산출하다: sich³ etw. a. können 무엇의 결과를 생각해낼 수 있다. **2.** ⟨a. + sich⟩ 무엇을 셈에 넣다, 고려(고대)하다. **Ausrechnung**, die; -en ↑ausrechnen의 명사형.
ausrecken ⟨h⟩ **a)** (팔다리 따위를) 뻗다. **b)** ⟨a. + sich⟩ (무엇을 움켜쥐기 위해서) 몸을 펴다, 늘어나다
Ausrede, die; -n 《뱀》 구실, 변명: er hat immer eine passende A. 그는 항상 적절한 핑계를 댄다. **ausreden** ⟨h⟩ **1. a)** 말을 끝내다. **b)** 연설을 끝내다. **2.** 간지(諫止)하다, 말리다: ich lasse mir nicht a. 나는 확신한다. **3.** ⟨a. + sich⟩ (지역적) 속마음을 말하다, 괴로움을 호소하다. **4.** ⟨a. + sich⟩ (지역적) 발뺌하다, 변명하다: er redete sich damit aus, daß er nichts von der Angelegenheit gewußt habe 그 사건에 대해 아무것도 모르고 있었다고 그는 변명했다.
ausregnen ⟨h⟩ **a)** 비가 그치다. **b)** ⟨a. + sich⟩ 구름이 걷힐 때까지 오래 비가 오다.
ausreiben' ⟨h⟩ **1. a)** 문질러 없애다. **b)** 내부를 문질러 닦다. **2.** 《österr.》 표면을 솔로 문질러 닦다. **Ausreibtuch**, das 《österr.》 걸레.
ausreichen ⟨h⟩ **1.** 넉넉하다, 족하다. **2.** (통용어) 무엇으로 충당하다(때우다): mit etw. a. 무엇으로 족하다(그럭저럭 꾸려 나가다).
ausreifen ⟨s⟩ **1. a)** (과일 따위가) 무르익다. **b)** (포도주 따위가) 완전히 익다. 전의 noch nicht ausgereifte Jugendliche 아직 성숙하지 못한 미성년자. **2.** 성숙하다, 완성 단계로 발전하다: einen Plan a. lassen 어떤 계획을 실현 단계로 발전시키다. **Ausreifung**, die ↑ausreifen의 명사형.
Ausreise, die; -n 출국, 출발(반대: Einreise). **Ausreiseerlaubnis**, die 출국 허가. **ausreisen** ⟨s⟩ (국외로) 여행을 떠나다(반대: einreisen). **Ausreisevisum**, das 출국 비자.
ausreißen' ⟨h/s⟩ **1.** ⟨h⟩ 뽑아내다, 뜯어내다. **2. a)** ⟨s⟩ 찢다, 풀다: der Ärmel ist ausgerissen 소매가 찢어져 있다. **b)** 찢어서 틈을 내다. **3.** 《통용어》 **s)** 도망가다: seine Frau ist ihm ausgerissen 그의 부인이 그에게서 도망갔다(그를 떠났다). **4.** [스포츠] ⟨s⟩ (갑자기 속력을 내서) 앞지르다. **Ausreißer**, der; -s, - **1.** 《통용어》 가출인(특히 미성년인). **2.** 《기술 · 은어》 다른 것들과 현저한 차이를 지닌 측정치. **3.** [스포츠] 다른 경주자를 갑자기 앞지른 사람. **4.** [사격] 유탄. **Ausreißversuch**, der [스포츠] 앞지르기 시도.
ausreiten' ⟨h/s⟩ **1. a)** ⟨s⟩ (숙박소 등을) 말을 타고 떠나다. **b)** ⟨s⟩ 말을 타고 외출(소풍)하다. **2.** [경마] **a)** (경주를 위해) 말을 충분히 조련시키다. **b)** ⟨h⟩ (시합을) 하다. **c)** ⟨h⟩ 굽은 구간을 말을 타고 완주하다.
ausreizen ⟨h⟩ 《카드》 가장 높은 수까지 유혹하여 올리다: 전의 das Thema ist ausgereizt 그 테마는 철저하게 토론되었다.
ausrenken ['ausrɛŋkn] ⟨h⟩ 탈구(脫臼)시키다, 관절을 빼게 하다(반대: einrenken): sich den Arm a. 팔을 빼다; ich habe mir fast den Hals a. müssen, um etw. zu sehen 나는 무엇을 보기 위해서 목이 거의 빠지도록 쭉 빼야 했다. **Ausrenkung**, die; -en ↑ausrenken의 명사형.
ausrichten ⟨h⟩ **1.** (위탁을) 이행하다, 전하다, 인도(引渡)하다: jmdm. Grüße (von jmdm.) a. 누구에게 (누구의) 인사를 전하다. **2.** 성공하다, 달성하다: mit einem Appell an die Vernunft ist in dieser Situation wenig auszurichten 이러한 상황에서 이성에 대한 호소가 큰 성과를 거둘 수 없다. **3.** 똑바로 하다, 정돈하다, 정렬시키다. **4. a)** 겨냥하다, 목표하다, 노리다. **b)** (어떤 이념 등에) 방향을 설정하다: diese Gruppe ist kommunistisch ausgerichtet 이 그룹은 공산주의 경향을 띄고 있다. **5.** (축제 따위를) 거행[개최]하다, 준비하다. **6.** [광산] (광상(鑛床)을) 발견하다. **b)** 광상을 개발하다. **7.** ⟨südd., österr. · 통용어⟩ 멸시(중상, 비방)하다, 하락시키다. **Ausrichter**, der; -s, - [스포츠] (스포츠 행사의) 주체자. **Ausrichtung**, die ↑ausrichten의 명사형.
ausringen ⟨h⟩ **1.** 《지역적》 ↑auswringen. **2.** ⟨완료형에서만⟩ (아어 · 미화) (오랜 고통 후에) 죽다.
ausrinnen ⟨s⟩ 《südd., österr.》 **a)** 새다, 흘러나오다. **b)** 새어 나와 비어지다.
ausrippen ⟨h⟩ 잎의 줄기를 떼어 내다: Tabakblätter a. 담배잎의 줄기를 떼다.
Ausritt, der; -(e)s, -e **a)** 말을 타고 나가기. **b)** 말을 타고 나가는 산책.
ausroden ⟨h⟩ 뿌리채 뽑다, (숲을 벌채하여) 개간하다.

Ausrodung, die -en ↑ausroden의 명사형.
ausrollen ⟨s/h⟩ **1.** ⟨s⟩ (차량이) 서서히 굴러 멈춰 서다: 전의 die Wellen rollen auf dem flachen Strand aus 파도가 편편한 모래 사장 위로 천천히 밀려온다. **2. a)** ⟨h⟩ (감긴 것을) 평면 위에 펴다. **b)** ⟨h⟩ (반죽을) 방망이로 펴다.
ausrotten ⟨h⟩ 멸절(근절)하다: 전의 ein Übel a. 악을 근절하다. **Ausrottung**, die; -en ↑ausrotten의 명사형.
ausrücken ⟨h/s⟩ **1.** [군] ⟨s⟩ 출동하다(반대: einrücken 1 a). **2.** 《통용어》 ⟨s⟩ 도망가다. **3.** [인쇄] ⟨h⟩ 빈 칸을 두지 않고 새 행(行)을 시작하다. **4.** [기술] ⟨h⟩ (기계 따위의) 작동을 중단시킨다(반대: einrücken 2). **Ausrücker**, der; -s, - [기술] 차단 손잡이. **Ausrückung**, die; -en ↑ausrücken (3, 4)의 명사형.
Ausruf, der; -(e)s, -e **1.** 외침, 부르는 소리. **2.** 《드물게》 외쳐하는 광고(광고).
Ausrufe-: **~satz**, der [언어학] 감탄문(장). **~wort**, das ⟨Pl. ...wörter⟩ [언어학] ↑Interjektion. **~zeichen**, das [언어학] 감탄 부호.
ausrufen* ⟨h⟩ **1.** 외치다. **2. a)** (크게) 이름 부르다, 알리다, 광고하다: man hat ihn auf dem Bahnsteig ausgerufen 사람들이 플랫폼에서 큰소리로 그를 불렀다. **b)** 공적으로 알리다, 선언(공포)하다. **c)** 사고라 외치다.
Ausrufer, der; -s, - 외쳐 알리는 사람, 선포자, 공포자. **Ausrufung**, die; -en ausrufen의 명사형. **Ausrufungszeichen**, das ⟨österr., schweiz.⟩ ↑Ausrufezeichen.
ausruhen ⟨h⟩ **a)** 《대개》 a. + sich⟩ (정신, 육체를) 쉬게 하다: du mußt (dich) ein wenig a. 너는 좀 쉬어야겠다. **b)** 일시적으로 쉬게 하다.
ausrupfen ⟨h⟩ 잡아뜯다, 뽑아 내다.
ausrüsten ⟨h⟩ **1.** (필요한 것을) 준비하다, 마련하다: das Heer mit Atomwaffen a. 군대를 핵무기로 무장시키다. **2.** [섬유 공업] 직물을 가공하여 정제하다. **Ausrüster**, der; -s, - [항해] **1.** 선박 임대자. **2.** 선주. **Ausrüstung**, die; -en **1.** ⟨Pl. 없음⟩ 준비, 조달, 직물 가공. **2. a)** 준비물, 조달품. **b)** 기술 설비. **Ausrüstungsgegenstand**, der ⟨대개 Pl.⟩ (무장, 의장, 여장 따위를) 준비(조달) 품목.
ausrutschen ⟨s⟩ **1.** 미끄러지다, 발을 미끄러 뜨리다: 전의 er rutscht manchmal aus 《통용어》 그는 때때로 잘못 처신한다. **2.** 손에서 미끄러져 나가다. **Ausrutscher**, der; -s, - **1.** 《통용어》 미끄러진 표면에서 한번 미끄러지는 것. **2.** 《통용어》 과실, 실책, 실수. **3.** [스포츠] (우승 후보팀·선수의) 의외의 패배.
Aussaat, die; -en **1.** ⟨Pl. 없음⟩ 파종, 씨뿌리기. **2.** 씨앗, 종자. **aussäen** ⟨h⟩ (씨를) 뿌리다: 전의 Haß und Zwietracht a. 미움과 불화의 씨를 뿌리다.
Aussage, die; -n **1.** 진술, 언명, 확인, 판단. **2.** [법정, 경찰에서] 증언, 공술. **3.** (예술 작품의) 표출.
aussage-, **Aussage-**: **~kraft**, die ⟨Pl.없음⟩. 표현력, 판단력, 진술의 힘. **~kräftig** ⟨Adj.⟩ 내용이 충분한, 적절한, 신빙성 있는. **~satz**, der [언어학] 서술문, 평서문(平敍文). **~verweigerung**, die [법] 묵비(默秘). **~weise**, die [언어학] (동사의) 화법. **~wert**, der 진술 가치.
aussagen ⟨h⟩ **1.** 표현하다, 인식시키다, 말하다. **2.** (법정, 경찰에서) 증언(공술)하다. **3.** (예술적으로) 표출하다, 표현력을 지니다.
aussägen ⟨h⟩ **a)** 톱으로 잘라 내다. **b)** (톱으로 재료를 잘라) 제작하다.
aussagend ⟨Adj.⟩ [언어학] ↑prädikativ.
aussalzen ⟨h⟩ [화학] 염석(塩析)시키다. **Aussalzeffekt**, der 염석 효과.

aussamen ['ausza:mən], sich ⟨h⟩ 씨로 번식하다, 퍼지다.
Aussatz, der; -es [의학] 문둥병, 나병. **aussätzig** ['auszɛtsɪç] ⟨Adj.⟩ 나병에 걸린, 나병의. **Aussätzige***, der / die 나병 환자, 문둥병 환자.
aussaufen* ⟨h⟩ **a)** (포유 동물이) 다 빨아 버리다, 다 빨아 마시다. **b)** 마셔서 비우다.
aussaugen⁽*⁾ ⟨saugte / (아어) sog aus, hat ausgesaugt / (아어) ausgesogen⟩ **1. a)** 빨아 마시다: den Saft (aus der Zitrone) a. (레몬에서) 즙을 빨아 마시다. **b)** (입으로) 빨아서 비우다(없애다). **2.** 노획하다.
ausschaben ⟨h⟩ **a)** 깎아 도려내다(없애다). **b)** 속을 깎아내어 비게 하다. **c)** [의학] (자궁이) 나머지 조직을 없애다, 소파하다. **Ausschabung**, die; -en [의학] ↑Abrasion (3).
ausschachten ⟨h⟩ [토목] **a)** (수갱(竪坑)을 만들기 위해) 파다, 굴착하다. **b)** 땅을 파내어 수갱을 만들다: eine Baugrube a. 땅을 파내어 수갱을 만들다. **Ausschachtung**, die; -en ↑ausschachten의 명사형. **Ausschachtungsarbeiten** ⟨Pl.⟩ 땅을 파내는 일(작업), 굴착 공사.
ausschalen ⟨h⟩ [토목] **a)** (콘크리트의) 형틀을 떼어 내다 (반대: einschalen). **b)** (콘크리트의) 형틀을 부착시키다.
ausschälen ⟨h⟩ **1.** 《드물게》 (과일이나 씨의 껍질을 벗겨) 내용물을 꺼내다. **2.** (도살 동물의 고기에서) 발라 내다, 베어 내다. **3.** [의학] (조직 등에서) 베어 내다, 떼어 내다. **Ausschälung**, die; -en ↑ausschälen의 명사형.
ausschalmen ⟨h⟩ [임업] (벌채를 위해서 도끼로) 나무줄기에 표시하다.
ausschalten ⟨h⟩ **1. a)** 스위치를 끄다(반대: einschalten 1 a). **b)** ⟨a. + sich⟩ 스위치 조작으로 작동이 멈추다. **2.** 제외하다, 영향력을 배제하다: einen Gegner im Wettkampf a. 경기에서 상대방을 압도하다. **Ausschaltung**, die; -en ↑ausschalten의 명사형.
Ausschalung, die; -en ↑ausschalen의 명사형.
¹**Ausschank**, der; -(e)s, Ausschänke **1.** ⟨Pl. 없음⟩ 주류의 소매. **2. a)** 술집, 목로 주점. **b)** (술집의) 탁자, 바.
²**Ausschank**, der; -, Ausschänke ⟨österr.⟩ ↑¹Ausschank (2).
Ausschankerlaubnis, die 주류 소매 허가.
ausscharren ⟨h⟩ **a)** (땅을) 파헤쳐 내다. **b)** 파서 (무엇을) 만들다. **2.** 《드물게》 (교수나 연사에게) 발을 문질러 불만을 표시하다.
Ausschau, die 《다음의 용법으로》 **nach jmdm. (etw.) A. halten** 누구(무엇)을 고대하면서 바라보다. **ausschauen** ⟨h⟩ **1.** 전망하다, 기대하다, 내다보다: sehnsüchtig nach jmdm. a. 누구를 학수 고대하다. **2.** 《지역적》 무엇을 찾다. 엿으려고 시도하다: 전의 nach einer guten Gelegenheit a. 좋은 기회를 엿보다. **3.** ⟨südd., österr.⟩ 어떤 모양으로 보이다: wie schaut's aus? 《통용어》 (어떤 사건, 용무가) 어떻게 되가는가? [어떻게 지내십니까?]
ausschaufeln ⟨h⟩ **a)** 삽질로 떠내다: Erde (aus dem Graben) a. (구덩이에서) 흙을 파내다. **b)** 삽질해서 만들다: einen Abzugsgraben für das Wasser a. 물을 위한 배수구를 삽으로 파서 만들다. **c)** 삽질해서 치우다. **Ausschauf(e)lung**, die ↑ausschaufeln의 명사형.
Ausscheid ['ausʃait], der; -(e)s, -e 《구동독》 예선 경기.
ausscheiden* ⟨s/h⟩ **1.** ⟨s⟩ **a)** (어떤 단체를) 탈퇴하다. **b)** (운동, 경기의 참가를) 포기하다. **c)** 문제 삼이지 않다, 고려하지 않다. **3.** ⟨h⟩ 골라내다, 분리하다: 전의 das Schicksal hat diese acht Menschen aus der Welt und Freiheit ausgeschieden 운명이 이 여덟 사람을 세상과 자유로부터 제외시켰다, 등지게 했다. **4.** ⟨h⟩ 분비(배설)하다. **Ausscheidung**, die; -en **1.** ⟨Pl.없음⟩ 경기의 참가 포기, 고려하지 않음, 골라냄, 분비(배설). **2.** ⟨대개

Pl.〉 배설물, 분비물. 3. 【스포츠】↑Ausscheidungs(wett)kampf, -runde, -spiel 참조.

Ausscheidungs-: **~kampf,** der 예선 경기(豫選競技). **~lauf,** der [스포츠] 예선 경기. **~organ,** das 분비(배설)기관. **~produkt,** das 분비(배설)물(오줌, 똥, 땀). **~runde,** die [스포츠] 토너먼트. **~spiel,** das [스포츠] 예선 경기. **~springen,** das [스포츠] 높이뛰기 예선. **~wettkampf,** der [스포츠] 예선 경기.

ausscheißen* 〈h〉《속어》1. **a)** 배설하다: **wie ausgeschissen aussehen** 《속어》대단히 창백하다, 창백하게 보이다. **b)** 《복합시제로만》똥싸기를 그치다: **(bei jmdm.) ausgeschissen haben** 《속어》《누구의》존경[호의]을 잃다. 2. 〈a. + sich〉장을 완전히 비게 하다, 내용물을 다 누다: 전의 er hat sich bei seinem Kameraden einmal ausgeschissen 《속어》그는 친구에게 욕지거리를 하며 화를 터뜨렸다.

ausschelten* 〈h〉몹시 꾸짖다[욕하다].

ausschenken 〈h〉 **a)** (술집에서) 음료를 팔다. **b)** (잔에) 붓다, 쏟아 내다(잔에서).

ausscheren 〈s〉 **a)** (대열, 그룹, 선 등을) 이탈하다(반대: einscheren): 전의 die jüngeren Politiker möchten gern a. 연소한 정치가들은 (대열)에서 곧잘 이탈하고 싶어한다. **b)** (자동차 따위가) 차선을 벗어 나다.

ausscheuern 〈h〉(⋯의 안 쪽을) 문질러 닦다.

ausschicken 〈h〉심부름을 보내다, (사자를) 파견하다: jmdn. auf Kundschaft a. 누구를 정보 수집하러 보내다: jmdn. nach Brot a. 누구를 빵을 구해 오라고 보내다.

ausschießen* 1. 〈h〉 (탄환을) 발사하다, 사격으로 파괴하다: jmdm. ein Auge a. 누구의 눈을 쏘아 뚫다. 2. [사냥] 〈h〉 **a)** 사격으로 멸살시키다. **b)** 어떤 지역의 짐승을 쏘아서 멸살하다(수를 줄이다). 3. 〈지역적〉〈h〉(빵을) 밀어서 화덕 밖으로 꺼내다(반대: einschießen 6). 4. 〈고어〉 골라내다. 5. 【인쇄】〈h〉 정판(整版)하다. 6. 【사격】 einen Preis a. 사격 대회에서 상을 받다. 7. 【선원】〈s/h〉 (바람이) 갑자기 바른쪽으로 선회하다. 8. 〈s〉(식물이) 발아하여 나오다. 9. 〈südd., österr.〉〈s〉 퇴색하다.

ausschiffen 〈h〉 상륙시키다(반대: einschiffen): sich a. 상륙하다. **Ausschiffung,** die; -en ↑ausschiffen의 명사형.

ausschildern 〈h〉 **a)** (교통 표지판을) 설치하다. **b)** (어떤 구간의 진행을) 지시 간판으로 표시하다. **Ausschilderung,** die; -en ↑ausschildern의 명사형.

ausschimpfen 〈h〉 욕으로 훈계[질책]하다, 욕하기를 그치다.

ausschirren 〈h〉 (말에서) 마구를 내리다[벗기다](반대: einschirren).

ausschlachten 〈h〉 1. (도살된 가축의) 내장을 꺼내다. 2. 아직 사용할 수 있는 부분을 떼어 내다: alte Autos a. 낡은 자동차에서 (필요한 것을) 떼어 내다. 3. 《통용어·폄》 최대한으로 이용하다[멋대로]. **Ausschlachtung,** die; -en ↑ausschlachten의 명사형.

ausschlacken 〈h〉 【기술】 내부의 광재(鑛滓)를 없애다, 제거하다.

ausschlafen* 〈h〉 충분히 자다: er hat (sich) ausgeschlafen 그는 충분히 잠을 잤다.

Ausschlag, der; -(e)s, Ausschläge 1. 피부 질병, 발진, 뾰루지. 2. **a)** 〈천칭의〉기울음. **b)** 〈Pl.없음〉[상] 초과 중량, 과중. **c) den Ausschlag geben** 무엇을 위해서 결정적이다. **ausschlagen*** 〈h/s〉 1. **a)** (말이) 차다. **b)** 2. **a)** 쳐서 부수다. 3. 〈지역적〉(손으로 쳐서 떨어내다 [제거하다]). 4. 〈h〉쳐서 끄다[진식시키다]: ein Feuer mit nassen Decken a. 불을 젖은 보로 쳐서 끄다. 5. 1 auskleiden. 6. 【수공】 망치로 두드려 펴다: Gold zu dünnen Blättchen a. 금을 두드려 얇게 펴다. 7. 〈h〉 거절[기피]하다. 8. 〈h/s〉 **a)** 평형이 기울다. **b)** 기울음이 표시로 나타나다. 9. 〈h/s〉 발아하기 시작하다. 10. 《드물게》 **a)** 〈s〉 (벽에 습기[곰팡이]가) 나오다. **b)** 〈h〉 나오게 하다. 11. 〈s〉 발전[발육, 진화]하다, 무엇이 되다: die Sache ist gut ausgeschlagen 그 일이 잘 되었다. 12. 〈h〉 《복합 시제로만》 두드리기[치기]를 그치다: 전의 《아어》 sein müdes Herz hat ausgeschlagen 그의 피곤한 심장의 맥박이 그쳤다. **ausschlaggebend** 〈Adj.〉 결정적인. **Ausschlagwinkel,** der 【기술】 기울어진 각도, 편향각(偏向角).

ausschlämmen 〈h〉 (안의) 진흙을 떨어내다(떼어 내다). **Ausschlämmung,** die; -en ↑ausschlämmen의 명사형.

ausschlecken 〈h〉 ↑auslecken.

ausschleichen* 【의학】 약의 분량을 서서히 계획적으로 줄여 습관성을 없애다(반대: einschleichen 2).

ausschleifen* 〈h〉 내부를 갈아 오목하게 파내다. **Ausschleifung,** die; -en ausschleifen의 명사형.

ausschleimen, sich 〈h〉 1. 《경》 속마음을 털어놓다. 2. 《비어》 성교를 통해서 정액을 방출하다.

ausschleusen 〈h/s〉 1. 〈h〉 **a)** (배를) 수문 밖으로 나가게 하다. **b)** 재치 있는 솜씨로 탈출시키다. 2. 〈s〉 수문에서 빠져 나가다. **Ausschleusung,** die; -en ↑ausschleusen 의 명사형.

ausschließen* 1. 문을 닫고 들이지 않다, 쫓아내다. 2. 제외[제명]하다: sie schlossen ihn aus der Partei aus 그들은 그를 정당에서 내쫓았다. 3. **a)** 관여(몫을 차지)하지 못하게 하다. **b)** 제외하다. 4. 불가능하게 하다. 5. 【인쇄】 (글자없는 활자를 사이에 넣어) 행을 정돈하다 [맞추다]. **ausschließlich** 《(또한)》 '-'-'-, -'-」 I. 〈Adj.〉 전적인, 독점적인, 무제한의. II. 〈Adv.〉 다만, 오직, 오로지. III. 〈Präp.[2]〉 제외하고, ⋯없이(반대: einschließlich I) 《복수에서 2격을 알아낼 수 없으면 3격 지배》: der Preis für die Mahlzeiten a. Getränken 음료수를 제외한 식사 가격 **Ausschließlichkeit** [(또한) '-'-'-, - ' - - -」, die 배타, 전유, 독점. **Ausschließung,** die; -en ↑ausschließen의 명사형.

ausschlipfen 〈s〉 《schweiz.》 미끄러지다.

Ausschlupf, der; -(e)s, -e/ Ausschlüpfe 빠져 나갈 구멍, 도피구(반대: Einschlupf). **ausschlüpfen** 알 [번데기]에서 빠져 나오다.

ausschlürfen 〈h〉 **a)** 홀짝홀짝 소리 내며 다 마시다. **b)** 홀짝 홀짝 소리 내며 마시다.

Ausschluß, der; ...schlusses, ...schlüsse 1. 면직, 제외, 불가능하게 함. 2. 【인쇄】 스페이스(활자 사이의 공간을 위한 글자 없는 낮은 활자).

ausschmelzen* 〈h〉 〈고어: 약변화〉 녹아서 흘러 나오다.

ausschmieren 〈h〉 1. **a)** (내부를) 문질러 칠하다. **b)** 무엇을 문질러 넣어 채우다. 2. 문질러 지우다. 3. 《통용어》 속이다, 기만하다. 4. 《통용어》 비밀을 누설하다, 중상(무고)하다. 5. 〈지역적〉욕하다, 야단치다.

ausschmücken 〈h〉 (공간의) 내부를 예쁘게 장식하다: 전의 einen Bericht a. 보고(報告)를 미화[윤색]하다. **Ausschmückung,** die; -en 1. ↑ausschmücken의 명사형. 2. 내부 장식(물).

ausschnappen 〈s〉 철컥하고 벗겨지다, 열리다(반대: einschnappen 1).

ausschnauben 〈h〉 《고어: 강변화》 1. 〈지역적〉코를 남김없이 풀다. 2. 《아어》 코 풀 듯이 숨을 코로 내쉬다.

ausschnaufen 〈s〉 《südd., österr.·통용어》 숨을 돌리기 위해서 잠깐 쉬다.

ausschneiden* 〈h〉 **a)** 잘라 내다, 끊어 내다: eine Annonce aus der Zeitung a. 신문에서 광고를 잘라 내다. **b)** (가위로) 잘라 내 만들다. **c)** 잘라서 없애다: einen angefaulten Apfel a. 썩기 시작한 사과를 잘라 내다. **d)** (옷의 가슴이나 등을) 깊이 파서 마르다. **Ausschneide-**

bild, das 재단본[모형], 절지세공(切紙細工). **Ausschneidebogen**, der 재단 모형이 있는 전지[종이].
Ausschneidung, die; -en [의학] 제거[절제] 수술.
ausschneuzen ⟨h⟩ 코를 깨끗이 하다.
Ausschnitt, der; -(e)s, -e 1. a) 잘라 낸 조각, 절편(切片), (신문 따위의) 오려낸 것. b) 발췌, 한 단면(端面); ein A. aus einem Brief 편지의 발췌. 2. 갈라진 틈, 구멍, 트인곳. **Ausschnittbüro**, das 특정한 인물이나 사건, 주제에 관한 신문 기사를 오려 내 모으는 사무실. **ausschnittweise** ⟨Adv.⟩ 단편적으로, 조각 모양으로.
ausschnitzen ⟨h⟩ 조각 내어 (무엇을) 만들다.
ausschnüffeln ⟨h⟩ 《통용어·폄》 (냄새를 맡아서) 찾아내다(알아내다).
ausschnüren ⟨h⟩ 《드물게》 끈을 풀다.
ausschöpfen ⟨h⟩ 1. a) 퍼내다. b) 다 퍼내다. 2. 철저하게 이용하다. **Ausschöpfung**, die ↑ausschöpfen의 명사형.
ausschoppen ⟨h⟩ 《österr.·통용어》 속을 채우다.
ausschoten ⟨h⟩ 《지역적》 껍질을 벗기다, 깍지를 까다.
ausschrauben ⟨h⟩ 돌려서 빼다(반대: einschrauben).
ausschreiben* ⟨h⟩ ↑ausgeschrieben 참조. 1. 약어로 줄이지 않고 다 쓰다: seinen Vornamen[ein Wort] a. 그의 이름[단어]을 줄이지 않고 다 쓰다. 2. (…을 …에) 써넣다, 발행[작성]하다: einen Scheck[eine Rechnung, ein Rezept] a. 수표[계산서, 처방]를 써 주다[발행하다]. 3. (서면으로) 공고[공모]하다: einen Wettbewerb [eine Meisterschaft] a. 경연 대회[선수권 대회] 개최를 공고하다; eine Wohnung (zum Vermieten) a. 주택을 세놓겠다고 공고하다; eine Stelle a. 채용 공고를 내다. **Ausschreibung**, die; -en 1. 공고[공모]. 2. 공고[공모]문.
ausschreien* 1. 《폄》 외치며 팔다: Zeitungen a. 신문을 사라고 소리쳐 외치다. 2. a) 소리쳐서 알리다. b) 《폄》 강제로[집요하게] 알리다. 3. (a. + sich) a) 실컷 소리치다. b) 할 수 있는 한 크게 소리치다. **Ausschreier**, der; -s, - 외치는 사람, 가두 선전원, 소리치며 파는 사람.
ausschreiten* ⟨h/s⟩ 《아어》 1. ⟨h⟩ 보속(步測)하다: 전의 den Kreis der Möglichkeiten a. 가능성의 범위를 생각[검토]하다. 2. ⟨s⟩ 성큼성큼 걷다, 활보하다. **Ausschreitung**, die; -en 1. 폭력 행위, 권리의 침해. 2. 《준고어》《많게》 과도, 탈선.
ausschroten ⟨h⟩ 《österr.》 1. (정육을) 팔기 위해서 (잘게) 썰다, 저미다. 2. 언론을 통해 (선전적으로) 최대한 이용하다.
ausschulen ⟨h⟩ 1. 퇴학시키다. 2. 《österr.》 전학시키다. **Ausschulung**, die; -en ↑ausschulen의 명사형
Ausschuß, der; …usses. …üsse 1. (관통 총상의) 총알이 나온 부분(반대: Einschuß 1 b). 2. 위원회. 3. 《Pl. 없음》 저질 상품, 헐값으로 파는 물품.
Ausschuß-: ~**beratung**, die 위원 협의회. ~**mitglied**, das 위원. ~**öffnung**, die ↑Ausschuß (1). ~**quote**, die 저질 상품 할당(률). ~**sitzung**, die 위원회 회의. ~**vorsitzende**, der 위원회 의장. ~**ware**, die 저질 상품.
ausschütteln ⟨h⟩ 1. 떨어내다, 털다: den Staub (aus einem Tuch) a. (옷감[천]에서) 먼지를 떨어내다. 2. 털어서 없애다.
ausschütten ⟨h⟩ 1. a) 《물 따위》 따라 붓다, 따라 없애다: Geschenke über jmdn. a. 《아어》 누구에게 풍족하게 선물하다; **sich a. vor Lachen** 《통용어》 심하게 웃어 제끼다, 포복절도하다. b) 부어 없애다. 2. 《배당을 지》 불하다, 나누다, 분배하다. **Ausschüttung**, die; -en 1. 지불, 분배. 2. 분배금[지불금]. 3. 방사성 물질의 강하, 방사성 낙진.
ausschwärmen ⟨s⟩ (꿀벌 따위가) 떼 지어 날아가다: 전의 die Touristen schwärmten aus 관광객들이 떼 지어 (주위로) 퍼져 나가다.
ausschwatzen ⟨h⟩ 《폄》 지껄이다, 비밀을 누설하다.
ausschwätzen ⟨h⟩ 《지역적》 ↑ausschwatzen.
ausschwefeln ⟨h⟩ 1. 황산으로 내부를 (그을려) 소독하다. 2. (곤충 등을) 유황 연기로 제거하다.
ausschweifen ⟨s/h⟩ 1. ⟨s⟩ 방종(방탕)하다. 2. [목공] a) ⟨h⟩ 바깥쪽으로 휘다. b) 《드물게》 ⟨h⟩ 바깥쪽으로 휘게 나타나다. **ausschweifend** ⟨Adj.⟩ 방탕한, 무절제한. **Ausschweifung**, die; -en 방탕, 무절제, 허세.
ausschweigen*, sich ⟨h⟩ 끝까지 침묵을 지키다.
ausschweißen ⟨h⟩ [사냥] 출혈하여 죽다.
ausschwemmen ⟨h⟩ 1. 씻어 내다, 헹구다. 2. (물의 흐름으로) 패이다. 3. 헹구어서 세척하다. **Ausschwemmung**, die; -en 1. 씻어내기, 세척. 2. 물에 패인 곳, 씻어 낸 자리.
ausschwenken ⟨h/s⟩ 1. ⟨h⟩ (물 따위로) 씻어 내다: 전의 sich die Kehle a. 《통용어》 술을 한 잔 마시다. 2. ⟨h⟩ 행구어 완전히 비게 하다(무엇을 없애다). 3. ⟨h⟩ 밖으로 방향을 바꾸다: ein Beiboot a. 《전원》 선재정(船載艇)을 물 위에 내려 놓다. 4. ⟨s⟩ 옆으로 선회하면서 방향을 바꾸다.
ausschwingen* ⟨h/s⟩ 1. a) ⟨h⟩ 진동이 점차적으로 그치다. b) 《아어》 끝나다. c) ⟨a. + sich⟩ 《체조》 ⟨h⟩ (링에서) 끝까지 흔들다. 2. 《schweiz.·스포츠》 ⟨h⟩ 스위스식 레슬링에서 결승전을 하다. 3. 《체조》 a) ⟨h⟩ 팔다리 따위를 길게 뻗어 이리저리 흔들리게 하다. b) 멀리 이리저리 흔들다. 4. 《스키》 ⟨h/s⟩ 몸을 흔들고 비켜가면서 방향을 바꾸다. 5. 《전원》 a) ⟨h⟩ 보트 등을 물에 대다. b) ⟨s⟩ 바깥쪽으로 돌다[흔들다]. 6. 《아어》 크게 궁금을 이루어 뻗어 나가다. **Ausschwinget**, der; -s 《schweiz.》 1. (스위스식 레슬링에서) 결승전을 써우기. 2. 결승전. **Ausschwingmaschine**, die 《schweiz.》 탈수기.
ausschwitzen ⟨h/s⟩ 1. ⟨h⟩ 땀으로 분비하다: 전의 eine Erkältung a. 감기를 땀을 내서 몰아내다. 2. a) ⟨s⟩ 배어 나오다, 분비하다. b) (벽 따위에서) 스며 나오다. 3. [요리] ⟨h⟩ 열로 습기를 없애다. **Ausschwitzung**, die; -en 1. 《Pl. 없음》 땀의 분비, 스며[배어] 나옴. 2. 삼출물(渗出物).
Auße ⟨ausə⟩, die 《청소년어》 외출 허가.
aussegnen ⟨h⟩ [신교] 고인에게 마지막 축복을 빌다. **Aussegnung**, die; -en ↑aussegnen의 명사형.
aussehen* ⟨h⟩ 1. a) 어떤 모습을 띠다, …꼴[모양] 보이다: er sah traurig aus 그는 슬프게 보였다; das Kleid sieht nach etwas[nach nichts aus] 《통용어》 그 옷은 특별한 인상을 주다[아무런 특별한 인상을 주지 못한다]; seine Reise sah nach Flucht aus 그의 여행은 도주를 뜻한다; **so siehst du aus!** 《통용어》 너는 그렇게 생각하는 모양인데 그건 오산이다; **sehe ich danach aus** 《통용어》 사람들이 그런 내 말을 믿어 줄까?; **wie siehst du denn (bloß) aus?** 네 꼴이 그게 뭐니? b) 누구[무엇]가 어떤 상태에 있다. 2. 대망하다, 고대하다: er sah nach den Gästen aus 그는 손님들을 기다리고 있었다. **Aussehen**, das; -s 외관, 외모, 모습: **dem A. nach** 《준고어》 외관으로 보아; **es hat das A.** 《준고어》 그것은 …한 외관을 지니고 있다.
aussein* ⟨s⟩ 《통용어》 1. a) 끝나(있)다: die Schule ist aus 학교가 끝났다. b) 더 이상 계속되지 않다. c) (관계·우정 따위가) 깨어지다. 2. 꺼져 있다, 더 이상 타지 않다. 3. (스위치) 차단되어 있다(반대: ansein). 4. **es ist aus mit jmdm. [etw.]** 《누구[무엇] 가》 1) 그는 죽었다. 2) 그는 파멸했다. 5. 무엇을 대단히 좋아하다, 무엇을 추구하다, 무엇을 얻으려고 노력하다: er war auf diesen Posten aus 그는 이 지위를

얻으려고 노력했다. **6.** 외출하다. **7.** [스포츠] (볼이) 경기장 밖으로 나가다: der Ball ist aus! 볼 아웃! **8.** [야구] (여러 번의 실수로) 경기(장)에서 아웃되다.

außen ['ausn] ⟨Adv.⟩ (반대: innen) **1.** 밖에, 외부에: 성구 a. hui und innen pfui 빛좋은 개살구; 전의 er ist nur auf Wirkung nach a. (hin) bedacht 그는 외적인 효과만을 생각한다[다른 사람들을 너무 의식한다]. **2.** (österr.) **a)** (여기) 밖에. **b)** 《준고어》 (안에서 보아) 밖에. **¹Außen** [-], der; -, - [스포츠] (볼 경기에서) 좌우 윙 및 사이드 하프. **²Außen** [-], das; - 밖(반대: Innen).

außen-, Außen-: **~antenne**, die 옥외 안테나. **~arbeiten** ⟨Pl.⟩ 옥외 작업. **~aufnahme**, die ⟨대개 Pl.⟩ [영화] 옥외 촬영. **~bahn**, die [스포츠] 바깥쪽 트랙 (반대: Innenbahn). **~beleuchtung**, die 외부[바깥] 조명. **~bezirk**, der 주변 지역. **~binder**, der 《Binder (4) 참조》. **~border** [-bordə], der; -s, - 《통용어》 **1.** 배의 밖에 장치하는 소형 모터. **2.** 밖에 모터가 장치된 배. **~bordmotor**, der 배의 밖에 있는 소형 모터. **~bords** ⟨Adv.⟩ [선원] 배의 바깥쪽(면)(반대: binnenbords). **~deich**, der **1.** 외부[바깥] 제방(둑) (바다를 향한 쪽)(반대: Binnendeich). **2.** 제방 전면의 녹지대. **~dienst**, der 외근, 외지 근무. **~dienstler**, der; -s, - 외근자, 외지 근무자. **~dienstlich** ⟨Adj.⟩ 외근의, 외근을 하는. **~fläche**, die 외부(바깥) 측면. **~hafen**, der 외항. **~handel**, der; -s 《Pl. 없음》 외국 무역(통상)(반대: Binnenhandel). **~handelsbank**, die 외국 무역 은행. **~handelsbeziehungen** ⟨Pl.⟩ 외국 무역 관계. **~handelsbilanz**, die 무역 수지(결산). **~handelskaufmann**, der 외국 무역상(업자). **~handelsminister**, der 외국 무역 장관. **~handelspolitik**, die 외국무역정책. **~haut**, die (배나 비행기의) 매끄러운 표피. **~kante**, die 외부의 가장자리(반대: Innenkante). **~kommando**, das 공장이나 형무소의 일원으로 외부에서 작업하는 그룹. **~kurve**, die 바깥쪽 선로의 커브(반대: Innenkurve). **~landung**, die 장외 착륙. **~läufer**, der [구기] 좌우 윙 및 센타 포워드. **~liegend** ⟨Adj.⟩ 밖에 놓여 있는[바깥쪽 방향의] (반대: innenliegend). **~linie**, die [구기] 경기장의 바깥 경계선, 사이드 라인. **~luft**, die ⟨Pl. 없음⟩ 바깥 공기. **~mauer**, die 외벽. **~minister**, der 외무부 장관. **~ministerium**, das 외무부. **~ministerkonferenz**, die 외무부 장관 회의. **~netz**, das [구기] 골네트의 바깥쪽에 있는 양측면. **~politik**, die 외교 정책(반대: Innenpolitik). **~politiker**, der 외교 정치가. **~politisch** ⟨Adj.⟩ 외교 정치[정책]상의(반대: Innenpolitisch). **~putz**, der 외부의 회칠. **~rist**, der [축구] 발등의 바깥쪽(반대: Innenrist). **~schicht**, die 바깥층. **~seite**, die 바깥(외)면(반대: Innenseite). **~seiter**, der; -s, - [engl. outsider] [경마] **1.** 승산이 없는 말. **2.** 문외한, 독선자, 외톨박이. **~seiterisch** ⟨Adj.⟩ 문외한의(독선자, 외톨박이)의 경향이 있는[와 같이 행동하는]. **~seiterrolle**, die 문외한(독선자, 외톨박이)역(할). **~seitertum**, das; -s 문외한(독선자, 외톨박이)신분. **~ski**, der 휘어돌기나 도약을 할 때 바깥쪽으로 기우는 스키(반대: Innenski). **~spiegel**, der (자동차 바깥의) 밖에 설치된 거울(반대: Innenspiegel). **~stände** ⟨Pl.⟩ 미회수금, 채권(債權). **~stehende**', der / die 비가입자, 제 3자, 국외(國外)자. **~stelle**, die 외부, 출장소. **~stürmer**, der [구기] 양날개(포워드 윙)(반대: Innenstürmer). **~tasche**, die (옷의) 바깥주머니(반대: Innentasche). **~temperatur**, die 바깥[외부] 온도(반대: Innentemperatur). **~toilette**, die 주택 밖의 변소(반대: Innentoilette). **~treppe**, die 외부 계단. **~tür**, die 옥외로 통하는 문, 외부문(반대: Innentür).

~viertel, das 교(시)외 지역. **~wand**, die 외부벽(반대: Innenwand). **~welt**, die **1.** 외부 세계, 바깥 세상 (반대: Innenwelt). **2.** 자기 영역 밖의 인간 세계[사회]. **~winkel**, der [수학] 외각(外角). **~wirtschaft**, die 국제 경제, 외국 무역. **~wirtschaftlich** ⟨Adj.⟩ 국제 경제상의, 외국 무역의. **~zoll**, der 국제[역외(域外)] 관세(반대: Binnenzoll).

aussenden (*) ⟨h; sandte / sendete aus, hat ausgesandt/ausgesendet⟩ **1.** (사절 등을) 파견하다. **2.** (열·빛·광선을) 방사하다, 발하다. **Aussendung**, die; -, -en **1.** ↑ aussenden의 명사형. **2. a)** (österr.·관) 통달(通達), 고시, 회람장(回覽狀). **b)** 《드물게》 소포, 우편물.

außer I. ⟨Präp.¹⟩ **1.** ⟨Präp.³⟩ 제외하고: a. dir habe ich keinen Freund 너 외에 내 친구가 없다. **2.** 밖에. **a)** ⟨Präp.³⟩: a. Haus(e) essen 외식하다; du kannst auch a. der Zeit kommen 너는 규정 시간 외에도 올 수 있다; er ist Hauptmann außer Dienst (약어: a. D.) 그는 퇴역 대위이다; die Fabrik ist jetzt a. Betrieb 그 공장은 휴업 중이다; ich bin a. Atem 나는 숨이 차다; das steht a. Frage 그것은 의문의 여지가 없다; **außer sich sein** (기쁨, 놀람 따위로) 제정신이 아니다, 흥분하다. **b)** ⟨Präp.⁴⟩: etw. a. (jeden) Zweifel stellen 무엇을 의심하지 않다; **außer sich geraten** 자제력을 잃다. **c)** ⟨준고어·Präp.²⟩: a. Hauses sein 집 밖에 있다. **II.** ⟨Konj.⟩ 제외하고: wir gehen jeden Tag spazieren, a. wenn es neblig ist 안개가 낄 때를 제외하고 우리는 매일 산책을 한다.

außer-, Außer-: **~achtlassen**, das; -s 주의[고려]하지 않음, 등한시하다. **~achtlassung**, die ↑ ~achtlassen의 명사형. **~amtlich** ⟨Adj.⟩ 공무 외의, 사적인. **~beruflich** ⟨Adj.⟩ 직업 외의, 본직 외의. **≃dem** 《또한》 [--'-] ⟨Adv.⟩ 그 밖에도, 이 외에, 뿐만 아니라. **~deutsch** ⟨Adj.⟩ 독일적이 아닌, 독일어가 아닌, 독일 밖의. **≃dienstlich** ⟨Adj.⟩ 근무 외의, 비번의. **~ehelich** ⟨Adj.⟩ 결혼하지 않은, 정식 결혼에 의하지 않은. **~europäisch** ⟨Adj.⟩ 유럽 외의. **≃fahrplanmäßig** ⟨Adj.⟩ (열차 따위의) 정기 시간 외의, 임시[비정규]의. **~familiär** ⟨Adj.⟩ 가족 밖의(에 있는). **~galaktisch** ⟨Adj.⟩ 은하계 밖의. **≃gerichtlich** ⟨Adj.⟩ [법] 재판 외의. **≃gesetzlich** ⟨Adj.⟩ 법률 밖의, 초법규의. **≃gewöhnlich** ⟨Adj.⟩ **a)** 비상한, 비범한, 이상한. **b)** 발군의, 단단히 큰. **c)** (형용사 옆에서 강조) 대단히, 극도로. **~häuslich** ⟨Adj.⟩ 집 밖의. **≃irdisch** ⟨Adj.⟩ **1.** 지구 밖의 있는. **2.** 지구에 속하지 않는, 지구에서 유래되어 있지는. **~kirchlich** ⟨Adj.⟩ 교회적이 아닌, 교회 규칙[기구] 밖의. **~kraftsetzung**, die; -en [법률 따위] 효력 정지 (반대: Inkraftsetzung). **~kurssetzung**, die -en (통화, 증권 따위) 유통 정지. **~mittig** ['ausmɪtɪç] ⟨Adj.⟩ ↑ ausmittig. **≃ordentlich** ⟨Adj.⟩ 정상에서 벗어난, 이상한. **a)** 정상에서 벗어난, 비정상적인. **b)** 비정규적인, 임시적인: eine -e Sitzung einberufen 임시 회의를 소집하다; er ist -er Professor (직위 명칭) 그는 촉탁 교수이다(약어: ao., a. o. Prof.). **c)** 뛰어난, 비범한, 현저한. **d)** (형용사·동사 앞에서 강조) 대단히, 매우, 극도로. **≃orts** ⟨Adv.⟩ (schweiz., österr.) 어떤 지역 밖에, 교외에. **~ortsstraße**, die [관] 교외 도로. **~parlamentarisch** ⟨Adj.⟩ 의회 외의, 원 외의. **~parteilich** ⟨Adj.⟩ 당 외의(반대: innenparteilich). **~planmäßig** ⟨Adj.⟩ **1.** 임시의, 예정 밖의: er ist -er Professor 그는 원외(임시) 교수이다(약어: apl. Prof.). **2.** ↑ außerfahrplanmäßig의 약칭. **~schulisch** ⟨Adj.⟩ 학교 외의. **~sinnlich** ⟨Adj.⟩ 초감각적인. **≃sprachlich** ⟨Adj.⟩ 언어 영역(구조) 외의(반대: innensprachlich). **~stande**, 《드물게》 **~stand** (일정한 동사들과 결합한 여) …할 입장이 못 되는, …할 능력이 없는: a. sein.

etw. zu tun 무엇을 할 능력이 없다. ~**zeitlich** ⟨Adj.⟩ 때아닌, 시기나 형편에 맞지 않는.

äußer... [ɔysɐ...] ⟨Adj.; ↑äußerst, äußerst... 참조⟩ (반대: inner...) **a)** 밖에 있는, 외부의, 외견상의: -e Verletzung 외상(外傷). **b)** 외부에서 오는. **c)** 외형적인, 외부로부터 감지할 수 있는. **d)** 외국의, 대외적인: die -en Angelegenheiten 외국 업무, 외무. **Äußere,** das; -n 외관, 외견. **außerhalb I.** ⟨Präp.²⟩ (반대: in(nerhalb)) **a)** … 외의, …의 밖에: a. der Stadt 도시 밖에. **b)** 시간[기간] 내에 있지 않은: a. der Geschäftszeit 영업 시간 외에. **II.** ⟨Adv.⟩ 장소에 있지 않은, 도시에 있지 않은, 근교에 있는: [전의] er steht immer a. 그는 항상 모임에 참가하지 않는다. **äußerlich** ⟨Adj.⟩ **1.** (반대: innerlich) **a)** 외부의, 외면의, 외적으로 지각[사용]할 수 있는: eine Arznei für den -en Gebrauch 외부 사용 약. **b)** 외적으로, 외적인 태도에 따라서: ä. blieb er ganz ruhig, aber innerlich kochte er vor Wut 그는 외적으로는 극히 침착했으나 속에서는 분노가 끓고 있었다. **2. a)** 밖에서 보아서, 피상적으로 생각해서, 외모에 따라서. **b)** 표면적인, 본질적이 아닌. **3.** (드물게) 외형을 중요시하는. **Äußerlichkeit,** die; -en **a)** (예절, 태도 따위의) 외형적인 형식. **b)** 외면(피상적인, 비본질적인)면. **äußerln** [ɔysɐln] ⟨(다음의 용법으로)⟩ **(einen Hund) ä.(führen)** ⟨(österr. 통용어)⟩ 개를 데리고 거리로 나가다. **äußern** [ɔysɐn] ⟨h⟩ **1.** 진술하다, 알리다: seine Meinung ä. 자기의 의견을 진술하다. **2.** ⟨ä. + sich⟩ 의견을 말하다, 입장을 취하다. **3.** ⟨ä. + sich⟩ 일정한 양상으로 나타나다: die Krankheit äußert sich in (durch) Schüttelfrost 그 병의 증상은 오한으로 나타난다. **äußerst** ['ɔysɐst] ⟨Adv.⟩ 극도로, 대단히. **äußerst...** ⟨Adj.; 최상급⟩ **1.** 가장 멀리 떨어진: am -en Ende 가장 먼 끝에. **2.** 가장 강한, 가장 큰. **3.** 최후로 가능한. **4.** 가장 나쁜: im -en Fall 최악의 경우에. **äußerstenfalls** ⟨Adv.⟩ 최악의 경우에: das kostet ä. fünfzig Mark 그것은 비싸봐야 5 마르크이다.

außertourlich ['ausatu:ɐlɪç] ⟨Adj.⟩ ⟨österr.⟩ 순서 밖의, 부가적인, 순번 외의: ein -er Bus 특별 버스.

Äußerung [ɔysɐrʊŋ], die; -en **1.** (의견, 감정 따위의) 발표[표현], 입장. **2.** 표시, 표현. **Äußerungsform,** die ⟨대개 Pl.⟩ 표현 형태[형식].

aussetzen ⟨h⟩ **a.** 내버리다: ein Kind a. 어린아이를 내버리다; Passagiere werden ausgesetzt 승객들을 상륙시키다. **b)** [가] 기도하기 위해서 제단 위에 놓다. **c)** [상] 포장 준비를 하다. **d)** [당구] (당구를) 치기 위해 (공을) 놓다. **2.** (조소, 위험 따위에) 내맡기다: sich Vorwürfen a. 자신을 비난에 내맡기다. **3.** 약속하다: eine Belohnung von 1000 DM a. 1000 마르크의 상금을 약속하다. **4. a)** (갑자기 중간에) 중지하다, 그만두다, 그치다. **b)** 쉬다, 휴식하다. **5. a)** 중단하다. **b)** [법] 연기하다. **6.** (일정한 동사와 결합하여 수 부정법으로 사용됨) 항의하다, 비평하다: etw. (an jmdm.) auszusetzen haben (누구의) 무엇을 비난하다. **Aussetzer,** der; -s, - (schweiz.) 중단, 내버림, 약속, 항의, 비평. **Aussetzung,** die; -en ↑aussetzen의 명사형. **aussetzungsfähig** ⟨Adj.⟩ [법] 연기하기에 적합한(타당한).

Aussicht, die; -en **1.** 멀리 바라봄, 조망, 전망: jmdm. die A. verbauen, versperren 누구의 전망을 가리다. **2.** 미래 가능성, 고대, 희망: **A. auf etw. haben** 무엇에 대한 희망이 있다, 무엇을 기대할 수 있다; **in A. haben** 어떤 긍정적인 것을 기대하게 되다; **in A. nehmen** 예견하다, 계획하다, 의도하다; **in A. stehen** 기대할 수 있다; **in A. stellen** 약속하다.

aussichts-, Aussichts-: ~**los** ⟨Adj.⟩ 희망[가망]이 없는. ~**losigkeit,** die 희망[가망]이 없음. ~**punkt,** der 조망이 좋은 곳. ~**reich** ⟨Adj.⟩ 가망성이 많은, (전도) 유망한. ~**turm,** der 전망탑, 망루. ~**voll** ⟨Adj.⟩ ↑~**reich.** ~**wagen,** der (큰 창이 달린) 전망차.

aussickern ⟨s⟩ 새어 나오다, 누출하다(물방울 모양으로).

aussieben ⟨h⟩ **1.** 채로 가려내다. **2. a)** 적당한 것을 가려 [골라]내다. **b)** 적당치 않은 것을 가려내다. **Aussiebung,** die; -en **1.** ↑aussieben의 명사형. **2.** 《전문어》 차단.

aussiedeln ⟨h⟩ 이주시키다, 소개(疎開)시키다. **Aussied(e)lung,** die; -en (강제) 이주[소개]. **Aussiedler,** der; -s, - (강제) 이주자. **Aussiedlerhof,** der 마을 밖에 떨어져 있는 농가.

aussingen' ⟨h⟩ **1.** 노래를 마치다. **2.** 노래로 표현하다: seine Freude a. 노래로 기쁨을 표현하다. **3.** [선원] 노래조로 외치다.

aussinnen' ⟨h⟩ ⟨아어⟩ 생각[고안]해내다.

aussöhnen ⟨h⟩ **a)** 화해시키다. **b)** 만족하다, 더 이상 거부하지 않다: man muß sich mit seinem Schicksal a. 사람들은 자기 운명을 거부해서는 안된다. **Aussöhnung,** die; -en ↑aussöhnen의 명사형.

aussondern ⟨h⟩ 골라내다, 제거하다. **Aussonderung,** die; -en ↑aussondern의 명사형.

aussorgen ⟨다음 용법으로⟩ **ausgesorgt haben** 생활에 관해 더 이상 염려하지 않아도 된다: wer diese Stellung bekommt, hat (für sein Leben) ausgesorgt 이 지위를 차지하는 사람은 (그의 생활에 관해) 더 이상 염려할 필요없다.

aussortieren ⟨h⟩ **a)** (쓸데없는 것을) 가려내다. **b)** (많은 데서 가려) 선택하다. **Aussortierung,** die; -en 선별.

ausspähen ⟨h⟩ **a)** 엿보다, 망보다, 내다보다(정찰)하다: nach Nahrung[Hilfe] a. 음식[도움]을 구해 나서다. **b)** 찾아내다, 탐지하다: jmdn. a. 《통용어》 누구를 몰래 관찰하다. **Ausspähung,** die; -en 탐지, 탐사, 정찰.

Ausspann, der; -(e)s, -e **1.** (옛) 마구간이 있는 여관. **2.** (드물게) 술집, 주막. **ausspannen** ⟨h⟩ **1.** 펴다, 펼치다, 넓히다: ein Netz a. 그물을 치다. **2.** (반대: einspannen 1) **a)** (쳐놓은 것, 켠 것을) 풀르다, 풀다: die Pferde a. 말을 마차에서 풀어내다. **b)** 묶어 놓은 것을 풀다. **3.** (통용어) 약간 억지를 써서 빼앗다, 누구에게서 빌린다. **b)** 둥지게 하다, 이간질하다: er hat mir meine Freundin ausgespannt 그는 나로부터 내 여자친구를 이간질해서 떼어 놓았다. **4.** 요양하기 위해서 한동안 일을 중지하다: von der Arbeit a. 일하지 않고 쉬다. **Ausspannung,** die 요양, 휴식.

aussparen ⟨h⟩ **1.** (장소를) 비워 두다, 자리를 만들다. **2.** 뽑아 내다, (나중을 위해서) 제쳐놓다. **Aussparung,** die; -en **a)** 제쳐놓음, 장소를 비워 둠. **b)** 남겨[비워]둔 공간 여백.

ausspeien' ⟨h⟩ ⟨아어⟩ **a)** 침을 뱉다. **b)** 토하다.

ausspeisen ⟨h⟩ ⟨österr.⟩ 곤경을 당한자[어린이]를 돌보다. **Ausspeisung,** die; -en ↑ausspeisen의 명사형.

aussperren ⟨h⟩ **1.** 내쫓고 문을 닫아 버리다, 문이 잠겨 못들어가다. **2.** [경제] (파업하는) 고용자를 직장에서 몰아내다. **Aussperrung,** die; -en ↑aussperren의 명사형.

ausspielen ⟨h⟩ **1.** [카드] **a)** 첫번째로 패를 내다. **b)** 게임의 시작을 위해 (카드를) 내다: [전의] seine Erfahrung a. 그의 체험을 이용하다. **2. a)** [스포츠] 타이틀, 우승배 등을 걸고 시합하다. **b)** (복권 등에서) 상으로서 내놓다: es werden rund zwanzig Millionen ausgespielt 약 2천만의 액수가 부상으로 주어졌다. **3.** [스포츠] (상대방이) 게임의 진척을 보지 못하게 하다, 공후으로 못가게 하다. **4.** [연극] 세부적으로 공연하다, 어떤 역을 해내다. **5.** 한 사람을 다른 사람과 반목시켜 어부지리를 얻다: sie hat den Freund gegen den Bruder ausgespielt 그녀는 자신의 이익을 추구하기 위해 오빠와 친구를 반목시켰다. **Ausspielung,** die; -en 추첨, 복권 추첨 과정.

ausspinnen* ⟨h⟩ (말, 생각, 이야기를) 널리 퍼뜨리다, 계속하다, 짜 내다.

ausspionieren ⟨h⟩ **a)** 발견하다, 찾아내다: jmdn. [jmds. Versteck] a. 누구[누구의 잠복소]를 찾아내다. **b)** 비밀을 알아내다, 탐정하여 알아내다.

ausspotten ⟨h⟩ 《österr., schweiz.》 조롱하다, 비웃다.

Aussprache, die; -n **1.** ⟨Pl. 없음⟩ **a)** 올바르게 발음하기, 조음(調音). **b)** 발음[조음]법: **eine feuchte A. haben** 《통용어·농》말할 때 무의식적으로 침을 튀기다. **2.** 담화, 회담, 대담, 의견의 개진: es kam zu einer heftigen A. 논쟁이 벌어졌다.

Aussprache-: **~abend**, der 저녁 토론회. **~angabe**, **~bezeichnung**, die 발음 기호[표시]. **~wörterbuch**, das 발음 사전.

aussprechbar ⟨Adj.⟩ (일정한 방법으로) 발음하기 좋은, 발음할 수 있는. **aussprechen*** ⟨h⟩ **1. a)** 소리로 표현하다, 발음[조음]하다: ein Wort deutlich a. 어떤 낱말을 분명하게 발음하다. **b)** ⟨a. + sich⟩ 발음[조음]되다: sein Name läßt sich schwer a. 그의 이름은 발음이 어렵다. **2.** 끝까지 말하다, 말을 마치다. **3. a)** 표현하다, 알리다: ein Urteil a. 판결을 알리다. **b)** ⟨a. + sich⟩ 누구에 관해서 의견을 말하다: sich lobend über jmdn. a. 누구에 대해서 칭찬하면서 말하다. **c)** ⟨a. + sich⟩ 모습을 보이다, 나타내다, 표현하다. **4.** ⟨a. + sich⟩ **a)** (누구[무엇]에 대해서) 찬성의 입장을 표명하다, 찬성을 추천하다: sich für den Bewerber a. 후보자(지원자)에 대해서 찬성의 입장을 취하다. **b)** (누구[무엇]에 대해서) 반대의 입장을 취하다, 거절하다: sich gegen den Bewerber a. 지원자에 대해서 반대의 입장을 취하다. **5.** ⟨a. + sich⟩ **a)** 심금을 울리는 말을 하다, 진심을 말하다. **b)** (의견차를 해소하기 위해) 서로 대화하다.

aussprengen ⟨h⟩ **1. a)** 튀기다, 뿌리다: 전의 Lügen über jmdn. a. (아이) 누구에 대한 거짓말을 퍼뜨리다. **b)** (물 따위로) 뿌리다[쏟다]. **2. a)** 폭파시켜 없애다, 제거하다. **b)** 폭파시켜 무엇을 만들다.

ausspringen* ⟨h/s⟩ **1.** ⟨s⟩ 튀어나오다, 떨어져 나오다. **2.** [스키] ⟨h⟩ 아주 멀리 도달하다.

ausspritzen ⟨h⟩ **1. a)** 내뿜어 비게 하다: ein Glas a. 잔을 물 뿌림듯 없이 비우다. **b)** 내뿜다: 전의 sein Gift gegen jmdn. ausspritzen 누구에게 증오를 퍼붓다. **2.** (물 따위를) 뿌려 깨끗하게 하다, 부어 씻다. **Ausspritzung**, die; -en ↑ausspritzen의 명사형.

Ausspruch, der; -(e)s, Aussprüche 격언, 잠언, 명언, 발언.

ausspucken ⟨h⟩ **a)** 침을 뱉다: er spuckte aus 그는 침을 뱉었다(멸시, 혐오의 표시로). **b)** 침 뱉듯이 뱉어 내다; dafür mußte er viel Geld a. 《통용어》 그 대가로 그는 많은 돈을 지불해야만 했다. **c)** 《통용어》 토하다.

ausspülen ⟨h⟩ **1. a)** 씻어 내다, 씻어서 제거하다. **b)** 씻어서 깨끗하게 하다. **2.** (급류 따위가) 씻어버리다, 씻어 패게 하다. **Ausspülung**, die; -en ↑ausspülen의 명사형: eine A. machen [의학] 세정(洗淨)하다.

ausspüren ⟨h⟩ 《고어》 발견하다, 찾아내다, 탐지해 내다.

ausstaffieren ⟨h⟩ 장식[설치]하다, 성장(盛裝)시키다: er hat sein Zimmer mit allerlei Trödel ausstaffiert 그는 그의 방을 잡동사니로 장식했다; er wurde als Indianer ausstaffiert 그는 인디언으로 변장되었다. **Ausstaffierung**, die; -en ↑ausstaffieren의 명사형.

Ausstand, der; -(e)s, Ausstände **1.** 동맹 파업: in den A. treten 동맹 파업에 들어가다. **2.** 《대개 Pl.》 미회수금. **3.** 《südd., österr.》 졸업, 퇴직(반대: Einstand 1). **ausständig** ⟨Adj.⟩ 《südd., österr.》 미회수의, 해결되지 않은. **Ausständler**, der; -s, - 동맹 파업자.

ausstanzen ⟨h⟩ (편치 따위로) 구멍을 꿰뚫다.

ausstatten ['aʊsʃtatn] ⟨h⟩ **a)** 공급하다, 장만하다, 장비하다: jmdn. mit Geldmitteln [Vollmachten] a. 누구에게 자금[전권]을 주다. **b)** 설치하다, 정돈하다. **Ausstattung**, die; -en **1.** ↑ausstatten의 명사형. **2. a)** 장비, 채비, 무장. **b)** 실내 설비. **c)** 장치, 겉치레. **d)** [법] 자립 자금, 혼수, 지참금.

Ausstattungs-: **~film**, der 경비를 많이 들여 사실 무대를 추구한 영화. **~gegenstand**, der 비품, 장구, 도구. **~revue**, die ↑~film. **~schutz**, der [법] (등록) 의장 보호. **~stück**, das 무대 장비에 효과를 두고 있는 연극.

ausstauben, 《지역적》 **ausstäuben** ⟨h⟩ 먼지를 떨다.

ausstechen* ⟨h⟩ **1.** 찔러서 파괴하다: jmdm. ein Auge a. 누구의 눈을 찔러 실명하게 하다. **2. a)** 찔러서 뽑아 내다. **b)** (땅 등을) 파내다. **c)** 편평한 반죽에서 과자 모양을 찍어내다. **3.** 확실히 능가하다[밀어내다]. **4.** [아이스 하키] 재빠른 타격으로 상대방으로부터 (퍽을) 떼어 내다. **Ausstecherle**, das; -s, - 《대개 Pl.》 《지역적》 크리스마스 과자. **Ausstechförmchen**, das 《과자를 찍어내기 위해서》 쇠나 플라스틱으로 만든 틀.

ausstecken ⟨h⟩ **1.** [스키] 어떤 구간을 기로 표시하다. **2.** 《österr.》 새 포도주를 제공한다는 표시로 주점의 출입문 위에 꽃이나 잎의 다발을 걸다.

ausstehen* ⟨h⟩ **1.** ⟨h⟩ (팔기 위해서 물건이) 진열되어 있다. **2.** ⟨h⟩ 아직 안 오다, 아직 도착하지 않다: die Antwort steht noch aus 대답이 아직 나오지 않고 있다; ausstehende Gelder 미수금. **3.** ⟨h⟩ 견디다, 인내하다: Angst a. 두려움을 견디다; **es[eine Sache] ist ausgestanden** 어떤 일이 드디어 지나가다; **jmdn. od. etw. nicht a. können** 누구, 무엇을 좋아하지 않다. **4.** 《südd., österr.》 ⟨s⟩ 퇴직하다, (학교를) 졸업하다: er ist schon letztes Jahr ausgestanden 그는 벌써 지난 해에 퇴직했다.

aussteifen ⟨h⟩ [건축] (구부러짐, 처짐을 막기 위해 안에서) 받치다. **Aussteifung**, die; -en ↑aussteifen의 명사형.

aussteigen* ⟨s⟩ **1. a)** (차 따위에서) 내리다(반대: einsteigen (1)): aus dem Auto a. 자동차에서 내리다. **b)** 《조종사 은어》 (낙하산으로) 비상 탈출하다. **2. a)** 《통용어》 더 이상 관여하지 않다(반대: einsteigen (3)): aus einem Geschäft a. 어떤 사업에서 발을 빼다. **b)** [스포츠] 포기하다: aus einem Rennen a. 달리기를 포기하다; **einen Gegner a. lassen** 《축구 은어》 교묘한 기술로 상대방을 더이상 꼼짝못하게 하다. **Aussteiger**, der; -s, - 《은어》 내리는 사람.

aussteinen ⟨h⟩ (과일에서) 씨를 제거하다: Kirschen a. 버찌씨를 빼내다.

ausstellbar ['aʊsˌʃtɛlbaːɐ̯] ⟨Adj.⟩ [기술] (창문 등을) 밖으로 지칠 수 있다. **ausstellen** ⟨h⟩ **1.** 진열하다, 전시하다: Waren (im Schaufenster) a. 상품을 (진열장에) 진열하다; bekannte Künstler stellen aus 유명한 예술가들이 그들의 그림을 전시하다. **2.** 볼 수 있게 세우다: Warnschilder a. 경고판을 내걸다. **3.** 작성(교부) 하다: ein Visum a. 비자를 교부하다. **4.** 《통용어》 끄다: den Motor a. 모터를 끄다. **5. a)** (창 따위를) 비스듬히 바깥쪽으로 세우다. **b)** 《거의 과거분사로만》 [복식] (치마, 바지가) 아래로 넓어지도록 재단하다. **6.** 《준고어》 비난하다; ↑aussetzen (6) 참조. **Aussteller**, der; -s, - 전시하는 사람. **Ausstellfenster**, das [기술] (특히 자동차의) 비스듬히 밖으로 세울 수 있는 창문. **Ausstellung**, die; -en **1.** 진열, 설치, 교부. **2.** 전람회, 박람회: eine A. moderner Kunst 현대 예술 전람회. **3.** 《대개 Pl.》 《준고어》 이의(異議): **-en machen** 《격식 독어》 무엇을 비난하다.

Ausstellungs-: **~fläche**, die 전시 면적. **~gelände**, das 전시용 부지. **~halle**, die 전람회 홀. **~katalog**,

ausstemmen

der 전시회 카탈로그. **~leitung,** die 전람회 운영실. **~raum,** der 전람실, 진열실. **~stand,** der 전시대. **~stück,** das 전시품: 전의 das ist kein A. 그 것은 다른 사람에게 내보일 만한 것이 못된다. **~pavillon,** der 전시용 가건물.

ausstemmen ⟨h⟩ [기술] 끌로 파내다, 쪼아내다.

Aussterbeetat, der 《다음 용법으로》 **auf dem A. sein**(stehen / sich befinden) 《통용어·농》 서서히 몰락하다가다, 더이상 의미가 없다; **jmdn.**[**etw.**] **auf den A. setzen** 《통용어·농》 서서히 제거해 나가다.

aussterben* ⟨s⟩ 사멸하다: eine Familie stirbt aus 가문이 멸절하다; 전의 diese Mundart stirbt aus 이 방언은 사멸되어 가고 있다.

Aussteuer, die; -n 혼수감, 결혼 준비물: eine A. für die Tochter anschaffen 딸을 위해 혼수감을 장만하다.

aussteuerbar ⟨Adj.⟩ 조정할 수 있는. **Aussteuerbereich,** der [전기] 변조 진폭. **¹aussteuern** ⟨h⟩ 1. 조정하여 제어하다. 2. [전기] 변조하다, 조정하다: ein Tonbandgerät a. 녹음기를 조정하다. **²aussteuern** ⟨h⟩ ↑Ausgesteuerte 참조. 1. (특히 딸에게》 결혼 준비물을 주다. 2. [보험] (피보험자에게) 보험 지급을 끝내다: die Krankenkasse will ihn a. 질병 보호 금고가 그에게 보험 지급을 끝내려고 한다. **¹Aussteuerung,** die; -en 변조, 조정. **²Aussteuerung,** die; -en 보험 지급 만료. **Aussteuerversicherung,** die 혼수 장만 보험.

Austich, der; -s, -e **a)** 《schweiz.》 결승전. **b)** (특히 schweiz.》 최상품: dieser Wein ist der A. 이 포도주는 최상품이다.

aussticken ⟨h⟩ [수예] **a)** (본에 따라) 수놓다. **b)** (무늬를) 수놓다.

Ausstieg ['ausʃtiːk], der; -(e)s, -e (반대: Einstieg). **a)** 밖으로 나오기, 내리기: der A. aus der Höhle 굴 밖으로 나오기. **b)** 출구. **Ausstiegluke,** die (배 따위의) 출구.

ausstopfen ⟨h⟩ **a)** 완전히 (무엇으로) 채워넣다: ein Kissen a. 베갯속을 넣다. **b)** 박제를 만들다: einen Adler a. 독수리를 박제로 만들다. **Ausstopfung,** die; -en ↑ausstopfen의 명사형.

Ausstoß, der; -es, Ausstöße [경제] 단위 시간 생산량. **ausstoßen*** ⟨h⟩ 1. **a)** 내뿜다: den Atem (durch die Nase) a. (코로) 숨을 내보내다. **b)** 쳐서 상하게 하다: er hat ihm (mit der Stange) fast das Auge ausgestoßen 그는 (막대기로) 그의 눈을 거의 빼뻤다. 2. (소리 따위를) 내뱉다: einen Seufzer a. 한숨을 내뱉다. 3. 내쫓다: aus dem Verein a. 단체에서 축출하다. 4. 【경제】(일정 시간 내에) 생산하다: das Werk stößt täglich 400 Autos aus 그 공장은 매일 400대의 자동차를 생산해 낸다. **Ausstoßrate,** die 생산 할당량. **Ausstoßrohr,** das 【군】 어뢰[지뢰] 발사관. **Ausstoßung,** die; -en 축출, 추방.

ausstrahlen ⟨h⟩ 1. **a)** (열, 빛 따위를) 방사하다, 발산하다: der Ofen strahlt Wärme aus 난로가 열을 발산한다; 전의 sein Gesicht strahlt Zufriedenheit aus 그의 얼굴에는 만족스러움이 퍼져 있다. **b)** 발산하듯 나가다: 전의 die Schmerzen strahlten vom Kopf in den Arm aus 통증이 머리에서 팔로 번져 나가다. 2. 비치다: die Straße voll a. 거리를 충분히 조명하다. 3. 영향을 끼치다: seine Ruhe strahlt auf die Umgebung aus 그의 평온이 주위에 영향을 끼치고 있다. 4. [방송] 방송하다: Nachrichten a. 뉴스를 방송하다. **Ausstrahlung,** die; -en **a)** 방송. **b)** 작용, 영향력, 카리스마: von ihm ging eine große A. aus 그에게는 어떤 큰 영향력이 있었다. **Ausstrahlungskraft,** die ↑Ausstrahlung (b).

ausstrecken ⟨h⟩ 1. (팔다리를) 쭉 뻗다: den Arm a. 팔을 뻗다. 2. 몸을 쭉 뻗다[뻗고 눕다]: sie streckte sich behaglich (auf dem Sofa) aus 그 여자는 편안하게 (소파 위에) 몸을 길게 뻗고 누웠다.

ausstreichen* ⟨h⟩ 1. **a)** 칠하 듯이 바르다: Farbe a. 색깔을 골고루 칠하다. **b)** (틈을) 채우다, 메우다: die Fugen (mit Lehm) a. 틈을 (진흙으로) 메우다. **c)** (내부를 완전히 무엇으로) 바르다: eine Backform (mit Butter) a. 빵굽는 틀을 버터로 바르다. **d)** 쓸어서 주름을 펴다: Knitterfalten a. 구김살을 쓸어 펴다. 2. (줄을 그어) 지우다, 삭제하다: ein Wort wieder a. 어떤 낱말을 다시 줄을 그어 지우다; 전의 diese Tat möchte er aus seinem Leben a. 그는 이 행위를 그의 생애에서 지워 버리고 싶어한다.

ausstreuen ⟨h⟩ 1. 살포하다, (땅 위에) 뿌리다: (den Vögeln, für die Vögel) Futter a. (새에게) 먹이를 뿌려 주다; 전의 ein Gerücht a. 어떤 소문을 퍼뜨리다. 2. 완전히 뿌리다.

Austrich, der; -(e)s, -e 1. [의학·생물] 프레파라트용 매액. 2. [지질] (광맥의) 노출(露出), 노두.

ausströmen ⟨h⟩ **a)** ⟨h⟩ 발산하다, 뿜다: Wärme a. 열을 발산하다; 전의 dieser Mann strömt Vertrauen aus 이 남자는 신뢰감을 풍겨준다. **b)** ⟨s⟩ 흘러나오다(반대: einströmen): Wasser strömt aus 물이 쏟아져 나오다. **Ausströmung,** die; -en ↑ausströmen의 명사형.

ausstudieren ⟨h⟩ 《통용어》《일반적으로 복합시제에서》 공부를 마치다: bis er ausstudiert hat, ist er 25 (Jahre alt) 그가 공부를 끝마치면 그는 25세가 될 것이다.

ausstülpen ⟨h⟩ 바깥쪽으로 뒤집다(반대: einstülpen). **Ausstülpung,** die; -en ↑ausstülpen의 명사형.

aussuchen ⟨h⟩ 1. 찾아내다, 골라내다: ein Kleid a. 어떤 옷을 고르다. 2. 《준고어》 수색하다.

aussülzen, sich ⟨h⟩《경》(흥분해서) 말을 많이 하다: Herrgott, sülzt der sich wieder aus! 에이, 저 사람 말이 많네!

aussüßen ⟨h/s⟩《전문어》 단물이 되다, 단수로 되다.

Aust [aust], die; -e 《niederd.》 수확. **austen** ⟨h⟩《niederd.》 수확하다.

austäfeln ⟨h⟩ 판자벽을 대다.

austanzen, sich ⟨h⟩ 마음껏 춤추다: er konnte sich (seine Fähigkeiten) in der Rolle voll a. 그는 자신의 춤역에서 역량을 충분히 발휘할 수 있었다.

austapezieren ⟨h⟩ 벽지를 바르다: einen Raum a. 어떤 공간을 벽지로 바르다.

austarieren ⟨h⟩ **a)** 평형이 되게 하다: eine Waage a. 저울의 균형을 맞추다; 전의 Rechte und Pflichten a. 권리와 의무는 서로 저울질한다. **b)** 《österr.》 상품 포장을 제외하고 달다.

austasten ⟨h⟩ 1. [특히 의학] 촉진하다. 2. [전자] 눌러서 전기를 차단하다. **Austastung,** die; -en ↑austasten의 명사형.

Austausch, der; -(e)s **a)** 교환: etw. im A. (gegen etw. anderes) erhalten 무엇을 (무엇과) 교환해서 받다; 전의 ein A. von Erinnerungen 추억의 교환. **b)** 교환, 교체: ein A. der Ventile 밸브의 교체.

austausch-, Austausch-: **~dienst,** der 교환 기관. **~motor,** der [자동차] 교환 모터(엔진)(약어: AT-Motor). **~professor,** der 교환 교수. **~reaktion,** die [화학] 교환 반응. **~schüler,** der 교환 학생. **~stoff,** der [기술·경제] 대체 재료. **~student,** der 교환 대학생. **~transfusion,** die [의학] 교환 수혈. **~ware,** die 교환품, 대체품. **~weise** ⟨Adv.⟩ 교환 방식으로.

austauschbar ['austauʃbaːr] ⟨Adj.⟩ 교환할 수 있는. **Austauschbarkeit,** die ↑austauschbar의 명사형.

austauschen ⟨h⟩ **a)** (상호)교환하다: Botschafter a.

대사를 교환하다; 전의 Gedanken a. 생각을 교환하다. b) 교체하다, 바꾸다: ein Wort gegen ein anderes a. 한 낱말을 다른 낱말로 바꾸다.

austeilen 〈h〉 나누어 주다, 분배하다: den Schülern die Hefte〔die Hefte an die Schüler〕 a. 학생들에게 노트를 분배하다; 전의 den Segen a. 축복하다. **Austeilung**, die; -en ↑austeilen의 명사형.

Austenit [auste'niːt, 《또한》...nɪt], der; -s, -e 〔영국의 금속학자 Roberts-Austen의 이름에서〕 [화학] 오스테나이트(철).

Auster ['austɐ], die; -n [niederd. üster] 굴.

Austerity [ɔs'terɪtɪ], die 〔engl. austerity〕《교양어》경제적 내핍 정책, 에너지 감축 정책.

Austern-: ~**bank**, die 〔Pl. ...bänke〕 (바다밑) 굴의 군집지. ~**fisch**, der ↑Seewolf. ~**fischer**, der 검은 머리물떼새. ~**gabel**, die 굴을 여는 갈퀴. ~**park**, der 굴 양식장. ~**pilz**, der ↑~seitling. ~**schale**, die 굴껍데기. ~**seitling**, der 식용버섯의 일종(학명: *Pleurotus ostreatus*). ~**zucht**, die 굴 양식.

austesten 〈h〉 철저히 검사하다, **Austestung**, die; -en ↑austesten의 명사형.

austifteln 〈h〉 ↑austüfteln.

austilgen 〈h〉 **a)** 제거하다, 근절하다: Unkraut a. 잡초를 박멸하다. **b)** 지워없애다, 말소하다: 전의 einen Schandfleck a. 어떤 오명을 지우다. **Austilgung**, die; -en ↑austilgen의 명사형.

Austköst ['austkœst], die; -en 〔niederd.〕 추수 축제.

austoben 〈h〉 **1.** 〈a. + sich〉 **a)** 날뛰다, 거칠게 놀다: Kinder müssen sich (können) 아이들은 실컷 놀아야 한다. **b)** 남는 힘을 탕진하다: sich vor der Ehe a. 결혼 전에 실컷 놀다. **c)** 맹렬하게 날뛰다, 광란하다: draußen tobt sich der Sturm aus 밖에는 폭풍이 광란한다. **2.** 무엇을 규제없이 풀어 버리다: seinen Zorn (an jmdm.) a. 그의 화를 (누구에게) 풀어 버리다. **3.** (힘이) 다 빠져서) 점점 광란을 그치다: jmdn. a. lassen 누구를 힘이 빠져 광란을 그칠 때까지 놓아두다; 전의 der Sturm hat (sich) ausgetobt 폭풍이 힘을 잃어버리다.

austollen, sich 〈h〉《통용어》실컷 뛰어 놀다.

austönen 〈h〉 울림이 멎다: die letzten Glockenschläge tönen aus 마지막 종소리가 그치다; 전의 hoffentlich hat er bald ausgetönt 《편》 제발 (그가) 그만 떠들지.

austonnen ['austɔnən] 〈h〉 [해양] 부표(浮標)로 표시하다: die Fahrrinne a. 수로(항로)를 부표로 표시하다.

Austrag ['austraːk], der; -(e)s **1.** 해결, 결정: **zum A. kommen〔gelangen.〕**〔격식 독어〕《쟁의가》 해결되다. **2.** [스포츠] (경기의) 실행, 실시, 개최. **3.** 〔südd., österr.〕 ↑Altenteil. **austragen**' 〈h〉 **1.** 누구의 집으로 배달하다: die Post a. 우편물을 배달하다. **2.** (애를) 끝까지 떼지 않다. **3. a)** 끝내다, 결말 짓다: einen Streit a. 분쟁을 결말 짓다. **b)** [스포츠] 실행하다, 실시하다, 개최하다. **4.** (기입된 것을) 지우다(반대: eintragen 1 a): Daten a. 자료를 지우다. **5.** 〔österr.〕 ↑ausbedingen. **Austräger**, der; -s, - 배달자, 심부름꾼. **Austrägerin**, die; -nen ↑Austräger의 여성형. **Austrägler** ['austrɛːklɐ], der; -s, - 〔südd., österr.〕 ↑Altenteiler. **Austragung**, die; -en 〈드물게 Pl.〉 해결, 시행: die A. einer Meisterschaft 선수권 대회의 개최; zur A. kommen 화해하다. **Austragungsmodus**, der 경기 개최의 방법. **Autragungsort**, der 시합 장소.

austrainiert 〈Adj.〉 [스포츠] 훈련을 통하여 컨디션이 좋은.

australid [austra'liːt] 〈Adj.〉 오스트레일리아 제족의. **Australide** [...'liːdə], der / die 오스트레일리아 원주민

〔제족〕. **Australien** [aus'traːliən], -s **1.** 오스트레일리아 대륙. **2.** 오스트레일리아(국가). **Australier** [aus'traːliɐ], der; -s, - 오스트레일리아 주민. **australisch** [aus'traːlɪʃ] 〈Adj.〉 오스트레일리아(인)의. **australoid** [australo'iːd] 〈Adj.〉 오스트레일리아 제족의. **Australoide** [...loˈiːdə], der / die 오스트레일리아 원주민 유형의 인간.

austräumen 〈h〉 꿈을 다 꾸다, 꿈꾸기를 끝내다: 전의 ich habe endgültig ausgeträumt 나는 꿈〔그릇된 환상〕에서 깨어났다.

austreiben' 〈h〉 **1.** (가축을) 초지로 내몰다(반대: eintreiben 1): die Kühe a. 소들을 초지로 몰다. **2. a)**《아이》내쫓다, 추방하다: die Bewohner wurden aus ihren Häusern ausgetrieben 주민들이 그들의 집으로부터 쫓겨 났다; 전의 der Frühling treibt den Winter aus 봄이 겨울을 몰아낸다. **b)** 주문을 외워 내쫓다: den Teufel a. 악마를 (주문을 외워) 내쫓다. **c)**《미세한 구멍에서》나오게 하다: das trieb mir den Schweiß aus 그것이 나를 땀나게 하다. **3.** 누구의 어떤 버릇을 버리게 하다: ich habe ihr ihre Launen ausgetrieben 나는 그녀에게 그녀의 변덕을 버리게 했다. **4. a)** 싹이 트기 시작하다: die Birken treiben aus 자작나무가 싹이 트기 시작한다. **b)** 싹 나듯이 나타나다: Knospen treiben aus 봉오리들이 싹이 트다. **c)** 산출하다, 내다: die Sträucher treiben Blüten aus 관목들이 꽃을 내다(피우다). **5.** 〔österr.〕 반죽을(방망이를 굴려서) 펴다. **Austreibung**, die; -en ↑austreiben의 명사형. **Austreibungsperiode, Austreibungszeit,** die [의학] 후산.

ausrennen 〈h〉 떼어 내다.

austreten' **1.** 〈h〉 (불 따위를) 밟아서 끄다: eine Zigarettenkippe a. 담배꽁초를 밟아서 끄다. **2. a)** 〈h〉 (길을) 밟아서 내다: ausgetretene Pfade 밟아서 내진 길. **b)** 〈h〉 밟아 닳게 하다: ausgetretene Stufen (자주 밟아) 닳아 배린 계단. **c)** 〈h〉 신어 늘어나게 하다: ausgetretene Schuhe (오랫동안 신어서) 늘어난 구두. **3.** [사냥] 〈s〉 밖으로 나오다. **4.**《통용어》〈s〉 용변 보러 나가다. **5.** 〈s〉 탈퇴하다(반대: eintreten 5): aus einer Partei a. 어떤 정당에서 탈퇴하다. **6.** 〈s〉 밖으로 (솟아) 나오다: hier tritt Öl aus 여기서 기름이 새나오다.

Austria ['austria, 〈engl.〉 'ɔstriə] ↑Österreich에 대한 라틴어 명칭.

Austriazismus [austria'tsɪsmʊs], der; -, ...men 오스트리아의 언어 특징.

austricksen 〈h〉 [스포츠] 트릭을 써서 (상대방을) 속이다: er trickste den Verteidiger aus 그는 백을 술책을 써서 피해 지나갔다. **b)** 책략을 써서 경쟁자를 힘없게 하다.

Austrieb, der; -(e)s, -e 〈드물게 Pl.〉 초지로 내몰기, 싹틈.

austrimmen 〈h〉 [선원·조종사] (배나 비행기를) 제 위치로 만들다.

austrinken' 〈h〉 **a)** 다 마셔 버리다, 끝까지 마시다: den Kaffee a. 커피를 다 마시다. **b)** 마셔서 비우다: ein Glas 〔die Flasche〕 a. 잔(병)을 마셔 비우다. **Austrinket**, der; -s 〔schweiz.〕 **1.** 교회 봉헌 축제 후의 주연. **2.** 폐업 주연.

Austritt, der; -(e)s, -e **1.** 〈드물게 Pl.〉 (밖으로) 나감(반대: Eintritt). **2.** 탈퇴(반대: Eintritt): seinen A. (aus einer Partei) erklären 어떤 당에서의 탈퇴를 선언하다. **3.** (가스 등의) 유출, 새어 나옴. **4.**《준고어》작은 발코니. **Austrittserklärung**, die 탈당〔탈퇴〕 선언.

austrocknen 1. 〈h〉 《습기를》 말리다: die Sonne trocknet den Boden aus 태양이 바닥을 마르게 하다. **b)**《드물게》물을 빼다: den Sumpf〔das Moor〕 a. 늪

Austrocknung

을 배수하다. **2.** ⟨*h*⟩ (수건 따위로) 내부의 물기를 훔치다, 마르게 하다: ich habe die Gläser innen ausgetrocknet 나는 유리잔 안의 물기를 닦아 냈다. **3.** ⟨*s*⟩ 완전히 마르게 되다: der Fluß trocknet aus 강이 마르다. **Austrocknung,** die ↑austrocknen의 명사형.
Austrofasch̲ismus [(또한) '-----], der; - 오스트리아 파시즘.
Austromarx̲ismus [austro-, (또한) '-----], der; - 오스트리아 마르크스주의. **Austromarxist** [(또한)']-----] der; -en, -en 오스트리아 마르크스주의자. **austromarx̲istisch** [(또한)'-----] ⟨Adj.⟩ **a)** 오스트리아 마르크스주의의. **b)** 오스트리아 마르크스주의적인.
austrommeln ⟨*h*⟩ (고어) 북을 쳐서 (공적으로) 알리다: die Nachricht wurde ausgetrommelt 그 소식이 공시되었다; 전의 sie muß jede Neuigkeit gleich a. ⟨통용어 · 준고어⟩ 그녀는 모든 새 사실을 즉시 떠벌리고 다녀야 직성이 풀린다.
austrompeten ⟨*h*⟩ ⟨통용어⟩ (도처에) 나팔 불고 다니다.
austrudeln ⟨*h*⟩ **1.** ⟨통용어 · 지역적⟩ ↑auswürfeln. **2. etwas a. lassen** ⟨통용어⟩ 무엇을 천천히 끝나게 놔두다.
austüfteln ⟨*h*⟩ ⟨통용어⟩ 생각해내다, 고안해내다: (sich) einen Plan a. 어떤 계획을 고안해내다. **Austüft(e)lung,** die ↑austüfteln의 명사형.
austun* ⟨*h*⟩ **1.** ⟨지역적⟩ **a)** die Schuhe[das Kleid] a. 구두[원피스]를 벗다. **2.** ⟨지역적⟩ 끄다: die Lampe [das Feuer] a. 등[불]을 끄다. **3. sich a. können** ⟨통용어⟩ 마음대로 할 수 있다.
austunken ⟨*h*⟩ **1.** (빵 따위로) 적시어 내다: die Soße mit Brot a. 소스를 빵에 적시어 내다. **2.** (빵에) 적시어 비우다: die Schüssel a. (수프 따위를) 빵으로 적시어서 내어 접시를 비우다; 전의 etw. a. müssen ⟨지역적⟩ 무엇에 대한 결과의 책임을 질 수밖에 없다.
austupfen ⟨*h*⟩ 가볍게 두드려서 물기를 말리다, 깨끗이하다: eine Wunde a. 상처를 솜뭉치로 가볍게 두드려서 액체를 없애다.
austurnen ⟨*h*⟩ ⟨스포츠⟩ 완벽하게 연습하다.
austuschen ⟨*h*⟩ 먹칠해 넣다.
ausüben ⟨*h*⟩ **1.** (직업 따위를) 수행하다: einen Beruf a. 어떤 직업을 수행하다. **2.** 행사하다: die Macht a. 권력을 행사하다. **3.** (자극, 작용을) 주다: Einfluß[Druck] auf jmdn. a. 누구에게 영향력[압력]을 가하다. **Ausübung,** die ↑ausüben의 명사형.
ausufern ⟨*h*⟩ ⟨드물게⟩ (물이) 연안을 넘어오다: der Strom ist ausgeufert 강물이 연안을 넘어왔다. **Ausuferung,** die; -en ↑ausufern의 명사형.
Ausverkauf, der; -(e)s, ...käufe 재고 정리 염가 대매출: 전의 der A. der weißen Rasse 백인의 불명예스러운 종말. **ausverkaufen** ⟨*h*⟩ **a)** 매진되다. 다 팔다. **ausverkauft** 매진된: ⟨매개 과거분사로⟩ das Kino ist a. 영화관의 입장표가 매진되다. **b)** 매각하다: das Lager a. 매각하여 창고를 비우다.
ausverschämt ⟨Adj.⟩ [niederd. ūtverschämt] ⟨지역적⟩ 뻔뻔스러운, 염치없는, 철면피의: eine -e Lüge 새빨간 거짓말.
auswachsen 1. ⟨*s*⟩ (곡물 등이 이삭에서나 저장 중에) 발아하다. **2.** ⟨*h*⟩ ⟨드물게⟩ (아이가 자라) 의복이 작아지다: er wird die Sachen bald a. 그 물건들은 그에게 곧 작아질 것이다. **3.** ⟨a. + sich⟩ **a)** ⟨드물게⟩ 자라면서 기형 상으로 될 것이다: die Mißbildung in der Zahnstellung wird sich noch a. 치아 배열의 잘못된 것이 자라면서 정상으로 될 것이다. **b)** ⟨*h*⟩ (아이) (소요 따위가) 커지다, 확대되다. **c)** ⟨*h*⟩ (어떤 양상으로) 발전하다: die Unruhen haben sich zur Rebellion ausgewachsen

소요가 폭동으로 발전했다. **4.** ⟨*s*⟩ ⟨통용어⟩ 지루해 죽을 것 같다: ich bin bei dem stundenlangen Warten fast ausgewachsen 나는 여러 시간 기다려서 지루하여 어쩔 줄 몰랐다; **das(es) ist zum Auswachsen** ⟨통용어⟩ 정말 못참겠군.
auswägen* ⟨wog / (selten) wägte aus, hat ausgewogen⟩ ↑ausgewogen 참조. **1.** (액체의) 무게를 측정하다: eine Lösung a. 용액의 무게를 측정하다. **2.** ⟨물리⟩ (도량형기를) 검정하다. **Auswägung,** die; -en ↑auswägen의 명사형.
Auswahl, die; -en **1.** ⟨Pl. 없음⟩ 선택, 선발: die A. der Speisen vornehmen 음식을 선택하다; **eine A. treffen** 선택하다. **2. a)** 선⟨집⟩: eine A. von Goethes Werken 괴테 선집. **b)** ⟨스포츠⟩ 선발 팀: in der A. spielen 선발 팀에서 뛰다. **3.** 품목: eine große A. an [von] Gardinen haben 커튼의 품목이 많다.
Auswahl-: **~antwort,** die 해답의 선택: eine A. auf einem Fragebogen ankreuzen 질문표에 있는 선다지에 가위표를 하다. **~band,** der 선집. **~mannschaft,** die ↑Auswahl (2 b). **~möglichkeit,** die 선택 가능성. **~sendung,** die ⟨상⟩ 선택 상품 송부. **~spieler** [der ⟨스포츠⟩ 선발 선수. **~wette,** die 일정 수의 게임을 선택하여 하는 축구 토토(Toto)내기.
auswählen ⟨*h*⟩ 선택[선발]하다, 고르다, 정선하다: unter mehreren Bewerbern einen a. 많은 지원자 가운데서 한 사람을 선발하다; ausgewählte Werke 선집.
auswalken ⟨*h*⟩ ⟨österr.⟩ (밀가루 반죽 등을) 밀어 펴다.
auswallen ⟨*h*⟩ ⟨schweiz., bayr.⟩ (밀가루 반죽을) 펴다, 밀다.
auswalzen ⟨*h*⟩ (강철 따위를) 늘려 펴다: Aluminium zu Folien a. 알루미늄을 늘려 은박지로 만들다; 전의 die Geschichte wurde zu einem ganzen Roman ausgewalzt ⟨통용어 · 폄⟩ 그 이야기가 늘어서 소설이 되었다.
Auswanderer, der; -s, - 이민자, 이주자(반대: Einwanderer).
Auswanderer-: **~berater,** der 이민[이주]상담자. **~beratung,** die 이민 상담. **~betreuung,** die 이민 담당. **~information,** die 이민 정보. **~schiff,** das 이민선. **~visum,** das 이민 비자.
auswandern ⟨*s*⟩ 이민가다, 해외로 이주하다(반대: einwandern): er ist aus Deutschland ausgewandert 그는 독일을 떠나 이민했다. **Auswanderung,** die; -en ⟨드물게 Pl.⟩ 이주, 이민(반대: Einwanderung).
Auswanderungs-, Auswanderungs-: ⟨(또한) ↑Auswanderer-도 참조⟩: **~agent,** der 이민 대행업자. **~erlaubnis,** die 이민 허가. **~freiheit,** die ⟨Pl. 없음⟩ 이민 자유. **~gesetzgebung,** die 이민 입법. **~unternehmer,** der 이민 대행업자. **~verbot,** das 이민 금지. **~willig** ⟨Adj.⟩ 이민 준비가 되어 있는, 이민할 의도가 있는.
auswärmen ⟨*h*⟩ ⟨지역적⟩ **a)** (공간을) 충분히 덥히다: die Stube ist gut ausgewärmt 그 방이 잘 덥혀져 있다. **b)** ⟨a. + sich⟩ (몸을) 덥히다.
auswärtig ⟨Adj.⟩ **1. a)** 다른 곳의: unsere -en Geschäftsstellen 우리의 타지 영업소. **b)** 외부에서 오는: -e Gäste 외지 손님. **2.** 외국의, 외국에 관계하는: unsere -e Politik 대외⟨통용⟩ 정책. **Auswärtige,** der / die 외지인. **auswärts** ⟨Adv.⟩ **1.** 밖으로(반대: einwärts): die Stäbe sind stark (nach) a. gebogen 그 막대기들은 밖으로 심하게 휘어졌다. **2. a)** 집 밖에서: a. essen 외식을 하다. **b)** 다른 곳에서: viele Schüler wohnen a. 많은 학생들이 다른 지역에 산다; **a. reden[sprechen]** ⟨통용어 · 농⟩ 바르게 말하다.
auswärts-, Auswärts-: **~gebogen** ⟨Adj.⟩ 밖으로 휘어진. **~gehen*** ⟨*s*⟩ 발을 밖으로 향해 걷다. **~laufen***

〈s〉《통용어》발을 밖으로 향해서 걷다. ~spiel, das [스포츠] 원정 경기.

auswaschen* 〈h〉 1. a) 씻어 내다: den Schmutz (aus dem Kleid) a. (원피스에서) 더러운 것을 빼아내다. b) 헹구어 내다: den Pinsel(eine Wunde) a. 붓[상처]을 헹구어 내다. c) 《세탁물 등을》 헹구다: die Socken auswaschen 양말을 헹구다. 2. 《물의 작용으로》씻어 내다: vom Regen ausgewaschenes Gestein 비에 씻겨진 암석. Auswaschung, die; -en ↑auswaschen의 명사형.

auswässern 〈h〉 (소금기 따위를 빼기 위하여) 물에 담그다: Heringe a. 청어를 물에 담그어 놓다.

auswattieren 〈h〉 안솜을 넣다: eine Jacke a. 상의에 안솜을 넣다.

Auswechsel-: ~bank, die [스포츠] 교체 선수용 긴의자. ~blatt, das 교체 카드. ~spieler, der [스포츠] 교체 선수, 후보 선수. auswechselbar 〈Adj.〉 교체할 수 있는: leicht -e Ersatzteile 교체가 용이한 부품. auswechseln 〈h〉 교체하다, 바꾸다: die durchgebrannte Sicherung gegen eine a. 타서 끊어진 휴즈를 새것으로 교환하다. Auswechs(e)lung, die; -en ↑auswechseln의 명사형.

Ausweg, der; -(e)s, -e 방책, 해결책: das ist kein A. 그것은 구조책이 아니다. ausweglos 〈Adj.〉 출구없는, 가망없는: sich in einer -en Lage befinden 어떤 절망적인 상태에 있다. Ausweglosigkeit, die 가망 없음.

Ausweich-: ~bewegung, die 도피 동작, ~flughafen, der 대피 비행장. ~lager, das 보조 창고. ~manöver, das (운전 중의) 회피 조작: [전의]das sind nur A. 그것은 핑계 거리에 불과하다. ~stelle, die ↑Ausweiche.

Ausweiche, die; -n 대피선. ausweichen* 〈s〉 1. a) 피하다: dem Auto[dem Fußgänger] geschickt a. 자동차[행인]를 능숙하게 피하다. b) 옆으로 피하다, 모면하다: er konnte dem Stein nicht mehr a. 그는 그 돌을 더 이상 피할 수 없었다. c) 비켜 가다, 피하다: jmdm. (auf der Straße) a. (길에서) 누구를 피해 가다; -de Antworten geben 회피하는 대답을 하다. 2. a) 형세가 이 다른 것을 고르다: auf eine andere Möglichkeit a. 다른 가능성으로 피해가다. b) [스포츠] 포지션을 바꾸다. Ausweichung, die; -en 도약적 조바꿈.

ausweiden 〈h〉 (죽은 동물의) 내장을 들어내다: [전의] auf dem Schrottplatz stehen ein paar ausgeweidete Autos 폐차장에 몇 대의 쓸모있는 부품을 다 들어낸 자동차가 서 있다.

ausweinen 〈h〉 1. a) 〈a. + sich〉 울어서 마음을 풀다: sie weinte sich in einer Ecke[an seiner Brust] aus 그녀는 어느 모퉁이에서 [그의 가슴에 대고] 울어서 마음을 진정시켰다. b) (아이) 울어서 해소하다: seinen Kummer a. 그의 걱정을 진정하려고 애쓰다. 2. 끝까지 울다: laß sie a.! 그녀가 실컷 울게 놔둬라!

Ausweis, der; -es, -e 1. 증명서: ein gültiger A. 유효한 증명서; einen A. beantragen[ausstellen] 증명서를 신청하다[교부하다]. 2. 《금융》 (태환 은행의) 사업 보고서. 3. 《österr.·준고어》증명서(성적 따위의). 4. nach A. 《격식 독어》: nach A. der Statistik 통계에서 보이는 바와 같이.

Ausweis-: ~fahrer, der [자동차 경주] (국내 경기 참가) 자격증 선수. ~karte, die ↑Ausweis (1). ~kontrolle, die 증명서 검사. ~papiere, das 〈Pl.〉 신분 증명서. ~pflicht, die 증명서 제시 의무.

ausweisen* 〈h〉 1. (국외로) 추방하다: jmdn. als unerwünschte Person a. 누구를 바람직하지 않은 인물로서 추방하다. 2. 신분을 증명하다: bitte weisen Sie sich aus! 신분증을 제시하시오! 3. a) 입증하다: sich als guter Geschäftsmann a. 스스로 훌륭한 사업가임이 증명되다. b) 보이다, 입증하다: sein Talent a. 그의 재능을 보여주다. 4. 계산적으로 증명하다, 보여 주다: wie die Statistik ausweist 통계가 증명하듯이. ausweislich 〈Präp.²〉《격식 독어·드물게》a. der Akten 서류가 증명하듯이.

ausweißen 〈h〉 온통 백칠을 하다: wir haben den Keller ausgeweißt 우리는 지하실을 완전히 회게 칠했다. Ausweißung, die; -en ↑ausweißen의 명사형.

Ausweisung, die; -en (국외) 추방.

ausweiten 〈h〉 1. a) (구두 따위를 사용해서) 늘어나게 하다, 넓어지게 하다. b) 〈a. + sich〉넓어지다, 늘어나다: das Gummiband weitet sich zu schnell aus 그 고무 밴드가 너무 빨리 늘어난다. 2. a) 확대하다, 확장하다: den Handel mit dem Ausland a. 외국 무역을 확장하다. b) 〈a. + sich〉 넓혀지다, 커지다: der Kreis der Teilnehmer hat sich ausgeweitet 참가자의 범위가 넓어졌다. Ausweitung, die; -en 〈드물게 Pl.〉 die A. des Handels 무역의 확장.

auswellen 〈h〉 (반죽을) 밀다.

auswendig 〈Adv.〉 암기[기억]하여: ein Gedicht a. können 어떤 시를 외울 수 있다; etw. a. lernen 무엇을 암기하다, 외우다. 2. 밖에서, 안쪽에서. schon a. können 《통용어·별》 (무엇을 너무 듣거나 보아서) 외울 정도이다. Auswendiglernen, das; -s 암기(暗記).

auswerfen* 〈h〉 1. (그물, 낚시 따위를) 던지다: eine Angel[Netze] a. 낚시[그물]를 던지다. 2. a) 내뿜다: der Vulkan wirft Asche aus 화산이 재를 내뿜는다. b) (아이) 〈가래, 피 따위를〉 내뱉다. 3. a) 삽질해 파내다: Erde a. 흙을 삽으로 파내다. b) 흙을 파내서 무엇을 만들다: einen Graben a. 도랑을 파서 만들다. 4. 지출을 확정하다: hohe Beträge für ein Projekt a. 어떤 계획에 고액의 지출을 결정하다. 5. (단위 시간 내에) 생산해내다: wieviel Tabletten wirft die Maschine täglich aus? 그 기계는 하루에 몇 개의 알약을 생산해내느냐? 6. [사무] 떼어놓다, 따로 떼어 수행하다: einen Posten rechts a. (항목 따위를) 별도로 기재하다. Auswerfer, der; -s, [기술] 내보내는 기구.

auswerkeln 〈h〉 《österr.·통용어》 마모시키다, 닳게 하다.

auswertbar 〈Adj.〉 평가에 타당한, 평가할 수 있는. Auswertbarkeit, die ↑auswertbar의 명사형. auswerten 〈h〉 평가하다, 활용하다: Erfahrungen[eine Statistik] a. 경험[어떤 통계 자료]을 평가, 활용하다. Auswertung, die; -en ↑auswerten의 명사형.

auswetzen 〈h〉 《다음 용법으로》 eine Scharte a. (낫의 이빠진 곳을 갈아서 없애다의 뜻에서) 과실, 잘못을 회복하다.

auswichsen 〈s〉 《지역적·경》 내빼다, 도망하다.

auswickeln 〈h〉 (반대: einwickeln 1) a) 벗기다: ein Geschenk a. 선물의 포장을 벗기다. b) 둘러쓴 것을 풀다, 벗기다: sie wickelte das Kind aus seinen Windeln aus 그 여자는 그 아이의 기저귀를 풀었다.

auswiegen* 〈h〉 ↑ausgewogen 참조. 1. (무엇의) 무게를 정확하게 확인하다. 2. 조금씩 달다: die Butter wurde zu Portionen ausgewogen 사람들이 한 분량씩의 버터를 달다.

auswinden* 〈h〉《südd., schweiz.》 (세탁물의) 물을 짜다.

auswintern 〈s〉 [농업] (재배 식물이) 얼어 죽다. Auswinterung, die ↑auswintern의 명사형.

auswirken 〈h〉 1. 〈a. + sich〉 작용하다, 영향을 미치다: der Streik wird sich verhängnisvoll auf die Wirtschaft aus 그 동맹 파업이 경제에 치명적 영향을 미쳤다. 2. 《고어》 마련해 주다, 얻어 주다: er hat ihm eine

Vergünstigung ausgewirkt. 그는 그에게 어떤 특혜를 마련해 주었다. 3. [제빵] (반죽을) 개다. **Auswirkung**, die; -en 성과, 효과: unerwartete -en haben 의외의 효과를 가지다.
auswischen ⟨h/s⟩ 1. a) ⟨h⟩ 닦아 내다: den Staub (aus dem Regal) a. (선반에서) 먼지를 닦아 내다. b) ⟨h⟩ (속을) 닦아 내어 깨끗이 하다: das Glas a. 유리잔을 닦아 내다; ich habe mir die Augen ausgewischt 나는 눈물을 닦아 냈다. c) ⟨h⟩ 지위 없애다. 2. ⟨s⟩ 《통용어·지역적》(손아귀에서) 빠져 나가다. 3. **jmdm. eins a.** 《통용어》(앙갚음으로) 누구에게 한방 먹이다, 골탕먹이다.
auswittern 1. [지질] a) ⟨s⟩ (암석 따위가) 풍화하다, 풍해하다. b) ⟨h⟩ 풍화시키다: Hitze und Kälte wittern das Gestein aus 열과 추위가 암석을 풍화시킨다. 2. a) ⟨s⟩ (물질 등이) 풍해하다. b) ⟨h⟩ 풍화시키다: Salpeter a. 염산을 풍화시키다. 3. ⟨h⟩ 《준고어》찾아내다, 알아내다. **Auswitterung**, die; -en ↑auswittern의 명사형.
auswringen[*] ⟨h⟩ [niederd. ütwringen] 《지역적》빨래 따위를) 쥐어짜다.
Auswuchs, der; -es, Auswüchse 1. 이상 발육, 종양: krankhafte Auswüchse an Obstbäumen 과일나무의 이상 발육. 2. [농업] 곡물의 조기 발아. 3. (대개 Pl.) 불건전한 발전, 과대, 과도: Auswüchse der Phantasie 지나친 상상(력).
auswuchten ⟨h⟩ [기술] (자동차 타이어 등의) 균형을 잡다. **Auswuchtung**, die; -en ↑auswuchten의 명사형.
Auswurf, der; -(e)s, Auswürfe 1. (Pl. 없음) 내던짐, 분출. 2. 《드물게 Pl.》[의학] 가래, 객담, 객혈. 3. (Pl. 없음) 《멸》열악한 것, 찌꺼기: der A. der Gesellschaft (der Menschheit) 사회[인간]의 찌꺼기 같은 자.
auswürfeln ⟨h⟩ 주사위를 던져 결정하다(내기하다).
Auswürfling, der; -s, -e [지질] 화산 분출물. **Auswurf(s)masse**, die; -n [지질] 화산에서 방출된 덩이.
auswürgen ⟨h⟩ 토해 내다.
auswüten ⟨h⟩ 화를 그치다, 광란을 그치다: er hat (sich) ausgewütet 그는 화를 그쳤다; der Sturm hat (sich) ausgewütet 폭풍이 가라앉았다.
auszacken ⟨대개 과거분사로⟩ 톱니 모양으로 만들다.
auszahlen ⟨h⟩ 1. (봉급 따위를) 지불하다: Gehälter (Prämien) a. 봉급(보상금)을 지급하다. 2. 임금을 주다: die Landarbeiter a. 농장 일꾼들에게 임금을 지불하다. 3. ⟨a. + sich⟩ 이익을 가져오다, 이익이 되다: Verbrechen zahlen sich nicht aus 범죄는 이익이 되지 못한다.
auszählen ⟨h⟩ 1. 수를 세어 조사하다: nach der Wahl die Stimmen a. 선거 후에 투표를 집계하다. 2. [권투] 10까지 다 세어 패배를 확정[선언]하다. 3. 《지역적》세어서 정하다: jeden Zehnten a. 매 열번째 사람을 세어 뽑다.
Auszahlung, die; -en 1. 지불: **zur A. kommen [gelangen]** 《격식 독어》지불되어지다. 2. (임금)지불: die A. der Arbeiter 노동자의 임금 지불. 3. [은행] a) 외국환: die A. London 영국돈(파운드화). b) 은행환: eine telegrafische A. 전신 은행환.
Auszählung, die; -en 세기: die A. der Stimmen 투표의 집계.
auszanken ⟨h⟩ 《지역적》꾸짖다, 욕하다.
auszehren ⟨h⟩ 《아어》신체적으로 약하게 하다, 쇠약하게 하다: ein ausgezehrtes Gesicht 쑥빠진 얼굴. **Auszehrung**, die 1. 쇠약: eine allmähliche A. des Körpers 신체의 점차적인 쇠약. 2. [고어] 소모성 질환, 폐결핵.
auszeichnen ⟨h⟩ 1. (상품에) 가격표를 붙이다, 정찰을 붙이다. 2. a) 특별 대우하다, 우대하다: der Minister zeichnete ihn durch sein Vertrauen[mit seinem Vertrauen] aus 장관은 그의 신임으로 그를 대우했다. b) 표창하다: einen Forscher mit dem Nobelpreis a. 그 연구자에게 노벨상의 명예를 수여하다. 3. a) 뛰어나게 하다, 특징 짓다: Klugheit und Fleiß zeichneten ihn aus 영리함과 근면이 그를 특출하게 만들었다. b) ⟨a. + sich⟩ 두각을 나타내다, 출중하다: er hat sich als Politiker ausgezeichnet 그는 정치가로서 두각을 나타냈다. 4. [인쇄] a) (특별활자로) 눈에 띄게 하다, 강조하다. b) 원고에 활자체들을 명기하다. **Auszeichnung**, die; -en 1. ⟨Pl. 없음⟩ 가격표붙이기. 2. a) 우대, 영예. b) 표창: einige Soldaten zur A. vorschlagen 몇몇 군인들을 상을 받게 제안하다. 3. 훈장, 메달, 상: eine hohe A. erringen 높은 훈장[상]을 획득하다. 4. [인쇄] a) 활자체 강조. b) 조판용 편집. 5. **mit A.** "수", "탁월"함으로: er hat die Prüfung mit A. bestanden 그는 시험에서 "수"를 받아 합격했다. **Auszeichnungspflicht**, die ⟨Pl. 없음⟩ 정찰 표시 의무. **Auszeichnungsschrift**, die [인쇄] 강조체 활자.
Auszeit, die; -en [농구·배구] 작전 타임.
auszementieren ⟨h⟩ 안을 시멘트로 바르다.
Auszieh-: **~feder**, die 제도용 펜촉. **~mädchen**, das 《경》나체 모델. **~tisch**, der 인출식 책상[식탁]. **~tusche**, die 제도용 먹.
ausziehbar [ˈaustsiːbaːɐ] ⟨Adj.⟩ 뺄낼 수 있는, 인출식의. **ausziehen**[*] 1. a) 빼내다: den Nagel mit der Zange a. 집게로 못을 뽑아 내다. b) 탈색하다: das Chlor hat die Farben ausgezogen 염소가 색을 탈색시켰다. c) (성분 등을) 추출하다. d) 뽑아 내서 길게 하다: ein Stativ a. 3각대를 (길게) 빼다. 2. ⟨h⟩ (반대: anziehen) a) (의복을) 벗다: die Hose[Schuhe] a. 바지 [구두]를 벗다. b) 옷을 벗기다: die Mutter zieht die Kleinen aus 어머니가 아이들의 옷을 벗긴다; **jmdn. a.** 《통용어》누구의 껍데기를 베끼다, 지나치게 돈을 요구하다. 3. ⟨s⟩ 밖으로 나가다: zur Jagd a. 사냥하러 나가다; auf Abenteuer a. 모험하러 나서다. 4. ⟨s⟩ 이사하다, 집을 비우다(반대: einziehen 7): am Ersten müssen wir a. 일일날 우리들은 (집에서) 나가야 한다. 5. ⟨s⟩ 사라지다, 없어지다: das Aroma ist (aus dem Kaffee) ausgezogen 향기가 (그 커피에서) 사라졌다. 6. ⟨h⟩ 뽑아 내 쓰다, 발췌하다: bestimmte Wörter aus einem Text a. 일정한 낱말들을 어떤 텍스트에서 발췌하다. 7. ⟨h⟩ 선을 긋다: eine punktierte Linie a. 점선을 따라 그다.
auszieren ⟨h⟩ (아어) 장식하다: einen Saal mit Blumenschmuck a. 어떤 홀을 꽃으로 꾸미다. **Auszierung**, die; -en ↑auszieren의 명사형.
auszirkeln ⟨h⟩ (컴퍼스로) 정확하게 재다: 전의 genau ausgezirkelte Antworten 정확하게 고려된 대답. **Auszirk(e)lung**, die; -en ↑auszieren의 명사형.
auszischen ⟨h⟩ 쉬면서 야유하다: der Redner[das Stück] wurde ausgezischt 그 연사[작품]는 야유를 받았다. 2. ⟨s⟩ 쉬 소리 내면서 꺼지다.
Auszubildende[*], der / die [관] ↑Lehrling, Anlernling.
Auszug, der; -(e)s, Auszüge 1. 밖으로 나감, 퇴장, 퇴실(반대: Einzug): der A. der Opposition aus dem Parlament 의회에서의 야당의 퇴장; der A. der Kinder Israel aus Ägypten 이스라엘 자손의 애급으로부터 탈출. 2. 퇴거, 이사: der A. muß bis zum Ersten des nächsten Monats erfolgen 퇴거는 다음달 1일까지 행해져야 한다. 3. 추출물: einen A. aus Heilkräutern bereiten 약초로부터 추출물을 만들다. 4. a) 발췌, 초본: beglaubigter A. aus dem Grundbuch 토지 등기 초본. b) 발췌, 초록: Auszüge aus einer Rede 어떤 연설의

발췌 부분. c) 【음악】 (오케스트라 작품의) 피아노 편곡. 5. 뽑아 낼 수 있는 부분. 6. 《südd.》↑Alteinteil. 7. 《schweiz.》 20~30세의 병역 의무 연령층. **Auszüger** ['austsy:gɐ], **¹Auszügler** ['austsy:klɐ], der; -s, - 《schweiz.》 일급 병역의무자(20~30세). **²Auszügler** [-], der; -s, - (지역적) Alteinteiler. **Auszug(s)mehl,** das; -(e)s, -e 특히 곱고 밀기울이 없는 밀가루. **auszugs-, Auszugs-**: ~**bauer,** der 《österr.》 ↑ Alteinteiler. ~**hieb,** der 【임업】 늙은 나무의 제거, 간벌: ~**mehl,** das ↑Auszug(s)mehl. ~**weise** 발췌[요약]하여, 부분적으로.

auszupfen ⟨h⟩ 잡아당겨 뽑아 내다: sie zupft sich graue Härchen aus 그 여자는 센 머리를 뽑아 낸다.

autark [au'tark] ⟨Adj.⟩ 【griech. autárkēs】 a) 경제적으로[외국에] 의존하지 않는, 자주경제의, 자급자족의. b) 《교양어》 독립심의, 자립의. **Autarkie** [autar'ki:], die; -n a) 자주 경제, 자립. b) 《교양어》 자립(심): religiöse (innere) A. besitzen 종교적인(내적인) 자립심을 소유하다. **autarkisch** [au'tarkɪʃ] ⟨Adj.⟩ 자주 경제의, 자급자족의.

auteln ['autn] ⟨s⟩ 《고어·schweiz.》 (취미로) 차를 타다. **Authentie** [auten'ti:], die ↑Authentizität. **authentifizieren** [autentifi'tsi:rən] ⟨h⟩ 《교양어》 인증하다, 진짜임을 증명하다: **authentisch** [au'tentɪʃ] ⟨Adj.⟩ 【lat. authenticus < griech. authentikós】 《교양어》 진짜의, 신뢰할 수 있는, 믿을 만한: ein -er Text 신뢰할 수 있는[원전의] 텍스트; -en Berichten zufolge 믿을 만한 소식통에 의하면. **authentisieren** [autenti'zi:rən] ⟨h⟩ 【lat. authenticāre】 【법】 인증하다. **Authentizität** [autentitsi'tɛːt], die 《교양어》 순수성, 신뢰성, 신빙성.

Autismus [au'tɪsmʊs], der; - 【griech. autós】 【의학】 자폐증. **autistisch** ⟨Adj.⟩ a) 자폐증의. b) 자폐증을 앓는.

Autler ['autlɐ], der; -s, - 《고어·schweiz.》 (취미상의) 자동차 운전자.

Auto ['auto], das; -s, -s 자동차: ein neues[altes, gebrauchtes] A. 새[낡은, 중고] 자동차; mit dem A. unterwegs sein 자동차로 가는 도중이다; **wie ein A. gucken** 《통용어》 대단히 놀라서 바라보다.

¹auto-, Auto- (Auto): ~**apotheke,** die ↑Apotheke (2). ~**atlas,** der 자동차 운전자용 도로 지도. ~**auffahrt,** die 고속 도로에 닿는 도로. ~**bahn,** die 고속 도로, 아우토반. ~**bahnabzweig,** der ↑~bahndreieck. ~**bahnanschlußstelle,** die 고속 도로 연결 지점. ~**bahnartig** ⟨Adj.⟩ 고속 도로와 비슷한. ~**bahnausfahrt,** die 고속 도로를 벗어 나는 도로. ~**bahnbrücke,** die 고가 고속 도로. ~**bahndreieck,** das 고속 도로 삼각 교차로. ~**bahnkleeblatt,** das 【어】↑~bahnkreuz. ~**bahnkreuz,** das 고속 도로 교차로. ~**bahnmeisterei,** die; -en 고속도로 기술 관리소. ~**bahnrasthof,** der 고속 도로 휴게소. ~**bahnraststätte,** die 고속 도로 휴게소. ~**bahnzubringer,** der 고속 도로 연결 도로. ~**batterie,** die 자동차용 축전지. ~**besitzer,** der 자동차 소유주. ~**bus,** der ↑Omnibus. ~**busfahrt,** die 버스 여행. ~**bushaltestelle,** die 버스 정류장. ~**buslinie,** die 버스 노선. ~**camion,** der 《schweiz.》 ↑Lastkraftwagen. ~**camp,** das 자동차(를 가진 휴가자를 위한) 야영 장소. ~**camping,** das 자동차 캠핑. ~**car,** der [frz. autocar] 《schweiz.》 단체 여행용 버스. ~**coat,** der 자동차 운전자에게 적합한 짧은 오버. ~**Cross,** das 길이 없는 지면에서 자동차 경주. ~**diebstahl,** der 자동차 절도. ~**droschke,** die 《österr·군교어》 택시. ~**elektrik,** die 자동차의 전기 장치. ~**fähre,** die 자동차 수송 페리. ~**fahrer,** der 자동차 운전자. ~**fahrergruß,** der 다른 운전자의 행동이 정상적이지 않음을 나타내기 위해 손가락으로 이마를 두드리는 인사법. ~**fahrerin,** die ↑Autofahrer의 여성형. ~**fahrt,** die 자동차로 여행(여행). ~**falle,** die 《통용어》 1. 갱단이 자동차를 정지시키기 위해 설치한 장애물. 2. 자동차의 전파 탐지기 함정 단속. ~**fell,** das 자동차 좌석용 모피 커버. ~**frei** ⟨Adj.⟩ 자동차 교통(통행)이 없는. ~**friedhof,** der 《통용어》 자동차 폐차장. ~**gas,** das 자동차 연료용 가스. ~**industrie,** die 자동차 산업. ~**karte,** die 자동차 도로 지도. ~**kino,** das 《통용어》 자동차 안에서 영화를 볼 수 있는 노천[야외] 영화관. ~**knacker,** der 《통용어》 (차를 열고 물건을 훔치는) 자동차 절도범. ~**kolonne,** die 자동차 행렬. ~**kunde,** der 자동차 고객. ~**lackiererei,** die 자동차 칠하는 곳. ~**lenker,** der 《schweiz.》 ↑~fahrer. ~**lenkerin,** die ↑~lenker의 여성형. ~**lift,** der 자동차용 승강기. ~**marke,** die 자동차 상표. ~**mechaniker,** der 자동차 정비사. ~**minute,** die 자동차로 일분 거리. ~**nummer,** die 자동차 등록 번호. ~**radio,** das 자동차용 라디오. ~**reifen,** der 자동차 타이어. ~**reisezug,** der 사람과 자동차를 동시에 수송하는 기차. ~**rennsport,** der 자동차 경기. ~**reparatur,** die 자동차 수리. ~**salon,** der ↑Automobilsalon. ~**schalter,** der 운전자를 위한 특별 (은행) 창구. ~**schlange,** die (교통체증 때의) 자동차 대열. ~**schlosser,** der 자동차 기계(정비, 수리)공. ~**schlüssel,** der a) 자동차문 열쇠. b) 자동차문 열쇠와 시동 열쇠. ~**service,** der 주유소의 특별 서비스. ~**skooter,** der ↑Skooter. ~**slalom,** das 【자동차·오토바이 경주】 자동차로 슬라롬(복잡하게 세워진 기) 사이를 통과해 지나가는 운동 경기로 사용된 시간과 실수가 평가된다. ~**stopp, stop,** der (교통 목적으로) 자동차 세우기: per[mit] A. fahren (지나가는) 자동차를 세워 타고 가다. ~**straße,** die 자동차 전용 도로. ~**strich,** der 《통용어》 a) 자동차 운전자들을 상대로하는 매춘 지역. b) 자동차 매춘. ~**stunde,** die 자동차로 한 시간 거리. ~**telefon,** das 자동차용 전화. ~**tour,** die 자동차 여행. ~**tourismus,** der 자동차 관광 여행. ~**touristik,** die ↑~tourismus. ~**tür,** die 자동차문. ~**unfall,** der 자동차 사고. ~**verkehr,** der 자동차 교통. ~**verleih,** der 자동차 임대. ~**werkstatt,** die 자동차 수리 공장. ~**wrack,** das 자동차 잔해. ~**zubehör,** das 자동차 부속품. ~**zusammenstoß,** der 자동차의 충돌.

²auto-, Auto- [auto-; griech. autós]: ~**biograph,** der 자서전 작자. ~**biographie,** die 자서전. ~**biographisch** ⟨Adj.⟩ a) 자서전적. b) die -e Literatur 자서전 문학. ~**chthon** [-x'to:n] ⟨Adj.⟩ 【griech. autóchthōn】 토착(민)의: die -e Bevölkerung dieses Gebietes 이 지역의 토착 주민. ~**chthone**', der / die; -n, -n 토착인, 원주민. ~**didakt** [di'dakt], der; -en, -en 【griech. autodídaktos】 《교양어》 독학자. ~**didaktentum,** das 독학자적 방식. ~**didaktisch** ⟨Adj.⟩ a) 독학자적인. b) 독학자에서 습득한. ~**dynamisch** ⟨Adj.⟩ 《전문어》 자동[자력]의. ~**erotik,** die 【심리】 자기 색정. ~**erotismus,** der 【심리】 (특히 어린이의) 자기 성감, 자기 색정. ~**gen** [-'ge:n] ⟨Adj.⟩ [griech. autogenēs] 1. 【기술】 (용접 등에서) 불꽃만으로: a. schweißen 산소 용접하다. 2. 【심리】 자발성의, 자력의 자발성 훈련: -es Training 【의학】 (정신요법의) 자발성 훈련. ~**giro** [-'ʒi:ro], das; -s, -s [span. autogiro] 오토자이로(항공기). ~**gramm,** das (유명인사의) 자필 서명, 사인. ~**grammadresse,** die 자필 서명을 얻을 수 있는 주소. ~**grammjäger,** der 《통용어·군교어》 자필 서명의 열렬한 수집가. ~**graph,** das;

-s, -e(n) [lat. autographum, 〈griech. autógraphos〉【서적】(유명 인사의) 자필 원고. ~graphensammlung, die 자필 원고의 모음. ~hypnose, die 자기 최면. ~kephal [-ke'fa:l] 〈Adj.〉 (특정 기독교 정교에서) 독자적인 대표를 갖는. ~kephalie [-kefa'li:], die (특정 기독교 정교의) 교회 독자성. ~klav [-'kla:f], der; -s, -en [-'kla:vŋ; frz. autoclave] 1.《전문어》(화공) 압력기계. 2. (식품 소독을 위한) 고압[증기] 살균기. 3. 식용유를 경화할 때 젓는 기계. ~klavieren [-kla'vi:rən] 〈h〉고압 살균기로 가열하다. ~krat [-'krat], der; -en, -en [griech. autokratés] 《교양어》 1. 독재자, 전제군주. 2. 독재적인 인간. ~kratie [-kra'ti:], die; -n [...i:ən; griech. autokráteia] 《교양어》 독재 (정치) 정치. ~kratisch 1. 〈Adj.〉제한되지 않은, 전제의: ~e Gewalt ausüben 전제적인 권력을 행사하다. 2. 전제적인, 독재적인. ~lyse [-'ly:zə], die 1.【의학】자기 분해. 2.【생물】(곤충의) 자기 개분해. ~lytisch [-'ly:tɪʃ] 〈Adj.〉【의학】(몸속의 단백질이) 자기 분해적인. ~mobil 〈Adj.〉 a) 자동차의, 자동차에 관한: der -e Laie 자동차 문외한. b) 자동차에 의해 규정된: in die -e Gesellschaft 자동차(화 된) 사회. ~mobil, das; -s, -e [lat. mobilis]《준고어》↑Auto. ~mobilausstellung, die 자동차 전시회. ~mobilindustrie, die 자동차 산업. ~mobilismus [-mobi'lɪsmʊs], der; - [frz. automobilisme] 자동차 교통. ~mobilist, der; -en, -en [frz. automobiliste] 《schweiz.》 ↑ Autofahrer. ~mobilklub, der 자동차 운전자 클럽. ~mobilsalon, der (새로운 모델의) 자동차 전시장. ~nom [-'no:m] 〈Adj.〉 [griech. autónomos] 《교양어》 독자적인, 독립적인: ein -er Staat 독립 국가. ~nomie [-no'mi:], die; -n [...i:ən; griech. autonomía] 1.《교양어》독립, 자주, 자율: die A. dieses Landes ist gefährdet 이 나라의 독립은 위태롭다. 2.【철학】(의지, 행동의) 자율성, 자주성, 자유 의지. ~philie [-fi'li:], die [griech. philía] 【심리】자기애. ~pilot, der; -en, -en (비행기, 로켓 등의) 자동 조종 장치. ~plastik, die 【의학】 자가 이식(반대: Alloplastik). ~reverse [-vɛrs], das; - 자동 되감기. ~semantikon, das; -s, ...ka 【언어】 자체 의미를 가지는 언어 단위(예컨대: Haus, Kind). ~sex, der, ~sexualismus, der 【심리】 자기 섹스 (행위). ~sexuell 〈Adj.〉 자기 섹스의. ~som [-'zo:m], das; -s, -en 【발생학】상염색체. ~suggestion, die 자기 암시. ~toxin [-tɔ'ksi:n], das; -s 【의학】 자기(자가) 독소. ~troph [-'tro:f] 〈Adj.〉《생물》 자기 영양의, 무기 영양의. ~typie [-ty'pi:] die; -n [...i:ən] 【인쇄】 오토타이프, 단색 사진판. ~zoom [-'zu:m], das; -(s), -s [engl.] 【사진】 자동 줌.

Autodafé [autoda'fe:], das; -s, -s [port. autodafé] 1.《역사적》 이단자에 대한 종교 재판 판결 [처형]. 2.《교양어》금지된 서적이나 문서들의 소각.

Autodrom [auto'dro:m], das; -s, -e 1. ↑Motodrom. 2. (österr.) 스쿠터를 위한 차도.

Autökologie, die 단일 개체에 대한 환경 영향을 대상으로 하는 생태학 분야.

Automat [auto'ma:t], der; -en, -en [frz. automate] 1. a) 자판기. b) 자동 정지 장치. 2. [수학·컴퓨터] (인공 두뇌학적) 자동 입출력 시스템. 3.《폄》자동(기계적) 인간. **Automatenknacker**, der; -s, - 《통용어》자판기 절도범. **Automatenrestaurant**, das; -s, -s 자동 판매기식 식당. **Automatenstraße**, die (식당 등의) 자동 판매 통로. **Automatie** [automa'ti:], die ↑Automatismus. **Automatik** [auto'ma:tɪk], die; -en【기술】a) 자동 제어 장치. b) 자동 제어[조정]: die A. der Entlüftung setzt ein 자동 배기[환기] 과정이 설치되다. **Automatikgetriebe**, das [자동차] 자동 변속 장치. **Automation** [automa'tsio:n], die [engl. automation] 자동화(단계). **Automatisation** [automatiza'tsio:n], die; -en ↑ Automatisierung. **automatisch** 〈Adj.〉 1. a) 자동장치가 구비된: ein -er Temperaturregler 자동 온도 조정기. b) 자동화된. 2. a) 자동적인. b) 저절로 생기는: ~e Reaktion 무의식 반응. **automatisieren** [automati'zi:rən] 〈h〉 자동화하다. **Automatisierung**, die; -en 자동화. **Automatismus** [automa'tɪsmʊs], der; -, ...men [griech. automatismós] 1.【기술】자동 장치. 2.【의학·생물】자동 운동. 3.【심리학】자동증.

Autopsie [auto'psi:], die; -n [...i:ən; griech. autopsía] 1.【의학】사체 해부. 2.《전문어》실제 검증.

Autor ['autor], der; -s, ...oren [lat. auctor] 저자, 작자, 작가: wer ist der A. dieses Films? 이 영화의 작가는 누구인가?; [전의] der A. ist vergriffen 그 작품은 매진되었다. **Autorkorrektur**, die; -en 【서적】 1. a) 저자의 교정. b) 저자용 교정쇄. 2. 저자의 수정. **Autorreferat**, das; -(e)s, -e 저자[필자] 자신의 보고(서). **Autorschaft**, die 저자임.

Autoren-: ~kollektiv, das 《구동독》 공동 집필자, 집단 필자. ~register, das 저자 색인.

Autorisation [autoriza'tsio:n], die; -en 《교양어》 전권 위임. **autorisieren** [...'zi:rən] 〈h〉 [lat. auctōrizāre] 《교양어》 1. 누구에게 전권을 맡기다, 위임하다: sie hat einen Verleger zur Veröffentlichung ihrer Werke autorisiert 그녀는 어떤 출판자에게 그녀의 작품을 출판할 권리를 주었다. 2. 허가하다: autorisierte Übersetzungen (저자로부터) 인가된 번역. **autoritär** [autori'tɛ:ɐ] 〈Adj.〉 [frz. autoritaire] 1.《교양어·폄》a) 독재적인, 권위주의적인: ein -es Regime 독재 정권. b) 권위주의적인(반대: antiautoritär, unautoritär): eine -e Erziehung 권위주의적인 교육. 2.《준고어》a) 권위에 기인하는. b) 권위를 가지고 있는: ein -er Herrscher 권위를 가진 통치자. **Autoritarismus** [autorita'rɪsmʊs], der; - [frz. autoritarisme]《교양어》권위주의. **Autorität** [autori'tɛ:t], die; -en [lat. auctōritās] 1.《Pl. 없음》권위, 위신: kirchliche (staatliche, elterliche) A. 교회[국가, 부모]의 권위; keine A. genießen 권위를 누리지 못하다. 2. 권위자: er ist eine A. (gilt als A.) auf seinem Gebiet 그는 자기 분야에서 권위자로서 통한다. **autoritativ** 〈Adj.〉《교양어》권위적인, 권위 있는. **autoritätsgläubig** 〈Adj.〉《폄》권위를 신봉하는. **Autoritätsgläubigkeit**, die 권위에 대한 맹신.

autsch [autʃ] 〈Interj.〉《뜻밖의 육체적인 고통을 받을 때 외침》아야!

aut simile [aut'zi:mile, lat.] (의사 처방에서) 혹은 그와 비슷한 것.

autumnal [autum'na:l] 〈Adj.〉 [lat. autumnālis]《전문어》 가을의.

Auvergne [o'vɛrnjə], die 오베르뉴 (프랑스의 지방).

Auwald, der ↑Auenwald.

auweh! [au've:] 〈Interj.〉《고통과 유감의 외침》아야!

auwei(a)! [au'vai(a)] 〈Interj.〉《경》《놀라움이나 두려움을 표시하여》a., ich habe meine Schlüssel vergessen! 아차, 열쇠를 잊어버렸네!

auxiliar [auksi'liaɐ] 〈Adj.〉 [lat. auxiliāris]《전문어》 보조의. **Auxiliarkraft**, die; -kräfte 《고어》 보조원, 조수. **Auxiliarverb**, das; -s, -en 【언어】 조동사(반대: Vollverb).

Auxin [au'ksi:n], das; -s, -e [griech. aúxō] 옥신, 식물 생장소.

av. = a vista 일람하여.

Aval [a'val], der; 《드물게》 das; -s, -e [frz. aval] 【금

응] 어음 보증. **avalieren** ⟨h⟩ [frz. avaler] 어음을 보증하다. **Avalist** [ava'lıst], der; -en, -en [frz. avaliste] 어음 보증인. **Avalkredit**, der; -s, -e 보증 대출.
Avance [a'vã:sə], die; -n [frz. avance] **1.** 《고어》 **a)** 장점, 이익. **b)** 선불. **2.** (시계의 속도가) 빠름. **3.** jmdm. -n machen 1) 《아이》 누구에게 관심을 표명하다. 2) 누구에게 호의적으로 대하다. **Avancement** [avãsə'mã:], das; -s, -s [frz. avancement] 《아이, 준고어》 승진, 승급. **avancieren** [avã'si:rən] ⟨s⟩ [frz. avancer] **1.** 《준고어》 승진하다, 진급하다: er avancierte zum Direktor 그는 지배인으로 승진되었다. **2.** 무엇이 되다, 상승하다: er ist zum besten Spieler der Mannschaft avanciert 그는 그 팀의 가장 우수한 선수가 되었다. **3.** 《고어》 전진하다. **Avantage** [avã'ta:ʒə], die; -n [frz. avantage] 《고어》 이익. **Avantageur** [avãta'ʒø:ɐ], der; -s, -e 《고어》 사관 후보생. **Avantgarde** [avã'gardə], die; -n [frz. avantgarde] **1.** (정신적) 전위, 선구자, 개척자. **2.** 《고어》 (군대의) 전위. **Avantgardismus**, der 전위주의. **Avantgardist**, der; -en, -en 전위 예술가. **avantgardistisch** ⟨Adj.⟩ 전위적인. **avanti!** [a'vanti] ⟨Interj.⟩ [ital. avanti] 전진!, 나가라!
AvD = **A**utomobilclub **v**on **D**eutschland 독일 자동차 연맹.
Ave ['a:ve], das; -(s), -(s) ↑Ave-Maria의 약칭.
Avec [a'vɛk; frz. avec] 《다음 용법으로만》 mit (einem) **A.** (통용어 · 준고어) 단번에.
Ave-Maria ['a:vema'ri:a], das; -(s), -(s) [누가 복음 1장 28절 *Ave, gratia plena!*] **1.** 아베마리아(기도). **2.** ↑ Ave-Maria-Läuten의 약칭. **Ave-Maria-Läuten**, das ↑Angelusläuten: 아베마리아 기도의 (시간을 알리는) 종소리.
Avenida [ave'ni:da], die; ...den / -s [span. u. port. avenida] **1.** (스페인, 포르투갈, 중남미 도시의) 대로. **2.** (호우 뒤의) 급류. **Aventiure** [avɛn'ty:rə], die; -n **1.** (특히 중세 아더왕 문학에서의) 기사들의 모험(담). **2.** (중세 서사시의) 모험. **Aventüre** [avɛn'ty:rə], die; -n 《교양어 · 고어》 모험. **Aventurier** [avãty'rje:], der; -s, -e [frz. aventurier] 《고어》 모험가.
Aventurin [avɛntu'ri:n], der; -s, -e [frz. aventurine] 【광】 사금석. **Aventuringlas**, das; -es, -gläser 금빛 조각이 박힌 사금석과 유사한 유리.
Avenue [avə'ny:], die; -n [...'ny:ən] (도시의) 도시의 가로수길.
Averbo [a'vɛrbo], das; -s, -s [lat. ā verbo] 【언어】 동사의 기본형.
Avers [a'vɛrs], der; -es, -e [frz. avers] 【주전】 동전이나 메달의 앞면. **Aversion** [avɛr'zio:n], die; -en [frz. aversion] 혐오, 반감: gegen jmdn. (etw.) eine A. haben 누구(무엇)에 대해서 혐오의 감정을 가지다.
AVG = **A**ngestellten**v**ersicherungs**g**esetz.
Aviarium [a'via:riʊm], das; -s, ...ien [...ən; lat. aviārium] (동물원의) 큰 새집[새장].
Aviatik [a'via:tɪk], die [zu lat. avis = 새] 《고어》 비행술, 비행, 항공. **Aviatiker**, der; -s, - 《고어》 항공기사.
Avignon [avɪn'jõ:] 아비뇽(프랑스의 도시).
avirulent ['avirulɛnt] ⟨Adj.⟩ 【의학】 비전염성의, 비발병성의(반대: virulent).
Avis [a'vi:], der, die 《또는》 das; -, 《또는》 [a'vi:s], der 《또는》 das; -es, -e [frz. avis] **1.** 【상】 (발송) 통지. **2.** 【금융】 채무자에 대한 어음 발행 통지. **avisieren** [avi'zi:rən] ⟨h⟩ (도착 따위를) 통지하다, 미리 알리다. **¹Aviso** [a'vi:zo], der; -s, -s [frz. aviso] 《고어》 가볍고, 빠른 군함. **²Aviso** [-], das; -s, -s [ital. avviso, ↑Avis] (österr.) ↑Avis (1).
a vista [a 'vɪsta; (ital.) a vista] 【금융】 일람불의. **Avi-** stawechsel, der 일람불 어음.
Avitaminose [avɪtami'no:zə], die; -n 【의학】 비타민 결핍증(각기병 따위).
Avivage [avi'va:ʒə], die; -n [frz. avivage] 【섬유】 화학섬유를 부드럽게 하는 가공. **avivieren** [avi'vi:rən] ⟨h⟩ [frz. aviver] 【섬유】 화학사 섬유를 가공하다.
Avocato [avo'ka:to], Avokado [...a:do], die; -s [span. aguacate] 배 모양의 남아메리카산 과일 열매.
Avoirdupois [avoardy'poa, 《또한》 ɛvɐdə'pɔys], das; - [engl.-amerikan. avoirdupos] 상형(영미의 무게 단위, 16온스; 기호: av dp.).
Avokado = ↑Avocato.
Avunkulat [avʊnku'la:t], das; -(e)s, -e [lat. avunculus] [인종] 모권 사회에서 어린아이의 아버지에 대해 외삼촌이 갖는 우선권.
Avus ['a:vʊs], die 베를린 근처의 자동차 경주 트랙.
AWACS ['avaks, (engl.) 'eɪwæks; engl. **A**irborne early **w**arning **a**nd **c**ontrol **s**ystems] (나토의) 조기 경보 체계.
Aware [a'va:ra], der; -n, -n 훈족에 속하는 몽고 유목민의 일족. **awarisch** [a'va:rɪʃ] ⟨Adj.⟩ 아바르인의, 아바르어의.
Awęck: ↑Avec.
Awesta [a'vɛsta], das; - 파르시교도의 경전집. **awestisch** [a'vɛstɪʃ] ⟨Adj.⟩ 아베스타의. **Awestisch**, das; -(s) / 《정관사와 함께만》 아베스타. **Awestische**, das; -n 아베스타어.
Axel ['aksl], der; -s, - [노르웨이의 빙상 선수 Axel Paulsen(1855~1938)의 이름에서] [피겨 · 롤러 스케이트] Axel-Paulsen-Sprung의 약칭.
axial [a'ksi̯a:l] ⟨Adj.⟩ [lat. axis] 【기술】 축의 방향으로, 축을 따라서(반: radial): -e Belastung 축하중. **Axialität** [aksi̯ali'tɛ:t], die -en (빛의) 축성. **Axialverschiebung**, die 종축 이동. **axillar** [aksı'la:ɐ] ⟨Adj.⟩ [lat. axilla] **1.** 【의학】 액와의, 겨드랑이의. **2.** 【식물】 잎 겨드랑이의. **Axillarknospe**, die 액아(腋芽).
Axiologie [aksiolo'gi:], die; -n 【철학】 가치론. **axiologisch** ⟨Adj.⟩ 가치론적의.
Axiom [a'ksio̯:m], das; -s, -e [lat. axiōma < griech. axíōma] **1.** 자명한 이지, 공리. **2.** 공리. **Axiomatik** [aksi̯om'a:tɪk], die **1.** 공리론. **2.** 공리적 방법. **axiomatisch** [aksi̯o'ma:tɪʃ] ⟨Adj.⟩ [griech. axiōmatikós] **1.** 공리의. **2.** 확실한, 자명한. **axiomatisieren** [aksi̯oma ti'si:rən] ⟨h⟩ **1.** 공리화하다. **2.** 공리적으로 확인[확정]하다. **Axiometer** [aksi̯o'me:tɐ], das; -s, - [조선] 키의 방향 표시기.
Axminsterteppich ['ɛksmınstɐ-], der; -s, -e [영국의 도시 Axminster에서] 액스민스터 양탄자.
Axolotl [akso'lotl], der; -s, - [aztekisch] 멕시코 산 유미 (有尾) 양서류(학명: *Amby stoma mexicana*).
Axon, das; -s, Axone / Axonen [griech. áxōn] [생물] 축삭.
Axonometrie [aksonome'tri:], die; -n [...i̯ən] 【수학】 축측 투영법. **axonometrisch** [aksono'me:trıʃ] ⟨Adj.⟩ 축측 투영법의.
Axt [akst], die; Äxte ['ɛkstə] 도끼: eine stumpfe A. 무딘 도끼: [성구] 모권 is Haus erspart den Zimmermann 도끼가 집에 있으면 목수가 필요치 않다; (통용어 · 농) die A. im Haus erspart die Ehescheidung 집안에 있는 도끼가 이혼을 덜어 신다한다; wie eine (die) A. im Walde (통용어) (행동이) 거칠고 분별 없는; die A. an etw. legen. 발본색원이다. **Axthieb**, der 도끼의 일격.
Ayatollah: ↑Ajatollah.
AZ, Az. = **A**kten**z**eichen.

a. Z. = auf Zeit.
Azalee [atsa'leːə], 《또한》 **Azalie** [a'tsaːliə], die; -n [griech. azaléa] 진달래, 철쭉.
Azarolapfel, der; -s, ...äpfel, **Azarole** [atsa'roːlə], die; -n [span. acerola] 지중해산 모과의 열매.
azentrisch [(또한) -'--] ⟨Adj.⟩ 《전문어》 중심이 아닌, 중심이 없는.
Azetat: ↑Acetat.
Azid [a'tsiːt], das; -s, -e [frz. azote] [화학] 절소수소산염.
Azid... [a'tsiːt...; lat. acidus] [화학] 산화물.
Azimut [atsi'muːt], das, 《또한》 der; -s, -e [arab. assumut] 방위(각). **azimutal** [...mu'taːl] ⟨Adj.⟩ 방위각의.
Azofarbstoffe ['atso...] ⟨Pl.⟩ [화학] 아조염료.
Azoikum [a'tsoːikum], das; -s [griech. ázōos] [지질] 무생물세대, 무세대. **azoisch** ⟨Adj.⟩ [지질] 1. 무생대의. 2. 유기체 생명의 흔적 없는.
Azoren [a'tsoːrən] ⟨오직 관사와 함께·Pl.⟩ 대서양 가운데 있는 군도.
Azteke [ats'teːkə], der; -n, -n 아즈테크(아즈테크 족 맥시코 인디언). **Aztekenreich**, das 아즈테크 제국.
Azubi [a'tsuːbi, 'aːtsbi], der; -s, -s / die; -s 《통용어》 (직업) 훈련생.
Azulejos [atsu'lɛxɔs, asu...] ⟨Pl.⟩ [span. azulejos] 스페인산 청색 벽 타일.
Azur [a'tsuːɐ], der; -s [frz. azur] (시어) 1. 하늘의 푸른색, 청색. 2. 푸른하늘, 창공. **azurblau** ⟨Adj.⟩ 하늘색의, 빛나는 청색. **Azureelinien** [atsu're:liːniən], ⟨Pl.⟩ [frz. azurée] (수표 따위에 위조 방지용) 푸른선. **azuriert** [atsu'riːɐt] ⟨Adj.⟩ 청색줄이 있는. **azurn** [a'tsuːɐn] ⟨Adj.⟩ 하늘색의.
azyklisch ['atsyːklɪʃ, 'atsyːk...] ⟨Adj.⟩ 1. [화학] 비순환의, 무주기의. 2. 시기적으로 불규칙적인. 3. [식물] (꽃잎이) 나선형으로 배열된. 4. [의학] 비주기적인, 비정상적인: eine -e Menstruation 월경 불순.
Azyma ['aːtsyma, 'ats...] ⟨Pl.⟩ [griech. -lat. ázỹma] 1. 효모를 넣지 않은 빵. 2. 유태인의 유월절 명절 이름.
Azzurri, Azzurris [a'tsuri(s), ⟨ital.⟩ ad'dzurri] ⟨Pl.⟩ 이탈리아 운동 팀.

B

b, B [beː], das **1.** 알파벳의 두번째 자음 글자: ein kleines b[ein großes B schreiben] 소문자 b[대문자 B]를 쓰다. **2.** [음악] 내림 나.

b = ²Bar; b-Moll.

b. = bei(m).

B = B-Dur; Bel; Bor; Brief (2), Briefkurs; Bundesstraße.

B. = Bachelor; Bolivar.

β, Β: Beta. 그리스어의 두번째 자.

BA = Britisch Airways.

Ba = Barium.

Baal [dt., niederl. baːl] 바알 신(셈족의 일기와 천신, 태양 신).

Baas [baːs], der; -es, -e [niederl. baas] [선원] 주인, 상 관.

baba [baˈba], **bäbä** [bɛˈbɛ] 〈아동〉 지지(더러운 것이나 역겨운 것을 가리킴): nicht anfassen, das ist b.! 만지지 마, 지지야!

babbeln [ˈbabl̩n] 〈h〉 [lautm.] 《지역적》 **1.** (어린아이가 제대로 말하기 전에) 옹알거리다. **2.** 종알거리다, 수다떨 다.

¹Babel [ˈbaːbl̩] das; -s, - [hebr. Babel für griech.-lat. Babylōn] 《드물게》 **1.** 버림받은 장소, 죄악의 바벨. **2.** (많은 외국어가 말해지는) 국제 도시.

²Babel [-] ↑ Babylon 참조.

Babusche [baˈbuʃə, 《또한》 baˈbuːʃə], die; -n 〈대개 Pl.〉 [frz. babouche] 《지역적》 편안하고, 따뜻한 천으로 만든 실내화.

Baby [ˈbeːbi, 《engl.》 ˈbeibi], das; -s, -s 《드물게》 …bies [engl. baby] **1.** 젖먹이, 베이비. **2.** 《통용어》 **a)** 어린애 같은 사람. **b)** 《애칭》.

baby-, Baby-: **~alter**, das 젖먹이 아이. **~ausstattung**, die 젖먹이 용품. **~doll** [-dɔl], das; -(s), -s 짧 은 바지와 위가 넓은 여자용 잠옷. **~jahr**, das 육아 연금 가산 기간, (구동독의) 출산 휴가(1년). **~nahrung**, die 유아식. **~rassel**, die 유아용 딸랑거리는 장난감. **~sitten** [-sɪtn̩, -zɪtn̩] 〈V.; 부정법으로만〉 《통용어》 어린이 를 돌보는 일을 하다. **~sitter** [-sɪtɐ, -zɪtɐ], der; -s, - [engl. babysitter] 애보는 사람. **~sitterin** [-sɪtərɪn, -zɪtərɪn], die; -nen ↑ Babysitter의 여성형. **~sittern** [-sɪtɐn, -zɪtɐn] ↑ babysitten. **~sitting** [-sɪtɪŋ, -zɪtɪŋ], das; -(s), -s 애보기. **~speck**, der 《통용어·농》 **a)** 어 린아이의 통통한 모양. **b)** 10대의 비만 체질. **~strich**, der 《통용어》 **a)** 〈Pl. 없음〉 영계 매춘. **b)** 영계 매춘가. **~wäsche**, die 젖먹이 빨래감(속옷).

Babylon [ˈbaːbylɔn] 《드물게》 Babylonien의 수도(↑ Babel 참조). **Babylonien** [baby'loːniən]; -s 바빌로니 아. **Babylonier** [baby'loːniɐ], der; -s, - 바빌로니아 인. **babylonisch** [baby'loːnɪʃ; lat. Babylōnicus] 《다 음 용법으로》 **eine -e Sprachverwirrung(ein -es Sprachengewirr)** 《교양어》 언어의 혼란(창세기 11장 9 절). **Babylonismus** [baby'loːnɪsmʊs], der; 난잡, 혼돈, 착종: der architektonische B. unserer Zeit 우리 시대 의 건축술의 난맥상.

Bacchanal [baxaˈnaːl], das; -s, e [lat. Bacchānāl] 《아 어) 방종하고 방자한 향연, 주연: [전의] ein B. der Hysterie 히스테리의 향연. **Bacchant** [baˈxant], der; -en, -en [lat. bacchāns] 《아어》 주당, 술꾼. **bacchantisch** 〈Adj.〉 《교양어》 방종한, 거나하게 취한. **Bacchius** [baˈxiːʊs], der; -, …ien [lat. bácchius pes < griech. bakchios poūs] 단장장격의 고대 운각. **Bacchus** [ˈbaxʊs, 《österr. 또한》 ˈbaxus]; lat. Bacchus < gr. Bákchos] 《다음 용법으로》 《아어·은폐》 (dem) B. **huldigen** 술 마시다.

Bach [bax], der; -(e)s, Bäche [ˈbɛçə] 〈축소형: ↑ Bächelchen, Bächlein〉 **1.** 시내, 작은 개울. **2.** 도랑: [전의] Bäche von Schweiß 물흐르는 듯한 땀; **(einen) Bächlein) machen** (아동어) 오줌누다. **3.** 《선원·조종사·은어》 바다, 해양. **bachab** 〈Adv.〉 《schweiz.》 시내를 따라 아래로. **etw. b. schicken** 무 엇을 포기하다, 거절하다; **b. gehen** 수포로 돌아가다, 없 어지다.

Bachbett, das ↑ Flußbett.

Bache [ˈbaxə], die; -n [im 16. Jh.: Eber 《또는》 Sau] 3 년된 야생 암퇘지.

Bächelchen [ˈbɛçl̩çən], das; -s, - ↑ Bach.

Bachelor [ˈbɛtʃələ], der; -(s), -s [engl. bachelor] 학사 (학위)(약어: B.)

Bachforelle, die; -n 흐르는 물이나 연못에 사는 연어과 의 물고기(학명: Salmo trutta forma).

Bächlein [ˈbɛçlaɪn], das; -s, - ↑ Bach.

Bachstelze, die; -n [aber urspr. ahd. wagistarz] 할 미새(과).

back [bak] 〈Adv.〉 [engl. back] [선원] 뒤로, 뒤에.

¹Back [-], die; -en [1a: niederd. bak] **1. a)** 선원용 나 무 식사 그릇. **b)** 선원의 식사 공동체, 배에서 같이 식사하 는 사람. **c)** 배에서 쓰이는 접는 식탁. **2.** 선수루(船首樓).

²Back [bɛk, 《engl.》 bæk], der; -s, -s [engl. back] 《schweiz., österr.》 [스포츠] 백, 후위.

¹back-, Back- (¹backen), **~aroma**, das 빵 굽는 데 쓰이는 향료. **~blech**, das 열판. **~erbse**, die 《österr.》 밀가루로 된 작은 구슬 모양의 국거리. **~fertig** 〈Adj.〉 빵을 구울 준비가 되어 있는, 빵의 **~fisch**, der **1.** (어린) 구이 생선. **2.** 《준고어》 애송아 처녀(14~17세). **~fischalter**, das 어린 소녀의 나이. **~fischhaft** 〈Adj.〉 애송아 소녀다운. **~fischschwärmerei**, die 어린 소녀 때의 열광. **~form**, die 빵 따위를 굽는 틀. **~gammon**, das; -(s) [engl.] 주사위로 하는 말판놀이. **~hähnchen**, das ↑ ~hendl. **~haube**, die 뚜껑이 달 린 (전기) 빵틀. **~haus**, das (마을의 공동) 제빵소. **~hefe**, die 효모, 이스트. **~hendl**, das 《österr.》 계 란 노른자와 빵가루를 묻혀 기름에 튀긴 닭. **~hendlstation**, die 《österr.》 튀긴 닭을 파는 식당. **~huhn**, das ↑ ~hendl. **~mulde**, die ↑ ~trog. **~obst**, das 말린 과일: **danke für B.** 《통용어》 결코 (하지 않는 다). **~ofen**, der **a)** 빵 굽는 오븐. **b)** 오븐의 빵 굽는 부분. **~ofenglut**, die 오븐 열. **~ofenhitze**, die ↑ ~ofenglut. **~pflaume**, die ↑ Dörrpflaume. **~pulver**, das 베이킹 파우더. **~pulverteig**, der 베이킹 파우더 반 죽. **~rezept**, das 케이크나 과자 요리법. **~rohr**, das ((österr.)) ↑~ofen (b). ~röhre, die ↑~rohr. ~schüssel, die 반죽용 그릇. ~stein, der ↑Ziegelstein. ~steinbau, der 벽돌 건물. ~steindom, der 벽돌로 지은 돔. ~steinfußboden, der 벽돌을 깐 바닥. ~steingotik, die [예술] 주로 벽돌을 건축 재료로 사용하는 북부 독일의 고딕 양식. ~steinkäse, der ⟨지역적⟩ (벽돌 모양의) 림부르크 치즈. ~stube, die 빵 굽는 사람의 일하는 방. ~trog, der 나무로 된 긴 빵 반죽통. ~ware, die ⟨대개 Pl.⟩ 빵, 제과류. ~werk, das ⟨Pl. 없음⟩ 제과류. ~zeit, die (빵) 굽는 시간.

²back-, Back- (¹Backe): ~pfeife, die ⟨지역적⟩ 손뺨. ~pfeifen ⟨h⟩ ⟨경⟩ 뺨을 때리다. ~pfeifengesicht, das (뺨) 뺨. ~zahn, der 어금니(Backenzahn).

Backbord [bak-], das, ⟨österr. 또한⟩ der; -(e)s, -e [niederd. ba(c)kbort] (반대: Steuerbord) [해양·항공기] 배나 비행기의 왼쪽(가는 방향으로 보아). **backbord(s)** ⟨Adv.⟩ [해양·항공기] (선박, 항공기의 좌현의(반대: steuerbord(s)).

Backbord-: ~flügel, der 항공기의 왼쪽 날개. ~laterne, die 선박의 좌현에 거는 등. ~licht, das 항공기의 좌현등. ~motor, der 항공기의 왼쪽 엔진. ~seite, die 배의 왼쪽 부분. ~wand, die 배의 왼쪽 벽.

Bäckchen [ˈbɛkçən], das; -s, - ↑¹Backe (1)의 축소형.
¹**Backe** [ˈbakə], die; -n **1.** ⟨축소형: ↑Bäckchen⟩ 뺨: rote ~n haben 발그레한 뺨을 하다; der arzt, die geschwollene B. (염증 때문에) 부은 뺨; der Bub hat ~n wie ein Hamster 그 녀석은 햄스터 같은 (두툼한) 뺨을 갖고 있다; über beide ~n strahlen 기뻐 어쩔 줄 모르다. **au B.(mein Zahn)!** 아이쿠 뺨[이]이야! (오른손을 뺨에 대면서 불쾌한 놀라움을 표시할 때). **2.** (바이스의) 턱.
²**Backe** [-], die; -n ⟨통속어⟩ 엉덩이: die ~n zusammenkneifen 엉덩이를 꼬집다.
¹**backen**⁽*⁾ [ˈbakn̩] ⟨bäckt / 또한 backt, backte / ⟨준고어⟩ buk, hat gebacken⟩ **1. a)** (빵, 과자를) 굽다. **b)** (무엇을) 굽다: Kuchen(Plätzchen)~ 케이크를 구워 내다; 전의 ⟨통속어·농⟩ Piloten kann man eben nicht so schnell ~ 비행기조종사를 그렇게 빨리 구워(양성해) 낼 수는 없다; ein frisch gebackener Ehemann ⟨통속어·농⟩ 갓 결혼한 신랑. **c)** ⟨지역적⟩ (버터로) 프라이하다: ich habe mir drei Eier gebacken 나는 세 개의 계란 프라이를 했다. **d)** 밀가루 반죽에 섞어 굽다. **2.** 오븐에 굽다: der Kuchen muß eine Stunde b. 케이크는 한 시간 동안 구워야 한다. **3.** ⟨통속어⟩ 구워지다: unser Herd bäckt ganz gleichmäßig 우리 레인지는 아주 골고루 구워진다. **4.** ⟨지역적⟩ 열로 말리다, 굽다: Backsteine werden im Ofen gebacken 벽돌이 난로 속에서 구워진다.
²**backen** [-] ⟨h⟩ ⟨지역적⟩ **1.** 꽉 달라붙다, 덩이가 되다: der Schnee backt an den Stiefeln 눈이 장화에 달라붙다; 전의 b. bleiben ⟨지역적⟩ 낙제하다. **2.** (풀로) 붙이다.
³**backen** [-] ⟨다음의 용법으로만⟩ **b. und banken!** [선원] 식사하기 위해서 자리에 앉다.
Backen [-], der; -s, - ⟨südd.⟩ **1.** ↑¹Backe (1). **2.** ↑¹Backe (2).
Backen- (¹Backe): ~**bart**, der 구레나룻. ~**bärtig** ⟨Adj.⟩ 구레나룻 있는. ~**bremse**, die **1.** 블록 브레이크. **2.** ⟨농⟩ ⟨대개 다음의 용법으로⟩ **die B. ziehen** 스키 타다가 멈추기 위해 주저앉다. ~**futter**, das 물림쇠, 조책. ~**knochen**, der ⟨대개 Pl.⟩ 광대뼈: seine B. traten stark hervor 그의 광대뼈가 심하게 툭 튀어나왔다. ~**muskel**, der ⟨대개 Pl.⟩ (양쪽) 뺨 근육, 안면 근육. ~**streich**, der **1.** ⟨고어⟩ ↑Ohrfeige. **2.** [가] 견진성사시 주교가 두 손가락으로 견진성사를 받는 사람의 뺨을 가볍게 치는 것. ~**tasche**, die ⟨대개 Pl.⟩ 포유동물의 볼주머니. ~**zahn**, die ⟨지역적⟩ Backzahn 어금니.

Bäcker [ˈbɛkɐ], der; -s, - 빵 제조업자, 빵 굽는 사람; 빵집 주인.

Bäcker-: ~**brot**, das 빵가게에서 구운 빵(반대: Bauernbrot). ~**bursche**, der ⟨südd.⟩ ↑~geselle. ~**geselle**, der 빵집 직공. ~**handwerk**, das ⟨Pl. 없음⟩ 제빵업 협동조합. ~**innung**, die 제빵업 협동조합. ~**junge**, der ⟨통속어⟩ ↑~lehrling. ~**laden**, der 제과점, 빵가게. ~**lehrling**, der 제빵 견습공. ~**meister**, der 제빵 기술자. ~**zunft**, die 제빵업 조합.

Backerei [bakəˈrai], die ⟨통속어·뭡⟩ 너무 자주 또는 너무 오래 걸려서 귀찮은 것으로 느껴지는 빵굽기, **Bäckerei** [bɛkəˈrai], die; -en **1.** 제과점, 빵가게, 빵공장. **2.** ⟨Pl. 없음⟩ **a)** 빵굽기, 빵제조. **b)** 제빵 기술. **3.** ⟨südd., österr.⟩ ⟨대개 Pl.⟩ ↑Backwerk. **Bäckersfrau**, die; -en 빵 제조업자의 부인.

Background [ˈbɛkgraunt, ⟨engl.⟩ ˈbækgraund], der; -s, -s [engl. background] **1.** ⟨교양어⟩ (무엇의) 정신적 출처, 환경, 배경. **2.** 경력, 직업 경험, 지식. **3.** [영화] 영화 장면의 배경이 되는 사진. **4.** [음악] 배경음.

Backhand [ˈbɛkhɛnt, ⟨engl.⟩ ˈbækhænd], die; -s, (또한) der; -(s), -s [engl. backhand] [스포츠] 백핸드(반대: Forehand).

~**backig** [-bakiç], ~**bäckig** [-bɛkiç] ⟨다음의 합성어로, 예컨대⟩ rotbackig, rotbäckig.

Backschaft [ˈbakʃaft], die; -en [선원] ↑¹Back (1 b) 참조: **B. machen** 식사 기구들을 설정이하여 제자리에 놓다. **Backschafter**, der; -s, - 식사 당번 선원.

bäckst [bɛkst], **bäckt** [bɛkt] ↑¹**backen** 참조.

Bacon [ˈbeːkn, ⟨engl.⟩ ˈbeikən], der; -s [engl. bacon] 베이컨.

Bad [baːt], das; -(e)s, **Bäder** [ˈbɛːdɐ] **1. a)** 목욕물: ein B. einlaufen lassen 목욕물을 받다. **b)** 목욕: der Arzt hat mir Bäder verordnet 의사가 나에게 목욕 요법을 처방했다; 전의 ein B. in heißem Sand 모래찜질; **ein B. nehmen** ⟨아어⟩ 목욕하다. **c)** 수영: ein erfrischendes B. im Meer 기분을 상쾌하게 하는 해수욕. **2. a)** 목욕탕, 욕실. **b)** (옥외) 수영장, 해수욕장: die untenstehenden Bäder sind ab 1. Mai geöffnet 공공 수영장들이 5월 1일부터 개장된다. **3.** 온천장: in ein B. fahren 온천장에 가다. **4.** [기술·화학] ⟨통속어⟩ 액(液), 용액, **B. zum Entwickeln eines Films** 필름 현상을 위한 용액.

bad-, Bad- ⟨südd., schweiz.⟩ ↑**bade-, Bade-** 참조.

bade-, Bade- (baden, Bad): ~**anlage**, die 목욕(수영) 시설. ~**anstalt**, die 공공 수영장. ~**anzug**, der (여자) 수영복. ~**arzt**, der 온천장 의사. ~**bekanntschaft**, die 수영장[해수욕장]에서 알게 된 사람. ~**betrieb**, der ⟨Pl. 없음⟩ 수영장[해수욕장]의 영업. ~**einrichtungen** ⟨Pl.⟩ ↑Badeanstalt. ~**frau**, die ⟨고어⟩ 수영장의 여종업원. ~**gast**, der **1. a)** 해수욕[온천]객. **b)** 수영장의 손님. **2.** ⟨선원·농⟩ 화물선의 승객. ~**gelegenheit**, die 목욕(수영)할 가능성. ~**haube**, die ⟨österr.⟩ ↑~mütze. ~**haus**, das 온천장의 목욕 시설을 갖춘 건물. ~**hose**, die 남자 수영복. ~**hoteß**, die 목욕탕의 여종업원. ~**kabine**, die 수영장의 탈의실. ~**kappe**, der ↑~mütze. ~**kostüm**, der 수영복. ~**kur**, die 온천 요양. ~**lustig** ⟨Adj.⟩ 수영을 좋아하는. ~**lustige***, der ⟨대개 Pl.⟩ 수영을 좋아하는 사람. ~**mantel**, der 목욕(수영) 가운. ~**matte**, die 욕실의 바닥 깔개. ~**meister**, der 수영장 관리인[감독]. ~**möglichkeit**, die 목욕(수영) 가능성. ~**mütze**, die 목욕(수영) 모자. ~**nixe**, die ⟨통속어·농⟩ 수영복 차림의 젊은 여자. ~**ofen**, der 목욕물을 데우는 난로. ~**ort**, der **1.** 해수욕장, 수영할 수 있는 호수가의 관광지.

2. 온천장. ~**platz**, der 강가나 호수가의 수영할 수 있는 곳. ~**raum**, der ↑~zimmer. ~**reise**, die 온천장으로의 여행. ~**sachen** 〈Pl.〉 목욕(수영)용품. ~**saison** die 해수욕(수영) 시즌. ~**salz**, das 수영장물에 넣는 방향제. ~**schuh**, der 목욕(수영) 신발. ~**schwamm**, der 목욕용 해면. ~**strand**, der 해수욕장의 모래사장(백사장). ~**stube**, die (nordd.) ↑~zimmer. ~**thermometer**, das 목욕물의 온도계. ~**trikot**, das 수영복. ~**tuch**, das 목욕 수건. ~**utensilien** 〈Pl.〉 ↑~sachen. ~**verbot**, das (환자에 대한) 목욕 금지, 수영 금지. ~**vorleger**, der ↑~matte. ~**wanne**, die 목욕통, 욕조. ~**warm** 〈Adj.〉 목욕(수영)하기에 알맞게 따뜻한. ~**wärter**, der ~meister. ~**wasser**, das 목욕물. ~**wetter**, das 목욕하기 알맞은 날씨. ~**zeit**, die 1. 규정된 목욕 시간. 2. 〈Pl.〉 수영(해수욕)장의 개방 시간. 3. 옥외에서 수영할 수 있는 계절. ~**zelle**, die 1. ↑~kabine. 2. 온천탕의 개별 욕실. ~**zeug**, das (통용어) ↑~sachen. ~**zimmer**, das 욕실. ~**zutat**, die 목욕물에 넣는 방향제.

Bad Ems 바트 엠스(라인란트 팔츠에 있는 온천지).

baden ['baːdṇ] 〈h〉 **1.** 목욕시키다: der Patient muß vor der Operation gebadet werden 수술 전에 그 환자를 목욕시켜야 한다; 전의 in Schweiß gebadet aufwachen 땀에 흠뻑 젖어 잠에서 깨어나다. **2. a)** 목욕하다: er badet jeden Morgen (in kaltem Wasser) 그는 매일 아침 (찬물로) 목욕한다. **b)** 수영하다: b. gehen 수영하러 가다; er ist beim Baden ertrunken 그는 수영하다가 익사했다; 전의 in Eitelkeit b. 허영에 빠지다. **(bei [mit] etw.) b. gehen** 〈전의〉 어떤 일에 실패하다.

Baden ['baːdṇ], -s 바덴(바덴 뷔르템베르크 주의 서부 지역). **Baden-Baden** 바덴바덴(독일의 도시). **Badener** ['baːdəne] 〈등급〉 ⎡⎦ **Badenser** [ba'dɛnzɐ] der; -s, - 바덴 사람. **Baden-Württemberg** ['baːdṇˈvʏrtəmbɛrk], -s 바덴뷔르템베르크 주. **baden-württembergisch** 〈Adj.〉 바덴뷔르템베르크(주)의.

Bader ['baːdɐ], der; -s, - **1.** (고어) 이발사, 남자 간호사. **2.** 《지역적·준고어》 의사.

Bäder ↑ Bad의 복수형.

Badgastein [baːtˈɡasˌtaɪn] 바트카슈타인(오스트리아의 휴양지).

Badinage [badiˈnaːʒə], die; -n / **Badinerie** [badinəˈriː], die; -ien [frz. badinage, badinerie 농담, 희롱]: [음악] 경쾌하고 익살스러운 악곡, 18세기 조곡(組曲)의 부분.

badisch ['baːdɪʃ] 〈Adj.〉 바덴의.

Bad Ischl 바트 이쉴(오스트리아의 온천 도시).

Bad Mergentheim 바트 메르겐트하임(독일의 온천 도시).

Badminton ['bɛtmɪntən, (engl.) bædmɪntən], das; - [engl. badminton] 배드민턴.

Bad Oeynhausen ['øːn...] 바트 왼하우젠(독일의 온천 도시).

Bad Pyrmont 바트 피르몬트(독일의 온천 도시).

Bad Reichenhall 바트 라이헨할(독일의 온천 도시).

Bad Trip [bæd trɪp], der; -s, -s [engl. (통용어) bad trip] ↑ Horrortrip.

Bad Wildungen 바트 빌둥겐(독일의 온천 도시).

Bad Wörishofen 바트 뵈리스호펜(독일의 온천 도시).

Baedeker Ⓦ ['beːdəkɐ], der; -s, - [창시자이며 서적상 겸 출판업자인 Baedeker(1827)에 따라서] 여행[관광] 안내서.

Bafel ['baːfḷ]; der; s, - **1.** 《지역적》 형편없는(팔리지 않는) 상품. **2.** 수다, 잡담. **bafeln** ['baːfl̩n] 〈h〉 지껄이다, 수다떨다.

baff [baf] (의성어) 《다음 용법으로만》 **b. sein** 《경》 당황

하다, 어안이 벙벙하다, 깜짝 놀라다.

BAföG, Bafög ['baːføːk], das; -(s) [Bundesausbildungsförderungsgesetz의 약어] **1.** 연방 장학법. **2.** 연방 장학법에 근거한 장학금.

Bagage [baˈɡaːʒə], (österr.) [...aːʒ], die; -n **1.** (고어) 여행 수하물. **2.** 《경》 떨거지, 무뢰배: er hätte am liebsten die ganze B. rausgeschmissen 그는 그 떨거지들을 몽땅 내쫓아 버리고 싶은 마음이 굴뚝 같았다.

Bagatell- (Bagatelle 1): ~**delikt**, das [법] 질서 위반. ~**fall**, der [법] ↑~delikt. ~**mäßig** 〈Adj.〉 (대개 다음 용법으로) **b. behandeln** (österr.) 홀대하다. ~**sache**, die 사소한 (법률) 사건. ~**schaden**, der (자동차 사고에서) 비교적 경미한 손해.

Bagatelle [baɡaˈtɛlə], die; -n [1: frz. bagatelle < ital. bagatella. 2: 1717년 프랑스의 작곡가 Fr. Couperin에 의한 "Les Bagatelles"에서 유래] **1.** 사소한 일[것]: etw. als B. behandeln 무엇을 사소한 것으로 취급하다. **2.** [음악] 짧고 두 부분으로 된 기악곡. **bagatellisieren** [baɡateliˈziːrən] 〈h〉 경시하다, 하찮은 일로 다루다, 축소 왜곡하다: man darf dieses Problem nicht b. 이 문제를 사소한 일로 축소 왜곡해서는 안된다. **Bagdad** ['baːkadt, bakˈdaːt] 바그다드. ¹**Bagdader**, der; -s, - 바그다드의 주민. ²**Bagdader** 〈Adj.; 격변화 없음〉 바그다드의.

Bagger ['baɡɐ], der; -s, - **1.** 굴삭기: etw. mit einem B. wegräumen 무엇을 굴삭기로 치우다. **2.** [배구] 언더 토스.

Bagger-: ~**führer**, der 굴삭기 기사. ~**maschine**, die 굴삭기. ~**schlag**, der [배구] 언더 토스. ~**see**, der 자갈을 파낸 웅덩이.

Baggerer ['baɡərɐ], der; -s, - ↑ Baggerführer. **baggern** ['baɡɐn] 〈h〉 [niederd. < niederl. baggeren]. **1. a)** 굴삭기로 작업하다. **b)** 굴삭기로 만들다. **2.** [배구] (떨어지는 볼을 밑에서) 걷어 올리다. **Baggerung**, die; -en ↑ baggern의 명사형.

Bagno ['banjo], das; -s, -s (또한) ...ni [ital. bagno < balneum < griech. balaneîon] [옛] 이탈리아 및 프랑스의 중죄인 (지하)감옥.

Baguette [baˈɡɛt], die; -n [...tn; frz. baguette < ital. bacchetta] **1.** 프랑스 막대빵. **2.** 다이아몬드 가공술의 일종.

bah [baː] 〈Interj.〉 ↑ bäh (1). **bäh** [bɛː] 〈Interj.〉 **1.** (불쾌, 멸시, 남의 불행을 기뻐하는 마음의 외침》: b., dieser widerliche Kerl! 에이, 이 메시꺼운 놈! **2.** 매애, 음매 (양의 울음소리).

Bahai [baˈhaiː], der; -, -(s) 바하이 교의 신봉자, 교도. **Bahaismus** [baha'ɪsmʊs], der; - (이슬람 교에서 유래된) 바하이 교.

Bahamainseln, Bahamas [baˈhaːmas] 《관사와 함께만; Pl.》 바하마 군도(카리브 해의 섬 국가) **Bahamaner, Bahamer**; -s, - 바하마 인. **bahamanisch, bahamisch** 〈Adj.〉 바하마 어의, 바하마 인의.

Bahei [baˈhai], der; -s (rhein.) ↑ Buhei.

¹**bähen** [ˈbɛːən] 〈h〉 (südd., österr., schweiz.) [빵 조각 따위를] 살짝 굽다[토스트하다].

²**bähen** [-] 〈h〉 《고어·드물게》 ↑ blöken 참조.

Bählamm, das [아동] ↑ Lamm. **Bähschaf**, das [아동] ↑ Schaf.

Bahn [baːn], die; -en **1.** 길, 통로: jmdm. eine B. durch das Dickicht schaffen 누구에게 덤불을 뚫고 길을 만들어 주다; **sich³ B. brechen** 반대에 무릅쓰고 인정[관철]되다: die neuen Ideen haben sich B. gebrochen 새로운 이념들이 인정을 받았다; **einer Sache B. brechen** 어떤 일에 길을 터주다; **jmdm. [einer Sache] die B. ebnen** 《아이》 누구[어떤 일]를 위해서

¹bahn-, Bahn- 길을 열어 주다[장애물을 제거해 주다]; freie B. haben 모든 난관을 제거했다; auf die schiefe B. geraten (kommen) 방탕하고 비도덕적인 생활을 시작하다; auf der rechten B. sein 바른 길에 있다, 옳은 것을 하다; jmdn. aus der B. bringen(werfen, schleudern) 누구를 지금까지의 생활 방식[궤도, 목표]에서 벗어나게 하다. 2. 궤도: die B. des Satelliten berechnen 위성 궤도를 계산해 내다; sich in neuen -en bewegen 아주 다르게 행동하다, 새로운 수단을 사용하다; etw. in die richtige B. lenken 어떤 일이 계획에 따라서 진행되도록 되었다. 3. a) (육상 경기의) 코스, 트랙: eine schwere B. 비에 젖어 빨리 달리지 못하는 트랙; der amerikanische Sprinter hat B. 3 미국 단거리 선수는 3번 코스이다. b) (볼링장의) 레인. c) 차선: die Straße auf vier -en erweitern 도로를 4차선으로 확장하다. 4. 넓은 띠 모양으로 재단해 놓은 천이나 종이. 5. [수공] 연장의 평평한 면. 6. 《축소형: ↑Bähnchen》 a) ↑Eisenbahn의 약어: ich setzte mich kurzerhand auf die B. und fuhr nach Köln 나는 즉흥적으로 기차를 타고 쾰른으로 갔다. b) ↑Straßenbahn의 약어: ich nehme die nächste B. 나는 다음에 오는 전차를 탄다. 7. a) 역, 정거장: er wollte seinen Freund von der B. abholen 그는 친구를 정거장에서 마중에 올려고 했다. b) 〈통용어〉 철도(청): die B. hat die Fahrpreise erhöht 철도청이 운임을 올렸다.

¹bahn-, Bahn- 《↑Eisenbahn-도 참조》: ~amtlich 〈Adj.〉 철도 당국에 의해서 확정된, 철도 당국의. ~anlage, die 철도 시설 일체. ~anschluß, der 1. 철도가 닿음[지나감]: ein abgelegener Ort ohne B. 철도가 연결되지 않은 외진 곳. 2. 기차와의 접속. ~arbeiter, der 철도 노동자. ~aufsicht, die ↑Eisenbahnaufsicht. ~bau, der 〈Pl. -bauten〉 철도 건설. ~beamte, der 철도 공무원. ~beförderung, die 철도 운송[수송]. ~betriebswerk, das 독일 연방 철도의 수리 공장. ~brücke, die 철교. ~bus, der 철도청이 경영하는 버스. ~camionnage, die (schweiz.) ↑Camionnage. ~camionneur, der (schweiz.) ↑Camionneur. ~damm, der 철둑. ~fahrt, die 기차를 타고 감, 기차 여행. ~frei 〈Adj.〉 (상) 수송료 없이. ~frevel, der 철도 시설의 손상. ~gelände, das 철도 부지. ~hof, der 1. 정거장, 역: der Zug hält nicht an diesem B. 그 기차는 이 역에서 정차하지 않는다: zum B. gehen 역에 가다. 2. 역(사): im B. gibt es einen Friseur 역 안에 이발소가 있다: 〔성구〕 ich verstehe nur B. 나는 아무것도 이해하지 못하고 이해하려고도 하지 않는다; (ein) großer B. 〈통용어〉 성대한 영접. ~hofbuffet, das (schweiz.) ↑Bahnhofsgaststätte. ~hofbuchhandlung, die 역 구내 서점. ~hofgaststätte, die 역 구내 식당. ~hofsgebäude, das 역사. ~hofshalle, die 역의 홀. ~hofshotel, das 역 구내 호텔. ~hofsmission, die 여행자들을 돌보기 위한 종교 기구. ~hofsrestaurant, die 역 구내 식당. ~hofsuhr, die 역의 시계. ~hofsvorplatz, der 역전 광장. ~hofsvorstand, der 역장. ~hofsvorsteher, der 역장. ~hofswirtschaft, die ↑Bahnhofsgaststätte. ~knotenpunkt, der ↑Eisenbahnknotenpunkt. ~körper, der 철도로. ~lagernd 〈Adj.〉 (운송 화물을 찾아갈 때까지) 역에 보관하는. ~linie, die 철도 구간. ~meister, der 보선장(保線長). ~meisterei, die 철도 보선계. ~netz, das ↑Eisenbahnnetz. ~polizei, die 철도 공안 경찰. ~post, die 기차 내의 우편 취급소. ~postwagen, der 우편 열차. ~reise, die 기차 여행. ~schranke, die (건널목의) 차단기. ~schwelle, die 철도 침목. ~station, die 정거장 역. ~steig, die 승강장, 플랫폼. ~steigkante, die 장 모서리: bitte von der B. zurücktreten! 승차장 모서리에서 뒤로 물러서시요! ~steigkarte, die (역의) 입장권. ~steigwagen, der 플랫폼 차[수레](기차의 (수)화물을 받는. ~strecke, die 선로 구간. ~überführung, die 고가 철도. ~übergang, der (철도) 건널목. ~unterführung, die 지하 철도. ~verbindung, die ↑Zugverbindung. ~verwaltung, die 철도 행정(관청). ~wärter, der 건널목지기(간수). ~wärterhäuschen, das 건널목지기 초소.

²bahn-, Bahn-: ~brechend 〈Adj.〉 선구적인, 획기적인, 혁명적인: -e wissenschaftliche Leistungen 획기적인 연구 업적들. ~brecher, der 선구자, 개척자: B. einer neuen Idee 새로운 이상의 선구자. ~daten 〈Pl.〉 〔우주〕 궤도의 데이타. ~gehen, das; -s 〔육상〕 경보. ~höhe, die 〔우주〕 궤도의 고도. ~rennen, das 1. 〔자전거 및 자동차 경주〕 트랙 경주(반대: Straßenrennen). 2. 〔육상〕 트랙 경기.

Bähnchen ['bɛ:nçən], das; -s, - ↑Bahn (6).
bahnen ['ba:nən] 〈h〉 길을 내다(뚫다): ich bahnte mir einen Weg durch den Schnee 나는 눈을 뚫고 길을 냈다.
bahnen-, Bahnen-: ~golf, das ↑Minigolf. ~rock, der 여러 개의 넓은 띠 모양의 천으로 만든 치마. ~weise 〈Adv.〉 띠 모양으로.
Bahner ['ba:nɐ], der; -s, - 〈통용어〉 ↑Eisenbahner.
Bahnung, die; -en 길내기[뚫기].
Bahöl [ba'høːl], der; -s 〈österr. · 통용어〉 야단법석.
Bahre ['ba:rə], die; -n a) ↑Tragbahre: den Verwundeten auf eine B. legen 부상자를 들것 위에 눕히다. b) ↑Totenbahre. Bahrtuch, das 〈Pl. ...tücher〉 관대를 덮는 천.
Bahrein [ba'rain, bax'rain], -s 바레인. Bahreiner, der; -s, - 바레인 사람[인]. bahreinisch 〈Adj.〉 바레인(사람)의.
Baht [ba:t], der; -, -s 바트(태국의 화폐 단위).
Bähung ['bɛːuŋ], die; -en ↑¹bähen의 명사형.
Bai [bai], die; -en [niederl. baai < franz. baie < span. bahía] 만(灣).
Baier ['baiɐ], der; -n, -n 〔언어〕 바이에른 사투리를 쓰는 사람.
Baikalsee, der; -s 바이칼 호.
bairisch ['bairɪʃ] 〈Adj.〉 바이에른(말)의.
Baiser [bɛ'zeː], das; -s, -s [frz. baiser] 달걀 거품과 설탕으로 만든 과자.
Baisse ['bɛːsə], die; -n [frz. baisse] 〔증권〕 시세(가격) 하락(반대: Hausse): auf B. spekulieren 가격이 떨어진다고 예상하여 투기하다. Baisseklausel, die 〔증권〕 매수인이 다른 곳에서 더 싼 값에 살 수 있을 때 계약을 파기해도 된다는 매도인과의 약속. Baissespekulant, der ↑Baissier. Baissier [bɛ'sjeː] der; -s, -s [frz. baissier] 〔증권〕 시세 하락을 예상하여 투기하는 사람(반대: Haussier).
Bajadere [baja'deːrə], die; -n [frz. bayadère < port. bailadeira] 인도의 사원 무희.
Bajazzo [ba'jatso], der; -s, -s [venez. pajazzo] 〔이탈리아 연극의〕 어릿광대.
Bajonett [bajo'nɛt], das; -(e)s, -e [frz. baïonette] 총검, 대검: mit gefälltem B. auf den Gegner losgehen 총에 대검을 꽂고 찌를 자세로 적에게 돌격하다.
Bajonett-: ~angriff, der 육박전에서 총에 꽂은 대검으로의 공격. ~fassung, die 〔기술〕 나선식 소켓. ~stich, der 총검으로 찌름. ~verschluß, der 〔기술〕 나선식 장착.
bajonettieren [bajonɛ'tiːrən] 〈h〉 총검으로 싸우다.
Bajuware [baju'vaːrə], der; -n, -n 《고어 · 농》 바이에른

사람. **bajuwarisch** [baju'va:rɪʃ] 〈Adj.〉《고어·농》바이에른(사람[어])의.

Bake ['ba:kə], die; -n [< (m)niederd. bake < afries. baken] **1.** [교통] **a)** 항로 표지, 활주로 표시등. **b)** (3종의) 건널목 예고 표지(240m, 160m, 80m 전방). **c)** (3종의) 고속도로 벗어나는 표지(300m, 200m, 100m 전방). **d)** 노폭이 좁아지거나 장애물이 있음을 알리는 표지. **2.** 【측량】 표시 기둥.

Bakel ['ba:kl], der; -s, - [lat. baculus] 《고어》 교사의 회초리, 교편.

bakelisieren 〈h〉《전문어》특수한 합성수지에 담그다.

Bakelit Ⓦ [bake'li:t, 《또한》 ...'lɪt], das; -s [1909년 벨기에 인 L. H. Baeckeland에 의해서 발명되었음] 합성수지(合成樹脂).

Bakkalaureat [bakalaure'a:t], das; -(e)s, -e 《영국, 프랑스, 미국 대학의》학사 학위. **Bakkalaureus** [baka'laureus], der; -, ...rei [...ei; lat. baccalaris] 학사(학위 소지자).

Bakkarat ['bakara(t), ...ra], das; -s [frz. baccara] 104장의 프랑스 카드로 하는 놀음.

Bakken ['bakn̩], der; -s, - [norw. bakke] 【스키】 † Sprunghügel.

Bakschisch ['bakʃɪʃ], das 《드물게》der; -(e)s, -e [pers. bachschīsch] 《농》 **1.** 팁. **2.** 뇌물.

Bakteriämie [bakterie'mi:], die; -n [...i:ən; ämie griech. haĩma] 【의학】패혈증, 균혈증.

Bakterie [bak'te:rɪə], die; -n 《대개 Pl.》【생물·의학】박테리아, 세균: sich mit -n infizieren 박테리아로 감염되다. **bakteriell** [bakte'riɛl] 〈Adj.〉《또한》 박테리아의, 세균성의, 박테리아의. **bakterizid** [...ri'tsi:t-; -zid; lat. caedere] 〈Adj.〉【의학】살균의. **Bakterizid** [-], das; -(e)s, -e 【의학】살균제.

bakterien-, **Bakterien-**: ~art, die 박테리아의 종류. ~beständig 〈Adj.〉 박테리아에 대해서 저항력이 있는. ~färbung, die (현미경 검사를 위한) 박테리아의 채색. ~filter, der 《또는》 das 세균 여과 필터. ~frei 〈Adj.〉 박테리아가 없는, 무균의. ~krieg, der 세균전. ~kultur, die 균주(菌株). ~symbiose, die 박테리아와의 공생(共生). ~tötend 〈Adj.〉 박테리아를 죽이는, 살균의. ~träger, der 【의학】 보균자. ~toxin, das 【의학】 박테리아가 분비하는 독. ~zelle, die 박테리아 세포. ~züchtung, die 박테리아 배양.

Bakteriologe [...lo:gə], der; -n, -n 세균학자. **Bakteriologie** [...lo'gi:], die 세균학. **bakteriologisch** [...'lo:gɪʃ] 〈Adj.〉 세균학(자)의, 세균학적인. **Bakteriophage** [...'fa:gə], der; -n, -n [-phage; griech. phageĩn] 【생물】 박테리오파즈(박테리아를 죽이는 바이러스와 유사한 미생물). ~**Bakteriose** [...'rio:zə], die -n 박테리아에 의한 식물의 병. **Bakterium** [bak'te:rɪʊm], das; -s, ...ien; [...iən; 독일의 과학자 Chr. G. Ehrenberg가 막대기 모양의 외형에 따라 그리스어 baktērion, baktēría를 차용하여 만들었음] 《고어》 †Bakterie.

Balalaika [bala'laika], die; -, -s /...ken [russ. balalaika] 삼각형의 울림통과 긴 목을 가진 세줄로 된 러시아 민속 악기.

Balance [ba'lãŋsə, 《또한》 ba'la:s(ə)], die; -n [frz. balance] 균형, 조화: die B. verlieren(halten) 균형을 잃다[유지하다]; in B. kommen 균형을 잃다.

Balanceakt, der 줄타기. **Balancé** [balã'se:], das; -s, -s [frz. balancé] 발레의 부상 스텝, 발란스. **Balancement** [balãs(ə)'mã:], das; -s [frz. balancement] {음악} †Bebung. **Balancier** [balã'sie:], der; -s, -s [frz. balancier] **1.** (증기 기관의) 형정(衡挺). **2.** (시계의) 평형륜(平衡輪). **balancieren** [balaŋ'si:rən 《또한》 balã'si:rən] [frz. balancer] **a)** 〈h〉 평형을 유지하다, 균형을 잡다: er hat einen Korb (auf dem Kopf) balanciert 그는 바구니를 (머리 위에 올려 놓고) 균형을 잡는다. **b)** 〈s〉 균형을 잡으며 매우 좁은 곳 위를 걷다: er ist über das Brett balanciert 그는 널판지 위를 평형을 유지하며 걸어갔다. **c)** 평형하지 않아서 평형을 유지하기 어려운 곳을 기어오르다: er balanciert über die Trümmer 그는 건물의 잔해 위로 기어오른다. **Balancierkünstler**, der 줄타기 곡예사. **Balancierstange**, die 밧줄 타는 사람이 균형을 잡는 데 쓰는 막대기, 평형봉.

Balanitis [bala'ni:tɪs], die; ...itiden [griech. balanós] 【의학】 귀두염(龜頭炎).

Balata [balata, ba'la:ta], die [span. balata] **1.** 밸러터 고무. **2.** Ⓦ 《동력에 거는》 벨트. **Balatum** Ⓦ ['balatum, ba'la:tum], das; -s [밸러터 고무를 입힌 바닥깔개.

Balbier [bal'bi:ɐ], der; -s, -e 《지역적》 †Barbier의 병용형. **balbieren** [bal'bi:rən] 《지역적》 †barbieren의 병용형.

Balboa [bal'bo:a, 《span.》 bal'ßoa], der; -(s), -s (s) 발보아 (파나마의 동전 단위).

bald [balt] 〈Adv.〉 **1. a)** 《지역적》 《또한》 balde; 비교변화: eher, am ehesten; 《지역적·통용어》 bälder, am bäldesten} 곧, 금방: ich komme b. wieder 나는 곧 다시 온다; so b. als[wie] möglich[möglichst, 《드물게》 tunlichst] 가능한 한[되도록] 빨리; heut du jetzt b. genug? 너 이제 드디어 만족이야?; bis b.! (auf b.!) 《통용어》 곧 또 보자! (작별 인사). **b)** 쉽게, 빨리, 신속하게: etw. sehr b. begriffen haben 무엇을 아주 빨리 이해했다. **2.** 《통용어》거의: wir warten schon b. drei Stunden 우리는 벌써 거의 세 시간이나 기다렸다. **3.** bald-bald 이때는[혹은, 한번은]..., 때로는[혹은, 한번은]...: b. ist er in Belgien, b. am Rhein 그는 때로는 벨지움에 있다가 때로는 라인 지방에도 있곤 한다.

Baldachin [balda'xi:n], der; -s, -e [ital. baldacchino] **1.** 침대, 천개(天蓋). **2.** (행렬식 성체나 주교 위에 드리워지는 이동용) 천개. **3.** 【예술】 **a)** 제단이나 묘비 위쪽의 석재 장식물. **b)** 입상이나 설교단 위의 차양.

Bälde ['bɛldə] 《다음 용법으로만》in B. 《격식독어》 곧, 대단히 빨리, 짧은 시간 내에. **baldig** ['baldɪç] 〈Adj.〉 짧은 시간 내에 일어나는, 눈앞의: wir bitten um -e Antwort 우리는 신속한 대답을 간청한다; **auf -es Wiedersehen!** 그러면 곧 또 뵙겠습니다 (작별 인사). **baldigst** 〈Adv.〉 가능한 빨리: ich werde das b. nachholen 나는 그것을 가능한 빨리 만회할 것이다.

baldmöglichst 〈Adj.〉《격식독어》가능한 한 빠른[신속한]: -e Erledigung versprechen 가능한 한 빠른 처리를 약속하다.

baldowern [bal'do:vɐn] 〈h〉 [gaunerspr. Baldower] 《지역적》정탐하다, 《뜻》조사하다.

Baldr ['baldɐ] 발다 《스칸디나비아의 빛의 신》.

Baldrian ['baldria:n], der; -s, -e [lat. valeriāna] **1.** 쥐오줌풀. **2.** 〈Pl. 없음〉쥐오줌풀 뿌리에서 나온 기름으로 만든 엑기스.

Baldrian-: ~säure, die 쥐오줌풀 산. ~tee, der 쥐오줌풀 차. ~tinktur, die 쥐오줌풀 기름으로 만든 약제(제제). ~tropfen 〈Pl.〉 쥐오줌풀 기름으로 만든 안정제. ~wurzel, die 쥐오줌풀 뿌리.

baldtunlichst 〈Adj.〉 《고어》 †baldmöglichst.

Baldur ['baldur, (isl.) 'baltyr] † Baldr.

Balearen [bale'a:rən] 〈Art.과 함께만; Pl.〉 발레아렌 군도(지중해 서쪽의).

Balester [ba'lɛstɐ], der; -s, - 《예》 석궁(石弓).

¹Balg [balk], der; -(e)s, Bälge [bɛlgə] **1. a)** 모피, (짐승의) 가죽: einem Tier den B. abziehen 어떤 동물의 가

죽을 벗기다; [격언] stirbt der Fuchs, so gilt der B. 사람이 죽으면 문제되는 것은 유산이다. **b)** 《경》 (사람의) 몸, 피부: seinen B. in acht nehmen 몸을 조심하다; **jmdm. auf den B. rücken** 누구에게 바짝 다가가다, 추근대다; **jmdm. den B. abziehen** 누구를 속이다, 이용해먹다, 착취하다. **2.** 《지역적·생물》 《열매의》 껍질, 깍지. **3.** 인형의 속을 채운 몸통. **4.** (오르간이나 아코디온의) 송풍기, 풀무. **5. a)** 하모니카처럼 잡아 뺄 수 있는 연결 기구: der B. einer Kamera 카메라의 주름상자. **b)** [철도] 두 개의 차량을 잇는 주름상자 비슷한 결합 부분.

²**Balg** [-], das 《또한》 der; -(e)s, Bälger ['bɛlgɐ] (nordd.) u. Bälge ['bɛlgə] (südd.) 《통용어·편》 (본데 없이 잘못 교육된) 아이: ein freches B. 버릇없는 아이.

Balggeschwulst, die 분류(粉瘤). **Balgtreter**, 《또한》 **Bälgetreter**, der; -s, - (옛) 송풍기를 밟아 공기를 오르간으로 보내는 사람.

Balge ['balgə], die; -n (niederd. balge) 《nordd.》 **1.** 통. **2.** 밀물 때 사주(砂洲)의 수로.

balgen ['balgn̩], sich 〈h〉 〈맞붙어〉 싸우다: warum mußt du dich mit den Kindern dauernd b.? 너는 무엇 때문에 아이들과 계속해서 싸워야만 하느냐？; [전의] die Erben balgten sich um ihren Anteil (뼘) 상속인들이 그들의 몫을 놓고 싸웠다.

Balgen [-], der; -s, - [사진] 사진기의 주름상자. **Balgengerät**, das 주름상자가 달린 (사진기의) 보조 기구. **Balgenkamera**, die 주름상자가 달린 사진기.

Balgerei [balgə'rai], die; -en 싸움질: eine B. mit jmdm. haben 누구와의 싸움질.

Bali ['ba:li, (indon.) 'bali], -s 발리(소(小) 순다 도의 가장 서쪽 지역). **Balinese**, der; -n, -n: 발리인(人). **balinesisch** [bali'ne:zɪʃ] 〈Adj.〉 발리인(인[어])의.

Balje ['baljə], die; -n ↑Balge의 병용형.

Balkan ['balka:n], der; -s **1.** 동남 유럽의 산맥. **2.** 발칸 반도. **Balkanhalbinsel**, die 발칸 반도. **balkanisch** [bal'ka:nɪʃ] 〈Adj.〉 발칸 (산맥(반도))의.

balkanisieren [balkani'zi:rən] 〈h〉 소국가들로 분할하여 정치적, 경제적으로 혼란에 빠뜨리다. **Balkanisierung**, die; -en ↑balkanisieren의 명사형. **Balkanloge** [balkano'lo:ʒə], der; -n, -n 발칸어문학자. **Balkanologie** [...lo'gi:], die 발칸반도의 언어와 문학에 관한 학문.

Bälkchen ['bɛlkçən], das; -s, - ↑Balken의 축소형. **Balken** ['balkn̩], der; -s, - **1.** 《축소형: ↑Bälkchen》 각목, 들보: ein tragender B. 대들보; [성구] den Splitter im fremden Auge, aber nicht den B. im eigenen sehen 남의 손 속의 티는 보지만 자기 손 속의 받쳐 주는 들보가 없다(불의 위험을 암시하는 말); **lügen, daß sich die B. biegen** 《통용어》 한없이 거짓말하다. **2.** 들보 비슷한 것. **a)** [토목·건축] (돌, 콘크리트, 강철 등으로 된) 지주. **b)** 《스포츠 은어》 평균대. **c)** ↑ Waagebalken. **d)** [문장] 두 줄로 된 띠: das Wappen zeigt einen roten B. in weißem Feld 그 문장은 흰 바탕에 붉은 띠가 있다. **e)** [음악] 여러 음표를 결합하는 선. **f)** [의학] 변지체(胼胝體).

Balken-: **~decke**, die 들보가 보이는 천장. **~konstruktion**, die 건물의 뼈대. **~kopf**, der 밖으로 튀어 나온 대들보의 조각이나 그림으로 장식된 끝 부분. **~kreuz**, das [문장] 수직 줄무늬와 수평 줄무늬로 된 십자가. **~lage**, die 어떤 평면에 설치한 들보 전체. **~überschrift**, die (신문의) 크고 굵은 글자의 표제. **~waage**, die 천칭. **~werk**, das 《Pl. 없음》 한 건물에 사용된 각목(들보) 전체.

Balkon [bal'kɔŋ], 《südd., österr., schweiz.》 bal-'ko:n], der; -s, -s / -e [bal'ko:nə; frz. balcon < ital. balcone] **1. a)** 《축소형: ↑Balkönchen》 발코니: ein sonniger B. 햇볕이 잘 드는 발코니. **b)** 《경》 풍만한 젖가슴: die Kellnerin hat einen hübschen B. 그 여급의 젖가슴은 풍만하고 아름답다. **2.** (극장의) 2층 관람석. **Balkon-**: **~blume**, die 발코니에서 기르기 적합한 꽃. **~brüstung**, die 발코니의 난간. **~kasten**, der 발코니 난간에 부착된 꽃상자. **~loge**, die (극장의) 2층 특별석. **~möbel**, das 《대개 Pl.》 발코니용 가구. **~platz**, der 2층 관람석. **~tür**, die 발코니 문. **~zimmer**, das 발코니가 있는 방.

Balkönchen [bal'kø:nçən], das; -s, - ↑Balkon (1).

¹**Ball** [bal], der; -(e)s, Bälle ['bɛlə] **1.** 《축소형: ↑Bällchen》 공, 볼: der B. springt auf 볼이 튀어오르다; den B. wefen(treiben, schießen, ins Tor köpfen, anschneiden, stoppen, fangen, annehmen) 볼을 던지다(몰다, 숫하다, 머리로 받아 골 안에 넣다, 휘어 차다, 정지시키다, 잡다, 받다); jmdm. den B. zuspielen 공을 누구에게 패스하다; **am Ball sein(bleiben)** 《통용어》 무엇을 단념하지 않고 계속 추구하다; **jmdm. [einander(sich) (gegenseitig)] die Bälle zuspielen(zuwerfen)** (대화 도중에) 누구를(서로에게) 교묘히 돕다. **2.** [구기] (던진, 찬, 때린, 숫한) 볼. **3.** [테니스·야구] 점수, 득점: einen B. machen 한점을 얻다. **4.** 《축소형: ↑Bällchen》 공 모양의 물건: ein B. aus Papier 종이 공; der glühende B. der Sonne (아어) 이글이글 타는 둥근 해.

²**Ball** [-], der; -(e)s, Bälle ['bɛlə; frz. bal] 무도회: einen B. geben (veranstalten) 무도회를 열다(개최하다).

¹**Ball-** (¹Ball 1, 2; Ballspiele): **~abgabe**, die 볼 패스. **~annahme**, die 패스된 볼을 받기. **~artist**, der (축구 은어) 기량이 탁월한 선수. **~behandlung**, die (능숙한) 볼 처리. **~führung**, die 드리블. **~gefühl**, das 능숙한 볼 다루기. **~haus**, das [옛] 구기 경기장. **~junge**, der [테니스] 볼 보이. **~netz**, das **1.** 테니스 네트. **2.** 볼을 담는 그물 자루. **~pendel**, das [축구] 끈에 공을 매달아 헤딩이나 킥을 연습하는 기구. **~schlepper**, der [축구 은어] 공을 수비에서 공격으로 연결해 주는 선수. **~spiel**, das 구기(球技). **~spielen**, das; -s 구기 경기. **~spieler**, der 구기 선수. **~stafette**, die 연속되는 패스. **~technik**, die 볼을 다루는 기술. **~treiber**, der [축구] 공격진에게 볼을 공급해 주는 선수. **~treter**, der [축구 은어] 축구 선수. **~wechsel**, der [테니스·배드민턴·탁구] 랠리. **~wurfmaschine**, die ↑Tennismaschine.

²**Ball-** (²Ball): **~gast**, der 무도회의 손님. **~gefl̈üster**, das 무도회에서의 수다(잡담). **~gesellschaft**, die 무도회 모임. **~kleid**, das 무도회용 야회복. **~königin**, die 무도회에 참석한 여자 중 가장 아름다운 여자. **~lokal** (비롯철시: Ballokal), das 무도회가 개최되는 건물. **~nacht**, die 무도회가 열리는 밤. **~robe**, die (아어) 무도회용 야회복. **~saal**, der 무도회가 열리는 홀. **~saison**, die 무도회 시즌. **~schuh**, der 《대개 Pl.》 무도회용 구두. **~toilette**, die (아어) ↑kleid.

Balla ['bala], der; -s, -s (아동) 볼, 공. **(balla)balla** 〈Adj.〉 《경·청소년어》 머리가, 덜 떨어진.

Ballade [ba'la:də], die; -n [engl. ballad] 담시(譚詩). **balladenhaft** 〈Adj.〉 담시풍의. **Balladenstoff**, der 담시의 소재. **balladesk** [bala'dɛsk] 〈Adj.〉 ↑balladenhaft.

Ballast [ba'last, 'balast], der; -(e)s, -e [niederd. ballast] **1.** (배의 안정을 위한) 바닥짐: (Sand (Wasser, Steine) als) B. aufnehmen (모래(물, 돌)를) 바닥짐으로서 싣다. **2.** 필요없는(거추장스러운) 짐: der dritte

Koffer war nur überflüssiger B. 세번째 트렁크는 필요없는 짐일 따름이었다. **Ballaststoffe** 〈Pl.〉 [의학] (음식물의) 섬유질. **Ballastwasser**, das 〈Pl. 없음〉 바닥짐으로 사용되는 물.
Ballawatsch: ↑Pallawatsch.
Bällchen ['bɛlçən], das -s, - ↑¹Ball (1, 4).
Ballei [ba'laɪ], die; -en 〈역사적〉 기사단의 관할 구역.
Balleisen: ↑Balleneisen.
ballen ['balən] 〈h〉 **1. a)** 공 모양으로 둥글게 만들다: mit geballten Fäusten 두 주먹을 움켜쥐고; **die Faust(die Fäuste) in der Tasche b.** 분노를 감추다, 은밀하게 위협하다. **b)** 〈b. + sich〉 공 모양으로 둥글게 되다: am Himmel ballten sich Wolkenberge 하늘에 산더미 같은 구름이 모였다; [전의] die Schwierigkeiten ballen sich 어려움이 쌓이다; gegen ihn ballt sich aller Haß 모든 미움이 모여 그에게로 향한다. **2.** 〈지역적〉 볼을 가지고 놀다[던지다].
Ballen [-], der; -s, - **1. a)** 둥근 꾸러미, 뭉치: einige B. Stroh 몇 개의 짚 뭉치. **b)** (종이, 옷감, 가죽의) 계량 단위. **c)** (일정한 길이의 옷감 등의) 두루말이. **2. a)** 인간이나 포유 동물의 손바닥과 발바닥의 볼록하게 나온 부분, 무지구(拇指球): auf den B. gehen 발끝으로 걷다(발뒤꿈치를 들고 걷다). **b)** 중족골(中足骨) 내면의 병적인 경화, 비후. **3.** ↑Wurzelballen.
ballen-, Ballen-: **~binder**, der 상품을 둥근 꾸러미로 묶아주는 사람. **~eisen**, das (포장)밴드의 끝. **~gicht**, die 손[발]바닥의 통풍(痛風). **~presse**, die 포장용 압축기. **~weise** 〈Adv.〉 꾸러미로 뭉쳐, 두루말이로.
Baller- ['balɐ-]: **~büchse**, die 〈통용어・농〉 총. **~büx, ~buxe**, die 〈nordd.・농〉 속이 더러워진(어린 아이) 바지. **~mann**, der 〈Pl. ...männer〉 〈통용어・농〉 권총.
Ballerina [balə'riːna], 〈드물게〉 **Ballerine** [...nə], die; ...nen [ital. ballerina] 발레리나.
ballern ['balɐn] 〈h〉 〈의성어・통용어〉 **1. a)** 계속해서 날카로운 폭음을 내다, (총포 등이) 쾅하고 울리다: jetzt fing die Flak wieder an zu b. 지금 다시 고사포가 폭음을 내기 시작했다. **b)** 〈스포츠 은어〉 볼을 어느 방향으로 힘차게 차다. **2. a)** 큰 소리나게 무엇을 두드리다; jmdm. eine b. 〈통용어〉 누구의 따귀를 세게 때리다. **b)** 커다란 소리가 나도록 무엇에 힘있게 부딪히다(충돌하다). **c)** 큰소리가 나도록 무엇을 어디로 힘있게 던지다: etw. vor Wut in die Ecke b. 화가 나서 무엇을 쾅 소리 나게 구석으로 던지다. **3.** 쾅[빵]하는 소리를 내다: Donnerschläge ballerten 천둥 소리가 우루루쾅쾅 울렸다; **einen b.** 〈통용어〉 (한 잔의) 화주를 마시다.
Ballesterer [ba'lɛstərɐ], der; -s, - 〈österr.・경〉 축구 선수. **ballestern** [...tʊn] 〈h〉 〈österr.・경〉 축구하다.
Ballett [ba'lɛt], das; -(e)s, -e [ital. balletto] **1. a)** 〈Pl. 없음〉 무용, 발레: das klassische B. 고전 발레. **b)** 발레의 개별 작품: ein B. aufführen 어떤 발레 작품을 공연하다. **2.** 발레[무용]단: das B. ist auf Tournee 그 무용단은 순회 공연 중이다; beim B. sein 〈통용어〉 발레단원이다.
Ballett-: **~abend**, der 저녁에 열리는 발레 공연. **~korps**, das 솔리스트들을 위해서 배경 등을 형성하는 군무 그룹. **~meister**, der 발레단의 연습 책임자. **~musik**, die 〈Pl. -en〉 발레 음악. **~ratte**, die 〈통용어・농〉 수련 중인 젊은 여자 무용수. **~schule**, die 발레학교. **~tänzer**, der 남자 (발레) 무용수. **~tänzerin**, die 위의 여성형. **~theater**, das 발레 극장. **~truppe**, die 발레 무용[무용]단.
Balletteuse [balɛ'tøːzə], die; -n 〈아어〉 ↑Ballettänzerin. **Ballettomane** [balɛto'maːnə], der; -n, -n 발레

광.
ballhornisieren [balhɔrni'ziːrən] 〈h〉 〈드물게〉 ↑verballhornen.
ballig ['balɪç] 〈Adj.〉 〈드물게〉 볼 모양의, 둥근: -e Wolken 둥근 모양의 구름; etw. b. drehen [기계] 무엇을 공 모양으로 깎다.
Balliste [ba'lɪstə], die; -n [lat. ballista] (고대의) 노포(弩砲). **Ballistik**, die [↑engl. ballistics, frz. balistique] 탄도학(彈道學). **Ballistiker**, der; -s, - 탄도학자. **ballistisch** 〈Adj.〉 **a)** 탄도학의: -e Berechnungen 탄도학적 계산. **b)** 어떤 물체나 탄환의 비행 궤도에 관한: die -e Kurve 탄도 곡선, 비행 궤도; eine -e Rakete 미사일.
Ballon [ba'lɔn, 〈südd., österr., schweiz.〉 ba'loːn], der; -s, -s / -e [ba'loːnə; frz. ballon < ital. pallone] **1. a)** 풍선. **b)** 기구(氣球): im B. fliegen 기구를 타고 날다. **c)** (고무) 풍선: einen B. aufblasen 풍선을 불다. **2. a)** 배가 불룩한 큰 병: den Wein in -s abfüllen 포도주를 큰 병에 채우다. **b)** [화학] 플라스크: Säuren und Gase in -s transportieren 산(酸)과 가스를 플라스크에 넣어 운반하다. **3.** 【요트】 바람을 받아 풍선처럼 부풀어오르는 요트 앞쪽의 돛. **4.** 〈속어〉 (큰) 대갈통: tu mal deinen B. weg! 네 대갈통 좀 치워라!; **(so) einen B. bekommen(kriegen)** 〈경〉 당황하여 얼굴이 빨개지다.
ballon-, Ballon-: **~fahrer**, der 기구 조종사. **~flasche**, die ↑Ballon (2 a). **~förmig** [-fœrmɪç] 〈Adj.〉 풍선 모양의. **~führer**, der 기구 조종사. **~hülle**, die 기구의 기낭. **~mütze**, die (챙이 있는) 높고 둥근 모자. **~reifen**, der 저압 타이어. **~satellit**, der 풍선형 인공 위성. **~segel**, das ↑Ballon (3). **~seide**, die 기구 따위를 만드는 데 사용되는 방수 처리된 천. **~sperre**, die 〈군〉 기구에 의한 공중 봉쇄.
Ballotage [balo'taːʒə], die; -n [frz. ballottage] 흰색이나 검은색의 공을 던져서 하는 비밀 투표. **ballotieren** [...'tiːrən] [frz. ballotter] 흑백의 공을 던져 투표하다.
Ballung ['balʊŋ], die; -en **1.** 공 모양으로 만들기, 눌러 압축하기, 밀집. **2.** 공 모양으로 됨.
Ballungs-: **~gebiet**, das 인구와 공장 밀집 지역. **~raum**, der ↑~gebiet. **~zentrum**, das 인구 밀집 지역의 중심.
Ballyhoo ['bælɪhuː, --'-], das; - [engl. ballyhood] 큰 소리로 손님을 부르는 선전, 떠들썩한 선전.
Balmung ['balmʊŋ] 지그프리트의 칼.
Balneo- [balneo; lat. balneum, balnium < griech. balaneîon]: **~graphie**, die; -n 광천지(鑛泉誌). **~logie**, die [↑-logie] 온천학, 광천학. **~logisch** 〈Adj.〉 온천학의, 광천학적인. **~therapie**, die 〈Pl. 없음〉 [의학] 온천요법.
Bal paré ['bal paˈreː], der; - -, -s -s [bal paˈreː; frz. bal paré] 〈아어〉 고어】 호화로운 무도회.
¹Balsa ['balza], die; -s [span. balsa] 남 아메리카 인디언의 갈대 뗏목. **²Balsa** [-], das; - ↑Balsaholz. **Balsabaum**, der 발사(나무). **Balsaholz**, das 발사나무 목재.
Balsam ['balzam], der; -s, -e **1.** 발삼, 향유, 향고. **2.** 〈아어〉 위안, 위로: etw. ist B. für jmds. seelische Wunden 무엇이 누구의 정신적 상처를 달래 준다.
Balsam-: **~apfel**, der 여주. **~baum**, der 발삼나무. **~duft**, der 발삼 향기. **~gurke**, die ↑~apfel. **~harz**, das 발삼 수지. **~kraut**, das 향기 좋은 동양산 데이지, 네덜란드 박하. **~pflanze**, die 발삼식물. **~tanne**, die 발삼전나무. **~tropfen** 〈Pl.〉 발삼액(진통제).
balsamieren [balza'miːrən] 〈h〉 **1.** (시체를) 방부 처리하다. **2.** 〈아어〉 발삼[향유]을 바르다. **Balsamierer**,

Balsamierung 234

der; -s, - 《옛》 향유 발라 주는 사람. **Balsamierung,** die; -en 발삼바르기. **Balsamine** [balza'miːnə], die; -n [frz. balsamine] 봉선화. **balsamisch** [bal'zaːmɪʃ] 〈Adj.〉 **1.**〈아이〉 발삼과 같이 향기가 좋고 통증을 진정시키는: ein -er Duft 발삼 같은 향기. **2.** 발삼을 내포하고 있는.

Balte ['baltə], der; -n, -n 발트 제국의 주민. **Baltenland,** das 〈Pl. 없음〉 발트 제국(Estland, Lettland, Litauen). **Baltikum** ['baltikʊm], das; -s Estland, Lettland, Litauen으로 구성된 동유럽의 지역. **Baltin,** die; -nen ↑Balte의 여성형. **baltisch** ['baltɪʃ] 〈Adj.〉 발트 제국의.

Baltistik [bal'tɪstɪk], die ↑Baltologie. **Baltologe** [balto'loːgə], der; -n, -n 발트어문학자. **Baltologie,** die 발트어문학.

Baluba [ba'luːba, (frz.) balu'ba] ↑Luba.

Baluster [ba'lʊstɐ], der; -s, - [frz. balustre < ital. balaustro] 난간 기둥. **Balustersäule,** die ↑Baluster. **Balustrade** [balʊs'traːdə], die; -n [frz. balustrade < ital. balaustrata] 받침 기둥이 있는 난간.

Balz [balts], die; -en **1.** 어리간히 큰 야생조의 교미. **2.** 들새들의 교미기: in die B. treten 교미기에 들어가다. **3. auf die B. gehen** [사냥] 교미기에 있는 새들을 사냥하다.

Balz-: **~arie,** die 교미기의 새가 짝을 부르는 소리. **~bewegung,** die 암컷을 유혹하는 새의 움직임. **~laut,** der 짝을 부르는 소리. **~platz,** der 교미 장소. **~stellung,** die 교미 자세. **~zeit,** die ↑Balz (2).

balzen ['baltsṇ] 〈h〉 (교미기의 새가) 짝을 부르다: der Auerhahn balzt am frühen Morgen 숫 대뇌조는 이른 아침에 짝을 부른다.

bam [bam] 〈Interj.〉 종소리에 대한 의성어: bim, b., bum! 딩동댕, 땡땡땡!

Bamako 《(frz.) bama'ko), -s 바마코(말리의 수도).

Bamberg ['bambɐrk] 밤베르크. **¹Bamberger** ['bambɐrgɐ], der; -s, - 밤베르크 시민. **²Bamberger** 〈Adj., 격변화 없음〉 밤베르크의: B. Reiter (밤베르크 대 성당 안에 있는 기마상).

¹Bambi ['bambi], das; -s, -s [월트 디즈니의 1941년에 제작한 "Bambi"라는 만화 영화와 Felix Salten의 "Bambi"라는 동물 소설에 따라서] [아동] 작은 노루. **²Bambi** [-], der; -s, -s 독일의 영화상. **Bambino** [bam'biːno], der; -s, ...ni, 〈통용어〉-s [ital. bambino] **1.** [미술] 아기 예수화. **2.** 〈통용어・농〉 (이탈리아의) 어린 아이, 소년.

Bambule [bam'buːlə], die; -n 〈대개 관사없이〉 [frz. bamboula] [부랑자] 분개한 죄수들의 파괴적인 폭동.

Bambus ['bambʊs], der; -/-ses, -se [niederl. bamboe(s) < malai. bambu] 대나무: eine Hütte aus B. 대나무로 만든 오두막.

Bambus-: **~bär,** der 팬더곰. **~faser,** die 죽순의 섬유질. **~hütte,** die 대나무로 만든 오두막. **~papier,** das 죽순의 섬유질로 만든 종이. **~rohr,** das 대나무 줄기. **~stab,** der 대나무 막대기. **~stock,** der 대나무 지팡이. **~vorhang,** der 죽의 장막(동남 아시아에서 공산주의 진영과 비공산주의 진영 사이의 경계선).

Bami-goreng, das; -(s), -s [malai] 인도네시아의 국수 요리.

Bammel ['baml], der; -s 〈경〉 두려움, 공포: B. vor jmdm. [etw.] haben 누구[무엇]를 두려워하다. **bammeln** ['bamn] 〈h〉 [지역적] 이리저리 움직이다, …에 매달려 흔들리다.

Bams [bams], der; -, -e [bayr., österr.・경] 어린이.

bamstig [-tɪç] 〈Adj.〉 사치스러운, 낭비하는, 오만한, 으쭐한.

¹Ban [baːn], der; -s, -e [serbokroat. ban < türk. bay 부자. ↑Beg] [역사적] (남부 헝가리의) 총독, 태수, 크로아티아의 재상.

²Ban [-], der; -(s), Bani [rumän. ban, 동전] 루마니아의 화폐 단위.

banal [ba'naːl] 〈Adj.〉 [frz. banal] 《교양어》 **a)** [편] 내용없는, 진부한, 케케묵은: sein Vortrag war b. 그의 강연은 진부했다. **b)** 단순한, 일상적인, 평범한: etw. ganz b. betrachten 무엇을 아주 평범하게 관찰하다. **banalisieren** [banali'ziːrən] 〈h〉 [frz. banaliser] 평범한[대수롭지 않은] 것으로 깎아내리다. **Banalität** [banali'tɛːt], die; -en [latinis. nach frz. banalité] **1.** 〈Pl. 없음〉 **a)** [편] 진부함, 무의미함. **b)** 일상적임, 평범함: die B. dieser Schicksale 이러한 운명의 일상성. **2. a)** [편] 진부한[케케묵은] 말[문장]. **b)** 단순[평범]한 말[문장].

Banane [ba'naːnə], die; -n [1: port. banana; 2: 그 모양에 따라서] **1.** 바나나: [정규] ausgerechnet -n! 이럴 수가! (뜻밖의 일이 일어났을 때 외치는 소리); dich haben sie wohl mit der B. [Bananenschale] aus dem Urwald gelockt 《통용어》 너 참 순진하기도 하구나(뭘 모르는구나). **2.** 〈통용어・농〉 두 개의 회전날개 장치를 가진 헬리콥터.

Bananen-: **~dampfer,** der 바나나를 수송하는 기선. **~flanke,** die [nach der gebogenen Flugbahn des Balls] [축구 은어] 볼에 회전을 준 센터링. **~republik,** die [amerik. banana republic] [편] 거의 열대 과일 수출에 의해 살아가는 중남미 지역의 작은 나라. **~schale,** die 바나나 껍질. **~schiff,** das 바나나 수송선. **~staude,** die 바나나가 열리는 가지. **~stecker,** der [그 모양에 따라서] [전기] 좁은 단극의 플러그.

Banat [ba'naːt], das; -(e)s 바나트 지역(루마니아의 일부). **¹Banater** [ba'naːtɐ], der; -s, - 바나트 주민. **²Banater** 〈Adj., 격변화 없음〉 바나트(지역)의.

Banause [ba'nauzə], der; -n, -n [griech. bánausos] 〔편〕 속물, 예술 감각이 없는 사람. **Banausentum,** das; -s [편] 속물 근성[태도]. **banausisch** 〈Adj.〉 학문[예술]을 이해하지 못하는, 속물 근성의, 저속한.

band [bant] ↑binden 참조.

¹Band [-], das; -(e)s, Bänder ['bɛndɐ] / -e **I.** 〈축소형: Pl. Bänder〉 **1.** 〈축소형: ↑Bändchen, Bändel〉 끈, 줄, 띠, 리본, 테이프: 5 Meter B. kaufen 5m를 사다; das Blaue B. 유럽과 미국 사이의 왕래하는 가장 빠른 여객선의 화장; [전의] ein langes B. marschierender Truppen 행군하는 군대의 긴 행렬. **2. a)** ↑Meßband의 약칭. **b)** ↑Farbband의 약칭. **c)** ↑Zielband의 약칭. **d)** ↑Tonband: das B. abhören[löschen] 녹음 테이프를 듣다[지우다]; auf B. (auf)nehmen[sprechen] (녹음) 테이프에 녹음하다. **e)** ↑Förderband의 약칭. **f)** ↑Fließband의 약칭: ein neues Automodell auf B. legen 새 자동차 모델을 생산하기 시작하다; **am laufenden B.** 〈통용어〉 끊임없이, 계속해서, 잇달아서. **g)** 〈대개 Pl.〉 인대(靭帶): die Bewegung kräftigt Muskeln und Bänder 운동이 근육과 인대를 강화시킨다. **h)** [기술] 띠톱의 띠. **i)** [수공] 경첩. **j)** [기술] 돌쩌귀. **k)** 〔토목〕 짧은 연결목, 버팀목. **l)** [통제조] (통을 묶는) 테, 띠. **m)** [동산] 암벽에 선반같이 내민 부분(등반로가 됨). **n)** [통신] 제한된 주파수대. **II.** 〔Pl. Bande〕 **1.** 〔시어・고어〕 **a)** 사슬: in -en liegen 사슬로 묶여 있다; **in -e schlagen** 〔고어〕 사슬로 묶다. **b)** 굴레, 속박: alle drückenden -e abschütteln 속박하는 모든 굴레를 벗어 던지다. **2.** 인연: die -e des Bluts 핏줄의 인연; **zarte -e knüpfen** 〔농〕 애정 관계를 맺다.

²Band [-], der; -(e)s, Bände ['bɛndə] 〈축소형: ↑ Bändchen〉 (책의) 권, 책: ein schmaler B. Gedichte 얇은 시집 한 권; [정규] darüber könnte man Bände

schreiben[erzählen] 그것에 대해 얘기할려면 한이 없다; **etwas spricht Bände** 《통용어》 무엇이 많은 것을 시사해 준다, 모든 것을 말한다(약어: Bd.; Pl.: Bde).
³Band [bɛnt, (engl.) bænd], die; -s, -s [engl. band] 밴드, (경음)악단: zum Tanz spielte eine achtköpfige B. auf 8인조 밴드가 무도곡을 연주했다.
Band- (¹Band I; ↑Bänder-도 참조): **~alge**, die 띠 모양의 세포군체로 나타나는 단세포의 화초. **~aufnahme**, die 녹음 테이프에의 녹음. **~aufnahmegerät**, das ↑Tonbandgerät. **~breite**, die 1. 띠[줄, 테이프]의 폭. 2. [통신] 주파수의 대역폭(帶域幅); [전문어] 여러 가지 상이한 진동의 주파수폭. 3. [화폐] 환시세의 변동폭: eine Erweiterung der -n ablehnen 환시세의 변동폭의 확대를 거절하다. **~eisen**, das 쇠 테두리. **~filter**, der 《또는》 das [통신] 대역(帶域) 필터. **~förderer**, der [기술] 벨트 콘베이어. **~förmig** 〈Adj.〉 띠[리본, 테이프] 형태의. **~generator**, der 고압 발전기. **~geschwindigkeit**, die 녹음 테이프[필름]의 돌아가는 속도, die [통계조] (통의) 안로 쓰는 목재. **~keramik**, die [고고] 1. (중부 유럽 신석기 시대의) 대상문(帶狀紋) 토기. 2. 〈Pl. 없음〉 대상문 토기 문화. **~keramiker**, der 대상문 토기 시대의 사람. **~keramisch** 〈Adj.〉 대상문 토기의. **~maß**, das 줄자. **~nudel**, die 〈대개 Pl.〉 띠 모양의 국수. **~säge**, die 띠톱. **~scheibe**, die [의학] 추간판(椎間板), 관절간판(關節間板). **~scheibenschaden**, der, **~scheibenvorfall**, der [의학] 추간판 상해. **~stahl**, der 강철 띠. **~weber**, der 띠[레이스, 리본] 제조공. **~weberei**, die 띠[레이스, 리본] 제조. **~webstuhl**, der 띠[레이스, 리본] 제조기. **~wirker**, der ↑Bandweber. **~wirkerei**, die ↑Bandweberei. **~wurm**, der 1. 촌충: ein Mittel zur Abtreibung von Bandwürmern 촌충 구충제. 2. 《통용어·폄》 대단히[너무] 긴 것: dieser Satz ist ein (richtiger) B. 이 문장은 대단히 길다. 3. 〈Pl.〉 《통용어·농》 띠[실] 모양의 국수. **~wurmbefall**, der 촌충 감염. **~wurmsatz**, der 《폄·농》 대단히 긴 문장.

Bandage [ban'da:ʒə], die; -n [frz. bandage] **a)** 붕대: jmdm. eine B. machen[anlegen] 누구에게 붕대를 감아주다. **b)** [복싱] 붕대: **mit harten -n kämpfen** 심하게[격렬하게] 싸우다. **bandagieren** [banda'ʒi:rən] 〈h〉 **a)** 붕대를 감다: jmds. Knie b. 누구의 무릎을 붕대로 감다. **b)** [복싱] 붕대로 감아 보호하다. **Bandagist** [banda'ʒɪst], der; -en, -en 붕대 제조업[판매업자].

¹Bändchen ['bɛntçən], das; -s, - / Bänderchen ↑¹Band (I 1).

²Bändchen [-], das; -s, - ↑²Band.

¹Bande ['bandə], die; -n [frz. bande] **1.** 범죄 단체[조직]: eine B. von Autodieben 자동차 절도 조직; er gehörte einer B. an 그는 범죄 조직에 속해 있다. **2.** 《폄·농》 패거리: so eine B. 저런 패거리; ihr seid eine ganz gemeine B. 너희들은 질이 아주 나쁜 패거리들이다.

²Bande [-], die; -n [frz. bande] **1.** [스포츠] 경기장의 가장자리[테두리](예컨대: 당구대의 쿠션, 마장·곡마장의 울타리, 아이스링크의 펜스): die Kugel prallte an [von] der B. ab 공이 쿠션에 맞고 튀어나온다. **2.** [물리] 다수의 인접한 스펙트럼 선.

bände ['bɛndə] ↑binden 참조.

Bandeau [bã'do:], das; -s, -s [frz. bandeau] 《고어》 머리띠.

Bandel ['bandl], das; -s, - 《bayr., österr. · 통용어》, **Bändel** ['bɛndl], der; -s, - 《schweiz. · 통용어》 ↑Bendel: **jmdn. am B. haben** 《통용어》 누구를 마음대로 조종할 수 있다.

Bandelier [bandə'liːɐ], das; -s, -e [frz. bandouliere] 《고어》 멜빵, (어깨에 메는) 탄띠.

Banden- (¹Bande 1): **~bekämpfung**, die 범죄 단체 소탕. **~bildung**, die 범죄 단체 조직. **~führer**, der 범죄 단체의 수령(首領). **~mitglied**, das 범죄 단체의 조직원. **~(un)wesen**, das 〈Pl. 없음〉 범죄 단체의 형태 및 활동 일체.

Bandenspektrum, das; -s, ...ren, 《예》...ra [물리] 띠 스펙트럼.

Bandenwerbung, die; -en 플래카드 따위를 경기장 가장자리에 내거는 광고.

Bänder: ↑¹Band의 복수형.

Bänder- (¹Band I; ↑Bänder-도 참조): **~lehre**, die [의학] 인대학(靭帶學). **~riß**, der [의학] 인대 파열. **~tanz**, der 기둥에 걸린 띠들을 꼬았다 폈다 하는 민속춤. **~ton**, der [지질] 호상(縞狀)[빙호(氷縞)] 점토. **~zerrung**, die [의학] 인대가 늘어나는 부상.

Bänderchen ['bɛndəçən] ↑¹Bändchen의 복수형.

Banderilla [bandə'rɪlja], die; -s [span. banderilla] 투우사가 황소의 목을 찌르는 작은 창. **Banderillero** [bandərɪl'jeːro], der; -s, -s [span. banderillero] 투우사.

bändern ['bɛndɐn] 〈h〉 **1.** [리본] 무늬를 넣다[로 장식하다]. **2.** 《전문어》 무엇에서 띠 (모양의 것)을 만들다.

Banderole [bandə'roːlə], die; -n [frz. banderole < ital. banderuola] **1.** [예술] (그림을 설명하는) 명대(銘帶). **2.** (상품에 붙은) 세금 띠: die B. von der Zigarettenschachtel lösen 담배갑의 세금 띠를 떼어 내다. **Banderolensteuer**, die (포장된 소비재에 대한) 소비세. **banderolieren** [bandəro'liːrən] 〈h〉 (담배 따위에) 세금 띠를 붙이다, 과세하다. **Banderolierung**, die; -en ↑banderolieren의 명사형.

Bänderung ['bɛndərʊŋ], die; -en (동·식물, 암석의) 띠 모양의 무늬.

-bändig [-bɛndɪç] ("권"을 뜻하는 다음의 합성어로, 예컨대) **dreibändig, mehrbändig**.

bändigen ['bɛndɪɡn̩] 〈h〉 억제[제어]하다, 복종시키다, 길들이다: es gelang ihm nicht, das Pferd zu b. 그는 그 말을 길들이는 데 성공하지 못했다; [전의] Naturgewalten[seine Triebe] b. 자연의 위력을 제어하다[충동을 억제하다]. **Bändiger**, der; -s, - 동물을 길들이는 사람. **Bändigung**, die; -en ↑bändigen의 명사형.

Bandit [ban'diːt], 《또한》 ...'dɪt], der; -en, -en [ital. bandito] 범죄자, (노상)강도, 산적, 악당: von zwei bewaffneten -en überfallen werden 두 무장강도에게 피습되다; wo hast du dich herumgetrieben, du B. 《친근한 농·과장》 어디를 떠돌아다녔느냐, 이 악당아; **einarmiger B.** 《통용어·농》 자동 도박(오락)기. **Banditenstück**, das 《폄》 강도들의 행위. **Banditen-(un)wesen**, das 〈Pl. 없음〉 약탈, 가택 침입 등등을 통한 국민에 대한 테러.

Bandleader ['bɛntliːdɐ, (engl.) 'bændliːdə], der; -s, - [engl. bandleader] **1.** (재즈 악단의) 리드 연주자. **2.** 재즈 악단의 지휘자.

Bandoneon [ban'doːneɔn], 《또한》 **Bandonion** [...nɪɔn], das; -s, -s / ...ien [...iən] 발명자 Heinrich Band의 이름을 따서 반도네온(손풍금의 일종). **Bandoneonorchester**, das 반도네온 오케스트라.

Bändsel ['bɛntsl], das; -s, - **1.** [선원] 가는 밧줄. **2.** 《지역적》 작은 띠.

Bandura [ban'duːra], die; -s [russ. bandura < poln. bandura] 기타 비슷한 우크라이나의 현악기.

Bangale, der; -n, -n ↑Bangalese의(人). **Bangalin**, die; -nen ↑Bangale의 여성형. **bangalisch** [baŋˈɡaːlɪʃ] 〈Adj.〉 방글라데시(인)의.

bang, bange ['baŋ(ə)] 〈Adj.; banger, bangste; 《또

한) bänger, bängste〉 걱정스런, 근심스런, 불안한: bange Minuten 불안한 순간; banges Schweigen 불안한 침묵; jmdm. [《드물게》jmdn.] b. machen 누구를 불안하게 만들다; jmdn. wird b. und bänger 《농》누구가 점점 더 불안해지다; b. um jmdn. sein 《지역적》누구를 걱정[염려]하다; b. vor jmdn.[etw.] sein 《지역적》누구[무엇]을 무서워하다; 《성구》bangemachen [Bangemachen] gilt nicht! 겁먹지 마라!; **auf jmdn. [etw.] b. sein** 《지역적》걱정하며 누구[무엇]에 주의하다; **b. nach jmdn.[etw.] sein** 누구[무엇]을 근심에 차서 동경하다[그리워하다]. **Bangbüx, Bangbüxe**, (또한) **Bangbuxe**, die 《nordd.·농》겁쟁이. **Bangbüxigkeit**, die 겁이 많음. **Bange** ['baŋə], die 《지역적》불안, 공포, 걱정: nur keine B.! 자, 아무 걱정하지 말라!, 겁내지 말라! **bangen** ['baŋən] 〈h〉《아이》 1. 걱정하다, 걱정하며, 두려워하다: die Mutter bangt um ihr Kind 어머니가 아이를 걱정한다; 《지역에 따라서는 b. + sich로도》sie hatte sich immer um ihren Mann an der Front gebangt 그녀는 항상 전선에 있는 남편을 걱정했다. 2. 〈b. + sich로도〉《지역적》동경하다: die Kinder bangten (sich) nach der Mutter 아이들이 어머니를 그리워했다. 3. 두려워[무서워]하다: mir bangt (es) vor der Zukunft 나는 장래가 염려된다. **bänger**: ↑bange 참조. **Bangigkeit**, die ↑bangen 의 명사형: sie war erfüllt von B. 그 여자는 공포로 가득 차 있었다. **Bangladesch** [baŋlaˈdɛʃ], **Bangla Desh** [-ˈdɛʃ], **Bangladesh** [...ˈdɛʃ], -s 방글라데시. **bänglich** ['bɛŋlɪç] 〈Adj.〉 불안한, 걱정[근심]스러운, 겁먹은: ein wenig b. von etw. berichten 걱정스럽게 [무엇에 대해] 보고하다. **Bangnis** ['baŋnɪs], die; -se 〈아이〉불안, 걱정.
Bangsche Krankheit, die; -n, - 〔덴마크의 수의사인 B. Bang (1848~1932)에 따라서〕 〔의학〕 방씨병.
bängste: ↑bange 참조.
Bangui ['baŋɡi] 방기 (중앙 아프리카의 수도).
Bani: ↑²Ban 의 복수형.
Banjo ['banjo, 'bɛndʒo], das; -s, -s [engl.-amerik. banjo] 밴조.
Banjul ['bandʒʊl] 반줄 (잠비아의 수도).
¹Bank [baŋk], die; Bänke ['bɛŋkə] 1. 〈축소형: ↑Bänkchen〉벤치, 걸상, 긴의자: sich auf eine B. setzen 긴의자에 앉았다; **etwas auf die lange B. schieben** 《통용어》무엇을 미루다[연기하다]; **durch die B.** 《통용어》일률적으로, 예외[차별]없이; **vor leeren Bänken** 적은 청중[관중] 앞에서: sie spielten vor leeren Bänken 그들은 적은 관중 앞에서 공연했다; **vor leeren Bänken predigen** 아무도 듣지 않는 충고[설교]를 하다. 2. a) 선반, 대패질대 등등과 같은 여러 가지 작업대의 약칭. b) 뜀틀. 3. a) ↑Sandbank 의 약칭: nicht von einer B. loskommen 모래톱에서 빠져 나오지 못하다. b) 해저 위로 융기한 해양 동물의 퇴적물: hohe Bänke von Korallen 높은 산호 퇴적물. c) 긴 구름[안개]층. d) 〔지질〕(주변의 암석과 구별되는) 암석층. 4. 〔레슬링〕 패시브 자세. 5. (도박의) 밑천으로 준비한 돈.
²Bank [-], die; -en **1. a)** 은행(銀行): ein Konto bei der B. haben 은행과 거래하다, 은행에 구좌가 있다; Geld auf der B. (liegen) haben 은행에 예금이 있다. **b)** 은행 건물. **2.** 〔도박〕 선(先)이 거는 판돈: die B. halten [sprengen] 노름판의 선이 되다[선이 건 판돈을 다 따다].
¹Bank- (¹Bank 1): ~**lehne**, die 벤치의 등받이. ~**nachbar**, der 교실에서 같은 의자에 앉는 짝. ~**reihe**, die (교실의) 의자의 열.
bank-, **²Bank-** (²Bank): ~**angestellte***, der/die 은행원. ~**anweisung**, die 은행 수표. ~**auftrag**, der 은행 위탁(금전 거래를 대행하라는). ~**ausweis**, der 발권 은행의 통화와 금융 시장에 관한 정기적인 보고서. ~**beamte***, der 은행원. ~**betriebslehre**, die 《Pl. 없음》(대학의) 은행 경영학. ~**bruch**, der 〔고어〕 파산. ~**bürgschaft**, die 은행의 지급 보증. ~**direktor**, der 은행장. ~**einbruch**, der 은행(에의) 침입. ~**fach**, das 1. 《Pl. 없음》은행원의 특수 전문 분야. 2. 은행의 귀중품 금고. ~**fachmann**, der 은행 업무의 전문가. ~**fachwirt**, der 은행 업무를 전공하는 은행. ~**fähig** 〈Adj.〉 은행이 인수하는: ein -er Wechsel 은행이 인수하는 어음. ~**feiertag**, der [engl. bankholiday] 은행의 휴업일(공휴일이 아닌). ~**gebäude**, das ↑²Bank (1 b). ~**geheimnis**, das (고객과의 거래에서) 은행이 지켜야 할 비밀. ~**geschäft**, das 은행 업무. ~**gewerbe**, das 《Pl. 없음》금융업. ~**guthaben**, das 은행 예금 잔고. ~**halter**, der 〔도박〕 (판돈을 관리하는) 물주. ~**haus**, das ↑²Bank (1 b). ~**institut**, das ↑²Bank (1 a). ~**kaufmann**, der (전문 교육을 받은) 은행원. ~**konto**, das 은행구좌. ~**krach**, der 《경제 은어》은행의 파산. ~**kredit**, der 은행 대출금. ~**lehre**, die 《Pl. 없음》은행원의 직업 교육. ~**leitzahl**, die 은행 코드 번호. ~**note**, die [engl. bank-note] 은행권, 지폐. ~**rate**, die 발권 은행의 할인율. ~**raub**, der 은행 강도. ~**räuber**, der 은행 강도범. ~**safe**, der 《또한》 das 은행 금고. ~**scheck**, der (당좌) 수표. ~**tresen**, der 은행의 고객을 맞이하는 계산대. ~**überfall**, der 은행 습격. ~**überweisung**, die 은행을 통한 송금. ~**üblich** 〈Adj.〉 은행에서 통용되는. ~**verkehr**, der 은행 거래. ~**wesen**, das 《Pl. 없음》은행 업무, 은행 제도. ~**zins**, der 은행 이자.
Bankazinn, das; -(e)s [nach der indones. Insel Banka] 동(銅)에서 얻은 주석.
Bänkchen ['bɛŋkçən], das; -s ↑¹Bank (1) 참조.
bänkel-, Bänkel- [bɛŋk]: ~**lied**, das ↑Bänkelsängers 의 노래. ~**sang**, der; -(e)s ↑Bänkelsängers 의 노래부르기. ~**sänger**, der 1. 뻥쿨생어, 장돌뱅이 가인(歌人)(17, 18세기에 대목장에서 그림을 보여 주면서 진기한 내용을 노래하는). 2. 장돌뱅이 가인(식〔풍〕)의, ~**weise**, die 〈아이〉 ↑~lied.
banken ['baŋkn] 《다음 용법으로만》 **backen und b.** (↑³backen).
Banker ['baŋkɐ], der; -s, - 《통용어》 은행원, 은행 전문가.
bankerott [baŋkəˈrɔt] 《드물게》 ↑bankrott.
Bankert ['baŋkɐt], der; -s, -e 《준고어·폄》 사생아.
¹Bankett [banˈket], das; -(e)s, -e [ital. banchetto] 《아어》 향연, 연회: ein großes B. veranstalten 대향연을 개최하다; (für jmdn.) ein B. geben (누구를 위해) 향연을 베풀다.
²Bankett [-], das; -(e)s, -e, (또한) **Bankette** [-ə], die; -n [frz. banquette] 1. (차도 옆의 약간 높은) 보도, 노견(路肩). 2. 〔토목〕 건물 기초의 가장 아래 부분.
bankettieren [baŋkeˈtiːrən] 〈h〉 [ital. banchettare] (고어) 향연을 베풀다, 연회를 베풀다.
Bankier [banˈkieː], der; -s, -s [ital. banchiere] 은행 소유자, 은행가.
bankrott [baŋˈkrɔt] 〈Adj.〉 1. 지불 능력이 없는, 파산한: jmdn. [ein Unternehmen] b. machen 누구[기업]를 파산시키다; (sich) (für) b. erklären 파산 선언하다; **b. gehen** 파산[도산]하다. 2. 《통용어》돈이 없는: du machst mich noch b. 너는 나를 빈털털이로 만들겠구나. 3. 좌절한, 실패한, 절망한: wir mußten uns in dieser Frage b. erklären 우리는 이 문제에 있어서 더 이

상 어떻게 해 볼 수 없음을 자인하지 않을 수 없었다. **Bankrott** [-], der; -(e)s, -e [ital. banco rotto] **1.** 지불 불능, 파산, 도산: den B. erklären(anmelden) 파산을 선언하다(신청하다); betrügerischer B. [법] 사기 파산. **2. B. machen** 1) 파산(도산)하다. 2) 실패(좌절)하다: er hat mit seiner Politik B. gemacht 그는 그의 책략으로 파멸했다. **3.** 실패, 파멸, 좌절: hier wird der ganze B. unserer Zivilisation offenbar 여기에서 우리 문명의 전체적인 실패가 명백해진다. **Bankrotterklärung**, die **1.** 파산 선언. **2.** (자기 자신의) 실패(좌절)의 선언: Untätigkeit in solcher Lage würde eine B. bedeuten 그러한 입장에서 비활동은 실패 선언을 의미할 것이다. **Bankrotteur** [baŋkrɔ'tø:ɐ̯], der; -s, -e 파산자. **bankrottieren** [...'ti:rən] ⟨h⟩ [고어] 파산하다.

Bann [ban], der; -(e)s **1.** 《중세》 《교회》 공동체로부터의 파문(추방): den B. über jmdn. aussprechen 누구의 파문을 선언하다; Luther wurde mit dem B. belegt 루터는 파문당했다. **2.** 《아어》 마력, 매력, 읊아 매는 힘: den B. (des Schweigens) brechen (침묵의) 읊아 매는 힘을 깨뜨리다; sich aus dem B. einer Musik lösen 음악의 마력에서 자신을 풀어내다; das Spiel hielt ihn in B. 그 놀이가 그를 매혹하고 있다; die Welt stand unter dem B. der Ereignisse 세상은 그 사건에 매료되어 있었다; **jmdn. in seinen B. schlagen(ziehen)** 누구를 완전히 읊아 매다. **3.** (나치) 히틀러 유겐트의 연대(분단).

Bann- **~bruch**, der **1.** [법] 관세법 위반. **2.** 《역사적》 추방령 위반. **~bulle**, die 《역사적》《교황의》 파문장(破門狀). **~eid**, der 《역사적》 추방령 준수 서약. **~fluch**, der 《역사적》 저주를 곁들인 파문. **~gut**, das ↑~ware. **~herr**, der 《역사적》 사법권이 있는 영주. **~kreis**, der 영향권, 세력권: sich jmds. B. nicht entziehen können 누구의 영향권으로부터 벗어날 수 없다. **~meile**, die **1.** 1 마일의 보호 구역. **2.** 군중 집회가 금지되어 있는 국회 의사당이나 정부 청사 주변 지역. **~recht**, das (19세기까지) 어떤 지역 내에서 상품을 제조하고 판매할 권리. **~strahl**, der ↑~fluch. **~wald**, der (눈사태에 대비한) 보호 산림. **~ware**, die [경제] 수출(수입) 금지품, 밀수품. **~wart**, der 《schweiz.》 青少年과 산림 감시인.

bannen ['banən] ⟨h⟩ **1.** 파문하다, 추방하다: der Papst bannte den Kaiser 교황이 황제를 파문했다. **2.** 《아어》 **a)** 마력(매력)으로 사로잡다(홀리다, 그 자리에서 꼼짝 못하게 하다): das Ereignis bannte die Zuschauer (auf ihre Plätze) 그 사건이 관중들을 (좌석에서 꼼짝도 못하게) 사로잡았다; ein historisches Geschehen auf die Leinwand b. 역사적 사건을 화폭(화면)에 담다. **b)** 마력으로 쫓아내다: der Zauberer versuchte den bösen Geist zu b. 그 마술사는 악령을 쫓아내려고 시도했다; [전의] die Gefahr ist gebannt 위험이 사라졌다.

Banner ['banɐ], das; -s, - 군기, 정기(旌旗); [전의] das B. der Hoffnung erheben 《아어》 희망의 깃발을 높이 들다; **B. der Arbeit** (구동독의 훈장) 노동의 기. **Bannerträger**, der 기수; [전의] er ist B. der neuen Idee 《아어》 그는 새로운 사상의 기수다.

bannig ['baniç] ⟨Adv.⟩ 《nordd.》 특별히, 매우, 아주: ich habe mich b. gefreut 나는 매우 기뻐했다.

Banse ['banzə], die; -n (md., niederd.) 저장소(광의 곡식단을 위한 또는 정거장의 석탄을 위한). **bansen** ['banzn̩] ⟨h⟩ (md., niederd.) (곡식단을 광 속에) 쌓아 리다.

Bantam- ['bantam-]: **~gewicht**, das [engl. bantamweight] [중량 경기] **1.** 반탐급. **2.** 반탐급 선수. **~gewichtler** [...gəvıçtlɐ], der; -s, - 반탐급 선수. **~huhn**, das 당닭.

¹Bantu [bantu], der; -(s), -(s) 반투인. **²Bantu**, das; -(s) 반투어. **bantuisch** ⟨Adj.⟩ 반투인(족, 어)의. **Bantuneger**, der 반투인. **Bantusprache**, die 반투어.

Banus ['ba:nʊs], der; -, - ↑¹Ban의 병용형.

Baobab ['ba:obap], der; -s, -s [중앙 아프리카의 흑인어에서] 바오바브나무.

Baptismus [bap'tısmʊs], der; - [engl. baptism] 성인세례만을 허용하는 개신교의 교리, 침례교. **Baptist** [bap'tıst], der; -en, -en [engl. baptist] 침례교 교인. **Baptistengemeinde**, die 침례교단[구]. **Baptisterium** [baptıs'te:riʊm], das; -s, ...ien [...iən; lat. baptistērium] [기독교·예술] **1.** 세례반(洗禮盤). **2.** 세례당, 세례교, 침례교. **baptistisch** [bap'tıstıʃ] ⟨Adj.⟩ 침례교의.

¹bar [ba:ɐ̯] ⟨Adj.⟩ **1.** 현금(현찰)의(반대: unbar): wenn Sie b. bezahlen, bekommen Sie 3% Skonto 현금으로 지불하시면 3퍼센트의 할인을 받습니다; **in b.** 현금으로; **gegen b.** 현찰로: etw. nur gegen b. verkaufen 무엇을 현금으로만 판매하다. **2.** 《아어》 순수한, 명백한, 완전한: das ist -er Unsinn 그것은 완전히 무의미이다. **3.** 《고어》 (벌거)벗은, …이 없는: seine Füße waren b. 그의 발은 맨발이었다; **einer Sache b. sein** 《아어》 무엇이 없다, 무엇을 가지고 있지 않다.

²bar = **²Bar**.

¹Bar [-], die; -s [engl. bar] **1. a)** 바, 술집: in einer B. sitzen 바에 앉아 있다. **b)** (호텔 등의) 바와 비슷한 공간. **2.** (바의) 스탠드.

²Bar [-], das; -s, -s [griech. báros] 바(기압의 단위) (기호: bar, b).

³Bar [-], der; -(e)s, -e ↑Meistergesang의 규칙적으로 지어진 여러 절의 노래.

bar-, ¹Bar- (bar 1, 3): **~bestand**, der 현금 잔고. **~betrag**, der 현금. **~brüstig** [-brystıç] ⟨Adj.⟩ 가슴을 노출시킨. **~busig** [-bu:zıç] ⟨Adj.⟩ 젖가슴을 노출시킨. **~freimachung**, die 우편 요금 별납. **~frost**, der 눈이 오지 않는 (강)추위. **~fuß** ⟨Adv.⟩ 맨발로, 신이나 양말을 신지 않고: b. gehen 맨발로 걷다. **~fuß** ⟨통용어·농⟩ 맨발. **~fußarzt**, der (중국의) 시골에서 의사 일을 보는 의료 보조인. **~füßer**, der; -s, - (성 프란체스코파나 카프틴파과 같이) 맨발로 다니는 수도사. **~füßig** [-fy:sıç] ⟨Adj.⟩ ↑~fuß ⟨Adv.⟩. **~füßler** [-fy:slɐ], der; -s, - ↑~füßer. **~geld**, das 현금, 현찰. **~geldlos** ⟨Adj.⟩ 현금을 사용하지 않는. **~geschäft**, das [상] 현금 거래. **~haupt** ⟨Adv.⟩ 《아어》 모자를 쓰지 않고: er betritt b. die Kirche 그는 모자를 쓰지 않고 교회에 들어간다. **~häuptig** [-hɔyptıç] ⟨Adj.⟩ 《아어》 ↑~haupt. **~kauf**, der [상] 현금 구입 (購入). **~lohn**, der 현금 지급 임금. **~mittel** ⟨Pl.⟩ 현금. **~scheck**, der 현금 지불 어음(수표). **~sortiment**, das 서적 도매업. **~vermögen**, das ↑~mittel. **~zahlung**, die 구매 대금의 즉시 지불(상품을 넘겨 줄 때).

²Bar- (¹Bar): **~dame**, die 바의 여급. **~frau**, die 《통용》 ↑~dame. **~hocker**, der 바에서 사용되는 높은 의자. **~keeper** [-ki:pɐ], der; -s, - [engl. barkeeper] 바 주인, 바텐더. **~mädchen**, das ↑~frau. **~mann**, der ↑~keeper. **~mixer**, der 바텐더.

¹Bär [bɛ:ɐ̯], der; -en, -en (축소형: ↑Bärchen) 곰: [전의] er ist ein richtiger B. 《통용어》 그는 정말 곰 같은 사람이다; **der Große B., der Kleine B.** 큰곰, 작은곰(별자리); **wie ein B.** 《통용어》 대단히: hungrig sein(stark sein) wie ein B. 대단히 배고프다(힘이 세다); schlafen wie ein B. 아주 깊은 잠을 자다; **jmdm. einen ~en aufbinden** 《통용어》 누구에게 거짓말을 믿도록 허풍떨다. **²Bär**, der; -en, -en 《전문어》-e [토목] 말뚝 박는 데 쓰는 큰 망치.

bär-, Bär- (↑bären-, Bären-도 참조): **~beißig** [-baisɪç] ⟨Adj.⟩ 난폭한: sein Gesicht nahm einen -en Ausdruck an 그의 얼굴은 난폭한 표정을 지었다. **~beißigkeit**, die ↑~beißig의 명사형. **~lapp** [-lap] der; -s, -e 석송(石松). **~tierchen**, das [동물] 완보류(緩步類).

Baraber [ba'ra:bɐ], der; -s, - [entstellt aus ital. parlare] (österr. · 폄) 건설 노동자: die B. schwitzen unter ihren Lasten 건설 노동자들이 짐을 지고 땀을 흘린다. **barabern** [ba'ra:bɐn] ⟨h⟩ (österr. · 통용어) 1. 막 노동하다. 2. 심하게 노동하다.

Baracke [ba'rakə], die; -n [frz. baraque < span. barácca] 바라크, 판잣집, 가건물, 가병사(假兵舍): in einer B. hausen 목조 임시 건물에 묵다. **Barackenlager**, das 바라크로 된 임시 수용소. **Barackensiedlung**, die 바라크 마을 (부락). **Barackler** [ba'raklɐ], der; -s, - 바라크 마을 주민.

Baratt [ba'rat], der; -(e)s [ital. baratto] [상] 상품의 교환. **Baratthandel**, der; -s ↑Tauschhandel. **barattieren** [bara'ti:rən] ⟨h⟩ 물물 교환하다.

Barbadier [bar'ba:diɐ], der; -s, - 바바도스의 주민. **barbadisch** [bar'ba:dɪʃ] ⟨Adj.⟩ 바바도스의. **Barbados** [bar'ba:dɔs, (engl.) ba:'beɪdoʊz] 바바도스(소 서인도 제도 동쪽의 섬 국가).

Barbar [bar'ba:ɐ̯], der; -en, -en [lat. barbarus < griech. bárbaros] (폄) 1. 야만인, 미개인: -en haben den Friedhof verwüstet 야만인들이 묘지를 황폐화시켰다. 2. (특정 분야의) 문외한. 3. (역사적) 비 그리스 인: die Griechen nannten die Angehörigen anderer Völker -en 그리스 인들은 다른 민족들을 오랑캐(야만인)라 불렀다.

Barbarazweig ['barbara-], der; -(e)s, -e ⟨대개 Pl.⟩ 바르바라 축제일(12월 4일)에 꽃병에 꽂아 크리스마스 때에 꽃피게 하는 벚나무나 개나리 가지.

Barbarei [barba'raɪ], die; -en [lat. barbaria] 1. 조야, 비인간성, 잔인, 잔혹 행위. 2. 야만, 미개: in die B. zurücksinken 야만 상태로 후퇴하다. **Barbarin** [bar'ba:rɪn], die; -nen ↑Barbar (3)의 여성형. **barbarisch** [bar'ba:rɪʃ] ⟨Adj.⟩ 1. 비인간적인, 조야한, 잔인한: -e Strafen 비인간적인 형벌; er wurde b. gefoltert 그는 잔인하게 고문당했다. 2. 미개한, 교양없는, 야만의: zu einer Zeit, als das nördliche Europa noch -es Land war 북 유럽이 아직 미개한 나라였던 시대에. 3. (폄) 아름답지 않은, 미적 감각이 없는. 4. **a)** 매우 심한, 엄청난: das war ja eine -e Hetze 그것은 정말 큰 무리였다. **b)** 대단히, 매우, 몹시: wir haben b. gefroren 우리는 대단히 떨었다. 5. (통용어) 비 그리스 어의, 오랑캐의. **Barbarismus** [barba'rɪsmʊs], der; -, ..men [lat. barbarismus < griech. barbarismós] 1. [언어] **a)** 고전 라틴 어나 그리스 어가 받아들인 외국어의 표현. **b)** 현저한 (른) 언어적 오류(실수). 2. [미술·음악] 현대 미술이나 음악에서의 원시적인 표현 형식의 사용.

¹**Barbe** ['barbə], die; -n [spät mdal. barbe (屬)]. ²**Barbe** [-], die; -n [frz. barbe] (옛) 여자용 모자의 레이스 장식.

Barbecue ['ba:bɪkju:], das; -(s), -s [amerik. barbecue] 1. (소나 돼지의 통구이가 나오는) 옥외 파티, 바베큐 파티. 2. **a)** 바베큐 석쇠. **b)** 바베큐 석쇠에서 구어진 고기.

Barbier [bar'bi:ɐ̯], der; -s, -e ⟨고어·농⟩ 이발사. **barbieren** [bar'bi:rən] ⟨h⟩ ⟨고어·농⟩ 면도하다: er ließ sich genußvoll b. 그는 즐기면서 (이발소에서) 면도했다.

Barbiturat [barbitu'ra:t], das; -s, -e [약학] 바르비투르산 제제(진정제, 수면제로 쓰임). **Barbitursäure** [barbi'tu:ɐ̯-], die [약학] 바르비투르 산(수면제 재료).

Barbuda [(engl.) ba:'bu:də] ↑Antigua.

barbusig ⟨Adj.⟩ 젖가슴을 드러낸.

Barcelona [bartse'lo:na, barse...; (span.) barθe'lona] 바르셀로나.

Bärchen ['bɛːɐ̯çən], das; -s, - ↑Bär의 축소형.

Barchent ['barçn̩t], der; -s, -e 능직 무명의 일종: ein Nachthemd aus B. 면 프란넬로 만든 잠옷.

bardauz [bar'daʊts] ↑pardauz.

¹**Barde** ['bardə], die; -n [frz. barde < span. albarda] [요리] 조류(鳥類)를 구울 때 얇은 베이컨 조각.

²**Barde** [-], der; -n, -n [frz. barde] 1. 《역사적》(켈트족) 영웅 서사시의 가수와 시인. 2. **a)** (반어적) 시인. **b)** 시대(사회) 비판적인 자작시를 자신의 기타 반주로 노래하는 시인. **Bardentum**, das; -s ↑Barde의 성향[기질, 본질].

bardieren [bar'di:rən] ⟨h⟩ [요리] (조류를) 얇은 베이컨 조각으로 싸다.

Bardiet [bar'di:t], das; -(e)s, -e 고대 게르만인이 전투하기 전에 외치는 함성. **Barditus** [bar'di:tʊs], der; -, - ↑ Bardiet의 라틴어형.

¹**bären-, Bären-** ['bɛːrən-] (↑bär-, Bär-도 참조): **~beißer**, der 곰사냥에 사용되는 큰 개. **~dienst**, der 《다음 용법으로》 jmdm. einen B. erweisen (leisten) 누구에게 호의를 베풀려다 오히려 피해를 주다. **~dreck**, der (südd., österr. · 통용어) 감초 사탕. **~fang**, der 벌꿀 술. **~fell**, das 곰의 (털)가죽. **~führer**, der 1. (옛) 곰의 재주를 보여 주는 사람. 2. (통용어·농) 관광(여행) 안내인: den B. für jmdn. spielen 누구를 위하여 관광 안내인의 역할을 하다. **~hatz**, die ↑~jagd. **~haut**, die ↑~fell: **auf der B. liegen** (통용어·폄) 게으름피우다. **~häuter** [...hɔʏtɐ], der 1. 곰. 2. (고어) 게으름뱅이. **~jagd**, die 곰 사냥. **~klau** [...klaʊ], die; -, (또는) der; -s, - 1. 어수리, 아칸더스. 2. 다년생 산형과 식물. **~lauch**, der 야생마늘의 일종. **~tatze**, die 1. 곰의 앞발. 2. **~klau** (2). **~traube**, die 철쭉과의 상록 관목. **~traubenblättertee**, der 철쭉과의 상록 관목 잎으로 만든 차(茶). **~zwinger**, der 곰 우리.

²**bären-, Bären-** (통용어) 대단히 크고 강한: **~gesundheit**, die 대단한 건강. **~hunger**, der 대단한 굶주림, 엄청난 식욕. **~kälte**, die 심한 추위. **~kraft**, die ⟨대개 Pl.⟩ 굉장한 힘. **~natur**, die (통용어) 엄청나게 강한 (신체적인) 저항력. **~ruhe**, die 대단한 침착성. **~ruhig** ⟨Adj.⟩ 매우 차분한(침착한, 평온한). **~stark** ⟨Adj.⟩ (신체적으로) 대단히 강한(힘센).

Bärenzucker, der (österr.) 감초(甘草).

bärenhaft ⟨Adj.⟩ 강한, (곰처럼) 둔중한, 서투른.

Barett [ba'ret], das; -(e)s, -e, ⟨드물게⟩ -s [lat. barretum, birretum] 챙이 없는 편편한 모자(판사, 교수 등의 제복).

barg [bark], **bärge** ['bɛrgə] ↑bergen 참조.

Baribal ['ba:ribal], der; -s, -s 특히 북 아메리카의 검은 곰.

bärig ['bɛːrɪç] ⟨Adj.⟩ 1. 《지역어》 곰 같은, 강한, 억센, 중한. 2. 이상한, 비범한, 강력한, 혹독한. **Bärin** ['bɛːrɪn], die; -nen ↑Bär의 여성형.

barisch ['ba:rɪʃ] ⟨Adj.⟩ [기상] 기압에 의한, 기압의: das -e Windgesetz 공기가 기압이 높은 데서 낮은 데로 움직이는 법칙.

Bariton [ba(:)riton], der; -s, -e [...o:nə; ital. baritono] [음악] 1. 바리톤. 2. ⟨Pl. 없음⟩ 성악곡 중의 바리톤 독창 부분. 3. 바리톤 가수.

Bariton-: **~partie**, die 성악곡 중의 바리톤 부분. **~schlüssel**, der 악보의 중앙선에 있는 F-음표 기호. **~stimme**, die ↑Bariton (1).

baritonal [barito'naːl] 〈Adj.〉 바리톤 (음역[음색])의. **Baritonist**, der; -en, -en 《드물게》 바리톤 가수.
Barium ['baːrium], das; -s 바륨(기호: Ba). **Bariumsulfat**, das 〈Pl. 없음〉 황산 바륨.
Bark [bark], die; -en [niederl. 《또는》 engl. bark] 돛대가 셋 내지 넷인] 범선. **¹Barkarole** [barka'roːlə], die; -n [ital. barcarola] 1. 바르카롤라(곤돌라의 뱃노래). 2. 옛날 지중해에서 사용된 노를 젓는 배.
²Barkarole [-], die; -n, -n 《드물게》 곤돌라의 뱃사공. **Barkasse** [bar'kasə], die; -n [niederl. barkas, frz. barcasse] 1. 전함에 실려 있는 가장 큰 함재정(艦載艇). 2. 큰 모터보트. **Barke** ['barkə], die; -n 돛대가 없는 작은 배, 편주. **Barkerole** [barkə'roːlə], die; -n 《드물게》 ↑Barkarole.
Bärlapp: ↑bär-, Bär- 참조.
Bärme ['bɛrmə], die [niederd. berme, barm] [nordd.] 효모, 이스트.
barmen ['barmən] 〈h〉 1. [지역적·고어] 연민의 정을 느끼게 하다: die frierenden Kinder barmten ihn 그는 추위에 떠는 아이들을 불쌍히 여겼다. 2. [nordd.·쾸] 한탄(비탄)하다: die Frau barmte um das Kind 그 여자는 어린아이 때문에 슬퍼했다. **barmherzig** [barm'hɛrtsɪç] 〈Adj.〉 〈아이〉 자비로운, 가엾게 여기는, 자선의: eine -e Lüge 선의의 거짓말; -er Gott! (갑작스러운 두려움이나 놀라움에서 외침) 아 하느님 !; Selig sind die Barmherzigen, denn sie werden Barmherzigkeit erlangen 긍휼히 여기는 자는 복이 있나니 저희가 긍휼히 여김을 받을 것임이라 (마태복음 5장 7절). **Barmherzigkeit**, die 〈Pl. 없음〉 〈아이〉 자비, 자선.
Barmusik, die 〈Pl. 없음〉 (흔히 바에서 들을 수 있는) 경음악.
Barnabit [barna'biːt, 《또한》 ...'bɪt], der; -en, -en 1530년에 세워진 가톨릭 남자수도단원의 회원.
baro-, Baro- [baro-]: ~**gramm**, das [기상] 기압계로 측정한 기록. ~**graph**, der [기상] 자기(自記) 기압계. ~**meter**, das [engl. barometer] 기압계, 청우계(晴雨計): das B. steigt(fällt) 기압계의 눈금이 올라간다(내려간다); das B. steht auf Sturm 일촉즉발의 긴장 상태이다. ~**meterstand**, der 기압계의 눈금이 가리키고 있는 상태. ~**metrie**, die 기압 측정. ~**metrisch** 〈Adj.〉 기압계의: -es Maximum 가장 높은 기압의 상태.
barock [ba'rɔk] 〈Adj.〉 [frz. baroque] 1. a) 바로크 스타일의, 바로크 스타일로부터 유래된: ein -er Bau 바로크 스타일의 건축. b) 과대한, 과장된: eine -e Ausdrucksweise 바로크적인(과장된) 표현 방법. 2. 이상한, 기묘한, 기괴한. **Barock** [-], das 《또는》 der; -(s) 《마》 바로크 양식(17~18세기)의: das Zeitalter des -(s) 바로크의 시대. b) 바로크 시대: die Literatur im B. 바로크 시대의 문학.
Barock-: ~**altar**, der 바로크 시대(풍)의 제단. ~**bau**, der 〈Pl. -bauten〉 바로크 스타일의 건축물. ~**dichtung**, die 바로크 시대의 문학. ~**kirche**, die 바로크 시대(풍)의 교회. ~**kunst**, die 〈Pl. 없음〉 바로크 시대의 예술. ~**malerei**, die 바로크 시대(풍)의 회화. ~**musik**, die 바로크 시대의 음악. ~**perle**, die 《마》 찌그러진 진주. ~**stil**, der 바로크의 (건축) 양식. ~**theater**, das a) 바로크 시대의 무대 예술. b) 바로크 시대에서 유래한 극장 건물. ~**zeit**, die 〈Pl. 없음〉 바로크의 시대. ~**zeitalter**, das 〈Pl. 없음〉 ↑Barock 1).
Baron [ba'roːn], der; -s, -e [frz. baron] 1. 〈Pl. 없음〉 남작(Freiherr). 2. 〈Pl. 없음〉 남작(男爵)에 대한 호칭. 3. 남작위의 소유자. **Baronat** [baro'naːt], das; -(e)s, -e ↑Baronie. **Baroneß, Baronesse** [baro'nɛs(ə)], die; ...essen [frz. baronnesse, barnesse] a) 남작의 딸. b) 〈관사 없음〉 남작 딸에 대한 호칭. **Baronet** ['barɔnɛt], der; -s, -s [engl. baronet] 1. 남작과 기사(Knight) 사이에 있는 영국의 작위. 2. 배러니트 작위의 소유자. **Baronie** [baro'niː], die; -n [...iːən; frz. baronnie] 1. 남작의 작위. 2. 남작의 영지. **Baronin** [ba'roːnɪn], die; -nen ↑Baron의 여성형. **baronisieren** [baroni'ziːrən] 〈h〉 남작의 계급으로 승진시키다.
Barrakuda [bara'kuːda], der; -s, -s [span. barracuda] 꼬치고기의 일종(Pfeilhecht).
Barras ['baras], der; - [나폴레옹의 군수물자 공급자인 Barras 백작에 따라서 혹은 유대의 baras = 둥글 넓적한 빵에 따라서] 군대.
Barre ['barə], die; -n 1. 〈고어〉 평행 장대로 된 횡목(橫木), 난간. 2. (강 어귀에 있는) 사주(砂洲).
Barrel ['bɛrəl, 《engl.》 'bærəl], das; -s [engl. barrel] (영국, 미국의 액체 단위) 배럴(약 160리터), 큰 통.
¹Barren ['barən], der; -s, - 1. (막대기 형태의) 귀금속: ein B. Gold 금괴(金塊), 금봉(金棒). 2. [스포츠] 평행봉. **Barrengold**, das 금괴, 금봉(金棒). **Barrensilber**, das 은괴(銀塊), 은봉(銀棒).
²Barren [-], der; -s, - 〈süddt., österr.〉 〈소의〉 구유.
Barriere [ba'rieːrə], die; -n [frz. barrière] 횡목(橫木), 차단봉, 빗장: eine B. errichten 차단봉을 설치하다, 격리 부수다.
Barrikade [bari'kaːdə], die; -n [frz. barricade] 바리케이드, 방책(防柵): eine B. aus Sandsäcken und Stacheldraht 모래주머니와 가시철망으로 된 바리케이드; **auf die -n gehen(steigen)** 〈통용어〉 격렬하게 반대 〔항의〕하다: für der Gleichberechtigung der Frauen auf die -n steigen 여성 평등권을 위해서 궐기하다. **Barrikadenkampf**, der 바리케이드 전(戰).
Barrister ['bɛrɪstɐ, 《engl.》 'bærɪstə], der; -s, - [engl. barrister] 영국 고등 법원의 변호사.
barsch [barʃ] 〈Adj.〉 [niederd. barsch] 거친(rauh), 조야한, 무뚝뚝한: -e Worte 무뚝뚝한 말.
Barsch [barʃ], der; -(e)s, -e 농어류.
Barschaft ['baːʀʃaft], die; -en 현금(의 전부), 보유 현금액: ihre ganze B. bestand aus zehn Mark 그녀의 전체 보유 현금은 10마르크였다; es auf jmds. B. abgesehen haben 누구의 현금을 노렸다.
Barschheit, die; -en **a)** 〈Pl. 없음〉 조야함, 무뚝뚝함. **b)** 무뚝뚝한[불친절한] 언사.
Barsoi [bar'zɔy], der; -s, -s [russ. borsoi] (러시아 원산의) 큰 사냥개.
barst [barst], **bärste** ['bɛrstə] ↑bersten 참조.
Bart [baːʀt], der; -(e)s, Bärte ['bɛːʀtə] 1. 〈축소형: ↑Bärtchen〉 **a)** (남자의 뺨, 아래턱, 코 밑의) 수염: ich lasse mir einen B. wachsen 나는 수염을 기른다; (통용어) **der B. ist ab** 이제는 끝이다, 그것으로 충분하다 !; **jmdm. Honig um den B. schmieren** 누구에게 달콤한 말로 아첨하다; **sich den B. streichen** 수염을 쓰다듬으며 만족감을 표시하다; **etwas hat (so) einen B.** (쾸) 벌써 얼마 되었다는 것이다; **bei seinem -e(beim -e des Propheten) schwören** 《농》 엄숙하게 맹세하다; **etw. in seinen B. (hinein) brummen(murmeln)** 무엇을 (불만족하거나 언짢아서) 혼자 투덜거리다; **jmdm. um den B. gehen** 누구에게 아첨하다. **b)** (고양이, 쥐들의) 수염: der B. der Katze 고양이의 수염. **c)** 수염 비슷한 것: der B. eines Kometen 살별의 꼬리. 2. 열쇠의 걸림쇠: der B. ist abgebrochen 열쇠의 걸림쇠가 부러졌다.
bart-, Bart-: ~**affe**, der 수염원숭이. ~**anflug**, der 〈Pl. 없음〉 솜털수염. ~**aufwickelmaschine**, die [대단히 오래 되었기에 수염이 나도 아주 길게 나서 그 거주장

스러운 수염을 칭칭 감아 올려야 할 정도라는 농담조의 비유에서) 매우 오래 된[낡은] 것을 처치하는 기구: die Witze der prominenten Senioren bedurften der B. 나이 지긋한 저명인사들의 재담들은 싹 쓸어내어 버릴 빗자루가 필요할 정도로 시대에 뒤떨어진 것이었다. ~**binde**, die 《옛》 콧수염을 직각으로 위로 향하게 하는 띠. ~**fäden** 〈Pl.〉 ↑Barteln. ~**flaum**, der 솜털수염. ~**flechte**, die 1. 소나무겨우살이(松蘿). 2. 모창(毛瘡). ~**geier**, der ↑Lämmergeier. ~**gras**, das 쇠품. ~**grundel**, die ↑Schmerle. ~**haar**, das 수염의 털. ~**los** 〈Adj.〉 수염이 없는. ~**losigkeit**, die 수염이 없음. ~**nelke**, die 아메리카 패랭이꽃. ~**schaber**, der 《경》↑Barbier. ~**scherer**, der 《경》↑Barbier. ~**stoppel**, die 《대개 Pl.》《통용어》수염의 그루터기, (면도하고 난 뒤의) 턱수염 자국. ~**tracht**, die 수염의 스타일. ~**träger**, der 수염을 기른 사람. ~**wichse**, die 《옛》 수염에 바르는 포마드. ~**wisch**, der 《bayr. österr.》 청소용 비, 먼지 터는 솔. ~**wuchs**, der 수염의 생장. ~**zottel**, die 《대개 Pl.》 덥수룩한 수염.
Bärtchen ['bɛːɐ̯tçən], das; -s, - ↑Bart (1)의 축소형.
¹**Barte** ['bartə], die; -n 《고어》 넓은 손도끼, (무기로서의)
²**Barte** [-], die; -n 고래 수염.
Bartel ['bartl̩, (poln.) 'bartεl], die; -n 《대개 Pl.》 ↑Barteln.
Barteln ['bartl̩n] 〈Pl.〉 [↑Bart (1)] (물고기의) 수염, 촉수(觸鬚).
Bartenwal ['bartn̩-], der; -(e)s, -e 수염고래.
Barterl ['bartεrl], das; -s, -(n) [↑Bart (1)] 《bayr., österr.·통용어》 어린아이 턱받이.
Barthel ['bartl̩] 《다음의 용법으로》 **wissen, wo B. (den) Most holt**《통용어》 이것저것[모든 술책]을 다 알고 있다, 모든 책략[간계]을 알다.
bärtig ['bɛːɐ̯tɪç] 〈Adj.〉 수염을 기르고 있는, 면도를 하지 않은. **Bärtigkeit**, die 수염을 기르고 있는[면도를 하지 않은] 상태.
Barutsche [ba'rʊtʃə], die; -n [ital. baroccio, biroccio < lat. birota] 2륜 마차.
bary-, Bary- [bary-; griech. barýs]: ~**sphäre**, die 【지질】 지구의 가장 깊은 내부, 중권(重圈). ~**zentrisch** 〈Adj.〉 중심(重心)의. ~**zentrum**, das 【물리】 중심(重心).
Baryon, das; -s, …onen [griech. barýs] 【핵물리】 중립자(重粒子).
Baryt [ba'ryːt, …ryt], der; -(e)s, -e [griech. barýs] 중정석(重晶石). **Baryton** ['baːrytɔn], das; -s, -e Viola d'amore와 비슷한 18세기의 현악기. **Barytonese** [baryto'neːzə], die; -n [griech. barytónēsis] 낱말 끝에서 앞쪽 음절로 악센트가 옮겨짐(예컨대: 그리스어 Themistoklḗs가 라틴어 Themístocles로 바뀌는 현상).
Barytpapier, das 【사진】 (인화지 등에 쓰이는) 바리타지(紙).
basal [ba'zaːl] 〈Adj.〉 1. 기저(基底)의, 기초의. 2. **a)** 【의학】 어떤 기관(器官)의 저면에 놓여 있는. **b)** 【지질】 기반(基盤)의. **Basaltemperatur**, die 【의학】 기초 체온.
Basalt [ba'zalt], der; -(e)s, -e [lat. basaltēs] 현무암(玄武岩).
basalt-, Basalt-: ~**block**, der 〈Pl. -blöcke〉 현무암 덩어리. ~**haltig** 〈Adj.〉 현무암을 함유하고 있는. ~**stele**, die (현무암으로 된) 석비(石碑), 석주(石柱). ~**tuff**, der 현무암을 함유하고 있는 응회암.
basalten [ba'zaltn̩] 〈Adj.〉 현무암으로 만들어진: eine -e Stele 현무암의 석비. **basaltig** [ba'zaltɪç], **basaltisch** [ba'zaltɪʃ] 〈Adj.〉 ↑basalten.
Basar, Bazar [ba'zaːɐ̯], der; -s, -e 1. (중근동 여러 나라 도시의) 가두시장(街頭市場). 2. **a)** 자선 바자. **b)** 《(구동독)》 상점가(商店街), 판매소.
Bäschen ['bɛːsçən], das; -s, - ↑¹Base의 축소형.
Baschkire [baʃ'kiːrə], der; -n, -n: 터키 타타르 종족, 바슈키르 사람. **Baschkirien** [baʃ'kiːriən], -s 구소련의 바슈키르 자치 공화국. **baschkirisch** [baʃ'kiːrɪʃ] 〈Adj.〉 바슈키르 사람의.
Baschlik ['baʃlɪk], der; -s, -s [russ. baschlyk < tat. baschlyk] 코카시아인의 양털모자.
¹**Base** ['baːzə], die; -n 《축소형: ↑Bäschen》 1. 《고어》 종자매. 2. 《schweiz.》 아주머니.
²**Base** [-], die; -n 【화학】 염기(塩基).
³**Base** [beɪs], das; -, -s ['beɪzɪz; engl.-amerik. base] (야구 경기장의) 루(壘).
Baseball ['-bɔːl], der; -s [engl.-amerik. baseball] 야구(野球). **Baseballer**, der; -s, - 야구선수.
Basedow ['baːzədo], der; -s ↑Basedow-Krankheit (바제도씨병)의 축소형. **Basedowsche Krankheit** [-ʃə-], die; -n - [K. von Basedow (1799~1854)에 따라] 바제도씨 병.
Basel ['baːzl̩] 바젤(스위스의 도시 및 주(州)). **Baselbiet** ['baːzl̩biːt], das; -s ↑Basel-Land. ¹,²**Baseler** ['baːzl̩ɐ]: 바젤의 주민(↑ ¹,²Basler). **Basel-Land** [baːzl̩'lant] **Baselland schaft** (바젤란트, 스위스의 반주(半州))의 줄임. **basellandschaftlich** 〈Adj.〉 바젤주의, 바젤풍의. **Basel-Stadt** [baːzl̩'ʃtat] 바젤 시(市). **baselstädtisch** 〈Adj.〉 바젤 시의.
Basen: ↑Basis, ¹Base, ²Base의 복수형.
basieren [ba'ziːrən] 〈h〉 《교양어》 1. …에 토대를 두다, 근거하다: der Text basiert auf dem Vergleich einer großen Anzahl von Abschriften 그 텍스트는 수많은 사본들의 비교에 근거하고 있다. 2. … 에 기초하다, … 의 기초를 세우다: wir haben unsere Pläne auf die Tatsache basiert, daß … 우리는 …한 사실에 기초하여 우리의 계획을 세웠다.
Basilianer [bazi'liaːnɐ], der; -s, - [그리스의 교부 Basilius dem Großen(330~379)에 따라서] 성 바실리우스 교단의 수도사.
Basilie [ba'ziːliə], die; -n [그리스어 basíleia = 여왕, (Basilikum과 비교하라)에서 중세 라틴어 basilia와 중세 독어 basilie가 됨] ↑Basilikum의 드문 형. **Basilienkraut**, das ↑Basilikum. **Basilika** [ba'ziːlika], die; …ken [lat. basilica] 【예술】 1. 초기 기독교 시대의 교회. 2. 초기 교회 양식으로 천정이 높은 중랑(中廊)을 가진 교회당. **basilikal** [bazili'kaːl] 〈Adj.〉 바실리카 회당(會堂)풍의. **Basilikum** [ba'ziːlikʊm], das; -s, -s/…ken 나륵(羅勒). **Basilisk** [bazi'lɪsk] der; -en, -en 1. (사람을 노려봄으로써 죽인다고 하는 고대의) 전설의 뱀. 2. 바실리스코 도마뱀. **Basiliskenblick**, der 독살의 시선. **Basiliskenei**, das 나쁜 의도로 주어지는 선물.
Basis ['baːzɪs], die; Basen [lat. basis < griech. básis] 1. 《교양어》 기초, 토대, 기반: eine solide B. bilden 견고한 기반을 만들다; auf einer festen B. ruhen 확고한 토대에 근거하다. 2. 【건축·기술】 (기둥의) 대, 받침, 주각(柱脚), 기초 공사: die Säule hat eine große B. 그 기둥은 큰 주각을 가지고 있다. 3. 【수학】 **a)** 밑변. **b)** 밑면. **c)** (자수이나 대수(對數)의) 밑수(底數). 4. 【식물】 (식물의) 뿌리 부분. 5. 【군】 기지: neue Basen für Bomber schaffen 폭격기들을 위한 새 기지를 만든다. 6. 【마르크스주의】 **a)** 하부 구조(下部構造): B. und Überbau 하부 구조와 상부 구조. **b)** (사회의) 저변, 기층(基層) 민중, 정당이 목표하는 대중: an der B. arbeiten 저변에서 (노동자로서) 일하다.
Basis-: ~**aktion**, die 【마르크스주의】 기층 민중을 목표로 하는 행동. ~**arbeit**, die 〈Pl. 없음〉 일반 대중을 상대

로 하는 작업(공작). **~demokratie**, die 〈Pl. 없음〉 풀뿌리(민중) 민주주의. **~demokratisch** 〈Adj.〉 **a)** 민중 민주의. **b)** 민중 민주주의를 토대로 하여 성립된. **~fraktur**, die 〖의학〗 두개저 골절(頭蓋底骨折). **~gruppe**, die 〖좌익 학생의〗 민중 운동 그룹. **~kurs**, der 〖증권〗 기본 시세. **~lager**, das 〈등산 탐험대의〉 베이스 캠프. **~stein**, der 받침대로서의 주각(柱脚): die -e der Figuren 상(像)의 주각. **~winkel**, der 〖수학〗 이등변 삼각형의 밑각. **~wort**, das 〈Pl. -wörter〉 〖언어〗 기저어(基底語) (예컨대: "unmenschlich" 속의 "Mensch").

basisch [ˈbaːzɪʃ] 〈Adj.〉 -e Anilinfarben 염기성의 아닐린 염료. **Basizität** [bazitsiˈtɛːt], die **1.** 염기를 형성할 수 있는 능력. **2.** 염기도(塩基度).

Baske [ˈbaskə], der; -n, -n 바스크 사람. **Baskenland**, das 〈Pl. 없음〉 스페인 북부의 바스카야만 지역. **Baskenmütze** [ˈbaskn̩-], die; -n [Biscaya 만 주위의 종족 바스크 인들이 쓰던 두건] 편편하고 챙 없는 털모자.

Basketball [ˈbaː(t)skɛtbal] 〈Pl.〉 〖구기〗 **1.** der 〈또는〉 das; -s 농구. **2.** der; -(e)s, -bälle 농구 공. **Basketballer** [-balɐ], der; -s, - 농구 선수, 농구하는 사람.

Baskin, die; -nen ↑Baske의 여성형. **Baskisch** 〈Adj.〉 바스크 사람의. **Baskisch**, das; -(s) 바스크 어. **Baskische***, das; -n 〈오직 정관사와 함께〉 일반적인 바스크어.

Basküle [basˈkyːlə], die; -n [frz. bascule] **1.** (말이 뛰어오를 때 볼록하게 궁형을 이룬) 말등의 능선. **2.** (손잡이를 통해서 빗장이나 위, 아래로 찔러지는) 출입문이나 창문의 자물쇠. **Basküleverschluß**, der ↑Basküle (2).

¹Basler [ˈbaːzlɐ] (schweiz.), **Baseler**, der; -s, - 바젤 사람. **²Basler** (schweiz.), **Baseler** 〈Adj.; 격변화 없음〉 바젤 사람의. **baslerisch** 〈Adj.〉 바젤 사람의.

Basrelief [ˈbaː-], das; -s, -s / -e [frz. bas-relief] 얕은 양각(陽刻), 평면 위로 약간 튀어나온 조각.

baß [bas; 〈mhd.〉 baʒ] 〈다음용법으로〉 **b. erstaunt [verwundert] sein(sich b. (ver) wundern)** 《고풍》 대단히 놀라다.

Baß [-], der; Basses, Bässe [ˈbɛsə; ital. basso; Basgeige의 약칭] 〖음악〗 **1. a)** 남성(男聲)의 저음, 베이스, 저음부. **b)** 〈Pl. 없음〉 (합창에서의) 베이스 파트. **2.** 〈Pl. 없음〉 **a)** (악곡에서의) 베이스 파트: in einem Oratorium den B. singen 오라토리오에서 베이스 부분을 부르다. **b)** (합창곡에서의) 베이스 음부. **3.** 베이스 목소리의 가수, 저음 가수: die Oper hat einen ausgezeichneten B. 그 오페라에는 탁월한 베이스 가수가 있다. **4. a)** 콘트라베이스. **b)** 〈대개 Pl.〉 오르간이나 오케스트라의 최저음들의 울림.

Baß-: **~bariton**, der 베이스와 바리톤 사이의 음역을 지닌 가수. **~bläser**, der (저음 관악기로) 저음을 부는 사람. **~buffo**, der 우스꽝스런 배역으로 적합한 목소리를 지닌 오페라 베이스 가수. **~flöte**, die 베이스 블록 플루트. **~geige**, die ↑Kontrabaß. **~geiger**, der ↑Kontrabassist. **~gitarre**, die 베이스 기타. **~horn**, das 베이스 음역의 악기. **~instrument**, das 베이스 음역의 악기. **~klarinette**, die 베이스 클라리넷. **~lage**, die 베이스의 음역. **~laute**, die 베이스 소리. **~partie**, die (악보의) 베이스 파트. **~posaune**, die 베이스 트롬본. **~saite**, die 베이스 음역의 현(絃). **~sänger**, der 베이스 Bassist. **~schlüssel**, der (악보에서 네번째 줄에 놓여있는) 저음부 기호(F-Schlüssel). **~stimme**, die **1.** 남성의 저음 목소리, 베이스 성부. **2.** 베이스 가수를 위한 악보. **~tönung**, die 베이스 음색(울림). **~tuba**, die 베이스 튜바.

Basse [ˈbasə], der; -n, -n (niederd.) 〖사냥〗 건강한 수 멧돼지.

Basselisse [ˈbas(ə)lɪs(ə), bas(ə)ˈlɪs(ə)], die; -n [frz. basselice] (수평으로 움직여진 날줄로 직조된) 벽걸이 양탄자. **Basselissestuhl**, der 수평 날줄들을 가지고 있는 평직조기, 바슬리스 직조기. **Basselisseweberei**, die 평직조기를 사용하는 직조업.

Basset [(frz.) baˈseː, (engl.) ˈbasɪt], der; -s, -s 바세개 (프랑스 원산의 다리가 짧은 사냥개). **Bassett** [baˈsɛt], der; -s, -e / -s 〖음악〗 (특히 18세기에 통용된) 작은 콘트라베이스. **Bassętthorn**, das (나팔 모양의) 개구부를 가진 옛 클라리넷.

Bassi [ˈbasi] ↑Basso의 복수형.

Bassin [baˈsɛŋ, (또한) baˈsɛː], das; -s, -s 인공 저수조, 분수밑의 연못.

Bassist [baˈsɪst], der; -en, -en 〖음악〗 **1.** 베이스 목소리의 가수. **2.** 콘트라베이스 연주자. **Basso** [ˈbaso], der; -, Bassi [ital. basso] 《음악적인 용례에서》 **B. continuo** 어떤 악곡에서 토대를 이루고 있는 베이스 음, 통주저음(通奏低音); **B. ostinato** 자주 반복되는 베이스주제, 고집저음(固執低音); **B. seguente** 가장 낮은 성음부를 동반하는 오르간 베이스.

Bast [bast], der; -(e)s, -e **1.** (식물의) 내피, 인피(靭皮), 묶기 위한 끈: die Blumenstiele mit B. umwickeln 꽃줄기들을 끈으로 싸매다. **2.** 〖사냥〗 (새로 난 사슴뿔 위의) 솜털이 난 연모피(軟毛皮): der Hirsch fegt den B. ab 사슴이 연모피를 문질러 없애다.

bast-, **Bast-** (Bast 1): **~artig** 〈Adj.〉 식물의 껍질 같은, 인피(靭皮) 같은. **~farben** 〈Adj.〉 연한 황색의, 베이지 색의. **~faser**, die 인피 섬유. **~matte**, die 인피(靭皮)로 만든 돗자리. **~seide**, die 생사(生絲). **~seil**, das 인피(靭皮)로 된 밧줄. **~tasche**, die 인피로 엮은 가방.

basta [ˈbasta] 〈Interj.〉 〈통용어〉 (더 이상 계속해서 말하기를 원치 않을 때에) 이제 그만!

Bastard [ˈbastart], der; -s, -e [frz.] 귀출은 **1. a)** 〈옛〉 귀족의 사생아(私生兒), 호레자식. **b)** 〈욕〉 저능 인간: du B.! 너 바보야! **2.** 〖생물〗 잡종(雜種), 튀기.

Bastard-: **~pflanze**, die 잡종식물. **~schrift**, die 변격(變格) 활자. **~sterilität**, die 잡교(雜交)의 결과로 생긴 생식 불능. **~teppich**, der 다른 문화권의 무늬를 받아들인 오리엔트산 양탄자.

bastardieren [bastarˈdiːrən] 〈h〉 (상이한 종류들을) 교배시키다, 잡종으로 만들다. **Bastardierung**, die; -en 이종(異種) 교배. **bastardisieren** [bastardiˈziːrən] 〈s〉 무엇과 교배시키다, 잡종이 되게 하다.

Baste [ˈbastə], die; -n [frz. baste < span. bastos] 〖카드〗 으뜸패.

Bastei [basˈtai], die; -en [ital. bastia] (옛 요새의) 돌출부, 방루(防壘).

Bastel- (basteln): **~arbeit**, die **1.** 〈Pl. 없음〉 (취미로) 공작품 만들기. **2.** 취미로 만든 공작품. **~buch**, das 취미 공작 안내서. **~ecke**, die **1.** (신문의) 공작 안내란. **2. a)** (백화점의) 공작 재료부. **b)** 취미로 공작품을 만들 수 있는 코너. **~raum**, der 취미 공작 실. **~vorlage**, die 공작품을 만드는 본(보기).

Bastelei [bastəˈlai], die; -en [ital. bastia] **1.** 취미 세공품, 수예(手藝)·펌 귀찮은 잔손질. **basteln** [ˈbastln̩] 〈h〉 **1. a)** (여가에) 취미로 공작하다: viel Geschick im Basteln haben 취미 공작에 많은 재능을 가지고 있다. **b)** (취미로) 만들어 내다: sie bastelt an einem neuen Lampenschirm 그 여자는 취미로 새 전등갓을 손수 제작하고 있다. **2.** (다소 능숙하게) 손질[수선]하다: an seinem Auto b. 그의 자동차를 손질하다.

basten [ˈbastn̩] 〈Adj.〉 인피(靭皮)로 만든.

Bastille [basˈtiːjə, ...ˈtɪljə], die [frz. Bastille] 〈드물게〉 요새, 감옥. **Bastion** [basˈtĭoːn], der; -en [frz. bastion

< ital. bastione] 보루(堡壘): [전의] das Theater ist die letzte B. gegen die sogenannten Massenmedien 극장은 소위 대량매체에 대한 최후의 보루이다.
Bastler ['bastlɐ], der; -s, - 취미 공작가.
Bastonade [basto'na:də], die; -n [frz. bastonnade < ital. bastonata] 태형(笞刑), (특히 발바닥을 때리는) 벌.
bat [ba:t] ↑ bitten 참조.
Bat. = Bataillon.
BAT = Bundesangestelltentarif.
Batt. = Batterie (1 a).
Bataille [ba'talja, ba'ta:jə], die; -n [frz. bataille] [고어] 싸움, 권투. **Bataillon** [batal'jo:n], das; -s, -e [frz. bataillon < ital. battaglione] [군] 대대(大隊) (약어: Bat.).
Bataillons-: ~**chef**, der 《통용어》 ↑ ~kommandeur. ~**führer**, der ↑ ~kommandeur. ~**kommandeur**, der 대대장.
Batate [ba'ta:tə], die; -n [span. batata] a) 고구마(식물). b) 고구마(의 근경(根莖)).
bäte ['bɛ:tə] ↑ bitten 참조.
Bathometer [bato'me:tɐ], das; -s, - (깊은 바다용) 측심기(測深器).
bathy-, Bathy- [baty...]: ~**graphie**, die 심해 해양학(深海海洋學). ~**graphisch** 〈Adj.〉 심해 해양학의. ~**meter**, das ↑ Bathometer 참조. ~**scaphe** [-'ska:f], der 《또는》 das; -(s), - [...fə], ~**skaph** [-'ska:f] der; -en, -en [frz. bathyscaphe] (A. Piccard 에 의해서 개발된) 심해 잠수정(深海潛水艇), ~**sphäre**, die 〈Pl. 없음〉 (대양의) 최심 해역(最深海域).
Batik ['ba:tɪk], der; -s, -en 《또는》 die; -en 1. 〈Pl. 없음〉 밀랍(蜜蠟)으로 물들인 날염(捺染)법. 2. 납염염법(蠟型染法)으로 물들인 직물. **Batikdruck**, der ↑ Batik. **batiken** 〈h〉 납염염법으로 무늬를 만들어 염색하다.
Batist [ba'tɪst], der; -(e)s, -e [frz. batiste] 얇은 고급 아마포, 흰 삼베.
Batist-: ~**bluse**, die 흰 삼베 블라우스. ~**kleid**, das 흰 삼베 원피스. ~**taschentuch**, das 흰 삼베 손수건. ~**tüchlein**, das ↑ Batisttuch의 축소형.
batisten 〈Adj.〉 흰 삼베로 된.
Batterie [batə'ri:], die; -n [...iən; frz. batterie] 1. [군] a) 포병(중)대(砲兵中隊), b) 포진(砲陣), 포열(砲列). 2. [기술] a) 축전지(蓄電池), 배터리: eine B. von 12 Volt 12 볼트의 전지. b) 일련의 기계 장치: eine B. von Winderhitzern 열풍로 연결조(組). c) 온냉혼합수전(溫冷混合水栓): die B. an der Dusche muß repariert werden 샤워의 온냉혼합수전을 수리해야 된다. 3. 《통용어》 죽 늘어놓여 있는 무리, 일군(一群): eine ganze B. (von) Champagnerflaschen 죽 늘어서 있는 샴페인 병들. 4. 타악기 그룹.
Batterie-: ~**empfänger**, der 전자식 라디오. ~**gefechtsstand**, der 포병대 지휘소. ~**gerät**, das [전기] 전지식 기구. ~**kessel**, der 여러 개의 서로 연결된 실린더로 된 보일러. ~**offizier**, der 포병 장교. ~**stellung**, die [군] 포병대의 현 위치. ~**strom**, der 〈Pl. 없음〉 전지 전류. ~**zündung**, die [기술] (내연 기관의) 축전지 점화.
Battr. = Batterie (1 a).
Batzen ['batsn̩], der; -s, - [batzen = klebrig] 1. 《통용어》 a) 덩어리: ein B. Lehm 점토 덩어리. b) 대단히 많은 돈: das hat einen (schönen) B. (Geld) gekostet 그것은 큰 돈이 들었다. 2. a) 《중세》 (굴덴과 크로이처 사이의) 은화. b) 《schweiz. · 준고어》 10 라펜짜리 동전.
Bau [bau], der; -(e)s, -e/ -ten 1. 〈Pl. 없음〉 건설, 건립: der B. von Schulen (Straßen) 학교(도로)의 건설; etw. ist im B. 무엇이 건축중이다. 2. 〈Pl. 없음〉 a) 구

조(構造), 구성(構成): der B. der deutschen Sprache 독일어의 구조. b) 체격(體格): das Mädchen ist von schlankem B. 그 소녀는 체격이 날씬하다. 3. 〈Pl. 없음〉 건설현장: auf dem B. arbeiten 건설 현장에서 일하다; sein Vater geht auf den B. 그의 아버지는 건설 노동자[미장이]이다; vom B. (sein) 《통용어》 전문가이다: das können nur die Leute vom B. beurteilen 그것은 전문가들만이 판단할 수 있다. 4. 〈Pl. Bauten〉 건물(建物), 건축물(建築物). 5. a) 〈Pl. Baue〉 (여우 따위의) 굴, 〈Pl. 없음〉 《광》 집, 굴: bei dem Wetter rührt sich niemand aus seinem B. 그 날씨에는 아무도 자기 집 밖으로 기어 나오려 하지 않는다. c) 〈Pl. 없음〉 [군] α) 영창(營倉), 형무소. β) (벌로서의) 영창: drei Tage B. bekommen 3일간의 영창 처분을 받다. d) 〈Pl. Baue〉 [광] 갱도(坑道), 탄갱. 6. 〈Pl. 없음〉 (bayr., österr.) 경작, 재배.

bau-, Bau- (Bau, bauen): ~**abnahme**, die 1. (주무 관청의) 준공 검사증. 2. 건축주의 준공 검사. ~**abschnitt**, der 1. 〈Pl. 없음〉 건축기(建築期): im dritten B. soll eine Schule entstehen 제 3 건축기에는 학교가 세워진다고 한다. 2. (어떤 건축기의) 건축분. ~**abteilung**, die 토목·건축의 감독 관청, (관청의) 건설부[국]. ~**akademie**, die 〈구동독〉 건축 대학. ~**amt**, das (시나 국가의) 건축국(建築局), 건축청. ~**arbeiten** 〈Pl.〉 건설현장 공사(工事): Umleitung wegen B. 공사중 우회(迂回) ~**arbeiter**, der 건설 노동자. ~**art**, die 건축양식(建築樣式). ~**aufsicht**, die 건축 감독. ~**aufsichtsbehörde**, die (토목) 건축 감독청. ~**aufzug**, der 건축 자재 운반용 승강기. ~**baracke**, die ↑ ~hütte (1). ~**beginn**, der 건축 착공. ~**behörde**, die (토목) 건축감독청. ~**bestand**, der (일정 면적 위에 있는) 건축물의 현황(수와 모양). ~**betrieb**, der ↑ ~firma. ~**bewilligung**, die ↑ ~erlaubnis. ~**block**, der 〈Pl. -s, -blöcke〉 건축중인 가옥군(家屋群), 건축중인 가구(街區). ~**boom**, der 건축의 호경기. ~**bude**, die 《통용어》 ↑ ~hütte (1). ~**denkmal**, das 문화재로서의 건물, 기념비적 건축물. ~**einheit**, die [기술] (특수 공작 기계나 콤페이어벨트 작업을 규격화한) 건축 부분. ~**element**, das 부재(部材), (건물의) 부품: -e für Fertighäuser 조립식 가옥의 부품. ~**entwurf**, der 건축 설계도. ~**erlaubnis**, die 건축 허가. ~**erwartungsland**, das 〈Pl. 없음〉 개발 예정지, 택지(宅地). ~**fach**, das 〈Pl. 없음〉 건축학, 건축업. ~**fachmann**, der 건축전문가. ~**fällig** 〈Adj.〉 붕괴 위험이 있는, 허물어져 가는. ~**fälligkeit**, die 〈Pl. 없음〉 붕괴위험성, 위험한 상태. ~**firma**, die 건축 회사. ~**flucht**, ~**fluchtlinie**, die 건축선(建築線) (도로에 면한 건물들의 한계선). ~**form**, die (대개 Pl.) 건축 형식: moderne -en 현대의 건축 형식. ~**führer**, der 건축 현장 감독자. ~**gelände**, das 건축 부지(敷地). ~**geld**, die 건축 자금(資金). ~**genehmigung**, die ↑ ~erlaubnis. ~**genossenschaft**, die 주택 건설 조합(住宅建設組合). ~**gerüst**, das 비계(飛階), (건축용의) 발판. ~**geschichte**, die 건축물 생성사. ~**gesellschaft**, die 건설 회사. ~**gespann**, das 《schweiz.》 어떤 설계된 건축물의 외면을 고지하기 위해서 박아놓은 막대들. ~**gewerbe**, das 건축업. ~**glied**, das [건축] 구조 부재(構造部材)(기둥, 아치 등). ~**grube**, die 한 건물의 기초공사를 위해 파 놓은 구덩이. ~**grund**, der 건축 부지: die Häuser auf altem B. errichten 오래 된 건축용지에 집들을 건축하다. ~**handwerk**, das 〈Pl. 없음〉 건축에 종사하는 업종. ~**handwerker**, der 건축에 종사하는 기술자. ~**herr**, der 건축주(建築主). ~**hof**, der 건축 자재 저장소. ~**holz**, das 〈Pl. 없음〉 건축용 목재. ~**hütte**, die 1. 건축 노동자를 위한 판잣집. 2. (중세 교

회계축에 종사했던) 석수와 조각가의 조합. ~**industrie**, die 1. 건설 자재 생산업. 2. 《Pl. 없음》 건설업. ~**ingenieur**, der 건축[토목] 기사(技師). ~**jahr**, das 1. 준공 연도. 2. [관] (예산상의) 건축 연도. ~**kasten**, der (집) 짓기 블록(어린이 장난감). ~**kastensystem**, das 《Pl. 없음》 블록 조립 방식. ~**klammer**, die (건축용) 철제 조임쇠. ~**klotz**, der 《Pl. -klötze, 《통용어》 -klotzer》 1. ↑~**klötzchen**: **Bauklötze(r) staunen** 《경》 극도로 놀라다. 2. 《폄》 크고 기형적인 콘크리트 건물. ~**klötzchen**, das 집짓기 블록(장난감). ~**kolonne**, die (도로 공사·선로 공사에서의) 노동자들의 그룹. ~**kommission**, die 건축 (감독) 위원회. ~**konjunktur**, die 건축 (호)경기. ~**körper**, der [건축·예술] (어떤 건물의) 전체 용적. ~**kosten** 《Pl.》 건축비. ~**kostenanschlag**, der 건축비 견적. ~**kostenzuschuß**, der 건축 보조금. ~**kran**, der 건설 공사용 크레인. ~**kredit**, der 건축 융자. ~**kunst**, die 《Pl. 없음》 건축 예술(建築藝術). ~**künstler**, der 《아이》 건축 예술가. ~**künstlerisch** 〈Adj.〉 건축 예술(가)적인. ~**land**, das 《Pl. 없음》 건축 부지[용지]. ~**leiter**, der 건축주로부터 건물 준공의 임무를 위임 받은 사람, 현장 감독. ~**leitung**, die 1. 《Pl. 없음》 건축 감독. 2. 건축 현장 사무실. ~**lizenz**, die ↑~**erlaubnis**. ~**löwe**, der 《통용어·폄》 많은 셋집을 소유하고 있는 건물주. ~**lücke**, die (건축지 사이의) 집짓지 않은 조각땅. ~**lust**, die 건축 의욕, 건축열(熱). ~**markt**, der 건축 시장. ~**maschine**, die 건설 기계. ~**material**, das 건축 자재. ~**meister**, der (국가 시험을 통과한) 건축 기술자. ~**methode**, die 건축 방법. ~**ordnung**, die 건축 규정. ~**ornament**, das 건축물의 장식. ~**parzelle**, die 택지(宅地). ~**plan**, der 1. 건설 계획. 2. 건설 설계도: [전의] das Erbgefüge nach dem gleichen B. gebauter Lebewesen 동일한 체계(體制)를 지닌 생물들의 유전 조직. ~**planke**, die (건축 현장 울타리의) 두꺼운 판. ~**planung**, die 건축 계획 세우기. ~**plastik**, die 건축 조각(彫刻). ~**platz**, der ↑~**grund**. ~**polizei**, die 《Pl. 없음》 건축 감독국. ~**polizeilich** 〈Adj.〉: diese Änderung muß b. genehmigt werden 이 개조는 토건국의 허가를 받아야 한다. ~**preis**, der ↑~**kosten**. ~**programm**, das 1. 건설 계획안. 2. 건축 계획표[일정표]. ~**projekt**, das (좀더 큰) 건축 건설 계획. ~**rat**, der 《Pl. -räte》 건축 감독관. ~**recht**, das [법] 건축권(建築權). ~**reif** 〈Adj.〉 a) (부지 따위가) 건축할 수 있는. b) 미리 계획되었기 때문에 언제라도 건축이 시작될 수 있는. ~**riß**, der [고어] ↑~**zeichnung**, ↑~**plan** (2). ~**ruine**, die 《통용어》 시작은 해놓고 재정상 건설을 계속하지 못하고 있는 건축물. ~**sachverständige'**, der 건축 전문가. ~**saison**, die 건축 (하기 좋은) 철. ~**satz**, der 건조[조립] 부품. ~**schaffende'**, der / die (대개 Pl.) 《구동독》 토목·건축에 종사하는 사람. ~**schlosser**, der 건축 분야에서 일하는 철물공. ~**schreiner**, der ↑~**tischler**. ~**schule**, die 《옛》 토목·건축 기사 양성 학교. ~**schüler**, der 《옛》 건축학교의 학생. ~**schutt**, der 건축 현장의 돌더미. ~**sparen** (건축 저축 계약 때문에) 건축 저축 은행에 저축하다: Wer bauspart, kann auch bauen 건축 자금을 저축하는 사람은 집을 지을 수 있다. ~**sparer**, der 건축 저축 은행에 저축하는 사람. ~**sparkasse**, die 건축 저축 은행, 주택 은행. ~**sparvertrag**, der 건축 자금 적립 계약. ~**stahl**, der 건축용 철재. ~**stein**, der 1. 건축 자재용 석재. 2. (대개 Pl.) ↑~**klötzchen**. 3. 초석(礎石), 구성 요소, 성분. ~**stelle**, die 건설 공사 현장. ~**stil**, der 건축 양식(樣式). ~**stoff**, der 1. 건축 재료. 2. [법의] 구조 물질(構造物質). ~**stopp**, der 건조 중지(建造中止). ~**summe**, die 건축비. ~**tätigkeit**, die 《Pl. 없음》 건설 공

사. ~**technik**, die 건축기술. ~**techniker**, der 건축 기사(技師). ~**technisch** 〈Adj.〉 건축 기술적인. ~**teil** 1. der 건물의 일부. 2. das (건물, 기계 설비 등의) 부품(部品). ~**tempo**, das 건축 속도. ~**tischler**, der 건축 분야에서 일하는 목공. ~**träger**, der 건축 시공 회사. ~**typ**, der (기계 따위의) 모델, 형(型). ~**unternehmen**, das 1. 건축 회사. 2. 대형 건설 계획. ~**unternehmer**, der 건축회사 소유주, 건설업자. ~**verbot**, das 건축 금지. ~**verfahren**, das 건축 방법. ~**vertrag**, der 건축 계약. ~**vorhaben**, das 건설 계획. ~**vorschrift**, die 건축 규정. ~**weise**, die 1. 건축 방식. 2. 건축 양식, 구조, 모델, 형(型). ~**werk**, das 건축 작품, 건축물. ~**werker**, der 건축 작업원[노동자]. ~**wesen**, das 《Pl. 없음》 토목, 건축. ~**wich** [-vıç], der; -(e)s, -e [토건] 건축물 사이의 간격(間隔). ~**wirtschaft**, die 《Pl. 없음》 (경제 분야로서의) 건축업. ~**würdig** 〈Adj.〉 【광】 ↑~**abbauwürdig**. ~**wut**, die 건축 과열(過熱). ~**zaun**, der 건설 현장의 울타리. ~**zeichnung**, die 건축 설계도. ~**zeit**, die 건축 기간. ~**zuschuß**, der 건축 보조금.

Bauch [baux], der; -(e)s, Bäuche ['bɔyçə] 1. 〈축소형: ↑Bäuchelchen, Bäuchlein〉 a) 배, 복부(腹部): der Arzt tastete ihm den B. ab 의사가 그의 배를 만져 보았다; jmdn. den B. aufschneiden 《경》 누구의 배를 째다, 누구를 수술하다; [전의] das Flugzeug landete auf dem Bauch 그 비행기는 동체 착륙을 했다; **sich³ (vor Lachen) den B. halten** 《통용어》 포복 절도하다, 배를 잡고 웃다; **auf den B. fallen** 《통용어》 실패하다, 좌절하다; **vor jmdm. auf den B. fallen [kriechen]** 《통용어·폄》 누구에게 비굴하게 굴다(굽실거리다). b) 불룩한 배, 똥배: er hat seinen B. verloren 그는 살이 빠졌다; [전의] des B. eines Kruges 항아리의 불룩한 부분; **einen schlauen B. haben** 《통용어·반어》 교활하다, 약다. 2. 《통용어》 배속, 위(胃): er hat sich den B. voll geschlagen 그는 대단히 많이 먹었다; mir tut schon der B. weh 나는 과식했다; [속담] ein voller B. studiert nicht gern 배부른 사람은 나태하고 생각을 게을리 한다; **jmdm. knurrt der B.** 누구의 배가 쪼르륵거리다(누가 대단히 배고프다); **nichts im B. haben** 아무 것도 먹지 못해서 대단히 배고프다; **aus dem hohlen B.** 《경》 철저히 준비하지 않고.

bauch-, Bauch- ~**ansatz**, der 불룩해지기 시작하는 배. ~**atmung**, die 《Pl. 없음》 복식호흡(腹式呼吸). ~**binde**, die 1. 복대(腹帶). 2. 《통용어》 a) (고급품임을 표시하기 위해서) 여송연에 두른 종이띠. b) 《책》 책에 두른 종이띠. ~**decke**, die [의학] 복벽(腹壁). ~**fell**, das 【의학】 복막(腹膜). ~**fellentzündung**, die 복막염(腹膜炎). ~**fleisch**, die [südd., österr., schweiz.] (돼지의) 복부 고기. ~**flosse**, die (물고기의) 배지느러미. ~**füßer**, ~**füßler**, der 【동물】 복족(服足)류(고등, 소라, 우렁이, 달팽이 따위). ~**gegend**, die 《Pl. 없음》 복부(腹部): er spürte einen stechenden Schmerz in der B. 그는 복부를 바늘로 찌르는 듯한 통증을 느꼈다. ~**grimmen**, (고어 어구) ↑~**schmerz**. ~**gurt**, der (말의) 복대(腹帶). ~**höhle**, die 복강(腹腔). ~**höhlenschwangerschaft**, die [의학] 복강의 임신. ~**klatscher**, der; -s, - 《통용어》 배를 수평으로 하여 배로 착수(着水)하는 다이빙. ~**kneifen**, ~**kneipen**, das; -s 《통용어》 ↑~**schmerz**. ~**knöpfchen**, das -s 《통용어》 배꼽. ~**laden**, der 《통용어》 (가죽 띠로 목에 매달고 배에다 받쳐 수평을 유지하면서 메고 다니는) 판매 상자(행상의). ~**landung**, die (조종사 운어) 동체착륙(胴體着陸). ~**muskel**, der (대개 Pl.) 복근(腹筋). ~**nabel**, der 《통용어》 배꼽. ~**organ**, das 《대개 Pl.》 뱃속에 들어 있는 기관(器官).

~**pilz**, der (Bofist, Morchel 등) 복균류(腹菌類). ~**pinseln** ↑gebauchpinseln 참조. ~**presse**, die ⟨Pl. 없음⟩ 복압(腹壓). ~**redekunst**, die ⟨Pl. 없음⟩ 복화술(腹話術). ~**reden** 복화술로 말하다(입술을 움직이지 않고 목젖으로 말하다). ~**redner**, der 복화술사(腹話術師). ~**riemen**, der (말의) 뱃대끈. ~**schmerz**, der ⟨대개 Pl.⟩ 복통(腹痛): [전의] bei einem gewagten Vorhaben B. bekommen 위험한 시도를 할 때 불안해하다. ~**schnitt**, der [의학] 복부 절개(腹部切開). ~**schuß**, der 복부총창(腹部銃創). ~**seite**, die (척추동물의) 아랫부분[복부]. ~**speck**, der 배의 지방 침적(沈積). ~**speicheldrüse**, die 췌장(膵臓). ~**tanz**, der 궁둥이와 배를 흔드는 춤. ~**tanzen** (약변화동사; 대부분 부정형으로 쓰이고 통용어에서는 변화함) 궁둥이와 배를 흔드는 춤을 추다. ~**tänzer**, der 궁둥이와 배를 흔들어 춤추는 남자 무용수. ~**tänzerin**, die ↑~tänzer의 여성형. ~**umfang**, der 배 둘레. ~**wand**, die [의학] 복벽(腹壁). ~**wassersucht**, die 복수증(腹水症). ~**weh**, das ⟨Pl. 없음⟩ ⟨통용어⟩ ↑~schmerz. ~**zwicken**, das, -s ⟨통용어⟩ ↑~schmerz.

Bäuchelchen ['bɔyçlçən], das; -s, - ↑¹Bauch (1) 참조. **bauchen** ['bauxn], sich ⟨h⟩ 불룩하게 나오다. ~**bauchig** ['bauxɪç] ⟨Adj.⟩ **1.** (드물게) 배가 나온. **2.** 불룩한: [전의] ein -er Brief 두툼한 편지. **bäuchig** ['bɔyçɪç] ⟨Adj.⟩ ↑bauchig (1). **Bäuchlein** ['bɔyçlaɪn], das, -s, - ↑Bauch (1). **bäuchlings** ['bɔyçlɪŋs] ⟨Adv.⟩ 엎드려서, 배를 깔고: b. auf einer Decke liegen 배를 깔고 자리 위에 엎드려 있다. **Bauchung**, die; -en 불룩하게 하기; 부품, 불량 (凸狀).

Baud [baut, boːt], das; -s, - [전화] [프랑스의 전기 기술자 Baudot(1845~1903)에서 유래] 보(송신 속도의 단위).

Baude ['baudə], die; -n (ostmd.) **1.** 산의 오두막집. **2.** (숙식업을 하는) 산장. **Baudenabend**, der 산장의 밤.

bauen ['bauən] ⟨h⟩ **1.** 짓다, 건축하다: er hat (sich[für sich]) ein Haus gebaut 그는 (자기가 살) 집을 지었다: wir müssen noch die Betten b. ⟨통용어·농⟩ 우리는 침대를 정돈해 놓아야 한다. **2. a)** 집을 짓다: er hat kürzlich gebaut 그는 최근에 집을 지었다. **b)** (특정한 방법으로) 건축하다: die Firma baut sehr solide 그 회사는 견고하게 집을 짓는다. **3.** 무엇의 건축에 종사하다: an einer Zufahrtsstraße b. 진입로 공사에 종사하다. **4. a)** 건조하다, 개발하다, 조립하다: ein neues Modell b. 신모델을 개발하다. **b)** 제조(제작)하다: Schiffe b. 선박을 건조하다; [전의] er hat sich einen Anzug b. lassen ⟨통용어·농⟩ 그는 양복을 맞추었다; einen Satz b. [언어] 문장을 짓다. **5.** (전문어) (특정의 방법으로) 제작[조립]되어 있다. **b)** (드물게) 재배하다. **b)** ⟨고어⟩ (땅을) 갈다. **7.** 누구[무엇]를 믿다, 신뢰하다. **8. a)** ⟨통용어⟩ (시험에) 합격하다: das Abitur b. 고등 학교 졸업 시험에 합격하다; er hat einen Schwanz gebaut 어떤 시험에 낙제하여 재시험을 치루었다. **b)** ⟨경⟩ 일으키다, 야기하다: einen Unfall b. 사고를 일으키다; er hat Mist gebaut 그는 모든 것을 망쳤다.

¹**Bauer** ['baue], der; -n ⟨(드물게)-s⟩, -n **1.** ⟨축소형: ↑Bäuerchen, Bäuerlein⟩ 농부, 작(소)농: seine Verwandten sind dicke -n ⟨지역적⟩ 그의 친척들은 부농(富農)들이다; die dümmsten -n haben die dicksten(größten) Kartoffeln 가장 어리석은 농부가 가장 큰 감자를 거둔다(엉뚱한 자에게 행운이 돌아간다); was der B. nicht kennt, frißt er nicht, hat es nicht 모르는 것은 먹지 않는다(사람은 누구나 편견 때문에 자기가 모르는 것을 거부하는 법이다); [전의] er ist ein richtiger B. ⟨속어⟩ (사정된) 정액 자국. **2. a)** ⟨서양장기에⟩ 졸. **b)** (카드놀이의) 잭. ²**Bauer** [-], das / der; -s 새장.

Bäuerchen ['bɔyɐçən], das; -s, - ↑¹Bauer (1). **ein B. machen** [아동] (먹은 음식이) 넘어 오다, 트림이 나다. **Bäuerin** ['bɔyərɪn], die; -nen [mhd. būrīn, gebūrinne] ↑¹Bauer (1)의 여성형. **bäuerisch** ['bɔyərɪʃ] ↑bäurisch. **Bäuerlein** ['bɔy laɪn], das; -s ↑¹Bauer (1). **bäuerlich** ['bɔyɐlɪç] ⟨Adj.⟩ 시골(풍)의, 농부(농민)의, 농부와 같은. **Bäuerlichkeit**, die ↑bäuerlich의 명사형.

bauern-, Bauern- (↑Bauers-도 참조): ~**aufstand**, der 농민 봉기. ~**brot**, das 농가식으로 구워 낸 빵(반대: Bäckerbrot). ~**bub**, der ⟨südd., österr., schweiz.⟩ ↑~junge. ~**bursche**, der 농가의 젊은이. ~**dirn**, die (bayr., österr. ·통용어) 농가의 하녀. ~**dirne**, die ⟨고어⟩ ↑~mädchen. ~**dorf**, das 농촌 마을. ~**familie**, die 농촌 가정. ~**fang**, der 《(다음의 용법으로) auf B. ausgehen》(농민의) 쉽게 알아차릴 수 있는 방법으로 주위 사람을 속이려고 하다. ~**fänger**, der (俚) (카드로 시골 사람을 속이는) 사기꾼, 서투른 사기꾼. ~**fängerei** [..fɛŋəˈraɪ], die 서투른 사기, 도박 사기. ~**frau**, die (또한) Bauersfrau, 농부의 아내. ~**frühstück**, das 시골식의 아침 식사. ~**fußball**, der ⟨Pl. 없음⟩ ⟨축구 은어⟩ 동네 축구. ~**geschlecht**, das 농민. ~**gut**, das 농장, 농민의 소유지. ~**haus**, das 농가. ~**hochzeit**, die 농가의 결혼식. ~**hof**, der 농장 (집을 포함한), 농가(건물·대지·장을 포함하는). ~**junge**, der 농가의 소년. ~**kaff**, das ⟨통용어·俚⟩ 한촌(寒村). ~**kalender**, der 농가력(農家曆). ~**kind**, das 농촌의 아동. ~**knecht**, der 머슴, 농장 노동자. ~**komödie**, die 농촌 희극. ~**krieg**, der 봉건 제도에서 농부들의 혁명 운동. ~**legen**, das; -s ⟨역사적⟩ (30년 전쟁 이후, 특히 18세기의)(영주에 의한 농민 소유의) 농지 수용(農地收用). ~**lümmel**, der (俚) 버릇 없는 시골 청년. ~**mädchen**, das 시골 처녀. ~**magd**, die 농가의 하녀, 농사일을 돕는 여자. ~**möbel**, das ⟨대개 Pl.⟩ 농가풍의 가구. ~**partei**, die [정치] 농민당. ~**regel**, die 농민이 날씨나 수확의 예상에 쓰는 격언풍의 규칙, 농사 금언. ~**roman**, der 농촌 소설. ~**schädel**, der (俚) **1. a)** 고집스러운 시골 사람. **b)** ⟨시골 사람의⟩ 완고. **2.** 체구가 큰 힘 센 사람. ~**schlau** ⟨Adj.⟩ 농사꾼처럼 약아빠른, 빈틈없는. ~**schläue**, die 농사꾼인척하면서 교활함(약삭빠름). ~**spitz**, der (俚) 축구화의 앞부리로 차기(킥). ~**stand**, der ⟨Pl. 없음⟩ 농민의 신분, 농민 계급. ~**sterben**, das 농업 합리화로 인한 농촌에서의 인구 퇴조. ~**stolz**, der 농민의 자만심. ~**tanz**, der 농민의 민속춤. ~**theater**, das **1.** 농민극, 농민 극장. **2.** 농민 극단. ~**tochter**, die 농부의 딸. ~**tor**, das ⟨축구 은어⟩ 서투른 방벽으로 얻은 득점. ~**universität**, die (구동독) 농과대학. ~**verband**, der 농민 조합(동맹). ~**verstand**, der ↑~schläue. ~**volk**, das 농민(農民). ~**wetzel** [-vɛtsl], der; -s ⟨지역적⟩ ↑Ziegenpeter. ~**wirtschaft**, die ↑~gut.

Bauer(n)same ['baue(n)zaːmə], die ⟨스위스⟩ ↑Bauernschaft. **Bauernschaft**, die 농민, (마을의) 농민 전체. **Bauerntum**, das ⟨Pl. 없음⟩ 농민 기질, 농민 계급.

Bauers- (↑bauern-, Bauern-도 참조): ~**frau**, die ↑Bauernfrau. ~**leute** ⟨Pl.⟩ **1.** ↑Bauersmann의 복수형. **2.** 남자 농부와 여자 농부. ~**mann**, der (Pl. ...leute) ⟨고어⟩ 농부.

Bauersame: ↑Bauernsame. **Bauerschaft** die; -en ⟨지역적⟩ 농민, (마을의) 농민 전체. **Bäuert** ['bɔyɐt], die; -en ⟨schweiz.⟩ ↑Fraktion 1 c).

Bauherrenmodell, das ⟨Pl. 없음⟩ 건축용 용자에 대한 모델.

baulich ⟨Adj.⟩ 건축상의, 건축에 관한; 살수 있는, 수리가 잘 된. **Baulichkeit**, die; -en ⟨대개 Pl.⟩ ⟨격식 독

어)↑Bau (4).
Baum [baʊm], der; -(e)s, Bäume ['bɔymə] 〈축소형: ↑Bäumchen〉 **1.** 나무, 수목, 교목: einen B. fällen 나무를 베어 넘어뜨리다; stark wie ein B. 매우 튼튼한; [성구] es ist dafür gesorgt, daß die Bäume nicht in den Himmel wachsen 모든 일은 한도가 있다; alte Bäume soll man nicht verpflanzen 고목(古木)은 옮겨 심어서는 안된다(노인은 익숙한 환경에서 격리시켜서는 안된다는 뜻); auf einen Hieb fällt kein B. 큰 나무는 한번 쳐서 넘어지지 않는다(어려운 일을 할 때는 인내해야 한다는 뜻); **Bäume ausreißen(können)** 《통용어》 큰 일을 할 수 있다; **es ist, um auf die Bäume zu klettern** 《통용어》 그것은 어림없는 일이다, 자포자기나 다름없다, 도저히 참을 수 없다; **vom B. der Erkenntnis essen** 경험에 의해 알게 되다; **zwischen B. u. Borke sitzen** (stecken / stehen) 어려운 곤경에 빠져 있다, 진퇴유곡이다. **2.** ↑Weihnachtsbaum의 약칭: sie haben den B. angesteckt 그 여자는 크리스마스 트리의 촛불을 밝혔다.
baum-, **Baum-**: **~arm** 〈Adj.〉 나무가 없는. **~artig** 〈Adj.〉 나무 모양의, 나무와 비슷한. **~bestand**, der 〈서있는〉 나무의 총수. **~blüte**, die **1.** 수목의 꽃, (특히) 과수의 꽃. 수목의 개화기(開化期). **~falle**, die 들보가 떨어지게 장치한 덫. **~farn**, der 큰고사리의 일종. **~frevel**, der 수목의 손상[도벌]. **~frevler**, der 수목을 손상시킨 자, 도벌꾼. **~garten**, der 과수원, 묘포장. **~grenze**, die 〈고산·극지의〉 수목 생육 한계선. **~gruppe**, die 수목군(樹木群). **~harz**, das 수지(樹脂). **~haus**, das 나무꼭대기에 지은 작은 오두막집(특히 어린아이들의 놀이를 위해서). **~hoch** 〈Adj.〉 나무처럼 높은. **~kantig** 〈Adj.〉 〈나무의 둥근 면이 남아 있는〉 대강 각진. **~krone**, die 수관(樹冠), 나무꼭대기. **~kuchen**, der 뾰족한 모양의 과자. **~lang** 〈Adj.〉 《통용어》 키가 큰. **~läufer**, der [동물] 나무발발이, 딱따구리. **~laus**, die 진딧물과의 일종. **~los** 〈Adj.〉 수목이 없는. **~marder**, der ↑Edelmarder. **~öl**, der 올리브 유(油). **~pfahl**, der 어린나무를 괴는 말뚝. **~reich** 〈Adj.〉 수목이 무성한, 수목이 많은. **~riese**, der 〈수어〉 거목(巨木). **~rinde**, die 나무껍질, 수피(樹皮). **~sarg**, der 〈고대인의〉 나무관(木棺). **~schatten**, der 수목 그늘. **~scheibe**, die 수목(특히 과수)의 뿌리 근처의 잡풀을 둥글게 제거한 땅. **~schere**, die 전지(剪枝)가위, 나뭇가지를 치는 가위. **~schläfer**, der 왕겨울잠쥐. **~schlag**, der 〈Pl. 없음〉 〈장식 도안 따위의〉 잎 모양의 장식. **~schnitt**, der 가지치기. **~schule**, die 종묘 재배원(種苗栽培園) 양수원(養樹園). **~schulfachmann**, der 〈Pl. ...leute〉 종묘 재배 전문가. **~schulist** [-ʃʊlɪst] der; -en, -en 〈전문어〉 ↑Baumschulfachmann. **~schwamm**, der 수목에 기생하는 버섯의 일종. **~stamm**, der 나무줄기. **~stark** 〈Adj.〉 매우 강한, 튼튼한. **~steppe**, die 〈건·습기가 교체하는 열대 지방의〉 삼림 초원, 삼림 스텝 지대. **~strunk** der 나무 그루터기. **~strunk**, **~stumpf**, der 나무 그루터기. **~wachs**, das 〈Pl. 없음〉 접목의 접합 부분 또는 수목이 손상된 부분에 바르는 밀랍(왁스). **~wipfel**, der 나무꼭대기. **~wollbatist**, der 면 배티스트. **~wolle**, die **1.** 솜, 면화. **2.** 목화(木花). **3.** 면직, 목면: ein Hemd aus reiner B. 순면 와이셔츠. **~wollen** 〈Adj.〉 면직의, 무명으로 만든. **~wollernte**, die 목화 수확. **~wollfaden**, der 면사. **~wollfaser**, die 면섬유. **~wollfeld**, das 목화밭. **~wollgarn**, das 면사, 무명실. **~wollgewebe**, das 목사로 짠 직물. **~wollhemd**, das 면 내의, 면 셔츠. **~wollindustrie**, die 면사 방업 공업. **~wollpflanze**, die 목화. **~wollpflücker**, der 목화 따는 사람. **~wollpikee**, der 무명[면]으로 된 피케. **~wollplantage**, die 목화 농장. **~wollproduktion**, die 〈Pl. 없음〉 목화 생산. **~wollsamen**, der 목화씨. **~wollspinnerei**, die 면사 방적, 방적 공장. **~wollstaude**, die 목화. **~wollstoff**, der 면포, 무명. **~wollstrauch**, der 목화. **~wolltuch**, das 무명천, 무명 수건. **~wollware**, die 면제품(綿製品). **~wollzeug**, das ↑~stoff. **~wuchs**, der **1.** 수목의 생장. **2.** 수형(樹型). **~wurzel**, die 나무뿌리.
Bäumchen ['bɔymçən], das; -s, - ↑Baum. **B. wechsle dich** 1) [아동] 나무갈아타기 술래잡기(이 나무에서 저 나무로 옮겨가는 사이에 붙잡다). 2) 《통용어·농》 파트너 교체.
Baumégrad [bom'e:-], der; -(e)s, -e 〔프랑스의 화학자 A. Baumé(1728~1804)에서 유래함〕 보메 도(度)〔약어: Bé〕.
baumeln ['baʊm]n] 〈h〉 **1.** 《통용어》 **a)** 흔들흔들 드리워지다: ich baum(e)le am Seil 나는 밧줄에 매달려 있다; er saß auf der Mauer und ließ die Beine b. 그는 담벽 위에 앉아서 다리를 늘어뜨렸다. **b)** 휘젓다: er hing an einem Ast und baumelte mit den Beinen 그는 가지에 매달려서 다리를 휘저었다. **2.** 《속어》 교수대에 달려있다: ich möchte den Kerl b. sehen 나는 그 녀석이 교수대에 매달려 있는 꼴을 보고 싶다.
baumen ['baʊmən], **¹bäumen** ['bɔymən] 〈h〉 《드물게》 **1.** [사냥] **a)** ↑aufbaumen. **b)** 나무에 날아오르다(앉다). **2. a)** 〈수레 위의 건초 등을〉 나무 막대기로 고정하다. **b)** [직조] 〈날실을〉 베틀 축에 감다.
²bäumen [-], sich 〈h〉 **1.** 갑자기 일어나다, 서다: das Pferd bäumte sich unter seinem Reiter 말이 기사를 등 위에 태운 채 일어섰다. **2.** 《아어》 저항[거역]하다: vergeblich bäumte ich mich gegen die wachsende Unterdrückung 헛되이 나는 커져가는 탄압에 저항했다.
Baunzerl ['baʊntsəl], das; -s, -(n) 〈österr.·통용어〉 우유가 든 빵, 밀크 빵.
bäurisch, 《드물게》 **bäuerisch** ['bɔy(ə)rɪʃ] 〈Adj.〉 《폄》 조야한, 조잡한, 예절을 모르는.
Bausch [baʊʃ], der; -(e)s, -e / Bäusche ['bɔyʃə] 〈축소형: ↑Bäuschchen〉 **1.** 둥글게 불룩한 것, 〈양복·여성복 따위의〉 패드, 어깨 심, 속, 주름: etw. macht einen B. 《통용어》 무엇이 둥글게 불룩해진다. **2. a)** 단, 묶음, 꾸러미. **b)** 〈고어〉 ↑Kompresse. **3.** 휨, 밖으로의 만곡(彎曲): **in B. und Bogen** 일괄하여, 통틀어. **Bäuschchen** ['bɔyʃçən], das; -s, - ↑Bausch.
Bäuschel ['bɔyʃ], Päuschel [pɔyʃ], der / das; -s, - [광] 큰 망치.
Bäuschlein, das; -s, - ↑Bausch (1, 2 a)의 축소형.
bauschen ['baʊʃn] 〈h〉 **1.** 불룩하게 하다, 주름을 잡다; 〈종이를〉 쌓아 겹치다: der Wind bauschte die Segel 바람으로 돛폭이 불룩해졌다. **2.** 〈주름을 잡아〉 불룩하여지다, 〈스커트가〉 플레어가 되다: der Ärmel bauschte den Arm 소매가 팔에 불룩하다; 〈대개 b.+sich〉 die Vorhänge bauschten sich 커튼이 불룩하다. **Bauschen** [-], der; -s, - 〈bayr., österr.〉 ↑Bausch (2 a). **bauschig** 〈Adj.〉 불룩한, 〈옷이〉 헐렁헐렁한. **Bauschquantum:** ↑Pauschquantum.
Bausoldat, der 〈구동독〉 건설 현장 근무 방위병.
Bautastein ['baʊta-], der; -(e)s, -e 북유럽에 있는 자연석의 기념비〔무덤〕.
Baute, die; -n 〈schweiz.〉〔관〕 건축물.
Bauten ↑Bau (4)의 복수형.
Bauxerl ['baʊksəl], das; -s, -(n) 〈österr.〉 귀여운 어린 아이.
Bauxit [baʊ'ksɪt, (또한) ...'ksɪt], der; -s, -e 〔frz. bauxite〕 보크사이트.

bauz [bauts] 〈Interj.〉《의성어》 쿵.
Bavaria [ba'va:ria], die; Bayern을 상징하는 여인상 (München에 있음). **Bayer** ['baiɐ], der; -n, -n 바이에른 사람. **bayerisch** ['baiərɪʃ] 〈Adj.〉 바이에른 지방(언어)의. **Bayern** ['baiɐn], -s 독일 연방공화국의 주, 바이에른. **bayrisch** ['bairɪʃ] 〈Adj.〉↑bayerisch.
Bazar: ↑Basar의 옛 프랑스어 표기.
Bazi [ba:tsi], der; - 1. 《südd., österr. · 조롱 · 편》**a)** 거만하게 잘난 체 하는 사람. **b)** 못된 사람, 무능한 사람, 빈들빈들 노는 사람. **c)** 경박한 녀석. **2.** 《südd., österr.》《친숙한 인사말로서》 Guten Morgen. B.! 이녀석아, 잘 잤나. **3.** 《조롱 · 편》 바이에른 사람.
Bazille [ba'tsɪlə], die; -, -n《통용어》↑Bazillus (1).
Bazillen-: **~angst**, die ↑**~furcht**. **~ausscheider** [...ausʃaidɐ], der; -s, - 만성 보균자. **~furcht**, die 세균에 대한 병적인 공포. **~träger**, der 보균자(保菌者).
Bazillus [ba'tsɪlʊs], der; -, ...llen **1.** 세균, 병원균. **2.** 〈Pl. 없음〉《편》 만연(蔓延).
Bazooka [ba'zu:ka], die -s [amerik. bazooka] 바주카 (대전차 방어 무기).
BBC ['bi:bi:'si:], die [Britisch Broadcasting Corporation의 약어] 영국 방송 협회.
BBk = Deutsche Bundesbank 독일 연방 은행.
BCG = Bazillus Calmette-Guérin 칼메트게랭 균(菌) 비시지. **BCG-Schutz-impfung**, die 폐결핵 예방 주사.
Bd. = ²Band.
BDA = Bund Deutscher Architekten 독일 건축가 연맹.
Bde. = ²Bände.
BDM [be:de:'ɛm], der; - [Bund Deutscher Mädel의 약어]《나치》 독일 여자 청년 동맹(獨逸女子青年同盟)(14세에서 18세의 소녀들이 속하는 Hitlerjugend의 하부 기구). **BDM-Mädchen**, das; -s, - ↑BDM에 속하는 소녀.
BDPh = Bund deutscher Philatelisten 독일 우표 수집가 연맹.
BDÜ = Bundesverband der Dolmetscher und Übersetzer 통역자 · 번역자 연방 연맹.
Be = Beryllium 베릴륨.
BE = Broteinheit 탄수화물 함량 계산 단위.
Bé = Baumé; Baumé 도(度)〈↑Baumégrad 참조〉.
B-Dur ['be:-, (또한) '- -], das; - 내림B 장조(기호: B; ↑b, B₂). **B-Dur-Etüde**, die 내림B 장조 연습곡.
beabsichtigen [bə'apzɪçtɪɡn] 〈h〉 의도하다, 작정하다, …할 생각이다, 꾀하다: ich beabsichtige zu verreisen 나는 떠날 생각이다; die beabsichtigte Wirkung blieb aus 의도된 효과가 나타나지 않았다.
beachten 〈h〉 **1.** 주의하다, 고려하다, 따르다: die Spielregeln b. 경기 규칙을 준수하다. **2.** 유의하다: ich bitte zu b., daß wir schon um 7 Uhr geöffnet haben 우리는 벌써 7시 정각에 문을 열었다는 사실을 인지하시기 바랍니다. **3.** 관찰하다, 감시하다: jmdn. nicht b. 누구를 무시하다, 안중에 두지 않다. **beachtenswert** 〈Adj.〉 주목할 가치가 있는. **beachtlich** 〈Adj.〉 **a)** 상당한, 적지않은, 현저한. **b)** 중요한. **c)** 주목할 만한. **d)** 대단히. **Beachtung**, die 주의, 주목, 고려: sein neuer Roman verdient B. 그의 새 소설은 주목을 끌고 있다; B. finden 고려(존중)되다; jmdm. [einer Sache] (keine) B. schenken 누구[무엇]를 존중하다(존중하지 않다): einer Sache[jmdm.] wird B. zuteil 무엇(누구)을 주의하다(주목하다).
beackern 〈h〉 **1.** 《드물게》 (밭을) 갈다. **2.** 《통용어》 **a)** 철저하게 연구[조사]하다. **b)** (관심을 가지고) 집요하게 연구하다.
beampeln [bə'ampln] 〈h〉 (…에) 교통 신호등을 설치하다: eine gefährliche Kreuzung b. 위험한 교차로에 교통 신호등을 설치하다.
Beamte* [bə'amtə], der 공무원(公務員), 관리(官吏): ein pflichttreuer -r 의무에 충실한 공무원; die höheren -n 고위직 공무원.
Beamten-: **~anwärter**, der 공무원 후보자, 채용 예정자. **~apparat**, der 관료 기구(官僚機構), (전체) 공무원. **~bagger**, der《통용어 · 농》주기도문, 천주경. **~beleidigung**, die 공무원 모욕(죄). **~bestechung**, die 공무원 증회(贈賄)(죄). **~dasein**, das 수입이 보장된 편안한 생활. **~deutsch**, das 《편》관청 독어. **~ethos**, das 공무원의 품격. **~gesetz**, das 공무원법(公務員法). **~gewerkschaft**, die 공무원 노동 조합. **~heer**, das 과다 인원의 공무원, 거대한 관료 기구. **~hierarchie**, die 공무원의 계급(제도), 공무원 위계 질서. **~karriere**, die 공무원(으로서의) 경력. **~korps**, das 공무원 단체. **~laufbahn**, die 공무원으로서의 경력, 공무원 생활. **~miene**, die 《편》 유모어가 없이 엄격한 관리의 표정. **~organisation**, die 공무원 조직(구). **~recht**, das 〈Pl. 없음〉공무원법. **~schicht**, die 공무원 계층. **~seele**, die 《편》 자신의 업무 영역을 넘지 못하는 편협한 관리. **~silo**, der 《통용어 · 농》살풍경한 관청(건물). **~sohn**, der 공무원의 아들. **~staat**, der 관료 국가. **~stand**, der 공무원의 신분, 관료계급. **~stelle**, die 공무원의 지위. **~tochter**, die 공무원의 딸. **~verhältnis**, das (상급자에 대한) 공무원의 법적인 관계. **~wesen**, das 〈Pl. 없음〉공무원 제도. **~willkür**, die 공무원의 횡포.
Beamtenschaft, die (집합적) 공무원, 관리. **Beamtentum**, das; -s **1.** 공무원의 신분[계급]. **2.** ↑Beamtenschaft. **beamtet** 〈Adj.〉 《관》 공[관]직에 있는. **Beamtete***, der 《관》 ↑Beamte. **Beamtin**, die; -nen ↑Beamte의 여성형.
beangaben [bə'aŋga:bn] 〈h〉 《österr.》《상》 무엇의 1회 불입금을 지불하다.
beängstigen 〈h〉 《준고어》 불안하게 하다, 걱정시키다, 위험하다, 겁나게하다. **Beängstigung**, die; -en ↑ beängstigen의 명사형.
beanschriften [bə'anʃrɪftn] 〈h〉 《관》 (…에) 주소를 쓰다, 수취인 주소 · 성명을 쓰다. **Beanschriftung**, die; -en ↑ beanschriften의 명사형.
beanspruchen [bə'anʃprʊxn] 〈h〉 **1.** 요구(청구)하다: Schadenersatz b. 손해배상금을 청구하다. **2. a)** 사용[이용]하다, 무리하게 쓰다. **b)** 요구하다, (시간 · 장소 · 노력 따위를) 빼앗다: der Beruf beansprucht ihn völlig 그 직업은 그의 혼신의 노력을 요구한다. **c)** 필요로 하다: viel Raum b. 많은 공간을 필요로 한다. **Beanspruchung**, die; -en ↑ beanspruchen의 명사형.
beanstanden [bə'anʃtandn], 《österr.》 **beanständen** [bə'anʃtɛndn] 〈h〉 (…에) 이의를 말하다, 항의(반대)하다, 비판하다. **Beanstandung**, die; -en 《특히 경제》이의 (異議), 항의, 불복; 이의 신청. **Beanständung**, die; -en 비난, 항의, 이의 신청, 항고.
beantragen [bə'antra:ɡn] 〈h〉 **a)** 요구[요청]하다: einen Ausweis b. 신분증을 신청하다. **b)** 강력히 요청하다, 신청하다, 청구하다: die Auslieferung eines Verbrechers[die Todesstrafe] b. 범인의 인도를 요청하다[사형을 구형하다]. **c)** 제안[제의]하다: eine Vertagung b. 정회를 제안하다. **Beantragung**, die; -en 제의, 제안, 신청, 출원.
beantworten 〈h〉 **1.** 《질문에》 대답하다: eine Frage mit (einem) Nein b. 질문에 아니라고 대답하다, 부정하다. **2.** (편지나 문서 따위에) 답하다. **3.** 응답[응수]하다, 반응하다. **Beantwortung**, die; -en ↑ beantworten 의 명사형: in B. 《관 · 상》 응답하여: in B. Ihres

Schreibens vom 1. 10. 75. 75년 10월 1일자 귀하의 서한에 응답하여.

bearbeiten ⟨h⟩ **1.** (문서 따위를) 처리하다: einen Antrag b. 신청서를 처리하다. **2. a)** 가공하다, 손을 대다, 세공을 하다, (토지를) 갈다: Metall[den Boden] b. 금속을 세공하다[토지를 경작하다]: er bearbeitet seine Perücke, indem er sie kämmt 그는 빗질하여 가발을 손질한다. **b)** 다루다, 취급하다: die Möbel mit Politur b. 와니스로 가구를 손질하다. **3.** 마구 때리다, (악기 따위를) 마구 다루다: jmdn. mit den Fäusten b. 누구를 주먹으로 마구 때리다. **4. a)** 개작하다, 번안하다, 각색하다, 개정하다, 편집(편찬)하다: ein Manuskript b. 원고를 뜯어고치다. **b)** 다루다, 논하다, 연구하다: ein Thema b. 어떤 테마를 다루다. **5.** 권유하다, 설득하느라고 애쓰다: jmdn. politisch b. 누구를 정치적으로 설득하다. **Bearbeiter**, der; -s, - 가공자, 공작자, 편찬자, 각색자, 편곡자, 개작자, 번안자, (문서) 담당자. **Bearbeiterin**, die; -nen ↑Bearbeiter의 여성형. **Bearbeitung**, die; -en **1.** 가공; 경작; (테마의) 취급; 개작, 번안, 개정, 편집; 편곡. **2.** 신판, 개정판.

Bearbeitungs-: ~**gebühr**, die 가공료. ~**kosten** ⟨Pl.⟩ 가공비(용). ~**methode**, die 가공 방법. ~**zeit**, die 가공 시간.

beargwöhnen ⟨h⟩ (누구를, 무엇을) 의심하다, (에) 혐의를 두다. **Beargwöhnung**, die; -en ↑beargwöhnen의 명사형.

Beat [biːt], der; -(s) [engl.-amerik. beat] **1.** 박자, 비트. **2.** 비트 음악. **beaten** ['biːtn] ⟨h⟩ 《통용어》 **a)** 비트 음악을 연주하다. **b)** 비트 음악에 맞춰 춤추다. **Beater** ['biːtɐ], der; -s, - 비트 음악 연주자.

Beat-: ~**band** [-bɛnt], die 비트 음악 악단. ~**fan**, der 비트 음악 팬. ~**musik**, die 비트 음악. ~**pad** [-pɛt], der; -s, -s [amerik. 《Slang》 beat pad] 《은어》 마약을 살 수 있는 장소. ~**rhythmus**, der 비트 음악 리듬. ~**sänger**, der 비트 음악 가수. ~**sängerin**, die 비트 음악 여가수. ~**schuppen**, der 《경》 비트 음악을 연주하는 댄스 홀.

Beat generation ['biːt dʒɛnəˈreɪʃn], die (2차 대전 후) 비트 족.

Beatifikation [beatifikaˈtsioːn], die; -en [lat. beatificatio] 교황이 사자(死者) 명부에 넣는 시복식(諡福式). **beatifizieren** [beatifiˈtsiːrən] ⟨h⟩ 《교황이》 누구를 복자위(福者位)에 올리다.

Beatle [biːtl], der; -s, -s [amerik.] 《준교어》 장발족. **Beatlemähne**, die 《경》 장발의 헤어 스타일.

beatmen ⟨h⟩ 《의학》 들이마시게 하다(산소 따위를), 인공 호흡시키다: er hat den Ertrunkenen beatmet 그는 익사자를 인공 호흡시켰다. **Beatmung**, die; -en ↑beatmen의 명사형. **Beatmungsgerät**, das 인공 호흡 기구.

Beatnik ['biːtnɪk], der; -s, -s [amerik. beatnik] **1.** 비트족의 일원. **2.** 의복이나 태도에 있어서 사회적 전통에 거역하는 사람.

Beau [boː], der; -s [frz. beau] 《조롱》 멋쟁이, 미남, 하이칼라.

beauflagen [bəˈʔaʊflaːɡn̩] ⟨h⟩ 《구동독》 (…에게) 임무를 부과하다.

Beaufortskala ['boːfɐt-, boˈfoːɐ̯-], die 《기상》 뷰포트 풍력 계급(風力階級).

beaufschlagen ⟨h⟩ 【기술】 (터빈 날개를) 움직이다. **Beaufschlagung**, die; -en ↑beaufschlagen의 명사형.

beaufsichtigen [bəˈʔaʊfzɪçtɪɡn̩] ⟨h⟩ 감독[감시]하다. **Beaufsichtigung**, die; -en 감독, 감시.

beauftragen ⟨h⟩ 누구에게 무엇을 위임하다: jmdn. mit etw. b. 누구에게 무엇을 위임하다. **Beauftragte***, der / die 대리인, 전권 위원, 대의원. **Beauftragung**, die; -en 위임.

beaugapfeln [bəˈʔaʊkapf̩l̩n] ⟨h⟩ 《지역적·농》 주시하다, 관찰하다, 검사하다.

beäugeln ⟨h⟩ 《통용어·농》 눈여겨 보다, 곁눈질하다, 추파를 던지다, 눈을 굴리며[두리번거리며] 보다.

beäugen ⟨h⟩ 상세하게 관찰하다, 주시하다.

beaugenscheinigen [bəˈʔaʊɡn̩ʃaɪnɪɡn̩] ⟨h⟩ 《격식독어》 실제로 검증하다, 검사하다.

Beau geste [boˈʒɛst], die 《교양어》 우아한 행동; (표면만의) 친절.

Beaujolais [boʒoˈlɛ], der; -, - (프랑스산 붉은 포도주) 보졸레.

Beauté [boˈteː], die; -s [frz. beauté] 《교양어》 미(美); 미인, 미녀. **Beauty** ['bjuːti], die; -s [engl. beauty] 《교양어》 ↑Beauté 참조.

bebändern ⟨h⟩ 리본으로 장식하다: 《대부분 과거분사로》 ein bebänderter Hut 리본을 단 모자.

bebartet [bəˈbaːɐ̯tət] ⟨Adj.⟩ 수염이 있는[난].

bebauen ⟨h⟩ **1.** (지면, 터에) 건축하다: ein Gelände mit Mietshäusern b. 어떤 지대에 셋집을 건축하다. **2.** (토지를) 갈다: den Acker b. 농토를 경작하다. **Bebauung**, die; -en 경작; 건축물로 터를 덮기, 건축. **Bebauungsgebiet**, das 건물이 들어서는 지역, 건축 지역. **Bebauungsplan**, der **1.** 건축 설계도, 건축 계획, 지구 정비 계획. **2.** 경작 계획.

Bébé [beˈbeː], das; -s, -s [frz. bébé] (schweiz.) 유아, (특히 젖먹는) 어린이아(兒); 인형.

beben [beːbn̩] ⟨h⟩ **1.** 진동(하기 시작)하다: der Boden bebte unter unseren Füßen 지면이 발 밑에서 진동(하기 시작)했다: 《전의》 diese Stadt bebt von Leben 그 도시가 생명력으로 활발하게 움직이고 있다. **2.** 《아어》 (몸을) 떨다(추위, 열 따위로): seine Stimme bebte vor Wut 그의 목소리가 분노로 떨렸다. **3.** 《아어·준고어》 **a)** 두려워[무서워]하다: sie zitterte und bebte vor ihm 그 여자는 남자 앞에서 공포에 떨었다. **b)** 걱정이 되다: sie bebte um ihr Kind 그 여자는 그녀의 자식 일이 몹시 걱정이 되었다. **Beben** [-], das; -s, - **1. a)** 진동, 동요. **b)** 지진. **2.** 《아어》 전율, 떪. **Bebenherd**, der 지진의 진원(震源). **Bebenstärke**, die (지진의) 진도(震度).

bebildern [bəˈbɪldɐn] ⟨h⟩ (을) 그림으로 장식하다, (에) 삽화(도해)를 넣다. **Bebilderung**, die; -en 삽화, 도해.

beblättert [bəˈblɛtɐt] ⟨Adj.⟩ 【식물】 잎이 난[있는].

beblümt [bəˈblyːmt] ⟨Adj.⟩ 꽃이 가득한: -e Hänge 꽃으로 덮인 언덕.

Bebop ['biːbɔp], der; -(s), -s [amerik. bebop] **1.** 《Pl. 없음》 재즈의 일종. **2.** 재즈 댄스(의 일종).

bebrillt [bəˈbrɪlt] ⟨Adj.⟩ 안경을 쓴: ein -er Mann 안경을 쓴 남자.

bebrüten ⟨h⟩ **1.** (알을) 품다, 까다. **2. a)** 《생물》 따뜻하게 하여 숙성시키다. **b)** 《통용어》 숙고하다. **Bebrütung**, die; -en ↑bebrüten의 명사형.

Bebung, die; -en 【음악】 전음(顫音).

bebunkern ⟨h⟩ 《전문어》 연료를 공급하다, (선박 따위에) 병커에 연료를 채우다.

bebuscht [bəˈbʊʃt] ⟨Adj.⟩ 관목이 있는, 관목으로 덮인.

bebust ⟨Adj.⟩ 《통용어·농》 풍만한 젖가슴을 가진.

Béchamelkartoffeln [beʃaˈmɛl-] ⟨Pl.⟩ 베샤멜소스에 넣은 저민 감자. **Béchamelsoße**, die; -n [frz. Sauce à la Béchamel] 베샤멜 소스(진한 흰 소스의 일종).

Becher ['bɛçɐ], der; -s, - [lat. bicārium < griech. bíkos] **1.** 잔, 컵(높은 다리가 있는 것, 귀가 달린 것도 포함): Milch in einen B. gießen 잔에 우유를 붓다; hast du deinen B. ausgetrunken? 너는 너의 잔 속의 우유를 다 마셨니?; [전의] den B. des Leidens leeren 《시어》 고배를 마시다; **zu tief in den B. geschaut haben** 《통음어》술 취하다. **2.** 《잔과 비슷하게 생긴 식물의 부분》 배엽(杯葉), 배상부(杯狀部).

bẹcher-, Bẹcher-: **~förmig** 〈Adj.〉 컵 모양의. **~frucht,** die 각두과(殼斗果). **~glas,** das 【화학】 비커. **~klang,** der 《시어》잔을 마주칠 때 나는 소리. **~trost,** der 《시어》알코올 섭취에서 찾는 위로. **~werk,** das 버키트가 달린 콘베이어(운반기).

bechern ['bɛçɐn] 〈h〉 《통음어·농》많이 마시다, 통음(痛飲)하다.

becircen, 《또한》 **bezirzen** [bəˈtsɪrtsn̩] 〈h〉《통음어》**a)** (오디세 중의 마녀 치르체처럼 여자가 남자를) 유혹하다, 농락하다, 호리다. **b)** (유혹하여) 우려내다.

Bẹcken ['bɛkn̩], das; -s, - **1.** 양푼, 대야. **2. a)** 수반(水盤), 수조, 물통, 저수지, 풀. **b)** 《지질》분지(盆地). **c)** 【의학】골반(骨盤). **d)** 심벌즈.

bẹcken-, Bẹcken-: **~bruch,** der 골반 골절. **~endlage,** die 【태아의】골반위(骨盤位), 역아(逆兒). **~förmig** [-fœrmɪç] 〈Adj.〉 대야 모양의. **~gurt,** der **a)** 골반을 싸는 안전띠. **b)** 삼중 안전띠에서 골반을 싸매는 부분. **~gürtel,** der 골반대(척추 동물의 뒷다리를 척추에 연결시키는). **~knochen,** der 《대개 Pl.》골반뼈, 관골(寬骨), 무명뼈. **~organe** 〈Pl.〉 골반 속에 있는 소화 기관과 생식 기관. **~rand,** der 풀의 가장자리.

Beckmesser ['bɛkmɛsɐ], der; -s, - 《폄》 흠을 들추어 내는 사람, 험구가. **Beckmesserei** [bɛkmɛsəˈraɪ], die; -en 《폄》 흑평, 흠 들춰내기. **beckmesserisch** 〈Adj.〉 《폄》 험구적인, 흑평하는. **beckmessern** 〈h〉 《폄》 흠을 들춰내다, 혹평하다.

Becquerel [bekaˈrɛl, 〈frz.〉 beˈkrɛl], das; -(s) [nach dem frz. Physiker H. A. Becquerel(1852~1908)] 【물리】 이온화하는 사광(射光)의 활동력에 대한 측정 단위(기호: Bq).

bedạchen 〈h〉 지붕을 이다: 《대개 과거분사로》 bedachte Brücken 지붕이 있는 다리.

bedạcht [bəˈdaxt] 〈Adj.〉 **1.** 사려 깊은, 신중한, 통찰력 있는. **2.** 《다음 용법으로》 **auf etw. b. sein** 무엇을 마음에 두다, 무엇에 마음을 쓰다. **Bedacht** [-], der 《다음 용법으로》 **ohne B.** 생각없이, 경솔하게. **voll B.** 신중하게. **mit B.** 신중히, 사려깊게. **auf etw. (keinen) B. nehmen** 무엇에 유의하다, 무엇을 고려하다《무엇에 유의하지 않다, 무엇을 전혀 고려하지 않다》. **Bedạchte*** [bəˈdaxtə], der / die 【법】 수유자(受遺者), 유증(遺贈)을 받은 사람. **bedạ̈chtig** [bəˈdɛçtɪç] 〈Adj.〉 **1.** 서두르지 않는, 의젓한, 유유한. **2.** 사려깊은, 분별있는, 신중한, 조심성있는. **Bedạ̈chtigkeit,** die ↑bedächtig의 명사형. **bedạchtsam** [bəˈdaxtza:m] 〈Adj.〉 《아이》 사려 깊은, 용의 주도한; 사색에 빠진. **Bedạchtsamkeit,** die 《아이》 ↑Bedächtigkeit.

Bedạchung, die; -en 《수공》 **1.** 지붕이기. **2.** ↑Dach (1 a).

bedạ̈mpfen 〈h〉 【기술】 《무엇의 표면에》 금속층을 증착 (蒸着) 시키다. **Bedạ̈mpfung,** die; -en 증착.

bedạ̈mpfen 〈h〉 《특히 전기》 《...의》발진(發振)을 제어 (制御) 하다. **Bedạ̈mpfung,** die; -en ↑bedämpfen의 명사형.

bedạng [bəˈdaŋ]: ↑²bedingen의 과거형.

bedạnken 〈h〉 **1.** (b. + sich) 《누구에게 무엇에 대해서》 감사하다: ich bedankte mich höflich bei ihr für die Einladung 나는 그 여자에게 초대에 대해서 감사했다; dafür bedanke ich mich (bestens)! 《통음어·반어》나 는 그것과 아무런 관계도 하고 싶지 않습니다, 나는 그것을 사절합니다; bedanke dich bei ihm! 《통음어·반어》 그가 그 일에 책임이 있다네, 그 사람 때문이야!; ich bedanke mich 감사합니다 (danke sehr, ich danke Ihnen 대신, 의례적인 감사 표시의 말). **2.** 《südd., österr.》 누구 《무슨 일》에게 감사하다.

Bedạrf [bəˈdarf], der; -(e)s [niederd. bedarf] 필요, 수요, 부족: er stürmte die Geschäfte, um seinen B. einzukaufen 그는 필요한 것을 사기 위해서 가게로 뛰어 들어갔다; Dinge des täglichen -s 일용품, 생활 필수품; (keinen) B. an([상]) etw. haben 무엇을 필요로 하 다(하지 않다); bei B. 필요한 경우에; (je) nach B. 수요에 응하여, 필요에 따라; wir sind schon über B. eingedeckt damit 우리는 그것을 필요 이상으로 비축하고 있다; [상공] mein B. ist gedeckt 《통음어》나는 그것을 충분히 가지고 있다.

bedạrfs-, Bedạrfs-: **~artikel** der 필수 품목, 소모품. **~befriedigung,** die 수요 충족. **~deckung,** die 수요 충족. **~ermittlung,** die 《시장》수요 조사. **~fall,** der 《Pl. 없음》《다음의 격식 독일어 용법으로》 im -e(-) 무엇에 대한 필요가 생겨나는 경우에; **für den B.** 무엇에 대한 필요가 생기는 경우를 위해서. **~gerecht** 〈Adj.〉《다음 품목에 대한》 수요에 상응한. **~gut,** das 《대개 Pl.》 소비재(消費財). **~güter** 〈Pl.〉 생활 필수 물자. **~haltestelle,** die 《내리거나 탈 사람이 있을 때서는》 임시 정류장. **~träger,** der 【경제】 수요자(需要者).

bedauerlich [bəˈdaʊɐlɪç] 〈Adj.〉 유감스러운, 한탄할, 동정할: ein -er Irrtum 유감스러운 오류; es ist b., daß es so weit mit ihm gekommen ist 그가 그렇게 악화되었다는 것은 유감스러운 일이다. **bedauerlicherweise** 〈Adv.〉 유감스럽게도. **bedauern** 〈h〉 **1.** 동정하다, 불쌍히 여기다: ich bedauere dich aufrichtig 나는 솔직하게 너를 동정한다. **2.** 《기쁘지 않은, 불유쾌한》 유감스럽다: sie bedauerte ihre Äußerung 그 여자는 자기의 발언을 유감스러워했다 《후회했다》; ich bedauere, daß ich nicht dabeisein konnte 《거절의 표현으로서》 함께 하지 못함을 유감스럽게 생각합니다. **Bedauern,** das; -s **1.** 동정, 유감: jmdm. sein B. ausdrücken 누구에게 자신의 동정을 표시하다. **2.** 비탄, 비애: zu meinem großen B. kann er nicht kommen 정말 유감스럽게도 저는 올 수 없습니다.

bedauerns- (bedauern 1): **~wert** 〈Adj.〉 동정할 가치가 있는, 불쌍한, 유감스러운, 가엾은; **~würdig** 〈Adj.〉《아이》↑~wert.

bedẹcken 〈h〉 **1.** 감추기 위해서 무엇으로 덮다, 덮어 쓰우다: den Leichnam mit einem Tuch b. 시체를 헝겊으로 덮어 쓰우다. **2.** 무엇《누구》 위를 덮다: weiche Teppiche bedecken den Boden 부드러운 양탄자가 바닥을 덮고 있다; der Rock bedeckt das Knie 그 치마가 무릎을 덮는다《무릎 위에 온다》. **3.** 《고어》↑decken (7). **4.** 《österr.》 bedecken (5 b). **bedeckt** [bəˈdɛkt] 〈Adj.〉 **1.** 심하게 구름이 낀. **2.** 목소리가 쉰, 목선. **Bedẹcktsamer** [-za:mɐ], der; -s, - 《대개 Pl.》【식물】 피자식물 (被子植物). **bedẹcktsamtig** [-za:mtɪç] 〈Adj.〉 【식물】 피자의. **Bedẹckung,** die; -en **1.** 덮기, 씌우기. **2.** 경찰의 보호, 호위, 감시: jmdm. polizeiliche B. mitgeben 누구에게 경찰의 호위를 붙여 주다. **3.** 덮기 위해서 사용된 것. **4.** ↑Deckung (6). **5.** 《österr.》↑Deckung (4 b).

bedẹnken* 〈h〉 **1. a)** 무엇에 대해서 깊이 생각하다, 고려 [고려]하다: er hätte sorgfältig bedacht, was er sagen wollte 그는 그가 말하려고 했던 것을 세심하게 생각했다. **b)** 고려에 넣다, 고려하다: du mußt b., daß er noch sehr jung ist 너는 그가 아직도 대단히 젊다는 것을 고려해야만 한다. **2.** 《아이》 무엇을 선사하다, 누구에게 《어떤 일에》무엇을 주다, 유증하다: jmdn. bei der

Erbteilung reichlich b. 유산 분배할 때 누구에게 풍부하게 유증하다. **3.** ⟨b. + sich⟩ (어떤 결정을 하기 전에) 상의[협의]하다, 잠깐 숙고하다: ich bedachte mich einen Augenblick und unterschrieb dann 나는 잠시 숙고하고 나서 서명했다. **Bedęnken**, das; -s, - **1.** ⟨Pl. 없음⟩ 고려, 고량: nach kurzem [gründlichem] B. 잠깐[철저히] 생각한 끝에. **2.** ⟨대개 Pl.⟩ 의심, 이의: B. hegen, etw. zu tun 무엇을 하는 데 의심을 품다; B. tragen (아어) 의심을 품다(의 강조). **bedęnkenlos** ⟨Adj.⟩ 거리낌없이, 주저[의심]하지 않는. **Bedęnkenlosigkeit**, die (아무) 생각 없는 행동. **bedęnkenswert** ⟨Adj.⟩ 한번 더 생각할 필요가 있는(가치가 있는). **bedęnklich** [bəˈdɛŋklɪç] ⟨Adj.⟩ **1.** 깊은 고려를 요하는, 미심쩍은, 걱정스러운: eigentlich hätte mich das b. machen müssen 원래 나는 그것을 깊이 생각했어야만 했을 텐데. **2. a)** 이론의 여지가 있는, 의심스러운, 수상한, 애매한: -e Geschäfte machen 수상한 상업을 하다. **b)** 불안한 생각을 일으키는, 위험한, 위협적인: eine -e Wendung nehmen 위협스러운 전환을 하다. **Bedęnklichkeit**, die; -en **1.** ⟨Pl.⟩ ⟨고어⟩ 이의, 의심. **2.** ⟨Pl. 없음⟩ **a)** 회의, 미심쩍음, 애매함. **b)** 불안한 생각을 일으키게 하는 손실, 위험성, 위협성. **Bedęnkzeit**, die 결정하기 전 고려할 시간, 고려의 시간, 유예 기간.

bedęppert [bəˈdɛpɐt] ⟨Adj.⟩ ⟨경⟩ 어찌할 바를 모르는, 당혹한: ein wenig b. dreinschauen 약간 당혹한 얼굴 표정을 하다.

bedeuten ⟨h⟩ **1. a)** 의미하다, 표현하다: was bedeutet dieses Zeichen? 이 기호는 무엇을 의미하는가? was soll das b.? 그것은 무슨 뜻[의미, 목적]을 가지고 있는냐? **b)** 조짐[징표]이다, 뜻한다: handelspolitischer Protektionismus bedeutet Einschränkung des Verkehrs zwischen den Völkern 무역 정책적 보호주의는 국가간의 교류 제한을 뜻한다; er ahnte nicht, was es bedeutet 그는 그것이 무엇을 뜻하는지 예견치 못했다. **c)** 일정한 무엇이다: das Konzil von Nizäa bedeutet einen Meilenstein in der Geistesgeschichte der Menschheit 니제아의 공회의는 인류의 정신사에 있어서 중요한 전환점이다. **d)** 예시하다, 암시한다: Perlen bedeuten Tränen 진주는 눈물을 암시[상징]한다. **2.** 중요하다, 영향력을 가지고 있다: sein Name bedeutet viel in der Fachwelt 그의 이름은 전문계에 대단한 영향력을 가지고 있다. **3. a)** ⟨아어⟩ 암시하다, 권하다: Zugleich bedeutete er mir, daß ich ... dasselbe tun sollte 동시에 그는 내가 그것을 해야만 한다고 암시를 주었다. **b)** ⟨고어⟩ 해명하다, 가르치다: „ist es ein Schimpfwort oder das Gegenteil?" „Eher das Gegenteil", bedeutet uns das Fräulein 그것은 욕인가요 혹은 그 반대인가요? 오히려 그 반대입니다라고 그 아가씨가 우리들에게 해명한다. **bedeutend** ⟨Adj.⟩ **1.** 중요한, 현저한. **2.** 유명한, 잘 알려진: er ist ein -er Gelehrter 그는 유명한 학자이다. **3.** 탁월한, 가치있는. **4.** 큰, 주목할 만한: sein Anteil daran ist am -sten 그것에 대한 그의 몫이 가장 크다. **5.** ⟨형용사와 동사의 강조⟩ 대단히, 몹시, 휠씬: sein Zustand hat sich b. gebessert 그의 상태가 휠씬 호전되었다. **bedeutsam** [bəˈdɔytzaːm] ⟨Adj.⟩ **1.** bedeutend (1) 참조: in diesem für mich so -en Augenblick 나에게 그렇게 중요한 이 순간에. **2.** 의미 심장한, 이미 아는, 주지의: jmdn. b. anblicken 누구의 얼굴을 의미심장하게 바라보다. **Bedeutsamkeit**, die **1.** 중요함, 함축. **2.** ⟨아어⟩ 뜻, 의의. **Bedeutung**, die -en **1. a)** ⟨Pl. 없음⟩ 의미, 의의(意義): die B. eines Traumes erklären 어떤 꿈의 의미를 설명하다; die Fabel hat eine tiefere B. 그 우화(寓話)는 더 깊은 의미가 있다. **b)** 단어 의미[내용]: die B. des Wortes hat sich gewandelt 그 낱말의 의미가 변했다. **2.** ⟨Pl. 없음⟩ **a)** 의의, 중요, 가치: etw. ist von praktischer B. 무엇이 실제적인 가치가 있다. **b)** 효력, 세력, 가치, 명성: die B. dieses Gelehrten liegt auf einem ganz anderen Gebiet 이 학자의 지명도는 전혀 다른 분야에 있다.

bedeutungs-, Bedeutungs-: **~erweiterung**, die [언어] 의미의 확장(반대: Bedeutungsverengerung). **~feld**, das [언어] ↑ Wortfeld. **~gehalt**, der 성분 내용: der B. eines Wortes 어떤 낱말의 성분 내용. **~lehre**, die [언어] 의미론, 의의론(語義論). **~los** ⟨Adj.⟩ 무의미한, 중요치 않은. **~losigkeit**, die 무의미함: zur völligen B. verurteilt sein 완전히 무의미한 것으로 판단을 받고 있다. **~schwer** ⟨Adj.⟩ ⟨아어⟩ 깊은[심원한] 의미가 있는. **~übertragung**, die [언어] (은유적) 전의(轉義). **~umfang**, der [언어] 의미 범위, 의미 격차[차이, 구별]. **~verbesserung**, die [언어] 의미의 양화(良化) [향상(向上)], 낱말 의미의 가치 인상(예컨대: Marschall 마굿간 우두머리→원수(元帥)). **~verengerung, ~verengung**, die [언어] 의미 축소(縮小) (Hochzeit 축제일→결혼)(반대: Bedeutungserweiterung). **~verschlechterung**, die [언어] 의미의 악화(惡化)[하락(下落)] (예컨대: Dirne 처녀→창녀). **~voll** ⟨Adj.⟩ **1.** 의미 있는, 중요한: ein -er Tag 뜻 깊은 하루. **2.** 의미 심장한, 이미 아는, 주지의: jmdm. einen -en Blick zuwerfen 누구를 의미 심장하게 바라보다. **~wandel**, der [언어] (낱말)의 의미 변화. **~wörterbuch**, das (낱말) 의미 사전, 어의 사전(語義辭典).

bedichten ⟨h⟩ 시를 짓다: ein bedeutendes Ereignis b. 중요한 사건에 대해서 시를 짓다.

Bediene, die; -n ⟨청소년⟩ 신(바람)나게 하는 일, 크게 만족시켜 주는 사건. **bedienen** ⟨h⟩ **1. a)** 누구에게 (개인적인) 봉사를 제공하다: jmdn. vorn und hinten b. (müssen) ⟨통용어⟩ 누구를 위해서 온갖 굳은[사소한] 일을 다 해야만 한다. **b)** (식탁에서) 요리와 음료를 가지고 시중들다: ein mürrischer Kellner bediente uns 시무룩한 종업원이 우리에게 시중들었다; ich bin bedient ⟨schweiz.⟩ 나는 서비스를 받고 있다; ⟨b. + sich⟩ ich bediene mich 나는 음식과 음료수를 먹을 만큼 가져갔다. **c)** 고객에게 조언하고 구매할 때 (고객을) 돕는다: seine Kunden aufmerksam b. 그의 고객에게 세심하게 시중들다. **d)** ⟨다음 용법으로⟩ **gut[schlecht, ausgezeichnet, trefflich u. ä.] bedient sein** ⟨통용어⟩ 좋은[나쁜, 우수하게, 뛰어나게 등등] 조언을 받고 있다. **bedient sein** ⟨경⟩ 어떤 일에 물리다; 어떤 일[사람]에 대해서 더 이상 알기를 원치 않다. **2.** (더 큰 기계 등을) 취급하다, 조종하다, 무엇의 운전을 감시하다. **3. a)** ⟨축구⟩ 누구에게 공을 패스하다. **b)** ⟨카드⟩ 요청된 카드 형태를 (그림을) 내놓다: du mußt Trumpf b.! 너는 으뜸패를 내야 한다! **c)** [화폐] 무엇을 위해서 이자를 지불하다. **4.** ⟨b. + sich; 2격과 함께⟩ ⟨아어⟩ 무엇을 사용하다: er bediente sich eines Kompasses 그는 컴퍼스를 사용했다. **Bedienerin** [bəˈdiːnərɪn], die; -nen ⟨österr.⟩ 여종업원, 여사환, 웨이트리스. **bedienstet** [bəˈdiːnstɛt] ⟨Adj.⟩ ⟨다음 용법으로⟩ **b. sein** ⟨österr.⟩ ⟨공직에⟩ 봉사하고[고용되어] 있다. **Bedienstete**, der / die **1.** [관] 공무원. **2.** ⟨고어⟩ 하인, 하녀. **Bediente**', der / die ⟨고어⟩ 하인, 하녀. **Bedienung** [bəˈdiːnʊŋ], die; -en **1.** ⟨Pl. 없음⟩ 손님을 대접하는 것, 봉사(료): B. im Preis eingeschlossen [enthalten] 봉사료[팁]는 가격에 포함되어 있음. **2.** 기구를 사용하는 것(운전하는 것). **3. a)** 봉사하는 사람, 종업원: die saumselige B. der kleinen Konditorei 작은 과자점의 게으른 종업원. **b)** ⟨österr.⟩ 가정부, 파출부. **4.** ⟨군⟩ 화기 조종반, 기총 대원. **5.** ⟨österr.⟩ 하녀[여사환]직[일자리].

Bedienungs-: ~**aufschlag**, der 봉사료(↑~geld).
~**fehler**, der (사용 지침서를 무시한) 취급 부주의.
~**geld**, das 봉사료, 팁. ~**gerät**, das 시설 작동[조작]
용 기기[기구] (예컨대: 텔레비전의 리모트 컨트롤).
~**mannschaft**, die 〈군〉화기 조종반[팀]. ~**vor-
schrift**, die 사용 지침(서). ~**zuschlag**, der ↑
~geld.
Beding 〈다음 용법으로〉 **mit dem B.**, (**daß**) ... 〈고
어〉...의 조건 아래서. ¹**bedingen** 〈h〉 a) 작용하다, 결과
를 가지다, 야기시키다: sein großer Fleiß bedingte
ein rasches Voranschreiten der Arbeit 그의 대단한
열성으로 인해 그 일이 빨리 진척되었다. b) 요구하다, 전
제하다: eine gute Ernte bedingt reichliche Dün-
gung 좋은 수확은 풍부한 거름을 전제로 한다. c) 서로 의
존하다: öffentliche Wohlfahrt und unser Glück
bedingen sich gegenseitig 공적인 안녕과 우리들의 행
복은 서로 의존한다. ²**bedingen***, sich³ 〈h〉 〈준고어〉 조
건으로 삼다, 유보하다: ich bedang mir besondere
Freiheiten 나는 특별한 자유를 요구했다; Bedin-
gen Sie sich reichlich Urlaub 당신은 충분한 휴가를 조
건으로 하시오. **bedingt** [bə'dɪŋt] 〈Adj.〉 1. 제한된, 국
한된, 조건부의: etw. nur b. gutheißen[bejahen] 무엇
을 조건부로 허가하다[시인하다]. 2. 일정한 전제 조건에
서 유효한: er erhielt eine -e Erlaubnis zur Reise 그는
특정한 조건에서 유효한 여행 허락을 받았다; -er
Straferlaß 【법】형집행유예(刑執行猶豫). **Bedingt-
heit**, die; -en 1. 의존, 구속, 한계, 제한. 2. 소여성(所與
性), 전제: klimatische -en 기후적인 전제. **Bedingt-
gut**, das 〈Pl. 없음〉↑Kommissionsgut. **Bedingt-
sendung**, die ↑Kommissionssendung. **Bedin-
gung** [bə'dɪŋʊŋ], die; -en 1. a) 조건: wie lauten ihre
-en? 그들의 조건은 무엇입니까? b) 전제 조건: die
Teilung der Gewalten ist die erste B. einer freien
Regierung 권력의 분리는 자유 정부의 첫번째 전제 조건
이다. 2. 〈대개 Pl.〉 〈결정적인〉 소여성, 상황, 사정: die
klimatischen -en sind nicht gut 기후 사정이 좋지 않
다.
bedingungs-, Bedingungs-: ~**form**, die 【언어】
동사의 조건법. ~**los** 〈Adj.〉 1. 무조건의: die -e Kapi-
tulation fordern 무조건 항복을 요구하다. 2. 사양하지
않는, 제한 없는, 유보 없는: jmdm. b.
gehorchen[ergeben sein] 누구에게 무조건 순종하다.
~**losigkeit**, die 조건 없음, 무조건. ~**satz**, der 【언
어】 조건문. ~**weise** 〈Adv.〉 조건부로.
bedrängen 〈h〉 1. a) 압박하다; 맹렬히 달려들어 안절
부절하게 하다: der Linksaußen wurde von zwei
Abwehrspielern hart bedrängt 레프트윙은 두 사람의
수비에 강하게 위협을 받아 안절부절했다; die Stadt
wurde von den Feinden bedrängt 그 도시가 적으로부
터 공격을 받고 있었다. 〈전의〉die Erinnerungen be-
drängen ihn wie Schatten 추억들이 그를 그림자처럼
괴롭힌다. b) 괴롭히다, 성가시게 굴다: der Star wurde
von den Reportern mit Fragen bedrängt 그 스타가
기자들의 질문으로 괴로움을 당했다. 2. 괴로울 정도로 부
담을 주다, 압박[학대]하다: mich bedrängt die Sorge,
ob er noch lebt 그가 아직도 살아있을지의 여부의 걱정
이 나를 괴롭게 짓누르고 있다. 〈흔히 과거분사에서〉
sich in einer bedrängten Lage befinden 어떤 어려운
상황에 있다. **Bedränger**, der; -s, - 압박자, 몹시 괴롭
히는 자. **Bedrängnis**, die; -se 〈아어〉곤란한 입장, 곤
경, 피박 상태: jmdn. in B. bringen 누구를 곤경에 빠
지게 하다; in B. geraten 곤경한 입장에 빠져들어가다.
Bedrängtheit, die 곤궁함. **Bedrängung**, die; -en
1. 곤경, 어려운 상황: sich in großer B. befinden 커다
란 곤경에 처해 있다. 2. 압박하기.

bedräuen 〈h〉〈고어〉↑bedrohen 참조.
bedrecken [bə'drɛkŋ] 〈h〉《통용어》더럽게 하다, 더럽히
다.
bedripst [bə'drɪpst] 〈Adj.〉 〈nordd.〉 당황한, 슬프고 의
기 소침한.
bedrohen 〈h〉 1. 누구를 폭력으로 위협하다: jmdn. mit
dem Messer[mit dem Tode] b. 누구를 칼로[죽인다
고] 위협하다. 2. 직접적으로 위험을 주다, (신체적, 정신
적으로) 위태롭게 하다: Hochwasser bedroht die
Stadt 홍수가 그 도시를 위협하고 있다; das Haus war
von Flammen bedroht 그 집이 화염으로 위협받고 있었
다. **bedrohlich** [bə'dro:lɪç] 〈Adj.〉 위험하는, 협박적
인, 매우 위험적인: die Lage wurde immer -er 그 상황
이 점점 더 위험적으로 되었다. **Bedrohlichkeit**, die 위
협. **Bedrohung**, die; -en 1. 위협[협박]하기. 2. 위협,
위기: die B. des Friedens 평화의 위기.
bedrucken 〈h〉 a) 인쇄하다: das Briefpapier mit den
Anfangsbuchstaben seines Namens b. lassen 자기
이름의 첫 글자를 넣은 편지지를 인쇄시키다. b) 무엇의 위
에다 무늬를 인쇄하다, 나염하다: ein mit großen Blu-
men bedrucktes Kleid 큰 꽃무늬로 인쇄된 옷.
bedrücken 〈h〉 1. 〈준고어〉 누구(무엇)에 강한 압박을 행
사하다, 압박[학대]하다: die bedrückten Volksmas-
sen setzten sich zur Wehr 억압당한 백성의 무리가 저항
했다. 2. 누구에게 짐을 지우다, 슬프게 하다, 기를 꺾다:
Angst bedrückte sie 공포가 그 여자를 침울하게 했다;
tagelang bedrückt umherschleichen 하루종일 의기 소
침한 상태로 배회하다. **bedrückenderweise** 〈Adv.〉 침
울하게, 부담스럽게: sein Wohlwollen nahm b.
immer mehr zu 그의 호의가 점점 더 부담스럽게 증대했
다. **Bedrücker**, der; -s 〈준고어〉 억압[압제]자.
bedruckt: ↑bedrucken 의 과거분사.
bedrückt [bə'drʏkt] 〈Adj.〉 ↑bedrücken (2)의 과거분사. **Be-
drücktheit**, die 의기 소침, 우울, 압박(감).
Bedruckung, die; -en 인쇄하기.
Bedrückung, die; -en 1. 압박, 억압. 2. 〈Pl. 없음〉 ↑
Bedrücktheit.
Beduine [bedu'i:nə], der; -n, -n 【frz. bédouin】 유목
생활을 하는 아라비아 사막 주민, 베두인 사람.
bedungen [bə'dʊŋən] ↑²bedingen의 과거분사.
bedünken 〈h〉 누구에게 ...로 여겨지다: es
will mich (es bedünkt mich), daß ... 나로서는 ...라고
생각된다. 〈b. + sich〉: Geradezu wiese bedünken
sich jene Mentoren 그 멘토들은 바로 현명하다고 여긴
다. **Bedünken**, das; -s 〈다음 용법으로만〉**meines -s**
〈고어〉내 생각으로는.
bedürfen* 〈h〉 〈아어〉〈2격 목적어와 함께〉 필요로 하다:
nur eines Wortes b. 한 마디의 말만이 필요하다; das
bedarf keiner Erklärung 그것은 설명이 필요치 않다(그
것은 자명하다, 당연하다). 〈드물게 4격과 함께〉 dazu
bedarf es viel Geld 그것을 위해서는 많은 돈이 필요하
다. **Bedürfnis** [bə'dʏrfnɪs], das; -ses, -se 1. 욕구, 필
요: ein B. nach Ruhe 휴식에 대한 욕구; es ist mir ein
(wirkliches) B., Ihnen zu danken 나는 당신에게 진정
으로 감사를 드릴 필요를 느낍니다. 2. 〈대개 Pl.〉 필수품,
필요한 것. 3. 〈완곡〉 (인간의) 배설: ein[sein] B. ver-
richten 용변을 보다. **Bedürfnisanstalt**, die 【관】 공
중 변소. **Bedürfnisbefriedigung**, die 욕구의 충족.
bedürfnislos 〈Adj.〉 특별한 욕구가 없는, 검소한.
Bedürfnislosigkeit, die 무욕. **bedürftig** 〈Adj.〉
1. 물질적인 도움이 필요한, 가난한, 빈궁한. 2. jmds.
[einer Sache] b. sein 〈아어〉누구[어떤 사물]를 필요
로 하다: sie ist der Ruhe b. 그 여자는 휴식을 필요로 한
다. **Bedürftigkeit**, die 곤궁, 부족, 빈곤.
beduseln, sich 〈h〉《통용어·농》가볍게 취하다: ich

bedus(e)le mich nicht schon am frühen Morgen 나는 이른 아침에는 취하지 않는다; 전의 von dem vielen Reden bin ich richtig beduselt 말을 많이 했기 때문에 나는 정말 혼미하다.

Beefalo ['bi:falo], der; -s, -s 들소와 집소에서 나온 잡종.

Beef- ['bi:f-; engl. beef]: ~**burger** [...bɔ:gɐ], der; -s, - [engl. beefburger] 비프버거. ~**eater** [-i:tɐ], der; -s, - [본래] Rindfleischesser], der; -s, -s 런던 왕성의 친위대. ~**steak**, das [engl. beefsteak] 비프스테이크: (deutsches) B. 독일식 비프스테이크(잘게 다진 고기로 된 납작하게 눌러 지진 경단); B. à la tatare [↑Tatar] 계란 및 양념과 함께 생으로 먹는 잘게 다진 쇠고기. ~**tea** [-ti:], der; -s, -s [engl. beaftea] 쇠고기 수프.

beehren ⟨h⟩ **1. a)** (아이) 누구에게 (방문, 출석으로) 영광을 주다, 경의를 표하다[방문하다]: 《반어》 er hat uns in letzter Zeit recht oft (mit seiner Anwesenheit) beehrt 그는 최근에 아주 자주 우리들을 방문했다. **b)** 《과시》방문하다: Beehren Sie uns bald wieder! 곧 다시 한번 왕림해 주시길 영광이겠습니다! **2.** ⟨b. + sich⟩ (서신, 광고에서 형식적으로) 삼가[감히] ...하다: wir b. uns, unserer verehrten Kundschaft mitzuteilen, daß ... 우리는 존경하는 고객에게 삼가 ···을 알려 드립니다.

beeiden [bəˈaɪdn] ⟨h⟩ 맹세하다, 선서하다: eine Aussage vor Gericht b. 법정에서 진술을 선서하여 확증하다. **beeidigen** [bəˈaɪdɪɡn] ⟨h⟩ **1.** (아이) ↑beeiden: er beeidigte seine Aussage 그는 그의 진술을 선서로 확증했다. **2.** 《고어》 선서시키다. **Beeidigung**, die; -en ↑beeidigen의 명사형.

beeifern, sich ⟨h⟩ 《드물게》 전체(盡瘁)하다, 열심히 노력하다.

beeilen, sich ⟨h⟩ **1.** 빨리하다, 서두르다: wenn wir den Zug noch erreichen wollen, müssen wir uns b. 우리들이 그 기차를 놓치지 않으려 한다면, 서둘러야 한다. **2.** 우물쭈물하지 않고 신속히 하다: er beeilte sich, mir zuzustimmen 그는 나에게 동의하는 데 주저하지 않았다. **Beeilung,** die 《권유문으로서만》 (los) Beeilung!《통용어》 서두르시오, 서둘러, 빨리빨리!

beeindrucken ⟨h⟩ (...에게) 깊은 인상을 주다, 지속적으로 작용하다, 경탄의 마음을 가지다: die Aufführung beeindruckte mich 그 공연이 나에게 깊은 인상을 주었다: ein das Bauwerk 감명 깊은 건축물.

beeinflußbar [bəˈaɪnflʊsbaːɐ̯] ⟨Adj.⟩ 영향을 받기 쉬운, 가능성[특성, 경향]을 보이는, 영향을 미칠 수 있는, 자주성이 없는. **Beeinflußbarkeit,** die ↑beeinflußbar의 명사형. **beeinflussen** [bəˈaɪnflʊsn] ⟨h⟩ 영향을 미치다: dieses Ereignis beeinflußte die Verhandlungen 이 사건은 공판에 영향을 끼쳤다. **Beeinflussung,** die; -en ↑beeinflussen의 명사형.

beeinträchtigen [bəˈaɪntrɛçtɪɡn] ⟨h⟩ **a)** 해치다, 방해하다, 침해하다: Alkohol beeinträchtigt das Reaktionsvermögen des Autofahrers 알코올은 자동차 운전자의 반응 능력을 둔화시킨다. **b)** 약화시키다, (능력, 가치, 효력에 있어서) 감소시키다: seine Leistungsfähigkeit wird durch die Krankheit beeinträchtigt 그의 실행 능력이 병으로 약화되어진다. **Beeinträchtigung,** die; -en ↑beeinträchtigen의 명사형.

beelenden [bəˈɛlɛndn] ⟨h⟩ ⟨schweiz.⟩ 누구에게 감동을 주다, 누구를 슬프게 하다.

Beelzebub ['beːltsəˌ'bɛl..., (또한) beˈɛltsə-], der; - [bib. < hebr. Baal-zebub] 악마, 바알세불: **den Teufel mit(durch) B. austreiben** 바알세불로 악마를 쫓아내다(악을 다른 더 나쁜 악으로 쫓아내다, 이기려고 노력하다, 마태복음 12장 24절).

beenden ⟨h⟩ 끝내다, 마치다, 종결하다: den Krieg b. 전쟁을 끝내다; ich beendete das Gespräch 나는 그 대화를 끝냈다. **beendigen** ⟨h⟩ ↑beenden. **Beendigung,** die ↑beenden의 명사형. **Beendung,** die ↑Beendigung.

beengen ⟨h⟩ 조이게[비좁게] 하다, 행동[생활] 범위를 제한하다: sehr beengt wohnen 대단히 협착(옹색)하게 살다; 전의 jmds. Freiheit(Handlungsraum) b. 누구의 자유[행동 범위]를 제한하다. **Beengtheit,** die 협착[압박]의 상태. **Beengung,** die ↑beengen의 명사형.

beerben ⟨h⟩ 누구의 유산을 상속하다: die Kinder beerben ihren Vater 자녀들이 그들 아버지의 유산을 상속한다. **Beerbung,** die ↑beerben의 명사형.

beerden ⟨h⟩ 【농업】 흙을 주다, 흙을 쌓아 올리다, 북돋우다. **beerdigen** [bəˈeːɐ̯dɪɡn] ⟨h⟩ 죽은 사람을 묘지에 묻다: Selbstmörder mußten außerhalb des Friedhofs beerdigt werden 자살자는 묘지 밖에 매장되어야 했다. **Beerdigung,** die; -en 매장, 장례식: die B. findet am Mittwoch statt 장례식은 수요일에 거행된다; **auf der falschen B. sein** ⟨경⟩ **1)** 잘못된 장소에 있다. **2)** 무엇에 관한 잘못된 생각을 가지다.

Beerdigungs-: ~**anstalt,** die ↑~institut. ~**feier,** die 장례 예식, 장의. ~**gesellschaft,** die 장례식 참가 조객. ~**institut,** das 장의사(葬儀社). ~**kosten** ⟨Pl.⟩ 장례 비용. ~**tag,** der 장례일. ~**unternehmen,** das ↑~institut.

Beere ['beːrə], die; -n 장과(漿果)《딸기, 포도 따위》: -n pflücken 딸기를 따다; in die -n gehen《지역적》야생 딸기 따모으러 숲속으로 가다.

beeren-, Beeren-: ~**artig** ⟨Adj.⟩ 딸기 모양의. ~**auslese,** die **1.** (잘 익어 발효 직전의) 극상품 포도. **2.** 극상품 포도에서 만든 (알코올이 풍부한) 좋은 포도주. ~**förmig** ⟨Adj.⟩ 딸기 모양의. ~**frucht,** die 장과(漿果). ~**obst,** das 과실로 사용된 장과의 전체. ~**saft,** der 딸기에서 얻어진 과일 주스. ~**tang,** der 모자반. ~**tragend** ⟨Adj.⟩ 장과가 열리는. ~**wein,** der 장과에서 얻는 술, 과실주. ~**zeit,** die 장과가 익는 시기.

Beet [beːt], das; -(e)s, -e (정원 안의) 화단, 묘상(苗床): ein B. umgraben 화단을 파 일구다.

Beete: ↑Bete 참조.

befähigen [bəˈfɛːɪɡn] ⟨h⟩ (누구에게) 능력[자격]을 주다: dieser Umstand befähigte ihn, die Notzeit zu überstehen 이 상황이 그로 하여금 곤경을 극복할 능력을 주었다; ein sehr befähigter Lehrer 대단히 능력 있는 교사. **Befähigung,** die ↑befähigen의 명사형: für diese Arbeit fehlt ihm die B. 이 일에 대해서 그는 능력이 없다. **Befähigungsnachweis,** der 〖관〗 자격[능력] 증명.

befahl [bəˈfaːl], **befähle** [bəˈfɛːlə] ↑befehlen 참조.

befahrbar [bəˈfaːɐ̯baːɐ̯] ⟨Adj.⟩ 주행할 수 있는, 자동차가 통과할 수 있는. **Befahrbarkeit,** die 통행[주행]할 수 있는 상태. **¹befahren*** ⟨h⟩ **1.** 차도로 사용하다, 무엇 위를 달리다: die Strecke ist sehr stark befahren 이 구간에는 많은 차량이 달린다; Tanker können diese Route nicht b. 유조차는 이 길을 달릴 수 없다. **2.** 어떤 표면을 무엇으로 달리면서 뿌리다: eine Straße mit Schotter b. 어떤 도로를 자갈을 뿌리며 달리다. **3.** 〖광〗 광산 안으로 들어가다, 갱내로 들어가다: einen Schacht b. 수직갱으로 들어[내려]가다. **²befahren** ⟨Adj.⟩ ⟨¹befahren의 과거분사⟩ **1.** [전의] 항해에 경험이 있는: diese Matrosen sind alle sehr b. 이 선원들은 대단히 노련하다. **2.** [사냥] (동물이) 산 흔적이 있는: ein -er (Dachs)bau (곰, 여우 따위가) 산 굴이 있는.

Befall, der; -(e)s (식물의) 피해, 발병: der B. bestimmter Pflanzen mit Mehltau 노균병으로 말미암은 특정

식물의 피해. **befallen*** ⟨h⟩ (병, 화재, 공포 따위가) 덮치다, 엄습하다: hohes Fieber befiel ihn 그는 갑작스럽게 심한 열병에 걸렸다.

¹befangen* ⟨h⟩ (아어·고어) 둘러싸다, 포위하다, 붙잡다. **²befangen** ⟨Adj.⟩ **1.** 당황한, 어찌할 바를 모르는, 수줍은, 두려워하는: ein -es junges Mädchen 수줍어하는 어린 소녀; in Gesellschaft ist er immer sehr b. 모임에서 그는 언제나 부끄럼을 탄다. **2.** [법] 선입견에 사로잡힌, 편파적인, 객관적이 아닌: jmdn. für b. erklären 누구를 편견적이라고 공언하다. **3.** in etw. b. sein (아어) 무엇에 빠져 있다, 무엇에 강하게 사로잡혀 있다: in einem Irrtum(einer Illusion) b. sein 어떤 오류(환상)에 사로잡히어 있다. **Befangenheit**, die **1.** 편견에 사로잡힌 상태, 편파, 소심, 주저, 당혹: seine B. ablegen 그의 편견을 벗어 버리다. **2.** [법] 편견, 편파(성): einen Zeugen wegen B. ablehnen 어떤 증인을 편견 때문에 거절하다.

befassen ⟨h⟩ **1.** ⟨b. + sich⟩ 누구(무엇)와 관련을 맺다, 무엇을 다루다, 취급하다: ich habe mich bereits eingehender mit diesen Problemen befaßt 나는 이미 비교적 자세하게 이 문제들을 다루었다. **2.** [관] 누구에게 어떤 임무(활동)를 위탁시키다(부여하다): Pakistan hat beantragt, den UNO-Sicherheitsrat mit dem Versuch einer Lösung des Konfliktes um Kaschmir zu b. 파키스탄은 유엔 안전 보장 이사회에 카시미르 분쟁의 해결을 위임할 것을 신청했다. **3.** ⟨지역적⟩ 손으로 만지다: das Kind hat die Möbel befaßt 어린아이가 가구를 만졌다.

befehden [bəˈfeːdn̩] ⟨h⟩ **1.** ⟨역사적⟩ 누구와 반목하고 있다, 싸우다: der Burggraf befehdete die Stadt 성주는 그 도시와 반목 상태에 있었다. **2.** ⟨아어⟩ 공격하다, 반대하다: er befehdete meine Pläne heftig 그는 나의 계획을 심하게 반대했다. **Befehdung**, die; -en ↑ befehden의 명사형.

Befehl [bəˈfeːl], der; -(e)s, -e **1. a)** 명령, 지시: ein strenger, geheimer B. 엄격한 비밀 명령; einen B. erlassen 어떤 명령을 발하다; den B. zum Rückzug erteilen 퇴각 명령을 내리다; **B. ist B.** 명령은 명령이다 (명령은 무조건 따라야 한다); **zu B.!** (군) 예, 알았습니다! (복종의 표현); **dein Wunsch ist(sei) mir B.** (통용어·농) 네가 원하는 것을 나는 행한다. **b)** [전산] 지시, 명령. **2.** 명령(지휘)권: er hat den B. über die Festung übernommen 그는 그 요새의 지휘권을 수취했다.

befehlen* ⟨h⟩ **1. a)** 임무를 주다, 명하다: den Soldaten wurde befohlen, die Brücke zu sprengen 그 군인들은 다리를 폭파하도록 명령을 받았다; von Ihnen lasse ich mir nichts b. 당신의 지시는 받지 않습니다; **wie Sie b.** (과시) 당신이 원하는 대로. **b)** 어떤 장소에 오게 하다: er wurde zum Rapport befohlen 그는 보고를 하도록 부름을 받았다. **2.** 명령권을 가지다, 명령하다: über ein Heer(eine Armee) b. 군대를 지휘하다. **3.** ⟨아어·고어⟩ 누구의 보호 아래 두다, 맡기다: ich befehle meinen Geist in deine Hände ⟨성서⟩ 나의 영혼을 당신의 손에 의탁하나이다; **Gott befohlen** (고형의 작별 인사) 안녕히 가세요. **befehlerisch** ⟨Adj.⟩ 명령적인, 횡포한, 거만한: in einem Ton 명령조로. **befehligen** [bəˈfeːlɪɡn̩] ⟨h⟩ (군) 지휘하다, 누구(무엇)를 명령하다: den Einsatz der Polizei b. 경찰의 출동을 지휘하다.

befehls-, Befehls-: **~ausgabe**, die 명령의 전달, 시달. **~befugnis**, die 명령(지휘)의 권한. **~bereich**, der 명령의 유효 영역. **~durchführung**, die 명령의 수행(실시). **~empfang**, die 명령 수령. **~empfänger**, der 수령자. **~form**, die [언어] 명령형, 명령법. **~geber**, der 명령자. **~gemäß** ⟨Adj.⟩ 명령에 상응하는.

~gewalt, die ⟨Pl. 없음⟩ 명령(지휘)권. **~haber** [...haːbɐ], der; -s, - (군) 지휘관, 사령관. **~haberisch** ⟨Adj.⟩ ↑befehlerisch. **~notstand**, der [법] 긴급 사태, 비상 사태. **~sache**, der [언어] 명령형의 문장(예컨대: gib mir bitte das Buch!). **~stab**, der [철도] 발차 신호봉. **~ton**, der 명령조의 목소리. **~verweigerung**, die [군] 명령 복종의 거부, 항명. **~widrig** ⟨Adj.⟩ 명령을 위반하는.

befeinden [bəˈfaɪ̯ndn̩] ⟨h⟩ ⟨아어⟩ 적의를 품다, 적대하다, 싸우다: er befeindete mich 그는 나를 적대했다; die beiden Städte haben einander ⟨sich (gegenseitig)⟩ jahrelang befeindet 그 두 도시는 여러해 동안 서로 적대하여 싸웠다. **Befeindung**, die; -en ↑ befeinden의 명사형.

befestigen ⟨h⟩ **1.** 고정(부착)시키다, 붙잡아 매다: ein Schild an der Tür b. 문에 문패를 붙이다. **2. a)** 무엇을 견고하게 하다: den Damm b. 댐을 견고하게 보수하다. **b)** 굳히다, 강화하다, 지속하다: diese Tat befestigte seinen Ruhm 이 행위가 그의 명예를 강화했다. **3.** ⟨b. + sich⟩ 어떤 지위에서 확고히 되다, 굳혀지다: seine berufliche Position befestigte sich nach diesem Erfolg 그의 직업상의 위치는 이 성공 후에 확고히 되었다. **4.** 방어 시설(진지)을 공고히 하다. **Befestigung**, die; -en **1. a)** 고정: zur B. des Plakats verwendet man am besten Reißnägel 게시물을 고정(시키기) 위해서 제도용 핀이 가장 좋게 사용된다. **b)** 축성, 유지할 수 있게 하기: die B. der Dämme war nicht gründlich genug durchgeführt worden 그 제방의 축성이 충분히 철저하게 공고화되지 못했다. **c)** 강화: die B. des totalitären Einparteienstaats 전체주의적인 일당 국가의 강화. **d)** 군사적 방비 시설의 건립, 준공: die ganze Bevölkerung war an der B. der Stadt beteiligt 전체 백성이 그 도시의 방어 시설 건립에 참가했다. **2.** 방어 설비.

Befestigungs-: ~anlage, die 방어 시설. **~bau**, der ⟨Pl. ...bauten⟩ 방어 설비. **~linie**, die 방위선(防衛線). **~werk**, das 방어 시설(↑ ~anlage).

befeuchten ⟨h⟩ 축축하게 하다, 조금 적시다: er befeuchtete seinen Finger mit Wasser 그는 그의 손가락을 물로 조금 적셨다; der Tau befeuchtete das Gras 이슬이 풀을 축축하게 적셨다. **Befeuchtung**, die; -en ↑ befeuchten의 명사형.

befeuern ⟨h⟩ **1.** (화로에) 연료를 공급하다, 불을 때다: eine Heizung (mit Kohlen, Öl) b. 어떤 난방 장치를 (석탄, 기름으로) 가열하다. **2.** ⟨아어⟩ 박차를 가하다, 격려하다.

Beffchen [ˈbɛfçən], das; -s, - [mniederd. beffe의 축소형 < lat. biffa] 성직자, 법관(특히 목사)의 드리운 띠 같은 깃장식.

befiedern [bəˈfiːdɐn] ⟨h⟩ ...에 깃털을 달다: einen Pfeil b. 화살에 깃털을 달다.

befiehl [bəˈfiːl], **befiehl(s)t** [bəfiːl(s)t] ↑ befehlen 참조.

befinden* ⟨h⟩ **1.** ⟨b. + sich⟩ **a)** 일정한 장소에 머물다, 있다: sich im Urlaub [auf Reisen] b. 휴가중이다, 여행중이다. **b)** ⟨아어·과시⟩ ...한 상태(형편)에 처해 있다: sich in guten Händen b. 잘 보호받고 있다. **c)** ⟨아어⟩ 어떤 건강 상태에 있다, 어떻게 느끼다: wie befindet sich der Patient? 그 환자의 건강 상태는 어떠한가? **2.** ⟨아어⟩ **a)** 누구(무엇)를(조사, 시험에 의거 판단(판정)하다, 어떻게 생각하다: er wurde für tauglich befunden, als Soldat zu dienen 그는 군인으로 복무하는 데 적격이라는 판정이 내려졌다. **b)** 단호히 표명하다, 말하다. **3.** [관] 판단하다, 무엇을 결정하다: über die Zahl der Teilnehmer befindet der Ausschuß 참가자의 수

는 위원회가 결정한다. **Befinden**, das; -s 1. 《육체적·정신적》 건강 상태: sich nach jmds. B. erkundigen 누구의 안부를 묻다 2. 《아이》 의견, 견해, 판단, 평가: nach eigenem B. entscheiden 자신의 견해에 따라 결정하다. **befindlich** [bə'fɪntlɪç] 〈Adj.〉 《격식독어》 **a)** (어떤 곳에) 있는, 존재하는. **b)** (어떤 상태에) 처해 있는: das in Kraft -e Gesetz 효력이 발생중인 법률. **Befindlichkeit**, die; -en (당면한) 정신 상태.
befingern 〈h〉 《경》 (조사하기 위해) 손가락으로 건드리다, 만지다: 〈전의〉 so etwas muß befingert werden 이런 (위험한) 일은 반드시 조사되어져야 한다.
befischen 〈h〉 (어떤 물가에서 정기적으로) 고기를 낚다. **Befischung**, die; -en ↑befischen의 명사형.
beflaggen 〈h〉 기로 장식하다, 기를 달다: alle öffentlichen Gebäude waren beflaggt 모든 공공 건물에는 기가 달려 있었다. **Beflaggung**, die; -en ↑beflaggen의 명사형.
beflecken 〈h〉 1. 더럽히다, 얼룩지게 하다. 2. (명예를) 더럽히다, 욕되게 하다: jmds. Andenken[Ehre, Ruf] b. 누구의 추억[명예, 명성]을 더럽히다. **Befleckung**, die ↑beflecken의 명사형.
beflegeln 〈h〉 《österr.》 거칠게 욕하다.
befleißen* [bə'flaɪsn], **befleißigen**, sich 〈h〉 《고어》 ↑befleißigen. **befleißigen**, sich 〈h〉 《아이》 무엇에 전심[전력]하다, 노력하다: sich großer Höflichkeit [Zurückhaltung] b. 아주 겸손[자제]하려고 노력하다.
beflicken 〈h〉 《끊임없이》 옷을 수선하다.
befliegen* 〈h〉 1. 어떤 구간을 (정규적으로) 비행하다, 날다. 2. 《식물》 (벌 등이) 수정하다: Linden[blüten] werden von Bienen gern beflogen 보리수(꽃)는 벌에 의해 잘 수정된다.
befliß [bə'flɪs], **¹beflissen** [bə'flɪsn] ↑befleißen 참조.
²beflissen [-] 〈Adj.〉 《아이》 열심인, 열심히 노력하는: sich b. zeigen, etw. zu tun 무슨 일을 하는 데에 열의를 보이다. **Beflissenheit**, die (과도한) 열의. **beflissentlich** 〈Adj.〉 《↑geflissentlich 대신 드물게》 고의적인, 부지런한: das -e Übergehen[Überhören] einer Frage 어떤 질문을 고의로 안 듣고 넘어감[안들음].
beflügeln 〈h〉 《아이》 **a)** 자극하다, 고무하다: ich beflüg(e)le ihn zu neuen Taten 나는 그가 새로운 일을 하도록 독려한다. **b)** 재촉하다, 재촉하다: aus der Angst beflügelte seine Schritte 겁이 나서 그는 발걸음을 재촉했다. **beflügelt** 〈Adj.〉 날개가 달린. **Beflügelung**, (드물게) **Beflüglung** die 자극, 독려.
befluten 〈h〉 《아이》 침수시키다: ein von Meer befluteter Strand 바다에 침수된 해변. **Beflutung**, die; -en ↑befluten의 명사형.
befohle [bə'føːlə], **befohlen** [bə'foːlən] ↑befehlen 참조.
befolgen 〈h〉 무엇을 따르다, 고려하다, 준수하다: einen Befehl[Vorschrift] b. 명령[규정]을 따르다, 준수하다. **Befolgung**, die ↑befolgen의 명사형.
beförderbar 〈Adj.〉 운송[수송]할 수 있는, 진급할 수 있는.
Beförderer, **Befördrer** [bə'fœrd(ə)rɐ], der; -s, - 1. 운송[지원] 기구, 설비. 2. 《드물게》 지원자, 장려자, 후원자. **beförderlich** 〈Adj.〉 《schweiz.》 빠른, 신속한.
befördern 〈h〉 1. 운송[수송, 송부]하다: 〈전의〉 der Türsteher beförderte ihn ins Freie 문지기가 그를 집 밖으로 내쫓았다. 2. 승진, 진급시키다: er ist zum Direktor befördert worden 그는 지배인으로 승진되었다. 3. 《드물게》 원조[후원]하다, 촉진[장려]하다. **Beförderung**, die; -en 1. 〈Pl. 없음〉 운송, 송부. 2. 승진, 진급: die B. zum Abteilungsleiter 과장으로의 승진.

Beförderungs-: **~bedingungen** 〈Pl.〉 수송[운송] 조건. **~dauer**, die 수송[운송] 기간. **~gesuch**, das 승진 신청[청원]. **~kosten** 〈Pl.〉 수송[운송]비[료]. **~liste**, die 승진 대상자 목록. **~mittel**, das 운송 수단(차량). **~pflicht**, die (공적인 운송 기관의) 운송 의무. **~recht**, das 〈Pl. 없음〉 승진 결정권: das Ernennungs- und Beförderungsrecht der Justizverwaltungsbehörden 사법 행정 기관의 임명 및 승진 결정권. **~steuer**, [세무] **Beförderungsteuer**, die 운송세. **~tarif**, der 운임료, 운송 요금표.
Beförderer: ↑Beförderer.
beforsten [bə'fɔrstn] 〈h〉 (지역, 숲 등에) 조림하다, (삼림을) 경영하다. **beförstern** [bə'fœrstɐn] 〈h〉 [임업] 국유림을 (삼림 공무원이) 관리[경영]하다. **Beförsterung**, die; **Beförstung**, die 조림(↑beforsten의 명사형).
befötzt 〈Adj.〉 《비어》 미친.
befrachten [bə'fraxtn] 〈h〉 (운송 수단에) 짐을 싣다: ich befrachtete den Lastwagen mit Kohle 나는 그 화물차에 석탄을 실었다. **Befrachter**, der 선적업자, 화물 취급인, 하주(荷主). **Befrachtung**, die; -en 짐싣기, 적하(積荷).
befrackt [bə'frakt] 〈Adj.〉 연미복을 입은.
befragen (befragt / 〈지역〉 befrägt, befragte / 〈지역〉 befrug, hat befragt) 1. **a)** 묻다, 조회하다: jmdn. sehr genau b. 누구에게 자세히 묻다; jmdn. nach seiner Meinung [wegen seines Verhaltens, über das Ereignis] b. 누구에게 의견을[행동에 관해서, 사건에 관해서] 조회하다; 〈성구〉 nie sollst du mich b. 〈농〉 아무래도 나에게 묻지 말아라(그것에 대해서 정보를 주고 싶지 않다). **b)** 《아이》 어떠한 것의 도움으로 알아보다: er befragte das Los 그는 운명을 점쳐 보았다. 2. ⟨b. + sich⟩ 《준고어》 무엇에 대하여 상의[조회]하다, 조언을 구하다: sich bei einem Rechtsanwalt [bei einem Arzt] über[nach] etw. b. 변호사[의사]에게 무엇에 대하여 상의하다. **Befragung**, die; -en 1. 문의, 조회, 심문. 2. 〈사회〉 여론 조사, 조사.
befranst [bə'franst] 〈Adj.〉 《드물게》 술이 붙은[달린].
befreien 〈h〉 1. **a)** 해방하다, 자유롭게 하다, 석방하다: das Kind aus den Händen der Entführer b. 어린이를 유괴범들의 수중에서 해방시키다. 〈전의〉 der Fluß ist vom Eise befreit 그 강은 얼음이 녹았다. **b)** 독립 투쟁을 하다, 독립 투쟁으로 구조하다: das Volk vom Faschismus b. 국민을 파시즘으로부터 구조하다. **c)** 자유롭게 하다. 2. 누구(무엇)로부터 (성가신 것, 방해되는 것을) 제거하다, 없애다: die Schuhe vom Schmutz b. 구두를 깨끗이 하다. 3. **a)** (불쾌한 것으로부터) 구하다: jmdn. von Schmerzen[Angst, Kummer] b. 누구를 고통[불안, 걱정]으로부터 구해 내다. **b)** ⟨b. + sich⟩ 극복하다, (불쾌한 것에서) 벗어나다: sich von Vorurteilen b. 선입관을 극복하다. 4. (누구에게) 무엇을 면제해 주다, 무엇으로부터 풀어 주다: einen kranken Schüler vom Turnunterricht b. 아픈 학생에게 체육 시간을 면제해 주다. **Befreier**, der 구출자, 해방자. **Befreiung**, die 1. **a)** 해방, 구제, 구출(감옥 등에서). **b)** 압제, 억압 등에서의 해방: die B. der Frau 여성 해방. 2. 구제: B. von Krankheit 병으로부터의 구제. 3. 면제.
Befreiungs-: **~bewegung** [독립] 운동. **~griff**, der [스포츠] 유도나 구명 수영법에서 (상대방에게서) 빠져나오는 기법. **~kampf**, der (정치적인) 해방 투쟁. **~krieg**, der 1. 해방 전쟁. 2. 〈Pl.〉 Freiheitskrieg (b). **~schlag**, der [아이스하키] (반칙적) 클리어링 킥. **~versuch**, der 해방을 시도함.
befremden 〈h〉 낯설게 하다, 이상하게 하다, 놀라게 하다, 의심나게 하다: seine Worte befremdeten mich 그의 말은 나를 불쾌하게[놀라게] 했다. **Befremden**, das;

-s 의아함, 놀라움, 불쾌함: B. erregen 의아한[기이한] 생각을 일으키게 하다. **befremdend** 〈Adj.〉 의아한, 낯선. **befremdlich** 〈Adj.〉 《아어》 낯선, 놀라운, 의아한, 기이한, 불쾌한. **Befremdung**, die 의아함, 놀라움, 미심쩍음.

befreunden [bəˈfrɔyndṇ], sich 〈h〉 **1.** 누구와 친분을 맺다, 누구를 잘 알게 되다: die beiden Kinder befreundeten sich schnell 그 두 아이들은 금방 친하게 되었다; sie waren eng befreundet 그들은 아주 친했었다; das befreundete Ausland 우호적인 외국. **2.** 무엇에 익숙해져서 긍정적인 태도를 취하다, 가까이 하다: mit der neuen Mode habe ich mich noch nicht befreundet 나는 아직 새 유행에 익숙해지지 못했다. **befreundet** 〈Adj.〉 친교를 맺은, 친한, 사귄: mit jmdm. b. sein 누구와 친하다.

befrieden [bəˈfriːdṇ] 〈h〉 **1. a)** 《아어》 (국가 따위를) 평화롭게 하다, 평정하다. **b)** 《준고어》 진정시키다, 평온하게 하다: er ließ sich befrieden 그는 자신을 진정시켰다. **2.** 《드물게·시어》 울타리를 하다, 얕은 담을 두르다. **befriedet** 〈Adj.〉 《드물게》 보호된, 안전한. **befriedigen** [bəˈfriːdɪɡṇ] 〈h〉 **1. a)** (욕구, 기대를) 만족시키다, 충족시키다: er ist sehr schwer zu b. 그는 만족시키기 어렵다(그는 욕구가 많다); seine Neugier [Rachsucht] b. 그의 호기심[복수심]을 진정시키다; er konnte seine Gläubiger b. 그는 채권자들을 진정시킬 수 있었다(그들의 요구를 들어주다); einen Aufsatz mit „befriedigend" bewerten 작품을 "만족함"이라고 평가하다[평점에서 "미"에 해당함]. **b)** 내적으로 만족[충족]시키다. **c)** 만족하다, 요구에 응하다. **2. a)** 누구의 성적 욕구를 진정시키다, 만족시키다. **b)** 〈b. + sich〉 수음하다. **befriedigend** 〈Adj.〉 만족시키는, 충분한. **Befriedigung**, die **1.** 만족(시킴), 충족(시킴). **2.** 만족함, 충분함: ein Gefühl der inneren B. 내적인 만족감.

Befriedung, die; -en ↑befrieden의 명사형. **Befriedungsaktion**, die 평정책.

befristen 〈h〉 (어떤 일에) 기한을 정하다, 주다. **Befristung**, die; -en ↑befristen의 명사형.

befruchten 〈h〉 **1.** 열매를 맺게 하다, 수정(시키다): [진의] Sonne und Regen befruchten die Erde [die Felder] 《아어》 태양과 비는 대지[들판]를 비옥하게 한다. **2.** 《아어》 (정신적으로) 자극을 주다, 고무시키다: seine Theorien haben auch einen Nietzsche befruchtet 그의 이론이 또 한 사람의 니체를 결실맺게 하였다. **Befruchtung**, die; -en 결실, 수태, 수정.

befugen 〈h〉 누구에게 권한, 자격을 주다, 허가하다: er ist befugt, das Lager zu betreten 그는 그 창고를 들어갈 권한이 있다; zu diesem Vorgehen war er nicht befugt 이 일을 다룰 권한이 그에게는 주어지지 않았다. **Befugnis** [bəˈfuːknɪs], die; -se 권한, 자격, 전권.

befühlen 〈h〉 (조사하면서) 만지다, 짚어보다, 쓰다듬다.

befüllen 〈h〉 《드물게》 채우다.

befummeln 〈h〉 《통용어》 **1. a)** (호기심에) 만지다, 조사하다. **b)** 성적으로 애무하다. **2.** 마치다, 처리하다. **3.** (지역적) (지나치게) 깨끗하게 하다, 닦다.

Befund, der; -(e)s, -e [↑befinden (2 a) 참조] 조사 결과, 소견, 확인 상태, 판정, 감정: der ärztliche B. liegt noch nicht vor 의사의 소견서는 아직 없었다: **ohne B.** [의학] 이상 없음(약어: o. B.).

befürchten 〈h〉 두려워하다, 걱정[근심]하다, 무엇에 대한 각오를 하다: so etwas (Ähnliches) hatte ich befürchtet 그런 것(그와 비슷한 것)을 두려워했었다. **Befürchtung**, die; -en 두려움, 공포, 근심, 걱정: in jmdm. die B. erwecken, daß ... 누구에게 ...의 두려움을 일깨우다.

befürsorgen [bəˈfyːɐ̯zɔrɡn̩] 〈h〉 《österr.·관》 ↑betreuen. **Befürsorgung**, die ↑befürsorgen의 명사형.

befürworten [bəˈfyːɐ̯vɔrtn̩] 〈h〉 (추천으로) 대변하다, 후원하다, 추천[변호]하다: ich befürworte diese Politik 나는 이 정책을 지지한다.

Befürworter, der; -s, - 추천인, 대변인, 후원인.

Befürwortung, die; -en 추천, 대변, 후원, 지원, 지지.

Beg [bɛk], der; -(s), -s [türk. beg] 터키의 고관 칭호(자주 이름 뒤에 쓰임).

begaben [bəˈɡaːbn̩] 〈h〉 《아어》 무엇을 부여하다, 갖추다: mit Vernunft [Verstand] begabt sein 이성[사고력]이 갖추어져 있다. **begabt** 〈Adj.〉 (타고난) 재능이 있는, 특별한 소질[능력]을 갖춘: dafür ist sie nicht b. 그 것에 그녀는 재능이 없다. **Begabte***, der / die 재능[능력]이 있는 사람, 수재. **Begabtenauslese**, die 영재 선발. **Begabtenförderung**, die 영재 후원[지원]. **Begabung**, die; -en **1.** 천부의 소질, 재능: eine hohe B. für etwas haben 무엇에 탁월한 재능을 갖다. **2.** 특정 분야에 재능이 있는 사람: er ist eine außergewöhnliche musikalische B. 그는 음악에 재능이 비상한 사람이다.

Begabungs-: **~forschung**, die 재능 연구. **~reserve**, die (사회에 미개발[미활용]된) 재능, 잠재된 재능. **~schwund**, der 재능의 감소. **~test**, der 재능 진단 테스트. **~untersuchung**, die 재능 조사. **~wandel**, der. 재능 변천[변화].

begaffen 〈h〉 《통용어·폄》 놀라서 쳐다보다.

begangen: ↑begehen 참조. **Begängnis** [bəˈɡɛŋnɪs], das; -ses, -se 《아어·고어》 장례식, 의식.

begann [bəˈɡan], **begänne** [bəˈɡɛnə] ↑beginnen 참조.

begasen 〈h〉 [농업] (해가 되는 동물이나 그 서식체에) 가스를 살포하다, 가스로 소독하다. **Begasung**, die; -en 가스 살포.

begatten 〈h〉 **a)** (동물들이) 성교, 교미하다: der Vogel begattete das Weibchen 그 새는 암컷과 교미했다. **b)** 〈b. + sich〉 교미하다, 성교하다, 짝짓다. **Begatterich**, der; -s, -e 《통용어·농》 남편. **Begattung**, die; -en 교미, 성교.

Begattungs-: **~organe** 〈Pl.〉 생식기. **~trieb**, der 성욕, 교미욕. **~zeit**, die 교미기, 수정기.

begaunern 〈h〉 《통용어·폄》 속이다, 사기하다, 기만하다.

begebbar [bəˈɡeːpbaːɐ̯] 〈Adj.〉 [↑begeben (4) 참조] [금융] (유가 증권이) 양도[유통]할 수 있는, 매각할 수 있는. **Begebbarkeit**, die ↑begebbar의 명사형.

begeben* 〈h〉 **1.** 〈b. + sich〉 **a)** (격식적·아어) 어떤 장소[어딘가]로 가다: sich zu Bett b. 자러 가다; sich in ärztliche Behandlung b. 의사의 진찰을 받으러 가다 (의사 진찰을 받다). **b)** 《아어》 시작하다, 착수하다: sich an die Arbeit b. 일에 착수하다. **2.** 〈b. + sich〉 《아어》 잃다, 포기(단념)하다: sich jedes politischen Einflusses b. 모든 정치적인 영향력을 잃다. **3.** 〈b. + sich〉 《아어》 일어나다, 생기다. **4.** [금융] (어음 등을) 발행하다, 유통시키다, 매각(양도)하다. **Begebenheit**, die; -en 《아어》 사건, 일어난 일: dem Film liegt eine wahre B. zugrunde 그 영화는 실제의 사건을 바탕으로 한다. **Begebnis**, das; -ses, -se 《고어》 ↑Begebenheit. **Begebung**, die; -en (어음, 채권 따위의) 발행, 유통, 양도.

begegnen [bəˈɡeːɡnən] 〈h〉 **1. a)** 누구와 (우연히) 만나다: ich bin ihm erst kürzlich begegnet 나는 그를 얼마 전에 비로소 우연히 만났다; wir begegneten uns [einander] in dem Wunsch, ihm zu helfen 우리는 그를 돕자는 데에 의견이 일치했다. **b)** 마주치다, 만나다. **2.** 《아어》 **a)** 일어나다, 생기다, 발생하다, 있다, 존재하다. **b)** (대체로 좋지 않은 일을) 체험[경험]하다, 당하다: das

Schlimmste, was Ihnen bei dieser Arbeit b. kann, ist ... 이 일을 하는데 당신에게 봉착할 수 있는 최악의 사태는 …이다. **3.** 〈아어〉 **a)** (…한 태도로) 대하다, 행동하다: jmdm. freundlich [höflich, mit Spott] b. 그에게 친절히[겸손하게, 조롱하면서] 대하다. **b)** 대처[대응]하다: einer Gefahr mutig b. 위험에 용감하게 대응하다.
Begegnis, das; -ses, -se 〈아어·고어〉 사건, 일어난 일. **Begegnung**, die; -en **1.** 만남, 해후. **2.** [스포츠] 시합, 경기.
begehbar [bəˈgeːbaːɐ̯] 〈Adj.〉 통행할 수 있는, 걸을 수 있는. **begehen*** 〈h〉 **1. a)** (장소, 길 따위를) 가다, (빈번히) 다니다, 통행하다: eine viel begangene Brücke 통행이 많은 다리. **b)** 순회[순시]하다. **2.** 〈아어〉 축하하다, 개최하다[거행하다], 치루다: ein Fest (würdig) b. 축제를 (품위있게) 거행하다. **3.** (나쁜 짓, 어리석은 것을) 하다, 행하다, 범하다, 저지르다: einen Verrat[ein Verbrechen] b. 배신[죄를 범]하다; sie beging Selbstmord 그녀는 자살했다.
Begehr [bəˈgeːɐ̯], der (또는) das; -s 〈아어〉 열망, 욕구, 요구, 요청. **begehren** [bəgeːrən] 〈h〉 〈아어〉 **a)** 열망하다, 요구하다, 갈망하다: eine begehrte Tänzerin 인기있는 무희; dieser Preis[Pokal] ist sehr begehrt 이 포상은(우승배는) 많은 사람들이 탐내고있다. **b)** 원하다, 원하고자 하다. **c)** 간청하다, 청구하다. **Begehren** [-], das; -s, - 〈아어〉 욕구, 요구, 소망.
begehrenswert 〈Adj.〉 바람직한, 원할 만한, 탐 가치있는. **begehrlich** 〈Adj.〉 〈아어〉 탐욕적인, 간절히 바라는: b. nach etw. blicken 무엇을 갈망하듯[탐욕적으로] 바라보다. **Begehrlichkeit**, die; -en 욕망, 욕심, 탐욕, 열망.
Begehung, die; -en 거행(축제, 의식 등의), 범행, (죄과를) 범함.
begeifern 〈h〉 **1.** (폄) 악평하다, 비방[중상]하다. **2.** (드물게) 침으로 더럽히다. **Begeiferung**, die; -en ↑ begeifern의 명사형.
begeißelt [bəˈgaɪsl̩t] 〈Adj.〉 〈생물〉 편모가 있는[달린].
begeistern 〈h〉 **1.** 감격[열광]케 하다, 고무하다, 활기를 주다; jmdn. für eine Sache b. 어떠한 일에 누구를 감격케 하다; ich war begeistert von ihr[von ihrem Gesang] 나는 그녀에게[그녀의 노래에] 감격하였다. **2.** (b. + sich) 감격[열광]하다, 도취되다: sich für das Schöne b. 아름다움에 감격하다; ich begeisterte mich an der Landschaft 나는 경치에 도취되었다. **Begeisterung**, die 감격, 열광, 흥분, 환희: B. auslösen 열광을 불러일으키다; in B. geraten 감격에 빠지다; jmdn. in B. versetzen 누구를 열광케 하다.
begeisterungs-, Begeisterungs-: **~fähig** 〈Adj.〉 열광할 수 있는, 감격적인. **~fähigkeit**, die 열광성. 열광할 수 있는 능력, 열광성. **~strum**, der 폭풍 같은 열광, 큰 감격. **~taumel**, der 열광의 도가니.
begichten [bəˈgɪçtn̩] 〈h〉 〈제련〉 (용광로에) 광석을 집어넣다. **Begichtung**, die; -en ↑ begichten의 명사형.
Begier, die 〈아어〉 ↑ Begierde. **Begierde** [bəˈgiːɐ̯də], die; -n 욕구, 욕망, 정욕, 탐욕: seine B. nach Besitz [Macht] nicht zügeln können 그의 소유욕[권세욕]을 제어할 수 없다. **begierig** 〈Adj.〉 열망하는, 욕구하는, 정욕적인: wir sind b. auf seinen Besuch 우리는 그가 방문하기를 열망[고대]하고 있다.
begießen* 〈h〉 **1.** (누구(무엇)에게 물 따위를) 붓다, 뿌리다, 젖게 하다: Blumen b. 꽃에 물을 주다. **2.** (통음어) (술을 마시며) 축하하다: die Verlobung [ein Wiedersehen] b. 약혼[재회]을 축하하다. **Begießung**, die; -en ↑ begießen의 명사형.
Begine [beˈgiːnə], die; -n [frz. béguine < lat. beguina] 반속(半俗) 수도원 여성 단체 회원, 베긴회의 수녀.

Beginn [bəˈgɪn], der; -(e)s 시작, 처음, 발단, 초기, 개시, 기원(반대: Ende, Schluß): den B. einer Veranstaltung verschieben 회합의 시작을 연기하다. **beginnen*** [bəˈgɪnən] 〈h〉 **1. a)** 시작[착수]하다; eine Arbeit b. 일을 시작하다; sie hatten erst vor kurzem mit dem Bau begonnen 그들은 불과 얼마전에 비로소 건축 공사를 했었다. **b)** 하다, 행하다, 착수[시도]하다. **2.** (일정한 시간, 장소, 방법으로) 시작하다, 시작되다: die Vorstellung beginnt um 20 Uhr 공연은 20시에 시작된다; im 18. und beginnenden 19. Jahrhundert 18세기와 19세기초에. **Beginnen**, das; -s 〈아어〉 시행, 시도, 노력.
beglänzen 〈h〉 〈시어〉 광택을 내다, (빛을) 비추다: das Abendrot beglänzte die Gipfel 저녁놀이 산봉우리를 비추었다.
beglaubigen [bəˈɡlaʊbɪgn̩] 〈h〉 **1.** (공적으로) 확인[증명]하다, 공증하다: eine polizeilich beglaubigte Fotokopie 경찰에 의해 공증된 사본. **2.** (외교 사절을) 신임장을 주어 파견하다, 신임하다. **Beglaubigung**, die; -en 확인, 확증, 공인, 공증. **Beglaubigungsschreiben**, das (외교 사절의) 신임장.
begleichen* 〈h〉 〈아어〉 (부채, 빚 따위를) 지불하다, 갚다: eine Rechnung b. 청구서를 지불하다. **Begleichung**, die; -en 지불, 청산.
Begleit-: **~adresse**, die ↑ ~schein. **~brief**, der 첨서(添書). **~erscheinung**, die 수반 현상, 부수 현상, 수반 증세. **~flugzeug**, das 호위 비행기. **~instrument**, das 반주악기. **~mannschaft**, die 호위[호송]병, 호위대(원). **~musik**, die 반주 음악, 배경 음악. **~papier**, das (대개 Pl.) [화물의] (화물의) 증서, 운송 연장. **~person**, die/**~personal**, das 호위하는 사람, 동행자. **~phänomen**, das ↑ ~erscheinung. **~schein**, der (관세 세관에 제어되는) 송장. **~schiff**, das [해군] 호위함. **~schreiben**, das ↑ ~brief. **~stimme**, die 반주음, 반주부. **~symptom**, das [의학] ↑ ~erscheinung. **~text**, der (그림이나 인쇄물의) 설명문. **~umstand**, der (대개 Pl.) 부수(수반)되는 사정(상황). **~worte** (Pl.) 첨서에 있는 말 (글).
begleiten 〈h〉 **1. a)** 동행[동반]하다, 바래다 주다, 안내하다: sie begleitete ihn an die Bahn 그녀는 그를 기차까지 바래다 주었다. **b)** 〈아어〉 …에 따르다, 수반하다, (동반하여) 나타나다. **c)** 덧붙이다, 첨가하다: mit einem Kommentar b. 주석을 붙이다. **2.** 반주하다: Gesang auf der Gitarre b. 노래에 기타로 반주하다. **Begleiter**, der; -s, - **1. a)** 동반자, 안내자, 호송인, 호송선[호송병]. **2.** 반주자. **Begleiterin**, die; -nen ↑ Begleiter의 여성형. **Begleitung**, die; -en **1. a)** 동행, 동반: er kam in B. eines Mädchens 그는 한 소녀를 동반하였다. **b)** 동반자, 동행자(사람이나 동물). **2. a)** 반주. **b)** 반주음.
Beglerbeg [ˈbɛɡlɐbɛk], der; -s, -s [türk. Begler beji] 고대 터키의 주지사.
beglotzen 〈h〉 〈속어〉 (호기심에 차서) 뚫어지게 처다보다, 응시하다.
beglücken 〈h〉 〈아어〉 기쁘게 하다, 행복하게 하다: seine Nähe beglückte sie 그와 가까이 있는 것이 그녀를 기쁘게 하였다. **Beglücker**, der; -s, - (반어적) 은인, 행복을 주는 사람. **Beglückung**, die; -en 행복하게 함, 기쁘게 함, 행복(감). **beglückwünschen** 〈h〉 축하하다, 행운을 빌다: jmdn. zu einem Erfolg b. 누구의 성공[성과]을 축하하다. (b. + sich) immerhin konnte ich mich wenigstens zu dem Einfall b. 그는 적어도 그 착상에 기뻐할 수 있었다. **Beglückwünschung**, die; -en 축하, 축사.
begnaden [bəˈɡnaːdn̩] 〈h〉 〈아어〉 누구에게 은혜를 베풀

다: die Natur begnadete ihn mit großer Musikalität 그는 대단한 음악적인 재능을 타고났다. **begnadet** ⟨Adj.⟩ 은혜를 받은, 예술적 재능이 풍부한: eine -e Sängerin(Schauspielerin) 천부의 여자 성악가(여자 배우). **begnadigen** [bəˈgnaːdɪgn̩] ⟨h⟩ 은혜를 베풀다, 사면(특사)하다. **Begnadigung**, die; -en 사면, 특사, 감형. **Begnadigungs-**: **~gesuch**, das 특사(사면) 신청(서). **~recht**, das (Pl. 없음) 사면권, 은사권. **~sache**, die (통용어) 특사건, 사면건.
Begnadung, die 은혜, 은총.
begnügen [bəˈgnyːgn̩], sich ⟨h⟩ 1. 만족하다, 납득하다: sich mit dem b., was man hat 가진 것에 만족하다. 2. (무엇에) 제한하다. **begnügsam** [bəˈgnyːkzaːm] ⟨Adj.⟩ ⟨고어⟩ ↑genügsam.
Begonie [beˈgoːni̯ə], die; -n (프랑스 식물학자 Ch. Plumier에 의해 당시 San Domingo의 총독 M. Bégon의 이름을 따라 명명됨] 베고니아, 추해당(秋海棠).
begönne [bəˈgœnə], **begonnen** [bəˈgɔnən] ↑ beginnen.
begönnern [bəˈgœnɐn] ⟨h⟩ 1. 후원하다, 두둔하다, 보조하다; ... fühlte er sich bald heimisch, zumal ihn der Chef des Haufens begönnerte ... 특히 무리의 장이 그를 두둔하여 그는 바로 마음이 놓였다. 2. 교만하게 (거만하게) 대하다: dieser eingebildete Mensch glaubt einfachere Leute immer b. zu müssen 이 자만심 많은 인간은 보다 단순한 사람에게 항상 거만해야 한다고 믿는다. **Begönnerung**, die 후원, 보조, 후원받음.
begöschen [bəˈgœːʃn̩] ⟨h⟩[niederd. begösken] ⟨nordd.⟩ 달래다, 타이르다.
begoß [bəˈgos], **begossen** [bəˈgɔsn̩] ↑ begießen 참조.
begr. = begraben.
begraben* ⟨h⟩ 1. 묻다, 매장하다: lebendig begraben sein 산 채로 매장되다. 2. 단념(포기)하다, 더 이상 생각하지 않다: die Hoffnung (eine Angelegenheit) b. 희망 (그 일)을 포기하다; **sich b. lassen können** (통용어) 누구와는 아무것도 할 수 없다; **sich mit etw. b. lassen können** (통용어) 누가 주선해 주는 것 가지고는 아무일도 할 수 없다; **dort möchte ich nicht b. sein** (통용어) 나는 어떤 일이 있어도 거기에 묻혀 살고 싶지 않다. 3. (무너지는 큰 덩어리 아래로) 파묻다, 뒤덮다. 4. ⟨고어⟩ 묻어 감추다. **Begräbnis** [bəˈgrɛːpnɪs], das; -ses, -se 매장, 장례(식).
Begräbnis-: **~feier**, die 장례식. **~feierlichkeit**, die (대개 Pl.) 장례(식), 장의(葬儀). **~kosten** ⟨Pl.⟩ 장례 비용. **~stätte**, die 묘지, (매)장지. **~tag**, der 장례일.
begradigen [bəˈgraːdɪgn̩] ⟨h⟩ (도로, 하천 따위를) 똑바르게 (일직선으로) 하다, 고치다. **Begradigung**, die; -en ↑ begradigen의 명사형.
begrannt [bəˈgrant] ⟨Adj.⟩ (식물의) 까끄라기가 있는, (동물의) 털이 있는.
begrapschen ⟨h⟩ ⟨지역적·폄⟩ 잡다, 만지다, 쥐어보다.
begrasmardeln [bəˈgrasmardl̩n] ⟨h⟩ (hamburg.) 1. a) 유혹하다. b) 훔치다, 사기치다. 2. 정리하다, 끝내다. 3. **sich b. lassen können** 아무것도 할 수 없다. **begrasmarmeln** [bəˈgrasmarml̩n], ↑ begrasmardeln.
begrast [bəˈgraːst] ⟨Adj.⟩ ⟨드물게⟩ 풀이 덮인(무성한).
begreifbar [bəˈgraɪ̯fbaːɐ̯] ⟨Adj.⟩ 이해(파악)할 수 있는. **Begreifbarkeit**, die ↑ begreifbar의 명사형. **begreifen*** (↑ begriffen) 1. a) 이해(파악)하다, 인식하다: das Kind begreift langsam(leicht) 그 아이는 센스가 늦다(빠르다); **es begreift sich, daß ...** ...은 명백하다. b) 누구(무엇)에 대해 이해심을 갖다, (누구의 생각, 느낌, 행위를) 이해하다: [성구] das begreife, wer will!

이것을 나는 이해하지 못하겠다. c) (무엇으로) 간주하다, 생각하다. 2. 《지역적》 짚어 보다, 만져 보다, 만지며 조사하다: er begreift das weiche Tuch 그는 부드러운 천을 만져 본다. 3. **etw. in sich b.** 《준고어》 포괄(포함)하다. **begreiflich** ⟨Adj.⟩ 이해(파악)할 수 있는, 생각할 수 있는, 명백한, 납득할 만한. **begreiflicherweise** ⟨Adv.⟩ 당연히, 물론, 명백히, 납득이 가게.
begrenzen ⟨h⟩ 1. 경계(한계)를 정하다: die Wiese wird von einem Wald begrenzt 그 초원은 숲과 경계를 이루고 있다. 2. 제한(한정, 국한)하다: die Geschwindigkeit(in der Stadt) b. (시내에서) 속도를 제한하다. **Begrenzer**, der; -s, - [기술] 제한기. **begrenzt** ⟨Adj.⟩ 경계가 있는, 한정된, 좁은, 제약이 있는: er hat einen sehr -en Horizont 그는 매우 시야가 좁다. **Begrenztheit**, die; -en 경계(한계, 제한)이 있음, 유한(有限). **Begrenzung**, die; -en a) 제한(한정)함, 경계의 설정. b) 경계, 한계, 한도.
Begrenzungs-: **~fläche**, die 【수학】 경계면. **~licht**, das (대개 Pl.) 【교통】 자동차의 차폭등(車幅燈). **~linie**, die 경계선.
Begriff, der; -(e)s, -e 1. 개념, 무엇의 정신적(추상적) 내용, 표상, 상상, 생각, 의견: keinen Begriff (keine Ahnung) von etw. haben 무엇에 대해 아는 바 없다; **(jmdm.) ein Begriff sein** (누구에게) 알려져 있다, 어떤 생각이 나다. 3. **im Begriff(e) sein [stehen]** 막 무엇을 하려 하다; **schwer(langsam) von B. sein** (통용어·폄) 어렵게(늦게) 파악하다, 이해하는 데 오래 걸리다. **begriffen** ⟨Adj.⟩ ↑ begreifen의 과거분사가 ↑다음 용법으로의) **in etw. b. sein** 막 무엇하려는 참이다, 진행중이다. **begrifflich** ⟨Adj.⟩ 개념의(개념적인), 관념의, 추상의: etw. b. darlegen (verständlich machen) 무엇을 개념적으로 설명하다(이해하게 하다).
begriffs-, Begriffs-: **~apparat**, der 개념군(群). **~bestimmung**, die 개념 규정(정의). **~bildung**, die 개념 형성(설정). **~inhalt**, der 개념 내용. **~mäßig** ⟨Adj.⟩ 개념의, 관념적인, 추상적인. **~paar**, das 개념쌍(서로 관련되는, 대립되는 두 개념). **~schrift**, die a) [언어] 표의문자(반대: Buchstabenschrift). b) (수학, 화학, 논리학 등에서 기호나 상징으로 된) 논리 기호. **~stutzig**, (österr.) **~stützig** ⟨Adj.⟩ ⟨폄⟩ 이해가 더딘, 우둔한. **~stutzigkeit**, (österr.) **~stützigkeit**, die ⟨폄⟩ ↑ ~stutzig의 명사형. **~umfang**, der (폄) 개념이 포괄하는 범위. **~vermögen**, das (Pl. 없음) 이해력, 파악력. **~verwirrung**, die a) 개념의 혼란. b) 사고력의 혼탁, 정신 착란. **~wort**, das (Pl.: -wörter) [언어] ↑ Abstraktum. **~zeichen**, das [언어] ↑ Ideogramm, Symbol(반대: Buchstabenzeichen).
begründen ⟨h⟩ 1. 기초를 세우다, 바탕을 만들다: eine Richtung (eine Schule) (in der Kunst) b. (예술에서) 한 경향을 설정하다(학파를 만들다). 2. 이유를 들다, 설명하다: seinen Standpunkt (ein Urteil) b. 그의 입장을 설명하다(판결 이유를 진술하다); begründete Ansprüche 정당한 요구; **in etw. begründet sein(liegen), (durch etw. begründet sein)** 무엇에 근거를 두다(무엇으로 근거를 찾다). 3. ⟨b. + sich⟩ 근거로 하고 있다, 정당화되다, 설명되다: wie begründet sich die Legalität einer Herrschaft? 통치의 합법성이 어떻게 설명될 수 있는가? **begründend** ⟨Adj.⟩ [언어] 이유(원인)를 나타내는. **Begründer**, der; -s, - 창설자, 창립자, 발기인. **Begründung**, die; -en 1. 창설, 창립, 창시, 기초: die B. einer Familie (einer Kunstrichtung) 한 가계의 설립(예술 경향의 설정). 2. 증명, 논증, 이유 제

시: die B. eines Antrags 신청서의 이유 제시.
Begründungs-: **~angabe**, die [언어] 이유(를 제시하는) 보충어, 상황어. **~satz**, der [언어] ↑Kausalsatz. **~weise**, die 창립(설립) 방법.
begrünen ⟨h⟩ **a)** 초록[나무, 풀, 잔디 등]으로 덮다. **b)** ⟨b. + sich⟩ 초록색이 되다, 신록이 되다. **Begrünung**, die ↑begrünen의 명사형.
begrüßen ⟨h⟩ **1.** 인사하다, 환영하다, 반갑게 맞아들이다: 전의 die Kinder begrüßen den ersten Schnee mit großem Freudengeschrei 아이들은 첫눈이 오는 것을 환호성을 올리며 맞아들인다. **2.** 긍정적으로 평가하다, 호의적으로 받아들이다, 동의하다, 좋다고 하다(반대: bedauern): es ist zu b., daß ... ···를 환영한다. **3.** ⟨schweiz.⟩ 의견을 묻다, 동의를 구하다. **begrüßenswert** ⟨Adj.⟩ 긍정적으로 받아들일 만한, 만족스러운, 기쁜. **Begrüßung**, die; -en 인사, 환영, 축하(행사).
Begrüßungs-: **~ansprache**, die 환영사. **~feier**, **~feierlichkeit**, die 환영회. **~formel**, die 격식적인 인사, 인사의 상투적인 문구. **~kuß**, der 인사로 하는 키스. **~rede**, die ↑ansprache. **~schluck**, der ⟨통용어⟩ 환영(시 마시는) 술. **~trunk**, der 환영 주연. **~wort**, das ⟨Pl. -e; 대개 Pl.⟩ 환영사.
begucken ⟨h⟩ ⟨통용어⟩ 들여다보다, 주시하다.
Beguine [be'gi:n], der; -s, -s ⟨전문어⟩ die; -s [frz. béguin] 마티니크와 산타루치아로부터 유래한 룸바풍의 민속춤.
Begum ['be:gʊm], die; -en [engl. begum < Hindi begam < türk. bīgam] 인도 여제후의 칭호.
begünstigen [bə'gʏnstɪgn̩] ⟨h⟩ **a)** ⟨사람, 사물, 계획에⟩ 호의적이다, 특별히 보아 주다, 도와 주다, 긍정적이다, 지지하다: der Schiedsrichter begünstigt mit seinen Entscheidungen die heimische Mannschaft 심판원은 내국 팀에 유리하게 판정한다. **b)** 우대하다, 총애(애호)하다. **Begünstigung**, die; -en **a)** 우대, 지지, 조장, 촉진, 우대 조치. **b)** ⟨법⟩ 범죄 비호, (고의적인) 범인 옹호.
begutachten [bə'gʊtʔaxtn̩] ⟨h⟩ **a)** ⟨무엇을 전문적으로⟩ 감정하다, 평가하다, 무엇에 대한 추천서를 제출하다. **b)** ⟨통용어·농⟩ ⟨전문가가 하듯이⟩ 정밀히 주시[조사]하다. **Begutachter**, der; -s, - 감정인, 비평가. **Begutachtung**, die; -en 감정, (전문적) 평가.
begüten [bə'gy:tn̩] ⟨h⟩ ⟨고어⟩ ↑begütigen.
begütert [bə'gy:tɐt] ⟨Adj.⟩ **a)** ⟨준고어⟩ 부동산을 소유한. **b)** 부유한, 재산이 많은, 재산이 많은.
begütigen [bə'gy:tɪgn̩] ⟨h⟩ ⟨말, 몸짓으로⟩ 달래다, 위로하다, 가라앉히다. **Begütigung**, die; -en ↑begütigen의 명사형.
behaaren, sich ⟨h⟩ 털[머리카락]이 나다: eine behaarte Brust 털이 난 가슴. **Behaarung**, die; -en **a)** 모피, 털. **b)** ⟨사람 몸에⟩ 털이 많이 남.
behäbig [bə'hɛ:bɪç] ⟨Adj.⟩ **a)** 살찌고 둔한. **b)** 안락한, 쾌적한. **c)** 느긋하게, 천천히, 무겁게 움직이는. **d)** ⟨schweiz.⟩ 부유한, 잘 사는. **e)** ⟨schweiz.⟩ 견고한, 훌륭한. **Behäbigkeit**, die ↑behäbig의 명사형.
behacken ⟨h⟩ **a)** ⟨어린 식물 주위에⟩ 땅을 괭이로 헤집다, 매다. **b)** 여러 곳을 쪼다, 잘게 썰다(자르다). **c)** ⟨경⟩ 속이다.
behaften ⟨h⟩ ⟨schweiz.·판⟩ 책임을 지우다, 언질을 받다.
behaftet [bə'haftət] ⟨Adj.⟩ ⟨다음 용법으로⟩ **mit etw. behaftet sein** 누구[무엇]에 붙들려 있다, 숙명적으로 병[오점]과 연관되다.
behagen [bə'ha:gn̩] ⟨h⟩ 마음에 들다, 승락하다, 쾌적함을 주다, 동의를 얻다. **Behagen** [-], das; -s 쾌적, 안락, 유쾌. **behaglich** [bə'ha:klɪç] ⟨Adj.⟩ **a)** 안락한, 기분좋은, 쾌적한, 편한. **b)** 쾌적하게, 안락하게, 즐기며. **Behaglichkeit**, die; -en **1.** ⟨Pl. 없음⟩ 편안[안락]함. **2.** ⟨드물게⟩ 쾌적한 시설물.
Behaismus [beha'ɪsmʊs] ↑Bahaismus.
behalten ⟨h⟩ **1. a)** 소지하다, 보유하다, 지니다: den Rest des Geldes können Sie b. 그 돈의 나머지는 당신이 가져도 됩니다; wir hätten unsere Eltern gern noch länger b. ⟨통용어⟩ 우리는 부모님을 더 오래 모시고 싶었다. **b)** ⟨드물게⟩ 참다, 자제하다. **c)** ⟨어떤 장소에⟩ 내버려두다: den Hut auf dem Kopf b. 모자를 머리에 쓰고 있다. **d)** 보호하다, 간직하다: etw. für sich b. 남에게 이야기하지 않다, 간직하다. **2. a)** 계속 유지하다, 보존하다. **b)** ⟨지병으로⟩ 시달리다: er hat von der Angina einen Herzschaden b. 그는 후두염으로 인해 심장 장애에 시달리고 있다. **3.** 기억하다, 자각하다(반대: vergessen): eine Adresse(Telefonnummer) b. 주소[전화 번호]를 기억하다. **Behälter** [bə'hɛltɐ], der; -s, - **a)** 컨테이너. **b)** ↑Container.
Behälter-: **~miete**, die 컨테이너 임대료. **~schiff**, das 컨테이너 운반선. **~tragwagen**, der 컨테이너 운반 차량. **~verkehr**, der 컨테이너 운반 차량 수송 교통. **~wagen**, der ⟨가스나 액체 등의 화물 운송⟩ 용기 적재차.
behältlich [bə'hɛltlɪç] ⟨Adj.⟩ ⟨드물게⟩ 이해[기억]하기 쉬운. **Behältnis** [bə'hɛltnɪs], das; -ses, -se ⟨아어⟩ 용기, 그릇, 케이스.
behämmern ⟨h⟩ 망치로 치다, 계속 두들기다. **behämmert** ⟨↑behämmern의 과거분사⟩ ⟨경⟩ 제 정신이 아닌, 상식 능력이 없는, 미친.
behandeln ⟨h⟩ **1.** ⟨누구[무엇]을 어떻게⟩ 다루다, 취급하다: jmdn. von oben herab b. 누구를 업신여기다. **2.** ⟨사물[물질]의 개량, 보존을 위해⟩ 처리하다, 가공하다: Lebensmittel chemisch b. 식료품을 화학적으로 처리하다. **3. a)** ⟨예술적으로⟩ 다루다, 표현하다: der Roman behandelt das Leben Napoleons 그 소설은 나폴레옹의 생애를 다루고 있다. **b)** ⟨사건, 주제를⟩ 다루다, 논하다, 토의하다. **c)** ⟨학술적으로⟩ 분석하고 논하다. **4. a)** ⟨의사가⟩ 진료하다, 치료하다: einen Kranken mit Penizillin b. 환자를 페니실린으로 치료하다. **b)** ⟨약으로 병을⟩ 치료하다: eine Wunde mit Salbe b. 상처를 연고로 치료하다⟨상처에 연고를 바르다⟩.
behändigen [bə'hɛndɪgn̩] ⟨h⟩ **1.** ⟨아어⟩ 넘겨 주다, 양도하다. **2.** ⟨schweiz.⟩ 옮겨 쥐다, 갖다, 착복하다. **Behändigung**, die ↑behändigen의 명사형.
Behandlung, die; -en **1.** 다루기, 취급, 교제: diese Maschine reagiert sehr empfindlich auf falsche B. 이 기계는 잘못 다루면 아주 예민하게 반응을 한다. **2.** 처리, 가공. **3. a)** 치료. **b)** 의사의 진료: er ist bei einem Facharzt in B. 그는 전문의의 진료를 받고 있다. **4. a)** 예술적 표현. **b)** 논의, 토의. **c)** 학술적 분석과 논증.
behandlungs-, **Behandlungs-**: **~art**, die 취급 방법, 치료법. **~bedürftig** ⟨Adj.⟩ 치료를 요하는. **~form**, die 치료 형태. **~kosten** ⟨Pl.⟩ 치료비. **~methode**, die 치료법, 처치법(↑Heilverfahren). **~pflicht**, die [법·의학] 치료 의무. **~plan**, der 치료 계획. **~raum**, der 진료[치료]실. **~schein**, der ↑Krankenschein. **~stuhl**, der 치료[진료]대. **~verfahren**, das ↑Heilverfahren. **~weise**, die 치료법.
behandschuht [bə'hantʃu:t] ⟨Adj.⟩ ⟨손⟩장갑을 낀, 장갑 속에 숨긴.
Behang, der; -(e)s, Behänge **a)** 내려 드리운 것, 커튼, 벽에 거는 양탄자. **b)** ⟨나무에⟩ 달린 것⟨장식⟩, 과수에 달린 열매: ein Weihnachtsbaum ohne B. 장식이 안된 크리스마스 나무. **c)** 구름송이. **d)** ⟨사냥⟩ 사냥개의 (늘어진) 귀. **behangen** [bə'haŋən] ⟨Adj.⟩ 매달린, 늘어진,

걸려[드리워져] 있는. **behängen** ⟨h⟩ **1. a)** 여기저기 무엇을 (어디에, 누구에게) 걸다, 매달다: mit Teppichen behängte Wände 양탄자들이 걸린 벽(양탄자가 드리워진 벽). **b)** (통용어·폄) (과도하게) 장식하다. **2.** [사냥] (노획물을 추적하게끔) 사냥개를 줄에 매어 끌고 다니다.

beharken ⟨h⟩ **a)** (군) 한동안 계속 쏘아대다, 소사(掃射)하다. **b)** (경) 진격하다, 심하게 싸우다: die Eheleute beharkten sich im Flur 그 부부가 복도에서 심하게 싸웠다.

beharren ⟨h⟩ **1. a)** 주장하다, 고집하다: auf seinem Standpunkt b. 그의 입장을 고수하다; bei seiner Meinung b. 그의 의견을 고집하다. **b)** (한 장소에, 어떤 상태에) 머물러 있다, 남아 있다. **2.** 완강히 주장하다, 의견을 고집하다. **Beharren**, das; -s 지속, 고집, 인내, 끈기. **beharrlich** [bə'harlɪç] ⟨Adj.⟩ 참고 견디는, 참을성이 강한, 끈질긴, 끈기 있는: -es Werben[Zureden] 끈질긴 선전[권유]. **Beharrlichkeit**, die 인내, 불굴, 지속력, 불변, 끈기, 고집. **Beharrsamkeit** [bə'harza:mkajt], die 《아어·드물게》↑Beharrlichkeit. **Beharrung**, die ↑Beharren.

Beharrungs-: ~**gesetz**, das [물리] ↑Trägheitsgesetz. ~**kraft**, die 인내력, 지속력. ~**tendenz**, die [기상] (한동안 그대로 또는 비슷하게 계속되는) 날씨 동향. ~**vermögen**, das **a)** 인내, 끈기, 확고함, 의연함, 지속성. **b)** [물리] 관성, 타성.

behauchen ⟨h⟩ **a)** 입김을 불다, 입김으로 무엇을 불다, 입김으로 덮다. **b)** [언어] 자음을 유기음으로 발음하다, 기식음을 내어 발음하다. **Behauchung**, die ↑behauchen의 명사형.

behauen* (도끼, 망치 등으로) 다듬다, 가공하다: roh behauene Steine 거칠게 다듬어진 돌들.

behäufeln ⟨h⟩ 식물 주위에 흙을 북돋우다: ich behäuf(e)le sorgfältig die Erdbeeren 나는 조심스럽게 딸기 주위의 흙을 북돋운다. **Behäuf(e)lung**, die ↑behäufeln의 명사형.

behaupten [bə'haʊptn̩] ⟨h⟩ **1.** 주장하다, 확언하다, (아직 증명되지 못한) 확실히 하다. **2. a)** 유지하다, 확보하다, 성공적으로 방어하다: seinen Platz b. 그의 자리를 확보하다. **b)** ⟨b. + sich⟩ 모든 저항에 대처하다, 자기의 견을 주장[관철]하다: hartnäckig behauptete sich das Gerücht, daß ... ···의 소문이 끈질기게 나돌았다. **c)** [스포츠] 승리하다. **behauptet** ⟨Adj.⟩ [증권] 안정된, 하락하지 않는, 보합세인. **Behauptung**, die; -en **1. a)** 주장, (확신을 가지고 증명되지 않은) 의견: die B. aufstellen ⟨강조 용법⟩ 주장을 내세우다, 주장하다. **b)** [수학] 증명되어야 할 명제. **2.** 관철. **Behauptungswille**, der 관철력, 관철 의지.

behausen ⟨h⟩ (아어) 묵게 하다, 숙박시키다. **behaust** (아어·시어) 정주한, 정착한. **Behaustsein**, das; -s 정착. **Behausung**, die; -en (아어) 집, (간이) 숙소.

Behaviorismus [bihevjɔ'rɪsmʊs], der; - [amerik. behaviorism; 미국 심리학자 J. B. Watson에 의해 1913년에 주창됨] 행동주의. **behavioristisch** ⟨Adj.⟩ **a)** 행동주의의. **b)** 행동주의에 입각한.

beheben* ⟨h⟩ **1.** (나쁜 것을) 제거하다, (결함 따위를) 고치다, 정리하다: Mißstände[Mängel] b. 부조리함을 제거하다[결함을 고치다]. **2.** (österr.) **a)** (은행, 구좌에서) 예금을 인출하다[찾다]. **b)** (우편물을) 찾아오다. **Behebung**, die; -en **1.** ⟨Pl. 없음⟩ 제거. **2.** (österr.) (예금) (우편물을) 찾아옴. **Hebungsfrist**, die (österr.) 유치 우편의 인출 기간. **Behebungsquittung**, die (österr.) 우편물 인수증.

beheimaten [bə'hajma:tn̩] ⟨h⟩ 거주[정주]하다, 동식물에 (새) 거처를 제공하다: an einem Ort[in einem Land] beheimatet sein 어떤 곳[나라]에 정착하다. **b)** (누구, 무엇의) 출생지[원산지]를 제시하다. **Beheimatung**, die 출생지, 산지.

beheizbar [bə'hajtsba:ɐ̯] ⟨Adj.⟩ **a)** 난방이 되는. **b)** 가열이 되는. **beheizen** ⟨h⟩ 난방하다, 따뜻하게 하다: eine Wohnung mit Gas b. 아파트를 가스로 난방하다. **b)** [기술] 가열하다, 무엇에 열을 공급하다. **Beheizung**, die ↑beheizen의 명사형. **Beheizungsanlage**, die 난방 시설. **Beheizungszeit**, die 난방 기간[시기].

Behelf [bə'hɛlf], der; -(e)s, -e 임시 변통, 미봉책, 임시 응변, 보조 수단. **behelfen***, sich ⟨h⟩ **a)** (무엇으로) 임시 변통하다, (무엇에) 의지하다: sich mit einer Decke b. 담개로 임시 변통하다. **b)** 누구[무엇] 없이 지내다, (도움없이) 해내다.

behelfs-, Behelfs-: ~**ausfahrt**, die [교통] 고속도로에 설치된 임시 출구. ~**bau**, der (Pl.: ...ten) 가건물, 임시 건물. ~**brücke**, die 가교. ~**heim**, das 임시 주거. ~**mäßig** ⟨Adj.⟩ 응급의, 임시의. ~**maßnahme**, die 응급 조치, 임시 조치. ~**unterkunft**, die 임시 숙소. ~**weg**, der 임시 통로, 임시 변통. ~**weise** ⟨Adv.⟩ 일시로, 잠정적으로. ~**wohnung**, die 임시 주택.

behelligen [bə'hɛlɪɡn̩] ⟨h⟩ 누구를 (질문, 소원, 요구, 흥미없는 일 등으로) 부담스럽게 하다, 괴롭히다, 조르다, (누구에게) 폐를 끼치다. **Behelligung**, die; -en ↑behelligen의 명사형.

behelmt [bə'hɛlmt] ⟨Adj.⟩ 투구를 쓴.

behemdet [bə'hɛmdət] ⟨Adj.⟩ ⟨드물게⟩ 셔츠를 입은.

behend [bə'hɛnt], **behende** [bə'hɛndə] ⟨Adj.⟩ 민첩한, 기민한, 날쌘, 교묘한: b. in die Straßenbahn steigen 날쌔게 전차를 타다. **Behendigkeit** [...dɪçkajt], die 민첩, 신속, 기민, 교묘.

beherbergen ⟨h⟩ **a)** 숙박시키다, 숙소를 제공하다. **b)** 내포하다, 포함하다, 장소를 제공하다. **Beherbergung**, die; -en ↑beherbergen의 명사형.

beherrschbar ⟨Adj.⟩ 지배(통치)할 수 있는. **Beherrschbarkeit**, die 지배할 수 있음, 피통치성.

beherrschen ⟨h⟩ **1. a)** 지배[통치]하다, 통치하다 ein Land[eine Stadt] b. 한 국가[도시]를 통치하다: [전의] von einer Leidenschaft beherrscht sein 정열에 사로잡히다. **b)** 자유롭게(마음대로) 조정[구사]하다. **c)** 우뚝 솟다, 눈에 띄다, 압도하다: das Reiterdenkmal beherrscht den Platz 기사 기념비가 광장에 우뚝 솟아 있다. **d)** 결정하다, 지배하다; 우세[우월]하다, 압도하다. **2.** 억제한다, 억누르다, 제어하다, 자제하다: ich mußte mich b., um nicht laut aufzulachen 나는 너무 크게 웃지 않으려고 애썼다. **3. a)** 잘 하다, 잘 구사하다: ein Instrument b. 악기를 잘 연주하다. **b)** 통달해 있다, 잘 알다. **Beherrscher**, der; -s, - 지배자, 통치자, 군주. **beherrscht** ⟨Adj.⟩ 자제된, 제어된, 평정을 잃지 않는 (반대: unbeherrscht). **Beherrschtheit**, die 자제, 침착, 온건. **Beherrschung**, die **1. a)** 지배, 통치, 제압. **b)** 제어, 제어, 억제, 자제: seine[die] B. verlieren 자제력을 잃다. **3.** 통달, 숙달, 정통.

beherzigen [bə'hɛrtsɪɡn̩] ⟨h⟩ 마음에 새기다, (누구의 충고, 경고를) 따르다, 명심하다. **beherzigenswert** ⟨Adj.⟩ 명심[유의]해야 할, 따를 만한. **Beherzigung**, die 명심, 유의, 고려. **beherzt** ⟨Adj.⟩ 용감하고 단호한, 대담[과감]한: -es Handeln 대담한 행동. **Beherztheit**, die 용감, 대담, 과감.

behexen ⟨h⟩ **1.** 요술[마법]을 걸다, 홀리다, 주문으로 변화시키다: er war wie behext von dem Anblick 그는 그 광경에 홀린 것 같았다. **2.** 매혹하다: sie hat ihn behext 그녀는 그를 매혹했다. **Behexung**, die; -en ↑behexen의 명사형.

behilflich [bəˈhɪlflɪç] ⟨Adj.⟩ 《대개 sein과 결합하여》유익한, 도움이 되는, 쓸모 있는: einer Dame beim Aussteigen b. sein 차에서 내릴 때 여자분을 도와 주다.

behindern ⟨h⟩ **a)** 방해하다, 훼방하다: sich (gegenseitig / (아어) einander) b. 서로 훼방놓다. **b)** [교통] 교통을 방해하다. **c)** [스포츠] 태클하다, (진로를) 방해하다, 반칙하다. **behindert** ⟨Adj.⟩ (육체적, 정신적) 장애가 있는. **Behinderte***, der / die [관] (신체적, 정신적) 장애자. **Behindertensport**, der 장애자(들이 하는) 스포츠. **Behinderung**, die; -en 방해, 훼방, 방해물.

Behmlot [ˈbeːm-] das; -(e)s, -e [독일 물리학자 A. Behm의 이름에서 유래] ↑Echolot.

behobeln ⟨h⟩ 대패질하다, 반반하게 하다.

behorchen ⟨h⟩ **a)** 《통용어》 (심장, 맥박, 호흡을) 청진하다: einen Kranken [jmds. Herz, Lunge] b. 환자(누구의 심장, 폐)를 진찰하다. **b)** 엿듣다, 도청하다.

Behörde [bəˈhøːɐ̯də], die; -n **a)** (국가, 지방 또는 교회의) 관청: staatliche (städtische) -n 국가 관청(시당국). **b)** 관청 소재지, 관청 건물.

Behörden-: **~angestellte***, der 《또는》 die 관청 직원. **~apparat**, der 관청의 총칭, 관료주의, 관청 기구, 관료 조직. **~deutsch**, das (핌) (격식) 관청용 독어, (명사구가 많은) 난해한 독일어. **~gliederung**, die 관청의 조직(구조), 관료 구조. **~jargon**, der (핌) 관청 용어. **~organisation**, die 관청(관청) 조직, 관료(관청) 구조. **~schriftverkehr**, der 공문서 교류(왕래). **~sprache**, die ↑-deutsch. **~unwesen**, das 지나치게 비대하거나 조직화된 행정 기구. **~weg**, der [Instanzenweg]. **~wesen**, das 관청 조직, 행정 기구 총칭.

behördlich ⟨Adj.⟩ 관청의, 당국의: auf -e Anordnung 관청 지시(규정)에 따라서. **behördlicherseits** ⟨Adv.⟩ 당국(관청) 측에서.

behören ⟨h⟩ 《드물게》 (주의깊게) 자세히 조사하다.

behost [bəˈhoːst] ⟨Adj.⟩ **a)** 《통용어》 바지를 입은. **b)** [사냥] 깃털이 달린, 덮인.

Behuf [bəˈhuːf], der; -(e)s, -e 《다음 용법으로》 **zu diesem[dem] Behuf(e)** (준고어) 이러한 목적으로. **behufs** ⟨Präp.²⟩ [원래 Behuf의 단수 2격, 후에 부사(고어)] 목적으로, 무엇을 목적으로, 무엇 때문에: b. des Neubaus 새 집 때문에(신축을 위하여).

behuft [bəˈhuːft] ⟨Adj.⟩ 말굽이 있는, 유제(有蹄)의.

behum(p)sen [bəˈhʊmpsn̩, ...mzn̩] ⟨h⟩ [ostmd. humsen] 《통용어·ostmd.》 가볍게 속이다(해치다).

behüten ⟨h⟩ **a)** (주의 깊게) 지키다, 보호하다: ein behütete Kindheit 보호 받은 어린 시절. **b)** 누구(무엇)로부터 보호하다, 막다: jmdn. vor Schaden[vor einer Gefahr] b. 누구를 손해[위험]로부터 보호하다; **(Gott) behüte** 전혀 …아니다, 천만에. **Behüter**, der; -s, - (아어) 수호자, 보호자, 옹호자, 망보는 사람. **Behütetheit**, die 보호 받음, 보호됨. **behutsam** [bəˈhuːtzaːm] ⟨Adj.⟩ 주의 깊은, 신중한, 생각이 깊은, 부드러운, 조심스러운: eine -e Frage stellen 신중한[조심스러운] 질문을 하다. **Behutsamkeit**, die 주의 깊음, 신중. **Behütung**, die 보호함.

bei [baj] ⟨Präp.³⟩ **I.** (공간적) **1. a)** (사람, 사물의) 가까운 곳에, 가까이: beim Bahnhof 역 근처에; beim Gepäck bleiben 수하물(짐) 근처에 있다(짐을 감시하기 위해). **b)** (다수) 중에, 가운데: er war auch bei den Demonstranten 그도 시위 군중 속에 있었다. **c)** (직접 접촉을 표시) das Kind bei der Hand nehmen 아이의 손을 잡다; jmdn. bei der Schulter packen 누구의 어깨를 움켜잡다. **2. a)** 누구의 거주 또는 생활권 내에서: er wohnt bei seinen Eltern 그는 그의 부모집에서 산다; bei uns ist das so üblich 우리에게 그런 일은 흔하다. **b)** 누구의 정신 영역에: bei jmdm. Verständnis finden 누구에게서 이해를 구하다. **c)** 기업, 제도 등의 영역에서: bei einer Firma arbeiten 어떤 회사에서 일하다. **d)** 사건(과정)의 영역에서: bei einer Hochzeit sein 결혼식에 참석하다. **e)** 작가의 작품에서: sie sehen aus wie die Verbrecher bei Edgar Wallace 그들이 에드가 월레스 작품의 범죄자들처럼 보인다. **f)** 어떠한(누구의, 자신의) 경우에: es war genauso wie bei mir 그것은 내 경우와 꼭 같았다. **g)** 자신의 영역에 있는: etw. bei sich tragen 무엇을 자신이 지니다; **nicht (ganz) bei sich sein** 《통용어》 (아주) 제정신이 아니다. **h)** 《맹세할 때의 말투》: bei Gott! 신 앞에서(신에게 맹세코)! **3.** 《격과 함께》 (지역적·표준어로는 틀리는 용법) 《방향 표시》 komm mal bei mich! 내게 좀 와라! **II.** 《시간적》 **1.** 《시점을 표시》 Vorsicht bei Abfahrt des Zuges! 열차 출발시 조심하시오!; bei Beginn[Ende] der Vorstellung 상연초[마지막]에. **2.** 《사건, 시간의 경과를 표시할 때》 bei Tag und Nacht 낮이나 밤이나; beim Kochen sein 요리중이다. 《동시에 진행되는 두 행동이나 과정을 말할 때》 bei zunehmendem Alter in Vereinsamung geraten 나이가 들면서 고독에 빠지다. **III.** 《부대 상황을 말할 때》 **1.** 《상황을 표시》 (무엇의) 결부(연결)된: bei Kräften [bei guter Gesundheit] sein 원기(건강)가 좋다; bei Nebel fahren 안개 낀 날씨에 차를 몰다; bei Tageslicht arbeiten 낮(햇빛)에 일하다. **2.** 무엇 (누구)과 관련하여: anders sind die Verhältnisse bei Erdöl und Erdgas 석유와 천연가스에 있어서는 상황이 다르다. **3.** 《목적을 표시》 bei etw. sein: der Wasserbomber faltet man Papier kunstvoll zusammen und tut Wasser rein 물 폭탄 장난감을 위해서 사람들은 종이를 접어서 물을 붓는다. **4.** 《조건을 표시》 …하면, 그러면: bei Glatteis muß gestreut werden 우빙시에는 소금을 뿌려야 한다. **5.** 《이유를 표시》 때문에, 결과로: bei dieser Hitze bleiben wir lieber zu Hause 이 더위에 차라리 우리는 집에 머물겠다. **6.** 《부사적 양보를 표시》 무엇에도 불구하고: bei aller Freundschaft, das geht zu weit 아무리 친구 사이라도 그것은 너무하다.

Bei [baj], der; -s, -e / -s [türk. bey] ↑Beg.

beibehalten* ⟨h⟩ 유지하다, 지속하다, 고수하다, 보유하다, 고집하다: seine Lebensweise[die Methode] b. 그의 생활 양식[그 방법]을 고수하다. **Beibehaltung**, die 유지, 지속, 고수.

beibiegen* ⟨h⟩ **1.** 《경》 **a)** (이해할 때까지) 설명하다, 명백하게 하다, 납득하게 하다. **b)** 누구에게 (불쾌한 것을) 재치있게 말하다. **2.** ↑beidrehen (a).

Beiblatt, das; -(e)s, -blätter (신문, 잡지, 책 등의) 부록.

beibleiben* ⟨s⟩ (nordd.) **a)** 그치지 않다, 지속되다. **b)** 그렇게 계속하다, 유지하다: wenn wir weiter b., haben wir die Arbeit sicher schnell fertig 우리가 이렇게 계속하면 그 일은 확실히 빨리 끝낼 것이다.

Beiboot, das; -(e)s, -e (특히 육지와의 교통을 위해) 모선에 딸린 작은 배.

beibringen* ⟨h⟩ **1.** 가르치다, (설명하면서) 전달하다: jmdm. die Grundbegriffe der lateinischen Sprache b. 누구에게 라틴어의 기본 개념을 가르치다. **2.** 《통용어》 (나쁜 소식을) 조심스럽게 전하다, (누구에게 불쾌한 것을) 재치있게 알려 주다. **3.** (모욕, 폭력 따위를) 가하다, 주다. **4. a)** 데려오다, 가져오다: Zeugen b. 증인을 입장시키다. **b)** 인용하다, 제시하다. **Beibringung**, die **1.** 첨가. **2.** 제시, 제출, 데려옴.

Beicht [bajçt], die; -en (südd.) ↑Beichte.

beicht-, Beicht- [가]: **~formel**, die 고해 방식. **~geheimnis**, das 사제의 고해[고백] 비밀 엄수의 의

무. ~**hören**, 《österr.·통용어》 고해[고백]를 듣다. ~**kind**, das 고해자. ~**siegel**, das ↑-geheimnis. ~**spiegel**, der 양심 연구[고백] 입문서, 고해심득서, 성찰기략. ~**stuhl**, der 고해소, 고백소, 고해석. ~**vater**, der 고해 신부. ~**zettel**, der 고해[고백] 성사표, 고해 증명서.

Beichte ['baiçtə] die; -n **a)** 〔기독교〕 고해, 참회: die B. ablegen 《아이》 고해[참회]하다; zur B. gehen 고해하러 가다. **b)** 고백, (이제까지 죄진 삶에 대한) 자백.

beichten ['baiçtn] ⟨h⟩ **a)** 〔기독교〕 고해[참회]하다: b. gehen 고백하러 가다. **b)** 자백하다, 시인하다: jmdm. seinen Kummer b. 누구에게 그의 걱정을 털어놓다.

Beichtgespräch, das 고해자와 고해 신부간의 대화. **Beichtiger** ['baiçtigɐ] der; -s, - 《준고어》 고해 신부. **Beichtwillige***, der / die 고해하려는 사람.

beidarmig ['baitarmiç] ⟨Adj.⟩ 두 팔로[의]. **beidbeinig** ['...bainiç] ⟨Adj.⟩ 두 다리로[의].

beide ['baidə] 《부정대명사, 수사》 **1.** ⟨Pl.⟩ **a)** 《대개 관사나 대명사와 함께》《두 사람, 물건 등이 같이 있음을 강조》 양쪽의, 쌍방의: die(seine) -n Kinder 〔그의〕 아이들; 〔뒤에 명사없이〕 die -n sind gerade weggegangen 그들 둘은 지금 막 떠났다; ihr b. 너희 둘; alle b. 두 사람 모두; ihr -n seid mir aufgefallen 《wir와 ihr 뒤에서는 약변화도 가능》《통용어·뉴·nordd.》 너희들 둘은 내게 눈에 띄었다. **b)** 《대개 강조시: 두 사람이나 물건이 동일하거나 함께 속하는 것을 강조할 때》 둘 다: 《부가어적》 man muß -n Seiten gerecht werden 양쪽에서 공정해야 한다; 〔뒤에 명사없이〕 b. wohnen in Berlin 둘은 베를린에 산다; beide ist -n nicht geholfen 그것은 두 사람 모두에게 도움이 되지 않았다. **2.** 《중성, 단수: 1격, 3격, 4격에만》《성이나 수가 다른 두 물건, 특성, 행위를 포괄함》 둘다, 이것 저것같이: Rot oder Schwarz? Beides! 빨강색 또는 검은색? 둘다! **beidemal** ⟨Adv.⟩ 두 번 다, 두번 모두.

beider- ['baidɐ-], **-halb** ⟨Adv.⟩ 《schweiz.》 양쪽의, ~**lei** 〔격변화 없음〕〔↑-lei〕 두 가지의, 두 종류의. ~**seitig** [-zaitiç] ⟨Adj.⟩ **a)** 양쪽의, 쌍방의, 양면의, 상호의. **b)** 양손잡이의. ~**seits** ⟨Adv.⟩ **a)** ⟨Präp.²⟩ türmte sich der Unrat des Krieges zu Hauf b. der Vormarschstraßen 전쟁 쓰레기가 진군하는 거리 양쪽으로 산더미처럼 쌓였다. **b)** ⟨Adv.⟩ wie sehr wir b. umworben werden 우리는 얼마나 서로가 원했던가.

Beiderwand, die 《또는 das》 die; -(e)s 〔옷, 앞치마, 커튼, 방석 등〕 양면을 같게 짠 직물.

beidfüßig ['baitfy:sɪç] ⟨Adj.⟩ 두 발로[의]. **Beidhänder** ['baithɛndɐ] der; -s, - 양손잡이. **beidhändig** ⟨Adj.⟩ **a)** 양손잡이의. **b)** 양손으로. **Beidhändigkeit**, die ↑beidhändig의 명사형.

beidrehen ⟨h⟩ 〔선원〕 **a)** 〔정지하려고 방향을 바꾸며〕 속도를 늦추다: 〔전의〕 Parteitagssteuermann Steffen drehte scheinbar bei 당대회장 슈테펜이 아마 마음을 바꿨다 보다(양보했나 보다). **b)** 뱃머리를 바람부는 편으로 돌리다.

beidseitig ['baitzaitiç] ⟨Adj.⟩ 양편의, 쌍방의. **beidseits** ['baitzaits] ⟨schweiz.⟩ ↑beiderseits.

beieinander ⟨Adv.⟩ 나란히, 함께: bei dir muß die Familie am Sonntag immer b. sein 일요일에는 너의 가족이 항상 함께 있어야 한다.

beieinander-, Beienander-: ~**haben*** ⟨h⟩ 모아 놓다, 수집해 놓다: **nicht alle(sie nicht) richtig b.** 《통용어》 지금 이 순간은 이 문제에 관해 제대로 이해하지 못하다. ~**halten*** ⟨h⟩ 단결시키다. 《통용어》 둘 ~**hocken** ⟨h⟩ **a)** 〔좁게〕 웅크리고 앉다. **b)** 《통용어》 들러 앉다, 한무리를 형성하다. ~**leben** ⟨h⟩ 비좁게 함께 살

다. ~**liegen*** ⟨h⟩ 〔가깝게〕 함께 놓여 있다: 〔전의〕 Genie und Wahnsinn liegen dicht beieinander 천재와 광기는 가깝게 놓여있다(천재성은 쉽사리 광기로 변할 수 있다). ~**sein*** ⟨s⟩ 《부정형 명사분사에서만 붙여 씀》《통용어》 〔잘〕 정리되어 있다: **gut(schlecht, nicht recht) b.** 《통용어》 건강하다〔건강하지 못하다〕; **nicht ganz b.** 《통용어》 제정신이 아니다, 정신이 혼미하다. ~**sein**, das 공존, 연결. ~**sitzen*** ⟨h⟩ 같이[옆에] 나란히 앉다. ~**stehen*** ⟨h⟩ 함께 〔나란히〕 서 있다.

beiern [baiɐn] niederl. beiern < mniederl. beieren, bei aedern] 〔지역적〕 (종의 추를 움직여) 종을 울리다.

beif. = beifolgend.

Beifahrer, der; -s, - **a)** (자동차 조수석의) 동승자. **b)** (자동차 경주 대회나 화물차의) 조수. **Beifahrersitz**, der 조수석.

Beifall, der; -(e)s **1.** (손뼉침, 발구름, 소리침을 통한 열광, 동의의 표현, 박수갈채: der B. bricht los[hält an] 박수갈채가 터져나오다[계속되다]; B. klatschen 박수갈채를 보내다; viel B. ernten(bekommen) 박수갈채를 많이 받다(얻다). **2.** 찬성, 동의.

beifall-, Beifall- (↑beifalls-, Beifalls-도 참조): ~**heischend** ⟨Adj.⟩ 박수갈채를 기대[요구]하는. ~**klatschen**, das 박수갈채. ~**ruf**, der ↑Beifallklatschen. ~**spendend** ⟨Adj.⟩ 박수갈채를 보내는.

beifallen* ⟨s⟩ **1.** 《준고어》 (갑자기) 떠오르다, 생각나다. **2.** 〔고어〕 동의하다. **beifällig** 〔고어〕 찬성의, 동의의, 인정하는, 동의하는: etw. b. aufnehmen 무엇을 동의[인정]하며 받아들이다. **Beifälligkeit**, die 찬동, 호의, 동의, 인정, 찬성.

beifalls-, Beifalls- (↑beifall- Beifall-도 참조): ~**äußerung**, die 《대개 Pl.》 갈채[찬동]를 표시함. ~**bezeigung**, die 《대개 Pl.》 갈채. ~**donner**, der 우뢰 같은 갈채. ~**freudig** ⟨Adj.⟩ 즐겨 박수갈채를 보내는. ~**gejohle**, das 환호성 섞인 갈채. **gemurmel**, das 갈채의 웅성거림. ~**geschrei**, das 외쳐대는 갈채. ~**getöse**, das 갈채 소동. ~**jubel**, der 갈채성 환호. ~**klatschen**, das ↑Beifallklatschen. ~**kundgebung**, die 갈채 신호. ~**orkan**, der 열렬한 갈채. ~**ruf**, der 갈채성 외침. ~**sturm**, der 폭풍 같은 갈채.

Beifang, der; -(e)s, -fänge 〔어업〕 함께 잡혀 나온 물고기.

Beifilm, der; -(e)s, -e 예고 영화, 예고편, 본영화 전에 방영되는 영화.

beifolgend ⟨Adj.⟩ 〔고어〕 동봉한, 첨부한.

beifügen ⟨h⟩ **a)** 동봉하다, 첨부하다: der Bewerbung ein Zeugnis b. 지원서에 증명서를 첨부하다. **b)** 덧붙여 말하다, 부언하다. **Beifügung**, die; -en **1.** 〔격식독어〕 부가, 첨가, 동봉. **2.** 〔언어〕 부가어. **Beifügungssatz**, der 부가어 문(장).

beifüllen ⟨h⟩ 다른 것에 채우다, 다른 것과 함께 채우다.

Beifuß, der; -es -büsche.

Beifutter, das; -s 〔농업〕 첨가 사료. **beifüttern** ⟨h⟩ 〔농업〕 첨가 사료를 주다. **Beifütterung**, die; -en ↑beifüttern의 명사형.

Beigabe, die; -n **1. a)** 첨가, 부가: man bringe das Wasser unter B. von etwas Essig zum Kochen 식초를 조금 첨가하여 물을 끓이시오. **b)** 첨가물, 부가물. **2.** 〔고고학〕 부장품(副葬品).

beige [be:ʃ, 'be:ʒə, 'be:ʒə] ⟨Adj.⟩ 〔frz. beige〕 베이지색의: ein b. Kleid 베이지색 옷. ¹**Beige** [-], die; -(통용어): -s〕 베이지색: ein Gürtel aus hellem B. 연한 베이지색 혁대.

²**Beige** ['baigə], die; -n 《südd., schweiz.》 퇴적물, 더미.

beigeben* ⟨h⟩ 〔원래는 아마도 카드놀이에서〕 《아이》 **a)**

첨가(부가)하다. **b)** (돕기 위해 보조자를, 감시인을) 붙여 주다: **klein beigeben** 저항하지 않다, 굴복하다, 양보하다.
beigebunden ⟨Adj.⟩ 《다음 용법으로》 **einer Sache b. sein** [출판] (필사본이나 옛 인쇄에서) 함께 철하여진.
beigefarben ⟨Adj.⟩ 베이지색의.
beigeheilt ⟨Adj.⟩ 《드물게》 완쾌된, 다 나은, 치료된.
beigehen* ⟨s⟩ **1.** 《nordd.》 시작하다, 착수하다: er ist gerade beigegangen, sein Zimmer aufzuräumen 그는 막 자기방을 치우기 시작했다. **2.** 《südd.》 가까이 오다, (마침내) 오다.
Beigel: ↑Beugel 참조.
beigen ['baign] ⟨h⟩ 《südd., schweiz.》 쌓아 올리다.
Beigeordnete ['baigəlordnətə]*, der / die 시행정 공무원, 사무원.
beigeschlossen: ↑beischließen 참조.
Beigeschmack, der; -(e)s 곁들인 맛, 뒷맛: 전의 das Wort „Held" hat einen inflationösen B. bekommen Held라는 단어는 (너무 자주 사용하여) 가치의 격하를 가져오는 뒷맛을 갖게 되었다.
beigesellen ⟨h⟩ (아이에) **a)** 어울리게 하다, 따라가게 하다. **b)** ⟨b. + sich⟩ 누구와 어울리다, 행동을 같이하다: diesem Pack wollte er sich nun doch nicht b. 이 패와 그는 그러나 어울리지 않으려 했다.
Beignet [bɛn'je:], der; -s, -s [frz. beignet] 기름에 튀긴 과실이 든 과자.
beihalten* ⟨h⟩ 《südwestd.》 누구 편에 서다.
Beiheft, das; -(e)s, -e [책, 잡지의] 별책, 부록. **beiheften** ⟨h⟩ 부가하다, 함께 철하다. **Beiheftung**, die; -en ↑beiheften의 명사명.
Beihilfe, die; -n **1.** 보조금, 물질적 도움. **2.** ⟨Pl. 없음⟩ [법] 공범, 종범(從犯). **3.** 《준교적》 원조, 정신적 지원. **beihilfefähig** ⟨Adj.⟩ [관] 보조금으로 쓰일 수 있는, 보조금으로 허용된.
Beihirsch, der; -(e)s, -e [사냥] 무리로 달리는 사슴(반대: Platzhirsch).
Beiklang, der; -(e)s, 《드물게》 -klänge 귀에 거슬리는 음, 공진음(共振音): 전의 seine Worte hatten einen leichten B. von Ironie 그의 말은 약간 냉소적인 의미도 담고 있었다.
Beikoch, der; -(e)s, -köche 보조 요리사, 부요리사. **Beiköchin**, die; -nen ↑Beikoch의 여성형.
beikommen* ⟨s⟩ **1. a)** 미치다, 필적하다, 대항할 만하다: jmdm. nicht b. können 누구와 맞설 수 없다. **b)** 무엇을 극복하다, 문제를 해결하다: man versuchte, den Schwierigkeiten auf andere Weise beizukommen 그 어려움을 다른 방법으로 이겨 내려고 애썼다. **2.** (아이) 머리오르다, 생각나다. **3.** 《지역적》 다가오다, (마침내) 오다. **4.** 《지역적》 도달하다, 다다르다, 획득하다.
Beikost, die 보충식, 간식.
Beil [bail] das; -(e)s, -e **1.** 손도끼: er zerlegte das Fleisch mit einem kleinen B. 그는 고기 덩어리를 조그만 손도끼로 잘게 썰었다. **2.** 《역사적》 손도끼 같은 무기. **3.** ↑Fallbeil의 약칭.
beiladen* ⟨h⟩ **1.** (짐을) 곁들여 싣다: seine paar Habseligkeiten konnte er einem größeren Möbeltransport b. 그는 몇몇 소유물을 보다 큰 가구 수송 편에 곁들여 실을 수 있었다. **2.** [법] 제삼자 소환하다. **Beiladung**, die; -en **1. a)** ⟨Pl. 없음⟩ 곁들여 실음: die B. von Möbeln 가구를 곁들여 실음. **b)** 곁들여 실은 화물. **2.** [법] **a)** 제삼자 소환: bei den Verfahren erfolgten mehrere -en 그 재판에는 여러 사람이 제삼자로 소환되었다. **b)** 소환장: bei ist Ihnen bereits zugegangen 소환장이 이미 당신에게 발송되었습니다.
Beilage, die; -n **1.** 동봉, 첨부. **2.** (신문, 잡지의) 부록:

die Wochenendausgaben der größeren Zeitungen haben immer viele Beilagen 큰 신문의 주말호는 항상 부록이 많다. **3.** (고기 요리에 곁들여지는) 채소, 감자, 샐러드 등: zwei Schnitzel mit B. 채소가 곁들여진 고기 튀김 2인분. **4.** 《österr.》 (편지, 서류에 첨부하는) 문서, 별첨(첨부) (서류). **5.** [기술] 좌금(座金).
Beilager, das; -s, -e **a)** 《역사적》 (특히 중세 제후의 결혼식 행사로서의) 동침 의식. **b)** (아어·고어) 동침, 성교: wenn diese Hände ihn liebkosen würden beim B., so taumelten ihm die Sinne 동침하면서 이 손이 그를 애무한다면 하는 생각이 그를 도취시켰다.
Beilast, die; -en [선원] 선원의 무임 수하물.
beiläufig ⟨Adj.⟩ **1. a)** 부수적인, 임시의, 곁들여진, 덧붙여진: etw. b. sagen 무엇을 덧붙여 말하다. **b)** 《의도적으로》 무성의한, 조심성 없는. **2.** 《österr.》 대략, 대개, 대충. **Beiläufigkeit**, die; -en **a)** 부차적인 것, 사소한 것, 중요하지 않은 것. **b)** 무감각, 냉담. **c)** 부수 현상.
beilegen ⟨h⟩ **1.** 첨가(첨부)하다, 덧붙이다, 동봉하다: einen Freiumschlag b. (우표가 붙은) 회신용 봉투를 동봉하다. **2. a)** (의미, 가치를) 부여하다, 두다: einer Sache zu viel Gewicht b. 어떤 일에 너무 많은 비중을 두다. **b)** (명칭 따위를) 주다, 수여하다: wenn einem Gesetz der Name einer Verfassung beigelegt wird 어떤 법에 헌법이라는 명칭이 주어지다면. **3.** 조정(중재, 해결)하다: die Differenzen wurden beigelegt 의견 차이는 조정되었다. **4.** [선원] 돛을 내리고 배를 부동케·하다, 정선(停船)하다. **Beilegung**, die; -en 조정, 중재, 해결: die B. des Konflikts auf dem Verhandlungsweg versuchen 협상(의 길)을 통해 갈등의 해결을 모색하다.
beileibe [bai'laibə] ⟨Adv.⟩ 《부정의 강조》 결코, 정말, 절대로: Krieg, Krieg darf es b. nicht geben 전쟁, 전쟁은 결코 있어서는 안된다.
Beileid, das; -s 조의(弔意), 조위(弔慰): (mein) aufrichtiges(herzliches) B. 심심한 조의를 표합니다. jmdm. sein B. ausdrücken(aussprechen) 누구에게 조의를 표하다: (mein) herzliches B.! (반어) 정말 안됐어(안좋은 일을 해야 할 사람에게 동정하면서도 고소해 하는 표현).
Beileids-: **~besuch**, der 조문(弔問) 문상: er machte einen B. 그는 문상을 갔다. **~bezeigung**, **~bezeugung**, die 조의(의) 표명. **~brief**, der 조문 편지, 애도의 편지. **~karte**, die 조문 엽서. **~kundgebung**, die 조의 표명. **~schreiben**, das 조위문. **~telegramm**, das 조전. **~worte**, die ⟨Pl. 없음⟩ 조위문.
Beilhieb, der; -(e)s, -e 도끼질: ein Bäumchen mit einem einzigen B. fällen 단 한번의 도끼질로 조그만 나무를 쓰러뜨리다.
beiliegen* ⟨h⟩ **1.** 덧붙여져 있다, 동봉(첨부)되어 있다: die Bücherliste, die dem Katalog beiliegt 카탈로그에 첨부된 책 목록. **2.** (아어·고어) 동침하다. **3.** [선원] 배가 멈추어(닻을 내리고) 있다. **beiliegend** ⟨Adj.⟩ [격식 독어] 동봉한, 첨부한: b. eine Fotokopie 사본 한 부 동봉(약어: beil.).
beim [baim] ⟨전치사 bei + 관사 dem⟩ **1.** (bei와 dem의 분리 가능) ↑bei 참조. **2.** (분리 불가. 다음과 같은 관형구에서, 예컨대) es bleibt alles beim alten 모든 것이 옛날 그대로이다; jmdm. beim Wort nehmen 누구의 말을 곧이곧대로 받아들이다; die Gelegenheit beim Schopfe fassen 기회를 움켜잡다. **3.** (beim + 명사화한 부정형 + 진행형) …하고 있는 중이다: er war (gerade) b. Lesen 그는 (막) 책을 읽는 중이었다.
beimachen, sich ⟨h⟩ **1.** 《nordd.》 착수하다, 일을 시작하다: er machte sich endlich bei und schrieb den Brief 그는 마침내 그 편지를 쓰기 시작했다. **2.** 《südd.》

가까이 오다, 마침내 오다: hast du dich auch mal wieder beigemacht 너도 다시 왔구나.
Beimann, der 〈Pl. ...männer〉《schweiz.》보조원, 조수.
beimengen 〈h〉 첨가하다, 첨가하여 뒤섞다: das Backpulver wird dem Mehl beigemengt 베이킹 파우더가 밀가루에 첨가된다. **Beimengung,** die; -en 1. 〈Pl. 없음〉 첨가하여 뒤섞음, 혼합. 2. 첨가물, 혼합물.
beimessen* 〈h〉 (의미, 가치를) 부여하다, 두다: einer Sache Wichtigkeit[einer Affäre übertriebene Bedeutung] b. 어떤 일에 중요성을[어떤 사건에 지나친 의미를] 부여하다.
beimischen 〈h〉 a) 추가하여 섞다, 섞어 넣다, 혼합하다: 〈전의〉 einer Religion mystische Elemente b. 종교에 신비적 요소를 가미하다. b) 〈a. + sich〉 섞이다: dem Duft der Gräser und Blumen mischte sich Brandgeruch bei 풀과 꽃의 향기에 타는 냄새가 섞였다. **Beimischung,** die; -en 1. 〈Pl. 없음〉 섞음, 혼합. 2. 첨가물, 혼합물.
beimpfen 〈h〉 접종하다. **Beimpfung,** die; -en 접종.
Bein [baın], das; -(e)s, -e, 〈südd., österr.〉 -er 1. 다리: krumme[dicke] -e 굽은[굵은] 다리; ein künstliches B. 의족; die -e spreizen[übereinander schlagen] 다리를 벌리다[포개다]; ich habe mir das linke B. gebrochen 나는 왼쪽 다리가 부러졌다; sich müshuan auf die -e stellen 어렵사리 일어서다; 〈속담〉 was man nicht im Kopf hat, das muß man in den -en haben 무엇을 잊으면 다시 한번 가야 한다; auf einem B. kann man nicht stehen 한 잔으로는 충분치 않다(술을 청할 때나 권할 때의 표현); kein B. 〈schweiz.〉 한 사람도 없다; jmdm. -e machen 〈통용어〉 누구를 강제로 재촉하다; jüngere -e haben 〈통용어〉 젊어서 늙은 사람 대신 다리품을 팔다; ein langes B. machen [축구] 드리블하는 상대의 공을 빼앗으려 다리를 뻗다; ein B. stehen lassen [축구] 드리블하는 상대를 발을 걸어 넘어뜨리다; (nur) ein linkes[rechtes] B. haben [축구] 단지 왼발(오른발)로만 슛할 수 있다; sich³ die -e vertreten 〈통용어〉 (오래 앉은 후에) 이리저리 걷다, 몸을 움직이다; sich³ kein B. ausreißen 〈통용어〉 일에 별로 힘쓰지 않다, 무슨 일을 의욕없이 하다; jmdm. ein B. stellen 1) 발을 걸어 누구를 넘어지게 하다. 2) 누구를 함정에 빠뜨리다[속이다]; etw. hat -e bekommen(gekriegt) 〈통용어〉 무엇이 갑자기 없어지다; die -e in die Hand[unter die Arme] nehmen 〈통용어〉 아주 빨리 달아나다[사라지다]; die -e unter jmds. Tisch strecken 〈통용어〉 누구에 기식하다, 누구에 의해 부양되다; sich³ die -e nach etw. ablaufen[abrennen] 〈통용어〉 무엇을 얻으려고 부단히 추구하다; sich³ die -e abstehen[in den Leib / Bauch stehen] 다리가 뻣뻣해지도록 오래 서서 기다리다; alles, was -e hat 〈통용어〉 다리를 가질 수 있는 모든 사람; jmdm. (mit etw.) am B. hängen 〈통용어〉 누구에게 (무엇으로) 부담이 되다; etw. am B. haben 〈통용어〉 경제적 부담을 지고 있다, 부채를 안고 있다; jmdm. (sich) etw. ans B. hängen[binden] 〈통용어〉 누구 [자신]에게 부담을 지워 행동의 자유를 제약하다; etw. ans B. binden 〈통용어〉 무엇의 손실[지출]을 감수하다: für einen Abend in diesem Lokal muß man mindestens 50 Mark ans B. binden 이 술집에서는 하루 저녁에 최소한 50 마르크를 가져야 한다; wieder auf den -en sein (병에서) 회복되다; viel auf den -en sein 바쁘다, 분주하다, 많이 돌아다니다; (wieder) auf die -e kommen 1) 일어나다, 근다다. 2) (병에서) 회복되다. 3) (경제적으로) 다시 일어서다, 기반을 잡다; immer wieder auf die -e fallen 〈통용어〉 어려

운 상황을 항상 잘 빠져 나오다; jmdn. [sich] etw. (wieder) auf die -e bringen[stellen] 1) 누구를 (다시) 일으켜 세우다(다시 일어서다). 2) 누구를 재기시키다[재기하다]: wir werden auch die Franzosen wieder auf die -e bringen 우리는 프랑스인도 다시 재기시킬 것이다. 3) 불러서 모으다, 동원하다: Tausende von Menschen auf die -e bringen 수천 명을 동원하다. 4) 건설하다, 성사시키다; jmdm. auf die -e helfen 1) 넘어진 사람을 부축하여 일으키다. 2) 허약한 사람(병자)을 도와 회복되게 하다. 3) 누구를 경제적으로 돕다; sich nicht mehr(kaum noch) auf den -en halten können 지쳐서 더 이상 몸을 지탱할 수 없을 정도이다; auf eigenen -en stehen 자립[독립]하다; auf schwachen -en stehen 허약하다, 불안정하다; schwach auf den -en 1) 병약한, 다리에 힘이 없는. 2) 〈통용어〉 증명[보장]되지 않은; etw. geht in die -e 1) 〈통용어〉 술에 취해 발걸음이 무겁다. 2) 다리를 움직이게 하다; mit beiden -en im Leben[(fest) auf der Erde] stehen 현실주의자이다, 어떤 상황도 잘 헤쳐 나가다; mit dem linken B. zuerst aufgestanden sein 〈통용어〉 기분이 나쁘다, 심기가 불편하다; mit einem B. im Gefängnis stehen 범죄에 가까운 짓을 저지르다; mit einem B. im Grab(e) stehen 중병에 걸리거나 큰 위험에 처해 목숨이 위태롭다; von einem B. aufs andere treten 〈통용어〉 초조하게 기다리다. 2. a) (가구나 기구의) 다리: ein Hocker mit vier -en 다리 4개인 걸상. b) 〈은어〉 자동차의 동력을 전달하는 부분(축간, 바퀴, 타이어). 3. 바지의 다리 부분. 4. 〈nord-, md.〉 발: er hat mich aufs B. getreten 그는 내 발을 밟았다. 5. 〈südd., österr., schweiz., 복합어에서 의학 전문어〉 뼈: etw. fährt jmdm. in die -e[ins Gebein] 무엇이 누구의 등골이 오싹하도록 놀라게 하다.

bein-, Bein-: ~amputiert 〈Adj.〉 다리가 절단된. ~amputierte*, der / die 다리가 절단된 사람. ~arbeit, die [스포츠] 다리 동작(움직임). ~arterie, die 다리 동맥. ~brech [-breç], der; -s, -e [식물] 금매화 (金梅花). ~brecher, der 〈schweiz.〉 흰꼬리수리, 물수리. ~brechgras, das ↑~brech. ~bruch, der 다리 골절: das ist (doch) kein B.! 〈통용어〉 그렇게 나쁘지는 않으니 쓸데없이 흥분하지 마; Halsund B.! 〈통용어〉 (어려움, 위험에 직면하는 사람에게) 기운 내세요, 행운을 빌어요! ~farben 〈Adj.〉 (아이) 상아빛의. ~fessel, die 1. 〈일반적〉 다리에 채우는 쇠사슬. 2. [레슬링] 다리로 감아 조이기. ~fleisch, die 〈österr.〉 뼈에 붙어 있는 쇠고기. ~geschwür, das 다리농종. ~gras, das ↑~brech. ~harnisch, der 갑옷의 다리 부분. ~hart 〈Adj.〉 〈österr., südd.〉 (뼈처럼) 단단한: eine -e Piste 아주 단단한 활주로. ~haus, das 납골당. ~haut, die [의학] 골막(骨膜). ~kehle, die [의학] ↑~Kniekehle. ~kleid, das 〈대개 Pl.〉 (고어·유머어·농) 바지. ~kreisen, das; -s [체조] 한 다리나 두 다리로 원을 그리는 동작. ~leiden, das [의학] 다리의 (지)병. ~muskel, der 〈대개 Pl.〉 ↑~muskulatur. ~muskulatur, die [의학] 다리 근육. ~prothese, die [의학] 의족. ~raum, der [광고] 다리를 뻗을 수 있는 공간. ~ring, der 1. 발목에 차는 장신구. 2. (동물) 〈야생 조류임을 표시하는 번호가 새겨진〉 알루미늄 반지. ~schaden, der 다리 부상. ~schelle, die 〈대개 Pl.〉 족쇄. ~schere, die [스포츠] 다리로 상대방 다리를 감아 조이기. ~scherzel, das 〈österr.〉 〈대개 삶은〉 쇠고기의 종류. ~schiene, die 1. (갑옷의) 정강이 받이. 2. [하키·야구] [문지기, 포수의] 다리 보호대. 3. [의학] (골절을) 하지 부목(下肢副木). ~schlag, der 1. [체조] (눕거나 엎드려서) 다리를 쭉 뻗어 교차시키는 동

작. 2. [수영] (자유형에서의) 다리 동작. ~schoner, der ↑~schiene (2). ~schützer, der ↑~schiene (2). ~spange, die 1. ↑~ring (1). 2. ↑~fessel (2). ~stellen, das; -s (다른 사람을 넘어뜨리기 위한) 다리 걸기. ~stellung, die (스포츠에서의) 다리 자세. ~stumpf, der 다리를 잃은 뒤 남은 부분. ~verletzung, die 다리 부상. ~versehrt 〈Adj.〉 다리를 다친. ~well [-vɛl], der; -s, -e [식물] 꽃마리의 일종. ~werk, das 《Pl. 없음》(nordd.) 양다리. ~wickel, der ↑Wadenwickel. ~zeug, das 갑옷의 다리 전체를 덮는 부분.
beinah [ˈbajnaː] 《통용어》 **beinahe** [ˈbajnaːə, '--'--, --'--] 〈Adv.〉 거의, 하마터면: b. immer 거의 항상; er wäre b. verunglückt 그는 하마터면 사고를 당할 뻔 했다.
Beinahrung, die ↑Beikost.
Beiname, der; -ns, - 별명, 이명: dieses Zaren, dem man völlig zu Unrecht den -n „der Schreckliche" gegeben hatte 아주 부당하게 "무서운 사람"이라는 별명이 붙은 이 황제.
beineln [ˈbajnln] 〈s〉 (schweiz.) 종종걸음으로 급히 걷다. **beinern** [ˈbajnɐn] 〈Adj.〉 a) 뼈의, 뼈로 된. b) 뼈가 앙상한. c) 상아의, 상아 같은: b. klapperten die Nadeln des Strickzeugs aneinander 뜨개질 바늘이 서로 부딪혀 상아가 맞부딪치는 듯한 소리가 났다.
beinhalten [bəˈʔɪnhaltn̩] 〈h〉 포함하다, 내포하다, 의미하다, 내용으로 하다: der Ausdruck Tumor beinhaltet jede Art von Geschwulst oder Schwellung [의학] "Tumor"라는 표현은 모든 종양이나 종기를 의미한다.
-beinig [-bajnɪç] 다리의: 《다음의 합성어로, 예컨대》 zweibeinig, langbeinig. **Beinling** [ˈbajnlɪŋ], der; -s, -e **1.** 《준고어》 (스타킹, 바지 등의) 다리 부분: sie strickte neue -e an 그녀는 다리 부분을 새로 뜨개질하였다. **2.** [재단] 바지 재단을 위한 본.
beiordnen 〈h〉 ↑Beigeordnete 참조. **1.** 덧붙이다, 붙여 주다, 부속시키다: jmdm. mehrere Fachleute b. 누구에게 몇몇 전문가를 붙여 주다. **2.** [법] 국선[관선] 변호인으로 선임하다. **3.** [언어] ↑nebenordnen. **Beiordnung**, die; -en ↑beiordnen의 명사형.
Beipack, der; -(e)s **1.** (큰 화물에 덧붙여) 함께 싼 것. **2.** [전화] 외부도체(外部導體). **beipacken** 〈h〉 (딴 것과) 함께 싸다, 덧붙여 싸다. **Beipackzettel**, der (화물에 첨부되는) 물품.
Beipferd, das; -(e)s, -e a) 《고어》 ↑Handpferd. **b)** 《지역적·고어》 한 마차의 세번째 말.
beipflichten [ˈbajpflɪçtn̩] 〈h〉 찬성하다, 동의하다: einem Vorschlag in allen Punkten b. 모든 점에서 어떤 제안에 동의하다. **Beipflichtung**, die; -, 찬성, 동의.
Beiprogramm, das; -(e)s, -e 부속 프로(본영화 앞에서 상영되는 문화 영화, 뉴스 따위): die preisgekrönten Kurzfilme werden in den -en großer Lichtspielhäuser erscheinen 상을 받은 단편 영화들은 큰 영화관의 부속 프로로 상영될 것이다. **Beiprogrammstreifen**, der 부속 프로의 필름.
Beirat, der; -(e)s, Beiräte **1.** 고문단, 심의회, 자문 기관: dem Herausgeber steht ein wissenschaftlicher B. zur Seite 학자들로 구성된 고문단이 발행인을 돕는다. **2.** 《준고어》 고문, 상담자, 조언자. **Beiratschaft**, die; -en 《schweiz.·법》 후견인은 없으나 보호가 필요한 사람의 행위의 제약.
Beiried, das; -(e)s / die 《österr.》 《소의》 볼기살이나 가슴살.
beirren 〈h〉 현혹시키다, 혼란케 하다: es beirrte mich, daß ... 이 나를 혼란케 하였다; sich (durch etw.) nicht b. lassen (무엇에 의해) 현혹되지 않다.

Beirut [bajˈruːt, 《또한》 '--] 베이루트(레바논의 수도).
beisammen [bajˈzamən] 〈Adv.〉 함께: wir sind morgen zum letztenmal b. 우리는 내일 마지막으로 함께 있게 된다.
beisammen-, Beisammen-: **~bleiben*** 〈s〉 함께 머물다(있다). **~haben*** 〈h〉 **1.** 모아 가지고 있다: „Ich hatte zwei Groschen für das Kino beisammen", sagte der Knabe "나는 극장에 가려고 동전 두 개를 모았다"고 소년이 말했다. **2.** 정신력[체력]을 온전히 지니다: **nicht alle b.** 《통용어·폄》 제정신이 아니다. **~halten*** 〈h〉 한데 모으다, 흩어지지 않게 하다. **~hocken** 〈h〉 **a)** (겁이 나서) 바짝 붙어 (앉아) 있다. **b)** (집단을 형성하며) 모여 앉다. **~leben** 〈h〉 같이[함께] 살다. **~sein** 〈s〉 (건강이나 정신적)인 면에서 온전하다: unsere Nachbarsleute waren samt und sonders noch ganz gut beisammen 우리 이웃들은 누구나 다 아주 아직 건강했다. **~sein**, das **a)** 밀집해 모여 있음, 바짝 붙어 있음. **b)** (부담 없는) 모임, 집회: ein gemütliches B. 즐거운 모임. **~sitzen*** 〈h〉 나란히[함께] 앉아 있다: Patienten, die auf den Bänken entlang des Flurs in ihren Bademänteln mit Besuch beisammensaßen 복도의 의자에 가운을 입고 방문객과 함께 앉아 있던 환자들. **~stehen*** 〈h〉 함께[나란히] 서 있다: dicht b. 바짝 붙어 나란히 서 있다.
Beisasse [ˈbajzasə], der; -n, -n 《역사적》(중세에서 19세기까지) 시민권이 없거나 제한된 주민.
Beisatz, der; -es, -sätze [언어] 동격.
beischaffen 〈h〉 《지역적》 조달하다, 가져오다. **Beischaffung**, die ↑beischaffen의 명사형.
beischießen* 〈h〉 돈을 희사(기부)하다: wir wollen gemeinsam ein Hochzeitsgeschenk kaufen—möchtest du dazu auch etwas b.? 우리는 공동으로 결혼 선물을 사려고 한다 — 너도 거기에 돈 좀 내겠니?
Beischlaf, der; -(e)s 《아어·법》 동침, 성교: den B. vollziehen(ausüben) 육체 관계를 맺다. **beischlafen*** 〈h〉 《드물게》 동침하다, 성교하다: wie schrecklich, daß Menschen auf der Straße urinieren und b. 인간들이 거리에서 오줌을 누고 성교를 하는 것이 얼마나 끔찍하다. **Beischläfer**, der; -s, - 《드물게》 동침하는[한] 남자. **Beischläferin**, die; -nen 《드물게》 ↑Beischläfer의 여성형.
Beischlag, der; -(e)s, Beischläge 현관 앞의 테라스. **beischlagen** 〈h〉 [사냥] 한 개가 짖는 데에 따라 다른 개들이 짖다.
beischließen* 〈h〉 《österr.》 동봉하다, 덧붙이다: er hat seinem Glückwunschschreiben einige hübsche Bilder beigeschlossen 그는 축하하는 편지에 예쁜 그림 몇 장을 동봉하였다. **Beischluß**, der; Beischlusses, Beischlüsse **a)** 《österr.》 동봉한 것, 첨부. **b)** [출판] 커다란 책꾸러미에 동봉하는 작은 꾸러미.
beischreiben* 〈h〉 【관】 (관청의 장부에) 기재하다, 덧붙여 쓰다, 추가로 적다: ich muß mein Haushaltsbuch noch b. 《통용어》 나는 가계부를 정리해야 하겠다. **Beischreibung**, die ↑beischreiben의 명사형. **Beischrift**, die; -en 추신, 첨서, 추가로 쓴 것.
Beisegel, das; -s, -e 【요트】 버금 돛, 곁돛.
beisein* 〈s〉 (nordd.) ~하는 중이다: ich bin gerade beigewesen wegzugehen, als das Unglück passierte 그 사고가 일어났을 때 나는 막 떠나려는 중이었다.
Beisein, das 《다음 용법으로》 **im B. von jmdm.**[in jmds. B.] 누가가 있는 데에서, 누구 면전에서: im B. der Kinder 아이들이 있는 데에서; **ohne B. von jmdm.** [**ohne jmds. B.**] 누구가 아무 중에, 누가 없는 중에: die Einweihungsfeier fand ohne B. eines Regierungsvertreters[von Regierungsvertretern] statt

정부 대표가 없는 가운데 낙성식은 거행되었다.

beiseite ⟨Adv.⟩ **a)** (한) 옆에, 곁에, 측면에: der Schauspieler sprach b. [연극] 그 배우의 대사는 방백이었다; **b. stehen** 고려되지 않다, 참여하지 않다. **b)** 옆으로, 측면으로, 딴 쪽으로; er sah absichtlich b. 그는 고의적으로 딴 쪽을 보았다; er zog ihn b. 그는 그를 한 옆으로 데려 갔다; **b. bringen** 옆으로 치우다; **b. lassen** 무시하다, 언급하지 않다, 제쳐두다; **b. legen** 1) 저축하다, (돈을) 떼어 놓다: er wollte einiges für den Kauf eines Autos b. legen 그는 차를 사기 위해 얼마를 떼어 놓으려 하였다. 2) (시작한 일을) 그만두다; 방치하다: **b. schaffen** 1) 제거하다, 살해하다, 없애다. 2) 감추다: er hatte das gestohlene Geld b. geschafft 그는 훔친 돈을 감추었다; **b. schieben** 배제하다, 무시하다; **b. setzen** 경시하다, 무시하다.

Beiseite-: **~lassung**, die; -en 무시, 언급[고려]하지 않음. **~schaffung**, die 은닉, 은폐, 제거, 살해. **~setzung**, die 경시, 무시.

Beisel, Beisl ['baizl], das; -s, - (방언 -n) [jidd. bajis] (österr.) 주막, 선술집.

beisetzen ⟨h⟩ **a)** (아이) (정중히) 매장하다, 묻다: jmdn. mit militärischen Ehren b. 누구를 군대식 절차에 따라 정중히 매장하다. **b)** [고어] 부가하다, 첨가하다. **c)** [선원] 추가로 돛을 펴다. **Beisetzung**, die; -en 〈아이〉매장. **Beisetzungsfeierlichkeit**, die 〈대개 Pl.〉장례식.

Beisitz, der; -es **a)** 배석: bei diesem Prozeß hat er nur den B. 그는 이 공판에서 단지 배석만 한다. **b)** 동승자석, 운전석 옆자리. **Beisitzer**, der; -s, - 배석 판사, 배석자.

Beisl: ↑ Beisel.

Beispiel, das; -s, -e **a)** 보기, 예, 실례, 선례: ein treffendes [lehrreiches] B. 적절한(교훈적인) 예; B. anführen 예를 들다; ich will es dir an Hand eines -s [mit einem B.] erklären 나는 네게 한 예를 들어 그것을 설명해 주겠다; **(wie) zum B.** 예를 들자면: kleine Mitbringsel wie zum B. Blumen oder Pralinen 예를 들자면 꽃이나 초콜릿 같은 조그만 선물[약어: z. B.]; **etw. ist ohne B.** 그것은 전례[유례]가 없는[들어보지도 못한] 일이다. **b)** 본보기, 모범, 선례: er ist uns allen ein leuchtendes B. 그는 우리 모두에게 훌륭한 모범을 보여 주고 있다 [속담] schlechte -e verderben gute Sitten 나쁜 본보기가 좋은 관습을 망친다; **ein B. geben** 본보기가 되다; **sich³ ein B. nehmen (an jmdm. [etw.])** (누구[무엇]를) 본보기[모범]로 삼다: du solltest dir an deinem Bruder ein B. nehmen 너는 네 형[동생]을 본보기로 삼아야 한다; **mit gutem B. vorangehen** 모범을 보이다.

beispiel-, **Beispiel-** (↑ beispiels-, Beispiels-도 참조): **~gebend** ⟨Adj.⟩ 모범[본보기]이 되는. **~halber** ⟨Adv.⟩ ↑ beispielshalber. **~los** ⟨Adj.⟩ 선례[유례] 없는, 전대 미문의: dieses Ereignis ist b. in der Geschichte 이 사건은 역사상 유례가 없는 일이다. **~material**, das 예를 들기 위한 소재. **~reihe**, die 일련의 예[보기]. **~sammlung**, die 선례 수집. **~satz**, der [언어] 예문.

beispielhaft ⟨Adj.⟩ 모범적인, 본보기가 되는: eine -e Ordnung 모범적인 질서. **Beispielhaftigkeit**, die ↑ beispielhaft의 명사형.

beispiels-, **Beispiels-** (↑ beispiel-, Beispiel-도 참조): **~fall**, der 실례. **~halber** ⟨Adv.⟩ 예로서, 예를 들면. **~weise** ⟨Adv.⟩ 예를 들자면. **~wirkung**, die 모범적인 효과[영향].

beispringen* ⟨s⟩ 〈아이〉 **a)** 도우려고 뛰어들다: jmdm. in der Not [in der Gefahr] b. 난관[위험]에 처해 있는 누구를 도우려고 뛰어들다; einem Überfallenen beherzt b. 습격당한 자를 용감히 도우려고 나서다. **b)** 무엇으로 (특히 돈으로) 돕다: er war seinem Freund schon oft mit kleinen Beträgen beigesprungen 그는 이미 그의 친구에게 자주 돈을 조금씩 주면서 도왔다.

beiß-, Beiß-: **~beere**, die 《지역적》 피망, 스페인 후추. **~fest** ⟨Adj.⟩ 씹기 좋은, 씹기에 적당한. **~kohl**, der 《지역적》 근대. **~korb**, der (개, 말 따위의) 재갈, 입마개. **~ordnung**, die [행태] ↑ Hackordnung. **~ring**, der (이가 나는 아기들의) 씹기 연습을 위한 단단한 반지. **~rübe**, die ↑ ~kohl. **~sicher** ⟨Adj.⟩ 물수 없는, 물 수 없도록 된. **~werkzeuge** ⟨Pl.⟩ ↑ Kauwerkzeuge. **~wütig** ⟨Adj.⟩ 잘 무는, 무는 버릇이 있는. **~zahn**, der 앞니. **~zange**, die **1.** 못뽑이, 집게, 펜찌. **2.** 〈욕설〉 잘 싸우는 여자.

Beißel ['baisl], der; -s, - (rhein., schles.) (쇠붙이용) 끌. **beißeln** ⟨h⟩ 끌질하다.

beißen* ['baisn] ⟨h⟩ **1. a)** 깨물다: er biß in die Wurst 그는 소시지를 깨물었다; ich habe mir [mich] beim Essen auf die Zunge gebissen 나는 식사하면서 혀를 깨물었다. **b)** 씹다: auf Pfeffer b. 후추를 씹다. **c)** 씹다: er kann das harte Brot nicht mehr b. 그는 더이상 딱딱한 빵을 씹을 수 없다; **nichts (nicht viel) zu b. (und zu brechen) haben** 먹을 것이 없다[적다], 굶주림에 시달리다. **2. a)** 물다: auf der Straße bissen sich zwei Hunde 길에서 개 두 마리가 서로 물어 뜯고 있었다; der Hund hat mir [mich] ins Bein gebissen 개가 내 다리를 물었다. **b)** 물려고 덤비다, 덥석 물다: der Hund biß nach dem Briefträger 개가 집배원을 물려고 덤벼들었다; der Hund beißt (wild) um sich 그 개는 닥치는 대로 물어뜯는다. **c)** 무는 버릇이 있다: Vorsicht, das Pferd beißt! 조심, 이 말은 무는 버릇이 있음! **3.** (곤충들이) 물다, 쏘다: heute nacht hat mich ein Floh gebissen 지난 밤 벼룩이 나를 물었다. **4.** [낚시] 미끼를 물다: die Fische beißen heute gut 오늘 물고기들이 미끼를 잘 문다. **5.** 얼얼하다, 매섭다, 톡 쏘다, 찌르다: der Rauch beißt in den [die] Augen 연기가 눈을 찌른다; die Kälte wurde beißend 추위가 살갗을 찌르는 듯 매서워졌다. **6.** (통용어) (b. + sich) (색깔이) 서로 조화되지 [맞지] 않다: die beiden Farben beißen sich 그 두 색깔은 서로 조화를 이루지 않는다; dein Hut beißt sich aber mit dem Kleid 네 모자는 옷에 어울리지 않는다. **Beißer**, der; -s, - **1.** 무는 동물, 무는 개. **2.** 《드물게·농》 이, 치아: er hat gesunde B. 그는 튼튼한 이를 갖고 있다. **3.** (österr.) 긴 쇠집게. **Beißerchen**, das; -s, - ⟨대개 Pl.⟩ 〈친근〉 유아의 젖니. **Beißerei**, die; -en 이로 물어 뜯는 싸움: zwischen den Hunden gab es eine B. 개들 사이에 물어 뜯는 싸움이 있었다.

Beistand, der; -(e)s, Beistände **1.** (Pl. 없음) 〈아이〉 도움, 원조, 조력: jmdm. (ärztlichen) B. leisten 누구에게 (의사의) 도움을 주다; jmdn. um B. bitten 누구에게 도움을 청하다. **2.** [법] 보좌인, 후견 감독인, 소송 보조인. **3.** (österr. · 준고어) 결혼 입회인. **beiständig** ⟨Adj.⟩ 〈고어〉 도움이 되는, 도움을 주는: er versprach, ihm b. zu sein 그는 그를 돕겠다고 약속하였다. **Beistandschaft**, die [법] 보호.

Beistands-: **~kredit**, der [금융] 원조 차관. **~pakt**, der [정치] 상호 군사 원조 조약. **~pflicht**, die [행정] 관공서의 세무서를 도울 의무. **~vertrag**, der ↑ ~pakt.

beistehen* ⟨h⟩ 돕다, 편을 들다: jmdm. nach Kräften [mit Rat und Tat] b. 누구를 힘껏(충고와 행동으로) 돕다; sich (gegenseitig) [〈아이〉einander] 서로서로 돕다.

beistellen ⟨h⟩ **1.** (österr.) 사용하도록 주다[제공하다]: jmdm. eine Neubauwohnung b. 누구에게 새 주택 한

채를 제공하다. 2. [철도] (국제간의 교통을 위해) 열차를 제공하다. **Beistellmöbel**, das 〈대개 Pl.〉 다목적 소형 가구. **Beistellung**, die; -en 제공.
Beisteuer, die 《südd.》 기부금, 보조금, 의연금, 갹출금.
beisteuern 〈h〉 기부하다, 보조금을 내다, 출연하다, 기여하다: jeder muß eine bestimmte Summe b. 누구나 일정 액수를 기부해야 한다. **Beisteuerung**, die 기부, 기여.
beistimmen 〈h〉 동의[찬성]하다: ich möchte dieser Ansicht durchaus b. 나는 이 의견에 전적으로 찬성합니다; darin stimme ich dir bei 나는 그 점에 있어서 너에게 동의한다. **Beistimmung**, die 《드물게》 동의, 찬성.
Beistrich, der; -(e)s, -e 쉼표(,): einen B. setzen 쉼표를 찍다.
Beitel ['baitl], der; -s, - 끌과 비슷한 목재 가공 연장.
Beitrag ['baitra:k], der; -(e)s, Beiträge **1.** (정기적으로 내는) 분담금, 회비, 보험료; den vollen B. zahlen [entrichten] 회비 전액을 납부하다; Beiträge kassieren [einziehen] 회비를 받다[징수하다]. **2.** 협력, 기여, 공헌, 공로: für diesen bedeutsamen B. zur modernen Wissenschaft wurde der Gelehrte mit dem Nobelpreis ausgezeichnet 그 학자는 현대 학문에 끼친 이 중요한 공헌으로 노벨상을 수상했다. **3.** (신문, 잡지, 논문집 등의) 기고(문), 논문: regelmäßig (sprachwissenschaftliche) Beiträge in einer Zeitschrift veröffentlichen (언어학에 관한) 논문을 정기적으로 잡지에 발표하다.
beitragen* 〈h〉 a) 기여(공헌, 협력)하다: zum Gelingen eines Festes b. 축제가 성공적으로 거행되도록 기여하다; zum Lebensunterhalt b. 생계를 돕다. **b)** 한 몫 거들다, 자기 몫을 하다, 기여하다: sein Teil[das Seine] zur Entspannung b. 긴장 완화를 위해 자기 몫을 하다; etw. zu jmds. Sieg b. 누구의 승리를 위해 무엇을 기여하다. **Beiträger**, der; -s, - (잡지 또는 논문집의) 기고자.
beitrags-, Beitrags-: ~**bemessungsgrenze**, die [사회 보장] 의무 보험료 산정의 기준이 되는 최고 소득. ~**einzug**, der 보험료[회비] 공제[징수]. ~**frei** 〈Adj.〉 보험료[회비]를 떼지 않는, 보험료[회비] 지불 의무가 없는. ~**freiheit**, die 〈Pl. 없음〉 보험료[회비] 납부 의무가 없음. ~**gruppe**, der [사회 보장] 보험료에 따라 나누어진 그룹. ~**höchstgrenze**, die [사회 보장] 법적으로 허용된 최고 보험료율. ~**klasse**, die [사회 보장] 보험료 등급. ~**los** 〈Adj.〉 [사회 보장] 보험료 납부 의무가 없는. ~**marke**, die 보험료[회비] 납부 인지. ~**pflicht**, die [사회 보장] 보험 가입 및 보험료 납부 의무. ~**pflichtig** 〈Adj.〉 보험료[회비] 납부 의무가 있는. ~**rückerstattung**, die [보험] 보험료 환불. ~**rückstand**, der 회비[보험료] 체납. ~**satz**, der 보험료율. ~**schlüssel**, der 보험료 산출요율. ~**system**, das ↑ ~schlüssel. ~**tabelle**, die 보험료 도표. ~**zahlung**, die 보험료[회비] 납부.
beitreiben* 〈h〉 [법] 강제로 징수[빚을 회수]하다, 강제 집행하다: es wurde versucht, die fälligen Mietzahlungen beizutreiben 만기가 된 집세를 강제로 징수하려고 노력하였다. **Beitreibung**, die; -en 강제 징수 [집행].
beitreten* 〈s〉 a) (협정, 조약 등에) 가입하다: einem Nichtangriffspakt b. 불가침 조약에 가입하다. **b)** (단체에) 가입하다, 입회하다: einem Verein[einer Partei] b. 클럽에 가입하다[입당하다]. **c)** [법] 진행 중인 소송 사건에 참고인으로 출두하다. **d)** (견해에) 동의하다. **Beitritt**, der; -(e)s, -e **1.** 가입, 입회, 입당, 가맹: er erklärte seinen B. 그는 가입하겠다고 선언했다. **2.** [사냥] 짐승이 분명하게 나타나는 사슴의 발자국.
beitritts-, Beitritts- (Beitritt 1): ~**absicht**, die 입회[가입, 입당] 의사. ~**antrag**, der 입회[가입, 입당] 신청. ~**erklärung**, die 입회[가입, 입당] 성명[선언]. ~**gebühr**, die 입회[가입]비. ~**gesuch**, das 입회[가입] 청원. ~**willig** 〈Adj.〉 입회[가입]를 원하는.
Beiwache, die; -n, **Beiwacht**, die; -en 《드물게》 ↑ Biwak.
Beiwagen, der; -s, - **a)** (오토바이 등의) 사이드카: in den B. klettern 사이드카에 올라타다. **b)** 〈준고어〉 (전차나 지하철의) 객차.
Beiwagen- (Beiwagen a): ~**fahrer**, der 사이드카에 탄 사람. ~**maschine**, die 사이드카가 달린 대형 오토바이. ~**rad**, das 사이드카의 바퀴. ~**schiff**, das 사이드카의 차체.
Beiwerk, das; -(e)s 부속물, 장식, 첨가물, 부수적인[곁들여지는] 것: modisches B. zur Kleidung 옷에 달린 유행하는 장식물; alles (störende) B. weglassen (거추장스러운) 모든 장식을 떼어 버리다.
beiwilligen 〈h〉 [beipflichten / bewilligen에서 유래]《schweiz.》찬성하다, 동의하다: wir können diesem Vorschlag nicht b. 우리는 이 제안에 동의할 수 없다.
beiwohnen 〈h〉 **1.** (아어) 참석하다, (현장에서 직접) 목격[체험]하다: einer Feier[einem Staatsakt] b. 축하연[국가 행사]에 참석하다. **2.** 〈준고어·아어·은폐〉여자와 동침하다. **Beiwohnung**, die; -en **a)** 〈Pl. 없음〉 참석. **b)** [법] 성교, 동침.
Beiwort, das; -(e)s, Beiwörter **a)** 《언어·드물게》 ↑ Adjektiv. **b)** 수식어(구).
Beiz [baits], die; -en 〈축소형: ↑ Beizlein, Beizli〉《schweiz.》(마을의) 술집, 식당.
¹**Beiz-** (¹beizen): ~**apparat**, der [농업] 종자와 소독약을 섞는 기구. ~**brühe**, die (목재의) 착색액, 매염액, 무두질 용액, 산세척액, 부식액, 소독액. ~**bütte**, die 착색액[염색액]의 (통)용기. ~**flüssigkeit**, die ↑ ~brühe. ~**gerät**, das [농업] 곡류가 병이 들었을 때 살균하는 기구. ~**kraft**, die 부식력. ~**kufe**, die ↑ ~bütte. ~**mittel**, das 부식제[腐蝕劑], 매염제[媒染劑]. ~**pulver**, das [목공] 가루 착색제. ~**trommel**, die [농업] 종자와 소독액을 섞는 둥근 기계.
²**Beiz-** (²beizen): ~**falke**, der 사냥매. ~**hund**, der [사냥] 사냥개. ~**jagd**, die ↑²Beize. ~**vogel**, der (사냥에 쓰이는) 매.
beizählen 〈h〉 《드물게》 가산하다, 계산에 넣다, 포함시키다.
¹**Beize** ['baitsə], die; -n **1. a)** (목재의) 착색제. **b)** (직류의) 매염제. **c)** [의학] 무두질 용액. **d)** (금속용) 산세척액(酸洗滌液), 부식제. **e)** [농업] (종자의) 소독액. **f)** [연초] (담뱃잎의) 발효 촉진제. **g)** [요리] 어육을 절이는 데에 쓰이는 소스, 마리네이드, 조미액. **2.** 착색[매염, 무두질 용액, 산세척, 소독, 발효 촉진, 조미액] 처리.
²**Beize** [-], die [사냥] 매사냥.
³**Beize** [-], die; -n [지역적] 선술집, 식당.
Beizeichen, das; -s, - **1.** [문장] (대가족의 방계를 표시하는 문장의) 구별 표시. **2.** [주전] (주화에 새겨진 글자, 별 따위의) 부차적 표시. **3.** [사냥] 본 발자국(흔적) 주변에 있는 (별로 분명하지 않은) 부차적 발자국(흔적).
beizeiten [bai'tsaitn] 〈Adv.〉 제때에, 시간에 맞게, 늦지 않게: b. vorsorgen 늦지 않게 미리 대비하다.
¹**beizen** ['baitsn] 〈h〉 **1.** 착색제[매염액, 무두질 용액, 산세척, 부식제]를 바르다, 마리네이드에 절이다, (종자를) 소독하다, 연초의 쓴맛을 제거하다: wir wollen den Schrank dunkel b. 우리는 장롱을 검게 착색하고 싶다; braun gebeiztes Holz 갈색으로 착색된 나무. **2. a)** 부식시키다, 따갑게 타 들어가다: der Rauch beizte den Männern die Augen, daß sie weinen mußten 연기가 그 남자들의 눈을 따갑게 해서 그들은 눈물을 흘려야 했다. **b)** (무엇을 독한 것으로 처리하여) 제거하다. ²**beizen** [-]

¹**Beizer** ⟨h⟩ 【사냥】 매사냥하다.
¹**Beizer**, der; -s, - 목재 가공 기술자.
²**Beizer**, der; -s, - 《지역적》술집 주인.
beiziehen* ⟨h⟩ 《südd., österr., schweiz.》끌어당기다, 끌어들이다, 참조[참고]하다: Literatur für eine Arbeit b. 논문에 문헌을 참고하다. **Beiziehung**, die ↑beiziehen의 명사형.
Beizlein [ˈbaitslain], das; -s, -, **Beizli** [ˈbaitsli]; das; -s, -s ↑Beiz.
Beizug, der; -(e)s, Beizüge 《schweiz.》끌어당김, 끌어들임, 참고.
Beizung, die; -en 1. ↑¹beizen (1)의 명사형. 2. ↑¹Beize (1).
bejagen ⟨h⟩ 【사냥】(특정 동물을) 정기적으로 사냥하다. **Bejagung**, die; -en ↑bejagen의 명사형.
bejahen ⟨h⟩ **a)** 예라고 대답하다(반대: verneinen): ich bejahte seine Frage 나는 그의 질문에 긍정하는 대답을 했다. **b)** 긍정[시인]하다: wer lieben will, muß das Leid b. 사랑하고자 하는 사람은 고뇌를 긍정해야만 한다. **bejahendenfalls** ⟨Adv.⟩《격식 독어》긍정[동의]할 경우.
bejahrt [bəˈjaːɐ̯t] ⟨Adj.⟩ (아이) 늙은, 고령의: eine Reihe -er Linden 일련의 오래된 보리수 나무들. **Bejahrtheit**, die 고령.
Bejahung, die; -en **a)** 찬성, 긍정(반대: Verneinung): zum Zeichen der B. die Hand heben 찬성의 표시로 손을 들다. **b)** 긍정, 시인, 인정: die Fähigkeit zur B. des anderen 다른 사람을 인정하는 능력. **Bejahungsfall**, der 《다음 용법으로》**im -e** 《격식독어》긍정[시인, 찬동]하는 경우에.
bejammern ⟨h⟩ 《폄》(지나치게) 한탄하다, 슬퍼하다: sein Los[einen Verlust] b. 자기 운명[어떤 손실]을 한탄하다. **bejammernswert** ⟨Adj.⟩ 슬퍼할, 통탄할, 극련한: eine -e Lage 통탄할 사정. **bejammernswürdig** ⟨Adj.⟩《드물게》↑bejammernswert.
bejubeln ⟨h⟩ 환호하다, 환호하며 축하[맞이]하다: jmds. Rede[eine Idee] b. 누구의 연설[어떤 생각]에 환호를 보내다.
bekacken ⟨h⟩ 《비어》 오물로 더럽히다.
bekakeln ⟨h⟩ 《통용어》(어떤 사건, 미결 사항에 대해 잘 아는 사람과) 기분좋게 자세히 이야기하다.
bekalmen [bəˈkalmən] ⟨h⟩ 【선원】바람이 불어오는 쪽으로 나가 다른 배가 바람을 못 받게 하다.
bekämpfen ⟨h⟩ **a)** 누구에 대항하여 싸우다: die Feinde [Aufständische] b. 적[반란자들]에 맞서 싸우다. **b)** (극적인 조치로) 퇴치[극복]하려고 하다: eine Seuche b. 전염병을 퇴치하려하다, 노력하다; wir müssen unsere Vorurteile b. 우리는 우리의 편견을 극복해야 한다. **Bekämpfung**, die; -en ↑bekämpfen의 명사형. **Bekämpfungsmaßnahme**, die 《대개 Pl.》 방지책, 퇴치[극복] 조치: nach wirksamen -n gegen die ständig steigende Zahl von Verkehrsunfällen suchen 꾸준히 증가하는 교통 사고에 대한 효과적인 방지책을 강구하다. **Bekämpfungsmittel**, das 박멸[방지, 제거] 수단.
bekannt [bəˈkant] ⟨Adj.⟩ [bekennen = (er)kennen의 과거분사] **1. a)** 알려진: das -este Beispiel 가장 잘 알려진 예; es wurde b., daß ... …이 알려졌다; er ist b. für seinen Geiz[wegen seines Geizes] 그는 인색해 다고 알려져 있다. **b)** 유명한, 명성이 있는: ein bekannter[Arzt] 유명한 예술가[의사]. **2.** 《다음 용법으로》 **jmdm. b. sein** 누구에게 낯설지[새롭지] 않다, 누가 알고 있다: die Aufgabe war ihnen b. 그 과제는 그들에게 새로운 것이 아니었다; davon ist mir nichts b. 나는 그것에 관해 아는 바 없다; ich sah viele (mir) -e Gesichter 나는 아는 얼굴들을 많이 보았다; **jmdm. b. vorkommen** 누구에게 낯설지 않게[아는 것처럼] 보이다: die Melodie kommt mir b. vor 그 곡은 나에게 낯설지 않다. **jmdm.(etw.) b. sein(werden)** 누구(무엇)를 잘 알다[알게 되다]: ich bin noch mit keinem Menschen näher b. 나는 아직 어떤 사람도 잘 알지 못한다; ich bin mit seinen Problemen seit langem b. 나는 오래 전부터 그의 문제를 잘 알고 있다; **jmdn. mit jmdm. b. machen** 누구를 누구에게 소개하다; **darf ich b. machen?** 소개해도 될까요?; **jmdn.(sich) mit etw. b. machen** 누구(자신)에게 무엇을 알려[가르켜] 주다((자신이) 무엇을 알게 되다): jmdn. mit einer Maßnahme b. machen 누구에게 어떤 조치를 알려 주다.
bekannt-, Bekannt-: **~gabe**, die 공고, 고시, 공표: öffentliche B. 공적인 고시[공고]. **~geben*** ⟨h⟩ 널리 알리다, 공개[공포]하다: ein Wahlergebnis b. 투표 결과를 공표하다. **~machen** ⟨h⟩ 널리 알리다, 공개[공표]하다: den Inhalt eines Schreibens b. 서한의 내용을 공개하다. **~machung**, die; -en 공개, 공고, 고시: eine amtliche B. 관청의 고시. **~werden** 공개되다, 널리 알려지다: der Wortlaut darf nicht b. 내용이 공개되어서는 안된다.
Bekannte* [bəˈkantə], der / die **a)** 아는 사람: wir sind alte B. 우리는 옛날부터 아는 사이이다; er ist ein alter -r von mir 그는 내가 오래 전부터 아는 사람이다; viele B. haben 아는 사람이 많다. **b)** 《소유대명사와 함께》 《통용어·은폐》 여자[남자] 친구, 애인: ich war mit meiner -n verreist 나는 내 여자 친구와 여행을 떠났다. **Bekanntenkreis**, der 아는 사람들, 사교 범위: er zählt zu ihrem B. 그는 그녀가 아는 사람 중의 하나이다. **bekanntermaßen** ⟨Adv.⟩《격식 독어》주지하는 바와 같이. **Bekanntheit**, die 알려짐, 주지, 유명. **Bekanntheitsgrad**, der ⟨Pl. 없음⟩ 알려진 정도, 지명도(知名度). **bekanntlich** ⟨Adv.⟩ 주지하는(알려진) 바와 같이: der Walfisch ist b. ein Säugetier 고래는 알다시피 포유 동물이다. **Bekanntschaft**, die; -en **1.** 알게 됨, 알고 있음, (인간) 관계, 안면, 면식: eine B. (mit jmdm.) anknüpfen (누구에게) 알게 되다; das war schon in der ersten Zeit unserer B. so 그것은 우리가 알고 지냈던 초기에도 그랬다; **jmds. B. machen** 누구를 알게 되다, 누구와 관계를 맺다: die B. eines Mädchens machen 한 아가씨를 알게 되다; **mit etwas B. machen** 《통용·반어》좋지 않은 것과 관계를 맺다. **2.** 아는 사람(들), 지인: zu seiner B. gehörten viele namhafte Künstler 그가 아는 사람들 중에는 유명한 예술가들이 많이 있다.
bekanten ⟨h⟩ 모서리를 내다, 4각이 되게 깎다. **Bekantung**, die; -en 모서리를 냄.
Bekassine [beka'siːnə], die; -n [frz. bécassine, bécasse와 관련] 도요새.
bekaufen, sich ⟨h⟩ 《지역적》 (너무 비싸게, 생각없이) 사고 나서 화내다.
bekehren ⟨h⟩ **1. a)** 신앙[종교]을 갖게 하다, 귀의[개종] 시키다: jmdn. zum christlichen Glauben b. 누구를 기독교에 귀의시키다. **b)** 전향[개심]시키다: es gelang ihm nicht, ihn zu einer anderen Ansicht zu b. 그가 다른 의견을 갖게 하는데 그는 성공하지 못했다; er ließ sich nicht b. 그는 사상[의견]을 바꾸지 않았다. **2.** (b. + sich) 종교를 받아들이다, 개종하다, 귀의하다: sich zum Christentum b. 기독교에 귀의하다. **b)** 개심[전향]하다: er bekehrte sich zu meiner Auffassung 그는 나의 견해를 받아들였다. **Bekehrer**, der; -s, - 귀의[전향]시키는 사람, 선교사, 전도(포)교)자. **Bekehrerin**, die; -nen ↑Bekehrer의 여성형. **Bekehrung**, die;

-en 개종, 귀의, 전향, 전도, 교화. **Bekehrungs-**: **~eifer**, der 전도열, 포교열, 포섭열. **~reise**, die 〔 Missionsreise. **~weise**, die 개종[전향]시키는 방법. **~wut**, die 지나친 포교[전도, 포섭]열. **bekennen*** ⟨h⟩ **1. a)** 고백하다, 자백하다, 인정하다: einen Irrtum (eine Sünden) b. 잘못(자기 죄)을 고백하다. **b)** 신앙을 고백하다: laßt uns (gemeinsam) unsern Glauben b. 우리 (다같이) 신앙을 고백합시다; die Bekennende Kirche 고백 교회 (나치스에 반대하는 독일 신교의 운동). **2.** ⟨b.+sich⟩ a) 신봉하다, 지지하다, 인정하다; sich zu Jesus[zu Mohammed] b. 예수[마호메트]를 신봉하다; er bekannte sich zu seinen Taten 그는 자신의 행위를 인정하였다. **b)** 자신을 누구라고 칭하다: sich als Verfasser eines Artikels b. 자신이 어떤 기사의 필자임을 고백하다. **c)** (특정한 성격을) 인정하다, 고백(자백)하다: sich (als[für]) schuldig b. 자신이 유죄임을 자백하다; sie bekennen sich als dumm 그들은 자신들이 어리석음을 자인한다. **Bekenner**, der; -s, - (신앙) 고백자, 신봉자. **Bekennergeist**, der ⟨Pl. 없음⟩(신앙) 고백자(신봉자) 정신. **Bekennermut**, der 불이익을 감수하고 (신앙) 고백을 할 용기. **Bekennerschreiben**, das ⟨범죄학〕 테러, 암살 등을 자신(들)이 저질렀음을 알리는 편지(글). **Bekenntnis**, das; -ses, -se **1.** 고백, 자백; ⟨Pl.⟩ 회상, 참회: das B. seiner Sünden 자신의 죄의 자백; ein B. ablegen 고백[자백]하다. **2.** 신봉, 지지: ein B. zum Christentum[zur demokratischen Rechtsordnung] ablegen 기독교[민주적인 법질서]를 신봉한다고 고백하다. **3. a)** 신앙 고백: das Augsburger B. von 1530 1530년 아우크스부르크의 신앙 고백. **b)** 종파: für seine Kinder Schulen des eigenen ~es wünschen 자식들이 자신의 종파에 속하는 학교에 다니길 바라다.
bekenntnis-, Bekenntnis-: **~buch**, das 신앙 고백서. **~christ**, der 세례[영세] 교인. **~freiheit**, die ⟨Pl. 없음⟩ 〔종교〕 신앙의 자유: in diesem Lande herrscht B. 이 나라에는 신앙의 자유가 있다. **~freudig** ⟨Adj.⟩ 언제라도 기꺼이 신앙을 고백할 마음이 있는. **~gläubig** ⟨Adj.⟩ 종교를 철저하게 믿는. **~kirche**, die ⟨Pl. 없음⟩ 고백 교회. **~los** ⟨Adj.⟩ 신앙(종교)이 없는. **~mäßig** ⟨Adj.⟩ 〔격식 독어〕 종교와 관련된. **~schrift**, die ↑~buch. **~schule**, die 교단(敎團)이 설립한 학교(반대: Gemeinschaftsschule). **~treu** ⟨Adj.⟩ 신앙에 충실한, 신앙이 독실한. **~zwang**, der 신앙의 강요.
bekieken ⟨h⟩ (nordd.·통용어) 주시하다, 자세히 관찰하다.
bekiest [bə'ki:st] ⟨Adj.⟩ 자갈이 깔린: der Platz ist b. 그 광장에는 자갈이 깔려 있다.
bekindert [bə'kɪndɐt] ⟨Adj.⟩ 자녀가 있는.
beklagen ⟨h⟩ **1. a)** (애가) 한탄하다, 탄식하다, 슬퍼하다: den Tod eines Freundes b. 친구의 죽음을 슬퍼하다; Menschenleben waren nicht zu b. 사망자는 없었다. **b)** 애도하다, 유감스럽게 생각하다: die sozialen und politischen Wandel b. 사회적, 정치적인 변화를 유감스럽게 생각하다. **2.** ⟨b.+sich⟩ 불만을 표하다, 불평하다: sich über seinen Vorgesetzten b. 상관에 대해서 불평을 호소하다; ich habe mich bei ihm über diese [wegen dieser] Ungerechtigkeit beklagt 나는 이 부당함에 대해[때문에] 그에게 불만을 표하였다. **beklagenswert** ⟨Adj.⟩ 한탄스러운, 유감스러운, 불쌍한.
beklagenswürdig ⟨Adj.⟩ (애가) ↑beklagenswert.
beklagt [bə'kla:kt] ⟨Adj.⟩ 【법】 (민사 소송에) 고소된. **Bekliagte***, der / die (민사 사건의) 피고(반대: Kläger).
beklatschen ⟨h⟩ **1.** 박수 갈채를 보내다: den Ansager b. 사회자에게 박수 갈채를 보내다. **2.** ⟨통용어⟩ (누구의 사생활에 관해) 입을 놀리다.
beklauen ⟨h⟩ ⟨경〕 훔치다: einen Kameraden b. 친구의 물건을 훔치다; sich (gegenseitig) b. 서로 훔치다.
bekleben ⟨h⟩ 바르다, 붙이다: wir wollen die Wand im Kinderzimmer mit bunten Bildern b. 우리는 아이들 방의 벽에 알록달록한 그림을 붙이려고 한다.
bekleckern ⟨h⟩ ⟨통용어⟩ 얼룩지게 하다, 더럽히다: das Kleid mit Kirschsaft b. 옷을 버찌 주스로 더럽히다; ich habe mir den Schlips bekleckert 나는 넥타이를 얼룩지게 했다: 〔전의〕 **einen Bekleckerten machen** (berlin. 경) 잠잔 떼다, 젠 체하다, 으시대다. **bekleckert** ⟨Adj.⟩ (지역적·준고어) 잘난 척하는, 점잔 떼는.
beklecksen ⟨h⟩ 아주 더럽히다, 얼룩지게 하다: das Schulheft b. 노트를 더럽히다.
bekleiden ⟨h⟩ **1. a)** 옷을 입히다: nur mit einer Hose bekleidet sein 바지만 입고 있다. **b)** ⟨아어⟩ 무엇으로 치장하다(덮다): die Wände waren mit weißer Seide bekleidet 벽은 흰 비단으로 덮여 있었다. **c)** ⟨아·고어⟩ 권리를 부여하다, 관직에 임명하다: jmdn. mit einer Würde[mit hoher Macht] b. 누구에게 위엄[높은 권력]을 부여하다. **2.** 직위를 차지하다, 관직에 앉아 있다: einen hohen Posten[ein Amt, eine Stellung] b. 높은 지위[관직, 자리]를 차지하다. **Bekleidung**, die; -en **1. a)** 옷, 의복, 〔군〕 피복[zweckmäßige] B. 따뜻한[실용성 있는] 의복. **b)** 〔드물게〕 벽지, 판벽, 외피. **2.** ⟨Pl. 없음⟩(드물게) 재직, 복무, 재임.
Bekleidungs-: **~amt**, das 〔군〕 피복창. **~gegenstand**, der (대개 Pl.) 의류, 의복, 피복. **~gewerbe**, das 피복 산업, 봉제업, 의류업. **~handwerk**, das (양복, 양장 따위의) 복식업. **~industrie**, die 의류 산업, 기성복 제조업. **~kammer**, die ↑Kleiderkammer. **~soll**, das 〔군〕 피복 예산. (대개 다음 용법으로) Bekleidungs- und Ausrüstungssoll 피복 및 장비 예산. **~stück**, das ↑Kleidungsstück. **~vorschriften** ⟨Pl.⟩ 복장 규정.
bekleistern ⟨h⟩ **a)** ⟨통용어⟩ 풀이나 접착제를 충분히 바르다[칠하다]: die Tapeten müssen vor dem Ankleben gut bekleistert werden 벽지는 바르기 전에 풀을 충분히 칠해야 한다. **b)** ⟨통용어·폄⟩ 잔뜩 바르다, 붙이다: die Hauswand ist über und über mit Reklame bekleistert 담벽이 온통 광고 투성이다.
beklemmen ⟨h⟩ 죄다, 누르다, 압박하다: die Stille beklemmte mich 정적이 내 가슴을 압박했다; ein -des Gefühl 답답한 마음(심정); das Schweigen war -d 침묵으로 숨이 막히는 듯하였다. **Beklemmnis**, die; -se 답답한[숨이 막히는] 기분(감정), 압박감. **Beklemmung**, die; -en 불안, 가위눌림, 압박감, 옥죄이는 느낌.
beklieren ⟨h⟩ (nordd.·통용어) 더럽히다, 휘갈겨 쓰다, 낙서하다.
beklommen [bə'klɔmən] ⟨Adj.⟩ 억눌린, 가슴 답답한, 불안한: mit -er Stimme antworten 억눌린 음성으로 대답하다; sie war ganz b. 그녀는 아주 불안하였다. **Beklommenheit**, die 답답함, 불안, 억눌림.
beklönen ⟨h⟩ (nordd.·통용어) (잘 아는 사람과 무엇에 대해서) 자세히 터놓고 이야기하다: das müssen wir erst mal richtig b.! 우리는 우선 그 일을 터놓고 한번 이야기해야 한다. **Beklönung**, die; -en ↑beklönen의 명사형.
beklopfen ⟨h⟩ 손가락으로 두드리며 조사하다, 조사하면서 두드리다: der Arzt behorchte und beklopfte meine Brust 의사는 내 가슴에 청진기를 대고 손가락으로 두드리며 진찰했다. **bekloppt** [bə'klɔpt] ⟨Adj.⟩ 〔경〕 책임질 능력이 없는, 제 정신이 아닌, 머리가 이상한.

beknabbern ⟨h⟩ (주둥이나 이로) 갉다, 갉아먹다: die Mäuse haben den Speck beknabbert 생쥐들이 베이컨을 갉아먹었다.

beknackt [bə'knakt] ⟨Adj.⟩ 《경》 a) (짜증 날 정도로) 어리석은, 우둔한. b) 불쾌한, 화(짜증)가 나는: Fünfzehn ist ein ganz schön -es Alter 15살은 아주 힘든 나이이다.

bekneifen ⟨h⟩ [선원] 밧줄이 느슨해지지 않도록 고정시키다.

bekneipen, sich ⟨h⟩ 《지역적·통용어》 술에 (약간) 취하다.

beknien ⟨h⟩ 《통용어》 다급하고 끈질기게 조르다, 졸라대다: er bekniet mich schon lange, ihm Geld zu leihen 그는 이미 오래 전부터 돈을 빌려 달라고 내게 끈질기게 졸라댄다.

bekniffen [bə'knɪfn̩] ⟨Adj.⟩ 《지역적》 당황한, 놀란, 난처한: sie machen alle ziemlich -e Gesichter 그들은 모두 상당히 당황한 표정을 짓는다.

beknospen, sich ⟨h⟩ 싹이 트다: die Bäume beknospen sich erst spärlich 나무들은 이제야 조금씩 싹트기 시작한다.

bekochen ⟨h⟩ 식사를 제공하다, 자기 식구 이외의 사람을 위해 요리하다.

beködern ⟨h⟩ [낚시] 미끼를 달다: den Angelhaken b. 낚시 바늘에 미끼를 달다.

bekohlen ⟨h⟩ 《전문어》 석탄을 공급[조달]하다: der Dampfer mußte im Hafen bekohlt werden 그 기선은 항구에서 석탄을 공급받아야 했다. **Bekohlung**, die; -en 석탄 공급[조달].

bekommen* 1. ⟨h⟩ a) 얻다, (선물로) 받다: zum Geburtstag eine Puppe b. 생일날 인형을 선물로 받다; Besuch b. 손님을 맞이하다; Antwort(Nachricht) b. 대답(소식)을 듣다; Anweisung b., etw. zu tun 무엇을 하라는 지시를 받다. 공급(제공, 부여) 받다: Verpflegung(Urlaub) b. 양[음]식을 제공 받다(휴가를 얻다); einen Namen b. 이름을 부여 받다; die Schauspieler bekamen viel Beifall 배우들은 많은 갈채를 받았다. c) (벌을) 받다: Arrest(Gefängnis) b. 구류형(금고형)을 받다; er bekam eine schallende Ohrfeige 그는 찰싹 소리가 나도록 따귀를 얻어맞았다. d) (어떤 부분을) 갑자기 얻어맞다, 가격당하다: einen Fußtritt b. 발길질당하다; er bekam die Flasche an den Kopf 그는 머리를 병으로 얻어맞았다. 2. ⟨h⟩ a) 발견하다, (노력해) 얻다: eine Stellung b. 취직 자리를 얻다; es war kein Platz mehr zu b. 좌석을 더 이상 얻을 수 없었다. b) 얻다, 획득하다: einen Begriff von etw.[Einblick in etw.] b. 무엇에 관해 개념[안목]을 획득하다; wir haben einen völlig falschen Eindruck b. 우리는 아주 틀린 인상을 받았다; seinen Willen[die Oberhand] b. 의지를 관철하다[우위를 획득하다]. c) (기차 따위를) 놓치지 않다: den Zug (noch) b. 기차를 놓치지 않고 타다. 3. ⟨h⟩ a) 돈을 주고 구하다, 사다: einen Teppich billig b. 양탄자를 싸게 사다; was bekommen Sie? 뭘 드릴까요, 필요하십니까? b) 값(가격)을 받다: was[wieviel Geld] bekommen Sie? 값이 얼마죠? 4. ⟨b. + zu 부정형; h⟩ a) (무엇이 자기에게 유리한) 상태에 놓이다, 가능성을 갖다, 무엇을 할 수 있다, 무엇을 (이용)할 수 있는 상태에 놓이게(가능성을 가지게) 되다: einen Ast zu fassen b. 나뭇가지를 잡게 되다; ihr bekommt heute nichts zu essen 너희들은 오늘 먹을 것이 없다; so etwas haben wir lange nicht mehr zu hören bekommen 우리는 그런 것을 오랫동안 듣지 못했다. b) 견디다(참아) 야 하다: er hat ihren Haß zu spüren bekommen 그는 그녀의 증오를 감수해야 했다; wenn er das tut, bekommt er aber etwas (von mir) zu hören 그가 그 일을 한다면 (내가) 따끔하게 한마디 해 주겠다. 5. ⟨b. + 과거분사; h; 수동의 대체형⟩: er bekommt etw. geschenkt(geschickt) 그는 무엇을 선사(우송) 받는다. 6. ⟨h⟩ a) 무엇을 어떤 자리에 오게 하다: jmdn. vor seine Augen[etw. in die Hand] b. 누구를 눈 앞에 보다[무엇을 손에 넣다]; etw. aufs Bild[zu Papier] b. 무엇을 그림으로 그리다[글로 쓰다]; etw. in den Magen b. 무엇을(음식을) 먹다. b) 무엇을 하게 하다: jmdn. zum Reden b. 누구를 말하게 하다; jmdn. dazu b., die Wahrheit zu sagen 누구로 하여금 진실을 말하게 하다. c) 누구[무엇]가 어떤 상태에 놓이게 하다: sie wollten den Gefangenen frei b. 그들은 그 죄수를 석방시키려고 했다. 7. ⟨h⟩ a) (육체적이나 정신적인 변화의 결과로서) 가지다, 나타나다: Hunger b. 배고프다; einen roten Kopf[eine Gänsehaut] b. 얼굴이 붉어지다[소름이 돋다]; der Kranke hat schon wieder Farbe b. 그 환자는 벌써 화색이 돌았다; Mut(Auftrieb) b. 용기를 얻다(자극을 받다). b) (병을) 얻다: einen Schnupfen(Fieber) b. 코감기에 걸리다(열이 나다). c) 발전시키다, (형체 따위를) 서서히 갖추게 되다: Übung(Erfahrung) b. 숙련되다[경험을 쌓다]; Gestalt[Form] b. 형태 양)를 갖추다; das Schiff bekommt Fahrt 그 배가 속력을 낸다. 8. ⟨h⟩ a) (날씨의 변화, 어떤 결과를) 예측[예견]하다: wir bekommen (bald) Regen (곧) 비가 올 것 같다. b) 낳으려 하다: die Pflanze bekommt Blüten 식물이 꽃망울을 터뜨리려고 한다; sie bekommt ein Baby 그녀는 임신중이다. 9. ⟨h⟩ 정한 형태로 받다[얻다]: etw. schriftlich b. 무엇을 서면으로 받다. 10. ⟨s⟩ 누구에게 유익(무익)하다, 효과가 있다[없다]: die Kur ist ihm schlecht bekommen 요양이 그에게는 효과가 없었다; das Essen ist mir (gut) bekommen 그 음식이 내 입에 (잘) 맞는다; wohl bekomm's! 많이 잡수세요, 쭉 드세요(먹거나 마실 때). 11. **es nicht über sich b.** (자신이나 타인에게) 언짢은 언행을 취할 결단을 내리지 못하다. **bekömmlich** ⟨Adj.⟩ 몸에 좋은, 소화가 잘 되는: -es Essen 소화 잘 되는 음식. **Bekömmlichkeit**, die ↑bekömmlich의 명사형.

bekomplimentieren ⟨h⟩ 의례적이고 지나친 칭찬을 하다, 겉치레 인사하다: er bekomplimentierte seine Leute 그는 사람들을 겉으로만 칭찬했다.

beköstigen [bə'kœstɪgn̩] ⟨h⟩ (정기적으로) 식사를 제공하다, 급식하다. **Beköstigung**, die; -en 식사 제공, 급식.

bekotzen ⟨h⟩ 《경》 토해서 더럽히다: der Betrunkene hatte den Tisch bekotzt 그 술 취한 사람이 토해서 탁자를 더럽혔다.

bekräftigen ⟨h⟩ a) 재삼 확인하다, 힘주어 다짐하다: er bekräftigte seine Aussagen mit einem[durch einen] Eid 그는 그의 발언을 맹세로써 다짐하였다; er bekräftigte, daß er Hilfe leisten wolle 그는 도와주겠다고 재삼 확인했다. b) 강하게 하다, 뒷받침하다: den Verdacht b. 의혹을 더 짙게 하다; das bekräftigt mich in meiner Überzeugung 그것은 내 확신을 더욱 굳건하게 한다. **Bekräftigung**, die; -en ↑bekräftigen의 명사형.

bekrallt [bə'kralt] ⟨Adj.⟩ 《동물》 발톱이 달린.

bekränzen ⟨h⟩ 화환(꽃일)으로 장식하다: den Sieger b. 승자에게 화환을 걸어 주다; eine bekränzte Statue 화환으로 장식된 입상. **Bekränzung**, die; -en ↑bekränzen의 명사형.

bekreuzen ⟨h⟩ 1. 《가》 a) 성호를 그어 축복하다, 누구에게 성호를 긋다: die schlafenden Kinder b. 자는 아이들 위로 성호를 긋다. b) ⟨b. + sich⟩ (드물게) sich bekreuzigen. 2. 《고어》 십자가(가)표를 하다. **bekreuzigen**, sich ⟨h⟩ a) [가] 성호를 긋다: ich bekreuzigte mich und verneigte mich vor dem Altar 나는 성호를 긋고 제대 앞에 허리를 굽혔다; sich vor jmdm. [vor etw.] b. 누구[무엇]을 보고 두려워[혐오스러워] 성호를 긋다. b) 《통용어》 큰 혐오감[미신적인 두려움]을 갖다, 몸서리치다: vor dieser Aussicht bekreuzige ich mich 나는 이 광경에 몸서리가 쳐진다.

bekriechen 〈h〉 《드물게》 a) 누구[무엇] 위로 기어다니다: Würmer bekriechen den Kadaver 벌레들이 시체 위로 기어다닌다. b) 《아어》 ↑beschleichen (2).

bekriegen 〈h〉 누구[무엇]와 전쟁하다, 공격하다: die Nachbarvölker b. 이웃 민족들과 전쟁을 하다; sich (gegenseitig) [《아어》 einander] b. 교전하다.

bekritteln 〈h〉 《폄》 흠[트집]잡다: einen Kollegen b. 동료를 트집잡다. **Bekritt(e)lung**, die; -en 흠[트집]잡기.

bekritzeln 〈h〉 마구 갈겨쓰다, 낙서하다: er bekritzelte die Buchränder eng mit Anmerkungen 그는 책 가장자리에 흘려쓴 글씨로 빽빽하게 주석을 달았다.

bekrönen 〈h〉 a) 《관, 화환 등으로》 장식하다, 관을 씌우다: den Sieger b. 승자에게 관을 씌우다; ein Gebäude mit einer Kuppel b. [건축] 건물을 둥근 지붕으로 장식하다; [전의] er bekrönte sein Schaffen mit einem epochemachenden Werk 그는 획기적인 작품으로 창작 활동의 금자탑을 쌓았다. b) 절정을 이루다, 화려하게 마무리짓다: ein epochemachendes Werk bekrönte sein Schaffen 획기적인 작품이 그의 창작 활동의 절정을 이루었다. **Bekrönung**, die; -en 1. ↑bekrönen의 명사형. 2. 화려한 마무리[장식].

bekrusten [ba'krʊstn̩] 〈h〉 《드물게》 껍질[외피]로 덮다(싸다). b) 〈b. + sich〉 껍질[딱지]이 생기다: die Wunde hat sich schnell bekrustet 그 상처가 빨리 아물었다.

bekucken (nordd.) ↑begucken.

bekümmern 〈h〉 1. 우울하게[슬프게] 하다, 근심[걱정] 시키다: mein Zustand bekümmerte ihn 내 상태가 그를 근심시켰다; was bekümmert Sie das? 그것이 당신에게 무슨 상관이요? 2. 〈b.+sich〉 a) 《아어·준고어》 슬퍼하다, 우려하다: sich über etw. b. 무엇에 대해서 슬퍼하다. b) 누구[무엇]을 돌보아 주다, 관심을 갖다, 챙기다: ich muß mich um das Gepäck b. 나는 짐을 챙겨야 한다. **Bekümmernis**, die; -se 《아어》 근심, 걱정, 우려: in ehrlicher b. seine Schuld zugeben 무척 근심에 싸여 과실을 시인하다. **bekümmert** [bə'kʏmɐt] 〈Adj.〉 슬픔에 잠긴, 우울한, 걱정에 싸인: ein -es Gesicht machen 수심에 찬 얼굴을 하다; er war darüber sehr b. 그는 그것에 대해 매우 걱정을 했다. **Bekümmertheit**, die, **Bekümmerung**, die 《드물게》 근심, 걱정.

bekunden [bə'kʊndn̩] 〈h〉 1. a) 《아어》 알리다, 표현[표명, 표시]하다: Interesse[seine Bereitwilligkeit] b. 관심[용의가 있음]을 표명하다. b) [법] 진술하다, 증언하다: etw. eidlich b. 무엇을 선서하고 증언하다. 2. 〈b.+sich〉 《아어》 나타나다. b) 누구[무엇]에 -se 《아어》 근심, 걱정, 우려: durch ihren Haß bekundete sich ihr ganzer Haß 그것을 통해[그 속에] 그녀의 증오가 완전히 드러났다; ihre Verschiedenheit bekundete sich immer stärker 그들의 차이점이 점점 더 명확하게 나타났다. **Bekundung**, die; -en ↑bekunden의 명사형.

Bel [bel], das -s, - [미국의 전화 발명자 A. G. Bell에 따라] 벨[전기 통신에 있어 전력의 득실을 나타내는 단위] (기호: B 또는 b).

belächeln 〈h〉 누구에게[무엇을 보고] 미소짓다, 가볍게 비웃다, 웃음으로 대하다: der Plan wird allgemein belächelt 그 계획은 웃음거리가 되었다; etw. als kindisch b. 무엇을 유치하다고 살짝 비웃다. **belachen** 〈h〉

a) 웃다: jmds. Einfall b. 누구의 생각을 듣고 웃다; eine viel belachte Komödie 폭소를 터지게 하는 희극. b) 비웃다, 조소하다, 조롱하다: jmds. Ausreden b. 누구의 변명을 비웃다.

belackmeiern [bəˈlakmaɪ̯ɐn] 〈h〉 《통용어》 속이다, 사기치다: seine Kameraden b. 동료들에게 사기치다.

beladen* 〈h〉 a) 짐을 싣다〈반대: entladen (1 a)〉: den Wagen (mit Holz) b. 차에 (나무를) 싣다. b) 누구[짐승]에게 짐을 지우다(싣다): jmdn. (sich) mit Paketen b. 누구에게 짐을 지우다[많은 꾸러미를 짊어지다]; sie war schwer beladen 그녀는 짐이 많았다; [전의] jmdn. (sich) mit Verantwortung b. 누구에게 책임을 지우다[책임을 짊어지다]. c) 무엇에 뒤덮다: einen Tisch mit Geschenken b. 탁자를 선물로 뒤덮다; 《폄》 jmd. ist mit Schmuck beladen 누가 장신구를 요란하게 달고 있다. **Beladung**, die 짐을 실음, 뒤덮음, 적재 화물.

Belag [bəˈlaːk], der; -(e)s, Beläge [bəˈlɛːɡə] 《통용어》 -e 1. (표면에 끼는 곰팡이 따위의) 얇은 층: B. auf der Zunge ist ein Krankheitszeichen 혀 위의 백태는 병에 걸렸다는 표시다. 2. (무엇을 덮어 씌우는) 물질: die Bremsen brauchen neue Beläge 그 브레이크들은 새 라이닝이 필요하다; für den Fußboden einen B. aus Linoleum bestellen 바닥에 깔 리놀륨을 주문하다. 3. a) 빵 위에 얹는 햄, 치즈 따위의 얇은 조각. b) 케이크의 맨 위에 얹혀지는 과일 따위.

Belagerer [bəˈlaːɡərɐ], der; -s, - 〈대개 Pl.〉 포위군, 공성군(攻城軍). **belagern** 〈h〉 a) [군] (도시 따위를) 포위하다: Troja ist 10 Jahre belagert worden, ehe es fiel 트로야는 함락되기 전에 10년 동안 포위되었었다. b) 《통용어》 둘러싸다, 진을 치다: Reporter belagern das Hotel 기자들이 호텔을 둘러싸고 있다; Autogrammjäger belagerten den Schauspieler 사인을 받으려는 사람[사인팬]들이 그 배우를 에워쌌다. **Belagerung**, die; -en 1. 포위(공격): die B. aufheben 포위(망)를 풀다. 2. 〈Pl. 없음〉 《통용어》 둘러쌈, 에워쌈.

Belagerungs-: **~heer**, das 포위 공격군. **~krieg**, der 포위 공격전. **~maschine**, die (고대의) 공성(攻城) 무기. **~truppen** 〈Pl.〉 포위 공격 부대. **~zustand**, der [법] 계엄 상태: den B. (ein Gebiet) verhängen (어떤 지역에) 계엄을 선포하다.

Belami [belaˈmiː], der; -(s), -s [frz. bel ami (모파상 소설의 주인공에 따라서)] 여자들이 좋아하는 남자: er ist ein richtiger B. 그는 여자들에게 인기가 대단하다.

belämmern: ↑belemmern의 오기(誤記).

Belang [bəˈlaŋ], der; -(e)s, -e 1. 〈Pl. 없음〉 의미, 중요성: 〈대개 다음 용법으로, **von〈ohne〉 B. (sein)** 은 의미가 있다〈없다〉, 중요하다〈중요하지 않다〉: das ist für mich ohne B. 그것은 내게 중요하지 않다; nichts von B. 중요한 일이 없다. 2. 〈Pl.〉 이해(利害), 관심사: die kulturellen -e 문화적인 관심사; jmds. -e vertreten[wahrnehmen] 누구의 이해 관계를 대표[인지]하다. 3. 〈Pl. 없음〉 《격식독어》 관점: 〈대개 다음 용법으로〉 in diesem B. 이런 관점에서. **belangen** 〈h〉 a) [법] 고소하다: jmdn. wegen Diebstahls b. 누구를 절도죄로 고소하다. b) (비인칭·준고어) 관계하다: was mich belangt, so ... 나에 관해서는 ….

belang-, Belang-: **~los** 〈Adj.〉 의미없는, 중요하지 않은, 사소한〈반대: ~voll〉: das ist (für den Endergebnis) völlig b. 그것은 (최종 결과에 있어서는) 완전히 무의미하다. **~losigkeit**, die; -en 1. 〈Pl. 없음〉 무의미, 중요하지 않음. 2. 무의미한 일[발언]. **~reich** 〈Adj.〉 중요한, 의미 심장한: für die Zukunft -e Dinge 장래를 위해 중요한 것들. **~voll** 〈Adj.〉 의미 있는, 중요한〈반대: ~los〉: ein (für die Wissenschaft)

-es Werk (학문에) 중요한 저서.
belassen' ⟨h⟩ **a)** 내버려두다, 제자리에 두다: jmdn. in seiner Stellung b. 누구를 그 지위에 그대로 있도록 하다; etw. in der alten Reihenfolge b. 무엇을 옛날 순서 그대로 두다; wir haben es dabei belassen 우리는 그 정도로 해두었다. **b)** 위임하다, 맡기다: den Ländern die Kulturhoheit b. 주 정부에 문화 정책의 자율권을 위임한다. **Belassung,** die ↑belassen의 명사형.
belạstbar ⟨Adj.⟩ **1.** 하중[적재량]을 지탱할 수 있는: eine bis zu 15t -e Brücke 15톤까지의 하중을 지탱할 수 있는 다리. **2.** 책임을 감당해 낼 수 있는: die Firma sucht neue Mitarbeiter, b. und zielstrebig 그 회사는 책임을 감당해 낼 수 있고 목표 의식이 뚜렷한 새 직원을 찾고 있다.
Belastbarkeit [bə'lastba:ɐ̯kait], die; -en **1.** 부하[하중]력, 하중. **2.** ⟨Pl. 없음⟩ 책임[부담]을 감당하는 능력: ihre nervliche B. ist nicht sehr groß 그 여자는 신경이 아주 강하지는 않다. **belạsten** ⟨h⟩ **1. a)** 짐을 싣다, 화물을 적재하다, 하중을 가하다: das Auto zu stark b. 차에 짐을 너무 많이 싣다; der Fahrstuhl darf nur mit 4 Personen belastet werden 그 엘리베이터에는 네 사람까지 탈 수 있다; ⟨b.+sich⟩ ⟨드물게⟩ ich belastete mich mit den beiden Koffern 나는 그 트렁크 두 개를 다 들었다. **b)** (존재, 가치, 영향에) 해를 끼치다: die Atmosphäre durch Schadstoffe b. 대기를 유해 물질로 오염시키다; jmd. ist mit schwerer Schuld belastet 누가 큰 죄를 지었다; erblich belastet sein 유전병이 있다. **2. a)** 혹사시키다, 책임[부담]을 지우다: jmdn. mit Verantwortung b. 누구에게 책임을 부가하다; er belastete sein Gewissen mit Schuldgefühlen 그는 죄의식으로 양심이 괴로웠다. **b)** (누구에게, 무엇에) 심히 부담을 주다, (누구[무엇])를 괴롭히다: zuviel Fett belastet den Magen 너무 많은 지방은 위에 부담을 준다; die Verantwortung scheint dich sehr zu b. 그 책임이 너에게 매우 부담을 주는 것 같다; diese Methoden belasteten sein Gewissen 이 방법이 그의 양심에 부담이 되었다; von Sorgen belastet 근심에 차서. **3.** [법] 유죄로 보이게 하다(반대: entlasten 2 a): die Aussagen des Zeugen belasten den Angeklagten 증인의 진술이 피고를 불리한 입장에 처하게 한다; belastendes Material (피고에게) 불리한 증거 자료. **4.** [화폐] 경제적 부담을 주다: diese Gesetze belasten den Staatshaushalt mittelbar oder unmittelbar 이 법률은 국가 재정에 직접, 간접으로 부담을 준다; die Bevölkerung mit zusätzlichen Steuern b. 국민에게 추가적인 세금의 부담을 지우다; das Haus ist mit einer Hypothek belastet 그 집은 저당 잡혀 있다.
belạ̈stigen [bə'lɛstɪgn̩] ⟨h⟩ **a)** 괴롭히다, 방해하다, 부담을 주다: jmdn. mit Fragen b. 누구를 질문으로 괴롭히다; darf ich Sie (in dieser Angelegenheit) noch einmal b.? (이 문제로) 다시 한번 당신을 귀찮게 해도 괜찮을까요? **b)** 추근거리다, 성가시게 하다: belästigen Sie mich nicht! 내게 추근거리지 마시오! **belästigung,** die; -en ↑belästigen의 명사형.
Belạstung [bə'lastʊŋ], die; -en **1. a)** 짐싣기, 적재, 적화 (積貨), 부하(負荷): für gleichmäßige B. der Ladefläche sorgen 적재 면적에 균등하게 적재하려고 애쓰다. **b)** 오염, 해침: die B. der Atmosphäre durch Schadstoffe 유해 물질로 인한 대기의 오염. **b)** 부하, 짐: körperliche u. seelische -en 신체적, 정신적 부담(부하). **b)** durch den Beruf 직업에 의한 부담; jmdn. [etw.] einer B. aussetzen 누구(무엇)에게 부담을 지우다. **3.** [법] 유죄로 보이게 함, 죄를 씌움: die Zeugenaussage bedeutet eine starke B. des Angeklagten 증인의 진술은 피고에게 아주 불리하다. **4.** [화폐] 부채, 경제적 부담: die B. eines Grundstücks mit Hypotheken 저당잡힌 대지의 부채; B. eines Kontos 구좌의 차변 기입.
belạstungs-, Belạstungs-: **~anzeige,** die [금융] (은행에서 발부하는) 대월액 통고. **~EKG,** das [의학] 부하심전도(負荷心電圖). **~fähig** ⟨Adj.⟩ 일정한 부하 (하중)를 견딜 수 있는. **~fähigkeit,** die ⟨Pl. 없음⟩ 적재력, 부하(하중) 능력. **~grenze,** die **1.** 하중(부하, 적재) 한계, 최대 하중(부하, 적재). **2.** 최대 부담(책임) 감당 능력. **~indiz,** das [법] 불리한 정황(방증, 간접 증거): der Beweiswert von eher (피고에게) 불리한 방증 가치. **~kurve,** die ⟨전문어⟩ 부하 곡선. **~material,** das [법] 피고에게 불리한 정황. **~messer,** der [의학] 심장 기능, 맥박 등을 측정하는 기구. **~probe,** die 적재력 시험, 부하 시험, (책임 감당 능력) 시험. **~spitze,** die 최고 부하 시각(순간): die B. für das Stromnetz ist in den frühen Abendstunden zu erwarten 전력의 최고 부하 시각은 초저녁이다. **~zeuge,** der [법] 원고측 증인.
belạtschern [bə'latʃɐn] ⟨h⟩ (berlin.·경) **a)** 설득하다. **b)** 상의(협의)하다: etw. noch mal b. müssen 무엇을 다시 한번 상의해야 한다.
belauben [bə'laʊbn̩], sich ⟨h⟩ 잎이 나다: bald werden sich die Bäume wieder b. 나무들은 곧 다시 잎이 나게 될 것이다. **Belaubung,** die **1.** 잎이 남, 잎이 무성함. **2.** (집합적 의미의)잎.
belauern ⟨h⟩ **1.** 숨어서 기다리다[엿보다]: einen Verbrecher b. 범죄자를 숨어서 엿보다; [전의] täglich belauern neue Gefahren unser Leben 매일 새로운 위험이 우리의 생명을 위협하고 있다. **2.** (은밀하게) 감시하다: er belauerte mich 그는 나를 감시하였다. **Belauerung,** die; -en 숨어서 엿봄, 감시.
Belauf, der; -(e)s, Beläufe **1. im B. von** ⟨고어⟩ 어느 액수(까지)의. **2.** [사냥] 산림[수렵] 감시 구역. **belaufen'** ⟨b.+sich; h⟩ 얼마의 액수에 달하다, 액수가 얼마이다: der Schaden(die Summe) beläuft sich auf etwa 1000 DM 피해액(총액)은 대략 1000 마르크에 달한다. **2.** ⟨h⟩ (어떤 지역을) 돌아다니다, 순시하다: ein wenig belaufener Pfad 인적이 별로 없는 소148길. **3.** ⟨h⟩ ⟨지역적⟩ 분주히 찾아다니다: die Geschäfte b., um eine bestimmte Ware zu bekommen 일정한 물품을 구입하기 위해 이 상점으로 상점으로 돌아다니다; ein stark belaufenes Geschäft 사람들이 몰려드는 가게. **4.** ⟨s⟩ ⟨지역적⟩ 김이 서리다: die Fensterscheiben sind belaufen 창유리에 김이 서렸다.
belauschen ⟨h⟩ **a)** 은밀히 엿듣다: man hat uns belauscht 사람들이 우리의 대화를 엿들었다; einander [sich gegenseitig] b. 서로 (상대방을) 엿듣다. **b)** 주의깊게 관찰하다: die Tierwelt b. 동물 세계를 관찰하다. **Belauschung,** die ↑belauschen의 명사형.
Belcạnto, Belkanto [bel'kanto], der; -s [ital. bel canto] 벨칸토 창법.
Belche ['bɛlçə], die; -n, ⟨또한⟩ **Belchen** ['bɛlçn̩], der; -s, - ⟨südd., schweiz.⟩ 큰물닭. **Belchenschlạcht,** die [사냥] 큰물닭 사냥.
beleben ⟨h⟩ **1. a)** 활력[생기, 활기]을 주다: der Gedanke belebte ihn 그 생각이 그에게 활력을 주었다; Kaffee hat eine -de Wirkung 커피는 활기를 자극하는 효과가 있다. **b)** ⟨b.+sich⟩ 활기[생기]를 띠다, 생기(기)가 돌다: sein Gesicht belebt sich 그의 얼굴에 생기를 띤다. **2.** 생동감있게 하다(만들다): einen Text mit Bildern b. 그림으로 텍스트를 생동감있게 하다. **3. a)** 살아 움직이게 하다, 소생시키다, 살리다: alte Sitten und Gebräuche b. 옛 풍속과 습관을 되살리다. **b)** ⟨b.+sich⟩ 소생하다, 생기가 나다: im Frühling, wenn sich die Natur (wieder) belebt 자연이 (다시) 소생하는 봄

에. **4. a)** 생물로 가득 채우다, 어디에 살다: Millionen Mücken belebten den Wald 수백만의 모기가 그 숲에 살고 있었다. **b)** (b. + sich) 사람[생물]으로 붐비다[북적거리다]: die Straßen belebt sich 그 거리는 사람으로 붐빈다. **belebt** 〈Adj.〉 **1.** 활기있는, 붐비는, 번화한: eine -e Kreuzung 붐비는 교차로. **2.** 생명이 있는, 살아있는, 생기있는, 활기 찬: die -e Natur 살아있는 자연. **Belebtheit**, die 생기, 활기. **Belebtschlamm**, der 【생물】점액성 세균체, 활성 오니(汚泥). **Belebtschlammbecken**, das 활성 오니조(汚泥槽). **Belebtschlammverfahren**, das 하수 정화 처리. **Belebung**, die; -en 활기를 줌, 고무, 소생. **Belebungsbecken**, das 하수 처리를 위한 정화조. **Belebungsversuch**, der 〔의학〕 (교통 사고, 심장마비 등으로) 의식을 잃은 사람을 소생시키려는 시도.

belecken 〈h〉 핥다, 혀로 침을 묻히다: eine Briefmarke b. 우표에 침을 묻히다; der Hund beleckt seinen Herrn 개가 혀로 주인을 핥는다; 〈b. +sich〉 die Katze beleckt sich 고양이가 자기 몸을 핥다.

Beleg [ba'le:k], der; -(e)s, -e **a)** 증거 서류[자료], 영수증: -e abheften 영수증을 철하다. **b)** 전거, 증거, (문헌상의) 선례, 예문: wir haben keinen B. für dieses Wort in unserer Kartei 우리의 자료 카드에는 이 단어가 사용된 예문이 없다. **c)** 〔고고학〕 출토품.

Beleg-: ~**arzt**, der 의사가 고정 배치되지 않은 종합병원의 부서에 특근하는 개업의사. ~**bogen**, der 〔대학〕 (대학의) 수강 과목 기록 용지. ~**exemplar**, das (발간을 증명하기 위해 저자, 증정 도서판 등에 보내는) 증정본. ~**frist** 〔대학〕 수강 신청 기간. ~**hölzer** 〈Pl.〉 〔해양〕 밧줄을 감아둘 수 있는 말뚝. ~**klampe**, die ↑ Klampe. ~**knochen**, die 〔해부〕 (결합 조직을 지닌) 골. ~**leser**, der 〔전산〕 문자 판독 장치. ~**material**, das 증거물[자료](전체). ~**muster**, das (상품의 종류와 품질을 증명하기 위해 판매상이 보관하는) 견본. ~**nagel**, der 〔해양〕 (밧줄을 동여매기 위한) 나무[쇠] 못. ~**poller**, der 〔해양〕 계선주(繫船柱), 밧줄을 맬 수 있는 견고한 나무[쇠] 기둥. ~**probe**, die ↑ ~muster. ~**sortierer**, der 〔전산〕 데이타 분류 장치. ~**stadion**, die 의사가 고정 배치되지 않은 종합 병원의 부서. ~**stelle**, die 인용문이 들어 있는 장소. ~**stück**, das **1.** ↑ ~exemplar. **2.** 증거품.

¹**belegen** 〈h〉 **1. a)** 무엇 위에 놓다, 덮다: die Lehnen eines Sessels mit gehäkelten Deckchen b. 안락 의자의 등받이를 니트 덮개로 덮다. **b)** 〔군〕 사격[폭격]하다: eine Stadt mit Bomben b. 도시를 폭격하다. **c)** (바닥에) 깔다, (빵 위에) 얹다: den Fußboden mit Linoleum b. 바닥을 리놀륨으로 깔다; Brote mit Wurst b. 빵에 소시지를 얹다; belegte Brötchen 가운데에 소시지 따위를 넣은 동그란 빵; 〔전의〕 eine belegte Stimme 약간 쉰 목소리. **2. a)** (좌석 따위) 확보하다, 예약하다: einen Platz b. 자리를 확보하다; Vorlesungen b. 〔대학〕 강의를 수강 신청하다; Zimmer b. 방을 예약하다. **b)** 〔스포츠〕 순위를 차지하다: die Norweger belegten die Plätze 2 und 8 노르웨이가 선수들이 2위와 8위를 차지했다. **c)** (호텔 방 따위를) 차지하다, (투숙(숙영)을 위해) 이용하다: eine Stadt mit Truppen b. 도시에 군대를 숙영(宿營)시키다; die Zimmer sind voll belegt 방들이 꽉 찼다(만원이다); die (Telefon)leitung ist belegt 통화중이다. **3.** 부과하다: Importwaren mit hohem Zoll b. 수입품에 높은 관세를 부과하다; er wurde mit einer hohen Strafe belegt 그 중벌을 받았다. **4.** 증명(입증)하다: eine Ausgabe mit [durch] Quittungen b. 지출을 (영수증으로) 증명하다; das ist durch Urkunden [urkundlich] belegt 그것은 문서상으로 증명된 것이다; 〔전의〕 seine Forde-

rungen mit Gründen b. 요구 사항을 근거를 들어 정당화하다. **5.** 〔선원〕 **a)** 밧줄을 매다[묶다]. **b)** 밧줄을 매어 밤을 고정시키다. **6.** (짐승, 특히 개의) 암컷을 교미시키다. ²**belegen** 〈Adj.〉 〈관·군고〉 어느 장소에 있는. **Belegenheit**, die 〔드물게〕 위치. **Belegschaft**, die; -en **a)** (한 기업체의) 노무자 전원, 전 종업원[직원]: die B. versammelte sich in der Kantine 전 직원이 구내 식당으로 모였다. **b)** 〔통용어〕 어느 방[공간]에 거주하는 사람 전체.

Belegschafts-: ~**aktie**, die 〈대개 Pl.〉 우리사주. ~**handel**, der 기업체 내에서의 상품 판매 및 중개. ~**mitglied**, das 종업원, 직원. ~**raum**, der 종업원을 위한 공간. ~**stärke**, die 종업원 수. ~**versammlung**, die 종업원 회의. ~**versicherung**, die 종업원을 위한 추가(생명[재해]) 보험.

Belegung, die; -en ↑ belegen의 명사형. **Belegungsdichte**, die 《전문어》 주거 밀도, (물건의) 공간 점유 밀도.

belehbar 〈Adj.〉 배울 수 있는, 배울 자세가 되어 있는.

belehnen 〈h〉 **1.** (역사적) 관직(봉토)를 주다: die Fürsten b. 제후들에게 영지를 수여하다. **2.** 《schweiz.》 재산을 담보로 대부하다. **Belehnung**, die; -en 관직(영지, 봉토) 수여. **Belehnungsurkunde**, die 봉토(봉지) 수여 증서.

belehren 〈h〉 **1. a)** (아이를) 가르치다, 지도하다: der Dichter will mit dem Theaterstück b. 작가는 희곡 작품으로 교훈을 주려 한다; ein -der Film 교훈적인 영화. **b)** 알게(가르쳐) 주다: laß dich darüber b., wie das gemacht wird 그것이 어떻게 만들어지는지 배워라. **2.** (틀린 생각[과오]을) 깨우쳐 주다: er ist nicht zu b. 그는 깨우쳐 주기 힘든 사람이다. **Belehrung**, die; -en **a)** 가르침, 교훈: jmdm. sehr viel B. verdanken 누구한테서 많은 가르침을 받다. **b)** 비난, 훈계. **Belehrungseifer**, der 훈계하고 싶은 욕망. **Belehrungssucht**, die 〈Pl. 없음〉 교훈벽, 훈계하고 싶은 지나친 욕망.

beleibt [bə'laipt] 〈Adj.〉 살찐, 비만한, 뚱뚱한: ein -er Herr 뚱뚱한 신사. **Beleibtheit**, die 비만.

beleidigen [ba'laɪdɪɡn] 〈h〉 **a)** 모욕하다, 감정을 상하게 하다: jmdn. schwer b. 누구를 심히 모욕하다; jmdn. in seiner Ehre [jmds. Ehre] b. 누구의 명예를 훼손하다; das war -d (für ihn) 그것은 (그에게는) 모욕적이었다; (wegen einer Bemerkung) beleidigt sein (어떤 말 때문에) 모욕감을 느끼다; ein beleidigtes Gesicht machen 모욕당한 표정을 짓다. **b)** 감각 기관을 거슬리다, 감정을 해치다, 불쾌감을 주다: der Gesang beleidigte sein Ohr 그 노래가 그의 귀에 거슬렸다. **Beleidiger**, der; -s, - 모욕하는 사람. **Beleidigung**, die; -en **a)** 모욕, 모욕적인 언행, 명예 훼손: jmdm. eine B. zufügen 누구에게 모욕을 가하다; eine Strafanzeige wegen B. 명예 훼손에 대한 고발; er wurde wegen B. eines Kollegen entlassen 그는 동료를 모욕했기 때문에 해고 당했다; B. durch Verleumdung 무고에 의한 명예 훼손. **b)** (감각 기관, 감정에 미적으로) 거슬림: etw. ist eine B. für das Auge[Ohr] 무엇이 눈(귀)에 거슬리다. **Beleidigungsklage**, die 명예 훼손에 대한 고소. **Beleidigungsprozeß**, der 명예 훼손 소송.

beleihen 〈h〉 **1.** 담보로 잡고 돈을 꾸어주다: Grundstücke mit einer hohen Summe b. 토지를 담보로 고액을 꾸어주다. **2.** 《역사적》 관직(봉토, 영지)을 수여하다: der Graf ist vom Kaiser mit Land beliehen worden 그 백작은 황제에게서 봉토를 받았다. **Beleihung**, die; -en 담보 대부. **Beleihungsgrenze**, die 〔금융〕 담보 대부 한도액. **Beleihungswert**, der 담보가.

belemmern [bə'lɛmɐn] ⟨h⟩ [niederd. belemmeren] **1.** (nordd.) 귀찮게 하다, 성가시게 굴다, 괴롭히다: mußt du mich schon wieder mit dieser dummen Sache b.? 이 하찮은 일로 나를 또다시 귀찮게 해야 되겠니? **2.** 《지역적》 속이다. **belemmert** ⟨Adj.⟩ 《통용어》 **a)** 기가 꺾인, 풀이 죽은, 당황한: ein -es Gesicht machen 당혹스런 표정을 짓다. **b)** 싫은, 구역질나는, 역겨운: ein -es Wetter 지겨운 날씨.

Belemnit [bɛlɛm'niːt, (또한) ...'nɪt], der; -en, -en [gr. bélemnos] (지금은 존재하지 않는) 오징어류의 원조.

belesen ⟨Adj.⟩ 다독한, 박식한: er ist auf diesem Gebiet sehr b. 그는 이 분야에서 아주 박식하다. **Belesenheit**, die 다독, 박식, 정통.

Belesprit [bɛlɛs'priː], der; -s, -s [frz. bel esprit] (고어·조롱) 기지가, 문예 애호가.

Beletage [belɛ'taːʒə], die; -n [frz. bel étage] (고어·반어) (건물의) 2층.

beleuchten ⟨h⟩ **1. a)** 조명하다, 불을 비추다: die Kerze beleuchtete notdürftig die Gesichter 촛불이 희미하게 얼굴들을 비췄다. **b)** 밝게 하다, 불을 밝히다: wir müssen das Treppenhaus besser b. 충계를 좀 더 밝게 해야 하겠다; die Fenster sind schon beleuchtet 창문에는 이미 불이 켜져 있었다; ein festlich beleuchteter Saal 화려하게 조명된 홀. **2.** 해명하다, 조사하다, 관찰하다: ein Problem(Thema) von allen Seiten (kritisch) b. 어떤 문제를 모든 면에서 (비판적으로) 관찰하다. **Beleuchter**, der; -s, - (무대의) 조명사. **Beleuchterbrücke, die** 〔연극〕 (무대의 천정에 조명등을 설치하기 위한) 조명 가교. **Beleuchtung**, die; -en **1. a)** 조명, 채광, (빛의) 명암 상태: eine gute(schwache) B. 좋은(약한) 조명; künstliche(elektrische) B. 인공(전기) 조명; bei dieser B. kann man nicht arbeiten! 이러한 조명 아래에서는 일할 수 없다! **b)** 불빛비추기. **2.** 조사, 관찰, 해명: die B. einer Frage 어떤 질문의 해명.

Beleuchtungs-: **~anlage**, die 조명 시설(설비). **~apparat**, der 조명 도구(기구). **~armaturen** ⟨Pl.⟩ 조명 장비. **~brücke**, die ↑Beleuchterbrücke. **~effekt**, der 조명 효과. **~einrichtung**, die 조명 장치. **~gerät**, das 조명 기구. **~ingenieur**, der 조명 기사. **~körper**, der 조명 기구(전등 따위). **~korporation**, die 《schweiz.》 (가로등 따위의) 조명 시설 관리국. **~messer**, der 광도계, 조도계(照度計). **~stärke**, die 조도(照度). **~technik**, die 조명 기술. **~vorrichtung**, die 조명 시설. **~vorschriften** ⟨Pl.⟩ (특히 자동차의) 조명 규정.

beleumdet, beleumundet [bə'lɔym(un)dət] ⟨Adj.⟩ 일정한 평이 나 있는: er ist gut beleumdet und nicht vorbestraft 그는 평이 좋게 나 있고 전과 사실도 없다.

Belfast 《engl.》 bɛl'faːst, '-'-, '--] 벨파스트(북아일랜드의 수도).

belfern ['bɛlfɐn] ⟨h⟩ 《통용어》 **a)** 귀에 거슬리게 짖어대다. **b)** 명령조로 거칠게 말하다, 앙칼진 소리를 내다: die Kanonen belfern 대포가 요란한 소리를 낸다.

Belgien ['bɛlgiən], -s 벨기에. **Belgier** ['bɛlgiɐ], der; -s, - 벨기에 사람. **belgish** ['bɛlgɪʃ] ⟨Adj.⟩ 벨기에(인)의.

Belgrad ['bɛlgraːt] 베오그라드(구유고슬라비아의 수도).

belichten ⟨h⟩ **a)** 노출하다: einen Film b. 필름을 노출하다; die Aufnahme ist richtig belichtet 그 사진은 제대로 노출이 되었다. **b)** (은어) 조명하다, 빛을 비추다: eine belichtete Wand (불)빛을 받은 벽. **Belichtung**, die; -en **a)** [사진] 노출: die B. war zu kurz 노출이 너무 짧았다. **b)** (은어) 비춤, 빛, 조명.

Belichtungs- (Belichtung a의): **~dauer**, die 노출 시간. **~messer**, der 《사진기의》 노출계: eine Kamera mit eingebautem B. 노출계가 내장된 카메라. **~tabelle**, die 노출표. **~zeit**, die 노출 시간: die B. betrug 1/200 sek 노출 시간이 1/200초였다.

belieben ⟨h⟩ 《아어》 **a)** 마음에 들다, 무엇을 하고 싶다: ihr könnt tun, was euch beliebt 너희들 좋을 대로 하렴; ganz wie es dir beliebt 네 마음에 드는 대로; was beliebt? 《고어》 뭘 원하시죠? ; wie beliebt? 《고어》 뭐라고 하셨죠? **b)** 무엇을 하기 좋아하다, 무엇을 하곤하다: er beliebte lange zu schlafen 그는 잠을 오래 자곤 했다; Sie beliebten zu scherzen 농담을 좋아하시는군요, 당신의 진심이 아니겠지요. ⟨명사화⟩ **Belieben**, das; -s 뜻에 맞음, 의향, 소원, 판단, 평가: et. steht(liegt) (ganz) in jmds. B. 무엇이 (전적으로) 누구의 뜻에 달려 있다. nach B. 뜻대로, 임의로. **beliebig** [bə'liːbɪç] ⟨Adj.⟩ **a)** 임의의, 어떤: ein -es Auswahl 임의의 선정; ein -es Buch 임의의 어떤 책. **b)** 임의로, 마음대로: eine b. große Zahl 임의의 크기의 수. **beliebt** [bə'liːpt] ⟨Adj.⟩ **a)** 평이 좋은, 인기 있는: er ist bei seinen Kollegen nicht sehr b. 그는 동료들 사이에 인기가 별로 없다; **sich (bei jmdm.) b. machen** 누구에게 아첨하다, 누구의 호감을 사다. **b)** 자주 이용(사용)되는: das -este Thema unter Männern 남자들 입에 가장 자주 오르내리는 화제. **Beliebtheit**, die 호평, 인기, 인망: seine B. ist groß 그는 인기가 높다.

beliefern ⟨h⟩ (수요자에게 무엇을 규칙적으로) 지급(공급)하다: die Fabrik wird von dort mit Rohstoffen beliefert 그 공장은 그 곳에서 원료를 조달 받는다. **Belieferung**, die; -en 공급, 지급.

Belize [(engl.) be'liːse, (span.) be'liθe], -s 벨리세(중미에 있는 나라). **Belizer** [...zɐ], der; -s, - 벨리세 사람. **Belizisch** [...sɪʃ] ⟨Adj.⟩ 벨리세의.

Belkanto: ↑Belcanto.

Belladonna [bela'dɔna], die; ...nen [ital. belladonna] **a)** 벨라돈나(가지과의 유독 식물). **b)** 벨라돈나에서 추출한 약품. **Belladonnalilie**, die 아마릴리스(↑Amaryllis).

Belle Époque [bɛlɛ'pɔk], die [aus frz. belle < lat. bellus u. époque < griech. epoché] 황금 시대(프랑스에서 20세기 초 고조된 생활 감정의 시대를 지칭).

bellen ['bɛlən] ⟨h⟩ [mhd. bellen, ahd. bellan] **a)** (개, 여우 등이) 짖다, 짖어 대다: der Hund bellte laut 그 개가 시끄럽게 짖어 댔다. **b)** (감기 등으로) 심하게 기침하다: in -der Husten 요란한 기침 소리. **c)** 거친 조로(명령조로) 말하다(부르다): „Ist er deiner?" bellte der Richter "그게 네 아이냐?" 하고 판사가 소리쳤다. **d)** 거친 소리를 내다(야기시키다): 《명사화》 man hörte das gedämpfte Bellen der Geschütze 사람들은 둔중하게 포효하는 대포 소리를 들었다.

Belletrist [bɛle'trɪst], der; -en, -en [frz. belles-lettres와 관련: belle < lat. bellus u. lettre에서 유래] (문예) 작가, 대중(통속) 작가. **Belletristik**, die 문학(작품), 오락물, 대중물, (학술, 전문 서적에 대해) 순수 문학. **belletristisch** ⟨Adj.⟩ (오락) 문학의, 통속 소설의: -e Literatur 문학, 오락(대중) 문학; er hat -e Neigungen 그는 문학적 성향을 갖고 있다.

¹Bellevue [bɛl'vyː], die; -n [...ən frz. belle vue] 《고어》 ↑Belvedere (1).

²Bellevue [-], das; -(s), -s 전망이 좋은 성(음식점)의 명칭.

Bellizist [bɛli'tsɪst], der; -en, -en [lat. bellicus와 관련] (교양어) 주전론자(반대: Pazifist).

Bellinzona 《ital.》 bellin'tsoːna] 벨린초나(스위스 Tessin주의 수도).

Belmopan 벨모판(Belize의 수도).

beloben ⟨h⟩ (고형) ↑belobigen. **belobhudeln** ⟨h⟩ (폄) 과찬하다, 아첨하다: jmdn. b. 누구를 과찬하다. **belobigen** ⟨h⟩ 공식적으로 칭송하다, 칭찬하여 언급하다, 표창하다: die Arbeiter (für ihren vorbildlichen Einsatz) b. 노동자들을 (그들의 모범적인 작업에 대해) 표창하다. **Belobigung, die;** -en 찬사, 칭찬, 표창: eine B. aussprechen 찬사를 보내다, 표창하다. **Belobigungsschreiben, das** 표창 서한. **Belobigungsurkunde, die** 표창장. **Belobung, die;** -en ↑beloben 의 명사형.

belohnen, (또한 schweiz.) **belöhnen** [bəˈløːnən] ⟨h⟩ **a)** 보답하다, 보수를 주다: jmdn. reich[mit einem Trinkgeld] b. 누구에게 후하게[팁으로] 보답하다. b. 누구에게 후하게[팁으로] 보답하다. reicher Beifall belohnte den Sänger 그 가수는 많은 박수 갈채를 받았다. **b)** (행위, 업적을) 인정하다, 갚다, 보상하다: jmds. Geduld[Treue] b. 누구의 끈기[충실성]를 알아주다[보상해 주다]. **belohnenswert** ⟨Adj.⟩ 보수[보답]을 받을 만한: ein -er Eifer 보답을 받을 만한 열성. **Belohnung,** (또한 schweiz.) **Belöhnung, die;** -en **1.** 보답, 보상. **2.** 보답금, 보상금: eine B. von 1000 Mark für etw. aussetzen 무엇에 1000 마르크의 보상금을 걸다.

Bel-Paese [belˈpaːeːzə], der; - [ital. bel paese] 벨파에세(이탈리아의 지방분이 많은 연질 치즈).

Belt [belt], der; -(e)s, -e 벨트 해협(덴마크 북동쪽).

beluchsen ⟨h⟩ (통용어) 날카롭게 관찰하다, 매복하여 기다리다.

belüften ⟨h⟩ 환기시키다, 통풍이 잘 되게 하다: ein schlecht belüfteter Raum 환기가 잘 안된 방(공간). **Belüftung, die** ↑belüften 의 명사형.

¹Beluga [beˈluːga], die; -s [1 a: russ. beluga; 1 b: russ. belucha] **a)** Hausen의 러시아어 명칭. **b)** Weißwal의 러시아어 명칭. **²Beluga** [-], der; -s 철갑상어의 알젓.

belügen ⟨h⟩ 누구에게 거짓말하다, 속이다: er belügt ständig seinen Lehrer 그는 계속 자기 선생님을 속인다; ⟨b. + sich⟩ mit dieser Idee belügst du dich selbst 이러한 생각을 하다니 너는 너 자신을 기만하고 있다.

belustigen [bəˈlʊstɪɡn̩] ⟨h⟩ **1. a)** 즐겁게(기쁘게) 하다, 웃기다: der Clown belustigte das Publikum mit seinen Scherzen 그 광대는 재담으로 관중을 웃겼다. **b)** (예상, 의도와는 반대로) 재미를 느끼게 하다: eine belustigte Miene zeigen 재미있어 하는 얼굴을 보이다. **2.** ⟨b. + sich⟩ **a)** (누구에 재미있어(고소해) 하다, 비웃다: du belustigst dich nur über mein Mißgeschick 너는 내 불행을 보고 흥겨워하고만 있구나. **b)** (준고어) 즐기다. **Belustigung, die;** -en **a)** (민속) 축제, 오락, 즐길 거리: auf dem Festplatz gibt es allerhand -en 축제 장소에는 온갖 즐길거리가 있다. **b)** ⟨Pl. 없음⟩ 즐거움, 흥, 재미: er konnte seine B. kaum verbergen 그는 즐거움을 거의 감출 수 없었다.

Belutsche [beˈluːtʃə, beˈlʊtʃə], der; -n, -n 발루치스탄 사람 주 파키스탄의 이란 민족). **belutschisch** ⟨Adj.⟩ 발루치스탄(사람)의. **Belutschistan** [beˈluːtʃɪstaːn̩, (또한) beˈlʊtʃ...], -s 발(벨)루치스탄.

belutschen ⟨h⟩ 빨다, 빨아 먹다.

Belvedere [bɛlveˈdeːrə, (ital.) belveˈdeːre, (engl.) bɛlvɪˈdɪə], das; -(e), -s **1.** 전망대, 누각, 아름다운 전망. **2.** (전망이 좋은 성(城), 여관 따위의 명칭) 벨비디어.

belzen ⟨h⟩ ↑³**pelzen.**

Belz(e)nickel [ˈbɛlts(ə)-], der; -s, - [westmd. pelzen u. Nickel과 관련] (westmd.) ↑**Nikolaus.**

bemachen ⟨h⟩ **1.** (통용어) (똥이 분뇨로) 더럽히다, 칠하여 지저분하게 하다: ⟨대개 b. + sich⟩ das Kind hat sich von oben bis unten bemacht 그 아이는 머리부터 발끝까지 온 몸에 똥칠을 했다[온 몸을 더럽혔다]; 전의 er hat uns alle bemacht u. beschissen 그는 우리 모두를 여지없이 속였다. **2.** ⟨b. + sich⟩ 흥분[격분]하다.

bemächtigen, sich [bəˈmɛçtɪɡn̩] ⟨h⟩ (격상) **a)** 제것으로 삼다, 장악하다, 점령하다: die Entführer hatten sich zweier Geiseln bemächtigt 유괴범들은 두 사람을 인질로 잡고 있었다. **b)** 엄습하다, 사로잡다: Angst [Unruhe] bemächtigte sich seiner 공포[불안감]가 그를 엄습해 왔다. **Bemächtigung, die** ↑bemächtigen 의 명사형.

bemähnt [bəˈmɛːnt] ⟨Adj.⟩ (말, 사자 따위의) 갈기가 긴: das -e Haupt des Löwen 갈기가 긴 사자 머리.

bemakeln [bəˈmaːkln̩] ⟨h⟩ (드물게) **a)** 더럽히다, 오점을 남기다, 욕되게 하다: sein bemakelter Ruf 그의 더럽혀진 평판. **b)** 비방하다, 욕하다: man bemakelt ihn als Verräter 사람들은 그를 배반자라고 비방한다. **bemäkeln** ⟨h⟩ (통용어) (누구의) 흠을 들추어내다, 헐뜯다: das Essen b. 음식을 흠잡다. **Bemäk(e)lung, die;** -en 헐뜯기.

bemalen ⟨h⟩ **a)** 그림으로 장식하다, 채색하다: Ostereier b. 부활절용 달걀을 채색하다; schön bemaltes Geschirr 예쁘게 그림이 그려진 그릇, 예쁜 채색 식기. **b)** 색을 칠하다, 물감을 바르다: eine mit grüner Ölfarbe bemalte Wand 초록색 유성 페인트가 칠해진 벽. **c)** (통용어·반어·폄) 짙게[요란하게] 화장하다: eine bemalte Schönheit 진하게 처바른 미인; ⟨대개 b. + sich⟩ sie bemalt sich zu sehr 그녀는 화장을 너무 요란하게 한다.

Bemalung, die; -en **a)** 채색(하기). **b)** 채색층, (그려넣은) 그림: die alte B. in der Kirche wurde freigelegt 교회 안의 옛 그림이 드러났다[발굴되었다].

bemängeln [bəˈmɛŋl̩n] ⟨h⟩ 헐뜯다, 비평하다, 항의하다: er bemängelte den schlechten Service 그는 서비스가 나쁘다고 불평했다. **Bemäng(e)lung, die;** -en ↑bemängeln의 명사형.

bemannen [bəˈmanən] ⟨h⟩ **1.** (어디에) 승무원을 태우다: ein Schiff(Flugzeug) b. 선박(비행기)에 승무원을 배치하다; eine bemannte Raumstation 유인(有人) 우주 정거장. **2.** (통용어·농) ⟨b. + sich⟩ 남편을 갖다, 결혼하다: sie wollte sich endlich b. 그녀는 마침내 남편을 구하려 했다. **Bemannung, die;** -en **a)** 인원 배치: die B. erfolgte mit einigen ausgesuchten, erfahrenen Männern 승무원 배치는 몇몇 선발된, 경험이 많은 남자들로 이루어졌다. **b)** 승무원.

bemänteln [bəˈmɛntl̩n] ⟨h⟩ (아이) (허물 따위를) 얼버무리다, 숨기다: seine Fehler (mit etw.) b. 자신의 실수를 적당히 얼버무리다. **Bemänt(e)lung, die;** -en ↑bemänteln의 명사형.

bemaßen [bəˈmaːsn̩] ⟨h⟩ (전문어) (지도, 그림 따위에) 축척을 기입하다: die Karte muß noch bemaßt werden 이 지도에는 아직 축척이 기입되어야 한다. **Bemaßung, die;** -en 축척 기입.

bemasten [bəˈmastn̩] ⟨h⟩ (선박, 보트 따위에) 돛대를 달다. **Bemastung, die 1.** 돛대 설치. **2.** (배의) 돛대(총칭): B. u. Takelung der Schiffe 선박의 돛대와 삭구(索具).

bemausen ⟨h⟩ (통용어·농) 누구로부터 (대개 사소한) 무엇을 속여 빼앗다, 슬쩍 훔치다: du willst mich doch nicht etwa b.? 나에게서 설마 슬쩍 훔쳐가려는 것은 아니겠지?

Bembel [ˈbɛmbl̩], der; -s, - [landsch. bampeln와 관련] **a)** (지역적·특히 westmd.) 종의 추, 작은 종. **b)** (hess.) 사과주 항아리.

bemehlen [bəˈmeːlən] ⟨h⟩ [요리] 밀가루를 묻히다[뿌리다]: ein bemehltes Brot 밀가루를 묻힌 빵. **Be-

mehlung, die 【특히 제과】 ↑bemehlen의 명사형.

bemeiern [bə'majɐn] ⟨h⟩ [2.: jidd. mora와 관련] **1.** 《역사적》(토지, 농장 따위를) 임대하다, 소작하게 하다. **2.** 《통속어》속이다, 속임수를 쓰다, 골탕 먹이다.

bemeistern ⟨h⟩ 《아어》 **a)** 제어[극복, 지배]하다: du mußt diese Situation[deinen Zorn] b. 너는 이러한 상황을 극복해야 한다[너의 분노를 억제해야 한다]. **b)** 《b. + sich》 자제하다, (감정 등을) 억제하다. **c)** 《드물게》 《b. + sich》 (누구를) 엄습하다, 사로잡다: Wut bemeisterte sich seiner 분노가 그를 사로잡았다. **Bemeisterung**, die ↑bemeistern의 명사형.

bemerkbar [bə'mɛrkbaːɐ̯] ⟨Adj.⟩ 인지[인정]할 수 있는, 느낄 수 있는: ein kaum -er Unterschied 거의 알 수 없을 정도의 차이; **sich b. machen** 1) (몸짓으로) 남의 눈을 끌다, 주의를 환기시키다: er machte sich durch Husten b. 그는 기침을 하여 시선을 끌었다. 2) 보이다, 영향을 끼치다: sein Einfluß macht sich b. 그의 영향력이 드러난다. **bemerken**, das; ⟨h⟩ **1. a)** 인지하다, 발견하다, 깨닫다: sie hat das Auto zu spät bemerkt 그녀는 차가 오는 것을 너무 늦게야 알아차렸다. **b)** 《드물게》 관심을 갖다, 주의하다: eine viel bemerkte Rede 많은 관심이 쏠렸던 연설. **2.** 표명하다, 진술하다, 말을 꺼내다: ich darf b., daß ...라고 말해도 되겠지요; nebenbei bemerkt, daß kann er doch gar nicht wissen 말이 나온 김에 하는 얘긴데, 그걸 그 사람이 알 리가 없어. (명사화) **Bemerken** (다음 용법으로만) mit dem B. (격식 독어) 어떤 표시[통지]가 있는: der Brief kam mit dem B. „Adressat gefallen" zurück 그 편지는 "수취인 전사"라는 표시와 함께 되돌아왔다. **bemerkenswert** ⟨Adj.⟩ **a)** 중요한, 현저한, 상당한: du hast -e Fortschritte gemacht 너는 현저한 발전을 했다. **b)** 주목할 만한, 괄목할. **c)** (형용사를 강조) 아주 비상한: eine b. schöne Kollektion 괄목할 만큼 아름다운 수집품. **Bemerkung**, die; -en **1. a)** 논평, 발언, 소견: eine B. (über jmdn.[etw.]) machen[fallenlassen] (누가[무엇]에 관해) 소견을 말하다. **b)** 통지문, 메모, 각서: er hatte eine B. im Zeugnis 그의 성적표에는 통지문이 적혀 있었다. **2.** (드물게) 인지, 발견.

bemessen¹ ⟨h⟩ **a)** (계산 뒤에) 확정[책정]하다, 나누어 주다, 할당하다: er hat das Trinkgeld reichlich bemessen 그는 팁을 넉넉히 주었다. **b)** (격식 독어) 《b. + sich》 무엇에 따라 계산[책정]되다: knapp bemessene Zeit 빠듯이 계산된 시간. **Bemessung**, die; -en ↑bemessen의 명사형.

bemißtrauen ⟨h⟩ 《드물게》 불신하다: ich habe keinen Grund, ihn zu b. 나는 그를 불신할 이유가 없다.

bemitleiden [bə'mɪtlaɪdn̩] ⟨h⟩ 동정하다, 불쌍히 여기다: man hat ihn immer bemitleidet 사람들은 그를 항상 측은히 여겼다. **bemitleidenswert** ⟨Adj.⟩ 동정할 만한, 측은한, 유감스러운. **Bemitleidung**, die 동정(하기).

bemittelt [bə'mɪtl̩t] ⟨Adj.⟩ (준고어) 자력[자산]이 있는, 부유한: wenig -e Käufer 자금이 별로 없는 구매자들.

Bemmchen ['bɛmçən], das; -s, - ↑Bemme. **Bemme** ['bɛmə], die; -n [entw. slaw. pomazka 《또는》 ostmd. bammen, bampen과 관련] 《축소형》 ↑Bemmchen》 (ostmd.) 버터 따위를 바른 빵조각, 샌드위치.

bemogeln ⟨h⟩ 《통속어·농》(약간) 속이다, 정직하지 않다: du willst mich wohl b.? 네가 나를 아마도 속이려는 거지?

bemoosen [bə'moːzn̩], sich ⟨h⟩ 이끼 끼다, 이끼로 덮이다: ein bemooster Stein 이끼가 낀 바위; [전의] muß ich das einem bemoosten Philosophen wie dir erst erzählen? 그것을 내가 너같이 늙어빠진 철학자에게 얘기해야만 하겠어?; **ein bemoostes Haupt** 《통용어·특히 대학생》 중년 남자, 만년 학생.

bemopsen ⟨h⟩ 《통속어·⟨드물⟩·농》 (사소한 것을) 가져가다, 훔치다: du willst mich wohl b.? 너 내게서 무엇인가 훔치려는 거지?

bemühen ⟨h⟩ **1.** (b. + sich) 힘쓰다, 애쓰다, 노력하다: ich will mich b., pünktlich zu sein 나는 시간을 지키도록 노력하겠다; wir sind stets bemüht, etw. zu tun 우리는 무엇을 하고자 늘 애쓰고 있다; bitte bemühen Sie sich nicht! 번거롭게 애쓰지 마세요! **b)** 돌보다, 걱정하다: sie bemühte sich um den Kranken 그녀는 그 환자를 돌보았다; um etw. bemüht sein 무엇을 위해 애쓰다. **c)** 《무엇(누구)을 얻으려고 노력[전력]하다; sich um eine Stellung (um jmds. Vertrauen) 일자리를 구하려고[누구의 신임을 얻으려고] 노력하다. **2.** (b. + sich) 《아어》 (어디로) 찾아가다: wenn Sie sich bitte nach oben (in die Wohnung) b. wollen 어서 위로 올라가시죠 (거실로 들어가시지요). **3.** 《아어》 요구하다, 도움을 청하다: dürfen wir Sie noch einmal bemühen? 당신에게 다시 한번 부탁을 드려도 좋을까요?; in dieser Angelegenheit muß ein Rechtsanwalt bemüht werden 이 사건에는 변호사의 도움을 청해야 합니다. **Bemühen**, das; -s 《아어》 수고, 노력, 전력: vergebliches B. 헛된 노력. **bemühend** ⟨Adj.⟩ (schweiz.) 불쾌한, 괴로운. **bemüht** ⟨Adj.⟩ 애쓴, 노력한, 힘들인: er wirkt niemals b. 그는 노력한 인상을 전혀 주지 않는다. **Bemühtheit**, die (schweiz.) 노력(하기), 수고. **Bemühung**, die; -en **a)** 《대개 Pl.》 수고, 노력, 애씀: angestrengte (vergebliche) -en 진지한 [헛된] 노력; trotz aller -en (allen -en zum Trotz) 온갖 노력에도 불구하고. **b)** ⟨Pl.⟩ (특히 보수를 받는) 조언, 조력, (의사·변호사 등의) 직무 수행, 서비스: ärztliche -en 의사의 진료.

bemüßigen [bə'myːsɪɡn̩], sich ⟨h⟩ 《드물게 아어》 (불필요하게) 이용[사용]하다: **sich bemüßigt sehen (fühlen / finden)** 《아어·자주 반어》 (쓸데 없는 것을) 꼭 해야 한다고 느끼다: ich fühlte mich bemüßigt, eine Rede zu halten 나는 쓸데없는 연설을 해야 할 필요를 느꼈다.

bemustern ⟨h⟩ [상] 견본을 보이다(붙이다): die Firma bemusterte ihren Katalog mit verlockenden Angeboten 그 회사는 유혹적인 가격표가 붙은 상품 견본들을 카탈로그에 게재했다. **Bemusterung**, die; -en 견본 시재.

bemuttern [bə'mʊtɐn] ⟨h⟩ 어머니 같이 돌보다: er tut mir leid, ich muß ihn ein bißchen b. 그가 가여워서 내가 조금 어머니 노릇을 해 주어야 하겠다. **Bemutterung**, die; -en ↑bemuttern의 명사형.

bemützt [bə'mʏtst] ⟨Adj.⟩ 모자를 쓴: 〔전의〕 weiß -e Bergkuppen 하얗게 (눈이) 덮인 산봉우리들.

Ben [bɛn] [hebr.] 아들, 손주 (아랍·헤브라이어 이름의 일부).

benachbart [bə'naxbaːɐ̯t] ⟨Adj.⟩ 이웃의, 인접한: im -en Ort 인근 지역에(서); eine -e Familie 이웃 가족.

benachrichtigen [bə'naːxrɪçtɪɡn̩] ⟨h⟩ 알리다, 보고하다: wir müssen die Polizei von den Unfall b. 우리는 그 사고를 경찰에 알려야 한다. **Benachrichtigung**, die; -en **a)** 알림, 보고, 통지: eine B. der Eltern ist dringend erforderlich 부모에의 보고[통지]는 시급히 필요하다. **b)** 소식, 전언 보고[보도] 내용: die offizielle B. ist eingetroffen 공식 보고가 들어왔다. **Benachrichtigungsschreiben**, die 통지서.

benachteiligen [bə'naːxtaɪlɪɡn̩] ⟨h⟩ 손해를 끼치다, 불리하게 하다: er benachteiligte seinen jüngsten Sohn gegenüber den älteren 그는 큰아들들에 비해 막내아들을 소홀히 했다; ich fühlte mich benachteiligt 나는 차별 대우를 받는 느낌이었다. **Benachteiligte***, der / die 불이익을 당하는(당한) 사람. **Benachteiligung**, die; -en ↑benachteiligen의 명사형.

benageln 〈h〉 **a)** 못을 박다: Schuhe b. 구두에 못을 박다. **b)** 못을 박아 덮다: ein Dach mit Dachpappe b. 루핑 종이를 깔고 못을 박아 지붕을 덮다. **Benagelung**, (드물게) **Benaglung**, die; -en ↑benageln의 명사형.

benagen 〈h〉 갉아 먹다: das Wasser benagt die Ufer 물이 강변을 침식한다; 전의 sein Gewissen war von keinem Zweifel benagt 그는 양심의 의혹을 전혀 느끼지 않았다.

benähen 〈h〉 **a)** 꿰매어 붙이다: die Decke mit einer Borte b. 덮개 가장자리에 레이스를 달다. **b)** 〈친근〉 (누구의 옷을) 꿰매어 만들다: die Mutter benähte ihre Kinder immer selbst 어머니는 아이들의 옷을 항상 손수 지어 주었다.

benamsen [bə'na:mzn̩] 〈h〉 《통용어·농》 이름[별명]을 붙이다. **Benamsung**, die; -en ↑benamsen의 명사형.

benannt: ↑benennen 참조.

benarbt [bə'narpt] 〈Adj.〉 흉터가 있는: ein -es Gesicht 흉터가 있는 얼굴. **Benarbung**, die; -en 흉터.

benässen 〈h〉 《아어》 (촉촉하게) 적시다: Tränen benässen sein Gesicht 눈물이 그의 얼굴을 적신다.

benaut [bə'naut] 〈Adj.〉 [niederd. benouwen과 관련] (nordd.) 겁먹은, 수줍은, 당황한: ein -es Gefühl 불안한 느낌.

Bendel ['bendl], der 〈또는〉 das; -s, - [mhd. bendel, ahd. bentil; ¹Band의 축소형] (지역적) **a)** 끈, 테이프, 줄; bunte B. flattern am Hut 모자에서 알록달록한 끈들이 휘날린다; **jmdn. (fest) am B. haben** 《통용어》 누구를 완전히 지배하다: er hat seine Leute fest am B. 그는 자기 사람들을 완전히 장악하고 있다. **b)** ↑Schuhbendel의 약칭: der B. am Schuh ist auf 구두끈이 풀어졌다(↑Bändel 참조).

benebeln 〈h〉 **a)** (술 따위로) 감각을 무디게 하다, 흐리게 [명하게] 하다: der Wein benebelt ihn[seine Sinne] 포도주가 그[그의 감각]를 무디게 한다; leicht benebelt sein 약간 정신이 명한다. **b)** 약간 마비시키다, 취하게[몽롱하게] 하다: der Duft benebelte ihn 향기가 그를 취하게 했다. **Benebelung**, 〈드물게〉 **Beneblung**, die; -en ↑benebeln의 명사형.

benebst [bə'ne:pst] 〈Präp.³〉 〈고어·농〉 …와 함께.

benedeien [bene'dajən] 〈h〉 [lat. benedicere] 〈h〉 《기독교》 축복하다, 찬양[찬미]하다: 《대개 과거분사로》 du Gebenedeite unter den Weibern 여인들 가운데 그대 은혜를 받은 자여(누가복음 1장 28절). **Benedictus** [bene'dɪktʊs] das; -, - [lat. benedicere의 과거분사; 자카리야 송가(누가복음 1장 67절)의 첫 단어] 《기독교》 자카리야 송가.

Benediktiner [benedɪk'ti:nɐ], der; -s, - [1: lat. benedictinus; 2: 노르망디의 Fécamp 수도원에서 프랑스 베네딕트 수도사들이 최초로 창립] **1.** 베네딕트 교단의 수도사. **2.** 베네딕트 주(酒)(약초주의 일종).

Benediktịner-: **~abtei**, die, 베네딕트 수녀원. **~kloster**, das 베네딕트 수도원. **~orden**, der 베네딕트 교단(약어: OSB, O. S. B.(Ordo Sancti Benedicti)). **~regel**, die 〈Pl. 없음〉 베네딕트 수도사 계율(530년 이후 몬테카시노에서 Benedikt von Nursia가 제정).

Benediktinerin, die; -nen ↑Benediktiner (1)의 여성. **Benedịktion** [...'tsjo:n], die; -en [lat. benedictio] 〈가〉 축복, 축성(祝聖). **benedizieren** [...di'tsi:rən] 〈h〉 [lat. benedicere] 〈가〉 축복하다, 축성하다.

Benefịz [bene'fi:ts], das; -es, -e [lat. beneficium] **a)** 《고어》 (예술가를 위한) 기념 공연. **b)** (특히 궁핍한 예술가를 위한) 자선 공연[행사].

Benefiziar [...fi'tsja:ɐ̯], der; -s, -e [lat. beneficiārius], **Benefiziat** [...'tsja:t], der; -en, -en [lat. beneficiātus] 성직록 수령자, 공공의 원조를 받는 사람, 급비생(給費生).

Benefịz-: **~konzert**, das 자선 음악회. **~spiel**, das 【단체 경기】 자선 경기. **~vorstellung**, die ↑Benefiz (b).

Benefịzium [...'fi:tsjʊm], das; -s, ...ien [...jən; lat. beneficium] **1.** 《고어》 자선, 후원. **2.** 《역사적》 (중세의) 영지, 봉토. **3.** 《가·교회법》 성직록(聖職祿).

benehmen* 〈h〉 **1.** (b. + sich) 행동[처신]하다: sich gut[unmöglich] b. 처신이 좋다[극히 나쁘다]; sich wie ein dummer Junge b. 어리석은 소년처럼 행동하다; sich nicht b. können 예의[버릇]가 없다. **2.** 《아어》 빼앗다, 탈취하다: das benimmt mir den Atem[die Kraft] 그일로 나는 숨도 못 쉬겠다(기운이 쏙 빠진다). **3.** 《드물게》 (정신을) 흐릿하게[몽롱하게] 하다: der Wein benimmt mich[hat mir den Kopf benommen] 포도주가 나를 취하게 한다[내 머리를 몽롱하게 한다.]. **Benehmen**, das; -s **1.** 처신, 행동(거지): anständiges[unmögliches] B. 점잖은[있을 수 없는] 몸가짐; kein B. haben 버릇이 없다. **2. sich mit jmdm. ins B. setzen** 《격식 독어》 누구와 무슨 일로 접촉(연락, 협조)하다. **Benehmität** [bəne:mi'tɛ:t], die 《통용어》 ↑Benehmen (1).

beneiden 〈h〉 부러워하다, 시샘하다: jmdn. um seinen Reichtum[wegen seiner Fähigkeiten] b. 누구의 재산[능력]을 부러워하다; er ist nicht zu b. 그는 사정이 나쁘다. **beneidenswert** 〈Adj.〉 부러워할 만한: ein -er Erfolg 부러워할 만한 성공; hier ist es b. ruhig 이곳은 부러울 정도로 조용하다.

Benelux ['be:nelʊks, 《또한》 bene'lʊks-], die 〈대개 관사 없이〉 ↑Beneluxstaaten의 약칭.

Beneluxstaaten ['be:nelʊks-, 《또한》 bene'lʊks-] 〈Pl.〉 [**Bel**gique, **Ne**derland, **Lux**embourg] 베네룩스 3국.

benennen* 〈h〉 **1.** 명명하다, 이름을 붙이다[말하다]: eine Straße nach einem Maler b. 어느 화가를 따서 거리에 이름을 붙이다; wie sollen wir ihn b.? 우리는 그에게 어떤 이름을 (지어) 주어야 할까? **2.** 지명[지정]하다: jmdn. als[zum] Zeugen b. 누구를 증인으로 지명하다. **Benennung**, die; -en **1.** 〈Pl. 없음〉 이름짓기, 명명, 지명; 命名: die B. einer Straße 거리 이름짓기. **2.** 이름, 명칭: Begriffe und -en 개념과 명칭들.

benetzen 〈h〉 《아어》 적시다, 축이다: die Lippen b. 입술을 축이다. **Benetzung**, die 적심, 축임.

Bengale [bɛŋ'ga:lə], der; -n, -n **1.** 벵골(Bengalen) 사람. **2.** ↑Bangale. **Bengalen** [bɛŋ'ga:lən], -s 벵골(인도 동북부의 주 이름). **Bengali** [bɛŋ'ga:li], das; -(s) 벵골 말. **Bengalin** [bɛŋ'ga:lɪn], die; -nen ↑Bengale의 여성형.

bengalisch [bɛŋ'ga:lɪʃ] 〈Adj.〉 [Bengalen 지방 축제 때의 화려한 조명에 따라] 벵골식(조명)의: -es Feuer 벵골 불꽃[불꽃놀이 따위에 사용]; -e Beleuchtung 벵골식 조명.

Bengel ['bɛŋl], der; -s, - 《통용어·특히 nordd.》 -s **1. a)** 개구쟁이, 사내아이: ein fixer B. 약삭빠른[재빠른] 사내아이; so ein dummer B.! 이런 바보 같은 개구쟁이 녀석! **b)** 《친근》 귀염둥이(사내아이). **2.** 《고어·아직 지역적》 나무토막, 몽둥이, 곤봉: über einen B. stolpern 나무토막에 걸려 비틀거리다; **den B. (zu hoch[zu weit) werfen** 《schweiz.》 부

당한 요구[청구]를 하다. **bengelhaft** 〈Adj.〉 〖俚〗 상스러운, 무례한: sich b. benehmen 무례하게 행동하다.
beniesen (h) 《통용어 · 농》 재채기를 하여 앞서 한 말의 진실성을 확인[강조]하다(미신에 따름): er hat's beniest, da muß es wohl stimmen 그가 재채기로 확인하였으니, 아마 그 말이 옳은 게 틀림없어.
Benimm [bə'nɪm], der; -s 《통용어》 언행, 태도, 예절: keinen B. haben 예절을 모르다, 버릇이 없다. **Benimmregel, die** 《대개 Pl.》《통용어》예법.
Benin [be'niːn], -s 베냉(아프리카의 옛 다호메(Dahome(y))의 국가). ¹**Beniner**, der; -s, -s 베냉 사람. **Beninisch** 〈Adj.〉 베냉의.
Benjamin ['benjamiːn], der; -s, -e [hebr. Binyamîn, 성경에서 야곱의 막내아들인 벤야민을 일컬음] 〖농〗 (가족 · 단체의) 막내(동이): er ist der B. in seiner Klasse 그는 반에서 제일 어리다.
Benne ['benə], die; -n [gall. benna] 《schweiz. 방언》 작은 손수레.
benommen [bə'nɔmən] 〈Adj.〉 benehmen (2)와 관련] 마비된, 의식이 혼미한, 멍한: ein -es Gefühl 멍한 느낌; er war durch den Schreck[von dem Medikament] b. 그는 놀라서 얼이 빠져[약기운으로 몽롱해져] 있었다. **Benommenheit**, die ↑benommen의 명사형.
benoten [bə'noːtn] (h) 〖관〗 채점[평가]하다: der Aufsatz wurde mit „gut" benotet 그 논문은 평점 "우"를 받았다. **Benotung**, die; -en ↑benoten의 명사형.
benötigen (h) a) 필요로 하다: die Ware wird dringend benötigt 그 상품이 긴급히 필요하다. b) 〈규정 · 법 규상〉 소지해야 하다: für den Grenzübertritt benötigen sie einen Reisepaß 국경을 통과하려면 그들은 여권이 있어야 한다.
ben tenuto ['ben te'nuːto; ital.] 〖음악〗 잘 조절된.
benummern (h) 번호를 붙이다[매기다]: die Stühle im Saal reihenweise b. 줄을 맞춰 강당 의자들에 번호를 매기다. **Benummerung**, die; -en ↑benummern의 명사형.
benusselt [bə'nʊslt] 〈Adj.〉 〖niederd. nusseln과 관련〗 〖nordd.〗 몽롱한, 술기운이 있는: benaut und b. 기분 좋게 술에 취해.
benutzbar [bə'nʊtsbaːɐ̯] 〈Adj.〉 사용[이용]할 수 있는, 유용한. **Benutzbarkeit**, die ↑benutzbar의 명사형.
benutzen, 《지역적》 **benützen** (h) a) 이용[사용]하다: keine Seife b. 비누를 쓰지 않다; den vorderen Eingang b. 앞쪽 입구를 이용하다; das Auto(die Bahn) b. 자동차(기차)를 이용하다. b) (어떤 목적에) 활용[응용]하다: einen Raum als Eßzimmer b. 어떤 공간을 식당으로 사용하다; die Idee für einen Film b. (그) 생각을 영화에 활용하다. c) (어떤 목적에) 쓰다, 이용하다: den freien Tag für einen Ausflug b. 휴일을 야유회로 보내다. **Benutzer**, der; -s, - 사용자, 이용자: die B. werden gebeten, die Bücher schonend zu behandeln 이용자는 책을 소중히 다루시기 바랍니다. **Benutzerkreis**, der (전체) 이용자, 사용자 범위. **Benutzung**, 《지역적》 **Benützung**, die 이용, 사용: die neuen Handtücher in B. nehmen 새 손수건을 사용하다; etw. ist nicht mehr in B. 무엇이 이제는 사용되지 않는다; unter B. von etw. 무엇을 이용하여; jmdm. etw. zur B. überlassen 누구에게 무엇을 사용하도록 맡기다.
Benutzungs-: **~art**, die 사용법. **~gebühr**, die 사용료. **~ordnung**, die 사용규정[지침]: die B. der Badeanstalt ist am Eingang angeschlagen 수영장의 이용 규정이 정문에 게시되어 있다. **~vorschrift**, die (제품의) 사용법.
Benzaldehyd [bɛnts|alde'hyːt], der; -s, -e [Benzoesäure u. Aldehyd에서 유래] 〖화학〗 벤츠 알데히드 (인공 염료, 향료).
benzen ['bɛntsn̩] 《bayr., österr. · 방언》 a) 끈질기게 부탁하다, 조르다: das Kind benzte so lange, bis es seinen Willen bekam 그 아이는 제 뜻대로 될 때까지 졸라댔다. b) 트집잡다.
Benzin [bɛn'tsiːn], das; -s 《종류》 -e 벤진(휘발유, 가솔린): das B. war ihm ausgegangen 그에게는 휘발유가 떨어졌었다; der Wagen verbraucht 9 Liter B. auf 100km 그 차는 100km당 휘발유 9리터를 소모한다; Flecken mit B. behandeln 얼룩을 휘발유로 지우다[처리하다].
Benzin-: **~abscheider**, der 〖기술〗 휘발유 분리기(휘발유 · 기름을 제거하는 정화기의 일부분). **~behälter**, der 연료[가솔린] 탱크. **~dunst**, der 가솔린 증기. **~einspritzung**, die 〖자동차 공학〗 가솔린 주입. **~feuerzeug**, das 휘발유 라이터. **~geruch**, der 휘발유 냄새. **~gestank**, der 〖俚〗 휘발유 악취. **~gewinnung**, die 휘발유 채취. **~hahn**, der 〖자동차 공학〗 휘발유 공급관(구식 자동차의 연료 조절 장치): die Ölscheichs drehen den B. zu (아랍의) 석유 군주들이 원유 공급을 중단한다. **~kanister**, der 가솔린 통. **~kutsche**, die 《통용어 · 농》 자동차. **~kutscher**, der 《통용어 · 농》 운전수. **~leitung**, die (자동차의) 가솔린 파이프. **~motor**, der 가솔린 엔진. **~preis**, der 휘발유 가격. **~preiserhöhung**, die 휘발유 가격 인상. **~preissenkung**, die 휘발유 가격 인하. **~pumpe**, die 〖자동차 공학〗 ↑Kraftstoffpumpe. **~rappen**, der 《schweiz.》 (1 l당 5 Rappen씩 내는) 휘발유세. **~steuer**, die 휘발유 세(稅). **~tank**, der 휘발유[연료] 탱크. **~uhr**, die 〖자동차 공학〗 연료계. **~verbrauch**, der 휘발유 소비(량). **~vergiftung**, die 휘발유 중독. **~zufuhr**, die 휘발유[연료] 공급.
Benziner [bɛn'tsiːnɐ], der; -s, - 《통용어》 (디젤 엔진 차량에 대해) 가솔린 엔진 차.
Benzoe ['bɛntsoe], die [lat. benzoë < bengiuì < arab. lubân ğāwīy] 안식향의 수지(樹脂).
Benzoe-: **~baum**, der 안식향(나무). **~harz**, das Benzoe. **~säure**, die 《Pl. 없음》 〖화학〗 안식향 산(식품저장제 · 방부제): mit B. konservierte Lebensmittel 안식향 산으로 방부 처리된 식품.
Benzol [bɛn'tsoːl], das; -s, 《종류》 -e 〖화학〗 벤젠.
Benzpyren [bɛntspy're:n], das; -s [griech. pyróein] 〖화학〗 벤조피린. **Benzyl** [bɛn'tsyːl], das; -s 〖화학〗 벤질기.
beobachtbar [bə'|o:baxtbaːɐ̯] 〈Adj.〉 관찰[확인]할 수 있는. **beobachten** [bə'|o:baxtn] (h) [frz. observer] 1. a) 관찰[관측]하다, 주시하다: jmdn. scharf b. 누구를 날카롭게 주시하다; die Sterne (mit einem Fernglas) b. 별들을 (망원경으로) 관측하다; wer hat den Vorfall beobachtet? 누가 그 사건을 (우연히) 보았나요? b) 감시(감독, 통제)하다: einen Patienten b. 환자를 관찰하다; jmdn. b. lassen 누구를 감시하게 하다. 2. 확인하다, 알아채다: eine Veränderung an jmdm. [an einer Sache] b. 누구[어떤 일]에게서 변화를 발견하다. 3. 《아이》 (규정, 결정 따위를) 준수하다, 따르다: die Vorschriften[die Gesetze] b. 규정[법]을 지키다. **Beobachter**, der; -s, - 관찰자, 옵서버, 감시인: ein heimlicher B. 은밀한 감시자; nach Ansicht ausländischer B. 외국 관측통들의 견해에 따르면. **Beobachtung**, die; -en 1. 관찰, 주시: -en anstellen 관찰[측]을 하다. 2. 관찰 결과, 확인 내용: das ist eine gute B. 그것은 좋은 관찰 성과이다. 3. 《아이》 준수, 존중: unter genauer B. der Vorschriften 규정을 정확하게 지키며.

Beobachtungs-: ~**ballon,** der 관측 기구(觀測氣球). ~**bogen,** der (특수 학교의) 관찰 기록표, 아동 관찰표. ~**fehler,** der 관찰상의 실수. ~**flugzeug,** das 정찰기, 탄착(彈着) 관측기. ~**gabe,** die 〈Pl. 없음〉 관찰력: eine gute[scharfe] B. haben 뛰어난[날카로운] 관찰력을 갖다. ~**material,** das 관찰 자료. ~**posten,** der 감시 초소: auf B. stehen 감시 초소에서 근무 중이다. ~**station,** die **1.** [의학] 관찰 병동. **2.** [기상] 관측소.

Beograd [bˈɛɔɡrad] 세르보크로아트에서 부르는 ↑Belgrad의 명칭.

beölen, sich 〈h〉 [청소년] 고소해 하다, 은근히 좋아하다.

beordern 〈h〉 **a)** (어떤 곳으로 오게) 명령[지정]하다: ein Taxi zum Bahnhof b. 택시를 역으로 부르다. **b)** 위임[명령]하다: er wurde beordert, den Schaden gutzumachen 그는 손해를 보상하라는 지시를 받았다. **c)** [상] 주문하다. **Beorderung,** die; -en ↑beordern의 명사형.

bepacken 〈h〉 (짐을) 싣다, (누구에게) 지우다: das Auto mit vielen Sachen b. 자동차에 물건을 많이 싣다; er war bepackt wie ein Lastesel 그는 당나귀처럼 짐을 많이 짊어지고 있었다. **Bepackung,** die ↑bepacken의 명사형.

bepelzt 〈Adj.〉 모피를 감은, 모피옷을 입은.

bepflanzen 〈h〉 (식물을) 심다: den Blumenkasten mit Stiefmütterchen b. 4각형 화분에 오랑캐꽃을 심다. **Bepflanzung,** die; -en **1.** 심기, 식수. **2.** (어떤 장소의) 식재 식물(전체).

bepflastern 〈h〉 **a)** (통용어) 반창고를 붙이다: eine Wunde b. 상처에 반창고를 붙이다. **b)** (도로를 포석으로) 포장하다: den Fußweg mit Platten b. 인도를 포석으로 포장하다; [전의] er hat sich mit Orden bepflastert [폄] 그는 훈장을 덕지덕지 달았다. **b)** [군] 마구 쏘아대다, 폭격하다: die feindlichen Stellungen (mit Bomben) b. 적진을 (폭탄으로) 폭격하다; [전의] die Schauspieler mit faulen Eiern und Tomaten b. 배우들에게 썩은 달걀과 토마토 세례를 가하다.

bepinkeln 〈h〉 (통용어) 오줌으로 더럽히다, (어디에) 오줌을 싸다; der Junge hat sich bepinkelt 그 아이는 오줌을 쌌다.

bepinseln 〈h〉 **1.** (통용어) 붓[솔]으로 바르다: den Kuchen mit Ei b. 케이크에 달걀을 솔질해 바르다. **2.** (통용어·폄) 그리다, 칠하다: die Wände (mit Farbe) b. 벽을 칠하다(벽에 페인트 칠을 하다). **3.** (통용어·폄) 요란하게 화장하다. **4.** 피상적으로 마구 그리다(묘사하다). **Bepinselung,** (드물게) **Bepinslung,** die; -en ↑bepinseln의 명사형.

bepissen 〈h〉 (속어) (어디에) 오줌을 싸다.

Beplankung [bəˈplaŋkʊŋ], die; -en [기술] (보트, 비행기의) 바깥쪽, 외면: die B. besteht aus Blech oder Sperrholz 바깥 판은 양철이나 합판으로 되어 있다.

bepudern 〈h〉 가루를 뿌리다, 분을 바르다: die Haut[Wunde] b. 살갗[상처]에 분[가루약]을 뿌리다; [전의] von frischem Schnee bepuderte Bäume 갓 내린 눈으로 뒤덮인 나무들. **Bepuderung,** die ↑bepudern의 명사형.

bequasseln 〈h〉 (경) (무엇에 대해) 자세히 이야기하다, 노닥거리다: das muß erst einmal bequasselt werden 그것은 일단 상세히 이야기되어야 한다.

bequatschen 〈h〉 (경) **a)** (무엇에 대해) 자세히 이야기하다, 노닥거리다. **b)** 설득하다: wir haben ihn bequatscht, daß er mitkommt 우리는 그가 같이 오도록 설득했다.

bequem [bəˈkveːm] 〈Adj.〉 [mhd. bequæme, ahd. biquāmi] **1. a)** 편(안)한, 쾌적한: ein -er Sessel 편안한 안락의자; b. sitzende Schuhe 발이 편한 구두; machen Sie es sich b. 편히 하십시오(방문객 등에게 스스럼없이 몸을 편히 하라고 전하는 말). **b)** 편리한, (사용하기) 쉬운: ein -er Weg 편리한(평탄한) 길. **b.** (부사적으로만) 쉽게, 수월하게, 힘들이지 않고: dort können b. zehn Leute sitzen 거기에는 족히 10명이 앉을 수 있다. **3.** 《폄》 게으른, 나태한, 안일한: dazu ist er viel zu b. 그러기에는 그는 너무 게으르다. **bequemen,** sich 〈h〉 **1.** (아어) 마지 못해 결정하다(따르다, 승낙하다): nach einiger Zeit bequemte er sich, mir zu schreiben 얼마 후 그는 마지못해 나에게 편지를 썼다; bequem dich endlich zu einer Antwort! 제발 이제 대답 좀 해 봐요! **2.** (고어) (무엇에) 따르다, 적응(순응)하다: langsam bequemten die Augen sich dem Dunkel 서서히 눈이 어둠에 익숙해졌다. **bequemlich** 〈Adj.〉 [mhd. bequæmelich] (고어) 단순한, 편안한. **Bequemlichkeit,** die; -en [mhd. bequæmelicheit] **1.** 편안, 쾌적, 안락, 편리, 편리(쾌적)한 설비: seine B. haben (wollen) 안락하게 살고 싶다(살고 싶어하다); mit allen -en ausgestattet 온갖 편리한 설비가 되어 있는. **2.** 〈Pl. 없음〉 게으름, 나태, 안일.

beranken 〈h〉 **a)** 덩굴(식물)로 감다: die Hauswand mit Efeu b. 집벽에 담쟁이 덩굴을 올리다. **b)** (무엇이) 덩굴이 감아 올라가다: Efeu berankt die Hauswand 담쟁이 덩굴이 집 벽을 덮고 있다. **Berankung,** die; -en ↑beranken의 명사형.

Berapp [bəˈrap], der; -s [토목] 애벌 새벽질, (벽의) 초벌 석회칠. **¹berappen** [bəˈrapn̩] 〈h〉 [rappen과 관련, raffen의 방언 병용형] **a)** [토목] (벽을) 애벌 새벽질 하다, 초벌 석회칠을 하다. **b)** [임업] (나무의) 껍질을 벗기다.

²berappen [-] 〈h〉 (경) 마지못해 지불하다: seine Schulden b. 빚을 마지못해 갚다.

beraten* 〈h〉 **1.** (누구에게) 조언(충고)하다: jmdn. gut[schlecht] b. 누구에게 잘[잘못] 충고(조언)하다; sich von einem Anwalt b. lassen 변호사의 조언을 받다; gut[schlecht] beraten sein, etw. Bestimmtes zu tun 무엇을 하는 것은 잘[잘못]하는 일이다. **2. a)** 논의(협의)하다, 토의하다: eine Angelegenheit b. 어떤 일을 논의하다; ein Gesetz[über ein Gesetz] b. 어떤 법(안)에 대한 협의(토의)하다. **b)** 상의(의논)하다: er hat mit seiner Frau b., was zu tun sei 어떻게 해야 할지를 그는 자기 아내와 의논했다. **c)** (b. + sich) (누구와 무엇에 관해) 상담(면담, 협의)하다: ich muß mich mit meinem Anwalt über diese Sache b. 나는 내 변호사와 이 사건에 관해 상담해야 한다. **Berater,** der; -s, - (전문 분야의 직업적인) 상담자, 조언자, 고문: ein ärztlicher[juristischer] B. 의료 상담자[법률 고문]. **Beraterin,** die; -nen ↑Berater의 여성형. **Beraterstab,** der 고문단. **Beratervertrag,** der; -(e)s, -verträge (기업 따위에 전문 지식, 경험을 제공키로 하는) 자문(상담) 계약. **beratschlagen** 〈h.〉 협의(상의)하다: mit jmdm. (über) einen Plan b. 누구와 어떤 계획에 관해 상담(협의)하다. **Beratschlagung,** die; -en ↑beratschlagen의 명사형. **Beratung,** die; -en **1. a)** 조언: fachärztliche B. 전문의의 소견. **b)** 협의, 상의. **2.** 안내소, 상담소: bei der B. anfragen 상담소에 문의하다.

Beratungs-: ~**ausschuß,** der 자문 위원회. ~**dienst,** der 상담소: einen B. für die Kunden einrichten 고객을 위해 상담소를 설치하다. ~**gremium,** das 자문 기관, 협의 기구. ~**kosten** 〈Pl.〉 상담 비용. ~**pause,** die 협의를 위한 휴식(시간). ~**punkt,** der 협의 사항[요점]: folgende -e wurden festgesetzt 다음과 같은 협의 사항들이 확정되었다. ~**stelle,** die 상담소.

~vertrag, der 【경제】↑Beratervertrag. **~zeit**, die 상담 시간.

berauben ⟨h⟩ 빼앗다, 강탈[약탈]하다: 전의 ich will Sie nicht b.! 나는 당신이 싫어하는 어떤 부탁도 (당신에게) 하지 않겠습니다 b.!; (아어) sie wurde ihres ganzen Geldes beraubt 그녀는 돈을 모두 강탈당했다; 전의 jmdn. seiner Freiheit b. 누구의 자유를 박탈하다. **Beraubung**, die; -en 약탈, 강탈.

berauschen ⟨h⟩ 《아어》 a) 도취시키다, 취하게 하다: der Wein berauschte uns[machte uns berauscht] 포도주가 우리를 취하게 했다; 전의 die Macht berauschte ihn 권력이 그를 도취시켰다; das war nicht (sehr) berauschend 《통용어》 그것은 (별로) 감격적인 것이 아니었다, 그것은 별것 아니었다. b) ⟨b. + sich⟩ (몹시) 취하다: sie berauschten sich an dem starken Bier 그들은 강한 맥주에 흠뻑 취했다; 전의 sich an den neuen Ideen b. 새로운 이념에 도취[감격]하다. **Berauschtheit**, die; **Berauschung**, die 도취, 명정(酩酊).

Berber ['bɛrbɐ], der; -s, - [arab. Barbar] **1.** (북서 아프리카에서 생산되는) 바르바리 양탄자. **2.** 바르바리 말(馬) (북서 아프리카산 승마용): einen B. mit einem Araber kreuzen 바르바리 말과 아랍종 말을 교배하다. **Berberteppich**, der 바르바리 양탄자.

Berberitze [bɛrbə'rɪtsə], die; -n [lat. berberis < arab. barbāris] 【식물】 매자나무과의 관목.

Berceuse [bɛr'søːzə], die; -n [frz. berceuse] 【음악】 베르세즈, 자장가(가곡풍의 6/8 박자 기악곡, 특히 피아노 곡).

berechenbar [bə'rɛçnbaːɐ] ⟨Adj.⟩ 계산[산정, 예측]할 수 있는. **Berechenbarkeit**, die ↑berechenbar의 명사형: das überschreitet die Grenze der B. 그것은 예측[예상]의 한계를 벗어난다. **berechnen** ⟨h⟩ **1.** 산출[산정]하다, 계산해 내다: die Kosten[die Fläche eines Dreiecks] b. 비용[삼각형의 면적]을 산출하다; 전의 die Wirkung seiner Worte genau b. 자신의 말이 미칠 효과를 정확히 헤아려 보다. **2.** 청구하다, 계산서에 적다: jmdm. etw. billig[zum Selbstkostenpreis, mit zehn Mark] b. 누구에게 무엇을 싼 값[원가, 10 마르크]에 주다; für die Verpackung berechne ich nichts [die Verpackung berechne ich Ihnen nicht] 포장 비용은 (별도) 계산이 안 됩니다. **3.** 어림잡다, 견적 [평가]하다: der Aufzug ist für sechs Personen berechnet 이 승강기는 6인용으로 설계되었다; 전의 alles ist auf Wirkung berechnet 모든 것이 효과를 노리고 마련[계산]되어 있다. **berechnend** ⟨Adj.⟩ 타산적인, 이기적인: er ist[verhält sich] immer sehr b. 그는 언제나 매우 타산적이다[타산적으로 행동한다]. **Berechnung**, die; -en **1.** 계산, 산정: nach meiner B. [meiner B. nach] 내 예상으로는; -en anstellen 계산[산정]하다. **2.** ⟨Pl. 없음⟩ **a)** 【평】 타산, 이기心: etw. aus B. tun 무엇을 타산적인 의도에서 하다. **b)** 숙고, 예상, 예측. **Berechnungsschema**, das 계산[산정] 도식. **Berechnungstabelle**, die 계산표, 산정표.

berechtigen [bə'rɛçtɪɡn̩] ⟨h⟩ (누구에게 무엇을 할) 권리 [권한, 자격]를 주다: die Karte berechtigt zum Eintritt 이 표로 입장할 수 있다; seine Erfahrung berechtigt ihn zu dieser Kritik 그는 자신의 경험에 비추어 당연히 이런 비판을 할 만도 하다; 전의 sein Talent berechtigt zu den größten Hoffnungen 그의 재능은 최대의 희망을 걸 만하다. **berechtigt** ⟨Adj.⟩ 정당한, 권리(근거)있는, 당연한: -e Vorwürfe 근거 있는 비난. **berechtigterweise** ⟨Adv.⟩ 《격식 어투》 정당하게, 당연히. **Berechtigung**, die; -en **a)** 권리, 자격: die B. Zum Unterrichten erwerben 수업할 자격을 획득하다. **b)** 정당성, 합법성: die B. des Einspruchs wurde anerkannt 이의 제기의 정당성이 인정되었다. **Berechtigungsgutschein**, der 【광고】 권한 증서(이용권 따위). **Berechtigungsschein**, der 자격증, 면허증. **Berechtigungswesen**, das 《편》 자격 부여 제도, 자격 만능 제도.

bereden ⟨h⟩ **1. a)** 논의(협의, 상의)하다: ich habe etwas mit dir zu b. 나는 너와 의논해야 할 일이 있다. **b)** ⟨b. + sich⟩ (서로 조언하면서) 상의[협의]하다: wir haben uns darüber beredet 우리는 그 일에 관해 상의하였다. **2.** 구슬리다, 설득하다: sie hat mich beredet mitzukommen 사람들은 함께 가자고 나를 설득했다. **3.** 좋지 않게 말하다, 험담하다, 헐뜯다: sich nicht gern b. lassen 남의 입에 오르내리기를 좋아하지 않다; immer mußt du andere Leute b. 너는 항상 다른 사람들을 헐뜯지 않고는 못 배기는구나. **beredsam** [bə'reːtzaːm] ⟨Adj.⟩ 말 하기 좋아하는, 능변[달변]의: von etw. -e Vorteile von etw. b. anpreisen 무엇의 장점들을 익숙한 말씨로 칭찬하다. **Beredsamkeit**, die 달변, 웅변(술): seine ganze B. aufwenden (해야 한다). **beredt** [bə'reːt] ⟨Adj.⟩ 달변의, 웅변의, 유창한: ein -er Anwalt 달변의 변호사; 전의 die Ruinen sind ein -es Zeugnis vergangener Größe 그 폐허는 지난날의 영화를 웅변으로 증언한다; ein -es Schweigen 《반어》 의미 심장한 침묵. **Beredtheit**, die 능변, 달변.

bereedern [bə'reːdɐn] ⟨h⟩ (선박·해운 회사로서 무엇을) 소유하다, 돌보다: das Schiff wird bereedert von ... 이 배는 …의 소유이다.

beregnen ⟨h⟩ 인공 비(雨)로 관개하다, 물을 뿌리다: die Felder[den Rasen] b. 들판[잔디]에 물을 뿌리다. **Beregnung**, die 살수(撒水). **Beregnungsanlage**, die 살수 시설.

Bereich, der, 《드물게》 das; -(e)s, -e **a)** (공간으로서의) 영역, 범위: das Grundstück liegt im B. der Stadt 그 토지는 시계(市界) 안[밖]에 있다; außerhalb des -s der Stadt 시계의 밖에. **b)** 세력[유효] 범위, 전문분야, 권(圈): das ist mein B. 그것은 내(업무) 분야이다; das fällt nicht in meinen B. 그것은 내 임무[권한]의 범위에 속하지 않는다; im B. des Möglichen liegen 확실히 가능하다.

bereichern [bə'raɪçɐn] **1. a)** 풍부(부유)하게 하다, 확대 [확장]하다: sein Wissen (mit etw.) b. 자신의 지식을 (무엇으로) 넓히다: eine Kunstsammlung um einige schöne Stücke b. 몇 개의 좋은 작품으로 예술품 수집을 확충하다. **b)** (내적으로) 유택하게 하다: Reisen bereicherten ihn 여행을 통해 그는 내적으로 풍성해졌다. **2.** ⟨b. +sich⟩ (남의 희생으로) 이득을 보다, 치부하다: du hast dich an den Ersparnissen alter Menschen bereichert 너는 노인들의 저축으로 사복을 채웠다. **Bereicherung**, die; -en **1. a)** 증대, 확대: die B. der Sammlung 수집품의 확충. **b)** 치부, (부당) 이득: jmdm. den Vorwurf der B. machen 부당하게 치부했다고 누구를 비난하다. **2.** 이익, 유익. **Bereicherungsabsicht**, die 치부 의도. **Bereicherungsversuch**, der 치부의 시도.

Bereichsangabe, die; -n 전문[업무] 분야(에 관한) 표시.

¹bereifen ⟨h⟩ 타이어를 달다(끼우다): den Wagen richtig b. 자동차에 (규격에) 맞는 타이어를 달다; das linke Hinterrad neu b. 왼쪽 뒷바퀴에 타이어를 새로 갈아끼우다.

²bereifen ⟨h⟩ 된서리로 뒤덮다, (무엇에) 서리가 내리다: der Frost hatte die Bäume bereift 나무에 서리가 내렸다; 《대개 과거분사》 frisch -e Äste 첫서리를 맞은 가지들.

Bereifung, die; -en (차량에 달린) 타이어: das Auto

hat eine gute[schlechte] B. 그 자동차는 타이어가 좋다[나쁘다].
bereinigen [h] **a)** 깨끗이 하다, 해명[해결]하다, (곤란을) 정리하다: Mißverständnisse b. 오해를 풀다; die Sache ist bereinigt 그 사건은 해결되었다. **b)** ⟨b.+sich⟩ 해결[해명]되다. **Bereinigung**, die; -en ↑ bereinigen의 명사형.
bereisen ⟨h⟩ **a)** (어느 나라를 철저히 알기 위해) 널리 여행하다, 탐방[편력]하다: er hat die ganze Welt[ganz Afrika] b. 그는 전 세계[아프리카 전역]를 여행했다. **b)** (여러 지역을) 업무상 순회하다[돌다]. **Bereisung**, die; -en ↑bereisen의 명사형.
bereit [bə'raɪt] ⟨Adj.⟩ (다음 용법으로) **b. sein** 1) 준비[채비]가 되어 있다: bist du b.? 준비되었니?; die zum Aufbruch -en Gäste 떠날 채비가 다 된 손님들. 2) 용의가 있는, 각오가 되어 있는: wir sind zu allem b. 우리는 무엇이든 할 각오가 되어 있다; er ist b. zu helfen 그는 도와 줄 용의가 있다; **sich b. halten** 대비[대기]하고 있다, 준비하고 있다: der Arzt mußte sich (auf Abruf [zum Einsatz]) b. halten 그 의사는 (호출[출동]에) 대비하고 있어야 했다; **etw. b. haben** 무엇을 준비[정리]해 놓고 있다; **sich (zu etw.) b. zeigen / finden / erklären** (무엇을 할) 준비[각오]가 되어 있음을 밝히다: ich erklärte mich zu jeder Art von Unterstützung b. 나는 어떤 방식으로라도 지원할 각오가 되어 있음을 밝혔다, 나는 모든 종류의 지원에 응하기로 하였다.
bereit-, Bereit-: **~halten*** ⟨h⟩ 준비해 놓고[가지고] 있다: bitte das Geld abgezählt b.! 돈을 세어 준비해 가지고 있으시오! **~legen** ⟨h⟩ (어떤 장소에) 갖춰[준비해] 놓다: ich habe (dir[für dich]) die Unterlagen bereitgelegt 나는(너에게[너를 위해]) 서류들을 준비해 놓았다. **~liegen*** ⟨h⟩ (어떤 장소에) 준비되어 있다: im Hafen liegen Transportschiffe bereit 항구에는 수송선들이 대기 중이다. **~machen** ⟨h⟩ 끝내다, 마련하다: das Bett b. 잠자리 준비하다. **~stehen*** ⟨h⟩ 준비되어 있다: das Essen steht bereit 식사가 준비되어 있다. **~stellen** ⟨h⟩ 준비해 주다, 공급[제공]하다: Geld für Forschungszwecke b. 연구 목적으로 돈을 제공하다. **~stellung**, die; -en 제공, 공급. **~willig** ⟨Adj.⟩ 기꺼이 응하는, 쾌히 승낙하는: er ging b. auf mein Angebot ein 그는 기꺼이 나의 제안에 응했다. **~willigkeit**, die ↑ ~willig의 명사형.
¹bereiten ⟨h⟩ **1. a)** 준비[마련]하다, 만들다, 조제하다: das Essen b. 음식을 준비하다; jmdm.[für jmdn.] ein Bad b. 누구의 목욕(물)을 준비하다. **b)** ⟨b.+sich⟩ (아)에》 (무엇에) 대비하다, (무엇의) 준비[각오]를 하다: sich zum Sterben b. 죽음에 대비하다. **2.** (누구에게 무엇을) 가하다[야기하다]: jmdm. Freude[Schmerzen] b. 누구에게 즐거움[고통]을 주다; das bereitet viele Schwierigkeiten 그것은 여러 가지 어려움을 초래한다; der Unfall bereitete seinen Träumen ein schnelles Ende 그 사고로 그의 꿈들은 갑자기 무산되었다.
²bereiten* ⟨h⟩ (드물게) **a)** (말을) 조련시키다: ein Pferd b. 말을 타서 길들이다. **b)** (어떤 곳을) 말을 타고 두루 돌아다니다, 기마 여행하다: die Felder b. 들판을 말을 타고 돌다. **Bereiter**, der; -s, - 조마사(調馬師).
bereits [bə'raɪts] ⟨Adv.⟩ **1.** 이미, 벌써: es ist b. sechs Uhr 벌써 6시이다. **2.** 《südwestd., 특히 schweiz.》 거의: b. die ganze Ernte ist verdorben 추수할 곡식이 거의 전부 망가졌다. **Bereitschaft**, die; ⟨Pl. 없음⟩ 준비, 각오, 용의, 동의: die B. zu helfen 도울 용의; in B. sein 준비되어 있다; etwas in B. haben 무엇을 준비해 놓고 있다. **2.** 비상 대기 부대[경찰대].
Bereitschafts-: **~arzt**, der 당직 의사. **~dienst**, der

당직[대기] 근무: diese Apotheke hat heute nacht B. 이 약국은 오늘 밤에 대기 근무를 한다. **~polizei**, die (영내 대기) 기동 경찰(대). **~stellung**, die [특히 군] 공격 준비, 집결, 전투 배치.
Bereitung, die ⟨격식 독어⟩ 마련, 준비, 조제.
berennen* ⟨h⟩ (무엇을 향하여) 돌격하다: eine Festung b. 요새를 공격하다.
berenten [bə'rɛntn̩] ⟨h⟩ [관] (누구에게) 연금을 주다: sich b. lassen 연금 받다; er wurde wegen Krankheit vorzeitig berentet 그는 병으로 앞당겨 연금 생활자가 되었다.
Béret ['bɛrɛ], das; -s, -s [frz. béret < lat, bereta, birretum] 《schweiz., (또한) luxemb.》 베레모: ein blaues B. tragen 푸른 베레모를 쓰고 다니다(있다).
bereuen ⟨h⟩ 후회하다, 뉘우치다: seine Schuld (bitter) b. 자기의 잘못을 (몹시) 뉘우치다; er bereute, das getan zu haben 그는 그 일을 한 것을 후회했다.
¹Berg [bɛrk], -s (예전에 라인, 루크, 지크 강 사이에 있던) 베르크 대공국.
²Berg [bɛrk], der; -(e)s, -e **1.** 산: ein hoher[steiler] B. 높은[가파른] 산; blaue -e (멀리 떨어져) 푸르스름한 산봉우리들; ein feuerspeiender B. 《아이》 불을 뿜는 산, 활화산: bewaldete -e 숲이 무성한 산; einen B. besteigen 산에 오르다; den B. hinauf[hinunter] steigen 등산[하산]하다; auf einen B. klettern 산에 기어오르다; der Fuß[Kamm, Gipfel, die Spitze] des -es 산기슭[등성이, 봉우리, 꼭대기]; über B. und Tal gehen 산을 오르락 내리락하며 가다; 성구 der B. (kreißt und) gebiert eine Maus 호들갑만이 되다(태산이 (진통을 한 더니) 생쥐를 낳는다, 준비와 약속은 거창하지만 실속이 없다); 속담 Wenn der B. nicht zum Propheten kommt, muß der Prophet zum -e kommen 《교양어》 산이 예언자에게 다가오지 않으면, 예언자가 산으로 가야 한다(누가 먼저 시도를 해야 한다, 고양이가 목에 방울을 달아야 한다); **jmdm. goldene -e versprechen** 누구에게 황금산을 약속하다(지킬 수 없는 약속을 하다); **-e versetzen (können)** 《성서적》 산을 옮기다(옮길 수 있다) (기적을 행하다, 불가능한 일처럼 보이는 것을 해내다); der Glaube versetzt -e 믿음은 산도 옮긴다; **mit etw. (nicht) hinter dem B. halten** 무엇을 비밀에 부치다(숨김없이 털어놓다)(원래, 군부대나 대포를 적의 눈을 피해 산 뒤에 숨겨 놓는 데서): er hat lange mit der Wahrheit hinter dem B. gehalten 그는 진실을 오랫동안 숨겼다; **(noch nicht) über den B. sein** (통용어) (병 따위의) 고비[위기]를 넘겼다(아직 넘기지 못했다); **(längst) über alle -e sein** 《통용어》 벌써 멀리 달아났다, 종적을 감췄다. **2.** ⟨Pl.⟩ 산맥, 산악(지역): in die -e fahren 산으로 (타고) 가다; die -e haben ihn behalten (아이) 산이 그를 내주지 않았다(그는 등반 사고로 죽었다). **3.** 산더미(같이 쌓인 것): ein B. von Schnee 산더미 같은 눈; ein Haufen B.(-en) von Büchern sitzen 산더미 같은 책을 놓고 앉아 있다. **4.** (대개 Pl.) [광] 폐석, 버력, 광석 찌꺼기: die -e wegräumen 버력[폐석]을 제거하다.
berg-, Berg- (↑berge-, Berges-도 참조): **~ab** ⟨Adv.⟩ 산 아래 쪽으로, 산을 내려서(반대: bergauf, bergan): der Weg führt steil b. 그 길은 산 아래 쪽으로 가파르게 나 있다; [전의] mit ihm(mit dem Geschäft) geht es (immer mehr) b. 그의 건강(사업)이 (점점 더) 악화된다(내리막길을 가고 있다). **~abhang**, der; 산비탈. **~absatz**, der 산중턱의 수평 돌출면. **~absturz**, der (산의) 낭떠러지, 절벽. **~abwärts** ⟨Adv.⟩ = ~ ab: b. laufen(klettern) 산 아래쪽으로 달려(기어) 내려가다. **~ahorn**, der 산 단풍나무. **~akademie**, die 광산 대학. **~akademiker**, der 광

산 대학 졸업자, 광업 기사. **~amt**, das 광산 감독국. **~an** ⟨Adv.⟩ 산 위로(반대: bergab): die Straße steigt b. 그 도로는 산 위쪽으로 나 있다. **~arbeiter**, der ↑~mann. **~assessor**, der 《제 2차 국가 시험을 거쳐 공무원이 된》광산관(鑛山官). **~auf** ⟨Adv.⟩ 산 위로 (반대: bergab): b. steigen 산 위쪽으로 올라가다; [전의] mit ihm[mit dem Geschäft] geht es (wieder) b. 그의 건강[사업이] (다시) 좋아지고 있다[오르막길을 가고 있다]. **~aufwärts** ⟨Adv.⟩ ↑~auf. **~bahn**, die (톱니식 또는 케이블웨이를 장치한) 등산 철도, 산간 철도. **~barte** die [광] 광부용 손도끼. **~bau**, der ⟨Pl. 없음⟩ 광(산)업, 채광(업). **~baubeflissene'**, der; -n, -n (광산 대학 수학 전의) 광산 실습생. **~bauer**, der 산지(山地) 농민. **~baulich** ⟨Adj.⟩ 광산의, 광업의. **~behörde**, die 광산청, 광산 감독청. **~besteigung**, die 등산. **~bewohner**, der 산촌 주민. **~dorf**, das 산촌, 광산촌. **~fach**, das 광산학, 광산업. **~fahrt**, die 1. [항해] 역류 항행(반대: Talfahrt): ein Schleppzug auf B. 역류 항행하는 예항(曳航) 선단. 2. [고지] 등산, 등반: auf B. gehen 등산 가다. **~fest**, das 《통용어》 중간 축제(군대 복무 따위에서 근무 연한의 반을 넘긴 기념으로 여는 단체 행사). **~festung**, die 산지 요새, **~fex**, der 《통용어》 등산광(狂). **~fink**, der 방울새, 되새(특히 북 아메리카산에). **~fried** [-fri:t], der; -(e)s, -e 《역사적》 (중세 성의) 중심 탑, 망대, 망루. **~führer**, der (교육과 시험을 거쳐 자격을 딴) 등산 안내인. **~gehen**, das [육상] 산지 보행 경기. **~geist**, der ⟨Pl.: -er⟩ 산의 요정, 산신령, 산 속의 난쟁이[거인]. **~gipfel**, der 산 꼭대기(山頂). **~grat**, der 산등성이, 능선. **~hang**, der 산비탈, 산허리. **~hauptmann**, der 광산 감독국장. **~hoch**, bęrgehoch ⟨Adj.⟩ 매우 높은: hohe [b. aufsteigende] Wellen 산처럼 높은[산처럼 높게 치솟는] 파도. **~hotel**, das 산악[산지] 호텔. **~hütte**, die 산막(山幕), 산중 대피소. **~ingenieur**, der 광산 기사. **~kegel**, der 원추형의 산. **~kessel**, der 분지(盆地). **~kette**, die 산 산맥, 연봉(連峯), 연산(連山). **~kiefer**, die (관목형으로 자라는) 고산 소나무. **~knappe**, der (준고어) 광부, 갱부. **~krank** ⟨Adj.⟩ 고산(산악)병의: er mußte b. zu Tal steigen 그는 고산병으로 계곡으로 내려와야 했다. **~krankheit**, die 고산병, 산악병. **~kraxler**, der 특히 osterr. · 통용어) (암벽) 등산가. **~kristall**, der a) [지질] 수정. b) 수정 보석. **~kuppe**, die 원추형의 산꼭대기. **~land**, das 산악국(가), 산지(山地). **~leder**, das ↑ Arschleder. **~lehne**, die 《아어》 ~hang. **~luft**, die ⟨Pl. 없음⟩ 산공기. **~mann**, der ⟨Pl. ~leute, 《드물게》 ~männer⟩ 광부, 광원, 갱부. **~männisch** ⟨Adj.⟩ 광부의: alte -e Sitten 광부들의 옛 풍습. **~mannsgruß**, der 갱부[광부]의 인사: der B. heißt „Glück auf!" 광부의 인사는 "무사하기를!"이다. **~mannssprache**, die 광부 (전문) 용어, 광부어. **~mannskuh**, der 《지역적·농·준고어》 염소. **~massiv**, das 산덩이, 산괴(山塊), 산맥의 핵심지대. **~meister**, der 광산 감독. **~nase**, die (코 모양으로 튀어나온) 산비탈의 돌출부. **~not**, die 산지 조난, 등산 중의 조난: jmdn. aus B. retten 누구를 산지 조난에서 구조하다. **~pfade**, die a) 산맥의 특징부[특색 있는 부분]. b) 등산 소풍, 산행. **~pfad**, der 산길, 산의 오솔길. **~plateau**, das (산지) 고원(高原), 고지. **~predigt**, die ⟨Pl. 없음⟩ [기독교] (예수의) 산상 수훈(마태복음 5~7장). **~recht**, das 광업법. **~reich** ⟨Adj.⟩ 산이 많은: eine -e Gegend 산악 지역. **~rennen**, das [모터 스포츠] 등산(험로) 자동차 경주. **~rettungsdienst**, der ↑~wacht. **~riese**, der 거대한 산. **~rücken**, der 산등성이(이). **~rutsch**, der 산사태. **~sattel**, der 산 안부

(鞍部)(두 봉우리 사이의 산등성이에서 움푹 들어간 곳). **~schaden**, der ⟨대개 Pl.⟩ 광해(鑛害). **~schrund**, der 고산 빙하 가장자리의 균열. **~schuh**, der 등산화. **~schüssig** [-ʃʏsɪç] ⟨Adj.⟩ [광] 폐석이 많이 섞인, 광(鑛鑛)의: das Erz ist hier sehr b. 이곳의 광석은 온통 폐석 투성이다. **~schwinget**, der 《schweiz.》 산상(山上) 씨름(레슬링) 대회. **~see**, der 산상호. **~seits** ⟨Adv.⟩ 산 쪽으로: ein Aussichtsplatz b. des Gebäudes 건물에서 산쪽으로 난 전망대. **~ski**, der 산 방향 스키(반대: Talski). **~spitze**, die 산꼭대기, 산정(山頂). **~sport**, der 산행, 등산. **~station**, die (산간 철도의) 산중역(山中驛)(반대: Talstation). **~steigen'** ⟨h/s⟩ 등산하다 분사식으로만: ich bin[habe] früher viel berggestiegen 나는 전에 산을 많이 탔다. **~steiger**, der 등산자, 등산가. **~steigerin**, die ↑~steiger의 여성형. **~steigerisch** ⟨Adj.⟩ 등산의: diese Tour verlangt -es Können 이 여행에는 등산 능력이 필요하다. **~stiefel**, der ↑~schuh. **~stock**, der 1. 등산용 지팡이. 2. ↑Gebirgsstock 참조. **~straße**, die 산간 도로, 산길. **~sträßer** [-ʃtreɪse], der; -s, - 베르크 가도(街道)(Odenwald 기슭에 난 Heidelberg와 Darmstadt 사이의 도로) 포도주, 베르크슈트레세. **~sturz**, der 산사태. **~tod**, der 산악 사고사(事故死). **~tour**, die 산악 여행. **~und-Tal-Bahn**, die (유원지의) 승강(昇降) 철도, 구름 철도 열차. **~und-Tal-Fahrt**, die 곡예 철도 타기. **~volk**, das a) 산골 사람, 산족. b) ⟨Pl. 없음⟩ [광] 광부(집합적). **~vorsprung**, der ↑~nase. **~wacht**, die ⟨Pl. 없음⟩ 산악(조난) 구조대. **~wald**, der 산지 산림. **~wand**, die 산의 절벽. **~wanderung**, die 산행, 등산. **~wärts** ⟨Adv.⟩ 산쪽으로(반대: talwärts): das b. gelegene Haus 산쪽으로 높직이 위치한 집. **~wasser**, das ⟨Pl.: -wasser, 《또는》 -wässer⟩ 산지 냇물, 계류. **~weide**, die 산지 (방)목장. **~welt**, die 《아어》 산지 경치, 산간 지방. **~werk**, das 광산, 채광(채굴) 장: im B. arbeiten 광산에서 일하다. **~werksdirektor**, der 광업소장. **~wesen**, das ⟨Pl. 없음⟩ 광업(에 관한 모든 일), 채광. **~wiese**, die 산간 초원(초지), 산지 목장. **~wohlverleih**, der ↑Arnika. **~zinne**, die 《대개 Pl.》 《아어》 가파른 바위 모서리.

Bergamotte [bɛrga'mɔtə], die; -n [frz. bergamotte < ital. bergamotta < türk. beg armudy] 1. a) 베르가모트(남부 유럽·서부 인도에서 재배되는 유자나무류). b) 베르가모트나무의 열매. 2. 베르가모트(등근 모양을 한 배의 일종). **Bergamottelikör**, der 베르가모트나무의 열매 껍질로 만든 베르가모트 주(酒). **Bergamottöl**, das 베르가모트 기름.

Berge: ↑Berg (4) 참조.

Bergehalde, die [광] 버럭[폐석] 더미.

berge- (↑berg-, Berg-/Berges도 참조): **~hoch**: ↑berghoch. **~schwer** ⟨Adj.⟩ 아주 무거운: eine -e Last 산더미처럼 무거운 짐. **~versetzend** ⟨Adj.⟩ 산을 들어올리는, 불가능한 일을 해내는: ein -er Glaube 산이라도 옮길 만한 믿음. **~weise** ⟨Adv.⟩ 산더미처럼 많이: man fand bei ihm das Diebesgut gleich b. 그의 집에서는 장물들이 마치 산더미처럼 발견되었다.

Bęrgelohn, der; -(e)s, ...löhne [항해] 해난 구조료(海難救助料): der B. richtet sich nach dem Wert von Schiff und Ladung 해난 구조료는 선박과 화물의 가치에 따라 결정된다. **bęrgen'** ['bɛrgn] ⟨h⟩ 1. 구(조)하다, 구호하다, 건져내다: den Hausrat b. 가구를 구해 내다; das Getreide vor dem Unwetter b. 곡식을 악천후에 대비해 거두다; tot geborgen werden 죽은 채로 발굴되다; bei ihm fühle[weiß] ich mich geborgen 그에게서 나는 안전함[포근함]을 느낀다[안전하다는 것을 안

다]; die Segel b. 〔선원〕 돛을 접다. 2. 《아어》 **a)** 숨기다, 감추다: sich an jmds. Schulter b. 누구의 어깨 뒤에 숨다. **b)** 보호하다, 숨겨주다: die Hütte birgt ihn vor seinen Verfolgern 오두막이 그를 추격자들로부터 숨겨 준다. 3. 《아어》 포함하다, 지니다: die Erde birgt noch ungehobene Schätze (in sich) 땅은 아직도 캐내지 않은 보물들을 지니고 있다; 《전의》 das birgt viele Gefahren in sich 거기에는 여러 가지 위험이 도사리고 있다.

Bergenie [bɛrˈgeːniə], die; -n [독일의 물리학자·식물학자 K. A. von Bergen(1704~1759)에 따라] 베르게니아 (바위취속의 관상 식물).

Berges- (대개 Berg-의 아어·시어; ↑berge-도 참조): **~gipfel**, der 산정(山頂). **~hang**, der 산허리. **~höhe**, die 산높이, 산 꼭대기. **~höhle**, die 산의 동굴. **~last**, die 큰 정신적 부담, 양심의 가책: eine B. wurde von ihm genommen 그는 산더미 같은 정신적 부담을 덜었다. **~rücken**, der 산등성이. **~zinne**, die (대개 Pl.) 가파른 바위 모서리.

bergig [ˈbɛrgɪç] 〈Adj.〉 산악의, 산이 많은: das Land ist sehr b. 그 나라는 산이 아주 많다.

bergisch [ˈbɛrgɪʃ] 〈Adj.〉 ↑Berg 참조: das Bergische Land 서북 독일의 지명(구 Berg 공작령의 일부).

Bergler [ˈbɛrklɐ], der; -s, - 산골 주민.

Bergung [bɛrgʊŋ], die; -en 구조, 구출, 발굴: die B. des Verunglückten 사고당한 사람들의 구조; bei der B. von Strandgut helfen 해난 구조물을 건지는 일을 돕다.

Bergungs-: **~aktion**, die 구조 작업〔활동〕. **~arbeiten** 〈Pl.〉 구조 작업. **~dampfer**, der 해난 구조선. **~kommando**, das 구조 경찰대. **~kosten** 〈Pl.〉 구조비. **~mannschaft**, die 구조대. **~versuch**, der 구출 시도.

Beriberi [beriˈbeːri], die [singhales. beri의 중첩] 〔의학〕 각기(脚氣).

Bericht [bəˈrɪçt], der; -(e)s, -e 보고(서), 통지, 알림, 보도: ein mündlicher[schriftlicher] B. 구두〔서면〕 보고; ein B. zur Lage 상황 보고(서); einen B. abfassen [anfordern] 보고서를 작성하다〔요구하다〕; einen B. über[von] etw. geben 무엇에 대해〔관해〕 보고하다; der Minister ließ B. erstatten 장관은 보고를 받았다.

Berichts- (↑Berichts-도 참조): **~erstatter** [-ɛɐʃtatɐ], der; -s, - 보고자, 통신원, 특파원: unser B. aus Paris teilt mit ... 파리에서 우리 특파원이 알려온 바에 따르면 …. **~erstattung**, die (공식) 보고, 보도, 통신: eine objektive〔einseitige〕 B. 객관적인〔편파적인〕 보도; B. durch Presse u. Rundfunk 신문과 라디오의 보도; der Botschafter wurde zur B. zurückgerufen 대사가 보고차 소환되었다. **~haus**, das《schweiz.》내소.

berichten 〈h〉 보고〔통지〕하다, 보도하다, 알리다: jmdm. etw. (schriftlich〔mündlich〕) b. 누구에게 무엇을 (서면으로〔구두로〕) 보고하다; es wird berichtet, daß ... 알려진〔전해진〕 바로는 …라고 한다; er berichtete über die Reise〔von dem Unfall〕 그는 여행〔사고〕에 관해 상세히 보고〔이야기〕했다; du bist du falsch berichtet〔준고어〕 너는 잘못 알고 있어〔잘못 들은 거야〕; wenn ich recht berichtet bin, daß ... 〔준고어〕 …라는 것이 맞는다면. **Berichter**, der; -s, - **a)** 보고자, 통신원. **b)** ↑Berichterstatter.

berichtigen [bəˈrɪçtɪgn̩] 〈h〉 고치다, 바로잡다, 정정〔수정, 교정〕하다 : einen Fehler b. 오류를 정정하다; ich muß mich b. 내가 한 말을 바로잡아야 하겠다; ein berichtigter Nachdruck (책의) 수정판; „Nein", berichtigte er, „so war es nicht" "아니요, 그렇지 않았소"라고 그는 고쳐 말했다. **Berichtigung**, die; -en **a)** 정정, 개선, 교정: eine B. der Druckfehler vornehmen 오식(誤植)을 교정하다; die Arbeit zur B. zurückgeben 수정하도록 논문을 돌려주다. **b)** 교정〔정정, 수정〕된 것, 수정: in der B. des Schulaufsatzes sind immer noch Fehler 수정된 (학교) 작문에 여전히 틀린 곳들이 있다.

Berichts-: **~heft**, das (실습생의 주간 작업 상황을 기록하는) 보고록, 실습생 작업 보고록. **~jahr**, das 보고 (당해) 연도, (영업) 보고 연도. **~monat**, der 보고 당해 월(月). **~periode**, die 보고 주기〔회기(回期)〕: in der B. trat eine Ertragsminderung von 15% ein 그 보고 주기 동안에 15%의 수익 감소가 있었다.

beriechen′ 〈h〉 **1.** 냄새 맡다: der Hund beroch den Fremden 개는 낯선 사람의 냄새를 맡았다. **2.** 《통용어》 (누구와) 조심스럽게 접촉하다, 탐색하다: die Teilnehmer mußten sich erst einmal (gegenseitig) b. 참가자들은 우선 서로 상대방을 조심스럽게 탐색해야 했다.

berieseln 〈h〉 **1. a)** (어디에) 물을 뿌리다, 살수〔관수〕하다: die Felder〔den Garten〕 b. 들판〔정원〕에 물을 뿌리다. **b)** 《드물게》 (누구〔무엇〕 위로) 흩뿌리듯 떨어지다: das Deckenweiß berieselte uns 천정의 흰 가루가 우리 위에 뿌옇게 떨어졌다. **2.** 《통용어·폄》 은연 중에 영향을 미치다, 집요하게 작용하다: die Käufer mit Werbung b. 광고로 소비자들의 뇌리에 은연 중 파고들다; sich mit Musik b. lassen 음악을 틀어 건성으로 듣고 있다. **Berieselung**, 《드물게》 **Berieslung**, die; -en ↑berieseln의 명사형. **Berieselungsanlage**, die 살수 장치, (농사용의) 스프링쿨러.

berindet [bəˈrɪndət] 〈Adj.〉《드물게》껍질이 있는, 껍질로 싸인: ein glatt-er Baum 매끄럽게 껍질로 싸인 나무.

beringen 〈h〉 (표식으로 무엇에) 반지〔고리, 팔찌〕를 끼우다: Vögel b. 새들에게 식별 고리를 끼우다. **beringt** 〈Adj.〉 (약혼·결혼) 반지를 낀: Sie bedeckte die Stirn mit der -en Linken 그녀는 이마를 반지 낀 왼 손으로 가렸다.

Beringmeer, das 〈Pl. 없음〉 베링 해(海). **Beringstraße**, die 〈Pl. 없음〉 베링 해협.

Beringung, die; -en **a)** 고리〔반지〕 끼우기. **b)** (표식으로 끼운) 반지〔고리〕: die B. hat sich gelöst (끼웠던) 식별 고리가 풀렸다.

Beritt, der; -(e)s, -e **1.** 〈군·고어〉 (소규모의) 기병대. **2.** 〔고어〕 산림구(山林區). **beritten** 〈Adj.〉 [본래 bereiten《고어》의 과거분사] **a)** 말을 탄: ein -er Bote [Polizist] 말 탄 사자(使者)〔기마 경관〕. **b)** 말을 갖춘: er ist gut b. 그는 좋은 말들을 소유하고 있다; 〈명사화〉 eine Schar Berittener 한 무리의 말 탄 사람들. **Berittführer**, der; -s, - 〈군·고어〉 (소규모) 기병대 지휘자.

Berkelium [bɛrˈkeːlium], das; -s 〔미국 대학 도시 Berkeley에 따라〕 베르켈륨(화학 금속 원소, 기호: Bk).

Berlin [bɛrˈliːn] 베를린(독일의 수도). **Berlinale** [bɛrliˈnaːlə], die; -n [zu: Berlin, Biennale] 베를린 영화제. **¹Berliner** [bɛrˈliːnɐ], der; -s, - 베를린 시민. **²Berliner** 〈Adj.; 격변화 없음〉 베를린의: B. Bär 베를린 곰(베를린 시의 문장(紋章)에 쓰임). **³Berliner** 베를린 도넛(Berliner ↑Pfannkuchen에 대한 약칭). **berlinerisch** [bɛrˈliːnərɪʃ] 〈Adj.〉 《드물게》 베를린(말)의. **berlinisch** 〈Adj.〉 〔특히 언어〕 베를린 사투리의. **Berlin (Ost)** 동베를린(구동독의 수도 및 행정 구역). **Berlin (West)** 서베를린(구 독일 연방 공화국〔구서독〕의 주).

Berlocke [bɛrˈlɔkə], die; -n [frz. berloque, breloque의 병용형] (18, 19세기에 유행한) (시계)줄의 장식.

Berme ['bɛrmə], die; -n [niederd. berm] 【토건】 제방의 둔덕[작은 단(段)].

Bermudahosen [bɛr'muːda-], **Bermudas**, **Bermudashorts** (PI.) **a)** 버뮤다 (반)바지(꼭 끼는 반바지의 일종). **b)** 버뮤다 수영복. **Bermudainseln** (관사와 함께; PI.) (북 대서양 서쪽의) 버뮤다 군도. **Bermudas** [bɛr'muːdas] 〈PI.〉 **1.** 버뮤다 군도. **2.** 버뮤다 바지(꼭 끼는 반바지).

Bern ['bɛrn] **1.** 베른(스위스의 수도). **2.** 스위스의 주. **Bernbiet**, das; -s 베른 근교(↑Biet). **Berner** ['bɛrnɐ], der; -s, - 베른 사람. **Berner** 〈Adj.〉 격변화 없음〉 베른의: das B. Oberland, die B. Alpen 베른 고지대[알프스](베른 주에 속하는 서부 알프스의 일부).

Bernhardiner [bɛrnhar'diːnɐ], der; -s, - [원산지 St. Bernhard(Schweiz)에 따라] 세인트 버나드(개의 일종). **Bernhardinerhund**, der 세인트 버나드 개.

Bernstein ['bɛrn-], der; -(e)s [mniederd. bern(e)stein, zu bernen] 호박(琥珀).

bernstein-, Bernstein-〈~**anhänger**, der 호박걸이 장식〔팬던트〕. ~**armband**, das 호박 팔찌. ~**farben**〈Adj.〉호박색의. ~**fischerei**, die 호박 채집(採集). ~**gelb**〈Adj.〉호박빛 황색의. ~**kette**, die 호박 목걸이. ~**perle**, die 호박옥〔구슬〕. ~**schmuck**, der 호박 장신구. ~**schnecke**, die [호박색 껍질에서] 【동물】 달팽이의 일종, 호박색 달팽이. ~**spitze**, die 호박으로 만든 〔엽〕권련〔담배〕 파이프 물부리.

Berolina [bero'liːna], die [berlin의 nlat. 표기에서] **a)** 베롤리나(베를린을 상징하는 여성상). **b)** 〈berlin.〉 풍만하고 덩치 큰 여인.

Bersagliere [bɛrzal'jeːra], der; -(s), ...ri 〈대개 PI.〉 [ital. bersagliere] (이탈리아의) 저격병.

Berserker [bɛr'zɛrkɐ, 〈또한〉'---], der; -s, - [anord. berserkr] **1.** 베르제르커(고대 북구 설화에서 곰의 껍질을 쓰고 싸우는 광폭한 전사). **2. a)** 난폭한[호전적인] 남자: die blindwütige B. in die Schranken verweisen 맹목적으로 날뛰는 난폭자들을 저지하다. **b)** 장사(壯士). **berserkerhaft**〈Adj.〉베르제르커 같은, 광폭한. **berserkern** (h) 정신없이 날뛰다, 격분하다. **Berserkerwut**, die 광란, 격노.

bersten* ['bɛrstn] 〈s〉 [niederd. bersten] 〈아어〉 **1.** 파열하다, 깨지다, 내파하다: das Glas barst mit einem klirrenden Ton 유리잔이 쨍그랑 소리를 내며 깨졌다; eine geborstene Mauer 금이 간 벽; 【전의】 der Saal barst von Menschen 그 방은 사람들로 터질 듯했다; mit geborstener(gebrochener) Stimme 변성된〔탁한〕 목소리로; **(bis) zum Bersten voll〔gefüllt〕** 터질 듯이 꽉 찬: der Saal〔der Omnibus〕 war (bis) zum Bersten voll 그 방〔버스〕은 터질 듯이 차 있었다. **2.** (무엇으로) 꽉 차 있다: von Ungeduld〔Zorn〕 b. 초조감〔분노〕으로 가득 차 있다; ich berste vor Neugier 나는 궁금해서 견딜 수 없다.

berüchtigt [bə'rʏçtɪçt]〈Adj.〉 [niederd. berüchtigen] 평이 나쁜, 악명 높은: ein -es Lokal 평이 나쁜 술집; er ist als Raufbold b. 그는 싸움꾼으로 악명이 높다.

berücken [bə'rʏkŋ] 〈h〉〈아어〉매혹하다, 넋을 빼앗다: er ist ganz berückt von der Schönheit der Frau 그는 그 여인의 미모에 완전히 넋을 잃었다; ein -der Anblick 매혹적인 광경; das ist ja nicht gerade -d 〈통용어·반어〉그것은 넋을 잃을 정도는 아니다.

berücksichtigen [bə'rʏksɪçtɪgŋ] 〈h〉 **1.** 고려〔참고〕하다; die Verhältnisse〔das Wetter〕 b. 상황〔날씨〕을 고려하다; dieser Punkt braucht nicht berücksichtigt zu werden 이 점은 고려할 필요가 없다; wenn man berücksichtigt, daß... ...라는 것을 고려〔생각〕한다면. **2. a)** 참작〔배려〕하다, (무엇에) 부응하다: einen Antrag b. 어떤 신청을 참작하다. **b)** (누구의 소원 따위를) 받아들이다, 들어주다: einen Bewerber b. 지원자를 받아 주다. **berücksichtigenswert** 〈Adj.〉〈격식독어〉고려〔참작〕할 가치가 있는. **Berücksichtigung**, die **a)** 고려, 유의: die B. der parlamentarischen Machtkonstellationen 의회내 세력 판도의 고려; in B. 〔unter B.〕 der Vor- und Nachteile 장단점 등을 고려해서〔고려하면〕. **b)** 참작, 배려, 승인: eine B. Ihres Antrages ist zur Zeit leider nicht möglich 귀하의 신청을 참작하는 것은 현재로서는 유감스럽게도 불가능하다.

Berückung, die; -en 〈드물게 아어〉매혹, 도취: in seltsamer B. stand er da 그는 이상하게 매료되어 거기 서 있었다.

Beruf [bə'ruːf], der; -(e)s, -e **1.** 직업, 전문업, 직무: ein kaufmännischer〔technischer, akademischer, freier〕 B. 상업직〔기술직, 학술직, 자유직〕; einen B. ergreifen〔ausüben〕 직업을 잡다〔직업에 종사하다〕; du hast deinen B. verfehlt 〈가끔 농〉너는 천직을 그르쳤구나〔직업을 잘못 택했구나〕(현재 직업이 아닌 다른 분야에 재능이 있다는 뜻); seinem B. nachgehen 자기 직업에 종사하다; im B. stehen 취직하다, 직업을 가지고 있다; er ist von B. Bäcker 그는 직업이 빵 제조공이다; etw. von -s wegen tun 직업상 무엇을 하다. **2.** (아어·준고어) 사명, 소명, 천직. **¹berufen*** (h)〈h〉 **1. a)** (고위) 직에 임명하다, (누구에게) 천직〔사명〕을 주다: jmdn. auf einen Lehrstuhl〔zum Vorsitzenden〕 b. 누구를 교수직〔의장〕에 초빙하다; er wurde als ordentlicher Professor für Alte Geschichte an die Universität Bonn berufen 그는 본대학교 고대사 담당 정교수로 초빙 받았다. **b)** 〈고어〉소집〔소환〕하다: den letzten Kronat b. 마지막 어전 회의를 소집하다. **2.** 〈b. +sich〉 (누구〔무엇〕를 증인〔증거〕으로〕 (끌어)대다: sich auf die Vorschriften〔auf seine Vertragsbedingungen〕 b. 규정〔자신의 계약 조건〕을 (근거로) 내세우다; sich auf das Gesetz b. 법에 호소하다; ich berufe mich auf dich als Zeugen 나는 자네를 증인으로 세우겠네. **3.** 〈österr.·법〕 항고〔상소〕하다: gegen das Urteil b. 판결에 대해 항고하다. **4.** 〈통용어〉 (무슨 일에 대해) 미리 너무 많이 지껄여 (미신적인 관념에서) 악마를 부르다〔일을 망치다〕 (대개 부정문으로): ich will es nicht b., aber bisher hat die Sache immer geklappt 나는 이 말을 미리 지껄여 악마의 질투를 사기는 싫지만, 그러나 이제까지 그 일은 잘 되어 왔어. **5.** 〈지역적·특히 nordd.〉 누구의 잘못을 고쳐 주다, 훈계하다, 꾸짖다. **²berufen**〈Adj.〉 능력〔재능〕이 뛰어난, 적격의, (신의) 사명을 받은, 천부적인: ein -er Kritiker 천부적인 비평가; aus -em Munde 정통한 출처로〔출처로부터〕; zu großen Taten b. sein 큰 일을 할 적임자이다; du fühlst dich b. zu helfen 너는 돕는 것을 천직으로〔도와야 할 사명으로〕 느낀다; viele sind b., aber wenige sind auserwählt 청함을 받은 자는 많으나 택함을 입은 자는 적다(마태복음 22장 14절). **beruflich**〈Adj.〉직업(상)의, -e Tätigkeit 직업적 활동; die -e Weiterbildung 직업상의 재교육, 연수; b. 〔aus -en Gründen〕 verhindert sein 업무로 인해〔직업·업무상의 이유로〕 참석하지〔오지〕 않다.

berufs-, Berufs-: ~**arbeit**, die 직업상의 일, 업무. ~**aufbauschule**, die (전문학교 입학 자격을 주는 야간) 직업 교육 학교. ~**auffassung**, die 직업관(觀). ~**ausbildung**, die 직업 교육. ~**aussichten** 〈Pl.〉 취업〔직업〕 전망: für dieses Studienfach sind die B. schlecht 이 (전공)학과의 경우에는 취업 전망이 나쁘다. ~**beamte**, der 직업 공무원. ~**beamtentum**, das (집합적) 공무원 (집단〔계급〕), 직업 공무원 제도.

~bedingt ⟨Adj.⟩ 직업과 관계 있는, 직업으로 야기되는: -e Schwierigkeiten 직업으로 인한 어려움들. ~begleitend ⟨Adj.⟩ 직업에 수반된, 직업상의: -er Unterricht 직업(업무)에 따른 수업. ~berater, der 직업 상담자. ~beratung, die 직업 상담(지도). ~bezeichnung, die (공식) 직업 명칭. ~bezogen ⟨Adj.⟩ 직업과 관련된, 직업에 관한: -er Unterricht 직업에 관한 수업. ~bild, das 직업 요람(연수 과정, 활동 영역, 승진 기회 따위가 서술된). ~bildend ⟨Adj.⟩ 직업 교육을 하는: eine -e Schule 직업(교육) 학교. ~bildung, die 직업 교육. ~bildungswerk, das 장애자를 위한 직업 교육 기관, (청소년) 장애자 재활원. ~boxen, das 프로 권투. ~boxer, der 직업 권투 선수. ~erfahren ⟨Adj.⟩ 직업(실무) 경험이 있는. ~erfahrung, die 직업(실무) 경험. ~erziehung, die 직업 교육. ~ethos, das (어느) 직업 윤리: vom B. des Arztes erfüllt 의사의 직업 윤리에 충일된. ~fachschule, die 직업 전문 학교. ~fahrer, der a) 직업 운전사. b) (자동차 회사의) 시험 운행 기사, (자동차 따위 경주의) 직업 선수. ~feuerwehr, die 직업 소방서. ~findung, die 구직(求職), (적성에 맞는) 직업의 발견. ~fotograf, der 직업 사진사. ~fremd ⟨Adj.⟩ 배운 직업과 다른, 전문이 아닌: -e Tätigkeiten 전문(배운 직업)이 아닌 업무. ~fußball, der 직업 축구. ~fußballer, der (통용어) 직업 축구 선수. ~geheimnis, das 직무(직업)상의 비밀, 직무상 비밀 유지의 의무. ~genossenschaft, die 동업 조합, 동업자(상해) 보험 조합. ~gruppe, die ↑ ~klasse. ~heer, das (직업 군인으로 구성된) 정규군, 정규(직업) 직업군. ~klasse, die 직업 집단, 직종. ~kleidung, die 직업복, 작업복. ~kollege, der (직업) 동료. ~krankheit, die 직업병: als -en anerkannt sein (어떤 병이) 직업병으로 인정 받고 있다. ~kunde, die 직업학, 직업론. ~laufbahn, die 직업 경력, 직력. ~leben, das 직업 생활(활동): im B. stehen 직업 활동을 하고 있다; die Rückkehr der verheirateten Frau ins B. 기혼 여성의 직업(직장) 생활로의 복귀. ~lenkung, die (원활한 인력 수급을 위한) 직업 지도(보도(補導)). ~los ⟨Adj.⟩ 실직한, 무직의: er ist b. 그는 실업자이다 (명사화) Schulungen für Berufslose 실업자 (재)교육. ~mäßig ⟨Adj.⟩ 직업상의, 직업적인, 전문(본직)의: er ist kein Sonntagsmaler, sondern malt b. 그는 취미로 그리는 화가가 아니라 직업(적)으로 그림을 그린다. ~offizier, der 직업 장교. ~organisation, die 직업 단체. ~pädagogik, die 직업 교육학. ~pädagogisch ⟨Adj.⟩ 직업 교육학의. ~pflicht, die ⟨대개 Pl.⟩ 직무(직업)상의 의무. ~revolutionär, der (자주 평) 직업 혁명가. ~risiko, das 직업상 손실 위험(농업·숙박업에서의 날씨 따위): zum B. gehören 직업상 위험(모험)에 속하다. ~schule, die (직업 실습과 병행하여 일정한 연령까지 주당 1~2회 다녀야 하는) 직업 학교. ~schüler, der 직업 학교 학생. ~schullehrer, der 직업 학교 교사. ~schulpflicht, die ⟨Pl. 없음⟩ 직업 학교 취학 의무. ~schulwesen, das ⟨Pl. 없음⟩ 직업 학교 제도. ~schwach ⟨Adj.⟩ ⟨전문어⟩ 직업 선택상 취약한: -e Jugendliche 직업 선택에서 취약한 청소년. ~soldat, der 직업 군인. ~spieler, der (특히 구기의) 직업(프로)선수. ~sport, der 직업(전문) 스포츠. ~sportler, der 직업(프로) 선수. ~sprache, die 전문어, 직업어. ~stand, der 직업 계급(계급), 업종. ~ständisch ⟨Adj.⟩ 직능 계급의, 직능상의: -e Organisationen 직능 단체들. ~tätig ⟨Adj.⟩ 직업에 종사하는: -e Hausfrauen 직업(직장) 생활을 하는 주부들; halbtags b. sein 하루에 한나절씩 직장 일을 하다, 반일제 직장에서 일하다. ⟨명사화⟩ ~tätige*, der / die 직업인(직업 여성), 직장

인: besondere Sprechzeiten für B. 직장인을 위한 특별 상담 시간. ~tätigenrückfahrkarte, die 직장인을 위한 왕복 할인권. ~tätigkeit, die 직업 활동. ~tracht, die (전통)직업 의상. ~treue, die 직업(직무)에 대한 충실(성실)성. ~unfähigkeit, die 취업 불능, (병 따위로 야기된) 취업 능력 저하. ~verband, der 직업(동업) 조합, 업종별 협회. ~verbot, das 취업 금지, 공직 금지령. ~verbrecher, der (직업적) 상습범. ~vereinigung, die ↑ ~organisation. ~verkehr, der ⟨Pl. 없음⟩ 러쉬 아워의 교통, 출퇴근시의 교통 혼잡: im B. gab es gewaltige Stauungen 출퇴근시에 극심한 교통 체증이 있었다. ~wahl, die ⟨Pl. 없음⟩ 직업 선택. ~wechsel, der 전업, 전직. ~weg, der 직업 경로 [경력]. ~wettbewerb, der (구동독) (직업 교육생들의) 기능 경시 대회. ~wunsch, der 희망 직업. ~ziel, das 목표하는 직업, 취직 목표. ~zweig, der 직업 부문.

Berufung, die; -en **1. a)** 초빙, 임명: eine B. auf den Lehrstuhl 교수직(에의) 초빙; die B. annehmen [ablehnen] 초빙을 받아들이다[거절하다]. **b)** (고어) 소명: die B. des Reichstages 제국 의회의 소집. **2.** 천명, 소명(召命), 천직의 자각: die B. zum Künstler 예술가로서의 소명(타고난 소질). **3.** 인증(引證), 예증, 원용: unter B. auf. etw.(jmdn.) 무엇(누구)을 인증(인증)으로 내세워. **4.** (법) 상소(上訴), 항고, 항소: eine B. gegen dieses Urteil 이 판결에 대한 항고; B. einlegen [in die B. gehen 상소(항고)하다; B. zurückweisen 상고(항고)를 기각하다. **5.** (nordd.) 질책, 징계: eine B. wegen schlechten Betragens erhalten 불량한 태도 때문에 질책을 받다.

Berufungs-: ~**beklagte,** der [법] 상소심(항고심, 상고심, 항소심)의 피고, 피상소인. ~**frist,** die [법] 상소 기한. ~**gericht,** das [법] 상소 재판소(법원). ~**instanz,** die [법] 상소 법원. ~**kläger,** der [법] 상소자, 상소(항고·상고)인. ~**liste,** die 초빙(대상)자 추천 명부. ~**recht,** das ⟨Pl. 없음⟩ 상소권, 항소(항고, 상고)권. ~**richter,** der [법]상소심 판사. ~**verfahren,** das [법] 상소심 절차. ~**verhandlung,** die [법] 상소심 심리.

beruhen ⟨h⟩ (무엇에) 기인(의거, 의존)하다: das beruht auf alten Traditionen[auf einem Irrtum] 그것은 옛날 전통에 근거를 두고 있다(오류에 기인하다); die Freude beruht auf Gegenseitigkeit 기쁜 것은 피차 일반이다 [쌍방이 똑같다]; etw. auf sich beruhen lassen 무엇 [어떤 쟁점]을 방치하여 두다(내버려 두다, 더 이상 추적하지 않다).

beruhigen [bə'ru:ɪgn] ⟨h⟩ **a)** 안심(진정)시키다, 달래다: ein weinendes Kind b. 우는 아이를 달래다; die Nerven b. 신경을 안정시키다, 마음을 가라앉히다; ich beruhigte ihn mit der Nachricht, daß ... 나는 ···이라는 소식으로 그를 진정시켰다; ein -des Mittel 진정제. **b)** ⟨b. + sich⟩ 진정되다, 안심하다, 잔잔해지다: beruhige dich! 진정해라!; der Wind[das Meer] hat sich beruhigt 바람(바다)이 잠잠해졌다; die politische Lage beruhigt[entspannt] sich allmählich 정치적 상황이 점차 안정되어 가고 있다. **Beruhigung,** die; -en **a)** 진정, 안정, 위안: Medizin zur B. der Nerven 신경 안정을 위한 약. **b)** 진정剤, 안심: das gibt mir ein Gefühl der B. 그것은 나에게 안도감을 준다.

Beruhigungs-: ~**mittel,** das 진정제. ~**pille,** die 진정제(알약). ~**spritze,** die 진정제(주사): der Arzt gab ihm eine B. 의사는 그에게 진정제를 주사했다. ~**tendenz,** die 진정(안정) 추세.

berühmt [bə'ry:mt] ⟨Adj.⟩ 유명(저명)한: ein -er Künstler 유명한 예술가; durch dieses Werk wurde er b. 이 작품으로 그는 유명해졌다; er ist b. wegen seiner[für seine] Schlagfertigkeit 그는 기발한 재치로 유명하다; 〈부정으로만〉 die Arbeit ist nicht gerade b. 《통용어·반어》 이 논문은 대단하다[별것 아니다]. **Berühmtheit**, die; -en **1.** 〈Pl. 없음〉 유명, 저명, 명성: der Name hat B. erlangt 그 이름은 유명해졌다[명성을 떨쳤다]; zu trauriger B. gelangen, es zu trauriger B. bringen 《반어》 악명을 얻다. **2.** 저명 인사, 명사: literarische -en 문학계의 명사들, 저명한 작가들.

berühren 〈h〉 **1.** (무엇에) 손을 대다, 만지다, 건드리다, 스치다: aus Versehen b. 누구를 실수로 건드리다; den Schlafenden leicht an der Schulter b. 잠자는 이의 어깨를 가볍게 만지다; sie berührte das Essen nicht 〈아이〉 그는 음식을 건드리지도 않았다; bitte nichts b. 손대지[만지지] 마시오!; ihr Hände berührten sich 그들의 손이 서로 스쳤다; 전의 das Schiff berührt diesen Hafen nicht 그 배는 이 항구에 기항하지 않는다; wir berührten auf unserer Reise mehrere Länder 우리는 여행 중에 몇몇 나라에 잠깐씩 들렀다; unsere Pläne berühren sich 우리 계획들은 일맥상통한다(어로 비슷하다). **2.** 잠깐 언급[논급]하다: ein Thema b. 어떤 주제에 잠시 언급하다. **3.** 감동시키다, 마음을 움직이다: die Nachricht hat mich tief[im Innersten] berührt 그 소식은 나를 (마음 속) 깊이 감동시켰다; sich unangenehm [peinlich] berührt fühlen 불쾌한[난처한] 느낌을 받다; das berührt mich (überhaupt) nicht 나는 그것에 (전혀) 관심이 없다. **Berührung**, die; -en **1.** 접촉: jede B. vermeiden 어떤 접촉도 피하다; mit etw. in B. kommen 무엇과 접촉하다, 무엇에 닿다. **2.** (사회·문화·인간적) 접촉, 관계, 유대: B. mit der Umwelt haben 주위 환경과 접촉을 갖다; er stand mit vielen Menschen in persönlicher B. 그는 많은 사람과 개인적인 관계를 맺고 있었다; die Reise brachte uns mit der Antike in B. 여행에서 우리는 고대와 접하게 되었다. **3.** 〈Pl. 없음〉 언급: die B. dieses Themas war ihm peinlich 이 화제가 튀어나오는 것이 그에게는 난처했다.

berührungs-, Berührungs-: **~elektrizität**, die [물리] 접촉 전기. **~empfindlichkeit**, die [의학·생물] 접촉 감지 능력. **~gerade**, die [수학] 접선. **~linie**, die [수학] 접선. **~los** 〈Adj.〉 [물리·기술] 접촉이 없는, 무접촉의: -e Temperaturbestimmung 무접촉 온도 측정. **~punkt**, der [수학] **1.** [수학] 접점: das im B. von Kreis u. Tangente errichtete Lot geht durch den Mittelpunkt 원과 그 접선의 접점에 그은 수직선은 원의 중심을 지난다. **2.** (정신적·사상적) 공통점: zwischen ihnen gibt es keinerlei -e 그들에게는 (정신적) 공통점이 전혀 없다. **~sicher** 〈Adj.〉 〈전류, 열 따위에서〉 접촉이 차단된: eine Leitung b. verlegen 전선을 접속되지 않게 설치하다. **~spannung**, die [물리] 접촉 전기[전위차]: weil die Isolierung schadhaft war, kam es zu einer gefährlichen B. 절연 부위에 손상이 있어서 위험한 접촉 전압이 생겼다.

berüscht [bə'ry:ʃt] 〈Adj.〉 가장자리 주름[단끝 주름 부분]이 있는: der Vorhang ist reich b. 그 커튼은 가장자리 주름이 많다.

berußen 〈h〉 그을음으로 더럽히다: (대개 과거분사) berußte Mauern 그을음으로 덮인 담벽.

Beryll [beˈrʏl], der; -s, -e [lat. bēryllus <griech. bēryllos < mind. vēruliya, vēluriya] 녹주석, 녹주옥. **Beryllium** [beˈryljʊm], das; -s [Berylle에 함유된 데서] 베릴륨(희유원소, 기호: Be].

besabbeln 〈h〉 〈경〉 침으로 더럽히다: besabb(e)le dich nicht so! 침 좀 흘리지 말아라!

besabbern 〈h〉 〈경〉 침으로 더럽히다: ein frisches Lätzchen b. 깨끗한 턱받이를 침으로 더럽히다.

besäen 〈h〉 (어디에) 씨를 뿌리다: ein Beet (mit Sommerblumen) b. 화단에 (여름꽃) 씨를 뿌리다; 전의 der Platz ist besät mit[von] weggeworfenem Papier 그 장소는 버려진 휴지로 가득하다.

besagen 〈h〉 의미하다, 뜻하다, 무엇이라고 말하고[쓰여] 있다: das besagt viel[(noch) gar nichts] 그것은 중요한 의미가 있다[(아직) 아무 의미도 없다]; die Quittung besagte, daß ... 증수증에는 ···임이 적혀 있었다. **besagt** 《격식 독어》 앞서 말한, 기지의: um auf -e Familiezurückzukommen 앞서 말한 가족으로 화제를 다시 돌리자면.

besaiten [bəˈzaɪtn̩] 〈h〉 [음악] 〈현악기에〉 줄을 매다: die Geige neu b. lassen 바이올린의 줄을 새로 매다. **besaitet** 〈Adj.〉〈어떤〉 재능[천분]을 타고난(↑zartbesaitet).

besamen [bəˈzaːmən] 〈h〉 수정시키다: Kühe künstlich b. lassen 암소를 인공으로 수정시키다.

besammeln 〈h〉 《schweiz.》 모이다, 모으다, 집합하다 [시키다]. **Besammlung**, die; -en 《schweiz.》 집합, 집결: B. der Teilnehmer im Schulhaus 참가자들의 교내 집결.

Besamung, die; -en 수정: die künstliche B. 인공 수정. **Besamungsstation, Besamungszentrale**, die [농업] 인공 수정소(所).

Besan [beˈzaːn], 〈또한〉 'beːzaːn], der; -s, -e [niederl. besane < ital. mezzana < arab. mazzān] **a)** 고물 돛 (맨 뒤의 세로 돛). **b)** ↑Besanmast.

besänftigen [bəˈzɛnftɪɡn̩] 〈h〉 완화[진정]시키다, 달래다: jmds. Zorn b. 누구의 화를 가라앉히다; 〈b. + sich〉 du mußt dich b. 너는 진정해야 해; das Meer hatte sich wieder besänftigt 바다는 도로 가라앉아 있었다. **Besänftigung**, der; -en 진정, 완화.

Besanmast, der; -(e)s, -en, 《또는》 -e 고물 돛대. **Besansegel**, das; -s, - (↑Besan (a).

Besatz, der; -es, Besätze **1.** [의상] 옷의 가장자리 장식 (레이스, 장식끈, 모피 따위): ein bunter B. am Halsausschnitt 목 부분 옷단에 붙인 다채로운 레이스[장식]. **2. a)** [사냥] 〈수렵 구역 내의〉 사냥감[엽수] 총 수. **b)** [농업] 〈목장·목초지의〉 가축의 총 수. **c)** [어업] 〈하천·연못·양어장의〉 물고기[어류] 총 수: den B. im Karpfen durch Jungfische erneuern 양어장 따위의 잉어 총 수를 치어(稚魚)를 넣어 다시 채우다.

Besatz-: **~band**, das 〈Pl.: -bänder〉 옷단의 장식 리본. **~dichte**, die (일정 구역 내의) 엽 수(가축, 치어) 밀도. **~fell**, das 옷단의 장식 모피. **~fisch**, der 〈대개 Pl.〉 [어업] 어린 물고기, 치어: -e zur Zucht in Teich aussetzen 양식하기 위해 연못에 치어를 넣다. **~streifen**, der (옷) 가장자리의 장식띠.

Besatzer [bəˈzatsɐ] 《직업 학교 독어; -s, - 《통용어·편》 점령군 병사[졸병]: im Untergrund gegen die B. kämpfen 지하에서 점령군 병사와 싸우다. **Besatzung**, die; -en **1.** (선박, 항공기의) 승무원: 15 Mann B. 15명의 승무원; das Schiff hat eine neue B. bekommen 그 배에 승무원들이 새로 왔다. **2.** [군] **a)** (요새 따위에 잔류하는) 수비대, 잔류 부대. **b)** 점령군: die B. verhängte ein Ausfahrverbot 점령군은 통행 금지령을 내렸다.

Besatzungs- [군] (↑Besetzungs-도 참조): **~armee**, die 점령군, 주둔군. **~gebiet**, das 점령 지역. **~kind**, das (점령군의 〈유색인〉 병사와 현지 여자 사이에서 태어난) 점령군 2세(자녀). **~kosten** 〈Pl.〉 점령[주둔] 비용. **~macht**, die 점령국. **~recht**, das (Pl. 없음)(국제법상의) 점령권, 주둔권. **~regime**, das 〈대개 멸〉 점령 정부. **~soldat**, der 점령[주둔]군 병사. **~statut**, das 점령 조례. **~truppen** 〈Pl.〉 점령군 부대. **~zeit**, die 점령 기간. **~zone**, die 점령 지구[지역]: Deutschland wurde nach dem Krieg zuerst in vier -n aufgeteilt 독일은 전후에 우선 4개 점령 지구로 분

besaufen', sich 〈h〉 《속어》 술을 퍼마시다, 곤드레만드레 취하다: du besäufst dich immer wieder 당신은 언제나 고주망태가 되는군요. **Besäufnis** [bəˈzɔyfnɪs], das; -se 《속어》 a) 〈Pl. 없음〉 만취, 흠뻑 취함: in seiner B. hat er die Türen verwechselt 그는 너무 취해서 집 문 마저 혼동했다. b) 《또는》 -ses; -se 술잔치, 술판: das große B. begann schon mittags 그 대대적인 술판은 이미 대낮부터 시작되었다.

besäumen 〈h〉 1. [제재] (목재를) 네모나게 하다, (목재의 가장자리에 남아 있는) 원목의 둥근 면을 제거하여 다듬다: Bretter b. 판자의 가장자리를 네모나게 다듬다, 판자를 마무리하다. 2. 《고어》 가장자리를 감치다, 단을 접어 꿰매다: eine von alten Linden besäumte Straße 보리수 고목들로 감싸인 거리.

Besäung, die 파종.

besäuseln, sich 〈h〉 《경》 거나하게 취하다[마시다]: ich besäus(e)le mich gern ein bißchen 나는 좀 거나하게 마시길 좋아한다.

beschabbern [bəˈʃabən] 〈h〉 《(ost)preuß.》 타이르다, 권고하다, 설득하다.

beschädigen 〈h〉 심하게 하다, 손상시키다, 훼손하다: fremdes Eigentum b. 남의 소유물을 훼손하다; das Buch ist leicht beschädigt 책이 약간 파손되었다; beschädigte Exemplare 파손품, 흠 있는 물건. **Beschädigte'**, der / die 〈전쟁〉 피해자, 장애자. **Beschädigung**, die; -en 1. 손상, 훼손: b. der Anlagen wird bestraft 시설물을 훼손하면 처벌함. 2. 손상을 입은 자리, 상한 곳, 흠.

beschaffbar [bəˈʃafbaːr] 〈Adj.〉 조달할 수 있는, 구할 수 있는: leicht -e Waren 쉽게 구할 수 있는 물건. **¹beschaffen** 〈h〉 (어렵게) 구하다, 얻다, 조달하다, 가져오다: ich habe mir die Genehmigung beschafft 나는 허가를 얻어냈다. **²beschaffen** 〈Adj.〉 어떠한 성질을 가진, 어떠한 특성의: mit ihm ist es schlecht b. 그는 잘 지내지 못한다(형편이 좋지 않다). **Beschaffenheit**, die 성질, 소질, 상태: die B. des Materials überprüfen 그 재료의 상태를 조사하다. **Beschaffung**, die 조달, 입수, 획득, 공급: die B. von Lebensmitteln 식료품 조달. **Beschaffungsamt**, das 〈Pl. 없음〉 조달청. **Beschaffungskosten** 〈Pl.〉 (구매, 수송, 포장 등의 비용을 포함한) 조달 비용. **Beschaffungskriminalität**, die 마약 조달을 위한 범죄 행위.

beschäftigen [bəˈʃɛftɪɡn] 〈h〉 1. 〈b. + sich〉 종사하다, 몰두하다: sich mit Büchern b. 책에 몰두하다, 전념하다; das Gericht muß sich mit dem Fall b. 법원은 그 사건을 다루어야 한다; er ist sehr beschäftigt 그는 할 일이 매우 많다; sie waren um den Verunglückten beschäftigt 그들은 사고를 당한 사람을 돌보았다. 2. (내적으로) 요구하다, 움직이게 하다: dieses Problem beschäftigte ihn schon lange 그는 이미 오랫동안 이 문제에 몰두했다. 3. a) 누구를 고용하다, 일자리를 주다: er beschäftigt drei Leute in seiner Filiale 그는 그의 지점에서 세 사람을 고용한다; bei der Post beschäftigt (tätig) sein 우체국에 근무하다. b) 누구에게 할 일을 주다, 몰두시키다: wir müssen die Kinder (mit einem Spiel) b. 우리는 아이들은 〔놀이에〕 정신이 쏠리게 해야 한다. **Beschäftigte'**, der/die 피고용인, 종업원. **Beschäftigung**, die; -en 1. a) 일, 용무, 종사, 종업: eine langweilige B. 지루한 일; für B. ist gesorgt 〈농〉 일이 모자라지는 않을 것이다. b) 직무, 근무: er hat eine lukrative B. gefunden 그는 이득이 많은 일거리를 얻었다; ohne B. sein 실직이다. 2. 〈Pl. 없음〉 몰두, 종사, 전념: B. mit Fragen der Politik 정치 문제에의 전념. 3. a) 〈Pl. 없음〉 고용: die B. von Gastarbeitern 외국

노동자의 고용. b) 근무: die B. im Staatsdienst bringt einige Vorteile mit sich 국가 공무원직에 근무하는 것은 몇몇 장점을 수반한다.

beschäftigungs-, Beschäftigungs-: **~grad**, der [경제] 고용률, 취업률. **~los** 〈Adj.〉 a) 일거리가 없는, 직업이 없는. b) 실직의, 일자리가 없는. **~stand**, der 고용 수준(↑~grad). **~therapeut**, der 작업 요법사(作業療法士). **~therapeutin**, die ↑~therapeut의 여성형. **~therapie**, die [의학] 작업 요법(심신의 장애를 수공이나 예술 활동으로 고치려는 치료법). **~verhältnis**, das 고용 관계, 노사 관계(↑Arbeitsverhältnis (1)).

beschälen 〈h〉 (말, 당나귀 등을) 교미시키다: die Stute soll beschält werden 그 암말은 교미시켜야 한다. **Beschäler**, der; -s, - 1. 종마(種馬)(↑Zuchthengst): eine Stute zum B. bringen 암말을 종마에게로 보내다. 2. 《속어》 동침자, 정부(情夫). **Beschälkrankheit**, **Beschälseuche**, die 동물의 성병. **Beschälung**, die; -en 교미.

beschallen 〈h〉 1. 소리나게 하다, 음향 효과를 내다: mit dieser Anlage kann man einen ganzen Stadtteil b. 이 시설로 도시 전체에서 듣게 할 수 있다. 2. [의학·기술]초음파로 치료하다, 초음파 처리하다. **Beschallung**, die; -en 음향 효과.

beschalten 〈h〉 [전기] 회로를 설치하다. **Beschaltung**, die; -en ↑beschalten의 명사형.

beschämen 〈h〉 부끄럽게 하다, 부끄럼을 느끼게 하다: er will sich nicht (von mir) b. lassen 그는 내 호의를 받아들이려 하지 않는다; seine Einstellung ist beschämend 그의 태도는 모욕적이다; sich (durch jmdn. [etw.] beschämt fühlen (누구[무엇]로 인해 모욕감을 느끼다. **beschämenderweise** 〈Adv.〉 부끄럽게도: b. kann ich die Frage nicht beantworten 부끄럽게도 나는 그 질문에 대답할 수 없다. **Beschämung**, die; -en 부끄럼, 수치, 모욕: B. empfinden 수치를 느끼다; mit B. [zu meiner B.] muß ich gestehen, daß ... 부끄럽게도 나는 …라고 고백해야만 한다.

beschatten 〈h〉 1. (아이) 그늘지게 하다, 그늘로 덮다: die Augen mit der Hand b. 눈을 손으로 가리다; 〔전의〕 schlechte Nachrichten beschatteten das Fest 나쁜 소식이 그 축제를 우울하게 했다. 2. a) 몰래 관찰하다, 감시하다: er wurde der Spionage verdächtigen b. (lassen) 스파이 혐의를 받은자를 감시(하게)하다. b) [구기] (상대팀의 특정 선수를) 밀착 방어·감시하다. **Beschatter**, der; -s, - 감시인, 미행자. **Beschattung**, die; -en 그늘(지움).

Beschau, die 〈공적인〉 검사: Schlachtvieh zur B. bringen 도살용 가축을 검사하러 보내다. **beschauen** 〈h〉 〔지역적〕 관찰(감시, 주시, 검사)하다: Bilder b. 그림을 음미하다; der Arzt beschaut die Wunde 의사가 상처를 관찰하다. **Beschauer**, der; -s, - 관찰자, 관객.

beschaulich [bəˈʃaʊlɪç] 〈Adj.〉 a) 명상적, 관조적: ein -er Charakter 평온한 성격; sein Leben war 〔verlief〕 sehr b. 그의 인생은 매우 평탄하였다〔평탄하게 흘러갔다〕. b) 〔가〕 명상적, 관조적. **Beschaulichkeit**, die 정관, 명상. **Beschauung**, die 관찰, 주시. **Beschauzeichen**, das (귀금속의) 검사인, 검사 각인(刻印).

Bescheid [bəˈʃaɪt], der; -(e)s, -e a) (누구, 무엇에 대한) 정보, 안내, 소식: B. geben (누구에게 무엇에 대한) 정보를 주다; **B. wissen** (무엇에 대해) 지식이 있다, 잘 알다; **jmdm. B. sagen** 1) 누구에게 정보를 주다, 무엇에 대해 알려주다. 2) 〔구〕 (어떤 이의) 이의(항의)를 제기하다; **jmdm. B. stoßen** 《통용어》 항의하다, 거침없이 분함을 토로하다; **jmdm. B. tun** (아이) 축배에 답례하다.

b) 결정, 당국의 입장 표명: der B. geht ihnen schriftlich zu 결정이 그들에게 서면으로 전해진다. **¹bescheiden*** ⟨*h*⟩ **1.** ⟨b. + sich⟩ 《아어》 만족하다: man muß sich b. (können) 사람들은 만족할 수 있어야 한다. **2.** 《아어》《대개 수동》 누구에게 무엇을 주다, 허락하다: Gott hat mir Kinder beschieden 신은 나에게 아이들을 주었다. **3.** 《아어》 일정한 장소로 오게 하다, 지령(명령)하다, 호출하다: er wurde zum Chef nach Berlin beschieden 그는 사장이 있는 베를린으로 호출되었다. **4.** 【관】 당국이 누구에게 결정을 전달하다: sein Gesuch wurde abschlägig beschieden 그의 청원은 거절되었다. **²bescheiden** ⟨Adj.⟩ **1.** 중용을 지키는, 겸손한: b. anfragen 겸손히[조심스럽게] 묻다. **2. a)** 단순한, 검소한, 간소한: er lebt sehr b. 그는 아주 검소하게 산다. **b)** 적은, 모자라는: dieser Lohn ist allzu b. 이 임금은 너무 적다. **3.** 《경·은폐》 매우 나쁜(↑beschissen): Mensch, ist das ein -es Wetter 맙소사, 날씨가 대단히 나쁘군. **Bescheidenheit,** die 겸손, 검소: aus lauter B. im Hintergrund bleiben 오직 겸손한 마음에서 뒤에 물러나 있다; [속담] [농] B. ist eine Zier, doch weiter kommt man ohne ihr 겸손은 미덕이나, 그것 없이도 지낼 수 있다. **bescheidentlich** ⟨Adv.⟩ 《아어·준고어》 겸손하게. **Bescheidung,** die 만족.

bescheinen* ⟨*h*⟩ 비추다: Mondlicht bescheint die Dächer 달빛이 지붕을 비춘다; vom Feuer beschienene Gestalten 불빛을 받은 형상들. **bescheinigen** [bə'-ʃainign] ⟨*h*⟩ 글로 확인·증명하다: den Empfang des Geldes b. 돈의 수령을 서면으로 증명하다. **Bescheinigung,** die; -en **1.** ⟨Pl. 없음⟩ 증명: wir können die B. später vornehmen 우리는 나중에 문서로 증명할 수 있다. **2.** 증명서, 확인서: eine B. ausstellen 증서를 발행하다.

bescheißen* ⟨*h*⟩ 《속어》 속이다: aber ich muß mir das aufschreiben, sonst bescheißt ihr mich noch 하지만 나는 그것을 적어야 해, 그렇지 않으면 너희들이 나를 또 속일 거야.

beschenken ⟨*h*⟩ 선물(선사)하다: die Kinder mit Spielzeug b. 아이들에게 장남감을 선사하다. **Beschenkte*,** der / die 선물 받은 사람. **Beschenkung,** die; -en 증여, 선물.

bescheren ⟨*h*⟩ **1.** 누구에게 무엇을 크리스마스 때 선물하다: den Kindern viele schöne Dinge b. 아이들에게 많은 좋은 물건을 선물하다; Sie wurden mit lebensnotwendigen Weihnachtsgaben beschert 그들은 생필품을 성탄 선물로 받았다. **2.** 주다, 허락하다: ihnen waren keine Kinder beschert 그들은 아기가 없었다. **Beschertag,** der 《지역적》 크리스마스 이브. **Bescherung,** die; -en **1. a)** 성탄 선물 축제: die B. im Waisenhaus war auf 6 Uhr angesetzt 고아원에서의 성탄 선물 축제는 6시로 정해졌다. **b)** 《드물게》 성탄 선물. **2.** 《통용어·반어》 좋지 않은 놀라운 일, 불쾌한 돌발 사건: da haben wir die B.! 이거 난처한데, 큰일 났군.

bescheuert [bə'ʃɔyɐt] ⟨Adj.⟩ 《경》 **a)** 제 정신이 아닌, 미친: ein leicht -er Alter 머리가 약간 돈 노인; er ist etwas b. 그는 약간 제 정신이 아니다. **b)** 불쾌한, 화나는: das finde ich reichlich b. 그것을 나는 아주 불쾌하게 생각한다.

beschichten ⟨*h*⟩ 【기술】 한겹 덮입히다, 덧칠하다: Metallteile mit Lack b. 금속 부분에 래커 칠을 하다. **Beschichtung,** die; -en 덧칠.

beschicken ⟨*h*⟩ **1. a)** (전시회 등에) 출품하다: die Ausstellung mit wertvollen Gemälden b. 전시회에 귀한 그림들을 출품하다; ein reich beschickter Markt 물건이 풍성히 나와 있는 시장. **b)** (대표자를) 회의에 파견하다, (스포츠) 행사에 파견하다: eine Sitzung b. 회의에 사람을 파견하다. **2.** 【기술】 가공한 원료를 보급하다, 채우다: einen Hochofen b. 용광로에 (광석을) 채워 넣다. **3.** 《지역적》 해결(정리)하다: die erste halbe Stunde hat er viel zu b. 처음 30 분 동안 그는 해결할 일이 많다.

beschickern, sich ⟨*h*⟩ [jidd.] 《통용어》 술이 취해 기분이 좋다, 술이 약간 취하다: heute abend möchte ich mich mal etwas b. 오늘 저녁 술 마시며 취하고 싶은데; ⟨자주 과거분사⟩ sie hat etwas getrunken und ist ein bißchen beschickert 그녀는 약간 술을 마셔서 기분이 좋다.

beschickert [bə'ʃikɐt] ⟨Adj.⟩ 《통용어》 약간 취한, 취해서 기분이 좋은. **Beschickung,** die; -en **1.** 출품, 파견, 처리. **2.** 【기술】 (용광로의) 장전, 채워진 광석: es liegen noch zwei -en bereit 아직도 두번 채워 넣을 광석이 준비되어 있다.

beschienen ⟨*h*⟩ 레일을 깔다, 쇠테를 두르다, (의학적) 부목을 대다.

beschießen* ⟨*h*⟩ **a)** (오랜 시간) 누구(무엇)를 사격하다: das Flugzeug wurde plötzlich beschossen 비행기가 갑자기 포격 당했다; [전의] man beschoß ihn von allen Seiten (mit Fragen) 그는 사방으로부터 질문 공세를 받았다. **b)** 《핵물리》 조사(照射)하다, 방출하다: Atomkerne mit Neutronen b. 원자핵을 중성자로 조사하다. **Beschießung,** die 一 사격, 포격.

beschiffen ⟨*h*⟩ 《준고어》 배로 가다, 항해하다. **beschildern** ⟨*h*⟩ 교통 (도로) 표지를 세우다: eine neue Straße b. 새로난 길에 도로 표지를 세우다. **Beschilderung,** die; -en 표지 설치.

beschilft [bə'ʃɪlft] ⟨Adj.⟩ 갈대로 덮인: -e Ufer 갈대로 덮인 강변.

beschimpfen ⟨*h*⟩ 욕설하다, 모욕하다: sich (gegenseitig, 《아어》 einander) b. 서로서로 욕설하다; er wurde von der Marktfrau unflätig beschimpft 그는 장터의 아낙네에게서 상스런 욕을 먹었다. **Beschimpfung,** die; -en 욕설, 모욕.

beschirmen ⟨*h*⟩ 《아어》 **a)** 보호하다, 비호하다(↑beschützen): möge Gott euch b.! 너희들에게 신의 가호가 있기를! **b)** 무엇을 우산으로 펼치다, 가리다: wegen des starken Sonnenlichts die Augen mit der Hand b. 강한 햇빛 때문에 눈을 손으로 가리다. **Beschirmer,** der; -s, - 보호자, 옹호자. **beschirmt** ⟨Adj.⟩ 《농》 우산을 가진: ich bin heute nicht b. 나는 오늘 우산이 없다. **Beschirmung,** die 《아어》 보호, 비호.

Beschiß, der; Beschisses 《속어》 기만, 속임, 사기: das ist alles B. 그것은 모두 사기이다. **beschissen** ⟨Adj.⟩ 《속어》 아주 나쁜, 불쾌한: die Lage ist b. 상황이 아주 나쁘다.

beschlabbern, sich ⟨*h*⟩ 《지역적 통용어》 식사 때 더럽히다, 지저분하게 먹다.

Beschlächt [bə'ʃlɛçt], das; -(e)s, -e 해안을 보호하기 위한 판자.

beschlafen ⟨*h*⟩ 《통용어》 **1.** 동침하다: ein Mädchen b. 한 아가씨와 동침하다; sie ließ sich nicht b. 그녀는 동침을 허락하지 않았다. **2.** 다음날까지 숙고하다, 결정하기 전에 하룻밤을 보내다: ich muß erst (mir) die Sache erst noch mal b. 나는 그 문제를 일단 하룻밤 더 생각해봐야 한다.

Beschlag, der; -(e)s, Beschläge **1. a)** 《대개 Pl.》 쇠장식: ein Sattel mit silbernen Beschlägen 은 장식이 있는 말 안장. **b)** 말 편자. **2.** 피막, 엷은 층, 녹: das Metall hat einen für ihn hauchdünnen B. bekommen 그 금속은 아주 엷게 녹이 슬었다. **3.** 《사냥》 교미. **4. mit B. belegen / in B. nehmen / in B. halten / auf**

jmdn., etw. B. legen 독점하다, (비교적 오래) 혼자 이용하다: die Telefonzelle ist dauernd mit B. belegt 전화 박스가 계속 독점 사용되고 있다.

Beschläg [bə'ʃlɛ:k], das; -s, -e 《schweiz.》 Beschlag (1 a) 쇠장식. **¹beschlagen*** **1.** ⟨h⟩ 쇠장식을 하다, 무엇을 못으로 고정시키다: Schuhe mit Eisenspitzen b. 구두에 쇠징을 박다; das Pferd muß neu beschlagen werden 그 말은 편자를 새로 달아야 한다. **2. a)** ⟨s⟩ (특히 물방울의) 얇은 층이 생기다, 습기가 끼다: Glas beschlägt in feuchter Luft 유리는 습한 공기에서 김이 서린다; die Brille ist beschlagen 안경에 김이 서려 있다. **b)** ⟨s⟩ 곰팡이가 끼기 시작하다: die Wurst ist schon etwas beschlagen 소시지가 이미 조금 곰팡이가 꼈다. **c)** ⟨b. + sich⟩ ⟨h⟩ (표면에) 습기가 끼다: die Brille beschlägt sich immer wieder 안경에 계속 김이 서린다. **d)** ⟨h⟩ 무엇으로 덮다: der Dampf hat das Fenster beschlagen 수증기가 창문에 서렸다. **3.** [사냥] 교미하다: der Hirsch beschlägt das Tier 사슴이 짐승과 교미한다. **4.** 《schweiz.》 ⟨h⟩ 관련되다: der Vortrag beschlug den Schutz des Bodenseewassers 강연은 보덴제 호수의 보호에 관한 것이었다. **²beschlagen** ⟨Adj.⟩ 《통용어》 정통한, 잘 아는: ein -er Kunstkenner 정통한 예술 전문가. **Beschlagenheit**, die; 정통, 지식: er zeigte sich in jeder Hinsicht von frappierender B. 그는 모든 부문에서 놀랄 만큼 정통해 보였다. **Beschlagnahme** [-na:mə], die; -n 차압, 압수: der Rottener Bücher 금서 압수. **beschlagnahmen** ⟨h⟩ **1.** 차압 [압류]하다, 몰수하다: die Akten b. 서류를 압류하다; die Polizei beschlagnahmte das Diebesgut 경찰은 장물을 몰수하였다. **2.** 《농》 요구하다, 독점하다: du beschlagnahmst mich den ganzen Tag mit deinen Fragen 너는 하루 종일 질문으로 나를 귀찮게 하는구나. **Beschlagnahmung**, die; -en 압류, 몰수(↑Beschlagnahme).

beschlauchen, sich ⟨h⟩ 《경》 취하도록 마시다: beide standen am Tresen Schulter an Schulter und beschlauchten sich mit derselben Flüssigkeit 둘은 카운터 옆에 어깨를 맞대고 서서 같은 술을 마시며 취해 갔다.

beschleichen* ⟨h⟩ **1.** 살금머니 다가가다: der Jäger beschleicht das Wild 사냥꾼이 산짐승에 살금살금 다가간다. **2.** 《아이》 (감정에) 서서히 사로잡히게 하다, 엄습하다: ein Gefühl der Sorge beschleicht ihn 그는 슬슬 걱정스런 마음이 되었다; 〔전의〕 ein müder und strenger Zug beschleicht ihr Auge 그녀의 눈은 피곤하고도 엄격한 빛을 띠었다.

beschleunigen [bə'ʃlɔynɪgn̩] ⟨h⟩ **1. a)** 빠르게 하다, 가속하다: den Schritt b. 발걸음을 빨리 하다; der Puls war vom Laufen beschleunigt 맥박이 달림으로써 빨라졌다. **b)** ⟨b. + sich⟩ 빨라지다: das Tempo beschleunigt sich 속도가 빨라진다. **c)** 일정한 가속력을 갖다: dieser Wagen beschleunigt von 0 auf 100 Stundenkilometer in 11 Sekunden 이 차는 11초 동안에 0에서 시속 100 킬로로 가속된다. **2.** 빨리 되도록 추진하다, 힘쓰다, 촉진하다: das muß beschleunigt erledigt werden 그것이 빨리 [우선] 해결되어야 한다. **Beschleuniger**, der; -s, - [핵물리] 가속기, 가속 장치: durch die Arbeit am B. werden immer wieder neue Entdeckungen im Bereich der Kernphysik gemacht 물리 분야에서는 가속기를 이용해서 계속 새로운 발견이 이루어진다. **Beschleunigung**, die; -en **1. a)** 가속, 촉진. **b)** 다급, 급함: etwas mit größter B. erledigen 무엇을 아주 다급하게 끝내다. **2.** [물리] 단위 시간내의 변속, 가속: die B. eines frei fallenden Körpers 자유 낙하 물체의 가속도. **3.** 《통용어》 변속 성능(↑Beschleunigungsvermögen의 약칭): das Auto hat eine gute B. 그 차는 변속 성능이 좋다.

Beschleunigungs-: **~anlage**, die ↑Beschleuniger. **~vermögen**, das ⟨Pl. 없음⟩ [기술] 가속 성능, 변속 성능. **~wert**, der [기술] 가속치, 변속치.

beschleusen ⟨h⟩ 수문을 설치하다: der Fluß soll kanalisiert und beschleust werden 그 하천은 운하와 수문이 설치되어야져야 한다. **Beschleusung**, die; -en 수문 설치.

beschließen* **1. a)** (충분히 숙고한 후) 결의[결정]하다: sie beschließen, noch drei Tage dazubleiben 그들은 3일 더 머물기로 결정했다; das ist beschlossene Sache 그것은 결정된 일이다. **b)** 다수결로 의결하다: der Bundestag beschließt ein neues Gesetz 국회는 새 헌법을 다수결로 의결한다; die Satzung wurde einstimmig beschlossen 그 정관은 만장 일치로 의결되었다. **c)** 무엇에 대해 (협의하다) 투표하다: über die Steuergesetzgebung b. 조세 입법안에 대해 투표한다. **2.** 종결(완료)하다, 결말짓다: eine Rede (mit den Worten ...) b. 연설을 (…말로) 끝맺다. **Beschließer**, der; -s, - 《준고어》 관리인, 지배인. **Beschließerin**, die; -nen 여자 관리인. **beschlossen** [bə'ʃlɔsn̩] 《다음 용법으로》 **in etw. beschlossen sein(liegen)** 무엇에 포함되어 있다: in diesem Bild ist[liegt] eine ganze Weltanschauung b. 이 그림에는 세계관 전체가 담겨 있다. **Beschluß**, der; Beschlusses, Beschlüsse **1.** 결의, 결정: einen B. fassen 결정[결의]하다; auf[laut] B. der Direktion 간부진의 결정에 따라. **2.** ⟨Pl. 없음⟩ 《준고어》 끝, 마지막: zum B. spielte er eine eigene Komposition 마지막으로 그는 자신의 곡을 연주했다.

beschluß-, Beschluß-: **~charakter**, der ⟨Pl. 없음⟩ 의결권이 있는, 의결 정족수의(반대: **~unfähig** ⟨Adj.⟩ 의결권이 있는, 의결 정족수의(반대: **~unfähig**): eine -e Vollversammlung 의결 정족수가 찬 총회. **~fähigkeit**, die ⟨Pl. 없음⟩ 의결권, 정족수(반대: **~unfähigkeit**). **~fassung**, die 《관》 결정, 의결: einen Entwurf zur B. vorlegen 안을 의결에 붙이다. **~organ**, das 의결 기관. **~recht**, das ⟨Pl. 없음⟩ 결정권, 의결권. **~reif** ⟨Adj.⟩ 결정할 때가 된. **~unfähig** ⟨Adj.⟩ 의결권이 없는, 의결 정족수 미달의. **~unfähigkeit**, die ⟨Pl. 없음⟩ 의결권이 없음, 의결 정족수 미달(반대: **~fähigkeit**).

beschmeißen* ⟨h⟩ 《경》 무엇을 누구에게 던지다: sie beschmissen den Redner mit faulen Eiern 그들은 연사에게 썩은 달걀을 던졌다; 〔전의〕 Mußt du dich von jeder Dreckschleuder b. lassen? 너는 모든 수다쟁이들의 입방아에 올라가겠니?

beschmieren ⟨h⟩ **1.** 바르다, 칠하다: das Brot mit Butter b. 빵에 버터를 바르다. **2.** 더럽히다: die Tischdecke (mit Farbe) b. 식탁보를 (물감으로) 더럽히다; ich habe mir die Hände mit Tinte beschmiert 나는 내 손을 잉크로 더럽혔다. **3.** 《꼄》 **a)** 흘겨 쓰다, 낙서하다, 처바르다: das Buch (mit Randzeichnungen) b. 책 (가장자리)에 낙서하다, 책을 더럽히다. **b)** (공간에 정치 구호, 글씨, 상징 등을 써서) 지저분하게 하다, 흉하게 만들다: die Mauer war mit Wahlpropaganda beschmiert 담은 선거용 선전 문구로 낙서되어 있었다. **c)** 형편 없는 졸문으로 가득 채우다.

beschmunzeln ⟨h⟩ 싱긋 웃어 보이며 수긍하다: der Spaß ist schon uralt und wird doch jeden Abend aufs neue beschmunzelt 그 농담은 이미 아주 오래 된 것이지만 매일 밤 또다시 웃게 한다.

beschmutzen ⟨h⟩ 더럽히다: den Teppich (mit Straßenschuhen) b. 카페트를 (외출용 구두로) 더럽히다; 〔전의〕 jmds. Namen b. 누구의 이름을 욕되게 하다.

Beschmutzung, die; -en ↑beschmutzen의 명사형.
beschnarchen ⟨h⟩ **1.** 《경》 하룻밤 동안 (자지않고) 숙고하다(↑beschlafen (2)). **2.** 《berlin. · 경》 자세히 보다, 호기심에 차서 관찰하다, 쿵쿵거리며 냄새 맡다.
beschneiden* ⟨h⟩ **1. a)** 자르다, 잘라서 원하는 형태로 하다, 베어 내다: Obstbäume b. 과일나무를 전지하다(다듬다). **b)** 가장자리를 반듯하게 자르다, 불필요한 부분을 잘라 내다. **2.** 줄이다, 삭감[제한]하다; jmds. Rechte ~ 누구의 권리를 제한하다; jmdn. in seinem Einkommen b. 누구의 수입을 줄이다. **3.** 《의식, 의학적인 이유로》 누구에게 할례(割禮)를 베풀다. **Beschneidung**, die; -en 절단, 축소, 제한, 할례. **Beschneidungsfest**, das 할례식.
beschneien ⟨h⟩ 《인공》 눈으로 덮다: eine Piste b. (lassen) 스키 활주로에 눈을 뿌리다. **beschneit** ⟨Adj.⟩ 눈으로 덮인: die Hänge sind frisch beschneit 경사면들은 새로 눈으로 덮여 있다. **Beschneiung**, die; -en 인공 눈의 덮임.
Beschnittene* [bəˈʃnɪtənə], der 할례 받은 사람.
beschnoddern ⟨h⟩ 《경》 과도하게 칭찬하다.
beschnüffeln ⟨h⟩ **1.** 쿵쿵거리며 냄새를 맡다: der Hund beschnüffelte den Fremden 개가 그 낯선 이를 쿵쿵거리며 냄새를 맡았다. **2.** 《통용어》《의심하면》 조사하다, 알아보다. **3.** 《통용어·멸》 탐정하다, 미행하다: ich lasse mich nicht dauernd (von ihm) b.! 나는 (그에게) 계속 정탐 당하지는 않을 테다! **Beschnüffelung**, 《드물게》 **Beschnüfflung**, die; -en 탐정, 미행.
beschnuppern ⟨h⟩ **1.** 쿵쿵거리며 누구(무엇)의 냄새를 맡아보다, 조사하다: die Katze beschnuppert das Essen 고양이는 쿵쿵거리며 먹을 것의 냄새를 맡는다; 《통용어》er beschnupperte seinen Whisky 그는 위스키를 찾고 있었다. **2.** 《통용어》조심스레 조사하여 알려고 하다.
beschönigen [bəˈʃøːnɪgn̩] ⟨h⟩ 미화하다, 얼버무리다: jmds. Fehler und Schwächen b. 누구의 과오와 약점을 미화하다. **Beschönigung**, die; -en 미화, 변호.
Beschores [bəˈʃoːras], der; - 《부랑자》 부당한 이득.
beschottern ⟨h⟩ 《도로·철도》 자갈을 깔다: eine Straße b. 도로에 자갈을 깔다. **Beschotterung**, die; -en **1.** 자갈깔기. **2.** 자갈층(도로 밑에 자갈을 깐 기초공사).
beschranken [bəˈʃraŋkn̩] ⟨h⟩ 《철도》 차단기를 설치하다: einen gefährlichen Übergang b. 위험한 건널목에 차단기를 설치하다; ein beschrankter Bahnübergang 차단기가 설치된 건널목. **beschränken** ⟨h⟩ **a)** 제한하다, 좁히다, 한정[국한]하다; jmds. Rechte[jmdn. in seinen Rechten] b. 누구의 권리를 제한하다; ⟨b. + sich⟩ das Wort beschränkt sich auf den landschaftlichen Gebrauch 그 단어는 단지 지역에 국한해서 사용되고 있다; wir sind räumlich sehr beschränkt 우리는 자리가 얼마 없다. **b)** ⟨b. + sich⟩ 무엇으로 만족하다: ich beschränke mich auf das Wesentliche 나는 본질적인 것으로 만족한다. **beschränkt** [bəˈʃrɛŋkt] ⟨Adj.⟩ **a)** 《멸》 우매한, 약간 저능한, 둔한, 어리석은: ein -er Mensch 어리석은 인간. **b)** 편협한: einen -en Horizont haben 시야가 좁다; in seinen Anschauungen sehr b. sein 그의 인생(세계)관이 매우 편협하다. **Beschränktheit**, die **1.** 어리석음, 편협: das ist auf seine (geistige) B. zurückzuführen 그것은 그의 (정신적인) 편협성에 기인한다. **2.** 제한됨, 편협함: die B. der Mittel zwingt zu Sparmaßnahmen 재력이 한정되어 있어 절약조치를 취할 수밖에 없다. **Beschränkung**, die; -en **a)** ⟨Pl. 없음⟩ 제한, 한정: eine B. der Ausgaben ist notwendig 지출의 제한이 필요하다. **b)** 제약: jmdm. -en auferlegen 누구에게 제약을 가하다.

beschreiben* ⟨h⟩ **1.** 글자를 써 넣다, 꽉 채워 쓰다: viele Seiten b. 많은 페이지를 꽉 채워쓰다; Druck-vorlagen dürfen nur einseitig beschrieben werden 인쇄본은 한 면에만 써야 한다. **2.** 《통용어》 표현[서술, 설명]하다: seine Erlebnisse (Eindrücke) (anschaulich, ausführlich) b. 그의 체험을 (생동하게, 자세히) 서술하다; den Täter genau b. 범인을 자세히 설명[묘사]하다. **3.** 곡선 운동(동작)을 하다, 곡선 따위를 그리다: mit den Armen eine acht (in der Luft) b. 팔로 (공중에) 8자를 그리다; das Flugzeug beschreibt Kreise über der Stadt 비행기가 도시 위에서 원을 그린다; der Fluß beschreibt einen Bogen 그 강은 활 모양으로 굽은 모양이다. **Beschreiber**, der; -s, - 기술자, 묘사하는 사람. **Beschreibung**, die; -en **a)** 기술, 묘사, 설명: ich will eine genaue B. versuchen 나는 정확히 기술해 보려고 한다; jeder B. spotten 이루 말로 표현할 수 없을 만큼 나쁘다: deine Frechheit spottet jeder B. 너의 뻔뻔함은 이루 말로 형용할 수 없을 정도이다. **b)** 기술[묘사] 내용, 서술문: sich genau an die B. halten 설명 내용을 정확히 지키다[따르다].
beschreien* ⟨h⟩ ↑berufen (4).
beschreiten* ⟨h⟩ 《아어》 길을 걷다, 어느 방향으로 접어들다: er beschritt den markierten Pfad zum See 그는 호수 방향 표지가 붙어 있는 오솔길을 걸어갔다; 전의 neue Wege b. 《학문, 예술에서》새로운 길을 걷다; den Rechtsweg b. 소송하다, 법률에 호소하다.
Beschrieb, der; -s, -e 《schweiz.》 묘사[설명]: Ernsthaften Interessenten werden Fotos mit genauem B. zugeschickt 진정한 관심 있는 사람들에게 정확한 설명을 단 사진들을 보내 드립니다.
beschriften [bəˈʃrɪftn̩] ⟨h⟩ 문구를 적어 넣다: Bil der b. 그림에 문구를 적어 넣다. **Beschriftung**, die; -en **a)** 기입: die B. nimmt viel Zeit in Anspruch 기입하는 데에 많은 시간이 걸린다. **b)** 표제, 서명: dies Bild hat noch keine B. 이 그림에는 서명이 없다.
Beschub [bəˈʃuːp], der; -(e)s, Beschupp, der; -s 《지역적》 사기, 기만, 속임수.
beschuhen [bəˈʃuːən] ⟨h⟩ **1.** 《아어·전문어·은어》신을 신기다: viele Füße b. müssen 많은 발에 신을 신겨야 한다; ein modisch beschuhtes Bein 유행하는 신을 신은 발. **2.** 《기술》 금속 끝[철]을 씌우다: einen Pfahl b. 말뚝에 금속으로 끝을 씌우다. **Beschuhung**, die; -en **a)** 신 신기(기). **b)** 신발, 신의 종류: die B. hat sich vorteilhaft entwickelt 그 신발 종류는 신기 좋게 개발되었다.
beschuldigen [bəˈʃʊldɪgn̩] ⟨h⟩ 누구에게 책임[죄]을 씌우다: jmdn. des Mordes b. 누구에게 살인죄를 씌우다; man beschuldigte ihn, einen Diebstahl begangen zu haben 사람들은 그가 도둑질을 했다고 덮어 씌웠다; ich will niemand(en) b. 나는 어느 누구의 책임도 탓하지 않겠다. **Beschuldigte***, der/ die 피의[죄]자, [법] 형사 피고인: der -n (Schmidt) muß Rechtsschutz gewährt werden 피의자(슈미트)를 법이 보호해야 한다. **Beschuldigung**, die; -en 비난, 고발, 고소, 탄핵: -en (gegen jmdn.) erheben (누구에 대해서) 고소[고발]하다; er wurde wegen wissentlich falscher B. eines Kollegen entlassen 그는 한 동료의 고의적인 허위 고발로 해고되었다.
beschulen ⟨h⟩ 《관》 《학교》 교육을 시키다: die Kinder werden dort nicht ausreichend beschult 아이들은 거기서 학교 교육을 충분히 받지 못한다. **Beschulung**, die 학교 교육. **Beschulungsvertrag**, der 교육 계약.
beschummeln ⟨h⟩ 《통용어》 악의 없이 속이다, 조금 속이다: er hat seinen Lehrer beschummelt 그는 그의 선생을 속였다.

Beschupp [bə'ʃup], der; -s 《지역적》 사기, 기만(↑Beschub). **beschuppen** 〈h〉 《지역적》 조금 속이다(↑beschupsen).

beschuppt 〈Adj.〉 비늘[비듬]이 덮인: ein dick -er Fisch 비늘이 두껍게 덮인 생선.

beschupsen 〈h〉 《경》 **a)** 조금 거짓말하다, 속이다: und zuerst habe ich dich auch nicht b. wollen, ich hab' genau geteilt und dann nahm ich dich so, ich hab' genau geteilt und dann nahm ich dich so, 정확하게 나누었다. **b)** 잘못 연주하다.

beschürzt [bə'ʃʏrtst] 〈Adj.〉 앞치마를 두른, 앞치마를 걸친.

Beschuß, der; Beschusses **1.** 〈군〉 사격, 포격: die Stadt war durch anhaltenden B. zerstört 도시는 계속된 포격으로 파괴되었다; **unter B. nehmen** 1) 사격하다. 2) 〈공적으로〉 신랄히 비판하여 지위를 위태롭게 하다; **unter B. geraten[stehen]** 1) 사격[포격]을 당하다. 2) 〈공적으로〉 신랄히 비판받아 지위가 위태로워지다. **2.** [물리] 조사(照射): Kernspaltung durch B. mit Neutronen 중성자 조사에 의한 핵 분열. **Beschußstempel**, der 휴대 화기의 검인(檢印).

beschütten 〈h〉 무엇을 뿌리다, 퍼붓다: einen Gartenweg mit Kies b. 정원길에 자갈을 뿌리다; den Ofen mit Koks b. 난로에 코크스를 퍼 넣다(채우다).

beschützen 〈h〉 보호(방어, 보존)하다: seinen kleinen Bruder b. 그의 어린 동생을 보호하다; Gott beschütze dich! 네게 신의 가호가 있기를! **Beschützer**, der; -s, - **1.** 보호자, 방위자: jmds. B. sein 누구의 보호자이다. **2.** 보호자, 예술 후원자. **3.** 〈은폐〉 두쟁이[포주]. **Beschützerin**, die; -nen ↑Beschützer의 여성.

beschwatzen 〈h〉 《통용어》 **1.** 설득하다, 구슬리다: jmdn. zu einem Kauf b. 사라고 누구를 설득하다. **2.** 누구와 상세히 이야기하다: das Ereignis wurde gründlich (zwischen ihnen) beschwatzt 그 사건은 〈그들 사이에서〉 철저히 숙의되었다. **beschwätzen** 〈h〉 〈지역적·통용어〉 ↑beschwatzen.

beschweigen* 〈h〉 《드물게》 묵살하다: ich weiß nicht, ob ich den Brief beantworten oder b. soll 나는 편지에 답을 해야 할지, 묵살해야 할지 모르겠다.

Beschwer, die, 〈또한〉 das; -s 〈대개 관사없이〉 《준고어·아어》 노력, 노고: das machte ihm viel B. 그것은 그에게 많은 수고를 끼쳤다. **Beschwerde** [bə'ʃveːɐdə], die; -n **1. a)** 《드물게》 노고, 고생: ohne B. den Sieg erringen 고생하지 않고 승리하다. **b)** 〈Pl.〉 통증, 육체적 피로슴: die Verletzung macht ihm immer noch -n 그 부상은 그에게 아직도 고통을 준다. **2.** 불평, 비난, 항고, 이의: eine B. (gegen jmdn.) an die zuständige Stelle richten 〈누구에 대해〉 해당부서에 이의를 제기하다; B. (gegen jmdn. [über etw.]) führen 〈누구에 대해서[무엇에 대해서]〉 불평을 토로하다; B. einreichen[einlegen] 【법】 항고를 제기하다.

beschwerde-, Beschwerde-: **~buch**, das 불평 신고부: in der Hotelhalle liegt ein B. aus 호텔 복도에 불평 신고부가 비치되어 있다. **~frei** 〈Adj.〉 통증이 없는: der Kranke ist seit drei Tagen b. 그 환자는 3일전부터 통증이 없다. **~freiheit**, die 〈Pl. 없음〉 고통에서 벗어남. **~frist**, die 【법】 항고 시한. **~führende***, der / die 항고인, 항소 제기인. **~führer**, der 항고인, 소송 제기인. **~instanz**, die 【법】 항고 처리 기관(항고 심급〔審級〕). **~los** 〈Adj.〉 ↑~frei. **~ordnung**, die 【법】 항고 처리 규정. **~schrift**, die 항고 서류(장). **~weg**, der 【법】 항고[이의] 제기 수단.

beschweren [bə'ʃveːrən] 〈h〉 **1. a)** 무거운 짐을 지우다, 무거운 것을 놓다: Briefe b. 편지에 문진(文鎭)을 얹다; die Männer beschwerten das Dach mit Steinen 남자들은 지붕에 돌을 얹어 튼튼히 했다. **b)** 무겁게 하다, 괴롭히다: diese Nachricht beschwert mich sehr 이 소식이 나를 매우 괴롭힌다; ich will dein Herz nicht mit solchen Dingen b. 나는 네 마음을 이러한 일로 괴롭히고 싶지 않다. **c)** (어려움, 쓸데 없는 것, 부담 등으로) 작용[존재, 진행]을 침해[저해]하다. **2.** 〈b. + sich〉 불평하다, (해당 부서에서) 불평을 제기하다[항의하다]: sich (bei jmdm.) über jmdn. [etw.] b. (누구에게) 누구[무엇]에 대해서 불평하다; ich habe mich wegen dieser Angelegenheit schon oft beschwert 나는 이 건(件)으로 이미 자주 항의하였다. **beschwerlich** 〈Adj.〉 귀찮은, 번거로운, 힘이 드는: der Anstieg wurde immer -er 올라가는 것은 점점 힘이 들었다; **b. fallen** (준고어·아어) 곤란하다, 부담이 되다: es ging ihm noch besser, aber das Laufen fiel ihm noch b. 그는 상태가 호전되긴 했지만 걷는 것은 여전히 힘들었다. **Beschwerlichkeit**, die; -en **1.** 〈Pl. 없음〉 어려움, 고통. **2.** 〈Pl.〉 노고, 불편, 노력. **Beschwernis**, die; -se, 《드물게》 das; -ses, -se (아어) 노력, 노고, 고생. **Beschwerung**, die; -en **a)** 무겁게 함. **b)** 무겁게 하는 (물건): einen Stein als B. auf die Papiere legen 종이 위에 무겁게 하는 물건으로 돌을 놓다.

beschwichtigen [bə'ʃvɪçtɪɡn̩] 〈h〉 [niederd. beswichtigen] 진정시키다, 가라앉히다, 달래다: ein schreiendes Kind b. 소리지르는 아이를 달래다. **Beschwichtigung**, die; -en 진정, 가라앉힘. **Beschwichtigungspolitik**, die 유화 정책. **Beschwichtigungsversuch**, der 유화 시도.

beschwiemelt 〈Adj.〉 〈지역적〉 약간 취한.

beschwindeln 〈h〉 〈통용어〉 속이다, 기만하다: das Kind beschwindelte seine Mutter 그 아이는 어머니를 속였다.

beschwingen 〈h〉 활기를 주다, 감격시키다, 고무시키다: die heitere Musik beschwingte sie 경쾌한 음악이 그녀에게 활기를 주었다. **beschwingt** 〈Adj.〉 **a)** 활기 찬, 경쾌한: -en Schrittes (아어) 활기 찬(가볍고 빠른) 발걸음으로; sie tanzten b. durch den Saal 그들은 경쾌하게 춤추며 홀을 돌았다. **b)** (아어·드물게·문헌어) 날개를 단. **Beschwingtheit**, die 경쾌함, 활기참.

beschwipsen [bə'ʃvɪpsn̩] 〈h〉 〈통용어·드물게〉 약간 취하게 하다: sie hatte sich beschwipst 그녀는 약간 취했다; [전의] die Leute mit billigen Parolen b. suchen 사람들을 값싼 구호로 열광시켜 애쓰다. **beschwipst** [bə'ʃvɪpst] 〈Adj.〉 약간 취한: wir waren alle ein wenig b. 우리 모두 조금 취했었다 〈명사화〉 dort laufen ein paar Beschwipste 저기 몇몇 취한 사람들이 간다. **Beschwipstheit**, die 약간 취함, 취기.

beschwören* 〈h〉 **1.** 맹세[서약]하다: seine Aussagen (vor Gericht) b. (법정에서) 자기 진술이 진실함을 선서하다. **2.** 애원[간청]하다: ich beschwöre dich, pünktlich zu kommen 시간에 맞추어 오기를 간청한다; mit beschwörenden Blicken 애원하는 눈빛으로; beschwörend die Hände heben 맹세하며 손을 들다. **3. a)** 마력으로 (누구[무엇]에게) 위력을 발휘하다: einen Geist b. 혼을 마력으로 불러내다; er hat (mit seinen Worten) das Unheil erst beschworen 그는 (그의 말로) 화를 자초했다; Bilder[Erinnerungen] b. (아이) 그림[추억]을 회상하다. **b)** (불러내어) 쫓아 버리다: einen bösen Geist (mit Zauberformeln) b. 악령을 (주문으로) 쫓아 버리다. **Beschwörer**, der; -s, - 마법사, 무당, 주술자(呪術者): mit seinen Geschichten ist er ein lebendiger B. der Vergangenheit 그는 이야기로 과거를 불러 내는 사람이다. **Beschwörung**, die; -en **1.** 간청, 애원. **2.** 마력으로 불러 냄(쫓아 버림): die B. des Teufels[von bösen Geistern] 마귀(악령)를 불

러 냄[쫓아 버림]. **3.** 주문(呪文): eine B. sprechen [murmeln] 마술[주술]을 외다[중얼거리다]. **Beschwörungsformel**, die 악마를 부르는 주문. **Beschwörungskunst**, die 주술, 마술.

beseelen [bəˈzeːlən] ⟨h⟩ **a)** 혼[생명]을 불어 넣다: die Natur b. 자연에 혼을 불어 넣다. **b)** 내적으로 충족시키다: ein fester Glaube beseelte ihn 확고한 신앙이 그를 내적으로 충족시켰다; beseelt von Idealismus 이상주의로 충만한. **Beseeltheit**, die; **Beseelung**, die; -en 혼을 불어 넣음, 충만, 충족.

besegeln ⟨h⟩ (드물게) **a)** 범선으로 항해하다: er hatte alle Weltmeere besegelt 그는 오대양을 범선으로 항해했다. **b)** 돛을 달다: ein Schlauchboot b. 고무 보트에 돛을 달다. **Besegelung**, (드물게) **Beseglung**, die; -en 돛을 닮: das Boot hat eine komplette B. 그 보트는 완전히 돛 장비를 갖추었다.

besehen* ⟨h⟩ 주시[관찰]하다: (sich³) ein Bild b. 그림을 관찰하다; (b. + sich) ich besehe mich im Spiegel 나는 거울 속을 들여다본다.

beseibeln ⟨h⟩ (지역적·경) 침으로 묻히다[더럽히다]: das Baby beseibelt sich 아기가 침을 흘린다; (전의) wenn die den Staat beseibeln, beseibeln wir den Staat so gut wie sie 그들이 국가를 더럽히면, 우리도 그들처럼 국가를 더럽히겠다.

beseibern ⟨h⟩ (지역적·경) 침으로 더럽히다: das Baby beseibert sich 아기가 침을 (질질) 흘린다.

beseitigen [bəˈzaɪtɪɡn̩] ⟨h⟩ **1.** 없애다, 제거하다: Flecken b. 얼룩을 없애다. **2.** (은폐) 살해하다: einen Rivalen b. 경쟁자를 죽이다. **Beseitigung**, die 없앰, 제거, 폐지, 살해.

beseligen [bəˈzeːlɪɡn̩] ⟨h⟩ (아이) 행복하게 하다, 행복을 가져다 주다: diese Hoffnung beseligte ihn 이 희망이 그를 행복하게 했다. **Beseligung**, die 행복하게 함, 축복.

Besen [ˈbeːzn̩], der; -s, - **1.** 비, 빗자루: B. binden 비를 묶다[매다]; den Keller mit einem groben B. kehren 지하실을 거친 비로 쓸다; [성구] (맹세) ich fresse (fress') einen B. [will einen B. fressen], wenn das stimmt (경) 그것이 옳지 않다고 나는 확신한다; (속담) neue Besen kehren gut 새 비는 잘 쓸린다[새 일꾼은 일을 잘 한다]; **auf den B. laden** (통용어) 누구를 놀리다; **mit eisernem Besen (aus) kehren** 엄격하게 규율을 적용하다, 단호하게 조치하다; **unter dem B. getraut sein** (통용어·조롱) 정식으로 결혼하지 않고 부부처럼 살다. **2.** (경·멸) 거칠고 우악스러운 여자. **3.** (속어) 음경.

besen-, Besen-: ~binder, der (옛) 비를 매서 파는 사람, 빗자루 장수. ~ginster, der ⟨Pl. 없음⟩ [식물] 금작화. ~kammer, die 청소용구 창고[광, 헛간]. ~macher, der 비 만드는 사람. ~rein ⟨Adj.⟩ 비로 쓸어낸, 청소한: die Wohnung muß nach dem Auszug des Mieters b. übergeben werden 방은 세입자가 이사나간 후 깨끗이 청소하여 양도되어야 한다. ~reisig, das 비 만드는 작은 가지. ~schrank, der ↑~kammer. ~stiel, der 비의 자루: **einen B. verschluckt haben** (통용어) **1)** 굽힐[절을 할] 수 없다, 굽히려 하지 않다. **2)** 곧게 똑바로 하다, 뻣뻣이[예의 없이] 행동하다. ~wirtschaft (지역적) 새 포도주를 제공하는 음식점.

besengt [bəˈzɛŋt] ⟨Adj.⟩ (경) 정신적으로 편협한, 정신 이상의.

Beserlbaum [ˈbeːzɐl-], der; -(e)s, -bäume [österr.: Beser, ↑Besen의 축소형] (österr.·방언) 자작나무.

besessen [bəˈzɛsn̩] ⟨Adj.⟩ [↑besitzen의 과거분사] **a)** 미친, 신들린: (wie) vom Teufel b. sein 마귀에 홀린 (것 같은 듯하다); man hielt ihn für b. 사람들은 그를 미쳤다고 여겼다. **b)** 사로 잡힌, …로 꽉 찬: die Millet ist b. von einem ständigen Bedürfnis nach jenseitigen Offenbarungen und Wundern 밀레는 피안의 계시와 기적에 대한 끊임없는 회구에 사로잡혀 있다; (명사화) er ist ein Bessenesser 그는 광기있는 사람이다. **Besessenheit**, die 미침, 신들린 상태: er arbeitet mit wahrer B. 그는 정말 열정적으로 일한다.

besetzen ⟨h⟩ **1.** (꿰매고, 붙이고, 덧대어) 장식하다: einen Mantel mit Pelz b. 외투에 모피를 덧대다. **2. a)** 예약하다, 차지하다: einen Tisch b. 책상을 차지하다; (자주 과거분사로) die Toilette ist besetzt 화장실에 사람이 있다; der Zug ist besetzt 그 기차는 만원이다; es [die Leitung] ist besetzt 통화중이다; der Direktor ist besetzt (통용어) 사장은 (다른 일로) 바쁘다; die zweite Stelle der Relation ist mit einer Variablen besetzt [논리] 그 관계의 두번째 항은 한 변수로 채워져 있다. **b)** 채우다, 받아들이게 하다: einen Tisch mit 6 Personen b. 탁자에 6명을 앉히다. **3.** 지위, 일자리, 배역 등을 주다: die Stelle muß neu besetzt werden 그 자리는 새로 채워져야 한다; den Posten mit einem Spezialisten b. 그 직위를 전문가로 채우다. **4.** 점령하다: die gegnerischen Stellungen b. 적진을 점령하다; ein Haus b. (불법으로) 집을 점거하다; die (englisch) besetzten Gebiete (영국) 점령 지역. **5.** [수렵·어업] 해당 동물이 한 영역에 살도록 돌보다: einen Teich mit Fischbrut b. 연못에 치어를 키우다. **Besetztzeichen**, das 통화 중 신호. **Besetzung**, die; -en **1.** 점령, 차지: bei voller B. faßt der Wagen 5 Personen 그 차는 다섯 사람까지 탄다. **2. a)** 일자리, 역할을 줌: die B. eines Lehrstuhls 교수직 임용; für die B. der Rolle stehen zwei hervorragende Sänger zur Verfügung 그 배역에는 뛰어난 가수 두 명을 (언제라도) 쓸 수 있다. **b)** (공연 또는 스포츠 팀에서) 공연단, 선수단: der Regisseur hat eine hervorragende B. 그 감독은 우수한 (공연) 단원을 가지고 있다. **3. a)** 점령, 점거, 점유: Ziel war die B. eines Brückenkopfes 목표는 교두보의 점령. **b)** 점령 상태, 점령 당해 있음: unter feindlicher B. stehen 적의 점령하에 있다. **4.** [수렵·어업] 사육, 양어.

Besetzungs- (↑Besatzungs-도 참조.) ~gebiet, das ⟨schweiz.⟩ 점령 지역(↑Besatzungsgebiet). ~kosten ⟨Pl.⟩ ⟨schweiz.⟩ 점령 비용, 주둔비(↑Besatzungskosten). ~liste, die (연극, 영화 등의) 배역 명단 [표]. ~macht, die ⟨schweiz.⟩ 점령국(↑Besatzungsmacht). ~problem, das ⟨대개 Pl.⟩ 수비 문제, 점령 문제. ~schwierigkeit, die ⟨대개 Pl.⟩ (연극, 영화 등의) 배역의 어려움. ~statut, das ⟨schweiz.⟩ 점령 조례(↑Besatzungsstatut). ~truppen ⟨Pl.⟩ ⟨schweiz.⟩ 점령군(↑Besatzungstruppen).

besichtigen [bəˈzɪçtɪɡn̩] ⟨h⟩ 돌아보다, 관람하다, 시찰하다: der General besichtigte die Truppen 그 장군은 군대를 사열하였다; das Baby b. 아기를 보다. **Besichtigung**, die; -en 시찰, 검열: etw. einer eingehenden B. unterziehen 무엇을 세밀히 검열하다; an einer B. teilnehmen 검열[시찰]에 참여하다.

Besichtigungs-: ~fahrt, die 관광 여행. ~reise, die 관광 여행. ~tour, die 관광 여행. ~zeit, die 참관 기간, 공개 기간.

besiedeln ⟨h⟩ **a)** 이주시키다: das neue Land mit Flüchtlingen b. 새 나라에 피난민을 이주시키다. **b)** 정주하다, 입주하다: das Land ist dicht [dünn] besiedelt 그 나라는 인구 분포가 조밀하다 [희박하다]. **2.** (짐승, 식물 등이) 살다, 서식하다: Füchse besiedeln ganz Mitteleuropa 여우들은 중부 유럽 전 지역에 서식한다. **Besied(e)lung**, die; -en 이주, 서식.

besiegeln ⟨h⟩ **1.** 확인[확정, 강화]하다: die Freundschaft mit einem Handschlag b. 우정을 악수로 확인

하다. 2. 최종 결정하다, 번복할 수 없게 하다: diese Tat besiegelt seinen Untergang 이 행위가 그의 파멸을 확정짓는다. **Besiegelung,** (드물게) **Besieglung,** die; -en 결정, 확인, 증명.

besiegen ⟨h⟩ a) 승리[극복]하다, 물리치다: die Feinde (im Kampf) b. 적을 (전쟁에서) 물리치다; er hat den Weltmeister besiegt 그는 세계 선수권자를 이겼다; sich besiegt geben[erklären] 자신의 패배를 인정하다; [숙어] sich selbst b. ist der größte[schönste] Sieg 자신을 이기는 것이 최대[최상]의 승리이다. **b)** 극복하다, 억제하다: jmds. Zweifel b. 누구의 의심을 물리치다; seinen Unmut b. 그의 화를 억제하다. **Besiegte*** der / die 패자, 피정복자(반대: Sieger): in einem Atomkrieg kann es weder Sieger noch B. geben 핵 전쟁에서는 승자도 패자도 있을 수 없다. **Besiegung,** die 승리, 정복, 극복.

Besing ['be:zɪŋ], der; -s, -e [Niederd., bes = Beere의 축소형] (방언·berlin.) 야생딸기.

besingen ⟨h⟩ **1.** (아어) 시가로 기리다, 찬양하다, 공적을 시·노래로 찬양하다: der Rhein ist oft besungen worden 라인 강은 자주 노래된 되었다; Gedichte, die Helden und ihre Taten besingen 영웅들과 그들의 공적을 찬양하는 시들. **2.** 녹음하기 위해 노래하다: eine Platte (mit den neuesten Schlagern) b. 음반을 (최신 유행가로) 취입하다.

besinnen ⟨h⟩ **1.** a) ⟨b. + sich⟩ 고려[심사 숙고]하다: ich habe mich anders besonnen 나는 생각을 바꾸었다; er hat sich endlich besonnen 그는 마침내 이성을 되찾았다; (명사화) nach kurzem Besinnen 잠깐 생각해 본 후. **b)** (드물게) 염두에 두다, 숙고하다. **2.** ⟨b. + sich⟩ a) 누구[무엇]를 기억하다: ich kann mich nicht mehr auf ihn b. 나는 그를 더 이상 기억할 수 없다; (아어) er besann sich dessen wieder 그는 그것을 다시 생각해 냈다; jetzt besinne ich mich wieder 이제 나는 다시 생각이 있다; wenn ich mich recht besinne, war er schon einmal hier 내 기억이 옳다면 그는 이미 전에 여기 있었다. **b)** 의식하다, 자각하다: er besann sich endlich auf sich selbst 그는 마침내 제 정신으로 돌아왔다. **besinnlich** ⟨Adj.⟩ 숙고하는, 명상(관조)적인: ein -er Mensch 명상적 인간; der Abend war still u. b. 그 밤은 고요하고 명상적이었다. **Besinnlichkeit,** die; **Besinnung,** die **1.** 의식, 자각: die B. verlieren [wiedererlangen] 의식을 잃다[되찾다]; nach einer Ohnmacht wieder zur B. kommen 기절한 후에 다시 의식을 되찾다. **2.** 심사 숙고: vor lauter Arbeit nicht zur B. kommen 오로지 일 때문에 조용히 생각할 수가 없다. **3.** 고려: eine B. auf das Wesentliche tut not 근본적인 것은 고려할 필요가 있다. **Besinnungsaufsatz,** der (고등 학교 고학년에서 연습하는) 고찰문, 논설문. **besinnungslos** ⟨Adj.⟩ **1.** 의식을 잃은: er ist b. geworden 그는 의식을 잃어버렸다. **2.** 제 정신이 아닌: b. vor Angst[in -er Angst] rannte er weg 두려움에 그는 정신없이 달아났다. **Besinnungslosigkeit,** die 의식 불명, 무사려(無思慮), 무분별.

Besitz, der; -es a) 소유물, 유산, 재산: nur wenig B. haben 재산이 적다; [전의] die Klassiker gehören nicht zum selbstverständlichen (geistigen) B. der Jugend 고전은 더이상 젊은이의 자명한 (정신적인) 소유물이 아니다. **b)** 소유, 소지, 소유 상태: unerlaubter B. von Waffen wird bestraft 무기의 불법 소유는 처벌된다; etw. kommt in jmds. B. 무엇이 누구 소유로 되다; jmd. kommt[gelangt] (durch Erbschaft) in den B. eines Hauses 누가 (상속으로) 집을 소유하게 되다; **im B. von etw. sein[etw. in B. haben]** 소유하다; **etw. in B. nehmen[von etw. ergreifen]** 소유권을 얻다[점취하다]; **von jmdm. B. ergreifen** (아어) 누구를 충족시키다, 사로잡다; Traurigkeit ergriff B. von ihm 슬픔이 그를 사로잡았다. **c)** 소유지, 부동산. **besitz-, Besitz-:** **~anspruch,** der 소유권 요구. **~anzeigend** ⟨Adj.⟩ (다음 용법으로만) -es Fürwort 소유 대명사. **~bürger,** der 《대개 蔑》유산 시민. **~bürgertum,** das 유산 시민 계급. **~diener,** der [법] 점유 보조자(占有補助者), 대리 관리인. **~ergreifung,** die 입수, 취득, 점유. **~gier,** die 소유욕. **~los** ⟨Adj.⟩ 재산이 없는, 가난한: er ist völlig b. 그는 완전히 빈털털이다. **~lose*,** der / die 무산자. **~losigkeit,** die 빈털털이, 무산. **~nahme** [-na:mə], die 입수, 취득. **~recht,** das 점유권[소유권]: auf sein B. pochen 자신의 소유권을 주장하다. **~stand,** der ⟨Pl. 없음⟩ 총재산, 자산 (내용). **~streben,** das 재산 추구. **~titel,** der [법] 소유권 증서, 지권. **~verhältnisse** ⟨Pl.⟩ 소유 상태[관계]. **~verteilung,** die 재산 분할[분배]. **~wechsel,** der a) ↑Besitzerwechsel. **b)** 《통용어·농·은폐》도난에 의한 소유 변경.

besitzen* ⟨h⟩ **1.** a) 소유하다, 무엇을 자유롭게 이용하다: er besaß keinen Pfennig (통용어) 그는 1페니히도 없다(아주 가난하다); [전의] Mut b. 용기를 갖다. **b)** (과시) 갖다, 가지다: er besitzt blaue Augen 그는 푸른 눈을 가지고 있다. **2.** (아어·은폐) 여자와 육체 관계를 맺다: er mußte dieses Mädchen b. 그는 이 아가씨와 육체 관계를 가져야 했다. **3.** (드물게) 내적으로 사로잡다, 포로로 하다. **Besitzer,** der; -s, - a) 소유자, 소유주: der ursprüngliche B. 원래 소유자; das Auto hat schon dreimal seinen B. gewechselt 그 차는 이미 3번이나 소유자가 바뀌었다. **b)** 무언가 소지한 사람, (österr.) 가옥주나 지주: ein kleiner B. sein 소지주이다. **Besitzerin,** die; -nen †Besitzer의 여성형. **Besitzerstolz,** der 소유에 대한 긍지[기쁨]. **Besitzerwechsel,** der 소유자 변경: das Gut ist durch häufigen B. stark herabgewirtschaftet worden 그 토지는 소유자가 자주 바뀌어 생산이 현저히 떨어졌다. **Besitztum,** das; -s, ...tümer a) 전 재산, 소유물. **b)** 재산, 소유지, 토지. **Besitzung,** die; -en a) (소유지): er sah sich auf der B. des Grafen um 그는 백작의 소유지를 돌아보았다. **b)** (드물게) 소유.

Beskiden [bɛsˈkiːdn̩] ⟨Art.과 함께; Pl.⟩ (중부 유럽의) 카르파티아 산맥의 일부.

besoffen [bəˈzɔfn̩] ⟨Adj.⟩ 《속어》 (완전히) 술에 취한: -e Randalierer 술 취한 난동자; [전의] ich muß doch b. gewesen sein, als ich ihm das Geld pumpte 내가 그에게 돈을 꾸어 주었을 때 제 정신이 아니었음에 틀림없다. (명사화) auf den Bänken lagen Besoffene 벤치 위에 술 취한 사람들이 누워 있었다. **Besoffenheit** die 《속어》만취, 숙취, 도취.

besohlen ⟨h⟩ (새) 구두창을 대다: die Stiefel b. lassen 장화에 창을 새로 대게 하다. **Besohlung,** die a) 구두창 대기. **b)** 구두창.

besolden [bəˈzɔldn̩] ⟨h⟩ (군인, 공무원에게) 월급[급료]을 지불하다, 보수를 주다: der Staat muß seine Beamten ausreichend b. 국가는 공무원에게 충분히 봉급을 지불해야 한다; ein schlecht besoldeter Posten 보수가 좋지 않은 직책. **Besoldung,** die; -en **1.** ⟨Pl. 없음⟩ (드물게) 급료 지불. **2.** 녹임, 봉급, 보수.

Besoldungs-: **~anpassung,** die 급료[보수] 조정. **~gesetz,** das 급료법. **~gruppe,** die 호봉, 급료 호수 구분: in eine andere B. umgestuft werden 다른 호봉으로 바꾸이다. **~ordnung,** die 급료 규정. **~recht,** das ⟨Pl. 없음⟩ 급료 관계법(의 총칭). **~stufe,** die 호봉. **~tarif,** der 급료표.

besonder ... [bəˈzɔndɐ...] ⟨Adj.⟩ **1.** 특수한, 특유의, 추

가외: -e Hochschulen für die Bundeswehr 연방군 특수대학; (s)ein -es Zimmer haben 〈자기의〉 특실을 갖다; **im besonderen** 특히, 무엇보다도. **2.** 비상한, 특수한, 규범에 벗어난: keine -en Vorkommnisse 평범한 사건; -e Kennzeichen 특별한 표시; 〈명사화〉 es gab nichts Besonderes zu sehen 특별한 것이라고는 아무것도 볼 수 없었다. **3.** 〈강조〉 탁월한, 비상한: dieses Kind war ihr -er Liebling 이 아이는 그녀가 특히나 사랑하는 아이였다; 〈명사화〉 das Konzert war etwas ganz Besonderes 음악회는 아주 좋았다. **Besónderheit**, die; -en 특수성, 독특성, 특질. **besónders** 〈Adv.〉 **1.** 특히, 따로따로, 별도로: die Frage muß einmal b. behandelt werden 그 문제는 한 번 특별히 다루어져야 한다. **2. a)** 무엇보다, 특별히: b. du solltest das wissen 무엇보다도 너는 그것을 알아야만 한다. **b)** 명확히, 각별히: etw. b. betonen 무엇을 각별히 강조하다. **3. a)** 〈형용사의 강조〉 아주, 비상하게. **b)** 〈nicht + b.; präd.〉 중간의, 그렇게 좋지 않은, 아름답지 않은: der Film war nicht b. 그 영화는 그저 그랬다. **4.** 〈지역적〉 특이한, 비범한, 비상한.
besónnen [bə'zɔnən] 〈Adj.〉 신중한, 이성적인, 꼼꼼한, 사려깊은: ein -er Mensch 신중한 사람; durch ihr -es Verhalten hat sie Schlimmeres verhütet 그녀는 신중한 행동으로 더 큰 불행을 막았다. **Besónnenheit**, die 신중, 고려, 이성적 성향.
besónnt [bə'zɔnt] 〈Adj.〉 햇빛이 드는, 양지 바른: 〈전의〉 besonnte Vergangenheit 〈시어·준고어〉 즐겁고 행복했던 과거. **Besónnung**, die; -en 〈드물게〉 햇볕쬐기, 일광욕.
besórgen 〈h〉 **1. a)** 무엇을 구입하다, 조달하다, 구하다, 마련하다: Fahrkarten b. 차표를 마련하다; jmdm. eine Stelle b. 누구에게 일자리를 구해 주다. **b)** 〈통용어·은폐〉 훔치다, 몰래 가져오다: die Steine habe ich mir auf einer Baustelle besorgt 그 돌들을 나는 공사장에서 몰래 가져왔다. **2. a)** 행하다, 처리하다, 부탁을 이행하다: er besorgte die Auswahl der Gedichte für das Lesebuch 그는 독본을 위해 시를 선정했다. 〈숙담〉 was du heute b. kannst, das verschiebe nicht auf morgen 오늘 할 수 있는 일을 내일로 미루지 말라; 〈스포츠〉 der Linksaußen besorgte den Anschluß 좌익수가 연결해 주었다. **b)** 돌보다, 보호하다, 보살피다: die Kinder b. 아이들을 돌보다. **c) es jmdm. b.** 〈통용어〉 보복하다, 의견을 철저히 말하다: dem werd' ich's noch b.! 그자에게 꼭 보복할 테다! **3.** 〈아이·준고어〉 두려워하다, 걱정하다: was er ahnungsvoll besorgt hatte, war eingetreten 그가 불길하게 걱정했던 것이 나타났다. 《또한》 b. + sich〉 wie werde ich sie ansprechen? besorgte ich mich다가 어떻게 그녀에게 말을 걸까? 하고 나는 걱정했다. **Besórger**, der; -s, - 마련자, 취급인. **Besórgerin**, die; -nen ↑Besorger의 여성형. **besórglich** 〈Adj.〉 〈드물게〉 **1.** 걱정을 끼려는: mit -er Miene 걱정스런 표정으로. **2.** 걱정을 끼치는: -es Aussehen 걱정스런 외모. **Besórgnis**, die; -se 심려, 우려, 걱정: ich kann deine -se zerstreuen 나는 너의 우려를 풀어줄 수 있다; etw. erregt B. (in jmdm.) 무엇이 (누구를) 걱정스럽게〈불안하게〉 한다; er schwieg aus B. 그는 걱정스런 나머지 침묵을 지켰다; einen Richter wegen B. der Befangenheit ablehnen [법] 불공정〈할 수 있다는 우려〉 때문에 어떤 판사를 거부하다. **besórgniserregend** 〈Adj.〉 위협적인, 걱정을 끼치는, 염려를 끼치는. **besórgt** 〈Adj.〉 **a)** 걱정에 싸인, 심각한 우려로 가득 찬: ein -er Vater 걱정에 싸인 아버지; er war b., es könnte etwas passieren 그는 무슨 일이 일어날까 걱정하였다. **b)** 보살펴 주는, 염려〈걱정〉하는, 배려하는: er ist sehr b. um sie 그는 그녀를 매우 염려하고 있다. **Besórgtheit**, die 심려, 우려. **Besórgung**, die; -en **1.** 〈Pl. 없음〉 조달, 구입, 처리: ich überließ ihm die B. der Fahrkarten 나는 그에게 차표 구입을 맡겼다. **2.** 장보기, 사들임; -en eine B. [-en] machen 장을 보다.
bespánnen 〈h〉 **1.** 펼쳐 덮다: Liegestühle neu b. lassen 간이 침대의 천을 새로 갈게 하다. **2.** 〈수레, 마차 등〉 끄는 짐승을 매다: die Kutsche ist mit zwei Schimmeln bespannt 그 마차는 두 백마가 끈다. **Bespánnung**, die; -en **1.** 〈Pl. 없음〉 **a)** 펼쳐 덮기, 팽팽히 하기. **b)** 마차에 말을 맴. **2. a)** 덮개, 외피, 커버. **b)** 매어진 짐승, 연수(聯戰).
bespéien*〈h〉 〈아이·드물게〉 침을 뱉다, 더럽히다: jmdn. verhöhnen und b. 누구를 조롱하고 모욕하다.
bespícken [bə'ʃpɪkn̩] 〈h〉 **1.** 베이컨을 끼워 넣다. **2.** 무엇으로 꽉 채우다: sie hatte ihre Haare mit Klammern bespickt 그녀는 머리에 핀을 잔뜩 꽂았었다.
bespíegeln 〈h〉 **1.** 〈b. + sich〉 거울을 보다, 거울에 모습을 비춰보다: bespieg(e)le dich nicht so lange! 그렇게 오랫동안 거울을 보지 말아라! **2.** 허황된 자기 묘사의 대상으로 삼다. **3.** 무엇을 묘사〈서술〉하다: in seinem Roman die jüngste Vergangenheit b. 그의 소설에서 최근 과거를 서술하다. **Bespíegelung**, 〈드물게〉 **Bespíeglung**, die; -en bespiegeln의 명사형.
bespíelbar 〈Adj.〉 **1.** 취입〈녹음〉할 수 있는: eine -e Tonbandkassette 녹음할 수 있는 카세트. **2.** [스포츠] 경기할 수 있는: der Platz ist wieder b. 그 장소에서 다시 경기할 수 있다. **Bespíelbarkeit**, die 상연〈공연, 경기〉할 수 있음. **bespíelen** 〈h〉 **1.** 취입〈녹음〉하다: eine Schallplatte mit Kammermusik b. 그 음반에 실내 음악을 취입하다. **2.** 어떤 곳에서 상연〈흥행〉하다: der Ort wird von der Landesbühne bespielt 지방 극단이 그곳에서 상연한다.
bespíken [bə'ʃpaɪkn̩] 〈h〉 〈전문어〉 스파이크를 박다: die Autoreifen b. lassen 타이어에 스파이크를 박게 하다.
bespítzeln 〈h〉 누구를 염탐하다, 미행하다, 감시하다: einen Politiker b. 한 정치인을 미행하다. **Bespítzelung**, 〈드물게〉 **Bespítzlung**, die; -en ↑bespitzeln의 명사형.
bespítzen, sich 〈h〉 〈지역적〉 조금 취하다.
bespötteln 〈h〉 가볍게 조롱하다, 야유하다. **Bespöttelung**, 〈드물게〉 **Bespöttlung**, die; -en ↑bespötteln의 명사형. **bespótten** 〈h〉 〈드물게〉 조롱하다: seine Schwächen wurden in häßlicher Weise bespottet 그의 약점들이 끔찍하게 조롱당했다. **Bespóttung**, die; -en ↑bespotten의 명사형.
bespréchen*〈h〉 **1. a)** 무엇에 관해서 이야기〈논〉하다: eine Sache mit jmdm. b. 그 사건을 누구와 상의하다; wir haben noch etwas zu b. 우리는 이야기할 것이 아직 있다. **b)** 〈b. + sich〉 누구와 무엇에 관해 협의〈상담〉하다: darüber muß ich mich noch mit meinem Mann b. 그것에 관해 나는 남편과 더 상의해야만 한다. **2.** 〈직업적으로〉 평하다, 비평을 쓰다: eine Aufführung b. 공연을 비평하다. **3.** 취입〈녹음〉하다: ein bekannter Schauspieler hat diese Platte besprochen 이름난 배우가 이 판을 취입했다. **4.** 주술로 치료하다, 푸닥거리하다: eine Wunde b. 상처를 주술로 치료하다. **Besprécher**, der; -s, - 비평가, 논평자. **Besprechung**, die; -en **1.** 논의, 협의, 상담, 협정: eine B. der Lage 상황〈에 대한〉 논의; er hat eine B. mit seinem Chef 그는 상사와 협의중이다. **2.** 비평, 서평: von wem kommt diese B. des Romans? 그 소설의 비평은 누가 썼는가? **3.** 주문, 〈안수〉 기도: eine feierliche B. der Krankheit durch den Medizinmann 질병을을 쫓는 마술사의 성대한 주술 행사. **Besprechungsexemplar**, das [출판] 서평용 정본: an mehrere Redaktionen wurden -e ge-

schickt 여러 편집국에 서평용 증정본이 보내졌다. **Besprechungspunkt**, der 논의[협의]점.
besprengen ⟨h⟩ 어디[누구]에 (액체를) 뿌리다: den staubigen Boden[den Rasen] mit Wasser b. 먼지 덮인 땅[잔디]에 물을 뿌리다. **Besprengung, die; -en** ↑ besprengen의 명사형.
besprenkeln ⟨h⟩ 얼룩지게 하다, 반점을 붙이다: die Leinwand mit Farbe b. 캔버스를 물감으로 얼룩지게 하다; [전의] der Rasen war mit Gänseblümchen besprenkelt 잔디가 데이지로 뒤덮여 있었다.
bespringen' ⟨h⟩ (포유 동물이) 교미하다: der Stier bespringt die Kuh 수소가 암소와 교미하다.
bespritzen ⟨h⟩ **a)** 뿌리다, 적시다: sich mit Parfüm b. 향수를 뿌리다. **b)** 뿌려[뿌려] 더럽히다: das Auto hat mich von oben bis unten bespritzt 그 자동차가 나를 온통 물을 튀겨 더럽혔다.
besprühen ⟨h⟩ 뿌리다, 뿌려 적시다: Pflanzen mit einem Mittel gegen Ungeziefer b. 식물에 구충제를 뿌리다.
bespucken ⟨h⟩ (경멸하여) 침을 내뱉다, 침을 뱉어 더럽히다: seinen Gegner b. 자기 적수에게 침을 뱉다.
bespülen ⟨h⟩ 씻다, 적시다.
Bessarabien [bɛsaˈraːbiən], -s (혹해 북서쪽으로 구소련의) 베사라비아 지방.
Bessemer- [ˈbɛsəmɐ-] [기술] [영국의 기사 Sir Bessemer(1813~1898)에 따른] **~birne**, die 베세머식 전로(轉爐). **~stahl**, der 베세머강(鋼). **~verfahren**, das 베세머식 제강법(製鋼法).
besser [ˈbɛsɐ] ⟨Adj.⟩ ⟨↑gut의 비교급⟩ 보다 좋은, 더 나은: das -e Mittel gegen Grippe bisher ist das b. 좋은 독감약; er weiß immer alles b. 그는 항상 모든 것을 누구보다 더 잘 안다; [상규] ist b. 조심하는 것이 낫다; das wäre ja noch b. ⟨반어⟩ 그랬게 되면 더욱 좋을텐데! (절대 그렇게는 안 된다); ⟨명사화⟩ ich habe Besseres zu tun 나는 그런 일에 관계할 수 없다; [속담] das Bessere ist des Guten Feind 교각살우(矯角殺牛); **jmdn. eines Besseren belehren** (아이) 누구에게 그가 잘못 생각하고 있다는 것을 보여주다[깨우쳐 주다]; **sich eines Besseren besinnen** 다시 생각하다, 깨닫다.
besser-, Besser-: **~gehen** ⟨s⟩ (건강이나 경제적으로) 전보다 나은 상태에 있다, 좋아지다: dem Kranken wird es bald b. 환자는 곧 더 좋아질 것이다. **~stellen** ⟨h⟩ (지위, 급여를) 개선하다, 올리다: wir müssen diesen Mann, wenn er die Aufgabe übernehmen soll, auch wirtschaftlich b. 이 남자가 그 과업을 맡게 되면 우리는 그의 급여를 올려 주어야 한다. **~stellung,** die; -en 처우 개선. **~wisser** [-vɪsɐ], der; -s, -⟨뙤⟩ 아는 체하는 사람. **~wisserei** [-vɪsəˈraɪ], die 아는 체하기. **~wisserisch** ⟨Adj.⟩ 아는 체하는.
bessern [ˈbɛsɐn] ⟨h⟩ **a)** 개선(개량)하다, 정정(수정)하다: die Verhältnisse lassen sich so nicht b. 그 상황은 그렇게 개선될 수 없다; an einem Aufsatz feilen und b. ⟨준고어⟩ 작문을 다듬다[수정하다]. **b)** (b. + sich) 개선되다, 향상하다, 행실을 고치다: ich will mich b. 나는 내 행실을 고치겠다; ⟨schweiz. sich⟩ 없이도) seine Gesundheit hat gebessert 그의 건강이 좋아졌다. **Besserung,** die 1. 개선, 개량, 개심, 병이 나아감: eine B. der Lage erwarten 상황의 개선을 기대하다; gute B.! 쾌유를 빕니다(환자에게 하는 말). 2. 개선, 개량: die B. des Menschen durch Veränderung der Gesellschaft 사회 변화에 의한 인간의 개선.
besserungs-, Besserungs-: **~anstalt**, die ⟨통용어·준고어⟩ 감화원. **~fähig** ⟨Adj.⟩ 개선(감화)될 수 있는: -e Jugendliche 개선의 여지가 있는 청소년. **~fähigkeit**, die ⟨Pl. 없음⟩ 개선 능력, 교정 능력. **~maß-**

nahmen ⟨Pl.⟩ [법] 범법자 감화[선도] 조치. **~verwahrung**, die 감화 시설에의 수용.
Besserwessi, der; -s, -⟨뙤·구어적 반어⟩ (특히 동독인들이 보기에) 거만[오만]한 서독인.
Best [bɛst], das; -s, -e ⟨südd., österr.⟩ 일등 상: das B. gewinnen 일등 상을 타다.
best... [-] ⟨Adj.⟩ ⟨↑gut의 최상급⟩ 가장 좋은: der beste Sportler 가장 훌륭한 선수: sie konnte uns beim besten Willen nicht helfen 그녀는 아무리 노력해도 우리를 도울 수 없었다; jmdn. im besten Schlaf stören 누구의 곤한 잠을 방해하다; in den besten Jahren 한창 나이에; mit den besten Grüßen (편지의 끝말) 안녕히 계십시오, 재배; er weiß das am besten 그가 그것을 가장 잘 안다; er hat das aufs beste geregelt 그는 그것을 가장 잘 조정하였다; die Sache steht nicht zum besten 그 일은 꽤 불리해 보인다; ⟨명사화⟩ er ist der Beste in der Klasse 그는 반에서 제일 우수한 학생이다; das Beste ist für ihn gerade gut genug 그는 요구 사항이 많다, 겸손하지 않다; sein Bestes tun 최선을 다하다; das Beste aus etw. machen 무엇에서 최선을 꾀하다; aufs[auf das] Beste hoffen 최선을 바라다; etw. **zum besten geben** 1) 무엇으로 즐겁게 하다, 연주하다, 상연하다: er gab die neuesten Witze zum besten 그는 최신 위트로 흥을 돋구었다. 2) ⟨준고어⟩ 한턱 내다, 대접하다: eine Runde zum besten geben 한판 내다; **jmdn. zum besten halten(haben)** 누구를 우롱하다[꾀다].
best-, Best-: **~arbeiter**, der ⟨구동독⟩ 최고 노동자. **~ausgerüstet** ⟨Adj.⟩ 최고의 장비를 갖춘. **~bekannt** ⟨Adj.⟩ [광고] 잘 알려진. **~beleumdet**, **~beleumundet** ⟨Adj.⟩ 호평의, 호평이 나 있는. **~bezahlt** ⟨Adj.⟩ 보수가 가장 좋은, 최고급의. **~bieter**, der ⟨법⟩ 최고 값을 부르는 사람. **~form**, die ⟨Pl. 없음⟩ [스포츠] 최상의 경기 능력[신체 상태]. **~gehaßt** ⟨Adj.⟩ ⟨통용어·반어⟩ 가장 미움 받는, 가장 인기 없는. **~gekleidet** ⟨Adj.⟩ 가장 옷을 잘 입은. **~gepflegt** ⟨Adj.⟩ [광고] 잘 길들인, 가장 좋은 상태의. **~informiert** ⟨Adj.⟩ 가장 잘 아는, 정보통인: aus -en Kreisen verlautet, daß ... 가장 정보를 잘 아는 소식통에서 말하기를 …. **~leistung**, die [스포츠] 최고 기록. **~mann**, der ⟨Pl. -männer⟩ [해양] 작은 배의 선원 대표, 수부장. **~marke**, die [스포츠] 기록: die B. steigern 기록을 올리다. **~möglich** ⟨Adj.⟩ 될 수 있는 대로 좋은: die -e Leistung 될 수 있는 대로 좋은 성적[업적·기록]; ⟨명사화⟩ das Bestmögliche tun(aus etw. machen) 할 수 있는 최선을 다 하다. **~renommiert** ⟨Adj.⟩ [광고] 평판이 아주 좋은[아주 명성 높은]: dies Hotel ist b. 이 호텔은 평판이 아주 좋다. **~seller** [-zɛlɐ], der; -s, -[engl. best seller] 가장 잘 팔리는 상품(특히 책, 판): der Roman wurde zum B. des Jahres 그 소설은 그 해의 베스트셀러가 되었다. **~sellerautor**, der 베스트셀러 작가. **~sellerliste**, die 베스트셀러 목록. **~situiert** ⟨Adj.⟩ ⟨österr.⟩ 경제적 상황이 아주 좋은, 부유한. **~wert**, der 최고가, 최선, 최적 조건. **~zeit**, die [스포츠] 최고 기록, 최단 시간. **~zustand**, der [광고] (특히 중고차에서) 최량(보존)상태.
bestallen ⟨h⟩ [관] 임명하다: jmdn. zum Chefarzt des Krankenhauses b. 누구를 병원의 과장(의사)으로 임명하다. **Bestallung**, die; -en 1. 임명, 관직 발령. 2. 임명장: jmdm. feierlich die B. überreichen 누구에게 임명장을 엄숙히 수여하다. **Bestallungsurkunde**, die 임명장(사령장).
Bestand, der; -(e)s, Bestände 1. ⟨Pl. 없음⟩ **a)** 존속, 지속, 존립: um den B. der Regierung bangen 정부

의 존립을 염려하다; **B. haben**[**von B. sein**] 영속하다, 변하지 않다: die Regierungsform muß von B. sein 정부 형태는 변하지 않아야 한다. **b)** (österr.) 존속 기간: eine Firma hat heute das Jubiläum ihres 100 jährigen -es gefeiert 회사는 오늘 창립 100주년 기념일을 축하했다. **2.** 현재고, 재고품: den B. an Waren erfassen(aufnehmen) 물품의 현재고를 파악하다; 전의 das gehört zum geistigen B. des Volkes 그것은 그 민족의 정신적 총화에 속한다; **eiserner B.** 비상시 비축품[고정 재고]; **zum eisernen B. gehören** 고정 재고에 속하다. **3.** [임업] (대체로 동종의 나무로 뒤덮인) 산림 지역: den B. durchforsten 산림 지역을 간벌하다. **4.** 《südd., österr.》 임대차: einen Hof in B. geben 농장을 임대로 주다. **bestanden** [bə'ʃtandn] **1.** †**bestehen**의 과거분사. **2.** 〈Adj.〉 **a)** 식물로 덮인, 풀이 우거진: ein mit Bäumen -er Park 나무로 우거진 공원. **b)** 《schweiz.》 나이든, 늙은: er ist schon recht b. 그는 이미 꽤 나이가 들었다. **Bestandesvertrag**, der; -(e)s, ...verträge 《österr.》 임대 계약. **beständig** 〈Adj.〉 **a)** 끊임없는, 지속적인(대개 부정적인 의미로): b. über Schmerzen klagen 끊임없이 고통을 호소하다. **b)** 불변의, 끈기있는(대개 긍정적인 의미로): er ist ein sehr -er Mitarbeiter 그는 언제나 변함없는 동료이다; das Wetter ist[bleibt] b. 날씨는 계속 좋다. **c)** 저항력 있는, 내구성 있는: dies Material ist b. gegen(gegenüber) Hitze 이 재료는 열에 내구성이 있다. **Beständigkeit**, die †**beständig**의 명사형.

Bestands-: **~aufnahme**, die 재고(품) 조사(파악): eine B. machen 재고 조사하다. **~erhöhung**, die 재고(품)를 높임. **~jubiläum**, das 《österr.》 창립 기념일. **~liste**, die 재고 목록. **~meldung**, die 재고 통지. **~vertrag**, der †**Bestandesvertrag**. **~verzeichnis**, das 재고 목록.

Bestandteil, der; -(e)s, -e 구성 요소, 성분: das alte Möbel löst sich in seine -e auf 낡은 가구가 조각조각 부서졌다; 전의 Freiheit ist ein notwendiger B. der Demokratie 자유는 민주주의의 필수 요소이다.

bestärken 〈h〉 **a)** (누구의 태도, 의견, 의도들을) 지지하다[확신하게 하다]: jmdn. in seinem Vorsatz[Plan] b. 누구의 의도[계획]를 지지하다. **b)** 촉구[강화]하다: dies Ereignis bestärkt meine Zweifel 이 사건이 나의 의심을 더 강하게 했다. **c)** (b. + sich) 강해지다, 증대되다, 커지다: die Gewißheit bestärkte sich in ihm, daß ... ...라는 확신이 그에게 커졌다. **Bestärkung**, die; -en †**bestärken**의 명사형.

bestätigen [bə'ʃtɛːtɪgn̩] 〈h〉 **1. a)** 확인하다, 맞다고 선언하다: eine Nachricht amtlich[offiziell] b. 보도를 공식적으로 확인하다; das Berufungsgericht hat das Urteil bestätigt [법] 항소 법원이 그 판결을 추인했다; 전의 sich bestätigt fühlen 인정받았다고 생각하다(인격, 의견 등). **b)** (옳음을) 증명하다: das Ereignis bestätigt meine Vermutungen 그 사건이 내 추측이 옳음을 증명하다. **c)** (b. + sich) 진실임이[옳다고] 판명되다: die Nachricht[der Verdacht] hat sich bestätigt 그 보도[의혹]가 진실임이 판명되었다. **2.** [상] 보고[통지]하다: das Eintreffen der Ware b. 상품의 도착을 통지하다. **3.** (관직·직위에) 인정하다, 취임을 문서로 확인하다. **4.** (사정) 짐승의 존재나 흔적을 확인하다: er konnte schon mehrfach den Zwölfender b. 그는 이미 여러 번 뿔이 12 갈래인 사슴의 존재를 확인할 수 있었다. **Bestätigung**, die; -en **1.** 확인, 확증, 맹인〈가, 비준〉. **2.** 확인서, 증명서, 비준서, 승인서: -en ausstellen 증명서를 발행하다. **Bestätigungsschreiben**, das 확인서, 비준서. **Bestätigungsvorbehalt**, der 비준 유보.

bestatten [bə'ʃtatn̩] 〈h〉 《아어》 매장하다: er wurde feierlich unter großer Anteilnahme der Bevölkerung, in der Familiengruft bestattet 그는 많은 주민이 참여한 가운데 가족 묘지에 엄숙하게 매장되었다. **Bestatter**, der; -s, - 장의사. **Bestätter** [bə'ʃtɛtɐ], der; -s, - 《südd., 그 외 고어》 운송업자, 화물 배송인. **Bestätterei**, die; -en 《südd.》 (철도) 운송업, 배달업. **Bestattung**, die; -en 《아어》 매장, 장례식.

Bestattungs-: **~feier**, die 장례식. **~gottesdienst**, der 연미사, 영결 예배. **~institut**, das 장의사. **~kosten** 〈Pl.〉 장례 비용. **~unternehmen**, das ↑**~institut**.

bestauben 〈h〉 **a)** 먼지 투성이로 만들다: ich habe mich [meine Kleider] bei der Arbeit bestaubt 작업 중에 나[내옷]는 먼지 투성이가 되었다. **b)** (b. + sich) 먼지 투성이가 되다. **bestäuben** 〈h〉 **a)** 가루[먼지 같은 것]를 뿌리다[바르다]: das Backblech mit Mehl b. 빵굽는 판에 밀가루를 뿌리다. **b)** 수분(受粉)시키다, 인공 수정하다: Insekten haben die Blüten bestäubt 곤충들이 꽃을 수분시켰다. **Bestäubung**, die; -en ↑**bestäuben**의 명사형.

bestaunen 〈h〉 **a)** 놀라서 (쳐다)보다: ein Naturdenkmal b. 천연 기념물을 놀라서 쳐다보다. **b)** 찬탄하며 인정하다: er bestaunte die großen Kenntnisse des andern 그는 상대의 많은 지식에 경탄했다.

beste* ↑**best...** 참조.

bestechen* 〈h〉 **1.** 매수하다, 뇌물을 주다: einen Beamten (mit Geld) b. 관리를 (돈으로) 매수하다. **2.** 깊은 인상을 주어 사로잡다, 매료시키다: der Redner bestach (seine Zuhörer) durch Geist und Schlagfertigkeit 연사는 정신과 재치로 (청중을) 사로잡았다; ein -der Eindruck 매혹적인(매우 긍정적인) 인상. **bestechlich** [bə'ʃtɛçlɪç] 〈Adj.〉 매수할 수 있는, 살 수 있는: ein -er Beamter 매수할 수 있는 관리. **Bestechlichkeit**, die ↑**bestechlich**의 명사형. **Bestechung**, die; -en 매수: sich der B. schuldig machen 증회(贈賄)죄[수회(收賄)죄]를 저지르다; **aktive B.** [법] 증회(죄); **passive B.** [법] 수회(죄).

Bestechungs-: **~fall**, der ↑**~skandal**. **~geld**, das (대개 Pl.) 매수금, 뇌물. **~skandal**, der 수회 추문. **~summe**, die 매수금, 뇌물액수. **~versuch**, der 매수 시도, 증회 미수.

Besteck [bə'ʃtɛk], das; -(e)s, -e **1. a)** 〈Pl. (통용어) -s〉 한 벌의 식사용 수저(칼, 포크, 숟갈): noch ein B. auflegen 수저 한 벌을 더 놓다. **b)** 〈Pl. 없음〉 《통용어》 식기 전체, 식사 용구. **2.** (수술용) 의료 기구: ein Ärztekoffer mit chirurgischem B. 외과 의료 기구가 든 의사 가방. **3.** [선원] 선박의 해상 위치: das B. nehmen (해도에) 선박의 해상 위치를 기록하다. **4.** (지역적·편) 어리석은 사람(여자): sie ist ein ganz dämliches B. 그녀는 아주 트릿하고 멍청한 여자이다.

Besteck- (Besteck 1): **~fabrik**, die 식사 용구 회사. **~fach**, das ↑**~schubfach**. **~kasten**, der 식사 용구[수저] 상자. **~korb**, der 식사 용구[수저 담는] 바구니. **~schubfach**, das 식사 용구 칸. **~tasche**, die 수저 주머니.

bestecken 〈h〉 무엇을 꽂다, 꽂아 장식하다: den Christbaum (mit Kerzen) b. 크리스마스 트리를 (촛불로) 장식하다.

bestehen* 〈h〉 **1. a)** 있다, 존재하다: der Verein besteht schon lange 그 협회는 이미 오래전부터 있다; darüber besteht kein Zweifel 거기에 대해서는 의심의 여지가 없다; die -de Ordnung 현존하는 질서. **b)** 지속되다, 존속하다: bei dieser Konkurrenz kann der kleine Laden kaum b. 이러한 경쟁에서 조그만 가게는 거의 존속할 수 없다. **2. a)** 이루어지다, 구성되다: aus

Holz b. 나무로 되어 있다; das Werk besteht aus drei Teilen 그 작품은 세 부분으로 이루어져 있다; 전의 Mein Gedächtnis besteht aus Löchern 내 기억력은 엉망이다. **b)** (그 내용이, 본질이) 무엇에 있다: seine Arbeit bestand im Rechnen und Planen 그가 하는 일의 내용은 계산하고 계획하는 것이었다. **3. a)** 합격하다: eine Prüfung (knapp, gut, mit Auszeichnung) b. 시험에 (겨우, 거뜬히, 탁월한 성적으로) 합격하다; er hat (mit „gut") bestanden 그는 성적 "우"로 합격했다. **b)** 버티다, 극복하다, 참아내다: viele Schicksalsschläge b. 수많은 운명의 타격을 극복하다. **c)** (전가, 능력이) 증명되다: im Kampf b. 전쟁에서 (능력이) 증명되다. **d)** 견디다, 극복하다, 인정받다: er kann vor jeder Kritik b. 그는 어떤 비판에도 당당히 맞설 수 있다; mit dieser Leistung kannst du überall b. 이러한 성적으로 너는 어디서나 인정받을 수 있다. **4. a)** 고집하다, 주장하다: auf seinem Recht b. 그의 권리를 주장하다. **b)** 〈드물게〉 재촉하다, 요구하다, 강조하다: auf diese Summe bestehe ich! 이 액수를 나는 강력히 요구합니다! **Bestehen,** das; -s **1. a)** 존속, 존속, 존립: b. dieses Staates kann nicht geleugnet werden 이 국가의 존재는 부인할 수 없다. **b)** (이제까지의) 지속: die Firma feiert ihr zehnjähriges B. 이 회사는 창립 10주년을 축하한다. **c)** 시작, 설립: seit B. der Bundesrepublik Deutschland 독일 연방 공화국의 건국 이래. **2.** 참아 냄, 견디어 냄, 극복하는 것: es ging ihm nur um das B. 그에게는 오로지 견디어 내는 것이 중요했다. **3.** 고집, 주장: sein trotziges B. auf vermeintlichen Rechten 억지 권리에 대한 그의 주장. **bestehenbleiben*** ⟨s⟩ 계속되다, 지속되다, 불멸이다: diese Verbindung soll b. 이 관계는 지속되어야 한다. **bestehenlassen*** ⟨h⟩ 보존하다, 유지하다: wir wollen die Unterscheidung b. 우리는 이 구별을 보존하고자 한다.

bestehlen* ⟨h⟩ a) 누구에게서 무엇을 훔치다: die Klassenkameraden b. 반 친구의 것을 훔치다; 전의 jmdn. um seine schönsten Hoffnungen b. 누구에게서 그의 가장 아름다운 희망을 빼앗다.

besteigen* ⟨h⟩ **a)** …에 오르다: einen Berg b. 산에 오르다; 전의 den Thron b. 즉위하다. **b)** (짐승에 관해) 교미하다(↑bespringen). **c)** 승차하다, 올라타다: den Zug b. 기차를 타다. **Besteigung,** die; -en ↑ besteigen의 명사형.

Bestell-: ~**block,** der ⟨Pl.: …blöcke ⟨또는⟩ …blocks⟩ (복사지가 겹들인) 주문 장부. ~**buch,** das 주문 장부책. ~**buchführer,** der 주문 기입자, 주문장부 기록계원. ~**datum,** das 주문 날짜. ~**eingang,** der **[상]** a) 주문 입하: den B. vermerken 주문 입하되었음을 기입하다. **b)** 주문 물품의 도착: den B. sortieren 도착된 주문품을 정리하다. ~**geld,** das ⟨Pl. 없음⟩ 신문 정기 구독료(배달비 포함). ~**karte,** die [광고] 주문용 엽서. ~**liste** (비영리식: Bestellliste, 또는 [상] 주문 목록. ~**nummer,** die 주문 번호. ~**schein,** die 주문 증서, (관청의) 주문 전표, (서적의) 주문 카드. ~**zettel,** der 주문 용지.

bestellen ⟨h⟩ **1. a)** 주문하다: haben Sie schon bestellt? 주문하셨나요?; 전의 sie hat sich³ etw. Kleines bestellt 〔농〕그녀는 임신중이다. **b)** 예약하다: Theaterkarten b. 연극표를 예약하다. **2.** 약속하다, 시간·장소를 정하다: jmdn. (für den Nachmittag) zu sich b. 누구에게 자기집에서 약속하다; 참고 dastehen (aussehen) wie bestellt und nicht abgeholt 〔통용어·농〕멍하니 당황해서 서있다(당황한 모습이다). **3. a)** 이야기하다, 전하다: jmdm. Grüße (von jmdm.) b. 누구에게 (누구의) 인사를 전하다. **b)** 〈고어〉 배달하다, 송달하다: die Post b. 우편을 배달하다; **nichts (nicht**

viel) zu b. haben 아무것도(많이) 달성하지 못하다, 부차적 역할이다(중요하지 않다). **4.** 선출하다, 임명하다: einen Vertreter b. 대표자를 선출[임명]하다. **5.** ⟨드물게⟩ 놓다 (어디 위에, 안에) 세우다: den Tisch mit Geschirr b. 식탁에 식기를 차려 놓다. **6. a)** 경작하다, 손질하다: den Acker b. 밭을 경작하다. **b)** 정리하다: nicht nur ich bin es, die Welt ist schlecht bestellt 오직 나만이 그런 것은 아니고 세상이 잘못되어 있는 것이다; **es ist um jmdn. (etw.) (mit jmdm., etw.) in bestimmter Weise bestellt** 누구의 상태가 나쁘다, 상황이 안 좋다. **Besteller,** der; -s, - 주문자, 예약자. **Bestellung,** die; -en **1. a)** 주문, 예약: eine B. auf (über) zwanzig Exemplare 20권 주문; -en aufgeben 주문하다. **b)** 주문품: Ihre B. ist eingetroffen 당신의 주문품이 도착했다. **2. a)** 진료 예약 환자. **b)** 〈고어〉 약속. **3.** 전언, 소식: -en ausrichten 소식을 전하다. **4.** 임명, 선임. **5.** 경작, 정리, 처리: die rechtzeitige B. der Felder 밭의 적시(適時) 경작.

bestenfalls ⟨Adv.⟩ 기껏 해야, 잘 해야: er kann bei diesem Wettbewerb b. einen mittleren Platz erreichen 그는 이 시합에서 잘 해야 중간 등위에 도달할 수 있다. **Bestenliste,** die; -en **[**스포츠**]** (어떤 지역, 기간중 일정 종목의) 최고 기록 일람표. **bestens** ⟨Adv.⟩ **a)** 최선으로, 탁월하게, 뛰어나게. **b)** 충심으로, 대단히: wir danken Ihnen b. 우리는 당신에게 충심으로 감사한다.

besternen [bəˈʃtɛrnən] ⟨h⟩ 별표를 하다. **besternt** [bəˈʃtɛrnt] ⟨Adj.⟩ (아어) 별들이 반짝이는, 별들로 장식된: der -e Himmel 별이 총총한 하늘; 전의 eine -e Brust 훈장으로 장식된 가슴.

besteuern ⟨h⟩ 과세하다: Einkommen und Vermögen b. 수입 및 재산에 과세하다. **Besteuerung,** die; -en 과세.

bestialisch [bɛsˈtiaːlɪʃ] ⟨Adj.⟩ [lat. bēstiālis] **1.** ⟨뜻⟩ 야수와 같은, 잔인한: ein -er Mord 잔인한 살인. **2.** ⟨통용어⟩ **a)** 참을 수 없는, 견디기 어려운. **b)** 〈형용사, 동사를 강조⟩ 참을 수 없을 정도로: hier ist es b. kalt 이곳은 참을 수 없을 정도로 춥다. **Bestialität** [bɛstialiˈtɛːt], die; -en **a)** ⟨Pl. 없음⟩ 잔학한(야수 같은) 태도(행동). **b)** 야수적인(잔학한) 행위: die -en in den Konzentrationslagern 수용소에서의 잔혹 행위. **Bestiarium** [bɛsˈtiaːriʊm], das; -s, …rien […iən; lat. bēstiārium] (중세의 교훈적인) 동물 우화.

besticken ⟨h⟩ **1.** 무엇에 수놓다: eine Tasche mit Perlen b. 가방에 구슬로 장식하다. **2.** [제방] 제방 표면에 짚으로 보호층을 쌓다. **Bestickhöhe,** die 제방 보강의 높이. **Bestickung,** die; -en ↑ besticken의 명사형.

Bestie [ˈbɛstiə], die; -n [lat. bēstia] 야수: die gezähmte B. folgte ihrem Herrn aufs Wort 길들여진 야수가 주인의 말을 따랐다; die ferne Brüllen einer gereizten B. 멀리 들리는 성난 야수의 포효; laß den Stock los, sage ich, du B.! (자주 욕) 그 막대기를 내놓으라고 내가 말하잖아, 이 짐승 같은 것아!

bestiefelt [bəˈʃtiːflt] ⟨Adv.⟩ 장화를 신은: sie saßen b. und bedolcht an Tischen, tranken Bier 그들은 장화를 신고 칼을 찬 채 탁자에 앉아 맥주를 마시고 있었다.

bestiften ⟨h⟩ [양봉] 알을 낳다: die Bienenkönigin bestiftete die Zellen 여왕벌은 벌집에 알을 낳았다.

bestimmbar [bəˈʃtɪmbaːɐ̯] ⟨Adj.⟩ 결정할 수 있는, 영향을 미칠 수 있는. **bestimmen** ⟨h⟩ **1.** 결정하다, 정하다: alles allein b. 혼자서 모든 것을 결정하다; sie bestimmt in der Familie 가정에서 그녀가 결정권을 쥐고 있다. **2.** 지정(예정, 선정)하다: jmdn. zu seinem (als) Nachfolger b. 누구를 자기의 후임자로 선정하다. **3.** (학문적으로) 규정하다, 해명하다, 확인하다: die Bedeutung eines Wortes b. 한 단어의 의미를 규정하다. **4.** 처리하다, 마음대로 하다: über etw. frei b. (können) 무엇을 자유로이 처리하다(할 수 있다). **5. a)** 영향을 미치다, 인상을 남기다: sich von seinen Gefühlen b. lassen 자기 감정에 좌우되다. **b)** ⟨b. + sich⟩ 영향을 받다: die Investitionen bestimmen sich nach der Konjunkturlage 투자는 경기 상황의 영향을 받는다. **6.** ⟨무엇을 하도록⟩ 유발하다, 촉구하다, 시키다: jmdn. zum Nachgeben b. 누구를 양보하도록 촉구하다. **bestimmt I.** ⟨Adj.⟩ **1. a)** 정해진, 특정의, 알려진, 확실한: von etw. eine -e Vorstellung haben 무엇에 대해 특정한 개념을 갖고 있다: ⟨명사화⟩ etw. Bestimmtes vorhaben 무언가 특정한 것을 계획하다. **b)** 〔내용적으로〕 정해진, 제한된, 명백한: -e Angaben 명백한 진술. **c)** 〔언어〕 지정된, 정해진(반대: unbestimmt): der -e Artikel 정관사. **2.** 단호한, 엄한: seine Worte sind höflich, aber b. 그의 말은 겸손하나 단호하다. **II.** ⟨Adv.⟩ 확실히, 분명히: er wird b. kommen 그는 틀림없이 올 것이다. **Bestimmtheit,** die **1.** 단호함, 확실함: b. seines Auftretens 그의 행동의 단호함. **2.** 확실성, 정확성: etw. mit B. wissen 무엇을 확실히 알다. **Bestimmung,** die; -en **1. a)** ⟨Pl. 없음⟩ 결정, 확정. **b)** 규정, 규칙: gesetzliche -en 법 규정. **2. a)** ⟨Pl. 없음⟩ 용도, 사용 목적: eine Sache ihrer (eigentlichen) B. zuführen(übergeben) 어떤 물건을 원래 용도대로 사용하다. **b)** ⟨Pl. 없음⟩ 목적지, 전달할 곳: die Karte hat nach Wochen ihre B. erreicht 그 카드는 몇 주후에 예정지에 도착했다. **c)** ⟨Pl. 없음⟩ 예정된 바, 천명(天命): das ist B. 그것은 운명이다. **3. a)** 조사, 해명. **b)** 〔언어〕 규정어, 상황어: eine adverbiale B. 부사적 규정어.

bestimmungs-, Bestimmungs-: ~**bahnhof,** der 〔철도〕, 행선 지역, 도착역. ~**gemäß** ⟨Adv.⟩ 규정에 따라. ~**hafen,** der 목적항, 도착 항구. ~**land,** das 목적지(도착지)국. ~**ort,** der ⟨Pl.: ...orte⟩ 목적지, 보낼 곳(도착지). ~**wort,** das ⟨Pl.: ...wörter⟩ 〔언어〕 합성어의 첫째 부분(규정사, 한정사)(예컨대: Hausfrau 에서 Haus)(반대: Grundwort).

bestirnt [bəˈʃtɪrnt] ⟨Adj.⟩ ⟨아어⟩ 별이 총총한: der -e Himmel 별이 총총한 하늘.

bestocken ⟨h⟩ **1. a)** 〔임업〕 식목하다, 심다: den Kahlschlag wieder (mit Mischwald) b. 벌목된 곳에 다시 (혼합림으로) 식목하다. **b)** 짐승을 방목하다: soll es mit Hausrindern bestockt werden 거기에 집소를 방목해야 한다. **2.** ⟨b. + sich⟩ 〔식물〕 줄기가 나오다, 가지가 나오다: der Roggen bestockt sich 호밀의 줄기가 나온다. **Bestockung,** die; -en 조림, 가지가 뜸, 분얼(分蘖).

bestoßen* ⟨h⟩ **1. a)** 〔제재〕 대패질하다, 모서리를 다듬다. **b)** 〔인쇄〕 (가장 자리를) 정리하다: Druckplatten b. 판을 정리하다. **2.** 부딪혀서 손상시키다: die Kanten eines Möbelstücks b. 가구의 모서리를 상하게 하다: ⟨대개 과거분사⟩ Bücher mit bestoßenem Einband 장정 상한 책들.

bestrafen ⟨h⟩ **a)** 처벌하다: 〔전의〕 dafür ist er vom Leben genug bestraft worden 그 대가로 그는 평생 충분히 벌을 받았다. **b)** 징계하다: den Ungehorsam b. 불복종을 징계하다. **Bestrafung,** die; -en 처벌, 벌, 징계.

bestrahlen ⟨h⟩ **a)** 비추다, 광선을 투사하다, 밝게 하다: die Sonne bestrahlt die Berge 태양이 산을 비춘다; die Bühne wird von Scheinwerfern hell bestrahlt 무대가 조명으로 환히 밝혀진다. **b)** 〔의학〕 …에 방사선을 쬐어 고치다, 치료하다: eine Geschwulst mit Radium b. 종양을 라디움으로 치료하다. **Bestrahlung,** die; -en 조명, 방사선 치료.

Bestrahlungs- 〔의학〕: ~**dosis,** die 방사선 투사량(量). ~**feld,** das 방사선 투사 부위. ~**lampe,** die 태양등, 적외선 등. ~**raum,** der 방사선 치료실. ~**technik,** die 방사선 치료 기술. ~**zeit,** die 방사선 치료 기간.

bestreben, sich ⟨h⟩ 〔아어〕 무엇을 하려고 노력하다, 애쓰다: du bestrebst dich, alles recht zu machen 너는 모든 것을 정당하게 하려고 노력한다; ⟨대개 과거분사 + sein⟩ er ist bestrebt, seine Kunden zufriedenstellen 그는 고객을 만족시키려고 애쓴다. ⟨명사화⟩**Bestreben,** das; -s 노력, 경향, 지향, 계획. **Bestrebung,** die; -en ⟨대개 Pl.⟩ 노력, 수고.

bestreichen* ⟨h⟩ **1.** (~에) 바르다, 칠하다: die Wunde mit Salbe b. 상처에 연고를 바르다. **2.** 스치다, 어루만지다, 문지르다: die Scheinwerfer bestrichen das Gelände um das Lager 탐조등이 진영 주위의 지대를 스쳐 갔다.

bestreiken ⟨h⟩ 파업하게 하다: eine Fabrik b. 공장을 파업하게 하다. **Bestreikung,** die; -en ↑bestreiken의 명사형.

bestreiten* ⟨h⟩ **1. a)** …을 반박하다, 부인하다: eine Behauptung entschieden b. 어떤 주장을 단호하게 반박하다; läßt sich nicht b., daß … … 은 부인할 여지가 없다. **b)** (…에) 이의(異意)를 제기하다, 문제삼다: jmdm. das Recht auf Freiheit b. 누구의 자유에 대한 권리를 문제삼다. **2. a)** 지불(지출)하다, (비용을) 도맡다: die Ausgaben von anderen b. lassen 지출을 다른 사람이 떠맡게 하다. **b)** (극의 진행을) 도맡다: die Spiel bestreitet die zweite Mannschaft 그 경기는 제 2진이 맡는다. **Bestreitung,** die 논쟁; 지불, 지출.

bestreuen ⟨h⟩ 뿌리다, 흩다: den Kuchen mit Zucker b. 케이크에 설탕을 뿌리다.

bestricken ⟨h⟩ **1.** 매혹시키다, (마음을) 사로잡다, 농락하다. **2.** 뜨다, 짜다, 손수 떠서 입히다: sie hat ihre ganze Familie bestrickt 그녀는 전가족의 옷을 손수 짜서 입혔다. **Bestrickung,** die; -en ↑bestricken의 명사형.

bestrumpft [bəˈʃtrʊmpft] ⟨Adj.⟩ 스타킹(양말)을 신은.

bestücken ⟨h⟩ 〔기술〕 (…에) 장비를 갖추다, (…에) 부품을 갖추다, (배를) 무장(장갑)하다: den Fernsehapparat mit neuen Röhren b. 텔레비전 수상기에 새 브라운관을 설치하다. **Bestückung,** die; -en **a)** (배의) 무장, 장비. **b)** (부품 따위의) 설치, 장치.

bestuhlen [bəˈʃtuːlən] ⟨h⟩ (…에) 의자를 설비하다. **Bestuhlung,** die; -en **a)** 의자의 설비. **b)** 좌석(전체). **Bestuhlungsplan,** der (극장 등의) 좌석 배치도.

bestürmen ⟨h⟩ **1.** 〔스포츠〕 습격하다, (…에) 쇄도하다: die Mannschaft bestürmt das gegnerische Tor 그 팀이 상대방 골대에 쇄도하고 있다. **2.** 괴롭히다, 귀찮게 굴다: jmdn. mit Fragen b. 누구에게 질문을 퍼붓다. **Bestürmung,** die; -en 습격, 쇄도, 귀찮게 졸라대기.

bestürzen ⟨h⟩ 당황하게 하다, 깜짝 놀라게 하다: dieses Ereignis hat uns alle bestürzt 이 사건이 우리 모두를 당황하게 했다; ein bestürztes Gesicht machen 당황한 표정을 짓다. **bestürzt:** ⟨Adj.⟩ ↑bestürzen 참조. **Bestürztheit,** die 당황, 경악, 어리둥절함, 아연실색. **Bestürzung,** die 놀라움, 경악.

bestußt [bəˈʃtʊst] ⟨Adj.⟩ ⟨경⟩ 둔한, 어리석은.

Besuch [bəˈzuːx], der; -(e)s, -e **1. a)** 방문: bei jmdm. [jmdm.] einen B. machen 누구를 방문하다; auf(zu) B. kommen 찾아가다, 방문하다. **b)** (업무상의) 방문; 왕진: der B. des Arztes dauerte nur fünf Minuten 의사의 왕진은 단 5분 걸렸다. **c)** (목적을 갖고) 찾아감, 다남; 출석; 관람; 참배: ein B. des Kraftwerkes 발전소

시찰[견학]; beim B. des Museums 박물관 관람시에. **d)** 참가, 참여; der B. der Vorlesungen 강의 출석; diese Konzerte erfreuen sich immer eines regen -s 이와 같은 연주회에는 항상 관람객이 많다. **2.** 방문객, 손님, 내객, 출석자, 참가자: ausländischer B. 외국 손님; B. einladen[erwarten] 손님을 초대하다[기다리다]; B. bekommen 손님이 있다. **besuchen** ⟨h⟩ **a)** 방문하다, 문안하다. **b)** (업무상의 이유로) 방문하다; 왕진하다; 찾아가다: der Arzt besucht seine Patienten 의사가 환자들을 왕진한다. **c)** (특별한 목적으로) 찾아가다, 방문하다, 관람[참배]하다: die Schule b. 학교에 다니다[학생이다]; eine Ausstellung b. 전시회를 관람하다; das Restaurant war gut besucht 그 식당에는 손님들이 많이 찾아왔다. **d)** 참여하다, 참가하다: Vorlesungen b. 강의를 듣다; der Gottesdienst war schlecht besucht 그 미사에는 참례자가 적었다. **Besucher,** der, -s, - **a)** 방문객, 문안객, (공식) 손님: ihm wurde ein unbekannter B. gemeldet 낯선 손님이 찾아왔다고 그는 기별받았다. **b)** 참가자, 관람자: die B. des Theaters werden gebeten, ihre Plätze einzunehmen 극장 관객은 자리에 앉도록 요청받았다. **Besucher-: ~frequenz,** die 입장객 수, 출석인 수. **~fülle,** die 많은 입장객. **~rat,** der 《구동독》 (공연과 운영 따위에 조언해 주는) 관객의 모임. **~ring,** der (회원제) 감상[관람] 서클. **~schar,** die 무리를 지은 입장객. **~strom,** der 관객의 쇄도. **~zahl,** der 방문객 수. **Besucherin,** die, -nen ↑Besucher의 여성형.
besuchs-, Besuchs-: ~erlaubnis, die 방문[면회] 허가, 방문[출석] 허가: der Kranke hat noch keine B. 그 환자는 아직 면회 허가를 받지 못했다. **~karte,** die ↑Visitenkarte. **~raum,** der ↑~zimmer. **~ritze,** die 《통용어·농》 부부 침대 사이의 공간. **~stunde,** die 면회 시간. **~tag,** der (병원·구치소 따위의) 면회일. **~weise** ⟨Adv.⟩ 방문으로, 방문차. **~zeit,** die (특히 병원·구치소의) 면회 시간. **~zimmer,** die (공동 숙소·구치소의) 면회실.
besudeln ⟨h⟩ 《아어·폄》 더럽히다, 칠하여 지저분하게 하다; 모독하다: 〖전의〗 jmds. Ehre b. 누구의 명예를 더럽히다, 모독하다. **Besud(e)lung,** die; -en ↑besudeln 의 명사형.
bet- [↑beten] ⟨Adj.⟩ [frz. bête] [카드] 《다음 용법으로만》 **bet sein[werden / gehen]** 《지역적》 졌다[지다], 패하다.
Bet- [↑beten]: **~bank,** die ⟨Pl. : ...bänke⟩ [가] 긴 의자(기도할 때 꿇어 앉기 위한), 장궤(長跪)용 긴 의자. **~bruder,** der 《폄》 신앙심이 있는 체하는 자. **~glocke,** die 기도 시간을 알리는 종. **~haus,** das 교회, 예배당. **~pult,** das 〖가〗 기도용 책상, 무릎받이대. **~saal,** der [종교] 예배당, 기도실. **~schemel,** der 기도대. **~schwester,** die 믿음이 있는 체하는 여자. **~stuhl,** der ↑~pult. **~stunde,** die 예배 시간. **~tag,** der [종교] 기도일.
Beta ['be:ta], das; -(s), -s [griech. bēta] 그리스 자모의 둘째 자(β, β).
Beta- [핵물리학]: **~strahlen,** β-**Strahlen** ⟨Pl.⟩ 베타(β)-선. **~strahler,** β-**Strahler,** der 베타선에서 나오는 방사성 동위 원소. **~strahlung,** die 베타-선 방사. **~teilchen,** β-**Teilchen,** das 베타-선 입자.
betagt [bə'ta:kt] ⟨Adj.⟩ 《아어》 나이가 많은, 고령의. **Betagtheit,** die ↑betagt의 명사형.
betakeln ⟨h⟩ **1.** [선원] 삭구(索具)를 비치하다, 의장(儀裝)하다. **2.** 《österr.》 속이다. **Betakelung,** (《드물게》) **Betaklung,** die; -en **1.** 삭구 장비를 갖춤. **2.** 삭구(전체).
betanken ⟨h⟩ (…에) 급유하다: ⟨명사화⟩ die Explosion geschah beim Betanken 폭발은 급유시 발생했다. **Betanker,** der; -s 연료 보급 비행기[선]. **Betankung,** die; -en 연료 보급, 급유.
betasten ⟨h⟩ 손으로 만지다, 쥐어보다: ⟨명사화⟩ Betasten der Ware polizeilich verboten 상품에 손대는 것은 법에 의해 금지됨. **Betastung,** die; -en ↑betasten 의 명사형.
betätigen ⟨h⟩ **1.** ⟨b. + sich⟩ 활동하다, 일하다: sich politisch b. 정치 활동을 하다; du kannst dich gleich b. (통용어) 네가 가세해도[관여해도] 좋다. **2. a)** 일시키다, (기계 따위를) 조작하다, 운전하다: die Bremse b. 브레이크를 걸다. **b)** 《아어》 실현하다, 실천하다, 관철시키다: seine Liebe b. 사랑을 실천하다. **Betätigung,** die; -en **1.** 실행, 행동, 활동, 실천. **2.** ⟨Pl. 없음⟩ 운전, 조작, 가동. **Betätigungsdrang,** der 활동욕. **Betätigungsfeld,** das 활동 영역(분야).
Betatron ['be:tatro:n], das; -s, -e [beta'tro:nə], (《또한》) -s [Betastrahlen과 Elektron의 약칭] [핵물리·기술] 베타트론(전자 가속 장치).
betatschen ⟨h⟩ 《폄》 거리낌없이 손으로 만지다.
betäuben [bə'tɔybn] ⟨h⟩ **1. a)** 마취시키다: einen Nerv örtlich b. 신경을 국부 마취하다; sich wie betäubt fühlen 마취된 것처럼 느끼다. **b)** (마취제로 통증을) 진정시키다, 완화시키다, 약하게 하다: 〖전의〗 seinen Kummer durch[mit] Alkohol b. 근심을 술로 달래다; sie versuchte sich durch Arbeit zu b. 그녀는 일을 함으로써 기분 전환을 시도했다. **2.** 지각을 빼앗다, 실신시키다: -der Lärm 견딜 수 없는 소음; ein -der Duft 황홀한 향기. **Betäubung,** die; -en **1.** 마취: eine örtliche B. vornehmen 국부 마취하다. **2.** 마비, 실신, 무감각. **Betäubungsmethode,** die 마취(방)법. **Betäubungsmittel,** das 마취제.
betauen ⟨h⟩ 《아어》 이슬로 축이다[젖게 하다], 이슬에 젖다: der Morgen betaute die Wiesen 아침이슬이 잔디 밭에 적셨다; 〖전의〗 etw. mit seinen Tränen b. 무엇을 눈물로 적시다. **Betauung,** die ↑betauen의 명사형.
Betazerfall, der [핵물리학] 베타 파괴.
bête- ↑bet 참조.
Bete ['be:tə], die; -n ⟨Pl. 잘 쓰이지 않음⟩ [라틴어 bēta가 저지독어를 통해] 《다음 용법으로》 **rote B.** (nordd.) 사탕무.
Beteigeuze [betaiˈɡɔytsə], der; - 오리온 성좌의 알파성.
beteilen ⟨h⟩ 《österr.》 몫을 나누어 주다: Flüchtlinge mit Lebensmitteln b. 난민들에게 식품을 나누어 주다. **beteiligen** [bəˈtailiɡn] ⟨h⟩ **a)** ⟨b. + sich⟩ 관여하다, 참가하다, 협력하다, (…을) 함께하다: sich an einem Preisausschreiben b. 현상 응모에 참가하다; er ist an dem Unternehmen seines Bruders beteiligt 그는 형이 하는 기업의 주주이다. **b)** 분배[이익]에 관여시키다: jmdn. am Gewinn b. 누구를 이익 분배에 관여시키다: er ist an der Erbschaft (mit) beteiligt 그는 유산 상속에 한몫 끼었다. **Beteiligte*,** der / die 관여자[관계자], 당사자, 참가자. **Beteiligung,** die; -en **1.** 관여, 관계, 참가, 협력. **2.** 자본 참가, 출자, 지분: jmdm. die B. am Umsatz zusichern 누구에게 매상의 지분을 보증하다. **Beteiligungsfinanzierung,** die [경제] 기존 조합원 또는 새로운 조합원의 자본 투자의 도움으로 자기 자본을 조달함. **Beteilung,** die; -en 분배.
beten ['be:tn̩] ⟨h⟩ [s port. bêtel (인도醬)]. **Betel-: ~kauer,** der; -s, - 구장잎을 항상 씹는 사람. **~nuß,** die 구장의 열매. **~öl,** das 구장유. **~palme,** die 구장나무. **~pfeffer,** der 구장잎에서 만든 후추, 구장(의 잎).
beten ['be:tn̩] ⟨h⟩ **a)** 기도하다, 빌다. **b)** 신에게 간구하다, 기

원하다: sie betete für den Frieden 그녀는 평화를 위해 신께 기도했다; ein Vaterunser b. 주기도문을 외우다; 속담 bete und arbeite 기도하라, 그리고 일하라. **Beter**, der -s, - 기도자, 독경자(讀經者). **Beterin**, die; -nen ↑Beter의 여성형.

beteppert: ↑bedeppert.

beteuern [bə'tɔyən] ⟨h⟩ 단언[확언]하다, 서서[맹세]하다: seine Unschuld b. 결백을 주장하다; er beteuerte ihr seine Liebe 그는 그녀에게 사랑을 약속했다. **Beteuerung**, die; -en 1. 확언, 서서. 2. 확약. **Beteuerungsformel**, die 서서 양식.

betexten ⟨h⟩ …에 설명을 넣다, (노래에) 가사를 붙이다: Bilder b. 그림에 설명을 달다; einen Schlager b. 유행가에 가사를 달다. **Betextung**, die; -en ↑betexten의 명사형.

Bethlehem ['beːtlehem, ⟨engl.⟩ 'beəlɪhem] 베들레헴 (요르단 서부의 도시).

Betise [be'tiːzə], die; -n [frz. bêtise] 《교양어》 어리석은 일[행동].

betiteln [bə'tiːtl̩n, bə'tɪtl̩n] ⟨h⟩ **a)** 제목[표제, 명칭]을 붙이다: ein Buch b. 책의 제목을 붙이다. **b)** (누구에게 …의) 칭호를 주다; (누구를 …이라고) 호칭하다: jmdn. (mit) Professor b. 누구를 교수로 호칭하다. **c)** 《통용어·폄》 부르다, 욕하다: er betitelte ihn (mit) Saulump 그는 그를 룸펜이라고 욕했다. **Betitelung**, die; -en ↑betiteln의 명사형.

Betlehem: ↑Bethlehem.

betölpeln [bə'tœlpəln] ⟨h⟩ ↑übertölpeln. **Betölpelung**, die; -en 속이기, 기만하기.

Beton [be'tɔŋ, (또한) be'tõː/ ⟨다만 österr.⟩ be'toːn], der; -s, 《종류》 -s / -e [be'toːnə; frz. béton] 콘크리트: fetter B. (시멘트를 많이 함유한) 된 콘크리트; armierter B. 철근 콘크리트; B. gießen[mischen] 콘크리트를 붓다[섞다].

Beton- ~**abwehr**, die 《스포츠 은어》 철통 같은 수비: ~**bau**, der ⟨Pl. -ten⟩ 1. ⟨Pl. 없음⟩ 콘크리트 건축. 2. 콘크리트 건축물. ~**bauer**, der; -s, - [토목] 콘크리트 건축 기사. ~**block**, der ⟨Pl. -blöcke⟩ 콘크리트 블록. ~**fußball**, der 《은어》 철통 같은 수비의 축구. ~**guß**, der [토목] 1. 콘크리트 주조. 2. 콘크리트 주조물. ~**klotz**, der 1. 콘크리트 토막. 2. 《폄》 들판의 콘크리트 건축물. ~**mischer**, der ↑~mischmaschine의 약칭. ~**mischmaschine**, die [토목] 콘크리트 혼합기. ~**piste**, die [스포츠] (오토바이 경주, 비행 경주용의) 콘크리트로 된 구간. ~**silo**, der 《통용어·폄》 ↑~klotz (2). ~**stein**, der 콘크리트 벽돌. ~**träger**, der 콘크리트 버팀대. ~**werk**, das 콘크리트 건물. ~**wüste**, die 《통용어·폄》 흉한 콘크리트 건물이 즐비한 도시.

betonen [be'toːnən] ⟨h⟩ 1. (…에) 악센트[강세]를 두다: ein Wort falsch b. 단어의 강세를 잘못 두다; eine betonte Silbe 강세가 있는 음절. 2. 강조하다: seinen Standpunkt b. 그의 입장을 강조하다.

betonieren [betoˈniːrən] ⟨h⟩ [frz. bétonner] 1. 콘크리트로 건축하다: den Keller b. 지하실을 콘크리트로 건축하다. 2. 확고히 하다: gegensätzliche Standpunkte b. 반대 입장들을 확고히 하다. 3. 《축구은어》 수비를 강화하다. **Betonierung**, die; -en ↑betonieren의 명사형.

betont [bə'toːnt] ⟨Adj.⟩ [↑betonen의 과거분사] 악센트[강세]가 있는, 강조된, 대단한: sich mit -er Einfachheit[sich b. einfach] kleiden 아주 간단한 복장을 하다. **betontermaßen** ⟨Adv.⟩ 고의로, 의식적으로, 일부러. **Betonung**, die; -en 1. 악센트(붙이기), 강세, 양음(揚音). 2. 강조, 역설.

Betonungs- (Betonung 1): ~**gesetz**, das 강세법. ~**regel**, die 강세 규칙. ~**weise**, die 강세 방법.

~**zeichen**, das 강세 기호.

betören [bə'tøːrən] ⟨h⟩ ⟨아어⟩ **a)** (…의) 마음을 빼앗다, 매혹시키다; 우롱하다. **b)** 속이다, 현혹시키다, 유혹하다. **Betörer**, der; -s, - 《드물게 아어》 기만(우롱)자. **Betörung**, die; -en 1. 현혹; 우매; 열중, 혼미. 2. 기만, 사기, 우롱.

betr. = betreffend; betreffs (무엇에) 관하여.

Betr. = Betreff.

Betracht [bə'traxt] ⟨다음 용법으로⟩ jmdn.[etw.] in B. ziehen 누구[무엇]를 고려하다; jmdn.[etw.] außer B. lassen 누구[무엇]를 무시하다, 고려하지 않다. (nicht) in B. kommen 문제되다[되지않다]; 고려[참작]되다[되지않다]; außer B. bleiben 누구[무엇]가 고려되지 않다; in diesem[in keinem] B. ⟨고어⟩ 이점에서[어떤 점에서도] … 아니다. **betrachten** ⟨h⟩ [↑trachten 참조]. 1. 주시하다, 눈여겨 바라보다, 관찰하다: jmdn. aus nächster Nähe b. 누구를 아주 가까이서 관찰하다; bei Licht betrachtet 밝은 데서 보면, 상세히 관찰[고찰]하면. 2. 간주하다: er betrachtet sich als mein(en) Freund 그는 자기자신을 나의 친구라고 생각한다. 3. **a)** 평가하다, 판단하다. **b)** 조사하다. **Betrachter**, der; -s, - 관찰자, 구경꾼. **beträchtlich** [bə'trɛçtlɪç] ⟨Adj.⟩ 현저한, 적지않은, 상당한: um ein beträchtliches 현저히, 매우. **Betrachtung**, die; -en 1. ⟨Pl. 없음⟩ 관찰, 주시: bei genauerer B. 더 자세하게 살펴보면. 2. 조사, 고찰, 성찰: …über etw. anstellen 무엇에 대해 심사숙고하다. **Betrachtungsweise**, die 관찰[고찰] 방법. **Betrachtungswinkel**, der 관찰 각도.

Betrag [bə'traːk], der; -(e)s, Beträge [bə'trɛːɡə] 액수, 총액, 금액: einen Scheck über einen B. von 1000 Mark ausschreiben 1000마르크 이상의 수표를 발행하다. **betragen**¹ ⟨h⟩ 1. …의 액수에 달하다: das Gehalt beträgt 1000 Mark 봉급(총액)은 1000마르크이다; die Differenz betrug nur wenige Zentimeter 차이는 단지 몇 센티미터밖에 되지 않았다. 2. ⟨b. + sich⟩ 행동하다, 처신하다: sich ordentlich b. 단정하게 행동하다. **Betragen**, das; -s 행동, 거동, 행실: er hat in B. eine Eins 그의 품행 성적은 "수"이다. **Betragensnote**, die 품행 성적.

betrampeln ⟨h⟩ 《통용어》 무거운 발걸음으로 걷다.

betrauen ⟨h⟩ 누구에게 무엇을 위탁[위촉]하다: jmdn. mit einem Amt b. 누구를 어떤 관직에 앉히다; man hat ihn damit betraut, den Verband neu zu organisieren 그는 그 협회를 새로 조직할 것을 위임받았다.

betrauern ⟨h⟩ 누구[무엇]를 애도하다, (…를) 위하여 슬퍼하다: einen Toten b. 고인을 애도하다.

beträufeln ⟨h⟩ (…의 위에) 뚝뚝 떨어뜨리다, 붓다.

Betrauung, die 위탁, 위촉.

betreff [bə'trɛf] ⟨다음 용법으로⟩ **in b.** [관·상] 무엇에 관하여(+속). **Betreff** [-], der; -(e)s, -e [관·상] 관계: Betreff (약어: Betr.): Ihr Schreiben vom … (모월 모일자) 귀하의 서신 참조; [in diesem[dem] B. [관·상] 이 점에 관하여서는. **betreffen**¹ ⟨h⟩ 1. 누구에 관계되다: die neue Verordnung betrifft jeden 이 새 규정은 누구에게나 해당된다; was mich betrifft, bin ich[ich bin] einverstanden 나로서는[나에 관해 말하자면] 동의한다; der -de Sachbearbeiter 해당 전문가, 담당관; die (diesen Fall) -de Regel (이 사건의) 관련 규정. 2. (아이) ⟨불행·병·따위가⟩ 닥치다: ein Unglück hat die Familie betroffen 불행이 그 가족에 닥쳤다; das ist schmerzlich für die Betroffenen 그것은 당한 사람들에게는 고통스러운 일이다. 3. ⟨아어·준고어⟩ 당혹하게 하다. 4. ⟨아어·준고어⟩ (누구를) 만나다, 붙잡다: jmdn. bei etw. b. 누가 무엇을 하고 있는 현장을 붙잡

다. **betreffend** ⟨Adj.⟩ 해당의, 결정권(권한) 있는, 누구[무엇]에 관한, 언급한. **Betreffende*,** der / die 관계자, 당사자, 문제의 사람. **Betreffnis** [bə'trɛfnɪs]; das; -ses, -se ⟨schweiz.⟩ 배당, 몫, 분배액. **betreffs** ⟨Präp.²⟩ 【관·상】 …에 관해서: Ihr Schreiben b. Steuerermäßigung 세금 삭감에 관한 귀하의 서신(약어: betr.).

betreiben* ⟨h⟩ **1.** 추진하다, 재촉하다, 촉진하다: einen Prozeß b. 소송을 일으키다; **auf jmds. Betreiben (hin)** 누구의 권유로. **2.** 행하다, 영위하다: ein Gewerbe b. 영업을 하다. **3.** 경영하다: ein Lokal b. 술집을 경영하다. **4.** [기술] 작동하다, 운전하다, 가동하다. **5.** ⟨schweiz.·법⟩ (강권에 의해 채무를) 변제하게 하다. **Betreibung,** die; -en 종사, 경영, 촉진, 재촉. **Betreibungsamt,** das 강제 집행 관청. **Betreibungsbeamte*,** der 강제 집행 공무원.

betreßt [bə'trɛst] ⟨Adj.⟩ 레이스[술, 몰]이 달린.

¹betreten* ⟨h⟩ **1. a)** (…으로) 들어가다, 들어서다: das Zimmer b. 방으로 들어가다; (명사와) **Betreten der Baustelle (ist) verboten!** 공사 현장 진입 금지! **b)** (…에) 발을 들여 놓다, 밟다: den Rasen nicht b. 잔디를 밟지 말라; der Schauspieler betritt die Bühne 그 배우가 무대에 등장한다. **2.** ⟨österr.·군고어⟩ 붙잡다, 기습하다: jmdn. bei einer strafbaren Handlung b. 누구를 범행 현장에서 붙잡다. **²betreten** [-] ⟨Adj.⟩ [¹betreten (2)의 과거분사] 당황한, 놀란. **Betretenheit,** die 당황, 당혹, 난처함. **Betretung,** die; -en ⟨österr.·관청어 독⟩ (대개 다음용법으로) **im Falle der B.** 현행범인 경우에. **Betretungsfall,** ⟨다음 용법으로⟩ **im B.** 현행범인 경우에는.

betreuen [bə'trɔyən] ⟨h⟩ **a)** 돌보다, 보호하다: Kinder b. 아이들을 돌보다; der Sportler werden von einem bekannten Trainer betreut 그 선수들은 유명한 트레이너에 의해 훈련받고 있다. **b)** 담당하다, (…의 책임을) 맡다: eine Abteilung b. 한 과를 담당하다. **Betreuer,** der; -s, - 코치, 세컨드; (여객) 안내원, 접대역; 조수. **Betreuerin,** die; -nen ↑Betreuer의 여성형. **Betreuung,** die **1.** 보호, 간호, 보살핌; 안내. **2.** ↑Betreuer, Betreuerin 참조: B. für einen Kranken gesucht 간병인 구함. **Betreuungsstelle,** die 복지 센터; 안내계(창구); 보호소.

Betrieb, der; -(e)s, -e **1.** 기업(체), 공장: ein privater [staatlicher, ⟨구동독⟩ volkseigener] B. 민간[국영, 인민] 기업; ein bäuerlicher B. 【관】기업 영농; einen B. leiten 기업을 경영하다; in einem kleineren B. arbeiten 중소 기업에서 일하다. **2.** ⟨Pl. 없음⟩ **a)** (기업의) 경영, 영업, 조업; (기계의) 운전, 조작, 가동: eine Maschine in[außer] B. setzen 기계를 작동시키다[기계의 작동을 멈추게 하다]; eine Fabrik auf vollautomatischen B. umstellen 공장을 완전 자동 가동으로 전환하다; diese Anlage ist in[außer] B. 이 시설은 가동중이다[운휴중이다]; ein Kraftwerk dem B. übergeben 발전소를 가동시키다; **den (ganzen) B. aufhalten** ⟨통용어⟩ 전(全) 조업을 저지하다. **b)** ⟨드물게⟩ 가동(케 함). **3.** ⟨Pl. 없음⟩ ⟨통용어⟩ 활발한 동작, 왕래, 소요, 혼잡, 혼란: in dem Lokal war großer B. 그 술집에는 손님들이 많이 들끓었다; der B. auf den Straßen 도로상의 혼잡[복잡한 교통]; **den B. satt haben** ⟨통용어⟩ 처한 상황을 견디지 못하는. **betrieblich** ⟨Adj.⟩ 기업[경영](상)의.

betriebs-, Betriebs-: ~akademie, die ⟨구동독⟩ 기업 부속 연구소. **~angehörige*,** der / die (기업의) 종업원. **~anleitung,** die 사용[조작] 설명서. **~anweisung,** die 사용 설명서. **~arzt,** der 기업체 전속 의사. **~ausflug,** der 종업원을 위한 야유회. **~ausschuß,** der 경영 위원회. **~bahnhof,** der 차량 편성장,

조차장(操車場). **~begehung,** die ⟨구동독⟩ 기업 사찰. **~berater,** der 경영 고문. **~bereit** ⟨Adj.⟩ (기계 따위가) 조업[가동] 준비가 끝난. **~besichtigung,** die 기업 사찰. **~blind** ⟨Adj.⟩ 오랫동안 기업에 종사하여 타성에 젖어 비판 정신을 잃은. **~blindheit,** die ↑~blind의 명사형. **~büro,** das 관리 사무소. **~direktor,** der 영업주임, 공장장. **~eigen** ⟨Adj.⟩ 기업 직영[소유]의. **~erlaubnis,** die 영업[조업] 허가. **~fähig** ⟨Adj.⟩ 업무의 준비가 갖추어진, (기계 따위가) 운전[가동]할 수 있는. **~fähigkeit,** die ⟨Pl. 없음⟩ 운전 가능 능력. **~fertig** ⟨Adj.⟩ ↑~bereit. **~fest,** das 기업 축제(창업 기념일 따위). **~fremd** ⟨Adj.⟩ 기업외의, 타기업의. **~frieden,** der 기업 내의 노사 평화, 산업 평화. **~führer,** der 영업 책임자, 지배인. **~führung,** die 기업 경영, 경영 관리. **~geheimnis,** das 업무상 비밀. **~gemeinschaft,** die 경영 협동체. **~gewerkschaftsleitung,** die ⟨구동독⟩ 기업내 노조 지도부. **~gewerkschaftsorganisation,** die ⟨구동독⟩ 기업 노조 기구. **~größe,** die 경영 규모. **~ingenieur,** der 주임 기사, 공장 관리 기사. **~inhaber,** der 기업주. **~intern** ⟨Adj.⟩ 기업 내부의, 기업간의. **~kampfgruppe,** die ⟨구동독⟩ 무장 민병대, 직장 예비군. **~kantine,** die 기업내 구내 식당. **~kapital,** das **a)** 경영(사업) 자본. **b)** 기업 설립 자본. **~klima,** das; -s, -s 작업 환경, 직장의 분위기. **~kollege,** der 직장 동료. **~kollektivvertrag,** der ⟨구동독⟩ (노사간의) 기업내 노동 계약. **~kosten** ⟨Pl.⟩ 경영비, 관리비. **~krankenkasse,** die 종업원 건강 보험. **~küche,** die 종업원 급식 조리실, 종업원 식당. **~leiter,** der 경영 책임자, 매니저. **~leitung,** die **1.** 기업 경영. **2.** 기업의 수뇌부, 경영진. **~mittel** ⟨Pl.⟩ 경영(사업) 자금. **~nah** ⟨Adj.⟩ 업체 사정에 따른, 업체에서 가까운. **~nudel,** die ⟨통용어⟩ **1.** 분위기를 잘 만드는 사람. **2.** 너무 바쁜 사람. **~obmann,** der (중소기업의) 근로자 대표. **~organisation,** die 기업내 조직. **~paß,** der ⟨구동독⟩ 기업종별 인정서. **~personal,** der (집합적) 조업인원, 직원, 종업원. **~prüfung,** die 기업 회계 검사. **~rat,** der ⟨Pl.: ~räte⟩ 경영 참여 근로자 대표 협의회(협의회). **~ratsmitglied,** das 경영 참여 근로자 대표 협의회의 구성원. **~ratsvorsitzende*,** der / die 경영 참여 근로자 대표 협의회 의장. **~ratswahl,** die 경영 위원회 선거. **~rente,** die 기업 연금. **~ruhe,** die 휴무. **~schluß,** der 종업(終業), 작업 마감. **~schutz,** der **1.** 기업 시설 보호. **2.** 노재(勞災) 보호, 산재(産災) 보호. **~sicher** ⟨Adj.⟩ (기계 따위가) 고장이 나지 않는, (작동을) 신뢰할 수 있는. **~sicherheit,** die ⟨Pl. 없음⟩ (기계 따위의) 신뢰도. **~spannung,** die 사용 전압. **~stätte,** die 【세무】 Betriebstätte, die 【법】 사업장, 생산장. **~stockung,** die 조업 중단(중지), 운전 고장. **~stoff,** der **1.** (기계, 설비 등의) 가동 연료. **2.** 생산용 원료. **~störend** ⟨Adj.⟩ 작업상 방해되는, 기업의 영업(운전, 가동) 중지, 운전 고장. **~tätte:** ↑Betriebsstätte. **~treue,** die 기업에의 충성. **~unfall,** der **1.** 작업장 사고, 산업 재해(産業災害). **2.** ⟨경⟩ **a)** 원하지 않은 임신. **b)** 사생아. **~vereinbarung,** die 경영체 내의 합의. **~verfassung,** die 경영체내의 규약. **~verfassungsgesetz,** das ⟨Pl. 없음⟩ 경영체 규칙법. **~vermögen,** das 【경제】 경영주 재산. **~versammlung,** die 종업원 총회. **~werk,** die 【철도】 조차장(操車場). **~wirt,** der 경영 학사, 경영 전문 학교 졸업생, 경영 전문가. **~wirtschaft,** die 경영학. **~wirtschaftlich** ⟨Adj.⟩ 경영(상)의. **~wirtschaftslehre,** die ↑~wirtschaft. **~wissenschaft,** die 경영 학. **~zugehörigkeit,** die 기업 소속, 근속.

betriebsam [bə'triːpzaːm] ⟨Adj.⟩ (지나치게) 활동적인,

바쁜. **Betriebsamkeit**, die ↑betriebsam의 명사형.
betrinken*, sich 〈h〉 술에 취하다, 명정(酩酊)하다.
betroffen [bə'trɔfn] 〈Adj.〉 [↑betreffen (3)의 과거분사] 경악한, 당황한, 놀란. **Betroffene***, der 당사자, 해당자(↑betreffen 1 참조). **Betroffenheit**, die 당황, 경악, 놀람.
betroppezt [bə'trɔpətst] 〈Adj.〉 〈österr.·통용어〉 매우 놀란, 당혹한, 말을 잃은.
betrüben 〈h〉 **a)** 슬프게 하다, (…의) 마음을 어둡게 하다: jmdn. mit einer Nachricht [durch sein Verhalten] b. 누구를 어떤 소식[자기의 태도]으로 슬프게 하다. **b)** (b. + sich) 〈아어·준고어〉 무엇을 슬퍼하다, 탄식하다, 우려하다. b. (über etw.) b. (무엇을) 슬퍼하다.
betrüblich 〈Adj.〉 슬픈, 우울하게 하는, 불쾌한: die Situation ist zur Zeit sehr b. 상황이 현재 매우 좋지 않다. **betrüblicherweise** 〈Adv.〉 유감스럽게도. **Betrübnis**, die; -se 〈아어〉 비애, 비탄, 우수, 낙담; 슬픔의 씨. **betrübt** 〈Adj.〉 슬픈, 상심한, 암담한: zu Tode b. sein 〈아어〉 매우 슬퍼하고 있다. **Betrübtheit**, die ↑betrübt의 명사형.
Betrug, der; -(e)s, 〈Pl. (schweiz.) Betrüge〉 사기, 기만, 속임: B. begehen 사기를 치다; auf dessen B. falle ich nicht herein 나는 이런 속임수에 속아 넘어가지 않는다; **ein frommer B.** 1) 천진난만한 거짓말. 2) 선의에서 나온 거짓. **betrügen*** 〈h〉 a) 속이다. 기만하다. 배반하다: sich in etw. betrogen sehen 무엇에 속았다고 생각하다; sich selbst b. 자기 자신을 속이다, 착각하다, 잘 못 생각하다; 환멸을 느끼다. **b)** 사취[편취]하다: jmdn. um 100 Mark b. 누구로부터 100마르크를 사취하다; [전의] jmdn. um sein Recht b. 누구를 속여서 권리를 빼앗다. **Betrüger**, der; -s, - 사기꾼, 기만자. **Betrügerei**, die [batryːgə'raj], die; -en 사기. **Betrügerin**, die, -nen ↑Betrüger의 여성형. **betrügerisch** 〈Adj.〉 사기의, 정직하지 못한, 표리가 있는, 믿을 수 없는.

Betrugs-: ~**manöver**, das 사기 행각. ~**verfahren**, das 사기 소송. ~**versuch**, der 사기 시도.
betrunken 〈Adj.〉 술 취한, 명정(酩酊)한: ich muß doch b. gewesen sein, als ich diese Frau heiratete 이 여자와 결혼할 당시 틀림없이 나는 제 정신이 아니었다. **Betrunkene***, der 술 주정뱅이, 술 취한 사람. **Betrunkenheit**, die 명정(酩酊).
Bett [bɛt], das; -(e)s, -en **1.** 침대, 잠자리: ein französisches B. 더블 베드; das B. richten[machen] 잠자리를 정돈하다; am Kopf-[Fußende] des -es 침대 머리말 [발치]에; jmdn. (nachts) aus dem B. holen[klingeln] 누구를 (밤중에) 깨우다; nur schwer aus dem B. kommen 마지못해 일어나다; er liegt schon drei Wochen im B. 그는 벌써 3주째 와병중이다; ins[zu] B. gehen ((아이)) sich ins B. begeben) 잠자리에 들다; sich ins B. legen 침대에 눕다; **das B. an(bei) fünf Zipfeln (an)packen (wollen)** 〈통용어〉 가능한 것 이상으로 하다(하려하다); **das B. hüten (müssen)** 병으로 누워 있다(있어야 한다). **b. mit jmdm. teilen** 〈아어〉 누구와 부부 생활을 하다; **ans B. gefesselt sein** 병석에 묶여 있다; **mit jmdm. ins B. gehen(steigen)** 〈통용어〉 누구와 자다, 동침하다, 성교하다; **sich ins gemachte B. legen** 편안한 생활을 하다. **2.** 이불(↑Federbett의 약칭): die -en lüften 이불을 바람에 쐬다; sich³ das B. über die Ohren ziehen 이불을 (머리 위로) 끌어올리다. **3.** [사냥] 짐승의 굴, 소굴. **4.** 하상(河床)(↑Flußbett의 약칭). **5.** [기술] 기계를 받치는 대(臺), 받침돌.
bett-, **Bett-**: ~**anzug**, der 〈schweiz.〉 침대의 커버. ~**bank**, die 〈Pl. -bänke〉 〈österr.〉 (소파 겸용의) 접는 침대. ~**bezug**, der 침대의 커버. ~**couch**, die 소파 겸용 침대. ~**decke**, die **1.** 이불. **2.** 침대 덮개. ~**feder**, die **1.** 침대의 스프링. **2.** 〈Pl.〉 깃털이불에 넣는 털. ~**flasche**, die 〈통용적〉 (몸을 덥게 하기 위해 자리속에 두는) 온수병. ~**geher**, der 〈österr.〉 숙박인. ~**genosse**, der 〈준고어〉 침대를 같이 쓰는 사람, 동침자. ~**genossin**, die ↑~genosse의 여성형. ~**geschichte**, die [편] **1.** 연애 관계. **2.** 연애 이야기. ~**gestell**, das (침구를 제외한) 침대. ~**hase**, der, (축소형) ~**häschen**, das 〈통용어·농〉 정부(情婦), 첩. ~**himmel**, der 침대의 천장 휘장. ~**hupferl**, das; -s, - 〈지역적〉 취침전 아이들에게 주는 과자. ~**jacke**, die (축소형) ~**jäckchen**, das 침실에서 걸치는 윗도리. ~**kante**, die 침대 모서리. ~**karte**, die [철도] 침대칸 차표. ~**kasten**, der (시트 보관용의) 침대 밑의 서랍. ~**lade**, die 〈südd., österr.〉 ↑~gestell. ~**lägerig** 〈Adj.〉 와병중인, 몸져 누워 있는. ~**lägerigkeit**, die ↑lägerig의 명사형. ~**laken**, das 〈지역적〉 침대 커버. ~**lektüre**, die 잠들기 전에 읽는 읽을거리. ~**nachbar**, der (병원 따위의) 옆침대 사람. ~**nachbarin**, die ↑~nachbar의 여성형. ~**nässen**, das; -s 야뇨증(夜尿症). ~**nässer**, der; -s, - 야뇨증 환자. ~**pfanne**, die (환자용) 변기. ~**pfosten**, der 침대의 다리. ~**platz**, der (특히 침대차의) 잠자리. ~**polster**, der; -s, (또한) ~pölster (österr.) 베개. ~**rand**, der = ~kante. ~**reif** 〈Adj.〉 〈통용어〉 (잠자리에 들어야할 만큼) 피곤한. ~**rost**, der 〈지역적〉 스프링 매트리스(침대용). ~**ruhe**, die 침대 위에 누워 취하는 안정. ~**schatz**, der 〈준고어〉 = ~genossin. ~**schoner**, der [영화] 베드신. 밤에 잠자지 않는 사람, 밤에 환락을 즐기는 사람. ~**schüssel**, die ↑~pfanne. ~**schwere**, die (다음 용법으로) **die nötige B. haben** 〈통용어〉 곤드레 만드레 취하여 쉽게 잠이 들 정도로 피곤한 상태에 처해 있다. ~**statt**, die; -stätten 〈südd., österr.〉 ↑~gestell. ~**stelle**, die = ~statt. ~**szene**, die [영화] 베드신. ~**truhe**, die (드물게) 깃털 이불을 넣는 장. ~**tuch** (비분리식: Bettuch), das 시트. ~**überzug**, der 침대의 커버. ~**umrandung**, die 침대 주위에 까는 양탄자. ~**vorlage**, die, ~**vorleger**, der **1.** 침대 옆에 까는 그만 양탄자. **2.** 〈통용어·농〉 **a)** 털이긴 개. **b)** 길고 더부룩한 수염. ~**wanze**, die 침대의 빈대. ~**wärme**, die 침대의 온기. ~**wärmer**, der; -s, - **1.** 잠자리에 넣어 몸을 덥히는 온수병. **2.** 〈통용어·농〉 동침자. ~**wäsche**, die 시트, 이불 및 베갯잇(떼어서 세탁할 수 있는 것). ~**zeug**, das 〈통용어·편〉 침구류. ~**zipfel**, der 이불의 단: **nach dem B. schielen** 〈통용어〉 너무 피곤해서 자고 싶어하다; **der B. winkt** 〈통용어·농〉 피곤하다.

Bettel ['bɛtl], der; -s **1.** 〈준고어〉 걸식, 구걸, 걸식[구걸] 하기: sich vom B. ernähren 구걸하여 먹고 살다. **2.** 〈통용어〉 쓸데없는 것, 허접스레기; 하찮은 일, 자질구레한 일; **jmdm. den (ganzen) B. vor die Füße werfen[schmeißen]** 누구에게 절교장을 내던지다.
bettel-, **Bettel-**: ~**arm** 〈Adj.〉 아주 가난한, 청빈한. ~**brief**, der 구걸 편지. ~**bruder**, der **1.** 탁발 수도사. **2.** 〈통용어·편〉 거지. ~**frau**, die 〈고어〉 여자 거지. ~**geld**, das 〈통용어·편〉 너무 적은 돈, 거지에게 주는 돈. ~**kram**, der = ↑Bettel (2). ~**leute**, die 〈Pl.〉 거지들. ~**mann**, der 〈Pl.: -leute〉 〈고어〉 거지. ~**mönch**, der 탁발 수도사. ~**musikant**, der 〈준고어〉 거리의 악사. ~**orden**, der (중세로 생각되는) 탁발 수도회. ~**sack**, der **1.** 〈고어〉 동냥자루. **2.** 〈편〉 끈질기게 졸라대는 사람. ~**stab**, der (다음 용법으로만) **jmdn. an den B. bringen** 누구를 영락시키다; **an den B. kommen** 영락하다. ~**suppe**, die 〈고어〉 **1.** 거지에게 주는 스프. **2.** 〈편〉 멀건 스프. ~**volk**, das

《폄》거지떼, 거지 사회. **~weib**, das 《고어》여자 거지.
Bettelei [bɛtə'laj], die, -en 《폄》 **1.** 〈Pl. 없음〉구걸, 동냥질, 직업적 구걸. **2.** 애걸, 강청(强請), 집요한 요구.
bettelhaft 〈Adj.〉 《준고어·아어》가련한, 비참한, 천박한; 걸인 같은. **betteln** ['bɛt|n] 〈h〉 **1.** 동냥질하다, 걸식하다, 구걸하다: an den Türen b. 문전 걸식하다; um Geld b. 돈을 달라고 간청하다; 전의 die Kunst geht b. 예술은 돈과 인연이 멀다, 예술은 빌어 먹는다. **2.** 무리하게 요구하다, 떼를 쓰다: bei jmdm. um Verzeihung b. 누구에게 용서해 달라고 떼를 쓰다.
betten ['bɛtŋ] 〈h〉 (아어) **a)** 자리에 들이다, 재우다, 숙박시키다: den Verletzten auf das Sofa (드물게) auf dem Sofa b. 부상자를 소파에 눕히다; sie bettete dem Kopf an seine Schulter 그녀는 머리를 그의 어깨에 기대었다; 속담 wie man sich bettet, so liegt (schläft) man 인과 응보; 전의 das Dorf ist in grüne Wiesen gebettet (아어) 그 마을은 푸른 풀밭으로 둘러싸여 있다; **sich weich b.** 유복한 삶을 마련하다; **weich gebettet sein** 유복한 생활을 하고 있다. **b)** †einbetten.
Betten-: **~bau**, der 〈Pl. 없음〉침대 제작. **~burg**, die 《통용어》휴가지, 휴양지. **~hausen** [(또한) —'— —] (다음 용법으로) **nach B. gehen** 《통용어》잠자리에 들다. **~kapazität**, die 〈관〉(환자, 투숙객 등의) 수용 능력. **~machen**, das; -s 잠자리 정돈. **~mangel**, der (병원, 호텔 따위의) 침대 수 부족.
Bettler ['bɛtlɐ], der; -s, - 걸인, 거지, 동냥치. **bettlerhaft** 〈Adj.〉 거지 같은; 가련한, 비참한, 천박한. **Bettlerin**, die; -nen ↑Bettler의 여성형. **bettlerisch** 〈Adj.〉 ↑bettelhaft. **Bettlerzinken**, der (문간에 붙이는) 거지끼리의 암호.
Bettung, die; -en (철로, 기계, 포 등의) 바닥판, 대(臺), 가(架); 노반(路盤); 포상(鋪床).
betucht [bə'tuːxt] 〈Adj.〉 《통용어》유복한, 재산이 있는.
betulich [bə'tuːlɪç] 〈Adj.〉 **1.** 친절한, 상냥한, 싹싹한: eine -e alte Dame 상냥한 노년 부인. **2.** 《드물게》안일한, 차분한, 유유한. **Betulichkeit**, die ↑betulich의 명사형.
betun', sich 〈h〉 《통용어》 **1.** 친절하게 (허물없이) 행동하다(처신하다). **2.** 젠 체하다, 뻐기다.
betupfen 〈h〉 **1.** 가볍게 문지르다(두드리다), 가볍게 치면서 적시다: dem Kranken mit einem Tuch die Stirn b. 환자의 이마를 수건으로 닦다(적시다). **2.** 점무늬를 찍다: (대개 과거분사) ein bunt betupftes Kleid 울긋불긋한 반점(斑點)이 있는 드레스.
betuppen [bəˈtʊpn̩] 〈h〉 (nordwestd.·통용어) 속이다.
betusam [bəˈtuːzaːm] 〈Adj.〉 《드물게》 상냥한, 친절한 (↑betulich).
betütern [bə'tyːtɐn] 〈h〉 (nördd.·통용어) **1.** 누구를 과도히 보호(걱정)하다. **2.** 〈b. + sich〉 얼큰하게 술에 취하다. **betütert** [bə'tyːtɐt] 〈Adj.〉 (nordd.) 당황한, 바보 스런; 거나하게 취한.
Beuche ['bɔyçə], die; -n 〈전문어〉(세탁용의) 잿물.
beuchen 〈h〉 〈전문어〉잿물로 세탁하다, (잿물로) 삶아 빨다.
beugbar ['bɔykbaːɐ̯] 〈Adj.〉 구부릴 수 있는, 〈어미〉변화하는. **Beugbarkeit**, die ↑beugbar의 명사형.
¹Beuge ['bɔygə], die; -n **1.** 〈드물게〉굴곡, 만곡. **¹)** 팔, 다리를 구부릴 때의 안쪽. **2.** [체조] 굴곡 운동.
²Beuge [-], die; -n ↑²Beige.
Beuge-: **~fall**, der [법] 강제 구금. **~haft**, die [법] 강제 구금. **~mann**, der 〈Pl. : -männer〉 《통용어·농》절, 인사. **~muskel**, der 굴근(屈筋). **~stellung**, die 굽힌 자세. **~strafe**, die [법] 강제벌 (일정한 행동, 태도를 강요하는) 교정벌(矯正罰).
Beugel ['bɔygl̩], das; -s, - (österr.) 뿔 모양의 빵과자의 일종.

beugen ['bɔygn̩] 〈h〉 **1. a)** 굽히다, 구부리다, 숙이다, 휘다: den Kopf gebeugt halten 머리를 숙인 채로 계속 있다; 전의 das Alter hatte ihn gebeugt (그)는 나이가 먹어 등이 휘었다. **b)** 〈b. + sich〉 몸을 구부리다 (굽히다): sich aus dem Fenster b. (내다보기 위해) 창 밖으로 몸을 구부리다. **2. a)** (아어) 굴복시키다. **b)** 〈b. + sich〉 따르다, 굴복하다, 복종하다: sich jmds. Willen b. 누구의 의지에 따르다. **3.** [법] 멋대로 해석하다: das Recht b. 법을 멋대로 해석하다, 부정(不正)하다. **4.** [문법] **a)** 변화시키다, 활용하다: ein Verb b. 동사를 변화시키다. **b)** 어형 변화하다: dieses Verb beugt schwach 이 동사는 약변화한다. **5.** [물리] (광선 등을) 굴절시키다. **Beuger** ['bɔygɐ], der; -s, - [의학] 굴근(屈筋) (반대: Strecker). **beugsam** ['bɔyksaːm] 〈Adj.〉 《고어》 유연한, 타협적인, 순종의. **Beugsamkeit**, die ↑beugsam의 명사형. **Beugung**, die; -en **1.** 굴곡, 구부림, 복종. **2.** [법] 자의적 법률 해석, 법 무시. **3.** [문법] (어미) 변화, 활용. **4.** [물리] 굴절.
beugungs-, Beugungs- [문법] **~endung**, die 변화 어미. **~fähig** 〈Adj.〉 변화시킬 수 있는, 활용할 수 있는. **~fähigkeit**, die 〈Pl. 없음〉 ↑fähig의 명사형. **~s**, das; -, - [언어] 단수 2격의 어미 -s 복수 어미 -s (예컨대: des Vaters, die Autos). **~silbe**, die 변화(활용) 음절.
Beule ['bɔylə], die; -n **1.** 혹, 종기, 부스럼, 종양: beim Sturz eine B. bekommen 넘어지면서 혹이 생기다. **2.** (두들겨 생긴) 움푹 들어간 것; (금속의) 돋을 새김 세공.
beulen ['bɔylən] 〈h〉 주름이 지다. **Beulenpest**, die 선(腺) 페스트. **beulig** ['bɔylɪç] 〈Adj.〉 혹투성이의, 돋을 새김 장식이 있는.
Beunde ['bɔyndə], die; -n (südd., schweiz.) 울타리로 둘러싸은 토지 (특히 경작지).
beunruhigen [bəˈʊnruːɪgn̩] 〈h〉 **1.** 불안하게 하다, 걱정시키다: -de Nachrichten 불안한 뉴스. **2.** 〈b. + sich〉 걱정하다, 불안을 느끼다: du brauchst dich um sie (ihretwegen, wegen ihr) nicht zu b. 너는 그 여자 때문에 걱정할 필요가 없다. **Beunruhigung**, die; -en 불안하게 함, 괴롭힘; 불안, 동요, 우려, 번민, 흥분 상태.
beurgrunzen [bəˈʔuːɐ̯ɡrʊntsn̩] 〈h〉 《통용어·농》 자세히 조사하다.
beurkunden [bəˈʔuːɐ̯kʊndn̩] 〈h〉 **1.** 문서에 기록하다, 등록 (등기) 하다; 문서로 증명하다; 공증하다: etw. in den Akten b. 무엇을 서류에 기록하다; die Kirchenbücher beurkunden das Sterbedatum 교회 기록부가 영면일 (永眠日)을 증명한다. **2.** (고어) **a)** 증명(입증) 하다, 표명하다: seine Gesinnung b. 자신의 신념을 표명하다. **b)** 〈b. + sich〉 표명되다, 나타나다: in dieser Haltung beurkundet sich seine Gesinnung 이 행동에 그의 신념이 드러난다. **Beurkundung**, die; -en (문서에 의한) 기록, 등록, 문서(증서) 작성.
beurlauben [bəˈʔuːɐ̯laubn̩] 〈h〉 **1. a)** (누구에게) 휴가를 주다: einen Schüler (für einen paar Tage) b. 학생에게 (몇 일 동안) 휴가를 주다. **b)** (일시적으로 누구에게) 직무를 면해 주다: der Beamte wurde bis zur Klärung der Angelegenheit beurlaubt 그 공무원은 이 사건이 해결될 때까지 직무가 면제되었다. **2.** 〈b. + sich〉 《준고어》하직인사를 하다, 작별하다: gleich nach dem offiziellen Empfang beurlaubte ich mich 공적 리셉션 후에는 곧 자리를 떠났다. **Beurlaubung**, die; -en 휴가를 줌; 일시 해고.
beurteilen 〈h〉 판단(판정) 하다, 평가하다; 비판(비평) 하다: einen Menschen nach seinem Äußeren b. 사람을 외모로 판단하다; das ist schwer zu b. 그것은 판단하기 어렵다. **Beurteiler**, der; -s, - 판단자, 비판자, 비평

가. **Beurteilung**, die; -en **1.** 판단, 비평, 평가. **2.** 판정서, 소견서, 비평서. **Beurteilungsmaßstab**, der 판정[비판] 기준.

Beuschel [ˈbɔyʃl], das; -s, - **1.** (österr., bayr.) (짐승의) 내장 요리(특히 심장과 허파의). **2.** (österr.·경) **a)** 허파, 폐. **b)** 사람의 내장.

beut [bɔyt] ⟨고어·시어⟩ biete(t).

¹Beute [ˈbɔytə], die **1.** 노획물, 전리품: sich die B. teilen 노획물을 나누다; auf B. ausgehen 약탈하러 나가다; das Raubtier stürzte sich auf seine B. 맹수가 먹이를 향해 돌진했다; **leichte Beute** 쉽게 획득할 수 있는 것. **2.** (아이) 희생: das Haus wurde eine B. der Flammen 그 집은 불에 타버렸다.

²Beute [-], die; -n ⟨지역어⟩ **1.** (빵 재료를) 반죽하는 통, 목재그릇. **2.** 꿀벌통, 벌집.

beute-, Beute-: **~beladen** ⟨Adj.⟩ 노획물을 실은. **~deutsche**, der (나치·멸) 독일 국적을 가진 (특히 동구권의) 사람으로 독일어를 잘 못하는 사람. **~germane**, der (나치·멸) †Beutedeutsche. **~gier**, die 약탈욕. **~gierig** ⟨Adj.⟩ 약탈하기 좋아하는; 다른 동물을 잡아먹는. **~gut**, das 약탈품, 노획물, 전리품. **~lüstern** ⟨Adj.⟩ 약탈욕에 가득 차 있는. **~lustig** ⟨Adj.⟩ †beutelüstern. **~recht**, das (전란 중의) 약탈권, (전리품에 대한) 점유권. **~stück**, das 약탈물, 노획물. **~zug**, der 약탈 행군.

¹Beutel [ˈbɔytl], der; -s, - **1. a)** 작은 주머니, 자루: Tabak in den B. tun 담배를 쌈지에 넣다. **b)** (통용어) 돈주머니, 돈지갑: den B. (aus der Tasche) ziehen (주머니에서) 돈지갑을 꺼내다; den B. aufmachen 돈을 치르다; **jmds. B. ist leer** 누구는 빈털털이이다; **tief in den B. greifen müssen** 가진 돈을 죄다 털어야 한다, 많은 돈을 치루어야 한다; **den B. festhalten[zuhalten]** 돈주머니를 졸라매다, 돈을 내놓지 않다; **etw. geht an den B.** 무엇은 값이 비싸다, 비용이 많이 든다; **etw. reißt ein großes[arges] Loch in jmds. Beutel** 무엇이 누구의 돈주머니에 큰 구멍을 내다, 많은 비용을 치루게 하다. **2.** (캥거루 등 유대동물의) 육아낭(育兒囊). **3.** (österr.·속어) 얼간이, 귀찮은 사람. **4.** (고어) 체.

²Beutel [-], der; -s, - ↑Beitel.

Beutel-: **~bär**, der 호주산 유대동물(有袋動物), 코알라. **~meise**, die 깨새, 박새. **~ratte**, die 주머니쥐. **~schneider**, der **1.** (고어) 소매치기. **2.** (준고어·아이) 사기꾼, 협잡꾼. **~schneiderei**, die 착취, 사기, 협잡. **~sieb**, das (고어) 체. **~tier**, das 유대류(有袋類). **~tuch**, das (고어) 쳇불, 체의 포.

beuteln [ˈbɔytln] **1. a)** (고어) 체를 치다, 체로 거르다. **b)** (südd., österr.) 흔들다, 흔들어 움직이다: ein Kind (an den Haaren) b. 아이를[아이의 머리카락을 쥐고] 흔들다; (전의) das Leben hat ihn tüchtig gebeutelt 삶이 그를 매우 괴롭혔다. **2.** (지역적) 누구의 돈을 옭아먹다, 사취하다. **3.** 주름이 지다, 주름이 잡히다: die Hose beutelt an den Knien 바지가 무릎 부분에 주름이 잡힌다.

beuten [ˈbɔytn] ⟨h⟩ (벌통에) 야생벌을 넣다. **Beutenhonig**, der; -s 야생 벌꿀.

Beutler [ˈbɔytlɐ], der; -s, - (동물) 유대류(有袋類).

Beutner [ˈbɔytnɐ], der; -s, - 야생벌을 치는 사람. **Beutnerei**, die 야생벌치기.

beutst [bɔytst] ⟨고어·시어⟩ = bietest.

bevettern [bəˈfɛtɐn] ⟨h⟩ (고어) (누구를) 종형제처럼(어 물없이) 대우하다.

bevogten [bəˈfoːktn̩] ⟨h⟩ (schweiz.·고어) **a)** (누구의) 후견인 역할을 하다: jmdn. b. 누구의 후견인 역할을 하다. **b)** (누구를) 후견하다, 감독하다. **Bevogtung**, die;

-en ↑bevogten의 명사형.

bevölkern [bəˈfœlkɐn] ⟨h⟩ **1. a)** 사람이 (자리잡고) 살게 하다: damals bevölkerten die Kelten dieses Gebiet 당시 켈트 족이 이 지역에 살고 있었다. **b)** 모여서 활기띠게 하다: Touristen bevölkerten die Lokale 여행객이 술집들을 가득 메웠다. **2.** 식민(植民)하다: ein Land (mit Ansiedlern) b. 어떤 나라에 (이주민들을 보내) 식민하다. **3.** ⟨b. + sich⟩ 사람이 거주하다(살다), 인구가 늘어나다. **Bevölkerung**, die; -en **1.** 주민, 인구: die B. nahm zu[ab] 인구가 늘었다(줄었다). **2.** ⟨Pl. 없음⟩ (드물게) 식민(植民).

bevölkerungs-, Bevölkerungs-: **~abnahme**, die 인구 감소. **~abwanderung**, die 주민 이주. **~anteil**, der 주민 참여. **~austausch**, der 주민 교환. **~bewegung**, die 인구 이동(출산, 사망 등). **~dichte**, die 인구 밀도. **~druck**, der ⟨Pl. 없음⟩ 인구로 인한 (정치적, 경제적) 압박. **~explosion**, die 인구 폭발. **~gruppe**, die 주민 집단. **~kreis**, die ↑Bevölkerungsgruppe. **~politik**, die 인구 정책. **~politisch** ⟨Adj.⟩ 인구 정책상의. **~reich** ⟨Adj.⟩ 인구가 많은. **~schicht**, die 주민 계층. **~schwund**, der 인구 감소. **~statistik**, die 인구 통계. **~statistisch** ⟨Adj.⟩ 인구 통계상의. **~struktur**, die 인구 구조. **~überschuß**, der 인구 과잉(과밀). **~verschiebung**, die 인구 이동. **~wissenschaft**, die ⟨Pl. 없음⟩ 인구학(인구의 구성, 이동 등을 연구하는). **~zahl**, die 인구. **~ziffer**, die 인구 숫자. **~zunahme**, die 인구 증가. **~zuwachs**, der 인구 증가.

bevollmächtigen [bəˈfɔlmɛçtɪɡn̩] ⟨h⟩ 누구에게 무엇을 할 전권을 주다(위임하다): jmdn. zu etw. b. 누구에게 무엇을 할 전권을 주다; (zu etw.) bevollmächtigt sein (무엇을 할) 전권을 위임받고 있다. **Bevollmächtigte**[*], der/die 전권 대표, 전권 사절, 수권자, 대리인. **Bevollmächtigung**, die; -en 전권 위임, 대리권 수여, 전권.

bevor [bəˈfoːɐ̯] ⟨Konj.⟩ …하기 전에: b. wir abreisen, müssen wir noch viel erledigen 우리가 여행 떠나기 전에 처리할 일이 아직 많다; es geschah[ist geschehen], (kurz) b. er starb 그 일은 그가 죽기 (바로) 전에 일어났다; **bevor ... nicht** …하기 전에는 …할 수 없다: ich lasse dich nicht fort, b. du (nicht) unterschrieben hast 네가 서명하기 전에는 너를 못 가게 할 테다.

bevormunden [bəˈfoːɐ̯mʊndn̩] ⟨h⟩ 후견하다, 감독하다, (누구의) 행위의 행세를 하다; (누구에게) 후견인을 붙이다: ich lasse mich von niemandem b. 나는 어느 누구의 감독도 받지 않는다. **Bevormundung**, die; -en 후견, 후견, 후견인 설정.

bevorraten [bəˈfoːɐ̯raːtn̩] ⟨h⟩ (격식독어) 저장품을 갖추다. **Bevorratung**, die; -en 저장, 저장품.

bevorrechten [bəˈfoːɐ̯rɛçtn̩] ⟨h⟩ (누구에게) 특권을 주다, 특허하다(↑bevorrechtigen). **bevorrechtigen** [bəˈfoːɐ̯rɛçtɪɡn̩] ⟨h⟩ [(고형)] bevorrechten] (누구에게) 특권을 주다, 특허하다: einzelne Personen b. 몇몇 사람에게 특권을 부여하다. **Bevorrechtigung**, die; -en 특권(부여), 특허: die B. der Fußgänger an Überwegen 횡단 보도에서의 보행자 우선권. **Bevorrechtung**, die; -en ↑bevorrechten의 명사형.

bevorschussen [bəˈfoːɐ̯ʃʊsn̩] ⟨h⟩ (격식 독어) (누구에게) 선불하다, 선대(先貸)하다, 입체하다: (jmdm.) das nächste Gehalt b. (누구에게) 다음달 봉급을 가불하다. **Bevorschussung**, die; -en ↑bevorschussen의 명사형.

bevorstehen[*] 임박하다, 면전에 있다: die -den Wahlen 다음 선거.

bevorteilen [bəˈfɔrtaɪ̯ln̩] ⟨h⟩ **1.** 이롭게 하다, (누구에게)

이익을 주다, 우대하다. 2. 《고어》 사기하다, (누구의) 이익을 빼앗다. **Bevorteilung**, die; -en ↑bevorteilen의 명사형.

bevorworten [bə'fo:ɐvɔrtn̩] 〈h〉 (책에) 서문을 쓰다. **Bevorwortung**, die; -en ↑bevorworten의 명사형.

bevorzugen [bə'fo:ɐtsu:gn̩] 〈h〉 **a)** 사랑하다, 좋아하다: ausländische Ware b. 외국 상품을 선호하다. **b)** (다른 사람보다) 더 좋아하다, 우대하다, 두둔하다, 특권을 주다: der Lehrer bevorzugte diesen Schüler (vor den anderen) 그 교사는 이 학생을 (다른 아이들보다) 더 좋아했다; Kriegsversehrte sind bevorzugt zu bedienen 상이군인들을 우선적으로 대우해야 한다. **Bevorzugung**, die; -en ↑bevorzugen의 명사형.

bewachen 〈h〉 파수하다, 감시하다, (무엇에) 주의하다: die Grenze b. 국경을 감시하다; ein bewachter Parkplatz 관리인이 있는 주차장. **Bewacher** [bə'vaxɐ], der; -s, - 감시인, 관리인: die B. der Kriegsgefangenen 전쟁 포로 감시인.

bewachsen' 〈h〉 번성해서 뒤덮다: Moos bewuchs den Felsen 이끼가 마구 자라 바위를 뒤덮었다; 〈대개 과거분사〉 das Grundstück ist von Unkraut bewachsen 그 땅은 잡초로 뒤덮여 있다; eine von[mit] Efeu bewachsene Laube 송악으로 뒤덮어진 정자(亭子). **Bewachsung**, die; -en ↑bewachsen의 명사형.

Bewachung, die; -en ↑bewachen의 명사형. **1.** 감시, 경호, 감시받음: die B. eines Gebäudes übernehmen 건물의 감시를 맡다; jmdn. [etw.] unter B. stellen 누구 [무엇]를 감시하에 두다; sich der B. entziehen 《구기》 방어를 피하다, 수비를 뚫다. **2.** 호위대, 감시인: die **Bewachungsmannschaft**, die 호위대. **Bewachungssystem**, das (감시[호위] 체계.

bewaffnen 〈h〉 무장시키다, (누구에게) 무기를 휴대시키다: er bewaffnete sich mit einem Messer 그는 칼을 휴대했었다; bewaffnete Soldaten 무장군인; nur mit bewaffnetem Auge zu erkennen 그 별은 망원경으로만 식별할 수 있다; 〔전의〕 ich bewaffnete mich mit einem Regenschirm (Ew) 나는 우산을 휴대했었다. **Bewaffnete**', der / die 무장한 사람. **Bewaffnung**, die; -en **1.** 무장 군비. **2.** 무기(전체).

Bewahranstalt, die ↑Kinderbewahranstalt. **bewahren** 〈h〉 **1.** (무엇으로부터) 보호하다, (...을) 방지하다: jmdn. vor Schaden b. 누구의 손실을 방지하다. **(Gott) bewahre**, 《통용어》 i **bewahre** 당치도 않다, 그런 일이 있을 수 있나! **2.** 《아어》 보관하다, 맡다: Schmuck in einem Kasten b. 보석을 상자에 보관하다; 〔전의〕 etw. im Gedächtnis b. 무엇을 기억하고 있다. **3.** 보존하다, 지키다, 유지하다: über etw. Stillschweigen b. 무엇에 대해 침묵을 지키다; dem Freund die Treue b. 친구에게 신의를 지키다; sich³ keusch b. 순결을 지키다; dieser Brauch wird bis heute bewahrt 이 풍습은 오늘날까지 유지되었다.

bewähren [bə'vɛ:rən] 〈h〉 **1.** 〈b. + sich〉 쓸 만하다고, 적합하다고, 신용할 수 있다고〉 입증되다, 확증되다: er hat sich als treuer Freund bewährt 그는 신의있는 친구임이 입증되었다; 〈과거분사〉 ein bewährter Mitarbeiter 믿을 만한[노련한] 동료. **2.** 《준고어》 증명하다, 보여 주다: er hat seinen Mut oft bewährt 그는 용기를 자주 보여 주었다.

Bewahrer [bə'va:rɐ], der; -s, - 《드물게》 수호자, 보관자.

bewahrheiten [bə'va:ɐhaitn̩], sich 〈h〉 진실임이 판명되다: das Gerücht scheint sich zu b. 그 소문이 사실로 판명될 듯하다. **Bewahrheitung**, die 진실의 증명.

bewahrsam [bə'va:ɐza:m] 〈Adj.〉 《드물게》 주의깊은, 신중한.

bewährt [bə'vɛ:ɐt] ↑bewähren (1) 참조. **Bewährtheit**, die 진실임, 확실, 신용해야 하는 것, 유효.

Bewahrung, die 수호, 방위, 보관, 유지(↑das Bewahren (1~3)).

Bewährung, die; -en 확증, 증명, 검증. [법] 보호 관찰, 집행 유예: er muß eine Möglichkeit zur B. erhalten 그는 확증할 만한 가능성을 확보해야만 한다; [법] er erhielt drei Monate Gefängnis mit B. 그는 징역 3개월에다 집행 유예를 언도 받았다.

Bewährungs-: ~**auflage**, die [법] 집행 유예 단서. ~**bataillon**, das [법] 징벌 부대. ~**frist**, die [법] 집행 유예 기간, 보호 관찰 기간. ~**helfer**, der [법] 보호 관찰관. ~**hilfe**, die [법] 보호 관찰. ~**probe**, die 엄격한 음미(吟味); 엄밀한 시험: die B. bestehen 테스트에 합격하다; jmdn. auf die B. stellen 누구를 엄격하게 시험하다. ~**zeit**, die 집행 유예 기간.

bewalden [bə'valdn̩] 〈h〉 **a)** 〈a. + sich〉 숲으로 덮여지다: 〈대개 과거분사로〉 bewaldete Berge 수목이 무성한 산. **b)** 숲으로 덮다: ein Gebiet b. 어떤 지역에 조림하다. **Bewaldung**, die; -en **a)** 삼림, 삼림 지역, 삼림 상태. **b)** 조림(造林), 식림(植林). **bewaldrechten** [bə'valtrɛçtn̩] 〈h〉 (벌목한 나무를) 대충 다듬다, 다듬지 않고 거칠게 깎다, (둥근 나무를) 네모지게 자르다.

bewältigen [bə'vɛltɪɡn̩] 〈h〉 극복하다, 압도하다, (일을) 성취하다 (재료를) 제 마음대로 다루다; (음식을) 먹어 치우다; ein Problem b. 문제를 해결하다; Schwierigkeiten b. 어려움을 극복하다; der Zug bewältigt die Strecke in 5 Stunden 그 구간을 5시간에 달린다. **Bewältigung**, die; -en 극복, 성취.

bewandern 〈h〉 《드물게》 여행하다, 두루 돌아다니다: ich habe im Urlaub den Süden Englands bewandert 나는 휴가중에 영국 남부를 두루 여행했다. **bewandert** [bə'vandɐt] 〈Adj.〉 경험이 있는, 통달한, 조예가 깊은, 정통한: auf einem Gebiet (gut) b. sein 어느 분야에서 (아주) 조예가 깊다. **Bewandertheit**, die 정통, 통달.

bewandt [bə'vant] 〈Adj.〉 《다음 용법으로》 **so b. sein** 《고어》 ...은 상황이다, 사정이다: damit ist es so b. 그것의 사정은 그러하다. **Bewandtnis** [bə'vantnɪs], die; -se **1.** 《Pl. 없음》 《고어》 사정, 상황, 사태. **2.** 《대개 다음 용법으로》 mit jmdm. [mit etw.] hat es (s)eine eigene (besondere) B. [hat es folgende B.] 누구[무엇]에게는 그 나름의 (특별한) 사정이 있다[다음과 같은 사정이 있다].

bewässern 〈h〉 (...에) 물을 대다, 관개하다, 살수하다, (...에) 물을 주다: die Wüste zu b. suchen 사막에 관수를 시도하다. **Bewässerung**, 《드물게》 **Bewäßrung**, die; -en 급수, 관개.

Bewässerungs-, 《드물게》 **Bewäßrungs-**: ~**anlage**, die 관개 시설. ~**graben**, der 관개용 수로. ~**kanal**, der 관개용 운하, 용수로(路). ~**pumpe**, die 관개용 펌프, 용수 펌프. ~**system**, das 관개 시설 체계.

bewegbar [bə've:kba:ɐ] 〈Adj.〉 움직일 수 있는. ¹**bewegen** [bə've:gn̩] 〈h〉 **1. a)** 움직이다: den Arm b. 팔을 움직이다; sie bewegte beim Sprechen kaum die Lippen 그녀는 말할 때의 입술을 움직이지 않았다; 〈과거분사〉 die See war leicht, stark bewegt 바다가 잔잔하게, 거세게 물결쳤다; 〔전의〕 bewegte Zeiten 다사다난한[격동의] 시기; ein bewegtes Leben 파란만장한 생애. **b)** 〈b. + sich〉 움직이다, 동요하다, 흥분하다: vor Schmerzen konnte er sich kaum b. 통증으로 그는 거의 움직일 수 없었다. **c)** (의) 자리를 옮기다, 이동시키다: (sich) auf und ab [hin und her] b. 이리저리 왔다갔다 하다; sich im Kreis b. 회전하다, 돌다; ich muß mich noch ein bißchen b. 《통용어》 나는 잠깐 바깥바람 좀 쐬

²bewegen

어야겠다. d) ⟨b. + sich⟩ 진행하다, 이행(移行)하다, 동요하다: die Erde bewegt sich um die Sonne 지구는 태양 주위를 돈다; der Preis bewegt sich zwischen zehn und zwanzig Mark 가격이 10에서 20마르크 사이에서 오르락내리락한다. e) 행동하다: sich völlig ungezwungen b. 아주 자연스럽게 행동하다. 2. a) 자극하다, 사로잡다, 감동시키다: seine Worte haben uns tief bewegt 그의 말은 우리를 깊이 감동시켰다; eine bewegende Rede 감동적인 연설. b) 내적으로 몰두시키다, 사로잡다: dieser Gedanke bewegt mich seit langem 이 생각이 오랫동안 나를 사로잡고 있다. c) (아이) 숙고하다, 생각하다: geht und bewegt bei euch alle meine Worte! 가서 내 모든 말을 잘 생각해 보아라. ²**bewegen*** [-] ⟨h⟩ (누구에게 권해) 무엇을 하게 하다, 결심시키다: er ließ sich nicht b., bei uns zu bleiben 그는 우리와 함께 머무르도록 설득되지 않았다; was hat ihn wohl zur Abreise bewogen? 무엇이 그를 떠나도록 만들었나? **Beweggrund,** der; -(e)s, ...gründe 동기, 동인. **beweglich** [bəˈveːklɪç] ⟨Adj.⟩ **1.** 움직일 수 있는, 움직이기 쉬운, 가동적인(반대: unbeweglich): die Puppe hat -e Glieder 그 인형은 움직이는 손발을 갖고 있다; -e Habe[Güter] 동산(動産); Ostern und Pfingsten sind -e Feste 부활절과 성신강림절은 날짜가 일정치 않은[매년 달라지는] 축일이다. **2.** 활발한, 경쾌한, 재빠른, 재치있는(반대: unbeweglich); ein flinker, -er Bursche 날쌔고 재치있는 녀석; eine -e Politik 탄력성 있는[유연한] 정치. **3.** (준고어) (마음을) 움직이게 하는, 감동적인, 사로잡는. **Beweglichkeit,** die 〈Pl. 없음〉 활동성, 기동성, 민첩성, 재능, 능력, 사람의 마음을 움직임, 비장(悲壯). **bewegt** [bəˈveːkt] ⟨Adj.⟩ ↑bewegen의 과거분사형. **Bewegtheit,** die 동요, 불안, 감동, 감정. **Bewegung,** die -en **1. a)** 움직임, 운동, 동작, 활동: ihre -en sind elegant 그녀의 동작은 우아하다; eine Maschine in B. setzen 기계를 움직이게 하다(가동시키다). **b)** 운동, 이동, 진행: sich³ B. machen 운동하다, 산책하다; der Arzt verordnete ihm viel B. in frischer Luft 의사는 그에게 신선한 공기 속에서 많이 운동하라고 지시했다; die ganze Stadt war in B. 온 도시가 들썩였다; wir werden ihn schon in B. bringen 우리는 그를 활동하게[움직이게] 할 것입니다; der Zug [⟨통용어⟩ der Kellner] setzte sich in B. 그 기차[(종업원)]는 움직이기 시작했다. **2.** 격동; 감격, 감동, 흥분, 동요, 불안: er konnte seine (innere) B. nicht verbergen 그는 그의 (내적인) 동요를 감출 수 없었다. **3. a)** (정신적, 정치적, 사회적) 운동, 경향: die liberale B. des 19. Jahrhunderts 19세기의 자유주의 운동. **b)** (공동의 목표를 관철시키기 위해 연대하는 다수의) 운동원들.

bewegungs-, Bewegungs-: **~ablauf,** der 운동의 경과. **~apparat,** der [해부] 운동 기관. **~bad,** das (의사의 지시에 따라) 운동할 수 있는 목욕탕. **~bedürfnis,** das 〈Pl. 없음〉 운동의 필요성. **~behandlung,** die ↑-therapie. **~drang,** der 〈Pl. 없음〉 운동하려는 충동. **~energie,** die 〈Pl. 없음〉 [물리] 운동 에너지. **~erziehung,** die 〈Pl. 없음〉 [스포츠] 운동 교육. **~freiheit,** die 〈Pl. 없음〉 활동의 자유. **~krieg,** der 이동전(반대: Stellungskrieg). **~lehre,** die [스포츠] 운동학, 역학, 기계학. **~los** ⟨Adj.⟩ 움직이지 않는, 부동의. **~losigkeit,** die [법] 부동(성). **~nerv,** der [의학] 운동 신경. **~richtung,** die 운동 방향. **~spiel,** das 운동을 목적으로 하는 놀이. **~studie,** die **1.** (작업시의) 운동 과정 연구. **2.** (대개 Pl.) 동작 연구. **~therapie,** die 운동 요법. **~trieb,** der 〈Pl. 없음〉 운동 충동. **~übertragung,** die 운동의 전이. **~unfähig** ⟨Adj.⟩ 운동 능력이 없는, 움직일 수 없는. **~unfähigkeit,** die 〈Pl. 없음〉 운동 불능. **~vermögen,** das 〈Pl. 없음〉 운동 능력. **~weise,** die 운동 방법.

bewehren ⟨h⟩ **1.** (준고어) 무장시키다: sich mit Lanze und Schild b. 창과 방패로 무장하다. **2.** ↑armieren (2 a). **Bewehrung,** die; -en **1.** 무장, 보강. **2.** (콘크리트 건축의) 철근, (전선의) 피복 따위.

beweiben [bəˈvaɪbn̩], sich ⟨h⟩ (고어·농) (누구에게) 아내를 맞게 하다: er hat sich beweibt 그는 아내를 맞아 들였다; (대개 과거분사) er ist jetzt auch beweibt 그도 지금은 아내가 있다.

beweiden ⟨h⟩ (방목하여) 풀을 뜯어먹게 하다. **Beweidung,** die; -en ↑beweiden의 명사형.

beweihräuchern ⟨h⟩ **1.** (…에) 향을 피우다, (…을) 향으로 가득 채우다. **2.** (口) 과찬하다. **Beweihräucherung,** die; -en ↑beweihräuchern의 명사형.

beweinen ⟨h⟩ 무엇을 슬퍼하여(누구에 대하여) 울다, 슬퍼하다: einen Verlust b. 손실을 슬퍼하여 울다. **Beweinung,** die; -en 〈드물게 Pl.〉 (죽음을) 슬퍼함, 한탄함: die B. Christ[eines Toten] 그리스도[고인]를 애도함.

beweinkaufen ⟨h⟩ (지역적) 술을 마심으로써 사는 것을 확인하다.

Beweis [bəˈvaɪs], der; -es, -e **1.** 증명, 증거, 논증, 논거: schlagende -e 확증; der Angeklagte wurde aus Mangel an -en [(격식 독어)) mangels -en] freigesprochen 피고는 증거불충분으로 석방되었다; als [zum] B. seiner Aussage legte er Briefe vor 진술의 증거로서 그는 편지를 제시했다; den B. für etw. antreten [erbringen] 무엇을 증명하다; B. erheben [법] 1) 증거조사를[증언 청취를] 하다. 2) 입증을 위한 증거를 수집하다; etw. unter B. stellen (격식독어) 무엇을 입증하다. **2.** 표시, 표명, 표현: jmdm. einen B. seines Vertrauens geben 누구에게 그의 신뢰를 표명하다.

beweis-, Beweis-: **~antrag,** der [법] 증거 제출. **~aufnahme,** die [법] 증거 청취, 증거 조사: in die B. eintreten 증거조사[증언 청취]에 들어가다. **~beschluß,** der [법] 증언 청취 결의. **~erhebung,** die [법] **1.** 증거 조사. **2.** 증거 수집. **~führung,** die **a)** 입증, 논증, 증명. **b)** 논증 순서. **~gang,** der 증명 과정. **~gegenstand,** der [법] 증거물, 입증 대상. **~grund,** der 입증 근거, 이유, 논거. **~kraft,** die 〈Pl. 없음〉 [법] 증명[증거]력. **~kräftig** ⟨Adj.⟩ 증명력이 있는, 수긍할 만한. **~last,** die 〈Pl. 없음〉 [법] ↑~pflicht. **2.** 증거의 불리함, 증거 결함. **~material,** das 증거 자료. **~mittel,** das 증명 수단, 입증 방법, 증거(물건). **~not,** die 〈Pl. 없음〉 [법] 입증 곤란. **~pflicht,** die 〈Pl. 없음〉 [법] 증거 의무. **~pflichtig** ⟨Adj.⟩ 입증 의무[책임]이 있는. **~sicherung,** die [법] 증거 보전. **~stelle,** die 표준구(句), 전거가 있는 구. **~strategie,** die 증거 전략. **~stück,** das 증거물. **~termin,** der [법] 증거 조사 기일. **~verfahren,** das [법] 입증(증거) 절차. **~würdigung,** die [법] 증거의 판단.

beweisbar [bəˈvaɪsbaɐ̯] ⟨Adj.⟩ 증명할 수 있는: **Beweisbarkeit,** die ↑beweisbar의 명사형. **beweisen*** ⟨h⟩ **1.** 증명하다, 논증하다, 증거를 내세우다: seine Unschuld b. 무죄를 증명하다; dieser Brief beweist gar nichts 이 편지는 아무런 증거도 못된다; dem Angeklagten konnte die Tat nicht bewiesen werden 피고의 범행은 입증되지 못했다. **2.** 표시[표명]하다, 실증하다: er hat bei dem Unglück große Umsicht bewiesen 그는 불행 중에 대단히 신중함을 보여 주었다; ihre Kleidung beweist, daß sie Geschmack hat 그녀의 옷은 그녀가 미적 감각이 있다는 것을 보여 준다; jmdm. (seine) Teilnahme b. (준고어) 누구에게 관심을 표명하

다.
bewenden' 《다음 용법으로》 **es bei**《(드물게) **mit**》 **etw. b. lassen** 무엇으로 끝내다: wir wollen es diesmal noch bei einer leichten Strafe b. 이번은 가벼운 벌로서 끝내자; 《명사화》 damit aber hat es keinesweges sein Bewenden 그것으로 끝난 것은 결코 아니다.
Bewerb [bə'verp], der; -(e)s, -e (österr. ·스포츠》 경쟁, 경연. **Bewerbchen**, das 《다음 용법으로》 **sich³ ein B. machen** (obersächs.) 기회를 얻고자 하다. **bewerben'**, sich 구하다, 얻으려고 노력하다; 지망(응모하다): sich um ein Stipendium b. 장학금을 얻고자 응모하다; um jmds. Gunst b. 누구의 호의를 얻고자 노력하다; sich um ein Mädchen b. 《준고어》 어떤 처녀에게 구혼을 하다. **Bewerber**, der; -s, - 지원자, 지망자, 후보자, 구혼자; 경쟁자, (경쟁 따위의) 참가자: sie hat viele Bewerber (abgewiesen) 그녀는 많은 구혼자가 있다(구혼자들에게 퇴짜를 놓았다). **Bewerbung**, die; -en 1. 지원, 지망, 신청, 구혼, 응모: das Mädchen nahm seine B. an 처녀는 그의 구혼을 받아들였다. 2. 지원서, 신청서: eine B. schreiben 지원서를 쓰다.
Bewerbungs-: **~bogen**, der 지원서, 신청서. **~formular**, das 신청서. **~schreiben**, das 신청서, 원서. **~unterlagen** 〈Pl.〉 신청 서류.
bewerfen' 〈h〉 1. (…에) 집어던지다, (위에) 내던지다. der Zug wurde mit Steinen beworfen 그 기차는 돌세례를 받았다; sich (gegenseitig) mit Schneebällen b. 눈덩이를 서로 던지다; 전의 jmds. Namen] mit Schmutz b. 누구 얼굴에 먹칠하다, 누구를 헐뜯다. 2. [건축] 칠하다: eine Mauer mit Mörtel b. 담벽에 모르타르를 바르다. **Bewerfung**, die; -en ↑bewerfen의 명사형.
bewerkstelligen [bə'verk-ʃtɛlɪgn̩] 〈h〉 《격식 독어》 실행하다, 이행하다. **Bewerkstelligung**, die 실행, 실현; 수행, 성취.
bewertbar [bə've:ɐtba:ɐ] 〈Adj.〉 평가할 수 있는. **bewerten** 〈h〉 평가하다, 사정하다, 가치를 인정하다: man muß diese Äußerungen richtig b. 이 발언은 올바로 평가되어야 한다; der Aufsatz wurde mit (der Note) „gut" bewertet 작문은 "우"(의 성적으로) 평가되었다. **Bewertung**, die; -en 1. 평가, 사정(액); 견적: die B. eines Grundstücks 토지의 사정액. 2. 감정서: eine B. schreiben 감정서를 쓰다.
Bewertungs-: **~maßstab**, der 평가 기준[척도]. **~unterlagen** 〈Pl.〉 평가 서류. **~vorschrift**, die 평가규정.
bewettern 〈h〉 [광] (…에) 신선한 공기를 주입하다, 통풍하다. **Bewetterung**, die 〈갱내의〉 통풍, 통풍 장치.
bewickeln 〈h〉 말다, 감다; 싸다, 감싸다: eine Spule mit Draht b. 보빈에 전선을 감다. **Bewick(e)lung**, die; -en 1. 감음, 감기. 2. 피복: die B. des Rohrs ist schadhaft geworden 관(管)의 피복이 손상되었다.
bewiehern [bə'vi:ɐn] 〈h〉 〈통용어〉 (무엇에 대해) 크게 웃다.
bewiesen 〈h〉 ↑beweisen의 과거분사. **bewiesenermaßen** 〈Adv.〉 증명되었듯이, 증명된 바로는.
bewilligen [bə'vɪlɪɡn̩] 〈h〉 동의하다, 승인하다, 허가[인가]하다; 가결하다: jmdm. einen Kredit b. 누구에게 신용 대부를 인가하다; die bewilligte Gehaltserhöhung tritt rückwirkend in Kraft 인가된 봉급 인상은 소급하여 실시된다; **jmdm. eins[eine / ein Ding] b.** 〈경〉 누구의 뺨을 한대 때리다, 한방 먹이다. **Bewilligung**, die; -en 동의, 승낙; 승인, 인가; 가결. **Bewilligungsantrag**, der 인가 신청, 승인 신청. **bewilligungspflichtig** 〈Adj.〉 허가[인가]의 의

무가 있는.
bewillkommnen [bə'vɪlkɔmnən] 〈h〉 《아어》 환영[환대]하다. **Bewillkommnung**, die; -en 환영, 환대.
bewimpeln [bə'vɪmpl̩n] 〈h〉 배에 삼각기를 올리다, 배를 기치(旗幟)로 장식하다. **Bewimp(e)lung**, die; -en 1. 기(旗)로 장식하기. 2. 기장식.
bewimpert [bə'vɪmpɐt] 〈Adj.〉 솜털[속 눈썹]이 있는; 섬모(纖毛)가 있는. **Bewimperung**, die; -en (집합적) 섬모.
bewirken 〈h〉 야기하다, 생기게 하다, 종래하다; 얻게 하다, 주선하다; 실현(성취)하다: eine Änderung b. 변화를 초래하다; damit bewirkte er (bei ihr) nur das Gegenteil 그럼으로써 그는 (그녀에게) 단지 역효과만 일으켰다. **Bewirkung**, die 《드물게》 ↑bewirken의 명사형.
bewirten [bə'vɪrtn̩] 1. (손님을) 숙박시키다, 접대하다, 대접하다. 2. 〈schweiz.〉 경영[관리]하다.
bewirtschaften 〈h〉 1. (농장, 음식점 등을) 경영하다: eine (nur im Sommer) bewirtschaftete Hütte (여름에만) 음식점 영업하는 오두막. 2. 경작하다. 3. 통제하다, 관리하다: Nahrungsmittel b. 식량을 관리하다. **Bewirtschafter**, der; -s, - 경영자, 관리인, 지배인. **Bewirtschaftung**, die; -en 통제, 관리.
Bewirtung, die; -en 1. 대접, 접대: sich um die B. der Gäste kümmern 손님 대접에 신경쓰다. 2. 〈드물게〉 성찬, 요리. **Bewirtungskosten** 〈Pl.〉 [세무] (세금) 공제할 수 있는 접대비. **Bewirtungsvertrag**, der [법] 요식업소 계약.
bewitzeln 〈h〉 야유하다, 희롱하다. **Bewitzelung**, die; -en 희롱, 야유.
bewog [bə'vo:k], **bewöge** [bə'vø:ɡə], **bewogen** [bə'vo:ɡn̩] ↑**bewegen** 참조.
bewohnbar [bə'vo:nba:ɐ] 〈Adj.〉 살 수 있는, 거주할 수 있는. **Bewohnbarkeit**, die ↑bewohnbar의 명사형. **bewohnen** 〈h〉 (…에) 살다, 거주하다: ein altes Haus b. 고가(古家)에 살다; die Insel ist (nicht) bewohnt 이 섬에는 사람이 산다(살지 않는다); ein von zahlreichen Stämmen bewohntes Gebiet 수많은 종족이 사는 지역. **Bewohner** [bə'vo:nɐ], der; -s, - 1. 주민, 거주자: Bewohner der Insel 섬주민: das Reh ist ein B. des Waldes [동물] 노루는 숲에서 사는 동물이다. 2. 〈Pl.〉 (통용어) 독충, 해충. **Bewohnerschaft**, die; -en (전체) 주민. **Bewohnung**, die 거주.
bewölken [bə'vœlkn̩] 〈h〉 구름이 끼다, 구름으로 덮이다: der Himmel bewölkte sich rasch 하늘이 금방 구름으로 덮였다; 전의 seine Stirn bewölkte sich 그의 이마가 찌푸려졌다. **bewölkt** 〈Adj.〉 구름이 낀. **Bewölkung**, die; -en 1. 〈Pl. 없음〉 구름이 낌, 흐려짐, 흐림. 2. 구름이 낀 상태, (하늘에 낀) 구름 전체, 구름층: es ist mit aufkommender B. zu rechnen 구름 낄 것이 예상된다.
Bewölkungs- [기상]: **~auflockerung**, die 구름이 흩어짐. **~rückgang**, der 구름이 줄어듦. **~zunahme**, die 구름이 늘어남.
bewuchern 〈h〉 1. 무성하게 자라 뒤덮다: Unkraut bewuchert das Grab 잡초가 무덤을 뒤덮었다. 2. 〈준고어〉 착취하다, 등치다: der Händler bewucherte gewissenlos seine Kunden 그 상인은 고객들에게 비양심적 폭리를 취했다. **Bewucherung**, die; -en 착취.
Bewuchs, der; -es 무엇을 뒤덮고 있는 식물(전체): die Hänge haben einen dichten(spärlichen) B. (von Zittergras) 언덕은 (방울내풀로) 빽빽히[드문드문] 덮여 있다.
Bewunderer, Bewundrer, der; -s, - 찬미자, 숭배자: der Dichter hat viele Bewunderer 그 시인은 숭배자가

많다. **Bewunderin**, Bewunderin die; -nen ↑Bewunderer, Bewundrer의 여성형. **bewundern** ⟨h⟩ 감탄하다, 경탄하다, 찬미하다: er bewunderte im stillen ihren Mut 그는 조용히 그녀의 용기에 감탄하였다; seine Geduld ist zu b. 그의 끈기는 감탄할 만하다; bewundernde Blicke 경탄하는 시선들. **bewundernswert**, **bewundernswürdig** ⟨Adj.⟩ 경탄할 만한[가치가 있는]: eine -e Fertigkeit 경탄할 만한 노련함. **bewundernswerterweise** ⟨Adv.⟩ 감탄할 정도로. **Bewunderung**, die; -en 경탄, 존경, 예찬: jmdm. B. zollen 누구에게 존경을 표하다; jmdm. für sein Handeln seine B. aussprechen 누구에게 그의 행동에 대해서 존경을 표하다; von B. für jmdn. [etw.] erfüllt sein 누구 [무엇]에 대해 감탄해 마지않다. **bewunderungswürdig** ⟨Adj.⟩ ↑bewundernswert. **Bewunderer**: ↑ Bewunderer, **Bewunderin**: ↑Bewunderin.

Bewurf, der; -(e)s, Bewürfe (담벽의) 모르타르, 회반죽: der B. des Hauses blättert ab[fällt ab] 그 집 담벽의 회반죽이 벗겨진다.

bewurzeln, sich ⟨h⟩ [식물] 뿌리가 나다: bewurzelte Setzlinge 뿌리가 난 꺾꽂이. **Bewurzelung**, ⟨⟨드물게⟩⟩ **Bewurzlung**, die; -en 뿌리가 남.

bewußt [bə'vʊst] ⟨Adj.⟩ **1. a)** 의식적인, 의도적인(반대: unbewußt): er hat das ganz b. getan 그는 그것을 완전히 의식적으로 행하였다. **b)** 잘 아는, 정신적으로 깨어 있는: wir waren alle b. oder unbewußt daran schuld 우리 모두는 알든 모르든 그것에 책임이 있었다; sich³ einer Sache b. sein[werden] 어떤 일을 의식하고 있다, 의식하게 되다; einer Sache voll b. sein 어떤 일의 의미를 잘 알고 있다. **c)** 분명히 지각[자각]하는: etw. ist[wird] jmdm. bewußt 누가 무엇을 분명히 의식하다[알게 되다]: die Folgen meines Handelns waren mir durchaus b. 내 행동의 결과는 나에게는 아주 자명했다. **2.** 이미 언급한, 알려진: wir treffen uns zu der -en Stunde 우리는 이미 언급된 시간에 만난다. **Bewußtheit**, die ↑bewußt의 명사형: etw. mit B. tun 무엇을 고의로 행하다. **bewußtlos** ⟨Adj.⟩ **1.** 무의식적인, 무의식의 in -em Zustand sein 무의식적인 상태에 있다. **2.** ⟨⟨드물게⟩⟩ 의식 없이; eine b., aber konsequent verfolgte Logik 무의식적이나 시종 일관된 논리. **Bewußtlosigkeit**, die **1.** 무의식 상태, 실신, 상심: sie lag in tiefer B. 그녀는 완전히 실신 상태에 있었다; bis zur B. ⟨⟨통용어⟩⟩ 과도하게, 몹시, 끊임없이; er übte das Stück bis zur B. 그는 그 곡을 끊임없이 연습하였다. **2.** ⟨⟨드물게⟩⟩ 무의식성. **bewußtmachen** ⟨h⟩ 의식[자각]케 하다: jmdm. etw. b. 누구에게 무엇을 의식케 하다. **Bewußtmachung**, die; -en 의식[자각]케 함. **Bewußtsein**, das; -s, -e ⟨Pl.⟩ 드물게 전문어⟩ **1. a)** 의식, 자각, 통찰: etw. ins allgemeine B. bringen 무엇을 일반적으로 알게 하다; etw. mit B. erleben 무엇을 의식적으로 체험하다; etw. mit (vollem) B. tun 무엇을 (완전히) 고의로 하다; etw. kommt jmdm. zu(m) B. 무엇이 그에게 알려지다, 명확하게 되다. **b)** 확신: das politische B. eines Menschen 한 인간의 정치적 확신; das geschichtliche B. des deutschen Volkes 독일 민족의 역사적 확신. **c)** [심리] 자각: eine Spaltung des -s 정신 분열. **d)** [철학] 의식. **2.** 의식 상태, 자제: auf einmal schwand ihm das B. 갑자기 그는 의식을 잃었다; sie mußte bei vollem B. operiert werden 그녀는 마취되지 않은 채 수술을 받아야만 했다; nach einer halbstündigen Ohnmacht kam sie wieder zu(m) B. 반시간 동안 의식을 잃은 후 그녀는 다시 제 정신으로 돌아왔다.

bewußtseins-, **Bewußtseins-**: ~**bildung**, die 의식 형성. ~**einengung**, die 의식 위축. ~**entwicklung**, die 의식 발달. ~**erweiternd** ⟨Adj.⟩ 의식을 넓히는. ~**erweiterung**, die 의식 확대. ~**inhalt**, der 의식 내용. ~**lage**, die ↑~zustand. ~**lenkung**, die 의식 조정[개혁]. ~**schwelle**, die [심리] 의식과 무의식의 경계. ~**spaltung**, die [의학·심리] 정신 분열: an B. leiden 정신 분열증에 걸리다. ~**störung**, die 의식 장애. ~**stufe**, die 의식[자각] 단계. ~**trübung**, die 의식 혼탁. ~**veränderung**, die 의식의 변개(變改). ~**zustand**, der 의식[자각] 상태.

Bewußtwerdung, die 의식화.

Bey [baj] ↑Beg.

bez. = bezahlt; bezüglich.

Bez. = Bezeichnung; Bezirk.

bezahlen ⟨h⟩ **1. a)** 값[돈]을 지불하다: ein Zimmer b. 방값을 지불하다; etw. (in) bar [in ausländischer Währung] b. 무엇을 현금(외국돈)으로 지불하다; er bezahlte mit einem Hundertmarkschein 그는 백 마르크 지폐로 지불했다; [전의] er mußte (für) seinen Leichtsinn teuer b. 그의 경솔함에 많은 대가를 치뤄야만 했다; etw. macht sich bezahlt 수지가 맞다, 벌이가 된다, 대가를 치르게 만하다. **b)** 누구에게 (일한 대가로) 돈(보수)을 주다: den Schneider b. 재봉사에게 보수를 주다; die Arbeiter werden schlecht[nach Tarif] bezahlt 노동자들은 형편없이[급수에 따라] 보수된다. **2.** 보상으로 (돈을) 주다: für etw. viel (Geld) b. müssen 무엇에 많은 것(돈)을 보상해야 한다. **3.** 부채를 갚다: seine Steuern b. 세금을 내다; der Beitrag ist jährlich im voraus zu b. 회비는 매년 선불이다. **Bezahler**, der; -s, - 지불자. **Bezahlung**, die; -en **1.** 지불: er verlangt sofortige B. 그는 즉각 지불해 줄 것을 요구한다. **2.** 대가, 보수: ohne B.[nur gegen B.] arbeiten 보수 없이[다만 보수를 받고서만] 일하다.

bezähmbar ⟨Adj.⟩ 길들일 수 있는, 제어할 수 있는.

bezähmen ⟨h⟩ **1.** 억제[제어, 자제]하다: seine Begierden b. 그의 욕망을 억제하다; er konnte seine Neugier nicht (länger) b. 그는 호기심을 (더이상) 억제할 수 없었다. **2.** ⟨⟨고어⟩⟩ 길들이다: wilde Tiere b. 들짐승을 길들이다. **Bezähmung**, die ↑bezähmen의 명사형.

bezastert [bə'tsastɐt] ⟨Adj.⟩ ⟨⟨경⟩⟩ 힘[재산, 재력]이 있는: er ist ganz schön b. 그는 아주 재산이 많다.

bezaubern ⟨h⟩ 매혹하다, 황홀하게 하다: diese Musik bezaubert das Publikum 이 음악은 청중을 매혹한다; sie ist bezaubernd (schön) 그녀는 매혹적이다. **Bezauberung**, die; -en 매혹, 마력.

bezechen, sich 취하다: wir haben uns letzte Nacht ganz schön bezecht 우리는 어제밤 아주 많이 취했다. **bezecht** [bə'tsɛçt] ⟨Adj.⟩ 술이 취한: überall torkeln bezechte Matrosen 곳곳에 술취한 선원들이 비틀거린다. **Bezechtheit**, die ↑bezecht의 명사형.

bezeichnen ⟨h⟩ **1. a)** 표시하다: der Wanderweg ist mit einem blauen Dreieck bezeichnet 산책 길은 푸른 삼각형으로 표시되어 있다; die Aussprache eines Wortes b. 한 단어의 발음을 표시하다. **b)** 자세히 설명하다, 묘사하다: er bezeichnete mir den Baum, wo ich abbiegen sollte 그는 내가 돌아가야 할 지점의 나무를 자세히 설명했다. **2. a)** 무엇이라고 부르다[명명하다]: er bezeichnet sich als Architekt 그는 자신을 건축가라고 부른다. **b)** 누구[무엇]에 대한 명칭이다: das Wort „Pony" bezeichnet ein kleines Pferd "Pony"라는 단어는 조그만 말을 가리킨다. **3.** 누구[무엇]에 관해서 말하다, 일컫다: jmdn. als seinen Freund b. 누구를 자기 친구라고 말하다; sich als den Verfasser des Buches b. 자기를 그 책의 저자라고 일컫다. **Bezeichnend** 표시하는, 특색 있는, 의미 있는: diese Äußerung ist b. für ihn 이 발언은 그 사람답다; das ist

(wieder mal) b. 《통용어·평》그것 정말 독특하네. **bezeichnenderweise** 〈Adv.〉 별나게도: b. protestierte er nur gegen das Alkoholverbot 눈에 띄게도 그는 오로지 알코올 금지에 대해서만 항의하였다. **Bezeichnung**, die; -en **a)** 《Pl. 없음》 표시, 표: die B. der Wanderwege erneuern 산책 길의 표시를 새로이 하다. **b)** 명칭, 알맞는 단어; eine charakteristische B. 특징적인 명칭; ich finde keine treffendere B. dafür 나는 거기에 맞는 더 적합한 명칭을 찾지 못하였어. **Bezeichnungslehre**, die [언어] 명칭론.
bezeigen 〈h〉 《아어》 **1. a)** 나타내다, 표명하다: jmdm. Respekt b. 누구에게 존경심을 표하다. **b)** 보여 주다: Freude b. 기쁨을 보여 주다. **2.** 〈b. + sich〉 나타내다, 표하다: ich wollte mich dafür dankbar b. und schenkte ihm ein Buch 나는 거기에 감사의 뜻을 표하고자 했고 그래서 그에게 책을 선사했다. **Bezeigung**, die; -en 나타냄, 표명.
bezeugen 〈h〉 **1.** 증언하다, 입증하다, 확인하다: er hat den Tatbestand unter Eid bezeugt 그는 그 사실을 선서를 하고서 증언하였다; jmds. Unschuld b. 누구의 무죄를 증언하다. **2.** 《드물게》 보여 주다: sie möge gefälligst ihren Richtern den gebührlichen Respekt b. 그녀가 판사들에게 제발 응분의 존경심을 나타냈으면 좋겠다. **Bezeugung**, die; -en 증언, 확인.
bezichtigen [bə'tsɪçtɪɡn̩] 〈h〉 누구에게 무슨 죄를 돌리다, 누구를 책망하다: jmdn. des Diebstahls b. 누구가 절도죄를 범한 것으로 책망하다. **Bezichtigung**, die; -en 죄를 남에게 돌리기, 책망.
beziehbar [bə'tsiːbaːɐ] 〈Adj.〉 입주(구독)할 수 있는: die neue Wohnung ist noch nicht b. 그 새 아파트는 아직 입주할 상태가 아니다. **beziehen*** 〈h〉 **1. a)** 덮다, 깔다, 싸다. **b)** 〈b. + sich〉 구름이 끼다: der Himmel bezieht sich 하늘에 구름이 끼다. **2. a)** 입주하다: ein Haus b. 집에 입주하다. **b)** [군] 정해진 장소로 가다: eine günstige Stellung b. 좋은 자리로 가다; 《전의》 einen festen Standpunkt b. 확고한 입장을 취하다. **3.** 정기 구독하다: eine Zeitung durch die Post b. 신문을 우편으로 받다; sein Wissen aus Illustrierten b. 지식을 화보 잡지에서 얻다; eine Ohrfeige b. 《통용어》 따귀를 맞다. **4. a)** 〈b. + sich〉 무엇에 관련되다: er bezog sich auf eine Rede des Bundeskanzlers 그는 수상의 연설을 인용하였다. **b)** 누구(무엇)와 연관되다: diese Kritik bezog sich nicht auf dich 이 비판은 너와 상관없다. **c)** 누구(무엇)에 연관(적용)시키다: Dieses Sprichwort kann man auf die gegenwärtige Lage b. 이 격언은 요즘의 상황에도 적용시킬 수 있다. **5.** 《schweiz.》 징수하다: Steuern b. 세금을 징수하다. **beziehentlich** [bə'tsiːəntlɪç] 〈Präp.〉 《관》 …과 관련해서(bezüglich). **Bezieher**, der; -s, - 구독자: der B. dieser Zeitung 이 신문의 구독자. **Beziehung**, die; -en **1.** 《대개 Pl.》 관계, 관련: gute -en zu jmdm. haben 누구와 좋은 관계를 갖다; er hat (überall) -en 그는 곳곳에 (인간) 관계를 갖고 있다; intime -en zu jmdm. haben 누구와 깊은 (애정) 관계에 있다. **2.** 내적인 관계, 상호 관계: die B. zwischen Angebot und Nachfrage 수요와 공급의 관계; zwei Dinge zueinander in B. setzen 두 사물 상호간에 연관을 맺게 하다; **in … Beziehung** 어떠한 관점에서; in dieser B. hat er recht 이러한 관점에서 그가 옳다; (mit) B. auf 무엇과 관련해서.
beziehungs-, Beziehungs-: ~begriff, der 관계 개념. **~handel**, der 〈Pl. 없음〉 직접 매매. **~kauf**, der 직접 구입(알선) 매입. **~kiste**, die 〈Pl. 없음〉 〖청소년〗 남녀 관계로 인해 생기는 복잡한 일. **~lehre**, die 인간 관계학. **~los** 〈Adj.〉 관련없는, 무관한: die

beiden Sätze stehen b. nebeneinander 두 문장은 서로 무관하게 나란히 놓여 있다. **~losigkeit**, die 무관계. **~reich** 〈Adj.〉 관계가 많은, 여러 관계가 있는: ein -es Thema 관련성이 많은 테마. **~voll** 〈Adj.〉 암시적인: eine -e Bemerkung 암시가 많은 발언. **~wahn**, der [심리] (피해) 망상증. **~weise** 〈Konj.〉 《약어: bzw.》 **1.** 또는, 내지: ich war mit ihm bekannt bzw. befreundet 나는 그와 아는 사이 내지 친구 사이라고 할 수 있다. **2.** 다른 경우에는: die Fünfpfennigstücke waren aus Nickel bzw. (aus) Kupfer 5페니히 짜리 동전은 니켈이나 또는 구리로 되어 있었다.
bezielen 〈h〉 《교양어》 무엇을 목표로(맞추려) 하다, 무엇과 관련(연관)시키다.
beziffern [bə'tsɪfɐn] 〈h〉 **1.** (…에) 숫자(번호)를 붙이다: die Seiten eines Buches b. 책의 페이지에 번호를 매기다. **2.** 숫자를 어림잡다(추정하다): man beziffert den Sachschaden auf 3000 Mark 물적 손해를 3000 마르크로 추정한다. **Bezifferung**, die; -en **1.** 숫자를 붙임. **2.** 숫자, 번호.
Bezirk [bə'tsɪrk], der; -e 《약어: Bez., 《또는》 Bz.》 **1. a)** 범위, 구역, 지역: jeder Vertreter bereist seinen eigenen B. 모든 대표자는 자신의 구역을 여행한다. **b)** 영역: im künstlerischen B. gelten andere Gesetze 예술 영역에서는 다른 법칙이 통한다. **2.** 행정 구역(주, 시, 구의); 《구동독》 14개 행정 구역 중의 하나(도에 해당함); 《österr.》 도 주의 여러 구를 포함한 행정 구역; 《schweiz.》 중간 내지 하위 행정 구역. **3.** 《구동독·통용어》 도청. **bezirklich** […lɪç] 〈Adj.〉 구역의; 행정 구역 상의.
bezirks-, Bezirks-: ~amt, das 구역청, 구청, 지방청, 도청. **~arzt**, der 구역 의사, 도의사. **~beamte**, der 구역(지방) 공무원. **~behörde**, die 도청, 지방청. **~bürgermeister**, der (베를린의) 구청장. **~ebene**, die 행정 구역 단위(차원). **~gericht**, das 《österr.》 지방 법원, 지방 재판소. **~grenze**, die 행정 구역의 경계. **~hauptmann**, der; -(e)s, …leute 《österr.》 행정 구역의 장, 구청장. **~hauptmannschaft**, die; -en 《österr.》 **1.** 군청, 지방청(약어: BH). **2.** 군청(지방청) 건물. **~kabinett**, das 《구동독》 지방 내각(정부). **~karte**, die **1.** (일정 구역에 유효한) 기차표, 구역 차표. **2.** 구역 지도. **~klasse**, die [스포츠] 지방 리그. **~kommando**, das 《옛》 **1.** 국경 수비 지구 사령부. **2.** 방위 지구 사령부. **~landwirtschaftsrat**, der 《구동독》 도(道) 농업 협의회. **~leiter**, der 《구동독》 도지사. **~leitung**, die 《구동독》 도청. **~liga**, die [스포츠] 지역 대항, 리그전. **~redakteur**, der 《구동독》 도 신문의 편집자. **~regierung**, die 도청. **~richter**, der 행정 구역(지방) 판사. **~schule**, die 《구동독》 도립 학교. **~schulrat**, der 행정 구역(도) 장학관(교육 위원회). **~spital**, das 《schweiz.》 도립 병원, 구역 병원. **~stadt**, die 도청 소재지. **~statthalter**, der 《schweiz.》 도지사, 시장, 군수, 읍 면장. **~tag**, der 《구동독》 도(지방)의회. **~trottel**, der 《südd., österr.》 《통용어》 도의 바보. **~verordnete**, der / die 《區》 도의원. **~verordnetenversammlung**, die 《서》 베를린의 구의회 회의. **~vorsteher**, der 《österr.》 구수. **~weise** 〈Adv.〉 각 구역별로.
bezirzen: 매혹하다, 유혹하다(↑becircen).
Bezoar [betso'aːɐ], der; -s, -e 《span. bezoar < arab. bāzahr, bāzahra < pers. bādzahr, pādzahr》 우황(牛黃), 분석(糞石). **Bezoarstein**, der ↑Bezoar. **Bezoarwurzel**, die 남 아메리카의 약초 뿌리. **Bezoarziege**, die 야생 염소.
Bezogene*, der; -n, -n (어음, 수표의) 지불인, 인수인. **Bezogenheit**, die 연관성.

bezopft [bə'tsɔpft] ⟨Adj.⟩ 머리를 땋은.
bezug 《다음 용법으로》 **in b. auf jmdn.[etw.]** 누구[무엇]와 관련하여. **Bezug,** der; -(e)s, Bezüge **1. a)** 덮개, 커버, 씌우는 것, 시트: der B. des Kissens 베갯잇, 방석 커버. **b)** ⟨현악기 활의⟩ 현, 줄: den B. einer Geige erneuern 바이올린의 줄을 새로 갈다. **2.** ⟨Pl. 없음⟩ 구매, 취득, 구독: der B. von Zeitschriften 잡지의 구매[구독]. **3.** ⟨Pl.; 오스트리아에서는 단수도 가능⟩ 봉급, 수입: er erhält die Bezüge eines Beamten 그는 공무원 봉급을 받는다. **4.** 관계, 관련, 연관: etw. hat B. auf jmdn[etw.] 무엇은 누구[무엇]와 연관이 있다; jeder B. zur Gegenwart 현재와의 모든 연관; **B. nehmen auf etw.** [관·상] 무엇과 연관하다, 관계하다; wir nehmen B. auf unser Schreiben vom … …일자의 우리 서한과 관련하여 적습니다; **mit(unter) B. auf etw.** [관·상] …과 관련하여; mit B. auf Ihr letztes Schreiben teilen wir Ihnen mit 귀하의 지난 서한과 관련하여 보고드립니다. **Bezüger,** der; -s, - ⟨schweiz.⟩ **1.** 구매자, ⟨잡지의⟩ 정기 구독자. **2.** ⟨특히 세금의⟩ 징수인. **bezüglich** [bə'tsy:klıç] **1.** ⟨Präp.²⟩ …관련하여: b. seines Planes hat er sich nicht geäußert 그는 그의 계획에 관련해서는 발언하지 않았다. **2.** ⟨Adj.⟩ 무엇과 연관된: das darauf -e Schreiben 그것과 연관된 서한[문서]; das -e Fürwort [언어] 관계대명사. **Bezüglichkeit,** die; -en 연관, 관계. **Bezugnahme** […na:mə], die; -n ⟨격식 독어⟩ 관련: unter B. [mit Bezug] auf Ihr letztes Schreiben teilen wir Ihnen mit 귀하의 지난번 서한과 관련해 보고드립니다.
bezugs-, Bezugs-: **~berechtigt** ⟨Adj.⟩ 구독[구매] 자격이 있는. **~berechtigung,** die 구독[구매] 자격. **~bereitschaft,** die ⟨schweiz.⟩ 즉시 입주 가능한 상태. **~fertig** ⟨Adj.⟩ 입주 가능한: -e Wohnungen 입주 가능한 집. **~person,** die [심리·사회] ⟨사고와 행동의 지침이 되는⟩ 관련 인물. **~preis,** der 구매[구입] 가격, 구독료. **~punkt,** der **1.** 표점(標點). **2.** 기준점, 지침 근거, 척도. **~quelle,** die 구입원(源), 구입 찬스: eine günstige [billige] B. 유익한[싼] 구입 찬스. **~rahmen,** der † Bezug(s)system. **~recht,** das 선매권, 신주 인수권: -e erwerben 신주 인수권을 얻다. **~(wort)satz** der [언어] 관계 문장.
Bezug(s)-: **~schein,** der 배급표, 구입권: etw. auf [durch] B. bekommen 무엇을 구입권으로 얻다[구매하다]; [전의] Bezug(s)schein B. ⟨옛·통용어·은폐⟩ 백, 연줄. **~stoff,** der 커버의 천. **~system,** das **1.** 좌표계. **2.** 기본 체계[틀]: das B. einer wissenschaftlichen Darstellung 학문 서술의 기본 체계.
bezuschussen [bə'tsu:ʃʊsn̩] ⟨h⟩ ⟨격식 독어⟩ 보조금을 지급하다: ein Vorhaben b. 어떤 계획에 보조금을 지급하다. **Bezuschussung,** die; -en †bezuschussen의 명사형.
bezwecken ⟨h⟩ 목적으로 하다, 겨냥하다, 의도하다: was bezweckst du mit dieser Frage? 이 질문으로 무엇을 겨냥[의도]하는가?
bezweifeln ⟨h⟩ 의심하다, 문제시하다: jmds. Angaben[Aussagen] b. 누구의 진술[발언]을 의심하다. **Bezweif(e)lung,** die †bezweifeln의 명사형. **bezwingbar** ⟨Adj.⟩ 제어할 수 있는, 극복할 수 있는.
bezwingen* ⟨h⟩ **1.** 정복[극복]하다, 제압하다, 제어하다: einen Gegner (im Wettkampf) b. 상대방을 (경쟁에서) 이기다; eine Festung b. 요새를 정복하다; [전의] seinen Zorn b. 화를 참다; seine Neugier b. 호기심을 억제하다. **2.** 어려워도 극복하다, 성취하다, 해내다: einen Berg b. 산을 정복하다. **bezwingend** ⟨Adj.⟩ 극복하는, 억제하는: ein -es Lächeln 억제하는 미소; die Geste war b. 억제하는 제스처였다. **Bezwinger,** der; -s, - 정복자, 극복자, 억제자: die B. des Mount Everest 에베레스트산 정복자. **Bezwingung,** die; -en ⟨Pl. 잘 쓰이지 않음⟩ 정복, 제압, 극복.
Bf. = Bahnhof 역.
BfA = Bundesversicherungsanstalt für Angestellte 회사원을 위한 연방 보험 기구.
bfr = belg. Franc 벨기에 프랑.
BGB = Bürgerliches Gesetzbuch 민법전.
BGBl. = Bundesgesetzblatt 연방 법률.
BGS = Bundesgerichtshof 연방 재판소.
BH [beː'haː], der; -(s), -(s) ⟨통용어⟩ †Büstenhalter의 약어.
Bharat ['baːrat], -s 인도 공화국의 공식명.
Bhf. = Bahnhof.
Bhutan ['buːtan], -s 부탄(히말라야의 왕국). **Bhutaner,** der; -s, - 부탄 사람. **bhutanisch** ⟨Adj.⟩ 부탄의.
bi [biː] ⟨Adj.⟩ ⟨bisexuell의 약어⟩ ⟨경⟩ 동성 및 이성과 관계를 하는.
Bi = Bismutum (Wismut) 창연(蒼鉛).
Biafra ['biafra], -s 나이제리아의 일부.
Bias ['baias, ⟨또한⟩ 'biːas], das; -, - [engl.-amerik. bias] ⟨여론 조사⟩ 잘못된 여론 조사 방법.
Biathlet ['biatleːt], der; -en, -en [스포츠] 동계 올림픽 2종 경기하는 사람.
Biathlon ['biːatlɔn], das; -s, -s [lat. bi- u. griech. āthlon] 동계 올림픽 2종 경기.
bibbern ['bɪbɐn] ⟨h⟩ ⟨통용어⟩ **a)** 떨다: vor Angst b. 겁에 떨다. **b)** ⟨무엇을 잃어버릴까봐⟩ 겁을 내다 (걱정하다): um sein Leben b. 목숨을 잃을까 겁을 내다.
Bibel ['biːbl̩], die; -n [lat. biblia] 성경, 성서: die B. auslegen 성경을 해석하다; das steht schon in der B. ⟨통용어⟩ 그것은 오래된 지혜이다; [전의] ⟨편⟩ das „Kapital" ist die B. der Marxisten '자본론'은 마르크스주의자들의 경전이다.
bibel-, Bibel-: **~auslegung,** die 성서 해석. **~druckpapier,** das 성경, 찬송가 등을 인쇄할 얇은 종이. **~fest** ⟨Adj.⟩ 성경에 정통한. **~forscher,** der ⟨고어⟩ 여호와의 증인. **~gesellschaft,** die 성서(보급) 회. **~glaube(n),** der 성서 신앙, 성서주의. **~gläubig** ⟨Adj.⟩ 성경을 믿는. **~konkordanz,** die 성서 색인. **~kritik,** die 성서 비판. **~lese,** die ⟨신교⟩ 성경 독서 계획. **~regal,** das ⟨16~18세기의⟩ 접을 수 있는 소형 풍금(성경처럼 보임). **~sprache,** die 성경의 용어[어법]. **~spruch,** der 성경의 문구[격언]. **~stelle,** die 성경의 구절. **~stunde,** die 성경 낭독 겸 기도 시간. **~text,** der 성경의 원문[본문]. **~übersetzung,** die 성서 번역. **~vers,** der 성경 구절. **~woche,** die 성경 봉독 주(간). **~wort,** das ⟨Pl.: -worte⟩ †~spruch.
Bibeleskäs(e) ['bɪbələs-], der ⟨alemann.⟩ 응유 치즈.
Bibelot [bi'bloː], der; -s, -s [frz. bibelot] 작은 공예품, 자질구레한 실내 장식품.
¹**Biber** ['biːbɐ], der; -s **1.** [동물] 비버, 해리(海狸). **2.** 비버의 모피[털]. **3.** ⟨통용어·농⟩ **a)** 은 턱과 뺨에 수염이 난 염. **b)** 턱과 뺨에 수염이 난 사람. ²**Biber** [-], der / das; -s 양면이 거친 면직물(주로 침대 시트), 거친 프라넬 천. **Biberbettuch,** das 거친 프라넬 천으로 된 침대보.
Biber-: **~bau,** der ⟨Pl. -e⟩, **~burg,** die 해리의 집. **~fell,** das 해리 가죽(모피). **~geil,** der; -(e)s 해리 향(진정제). **~kragen,** der 해리 모피로 된 칼라. **~pelz,** der 해리 모피. **~ratte,** die [동물] 누트리아(Nutria). **~schwanz,** der **1.** 해리의 꼬리. **2.** 평기와.
Biberette [bibə'rɛt], die; -n **1.** 해리 가죽 위에 붙인 토끼털. **2.** 모피 같은 모플러시(벨벳).
Bibernelle [biːbɐ'nɛlə], die; -n †Pimpernell의 병용

형.
Bibi ['bi:bi, 《또한》 'bibi], der; -s, -s [frz. bibi] **1.** 《통용어》 중산 모자. **2.** 《통용어·농》 두건, 모자.
Bibliograph [biblio...], der; -en, -en [griech. bibliográphos] 문헌목록 편집자, 서지(書誌)학자. **Bibliographie**, die; -n [...'fi:ən; griech. bibliographía] **1.** 서적 목록, 문헌 목록, 참고 서적: eine B. der Goetheliteratur (zur Literaturwissenschaft) 괴테〖문예학〗에 관한 문헌 목록. **2.** 서지학(書誌學). **bibliographieren** [...graˈfiːrən] ⟨h⟩ **1.** 서적〖문헌〗 목록을 작성하다: ein Buch b. 어떤 책을 문헌 목록에 넣다. **2.** 상세한 서적 목록을 확인하다: ein bestelltes Buch b. 주문된 책을 확인하다. **Bibliographierung**, die; -en ↑bibliographieren의 명사형. **Bibliographin** [...ˈgraːfin], die; -nen ↑Bibliograph의 여성형. **bibliographisch** ⟨Adj.⟩ 목록상의, 도서학의: bibliographische Auskünfte 문헌 목록 작성용 정보. **Bibliomane** [...ˈmaːnə], der; -n 서적 수집가, 장서광. **Bibliomanie**, die 서적 수집벽, 장서벽. **bibliomanisch** ⟨Adj.⟩ 책 수집벽의. **bibliophil** [...ˈfiːl] ⟨Adj.⟩ **1.** 책을 좋아하는, 애서가의: ein -er Sammler 책 수집가. **2.** 수집할 가치가 있는. **Bibliophile***, der/die 애서가, 장서가. **Bibliophilie** [...fiˈliː], die 애서 애호. **Bibliothek** [...'teːk], die; -en [lat. bibliothēca < griech. bibliothḗkē] **1. a)** 도서관, 문고: eine öffentliche B. 공공 도서관; bei einer B. angestellt sein 도서관에서 사서로 일하다. **b)** 장서, 총서: eine B. von 30,000 Bänden 30,000권의 장서. **c)** 도서관 건물: in der B. arbeiten 도서관에서 일〖공부〗하다. **2.** 《준교어》 도서 시리즈 이름, 문고 이름. **Bibliothekar** [...'teːkarɐ], der; -s, -e [lat. bibliothēcārius] 도서관원, 사서. **Bibliothekarin**, die; -nen ↑Bibliothekar의 여성형. **bibliothekarisch** ⟨Adj.⟩ 사서의, 도서관의: eine -e Aufgabe 사서의 임무〖과업〗.
Bibliotheks-: **~assessor**, der 사서 시보(試補). **~beamte**, der 사서 공무원. **~benutzer**, der 도서관 사용자. **~dienst**, der ⟨Pl. 없음⟩ 도서관 근무. **~direktor**, der 도서관장. **~gebäude**, das 도서관 건물. **~geschichte**, die ⟨Pl. 없음⟩ 도서관사. **~helfer**, der 사서 보조. **~katalog**, der 도서 목록. **~kunde**, die ⟨Pl. 없음⟩ 도서관학. **~kundlich** [...kʊntlɪç] ⟨Adj.⟩ 도서관학의. **~lehre**, die ⟨Pl. 없음⟩ 도서관학(이론). **~rat**, der ⟨Pl. ...räte⟩ 사서 주임. **~raum**, der 도서관 건물〖공간〗. **~referendar**, der 도서관 수습생. **~saal**, der 도서관의 홀. **~schule**, die 도서관 학교. **~signatur**, die 도서 표지. **~stempel**, der 도서관 스탬프. **~verwaltung**, die 도서 행정. **~wesen**, das ⟨Pl. 없음⟩ 도서관(총칭). **~wissenschaft**, die ⟨Pl. 없음⟩ 도서관학. **~zimmer**, das 도서관의 방.
biblisch ['biːblɪʃ] ⟨Adj.⟩ **1. a)** 성서의, 성서에 따른: der -e Schöpfungsbericht 성경의 창세기. **b)** 성경에 있는 것처럼: sich b. ausdrücken 성경에 나와 있는 것처럼 표현하다; ein -es Alter erreichen 고령에 도달하다. **2.** 성경에 관련된: -e Altertumskunde 성서 관련 고고학.
Biblizismus [bibliˈtsɪsmʊs], der; - (성서를 글자 그대로 해석하는) 성서(절대)주의.
Bicarbonat: ↑Bikarbonat.
bichrom ['biˈkroːm, biˈkroːm] ⟨Adj.⟩ 두가지 색의. **Bichromat**, das; -(e)s, -e 〖화학〗 중크롬산염. **~Bichromie**, die 《전문어》 이중색.
Bickbeere ['bɪk-], die; -n [niederd. bikbēre (nordd.)] ↑Heidelbeere (1 b. 2).
biderb [biˈdɛrp] ⟨Adj.⟩ 《고풍·조롱》 정직한, 곧은, 성실한.
Bidet [biˈdeː], das; -s, -s [frz. bidet] 비데, 뒷물 기구.
Bidon [biˈdõː], der; -s, -s [frz. bidon] 《schweiz.》 뚜

껑이 있는 양동이 모양의 술통, 석유통. **Bidonville** [bidõˈvil], das; -s, -s [frz. bidonville] **a)** 북 아프리카 대도시의 빈민가. **b)** 빈민가.
bieder [ˈbiːdɐ] ⟨Adj.⟩ **1.** 《준교어》 정직한, 믿을 만한, 성실한, 충직한: ein -er Bürger 충직한 시민; von -er Gesinnung sein 충직한 성향이다. **2.** 우직한, 완고한, 충직한: b. blicken(aussehen) 우직하게 바라보다〖보이다〗.
bieder-, Bieder-: **~mann**, der ⟨Pl. -männer⟩ **1.** 《준교어·반어》 정직한〖충실한〗 사람. **2.** 우직한 사람, 소시민, 속물. **~männisch** [-mɛnɪʃ] ⟨Adj.⟩ 우직한〖충실한〗 사람의. **~mannsgesicht**, das 우직한〖속물의〗 얼굴. **~mannsmaske**, die 정직함을 가장한 가면〖얼굴〗. **~mannsmiene**, die 정직을 가장한 표정. **~meier**, das; -(s) [nach „(Gottlieb) Biedermaier", Deckname der Verfasser von „biedermännischen" Gedichten in den „Fliegenden Blättern" (1853)] **1.** 비더마이어(1815~1848년 사이의 독일 예술 사조): ein Maler des -(s) 비더마이어 시대의 화가. **2.** 비더마이어 양식: diese Möbel sind typisch(es) B. 이 가구는 전형적인 비더마이어 양식이다. **~meiereinrichtung**, die 비더마이어 양식의 실내 장식. **~meierlich** ⟨Adj.⟩ 비더마이어 (양식)의. **~meiermöbel**, das ⟨Pl.⟩ 비더마이어 가구. **~meiermode**, die ⟨Pl. 없음⟩ 비더마이어 시대의 복식. **~meierstil**, der 비더마이어 양식. **~meiertracht**, die 비더마이어 복식〖시대〗의 옷. **~meierzeit**, die ⟨Pl. 없음⟩ 비더마이어 시기〖시대〗. **~meierzimmer**, das 비더마이어 양식으로 장식된 방. **~miene**, die 정직을 가장한 표정. **~sinn**, der ⟨Pl. 없음⟩ (아이) 정직〖충직〗한 성향. **~sinnig** ⟨Adj.⟩ 정직〖충직〗한 성향의.
Biederkeit, die 정직, 충직, 우직.
biegbar [ˈbiːkbaːr] ⟨Adj.⟩ 구부릴 수 있는, 휘어지는. **Biegbarkeit**, die ↑biegbar의 명사형. **Biege** [ˈbiːɡə], die; -n ⟨지역적⟩ 굽이, 커브: bis zur nächsten B. 다음 커브까지; eine B. drehen ⟨경⟩ 산보하다; eine B. fahren ⟨경⟩ 차를 타고 가다, 드라이브하다; eine B. fliegen 《경》 (기분 전환하러) 비행기를 타고 가.
Biege- 《기술·재료 검사》: **~festigkeit**, die 구부릴 때의 내구력. **~maschine**, die 금속을 구부리는 기계. **~probe**, die 구부리기 시험. **~spannung**, die 휘어질 때 생기는 응력, 휨 응력. **~vorrichtung**, die 구부리는 장치.
biegen* [ˈbiːɡn̩] **1.** ⟨h⟩ **a)** 구부리다, 휘게 하다: den Kopf etwas nach hinten b. 머리를 약간 뒤로 젖히다; ⟨b. + sich⟩ ich bog mich zur Seite 나는 몸을 옆으로 구부렸다; er bog sich vor Lachen 〈통용어〉 박장 대소〖포복절도〗하다; 〖전의〗 das Recht b. 〖고어〗 beugen〗 〈법〉 법을 자의적으로 행사하다. **b)** 《언어·österr.》 어미 변화하다, 굴절하다. **2.** ⟨b. + sich⟩ 구부러지다, 휘어지다: 〖전의〗 der Tisch bog sich unter der Last der Speisen 상다리가 휠 정도로 음식이 차려졌다; 〈명사화〉 es geht auf Biegen oder Brechen 《통용어》 이판 사판이다, 인정 사정 보지 않다; **auf Biegen oder Brechen** 《통용어》 폭력으로, 어떤 경우에도. **b)** 구부러져 있다. **3.** ⟨s⟩ 일정한 방향으로 굴곡(커브)을 이루다, 구부러지다: der Weg biegt um den Berg 그 길은 산 주위로 돌아간다; er bog rasch zur Seite 그는 빨리 옆으로 비켰다. **biegsam** [ˈbiːkzaːm] ⟨Adj.⟩ 잘 구부러지는(휘어지는), 탄력있는: sie ist b. wie eine Gerte 그녀는 어린 가지처럼 호리호리하다; 〖전의〗 ein -er Charakter 다루기 쉬운(고분고분한) 사람. **Biegsamkeit**, die ↑biegsam의 명사형: die B. eines Materials 재료의 탄력성. **Biegung**, die; -en **1.** 구부러짐, 커브: sie wohnt an

Bielefeld 310

(hinter) der B. (der Straße) 그녀는 (그 거리의) 모퉁이 쪽(뒤)에 산다; eine B. (nach rechts) machen (오른쪽으로) 돌다. **2.** 《언어·österr.》 변화, 어미변화, 굴절.
Bielefeld ['bi:ləfɛlt], 빌레펠트(도시명).
Bieler See, der; - -s 스위스의 빌 호수.
Bien [bi:n], der; -s 《양봉》 꿀벌의 떼(총칭), 군봉.
Bienchen ['bi:nçən], das; -s, - ↑Biene의 축소형.
Biene ['bi:nə], die; -n **1.** (꿀)벌(↑Bienchen): fleißig wie eine B. sein 벌처럼 부지런하다; von einer B. gestochen werden 벌에 쏘이다. **2.** 《통용어》 처녀, 여자: eine flotte(süße) B. 발랄한(귀여운) 여자. **3. eine B. drehen(machen)** 《통용어》 재빨리(눈치채지 못하게) 없어지다(사라지다).

bienen-, Bienen-: **~ameise**, die 개미벌속. **~artig** 〈Adj.〉 (꿀)벌 같은. **~beute**, die (야생) 꿀벌통(↑²Beute (2)). **~fleiß**, der 지치지 않는 근면[부지런함]. **~fresser**, der 벌잡이새. **~gesumm**, das (꿀)벌의 붕붕거리는 소리. **~gift**, das 〈Pl. 없음〉 밀독(蜜毒)(류머티스의 약). **~haltung**, die 《양봉》의 보호. **~harz**, das 봉랍, 밀랍. **~haube**, die 양봉가의 (보호) 두건. **~haus**, das 양봉장, (꿀)벌통. **~honig**, der (자연) 꿀(반대: Kunsthonig). **~hütte**, die 《양봉》 오두막. **~kasten**, der (꿀)벌통, 양봉 상자. **~königin**, die 여왕벌. **~korb**, der 짚으로 엮은 (꿀)벌통. **~korbhütte**, die 꿀벌통처럼 만든 아프리카의 오두막. **~männchen**, das 수펄. **~pfeife**, die 양봉가의 보호용 파이프. **~schleier**, der 양봉가의 보호용 베일. **~schwarm**, der (꿀)벌떼. **~sprache**, die (꿀)벌의 동작 언어. **~staat**, der 꿀벌의 세계(사회). **~stachel**, der (꿀)벌의 독침. **~stand**, der 양봉장, 양봉통. **~stich**, der **1.** (꿀)벌에 쏘임. **2.** 버터나 설탕을 바른 과자의 일종. **~stock**, der 꿀벌통. **~vater**, der 【양봉가】. **~volk**, das (여왕벌 한 마리와 일벌, 수벌들로 이루어진) 한 무리의 벌떼. **~wabe**, die (꿀)벌집. **~wachs**, das 밀랍. **~wachskerze**, die 밀랍으로 된 초. **~weide**, die 【양봉】 (꿀)벌이 찾아가는 식물(전체). **~weisel**, der 여왕벌(↑Weisel). **~wolf**, der 꿀벌 잡아 먹는 말벌. **~zucht**, die 양봉. **~züchter**, der 양봉가.

bienenhaft 〈Adj.〉 (꿀)벌 같은.
Biennale [bie'na:lə], die; -n 《ital. biennale》 2년마다 개최되는 행사(전시회, 영화제 따위).
Bier [bi:r], das; -(e)s 《종류》-e 〈lat. bibere〉 〈축소형: ↑Bierchen〉 맥주: helles(dunkles) B. 보통 (흑)맥주; B. vom Faß 생맥주; ein Faß B. anzapfen 맥주통을 따다; einen Kasten B. holen 맥주 한 상자를 사오다; ein B. trinken 맥주 한 잔 마시다; **etw. wie sauer (saures) B. anpreisen** 《통용어》 인기없는 것을 열심히 선전하다; **das ist nicht mein B.** 《통용어》 그것은 내 일이 아니다.
bier-, Bier-: **~abend**, der 저녁의 맥주 파티. **~arsch**, der 《비어》 커다란 엉덩이. **~ausschank**, der 맥주집. **~bank**, die 〈고어〉 술집의 걸상. **~bankpolitik**, die 〈폄〉 선술집에서 논해지는 정치. **~bankpolitiker**, der 선술집에서 정치를 논하는 사람. **~bar**, die 맥주 홀. **~baß**, der 《통용어·농》 저음, 베이스. **~bauch**, der 《통용어·조롱》 맥주 배, 뚱뚱한 배. **~brauer**, der 맥주 양조자. **~brauerei**, die 맥주 양조장(업). **~bruder**, der 《통용어》 **1.** 《농》 맥주집의 단골손님. **2.** 술(맥주) 친구. **~deckel**, der 맥주컵의 (덮개) 받침. **~dose**, die 맥주 캔. **~dunst**, der 맥주 증기(냄새). **~durst**, der 맥주 마시고 싶은 갈증. **~eifer**, der 《통용어·조롱》 과도한 열의. **~eifrig** 〈Adj.〉 과도한 열의의. **~ernst** 〈Adj.〉 《통용어》 과대하게 진지한, 진지한. **~ernst**, der 극도로 진지함. **~faß**, das 맥주 통. **~filz**, der 맥주 컵의 깔개. **~flasche**, die 맥주 병. **~garten**, der 야외 맥주집. **~glas**, das 〈Pl. -gläser〉 맥주(유리) 잔. **~hahn**, der 〈Pl. -hähne〉 맥주통의 꼭지. **~halle**, die 큰 비어홀. **~hefe**, die 맥주용 효모. **~hobel**, der 《지역적》 음식점 테이블 닦는 행주. **~idee**, die 《통용어·폄》 어리석은 착상. **~käse**, der 매운 연치즈. **~kasten**, der 맥주 상자. **~keller**, der **1.** 맥주 저장 지하실. **2.** 지하에 있는 맥주집, die 작은 맥주집. **~komment**, der [대학생] 맥주 마시는 법(주도). **~krug**, der; 맥주 조끼(컵). **~krügel**, das; -s, -(n) 《österr.》 작은 맥주컵의 맥주. **~kutscher**, der 《통용어》 맥주 운반인. **~lache**, die 맥주가 흘려려 있는 자리. **~lachs**, der [스카트] 맥주를 내는 스카트 게임의 일종. **~laune**, die 《통용어》 약간 취해 기분이 좋은. **~leiche**, die 《통용어·농》 고주망태가 된 사람. **~lokal**, das 맥주집. ↑**marke**, die 맥주 한 잔 교환권. **~niederlage**, die ↑**~verlag**. **~rausch**, der 맥주에 취함. **~rede**, die (맥주 마실 때의) 농담, 만담. **~reise**, die 《통용어·농》 이집 저집 다니며 맥주 마시기. **~ruhe**, die 《통용어》 태연 자약. **~runde**, die 맥주판, 맥주석. **~schaum**, der 맥주 거품. **~schenke**, die 맥주집. **~schinken**, der 햄(의 일종). **~seidel**, das 맥주 조끼. **~selig** 〈Adj.〉 《농담조》 맥주에 약간 취해 기분이 좋은. **~sieder**, der 맥주 양조장에서 맥아즙을 가열하는 사람(직업인). **~stimme**, die 《통용어》 (거칠은) 저음. **~stube**, die 작은 맥주집. **~suppe**, die 맥주, 설탕, 달걀로 만든 스프. **~teller**, der 《schweiz.》 맥주잔 받침. **~tippler**, der (österr.·통용어) 습관적으로 맥주를 마시는 사람. **~tisch**, der 술집 식탁. **~trinker**, der 규칙적으로 맥주를 마시는 사람. **~ulk**, der 《통용어(좌석)의 익살. **~untersatz**, der 맥주잔 받침. **~verlag**, der 맥주 도매상. **~verleger**, der 맥주 도매상인. **~vertrieb**, der ↑**~verlag**. **~wärmer**, der; - - 맥주 데우는 기구. **~wirt**, der 맥주집 주인. **~wirtschaft**, die 맥주집. **~wurst**, die 소시지의 일종. **~würze**, die 발효전의 맥아즙. **~zeitung**, die 익살 신문, 풍자문. **~zelt**, das (대형) 천막 맥주홀. **~zipfel**, der 회중시계줄에 달린 장식(학생 친목 단체의 표지).

Bierchen ['bi:rçən], das; -s, - **1.** (좋은 종류의) 맥주. **2.** 《친근》 맥주 한 잔: ein B. trinken gehen 맥주 한 잔 마시러 가다.
Biese [bi:zə], die; -n **1.** (군복 바지 등의) 장식선: rote -n 붉은 장식선. **2.** 옷의 장식 주름. **3.** 구두의 장식 바느질.
biesen ['bi:zn] 〈h〉 (등에 때문에 괴로워) 날뛰다: die Pferde biesen 말들이 날뛴다. **Biesfliege** ['bi:s-], die 등에, 쇠파리.

¹**Biest** [bi:st], das; -(e)s, -er 〈lat. bēstia〉 《통용어·폄》 **1.** 성가신 짐승: das B. bellt Tag und Nacht 그 짐승은 밤낮으로 짖어댄다. **2. a)** 못된(야비한) 인간: so ein B.! 이런 야비한 인간!; das B. hat mich belogen 그 인간이 나를 속였다; ein süßes B. 귀엽고 버릇없는 여자. **b)** 저주의 대상(물건): das B. funktioniert nicht 이 망할 것이 이제 작동을 안한다.

²**Biest** [-], der; -(e)s ↑Biestmilch.
Biesterei [bi:stə'raɪ], die; -en 〈↑¹Biest〉 **1.** 《통용어·폄》 **a)** 저속, 야비: das ist eine B.! 그것 참 비열하네. **b)** 나쁜 것, 화나는 것, 고약한 일: diese dauernden Preissteigerungen sind eine B.! 이런 계속된 물가 상승은 화나는 일이다! **2.** 《지역적》 특히 어려운(힘드는) 일, 고역. **biestern** 〈h〉 《지역적》 **1.** 이리저리 돌아다니다: er biesterte durch die Gegend 그는 그 근방을 돌아다녔다. **2.** 열심히 일하다, 악착스레 일하다: sie biestert von morgens bis abends, um alles zu schaffen 그녀는 모든 것을 해내기 위해 아침부터 저녁까지 일한다.

biestig 〈Adj.〉 《통용어·폄》 **1.** 지속적인, 야비한, 불쾌

한: die Leute schimpften über die -en Preissteigerungen 사람들은 어처구니없는 물가 상승에 대해 욕을 했다. 2. a) 불쾌하게 큰, 대단한: eine -e Kälte 혹한. b) 《형용사, 부사의 강조》 매우: es war b. kalt 매우 추웠다. **Biestigkeit**, die; -en 《통용어, 평》 a) 〈Pl. 없음〉 못된 성격, 나쁜 번덕. b) 못된 행동.

Biestmilch, die 《출산한 암소의》 초유(初乳).

Biet [biːt], das; -(e)s, -e 《schweiz.》 《도시 주위의》 지역 《대개 지명과 복합어, 예컨대》 Baselbiet 바젤 지역.

bieten' ['biːtn̩] 〈h〉 **1. a)** 제공하다, 제의하다: jmdm. Ersatz für etw. b. 누구에게 무엇에 대한 보상을 제공하다; was[wieviel] bietest du mir dafür? 그것에 대해 너는 나에게 얼마를 지불하겠니? **b)** 《경매 등에서》 얼마를 부르다, 값을 붙이다: er hat auf das Bild 5000 Mark geboten 그는 그 그림에 5000 마르크를 불렀다. **c)** 〈b. + sich〉 열리다, 생기다, 주어지다: hier bietet sich (dir) eine Chance 여기 네게 한 기회가 주어진다. **2. a)** 《아어》 건네다, 내어 밀다: er bot ihr den Arm 그는 그녀에게 팔을 내밀었다; 趣意 jmdm. die Hand zur Versöhnung b. 누구와의 화해 의사를 표명하다. **b)** 주다, 허용하다: jmdm. Obdach[Unterschlupf] b. 누구에게 잠자리를 내주다. **3.** 보여 주다: bei dem Fest wurde ein schönes Programm geboten 그 축제에서는 좋은 프로그램이 제공되었다; 退色 diese Arbeit bietet keine sonderlichen Schwierigkeiten 이 일은 별다른 어려움을 주지는 않는다. **4.** 보여 주다: sie bietet einen prächtigen Anblick 그녀는 근사한 모습을 보여 준다. **5.** 요구하다, 기대하다: das lasse ich mir nicht b. 나는 그것을 그냥 넘길 수는 없어. **Bieter**, der; -s, - 《경매 등에서》 값을 부르는 사람.

Bifokalbrille [bifo'kaː-], die; -n 이중 초점 안경. **Bifokalglas**, das; -es, ...gläser 《원근 양용의》 이중 초점 렌즈.

Biga ['biːga], die; Bigen [lat. bīga] 《고대 로마의》 쌍두 마차.

Bigamie [biga'miː], die; -n [...iən] mlat. bigamia 중혼. **Bigamist** [biga'mɪst], der; -en, -en 중혼자. **bigamistisch** 〈Adj.〉 **a)** 중혼의. **b)** 중혼으로 사는: ein -es Paar 중혼 부부.

Big-apple-walk [bɪgˈ|ɛpǀwɔːk], der; -(s), -s 《engl.-amerik. big apple walk》 열기어 추는 춤.

Bigarade [biga'raːdə], die; -n [frz. bigarade] 감귤류. **Big Band** ['bɪg ˈbænd], die; -s [engl.-amerik. big band] 빅 밴드. **Big Business** ['bɪg ˈbɪznɪs], das; - - [engl.-amerik. big business] **a)** 대기업. **b)** 대기업계. **c)** 큰 거래, 큰 건수.

Bignonie [bɪ'gnoːniə], die; -n [프랑스 도서관원 J. P. Bignon에 따라] 비구니아속(능소화과).

bigott [bi'gɔt] 〈Adj.〉 [frz. bigot] 《교양어·평》 **a)** 편협한 신앙심을 가진, 광신의. **b)** 믿음이 깊은 체하는, 신앙에 독실한 체하는. **Bigotterie** [bigotə'riː], die; -n [...iən; frz. bigoterie] **1.** 〈Pl. 없음〉 **a)** 편협한 신앙심, 지나친 광신. **b)** 위선, 거짓 믿음. **2.** 믿음이 깊은 체하는 언행.

Bijou [bi'ʒuː], der / das; -s, -s [frz. bijou < bret. bizou] 《schweiz.》 보석, 장신구. **Bijouterie** [biʒutə'riː], die; -n [...iən; frz. bijouterie] **1.** 값싼 장식품. **2.** 《schweiz.》 보석상. **Bijoutier** [biʒu'tieː], der; -s, -s [frz. bijoutier] 《schweiz.》 보석 상인.

Bikarbonat, 《화학전문어》 Bicarbonat, das; -(e)s, -e 중탄산염.

Bike [baik], das; -s, -s [engl. bike bycicle] 자전거.

Bikini [bi'kiːni], die; -s [《schweiz.》 das; -s, -s [남태평양 산호도에서 원자폭탄 실험이 알려지자 이 지명을 딴 명칭] 비키니 수영복.

bikonkav [bikɔn'kaːf, 《또한》 ...ɔŋ'k..., 'biː-] 〈Adj.〉 [광학] 양면이 오목한(반대: bikonvex): eine -e Linse 양면 오목 렌즈.

bikonvex [bikɔn'vɛks, 《또한》 biː-] 〈Adj.〉 [광학] 양면이 볼록한(반대: bikonkav).

bilabial [bila'biaːl, 《또한》 'biː-] 〈Adj.〉 [음성학] 양순(兩脣)의: -e Laute 양순음. **Bilabial**, der; -s, -e [음성학] 양순음: p ist ein B. p는 양순음이다.

Bilanz [bi'lants], die; -en [ital. bilancio] **a)** [경제·상] 결산, 청산, 대차대조표: eine B. aufstellen 결산하다; 趣意 die modernen Kulturanalysen sind -en, die mit Verlust abschließen 현대 예술 분석은 손실로 끝맺는 사업이다. **B. machen** 《통용어》 개인적으로 쓸 수 있는 돈을 헤아려 보다. **b)** 결과, 총계, 최종 개관: **(die) B. (aus etw.) ziehen** 《무엇의》 결과를 확인하다.

bilanz-, Bilanz- (Bilanz 1): **~buchhalter**, der 회계사. **~prüfer**, der 회계 감사관. **~sicher** 〈Adj.〉 결산이 확실한. **~summe**, die 결산 총액.

bilanzieren [bilan'tsiːrən] 〈h〉 [경제·상] **1.** 평균하다, 상쇄하다. **2.** 무엇에 대해 결산을 하다: ein Konto b. 한 구좌 계정을 결산하다; 趣意 der Autor bilanziert den erreichten theoretischen Stand 저자는 이제까지 이룩한 이론적 결과를 총괄한다. **Bilanzierung**, die; -en 평균, 상쇄, 결산.

bilateral [bilate'raːl, 《또한》 'biː-] 〈Adj.〉 **1.** [정치] 《전문어》 양면적인, 쌍방의. **2.** [생물] 대칭의, 대칭으로 구성된, 좌우 상칭(相稱)의.

Bilch [bɪlç], der; -(e)s, -e 산쥐과의 동물, 들쥐. **Bilchmaus**, die ↑Bilch.

Bild [bɪlt], das; -(e)s, -er **1. a)** 《축소형: ↑Bildchen》 그림: ein abstraktes B. 추상화; ein B. (in Öl, mit Wasserfarben) malen 그림을 《유화로, 수채화로》 그리다; zu einem B. Modell sitzen 어떤 그림의 모델로 앉다; **ein lebendes B.** [연극] 《순간적으로 정지된》 장면 묘사; sie ist ein B. von einem Mädchen 그녀는 그림같이 아름다운 소녀이다. **b)** 《축소형: ↑Bildchen》 사진, 《인쇄된》 그림: ein B. knipsen[aufnehmen, abziehen, vergrößern] 사진을 찍다[촬영하다, 인화하다, 확대하다]; etw. im B. festhalten 무엇을 사진으로 찍어 두다. **c)** (TV의) 영상, 화면. **d)** 《거울의》 영상, 모사: sie betrachtete ihr B. im Spiegel 그녀는 거울 속의 자기 모습을 바라보았다. **2.** 모습, 광경: das äußere B. der Stadt ist verändert 그 도시의 외관이 변했다; **ein B. des Jammers sein[bieten]** 《아어》 아주 슬픈 모습을 보이다; **ein B. für (die) Götter[sein]** 《통용어, 농》 기이한 《우스꽝스러운》 모습(이다). **3.** 표상, 인상, 생각: ein falsches B. von etw. haben 무엇에 대해 그릇된 생각을 갖다; er beschwor das B. seiner Geliebten 《아어》 그는 자기 애인의 모습을 생생하게 떠올렸다; **sich³ ein B. von jmdm. [etw.] machen** 누구[무엇]에 대해 의견을 갖다; **jmdn. (über etw.) in B. setzen** 누구에게 《무엇에 대해》 정보를 주다, 알게 하다; **(über etw.) im -e sein** 무엇에 대해 잘 알고 있다. **4.** [연극] 막, 장면: Schauspiel in sieben -ern 7막으로 된 연극. **5.** 비유, 모상, 은유: dieser Schriftsteller gebraucht kühne -er 이 작가는 대담한 비유를 사용한다. **6.** [수학] 대칭상.

bild-, Bild-: ~abzug, der 사진 인화. **~archiv**, das 사진 보관실. **~aufzeichnung**, die 녹화. **~ausschnitt**, der 《신문의》 사진 부분. **~auswertung**, die 사진 해독. **~autor**, der 사진 작가. **~band**, der 그림책. **~beilage**, die 사진《화보》 부록. **~bericht**, der [신문] 사진 보도. **~berichterstatter**, der 《나치》 사진 기자. **~beschreibung**, die 그림 설명. **~biographie**, die 사진 전기. **~bruch**, der [언어] ↑Katachrese. **~chronik**, die 사진 연대기. **~dienst**, der

[신문·서적] 사진부, 삽화부. ~**dokument**, das 사진 기록. ~**druck**, der 사진 인쇄. ~**druckstock**, der 그림 인쇄판. ~**ebene**, die 《전문어》 화면. ~**empfänger**, der (텔레비전의) 수상기 (부분). ~**erzählung**, die 그림 이야기. ~**fehler**, der [텔레비전·영화] 화면 이상. ~**fläche**, die 화면, 스크린: **auf der B. erscheinen** 《통용어》 갑자기 나타나다[등장하다]; **von der B. verschwinden** 《통용어》 1) 급히 물러가다[떠나다]. 2) 잊혀지다, 사라지다. ~**folge**, die 1. ⟨Pl. 없음⟩ 사진의 연속, 일련의 영상. 2. (내용상 연관된) 그림 시리즈. ~**format**, das 사진 규격. ~**frequenz**, die [영화·텔레비전] 영상 주파수. ~**funk**, der 무선 사진 전송, 팩시밀리 전송. ~**geschichte**, die (설명이 붙은 그림 이야기. ~**gestaltung**, die 그림(사진)의 구도[형상화]. ~**hauer**, der 조각가, 조소가. ~**hauerarbeit**, die 1. ⟨Pl. 없음⟩ 조각, 조소 작업. 2. 조각품. ~**haueratelier**, das 조각가 아틀리에. ~**hauerei**, die; -en 1. ⟨Pl. 없음⟩ 조각(술). 2. (schweiz.) 조각품. ~**hauerisch** ⟨Adj.⟩ 조각의: -es Können 조각 능력. ~**hauerkunst**, die ⟨Pl. 없음⟩ 조각술. ~**hauern** ⟨h⟩ 《통용어》 조각하다. ~**hauerwerk**, das 조각품. ~**hauerwerkstatt**, die 그 조소 작업장. ~**hübsch** ⟨Adj.⟩ 아주 [그림같이] 귀여운. ~**idee**, die (그림, 사진의) 예술적 아이디어[착상]. ~**inhalt**, der 그림 내용. ~**journalist**, der 사진 기자. ~**kalender**, der 그림 달력. ~**karte**, die 1. 그림 엽서. 2. 모형[기록] 지도. ~**komposition**, die 그림 구성. ~**konserve**, die (텔레비전 온어) 보관된 영상 자료. ~**kraft**, die ⟨Pl. 없음⟩ 《아이》 조형력, 구상성. ~**kräftig** ⟨Adj.⟩ 《아이》 매우 생생한, 조형력[구상성]이 있는. ~**mäßig** ⟨Adj.⟩ 그림에 관한. ~**material**, das 그림 자료. ~**mischer**, der, ~**mischerin**, die (모니터의 영상중에서 방영이나 녹화에 적당한) 영상을 고르는 사람, (텔레비전) 비디오 믹서. ~**motiv**, das 그림 모티브, 그림의 대상. ~**platte**, die [텔레비전] 영상 레코드. ~**plattenspieler**, der 영상 레코드 플레이어. ~**postkarte** die 그림 엽서. ~**qualität**, die (텔레비전) 화면의 질. ~**redakteur**, der [신문·서적] 사진[화보] 편집자. ~**reportage**, die 사진 보도. ~**reporter**, der 사진 기자. ~**röhre**, die [텔레비전] 브라운관. ~**säule**, die 입상, 조상(彫像): [전의] 《통용어》 vor Schreck zur B. erstarren 놀라서 몸이 굳다. ~**schärfe**, die [사진·영화·텔레비전] 화면의 선명도. ~**schirm**, der 텔레비전 수상기의 화면, 영사막. ~**schirmlexikon**, das (데이터 통신에 의한) 영상 정보. ~**schirmtext**, der (데이터 통신에 의한) 영상 정보(체계). ~**schirmzeitung**, die (데이터 통신에 의한) 영상 정보 신문. ~**schmuck**, der ↑Bilderschmuck. ~**schnitt**, der [영화] 필름 편집. ~**schnitzer**, der (목각 전문) 조각가. ~**schnitzerei**, die 1. 조각. 2. 조각 작업장. 3. 조각품. ~**schnitzerkunst**, die 조각술. ~**schön** ⟨Adj.⟩ 《강조》 그림같이 [매우] 아름다운. ~**seite**, die 1. (동전, 메달 등의) 화면[표면]. 2. (책, 신문 등의) 그림[사진]이 있는 면. ~**serie**, die 사진 시리즈, 연속 사진(그림). ~**sprache**, die ↑Bildersprache. ~**stelle**, die 화면 자료 취급소, (영상) 사진 자료의 보존 대여 기관. ~**stickerei**, die 그림자수 ~**stock**, der 1. (süddt., österr.) 십자가상이나 성자상이 새겨진 옥외 기둥. 2. 그림 인쇄판, 판화의 판. 스테레오판. ~**störung**, die [텔레비전] 화면 고장, 영상 장애. ~**streifen**, der (통용어) 필름. ~**sucher**, der [사진] 파인더. ~**symbol**, das 그림 형태의 상징, 픽트그래프. ~**synchron** ⟨Adj.⟩ [영화·텔레비전] (대사의) 화면과 일치하는. ~**tafel**, die [서적] 화보. ~**tafelwerk**, das 화보집. ~**telefon**, das 영상 전화. ~**telegraf**, der 사진 전송기. ~**telegrafie**, die 사진 전송(술). ~**telegramm**, das 전송 사진. ~**teppich**, der 그림이 있는 벽걸이 양탄자. ~**text**, der 그림[사진] 설명문. ~**tiefe**, die 그 사진의 입체감. ~**titel**, der 그림[사진] 제목. ~**Ton-Kamera**, die 동시 녹음 카메라. ~**übertragung**, die [텔레비전] 방영. ~**umschlag**, der 책의 그림 표지. ~**unterschrift**, die 사진[그림] 밑의 설명문. ~**vorlage**, die 인쇄용 그림 원본. ~**wand**, die 영사막. ~**weite**, die [광학] 초점 거리. ~**werbung**, die 시각적 선전, 영상 광고. ~**werfer**, der 영사기, 환등기. ~**werk**, das 《아이》 그림 조각품. ~**wiedergabe**, die (영화, 서적 등에서의) 그림[영상]의 복제[재현]: eine einwandfreie, ausgezeichnete B. 홈잡을 데 없는 그림 복제(영상 재현). ~**winkel**, der 1. [광학] 화각(畫角). 2. [사진] 카메라 렌즈의 최대 화각. ~**wirkerei**, die ⟨Pl. 없음⟩ 그림을 넣는 직조. ~**wirksam** ⟨Adj.⟩ (그림, 영상, 사진에 의해) 효과적인. ~**wirksamkeit**, die. ~**wirkung**, die 그림(영상, 사진) 효과. ~**wörterbuch**, das (낱말의 의미를 그림으로 설명한) 그림 사전. ~**zauber**, der [민속] 그림에 의한 주술. ~**zeichen**, der (상표, 안내표 등의) 그림 기호, 표지. ~**zuschrift**, die (광고에 대한) 사진 동봉 답신.

bildbar ['bɪltbaːɐ̯] ⟨Adj.⟩ 조형하기 쉬운: ein -er Stoff [Geist] 조형하기 쉬운 물질[교화할 수 있는 정신]. **Bildbarkeit**, die 조형성. **Bildchen** ['bɪltçən], das; -s, -/Bilderchen ↑Bild (1 a, b). **bilden** ['bɪldn̩] ⟨h⟩ 1. a) 만들다: Laute b. 소리를 내다; aus Wörtern Sätze b. 단어로 문장을 만들다; ein schön gebildetes Gesicht 예쁘게 생긴 얼굴. b) 조형하다, 모형을 만들다: Figuren in[aus] Ton b. 점토로 모양을 만들다; Masken b. 가면(탈)을 만들다; die bildende Kunst 미술, 조형 예술; der bildende Künstler 조형 예술가. 2. a) (집단, 조직으로) 만들다, 구성하다: einen Kreis b. 빙 둘러서서 원을 이루다. b) 편성하다, 조직하다: einen Verein b. 협회를 조직하다; ein Kommando b. 파견대를 편성하다; einen Ausschuß b. 위원회를 설치하다. c) 얻다: sich³ ein Urteil über jmdn. [etw.] b. 누구[무엇]에 대해 판단하다. 3. a) 만들어 내다: dieses Verb bildet kein Passiv 이 동사는 수동형을 만들지 못한다. b) (b. + sich) (성장, 발달로) 생기다, 나타나다: Knospen bilden sich 봉오리가 생긴다; in der Partei haben sich verschiedene Gruppen gebildet 그 당에는 다양한 집단이 형성되었다. 4. 형성하다, 이루다: diese Länder bilden einen Staat 이 주들이 한 국가를 형성한다; etw. bildet den Hintergrund 무엇이 배경을 이루다. 5. (정신적으로) 발전시키다, 계발하다, 도야하다: seinen Geist (durch Reisen) b. (여행을 통해서) 정신을 도야하다; die Jugend politisch b. 젊은이들에게 정치 교육을 시키다.

bilder-, Bilder- (bild-, Bild-): ~**album**, das 사진 앨범. ~**anbetung**, die 우상 숭배(↑-verehrung). ~**atlas**, der 도감(圖鑑), 화보집(↑Bildtafelwerk). ~**ausstellung**, die 그림 전시회. ~**bibel**, die 그림 성경. ~**bogen**, der 일련의 그림이 인쇄된 전지(全紙). ~**buch**, das 그림책. ~**buch-** 《다음의 합성어로, 예컨대》 **Bilderbuchlandung**, die 연착륙(매우 근사한). ~**tor**, das (그림책에나 나올 만한) 근사한 슛(골). ~**wetter**, das 화창한 날씨(그림책에나 나올 만한). ~**chronik**, die ↑Bildchronik. ~**dienst**, der 1. ↑Bilddienst. 2. ↑-verehrung. ~**folge**, die ↑Bildfolge. ~**fülle**, die 《아이》 많은 사진. ~**galerie**, die 화랑. ~**geschichte**, die ↑Bildgeschichte. ~**haken**, der 사진[그림] 거는 특수 못. ~**handel**, der 그림 거래. ~**händler**, der 화상(畫商)(↑-verehrung). ~**kult**, der ↑-verehrung. ~**laden**, der (껌) 얼굴. ~**mappe**, die 그 사진첩, 앨범, 화첩. ~**museum**, das 미술관. ~**rahmen**, der 그림(사진)틀, 액

자. ~rätsel, das 1. 그림 수수께끼. 2. 숨겨진 것 찾기 그림. ~reich 〈Adj.〉 그림이 많은, 삽화가 많은, 비유가 많은. ~reichtum, der 〈Pl. 없음〉 그림[비유]이 많음. ~reihe, die 일련의 그림. ~sammler, die 그림 수집가. ~sammlung, die 그림 수집. ~schau, die 회화 전시회. ~scheck, der (팔린 상품에 덧붙이거나 그 포장에 인쇄된) 연속그림의 부분 인환권. ~schmuck, der 그림 장식. ~schrift, die 그림 글자, 상형문자. ~serie, die ↑Bildserie. ~sprache, die 비유어, 화려한 말, 미사 여구. ~streit, der [기독교] (특히 8세기의) 교회의 그림 장식과 성상[우상] 숭배에 대한 찬반 논쟁. ~sturm, der (역사적) (특히 종교 개혁 시대의) 성상[우상] 파괴 운동. ~stürmer, der 1. 성상[우상] 파괴주의자. 2. 《교양어》 인습 타파주의자. ~stürmer<u>ei</u>, die 성상[우상] 파괴. ~stürmerisch 〈Adj.〉 우상 파괴의, 과격한. ~teppich, der ↑Bildteppich. ~verehrung, die 우상 숭배. ~zyklus, der 그림(영상)의 연속.

Bilderchen: ↑Bildchen의 복수형. bildhaft 〈Adj.〉 그림의, 비유적인, 구상적인: die -e Wirkung von Plakaten 플래카드의 조형적 효과; eine -e Sprache 비유적 언어. Bildhaftigkeit, die 비유성. bildlich 〈Adj.〉 1. 그림의, 회화(영상)적: die -e Wiedergabe eines Gegenstandes 대상의 회화적 재현. 2. 비유적인, 구상적인: ein -er Ausdruck 비유적 표현; diese Äußerung war nur b. gemeint 이 발언은 단지 비유에 지나지 않았다. Bildlichkeit, die 비유성, 구상성. Bildner ['bɪldnɐ], der; -s, - 1. 《고어》 교육가, 형성자: ein B. der Jugend 청소년 교육자. 2. 《아어·드물게》 조각가, 조형 예술가: der B. dieser Statue 이 입상의 조각가. Bildnerin, die; -nen ↑Bildner의 여성형. bildnerisch 〈Adj.〉 조형적인, 예술적인: -e Fähigkeiten [Mittel] 조형 능력[수단]. Bildnis, das; -ses, -se 《아어》 초상, 초상화: ein B. Goethes 괴테의 초상화. Bildniskunst die 〈Pl. 없음〉 ↑Bildnismalerei. Bildnismalerei, die 초상화(법). bildsam ['bɪltza:m] 〈Adj.〉 《아어》 조형[형성]이 가능한, 교화될 수 있는: ein -er Stoff 조형하기 쉬운 재료. Bildsamkeit, die ↑bildsam의 명사형. Bildung, die; -en 1. a) 교육, 형성: die Schule vermittelt vielseitige B. 학교는 여러 면의 교육을 전달한다. b) 교양, 도야, 인간 형성: eine umfassende B. besitzen 전반적인 교양을 갖추다; das gehört zur allgemeinen B. 그것은 일반 교양에 속한다 [교양인이면 그것을 알아두어야 한다]; ein Mann von B. 교양있는 남자. c) 예절: sie hat keine B. 그녀는 예절을 모른다. 2. a) 형성, 만듦: die B. von Sätzen 문장 형성. b) 만들기, 형성하기: die B. eines Kreises 원형을 이루기. c) 구성, 조직: die B. einer neuen Regierung 새정부의 구성. d) 조성: zur B. der öffentlichen Meinung beitragen 여론 조성에 기여하다. 3. 생김, 생성: die B. von Knospen[eines Sees] 봉오리[호수]가 생김. 4. 형태, 형상: die seltsamen -en der Wolken 구름의 이상한 형상. 5. [언어] (특히 단어의) 조어: spontane -en 자연 발생적인 조어.

bildungs-, Bildungs- (Bildung 1): ~anstalt, die [관] (학교 따위의) 교육 시설. ~arbeit, die 〈Pl. 없음〉 교육 사업. ~bedürfnis, das 교육열, 교육 욕구. ~beflissen 〈Adj.〉 자기 도야에 힘쓰는. ~begriff, der 교육의 정의(개념). ~beratung, die 교육의 기회, 재교육에 관한 상담. ~bürgertum, das a) [사회] 19세기초 고전 교양과 유지에 힘쓴 시민 계급. b) 교양 있는 시민 계급. ~chancen 〈Pl.〉 교육의 기회. ~dichtung, die [문학] 고급 문학. ~drang, der 교육열. ~dünkel, der 자기의 교양에 대한 자만. ~eifer, der 교육 열의[열정]. ~eifrig 〈Adj.〉 교육에 열성적인. ~einrichtung, die 교육 시설. ~element, das [언

어] 조어 요소(예컨대: 접두사). ~erlebnis, das 교양적 체험. ~fabrik, die 《멸》 대학, 학교. ~fähig 〈Adj.〉 교화할 수 있는, 교육이 가능한. ~feindlich 〈Adj.〉 교육에 적대적인. ~gang, der 교육(교양) 과정. ~grad, der 교육(교양) 정도. ~gut, das 교육(교양)을 위한 정신적 재산. ~hochmut, der ↑~dünkel. ~hunger, der 교양(교육)욕, 지식욕. ~hungrig 〈Adj.〉 교양열이 대단한. ~ideal, das 교육(교양)의 이상. ~institut, das ↑~anstalt. ~lücke, die 교양상의 (일정한) 결함: er hat viele -n 그는 교양상의 결함이 많다. ~möglichkeit, die 교육(교양)의 가능성. ~monopol, das 교육의 독점. ~niveau, das 교육 수준. ~notstand, der 교육의 위기(특히 교육 기회의 부족). ~philister, der 《멸》 교양 속물. ~plan, der 교육(교양) 과정. ~planung, die 교육 제도(시설의 기준, 정책)에 관한 (국가) 계획. ~politik, die 교육 정책. ~politisch 〈Adj.〉 교육 정책적인. ~privileg, das 교육 특권. ~protz, der 《멸》 자기 지식을 자랑하는 사람. ~prozeß, der 교육(교양)의 (발달)과정. ~reform, die 교육 개혁. ~reise, die 교양을 쌓기 위한 여행. ~reserve, die (대개 Pl.) (정치 은어) 교육 대상 예비의. ~roman, der [문학] 교양 소설. ~schranke, die 교육의 제한 (한정). ~stand, der 〈Pl. 없음〉 교양(교육) 정도(수준). ~stätte, die 《아어》 ↑~anstalt. ~streben, das; -s 교육의 열망. ~stufe, die ↑~stand. ~urlaub, der 연수 휴가. ~weg, der 교육 과정, 학력. ~wesen, das 〈Pl. 없음〉 교육 제도. ~zentrum, das (다양한 교육 과정이 제공되는) 교육 중심지.

Bilge ['bɪlgə], die; -n [engl. bilge] [선원] 배의 바닥, 뱃바닥의 만곡부. Bilgewasser, das 〈Pl. 없음〉 뱃바닥에 고이는 물.

Bilharziakrankheit [bɪl'hartsi̯a-], die; -en, Bilharziose [...'tsi̯o:zə], die; -n [독일 해부학자, 병리학자 Th. Bilharz (1825~1862)의 이름을 따서] 주혈흡충(住血吸蟲)증.

bilingual [bilɪŋ'ɡuaːl, 〈또한〉 biː...] 〈Adj.〉 [lat. bilinguis] (전문어) 1. 이중 언어를 말하는(사용하는). 2. 이중 언어에 관련된(속하는), 2개국어의. Bilingualismus, der; - 이중 언어 병용. bilingue [bi'lɪŋɡuə], bilinguisch [...ʊɪʃ] 〈Adj.〉 [lat. bilinguis] (전문어) 이중 언어의, 이중 언어로 쓰여진.

Bilirubin [biliru'biːn], das; -s [lat. bilis u. ruber] [의학] 빌리루빈 (담즙에 함유된 적황색 색소).

Biliverdin [biliver'diːn]; das; -s [frz. verde] [의학] 빌리베르딘(담록소).

Billard ['bɪljart, (österr.) bi'jar], das; -s, -e, (österr.) -s [frz. billard] 1. 당구: eine Partie B. (mit jmdm.) spielen (누구와) 당구를 한판하다. 2. 당구대: etw. auf dem B. ablegen 무엇을 당구대 위에 놓다. Billard-: ~ball, der ↑~kugel. ~kegel, der 당구핀. ~kugel, die 당구공. ~queue, das, (österr., 통용어) der ↑~stock. ~saal, der 당구장. ~spiel, das ↑Billard (1). ~spieler, der 당구치는 사람. ~stock, der 당구봉[큐]. ~tisch, der 당구대. ~tuch, das 당구대에 깐 천. ~zimmer, das 당구장.

billardieren [bɪljar'diːrən] 〈h〉 [frz. billarder] 반칙으로 공을 치다.

Billbergia [bɪl'bɛrɡi̯a], Billbergie [...i̯ə], die; ...gien [스웨덴 식물학자 G. J. Billberg(1772~1884)의 이름에 따라] [식물] 빌베르기아(아나나과의 열대 아메리카산 관엽 식물).

Billet: ↑Billett. Billetdoux [bije'duː], das; -, - [...uːs; frz. billet doux] [고어·농] (작은 연애 편지).
Billeteur, Billetteur [bɪljə'tøːɐ], (österr.) bijə...], der; -s, -e 1. 《österr.》 (극장 따위의) 좌석 안내원. 2.

Billeteurin 314

((schweiz.)) 차장. **Billeteurin**, Billetteurin, die; -nen ↑Billeteur (1)의 여성형. **Billeteuse**, Billetteuse [...'tø:zə], die; -n ↑Billeteur (2)의 여성형. **Billett** [bɪl'jet], das; -[e]s, bi'lɛts, bi'jɛt], das; -(e)s, -s u. -e [frz. billet (de logement)] **1.** ((schweiz.)) **a)** 차표: ein B. lösen 차표를 끊다. **b)** 입장권. **2. a)** ((österr.)) 짧은 편지[서한], 메모, 쪽지. **b)** ((österr.)) 봉함 엽서.

Billett- ((schweiz., österr.)): ~**kontrolle**, die 차표검사, ~**schalter**, der 개찰구, 표파는 곳. ~**steuer**, die ((schweiz.)) 유흥세. ~**verkauf**, der 차표 판매.

Billetteur, Billetteurin, Billetteuse: ↑Billeteur.

Billiarde [bɪ'ljardə], die; -n [lat. bi- u. ↑Millarde] 천조. **billiardst...** 천조의 서수. **billiardstel** 〈분수〉; **Billiardstel**, das, ((schweiz.· 대개)) der; -s, - 천조분의 일.

billig ['bɪlɪç] 〈Adj.〉 **1.** 값이 싼, 가격이 적절한, 저렴한 (반대: teuer): -es Obst 싼 과일; ein erstaunlich -er Preis 놀랍게 싼 가격; dieses Buch ist nicht ganz b. 이 책은 상당히 비싸다; [전의] er ist noch mal b. davongekommen ((통용어)) 그는 거의 벌[판단]을 받지 않았다. **2.** (셈) 유치한, 원시적인: eine -e Ausrede 흔한 핑계; es wäre zu b., ihn einfach abzuweisen 그를 그냥 내쫓는 것은 아주 쉬운일일 것이다. **3.** 〈준고어〉적당한, 정당한: ein -es Verlangen 정당한 요구; b. denken 옳게[정당하게] 생각하다.

billig-, Billig-: ~**denkend** 〈Adj.〉 정당하게 생각하는. ~**import**, der 〈대개 Pl.〉 염가의 수입. ~**preis**, der ((통용어)) 저렴한 가격. ~**ware**, die 〈대개 Pl.〉 값싼[저렴한] 상품.

billigen ['bɪlɪgn] 〈h〉 시인[인가, 동의]하다: jmds. Pläne b. 누구의 계획에 동의하다. **billigenswert** 〈Adj.〉 시인할 가치가 있는, 동의할 만한. **billigermaßen, billigerweise** 〈Adv.〉 정당하게, 당연히. **Billigkeit**, die **1.** 저렴, 염가. **2.** 저질, 유치함. **3.** [법] 〈아어〉공정, 정당, 지당: die B. einer Forderung anerkennen 요구의 정당성을 인정하다. **Billigkeitsgefühl**, das 〈Pl. 없음〉 정의감, 공정한 관념. **Billigkeitsgründe** 〈Pl.〉 공정한 이유: aus -n 공정함을 중히 여겨. **Billigung**, die; -en 시인, 동의, 인정, 찬성: etw. findet jmds. (volle) B. 무엇이 누구의 (완전한) 동의를 얻다.

Billion [bɪ'ljo:n], die; -en [frz. billion] 1조. **billionst...** ↑Billion의 서수. **billion(s)tel** 〈분수〉; **Billion(s)tel**, das, ((schweiz. 대개)) der; -s, - 1조분의 일.

Billon [bɪl'jõ:], der/das; -s [frz. billon] 은화[금화] 용의 합금(다량의 동 또는 주석을 섞은 것).

Bilsenkraut ['bɪlzn-], das 〈Pl. 없음〉 사리풀(가지과의 독초)((약용 식물).

Bilwiß ['bɪlvɪs], der; ...isses [mhd. bilwiʒ eigtl. = Wundersames wissend] 〈지역적〉집의 요정, 요술쟁이.

bim! [bɪm] 〈Interj.〉 맑은 종소리의 의성어) 땡. **bim bam!** [bɪm bam] 〈Interj.〉 〈종소리의 의성어〉 땡땡. **¹Bimbam**, das; -s 땡땡소리. **²Bimbam** [종소리를 성인(聖人) 이름으로 해학적으로 사용할 때] 〈다음 용법으로〉 **((ach) du) heilliger B.!** ((통용어)) 아니, 저런(놀라움의 표현). **Bimbim**, der; -s 〈아동〉 (전차 종소리의 의성어) 전차.

Bimester [bi'mɛstɐ], das; -s, - [lat. bimēstris] 〈고어〉 2개월간.

Bimetall ['bi:metal], das; -s, -e [기술] 바이메탈(온도 조절용 등에 쓰임), 2중 금속판. **bimetallisch** 〈Adj.〉 **a)** 2중 금속판의. **b)** 2중 금속판으로 구성된. **Bimetallismus** [bi...], der; - (금· 은화) 양본위제.

Bimmel ['bɪml], die; -n ((통용어)) (맑게 울리는) 작은 종, 벨. **Bimmelbahn**, die ((통용어)) 〈농〉 (종종이 달린) 협궤[경편] 철도. **Bimmelei** [bɪmə'laɪ], die 〈통용어·폄〉 너무 자주[오래도록] 울리는 귀찮은 종소리. **bimmeln** ['bɪm|n] 〈h〉 [niederd. bimmeln, ((의성어))] ((통용어)) 종[벨]이 울리다: die Türglocke[das Telefon] bimmelt 초인종[전화]이 울리다.

¹Bims [bɪms], der; -es, -e [lat. pūmex] 〈대개 전문어나 복합어〉 ↑Bimsstein.

²Bims [-], der; -(es) 〈경〉 돈.

³Bims [-], der; -(es) ((통용어·폄)) 잡동사니, 허섭쓰레기: der ganze B. 모든 것, 전체, 그 모든 허섭쓰레기.

Bims-: ~**beton**, der 시멘트와 경석으로 된 콘크리트. ~**sand**, der (연마제나 세제로 사용되는) 속돌[경석] 모래. ~**stein**, der **1.** 〈Pl. 없음〉 속돌, 경석. **2.** 건축용 속돌. **3.** (손을 문지르거나 조각을 연마하는) 속돌[경석] 조각: die Hände mit (dem) B. abreiben 손을 경석으로 문지르다.

Bimse ['bɪmzə] 〈Pl.〉 ((통용어)) 구타, 매질: B. kriegen 매를 맞다. **bimsen** 〈h〉 **1.** 경석으로 문지르다(닦다, 갈다]. **2.** ((통용어)) 매로 때리다, 구타하다. **3.** ((통용어)) **a)** 훈련하다, 단련하다: die Rekruten wurden tüchtig gebimst 신병들은 호되게 훈련받았다. **b)** 교육[훈련]시키다: Griffe b. 총기 다루는 법을 숙달케 하다. **c)** 집중적으로 (애써) 배우다: (mit jmdm.) Vokabeln b. (누구와) 어휘를 애써가며 배우다. **4.** ((속어)) 성교하다, 교미하다.

bin [bɪn] ↑¹sein 참조.

binar [bi'na:ɐ̯], **binär** [...'nɛ:ɐ̯], **binarisch** 〈Adj.〉 [lat. bīnārius] ((전문어)) **1.** 두성분의, 이중의, 두원소의: -e Verbindungen 2원소 화합물; -es System [수학·정보] 2진법(二進法); -e Einheit 2진법 요소(Bit). **2.** 2진법에 속하는(준하는, 따르는), 2진법의: -e Ziffern 2진법에 따른 숫자. **Binärzeichen**, das 【인공 두뇌】 2진 숫자[정보 단위].

binaural [binaʊ'ra:l] 〈Adj.〉 [lat. bīnī u. auris] (반대: monaural) **a)** [의학·공학] 두 귀의, 두 귀로의: -es Hören 두 귀로 들음. **b)** [전기] 두 통신로의: -e Schallübertragung 두 통신로에 의한 음파 전달.

Binde ['bɪndə], die; -n **1. a)** 붕대, 삼각건, 안대, 〈장식〉 띠: eine B. um das verletzte Bein wickeln 다친 발에 붕대를 감다; eine schwarze B. vor[über] dem Auge haben 눈에 검은 안대를 하고 있다. **jmdm. fällt die[eine] B. von den Augen** (아어·준고어) 무엇을 갑자기 인식[파악]하다. **jmdm. die B. von den Augen nehmen[reißen]** (아어·준고어) 잘못된 생각을 버리게 하다, 정신들게 하다. 완장: der Ordner trugen eine weiße B. 감독은 흰 완장을 차고 있었다. **2.** ((통용어)) ↑Damenbinde의 약칭: eine B. tragen 생리대를 하다. **3.** 〈고어〉 넥타이, 목에 두르는 장식: (sich³) einen hinter die B. gießen[kippen] ((통용어)) 술을 마시다.

Binde-: ~**bogen**, der [음악] 이음줄. ~**gewebe**, das [의학] 결체[결합] 조직. ~**gewebsentzündung**, die 급성 결체 조직염, 봉와직염(蜂窩織炎). ~**gewebsfaser**, die 결체 조직 내의 힘줄. ~**gewebsmassage**, die 피하 결체 조직 마사지. ~**gewebsschicht**, die 결체 조직층. ~**gewebsschwäche**, die 결체 조직 이완. ~**gewebsstrang**, der 결체 조직의 힘줄. ~**glied**, das 연쇄, 연환, 연결 부분, 결합, 중개물. ~**haut**, die [의학] (눈의) 결막. ~**hautentzündung**, die 결막염. ~**hautkatarrh**, der 만성 카타르. ~**kraft**, die 결합력, 접착력. ~**mäher**, der ↑Mähbinder. ~**maschine**, die [농업] 바인더. ~**mittel**, das 접착제, 결합제.

~quote, die [출판] 한판(版)의 발행 부수. ~~s, das 【언어】 (합성어의 두 성분을 연결하는) 결합음 s. ~strich, der 이음표, 하이픈(-). ~wort, das [언어] 접속사, 이음씨(Konjunktion). ~wortsatz, der 접속사 (부)문장.

binden* ['bɪndn̩] ⟨h⟩ 1. a) 매다, 묶다, 동이다: Korn (in [zu] Garben) b. 곡식을 (단으로) 묶다; [전의] die bindende Kraft des gemeinsamen Glaubens 동일한 신앙의 결합력. b) 묶어서[엮어서] 만들다: Kränze b. 화환을 엮어 만든다. 2. a) 묶다, 포박하다: einen Gefangenen (mit Stricken) b. 포로를 (밧줄로) 묶다; [전의] mir sind die Hände gebunden 나는 마음대로 행동할 수 없다; etw. bindet jmds. Aufmerksamkeit 무엇이 누구의 관심을 끌다; gebundene Preise 고정된 가격. b) 의무를 지우다, 구속하다: man hat ihn durch ein Versprechen gebunden 그는 약속에 묶여 있다; ⟨b. + sich⟩ ich wollte mich noch nicht b. 나는 아직은 구속 받고 싶지 않았다; mein Versprechen bindet mich 내 약속이 나를 구속한다; sich gebunden fühlen 의무를 느낀다. 3. 단단히 매다, 묶어서 고정시키다: den Kahn an einen Baum b. 보트를 나무에 단단히 매다; [전의] er ist an sein Versprechen gebunden 그는 약속을 이행할 의무가 있다; die Verhandlungen sind an keinen Ort[an keine Zeit] gebunden 협의들은 장소[시간]가 정해져 있지 않다; ⟨b. + sich⟩ du hast dich zu früh an das Mädchen gebunden 너는 그 소녀에게 (결혼 약속으로) 너무 일찍 얽매었다. 4. a) 감다, 매다: eine Krawatte b. 넥타이를 매다. b) 감아서[매서] 만들다; eine Schleife b. 나비 넥타이를 감아 매다. 5. a) 묶어 두다, (꽉) 붙들다: der Regen bindet den Staub 비가 먼지를 흡수한다; der Zement bindet gut 시멘트가 잘 붙는다. b) [음악] 이어서 연주[노래]하다: die Töne b. 음을 이어서 부른다. c) 운을 부여하다: Wörter durch Reime b. 낱말에 운을 넣다(부치다). d) [서적] 제본하다: ein Buch b. 책을 제본하다; ein Album in Leinen[in Leder] b. 앨범을 천(가죽)으로 제본하다. Binder, der; -s, - 1. 넥타이. 2. [농업] 곡식단을 묶는 기계[바인더]. 3. [토건] a) 좁은 면이 밖으로 오는 벽돌(반대: Läufer). b) (지붕의) 이음보, 들보. 4. [전문어] (도료의) 전색제(展色劑). 5. a) 제본공, (책, 꽃 등을) 묶는 사람. b) (süddt., österr.) 통메장이, 통장이. Binderei, die; -en 제본소, 화환집. Binderin, die; -nen ↑ Binder (5 a)의 여성형. bindern ['bɪndɐn] ⟨h⟩ 1. [농업] 바인더로 작업하다. 2. [서적] 기계로 묶다, 제본하다. Bindfaden ['bɪnt-], der; -s, …fäden 매는 끈, 묶는 실, 가는 (노)끈: das Paket ist mit (einem) B. verschnürt 그 소포는 끈으로 묶어져 있다; es regnet Bindfäden (통용어) 비가 억수로 퍼붓는다. Bindfadenregen, der (통용어) 억수같이 퍼붓는 비, 장대비. bindig ['bɪndɪç] ⟨Adj.⟩ [토양] 점토의, 찰진: -e Böden 점토지. -bindig -[bɪndɪç] (다음의 복합어로, 예컨대) köperbindig, leinwandbindig. Bindigkeit, die 점토성. Bindung, die; -en 1. a) 속박, 구속, 의무: er hat alle persönlichen en gelöst 그는 모든 사사로운 속박에서 벗어났다. b) 내적 결합, 애정, 애착: seine B. an die Heimat ist sehr stark 그의 고향에 대한 애착은 매우 강하다. 2. [스포츠] 스키바인딩(죄는 기구): die B. geht (nicht) auf 바인딩이 열린다(열리지 않는다). 3. [수공] a) [직조] 직물의 날실과 씨실의 결합, 짜임: eine feste B. 단단한 짜임. b) (대들보 등의) 연결, 접합. 4. a) [화학] 결합, (분자 내의) 원자 결합. b) [물리] (원자핵 내의) 핵성분 결합. 5. [필적] (필기에서) 자체(字體)의 결합.

Binge ['bɪŋə], Pinge, die; -n [광] (낡은 광산이 무너져 생긴) 깔대기 모양의 구덩이.

Bingelkraut ['bɪŋ-]-], das; -(e)s, …kräuter [식물] 산쪽풀.

Bingen ['bɪŋən] (라인 강가의 도시) 빙엔. ¹Binger ['bɪŋɐ], der; -s, - 빙엔 사람. ²Binger ⟨Adj.: 격변화 없음⟩ das B. Loch 빙엔 근처 라인 강의 좁고 깊은 곳. bingerisch ⟨Adj.⟩ 빙엔의.

Bingo ['bɪŋgo], das; -(s) [engl. bingo] 빙고(영국의 복권식 도박). Bingo-card [-ka:d], die; -s [zu ↑bingo u. engl. card = Karte] [광고] 빙고카드(원하는 숫자들에 X표를 한 답안 카드).

Bink(e)l ['bɪŋk(ə)l], der; -s, -(n) ⟨bayr., österr.·통용어⟩ 1. 단, 다발. 2. 욕(설).

binnen ['bɪnən] ⟨Präp.⟩ [bi̯, be = bei u. innen] …이내에, …안에: b. drei Tagen ⟨3격과 결합⟩ 3일 이내에; b. einem Jahr 일 년 이내에; ⟨⟨드물게 아어⟩⟩ 2격과 결합⟩ b. eines Jahres 일 년 이내에.

binnen-, Binnen-: ~bords ⟨Adv.⟩ [선원] 배 안에서(반대: außenbords). ~brief, der [통용어·조롱] 독촉장. ~deich, der 안쪽 제방(둑)(반대: Außendeich 1). ~deutsch ⟨Adj.⟩ 독일(본국) 내의, 오스트리아, 스위스를 제외한 독일 본토 언어의. ~eis, das [지질] 내륙빙. ~fischerei, die 담수 어업. ~fleet, das 내수 수로망, 내륙 운하. ~gewässer, das 내륙의 수로(반대: (offenes) Meer). ~hafen, der (하천·호수의) 내륙항(반대: Seehafen). ~handel, der 국내 상업[거래](반대: Außenhandel). ~land, das 내지, 오지(奧地), 내륙. ~ländisch ⟨Adj.⟩ 내륙의, 내국의, 오지의. ~lands ⟨Adv.⟩ 내국에서. ~markt, der [경제] 국내 시장. ~marktlage, der 국내 시장의 상황. ~meer, das 내륙해. ~reim, der [문예] 동일 시행 안에서의 압운(押韻). ~schiffahrt, die 내륙 항행, 내륙 수운(반대: See-, Küstenschiffahrt). ~schiffer, der 내륙 항행 선장, 뱃사공. ~see, der 내륙호. ~staat, der [지정학] 내륙국(가). ~tarif, der 국내 요금. ~verkehr, der 국내 교통. ~währung, die 국내 통화(通貨). ~wärts ⟨Adv.⟩ 내륙으로, 깊숙이 안쪽으로. ~wasserstraße, die 내륙 수로. ~wirtschaft, die 국내 경제. ~zoll, der 국내 관세(반대: Außenzoll).

Binode [bi'no:də], die; -n [lat. bīnī u. griech. hodós] 2극 진공관(二極真空管).

Binokel [bi'nɔkl̩, bi'no:kl̩], das; -s, - [frz. binocle] 1. ⟨고어⟩ 쌍안경 광학기구. a) (쌍) 안경(반대: Monokel). b) 망원경. c) 현미경. 2. der / das 비노클(스위스식 카드놀이). binokeln [bi'no:kl̩n, bi'nɔkl̩n] ⟨h⟩ (schweiz.) 비노클 카드놀이를 하다. binokular [binoku'la:ɐ̯] ⟨Adj.⟩ [lat. bīnī u. oculāris] a) 두 눈으로의, 쌍안의: -es Sehen 두 눈으로 봄. b) 쌍안용의: ein -es Mikroskop 쌍안 현미경. Binokular [-], das; -s, -e 쌍안용 광학 기계.

Binom [bi'no:m], das; -s, -e [lat. bi- u. nōmen] [수학] 이항식. Binomialkoeffizient, der (대개 Pl.) [수학] 2항 계수. binomisch ⟨Adj.⟩ [수학] 2항의: -er Lehrsatz 2항 정리.

Binse ['bɪnzə], die; -n 골풀, 등심초, 갈대류: Körbe aus -n flechten 골풀로 바구니를 짜다; in die ~n gehen (통용어) 사라지다, 쪼개지다, 실패하다, 수포로 되다.

binsen-, Binsen-: ~artig ⟨Adj.⟩ 골풀 같은, 갈대색의. ~dickicht, das 골풀숲. ~geflecht, das 골풀세공품. ~gras, das ↑Binse. ~korb, der 골풀로 엮은 바구니. ~matte, die 골풀로 만든 자리[돗자리]. ~wahrheit, ~weisheit, die 자명한 이치, 평범한 진리: es ist eine B., daß … …은 자명한 일이다.

Bio ['bi:o], die [학생] 1. (판사 없음) 생물 수업(과목): um 10 Uhr haben wir B. 10시에 생물 수업이 있다. 2. die 생물 수업 시간: in der ersten B. nach den Ferien 휴가

후 첫번째 생물 시간에.

bio-, Bio- [bio- / 'bi:o-; griech. bíos]: ~**aktiv** [((또한)) 'bi:o-] ⟨Adj.⟩ 생물학적 활동이 활발한: ein -es Waschmittel 생물학적 활동이 활발한 세척제. ~**chemie** [((또한)) 'bi:o-], die **1.** 생화학. **2.** 생화학적 특성: das hängt mit der B. des Stoffwechsels zusammen 그것은 신진 대사의 생화학적 특성과 연관된다. ~**chemiker** [((또한)) 'bi:o-], der 생화학자. ~**chemisch** [((또한)) 'bi:o-] ⟨Adj.⟩ 생화학의. ~**chor** [...'ko:ɐ̯], das; -s, -en, ~**chore** [...'ko:rə], die; -n, ~**chorion** [...riɔn], das; -s, ...ien [...iən]; griech. chōríon / chōrā [생물] (동식물의 생활권 안의) 더 좁은 생활 공간. ~**dynamisch** [((또한)) 'bi:o-] ⟨Adj.⟩ (식료품과 관련하여) 유기 비료만 쓴. ~**feedback-Methode** [...fi:d-'bɛk-], die [의학] 생체 자기제어 방법. ~**gen** [...'geːn] ⟨Adj.⟩ 생물의 활동에서 유래한, 죽은 생물에서 형성된. ~**genese**, die 생물 발생(설), 생원설. ~**genetisch** ⟨Adj.⟩ 생물 발생의, 발생론의: ~**es Grundgesetz** 발생 반복 원칙[E. Haeckel (1834~1919)에 의해 정립]. ~**geographie** [((또한)) 'bi:o-] die 생물 지리학. ~**geozönose** [...geotsøːˈnoːzə], die [griech. gẽ u. koinós] 생태계. ~**gramm**, das [행태] (공동체 내의) 개체 발달 기록, 개인 생활 기록. ~**graph**, der 전기(傳記) 작가. ~**graphie**, die [griech. biographía] **1.** 전기(傳記): die B. eines Politikers verfassen 한 정치가의 전기를 작성하다. **2.** 이력서, 일생의 기록, 인생 편력. ~**graphisch** ⟨Adj.⟩ 전기의: -e Daten 전기에 필요한) 자료. ~**laden**, der 《은어》 자연 식품점. ~**logie**, die **1.** 생물학: er studiert B. 그는 생물학을 전공한다. **2.** 생물학적 특성: die B. des menschlichen Körpers 인체의 생물학적 특성. ~**logisch** ⟨Adj.⟩ **1.** 생물학의, 생물학에 속하는(근거하는): -e Forschungen 생물학적 연구. **2.** 생물학의 대상에 관한(속하는, 근거하는): **3.** 천연 재료로 만든: -e Zahnpasta 천연 재료로 만든 치약. ~**logisch-dynamisch** ⟨Adj.⟩ 생물 역학적인: ~e Wirtschaftsweise (화학비료를 쓰지 않는) 자연 농업(원에) 방법. ~**lyse** [...ˈlyːzə] [griech. lýsis], die; -n [전문어] 생물[생체] 분해. ~**masse**, die (Pl. 없음) [생물] (일정한 지역의) 생물량(예컨대: 호수의). ~**metrie** [...meˈtriː], die; Biometrik [biomeˈtrɪk], die (생물의, 농업의) 생물 계측법[측정학], 생물 통계학. ~**negativ** [((또한)) ...ˈtiːf] ⟨Adj.⟩ 생명에 적(해)이 되는. ~**physik** [((또한)) 'bi:o-], die **1.** 생(물)물리학. **2.** 의학 응용 물리학(자외선 치료 등). ~**physikalisch** [((또한)) 'bi:o-] ⟨Adj.⟩ 생(물)물리학의. ~**psie** [...ˈpsiː], die; -n [griech. ópsis] [의학] 생검(生檢), 조직 검사. ~**satellit**, der (동물을 태운) 생물 위성. ~**sphäre** [((또한)) 'bi:o-], die [전문어] 생물 생활권[서식권]. ~**sphärisch** [((또한)) 'bi:o-] ⟨Adj.⟩ 생물 생활권의. ~**technik**, die [전문어] 생물 공학. ~**techniker**, der 생물 공학자. ~**technisch** ⟨Adj.⟩ 생물 공학의. ~**top** [...ˈtɔp], der / das; -s, -e [griech. tópos] [생물] **a)** 동·식물의 생활 공간[생활권]. **b)** 개별 종류의 생활 공간. ~**typ**, ~**typus** [...ˈtyːp(ʊs)] der [발생] 생물 생물형, 유전 인자형. ~**wissenschaften** ⟨Pl.⟩ 생물 과학(생물학 분야의 총칭). ~**zid** [...ˈtsiːt], das; -s, -e [lat. caedere] 생태 환경 파괴 물질(예컨대: 화학 살충제). ~**zönose** [...tsøːˈnoːzə], die; -n [griech. koinós] 군집(군취) (일정 지역의 생물 공동체). ~**zönotisch** ⟨Adj.⟩ 군집의, 생물 공동체의.

Biom [biˈoːm], das; -s, -e [griech. bíos] 바이옴(생물의 군집 단위), 큰 지역의 동·식물 공동체(예컨대: 열대 밀림 지대의). **Bionik** [biˈoːnɪk], die [amerik.-engl. bionics] 생체 공학. **bionisch** ⟨Adj.⟩ 생체 공학의. **Bios** ['biːɔs], der; - [griech. bíos] (우주 일부로서의) 생명체,

생명. **biotisch** [biˈoːtɪʃ] ⟨Adj.⟩ [griech. biōtikós] 《전문어》 생명(생물)과 연관된, 생물적인.
bipolar ⟨Adj.⟩ [lat. bi- u. ↑polar] 양극의. **Bipolarität**, die 양극성, 분극성. **Biquadrat** [((또한)) ...ˈdraːt], das; -(e)s, -e [수학] 4제곱. **biquadratisch** [((또한)) 'bi:-] ⟨Adj.⟩ 4제곱의: eine -e Gleichung 4차 방정식.
Birchermus ['bɪrçɐ-], das; -es, -e 《축소형》 **Birchermüsli** [...myːsliː], 《schweiz.》 **Birchermüesli** [...myːəsliː], das; -s [스위스의 의사 M. Bircher-Benner(1867~1939)의 이름에 따라] 다이어트용 생야채 요리.
Bireme [biˈreːmə], die; -n [lat. birēmis] (역사적) 노 젓는 곳이 2층으로 된 고대 전함(Zweiruderer).
Birett [biˈrɛt], das; -es, -e [lat. birretum] 비레트(성직 자용 사각 모자).
Birke ['bɪrkə], die; -n **1.** 자작나무: das zarte Frühlingsgrün der -n 자작나무의 보드라운 새싹. **2.** ⟨Pl. 없음⟩ ↑Birkenholz: ein Schlafzimmer aus geflammter B. 화염무늬를 넣은 자작나무로 된 침실. **birken** ['bɪrkŋ] ⟨Adj.⟩ 《드물게》 자작나무로(된 만든): ein -er Schrank 자작나무로 된 장농.
Birken-: ~**gewächs**, das [식물] 자작나무과. ~**grün**, das 자작나무의 싹. ~**hain**, der 자작나무 숲. ~**holz**, das ⟨Pl. 없음⟩ 자작나무의 목재. ~**laub**, das 자작나무 잎. ~**pilz**, der ↑~röhrling. ~**reis**, das (준고어·시어) 자작나무의 잔가지(싹). ~**reisig**, das 자작나무 묶음거리. ~**reizker**, der 젖고리버섯속의 독버섯. ~**rinde**, die 자작나무 껍질. ~**röhrling**, der 자작나무 버섯(식용버섯). ~**saft**, der 자작나무 수액. ~**scheit**, das 자작나무 장작. ~**schößling**, der 자작나무 싹. ~**spanner**, der (자작나무 껍질 모양의) 나비. ~**wald**, der 자작나무 숲. ~**wasser**, das ⟨Pl. ...wässer⟩ 자작나무 수액으로 만든 머리 감는 향수.
Birkhahn, der; -(e)s, ...hähne 검은뇌조(雷鳥)의 수컷. **Birkhuhn**, der; -(e)s, ...hühner 검은뇌조속의 새.
Birnbaum, der; -(e)s, ...bäume **1.** 배나무. **2.** 배나무 목재: ein Schrank aus afrikanisch(em) B. 아프리카 배나무로 된 장농. **Birne** ['bɪrnə], die; -n [lat. pirum] **1.** [식물] 배. **2.** ↑Birnbaum. **3.** (배 모양의) 전구: eine mattierte B. 뿌연(우유빛) 전구. **4.** 《경》 머리: er gab ihm eins auf die B. 그는 그의 머리를 한 대 때렸다; **eine weiche B. haben** 《경》 머리가 둔하다.
birnen-, Birnen-: ~**förmig** ⟨Adj.⟩ 배 모양의: ein -er Schädel 배 모양의 두개골. ~**kompott**, das (디저트용의) 설탕에 절인 배. ~**saft**, der 배주스. ~**stiel**, der 배줄기.
Birnstab, der; -(e)s, ...stäbe (고딕식 건축에서) 배 모양의 단면도를 지닌 막대 모양의 건물 부분.
¹**bis** [bɪs] **I.** ⟨Präp.⁴⟩ **1.** (시간적) ~까지: b. heute 오늘까지; b. Oktober 10월까지; b. nächstes Jahr 내년까지; b. wann brauchst du das Buch? 언제까지 그 책이 필요하니?; von 8 b. 11 Uhr 8시에서 11시까지; **b. auf** weiteres 당분간, 우선; b. zum Jahresende 연말까지; **b. bald(dann, gleich, nachher, später)** 《통용어》 (헤어질 때 인사) 곧[그럼, 바로, 나중에, 후에] (다시 보자); **b. dato** ⟨상⟩ 오늘까지. **2.** (공간적) ~까지: b. München fliegen 뮌헨까지 비행기로 가다; von unten b. oben 아래에서 위까지; von Anfang b. Ende 처음부터 끝까지; b. an den Rhein 라인 강까지; b. nach Spanien 스페인까지; b. zur Haltestelle gehen 정류장까지 가다; **b. ins letzte** 상세하게[자세히]. **3.** ⟨auf와 결합해서⟩ **a)** 무엇을 포함해서: der Saal war b. auf den letzten Platz besetzt 그 방은 마지막 자리까지 완전히 꽉 찼다. **b)** 제외[예외로]하고: b. auf zwei waren

alle jünger als 20 Jahre 두 사람을 제외하고는 모두 20살 미만이었다. **4.** 〈숫자 앞에 zu와 결합해서〉 …까지(상한선을 제시함): Jugendliche b. zu 18 Jahren haben keinen Zutritt 18세 이하 청소년 입장(출입) 금지. **II.** 〈Adv., zu와 결합〉 또는 bis zu의 생략 가능, 어미 변화와 무관〉 …까지(상한선 제시): der Vorstand kann 〈b. zu〉 8 Mitglieder umfassen 이사회의 정족수는 8인까지 될 수 있다. 〈zu 없이도 가능〉 Kinder b. 10 Jahre zahlen die Hälfte 10세까지의 어린이는 반액을 지불한다. **III.** 〈Konj.〉 **1.** 〈병열적; 대충의 수량지시〉 …에서 …까지: 200 b. 250 Leute 200에서 250명까지의 사람들; kleine b. mittelgroße Früchte 적은 것에서 중간 크기까지의 과일. **2.** 〈종속적〉 **a)** 〈시간적인 한계 제시〉 …할 때까지: er wartet noch, b. der Postbote gekommen ist 집배원이 올 때까지 그는 기다린다; 《고어》 daß와 함께). b. daß der Tod euch scheidet 죽음이 너희들을 갈라놓을 때까지. **b)** 〈주문장은 부정을 내포, 부문장의 시간이 주문장보다 앞섬〉 …하기 전에는 …하지 않는다: du darfst nicht spielen, b. deine Schularbeiten gemacht sind 너는 학교 숙제를 다 하기 전에는 놀아서는 안된다. **c)** 〈österr. ·통용어〉 …하자 곧〈비로소〉: er gibt das Geld erst, b. sein Chef gekommen ist 사장이 오자 그는 비로소 돈을 준다.

²**bis** [-] 〈Adv.〉 [lat. bis] [음악] **a)** (악보상의 지시) 반복하여, 다시 한번. **b)** 앙코르! (연주후 청중의 요구 외침).

Bisam ['biːzam], der; -s, -e / -s [lat. bisamum] **1.** ↑Moschus. **2.** 사향쥐의 모피.

bisam-, Bisam-: ~artig 〈Adj.〉 사향쥐 모피 같은. **~eibisch,** der ↑Abelmoschus. **~ratte,** die [동물] (아메리카 산) 사향쥐(머스크래트).

bischen ['bɪʃn] 〈h〉 〈지역적〉 (아이를) 팔에 안고 달래다.

Bischof ['bɪʃɔf], der; -s, Bischöfe ['bɪʃœfə, 〈또한〉 'bɪʃœflɪç] < lat. episcopus < griech. epískopos; 2: engl. bishop] **1.** 비숍, 주교. **2.** 비숍(적포도주에 설탕, 등자나무 껍질을 넣은 음료). **bischöflich** ['bɪʃœflɪç, 'bɪʃœflɪç] 〈Adj.〉 주교의, 주교에 속하는: die **-e Residenz** 주교의 저택.

bischofs-, Bischofs-: ~amt, das 주교(비숍)의 직. **~brot,** das 〈österr.〉 빵과자의 일종. **~hut,** der (둥글고 검은) 주교 모자. **~kollegium,** das 주교단. **~konferenz,** die 주교 회의. **~kreuz,** das 주교의 가슴에 단 십자가. **~lila** 〈Adj.〉 〈격변화 없음〉 진보라색의. **~mütze,** die **1.** ↑Mitra. **2.** (노란꽃이 피고 휘털이 난) 선인장 일종(관상 식물). **~ring,** der 주교의 반지(교권 상징). **~sitz,** der 주교구의 수도. **~stab,** der 주교장(主敎杖). **~synode,** die (교황 직속의) 중앙 주교단. **~weihe,** die 주교 서품. **~würde,** die 주교의 직(위).

Bise ['biːzə] die; -n 〈schweiz.〉 북(동)풍.

Bisexualität 〈(또한) 'biː-], die **1.** [생물] 양성(자웅동체). **2.** [의학·심리] (한 인간의) 양성애. **bisexuell** 〈(또한) 'biː-] 〈Adj.〉 **1.** [생물] 양성(자웅동체)의. **2.** [의학·심리] **a)** 양성애의. **b)** (성적으로) 양성에 반응하는.

Bisgurn: ↑Bißgurn.

bisher 〈Adv.〉 지금(이제)까지: b. war alles in Ordnung 이제까지의 모든 것이 잘 되었다. **bisherig** 〈Adj.〉 이제〔지금〕까지의: der **-e** Außenminister 이제까지의 외무부 장관.

Biskaya [bɪsˈkaːja], die (대서양의 Golf von Biskaya의 약칭) 비스캐 만.

Biskotte [bɪsˈkɔtə], die; -n [ital. biscotto] 〈österr.〉 긴 모양의 비스킷. **Biskuit** [bɪsˈkviːt], das / der; -(e)s, -s / -e [frz. biscuit] **1.** (밀가루, 달걀, 설탕으로 만든) 비스킷. **2.** ↑Biskuitporzellan.

Biskuit-: ~gebäck, das 비스킷 과자류. **~porzellan,** das 유약을 바르지 않은 질그릇, 토기. **~rolle,** die 잼을 발라 (둘둘) 말은 과자. **~teig,** der 비스킷용 반죽.

bislang 〈Adv.〉 〈지역적〉 이제까지, 지금까지.

Bisluft ['biːs-], die 〈schweiz.〉 ↑Bise.

Bismarckarchipel, der (뉴기니아 북동쪽의) 비스마르크 제도.

Bismarckhering ['bɪsmark-], der; -s, -e [독일 정치가 Otto von Bismarck (1815~1898) 이름에 따라] **[요리]** 마리네이드 소스에 담근 청어.

Bismut: ↑Bismutum.

Bismutit [bɪsmuˈtiːt, 〈또한〉 …tɪt], der; -s [광물] 포창연(泡蒼鉛). **Bismutum** [bɪsˈmuːtʊm], das 창연(蒼鉛), 비스무트(Wismut)(화학 기호: Bi).

Bison ['biːzɔn], das; -s, -s [lat. bisōn] (북 아메리카의) 들소.

Biß [bɪs], der; Bisses, Bisse **1.** 물기, 깨름, 쏨: sich vor dem B. der Schlange hüten 뱀이 무는 것에 조심하다. **2.** 물린 상처: der B. wird bald wieder verheilt sein 물린 상처는 곧 제대로 아물게 될 것이다. **3.** 《스포츠 은어》 싸울 태세: die Mannschaft besaß keinen B. 그 팀은 싸울 태세가 되어 있지 않았다. **bißchen** 〈Indefinitpron.; 격변화 없음〉 [kleiner Bissen] **1.** 〈형용사 역할〉 소량의, 약간의: er hat kein b. Zeit für mich 그는 나를 위한 시간이 전혀 없다. **2.** 〈대개 ein과 결합해서 부사 역할〉 조금, 약간: ich will ein b. spazierengehen 나는 약간 산보하겠다; (ach) du liebes b.! 〈통용어〉 원 저런, 에그머니나! (놀라움의 표시). **bissel** 〈또는〉 **isserl, bissl** 〈südd., österr. 통용어〉 ↑bißchen.

Bissau 〈port.〉 bi'sau] 비사우(기네아-비사우의 수도).

Bissen ['bɪsn], der; -s, - 한입, 소량: ein B. Brot 빵 한 조각; keinen B. anrühren 음식을 건드리지도 않다; [전의] jmdm. die B. im (in den) Mund zählen 누구의 먹는 양을 자세히 살피다; jmdm. keinen B. gönnen 누구에게 아무것도 허용하지 않다; **ein fetter B.** 〈통용어〉 많은 이득, 좋은 수익; **jmdm. bleibt der B. im Hals(e) stecken** 〈통용어〉 누가 매우 놀라다; **sich³ jeden(den) letzten B. vom Mund(e) absparen** 〈통용어〉 인색하게 살다. **bisserl:** ↑bissel. **Bißgurn,** 〈드물게〉 Bisgurn ['bɪsɡʊrn], die; - 〈bayr., österr. · 멸〉 싸움 잘하는(폭군 같은) 여자. **bissig** ['bɪsɪç] 〈Adj.〉 **1.** 무는 버릇이 있는: Vorsicht, -er Hund! 무는 개가 있음!; die Kälte ist b. 추위가 매섭다. **2.** 날카로운, 신랄한, 해치는: -e Bemerkungen 신랄한 논평. **3.** 《스포츠 은어》 싸울 태세가 되어 있는, 죽자 살자 덤비는. **Bissigkeit,** die; -en **1.** 〈Pl. 없음〉 무는 경향: die B. dieses Hundes ist in der ganzen Gegend bekannt 이 개가 잘 문다는 것은 인근에 모두 알려져 있다. **2. a)** 〈Pl. 없음〉 마음 상하게 하는 어조, 신랄함: die B. ihrer Antwort verletzte ihn 그녀의 신랄한 대답이 그의 마음을 상하게 했다. **b)** 신랄한 논평: jmds. -en überhören 누구의 신랄한 언급을 흘려 듣다. **3.** 《스포츠 은어》 죽자 살자 덤빌 태세. **bissl:** ↑bissel. **Bißwunde,** die; -n 물린 상처.

bistabil [bɪstaˈbiːl] 〈Adj.〉 [전기] 두 개의 안정 상태를 보여 주는: -e Schaltungen 쌍안정 회로(雙安定回路).

Bisten ['bɪstn̩], das; -s [원래 „pist"의 소리를 내는 데서] 꾸꾸 꾸꾸(들쩽이 암놈을 유혹하는 소리).

Bister ['bɪstɐ, bɪsˈteːɐ̯], der / das; -s [frz. bistre] 비스터(짙은 갈색의 물감).

Bistro ['bɪstro; frz. bistro] **1.** der; -s, -s 술집 주인(의 프랑스어 명칭). **2.** das; -s 작은 술집: später setzt er sich in ein B. 나중에 그는 작은 술집으로 가 앉는다.

Bistrobeizer, der; -s, - 〈schweiz.〉 술집 주인.

Bistum [ˈbɪstuːm], das; -s, …tümer [...tyːmɐ] 주교구.

bisweilen 〈Adv.〉 (아어) 가끔, 때때로, 이따금: b. schmerzt die Wunde noch 상처가 아직도 가끔 아프다.

Biswind ['bi:s-] der; -(e)s, -e 《schweiz.》 ↑ Bise.
bisyllabisch [bɪzyˈlaːbɪʃ, 《또한》 ˈbiː-] 〈Adj.〉〈고어〉 두 음절의.
Bit [bɪt], das; -(s), -(s) [engl. binary digit] 【전산·통신】 **1. a)** (양자 택일을 위한) 두 가지 요소(기호: bit). **b)** 양자 택일. **2.** (기억 용량을 표시하는) 정보량의 단위 (기호: bet).
Bithynien [biˈtyːniən], -s 비티니아(소아시아의 고대 국가). **Bithynier** [biˈtyːniɐ], der; -s, - 비티니아 주민. **Bithynisch** [biˈtyːnɪʃ] 〈Adj.〉 비티니아의.
bitonal [《또한》 ˈbiː-] 〈Adj.〉 **1.** 【음악】 복조(複調)의. **2.** 【의학】 (기침에서) 음성이 둘로 울리는. **Bitonalität** [《또한》 ˈbiː-], die [【음악】 (한 작품에서) 서로 다른 두 조(調)의 동시 사용.

bitt-, Bitt- (bitten 1): **~brief,** der 청원서. **~gang,** der **1.** 부탁[청원]을 하기 위한 걸음[방문]. **2.** 〈가〉 ~prozession. **~gebet,** das 【종교】 기원 기도. **~gesang,** der 【종교】 기원송(頌). **~gesuch,** das 청원서. **~gottesdienst,** der 【종교】 기원 행렬[예배]. **~prozession,** die 〈가〉 기원 행렬. **~ruf,** der 〈가〉 청원. **~schreiben,** das ↑ ~gesuch. **~schrift,** die (준고어) ↑ ~gesuch. **~steller,** der; -s, - 청원인. **~tag** (Bittag), der 〈가〉 기원절(그리스도 승천 대축일전 3일 간). **~weise** 〈Adv.〉《드물게》간청하여[청원하여]: sich b. an jmdn. wenden 누구에게 가서 간청하다.

bitte ['bɪtə] [„ich bitte"] **a)** 《부탁, 질문을 할 때 실례지만, 저, 좀: b.(,) helfen Sie mir doch! 저를 좀 도와주세요!; b.(,) wo geht es zum Bahnhof? 어느 쪽으로 역으로 가는 길이지요? **b., b. machen** 《아동》손뼉을 여러 번 쳐서 청을 하다. **b)** 《요구를 할 때 겸손의 표시로》부디, 좀: b. weitergehen! 계속 가세요!; komm doch b. mal her! 이쪽으로 좀 오세요! **c)** 《질문에 대한 그렇다는 답으로》네, 그렇게 해 주세요: Nehmen Sie noch etwas Tee?–B. (ja)! 차 좀 더 드릴까요?–네!, 그렇게 해 주십시오. **d)** 《사과 또는 감사의 표시》천만에, 괜찮습니다: vielen Dank für Ihre Bemühungen!–B. (sehr / schön / gern geschehen) 수고해 주셔서 대단히 감사합니다!–천만에요! **e)** 《상대의 말을 이해하지 못해서 재차 묻는 경우》네?; 다시 한 번 더 말해 주시겠습니까?: (wie) b.? 네, 뭐라고요? **f) na b.!** 《만족의 표시로서》네! 내가 진작 그렇게 말하잖대. **Bitte** [-], die; -n 청원, 부탁, 당부: eine dringende(höfliche) B. 절박한(겸손한) 부탁; eine B. an jmdn. richten 누구에게 청원하다; jmds. B. zurückweisen 누구의 청을 거절하다; [속담] heiße B., kalter Dank 부탁은 간절하게 하고 감사할 때에는 차게 외면한다. **bitten*** ['bɪtn̩] 〈h〉 〈a.〉 **1. a)** 청원하다, 부탁하다, 청하다: um Hilfe [Verständnis] b. 도움[이해]을 청하다; ums Wort b. 《아이》 발언을 청하다; darf ich b.? 한 곡 추실까요? **b)** 무엇 때문에 누구에게 청하다: jmdn. um Geld b. 누구에게 돈을 부탁하다; er läßt sich gerne b. 그는 여러번 청을 해야만 비로소 들어준다; **b. und betteln** 《친구》애원하다; **ich bitte dich um alles in der Welt** 《통용어》당치도 않은 소리! 뭐라구?《화가나서》 **(aber) ich bitte Sie!; ich muß doch (sehr) b.!** 원, 그럴 수가!, 그건 곤란한대요《놀람과 항의의 표시》; **wenn ich b. darf** 미안합니다만, 부디《겸손과 강조》; **darum möchte ich doch sehr gebeten haben!** 《통용어》 그 쯤은 당연히 해 줘야지, 그건 네 의무야. **2.** 《아이》누구를 대신하여 (상관에게) 간청하다. **3. a)** 초대하다: jmdn. zum Essen b. 누구를 식사에 초대하다; zu Tisch b. 식탁으로 오기를 부탁하다. **b)** 어디로 오도록 부탁하다: jmdn. ins Zimmer [zu sich] b. 누구를 방으로[자기에게] 오라고 부탁하다.

bitter ['bɪtɐ] 〈Adj.〉 **1.** 쓴: -e Schokolade 맛이 쓴 초콜릿; die Medizin schmeckt sehr b. 그 약은 매우 쓰다. **2.** 괴로운, 아픈, 쓰라린: eine -e Enttäuschung 쓰라린 환멸. **3. a)** 기분 나쁜, 화가 난: ein -er Zug um den Mund 싫어하는 화가 난 표정. **b)** 찌르는, 날카로운: -e Ironie 날카로운 풍자. **4. a)** 강한, 큰, 심한: -e Not leiden 큰 고난을 겪다. **b)** 〈Adj. 앞에서 강조〉아주, 매우: etw. b. nötig haben 무엇을 매우 필요로 하다; draußen ist es b. kalt 밖은 매우 춥다.

bitter-, Bitter-: **~böse** 〈Adj.〉아주 나쁜, 극악한. **~ernst** 〈가〉매우 진지한: er meinte diese Worte b. 그는 이 말을 아주 진지하게 사용하였다. **~fäule,** die (과일 따위의) 부패. **~kalt** 〈Adj.〉매섭게 추운, 혹한의. **~klee,** der 좋음 나물. **~kresse,** die 냉이의 일종. **~mandel,** die 쓴 아몬드, 고편도(苦扁桃). **~mandelöl,** das 고편도유. **~mittel,** das 식욕 촉진용 고미제(苦味劑). **~orange,** die 등자나무. **~salz,** das 고미염(苦味塩), 황산마그네슘. **~stoff,** der (대개 Pl.) 고미소. **~süß** 〈Adj.〉 **a)** 달고 쏩쓸한, 쏩쓸하게 단. **b)** 고통스럽고도 아름다운: eine -e Liebesgeschichte 고통스럽고도 아름다운 사랑이야기. **~wasser,** das 〈Pl. -wässer〉(황산마그네슘을 함유한) 고미천(泉), (위장·간 따위에 좋은) 광천수. **~wenig** 〈Adj.〉매우 적은. **~wurz,** 《또는》 **~wurzel,** die 겐티아나(용담과의 식물).

Bittere*, Bittre*, der 쓴 화주(火酒). **Bitterkeit,** die **1.** 쓴 맛. **2.** 신랄함, 노여움, 괴로움: ein Unterton von B. in der Stimme 노여움이 깔려 있는 목소리. **bitterlich** 〈Adj.〉 **1.** 약간 쓴, 쏩쓸한: ein -er Geschmack 쏩쓸한 맛. **2.** (아주) 격렬하게. **Bitterling,** der; -s, -e **1.** 잉어과의 민물고기. **2.** 유럽산 용담과의 식물. **Bitternis,** die (아이) **1.** 쓴 맛. **2.** 괴로움, 쓰라린 감정, 고뇌: die -se, die das Schicksal uns bereitet hat 운명이 우리에게 가져다 준 고뇌.

Bitteschön, das; -s 『괜찮다』, 『천만에』라는 말: er sagte ein höfliches B. 그는 겸손하게 괜찮아요(Bitteschön) 라고 말했다.

Bittre: ↑ Bittere.

Bitumen [biˈtuːmən], das; -s, -, (또한) ...mina [lat. bitūmen] 【화학】역청, 피치.
bitumig 〈Adj.〉역청을 함유한, 역청과 비슷한. **bituminieren** [bitumiˈniːrən] 〈h〉피치를 칠하다. **bituminös** [...iˈnøːs] 〈Adj.〉역청을 함유한.

bitzeln [bɪtsl̩n] 〈h〉 [↑ beißen 참조] **1.** (südd., westd.) 따끔하게 찌르다. **2.** (md.) 약간 잘라내다: an einem Holz b. 나무 를 약간 깎아내다. **Bitzelwasser,** das 〈Pl. ...wässer〉(지역적) (탄산을 함유한) 청량 음료.

bivalent [bivaˈlɛnt] 〈Adj.〉《전문어》2가(價)의: ein -er Antikörper 2가의 항체; -e Verben 【언어】 2가동사. **Bivalenz** [bivaˈlɛnts], die; -en 2가성(二價性).

Biwak ['biːvak], das; -s, -s / -e [frz. bivouac < niederd. bĩwake] (군·등산) 야영(노영). **Biwakausrüstung,** die 야영장비. **biwakieren** [bivaˈkiːrən] 〈h〉야영[노영]하다.

bizarr [biˈtsar] 〈Adj.〉 [frz. bizarre < ital. bizzarro] **1.** 기이한, 기괴한, 진기한: ein -er Baum 기이하게 생긴 나무. **2.** 엉뚱한, 변덕스러운: ein -es Wesen 괴짜. **Bizarrerie** [bitsarəˈriː], die; -n [...iːən] **1.** 기이, 기괴, 괴이, 진기(한 모습, 형태). **2.** 엉뚱한 생각, 변덕스러움.

Bizeps ['biːtsɛps], der; -es, -e [lat. biceps] 이두박근(二頭膊筋): den B. anspannen 이두박근을 팽창시키다.

bizyklisch [《또한》 biˈtsyk...] 〈Adj.〉【화학】쌍환(雙環)의.

Bk = Berkelium 베르켈륨(원소 이름).
Bl. = Blatt (종이) 한 장.
Blabla [blaˈblaː], das; -(s) [amerik. blah-blah, 《의성어》] 《통용어》 (내용 없는) 잡담, 허황된 발언: die Dis-

kussion bestand nur aus B. 그 토론은 〈내용 없이〉 잡담뿐이었다.
Blache : ↑Blahe. **Blachfeld**, das; -(e)s, -er [md., ↑ Flachfeld] 《시어·준고어》 평야, 평지.
Black- ['blæk-]: **~Bottom** [-bɔtəm], der; -s, -s [engl.-amerik. black bottom] 북아메리카의 사교춤. **~mail** [-meɪl], das; -s, -s [engl. blackmail] 공갈, 협박. **~out** [-aʊt, 《또한》 'blæk'aʊt], das / der; -(s), -s [engl. blackout] **1.** 〖연극〗 **a)** 갑작스럽게 장면이 어두워짐. **b)** 짜릿한 풍자를 곁들인 촌극. **2. a)** 〖물리〗 단수신 두절. **b)** 〖우주〗 교신 두절. **3.** 〖의학〗 **a)** 시력 장애. **b)** 의식 상실, 기억 상실: mitten in der Prüfung hatte ich ein B. 시험도중 나는 의식을 잃었다. **4.** 〖군〗 등화 관제. **5.** 정전(停電).
Black box ['blæk 'bɔks], die; -es [engl.-amerik. black box] 〖인공 두뇌〗 암상자(暗箱)(입구에 가해진 신호들에 대한 출력에 나타나는 반응을 보고, 그 내부 구조를 알아내는 시스템). **Black-box-Methode**, die 〖인공두뇌〗 미지의 시스템을 알아내는 방법. **Black Power** ['blæk 'paʊə], die [engl.-amerik. black power] 〈북아메리카의〉 흑인 〈인권〉 운동.
blad [blaːt] 〈Adj.〉 《österr.·통용어》 뚱뚱한. **Blade'** ['blaːdə], der 《österr.·통용어》 뚱뚱한 사람.
blaffen ['blafn̩], **bläffen** ['blɛfn̩] 〈h〉 [niederd. blaffen = bellen 《의성어》] **1.** 〈짧게〉 짖다. **2.** 욕하다. **Blaffer**, 《또한》 **Bläffer**, der; -s, - 《통용어》 짖는 개.
Blag [blaːk], das; -s, -en, **Blage** ['blaːgə], die; -n [↑Balg 참조] 《통용어·폄》 버릇없는 아이, 개구쟁이: der Kleine ist manchmal ein rechtes B. 가끔 그 아이는 정말 개구쟁이이다.
blagieren [bla'giːrən] 〈h〉 [frz. blaguer] 《고어》 허풍떨다, 자랑하다. **Blagueur** [bla'gøːɐ̯], der; -s, -e 《고어》 허풍쟁이.
Bläh- (blähen): **~bauch**, der 《통용어》 뚱뚱한 배. **~hals**, der 〖의학〗 갑상선종. **~sucht**, die 〖의학〗 고창(鼓腸), 풍기증(風氣症).
Blahe ['blaːə], **Blache** ['blaxə], 《österr.》 Plache ['pl...], die; -n 큰 아마포, 스크로 만든 덮개〖포장〗.
blähen ['blɛːən] 〈h〉 **1. a)** 부풀게 하다, 팽창시키다: der Wind bläht die Segel(die Mäntel der Spaziergänger) 바람이 돛〔산보객의 외투〕을 부풀게 한다. **b)** 〈숨을 내쉬어〉 안으로부터 부풀게 하다: das Pferd bläht die Nüstern 말이 콧구멍을 벌렁인다. **c)** 〈b. + sich〉 부풀다, 팽창되다: das Segel〔die Gardine〕bläht sich (im Wind) 돛〔커튼〕이 〈바람에〉 부푼다. **2.** 〈아어〉 〈b. + sich〉 뽐내다, 거만 떨다: sich stolz blähen 거만 떨다. **3.** 부풀어오르다: frisches Brot bläht 신선한 빵은 부풀어 오른다. **Blähung**, die; -en; 《통용어》 가스가 참: Hülsenfrüchte verursachen oft -en 콩과의 식물은 자주 체내에 가스를 많이 차게 한다; an -en leiden 〈위나 장에〉 가스가 차서 고생하다.
blaken ['blaːkn̩] 〈h〉 [niederd.] 연기를 내며 타다, 그을음을 내다: die Kerze blakt 초가 연기를 내며 타다.
bläken ['blɛːkn̩] 〈h〉 [↑blöken] 《통용어·경》 으렁거리다, 소리지르다: die Kinder bläkten, solange die Eltern fort waren 아이들은 부모님이 안 계신 동안 소리를 질러댔다.
Blaker ['blaːkɐ], der; -s, - [↑blaken 참조] 반사 장치가 달린 〈벽〉램프. **blakig** 〈Adj.〉 연기나는, 그을음을 내는: die Kerze is von so einer B.
blamabel [bla'maːbl̩] 〈Adj.〉 [frz. blâmable] 창피스러운, 비난해야 할: eine blamable Situation 창피스러운 상황; diese Niederlage ist äußerst b. 이 패배는 아주 수치스럽다. **Blamage** [bla'maːʒə, ...aːʃ], die; -n [↑blamieren] 수치, 치욕, 부끄러움: eine große〔arge〕

B. 커다란〔심한〕 치욕; Angst vor (einer) B. haben 수치를 두려워하다. **blamieren** [bla'miːrən] 〈h〉 [frz. blâmer] **a)** 모욕하다, 웃음거리로 만들다, 당황하게 하다: jmdn. öffentlich b. 누구를 공식 석상에서 모욕하다. **b)** 〈b. + sich〉 약점을 드러내다, 웃음거리가 되다: sich arg〔unsterblich〕 b. 심히 웃음거리가 되다, 모욕 받다; sich vor jmdm. b. 누구 앞에서 웃음거리가 되다.
blanchieren [blã'ʃiːrən] 〈h〉 [frz. blanchir] 〖요리〗 잠시 끓는 물을 붓다, 끓는 물에 담그다: Geflügel b. 조류를 잠시 끓는 물에 담그다.
bland [blant] 〈Adj.〉 [lat. blandus] 〖의학〗 **1.** 《다이어트》 자극이 없는, 순한: -e Kost 자극성 없는 음식물. **2. a)** 〈병 따위가〉 조용히 진행되는: eine Krankheit kann b. oder akut auftreten 병은 잠행성일 수도 있고 급성으로 나타날 수 있다. **b)** 전염에 의한 것이 아닌.
blank [blaŋk] 〈Adj.〉 **1. a)** 매끄러운, 반짝이는: -es Metall 반짝이는 금속; der Fußboden ist b. 바닥이 반들거린다. **b)** 〈시어〉 밝은, 빛나는: der -e Tag 밝은 낮; **der ~e Hans** 《시어·nordd.》 폭풍 때의 북해(흰 거품이 많이 나기 때문인 듯). **c)** 《통용어》 닳아 해진: -e Ärmel 닳아버린 소매. **2. a)** 벗은, 덮지 않은: mit der -en Hand 맨손으로; 〖전의〗 mit -er Waffe auf jmdn. losgehen 무기를 빼어들고 그 누구를 향해 돌진하다; **b. sein** 《통용어》 돈이 한푼도 없다. **b)** 매끈매끈한, 민숭민숭한: das -e Holz 매끈한 나무. **c)** 《österr.》 외투 없이: das Wetter ist so schön, daß man b. gehen kann 날씨가 좋아서 외투 없이도 다닐 수 있다. **3.** 순전한, 명백한, 공공연한: -er Unsinn 순엉터리 소리; aus -em Egoismus handeln 공공연히 이기적으로 행동하다.
blank-, Blank-: **~eis**, das 눈이 덮이지 않은 빙하〔얼음판〕. **~gewetzt** 〈Adj.〉 닳아 버린, 닳아 해진: -e Ärmel 닳아 버린 소매. **~leder**, das 반들반들한 쇠가죽. **~poliert** 〈Adj.〉 번쩍거리게 닦은: eine -e Dose 번쩍거리게 닦은 그릇. **~vers**, der [engl. blank verse] 〖시학〗 5각약강격(五脚弱強格)의 무운시. **~ziehen'** 〈h〉 〈무기를〉 빼어들다; den Säbel b. 군도를 빼어들다.
Blänke ['blɛŋkə], die; -n 《드물게》 **1.** 〖선원〗 서쪽, 구름 층에 〈환히〉 뚫린 구멍. **2.** 《지역적·드물게》 습지의 〈沼〉. **3.** 《지역적·드물게》 〈얼음이 덮인 강의〉 얼지 않은 부분.
Blankett [blaŋ'kɛt], das; -s, -e [↑blank 참조] **1.** 〖경제〗 **a)** 백지 위임장. **b)** 백지 어음. **2.** 〖기술〗 〈용도에 따라 선반으로 공작해야 할〉 칼.
blanko ['blaŋko] 〈Adv.〉 [ital. bianco] **a)** 〈종이가〉 인쇄되지 않은 채로, 줄이 쳐지지 않은 채. **b)** 백지로〔기재 사항이 위임된 채〕.
Blanko- 〖경제〗: **~akzept**, das 〈어음의〉 백지 인수: ein B. ausstellen 백지 어음을 발행하다. **~kredit**, der 백지 신용. **~scheck**, der 백지 수표: 〖전의〗 jmdm. einen B. auf die politische Zusammenarbeit geben 누구에게 정치적 협력을 위해 무제한의 신임을 주다. **~unterschrift**, die 〈기재 사항 미필인 채의〉 서명. **~vollmacht**, die 백지〔전〕권 위임: jmdm. B. erteilen〔geben〕 누구에게 전권을 위임하다.
Blas- ['blaːs-] (blasen): **~balg**, der ↑Blasebalg. **~instrument**, das 취주 악기, 관악기. **~kapelle**, die 취주 악단. **~musik**, die 취주악; 취주 악대. **~orchester**, das ↑~kapelle. **~rohr**, das **1.** 〈불어서 화살을 쏘는〉 취통(吹筒). **2.** 〖기술〗 〈증기 기관차의〉 배기관.
Bläschen ['blɛːsçən], das; -s, - ↑Blase. **Bläschenausschlag**, der 〖의학〗 **a)** 작은 수포(水皰), 포진(疱疹). **b)** 〈소나 말의〉 양성(良性) 성병. **Bläschenflechte**, die ↑Bläschenausschlag. **Blase** ['blaːzə], die; -n 〈축소형〉 ↑Bläschen〉 **1. a)** 거품, 기포: große -n von Seifenschaum 비누 거품의 큰 기포; eine B. bildet

Blasebalg

sich [platzt] 수포가 생기다[터지다]; **etw. zieht -n** (통용어) 무엇의 결과가 좋지 않다. **b)** (화상, 찰과상 등으로 인한) 수포; **eine mit Blut gefüllte B.** hat sich gebildet 피가 섞인 수포가 생겼다. **2. a)** 방광: **eine schwache B. haben** (통용어) (방광이 약해서) 화장실에 자주 가야 한다; **die B. entleeren** 오줌 누다. **b)** [의학] ↑**Fruchtblase, Gallenblase**의 약칭. **3.** (귀) 찮은, 성가신) 일당: **er hat die ganze B. eingeladen** 그는 그 일당 전원을 초대하였다. **Blasebalg,** der; -(e)s, ...bälge 송풍기, 풍구: **mit dem B. ein Feuer zum Brennen bringen** 송풍기로 불을 활활 타게 하다. **blasen¹** ['blaːzn] ⟨h⟩ **1. a)** 입김을 불다: **gegen die Scheibe b.** 유리판에 입김을 불다. **b)** 불어서 움직이게 하다; **jmdm. Rauch ins Gesicht b.** 누구의 얼굴에 연기를 불다. **c)** (지역적) 불어서 식히다: **den Tee b.** 차를 불어서 식히다. **2. a)** (취주악기, 관악기를) 연주하다: **der Trompeter bläst** 트럼펫 부는 사람이 연주한다. **b)** (잘) 연주하다, (취주악기, 관악기를) 불 줄 알다: **die Flöte b.** 피리를 잘 불다. **c)** (취주악기로) 불어서 음을 내다: **eine Melodie b.** 멜로디를 불다. **d)** (취주악기로) 신호를 하다: **zum Angriff b.** 공격 신호를 하다. **3. a)** 강하게 불다: **der Wind bläst** 바람이 강하게 분다. **b)** 불어 (일정한 장소로) 보내다: **der Sturm blies ihr den Sand ins Gesicht** 폭풍이 그녀의 얼굴에 모래를 몰아쳤다. **c)** (비인칭) (통용어) 바람이 불다: **draußen bläst es ganz schön** 바깥은 바람이 폐 세차게 분다. **4.** 불어서 (형태를) 만들다: **Glas b.** 유리잔을 불어 만들다. **5.** (비어) 성기를 빨아 사정하게 하다. **6. jmdm. (et)was b.** (경) 누구의 소원을 들어주지 않다.

blasen-, Blasen- (Blase 1): **~artig** ⟨Adj.⟩ 거품[수포] 모양의: **ein -es Gebilde** 수포 모양의 형상. **~bildung,** die 거품[수포] 형성. **~entzündung,** die [의학] 방광염. **~kammer,** die [핵물리] 이온화 현상 관찰 기구. **~karzinom,** das [의학] 방광암. **~katarrh,** der ↑**~entzündung.** **~katheter,** der [의학] (방광에 끼는) 배뇨관. **~krampf,** der [의학] 방광 경련. **~krepp,** der ↑Cloqué. **~leiden,** das 방광병. **~spiegel,** der [의학] 방광경(鏡). **~spiegelung,** die [의학] (방광경에 의한) 방광 진찰. **~sprengung,** die [의학] 태포(胎胞)의 터트림. **~sprung,** der [의학] 파수(破水). **~spülung,** die [의학] 방광 세척. **~stein,** der [의학] 방광 결석. **~tang,** der 바다 마름의 일종(갈조류). **~tee,** der 방광병에 효험이 있는 약초 차. **~wurm,** der 낭충(촌충류의 주머니꼴 애벌레). **~ziehend** ⟨Adj.⟩ 발포성의.

Blaser ['blaːzɐ], der; -s, - (지역적) 납작하고 챙이 넓은 운동모자. **Bläser** ['blɛːzɐ], der; -s, - **1.** [음악] 취주(악기 연주자)자. **2.** [광] 갱내 가스의 압력으로 인한 암석의 균열. **3.** (비어) (입으로 상대의 성기를 빨아 사정하게 하는) 여성 연애자.

Bläser- (Bläser 1): **~chor,** der ↑Blaskapelle. **~ensemble,** das (아어) 취주 악단. **~quartett,** das 관악 4중주.

Blaserei [blaːzəˈraɪ], die; -en 불어대기, 자주 취주악을 연주하기.

blasiert [blaˈziːɐ̯t] ⟨Adj.⟩ [frz. blasé] (폄) 둔감하게 된, 권태증에 걸린, 냉담한, 거만한: **ein -es Benehmen** [Verhalten] 둔감하고 거만한 처신. **Blasiertheit,** die; -en 둔감, 권태, 냉담, 거만.

blasig [blaːzɪç] ⟨Adj.⟩ 거품 모양의, 기포[수포]가 많은.

Blason [blaˈzõː], der; -s, -s [frz. blason] [문장(紋章)] 문장, **blasonieren** [blazoˈniːrən] ⟨h⟩ [frz. blasonner] [문장] 문장을 그리다. **Blasonierung,** die; -en [문장] 문장 설명[해설].

Blasphemie [blasfeˈmiː], die; -n [...iːən; lat. blasphēmia < griech. blasphēmía] [교양어] 독신(瀆神), 신성 모독: **Gott mit einer menschlichen Moral zu identifizieren ist B.!** 신을 인간의 도덕과 일치시키려는 것은 신성 모독이다. **blasphemieren** [blasfeˈmiːrən] ⟨h⟩ (교양어) 불경스러운 말을 하다, 신성을 모독하다. **blasphemisch** [blasˈfeːmɪʃ] ⟨Adj.⟩ 신성 모독의: **-e Äußerungen** 신성모독적인 발언. **Blasphemist** [blasfeˈmɪst], der; -en, -en (드물게) 신성모독자, 독신(瀆神)자. **blasphemistisch** [blasfeˈmɪstɪʃ] ⟨Adj.⟩ (아어) 신을 모독하는, 불경스러운: **eine -e Redeweise** 불경스러운 말투.

blaß [blas] ⟨Adj.⟩ **1. a)** 창백한, 혈색이 없는: **b. aussehen** 창백하게 보이다. **b)** 담색의, 약한 색의: **ein blasses Rot** 담홍색. **c)** 희미한: **im blassen Schein der Fackeln** 횃불들의 희미한 불빛 속에서. **d)** 약한, 불분명한: **eine blasse Erinnerung an etw. haben** 무엇에 대해 희미하게 기억하다. **2.** 순수한, 순전한: **der blasse Neid sprach aus seinen Worten** 그의 말에서 그가 몹시 질투하고 있음을 알 수 있었다.

blaß-, Blaß- (blaß 1): **~blau** ⟨Adj.⟩ 연한 청색의: **-e Irisblüten** 담청색의 붓꽃송이. **~gesicht,** das (통용어) 혈색이 없는 사람, 핏기 없는 얼굴. **~gesichtig** ⟨Adj.⟩ 핏기없는 얼굴의, 창백한. **~grün** ⟨Adj.⟩ 담록색의. **~rosa** ⟨Adj. 격변화하지 않음⟩ 연분홍색의. **~schnabel,** der (친근) ↑~gesicht. **Blaß-~bock,** der (남 아프리카 산의) 작은 영양(羚羊). **~gans,** die 기러기. **~huhn,** das 큰물닭속(屬). **Blässe** ['blɛsə], die **a)** 창백함, 혈색 없음, 창백한 모습: **die B. ihres Gesichts** 그녀 얼굴의 창백함. **b)** 담색: [전의] **die Kritiker bemängelten die B. seines Stils** 비평은 그의 문체가 특색이 없다고 비난하였다. **Blassel** ['blasḷ], der; -s, - (österr. - 남독) ⟨h⟩ 이마에 흰점이 있는 짐승. **b)** 가축, 집 지키는 개. **blassen** ['blasn] ⟨h⟩ (드물게) 창백하게 되다. **blässer, blässeste:** ↑**blaß**의 비교급, 최상급. **bläßlich** ['blɛslɪç] ⟨Adj.⟩ **1. a)** 조금 창백한, 파리한: **ein -es Gesicht** 조금 창백한 얼굴. **b)** 특징이 없는, 눈에 잘 띄지 않는. **2.** 생생하지 않은, 무색의, 표현력이 없는.

Blastem [blasˈteːm], das; -s [griech. blástēma] [생물] 배종질(胚種質). **Blastogenese** [blastogeˈneːzə], die [생물] 출아(出芽) 번식(무성(無性) 생식의 일종). **Blastom** [blasˈtoːm], das; -s, -e [griech. blastós] [의학] 아세포종(芽細胞腫). **Blastula** [ˈblastula], die; ...lae [생물] 포배(胞胚).

Blatt [blat]; das; -(e)s, Blätter ⟨축소형: ↑**Blättchen**⟩ **1.** 잎, 꽃잎: **grüne [welke] Blätter** 푸른[시들은] 잎; **die Blätter fallen** (시어) 가을이 되다; **kein B. vor den Mund nehmen** 터놓고 자기의 의견을 말하다. **2. a)** (한 장의) 종이: **ein leeres B.** 한 장의 백지; **gib mir ein B. Papier** 내게 종이 한 장 주렴; **B. für B.** [B. um B.] 종이 한 장씩; **(noch) ein unbeschriebenes B. sein** (통용어) 1) 아직 알려지지 않다. 2) 아직 경험[지식]이 없다. **b)** (책의) 한 페이지, (노트의) 한 장: **ein B. aus dem Buch herausreißen** 책에서 종이 한 장을 찢어내다; [전의] **das ist ein neues B. in der Geschichte** 그것은 역사의 새로운 한 장(章)이다; **das [etw.] steht auf einem anderen B.** 1) 그것[무엇]은 이것과는 상관이 없다. 2) 의심스럽다, 문제이다. **c)** 화지(畫紙). **3.** 신문: **ein überregionales B.** 초지역적인 신문, 중앙지. **4.** 카드: **in B. spielen** 카드놀이를 하다; **ein gutes B. haben** 좋은 카드를 손에 들고 있다; **das B. hat sich gewendet** (통용어) 상황이 바뀌었다. **5.** 연장[기구]의 평평한 부분: **die B. der Säge [der Axt]** 톱[도끼]의 측면. **6.** [사냥] **a)** (노루·사슴의) 견갑골: **ins B. treffen** 견갑골을 맞추다. **b)** (수노루 사냥 때에 암노루 소리를 흉내내는)

너도밤나무의 이파리로 만든 피리. **7.** 〖도축〗 소의 어깨 부분(장정육).
blatt-, Blätt-: ~**achsel**, die 〖식물〗 엽액(葉腋). ~**ader**, die 잎 엽맥. ~**artig** 〈Adj.〉 잎 모양의. ~**bildung**, die 잎의 형성. ~**faser**, die 잎의 섬유. ~**feder**, die 〖자동차 기술〗 엽상(葉狀) 용수철. ~**form**, die 잎 모양. ~**förmig** 〈Adj.〉 잎 모양의: ein -es Ornament 잎 모양의 장식품. ~**gemüse**, das 엽채류(葉菜類): Spinat ist ein B. 시금치는 엽채류이다. ~**gewächs**, das 관엽 식물. ~**gold**, das 금박: eine Auflage von B. 금박판. ~**grün**, das ↑Chlorophyll. ~**grund**, der 〖식물〗엽각(葉脚). ~**käfer**, der 잎을 뜯어 먹고 사는 무당벌레. ~**knospe**, die 엽아(葉芽). ~**laus**, die 진딧물. ~**los** 〈Adj.〉 잎이 없는. ~**nerv**, der ↑~**ader**. ~**pflanze**, die ↑~gewächs. ~**ranke**, die 관엽 식물의 덩굴손. ~**reich** 〈Adj.〉 〈드물게〉 잎이 많은. ~**rippe**, die ↑~ader. ~**säge**, die 옆면이 넓은 톱. ~**salat**, der 소채잎 샐러드, 상치. ~**schuß**, der 〖사냥〗 견갑을 쏘기: den Bock mit einem B. erlegen 산양의 견갑을 쏘아 죽게 하다. ~**silber**, das 은박: ein Überzug aus B. 은박 도금. ~**stellung**, die 〖식물〗 엽서, 엽열(葉列). ~**stengel**, der 잎의 자루. ~**stiel**, der 잎자루, 엽병(葉柄). ~**trieb**, der 〖식물〗 잎의 눈(筍). ~**wanze**, die 〈식물을 해치는〉 빈대의 일종. ~**weise** 〈Adv〉 한 장씩: den Salat b. putzen 샐러드를 한 잎 씩 씻다. ~**werk**, das 《아이》〈집합적〉잎. ~**zeit**, die 〖사냥〗 사슴의 교미기.

Blättchen ['blɛtçən], das; -s, - ↑Blatt. **blatten** ['blatn] 〖사냥〗 너도밤나무 잎으로 암노루의 소리를 내어) 수노루를 유인하다. ¹**Blatter** [blatɐ], der; -s, - ↑Blatt (6 b).
²**Blatter** [-], der; -n 〈대개 Pl.〉 부스럼, 소포(小疱), 농포, 두창(痘瘡): sein Körper war von zahlreichen -n bedeckt 그의 몸은 온통 부스럼투성이다.
blatter-, Blätter- (Blattern): ~**mase** (österr. · 고어) ↑~narbe. ~**narbe**, die 얽은 자국, 부스럼 자국: sein Gesicht war von -n übersät 그의 얼굴은 얽은 자국으로 뒤덮여 있었다. ~**narbig** 〈Adj.〉 부스럼(얽은) 자국이 있는: ein -es Gesicht 얽은 얼굴. **Blätter:** ↑Blatt의 복수형.
blätter-, Blätter- ['blɛtɐ-]: ~**dach**, das 《시어》: das B. des alten Baumes spendete Schatten 그 고목의 잎이 마치 지붕과도 같이 그늘을 만들어 주었다. ~**magen**, der 〖생물〗 중판위(重瓣胃)(반추동물의 제 3 위). ~**pilz**, der 들씌이버섯, 주름이 있는 세균류. ~**schmuck**, der 《아이》잎(으로 꾸민) 장식: der bunte B. herbstlicher Bäume 가을철 단풍. ~**teig**, der 퍼프 페이스트리. ~**teiggebäck**, das 퍼프 페이스트리 과자. ~**teigkolatsche**, die (österr.) 퍼프 페이스트리로 된 속을 넣은 과자. ~**wald**, der 〖농〗여러 신문들: es rauscht im B. 〈농〉여러 신문에서 대서특필한다. ~**weise:** ↑blattweise. ~**werk**, das ↑Blattwerk.
blatterig, blattrig ['blat(ə)rɪç] 〈Adj.〉 ↑blatternarbig. **blätterig**, blättrig ['blɛt(ə)rɪç] 〈Adj.〉 **1.** 잎이 많은, 무성한: ein -er Zweig 잎이 무성한 가지. **2.** 얇은 이파리 모양의, 박판상(薄板狀)의. **-blätterig**, -blättrig [-blɛt(ə)rɪç] 〈다음의 합성어로, 예컨대〉 achtblätt(e)rig(großblätt(e)rig) 여덟 잎의(큰 잎의).
Blattern ['blatɐn] 〈Pl.〉 두창, 천연두, 마마: (die) B. haben 두창에 걸리다.
blättern ['blɛtɐn] **1.** 〈h〉 책, 노트, 신문 등의) 페이지를 넘기다, 대강 읽다: in einem Buch b. 책을 슬슬 넘기면서 보다; 〚회의〛er blättert im Buch seiner Erinnerungen 《아이》 그는 과거의 기억을 더듬는다. **2.** 《드물게》 〈s〉 **a)** 여러 층(겹)으로 갈라지다: der Schiefer[der Teig] blättert 석판(반죽)이 겹겹이 갈라진다. **b)** 얇은 층으로 벗겨져 떨어지다: die Farbe blättert 페인트가 겹겹이 벗겨져 떨어진다. **3.** 〈h〉 한 장씩 내려놓다: sie blättert (dem Kassierer) Geldscheine auf die Theke 그녀는 (회계원에게) 지폐를 계산대 위에 한 장씩 펼쳐 놓는다. **4.** 〈h〉 〖농업〗잎을 떼어버리다: die Rüben werden geblättert 무의 잎을 떼어버린다. **blattrig:** ↑ blatterig. **blättrig:** ↑blättrig. **-blättrig:** ↑-blätterig.
Blatz [blats], **Blätz** [blɛts], der; -, - (schweiz.) 걸레. **Blätzli** ['blɛtsli], das; -(s), -(s) (schweiz.) 얇게 썬 고기조각.
blau [blaʊ] 〈Adj.〉 〈드물게〉 하늘색의, 푸른색의: -e Augen 푸른눈; -e Farbe 푸른색; -e Planet 지구; die -e Blume (der Romantik) (낭만주의의) 푸른꽃(동경의 상징); -e Lippen 핏기 없는 입술; ein -er Herbsttag 〈시어〉 맑은 가을날; die Nacht war b. 《시어》 그 날 밤은 별이 총총하였다; **b. sein (wie ein Veilchen / wie ein Eckhaus / wie eine Frostbeule / wie (zehn)tausend Mann / wie eine (Strand)haubitze** o. ä.》 《통용어》 매우 취했다: er ist fast jeden Samstag b. (wie ein Veilchen), wenn er nach Hause kommt 그는 거의 매주 토요일 집으로 돌아올 때는 완전히 취해 있다. **Blau** [-], das; -s, - 《통용어》 -s〉 청색, 푸른색: ein helles(strahlendes) B. 밝은(환한) 청색; das B. des Himmels 하늘의 푸른색; sie erschien ganz in B. 그녀는 온통 푸른 옷을 입고 나타났다.
blau-, Blau-: ~**alge**, die 〈대개 Pl.〉 파래. ~**äugig** 〈Adj.〉 푸른 눈의, 벽안(碧眼)의: ein -es Kind 푸른 눈의 아이; 〖전의〗 er ist so b., dir zu glauben 그는 너를 믿을 정도로 그렇게 순진하다. ~**äugigkeit**, die ↑~äugig의 명사화. ~**bart**, der 〖1431기〛 프랑스 동화에 나오는 푸른 수염의 기사(Barbe-Bleue)에서 여섯 번이나 처를 죽이는 잔인 무도한 남편. ~**basalt**, der 푸른 현무암. ~**beere**, die ↑Heidelbeere (1 b, 2). ~**blindheit**, die 청색맹. ~**blümerant** 〈지역적〉 ↑ blümerant. ~**blütig** 〈Adj.〉 《반어》 귀족의: die -en Damen und ihre Kavaliere 귀부인들과 그들의 기사들. ~**blütigkeit**, die 귀족 혈통, 명문 가문 태생. ~**buch**, das [engl. bluebook] 〖외교〗 푸른 표지의 책, 청서(영국의 의회나 정부의 보고서). ~**druck**, der 〖섬유〗 푸른 무늬의 날염. ~**eisenerde**, die 분상(粉狀)의 남철광(藍鐵鑛), 남철토. ~**eisenerz**, das 남철광. ~**fahrer**, der (schweiz.) 음주 운전자. ~**fahrerin**, die ↑~fahrer의 여성형. ~**färbung**, die 남색 염색. ~**fäule**, die 〖임업〗나무가 곰팡이 때문에 푸른 색으로 썩음. ~**felchen**, das 연어속의 일종. ~**filter**, der / das 〖사진〗적색을 약화시키기 위한 필터. ~**fuchs**, der 북극여우. ~**gestreift** 〈Adj.〉 푸른 줄이 쳐진. ~**grau** 〈Adj.〉 청회색의. ~**grün** 〈Adj.〉 청록색의. ~**gummibaum**, der 〖식물〗 열대성 고무나무. ~**hai**, der 청새리상어. ~**helm**, der 〈대개 Pl.〉 유엔군: trotz -en auf Zypern sind häufige Waffenstillstandsverletzungen zu erwarten 키프로스의 유엔군에도 불구하고 휴전 위반이 자주 생길 것 같다. ~**hemd**, das 《구동독》 **1.** 자유독일 청년단원의 제복. **2.** 《통용어》 자유독일 청년단원. ~**holz**, das 로그우드(logwood) (검은 염료의 원료). ~**jacke**, die [engl. blue-jacket] 《통용어》 선원, 마도로스. ~**kabis**, der (schweiz.) ↑Rotkohl. ~**kariert** 〈Adj.〉 푸른 격자 무늬의. ~**kehlchen**, das 울새속의. ~**kohl**, der 〈지역적〉 ↑Rotkohl. ~**kraut**, das (südd.) ↑Rotkohl. ~**kreuzler**, der 《통용어》 청십자 운동가, 금주(禁酒) 신봉자. ~**kreuzlerisch** 〈Adj.〉 금주 신봉자의. ~**licht**, das (경찰차, 소방차, 응급차 등의) 청색 등(절대 우선 주행 신호): ein Polizeiauto mit B. und Martins-

horn raste an uns vorbei 청색등을 켜고 경적을 울리며 경찰차가 우리 옆을 질주해 갔다. **~machen** ⟨*h*⟩ 《통용어》 (이유 없이) 결근하다, 땡땡이 치다: war es so spät, ging er überhaupt nicht mehr in die Fabrik, sondern machte den Tag blau 늦으면 그는 공장에 나가지 않고 결근했다. **~mann**, der ⟨Pl. -männer⟩ 《통용어》 (상하가 붙은) 푸른 작업복. **~meise**, die 곤줄박이. **~papier**, das 청색 복사지. **~pause**, die 청사진. **~rot** ⟨Adj.⟩ 푸른색을 띤 적색의: ein -es Gesicht 푸르고 붉은 얼굴. **~säure**, die [화학] 청산. **~säurevergiftung**, die 청산 중독. **~schimmel**, der 담배에 기생하는 곰팡이의 일종. **~schimmelkäse**, der 푸른 색의 치즈(예컨대는 로크포르(roquefort)). **~schwarz** ⟨Adj.⟩ 검푸른, 진한 남색의: das -e Gefieder des Raben 까마귀의 검푸른 깃털. **~stern**, der [식물] 무릇(나리과). **~stich**, der [사진] 천연색 필름의 푸르스름한 색조: die Dias haben alle einen B. 그 슬라이드는 모두 푸르스름한 색조를 띠고 있다. **~stichig** ⟨Adj.⟩ 푸르스름한 색조를 띤. **~stift**, der 청색 볼펜. **~strumpf**, der [engl. bluestocking] (반어) 블루 스타킹파, 학문을 좋아하는 [문학에 미친] 여자. **~sucht**, die [의학] 치아노제, 자람증(紫藍症) 위황병(萎黃病). **~tanne**, die 백청색 침엽의 가문비나무, 미국가문비나무. **~wal**, der (등이 푸른) 큰고래속.

¹**Blaue** ['blauə], das; -n 푸름, 청색: die Farbe ihres Kleides spielt ins B. 그녀의 옷색깔은 푸른색을 띠고 있다; **das B. vom Himmel (herunter)lügen** 《통용어》 뻔뻔스러운 거짓말을 하다; **das B. vom Himmel (herunter)reden** 얼싸없이 쓸데없는 말을 지껄이다; **jmdm. das B. vom Himmel (herunter)versprechen** 《통용어》 누구에게 불가능한 일을 약속하다; **ins B. (hinein)** 《시어》 목표없이, 되는대로, 허공으로: wir wollen ein wenig ins B. fahren 우리는 잠시 차를 지향없이 몰아가 보려고 한다. ²**Blaue**, der; -n, -n 《경찰의 푸른 제복에 따라》 《통용어·준고어》 경찰관. **Bläue** ['blɔyə], die (아이) 청색, 푸름; die wolkenlose B. des Himmels 구름 한 점 없는 푸른 하늘. **blauen** ['blauən] ⟨*h*⟩ (시어) 푸르게 되다, 푸르러지다. **bläuen** ['blɔyən] ⟨*h*⟩ a) 푸르게 염색하다: Lackmuspapier b. 리트머스지를 푸르게 물들이다. b) 표백하다: weiße Wäsche b. 흰 빨랫감을 표백제로 희게 하다. **bläulich** ['blɔylɪç] ⟨Adj.⟩ 푸르스름한, 푸른빛을 띤: ein -es Schwarz 푸르스름한 흑색. **bläulichrot** ⟨Adj.⟩ 푸르스름한 홍색의: eine -e Nase 붉푸른 코. **Bläuling** ['blɔylɪŋ] der; -s, -e 부전나비과.

Blazer ['blɛzɐ], der; -s, - [engl. blazer] 1. (클럽 표시가 되어 있는) 푸른 신사복 상의. 2. (운동 선수들이 입는) 블레이저 코트. **Blazerjacke**, die 스포츠 재킷.

Blech [blɛç], das; -(e)s, -e 1. 얇은 금속판, 생철판, 함석, 아연판: das B. ist verbeult 생철판이 찌그러졌다. 2. ↑Backblech, Kuchenblech의 약칭: das B. in den Ofen schieben 빵 굽는 판을 오븐에 밀어넣다. 3. 오케스트라의 금관악기부: das B. tritt zu sehr hervor 금관악기들이 너무 두드러지게 나타난다. 4. 《통용어》 [명예] 훈장: ich lege keinen Wert auf das B. 나는 훈장에 큰 가치를 두지 않는다. 5. 《통용어》 허튼 소리: das ist doch alles B.! 그것 모두 쓸데없는 말이다.

Blech-: **~behälter**, der 금속용기. **~bläser**, der 금관악기 연주자. **~blasinstrument**, das (금관제의) 금관악기(트럼펫, 호른 따위). **~büchse**, die 함석 깡통, 캔. **~chaos**, das 《통용어》 자동차의 대규모 충돌. **~dicke**, die 함석 두께. **~dose**, die 함석 깡통. **~eimer**, der 함석 양동이. **~geschmack**, der (통조림 안의 음식물로서) 양철 맛. **~kanister**, der 함석통. **~kiste**, die 《통용어·폄》 모터가 달린 탈것. **~kübel**, der 함석 대야. **~laden**, der 《통용어·폄》 (명예) 훈장(의 총칭). **~lawine**, die 《통용어·폄》 느릿느릿 움직이는 긴 차량 행렬. **~lehre**, die (철판의 두께를 재는) 금속게이지. **~musik**, die 금관악기의 연주. **~napf**, der 함석제의 사발. **~salat**, der 《통용어》 (차가 완전히 구겨져 버린) 대형 자동차 사고. **~schachtel**, die 양철갑. **~schaden**, der [자동차] 차체 손상(단 인몸이 가벼운 사고). **~schere**, die 양철 절단용 가위. **~schmied**, der 함석공. **~trommel**, die 양철(로 된 어린이용) 북. **~verpackung**, die 함석으로 된 포장. **~walzwerk**, das 금속 공장. **~waren** ⟨Pl.⟩ 함석 제품.

blechen ['blɛçən] ⟨*h*⟩ [Blech = Geld] 《통용어》 (돈을) 지불하다: dafür wird er ganz schön b. müssen 그것에 대해 그는 돈을 꽤 많이 지불해야만 할 것이다. **blechern** ['blɛçɐn] ⟨Adj.⟩ 1. 함석[양철]으로 된: ein -es Eßgeschirr 양철제의 식기. 2. 금속[쇠] 소리가 나는, 공허하게 들리는: eine -e Stimme drang aus dem Lautsprecher 금속성의 음성이 확성기에서 울려나왔다. **Blechner**, der; -s, - (südd.) ↑Klempner.

blecken ['blɛkn] ⟨*h*⟩ 1. (드물게) 번쩍이다, 나타나다, 환하게 드러나다: die Flammen blecken aus den Fenstern 불꽃이 창문 밖으로 번쩍거려 나타난다. 2. 드러내 보이다: der Hund bleckte wütend die Zähne 개가 으르렁거리며 이빨을 드러내 보였다.

¹**Blei** [blaɪ], das; -(e)s, 《종류》 -e 1. ⟨Pl. 없음⟩ 납(鉛): B. schmelzen die Nocken 납을 녹이다; B. gießen (섣달 그믐날의 풍속으로) 끓는 납을 물에 식혀 그 형상으로 미래를 점치다; **etw. liegt jmdm. wie B. in den Gliedern (Knochen)** (피곤, 놀라움 등으로) 누구의 손발이 납처럼 무겁다 (마비되어 있다); **etw. liegt jmdm. wie B. im Magen** 1) 무엇이 누구에게 소화가 안된다. 2) 무엇이 누구의 기분을 울적하게 한다. 2. 추(錘), 연추(鉛錘): die Wassertiefe mit einem B. loten 연추로 수심을 재다. 3. 《고어》 탄환: mit Pulver und B. ausgerüstet sein 화약과 탄환으로 장비되어 있다. ²**Blei** [-], der/das; -(e)s, -e 《통용어》 ↑Bleistift의 약칭. ³**Blei** [-], der; -(e)s, -e, Bleie [blaɪə], die; -n. ↑Brachse.

Blejasche, die ⟨Pl. 없음⟩ [화학] 산화연.

blei-, Blei- (¹Blei 1, ²Blei): **~dach**, das 연판(鉛板)을 덮은 지붕. **~erz**, das 연광(鉛鑛). **~farbe**, die 납빛. **~farben**, **~farbig** ⟨Adj.⟩ 납빛의: -er Himmel 납빛 하늘. **~fassung**, die 납으로 된 테. **~feder**, die (고어) ↑-stift. **~fuß**, der, 《다음 용법으로》 **mit B. fahren** 《통용어》 계속 속력을 내며 차를 몰다. **~gehalt**, der 납 성분, 납 함유량. **~gewicht**, das (낚시줄에 매다는) 낚싯봉. **~gießen**, das 납으로 점을 봄 (끓는 납을 물에 담가 그 형상으로 미래를 점치는 섣달 그믐날 밤의 풍습). **~glanz**, der 방연광(方鉛鑛). **~glas**, das 1. 납유리. 2. ↑-kristall. **~grau** ⟨Adj.⟩ 납회색의: -e Fenster 납회색의 창문. **~gummi**, das (방사선 차단 복장용으로 쓰이는) 납성분이 든 고무[합성수지]. **~guß**, der ⟨Pl. 없음⟩ 납 주조. **~haltig** ⟨Adj.⟩ 납함유의. **~kammer**, die 1. [제련] (황산 제조용) 연실(鉛室). 2. ⟨Pl.⟩ 《아어》 (옛 베니스의 궁정의 납지붕을 한) 옥사(獄舍), 옥고(獄苦)(의 상징). **~kammerverfahren**, das [제련] 연실 황산 제조법. **~klumpen**, der 연괴(鉛塊), 납덩어리. **~kristall**, das 산화연을 함유한 크리스탈: ein Leuchter aus rauchfarbenem B. 연기빛의 납크리스탈로 된 상들리에(촉대). **~kugel**, die 납 탄환. **~legierung**, die 납 합금. **~lot**, das 측추, 측연(測鉛). **~oxyd**, das [화학] 산화연. **~patzen**, der 《österr.·통용어》 ↑~klumpen. **~platte**, die 연판. **~rohr**, das 연관. **~salbe**, die 납 연고(軟膏). **~schürze**, die 《방사선》 (방사선 차폐용의) 납으로 된 앞치마.

~schwer ['−'−] 〈Adj.〉 납처럼 (아주) 무거운: ein -er Sack 아주 무거운 자루; 전의 -e Müdigkeit 심한 피로. ~soldat, der (장난감 또는 장식용의) 납으로 된 병사. ~stift, der 연필. ~stiftabsatz, der (통용어) 낮고 뾰족한 하이힐의 굽. ~stiftmine, die 연필심. ~stiftspitzer, der 연필깎이. ~stifstummel, der 몽당 연필. ~stiftverlängerer, der 몽당연필(을 끝까지 쓰기 위한) 깍지. ~stiftzeichnung, die 연필화. ~tetraäthyl, das (자동차의) 노킹 방지제. ~vergiftung, die 납 중독. ~weiß, das 백연(白鉛)(염기성 탄산연).

Bleibe ['blaibə], die; -n 〈드물게 Pl.〉 〈통용어〉 숙소, 피난처, 주거: (k)eine B. (gefunden) haben 숙소를 구했다 (구하지 못했다). **bleiben*** ['blaibn̩] ⟨s⟩ **1. a)** 〈어느 장소에〉 머무르다, 남다: bleiben Sie bitte am Apparat! 기다리세요 (전화 통화시)!; an [auf] seinem Platz b. 자기 자리에 머물다; zu Hause b. 집에 있다 (외출하지 않다); 전의 bei der Sache b. 그 일에서 벗어나지 않다; er ist immer im Hintergrund geblieben 그는 항상 뒷전에 머물러 있었다 (의식적으로 앞에 나서지 않았다); sie wollten für [unter] sich b. 그들은 타인을 끼워 주려 하지 않았다; das bleibt unter uns 그것은 우리끼리 이야기다. **b)** 어떤 상태를 지속하다, 어떤 성질을 유지하다: seine Taten werden unvergessen b. 그의 행동은 잊혀지지 않을 것이다; ledig b. 미혼으로 머물다; sein Brief blieb unbeantwortet 그의 편지에 대해서는 계속 회신이 없었다; am Leben b. 생존해 있다. **c)** 〈대등 1격과 함께〉 〈근본적 특성을〉 유지하다: Freunde b. 여전히 친구로 머물러 있다; ich bleibe dabei (의식적으로 앞에 나서지 않았다); sie wollten für [unter] sich b. — — der alte geblieben 너는 완전히 옛날 그대로구나 (변하지 않았다). **d)** 〈동사의 부정형과 함께〉 …한 채로 머물다: bei der Begrüßung stehen b. 인사할 때 선 채로 머물다; du mußt jetzt ruhig liegen b. und darfst dich nicht aufrichten 지금 조용히 누워 있어야 하고 몸을 일으켜서는 안된다. **e)** 남아 있다: von ihren Kindern war (ihnen) noch eines geblieben 자녀들 중에서 (그들에게는) 아직 한 아이가 남아 있었다; es bleibt keine andere Wahl 다른 선택의 여지가 없다. **f)** ⟨zu + 부정형과 함께⟩ 할 일이 (아직) 남아 있다: es bleibt abzuwarten, ob sich der Erfolg einstellt 좋은 결과가 나타나기 기다려 보는 일이 남아 있다. **2.** 포기하지 않다, 고수하다, 고집하다: bei seiner Meinung b. 그의 의견을 고집하다; ich bleibe dabei, daß er uns nicht die Wahrheit gesagt hat 그가 우리에게 진실을 말하지 않았다는 나의 생각에는 변함이 없다; es bleibt dabei 그대로 하기로 했다 (아무런 변동도 없다). **3.** 〈아어·은폐〉 돌아오지 않다, 불귀의 객이 되다: zwei ihrer Söhne waren auf dem Schlachtfeld geblieben 그들의 아들들 중 둘이 전쟁터에서 돌아오지 않았다. **bleibend** 〈Adj.〉 흔적이 남는, 영속적인, 불변의: das Geschenk ist von -em Wert 그 선물은 영원한 가치를 지닌 것이다. **bleibenlassen*** ⟨h⟩ 〈통용어〉 중지하다, 하지 않다, 그대로 두다; ich werde es doch lassen 나는 그것을 그대로 내버려 두어야겠다.

bleich [blaiç] 〈Adj.〉 **a)** 창백한, 혈색이 없는: ein -es Gesicht 창백한 얼굴; er war b. vor Aufregung 그는 흥분한 나머지 얼굴이 창백하게 되었다. **b)** 〈아어〉 희미한, 퇴색한: ein -er Schimmer 희미한 빛; das -e Licht des Mondes 희미한 달빛.

bleich-, Bleich-: ~erde, die [지질] 표백토. **~gesicht,** das **a)** 〈통용어〉 창백한 얼굴 (의 사람). **b)** 〈농〉 백인(원래는 인디언 측에서 보았을 때의). **~gesichtig** 〈Adj.〉 파리한 얼굴의. **~gesichtigkeit,** die 얼굴이 창백함. **~mittel,** das 표백제. **~platz,** der ↑Bleiche. **~sand,** der [지질] 청회색의 모래층. **~soda,** das 표백 소다. **~sucht,** die 〈고어〉 빈혈증. **~süchtig** 〈Adj.〉 빈혈증의. **~wiese,** die ↑Bleiche.

Bleiche ['blaiçə], die; -n **1.** 〈Pl. 없음〉 〈시어〉 창백, 파리함, 혈색이 나쁨: die B. ihres Gesichtes 그녀의 얼굴의 창백함. **2.** 《옛》 천을 널어 표백하는 풀밭: Wäsche auf die B. legen 빨래를 표백 장소에 널다. **¹bleichen** ⟨h⟩ 표백하다: Wäsche b. 빨래를 표백하다; 〈명사화〉 ein Mittel zum Bleichen von Sommersprossen 주근깨 없애는 약. **²bleichen**[*] 무색으로 되다, 퇴색하다: der Teppich bleicht in der Sonne 카페트가 햇빛에 색이 바랜다. **Bleichert** ['blaiçɐt], der; -s, -e 담홍색의 포도주.

Bleie, die; -n ↑³Blei.
bleiern ['blaiɐn] 〈Adj.〉 **1. a)** 〈드물게〉 납으로 만든: -e Rohre 납으로 만든 파이프(管). **b)** 〈아어〉 납빛의: das -e Grau des Himmels 납빛 같은 회색 하늘. **2.** 무거운, 짐이 되는: aus einem -en Schlaf erwachen 깊은 (곤한) 잠에서 깨어나다.

blend-, Blend-: ~arkade, die [건축] 장식용 아케이드. **~boden,** der ↑Blindboden. **~frei** 〈Adj.〉 **a)** 눈이 부시지 않는. **b)** 반사되지 않는: ein Bilderrahmen mit -em Glas 반사되지 않는 유리가 끼워진 그림 액자. **~glas,** das 차광 안경. **~granate,** die (폭발할 때 눈이 부시게 하는) 수류탄. **~laterne,** die 감등(龕燈), 차안등 (遮眼燈), 은현등 (隱顯燈). **~leder,** das 눈가리개. **~rahmen,** der **1.** [회화] 화포 (캔버스)를 친 임시 액자. **2.** [목공] 창틀, 문틀. **~schirm,** der **a)** 〈자동차〉 차양판. **b)** (모자 의) 챙, 차양 (遮陽). **~schutz,** der 현광(眩光) 방지 장치. **~schutzgitter,** das [교통] 현광 방지 철책. **~schutzscheibe,** die [자동차] 〈자동차의〉 차광 유리. **~schutzzaun,** der ↑~schutzgitter. **~werk,** das 〈아어·편〉 현혹, 기만, 착각: höllisches B. 무서운 기만; ein B. des Teufels 악마의 속임수. **~wirkung,** die 눈을 부시게 하는 것.

Blende ['blɛndə], die; -n **1.** 〈창문의〉 블라인드, 차광 장치: eine B. herunterklappen 블라인드를 내리다; eine Zeitung als B. über die Augen halten 독서 광선을 피하려고 신문을 눈으로 가리다. **2.** [광학] 조리개. **3.** [영화·사진] **a)** 조리개: die B. öffnen [schließen] 조리개를 열다 [닫다]. **b)** ↑Blendenzahl. **c)** [영화] 화면을 서서히 사라지게 또는 나타나게 하는 기법. **4.** [조선] 배의 창막이, 현창(舷窓)의 덧문. **5.** [건축] 맹창(盲窓), 가짜 문. **6.** 〈먹저고리에 비단을 붙임〉 장식 깃. **7.** [화학] 섬아연광 (閃亞鉛鑛). **blenden** ['blɛndn̩] ⟨h⟩ [blind machen] **1.** 눈부시게 하다: die Fenster blenden bei Sonnenuntergang 창문이 해질녘에 (눈이 부시게) 반사한다. **a)** 깊은 인상을 주다, 매혹하다: sich von jmds. Schönheit b. lassen 누구의 아름다움에 매혹되다. **b)** 현혹시키다: sich von Wahlversprechen nicht b. lassen 선거 공약에 현혹되지 않는다. **3.** 눈 멀게 하다, 눈을 빼 버리다: der Verräter wurde geblendet 그 배반자는 눈알을 뽑히는 벌을 받았다. **4.** [모피] 어두운 색으로 염색하다: Pelze b. 밍크를 어두운 색으로 염색하다.

Blenden- (Blende 3): **~automatik,** die 조리개 자동 조절 장치. **~einstellung,** die 조리개 조정 [맞추기]. **~öffnung,** die 조리개 구멍. **~skala,** die 노출 눈금. **~wahl,** die 노출 도수의 선택. **~zahl,** die 노출 도수.

blendend 〈Adj.〉 뛰어난, 탁월한: es geht ihm B. 그는 아주 잘 지낸다. **blendendweiß** 〈Adj.〉 눈이 부시도록 하얀: -e Wäsche 눈이 부시도록 하얀 빨래. **Blender,** der; -s, - 겉보기는 그럴싸 하지만, 현혹시키는 자: bei ihm steckt nichts dahinter, er ist ein B. 그의 뒤에는 아무것도 없다, 그는 겉만 그럴싸한 사람이다.

Blendling ['blɛntliŋ], der; -s, -e ↑Bastard (2).
Blendung, die; -en 눈을 멀게 하기, 눈부시게 하기; 현혹(眩惑), 기만, 눈부시게 됨. **blendungsfrei** 〈Adj.〉 ↑blendfrei.

Blesse ['blɛsə], die; -n **1.** 《소, 말 따위의 이마, 콧등 위의》 흰 점(줄). **2.** 《이마나 콧등에》 흰 점이 있는 동물.
Bleßhuhn, das 《전문어》 ↑Bläßhuhn.
blessieren [blɛˈsiːrən] 〈h〉 [frz. blesser.] 《고어》 상처를 입히다: jmdn. leicht b. 누구에게 가볍게 상처를 입히다; die blessierte Schulter 부상당한 어깨; der einzige Blessierte war der Pastor 유일하게 부상당한 사람은 목사였다. **Blessur** [blɛˈsuːr], die; -en [frz. blessure] 《고어》 부상, 상처: schwere[leichte] -en 심한[가벼운] 상처.
bleu [blø:] 〈Adj.; 격변화 없음〉 [frz. bleu] 담청색의, 연한 하늘색의: das Kleid, das sie trug, war b. 그녀가 입고 있었던 옷은 연한 하늘색이었다. **Bleu**[ˈ] [-], das; -s, - 연한 하늘색: sie trug ein Kleid in B. 그녀는 연한 하늘색의 옷을 입고 있었다.
Bleuel [ˈblɔyəl], der; -s, - 《고어》 빨래 방망이. **bleuen** [ˈblɔyən] 〈h〉 《드물게》 《멍이 들도록》 때리다: Deine Frau erwartet dich draußen. Sie wird dich b.! 부인이 밖에서 너를 기다리고 있다. 그녀가 너를 두들겨 팰 것이다.
bleufarben [ˈbløː...], **bleufarbig** 〈Adj.〉 연푸른; ein bleufarbenes Kleid 연푸른색의 옷.
blich [blɪç] ↑²bleichen 참조.
Blick [blɪk], der; -(e)s, -e **1. a)** 《흘끗》 봄, 처다봄, 바라봄, 일별, 눈빛: ein vielsagender[dankbarer] B. 의미심장한(감사의) 눈길〈눈빛〉; einen (kurzen) B. in das Zimmer werfen 방 안을 흘끗 들여다보다; einen B. riskieren 《통용어》 슬쩍[살며시] 바라보다; jmds. B. ausweichen 누구의 시선을 피하다; auf den ersten B. 첫 눈에[즉시]; mit einem halben B. 자세히 보지 않고 [눈여겨 보지 않고]; **einen B. hinter die Kulissen werfen[tun]** 어떤 일의 내막을 알게 되다. **b)** 《어딘가를 바라보는》 눈길, 시선: den B. heben(senken) 올려다보다[내려다보다]; seine -e auf jmdn.[etw.] richten 누구(무엇)에게 눈길을 주다. **keinen B. für jmdn. [etw.] haben** 1) 누구(무엇)에게 눈길을 주지 않다〈주시하지 않다〉. 2) 누구(무엇)을 이해하지 못하다, 제대로 판단할 수 없다: jmdn. mit -en durchbohren 누구를 뚫어지게 바라보다(비난, 책망조로). **2.** 《Pl. 없음》 눈의 표정, 눈초리: einen offenen[sanften] B. haben 솔직한[부드러운] 눈을 가지고 있다; **den bösen B. haben** 악의 있는 눈초리를 하고 있다. **3.** 광경, 전망, 조망: ein herrlicher B. 훌륭한 전망; von hier hat man den besten B. 여기가 전망이 제일 좋다. **4.** 《Pl. 없음》 판단(력): einen weiten B. haben 앞을 내다보는 판단력을 지니고 있다; den richtigen B. für etw. haben 무엇에 대한 올바른 시각을 갖고 있다.
blick-, Blick-: ~fang, der 주의를 끄는 것: große Plakate dienen als B. 큰 포스터가 시선을 끈다. **~feld,** das 시계, 시야: in jmds. B. geraten 누구의 시야로 들어오다. **~kontakt,** der 서로 처다봄, 시선 맞추기: der Redner hielt (den) B. mit dem Publikum 그 연사는 청중과 서로 눈빛으로 호흡을 맞추었다. **~los** 〈Adj.〉 눈빛이, 무의식적으로 보는: jmdn. mit -en Augen ansehen 누구를 멍하게 쳐다보다. **~punkt,** der **1.** 시점(視点): die Mitglieder fürstlicher Familien, die ständig im B. der Öffentlichkeit stehen 항상 대중의 시점 속에 있는 왕족들. **2.** 견해, 점: es kommt auf den B. an 《어떻게 보느냐 하는》 관점에 달려 있다; vom juristischen wie politischen B. aus (gesehen) 법률적이고 정치적인 관점에서 (본다면). **~richtung,** die **1.** 주시 방향: in B. (nach) Osten 동쪽 방향에. **2.** 사고의 방향: Grundeinstellung und B. des Existenzialismus 실존주의의 기본 입장과 사고의 방향. **~silber,** das 【야금】 정제은(精製銀).

~wechsel, der **1.** 눈길을 주고받음, 시선 교환: er verlegte sich auf schwermütige B. mit der Frau 그는 부인과 우울한 눈길을 주고받았다. **2.** 관점을 바꿈(변경): du mußt nur einen B. vornehmen 너는 생각을 바꾸기만 하면 된다. **~weise** 〈Adv.〉 눈길로: jmdn. b. begrüßen 누구에게 눈으로 인사하다. **~winkel,** der ↑~punkt (2): Ich sollte nun die Sowjetunion aus einem völlig neuen B. kennenlernen 나는 이제 소련을 완전히 새로운 관점에서 배워야 할 것 같다.
blicken [ˈblɪkn] 〈h〉 **a)** 바라보다, 시선을 주다: geradeaus[aus dem Fenster] b. 똑바로 바라보다[창 밖을 내다보다]; 《전의》 mit Resignation auf das vergangene Jahr b. 체념하며 지난 해를 되돌아보다; dem Tod ins Gesicht b. 《아이》 죽음을 두려워하지 않다; 《성구》 das läßt tief b. 《통용어》 그것은 매우 시사하는 바가 많다; **sich b. lassen** 모습을 나타내다, 《잠깐》 방문하다. **b)** … 한 눈초리를 하고 있다: freundlich[kühl] b. 친절한[냉정한] 눈빛을 보이다.
blieb [bliːp] ↑bleiben 참조.
blies [bliːs] ↑blasen 참조.
blind [blɪnt] 〈Adj.〉 **1.** 눈이 보이지 않는, 눈 먼: ein -er Mann 눈 먼 남자; b. sein 맹인이다. 눈을 못 본다: ist auf einem Auge b. 그는 한쪽 눈이 멀었다; bist du b.? 《통용어》 눈이 멀었니(주의할 수 없어)?; **sich b. verstehen** 《스포츠》 연습이 잘 되어 서로 호흡이 잘 맞는다; **für etw. b. sein** 무엇에 대해 볼 안목이 없다. **2. a)** 맹물을 가리지 않는, 과도한: -er Haß 대단한 증오; b. sein vor Wut 눈이 멀 정도로 화가 나다. **b)** 맹목적인, 무조건의: -er Gehorsam 무조건의 복종; Befehle b. ausführen 명령을 무조건 이행하다. **c)** 통찰 할 수 없는: das -e Schicksal 인간으로서는 통찰할 수 없는 운명. **3.** 투명하지 않은, 보이지 않은, 흐린: -e (Fenster)scheiben 닦아다 보이지 않는 《창문》유리; ein Spiegel 흐릿한 거울. **4. a)** 모양만 낸, 가짜의: eine -e Tasche aufsetzen 장식뿐인 가짜 호주머니를 달다. **b)** 숨은, 보이지 않는: der Mantel wird b. geknöpft 그 외투는 단추가 보이지 않게 달려 있다.
blind-, Blind-: ~band, der 〈Pl. -bände〉【서적】 인쇄 전의 견본서. **~boden,** der 【토건】 《아래층 천장 위쪽에 위층의 정식 마룻바닥을 깔기 전에 판자로 구축하는》 밑바닥. **~darm,** der **1.** 【해부】 맹장. **2.** 《맹장의》 충양돌기(↑Wurmfortsatz). **~darmentzündung,** die 《통용어》 맹장염. **~fenster,** das 【토건】 모양만 낸 가짜 창문. **~fliegen⁰** 〈s〉 【항공】 지도 계기 조정만으로 비행하다. **~fliegen,** das; -s, **~flug,** der 맹목 비행, 계기(計器) 비행. **~gänger,** der **1.** 불발탄. **2.** 《경》 기대에 어긋나는 사람, 실패자: der neue Mitarbeiter hat sich als B. entpuppt 새로운 동료는 별볼일 없는 사람으로 밝혀졌다; **bevölkerungspolitischer B.** 《농》독신남자, 가지가 없는 남자. **~geboren** 〈Adj.〉 선천적으로 눈이 먼. **~gebor(e)ne⁰,** der/ die 선천적 맹인. **~gläubig** 〈Adj.〉 맹신적인. **~gläubigkeit,** die 맹신. **~holz,** das 【목공】 합판의 양면 사이에 넣는 판. **~landung,** die 【항공】 맹목 착륙, 계기 착륙. **~material,** das 【인쇄】 공목(空木), 공재(空材). **~muster,** das 【광고】 《아직 문안이나 그림이 들어가지 않은》 광고 견본. ↑Blendrahmen. **~schacht,** der 【광업】 《지상으로 직통하지 않는》 수직 갱도. **~schleiche,** die 블린트슐라이해 《유럽산의 일종의 도마뱀. **~schreiben**⁰ 〈h〉 키를 보지 않고 열 손가락으로 타자를 치다. **~schreiben,** das; -s 키를 보지 않고 타자 치기. **~schreibverfahren,** das 키를 보지 않고 치는 타자법. **~spiel,** das 〈장기판의 없이〉 두는 체스 게임. **~spielen** 〈h〉 장기판이 없이 기억력으로 체스를 두다. **~spieler,** der 장기판이 없이 머리로 체스를 두는 사람.

~start, der [항공] 맹목 이륙, 계기 이륙. ~wütend, ~wütig 〈Adj.〉 격노한, 물불가리지 못할 정도로 진노한. ~wütigkeit, die 격노, 진노.

Blinde* ['blɪndə], der/die 장님, 맹인: einen -n führen 장님을 인도하다; das sieht doch ein -r 《통용어》 그것은 장님이라도 안다(명백하다); 속담 unter den -n ist der Einäugige König 장님 나라에서는 애꾸눈이 왕이다; von etw. reden, wie der B. von der Farbe 아무것도 모르고 이야기하다(판단하다). Blindekuh 〈관사 없음〉 술래잡기: B. spielen 술래잡기 놀이를 하다.

Blinden- (Blinde): ~anstalt, die ↑~heim. ~brille, die 맹인용 안경. ~führer, der 맹인을 인도하는 사람. ~fürsorge, die 맹인 복지 사업(시설). ~heim, das 맹인 보호소[직업 훈련원]. ~hund, der 맹인을 인도하는 개. ~lehrer, der 맹인을 가르치는 교사. ~schrift, die 점자. ~schule, die 맹인 학교. ~stock, der 맹인용 지팡이.

Blindheit, die 1. 맹목, 눈이 멀음: eine angeborene B. 선천적으로 눈이 멂; (wie) mit B. geschlagen sein 선견지명이 없다, 안목이 없다. 2. a) 무분별, 몽매: eine gefährliche politische B. 위험한 정치적 무분별. b) 맹목성, 무비판: die B. seines Glaubens hat ihn ins Verderben gestürzt 맹목적인 신앙이 그를 파멸시켰다. blindlings 〈Adv.〉 맹목적으로, 덮어놓고, 닥치는 대로: jmdm. b. gehorchen 누구에게 무조건 복종하다 [맹종하다]; b. in sein Verderben stürzen(rennen) 정신없이 파멸의 구렁텅이로 떨어지다.

blink [blɪŋk] 〈Adj.〉 경변화 없음 《다음 용법으로》 b. und blank sein 《통용어》 청결하여 반들거리다: die Küche war b. und blank 부엌이 빛이 나도록 깨끗하였다.

Blink-: ~feuer, das [교통] (특히 해안의) 명멸 신호등. ~geber, der [전자] 명멸등 장치. ~gerät, das [군사] 명멸 신호기(器). ~leuchte, die [자동차] 방향 지시등, 깜박이등. ~licht, das [교통] 점멸(신)등. ~lichtanlage, die [교통] (철도 건널목의) 점멸 경고등 시설. ~signal, das, ~zeichen, das 점멸 신호.

blinken ['blɪŋkn] 〈niederd. blinken = glänzen〉 1. 번쩍이다, 빛나다, 깜박이다: die Sterne blinkten 별들이 반짝이었다; ein Licht blinkt in der Ferne 불빛이 먼 곳에서 깜박거린다; vor Sauberkeit b. 깨끗한 나머지 반들거리다. 2. [교통] a) 방향 지시등을 켜다: vor dem Abbiegen b. 회전하기 전에 방향 지시등을 켜다; b) 점멸신호를 하다. Blinker, der, -s, - 1. ↑ Blinkleuchte. 2. [낚시] (반짝이는) 금속 미끼: den B. auswerfen 금속 미끼를 던지다. blinkern 〈h〉 1. 불안하게 번쩍이다. 2. 겹눈이다: wenn er mich ansieht, blinkert er (mit den Augen) 그는 나를 바라볼 때에는 (눈을) 깜박인다. 3. [낚시] 금속 미끼로 낚시질하다.

blinzeln ['blɪntsl̩n] 〈h〉 눈을 깜박이다, 깜박이며 쳐다보다, 눈짓하다: er blinzelte zum Zeichen des Einverständnisses 그는 동의한다는 표현으로 눈을 깜박였다.

blinzen ['blɪntsn̩] 〈h〉 《고어》 ↑ blinzeln.

Blister ['blɪstɐ], der, -s, - 〔engl. blister(pack)〕 (우표 등 작은 물건을) 볼 수 있도록 투명한 플라스틱으로 덮어 씌우는 장치, 블리스터 포장.

Blitz [blɪts], der, -es, -e 1. 번개, 섬광, 전광: ein kalter B. 불이 붙지 않은 낙뢰; der B. hat in den Baum eingeschlagen 번개가 나무를 내리쳤다: das Haus wurde vom B. getroffen 집이 벼락 맞았다; vom B. erschlagen werden 벼락 맞아 죽다; potz B.! 《군어, 놀라움의 표시》 원, 저런!, 어머나!; (schnell) wie der B. [wie ein geölter B.] 《통용어》 매우 빨리; wie ein B. aus heiterem Himmel 청천벽력 같은, 예기치 않은; einschlagen wie ein B. 뜻밖이어서 큰 소동을 불러 일으키다; wie vom B. getroffen 깜짝 놀라 넋이 나간. 2. 《통용어》↑ Blitzlicht의 약칭.

¹blitz-, Blitz- (Blitz): ~ableiter, der 피뢰침: einen B. am Haus anbringen 집에 피뢰침을 설치하다. ~aktion, die 전격 작전. ~angriff, der [군] 기습공격. ~artig 〈Adj.〉 번개같은, 민첩한: ein -er Entschluß 전격적인 결정. ~besuch, der 《정치 은어》 (국가 원수의) 전격 방문. ~gerät, das [사진] 플래시 장치. ~gespräch, das 특급 장거리 통화, (10 배 요금이 드는) 특별 급행 통화. ~kaffee, der (schweiz.) 인스턴트 커피. ~karriere, die 매우 빠른 출세. ~krieg, der [군] 전격전. ~lampe, die [사진] ↑~licht. ~licht, das [사진] 플래시. ~lichtaufnahme, die 플래시를 이용한 촬영. ~lichtfoto, das 플래시를 이용한 사진. ~mädel, das 《나치 군》 여자 통신 보조원. ~merker, der a) 《통용어》 이해가 빠른 사람. b) 《반어》 이해가 늦은 사람. ~pulver, das [사진] 플래시를 터뜨리는 가루약. ~reise, die 짧은 여행. ~röhre, die 플그라이트(Fulgurit), 섬전암(閃電岩), 전통(電筒). ~schach, das 시간이 제한되어 있는 체스 게임. ~schaden, der 벼락[낙뢰] 피해. ~schlag, der 벼락, 낙뢰. ~schutzanlage, die ↑~ableiter. ~sieg, der [군] 전격적인 승리. ~strahl, der (아어) ↑~Blitz (1). ~telegramm, das (10배의 요금이 드는) 특별 지급(至急)전보. ~tempo, das 매우 빠른 템포. ~umfrage, die 긴급 여론 조사. ~würfel, der [사진] (카메라 위에 꽂게 되어 있는) 주사위 모양의 플래시.

²blitz-, Blitz- 《통용어》 ~blank [↑ blitzen (2) 참조] 〈Adj.〉 아주 반질반질한, 매우 깨끗한: die Wohnung war b. 아파트가 반질거리도록 깨끗했다. ~blau [↑ blitzen (2) 참조] 〈Adj.〉 a) 아주 새파란: ein -er Himmel 청명하게 푸른 하늘. b) 《농》 만취된. ~dumm 〈Adj.〉 아주 어리석은. ~gescheit 〈Adj.〉 아주 영리한. ~kerl, der 《군고어·농》 근사한[유능한] 녀석. ~mädel, das 근사한 아가씨. ~rasch 〈Adj.〉 (schweiz.) ↑~schnell. ~sauber 〈Adj.〉 1. 아주 깨끗한: eine -e Küche 아주 깨끗한 부엌. 2. 《준고어·농》 근사한: ein -es Mädel 근사한 아가씨. ~schnell 〈Adj.〉 아주 빠른.

blitzeblank 〈Adj.〉 ↑ blitzblank. blitzeblau 〈Adj.〉 ↑ blitzblau. blitzen [blɪtsn̩] 〈h〉 1. 《비인칭》 번개 치다, 번갯불이 번쩍이다: es blitzt (und donnert) 번개(와 천둥)가(이) 치다; 전의 bei dir blitzt es 《통용어·농》 너의 속바지가 보인다. 2. 갑자기 번쩍이다, 빛나다: mit blitzenden Augen 번쩍이는 눈으로; die Wohnung blitzte vor Sauberkeit 그 집은 깨끗해서 번쩍번쩍하였다. 3. 보이게 되다, 드러내다, 명확하게 되다: Zorn blitzte aus ihren Augen 그녀의 눈에서 노여움이 드러났다. 4. 《통용어》 플래시로 사진을 찍다: das spielende Kind b. 플래시로 노는 아이의 사진을 찍다. 5. 스트리킹하다(streak), 나체로 도약하다. Blitzer, der; -s, - 1. 스트리킹하는 사람. 2. 《통용어》 ↑ Blitzlicht. Blitzesschnelle, die 《다음 용법으로》 in [mit] B. 매우 빨리.

Blizzard ['blɪzɐt], der, -s, -s 〔engl. blizzard〕 북아메리카의 심한 눈보라.

Bloch [blɔx], der/das; -(e)s, Blöcher ['blœçɐ] (österr.) -e (südd., österr.) 통나무, 나무등치: die Blöcher ins Sägewerk schaffen 통나무를 목재소로 운반하다. blochen 〈h〉 (schweiz.) (마루의 바닥을) 밀납으로 닦다. Blocher ['blɔxɐ], der; -s, - (schweiz.) 마루 청소용 솔빗자루.

Block [blɔk], der; -(e)s, Blöcke ['blœkə] / -s [niederd. blok] 1. 〈Pl. Blöcke〉 (돌, 금속 등의) 덩어리: ein

block-, Block-

unbehauener B. 다듬어지지 않은 덩어리; Blöcke von Marmor 마름 대리석, 정방형으로 뜬 대리석. 2. 〈Pl. Blocks〉 [철도] 안전 장치. 3. 〈Pl. Blöcke / Blocks〉 (시가의) 한 구획, 한 구획의 가옥 집단. 4. 〈Pl. Blöcke / Blocks〉 **a)** (정치, 경제 세력의) 그룹, 계파 연합: einen B. innerhalb der Partei bilden 당 내에 세력권을 형성하다. **b)** 국가 단체, 권(圈), 블록: der B. der osteuropäischen Staaten 동구권. 5. 〈Pl. Blöcke/ Blocks〉 (한 장씩 뜯을 수 있는) 종이 묶음: ein B. Briefpapier 편지지 한 묶음. 6. 〈Pl. Blöcke / Blocks〉 [우표] 시트(여러 기념 우표를 한 종이에 담은 것). 7. (나치) 당조직의 최소 단위, 반(班). 8. [농구] 수비(진), 차단벽: rasch einen B. bilden 재빨리 수비의 벽을 형성하다. 9. [의학] ↑Herzblock의 약칭. 10. 〈Pl. Blöcke〉 도르래의 바퀴 케이스.

block-, Block-: **~abschnitt, der** [철도] (다른 기차 가 있어서) 폐쇄(하는) 구간. **~bau, der**〈Pl. -bauten〉 통나무 건물, 통나무집의 일종(↑~haus). **~bauweise, die** 통나무집 형태, 예전의 가옥 건축 방법. **~bildung, die** (↑Block 4 참조) 블록 형성. **~buch, das** (중세 후기의) 목판 인쇄본. **~buchstabe, der** 인쇄체 문자(자모, 활자). **~eis, das** 빙괴, 얼음 덩어리. **~flöte, die** 리코더. **~förmig**〈Adj.〉덩어리 형태의. **~frei**〈Adj.〉 비동맹의, 어느 블록에도 속하지 않는. **~freiheit, die** 〈Pl. 없음〉비동맹임. **~haus, das** [engl. blockhouse] 통나무집. **~hütte, die** 작은 통나무집. **~malz, das** (기침날 때 먹는) 네모난 사탕. **~partei, die** (구동독) 연합 정당. **~politik, die** (구동독) 연합 정당들의 정책. **~schokolade, die** (빵을 구울 때나 소스를 만들 때에 쓰는 우유가 들어 있지 않는) 덩어리 초콜릿. **~schrift, die** 인쇄체: ein Formular in B. ausfüllen 서식에 인쇄체로 기입하다. **~signal, das** [철도] 구간 폐쇄 신호(기). **~staaten**〈Pl.〉동맹국. **~station, die** [고어] **~stelle. ~stelle, die** 폐쇄 신호소. **~stunde, die** 두시간 연속 수업. **~system, das 1.** [철도] (폐쇄 신호 방식에 의한) 안전 장치 체계. **2.** (정치나 경제력을) 블록으로 분할하는 제도. **~unterricht, der** 일정한 시간에 한 전공의 여러 분야를 순서대로 다루는 수업. **~wart, der** (나치) 나치당 쇠하 조직의 반장. **~werk, das** [철도] 구간 안전 검사소.

Blockade [blɔˈkaːdə], die; -n **1.** 봉쇄, 폐쇄: eine B. über ein Land verhängen 어떤 국가에 대해 봉쇄 조처를 내리다. **2.** [인쇄] (교정지에서 까맣게 보이는) 전도(顚倒) 활자. **Blockadebrecher, der** 봉쇄 돌파선(船).

blocken ['blɔkŋ̩]〈h〉**1.** [철도] (선로 구간을) 폐쇄하다. **2.** [사냥] ↑aufbloken. **3. a)** 막다, 저지하다. **b)** [권투] 상대의 주먹을 막다. **c)** [구기] 저지하다. **4.** (südd.) [마루 따위를] 밀납으로 닦다. **Blocker, der** -s, - [↑Bloch 참조]《südd.》마루 청소용 브러시.

blockieren [blɔˈkiːrən]〈h〉[frz. bloquer] **1.** 봉쇄하다, 폐쇄하다, 차단하다: einen Hafen b. 항구를 봉쇄하다. **2. a)** (통행을) 막다, 방해하다: die Strecke war durch Lawinen blockiert 그 구간은 눈사태로 통행이 안되었다; eine Menschenmenge blockierte den Eingang 군중이 출입구를 막고 있었다. **b)** (흐름을) 막다, 차단하다: den Verkehr b. 교통을 차단하다. **3.** (잠시 동안) 기능을 마비시키다: die Bremse blockiert die Räder 브레이크가 바퀴를 못 돌아가게 하다. **4.** 가동되지 않다, 고장나다: die Räder blockieren 바퀴들이 돌지 않는다. **5.** 방해하다, 저지하다, 교착 상태로 만들다: Verhandlungen b. 협상을 방해하다. **6.** [인쇄] 뒤집어 식자하다, 교정지에 까맣게 나오도록 표시하다. **Blockierung, die**; -en. 봉쇄, 차단, 저지, 방해, 고장, (교정지에 까맣게 나오도록) 뒤집어 식자하다.

blockig ['blɔkɪç]〈Adj.〉덩어리 모양의, 통나무 같은.

blöd [bløːt], **blöde** ['bløːdə]〈Adj.〉**1. a)** 우둔한, 정신 박약의: ein blödes Kind 저능한 아이. **b)** 《통용어》 어리석은, 둔한: sich blöd anstellen 어리석게 행동하다; blöde Gans! 어리석은 여자로군! **c)** 무모한, 무의미한: was für eine blöde Frage! 얼마나 어리석은 질문인가! **2.** 《통용어》 불쾌한, 화나는: eine blöde Sache 화나는 일. **3.** 《고어》 약시(弱視)의: seine blöden Augen konnten das nicht mehr lesen 약시인 그는 그것을 더 이상 읽을 수 없었다. **4.** 《고어》 수줍은, 부끄러워하는: ein blöder Knabe 수줍어하는 남자 아이. **Blödheit, die**; -en **1. a)** 〈Pl. 없음〉 우둔, 저능. **b)** 어리석은 언동. **2.**〈Pl. 없음〉《고어》약시. **3.**〈Pl. 없음〉《고어》수줍음, 부끄러움.

blöd-, Blöd-: **~hammel, der**《욕》바보. **~mann, der**《욕》바보: du B., nun agitier du mich nicht 너 이 어리석은 것아, 나를 선동하지 마라. **~sinn, der**〈Pl. 없음〉《통용어》어리석은 언동: hör doch auf mit diesem B.! 어리석은 짓 좀 그만해라!; **höherer B.** 1) 《농》무의미한 일, 넌센스. 2) 《통용어》(무의식적인) 아주 어리석은 언동. **~sinnig**〈Adj.〉**a)** 우둔한, 저능한: ein -es Kind 저능아. **b)** 《통용어》무의미한: ein -es Gerede 무의미한 잡담. **~sinnigkeit, die**; -en 《통용어》 1.〈Pl. 없음〉행동, 태도 등의 무의미성. **2.** 무의미한 행동[말].

blöde: ↑blöd. **Blödel** ['bløːdl̩], **der**; -s, - 《통용어·경》↑Blödian. **blödeln** ['bløːdl̩n]〈h〉(고의적으로) 어리석은 말을 지껄이다: sie blödeln schon den ganzen Abend 그들은 저녁 내내 어리석은 말을 하고 있다. **Blödelei** [bløːdəˈlaɪ], die; -en 어리석은 말[행동]하기. **blöderweise**〈Adv.〉《통용어》↑dummerweise. **Blödian** ['bløːdiaːn], **der**; -s, -e 《통용어·경》 어리석은 사람, 바보. **Blödigkeit, die**〈고어〉저능, 나약, 부끄러움, 수줍음. **Blödist** [bløˈdɪst], **der**; -en, -en (österr. · 준고어) 어리석은 자, 바보. **Blödling, der**; -s, -e 바보: Jeder B. geht aufs College 바보가 대학에 간다.

blöken ['bløːkn̩]〈h〉(소·양이) 울다: das Schaf blökt 양이 울다.

blond [blɔnt]〈Adj.〉**1. a)** (머리칼이) 금발색인: -e Locken 블론드색 고수머리. **b)** 금발의: ein -es Mädchen 금발의 아가씨. **2.** 《통용어》 연한 황금색의, 금갈색의, 연한: ein Brötchen aus B. 연한 금빛의 하드롤(작은 빵). **Blond, das;** -s 블론드색.

blond-, Blond-: **~gefärbt**〈Adj.〉블론드색으로 물들인: -es Haar 블론드색으로 염색한 머리. **~gelockt** 〈Adj.〉블론드 고수머리의. **~haar, das** (아이) 블론드 머리칼. **~haarig**〈Adj.〉블론드 머리칼의. **~kopf, der a)** 금발인 (친구) 블론드 머리의 아이. **~lockig** 〈Adj.〉블론드 고수머리의. **~schopf, der** ↑~kopf.

¹Blonde' ['blɔndə], das / die 《통용어》 보통 맥주, 베를린산 담황색 맥주. **²Blonde** ['blɔndə, blɔːd], die; -n 실크 레이스. **blondieren** [blɔnˈdiːrən]〈h〉금발로 염색하다. **Blondierung, die**; -en 금발로 염색하기. **Blondierungsmittel, das** 금발 염색제. **Blondine** [blɔnˈdiːnə], die; -n [frz. blondine] 금발 여인: er schwärmt nur für -n 그는 오로지 금발 여인들에게만 열광한다.

bloß [bloːs] **I.**〈Adj.〉**1.** 나체의, 벌거벗은: -e Arme (옷을 입지 않고) 드러낸 팔; er geht mit -em Kopf 그는 머리에 아무것도 쓰지 않고 간다; sie schliefen auf der -en Erde 그들은 맨바닥에서 잤다. **2.** 순전한, 오로지 그것만의, 다름아닌: -es Gerede 순전한 잡담; er kam mit dem -en Schrecken davon 그는 놀라기는 했어도 별다른 일은 없었다. **II. 1.**〈Adv.〉《통용어》단지, 오로지: das macht er b. um dich zu ärgern 그는 오로지 너를

화나게 하려고 그 짓을 한다; was soll ich b. machen? 내가 도대체 무엇을 해야 합니까? 2. ⟨Konj.⟩ ⟨다음의 용법으로⟩ nicht b. ..., sondern auch ... 무엇뿐만 아니라 ...도: sie hatten nicht b. den Ärger, sondern mußten sich auch noch auslachen lassen 그들은 성가신 일을 겪어야 할 뿐만 아니라 비웃음까지도 받아야 했다.

bloß-, Bloß-: **~decken,** sich ⟨h⟩ ⟨드물게⟩ 덮개를 벗기다, 이부자리를 걷어차다, 드러나다. **~füßig** ⟨Adj.⟩ ⟪준고어⟫ 맨발의. **~legung,** die; -en 발굴, 노출시키기, 폭로. **~legen** ⟨h⟩ 파내다, 들추어내다. **~liegen'** ⟨s⟩ 노출되어 있다, 명백히 드러나 있다: 전의 das Geheimnis lag nun bloß ⟨아이⟩ 그 비밀은 이제 백일하에 드러났다. **~stellen** ⟨h⟩ 누구의 약점을 노출시키다, 웃음거리로 만들다: einen Gegner in aller Öffentlichkeit b. 적수를 공공연하게 조롱하다; damit hast du dich bloßgestellt 그럼으로써 너는 웃음거리가 되었다. **~stellung,** die 약점 폭로, 노출시킴, 조롱, 웃음거리로 만듦. **~strampeln,** sich ⟨h⟩ 발버둥쳐서 이불을 걷어차다: das Baby hatte sich über Nacht bloßgestrampelt 아이가 밤 동안에 이불을 걷어찼었다.

Blöße ['blø:sə], die; -n 1. ⟨아이⟩ 벌거숭이, 노출: er hatte nichts, um seine B. zu bedecken 그는 알몸을 가릴 아무것도 없었다. 2. ⟨제혁⟩ ⟨털과 살을 제거한⟩ 무두질하기 전의 가죽. 3. 숲속의 공지. 4. ⟨펜싱⟩ 득점[공격]할 수 있는 부위: 전의 sich³ eine B. geben 약점을 보이다(드러내다); jmdm. eine B. bieten 누구에게 공격의 빌미를 제공하다.

Blouson [blu'zõ:], der / das; -(s), -s [frz. blouson] 잠바. **Blouson noir** [bluzõ'nɔaːʁ], der; - -, -s -s [bluzõ'nɔaʁɛ; frz.] [프랑스의] 검은 가죽잠바 차림의 불량배.

Blow-up ['blou-ʌp], das; -s, -s [engl. blow up] [사진·텔레비전] (화면의) 확대.

blubbern ['blubɐn] ⟨h⟩ ⟪의성어·통속어⟫ a) 부글부글 끓어오르다: der Brei blubbert und spritzt 죽이 부글부글 끓어오르며 튄다. b) (화가 나서) 중얼거리다. **Blubberwasser,** das ⟪통속어⟫ 탄산음료.

Blücher ['blyçɐ] [프러시아의 원수(元帥) Blücher(1742~1819)의 이름에 따라] ⟨다음의 용법으로⟩ **rangehen wie B.** ⟪통속어⟫ 주저없이(과단성 있게) 실행해 나가다.

Blueback ['blu:bæk], der; -s, -s [engl. blueback] [모피] 어린 바다표범의 청회색 모피. **Blue box** ['blu:ˈbɔks], die; -, -, -es [영화·텔레비전] 인공적 배경을 위한 시설[도구]. **Blue jeans** ['blu:dʒi:ns]; ⟨⟨engl.⟩⟩ 'blu:ˈdʒi:nz⟩ ⟨Pl.⟩ [engl.-amerik. blue jeans] 청바지. **Blue notes** ['blu:ˈnoʊts] ⟨Pl.⟩ [amerik. blue notes] 블루노트, 반음을 내린 제3음도 또는 제7음도(블루스에 특징적으로 나타나는 음). **Blues** [blu:s; ⟨engl.⟩ blu:z], der; -, - [amerik. blues] 1. a) 블루스(북 아메리카 흑인 민요). b) 블루스에서 유래한 재즈의 옛 형태. 2. 블루스(4/4 박자의 사교춤).

Bluff [blʊf, ⟨준고어⟩ blœf], der; -s, -s [engl. bluff] ⟪캠⟫ 속임수, 기만, 허장 성세: das ist alles nur B. 그것은 엄포일 뿐이다. **bluffen** ['blʊfn, 'blœfn] ⟨h⟩ [engl. bluff < niederl. bluffen] ⟪캠⟫ 기만하다: ⟨끝말이 높은 척하다⟩ 허세를 부리다: sich nicht b. lassen 허세를 부리는 속임수에 넘어가지 않다.

blühen ['bly:ən] ⟨h⟩ 1. 꽃이 피다, 피어 있다: die Rosen blühen 장미꽃이 피었다; überall blüht und grünt es 사방 곳곳에 꽃이 피고 파란 싹이 난다; eine Pflanze zum Blühen bringen 식물을 꽃 피게 하다; 전의 sie blüht wie eine Rose 그녀는 장미꽃처럼 활짝 피어난다. 2. ⟨통속⟩ (번영)하다: der Handel blüht 장사가 잘 된다. 3. ⟨통속⟩ (좋지 않은 일이) 일어나다: das kann dir auch noch b.! 너에게도 그런 일이 닥칠 수 있다니! **blühend** ⟨Adj.⟩ 1. 젊고 생기 발랄한: sie starb im -en Alter von zwanzig Jahren 그녀는 20세의 한창 나이에 죽었다. 2. 과장된, 터무니없는: eine -e Phantasie haben 터무니 없는 공상을 하다. **Blühet** ['bly:ət], die ⟨schweiz.⟩ 개화(開花)기. **blühwillig** ⟨Adj.⟩ 꽃이 잘 피는. **Blühwilligkeit,** die 개화 가능성, 꽃을 피울 수 있음.

Blümchen ['bly:mçən], das; -s, - ↑Blume. **Blümchenkaffee,** der [커피가 연해서 찻잔 밑바닥의 꽃 무늬를 볼 수 있을 정도인⟨아이⟩] ⟪통속어·sächsisch.·농⟫ 아주 연한 커피. **Blume** ['blu:mə], die; -n 1. ⟨축소형: ↑ Blümchen⟩ **a)** 화초: die -n gedeihen hier nicht 화초가 여기서는 잘 자라지 않는다. **b)** (화초의) 꽃: frische [verwelkte] -n 신선한[시든] 꽃; die blaue B. 푸른 꽃 (낭만주의 문학의 동경의 상징); die -n halten lange 꽃이 오래 가다. jmdm. -n überreichen⟨senden⟩ 누구에게 꽃을 선사하다[보내다]; 성구 vielen Dank für die -n (반어) 칭찬은 주셔서 아주 감사합니다; etw. durch die B. sagen 좋은 말로 완곡하게 말하다, 슬쩍 암시하다. 2. a) (포도주의) 방향(芳香); die B. des Weines 포도주의 향기. b) (맥주잔의) 거품. 3. [사냥] (토끼의) 꼬리: wenn er davonspringt, zeigt der Hase seine weiße B. 토끼는 달아날 때 흰 꼬리가 보인다.

blumen-, Blumen- [Blume (1)]: **~arrangement,** das 꽃장식: das Hochzeitsauto mit einem B. schmücken 결혼식의 차에 꽃장식을 달다. **~asch,** der (ostmd.) ↑~topf. **~beet,** das 화단. **~binder,** der 화환 만드는 사람. **~binderin,** die ↑~binder의 여성형. **~blatt,** das ⟨고어⟩ **~brett,** das 화분의 꽃받침. **~bukett,** das ⟨고어⟩ ↑~strauß. **~draht,** der 꽃다발 묶는 (초록색의) 얇은 철사. **~dünger,** der 화초 비료. **~erde,** die (화초 재배용) 혼합토. **~fenster,** das 화분을 놓을 수 있는 창. **~flor,** der ⟨아이⟩ 만발(滿發)한 꽃, 수많은 꽃. **~frau,** die (거리의 판매대에서) 꽃 파는 여자. **~freund,** der 화초 애호가. **~fülle,** die 수많은 꽃, 만발한 꽃. **~garten,** der 화원. **~geschäft,** das 꽃가게. **~geschmückt** ⟨Adj.⟩ 꽃으로 장식된: das -e Grab 꽃으로 장식된 무덤. **~gewinde,** das ⟨아이⟩ 화환, 꽃장식. **~gruß,** der 꽃 인사로 전하는 꽃. **~kasten,** der 네모난 상자 모양의 화분. **~kind,** das ↑Hippie. **~kohl,** der 콜리플라워, 꽃양배추. **~kohlohr,** das (권투 은어) (권투에서 많이 맞아 꽃양배추처럼) 찌부러진 귀. **~kohlröschen,** das 콜리플라워의 (장미꽃 같은) 작은 부분. **~korb,** der 꽃바구니. **~kranz,** der 화환, 화관. **~kübel,** der 큰 꽃통. **~laden,** der ↑~geschäft. **~malerei,** die 꽃(을 그린) 그림. **~muster,** das 꽃무늬. **~pracht,** die 수많은 꽃의 화려함. **~rabatte,** die 장식용 화단. **~ranke,** die 꽃덩굴. **~reich** ⟨Adj.⟩ 1. 꽃이 많은: ein -er Garten 꽃이 많은 정원. 2. 미사 여구가 많은: eine -e Sprache [Redeweise] 미사 여구가 많은 언어[어법]. **~rohr,** das [식물] 칸나. **~samen,** der 꽃씨. **~schale,** die 꽃의 수반(水盤). **~schere,** die 꽃 자르는 가위. **~schmuck,** der 꽃장식. **~sprache,** die 꽃말. **~stand,** der 꽃 파는 노점, 꽃 가판대. **~ständer,** der 화분을 놓는 대(臺). **~stengel,** der 꽃꼭지, 화경(花梗). **~stiel,** der 꽃자루, 화병(花柄). **~stock,** der 화분에 심은 꽃, 분재(盆栽). **~strauß,** der 꽃다발, 꽃묶음. **~stück,** das [회화] 꽃그림. **~teppich,** der [가] 양탄자처럼 많이 깔려 있는 꽃. **~tiere** ⟨Pl.⟩ 화충류(花蟲類), 산호충류. **~topf,** der 꽃 분재. 성구 damit kannst du keinen B. gewinnen 그것으로는 아무것도 달성할 수 없다. **~vase,** die 화분. **~verkäuferin,** die 꽃 파는 여자, 꽃 재배자. **~zwiebel,** die 화초의 구경(球莖).

blumenhaft ⟨Adj.⟩ ⟪시어⟫ 꽃 같은: sie ist von -er

Anmut 그녀는 꽃같이 우아하다.
blümerant [blymə'rant] 〈Adj.〉 [frz. bleu mourant] 《통용어》창백한, 안색이 좋지 않은, 현기증이 나는: ein -es Gefühl 좋지 않은 기분.
blumig ['blu:mɪç] 〈Adj.〉 **1.** 화려한, 미사 여구의. **2.** 꽃향기의: ein -es Parfüm 꽃향기 나는 향수. **3.** (포도주의) 향이 있는: -e Weine 향내 나는 포도주. **Blumigkeit**, die ↑blumig의 명사형.
Blunze ['blʊntsə], die; -n, **Blunzen** ['blʊntsn̩], die (bayr., österr.) **1.** 피순대: **das ist mir Blunzen** (경) 그것은 내겐 아무래도 좋다. **2.** 《통용어·편》뚱뚱해서 거동이 불편한 여자: so eine alte B.! 그런 뚱뚱한 노파라니!
Blüschen ['bly:sçən], das; -s, - ↑Bluse. **Bluse** ['blu:zə], die; -n 《축소형》: ↑Blüschen [frz. blouse] **1.** 블라우스: eine B. zum Rock tragen 스커트에 블라우스를 입다; eine pralle B. haben 《청소년》가슴이 팽팽하다. **2.** 《청소년》아가씨: er kam mit einer heißen B. zur Party 그는 근사한 아가씨와 파티에 왔다.
Blüse ['bly:zə], die; -n [niederd. blüse] 〔선원〕 불빛 신호, 등대.
blusen [bluzn̩] (h) 《재봉》(옷이) 허리 위로 느슨히 처지다. **blusenartig** 〈Adj.〉 블라우스 같은. **blusig** ['blu:zɪç] 〈Adj.〉 ↑blusenartig 참조.
Blust [blu:st, (또한) blʊst], der (또는) das; -(e)s (südd., schweiz.) 꽃, 봉오리, 만발.
Blut [blu:t], das; -(e)s 피, 혈액: rotes [unreines] B. 붉은 [불순한] 피; das B. fließt aus der Wunde 피가 상처에서 흘러 나오다; viel B. wurde vergossen 《아이》많은 사람이 전쟁에서 죽었다. B. spenden 헌혈하다; die B. stillen 지혈하다; die Bande des -es 가까운 혈연; der Verletzte lag in seinem B. 부상자가 피를 흘리며 누워 있었다; sein Hemd war mit B. getränkt 그의 상의는 온통 피투성이었다; ihm kocht das B. in den Adern 그는 몹시 화가 나 있다; dem Unternehmen muß frisches B. zugeführt werden 《아이》그 사업에는 새로운 인원이 필요하다; heißes [feuriges] B. haben 다혈질이다; adliges B. haben 귀족 출신이다; **ein junges B.** 《시어》젊은 사람; **an jmds. Händen klebt B.** 《아이》누가 살인자이다; **blaues B. in den Adern haben** 귀족 출신이다(북부 스페인의 귀족들이 푸른 정맥이 드러나 보이는 흰 피부를 하고 있는 데에서); **kaltes B. bewahren** 자제하다, 냉정을 유지하다; etw. **schafft** [**macht**] **böses B.** 무엇이 불만 [적개심]을 불러 일으키다; **B. und Wasser schwitzen** 《통용어》1) 매우 불안해 하다. 2) 극도로 [지나치게] 애를 쓰다; bei dieser Arbeit habe ich B. und Wasser geschwitzt 이 일에 나는 무척이나 애를 썼다; **B. geleckt haben** 《통용어》…에 맛을 들이다, 재미를 느껴 포기하려 하지 (**nur**) **ruhig B.!** 《통용어》흥분하지 말아라(좀 진정해요); **jmdn. bis aufs B. quälen** [**peinigen**] 누구를 극도로 괴롭히다; **etw. liegt jmdm. im B.** 무엇에 대해 천부적 재능이 있다; **im B.** [**in jmds. B.**] **waten** 《아이》대학살을 자행하다; **etw. in** (**jmds.**) **B. ersticken** 《아이》무엇을 잔인하게 탄압하다; **etw. mit seinem B. besiegeln** 《시어》무엇을 위해 죽다; **nach B. lechzen** [**dürsten**] 《아이》복수심에 불타다.

blut-, Blut-: ~ader, die 정맥. ~algen 〈Pl.〉홍조(紅藻). ~alkohol, der 혈중 알코올(농도). ~alkoholbestimmung, die 혈중 알코올량 측정. ~alkoholgehalt, der 혈중 알코올 함유(량). ~andrang, der 충혈. ~ansammlung, die 피가 모임. ~apfelsine, die ↑~orange. ¹~arm 〈Adj.〉 빈혈의. ²~arm 〈Adj.〉《통용어·감정 강조》찢어지게 가난한, 철빈한.
~armut, die 빈혈. ~auffrischung, die 〔사육〕품종 개량. ~ausstrich, der 〔의학〕혈액 채취. ~austausch, der 〔의학〕혈액 교환. ~bad, das 살육, 학살: ein B. anrichten 학살을 자행하다. ~bahn, die 혈액 순환로. ~bank, die 〈Pl. -banken〉〔의학〕혈액 은행. ~bann, der 《중세》형사 재판권. ~befleckt 〈Adj.〉 피로 얼룩진[물든], 피투성이의: -e Hände 피로 물든 손. ~beimengung, die 혈액 혼합. ~beschmiert 〈Adj.〉피 철갑이 된: die -e Tatwaffe 피로 물든 범행 도구. ~beule, die 혈종(血腫). ~bild, das 〔의학〕혈액상(像). ~bildend 〈Adj.〉조혈의, 조혈력이 있는. ~bildung, die 조혈. ~blase, die 혈포(血疱). ~brechen, das 피를 토함, 토혈(吐血). ~buche, die 잎이 빨간 너도밤나무. ~druck, der 〈Pl. 없음〉〔의학〕혈압: hohen [niedrigen] B. haben 고혈압[저혈압]이다. ~druckmessung, die 〔의학〕혈압 측정. ~drucksenkend 〈Adj.〉혈압을 낮추는: -e Mittel 혈압을 낮추는 약. ~durst, der 《아이》피에 굶주림, 살인욕. ~dürstig 〈Adj.〉《아이》피에 굶주린. ~egel, der 거머리. ~egelbehandlung, die (정맥염 등에) 거머리를 이용하는 치료법. ~entnahme, die 〔의학〕혈액 채취, 채혈. ~erbrechen, das ↑~brechen. ~erguß, der 〔의학〕혈액 침출(浸出), 일혈(溢血). ~ersatz, der 〔의학〕혈액 대용제. ~fahne, die **1.** 《중세》붉은 기(사형 선고시 사용되는). **2.** 《나치》나치스당의 철십자기. ~farbstoff, der 〔의학〕혈색소. ~faserstoff, der 〔의학〕혈액 섬유소. ~fehde, die 《역사적》살인 때문에 생긴 두 종족간의 싸움, 골육 상쟁. ~fleck(en), der 핏자국: -e(n) (aus der Kleidung) auswaschen 《의복》 핏자국을 지우다. ~flüssigkeit, die ↑~plasma. ~gefäß, das 〔의학〕혈관: ein Medikament zur Erweiterung der -e 혈관 확장제. ~gefäßsystem, das 혈관 계통. ~gefäßverstopfung, die 혈관 응축, 혈관 전색증, 혈전증. ~geld, das 《역사적》**1.** 살인 배상금. **2.** 살인범에 대한 현상금. ~gerichtsbarkeit, die 《중세》(왕의) 재판권, (왕에게서 위임 받은 사람의) 재판권. ~gerinnsel, das 응혈, 혈전. ~gerinnung, die 〔의학〕혈액 응고. ~gerüst, das 《아이》단두대. ~geschwür, das 《민속적》부스럼, 절양(癤瘍). ~getränkt 〈Adj.〉피에 젖은, 피로 물든. ~gier, die ↑~durst. ~gierig 〈Adj.〉 ↑~dürstig. ~gruppe, die 〔의학〕혈액형: jmds. B. feststellen 누구의 혈액형을 확인하다: **das ist meine B.** 《통용어》그것은 내 취향에 맞는다. ~gruppenbestimmung, die 혈액형 검사. ~gruppenuntersuchung, die (친자 확인) 혈액형 검사. ~harnen, das; -s 〔의학〕혈뇨증. ~hochdruck, der 〔의학〕고혈압. ~hund, der 《아이》후각이 예민한 영국종 사냥개: 〔전의〕 er ist ein B. 그는 잔학한 인간이다. ~husten, der 객혈, 각혈. ~jung 〈Adj.〉《감정》새파랗게 젊은. ~konserve, die 〔의학〕저장 혈액. ~konservierung, die 〔의학〕혈액 저장. ~körperchen, das 혈구(血球): 《다음 용법으로》**rotes B., weißes B.** 적혈구, 백혈구. ~körperchensenkungsgeschwindigkeit, die 적혈구 침강 속도, 혈침(血沈). ~krebs, der 백혈병(↑Leukämie). ~kreislauf, der 〔의학〕혈액 순환. ~kuchen, der 〔의학〕혈병(血餠), 피떡. ~lache, die 피바다. ~laus, die 과일 나무진디. ~lebendig 〈Adj.〉 (österr.) 혈기 왕성한, 민첩한, 매우 생기 있는. ~leer 〈Adj.〉빈혈의, 핏기없는: ihr Gesicht war b. 그녀의 얼굴은 창백했다; 〔전의〕 ein Roman 감동을 주지 못하는 소설. ~leere, die 빈혈. ~mangel, der 빈혈(증). ~mäßig 〈Adv.〉 ↑blutsmäßig. ~menge, die 혈액량. ~opfer, das 《아이》 **a)** 피의 희생: sie hatten viele B. zu bringen 그들은 많은 희생을 치뤄야 했다. **b)** 희생자, 전사자. ~orange, die 과육이 붉은 오

렌지. ~**pfropf**, der 《민속적》 혈전(血栓). ~**plasma**, das [의학] 혈장(血漿). ~**plättchen**, das [의학] 혈소판(血小板). ~**probe**, die [의학] a) (알코올 함량 측정을 위한) 채혈: sich einer B. unterziehen 채혈에 응하다. b) (알코올 함량 측정) 혈액검사. ~**rache**, die 혈족간의 복수. ~**rächer**, der 혈족에 대한 복수를 하는 사람. ~**rausch**, der 살의, 살기. ~**reich** 〈Adj.〉 다혈(多血)의, 혈액이 많은. ~**reinigend** 〈Adj.〉 피를 맑게 하는, 정혈 작용이 있는. ~**reinigung**, die 정혈(淨血). ~**reinigungskur**, die 정혈 치료. ~**reinigungstee**, der 정혈 작용이 있는 차. ~**rot** 〈Adj.〉 혈홍색(血紅色)의, 새빨간. ~**rünstig** [-rʏnstɪç] 〈Adj.〉 [mhd. bluotruns(ic)] a) ↑~dürstig: ein -er Tyrann 잔인한 독재자. b) 피비린내 나는: -e Geschichten 피비린내 나는 이야기. ~**sauger**, der 1. [동물] 흡혈 동물. 2. ↑Vampir. 3.《멸》고혈을 짜는 자, 착취자, 고리 대금업자. ~**saugerei**, die 착취, 주구(誅求). ~**schande**, die a) 근친 상간. b) (나치) 타(他)종족 상간. ~**schänder**, der 근친 상간자, 타종족 상간자. ~**schänderisch** 〈Adj.〉 근친 상간의. ~**schuld**, die 《아어》 살인죄: eine B. auf sich laden 살인죄를 범하다. ~**schwamm**, der ↑Adergeschwulst. ~**schwitzen**, das 피땀의 분비. ~**see**, der (홍조 때문에) 붉게 보이는 바다. ~**senkung**, die [의학] a) 혈침 채혈. b) 혈침 검사. ~**serum**, das [의학] 혈청. ~**speien**, das; -s《아어》↑~husten. ~**spende**, die 급혈, 헌혈. ~**spendedienst**, der 헌혈 봉사 기관. ~**spender**, der 헌혈자. ~**spendezentrale**, die ↑~spendedienst. ~**spucken**, das; -s ↑~husten. ~**spur**, die 핏자국, 혈흔. ~**status**, der [의학] 혈액상, 혈액 소견. ~**stauung**, die 울혈. ~**stillend** 〈Adj.〉 지혈의, 지혈 작용이 있는: -e Mittel 지혈제. ~**stillung**, die 지혈. ~**strahl**, der 분출하는 피. ~**strom**, der 피의 흐름. ~**stuhl**, der 피똥, 혈변. ~**sturz**, der a) 대출혈. b) 《민속적》대토혈, 대객혈. ~**tat**, die《아어》살인: eine B. begehen 살인하다. ~**taufe**, die 1. (고대 비교(秘教)의) 황소 제물 (의식). 2. 피의 세례. ~**transfusion**, die [의학] 수혈. ~**triefend** 〈Adj.〉 피가 (뚝뚝) 떨어지는: 전의 -e Hände 살인자의 손. ~**überströmt** 〈Adj.〉 피투성이의. ~**übertragung**, die ↑~transfusion. ~**unterlaufen** 〈Adj.〉 피 멍든, 빨갛게 된, 빨긋이 선. ~**untersuchung**, die [의학] 혈액[피] 검사. ~**vergießen**, das; -s《아어》살육, 유혈: unnötiges B. vermeiden 불필요한 유혈을 피하다. ~**vergiftung**, die 패혈증(敗血症), 독혈증, 농혈증(膿毒症). ~**verlust**, der 실혈(失血), 출혈. ~**verschmiert** 〈Adj.〉 피로 얼룩진: die Kleider des Toten waren b. 죽은 사람의 옷이 피로 얼룩져 있었다. ~**voll** 〈Adj.〉 생생한, 활기에 넘치는. ~**wallung**, die 충혈, 울혈. ~**wäsche**, die [의학] 혈액 투석(透析). ~**wasser**, das ↑~serum. ~**wenig** 〈Adv.〉《통용어》극히 적은: sie haben sich b. um ihn gekümmert 그녀가 그를 전혀 돌보지 않았다 해도 과언이 아니다. ~**wunder**, das 『기』 피의 현현(顯現), 피의 기적. ~**wurst**, die 피를 넣은 소시지(순대). ~**zelle**, die [의학] 혈구. ~**zeuge**, der 《아어》 순교자. ~**zirkulation**, die ↑~kreislauf. ~**zoll**, der 《아어》피의 대가: der Straßenverkehr fordert einen jährlichen B. von mehr als 15,000 Toten 도로상의 교통 사고로 매년 15,000명 이상이 사망한다. ~**zucker**, der [의학] 혈당. ~**zuckerspiegel**, der 혈당치. ~**zufuhr**, die 혈액 공급.

Blüte ['blyːtə], die; -n [mhd. blüete] 1. 꽃: [생물] 남매화의 여성과 남성의 수꽃과 암꽃; der Baum ist voller -n 그 나무는 꽃이 만발해 있다; etw. treibt wunderliche -n 무엇이 기이한 형태를 지니다. 2. 개화, 만발, 성화기(盛花期): die Bäume stehen in voller B. 나무들의 꽃이 만발했다; 전의 er starb in der B. seiner Jahre 《아어》 그는 한창 젊은 나이에 죽었다. 3. 《아어》 전성(기), 번영(기): die Kunst erreichte damals eine hohe B. 예술은 그 당시 전성기에 이르렀다. 4. 《통용어》 위조 지폐: -n drucken 위조 지폐를 찍어내다. 5. 《통용어》 발진, 여드름. 6. 《통용어·멸》 무능한 자, 무용지물.

bluten ['bluːtn̩] 〈h〉 [mhd. bluoten, ahd. bluotēn] 1. 출혈하다: eine stark blutende Wunde 심한 상처; 전의 der Baum blutet 나무가 수지(樹脂)를 낸다. 2. 《통용어》(금전상의) 심한 손해를 보다: für dieses Unternehmen hat er schwer geblutet 이 사업으로 그는 막대한 손해를 보았다.

blüten-, Blüten-: ~**blatt**, das 꽃잎. ~**boden**, der 화탁(花托), 화상(花床). ~**dolde**, die 산형화(서). ~**flor**, der《아어》만발, 만개. ~**honig**, der 꽃의 꿀, 화밀(花蜜). ~**hülle**, die [식물] 화개(花蓋), 총포(總苞). ~**kelch**, der [식물] 꽃받침. ~**knospe**, die 꽃봉오리. ~**lese**, die 명시선, 명구집, 사화집. ~**los** 〈Adj.〉 꽃이 없는, 꽃이 피지 않는: -e Pflanzen 민꽃 식물, 은화 식물. ~**öl**, das 《꽃에서 채취한》 향유. ~**pflanze**, die [식물] 종자식물, 현화 식물. ~**reich** 〈Adj.〉 꽃이 많은: eine -e Pflanze 꽃이 많은 식물. ~**stand**, der [식물] 화서(花序): einfache[zusammengesetzte] Blütenstände 단일[복합] 화서. ~**staub**, der [식물] 화분(花粉), 꽃가루. ~**traube**, die 《식물》 총상화서(總狀花序). ~**traum** 《다음 용법으로만》 nicht alle Blütenträume reifen 《아어》 꿈은 다 이루어지는 것은 아니다. ~**weiß** 〈Adj.〉 새하얀. ~**zweig**, der 꽃가지.

Bluter ['bluːtɐ], der; -s, - [의학] 혈우병 환자, 출혈성 환자. **Bluterguß**, der (血塊), 내출혈. **Bluterkrankheit**, die [의학] 혈우병.

Blütezeit, die; -en 1. 꽃 피는 시기, 꽃철. 2. 한창 때, 전성기.

blutig ['bluːtɪç] 〈Adj.〉 [mhd. bluotec, ahd. bluotag] 1. a) 피묻은, 피투성이의, 피가 나는: sein Anzug war b. 그의 옷은 피투성이였다. b) 유혈의, 잔학한: die Unterdrückung des Aufstandes 폭동의 유혈 진압. 2. 〈정서적 강조〉 굉장한, 지독한, 대단한: ein -er Anfänger 신출내기. **-blütig** [-blyːtɪç] 《다음의 복합어로, 예컨대》 einblütig 단화(單花)의.

-blütler [-blyːtlɐ] [식물] 《다음의 복합어로, 예컨대》 Lippenblütler 순형과(脣形科), 꿀풀과(科).

bluts-, Bluts-: ~**bande** 〈Pl.〉《아어》 혈연간의 유대. ~**bruder**, der 맹우. ~**brüderschaft**, die 혈맹 (관계), 혈맹의 우정. ~**freund**, der ↑~bruder. ~**mäßig** 〈Adj.〉 혈족의: eine -e Verbundenheit 혈연, 혈족 관계. ~**tropfen**, der 핏방울: 전의 die Stellung bis zum letzten B. verteidigen 진지를 최후의 한 사람까지 방어하다. ~**verwandt** 〈Adj.〉 근친의, 육친의, 혈족의. ~**verwandte**, der / die 근친, 육친, 혈연자. ~**verwandtschaft**, die 혈연, 혈족 관계.

blutt [blʊt] 〈Adj.: blütter〉 [mhd. blut] (schweiz.) 1. 알몸의, 벌거벗은, 아무것도 없는: 전의 einen Enzian auf -en Magen nehmen 빈 속에 용담(龍膽) 브랜디를 마시다. 2. 유일한. 단 하나의: sie hatte schon lange keinen -en Tausendfrankenschein mehr gesehen 그녀는 이미 오랫동안 천 프랑짜리 지폐 단 한 장도 보지 못했다.

Blut-und-Boden-Dichtung, die 《멸》(민족 사회주의의) 피와 흙의 문학.

Blutung, die; -en a) 출혈, 유혈: innere[äußere] -en 내[외]출혈. b) 월경.

BLZ = Bankleitzahl 은행 코드 번호.

b-Moll [ˈbeː, (또한) '-'-], das, - 〈Pl. 없음〉 내림나 단조(기호: b)/↑b, B 2 참조). **b-Moll-Etüde,** die 내림나 단조 연습곡. **b-Moll-Tonleiter,** die 내림나 단조 음계.

Bö [bøː], die; -en [niederd. bui, buy, böi] 돌풍: ~en beim Segeln ausnutzen 범선의 항행에서 돌풍을 최대한으로 이용하다.

Boa [ˈboːa], die; -s [lat. boa] **1.** 보아, 왕뱀. **2.** ↑ Federboa, Pelzboa의 약칭.

Boardinghouse [ˈbɔːdɪŋhaʊs], das; -, -s [engl. boardinghouse] 하숙집, 기숙사, 여관. **Boardingschool** [-skuːl], die; -s [engl. boardingschool] 〈영국의〉 기숙학교.

Bob [bɔp], der; -s, -s 봅슬레이(경주용의 2~4인승 썰매).

Bob-: ~**bahn,** die 봅슬레이의 코스. ~**fahrer,** der 봅슬레이 타는 사람. ~**rennen,** das 봅슬레이 경주. ~**sleigh** [ˈbɔpsleɪ], der; -s, -s [amerik. bobsleigh] ↑Bob. ~**sport,** der 봅슬레이 스포츠. ~**sportler,** der 봅슬레이 선수.

bobben [ˈbɔpn̩] 〈h〉 [engl. to bob] 〔스포츠〕 〔봅슬레이를 탈 때〕 상체를 앞뒤로 흔들어 속력을 내다.

Bobby [ˈbɔbi], der; -s, -s u. Bobbies [engl. bobby; 영국의 경찰 제도를 개혁한 Robert (Bobby) Peel 경의 이름에서] 경찰관(영어의 속칭).

Bober [ˈboːbɐ], der; -s, - [niederd. boben, baben] 〔수리·해양〕 부표(浮標).

Bobtail [ˈbɔpteɪl], der; -s, -s [engl. bobtail] 영국산 목양견(牧羊犬).

Boccia [ˈbɔtʃa], das/die; - [ital. boccia] 이탈리아 구기의 일종.

Boche [bɔʃ], der; -, - [frz. boche] 독일놈(독일 사람에 대한 프랑스 사람의 욕설).

¹**Bock** [bɔk], der; -(e)s, Böcke [ˈbœkə; mhd. ahd. boc] **1.** 〔축소형: ↑Böckchen〕 〔젖먹이 동물의〕 수컷: ein störrischer B. 고집 센 숫염소; steif wie ein B. sein 〈통용어〉 무뚝뚝하기가 화소 같다; 〖성구〗 jetzt ist der B. fett 〈통용어〉 이제는 충분하다; **jmdn. stößt der B.** 〈친근〉 홀쩍이며 떼쓰다. **2)** 완고하다, 고집 세다; **etw. aus dem B. tun** 〈경〉 무엇을 그저 재미삼아 하다; **einen B. schießen** 〈통용어〉 실수하다; **den B. zum Gärtner machen** 〈통용어〉 남자에 계집 생선가게 맡기기; **die Böcke von den Schafen trennen** 양과 염소를 구별하다(선한 자와 악한 자를 구별하다); **einen B. haben** 〈친근〉 고집이 세다. **2.** 〔남자에 대한 욕설〕 so ein geiler B.! 저런 호색한 같으니! **3. a)** 받침대, 수리대. **b)** 서류 선반. **c)** 뜀틀, 목마: (über den) B. springen 뜀틀넘기를 하다. **4.** 마부석.

²**Bock** [-] ↑ Bockbier의 약칭.

bock-, Bock- (¹Bock): ~**beinig** 〈Adj.〉 〈통용어〉 고집 센, 반항적인, 완고한: er wird leicht b. 그는 곧잘 고집을 부린다. ~**beinigkeit,** die 〈Pl. 없음〉 ~beinig의 명사형. ~**huf,** der 기형적인 말발굽. ~**käfer,** der 하늘소. ~**kalb,** das 〔사냥〕 숫염소. (사슴·노루의) 어린 수컷. ~**kitz,** das 〔사냥〕 〔영양·야생산양·노루 등의〕 어린 수컷(반대: Geißkitz). ~**leiter,** die 〔접어 개는〕 양각(兩脚) 사다리. ~**mist,** der 〈경〉 어리석은 소리〔짓〕, 허튼(객쩍은) 소리, 넌센스. ~**mühle,** die 받침이 있는 풍차. ~**springen,** das; -s 〔체조〕 뜀틀넘기. ~**sprung,** das **1.** 〔체조〕 뜀틀넘기, 등넘기. **2.** 우스꽝스러운 도약, 장난삼아 뛰기. ~**steif** 〈Adj.〉 〈통용어〉 딱딱한, 뻣뻣한. ~**windmühle,** die ↑ ~mühle.

Bockbier, das; -s 〔홉맥주로 유명한 도시 Einbeck에서〕 독한 맥주.

Böckchen [ˈbœkçən], das; -s, - ↑Bock (1). **böckeln** [ˈbœkl̩n] 〈h〉 [frühnhd. böckelen, bockenzen] 〈지역적〉 염소(양 따위)의 냄새가 나다. **bocken** [ˈbɔkn̩] 〈h〉 [mhd. bocken] **1.** (말이) 우뚝 서다, 가지 않다, 뒷다리로 서다; 〖전의〗 das Auto bockt 〈통용어〉 자동차가 움직이지 않는다. **2.** 〈친근〉 고집부리다, 반항하다. **3.** 〈농업〉 〔양, 염소 따위가〕 발정하다, 암내내다. **4.** 〈속어〉 성교하다. **5.** 〈b. + sich〉 〈지역적〉 지루하다: bei dem Vortrag bockte er sich furchtbar 강연도중 그는 매우 지루했다. **Bocker,** das; -s, -(n) 〈österr. · 방언〉 솔방울. **Bockerl** [ˈbɔkɐl], das; -s, -(n) 〈österr. · 방언〉 솔방울. **bockig** [ˈbɔkɪç] 〈Adj.〉 **a)** 고집센, 완고한, 반항적인, 무뚝뚝한. **b)** 〈지역적〉 지루한. **Bockigkeit,** die ↑ bockig의 명사형.

Bocks-: ~**bart,** der **1.** 염소의 수염. **2.** 〔식물〕 선모(仙茅). ~**beutel,** der 〔염소의 음낭과 비슷한 것에서 유래〕 **a)** (배가 불룩한) 프랑켄 포도주병. **b)** 〈Pl. 없음〉 프랑켄산의 고급 포도주. ~**dorn,** der 〔식물〕 구기자 나무. ~**fuß,** der 〔동물〕 염소발. ~**gesicht,** das 염소 얼굴. ~**horn,** das **1.** 염소뿔. **2.** sich ins B. jagen lassen 〈통용어〉 놀라다, 겁먹다, 당황하다. ~**hornklee,** der 〔식물〕 호로파(葫蘆巴)(콩과 식물).

Böckser [ˈbœksɐ], der; -s, - [böcksern] 〔포도〕 새 포도주에서 나는 썩은 냄새와 맛.

Bockwurst, die; -würste 대친 작고 굵은 소시지.

Bodden [ˈbɔdn̩], der; -s, - [aus dem Niederd.] 얕은 만(灣), 얕은 후미. **Boddenküste,** die 얕은 만으로 이루어진 해안.

Bodega [boˈdeːga], die; -s [span. bodega] **a)** 포도주 창고. **b)** 술집, 주점.

Boden [ˈboːdn̩], der; -s, Böden [ˈbøːdn̩; mhd. bodem, ahd. bodam] **1.** 땅, 대지, 지면, 지반, 지표, 토지, 경작지, 토양: jungfräulicher B. 미개간지; die Schiffbrüchigen waren froh, wieder B. unter den Füßen zu haben 난파선의 승객들은 다시 육지에 오르게 되어 기뻤다; den B. für jmdn. (etw.) vorbereiten 누구[무엇]에게 유리한 조건을 마련해 주다; **auf fruchtbaren B. fallen** 옥토에 떨어지다 (마태복음 13장 8절, 마가복음 4장 8절). **etw. aus dem B. stampfen(können)** 무엇을 무에서 만들어 낼 수 있다; **wie aus dem B. gestampft(gewachsen)** 땅에서 솟은 듯이, 돌연. **2.** 바닥: ein betonierter B. 시멘트 바닥; in ihrer Wohnung könnte man vom B. essen 그녀의 집안은 매우 깨끗하다; die Augen zu B. schlagen 눈을 내리 깔다; zu B. gehen 〔특히 권투〕 폭 주저앉다; 〖전의〗 sich mit einer Unternehmung auf schwankenden B. begeben 불안전한 사업에 손을 대다; **jmdm. wird der B. (unter den Füßen) zu heiß** (jmdm. brennt der B. unter den Füßen) 〈통용어〉 누구의 처지가 위험해지다; **festen B. unter den Füßen haben** 경제적 기반이 든든하다; **jmdm. den B. unter den Füßen wegziehen** 누구의 생활 토대를 빼앗다; **einer Sache den B. entziehen** 어떤 일의 토대를 잃게 하다; **den B. unter den Füßen verlieren** 생존의 기반을 잃다; **etw. am B. zerstören** 〈통용어〉 무엇을 완전히 파괴하다; **jmdn. am B. zerstören** 누구를 심하게 매도하다; **am B. zerstört sein** 〈통용어〉 기진맥진하다; **jmdn. zu B. drücken** 누구에게 무거운 짐을 지우다; **jmdn. zu B. strecken** (아이) 누구를 때려 눕히다. **3.** 〈Pl. 없음〉 기반, 기초, 근거, 입각지: sich auf schwankendem(unsicherem) B. bewegen 확실한 기반이 없다. **4.** 〈Pl. 없음〉 지역, 영역: **B. gutmachen(wettmachen)** 〈통용어〉 만회하다; **(an) B. gewinnen** 보급되다, 세력을 확장하다; **(an) B. verlieren** 힘〔영향력〕을 잃다. **5.** 바닥: der B. des Meeres 해저(海底); der B. des Topfes 냄비 바닥; 〖전의〗 eine Moral mit doppeltem B. 표리부동한 도덕, 이중 윤리.

6. 다락방(창고).

boden-, Boden-: ~abwehr, die [군] 지대공(地對空) 방위. ~akrobat, der 지상 곡예사. ~analyse, die 토양(土質) 분석. ~artistik, die 지상 곡예. ~ball, der [축구] 땅볼. ~bearbeitung, die 경작. ~belag, der 바닥 재료. ~beschaffenheit, die a) 토질, 지질. b) 바닥 상태: die schlechte B. des Fußballplatzes 축구장의 불량한 바닥 상태. ~besitz, der 토지 소유. ~besitzreform, die ↑~reform. ~bestellung, die ↑~bearbeitung. ~bewirtschaftung, die ↑~bearbeitung. ~biologie, die 토양 생물학. ~blocher, (schweiz.) ↑Blocher. ~-Boden-Rakete, die [군] 지대지(地對地) 미사일. ~denkmal, das 《건조어》지면 문화재. ~druck, der [물리] (용기의) 바닥 압력. ~dünger, der 두엄, 퇴비. ~eis, das ↑Grundeis. ~eng ⟨Adj.⟩ (말이) 폐각(閉脚)의(반대: bodenweit). ~entwässerung, die 바닥 배수. ~erosion, die [지질] 지면 침식. ~ertrag, der 토지 수익(수확). ~erzeugnis, das 농산물. ~fenster, das 다락방창, 지붕창, 천장(天窓). ~feuchtigkeit, die 바닥 습기. ~filter, der ⟨전문어로는 대개: das⟩ (정화조의) 바닥 여과 장치. ~fläche, die 1. 경지, 경작지, 토지. 2. 바닥 면적. ~fräse, die [농업] 경운기. ~freiheit, die [기술] (자동차의) 최저 지상고. ~frost, der 지면 동결. ~frostgefahr, die 동해(凍害). ~fund, der 출토품(出土品). ~gare, die [농업] (토지의) 농경에 적당한 상태. ~gefecht, das [군] 지상 전투(반대: Luftgefecht). ~gymnastik, die [스포츠] 맨손 체조. ~haftung, die [자동차] (타이어의) 접지성(接地性). ~heizung, die 바닥 난방, 온돌. ~kammer, die 다락방. ~kampf, der a) [군] ↑~gefecht. b) [스포츠] 바닥에서 싸우는 자세. ~kunde, die 토양학. ~lang ⟨Adj.⟩ 땅에 끌리는, 바닥에 닿는: ein ~es Abendkleid 땅에 끌리는 야회복. ~leger, der 타일공. ~los ⟨Adj.⟩ a) 밑바닥이 없는: im Traum stürzte er in einen ~en Abgrund 꿈 속에서 그는 깊은 심연으로 떨어졌다. b) [통용어] 형언할 수 없는, 뻔뻔스러운: so eine ~e Gemeinheit! 저렇게 뻔뻔스럽게 야비할 수가! ~-Luft-Rakete, die [군] 지대공(地對空) 미사일. ~luke, die 천창(天窓)(↑Dachluke). ~melioration, die [농업] 토지 개량. ~müdigkeit, die [농업] 토지의 피폐. ~mulde, die (땅)구덩이. ~nähe, die [항공] 저공. ~nebel, der 지표면 안개. ~nutzung, die 토지 이용. ~organisation, die [항공] 지상 시설. ~personal, das [항공] 지상 근무원(반대: Flugpersonal). ~recht, das [법] 토지법. ~reform, die [법] 토지 개혁. ~rente, die ↑Grundrente. ~riß, der 바닥의 균열. ~satz, der 침전[침적]물: der B. aus der Kaffeekanne 커피 주전자 밑바닥의 침전물. ~schätze ⟨Pl.⟩ 지하 자원. ~schichtung, die 지층. ~see, die 독일과 스위스 경계에 있는 호수 이름. ~sicht, die 지상 시계(視界), 지표 시도(地表視度). ~spekulation, die 토지[땅] 투기. ~ständig ⟨Adj.⟩ 토착의, 그 지방 특유의: Zeugnisse der ~en Kultur 향토 문화재. ~ständigkeit, die ⟨Pl. 없음⟩ ↑~ständig의 명사형. ~station, die [우주] 지상국. ~streitkräfte ⟨Pl.⟩ [군] 지상군. ~treppe, die 다락방으로 통하는 계단. ~truppen ⟨Pl.⟩ ↑~streitkräfte. ~turnen, das 맨손 체조. ~untersuchung, die ~analyse. ~vase, die 바닥에 세우는 큰 꽃병. ~verbesserung, die ↑~melioration. ~verhältnisse ⟨Pl.⟩ 토질, 토양 상태. ~weit ⟨Adj.⟩ 개각(開脚)의(말의 다리가 지면에서 넓어진 자세)(반대: bodeneng). ~welle, die 1. [전기] 지상파(地上波). 2. 지표의 기복. ~wichse, die (schweiz.) 마루 닦는 왁스. ~wind, der [기상·지리] 지상풍. ~wischer, der 《schweiz.》 (쓰레질용)비. ~wucher, der 토지 폭리.

Bodhisattwa [bodi'zatva], der; -, -s [sanskr. bodhisattva] [불교] 보살(菩薩).

bodigen ['boːdɪɡn̩] ⟨h⟩ 《schweiz.》 a) 제압하다, 이기다: 전의 die schreckliche Krankheit hat sie bodigt 그녀는 무서운 병으로 쓰러졌다. b) (일을) 성취하다, 해내다. **Bodigung**, die ⟨Pl. 없음⟩ ↑bodigen의 명사형.

Bodmerei [boːdməˈraɪ], die; -en [niederd. bodmerīe] [해양] 선박 저당 계약. **Bodmereibrief**, der 선박 저당 계약서.

Bodybuilder ['bɔdibɪldɐ], der; -s, - 보디 빌딩을 하는 사람. **Bodybuilding** ['bɔdibɪldɪŋ], das; -s [engl. bodybuilding] 보디 빌딩. **Bodycheck** ['bɔdɪtʃɛk], der; -s, -s [아이스하키] 반칙적인 몸 싸움. **Bodystocking** ['bɔdistɔkɪŋ], der; -(s), -s [engl. body stocking] [의상] 전신용 타이츠. **Bodysuit** ['bɔdisjuːt], der; -(s), -s [engl. bodysuit] [의상] 상의 타이츠.

Böe [bøː], die; -n ↑Bö.

Bofel ['boːfl̩], der ↑Bafel.

Bofist ['boːfɪst, (또한) boːˈfɪst], 《또한》 **Bovist** ['boːvɪst, (또한) boːˈvɪst], der; -(e)s, -e [spätmhd. vohenvist] 말불버섯, 먼지버섯.

Bogen ['boːɡn̩], der; -s, -, (südd., österr. 또한) Bögen [bøːɡn̩; mhd. boge, ahd. bogo] 1. a) 곡선, 만곡, 궁형: auf dem Eis B. laufen 곡선을 그리며 얼음을 지치다; die Straße macht hier einen B. (nach Westen) 이 길은 여기에서 (서쪽으로) 굽어진다; die Brücke spannt sich in elegantem B. über das Tal 그 다리는 계곡 위에 아름다운 궁형으로 놓여 있다; 전의 er ist im hohen B. hinausgeflogen (hinausgeworfen) worden 그는 즉시 쫓겨났다; einen (großen) B. um jmdn. (etw.) machen (통용어) 누구(무엇)를 피하다; große B. spucken (통용어) 뽐내다, 으쓱대다; den B. (he)raushaben (spitzhaben) [통용어] 요령이 좋다, 재주가 좋다. b) [수학] 호(弧): mit dem Zirkel einen B. schlagen (beschreiben) 컴퍼스로 호를 그리다. 2. [건축] 아치, 홍예, 궁륭, 천장. 3. [음악] 연결 부호(이음줄, 붙임줄 따위). 4. 활: den B. spannen 활을 당기다; den B. überspannen 도가 지나치다. 5. [음악] (현악기의) 활: den B. ansetzen (absetzen, führen) 활을 대다(떼다, 사용하다). 6. (한 장의) 종이: sie spannte einen neuen B. in die Schreibmaschine 그녀는 새 종이 한 장을 타자기에 꿰었다. 7. [인쇄] 인쇄 전지(全紙)(↑Druckbogen의 약칭).

bogen-, Bogen-: ~achter, der [피겨] (과제도형상의) 8자형 커브. ~brücke, die 아치형의 다리, 홍예교. ~druck, der [인쇄] 전지 인쇄. ~fenster, die 아치형의 창문. ~förmig ⟨Adj.⟩ 활 모양의, 아치형의. ~fries, der [예술] (특히 로마네스크 건축의) 아치형 프리즈. ~führung, die [음악] 운궁법(運弓法). ~gang, der 1. 홍예 복도, 아케이드. 2. [해부] 삼반규관(三半規管). ~hanf, der 산세베리에이라(관엽 식물의 일종, 그 섬유로 활의 현을 만듦). ~korrektur, die (이미 접은) 인쇄(전지) 교정. ~lampe, die [전기] 아크등, 호등, 호광등(弧光燈). ~länge, die [수학] 호의 길이. ~licht, das ↑~lampe. ~maß, das [기하] 호도(弧度), 라디안. ~pfeiler, der 홍예를 받치는 기둥. ~säge, die 활 모양의 톱. ~schießen, das [스포츠] 궁술. ~schuß, der 활 쏘기, 사정. ~schütze, der [스포츠] 궁수, 사수(射手). ~sehne, die 활의 시위. ~strich, der ↑~führung. ~weise ⟨Adv.⟩ 한장씩

[마다].

bogig ['bo:gɪç] 〈Adj.〉 (준고어) 곡선의, 활 모양의: eine -e Linienführung 곡선긋기.

Bogotá [bogo'ta] 보고타(콜롬비아의 수도).

Boheme [bo'ɛm, bo'ɛ:m, 《또한》 bo'he:m, bo'he:m], die [frz. bohème] 보헤미안 예술가 기질(환경). **Bohemien** [boe'mi̯ɛ:, 《또한》 bohe ...], der; -s, -s [frz. bohémien] 보헤미안. **Bohemistik** [bohe'mɪstɪk], die 〈Pl. 없음〉 [mlat. Bohemia] 체코의 어문학, 체코학.

Bohle ['bo:lə], die; -n [spätmhd. bole] 두꺼운 널빤지: die Brücke mit -n belegen 다리에 두꺼운 널빤지를 깔다. **bohlen** ['bo:lən] 〈h〉 두꺼운 널빤지를 대다.

Bohlen-: **~bahn**, die [볼링] 레인. **~belag**, der 두꺼운 널빤지를 댐, 널빤지 바닥. **~brett**, das 널빤지로 된 판자. **~brücke**, die 널빤지로 된 다리. **~holz**, das 널빤지 재목(목재). **~weg**, der 널빤지를 깐 길, 통나무길.

böhmakeln, 《또한》 bömakeln ['bø:mak|n] 〈h〉 (österr. 통용어·폄) 체코식 독일어를 말하다. **Böhme**, der; -n, -n 뵈멘 사람. **Böhmen** ['bø:mən], -s 뵈멘, 보헤미아. **Böhmerwald** ['bø:mɐvalt], der; -(e)s 뵈멘과 바이에른 사이의 경계를 이루는 산맥 이름. **Böhmin**, die; -nen 뵈멘 여자. **böhmisch** ['bø:mɪʃ] 〈Adj.〉 〈다음 용법으로〉 **etw. kommt jmdm. b. vor** (통용어) 무엇이 누구에게 이해할 수 없는 일로 생각되다; **b. einkaufen** (österr.·통용어) 훔치다; **für jmdn. [jmdm.] böhmische Dörfer sein** 누구에게 도무지 알 수 없는 일이다.

Böhnchen ['bø:nçən], das; -s, - ↑Bohne (1 b, c, 2). **Bohne** ['bo:nə], die; -n 〈1 b, c, 2의 축소형: ↑Böhnchen〉 [mhd. bōne, ahd. bona] **1. a)** 콩: die -n ranken an Stangen 콩이 장대를 타고 올라간다. **b)** 콩 꼬투리: heute gibt es grüne Bohnen 오늘은 콩 꼬투리 요리가 있다. **c)** 콩(알): **-n in den Ohren haben** (통용어) 듣지 못하다; **blaue B.** (군) 총알, 콩알; **nicht die B.** 전혀 ··· 않다: nicht die B. merken 전혀 아무것도 눈치채지 못하다. **2.** ↑Kaffeebohne의 약칭.

bohnen ['bo:nən] 〈h〉 [(m)niederd. bōnen] 《지역적》 (마루 따위를) 밀랍으로 닦다.

Bohnen-: **~blüte**, die 콩꽃(이 필 때). **~eintopf**, der 콩 모둠(잡탕) 죽. **~fest**, das [1월 6일 전야에 케이크에 콩을 박아 굽는 관습에] 공현축제. **~förmig** 〈Adj.〉 콩 모양의. **~gericht**, das 콩요리. **~kaffee**, der **1.** 커피콩, 원두. **2.** 원두커피, 배전두커피. **~kraut**, das 꿀풀과 식물. **~ranke**, die 콩덩굴. **~salat**, der 콩샐러드. **~stange**, die 콩덩굴이 타고 올라가도록 대는 막대: 〈전의〉 sie ist eine richtige B. 《통용어·농》 그녀는 진짜 키다리다. **~stroh**, 《다음의 용법으로》 **dumm wie B. sein** 《통용어》 어리석다, 미련하다. **~suppe**, die 콩을 넣은 수프.

Bohner ['bo:nɐ], der; -s, - 마루 닦는 솔.

Bohner-: **~besen**, der ↑Bohner. **~bürste**, die ↑Bohner. **~lappen**, der 마루 닦는 걸레. **~maschine**, die 마루 닦는 전기 기계. **~wachs**, das 마루 닦는 왁스.

bohnern ['bo:nɐn] 〈h〉 (마루 따위를) 왁스로 닦다.

Bohr-: **~arbeiten** 〈Pl.〉 [특히 광] 천공(穿孔) 작업. **~fliege**, die ↑Fruchtfliege. **~futter**, das [기술] 드릴잭. **~geschwindigkeit**, die 천공 속도. **~gestänge**, das [광] 보링 로드 세트. **~hammer**, der [광] 충격식 착암기, 해머 드릴. **~insel**, die 해상 굴착 기지. **~loch**, das 천공공(穿孔孔), 폭파공(爆破孔), 발파공. **~maschine**, die 천공 드릴, 보링(반). **~mast**, der [광] 보링 마스트. **~muschel**, die 폴라스과의 조개(해안의 바위에 구멍을 뚫고 삶). **~probe**, die [광] 코어 시료(試料). **~turbine**, die 천공 터빈. **~turm**, der [광] 천공탑. **~versuch**, der 시추(試錐). **~werkzeug**, das 보링 공구. **~zettel**, der [학생] 부정 행위용 쪽지, 커닝 페이퍼.

bohren ['bo:rən] 〈h〉 [mhd. born. ahd. borōn] **1. a)** 뚫다, 파다, 구멍을 내다: ein Loch in die Wand b. 벽에 구멍을 뚫다; einen Brunnen b. 우물을 파다. **b)** 구멍을 내다: der Zahnarzt bohrt an[in] dem kranken Zahn 치과의사가 아픈 이에 보링을 한다; 〈전의〉 in der Nase b. 콧구멍을 후비다. **c)** 천공기로 가공하다: Holz [Metall] (mit dem Schlagbohrer) b. 천공기로 목재 [금속]을 가공하다. **d)** 찌르다, 꿰뚫다: jmdm. das Schwert in den Leib b. 누구의 몸을 칼로 찌르다; 〈전의〉 er bohrte seinen Blick in meine Augen 그는 나의 눈을 뚫어지게 바라보았다. **e)** 〈b. + sich〉 돌고[파고] 들어가다: der Meißel bohrte sich durch[in] den Asphalt 끌이 아스팔트를 뚫고 들어갔다; 〈전의〉 das abgestürzte Flugzeug hat sich in den Acker gebohrt 추락한 비행기가 밭에 박혔다. **2.** 시굴하다: nach[auf] Erdöl b. 석유 시굴을 하다. **3.** 괴롭히다: Zweifel bohrten in ihm 의심이 그를 괴롭혔다. bohrende Reue 통회(痛悔). **4.** 《통용어》 조르다. **5.** 《통용어》 궁구(窮究)하다, 파고 들다, 집요하게 묻다: er bohrte so lange, bis er die Wahrheit heraushatte 그는 진실을 알아낼 때까지 파고 들었다. **6.** 《학생·지역적》 부정 행위(커닝)하다. **Bohrer** ['bo:rɐ], der; -s, - **1.** 천공기, 드릴, 뚫는 기계. **2.** 구멍 뚫는 사람, 천공공(工). **Bohrist** [bo'rɪst], der; -en, -en (österr.) 발파공을 하는 숙련공. **Bohrung**, die; -en 천공, 보링, 파내기.

böig ['bø:ɪç] 〈Adj.〉 돌풍이 부는[심한], 돌풍 같은. **Böigkeit**, die 〈Pl. 없음〉 ↑böig의 명사형.

Boiler ['bɔylɐ], der; -s, - [engl. boiler] 보일러, 기관(氣罐).

Bojar [bo'ja:ɐ], der; -en, -en [russ. bojarin] **1.** (중세 러시아의) 대 귀족. **2.** (옛 루마니아의) 지주 귀족. **Bojarin**, die; -nen ↑Bojar의 여성형.

Boje ['bo:jə], die; -n [niederd. boye] (해양) 부표(浮標): einen Schiffahrtsweg mit -n markieren 배의 항로를 부표로 표시하다. **Bojenkette**, die 부표석과 부표를 연결하는 쇠사슬. **Bojenstein**, der 부표석.

Bokmål ['bʊkmo:l], das; -(s) [노르웨이어로 "Buchsprache"] 덴마크어의 영향을 받은 노르웨이 문어(文語).

Bola ['bo:la], die; -s [span. bola] (남아메리카 토인의) 투척(投擲) 사냥 도구.

Bolero [bo'le:ro], der; -s, -s [span. bolero] **1.** 볼레로(춤). **2. a)** 볼레로(옷), 단추없는 스페인의 고유 의상. **b)** 볼레로 재킷. **3.** 볼레로 모자. **Bolerojäckchen**, das 볼레로 재킷.

Bolid [bo'li:t], der; -s/ -en, -e/ -en [lat. bolis < griech. bolís] **1.** (천문) 대유성(大流星). **2.** 경주용 동차. **Bolide** [bo'li:də], der; -n, -n ↑Bolid (2).

Bolivar [bo'li:var], der; -(s), -(s) 베네수엘라의 화폐 단위(약어: B.). **Bolivianer** [boli'via:nɐ], der; -s, - / **Bolivier**, der; -s, - 볼리비아 사람. **bolivianisch** [boli'via:nɪʃ], **bolivisch** 〈Adj.〉 볼리비아의. **Boliviano** [boli'via:no], der; -s, -s 볼리비아의 화폐 단위. **Bolivien** [bo'li:vi̯ən], -s 볼리비아.

bölken ['bœlkn̩] 〈h〉 [md. bülken < mniederd. bolken] (nordd., westd.) **1.** (소, 양이) 울다. **2.** (아이가) 울부짖다: Kinder, bölkt doch nicht so! 애들아, 울음좀 그쳐라. **3.** 트림하다. **Bölkwasser**, das (nordd., westd.·경·농) 탄산(레몬)수.

¹**Bolle** ['bɔlə], die; -n [mhd. bolle, ahd. bolla] 《berlin.》 **1.** (큰) 양파. **2.** 《농》 회중 시계. **3.** 《경》 양파 몬(?).

의 구멍. **4.** 놈, 녀석. ²**Bolle** [-] 《다음 용법으로》 sich wie B. (auf dem Bock) (auf dem Milchwagen) amüsieren 《berlin.》 매우 즐겁게 지내다. **Bölle** ['bœlə], die; -n [ital. cipolla] 《schweiz.·통용어》 **1.** (큰)양파. **2.** 《농》 회중 시계.

Böller ['bœlɐ], der; -s, - [mhd. pöler, boler, ahd. bolön] **1.** 《예포·축포용》 소구포. **2.** 《옛》 투석기. **3.** 불꽃놀이 폭음 화약. **bollern** ['bɔlɐn] 〈s〉 [spätmhd. boln] **1.** 《지역적》 요란한 소리가 나다, 쿵쿵 (덜컹덜컹, 쾅, 딱, 우지끈) 울리다. **2.** 《통용어·지역적》 ↑ bullern. **3.** 《스포츠 은어》 무작정 슛하다: die Spieler bollerten ohne Erfolg aufs Tor 선수들은 득점 없이 골(문)을 향해 무작정 슛을 했다. **böllern** ['bœlɐn] 〈h〉 **1.** 소구포를 발사하다, 예포(축포)를 쏘다. **2.** ↑ bollern (2). **Böllerschuß**, der; -schusses, -schüsse 축포, 예포. **Bollerwagen**, der; -s, - 《nordd.》 덜커덩거리는 소형 수레.

Bollette [bɔ'lɛta], die; -n [ital. bolletta] 《österr.·관》 관세(납세) 증명(서), 납세필증.

Bollwerk ['bɔl-], das; -(e)s, -e [1: mhd. bolwerc; 2: (m)niederd. bōlwerk] **1.** 방루, 요새, 보루, 방벽, 방어물: in B. errichten 요새를 구축하다; [전의] ein B. des Friedens 평화의 보루. **2.** 부두, 선창: die Schiffe legten am B. an (liegen am B.) 배들이 부두에 정박했다 (부두에 정박하고 있다).

Bologneser [bɔlɔn'jeːzɐ], der; -s, - [이탈리아의 도시 Bologna에서] 볼로냐 개.

Bolometer [bolo'meːtɐ], das; -s, - 《물리》 볼로미터 (복사열을 측정하는 일종의 방한 관계).

Boloskop [bolo'skoːp], das; -(e)s, -e 《의학》 몸속의 이물질을 찾아내는 기구.

Bolschewik [bɔlʃe'viːk], der; -en, -i, 《폄》 -en [russ. bolschewik (1903년 러시아 사회민주당의 다수를 이룬 것에서 유래)] **1.** (1903~1917) 볼셰비키(파)(러시아 사회민주당의 다수파), 과격파. **2.** (bis 1952) 러시아(구소련) 공산당원. **3.** 《폄》 공산주의자. **bolschewikisch** 〈Adj.〉 볼셰비키의, 볼셰비즘의. **bolschewisieren** [bɔlʃevi'ziːrən] 〈h〉 볼셰비즘화하다, 공산화하다. **Bolschewisierung**, die 볼셰비즘화, 공산화. **Bolschewismus** [bɔlʃe'vɪsmʊs], der; - **1.** 《공산주의적》 볼셰비즘, 볼셰비키주의. **2.** 《폄》 구소련식 공산주의. **Bolschewist** [bɔlʃe'vɪst], der; -en, -en ↑ Bolschewik. **bolschewistisch** [bɔlʃe'vɪstɪʃ] 〈Adj.〉 볼셰비즘의, 볼셰비키의.

Bolz [bɔlts], der; -es, -en ↑ Bolzen.

bolzen ['bɔltsn̩] 〈h〉 《통용어》 **1. a)** 공을 함부로 차다: in der ersten Halbzeit wurde mehr gebolzt als gespielt 전반전에는 경기를 할 수 없는 마구잡이 축구를 했다. **b)** 발길질하다. **c)** 힘만으로 경기하다: beim Kugelstoßen sollte man nicht b. 투포환은 힘만 가지고 해서는 안된다. **2.** 〈b. + sich〉 드잡이하다. **Bolzen** [-], der; -s, - [mhd., ahd. bolz] **1.** 볼트, 조름못. **2.** 《옛》 (구식 다리미 속에 넣는) 달군쇠. **3.** (석궁의) 화살. **bolzengerade** 〈Adj.〉 화살처럼 곧은, 꼿꼿한. **Bolzer**, der; -s, - 《통용어》 마구잡이 (축구) 선수. **Bolzerei** [bɔltsə'raɪ], die; -en 《통용어》 **1.** 마구잡이 발길질 (축구). **2.** 드잡이. **bolzgerade** : ↑ bolzengerade. **Bolzplatz**, der; -es, -plätze 《통용어》 마구잡이 축구장.

bömakeln : ↑ böhmakeln.

Bombage [bɔm'baːʒə], die; -n [frz. bombage] 《전문어》 **1.** 유리관 구부리기. **2.** 함석 구부리기. **3.** 내용물이 상해서 통조림 깡통의 웃부분이 불룩하게 나옴.

Bombarde [bɔm'bardə], die; -n [frz. bombarde] **1.** 사석포(射石砲). **2.** 옛날 목관 악기의 일종. **Bombarde-ment** [bɔmbardə'mã:, 《österr.》 bɔmbart'mɛ:], das; -s, -s [frz. bombardement] **1.** 《군·고어》 포격. **2.** 《군》 (집중) 폭격. **3.** 《축구》 집중 공격. **bombardieren** [bɔmbar'diːrən] 〈h〉 [frz. bombarder] **1.** 《군·고어》 포격하다. **2.** 《군》 폭격하다. **3.** 《통용어》 **a)** 던지다: die Demonstranten bombardierten das Gebäude mit Farbeiern 시위 가담자들이 그 건물에 색달걀을 던졌다. **b)** (귀찮게) 퍼붓다: er wurde von allen Seiten mit Fragen bombardiert 사방에서 그에게 질문을 par 부었다. **Bombardierung**, die; -en ↑ bombardieren의 명사형. **Bombardon** [bɔmbar'dõ:], das; -s, -s [frz. bombardon < ital. bombardone] 《음악》 저음 금관 악기의 일종.

Bombast [bɔm'bast], der; -(e)s [engl. bombast] 《폄》 호언 장담, 장황설. **bombastisch** 〈Adj.〉 《폄》 호언 장담하는, 과장된.

Bombe ['bɔmbə], die; -n [frz. bombe] **1. a)** 폭탄: eine B. explodiert 폭탄이 폭발하다; eine B. entschärfen 폭탄의 신관을 제거하다; die Nachricht schlug ein wie eine B. 그 소식은 폭탄적 반응을 불러 일으켰다; **die B. ist geplatzt** 드디어 사건이 폭발했다; **mit -n und Granaten durchfallen** 《통용어》 (시험을) 완전히 망치다. **b)** 《Pl. 없음》 《통용어》 ↑ Atombombe의 약칭. **2.** 《스포츠 은어》 강슛; eine B. aufs Tor schießen 골문을 향해 강슛을 하다. **3.** 《곡예》 곡예용 쇠공. **4.** [지질] 화산탄(火山彈), 용암덩이. **5.** 《통용어》 (윗부분이 둥근) 빳빳한 모자.

bomben ['bɔmbn̩] 〈h〉 **1.** 《통용어》 폭격하다. **2.** 《스포츠 은어》 강슛을 하다.

¹**bomben-, Bomben-**: **~angriff**, der 폭격. **~anschlag**, der 폭탄에 의한 공격 (암살). **~attentat**, das ↑~anschlag. **~drohung**, die 폭탄에 의한 공격 위협 (통보). **~einschlag**, der 폭탄 투하. **~explosion**, die 폭탄 폭발. **~fest** 〈Adj.〉 폭격에 견디는, 방탄의. **~flugzeug**, das [옛] 폭격기. **~frei** 〈Adj.〉 폭격 (폭격)에 손상된. **~geschädigte***, der / die 폭격 부상자: für die -n wurde eine Sammlung durchgeführt 폭격 부상자들을 위한 모금이 있었다. **~geschwader**, das ↑ Bomberverband. **~krater**, der 폭탄이 떨어질 때 생기는 분화구 모양의). **~krieg**, der 폭탄 전쟁. **~last**, die 폭탄 (화물. **~leger**, der; -s, - 《통용어》 폭탄 암살자. **~nacht**, die 폭격이 심한 밤. **~schaden**, der 폭격에 의한 피해. **~sicher** 〈Adj.〉 폭격으로부터 안전한. **~splitter**, der 폭탄 파편. **~teppich**, der 융단 폭격. **~terror**, der 폭탄 테러. **~trichter**, der (깔때기 모양의) 폭탄 구덩이.

²**bomben-, Bomben-**: ↑ bomben-, Bomben-도 참조》 《통용어》 (대단한 정도를 나타냄): **~erfolg**, der 대성공. **~fest** 〈Adj.〉 아주 확실한, 확고한. **~form**, die 가장 좋은 상태, 최상의 컨디션: die Mannschaft war (befand sich) in (einer) B. 그 선수단의 컨디션은 최상이었다. **~geschäft**, das 굉장히 수지맞는 일, 경기 좋은 장사. **~hitze**, die 대단한 더위, 폭서, 매우 높은 열. **~rolle**, die 중요한 역(役), 주역. **~schuß**, der [스포츠] 강력한 슛. **~sicher** 〈Adj.〉 아주 확실한. **~stimmung**, die 매우 유쾌한 분위기, 축제 분위기.

Bomber ['bɔmbɐ], der; -s, - **1.** 《통용어》 폭격기 (↑ Bombenflugzeug). **2.** 《스포츠 은어》 슈팅력이 강한 선수 (축구, 핸드볼에서). **Bomberverband**, der 폭격기 편대. **bombieren** [bɔm'biːrən] 〈h〉 [frz. bomber] 《전문어》 (유리나 함석을) 둥글게 구부리다, 휘다, 철형(凸形)으로 만들다: bombiertes Blech 골판석. **Bombierung**, die; -en ↑ Bombage. **bombig** ['bɔmbɪç] 〈Adj.〉 《통용어》 훌륭한, 탁월한, 뛰어난: die Stimmung war einfach b. 분위기는 한마디로 훌륭했다.

Bommel ['bɔm]], die; -n, 《또한》 der; -s, - [niederd. bummeln] 《지역적》 (늘어뜨린) 술: an seiner Pudelmütze hängt eine dicke[ein dicker] B. 그의 모피 모자엔 두꺼운 술이 달려 있다.

Bon [bɔŋ, bõː], der; -s, -s [frz. bon < lat. bonus] 1. 상품권, 쿠폰: -s ausgeben 교환권[쿠폰]을 교부하다; wir aßen auf B. in der Kantine 우리는 구내 식당에서 쿠폰을 내고 식사했다. 2. (금전 등록기로 찍은) 영수증. **bona fide** ['boːna 'fiːdə; lat. bonus u. fidēs] 《교양어》 선의로, 신용하여: er hat die Gegenstände b. f. erworben 그는 그 물건을 믿고 구입했다.

Bonbon [bɔŋ'bɔŋ, 《또한》 bõː'bõː], der 《또한》 das; -s, -s [frz. bonbon] 1. 사탕, 봉봉사탕: er brachte den Kindern eine Tüte -s mit 그는 어린이들에게 사탕 한 봉지를 가져왔다; 전의 diese Aufführung ist für Kenner ein echter B. 이번 연주회는 전문가에게는 아주 특별한 즐거움이다; **jmdm. einen B. ans Hemd kleben** 《경》 누구를 우롱하다; **mach dir keinen(kein) B. ins Hemd!** 《경》 당혹하지마, 점잔빼지마, 시치미 떼지마. 2. (통용어·농·특히 나치의) (둥근 모양의) 당 휘장. **bonbon-, Bonbon-:** ~**farben,** ~**farbig** 〈Adj.〉 유치한[한 색깔의. ~**macher,** der 사탕(과자) 제조업자. ~**papier,** das 사탕 껍질[종이]. ~**rosa** 〈Adj.; 격변화 없음〉 《통용어에서는 변화도 가능》 eine b. Bluse 야한 장미 색깔의 블라우스.

Bonbonniere [bɔŋbɔ'njeːrə, ...iɛːrə, 《또한》 bõb...], die; -n [frz. bonbonnière] 1. 봉봉 병[통]. 2. 봉봉 포장[주머니].

Bond [bɔnt], der; -s, -s [engl. bond] [금융] (기명식) 채권, 사채(社債), 유가 증권.

bongen ['bɔŋən] 〈h〉 [↑Bon] 《통용어》 금전 등록기에 찍다: ein Glas Bier b. 맥주 한잔 값을 금전 등록기에 찍다; **ist gebongt** 《경》 무엇이 약속한 대로 결정되다.

¹**Bongo** ['bɔŋgo], der; -s, -s [afrik.] (아프리카산의) 영양.

²**Bongo** [-], das; -(s), -s 《또는》 die; -s [amerik.] 〈대개 Pl.〉 (쿠바의 재즈 악기) 타악기의 일종, 봉고. **Bongotrommel,** die 〈대개 Pl.〉 봉고북.

Bönhase ['bøːnhaːzə], der; -n, -n (nordd.) 조합에 가입하지 않은 수공업자; 돌팔이 의사.

Bonhomie [bɔnoˈmiː], die; -, [...iːən; frz. bonhomie] 《교양어》 친절한 마음씨, 온후: er strahlt B. aus 그는 온후함을 풍긴다. **Bonhomme** [bɔˈnɔm], der; -s, -s [frz. bonhomme] 《교양어·고어》 호인, 순박한 사람.

bonieren [boˈniːrən] 〈h〉 ↑**bongen**. **Bonifikation** [bonifikaˈtsjoːn], die; -en [lat. bonus] [상] (추가의) 배상, 보상, 환불: für die beschädigten Teile wurde mir eine B. gewährt 나는 파손된 부분에 대해 배상을 받았다. **bonifizieren** [bonifiˈtsiːrən] 〈h〉 [상] 배상[보상, 환불]하다. **Bonität** [boniˈtɛːt], die; -en [lat. bonitās] 1. 〈Pl. 없음〉 [상] 신용, 지불 능력, 안정성. 2. [임업·농업] 토질. **bonitieren** [boniˈtiːrən] 〈h〉 (품질을) 측정[사정]하다, 등급을 매기다. **Bonitierung,** die; -en ↑**bonitieren**의 명사형.

Bonje ['bɔnjə], die; -n [sorb. baňa = 배가 불룩한 그릇] (berlin.) 머리(통).

Bonmot [bõˈmoː], das; -s, -s [frz. bon mot] 재담, (기지가 넘치는) 경구: ein B. erzählen 재담을 늘어놓다.

Bonne ['bɔnə], die; -n [frz. bonne] 《고어》 보모, 아이 보는 여자: von einer französischen B. erzogen werden 프랑스인 보모 밑에서 양육되다.

Bonn [bɔn], 본(1949년 이후 서독 연방 정부 소재지). ¹**Bonner,** der; -s, - 본의 주민. ²**Bonner** 〈Adj.; 격변화 없음〉 본의.

Bonnet [bɔˈnɛ], das; -s, -s [frz. bonnet] (18세기 부인용) 모자. **Bonneterie** [bɔnɛt(ə)'riː], die; -n [...iːən; frz. bonneterie] 《schweiz.·준교어》 1. 잡화상. 2. 〈Pl.〉 잡화.

¹**Bonsai,** der; -(s), -s [jap. bonsai] 분재목(木). ²**Bonsai,** das; - 분재(盆栽).

Bontje ['bɔntjə], der; -s, -s 《지역적》 ↑**Bonbon**.

Bonus ['boːnʊs], der; - / Bonusses, - / Bonusse, 《또한》 Boni [engl. bonus] 1. **a)** [상] 보너스, 상여금. **b)** (무사고시 자동차 보험액의) 할인. 2. [학교·스포츠] 점수상의 이익, 가산점(반대: Malus). **Bonvivant** [bõviˈvãː], der; -s, -s [frz. bon vivant] 1. (아어·준교어) 방탕아, 도락가(道樂者). 2. [연극] (사교계의) 탕아 역(役).

Bonze ['bɔntsə], der; -n, -n [frz. bonze] 1. 《폄》 (자기 이익만 챙기는) 높은 분, 보스: die fetten -n 수입이 좋은 높은 분들. 2. 불교의 중(승려). **Bonzentum,** das; -s; **Bonzokratie** [bɔntsokraˈtiː], die; -en [...iːən; ↑ Bonze u. griech. krátos] 《폄》 당파 정치, 보스의 지배.

Boofke ['boːfkə], der; -s, -s [preuß. Bowke = 방랑자, 도둑] (특히 berlin.) 교양 없는 사람, 버릇 없는 사람, 바보.

Boogie-Woogie ['bʊgiˈvʊgi], der; -(s), -s [amerik. boogiewoogie 어원 불명] 1. 부기 우기(재즈 음악의 피아노곡). 2. 부기 우기춤(사교춤의 일종).

Booklet ['bʊklɪt], das; -(s), -s [engl. booklet] [광고] 팜플렛, 광고용 소책자.

Boom [buːm], der; -s, -s [engl. boom] 1. **a)** (경제상의) 벼락 경기, 호경기. **b)** 《통용어》 갑작스런 번성, 붐: Kunstgegenstände des Jugendstils erleben heute einen ungeheuren B. 유젠트 양식의 예술품이 요즈음 대단한 붐을 일으키고 있다. 2. (증권 시세의) 호조, 급등: die Nachricht löste einen B. an der Wertpapierbörse aus 그 소식으로 인하여 증권의 시세가 급등했다. **boomen** ['buːmən] 〈h〉 《통용어》 호경기를 이루다, 붐을 이루다.

Booster ['buːstɐ], der; -s, - [engl. booster] **a)** [항공] 보조 추진기, 출발(이륙) 로켓. **b)** [우주] 다단 로켓의 보조(1단계) 추진 장치. **Boosterdiode,** die [텔레비전] 정류기(整流器), 부스터 다이오드.

¹**Boot** [boːt], das; -(e)s, -e, 《또한》 Böte; 〈축소형: ↑ Bootchen, Bötchen〉 [aengl. bat.] 보트, 작은 배; das B. kentert 보트가 뒤집히다; **wir sitzen alle in einem[im gleichen] B.** 《통용어》 우리 모두는 같은 배를 타고 있다.

²**Boot** [buːt], der; -s, -s 〈대개 Pl.〉 [engl. boot = Stiefel < mfrz. bote] 부츠, 장화.

boot-, Boot- (↑**boots-,** Boots-도 참조): ~**axt,** die 《선사》 전쟁용 도끼(보트 모양의), 전부(戰斧). ~**förmig** 〈Adj.〉 보트 모양의. ~**grab,** das 《선사》 보트 무덤(보트에 유해를 묻는 매장 형식의 일종).

Bootchen ['boːtçən] ↑¹**Boot**.

Boʘtes, der; - 목동자리(별자리 이름).

Böotien [bøˈoːtsjən], -s 고대 중부 그리스의 지방. **Böotier** [bøˈoːtsjɐ], der; -s, - 뵈오치아인. **böotisch** [bøˈoːtɪʃ] 〈Adj.〉 뵈오치아의.

Bootlegger ['buːtlɛgɐ], der; -s, - [engl.-amerik. bootlegger] 알코올 밀수(밀조)자.

Boots [buːts] 〈Pl.〉 [engl. boot] 1. 장화, 부츠. 2. [경마] (고무로 된) 말발굽 덮개.

boots-, Boots- (↑**boot-,** Boot-도 참조): ~**anhänger,** der 보트 운반용 트레일러. ~**bau,** der 〈Pl. 없음〉 보트 건조. ~**bauer,** der 보트 만드는 사람. ~**davit,** der [선원] 보트(갑판에서 바다로 보트를 내릴 때 사용하는) 보트 기중기. ~**deck,** das (구명 보트를 놓아 두는) 최상부 갑판. ~**eigner,** der 스포츠용 보트 소유자. ~**fahrt,**

die 주행(舟行), 뱃놀이. ~gasse, die 보트용 수로. ~gast, der 〈Pl. ...gasten〉 〔선원〕 노젓는 선원, 구명 보트의 승무원. ~haken, der 보트 삿왓대. ~haus, das 1. 보트 두는 곳간. 2. 수상 스포츠 클럽 회관. ~kompaß, der 구명 보트용 나침반. ~länge, die 보트 길이: der Sieger war (um) einige -n voraus 우승자는 보트 두 세척 길이만큼 앞서 있었다. ~mann, der 〈Pl. ...leute〉 1. (상선(商船))의 보초 담당 선원. 2. 해군의 상사. ~mannschaft, die 보트의 승무원. ~mannsmaat, der (연방 해군의) 하사관. ~mannsstuhl, der 〔선원〕(감아 올리는 장치가) 없는 널빤지. ~manöver, das (여객선내의) 구명 보트의 조작 연습. ~motor, der 보트 모터(발동기). ~schleppe, die 보트 운반 차량용 부두. ~schuppen, der 보트 두는 곳간. ~steg, der 보트 선착장. ~verleih, der 보트 대여업. ~verleiher, der 보트 대여업자. ~wagen, der 보트 운반 차량. ~weise / bootweise 〈Adv.〉 보트로, 한 보트씩: wir wurden b. übergesetzt 우리는 보트로 건네었다.

Bop [bɔp], der; -(s), -e ↑Bebop의 약칭.
Bor [boːɐ̯], das; -s [lat. bōrax] 붕소(硼素)(기호: B).
Bor-: ~**salbe**, die 〔약학〕 붕산연고. ~**säure**, die 붕산. ~**wasser**, das 붕산수.
Bora ['boːra], die; -s [ital. bora] 보라풍(風)(아드리아 해안의 건조하고 찬 재넘이).
Boran [bo'raːn], das; -s, -e [↑Bor 참조.] 〔화학〕 붕소수소의 화합물. **Borat** [bo'raːt], das; -(e)s, -e 〔화학〕 붕산염(硼酸鹽). **Borax** ['boːraks], der; -(es) [lat. bōrax] 〔화학〕 붕사(硼砂).

¹**Bord** [bɔrt], das; -(e)s, -e [niederd. bōrt] 선반, 서가: Bücher(Flaschen, Gläser) auf ein B. stellen 책(유리병, 유리잔)을 서가(선반)에 꽂다(진열하다). ²**Bord** [-], der; -(e)s, -e (배의, 뱃전, 현(舷)) 갑판: der Bord des sinkenden Schiffes war bereits von den Wellen überspült 침몰하는 배의 갑판이 이미 물결에 잠겼다; **an B.** 배(비행기, 우주선) 안에(안으로); an der Bord eines Tankers gehen 유조선에 타다; alle Mann an B.! 전원 갑판으로!(선원들에 대한 명령); **über B.** 물 속으로!(선원에 대한 명령); **etw. über B. werfen** 무엇을 물 속에 던지다, 무엇을 포기하다; **von B. gehen** 배(비행기)에서 내리다. ³**Bord** [-], das; -(e)s, -e 〈schweiz.〉 그 밖에는 고어) 가장자리, 비탈, 경사.

bord-, ¹**Bord-** (²Bord) ~**buch**, das 1. 항공 일지. 2. 항해 일지. 3. (자동차의) 운행 일지. ~**case** [-keɪs], das 〈또는〉 der; -, -/ -s (기내 좌석 밑에 둘 수 있는) 소형 트렁크. ~**dienst**, der 기내(선내) 근무. ~**eigen** 〈Adj.〉 배(비행기, 우주선)의. ~**elektrik**, die 기내 전기. ~**fest**, das 선상 축제. ~**flugzeug**, das 함재기(艦載機), 함상기(艦上機). ~**funk**, der 배(항공기)의 무선전신(통신). ~**funker**, der 배(항공기)의 통신 기사. ~**glocke**, die 갑판 종(鐘): vor der Abfahrt des Schiffes wurde lange die B. geläutet 배가 출발하기 전 길게 갑판종이 울렸다. ~**kamera**, die 기내 카메라. ~**kanone**, die ↑~waffen. ~**kapelle**, die 여객선 악대(악단). ~**karte**, die 〔항공〕 비행기표. ~**programm**, das 기(선)내 오락 프로그램. ~**wache**, die 선상 보초. ~**waffen** 〈Pl.〉 선박(항공기, 전차) 탑재 화기(火器). ~**wand**, die (배, 비행기 따위의) 현측 외벽, 측벽의 외부. ~**zeit**, die (항공・선박의) 현지 시간. ~**zeitung**, die 여객선내(內) 신문.

²**Bord-** (³Bord) ~**kante**, die ↑~steinkante: ein Fahrrad an die B. lehnen 자전거를 연석에 기대어 놓다. ~**rand**, der ↑~kante. ~**schwelle**, die (보도와 차도를 구분해 놓은) 연석(緣石): er ist mit seinem Rad gegen den B. gefahren 그는 자전거로 연석을 들이 받았다. ~**stein**-

kante, die 연석 모서리: an der(über die) B. stolpern 연석 모서리에 걸려 비틀거리다. ~**steinschwalbe**, die 〔통용어・농〕 매춘부.
Börde ['bœrdə], die; -n [niederd. (ge)börde] (북독 저지대의) 기름진 평원, 옥야(沃野): Magdeburger B. 막데부르크 평원.
bordeaux [bɔr'do:] 〈Adj.; 격변화 없음〉 ↑bordeauxrot. ¹**Bordeaux** [-] 프랑스의 도시 이름. ²**Bordeaux** [-], der; -, 〈종류〉 - [bɔr'do:s] ↑ Bordeauxwein. **bordeauxrot** 〈Adj.; nicht adv.〉 붉은 포도주색의. **Bordeauxwein**, der; -(e)s, -e 보르도산 포도주. **Bordelaiser Brühe** [bɔrdəˈlɛːzɐ-], die; - - 〔전문어〕 보르도액(살충제). **Bordelese** [bɔrdəˈleːza], der; -n, -n 보르도 주민. **Bordelesin**, die; -nen ↑Bordelese의 여성형.
Bordell [bɔr'dɛl], das; -s, -e [frz. bordel] 청루(青樓), 유곽: ein B. besuchen[aufsuchen] 유곽에 가다[유곽을 찾다].
börddeln ['bœrdl̩n] 〈h〉 (함석 따위의) 가장자리를 구부리다. **Bördelung**, die; -en ↑bördeln의 명사형.
Bordereau, **Bordero** [bɔrdə'roː], der (또는) das; -s, -s [frz. bordereau] 〔금융〕 유가 증권 명세서, 어음 목록. **Borderpreis** ['bɔrdɐ-], der; -es, -e [engl. border] 〔경제〕 국경까지의 인도 가격. **bordieren** [bɔr'diːrən] 〈h〉 [frz. border] 〔전문어〕 선(떼)을 두르다: sie bordierte den Ausschnitt des Kleides mit einer Spitze 그녀는 의복의 잘라낸 부분에다 레이스로 테를 둘렀다. **Bordierung**, die; -en ↑bordieren의 명사형. **Bordüre** [bɔr'dyːrə], die; -n [frz. bordure] 가장자리, 둘레장식: das Tuch war mit einer gemusterten B. eingefaßt 그 천은 문의가 있는 둘레에 무늬가 있다. **Bordüreform**, die; -en 〔요리〕 (함석으로 된 둥근) 과자 모형(模型). **Bordürenkleid**, das 가선을 두른 옷. **Bordürenstoff**, der 가선 두른 천.
Bordwaffe 〈대개 Pl.〉 (군함 등의) 적재 병기.
boreal [boreˈaːl] 〈Adj.〉 [lat. boreālis] 북녘 기후의, 북쪽의: -er Waldgürtel 북쪽 침엽 수림 지대. **Boreal** [-], das; -s 〔지리〕 빙하 시대 이후의 온난기, 간빙기(間氷基). **Boreas** ['boːreas], der; - [lat. boreās < griech. boréas] 1. 에게 바다의 북풍(북풍의 신(神)). 2. 〔시어・고어〕 북풍.
Boretsch ['boːrɛtʃ] ↑Borretsch.
Borg [bɔrk] 〔준고어〕 **auf B.** 외상으로: er lebt nur auf B. 그는 외상으로만 살아간다. **borgen** ['bɔrgn̩] 〈h〉 [mhd. borgen, ahd. bor(a)gēn] 1. 빌려 주다: er hat ihm sein Auto geborgt 그는 그 남자에게 자신의 자동차를 빌려 주었다. 2. 빌다, 차용하다: er hat den Frack nur geborgt 그는 예복을 빌렸을 뿐이다; 〔속담〕 Borgen bringt Sorgen 빚은 근심의 근원이다; 〔전의〕 diese Ideen hat er (von seinem Lehrer) geborgt 〈N〉 그는 이 생각을 (그의 선생님에게서) 빌려왔다. **Borgerei** [bɔrgəˈraɪ], die; -en 〔통용어〕 꿈질, 빌림질, 빈번한 차용.
Borgis ['bɔrgɪs], der; [frz. bourgeois] 〔인쇄〕 9 포인트 활자.
borgweise 〈Adv.〉 〔드물게〕 외상으로, 빌려서: ich habe das Buch b. von ihm bekommen 나는 그 책을 그에게서 빌렸다.
Borke ['bɔrkə], die; -n [niederd. borke] 1. 나무껍질: die B. vom Stamm abschälen 줄기에서 나무껍질을 벗기다. 2. 〔통용어〕 (상처의) 딱지: die B. von einer Wunde abkratzen 상처에서 딱지를 긁어내다. 3. 〔통용어・폄〕 때께, 거친 때: du mußt dich wieder einmal waschen, du hast ja schon eine richtige B. auf dem Hals 한번 더 닦아야겠다. 네 목에 때가 더께로 졌다.
Borken-: ~**flechte**, die 〔수의〕 가축의 피부병의 일종.

~**käfer**, der 나무좀과의 곤충. ~**krätze**, die 〖의학〗 심하게 딱지가 앉는 개선(疥癬). ~**krepp**, der 크레폰(crepon)(주름 비단)의 일종. ~**schokolade**, die 거칠고 구멍이 숭숭 뚫린 초콜릿.

borkig ['bɔrkiç] 〈Adj.〉 〖지역어〗 1. 나무껍질 같은, 거친: -e Haut 나무껍질 같은 피부. 2. 딱지 앉은: die Wunde ist schon b. 상처에 벌써 딱지가 앉았다.

Born [bɔrn], der; -(e)s, -e [niederd. born] 〖시어〗 우물, 샘: aus einem kühlen B. trinken 차가운 샘물을 마시다; 〖전의〗 ein unerschöpflicher B. der Freude 〈아이〉 마르지 않는 기쁨의 샘.

Borneo ['bɔrneo], -s 보르네오 섬.

Bornholm [bɔrn'hɔlm, (dän.) bɔrn'hɔl'm], -s 보른홀름(덴마크의 섬).

borniert [bɔr'ni:ɐt] 〈Adj.〉 [frz. borné] 〖폄〗 편협 고루한, 우매한: -e Ansichten 편협 고루한 견해; wie kann man nur so b. sein 어찌 그리 사람이 편협할 수 있단 말인가. **Borniertheit**, die; -en 1. 〈Pl. 없음〉 (오만한) 편협, 고루. 2. 편협한 언행.

Borretsch ['bɔrɛtʃ], der; -(e)s [frz. bourrache] 서양자초(향료 식물).

Borschtsch [bɔrtʃ], der; - [russ. borschtsch] (러시아의) 양배추 수프.

¹**Börse** ['bœrzə], die; -n [niederl. beurs] 1. 《아어·고어》 가죽 돈지갑, ↑**Geldbörse**〉: seine B. verlieren 그의 돈지갑을 잃다. 2. 〖권투〗 (직업 권투 선수의) 대전료(對戰料): ihm wurde die B. gesperrt 그에게는 권투 시합을 하여 버는 수입의 길이 막혀 버렸다. ²**Börse** [-], die; -n [niederl. beurs] 〖경제〗 1. 증권 거래소: die B. ist (verläuft) lebhaft 주식 시장 경기가 활발하다; an der B. spekulieren 주식 투기하다. 2. 증권 거래소(건물).

börsen-, Börsen- (²Börse) ~**aufsicht**, die 〈국가의〉 주식 시장 감독. ~**auftrag**, der 증권 매매 위탁. ~**beginn**, der 증권 거래소 개장. ~**bericht**, der 증권 시황(市況) 보고. ~**fähig** 〈Adj.〉 상장된. ~**fähigkeit**, die 〈Pl. 없음〉 ↑**fähig**의 명사형. ~**gängig** ↑~**fähig**. ~**geschäft**, das 주식 거래. ~**handel**, der 주식 매매. ~**händler**, der 주식 매매자. ~**jobber**, der ↑~**spekulant**. ~**kurs**, der 거래소 시세: die -e sind sprunghaft angestiegen 거래소 시세가 급등했다. ~**makler**, der 증권 브로커, 〖폄〗시세의 조작. ~**manöver**, das 〈폄〉 시세의 조작. ~**mäßig** 〈Adj.〉 거래소 규약에 따르는: -e Umsatz eines Wertpapiers 거래소에서의 주식 거래. ~**notierung**, die 주식 시세의 고시(告示). ~**platz**, der 거래소 소재지. ~**preis**, der ↑~**kurs**. ~**schluß**, der 1. (폐장시의) 규정 최저가. 2. 거래소의 폐장: die Notierungen wurden erst unmittelbar vor B. bekanntgegeben 주식 시세의 고시가 거래소의 폐장 직전에 서야 있었다. ~**schwindel**, der 거래소 사기, 거래소에서의 부정 거래. ~**schwindler**, der 거래소 사기꾼. ~**spekulant**, der 증권[주식] 투기자. ~**spekulation**, die 증권[주식] 투기. ~**sprache**, die 증시 언어. ~**sturz**, der 증시 폭락. ~**tag**, der 거래소가 열리는 날. ~**tendenz**, die 주식 동향(動向). ~**tip**, der 투자 힌트. ~**vertreter**, der (상장 회사의) 증권 대리인. ~**vorstand**, der 거래소 이사회. ~**wesen**, das 〈Pl. 없음〉 거래소 제도. ~**zulassung**, die a) (개인의) 주식 거래 참여 허가. b) (주식의) 상장(上場).

börseln ['bœrzəln] 〈h〉 (schweiz.) 〖거래소〗 투기하다. **Börsianer** [bœr'ziaːnɐ], der; -s, - 〈통용어〉 a) 거래소 중개인. b) 증권[주식] 투기자.

Borste ['bɔrstə], die; -n 1. a) (솔이나 붓 따위를 만드는 동물의) 뻣뻣한 털, 강모(剛毛). b) 〈Pl.〉 〈통용어·농〉 (사람의) 수염, 모발: seine -n zeigen [aufstellen, hervorkehren] 반항하다. 2. (솔을 만드는 데 사용되는) 인공모(人工毛).

borsten-, Borsten-: ~**artig** 〈Adj.〉 강모 같은. ~**besen**, der 털비. ~**gras**, das [식물] 강아지풀, 개꼬리풀. ~**haar**, das 뻣뻣한 머리털. ~**kopf**, der 뻣뻣한 머리털을 가진 머리. ~**pinsel**, der (강모로 만든) 화필(畫筆). ~**tier**, das 〈통용어〉 돼지. ~**vieh**, das 《통용어·농》 돼지. ~**wurm**, der 〖동물〗 (바다에 사는) 모족류(毛足類).

borstig ['bɔrstɪç] 〈Adj.〉 **a)** 강모가 있는: der Rücken des Tieres ist b. 그 동물의 등에는 뻣뻣한 털이 나 있다. **b)** 뻣뻣한, 거칠은: ein -er Bart 뻣뻣한 수염; 〖전의〗 er hat eine -e Art 그는 성질이 무뚝뚝하다. **Borstigkeit**, die; -en 1. 〈Pl. 없음〉 무뚝뚝함, 거칠음. 2. 조야한 언동. **Borstwisch**, der 〈ostmd.〉 털비, 작은 비.

Borte ['bɔrtə], die; -n 가선, 줄장식, 레이스.

bös [bøːs] 〈Adj.〉 ↑**böse** (1 b, 2, 3, 5). **böse** ['bøːzə] 〈Adj.〉 1. **a)** (도덕적으로) 나쁜, 악한(반대: gut): eine b. Tat 악행; etw. aus -r Absicht tun 무엇을 나쁜 의도로 행하다; Gutes mit Bösem vergelten 선을 악으로 갚다. **b)** 나쁜, 좋지 않은, 불길한; ein -r Traum 나쁜 꿈. eine b. Krankheit 악성 질환; **nichts Böses ahnen** 아무 불길한 점도 예감하지 않는다. 2. 〈통용어〉 화난, 성난, 감정이 상한: (mit) jmdm. bös(e) sein 《친근》 누구에 대하여 화내고 있다, 누구와 더 이상 교제가 없다; über etw. bös(e) sein 무엇에 대해 화내다. 3. 〈친근〉 버릇없는: wenn du bös(e) bist, mußt du ins Bett 그렇게 버릇없이 굴테면 잠이나 자거라. 4. 〈통용어〉 병든, 앓는, 염증을 일으킨: einen -n Finger [ein -s Auge] haben 생손을 앓다[병눈을 가지다]. 5. 〈통용어〉 나쁜, 못된, 지독한: jmdm. einen -n Schrecken einjagen 누구에게 지독한 공포를 불러 일으키다.

bös-, Bös-: ~**artig** 〈Adj.〉 1. 음흉한, 음험한: b. lächeln 음흉하게 웃다. 2. (병 따위가) 악성인(반대: gutartig 2): eine -e Krankheit 악성 질환. ~**artigkeit**, die 1. 음흉, 음험. 2. 위험성, 불치성(반대: Gutartigkeit 2). ~**willig** 〈Adj.〉 나쁜 의도의, 의도적으로 나쁜(반대: gutwillig 2): -e Verleumdung 악의적 비방(중상). ~**willigkeit**, die ↑~**willig**의 명사형.

böschen [bœʃn] 〈h〉 〖도로〗 비탈(경사)지게 하다: ein sanft geböschter Abhang 완만한 경사를 이룬 언덕. **Böschung** [bœʃʊŋ], die; -en 둑, 방축, 제방; 비탈, 언덕: eine steile B. 가파른 언덕; die B. des Ufers 강둑.

Böschungs-: ~**fläche**, die 경사면. ~**linie**, die 경사선. ~**winkel**, der 경사각.

Böse ['bøːzə], der; -n 〖시어〗 악마: sie glaubte, ihr sei der B. erschienen 그녀는 자기에게 악마가 나타났다고 믿었다. **Bösewicht**, der; -(e)s, -er / (다만 österr.) -e 1. (준고어) 악인, 악한, 범죄자. 2. 〈통용어·농〉 (어린아이에 대해서) 장난꾸러기, 개구쟁이: wo ist denn der kleine B.? 이 장난꾸러기는 도대체 어디 있어?

boshaft ['boːshaft] 〈Adj.〉 **a)** (도덕적으로) 나쁜, 악한, 악의 있는, 음흉한; 심술궂은: ein -er Mensch 악인. **b)** 냉소적인, 빈정대는: b. lächeln 냉소하다. **Boshaftigkeit**, die; -en 1. 〈Pl. 없음〉 **a)** 사악함, 음흉함. **b)** 심술, 비꼼, 빈정댐. 2. 악의 있는 언행(言行). **Bosheit**, die; -en **a)** 〈Pl. 없음〉 악의: das hat er aus lauter B. getan 그것을 그는 순전히 악의로 행했다; **mit konstanter B.** 억척스럽게, 끈덕지게, 치근거리며. **b)** 악의에 찬 언행: jmdm. -en sagen 누구에게 악의에 찬 말을 하다.

Boskett [bɔsˈkɛt], das; -s, -e [frz. bosquet] 1. 〈고어〉 덤불, 숲. 2. 〖르네상스, 바로크 시대의 정원에서 볼 수 있는〗 전지된 나무들이 있는 숲.

Boskoop ['bɔskoːp], **Boskop** ['bɔskɔp], der; -s, - [네덜란드의 지명 Boskoop에서 유래] 사과의 일종.

Bosniake [bɔsni'aːkə], der; -n, -n ↑Bosnier.
Bosnien ['bɔsniən], -s 보스니아(구유고슬라비아의 지명).
Bosnier ['bɔsniɐ], der; -s, -s 보스니아 사람.
Bosnigl ['boːsnɪgl], **Bosnickel** ['boːsnɪkl], der; -s, - [aus bayr. bos u. Nigl, Nickel] 《bayr., österr.》악인(惡人).
bosnisch 〈Adj.〉 보스니아의.
Bosporus ['bɔspɔrʊs], der; - 보스포루스 해협.
Boß [bɔs], der; Bosses, Bosse [amerik.-engl, boss] 《통용어》 **1. a)** 보스, 우두머리, 당수, 수령, 장(長): die Bosse der Unternehmen 사장들. **b)** 상관: unser B. ist in Ordnung 우리 상관은 괜찮은 사람이다. **2.** 지휘자, 인솔자, 리더: der B. einer Bande von Jugendlichen 청소년 패거리의 리더.
Bossa Nova ['bɔsa 'noːva], der; - -, - -s [port. bossa nova] 보사노바춤, 재즈 삼바춤(남아메리카에서 유래).
Bosse ['bɔsə], die; -n [frz. bosse] 《예술》 **1.** (대강 다듬은) 석재(石材). **2.** (금세공의) 도드라진 장식, 양각(陽刻), 부각 장식.
Boßel ['boːsl], der; -s, - / die; -n 《nordd.》 구주희(볼링)용의 공.
bosselieren [bɔsə'liːrən; frz. bosseler] ↑bossieren.
bosseln ['bɔsln] 〈h〉 [frz. bosseler] **1.** 《통용어》 **a)** 장시간 만지작거리다 (만들다): er bosselt an einem Spielzeug für seinen Sohn 그는 아들에게 줄 장난감을 장시간 만들고 있다. **b)** (장난으로) 세공하다, (재미로) 만들다: eine Puppenstube b. 인형집을 만들다. **2.** ↑bossieren. **boßeln** ['boːsln] 〈h〉 《nordd.》 볼링을 하다, 구주희놀이를 하다.
Bossenquader, der 〖토목〗 (앞면만 거칠게 다듬은) 방형 석재(方形石材). **Bossenwerk**, das 방형 석재로 쌓은 벽(담). **Bossiereisen**, das 〖토목〗 (벽에 쓰는 석재를 다듬는) 끌.
bossieren [bɔ'siːrən] 〈h〉 [frz. bosse] **1.** (석재(石材)를) 대강 다듬다(가공하다), 거칠게 잘라내다. **2.** (점토, 석고, 밀랍 따위를) 빚어서 모양을 만들다. **Bossierer**, der; -s, - 위의 일을 하는 사람, 양각 세공인. **Bossierwachs**, das 조형 재료 밀랍.
¹Boston ['bɔstən] 보스턴(미국의 도시). **²Boston** [-], das; -s [미국의 도시 이름 Boston에서 유래함] 카드놀이의 일종. **³Boston** [-], der; -s, -s [미국의 도시 이름 Boston에서 유래함] 미국 사교 댄스의 하나(느린 템포의 왈츠).
bot [boːt] ↑bieten 참조.
Bot, Bott [bɔt], das; -(e)s, -e 《schweiz.》 회합, 총회.
Botanik [bo'taːnɪk], die [lat. (scientia) botanica < griech. botaniké (epistḗmē)] 식물학. **Botaniker**, der; -s, - 식물학자. **botanisch** 〈Adj.〉 [griech. botanikós] 식물학의: eine -e Exkursion 식물학 연수(수학) 여행. **botanisieren** [botani'ziːrən] 〈h〉 [griech. botanízein] 식물을 채집하다. **Botanisiertrommel**, die 식물 채집통(상자).
Bötchen ['bøːtçən], das; -s - ↑Boot 참조.
Bote ['boːtə], der; -n, -n **a)** 사자(使者), 전령(傳令): ein zuverlässiger B. 믿을만한 사자; 전의 der hinkende B. kommt hinterher 기뻐하는 것은 시기 상조다; 전의 -n eines nahenden Unheils 불행의 전조. **b)** 사환, 급사, 심부름꾼: der B. holt die Post 사환이 우편물을 가져온다.
böte ['bøːtə] ↑bieten 참조.
Böte [-] 《지역적》 ↑Boot의 복수형.
Botel [bo'tel], das; -s, -s [aus ↑Boot u. ↑Hotel] 해상(수상) 호텔.
Boten-: ~bericht, der 〖문예학〗 사자(使者)의 보고(연극상의 기법). **~brot**, das 〈Pl. 없음〉 《고어》 ↑~lohn. **~dienst**, der 《대개 Pl.》 사자(사환)의 임무. **~frau**, die 《고어》 ↑Botin. **~gang**, der 심부름가기. **~lohn**, der 심부름 삯.
Botin [boːtɪn], die; -nen ↑Bote의 여성형.
botmäßig ['boːtmɛːsɪç] 〈Adj.〉 《아어·고어》 종속하는, 순종하는: jmdm. b. sein 누구에게 종속되다(종속하다). **Botmäßigkeit**, die 《아어·고어》 주권, 통치권: unter fremder B. stehen 외국의 지배를 받다.
Botokude [boto'kuːdə], der; -n, -n [브라질 남동부의 인디언족 이름을 따서] 《준고어·경멸》 촌놈, 무뢰한.
Botschaft ['boːtʃaft], die; -en **1. a)** 《아어》 소식, 통지, 보고: jmdm. eine B. bringen(senden) 누구에게 소식을 가져오다(발송하다); **die Frohe B.** 〖기독교〗 복음. **b)** 공고, 성명(聲明), 교서(敎書). **2. a)** 대사관: die deutschen -en in Ostasien 동아시아 주재 독일 대사관들. **b)** 대사관(건물): Terroristen hielten die Geiseln in der deutschen B. gefangen 테러범들이 인질들을 독일 대사관에 감금하였다. **Botschafter**, der; -s, - 대사: jmdn. zum B. ernennen 누구를 대사로 임명하다. **Botschafterin**, die; -nen ↑Botschafter의 여성형, 여자 대사, 대사 부인.
Botschafter-: ~ebene, die 《다음의 용법으로》 **auf B.** 대사급의, 대사들간의. **~konferenz**, die 《국제적》 대사 회의. **~posten**, der 대사의 지위(직).
Botschaftsrat, der; -(e)s, ...räte 대사관 참사관. **Botschaftssekretär**, der; -s, -e 대사관 서기관.
Botswana [bɔ'tsvaːna], -s 보츠와나(아프리카의 국가 이름). **Botswaner**, der; -s, - 보츠와나 주민. **botswanisch** 〈Adj.〉 보츠와나의.
Bott: ↑Bot.
Böttcher ['bœtçɐ], der; -s, - [niederd. bōdeker, bōddeker] 통장이.
Böttcher-: ~arbeit, die 《대개 Pl.》 통장이의 일. **~handwerk**, das 통장이업(業). **~meister**, der 통장이 기능장(우두머리). **~waren** 〈Pl.〉 통류. **~werkstatt**, die 통장이 작업장.
Böttcherei [bœtçə'raɪ], die; -en **1.** 〈Pl. 없음〉 통 만드는 직업. **2.** 통장이 작업장.
Bottelier [bɔtə'liːɐ], der; -s, -s [niederl. bottelier] 《선원·고어》 주방장.
Botten [bɔtn̩] 〈Pl.〉 [poln. bot] 《지역적》 장화.
Bottich ['bɔtɪç], der; -s, -e [< lat. butica] 통, 양동이: Regenwasser in einem B. sammeln 빗물을 통에 모으다.
Bottle-Party ['bɔtl-], die; -, ...ies [engl. bottle-party] 주류(음료) 지참 파티.
Bottler ['bɔtlɐ], der; -s, - ↑Bottelier. **Bottlerei** [bɔtlə'raɪ], die; -en [선원] 식품 저장실.
Botulismus [botu'lɪsmʊs], der; - [lat. botulus] 〖의학〗 (고기나 소시지에 의한) 식중독.
Bouchée [bu'ʃeː], die; -, -s [frz. bouchée] 〖요리〗 전채(前菜)의 일종인 고기만두.
¹Bouclé [bu'kleː], das; -s, -s [frz. bouclé] 매듭과 고가 있는 실. **²Bouclé** [-], der; -s, -s [frz. tapis bouclé] **a)** 위의 실로 짠 직물. **b)** 고가 있는 양탄자.
Boudoir [bu'doaːɐ], das; -s, -s [frz. boudoir] 《준고어》 우아한 부인방.
Bouffonnerie [bʊfɔnə'riː], die; -n [...iːən; frz. bouffonnerie] 《고어》 농담, 장난.
Bougie [bu'ʒiː], der; -s, -s [frz. bougie; 알제리아의 도시 이름 Bougie에서 유래] 〖의학〗 부지어(요도, 식도 따위를 넓히는 도구), 확장 소식자. **bougieren** [bu'ʒiːrən] 〈h〉 〖의학〗 (요도 따위를) 부지어로 검사하다(넓히다).
Bouillabaisse [buja'bɛːs], die; -s [buja'bɛːs; frz. bouillabaisse] 〖요리〗 (양념을 넣은 프로방스식의) 생선

수프.
Bouillon [buljɔŋ; 《또한》 bul'jõ:, 《다만 österr.》 bu'jõ:]; die; -s [frz. bouillon] 1. 고기국, 고기 수프: B. mit Ei[mit Einlage] 달걀 풀은[건더기 있는] 고기 수프. 2. [의학] 세균 배양 육즙(肉汁). **Bouillonkultur**, die [의학] 배양된 세균이 있는 육즙. **Bouillonwürfel**, der (준고어) 주사위 모양의 고체 수프.
Boule [bu:l], das; -(s), -s,/ die; -s [frz. boule] (프랑스의) 공놀이의 일종.
Boulette: ↑ Bulette.
Boulevard [bulə'va:ɐ̯], der; -s, -s [frz. boulevard] a) 한길, 화려한 거리, 큰 가로수 길, 환상(環狀) 도로(특히 파리의). b) (특히 구동독) 차량 통행이 금지된 거리, 보행자 전용 구역.
Boulevard-: ~**blatt**, das ↑~zeitung. ~**literatur**, die (편) 대중 문학. ~**presse**, die (편) 대중 신문(주로 가두에서 판매되는). ~**stück**, das [연극] 대중물. ~**theater**, das 대중물 공연 극장, 하류[삼류] 극장. ~**zeitung**, die 대중 신문.
Boulevardier [bulavar'dje:], der; -(s), -s [frz. boulevardier] (고어) 대중물 저자.
Bouquet: ↑ Bukett.
Bouquinist [buki'nɪst], der; -en, -en [frz. bouquiniste] 노점 서적 상인, 헌책 장수.
bourgeois [bʊr'ʒoa, (부가적 사용시) bur'ʒoa:...; frz. bourgeois] ⟨Adj.⟩ (드물게) 시민의, 시민적인. b) 부유한 시민 계급의, 유산(자본가) 계급의. **Bourgeois** [-], der; -, - [frz. bourgeois] (교양어·편) 부유한(배부른, 자족하는) 시민, 부르주아. **Bourgeoisie** [bʊrʒoa'zi:], die; -n [...ian; frz. bourgeoisie] 1. a) (교양어·준고어) 부유한 시민 계급. b) (편) 부유한 생활로 타락한 시민 계급. 2. (마르크스주의) 유산 계급, 자본가 계급: der Klassenkampf zwischen B. und Proletariat 유산 계급과 무산 계급간의 투쟁.
Bourrée [bu're:, bʊ're:], die; -s [frz. bourrée] a) 프랑스 옛 민속춤. b) 무도곡, 부레. **Bourrette** [bʊ'rɛtə, bʊ...], die; -n [frz. bourrette] 비단의 부스러기로 짠 직물, 거칠은 비단. **Bourretteseide**, die ↑ Bourrette.
Bouteille [bu'tɛ:j(ə), bu'tɛljə], die; -n [frz. bouteille] (고어) 병(瓶). **Bouteillenstein**, der 유리질의 암석.
Boutique [bu'ti:k], die; -s [...ti:ks] / -n [...kn̩; frz. boutique] 부띠끄, (유행품을 파는) 작은 가게.
Bouton [bu'tõ:], der; -s, -s [frz. bouton] (봉오리 모양의) 귀걸이[장식].
Bovist: ↑ Bofist.
Bowdenzug ['baʊdn̩-], der; -(e)s, -züge [발명자 H. Bowden(1880~1960) 경의 이름을 따서] [기술] (특히 자동차 등에서) 전동(傳動) 철사 케이블, 보덴 와이어.
Bowiemesser ['boːvi-], das; -s, - [발명자 J. Bowie (1796~1836)의 이름에서] 미국의 사냥칼.
Bowle [bo:lə], die; -n [engl. bowl] 1. 포도주에 샴페인, 설탕, 과일 또는 음료를 넣어 만든 음료, 볼주(酒). 2. 볼주 그릇.
Bowlen-: ~**gefäß**, das ↑ Bowle (2). ~**glas**, ⟨Pl. ...gläser⟩ 볼주 잔. ~**löffel**, das 볼주를 젓는 스푼.
bowlen [boʊlən] ⟨h⟩ [engl.-amerik. to bowl] [스포츠] 볼링하다.
Bowler ['boːlɐ, ⟨engl.⟩ 'boʊlə], der; -s, - [engl. bowler] 중산모.
Bowling ['boʊlɪŋ], das; -s, -s [engl.-amerik. bowling] 1. 볼링. 2. (잔디밭에서 하는 영국식) 공놀이. **Bowlingbahn**, die 볼링 레인.
Box [bɔks], die; -en, (또한) Boxe ['bɔksə], die; -n [engl. box] 1. 마구간의 칸막이: das Pferd aus der B. holen 마구간 칸막이에서 말을 내오다. 2. a) (자동차 차고의) 한 구획. b) (경주로 곁에 있는, 경주용 자동차의) 조립 구역: zum Reifenwechsel an die Boxen fahren 타이어 교체를 위해 조립 구역으로 들어가다. 3. [탁구] 탁구실. 4. 창고. 5. a) 상자 사진기(상자 모양의 간단한). b) 상자: Essen in der B. mitnehmen 음식을 상자에 담아 오다.
Box- (↑ Boxer-도 참조): ~**ball**, der 권투 연습용의 매단 공. ~**birne**, die ↑~ball. ~**handschuh**, der 권투 글러브[장갑]. ~**hieb**, der 권투의 치기[때리기, 타격]. ~**kampf**, der 1. ⟨Pl. 없음⟩ 권투. 2. 권투 시합. ~**ring**, der (권투의) 링. ~**sport**, der 권투. ~**staffel**, die (여러 체급의 선수들로 구성된) 권투 선수단. ~**stellung**, die 권투 자세. ~**verband**, der 권투 협회.
Boxcalf: ↑ Boxkalf.
Boxe: ↑ Box (1~4).
boxen ['bɔksn̩] ⟨h⟩ [engl. to box] 1. a) 권투하다, 권투시합하다: sie boxen um die Europameisterschaft 그들은 유럽 선수권을 쥐고 권투 시합한다. b) ⟨스포츠 은어⟩ (권투 시합에서) 어떤 사람을 상대로 싸우다: der Europameister brannte darauf, den Weltmeister zu b. 유럽 권투 선수권자는 세계 권투 선수권자와 싸워보기란 간절히 원했다. 2. a) 주먹으로 때리다, (가볍게) 치다: er boxte ihm freundschaftlich in die Seite 그는 다정하게 그 남자의 옆구리를 툭 쳤다. b) ⟨b. + sich⟩ 주먹질을 하다, 주먹으로 서로 때리다: die Schüler boxten sich im Schulhof 학생들이 교정에서 주먹다짐을 했다. c) (보게어) 주먹으로 쳐 내다: der Torwart boxte den Ball ins Aus 골키퍼가 공을 밖으로 쳐냈다. d) ⟨b. + sich⟩ (통용어) 헤치고 나가다: (전의) er boxte sich durchs Leben 그는 삶을 헤치고 나갔다. **Boxer** ['bɔksɐ], der; -s, - [engl. boxer] 1. 권투선수, 복서. 2. (통용어) 주먹으로 치기, 펀치. 3. 복서(개의 일종).
Boxer- (↑ Box도 참조): ~**aufstand**, der ⟨Pl. 없음⟩ 1900년 중국의 의화단(권비(拳匪))의 난, 북청 사변(北淸事變). ~**motor**, der [기술] 쌍(2)기통 내연 기관(內燃機關). ~**nase**, die 안장코. ~**stellung**, die ↑ Boxstellung.
boxerisch ⟨Adj.⟩ 권투 선수의, 권투 선수다운.
Boxkalf ['bɔkskalf], Boxcalf ['bɔkskalf], ⟨engl.⟩ ...ka:f], das; -s [engl. box calf 송아지 가죽의 이면이 작은 상자 모양으로 두툴두툴한 데서 유래](구두 만드는 양질의) 송아지 가죽, 복스 가죽. **Boxkalfschuh**, der ↑ Boxkalf의 가죽으로 만든 구두. **Boxkamera**, die; -s ↑ Box (5 a).
Boy [bɔy], der; -s, -s [engl. boy] 1. (호텔) 보이, 웨이터, 사환, 급사. 2. [청소년] 소년, 사내아이. 3. [청소년] 남자 친구(애인). **Boyfriend** [-frend], der; -(s), -s [engl. boyfriend] 남자 친구(애인).
Boykott [bɔy'kɔt], der; -(e)s, -s, (또한) -e [engl. boycott; 아일랜드의 소작인들로부터 배척당한 영국인 농장 지배인 Ch. C. Boycott(1832~1897)에서 유래] 1. 보이코트, 공동 배척[절교], 불매 동맹: politischer[wirtschaftlicher] B. 정치적[경제상의] 보이코트: zum B. der chilenischen Kupferlieferungen aufrufen 칠레의 구리 공급의 보이코트를 불러일으키다. 2. a) 거절, 거부, 방해. b) 무시, 의식적 회피.
Boykott-: ~**erklärung**, die 보이코트 선언. ~**hetze**, die (구동독·법) 보이코트 선동(사주). ~**maßnahme**, die (대개 Pl.) 보이코트 조처.
boykottieren [bɔykɔ'ti:rən] ⟨h⟩ [engl. to boycott] a) 보이코트하다, 공동 배척[불매 동맹]하다: ein Land [einen Staat] b. 어떤 나라를 공동 배척[불매 동맹]하다. b) 거부하다, 방해하다: einen Plan[eine Unterneh-

mung, eine Arbeit} b. 어떤 계획[기획, 일]을 거부하다 [방해하다]. c) (거부의 표시로) 의식적으로 피하다: einen Kollegen b. 한 동료를 따돌리다. ~Boykottierung, die; -en 한 boykottieren의 명사형.
Boy-Scout ['bɔyskaut], der; -(s), - [engl. boyscout] 소년단원, 보이-스카우트.
Bozen ['boːtsn̩] (남부 티롤의 도시 이름) 보첸. ¹Bozner, der; -s, - 보첸 사람. ²Bozner 〈Adj.〉 보첸의.
Bq = Becquerel.
Br = Brom.
BR = Bayerischer Rundfunk.
Brabançonne [brabãˈsɔn], die 〈Pl. 없음〉 벨기에의 국가(國歌). Brabant [braˈbant, (niederl.)] ˈbraibant, (frz.) braˈbã], -s 벨기에의 주(州). ¹Brabanter, der; -s, - ↑Brabant의 주민. ²Brabanter 〈Adj.〉 브라반트의.
brabbeln ['brabl̩n] 〈h〉(통용어) 중얼거리다, 중얼중얼 혼잣말하다. Brabbelwasser, das (통용어·농) 화주, 브랜디: B. getrunken haben (통용어·농) 수다 떨다, 쉬지 않고 지껄이다.
¹brach [braːx] ↑brechen 참조.
²brach [-] 〈Adj.〉 휴한의, 휴경 중인, 경작되지 않은.
brach-, Bräch- ↑acker, der; ~feld, das; ~flur, die 휴한지, 휴경지. ~land, das ↑Brache (1). ~legen 〈h〉경작하지 않다, 휴한[휴경]하다: die Felder wurden für einige Jahre brachgelegt 그 밭들은 수년간 경작되지 않았다; 〈전의〉seine Fähigkeiten wurden brachgelegt 그의 능력이 활용되지 않았다. ~liegen 〈h〉(땅이) 경작되지 않고 있다; 〈전의〉seine besten Kräfte liegen hier brach 그의 가장 뛰어난 능력들이 이곳에서 활용되지 않고 있다; ~liegende Kenntnisse 활용되지 않고 있는 지식. ~monat, ~mond, der ↑Brachet. ~pieper, der 섭금류(涉禽類)의 바다새. ~schwalbe, die 들제비. ~vogel, der 마도요새.
Brache ['braːxə], die; -n 1. 휴한(休耕)지. 2. 휴한[휴경]기(期): der Boden soll sich während der B. erholen 땅은 휴한기 동안 토질을 회복하여야 한다.
bräche ['brɛːçə] ↑brechen 참조.
Brachet ['braːxət], der; -s, -e 〈고어〉 6월.
brachial [braˈxjaːl] 〈Adj.〉 [lat. brachiālis] 1. 〔의학〕 상박(上膊)의, 팔의. 2. 〈교양어〉 폭력의, 완력의: b. durchgreifen 폭력으로 대처하다. Brachialgewalt, die 〈Pl. 없음〉 〈교양어〉 완력, 폭력: mit B. vorgehen 폭력으로 대처하다. Brachiosaurus [braxjoˈzaurus], der; -, ...rier [...rjɛ, lat. brachium u. griech. sauros] 〔고생물〕 앞다리가 길고 몸집이 거대한 초식 공룡 (브라히오 사우루스).
Brachse ['braksə], Brasse ['brasə], die; -n, Brachsen, Brassen, der; -s, - 잉어과의 담수어.
brachte ['braxtə], brächte ['brɛçtə] ↑bringen 참조.
brachy-, Brachy- [braxy-; griech. brachýs]: ~katalektisch 〈Adj.〉 [griech. brachykatalḗktos] 〔운율〕 한 음각(두 음절)이 생략된(↑katalektisch 참조). ~katalexe, die 시행말의 한 음각 생략(법)(↑Katalexe 참조). ~syllabus [...ˈzylabus], der; -, ...syllaben [zyˈlaːbn̩] / ...syllabi [...ˈzylabi]; griech. brachysýllabos] 단음절 어.
Brack [brak], das; -s, -s 〈지역적〉 강어귀의 웅덩이.
Bracke ['brakə], der; -n, -n, 〈드물게〉 die; -n 사냥개의 일종.
brackig ['brakɪç] 〈Adj.〉 (niederl.) (물이) 좀 짠, 약간 소금기가 있는, 마실 수 없는. Bräckin ['brɛkɪn], die; -nen ↑Bracke의 여성형. brackisch ↑〔지질〕 담수와 해수가 섞여 침전한. Brackwasser, das; -s, ...wasser [niederd., niederl. brakwater] (강어귀 따

위의) 바닷물이 섞인 강물.
brägeln ['brɛːgl̩n] 〈h〉 (südd.) (고기를 기름에) 굽다.
Brägen: ↑Bregen.
Bragi ['braːgi] 북구의 시문학의 신(神).
Brahmaismus [bramaˈɪsmʊs] ↑Brahmanismus.
Brahmahuhn: ↑Brahmaputrahuhn. Brahman ['braːman], das; -s [sanskr. brahman] 세계령(世界靈), 범(梵)(인도 바라문교에 있어서의 우주의 최고 원리). Brahmane [braˈmaːnə], der; -n, n [sanskr. brahmana] 바라문(인도의 최고 계급인 승려). brahmanisch 〈Adj.〉 바라문의. Brahmanismus [bramaˈnɪsmʊs], der; - 1. 바라문교. 2. (드물게) ↑Hinduismus. Brahmaputrahuhn [...aˈputra-, ...ˈpuːtra-], (또한) Brahmahuhn ['braːma-], das; -(e)s, ...hühner [인도의 강 이름 Bramaputra에서] 바라문종의 닭.
Brailleschrift ['braːj(ə)-], die [프랑스의 점자 발명가 L. Braille(1809~1852)의 이름에서] 점자(點字).
Brain-Drain ['breɪndreɪn], der; -s [engl.-amerik. braindrain] 인재의 국외 이주, 두뇌 유출. Brainstorming [-stɔːmɪŋ], das; -s [engl.-amerik. brainstorming] 〈교양어〉 (문제 해결을 위한) 여러 착상들의 동원(집단사고). Brain-Trust [-trʌst], der; -(s), -s [engl.-amerik. brain trust; 원래는 미국 대통령 Franklin D. Roosevelt가 1932년 뉴딜 정책을 수립할 때의 고문단을 일컬음] (특히 경제·정치의) 고문단; 전문위원회.
Brakteat [brakteˈaːt], der; -en, -en [lat. bracteātus] 1. 반면(半面)에 각인된 고대 그리스의 금박 주화. 2. (민족 대이동시 스칸디나비아의) 반면(半面)에 각인된 장식용 원반. 3. 반면(半面)에 각인된 중세의 금(은)화.
Bram [braːm], die; -en [niederl. bram] 〔선원〕 윗돛대.
Bram- 〔선원〕: ~rah(e), die [niederl. bramra] 윗돛대의 활대. ~segel, das [niederl. bramzeil] 윗돛대의 돛. ~stenge, die [niederl. bramsteng] 윗돛대.
Bramahschloß ['braːma-], das; -schlosses, -schlösser [영국의 기사 J. Bramah(1749~1814)의 이름에서] 브라마 자물쇠.
Bramarbas [braˈmarbas], der; - , -se [작자 미상의 스페인시 "Cartell des Bramarbas an Don Quixote"에서 처음 사용됨] 〈교양어〉 허풍선이, 호언장담하는 사람. bramarbasieren [bramarbaˈziːrən] 〈h〉 (아어·경) 호언장담하다, 허풍 떨다: von seinen Erfolgen b. 자신의 성공에 대해 허풍 떨다.
Bramburi ['bramburi] 〈Pl.〉 (ostösterr.·농) 감자.
Brambusch [braːm-], der; -(e)s, -büsche [niederd. brām] (niederl.) 금작화속(金雀花屬).
Bramme ['bramə], die; -n 〔기술〕 철괴(鐵塊), (압연한) 쇳덩이. Brammenwalzwerk, das 철괴 압연기(壓延機).
bramsig ['bramzɪç] 〈Adj.〉 (nordd.) 뽐내는, 거만한, 과시하는.
Branche ['brãːʃə], die; -n [frz. branche] a) (특히 경제·상업에서의) 분야, 영역, 부문: die gesamte B. verzeichnete einen Umsatzrückgang 모든 부문이 판매 하락을 기록했다: sich in einer B. gut auskennen 어떤 (상업) 분야에 정통하고 있다. b) 〈통용어〉 전문 분야, 전문 영역: die B. wechseln 전문 분야를 바꾸다.
branche(n)-, Branche(n)-: ~erfahrung, die 전문 경험. ~fremd 〈Adj.〉 어떤 분야에 속하지 않는, 그 분야에 익숙치 않은: einen Kollegen einarbeiten 이 분야에 문외한인 동료를 익숙하게 만들다. ~kenntnis, die 전문 지식. ~kundig 〈Adj.〉 전문 지식이 있는, 전문 분야에 정통한. ~üblich 〈Adj.〉 그 분야 (부문)에 통례적인.
Branchenverzeichnis, das; -ses, -se 직업별 전화 번

호부.
Branchiat [bran'çia:t], der; -en, -en [griech. bránchia] [동물] 아가미로 숨쉬는 마디발[절지(節肢)] 동물. **Branchie** ['brançiə], die; -n 〈대개 Pl.〉 [lat. branchia < griech. bránchion] [동물] 아가미. **Branchiosaurier** [brançio-], der; -s, -, **Branchiosaurus** [brançio'zaurʊs], der; -, …saurier [고생물] 카본기와 이첩기(二疊紀)의 갑각 양서류.

Brand [brant], der; -(e)s, Brände **1. a)** 화재: ein B. bricht aus 화재가 발생하다. **b)** 연소, 타오름: 전의 den B. der Liebe[des Hasses, des Ehrgeizes] (im Herzen) spüren (아이) 사랑(증오, 공명심)의 불길을 (가슴 속에) 느끼다; etw. in B. (er)halten 무엇이 계속 타도록 하다; in B. geraten 불타다; in B. setzen[stecken] 불을 지르다, 방화하다. **c)** 〈대개 Pl.〉 타는 물건(특히 나무) **2.** [수공] 구워서 만듦, 굽기: der B. von Ziegeln[von Porzellan] 벽돌[도자기] 굽기. **3.** 《지역적》 연료, 장작. **4.** 《통용어》 갈증: seinen B. mit Bier löschen 맥주로 그의 갈증을 풀다. **5.** 〈Pl. 없음〉 **a)** [의학] 탈저(脫疽), 회저(壞疽), 회사(壞死): trockener B. 건(乾) 탈저(회저); feuchter B. 습(濕) 탈저(회저). **b)** [생물] 반점병, 아롱병, 흑수병, 깜부기병: der Baum[das Getreide] ist vom B. befallen 나무[곡식]가 반점병에 걸렸다.

brand-, Brand-: ~aktuell 〈Adj.〉 매우 시사적(時事的)인: eine ~e Nachricht 매우 시사적인 소식. **~anschlag,** der 기습 방화. **~bettel,** der **1.** 《통용어》 급하게 알리는 편지. **2.** 《고어》 화재 이재민에 대한 구걸 허가증. **~binde,** die 화상용 붕대. **~blase,** die 화상용 물집, 화상 수포. **~bombe,** die 소이탄. **~brief,** der [spätmhd. brantbrief] 긴급[청원 혹은 경고] 편지[장]. **~direktor,** der 소방서장. **~eilig** 〈Adj.〉 〈통용어〉 화급한: dieser Brief ist b. 이 편지는 화급한 것이다. **~eisen,** das 낙인(烙印), 소인(燒印). **~ente,** die 황(黃)오리. **~fackel,** die 방화용 횃불: 전의 des B. des Krieges (아이) 전쟁의 불길, 전화(戰火). **~fleck,** der 불탄 자리, 화상반(火傷斑). **~fuchs,** der **1.** 밤색의 말, 자류마(紫騮馬). **2.** 《대학생》 학생조합 소속의 제 2 학기생. **~gans,** die **↑ ~ente. ~gasse,** die 불이 번지지 않게 하기 위한 건물 사이의 골목길. **~gefahr,** die 화재 위험. **~gefährlich** 〈Adj.〉 《대개 스포츠 용어》 매우 위험한: die Mannschaft war[spielte] b. 그 선수단은 매우 아슬아슬하게 경기를 치렀다. **~geruch,** der 탄내, 타는 냄새. **~geschoß,** das 《군》 소이탄. **~giebel,** der 방화용(防火用) 박공(합각지붕) 벽. **~glocke,** die 화재 경종. **~grab,** das 화장한 유골을 안치한 선사 시대의 묘. **~granate,** die 《군》 소이탄. **~heiß** 〈Adj.〉 매우 시사적인, 긴급하고 중대한: ein ~es Angebot 긴급 제안. **~herd,** der 발화원[~ 전의 der B. eines Krieges[eines Aufstandes] 전쟁[소요]의 근원. **~kasse,** die 소형 화재 보험. **~katastrophe,** die 화재로 인한 대참사(재앙). **~kultur,** die 화전(火田). **~leger,** der; -s, - 《österr.》 ↑~stifter. **~legung,** die; -en 《österr.》 ↑~stiftung. **~mal,** das; -(e)s, -e 〈드물게: -mäler〉 (아이) 덴 자국, 소인, 낙인: 전의 das B. eines Vergehens[einer Schande] 《아이》 죄[치욕]의 낙인. **~malerei,** die 소화(燒畫). **~marken** 〈h〉 오욕을 가하다, 탄핵하다, 조리돌리다, 맹렬히 비난하다; 낙인을 찍다: er war für immer (als Verbrecher) gebrandmarkt 그는 영원히 범죄자의 낙인이 찍혔다. **~mauer,** die 방화벽; 내화 외벽(耐火外壁). **~meister,** der 소방대장. **~munition,** die 소이탄. **~nacht,** die 화재가 난 밤. **~neu** 〈Adj.〉 〈통용어〉 아주 새로운: das Model ist b. 이 모델은 아주 새로운 것이다. **~opfer,** das **1.** [종교] 번제(燔祭). **2.** 화재 참사의 희생자. **~opferstätte,** die [고고·인종] 번제소, 번제 제단. **~ort,** der 화재 현장. **~pilz,** der [식물] 흑수균류(黑穗菌類), 반점병균. **~rakete,** die 소이(燒夷) 로켓트. **~rede,** die 선동적인(정치) 연설, 열변(熱辯): eine B. halten 선동적인 연설을 하다[열변을 토하다]. **~rot** 〈Adj.〉 불처럼 빨간: er wurde vor Zorn b. im Gesicht 그는 성이 나서 얼굴이 빨갛게 달아올랐다. **~salbe,** die 화상용 연고(軟膏). **~satz,** der 소이장약(燒夷裝藥). **~schaden,** der 화재로 인한 손해. **~schatzen** 〈h〉 《역사적》 불지른다고 위협하여 강탈하다[약탈하다]: die feindlichen Truppen brandschatzten die Stadt 적군이 불지른다고 위협하여 그 도시를 약탈하였다. **~schatzung,** die; -en 면소금(免燒金) 징수, 강탈, 주구(誅求). **~schau,** die (공공 물에 대한) 정기 화재 안전 검사. **~schiefer,** der 역청질의 판석(板石). **~schürze,** die [토건] (건물 공간의 위쪽에 드리워진) 방화벽. **~schutz,** der 소방 대책. **~silber,** das 정련은(精鍊銀). **~sohle,** die 구두의 안쪽 바닥. **~stätte,** die (아이) 화재 발생 장소, 화재 현장. **~stelle,** die **1.** 화재 현장: die Feuerwehr war sofort an der B. 소방대가 즉시 화재 현장에 도착했다. **2.** 불탄 자리. **~stifter,** der 방화자: 전의 der B. des Krieges[Streites] (아이) 전쟁[분쟁]의 원흉(元兇이다). **~stiftung,** die 방화. **~teig,** der [요리] 약한 불에 갠 반죽. **~ursache,** die 화재 원인. **~verhütung,** die 화재 예방책. **~versicherung,** die 화재 보험. **~wache,** die **1.** 화재 현장 감시(소화 후 화재 재발의 감시). **2.** 화재 현장 감시원[직]. **~wand,** die ↑~mauer. **~wunde,** die 화상. **~zeichen,** das (가축의) 낙인.

brandeln ['brandln] 〈h〉 《österr.》, 《또한》 bayr.》 **1.** 《통용어》 탄내가 나다. **2.** 《경》 바가지를 씌우다(부득이 많이 지불하다).

branden ['brandn] 〈h〉 (아이) 거품을 내며 무엇에 부딪치다, 부서지다: 전의 die Wogen der Begeisterung branden um den Redner 청중의 물결이 연사에게 쏟아졌다; brandender Verkehr 폭주하는 교통; brandender Beifall 떠나갈듯한 박수 갈채.

Brandenburg ['brandnbʊrk], -s **1.** 브란덴부르크(옛 독의 지방 이름). **2.** Havel 강변의 도시 이름. **¹Brandenburger** ['brandnbʊrɡɐ], der; -s, - 브란덴부르크 주민. **²Brandenburger** 〈Adj.〉 브란덴부르크의. **brandenburgisch** 〈Adj.〉 브란덴부르크(풍)의. **brandig** 〈Adj.〉 **1.** 탄, 탄내 나는, 눌은, 눌은내 나는: b. riechen[schmecken] 탄내[탄 맛]이 나다. **2. a)** [의학] 탈저(脫疽), 회저(壞疽)에 걸린: ~es Gewebe 탈저[회저]에 걸린 조직. **b)** [식물] 반점병(흑수병)에 걸린. **Brandung,** die; -en 〈드물게 Pl.〉 부딪쳐 부서지는 파도: die B. donnerte an die Küste 해안에 부딪혀 부서지는 파도가 우뢰 같은 소리를 냈다; sich in die B. stürzen 부서지는 파도 속으로 뛰어들다.

Brandungs-: ~boot, das (본선과 해안 사이를 왕래하는) 거룻배. **~reiten, ~schwimmen,** das; -s [스포츠] (널빤지를 이용한) 서핑.

Brandy ['brɛndi], der; -s, -s [engl. brandy] 브랜디, 화주(火酒).

Brannt-: ~kalk, der 소석회(消石灰), 가성석회(苛性石灰), 수산화 칼슘. **~wein,** der (전문어·그 밖에는 古어) 브랜디, 화주. **~weinbrenner,** der 화주 제조자. **~weinbrennerei,** die **1.** 〈Pl. 없음〉 화주 제조. **2.** 화주 제조소, 증류주 제조장. **~weindestillation,** die ↑ ~weinbrennerei (2). **~weiner** [-vainɐ], der; -s, - 《österr.·방언》 화주점의 주인. **~weinmonopol,** das 화주 전매(專賣). **~weinsteuer,** die 화주세(火酒稅).

brannte ['brantə] ↑brennen 참조.

¹Brasil [bra'zi:l], der; -s, -e / -s 브라질 엽연초. **²Brasil** [-], die; -(s) 브라질 여송연(시가). **Brasilholz**, das; -es ↑Brasilienholz. **Brasilia** [bra'zi:lia]: 브라질리아 (브라질의 수도). **Brasilianer** [brazi'lia:nɐ], der; -s, - 브라질리아 주민. **brasilianisch** [brazi'lia:nɪʃ] ⟨Adj.⟩ 브라질리아의. **Brasilien** [bra'zi:liən], -s 브라질(남아메리카의 주). **Brasilienholz** [bra'zi:liən-] das; -es 브라질 다목(붉은색 물감 원료). **Brasiltabak**, der ↑¹Brasil. **Brasilzigarre**, die ↑²Brasil.

¹Brasse ['brasə], die; -n, Brassen, der; -s, - (niederd., md.) ↑Brachse, Brachsen.

²Brasse [-], die; -n [niederl. bras] 〖선원〗 아딧줄.

Brasselett [brasə'lɛt], das; -s, -e [frz. bracelet] 1. 《고어》 팔찌. 2. 〖부랑자〗 수갑.

brassen ['brasn̩] ⟨h⟩ 〖선원〗 (활대를) 아딧줄로 돌리다.

Brassen: ↑Brachsen.

brät [brɛːt] ↑braten 참조.

Brät [-], das; -s 〖전문어·특히 schweiz.〗 소시지용의 다진 돼지고기.

Brat-: ~apfel, der (불에) 구운 사과. **~fett**, das (고기, 생선 따위의) 지짐질 기름. **~fisch**, der 1. 구운 생선, 생선 따위의. 2. 구이(프라이)용 생선. **~hähnchen**, das 1. 통닭구이. 2. 구이용 닭. **~hendl**, das (südd., österr.) ↑~hähnchen. **~hering**, der 청어구이, 구운 청어. **~huhn**, **~hühnchen**, das 1. 통닭구이. 2. 구이용 닭. **~kartoffeln** ⟨Pl.⟩ 기름에 튀긴 감자, 감자 튀김. **~kartoffelverhältnis**, das 《통용어·준고어》 (아무런 속박없이 남자쪽의 편의를 위해 유지되는) 남녀 애정 관계. **~klops**, der (nordostd.) 다진 고기로 만든 만두(경단). **~ofen**, der (고기, 빵을 굽는) 화덕, 오븐. **~pfanne**, die 프라이팬, 번철. **~röhre**, die ↑~ofen. **~rost**, der 석쇠. **~spieß**, der 고기구이용 꼬챙이. **~spill**, das 〖선원〗 닻을 감아 올리는 기계, 원치, 자아놀. **~wurst**, die (주로 돼지고기로 만든) 구이용 소시지, 구운 소시지.

Brätchen ['brɛːtçən], das; -s, - ↑Braten의 축소형.

brätеln ['brɛːtl̩n] ⟨h⟩ 살짝 굽다. **braten** ['brɑːtn̩] ⟨h⟩ **a)** 굽다, 기름에 지지다, 프라이하다: Fleisch braun (knusprig, scharf) b. 고기를 노릇노릇하게(바삭바삭하게, 빠싹) 굽다. **b)** 구워지다, 지져지다, 프라이되다: 〖전의〗 in der Sonne b. 《통용어》 햇볕에 노출되다; sich in⟨von⟩ der Sonne b. lassen 햇볕에 태우다, 일광욕을 하다. **Braten** [-], der; -s, - (큼직한 조각의) 구운 고기, 구이용.고기: ein saftiger⟨knuspriger⟩ B. 즙이 많은(바삭삭한) 구운 고기; 〖전의〗 ein fetter B. 《통용어》 그것은 횡재(큰 벌이)였다; den B. riechen 《통용어》 눈치채다, 감촉채다, 알아차리다.

Braten-: ~duft, der 고기 굽는 냄새. **~fett**, das 고기를 구울 때 생기는 기름. **~platte**, die (길쭉한) 불고기 접시. **~rock**, der (준고어·농) 예복, 프록코트, 외출복. **~saft**, der 구운 고기에서 나오는 즙. **~soße**, die 불고기 소스. **~wender** [-vɛndɐ], der; -s, - 굽는 고기를 뒤집는 기구.

Bräter ['brɛːtɐ], der; -s, - (지역적) 고기 굽는 냄비[팬]. **bratfertig** ⟨Adj.⟩ 튀김(프라이) 준비가 된. **Bratling** ['brɑːtlɪŋ], der; -s, -e 1. 〖요리〗 구운 야채 경단. 2. ↑Brätling. **Brätling** ['brɛːtlɪŋ], der; -s, -e 느타리버섯의 일종.

Bratsche ['brɑːtʃə], die; -n [ital. viola da braccio] 〖음악〗 비올라. **Bratschenschlüssel**, der ↑Altschlüssel. **Bratscher**, der; -s, -, **Bratschist** [brɑːtʃɪst], der; -en, -en 비올라 연주가.

Brau- (Brauen 1 a): **~gerechtigkeit**, die (옛) 양조면허, 양조권. **~gerste**, die 맥주 양조용 보리. **~haus**, das ↑Brauerei (2). **~meister**, der 양조 전문가, 양조

기사장(技師長). **~recht**, das ↑~gerechtigkeit. **~stätte**, die 《아이》 양조장. **~wasser**, das ⟨Pl. 없음⟩ 맥주 양조용 물. **~wesen**, das ⟨Pl. 없음⟩ 양조업(에 관한 일체).

Brauch [brauχ], der; -(e)s, Bräuche ['brɔyçə] 관습, 관례, 풍습: das ist bei ihnen so B. 그것은 그들의 관습이다[거기서는 흔히 있는 일이다]; etw. nach altem B. feiern 무엇을 옛 관례에 따라 축하하다. **brauchbar** ['brauχbɑːɐ̯] ⟨Adj.⟩ 알맞은, 사용할 수 있는(반대: unbrauchbar): das Material ist noch b. 이 재료는 아직 사용할 수 있다. **Brauchbarkeit**, die ⟨Pl. 없음⟩ 유용성, 쓸모(반대: Unbrauchbarkeit). **brauchen** ['brauxn̩] ⟨h⟩ **1. a)** 필요로 하다, 요하다: Ruhe⟨Trost⟩ b. 안정(위로)을 요하다; ich brauche dich⟨deine Hilfe⟩ 나는 네⟨너의 도움⟩이 필요하다; ich kann dich jetzt nicht b. 《친근어》 나는 지금 너를 herhaben 시간을 낼 수 없다; diese Arbeit braucht⟨ihre⟩ Zeit 이 일은 쉽게 끝나지 않는다; er hat alles, was man zum Leben braucht 그는 살아가는데 필요한 모든 것을 가지고 있다. **b)** (시간이) 걸리다, 소요되다: er hat für die Arbeit Jahre gebraucht 그는 이 일을 하는 데 수년이 걸렸다; der Zug braucht zwei Stunden bis Stuttgart 그 기차는 슈트트가르트까지 두 시간이 걸린다. **c)** 《아어·준고어》 필요로 하다, 요하다(bedürfen): es braucht keines Beweises⟨keiner weiteren Erklärungen⟩ 그것은 어떤 증명도(더 이상의 해명을) 요하지 않는다. **2.** 사용하다, 쓰다, 이용하다: das kann ich gut(nicht(mehr)) b. 나는 그것을 잘 사용할 수 있다(더 이상 사용할 수 없다); kannst du die Sachen noch b.? 너 아직 그것(사용하)고 있니?; er ist zu allem zu b. 그는 매우 유능하다; sie war heute zu nichts zu b. 그녀는 오늘 할 일이 없었다. **3.** 소비하다, 소모하다: das Gerät braucht wenig Strom 이 (전기) 기구는 전력 소모가 적다. **4.** ⟨zu 부정형과 함께⟩: er braucht heute nicht zu arbeiten 그는 오늘 일할 필요가 없다; du brauchst doch nicht gleich zu weinen 네가 즉시 울음을 터뜨릴 아무런 이유가 없다; es braucht nicht sofort zu sein 시간⟨여유⟩이 남아 있다; du brauchst es⟨mir⟩ nur zu sagen 너는 나에게 말만 하면 된다; es hätte nicht zu sein b. 그 일을 피할 수도 있었다. **Brauchtum** ['brauχtuːm], das; -s, -tümer [-tyːmɐ] 관습, 풍습: in der Gegend hat sich noch altes B. erhalten 이 지역에는 아직 옛 풍습이 남아 있다. **Brauchwasser**, das ⟨Pl. 없음⟩ 〖전문어〗 공업용수, 허드렛 물.

Braue ['brauə], die; -n 눈썹: die -n hochziehen 눈썹을 치켜 올리다.

brauen ['brauən] ⟨h⟩ **1. a)** (맥주를) 양조하다. **b)** 《친근》 (혼합 음료를) 섞어 만들다, 믹스하다, (음료를) 끓이다: ich muß mir einen starken Kaffee b. 나는 커피를 진하게 끓여 마셔야 한다. **2.** 〖시어〗 끓어오르다, 피어 오르다: in der Tiefe brauten die Nebel 심연에서 안개가 피어 올랐다. **Brauer**, der; -s, - 양조 전문가(특히 맥주의). **Brauerei** [brauə'raj], die; -en **1.** ⟨Pl. 없음⟩ 양조(법). **2.** 양조업. **Brauerinnung**, die 양조자 조합. **Brauerpech**, das (나무통의 틈을 메꾸는) 밀폐용 역청.

Brauerei-: ~bedarf, der 양조(장)용품. **~betrieb**, der 양조업, 양조장. **~geschwür**, das (맥주 양조장에서 맥주를 많이 마셔 뚱뚱해진) 배. **~gewerbe**, das 양조업. **~pferd**, das 맥주 운반차의 말.

braun [braun] ⟨Adj.⟩ 다색의, 다색의, 고동색의, 밤색의: -es Haar haben 갈색 머리칼을 가지다; sich von der Sonne b. brennen lassen 햇볕에 태우다(그을리다). **2.** ⟨준어⟩ 나치 시대의, 나치의: die -e Epoche 나치 시대. **Braun** [-], das; -s, - ⟨통용어⟩ 갈색, 다색, 고동색, 밤색: ein dunkles[kräftiges] B. 암갈색[진한

갈색); sie erschien am Abend in B. 그 여자는 저녁에 갈색옷을 입고 나타났다.
braun-, Braun-: ~**alge**, die 〈대개 Pl.〉 갈조류(褐藻類)(미역, 다시마 등). ~**auge**, das 〈낱개에 눈 모양의 반점이 있는〉 암갈색 나비. ~**äugig** 〈Adj.〉 갈색 눈의. ~**bär**, der 불곰. ~**eisenerz**, das, ~**eisenstein**, der 〈Pl. 없음〉 갈철광. ~**fäule**, die (식물의) 갈색 핵균병(核菌病), 엽삽병(葉澁病). ~**gebrannt** 〈Adj.〉 햇볕에 탄, 햇볕에 그을린. ~**haarig** 〈Adj.〉 갈색 머리칼의. ~**häutig** 〈Adj.〉 갈색 피부의. ~**hemd**, das (나치) 1. 갈색 셔츠(나치의 제복에 속하는). 2. 〈뜀〉 (갈색 셔츠를 입은) 나치 당원. ~**kehlchen**, das (갈색의) 딱새. ~**kohl**, der (지역적) 양배추의 일종. ~**kohle**, die 갈탄. ~**kohlenbergwerk**, das 갈탄 광산, 갈탄 채광장. ~**kohlenbrikett**, das 갈탄 조개탄(연탄). ~**kohlenförderung**, die 갈탄 채굴. ~**kohlengas**, das 갈탄 가스. ~**kohlenteer**, der 갈탄 타르. ~**spat**, der 백운석(白雲石). ~**stein**, der 〈Pl. 없음〉 갈색(褐石), 연(軟)망간광(鑛).
¹**Braune** ['braunə], das; -n 1. 갈색임, 갈색, 다색, 밤색. 2. 갈색으로의 변색, 갈색으로 변한 부분: das B. an einem Apfel entfernen 사과의 썩은 부분을 잘라내다. ²**Braune**¹ [-], der; -n, -n 1. 밤색말, 자류마(紫騮馬). 2. (österr.) (크림이나 우유를 넣은) 연갈색 커피.
Bräune ['brɔynə], die 1. (피부의) 갈색. 2. 《통용어·준(準)의》 인후염, 편도선염. ¹**Braunelle** [brau'nɛlə] die; -n 〈동물〉 (갈색의) 바위종다리. ²**Braunelle** [-], die; -n 1. 꿀풀; 오이풀. 2. ↑Kohlröschen.
bräunen ['brɔynən] 〈h〉 1. **a**) 갈색으로 하다(만들다): die Sonne hat mich(meine Haut, mein Gesicht) gebräunt 태양이 나(내 피부, 내 얼굴)를 갈색으로 태웠다. **b**) 갈색이 되다: man kann hier schön in der Sonne b. 여기서는 햇볕에 잘 태울 수 있다. **c**) 〈b. + sich〉 (잎 따위가) 갈색으로 되다: im Herbst bräunen sich die Blätter 가을에 나뭇잎들은 갈색으로 된다. 2. 【요리】 **a**) 갈색으로 굽다(튀기다, 볶다): Zwiebeln in Öl b. 양파를 기름에 노릇하게 볶다. **b**) 갈색으로(바삭바삭하게) 구워지다: der Braten (die Gans) bräunt schön(gleichmäßig) 불고기(거위)가 잘(골고루) 구워진다. **bräunlich** ['brɔynlɪç] 〈Adj.〉 연갈색의, 약간 갈색을 띤, 갈색 계통의: ihr Haar schimmert b. 그녀의 머리칼이 연갈색으로 빛난다.
Braunschweig ['braunʃvaik] 브라운슈바이크(북독일의 도시). ¹**Braunschweiger** ['braunʃvaigɐ], der; -s, - 브라운슈바이크의 주민. ²**Braunschweiger** 〈Adj. 격변화 없음〉 브라운슈바이크의. **braunschweigisch** ['braunʃvaigɪʃ] 〈Adj.〉 브라운슈바이크(풍)의. **Bräunung**, die; 갈색으로 만들기(되기).
Braus [braus] ↑Saus.
Brausche ['brauʃə], die; -n 〈지역적〉 (이마의) 혹.
Brause ['brauzə], die; -n 1. 〈통용어〉 레몬수, 로나드, 레모네이드. 2. **a**) 살수기, 물뿌리개, 샤워기(샤워 시설): sich mit der B. abspritzen 샤워기로 샤워하다. **b**) 샤워: eine kalte(warme) B. nehmen 냉수(온수)로 샤워하다. **c**) 물뿌리개(조로, 샤워)의 꼭지.
Brause-: ~**bad**, das **a**) 공중(공동) 샤워장. **b**) 샤워. ~**kopf**, der (통용어) 흥분하기 쉬운 사람, 성급한 사람. ~**köpfig** 〈Adj.〉 다혈질의, 흥분 잘 하는, 성미가 급한. ~**limonade**, die ↑Brause (1). ~**pulver**, das 레몬 분말(粉末).
brausen ['brauzn] 〈h〉 1. (바람이나 물결 따위가) 쏴쏴 소리내다, 윙윙거리다: das Meer(die Brandung, der Gebirgsbach) braust (부서지는 파도, 계곡물이) 쏴쏴 소리내다. 〈전의〉 die Orgel braust 풍금이 큰 소리로 울린다; Ganz fern braust die Straße 도로의 시끄러운

차소리가 멀리서 들려온다. 2. **a**) 샤워하다: ich brause (mich) jeden Tag 나는 매일 샤워한다. **b**) 샤워시키다: ich muß noch die Kinder b. 나는 또 아이들을 샤워시켜야 한다. 3. 돌진하다: der Zug ist über die Brücke gebraust 기차가 요란한 소리와 함께 다리 위로 돌진했다. **Brausen**, das; -s ↑brausen의 명사형.
Braut [braut], die; Bräute ['brɔytə] 〈축소형: ↑Bräutchen) **a**) (결혼 당일의) 신부, 새색시: die B. ging in Weiß 신부가 흰 예복(드레스)을 입고 걸어갔다. **b**) 약혼녀: 〈전의〉 B. Christi/ Unseres Herrn [가] 수녀. **c**) 〈통용어〉 (여자) 애인.
Braut-: ~**ausstattung**, die 혼수, 지참금, 결혼 준비금. ~**bukett**, das (결혼식의) 신부가 드는 꽃다발, 부케. ~**eltern** 〈Pl.〉 신부의 부모. ~**examen**, das (신부(神父)에 의한) 신랑 신부 시험. ~**führer**, der 신부를 인도하는 아버지(대부). ~**jungfer**, die 신부의 들러리. ~**kind**, das [법] 약혼 중(결혼 전)에 생긴 아이. ~**kleid**, das 결혼 의상, 웨딩 드레스. ~**kranz**, der 신부의 화관(花冠). ~**krone**, die 〈준어〉 신부 장식관(冠). ~**leute** 〈Pl.〉 ↑-paar. ~**messe**, die 결혼 미사. ~**mutter**, die 신부의 어머니. ~**nacht**, die 첫날밤, 결혼식 밤. ~**paar**, das 신랑 신부. ~**schau**, die 〈Pl. 없음〉 (다음의 용법으로) auf(die) B. gehen(auf B. wollen / B. halten) (통용어 · 농) 신부감을 구하다. ~**schleier**, der 신부의 면사포. ~**staat**, der 〈Pl. 없음〉 신부의 의상(장식). ~**stand**, der 〈Pl. 없음〉 (준어) 약혼 기간(시절). ~**strauß**, der 신부의 꽃다발. ~**unterricht**, der (성당에서의) 신랑 신부의 종교적 수업. ~**vater**, der 신부의 아버지.
Bräutchen ['brɔytçən], das; -s, - ↑Braut. **Bräutigam** ['brɔytɪgam], der; -s, -e (통용어에서는 또한: -s) **a**) 신랑(결혼 당일의). **b**) 약혼자. **bräutlich** ['brɔytlɪç] 〈Adj.〉 **a**) 신부의. **b**) 신부 같은.
brav [braːf] 〈Adj.〉 [frz. brave] 1. (어린애가) 얌전한, 행실이 좋은: er ist heute sehr b. 그는 오늘 매우 얌전하다; b. sitzen bleiben 얌전히 앉아 있다. 2. **a**) 정직한, 성실한, 순직(順直)한, 참한. **b**) 형식에 구애됨이 없이 단정한, 수수한, 평범한: eine Sonate b. herunterspielen 소나타 한 곡을 수수하게 쳐내려가다(연주하다); diese Bluse ist für einen Ball zu b. 이 블라우스는 무도회에 입기에는 너무 평범하다. 3. 〈준고어〉 용감한, 씩씩한. **Bravheit**, die ↑brav의 명사형. **bravissimo!** [bra'vɪsimo] 〈Interj.〉 [ital. bravissimo] 참 훌륭하다(잘 한다)! 브라보! **bravo!** ['braːvo] 〈Interj.〉 [ital. bravo] 잘 한다! 훌륭하다! ¹**Bravo** [-], das; -s, -s 갈채(찬양)의 소리: ein lautes B. ertönte 큰 갈채소리가 났다. ²**Bravo** [-], der; -s, -s / ...vi [ital. bravo] 자객(암살자), 강도. **Bravoruf**, der Bravos. **Bravour** [bra'vuːɐ], die; -en [frz. bravoure] 1. 〈Pl. 없음〉 용맹, 용감, 용기, 담력: mit großer B. kämpfen 매우 용감하게 싸우다; ein Projekt mit viel B. in Angriff nehmen 어떤 계획을 과감하게 착수하다. 2. **a**) 〈Pl. 없음〉 능숙함, 능란함, 숙련: eine schwere Aufgabe mit B. lösen 어려운 과제를 능숙하게 해결하다. **b**) 〈Pl.로만〉 능숙(도)한 연기: die -en des Eiskunstläufers wurden bewundert 피겨 스케이팅 선수의 능숙한 연기가 찬탄을 받았다.
Bravour-: ~**arie**, die 기술적으로 어렵고 화려한 아리아 (대개 여성곡). ~**leistung**, die 훌륭한 업적, 빛나는 기록. ~**stück**, das 1. [음악] 기술적으로 어렵고 화려한 곡. 2. (일반적) 걸작, 하이라이트.
bravourös [bravu'røːs] 〈Adj.〉 [frz. bravoureux] **a**) 과감한, 대담한, 무모한: in -er Fahrt dahinbrausen 무모한 운전으로 질주하다. **b**) 능숙한, 탁월한, 노련한: sein Klavierspiel ist einfach b. 그의 피아노 연주는 정말 능숙(탁월)하다.

Brazzaville [braza'vil] 브라자빌(콩고의 수도).
BRD = **B**undesrepublik **D**eutschland 독일 연방 공화국.
break! [breɪk] ⟨Interj.⟩ [engl. break!] **[권투]** 브레이크! **Break** [-], der (또는) das; -s, -s [engl. break] **1. a)** 《아이스하키》 불시의 공격, 기습 공격: dem Gegner gelang ein B. 상대 선수가 기습 공격에 성공했다. **b)** 【테니스】 서브 차단 득점. **c)** (다만 das) 【권투】(심판의) 브레이크 선언. **2.** 【음악】 재즈 중간의 솔로. **breaken** ['breɪkn̩] ⟨h⟩ **1.** 시민 무선국의 다른 가입자와 이야기하다. **2.** 【테니스】 서브 차단 득점을 하다.
Breccie ['brɛtʃə], **Brekzie** ['brɛktsiə], die; -n [ital. breccia] [지질] 각력암(角礫岩).
¹**Brech-** (brechen 1): **~bohne**, die 익지 않은 푸른 강낭콩(요리할 때 칼로 썰지 않아도 될 만큼 잘 부러질 정도의), 풋콩꼬투리. **~eisen**, das ↑~stange. **~stange**, die 쇠지렛: **mit der B.** 《특히 스포츠 용어》있는 힘을 다해, 필사적으로.
²**Brech-** (brechen 2): **~durchfall**, der 토사 곽란. **~mittel**, das 구토제: [전의] unter den Offizieren war er ... ein B. 《통용어, 폄》장교들 사이에서 그는 아니꼬운(구역질 나는) 녀석이었다. **~pulver**, das ↑ ~mittel. **~reiz**, der 구역질, 구토증: [전의] der Anblick einer deutschen Zeitung verursachte B. 독일 신문을 보면 구역질이 났다. **~zentrum**, das 구토를 일으키는 신경 중추.
brechbar ['brɛçbaːɐ̯] ⟨Adj.⟩ 깨드릴(부술) 수 있는, 깨지는, 약한. **Brechbarkeit**, die ↑brechbar 의 명사형.
Breche ['brɛçə], die; -n (삼 껍질 벗기는[삼 줄는] 기구. **brechen*** ['brɛçn̩] **1.** ⟨h⟩ 깨다, 부수다, 쪼개다, 꺾다, 따다, 뜯다, 잘라내다: Blumen b. (아이) 꽃을 꺾다; sich³ den Arm (den Knöchel) b. 팔(발목 관절)이 부러지다; **nichts(nicht viel) zu b. und zu beißen haben** (아이) 먹을 것이 없다(많지 않다). **2.** ⟨s⟩ 깨지다, 부서지다, 찢어지다, 부러지다(파도가) 부서지다: die Äste brachen unter der Schneelast 나뭇가지들이 눈 무게에 못이겨 부러졌다; das Leder (der Stoff) beginnt zu b. 가죽(천)이 트기(갈라지기) 시작한다; [전의] das Eis ist gebrochen 거부적[적대적] 태도가 풀렸다; **zum Brechen voll sein** 꽉 찬, 터질듯이 가득 찬. **3. a)** ⟨b. + sich⟩ ⟨h⟩ (광선, 음파 따위가) 굴절하다, (파도가) 부서지다: die Brandung bricht sich an den Felsen 파도가 바위에 부딪혀 부서진다. **b)** ⟨h⟩ 반사시키다, 굴절시키다, 방향을 바꾸어 놓다: die Brückenpfeiler [die Felsen] brechen die Wellen 교각(바위)이 물결의 방향을 바꾸어 놓는다. **4.** ⟨h⟩ (장애 요소를) 극복하다, 꺾어버리다, 굴복시키다: jmds. Widerstand [Trotz] b. 누구의 반항(고집)을 꺾다; einen Rekord b. 기록을 깨다, 신기록을 세우다. **5.** ⟨h⟩ (관계, 교제 따위를) 단절하다: er hat endgültig mit der Kirche (mit der Partei) gebrochen 그는 결국에 교회(정당)과 관계를 끊었다. **6.** ⟨h⟩ (서약, 계약 따위를) 깨뜨리다: die Ehe brechen 간통하다; den Frieden b. 평화를 깨뜨리다(전쟁을 시작하다). **7.** ⟨s⟩ (대개 아어) 나타나다, 새어 나오다: die Sonne bricht durch die Wolken 해가 구름을 뚫고 비치다; Tränen brachen ihr aus den Augen (아어) 그녀의 눈에서 눈물이 흘렀다. **8. a)** ⟨h⟩ 토하다, 토역질을 하다, 욱지기하다: nach dem Essen mußte er mehrmals heftig b. 식사 후 그는 여러 차례 심하게 구토해야만 했다. **b)** ⟨h⟩ (무엇을) 토하다, ⟨속⟩ 구토하다: das ganze Essen (Blut, Galle, Schleim) b. 먹은 음식물 전부(피, 담즙, 가래)를 토하다. **Brecher** ['brɛçɐ], der; -s, - **1.** 부서지는 파도, 격랑(激浪). **2.** 파쇄기(破碎機). **Brechung**, die; -en **1.** [물리] 굴절(광선, 음파 따위의): die B. des Lichts 빛의 굴절. **2.** [언어] (게르만어에서 이웃하는 모

향으로 일어나는) 모음 변화(e가 다음 철(綴)의 i의 영향으로 i가 되거나, 또는 u가 다음 철의 a의 영향으로 o로 변하는 따위의 현상). **Brechungsfehler**, der (과다·과소) 굴절로 인한 착시(錯視). **Brechungswinkel**, der 굴절각(屈折角).
Bredouille [breˈdʊljə], die; -n [frz. bredouille] 《통용어》 당황, 곤궁, 곤란: **in die B. kommen** 곤란에 빠지다.
Breeches ['brɪtʃəs] ⟨Pl.⟩ [engl. breeches], **Breecheshose**, die; -n 승마용 바지.
bregeln ['breːɡl̩n] ↑ brägeln.
Bregen ['breːɡn̩], (또한) **Brägen** ['brɛːɡn̩], der; -s, - (nordd.) **1.** 골(도살된 짐승의). **2.** 《통용어·농》 두개골, 머리통: die Sonne scheint mir auf den B. 태양이 내 머리 위에서 빛나고 있다. **bregenklüt(e)rig** ⟨Adj.⟩ 《통용어·특히 berlin.》 우울한, 침울한.
Bregenz ['breːɡɛnts] 브레겐츠(오스트리아의 도시). ¹**Bregenzer**, der; -s, - 브레겐츠의 주민. ²**Bregenzer** ⟨Adj.⟩ 브레겐츠의. **Bregenzerwald**, der; -(e)s, (또한) **Bregenzer Wald**, der; - -(e)s 북쪽 알프스 산맥 기슭의 지역.
Brei [braɪ], der; -(e)s, -e (축소형: ↑ Breichen) 죽: ein B. aus Grieß (aus Haferflocken) 보리(납작 귀리) 죽; **jmdm. B. um den Mund (ums Maul) schmieren** 《경》누구에게 아부(아첨)하다; **um den (heißen) B. herumreden** 《통용어》 변죽 울리다, 빙 둘러 말하다; **jmdn. zu B. schlagen** ⟨속⟩ 누구를 심하게 때리다. **breiartig** ⟨Adj.⟩ ↑breiig. **Breichen** ['braɪçn̩], das; -s, - ↑Brei. **breiig** ['braɪɪç], ⟨Adj.⟩ 죽 같은, 걸쭉한.
Brein [braɪn], der; -s (österr. 방언) 기장(죽).
Breisgau ['braɪsɡaʊ], der; -s 라인 강 상류의 지방.
breit [braɪt] ⟨Adj.⟩ **1. a)** 폭이 넓은, 퍼진 (반대: schmal): eine -e Straße 넓은 길; der junge Mann ist sehr b. 그 젊은이는 어깨가 딱 벌어졌다; er schreibt b. 그는 다방면에 걸친 저술을 가지고 있다; [전의] etwas b. darstellen (erzählen) 무엇을 장황하게 (상세하게) 서술하다(이야기하다); b. sein (지역적) 술 취하다. **b)** 폭이 … 인: das Brett ist 50 cm b. 이 판자의 폭은 50 cm 이다; er ist so b. wie lang 《통용어·농》 그는 매우 뚱뚱하다. **2.** 민중 전반의, 공중 전반의: **die -e Öffentlichkeit** 공중, 대중, 사회 전반; **die -e Masse** 대부분의 사람들; -e Bevölkerungsschichten 전 국민 계층. **3.** 불쾌한, 세련되지 못한, 꼴사나운: ein -es Lachen 불쾌한 웃음; er hat eine -e Aussprache 그의 말씨는 느리다(세련되지 못하다).
Breitbandkabel, das [전기] 광(廣) 주파수대(帶)를 중계할 수 있는 특수 케이블, 광대역(廣帶域) 케이블.
breit-, Breit-: **~beinig** ⟨Adj.⟩ 다리를 크게 벌린, 가랑이를 벌린, 다리를 벌리고 힘껏 버틴: **b. dastehen** 다리를 벌리고 서 있다. **~blätt(e)rig** ⟨Adj.⟩ 큰 잎사귀의, 활엽의. **~film**, der ↑~wandfilm. **~gefächert** ⟨Adj.⟩ 풍부한. **~krempig** ⟨Adj.⟩ 챙이 넓은. **~machen**, **sich** ⟨h⟩ 《통용어》 **a)** 자리를 많이 차지하다. **b)** 확산되다, 파급되다: das sind Erscheinungen, die sich auch in anderen Wissenschaftsgebieten b. 이것은 다른 학문 분야에서도 확산되고 있는 현상들이다. **c)** 살림을 차리다, 들어 앉다: [전의] er hat sich bei seinen Vorgesetzten ganz schön breitgemacht 그는 윗사람들에게 아부하여 환심을 샀다. **~mäulig** ⟨Adj.⟩ 입[주둥이]이 큰: [전의] b. reden (antworten) ⟨속⟩ 불손하게 말하다 (대답하다). **~nasen** ⟨Pl.⟩ [동물] 광비원류(廣鼻類). **~nasig** ⟨Adj.⟩ 납작한 코의. **~randig** ⟨Adj.⟩ 테두리가 넓은. **~schlagen*** ⟨h⟩ 《통용어》 설득하다, 꾀다. 《종종 sich lassen과 결합하여》 ich habe

mich schließlich doch b. lassen 나는 결국 설득당했다. 2. 《schweiz.》 무엇을 지나치게 중요시하다: er schlägt diese Formalitäten viel zu breit 그는 이 형식상의 일들을 지나치게 중요시한다. ~schult(e)rig ⟨Adj.⟩ 어깨가 넓은(떡 벌어진). ~schwanz, der (새끼양의 털가죽으로 된) 페르시아 모피의 일종. ~seite, die 1. 긴쪽, 뱃전. 2. a) (전함의) 좌우현포. b) 좌우현포의 일제 발사: eine B. abgeben[abfeuern] 좌우현포를 쏘다[발사하다]; 전의 die Zeitung feuerte eine B. auf die Regierung ab 신문이 정부를 맹렬히 비난했다. ~spur, die (철로나 화물차 등의) 광궤(廣軌). ~spurbahn, die (1.435m 이상의) 광궤 철도. ~spurig ⟨Adj.⟩ 광궤의: 전의 reden[auftreten] 거만하게 말하다[나타나다]. ~treten ⟨h⟩ (통용어·폄) 이야기 따위를 길게 늘어놓다, 퍼뜨리다: du brauchst diese unangenehme Geschichte nicht überall breitzutreten 너는 이 유쾌하지 못한 이야기를 사방에 퍼뜨릴 필요 없다. ~walzen ⟨h⟩ (통용어·폄) 장황하게 다루다[설명하다]. ~wand, die (영화) 대형 화면, 와이드 스크린. ~wandfilm, der 와이드 스크린 영화, 시네마스코프. ~wandverfahren, das 와이드 스크린 영화의 상영기법.

Breite ['braɪtə], die; -n 1. 폭, 폭의 넓이: ein Weg von drei Meter B. 노폭 3m의 길; etw. der B. nach durchsägen 무엇을 세로로 톱질해 자르다; 전의 etw. in epischer B. schildern 장황하게 묘사하다; in die B. gehen (통용어) 옆으로 퍼지다, 뚱뚱해지다. 2. a) (지리) 위도: die Insel liegt auf 50° nördlicher B. 그 섬은 북위 50도에 위치하고 있다. b) ⟨Pl.⟩ 특정한 위도상의 지역: in diesen -n herrscht feuchtwarmes Klima 이 위도상의 지역에서는 날씨가 고온다습하다. **breiten** ['braɪtn̩] ⟨h⟩ a) (아이) ⟨A⟩ 시트,를 커버 따위를 펴다, 덮다, 깔다: ein frisches Tuch über den Tisch b. 식탁에 새 식탁보를 깔다. b) (가지, 팔, 날개 따위를) 펼치다, 펴다: der Adler breitete seine Schwingen 독수리가 날개를 폈다. c) ⟨b. + sich⟩ 퍼지다, 넓어지다: dichte Nebelschwaden breiten sich über das Tal 짙은 안개가 계곡에 퍼진다.

Breiten-: ~arbeit, die ⟨Pl. 없음⟩ 1. 본질적인 일, 근본 문제: über der Lösung der Einzelprobleme darf die B. nicht vernachlässigt werden 개별 문제를 해결하다가 근본 문제를 소홀히 하는 일은 없어야 한다. 2. (스포츠) 다수의 후진 양성 훈련. ~grad, der (지리) 위도(지역). ~kreis, der (지리) 위선(緯線). ~sport, der 국민 대다수가 즐기는 운동, 국기. ~wirkung, die 광범위한 영향[작용].

Breitling, der; -s, -e (↑breit (1 a) 참조) 잉어(붕어)의 통속 명칭.

Brękzie: ↑Breccie.

Breme ['breːmə], die; -n ⟨süddt.⟩ 등에, 쇠파리.

Bremen: 독일 북부의 도시 및 주. **¹Bremer**, der; -s, - 브레멘 사람. **²Bremer** ⟨Adj.⟩ 브레멘의. **Bremerhaven**: 베저 강 하류의 도시. **bremisch** ⟨Adj.⟩ 브레멘(풍)의.

Brems- [자동차]: ~backe, die 제동자(制動子), 제륜자(制輪子), 바퀴 멈추개. ~belag, der 브레이크 라이닝. ~berg, der 자동 운반 사도(斜道) (제륜 장치가 있으며 광산에서 사용됨). ~flüssigkeit, die [자동차] 제액(유압식 제동 장치의). ~hebel, der 제동간(制動桿), 브레이크 핸들. ~klotz, der 제륜자, 바퀴 멈추개. ~leuchte, die ↑~licht 참조. ~licht, das ⟨Pl. ...lichter⟩ 제동등. ~pedal, das 브레이크 페달. ~probe, die 제동력 시험. ~rakete, die 제동 로켓(로켓의 궤도 속력을 제지하는 자동 추진 장치). ~schuh, der (선로상에 설치되는 바퀴멈춤용) 제동편(片)[쐐기 모

양). ~spur, die 브레이크를 건 바퀴 자국. ~vorrichtung, die 제동 장치. ~weg, der 제동 거리.

¹Bremse ['brɛmzə], die; -n 제동기, 브레이크: eine hydraulische[automatische] B. 수압[자동] 브레이크; die -n quietschen[versagen] 브레이크가 말을 듣지 않다; die B. betätigen[durchtreten] 제동기[브레이크]를 밟다.

²Bremse [-], die; -n 등에, 쇠파리.

bremsen ['brɛmzn̩] ⟨h⟩ a) 제동[브레이크]을 걸다: das Auto hatte zu scharf gebremst 자동차가 (자동차의 운전 기사가) 급제동을 걸었다; 전의 wir müssen (mit den Ausgaben) b. 우리는 (지출을) 자제해야 한다[절약해야 한다]. b) 속도를 줄이다, 정지시키다: der Fahrer konnte die Straßenbahn nicht mehr rechtzeitig b. 운전 기사는 전차를 적시에 정지시킬 수 없었다; 전의 eine Entwicklung b. 발전(성장) 속도를 늦추다; die Einfuhr b. 수입을 제한하다(억제하다); man muß ihn dauernd b. (통용어) 우리는 그를 계속 제지해야만 한다; ich kann mich b. (통용어) 나는 내 스스로 자제할 수 있다; wenn er ins Erzählen kommt, ist er nicht zu b. (통용어) 그는 이야기를 시작하면 그칠 줄을 모른다.

Bremsen- (²Bremse): ~plage, die 등에로 인한 괴로움(특히 가축의). ~schwarm, der 등에 떼. ~stich, der 등에에게 쏘인 상처.

Bremser ['brɛmzɐ], der; -s, - 1. (화물차의) 제동수(制動手). 2. (봄기레이) 마지막 주자. **Bremserhäuschen**, das (철도 차량의) 제동실. **Bremsung**, die; -en 제동.

brenn-, Brenn-: ~ball, der ⟨Pl. 없음⟩ 크리켓의 일종. ~dauer, die ⟨Pl. 없음⟩ 1. (전구 따위의) 수명. 2. 굽는(굽는 데 걸리는) 시간. ~ebene, die (광학) 초점면. ~eisen, das 1. ↑schere. 2. (의학) 소작기(燒灼器). 3. (동물에 찍는) 소인(燒印), 낙인. ~element [핵] 핵 연료봉 묶음. ~fläche, die (광학) 초점면. ~gas, das 연료용 가스. ~gas, -es, ...gläser [광학] 집광(集光) 렌즈, 수렴 렌즈. ~haar, das 쐐기풀의 가시. ~holz, das ⟨Pl. 없음⟩ 땔나무, 장작. ~kammer, die [기술] (내연 기관의) 연소실(燃燒室). ~linse, die ↑~glas. ~material, das 연료, 땔감. ~nessel, die (분철하지 않을 때는 Brennessel) 쐐기풀. ~ofen, der (벽돌, 도자기 따위를 굽는) 가마. ~punkt, der 1. [광학] 초점: die B. einer Linse [eines Hohlspiegels] 렌즈[오목면경]의 초점. 2. 중심, (사물의) 초점: im B. des allgemeinen Interesses stehen 보편적 관심의 초점이 되어 있다. ~schere, die (머리 손질 용) 인두, 헤어 아이론. ~schluß, der [기술] (로켓의) 연소 종료 시점. ~spiegel, der [광학] 오목 거울, 요면경(凹面鏡), 화경(火鏡). ~spiritus, der 연료 알코올. ~stab, der [핵] (핵) 연료 봉(막대). ~stelle, die (벽면, 천장 등의) 배선단말(配線端末)(콘센트, 소켓 따위). ~stoff, der 연료(可燃物). ~stoffrage, die 연료 문제. ~stoffmenge, die 연료량. ~stoffstab, der [핵] 연료봉(막대). ~stoffverbrauch, der 연료 소비. ~suppe, die ⟨süddt., österr.⟩ 밀가루를 버터로 볶아 끓인 수프. ~weite, die [광학] 초점 거리. ~wert, der 1. 화력: dieser Ofen hat einen hohen B. 이 난로은 화력이 좋다. 2. (발)열량: den physiologischen B. von Nahrungsmitteln feststellen 음식물의 신체 내에서의 발열량을 조사하다.

brennbar ['brɛnbaːɐ̯] ⟨Adj.⟩ 타기 쉬운, 가연성(可燃性)의: Benzin ist leicht b. 벤진은 가연성이 높다. **Brennbarkeit**, die 가연성. **brennen*** ['brɛnən] ⟨h⟩ 1. a) 타다, 연소(燃燒)하다: hell[lichterloh, wie Stroh] b. 밝게[활활, 짚과 같이] 타다; das Haus

brennt 집이 탄다; 전의 Haß brannte in ihm 그는 증오로 불탔다; **wo brennt's denn?** 〈통용어〉도대체 무슨 일이냐? **b)** 〈사용 목적하에〉점화되어 타다, 점화되다: **der Ofen(Herd) brennt** 난로(아궁이)가 타고 있다. **c)** 어떤 연소특성을 보이다: **Öl(Benzin) brennt schnell [leicht]** 기름(벤진)은 빨리(쉽게) 탄다; **dieser Ofen brennt gut** 이 난로는 잘 탄다(화력이 좋다). **d)** 타는 듯이 내리쬐다: **die Sonne brennt heute stark** 오늘은 해가 강하게 내리쬔다. **2.** 〈연료로〉때다, 태우다: **Holz(Öl) b.** 나무(기름)를 때다. **3. a)** 〈조명 기구가〉켜져 있다, 타고 있다: **die Lampe brennt (die ganze Nacht)** 램프가 (밤새) 타고 있다(켜져 있다). **b)** 켜두다, 밝히다: **den ganzen Tag Licht b.** 온 종일 불을 켜두다. **4.** 〈낙인 찍다, 구워(태워) 넣다(박다), 소성시키다: **ein Zeichen auf das Fell eines Tieres b.** 동물의 가죽에 낙인을 찍다; **das Muster ist in das Porzellan gebrannt** 그 자기의 무늬는 소성된 것이다. **5.** 〈드물게〉화상을 입히다: **ich habe mich am Ofen gebrannt** 나는 난로에 화상을 입었다. **6. a)** 〈굽다, 구워 만들다, 굽다: Ziegel(Porzellan, Ton) b. 기와(자기, 도기)를 굽다. **b)** 볶다: **Kaffee (braun) b.** 커피를 (갈색으로) 볶다. **c)** 지지다: **die Haare b.** 머리카락을 인두로 지지다. **7. a)** 따갑다, 화끈거리다; **die Wunde brennt** 상처가 화끈거리다; 전의 **-der Durst** 타는 듯한 갈증. **b)** 화끈한(쏘는) 맛이 나다: **der Schnaps brennt mir wie Feuer in der Kehle** 화주가 목 안에서 불같이 탄다. **8. a)** 애타다, 피하다, 열망하다: **auf Rache b.** 복수를 일념(一念)에 불타다. **b)** 안달하다: **er brennt vor Neugier** 그는 호기심으로 안달한다. **brennend** 〈Adj.〉**a)** 매우 중요한, 긴급한, 석급한: **ein -es Problem** 긴급한 문제. **b)** 〈형용사·동사를 강조하여〉매우, 대단히: **sich b. für etwas interessieren** 무엇에 대해 매우 관심을 가지다. **Brenner,** der; -s, - **1.** 점화구, 버너: **den B. am Gasherd anzünden** 가스 인지의 점화구에 불을 붙이다. **2.** 화주(火酒) 제조인, 브랜디 양조자. **Brennerei** [brɛnəˈraj], die; -en **a)** 〈Pl. 없음〉화주 양조(법). **b)** 화주 양조장.
Brente ['brɛntə], die; -n 〈schweiz.〉 〈우유〉통, 나무통.
Brenze ['brɛntsə] 〈Pl.〉 〈고어〉 가연성 광물(흑연, 석탄, 유황 등). **brenzeln** ['brɛntsəln] 〈h〉 〈지역적〉 **a)** 탄내가 나다: **es brenzelt hier ziemlich stark** 여기에서 탄내가 매우 심하게 난다. **b)** 약하게 타다, 불꽃없이 타다.
brenzlich ['brɛntslɪç] 〈Adj.〉 〈österr.〉 ↑ brenzlig.
brenzlig [-] 〈Adj.〉 **a)** 〈준고어〉 탄, 탄내가 나는. **b)** 〈통용어〉 미심쩍은, 수상한, 예사롭지 않은, 위험한: **die Sache ist(wird) (mir) zu b.** 그 일이 내게는 예사롭지 않다(예사롭지 않게 되어 간다).
Bresche ['brɛʃə], die; -n [frz. brèche < afränk. breka = Bruch] 〈준고어〉 〈성벽, 방어선 따위의〉 돌파구, 갈라진 틈, 벽의 갈라진 틈(금): **eine B. (in die Festung) schlagen** (요새에) 돌파구를 뚫다(내다); **für jmdn. [etw.] eine B. schlagen** 누구(무엇)를 위하여 진력하다(난관을 돌파하다); **(für jmdn., etw.) in die B. springen(treten); sich (für jmdn., etw.) in die B. werfen** 위험을 무릅쓰고 (누구를, 무엇을) 보호하다 (구원하다).
Breslau 브레슬라우(오더 강변의 도시; ↑ Wroclaw). **¹Breslauer,** der; -s, - 브레슬라우의 주민. **²Breslauer** 〈Adj., 격변화 없음〉 브레슬라우의.
bresthaft ['brɛsthaft] 〈Adj.〉 〈schweiz., südwestd., 그 외 고어〉 허약한, 불구의, 결함이 있는: **ein -er Mensch** 불구자. **Bresthaftigkeit,** die ↑ bresthaft의 명사화.
Bretagne [brəˈtanjə, bre...] 브르타뉴(프랑스 서북부의 반도).
Bretesche [breˈtɛʃə], die; -n [frz. bretèche] 성벽(요새)의 총안(銃眼).
Breton [brəˈtoː], der; -s, -s [frz. breton] 브르타뉴 밀짚모자.
Bretone [breˈtoːnə], der; -n, -n 브르타뉴 주민. **bretonisch** [breˈtoːnɪʃ] 〈Adj.〉 브르타뉴(풍)의.
Brett [brɛt], das; -(e)s, -er **1.** 널빤지, 마루판자: **ein dünnes(stabiles, schweres) B.** 얇은(견고한, 무거운) 널빤지; **-er schneiden(zurechtsägen)** 널빤지를 켜다(알맞게 톱질하다); **hier ist die Welt (wie) mit -n vernagelt** 이 곳은 완전히 막혀 있다; **das Schwarze B.** 게시판; **ein B. vor dem Kopf haben** 우매(편협)하다; **das B. bohren, wo es am dünnsten ist** 〈통용어〉손쉬운 방법으로 하다; **etw. auf einem B. bezahlen** 한번에 지불하다. **2.** 〈서양〉장기판. **3.** 〈Pl.〉 **a)** 무대: **das Stück ging hundertmal über die -er** 그 작품은 백번 상연되었다; **die -er, die die Welt bedeuten** 〈아어〉 극장 무대. **b)** 권투 경기장(링)의 바닥. **4.** 〈Pl.〉 스키: **sich³ die -er an-, (ab)schnallen** 스키를 매다(풀다).
brett-, Brett-: ~**hart** 〈Adj.〉 매우 단단한: **die Wege sind b. gefroren** 길이 꽁꽁 얼어붙었다. ~**spiel,** das 판놀이(장기, 바둑 따위): Schach, Mühle, Dame, Halma sind **-e** 서양 장기, 서양 오목, 서양 바둑, 할마는 판놀이이다. ~**steif** 〈Adj.〉매우 빳빳한: **die Wäsche ist auf der Leine b. gefroren** 빨랫줄의 빨래가 빳빳하게 얼었다.
Brettel, Brettl ['brɛtl], das; -s, -(n) 〈대개 Pl.〉 〈südd., österr.〉 **a)** 작은 판자. **b)** 스키.
Bretter-: ~**boden,** der 널빤지를 깐 바닥(마루). ~**bude,** die 판잣집, 작은 가건물. ~**bühne,** die 가설 무대. ~**gerüst,** das 나무 발판. ~**gymnasium,** das 〈학생어〉〈저능아, 열악아를 위한〉특수 학교. ~**häuschen,** das; ~**hütte,** die 판잣집. ~**tür,** die 판자문. ~**verschlag,** der 판자 칸막이. ~**wand,** die 판자벽. ~**zaun,** der 판자 울타리.
brettern ['brɛtɐn] 〈Adj.〉 판자로 만든(된): **eine -e Bude** 판잣집. **brettig** ['brɛtɪç] 〈Adj.〉 판자 같아 보이는, 판자 같은: **der Stoff fühlt sich b. an** 이 재료는 감촉이 판자같다. **Brettl** [brɛtl], das; -s, - **1.** 카바레, 〈小〉 예술 무대. **2.** ↑ Brettel.
Bretzel: ↑ Brezel.
Breve ['breːvə], das; -s, -n / -s [lat. brevis = kurz] 교황의 소교서(小敎書). **Brevet** [breˈveː], das; -s, -s [frz. brevet] **1.** 〈예〉프랑스 국왕의 사면장. **2.** 〈고어〉사면장, 특허장, 사령장. **Breviarium** [breviˈaːriʊm], das; -s, ...ien [...iən; lat. breviārium] **1.** 〈고어〉발췌, 적요, 요람. **2. ↑ Brevier (1). Brevier** [breˈviːɐ̯], das; -s, -e [spätmhd. breviere < lat. breviārium, ↑ Breviarium] **1.** 〈가〉 **a)** 〈신부의〉성무일과서(聖務日課書), 경본. **b)** 일상 기도서(문), 경문: **das B. beten** 경문을 외다. **2. a)** 발췌, 어록(語錄). **b)** 예절 지침서.
Brezel ['breːtsl], die; -n, 〈österr.〉 **Brezen** ['breːtsn], der; -s, - / die; - 〈팔짱을 낀 모양에서〉 8자형의 비스킷 (과자).
Brezel-: ~**backen,** das; -s 8자형 비스킷 제조(굽기): **das geht wie's B.** 〈통용어〉그것은 쉽게(즉석에서) 할 수 있다. ~**bäcker,** der 8자형 비스킷 제조업자. ~**frau,** die 8자형 비스킷을 파는 여자. ~**verkäufer,** der 8자형 비스킷 장수.
Briard [briˈaːr], der; -(s), -e [frz. briard, 프랑스의 지명 Brie에서 유래] 프랑스 종의 목양견(牧羊犬).
Bricke ['brɪkə], die; -n 〈지역적〉 (Neunauge) 칠성장어, 다목(多目)장어.
Bridge [brɪtʃ], das; - [engl. bridge] 카드놀이 일종, 브릿지놀이(게임).

Bridge-: ~**partie,** die 브릿지 한 판(게임). ~**partner,** der 브릿지 게임의 한 편, 브릿지 게임의 짝. ~**runde,** die 브릿지 한 판(게임). ~**spieler,** der 브릿지 게임의 탁자.
Bridgetown ['bridʒtaun] 브리지타운(서인도 제도의 섬나라 바베이도스(Barbados)의 수도).
Brief [bri:f], der; -(e)s, -e **1.** (봉투에 넣어 봉한) 편지, 서한, 서간: einen B. schreiben[frankieren, einwerfen, öffnen, beantworten] 편지를 쓰다[편지에 우표를 부치다, 편지를 개봉하다, 답장을 쓰다]; einen B. als[per] Einschreiben schicken 편지를 등기로 부치다; blauer B. 〈통용어〉 1) 면직 사령장, 해고장. 2) (학교에서 진급이 어려운 학생 부모에게 보내는) 유급 통지문: offener B. 공개장; jmdm. B. und Siegel (auf etw.) geben 누구에게 (무엇을) 보증하다(보장하다). **2.** Briefkurs의 약칭: US-Dollar = DM 2,51 Brief 1 달러의 매도값은 2 마르크 51 페니히이다(약어: B.).
Brief-: ~**adel,** der (세습이 아닌) 수작서(授爵書)에 의한 귀족. ~**beschwerer** [-bəʃveːrə], der; -s, - 서진(書鎭), 문진(文鎭). ~**block,** der 〈Pl. -blocks〉 (한 장씩 뜯어 쓰도록 묶음으로 된) 편지지. ~**bogen,** der (낱장의) 편지지. ~**bombe,** die 폭발물이 들어있는 편지. ~**bote,** der 《지역적》 ↑ ~träger. ~**drucksache,** die 인쇄물 편지. ~**entwurf,** der ↑ ~kastenschlitz. ~**flut,** die 다량의 편지, 편지 홍수. ~**freund,** der 서신(편지) 교환 친구, 펜팔, 펜 프렌드. ~**freundin,** die ↑ ~freund의 여성형. ~**freundschaft,** die 서신 교환을 통한 우정. ~**geheimnis,** das 서신 비밀 보장권. ~**karte,** die 봉함 엽서. ~**kasten,** der 〈Pl. -kästen〉 **a)** 우체통. **b)** 우편함: lebender B. 첩보 기관과 간첩간의 연락원; (toter) B. (간첩이나 첩보원의) 접선 지점. **c)** (신문·잡지의) 독자란. ~**kastenecke,** die ↑ ~kasten (c). ~**kastenfirma,** die 〈통용어〉 Scheinfirma. ~**kastenonkel,** der 〈통용어·농〉 독자란을 담당하는 남자 사원. ~**kastentante,** die 〈통용어·농〉 독자란을 담당하는 여자 사원. ~**kastenschlitz,** der (우체통·우편함의) 편지 투입구. ~**kopf,** der (발신인의 주소, 성명, 상호 등이 인쇄·기록된) 편지의 두서(頭書). ~**kurs,** der 【증권】 거래소의 매도가(반대: Geldkurs: ↑ Brief (2)). ~**kuvert,** das 〈준고어〉 ↑ ~umschlag. ~**mappe,** die 편지지나 편지를 보관하는 가방, 편지철. ~**marke,** die 우표 성구 dein Kopf auf der B., und die Post geht pleite 〈통용어·농〉 너는 매우 추해보인다 [어리석어 보인다]; platt sein wie eine B. 〈통용어〉 매우 놀라다. ~**markenalbum,** das 우표 수집 앨범. ~**markenauktion,** die 우표 경매. ~**markenausstellung,** die 우표 전시회. ~**markenautomat,** der 우표 자동 판매기. ~**markenblock,** der 〈Pl. ...blocks〉 (우표 수집가를 위한) 기념 우표의 별쇄, 소형 시트. ~**markenbogen,** der 우표 전지(全紙). ~**markenkunde,** die 〈Pl. 없음〉 우표 수집법, 우표 연구 (Philatelie). ~**markenpapier,** das 우표 제작용 종이. ~**markensammler,** der 우표 수집가. ~**markensammlung,** die 우표 수집. ~**markenschalter,** der 우표 판매 창구. ~**markenserie,** die 우표 시리즈. ~**markenöffner,** der **a)** 편지 개봉용 칼. **b)** 우편물 자동 개봉기. ~**ordner,** der 서류 끼우개. ~**papier,** das 편지지(와 편지 봉투). ~**partner,** der 오랫동안 서신을 주고 받은 상대. ~**porto,** das 우편 요금. ~**roman,** der 서간체 소설. ~**schlitz,** der ↑ ~kastenschlitz의 약칭. ~**schreiber,** der 발신인. ~**schuld,** die (대개 Pl.) 회답이 밀린 편지: seine -en erledigen [abtragen] 밀린 편지 답장을 쓰다. ~**sendung,** die (편지, 인쇄물, 소포 등의) 우송. ~**steller,** der 〈고어〉 **1.** 편지대서인(代書人). **2.** 모범 서간문집. ~**stil,** der 서간 문체. ~**tasche,** die (가죽) 지갑: eine dicke B. haben 〈통용어〉 지갑이 두둑하다, 돈이 많다. ~**taube,** die 전지를 전하는 비둘기. ~**telegramm,** das 우편 전보 (보통 우편물의 배달시에 배달되기 때문에 일반 전보보다 늦고 요금이 쌈). ~**träger,** der 〈옛·민속적〉 우편 집배원: der B. war heute noch nicht da 오늘은 집배원이 아직 오지 않았다. ~**trägerin,** die; -nen ↑ ~träger의 여성형. ~**umschlag,** der 봉투: den B. zukleben[öffnen] 봉투를 봉하다[뜯다]. ~**verkehr,** der 〈Pl. 없음〉 (특히 관공서, 회사, 연구소 등의) 서신 왕래. ~**waage,** die 편지 저울. ~**wahl,** die 우편 투표, 부재자 투표: da er gehbehindert ist, macht er von der B. Gebrauch 그는 걸을 수 없기 때문에 우편 투표를 한다. ~**wechsel,** der **a)** 편지 교환, 서신 왕래: mit jmdm. in B. stehen 누구와 편지 왕래가 있다. **b)** 서한집, 편지 묶음: Goethes B. mit Schiller[den B. zwischen Goethe und Schiller] herausgeben 괴테와 쉴러가 교환한 서한집을 출판하다. ~**zensur,** die 우편물 검열. ~**zusteller,** der 〖관〗 ↑ ~träger. ~**zustellung,** die 우편 배달.
Briefchen ['bri:fçən], das; -s, - **a)** 짧은 편지. **b)** 갑(匣), 쌈지: ein B. Nähnadeln[ein B. Streichhölzer] 바늘쌈지(성냥갑).
Briefing ['bri:fiŋ], das; -s, -s [engl.-amerik. briefing] **1.** [특히 군] 간략한 회의, 상황 설명, 요점을 간단히 간단한 보고. **2.** (광고 회사의 광고주와의) 정보 교환 회의.
brieflich 〈Adj.〉 편지(서면)로, 편지에 의한: jmdn. b. benachrichtigen 누구에게 서면으로 알리다. **Briefschaften** 〈Pl.〉 〈준고어〉 수신 우편물(의 총칭): seine B. im Schreibtisch aufbewahren 그의 수신 우편물을 책상 속에 보관하다.
Briekäse ['bri:-], der; -s, - [프랑스의 지명 Brie에서 유래] 크림 치즈의 일종.
Bries [bri:s], das; -es, -e, **Briesel** ['bri:z]], das; -s, - 송아지의 지라. **Brieschen** ['bri:sçən], das; -s, - 송아지 지라 요리.
Brigade [bri'ga:də], die; -n [1, 2: frz. brigade; 3: russ. brigada] **1.** 〖군〗 여단(旅團). **2.** 【요식업】 주방 종업원(전체). **3.** 《구동독》 작업반.
Brigade-: ~**führer,** der ↑ Brigadier (1, 2). ~**general,** der 〖군〗 준장(계급). **b)** 준장급 장교. ~**leiter,** der ↑ Brigadier (2). ~**leiterin,** die ↑ ~leiter의 여성형. ~**plan,** der 《구동독》 작업반 계획.
Brigadier [1: frz. brigadier; 2: russ. brigadier] **1.** [briga'die:], der; -s 〖군〗 여단장. **2.** [briga'die:, 《또한》 ...'diːɐ], der; -s, -s / -e 《구동독》 작업반장. **Brigadierin,** die; -nen ↑ Brigadier(2)의 여성형. **Brigant** [bri'gant], der; -en [ital. brigante] 〈옛〉 이탈리아의 도둑, 노상강도. **Brigantentum,** das; -s 강탈, 도둑질. **¹Brigantine** [brigan'ti:nə], die; -n [ital. brigantina] 〈중세 후기의〉 간단한 갑옷.
²Brigantine [-], die; -n [ital. brigantino ↑ Brigg].
Brigg [brik], die; -s [engl. brig] 쌍돛대 범선.
Brikett [bri'kɛt], das; -s, -s 〈드물게〉 -e [frz. briquette] (탄 모양이 벽돌과 같다하여) **a)** 연탄, 조개탄. **b)** 갈연탄. **Brikettfabrik,** die 연탄 공장. **brikettieren** [brikɛ'ti:rən] 〈h〉 연탄(조개탄)을 찍다(만들다). **Brikettierung,** die 연탄(조개탄) 제조.
Brikole [bri'ko:lə], die; -n [frz. bricole] (당구대 쿠션에 맞아) 튕기기, 튕겨 돌리기. **brikolieren** [briko'li:rən] 〈h〉 [frz. bricoler] (당구대의 쿠션에) 튕겨 맞히다.
brillant [bril'jant] 〈Adj.〉 [frz. brillant] 빛나는, 찬란한; 탁월한, 우수한, 훌륭한: ein Einfall 뛰어난 착상; es geht mir b. 나는 (나의 건강·생활이) 매우 좋은 상태이다. **¹Brillant** [-], der; -en, -en [frz. brillant]

(브릴리언트 커트의) 다이아몬드: einen -en in Gold fassen lassen 브릴리언트 커트의 다이아몬드를 금에 박아 넣다. ²**Brillant** [-], die [인쇄] 브릴리언트 활자(약 3포인트 반 크기).

Brillant-: ~**brosche**, die 다이아몬드 브로치. ~**feuerwerk**, das 화려한 꽃불: [전의] ein rhetorisches B. 미사 여구. ~**knopf**, der 다이아몬드를 박은 단추. ~**kollier**, das 다이아몬드 목걸이. ~**kreuz**, das 다이아몬드가 박힌 십자가. ~**nadel**, die 다이아몬드가 박힌 장식 핀. ~**ring**, der 다이아몬드 반지. ~**satz**, der (대개 Pl.) 화려한(불꽃을 내는) 꽃불 화약. ~**schliff**, der 브릴리언트 커트[연마]. ~**schmuck**, der (Pl. 없음) 다이아몬드 장식. ~**sucher**, der [사진] 아주 밝은 거꾸로 된 상(像)을 보여 주는 사진기의 파인더.

brillanten [brɪl'jantn̩] 〈Adj.〉 **a)** (브릴리언트 커트를 한) 다이아몬드의. **b)** (브릴리언트 커트를 한) 다이아몬드 같이 빛나는. **Brillantin** [brɪljan'tiːn], das; -s, -e, (österr.) ↑ Brillantine와 병용. **Brillantine**, die; -n [frz. brillantine] 머리 기름, 포마드. **Brillanz** [brɪl'jants], die [frz. brillance] **1.** 노련함, 훌륭함, 명인다운 뛰어난 솜씨: die B. einer Rede[seines Klavierspiels] 뛰어난 연설[피아노 연주] 솜씨. **2. a)** [사진] 영상의 선명함. **b)** [음향] 고음의 선명함, 선명한 고음 처리.

Brille ['brɪlə], die, -n. **1.** 안경: eine schärfere [stärkere] B. brauchen 더 높은 도수의 안경이 필요하다; die B. aufsetzen[abnehmen] 안경을 쓰다[벗다]; das sieht man ja ohne B. [통용어] 그것은 명백하다, **etw. durch eine gefärbte[durch seine eigene] B. sehen[betrachten]** 무엇을 색안경을 끼고(주관적으로) 보다; **etw. durch eine rosa B. (an)sehen [betrachten]** 무엇을 낙관하다; **alles durch die schwarze B. sehen** 매사에 비관적이다. **2.** [통용어] ↑ Klosettbrille의 약칭.

brillen-, Brillen- (Brille 1): ~**bank**, die 〈Pl. ...banken〉 (개발 도상국을 위한) 헌 안경류 수집소. ~**bär**, der 안경곰(눈가에 안경테 모양의 무늬가 있음). ~**bügel**, der 안경 다리. ~**etui**, das 안경집. ~**fassung**, die ↑~**gestell**. ~**futteral**, das ↑~**etui**. ~**gestell**, das 안경테: ein B. aus Horn[Metall] 뿔[금속] 안경테. ~**glas**, das 〈Pl. ...gläser〉 안경알. ~**los** 〈Adj.〉 안경을 쓰지 않은. ~**rand**, der 안경 테두리, [전의] jmdn. über den B. hinweg ansehen 누구를 안경테 너머로 바라보다. ~**schlange**, die **a)** 코브라. **b)** [통용어·속어·약간 폄] (주로 여자) 안경잡이. ~**träger**, der 안경 쓴 사람. ~**trägerin** die ↑~**träger**의 여성형.

brillieren [brɪl'jiːrən] 〈h〉 [frz. briller] 《교양어》 빛나다, 뛰어나다, 탁월하다, 두각을 나타내다: er brillierte mit seinem Klavierspiel[seiner Rednergabe] 그의 피아노 연주[말재주]는 탁월했다.

Brimborium [brɪm'boːrjʊm], das; -s [frz. brimborion] 《통용어·폄》 하찮은 것, 쓸데 없는 말, 허풍: mach nicht so viel B. (darum)! (그 일로) 너무 허풍떨지 마.

Brimsen ['brɪmzn̩], **Brimsenkäse**, der; -s, - [rumän. brînză] (österr.) (특히 체코, 슬로바키아의) 양젖으로 만든 치즈.

Brinellhärte [bri'nɛl-], die 〈Pl. 없음〉 [스웨덴의 야금학자 J. A. Brinell의 이름에서] [물리] 브리넬 경도(硬度) (기호: HB).

bringen* ['brɪŋən] 〈h〉 **1. a)** (어떤 장소로) 운반하다, 나르다: die Ware ins Haus[den Koffer zum Bahnhof] b. 물건을 집안으로[트렁크를 정거장으로] 나르다; [전의] Stimmung in eine Gesellschaft b. 모임에 흥을 불어 넣다[분위기를 돋우다]; jmdm. etw. 《누구에게》 가져오다; er brachte mir einen Stuhl 그는 내게 의자를 가져다 주었다; jmdm. eine (gute) Nachricht bringen 누구에게 (좋은) 소식을 전하다; [전의] der letzte Winter brachte uns viel Schnee 지난 겨울에는 눈이 많이 내렸다. **2.** 바래다[데려다] 주다: er hat das Mädchen nach Hause gebracht 그는 그 소녀를 집까지 바래다 주었다. **3.** (es와 결합하여) **a)** 입신 출세하다, (무엇을) 성취하다: er hat es bis zum Direktor gebracht 그는 입신 출세하여 지배인까지 되었다; es weit bringen 많은 것을 성취하다, 크게 성공하다; weit haben wir es gebracht! (반어) 성공은 커녕 망했구나. **b)** [통용어] (연령·능률이) …에 (도달하다): sie hat es auf 90 Jahre gebracht 그 여자는 90세까지 살았다. **4. a)** (누구[무엇]를 어디로) 보내다; jmdn. ins Gefängnis[vor Gericht] b. 누구를 감옥에 보내다 [제소하다]; [전의] jmdn. auf den rechten Weg b. 누구를 옳은 길로 인도하다; jmdn. aus der Fassung b. 누구를 당황하게 하다; sich nicht aus der Ruhe b. lassen 평온[안정]을 잃지 않다; **etwas an sich b.** 《통용어》 무엇을 획득하다; **etw. mit sich b.** 어떤 결과로 끝나다, 무엇이 필연적으로 따르다. **b)** (권해서) 시키다, 하게 하다: jmdn. auf andere Gedanken b. 누구에게 다른 생각을 하게 하다; etw. auf den Markt b. 무엇을 생산하여 판매하다; etw. auf die Bühne b.[zur Aufführung] b. 무엇을 상연하다; etw. zu Ende b. 무엇을 끝마치다; etw. hinter sich b. 《통용어》 무엇을 극복하다; **es nicht über sich b.** 무엇을 할 수 없다, 무엇을 할 결심을 할 수 없다. **5.** (손해 따위를) 초래하다, (누구의 무엇을) 잃게 하다; [전의] jmdn. um eine Stellung(um seinen guten Ruf) b. 누구의 지위[좋은 평판]를 빼앗다; das bringt mich noch um den Verstand 그것이 나의 이성을 잃게 하겠다. **6. a)** [통용어] 공표하다, 보도하다: die Zeitung brachte keinen Bericht darüber 그 신문에는 그것에 관한 기사가 실리지 않았다. **b)** 증정하다, 바치다: den Göttern Opfer b. 신들에게 제물을 바치다. **7. a)** (이익, 수입 따위를) 가져오다: hohen Ertrag [großen Gewinn, hohe Zinsen] b. 큰 이득을 보다[큰 벌이가 되다, 높은 이자가 붙다]; **das bringt nichts!** 《통용어》 아무런 이득이 없는 일이다. **b)** (어떤 결과를) 가져오다[수반하다]: seine Krankheit bringt es mit sich, daß er sehr ungeduldig ist 그의 병은 불안 초조 증세를 수반한다. **c)** (부정적인 결과를) 가져오다, 야기하다, 초래하다; das hat mir nur Nachteile gebracht 그것은 내게 손해만을 가져다 주었다. **8. a)** 《지역어》 성취하다, 할 수 있다: ich bringe diese Übung nicht 나는 이 연습 문제를 풀 수 없다. **b)** (일정한 수준을) 달성하다: jmdn. nicht satt b. 누구를 만족시키지 못하다; ich bringe den Schrank nicht vom Fleck 나는 이 장농의 얼룩을 지울 수가 없다. **Bringer**, der; -s, - 〈준고어·아어〉 가져오는 사람, 전달자. **Bringschuld**, die 〈Pl. 없음〉 [법] 지참 채무.

Brio ['briːo], das; -s [ital. brio] [음악] 활기, 생기; 열정.

Brioche [bri'ɔʃ], die; -s [frz. brioche] 브리오슈(버터, 계란이 든 프랑스의 빵의 일종).

brioso [bri'oːzo] 〈Adv.〉 [ital., brio] [음악] 기운 있게, 활기 있게, 열렬하게.

brisant [bri'zant] 〈Adj.〉 [frz. brisant] **1.** [무기] 폭발성의, 폭파력이 강한: diese Dynamitladung ist äußerst b. 이 다이너마이트 폭탄은 폭파력이 대단히 강하다. **2.** 《교양어》 논의를 요하는, 논란의 소지가 있는, 위험한: das Thema des Buches ist äußerst b. 이 책의 주제는 논란의 소지가 다분하다. **Brisanz** [..nts], die; -en **1.** [무기] 폭파력: die B. einer Bombe[einer Granate] 폭탄[수류탄]의 폭파력. **2.** 〈Pl. 없음〉 《교양어》 (발언 따위의) 충격: die politische[soziale, emotionale] B. eines Themas 어떤 주제의 정치적[사회적, 정서적] 충격. **Brisanzgeschoß**, das [무기] 폭

렬탄.
Brise ['briːzə], die; -n [frz. brise] 미풍, 연풍(軟風): eine B. kam auf(sprang auf, erhob sich) 미풍이 일었다.

Brisolett [brizo'lɛt], das; -s, -e, **Brisolętte**, die; -n [frz. briser] [요리] 고기 완자.

Brissago [brɪ'saːgo], die; -(s) 여송연의 일종, 브리자고 여송연.

Bristolkarton ['brɪstl-], der; -s, -s / 〈드물게〉-e [영국의 도시명 브리스틀에서 유래] 품질 좋은 도화지.

Britanniametall [brɪ'tania-], das; -s [영국을 일컫는 라틴어 명칭 Britannia에서 유래] 브리타니아 합금.

Britạnnien, -s 영국(라틴어 명칭). **britạnnisch** 〈Adj.〉영국의. **Brịte**, der; -n, -n 영국인. **Brịtin**, die; -nen ↑Brite의 여성형. **brịtisch** 〈Adj.〉영국의: die ~e Regierung 영국 정부. **British Airways** ['brɪtɪʃ 'ɛəweɪz] 영국 항공사 (약어: BA).

Britizịsmus [briti'tsɪsmʊs], der; -, ...men [engl. briticism] [언어] **1.** 영국 영어 특유의 현상(예컨대: 미국식 영어에서는 "labor"이나 영국식 영어에서는 "labour"임). **2.** 영국 영어에서 온 차용어.

Britschka ['brɪtʃka], die; -s [poln. bryczka] 〈옛〉덮개 없는 간단한 여객마차.

Bröckchen ['brœkçən], das; -s, - ↑Brocken: **B. husten(lachen)** 〈통용어〉구토하다. **bröckchenweise** 〈Adv.〉부수어서, 조금씩, 단편적으로. **bröckelig, bröcklig** ['brœk(ə)lɪç] 〈Adj.〉 **a)** 부서진. ~es Gestein 부서진 암석. **b)** 부서지기 쉬운, 잘 부서지다.

Bröckeligkeit, Bröcklichkeit, die ↑bröckelig의 명사형. **bröckeln** ['brœkl̩n] 〈h〉 **1. a)** 부서지다, 깨지다: das Brot bröckelt (sehr stark) 이 빵은 (아주 잘) 부서진다. **b)** 〈s〉 부서져 떨어지다: der Putz ist von der Mauer gebröckelt 담에 바른 회반죽이 부서져 떨어져 나갔다. **2.** 〈h〉 부수다, 부스러 뜨리다, 분쇄하다. **brocken** ['brɔkn̩] **1.** 부수다, 분쇄하다. **2.** 〈südd., österr.〉 따다: Äpfel(Beeren, Blumen). 사과(딸기, 꽃)를 따다. **¹Brocken** [-], der; -s, - 〈축소형: ↑Bröckchen〉 **1.** 파편, 조각: hier liegt ein B. Brot 여기 빵 한 조각이 있다: [전의] ein paar B. Englisch (einige englische B.) können 영어를 조금(몇 마디) 할 수 있다; sich die besten B. nehmen 〈통용어〉가장 좋은 것을 취하다; jmdm. einen fetten B. wegschnappen 〈통용어〉누구에게서 좋은 사업(유리한 기회)을 빼앗다; mit schweren B. schießen [군] 대구경의 포를 쏘다; 〈통용어〉그것은 어려운 상황(상대)이었다; **an einem harten B. zu kauen haben** 〈통용어〉1) 싫은 일(달갑지 않은 일)을 하지 않으면 안되다. 2) 어려운 일이 앞에 놓여 있다. **2.** 〈통용어〉뚱뚱한(비대한) 사람. **²Brocken**, der; -s 북부 독일의 산지(山地) Harz에서 제일 높은 산 이름. **brọckenweise** 〈Adv.〉조각으로, 조금씩, [전의] wir erfuhren die Einzelheiten des Geschehens nur b. 우리는 그 사건의 상세한 내용을 단편적으로만 들었다. **bröcklig**: ↑bröckelig. **Bröcklichkeit**, die ↑Bröckeligkeit.

Brodel ['broːdl̩], der; -s 〈지역적〉김, 증기. **brodeln** ['broːdl̩n] 〈h〉 **1.** 부글부글 끓어 오르다, 비등(沸騰)하다, 피어 오르다: das Wasser(die Suppe) brodelt (im Topf) 물(죽)이 (냄비에서) 끓고 있다; Nebel brodeln im Tal 계곡에서 안개가 피어 오른다; [전의] es brodelt in den Betrieben (unter der Bevölkerung) 기업체 내 (국민들간)에 소요가 일고 있다. **2.** 〈österr.·통용어〉시간을 낭비하다, 늑장부리다. **Brodem** ['broːdəm], der; -s 〈아어〉 증기 따위의 가락: 〈전의〉 jener B. aus Klatsch (Geldgier, Ehrgeiz und politischen Interessen) 험담(금전욕, 공명심, 정치적 흥미)의 저 악취.

Broderie [brodə'riː], die; -n [...iːən; frz. broderie] 〈고어〉자수, 수장식, 가선 장식. **brodieren** [bro'diːrən] 〈h〉 [frz. broder] 〈고어〉수로 장식하다, 수를 놓아 선을 돌리다: [전의] eine mit allerlei Anekdoten brodierte Erzählung 여러 가지 일화로 수놓은 이야기. **Brodierung**, die; -en ↑Broderie.

Brodler ['broːdlɐ], der; -s, - 〈österr·통용어〉시간 낭비하는 사람, 늑장부리는 사람.

Broiler ['brɔylɐ], der; -s, - [engl. broiler] 〈구동독〉튀김 닭, 통닭 구이; 구이용 닭. **Broilermast**, die 구이용 닭의 비육(肥育).

Brokạt [bro'kaːt], der; -(e)s, -e [ital. broccato] 고급 비단, 수놓은 비단, 금란(金襴): ein Abendkleid aus kostbarem B. 값비싼 금란으로 만든 야회복.

Brokạt-: **~damast**, der 금란 문직물(紋織物). **~glas**, das 〈Pl. -gläser〉금란 선을 넣은 유리 그릇. **~kleid**, das 금란(으로 지은) 옷. **~papier**, das 금가루나 은가루를 뿌려 입힌 종이. **~schuh**, der 금란 구두, 수놓은 비단 구두.

Brokatẹll [broka'tɛl], der; -s, -e **Brokatẹlle**, die; -n [ital. broccatello] 순견(純絹)이 아닌 금란. **brokaten** [bro'kaːtn̩] 〈Adj.〉 **a)** 금란의, 금란으로 만든: ein ~es Kleid 금란 옷. **b)** 금란과 같은.

Broker ['broʊkə], der; -s, - [engl. broker] 〔증권〕 거간꾼, 중개인, 브로커.

Brọkkoli ['brɔkoli] 〈Pl.〉 [ital. broccoli] 브로콜리(양배추의 일종).

Brom [broːm], das; -s [griech. brōmos = Gestank (wegen seines scharfen Geruchs)] 브롬, 취소(臭素) (기호: Br).

brom-, Brom-: **~haltig** 〈Adj.〉브롬이 함유된. **~säure**, die [화학] 브롬산(酸). **~silber**, das [사진] 브롬화 은. **~silberpapier**, das [사진] 브롬지(紙), 브로마이드 인화지. **~verbindung**, die [화학] 브롬화물. **~vergiftung**, die 브롬 중독. **~wasserstoff**, der [화학] 브롬화 수소.

Bromạt [bro'maːt], das; -(e)s, -e 브롬산 염.

Brọmbeer-: **~blatt**, das 〈대개 Pl.〉나무딸기잎. **~gestrüpp**, das 나무딸기 덤불. **~hecke**, die 나무딸기 울타리. **~konfitüre**, die 나무딸기 설탕 절임(잼). **~likör**, der 나무딸기 술(酒). **~marmelade**, die 나무딸기 잼. **~saft**, der 나무딸기 즙(주스). **~strauch**, der 나무딸기 덤불.

Brọmbeere ['brɔm-], die; -n **a)** 나무딸기(나무). **b)** 나무딸기의 열매.

Bromịd [bro'miːt], das; -(e)s, -e 브롬화물, 브롬화 금속.

bronchịal [brɔn'çiaːl] 〈Adj.〉 **a)** 기관지의, 기관지에 속하는. **b)** 기관지에 관한.

Bronchial- [의학]: **~asthma**, das 기관지 천식(喘息). **~baum**, der 기관지 전체. **~katarrh**, der ↑Bronchitis. **~krebs**, der 기관지 암. **~schleimhaut**, die 기관지 점막(粘膜). **~tee**, der 기관지염(카타르)의 치료 효과가 있는 차(茶).

Bronchie ['brɔnçiə], die; -n 〈대개 Pl.〉 [lat. bronchia] [의학] 기관지. **Bronchitiker** [...'çiːtikɐ], der; -s, - 기관지염(카타르) 환자. **Bronchịtis** [...çıtis], die; ...itiden [...i'tiːdn̩] [의학] 기관지 카타르.

Bronn, der; -s, -en, **Brọnnen** ['brɔn(ən)], der; -s, - 〈시어·고어〉↑Brunnen.

Brontosaurier [brɔnto'zaʊriɐ], der; -s, - **Brontosaurus** [brɔnto'zaʊrʊs], der; -, ...rier [...riɐ; griech. brontẽ = Donner u. saũros = Eidechse] [고생물] 뇌룡(雷龍), 브론토사우르스.

Bronze ['brõːsə], die; -n **1.** 〈Pl. 없음〉청동. **2.** 〈교양어〉청동 예술품. **3.** 〈관사 없음〉〈스포츠 은어〉 ↑Bron-

zemedaille의 약칭. **4.** 청동색 도료(塗料).
bronze-, Bronze-: **~artig** 〈Adj.〉 청동 같은. **~blech**, das 청동판(板). **~braun** 〈Adj.〉 청동색의, 황동색의, 황갈색의. **~druck**, der 〔인쇄〕 청동색 인쇄. **~farbe**, die 청동색 도료. **~farben, ~farbig** 〈Adj.〉 청동색의. **~guß**, der 청동주조(鑄造). **~krankheit**, die (Pl. 없음) 〔醫〕 (피부가 청동색이 되는 부신질환(에디슨씨 병). **~kunst**, die 〈Pl. 없음〉 〔예술〕 청동 예술. **~medaille**, die 동메달: die B. ging[fiel] an die USA 동메달은 미국(선수)에게 돌아갔다. **~relief**, der 청동 부조(浮彫). **~statue**, die 동상(銅像). **~staub**, der 〈Pl. 없음〉 청동 분말. **~ton**, der (황갈색의) 청동색조(色調). **~zeit**, die 〈Pl. 없음〉 청동기 시대. **~zeitlich** 〈Adj.〉 청동기 시대의.
bronzen 〈Adj.〉 **a)** 청동제의: ein -er Leuchter 청동 촛대. **b)** 청동색의, 청동빛의: b. schimmern 청동색으로 빛나다. **bronzieren** [brõˈsiːrən] 〈h〉 청동 도금을 하다, 청동을 입히다: einen Bilderrahmen b. 액자[그림틀]에 청동을 입히다. **Bronzit** [brɔnˈtsiːt, 《또한》 ...tsɪt], der; -s 고동석(古銅石).
Brosame [ˈbroːzaːmə], die; -n 〈대개 Pl.〉 《아어·전고어》 쇄편(碎片), 〔빵〕부스러기: den Vögeln -n hinstreuen 새에게 빵부스러기를 뿌려 주다.
brosch. = broschiert 가철된.
Brosche [ˈbrɔʃə], die; -n [frz. broche] 장식 핀, 브로치: sich eine B. anstecken 브로치를 달다.
Bröschen: ↑Briesschen.
broschieren [brɔˈʃiːrən] 〈h〉 [frz. brocher] 〔서적〕 (책 따위를) 가철(假綴)하다, 영장(假綴本)을 만들다: eine broschierte Ausgabe 가철본. **Broschur** [brɔˈʃuːr], die; -en 〔서적〕 **1.** 〈Pl. 없음〉 가철. **2.** 가철본. **Broschüre** [brɔˈʃyːrə], die; -n [frz. brochure] 소책자, 팜플렛: -n verteilen 팜플렛을 돌리다.
Brösel [ˈbrøːzl], der, 《österr.》 das; -s, - 〈대개 Pl.〉 **a)** 빵부스러기: die B. vom Tischtuch schütteln 식탁 위의 빵부스러기를 털어버리다. **b)** 빵가루. **brös(e)lig** 〈Adj.〉 (빵)부스러기의, 부서진. **bröseln** 〈h〉 **1.** 부수다, 부스러 뜨리다, 분쇄하다. **2.** 부스러지다, 가루가 되다.
Brot [broːt], das; -(e)s, -e **1. a)** 〔덩어리〕 빵: frisches B. 갓 구워낸 빵; etw. (so) nötig haben wie das tägliche B. 무엇이 매우 필요하다; 《속담》 wes B. ich ess', des Lied ich sing' 신세를 진 사람의 편을 들기 마련이다; **flüssiges B.** 〈농〉 맥주; **sein eigen B. essen** 《아어》 (직업상) 자립하다; **mehr können als B. essen** 〈통속어〉 남이 못하는 일을 할 수 있다, 대단하다; **ans B. gewöhnt sein** 집을 떠나 오래 있지 못하다; **für ein Stück B.** 헐값에, 아주 싸게: wir mußten alles für ein Stück B. verkaufen 우리는 모든 것을 헐값에 팔지 않으면 안되었다. **b)** 빵(덩이에서 얇게 잘라 낸) 조각: Butter aufs B. streichen 〈통속어〉 schmieren〉 빵조각에 버터를 바르다. **2.** 생계, 살림: sich sein B. als Gepäckträger verdienen 짐꾼 노릇을 하여 생계를 이어 나가다; **etw. ist ein hartes[schweres] B.** 무엇이 고된 일[힘든 돈벌이]이다; **überall sein B. finden** (아어) 어디를 가나 밥벌이는 할 수 있다, 능력 있다; **sein gutes B. haben** 〈준고어〉 벌이가 좋다.
brot-, Brot-: **~aufstrich**, der 빵에 바르는 것(버터, 잼 따위). **~bäcker**, der 빵 굽는 사람. **~bäckerei**, die 빵 제조(업). **~baum**, der ↑Fruchtbaum. **~belag**, der 빵에 얹는 것(소시지, 치즈 따위). **~beruf**, der 〈취향보다는〉 밥벌이 직업. **~beutel**, der 식량 주머니(군인, 도보 여행자의). **~brocken**, der 빵조각. **~büchse**, die 빵 그릇(아침 식사용 빵을 신선하게 보관하기 위한). **~einheit**, die 〔의학〕 (당뇨병의 음식

조절을 위한) 탄수화물 함량 계산의 단위(약어: BE). **~erwerb**, der 밥벌이, 생업. **~fabrik**, die 빵공장. **~fisch**, der 밥벌이(시켜주는) 어종(물고기). **~fliege**, die 〈berlin.〉 빵파리: die B. darfst du nicht totmachen, sonst geht das Brot aus 빵파리는 잡아 죽이면 살림이 준다. **~frucht**, die 빵나무 열매. **~fruchtbaum**, der 빵나무(나무와 열매가 모두 유용하게 쓰이는 열대 지방 나무). **~geber**, der 《농》 ↑Arbeitgeber. **~getreide**, das 빵 원료가 되는 곡물(밀, 호밀 따위). **~herr**, der 《고어》 ↑Arbeitgeber. **~kanten**, der 빵 끄트머리조각(썰을 때 첫 조각 혹은 마지막 조각). **~karte**, die 빵 배급표. **~kasten**, der (썬 빵을 넣는 상자 모양의) 빵통. **~korb**, der: jmdm. den B. höher hängen 〈통속어〉 **1)** 누구를 굶주리게 하다, 박봉으로 일을 시키다. **2)** (오만한 사람을) 엄하게 다루다. **~krume**, die 빵의 속(말랑말랑한 부분). **~krümel**, der 빵 부스러기. **~kruste**, die 빵 껍질. **~laib**, der 빵 덩이. **~los** 〈Adj.〉 벌이가 없는, 일자리가 없는, 실직한: b. sein[werden] 일자리가 없다[실직하다]; **eine -e Kunst** 벌이가 안되는 일. **~maschine**, die ↑Schneidemaschine. **~mehl**, das 제빵용 밀가루. **~messer**, das 빵 써는 칼. **~neid**, der 타인의 지위나 수입에 대한 시기. **~preis**, der 빵가. **~ration**, die 빵 배급량. **~rinde**, die 빵 껍질. **~röster**, der 빵 굽는 기구, 토스터. **~scheibe**, die ↑Brot (1 b). **~schneidemaschine**, die 빵 써는 기계. **~schnitte**, die ↑Brot (1 b). **~schrift**, die 〔인쇄〕 (책, 신문 따위의) 본문 활자체. **~studium**, das 〈Pl. 없음〉 《멸》 돈을 벌기 위한 공부. **~suppe**, die 빵수프. **~teig**, der 빵 반죽. **~teller**, der 빵 접시. **~verdiener**, der (가족 중의) 생계비를 버는 사람. **~zeit**, die 〔지역적〕 **a)** 간식 시간. **b)** 〈Pl. 없음〉 간식; 오전 간식.
Brötchen [ˈbrøːtçən], das; -s, - 하드롤(Semmel): ein B. mit Wurst 소시지를 끼운 작은 빵 한 개; **kleine [kleinere] B. backen** 〈통속어〉 만족하다[만족하지 않으면 안된다], 한 발짝 양보하다[양보하지 않으면 안된다]; **seine B. verdienen** 〈통속어〉 생계[생활비]를 벌다. **Brötchengeber**, der 《농》 ↑Arbeitgeber.
brotzeln [ˈbrɔtsln] 〔방언〕 ↑brutzeln 참조.
Browning [ˈbraunɪŋ], der; -s, -s [engl.-amerik. browning, 발명자인 J. M. Browning (1855~1926)의 이름에서] 브라우닝 (자동식) 권총.
brr! [br] 〈Interj.〉 **1.** (혐오를 나타냄) 체, 《아주 춥다는 표시로》 아! **2.** (말을 멈출 때) 워워.
BRT = Bruttoregistertonne.
¹Bruch [brʊx], der; -(e)s, Brüche **1. a)** 깸, 깨어짐, 부숨, 부서짐, 무너짐: der B. eines Rades[einer Achse, eines Dammes] 바퀴(축, 제방)의 부서짐[무너짐]; 〔전의〕 der B. der Freundschaft 절교; **B. machen 1)** 〈통속어〉 깨뜨리다. **2)** 〔조종사〕 기체 파손이 따르는 불시착을 하다, 추락하다; **in die Brüche gehen 1)** 부서지다. **2)** 실패하다, 깨지다, 《전의》 우정 등이 깨어지다, 갈라지다; **zu B. fahren** 타서 망가뜨리다. **b)** 깨진[부서진] 자리[단면]. **2.** 〔의학〕 **a)** 골절(骨折): einen B. einrichten(schienen) 접골하다(부목(副木)을 대다). **b)** 탈장: sich einen B. heben 탈장하다; **sich³ einen B. lachen** 《경》 배꼽 빠지게 웃다, 포복절도하다. **3. a)** 침해, 위반. **b)** 결렬, 단절, 폐기: es kam zwischen ihnen zum Bruch 그들은 절교했다. **4.** 〔상〕 깨(부서)진 물건, 파치: 〔전의〕 das ist alles B. 모두 변변치 않다[쓸모 가 없다]. **5.** 의인 자리, 주름, 접힌: einen scharfen B. in die Hosen bügeln: 다리미질하여 바지에 날카로운 주름을 세우다. **6.** 〔지질〕 ↑Verwerfung. **7.** 《준고어》 ↑

Steinbruch의 약칭. **8.** 〔수학〕 분수: ein (un)echter B. 진[가]분수; einen B. kürzen 약분하다. **9.** 〔사냥〕 **a)** 총 맞은 짐승의 발자국이나 포수의 위치 등을 표시하기 위해 꺾은 나뭇가지. **b)** 수확이 큰 사냥에서 돌아오는 길에 모자에 꽂는 나뭇가지. **10.** 〔경〕 가택 침입.

²**Bruch** ['brʊx], 《또한》 bruːx], der 《또는》 das; -(e)s, Brüche ['brʏçə, 《또한》 'bryːçə], 《또한 지역적》 Brücher 소택지(沼澤地), 습지, 늪지.

bruch-, Bruch- (¹Bruch): **~band,** das 〈Pl. -bänder〉〔의학〕탈장대(脫腸帶). **~bau,** der 〈Pl. -baue〉〔광〕 **a)** 〈Pl. 없음〉 광맥을 폭파하여 전부 털어내는 채굴. **b)** 위의 채굴 방법에 의한 채광. **~bude,** die 《통어용・폄》 다 허물어져 가는 집. **~ei,** das 깨진 달걀. **~faltung,** die 〔지질〕 단층과 습곡이 나란히 나타나는 지층. **~fest** 〈Adj.〉 단단한, 잘 부서지지 않는, 강인한, 견고한. **~festigkeit,** die ↑ **~fest**의 명사형. **~fläche,** die **1.** ↑ ¹Bruch (1 b). **2.** 〔지질〕 단층면. **~gefahr,** die 〈Pl. 없음〉 파손[붕괴] 위험. **~glas,** das 〈Pl. 없음〉 깨진 유리, 유리 조각. **~landen** (대개 과거분사로만 사용) 기체 파손이 따르는 불시착을 하다: die Maschine ist bruchgelandet 그 비행기는 기체가 부서지어 불시착했다 기체 파손이 심하며 불시착을 하다. **~landung,** die **1.** 〔토목〕 지붕의 두 경사면이 만나 수평을 이루는 선. **2.** 〔지질〕 단층선. **~los** 〈Adj.〉 간단(間斷) 없는, 중단 없는. **~operation,** die 탈장 수술. **~pforte,** die 〔의학〕 탈장문(門). **~pilot,** der 《통용어・농》 기체가 부서지며 불시착한 비행기의 조종사. **~rechnen** (부정형으로만 사용됨) 분수(分數) 계산을 하다. **~rechnen,** das 분수 계산(하기). **~rechnung,** die 분수 계산. **~schaden,** der 물건의 파손으로 인한 손해. **~schokolade,** die 〈Pl. 없음〉 초콜릿 부스러기, 부서진 초콜릿. **~schrift,** die 〔인쇄〕 ↑ Fraktur. **~sicher** 〈Adj.〉 견고한, 깨질 염려 없는. **~stein,** der 잘라내어 다듬지 않은 돌, 막돌. **~steinmauer,** die 다듬지 않은 (막)돌로 쌓은 벽. **~stelle,** die 자른면, 단면. **~strich,** der 〔수학〕 분모와 분자를 가르는 선. **~stück,** das [lat. fragmentum] **1.** 부서진 조각, 깨진 조각, 파편, 끊긴 토막, 단편(斷片). **2.** 〔문헌〕미완성의 문서, 미완고(未完稿). **~stückhaft** 〈Adj.〉 단편적(斷片的)인. **~stückweise** 〈Adv.〉 단편적으로. **~stufe,** die 〔지질〕 단층(斷層). **~teil,** der 작은 부분, 토막, 소부분: er kam um den B. einer Sekunde zu spät 그는 조금 늦게 왔다. **~teilig** 〈Adj.〉 근소한, 경미한. **~versuch,** der 〔기술〕 (제작 재료의) 견고성 시험, 항요성 시험. **~zahl,** die 〔수학〕 ↑ Bruch (8) (반대: ganze Zahl). **~zone,** die 〔지질〕 단층대(帶).

brüchig ['brʏçɪç] 〈Adj.〉 **1.** 깨지기 쉬운, (취)약한; 무른, 썩은. **2.** 거친, 꺼칠꺼칠한. **Brüchigkeit,** die ↑ brüchig의 명사형.

Brückchen, das; -s, - ↑ Brücke (1)의 축소형. **Brücke** ['brʏkə], die; -n **1.** 다리, 교량: die B. führt [spannt] sich über eine Schlucht 그 다리는 협곡(峽谷) 위에 놓여[걸려] 있다; eine fliegende B. 밧줄로 이 끌리는 나룻배; 일구 über die B. möchte ich nicht gehen 나는 그것을 믿지 않는다; die[alle] -n hinter sich³ abbrechen 모든 관계를 끊다; jmdm. eine (goldene) B.[(goldene) -n] bauen 누구에게 협상할 여지를 주다, 퇴로(退路)를 남겨주다. **2.** (배의) 사령교 (司令橋). **3.** 부두(埠頭), 잔교(棧橋). **4.** 〔치과〕의치(架工義齒), 의치 브리지. **5.** 작은 깔개[양탄자]. **6.** 〔체조〕몸을 뒤로 젖혀 두 손으로 땅을 짚은 자세. **7.** 〔레슬링〕머리와 발바닥을 바닥에 댄 방어 자세. **8.** 〔해부〕뇌교(腦橋).

Brücken-: ~bau, der **a)** 〈Pl. ...bauten〉 ↑ Brücke. **b)** 〈Pl. 없음〉 교량 가설, 다리의 건조, 가교(架橋). **~bogen,** der 다리의 아치. **~geländer,** das 다리의 난간(欄干). **~geld,** das 〈옛〉 교량 통행세. **~heilige,** der 교량에 세워진 수호신상(守護神像). **~joch,** das 교형(橋桁)(교각간 횡목). **~kapelle,** die 돌다리의 가운데 각주 위에 세운 교회당. **~kontinent,** der 〔지질〕 교량 대륙(지구 생성 초기에 대륙들을 연결하고 있다가 가라앉았다고 가정되는). **~kopf,** der 〔군〕 (교량 엄호를 위한) 교두(橋頭) 진지. **b)** 교두보: einen B. bilden (errichten) 교두보를 구축하다. **~pfeiler,** der 다리 기둥, 교각(橋脚). **~maut,** die (교량) 통행세. **~schlag,** der 〈Pl. 없음〉 교량 가설, 가교. **~stau,** der 교각에 부딪친 강물의 역류 정체(逆流停滞). **~zoll,** der 〈옛〉 다리 통행세.

bruddeln ['brʊd(ə)ln] 〈h〉 〈지역적〉 투덜대다, 불평하다. **Bruddler** ['brʊdlɐ], der; -s, - 불평꾼.

Brüden ['bryːdn], der; -s, - 〔기술〕 수증기. **Brüdenabzug,** der 수증기 배출(장치).

Bruder ['bruːdɐ], der; -s, Brüder 〈축소형: ↑ Brüderchen〉. **1.** 형제: mein älterer[jüngerer] B. 나의 형[아우]; 성구 gleiche Brüder, gleiche Kappen 유유상종(類類相從); **der große B. 1)** 막강한 파트너. **2)** 〈농〉큰 지출, 많은 비용. **3)** 〔전세주의 국가의〕독재자(Orwell의 소설 "1984년"의 big brother의 차용 역어); **unter Brüdern** 《통용어・농》 솔직히 말해서, 속이지 않고: was kostet das unter Brüdern? 솔직히 말해서 이 값이 얼마요? **2.** 동향인, 동포. **3.** (교단(敎團)의) 수도사, 수사(修士). **4.** 《통용어・폄》 (부정적인 특성의) 사람, 인간, 위인, 녀석, 놈: gefährlicher B. 위험한 사람; **B. Lustig[Leichtfuß, Liederlich]** 《준교어・농》 낙천가[덜렁쇠, 도락가]; **warmer B.** 〈폄〉 동성연애자, 호모.

Bruder-: ~bund, der (아어) 형제 결연. **~hand,** die (아어) 우정[형제]의 손. **~haß,** der 형제간의 증오. **~herz,** das 〈Pl. 없음〉 《준교어・농》 형제, 친구. **~krieg,** der 동포간[동족]간의 전쟁, 내전(內戰). **~kuß,** der (양쪽 볼에 하는) 우정의 입맞춤(키스). **~land,** das 〈구동독〉 동맹국, 형제국. **~liebe,** die **a)** 형제애. **b)** (드물게) 이웃 사랑. **~mord,** der 형제 살해(의 죄). **~mörder,** der 형제 살해범[자]. **~mörderisch** 〈Adj.〉 형제 살해의, 동족 상잔의. **~paar,** das (드물게) ↑ Bruderpaar. **~partei,** die (구동독) 형제 정당 (다른 사회주의 국가내의 이념이 같고 친분 있는 정당). **~volk,** das 같은 종족의 민족[국민], 동포. **~zwist,** der 형제(동포)간의 싸움, 혈육간의 다툼.

Brüderchen ['bryːdɐçən], das; -s, - ↑ Bruder (1). **brüderlich** 〈Adj.〉 형제 같은, 친한: jmdm. b. helfen 누구를 형제같이 돕다; meine -e Liebe 〈농〉 나의 형제애. **Brüderlichkeit,** die ↑ brüderlich의 명사형. **Brüderpaar,** das; -(e)s, -e (아어) 우애로 결속된 두 형제. **Bruderschaft,** die; -en 〔종교〕 **1.** 신도 단체, 교단. **2.** ↑ Brüdershaft (2). **Brüderschaft,** die; -en **1.** ↑ Brudershaft (1). **2.** 〈Pl. 없음〉 너나하는 사이, 막역한 사이, 친밀한 관계: **B. trinken** 술잔을 들며 친밀한 관계를 맺다(말을 놓는 친구 관계를 맺다).

Brügge ['brʏgə] 브뤼게(벨기에의 도시).

brüh-, Brüh-: ~heiß 〈Adj.〉 매우 뜨거운, 끓는 물처럼 뜨거운. **~kartoffeln** 〈Pl.〉 육급으로 끓인 감자. **~warm** 〈Adj.〉 《통용어》 **a)** 갓 만들어져 싱싱한, 방금 알려진: eine -e Neuigkeit 최신의 뉴스, 핫뉴스. **b)** 즉시, 즉각, 곧: eine Nachricht b. weitererzählen 어떤 소식을 즉시 퍼뜨리다. **~würfel,** der ↑ Fleischbrühwürfel. **~wurst,** die 끓는 물에 데워 먹는 소시지.

Brühe ['bryːə], die; -n **1.** 고아낸 국물 (고기, 뼈, 야채 등의), 육급, 수프: 성구 oft ist die B. teurer als der Braten 배보다 배꼽이 클 때가 잦다; **eine lange B.**

um etw. machen 《통용어》 무엇에 대하여 군소리를 늘어놓다. b) 《지역적》 야채 삶은[데친] 물. 2. 《통용어·펌》 묽은[멀건] 커피[차]. 3. 《펌》 구정물, 혼탁한 물: in der B. sitzen(stecken) 《통용어》 곤란한[난처한] 처지에 있다. 4. 《통용어》 땀. **brühen** ['bry:ən] ⟨h⟩ a) 끓는 물을 붓다, 데치다: Gemüse b. 야채를 데치다. b) 끓이다. c) ⟨b. + sich⟩ 《드물게》 끓는 물, 수증기에 데다: ich habe mir die Hand gebrüht 나는 손을 데였다.

Bruitismus [bryi'tɪsmʊs], der; - [frz. bruit] 〔음악〕소음을 이용한 음악.

Brüllaffe ['bryl-], der; -n, -n 1. 포효(咆哮)원숭이(남아메리카에 살며 날카롭게 울부짖는다). 2. 〔욕〕크게 소리지르는[욕하는] 사람.

brüllen ['brylən] ⟨h⟩ [mhd. brüelen] 1. (짐승이) 울부짖다, 포효(咆哮)하다: das Vieh brüllt nach Futter 가축이 먹이를 찾아 울부짖는다; 〔전의〕 der Motor brüllt 《시어》 발동기가 부르릉댄다. 2. a) (흥분하거나 화가 나서) 소리 지르다, 외치다: aus Leibeskräften b. 있는 힘을 다해 소리 지르다[외치다]. b) 큰 소리로 말하다[부르다]: er brüllte ihm etwas ins Ohr 그는 그 남자의 귀에 대고 무엇인가를 큰 소리로 말했다. c) 절규하다, 비명을 지르다: er brüllte vor Lachen 그는 포복 절도(抱腹絶倒)했다; **das ist (ja) zum Brüllen!** 《통용어》 그것은 포복절도할 일이다. d) 《통용어》 심하게 울다: der Kleine brüllte wie am Spieß 그 소년은 큰소리로 비명을 질렀다. **Brüller** ['brylɐ], der; -s, - a) 《통용어·펌》 소리지르는 사람, 큰 소리로 욕하는 사람. b) 《통용어》 함성, 여러 사람의 울부짖음.

Brumaire [bry'mɛːɐ̯], der; -(s), -s [frz. brumaire] 프랑스 혁명 달력의 두번째 달(10.22~11.22).

Brumm-: **~bär**, **~bart**, der 《통용어》 불평가. **~baß**, der 《통용어》 1. 베이스(남성의 낮은음). 2. 콘트라베이스(저음 현악기). **~eisen**, das 구금(口琴)(입으로 물고 손으로 켜는). **~fliege**, die 《통용어》 ↑Schmeißfliege. **~kreisel**, der 윙윙거리는 팽이. **~ochse**, der 〔욕〕 바보, 멍청이. **~schädel**, der 《통용어》 (숙취의 결과로서) 몽롱한 머리. **~stimme**, die 1. 《통용어》 웅얼[중얼]거리는 소리. 2. 〔음악〕 허밍. b) 합창에서 허밍 부분을 맡아 노래 부르는 사람. **~ton**, der 허밍 소리[음]. **~topf**, der 〔음악〕 소고(小鼓)의 일종.

brummeln ['brʊm|n], 《지역적》 **brümmeln** ['brʏm|n] ⟨h⟩ 1. 낮은 소리로 서투르게 노래부르다, 입속으로 노래하다. 2. 중얼거리다, 투덜거리다: vor sich hin b. 혼자 중얼거리다. **brummen** ['brʊmən] ⟨h⟩ [mhd. spätahd. brummen] 1. 으르렁대다, 왕왕거리다, 윙윙거리다, 쾅쾅 울리다: der Bär brummt 곰이 으르렁댄다; 〔전의〕 mir brummt der Kopf 《통용어》 머리가 지끈거린다. 2. 윙윙[붕붕]거리며 날아다니다: eine Hummel brummt durch das Zimmer 땡벌 한 마리가 윙윙거리며 방 안을 날아다닌다; 〔전의〕 er brummt mit seinem Motorrad durch die Straßen 《통용어》 그는 오토바이를 타고 붕붕대며 거리를 돌아다닌다. 3. a) (낮은소리로) 서투르게〔곡조가 틀리게〕 노래부르다. b) 저음으로 노래부르다, 입속으로 노래하다. 4. 투덜대다. 5. 《통용어》 a) 감옥살이하다. b) 방과후 벌로 남아 있다. 6. 〔은어〕 위력있게〔강〕 숯하다. **Brummer**, der; -s, - 《통용어》 1. 똥파리, 쉬파리. 2. 대형 화물 트럭(자동차). 3. 뚱뚱하고 느린 사람, 굼벵이. 4. 노래가 서툰 합창 단원(가수). 5. 〔욕〕 명청이, 우스꽝스러운 녀석. **brummig** ['brʊmɪç] ⟨Adj.⟩ 《통용어》 으르렁대는, 투덜거리는, 불친절한.

Brummigkeit, die ↑brummig의 명사형.

Brunch [bran(t)ʃ], der; -(e)s /-, -(e)s /-e [영어 breakfast와 Lunch의 합성어] 《드물게》 브런취(식사시간이 길고 내용이 풍부한 아침 겸 점심 식사). **brunchen** ['bran(t)ʃn] ⟨h⟩ 《드물게》 브런취 식사를 하다, 아침 겸 점심 식사를 하다.

Brunelle [bru'nɛla], die; -n ↑ ²Braunelle (1).
Brünelle: ↑Prünelle.
brünett [bry'nɛt] ⟨Adj.⟩ [frz. brunet] 갈색머리의, 갈색 피부의: sie[ihr Haar] ist b. 그녀의 피부[머리]는 갈색이다. er tanzte mit einer Brünetten 그는 갈색머리의 여자와 춤을 추었다. **Brünette** [bry'nɛta], die; -n [frz. brunette] 갈색 머리[피부]의 여자: er tanzte mit einer B. 그는 갈색 머리[피부]의 여자와 춤을 추었다.

Brunft [brʊnft], die; Brünfte ['brʏnfta] [발정기에 동물들이 소리지르기 때문에] 〔사냥〕 발정(發情), 교미욕; 교미(기).

Brunft-: 〔사냥〕 **~feige**, die ↑Brunstfeige. **~hirsch**, der 발정기의 수사슴. **~plan**, der ↑ ~platz. **~platz**, der 교미 장소. **~schrei**, der 발정기의 (수사슴의) 울음 소리. **~wild**, das 발정기의 야생 동물. **~zeit**, die 교미기.

brunften ['brʊnftn̩] ⟨h⟩ 〔사냥〕 발정하다, 암내 내다.
brunftig ['brʊnftɪç] ⟨Adj.⟩ 발정한, 암내를 내는.
brünieren [bry'niːrən] ⟨h⟩ [frz. brunir] 《전문어》 (금속에) 갈색 산화물을 입히다.

Brünnchen, das; -s, - ↑Brunnen의 축소형.
Brünne ['bryna], die; -n 갑옷의 목 가리개.
Brunnen ['brʊnən], der; -s, - (축소형: ↑Brünnlein) 1. 우물; ein natürlicher〔artesischer〕 B. 천연〔관〕 우물; einen B. graben〔bohren〕 우물을 파다; **den B. (erst) zudecken, wenn das Kind hineingefallen ist** 소 잃고 외양간 고친다. 2. 분수(대): ein berühmter B. auf dem Marktplatz 시장 광장의 유명한 분수(대). 3. 샘물, 광천수, 온천수: der Arzt hat ihm verordnet, B. zu trinken 의사는 그에게 광천수 마실 것을 처방했다.

brunnen-, **Brunnen-**: **~anlage**, die 우물 시설[터]. **~bauer**, der 우물 파는 사람(인부). **~becken**, das 분수의 수반(水盤), 분수지[噴水池]. **~dach**, das 우물의 지붕. **~einfassung**, die 우물 주위를 둘러싼 것[돌]. **~faden**, der 〔식물〕 (펌프관이나 수도관에서 발견되는) 다아포 모양균(多芽胞状菌). **~figur**, die 분수 대상(像), 분수대의 조각. **~flora**, die 〔식물〕 우물 물에 사는 하등 식물. **~frisch** ⟨Adj.⟩ 우물에서 갓 떠 온(길어 온). **~geist**, der 우물의 요정. **~haus**, das 《중세의 수도원에서 흔히 보는》 우물간. **~kammer**, die ↑ **~stube**. **~kranz**, der 우물의 종갱(縱坑)을 보호하기 위한 테(두리). **~kresse**, die 〔식물〕 미나리, 화란 냉이(샐러드용). **~kur**, die 광천[음용(飲用)] 요법. **~pest**, die 〔식물〕 ↑ ~faden. **~rand**, der 우물가. **~schacht**, der 우물의 수갱(竪坑). **~stube**, die (우물 물의) 저수조. **~trog**, der 우물 곁의 물통(가축에 물을 먹이기 위한). **~ummauerung**, die 우물 담(둥글게 쌓은). **~vergifter**, der 1. 〔법〕 우물에 독을 넣는 사람. 2. 〔펌〕 이간쟁이, 비방가, 중상가. **~vergiftung**, die 〔법〕 우물에 독을 넣기. **~wandung**, die 우물 벽. **~wasser**, das 우물 물, 샘물, 광천의 물. **~ziegel**, der 우물 벽을 쌓는 벽돌(쐐기 모양의).

Brünnlein ['brʏnlaɪn], das; -s, - ↑Brunnen.

Brunst [brʊnst], die; Brünste ['brʏnsta] 1. 발정(교미)기. 2. 욕정, 비방가, 중상가. 3. 〔아어〕 열렬한, 열성적인, 정성적인; in -es Gebet 열렬한 기도. **brünstig** ['brʏnstɪç] ⟨Adj.⟩ 1. 발정한, 암내난. 2. 욕정의, 색욕의, 정염의. 3. 〔아어〕 열렬한, 열성적으로, 정열적으로.

Brunst-: **~feige**, die 〔사냥〕 (영양의) 발정 호르몬 분비선(分泌腺). **~schrei**, der 발정기의 울음 소리. **~zeit**, die 발정(교미)기.

brunsten ⟨h⟩ 발정하다. **brünstig** ['brʏnstɪç] ⟨Adj.⟩ 1. 발정한, 암내난. 2. 욕정의, 색욕의, 정염의. 3. 〔아어〕 열렬한, 열성적인, 정성적인; in -es Gebet 열렬한 기도. **brünstiglich** ['brʏnstɪklɪç] ⟨Adj.⟩ 《드물게 아어》 열렬하게, 열성적으로, 정열적으로.

brunzen ['brʊntsn̩] 〈h〉 《지역적·속어》 오줌 누다.
Brunzkachel, die; -n 《지역적·속어》 요강.
Brüsche ['bry:ʃə], die; -n 《지역적》 《머리의》 혹, 종양: **sich³ für jmdn. sieben -n rennen** (berlin.》 《고 맙다는 말도 못 들으면서》 누구를 위해 분골쇄신하다.
brüsk [brʏsk] 〈Adj.〉 《frz. brusque》 험악한, 무뚝뚝한; 우악스런, 거친. **brüskieren** [...'ki:rən] 〈h〉 《frz. brusquer》 거칠게 다루다, 무뚝뚝하게 대하다; 《매정하게》 떼어 물리치다. **Brüskierung**, die; -en ↑brüskieren의 명사형.
Brüssel ['brʏs] 브뤼셀《벨기에의 수도》. **Brüsseler**, 《드물게》 **Brüßler** ['brʏslɐ], der; -s, - 브뤼셀 사람.
Brust [brʊst], die; Brüst ['brʏstə] 1. 〈Pl. 없음〉 **a)** 가슴, 흉부, 흉곽: **sie drückt das weinende Kind an die B.** 그 여자가 우는 아이를 가슴에 안는다; **B. heraus!** 가슴 펴!《명령》; 전의 **ein Geheimnis in seiner B. verschließen** 《아이》 비밀을 가슴 속에 간직하다《발설하지 않다》. **B. an B.** 마주 보고, 나란히; **sich an die B. schlagen** 가슴치며 후회하다, 통회(痛悔)하다; **sich in die B. werfen** 뻐기다, 자랑하다; **einen zur B. nehmen** 《통용어》 술을 많이 마시다. **b)** 폐: **die B. abhorchen** 폐를 청진하다; **er hat es auf der B.** 《통용어》 1) 그는 기관지염을 앓고 있다. 2) 그는 폐질환을 앓고 있다; **schwach auf der B. sein**《통용어》1) 호흡 기관이 약하다. 2) 돈이 없다. **2.** 《축소형: ↑Brüstchen》유방《乳房》, 젖: **eine üppige**[**schlaffe**] **B.** 풍만한《처진》 유방; **dem Kind die B. geben** 아기에게 젖을 먹이다; 전의 **er saugt an den Brüsten der Wissenschaft** 《아이·준고어》 그는 열심히 배운다《연구한다》. **3.** 〈Pl. 없음〉 가슴 부위의 고기. **4.** 〈Pl. 없음〉 [스포츠] 평영(平泳): **sie siegte in einem Wettkampf über 200 m B.** 그녀는 200 m 평영에서 우승했다.

brust-, Brust-: **~bein**, das 흉골. **~beutel**, der 목에 거는 돈지갑. **~bild**, das 반신상, 흉상. **~blatt**, das《마구 따위의》가슴 혁대. **~breite**, die 《다음의 용법으로》 **mit**(**um**) **B.**《육상》근소한 차로, 간발의 차로: **nach einem tollen Finish siegte er mit B.** 마지막 역주 끝에 그는 근소한 차로 우승했다. **~drüse**, die 유선(乳腺), 흉선. **~drüsenentzündung**, die 유선(乳腺)염. **~fell**, das 〈의학〉 늑막, 흉막. **~flosse**, die 가슴지느러미. **~gegend**, die 〈Pl. 없음〉 흉부(胸部). **~haar**, das 가슴의 털. **~harnisch**, der 흉갑, 가슴 갑옷. **~hoch** 〈Adj.〉 가슴 높이《까지》의. **~höhe**, die 〈Pl. 없음〉 가슴 높이. **~höhle**, die 〈의학〉 흉강(胸腔). **~kasten**, der 〈Pl. -kästen〉《통용어》↑**~korb**. **~kern**, der 〔요리〕 가슴 고기. **~kind**, das《통용어》모유(母乳)로 자라는 아이. **~korb**, der 흉곽(胸廓). **~krebs**, der 유방암. **~lage**, die 평영(平泳) 자세. **~latz**, der 1.《민속 의상 등의》흉의, 가슴받이. **2.** 앞치마의 가슴 부분. **~mauer**, die《부두나 방파제의》난간, 흉벽. **~muskel**, der 가슴 근육(胸筋). **~nahrung**, die 모유(母乳). **~organe** 〈Pl.〉 〔의학〕 흉곽내의 내장(기관). **~panzer**, der ↑~harnisch. **~plastik**, die 유방 성형 수술. **~schutz**, der **a)**《펜싱》《여자 선수의》흉부 보호. **b)**《검도》가슴 보호 장비. **~schwimmen**《대개 부정형으로만 사용됨》평영(平泳)하다. **~schwimmen**, das 평영《반대: Rückenschwimmen》. **~schwimmer**, der 평영하는 사람, 평영 선수. **~stimme**, die 〔음악〕가슴 소리(胸聲). **~stück**, das 〔요리〕 가슴 고기. **~tasche**, die 가슴에 있는 양복《속》포켓. **~tee**, der 흉차(胸茶). **~tief** 〈Adj.〉 가슴까지 오는《닿는》깊이의. **~ton**, der 가슴 소리, 흉음: **im B. der Überzeugung** 확신《신념》에 찬 소리《어조로. **~tuch**, das ↑latz (1). **~umfang**, der 흉위(胸圍), 바스트.

~wand, die 흉벽(흉곽의 외벽). **~warze**, die 젖꼭지, 유두(乳頭). **~wehr**, die 〔군〕 **a)** 흉장, 흉벽. **b)**《중세기 성의》성벽 상단부(上端部). **~werk**, das《오르간의》전면(前面), 위로 가슴에 대는 물수건《점잔音》. **~wirbel**, der 흉추(胸椎).
Brüstchen ['brʏstçən], das; -s, - ↑Brust (2). **brüsten** ['brʏstn̩], sich 〈h〉《폄》뻐기다, 자랑하다, 과시하다: **sich mit seinen Frauenerlebnissen b.** 자신의 여성 편력을 자랑하다. **Brüstung**, die; -en **1.** (발코니, 다리 등의》 흉벽, 난간. **2.** 창문 밑의 벽부분.
Brut [bru:t], die; -en **1.** 부화(孵化), 부란(孵卵). **2.** 〈Pl.〉 〈전문어〉 한 배로 깐 새끼: 전의 **die ganze B. tobt im Haus herum** 《농》 한 떼의 아이들이 집안에서 소란피운다. **3.** 〈Pl. 없음〉 《폄》 무뢰한《악당》의 패, 부랑아《의 떼》.

Brut-: **~apparat**, der 부화기(孵化器). **~blatt**, das 이끼류. **~fleck**, der 〈동물〉 포란점(抱卵點). **~fürsorge**, die 〈동물〉 알품기, 포란(抱卵). **~geschäft**, das 〈동물〉 부화. **~gesellschaft**, die 〈동물〉《새들의》부화기 동안의 공동 생활. **~hitze**, die《통용어》찌는 듯한 더위, 무더위. **~kasten**, der 《통용어》부화 상자《누에 따위의》, 부란기: 조산아 보육기, 인큐베이터. **~knospe**, die 무성아(無性芽). **~mauser**, die 〔동물〕 부화기 후의 털갈이. **~periode**, die 부화기(孵化期). **~pflege**, die 〔동물〕《어미의》부화된 새끼 포육《돌보기》. **~platz**, der 부화(부란) 장소. **~reaktor**, der 〔핵〕 증식로(増殖爐), 증식형 원자로. **~schrank**, der **1.**〈생물·의학〉미생물 배양기. **2.** ↑~apparat. **~stätte**, die ↑~platz. **~zeit**, die 부화기. **~zwiebel**, die 구아(球芽), 인아(鱗芽): 구근(球根).
brutal [bru'ta:l] 〈Adj.〉 **a)** 조야한, 무정한, 잔인한, 난폭한: **jmdn. b. mißhandeln** 누구를 잔인하게 학대하다. **b)** 가차없는, 가혹한: **die -e Wirklichkeit** 가혹한 현실; **der Reporter fragte sie sehr b.** 그 기자는 그녀에게 직접적으로 질문했다. **brutalisieren** [brutali'zi:rən] 〈h〉 《frz. brutaliser》 난폭하게 만들다. **Brutalisierung**, die ↑brutalisieren의 명사형. **Brutalismus**, der; - 〔건축〕 부루탈리즘《양식화한 근대건축의 스타일을 깨고 배관의 노출, 제치장 콘크리트 벽 등 1905년대 이래의 대담한 건축 양식》. **Brutalität** [...li'tɛ:t], die; -en 〔lat. brūtālitās〕 **1.**〈Pl. 없음〉난폭함, 난폭함, 무자비함. **b)** 가차없음, 가혹함. **2.** 난폭《무자비》한 행동.
brüten ['bry:tn̩] 〈h〉 **1.** 알을 품다: **die Henne brütet** 암탉이 알을 품고 있다. **2.**《아이》짓누르다, 뒤덮고 있다: **Hitze brütet über dem Land** 더위가 전국을 무겁게 내리누르고 있다; **eine brütende Hitze** 찌는 듯한 더위. **3. a)** 숙고하다: **er brütet über seinen Plänen** 그는 그의 계획을 숙고하고 있다. **b)**《나쁜 일 따위를》 꾀하다, 꾸미다: **er brütet Rache** 그는 복수를 꾀하고 있다. **4.** [핵] 《핵연료를》 증식하다. **brütendheiß** 〈Adj.〉《통용어》 찌는듯이 더운, 무더운. **Brüter**, der; -s, - **1.** 알을 품고 있는 새. **2.** [핵물리] ↑Brutreaktor: **schneller B.** 고속 증식로.
brutig 〈Adj.〉《österr.》↑brütig. **brütig** ['bry:tɪç] 〈Adj.〉《조류가》알을 품으려 하는.
brutto ['brʊto] 〈Adv.〉 〔ital. brutto〕 〔상〕《반대: netto》 **a)** 포장까지 포함하여, 총계해서, 총체(總體)으로. **b)** 《수수료 또는 세금을》 공제하지 않고, 세금 포함하여: **sein Gehalt beträgt b. 4000 Mark** [4000 Mark b.〕 그 의 봉급이 4000 마르크 전 총액이 4000 마르크이다《약어: btto》.
Brutto-: ~einkommen, das 총 수입, 전체 소득. **~ertrag**, der 총 수익. **~gehalt**, das 봉급 총액. **~gewicht**, das 총 중량. **~gewinn**, der 조이익. **~lohn**, der 총 임금. **~preis**, der 총 가격. **~registertonne**, die 〔해양〕《배의》총등록 톤수《약어:

BRT). ~**sozialprodukt,** das 【경제】 국민 총생산, 지엔피. ~**verdienst,** der 총 수입.
brutzeln ['brʊtsln] ⟨h⟩ **1.** (기름에) 구워지다, 지글지글 끓다: ein Steak brutzelt in der Pfanne 고기가 프라이팬에서 지글지글 구워지고 있다. **2.** 《통용어》 (기름에 튀겨) 조리하다: sich Bratkartoffeln b. 감자튀김을 만들다.
Bruxelles [bry'sɛl] ↑ Brüssel의 프랑스어형.
Bruyèreholz [bry'jɛːr-], das; -es, -hölzer [frz. bruyère] 브라이어나무(뿌리로 파이프를 만듦). **Bruyèrepfeife,** die; -en 브라이어(나무로 만든) 파이프.
Bryologie [bryolo'giː], die 〈Pl. 없음〉 [griech. bryon] 선태학(蘚苔學).
BSA = **B**und **s**chweizerischer **A**rchitekten 스위스 건축가 협회(연맹).
bt = Bit (2).
Btl. = Bataillon.
btto = brutto.
Btx = Bildschirmtext.
Bub [buːp], der; -en, -en 〈축소형: ↑ Bübchen〉 《südd., österr.; schweiz》 소년, 사내 아이, 아들: sie haben drei Kinder, einen -en und zwei Mädchen 그들에게는 세 자녀가 있는데 아들 하나와 딸 둘이다. **Bübchen** ['byːpçən], das; -s, - ↑ Bub. **Bube** ['buːbə], der; -n, -n **1.** 《준고어·펌》 악동, 악한, 비열한. **2.** 〈카드놀이〉 잭. **Bubenstreich,** der **1.** (어린애의) 장난. **2.** 《준고어》 비열한[간악한] 행위, 나쁜 일. **Bubenstück,** das 비행(非行), 파렴치한 행위. **Büberei** [byːbə'raj], die; -en 《아이·준고어》 ↑ Bubenstück. **Bubi** ['buːbi], der; -s, -s **1.** Bub의 애칭. **2.** 〈펌〉 젊은이, 젊은 것, 소년. **Bubikopf,** der -(e)s, -köpfe (20년대에 유행한, 짧은 남자머리 모양을 닮은, 여자의) 단발머리, 숏커트. **Bubikragen,** der; -s, - 《준고어》 둥근 칼라(옷깃). **Bübin** ['byːbɪn], die; -nen ↑ Bube (1)의 여성형.
bübisch ['byːbɪʃ] 〈Adj.〉 **a)** 《준고어·펌》 비열한, 파렴치한, 간악한. **b)** 교활한.
Buccina: ↑ Bucina.
Buch [buːx], das; -(e)s, Bücher ['byːçɐ] **1. a)** 책, 책자, 도서, 서적: ein B. von 1000 Seiten 1000쪽(페이지)의 책; **das Goldene B.** (시청에 비치된) 내객(來客) 방명록; **ein aufgeschlagenes(offenes) B. für jmdn. sein** 속마음을 다 알 적도로 누구와 친하다. **b) die B. der Bücher** 성경; **wie ein B. reden** 《통용어》 끊임없이[줄곧] 말하다, 능변이다; **sein, wie jmd. od. etw. im -e steht** 누구[무엇]가 전형적(典型的)이다·이다; er ist ein Außenseiter, wie er im -e steht 그는 전형적인 국외자[局外者](아웃 사이더)이다; **jmdm. [für jmdn] ein B. mit sieben Siegeln sein** 누구에게는 불가사의[不可思議]한 일이다(요한계시록 5:1~5에서 유래); **sich mit etw. ins B. der Geschichte eintragen** (아이) 무엇으로 역사(청사)에 이름을 남기다. **b)** 저서, 원전; ein B. schreiben(herausgeben) 책을 쓰다(내다); er sitzt den ganzen Tag über seinen Büchern 그는 하루 종일 책을 뒤져가며 조사한다; **viele Bücher wälzen** 여러 책을 뒤지다[조사하다]; **ein schlaues B.** 《통용어》 정보가 풍부한 책(교과서, 참고서 따위). **c)** 《준고어》 권(卷), 편(篇): **die fünf Bücher Mose** 모세 5경(구약성서의 최초의 5권). **d)** 영화 각본, 시나리오. **2.** 〈대개 Pl.〉 장부, 출납부, 회계부: **über etw. B. führen** 무엇에 관해 메모하다[기록하다]; **zu -(e) schlagen 1)** 이익을 올리다. **2)** 뜻을 끝다, 중요하다; **mit einem bestimmten Betrag zu B. stehen** 〈상〉 얼마가 부채로 기재되어 있다. **3.** [스포츠] (경마의) 마권(馬券) 장부. **4. a)** 〈인쇄〉 옛 독일의 종이 수량 단위, 첩(帖)(이 [Buch = 100 Bogen]). **b)** 〈상〉 금박(金箔)이나 은박의 수량 단위, 첩(ein Buch = 250 Blatt).

buch-, ¹**Buch-** (↑ Bücher-도 참조): ~**ausstattung,** die 책의 장정[장식]. ~**besprechung,** die 서평(書評). ~**bestand,** der 책 보유량. ~**binder,** der 제본공. ~**binderei,** die 〈Pl. 없음〉 제본업. 제본소. ~**bindern** ⟨h⟩ (제본공이 아닌 사람이) 제본하다, 책을 매다. ~**block,** der 〈Pl. -blocks〉 (책장을 철(綴) 하기만 하고 아직 표지를 붙이지 않은) 책 묶음, 가철본. ~**decke,** die 책의 표지. ~**deckel,** der 책의 표지. ~**drama,** das ↑ Lesedrama. ~**druck,** der 〈Pl. 없음〉 서적 인쇄, 철판(凸版)식 인쇄. ~**drucker,** der 인쇄공, 인쇄업자. ~**druckerei,** die **1.** 〈Pl. 없음〉 인쇄업. **2.** 인쇄소. ~**druckerkunst,** die 인쇄술. ~**druckerhandwerk,** das 〈Pl. 없음〉 인쇄업. ~**einband,** der 책의 장정(裝幀), 책 표지. ~**einband** 《다음 용법으로》 **in B.** 책으로, 책의 형태로. ~**form,** die 《2절판, 4절판 따위의》 책의 판형[판형]. ~**führer,** der **1.** (15~16세기의) 서적 행상인. **2.** 〈드물게〉 ↑ halter. ~**führung,** die [상] 부기, 기장: doppelte B. 〈상〉 복식 부기. ~**geld,** das 【금융】 ↑ Giralgeld. ~**gelehrsamkeit,** die ↑~wissen. ~**gemeinschaft,** die (회원 형식의) 서적 판매 조직. ~**gewerbe,** das 서적 출판업(인쇄·제본·판매를 포함함). ~**halter,** der 부기 계원, 장부계, 기록계. ~**halterin,** die ↑~halter의 여성형. ~**halterisch** [...haltərɪʃ] 〈Adj.〉 부기상의, 장부상의. ~**haltung,** die **1.** 〈드물게 Pl.〉 ↑~führung. **2.** 회계과, 경리과. ~**handel,** der 〈Pl. 없음〉 서적 판매업. ~**händler,** der (직업명) 서적 출판[판매]업자. ~**händlerin,** die ↑~händler의 여성형. ~**händlerisch** [...hɛndlərɪʃ] 〈Adj.〉 서적 판매[출판] 업의. ~**handlung,** die 서점, 책방. ~**hülle,** die 책커버, 재킷. ~**illustration,** die 책의 삽화. ~**kritik,** die ↑~besprechung. ~**kunst,** die 〈Pl. 없음〉 서적 제작 기술(서적을 미적으로 제작하는 것을 다루는 예술 분야). ~**laden,** der ↑~handlung. ~**laufkarte,** die 서적 유통 카드(서점에서 책에 끼워 두는 카드 재고량 파악에 도움이 됨). ~**macher,** der 마권(馬券) 영업자. ~**malerei,** die **1.** 〈Pl. 없음〉 (중세기 경전 사본의) 미니어처 회화술. **2.** (중세기 경전 사본의) 세밀화(細密畵), 미니어처. ~**messe,** die 서적견본시(書籍見本市). ~**prämie,** die 책 상품, 책 사은품. ~**prüfer,** der 회계검사관, 세무관, 계리사. ~**rolle,** die 두루마리 책. ~**schrank,** der 책의 집. ~**schrift,** die **1.** (중세의) 필사본(筆寫本)에 사용된 서체(書體). **2.** [인쇄] 활자. ~**serie,** die 서적 총서. ~**stütze,** die ↑ Bücherstütze. ~**titel,** der 책의 표제[標題]. ~**wesen,** das 〈Pl. 없음〉 서적에 관한 모든 것; 서적 부문. ~**wissen,** das 〈펌〉 독서에 의한 지식, 비실용적 지식. ~**zeichen,** das 책의 서표(書標).
²**Buch-** (Buche- 《또한》 Buchen-도 참조): ~**ecker,** die 너도밤나무의 열매. ~**fink,** der 너도밤나무새(되새 속의 일종). ~**weizen,** der 메밀.
Buchara [bu'xaːra], der; -(s), -s [구소련의 도시명 Buchara에서] 부하라 양탄자(붉은색이 주조를 이룸).
Buche [buːxə], die; -n **1.** 너도밤나무. **2.** 〈Pl. 없음〉 너도밤나무재(材). **Buchel** ['buːxl], die, 《지역적》 ↑ Buchecker. **Büchelchen** ['byːçlçən] das; -s, - ↑ Buch (1 a, b)의 축소형. **Buchelmast,** die 서양너도밤나무의 열매 맺기.
¹**buchen** ['buːxn] ⟨h⟩ **1.** 기장하다, 기입[등록]하다, 기록하다: die Ein -u. Ausgabe b. 입하물[入荷物]과 출하물(出荷物)을 기장하다; 〔전의〕 etw. als Erfolg b. 무엇을 성공으로 간주하다; der Mannschaft konnte einen Sieg für sich b. 그 선수단은 승리를 자기의 것으로 할 수 있었다. **2. a)** 예약하다: ich möchte eine Reise [einen Flug] b. 여행[비행기의 좌석]을 예약하고 싶습니다. **b)** 예약을 받아들이다, 예약해 주다: würden Sie bitte

zwei Plätze für uns b.? 우리를 위해 좌석 두 개를 예약해 주시겠습니까?

²**buchen** [-] 〈Adj.〉 너도밤나무의(로 만든).
Buchen- [-] (Buche; 〈또한〉 ²Buch-도 참조): **~bengel**, der 〈지역적〉↑~scheit. **~blatt**, das 너도밤나무잎. **~hain**, der 〈시어〉 너도밤나무 숲. **~holz**, das 너도밤나무 재(材). **~laub**, das 너도밤나무 잎. **~scheit**, das 너도밤나무 장작. **~wald**, der 너도밤나무 숲.
Bücher- (↑buch-, ¹Buch-도 참조): **~bohrer**, der 【동물】나무좀, 가루좀, 책벌레(좀, 게벌레 따위). **~bord**, das a) ↑~brett. b) ↑~regal. **~brett**, das 책꽂이, 서가. **~freund**, der 애서가[장서가]. **~gestell**, das 서가. **~kiste**, die 책 상자(궤짝). **~kunde**, die 서지[도서]학. **~kundlich** 〈Adj.〉 서지학의. **~liebhaber**, der 애서가. **~narr**, der 독서광, 전서광(珍書狂). **~paket**, das 책이 들은 소포. **~reff**, das 책 궤짝(책 운반용). **~regal**, das 책꽂이, 서가. **~revisor**, der ↑Buchprüfer. **~sammlung**, die 장서. **~schrank**, der 책장. **~sendung**, die (요금이 적은) 서적 소포. **~stube**, die ↑Buchhandlung 참조. **~stütze**, die 책꽂이, 북엔드. **~verbot**, das 〈가〉금서(禁書). **~verbrennung**, die 분서(焚書). **~verzeichnis**, das ↑Bibliographie. **~wand**, die a) 한 벽면을 (거의) 다 차지하는 책장. b) 서가로 채워진 벽. **~weisheit**, die ↑Buchwissen. **~wurm**, der 1. ↑~bohrer. 2. 〈농〉책벌레, 독서광. **~zensur**, die 도서 검열.
Bücherei [byːçəˈrai], die; -en (소규모의 공공) 도서관.
Buchfink: ↑²Buch-참조.
Büchlein [ˈbyːçlain], das; -s, - ↑Buch (1 a, b)의 축소형.
Buchs [buks], der; -es, -e [lat. buxus] ↑Buchsbaum.
Buchsbaum, der; -(e)s, -bäume 회양목. **Buchsbaumhecke**, die 회양목 울타리. **Buchsbaumholz**, das 회양목 재(材).
Büchschen [ˈbyksçən]; das; -s, - ↑Büchse (1).
Buchse [ˈbuksə], die; -n a) 【기술】유통(輪筒), 라이너. b) 【전기】소켓, 콘센트, 플럭받이.
Büchse [ˈbyksə], die; -n [lat. buxis] **1.** 〈축소형: ↑Büchschen〉 **a)** 작은 상자, 통, 합(盒), 갑(匣): **die B. der Pandora** 판도라 상자. **b)** das gekochte Fleisch ist in einer B. Milch 연유 한 깡통; er aß das Fleisch gleich aus der B. 그는 고기를 통조림 깡통에서 꺼낸 그대로 먹었다. **c)** (통용어) 모금함, 모금 상자: ein Geldstück in die B. werfen 돈을 모금함에 넣다. **2.** 소총, 엽총: die B. laden 소총에 장전하다.
Büchsen-: **~fleisch**, das 통조림 고기. **~gemüse**, das 통조림 야채. **~konserve**, die 통조림. **~kugel**, die 소총알, 엽총알. **~lauf**, der 총신(銃身). **~licht**, das 〈Pl. 없음〉【사냥】겨눌 수 있을 정도의 밝기. **~macher**, der 소(엽)총 만드는 직공. **~milch**, die 깡통(에 든) 연유. **~öffner**, der 깡통 따개. **~schaft**, der 총의 개머리판, 총대, 총상(銃床). **~schuß**, der 소총 사격, 소총의 사정(射程).
Buchstabe [ˈbuːxʃtaːbə], der; -ns/〈드물게〉-n, -n 문자, 자모(字母), 자체, 서체: große(kleine) -n 대[소]문자; 【전의】nach dem -n des Gesetzes handeln 법률의 자구대로 행동하다; etw. bis auf den letzten -n erfüllen 무엇을 철저하게 (실)행하다; am -n kleben (sich an den -n klammern, haften) 자구(字句)에 구애되다; **sich auf seine vier -n setzen** (통용어·농) 앉다 (Popo가 네 글자이므로).
buchstaben-, Buchstaben-: **~blindheit**, die 【의학】문자 해독 불능. **~folge**, die 〈Pl. 없음〉자모순(字母順), abc 순. **~gelehrsamkeit**, die 형식적인 학

식. **~getreu** 〈Adj.〉매우 정확한, 문자대로의. **~glaube**, der 문자 신앙(신조를 자구(字句)대로 믿는 편협(완고)한 신앙), 교조주의적 신앙. **~gläubig** 〈Adj.〉문자 신앙의, 편협한 신앙의. **~kombination**, die 문자 연결. **~rätsel**, das 글자 수수께끼(어떤 말의 자모를 바꾸어 새 말을 만드는). **~rechnung**, die 【수학】(단순) 대수. **~schloß**, das 글자 자물쇠(글자를 맞추어서 여는). **~schrift**, die (표의 문자에 대하여) 표음 문자(表音文字). **~tonschrift**, die 글자(문자)를 사용한 기보법(記譜法). **~wort**, das (머리 글자로 된) 약어(예컨대: UNO).
buchstabieren [buːxʃtaˈbiːrən] 〈h〉 a) 자모로 분해하여 읽다[말하다], 철자하다; 자모로 분해하여 분해하여 읽다[말하다]. b) 힘들여 해독[판독]하다. **~Buchstabiermethode**, die (예전에 읽기를 배울 때) 자모를 읽어 배우는 방법(예컨대: Haus = Ha, Au, U, Es). **Buchstabiertafel**, die 자모 대용어 일람표(예컨대: A = Amton, B = Berta, C = Cäsar). **Buchstabierung**, die 철자(법). **buchstäblich** [ˈbuːxʃtɛːplɪç] **I.** 〈Adv.〉〈드물게〉글자대로의, 글자 뜻에 따르는: etw. b. übersetzen 무엇을 글자대로 번역하다, 직역하다. **II.** 〈Adv.〉정말, 실제로, 말 그대로: die Tiere waren in der Trockenzeit b. verhungert 동물들이 건기에 실제로 굶어 죽었다.
Bucht [buxt], die; -en [mniederd. bucht] **1.** 만(灣), 후미, 안곡(岸曲): in einer B. ankern 만에 정박하다. **2.** [선원] 밧줄의 고리. **3.** [선원] 갑판의 휨. **4.** 〈지역적〉가축의 우리, 칸막이 한 우리.
Buchtel [ˈbuxtl], die; -n [tschech. buchta](österr.) (효모를 넣고 구운 잼이 든) 과자.
buchtenreich 〈Adj.〉만(灣)이 많은, 해안선이 복잡한.
buchtig [ˈbuxtɪç] 〈Adj.〉↑buchtenreich.
Buchung [ˈbuxʊŋ], die; -en **1.** 등록; 부기, 기장. **2.** 예약. **Buchungsmaschine**, die 금전 등록기, 기장기.
Buchverleih, der 〈Pl. 없음〉대본(貸本), 세책(貰册). **2.** 책 빌려 주는 가게.
Buchversand, der **1.** 책 송달(발송). **2.** 서적 통신 판매 전문점.
Buchweizen: ↑²Buch- 참조.
Bucina [ˈbuːtsina], 〈또한〉 Buccina [ˈbuktsina], die; ...nae [...ne; lat. buccina, būcina] (쇠나 뿔로 된) 고대 로마의 관악기의 일종.
Bücke [ˈbykə], die; -n 【체조】굴신도약(屈身跳躍).
Buckel [ˈbukl], der; -s - **1.** (통용어) 등: sich an ihn kratzen 등을 긁다; den B. voll bekommen[voll kriegen] (통용어) 호되게 얻어 맞다; 신궁 rutsch mir den B. runter(steig mir den B. rauf)! 나를 가만히 내버려 둬; **dem juckt der B.** (통용어) 그 녀석 매맞고 싶어 등이 근질근질한 모양이지; **sich³ den B. freihalten** (통용어) 몸을 사리다, 경계[조심]하다; **einen breiten B. haben** (통용어) 참을성이 많다, 대범하다; **den B. voll Schulden haben** (통용어) 부채가 많다; **den B. hinhalten** (통용어) 책임지다; **einen krummen B. machen** (통용어) 굽실거리다; **etw. auf dem B. haben** (통용어) 경험하다, 겪다: unser Chef hat auch schon seine sechzig Jahre auf dem B. 우리 과장은 벌써 60세이다; **genug[viel] auf dem B. haben** (통용어) 처리할 일이 많다; **schon viele Jahre[eine bestimmte Zahl von Jahren] auf dem B. haben** (통용어) 몇살[일정한 만큼]에 달하다. **2.** 곱사등: der Junge hat einen B. 그 소년은 곱사등이다. **3.** (통용어) 언덕, 구릉, 둥근 봉우리가 있는 작은 산. **4.** (통용어) 튀어나온(불거진) 부분, 융기, 돌기, 혹. **5.** (또한: die; -n) (방패 등의) 가운데가 볼록한 부분.
Buckel-: **~fliege**, die 곱사등파리. **~gefäß**, das (청

동기 시대의) 가운데가 볼록한 토기. **~keramik,** die 가운데가 볼록한 도자기. **~kraxe,** die 《südd., österr.·통용어》 지게. **~ochse,** der 혹소(등에 큰 혹이 있는). **~piste,** die 《통용어》 (스키 탄 자국으로) 울퉁불퉁한 스키 활주로. **~rind,** das ↑**~ochse. ~stein,** der (울퉁불퉁한) 자연석. **~urne,** die 가운데가 볼록한 항아리. **~wal,** der 〖동물〗혹고래. **~wiese,** die (고산 지대의) 울퉁불퉁한 초지(草地).

buckelig usw.: ↑**bucklig** usw. **buckeln** ['bʊkḷn] 〈h〉《통용어》**1.** 등을 굽히다〈둥글게 하다〉: die Katze buckelt u. sträubt die Haare 고양이가 등을 굽히고 털을 곤두세운다. **2.** 《평》 굽실거리다: statt sich zu wehren, buckelt er immer 저항하지 않고 그는 언제나 굽실거린다. **3.** (무거운 짐을) 등에 지다, 나르다.

buckelkraxen 《다음의 용법으로》 jmdn. b. tragen [nehmen] (bayr. österr.) 누구를 업다.

bücken ['bʏkn̩], sich 〈h〉 (등을) 굽히다, 구부리다: sich nach etw. b. 구부려서 무엇을 줍다; **sich vor jmdm. b.** 누구에게 머리를 조아리다, 누구에게 굴종하다; 누구에게 절하다.

Buckerl, das; -s, -n (österr.·통용어) 절, 인사.
Bücking ['bʏkɪŋ] (지역적) ↑²**Bückling.**
bucklig ['bʊklɪç] 〈Adj.〉 **1.** 곱사등이: er ist b. 그는 곱사등이다. **2.** 《평》 울퉁불퉁한: eine -e Straße 울퉁불퉁한 도로. **Bucklige***, der / die 곱사등이.
¹**Bückling** ['bʏklɪŋ], der; -s, -e 《통용어·농》 절: einen B. machen 절하다.
²**Bückling** [-], der; -s, -e [mniederd. bückinc] 훈제청어.

Buckram ['bʊkram], der; -s [engl. buckram] 〖섬유·서적〗풀, 아교를 빳빳하게 먹인 아마포의 일종(제본이나 양복 심으로 쓰임).
Buckskin ['bʊkskɪn], der; -s [engl. buckskin] 능직 나사(綾織羅紗).
București [buku'reʃti] Bukarest의 루마니아어형.
Budapest ['bu:dapɛst], 〈ung.〉 'budɔpɛʃt] 부다페스트(헝가리의 수도). ¹**Budapester,** der; -s, - 부다페스트의 주민. ²**Budapester** 〈Adj.〉 격변화없음] 부다페스트의.
Büdchen ['bʏ:tçən], das; -s, - ↑ Bude (1).
Buddel ['bʊdl̩], die; -n [frz. bouteille] 《통용어》(술)병(瓶): gleich aus der B. trinken 병째로 마시다.
Buddel-: ~kasten, der (지역적)↑Sandkasten. **~platz,** der (지역적)↑Spielplatz. **~sand,** der (어린이 놀이용).
Buddelei [bʊdə'laɪ], die; -en 《통용어·평》(오랜 시간 땅이나 모래를) 파헤치기. **buddeln** ['bʊdḷn], 〈h〉 **1.** 《통용어》 파다, 파헤치다: ein Loch (in die Erde) b.(땅에) 구멍을 파다; die Kinder buddeln (spielen) im Sand 어린이들이 모래밭에서 놀고 있다. **2.**《지역적》캐다, 수확하다: Kartoffeln b. 감자를 캐다.
Buddelschiff, das; -(e)s, -e 〖선원〗병 속에 넣은 작은 배 모형.
¹**Buddha** ['bʊda] 불타(佛陀), 석가, 부처. ²**Buddha** [-], der; -s, -s [sanskr. buddha] **1.** 보살(불교의 성인). **2.** 불상(佛像). **Buddhismus** [bʊ'dɪsmʊs], der; - 불교. **Buddhist,** der; -en, -en 불교도, 불교 신자. **Buddhistisch** 〈Adj.〉불교의.
Buddleja, die; -s [영국의 식물학자 A. Buddle에서 유래함] 식물의 일종(관목 형태로 자라며 잎은 길쭉하고 담자색의 꽃이 핌).
Bude ['bu:də], die; -n **1.** (축소형: ↑Büdchen) **a)** 시장의 작은 점포, 노점, 길가의 매점: an -n wurden Würstchen verkauft 노점에서 소시지를 팔았다. **b)** 공사장의 간이 숙소. **c)** 《통용어》 **a)** 《평》 초라한〈쓰러져 가는〉집. **b)** 주거, 가구 딸린 (셋)방; er hat eine teure B. 그는 비싼 방에 산다; eine sturmfreie B. 독자적인 출입구가 있는 방; der Besuch hat Leben in die B. gebracht 그 방문객이 모임에 활기를 주었다; **jmdm. fällt die B. auf den Kopf**《통용어》(누구의 방이) 빈집처럼 박혀 있지 못하다; **(jmdm.) die B. auf den Kopf stellen**《통용어》(누구 집에서) 시시덕 거리며 떠들어대다; **jmdm. die B. einlaufen[einrennen]**《통용어》간청하다, 귀찮게 찾아다니다; **jmdm. auf die B. rücken**《통용어》 **1)** (따지기 위해) 누구의 집으로 불시에 찾아가다. **2)** 불시에 방문하다(초대받지 않았는데). **3)** 《통용어·평》상점, 가게, 주점.
Budel ['bu:dl̩], die; -(n) (bayr., österr.) 판매대, 카운터.
Buden-: ~angst, die《통용어》혼자 집에 있을 때 느끼는 불안감. **~besitzer,** der 노점 주인. **~zauber,** der 《통용어》(집에서의) 떠들썩한 놀이.
Budget [by'dʒe:], das; -s, -s [frz. budget] **1.** 예산(안): die Abgeordneten stimmten dem B. zu 국회의원들이 예산에 동의했다. **2.** 《통용어·농》특정한 목적에 사용되는 금전, 자금: nach dem Kauf des Fernsehapparates war sein B. erschöpft 텔레비전 수상기를 구입한 후 그의 자금은 바닥이 났다.
Budget-: ~beratung, die 〖통용어〗(회). **~betrag,** der 예산액. **~entwurf,** der 예산 시[초]안. **~vorlage,** die 예산안.
budgetär [bydʒe'tɛ:ɐ̯] 〈Adj.〉 예산(상)의. **budgetieren** [bydʒe'ti:rən] 〈h〉 예산을 세우다, 예산을 짜다. **Budgetierung,** die; -en ↑budgetieren의 명사형.
Budike [bu'di:kə], die; -n, -s [frz. boutique] (지역적) **1.** 작은 상점[가게]. **2.** 선술집, 목로 주점. **Budiker,** der; -s, - 작은 가게[선술집] 주인.
Büdner ['by:tnɐ], der; -s, - (지역적) 소농(小農).
Budo ['bu:do], das; -s [jap. budō] 무도(武道)(유도, 가라테, 태권도 따위의 총칭). **Budoka** [bu'do:ka], der; -s, -s 무도 선수.
Buenos Aires ['bue:nɔs 'aɪrɛs, 〈span.〉'bueno̯s 'airɛs] 부에노스 아이레스(아르헨티나의 수도).
Büfett [by'fɛt], das; -(e)s, -s / -e [frz. buffet] **1.** 찬장, 살강, 조리대. **2. a)** 술집의 판매대. **b)** (식당이나 카페의) 셀프 서비스 판매대: **kaltes B.** (파티 등에서) 셀프서비스로 식사하도록 식탁 위에 차려 놓은 찬 음식. **3.** (schweiz.) 역의 구내 식당.
Büfett-: ~dame, die (술집의 판매대에서) 술을 따라 주는 여자. **~fräulein,** das ↑~dame. **~mamsell,** die ↑~dame.
Büfettier [byfɛ'tie:], der; -s, -s [frz. buffetier] 술집 주인, 웨이터.
Büffel ['bʏfl̩], der; -s, - [frz. buffle] 물소, 들소. **2.**《통용어·욕》무뚝뚝한 사람, 바보.
Büffel-: ~haut, die 물소[들소] 가죽. **~herde,** die 물소[들소] 떼. **~horn,** das 물소[들소] 뿔. **~jagd,** die 물소[들소] 사냥. **~leder,** das 물소[들소] 가죽.
Büffelei [bʏfə'laɪ], die; -en 《통용어》(미련하게) 들고 파게 공부하다, 들고파는 공부를 하다: er büffelt für das Examen 그는 시험 공부를 열심히 한다.
Buffet [by'fe:; (schweiz.) 'byfe], das; -s, -s (österr.) **Büfett** [by'fɛt] das; -s ↑Büfett 참조.
Buffo ['bʊfo], der; -s, -s / Buffi [ital. buffo] 희극가가수(광대역의).
buffonesk [...'nɛsk] 〈Adj.〉 희극가 가수풍의. **Buffooper,** die 희극.
Bug [bu:k], der; -(e)s, 〈드물게〉-e / Büge **1.** 〈Pl. Buge.〉 이물, 선수(船首), 뱃머리, 기수(機首) (비행기의): vorn am B. stehen 앞쪽 뱃머리에 서 있다; **jmdm.**

Bug-

eine vor den B. knallen 《경》 (경고의 표시로) 누구를 한대 치다, 누구를 말로 위협하다. 2. 〈Pl. Buge/Büge〉 (소, 말 따위의) 어깨 부위. 3. 〈Pl. Büge〉 【토목】 지붕 골조의 버팀목.

Bug- (Bug 1): **~anker,** der 【선원】 이물의 닻. **~flagge,** die 【선원】 선수기(船首旗). **~mann,** der 【조정】 선수(船首)에서 노젓는 사람. **~rad,** das 【항공】 (항공기의) 전륜(前輪). **~see,** die 【선원】 ↑ **~welle. ~spriet,** das (또는) der 【선원】 이물의 돛대. **~welle,** die 【선원】 이물에 부딪히는 파도.

Bügel ['by:gl], der; -s, - 1. 옷걸이: den Mantel auf (über) einen B. hängen 외투를 옷걸이에 걸다. 2. ↑ Steigbügel의 약칭: jmdm. den B. halten 누구에게 등자를 붙잡아 주다, 누구의 출세를 돕다. 3. 안경테의 코에 얹히는 부분. 4. (전차의) 촉륜(觸輪), 트롤리. 5. 활 모양의 틈의 (칼)손등이. 6. a) (자물쇠·가방 따위의) 테. b) (지갑·가방 따위의) 손잡이. 7. (총의) 방아쇠울.

bügel-, Bügel-: ~automat, der ↑ **~maschine. ~brett,** das 인두(다리미)판. **~echt** 〈Adj.〉 [섬유] (옷감이) 다림질에 변형되지 않는. **~eisen,** das 인두, 다리미. **~falte,** die 〈대개 Pl.〉 바지의 주름. **~frei** 〈Adj.〉 [섬유] 다리미질이 불필요한, 다림질할 필요없는. **~maschine,** die 기계식 다리미. **~säge,** die 활 모양의 톰. **~wäsche,** die 〈Pl. 없음〉 다리미질한[할] 세탁물.

bügeln ['by:gln] 〈h〉 1. 다리미질하다: Wäsche (feucht) b. 빨래를 (축여서) 다림질하다; **gebügelt sein** 《통용어》 매우 놀라다, 어안이 벙벙하다. 2. 《스포츠 은어》 월등하게 이기다.

Buggy ['bagi], der; -s, -s [engl. buggy] 1. (한 마리의 말이 끄는 승보 경마용) 2륜[4륜] 무개(無蓋) 경마차. 2. (도로가 없는 곳도 달릴 수 있는) 소형 무개 승용차.

Bügler ['by:glɐ], der; -s, - 다림질하는 직공. **~Büglerin,** die; -nen ↑ Bügler의 여성형.

Bugsier- 【선원】: **~boot,** das ↑ **~dampfer. ~dampfer,** der 예인선(曳引船), 예선. **~schlepper,** der ↑ **~dampfer. ~tau,** das 예인용 밧줄. **~trosse,** die 예인용의 굵은 밧줄.

bugsieren [buˈksi:rən] 〈h〉 [niederl. boegseeren] 1. 【선원】 (배를) 끌다, 예인하다. 2. 《통용어》 (사람을) 끌어 내다[들이다]: jmdn. aus dem Zimmer b. 누구를 방 밖으로 끌어내다. **Bugsierer** der; -s, - [선원] ↑ Bugsierdampfer.

buh [bu:] 〈Interj.〉 [engl. boo] (야유하는 소리) 피!, 우! **Buh,** das; -s, -s 《통용어》 불만[야유]의 소리.

Buhai [buˈhai], das; -s 〈지역적〉 1. 법석, 일시적 흥분. 2. 허풍, 호언 장담.

Bühel [by:l], der; -s Bühl.

buhen ['bu:ən] 〈h〉 [engl. to boo] 《통용어》 피! 하다, 야유하다(극장, 축구 경기장 따위에서 불만을 나타내어).

Bühl [by:l], der; -(e)s, -e, Bühel ['by:əl], der; -s, - (südd., schweiz., österr.) 언덕.

Buhle ['bu:lə] 〈시어·고어〉 1. der; -n, -n (남자) 연인, 정부(情夫). 2. die; -n (여자) 연인, 정부(情婦).

buhlen ['bu:lən] 〈h〉 1. (아어·폄) 무엇을 얻으려고 애쓰다: die Parteien buhlen um die Gunst der Wähler 정당들이 유권자들의 환심을 사기 위해 애쓴다. 2. 〈고어〉 mit jmdm. b. 사랑놀음을 하다, 정교(情交)하다. **Buhler,** der; -s, - 1. ↑ Buhle (1). 2. 《아어·폄》 경쟁자, 적수. **Buhlerei,** die 〈고어〉 경쟁, 겨룸. **Buhlerin,** die; -nen ↑ Buhle (2). **buhlerisch** ['bu:lərɪʃ] 〈Adj.〉 〈준고어·폄〉 a) 음란(탕)한, 호색적인. b) 아양떠는.

Buhmann, der; -(e)s, -männer 《통용어》 남의 죄를 대신 지는 사람, 희생이 되는 사람, 속죄양으로 만들다.

Buhne ['bu:nə], die; -n [mniederd. bune] 부두, 방파제: die Wellen brechen sich an den -n 물결이 방파제에 부딪쳐 부서진다.

Bühne ['by:nə], die; -n 1. a) 무대: eine drehbare [versenkbare] B. 회전[수직 강하] 무대; ein (Theater)stück auf die B. bringen 어떤 작품을 상연하다; 【전의】 er spielt keine Rolle mehr auf der politischen B. 그는 정치 무대에서 더 이상 영향력이 없다; **etw. über die B. bringen** 《통용어》 (무엇을 성공적으로) 수행하다; **über die B. gehen** 《통용어》 (일정한 방식으로) 진행[경과]되다, 상연되다; **von der B. des Lebens abtreten** 〈아어·완곡〉 죽다; **von der B. abtreten(verschwinden) / die B. verlassen** (공적 관심에서) 사라지다. b) 극장: die Städtischen -n Frankfurt 프랑크푸르트 시립 극장(市立劇場); das Stück hat die -n des Landes erobert 그 작품은 나라 안의 모든 극장에서 상연되었다; an[bei] der B. sein 전속 배우이다; zur B. (gehen) 언젠가 배우가 되고자 한다. 2. [광] 갱 내의 바닥(나무 발판으로 된). 3. [건력] 용광로대(臺). 4. (지역적) a) 다락방, 광. b) 건초 헛간. 5. ↑ Hebebühne의 약칭.

Buhnen- 【수리】: **~bake,** die(방파제 끝의) 항로 표지, 선로표. **~feld,** das 방파제와 방파제 사이의 연안 구역. **~kopf,** der 방파제 머리(방파제의 물 쪽의 끝부분). **~krone,** die 방파제관(冠) (방파제의 육지 쪽의 끝부분). **~wurzel,** die ↑ **~krone.**

bühnen-, Bühnen-: ~anweisung, die 연출 지시, 연출 대본. **~arbeiter,** der (극장의) 도구계(道具係) (무대 장치를 세우거나 뜯는 일을 함). **~atmosphäre,** die 무대 분위기. **~aussprache,** die 무대 발음, 표준 발음. **~ausstattung,** die 〈대개 Pl.〉 무대 장치. **~autor,** der 무대 작가, 극작가. **~bearbeitung,** die 무대 각색. **~beleuchter,** der 무대 조명 담당(자). **~beleuchtung,** die 무대 조명. **~bild,** das 무대면(面), 무대 배경, 도구, 의상 등의 배치. **~bildner,** der 무대 장치가(家). **~dekoration,** die 무대 장치. **~dichter,** der ↑ **~autor. ~dichtung,** die 희곡(문학), 각본. **~effekt,** der 무대 효과. **~erfahrung,** die 무대 경험. **~erfolg,** der (연극의) 대성공[히트]. **~fassung,** die ↑ **~bearbeitung. ~geräusch** das 〈대개 Pl.〉 무대 음. **~gerecht** 〈Adj.〉 상연하기에 적합한, 무대에 알맞은. **~gestalt,** die 희곡 작품의 등장 인물, 극중 인물. **~haus,** das (일체의 무대 장치를 포함한) 극장. **~himmel,** der 무대의 반원형 배경, 원형 지평(地平) (무대 뒤쪽의). **~hochlautung,** die ↑ **~aussprache. ~kunst,** die ↑ Schauspielkunst. **~künstler,** der ↑ Schauspieler. **~künstlerin,** die ↑ **~künstler**의 여성형. **~literatur,** die 희곡(문학). **~maler,** der (무대의) 배경[장면] 화가. **~manuskript,** das (상연용) 대본. **~mäßig** 〈Adj.〉 무대의, 연극식의, 상연에 적합한. **~meister,** der 무대 장치의 기술 감독. **~musik,** die a) 극중 음악(연극 진행의 일부분을 이루는). b) 무대 음악(막간 음악, 서곡 따위의). **~personal,** das 극장의 단원(총칭), 극단(劇團)(의 사람). **~raum,** der 무대 공간. **~reif** 〈Adj.〉 1. 상연할 수 있는, 상연에 적합한. 2. (배우가) 무대에 능숙해질 수 있는, 공연 능력이 있는. **~reife,** die a) (작품의) 상연 가능[적합]성. b) (배우의) 공연 능력. **~schaffende*,** der/die (예술적인 면의) 무대 관계자. **~sprache,** die 〈Pl. 없음〉 ↑ **~aussprache. ~stück,** das ↑ Schauspiel. **~tanz,** der ↑ Ballett (1). **~technik,** die 〈Pl. 없음〉 무대 기술, 무대 공학(工學). **~techniker,** der 무대 기술자[기사]. **~vertrieb,** der 극장에 무대 작품을 중개하는 업. **~werk,** das 무대 작품(연극, 가극, 무용 따위의). **~wirksam** 〈Adj.〉 무대 효과가 있는, (극이) 효과 만점

인. ~wirksamkeit, die ↑~wirksam의 명사형. ~wirkung, die 무대 효과.
Buhruf, der; -(e)s, -e 야유(불만)의 소리. **Buhrufer**, der 야유(불만)의 소리를 내는 사람.
Buhurt ['bu:hʊrt], der; -(e)s, -e 중세 기사의 무예 시합.
Builder ['bɪldə] ⟨Pl.⟩ [engl. builder] 세제(洗劑)의 세척 성분.
Bujumbura [buʒumbu'ra] 부줌부라 (부룬디의 수도).
buk [bu:k] ↑¹**backen** 참조.
Bukanier [bu'ka:niɐ], der; -s, - [frz. boucanier] (17세기 서인도 제도의) 해적.
Bukarest ['bu:karest] 부쿠레슈티(루마니아의 수도). ¹**Bukarester**, der; -s, - 부쿠레슈티의 주민. ²**Bukarester** ⟨Adj.; 격변화 없음⟩ 부쿠레슈티의.
büke ['by:kə] ↑¹backen 참조.
Buket [bu'ke:], das; -s, -s ⟨österr.⟩ ↑Bukett.
Bukett [bu'kɛt], das; -s, -e / -e [frz. bouquet] 1. 《아이》 꽃다발. 2. 포도주의 방향.
Bukinist [buki'nɪst], der; -en, -en ↑Bouquinist.
Bukolik [bu'ko:lɪk], die [lat. būcolicus < griech. boukolikós] 【문예학】 목가, 전원시. **Bukoliker**, der; -s 【문예학】 목가[전원] 시인. **bukolisch** ⟨Adj.⟩ **a)** 【문예학】 목가[전원시]의, **b)** 【교양어】 목가적인, 전원의: eine -e Landschaft 목가적인 경치.
Bukowina [buko'vi:na], die ⟨Pl. 없음⟩ 부코비나(카르파티아 산맥의 지방). **Bukowiner**, der; -s, - 부코비나의 주민. **bukowinisch** ⟨Adj.⟩ 부코비나(풍)의.
Bule [bu'le:], die [lat. bulē] (고대 그리스 국가 특히 아테네의) 시의회.
Bulette [bu'lɛtə], die; -n [frz. boulette] (지역적) 구운 고기 완자, 햄버거 스테이크: ran an die -n! 《통용어·농》 자, 시작이다.
Bulgare [bʊl'ga:rə], der; -n, -n 불가리아 사람(주민). **Bulgarien** [bʊl'ga:riən], -s 불가리아. **Bulgarin**, die; -nen ↑Bulgare의 여성형. **bulgarisch** [bʊl'ga:rɪʃ] ⟨Adj.⟩ 불가리아의. **Bulgarisch**, das; -(s), **Bulgarische*,** das; -n, -n 불가리아어.
Bulkcarrier ['bʌlkkɛriɐ], der; -s, -s [engl. bulk u. carrier] 화물(운송)선. **Bulkladung** ['bʌlk-], die; -en [선박] 부어 넣어서 실을 수 있는 화물(곡물, 석탄 따위).
Bullauge ['bʊl-], das; -s, -n [niederd. Bulloog] 둥근 창(특히 배의).
Bulldog Ⓦ ['bʊldɔk], der; -s, -s 견인기(의 이름), 트랙터. **Bulldogge** ['bʊl-], die; -n [engl. bulldog] 불독(개).
Bulldozer ['bʊldo:zɐ], der; -s, - [engl. bulldozer] 불도저.
¹**Bulle** ['bʊlə], der; -n, -n [mniederd. bulle] **1. a)** 황소, 종우(種牛). **b)** 큰 동물의 수컷. **2.** 《통용어·편》 힘세고 굼뜬 남자. **3.** 《편》 **a)** 형사. **b)** 경찰(관). **4.** 《경·군》 요직에 있는 사람.
²**Bulle**, die; -n [lat. bulla] **1.** (중세기의 금속으로 된) 봉인. **2. a)** 봉인된 문서, 칙서: die Goldene B. Kaiser Karls IV 4세 황제가 발행한 금인칙서(金印勅書). **b)** 교황의 교서.
bullen-, Bullen- (¹Bulle 1 a): **~beißer**, der **1.** ↑ Bulldogge. **2.** 《통용어·편》 독설가. **~beißerhaft** ⟨Adj.⟩ (얼굴 따위가) 불독 같은, 불독처럼 생긴. **~beißerisch** ⟨Adj.⟩ 공격적인, 시비조의, 딱딱거리는. **~hitze**, die 《통용어》 엄청난 더위, 혹서(酷暑). **~kalb**, das 수송아지. **~kloster**, das 《은어》 노동자 기숙사. **~stark** ⟨Adj.⟩ 《통용어》 매우 힘센, 아주 강한. **~wiese**, die 《지역적》 질이 좋은 목초지(목장).
bullerig, bullrig ['bʊl(ə)rɪç] ⟨Adj.⟩ 《지역적》 떠들썩한, 우르릉 소리나는, 요란한, 부산한, 성급한. **bullern** ⟨h⟩

《통용어》 둔탁한 소리를 내다; 부글부글 끓다; 덜커덩(덜컥) 거리다, 우르릉거리다, 쿵쿵거리다; 고래고래 소리지르다: das Wasser bullert im Kessel 물이 솥 안에서 부글부글 끓고 있다.
Bulletin [byl'tɛ̃:], das; -s, -s [frz. bulletin] **1.** (정부의 공식적인) 공고, 공보, 고시. **2.** (공적의 저명 환자에 대해 의사가 발표한) 용태서(容態書). **3.** 회보(會報), 학술지의 제목.
Bullfinch ['bʊlfɪntʃ], der; -s, -s [engl. bullfinch (fence)] 【경마】 (장애물용) 목책.
bullig ['bʊlɪç] ⟨Adj.⟩ **1.** 땅딸막한: er wirkt sehr b. 그는 매우 땅딸막한 인상을 준다. **2. a)** 대단한, 찌는 듯한. **b)** (형용사를 강조하여) 매우, 아주, 굉장히. **Bulligkeit**, die ↑bullig의 명사형.
bullrig: ↑bullerig.
Bullterrier ['bʊl-], der; -s, - [engl. bullterrier] 불테리어(영국산 테리어의 혼혈종).
Bully ['bʊli], das; -s, -s [engl. bully] 【스포츠】 (아이스) 하키의 시합 개시, 페이스 오프.
Bult [bʊlt], der; -s, Bülte/Bulten, **Bülte** ['byltə], die; -n [mniederd. bulte] (늪·습지의) 이끼나 풀로 덮인 50 cm 정도 솟아난 땅.
Bultsack, der ⟨선원·옛⟩ 선원용 침대 깔개.
bum! [bʊm] ⟨Interj.⟩ (타격, 포성, 종 따위의 둔탁한 소리) 쾅, 덩, 붕: bim, bam, b.! (종소리) 땡, 땡, 땡(뎅, 뎅, 뎅]!
Bumbaß ['bʊmbas], der; ...basses, ..basse (옛날에 걸인 악사들이 사용한) 작은 방울이 많이 달린 현악기.
Bumboot ['bʊm-], das; -(e)s, -e [engl. bumboat] 〖선원〗 정박중인 선박에 일용품을 팔러 다니는 작은 배.
Bumerang ['bu:məraŋ, (또한) 'bu:m...], der; -s, -e / -s [engl. boomerang] 부메랑(호주 원주민의 사냥용의 던지는 목제 도구, 목표물에 안 맞으면 던진 사람에게 되돌아옴): [전의] seine Handlungsweise erwies sich als B. 그의 행실로 그는 자업자득했다. **Bumerangeffekt**, der 부메랑 효과, 자업자득 효과.
¹**Bummel** ['bʊml], der; -s, - 《통용어》 **1.** 산보, 배회, 소요(逍遙), 산책, 어슬렁거림: einen B. durch die City machen 시내를 어슬렁거리다. **2.** 술집 순례: auf B. gehen 술집 순례에 나서다, 2차 3차로 마시러 다니다.
²**Bummel** [-], die; -n 《지역적》 ↑Bommel.
Bummel-: ~fritze, der 《통용어·편》 느림보, 게으름뱅이. **~leben**, das 빈둥거리는 생활. **~liese**, die 《통용어·편》 느림보(여자), 게으름뱅이(여자). **~streik**, der 태업(怠業), 사보타주. **~zug**, der 《통용어》 완행 열차, 보통 열차.
Bummelant [bʊmə'lant], der; -en, -en 《통용어·편》 **a)** 느림보, 게으름뱅이, **b)** 무위도식하는 사람, 백수건달, 빈둥거리는 사람. **Bummelantentum**, das; -s 무위도식, 빈둥거림, 게으름뱅이 생활. **Bummelei**, die 《통용어·편》 **a)** 느림, 게으름, 나태, 태만. **b)** 무위(無爲), 빈둥거림. **bummelig**, bummlig ['bʊm(ə)lɪç] ⟨Adj.⟩ 《통용어·편》 **a)** 느린, 더딘, 완만한. **b)** 나태한, 게으른, 태만한. **Bummeligkeit**, Bummligkeit, die ↑ bummelig의 명사형. **bummeln** ⟨h⟩ **1.** 《통용어》 **a)** 어슬렁거리다, 배회하다: sie waren durch die Gassen gebummelt 그들은 골목길을 어슬렁거렸다. **b)** 여기저기서 술마시며 돌아다니다. **2.** 《통용어·편》 **a)** 게으름을 피우다, 천천히 일하다. **b)** 무위도식하다.
bummern ['bʊmɐn] ⟨h⟩ ⟨지역적⟩ (주먹으로) 쾅쾅 치다, 강하게 때리다: er bummerte gegen die Tür 그는 문을 주먹으로 쾅쾅 쳤다.
Bummler ['bʊmlɐ], der; -s, - **a)** 어슬렁거리는[배회하는, 산보하는] 사람. **b)** 《통용어·편》 ↑Bummelant. **Bummlerin**, die; -nen: ↑Bummler의 여성

형. **bummlig**: ↑bummelig 참조. **Bummligkeit**: ↑Bummeligkeit.
bums! [bʊms] 〈Interj.〉 《둔탁한 충돌음》 쾅, 꽝, 딱, 탕, 쿵. **Bums**, der; -es, -e **1.** 《통용어》 타격(충돌)의 둔탁한 소리, 둔탁한 충격음: beim Zusammenstoß der beiden Autos gab es einen fürchterlichen B. 두 자동차가 충돌할 때 꽝하는 굉장한 소리가 났다. **2.** 《俚》 **a)** ↑Bumslokal. **b)** 떠들썩한 무도회. **3.** 《축구 은어》 정확한 강슛 능력.
bums-, Bums-: **~kneipe**, die 《통용어·俚》 싸구려 목로 주점. **~lokal**, das 《통용어·俚》 하급 유흥장. **~musik**, die 《통용어·俚》 악대가 연주하는 시끄러운 (행진곡) 음악. **~voll** 〈Adj.〉 《俚》 《방, 술잔 따위가》 꽉 찬, 만원인.
bumsen [bʊmzn] 〈h〉 **1.** 《통용어》 쾅(쿵, 탕)하는 소리가 나다: 전의 an der Kreuzung hat es wieder einmal gebumst 네거리에서 또 충돌하는 소리가 났다. **2. a)** 〈h〉 꽝꽝 때리다[치다]: er hat mit der Faust an[gegen] die Tür gebumst 그는 주먹으로 문을 꽝꽝 쳤다. **b)** 〈s〉 《세게》 부딪히다: mit dem Kopf an die Wand b. 벽에 머리를 부딪히다. **3.** 〈h〉 《축구 은어》 슛하다: den Ball in den Kasten b. 공을 골문 안으로 차넣다. **4.** 〈h〉 《俚》 성교(性交)하다.
Buna ⓦ₂ ['buːna], der 《또는》 das; -(s) [Butadien u. Natrium] 부나(合成 고무).
¹**Bund** [bʊnt], der; -(e)s, Bünde ['bʏndə] **1. a)** 연합, 맹, 연맹, 제휴, 약속: einen B. schließen 동맹하다; einem B. beitreten 연맹에 가입하다; **der Alte(der Neue) B**. 《종교》 구(신)약 성서; **der B. der Ehe eingehen(den B. fürs Leben schließen)** 《아어》 결혼하다; **mit jmdm. im -e sein(stehen)** 누구와 동맹(결탁)하고 있다. **b)** 《통용어》 연방(주(州)에 대해). **c)** 《통용어》 ↑Bundeswehr의 약칭. **2.** 《치마, 바지의 상의, 허리(띠)》: den B. der Hose weiter machen[die Hose am B. weiter machen] 바지의 허리[말기]를 늘리다. **3.** 프레트(현악기에서 핑거 보드의 표면을 구획하는 금속제의 돌기). ²**Bund** [-], das; -(e)s, -e [mhd. bunt] 단, 묶음, 다발: ein B. Radieschen 무 한 단.
Bund-: **~hose**, die ↑Kniebundhose. **~schuh**, der 《중세기》 가죽끈으로 매는 농민화(農民靴). **~weite**, die 《바지나 치마》 허리의 크기(치수). **~werkzeug**, das 목수의 기본 연장. **~zeichen**, das 《짜 맞출 목재에 긋는》 턱걸 먹줄 표시.
Bunda ['bʊnda], die; -s [ung. bunda] 《헝가리 농부들의》 양피(羊皮) 외투.
Bündchen ['bʏntçən], das; -s, - 《셔츠 따위의》 목끈.
Bündel ['bʏndl], das; -s, - **1. a)** 소화물, 여행짐; 소포, 뭉치, 꾸러미: sie beugte sich über das schreiende B. in der Wiege 그녀는 요람 속의 울어대는 갓난 아기 위로 몸을 굽혔다; 성구 jeder hat sein B. zu tragen 걱정없는 사람은 없다; **sein B. packen[schnüren]** 1) 여장을 꾸리다. 2) 보따리를 싸다[직장을 그만두다]. **b)** 작은 단[묶음], 단. **2.** 《기하》 선속(線束), 평면속(平面束). **bündeln** ['bʏndln] 〈h〉 묶다, 꾸리다, 짐을 싸다: alte Zeitungen b. 헌 신문을 묶다. **Bündelpfeiler**, der; -s, - 《건축》 《고딕 양식의》 족주(簇柱). **Bündelpresse**, die; -n 《제본》 《접은 인쇄 전지의 갈피 속의 공기를 빼내기 위한》 압착기. **Bündelung**, die; -en ↑bündeln의 명사형. **bündelweise** 〈Adv.〉 묶어서, 다발로.

bundes-, Bundes-: **~angestelltentarif**, der 《Pl. 없음》 독일 연방공무원 급여표(약어: BAT). **~anleihe**, die 독일 연방 공화국의 공채(公債). **~anstalt**, die 연방 행정 [조사] 기관: die B. für Arbeit 연방 노동청. **~anwalt**, der **1.** 연방 검사[검찰관]. **2.** 《스위스의》 검찰관. **~anwaltschaft**, die 연방 검찰청. **~anzeiger**, der 《법무 장관이 발행하는》 관보(官報). **~autobahn**, die 《독일·오스트리아의》 고속도로. **~bahn**, die 《구서독·오스트리아·스위스의》 국영 철도: die Deutsche B. 구서독 국영 철도(약어: DB). **~bank**, die 연방 은행. **~beamte**, der 연방 공무원. **~behörde**, die 연방 정부[관청]. **~bürger**, der 연방 시민, 독일 국민. **~bruder**, der 같은 학생 단체의 동료. **~deutsch** 〈Adj.〉 독일 연방 공화국의. **~deutsche***, der / die 독일 연방 공화국 사람[주민]. **~ebene**, die 연방 차원. **~eigen** 〈Adj.〉 연방 정부 직할의, 국유의. **~fernstraße**, die 연방 장거리 교통망 도로(고속 도로와 국도의 총칭). **~gebiet**, das 독일 연방 공화국 영토, 연방 영역. **~genosse**, der 동맹자, 맹방. **~genossenschaft**, die 《Pl. 없음》 동맹(자), 연합(제국). **~gerichtshof**, der 《Pl. 없음》 연방 재판소(약어: BGH.). **~gesetzblatt**, das 《약어: BGBl.》 **1.** 연방 법령 관보. **2.** 《오스트리아의》 연방 관보(법령, 조약의 공포를 위한). **~grenzschutz**, der 《구서독의》 연방 경비대(약어: BGS). **~hauptstadt**, die 연방 수도(연방 정부의 소재지). **~haus**, das 《Pl. 없음》 **1.** 연방 하원 의사당. **2.** 《스위스의》 연방 의사당. **~haushalt**, der 《독일·오스트리아의》 연방 재정. **~kabinett**, das 연방 정부 내각. **~kanzlei**, die **1.** 연방(대통령 선출) 회의 사무처. **2.** 《스위스의》 연방(의회 및 내각의) 사무국. **~kanzler**, der **1.** 《독일·오스트리아의》 연방 수상. **2.** 《스위스의》 연방(의회 및 내각의) 사무총장. **~kanzleramt**, das **1.** 연방 수상 사무처(장(長)은 연방 장관임). **2.** 《오스트리아의》 연방 수상 집무실. **~lade**, die 《유대교》 율법을 모셔 넣는 궤(유태인의 십계명을 새긴 돌이 들어 있음). **~land**, das 〈Pl. ...länder〉 연방 국가를 구성하는 각 주(州). **~liga**, die 분데스리가(특히 독일 축구의). **~ligist**, der 분데스리가 소속 팀(소속 선수). **~minister**, der 연방 장관. **~ministerium**, das 《독일·오스트리아의》 연방 정부의 부(部). **~post**, die 연방 체신청: die Deutsche B. 독일 연방 체신청(약어: DBP). **~präsident**, der **1.** 《독일·오스트리아의》 연방 대통령. **2.** 《스위스의》 연방 대통령. **~rat**, der **1.** 《Pl. 없음》 《독일·오스트리아의》 참의원(각 주의 대표로 구성되며 상원에 해당함). **2.** 《Pl. 없음》 《스위스의》 연방 내각. **3.** 《오스트리아의》 참의원 의원. **~regierung**, die 연방 정부. **~republik**, die 《독일》 연방 공화국. **~republikanisch** 〈Adj.〉 연방 공화국의. **~siegel**, das 국새(國印). **~staat**, der **1.** 연방 국가. **2.** ↑Gliedstaat. **~straße**, die 《독일·오스트리아의》 연방 도로, 국도. **~tag**, der 연방 의회(하원에 해당). **~tagsabgeordnete***, der / die 연방 의회 (하원) 의원. **~tagsdebatte**, die 연방 의회 토의(회의). **~tagsfraktion**, die 연방 의회 원내 교섭 단체. **~tagspräsident**, der 연방 의회 의장. **~tagspräsidentin**, die ↑~tagspräsident의 여성형. **~tagssitzung**, die ↑Bundestagsdebatte. **~tagswahl**, die 연방 의회 선거, 총선거. **~trainer**, der 《독일의》 국가 대표팀 코치. **~verfassung**, die 연방 헌법. **~verfassungsgericht**, das 연방 헌법 재판소. **~versammlung**, die **1.** 연방 대통령 선출 회의(연방 의회 의원과 동수의 주의회 의원으로 구성됨). **2.** 《스위스의》 연방의회. **~verwaltungsgericht**, das 연방 행정 재판소. **~wehr**, die 《Pl. 없음》 《독일의》 연방군. **~weit** 〈Adj.〉 연방 전체에 걸친.

bündig ['bʏndɪç] 〈Adj.〉 **1. a)** 간결한, 간명한: eine -e Antwort 간단 명료한 대답. **b)** 설득력이 있는, 정확한, 적절한: etw. b. beweisen 무엇을 설득력 있게 증명하다. **2.** 《토목》 같은 평면의, 나란히 늘어서 있는.

Bündigkeit, die ↑bündig의 명사형. **bündisch** ['byndɪʃ] 〈Adj.〉 동맹한, 연합한, 가맹한, (독일) 청소년 운동에 가맹한. **Bündner** ['byndnɐ], der; -s, - ↑ Graubündner의 스위스어 약칭. **Bündner Fleisch**, das; --(e)s 〔요리〕 소금에 절여 말린 소의 넓적다리 고기 (그라우뷘덴의 특별 음식). **bündnerisch** ['byndnərɪʃ] 〈Adj.〉 ↑graubündnerisch의 스위스어 약칭. **Bündnis** ['byntnɪs], das; -ses, -se 동맹, 연합; ein B. schließen〔eingehen〕동맹하다; ein B. lösen 동맹을 풀다〔파기하다〕.

Bündnis-: **~block**, der 〈Pl. -blocks / -blöcke〉 동맹권(圈), 동맹 블록. **~partner**, der 동맹 관계자〔국〕, 가맹자〔국〕. **~politik**, die 동맹 정책. **~system**, das 동맹 체제. **~treue**, die 동맹상의 신의. **~verpflichtung**, die 동맹상의 의무. **~vertrag**, der 동맹 조약.

Bungalow ['buŋgalo], der; -s, -s **a)** 방갈로식 주택(지붕이 평평한 단층집). **b)** 방갈로(열대 지방의 간단한 단층집).

Bunge ['buŋə], die; -n 〔어업〕 북 모양의 어살.

Bunker ['buŋkɐ], der; -s, - [engl. bunker] **1.** (석탄, 곡물 따위의) 대형 저장 창고. **2. a)** (軍軍)의 토치카, 엄폐호, 벙커, 지하호. **b)** 방공호, (지하) 대피호. **3.** (골프장의) 모래땅이 움푹 패인 곳. **4.** 〔경찰·군〕 영창, 감옥.

Bunker- (Bunker 1): **~kohle**, die 선박용 석탄. **~öl**, das 선박용 기름. **~zug**, der 〔광〕지하로부터 광석을 수송하는 기차.

bunkern ['buŋkɐn] 〈h〉 **1.** (광석, 석탄, 곡물 따위를) 저장하다. **2.** 〔선원〕 연료를 적재하다.

Bunny ['bʌnɪ], das; -s, ...ies [engl. bunny] 토끼 소녀 (토끼의 귀와 꼬리 모양으로 장식하고 클럽 등에서 일하는).

Bunsenbrenner ['bunzn̩-], der; -s, - (독일의 화학자 R. W. Bunsen(1811-1899)에서 유래〕 분젠 등(燈).

bunt [bunt] 〈Adj.〉 **1.** (흑백 이외의) 색채가 있는, 유색의, 여러 색의, 눈부신, 다채로운, 알록달록한: der Stoff ist b. 이 천은 알록달록하다; 〔전의〕 der Markt bot ein ~es Bild 시장은 다양한 모습을 하고 있었다. **2.** 잡다한, 난잡한, 혼잡한: in der Schublade lag alles b. durcheinander 서랍 속에는 모든 것이 뒤죽박죽이 되어 들어 있었다; **etw. wird jmdm. zu b.** (통용어) 무엇이 누구에게는 견딜 수 없다〔너무하다〕, 참을 수 없다; **es zu b. treiben** (통용어) 너무 방자해지다, 하는 짓이 너무 심하다.

Bünt [bynt], die; -en 〈schweiz.〉 울타리로 둘러싸인 토지.

bunt-, Bunt-: **~barsch**, der 〔동물〕 채색농어. **~bartschlüssel**, der 흰 걸림쇠가 있는 열쇠. **~bemalt** 〈Adj.〉 색칠한. **~blättrigkeit**, die 〔식물〕 단풍들기. **~buch**, das 색표지(色表紙)의 보고서(외무부의 의회에 제출하는), 외교 기록. **~druck**, der 〈Pl. -drucke〉 색도 인쇄(물). **~farbig** 〈Adj.〉 여러 색의, 잡색의. **~fernsehen**, das (통용어) 컬러(천연색) 텔레비전. **~film**, der ↑Farbfilm. **~foto**, das 컬러(천연색) 사진. **~fotografie**, die ↑Farbfotografie. **~geädert** 〈Adj.〉 (나뭇잎 따위의) 유색의 엽맥(葉脈)이 있는. **~geblümt** 〈Adj.〉 다채로운 꽃무늬의. **~gefärbt** 〈Adj.〉 여러 색으로 염색한. **~gefiedert** 〈Adj.〉 ein -er Vogel 다채로운 깃을 가진 새. **~gefleckt** 〈Adj.〉 **1.** 여러 색의 얼룩이 있는. **2.** **~scheckig**. **~gemischt** 〈Adj.〉 ein -es Programm 다양한 프로그램. **~geschirr**, das 채색 사기〔도자기〕 그릇. **~gestreift** 〈Adj.〉 여러 색의 줄무늬가 있는. **~kariert** 〈Adj.〉 여러 색의 바둑판 무늬가 있는. **~keramik**, die 채색 도자기. **~messer**, das 물결 모양의 칼날이 있는 칼. **~metall**,

das 비철(非鐵) 금속. **~nessel**, die 〔식물〕 유택쐐기풀. **~papier**, das (그림·글이 칠해져 있고 색을 덧입힌) 색종이. **~sandstein**, der 〔지질〕 **a)** 〈Pl. 없음〉 삼첩계(三疊系)의 최하위층. **b)** 잡색 사암(砂岩). 〈Adj.〉 반점이 있는, 잡색의. **~schillernd** 〈Adj.〉 여러 색으로 반짝이는. **~specht**, der 〔동물〕 청딱다구리속. **~stift**, der 색연필, 크레용. **~wäsche**, die 무색옷(감).

Buntheit, die 잡색, 다채.

Bunzlau ['buntslau] 슐레지엔의 도시. **¹Bunzlauer**, der; -s, - ↑Bunzlau의 주민. **²Bunzlauer** 〈Adj.; 격변화 없음〉 분츨라우의: B. Gut 외부는 갈색, 내부는 흰색의 광택제를 바른 사기 그릇.

Bürde ['byrdə], die; -n 《아어》 무거운 짐; 〔전의〕 die B. des Amtes 직무가 주는 부담; sie hatte zeitlebens eine schwere B. zu tragen 그녀는 한평생 고생〔근심〕이 떠날 날이 없었다. **bürden** 〈h〉 《아어·준고어》 (무거운 짐, 부담 따위를) 지우다, 과하다: alle Verantwortung auf jmdn. b. 모든 책임을 누구에게 지우다.

Bure ['bu:rə], die; -n, -n 부르 인(人) (남 아프리카의 백인).

Bureau [by'ro:], das; -s, -s / -x [...o:s] ↑Büro.

Bürette [by'rɛtə], die; -n [frz. burette] (액체의 부피를 재는) 적량계(滴量計), 눈금이 그려진 유리관, 뷰렛.

Burg [burk], die; -en **1.** 성(곽), 거성(居城)(중세의): die B. wurde belagert 성이 포위되었다; 〔전의〕 eine alte B. 《통용어·폄》 오래 된〔낡은〕 집. **2.** 〔사냥〕 해리(海狸)〔비버〕의 집. **3. a)** ↑Strandburg: sie bauten (sich) am Strand eine B. 그들은 해변에 모래둑을 쌓았다. **b)** 모래성.

Burg- (Burg 1): **~anlage**, die 성 시설 전체. **~berg**, der 성이 있는 산. **~bewohner**, der 성 주민. **~frau**, die ↑**~herrin**. **~fräulein**, das 성주의 딸. **~fried** [-frit], der; -es, -e ↑Bergfried. **~friede(n)**, der (의회의) 정쟁(政爭) 중지. **~graben**, der 성의 호(城壕), 해자(垓字). **~graf**, der 《중세》 성주, 태수. **~gräfin**, die 성주(태수) 부인. **~herr**, der 성주. **~herrin**, die 성주의 부인. **~hof**, der 성의 안마당. **~kapelle**, die 성의 예배당. **~ruine**, die 성의 폐허. **~verlies**, das 성내의 지하 감옥. **~vogt**, der ↑**~graf**.

Bürge ['byrgə], der; -n, -n **1. a)** 보증인: du bist mir B. für deinen Bruder 너는 나에게 네 형에 대한 보증인이다. **b)** 보증: der Name der Firma ist B. für Qualität 그 회사의 이름이 품질에 대한 보증이다. **2.** 〔법〕 (보증 채무를 지는) 보증인: er braucht für seinen Kredit zwei -n 그가 신용 대부를 받는 데는 두 명의 보증인이 필요하다. **bürgen** 〈h〉 **1. a)** 보증하다: (jmdm.) für die Richtigkeit der Angaben b. (누구에게) 진술의 내용이 사실임을 보증하다. **b)** 책임지다: der Name bürgt für Qualität 그 상표가 품질을 책임진다. **2.** 〔법〕 보증 서다, 보증인이 되다: er hat für einen anderen gebürgt 그는 다른 사람의 보증을 섰다.

Burgenland ['burgnlant], das; --(e)s 부르겐란트 (오스트리아의 주). **burgenländisch** 〈Adj.〉 부르겐란트의.

Bürger ['byrgɐ], der; -s, - **1. a)** 국민: gerade in der Demokratie ist es die Aufgabe des Staatsmannes, den B. zu erziehen 민주주의에서 국민을 교육하는 일은 정치가의 책무이다; **akademischer B.** (준고어) 대학생; **B. in Uniform** 국군 병사. **b)** 도시의 주민, 시민들: die B. der Stadt wählen den Gemeinderat 시민들이 시 참의회를 선출한다. **2.** 시민 계급에 속하는 사람, 부르주아: ein wohlhabender B. 부유한 시민; eigentumsfanatische B. versuchen, die geistige Elite zu korrumpieren 재산에 광적인 부르주아들이 정신적 엘리트들을 부패시키려 기도한다.

Bürger- (↑Bürgers- 참조): **~aktion,** die 시민 운동. **~bau,** der ⟨Pl. -bauten⟩ a) 시민 계급의 가옥. b) 공공 건물. **~beauftragte*,** der (의회의) 독자적 수임자, (시민의 권익을 옹호하는) 변호사. **~begehren,** das 시민 결정(시민 투표)의 요구. **~entscheid,** der 시민의 결정 (시의 중요한 문제 발생시). **~familie,** die 시민 계급(부르주아)의 집안(가문). **~forum,** das 시민 토론(회), 시민 광장. **~haus,** das 1. 시민 계급의 집(주택). 2. ⟨준고어⟩ ↑~familie. **~initiative,** die 시민(주민) 운동: eine B. ins Leben rufen(gründen) 시민(주민) 운동을 조직하다(결성하다). **~komitee,** das 시민(주민) 위원회. **~krieg,** der 내란(內亂), 내전. **~kunde,** die ↑ Staatsbürgerkunde의 약칭. **~meister** [(또한) ---'---], der 시장(市長), 지방 자치 단체의 장(長). **~meisteramt,** das a) 시청. b) 시장의 직(職). c) 시청사(市廳舍). **~meisterei** [-majsto'raj], die ⟨지역적⟩ ↑~meisteramt (a, c). b) 연합자치체(連合自治體)의 청사. **~meisterin** [(또한) --'---], die ↑ ~meister의 여성형. **~pflicht,** die 시민의 의무. **~recht,** das ⟨대개 Pl.⟩ 시민권. **~rechtler** [-reçtlɐ], der; -s, - 민권 운동가. **~rechtsbewegung,** die 민권 운동. **~rechtskämpfer,** der ↑~rechtler. **~rechtskämpferin,** die ↑~rechtskämpfer의 여성형. **~schreck,** der ⟨Pl. 없음⟩ (의식적으로 인습에 어긋나는 행동을 하는) 도발가(挑發家): als B. gelten[auftreten] 도발가로 여겨지다[행동하다]. **~schule,** die (특히 오스트리아에서) ↑Hauptschule의 옛날 명칭. **~sohn,** der ⟨대개 Pl.⟩ (반어) 부잣집 아들, 시민 계급의 아들. **~stand,** der ⟨Pl. 없음⟩ ⟨고어⟩ 시민 계급. **~steig,** der 보도(步道): er raste mit seinem Wagen in eine Passantengruppe auf dem B. 그는 자동차로 보도 위의 보행자들 속으로 돌진했다.
Bürgerin, die; -nen ↑Bürger의 여성형. **bürgerlich** ⟨Adj.⟩ 1. 국민(공민)의: jmdm. die -en Ehrenrechte aberkennen 누구에게서 시민(공민)권을 박탈하다; die -e Ehe (호적에 신고한) 정식 결혼; das Bürgerliche Gesetzbuch 민법전(民法典)(약어: BGB). 2. a) 시민 계급의, 서민의: b) leben 시민적으로 살다; die -e Küche 간소한(서민적인) 요리; das -e Trauerspiel 시민 비극. b) ⟨폄⟩ 편협한, 옹졸한: -e Vorurteile haben 옹졸한 편견을 갖다. **Bürgerliche*,** der/die 평민, 서민: der Prinz hat eine Bürgerliche geheiratet 그 왕자는 평민과 결혼했다. **Bürgerlichkeit,** die ⟨Pl. 없음⟩ 시민(서민)이나 생활 방식(이). 시민(서민)적임. **bürgernah** ⟨Adj.⟩ 시민과 가까운.
Bürgers- ⟨준고어⟩ (↑Bürger- 참조): **~frau,** die 시민계급의 여자. **~leute** ⟨Pl.⟩ a) 시민 계급의 사람, 시민, 평민. b) ↑~mann의 복수형. **~mann,** der ⟨Pl. ...leute⟩ 시민 계급의 남자. **~sohn,** der 시민(계급)의 아들. **~tochter,** der 시민(계급)의 딸.
Bürgerschaft, die; -en 1. 시민(전체). 2. (함부르크와 브레멘의) 시의회. **Bürgerschaftswahl,** die 시의회 선거. **Bürgertum,** das; -s 시민 계급, 부르주아 계급: das liberale B. des 19. Jahrhunderts 19세기의 진보적 시민 계급.
Bürgin ['bʏrgɪn], die; -nen (남성 [Bürge])의 여성형. **Bürgschaft,** die; -en 1. (법) 보증 계약: eine B. übernehmen 보증서다, 보증인이 되다. 2. 보증, 담보: für jmdn. [etw.] B. leisten 누구[무엇]를 보증하다. 3. 보증금, 보석금. **Bürgschaftserklärung,** die 보증서: eine B. unterschreiben 보증서에 서명하다. **Bürgschaftsnehmer,** der ↑Gläubiger.
Burgund [bʊr'gʊnt], das; -s 부르고뉴(프랑스의 지방) ⟨옛⟩ 부르군트 왕국. **Burgunde,** der; -n, -n 부르군트 족의 사람. **Burgunder** [bʊr'gʊndɐ], der; -s, - 1. 부르고뉴 주민. 2. 부르고뉴산 포도주 3. ↑Burgunde. **Burgunderwein,** der ↑Burgunder (2). **Burgunderrebe,** die 부르고뉴산 포도주를 만드는 포도. **burgundisch** ['bʊrgʊndɪʃ] ⟨Adj.⟩ 부르고뉴의, 부르군트족의.
burisch ['bu:rɪʃ] ⟨Adj.⟩ 부르 인의.
burlesk [bʊr'lɛsk] ⟨Adj.⟩ [frz. burlesque] 익살스러운, 어릿광대의: ein -es Theaterstück 익살극, 골계[소]극: eine B. aufführen 익살극을 상연하다. 2. 익살스런 악곡, 희가극.
Burma ['bʊrma] ↑Birma. **Burmese,** der; -n, -n ⟨옛⟩ 미얀마 주민. **Burmesin,** die; -nen: ↑Burmese의 여성형. **burmesisch** ⟨Adj.⟩ 미얀마의.
Burnout [bɔ:n'aʊt], das; -s [engl. burnout] (로켓에서) 별도 추진력 없이 자체 비행이 시작되는 시점.
Burnus ['bʊrnʊs], der; -/-ses, -se [frz. burnous] (아라비아 사람의) 두건(頭巾) 달린 외투.
Büro [by'ro:] ⟨(südd., schweiz.) 'by:ro⟩, das; -s, -s [frz. bureau] 1. a) 사무실: die B. eines Anwalts 변호사 사무실; ins B. gehen 사무실에 가다; sie arbeitet in einem B. 그녀는 사무실에서 일한다. b) (단체, 회사 등의) 사무실: die Firma unterhält -s in verschiedenen Städten 그 회사는 여러 도시에 사무소를 가지고 있다. 2. (전체) 사무원: unser B. erledigt die Angelegenheit 우리 사무원이 그 업무를 처리한다.
büro-, Büro- (Büro 1): **~angestellte*,** der/die 사무원. **~arbeit,** die 사무: sie ist mit allen -en vertraut 그녀는 모든 사무에 능숙하다. **~bedarf,** der 사무용품. **~beruf,** der 사무직. **~bote,** der 사무실 사환 (급사). **~fläche,** die (상) 사무실(예정) 공간(면적). **~gebäude,** das ↑~haus. **~gehilfe,** der 사무 보조원. **~gehilfin,** die ↑~gehilfe의 여성형. **~haus,** das 사무소용 대형 건물. **~hengst,** der (통용어·폄) ↑ ~angestellter. **~kaufmann,** der 상업 사무원. **~klammer,** die 종이 집게, 클립. **~kraft,** die 사무(직)원. **~maschinen** ⟨Pl.⟩ 사무용 기계(타자기 따위). **~material,** das ↑~bedarf. **~mensch,** der ⟨통용어·폄⟩ 사무원. **~möbel** ⟨Pl.⟩ 사무용 집기, 사무실 비품. **~raum,** der 사무실. **~schluß,** der 퇴근(종업) 시간. **~stunden** ⟨Pl.⟩ 집무(근무) 시간. **~tätigkeit,** die ⟨Pl. 없음⟩ 사무, 사무적인 일. **~technik,** die ⟨Pl. 없음⟩ 사무 기술. **~technisch** ⟨Adj.⟩ 사무 기술의. **~vorsteher,** der ⟨준고어⟩ 사무장; 국장, 과장, 계장. **~wesen,** das ⟨Pl. 없음⟩ 사무, 사무 제도; 사무에 관련된 모든 것. **~zeit,** die ↑~stunden.
Bürokrat [byro'kra:t], der; -en, -en [frz. bureaucrate] 관료주의자, 관료 근성이 있는 사람. **Bürokratie** [byrokra'ti:], die; -n [...i:ən] frz. bureaucratie] 1. a) 관료 기구; 관료제, 관료 정치: die B. bläht sich immer mehr auf 관료 기구가 점점 더 팽창한다. b) 관료 (총칭). 2. ⟨Pl. 없음⟩ ⟨폄⟩ 관료주의, 형식주의. **bürokratisch** ⟨Adj.⟩ 1. 관료제의: die -e Abwicklung einer Angelegenheit 관료 체제적 업무 처리. 2. ⟨폄⟩ 관료주의적이, 형식주의적인: ein -es Denken 관료주의적 사고.
bürokratisieren ⟨h⟩ 관료 체제화하다: die Gesellschaft wird mehr und mehr bürokratisiert 사회는 점점 더 관료체제화되고 있다. 2. ⟨폄⟩ 관료주의[형식주의]화하다. **Bürokratisierung,** die ⟨Pl. 없음⟩ ↑bürokratisieren의 명사형. **Bürokratismus,** der; - ⟨폄⟩ 관료주의, 형식주의. **Bürolist** [byro'lɪst], der; -en, -en (schweiz. 준고어) ↑Büroangestellter. **Bürolistin,** die; -nen ↑Bürolist의 여성형. **Bürotel** [byro'tel], das; -s, -s 오피스텔, 사무소 호텔.
Bursch [bʊrʃ], der; -en, -en 1. (대학생 학우회의) 정회

원, 고참 학생. 2. 《지역적》↑Bursche (1 a, b). **Bürschchen** ['byrtʃçən], das; -s, - ↑Bursche (1). **Bursche** ['burʃə], der; -n, -n 1. 《축소형: ↑Bürschchen》 **a)** 소년: ein aufgeweckter B. 원기 왕성한 소년. **b)** 젊은이, 청년: die -n und Mädchen des Dorfes 마을의 청춘 남녀들. **c)** 《멸》놈, 녀석: ein gewissenloser B. hatte mich verführt 한 파렴치한 놈이 그녀를 유혹했다; den -n werde ich mir noch kaufen(vornknöpfen) 《통용어》내가 그 녀석에게 답변을 요구하겠다(그 녀석을 나무라겠다). 2. 《전에는》장교 당번. 3. ↑Bursch (1). 4. 《통용어》《동물에 쓰여》큰 놈, 실한 놈: der gefangene Hecht ist ein mächtiger B. 이번에 잡힌 에속스는 거대한 놈이다. **Burschenschaft**, die; -en 대학생 학우회(1815년 Jena에서 조직됨. 조국애의 함양과 학생 생활의 향상을 목적으로 했음). **Burschenschafter**, der; -s, - 대학생 학우회원. **burschenschaftlich** ⟨Adj.⟩ 대학생 학우회의. **burschikos** [burʃiˈkoːs] ⟨Adj.⟩ **a)** (여성의 언동이) 쾌활한, 스스럼 없는, 사내아이 같은: sie ist[wirkt, benimmt sich] sehr b. 그녀는 매우 사내아이 같다(같아 보인다, 같이 행동한다). **b)** (어투가) 품위없는, 무례한: eine -e Bemerkung [Äußerung] 무례한 언사. **Burschikosität** [...koziˈtɛːt], die; -en ↑burschikos의 명사형. **Burse** ['burzə], die; -n 《중세의》대학생(직공) 기숙사.

Burst [burst], der; -(s), -s [engl. burst] 【천문】태양전파 방출(太陽電波放出).

Bürstchen ['byrstçən], das; -s, - ↑Bürste. **Bürste** ['byrstə], die; -n 1. 《축소형: ↑Bürstchen》 솔, 브러시: den Staub von den Schuhen) mit einer B. abbürsten (구두의) 먼지를 솔질하여 털다; das Haar mit einer B. glätten 브러시로 머리 빗다; 『전의』 seine Oberlippe zierte eine B. 그의 코밑수염을 기르고 있었다. 2. 【전기】(전동기 따위의) 브러시. 3. ↑ Bürstenfrisur의 약칭.

bürsten ['byrstn] ⟨h⟩ **tr. 1. a)** 솔질하여 털어내다: den Staub von den Schuhen b. 구두의 먼지를 솔질하여 털다. **b)** 솔질하여 닦다; die Zähne mit einer weichen Zahnbürste b. 부드러운 칫솔로 이를 닦다. 2. a) 솔질하여 가지런히 하다, 빗질하다: jmdm. [sich] das Haar b. 누구의(자신의) 머리를 빗다. **b)** 솔질하다, 솔로 문지르다: Samt gegen den Strich b. 우단의 괴철을 쓸다. 3. 《비어》성교하다: 『경구』wer in der Jugend viel bürstet, braucht im Alter nur wenig zu kämmen 젊어서 성교를 많이 한 사람은 늙어서 빗질할 필요가 없다. **Bürsten-: ~abzug**, der 【인쇄】교정쇄. **~bad**, das 브러시 마사지욕(浴) **~binder**, der 《고어》↑ **~macher**: wie ein B. 《통용어》몹시, 심히, 몹시, 대단히: er arbeitet wie ein B. 그는 심하게 일한다. **~frisur**, die 짧은 머리(위쪽의 머리가 솔의 털처럼 뻗친). **~haarschnitt**, der ↑ **~frisur**. **~macher**, der ↑ **~**und Pinselmacher. **~massage**, die 브러시 마사지. **~schnitt**, der ↑ **~frisur**. **~ und Pinselmacher**, der 솔·붓 따위를 만드는 사람.

Burundi [buˈrundi], das -s 부룬디(아프리카의 국가명). **Burundier** [buˈrundiɐ], der; -s, - 부룬디의 주민. **burundisch** [buˈrundiʃ] ⟨Adj.⟩ 부룬디의.

Bürzel ['byrtsl], der; -s, - 1. 【동물】(새의) 둔부, 미저골(尾骶骨). 2. 【사냥】(곰, 산돼지 따위의) 짧은 꼬리. **Bürzeldrüse**, die 【동물】(날짐승의) 미선(尾腺).

Bus [bus], der; -ses, -se [engl. bus] ↑Omnibus의 약칭.

Bus-: ~fahrer, der 버스 운전 기사. **~haltestelle**, die 버스 정류장. **~linie**, die 버스 노선(路線).

Busch [buʃ], der; -(e)s, Büsche ['byʃə] 1. 덤불, 관목, 총림(叢林) 숲: **(bei jmdm.) auf den B. klop-**

fen 《통용어》누구에게 유도 심문을 하다, 누구의 의향을 떠보다(타진하다); **mit etw. hinterm B. halten** 《통용어》《계획 따위를》숨기다(비밀로 하다); **es ist etw. im B.** 《통용어》1) 비밀리에 무엇이 이루어지고 있다. 2) 비밀의 단서를 잡은 느낌이 들다; **sich (seitwärts) in die Büsche schlagen** 《통용어》슬쩍 달아나다. 2. **a)** 〖지리〗정글, 밀림: diese Tiere leben im afrikanischen B. 이 동물들은 아프리카의 밀림에 산다. **b)** 《통용어》처녀림, 원시림, 황무지: du kommst wohl aus dem B.? 세간의 형편 알지도 있는 게 아니오 모르니? 3. **a)** 다발, 묶음: ein großer B. Flieder 커다란 라일락 꽃다발. **b)** ↑Büschel: ein B. Federn 깃털 묶음.

Busch-: ~bohne, die 관목 형태로 자라는 콩속의 일종. **~hemd**, das 남방 셔츠. **~holz**, das **a)** 관목숲, 관목(林). **b)** ⟨Pl. 없음⟩ 소관목림(小灌木林), 덤불. **~klepper**, der 《고어》산적, 마적, 노상강도. **~mann**, der ⟨Pl. -männer⟩ 부시먼(남 아프리카의 미개 원주민). **~messer**, das 관목 큰 칼(낫). **~neger**, der 서인도의 정글 흑인. **~rose**, die 관목 형태로 자라는 장미속의 일종. **~wald**, der 관목이 우거진 숲. **~werk**, das ⟨Pl. 없음⟩ 작은 수풀, 덤불. **~windröschen**, das ↑ Anemone.

Büschel ['byʃl], das; -s, - 작은 다발, 묶음, 단, 술: ein B. Heu 건초 단. **büsch(e)lig** ⟨Adj.⟩ 술 모양의, 떨기 모양의, 총상(總狀)의, 총생(叢生)의. **büscheln** ⟨h⟩ ⟨südd., schweiz.⟩ tr. 다발로 묶다: Kamille zum Trocknen b. 개꽃을 말리기 위해 다발로 묶다. **büschelweise** ⟨Adv.⟩ 다발을 지어, 다발로, 뭉텅이로: die Haare gingen ihm b. aus 그는 머리가 뭉텅이로 빠졌다. **Buschen** ['buʃn], der; -s, - ⟨südd., österr.·통용어⟩ 다발: einen B. über die Tür hängen (포도) 나뭇가지 다발을 문에 매달다. **Buschenschenke**, die ⟨österr.⟩ 자가 양조 포도주의 직매 술집, 햇포도주를 파는 술집. **buschig** ⟨Adj.⟩ 1. 털이 많은, 다보록한: -e Augenbrauen 짙은 눈썹; der Schwanz des Eichhörnchens ist b. 다람쥐 꼬리는 털이 많다. 2. 관목 무성한: -es Gelände 관목이 무성한 지대. 3. 떨기 모양의, 다발로 된, 관목 형태로 자란: der Rosenstock ist b. (gewachsen) 이 장미나무는 관목 형태로 자랐다. **büschlig**: ↑büschelig 참조.

Büse ['byːzə], die; -n [niederl. buse] 청어잡이 배.

Busen ['buːzn̩], der; -s, - 1. (특히 여자의) 가슴, 젖가슴, 유방: ein voller(üppiger, zarter, straffer) B. 풍통한(풍만한, 부드러운, 팽팽한) 가슴; die neue Mode zeigt viel B. 새 유행은 가슴을 강조한다. 2. 《시어·준고어》**a)** 품: einen Freund am B. halten 친구를 품에 안다; 『전의』am B. der Natur (대개 농) 자연의 품속에서, 야외에서. **b)** 내부, 심중, 가슴속: ein Geheimnis in seinem B. verschließen 비밀을 그의 가슴 속에 숨겨두다. **c)** 《코르셋형 조끼》: sie nestelte an ihrem B. 그녀는 코르셋형 조끼의 끈을 맸다.

busen-, Busen-: ~frei ⟨Adj.⟩ 가슴을 드러낸. **~freund**, der 《대개 반어》막역한 친구. **~freundin**, die ↑ **~freund**의 여성형. **~** 《고어》가슴의 장식용 핀, 브로치. **~star**, der 《통용어》풍만한 젖가슴으로 유명한 여배우. **~tuch**, das (목에 둘러 양끝을 흉에 넣는 여성용) 가슴가리개 천.

Bushel ['buʃl], der; -s. -s [engl.-amerik. bushel] 부셸(약 36 리터를 조금 넘는 영국의 곡량 단위).

busig ['buːzɪç], ⟨Adj.⟩ 《통용어》풍만한 가슴을 가진: eine -e Schönheit 풍만한 가슴의 아름다움.

Busineß ['bɪznɪs], das; - [engl. business] **a)** 《멸》이익을 목적으로 하는 일, 이익 목적으로 하는 영업 태도: in puncto B. kennt er keine Skrupel 이익을 목적으로 하는 일에 관한한 그는 아무것도 주저하지 않는다. **b)** 실업

계, 상업계. **Businessman** [-mən], der; -(s), ...men [...mən; engl. businessman] 장사꾼, 상인.
buß-, Buß-: ~**andacht**, die; -en [가] 참회 미사. ~**feier**, die [가] 참회 미사. ~**fertig** 〈Adj.〉 (종교) 참회할 뜻이 있는, 개전의 정이 있는. ~**fertigkeit**, die 〈Pl. 없음〉 후회, 참회, 회개, 개전의 정. ~**gang**, der (아이) 개전[화해]의 발걸음. ~**gebet**, das [종교] 회개[참회]의 기도. ~**geld**, das 벌금, 과료. ~**geldbescheid**, der 벌금 고지(告知). ~**geldverfahren**, das 벌금제(制). ~**gesang**, der (중세) 참회 [회개]의 노래(찬송가). ~**gottesdienst**, der [가] (공동으로 신도들이 고해 성사를 한 뒤 신부가 면죄해 주는 형식의) 참회 미사. ~**lied**, das 참회의 [회개]를 주제로 한] 노래(찬송가). ~**prediger**, der (중세) 참회 [회개]를 권하는 설교자. ~**predigt**, die 회개를 주제로 한 설교. ~**psalm**, der 참회 시편(詩篇). ~**sakrament**, das [가] 고해 성사. ~**tag**, der [가] 속죄의 날. 2. ↑ ~ **und Bettag**의 약칭. ~ **und Bettag**, der [신교] 참회 기도일. ~**übung**, die [가] 참회의 고행, 속죄 행위.
Bussard [ˈbʊsart], der; -s, -e [frz. busard] 말똥가리의 새.
Buße [ˈbuːsə], die; -n **1.** [종교] **a)** 〈Pl. 없음〉 참회, 회개: das Sakrament der B. 고해 성사; B. predigen (준교어) 참회를 권하는 설교를 하다. **b)** 속죄[보속] 행위: jmdm. eine B. auferlegen 누구에게 속죄[보속] 행위를 부과하다. **2.** 〈Pl. 없음〉 개전(의 정), 후회: er zeigt keine Bereitschaft zur B. 그는 개전의 정을 전혀 보이지 않는다. **3. a)** [법] 보상, 배상, 벌. **b)** 〈schweiz.·법〉 벌금: jmdn. für etw. mit einer B. belegen 누구에게 어떤 일로 벌금을 과하다.
Bussel [ˈbʊsḷ], das; -s, -(n) ↑ Busserl. **busseln**: ↑ busserln.
büßen [ˈbyːsṇ] 〈h〉 **1. a)** [종교] 속죄하다, 보속하다. **b)** 참회[회개]하다. **c)** 벌을 받다: er mußte für seine Tat schwer b. 그는 그의 행위에 대해서 무거운 벌을 받아야 했다. **d)** 보상하다, 갚다, 배상하다: er büßte seinen Leichtsinn mit dem Leben 그는 그의 경솔함을 죽음으로 보상했다. **2.** (고어·법) 과료[벌금형] 시키다. **3.** (고어) (정욕, 욕망 따위를) 채우다, 만족시키다. **Büßer** [ˈbyːsɐ], der; -s, - [종교] 참회자, 속죄자, 고해자.
Büßer-: ~**gewand**, das 참회복(懺悔服): [전의] ich erscheine nicht im B. vor einer breiten Öffentlichkeit 나는 참회자의 모습으로 공중 앞에 서지 않겠다. ~**hemd**, das 참회복. ~**kleid**, das 참회복. ~**schnee**, der [지리] (특히 열대 지방의 높은 산의) 순례자의 모습을 연상시키는 눈덩이.
Büßerin, die; -nen ↑ Büßer의 여성형.
Busserl [ˈbʊsɐl], das; -s, -(n) 〈südd., österr.·통용어〉 입맞춤, 키스. **busserln** 〈h〉 입맞추다, 키스하다.
Bussole [bʊˈsoːlə], die; -n [ital. bussola] ↑ Magnetkompaß.
Büste [ˈbyːstə], die; -n [frz. buste < ital. busto] **1.** 흉상(胸像), 반신상: die bronzene B. eines römischen Kaisers 로마 황제의 청동 흉상. **2.** (여자의) 흉부, 마스트, 젖가슴: eine gut entwickelte B. 잘 발달한 젖가슴. **3.** [재단] 동체(胴體)모형, 보디: ein Kleidungsstück nach der B. abstecken 동체 모형에 맞춰 옷을 가봉하다. **Büstenhalter**, der 브래지어(약어: ↑ BH].
Bustrophedon [bustrofeˈdɔn], das; -s [lat. bustrophēdon < griech. boustrophēdón] 좌우 교호서법 (左右交互書法)(한 줄을 좌로부터 쓰면 다음 줄은 우로부터 쓰는 고대 그리스의 서법).
Busuki [buˈzuki], die; -s [griech. busúki] 그리스의 민속 음악에 사용되는 현악기의 일종.

Butadien [butaˈdiːn], das; -s [Butan, di- u. -en] 부타디엔(합성 고무의 원료). **Butan** [buˈtaːn], das; -s, -e [lat. butyrum < griech. boútyron] 부탄(탄화수소의 일종). **Butangas**, das 〈Pl.〉 부탄 가스(연료용).
buten [ˈbuːtn̩] 〈Adj.〉 (nordd.) 밖에서.
Butike [buˈtiːkə] ↑ Budike. **Butiker**: ↑ Budiker.
Butler [ˈbatlɐ, ˈbʊtlɐ; ˈbœtlɐ], der; -s, - [engl. Butler < frz. bouteillier] (영국 귀족 가정의) 집사(執事), 하인의 우두머리.
Butscher: ↑ Buttjer.
Butt [bʊt], der; -(e)s, -e [niederd. butt] 넙치속의 물고기.
Bütt [byt], die; -en 〈지역적〉 사육제(카니발)의 연설자용 통 모양의 연단.
Butte [ˈbʊtə], die; -n 〈südd., österr., schweiz.〉 **1.** ↑ Bütte **(a)**. **2.** [포도] (포도 수확용의) 등에 지는 통.
Bütte [ˈbytə], die; -n [lat. butina < griech. bytínē (pytínē)] **a)** 나무로 된 큰 통. **b)** (젓는 기구가 달린 타원형의) 제지용(製紙用) 통.
Buttel [ˈbʊtl̩] ↑ Buddel.
Büttel [ˈbyt!], der; -s, - **1.** (고어) 정리(廷吏), 형리(刑吏). **2.** (轡·준고어) 교도관, 경찰관. **3.** (轡) 하수인(部下), 하인: [전의] ich bin doch nicht dein B. 나는 네 하인이 아니다. **Bütteldienst**, der 하인의 일, 천한[힘드는] 일.
Bütten [ˈbytn̩], das; -s ↑ Büttenpapier.
Bütten-: ~**papier**, das 손으로 뜬 종이. ~**rand**, der 손으로 뜬[걸른] 종이의 거친 가장자리. ~**rede**, die 사육제(카니발)의 우스꽝스러운 연설. ~**redner**, der 사육제의 우스꽝스러운 연설을 하는 사람.
Butter [ˈbʊtɐ], die [lat. būtyrum < griech. boútyron] 버터. **B.** aufs Brot streichen (통용어) 빵에 버터를 바르다; jmdm. fällt die B. vom Brot (통용어) 실망[낙담]하다; sich nicht die B. vom Brot nehmen lassen (통용어) 자신 속아 넘어가지 않다, 손해 보지 않다; jmdm. die B. auf dem Brot nicht gönnen (통용어) 누구를 질투(시기, 부러워)하다; B. auf dem Kopf haben 〈südd., österr.〉 양심의 가책을 받다; es ist alles in (bester) B. (통용어) 만사가(매우) 순조롭게 진행되고 있다.
butter-, Butter-: ~**bemme**, die (ostmd.) ↑ ~**brot**. ~**berg**, der 〈Pl. 없음〉 (통용어) 잉여 버터 재고(在庫). ~**birne**, die 버터 배(연하고 즙이 많음). ~**blume**, die 연노랗게 노란꽃이 피는 식물에 대한 민속적 명칭(미나리아재비, 민들레 따위). ~**brot**, das 버터 [바른] 식빵: auf B. (아동) 시험삼아, 시험적으로; **für ein B. arbeiten** (통용어) 적은 돈을 받고 일하다, etw. für[um] ein B. bekommen [(ver)kaufen] (통용어) 대단히 싸게(공짜나 다름없이) 사다[팔다]; **jmdm. etw. aufs B. schmieren(streichen)** (통용어) 누구의 무슨 일을 나무라다, 비난하다. ~**brotpapier**, das 버터 빵 종이(기름이 새지 않는). ~**creme**, die 버터 크림. ~**cremetorte**, die 버터 크림으로 장식한 케이크. ~**dose**, die 버터 용기(그릇). ~**faß**, das **1.** (저장·운반용) 버터 통. **2.** (버터 만들 때) 우유 젓는 통. ~**fett**, das (우유나 버터에 들어 있는) 버터 지방, 유지방(乳脂肪). ~**flöckchen**, das 〈지역적〉 작고 얇은 버터 조각. ~**frau**, die 버터 파는 여자. ~**gebäck**, das 버터를 넣은 과자. ~**gebackene**, das 〈지역적〉 ~**gebäck**. ~**gelb** 〈Adj.〉 버터색의, 노란빛의. ~**gelb**, das; -s [화학] (버터의 노란색을 내는) 식용 색소(1936년 이후 암 유발 위험 때문에 사용이 금지됨). ~**käse**, der (버터처럼 부드러운) 크림 치즈(一種) paese). ~**keks**, der 버터 비스킷. ~**klumpen**, der 커다란 버터 덩어리. ~**krem**, die 〈통용어에서는 또한 der〉

↑ ~creme. ~kuchen, der 버터를 발라 구운 케이크. ~kugel, die, ~kügelchen, das 《대개 Pl.》(식탁에 올리는) 작은 공모양의 버터. ~messer, das 버터(자르는) 칼. ~milch, die 버터를 채려한 후에 남는 신맛이 나는 우유, 탈지유(脫脂乳). ~pilz, der (노란색의) 식용 버섯의 일종. ~pinsel, der 갓 구워낸 빵에 버터를 바를 때 쓰는 붓. ~röhrling, der ↑ ~pilz. ~schmalz, das (버터를 녹여 얻은) 버터 지방. ~schnitte, die 《지역적》 ↑ ~brot. ~seite, die 1. 빵의 버터를 바른 쪽: **auf die B. fallen** 운이 좋다. 2. 《통용어》(사물의) 유리한 면, 좋은 면. ~stulle, die 《지역적》 ↑ ~brot. ~teig, der 버터를 넣은 반죽. ~vogel, der ↑Zitronenfalter의 민속적 명칭. ~weck, der 1. 《지역적》 버터 바른(길쭉한) 빵. 2. 《지역적·고어》 길쭉한 빵모양의 버터. ~weich 〈Adj.〉 **a)** 버터처럼 부드러운. **b)** 온순한, 까다롭지 않은. **c)** 《스포츠 은어》(공의 패스가) 부드러운, 가벼운.

Butterfly ['bʌtəflaɪ], der; -s, - [amerik.-engl. butterfly] 1. [피겨스케이팅] (공중에 상체를 수평으로 유지하는) 버터 플라이 점프. 2. 《Pl. 없음》 [수영] Butterflystil. 3. [체조] ↑ Schmetterling. **Butterflystil,** der; -(e)s [수영] 접영(蝶泳).

butterig 〈Adj.〉 버터가 든, 버터 맛이 나는. **buttern** ['bʊtɐn] 〈h〉 1. (유지를 저어서) 버터를 만들다. 2. [요리] 버터를 바르다: eine Toastscheibe b. 토스트 조각에 버터를 바르다. 3. 《통용어》 (많은 돈을) 처넣다, (보람 없이) 쓰다: er hat sein ganzes Vermögen in das Unternehmen gebuttert 그는 전 재산을 이 사업에 처넣었다. 4. 《지역적》 (아침 식사용으로 가져온 버터빵을) 먹다. 5. 《스포츠 은어》 (공을 강하게) 슛하다.

Buttje ['bʊtjə], (또한) **Buttjer** ['bʊtjɐ], der; -s, - [niederd. butt] (nordd.) 소년, 아이.

Büttner ['bʏtnɐ], der; -s, - 《지역적》 ↑Böttcher.

Button [bʌtn], der; -s, -s [amerik.-engl. button < frz. bouton] 표장, 휘장, 마크, 배지. **Button-down-Hemd** [-'daʊn], das (깃을 단추로 채운) 스포츠용 셔츠.

buttrig: ↑butterig 참조.

Butyl [buˈtyːl], das; -s [Butan u. griech. hýlē] [화학] 부틸. **Butylalkohol**, der 부틸 알코올. **Butyrometer** [butyroˈmeːtɐ], das; -s, - [lat. būtyrum < griech. boútyron] 유지방 측정기.

¹Butz [bʊts], der; -en, -en 《지역적》 도깨비, 요괴.
²Butz [-], der; -en, -en 《지역적》 사과의 과심(果心).
Bützchen ['bʏtsçən], das; -s, - (rhein.) 입맞춤, 키스.
Butze ['bʊtsə], der; -n, -n 《지역적》 ↑ ¹Butz.
Butzemann, der; -s, -männer 도깨비, 요괴(어린이를 놀려주려고 사람이 가장한).
Butzen ['bʊtsn], der; -s, - 1. 《지역적》 ↑ ²Butz. 2. 《지역적》 (관유리의) 돌기. 3. [광] 광석 속의 불균질광상(不均質鑛床). **Butzenscheibe**, die 가운데가 볼록 나온 둥근 창유리. **Butzenscheibenlyrik**, die 《폄》의고적(擬古的) 감상시, 감상적 서정시.
bützen ['bʏtsn] 〈h〉 (rhein.) 입맞추다, 키스하다.
Büx [bʏks], die; -en, **Buxe** ['bʊksə], die; -n [Niederd. buxe] (nordd.) 바지.
Buxtehude [bʊkstəˈhuːdə]: 도시 이름 Buxtehude에서 유래『(다음의 용법으로) **in[aus, nach] B.** 《통용어》 어딘지 알지 못하는 먼 곳에〔으로부터, 으로〕.
b. w. = bitte wenden! 뒷면을 보라.
BWV = Bach-Werke-Verzeichnis 바흐 작품 번호.
bye-bye! ['baɪ'baɪ] 〈Adv.〉 [engl. bye-bye] 《통용어》 안녕, 또 봅시다, 다시 만나요.
Byzantiner [bytsanˈtiːnɐ], der; -s, - 《교양어·준고어》 아첨(아부)자, 추종자. **byzantinisch** 〈Adj.〉 《교양어·준고어》 아첨(아부)하는, 비굴한. **Byzantinismus** [bytsantiˈnɪsmʊs], der; - 《폄》 아첨, 비굴, 추종. **Byzantinist**, der; -en, -en 비잔틴 학자. **Byzantinistik**, die 비잔틴학.
Byzanz [byˈtsants] ↑ Istanbul의 옛 명칭.
bz, bez, bez. = bezahlt 《시세표 상의》 지불된, 지불필의.
Bz., Bez. = Bezirk.
bzw. = beziehungsweise 또는.

C

c, C [tseː; ↑a, A 참조], das; -, - **1.** 독일어 자모의 셋째자. **2.** [음악] 다 장조(C-Dur)의 첫 음, 다 음(音).
c = Cent; Centime; c-Moll; Zenti ...
C = Carboneum; Celsius, Coulomb.
C [라틴어 centum의 약어] 100 (수사).
Ca = Calcium.
ca. = circa(↑zirka 참조). **Ca.** = Carcinoma(↑ Karzinom).
Cab [kæb], das; -s, -s [engl. cab, cabriolet의 약칭] 《전에는》 말 한 필이 끄는 마차.
Cabaletta [kabaˈlɛta], die; -s / ...tten [ital. cabaletta] 짧은 아리아, 카발렛타.
Caballero [kabalˈjeːro, (또한) kava...], der; -s, -s [span. caballero] **1.**《역사적》 스페인의 귀족, 기사(騎士). **2.**《호칭》 (Herr) 여보세요, 선생님(이름과 함께 쓸 수 없음).
Caban [kaˈbã], der; -s, -s [frz. caban](칼라가 넓은) 남성용 반코트.
Cabanossi: ↑Kabanossi.
Cabaret [kabaˈreː, (또한) ˈka...] ↑Kabarett.
Cabochon [kabɔˈʃõː], der; -s, -s [frz. caboche] **a)** 카보숑(윗 부분을 둥글게 연마하는 보석 커트 형태의 하나). **b)** 윗 부분을 둥글게 연마한 보석. **Cabochonschliff**, der ↑Cabochon (a).
Cabrio: ↑Kabrio.
Cabriolet [kabrioˈleː] ↑Kabriolett.
Cachenez [kaʃ(ə)ˈneː], das; -s [...eː (s)], -s [...eːs; frz. cachenez] (비단) 목도리[머플러]. **Cache-sexe** [kaʃˈsɛks], das; -, - [frz. cache-sexe = 음부만 간신히 가리는 것] (여성용 또는 남성용) 삼각 팬츠.
Cachet [kaˈʃeː, kaˈʃɛ], das; -s, -s [frz. cachet]《고어》 **1.** 인장(印章), 도장; 봉인. **2.** 특징, 특성. **Cachetage** [kaʃˈtaːʒə], die; -n [frz. cachetage] [예술] **1.** 〈Pl. 없음〉 현대 예술의 표면 처리 기법 중의 하나. **2.** 위의 기법으로 된 그림.
Cachetero [katʃeˈteːro], der; -s, -s [span. cachetero] 부상당한 소를 죽이는 투우사.
cachieren: ↑kaschieren.
Caddie [ˈkɛdi, (engl.) ˈkædɪ], der; -s, -s [engl. caddie] **1.** (골프) 캐디. **2.** 골프채 운반용의 이륜차(二輪車). **3.** (수퍼마켓 안에서 사용하는) 물건 구입용 수레.
Cádiz [ˈkaðiθ] 카디스(스페인의 항구 도시 및 지방).
Cadmium: ↑Kadmium.
Café [kaˈfeː], das; -s, -s [frz. café] 커피점[숍], 카페. **Café complet** [kafekõˈplɛ], der; - -, -s -s [...kõˈplɛ; frz. café complet] (schweiz.) (아침 식사의) 우유, 빵, 버터, 잼을 곁들인 커피. **Café crème** [kafeˈkrɛːm], der; - -, -s, - [...ˈkrɛːm; frz. café crème] (schweiz.) 생크림을 넣은 커피. **Cafeteria** [kafetəˈriːa], die; -s, -s [amerik. cafeteria < span. cafetería] 카페테리아(손님 자신이 음식을 날라다 먹는 간이 식당). **Cafetier** [kafəˈtieː], der; -s, -s [frz. cafetier]《고어》커피숍 주인. **Cafetiere** [...ˈtieːrə, ...ɛːrə], die; -n [frz. cafetière]《고어》 **1.** ↑Cafetier의 여성형. **2.** 커피 주전자.
Caisson [kɛˈsõː], der; -s, -s [frz. caisson < ital. cassone] [기술] (수중 토목 공사용) 잠함(潛函), 케송. **Caissonkrankheit**, die 〈Pl. 없음〉 [의학] 잠함병(높은 기압하에서 얻는).
cal = Kalorie.
Calais [kaˈlɛ] 칼레(프랑스의 도시).
Calamus [ˈkaːlamʊs], der; -, ...mi [lat. calamus < griech. kálamos] 갈대로 된 옛날의 필기 도구.
calando [kaˈlando] 〈Adv.〉 [ital. calando] [음악] 약하고 느리게.
Calcination usw. ↑Kalzination usw.
Calcit: ↑Kalzit.
Calcium: ↑Kalzium.
Calembour, Calembourg [kalãˈbuːɐ̯], der; -s, -s [frz. calembour]《고어》 말장난, 익살, 서툰 재담.
Calendae [kaˈlɛndɛ; lat.] ↑Kalenden u. ad calendas graecas 참조.
Calendula, die; ...lae [...lɛ; 〈nlat.〉] 금잔화.
Caliban [ˈka(ː)liban, (engl.) kælɪbæn] ↑Kaliban.
Californium [kaliˈfɔrniṳm], das; -s [화학] 칼리포르늄 (기호: Cf).
Calla [ˈkala], die; -s [griech. kállos = Schönheit] 서양 토란과에 속하는 식물.
Callboy [ˈkɔːlbɔɪ], der; -s, -s [engl. to call u. boy] 콜-보이(전화 호출에 응하는 동성애 매춘 소년). **Callgirl** [ˈkɔːlgəːl], das; -s, -s [engl. call girl] 콜-걸(전화 호출에 응하는 매춘부). **Callgirlring**, der 콜-걸 조직.
Calumet [kalyˈme] ↑Kalumet.
Calvados [kalvaˈdoːs], der; -, - [frz. Calvados] 칼바도스(프랑스산 사과 브랜디).
calvinisch: ↑kalvinisch.
Calx [kalks], der; -, -ces [ˈkaltsɛːs; lat. calx] 석회.
Calypso [kaˈlɪpso], der; -(s), -s **1.** 서인도 제도의 민속 음악, 칼립소. **2.** 룸바조의 춤.
Camargue [kaˈmarg], die 〈Pl. 없음〉 남부 프랑스의 지방.
Cambium: ↑Kambium.
Cambridge [ˈkeɪmbrɪdʒ] 케임브리지(영국의 도시 및 미국의 도시).
Camembert [ˈkamambeːɐ̯, ...bɛːɐ̯; kamãˈbɛːɐ̯], der; -s, -s (프랑스 Camembert 산의) 고급 치즈의 일종.
Camera obscura [ˈkamera ɔpsˈkuːra], die; ...rae ...rae [...rɛ....rɛ; lat. camera obscūra] 어둠 상자(사진기의 전신).
Camion [ˈkamjõ], der; -s, -s [frz. camion] (schweiz.) 화물 자동차. **Camionnage** [ˈkamjɔnaːʒ], die [frz. camionnage] (schweiz.) **1.** 운송(업). **2.** 운송료. **Camionneur** [ˈkamjɔnøːɐ̯], der; -s, -e [frz. camionneur] (schweiz.) 운송업자.
Camouflage [kamuˈflaːʒə], die; -n [frz. camouflage]《특히 군·고어》위장(僞裝), 속임, 캄플라지: [전의] eine Politik der C. betreiben 위장 술책을 쓰다. **camouflieren** [kamuˈfliːrən]〈h〉 [frz. camoufler < ital. camuflare]《고어》 위장하다, 속이다, 캄플라지하다.
Camp [kɛmp], der; -s, -s [engl. camp < frz. camp < ital. campo] **1.** 캠프장, 야영지. **2.** (포로) 수용소.

Campanile: ↑Kampanile.
Campari ⓦ [kam'pa:ri], der; -s, - (이탈리아산의) 독한 리큐르 술.
Campecheholz [kam'petʃe-] ↑Kampescheholz.
campen ['kɛmpn̩] ⟨h⟩ [engl. camp < frz. camper] (주말, 휴가 따위에) 야영하다, 캠프하다. **Camper** ['kɛmpɐ], der; -s, - [engl. camper] 야영〔캠프〕하는 사람, 야영객. **Campesino** [kampe'ziːno], der; -s, -s [span. campesino] (스페인, 남 아메리카의) 가난한 농장 일꾼, 농부.
Campher ['kamfɐ] ↑Kampfer.
Campignien [kãpin'jɛː], das; -(s) 중석기(中石器) 문화기.
Camping ['kɛmpɪŋ], das; -s [engl. camping] 야영〔캠프〕생활: wir fahren zum C. 우리는 야영〔캠핑〕간다.
Camping-: ~**artikel**, der 야영 물품, ~**ausrüstung**, die 야영 장비. ~**beutel**, der 야영 낭(囊). ~**bus**, der 야영 버스, 소형 주거 버스. ~**freund**, der 야영광(狂). ~**führer**, der 야영장 안내서. ~**geschirr**, das 야영용(用) 그릇. ~**möbel**, das (대개 Pl.) 야영 가구(什). ~**platz**, der 야영〔캠핑〕장. ~**reise**, die 야영 여행. ~**stuhl**, der 접을 수 있는 간편한 의자. ~**tisch**, der 야영용 탁자. ~**verzeichnis**, das ~führer. ~**zubehör**, das ⟨Pl. 없음⟩ ↑~ausrüstung.
Campus ['kampʊs, ⟨engl.⟩ 'kæmpəs], der; - [amerik.-engl. campus] (대학의) 캠퍼스.
Canadienne [kana'djɛn(ə)], die; -s [frz. canadien] (허리띠 달리고 긴 보온용의) 스포츠 재킷.
Canaille: ↑Kanaille.
Canasta [ka'nasta], das; -s [span. canasta] (우루과이에서 전해진) 카드놀이의 일종.
Canberra ['kænbərə] 캔버라(호주의 수도).
Cancan [kã'kãː], der; -s, -s [frz. cancan] 캉캉 춤.
cand. = candidatus (↑Kandidat (2 a)).
Candela [kan'deːla], die; - [lat. candēla = Kerze] [물리] 칸델라(광도 단위; 기호: cd).
Canna, **Kanna** ['kana], die; -s [lat. canna < griech. kánna](Blumenrohr) 칸나(열대 식물).
Cannabis ['kanabɪs], der; - [lat. cannabis < griech. kánnabis] **a)** 삼, 대마. **b)** ↑Haschisch.
Cannae: ↑Kannä.
Cannelloni [kanɛ'loːni] ⟨Pl.⟩ [ital. cannelloni] 밀가루 반죽에 고기를 넣고 둥글게 말아서 치즈를 발라 구워낸 요리.
Cannes [kan] 칸(프랑스 남부의 해수욕장).
Canoe: ↑Kanu.
Cañon [kan'joːn], der; -s, -s [span. cañón] (특히 북 아메리카 서부의) 깊은 협곡.
Canossa: ↑Kanossa.
cantabile [kan'taːbile] ⟨Adv.⟩ [ital. cantabile] [음악] 칸타빌레, 가요풍으로, 풍부한 감정으로. **cantando** [kan'tando] ⟨Adv.⟩ [ital. cantando] [음악] 노래하듯이. **Cantate** [kan'taːtə] ↑²Kantate.
Canter usw.: ↑Kanter usw.
Canterbury ['kæntəbərɪ] 캔터베리(영국의 도시).
Cantharidin [kantari'diːn] ↑Kantharidin.
Canto ['kanto], der; -s, -s [ital. canto] 가곡. **Cantus** ['kantus], der; -, - ['kantus] lat. cantus] [음악] 가곡, 선율. **Cantus firmus** [- 'fɪrmʊs], der; - -, - - ['kantus] ...mi [lat. firmus] [음악] 대위법의 주선율.
Canvassing ['kænvəsɪŋ], der; -s, -s [engl. canvassing] [정치 은어] 호별 방문(선거 운동).
Canzone: ↑Kanzone의 이탈리아 어.
Capa ['kapa], die; -s [span. capa] 투우사의 적색 망토.
Cape [keːp], das; -s, -s [engl. cape] 어깨에 걸치는 (두건이 달린) 망토: sie legte ihr C. um die Schultern 그 여자는 망토를 어깨에 걸쳤다. **Capeador** [kapea'doːɐ̯], der; -s, -es [...oːrɛs], ⟨독어화⟩ Kapeador, der; -s, -e [span. capeador] 망토로 소를 흥분시키는 투우사.
capito [ital. capito] ⟨경⟩ 알아 들었니?
Cappuccino [kapu'tʃiːno], der; -(s), -s [ital. cappuccino 카푸친 교단의 수도사 복장의 색깔에서] 카푸치노(생크림과 약간의 코코아 가루를 넣은 뜨거운 커피).
Capri ['kaːpri] 카프리(나폴리 만의 섬).
Capriccio, (독한) **Kapriccio** [ka'prɪtʃo], das; -s, -s [ital. capriccio] [음악] 카프리치오, 광상곡. **capriccioso** [kaprɪ'tʃoːzo] ⟨Adv.⟩ [ital. capriccioso] [음악] 자유로운, 변덕스러운, 익살스런. **Caprice** [ka'priːsə, ⟨frz.⟩ ka'pris], die; -n [frz. caprice] **1.** ↑Capriccio의 프랑스 말. **2.** ↑Kaprice.
Capsien [ka'psjɛː], das; -s [튀네지아의 출토 지명 Gafsa에서 유래] 고석기 및 중석기의 문화기.
Captatio benevolentiae [kap'taːtsio benevo'lɛntsiɛ], die [lat. captātio benevolentiae] [양식] 독자의 호응을 얻고자 하는 언사.
Capuchon [kapy'ʃõː], der; -s, -s [frz. capuchon] 두건이 달린 부인용 외투.
Caput mortuum ['kaːpʊt 'mɔrtuum], das; - - [lat. caput mortuum] **1.** (안료·연마제) 산화철, 철단(鐵丹), 벵갈라. **2.** ⟨고어⟩ 무가치한 것.
Car [kaːɐ̯], der; -s, -s ⟨schweiz.⟩ ↑Autocar의 약칭.
Carabiniere: ↑Karabiniere.
Caracalla [kara'kala], die; -s [lat. caracalla] (고대의) 두건이 달린 긴 외투.
Caracas [ka'rakas] 카라카스(베네수엘라의 수도).
Caracho: ↑Karacho.
caramba! [ka'ramba] ⟨Interj.⟩ [span. caramba] (통용어) 제기랄, 빌어먹을.
Caravan ['ka(ː)ravan, kara'vaːn, ⟨드물게⟩ 'kɛrəvən, - -'-], der; -s, -s [frz. caravan] **1. a)** 화물겸 승용 자동차. **b)** 여행용 주거 차량. **2.** (생선, 과일 등의) 판매 차. **Caravaner** ['ka(ː)ravaːnɐ, kara'vaːnɐ, ⟨드물게⟩ 'kɛrəvɛnɐ], der; -s, - 여행용 주거차 거주자. **Caravaning** ['ka(ː)ravaːnɪŋ, kara'vaːnɪŋ, ⟨드물게⟩ 'kɛrəvɛnɪŋ], das; -s [engl. caravaning] 카라반 여행.
Carbid: ↑Karbid. **Carbolineum**: ↑Karbolineum.
Carbonat: ↑Karbonat. **Carboneum** [karbo'neːum], das; -s [lat. carbo = Kohle] ↑Kohlenstoff의 옛 독일어 명칭(기호: C).
Cardiff ['kaːdɪf] 카디프(웨일즈의 수도).
Cardigan ['kardigan, ⟨engl.⟩ 'kɑːdɪgən], der; -s, -s [engl. cardigan, 카디건 백작(Earl of Cardigan; 1797-1868)의 이름에서] 털로 짠 긴 부인용 조끼, 카디건.
care of ['kɛəɐ̯ əv; engl.] ~씨 댁(방)(약어: c/o).
Carepaket ['kɛə-], das [engl. CARE packet] 구호 물자 꾸러미.
carezzando [karɛ'tsando], **carezzevole** [karɛ'tseːvole] ⟨Adv.⟩ [ital. carezzare] [음악] 부드럽게, 사랑스럽게.
Caries: ↑Karies.
Carioca [ka'riɔka], die; -s [port. carioca] 룸바와 유사한 남미의 춤.
Caritas ['kaːritas], die; Deutscher Caritasverband (독일 가톨릭 사회 복지 사업단)의 약칭, 독일 카리타스회, 박애회. **caritativ**: ↑karitativ 참조.
Carmagnole [karman'joːlə], die; -n [도시명 Carmagnola에서] [역사적] **1.** ⟨Pl. 없음⟩ 18세기의 프랑스의 혁명가(歌). **2.** 자코뱅 당원의 조끼.
Carnallit: ↑Karnallit.
Carnet (de passages) [kar'nɛ (də pa'saːʒə)], das; - -

Carotin 　 366

-, -s [kar'nɛ] - - [frz. carnet de passages] 【교통】 (자동차의) 통관증, 국경 통과 허가증.
Carotin: ↑Karotin.
carpe diem! ['karpə'di:ɛm; lat. carpe diem] 《교양어》 오늘을 즐겨라, 현재를 즐겨라.
Carrara [ka'ra:ra] 카라라(상부 이탈리아의 도시). **Carrarer** [ka'ra:rɐ] ('kæf의 용법으로) **-er Marmor** [이탈리아 상부의 도시] 카라라산(産)의 대리석.
Carrier ['kærɪɐ], der; -s, -s [engl. carrier] 승객 또는 화물의 운송.
Carte blanche [kartə'blã:ʃ], die; -s -s [kartə'blã:ʃ; frz. carte blanche] 백지 위임, 전권 위임.
Cartoon [kar'tu:n], der; (또는) das; -(s), -s [engl. cartoon] 1. 〈풍자〉 만화, 희화. 2. 〈Pl.〉 ↑Comic strips. **Cartoonist** [kartu'nıst], der; -en, -en [engl. cartoonist] 〈풍자〉 만화가.
Casanova [kaza'no:va], der; -(s), -s [이탈리아의 문인이며 엽색가인 G. Casanova(1725~1798)의 이름에서] 유혹자, 탕아, 엽색가.
Cäsar ['tsɛ:zar], der; Cäsaren, Cäsaren [로마의 군인 · 정치가 G. Julius Caesar(100 《또는》 102~44)의 이름에서] 〈Augustus 이후의〉 로마 황제의 칭호. **Cäsarenherrschaft** [tsɛ'za:rən-], die (Pl. 없음) 독재 군주제.
Cäsarenwahnsinn, der; -s (군주나 독재자의) 황제 망상. **cäsarisch** ['kɛ:zərɪʃ] 〈Adj.〉《교양어》 1. 황제(군왕)의. 2. 독재의, 독재적인. **Cäsarismus** [tsɛza'rɪsmʊs], der; - 독재, 무단 전제, 압제정치. **Cäsaropapismus** [tsɛzaropa'pɪsmʊs], der; - 제정 일치, 정교 일치, 황제 교황주의.
Casco ['kasko], der; -(s), -(s) [span. casco] 남미의 혼혈아.
Casein: ↑Kasein.
Cash [kæʃ, 《engl.》 cash] 현금, 현금 지불. **cash and carry** ['kæʃ ənd 'kærɪ] 【경제】 현금 지불 구매자 인수 판매. **Cash-and-carry-Klausel**, die 〈Pl. 없음〉 현금 지불 자국선(自國船) 수송 약관.
Cashewnuß ['kɛʃu-, 《engl.》 kə'ʃu:-], die; -nüsse [engl. cashew (nut)] (열대 아메리카 원산의) 캐슈 열매.
Cash-flow [kæʃ'floʊ], der; -s [engl. cashflow] 【경제】 (모든 비용을 제한) 현금 잔액(잔고), 현금 유동.
Casino: ↑Kasino.
Cäsium ['tsɛ:zjʊm], das; -s [lat. caesius] 세슘(기호: Cs).
Cassa ['kasa], die [ital. cassa] 1. ↑Kasse 이탈리아어 명칭. 2. 〈음악〉 북: gran C. 큰북.
Cassata [ka'sa:ta], die; -s [ital. cassata] 이탈리아의 아이스크림의 일종.
Cassetten-Recorder: ↑Kassettenrecorder.
Castle ['ka:sl], das; -, -s [engl. castle] 성(영어 표기).
Castries ['ka:strɪs, ka:'stri:]: 캐스트리스(서인도 제도의 Saint Lucia의 수도).
Castroismus, 《또한》 **Castrismus** [kastro'ɪsmʊs, ...str...], der; - 카스트로주의.
Cäsur: ↑Zäsur.
Casus: ↑Kasus. **Casus belli** ['ka:zʊs 'beli], der; -, - , - ['ka:zu:s; lat. casus belli] 《교양어》 〈戰時〉, 개전(開戰)의 원인이 되는 사건, 전쟁 원인: 〈전의〉 ein C. b. für die niedergelassenen Ärzte 개업의들의 분쟁 원인. **Casus foederis** ['ka:zʊs 'fø:dəris], der; -, - [lat. cāsūs foederis] 동맹의 원인이 되는 사건, 동맹 원인. **Casus obliquus** ['ka:zʊs o'bli:kvʊs], der; -, - ['ka:zu:s] ...qui [...vi; lat. cāsus obliquus] 【언어】 사격(斜格), 종격(從格). **Casus rectus** ['ka:zʊs 'rɛktʊs], der; -, - ['ka:zu:s]...ti [lat. cāsus rēctus] 【언어】 직격(直格):

der Nominativ ist der C.r. 주격은 직격이다.
Catania [ka'ta:nja] 카타니아(시칠리아의 도시).
Catboot ['kɛtboːt], das; -s, -e [engl. catboat] (돛대가 한 개인) 소형 범선(帆船).
Catch [kɛtʃ], das; - ↑Catch-as-catch-can의 약칭.
Catch-as-catch-can ['kɛtʃ əz 'kɛtʃ'kæn], das; - [engl. catch-as-catch-can.] 1. 【레슬링】 프로 레슬링. 2. 〈통용어·편〉 〈목적 달성의〉 수단 방법 안 가리기: ein politisches[wirtschaftliches] C. 정치적인[경제적인] 수단 방법 안 가리기. **catchen** ['kɛtʃn] 〈h〉 [engl. catch] 1. 프로 레슬링을 하다: mit 20 begann er zu c. 20세에 그는 자유형 프로 레슬러 생활을 시작했다. 2. 〈자유형 프로 레슬러가 특정한 방식으로〉 싸우다: unfair [brutal] c. 정당하지 못하게[난폭하게] 싸우다. **Catcher** ['kɛtʃɐ], der; -s, - 프로 레슬러.
Catchup: ↑Ketchup.
Catenaccio [kate'natʃo], der; -(s) [ital. catenaccio] (축구의) 빗장 수비.
Caterpillar ['kætəpɪla], der; -s, -(s) [engl. caterpillar] (도로 공사용) 무한궤도(無限軌道)식 트랙터, 캐터필러 트랙터.
Cathedra ['ka:tedra], die; ...rae [...rɛ; lat. cathedra < griech. kathédra] 1. 교수직. 2. 상좌(上座)(특히 주교나 교황의).
Caudillo [kau'dɪljo], der; -(s), -s [span. caudillo] 1. 권력자, 독재자, 총통. 2. 수령(首領), 사령관.
Causa ['kauza], die; ...sae [...zɛ; lat. causa] 【법】 (손해, 재산 변동 따위의) 원인, 사유.
Cause célèbre [kozse'lɛbr], die; -s -s [kozse'lɛbr; frz. cause célèbre] 유명한 소송 사건, 세간의 이목을 끄는[센세이셔널한] 사건. **Causerie** [kozə'ri:], die; -n [...i:ən; frz. causerie] 《고어》 1. 만필(漫筆). 2. 잡담, 한담(閒談). **Causeur** [ko'zø:ɐ], der; -s [frz. causeur] 《고어》 잡담[한담]가. **Causeuse** [ko'zø:zə], die; -n [frz. causeuse] 1. 《고어》 수다스러운 여자. 2. (2 인용의) 작은 소파.
Cavaliere [kava'lje:ra], der; -, ...ri [ital. cavaliere] 기사.
cave canem! ['ka:və 'ka:nɛm; lat. cave canem] = 개조심![】(고대 로마시대 대문에 붙인) **a)** 맹견(猛犬) 주의. **b)** 주의, 조심하시오.
Cayenne [ka'jen] 카옌(프랑스령 기아나의 수도).
Cayennepfeffer [ka'jen-], der; -s [Cayenne 섬 이름에서] (주로 칠레에서 나는) 후추.
CB-Funk [tsɛ'be:-, 《engl.》 si:'bi:-], der; -s [engl. citizen band] 【통신】 아마추어 무선.
cbkm (km³의 옛 표기) = Kubikkilometer.
cbm (m³의 옛 표기) = Kubikmeter.
CC = Corps consulaire.
ccm (cm³의 옛 표기) = Kubikzentimeter.
cd = Candela.
Cd = Cadmium.
CD = Corps diplomatique.
CD, die; -(s) ↑CD-Platte의 약칭.
cdm (dm³의 옛 표기) = Kubikdezimeter.
CD-Platte, die [engl. compact disc] 콤팩트 디스크.
CD-Player [tse:'dɛplɛɪɐ], der; -s, - [engl. Player] 콤팩트 디스크 플레이어.
CDU = Christlich-Demokratische Union (Deutschlands), 독일 기독교 민주 동맹(독일의 정당명: 1945년 창당).
C-Dur ['tsɛ-, 《또한》 '-'-], das; - 다 장조(기호: C(↑ c, C 2)). **C-Dur-Etüde**, die 다 장조의 연습곡.
Ce = Cer.
Cedille [se'di:j(ə)], die; -n [frz. cédille] 글자 밑에 붙일

이는 부호로, 불어에서 c가 a, o, u 앞에서 (s) 음(音)임을 나타내거나(ç), 루마니아어에서 s가 (ʃ) 음을 나타냄(ş).
Ceinturon [sɛ̃ty'rõ:], der; -s, -s [frz. ceinture] 〈schweiz.〉 군인의 가죽 혁대.
Celebes [tse'le:bɛs, 〈또한〉 'tse:lebes] 셀레베스 섬.
Celesta [tʃe'lɛsta], die; -s /...sten [ital. celesta] [음악] 첼레스타(소형 건반 악기).
Cella, 〈독어화〉 **Zella** ['tsɛla], die; Cellae [...le; lat. cella] 1. (고대 신전(神殿)의) 신상 안치소(神像安置所). 2. (고어) (수도원의) 승방(僧房). 3. [의학] ↑Zelle.
Cellist [tʃe'lɪst, 〈또한〉 ʃɛ...], der; -en, -en 첼로 연주가, 첼리스트. **Cellistin**, die; -nen ↑Cellist의 여성형. **cellistisch** 〈Adj.〉 1. 첼로의. 2. 첼로와 같은. **Cello** ['tʃɛlo, 〈또한〉 'ʃɛlo], das; -, -s / Celli ↑Violoncello의 약칭.
Cello-: **~konzert**, das 첼로 협주곡. **~sonate**, die 첼로 소나타. **~spieler**, der 첼로 연주가.
Cellophan ⓦ, das; -s, **Cellophane** ⓦ [tsɛlo'fa:n(ə)], die [frz. cellophane] 셀로판(지). **cellophanieren** [tsɛlofa'ni:rən] 〈h〉 셀로판지로 포장하다.
Celluloid: ↑Zelluloid. **Cellulose**: ↑Zellulose.
Celsius ['tsɛlzius] 〈성씨〉(기호: C): **die Temperatur (des Wassers, der Luft) beträgt 28°C** (물의, 공기의) 온도가 섭씨 28도이다. **Celsiusskala, die** [물리] 섭씨 온도의 눈금.
Cembalist [tʃɛmba'lɪst], der; -en, -en (직업적인) 쳄발로 연주자. **cembalistisch** 〈Adj.〉 1. 쳄발로의. 2. 쳄발로 같은. **Cembalo** ['tʃɛmbalo], das; -s, -s /...li ↑Clavicembalo의 약칭.
Cenoman [tseno'ma:n], das; -s [지질] 백악기(白堊紀)의 최하위층.
Cent [tsɛnt, 〈engl.〉 sɛnt], der; -(s), -(s) [engl. cent] 센트(미국의 소액 화폐 단위)(약어: c / ct, Pl.: cts).
Centavo [sɛn'taːvo], der; -(s), -s [span. / port. centavo] 남미 제국(아르헨티나, 브라질)의 소액 화폐(단위). **Centenar**: ↑Zentenar.
Center ['sɛntɐ], das; -s, - [engl. center] **a)** (셀프 서비스의) 대단위 구매장, 쇼핑 센타. **b)** 번화가, 중심지.
Centesimo [tʃɛn'teːzimo], der; -s, ...mi [ital. centesimo] 이탈리아, 소말리아의 소액 화폐(단위). **Centésimo** [sɛn'teːzimo], der; -(s), -(s) [span. centésimo] 파나마·칠레의 소액 화폐(단위). **Centime** [sã'ti:m], der; -(s), -s [...ti:m(s)] [frz. centime] 프랑스, 스위스의 소액 화폐(단위)(약어: c, ct, schweiz.) Ct., Pl.: ct (또한) cts, (schweiz.) Ct.) **Céntimo** ['sɛntimo], der; -(s), -s [span. céntimo] 스페인, 코스타리카의 소액 화폐(단위).
Cento ['tsɛnto], der; -s, - / Centones [tsɛn'toːneːs; lat. cento] (유명한 시인들의 시에서) 이것 저것 따모아 엮은 시(詩).
Cer, 〈독어화〉 **Zer** [tseːɐ], das; -s 세륨(기호: Ce).
Cerberus: ↑Zerberus.
Cercle ['sɛrkl], der; -s, -s [...(s); frz. cercle] 1. (고어) **a)** (궁중의) 접견: **C. halten** 접견하다. **b)** 상류 사교계: **keinen Zutritt zu einem C. finden** 사교계에 발을 들여 놓지 못하다. 2. (österr.) (극장, 음악회 따위 좌석의) 앞좌석. **Cerclesitz**, der 앞줄의 좌석.
Cerealien [tsere'aːliən] 〈Pl.〉 [lat. Cereālia] 농업의 여신 Ceres의 제(祭).
Cerebellum [tsere'bɛlʊm] ↑Zerebellum.
Cerebrum ['tseːrebrʊm] ↑Zerebrum.
Ceres ['tseːrɛs, 〈engl.〉 'siəriːz, 〈span.〉 'θeːres, 〈bras.〉 'seris] 고대 로마의 농업 및 곡물의 여신.
cerise [sə'riːz] 〈Adj.; 격변화 없음〉 [frz. cerise] 진홍색의.

Certosa [tʃɛr'toːza], die; ... sen [ital. certosa] 이탈리아의 카르토우젠스 교단(敎團)의 수도원.
Cervelat ['sɛrvala], der; -s, -s [frz. cervelas] 〈schweiz.〉 쇠고기, 베이컨 등을 넣은 핫 소시지의 일종.
Cervix ['tsɛrvɪks], die; ...ices [...'viːtseːs] ↑Zervix.
ces, Ces [tsɛs] [음악] 내림다 음(音). **Ces**: ↑Ces-Dur. **Ces-Dur** ['tsɛs- - / - ' -], das; - 내림다 장조(기호: Ces; ↑ces; Ces). **Ces-Dur-Etüde**, die 내림다 장조의 연습곡. **Ces-Dur-Tonleiter**, die 내림다 장조 계.
c'est la guerre [sɛla'gɛːr; frz. = das ist der Krieg] 전쟁 중에 다 그렇다, 어쩔 수 없다.
c'est la vie [sɛla'viː; frz. = das ist das Leben] (체념을 나타내어) 인생이란 다 그런 것이다.
ceteris paribus ['tseːteriːs 'paːribus; lat.] 다른 사정[조건]이 같을 경우에.
Ceterum censeo ['tseːterum 'tsɛnzeo], das; - - [lat.] 지론, 신념.
Čevapčići [tʃe'vaptʃɪtʃi], das; -(s), -(s) [serbokroat. čevapčići] 체바프치치(유고의 옛 고기 요리).
Cevennen [se'vɛnən] 〈Pl.〉 프랑스의 산맥. **Ceylon** ['tsaɪlon] 실론(↑Sri Lanka의 옛 이름). **Ceylonese**, der; -n, -n 실론의 주민. **ceylonesisch** 〈Adj.〉 실론의.
cf = cost and freight 운임 포함 가격.
Cf = Californium.
cf(r). = confer 참조하라.
CFA-Franc [seˈfa-, der; -, -s [Communauté Française d'Afrique = 재아프리카 프랑스어 공동체] (아프리카의 특정 국가들내에서 사용하는 화폐 단위(1 CFA-Franc =100 Centimes).
cg = Zentigramm.
CGS-System, das; -s 시지에스 단위계(센티미터, 그램, 초(秒)로 나타내는 단위).
CH = Confoederatio Helvetica.
Chablis [ʃa'bliː], der; - [...iː(s)], - [...iːs] 샤블리 주(酒) (프랑스의 부루군드 지방에서 나는 백포도주의 일종).
Cha-Cha-Cha ['tʃaˈtʃaˈtʃa], der; -(s), -s [span. cha-cha-cha] 차차차(남미 리듬의 쿠바 춤).
Chaconne [ʃa'kɔn], die; -s 〈또는〉 -n [...nən; frz. chaconne], 〈독어화〉 **Ciacona** [tʃa'koːna] die; -s [ital. ciaccona] 1 스페인 기원의 3박자의 느린 옛 춤. 2. [음악] 8박자의 저음주제를 가진 3/4박자의 기악 변주곡의 일종.
chacun à son goût [ʃakœaso'gu; frz. = jeder nach seinem Geschmack] 각자 취향대로, 십인십색(十人十色).
¹**Chagrin** [ʃa'grɛ̃ː], der; -s, -s [frz. chagrin] (고어·지역적) 근심, 불쾌, 짜증: **in C. geraten** 근심에 빠지다.
²**Chagrin** [-], des; - [frz. chagrin] 샤그린 가죽, 우툴두툴한 가죽. **chagrinieren** [ʃagri'niːrən] 〈h〉 샤그린 가죽(chagriner) 샤그린 가죽(우툴두툴한 가죽)으로 만들다.
Chaine ['ʃɛn(ə)], die; -n [...nən; frz. chaîne] 1. (직조) 날실. 2. (고어) 쇄상윤무(鎖狀輪舞).
Chairman ['tʃɛːɐmən], der; -, ...men [engl. chairman] 의장, 위원장.
Chaise ['ʃɛːzə], die; -n [frz. chaise] 1. (고어) 의자, 안락의자. 2. **a)** (고어) 4륜(우편) 마차. **b)** (통용어·편) 낡은(노후한) 자동차, 중고차. 3. (고어) ↑Chaiselongue. **Chaiselongue** [ʃɛzə'lõːk], die; - [...lõːgn̩] / -s, (통용어) [...lõŋ], das; -s, -s [frz. chaiselongue] (머리 받침이 있고 누울 수 있는) 긴 안락의자.
Chaldäa [kal'dɛːa] 바빌로니아. **Chaldäer** [kal'dɛːɐ], der; -s, - 아라메아 족(셈 족의 한 종족)의 사람. **chaldäisch** [kal'dɛːɪʃ] 〈Adj.〉 갈대아의, 바빌로니아의.

Chalet [ʃa'leː, ʃa'lɛ], das; -s, -s [frz. chalet] (schweiz.) **1.** 양치기의 오두막. **2.** 시골의 별장, 산장.
Chalkidike [çal'kiːdike], die 〈Pl. 없음〉 북부 그리스의 반도 이름.
Chalkochemigraphie [çalko-], die 【인쇄】 금속판 조각술.
Chalkogene [çalko'geːnə] 〈Pl.〉 [griech. chalkós u. -genḗs] 【화학】 산소족(주기율표의 제 6족(第 Ⅵ 族)), 칼코겐). **Chalkographie**, die; -n [...iːən; griech. chalkós] 〈고어〉 **1.** 〈Pl. 없음〉 동판 조각술. **2.** 동판 조각, 동판화. **Chalkolithikum** [...'liːtikum, 《또한》 ...lɪt...], das; -s [griech. chalkós u. líthos] (석기와 청동기를 함께 사용하던) 신석기 시대 후기, 청동기 시대 초기.
Chalzedon [kaltse'doːn], das; -s, -e 【광】 옥수(玉髓).
Chamade: ↑ Schamade.
Chamäleon [ka'meːleɔn], das; -s, -s [lat. chamaeleōn < griech. chamailéōn] 카멜레온: 전의 Herr Mayer ist ein C. 〔평〕 마이어씨는 지조 없는 사람이다. **chamäleonartig** 〈Adj.〉 -e Anpassung 카멜레온 같은 적응.
Chambre séparée [ʃābrəsepa're], das; - -, -s -s [ʃābrəsepa'reː; frz. chambre séparée] 〈고어〉 (식당의) 별실, 특별실.
chamois [ʃa'moa] 〈Adj.; 격변화 없음〉 [frz. chamois] 담황색의, 황갈색의. **Chamois** [-], das; -, - **1.** 담황색, 황갈색. **2.** 세무 가죽(영양, 염소 따위의 무두질한 가죽). **Chamoisleder**, das ↑ Chamois (2). **Chamoispapier**, das [사진] 황갈색의 인화지.
Champagne [ʃam'panjə, 〈frz.〉 ʃa'paɲ] die 〈Pl. 없음〉 샹파뉴(북부 프랑스의 지명).
champagner-, Champagner- [ʃam'panjɐ] 〈Adj.; 격변화 없음〉 담황색의, 샴페인색의. **Champagner** [-], der; -s, - 샴페인: der C. floß in Strömen 샴페인이 풍부하게 많았다. **champagner-, Champagner-** ~**farben**, ~**farbig** 〈Adj.〉 ↑ champagner. ~**flasche**, die 샴페인 병. ~**glas**, das 〈Pl. -gläser〉 샴페인 잔. **Champagnerwein**, der 샴페인 포도주.
Champignon [ʃampɪnjɔ̃, 《드물게》 ʃaːpɪnjɔ̃], der; -s, -s [frz. champignon] 양송이(버섯): Omelette mit -s 양송이가 오믈렛. **Champignonkultur**, die 〈대개 지예의〉 양송이 재배 시설. **Champignonzucht**, die **1.** 양송이 재배: (eine) C. betreiben 양송이를 재배하다. **2.** ↑ Champignonkultur. **Champion** ['tʃɛmpiən, 《또한》 ʃa'pjõː], der; -s, -s [engl. champion] [스포츠] 챔피언, 선수권 보유자. **Championat** [ʃampio'naːt], das; -s, -e [frz. championat] [스포츠] 선수권: das C. gewinnen 선수권을 획득하다.
Chan: ↑ Khan.
Chance ['ʃãːsə, 〈또한〉 ʃaːs], die; -n [frz. chance] **1.** 기회, 호기(好機), 찬스: noch eine letzte C. haben 아직 마지막 기회가 남아 있다: seine C. erkennen 기회를 알아차리다: jmdm. eine C. geben 누구에게 기회를 주다. **2.** 〈Pl.〉 가망, 승산, 성산(成算): seine -n stehen gut 그의 형세가 유리하다: er hat bei ihr keine -n 〈통용어〉 그는 그 여자 마음에 들 가망이 없다. **Chancengerechtigkeit**, die 공정. **Chancengleichheit**, die [교육·사회] 기회 균등.
Change [(frz.) ʃãːʒ, 〈engl.〉 tʃeɪndʒ] [불어 발음시] die; [영어 발음시] der; -[engl. change=교환, 환전, 태환(兌換)], **changeant** [ʃa'ʒãː] 〈Adj.; 격변화 없음〉 [frz. changeant] (천 따위가) 여러 가지로 빛이 변하는, 오색 광택의. **Changeant** [-], der; -(s), -s **1.** 견포(絹布)의 일종(광선에 따라 빛깔이 변하는 직물). **2.** 오색 영롱한 보석. **changieren** [ʃa'ʒiːrən] ⟨h⟩ [frz. changer] **1.** 〈고어〉 교체하다, 교환하다, 변경하다.
2. (옷감 따위가) 여러 가지로 빛깔이 변하다: der Stoff changiert grün und blau 그 천은 녹색과 푸른색으로 빛깔이 변한다. **3.** (승마·고어) (말이) 걷는 모양을 바꾸다. **4.** 〔사냥〕 (사냥개가) 추적로(追跡路)를 바꾸다.
¹**Chanson** [ʃa'sõː], die; -s [frz. chanson] **a)** 프랑스의 옛 시가(詩歌). **b)** (프랑스의) 노래, 가요, 샹송. ²**Chanson** [-], das; -s, -s 풍자 샹송(諷唱)가곡. **Chanson de geste** [ʃãsõdʒ'ɛst], die; - - -, -s - - [ʃãsõ.; frz. geste = Heldentat] [문예학] 중세 프랑스의 영웅 서사시.
Chansonette, (불어 서법으로) **Chansonnette** [ʃãsɔ-'nɛta] die; -n **1.** 소(小) 가곡(익살스럽고 가벼운 내용의). **2.** 여자 샹송 가수. **Chansonnier** [ʃãsɔ'nje:], der; -s, -s [frz. chansonnier] **1.** 12~14세기의 프랑스의 음유(吟遊)시인(↑ Troubadour). **2.** 중세 프로방스 지방의 음유시인들의 노래 모음집. **3.** 풍자 서창 가곡의 가수 또는 그 시인. **Chansonniere** [...'nieːrə, ...eːrə], die; -n ↑ Chansonette (2).
Chaos ['kaːɔs], das; - [lat. chaos < griech. cháos] 《교양어》 혼돈, 혼란, 무질서: das C. des Krieges 전쟁의 혼란; ein C. auslösen 혼란을 야기하다.
Chaot [ka'oːt], der; -en, -en **1.** (정치적) 폭력[파괴] 주의자. **2.** 자제심이 없는 사람, 끊임없이 서두르는 사람. **chaotisch** 〈Adj.〉 《교양어》 혼란한, 무질서한: -e Zeiten 혼란한 시대.
Chapeau [ʃa'poː], der; -s, -s [frz. chapeau] 〈고어·농〉 모자(Hut). **Chapeau claque** [ʃapo'klak], der; - -, -x -s [ʃapo'klak; frz. chapeau claque] 접을 수 있는 실크 모자(帽).
Chapiteau [ʃapi'toː], das; -, -x [...'toː; frz. chapiteau] 곡마단 천막, 곡마장 지붕.
Chaplinade [tʃapli'naːdə], die; -n [영국의 배우 Ch. Chaplin에서 유래] (채플린 영화에서와 같은) 우스꽝스러운 사건. **chaplinesk** [...'nɛsk] 〈Adj.〉 우스꽝스런 사건의, 채플린식의.
Charade: ↑ Scharade.
Charakter [ka'raktɐ], der; -s, -e [karak'teːrə; lat. charactēr < griech. charaktḗr] **1. a)** (사람의) 성격, 인격, 품성: einen guten C. haben 성격이 좋다; etw. prägt den C. 무엇이 성격에 영향을 미치다. **b)** 〈Pl. 없음〉 인간의 긍정적인 특성; 견실, 절조, 지조: [keinen] C. haben 지조가 있다[없다]; er ist ein Mann von C. 그는 견실한 인간이다. **2.** (특정한 성격을 가진) 인물: die beiden sind gegensätzliche -e 두 사람은 정 반대의 인물이다. **3.** 〈Pl. 없음〉 **a)** 〈사물 또는 집단의〉 특징, 특성. **b)** 〈예술적 표현 기법상의〉 특색: ein Bauwerk mit C. 특색 있는 건축물. **4.** 〈대개 Pl.〉 〈준고어〉 문자: ein Wort in griechischen -en drucken. 어떤 단어를 그리스 문자로 인쇄하다.
charakter-, Charakter- ~**anlage**, die 〈대개 Pl.〉 기질, 성향. ~**bild**, das 성격 묘사: ein C. von jmdm. geben 누구의 성격을 묘사하다. ~**bildend** 〈Adj.〉 성격[인격] 형성의. ~**bildung**, die 〈Pl. 없음〉 성격 형성, 인격 교육, 품성 도야. ~**darsteller**, der 성격 배우. ~**darstellerin**, die ↑~darsteller의 여성형. ~**drama**, das 성격극. ~**eigenschaft**, die 〈대개 Pl.〉 성격 특징. ~**fehler**, der 성격상의 결함. ~**fest** 〈Adj.〉 성격이 강한[흔들리지 않는]. ~**festigkeit**, die ↑~fest의 명사형. ~**komödie**, die 성격 희극. ~**kopf**, der **a)** 특징 있는 얼굴. **b)** 특징 있는 얼굴을 가진 사람. ~**kunde**, die ↑ Charakterologie. ~**kundlich** ↑ charakterologisch. ~**los** 〈Adj.〉 **1.** 지조 없는, 비겁한. **2.** (예술적) 특색 없는: ein -er Baustil 특색 없는 건축 양식. ~**losigkeit**, die; -en **1.** 〈Pl. 없음〉 지조 없음, 비겁함: seine C. stößt mich ab 그의 지조 없음이 내게 혐오감을 준다. **2.** 지조 없는[비겁한] 언동: das war eine C. von

ihm 그것이 그의 지조 없는 언동이었다. ~**merkmal**, das 성격상의 특징. ~**rolle**, die [연극] 개성적인 성격 묘사 역[배역], 성격역(役). ~**sache**, die 《통용어》 성격의 문제, 성격에 따라 좌우되는 일. ~**schauspieler**, der ↑~darsteller. ~**schilderung**, die 성격 묘사. ~**schwach** 〈Adj.〉 성격이 나약한, 불안정한. ~**schwäche**, die ↑~schwach의 명사형. ~**spieler**, der ↑~darsteller. ~**stark** 〈Adj.〉 ↑~fest. ~**stärke**, die ↑~stark의 명사형. ~**stück**, das [음악] (대개 피아노의) 표제 음악의 곡(예컨대: Nokturne 야상곡). ~**studie**, die (소설에서) 성격 묘사. ~**tragödie**, die 성격 비극. ~**voll** 〈Adj.〉 1. ↑~fest. 2. 특색있는, 개성있는. ~**zug**, der 1. 성격 특징. 2. 특징, 특성: C. einer Epoche 한 시대의 특징.
charakterisieren [karakteri'zi:rən] 〈h〉 [griech. charaktērízein] 1. 특색을 그려내다, 특징지우다: wie könnte man diese Epoche am besten c.? 이 세대를 어떻게 해야 가장 잘 특징지을 수 있을까?. 2. 특성을 보이다, 특징을 이루다, 특징이 되다: einfache und kurze Sätze charakterisieren die moderne Werbesprache 간단하고 짧은 문장이 현대 광고어의 특징이다. **Charakterisierung**, die; -en ↑charakterisieren의 명사형. **Charakteristik** [karakte'rɪstɪk], die; -en 특징 서술, 성격 묘사. **Charakteristikum** [karakte'rɪstɪkum], das; -s, …ka 《교양어》 특징: das wesentliche C. einer Partei 정당의 본질적인 특징. **charakteristisch** 〈Adj.〉 [griech. charaktēristikós] 특색이 있는, 특징적인: der Ausspruch ist c. für ihn 그 발언은 그 사람답다. **charakteristischerweise** 〈Adv.〉 유별나게도, 눈에 특하게도. **charakterlich** 〈Adj.〉 성격적인, 성격상의. **Charakterologe** [karaktero'lo:gə], der; -n, -n 성격학자. **Charakterologie** [karaktero'gi:], die 《Pl. 없음》 성격학. **charakterologisch** 〈Adj.〉 성격학(상)의.
Charge ['ʃarʒə], die; -n [frz. charge] 1. 관직, 지위. 2. (군) a) 계급. b) 어떤 계급의 인물. 3. ↑Chargierte. 4. [기술] 장입(裝入), 용광로에 광석을 채우기. 5. [약학] 한 공정에서 생산 포장된 약품. 6. [연극] (특히 성격역을 하는) 단역(端役). **Chargé d'affaires** [ʃarʒe:da'fɛːɐ̯, (frz.) ʃarʒeda'fɛːr], der; - -, -s - [frz. ʃarʒe:-; frz. chargé d'affaires] 외교 사절단장.
Chargen-: ~**nummer**, die 한 공정에서 생산 포장된 약품 번호. ~**rolle**, die ↑Charge (6). ~**spieler**, der ↑Charge (6)의 단역 배우.
chargieren [ʃar'ʒi:rən] 〈h〉 [frz. charger] 1. [대학생] 학우회의 예복을 입고 나타나다. 2. (성격) 단역을 연기하다. 3. [금속] (용광로에) 광석을 채우다. **Chargierte***, der; -n, -n [대학생] 학우회의 간부[대표].
Charis ['çaːrɪs], die; …jten 《대개 Pl.》 (그리스 신화의) 우미(優美)의 (세) 여신.
Charisma ['ça:rɪsma, 《또한》 'çar...], das; -s, Charismen [...ˈrɪsmən] / Charismata [...ˈrɪsmata; lat. charisma < griech. chárisma] 1. [신학] 신으로부터 받은 능력. 2. 카리스마(영도자로서의 매력): C. haben (besitzen) 카리스마를 소유하다. **charismatisch** [çarɪsˈmaːtɪʃ] 〈Adj.〉 a) 카리스마적인. b) 카리스마를 가진.
Charité [ʃariˈteː], die; -s [frz. charité] (고어) 병원, 자선 병원.
Charitin [çaˈrɪtɪn], die; -nen ↑Charis.
Charivari [ʃariˈvari], das; -s, -s [frz. charivari] (고어) a) 《Pl. 없음》 혼란, 난잡, 뒤죽박죽. b) 음이 맞지 않는 시끄러운 음악.
Charkow ['çarkof] 하리코프(구소련의 도시).
Charleston ['tʃarlstn, 'tʃarlstən], der; -s [미국의 도시 이름에서] 1. 찰스턴(1920년대에 유행한 경쾌한 폭스-트롯 리듬의 댄스). 2. 찰스턴 리듬의 음악곡.

Charlotte [ʃarˈlɔtə], die; -n [창제자의 이름에서] 【요리】 과일잼에 비스킷을 넣은 디저트용 음식, (빵, 비스킷 등을 부셔 넣은) 과일 푸딩. **Charlottenburger** [ʃarˈlɔtn̩burgɐ] 《다음 용법으로》 **einen C. machen** (berlin. · 경) 코를 손수건으로 닦지 않고 엄지와 집게 손가락으로 풀다.
charmant [ʃarˈmant] 〈Adj.〉 [frz. charmant] 매력있는, 매혹적인: c. lächeln 매혹적으로 웃다. **Charme** [ʃarm], der; -s [frz. charme] 매력, 매혹, 애교: weiblicher C. 여성의 매력. **Charmebolzen**, der 《통용어·경》 ↑Charmeur. **Charmeur** [ʃarˈmøːɐ̯], der; -s, -s / -e [frz. charmeur] 여자를 호리는 남자. **Charmeuse** [ʃarˈmøːz], die; 《Pl. 없음》 [frz. charmeuse = Bezauberin] 샤르뫼즈(직물): ein Nachthemd aus C. 샤르뫼즈 직물의 잠옷.
Chart [tʃart], die; -s [engl. chart] (10위까지의) 인기 가요 목록(차트): der Schlager hat sich rasch einen Platz in den deutschen -s erobert 그 유행가는 곧 독일 인기 가요 목록에 올랐다.
Charta ['karta], die; -s [lat. charta] 【헌법】 헌장(憲章), 헌법: Magna C. 대헌장(1215년 영국에서 공인된).
Charte ['ʃarta], die; -n [frz. charte] 국법 및 국제법의 중요한 원전. **Charter** ['tʃartɐ, 《또한》 'ʃa...], der; -s, -s [engl. charter] 1. (선박, 비행기 따위의) 대절(貸切), 전세(貸切). 2. 문서, 원본; 특허장, 면허장.
Charter-: ~**flug**, der 전세기로 하는 비행(여행) (반대: Linienflug): besonders preisgünstige Charterflüge 특별히 요금이 싼 전세기 여행. ~**flugzeug**, das 전세기 (반대: Linienflugzeug). ~**gesellschaft**, die 1. (옛) 무역 상사. 2. 차터 운송 회사. ~**maschine**, die ↑~flugzeug. ~**verkehr**, der 대절 교통.
Charterer [ˈtʃartərɐ, 《또한》 'ʃa...], der; -s 배 또는 비행기를 전세 낸[대절한] 사람. **chartern** ['tʃartɐn, 《또한》 'ʃa...] 〈h〉 [engl. charter] (배 또는 비행기 따위를) 전세내다[대절하다]: [전의] ein Taxi c. 택시를 대절하다. **Charterung**, die; -en 전세내기, 대절.
¹**Chartreuse** 〔W₂〕 [ʃarˈtrøːz(ə)], der; - [frz. chartreuse, 프랑스의 Dauphiné 주(州)에 있는 Kartause 교단의 수도원 이름에서] 샤르트르-리퀴르(술). ²**Chartreuse** [-], die; -n 야채, 국수, 고기 등을 넣어 만든 요리.
Charybdis ↑Szylla.
Chassidim [xasiˈdiːm] ↑〈Pl.〉 [hebr. ḥasīdīm] 하시디즘의 신봉자. **Chassidismus** [xasiˈdɪsmʊs], der; - 하시디즘(18세기 동유럽에서 일어난 유태교의 종교 운동).
Chassis [ʃaˈsiː], das; - [...siː(s)], - [...siː] [frz. châssis < lat. capsa = Behältnis] 1. (자동차) 차대(車臺). 2. [전기] 조립대.
Chasuble [《frz.》 ʃaˈzybl, 《engl.》 'tʃæzjʊbl], das; -s, -s [engl. chasuble] 소매 없는 여성용 겉옷.
Château [ʃaˈtoː], das; -s, -s [frz. château] a) 성, (귀족의) 저택. b) 포도 농원(農園).
Chateaubriand [ʃatobriˈaː], das; -(s), -s [프랑스의 작가 Fr. R. Chateaubriand (1768~1848)의 이름에서] 【요리】 샤토브리앙(비프스테이크의 일종).
Chaudeau [ʃoˈdoː], das; -s, -s [frz. chaudeau] 【요리】 포도주 거품 소스.
Chauffeur [ʃɔˈføːɐ̯], der; -s, -e [frz. chauffeur] (직업) 운전 기사. **chauffieren** [ʃɔˈfiːrən] 〈h〉 (준고어) **a)** 자동차를 운전하다. **b)** (직업적으로) 누구를 자동차로 태워다 주다: er wurde in seinem Dienstwagen nach Hause chauffiert 그는 공용차로 퇴근했다.
Chaulmoograöl [tʃɔːlˈmuːgra-], das; -s [engl. chaulmoogra] 쵤무그라 기름.
Chaussee [ʃoˈseː, 《또한》 ʃɔˈseː], die; -n [...eːən; frz. chaussée] (준고어) (포장된) 도로.

Chaussee-: **~baum**, der 도로변의 가로수. **~geld**, das 《옛》 도로 통행료. **~graben**, der 도로 배수구. **~rand**, der 도로의 가장자리. **~wanze**, die 《경·농》 소형 자동차.

chaussieren [ʃoˈsiːrən] ⟨h⟩ 《도로·준고어》 (길을) 포장하다.

Chauvi [ˈʃoːvi], der; -s, -s 《통용어》 남성 우월주의자.

Chauvinismus [ʃoviˈnɪsmʊs], der; -, ...men [frz. chauvinisme] [프랑스 Cogniard 희극에 등장하는 극단적 애국심의 신병(新兵) 이름 Nicolas Chauvin에서] **a)** ⟨Pl. 없음⟩ 광신적 애국주의[국수주의], 쇼비니즘. **b)** 광신적 애국주의적인 언동(言動): **männlicher C.** 남성 우월주의, 남존여비(南尊女卑). **Chauvinist** [ʃoviˈnɪst], der; -en, -en [frz. chauviniste] 《명》 광신적 애국주의자. **chauvinistisch** ⟨Adj.⟩ 《명》 광신적 애국주의의.

¹Check (schweiz.) ↑ Scheck.

²Check [tʃɛk], der; -s, -s [engl. check] 【아이스하키】 방해, 저지. **checken** [ˈtʃɛkn̩] ⟨h⟩ [engl. check] **1.** 【아이스하키】 방해하다, 저지하다. **2.** 【특히 기술】 점검하다: ein Flugzeug vor dem Start c. 이륙 전에 비행기를 점검하다. **Checker** [ˈtʃɛkɐ], der; -s, - [engl. checker] 【기술】 점검하는 사람, 검사자. **Checklist** [ˈtʃɛklɪst], die; -en [engl. checklist] 【기술】 점검[검사] 목록; 전의 -s für Personalleiter 인사부장을 위한 고과표. **Checkliste**, die; -n **1.** ↑ Checklist. **2.** 【항공】 탑승자 명단.

Checkpoint [ˈtʃɛkpɔynt], der; -s, -s [engl. checkpoint] 검문소. **Check-up** [ˈtʃɛkˌap], der; -(s), -s 종합 건강 진단.

cheerio! [ˈtʃiːrio, (engl.) ˈtʃɪəriˈou] ⟨Interj.⟩ [engl. cheerio] 《통용어》 **1.** 축배, 건배. **2.** 안녕, 또 만나요.

Cheeseburger [ˈtʃiːzbœːrgɐ], der; -s, - [amerik.-engl. cheeseburger] 치즈 버거.

Chef [ʃɛf, (österr.) ʃeːf], der; -s, -s [frz. chef] **1. a)** 우두머리, 수령, 두목, (회사의) 장(長), 소장, 서장, 공장장, 주임; 상사(上司); 사업주, 고용주, (가게의) 주인 지배인, 주방장(호텔의). **b)** 인솔자, 리더: der C. der Bande 그 패거리의 리더. **2.** 아저씨, 여보(세요)(모르는 사람을 부를 때): hallo, C., geht's hier zum Bahnhof? 아저씨, 이리 가면 정거장에 갑니까?

Chef-: **~arzt**, der 과장(의사), 주임 의사. **~berater**, der 수석 고문. **~delegierte**, der 사절단장. **~dirigent**, der 수석 지휘자. **~dolmetscher**, der 수석 통역. **~dramaturg**, der 수석 연극 고문. **~etage**, der 사장실이나 중역실이 따위가 있는 층(層). **~fahrer**, der Chef (1 a)에 딸린 운전 기사. **~ideologe**, der **a)** (공산당의) 수석이론 지도자. **b)** 《일반적》 (정당의) 수석 이론 지도자. **~ingenieur**, der 주임 기사. **~koch**, der 주방장, 일류 요리사. **~konstrukteur**, der 설계 주임. **~lektor**, der 출판사의 원고 심사 부장. **~pilot**, der 수석 조종사, 기장(機長). **~redakteur**, der 편집장, 주필. **~sekretärin**, die ↑ Chef (1 a)의 여비서. **~trainer**, der 【스포츠】 수석 코치. **~visite**, die 주임 의사의 회진(回診).

Chef de mission [ˈʃɛf də miˈsjõː], der; -(s) - -, -s - - [frz. chef de mission] 선수단 단장. **Chefeuse** [ʃeˈføːzə], die; -n 《통용어》 **1.** ↑ Chefin. **Chefin** [ˈʃɛfɪn], die; -nen **1.** (여성의) 장(長), 여자 가게 주인. **2.** 《통용어》 Chef (1 a)의 부인.

cheir(o)-, Cheir(o)- [çair(o)-] ↑ chiro-, Chiro- 참조.

Chelléen [ʃɛleˈɛː], das; -(s) [프랑스의 지명 Chelles에서] 구석기 초기의 문화권.

Chemi- [çemi-]: **~graph**, der; -en, -en 화학적 철판(凸版) 제작공. **~graphie**, die 철판의 화학적 제판(법).

~lumineszenz, die 화학 발광(發光).
Chemie [çeˈmiː], die 화학.

Chemie-: **~arbeiter**, der 화학 공장의 노동자. **~betrieb**, der 화학 공장. **~buch**, das 화학 교과서. **~facharbeiter**, der 화학 공장의 숙련공. **~faser**, die 화학 섬유. **~fasergarn**, das 화학 섬유 연사(撚絲). **~ingenieur**, der 화학 공장의 기사. **~laborant**, der 화학 공장 실험실의 숙련공. **~laborantin**, die ↑ ~laborant의 여성형. **~werker**, der 《통용어》 화학 공장의 노동자.

Chemikal [çemiˈkaːl], das; -s, -ien [...iən] / -e, **Chemikalie** [çemiˈkaːli̯ə], die; -n ⟨대개 Pl.⟩ 화학 약품, 화학 제품: geruchlose Chemikalien 무취의 화학 약품. **Chemikant** [çemiˈkant], der; -en, -en 화학 공장의 숙련공. **Chemiker** [ˈçeːmikɐ], der; -s, - 화학자. **Chemikerin**, die; -nen ↑ Chemiker의 여성형.

Cheminée [ʃmineː], das; -s, -s [frz. cheminée] (schweiz.) (현대식 주택의) 벽난로. **Cheminéefeuer**, das 벽난로 불.

chemisch [ˈçeːmɪʃ] ⟨Adj.⟩ **a)** 화학의, 화학에 관한, 화학 지식을 이용하는: die -e Industrie 화학 공업; -e Elemente 화학 원소. **b)** 화학적인, 화학 법칙에 의한: eine -e Umsetzung(Reaktion) 화학적 치환(반응). **c)** (유독성의) 화학 제품을 사용하는: -e Düngung(Waffen) 화학 비료(무기).

Chemise [ʃəˈmiːz(ə)], die; -n [frz. chemise] 《고어》 (Hemd) 셔츠, 헐렁한 겉옷. **Chemisett** [ʃəmiˈzɛt], das; -(e)s, -s/-e, **Chemisette** [...tə], die; -n [frz. chemisette] 【의상】 **a)** (남자용 예복의) 가슴 부분(속을 넣어 두드러지게 한). **b)** (부인용 의복의) 가슴 장식 레이스.

chemisieren [çemiˈziːrən] ⟨h⟩ 《구동독》 (생산 방법 등을) 화학(공업)화하다.

Chemisierkleid [ʃəmiˈziːɐ-], das; -(e)s, -er (schweiz.) 가운.

Chemismus [çeˈmɪsmʊs], der; - (특히 동식물 체내의) 화학 작용, 화학적 현상.

Chemnitz [ˈkɛmnɪts] 켐니츠(구동독의 Karl-Marx-Stadt).

chemo-, Chemo- [çemo-]: **~keule**, die 최루탄. **~nastie**, die 【생물】 화학적 경성(傾性). **~taktisch** ⟨Adj.⟩ 【생물】 주화성(走化性)의, 화학적 추성(趨性)의, 화학 주성의. **~taxis**, die; ...xen 【생물】 주화성, 화학적 추성, 화학 주성. **~technik**, die 《Pl. 없음》 화학 기술, 화학 공업. **~techniker**, der (전문 학교 교육을 받은) 화학 기술자. **~therapeutikum**, das 《대개 Pl.》 화학 치료약. **~therapeutisch** ⟨Adj.⟩ 화학요법(상)의. **~therapie**, die 화학 요법. **~tropismus**, der 【생물】 굴화성(屈化性), 향화성(向化性), 화학 향성(化學向性)(화학적 자극으로 굴곡하는).

Chenille [ʃəˈnɪljə], die; -n [frz. chenille] 셔닐사, 모술사(毛繻絲).

cherchez la femme! [ʃɛrʃelaˈfam; frz. sucht nach der Frau; Dumas (1802~1870)의 연극 "Les Mohicans de Paris"에서] 《교양어》 사건 뒤에 분명히 여자가 있다.

Cherry Brandy [ˈtʃɛri ˈbrɛndi], der; - -s, - -s [engl. cherry brandy] 버찌 브랜디.

Cherub [ˈçeːrʊp] 《초급과척》 Kerub [ˈkeːrʊp], der; -s, -im [...ruˈbiːm] / -inen [çeruˈbiːnən] kirchenlat. cherūbīn] 게르빔(성경에 나오는, 동물의 날개가 있는 천사). **cherubinisch** [çeruˈbiːnɪʃ] ⟨Adj.⟩ 게르빔의, 천사와 같은.

Cherusker [çeˈ...], der; -s, - 헤루스케 사람(고대 서게르만의 한 종족).

Chesterfield [ˈtʃɛstəfiːld], der; -(s), -s [Chesterfield

Chesterkäse ['tʃɛstɐ-], der; -s, - [영국의 도시 Chester에서] 체스터산 치즈.

chevaleresk [ʃavaləˈrɛsk] ⟨Adj.⟩ [frz. chevaleresque] (교양어) 기사다운, 기사도에 알맞는: ein -es Auftreten [Verhalten] 기사다운 행동. **Chevalier** [ʃavaˈlie:], der; -s, -s [frz. chevalier] 기사(프랑스의 귀족 칭호), ↑ Cavaliere 참조. **Chevauleger** [ʃavoleˈʒe:], der; -s, -s [frz. chevaux légers = leichte Reiter] 경기병(輕騎兵).

Cheviot ['ʃevi̯ɔt, 'tʃevi̯ɔt, 'ʃe:vi̯ɔt; (engl.) 'tʃevi̯ət], der; -s, -s [영국의 양털 산지 Cheviot Hills에서] 체비오트 나사(羅紗) (모직물의 일종).

Chevreau [ʃəˈvro:, 'ʃevro], das; -s [frz. chevreau] 염소 가죽. **Chevreauleder**, das 염소 가죽. **Chevron** [ʃəvˈrõ:], der; -s, -s **1.** (물고기 뼈 모양의 무늬가 있는) 모직의 일종. **2.** 《문장》 산형문장(山形紋章)(∧). **3.** (줄무늬나 갈매기 모양으로 계급을 나타내는 프랑스의) 계급장(袖章).

Chevy-Chase-Strophe ['tʃɛvi̯'tʃeɪs-], die; -n [담시 "Jagd auf den Cheviot Hills"에서 유래] 영국 민중담시의 연(聯)의 형식.

Chewing-gum ['tʃu:ŋgam], der; -(s), -s [engl. chewing gum] 껌.

Chi [çi:], das -(s), -s [griech. chīl] 히(그리스 자모 X, χ의 이름).

Chianti ['kianti], der; -(s) [ital. chianti] 키안티 산(產)의 붉은 포도주. **Chiantiflasche**, die 키안티 산 포도주 병(배가 불룩한).

Chiasmus ['çi̯asmʊs], der; - [griech. chiasmós 그리스의 자모 히(X)의 모양과 같은 문장의 교차적 배열법] (양식)(어구의) 교차적 배열법(예컨대: groß war der Einsatz, der Gewinn war klein). **chiastisch** [ˈçi̯astɪʃ] ⟨Adj.⟩ 교차 배열법의.

chic usw. ↑ schick usw. 참조.

Chicago [ʃi'ka:go] 시카고(미국의 도시). **Chicago-Jazz** [ʃi'ka:go-], der; - 시카고 재즈(일차 대전 후 시카고에서 발생하여 유행된 재즈). **Chicago-Stil**, der [음악] ↑ Chicago-Jazz.

Chichi [ʃi'ʃi:], das; -(s) [frz. chichi] (교양어) **a)** 과장된 태도, 거드름을 빼는 태도. **b)** 사족(蛇足), 군더더기.

Chicorée ['ʃikore, ʃiko'reː], der; -s (또는) die ⟨Pl. 없음⟩ [frz. chicorée] (샐러드용)치커리의 (새)순(筍). **Chicoréesalat**, der 치커리의 (어린) 순으로 만든 샐러드.

Chief [tʃi:f], der; -s, -s [engl. Chief] ↑ Leiter, ↑ Oberhaupt, ↑ Chef의 영어 명칭.

Chiemsee ['ki:m-], der; -s 바이에른 주에 있는 호수 이름.

Chiffon ['ʃi'fõ, ʃi'fõ:], der; -s, -s, (österr.) -e [frz. chiffon] 시퐁(비치는 얇은 명주): ein Abendkleid aus fließendem C. 하늘하늘한 시퐁 천의 야회복. **Chiffonniere** [ʃifɔ'nie:r(ə), ...'ni̯ɛr(ə)], die; -n [frz. chiffonnier = Nähtischchen] (schweiz.) 옷장, 양복장.

Chiffontuch, das; -(e)s, -tücher 시퐁 천(옷감).

Chiffre ['ʃifrə, (또한) 'ʃifɐ], die; -n [frz. chiffre] **1.** 수자(數字). **2.** 암호: -n entziffern [entschlüsseln] 암호를 해독하다. **3.** 부호, 기호, 약호: Zeitungsanzeigen, die unter (einer) C. erscheinen 광고주 약호로 실린 신문 광고; [전의] die irrationale C. eines Menschen entziffern 인간의 비이성적인 본성을 분석하다. **4.** (양식) (현대 서정시의) 문제 형식. **Chiffreschrift**, die 암호문. **chiffrieren** [ʃiˈfriːrən] ⟨h⟩ [frz. chiffrer] 암호로 쓰다, 암호문으로 나타내다: chiffrierte Depeschen 암호로 작성된 전보(급보). **Chiffrierkunst**, die 암호 기법(記法). **Chiffriermaschine**, die (암호문을 작성 또는 해독하는) 암호기. **Chiffrierung**, die; -en 암호화하기, 암호로 쓰기. **Chiffrierverfahren**, das 암호 작성법.

Chignon [ʃɪnˈjõː], der; -s, -s [frz. chignon] 목덜미 위의 머리 묶음, 쪽.

Chihuahua [tʃi'uaua], der; -s [span. chihuahua 멕시코의 주(州) 이름에서] 치와와(개의 한 품종).

Chilbi: ↑ Kilbi.

Chile ['tʃi:le, 'çi:le], -s 칠레. **Chilene** [tʃi'le:nə, (또한) çi...], der; -n, -n 칠레 사람. **Chilenin**, die, -nen ↑ Chilene의 여성형. **chilenisch** [tʃiˈleːnɪʃ] ⟨Adj.⟩ 칠레의.

Chilesalpeter ['tʃi:le-, (또한) 'çi:le-], der; -s 칠레 초석(硝石).

Chili ['tʃi:li], der; -s [span. chile] **1.** (중미(中美)산의) 매운 고추(나무). **2.** 고추 소스.

Chiliade [çi'li̯a:də], die; -n [griech. chílioi] (고어) 천, 1000. **Chiliasmus** [çi'liasmʊs], der; - [griech. chiliasmós] 【기독교】 천년설, 천복년설(그리스도 재림설; 요한계시록 20장 4절). **Chiliast** [çi'liast], der; -en, -en 천년설의 신봉자. **chiliastisch** ⟨Adj.⟩ 천년설의.

Chilies ['tʃi:lis] ⟨Pl.⟩ **1.** 중미산 고추(열매). **Chilisoße**, die; -n ↑ Chili (2).

Chiller ['tʃilɐ], der; -s, - [engl. chiller] 무서운 이야기 [연극].

Chillies ['tʃi:lis] ↑ Chilies.

Chimäre [çi'mɛ:rə], die; -n [그리스의 전설에 나오는 괴물 키메라(머리는 사자, 몸은 산양, 꼬리는 뱀)에서] **1.** ↑ Schimäre. **2.** 〔생물〕 키메라(두 개 이상의 다른 계통의 조직이 합해져서 부분적으로 양쪽의 성질을 나타내는 생물체). **chimärisch** ⟨Adj.⟩ ↑ schimärisch 참조.

Chimborasso [tʃimbo'raso], der; -(s) 남 아메리카의 산 이름.

China ['çi:na], -s 중국.

¹China- [ˈçiːna-; (südd., österr.) 'ki:na-]: ~**cracker**, der 꽃불의 일종. ~**gras**, das ↑ Ramie. ~**kohl**, der 배추. ~**krepp**, der [frz.] Crêpe de Chine. ~**papier**, das [Reis]papier. ~**ware**, die ⟨Pl. 없음⟩ 중국산 공예품(특히 도자기).

²China- [-; (span.) quina]: ~**rinde**, die [약학] 기나피(機那皮). ~**rindenbaum**, der 기나수. ~**säure**, die [화학·약학] 기나산(酸). ~**tinktur**, die [약학] 기나팅기(丁幾). ~**wein**, der 〔약학·고어〕 기나주(酒)(키나네를 함유한 약제).

¹Chinchilla [tʃɪn'tʃɪla], der; -s [span. chinchilla] 친칠라(다람쥐를 닮은 남미산의 작은 동물). **²Chinchilla** [-], das; -s, -s **1.** 친칠라토끼. **2.** 친칠라의 모피.

Chinese [çi...], der; -n, -n 중국인. **Chinesin** [çi'ne:zɪn], der; -nen ↑ Chinese의 여성형. **Chinesisch**, das; -(s) **Chinesische,** das 중국어.

chinesisch [çi'ne:zɪʃ] ⟨Adj.⟩ 중국(어)의: [전의] etw. ist c. für jmdn (통용어) 누가 무엇을 전혀 알아듣지 못하다: das Fachgespräch der beiden Experten war c. für ihn 두 전문가들이 나누는 전문적인 대화를 그는 전혀 알아들을 수 없었다.

Chinin [çi'ni:n], das; -s [ital. chinina] 【약학】 키닌, 키니네. **chininhaltig** ⟨Adj.⟩ 키닌을 함유한. **Chininpräparat**, das 키니네 제(劑).

Chinoiserie [ʃinoazəˈri:], die; -n [...i:ən; frz. chinoiserie] 중국풍의 미술 공예품.

Chintz [tʃɪnts], der; - [engl. chintz] 사라사(여러 색으로 무늬를 날염한 피륙). **chintzen** ['tʃɪntsn̩] ⟨h⟩ (직물에) 밀을 먹이다.

Chip [tʃɪp], der; -s, -s [engl. chip] **1.** 룰레트의 칩, 룰레

트의 셈패. **2.** 〈대개 Pl.〉 얇게 썰어 튀긴 감자.
Chippendale ['tʃɪpəndeɪl, 《또한》 'ʃɪpndeːl], das; -(s) [engl. chippendale, 창시자 Th. Chippendale(1718~1779)에서] 치펜델 양식(풍) (18세기 영국에서 유행한 가구 양식).
Chiragra ['çiːragra], das; -s [lat. chīragra < griech. cheirágra] 〔의학〕 손 통풍(痛風).
Chirimoya [tʃiriˈmoja], die; -s [span. chirimoya] 번려지(蕃荔枝) (약간 신맛이 나며 맛 좋은 아열대 지방의 과 일).
chiro-, Chiro- [çiro-, 《südd., österr.》 kiro-; griech. cheír] 《전문어》 (명사·형용사 앞에 붙어 손(手)을 의미함): **~graph**, 《또한》 ...graf, der; -en, -en **1.** (고대 후기의) 자필 추용 증서. **2.** [중세 법] 증서의 한 형태(암호, 문장, 무늬 등의 가운데를 지나게 잘라 나누어 보관했다 잘린 부분을 맞추어 확인하는). **3.** 〔가〕 교황의 칙서(교황이 서명한). **~logie**, die **1.** 수상학(手相學). **2.** 수화법(手話法). **~mant** [...'mant], der; -en, -en [griech. cheirómantis] 수상가(手相家). **~mantie** [...man'tiː], die 수상술(手相術), 손금보기. **~mantisch** 〈Adj.〉 수상술(상)의, 수상술에 관한. **~praktik**, die 척추 지압 조정 요법. **~praktiker**, der 척추 지압 조정 요법사.
Chirurg [çiˈrʊrk, 《südd., österr.》 kiˈ...], der; -en, -en [lat. chīrūrgus < griech. cheirourgós] 외과 의사. **Chirurgie** [çirʊrˈgiː; 《südd., österr.》 kiˈ...], die; -n [...iːən; lat. chīrūrgia < griech. cheirourgía] **1.** 〈Pl. 없음〉 〔의학〕 외과학. **2.** (병원의) 외과: der Patient wurde in die C. eingeliefert 그 환자는 외과로 넘겨졌다. **chirurgisch** 〈Adj.〉 [lat. chīrūrgicus < griech. cheirourgikós] **a)** 외과의: -es Schrifttum 외과학 문헌. **b)** 수술의, 수술에 의한: c. eingepflanzte künstliche Organe 이식 수술한 인공 기관. **c)** (외과) 수술용의, 수술을 하는: -e Instrumente 외과 수술용 기구.
Chitarrone [kitaˈroːnə], der; -(s), -s /...ni, 《또한》 die; -n [ital. chitarrone] 〔음악〕 17세기 이탈리아의 저음 현악기.
Chitin [çiˈtiːn], das; -s [griech. chitón] 키틴질, 갑각질(甲殼質), **chitinig** [çiˈtiːnɪç] 〈Adj.〉 키틴(갑각)질의, **chitinös** [çitiˈnøːs] 〈Adj.〉 키틴(갑각)질의, 키틴(갑각)질로 된. **Chitinpanzer**, der (곤충의) 갑각. **Chiton** [çiˈton], der; -s, -e [griech. chitón] 고대 그리스인의 의복(허리를 벨트로 묶음. 여성용은 발목까지 오고, 남자용은 무릎까지 옴).
Chladnisch ['kl...] ↑Klangfigur (2) 참조.
Chlamys ['çla:mʏs, çla'mʏs], die; - [griech. chlamýs] 고대 그리스의 남자용 망토(승마자나 전사(戰士)의).
Chlor [kloːɐ̯], das; -s [griech. chlōrós] 염소(塩素) (기호:Cl).
Chloral [kloˈraːl], das; -s [화학] 클로랄(전에는 수면제로 사용됨).
chlor-, Chlor-: **~dioxyd**, ~dioxid, das [화학] 이산화 염소(살균·표백에 쓰임). **~gas**, das 염소 가스. **~haltig** [-haltɪç] 〈Adj.〉 염소를 함유한. **~e Verbindungen** 염소 화합물. **~kalk**, das 염화 석회, 표백분. **~natrium**, das ↑Natriumchlorid. **~sauer** 〈Adj.〉 (다음 용법으로) **chlorsaures Kalium**, das 염소칼륨. **~säure**, die [화학] 염소산. **~stickstoff**, der [화학] 염화질소. **~verbindung**, die [화학] 염화물. **~wasser**, das **1.** 염소수, 염소 수용액. **2.** (통용어) 염소로 소독한 물. **~wasserstoff**, der [화학] 염화수소.
Chlorat [kloˈraːt], das; -s, -e [화학] 염소산염. **chloren** [ˈkloːrən] 〈h〉 염소로 처리하다[살균하다, 소독하다]. **Chlorid** [kloˈriːt], das; -s, -e [화학] 염화물. **chlorieren** [kloˈriːrən] 〈h〉 ↑chloren. **Chlorierung**, die; -en [화학] 염소 소독[처리] 하기. **chlorig** [ˈkloːrɪç] 〈Adj.〉

a) 염소를 함유한: -e Säure [화학] 아염소산. **b)** [화학] 염소 성질의, 염소와 같은. **¹Chlorit** [kloˈriːt], das; -s, -e [화학] 아염소산염. **²Chlorit** [-, 《또한》 ...rɪt], der; -s 녹니석(綠泥石). **Chloroform** [kloroˈfɔrm], das; -s [Chlorkalk와 acidum formīicum의 인공어] 클로로포름 (예전에는 마취제로 사용되었으나 요즘은 용제(溶劑)로 쓰임). **chloroformieren** [klorofɔrmiˈrən] 〈h〉 클로로포름으로 마취시키다: 〔전의〕 er hat mich mit seinem Gequassel (förmlich) chloroformiert 〔통용어〕 그는 쓸데없는 이야기로 나를 (완전히) 지루하게 만들었다. **Chlorophyll** [kloroˈfʏl], das; -s [griech. chlōrós u. phýllon] [식물] 엽록소. **Chlorose** [kloˈroːzə], die; -n [griech. chlōrós] 〔의학〕 위황병(萎黃病) (발육기 소녀의 일종의 빈혈병). **Chlorung**, die; -en 염소로 소독[처리]하기.
Choc.: ↑Schock.
Choke [tʃɔʊk], der; -s, -s, 《또한》 **Choker**, der; -s, - [engl. choke] 〔자동차〕 초크: den C. herausziehen 초크를 잡아 당기다.
chokieren ['tʃ...] ↑schockieren.
Cholera [ˈkoːlera], die [lat. cholera < griech. choléra] 〔의학〕 콜레라. **Choleraepidemie**, die 유행성 콜레라. **Choleraerreger**, der 콜레라 병원체. **Choleriker** [koˈleːrikɐ], der; -s, - **1.** 화 잘 내는 사람. **2. a)** 〈Pl. 없음〉 (히포크라테스가 분류하는 기질 중의 하나). **b)** 다혈질인 사람. **cholerisch** 〈Adj.〉 [lat. cholera] 성급한, 골을 잘 내는, 격앙하기 쉬운. **Cholesterin** [çoleste'riːn, 《또한》 ko...], das; -s [griech cholē u. stereós] [의학] 콜레스테린, 콜레스테롤. **Cholesterinspiegel**, der 〔생리〕 (혈액 중의) 콜레스테롤 함량(농도).
Choliambus [çoˈliambʊs], der; -, ...ben [lat. choliambus < griech. chōlíambos] [운율] (고대 시의) 파행(跛行) 단장격(短長格) (1행이 6각(脚)으로 되어 있으며 제1각에서 제5각까지는 단장격(Jambus)이지만 마지막의 제6각은 장단격(Trochäus)으로 파행됨).
Chondren ['çondrən] 〈Pl.〉 [griech. chóndros] [광물] 운석 알갱이[미립자]. **Chondrit** [çɔn'driːt, 《또한》 ...rɪt], der; -s, -e **1.** [광물] 미립자로 이루어진 운석. **2.** [지질] 암석에 찍힌 나뭇가지 모양의 무늬. **chondritisch** [çɔn'driːtɪʃ, 《또한》 ...rɪt...] 〈Adj.〉 미립자로 이루어진 운석의, 미립자로 이루어진 운석에 관한. **Chondrulen** [çɔn'druːlən] 〈Pl.〉 [engl. chondrule] [광물] 운석 내의 콩알 크기의 둥 알갱이.
Chopper ['tʃɔpɐ], der; -s, -(s) [engl. chopper = Hacker] **1.** (돌로 된) 선사 시대의 도구(뼈, 호두 등을 깨는 데 사용). **2.** ↑Easy-rider.
Chop-suey [tʃɔp'suːi], das; -(s), -s [engl.-amerik. chop suey] 〔요리〕 잡채.
¹Chor [koːɐ̯], der; -(e)s, Chöre ['køːrə; lat. chorus < griech. chorós] **1. a)** 합창단: eingemischter C. 혼성 합창단; **im C.** 다 함께, 한 소리로, 이구동성으로. **b)** (관현악의) 동종악기군(同種樂器群). **c)** 〔연극〕 (고대 그리스 비극의) 합창 가무단(歌舞團). **2.** 합창곡. **3.** 합창. **4.** [음악] 같은 조(調)의 현군(絃群)(피아노, 라우테 따위의). **5.** [음악] (오르간의) 하나의 음을 동시에 낼 때 하나의 건(鍵)에 속하는 음관군(音管群).
²Chor [-], der, 《드물게》 das; -(e)s, -e / Chöre ['køːrə] **1.** (교회당의) 제단부(本祭壇)이 있는 곳, 제단실, 고단(高壇), 성가대석(聖壇所). **2.** 성가대석(聖歌隊席).
¹Chor- (¹Chor): **~führer**, der (고대 그리스 비극의) 합창 가무단의 선창자. **~gesang**, der 합창. **~knabe**, der (교회의) 소년 성가대원. **c)** 〔연극〕 (고대 그리스 비극의) 합창 음악회. **~leiter**, der 합창단(성가대) 지휘자. **~leitung**, die 합창단(성가대) 지휘. **~musik**, die 합창곡. **~pro-**

be, die 합창 연습. ~regent, der 《südd.》 (교회의) 성가대장. ~sänger, der (오페라) 합창단원. ~sängerin, die ↑~sänger의 여성형.

²Chor- (²Chor): ~dienst, der 【가】 (성직자와 수사 모두가 참석하는) 일과(日課) 예배. ~frau, die 【가】 공송(共誦) 기도 수녀. ~gebet, das 【가】 (일과 예배 중의) 성무일과(聖務日課) 기도 (여럿이 합창으로 함). ~gestühl, das 교회 제단실의 성직자석. ~hemd, das ↑~rock. ~herr, der 【가】 1. 주교좌(主敎座) 성당 참사회원. 2. 수도(修道) 참사회원. ~herrenorden, der 【가】 성당(수도) 참사회 교단. ~herrenstift, das 【가】 성당(수도) 참사회 수원. ~rock, der (성직자나 성가대원이 입는) 교회 의식용 겉옷(가운). ~schranke, die 성소격자(聖所格子) (제단실과 신자석을 가로 지른). ~umgang, der 【건축】 (교회의) 제단실 뒤쪽의 회랑.

Choral [ko'raːl], der; -s, Choräle [ko'rɛːlə; lat. (cantus) chorālis] a) 찬송가, 성가, 찬미가: die Gemeinde singt einen C. 교인들이 찬송가를 부른다. b) 영가(靈歌): an dem Abend sangen die Neger feierlich Chorāle 밤에 흑인들이 장엄한 영가를 불렀다.

Choral-: ~bearbeitung, die 【음악】 찬송가(성가) 편곡. ~buch, das 찬송가집, 성가집. ~kantate, die 성가 칸타타(교성곡). ~notation, die 【음악】 중세의 기보법(記譜法) (그레고리안 성가의 멜로디 기보법으로 발전함). ~vorspiel, das (오르간의) 찬송가 전주.

Chorda ['kɔrda], Chorde ['kɔrdə], die; ...den [lat. chorda < griech. chordḗ] 【생물】 척삭(脊索)(척추의 기초가 되는 것으로 연골(軟骨)로 된 봉상(棒狀) 물질). Chordaten [kɔr'daːtn̩] 〈Pl.〉【생물】 척삭 동물. Chorde: ↑Chorda.

Chorea [ko're:a], die 〈Pl. 없음〉 [griech. choreía] 1. 《중세》 무도 가곡(舞蹈歌曲). 2. 【의학】 무도병(病). ↑Veitstanz. Chorege [ço're:gə, (또한) ko..], der; -n, -n [griech chorēgós] (고대 그리스의) 합창단장 (재력있는 시민이 맡음). Choreograph [koreo'graːf], der; -en, -en [↑Choreographie의 역조어] 무용 안무가. Choreographie [koreogra'fiː], die; -n [...iːən] a) 〈Pl. 없음〉 안무(按舞). b) 무용 교본, 무도의 몸가짐·발움직임)의 기사(記錄)(법). choreographieren [koreogra'fiːrən] 〈h〉 (발레를) 안무하다. choreographisch 〈Adj.〉 안무의, 무도 기사법상의: die ~e Leitung eines Bühnenstücks 연극의 안무 지도. Choreus [ço're:us, (또한) ko...], der; -, ...gen [lat. choreūs < griech choreíos (poús)] 【운율】 장단(강약) 격 (↑Trochäus). Choreut [ço'rɔʏt], der; -en, -en [griech. choreutḗs] (고대 그리스의) 합창 무용(輪舞)의 무용수. Choreutik [ço'rɔʏtik], die 〈Pl. 없음〉 (고대 그리스의) 합창 무용학(術)(론(論)). choreutisch 〈Adj.〉 a) 합창 무용(론)의. b) 고대 그리스의 합창 무용식의. Choriambus < griech. choríambos [운율] 장단단장격(長短短長格), 강약약강격(強弱弱強格). (−⌣⌣−). chorisch ['koːrɪʃ] 〈Adj.〉 [lat. choricus < griech. chorikós] a) 합창의: eine gute ~e Leistung 훌륭한 합창. b) 합창용의. c) 한 목소리로, 이구동성의. Chorist [ko'rɪst], der; -en, -en [lat. chorus] ↑Chorsänger. Choristin, die; -nen ↑Chorist의 여성형 (↑Chorsängerin). Chörlein ['kœrlaɪn], das; -s, - (중세 건축물의 반원형이나 다각형의) 작은 돌출 창문.

Chorographie [çorogra'fiː, (또한) ko...], die; -n [...iːən; griech. chōra] 〈고어〉 ↑Chorologie. chorographisch 〈Adj.〉 〈고어〉 ↑chorologisch. Chorologie [çorolo'giː, (또한) ko...], die; -n [...iːən] 〈고어〉 생물 분포학, 생물 지리학(地誌學). chorologisch 〈Adj.〉 지지학에 관한(속하는), 생물 분포학에 관한(속하는).

Chorus ['koːrʊs], der; -, -se [engl. chorus] 1. 〈고어〉 ¹Chor (1 a). 2. 【음악】 a) (재즈의) 즉흥 연주의 기초가 되는 화음 형식. b) 경음악의 후렴(반복구).

Chose ['ʃoːzə], die; -n [frz. chose]《통용어·준고어》 1. 일, 용무. 2. 물건, 잡동사니.

Chow-Chow [tʃaʊ'tʃaʊ, (또한) ʃaʊ'ʃaʊ], der; -s, -s [engl. chow chow, 중국에서 옴] 차우차우(중국 원산의 개의 품종).

Chrestomathie [krɛstomaˈtiː], die; -n [...iːən; griech. chrēstomátheia] (어학 교재용의) 선집(選集), 시문선(詩文選).

Chrisam ['çriːzam], das, die (또는) der, Chrisma ['çrɪsma], das; -s [griech. chríein] (가톨릭·그리스 정교회의 의식에 쓰는) 성유(聖油). ¹Christ [krɪst], der; -en, -en [lat. christiānus < griech. christós] 그리스도 교도: -en und Heiden 그리스도교도와 이교도; ein praktizierender C. 규칙적으로 교회에 가는 그리스도교도. ²Christ 〈관사 없음·Pl. 없음〉 [↑¹Christ 참조.] 그리스도: der Heilige C. 아기 예수, 크리스마스 (선물).

¹Christ- (²Christ): ~baum, der (지역적) 크리스마스 트리(↑Weihnachtsbaum); 조명탄 신호: nicht alle auf dem C. haben 〈경〉 제정신이 아니다. ~baumkerze, die 크리스마스 트리의 장식용 양초. ~baumkugel, die 크리스마스 트리의 장식용 공. ~baumschmuck, der 〈Pl. 없음〉 크리스마스 트리의 장식. ~dorn, der ↑Christusdorn. ~fest, das (고어·지역적) ↑Weihnachtsfest. ~kind, das 〈Pl. 없음〉 1. 2. 의 축소형. 1. ~kindchen, ~kindel, ~kindlein 1. 아기 예수(상). 2. (어린이들이 믿는) 크리스마스 선물을 가져오는 아기(예수). 3. 〈대개 Christkindl〉 《südd., österr.》 크리스마스 선물. ~kindchen, ~kindel, 《südd., österr》 ↑kindl, ~kindlein, das; -s, - ↑kind. ~messe, die 【가】 크리스마스 자정 미사. ~mette, die 【가·신교】 크리스마스 자정 미사(예배). ~nacht, die 크리스마스 전야(이브)(↑Weihnachten). ~rose, die 크리스마스 로즈(미나리아재비과). ~stolle, die, ~stollen, der 크리스마스 케이크(길고 네모진 과자. 크리스마스 때 아기 예수의 상징으로 씀). ~vesper, die 【가·신교】 크리스마스 음악 예배. ~wurz, die 크리스마스 로즈의 통속적 명칭.

christ-, ²Christ- (¹Christ): ~demokrat, der 기독교 민주당원, 기민당원. ~demokratisch 〈Adj.〉: -e Abgeordnete 기민당 의원. ~katholik, der (schweiz.) 고(古) 가톨릭 교도. ~katholisch 〈Adj.〉 (schweiz.) 고(古) 가톨릭의. ~katholizismus, der (스위스의) 고(古) 가톨릭파(派).

Christe eleison! ['krɪstə e'laɪzɔn] 〈Interj.〉 [griech. Chríste eléēson C.= 주여 우리를 불쌍히 여기소서] 주여 불쌍히 여기소서.

Christen-: ~gemeinde, die 전체 그리스도 교도; 기독교구(教區). ~gemeinschaft, die 그리스도교 공동체 (1922년 창립). ~glaube(n), der 그리스도교의 신앙. ~lehre, die a) (견진 성사 후의) 청소년의 종교 교육. b) (구동독) 그리스도교 강의. ~mensch, der 그리스도교도. ~pflicht, die 그리스도교도의 의무. ~seele, die: keine C. 아무도 ~아니하다. ~verfolgung, die (1세기~4세기의 고대 로마 제국의) 그리스도교도 박해.

Christenheit, die 〈Pl. 없음〉 전 그리스도 교도; 그리스도교계. Christentum, das; -s a) 그리스도교, 기독교: sich zum C. bekennen[bekehren] 그리스도교도임을 공언하다 [로 개종하다]. b) (개인적인) 그리스도교 신앙. christianisieren [krɪstiani'ziːrən] 〈h〉 [lat. chrīstiānizāre] 그리스도교로 개종시키다, 그리스도교화하다. Christia-

nisierung, die ↑christianisieren의 명사형. **Christianitas** [krɪstˈtjaːnitas], die 《교양어》 그리스도교적 생활[정신] 태도. **Christian Science** ['krɪstjənˈsaɪəns], die [engl.] 크리스찬 사이언스(1870년 미국에서 창설된 기독교의 한 종파; 신앙의 힘으로 질병을 고치는 것을 특색으로 함). **Christin** ['krɪstɪn], die; -nen ↑¹Christ의 여성형. **Christkönigsfest**, das [가] 그리스도 왕 축일(10월의 마지막 일요일). **Christlichkeit**, die 〈Pl. 없음〉 그리스도교 정신. **christlich** ['krɪstlɪç] 〈Adj.〉 **a)** 그리스도교의: der -e Glaube 그리스도교 신앙. **b)** 그리스도교적인: -e Nächstenliebe 그리스도교적 이웃 사랑. **c)** 그리스도교를 믿는: die -en Kirchen 그리스도교의 교회들. **d)** 그리스도교에 뿌리를 둔: die Kultur des -en Abendlandes 서양의 기독교 문화. **e)** 그리스도교의 의식에 따른, 그리스도교식의: ein -es Begräbnis erhalten 그리스도교 장례 의식에 따라 묻히다. **Christmas-Carol** ['krɪsməsˈkærəl], das; -s, -s [engl. Christmas carol] 크리스마스 축가(캐럴). **Christmonat, Christmond**, der 《고어》 12월. **Christogramm** [krɪstoˈɡram], das; -s, -e ↑Christusmonogramm의 약칭. **Christologie**, die; -n [...iːən; ↑²Christ u. ↑-logie] [신학] 그리스도론(論)(그리스도의 인격성에 관한 신학 이론). **christologisch** 〈Adj.〉 그리스도론의. **Christus** ['krɪstus] ↑Jesus Christus의 약칭.

Christus- [ˈkrɪstus-]: **~dorn**, der 대추나무의 일종. **~kopf**, der 십자가상(上)의 예수 머리상(像). **~monogramm**, das 그리스도의 이름자를 조립해서 맞춘 글자(그리스 문자로 예수 그리스도를 나타내는 최초의 두 글자 X(Chi)와 P(Rho)를 겹쳐 만든 것). **~orden**, der **1.** 〈Pl. 없음〉 (1317년~1797년) 포르투갈의 기사 수도회. **2.** 교황이 수여하는 최고의 훈장.

Chrom [kroːm], das; -s [griech. chrôma (화합물의 색깔이 아름다운데서)] 크롬(기호: Cr).

chrom-, Chrom-: **~beize**, die 크롬 매염제(媒染劑). **~blitzend** 〈Adj.〉 크롬 빛깔로 번쩍이는. **~gelb**, das 크롬 황, 황연(黃鉛)(황색 안료). **~grün**, das 크롬 녹(綠)(녹색 안료). **~kreuzer**, der 《통용어·농》 크롬 장식이 많은 대형 자동차. **~leder**, das 크롬 유피(鞣皮)(크롬 화합물을 써서 부드럽게 한 가죽). **~nickelstahl**, der 크롬 니켈 강(鋼). **~rot**, das 크롬 적(赤)(적색 안료). **~säure**, die [화학] 크롬산(酸). **~verbindung**, die [화학] 크롬 화합물.

Chromat [kroˈmaːt], das; -s, -e [화학] 크롬산염. **Chromatik** [kroˈmaːtɪk], die 〈Pl. 없음〉 **1.** [음악] 반음계법(반대: Diatonik). **2.** [물리] 색채론. **chromatisch** 〈Adj.〉 [griech. chrômatikós] **1.** [음악] 반음의. (반대: diatonisch): eine -e Tonleiter 반음계 **2.** [물리] 색(채)의. **chromatisieren** [kromatiˈziːrən] 〈h〉 크롬 도금하다.

chromato-, Chromato- [kromato-; griech. chrôma] [화학]: **~graphie**, die 색층 분석, 크로마토 그래피. **~graphieren** [...ɡraˈfiːrən] 〈h〉 색층 분석하다. **~graphisch** 〈Adj.〉 **a)** 색층 분석의. **b)** 색층 분석을 사용한. **~phor** [...ˈfoːɐ̯], das; -s, -en 〈대개 Pl.〉 [griech. phorós] **1.** [식물] 색소체. **2.** [동물] 색소 세포.

Chromatron [ˈkroːmatrɔn], das; -s, ...one 《또한》 -s [griech. chrôma] [기술] 크로마트론(컬러TV용 특수 브라운관).

Chromolith [...ˈliːt, 《또한》 ...ˈlɪt], der; -s / -en, -e(n) [griech. líthos] 석판 암석을 바르지 않은 채색 토기.

Chromolithographie [kromolitograˈfiː], die 컬러 인쇄, 컬러 석판 인쇄.

Chromonika [kroˈmoːnika], die; -s / ...ken [음악] 크로모니카(온음·반음의 연주가 가능한 하모니카).

Chromosom [kromoˈzoːm], das; -s, -en 〈대개 Pl.〉 [griech. chrôma] [생물] 염색체. **chromosomal** [...zoˈmaːl] 〈Adj.〉 염색체의: die -e Struktur 염색체 구조. **Chromosomensatz**, der; -es, ...sätze [생물] (핵·세포의) 전체 염색체. **Chromosomenzahl**, die 염색체 수. **Chromosphäre**, die 〈Pl. 없음〉 [griech. chrôma] 채층(彩層) (태양 둘레의 백열 가스층).

Chronik ['kroːnɪk], die; -en [lat. chronica < griech. chronikà (biblía)] 연대기, 편년사: 전의 diese Heldentat wird in die C. eingehen 이 무훈은 역사에 남을 것이다. **Chronika** 〈Pl.〉 《구약 성서의》 역대기. **chronikalisch** [kroniˈkaːlɪʃ], 〈Adj.〉 편년체의, 연대순의. **Chronikbücher** 〈Pl.〉 역대기. **Chronique scandaleuse** [kronikskadaˈløːz], die; -s -s [kronikskaˈdaˈløːz; frz. chronique scandaleuse] 추문록(醜聞錄). **chronisch** ['kroːnɪʃ] 〈Adj.〉 [lat. (morbus) chronicus < griech. chronikós] **a)** [의학] 만성의(반대: akut 2). **b)** (통용어) 지속적인: er leidet an -em Geldmangel 《농》 그는 만성적인 금융 핍박에 시달리고 있다. **Chronist** [kroˈnɪst], der; -en, -en [mlat. chronista, griech. chrónos = Zeit] 연대기 저자(편자). **Chronistenpflicht**, die 《종종 농》 객관적 보고 의무. **Chronistik** [kroˈnɪstɪk], die 〈Pl. 없음〉 편년체.

chrono-, Chrono- [krono-; griech. chrónos]: **~gramm** [...ˈɡram], das; -s, -e **1.** 기년명(紀年銘)(명 문중의 로마숫자에 해당하는 문자를 대문자화하여 그의 합산으로 연대를 표시함). **2.** 크로노 그램에 의한 기재. **~graph** [...ˈɡraːf], der; -en, -en 크로노 그래프, 계시 장치(計時裝置)(극히 적은 시간을 정밀히 측정, 기록하는 기계). **~graphie**, die 연대기 편찬, 편년사 기술. **~graphisch** 〈Adj.〉 연대순의, 연대기적인. **~loge**, der; -n, -n 연대학자. **~logie**, die 〈Pl. 없음〉 [griech. chronologíaː] **1.** 연대학. **2.** 연대 계산. **3.** 연표, 연대기: die C. der Ereignisse 사건들의 연표. **~logisch** 〈Adj.〉 연대순의. **~meter**, das; -s, -**a)** 〈천문학·항해용〉 크로노미터, 시진의(時辰儀), 경선의(經線儀). **b)** 〈통용어·농〉 (회중)시계. **~metrie** [...meˈtriː], die; -n [...iːən; ↑-metrie 참조.] 시간 측정(법). **~metrisch** 〈Adj.〉 크로노미터로 측정한, 정확한 시간 측정법에 의한. **~skop** [...ˈskoːp], das; -s, -e [griech. skopîn] 크로노스코프, 정밀 시간 측정기.

Chrysantheme [kryzanˈteːmə], die; -n, **Chrysanthemum** [çryˈzantemʊm, k...], das; -s, -(s) [lat. chrȳsanthemon < griech. chrȳsánthemon] 국화.

Chrysoberyll [çryzobeˈrʏl], der; -s, -e [griech. chrȳsobêryllos] 금록옥(金緑玉), 금록석. **Chrysoidin** [çryzoiˈdiːn], das; -s [griech. chrȳsós] 크리소이딘(주황색의 색소). **Chrysolith** [...ˈliːt, 《또한》 ...ˈlɪt], der; -s / -en, -e(n) [griech. líthos] 감람석. **Chrysopras** [çryzoˈpraːs], der; -es, -e [lat. chrȳsoprasus < griech. chrȳsóprasos] 녹옥수(준보석).

chthonisch [ˈçtɔːnɪʃ] 〈Adj.〉 [griech. chthónios] 땅의, 지하의, 저승의: -e Götter (그리스 신화의) 땅(저승)의 신들(Gäa, Pluto 등).

Chur [kuːɐ̯] 쿠어(스위스 동부의 도시). **Churfirsten** [ˈkuːɐ̯fɪrstn̩] 〈Pl.〉 쿠어피르스텐(스위스의 산맥).

Chutney [ˈtʃatni], das; -(s), -s [engl. chutney] (과일과 양념을 매우 섞은) 인도의 양념.

Chuzpe [ˈxʊtspa], die [jidd. chuzpo] 《약간 폄》 뻔뻔스러움, 파렴치함.

Chymosin [çy...], das; -s [생물] 응유(凝乳). **Chymus** [ˈçyːmʊs], der; - [griech. chymós] [의학] (위속의) 위산이 섞인 암죽 상태의 음식물, 미죽(糜粥).

Ci = Curie.

CIA [ˈsiːaˈeː], die, 《또한》 der; - [engl. **C**entral **I**ntelligence **A**gency] 미국 중앙 정보국.

Ciacona [tʃa'ko:na] ↑Chaconne.
ciao! [tʃau] (↑tschau!의 이탈리아식 표기) 안녕!
Ciborium: ↑Ziborium.
Cicero ['tsitsero, (英) 'tsitsero], die, (schweiz.) der; -, - [Cicero의 편지들이 맨 처음 이 활자로 인쇄되었다는 추정에서] 【인쇄】 12 포인트 활자. **Cicerone** [tʃi-tʃe'ro:nə], der; -(s), -s /...ni [Cicero의 달변에 빗대어] a) (농) (수다스러운) 관광 안내자. b) 여행 가이드, 관광 안내 책자. **Ciceronianer** [tsitsero'nia:nɐ], der; -s, - 키케로 서체 신봉자. **ciceronianisch** [tsitsero'nia:nɪʃ], **ciceronisch** [tsitse'ro:nɪʃ] 〈Adj.〉 키케로류의, 표준(모범)적인 문체의.
Cicisbeo [tʃitʃɪs'be:o], der; -(s), -s [ital. cicisbeo] 《교양어·은폐적》 (유부녀의) 정부(情夫).
Cidre ['si:drə], **Zider** ['tsi:dɐ], der; -s [frz. cidre] (노르만디, 브레타뉴 산의) 사과주(酒).
Cie. 《sweiz., 그 외 고어》 ↑Co.
cif [tsɪf, sɪf] = cost, insurance, freight 보험료, 운임 포함 가격.
Cimbal: ↑Zimbal.
Cinchona [sɪn'tʃo:na], die; ...nen [port. cinchona, 17세기 페루의 부왕(副王) Cinchón 백작 부인 이름을 따서] 기나(幾那)속의 나무. **Cinchonin** [sɪntʃo'ni:n], das; -s 【화학·약학】 신코닌.
Cineast [sine'ast] der; -en, -en [frz. cinéaste] a) 영화 제작자. b) 영화 평론가. c) 영화 애호가(팬). **Cinemagic** [sɪnə'mædʒɪk], das; -s [영어 Cinema와 magic의 인공어] 【영화】 트릭 촬영 기법. **Cinemascope** Ⓦ [sinema'sko:p], das; - [engl. Cinemascope] 【영화】 시네마스코프. **Cinemathek**: ↑Kinemathek. **Cinerama** Ⓦ [sine'ra:ma], das; - [engl. Cinerama] 【영화】 시네라마.
Cinquecentist [tʃɪŋkvetʃɛn'tɪst], der; -en, -en [ital. cinquecentista] 16세기 이탈리아의 예술가. **Cinquecento** [tʃɪŋkve'tʃɛnto], das; -(s) [ital. (mil) cinquecento] 【예술】 16세기 이탈리아의 예술.
CIP [tsɪp; engl.-amerik. < cataloguing in publishing] (Frankfurt/ Main에 있는) 독일 신간 서적 정보 서비스의 약자.
Cipollin, **Cipollino** [tʃipo'li:n(o)], der; -s [ital. cipollino, cipolla 의 축소형] 운모 대리석.
circa (약어:ca.) ↑zirka 참조.
Circarama [sɪrka'ra:ma], das; - [engl. circarama] 【영화】 파노라마와 유사한 영사 기법.
Circe ['tsɪrtsə], die; -n [그리스 신화 중의 마녀 Circe에서] 요부(妖婦), 마녀.
Circuittraining ['sə:kɪt-], das; -s 【스포츠】 순회 신체 단련, 이용 트레이닝.
Circulus vitiosus ['tsɪrkulʊs vi'tsio:zʊs], der; - -, ...li - si [lat. circulus] 1. (교양어) 순환 논증(循環論證), 순환 논법. 2. 악순환.
Circus: ↑Zirkus.
cis, Cis [tsɪs], das; -, - 【음악】 올림다 음(音). **Cịs-Dur** [(또한) '--], das; - 올림다 장조(기호: Cis (↑cis, Cis 참조)). **Cịs-Dur-Etüde**, die 올림다 장조 연습곡. **Cịs-Dur-Tonleiter**, die 올림다 장조 음계. **cịs-Moll** [(또한) '--'--], das; - 올림다 단조(기호: cis (↑cis, Cis 참조)). **cịs-Moll-Etüde**, die. 올림다 단조 연습곡. **Cịs-Moll-Tonleiter**, die 올림다 단조 음계.
Cislaweng: ↑Zislaweng.
citissime [tsi'tɪsime] 〈Adv.〉 [lat. citissimē] 《특히 관·고어》 화급한, 매우 급한. **cito** ['tsi:to] 〈Adv.〉 [lat. cito] 《특히 관·고어》 지급(至急), 속히.
Citoyen [sitoa'jɛ̃:], der; -s, -s [frz. citoyen] 시민, 공민, 인민.

Citrat [tsi'tra:t] ↑Zitrat.
Citrusfrucht: ↑Zitrusfrucht.
City ['sɪti], die; -s, -s (또는)...ties [engl. city] (대도시의) 중심 지구, 도심, 상업 지구, 번화가: die C. wird zur Fußgängerzone erklärt 도심이 보행자 전용 구역으로 공표되어진다. **City-Bike** ['sɪtibaɪk], das; -s, -s [engl. city-bike] 시내 교통용 소형 오토바이. **Citybildung**, die 【사회】 도심의 상업 지구화 현상.
Civet [si've:, si'vɛ], das; -s, -s [frz. civet] 【요리】 토끼고기 스튜.
Claim [kleɪm], das; -(s), -s [engl.(-amerik.) claim] 1. 청구(권), 소유 권리증. 2. 금광 회사의 지분.
Clairet [klɛ're], der; -s, -s [frz. clairet] (타닌산이 적게 든) 프랑스산 홍포도주. **Clairette** [klɛ'rɛt], die 순한 프랑스 백포도주. **Clair-obscur** [klɛrɔps'ky:ɐ], das; -(s) [frz. clair-obscur] 【회화·그래픽】 명암화법. **Clair-obscurschnitt**, der 목판화의 명암법. **Clairon** [klɛ'rõ:, (frz.) ...rõ], das; -s [frz. clairon] 1. 신호 나팔. 2. ↑Clarino (1, 2). **Clairvoyance** [klɛrvoa-'jãs], die [frz. clairvoyance] 천리안(千里眼).
Clan [kla:n, (engl.) klæn], der; -s, -e / -s [engl. clan] 1. (스코틀랜드의) 씨족 모임. 2. (이해 관계나 혈연 관계로 모인) 일당 (↑Klan).
Claque ['klakə, (frz.) klak], die [frz. claque] 박수 부대. **Claqueur** [kla'køːɐ], der; -s, -e (돈을 받고) 박수 치는 사람.
Claret [kla're:], der; -(s), -s [frz. claret] 순한 홍포도주.
Clarino [kla'ri:no], das; -s, -s /...ni [ital. clarino] 1. (고음의) 트럼펫. 2. 오르간의 클라리온 음전(音栓).
Clarkie ['klarkiə], **Clarkia** [...kia], die; ...ien [...jən; 미국의 식물학자 W, Clark(1770~1838)의 이름에서] 클라키아(북미 원산의 관상 식물).
Clausula ['klauzula], die; ...lae [...lɛ; lat. clausula] ↑Klausel.
Claves ['kla:vɛs] 〈Pl.〉 [span. claves] 클라베이스. **Clavicembalo** [klavi'tʃɛmbalo], das; -s, -s /...li [ital. clavicembalo] 【음악】 클라비쳄발로(합시코드) (↑Klavizimbel). **Clavicula** [kla'vi:kula], die; ...lae [...lɛ; lat. clāvicula] 【의학】 쇄골(鎖骨). **Clavis** ['kla:vɪs], die; - /...ves [...vɛs; lat. clavis] 1.【음악】 a) 오르간의 건반. b) 음부(音部) 기호, 음자리표. 2. 《고어》 (고문서 또는 성경의) 해설 사전. **Clavus** ['kla:vʊs], der; -, ...vi [...vi; lat. clāvus] 1. (로마 고관의 의상의) 자색이나 황금색 선. 2. 【의학】 a) 각질 세포(군살). b) 티눈.
clean [kli:n] 〈Adj.〉 격변화 없음 [engl. clean] 《통용어》 (치료 후) 마약 중독증을 벗어난, 완치된.
Clear-air-Turbulenz ['klɪə'ɛə-], die; -en 【기상】 청천 난류(晴天亂流).
Clearing ['kli:rɪŋ, (engl.) 'klɪərɪŋ], das; -s, -s [engl. clearing] 【경제】 청산, 어음 교환.
Clearing-: **~abkommen**, das 【경제】 (국가간의) 청산 협정. **~stelle**, die 【경제】 청산 사무소, 어음 교환소. **~verkehr**, der 【경제】 청산(어음 교환) 거래.
Clematis: ↑Klematis.
Clementine [klemɛn'ti:nə]: ↑Klementine.
Clerihew ['klɛrihju:], das; -s, -(s), -s [engl. clerihew, 영국의 시인 E. Clerihew Bentley의 이름에서] 유머러스한 4행시.
Clerk [klark, (engl.) kla:k], der; -s, -s [engl. clerk] 1. (영국과 미국에서) a) 사무원, 점원. b) (법원의) 서기. 2. (영국 성공회의) 성직자.
clever ['klɛvɐ] 〈Adj.〉 [engl. clever] 1. 【스포츠】 기량이 뛰어난, 능란한: ein -er Verteidiger 기량이 뛰어난 수비수. 2. 영리한, 교활한: ein -er Geschäftsmann 영리한

사업가; er ist für einen solchen Gegenspieler nicht c. genug 그는 그러한 적수를 당해낼 정도로 영리하지 못하다.
Cleverness, 《독어화》 **Cleverneß** [...nes], die [engl. cleverness] **a)** 능숙함, 수완. **b)** 영리함: er leitet das Unternehmen mit Umsicht und C. 그는 기업을 신중하고 영리하게 운영한다. **c)** 교활.
Clianthus [kli'antʊs], der; - 클리안서스(오스트레일리아 원산의 관목·덩굴 식물의 총칭).
Cliché: ↑Klischee.
Clinch [klɪntʃ, klɪnʃ], der; -(e)s [engl. clinch] 【권투】 껴안기[클린치]: sich aus dem C. lösen 클린치에서 벗어나다. **clinchen** ['klɪntʃn, 'klɪnʃn] 〈h〉 클린치하다.
Clinomobil: ↑Klinomobil.
Clip: ↑Klipp, Klips.
Clipper ⓦ₂ ['klɪpɐ], der; -s, - [engl. clipper] (해외 노선용 미국) 장거리 비행기(↑Klipper 참조).
Clique ['klɪkə, (또한) 'kli:kə], die; -n [frz. clique] **a)** 《폄》파벌, 일당, 도당: eine verbrecherische C. 범죄자의 일당, die C., die klatscht, ist das gleiche Kaliber wie die C., die pfeift 박수치는 도당은 휘파람 부는 도당과 같은 부류이다. **b)** (젊은이들의) 동아리: er hat die ganze C. am Abend zu sich eingeladen 그는 저녁에 동아리들을 전부 자기 집으로 초대했다.
Cliquen-: ~**bildung**, die 파벌의 형성. ~**(un)wesen**, das 〈Pl. 없음〉 파벌존립[지배]. ~**wirtschaft**, die 〈통용어·폄〉 파벌 정치[파벌의 발호].
Clivia ['kli:vi̯a], 《독어화》 **Klivie** ['kli:vi̯ə], die; ...ien [i̯ən]; Lady Ch. Clive(†1866)의 이름에서] 클리비아(애머릴리스속의 관상 식물).
Clochard [klɔ'ʃaːɐ̯], der; -(s), -s [frz. clochard] (특히 대도시의) 부랑자(無宿者), 부랑자.
Clog [klɔk, klɔg], der; -s, -s 〈대개 Pl.〉 [engl. clog] (멋 내게 만든) 나막신.
Cloisonné [klɔazɔ'neː], das; -s, -s [frz. cloisonné] 칠보(자기).
Clonus ['kloːnʊs], der; -, se [griech. klŏn] 인조 인간.
Cloqué [klɔ'keː], der; -(s), -s [frz. cloqué] (잔주름이 진) 크레이프.
Clos [kloː, (frz.) klo], das; - [kloː(s)], - [kloːs; frz. clos] (울타리가 있는 프랑스의) 포도밭. **Closed Shop** ['klouzd 'ʃɔp], der; - -(s), - -s [engl.-amerik. closed shop] **1.** 【전산】 컴퓨터 시설 자체는 공개하지 않는 전산소의 운영 방법(반대: Open Shop 1). **2.** (미국의) 노동 조합원만을 고용하는 사업소(반대: Open Shop 2).
Clostridium [klɔs'triːdi̯ʊm], das; -s [griech. klōstēr] (질병을 유발하는) 세균의 종류.
Cloth [klɔ(:)θ], der (또는) das; - [engl. cloth] (면이나 반모로 된) 안감.
Clou [kluː], der; -s, -s [frz. clou] 〈통용어〉 흥미의 중심, 하일라이트: ihre Darbietung war der C. des Abends 그녀의 연기는 그날 밤의 정점이었다.
Clown [klaʊn], der; -s, -s [engl. clown] (서커스 등의) 어릿광대: ein stark geschminkter C. 짙은 분장을 한 어릿광대; die Kinder warten auf den Auftritt des -s 어린이들은 어릿광대의 등장을 기다린다; den C. spielen 《폄》어릿광대 짓을 하다. **Clownerie** [klaʊnəˈriː], die; -n [...iːən; engl. clownery] 바보스런[어릿광대] 행동.
clownesk [klaʊˈnɛsk] 〈Adj.〉 어릿광대와 같은: -e Gesten 어릿광대와 같은 몸짓. **clownisch** ['klaʊnɪʃ] 〈Adj.〉 ↑clownesk.
Club: ↑Klub.
Clumberspaniel ['klʌmbɐ-], der; -s, -s [engl. Clumber] 영국 사냥개의 일종.
Cluniazenser: ↑Kluniazenser.

Cluster ['klastɐ, (engl.) 'klʌstə, der; -s, -(s) [engl. cluster] **1.** 【핵물리】 분자의 덩어리. **2.** 【음악】 연속음. **3.** 【언어】 **a)** 연속 자음(다른 자음들의). **b)** (한 개념의 의미론적) 특징의 총체. **4.** 《드물게》 다발, 송이.
cm = Zentimeter 센티미터.
Cm = Curium 큐륨.
cm² (qcm) = Quadratzentimeter 제곱[평방] 센티미터.
cmm (mm³) = Kubikmillimeter 세제곱[입방] 밀리미터.
c-Moll ['tseː-, (또한) '- '-], das; - 다 단조(기호: c.; ↑c, C 2 참조). **c-Moll-Etüde**, die 다 단조 연습곡.
cm/s, (cm/sec) = Zentimeter in der Sekunde.
c/o: ↑care of.
¹**Co** = Cobaltum 코발트.
²**Co, Co.** = Compagnie, Kompanie 회사.
Coach [koʊtʃ], der; -(s), -s [engl. coach] 코치, 감독. **coachen** ['koʊtʃn], 〈h〉 [engl. coach] 훈련시키다: eine Mannschaft c. 운동 단체를 훈련시키다. **Coaching** ['koʊtʃɪŋ], das; -s 훈련시킴.
Coat [koʊt], der; -(s), -s [engl. coat] 외투, 코트. **Coating** ['koːtɪŋ, (engl.) 'koʊtɪŋ], der; -(s) [engl. coating] 소모사(梳毛紗) 옷감.
Cob [kɔp, kɔb], der; - [engl. cob] (콥종의) 영국 말.
Cobaea [koˈbɛːa], die; - [스페인의 예수회 승려 B. Cobo (1582~1657)의 이름에서] ↑Glockenrebe.
Cobaltum [koˈbaltʊm], das; -s ↑Kobalt의 국제적 명칭(기호: Co).
Cobbler ['kɔblɐ], der; -s, -s [engl.-amerik. cobbler] 코블러(칵테일의 일종).
Cobigolf ['koːbi-], das; -(s) 《인공어》 ↑Minigolf.
COBOL ['koːbɔl], das; -s [영어의 Common business Oriented Language에서 만든 인공어] 【전산】 코볼(사무데이터 처리용 프로그래밍 언어).
Coca ['koːka], der; -(s) (또는) die 〈통용어〉 ↑Coca-Cola의 약칭: einen C. bestellen 콜라를 주문하다. **Coca-Cola** ⓦ₂ [koka'koːla], das; -(s) (또는) die [amerik. Coca-Cola] 코카 콜라(↑Coca, Coke, Cola).
Cochenille [kɔʃəˈnɪljə, (frz.) kɔʃˈnij] ↑Koschenille.
Cochlea ['kɔxlea], die; ...eae [...eː; lat. cochlea] **1.** 【의학】 내이(內耳)의 와우(蝸牛). **2.** 달팽이 껍데기.
Cochon [kɔˈʃɔ̃ː], der; -s, -s [frz. cochon] 《고어》 야비한 인간. **Cochonnerie** [kɔʃɔnəˈriː], die; -n [...iːən; frz. cochonnerie] 《고어》 야비함, 외설.
Cockerspaniel ['kɔkɐ-], der; -s, -s [engl. cocker spaniel] 코커스파니엘(사냥, 애완용 개).
¹**Cockney** ['kɔknɪ], das; -(s) [engl. cockney] (무식함의 표시로 여겨지는) 런던 토박이 사투리. ²**Cockney** [-], der; -s, -s 위의 방언 사용자.
Cockpit ['kɔkpɪt], das; -s, -s [engl. cockpit] **1.** 【항공】 조종실: einen Blick ins C. werfen 조종실을 힐끗 들여다보다. **2.** (경주용 자동차의) 운전석. **3.** (돛단배나 모터 보트의 지붕 없는) 선원석. **Cocktail** ['kɔkteɪl], der; -s, -s [engl. cocktail] **1.** (알코올 성분이 있는) 혼합 음료, 칵테일: ein eisgekühlter C. 얼음으로 차게 한 칵테일; einen C. mixen[reichen] 칵테일을 만들다 [권하다]. **2. a)** 《구동독》 연회. **b)** ↑Cocktailparty. **3.** 혼합(형) 음식.
Cocktail-: ~**empfang**, der 칵테일 파티(연회): die Stadt gab für der ausländischen Delegation einen C. 시에서는 외국 대표단을 위해서 칵테일 파티를 개최하였다. ~**happen**, der 칵테일 파티의 간식. ~**kleid**, das (소규모 연회를 위한) 복장. ~**party**, die 칵테일 파티. ~**schürze**, die (무늬가 있는 작은) 앞치마.
Coda: ↑Koda.

Code: ↑Kode. **Code civil** [kɔdsi'vil], der; - - [frz. code civil] 프랑스 민법전.
Codein: ↑Kodein.
Code Napoléon [kɔdnapole'õ], der; - - [frz. code Napoléon] 나폴레옹 법전. **Code-switching** ['koudswitʃiŋ], das; -(s), -s [engl. code switching] [언어] 한 언어[방언] 체계에서 다른 언어[방언] 체계로의 전환.
Codex: ↑Kodex. **Codicillus** [kodi'tsilus], der; -, ...lli [...li; lat. cōdicillus] 소법전, 메모장. **codieren:** ↑kodieren.
Coelin(blau) [tsø'liːn], das; -s [lat. coelum] 엷은 청색 채료.
Cœur [køːɐ], das; -s, -(s) [frz. cœur] [카드] 하트.
Coffein: ↑Koffein.
Coffeynagel ['kɔfe-], **Koffinnagel** ['kɔfn-], der; -s, ...nägel [lat. clāvicula] (돛단배의 삭구를 부착하는) 못, 스파이크.
Coffinit [kɔfi'niːt, (또한) ...nit], das; -s [미국의 지질학자 R. C. Coffin의 이름에서] 코피니트(방사성 광물).
cogito, ergo sum ['koːgito ˈɛrgo 'zʊm; lat.] ich denke, also bin ich 나는 생각한다, 고로 나는 존재한다(프랑스 철학자 데카르트의 명제).
cognac ['kɔnjak] 〈Adj.; 격변화 없음〉 금갈색의. **Cognac** Ⓦ[-], der; -s, -s [프랑스의 도시 Cognac의 이름에서] 꼬냑. **cognacfarben** 〈Adj.〉 ↑cognac: ein -er Stoff 꼬냑 색의 옷감.
Cognomen: ↑Kognomen.
Coiffeur [koa'føːɐ], der; -s, -e [frz. coiffeur] (schweiz., 그 외 아어) 이발사, 이용사. **Coiffeuse** [koa'føːzə], die; -n (schweiz., 그 외 아어) ↑Coiffeur의 여성형. **Coiffure** [koa'fyːɐ], die; -n ['...'fyːrən] 1. 〈Pl. 없음〉 (아어) 이발[미용] 기술. 2. (schweiz.) 이발소[미용실]. 3. (고어) 정교하게 꾸민 조발.
Coil [kɔyl], das; -s [engl. coil] 코일.
Coir [ko'iːɐ, 'kɔɪə], das; -(s) 《또는》 die [engl. coir] 야자피 섬유.
coitieren: ↑koitieren. **Coitus:** ↑Koitus.
Coke Ⓦ [koːk, (engl.) kouk], das; -(s), -s ↑Coca-Cola의 약칭.
col. = columna (Spalte). 단, 난.
Cola [koːla], das; -s / die 《복合어》↑Coca-Cola의 약칭: ein(e) C. bestellen. (한 병의) 콜라를 주문하다.
Colascione [kola'ʃoːnə], der; -, ...ni [ital. colascione] 콜라쇼네(남부 이탈리아의 현악기).
col basso [kɔl 'baso; ital. basso] [음악] 저음으로 (연주할)(약어: c. b.).
Colchicin: ↑Kolchizin.
Cold Cream ['kould 'kriːm], die; - -s 《또는》 das; - -s, - -s [engl. cold cream] 콜드 크림. **Cold Rubber** ['kould 'rabə], der; - -(s) [engl. cold rubber] 합성 탄성 고무.
Coleopter [kole'ɔptɐ], der; -s, - [griech. koleópteros] (원형 날개가 달린) 수직 이착륙 비행기.
colla destra ['kɔla 'dɛstra; ital. destra] [음악] 오른손으로 (연주할)(약어: c. d.; ↑colla sinistra 참조).
Collage [kɔ'laːʒə], die; -n [frz. collage] 1. [예술] **a)** 〈Pl. 없음〉 콜라주: die Technik der C. 콜라주 기법. **b)** 콜라주 기법으로 제작한 그림: eine Ausstellung von -n 콜라주 그림 전시회. **2.** (상이한 언어 소재로 된) 문학 작품. **3.** [음악] (주어진 음악적 소재를 연결하여 만든) 작곡. **collagieren** [kɔla'ʒiːrən] 〈h〉 상이한 소재를 짜맞추다, 콜라주 형식으로 구성하다.
colla parte ['kɔla 'parte; ital. parte] [음악] 주성부(主聲部)로. **coll'arco** [kɔl 'arko; ital. arco] [음악] 〈다시〉 활로 (연주할)(피치카토 뒤에 오는 현악기 주자를 위한

지시문) (약어: c. a.). **colla sinistra** ['kɔla zi'nıstra; ital. sinistro] [음악] 왼손으로 (연주할)(약어: c. s.).
collé [kɔ'leː; frz. collé] [당구] (쿠션에) 바싹 붙어 있는.
College ['kɔlidʒ], das; -(s), -s [engl. college] 1. (영국의) **a)** 기숙사가 부설된 사립 고교. **b)** (오래된 대학의) 학생과 교수의 생활 공동체. **c)** 전문 대학[학교]. 2. (미국의) 대학교 입문 과정. **Collège** [kɔ'lɛːʒ], das; -(s), -s [frz. collège] (프랑스어 사용국의) 고등 학교. **Collegemappe** ['kɔlidʒ-]; ↑Kollegmappe. **Collegium musicum** [kɔ'leːgiom 'muːzikom], das; - -, ...gia ...ca [lat. collēgium" mūsicum] (학교의) 음악 서클. **Collegium publicum** [-'puːblikum], das; - -, ...gia ...ca [lat. collēgium pūblicum] 대학교의 공개 강의.
col legno [kɔl 'lenjo; ital. legno] [음악] 활의 나무 부분으로 (연주할).
Collico Ⓦ ['koliko], der; -s, -s 〈인공어〉 (연방 철도에서 대여하는 접는 식의) 수송 상자. **Collico-Kiste**, die 콜리코 상자.
Collie ['kɔli], der; -s, -s [engl. collie] (털이 긴 스코틀랜드의) 목양견.
Collier: ↑Kollier.
Colloquium: ↑Kolloquium.
Collum ['kɔlum], das; -s, ...lla [lat. collum] [의학] 1. 목. 2. 기관(器官)의 연결부.
Colombo [ko'lɔmbo] 콜롬보(스리랑카의 수도).
Colón [ko'lɔn], der; -(s), -(s) [Kolumbus라는 스페인 이름에서] 콜론(코스타리카와 엘 살바도르의 화폐 단위).
Colonel [(frz.) kɔlɔ'nel, (engl.) 'kɜːnəl], der; -s, -s [engl. colonel < frz. colonel] [군] 대령.
Colonia [ko'loːnia], die; ...iae [...iɛ; lat. colōnia] (고대 로마의) 로마 시민 거주 구역 밖의 주거지.
Coloniakübel [ko'loːnia-], **Koloniakübel**, der; -s, - [lat. Colōnia Agrippīnēnsis] 《ostösterr.》 대형 쓰레기통.
Color- ['koːlɔr-, 'koːloːɐ-; lat. color] [사진] (Color-film, Color-Negativ-Film, Colorvergrößerung 등의 복합어에서) 천연색.
Colorado [kolo'raːdo], -s 콜로라도(미국의 주).
Coloradokäfer: ↑Koloradokäfer.
Colt Ⓦ [kɔlt], der; -s, -s [amerik. Colt, 미국의 사업가 S. Colt (1814~1862)의 이름에서] (특히 서부에서 사용된) 권총.
Columbia [kə'lʌmbiə]: ↑ D. C..
Combi: ↑Kombi.
Combine: ↑Kombine.
Combo ['kɔmbo], der; -s, -s [engl. combo] 콤보(악기별로 하나씩만 갖춘 소형 재즈[무도] 앙상블).
Comeback [kam'bek], das; -(s), -s [amerik. comeback] 재등장, 컴백: ein geglücktes C. 성공적인 복귀; ein C. wagen 복귀를 감행하다.
COMECON, **Comecon** ['kɔmekɔn], der 〈또는〉 das; - [engl. Council for Mutual Economic Assistance/Aid의 약칭] 코메콘, (구소련을 중심으로 하였던 예전의) 공산권 경제 협력 회의.
Comédie larmoyante [kɔmedilarmoa'jaːt], die [frz. comédie larmoyante] [문예학] (18세기 프랑스의) 감상극.
Come quick, danger! [kʌm 'kwɪk 'deɪndʒə; engl.] (예전의) 해난 신호로: CQD.
Comes [ko'mes], der; -, - / Comites ['koːmiteːs; lat. comes] 1. **a)** (고대 로마의) 고급 관리. **b)** (중세의 왕의) 시종, 백작. 2. [음악] 제 2성부에서 둔주곡 주제의 반복.
come sopra ['koːmə 'zoːpra; ital.] [음악] 위와[앞에와] 같이.

Comestibles [komɛs'ti:bl] ⟨Pl.⟩ [frz. comestibles] ⟨schweiz.⟩ 진미, 별식.

Comic ['kɔmɪk], der; -s, -s ⟨대개 Pl.⟩ [amerik. comic] ↑Comic strips. **Comicheft**, das 만화책. **Comic strips** ['kɔmɪk 'strɪps] ⟨Pl.⟩ [amerik. comic strips.] 만화[책].

Coming-out [kamɪŋ'|aʊt; engl.], das; -(s), -s (자신의 동성 연애 등을) 공표함.

Coming man ['kʌmɪŋ 'mæn], der; - - [engl. coming man] 전도 유망자, 신진 선수[정치가].

Comites: ↑Comes의 복수형.

comme ci, comme ça [kɔm'si kɔm'sa; frz.] 《교양어·준고어》 특별하지 않은, 그럭저럭.

Commedia dell'arte [kɔ'me:dja del'artə], die [ital. commedia dell'arte] (16〜18세기 이탈리아의) 민속적인 즉흥 희극.

comme il faut [kɔmɪl'fo:; frz.] 《교양어·준고어》 표본이 되는, 모범적인: die Kinder benahmen sich c. i. f. 아이들은 모범적으로 행동했다.

Commis voyageur [kɔmivoaja'ʒœ:r], der; - -, - -s [kɔmivoaja'ʒœ:r; frz., commis voyageur] ⟨고어⟩ 행상, 도붓장수.

commodo: ↑comodo 참조.

Common sense ['kɔmən 'sɛns], der; - - [engl. common sense] 상식. **Commonwealth** ['kɔmənwɛlθ], das; - [engl. commonwealth] 코먼웰스, 영연방. **Communiqué**: ↑Kommuniqué. **Communis opinio** [kɔ'mu:nis o'pi:nio], die [lat. commūnis opīnio] 일반적[지배적] 견해.

comodo ['kɔ:modo, (ital.) 'kɔ:modo; ital. comodo] 【음악】 차분히, 고요하게.

Compagnie: ↑Kompanie. **Compagnon**: ↑Kompagnon.

Compiler [kɔm'paɪlɐ], der; -s, - [engl. compiler] [전산] 문제 지향적 프로그램 언어로 쓰여진 프로그램을 전자 계산기의 기계 언어로 옮기는 프로그램.

¹Composé [kɔ̃po'ze:], der; -(s), -(s) [frz. composé] (이중색 무늬의) 직물. **²Composé** [-], das; -(s), -s **a)** (여러 가지 색과 무늬가 조화된) 웃감. **b)** 위의 웃감으로 만든 숙녀복. **Composer** [kɔm'poːzɐ], der; -s, - [engl. composer] [인쇄] (자동 조절) 전자 식자기. **Composersatz**, der ⟨Pl. 없음⟩ 전자 식자[조판].

Compound- [kɔm'paʊnt-, ⟨engl.⟩ 'kɔmpaʊnd-; engl. compound]: ~**kern**, der [engl. compound nucleus] 【핵물리】 (강력한 미립자로 원자핵을 쏘았을 때 생기는) 새로운 핵. ~**maschine**, die **a)** 복합 기관. **b)** [전기] 복권 기계. ~**öl**, das 복합유. ~**triebwerk**, das (배기터빈을 장치한) 고성능 항공 모터.

comptant [kɔ̃'tɑ̃:]: ↑kontant. **Comptoir** [kɔ̃'toa:ɐ̯], das; -s, -s [frz. comptoir] ⟨고어⟩ ↑Kontor.

Comptoneffekt ['kʌmtən-], der; -(e)s [미국의 물리학자 A. H. Compton(1892〜1962)의 이름에서] 【물리】 (X선의 산란에 관한) 컴프튼 효과.

Compur Ⓦ [kɔm'puːɐ̯], der; -s, -e 《인공어·사진》 대물렌즈 개폐 장치.

Computer [kɔm'pjuːtɐ], der; -s, - [engl. computer] 컴퓨터, 전자 계산기: der C. speichert Informationen 컴퓨터는 정보를 저장한다; den C. programmieren [《통용어》 füttern] 컴퓨터 프로그램을 하다.

computer-, Computer- [kɔm'pjuːtɐ-]: ~**anlage**, die 컴퓨터 시설. ~**bild**, das 컴퓨터에 의한 몽타즈식 얼굴상(像). ~**blitz**, der [사진] 전자 프래시. ~**diagnostik**, die [의학] 컴퓨터(에 의한) 진단학[법]. ~**fahndung**, die 컴퓨터(를 통한) 수배. ~**generation**, die (발달에 따른) 컴퓨터 기종의 세대. ~**gerecht** ⟨Adj.⟩ 컴퓨터 작업에 알맞는: ein Verfahren c. vereinfachen 처리 방식을 컴퓨터 작업에 알맞게 간소화하다. ~**gesteuert** ⟨Adj.⟩ 컴퓨터가 통제[감시]하는. ~**kunst**, die ⟨Pl. 없음⟩ 컴퓨터 예술. ~**simulation**, die (어떤 과정의) 컴퓨터 모의 실험 [시뮬레이션]. ~**spezialist**, der 컴퓨터 전문가.

computerisieren [kɔmpjutəri'ziːrən] ⟨h⟩ **a)** (정보와 자료를) 전자 계산기에 사용할 수 있도록 하다. **b)** (정보와 자료를) 전자 계산기에 저장하다. **Computerisierung**, die; -en 위를 하기.

Comte [kɔ̃:t], der; -s, -s [frz. comte] 백작(Graf)에 대한 프랑스말 칭호. **Comtesse** [kɔ̃'tɛs] ↑Komteß.

con affetto [kɔn a'fɛto; ital. < lat. affectus] ↑affetuoso. **con amore** [kɔn a'moːrə; ital. < lat. amor] ↑amoroso. **con anima** [kɔn 'aːnima; ital. < lat. animal] 【음악】 감정을 넣어서.

Conakry [kɔna'kri] 코나크리(기니아의 수도)

conaxial [kɔn|a'ksjaːl] ↑koaxial.

con brio [kɔn 'briːo; ital.] ↑brioso. **con calore** [kɔn ka'loːrə; ital.] 【음악】 기운차게.

Concelebratio [kɔntsele'braːtsio] ↑Konzelebration.

Concept-art ['kɔnsɛpt|aːɐ̯t], die [engl. concept art] 개념 예술, 콘셉튜얼 아트.

Concertante [kɔntʃɛr'tantə, (ital.) kɔntʃer'tante, (frz.) kɔ̃sɛr'tɑ̃:t], die; -n [ital. composizione concertante/ frz. musique concertante] 콘체르탄테(여러 독주 악기나 독주 악기군을 위한 협주곡). **Concertino** [kɔntʃɛr'tiːno], das; -s, -s [ital. concertino] 【음악】 **1.** 소협주곡, 콘체르티노. **2.** 합주 협주곡의 독주 악기군. **Concerto grosso** [kɔn'tʃɛrto 'grɔso], das; - -, - ...ti ...ssi [ital. concerto grosso] 【음악】 **1.** 합주 협주곡, 콘체르토 그로소. **2.** (독주 악기군과는 반대로) 전체 오케스트라.

concha ['kɔnça] ↑Koncha.

Concierge [kɔ̃'sjɛɐ̯ʃ, (frz.) kɔ̃'sjɛrʒ], der (또는) die; -, -s / -n [frz. concierge] 관리인(의 부인).

concitato [kɔntʃi'taːto; (ital.) concitato] 【음악】 상기되어, 흥분해서.

Conclusio [kɔn'kluːzio, (또한) kɔŋ...] ↑Konklusion.

Concours hippique [kɔ̃kuri'pik], der; - -, - -s [...rzi'pik; frz. concours hippique] 마차 경기를 겸한 마술 경기.

con discrezione [kɔn diskre'tsioːnə; ital.] 【음악】 신중하게.

Conditionalis [kɔnditsio'naːlɪs] ↑Kondıtional의 라틴어형. **Conditio sine qua non** [kɔn'diːtsio 'ziːnə 'kvaː 'noːn], die [lat. condicio sine quā nōn] [철학] 필수적 (전제) 조건.

con dolore [kɔn do'loːrə; ital.] ↑doloroso.

Condor ['kɔndɔr, (또한) ...doːɐ̯], der; -(s), -(s) [span. cóndor] 칠레의 주화 단위.

Condottiere: ↑Kondottiere.

Conductus, Konduktus [kɔn'dʊktʊs], der; -, - [...tuːs; lat. conductus] [음악] **a)** (중세의) 단성으로 된 라틴어 노래. **b)** (중세의) 다성 음악의 대표적 형식. **Conduite**: ↑Konduite.

con espressione [kɔn ɛspre'sjoːnə; ital.] ↑espressivo.

conf. = confer 참조.

confer ['kɔnfɛr; lat. cōnfer] 참조하라(= vergleiche!) (약어: cf., cfr., conf.).

Conférence [kɔ̃feˈrɑ̃:s], die [frz. conférence] 사회자의 알림, (회의의) 사회: Er übernahm die C. dieses Abends 그는 이날 저녁 모임의 사회를 맡았다. **Conférencier** [kɔ̃fera'sjeː], der; -s, -s (여흥, 행사 따위의) 사회자: ein geistreicher C. 재치 있는 사회자.

conferieren [kɔnfe'riːrən] ⟨h⟩ (특히 österr.) 사회보다: eine Veranstaltung c. 모임에서 사회를 맡다.

Confessio [kɔn'fɛsjo], die; ...ones [...'sjoːnɛs; lat. cōnfessiō] **1.** 죄[신앙]의 고백. **2.** (고대 기독교회에서) 제대 밑에 있는 순교자 묘 앞의 공간. **Confessor** [kɔn-'fɛsɔr, (또한) ...soːɐ̯], der; -s, -es [...'soːrɛs; lat. cōnfessor] (로마황제 시대의) 박해 받은 기독교인(을 위한 경칭).

Confiserie: ↑Konfiserie.

Confiteor [kɔn'fiːteɔr, (또한) ...eoːɐ̯], das; - [lat. cōnfiteor] 죄의 고백(예배시의).

Confoederatio Helvetica [kɔnføde'raːtsio hɛl've-tika], die 스위스 연방의 라틴어 표시 (약어: CH).

con forza [kɔn 'fɔrtsa; ital.] [음악] 힘있게, 중후하게.

con fuoco [kɔn 'fu̯oːko; ital.] [음악] 격렬하게, 빠르게.

Conga ['kɔŋga], die; -s [amerik.-span. conga] **1.** (4/4 박자의) 쿠바 민속춤. **2.** (쿠바 흑인 음악에 쓰이는) 큰 북 (현대 재즈에서도 사용됨).

con grazia [kɔn 'graːtsi̯a; ital.] ↑grazioso.

con impeto [kɔn'impeto; ital.] ↑impetuoso.

Conjunctiva: ↑Konjunktiva. **Conjunctivitis**: ↑Konjunktivitis.

con leggierezza [kɔn lɛdʒeˈretsa; ital.] [음악] 경쾌하게, 무겁지 않게.

con moto [kɔn 'moːto; ital.] [음악] 활발하게, 힘차게.

Connaisseur [kɔnɛˈsøːɐ̯], der; -s, -s [frz. connaisseur] (준고어) 전문가, 감정가; 미식가: er urteilte mit der Miene des -s 그는 전문가의 표정을 지으며 판단했다.

Connecticut [kəˈnɛtikət], -s 코넥티컷(미국의 주).

con passione [kɔn paˈsi̯oːnə; ital.] ↑passionato, appassionato.

con pietà [kɔn pi̯eˈta; ital.] ↑pietoso.

Consecutio temporum [kɔnzeˈkuːtsi̯o 'tɛmpɔrum], die [lat. cōnsecūtiō temporum] [언어] 주문장과 부문장의 시제의 일치.

Consensus: ↑Konsensus.

con sentimento [kɔn zɛntiˈmɛnto; ital.] [음악] 감정을 넣어서.

Consilium abeundi [kɔnˈziːlium abeˈundi], das; - - [lat. cōnsilium abeundī] (교양어·준고어) 학생에게 정식으로 내려진 자퇴 권고.

Consolatio [kɔnzoˈlaːtsi̯o], die; -nes [...laˈtsi̯oːnɛs; lat. cōnsōlātiō] (고대 로마 문학의) 위로시, 위로문.

Consommé, (고어) **Konsommee** [kɔsɔˈmeː], die; (또는) das; -s, -s [frz. consommé] (쇠고기나 국가 야채로 된) 수프, 곰국.

con sordino [kɔn zɔrˈdiːno; ital.] [음악] 약음기(弱音器)로.

con spirito [kɔn 'spiːrito; ital.] ↑spirituoso.

Constable ['kanstəbl, (engl.) 'kʌnstəbl], der; -, -s ↑Konstabler (1).

Constituante [kõstiˈtyãːt], die; -s [...ãːt], Konstituante [kɔnstituˈantə], die; -n [frz. constituante] (특히 1789년 프랑스 혁명 당시의) 제헌 국회.

Constructio ad sensum [kɔnˈstruktsi̯o at ˈzɛnzum], die [lat. cōnstructiō ad sēnsum] (언어) 술어나 주어가 주어의 문법적 형식이 아니라 그 의미에 따르는 구문 (↑Synesis) (예컨대: eine Menge Äpfel fielen von Baum). **Constructio apo koinu** [-aˈpoːkoyˈnuː], die ↑Apokoinu. **Constructio kata synesin** [-kaˈta ˈzyːnezin], die [griech. katà sýnesin] ↑Synesis.

Contactlinse: ↑Kontaktlinse.

Contagion: ↑Kontagion.

Container [kɔnˈteːnɐ, (engl.) kənˈteinə], der; -s, - [engl. container] **1.** 콘테이너. **2.** [서적] 도서 운송 상자.

Container-: ~**bahnhof**, der 콘테이너 역. ~**hafen**, der 콘테이너 항구. ~**lastzug**, der 콘테이너 수송 열차. ~**schiff**, das 콘테이너 수송선. ~**terminal**, der (또는) das 콘테이너 터미널. ~**verkehr**, der 콘테이너 화물 운수.

containerisieren [kɔnteˌnɛriˈziːrən] ⟨h⟩ [engl. containerize] 콘테이너로 부치다. **Containment** [kɔn-ˈteɪnmənt], das; -s, -s [engl. (-amerik.) containment] **1.** 원자로의 외부 보호막. **2.** ⟨Pl. 없음⟩ 서방 방위 동맹에서의 힘의 정책.

Contango [kɔn'taŋgo, kən'tæŋgoʊ], der; -s, -s [engl. contango] ↑Report (2).

¹**Conte** [kõːt], die; -s [frz. conte] [문예] 꽁트.

²**Conte** ['kɔntə], der; -, Conti [ital. conte] (이탈리아의) 백작.

Contenance [kõtaˈnãːs(ə), kõtˈnãːs], die [frz. contenance] (교양어) 침착, 자제: die C. wahren 침착을 유지하다.

con tenerezza [kɔn teneˈretsa; ital.] ↑teneramente.

Contergan Ⓦ [kɔnterˈgaːn], das; -s ⟨인공어⟩ 수면제 탈리도미트의 상품명, 콘테르간. **Contergankind**, das (통용어) 임신중 콘테르간 수면제 복용으로 낳은 기형아.

Contessa [kɔnˈtesa], die; ...ssen [ital. contessa] ↑²Conte의 여성형.

Contest ['kɔntɛst], der; -(e)s, -s / -e [engl. contest] (경음악 분야의) 경연 대회, 콘테스트.

Continuo, Kontinuo [kɔnˈtiːnuo], der; -s, -s ↑Basso continuo의 약칭 (↑Basso 참조).

contra, Contra: ↑kontra, Konta. **Contradictio in adjecto** [kɔntraˈdiktsi̯o in atˈjɛkto], die [lat. contrādictiō in adiectō] [수사·양식] 명사와 형용사간의 의미상 모순(예컨대: schwarzer Schimmel). **contra legem** ['kɔntra 'leːgɛm; lat.] [법] 법률 문구에 반해서 (반대: intra legem). **contraria contrariis** [kɔn'traːria kɔnˈtraːriːs; lat.] (교양어) 반대되는 것은 반대되는 것으로(퇴치해야 된다). **Contratenor**, der; -s, ...nōre [ital. contrattenore] [중세 음악에서 테너와 소프라노에 덧붙여진 제3성부].

contre-, Contre- [kõtrə-]: ↑konter-, Konter- 참조; **Contrecoup** [kõtrəˈku], der; -s, -s [frz. contrecoup] [의학] 반충(反衝) 손상. **Contredanse** [-'dãːs], der; -, -s [-'dãːs]: ↑Kontertanz. **Contretanz**, der; -s, ...tänze: ↑Kontertanz.

Control(l)er [kɔn'troːlɐ], der; -s, - [engl. controller] [경제] 원가 계산 전문가, 경리부장.

Conurbation [kɔnœrˈbeɪʃən], der; -s, Konurbation [kɔn|urbaˈtsi̯oːn], die; -en [engl. conurbation] 대도시권.

Converter: ↑Konverter.

Convertible Bonds [kənˈvəːtəbl 'bɔndz] ⟨Pl.⟩ [engl. convertible bonds] 전환 사채.

Conveyer [kɔnˈveːɐ̯], der; -s, - [engl. conveyer] 콘베이어 벨트, 운반 장치.

Convoi: ↑Konvoi.

cool [kuːl] ⟨Adj.⟩ [engl.-amerik. cool] (마약 복용으로) 황홀한.

Cool Jazz ['kuːl 'dʒæz], der; - - [amerik. cool jazz] 50년대의 재즈 양식.

Cop [kɔp], der; -s, -s [engl. cop] ⟨통용어⟩ 경찰관(에 대한 미국식 지칭).

Copilot: ↑Kopilot.

Coproduktion: ↑Koproduktion. **coproduzieren**: ↑koproduzieren 참조.

Copy- [ˈkɔpi-]; **~right** [-raɪt], das; -s, -s [engl. copyright] 판권, 저작권(기호: ⓒ). **~test** [-tɛst], der; -s, -s 카피 테스팅(↑Copy-testing) 방식에 의한 조사. **~testing** [-tɛstiŋ; 가운데에 붙임표를 하든, das; -s (어떤 선전 수단의 질을 일정한 집단의 반응을 통해서 확인하려는) 광고 심리학적 조사 방법.

Coquille [koˈkiːj(ə)], die; -n ⟨대개 Pl.⟩ [frz. coquille] **a)** 조개 껍데기. **b)** 〖요리〗 코키유(조개구이 요리).

coram publico [ˈkoːram ˈpuːbliko; lat. cōram pūblicō] 공공연히: eine Meinungsverschiedenheit c. p. austragen 의견 차이를 공개적으로 발표하다.

Cord: ↑Kord.

Cord-: **~anzug**, der 코르덴 양복. **~hose**, die 코르덴 바지. **~jacke**, die 코르덴 재킷. **~jeans** ⟨Pl.⟩ 코르덴 청바지[진스].

Cordial Médoc [kɔrdjalmeˈdɔk], der; - -, - - [frz. cordial Médoc] 코디얼주(酒).

¹**Córdoba** [ˈkɔrdoba, (또한) ...va], der; -(s), -(s) [span. córdoba, 스페인의 연구가 F. F. de Córdoba(†1526)의 이름에서] 니카라구아의 주화 단위. ²**Córdoba** [ˈkɔrdoba, ..va; ˈkɔrδoβa], -s 코르도바(스페인의 도시).

Cordon bleu [kɔrdõˈbløː], das; - -, - -s [kɔrdõˈbløː; frz. cordon bleu] 〖요리〗 (익힌 햄과 치즈로 채워서 노른자위와 빵가루를 묻혀 튀긴) 송아지 고기 커틀렛, 코르동 블뢰. **Cordon sanitaire** [kɔrdõsaniˈtɛːr], der; - -, -s [kɔrdõsaniˈtɛːr; frz. cordon sanitaire] 1. 방역선(防疫線), 완충 지대: einen C. s. errichten 방역선을 설치하다. 2. 군사 분계선의 초소.

Cordsamt, der 우단 같은 코르덴.

Core [kɔː], das; -(s), -s [engl. core] 〖핵물리〗 (원자로의) 노심(爐心).

Corfam Ⓦ [ˈkɔːɐ̯fam], das; -(s) 〘인공어〙 코팸(인조가죽).

Coriolis-Kraft [kɔrjoˈlis-], die [G. G. de Coriolis (1792~1843)의 이름에서] 〖물리〗 코리올리의 힘(지구회전으로 비행중인 물체에 작용하는 편향력).

Corium [ˈkoːrium], das; -s [lat. corium] 〖의학〗 진피(眞皮).

Cornamusa [kɔrnaˈmuːza], die; -s [ital. cornamusa] ↑Cornemuse. **Cornea**, Kornea [ˈkɔrnea] die; ...eae [..nee; lat. cornea] 〖의학〗 (눈의) 각막.

Corned beef [ˈkɔːnd ˈbiːf], das; - - [engl. corned beef] 콘비프, 소금에 절인 통조림 쇠고기. **Cornedbeefbüchse**, die 콘비프의 통조림. **Corned pork** [-ˈpɔːk], das; - - [engl. corned pork] 소금에 절인 통조림 돼지고기.

Cornemuse [kɔrnəˈmyːz], die; -s [-; frz. cornemuse] 코르느뮤즈(백파이프의 일종).

Corner [ˈkɔːnɐ], der; -s, - [engl. corner] 1. ⟨축구 · österr., 그 외 지역⟩ 코너킥. 2. ⟨독어화: Korner⟩ 〖증권〗 (계획적으로 조작한) 주가 앙등. 3. 링의 코너, 귀퉁이.

Cornet à pistons [kɔrneapisˈtõ], das; - - -, -s - - [kɔrnea...; frz. cornet à pistons] ↑²**Kornett** (1). **Cornetto** [kɔrˈnɛto], das; -s, -s / ...ti [ital. cornetto] 〖음악〗 코넷(악기).

Corn-flakes [ˈkɔːnfleɪks] ⟨Pl.⟩ [amerik. cornflakes] 콘플레이크.

Cornichon [kɔrniˈʃõː], das; -s, -s [frz. cornichon] 작은 오이 절임. **Corno** [ˈkɔrno], das; -s, ...ni [ital. corno] 〖음악〗 호른. **Corno da caccia** [-daˈkatʃa], das; - - -, ...ni - - 〖음악〗 엽적(獵笛). **Corno di bassetto** [-di baˈsɛto], das; - - -, ...ni - - 〖음악〗 알토클라리넷.

Cornwall [ˈkɔrnval, ˈkɔːnwəl], -s 콘월(영국의 백작령).

Corolla: ↑Korolla.

Corona: ↑Korona. **Coroner** [ˈkɔrənɐ], der; -s, -s [engl. coroner] 변사 사건을 조사하는 영·미의 관리, 검시관.

Corpora: ↑Corpus의 복수형. **Corps**: ↑Korps. **Corps consulaire** [kɔrkõsyˈlɛːr], das; - -, - - [kɔrkõsyˈlɛːr] 영사단. **Corps de ballet** [kɔrdəbaˈle], das; - - -, - - - [frz. corps de ballet] 발레단. **Corps diplomatique** [kɔrdiplomaˈtik], das; - -, - - [kɔrdiplomaˈtik; frz. corps diplomatique] 외교 사절단(약어: CD). **Corpus** [ˈkɔrpus], das; -, ...pora [ˈkɔrpora; lat. corpus] 1. 〖의학〗 (기관의) 몸체(부분). 2. ↑Korpus. **Corpus Christi** [-ˈkrɪsti], das; - - [lat. corpus Chrīstī] 〖가〗 (영성체시) 그리스도의 몸, 성체. **Corpus Christi mysticum** [- - ˈmystikum], das; - - - 〖가〗 그리스도의 신비스러운 몸(으로서의 교회). **Corpus delicti** [ˈkɔrpus deˈlɪkti] das; - -, Corpora - [lat. corpus dēlictī] 〖법〗 범행에 사용된 증거물: der Staatsanwalt legte das C. d. vor 검사는 범행에 사용된 증거물을 제출했다. **Corpus juris** [-ˈjuːrɪs] das; - - [lat. corpus iūris] 〖법〗 법전(法典).

Corregedor [kɔrɛʒeˈdoːr], **Corregidor**, **Korregidor** [kɔrexiˈdoːɐ̯], der; -s / -en, -en [span. corregidor] (스페인과 포르투갈의) 고위 행정 관리.

Corrida (de toros) [kɔˈriːda (de ˈtoːros), die; -s(- -) [span. corrida (de toros)] 투우.

Corrigenda: ↑Korrigenda. **Corrigens**: ↑Korrigens. **corriger la fortune** [kɔriʒelafɔrˈtyn; frz. N. Boileau-Despréaux (1656~1711)의 말에서 유래] 〘교양어〙 사기 도박하다.

Corso: ↑Korso.

Cortège: ↑Kortege. **Cortes** [ˈkɔrtes, ⟨span.⟩ ˈkɔrtes] ⟨Pl.⟩ [span., port. cortes] (스페인 및 옛 포르투갈의) 국회.

Cortische' Organ, das [이탈리아의 의사 Corti의 이름에서] 〖해부〗 코르티 기관(내이(內耳)의 일부분).

Cortison: ↑Kortison.

Corydalis [koˈryːdalɪs] ↑Korydalis.

cos = Kosinus 코사인.

Cosa Nostra [ˈkoːza ˈnɔstra, ⟨engl.⟩ ˈkousə ˈnɔustrə], die [amerik. Cosa Nostra] 코자 노스트라(미국의 이탈리아인 범죄 조직).

cosec = Kosekans 코시컨트.

Cosmaten [kɔsˈmaːtn̩] ⟨Pl.⟩ [이탈리아식 세례명 Cosmas] (12~14세기 이탈리아의) 모자이크 예술가 가문. **Cosmatenarbeit**, die 〖미술〗 모자이크 세공: die Vorderseite des Altars ist eine C. aus dem 13. Jahrhundert 제단의 전면은 13세기의 모자이크 미술품이다.

Cosmea [kɔsˈmeːa], die; Cosmeen [...eːən; griech. kósmos] 코스모스.

Cosmotron: ↑Kosmotron.

cost and freight [ˈkɔst əndˈfreɪt; engl.] 운임 포함 가격 (약어: cf).

Costa Rica [ˈkɔsta ˈriːka, ˈkɔsta ˈrriːka], - -s 코스타리카. **Costaricaner** [kɔstariˈkaːnɐ], der; -s, - 코스타리카 사람. **coataricanisch** [kɔstariˈkaːnɪʃ] ⟨Adj.⟩ 코스타리카의.

cot = Kotangens.

Côte d'Azur [kotdaˈzyːr], die 프랑스령 리베라아.

Côtelé [kotəˈleː], der; -(s), -s [frz. côtelé] 이랑진 직물. **Coteline** [kotəˈliːn], der; -(s), -s (코르덴처럼 골진) 가구용 천.

CO-Test [tseˈ|oː-], der; -(e)s, -s / -e [CO] 〖자동차〗

(자동차 배기 가스의) 일산화탄소 측정.
cotg = Kotangens.
Cotillon: ↑Kotillon.
Cotonou [...'nu:] 코토누(베넌의 수도).
Cottage, das; -, -s [engl. cottage] **1.** ['kɔtɪtʃ] [건축] 별장, 오두막집. **2.** [kɔ'tɛ:ʃ] (österr. · 고어) 별장 지역. **Cottagesystem**, das 〈Pl. 없음〉 (영국의) 직원 조합 주택.
Cottbus ['kɔtbʊs] **1.** 코트부스(구동독의 도시). **2.** 구동독의 행정구. **3.** 위의 행정구내의 군. **Cottbuser, Cottbusser** ['kɔtbʊsɐ], der; -s, - 코트부스 사람.
Cotton ['kɔtn̩], der 〈또는〉 das; -s [engl. cotton] **a)** 면(綿) 면사. **b)** 면직물, 무명. **cottonisieren**: ↑kotonisieren.
Cottonmaschine ['kɔtn-], die; -n [영국의 기술자 W. Cotton (1786-1866)의 이름에서] 여자 스타킹 직조기.
Cottonöl, das 면실유.
Cottonstuhl, der ↑Cottonmaschine.
Cottonwood ['kɔtnwʊd], das; -(s) [engl.-amerik. cottonwood] 미루나무(목재).
Couch [kautʃ], die, 〈schweiz.〉 der; -, -(e)s 〈또한〉 -en [engl. couch] (누울 수 있는) 긴 소파. **Couchgarnitur**, die 긴 소파 세트. **Couchtisch**, der (긴 소파용) 탁자.
Couéismus [kue'ɪsmʊs], der; - [프랑스의 심리학자 E. Coué (1857~1926)의 이름에서] 쿠에 요법(일종의 자기 암시 요법).
Couleur [ku'lø:ɐ̯], die; -s [frz. couleur] 〈Pl. 없음〉 특성, 방향; Journalisten verschiedener C. 각양각색의 언론인들; Bemerkungen dieser C. sollten vermieden werden 이런 류의 언급은 회피해야 될 것이다. **2.** [카드] 으뜸패. **3.** [대학생] (동아리 고유의) 모자와 휘장.
Couloir [ku'lɔa:ɐ̯], der; -s, -s [frz. couloir] **1.** 〈고어〉 통로. **2.** [등산] 협곡. **3.** (말의) 도약 훈련장.
Coulomb [ku'lõ:], der; - [프랑스의 물리학자 Ch. A. de Coulomb (1736~1806)의 이름에서] 쿨롬(전기량 측정의 mks 단위)(기호: C).
Count [kaunt], der; -s, -s [engl. count] **1.** 〈Pl. 없음〉 (비영국계의) 백작 칭호. **2.** 백작(칭호 소유자).
Countdown ['kauntdaun], der 〈또는〉 das; -(s), -s [engl. countdown] **1. a)** 초읽기, 최종 점검, 카운트다운: ein reibungsloser C. 순조로운 초읽기; der C. beginnt 초읽기가 시작된다. **b)** (로켓 발사 전의) 총점검. **2.** (기술적인) 최종 준비.
Counter ['kauntɐ], der; -s, - [engl. counter] 《운어》 **a)** [항공] 탑승객 수속 카운터. **b)** [관광] 여행사의 카운터. **Counter-Display** [-dɪs'pleɪ], das; -s, -s 《광고 · 드물게》 판매대의 상품 광고물.
Counterpart ['kauntɐpart], der; -s, -s [engl. counterpart] 카운터 파트(원조 파견 요원과 교환으로 독일에 오는 외국인).
Countess ['kauntɪs], die; -es [...tɪsɪs] ↑Counteß.
Counteß ['kauntɪs], die; ...tessen [...'tɛsn̩] engl. countess) **1.** 〈Pl. 없음〉 백작 부인에 대한 영어식 칭호. **2.** 백작 부인.
Country-music ['kʌntrɪmjuːzɪk], die [amerik. country music] (미국 남부의) 민속 음악.
County ['kauntɪ], die; -s 〈또한〉 ...ties [engl. county] (영, 미의) 사법 · 행정 구역, 군.
Coup [kuː], der; -s, -s [frz. coup] (불의의 습격, (과감한) 행동): der Einbruch in das Juweliergeschäft war sein letzter großer C. 보석 상점 침입은 그의 마지막 거사였다; einen C. (gegen jmdn., etw.) starten (···에게, ···에 대해서) 타격을 개시하다. **Coup d'Etat**

[kude'ta], der; - -, -s - [ku...; frz. coup d'État] 〈고어〉 쿠데타, 무력 정변. **Coup de main** [kud'mɛ̃], der; - - -, -s - - [ku...; frz. coup de main] 〈고어〉 급습, 기습.
Coupé [ku'peː], das; -s, -s [frz. coupé] **1.** (österr. · 그외 고어) 객차의 칸막이 객석칸: ein C. zweiter Klasse 2등 객차의 칸막이 칸. **2.** 2인승 유개 마차. **3.** 쿠페형 유개 자동차: ein schnittiges C. 멋진 쿠페 자동차.
Couplet [ku'pleː], das; -s, -s [frz. couplet] 후렴을 가진 재치 있는 시사 풍자시.
Coupon, Kupon [ku'põː], der; -s, -s [frz. coupon] **1.** 떼어내어 쓰는 표, 쿠폰, 회수권. **2.** [금융] 이자표. **3.** (일정한 길이로 자른) 복지, 천.
Cour [kuːɐ̯; frz. cour] (다음의 준고어적 용법으로) **einer Frau(Dame) die C. machen(schneiden)** 귀부인 [숙녀]에게 구애[아첨]하다.
Courage [ku'raːʒə], die [frz. courage] **1.** 《통용어》 용기, 담력, 배짱: C. zeigen 용기를 보이다; er bekommt Angst vor der eigenen C. 그는 망설인다. **2.** 〈지역적〉 힘: Mensch, hat der Junge C., der kann ja den Eimer hochheben 저런, 저 소년은 힘이 있네, 물통을 들 수 있으니. **couragiert** [kura'ʒiːɐ̯t] 용감한: ein -er Junge 용감한 소년.
courant: ↑kurant. **Courant**: ↑¹Kurant. **Courante** [kuˈrã:t(ə)], die; -n [frz. courante] [음악] **1.** 빠른 박자의 옛 프랑스 춤. **2.** (18세기 음악의) 조곡의 2악장.
Course [kɔːs], der; -, -s [engl. course] 골프장: ein gepflegter C. 잘 다듬어진 골프장.
Court [kɔːt], der; -s, -s [engl. court] [테니스] 정구 경기장, 코트.
Courtage [kʊr'taːʒə], die; -n [frz. courtage] (증권 거래의) 중개료: C. nehmen 중개료를 받다. **Courtier** [kʊr'tieː], der; -s, -s [frz. courtier] 〈고어〉 중개인.
Courtoisie [kʊrtoa'ziː], die; -n [...iːən; frz. courtoisie] 〈준고어〉 기사적(세련된) 태도, 정중함.
Couscous ['kuskus] ↑Kuskus.
Cousin [kuˈzɛ̃ː, ku'zɛŋ], der; -s, -s [frz. cousin] 종형제 (Vetter), 사촌: mein C. väterlicherseits 나의 친사촌; er ist ein C. von mir 그는 나의 사촌이다. **Cousine, Kusine** [ku'ziːnə], die; -n [frz. cousine] 종자매 (Base): sie war seine C. mütterlicherseits 그녀는 그의 외사촌누이였다.
Couture [ku'tyːɐ̯], die ↑Haute Couture. **Couturier** [kutyˈrieː], der; -s, -s ↑Haute Couturier: die Pariser -s haben ihre neuen Herbstmodelle vorgestellt 파리의 유행 창조자들은 가을철 새 모델들을 소개했다.
Couvade [ku'vadə], die; -n [frz. couvade] [인종] 쿠바드(아내의 분만과 산욕 기간 중 남편이 똑같이 모방하는 습속), 의만(擬姙).
Couvert [kuˈvɛːɐ̯, kuˈveːɐ̯], das; -s, -s [frz. couvert] **1.** 누비이불의 홋이불. **2.** ↑Kuvert.
Couveuse [kuˈvøːzə], die; -n [frz. couveuse] [의학] 조산아 보육기.
Coventry ['kɔvntrɪ] 코벤트리(영국의 도시).
Cover ['kavɐ], das; -s, -s [engl. cover] **a)** 화보 잡지의 표지화. **b)** 음반 싸개(커버).
Cover- [-] : **~boy**, der **a)** (화보 잡지의) 표지 모델, 커버 보이. **b)** Dressman. **~coat**, der; -s, -s **1.** (개버딘과 같은 보드라운) 모직 옷감. **2.** 위의 옷감으로 만든 외투. **~girl**, das (화보 잡지의) 표지모델, 커버 걸.
Cover-up [kavɐ'ʌp], das; - [engl. cover-up] [권투] 완전 엄호.
Cowboy ['kaubɔɪ], der; -s, -s [amerik. cowboy] 카

우보이. **Cowboyhut**, der 카우보이 모자.
Cowper ['kaupɐ], der; -s, -s [영국의 기술자 E. A. Cowper (1819~1893)의 이름에서] 【기술】 (용광로용) 풍력 가열기.
Cox ['kɔks], der; -, -, ↑Cox' Orange의 약칭.
Cox' Orange ['kɔks|orā:ʒə], die; -n, **Cox Orange**, der; -s, - [영국의 육종가 R. Cox의 이름에서] 콕스 오렌지(황금색 또는 오렌지색의 디저트용 사과).
Coyote: ↑Kojote.
cr. = currentis.
Cr = Chrom.
Crabmeat ['kræbmiːt], das; -s [engl. crabmeat] 게살.
Crack [krɛk], der; -s, -s [engl. crack] 1. 특히 유망한 운동 선수, 정상급 선수. 2. 최우량마(馬).
Cracker ['krekɐ], der; -s, -(s) 1. 〈대개 Pl.〉 크래커(바스락 과자)(↑Kräcker). 2. 폭죽, 딱총알.
Cracovienne [krako'vi̯ɛn], die; -s [frz. (danse) cracovienne] ↑Krakowiak.
Craquelé, **Krakelee** [krakə'leː], das; -s, -s [frz. craquelé] 1. 〈또한 der〉 (표면에 금이 난) 크레이프 옷감. 2. (도자기, 유리 표면의 가는) 균열, 빙렬(氷裂). **Craquelure**: ↑Krakelüre.
Crawl [krɔːl]: ↑Kraul.
Crayon [krɛ'jõː] usw. ↑Krayon usw.
Cream [kriːm], der; -, -s [engl. cream] ↑Creme의 영어식 표기.
Creas ['krɛas] ↑Kreas.
Création [krea'sjõː], die; -s [krea'sjõː] ↑Kreation.
Credo: ↑Kredo.
Creek [kriːk], der; -s [engl. (-amerik.) creek] 1. (미국의) 시내, 샛강. 2. (오스트레일리아의) 일시적으로 말라버린 하천.
creme [krɛːm, krɛːm] 〈Adj.; 격변화 없음〉 누르스름한. **Creme** [-], die; -s (schweiz. : -n) [frz. crème] 1. (피부 보호용) 크림: eine feuchtigkeitshaltige C. 습성(濕性) 크림; C. auf die Haut auftragen 크림을 피부에 바르다; die C. einziehen lassen 크림을 피부에 스며들게 하다; ich habe mir die Hände mit C. eingerieben 나는 손에 크림을 발랐다. 2. **a)** (걸죽한 또는 거품나는) 크림. **b)** 케이크 등에 넣는 단 크림. **c)** 걸죽한 리쾨르. **d)** (드물게) ↑Cremesuppe. 3. (드물게) 커피크림. 4. 〈Pl. 없음〉 《교양어·반어》 사회 상류층: die C. der Gesellschaft 사회의 상류층(↑Krem).
creme-, **Creme-**: **~artig** 〈Adj.〉 크림과 같은. **~farben** 〈Adj.〉 ↑creme. **~farbig** 〈Adj.〉 ↑creme. **~maske**, die 【화장】 바른 후 마르지 않게 하는 피부 마스크. **~schnitte**, die 버터 크림으로 속을 넣은 파이 조각. **~suppe**, die 크림 수프. **~törtchen**, die 크림을 넣은 파이. **~torte**, die 층층이 버터 크림을 바른 파이.
Crème de la crème ['krɛːm də la 'krɛːm], die [frz., crème de la crème] 《교양어·반어》 사회 상류층의 최고 대표자들, 일류 인사. **cremen** ['krɛːmən, 'krɛːmən] 〈h〉 ↑eincremen. **cremig**, kremig ['krɛːmɪç, 'krɛːmɪç] 〈Adj.〉 ↑cremeartig.
¹Crêpe [krɛːp]; der; -s [frz., crêpe] 【요리】 (조그맣고 얇은) 계란 과자. **²Crêpe** [-], der; -, -s [frz., crêpe] ↑Krepp. **Crêpe de Chine** [krɛpdə'ʃiːn], der; - - -, - - [krɛp] - - [frz., crêpe de Chine] 크레프 드 신(생사나 인조견사로 만든 프랑스 비단의 일종). **Crêpe Georgette** [krɛpʒɔr'ʒɛt], der; - -, - - [krɛp] - - [frz., crêpe Georgette, 파리의 모드 살롱 주인 Georgette 여사의 이름에서] 보드랍고 비치는 크레이프 천. **Crepeline** [krɛpə'liːn] ↑Krepeline. **Crêpe Satin** [krɛpsa'tɛ̃ː], der; -, -s [krɛp] - 크레이프 공단. **Crêpe Suzette** [krɛpsy'zɛt], die; -s [krɛp] - 〈대개 Pl.〉 [frz. crêpe Suzette] 【요리】 리쾨르나 꼬냑을 뿌리고 불을 붙인 얇은 계란 케이크. **Crepon** [krɛ'põː] ↑Krepon.
cresc. = crescendo.
crescendo [krɛ'ʃɛndo; ital.] 【음악】 점차 강하게(반대: decrescendo); 약어: cresc. **Crescendo** [-], das; -s, -s / …di 1. 【음악】 점차 강해짐(반대: Decrescendo). 2. 【육상 경기】 (속도가 점점 빨라지는) 내구 경주의 최종 단계.
Cretonne, **Kretonne** [krɛ'tɔn], die 〈또는 der〉 -, -s [frz. cretonne, 첫 생산지 Creton의 이름에서] 크레톤 (커튼·의자 커버용 면직천).
Crevette: ↑Krevette.
Crew [kruː], die; -s [engl. crew] 1. **a)** 선박의 승무원. **b)** 비행기의 승무원. **c)** 【스포츠】 노젓는 보트의 승조원. 2. 해군의 사관학교 동기생. 3. (어떤 목표나 과제를 맡은) 사람들의 집단.
Cribbage ['krɪbɪdʒ], das; - [engl. cribbage] 크리비즈(카드놀이의 일종).
Cricket: ↑Kricket.
Crime [kraim], das; -s [engl. crime] 범죄, 범행.
c. r. m. = 루터교 설교사 후보생.
Croisé [kroa'zeː], der; -(s), -s [frz. croisé] 능직(綾織).
Croissant [kroa'sãː], das; -(s), -s [kroa'sãː; frz., croissant] 작은 뿔 모양의 과자, 크라상.
Cromagnonrasse [kroma'põː], die [발굴지인 프랑스의 Cro-Magnon의 이름에서] 【인류】 크로마뇽 인종(선사 시대의 유럽 인종).
Cromargan ⓦ [kromar'ga:n], das; -s 《인공어》 크로마르간(녹슬지 않는 강철). **Cromarganbesteck**, das 위의 강철로 만든 식사 용구.
Crookesglas [kruks-], das; -es [영국의 물리학자 W. Crookes (1832~1919)의 이름에서] 【광학】 크룩스 유리 (자외선 흡수 보호 안경용).
Crooner ['kruːnɐ], der; -s, - [engl. crooner] 유행가 가수.
Croquet: ↑Krocket.
Croquette: ↑Krokette.
Croquis: ↑Kroki.
Cross [krɔs], der; -, - [engl. cross] 1. 【테니스】 공이 상대편 필드에 대각선으로 가도록 침. 2. ↑Cross-Country의 약어.
Cross-Country, 《또한》 **Croß-Country** [krɔs'kantri], das; -s, -s [engl. cross-country] 【스포츠】 크로스컨트리 경주(달리기, 승마, 자전거와 모타 경주).
Croupade: ↑Kruppade. **Croupier** [kru'pi̯eː], der; -s, -s [frz. croupier] 도박장 직원. **Croupon** [kru'põː], der; -s, -s [전문어] ↑Kern (5 b).
Croûton [kru'tõː], der; -(s), -s 〈대개 Pl.〉 [frz., croûton] 【요리】 크루톤(수프 등에 넣는 빵 조각).
crt. = courant.
Cru [kryː], das; -(s), -s [frz., cru] 크루(프랑스 포도주의 품질 표시).
Cruise-Missile ['kruːz...], das; -s, -s [engl. cruise missile] 【군사】 순항 미사일.
Crux [kruks], die [lat. crux] **a)** 근심, 걱정, 고뇌: seine C. tragen 근심을 하다. **b)** 어려움: die C. bei der Sache ist, daß … 이 일에서 어려운 점은 …이다.
Cruzeiro [kru'zeiru], der; -s, -s [port. cruzeiro] 브라질의 화폐 단위.
Cs = Cäsium.
Csárda, **Tscharda** ['tʃarda], die; -s [ung. csárda] 초원의 주점. **Csárdás** ['tʃardas, ung. 'tʃaːrdaʃ], der; -, - [ung. csárdás] 집시의 음악에 맞추어 추는 헝가리의 국민 무용(↑Tschardasch).

C-Schlüssel, der 【음악】 다 음(音) 기호.
Csikós ['tʃi:koːʃ, 《또한》 'tʃɪkoːʃ, der; -, - 《독어화》 Tschikosch, der; -(es), -(e) [ung. csikós] 헝가리의 말 기르는 목동.
ČSSR [tʃɛː|ɛs|ɛs'|ɛr] = Československá socialistická republika 체코슬로바키아 사회주의 공화국.
CSU [tseː|ɛs'|uː] = Christlich-Soziale Union 기독교 사회 연맹.
ct = 1. Centime(s). 2. Cent(s).
c. t. = cum tempore.
Ct. = Centime.
ctg = Kotangens.
cts = 1. Centimes. 2. Cents.
Cu = Cuprum, Kupfer.
Cuba ['kuːba, 《span.》 'kuβa, 《port.》 'kuβɐ] ↑ Kuba의 스페인어 형.
Cubiculum [kuˈbiːkulʊm], das; -s, ...la [lat. cubiculum] 《전문어》 1. 고대 로마 주택의 침소. 2. 지하 묘지의 묘실.
Cucurbita [kuˈkʊrbita], die; ...tae [...tɛ; lat. cucurbita] (여러 가지 색의 열매를 맺는) 완상용 호박.
Cueva ['kueːva], die 아주 빠른 라틴 아메리카의 춤.
cui bono? ['kuːi 'boːno; lat. cuī bonō, Cicero의 연설에서 유래] 누구에게 이익이 되는가? 누가 그것으로 이익을 보는가? (범죄 수사에서 범행 동기를 묻는 핵심적 질문).
cuius regio, eius religio ['kuːjʊs 'reːgi̯o 'eːjʊs reˈliːgi̯o; lat., 1555년 Augsburg 종교 회의의 원칙] 《교양어》 통치권자가 자기 세력권에서의 종교를 결정한다.
Culemeyer ['kuːləmai̯ɐ], der; -s -s [발명가 J. Culemeyer (1883~1951)의 이름에서] 궤도 차량 운반용 화물차.
Cul de Paris [kydpaˈri, der; - - -, -s - - [kyd...; frz. cul de Paris] 【유행】 (세기말에 원피스 밑에 입었던) 둔부 쿠션. **Culotte** [kyˈlɔt], die; -n [frz. culotte] (17~18세기 프랑스 귀족의 궁중 의상으로) 반바지.
Cumberlandsauce, -soße ['kʌmbələnd-], die; -n [engl. Cumberland sauce, 백작령 Cumberland의 이름에서] 컴벌랜드 소스.
cum grano salis [kʊm 'graːno 'zaːlɪs; lat. cum grāno salis] 《교양어》 적당히 재량하여, 문자 그대로는 아닌. **cum laude** [kʊm 'lau̯də; lat. cum laude] (우등으로(박사 학위 시험에서 세번째 평점). **cum tempore** [kʊm 'tɛmpore; lat. cum tempore] 《교양어》 표시된 시간보다 15분 늦게, 대학의 관례대로 15분 늦게(약어: c. t.).
Cunnilingus [kʊniˈlɪŋgʊs], der; -, ...gi [lat. cunnilingus] 【성교육】 커닐링거스(여성의 성기를 입으로 자극하는 행위)《》 ↑ Fellatio 참조).
Cup [kap], der; -s, -s [engl. cup] 1. 운동 대회의 우승배. 2. 브래지어의 컵.
Cup- [-] 《스포츠》: **~finale,** das 우승배 쟁탈전의 최종 경기. **~sieger,** der 우승배 쟁탈전의 승리자. **~wettbewerb,** der 우승배 쟁탈전.
Cupal ['kuːpal], das; -s [Cuprum u. Aluminium에서 만든 인공어] 【전기】 쿠팔(구리판 도금 알루미늄).
Cupalblech, das 쿠팔판.
cupido [kuˈpiːdo] 큐피드(로마의 사랑의 신).
Cuprama Ⓦ [kuˈpraːma], die 《인공어》 쿠프라마(셀룰로오스로 만든 인조 섬유). **Cuprein** [kupreˈiːn]: ↑ Kuprein, **Cupresa** Ⓦ [kuˈpreːza], die 《인공어》 쿠프레자(화학 섬유의 일종). **Cupro** ['kuːpro], das; -s 《인공어》 쿠프로(산화동 암모니아 처리 방식으로 생산되는 화

학 섬유의 총칭). **Cuprum** ['kuːprʊm], das; -s [lat. cuprum] 【화학】 구리(화학 기호: Cu).
¹Curaçao [kyraˈsaːo] ; -s 서인도 제도 중의 섬. **²Curaçao** Ⓦ [-], der; -(s), -s [niederl. curaçao] 퀴라소(덜 익은 유자 껍질로 만든 리큐르).
Cura posterior ['kuːra pɔsˈteːri̯ɔr] die [lat. cūra posterior] 《교양어》 차후에 처리할 일.
Curare: ↑ Kurare, **Curarin,** Kurarin [kuraˈriːn], das; -s 【화학】 인디언 화살독의 성분.
Curcuma: ↑ Kurkuma.
Curé [kyˈreː], der; -s, -s [frz. curé] 프랑스의 가톨릭 신부.
Curetage ↑ Kuretage usw.
Curie [kyˈriː], das; -, - [Pierre u. Marie Curie의 이름에서] 【물리】 방사능의 단위(기호: Ci). **Curium** ['kuːri̯ʊm], das; -s 퀴륨(방사성 화학의 원소)(기호: Cm).
Curling ['kəːlɪŋ], das; -s [engl. curling] 컬링(얼음판 위에서 하는 스코틀랜드의 놀이).
currentis [kuˈrɛntɪs; lat. currēns] 《고어》 이 달[해]의(약어: cr.). **curricular** [kʊrikuˈlaːɐ̯] ⟨ Adj. ⟩ [engl. curricular] 【교육】 a) 교육 과정 이론상의. b) 교과 과정상의. **Curriculum** [kuˈriːkulʊm, kʊˈri...], das; -s, -la [engl. curriculum] 【교육】 a) 교육 과정 이론. b) 교육 과정. **Curriculumforschung,** die 교육 과정 연구. **Curriculumtheorie,** die 교육과정 이론. **Curriculum vitae** [-'viːtɛ], das; - - [lat. curriculum vītae] 《교양어·고어》 이력서(Lebenslauf).
Curry [ˈkœri, 《드물게》'kari], das; -s, -s [angloind. curry] 1. 《또한》 Pl. 없음) 카레. 2. 카레 요리.
Curry- (Curry 1): **~pulver,** das ↑ Curry (1). **~sauce, ~soße,** die 카레 소스. **~wurst,** die 카레 소시지.
Curtain-wall ['kəːtn̩ˈwɔːl], der; -s, -s [engl. curtain wall] 【건축】 외벽, 커튼벽.
Custard ['kastət], der; -s, -s [engl. custard] 【요리】 바닐라소스와 비슷한 영국의 별식.
Cut [kœt, kat], der; -s, -s [engl. cut] 1. ↑ Cutaway의 약칭. 2. 【권투】 (특히 눈주위의) 피부 파열. **Cutaway** ['kœtəve, ˈkat...; 'kʌtəwei̯], der; -s, -s [engl. cutaway (coat)] 앞자락을 비스듬히 재단한 상의(모닝코트 등).
cutten ['katn̩] /h/ [engl. cut] 【영화·방송·텔레비전】 영화 필름이나 녹음 테이프를 편집하다. **Cutter** ['katɐ], der; -s, - 필름 편집자, 커터. **Cutterin,** die; -nen / Cutter의 여성형. **cuttern** ['katɐn] ↑ cutten.
Cuvée [kyˈveː], die; -s 《또한》 das; -s, -s [frz. cuvée] 《전문어》 큐베(혼합 포도주).
CVJM = Christlicher Verein Junger Männer 기독 청년단.
CVP = Christlichdemokratische Volkspartei (스위스의) 기독교 민주 민중당.
cwt. = Hundredweigt.
Cyan [tsy̯aːn], das; -s [griech. kýanos] 【화학】 시안소. **Cyanid** [tsy̯aˈniːt], das; -s, -e 【화학】 청산염.
Cyclamen: ↑ Zyklamen.
cyclisch: ↑ zyklisch. **Cyclonium** [tsyˈkloːni̯ʊm], das; -s [lat. cyclus] 《전문어》 (원자핵 파괴기에서 얻어지는) 프로메튬의 동위원소.
Cymbal: ↑ Zimbal.
Cypern ['tsy:pɐn] usw. ↑ Zypern usw..
cyrillisch: ↑ kyrillisch.

D

d, D [deː], das; -, - **1.** 알파벳의 네번째 글자: ein kleines d(ein großes D) schreiben 소문자 d[대문자 D]를 쓰다. **2.** 〖음악〗 주(다장조) 음계의 둘째 음.

d = Dezi...; d-Moll; Denar; dextrogyr; 《구제》 Penny, Pence.

d = Durchmesser.

D = Deuterium; D-Dur; Dinar (이란의 화폐 단위).

D [M(= 1000)을 원래 C|⊃라고 썼는데, 그 반(半) 모양에서] 로마 숫자의 500.

D. = Decimus 신교 신학 박사.

δ, Δ, : Delta.

¹da [daː] **I.** 〈Adv.〉 **1.** 《장소·지시적》 **a)** 거기(에), 저기 (에): da vorn 저 앞에; er wohnt da 그는 저기 산다; **da und da** 어딘가에, 이러이러한 곳에(서); **da und dort** 1) 몇몇 곳에. 2) 때때로. **b)** 여기(에) (hier): da sind wir 자, 우리가 여기 왔소; da nimm das Geld! 여기 이 돈을 받아라. **2.** 《시간》 그 때에, 그[이] 순간에: da lachte er 그 때 그는 웃었다. **3.** 《상황》 **a)** 이런 여건하에서는, 이런 조건으로는: wenn ich schon gehen muß, da gehe ich lieber gleich 내가 가야만 한다면 차라리 당장 가겠다. **b)** 이점에서는. **4.** 〈대명사적 부사의 일부분으로 분리되어서〉 ↑dabei (5), dafür (7), dagegen (6), daher (4), damit (2), danach (4), dazu (4) 참조. **II.** 〈Konj.〉 **1.** 《이유》 …이므로(weil): da er krank war, konnte er nicht kommen 그는 아파서 올 수가 없었다; 《선행하는 시간 규정과 함께》 jetzt, da feststeht, daß die Wiedervereinigung nur mit Hilfe der Westmächte zu erreichen ist 통일이 서방 국가들의 도움을 받아야 성취될 수 있다는 사실이 확실한 지금에 …. **2.** 《시간·아이》 … 을 때(als): da er noch reich war, hatte er viele Freunde 그가 아직 부자였을 때는 친구가 많았다; 《선행하는 시간 규정과 함께》 die Erde war zu der Zeit, da man sie für eine Scheibe hielt, gewiß nicht weniger rund als heute 지구는 사람들이 그것을 원판이라고 생각했을 당시에도 틀림없이 오늘날보다 덜 둥글지는 않았었다.

²da = Deka...; Deziar 10분의 1 아르.

d. Ä. = der Ältere. (…의) 부(父), 손윗 사람.

DAAD = Deutscher Akademischer Austauschdienst 독일 학술 교류처.

DAB = Deutsches Arzneibuch 독일 약전.

dabehalten* 〈h〉 이웃[그곳, 자기 집]에 붙들어 두다: im Krankenhaus hat man ihn gleich dabehalten 병원에서 그를 그대로 붙들어 두었다.

dabei [daˈbai, 《강조시》ˈdaːbai] 〈Adv.〉 **1.** 거기에, 근처에: er öffnete das Paket, ein Brief war nicht d. 그는 소포를 열었는데 편지는 없었다. **2.** 그 때에, 동시에: sie nähte und hörte Musik d. 그녀는 바느질을 하면서 동시에 음악을 들었다. **3.** 이 일로, 그 일에서: ohne sich etwas d. zu denken 이 일에 대해 별 생각 없이; es ist doch nichts d. 그것은 별일 아니다; er bleibt d. 그는 그의 의견을 고수한다. **4.** …함에도 불구하고(obwohl): die Gläser sind zerbrochen, d. waren sie so sorgfältig verpackt 아주 면밀하게 포장이 되어 있었는데도 유리잔이 깨어졌다. **5.** 《nordd.》《특정한 용법에서 분리되어서》: da ist doch nichts bei 그것은 별일 아니다.

dabei-: **~bleiben*** 〈s〉 어떤 일[행동]을 계속하다: bis zum Schluß d. 끝까지 계속하다. **~gehen*** 〈s〉 《지역적·경》 (특정한 일을) 시작하다. **~haben*** 〈h〉 **1.** 함께 데리고 있다, 휴대하다: ich brachte ihn zur Bahn, weil er kein Schirm dabeihatte 그가 우산을 가지고 있지 않아서 내가 그를 역으로 데려다 주었다. **2.** 《통용어》… 에 참여하게 하다: sie wollten ihn nicht d. 그들은 그를 참여시키지 않으려고 했다. **~sein*** 〈s〉 **1.** (…에) 출석하다, 참여하다: er war bei der Sitzung dabei 그는 회의에 출석하였다; ich bin dabei! 좋소!; 나도 참여하겠소!; ein wenig Angst ist immer dabei 약간의 불안은 늘 따르게 마련이다. **2.** 막 …하고 있는 중이다: sie waren (gerade) dabei, die Koffer zu packen 그들이 (막) 여행 가방을 꾸리고 있는 참이었다. **~sitzen*** 〈h〉 앉아서 수수방관하다: er hat schweigend dabeigesessen 그는 말없이 수수방관하였다. **~stehen*** 〈h〉 서서 수수방관하다.

dableiben* 〈s〉 어느 곳에 머무르다: noch eine Weile d. 잠깐 더 머무르다.

da capo [da ˈkaːpo; ital.] **1.** 〖음악〗 처음부터 다시 한 번 (약어: d.c.). **2.** 재청이오! 앙코르! **Dacapo**; **Dakapo**. **da capo al fine** [- - al ˈfiːnə; ital.] 〖음악〗 처음부터 끝까지 (반복하다).

d'accord [daˈkɔːɐ, daˈkɔːr; frz.] 의견이 일치하는, 동의하는: mit jmdm. d'a. sein 누구와 의견이 같다.

Dach [dax], das; -(e)s, Dächer [ˈdɛçɐ] **1.** 《축소형》↑ Dächelchen, Dächlein》 지붕; ein steiles(flaches) D. 가파른[평평한] 지붕; das D. mit Ziegeln decken 지붕에 기와를 입히다; **ein D. über dem Kopf haben** 《통용어》 거처가 있다; **jmdm. aufs D. steigen** 《통용어》 누구를 견책하다, 꾸짖다; **jmdm. eins aufs D. geben** 《통용어》 1) 누구의 머리를 한 대 때리다. 2) 누구를 견책하다; **eins aufs D. bekommen(kriegen)** 《통용어》 1) 머리를 한 대 얻어 맞다. 2) 견책을 받다; **etw. unter D. und Fach bringen** 1) 대피시켜서 악천후 등으로부터 보호하다. 2) 일을 잘 끝내다; **unter D. und Fach sein** 1) 안전한 곳에 보호되어 있다. 2) (잘) 종결되었다; **bei ihm ist es unterm D. nicht ganz richtig**《통용어》 그는 온전히 제 정신이 아니다; **(mit jmdm.) unter einem D. wohnen [leben / hausen]**《통용어》 (누구와 함께) 같은 집에 살다; **unterm D. juchhe**《통용어·농》 지붕 밑 다락방에서 (가난하게 사네). **2.** 〖광〗 바로 광맥 위에 있는 암석층 (반대: Sohle).

dach-, Dach-: **~antenne**, die 옥상 안테나. **~artig** 〈Adj.〉 지붕처럼 비탈진. **~balken**, der 지붕의 들보. **~bedeckung**, die ↑ **~haut**. **~boden**, der 《지역적》 다락. **~decker** [-dɛkɐ], der; -s, - 개초장이, 기와장이, 와장. **~erker**, der 《하나 또는 여러 개의 창이 있는》 지붕 돌출부. **~fahne**, die ↑ Windfahne. **~fenster**, das 지붕창, 천창(天窓), 채광창. **~first**, der 용마루. **~förmig** 〈Adj.〉 지붕 모양의. **~fuß**, der 지붕 끝의 수평의 지붕 모서리. **~garten**, der **a)** 옥상 정원. **b)** ↑ **~terrasse**. **~gaube**, **~gaupe**, die 《토건·지역적》

(지붕에서 튀어 나온) 수직의 지붕창. ~gebälk, das 지붕마룻대 전체. ~gepäckträger, der (자동차 지붕 위에 설치된) 짐 싣는 받침대. ~geschoß, das 다락층. ~geschoßwohnung, die 다락층 주택, 지붕밑 방. ~gesellschaft, die 【경제】 지주 회사, (계열 회사를 통괄하는) 모 회사. ~gesims, das 처마 돌림띠. ~gestühl, das ↑~stuhl. ~giebel, der 합각머리(벽). ~gleiche [-glaiçə], die; -n 《österr.》 상량식. ~gleichenfeier, die 《österr.》↑~gleiche. ~grat, der 지붕마루, 녀새. ~hase, der 《농》 고양이. ~haut, die 【토건】 지붕 표면. ~kammer, die 다락방. ~kandel, der 〈지역적〉↑~rinne. ~kännel, der (Schweiz.·지역적) ↑~rinne. ~kehle, der 두 개의 지붕면이 만나는 골. ~kies, der 지붕용 타르지를 붙일 때 쓰이는 잔 자갈. ~konstruktion, die 지붕의 뼈대. ~lack, der 지붕용 래커, 니스. ~latte, die 산자(撒子)널. ~lawine, die 눈사태. ~luke, die 지붕 속의 조그만 창, 채광창. ~neigung, die 지붕면의 경사. ~organisation, die 【경제】 (산하 기업체를 통괄하는) 상부 조직. ~pappe, die 지붕용 타르지. ~pfanne, die 암키와, 골기와. ~platte, die 평평한 기와. ~recht, das 《Pl. 없음》 지붕 설치권(자기의 지붕이 이웃사람의 영역을 뻗게 할 수 있는). ~reiter, der 용마루 위의 작은 탑. ~rinne, die 처마의 홈통. ~sattel, der ↑~first. ~schaden, der 1. 지붕의 파손. 2. 《Pl. 없음》 《통용어·농》 정신적 결합: wer so etwas macht, muß doch wohl einen (kleinen) D. haben 그런 짓을 하는 사람은 정신이 (약간) 돈 것임에 틀림없지 않겠는가. ~schalung, die 지붕면에 판자 대기. ~schicht, die 【광】↑Dach (2). ~schiefer, der 지붕용 슬레이트. ~schindel, die 지붕용 널빤지, 죽데기. ~schräge, die ↑~neigung. ~sparren, der 서까래. ~stein, der 모래와 시멘트로 만든 굽지 않은 기와. ~stock, der 〈지역적〉↑~geschoß. ~stroh, das 이엉. ~stube, die 〈지역적〉↑~kammer, die 다락 작은 다락방: bei ihm ist es im D. nicht ganz richtig 《통용어》 그는 온전히 제 정신은 아니다. ~stuhl, der 지붕의 골조. ~stuhlbrand, der 지붕 부분의 화재. ~terrasse, die 지붕 위의 테라스. ~traufe, die 처마. ~verband, der ↑~organisation. ~wohnung, die 다락방, 다락집. ~zeile, die 【신문】 제목 위의 행. ~ziegel, der 지붕용 기와. ~ziegelverband, der 【의학】 (갈빗대 부상시 흉곽의 고정을 위한) 기와식 반창고. ~zimmer, der 다락에 해결하였다.

Dachau ['daxau] 다하우 (바이에른 주의 도시).

Dächelchen ['dɛçlçən], das; -s, -, 《또한》 Dächerchen: ↑Dach (1). **Dächlein** ['dɛçlaɪn], das; -s, - ↑Dach (1).

Dächerchen 《Pl.》 ↑Dach의 축소형.

Dachs [daks], der; -es, -e 1. 《축소형: ↑Dächschen》 오소리: er schläft wie ein D. 그는 (오랫동안) 깊이 잔다. 2. 《통용어》 a) (직업적으로) 경험이 없는 젊은이: er ist noch ein ganz junger D. 그는 아직 젊은 무경험자이다. b) 숫기 없는 아이: so ein (frecher) D.! 저런 (무례한) 풋내기 녀석!

Dachs- (Dachs 1): ~**bär**, der 【사냥】 오소리의 수컷. ~**bracke**, die Bracke와 Dackel의 잡종개. ~**bau**, der 《Pl. -e》 오소리 굴. ~**eisen**, das 오소리 덫. ~**fänger**, der ↑~hund. ~**fell**, das 오소리 가죽. ~**haar**, das 오소리 털. ~**haarpinsel**, der 오소리 털로 만든 면도용 붓. ~**haube**, die 【사냥】 오소리 잡는 자루. ~**hund**, der ↑Dackel (1). ~**jagd**, die 오소리 사냥. ~**loch**, das ↑~bau. ~**pinsel**, der 오소리 털로 만든 면도용 붓. ~**röhre**, die 【사냥】 오소리 굴의 입구. ~**schwarte**, die 【사냥】 오소리 가죽과 피부.

Dächschen ['dɛksçən], das; -s, - ↑Dachs (1). **Dachsel** ['daksl], **Dächsel** ['dɛksl], der; -s, - 〈사냥〉 (다리가 짧고 굽은) 개의 일종. **dachsen** ['daksn] 〈h〉 〈지역적〉 깊이 잠자다. **Dächsin** ['dɛksɪn], die; -nen ↑Dachs (1)의 여성형. **Dächslein** ['dɛkslaɪn], das; -s, - ↑Dachs의 축소형.

dachte ['daxtə], **dächte** ['dɛçtə] ↑**denken** 참조.

Dachtel ['daxtl], die; -n 〈지역적〉 따귀. **dachteln** 〈h〉 〈지역적〉 a) ···의 따귀를 때리다. b) 두들겨 주다: sie hat ihn ordentlich gedachtelt 그녀는 그를 몹시 두들겨 팼다.

Dackel ['dakl], der; -s, - [↑Dachshund] 1. 다켈(다리가 짧고 굽은 집개 또는 사냥개). 2. 《통용어·욕》 어리석은 녀석. **Dackelbeine** 《Pl.》 《통용어·농》 짧고 굽은 다리.

Dacron ⓦ₂ [da'kro:n], das; -s 〈인공어〉 【화학】 다크론 (폴리에스테르 섬유).

Dada ['dada], der; -(s) [frz. dada] a) 다다 (다다이즘의 상징이며 프로그램). b) 다다이즘 집단들의 이름: der Berliner D. 베를린의 다다이스트들.

Dada- 《붙임표와 함께》: ~**Ausstellung**, die 다다이즘 미술 작품 전시회. ~**Bewegung**, die 다다이즘 운동(문학 및 예술의). ~**Kunst**, die 다다이즘의 예술. ~**Malerei**, die 다다이즘의 회화.

Dadaismus [-'ɪsmʊs], der; - [↑Dada] 다다이즘(1920년경의 국제적인 문학·예술 운동). **Dadaist** [-'ɪst], der; -en, -en 다다이즘의 예술가. **dadaistisch** 〈Adj.〉 다다이즘의.

¹**dädalisch** [dɛ'daːlɪʃ] 〈Adj.〉 [lat. daedalus] 《교양어·준고어》 독창적인.

²**dädalisch** [-] 〈Adj.〉 [크레타의 신화적 조각가 Daidalos에 따라] 〈교양어〉 그리스 예술 초기의: -e Kunst 고대 그리스 초기의 예술.

Dädalus [dɛːdalʊs] 다이달로스 (그리스의 전설적 명장(名匠)).

Daddies: ↑Daddy의 복수형. **Daddy** ['dɛdi], der; -s, -s 《또는》 Daddies [engl. daddy] 아빠 (Vater에 대한 영어 형용사).

Dädl ['dɛːdl], der; -s, -(n) 〈아동어에서〉 《südd., österr.》 의지가 약하고 단순한 인간.

dadran 〈통용어〉 ↑daran 참조. **dadrauf** 〈통용어〉 ↑darauf 참조. **dadraus** 〈통용어〉 ↑daraus 참조. **dadrin** 〈통용어〉 ↑darin 참조. **dadrinnen** 〈통용어〉 ↑darinnen 참조. **dadrüber** ↑darüber 참조. **dadrum** 〈통용어〉 ↑darum 참조. **dadrunter** 〈통용어〉 ↑darunter 참조.

dadurch [da'dʊrç, 〈강조시〉 'daːdʊrç] 〈Adv.〉 1. ['daːdʊrç] 그곳을 지나: es gibt nur eine Tür, d. muß jeder gehen, der den Raum betritt 문은 하나밖에 없다, 방으로 들어가는 사람은 누구나 그곳을 통과해야 된다. 2. a) 그것에 의해서, 그렇게 하여: er hat die Medikamente genommen und ist d. wieder gesund geworden 그는 약을 먹어서 다시 건강해졌다. b) 그 때문에, 그런 방식으로: er hat sich d. selbst geschadet 그는 그 때문에 스스로 손해를 입었다; 〈흔히 daß와 결합하여〉 er hat das Problem d. gelöst, daß ... 그는 그 문제를 ... 함으로써 해결하였다.

Daffke ['dafkə; jidd. davko] 《다음 용법으로》 aus D. 《berlin.》 반항심으로, 그저 재미로.

dafür [da'fyːr, 〈강조시〉 daː'fyːr] 〈Adv.〉 1. 그 목적을 위해서: er hat d. sein letztes Geld ausgegeben 그는 그 목적을 달성하려고 그의 마지막 돈을 써 버렸다. 2. 그 점에 관하여는: d. habe ich kein Verständnis 그 점에 관하여는 이해를 할 수 없다; d., daß er erst ein Jahr hier ist, spricht er die Sprache schon sehr gut 그가 여기

dafür-, Dafür-
온 지 일년밖에 되지 않는다는 점을 생각하면 말을 아주 잘 하는 편이다. **3.** 그 일에 유리하게: das ist noch kein Beweis d. 그것은 그것이 옳다는 증명은 안된다; die Mehrheit ist d. 대다수가 찬성한다. **4. a)** …에 대한 보상으로, 대가로: was gab er dir d.? 그는 그 대가로 너에게 무엇을 주었는가? **b)** 그 대신에: heute hat er keine Zeit, d. will er morgen kommen 그는 오늘은 시간이 없지만 그 대신 내일 오려고 한다. **5.** …로 통하는, …으로서: der Stein ist kein Rubin, aber man könnte ihn d. halten 그 돌은 홍옥은 아니지만 그렇게 볼 수도 있을 것이다. **6.**《통용어》…에 대한 치료제로: die Tabletten sind gerade d. sehr gut 이 알약은 그것에 대한 치료제로 좋다. **7.** (nordd.)《어떤 때는 분리되어》 da kann ich dafür für nichts 그 책임이 없다.

dafür-, Dafür-: **~halten*** ⟨h⟩ (아이) …라고 생각하다, 누구의 견해이다: 〈명사화〉 **nach jmds. Dafürhalten** 누구의 의견[견해]에 따르면: nach unserem D. hätte das anders geregelt werden müssen 우리들의 견해로는 그것은 달리 처리되었어야 했다. **~können*** ⟨h⟩《다음 용법으로》 **etwas[nichts]** ⟨통용어⟩ …에 대한 잘못[책임]이 있[없]다; **du kannst wohl nichts dafür!** ⟨통용어⟩ 너 머리가 돈 것 아냐? **~stehen*** **1.** ⟨h⟩ (고어) …을 보증하다: er steht nicht dafür, daß diese Angaben richtig sind 그는 이 진술이 옳다는 것을 보증하지 않는다. **2.** ⟨s⟩ (österr.) …할 가치가 있다, …할 만하다.

dag = Dekagramm 데카그램(10 그램).

DAG = Deutsche Angestelltengewerkschaft 독일 직원 노동 조합.

dagegen [da'ge:gn̩,《강조시》'da:ge:gn̩] ⟨Adv.⟩ **1.** 그것을 향하여, 어떤 장소를 향하여: der Regen prasselte d. [gegen das Fenster] 비가 거기[창문]에 후두둑거렸다. **2.** (공격, 방어, 거절로) …일에 대항해서: sich d. auflehnen[sträuben] …에 대해서 반항하다[거역하다]; d. sind wir machtlos 그 일에 대해서는 속수무책이다; hast du etwas d., daß er mitkommt? 그가 같이 와도 괜찮겠는가?; d. sein 거부하는 태도를 취하다, 반대하다. **3.** 비교하여, … 와 대조적으로: das Unwetter letzten Monat war furchtbar, d. ist dieses harmlos 지난 달의 악천후는 가공스러운 것이었는데 비해서 이번 것은 아무 것도 아니다. **4.** 대신으로, … 과 교환하여: er hat das Gerät wieder zurückgegeben und d. ein anderes eingetauscht 그는 이 기구를 돌려 주고 그 대신 다른 것을 교환받았다. **5.** [da'ge:gn̩] 그렇지만, 그것에 반하여, 그런데: im Süden ist es schon warm, bei uns d. schneit es noch 남쪽에서는 이미 따뜻한데 반하여 우리 쪽에서는 아직 눈이 온다. **6.** (nordd.)《어떤 때는 분리되어》 da hab' ich was gegen 나는 약간 그것에 반대한다.

dagegen-: **~halten*** ⟨h⟩ 이의를 제기하다, 대답하다: er hielt dagegen, daß er sich auch noch um andere Dinge zu kümmern habe 그가 또 다른 일에도 마음을 써야 된다고 대꾸했다. **~setzen** ⟨h⟩ (어떤 언급에 반대 의사를 표시하다. **~sprechen*** ⟨h⟩ …을 좋지 않게 보이게하다: es gibt zahlreiche Gründe, die d., daß man so verfährt 그렇게 처리하는 것이 좋지 않다는 데에는 많은 이유가 있다. **~stellen**, sich ⟨h⟩ …에 반대[저항]하다: es hatte das System von Anfang an durchschaut und sich dagegengestellt 그는 이 제도를 처음부터 꿰뚫어 보았고 거기에 반대했다. **~stemmen**, sich ⟨h⟩ …일에 강력히 저항[반대]하다: er sah die verhängnisvolle Entwicklung und stemmte sich dagegen 그는 불길한 사태 진전을 보고 이에 강력히 맞섰다. **~wirken** ⟨h⟩ …을 방해[저지]하려고 하다: er verurteilte die Maßnahmen und wirkte ständig dagegen 그는 그 조치를 부당하다고 보고 계속해서 그것을 저지하려

고 하였다.

Dagon 다곤(바리새인들의 신).

Daguerreotyp [dagero'ty:p], das; -s, -e [frz. daguerréotype; 프랑스의 화가 J. Daguerre(1787~1851)에 의해 개발] ↑Daguerreotypie (2). **Daguerreotypie** [dageroty'pi:], die; -n **1.** 〈Pl. 없음〉금속판 사진술. **2.** 위의 사진술에 의한 사진.

dahaben* ⟨h⟩ **1.** (통용어) 저장[준비]하고 있다: er wußte nicht, ob er noch genug Exemplare da hatte 그는 아직 (책의) 부수를 충분히 가지고 있는지를 몰랐다. **2.** (방문객으로서) 함께 (모시고) 있다: wir haben seit zwei Wochen unsere Mutter da 2주 전부터 우리 어머니가 집에 와 계신다.

daheim [da'haim] ⟨Adv.⟩ (südd., österr., schweiz.) **a)** 집에(zu Hause) : d. sein 집에 있다; wie geht's d.? 가족이 안녕하십니까?; er ist in Bayern d. 그는 바이에른 출신이다; 〈성구〉 d. ist d.! 제집이 제일이다! 〈전의〉 auf einem bestimmten Gebiet d. sein 〈통용어〉어느 분야를 잘 알다. **b)** 고국에: er war lange nicht mehr d. 그는 고국에 가본 지 오래 되었다. **Daheim**, das; -s 집, 자택. **Daheimgebliebene*** [-gəbli:bənə], der/die 집[고국]에 남은 사람들: unterwegs dachten sie öfter an die -n 도중에 그들은 때때로 집에 남은 사람들을 생각했다. **Daheimsein**, das; -s 집에 있음: er freut sich auf das D. am Wochenende 그는 주말에는 집에 있게 될 것이 벌써부터 기다려진다.

daher [da'he:ɐ,《강조시》'da:he:ɐ] ⟨Adv.⟩ **1.** 〈장소〉 **a)** 거기서부터, 그곳으로부터, 그곳에서: ich komme gerade d. 나는 거기서 오는 길이다; bist[stammst] du auch d.? 너도 거기 출신이냐? **b)** 〈지역적〉이리로: setz dich d. 이리 앉아라. **2.** ['da:he:ɐ] 그 원천에서, 그 이유에서: d. hat er seine Information 그는 거기서 정보를 얻었다. **3.** 그렇기 때문에: er war krank und konnte d. nicht kommen 그는 아파서 올 수가 없었다. **4.** (통용어) 《어떤 때는 분리되어》 ach, da kommt das her 아, 그렇기 때문이구나.

daher-, Daher-: **~bringen*** ⟨h⟩ (südd., österr.) **1.** 가지고 오다, 운반하다. **2.** 《몸》 아무 생각없이 떠들어 대다: man kann nicht alles glauben, was sie daherbringt 그녀가 떠들어대는 것을 다 믿을 수는 없다. **~fliegen*** ⟨s⟩ **1.** 이리저리 날아다니다. **2.** ⟨몸⟩ (흔히 과거분사 + kommen의 형으로) das Flugzeug wird (wieder) dahergeflogen kommen 비행기는 (다시) 날아올 것이다. **~geflogen**: ↑ ~fliegen 참조. **~gelaufen** [-gəlaufn] ⟨Adj.⟩ ⟨몸⟩ 굴러 들어온〔유래가 분명치 않은〕: ein -er Kerl 굴러 들어온 녀석. **~gelaufene***, der/die ⟨몸⟩ 굴러 들어온 사람. **~jagen** ⟨s⟩ 고속으로 접근하여 오다⟨흔히 과거분사 + kommen의 형으로⟩. **~kommen*** ⟨s⟩ 시계로 다가오다: 〈전의〉 sie kamen mit großen Schritten daher 그들은 성큼성큼 다가왔다; wie kann man nur so schlampig d. 어찌 그리 칠칠치 못한 꼴을 보일 수 있는가. **~quatschen** ⟨h⟩ (통용어·몸) ↑~reden. **~reden** ⟨h⟩ ⟨몸⟩ 조심성 없이 지껄이다: dumm[leichtfertig] d. 미련하게[경솔하게] 수다를 떨다; es ist unglaublich, was sie alles daherredet 그녀가 수다를 떨어대는 것은 대단하다. **~schwatzen, ~schwätzen** ⟨h⟩ ↑~reden. **~stolzieren** ⟨s⟩ **1.** 뻐기고 다니다. **2.** 뻐기며 다가오다(흔히 과거분사 + kommen의 형으로).

dahier [da'hi:ɐ] ⟨Adv.⟩ (österr., schweiz., 그 외 고어) 여기(에), 이곳에.

dahin [da'hɪn,《강조시》'da:hɪn] ⟨Adv.⟩ **1.** 그곳으로, 그 방향으로, 그리로: wir fahren oft d. 우린 자주 그리로 간다; ist es noch weit bis d.? 거기까지는 아직 멀었나요?; 〈전의〉 d. hat ihn der Alkohol gebracht 술이 그

를 그렇게까지 만들었다. **2.** 《bis와 결합하여》 그때까지: bis d. ist noch Zeit, mußt du dich noch gedulden 그때까지는 아직 시간이 있으니 너는 좀 참아야 된다. **3.** 일정한 의향으로, 그 목적에 합당하게: etwas d. (gehend) auslegen, daß … …을 (그렇게) 해석하다, …을 …(하는 방향으로) 해석하다; **dahin sein** 사라졌다, 지나갔다: mein ganzes Geld ist d. 나의 전 재산이 없어졌다.

dahin-, Dahin-: ~bewegen, sich ⟨h⟩ 일정하게 앞으로 나아가다: der Zug der Pilger bewegte sich langsam dahin 순례자의 행렬이 천천히 앞으로 나아갔다. **~dämmern** ⟨h⟩ 의욕 없이 살다, 아무 의미 없이 살아가다: tagelang dämmerte der Kranke dahin 환자는 여러 날 동안 의욕 없이 살고 있었다. **~eilen** ⟨s⟩ **1.** 바삐 가다: er sah die Passanten auf der Straße d. 그는 보행자들이 바삐 거리를 지나가는 것을 보았다. **2.** (시간이) 빨리 지나가다: unaufhaltsam eilt die Zeit dahin 시간은 걷잡을 수 없이 흘러간다. **~fahren*** ⟨s⟩ **1.** (시어) **a)** (차를 타고) 떠나가다. **b)** (타고) 지나가다. **2.** (고어) 죽다. **~fallen*** ⟨s⟩ 《schweiz.》 탈락하다: der Grund fiel dahin 그것에 대한 이유는 없어졌다. **~fliegen*** ⟨s⟩ (시어) **1.** 날아가버리다. **2.** (시간이) 급히 지나가다: die Stunden(Tage) flogen dahin 시간(날)이 빨리 지나갔다. **~fließen*** ⟨s⟩ 계속해서 흐르다: leicht dahinfließendes Wasser 가볍게 끊임없이 흐르는 물. **~geben*** ⟨h⟩ (시어) 희생하다. **~gegangene*** [-gəgaŋənə], der / die; -n, -n (아어) 고인(故人), 망인(亡人), 죽은 사람. **~gehen*** ⟨s⟩ (아어) **1.** 지나가다: sie beobachtete, wie die Leute vor ihrem Fenster dahingingen 그녀는 사람들이 그녀의 창문 앞을 지나가는 것을 관찰하였다. **2.** (시간이) 흘러가다: die Zeit(der Tag) ging dahin 시간(날)이 흘러갔다. **3.** (은폐) 죽다: er ist früh dahingegangen 그는 요절했다. **~geschiedene*** [-gəʃi:dənə], der / die; -n, -n (아어·은폐) 고인(故人), 망인(亡人), 죽은 사람. **~gestellt** [-gəʃtɛlt] 《다음 용법으로》 **d. sein**(**bleiben**) 불확실하다, 증명되지 않다, 아직 의문시되다; **etw. d. sein lassen** 미해결로 두다, 더 이상 논의하지 않다. **~jagen** ⟨s⟩ 고속으로 전진하다: der Wagen jagte auf der Autobahn dahin 자동차는 고속도로에서 질주하였다. **~kränkeln** ⟨s⟩ ↑~siechen. **~kriechen*** ⟨s⟩ 천천히 앞으로 나아가다, 기어가다. **~kümmern** ⟨s⟩ 보잘 것 없이 연명해 가다. **~leben** ⟨h⟩ 안정되고 편안하게 살아가다. **~plätschern** ⟨h⟩ 졸졸 흘러가다: 전의 das Gespräch plätscherte so dahin 대화는 깊은 내용 없이 흐르고 있었다. **~raffen** ⟨h⟩ (아어·은폐) 급사시키다. **~reden** ⟨h⟩ 조심성 없이 지껄이다: er redet oft einfach so dahin 그는 흔히 그저 생각 없이 지껄인다. **~sagen** ⟨h⟩ 조심성 없이 말하다. **~scheiden*** ⟨s⟩ (아어·은폐) 죽다(↑~geschiedene 참조). **~schleichen*** ⟨s⟩ 천천히 일정하게 걸어가다, 살금살금 걸어가다: gleichförmig schleichen die Tage dahin 나날이 똑같이 지나간다. **~schleppen**, sich ⟨h⟩ 질질 끌며 가다: 전의 die Verhandlungen schleppten sich über viele Monate dahin 협상이 수개월간 질질 끌었다. **~schmelzen*** ⟨s⟩ (아어) 녹아들다, 녹아 없어지다: sein Ärger(Groll) schmolz dahin 그의 화(원한)가 풀렸다. **~schwinden*** ⟨s⟩ **1.** 감소되다, 축소되다, 사라지다: 전의 sein Mut war schnell dahingeschwunden 그의 용기가 빨리 감소되었다. **2.** 지나가다. **~segeln** ⟨s⟩ ~fahren (1). **~siechen** ⟨s⟩ (아어) 장기적일 질환을 앓다. **~sinken*** ⟨s⟩ (아어) 멸망하다. **~stehen*** ⟨h⟩ 미정이다, 불확실하다: ob es wirklich schaffen wird, steht noch dahin 그가 그것을 정말 해낼지는 불확실하다. **~sterben*** ⟨s⟩ (아어) 죽다: viele sind vor Hunger dahingestorben 많은 사람들이

아사했다. **~stürmen** ⟨s⟩ 내닫다. **~vegetieren** ⟨h⟩ 《경》 비참하게 살아가다. **~wälzen**, sich ⟨h⟩ 떼를 지어 천천히 앞으로 나아가다: die Menschenmenge wälzte sich dahin 사람들의 무리가 천천히 움직여 나갔다. **~welken** ⟨s⟩ (아어) 시들다: die schönen Blumen sind so rasch dahingewelkt 아름다운 꽃들은 그렇게 빨리 시들어 버렸다. **~ziehen* 1.** ⟨s⟩ 천천히(꾸준히) 앞으로 나가다: er sah den dahinziehenden Wolken nach 그는 지나가는 구름을 바라다보았다. **2.** ⟨d. + sich⟩ ⟨h⟩ 뻗어 있다, 확대되다: der Weg zog sich in Windungen dahin 길이 꾸불꾸불하게 뻗어 있었다.

dahinab [daˈhiˌnap, 《강조시》 ˈdaːhɪnap] ⟨Adv.⟩ 그리로 내려가서: unser Weg führt d. 우리의 길은 그리로 내려간다. **dahinauf** [daˈhiˌnaʊf, 《강조시》 ˈdaːhɪnaʊf] ⟨Adv.⟩ 거기(저편)로 올라가서: zur Burg geht es d. 성곽은 그리로 올라간다. **dahinaus** [daˈhiˌnaʊs, 《강조시》 ˈdaːhɪnaʊs] ⟨Adv.⟩ 그리 바깥으로. **dahinein** [daˈhiˌnaɪn, 《강조시》 ˈdaːhɪnaɪn] ⟨Adv.⟩ 저 안으로: ich muß d., aber die Tür ist verschlossen 나는 저 안으로 들어가야 되는데 문이 잠겨 있다. **dahingegen** ⟨Adv.⟩ 이와 반대로, 그렇지만. **dahinten** [daˈhɪntn̩, 《강조시》 ˈdaːhɪntn̩] ⟨Adv.⟩ 저 뒤에, 얼마 떨어진 곳에. d. (am Horizont) ziehen dunkle Wolken auf. 저 뒤(지평선)에서 검은 구름이 일고 있다. **dahinter** [daˈhɪntɐ, 《강조시》 ˈdaːhɪntɐ] ⟨Adv.⟩ **a)** 그 뒤에, 배후에: 전의 man weiß nicht recht, was sich bei ihm d. verbirgt 그에게 무슨 저의가 숨어 있는지 제대로 알 수가 없다; nichts d.! 모든 것이 허풍이다. **b)** 그 뒤로: 전의 wir müssen Dampf(Druck) d. machen 《통어》 우리는 그 일의 해결을 촉진시켜야 된다.

dahinter-: ~gucken ⟨h⟩ 《통어》 내막을 알다. **~klemmen**, sich ⟨h⟩ 《통어》 목표의 달성을 위해서 노력하다, 강력히 추진하다: wenn er die Prüfung bestehen will, muß er sich aber gewaltig d. 그가 시험에 합격하려면 굉장히 노력해야만 된다. **~knien**, sich ⟨h⟩ 《통어》 ↑~klemmen. **~kommen*** ⟨s⟩ 《통어》 **1.** (숨겨진 것을) 알아내다: endlich kam sie dahinter, was er vorhatte 마침내 그녀는 그가 계획한 것을 알아냈다. **2.** 차츰 알아차리다. **~machen**, sich ⟨h⟩ 《통어》 열심히(결단력 있게) 시작하다. **~setzen**, sich ⟨h⟩ 《통어》 ↑klemmen. **~stecken*** 《통어》 **1. a)** 원인(이유)이 숨어 있다: man weiß nicht, was eigentlich dahintersteckt 대체 무슨 원인이 숨어 있는지 모른다. **b)** 어떤 일의 장본인이다: man wußte lange nicht, wer eigentlich dahintersteckte 누가 정말 배후의 장본인인지를 오랫동안 알지 못했다. **2.** 특정한 생각에 부합하다: er redet viel, aber es steckt auch nichts dahinter 그는 말을 많이 하지만 그 이면에는 아무 것도 없다. **~stehen*** ⟨h⟩ **1.** 후원하다, 진력하다: die Sache kann nur durchgeführt werden, wenn alle dahinterstehen 모두가 후원해야만 그 일이 수행될 수 있다. **2.** 배후의 힘을 이루다: sie bewunderten seine Kunst und die Ausdruckskraft, die dahinterstand 그들은 그의 예술과 그 배후를 이루고 있는 표현력을 경탄했다.

dahinterher, 《다음 용법으로만》 **d. sein** 《통어》 열심히 추진하다, 얻으려고 노력하다: wenn man noch Karten will, muß man d. sein 표를 사려면 힘써야 된다. **dahinüber** [daˈhiːnyːbɐ, 《강조시》 ˈdaːhɪnyːbɐ] ⟨Adv.⟩ 저편으로 넘어서. **dahinunter** [daˈhiˌnʊntɐ, 《강조시》 ˈdaːhɪnʊntɐ] ⟨Adv.⟩ 거기(저편)으로 내려가서: der Weg führt d. 이길이 저편으로 내려간다.

Dähle, Däle [ˈdɛːlə], die; -n 《schweiz.》 (유럽산) 소나무(Föhre).

Dahlie [ˈdaːliə], die; -n [스웨덴 식물학자 A. Dahl (1751

~1789)의 이름에 따라서] 달리아. **Dahlienstrauß,** der 〈Pl. ...sträuße〉 달리아 덤불.

dahocken ['..] 〈h〉 《통용어》 (쪼그린 자세로, 흐트러진 자세로) 앉아 있다: jetzt hocken sie da ohne Geld und wissen nicht, was sie machen sollen 이제 그들은 돈이 없어서 어찌 해야 될지 모르는 체 앉아 있었다.

Dahome [daho'me:], **Dahomey** [..mɛː, 《frz.》 daɔmɛ], ~s 다호메(베넹의 옛 이름).

Daina ['dajna], die; -s [lett. daina] 리트비아의 민요. **Daina,** die 〈Pl. D<u>ai</u>nos〉 [lit. daina] 리투아니아의 민요.

Dakapo [da'ka:po], das; -s, -s [↑da capo의 명사형] 〖음악〗 반복. **Dakapoarie,** die (18세기에 통용되었던) 3부의 아리아.

Dakar ['dakar, 《frz.》 da'kaːr] 다카르(세네갈의 수도). **Daker** ['daːkɐ], der; -s, - 다카르의 주민.

Dakien [da:kiən], **Dazien**; -s 고대 지명(Theiß, Donau, Dnjestr. 사이의). **dakisch** ['da:kɪʃ] 〈Adj.〉 다키엔의.

Dakka ['daka] 다카(방글라데시의 수도).

¹Dakota [da'ko:ta, 《engl.》 da'koʊta], der; -(s), -(s) (아메리카 인디언의) 다코타 족.

²Dakota, -s 다코다(미국의 주).

daktylieren [dakty'li:rən] 〈h〉 [griech. dáktylos에서] 손가락과 몸짓으로 말하다, 수화하다. **Daktyliothek** [daktylio'teːk], die; -en [lat. dactyliothēca < griech. daktyliothḗkē] (특히 고대와 르네상스의) 보석함. **daktylisch** [dak'ty:lɪʃ] 〈Adj.〉 [lat. dactylicus < griech. daktylikós] 〖운율〗 강약약격(強弱弱格)의, 장단단격(長短短格)의. **Daktylo** ['daktylo], die; -s 《schweiz.》 ↑Daktylographin의 약칭.

daktylo-, Daktylo- [griech. dáktylos = Finger]: **~gramm,** das 지문(指紋)(Fingerabdruck); **~graphieren** [...gra'fi:rən] 〈h〉 [frz. dactylographier] 《schweiz.》 타자치다. **~graphin** [...'graːfɪn], die; -nen [frz. dactylographe] 《schweiz.》 여자 타자수. **~logie,** die 벙어리나 청각 장애자의 수화(手話). **~skopie** [...sko'piː], die; -n [...i:ən] griech. skopeīn에서] 지문법(指紋法).

Daktylus ['daktylus], der; -, ...len [dak'ty:lən]; lat. dactylus < griech. dáktylos] 〖운율〗 강약약격, 장단단격.

Dalai-Lama [da'laj'laːma], der; -(s), -s 달아이 라마 (티베트의 라마교 교주).

d<u>a</u>lassen* 〈h〉 a) (어떤 사람의 눈 앞에) 뻗어 누워 있다: Erschöpft und so still zusammengesunken liegt er da 그는 탈진하고 축 늘어져서 뻗어 누워 있다. b) (물건이) 놓여 있다. c) 일정한 상태로 있다: der Ort lag wie ausgestorben da 그곳은 인적이 끊어져 있었다.

Dalbe, Dalben ↑Duckdalbe, Duckdalben의 약칭.

Dalberei [dalbə'rai], die; -en 《통용어》 (재미로 하는) 어리석은 짓, 객쩍은 짓, 허튼 수작. **Dalb(e)rig** ['dalb(ə)rɪç] 〈Adj.〉 《통용어》 허튼 수작을 하는. **Dalb(e)rigkeit,** die 허튼 수작. **dalbern** ['dalbɐn] 〈h〉 《통용어》 어리석은 짓을 하다, 허튼 수작을 하다.

Däle: ↑Dähle.

daliegen* 〈h〉 a) (어떤 사람의 눈 앞에) 뻗어 누워 있다: Erschöpft und so still zusammengesunken liegt er da 그는 탈진하고 축 늘어져서 뻗어 누워 있다. b) (물건이) 놓여 있다. c) 일정한 상태로 있다: der Ort lag wie ausgestorben da 그곳은 인적이 끊어져 있었다.

¹Dalk [dalk], der; -(e)s, -e [pers. dalq] 승려복.

²Dalk [-], der; -(e)s, -e 《südd., österr. · 통용어》 우둔한 사람, 바보: dieser D.! 이 우둔한 녀석아! **dalken** ['dalkŋ] 〈h〉 《österr. · 통용어》 유치하면서 [어리석게] 말하다. **Dalken** [-] 〈Pl.〉 《österr.》 둥글 납작한 과자.

Dalkerei [dalkə'rai], die; -en 《südd., österr. · 통용어》 농담, 쓸데 없이 떠듦. **dalke(r)t** ['dalkət, 'dalkɐt] 〈Adj.〉 《südd., österr. · 통용어》 우둔한, 미련한; 무의미한. **dalkig** [dalkɪç] 〈Adj.〉 ↑dalkert.

Dalle ['dalə], die; -n 《지역적》 ↑Delle (1).

Dalles ['daləs], der; - 《통용어》 빈곤, 곤궁, 돈이 궁함: **den D. haben** 1) 《통용어》 돈이 궁하다. 2) 《지역적》 깨어지다.

dalli ['dali] 〈Adv.〉 [poln. dalej! = los!, weiter!] 《통용어》 빨리, 신속히; d. machen 서두르다(sich beeilen); dalli, dalli! 빨리, 빨리!

Dalmatien [dal'maːtsiən], -s 달마티아(아드리아 해 동해안 지방). **dalmatinisch** [dalma'tiːnɪʃ], **dalmatisch** [dal'maːtɪʃ] 〈Adj.〉 달마티아의(↑Dalmatien).

Dalmatik [dal'maːtɪk], **Dalmatika** [dal'maːtika], die; ...ken 〖가〗 부제의 전례복 상의. **Dalmatiner** [dalma-'tiːnɐ], der; -s, - [lat. Dalmatīnus = aus Dalmatien] 1. 달마티아 종의 개(경비견, 수렵견). 2. 달마티아 산 포도주.

dal segno [dal 'zɛnjo; lat. sīgnum에서] 〖음악〗 (악보의 지시로) 표시부부터 반복(약어: d.s.).

Daltonismus [dalto'nɪsmʊs], der; - [영국 물리학자 John Dalton(1766~1844)에 따라] 〖의학〗 선천적 색맹.

dam = Dekameter.

damalig ['daːmalɪç] 〈Adj.〉 당시의, 그 무렵의: unter den ~en Umständen 당시의 사정으로는. **damals** ['daːmaːls] 〈Adv.〉 당시에, 그 무렵에: seit d. hat sich nicht viel geändert 그 무렵 이후로 별로 변한 것이 없다.

Damaskus [da'maskʊs] 다마스쿠스(시리아의 수도).

Damassé [dama'seː], der; -(s), -s [frz. damassé] 문직물(紋織物)류의 안감 비단. **Damassin** [dama'sɛː], der; -(s), -s [frz. damassin] 문직물. **Damast** [da'mast], der; -(e)s, -e 문직물(紋織物).

damast-, Damast-: ~artig 〈Adj.〉 문직물류의. **~bezug,** der 문직물로 만든 침대씨, 시트, **~decke,** die 문직물로 만든 테이블 보. **~muster,** das 문직물의 무늬. **~serviette,** die 문직물로 만든 냅킨.

damasten [da'mastn̩] 〈Adj.〉 《아어》 문직물로 만든. **¹Damaszener** [damas'tseːnɐ], der; -s, - 다마스쿠스 사람. **²Damaszener** 〈Adj.; 격변화 없음〉 다마스쿠스의. **damaszenisch** [damas'tseːnɪʃ] 〈Adj.〉 다마스쿠스의. **damaszieren** [damas'tsiːrən] 〈h〉 (철이나 강철에) 무늬를 새공하다, 상감(象嵌)하다. **Damaszierung,** die; -, -en 1. 무늬 새공, 상감. 2. 줄 또는 파상 무늬.

Dambedei ['dambədaj], der; -(s), -en 《badisch》 《성 탄절 때의 사람 모양의》 과자.

Dambock ['dambɔk], der 〖사냥〗 《드물게》 ↑Damhirsch의 수놈.

Dämchen ['dɛːmçən], das; -s, - 1. ↑Dame (1). 2. 《대개 반어》 숙녀 티를 내는 어린 소녀. 3. 《폄》 창녀. **Dame** ['daːmə], die; -, -n [frz. dame] 1. 《축소형》: ↑ Dämchen (1)〉 a) (기혼 또는 미혼의) 부인, 숙녀, 귀부인: meine ~n und Herren! 신사 숙녀 여러분!; der Thronfolger durfte die D. seines Herzens heiraten 왕위 계승자는 그가 사모하는 여인과 결혼해도 좋았다. Alte D. 《통용어 · 농》 모친. b) 《교양 있고 세련된》 부인, 숙녀; eine elegante(vornehme) D. 우아한(고귀한) 숙녀; die D. des Hauses 여자 집주인, 여주인. 2. a) (서양 장기의) 여왕: die D. schlagen(verlieren) 여왕을 물리치다(잃다). b) (카드 놀이의) 여왕. 3. a) 〈Pl. 없음〉 서양 바둑. b) 서양 바둑에서 두 개 겹친 돌.

Dame- (Dame 3 a): **~brett,** das 서양 바둑판. **~spiel,** das a) ↑Dame (3 a). b) 서양 바둑 한 판. **~stein,** der 서양 바둑알.

Dämel ['dɛːm|l], der; -s, - 《경》 바보.

Damen- (Dame 1): **~bad,** das 《고어》 여탕. **~badeanzug,** der 여자 수영복. **~bart,** der 여성의 《유사》 수염. **~bedienung,** die 여종업원이 봉사함. **~begleitung,** die 《Pl. 없음》 여자 동반. **~bekanntschaft,** die 《남자의》 아는 여성, 여자 친구: über seine ~n schwieg er sich aus 자신의 여성 관계에 대해서 그는 끝까지 침묵을 지켰다; eine D. machen 《통용어》 여자를 사귀다. **~bekleidung,** die 여성복. **~besuch,** der 《남자의 집에》 여성의 방문. **~binde,** die 생리대. **~bluse,** die 여성용 블라우스. **~coiffeur,** der ↑~friseur. **~doppel,** das 《테니스·탁구·배드민턴》 여자 복식. **~einzel,** das 《테니스·탁구·배드민턴》 여자 단식. **~fahrrad,** das 여성용 자전거. **~finken,** der 여성용 덧신(슬리퍼). **~flor,** der 일련의 꽃다운 처녀들. **~friseur,** der 미용사. **~fußball,** der; -(e)s ↑ Frauenfußball. **~garnitur,** die 여성용 속옷 한 벌. **~gesellschaft,** die 1. 여성들의 모임. 2. 〈Pl. 없음〉 숙녀의 동반. **~handschuh,** der 여성용 장갑. **~handtasche,** die 여성용 핸드백. **~hut,** der 숙녀 모자. **~kapelle,** die 여성 단원으로 구성된 악대. **~kleid,** das 숙녀용 원피스. **~kleidung,** die 숙녀복. **~klub,** der 여성용 클럽. **~konfektion,** die 여성 기성복. **~kränzchen,** das 《준고어》 《정기적으로 만나는》 부인들의 모임. **~mangel,** der 여자의 수가 모자라다: bei der Tanzveranstaltung war(herrschte) D. 무도회에서 여자의 수가 부족했다. **~mannschaft,** die 여자 선수단. **~mantel,** der 여성용 외투. **~mode,** die 여성복 유행. **~oberbekleidung,** die 1. 여성용 외의. 2. ↑ ~oberbekleidungsindustrie. **~oberbekleidungsindustrie,** die 여성용 외의 생산업. **~pferd,** das 유순한 말. **~pullover,** der 여성용 풀오버. **~rad,** das ↑ ~fahrrad의 약칭. **~rede,** die **a)** 《연회에 참석한》 여성들에게 하는 연설. **b)** 주인공의 부인에게 하는 연설. **~rock,** der 여자 치마. **~salon,** der 미용실. **~sattel,** der 여성 승마용 안장. **~schirm,** der 여성용 우산. **~schlüpfer,** der 여성용 긴 드로즈. **~schneider,** der 여성복 재단사. **~schneiderei,** die 여성복 재단업, 양장점. **~schneiderin,** die ↑~schneider의 여성형. **~schreibtisch,** der 여자용 책상. **~schuh,** der 여성화, 숙녀화. **~sitz,** der 《Pl. 없음》 여성용 안장의 좌석. **~slip,** der 여성용 슬립. **~stift,** das 《준고어》 《귀족》 부인들을 위한 양로원. **~taschentuch,** das 여성용 손수건. **~tee,** der 부인들의 차(茶) 모임. **~toilette,** die 1. 숙녀용 화장실. 2. 우아한 숙녀복, 야회복. **~uhr,** die 숙녀용 시계. **~unterwäsche,** die 여성용 속옷. **~velo,** das 《schweiz.》 ↑ ~fahrrad. **~wahl** die 〈Pl. 없음〉 여자가 상대를 선택하여 춤을 청함. ↑ ~unterwäsche. **~wein,** der 단 포도주. **~welt,** die 〈Pl. 없음〉 《농》 《회합에 참석한》 여성들 전체. **~wind,** der 《항해》 온화한 무역풍. **~winker,** der 《통용어·농》 남자의 곱슬머리. **~zimmer,** das 《준고어》 부인방.

damenhaft 〈Adj.〉 **a)** 숙녀에 적합한, 숙녀다운: sie hat sich nicht gerade d. benommen 그녀는 숙녀답게 행동하지 못했다. **b)** 약간 부자연스럽게 우아한.

Damhirsch ['dam-], der; -(e)s, -e 사슴의 일종(뿔에 장상부가 있음).

Damian ['daːmi̯an], der; -s, -e 《지역적》 미련한《단순한》 인간. **damisch** ['daːmɪʃ] 〈Adj.〉《südd., österr.·통용어》 **1.** 미련한, 유치한, 약간 제 정신이 아닌: so ein -er Kerl! 그런 미련한 녀석이 있나! **2.** 어리둥절한, 현기증이 나는: er war ganz d., als er wieder draußen war 그가 다시 밖에 나가자 그는 완전히 어리둥절했다. **3.**《형용사와 동사를 강조함》대단히, 몹시: draußen ist

es d. kalt 밖에는 몹시 춥다.

damit I. [daˈmɪt, 《강조시》ˈdaːmɪt] 〈Adv.〉 **1. a)** 그것을, 그 일을: d. hatte er nicht gerechnet 그는 그런 일을 계산에 넣지 않았었다; weg d.! 《통용어》 저리 치워라! 던져 버려라!; heraus d.! 《통용어》 이리 내놔라! 털어놓고 말해라! **b)** 이(그)것을 가지고. **c)** 이(그)것을 써서, 이렇게 하여서: er nahm eine Eisenstange und brach d. die Tür auf 그는 쇠몽둥이를 들고 그것을 써서 문을 억지로 열었다. **d)** 동시에, 《또는》 바로 그 후에: er zitierte Goethe u. beendete d. seine Rede 그는 괴테를 인용하고 그것으로 그의 연설을 끝냈다. **e)** 그래서, 그 결과로: d. gehörte auch er zum Kreis der Verdächtigen 그 결과로 그 역시 혐의자권에 속하게 되었다. **2.** 《nordd.》《일정한 용법에서는 분리하여》 da habe ich nicht mit gerechnet 나는 그것까지 함께 생각하지를 않았다. **II.** [daˈmɪt] 〈Konj.〉…하기 위하여, …목적으로: schreib es dir auf, d. du es nicht wieder vergißt 그것을 또다시 잊지 않도록 적어 두어라; damit Wahlen durchgeführt werden können, müssen bestimmte Voraussetzungen erfüllt sein 선거가 시행될 수 있기 위하여는 일정한 전제 조건이 충족되어야 한다.

Dämlack ['dɛːmlak], der; -s, -e / -s 《경》 바보.

damledern ['dam-] 〈Adj.〉 사슴(Damhirsch)의 가죽으로 된.

dämlich ['dɛːmlɪç] 〈Adj.〉《통용어·폄》 **a)** 미련한, 단순한: ein -es Gesicht machen 미련한 표정을 짓다; du bist ganz schön d., wenn du auf diesen Vorschlag eingehst 네 이 제의를 받아들인다면 너는 퍽이나 미련한 사람이다. **b)** 우둔한. **Dämlichkeit,** die; -en a) 〈Pl. 없음〉 미련(우둔)한 처신: das ist nur deiner D. zuzuschreiben 그것은 오로지 너의 미련한 처신 때문이라고 할 수밖에 없다. **b)** 미련한(어리석은) 행위.

Dämlichkeiten 〈Pl.〉 《통용어·농》 숙녀들.

Damm [dam], der; -(e)s, Dämme ['dɛmə] **1. a)** 제방, 둑: bei der Sturmflut sind die Dämme gebrochen 해일에 제방들이 무너졌다; 〈전의〉 einen D. gegen die Willkür der Herrschenden errichten 지배자의 자의를 방지할 대비책을 세우다. **b)** 《차도 또는 철로의》 둑: die Insel ist mit dem Festland durch einen D. verbunden 섬은 육지와 둑으로 연결되어 있다. **c)** (nordostd.) 거리의 차도, 도로: **wieder[nicht] auf dem D. sein** 《통용어》 건강해지다[해지지 않다]; **jmdn. wieder auf den D. bringen** 《통용어》 …를 다시 건강하게 하다. **2.** 〔의학〕 회음(會陰).

Damm-: ~bau, der 《Pl. -bauten》 축제(築堤). **~böschung,** die 제방의 경사면. **~bruch,** der 둑이 무너짐. **~gegend,** die ↑Damm (2). **~krone,** die 제방, 둑의 제일 높은 부분. **~riß,** der 〔의학〕회음열상(會陰裂傷), 〈전의〉 die Wirtschaft des Landes erlebte einen D. 나라의 경제가 무너졌다. **~schnitt,** der 〔의학〕《출산시의 회음열상 방지를 위한》 수술. **~schutz,** der 회음 열상 방지 조치. **~straße,** die 제방 위의 도로. **~weg,** der 제방 위의 길.

Dammar ['damar], das; -s 다마르나무 수지(樹脂).

Dammarafichte [daˈmaːrafɪçta], die 다마르나무.

Dammarharz, das ↑ Dammar.

dämmen ['dɛmən] 〈h〉 **1.** 《아어》 제방으로 막다: das Wasser[die Fluten] d. 물[조수]을 제방으로 막다; 〈전의〉 eine Seuche[die Ausbreitung einer Seuche] zu d. suchen 전염병[전염병의 확산]을 막으려고 하다. **2.** 〔기술〕 격리 등을 통하여 차단하다: den Schall[die Wärme] d. 음향[열]을 차단하다.

Dämmer ['dɛmɐ], der; -s 《시어》 희미한 빛, 어스름한 빛: 〈전의〉 im D. der Träume[des Halbschlafs] 어렴풋

한 꿈[비몽사몽간]에서.

dämmer-, Dämmer-: ~**grau** ⟨Adj.⟩ 《시어》 희미한, 어스름한: im -en Morgen 희미한 아침에. ~**grau,** das ⟨Pl. 없음⟩ 희미함. ~**hell** ⟨Adj.⟩ 《시어》 어스름하게 밝은, 희미한. ~**licht,** das ⟨Pl. 없음⟩ 어스름빛, 미광. ~**schein,** der 《아이》 어스름, 황혼, 여명: am Fenster erschien der erste D. 창문에 첫 여명이 비쳤다. ~**schlaf,** der **1.** 선잠, 반수. **2.** 【의학】 반마취 상태. ~**schoppen,** der 늦은 오후나 초저녁의 술 모임. ~**stündchen,** das 황혼에 만나는 모임. ~**stunde,** die 《아이》 해질녘, 황혼. ~**zustand,** der **1.** 비몽사몽, 반수: aus einem D. aufschrecken 선잠에서 깨우다. **2.** 일시적인 의식 몽롱: der Kranke war[lag tagelang] in einem D. 병자는 의식이 몽롱했다[수일간 의식이 몽롱해서 누워 있었다].

dämmerig ⟨Adj.⟩ ↑dämmrig. **dämmern** ['dɛmən] ⟨h⟩ **1. a)** (비인칭) 차츰 밝아지다[어두워지다], 아침[저녁]이 되다; es beginnt bereits zu d. 이미 동이 트기[땅거미가 지기] 시작한다. **b)** 아침[저녁]이 시작되다: der Morgen (der Abend) dämmerte 먼동이 트기[땅거미가 지기] 시작한다. **2.** 《통용어》 어렴풋이 깨닫게 되다: eine Ahnung[Vermutung] dämmerte ihm 그에게 예감(추측)이 떠올랐다; na, dämmert's nun? 자 이제 이해가 되니? **3.** 반수 상태에 있다: er hat ein wenig gedämmert 그는 약간 졸았다; **vor sich hin d.** 의식이 몽롱하다. **Dämmerung,** die; -en 황혼, 여명, 어스름: bei[mit] Einbruch der D. 황혼[여명]이 시작될 때. **b)** ⟨Pl. 없음⟩ 어두컴컴함: der Raum lag in tiefer D. 방은 깊은 어스름에 잠겨 있었다. **dämmerungsaktiv** ⟨Adj.⟩ ↑nachtaktiv.

Dämmerungs-: ~**erscheinung,** die 【천문】 어스름에 나타나는 시각적 현상. ~**leistung,** die 【광학】 어스름때의 망원능력. ~**schalter,** der 【기술】 (광도에 따라 작동하는) 자동 스위치. ~**sehen,** das; -s 낮은 광도에 대한 망막의 적응. ~**tier,** das 【동물】 어스름에 활동하는 동물류. ~**zeit,** die ↑Dämmerung (a).

dämmlich ⟨Adj.⟩ (nordostd.) ↑dämlich (a, b).

dämmrig, (드물게) **dämmerig** ['dɛm(ə)rɪç] ⟨Adj.⟩ **a)** 어스름한, 희미한. **b)** 어두컴컴한: ein -er Nachmittag 흐린 날의 오후.

Dämmschicht ['dɛm-], die; -en 【기술】 절연층(絶緣層). **Dämmstoff,** der; -(e)s, -e 절연재료. **Dämmung,** die; -en 【기술】 절연(絶緣), 차단.

damnatur [dam'na:tʊr; lat. damnātūr] 《구제》 (검열 용어로) 서적의 인쇄 금지. **Damnum** ['damnʊm], das; -s [lat. damnum] 【경제】 공제, 손실.

Damoklesschwert ['da:mɔkles-], das; -(e)s [Syrakus의 군주 Dionys 네(404~367)가 궁신 Damokles의 머리 위에 칼을 매달아 행운이 항상 위험을 받고 있음을 보여 주게 한 데서] (아이) 명백한 위험: etwas hängt [schwebt] wie ein D. über jmdm.[über jmds. Haupt.] 어떤 것이 다모클레스의 칼처럼 어떤 사람의 위에[어떤 사람의 머리 위에] 걸려 있다(떠돌다).

Dämon ['dɛ:mɔn], der; -s, -en [dɛ'mo:nən; lat. daemōn < griech. daímōn] **1.** 악령(인간과 신의 중간적 존재): ein Mittel, das vor bösen -en schützt 악령들로부터 보호하는 수단. **2.** 인간에게 내재하는 무서운 힘: sein D. trieb ihn dazu, so zu handeln 그에게 내재하는 마력이 그로 하여금 그렇게 행동하도록 하였다. **dämonenhaft** ⟨Adj.⟩ 악령과 같은. **Dämonie** [dɛmo'ni:], die; -n [...iən] 신들림, 마귀와 같은 힘: die D. eines Künstlers[Redners, des Schicksals] 예술가(연사, 운명)의 마력. **dämonisch** ⟨Adj.⟩ [lat. daemonicus < griech. daimonikós] 거역할 수 없는 힘을 발휘하는, 초자연적인, 무시무시한, 악마와 같은: sein -er Blick 그의 거역할 수 없는 시선; 《명사화》 er hat etwas Dämonisches in seinem Wesen 그는 어떤 초자연적인 기질을 가지고 있다. **dämonisieren** [dɛmoni'zi:rən] ⟨h⟩ 신들리게 하다, 악마적인 힘으로 채우다. **Dämonisierung,** die; -en 신들리게 함, 마력화. **Dämonismus** [dɛmo'nɪsmʊs], der; - 악령 숭배. **Dämonium** [dɛ'mo:nɪʊm], das; -s, ...ien [...iən; lat. daemonium < griech. daimónion] 소크라테스에게 (들리는) (신의) 내면적 경고의 음성. **Dämonologie** [dɛmonoloˈgiː], die; -n [...iən] 악령학. **Dämonomanie** [dɛmonoma'niː], die; -n [...iən] 【의학·심리】 신들림.

Dampf [dampf], der; -(e)s, Dämpfe ['dɛmpfə] **1. a)** 김, 안개, 연기: die Küche war voller D. 부엌엔 김이 자욱했다; aus dem Tal stiegen wallende Dämpfe 계곡에서는 안개가 물결치며 떠올라왔다. **b)** 【물리·기술】 증기, 수증기: das Schiff[die Lokomotive] ist[steht] unter D. 《준고어》 배[기관차]가 출발 준비되었다; **aus etw. ist der D. raus** 《통용어》 활기를 잃다, 맥이 빠지다; **D. ablassen** 《통용어》 화풀이를 하다; **D. aufmachen** 1) 《준고어》 더 세게 불길을 돋우다. 2) 《통용어》 가속하다; **jmdm. D. machen** 누구를 독려하다; **D. drauf haben** 《통용어》 1) 고속으로 달리다. 2) 지나친 속도(활기)를 갖다: in der Jugend hat man noch zu viel D. drauf 청춘 시절에는 아직 지나친 활기를 갖게 마련이다; **D. hinter etw.[dahinter] machen [setzen]** 작업 등을 가속하다; **vor jmdm.[einer Sache] D. haben** 《통용어》 관계 있는 어떤 사람(사물)에 대해서 두려워하다. **2.** 《통용어》 활력, 무게: dieser Boxer hat D. in den Fäusten 이 권투 선수의 주먹에는 힘이 있다; etw. mit D. betreiben 무엇을 열성껏 추진하다. **3.** (bayr.) 술취함: einen D. haben 술취하다.

dampf-, Dampf-: ~**antrieb,** der 【기술】 증기 추진. ~**bad,** das **a)** 증기 욕실(蒸氣浴室). **b)** 증기욕. ~**behandlung,** die 증기욕 치료. ~**boot,** das 《engl. steamboat》 증기 보트. ~**bügeleisen,** das 증기 다리미. ~**dom,** der 【기술】 종 모양의 증기실. ~**druck,** der ⟨Pl. -drücke⟩ 【기술】 증기압. ~**entwicklung,** die 증기 발생. ~**förmig** ⟨Adj.⟩ 증기형의. ~**hammer,** der 증기 해머. ~**heizung,** die 증기 난방. ~**kartoffeln** ⟨Pl.⟩ (소금물에) 삶은 감자. ~**kessel,** der 증기 기관(氣罐). ~**kochtopf,** der 압력솥(냄비). ~**kompresse,** die 【의학】 습포(濕布). ~**kraft,** die ⟨Pl. 없음⟩ 증기력. ~**kraftmaschine** ↑~maschine. ~**kraftwerk,** das 화력 발전소. ~**kur,** die ↑Hydrotherapie. ~**lok,** die ↑~lokomotive의 약칭. ~**lokomotive,** die 증기 기관차. ~**mantel,** der 【기술】 증기 재킷. ~**maschine,** die 《engl. steamengine》 【기술】 증기 기관. ~**motor,** der 【기술】 증기 기관(발동기). ~**nudel,** die ⟨대개 Pl.⟩ 《südd.》 효모와 함께 솥에 찐 밀가루 국수: aufgehen wie eine D. 《통용어》 뚱뚱해지다. ~**pfeife,** die 기적(汽笛). ~**radio,** das 《통용어·농》 라디오. ~**ramme,** die 증기 메(달구). ~**rohr,** das 증기 관관(鋼管). ~**rohrleitung,** die 증기 강관 도관(導管). ~**roß,** das 《농》 ↑~lokomotive. ~**schiff,** das 《engl. steamship》 기선(汽船). ~**schiffahrt,** die 기선 항해. ~**schiffahrtsgesellschaft,** die 기선 회사. ~**spannung,** die ↑~druck. ~**strahl,** der 증기 분사. ~**strahlpumpe,** die 【기술】 증기 분사 펌프. ~**turbine,** die 【기술】 증기 터빈. ~**ventil,** das 【기술】 (증기 강관 도관 등의) 밸브, 판(瓣). ~**walze,** die **1.** (도로 공사 등에서 사용되는) 증기 롤러. **2.** 《통용어·농》 몹시 둔한 사람(여인). ~**wolke,** die 증기 구름. ~**wolkeneruption,** die 증기 분출. ~**wurst,** die 끓는 물에 익힌 소시지. ~**zylinder,** der 증기 기관의 실린더.

Dämpfe ['dɛmpfə] ↑Dampf의 복수형.
dampfen ['dampfn̩] 1. ⟨h⟩ 김을 내다, 증기를 내다: die Suppe hat noch gedampft 국에선 아직 김이 나고 있었다; das Pferd dampft nach dem Galopp 질주한 말의 몸에서는 김이 모락모락 나고 있었다. 2. a) ⟨s⟩ 증기를 뿜으며 가다, 움직이다: über die Brücke dampfte ein Zug 다리 위로 기차가 증기를 뿜으며 지나갔다. b) ⟨통용어⟩ ⟨s⟩ (증기 기관차를 타고) 어디로 가다(여행하다): er war nach Berlin gedampft 그는 기차를 타고 베를린으로 갔다. **dämpfen** ['dɛmpfn̩] ⟨h⟩ 1. 증기로 익히다, 찌다: Kartoffeln(den Fisch) d. 감자(생선)를 찌다. 2. 증기로 가공하다, 김을 쏘여서 펴다(반반하게 하다). 3. a) (강한 청각적, 시각적 인상을) 약화시키다, 완화하다: der Teppich dämpft den Schall 양탄자가 울림을 완화시켜 준다; gedämpfte Farben 야하지 않은 색채. b) (운동에 너지, 강도, 맹렬함을) 약화시키다. 4. a) (격렬한 표현 등을) 억누르다: sie versuchte vergebens, die Kinder zu d. 그녀는 아이들을 진정시키려고 하였으나 허사였다. b) 감정을 진정시키다: jmds. Wut(Zorn, Begeisterung, Freude) d. 누구의 격노(분노, 열광, 즐거움)를 진정시키다.
Dampfer ['dampfɐ], der; -s, - ; 기선: **auf dem falschen D. sein**(sitzen / sich befinden) ⟨통용어⟩ 목표 달성의 가능성을 잘못 어림잡다.
Dampfer-: **~anlegestelle**, die 기선의 선창(船艙). **~fahrt**, die 기선 여행. **~linie**, die 기선 항로. **~station**, die 기선의 정류장. **~verkehr**, der 기선 교통.
Dämpfer ['dɛmpfɐ], der; -s, - 1. 약음기(弱音器) 〔전의〕 das würde für diesen jungen Draufgänger doch ein D. sein 그것이 이 젊은 무모한 사람에게는 억제책이 될 것이다; **einen D. bekommen** ⟨통용어⟩ 견책을 받다, (즐거움이나 열광을 꺾는) 환멸을 겪다; jmdm. [einer Sache] **einen D. aufsetzen** 누구(무엇)의 지나침을 억제하다. 2. ⟨지역적⟩ (야채 등을 찌는) 시루. **dampfig** ['dampfiç] ⟨Adj.⟩ 증기로 가득 찬, 자욱한. **dämpfig** ['dɛmpfiç] ⟨Adj.⟩ 1. (말이) 헐떡이는. 2. ⟨지역적⟩ 후 터분한, 무더운. **Dämpfigkeit**, die 말의 헐떡임. **Dampfl** ['dampfl̩], das; -s, -(n) ⟨südd., österr.⟩ 효모를 넣은 반죽. **Dämpfpuppe**, die; -n 〔재단〕 피복 업계나 세탁소에서 사용하는 인형. **Dämpfung**, die; -en 약화, 완화: 〔전의〕 die D. der Leidenschaft 정열의 약화; die D. der Konjunktur(des Preisauftriebs) 경기(물가 인상)의 완화.
Dämse ['dɛmzə], die ⟨ostmd.⟩ 숨 막히는 공기. **dämsig** ['dɛmzɪç] ⟨Adj.⟩ ⟨ostmd.⟩ 후터분한, 숨 막히는, 무덥고 습도가 높은.
Damwild ['dam-], das; -(e)s (흰 반점이 있고 (적)갈색 가죽과 넓적한 뿔이 있는) 사슴.
Dan [da:n], der; -, - (태권도 등의) 등급, 단.
danach [da:x] darnach [da(r)'na:x, ⟨강조시⟩ 'da:na:x, 'darna:x] ⟨Adv.⟩ 1. a) ⟨시간적⟩ 그 후에, 그 다음에 이어: eine halbe Stunde d. kam er wieder 그 후 반시간만에 그는 다시 왔다. b) ⟨공간적⟩ 그 다음에, (…를) 뒤 따라서, 그 뒤에: voran gingen die Eltern, d. kamen die Kinder 앞에는 부모가 앞장서고 아이들이 그 뒤를 따라갔다. 2. 그 쪽으로, 그것을 향하여: er sah das Seil und wollte d. greifen 그는 밧줄을 보고 그것을 붙잡으려고 하였다; d. steht mir jetzt nicht der Sinn 그렇게 할 기분이 나지 않는다; mir ist nicht d. ⟨통용어⟩ 그 일에 흥미가 없다; d. seht ihr (gerade) aus ⟨통용어 · 반어⟩ 너희들이 (참) 그러기도 하겠구나. 3. 그것을 좇아서, 그것에 따라서, 그것에 합당하게: die Ware ist billig, aber sie ist auch d. 그 상품은 싸지만 그런 것 만큼 값어치밖에 못 된다. 4. ⟨nordd.⟩ (일정한 용법에서는 다니되어이) da richtet er sich nicht d. 그는 그것에 따라서 행동하지 않는다. **Danachachtung, Darnachachtung**, die ⟨österr. · 관⟩ 고려.

Danaergeschenk ['da:naɐ̯-], das; -(e)s, -e ⟨교양어⟩ [그리스 인들이 트로이 사람들에게 준 목마에서 유래] (불행을 초래하는(위험한)) 선물.
Danaide [dana'i:də], die; -n (대개 Pl.) 다나오스 왕의 50 명의 딸들.
Danaidenarbeit [dana'i:dn̩-], die; -en [그리스 신화에 나오는 다나오스의 딸들이 남편을 살해한 죄로 저승에서 구멍 뚫어진 항아리에 물을 가득 퍼 담는 형벌을 받은 데서] ⟨교양어⟩ (오래 걸리고 힘드는) 헛수고. **Danaidenfaß**, das; ...fasses, ...fässer [↑Danaidenarbeit] ⟨교양어⟩ 헛수고, 낭비.
Dancing ['da:nsɪŋ], das; -s, -s [engl. dancing] 1. 댄스홀. 2. 댄스, 댄스 모임.
Dandy ['dɛndi], der; -s, -s [engl. dandy] ⟨교양어⟩ 1. 댄디이즘의 추종자. 2. 멋쟁이, 호사가. **dandyhaft** ⟨Adj.⟩ ⟨교양어⟩ 멋쟁이의, 호사바치의. **Dandyismus** [dɛndi'ɪsmʊs], der; - ⟨교양어⟩ [18세기 중엽 영국에서 발생하여 프랑스에도 전파된 상류 사회의 생활 양식] 댄디이즘: gesellschaftlicher (literarischer) D. 사회적(문학적) 댄디이즘. **Dandytum**, das; -s ⟨교양어⟩ 멋부림, 호사.
Däne, der; -n, -n 덴마크 사람.
daneben, ⟨고어⟩ darneben, [da(r)'ne:bn̩, ⟨강조시⟩ 'da:ne:bn̩, 'darne:bn̩] ⟨Adv.⟩ 1. a) 그 옆에, 그것과 나란히: er wohnt im Haus d. 그는 그 옆집에 산다. b) 그 곁으로, 그 곁에서, 그 곁에: ich würde den Stuhl d. stellen, nicht davor 나라면 의자를 그 앞이 아닌 그 옆에 놓겠다. 2. 그것에 비교하여: ihr Spiel war hervorragend, d. fiel das der übrigen Schauspieler stark ab 그녀의 연기는 뛰어났으며, 그에 비하여 다른 배우의 연기는 훨씬 열등하였다. 3. 그 외에, 그 밖에, 뿐만 아니라; 동시에: sie ist berufstätig und hat d. noch ihren Haushalt zu besorgen 그녀는 직장 생활을 하며 동시에 살림도 돌봐야 된다.
daneben-: **~benehmen**, sich ⟨h⟩ ⟨통용어⟩ 어울리지 않게(부적당하게) 행동하다. **~fallen** ⟨s⟩ 목표에서 벗어나 떨어지다. **~gehen** ⟨s⟩ 1. 목표를 달성하지 못하다: der Schuß ging daneben 사격은 빗나갔다. 2. ⟨통용어⟩ 실패하다: alle Experimente sind danebengegangen 모든 실험은 실패했다. **~gelingen** ⟨s⟩ ⟨통용어⟩ 실패하다. **~geraten** ⟨s⟩ ⟨통용어⟩ 실패하다, 이루어지지 않다. **~glücken** ⟨s⟩ ⟨통용어⟩ 실패하다. **~greifen** ⟨h⟩ 1. 목표물을 놓치다. 2. ⟨통용어⟩ 오류를 저지르다, 오판하다: er hat mit seiner Prognose am weitesten danebengegriffen 그는 예측에서 어림없이 오류를 저질렀다. **~halten** ⟨h⟩ ⟨통용어⟩ 비교하다. **~hauen** ⟨통용어⟩ 1. 잘못 치다, 맞추지 못하다: er hat mit dem Hammer danebengehauen und sich dabei verletzt 그는 망치로 잘못 쳐 다쳤다. 2. ⟨통용어⟩ 틀리다, 잘못을 저지르다. **~liegen** ⟨h⟩ ⟨통용어⟩ 착각하다: mit dieser Meinung liegst du aber sehr daneben 이런 의견은 너의 대단한 착각이다. **~raten** ⟨h⟩ ⟨통용어⟩ 잘못 알아맞추다: bei ihrem Alter hat er ziemlich danebengeraten 그는 그녀의 나이를 상당히 헛짚었다. **~schätzen** ⟨h⟩ ⟨통용어⟩ 잘못 요량하다. **~schießen** ⟨h⟩ 1. 빗맞히다: er zielte scharf, schoß aber daneben 그는 잘 겨냥을 했지만 빗맞혔다. 2. ⟨통용어⟩ 착각하다: er hat mit seiner Behauptung (Beurteilung) ganz schön danebengeschossen 그의 주장(판단)은 상당히 엉뚱하였다. **~sein** 당황하다, 불편하다 느끼다. **~setzen**, sich ⟨h⟩ ⟨통용어⟩ 오류를 범하다. **~tippen** ⟨h⟩ ⟨통용어⟩ 잘못 알아맞추다, 잘못 판단하다. **~treffen** ⟨h⟩ 1. 적중하지 못하다. 2. 부적당한 말을 하

다: er hat mit seiner ironischen Bemerkung arg danebengetroffen 그는 그의 반어적인 논평으로 엉뚱한 말을 했다.

Danebrog ['da:nəbrɔk], der; -s 〈붉은 바탕에 흰 십자가가 있는〉 덴마크 기. **Dänemark** ['dɛ:nəmark], -s 덴마크.

dang [daŋ], **dänge** ['dɛŋə] ↑ dingen 참조.

danieden [da'ni:dn] 〈Adv.〉《(시어·고어)》 여기 지상에서. **daniederbeugen** [da'ni:dɐ-] 〈h〉 《고어》 아래로 꾸부리다: das Alter hat ihn daniedergebeugt 나이가 그의 허리를 굽게 했다. **daniederliegen*** 〈h〉 《아어》 1. 병석에 눕다. 2. 부진하다, 위축되어 있다.

Dänin, die; -nen 덴마크 여자. **dänisch** ['dɛ:nɪʃ] 〈Adj.〉 덴마크의. **Dänisch**, das; -(s) /《정관사와 함께》 **Dänische**, das; -n 덴마크어. **danisieren** [dani'zi:rən], **dänisieren** [dɛni'zi:rən] 〈h〉 덴마크식으로 하다 [꾸미다].

dank [daŋk] 〈Präp.〉[3/2], 복수에서는 대개 Präp.[2]) [Dank sei (ihm usw.)에서] …의 덕택으로, …때문에, …을 통하여: er gewann das Rennen d. seiner großen Erfahrungen 그는 그의 훌륭한 경험 덕택으로 경주에서 이겼다; d. seiner Unpünktlichkeit erreichten wir den Zug nicht mehr 그가 시간을 지키지 않았기 때문에 우리는 기차를 타지 못했다. **Dank**, der; -(e)s 감사, 고마움, 감사의 표현: jmdm. seinen D. abstatten (aussprechen) 누구에게 감사의 뜻을 표하다; jmdm. (für etwas) D. sagen 누구에게 (…에 대해서) 감사하다고 말하다(↑ danksagen 참조); jmdm. D. schulden [schuldig sein] 누구에게 감사함을 가지고 있다; jmdm. zu D. verpflichtet sein 누구에게 은혜를 지고 있다; haben Sie D.! (vielen D.!, besten D.!, herzlichen D.!, 《통용어》 tausend D.!》 고맙습니다(감사합니다). **(es) jmdm. D. wissen** 〈아어〉 《es는 고어 2격 = dessen》 누구에게 …에 대해서 감사하는 마음

dank-, Dank- (↑ Dankes-도 참조): **~adresse**, die 〈공식적 성격을 띤〉 감사장, 감사문. **~altar**, der 1. 감사의 제단. 2. 감사의 마음으로 세운 제대. **~brief**, der 감사의 편지. **~erfüllt** 〈Adj.〉 〈아어〉 감사의 마음에 넘치는, 매우 고맙게 여기는. **~gebet**, das 감사의 기도. **~gefühl**, das 감사의 마음. **~gesang**, der 감사의 노래. **~gottesdienst**, der 감사 미사 [예배]. **~lied**, das 감사의 노래. **~opfer**, das 감사의 제물. **~sagen** 〈아어·드물게〉 감사하다고 말하다, 감사하다. **~sagung** [-za:goŋ], die; -en 〈특히 조의에 대한 서면상의 형식적인〉 감사문. **~schreiben**, das 감사장: die Firma warb mit den D., die sie erhalten hatte 그 회사는 자기들이 받은 감사장을 가지고 선전했다.

dankbar 〈Adj.〉 1. 감사하고 있는, 고마움 [은혜]을 느끼고 있는: ein -er Blick 고마워하는 시선; ein -es Publikum 애정심 있고 즐겨 박수 갈채를 보내는 관중; dafür sind wir Ihnen sehr d. 그것에 대해서 당신에게 아주 고맙게 생각합니다; sie sind für jede Abwechslung d. 그들은 어떤 기분 전환에 대해서도 즐거워한다. 2. 보람있는, 만족스러운: eine -e Aufgabe (Rolle) 보람있는 과제 [역할]. 3. 《통용어》 견고한, 질긴: der Stoff ist sehr d. 이 옷감은 아주 질기다. 4. 《통용어》 《분재식물 등이》 기르기 쉬운, 까다롭지 않은: diese Pflanze ist sehr d. 이 식물은 대단히 기르기 쉽다. **Dankbarkeit**, die 1. 감사하는 마음(표현): in [mit] (aufrichtiger, tiefer) D. … 《충심으로, 깊이》 감사하오며…. 2. 〈드물게》 보람: sie war von der D. dieser neuen Aufgabe nicht recht überzeugt 그녀는 새로운 보람에 대해 별로 확신이 없었다. 3. 《통용어》 견고함, 질김. 4. 《통용어》 까다롭지 않음. **Dankbarkeitsgefühl**, das (다른 사람에게 느끼

는) 감사의 마음. **danke** ['daŋkə; "ich danke"의 줄임말 《의례적 인사말》 a) 《(제의 등을 공손히 거절하거나 수락하는 것을 강조하기 위하여》 고맙습니다, 감사합니다(만): soll ich Ihnen helfen? – D., es geht schon! D. 고마워요? – 감사합니다만, 괜찮습니다; d. schön [sehr] ! 대단히 감사합니다. b) 《감사 표시의 짧은 형식》 고맙습니다, 고마워!: "Wie geht's?" – "Mir geht's d.!" 《통용어》 어떻게 지내니? – 고마워, 잘 지내고 있지; sonst geht's dir (wohl) d.! 《통용어》 너 어쩔 도리가 없구나, 너 (혹시) 돌지 않았니. **danken** ['daŋkə] 〈h〉 1. **a)** 감사하다, 사의를 표하다: er dankte kurz und verließ das Zimmer 그는 간단히 사의를 표하고 방을 나섰다; Betrag dankend erhalten (계산서 밑에 쓰이는 어구) 위의 금액을 정히 영수했음; ich möchte ihm danke schön sagen 나는 그에게 고맙다는 인사말을 하고 싶습니다; na, ich danke 《통용어》 따 질색이야; für etwas (bestens) d. 《통용어》 …을 (극구) 사절하다. **b)** 감사의 뜻을 어떤 행위로 표현하다, 보답하다: niemand wird dir deine Mühe d. 아무도 너의 수고에 보답하지 않을 것이다; er dankte ihnen ihre Güte mit Ungehorsam 《반어》 그는 그들의 선의를 항명으로 갚았다. **c)** 인사를 받다, 인사에 답례하다: er hat sie gegrüßt, aber sie hat ihm nicht gedankt 그는 그녀에게 인사를 하였으나, 그녀는 그에게 답례를 하지 않았다. 2. 《아어》 …의 덕택이다: diesem Arzt dankt er sein Leben 그가 살아있는 것은 이 의사의 덕택이다. **dankenswert** 〈Adj.〉 감사받아 마땅한, 고마운: es ist d., daß er sich dafür zur Verfügung stellt 그가 그 일에 나선 것은 고마운 일이다. **dankenswerterweise** 〈Adv.〉 《(감사하게도, 고맙게도: er hat sich d. dazu bereit erklärt 그는 고맙게도 그렇게 할 의사가 있다고 밝혔다.

Dankes- (↑ dank-, Dank-도 참조): **~bezeigung**, die 《대개 Pl.》 감사의 표시 [표현]. **~blick**, der 《아어》 감사에 넘치는 시선. **~brief**, der 《아어》 ↑ Dankbrief. **~formel**, die 감사의 어구. **~pflicht**, die 《아어》 감사해야 할 의무. **~schuld**, die 《아어》 감사의 은혜. **~wort**, das 《대개 Pl.》 감사의 말 [씀].

Dankeschön, das; -s 감사의 표현, 감사의 말: nicht einmal ein D. hat er bekommen 고맙다는 말 한마디 조차 그는 듣지 못했다.

dann [dan] 〈Adv.〉 1. **a)** 그 다음(후)에, 그리고 나서: erst spielten sie zusammen, d. stritten sie sich 그들은 처음에는 함께 놀더니 그 다음에는 싸웠다. **b)** 그 뒤에, 뒤를 따라서(darauf folgend). **c)** 《등급순에 따라》 그 다음에: er ist der Klassenbeste, d. kommt sein Bruder und d. sie 그가 학급에서 일등이고, 그 다음에는 그의 동생, 그리고 그 다음에는 그녀이다. 2. 그럴 때에는, 그 경우에는, 그런 전제라면: nun, d. ist ja alles in Ordnung 자, 그렇다면 모든 것이 해결된 것이다; d. bis morgen 그러면 내일 다시 만나지요. 3. 그 외에 더, 더욱, 게다가 또: und d. waren noch Stände mit Blumen da 그 외에 꽃을 판매하는 곳도 있었다; zuletzt fiel d. noch der Strom aus 마침내는 전기까지도 나갔다. 4. 나중 어느 시기(때)에: wenn du (morgen) hier bist, d. komm doch bei mir vorbei (내일) 여기 오면 그 때 우리집에 좀 들러라; **bis d.** 《통용어·헤어질 때 인사말》 또 만나요; **d. und d.** 어느 때가에: er schrieb mir, daß er d. und d. ankommen würde 그가 어느 때가에는 도착하겠다고 나에게 편지를 썼다; **von d. bis d.** 얼마동안; **d. und wann** 때때로, 가끔: ich sehe ihn d. und wann in der Diskothek 나는 그를 때때로 디스코 클럽에서 본다.

dannen ['danən] 〈Adv.〉 《다음 용법으로》 **von d.** 《고어》 거기서부터, 거기를 떠나서: er schlich sich heimlich von d. 그는 몰래 거기서 (살짝) 빠져 나갔다.

dannzumal ⟨Adv.⟩ ⟪schweiz.⟫ 그 순간에.
Danse macabre [dãsmaˈkaːbr], der; - -, -s -s [dãsmaˈkaːbr; frz. danse macabre] ⟪교양어⟫ 죽음의 무도.
Dantes [ˈdantəs], Tantes [ˈt...] ⟨Pl.⟩ [span. tanto = Zahl, Menge < lat. tantus = so groß, so viel] ⟪고어⟫ 장난감돈.
dantesk [danˈtɛsk] ⟨Adj.⟩ [ital. dantesco] 단테(풍)의, 장중한, 정열적인. **dantisch** [ˈdantɪʃ] ⟨Adj.⟩ [이탈리아 시인 Dante(1265~1321)에 따라] 단테(풍)의, 단테적인: ihm waren Verse von -er Schönheit gelungen 그는 단테풍의 아름다운 시구를 쓰는 데 성공했다.
Danzig [ˈdantsɪç] 단치히(발트해 연안의 도시). ¹**Danziger** [ˈdantsɪɡɐ], der; -s, - 단치히 사람. ²**Danziger** ⟨Adj.; 격변화 없음⟩ 단치히의.
Daphne [ˈdafnə], die; -n [griech. dáphnē = Lorbeerbaum] ↑Seidelbast. **Daphnia** [ˈdafnia], die [요정 Daphne에 따라] ⟨동물⟩ 물벼룩속. **Daphnie** [ˈdafniə], die; -n ⟨동물⟩ 물벼룩의 일종. **Daphnin** [dafˈniːn], das; -s 서양닥나무 껍질의 성분(약용으로 쓰임).
Darabukka [daraˈbʊka], Darbuka [darˈbuːka, ...buka], die; -n [arab. darabukka] 아랍의 북.
daran [daˈran, ⟪강조시⟫ ˈdaːran] ⟨Adv.⟩ **1. a)** 그 자리에, 그곳에, 그것에: es klebt(hängt) etwas d. 무엇이 그곳에 붙어(달려) 있다; laß mich mal d. riechen 그것을 한 번 냄새 맡아 보자; kommen wir noch einmal d. vorbei? 다시 한번 그곳으로 지나가게 되는지?; **nahe (dicht) d. sein, etw. Bestimmtes zu tun** 하마터면 ~할 뻔하다, 거의 ~할 뻔하다: ich bin nahe d. zu verzweifeln(die Sache aufzugeben) 나는 그의 절망할(그 일을 포기할) 지경이다. **b)** 그 자리로, 그곳으로, 그것에로: du darfst dich nicht d. lehnen 너 그곳에 기대서는 안된다. **2. a)** 그 일에, 그 사건에: kein Wort ist d. wahr 그 일에서 한마디도 옳은 말이 없다; er arbeitet schon lange d. 그는 벌써 오랫동안 그 일을 하고 있다; d. ist nicht zu rütteln 그 일은 변경할 수 없다, 고정불변이다; mir liegt (viel) d. 그것은 나에게 (대단히) 중대한 일이다. **b)** 그 일을(에)(4격): er denkt jetzt nicht mehr d. 그는 이제 더이상 그 일에 대해서 생각하지 않는다; das ist die letzte Möglichkeit, er klammert sich d. 이것이 마지막 가능성이라, 그는 거기에 매달린다. **c)** 이 점에 있어서는, 이 일에 있어서, 이것에 있어서는: wir haben keinen Bedarf mehr d. 우린 이것에 있어 더이상의 필요가 없다; d. wird sich nichts ändern 이 점에 있어서는 아무런 변화도 없을 것이다. **d)** 이 일로, 이 사건으로 (인해서): ich wäre beinahe d. erstickt 나는 그로 인하여 거의 질식할 뻔하였다; er hatte Krebs und ist d. gestorben 그는 암에 걸렸고 그로 인해서 죽었다. **3.** 바로 그 뒤를 이어서, 연속하여: es wurde ein Film gezeigt, und d. anschließend(im Anschluß d.) fand eine Diskussion statt(d. schloß sich eine Diskussion) 영화를 보여 주고 난 다음 바로 이어서 토론회가 열렸다.
daran-, Daran- (↑dran-, Dran-도 참조): **~gabe**, die ⟨Pl. 없음⟩ ⟪아어·드물게⟫ 희생, 투입. **~geben*** ⟨h⟩ ⟪아어⟫ 희생하다, 투입하다: er wäre bereit, alles daranzugeben, wenn sie dadurch gerettet werden könnte 그녀가 그로 인하여 구제될 수만 있다면 그는 이 모든 것을 희생할 용의가 있을 텐데. **~gehen*** ⟨s⟩ 시작하다, 착수하다: er ging daran, die Bücher ins Regal einzuordnen 그는 책을 책꽂이에 정돈해 넣기 시작했다. **~machen**, sich ⟨h⟩ ⟪통용어⟫ 시작하다, 착수하다: sie machten sich daran, ihre Sachen auszupacken 그들은 그들의 짐을 풀기 시작했다. **~setzen** ⟨h⟩ **1.** (모험적으로) 걸다, 내기에 걸다: er hat alles(alle seine Kräfte) darangesetzt, um dieses Ziel zu erreichen 그는 이 목표를 달성하기 위하여 모든 것[그의 총력]을 걸었다. **2.** ⟨d. + sich⟩ ⟪통용어⟫ 일을 시작하다, 착수하다: es ist noch viel Post zu erledigen, wenn wir uns daransetzen, werden wir bis zum Abend fertig damit 처리할 우편물이 많아서 우리가 그 일을 시작하면 저녁때까지나 해야 그 일을 끝낼 것이다. **~wenden*** (아어) viel Mühe(Zeit) darangewandt, dies alles zu bewerkstelligen 그는 이 모든 것을 이룩하기 위해서 많은 노력[시간]을 들였다.

darauf [daˈrauf, ⟪강조시⟫ ˈdaːrauf] ⟨Adv.⟩ **1. a)** 그 위에, 그 물건 위에: an der Wand hing ein Regal, d. lagen(standen) Bücher 벽에는 책꽂이가 달려 있었고 그 위에는 책들이 놓여(꽂혀) 있었다; er trug einen Hut mit einer bunten Feder d. 그는 얼룩덕룩한 깃털이 달린 모자를 쓰고 다녔다. **b)** 그 위로, 그 물건 위에로: sie nahm einen Hocker und legte die Beine d. 그녀는 낮은 걸상을 갖다가 그 위에 다리를 올려 놓았다; die Farben leuchten, wenn die Sonne d. scheint 이 색깔들은 햇빛이 그 위로 비치면 광채가 난다. **c)** 그 방향으로, 그것을 향하여: er hat d. geschossen, obwohl es verboten ist 그는 그것이 금지되어 있음에도 불구하고 그것을 향하여 발사하였다; dort ist das Haus, d. müßt ihr zugehen 저기 집 한 채가 있는데 너희들은 그 방향으로 가야 된다. **2. a)** 이 일을 토대로 하여: d. fußen alle Überlegungen von mir 나의 사려가 그 위에 기초를 두고 있다. **b)** 이 일에 관하여: wir kamen nur kurz d. zu sprechen 우리는 간단히 그 일을 언급하기만 하였다; wie kommst du nur d.? 이 일에 대해서만 어떻게 하지? **3. a)** (목적, 목표, 소원 등으로서) 그 일에: er ist ganz versessen d. 그는 그 일에 열중하고 있다; also d. willst du hinaus 너는 너의 목표를 하고자 난다; das ist unser aller Wunsch, und d. wollen wir anstoßen 그것은 우리 모두의 소원인 바 그 일을 위해서 축배를 들자. **b)** (규정, 전제 조건 등으로서) 그것으로, 그 일로 인하여: es war nur ein kleines Inserat, aber es meldeten sich viele d. 그것은 작은 광고에 불과했지만 그로 인해서 많은 사람들이 신청했다; der Gutschein ist verfallen, d. bekommen Sie nichts mehr 그 유가증서는 시효가 지나서 그것으로는 아무것도 받지 못한다. **4. a)** 그 후에, 그 다음에: erst ein Blitz, unmittelbar d. ein Donnerschlag 처음에는 번개가 치고 그 다음에 천둥이 따랐다; ein Jahr d. starb er 그 후 일년만에 그는 죽었다. **b)** 누구의 뒤를 따라서, 누구의 뒤에, 그 뒤에: zuerst kamen die maskierten Kinder, d. folgten einige bunte Wagen 처음에는 가면을 한 어린아이들이 나오고 그 다음에는 알룩달룩한 마차들이 따랐다. **5.** …때문에: er hatte gestohlen und war d. von der Schule verwiesen worden 그는 도둑질을 하였기 때문에 퇴학을 당했다.

darauf-: ↑drauf- 참조.
daraúffolgend ⟨Adj.⟩ 그 다음의, 그것에 뒤따르는: dieser und der -e Wagen 이 차와 그 다음의 차; er erfuhr es erst am -en Tag 그는 그 다음날에야 알게 되었다. **daraufhin** [daraufˈhɪn, ⟪강조시⟫ ˈdaraufhɪn] ⟨Adv.⟩ **1.** 그러한 이유(계기)로, 그 때문에: er wurde angezeigt und d. verhaftet 그는 고발당했고 그 때문에 체포되었다; er hat d. seine Pläne geändert 그는 그러한 이유로 그의 계획을 변경하였다. **2.** …에 유의하여, 그러한 관점에서: etwas d. prüfen, ob es für bestimmte Zwecke geeignet ist 일정한 목표에 적합한지를 검토하다.
daraus [daˈraus, ⟪강조시⟫ ˈdaːraus] ⟨Adv.⟩ **1.** 그곳[것 속]에서 (밖으로): sie ging zum Brunnen und schöpfte d. 그녀는 우물로 가서 그곳에서 물을 펐다; das

ist mein Glas, wer hat d. getrunken? 이것이 내 잔인데 누가 그 잔으로 마셨는가? **2. a)** 그 일에서, 그 사건으로: wir alle kennen diese Geschichte und sollten d. Konsequenzen ziehen 우리 모두가 이 이야기를 알고 있으니 이것에서 결론을 끄집어 내야할 것이다; d. ist zu ersehen, daß Vorsicht am Platze ist 이 사건으로부터 조심성이 필요하다는 것을 알 수 있다; sie wollen verreisen, aber es wird wohl nichts d. 그들은 여행을 떠나려고 하지만 아마도 그 계획은 이루어지지 않을 것이다; mach dir nichts d.! 그 일에 개의치 말아라. **b)** 그 옷감으로, 그 재료로부터: sie kauft den Stoff und näht sich ein Kleid d. 그녀는 그 옷감을 사서 그 감으로 자기의 원피스를 만든다. **c)** 그 작품에서: sie nahm das Buch und las d. vor 그녀는 책을 들고 그 책에서 읽어 주었다; d. hat er schon öfter zitiert 그는 이미 그 작품에서 비교적 자주 인용했다 (↑draus 참조).

darben ['darbə] ⟨h⟩ ⟨아이⟩ **a)** 궁핍[곤궁]하다, 궁핍하게 살다: sie haben zeitlebens (gehungert und) gedarbt 그들은 일생 동안 (굶주리고) 궁핍하게 살았다. **b)** 굶주리다: zu Essen gab es genug, sie brauchten nicht zu d. 먹을 것은 충분해서 그들은 굶주릴 필요가 없었다. **c)** …이 부족하다.

darbieten* ⟨h⟩ ⟨아이⟩ **1. a)** 상연[공연]하다: Folklore [(Volks)tänze] d. 민속 음악(민속무용)을 공연하다. **b)** 낭송[낭독]하다: es wurden Gedichte und Lieder dargeboten 시와 노래가 낭송되었다. **2.** ⟨d. + sich⟩ a) 나타나다, 생기다, 보이다: eine herrliche Aussicht bot sich uns dar 멋진 전망이 우리에게 나타났다; völlig nackt bot sie sich den Blicken dar 완전히 발가벗은 채로 그녀는 시선을 받았다. **b)** 생기다, 뚜렷이 보이다: er ergriff die nächste Gelegenheit, die sich ihm darbot 그는 그에게 나타난 다음 기회를 포착하였다. **3.** 권하다, 제공하다: den Gästen wurden erfrischende Getränke dargeboten 손님들에게 청량 음료가 제공되었다; 전의 er schlug die (ihm) dargebotene Hand aus 그는 화해의 제안을 거절하였다. **Darbietung,** die; -en **1.** ⟨Pl. 없음⟩ ⟨아이⟩ **a)** 공연, 제시: er sieht seine Hauptaufgabe in der D. moderner Stücke 그는 현대 극작품의 공연에 자기의 주요 과제가 있다고 본다. **b)** 제시: die D. des Lehrstoffes könnte anschaulicher sein 교재의 제시는 더 구체적일 수 있겠는데. **2.** 공연물: artistische[musikalische] -en 곡예[음악적] 공연물. **Darbietungskunst,** die 공연술.

darbringen* ⟨h⟩ ⟨아이⟩ **1.** 바치다, 선사하다: den Göttern Opfer d. 신들에게 (희생의) 제물을 바치다. **2.** 헌납하다, 드리다: dem Jubilar wurden Glückwünsche dargebracht 그 고령자에게는 축하의 말들이 전달되었다. **Darbringung,** die; -en ↑darbringen의 명사형.

Darbuka, die; ↑Darabukka.

Dardanellen [darda'nɛlən] ⟨Art. 함께; Pl.⟩ 다다넬스 해협.

darein [da'raın] ⟨강조시⟩ 'da:raın] ⟨Adv.⟩ ⟨아이⟩ **1.** 그 속으로, 그것 안으로: sie nahm das Papier und wickelte das Buch d. 그녀는 종이를 들고 그 안에 책을 쌌다. **2.** 그 일에로, 그 상황에로: eine schwierige Aufgabe, du mußt dich d. vertiefen 어려운 과제인데 너는 그 일에 깊이 파고들어야 한다.

darein- (↑drein- 참조.) **~finden***, sich ⟨h⟩ ⟨아이⟩ 어쩔 수 없이 무엇을 감내하다, 상황(처지)에 따르다: sie muß sich nach dem Tod ihres Mannes erst langsam d., nun alles allein zu entscheiden 그녀는 그녀의 남편이 죽은 후 모든 것을 혼자서 결정해야 할 처지에 따르지 않을 수 없다. **~mengen,** sich ⟨h⟩ 어떤 일에 당신의 성분이 되다. **~mischen,** sich ⟨h⟩ 어떤 일에 간섭하다, 끼어들다: mische dich lieber nicht darein, wenn sie sich streiten 그들이 다툴 때 네가 끼어들지 말아라. **~reden** ⟨h⟩ 말참견하다: das ist seine Sache, und niemand hat ihm dareinzureden 그것은 그의 일이므로 아무도 그에게 이래라 저래라 할 수 없다. **~setzen** ⟨h⟩ ⟨아이⟩ 동원하다, 투입하다: er setzte seinen Ehrgeiz d., als erster fertig zu sein 그는 첫째로 일을 끝내기 위하여 그의 모든 열성을 다 동원하였다.

Daressalam [darɛsa'la:m] 다르에스살람(탄자니아의 옛 수도).

darf [darf] ↑dürfen 참조.

Darg, Dark [dark], der; -s, -e (nordwestd.) (북해 연안의) 이토층(泥土層), 이탄층(泥炭層).

Dargebot, das; -(e)s [기술] (공장 시설의) 가용 수량 또는 동력량: das D. wichtiger Rohstoffe 주요 원자재의 사용 가능량.

darin [da'rɪn, ⟨강조시⟩ 'da:rɪn] ⟨Adv.⟩. **1.** 그 속에, 거기에, 그 점에 있어서: ein Zimmer mit einem Schrank und einem Bett d. 장농과 침대가 (그 속에) 들어 있는 방; wie viele Menschen wohnen d.? 몇 사람이 거기에 사는가? **2.** 그 점에 있어서, 그 일로는, 그 사실로 보아서는 (↑drin 참조): d. stimme ich völlig mit Ihnen überein 그 점에 있어서 저는 당신과 완전히 의견을 같이 합니다; d. liegt ein Widerspruch 거기에 모순이 있다.

darinnen [da'rɪnən, ⟨강조시⟩ 'da:rɪnən] ⟨Adv.⟩ ⟨아이⟩ ↑darin (1) 참조.

Dark: ↑Darg.

Dark horse ['da:k 'hɔ:s], das; - -, - -s ['hɔ:sɪz; engl. dark horse] [경마] 아직 알려지지 않은 경마말.

darlegen ⟨h⟩ 상세히 해설하다, 설명하다, 명백히 논증하다: den Sachverhalt überzeugend d. 사실을 설득력 있게 설명하다; sie legte ihm ihre Gründe dargelegt 그녀는 그에게 이유를 설명해 주었다. **Darlegung,** die; -en **1.** 해설함, 설명함, 논증함: er unterbrach sie öfter bei der D. des Sachverhalts 그는 그녀가 사실을 설명할 때 자주 중단시켰다. **2.** 해설, 설명, 논증: ihre eingehenden -en wurden zur Kenntnis genommen 그녀의 상세한 설명이 청취되었다.

Darlehen, ⟨드물게⟩ **Darlehn** ['da:ɐ̯le:(ə)n], das; -s, - 대금(貸金), 대부: ein D. aufnehmen 대부를 받다; jmdm. ein (zinsloses) D. gewähren 누구에게 (무이자로) 대부를 해 주다.

Darlehens-, Darlehns-: ~bedingung, die 대부 조건. **~geber,** der, [금융] 대부를 해 주는 금융 기관 또는 개인, 대주(貸主). **~geschäft,** das 대부 업무. **~kasse,** die 대부 금융 기관. **~nehmer,** der [금융] 차주(借主). **~summe,** die 대부액. **~vertrag,** der 대부 계약. **~zins** der **1.** ⟨Pl. 없음⟩ 대부 이자율. **2.** ⟨Pl.⟩ 이자(수입).

Darlehn: ↑Darlehen.

Darlehns-: ↑Darlehens- 참조.

darleihen* ⟨h⟩ ⟨아이⟩ 대부해 주다. **Darleiher,** der [법] 대부인.

Darling ['da:lɪŋ, 'da:lɪŋ], der; -s, -s [engl. darling] ⟨대개 가볍게 농담조의 호칭으로⟩ 달링, 사랑하는 이.

Darm [darm], der; -(e)s, Därme ['dɛrmə] **1.** 장(腸): Rhabarber schlägt auf den D. 대황(大黃)은 관장을 시켜 준다; jede Aufregung schlägt bei ihm auf den D. 그는 흥분만 하면 설사를 한다; einen kurzen D. haben ⟨구⟩ 금방 읽거나 들을 다른 사람에게 이야기하다; sich³ in den D. stechen ⟨약간 농⟩ 방귀를 뀌다. **2.** (순대 제조에 쓰이는 가공된) 창자: die Violinsaiten sind aus D. 바이올린 줄은 창자로 되어 있다; Wurst im (künstlichen) D. (인공의) 창자에 넣은 순대.

Darm-: ~abschnitt, der 장의 부위. ~ausgang, der 직장(直腸)의 끝부분. ~bad, das [의학] 관장(灌腸). ~bakterie, die 〈대개 Pl.〉 장내의 세균. ~bein, das [해부] 장골(腸骨). ~bereich, der 〈Pl. 없음〉 장 부위. ~blutung, die [의학] 장출혈. ~bruch, der [의학] 탈장. ~durchbruch, der ↑~bruch. ~eingang, der 소장의 첫 부분. ~einlauf, der ↑Einlauf (2). ~entleerung, die 장의 배설. ~entzündung, die 장염. ~erkrankung, die 장의 발병. ~fistel, die [의학] 장 관루(腸管瘻). ~flora, die [의학] 장에 사는 세균의 총체. ~geschwür, das 장궤양. ~infektion, die 장감염. ~inhalt, der 장 내용물. ~kanal, der ↑~trakt. ~katarrh, der 장 카타르. ~kolik, die 장산통(腸疝痛). ~krankheit, die 장 질환. ~krebs, der 장암. ~lähmung, die 장 마비. ~parasit, der 장 기생충. ~perforation, die ↑~bruch. ~resektion, die 장 절제. ~riß, der ↑~bruch. ~rohr, das [의학] 관장기, 장 세척관. ~saft, der 장 점막에서 나오는 소화액. ~saite, die 양의 창자로 만든 현악기의 현(絃), 장막현(腸膜絃). ~schleim, der 《고어》↑~saft. ~schleimer, der 창자로 만든 현의 제조자. ~schleimerei, die; -en 《고어》 창자로 만든 현 공장. ~schleimhaut, die 장 점막. ~schlinge, die 장윤시(腸輪匙). ~spülung, die [의학] 관장. ~stein, der ↑Enterolith. ~stenose, die [의학] 장 협착. ~störung, die 장 기능 장애. ~tätigkeit, die 〈Pl. 없음〉 장의 (소화) 작용. ~trägheit, die 장 운동 부진, 변비. ~trakt, der 장의 총연장. ~tuberkulose, die [의학] 장 결핵. ~verengung, die [의학] 장 협착. ~verschlingung, die 장의 얽힘, 장 착종(腸錯綜). ~verschluß, der [의학] 장 폐쇄. ~wand, die 장벽, 창자벽. ~wind, der 방귀: einen D. entweichen lassen 방귀를 뀌다. ~zotte, die 〈대개 Pl.〉 장 융모(絨毛).

Darmstadt ['darmʃtat], -s 다름슈타트(헤센주의 도시). **¹Darmstädter** ['darmʃtɛtɐ], der; -s, - 다름슈타트 사람. **²Darmstädter** 〈Adj.; 격변화 없음〉 다름슈타트의. **darmstädtisch** ['darmʃtɛtɪʃ] 〈Adj.〉 다름슈타트의.

darnach-: ↑danach 참조. **Darnachachtung:** ↑Danachachtung.

darneben: ↑daneben 참조.

darnieder-: ↑danieder- 참조.

darniederliegen: ↑daniederliegen 참조.

darob [da'rɔp, 〈강조시〉 'daːrɔp] 〈Adv.〉 《고어·고풍 또는 농》 그 때문에: man hatte ihn ausgelacht, und er war d. erbost 사람들이 그를 조소했다, 그 때문에 그는 화를 냈다.

Darr- ['dar-]: ~**dichte**, die 건조시 목재의 밀도. ~**gewicht**, das 건조시 목재의 무게. ~**malz**, das 엿기름. ~**ofen**, der 건조로(爐). ~**sucht**, die 《고어》 영양 부족 또는 결핍증.

Darre ['darə], die; -n **1. a)** 건조로, 건조 장치: das Trockengut in die D. bringen 건조물을 건조기에 넣다. **b)** 건조하기: das Trockengut muß während der D. gewendet werden 건조물은 건조하는 동안에 뒤집어야 된다. **2.** 《고어》 ↑ Darrsucht (2).

darreichen 〈h〉 (아이) **a)** 권하며 내놓다, 내밀다: 진의 er wies die dargereichte Hand zurück 그는 화해의 제안을 뿌리쳤다. **b)** 선물을 주다(증정하다). **Darreichung**, die; -en (아이) 제공, 드림.

darren ['darən] 〈h〉 건조시키다, 슬쩍 볶다: Malz[Hopfen, Hanf] d. 엿기름[호프, 삼]을 건조시키다. **Darrung**, die; -en 《아이》 건조.

darstellbar ['daːrʃtɛlbaːɐ̯] 〈Adj.〉 묘사(표현, 서술)할 수 있는, 연기할 수 있는: diese Rolle ist für einen jungen Schauspieler kaum d. 이 역은 젊은 배우에게는 연기하기가 거의 어렵다; ein leicht -er Stoff [화학] 쉽게 석출(析出)할 수 있는 원소. **darstellen** 〈h〉 **1.** 그림으로 그려내다, 재현하다: etw. graphisch d. 무엇을 도표로 그리다; der Künstler hat ihn als Clown dargestellt 예술가는 그를 어릿광대로 그렸다; die Städte sind auf der Karte als rote Punkte dargestellt 이 지도상에서 도시들은 붉은 점으로 표시되었다; kannst du mir sagen, wen(was) dieses Bild darstellt? 이 그림이 누구(무엇)를 그린 것인지 말할 수 있겠나?; die darstellende Geometrie 화법 기하학(평면에 3차원 공간의 도안을 담는 기하학). **2.** (어떤 역을) 연기하다: den Othello d. 오셀로의 역을 담당하다; die darstellende Kunst 공연 예술(연극, 무용); **etwas(nichts) d.** 좋게(나쁘게) 보이다, 좋은(나쁜) 인상을 주다: du mußt das Geschenk hübsch verpacken, damit es auch etwas darstellt 좋게 보이게 하려면 선물을 예쁘게 포장해야 된다. **3.** 말로 설명하다, 묘사하다: Argumente klar[überzeugend] d. 논거를 명백히[설득력 있게] 설명하다; den Hergang des Geschehens ausführlich d. 사건의 경과를 상세히 묘사하다. **4.** 의미(가치, 무게)를 갖다, …와 동일하다, …을 의미하다: dieser Sieg stellt den Höhepunkt in seiner Laufbahn dar 이번 승리는 그의 경력에서 절정을 의미한다; die zusätzliche Arbeit stellt eine große Belastung für sie dar 추가 작업은 그녀에게 커다란 부담을 뜻한다. **5.** 〈d. + sich〉 **a)** (자기가) 무엇임을 나타내다, 특성이 드러나다: die Sache stellt sich schwieriger dar als erwartet 그 일은 예상했던 것보다 더 어렵다는 것이 나타났다; Nach dem Bericht stellte sich die Sache ungefähr so dar 보고에 따르면 그 일은 대략 이렇다는 것이 드러났다. **b)** (외모 등을 통하여) 자기의 인격을 중요하게 보이려고 하다: er hat den deutlichen Hang, sich darzustellen 그는 자기의 중요성을 나타내 보이려고 하는 경향이 뚜렷하다. **6.** 《아이》 무엇[자신]을 〈누구에게 [어떤 일에]〉 내보이다, 내맡기다: er stellte sich eine Weile der Begeisterung dar 그는 잠시 동안 감동에 자신을 내맡겼다. **7.** [화학] 석출하다, 조제하다: er versuchte, das Vitamin rein darzustellen 그는 비타민을 순수하게 석출하려고 시도했다. **Darsteller**, der; -s, - 배우(Schauspieler): der D. des Hamlet wurde besonders gelobt 햄릿의 연기자가 특별히 칭찬을 받았다. **Darstellerin**, die; -nen 여배우. **darstellerisch** 〈Adj.〉 연극술의, 연기술의: ihre -en Fähigkeiten wurden besonders hervorgehoben 그녀의 연기 능력이 특히 찬사를 받았다. **Darstellung**, die; -en **1. a)** 표현, 묘사, 재현: die naturgetreue D. des Wassers auf diesem Gemälde ist verblüffend 이 그림에서 물을 자연과 똑같이 재현한 것은 놀랍다; etw. zur D. bringen 무엇을 묘사[재현]하다; **zur D. kommen(gelangen)** 상연되다, 묘사되다. **b)** (그림에) 묘사된 것, 재현된 것. **2.** 역할의 연기, 극중 인물의 구현: seine D. des Mephisto war eindrucksvoller als die seines berühmten Kollegen 그의 메피스토 연기가 그의 유명한 동료의 그것보다 더 인상적이었다. **3. a)** (언어로) 묘사, 서술: eine erschöpfende D. 남김 없는 묘사. **b)** (언어로) 묘사된 것, 설명된 것: geschichtliche -en 역사적인 서술; dieser wissenschaftlichen D. liegen viele Versuche zugrunde 이 학술적 서술에는 많은 실험이 기초를 이루고 있다. **4.** [화학] 석출, 조제.

Darstellungs-: ~**form**, die 묘사(표현) 형식: als Maler(Dichter, Schauspieler) nach neuen -en suchen 화가(시인, 배우)로서 새로운 표현 형식을 찾다. ~**gabe**, die 묘사(표현)의 재능. ~**kraft**, die 묘사(표현)력. ~**kunst**, die 묘사(표현)술. ~**mittel**, das 묘사(표현) 수단: die hellen, leuchtenden Farben sind das

wichtigste D. dieses Malers 밝고 빛나는 색채가 이 화가의 가장 중요한 표현 수단이다. **~möglichkeit**, die 묘사(표현) 가능성. **~objekt**, das 묘사(표현)의 대상: Tiere gehörten immer zu den bevorzugten ~en dieses Bildhauers 동물은 이 조각가가 좋아하는 묘사의 대상이다. **~stil**, der 표현 양식. **~weise**, die 묘사(표현) 방식.

darstrecken ⟨h⟩ ⟨고어⟩ 권하여 내놓다, 건네다.

Darts [daːts], das; - 〔engl. darts〕 화살 던지기 놀이.

Dartspiel ['daːt-], das **a)** 화살 던지기 놀이. **b)** 화살 던지기 놀이 한판.

dartun* ⟨h⟩ ⟨아어⟩ **a)** 명백히 표현하다, 설명하다: seine Gründe d. 그의 이유를 명백히 밝히다; er hat zur Genüge dargetan, wie es zu dieser Auseinandersetzung gekommen ist 그는 어떻게 해서 이런 논쟁을 하게 되었는지를 충분히 밝혔다. **b)** 알게 하다, 명백히 하다: sein Verhalten tut dar, daß er nichts begriffen hat 그가 아무것도 파악하지 못했다는 것을 그의 태도가 명백히 해준다.

darüber [daˈryːbɐ, ⟨강조시⟩ ˈdaːryːbɐ] ⟨Adv.⟩ **1.** (반대: darunter) **a)** 그 위에: an der Wand stand ein Sofa, d. hing ein Spiegel 벽에는 소파가 있었고, 그 위에는 거울이 걸려 있었다; wir wohnen im 2. Stock und er d. 우리들은 3층에 살고 그는 한 층 위에 산다; sie trug ein Seidenkleid und d. einen leichten Mantel 그녀는 명주 원피스를 입었고 그 위에 얇은 외투를 입었다. **b)** 그 위에(로): sie packte Wäsche in den Koffer, d. legte sie die Anzüge 그녀는 속옷을 여행 가방에 담고 그 위에다 양복을 놓았다. **c)** 그것을 넘어서: die Mauer war zu hoch, man konnte nicht d. 담장이 너무 높아서 그것을 넘을 수가 없었다; **d. hinaus** 그 외에, 또한, 더욱; **d. hinaussein** (어떤 단계, 환멸 등을) 극복하다. **2. a)** 어떤 일에 관하여: es war eine schwierige Aufgabe, er hat lange d. gebrütet 그것은 어려운 과제여서 그는 오랫동안 그것에 관하여 고심하였다. **b)** 어떤 일에 관하여: d. müssen wir noch sprechen 그 일에 관하여 우리는 더 의논해 봐야 된다; d. kann kein Zweifel bestehen 거기에 관해서는 어떤 의심이 있을 수 없다; du brauchst dir keine Sorgen d. zu machen 거기에 관해서는 근심할 필요가 없다. **3.** 그 이상의(반대: darunter 3): das Alter liegt bei dreißig Jahren und d. 나이가 30세이거나 그 이상이다; es ist schon zehn Minuten d. 벌써 10분이 지났다. **4. a)** 그 동안에, 그러는 사이에, 그와 함께: die Sitzung hatte lange gedauert, es war d. Abend geworden 회의가 오래 계속되어서 그 동안에 저녁이 되었다. **b)** 그 때문에: die Kinder waren so eifrig bei ihrem Spiel, daß sie d. vergaßen, rechtzeitig nach Hause zu gehen 아이들은 그들의 놀이에 너무 열심이어서 제때에 집에 가는 것도 잊었다.

darüber- (↑ drüber- 참조): **~breiten** ⟨h⟩ 누구(무엇) 위에 (담요 등을) 펴다. **~fahren*** ⟨h/s⟩ 무엇 위를 문지르다, 닦다: da noch etwas Staub auf dem Tisch lag, fuhr sie rasch mit der Hand〔mit einem Tuch〕darüber 책상 위에는 아직도 약간의 먼지가 있었으므로 그녀는 얼른 손〔걸레〕으로 그 위를 문질렀다. **~liegen*** ⟨h⟩ 무엇보다 위에 있다, 능가하다. **~machen**, sich ⟨h⟩⟨통용어⟩ 무엇을 착수〔시작〕하다: er hat die Arbeit längere Zeit liegen lassen, aber jetzt will er sich d. 그는 그 일을 상당한 기간 동안 미루어 두었으나 이제는 그것을 시작하려고 한다. **~schreiben*** ⟨h⟩ 무엇 위에 쓰다: er strich die Zeile durch und schrieb einen anderen Satz darüber 그는 한 줄을 지우고 다른 문장을 그 위에다 썼다. **~stehen*** ⟨h⟩ 누구(무엇)보다 우월하다, 초월하고 있다: diese kleinlichen Vorwürfe stören ihn nicht, er vermag darüberzustehen 그런 사소한

비난에 그는 개의하지 않았다. 그는 그런 것을 초월할 수 있었다. **~steigen*** ⟨s⟩ **1.** 누구(무엇) 위로 올라가다. **2.** 《통용어·은폐》(여자와) 자다: über seine Nachbarin war er auch schon mal darübergestiegen 그는 이미 이웃 여자와 잔적이 있다.

darum [daˈrʊm, ⟨강조시⟩ ˈdaːrʊm] ⟨Adv.⟩ **1.** 그 주변〔부근〕에: ein Häuschen mit einem Garten d. (herum) 주위에 정원이 있는 작은 집. **2.** 그것에 관하여, 그 일로: sie wird nicht d. herumkommen, es zu tun 그녀는 그것을 하지 않을 수 없을 것이다; d. ist es mir nicht zu tun 그것이 나에게 중요한 것은 아니다; es geht mir d. eine Einigung zu erzielen 나는 합의를 이룩할 생각이다〔계획이다〕. **3.** [ˈdaːrʊm] 그 때문에, 그런 까닭에: das Auto hatte einige Mängel, d. hat er es nicht gekauft 그 자동차는 몇가지 결함이 있었기 때문에 그는 그것을 사지 않았다; der Text ist groß gedruckt und d. gut lesbar 그 텍스트는 큰 활자로 인쇄되었기 때문에 읽기가 좋다; er hat es nur d. getan, weil... 그는 …하기 때문에 그것을 했을 뿐이다; er ist zwar klein, aber d. nicht schwach 그 작가는 하지만 그렇다고 해서 약하다는 않다; warum tust du das? – d.! 왜 그런 짓을 하느냐? – 그냥! 〔통용어〕(반항하거나 골이 난 어린이의 무의미한 답변).

darum-: **~binden*** ⟨h⟩ 무엇의 둘레에 매다. **~kommen*** ⟨s⟩ 그것을 빼앗기다, 그것을 잃다: das war eigentlich sein Erbteil, aber durch diese Intrigen ist er darumgekommen 그것은 원래 그의 상속분이었는데 이 모략으로 그는 그것을 빼앗겼다. **~legen** ⟨h⟩ 무엇의 둘레에 놓다: wir müssen einen Verband d. 우리 그 주위를 붕대로 감아야 된다. **~stehen*** ⟨h⟩ 무엇의 둘레에 서 있다: er sah von weitem die Unglücksstelle und die Menge, die darumstand 그는 멀리서 사고 현장과 그 둘레에 서 있는 사람들을 보았다.

darunter [daˈrʊntɐ, ⟨강조시⟩ ˈdaːrʊntɐ] ⟨Adv.⟩ **1.** (반대: darüber 1) **a)** 그 밑에: wir wohnen im 2. Stock und er d. 우리는 3층에 살고 그는 한층 아래에 산다; sie trug nur einen Morgenmantel und nichts d. 그녀는 화장옷만을 걸치고 그 밑에는 아무것도 입지 않았다. **b)** 그 밑으로. **2. a)** 그것에 의하여, 그 때문에: was hat man d. zu verstehen? 그것을 어떤 뜻으로 이해해야 되는가?; er hat sehr d. gelitten 그녀는 그 때문에 매우 단지 괴로워했다. **b)** 〔드물게〕그 밑에: das ist kein gutes Motto, d. können wir die Tagung nicht stellen 그것은 좋은 모토가 아니다, 우리 그 것을 내세워 집회를 거행할 수는 없다. **3.** (반대: darüber 3) 그 이하로: dreißig Grad oder etwas d. 30도 또는 약간 그 이하; höchstens zwei Meter hoch, eher etwas d. 2미터이거나 또는 그보다 약간 낮다; d. kann ich die Vase nicht verkaufen 그 이하로는〔더 싸게는〕 꽃병을 팔 수 없다; d. tut er es nicht 〔통용어〕그 이하로 그는 만족하지 않는다. **4. a)** 그 가운데에, 그 안에 섞여, 그 사이에: sie kaufte Äpfel und merkte zu spät, daß einige angefaulte d. waren 그녀는 사과를 샀는데 그 가운데에 썩은 것들이 있다는 것을 늦게야 알았다. **b)** 그 가운데에: es wurden mehrere Bilder ausgezeichnet, d. gehörten auch einige von bisher unbekannten Malern 몇몇의 그림들이 상을 받았는데, 그것들 중에는 지금까지 알려지지 않은 화가들의 그림도 몇 개 끼어 있었다.

darunter-: **~bleiben*** ⟨s⟩ 그 이하이다. **~fallen*** ⟨s⟩ 어떤 범주에 속하다, 어떤 규정에 해당되다: die Männer dieser Jahrgänge wurden eingezogen, aber er fiel zum Glück nicht darunter 동년배의 남자들이 입영하였으나 그는 다행히도 그에 속하지 않았다. **b)** die Vorschriften wurden geändert, diese Angelegenheit fällt jetzt nicht mehr darunter 규정이 개정되어서 이

안건은 이제는 더 이상 그것에 해당되지 않는다. ~**gehen*** ⟨s⟩ **1.** 《통용어》 그 밑에 들어가다: der Schirm ist groß genug, wir gehen beide darunter 우산이 커서 우리 둘 다 그 밑에 들어갈 수 있다. **2.** 무엇 이하로 가다: dieser Preis ist schon sehr niedrig, wir können unmöglich noch d. 이 가격은 이미 아주 저렴한 것이기 때문에 그 이하로 더 내려갈 수는 없다. ~**heben*** ⟨h⟩ 〖요리〗↑~ziehen (2). ~**liegen*** ⟨h⟩ 무엇보다 뒤떨어지다: diese Klasse ist gut, die Parallelklasse liegt mit ihren Leistungen darunter 이 학급은 양호한데 옆반의 성적은 그보다 뒤떨어진다. ~**mischen** ⟨h⟩ **1.** 무엇 속에 섞다, 혼합하다: du mußt noch etwas Mehl d. 밀가루를 그 속에 더 섞어야겠다. **2.** ⟨d. + sich⟩ (집단, 무리 속에) 끼어들다: unauffällig hatten sich Kriminalbeamte daruntergemischt 형사들이 눈에 띄지 않게 그 속으로 끼어들었다. ~**schreiben*** ⟨h⟩ (텍스트, 단락 등의) 밑에 쓰다: er las die Aufgabe durch und schrieb die Note darunter 그는 과제를 통독하고 그 밑에다 성적을 썼다. ~**setzen** ⟨h⟩ (서류 밑에) 쓰다, 부가하다: er las das Protokoll durch und setzte seine Unterschrift darunter 그는 회의록을 통독하고 그 밑에 서명했다. ~**ziehen*** ⟨h⟩ **1.** 어떤 옷 밑에 입다: du mußt einen Pullover d. 너는 그 밑에 스웨터를 하나 입어야 된다. **2.** 〖요리〗 조심스럽게 반죽 밑에 섞다.

Darwinismus [darvi'nɪsmʊs], der; - 다윈의 진화론(영국의 자연 과학자 Darwin(1809~1882)의 이론). **Darwinist** [darvi'nɪst], der; en, -en 진화론자. **darwinistisch** ⟨Adj.⟩ 진화론의.

das: ↑der 참조.

dasein* ⟨s⟩ **1.** 있다: sieh mal nach, es muß noch Brot d. 확인해 보렴, 빵이 아직 있을터이니. **2. a)** 살다, 생존하다, 존재하다: von den alten Leuten, die er gekannt hatte, waren nicht mehr viele da 그가 알았던 노인들 중에서 아직 살아 있는 사람들은 많지 않았다. **b)** 《통용어》 깨어 있다, 의식이 있다: langsam wachte er auf, aber er war noch nicht ganz da 그는 서서히 깨어났지만 아직 완전히 깨어 있지는 않았다. **3.** 출석해 있다, 현장에 있다: es ist niemand da 아무도 없다; ich bin gleich wieder da 나는 곧 다시 돌아오겠다. **4.** 발생하다, (사건이) 일어나다, 등장하다: endlich war der Augenblick da, auf den er gewartet hatte 드디어 그가 기다렸던 순간이 왔다; ein solcher Fall ist noch nie dagewesen 그러한 경우는 아직도 발생한 적이 없다. **Dasein**, das; -s, -e **1.** ⟨Pl. 없음⟩ 현존, 있음, 존재: das D. Gottes 신의 존재. **2.** 생존, 인간 존재, 삶; ein trauriges(menschenwürdiges) D. führen 슬픈(인간다운) 생활을 영위하다; der tägliche Kampf ums D. 생존을 위한 일상의 투쟁; sein D. fristen 비참하게 살아가다. **3.** ⟨Pl. 없음⟩ 출석, 현장에 있음: sein bloßes D. beruhigte sie 그가 곁에 있는 것만으로도 그녀는 안심이 되었다.

daseins-, Daseins-: ~**angst**, die ↑Existenzangst. ~**bedingend** ⟨Adj.⟩ 현존의 조건이 되는, 자각 존재론적인. ~**bedingung**, die ↑Existenzbedingung. ~**berechtigung**, die 존재 이유, 생존권; etw. findet darin[dadurch] seine D. 어떤 것이 무엇에서[무엇을 통하여] 존재가치를 찾다; diese Institution hat nach wie vor ihre D. 이 기관은 여전히 그 존재 이유를 지니고 있다. ~**bewältigung**, die 존재의 성취. ~**erhaltend** ⟨Adj.⟩ 삶을 유지시켜 주는, 실존을 유지시키는: dieses Medikament ist für sie geradezu d. 이 약이 그녀에게는 그야말로 생명을 유지시키고 있다. ~**erhaltung**, die 삶의 유지. ~**form**, die 삶(존재)의 형식, 생활 방식. ~**frage**, die ↑Existenzfrage. ~**freude**, die ↑Lebensfreude. ~**gefühl**, das ↑Lebensgefühl.

~**gestaltung**, die 삶[존재]의 형상화. ~**grundlage**, die 삶[존재]의 토대. ~**hungrig** ⟨Adj.⟩ ↑lebenshungrig. ~**kampf**, der 생존 경쟁: wir stehen hier alle in einem harten D. 우리는 여기서 모두 극심한 생존 경쟁을 하고 있다. ~**mäßig** ⟨Adj.⟩ 실존적인 (existentiell). ~**möglichkeit**, die 삶의 가능성. ~**müde** ⟨Adj.⟩ ↑lebensmüde. ~**berechtigung**. ~**verfehlung**, die 삶의 실패, 실존의 과실. ~**vorsorge**, die 삶[존재]의 준비[대비]. ~**weise**, die ↑~form. ~**wille**, der ↑Lebenswille. ~**zweck**, der ↑Lebenszweck.

daselbst [da-] ⟨Adv.⟩ 《아어·준고어》 거기에, 그곳에서 (da, dort).

Dash [dɛʃ], der; -s, -s [engl. dash] (칵테일 준비시에) 소량의 음료, 몇방울.

¹**dasig** ['dazɪç] ⟨Adj.⟩ 《schweiz., österr.》 이쪽의(hiesig).

²**dasig** [-] ⟨Adj.⟩ 《südd., österr.》 당혹한, 수줍은, 혼미한: er ist nicht so leicht d. zu machen 그는 쉽사리 겁을 먹지 않는다.

dasitzen* ⟨h⟩ (누구의 눈 앞에, 그곳에) 앉아 있다: er saß da und hatte den Kopf in die Hände gestützt 그는 거기 앉아서 손으로 머리를 받치고 있었다; sie sitzen ohne jede Unterstützung da 《통용어》 그들은 아무런 지원도 받지 못한다.

dasjenige: ↑derjenige 참조.

daß [das] ⟨Konj.⟩ **I.** 《부문장을 인도함》 **1.** 《내용 문장에서》 **a)** 《주어, 목적어, 동격의 문장을 인도함》 …인 것 [일]: daß du mir geschrieben hast, hat mich sehr gefreut 네가 나에게 편지를 해 주어 기뻤다; er weiß, daß du ihn nicht leiden kannst 네가 그를 좋아하지 않는 것을 그가 알고 있다; du mußt dafür sorgen, daß alles klappt 모든 것이 잘 되도록 네가 힘써야 된다. **b)** 《부가어 문장을 인도함》 gesetzt den Fall, d. ... (만일) …이라면[이라고 가정할 때]; unter der Bedingung, d. ... …의 조건으로; ungeachtet dessen, d. ...함에도 불구하고; die Tatsache, d. er hier war, zeigt sein Interesse 그가 여기에 왔다는 사실은 그가 관심을 가지고 있음을 보여 준다. **2.** 《상황어 문장》 **a)** 《원인 문장을 인도함》 das kommt davon (das liegt daran), d. du nicht aufgepaßt hast 네가 주의하지 않은데 원인이 있다. **b)** 《결과문을 인도함》 die Sonne blendete ihn so, d. er nichts erkennen konnte[blendete ihn, so d. er nichts erkennen konnte] 햇빛이 그의 눈을 부시게해서 그는 아무것도 알아보지 못했다. **c)** 《조격 문장을 인도함》 er verdient seinen Unterhalt damit, d. er Zeitungen austrägt 그는 신문 배달을 함으로써 생계를 유지한다. **d)** 《목적 문장을 인도함》 hilf ihm doch, d. er endlich fertig wird 그가 일을 끝낼 수 있도록 좀 도와 주렴. **3.** 《일정한 접속사, 부사, 전치사와 결합하여》 das Projekt ist zu kostspielig, als d. es verwirklicht werden könnte 그 계획은 너무 비용이 많이 드는 것이어서 실현될 수가 없을 것 같다; (an)statt d. er selbst kam, schickte er seinen Vertreter 그는 몸소 오는 대신에 대리인을 보냈다; kaum d. er hier war, begann die Auseinandersetzung 그가 이곳에 오자마자 논쟁이 시작되었다; man erfuhr nichts, außer[nur] d. er überraschend abgereist sei 그가 급작스럽게 떠나버렸다는 사실밖에는 아무런 소리도 들을 수가 없었다; er kaufte den Wagen, ohne d. wir wußten 우리가 알지도 못 하는데 그는 자동차를 샀다; dieses Proviantpaket schenk ich dir, auf d. du dick und rund wirst 《고어·고풍·농》 이 식량 꾸러미를 너에게 주겠으니 먹고서 뚱뚱해지거라. **II.** 《부문장의 어순을 가진 주문장을 인도하며 대개 소원, 위협, 유감을 나타냄》 d. ihn doch der

Teufel hole! 그를 악마가 데려가거나 하였으면!
Dassel ['das|], die; -n ↑**Dasselfliege**.
Dassel-: ~**beule**, die 쇠파리 종기. ~**fliege**, die 쇠파리. ~**larve**, die 쇠파리 유충. ~**plage**, die 쇠파리 피해.
dasselbe: ↑derselbe 참조. **dasselbige**: ↑derselbige 참조.
daß-Satz, der 【언어】 daß로 시작되는 문장.
dastehen* ⟨h⟩ **1.** (누구의 눈 앞에, 그곳에) 서 있다: er stand da wie vom Blitz getroffen 그는 벼락을 맞은 듯이 그곳에 서 있었다. **2.** 어떤 상황[상태]에 처해 있다: die Firma steht gut da 그 회사는 경영 상태가 좋다; seit dem Tod ihrer Mutter steht sie allein da 모친 사후 그녀는 외로운 처지이다; nun, wie stehe ich jetzt da? 《통용어》자, 그것 내 참 잘한 것이지?; wie stehe ich denn jetzt vor ihnen da! 내가 이제 무슨 꼴인가!; das ist eine einzig dastehende Leistung 그것이 유일 무비(無比)한 업적이다.
Dasymeter [dazy'me:tɐ], das; -s, - [griech. dasýs] 기체 농도계.
dat. = datum.
Dat. = Dativ.
Datarie [data'ri:], die [lat. datārium] 《역사적》은전과 성직록을 관장하는 교황청의 부서. **Date** [deit], das; -(s), -s [engl. date] **1.** (만날) 약속. **2.** 만날 약속을 한 사람.
Datei [da'tai], die; -en 〈전산〉자료. **Daten** ['da:tn] 〈Pl.〉 [lat. datum] **1.** ↑Datum의 복수형. **2.** 사실, 자료, 논거, 사항: die exakten technischen D. eines neuen Autotyps 새 자동차 모형의 정확한 기술적 자료; D. sammeln 자료를 수집하다. **3.** 【수학】 기지수(旣知數).
daten-, Daten-: ~**bank**, die 〈Pl.-banken〉 자료은행. ~**bestand**, der 자료 재고[현황]. ~**material**, das 〈Pl. 없음〉 자료 (데이터) 자료. ~**schutz**, der 【법】 컴퓨터 자료 비밀 보장. ~**schutzbeauftragte***, der / die 컴퓨터 자료 비밀 보장 감독인. ~**schutzgesetz**, das 컴퓨터 자료 비밀 보장법. ~**techniker**, der 전산 기사. ~**träger**, der 전산 자료가 입력된 물체(펀치 카드 등). ~**typistin**, die 전산 자료 타자수, 키펀치수. ~**übertragung**, die 전산 자료 중계. ~**verarbeitend** ⟨Adj.⟩ 전산에 관계되는. ~**verarbeitung**, die [engl. data processing] 자료 처리: elektronische D. 전자 계산(약어: EDV). ~**verarbeitungsanlage**, die 자료 처리 시설.
datierbar [da'ti:ɐbaːɐ] ⟨Adj.⟩ 연대(날짜)를 알 수 있는.
datieren [da'ti:rən] ⟨h⟩ **1.** 날짜를 기입하다: einen Vertrag d. 계약에 날짜를 기입하다; der Brief ist vom 31. Oktober datiert 편지는 10월 31일자로 되어 있다. **2.** 무엇의 발생 연대를 확인하다: die Archäologen haben die Funde nicht d. können 고고학자들은 발굴물의 연대를 확인할 수 없었다. **3. a)** 어느 때부터 존속하다, 어느 때에 시작한 것이다: unsere Freundschaft datiert seit Dezember 1973 우리들의 친교는 이미 1973년 12월부터 시작하였다. **b)** 어떤 시대에서 유래하다, 어떤 사건에서 기인하다: dieser Fund datiert aus der spätrömischen Zeit 이 발굴물은 후기 로마 시대에서 유래한다; der Brief datierte vom 4. Mai 1936 그 편지는 1936년 5월 4일에 쓰여졌다.
Datierung, die; -en **1. a)** 날짜 기입: die D. eines Schriftstückes vergessen 서류의 날짜 기입을 잊다. **b)** 날짜 표시: die -en (auf diesen Urkunden) sind alle lesbar (이 증서들의) 날짜 표시는 모두 해독할 수 있다. **2. a)** 발생 연대 확인. **b)** (발생, 제작) 연대 기입.
Dating ['deitiŋ], das; -s, -s [amerik. dating] 약속, 만남: ein D. haben 만날 약속이 있다.
Dativ ['da:ti:f], der; -s, -e [...i:və; lat. datīvus] 【언어】 **1.** 3격, 여격(與格): die Präposition „bei" regiert heute ausschließlich den D. 전치사 bei는 오늘날 3격만을 지배한다; das Substantiv steht hier im D. 여기서 명사는 3격으로 쓰인다(약어: Dat). **2.** 3격으로 쓰인 단어: der Satz enthält mehrere -e 그 문장에는 여러 개의 3격 단어가 있다. **dativisch** [da'ti:vɪʃ] ⟨Adj.⟩ 3격의.
Dativobjekt, das 【언어】 (자)동사의 3격 보어[목적어].
Dativus ethicus [da'ti:vʊs 'e:tikʊs], der; - -, ...vi ...ci [...vi ...itsi; lat. datīvus < griech. ēthikós] (말하는 사람의 개인적 관심을 표현하는) 관심의 3격: Du bist mir ein geiziger Kerl! 너는 (내가 보기엔) 인색한 녀석이야!
dato ['da:to] ⟨Adv.⟩ 《상·고어》 오늘: drei Monate nach d. 오늘부터 3개월 이내에; a dato 오늘부터; **bis d.** 지금까지: das war mir bis d. nicht bekannt 그것은 지금까지 나에게 알려지지 않은 일이다.
Datowechsel, der 【금융】 발행 일부후 정기급 어음, 지불일 명시 어음.
Datscha ['datʃa], die; -s / ...schen, **Datsche**, die; -n [russ. datscha] (러시아의 하절용) 목조 별장.
Datschi ['datʃi], der; -s, -s [südd. Datschi] (bayr.) (자두 등을 넣은 납작한) 효모 케이크. **Datschkappe** ['datʃ-], die; -n 〈지역적〉 납작한 챙달린 모자.
Dattel ['dat|], die; -n [lat. dactylus] **1.** 대추야자의 열매: chinesische D. 대추. **2.** 《속어》 질(膣).
Dattel-: ~**kern**, der 대추야자 열매의 씨(핵(核)). ~**palme**, die 대추야자나무. ~**pflaume**, die **1.** (일종의) 고욤나무. **2.** (일종의) 고욤; 토마토와 비슷한 과일. ~**traube**, die 《대개 Pl.》 (각종) 포도송이.
Datterich ['datərɪç], der; -s 〈지역적〉 ↑Tatterich.
datum ['da:tʊm; lat. datum] 〈옛 문서에 쓰여진(약어: dat). **Datum** [-], das; -s, -ums, Daten [mhd. datum, subst. aus ↑datum] **1. a)** 날짜, 일자, 연월일: das heutige D. ist der 31. Oktober 1974 오늘 날짜는 1974년 10월 31일이다; ein Schriftstück mit dem D. versehen 문서에 날짜를 기입하다. **b)** 시점: eine Entdeckung neueren -s 근래의 발견. **2.** 사실, 자료(↑Daten).
Datums-: ~**angabe**, die 날짜 표시. ~**aufdruck**, der 일부인. ~**grenze**, die 일부 변경선. ~**stempel**, der (우편물 접수) 일부인, 날짜인.
Dau, Dhau [dau], die; -en [engl. d(h)ow] (동부 아프리카나 아라비아의) 돛대가 두 개 달린 범선.
Daube ['daubə], die; -n **1.** 통판(桶板)(통을 만드는 널빤지). **2.** 구좌(球座)(빙상놀이 Eisschießen의 표적).
Daubel ['daub|], die; -n 〈österr.〉 어망.
Daubenholz, das 통판용 목재.
daubieren [do'bi:rən] ⟨h⟩ [frz. dauber] 《고어》 (육류 등을) 찌다, 쪄서 삶다.
Dauer ['dauɐ], die; -n **1.** 〈전문어〉 〈Pl. Dauern〉 기간, (일정한 시간의) 지속: für die D. eines Jahres 1년 안; während der D. unseres Aufenthaltes 우리들의 체재 기간 동안에. **2.** 오랜 시간, 연속, 존속: **auf D.** 지속적으로, 항구적으로; **auf die D.** 오래 가서는, 결국은, 마침내는, 영구히; der Lärm ist auf die D. nicht zu ertragen 소음이 오래 계속되면 견디어 낼 수가 없다; **von D. sein** 오래 가다, 영속하다; **von kurzer (von begrenzter / nicht von langer) D. sein** 오래 가지 않다: sein Arbeitseifer war nur von kurzer D. 그의 열성은 잠시 뿐이었다.
dauer-, Dauer-: ~**ackerland**, das 【농업】 연속 경작지. ~**auftrag**, der 【금융】 자동 이체. ~**ausscheider**, der 【의학】 (전염병을 치료하고 난 후에 병균을 분비하는) 임상적 건강인. ~**ausstellung**, die 상설 전시회.

~ausweis, der 장기 신분증. ~backware, die 내구성 제과류. ~bad, das 〘의학〙 지속적 탕치(湯治). ~belasten 〈h〉 (부정형과 과거 분사로만) (지속적으로) 짐을 지우다, 장기 전하(電荷)하다. ~belastung, die 지속적(장기적) 부담. ~beschäftigung, die 지속적인 일거리, 장기 고용. ~betrieb, der 연속 가동(삭업). ~brandofen, der ↑~brenner (1). ~brenner, der 1. 연속 연소로. 2. 〘통용어〙 a) (연극, 영화, 유행가 등의) 장기 흥행물. b) 오랜 입맞춤. c) 장기적으로 직업적 역량을 발휘하는 사람. ~ehe, die [행태] (동물의 지속적인) 자웅 관계. ~ei, das 〈대개 Pl.〉 〘동물〙 (딱딱한 외피로 싸여 있어서 불리한 생활 환경을 견디낼 수 있게 생긴 담수 동물의) 월동란. ~einrichtung, die 지속적인 조직[시설, 조치]. ~elastisch 〈Adj.〉 지속적 탄력성을 지닌. ~erfolg, der (극작품, 영화 등의) 장기적 흥행 성공. ~erscheinung, die 지속적 현상. ~feldbau, der [농업] 연중 무휴 경작. ~flug, der 연속 비행, 항공체공. ~formen 〈Pl.〉 〘생물〙 영속형(永續型)(오랫동안 불변하는 형태). ~frost, der 지속적인 혹한. ~frostboden, der 영구 동토층(永久凍土層). ~gast, der a) 단골 손님. b) 장기 체류 손님. ~geschwindigkeit, die 지속 속도, 순항 속도. ~gewebe, das [식물] 항구 조직(恒久組織). ~heilung, die [의학] 완치. ~institution, die 지속적 제도. ~karte, die 정기 승차(입장)권. ~krause, die ↑~welle. ~krise, die (정치, 경제 부문의) 지속적 위기. ~kunde, der ↑Stammkunde. ~kundschaft, die ↑Stammkundschaft. ~lauf, der 장거리(내구) 경주, 내구 레이스. ~leihgabe, die 장기 대여품. ~leistung, die 지속 능력, 지속적 (대가 달린) 큰 봉사. ~lutscher, der (棒) 지속적인 (대가 달린) 큰 봉사. ~magnet, der 영구 자석. ~marsch, der 장거리 행진, 내구 행군. ~mieter, der 장기 임차인, 장기간 세든 사람. ~obst, das 저장용 과일. ~posten, der ↑~stellung. ~prüfung, die (자동차 경주에서) 내구 시험. ~redner, der (흠) 장광설을 늘어놓는 사람. ~regelung, die 항구적 규정[조정]. ~regen, der 장마. ~ritt, der 장거리 승마. ~schaden, der 후유 질환. ~schlaf, der 장기 수면(요법). ~schutz, der 내구성 보호. ~seller, der ↑Bestseller, Longseller. ~sitzung, die 장시간의 회의. ~skat, der 《농》 장시간의 스카트 놀이. ~spore, die (식물) 월동 포자(胞子). ~stellung, die 장기적인 일자리(취직). ~strom, der [전기] 정전류(定電流). ~test, der 장기간의 테스트. ~ton, der 지속음. ~tropfinfusion, die 〘의학〙 장시간 소요되는 정맥 주사. ~typen 〈Pl.〉 ↑~formen. ~verhältnis, das 애정 관계. ~wald, der [임업] 항속림. ~welle, die 퍼머넌트 웨이브. ~wirkung, die 지속적 효과. ~wurst, die 저장용 소시지. ~zelle, die 〈대개 Pl.〉 [생물] 항구 세포. ~zustand, der (대부분의 경우 불쾌스러운) 지속적 상태, 만만히.

dauerhaft 〈Adj.〉 지속적인, 영속적인, 내구적인; 질긴: ein -es Material 질긴(견고한) 재료; der Friede war nicht d. 평화는 오래가지 않았다. **Dauerhaftigkeit**, die 영속(성), 내구(성), 지속, 견고. ¹**dauern** ['dauɐn] 〈h〉 [lat. dūrāre] **1.** 계(지)속되다: die Sitzung dauerte zwei Stunden 회의는 두 시간 계속되었다; das dauert seine Zeit 그것은 필요한 만큼의 시간이 걸린다; das dauert mir zu lange 그것은 시간이 너무 오래 걸린다; ein Weilchen wird es schon noch dauern 한참은 시간이 더 걸릴 것이다. **2.** (아이) 영원 불변하다, 오래가다, 견디다, 존속하다: diese Freundschaft wird d. 이 우정은 영원 불변할 것이다.

²**dauern** [-] 〈h〉 《아어》 누구의 동정심을 불러 일으키다, 불쌍히 여기게 하다: die kranken Leute dauerten ihn sehr 그는 병자들을 몹시 불쌍히 여겼다; ihn dauerte das viele Geld 그 많은 돈이 그에게는 아깝게 여겨졌다.

dauernd ['dauɐnt] 〈Adj.〉 **a)** 지속하는, 영속적인, 불변의: er hat hier seinen -en Wohnsitz 그는 여기에 계속 거주하고 있다; die Gefahr war d. vorhanden 위험은 언제나 있었다. **b)** 자주 나타나는, 자주 반복되는, 늘 반복해서: -e Belästigungen 늘 당하는 성가심; er kommt d. zu spät 그는 늘 지각한다.

Däumchen ['dɔymçən], das; -s, - ↑Daumen, **Daumen** ['daumən], der; -s, - 엄지손가락: das Kind lutscht an D. 어린 아이가 엄지손가락을 빤다; **am D. lutschen** (통용어) 먹을 것이 없다; **D. (Däumchen) drehen** 〘통용어〙 빈둥빈둥 지내다, 지루해 하다; **jmdm. (für jmdn.) den D. drücken(halten)** (통용어)(어려운 일을 함에 있어서) 누구에게 성공을 빌다; **auf etwas den D. drücken** (통용어) 무엇을 고집하다; **auf etwas den D. halten (haben)** 〘통용어〙 무엇이 유용하게 쓰이도록 하다; sie hielt den Daumen auf die Vorräte(hatte den D. auf den Vorräten) 그녀는 비축품이 유용하게 쓰이도록 하였다; **jmdm. den D. aufs Auge drücken(halten / setzen)** 〘통용어〙 누구에게 사정없이 강요하다; **(etw.) über den D. peilen** 대충을 셈하다, 어림잡다.

Däumelinchen, das; -s 동화에 나오는 인물.

daumen-, Daumen-: ~**abdruck**, der 무인(拇印), 엄지손가락 지문. ~**ballen**, der ↑Fingerballen. ~**breit** 〈Adj.〉 엄지손가락 넓이의. ~**breit**, der; -s ↑~breite. ~**breite**, die 엄지손가락 넓이. ~**dick** 〈Adj.〉 엄지손가락 굵기의. ~**groß** 〈Adj.〉 엄지손가락 크기의. ~**lutscher**, der (俗) 엄지손가락을 빠는 아이. ~**nagel**, der 엄지손가락의 손톱. ~**register**, das 엄지손가락 색인(사전 등에 알파벳 순으로 파놓은 반원형 색인). ~**schraube**, die 〈대개 Pl.〉 (역사적) (엄지손가락을 죄어 비트는) 고문 도구: **jmdm. (die) -n anlegen (ansetzen / aufsetzen)** 누구를 몰아 세우다, 성나게 하다, 강요하다. ~**sprung**, der (거리를 어림할 때) 엄지손가락으로 추정하여 보기. ~**stark** 〈Adj.〉 ↑~dick.

Däumling ['dɔymlɪŋ], der; -s, -e **1. a)** 엄지손가락 골무. **b)** (지역적) (장갑의) 엄지손가락. **2.** 〈Pl. 없음〉 (동화의) 엄지손가락 대장, 난쟁이.

Daune ['daunə], die; -n 〈대개 Pl.〉 [niederd. dūne] 솜털, 보드라운 깃털.

daunen-, Daunen-: ~**bett**, das 깃털 침대. ~**decke**, die 깃털 이불. ~**feder**, die (보드라운) 깃털. ~**füllung**, die 깃털 속. ~**kissen**, das 깃털 쿠션. ~**kleid**, das 우모(羽毛). ~**weich** 〈Adj.〉 솜털처럼 보드라운.

Dauphin [do'fɛ̃:], der; -s, -s [frz. dauphin] (역사적) 프랑스의 황태자의 칭호(1349~1830): (전의) der Regierungschef glaubte in ihm seinen D. gefunden zu haben 국무 총리는 그가 그의 적당한 후계자라고 믿었다.

Dauphiné [dofi'ne:], die 도피네(프랑스의 동남부 지역).

¹**Daus** [daus] (다음 용법으로) **ei der D.!**[was der **D.**!] (고어) (놀람[의아]의 외침) 도대체 웬일이냐! 이런 실수했구나! 제기랄!

²**Daus** [-], das, auch -es, Däuser ['dɔyzɐ], 〈또한〉 -e [lat. duo(s)] **1.** 주사위의 두 점 눈(이 있는 면). **2.** 독일 카드 놀이에서의 으뜸패.

David(s)stern ['da:fɪt(s)-, 〈또한〉 'da:vɪt(s)-, der; -(e)s, -e (6모의) 다윗의 별.

Davis-Cup ['deɪvɪs-], der; -s, **Davis-Pokal**, der; -(e)s (테니스 경기의) 데이비스 컵.

Davit ['da:vɪt], der; -s, -s [engl. davit] [해양] 대빗(구명 보트, 닻 등을 매다는 기둥).

davon [da'fɔn, 《강조시》 'da:fɔn] 〈Adv.〉 **1. a)** 이[그] 곳

[물건, 사람]에서 (떨어져서): hier ist die Unglücksstelle, und nur einige Meter d. (entfernt) ist eine steile Böschung 여기가 사고 지점이고 이곳에서 몇 미터 밖에 떨어지지 않은 곳에 급경사가 있다; [전의] wir sind noch weit d. entfernt 우리는 전혀 해결의 실마리를 찾지 못하고 있다. b) 이[그]곳을 출발점으로, 이[그] 물건에서 떼어내어: dies ist die Hauptstraße, und d. zweigen einige Nebenstraßen ab 이것이 간선 도로이고 여기에서 몇 개의 옆길이 갈라져 나간다; das Schild klebt so fest an dem Brett, daß es nicht d. zu lösen ist 표지가 널빤지에 너무 꽉 붙어 있어서 그것에서 떼어낼 수가 없다. 2. 이[그] 일에서, 그 일로, 그 일에 관하여: es war ein Schock für sie, aber sie hat sich wieder d. erholt 그 일은 그녀에게는 충격이었지만 그녀는 다시 그로부터 회복하였다; d. hast du doch nichts 너는 그것으로부터 아무런 이득도 얻지 못한다. 3. 그 일로 인하여, 그로 인하여: d. hast du nur Ärger 그로 인하여는 너는 불쾌한 일만 당하게 된다; das kommt d.! (통용어) 이것이 그 결과이다, 그럴 줄 알았다 ! 4. 그것(사람)들 중에서: hast du schon d. gegessen? 그 중의 일부를 벌써 먹었는가?; das ist die Hälfte d. 이것은 그 중의 반이다. 5. 그 재료로, 소재로: du hast Wolle, du kannst dir einen Schal d. stricken 여기 털실이 있으니 이것으로 목도리를 짜 가지렴; d. kann man nicht leben 이 돈으로는 살 수가 없다. 6. (nordd.) (분리하여서도 사용함) da habe ich nichts von 거기에서 나는 아무런 이득도 얻지 못한다.

davọn-: ~blẹiben' 〈s〉 (통용어) 그것에서 떨어져[피하여] 있다: die Waffe ist zu gefährlich, du sollst d.! 무기가 너무 위험하니 만지지[손대지] 말아라 ! ~brausen 〈s〉 시끄러운 고속으로 떠나버리다: mit dem Motorrad d. 오토바이를 타고 윙하며 떠나버리다. ~eilen 〈s〉 급히 떠나가 버리다. ~fahren' 〈s〉 (…을 타고) 떠나가 버리다. ~fliegen' 〈s〉 날아가 버리다. ~galoppieren 〈s〉 질구(疾驅)하여 떠나다. ~gehen' 〈s〉 떠나 버리다, 도망치다: [전의] sie ist für immer davongegangen (아어·온혜) 그녀는 영원히 가버렸다[죽었다]. ~hasten 〈s〉 조급하게 떠나가다. ~humpeln 〈s〉 다리를 절며 떠나가다. ~huschen 〈s〉 획 떠나가 버리다. ~jagen 1. 〈s〉 질주하여 가버리다. 2. 〈h〉 쫓아버리다, 해고하다: [전의] er hat den Lehrling im Zorn davongejagt (통용어) 그는 화를 내면서 견습생을 해고했다. ~kommen' 〈s〉 (위험을) 모면하다, 빠져 나오다: er ist noch einmal (mit dem Leben) davongekommen 그는 다시 한 번(살아서) 빠져 나왔다. ~lạssen' 〈h〉 (다음 용법으로) die Fịnger davonlassen 그로부터 손을 떼다. ~laufen' 〈s〉 1. a) 달아나 버리다. b) 도주하다: er ist einfach davongelaufen 그는 그냥 도주해 버렸다; etwas ist zum Davonlaufen (통용어) 무엇은 도저히 견디어 낼 수가 없다. b) (통용어) 예기치 않게 떠나가다: das Hausmädchen ist ihr davongelaufen 가정부가 그녀에게서 떠나버렸다. 2. …의 통제를 벗어나다. ~machen, sich 〈h〉 (통용어) 가버리다, 도망치다: immer wenn es etwas zu tun gibt, machst du dich davon 무슨 할 일만 생기면 너는 슬쩍 가버리는구나; [전의] der Alte hat sich jetzt auch davongemacht (은폐어) 그 노인도 이제 가 버렸다(사망하였다). ~preschen 〈s〉 서둘러 가 버리다. ~radeln 〈s〉 자전거를 타고 가버리다. ~rasen 〈s〉 질풍처럼 떠나가 버리다. ~rauschen 〈s〉 (반어) 옷자락 스치는 소리를 내면서 떠나다. ~reiten' 〈s〉 말을 타고 떠나 버리다. ~rẹnnen' 〈s〉 달려가 버리다. ~rollen 〈s〉 a) 굴러가 버리다. b) 천천히 바퀴가 구르면서 떠나가 버리다. ~sausen 〈s〉 급히 떠나가 버리다. ~schießen' 〈s〉 쏜살같이 달려가 버리다. ~schleichen' a) 〈s〉 살금살금 도망가 버리다. b) 〈h〉 (d. + sich) 몰래 가

버리다. ~schlẹppen 〈h〉 (아어) 1. 간신히 끌고 가다 (davontragen (1)): er packte den schweren Koffer u. schleppte ihn davon 그는 짐을 싸가지고 무거운 여행 가방을 간신히 끌고 갔다. 2. 〈d. + sich〉 힘겨움게 발걸음을 옮겨가다: unter Stöhnen versuchten die Verwundeten sich davonzuschleppen 부상자들은 신음하며 발걸음을 옮겨가려고 하였다. ~schreiten' 〈s〉 뚜벅뚜벅 걸어서 가 버리다. ~schuffeln 〈s〉 미끄러지는 걸음걸이로 가 버리다. ~schwịmmen' 〈s〉 헤엄쳐서 가 버리다. ~schwịrren 〈s〉 윙윙거리는 소리를 내면서 가 버리다. ~sein' (부정형 및 과거분사로만) 〈s〉 (경) 몰래 사라져 버리다. ~sprịngen' 〈s〉 a) 껑충 뛰어가 버리다. b) (통용어) ↑~laufen. ~stehlen', sich 〈h〉 (아어) (다른 사람의 눈에 띄지 않게) 슬쩍 가버리다. ~stelzen 〈s〉 뽐내는 걸음걸이로 가 버리다. ~stieben' 〈s〉 (아어) 잽싸게 날아가 버리다. ~stiefeln 〈s〉 성큼성큼 걸어가 버리다. ~stolzieren 〈s〉 의기양양하게 걸어가 버리다. ~stürmen 〈s〉 사납게 뛰어가 버리다. ~stürzen 〈s〉 허둥지둥 뛰어가 버리다. ~tragen' 〈h〉 1. 가져[들고] 가 버리다: [전의] der Wind trug die Klänge davon 바람이 음향을 삼켜버렸다. 2. a) (아어) 획득하다: einen Sieg d. 승리를 획득하다. b) (손해 · 상처 등을) 입다: eine Verletzung d. 상처를 입다. ~treiben' 〈s〉 쫓아 버리다. ~trollen, sich 〈h〉 (통용어) 슬그머니 가 버리다. ~trotten 〈s〉 무거운 걸음걸이로 가 버리다. ~ziehen' 〈s〉 1. 떠나다, 출발하다, 물러가다: sie zogen singend davon 그들은 노래를 부르며 떠났다. 2. [스포츠] 앞서다, 능가하다: die deutsche Mannschaft war schließlich auf 5 : 1 davongezogen 독일 팀이 드디어 5:1로 이겼다.

davor [da'foːɐ̯, (강조시) 'daːfoːɐ̯] 〈Adv.〉 1. a) 이[그] 앞에: ein Haus mit einem Garten d. 앞에 정원이 있는 집. b) 이[그] 앞으로: ich würde den Stuhl d. stellen, nicht daneben 나라면 그 옆이 아니라 그 앞에 의자를 놓겠다. 2. 미리, 사전에, 이[그] 전에: das Spiel beginnt um 16 Uhr, d. spielen noch zwei Jugendmannschaften 경기는 16시에 시작하는데 그 전에 두 청소년 팀이 시합을 한다. 3. 그것에 대하여, 그것을: wir haben ihn d. gewarnt 우리는 그에게 그것을 하지 말라고 경고했다; er hat keinen Respekt d. 그는 그것에 대하여 존경심이 없다; er hat Angst d., erwischt zu werden 그는 붙잡힐까봐 겁을 낸다. 4. (nordd.) (분리해서도 사용함) da habe ich keine Angst vor 나는 그 일에 대하여는 조금도 걱정하지 않는다.

davor-: ~halten 〈h〉 그 앞에 들고 있다. ~legen 〈h〉 그 앞에 놓다. ~liegen' 〈h〉 그 앞에 놓여 있다. ~schieben' 〈h〉 그 앞으로 밀다. ~setzen 〈h〉 그 앞에 놓다: er schaltete das Fernsehgerät ein und setzte sich davor 그는 텔레비전을 틀고 그 앞에 앉았다. ~sịtzen' 〈h〉 그 앞에 앉아 있다. ~stehen' 〈h〉 1. 그 앞에 서 있다. 2. (어떤 일을) 목전에 두고 있다: entweder hat er sein Examen schon gemacht, oder er steht kurz davor 그는 시험을 벌써 치렀거나 시험을 바로 목전에 두고 있다. ~stellen 〈h〉 그 앞에 세우다.

dawai [da'vaj; russ. dawai] 《통용어》 시작! 출발!
dawider [da'viːdɐ] 〈Adv.〉 (고어 · 지역적) ↑dagegen (1, 2). dawiderreden 〈h〉 (고어) 반대하다[반대의 주장을 하다].
Dazien ['daːtsi̯ən] ↑Dakien.
Dazier ['daːtsi̯ɐ], der; -s, - 다키아 사람.
dazu [da'tsuː, (강조시) 'daːtsuː] 〈Adv.〉 1. a) 이[그] 에, 그것에 덧붙여서: er arbeitet und singt d. 그는 일하면서 노래까지 부른다. b) 그 외에도, 그 밖에, 게다가: sie ist schön und d. nicht ganz unvermögend 그녀는 아름답고 게다가 재산이 전혀 없지도 않다. 2. 그것을 위

하여, 그것에 대하여: er hatte d. keine Lust 그는 그것을 할 마음이 없다; sie wollte sich d. nicht äußern 그녀는 그것에 대하여 의견을 말하고자 하지 않았다. **3.** 이 [그] 목적으로, 이[그]것을 위해서, er eignet sich nicht d. 그는 이 일을 위해서는 적합하지 않다; d. reicht das Geld nicht 그 일을 하기 위해서는 돈이 모자라다; wie komme ich d.? 어떻게 해서 내가 이렇게 되었나[이 지경이 되었는가]? **4.** (nordd.) 《분리하여서도》 da habe ich keine Lust zu 나는 그것을 할 마음이 없다.
dazu-: **~bekommen*** 〈h〉 추가로 받다. **~geben*** 〈h〉 덧붙여 주다, 기여[공헌]하다: zum Kauf des Hauses reicht ihr Geld nicht, die Eltern wollen ihr noch etwas d. 주택을 구입하기에는 그녀의 돈이 모자라 부모가 어느 정도 보태 주려고 한다. **~gehören** 〈h〉 그것에 속하다, 필요하다: bei der Reisegesellschaft waren einige Leute, die eigentlich nicht dazugehörten 관광단에는 원래 거기에 속하지 않는 사람들도 몇 사람 끼어 있었다. **~gehörig** 〈Adj.〉 그것에 속하는, 필요한. **~gesellen**, sich 〈h〉 그것의 한 패가 되다. **~halten,*** sich 〈h〉 《지역적》 서두르다, 노력하다. **~kommen*** 〈s〉 **1.** 어떤 일이 일어날 때 나타나다: sie kam gerade dazu, als sich die Kinder zu streiten begannen 어린이들이 투기 시작할 때 마침 그녀가 나타났다. **2.** 어떤 일[모임]에 추가되다: wir sind noch nicht vollzählig, es kommen noch einige Gäste dazu 우리는 아직 전원 참석한 것이 아니고 몇몇 손님들이 더 온다. **~können*** (nordd.) ↑dafürkönnen. **~legen** 〈h〉 ↑dazusetzen (1). **~lernen** 〈h〉 더 배우다, 새로운 경험을 하다. **~rechnen** 〈h〉 가산하다. **~sagen** 〈h〉 덧붙여 말하다. **~schauen** 〈h〉 (österr. · 통용어) … 하도록 하다. **~schlagen*** 〈h〉 ~rechnen: man muß die Zinsen noch d. 이자도 가산해야 한다. **~schreiben*** 〈h〉 덧붙여 쓰다. **~setzen** 〈h〉 동석시키다: sie begrüßten die Runde und setzten sich dazu 그들은 둘러 앉은 사람들에게 인사를 하고 동석하였다. **~stellen** 〈h〉 ↑dazusetzen (1). **~tun*** 〈h〉 《통용어》 덧붙이다, 추가하다: du kannst ruhig noch von dem Gewürz d. 걱정말고 양념을 더 넣어라. **~tun**, das 《다음 성어로》 ohne jmds. Dazutun 누구의 개입[지원] 없이: ohne den D. hätte er es nicht geschafft 너의 지원이 없었다면 그는 그 일을 해내지 못하였을 것이다. **~verdienen** 〈h〉 가외 벌이를 하다.
dazuhin 〈Adv.〉 《지역적》 그밖에도, 게다가. **dazumal** 〈Adv.〉 《준고어 · 농 · 교풍》 그 옛날에는: **Anno d.** 당시에 (↑Anno).
dazwischen [da'tsvɪʃn, 《강조시》 'da:tsvɪʃn] 〈Adv.〉 **1. a)** 그 사이에: die Häuser stehen frei, d. befinden sich Gärten und Wiesen 집들이 따로 떨어져 있고 그 사이에 정원과 풀밭이 있다. **b)** 그 사이로: lege das Buch nicht dazwi, sondern d. 책을 그 위가 아니라 그 사이에 놓아라. **2. a)** 그 중에서: wir haben die Posteingänge durchgesehen, aber Ihr Brief war nicht d. 접수된 우편물을 조사해 보았는데 당신의 편지는 그 중에 없더군요. **b)** 그 가운데로, 그 틈 사이로. **3. a)** 그 사이에(시간): drei Monate lagen d. 그 사이에 3개월이 지났다. **b)** 그 사이로(시간): zwei Vorträge stehen noch aus, wir werden eine Pause d. einschieben 앞으로도 강연이 아직 두 개가 남아 있으니 그 사이에 휴식시간을 끼워 놓을시다.
dazwischen-, Dazwischen-: **~fahren*** 〈s〉 **1.** 간섭하다: als die Kinder sich zu streiten begannen, fuhr er dazwischen 어린이들이 싸우기 시작하자 그가 개입했다. **2.** 다른 사람의 말을 가로막다: "das ist eine Lüge", fuhr er dazwischen 그것은 거짓말이라 하고 그는 가로 막았다. **~fragen** 〈h〉 질문으로 말을 중단시키다. **~funken** 〈h〉《통용어》 간섭하여 계획을 방해하다. **~ge-**

raten* 〈s〉 **1.** 사이에 끼어들다. **2.** 은연중 어떤 사건에 말려들다. **~hauen*** 〈h〉 《통용어》 ↑~schlagen. **~kommen*** 〈s〉 **1.** ↑~geraten (1). **2.** 예기치 않은 방해가 나타나다: ich nehme teil, wenn (mir) nichts dazwischenkommt 아무런 일이 없으면 참가하겠다. **~kunft** [-kʊnft], die《드물게》 방해. **~liegen*** 〈h〉 사이에 놓여 있다: Jahre liegen dazwischen 그 사이에 여러 해가 흘러갔다. **~mischen**, sich 〈h〉《통용어》간섭하다. **~reden** 〈h〉 **1.** 말참견하다. **2.** 참견하여 누구의 계획을 바꾸게 하다. **~rufen*** 〈h〉 (연설이나 토론을) 소리를 질러서 중단시키다. **~schalten** 〈h〉 《통용어》접합시키다. **~schieben*** 〈h〉 **1.** 끼우다, 삽입하다 **2.** (진행 순서에) 삽입하다. **~schlagen*** 〈h〉 (싸움, 시위 등을) 때려서 말리다. **~springen*** 〈s〉 사이에 뛰어들다. **~stehen*** 〈h〉 **1.** 사이에 서 있다. **2.** 중간 입장을 취하다. **3.** (두 사람 사이에서) 방해가 되다. **~treten*** 〈s〉 **1.** 《분쟁에서》 중재(조정)하다, 개입[간섭]하다. **2.** 사이를 멀어지게 하다, 사이에 들어가다. **~werfen*** 〈h〉 **1.** 《d. + sich》말참견하다. **2.** 던져 넣다.
dB = Dezibel.
DB = Deutsche Bundesbahn 독일 연방 철도.
DBB = Deutscher Beamtenbund 독일 공무원 연맹.
DBD = Demokratische Bauernpartei Deutschlands 독일 민주 농민당(구동독의 정당명).
DBGM = Deutsches Bundes-Gebrauchsmuster 독일 실용 신안 의장.
DBP = Deutsche Bundespost 독일 연방 우편; **Deutsches Bundespatent** 독일 연방 특허청.
d. c. = da capo.
D. C. = District of Columbia (워싱턴 주변의) 콜롬비아 특별구.
d. d. = de dato.
Dd. = doctorandus.
DDR = Deutsche Demokratische Republik 독일 민주 공화국 (구동독의 국명). **DDR-Bürger**, der 구동독의 시민.
DDT Ⓦ [de:de:'te:], das; -(s) 살충제(디디티).
D-Dur ['de:du:ɐ̯, (또한) '-'-], das = [음악] 라 장조 (기호: D) (↑d, D 2). **D-Dur-Etüde** 라 장조 연습곡. **D-Dur-Tonleiter**, die 라 장조 음계.
Dead heat ['dɛd hiːt], das, -, -s [engl. dead heat] 무승부 경주[경쟁]. **Deadline** ['dɛdlaɪn], die; -s [engl.-amerik. deadline] **1.** 기사[원고, 광고] 마감 시한. **2.** 기일(期日), 결행일, 청산일. **3.** (최후의) 기한. **Deadweight** ['dɛdweɪt], das, -s [engl. dead weight] 선박의 총순반량, 자중(自重).
deaggressivieren 〈h〉《심리》 감정[공격성]을 제거하다.
Deakzentuierung, die; -en 《무선》 수신시의 일정한 정류(整流).
Deal [di:l], der 《또는》 das; -s, -s [engl. deal] 거래, 상업. **dealen** ['di:lən] 〈h〉 [engl. to deal] 마약 암거래를 하다. **Dealer** [di:l], der; -s, - [engl. dealer] **1. a)** 마약 밀매업자. **b)** 밀매업자. **2.** ↑Jobber.
Debakel [de'baːkl̩], das; -s, - [frz. débâcle] 《교양어》와해, 붕괴, 패배; 불행한 종말.
Debardage [debar'daːʒə], die; -n [frz. débardage]《고어》《부두의》 하역. **¹Debardeur** [debar'døːɐ̯], der; -s, -e [frz. débardeur]《고어》《부두의》 하역 인부. **²Debardeur** [-], das; -s, -s [frz. débardeur, eigtl. = Kleidung(sstück) eines ¹Debardeurs] (둥글게 파인) 짐꾼의 셔츠. **debardieren** [debar'diːrən] 〈h〉 [frz. débarder]《고어》화물을 부리다, 하역하다.
debarkieren [debar'kiːrən] 〈h〉 [frz. débarquer]《고어》배에서 짐을 부리다.

Debatte [de'batə], die; -n [frz. débats] **a)** 논쟁: eine erregte D. ist im Gang 열띤 논쟁이 진행중이다; etw. in die D. werfen 무엇을 논쟁에 부치다; etw. zur D. stellen (↑Diskussion 참조) 무엇을 토의에 부치다; etw. steht zur D. (↑Diskussion 참조) 무엇이 논의될 주제이다. **b)** 토론, 토의: die D. über die Regierungserklärung 정부의 해명에 대한 토론; die D. dauert noch an 토론이 아직 계속되고 있다. **Debattenschrift**, die 《Pl. 없음》〈고어〉《의회용》속기법. **Debatter** [de'batə], der; -s, - [engl. debater] 〈능란한〉 토론자. **debattieren** [deba'tiːrən] 〈h〉 [frz. débattre] 토론[토의]하다, 논의하다: eine Gesetzesvorlage d. 법률안을 논의하다. **Debattierer** [deba'tiːrə], der; -s, - ↑Debatter. **Debattierklub**, der 《俗》 토론회.
Debauche [deˈboːʃ(ə)], die; -n [...ʃə; frz. débauche] 〈교양어〉 방탕, 도락(道樂). **debauchieren** [deboˈʃiːrən] 〈h〉 [frz. (se) débaucher] 《드물게》 방탕하게 살다.
Debellation [debɛlaˈtsjoːn], die; -en [lat. dēbellātiō] 〈국제법〉 〈적국의 완전 섬멸을 통한〉 전쟁의 종결.
Debet [ˈdeːbɛt], das; -s, -s [lat. dēbet] 〈금융〉 빚, 부채, 채무, 차변(借邊) 〈반대: Kredit〉. **Debetsaldo**, der 〈금융〉 차변이 더 많은 결산, 차변 잔고.
debil [deˈbiːl] 〈Adj.〉 [lat. dēbilis] 박약한, 쇠약한, 약한: ein -es Kind 박약아. **Debilität** [debiliˈtɛːt], die [lat. dēbilitās] 정신 박약, 쇠약.
Debit [deˈbiːt, deˈbit], der; -s [frz. débit] 〈고어〉 판매, 매상, 매출.
debitieren [debiˈtiːrən] 〈h〉 누구에게 채무를 지게 하다, 누구의 차변에 기입하다. **Debitor** [deˈbiːtor, 《또한》 deˈbiːtoːr], der; -s, -en [debiˈtoːrən] 《대개 Pl.》 [ital. debitore] 〈금융〉 채무자, 차주. **Debitorenkonto**, das 〈금융〉 채무자 계정.
deblockieren 〈h〉 [frz. débloquer] 〈인쇄〉 복자(覆字)를 바로잡다.
debouchieren [debuˈʃiːrən] 〈s〉 [frz. déboucher] 〈군〉 〈고어〉 애로에서 진출하다 (벗어나다).
Debre(c)ziner [ˈdɛbrɛtsiːnɐ] 《Pl.》 〈매움게 양념한〉 데브레친 소시지.
Debunking [diˈbaŋkiŋ], das; -s, -s [engl. debunking] 〈영화, 연극, 소설 등에서〉 영웅이나 신화의 정체 폭로.
Debüt [deˈbyː], das; -s, -s [frz. début] **a)** 데뷔, 첫 등장: die junge Sängerin gab ihr D. 젊은 여류 성악가가 데뷔하였다. **b)** 《궁정에서의》 첫 공연, 첫 무대. **Debütant** [debyˈtant], der; -en, -en [frz. débutant] 데뷔한 사람, 첫 등장한 사람. **Debütantin**, die; -nen **a)** ↑Debütant의 여성형. **b)** 처음 사교계에 등장하는 상류 사회의 처녀. **Debütantinnenball**, der 처음 등장하는 처녀들이 소개되는 무도회. **debütieren** [debyˈtiːrən] 〈h〉 [frz. débuter] 데뷔하다, 처녀 무대에 오르다: der Regisseur debütierte am[beim] Theater 그 감독은 연극계에 데뷔하였다.
Decay [dɪˈkeɪ], das; -s(-s) [engl. decay] 〈전자 음악〉 신세사이저의 음이 최고음에서 0까지 소멸하는 시간.
Dechanat [deçaˈnaːt], Dekanat [dekaˈnaːt], das; -(e)s, -e [lat. decanatus] 대교구 수석 사제의 직 또는 교구, (대학의) 학장의 직. **Dechanei** [deçaˈnaɪ], Dekanei [dekaˈnaɪ], die; -en 수석 사제[학장]의 주택. **Dechant** [deˈçant, 《österr.》 ˈ--], der; -en, -en 대교구 수석 사제, 수도원장, (대학의) 학장. **Dechantei** [deçanˈtaɪ], die; -en 《österr.》 수석 사제 관할 구역.
Decharge [deˈʃarʒə], die; -n [frz. décharge] 《고어》 면제, 상각(償却), 변제(辨濟). **dechargieren** 〈h〉 [frz. décharger] 《고어》 면제 [상각]하다, 변제하다.

Decher [ˈdɛçɐ], das / der; -s, - [lat. decuria] 《역사적》 10개 (옛 계량 단위, 특히 10장의 가죽).
Dechet [deˈʃeː], der; -s, -s 《대개 Pl.》 [frz. déchet] 방적 공장의 폐품 〈쓰레기〉.
dechiffrieren 〈h〉 [frz. déchiffrer] 해독하다, 판독하다 〈반대: chiffrieren〉: eine Geheimschrift d. 암호를 해독하다. **Dechiffrierung**, die: das D. militärischer Geheimschriften 군사 비밀 문서의 해독.
Dechsel [ˈdɛksl], die; -n 《제재》 자귀.
deciso [deˈtʃiːzo] 〈Adv.〉 [ital. deciso] 《음악》 단호하게.
Deck [dɛk], das; -(e)s, -s [niederd. dek] **1.** 갑판, 데크: das D. reinigen 갑판을 청소하다; alle Mann an D.! 전원 갑판으로 (집합)!; nicht[wieder] auf Deck sein 기분이 언짢다 [다시 좋아지다]. **2.** 배의 이층. **3.** 버스의 이층. **4.** ↑Parkdeck의 약칭.
¹Deck- (Deck 1, 2; ↑Decks-도 참조): **~aufbauten** 《Pl.》 배의 상갑판실. **~balken**, der 갑판의 가로 들보. **~ladung**, die 갑판에 실은 화물. **~last**, die ↑ ~ladung. **~offizier**, der 갑판장교 (1918년까지 있었던 독일 해군의 계급). **~passagier**, der 갑판 승객. **~planke**, die 선판. **~sessel**, der ↑stuhl. **~stuhl**, der 갑판 위의 《침대》 의자.
deck-, ²Deck- (decken): **~adresse**, die 가명으로 된 수신인 주소. **~akt**, der 《동물의》 교미(交尾). **~anschrift**, die ↑~adresse. **~anstrich**, der 제일 겉칠, 마지막 겉칠 [하기]. **~bett**, das 이불. **~blatt**, das **1.** 《식물》 포(苞). **2.** 여송연의 겉잎. **3. a)** 《보충·교정용의 책》 겉장. **b)** 표지. **c)** 《지도 등에 겹쳐 놓는》 투명판. **4.** 《쌓아놓은 카드의 맨》 윗장. **~blech**, das 덮개용 철판. **~brett**, das 덮개용 널판. **~erinnerung**, die 《심리》 주요 회상을 억제하는 부차적 회상. **~erlaubnis**, die 교미 허가. **~fähig** 〈Adj.〉 교미 가능한. **~farbe**, die 불투명한 그림 물감, 안료(顔料) 《초벌 칠용》. **~farbenmalerei**, die 불투명한 물감을 사용한 그림. **~färbung**, die 《동물의》 보호색. **~feder**, die 《대개 Pl.》 새의 등이나 꼬리를 덮고 있는 깃털. **~flügel**, der 《뒷날개와 뒷몸체를 보호하는》 곤충의 앞날개. **~flügler**, der; -s, - 초시류(鞘翅類). **~frucht**, die 농작물의 생장을 보호하기 위하여 또는 단기간에 두 종류의 추수를 할 목적으로 주된 농작물의 씨와 함께 뿌리는 식물의 씨, 이주작의 작물. **~garn**, das ↑~netz. **~gebirge**, das 《지질·광업》 지표 광물. **~gewebe**, das 외피, 표피. **~glas**, das 《현미경의》 복개 유리, 유리로 된 씌우개. **~haar**, das **a)** 《포유동물의》 강모(剛毛). **b)** 정수리의 머리털. **~hengst**, der 종마(種馬). **~kraft**, die 바탕을 불투명하게 만드는 색채의 힘. **~kräftig** 〈Adj.〉 바탕을 불투명하게 하는. **~leiste**, die (자동차 따위에서) 틈새와 이음 부위를 덮어 주는 옆줄. **~mantel**, der 《Pl. 없음》 구실, 평계, 가면, 은폐 수단: unter dem D. der Kameradschaft 동료애를 평계로 [구실삼아]. **~name**, der 익명, 가명. **~netz**, das 《새·여우를 잡는》 특수 그물. **~nummer**, die 위장 번호. **~platte**, die 덮개판, 포장. **~platte**, die 덮는 판자, 상판, 뚜껑으로 쓴 널빤지. **~reisig**, das 지붕 덮기 물거리. **~rüde**, der 종견(種犬). **~schicht**, die 《사진·회화》 보호막. **~seuche**, die 교미시에 전염되는 질병. **~station**, die 교미장. **~stroh**, das 지붕을 이는 짚. **~weiß**, das 보이지 않도록 칠하는 흰색. **~wort**, das 동의어. **~zeit**, die 교미기.
Deckchen [ˈdɛkçən], das; -s, - ↑Decke (1). **Decke** [ˈdɛkə], die; -n **1.** 《축소형: ↑Deckchen》 식탁보 (Tischdecke, Tischtuch): eine bestickte D. 수놓은 식탁보; eine neue D. auflegen 새 식탁보를 덮다. **2.** 이불: eine weiche D. 부드러운 이불; die D. ausbreiten

이불을 펴다; ich zog mir die D. bis über den Kopf 나는 이불을 머리 위까지 끌어 당겼다; unter die D. schlüpfen 이불 속으로 미끄러져 들어가다; **sich nach der D. strecken (müssen)** 《통용어》 검소한 처지에 순응하다, 누울 자리 보고 다리를 뻗(어야 한)다; **mit jmdm. unter einer D. stecken** 《통용어》 누구와 공모하다, 한 패가 되다. **3.** 천장, 지붕: eine niedrige D. 낮은 천장; **jmdm. fällt die D. auf den Kopf** 《통용어》 1) 방안이 갑갑하게 느껴지다. 2) 집에 있기가 지루하여 기분 전환을 하고자 한다; **an die D. gehen** 《통용어》 몹시 화를 내다; **(bis)an die D. springen (vor Freude o. ä.)** (기쁨 등으로) 어쩔줄을 모르다. **4.** 도로 포장. **5.** 타이어 덮개. **6.** [사냥] **a)** 사슴류의 수피(獸皮). **b)** 곰, 늑대 등의 가죽. **c)** 야생조의 중간 꼬리깃. **7.** 책의 표지. **8.** [음악] 현악기의 향판(響板). **Deckel** ['dɛkl], der; -s, - **1.** 뚜껑, 덮개: der D. paßt nicht 뚜껑이 맞지 않는다; den D. öffnen 뚜껑을 열다. **2.** 책의 앞뒤 표지. **3.** 《경》 모자: nimm im Zimmer deinen D. ab! 방 안에서는 모자를 벗어라!; **jmdm. eins auf den D. geben** 《통용어》 훈계하다, 꾸짖다; **eins auf den D. bekommen(kriegen)** 《통용어》 꾸지람(훈계)을 듣다.

Dẹckel- : **~becher**, der 뚜껑이 있는 술잔. **~glas**, das 뚜껑이 있는 글라스(컵). **~halter**, der 뚜껑 받이. **~kanne**, die 뚜껑 있는 물초롱. **~kapsel**, die [식물] 개과(蓋果), 꼬투리 과일. **~korb**, der 뚜껑 달린 바구니. **~krug**, der 뚜껑 달린 맥주 조끼. **~pfeife**, die 뚜껑 달린 담뱃대. **~uhr**, die 뚜껑 달린 회중 시계. **~vase**, die (떼어 낼 수 있는) 덮개가 있는 꽃병.

deckeln ['dɛkln] ⟨h⟩ **1.** 뚜껑으로 덮다, … 에 뚜껑을 달다. **2.** 《통용어》 누구를 윽박지르다, 반박하다, 꾸짖다, 훈계하다.

decken ['dɛkn] ⟨h⟩ **1. a)** 덮다: ein Tuch über eine Leiche d. 시체 위에 홑이불을 덮다. **b)** (덮어)씌우다: das Dach mit Ziegeln d. 지붕을 기와로 이다; ein Haus d. 집에 지붕을 이다; ein gedeckter Apfelkuchen [요리] 반죽으로 뒤집어 씌운 애플 파이. **c)** (식탁에) 식탁보를 덮다, 식사 준비를 하다: der Diener deckte den Frühstückstisch 하인이 아침 식사 준비를 했다; es ist für fünf Personen gedeckt 다섯 사람분의 식사 준비가 되어 있다. **d)** (아이) 덮어서 보호해 주다; Schnee deckte die Erde 눈이 땅을 감싸주고 있었다; ihn deckt schon lange der grüne Rasen 《은폐》 그는 녹색의 땅장 이불로 덮고 있는지가 이미 오래 되었다(그는 죽은지가 이미 오래 되었다). **2.** 불투명 색으로 만들다: die neue Farbe deckt den Untergrund noch nicht 이 새 물감은 바닥을 비치지 않게 만들지 못한다. **3. a)** 보호(엄호)하다, 방어하다: die Mutter hat das Kind mit ihrem Körper gedeckt 어머니가 어린아이를 그녀의 몸으로 보호했다; der Boxer deckte sich nicht 그 권투 선수는 방어하지 않았다. **b)** 감추다, 비호하다: einen Komplizen d. 공범을 비호하다. **4.** 충족시키다, 준비하다: den Bedarf d. 수요를 충족시키다; die Versorgung ist für eine Woche gedeckt 일주일간 보급이 확보되었다; mein Bedarf ist gedeckt 《통용어》 나는 이제 충분하다(질렸다), 난 됐다(물렸다). **5.** [상] 보증하다, …의 지급 능력을 갖추다, 배상하다: einen Wechsel d. 어음을 보증하다; der Scheck ist nicht gedeckt 이 수표는 현금 지불이 되지 않습니다; der Schaden ist durch die Versicherung voll gedeckt 손해는 보험으로 완전히 보상되었다. **6.** (d. + sich) **a)** [기하] 일치하다, 합동이다: die Dreiecke decken sich 삼각형이 일치한다. **b)** (내용과 사상이) 동일하다, 일치하다: meine Ansicht deckt sich nicht mit Ihrer(der Ihrigen) 나의 견해는 댁의 것과 일치하지 않습니다. **7.** 정확히 표현하다. **8.** [스포츠] (상대방의 공격을) 방어하다, 마크하다: einen Spieler hautnah d. 어떤 선수를 착 달라붙어서 마크(방어)하다. **9.** 교미하다: der Hengst hat die Stute gedeckt 종마와 암말이 교미하였다. **10.** [사냥] 사냥개가 짐승의 도망갈 길을 막다, (붙)잡다: der Hund deckte das Wildschwein 개가 멧돼지의 도주로를 막았다. **11.** [사냥] 산탄(霰彈) 총알을 집중시키다(반대: streuen). **12. a)** [화학] 결정체에서 모액(母液)을 제거하다. **b)** 《전문어》 (설탕 따위를) 정제하다.

dẹcken-, Dẹcken- : (Decke 3): **~balken**, der 들보. **~beleuchtung**, die 천장 조명. **~gemälde**, das 천장화. **~heizung**, die 천장 난방 장치. **~hoch** ⟨Adj.⟩ 천장 높이의, 천장에 닿는. **~konstruktion**, die 천장 구조. **~lampe**, die 천장등. **~leuchte**, die 천장등. **~licht**, das ⟨Pl. -er⟩ 천장(天窓)을 통해 들어오는 빛. **~malerei**, die 천장화와 장식. **~paneel**, das 천장에 댄 판자. **~putz**, der 천장의 회칠. **~schalung**, die 콘크리트를 치기 위한 판자때기. **~strahler**, der 천장에 매단 탐색등과 같은 조명 기구. **~träger**, der 천장의 철근. **~ventilator**, der 천장의 통풍기. **~verkleidung**, die 천장의 벽판 붙임.

Dẹcks- [선원] ↑¹**Deck-** 참조.

Dẹckung ['dɛkʊŋ], die; -, -en **1.** 덮음, 덮개, 지붕(을 이기). **2.** [군] **a)** 엄호, 차폐: die D. übernehmen 엄호를 맡다; die Linke für die(zur) D. benutzen [권투] 왼손을 방어에 쓰다. **b)** 차폐물, 엄폐물: das Gelände bot keine D. 그 지형은 차폐물을 제공해 주지 못하였다; volle D.! 완전 엄폐 자세! (군대의 구령); die D. abziehen [체스] 엄호를 물러 빼다; die D. durchschlagen [권투] 커버 위를 쳐서 내려오게 하다. **c)** 은닉. **3.** (수요의) 충족. **4. a)** [상] 보증, 보상, 담보, 지급 준비: der Scheck ist ohne D. 이 수표는 교환할 돈이 없다. **b)** 보전, 상환: die Versicherung übernimmt die volle D. des Schadens 보험 회사가 전액의 보상을 떠맡다. **5.** (사상적·내용적·형식적) 일치, 동일함: unterschiedliche Standpunkte zur D. bringen 상이한 입장을 일치시키다. **6.** [스포츠] **a)** 방어, 수비. **b)** 수비 수〈진〉: eine stabile D. 안정된 수비진. **7.** (새를 제외한 가축의) 교미.

dẹckungs-, Dẹckungs- : **~aufgabe**, die [스포츠] 수비 임무. **~auflage**, die 출판판매 보전 부수. **~fehler**, der [스포츠] 수비 실수: ein D. kostete den Sieg 수비 실수로 승리를 놓쳤다. **~feuer**, das [군] 엄호 사격. **~geschäft**, das [상] **1.** ↑**~kauf. 2.** 유가 증권, 외국환의 보전 구입. **~gleich** ⟨Adj.⟩ 일치하는, 동일한, 합동의. **~gleichheit**, die 동일, 일치, 합동. **~graben**, der [군] 참호. **~kapital**, das 보전 기금. **~karte**, die ↑Versicherungsbestätigungskarte. **~kauf**, der [상] 보전 구입(補塡購入). **~loch**, das **1.** 초병호(哨兵壕), 사격호. **2.** 《통용어》 보전이 불가능한 지출. **~lücke**, die ↑**~loch** (2). **~mittel** ⟨Pl.⟩ 보전 자금, 책임 준비금. **~spieler**, der [스포츠] 방어(수비) 선수. **~truppe**, die [군] 엄호 부대. **~wechsel**, der [금융] 보전 어음. **~zusage**, die (보험 회사의) 배상 약속.

Decoder [dɪ'koʊdɐ], der; -s, - [engl. decoder] (컴퓨터의) 해독기, 코드(부호) 해석기, 디코더. **decodieren** usw. ↑**dekodieren** usw.; **Decoding** [dɪ'koʊdɪŋ], das; -s, -s [engl. decoding] [커뮤니케이션] 전달 내용의 해독(반대: Encoding).

Decollage [deko'laːʒə], die; -n [frz. décollage] [미술] 기존 소재를 파괴 변형시킴으로 생겨나는 그림. **Decollagist** [dekola'ʒɪst], der; -en, -en 의 예술가.

Décollement [dekɔl'mɑ̃ː], das; -s, -s [frz. décollement] [의학] (타박상에서) 박리(剝離), 절단.

Décolleté: ↑Dekolleté.
Découpage [deku'paːʒə], die; -n [frz. découpage] 영화 대본.
decouragieren [dekura'ʒiːrən] ⟨h⟩ [frz. décourager] 《준고어》 용기를 꺾다: sich von etwas d. lassen 무엇으로 용기가 꺾이다. **decouragiert** [dekura'ʒiːɐ̯t] ⟨Adj.⟩ 용기없는, 낙담한.
Decourt [de'kuːɐ̯], der; -s, -s ↑Dekort.
Decouvert: ↑Dekuvert. **decouvrieren**: ↑dekuvrieren.
decresc. = decrescendo.
decrescendo [dekre'ʃɛndo] ⟨Adv.⟩ [ital.] [음악] 점점 약하게(반대: crescendo)(약어: decresc.). **Decrescendo**, das; -s, -s /...di 점점 약해짐(반대: Crescendo).
de dato [de'daːto; lat. dē u. ↑dato] 《고어》 발행일로부터(약어: d. d.).
Dedikation [dedika'tsi̯oːn], die; -en [lat. dēdicātio] 1. 드림, 증정, 헌사: das Buch enthielt eine D. des Verfassers 책에는 저자의 헌사가 적혀 있었다. 2. a) 증정한 물건. b) 증여, 기증, 기부: die Bibliothek ist die D. eines reichen Bürgers der Stadt 이 도서관은 부유한 시민이 시에 기증한 것이다. **Dedikationsexemplar**, das 저자의 헌사가 적힌 증정본. **Dedikationstitel**, der 헌사가 적혀 있는 쪽. **dedizieren** [dedi'tsiːrən] ⟨h⟩ [lat. dēdicāre] 1. 드리다, 바치다, 헌정[증정]하다: der Autor dedizierte das Buch seinem verstorbenen Lehrer 저자는 책을 고인이 된 스승에게 바쳤다. 2. 《농》 선사하다.
Deduktion [dedʊk'tsi̯oːn], die; -en [lat. dēductio] 1. [철학] 연역법(반대: Induktion). 2. [인공 두뇌] 추정(推定)(반대: Heuristik). **deduktiv** [dedʊk'tiːf, 《또한》'deː...] ⟨Adj.⟩ [lat. dēductīvus] [철학] 연역적인(반대: induktiv): eine -e Methode 연역적 방법. **deduzieren** [dedu'tsiːrən] ⟨h⟩ [lat. dēdūcere] [철학] 연역[추론]하다(반대: induzieren): eine Schlußfolgerung logisch d. 결론을 논리적으로 연역하다.
Deemphasis [de'ɛmfazɪs], die; - [engl. de-emphasis] [무선] 고음 증폭의 조정(↑Preemphasis 참조).
Deep-freezer ['diːpfriːzɐ], der; -s, - [engl.-amerik. deep freezer] 급속 냉동 냉장고[실].
Deern [deːɐ̯n], die; -s [niederd. dērne] (niederd.) ↑Mädchen.
Deesis ['deːezɪs], die; ...esen [de'eːzn̩; griech. déēsis] [미술] 최후의 심판에서 마리아와 세례자 요한 사이에 군림하고 있는 그리스도를 나타내는 비잔틴 예술품.
Deeskalation [《또한》'deː...], die; -en 군사적 수단의 단계적 감소(반대: Eskalation). **deeskalieren** [《또한》'deː...] ⟨s/h⟩ 투입한 《군사적》 수단을 단계적으로 감소 또는 약화시키다(반대: eskalieren).
Deez: ↑Dez.
DEFA ['deːfa], die (Deutsche Film-Aktiengesellschaft 의 약어) 구동독의 인민 영화 회사.
de facto [deː'fakto; lat. de facto] 사실상, 실제로(반대: de jure): eine Sache d. f. anerkennen 어떤 일을 사실상 인정하다. **De-facto-Anerkennung**, die 사실상의 승인(반대: De-jure-Anerkennung): die Politiker forderten eine D. dieser Verhältnisse 정치가들은 이러한 사정의 사실상의 승인을 요구하였다.
Defaitismus usw. ↑Defätismus usw.
Defäkation [defeka'tsi̯oːn], die; -en [lat. dēfaecātio] [의학] 배변(排便). **defäkieren** [defe'kiːrən], 《또한》 defäzieren [defɛtsiːrən] ⟨h⟩ [lat. dēfaecāre] [의학] 배변하다.
Defatigation [defatiga'tsi̯oːn], die; -en [lat. dēfatigātio] [의학] 피로, 과로.
Defätismus, 《schweiz.》 Defaitismus [defɛ'tɪsmʊs], der; - [frz. défaitisme] 패배주의, 비관주의: unter den Soldaten breitete sich D. aus 군인들 사이에 패배주의가 번졌다. **Defätist**, 《schweiz.》 Defaitist [defɛ'tɪst], der; -en, -en [frz. défaitiste] 패배주의자, 비관주의자. **defätistisch**, 《schweiz.》 defaitistisch ⟨Adj.⟩ 패배주의[비관주의]의.
defäzieren: ↑defäkieren.
defekt [de'fɛkt] ⟨Adj.⟩ [lat. dēfectus] 결함이 있는, 흠이 있는; ein -er Motor 고장난 모터; 전의 Sein geistiger Zustand war d. 그의 정신 상태는 결함이 있었다. **Defekt** [-], der; -(e)s, -e [lat. dēfectus] 1. 결함, 하자, 약점: der Motor hatte einen D. 모터가 결함을 가지고 있었다; ein leicht zu behebender D. 쉽게 제거될 수 있는 결함. 2. [의학] a) (기관의) 결함. b) (감각 기능의) 결함: er hat einen geistigen D. 그는 정신적 결함을 가지고 있다. 3. ⟨Pl.⟩ a) [인쇄] 마멸된 활자. b) [서적] 낙장(落張). **Defektar** [defɛk'taːɐ̯], der; -s, -e 다량 소비 약품 전문 약제사. **Defektexemplar**, das; -s, -e [서적] 불합격본. **defektiv** [defɛk'tiːf, 《또한》'deː...] ⟨Adj.⟩ [lat. dēfectīvus] 결함있는, 흠있는, 불완전한: -e Verben [언어] 어형 변화가 불완전한 동사. **Defektivität** [defɛktivi'tɛːt], die ↑defektiv의 명사형. **Defektivum** [defɛk'tiːvʊm], das; -s, ...va 변화형이 불완전한 어휘(예컨대: Dank, Leute). **Defektmutation**, die; -en [생물] 돌연 변이를 통한 신체 기능의 탈락. **Defektur** [defɛk'tuːɐ̯], die; -en a) 대량 소비 약품의 약국 제조. b) 대량 소비 약품의 재고 조사.
Defemination [defemina'tsi̯oːn], die; -en [lat. dē- u. fēmina] [의학] 1. 여자의 성적 불감증(Frigidität). 2. (여자의 남성으로의) 성전환.
defensiv [defɛn'ziːf, 《또한》'deː...] ⟨Adj.⟩ [lat. dēfēnsīvus] a) 방어의, 수세의(반대: offensiv): ein -es Bündnis 방어 조약: sich im Krieg d. verhalten 전쟁에서 수세적인 태세를 취하다. b) 안전 위주의(반대: aggressiv): -e Fahrweise 안전 위주의 운전 방법. c) [스포츠] 수세(守勢)에서의 방어적인, 수세적인(반대: offensiv): -e Aufgaben übernehmen 방어 임무를 맡다; d. spielen 수비 위주로 경기하다.
Defensiv-: **~boxer**, der 수비 위주의 권투 선수: der enttäuschende Kampf zweier D. 두 수비 위주의 권투 선수가 보여준 한심한 경기. **~bündnis**, das 방어 조약. **~krieg**, der 방어 조약. **~spiel**, das [스포츠] 수비 위주의 경기(반대: Angriffsspiel, Offensivspiel). **~spieler**, der 수비 전문 선수. **~stellung**, die 수비 자세: eine D. einnehmen[beziehen] 수비 자세를 취하다. **~taktik**, die 방어 전술. **~waffe**, die [군] 방어 무기.
Defensive [defɛn'ziːvə], die; -n a) 방어, 수비(반대: Offensive): aus der D. zum Angriff übergehen 수비에서 공격으로 이행(移行)하다; in die D. gedrängt 수세에 몰려서. b) [스포츠] 방어전, 수비전: aus der D. spielen 수비 위주의 경기를 하다. **Defensivität** [defɛnzivi'tɛːt], die 수세[방어]적임.
Defensor [de'fɛnzoːɐ̯], der; -s, Defensoren 《드물게》 옹호자, 대리인.
Defensor fidei [-'fiːdei], der; -(s), - 영국 국왕의 칭호 ("신앙의 옹호자").
deferieren [defe'riːrən] ⟨h⟩ [lat. dēferre] [고어] 1. 판사 앞에서 선서를 요구하다. 2. 복종하다, 듣고 따르다.
defibrinieren [defibri'niːrən] ⟨h⟩ [의학] 혈액의 섬유소를 제거하여 응고하지 않도록 하다.
deficiendo [defi'tʃɛndo] ⟨Adv.⟩ [lat. dēficere] [음악] 음의 강도와 속도를 늦추면서.

Deficit-spending [ˈdefɪsɪt ˈspendɪŋ], das; -(s) [engl. deficit spending] ↑ Defizitfinanzierung.
Defiguration, die; -en [lat. dē- u. figūrātio] 《고어》 기형(化), 불구. **defigurieren** 〈h〉 [lat. de- u. figūrāre] 《고어》 기형〔불구〕으로 만들다, 일그러뜨리다.
Defilee [defiˈle, (schweiz) ˈdeːfile], das; -s, -s 《또한》 -n [...leːən; frz. défilé] 《교양어》 분열 행진. **defilieren** [defiˈliːrən] 〈s / h〉 [frz. défiler] 분열 행진하다: die Soldaten defilierten vor der Ehrenloge der Königin 군인들이 여왕의 특별석 앞에서 분열 행진을 했다. **Defiliermarsch**, der 분열 행진.
Definiendum [defiˈniɛndʊm], das; -s, ...da [lat. dēfiniendum] 【언어】 피규정어 《개념》. **Definiens** [deˈfiːniɛns], das; -, ...tia [defiˈnɪɛntsia; lat. dēfiniēns] 【언어】 《다른 개념을》 규정하는 개념, 규정어. **definieren** [defiˈniːrən] 〈h〉 [lat. dēfinīre] **a)** 설명하다, 정의하다: ein Wort exakt d. 단어를 정확하게 정의하다; den Begriffsinhalt d. 개념 내용을 설명하다. **b)** 규정하다, 확정하다, 본질을 명백히 하다: die Farbe des Kleides ist schwer zu d. 이 드레스의 색은 분명히 말하기가 어렵다. **c)** 〈d. + sich〉 정해지다: die Ehefrau definiert sich durch den Status des Mannes 부인은 남편의 신분에 따라 위치가 정해진다. **definit** [defiˈniːt] 〈Adj.〉 [lat. dēfīnītus] 확정된: -e Größen 【수학】 불변치. **Definition** [definiˈtsi̯oːn], die; -en [lat. dēfīnītio] **1.** 정의, 설명: eine genaue D. von etw. geben 무엇의 정확한 정의를 내리다. **2.** 【가】 교황이나 공의회의 무오류 결정. **definitiv** [definiˈtiːf, 《또한》 ˈdeː...] 〈Adj.〉 [lat. dēfīnītīvus] 《결정적인, 최종〔후〕적인, 확정적인: eine -e Entscheidung 최종 결정; meine Antwort ist d. 나의 대답은 최종적인 것이다.
Definitivum [definiˈtiːvʊm], das; -s, ...va 《교양어》 최종 결정〔상태〕. **Definitor** [defiˈniːtɔr, 《또한》 ...toːɐ̯], der; -s, -en [...niˈtoːrən; lat. definitor] 【가】 **1.** 《대》주교구의 행정 관리. **2.** 수도원의 최고 회의〔기관〕. **definitorisch** [definiˈtoːrɪʃ] 〈Adj.〉 규정으로 확정된, 정의에 관계되는.
defizient [defiˈtsi̯ɛnt] 〈Adj.〉 [lat. dēficiēns] 불완전한, 불충분한. **Defizient** [-], der; -en, -en **1.** 《고어》 근무 불능자. **2.** 《österr., südd.》 《고령과 질병으로 쇠약해진 가톨릭의》 퇴직 성직자.
Defizit [ˈdeːfitsɪt], das; -s, -e [frz. déficit] **1.** 부족액, 적자, 결손: das von einem Wirtschaftsjahr in das andere geschleppte D. 한 회계 연도에서 다음 회계 연도로 넘겨진 적자; das D. decken 결손을 보전하다; Bulgarien hat in seinem Handel ein D. 불가리아는 무역에서 적자를 냈다. **2.** 결핍: 전의 ein D. an Liebe 사랑의 결핍. **defizitär** [defitsiˈtɛːɐ̯] 〈Adj.〉 [frz. déficitaire] **a)** 적자가 나는, 결손이 나는: ein -er Haushalt 적자 예산〔가계〕. **b)** 적자를 유발시키는: ein Finanzpolitik 적자를 유발시키는 재정 정책. **Defizitfinanzierung**, die 적자 금융. **Defizitpolitik**, die 적자 정책.
Deflagration [deflagraˈtsi̯oːn], die; -en [lat. dēflagrātio] 【광】 불발 연소, 폭연(爆燃). **Deflagrator** [deflaˈgraːtɔr, 《또한》 ...toːɐ̯], der; -s, -en [...graˈtoːrən; lat. dēflagrātus] 【물리】 둘뜨기(突燃器).
Deflation [deflaˈtsi̯oːn], die; -en **1.** 【경제】 통화 수축, 디플레이션(반대: Inflation). **2.** 【지질】 풍식(風蝕). **deflationär** [deflatsi̯oˈnɛːɐ̯] 〈Adj.〉 통화 수축〔디플레이션〕의. **deflationieren** [deflatsi̯oˈniːrən] 〈h〉 통화량을 회수하다, 디플레이션을 초래하다. **deflationistisch** 〈Adj.〉 디플레이션을 일으키는, 디플레이션의(반대: inflationistisch).
Deflations-: **~maßnahme**, die 〈대개 Pl.〉 디플레이션 조치. **~politik**, die 통화 수축 정책. **~prozeß**, der 디플레이션 과정. **~wanne**, die 【지질】 풍식(風蝕)으로 인하여 파인 곳.
deflatorisch [deflaˈtoːrɪʃ] 〈Adj.〉 디플레이션을 유발하는.
Deflektor [deˈflɛktɔr, 《또한》 ...toːɐ̯], der; -s, -en [...toːrən; lat. dēflectere] **1.** 【기술】 《굴뚝의》 전향(轉向) 장치. **2.** 【핵】 편사기(偏射器).
Defloration [defloraˈtsi̯oːn], die; -en [lat. dēflōrātio] 【의학】 처녀막 파괴, 처녀성을 잃게 함. **Deflorationsanspruch**, der 【법】 처녀성 상실 보상금 청구권. **deflorieren** 〈h〉 처녀막을 파괴하다, 처녀성을 빼앗다. **Deflorierung**, die; -en ↑ Defloration.
Deformation, die; -en [lat. dēfōrmātio] **1.** 【물리】 변형, 일그러짐. **2.** 【의학】 불구화, 기형. **deformieren** 〈h〉 [lat. dēfōrmāre] **1.** 변형시키다: durch den starken Aufprall wurde die Karosserie des Wagens total deformiert 강한 충돌로 자동차의 차체가 완전히 찌그러졌다. **2.** 일그러뜨리다, 기형화하다: 《대개 과거분사로》 ein deformiertes Gesicht 일그러진 얼굴. **Deformierung**, die **1.** 변형. **2.** 찌그러뜨림, 기형화, 훼손.
Deformität [defɔrmiˈtɛːt], die; -en [lat. dēfōrmitās] 〈Adj.〉 **a)** 기관이나 신체 부위의 기형. **b)** 기형 상태.
Defraudant [defrauˈdant], der; -en, -en [lat. dēfraudāns] 《준고어》 사기꾼. **Defraudation** [defraudaˈtsi̯oːn], die; -en [lat. dēfraudātio] 《고어》 사기, 횡령, 착복. **defraudieren** [defrauˈdiːrən] 〈h〉 [lat. dēfraudāre] 《고어》 사기하다, 횡령하다, 편취하다.
Defroster [deˈfrɔstɐ], der; -s, - [engl. defroster] **a)** 《자동차 유리창에 달아 서리를 녹이는》 서리녹이. **b)** 자동차 유리창 성에 제거용 분무제. **c)** 냉장고의 성에 제거 장치. **Defrosteranlage**, die ↑ Defroster (a).
deftig [ˈdɛftɪç] 〈Adj.〉 〈niederl. deftig〉 《통용어》 **1.** 영양이 듬뿍 든, 실속있는. **2.** 아비한, 속된. **3.** 《드물게》 호된, 대단한: jmdn. d. ausnutzen 누구를 실컷 이용하다. **Deftigkeit**, die ↑ deftig의 명사형.
Degagement [degaʒəˈmãː], das; -s, -s [frz. dégagement] **1.** 《고어》 자유, 유유자적. **2.** 《고어》 해방, 면제. **3.** 【펜싱】 상대방의 검을 피하기〔빗나가게 하기〕. **degagieren** [degaˈʒiːrən] 〈h〉 [frz. dégager] **1.** 《고어》 해방하다, 의무를 면하게 하다, 《약속을》 이행하다, 제대시키다. **2.** 【펜싱】 《상대방의 검을》 빗나가게 하다(피하다). **degagiert** [degaˈʒiːɐ̯t] 〈Adj.〉 《고어》 자유로운, 자연스러운, 무리가 없는.
¹Degen [ˈdeːgn̩], der; -s, - 《고풍》 《젊은》 영웅적 전사(戰士), 무사.
²Degen [-], der; -s, -a) 검(劍), 군도(軍刀): den D. ziehen 검을 빼들다; jmdm. den D. in die Brust stoßen 칼로 누구의 가슴을 찌르다: **b)** 【펜싱】 날이 셋이 있는 펜싱 칼. **c)** 〈Pl. 없음〉 ↑Degenfechten의 약칭.
Degen- 《²Degen》: **~blatt**, das ↑~klinge. **~fechten**, das 검도. **~fechter**, der 검도 선수. **~glocke**, die 검의 손을 보호하는 부분, 날밑. **~griff**, der 칼자루. **~gurt**, der 검의 검대(劍帶). **~klinge**, die 칼날. **~korb**, der 검의 손을 보호하는 부분. **~scheide**, die 검의 칼집. **~schlucker**, der ↑Schwertschlucker. **~spitze**, die 칼끝. **~stoß**, der 검을 찌르기.
Degeneration, die; -en [lat. dēgenerāre] **1.** 〔생물·의학〕 《세포, 조직, 기관》의 퇴화. **2.** 퇴폐, 변질, 《정신적·육체적》 몰락. **Degenerationserscheinung**, die 퇴화 현상. **degenerativ** [degeneraˈtiːf] 〈Adj.〉 퇴화〔퇴화〕의. **degenerieren** 〈s〉 [lat. dēgenerāre] **1.** 〔생물·의학〕 퇴화하다: die Zellen degenerieren 세포가 퇴화하다. **2.** 퇴폐〔몰락〕하다.
deglacieren 〈h〉 [frz. déglacer] 〔요리〕 찬물을 끼얹다.

Deglutination [deglutina'tsio:n], die; -en 【언어】 (선행 관사의 성분으로 알고) 초두음을 잘못 분리함(반대: Agglutination 2 a).

Degorgement [degorʒəˈmɑ̃ː], das; -s, -s [frz. dégorgement] 《전문어》 샴페인 제조시 병목의 효모 제거. **degorgieren** [degor'ʒiːrən] ⟨h⟩ [frz. dégorger] 《전문어》 샴페인 제조시에 효모를 병목에서 제거하다.

Degout [de'guː], der; -s [frz. dégoût] 《아어》 혐오, 불쾌, 싫증. **degoutant** [deguˈtant] ⟨Adj.⟩ [frz. dégoûtant] 《아어》 구역질나게 하는, 반감을 일으키는, 역겨스러운. **degoutieren** [deguˈtiːrən] ⟨h⟩ [frz. dégoûter] 《아어》 혐오감(불쾌감)을 일으키게 하다.

Degradation [degradaˈtsioːn], die; -en [lat. dēgradātio] 1. ↑Degradierung (1). 2. (가톨릭 성직자의) 성직 박탈, 파면, 치탈. 3. 【농업】 토질의 악화, 감군 작용(減均作用). **degradieren** [degraˈdiːrən] ⟨h⟩ [lat. dēgradāre] 1. a) 계급(직급)을 떨어뜨리다, 강등시키다: einen Unteroffizier zum Gefreiten d. 하사관을 상등병으로 강등시키다. b) 품위를 떨어뜨리다, 깎아내리다: jmdn. zur Nebenfigur d. 누구를 주변 인물로 품위를 떨어뜨리다. 2. (가톨릭 성직자를) 성직 박탈로 처벌하다, 치탈하다. **Degradierung**, die; -en 1. a) 계급 강등, 좌천, 직책 박탈. b) 품위(지위)를 떨어뜨림. 2. ↑Degradation (3).

degraissieren [degrɛˈsiːrən] ⟨h⟩ [frz. dégraisser] 【요리】 (소스나 곰국의) 기름기를 떠내다.

Degression [degreˈsioːn], die; -en [frz. dégression] 1. 【경제】 (생산량 증가에 따른) 경비 체감. 2. 【세무】 (수입 감소에 따른) 과세 표준의 인하. **degressiv** [degrɛˈsiːf] ⟨Adj.⟩ [frz. dégressif] 【금융・경제】 체감적인, 감소하는: -e Schulden 감소하고 있는 부채.

Degustation [degustaˈtsioːn], die; -en [lat. dēgustātio] 《schweiz.》 맛보기, 시식, 시음.

de gustibus non est disputandum [deː ˈgʊstibʊs ˈnoːn ɛst dɪspuˈtandʊm] 취미는 사람 나름(über Geschmack läßt sich nicht streiten).

degustieren [degusˈtiːrən] ⟨h⟩ [lat. dēgustāre] 《schweiz.》 맛보다, 시식(시음)하다.

dehn-, Dehn-: ~fähig ⟨Adj.⟩ ↑dehnbar. **~fähigkeit**, die ↑~fähig의 명사형. **~fuge**, die ↑Dehnungsfuge. **~sonde**, die ↑Bougie. **~stufe**, die 【언어】 장음화 단계.

dehnbar [ˈdeːnbaːɐ̯] ⟨Adj.⟩ 1. 늘일 수 있는, 펼[넓힐] 수 있는, 유연한, 탄력 있는: ein -er Stoff 신축성 있는 옷감. 2. 막연한, 모호한: das ist ein -er Begriff 이것은 막연한(모호한) 개념이다. **Dehnbarkeit**, die ↑dehnbar 의 명사형. **dehnen** [ˈdeːnən] ⟨h⟩ 1. a) 늘이다, 펴[넓히]다: das Gummi(band) d. 고무(줄)을 늘이다. b) 펴다: seine Arme u. Beine d. 팔과 다리를 펴다. c) (말을) 길게 끌다, 느릿느릿 이야기하다: etw. gedehnt aussprechen 무엇을 길게 발음하다. 2. a) ⟨d. + sich⟩ 늘어나다, 넓어[퍼]지다. b) 길어지다, 계속되다: das Gespräch dehnte sich 이야기가 길어졌다. c) 기지개를 켜다. d) 뻗어 있다, 펼쳐지다: eine weite Ebene dehnt sich vor unseren Blicken 넓은 평지가 우리의 눈 앞에 펼쳐졌다. **Dehnung**, die; -en 1. 늘어남, 연장, 신장, 팽창, 모음을 길게 함. 2. ↑Dehnbarkeit. 3. 늘어난 것.

Dehnungs-: ~fuge, die 신축 이음매. **~h** 〔붙임표와 함께〕 das 【음성】 앞의 모음을 장음화하는 h. **~messer**, der 【기술】 탄력(팽창력) 측정계. **~zeichen**, das 【음성】 장음 부호.

Dehors [deˈoːɐ̯(s)] ⟨Pl.⟩ [frz. dehors] 《준고어》 외관, 예의(범절): 《다음 용법으로만》 **die D. wahren** 체면을 차리다, 예절을 지키다.

Dehumanisation [dehumanizaˈtsioːn], die; -en [lat. dē- u. hūmānus = menschlich] 《교양어》 비인간화, 품위를 떨어뜨림. **dehumanisieren** ⟨h⟩ 《교양어》 비인간화하다, 품위를 떨어뜨리다. **Dehumanisierung**, die; -en 비인간화, 품위를 떨어뜨림.

Dehydratation [dehydrataˈtsioːn], die; -en 《전문어》 탈수, 건조. **Dehydration** [dehydraˈtsioːn], die; -en 【화학】 수소 제거. **dehydratisieren** [dehydratiˈziːrən] ⟨h⟩ 《전문어》 탈수하다. **dehydrieren** [dehyˈdriːrən] ⟨h⟩ 【화학】 수소를 제거하다. **Dehydrierung**, die; -en ↑Dehydration.

Deibel: ↑Deiwel.

Deich [daiç], der; -(e)s, -e (강이나 해변의) 둑, 제방; 댐: die -e brechen 둑이 무너지다; **mit etw. über den D. gehen** 《지역적》 무엇을 가지고 사라지다.

Deich-: ~bau, der ⟨Pl. 없음⟩ 둑의 건설, 제방 축조. **~böschung**, die 둑의 경사면. **~bruch**, der 제방의 무너짐. **~fuß**, der ↑~basis. **~genossenschaft**, die (둑에 참여한 지주들의) 제방 협동 조합. **~geschworene**, der 제방 협동 조합의 조합원. **~graf**, der 《고어》 ↑~vorsteher. **~hauptmann**, der ↑~vorsteher. **~krone**, die 둑의 윗면. **~land**, das ⟨Pl. 없음⟩ 제방 뒤의 토지. **~ordnung**, die 제방 규칙. **~pflicht**, die (제방 협동 조합원의) 제방 관리 의무. **~richter**, der ↑~vorsteher. **~schleuse**, die 제방 수문. **~siel**, das ↑~schleuse. **~verband**, der ↑~genossenschaft. **~vogt**, der ↑~vorsteher. **~vorland**, das 주(主)제방 앞의 초지(草地). **~vorsteher**, der 제방 협동 조합장. **~wesen**, das ⟨Pl. 없음⟩ 제방 제도(사업). **deichen** [ˈdaiçn] ⟨h⟩ 둑(제방)을 쌓다(건설하다), 제방을 개수하다, 제방 공사에 종사하다.

¹Deichsel: ↑Dechsel.

²Deichsel [ˈdaiksl̩], die; -n 1. 수레의 채: die Pferde an die D. spannen 말을 수레의 채에다 매다. 2. 《속어》 발기한 남자의 성기.

Deichsel-: ~bruch, der 수레채의 부서(러)짐. **~kette**, die 수레를 끄는 짐승을 매는 쇠사슬. **~kreuz**, das 1. 손수레채의 손잡이. 2. Y형의 십자가. **~pferd**, das 수레채에 맨 말. **~stange**, die 수레채에 달린 장대.

deichseln [ˈdaiksl̩n] ⟨h⟩ 《통용어》 잘해 내다, 성취하다; 궤도에 올리다: er wird die Sache schon d. 그는 그 일을 잘 해낼 것이다.

Deifikation [deifikaˈtsioːn], die; -en [lat. deificātio] 《교양어》 신격화(神格化), 우상화. **deifizieren** [deifiˈtsiːrən] ⟨h⟩ [lat. deificare] 《교양어》 신격화하다.

Dei gratia [diː ˈgraːtsia; lat. deī grātiā = von Gottes Gnaden] 하느님의 은총으로.

deiktisch [ˈdaiktɪʃ, 《또한》 deˈiktɪʃ] ⟨Adj.⟩ [griech. deiktikós] a) 【언어】 지시(직시)적인. b) 직증적(直證的)인.

¹dein [dain] 《소유대명사》 《인칭대명사 du로 표시되는 사람의 본질이나 사물, 행동이나 특성의 소유나 유래를 나타냄》 **1. a)** 《명사 앞에서》 너의, 자네의, 그대의. α) d. Bruder 너의 형(제); -e Tasche 너의 가방; d. Buch 너의 책; infolge -er Mühe 너의 수고 결과로; -em Versagen ist es zuzuschreiben 그것은 너의 실수로 돌릴 수밖에 없다; viele Grüße von Deiner Karin 충심으로 인사를 전하며 너(당신)의 카린(편지의 맺음말); d. Zug fährt in zehn Minuten 네가 탈 기차는 10분 후에 떠난다; ich ziehe -e Strümpfe an 나는 너의(네가 준) 스타킹을 신는다. β) 《2인칭 du의 습관, 규칙 등을 표현함》 machst du noch jährlich -e Kur? 너는 아직도 네가 매년하는 요양을 하니?; du hast wohl -en Zug verpaßt? 너는 네가 늘 타는 기차를 놓친 모양이구나?; nimm jetzt -e

Medizin! 네가 늘 먹는 약을 먹어라. **b)** 《명사 없이》 ich bin d. 《아어》 나는 그대의 것이오; er ist nicht mein Freund, sondern -er 그는 나의 친구가 아니라 너의 친구 다; sind das ihre Handschuhe od. -e? 이것이 그녀의 장갑이냐 또는 너의 것이냐? **2.** 《명사화》《아어》 es war nicht mein Wunsch, sondern der -e 그것은 나의 소원 이 아니라 그대의 소원이었다; ewig der Deine (편지의 맺음말) 영원한 그대의 사람; der Deine 그대의 남편; die Deine 당신의 아내, 자네의 부인; die Deinen 당신의 식 구들; das Deine 당신의 것; du mußt das Deine tun 너는 너의 임무를 수행해야 된다. **²dein** 〈아어·고어〉 ↑ deiner: ich gedenke d. 나는 그대를 기억한다. **deiner** ['daɪnɐ] 〈인칭대명사 du의 2격〉 ich gedenke d. ↑²dein 참조. **deinerseits** 〈Adv.〉 그대[너]의 쪽에서; bestehen d. noch Fragen? 그대[너]의 편에서 아직 의문 이 있느냐? **deinesgleichen** 《불변화 대명사》 그대[너] 와 같은 사람: du und d. 너와 너 같은 사람. **deinesteils** 〈Adv.〉 ↑deinerseits. **deinethalben** 〈Adv.〉 《준고어》 ↑deinetwegen. **deinetwegen** 〈Adv.〉 그 대[너] 때문에: ich bin d. gekommen 나는 너 때문에 왔다. **deinetwillen** 〈Adv.〉 (다음 용법으로만》 um d. 너를 생각해서; ich habe um d. so gehandelt 나는 너를 생각하여 그렇게 행동했다. **deinige** ['daɪnɪɡə], der, die, das; -n, -n 《소유대명사, 항상 관사와 더불어》 《아 어·준고어》 너(그대)의 몫[것]: er hat nur an seinen Vorteil gedacht, nicht an den -n 그는 자기의 이익만 을 생각했지 너의 이익은 생각하지 않았다.
Deismus [de'ɪsmʊs], der; - [lat. deus] (17~18세기의 계 몽주의의 신관(神觀)인) 자연신론, 이신론(理神論). **Deist** [de'ɪst], der; -en, -en 자연신론자. **deistisch** 〈Adj.〉 자연[이]신론의.
Deiwel ['daɪvl], **Deixel** ['daɪks l], der; -s 《지역적·통 용어》 ↑Teufel.
Déjà-vu-Erlebnis [deʒa'vy:-], das; -ses, -se [frz. déjà. vu < lat. vidēre] 【심리】 (현재의 체험을 과거 에 하였던 듯한) 회상 착각.
Dejekt [de'jɛkt], das; -(e)s, -e 【의학】 배설, 변통(便通).
Dejektion [dejɛk'tsjoːn], die; -en [lat. dēiectio] 【의 학】 (똥, 오줌 등의) 배변, 배설.
Dejeuner [deʒø'ne:], das; -s, -s [frz. déjeuner] **a)** 《고 어》 조반(Frühstück). **b)** 《아어》 샛밥. **dejeunieren** [deʒøˈniːrən] 〈h〉 [frz. déjeuner] 《고어》 아침 먹다.
de jure [deːˈjuːrə; lat. de jure] 법률상, 적법하게, 정식으 로(반대: de facto): einen Staat d. j. anerkennen 국 가를 정식으로 승인하다; der Vertrag ist d. j. gültig 계 약은 법률상 유효하다. **De-jure-Anerkennung**, die 정식 승인.
Deka ['dekɐ], das; -(s), - 《österr.》 ↑Dekagramm의 약칭.
Deka- [deka-; frz. déca-] < griech. déka = zehn]: **~eder**, das 【기하】 10면체. **~gon**, das [griech. dekágōnon] 【기하】 10각형. **~gramm** [《österr.》 'dɛ...], das [frz. décagramme] 10그램(기호: Dg, dkg). **~liter**, der [frz. décalitre] 10리터(기호: Dl, dkl). **~meter**, der [frz. décamètre] 10미터(기호: Dm, dkm). **~pode** [frz. décapus] 【동】 ↑Dekapode. **~ster**, der [frz. décastère] 10m³(10입방미터). **~syllabus** [frz. décasyllabus = zehnsilbig < griech. dekasýllabos] 【운 율】 약강격(Jambus)으로 된 10음절 시구.
Dekabrist [deka'brɪst], der; -en, -en [russ. dekabrist] 《역사적》 12월 당원(1825년 12월 러시아에서 헌정을 이룩하기 위해서 일어난 장교들의 봉기에 가담한 자).
Dekade [de'kaːdə], die; -n [frz. décade] **a)** 열개로 된 세트. **b)** 10일(주, 월, 년). **c)** 【문예학】 10개(편(編)·권 (卷)).
dekadent [deka'dɛnt] 〈Adj.〉 [frz. décadent] 《교양어》 데카당스의, 〈문화가〉 쇠퇴하는[타락하는]: eine -e Epoche 데카당스 시기. **Dekadenz** [deka'dɛnts], die [frz. décadence] 《교양어》 데카당스, 〈문화의〉 쇠퇴.
dekadisch [de'kaːdɪʃ] 〈Adj.〉 10의, 10으로 된: -er Logarithmus 10진 대수; -es System 10진법(Dezimalsystem).
Dekalkierpapier [dekalˈkiːɐ̯-], das 〈도안을 도자기, 유 리 등에 옮겨 물들이는〉 복사 그림 종이, 전사지.
Dekalog [deka'loːk], der; -(e)s [lat., kirchenlat. decalogus < griech. dekálogos] 【기독교】 십계명. **Dekan** [de'kaːn], der; -s, -e [lat. decanus] **1.** [가톨] ↑Dechant. **2.** 《신교·남독》 ↑Superintendent. **3.** (대학 교의) 학장. **Dekanat** [deka'naːt], das; -s, -e [lat. decanatus] **1.** 대학교의 학부 본부. **3.** [점성] 수대(獸帶)를 10도 단위 로 분류한 부분. **Dekanei** [deka'naɪ], die; -, -en [lat. decania] **1.** ↑Dechanei. **2.** 교구 감독의 관저.
dekantieren [dekan'tiːrən] 〈h〉 [frz. décanter] 《교양어》 기울여 따르다, (용액의) 웃국을 가만히 따르다, 데칸트하 다.
dekapieren [deka'piːrən] 〈h〉 [frz. décaper] 【화학】 **a)** 화학 용액으로 철의 표면 산화 색소를 닦다. **b)** (금속을) 부 식제로 닦다.
Dekapitation [dekapitaˈtsjoːn], die; -en [lat. decapitatio = Enthauptung] 【의학】 산모의 생명을 구제하기 위한 아기의 단두(술)(斷頭術): eine D. durchführen 단 두 수술을 하다. **dekapitieren** [dekapi'tiːrən], **dekapitieren** [dekap'tiːrən] 〈h〉 [lat. dēcapitāre] 【의학】 단두 수술을 하다.
Dekapode [deka'poːdə], der; -n, -n 《대개 Pl.》 십각류 (十脚類).
Dekapsulation [dekapsula'tsjoːn], die; -en 【의학】 신 장 피낭 절제 수술.
dekaptieren ↑dekapitieren.
Dekar [de'kaːɐ̯], das; -s, -e, 《schweiz.》 **Dekare** [de'kaːrə], die; -n [frz. décare] 10아르, 데카르.
dekartellieren [dekartɛ'liːrən], [...rɪn] **dekartellisieren** [dekartɛli'ziːrən] 〈h〉 [frz. décartelliser] 【경제】 카르텔을 해체하고 새로운 카르텔 결성을 금하다(반대: kartellieren). **Dekartellisierung**, die; -en 카르텔 해 체.
Dekateur [deka'tøːɐ̯], der; -s, -e 【섬유】 증기 처리 공 원. **dekatieren** [deka'tiːrən] 〈h〉 [frz. décatir] 【섬유】 (프레스 광택을 없애고 수축을 방지하기 위해 모직물을) 증 기 처리하다. **Dekatierer** [dekaˈtiːrɐ], der; -s, - ↑ Dekateur. **Dekatur** [deka'tuːɐ̯], die; -en (모직물의) 증 기 처리.
Deklamation [deklama'tsjoːn], die; -en [lat. dēclāmātio] **1.** 낭송, 암송. **2.** 미사 어구를 늘어놓는 연설, 열 변, 장광설(長廣舌): leere -en 공허한 장광설. **3.** 【음악】 (노래에서) 낭송조. **Deklamator** [dekla'maːtɔr], 《또 한》 ...toːɐ̯], der; -s, -en [...lat. dēclāmātor] 낭송가, 암송가. **Deklamatorik** [...maˈtoːrɪk], die 【교 양어》 낭송[암송]술. **deklamatorisch** [...ma'toːrɪʃ] 〈Adj.〉 [lat. dēclāmātōrius] **a)** 낭송조의, **b)** 과장된. **c)** 【음악】 (노래에서) 대사 이해에 중점을 두는. **deklamieren** [dekla'miːrən] 〈h〉 [lat. dēclāmāre] **1.** 낭송하 다, 암송하다; ein Gedicht d. 시를 낭송하다. **2.** 《부정 적》 대화에서 열변을 토하듯 말하다. **3.** 【음악】 작곡 대본 을 정확한 발음으로 그 의미를 드러내어 낭송하다.
Deklaration [deklara'tsjoːn], die; -en [lat. dēclārātio] **1.** 선언, 표명, 언명: die D. der Menschenrechte in der Charta der Vereinten Nationen 국제 연합

헌장의 인권 선언. **2. a)** 〈세관, 세금〉 신고. **b)** [경제] 〈수송 상품의〉 내용 및 가격 표기. **deklarativ** [deklara-'tiːf] 〈Adj.〉 [lat. dēclārātīvus] 선언형식으로, 선언하는. **deklaratorisch** [dekla'toːrɪʃ] 〈Adj.〉 [법] 선언적인. **deklarieren** [dekla'riːrən] 〈h〉 [lat. dēclārāre] **1.** 선언하다: die Bundesregierung deklarierte die Ratifikation des deutsch-französischen Freundschaftsvertrags 연방 정부는 독·불 우호 조약의 비준을 선언하였다. **2. a)** 세관[세금] 신고서를 제출하다: den Kaffee beim Grenzübertritt d. 국경을 넘을 때 커피를 신고하다. **b)** [경제] 상품 소포의 내용[가격]을 표기하다. **3.** (실제로는 아닌데 …라고) 말하다: er deklarierte ihn zu seinem persönlichen Berater 그는 그를 자기의 개인 고문이라고 말하였다. **deklarіert** [dekla'riːɐ̯t] 〈Adj.〉 공공연한, 명백한: zu den -en Favoriten des Ministers gehören 장관의 공공연한 총아들 중에 한 사람이다. **Deklarierung**, die; -en ↑deklarieren의 명사형.

deklassieren 〈h〉 [frz. déclasser] **1. a)** [사회] 더 낮은 (사회) 계급으로 하락시키다, 영락케 하다: der Arbeiter ist heute gesellschaftlich nicht mehr so stark deklassiert wie früher 오늘날 노동자는 사회적으로 그전처럼 그렇게 낮은 계급으로 대우받지는 않는다. **b)** (낮은 단계로) 저하시키다. **2.** [스포츠] 적수보다 우세하여 압도적으로 승리하다: der Europameister deklassierte den Herausforderer 유럽 선수권자는 도전자에게 압도적으로 승리하였다. **Deklassierung**, die; -en ↑deklassieren의 명사형.

deklinabel [dekli'naːbl] 〈Adj.〉 [lat. dēclīnābilis] [언어] 변화할 수 있는(반대: indeklinabel). **Deklination** [deklina'tsi̯oːn], die; -en [lat. dēclīnātio] **1.** [언어] (명사, 형용사, 대명사, 수사의) 변화: die starke [schwache] D. 강[약] 변화. **2.** [천문] 적위(赤緯), 방위각. **3.** [물리] 편각(偏角). **Deklinationssendung**, die [언어] 변화 어미. **Deklinator** [dekli'naːtor, …toːɐ̯], der; -s, -en [...na'toːrən], **Deklinatorium** [dekli'naːtori̯um], das; -s, ...ien [...i̯ən] 방위 각계(方位角計). **deklinierbar** 〈Adj.〉 ↑deklinabel. **deklinieren** [dekli'niːrən] 〈h〉 [lat. dēclīnāre] [언어] (명사, 형용사, 대명사, 수사를) 변화시키다: dieses Substantiv wird stark[schwach] dekliniert 이 명사는 강 [약]변화한다. **Deklinometer** [deklino...], das; -s, - ↑Deklinator.

dekodieren, decodieren 〈h〉 [engl. to decode] 《전문어》(반대: kodieren) **1.** 어떤 정보를 여분이 작은 코드에서 여분이 큰 코드로 옮겨 놓다. **2.** (부호, 코드, 암호)를 해독하다. **Dekodierung**, die; -en 해독.

Dekokt [de'kɔkt], das; -(e)s, -e [lat. dēcoctum] [약학] (약용) 달임.

Dekolleté, 《특히 schweiz.》 Décolleté [dekɔl'teː], das; -s, -s [frz. décolleté(e)] 여성복의 어깨, 가슴 또는 등을 노출시키는 마름질[재단]. **dekolletieren** [dekɔl-'tiːrən] 〈h〉 [frz. décolleter] **1.** (여성복의 가슴이나 등을) 깊이 파서 마르다. **2.** 〈d. + sich〉 (통웅어) 약점을 드러내다. **dekolletiert** [dekɔl'tiːɐ̯t] 〈Adj.〉 [frz. décolleté(e)] **1.** (여성복이) 깊이 파인. **2.** 깊이 파인 여성복을 입은.

Dekolonisation, die; -en 탈식민지화, (본국에서의) 식민지 해방. **dekolonisieren** 〈h〉 탈식민지화하다, (본국에서) 식민지를 해방시키다(반대: kolonisieren 1). **Dekolonisierung**, die; -en 탈식민지화.

dekolorieren 〈h〉 [frz. décolorer] 《전문어》 탈색하다. **dekomponieren** 〈h〉 [lat. dēcomponere] **a)** 《교양어》 분해[분석]하다. **b)** [언어] 체계적으로 분해하다. **Dekomposition**, die; -en **a)** 《교양어》 분해, 분석. **b)** [언어] 체계적 분해. **dekompositorisch** 〈Adj.〉 《교양어》 분해하는, 파괴하는. **Dekompositum**, das; -s, ...ta [lat. dēcompositus] [언어] 복합어의 파생어(예컨대: Wetteifern에서 wetteifern), 중(重)복합어(예컨대: Eisenbahnfahrplan).

Dekompression, die; -en **1.** (기계 장치의) 감압(減壓). **2.** (과중력 공간에서 오랫동안 머문 생체의) 점차적인 감압. **Dekompressionskammer**, die 감압실(減壓室). **Dekompressionskrankheit**, die ↑Caissonkrankheit. **dekomprimieren** 〈h〉 압력을 감소시키다. **Dekomprimierung**, die; -en 감압(減壓).

Dekonditionation [dekɔndɪtsi̯ona'tsi̯oːn], die; -en 《전문어》(특히 우주 비행에서) 무중력 상태로 인한 체력 감소.

Dekontamination, die; -en [engl. decontamination] **1.** [물리] 원자로의 오물 제거, 소독. **2.** (화생방무기로 인한) 오염 제거[해독] 조치(반대: Kontamination 2). **dekontaminieren** 〈h〉 소[해]독을 하다. **Dekontaminierung**, die; -en 소[해]독.

Dekonzentration, die; -en 해체, 분산(반대: Konzentration 1): eine räumliche D. 지역적 분산. **dekonzentrieren** 〈h〉 분산시키다, 해체하다, 분산하다(반대: konzentrieren 1). **Dekonzentrierung**, die; -en 해체, 분산.

Dekor [de'koːɐ̯], der, 《또한》 das; -s, -s / -e [frz. décor(e)] **1.** (유색의) 장식, (유리나 도자기의) 금색 무늬. **2.** 무대 장치, (영화의) 배경, 장식품. **Dekorateur** [dekora'tøːɐ̯], der; -s, -e [frz. décorateur] (실내, 쇼윈도, 무대, 영화 배경 등의) 장식가. **Dekorateurin**, die; -nen ↑Dekorateur의 여성형. **Dekoration** [dekora'tsi̯oːn], die; -en **1.** 〈Pl. 없음〉 장식, 미장: zu den Prüfungsaufgaben gehört die D. eines Schaufensters 쇼윈도의 장식도 시험 과목 중의 하나이다. **2. a)** 무임, 장식: eine festliche [weihnachtliche] D. der Räume 실내 공간을 축제(성탄절)를 위한 꾸밈. **b)** (판매 효과를 위한) 쇼윈도 장식. **c)** 무대 장치, 영화 배경: die D. für ein Stück entwerfen 극작품의 무대 장치를 초안하다. **3.** 장식(품). **4. a)** 훈장 수여. **b)** 훈장. **Dekorations-** (Dekoration 2): **~arbeit**, die 《대개 Pl.》장식작업. **~blume**, die (종이 또는 플라스틱) 조화(造花). **~element**, das 큰 장식의 부품(부분). **~kunst**, die 장식술. **~maler**, der 실내 장식사(무대 장치) 화가. **~malerei**, die 장식화, 무대 장치화. **~papier**, das 단색 플래카드 용지, (벽지 따위의) 장식지. **~pflanze**, die 장식용 식물. **~stoff**, der (실내 장식, 커튼, 가구 등을 위한) 단색 또는 무늬가 있는 천. **~stück**, das ↑~element. **~wechsel**, der 장식 변경(교체).

dekorativ [dekora'tiːf] 〈Adj.〉 [frz. décoratif] **1.** 장식의, 장식적인, 장식용의: ein -es Blumengebinde 장식용 꽃다발; ein -e Kosmetik 미용을 위한 화장. **2.** 무대 장식(영화 배경)의. **dekorieren** [deko'riːrən] 〈h〉 **1.** 장식하다, 꾸미다: das Schaufenster d. 쇼윈도를 장식하다. **2.** 훈장을 수여하다: jmdn. mit dem Verdienstkreuz. d. 누구에게 공로 십자 훈장을 수여하다. **Dekorierung**, die; -en 장식, 훈장 수여.

Dekort [de'koːɐ̯], der; -s, -s / -s / 《독어 발음시》 -e [경제] **1.** (포장 불량, 중량 부족, 품질 불량 등으로 인한) 감액, 할인. **2.** (무역에서의) 할인. **dekortieren** [dekɔr'tiːrən] 〈h〉 [경제] 할인하다.

Dekorum [de'koːrʊm], das; -s [lat. decōrum] 《교양어·준고어》 예절, 단정: das D. wahren 예절을 지키다.

Dekostoff ['deːko-, deːko-], der; -(e)s, -e ↑Dekorationsstoff의 약칭.

Dekrement [dekre'mɛnt], das; -s, -e [1: lat. dēcrementum] **1.** 감소, 감량. **2.** [의학] 증후의 감소. **3.** 《다음 용법으로》 **logarithmisches D.** [수학] 대수의 감쇠율.

dekrepit [dekre'pi:t] 〈Adj.〉 [frz. décrépit < lat. dēcrepitus] [의학] 노쇠한, 허약한, 소모된. **Dekrepitation**, die; -en [화학] (소금 등이) 타닥거리며 타는 것. **dekrepitieren** [dekrepi'ti:rən] 〈s〉 [frz. décrépiter] (소금 등이) 타닥거리며 타다.

Dekrescendo [dekre'ʃɛndo] ↑ Decrescendo. **Dekreszenz** [dekrɛs'tsɛnts], die; -en [lat. dēcrēscentia] **1.** 《전문어》감소. **2.** [음악] 음이 점점 약해짐.

Dekret [de'kre:t], das; -(e)s, -e [lat. dēcrētum] (관청이나 법원의) 지령, 지시, 결정: ein D. erlassen 지령을 내리다. **Dekretale** [dekre'ta:lə], das; -, ...lien [...liən] 《또한》die; -n (대개 Pl.) [lat. decretale] [가] 교황의 교령. **Dekretalist** [dekreta'lɪst], der; -en, -en 중세의 가톨릭 교회법 교사. **dekretieren** [dekre'ti:rən] 〈h〉 지령(훈령, 지시)하다: Maßnahmen d. 조치를 지시하다. **Dekretist** [dekre'tɪst], der ↑ Dekretalist.

dekryptieren [dekryp'ti:rən] 〈h〉 암호문을 해독의 열쇠 없이 해독하려 하다.

Dekubitus [de'ku:bitʊs], der; - [lat. decubitus [의학] 욕창(耨瘡).

Dekumatenland [deku'ma:tnlant], **Dekumatland** [deku'ma:tlant], das 아그리 데쿠마테스(agri decumates: 라인 강과 도나우 강 사이에 있었던 옛 로마의 식민지).

dekupieren 〈h〉 [frz. découper] 《전문어》 절단하다, 도려내다: Figuren mit der Laubsäge d. 실톱으로 잘라 꼴을 만들다. **Dekupiersäge**, die 위를 하는 (기계) 실톱.

Dekurie [de'ku:riə], die; -n [lat. decuria] **a)** (옛 로마의 원로원이나 법원의) 10인조(組). **b)** 고대 로마 기병대의 10인 분대. **Dekurio** [de'ku:rio], der; -s / -nen, -nen [...ku'rio:nən; lat. decurio] **a)** 10인조의 조원. **b)** 10인 분대장.

Dekuvert, 《또한》 Decouvert [deku'vɛːɐ̯], das; -s, -s [frz. découvert] [경제] 미지불 채무, 무담보 채무. **dekuvrieren**, 《또한》 decouvrieren [dekuv'ri:rən] 〈h〉 [frz. découvrir] **1.** 폭로하다, 들추어내다: einen Lügner[einen Skandal] d. 거짓말쟁이임[스캔들]을 폭로하다. **2.** 정체를 드러나게 하다: sich d. 자신의 정체를 드러내다. **Dekuvrierung**, die; -en 《교양어》 폭로.

del. = deleatur; delineavit.

Delaborierungswagen [delabo'ri:rʊŋs-], der; -s, - [경찰] 폭발물 제거용 특수 차량.

¹**Delaware** ['dɛləvɛːɐ̯], -s 델라웨어(미국 동부의 주). ²**Delaware**, der; -n, -n 델라웨어 족(북미 인디언의 한 종족).

deleatur [dele'a:tʊr; lat. = es möge gestrichen werden, zu : dēlēre] [인쇄] 삭제할 것(약어: del.; 기호: ꝺ). **Deleatur**, das; -s, - [인쇄] 삭제 부호. **Deleaturzeichen**, das ↑Deleatur.

Delegat [dele'ga:t], der; -en, -en [lat. delegatus] 대표자, 사절: Apostolischer D. 외교권이 없는 교황의 사절. **Delegation** [delega'tsio:n], die; -en [lat. dēlēgātio] **1. a)** 파견. **b)** 파견 위원, 대표단: die britische D. besteht aus sechs Mitgliedern 영국 대표단은 6명의 단원으로 구성되었다. **2.** 권한의 이양[위임]. **Delegationschef**, der 대표 단장. **Delegationsleiter**, der 대표 단장. **Delegationsmitglied**, das 대표 단원. **Delegationsteilnehmer**, der 대표 단원. **Delegatur** [delega'tu:ɐ̯], die; -en 교황 사절의 직.

de lege ferenda [de: 'le:ge fe'renda; lat. = von dem zu erlassenden Gesetz] 《교양어》 미래법의 관점에서(반대: de lege lata). **de lege lata** [- -'la:ta; lat. = von dem erlassenen Gesetz] 《교양어》 기존 법의 관점에서 (반대: de lege ferenda).

delegieren [dele'gi:rən] 〈h〉 [lat. dēlēgāre] **1.** 전권을 위임하여 파견하다, 대표단원으로 선임하다: jmdn. zu einem Kongreß d. 누구를 회의에 파견하다. **2.** (권한이나 임무를) 다른 사람에게 맡기다: der Abteilungsleiter delegiert viele Aufgaben an [auf] seine Mitarbeiter 과장은 많은 임무를 그의 부하 직원들에게 맡긴다. **Delegierte'**, der/die 대표단원, 사절. **Delegiertenkonferenz**, die 대표단 회의. **Delegiertenversammlung**, die 대표단 회의. **Delegierung**, die; -en ↑ Delegation (2).

delektabel [dɛlɛk'ta:bl̩] 〈Adj.〉 [lat. dēlectābilis] 《교양어》 재미있는, 유쾌한: ein delektables Unterhaltungsprogramm 재미있는 오락 프로그램. **delektieren** [dɛlɛk'ti:rən] 〈h〉 [lat. dēlectāre] 《교양어》 **1.** …으로 즐겁게 하다, 유쾌하게 하다. **2.** 〈d. + sich〉 (특히 식사 등을) 즐기다.

deletär [dele'tɛ:ɐ̯] 〈Adj.〉 [frz. délétère] [의학] 치명적인.

Deletion [dele'tsio:n], die; -en [lat. dēlētio] [언어] (예컨대: 동사의 발렌츠를 확인하기 위해서) 문장내의 언어 요소를 삭제하는 것.

Delft [dɛlft], 《(niederl.)》 델프트(네덜란드의 도시). ¹**Delfter** ['dɛlftɐ], der; -s, - 델프트 사람. ²**Delfter** 〈Adj.〉 델프트의.

Delhi ['deːli, (engl.) 'deli] 델리(인도의 수도).

Deliberation [delibera'tsio:n], die; -en [lat. dēliberātio] 《교양어·선고어》 상의, 숙고. **Deliberationsfrist**, die (특히 로마법에서 유산 상속의 승락 여부를 결정하도록 하는) 숙고 기간. **Deliberativstimme** [...'ti:f-], die [정치] 정치 단체에서 표결권은 없고 조언만 하는 투표권(반대: Dezisivstimme). **deliberieren** [delibe'ri:rən] 〈h〉 [lat. dēliberāre] 《교양어·선고어》 숙고하다, 상의하다.

Delicious [de'li:tsius, 《engl.》 dɪ'lɪʃəs], der; -, - [engl. delicious] **1.** 딜리셔스(미국산 사과의 종류). **2.** ↑ Golden Delicious.

delikat [deli'ka:t] 〈Adj.〉 [frz. délicat] 《교양어》 **1. a)** 아주 좋은, 맛있는: -es Gemüse(Fleisch) 맛좋은 야채 [고기]. **b)** 아주 좋은, 정선된: ein -es Aroma haben 아주 좋은 향기가 있다. **2.** 세심한, 조심스러운, 신중한: er hat eine -e Art 그의 태도는 신중하다. **3.** 비밀 엄수를 요하는, 신중을 요하는: das ist eine -e Frage 그것은 신중을 요하는 문제이다. **4.** 《드물게》 (특히 음식과 관련하여) 까다로운, 예민한: unsere Kundschaft ist in diesem Punkte d. 우리 고객들은 이 점에 있어서는 까다롭다.

¹**Delikateß–**, Delikateßsen–: ~**geschäft**, das 진미 (珍味) 식료품점. ~**handlung**, die ↑~geschäft. ~**laden**, der ↑~geschäft. ~**ware**, die (대개 Pl.) 진미 식품.

²**Delikateß–**: ~**gurke**, die (특별히 맛을 낸) 오이지. ~**hering**, der 초에 절인 청어. ~**mayonnaise**, die 지방분이 많은 마요네즈. ~**senf**, der 맛좋은 양념을 한 겨자.

Delikatesse [delika'tesə], die; -n [frz. délicatesse] **1.** 특별히 맛이 좋은 것, 진미 식품: Lachs ist eine D. 연어는 진미 식품이다; 전의 eine literarische[architecktonische, musikalische] D. 문학적(건축학적, 음악적] 진품. **2.** 〈Pl. 없음〉 (아이) 민감성, 섬세한 감각.

Delikatessen–: ↑ ¹Delikateß–.

Delikt [de'lɪkt], das; -(e)s, -e [lat. dēlictum = Verfehlung] 범행, 불법(위반) 행위: ein D. begehen 범행을 하다. **deliktisch** 〈Adj.〉 불법 행위의.

Delimitation [delimita'tsio:n], die; -en [lat. dēlīmitātio] 1. 《고어》경계 정정. 2. [언어] 복합적 언어 현상을 개별적 요소로 세분하는 것. **delimitativ** [delimita'ti:f] 〈Adj.〉 [언어] 한계 설정을 하는. **delimitieren** 〈h〉 [lat. dēlīmitāre = abgrenzen] 《고어》경계를 정정하다.

delin. = delineavit.

delineavit [deline'a:vit, lat. = hat es gezeichnet] (특히 동판화에서 미술가의 이름과 함께) ⋯화(畫), ⋯작(作) (약어: del., delin.).

delinquent [delɪŋ'kvɛnt] 〈Adj.〉 [lat. dēlinquēns] 《전문어》비행의, 범죄의: ein -es Verhalten 사회 규범에 벗어난 태도. **Delinquent** [-], der; -en, en 《교양어》위반자, 범법자, 피고인: der D. wurde verhört (verurteilt) 그 범인은 심문(유죄 판결)을 받았다. **Delinquenz**, die [lat. dēlinquentia] 《전문어》 범법. **Delinquenzprophylaxe**, die 《전문어》범죄 예방.

Delir [de'li:ɐ], das; -s ↑Delirium의 약칭. **delirant** [deli'rant] 〈Adj.〉 [frz. délirant] [의학] 정신 착란의: -er Zustand 착란 상태. **delirieren** [deli'ri:rən] 〈h〉 [lat. dēlīrāre] 《교양어》미쳐 있다, 헛소리하다. **deliriös** [deli'riø:s] 〈Adj.〉 《교양어》착란된. **Delirium** [de'li:rjʊm], das; -s, ...ien [...jən, lat. dēlīrium = Irresein] 《교양어》정신 착란, 정신이 몽롱한 상태: aus dem D. erwachen 정신 착란에서 깨어나다; im D. liegen[sein] 정신이 혼미하다.

Delirium tremens [- 'tre:mɛns], das; - - [lat. tremēns] [의학] 알코올 중독에 의한 섬망증.

delisch ['de:lɪʃ] 〈Adj.〉 [lat. dēlius < griech. dēlios] 《다음 용법으로》**das -e Problem** [기하] (주어진 주사위보다 2배의 부피를 갖는 주사위의 모서리의 길이를 컴퍼스와 자만으로 정하라는) 풀 수 없는 문제, 델로스의 문제.

deliziös [deli'tsjø:s] 〈Adj.〉 [frz. délicieux] 《아어》아주 맛이 좋은, 특히 맛이 있는. **Delizius** [de'li:tsiʊs], der; -, - ↑Golden Delicious.

Delkredere [del'kre:dərə], das; -, - [ital. delcredere] [경제] **1.** 지불 보증. **2.** 미회수금[채권] 결손을 예상한 재평가. **Delkrederefonds**, der [경제] 손해 보전 준비금.

Delle ['dɛlə], die; -n [niederl. delle = Vertiefung] **1.** 《지역적》(두드리거나 부딪혀서 생긴) 오목한 곳: eine D. in den Hut drücken (신사용) 모자 위를 눌러 오목하게 하다. **2.** [지리] 계속 물이 흐르지 않는 분지 모양으로 움푹 패인 곳.

delogieren 〈h〉 [frz. déloger] 《특히 österr.》강제로 명도케 하다, 철거하게 하다. **Delogierung**, die; -en delogieren의 명사형.

Delos ['de:lɔs], (neugr.) 'ðe:lɔs], 델로스(에게 해의 작은 섬).

Delphi ['dɛlfi] 델포이(유명한 아폴로 신전이 있었던 그리스의 옛 도시).

¹Delphin [dɛl'fi:n], der; -s, -e [lat. delphīnus < griech. delphín] 돌고래. **²Delphin** [-], das; -s 《대개 관사 없이》↑Delphinschwimmen: Meisterschaft über 100m D. 100m 접영(蝶泳)[버터플라이] 수영 선수권. **delphinschwimmen** 〈h/s〉 《대개 부정형으로만》접영(蝶泳)[버터플라이] 수영을 하다.

Delphin-: **~schwimmen**, das 접영(蝶泳)[버터플라이] 수영. **~schwimmer**, der 접영(蝶泳)[버터플라이] 수영선수. **~sprung**, der [다이빙] 뒤로 점프하여 앞으로 되돌아서 입수하는 다이빙(법).

Delphinarium [delfi'na:riʊm], das; -s, ...ien [...jən] 돌고래 쇼를 하는 시설. **Delphinologe** [dɛlfino'lo:gə], der; -n, -n [↑-loge] 돌고래 연구가.

delphisch ['dɛlfɪʃ] 〈Adj.〉 [lat. delphicus < griech. delphikós] 《교양어》모호한, 수수께끼와 같은, 불가사의한: ein -er Spruch 불가사의한 신탁.

¹Delta ['dɛlta], das; -(s), -s [griech. délta] 델타, 그리스어 글자의 4번째 알파벳(δ, Δ). **²Delta** [-], das; -s, -s /...ten [그리스어 알파벳 Δ, ↑¹Delta의 모양에서] 삼각주.

delta-, Delta-: **~bildung**, die 삼각주의 형성. **~drachen**, der 델타형의 연. **~flügel**, der 델타형 날개. **~förmig** 〈Adj.〉 그리스의 Δ자와 같은 모양의. **~gebiet**, das 삼각주 지역. **~gleiter**, der [amerik. delta glider에서] ↑~drachen. **~metall**, das [공학] 기계 공학에서 사용되는 강력 합금, 델타 메탈. **~mündung**, die 삼각주의 하구. **~muskel**, der [의학] 삼각근. **~region**, die ↑~gebiet. **~strahlen**, δ-Strahlen 〈Pl.〉 [핵물리] 델타 광선.

Deltoid [dɛlto'i:t], das; -s, -e [griech. deltoeídēs = wie ein Delta geformt] [기하] 편능형(偏菱形). **Deltoiddodekaeder**, der 편능형 12면체.

Delusion [delu'zio:n], die; -en [lat. dēlūsio] 《교양어 · 준고어》a) 조롱. b) 속임, 기만. **delusorisch** [delu'zo:rɪʃ] 〈Adj.〉 《교양어 · 준고어》a) 조롱하는. b) 누구를 속이는, 기만하는.

de Luxe [də'lyks; frz. de luxe] 화려하게 꾸민, 《상표명 뒤에 붙여 써서》호화판의: China-Tourismus d. L. 호화판 중국 관광 여행. **De-Luxe-Ausstattung**, die 호화판 장정[장식, 설비].

Delysid [dely'zi:t], das; -s 《인공어》리제르그 산(酸) 디에틸아미드(LSD).

dem [de:m] ↑der (I 1 a)와 das의 단수 3격: sie sprach mit d. Mann 그녀는 그 남자와 말했다(↑der I 1 a 조).

Demagoge [dema'go:gə], der; -n, -n [griech. dēmagōgós = Volksaufwiegler] 《펨》민중 선동가, 선동정치가. **Demagogie** [demago'gi:], die; -n [...i:ən; griech. dēmagōgía] 《펨》민중 선동, 선동 정치. **demagogisch** [...'go:gɪʃ] 〈Adj.〉 [griech. dēmagōgikós] 《펨》선동적인, 부추기는: -e Agitation 민중 선동, 민심 교란.

Demant [de:mant, (또한) de'mant], der; -(e)s, -e [시어] ↑¹Diamant. **demanten** 〈Adj.〉 《시어》↑ diamanten. **Demantoid** [demanto'i:t], der; -(e)s, -e [광물] 초록 석류석.

Demarch [de'març], der; -en, -en [griech. dēmarchos] 고대 그리스 도시 국가의 우두머리.

Demarche [dema'rʃ(ə)], die; -n [frz. démarche] [외교] 외교적 조치, (구두)항의: die D. wurde zurückgewiesen 항의는 받아들여지지 않았다.

Demarkation [demarka'tsio:n], die; -en [frz. démarcation] **1.** 《교양어》한계[경계] 결정. **2.** [의학] (건강한 조직과 병든 조직의) 분할[분화(分畫)]. **Demarkationslinie**, die [국가간에 합의된 임시] 경계선, 분계선. **demarkieren** 〈h〉 《교양어》경계를 설정하다. **Demarkierung**, die; -en 경계 설정.

demaskieren 〈h〉 [frz. démasquer] **1.** 〈d. + sich〉 a) (가장 무도회 등에서) 가면을 벗다. b) 정체를 드러내다: sich durch sein Verhalten als gewissenloser Verräter d. 그의 행동으로 양심이 없는 배반자임을 드러내다. **2.** 폭로하다: den Betrüger d. 사기꾼의 정체를 폭로하다. **3.** [군] (총포의) 차폐[위장]를 제거하다. **Demaskierung**, die; -en ↑demaskieren의 명사형.

Dematerialisation, die; -en [심령] 실체가 보이지 않게 함(반대: Rematerialisation).

Demelee [deme'le:, (지역적) 'demele], das; -(s), -s [frz. démêlé] 《고어 · 지역적》싸움, 격투.

Demen ['de:mən] ↑Demos의 복수형.

Dementi [de'mɛnti], das; -s, -s [frz. démenti] 공식적

인정정, 취소, 부인: ein D. veröffentlichen 취소 성명을 내다. **Dementia** [de'mɛntsiɐ], die; ...tiae [...tsiɛ] 【의학】 ↑Demenz. **dementieren** [demɛn'tiːrən] ⟨h⟩ [frz. démentir] (주장이나 소식 및 정보를) 공식적으로 정정[부인, 취소]하다: eine Meldung scharf d. 소식[정보]을 강력히 부인하다. **Dementierung**, die; -en 정정[부인]하기. **dementsprechend** ⟨Adj.⟩ 방금 말한 것에 합당하게, 그것에 상응하는: das Wetter war schlecht und die Stimmung d. 일기가 나빴으며 분위기도 그러하였다.

Demenz [de'mɛnts], die; -en [lat. dēmentia] 【의학】 (후천성의) 정신 박약.

Demerit [deme'riːt], der; -en, -en [lat. demeritus] 【가】 (사제직 정지 처분을 받은) 파계 성직자.

Demeter [de'meːtɐ, (serbokr.) dɛmɛtɛr] 농업의 여신.

demgegenüber ⟨Adv.⟩ 그것에 비하여, 방금 말한 것에 비하여.

demgemäß ⟨Adv.⟩ **a)** 그것에 따라서, (방금 말한 것에) 따라서: die Zeitung hatte nur eine kleine Auflage u. warf d. nicht viel ab 그 신문은 발행부수가 적어서 별로 이익이 남지 않았다. **b)** 그것에 합당하게: das Mädchen war erwachsen u. wollte d. behandelt werden 그 소녀는 성인이 되어 그에 합당한 대우를 받고자 하였다.

Demijohn ['deːmidʒɔn], der; -s, -s [engl. demijohn] 【전문어】 채롱에 든 목이 가는 큰 병.

demilitarisieren ⟨h⟩ [frz. démilitariser] 《드물게》 ↑ entmilitarisieren. **Demilitarisierung**, die; -en 비무장화, 비무장 철폐.

Demimonde [dəmi'mõːd], die [frz. demi-monde] 《교양어·폄》 화류계.

Demineralisation [demineraliza'tsioːn], die **1.** 《전문어》 광물질 제거, 탈염. **2.** 【의학】 미네랄 결핍 현상. **demineralisieren** ⟨h⟩ 《전문어》 미네랄을 제거하다: Wasser d. 물에서 미네랄을 제거하다.

deminutiv usw.: ↑ diminutiv usw.

demi-sec [dəmi'sɛk] ⟨Adj.⟩ [frz. demisec] 《전문어》 (프랑스 샴페인이) 다소 쌉쌀한, 드미섹의.

Demission, die; -en [frz. démission] (장관 또는 내각의) 사임, 사퇴. **Demissionär** [demisio'nɛːɐ], der; -s, -e [frz. démissionnaire] 《고어》 퇴임한 관리. **demissionieren** ⟨h⟩ [frz. démissionner] **1.** (장관 또는 내각이) 사퇴하다, 사의를 표하다, 사표를 내다. **2.** (장관이) 면직당하다.

Demiurg [demi'urk], der; -en / -s [lat. dēmiūrgus = griech. dēmiourgós = Schöpfer] (특히 플라톤 철학에서) 세계의 창조자.

Demi-vierge [dəmi'vjɛrʒ], die [frz. demi-vierge] 《교양어·준고어》 (성적인 접촉은 있었으나 성교를 하지 않은) 반처녀.

demnach ⟨Adv.⟩ 그러므로, 그러니까(folglich): es gibt d. keine andere Möglichkeit 그러므로 다른 가능성이 없다.

demnächst ⟨Adv.⟩ 곧, 바로: das neue Buch erscheint d. 새 책이 곧 출간된다.

Demo ['dɛmo], die; -s 《통용어》 ↑Demonstration (1)의 약칭. **Demoaufnahme**, die 《음악·은어》 공연전의 시험 녹음.

Demobilisation, die; -en [frz. démobilisation] **a)** (군대의) 전시 편제 해제(반대: Mobilisation 2). **b)** 산업체의 전시 편제 해제. **demobilisieren** ⟨h⟩ [frz. démobiliser] **a)** (군대의) 동원 해제를 하다(반대: mobilisieren 1). **b)** 전시 경제를 해체하다. **c)** 《고어》 제대시키다. **Demobilisierung**, die; -en ↑demobilisieren의 명사형. **Demobilmachung**, die; -en ↑Demobilisation (a).

démodé [de:mo'de:] ⟨Adj.⟩ [frz. démodé] 《교양어·준고어》 유행이 지난: dieses Kleid ist längst d. 이 원피스는 오래전에 유행이 지난 것이다.

Demodulation, die; -en 【통신】 복조(複調), 검파(檢波). **Demodulator**, der; -s, -en 【통신】 복조기(復調器). **demodulieren** ⟨h⟩ 【통신】 복조하다, 검파하다.

Demograph [demo'graːf], der; -en -en 인구 통계 전문가, 인구 통계 학자. **Demographie** [demogra'fiː], die; -n [...i:ən; aus griech. dēmos = Volk u. ↑-graphie] **a)** 인구의 통계학적 연구, 인구 통계학. **b)** ↑Bevölkerungswissenschaft. **demographisch** ⟨Adj.⟩ 인구 통계학의: -e Daten[Untersuchungen] 인구 통계학적인 자료[조사]; -e Strukturen 인구[주민]의 구조.

Demoiselle [damoa'zɛl, de...], die; -n [frz. demoiselle] 《고어》 양(孃), 아가씨(Fräulein).

Demökologie, die; -n 개체군 생태학(個體群生態學).

Demokrat [demo'kraːt], der; -en -en [frz. démocrate] **a)** 민주주의자: ein überzeugter D. 확고한 신념을 가진 민주주의자. **b)** 민주당원. **Demokratie** [demokra'tiː], die; -n [...i:ən; frz. démocratie < lat. dēmocratia < griech. dēmokratía = Volksherrschaft] **1.** ⟨Pl. 없음⟩ **a)** 민주주의. **b)** 민주 정체, 민주 정부. **2.** 민주 국가: die westlichen -n 서방의 민주 국가들. **3.** ⟨Pl. 없음⟩ (사회적 집단 내에서의) 민주주의의 원칙: D. am Arbeitsplatz 직장에서의 민주주의 원칙. **demokratisch** ⟨Adj.⟩ [frz. démocratique] **1.** 민주주의의, 민주(주의)적인: eine -e Verfassung[Partei] 민주주의적 헌법[정당]. **2.** 민주주의 원칙에 따르는: eine -e Entscheidung 민주주의의 원칙에 따른 결정, 다수결의 결정. **3.** 민주당원 소속의. **demokratisieren** [demokrati'ziːrən] ⟨h⟩ [frz. démocratiser] **1.** (국가를) 민주화하다. **2.** (기관, 관청 등을) 민주화하다: die Hochschule[die Verwaltung] d. 대학[행정]을 민주화하다. **3.** (특권층의 전유물이던 것을) 일반화하다: das Reisen d. 여행을 일반화하다. **Demokratisierung**, die; -en 민주화. **Demokratismus** [demokra'tɪsmʊs], der 《폄》 (과장된) 형식적 민주주의.

demolieren [demo'liːrən] ⟨h⟩ [frz. démolir] (고의로) 파괴하다, 부수다, 헐다: das Auto ist total demoliert 자동차는 완전히 파괴되었다. **Demolierung**, die; -en 파괴, 부수기.

demonetisieren [demoneti'ziːrən] ⟨h⟩ [frz. démonétiser] 【금융】 (주화의) 유통을 정지시키다. **Demonetisierung**, die; -en 화폐의 유통 정지, 통용 폐지.

demonomisch [demo'noːmɪʃ] ⟨Adj.⟩ [griech. dēmos = Volk u. nomikós = gesetzlich] 동물 집단 내에서 사회적 조직을 하는.

Demonstrant [demɔn'strant], der; -en 데모하는 사람, 데모 가담자: die Polizei verhaftete einige -en 경찰이 몇몇 데모 가담자를 체포했다. **Demonstration** [demɔnstra'tsioːn], die; -en [engl. demonstration] **1.** 데모, 시위 운동, 시위 행진, 시위 행사: -en gegen den Krieg 반전(反戰) 시위[데모]; zu einer D. aufrufen 데모에 참가하라고 외치다. **2.** 《교양어》 (의도, 감정, 태도의) 표명, 표시: die Parade war eine D. militärischer Stärke 사열식은 군사력의 표시였다. **3.** 《교양어》 (구체적) 설명, 실증, 실연(實演): Unterricht mit praktischer D. 실제적 실연을 하는 수업.

Demonstrations-: **~apparat**, der 설명 기구, 실연 기구. **~marsch**, der 시위[데모] 행진. **~material**, das 설명 자료. **~objekt**, das 설명 대상. **~recht**, das 시위권. **~schachbrett**, das (벽에 거는 학습용) 큰 장기판. **~verbot**, das 시위[데모] 금지. **~zug**, der 시위

[데모] 행렬.
demonstrativ [dem⊃nstra'ti:f] 〈Adj.〉 [lat. dēmōnstrātīvus] **1.** 뚜렷한, 노골적인, 눈에 띄는, 도전적인: ein -es Bekenntnis 노골적인 고백; d. aufstehen [wegsehen] 보라는 듯이 일어서다[다른 곳을 보다]. **2.** 구체적인, 실증적인: ein -es Beispiel 구체적인 예. **3.** [언어] 지시하는: ein -es Pronomen 지시대명사. **Demonstrativ** [-], das; -s, -e [...i:və] ↑Demonstrativpronomen. **Demonstrativadverb**, das; -s, -ien [...jən] [언어] 지시부사. **Demonstrativpronomen**, das; -s, - /...mina [언어] 지시대명사. **Demonstrativum** [demɔnstra'ti:vʊm], das; -s, ...va 〈고어〉 ↑ Demonstrativpronomen. **Demonstrator** [demɔn'stra:tɔr, 《또한》...to:ɐ̯], der; -s, -en [...stra'to:rən; lat. dēmōnstrātor] 〈고어〉 실증(연)자. **demonstrieren** [demɔn'stri:rən] 〈h〉 [lat. dēmōnstrāre] **1.** 시위[데모]하다, 데모에 참가하다: gegen den Krieg d. 반전 시위를 하다. **2.** 표명하다: Entschlossenheit[seine Absicht] d. 결심[자기의 의도]을 표명하다. **3.** 구체적으로 설명[입증, 실연]하다: die Funktionsweise der Maschine d. 기계의 작동 방식을 설명하다.
demontabel [demɔn'ta:bl̩] 〈Adj.〉 [frz. démontable] 분해[해체] 가능한, 분해 조립이 가능한. **Demontage**, die; -n [frz. démontage] **a)** 철거, 파괴: die D. ganzer Fabrikanlagen 모든 공장 시설의 철거. **b)** 분해: die D. der Maschinen 기계의 분해. **c)** (기존의 것을 점차로) 폐지해 감. **demontieren** 〈h〉 [frz. démonter] **a)** (특히 산업 시설을) 철거하다: nach dem Krieg wurden Fabriken demontiert 전후에 공장이 철거되었다. **b)** 해체하다: ein Flugzeug d. 비행기를 해체하다. **c)** 분해하다: Autoreifen d. 자동차 타이어를 분해하다. **d)** (단계적으로 또는 점차로) 파괴하다, 제거하다: Vorurteile d. 선입견을 제거하다. **Demontierung**, die; -en ↑demontieren의 명사형.
Demoralisation [demoraliza'tsio:n], die; -en [frz. démoralisation] 풍기 문란, 퇴폐, 패덕. **demoralisieren** 〈h〉 [frz. démoraliser] **a)** 풍기를 문란케 하다, 타락하게 하다. **b)** 사기를 잃게 하다: Gerüchte demoralisierten die Truppe 뜬소문이 부대의 사기를 잃게 하였다. **Demoralisierung**, die; -en ↑demoralisieren의 명사형.
de mortuis nil nisi bene [de: 'mɔrtui̯:s 'ni:l 'ni:zi 'be:nə; lat.] 죽은 사람에 관해서는 좋은 말만(하여야 된다).
Demos ['de:mɔs], der; -, Demen ['de:mən; lat. dēmos < griech. dḗmos] **1.** 고대 그리스 도시 국가의 시구(市區), 시민(市民). **2.** 데모스(고대 그리스 도시 국가의 최소 행정 단위). **Demoskop** [demo'sko:p], der; -en, -en [griech. dēmos = Volk u. skopós = Beobachter] 여론 조사 전문가. **Demoskopie** [demosko'pi:], die; -n [...i:ən] [frz. démoraliser] **a)** 〈Pl. 없음〉 여론 탐구[조사](방법, 체계): Institut für D. 여론 조사 연구소. **b)** 여론 조사: eine D. durchführen 여론 조사를 실시하다. **demoskopisch** 〈Adj.〉 **a)** 여론 탐구[조사를 통한: -es Ergebnis 여론 조사 결과. **b)** 여론 조사의: eine -e Umfrage(Untersuchung) 여론 조사. **demotisch** [de'mo:tɪʃ] 〈Adj.〉 [griech. dēmotikós] 《다음 용법으로》 **-e Schrift** 고대 이집트의 통속 문자. **Demotisch** [de'mo:tɪʃ], das; -(s) 《정관사와 함께만》. **Demotische**, das; 고대 이집트의 통속(민중) 문자. **Demotistik** [demo'tɪstɪk], die 위의 문자를 연구하는 학문.
Demotivation, die; -en 〈전문어·교양어〉 **1.** 동기를 잃게 함. **2.** 동기 상실. **demotivieren** 〈h〉 〈전문어·교양어〉 ⋯에게 동기를 잃게 하다, ⋯하고 싶은 마음을 없애

다.
demselben: ↑derselbe 참조.
Demulgator [demʊl'ga:tɔr, 《또한》...to:ɐ̯], der; -s, -en [...ga'to:rən] 유탁액 분리 재료. **demulgieren** [...'gi:rən] 〈h〉 유탁액을 분리하다.
demunerachtet, demungeachtet 〈고어〉 ↑dessenungeachtet.
Demut ['de:mu:t], die 겸허, 순종, 비하: etw. in(mit) D. (er)tragen 무엇을 겸허하게 감내하다; voll D. 겸허한 마음으로. **demütig** ['de:my:tɪç] 〈Adj.〉 겸허한, 순종하는, 굴종하는: eine -e Bitte 겸허한 청원. **demütigen** [...ɪgn̩] 〈h〉 **a)** (말이나 행동으로) 자존심을 상하게 하다, 굴욕을 느끼게 하다: die Besiegten d. 패전자에게 굴욕감을 주다; sie fühlte sich durch sein Benehmen gedemütigt 그녀는 그의 태도 때문에 자존심을 상하였다. **b)** 〈d. + sich〉 누구에게 굴종하다, 자기비하를 하다. **Demütigung**, die; -en 멸시, 굴욕: eine schwere D. 심한 굴욕; -en hinnehmen müssen 굴욕을 감수하지 않을 수 없다.
demuts-, Demuts-: **~gebärde**, die 【행태】(동물이 싸움에 패배하였을 때 취하는) 굴욕적 자세. **~haltung**, die ↑~gebärde. **~stellung**, die ↑~gebärde. **~voll**, 《또한》 demutvoll 〈Adj.〉 몹시 겸손하게.
demzufolge 〈Adv.〉 그런고로, 그러니까.
¹**den** [de:n] **1.** ↑der (I 1 a)의 단수 4격. **2.** ↑der (I 1 a), die, das의 복수 3격.
²**den** = Denier.
Denar [de'na:ɐ̯], der; -s, -e [lat. dēnārius] **1.** 고대 로마의 은화. **2.** 메로빙거와 카로링거 시대의 프랑켄의 은화(약어: d.)
Denaturalisation, die; -en 국적[시민권]의 박탈(반대: Naturalisation 1). **denaturalisieren** 〈h〉 [lat. dē = von ~ weg u. ↑naturalisieren] 국적[시민권]을 박탈하다(반대: naturalisieren).
denaturieren [denatu'ri:rən] 〈h/s〉 **1.** 〈Adj.〉 〈h〉 본래의 특성을 잃게 하다. **2.** 〈전문어〉 〈h〉 **a)** 변성(變性)시켜 식용으로 할 수 없게 만들다: Alkohol für technische Zwecke d. 알코올을 공업용으로 변성시켜 식용으로 할 수 없게 하다. **b)** (단백질을) 화학 처리하여, 응고시키다: Eiweiße durch Erhitzen d. 단백질을 가열 처리하다. **c)** (식품을) 가공하여 영양분을 손상시키다: denaturierte Nahrungsmittel 가공 과정에서 영양분이 손상된 식료품. **d)** 분열이 불가능한 동위원소를 첨가하여 핵무기에 사용 못하게 하다. **3.** 〈교양어〉 〈s〉 변질(퇴화)하다. **Denaturierung**, die; -en ↑denaturieren의 명사형.
denazifizieren [denatsifi'tsi:rən] 〈h〉 ↑entnazifizieren 참조. **Denazifizierung**, die 탈 나치스화.
Dendrit [dɛn'dri:t, 《또한》...drɪt], der; -en, -en [griech. dendrítēs = zum Baum gehörend] **1.** [지질] 모수석(模樹石). **2.** [의학] (신경 세포의) 나뭇가지 모양의 돌기, 수상(樹狀) 돌기. **dendritisch** 〈Adj.〉 나뭇가지 모양의.
dendro-, Dendro- [dɛndro-; griech. déndron = Baum]: **~bios**, der [↑Bios] 수목(樹木) 생물. **~chronologie**, die 연륜 연대학. **~loge**, der [↑-loge] 수목학자. **~logie**, die [↑-logie] 수목학. **~logisch** 〈Adj.〉 수목학의. **~meter**, das; -s, - [↑-meter] (산 나무의 높이와 두께를 재는) 측수기(測樹器).
Deneb, der; -s 데네브(백조자리의 가장 밝은 별).
denen ['de:nən] ↑der (II 1 a, b / III 1 a), ↑die, das의 복수형.
Denervierung [denɛr'vi:rʊŋ], die; -en [의학] 신경 제거, 탈 신경.
Dengel-: **~amboß**, der (날을 세우는 데 쓰는 작은) 보루. **~geist**, der (알레만의 전설에서) 요마. **~ham-**

mer, der 날을 세우는 데 쓰는 망치. **~maschine,** die 날을 세우는 기계. **~stock,** der ↑—amboß. **~zeug,** das 날을 세우는 데 쓰는 연장.

dengeln ['dɛŋln] ⟨h⟩ ⟨농업⟩ (낫이나 장기의) 날을 세우다: das Sensenblatt(die Sense) d. 큰 낫의 날을 망치로 두들겨 세우다.

Denguefieber ['dɛŋgə-], das; -s [span. dengue] [의학] (열대 및 아열대 지방의) 뎅그열(熱).

Den Haag [de:n 'ha:k, (niederl.) dɛn'ha:x] 헤이그[덴하크](네덜란드의 수도) (↑Haag 참조).

Denier [de'nje:], das; -(s), - [frz. denier] 견사나 화학섬유의 실의 강도를 나타내는 단위(약어: den)(↑tex 참조).

Denim, der, 《또는》 das; -(s) [frz. de Nîmes = aus Nîmes] 《인공어》 청바지용 면포.

denitrieren [deni'tri:rən] ⟨h⟩ [화학] 질산을 제거하다.

Denitrifikation [denitrifika'tsjo:n], die [lat. dē- = von — weg u. ↑Nitrifikation] 탈질소 작용, 탈질(脫窒). **denitrifizieren** [...'tsi:rən] ⟨h⟩ …에서 질소를 제거하다, 탈질(脫窒)하다.

denk-, Denk-: ~ansatz, der 사고의 출발점[단초]. **~anstoß,** der 사고를 하도록 하는 자극: einen D. liefern[geben] 사고하도록 자극을 주다. **~arbeit,** die 사고 작업. **~art,** die **a)** 사고 방식: die wissenschaftliche D. 학문적 사고 방식. **b)** 견해, 신념, 성향: eine typisch bürgerliche D. 전형적으로 시민적인 성향. **~aufgabe,** die 사고력을 요하는 문제. **~bild,** das 표상. **~ebene,** die 사고의 차원. **~fähig** ⟨Adj.⟩ 사고 가능한. **~fähigkeit,** die ⟨Pl. 없음⟩ 사고 능력. **~falte,** die ↑Denkerfalte. **~faul** ⟨Adj.⟩ 사고하기 싫어하는. **~faulheit,** die 사고하기 싫어함. **~fehler,** der 논리적 오류: ihm ist ein D. unterlaufen 그는 논리적 오류를 범했다. **~form,** die 사고 형식. **~freiheit,** die ⟨Pl. 없음⟩ 사고의 자유. **~gebäude,** das ↑—system. **~gesetz,** die 사고 법칙. **~gewohnheit,** die 사고의 습관. **~haltung,** die 사고 자세. **~hilfe,** die 생각을 위한 힌트. **~impuls,** der ↑—anstoß. **~inhalt,** der 사고 내용. **~kategorie,** die 사고의 범주. **~lehre,** die ↑Logik. **~leistung,** die 사고의[지적] 업적[성과]. **~mal,** das ↑Denkmal. **~methode,** die 사고 방법. **~modell,** das 사고 모형. **~münze,** die ⟨Gedenkmünze. **~muster,** das ↑—modell. **~notwendig** ⟨Adj.⟩ ↑logisch. **~pause,** die **1.** (대화나 회담 중) 숙고하기 위한 중간 휴식(막간). **2.** ⟨드물게⟩ 머리를 쉬기 위한 휴식. **~prozeß,** der 사고 과정. **~psychologie,** die 사고 심리학. **~rede,** die ↑Gedenkrede. **~richtig** ⟨Adj.⟩ ⟨드물게⟩ ↑logisch. **~richtung,** die 사고 방향. **~säule,** die ↑Gedenksäule. **~schablone,** die 틀에 박힌 사고. **~schema,** das 사고의 틀[도식]. **~schrift,** die 각서, 진정서. **~schritt,** der 사고 단계. **~spiel,** das ↑—sport. **~sport,** der 수수께끼 등의 풀이, 두뇌 운동. **~sportaufgabe,** die ↑—aufgabe. **~spruch,** der 금언, 격언, 격언[문장]. **~stein,** der ↑Gedenkstein. **~störung,** die 사고 장애. **~system,** das 사고 체계: philosophisches D. 철학적 사고 체계. **~tätigkeit,** die ⟨Pl. 없음⟩ 사고 활동. **~trägheit,** die ↑—faulheit. **~übung,** die 사고 연습. **~vermögen,** das 사고 능력. **~vers,** der 기억을 돕는 시구(詩句). **~vorgang,** der 사고 과정. **~weise,** die ↑—art. **~würdig** ⟨Adj.⟩ 기억할 만한, 의미 깊은: ein -er Tag 기억해둘 만한 날. **~würdigkeit,** die **1.** ⟨Pl. 없음⟩ 기억할 만함. **2.** ⟨Pl.⟩ 회고록(Memoiren)의 뜻. **~zentrum,** das 사고의 뇌수의 사고 중심. **~zettel,** der 기억에 남는 훈계[징벌]: jmdm. einen D. geben[verpassen] 누구에게 기억에 남는 훈계[징벌]을 하다.

denkbar ['dɛŋkba:ɐ̯] ⟨Adj.⟩ **1.** 생각[상상]할 수 있는, 가능한: alle nur -en Sicherheitsvorkehrungen waren getroffen worden 가능한 모든 안전 조치를 다하였다. **2.** 《형용사를 강조하는 용법으로》 매우, 대단히(sehr): d. leicht[einfach, schwer] 아주 쉬운[단순한, 어려운]; das ist die d. beste Methode 그것이 가장 좋은 방법이다.

denken¹ ['dɛŋkn̩] ⟨h⟩ **1.** 생각(사유, 사고, 사색)하다: logisch d. 논리적으로 생각하다; er denkt praktisch 그는 실용적으로 생각한다; laut d. 《통용어》 혼자 중얼거리다; 성구 erst d., dann handeln 먼저 생각하고나서 행동하여라; gedacht, getan 《준교어》 생각하자마자 해치웠다; wo denkst du hin! 《통용어》 무슨 터무니 없는 소리야? 당치않다; 《명사화》 logisches Denken 논리적 사고; **etw. gibt jmdm. zu d.** 무엇이 누구로 하여금 생각하게끔 하다, 무엇이 누구를 어리둥절하게 하다. **2.** 어떤 성향을 가지고 있다: rechtlich[spießbürgerlich] d. 합법적으로[고루하게] 생각하다. **3.** 가정하다, 믿다, 추측하다, …라고 생각하다: nichts Böses d. 아무것도 나쁜 것을 상정하지 않다; wer hätte das gedacht! 《놀람의 표시》 누가 그 일을 짐작했겠는가?; 속급 was ich denk' und tu', trau' ich andern zu 내가 생각하고 행하는 것은 다른 사람도 할 수 있으리라고 생각한다. **4.** 무엇에 관해 생각을 가지고 있다: er denkt ganz anders über diese Sache 그는 이 일에 대해서 전혀 다르게 생각하고 있다; das hätte ich nie von ihm gedacht 그가 그런 일을 하리라고는 생각하지 못했다. **5.** ⟨d. + sich⟩ 상상하다: das kann ich mir nicht d. 나는 그것이 가능하다고 생각하지 않아; **denkste (Frieda)!/das hast du dir (so) gedacht!** 《통용어》 그러리라고 생각하는 모양이지 그렇지 않아! **6.** 회상하다, 기억하다: an etw. d. 무엇을 회상하다; denk daran, die Rechnung zu bezahlen 계산을 하는 것을 잊지 마라라. **7.** 자기의 생각[관심]을 누구[무엇]에 쏟다: er denkt nur an sich 그는 자기 자신만을 생각한다; du mußt mehr an deine Gesundheit d. 너는 좀 더 너의 건강을 생각해야 된다. **8.** 어떤 의도를 가지고 있다: wir denken daran, uns eine neue Wohnung zu suchen 우리는 새로운 아파트를 찾아보려고 생각하고 있다.

Denker ['dɛŋkɐ], der; -s, - 사색가, 철학자. **Denkerfalte,** die 《농》 사색가의 주름. **denkerisch** ⟨Adj.⟩ 사색적인, 철인(哲人)적인. **Denkerstirn,** die (흔히 농) 넓은 이마. **Denkmal,** das; -s, ...mäler, ⟨드물게 아어⟩ ...male **1.** 기념비[상, 건축물]: ein D. (zu Ehren der Gefallenen) errichten 기념비를 (전몰자를 위해서) 세우다; jmdm. ein D. setzen 누구를 위해 기념비를 세우다; **sich ein D. setzen** 후세에 남을 업적을 이루다. **2.** (역사적인) 기념물, 유산, 유적.

denkmal(s)-, Denkmal(s)-: ~kunde, die (예술사의 한 분야로서) 기념비학. **~kundlich** ⟨Adj.⟩ 기념비학의. **~pflege,** die 사적(史跡)[문화재] 보호. **~pfleger,** der 사적 보호 전문가. **~pflegerisch** ⟨Adj.⟩ 사적[문화재] 보호의. **~schändung,** die 사적 훼손. **~schutz,** der (법에 의한) 사적[문화재] 보호: dieses Haus steht unter D. 이 집은 사적 보호로 지정되어 있다. **~schützerisch** ⟨Adj.⟩ 사적 보호의.

Denkungsart, die; -en ⟨준교어⟩ ↑Denkart. **Denkungsweise,** die; -n ⟨준교어⟩ ↑Denkweise.

¹denn [dɛn] **1.** ⟨Kausale Konj.⟩ 《이유를 나타낼 때》 왜냐하면(그 까닭은)…이니까: wir blieben zu Hause, d. das Wetter war schlecht 우리는 집에 있었다, 그 까닭은 날씨가 나빴기 때문이다. **2.** ⟨Vergleichspartikel⟩ 《이중의 als를 쓰지 않기 위해서 가끔 쓰이는 것을 제외하고는 고어 또는 아어》 …보다 (…하다): er ist als Wissenschaftler bedeutender d. als Künstler 그는 예술가로서 보다는 학자로서 더 중요한 사람이다; 《흔히 비교급 다음에서 je와 결합

하여〉 sie war schöner d. je 그녀는 그 어느 때보다도 아름다웠다. **3.** 〈Adv.〉 **a)** 《드물게》…이 아니라면, …이면, …이란 전제 하에서: **es sei d.** …이 아니라면; er wird gewinnen, es sei d., es passiert etw. Unvorhergesehenes(daß etwas Unvorhergesehenes passiert) 예기치 않은 일이 일어나지 않는다면 그가 이길 것이다; **geschweige d.** ↑geschweige 참조. **b)** α) 《의문문에서 말하는 사람의 관심을 나타냄》도대체, 대관절: **was soll das d.?** 도대체 무슨 짓인가?; **was willst du d.?** 너는 대체 무엇을 원하는냐?; **was ist d. (da) los?** 도대체 (거기) 무슨 일이야? β) 《서술문에서 강조하는 뜻으로 흔히 추론을 나타냄》그러니, 그래서, 결국: **so wollen wir d. verfahren** 그러면 그렇게 처리하기로 하자. **²denn** [-] 〈Adv.〉 〈nordd.〉 그런 다음, 그러면 (dann).
dennoch ['dɛnɔx] 〈Adv.〉 그럼에도 불구하고(trotzdem): **er will es d. versuchen** 그는 그럼에도 불구하고 그것을 시도해 보고자 한다.
dennschon: ↑wennschon 참조.
Denobilitation, die; -en 《드물게》귀족 칭호의 박탈. **denobilitieren** 〈h〉《드물게》귀족 칭호를 박탈하다.
Denomination [denomina'tsjoːn], die; -en [frz. dénomination < lat. dēnōminātiō] **1.** 〈고어〉 **a)** 명명, 임명, 지명(指命). **b)** 공시, 공고. **2.** 〖경제〗주식의 액면 가격 인하. **3.** 〖종교〗《특히 미국에서》기독교 교파 〈종파〉. **Denominativ** [denomina'tiːf], das; -s, -e, **Denominativum** [...'tiːvʊm], das; -s, ..va [lat. dēnōminātīvus] 〖언어〗명사・형용사 파생어(Trost에서 tröstlich가 파생한 것처럼). **denominieren** 〈h〉 [lat. dēnōmināre] 〈고어〉명명하다, 임명하다.
Denotat [deno'taːt], das; -s, -e [lat. dēnōtātum] 〖언어〗 **1.** 지시 대상, 표료치물(언어 기호가 표시하는 언어외적 대상이나 사실). **2.** (언어 기호의) 개념적 내용, 외시소 (外示素)(반대: Konnotat). **Denotation** [denota'tsjoːn], die; -en [lat. dēnōtātio; 2: engl.-amerik. denotation] **1.** 〖논리〗외연(外延) **2.** 〖언어〗 **a)** 단어가 뜻하는 대상을 지시하는 의미, 외시의(外示義)(반대: Konnotation). **b)** 언어와 언어외적 현실에 있는 대상간의 형식적 관계. **denotativ** [denota'tiːf, 〈또한〉'de....] 〈Adj.〉 〖언어〗표시적, 외시의적(外示義的)(반대: konnotativ). **Denotator** [deno'taːtɔr, 〈또한〉 ...to:ɐ̯], der; -s, -en [...ta'toːrən] 〖언어〗(언어외적 현실에서 대상이나 사실을 표시하는) 외시적 기호, 외시체(外示體).
Dens [dɛns], der; -, Dentes ['dɛnteːs; lat. dēns] 〖의학〗이빨.
denselben: ↑derselbe 참조.
Densimeter [dɛnzi'meːtɐ], das; -s, - 〖물리〗비중계. **Densität** [dɛnzi'tɛːt], die [frz. densité < lat. dēnsitās] **1.** 〖물리〗밀도. **2.** 사진 농도. **Densitometer** [dɛnzito'meːtɐ], das; -s, - 사진 농도계. **Densitometrie** [...me'triː], die 〖물리〗소재의 밀도 측정. **Densograph** [dɛnzo'graːf], der; -en, -en ↑Densitometer.
Dentagra ['dɛntagra], das; -s ↑Dentalgie.
dental [dɛn'taːl] 〈Adj.〉 [lat. dentālis]. **1.** 〖의학〗이(치아)의. **2.** 〖음성〗치음의. **Dental** [-], der; -s, -e 〖음성〗치음(de, t). **Dentalgie** [dɛntal'giː], die; -n [...'iːən; lat. dēns u. griech. álgos = Schmerz] 〖의학〗치통. **Dentalis** [dɛn'taːlis], der; -, ...les [...leːs] 〈고어〉↑Dental. **Dentalisierung** [dɛntali'ziːrʊŋ], die; -en 〖음성〗치음화. **dentelieren** [dãtəˈliːrən] 〈h〉 [frz. denteler] 〖섬유〗〈레이스를〉톱니 모양으로 만들다. **Dentelles** [dã'tɛl] 〈Pl.〉 [frz. dentelles] 〈고어〉레이스. **Dentes:** ↑Dens. **Dentifikation** [dɛntifika'tsjoːn], die; -en 〖의학〗치아 형성. **Dentikel** [dɛn'tiːkl̩], der; -s, - [lat. denticulus = kleiner Zahn] 〖의학〗소치(小齒), 치상돌기. **Dentin** [dɛn'tiːn], das; -s **1.** 〖의학〗상아질, 치골. **2.** 〖생물〗상어비늘의 경질(硬質)체. **Dentist** [dɛn'tɪst], der; -en, -en [frz. dentiste] 〈옛〉(대학 과정을 거치지 아니한) 치과 기공사(치과의사). **Dentition** [dɛnti'tsjoːn], die; -en [lat. dentitio] 〖의학〗치아 발생, 이가 남. **dentogen** [dɛnto'geːn] 〈Adj.〉 〖의학〗이빨의. **Dentologie** [...lo'giː], die 치과학.
Denudation [denuda'tsjoːn], die; -en [lat. dēnūdātio = Entblößung] **1.** 〖지질〗표면 침식. **2.** 〖의학〗노출.
Denuklearisierung [denukleari'ziːrʊŋ], die; -en 핵무기 실험 금지, 비핵무기화: **eine D. des Meeresbodens** 해저의 핵무기 실험 금지.
Denunziant [denʊn'tsjant], der; -en, -en [lat. dēnūntiāns] 《편》밀고자: **ein übler D.** 비열한 밀고자. **Denunziantentum,** das; -s 《편》**1.** 밀고자적 성격. **2.** 〈집합적으로〉밀고자. **Denunziation** [denʊntsia'tsjoːn], die; -en [lat. dēnūntiātio] 《편》밀고, 고발, 무고: **eine anonyme D.** 익명의 밀고. **denunziatorisch** [denʊntsia'toːrɪʃ] 〈Adj.〉 **a)** 밀고하는, 밀고의. **b)** 공개적으로 비방하는. **denunzieren** [denʊn'tsiːrən] 〈h〉 [1: lat. dēnūntiāre = ankündigen, anzeigen; 2: engl. denounce] **1.** 《편》(비열한 동기에서) 밀고(고발)하다: **jmdn. bei der Polizei(beim Gericht) d.** 누구를 경찰(법원)에 밀고하다. **2.** 공개적으로 비방하다, 부정적으로 평하다: **ein Buch d.** 어떤 책을 비방하다.
Deo ['deːo], das; -(s), -s ↑Deodorant의 약칭.
Deodorant [deǀodo'rant], das; -s, -s / -e [engl. deodorant] 체취 제거제. **Deodorantspray,** der / das 체취 제거용 스프레이. **deodorieren** [deǀodo'riːrən] 〈또한〉 dodorieren [dɛs|...], dezo...], **deodorisieren** [deǀodori'ziːrən] 〈또한〉 **desodorisieren** [dɛs|...], dezo...] 〈h〉 [engl.] deodorize, 〈frz.〉 dé(s)odoriser] 나쁜 냄새〈체취〉를 없애다〈제거하다〉. **Deodorierung,** 〈또한〉 **Desodorierung, Deodorisierung,** 〈또한〉 **Desodorisierung,** die; -en 체취 제거.
Deogratias! ['deːo'graːtsi̯as; 〈lat.〉 deo'gratiās] 《교양어》아유 고마워라(Gott sei Dank!).
Deontologie [deɔntolo'giː], die 〈engl. deontology〉 〖철학〗의무론.
Deospray ['deːo-] ↑Deodorantspray의 약칭.
Departement [departa'mãː, 〈schweiz.〉 ...ə'mɛnt], das; -s, -s / 〈schweiz.〉 -e [frz. département] **1.** (프랑스의 행정 구역) 현, 지방. **2.** 〈schweiz.〉 (연방 정부의) 성(省). **3.** 〈schweiz.・고어〉 부서, 국(局). **Department** [dɪ'pɑːtmənt], das; -s, -s [engl. department < frz. département] 〈영・미 대학교의〉전공분야, 과(科). **Departure** [dɪ'pɑːtʃə] 〈관사 없이〉 [engl. departure] **a)** 출발 장소(비행장의 표지). **b)** (비행기의) 출발 시간.
Dependance [depã'dãːs], die; -n [frz. dépendance] **1.** 〈교양어〉지점(支店): **die D. einer Firma[eines Verlags]** 회사(출판사)의 지점. **2.** 〖숙박〗(호텔의) 별관. **Dépendance:** ↑Dependance의 프랑스어식 표기. **dependentiell** [dependɛn'tsi̯ɛl] 〈Adj.〉 〖언어〗 **a)** 의존 관계 문법의. **b)** 의존 관계 문법의 방법에 의한. **Dependenz** [depen'dɛnts], die; -en [lat. dēpendēre = abhängig sein] **1.** 〖철학・언어〗의존 관계. **2.** 〈고어〉호텔 별관. **Dependenzgrammatik,** die 〖언어〗의존 (관계) 문법.
Depersonalisation [depɛrzonaliza'tsjoːn], die; -en [frz. dépersonnalisation] 〖심리〗주체감(자아감) 상실, 이인증(離人症).
Depesche [de'pɛʃə], die; -n [frz. dépêche] 〈고어〉전보(Telegramm): **eine D. aufgeben** 전보를 치다. **de-**

peschieren [depe'ʃiːrən] ⟨h⟩ [frz. dépêcher] 전보 치다[하다]: seine Ankunft d. 그의 도착을 알리는 전보를 치다.

depigmentieren ⟨h⟩ (피부의) 색소를 제거하다. **Depigmentierung**, die; -en (피부의) 색소 제거[상실].

Depilation [depila'tsjoːn], die; -en [의학] 모발 제거, 털을 뽑음. **Depilatorium** [...'toːrjum], das; -s, ...rien [...jən] [의학] 모발 제거제. **depilieren** [depiˈliːrən] ⟨h⟩ [lat. dēpilāre] [의학] 모발[털]을 제거하다[뽑다].

Deplacement [deplasəˈmãː], das; -s, -s [frz. déplacement] [조선] (선박의) 배수량(排水量). **deplacieren** [deplaˈsiːrən, (또한) ...aˈtsiː...] ⟨h⟩ [frz. déplacer] 《고어》 (또한) 이동시키다, 배수(排水)하다. **deplaciert** [독어화] **deplaziert** [deplaˈtsiːɐt] ⟨Adj.⟩ [frz. déplacé] 부적당한, 어울리지 않는: ich fühle mich hier d. 나는 이 자리에 어울리지 않을 것 같다. **Deplacierung**, die; -en 《고어》 이동, 배수(排水).

deplorabel [deploˈraːbl] ⟨Adj.⟩ [frz. déplorable] 《준고어》 한탄스러운, 한심스러운.

Depolarisation, die; -en [물리] 복극(復極), 소극(消極). **Depolarisator**, der; -s, -en [물리] 복극제. **depolarisieren** ⟨h⟩ [물리] 복극하다.

Depolymerisation, die; -en [화학] 해중합(解重合).

Deponat [depoˈnaːt], das; -(e)s, -e 보관물. **Deponens** [deˈpoːnɛns], das; -, ...nentia [...poˈnɛntsja]/...nenzien [...poˈnɛntsjən; lat. dēpōnens] ⟨보통 Pl.⟩ [언어] 이태(異態) 동사 (라틴어에서 모양은 수동형이나 능동의 뜻을 갖는 동사). **Deponent** [depoˈnɛnt], der; -en, -en 공탁[기탁]자. **Deponie** [depoˈniː], die; -n, -n [관] 쓰레기 집하장; Mülldeponie 의 약칭. **deponieren** [depoˈniːrən] ⟨h⟩ [lat. dēpōnere] **a)** 보관시키다, 공탁하다, 맡기다: Geld bei der Bank d. 돈을 은행에 예금시키다. **b)** 어떤 특정한 곳에 두다: den Schlüssel auf der Fensterbank d. 열쇠를 창틀에 두다. **Deponierung**, die; -en ↑deponieren의 명사형.

Depopulation, die; -en [lat. dēpopulātio] 《고어》 인구 절멸(감소).

Deport [deˈport, (또한) deˈpoːɐ̯], der; -s, -e/-s 《교어》; frz. déport] [금융] (증권 시장에서) 인수유예금(반대: Report 2), 증권 인도 연기를 위해 매출자가 매입자에게 지불하는 납부금. **Deportation** [deportaˈtsjoːn], die; -en [lat. dēportātio] 추방, 유형. **Deportationslager**, das 추방자 수용소, 강제 수용소. **deportieren** [depɔrˈtiːrən] ⟨h⟩ [frz. déporter] 추방하다, 유형지로 보내다, 유배시키다. **Deportierte***, der/die 추방된 사람, 유배자.

Depositar [depoziˈtaːɐ̯], **Depositär** [...ˈtɛːɐ̯], der; -s, -e [frz. dépositaire] (고가품이나 유가증권의) 보관자. **Depositen** [...ˈziːtn̩] ⟨Pl.⟩ [lat. dēpositum] [금융] 예금, 기탁 유가증권. **Depositenbank**, die 예금 은행, 대부 은행(반대: Effektenbank). **Deposition** [depoziˈtsjoːn], die; -en [lat. dēpositio] **1.** [법·금융] 예입, 공탁. **2.** [종교] 가톨릭 성직자의 면직. **Depositorium** [...ˈtoːrjʊm], das; -s, ...rien [...jən; spätlat. dēpositōrium] 보관소, 공탁소, 금고(실). **Depositum** [deˈpoːzitʊm], das; -s, ...ten [depoˈziːtn̩; lat. dēpositum] [법·금융] 공탁물, 보관물. **2.** 《고어》 예금, 기탁금.

depossedieren [deposeˈdiːrən] ⟨h⟩ [frz. déposséder] 《고어》 누구의 소유권을 빼앗다, 몰수하다, 공권을 박탈하다, 폐위시키다. (과거분사의 명사화) **Depossediertе***, der; -n, -n 폐위 당한 군주, 폐왕. **Depossedierung**, die; -en 퇴위, 폐위.

Depot [deˈpoː], das; -s, -s [frz. Dépôt] **1. a)** (대형) 창고, 보관소: Getreide in einem D. lagern 양곡을 창고에 저장하다. **b)** (은행의) 보관: Wertsachen in ein D. geben 유가물을 보관시키다. **c)** 보관품: das D. bestand aus Schmuck und Wertpapieren 보관품은 보석류와 유가증권이었다. **2.** (음료 특히 붉은 포도주의) 침전물. **3.** [의학] 저류(貯留), 침사. **4.** (버스와 열차의) 차고: die Straßenbahn fährt ins D. 전차는 차고로 들어간다.

Depot-: **~behandlung**, die; -en [의학] 기탁요법(약물을 일정 기간 동안 체내에 저유시켜 서서히 흡수시킴), 데포제 치료. **~buch**, das [금융] 보관품 장부. **~fett**, das [생물·의학] 피하 축적 지방. **~fund**, der [고고] 《선사 시대의》 출토품, 매장품. **~gebühr**, die [금융] 유가물 보관료. **~geschäft**, das [금융] 유가물 보관 업무. **~gesetz**, das 유가물 보관 업무법. **~präparat**, das [의학] 침사제(沈渣劑), 데포제(劑). **~schein**, der [금융] 보관(기탁) 증서. **~stimmrecht**, das [금융] 기탁한 고객 주식에 대해 위임받은 은행이 주주총회에서 행사할 수 있는 투표권. **~wechsel**, der [금융] 담보 어음. **~wirkung**, die [의학] 침사(저류)제 효력.

Depp [dɛp], der; -en (또한) -s, -en (또한) -e **a)** 《특히 südd., österr., schweiz.-퍼》 바보, 멍청이. **b)** 《지역적·퍼》 정신 박약자, 백치. **deppen** ['dɛpn̩] ⟨h⟩ 《지역적》 굴종시키다, 굴복시키다. **deppert** ['dɛpɐt] ⟨Adj.⟩ 《südd., österr.》 미련한, 단순한, 어리석은: ich bin doch nicht d. 나는 바보가 아니야.

Depravation [depravaˈtsjoːn], die; -en [lat. dēprāvātio] **1.** 타락. **2.** 가치 감소(특히 주화의). **3.** [의학] 병상의 악화. **depravieren** [depraˈviːrən] ⟨h⟩ [lat. dēprāvāre = verzerren, entstellen] **1.** 타락하다, 부패하다. **2.** (주화 가치가) 감소하다.

Deprekation [deprekaˈtsjoːn], die; -en [lat. dēprecātio] 《고어》 사죄(↑deprezieren 참조).

Depression [depreˈsjoːn], die; -en [frz. dépression] **1.** 울적함, 의기소침, 우울증: an(unter) -en leiden 우울증에 걸려 있다. **2.** [경제] 불경기, 경기 침체, 불황: eine weltweite D. 세계적인 불경기. **3.** [기상] 저기압 (지역). **4.** [의학] (뼈의) 함요(陷凹), 움푹 들어감. **5.** [지리] 해면보다 낮은 요지(凹地), 저지. **6.** [천문] **a)** 수평선 밑에 있는 성좌의 음(陰)고도. **b)** (수평) 부각(俯角). **7.** [물리] 압력 강하. **depressiv** [deprɛˈsiːf] ⟨Adj.⟩ [frz. dépressif] **1.** 우울한, 울적한, 의기 소침한: sich in einem -en Zustand befinden 울적한 기분이다. **2.** [경제] 경기 침체의. **Depressivität** [deprɛsiviˈtɛːt], die; 의기 소침한 상태.

Depretiation [depretsjaˈtsjoːn], die; -en 《고어》 가치 절하. **depretiieren** [depretsiˈiːrən] ⟨h⟩ [lat. dēpretiāre] 《고어》 과소 평가하다, 절하하다, 내리다.

deprezieren [depreˈtsiːrən] ⟨h⟩ [lat. dēprecārī] 《고어》 사죄하다, 용서를 빌다(↑Deprekation 참조).

deprimieren [depriˈmiːrən] ⟨h⟩ [frz. déprimer] 용기를 잃게 하다, 풀죽게 하다, 우울하게 하다: das Wetter deprimiert mich 날씨가 나를 우울하게 만든다; ein deprimierter Gesichtsausdruck 풀죽은 얼굴 표정.

Deprivation [depriva'tsjoːn], die; -en [lat. deprivatio] **1.** [심리] 부족, 상실, 사랑의 결핍, 박탈. **2.** 가톨릭 성직자의 면직. **Deprivationssyndrom**, das [심리] 고아원 어린이에게서 나타나는 육체적·정신적 발육 부전. **deprivieren** [depriˈviːrən] ⟨h⟩ [lat. dēprivare] 어머니 다른 관련인이 없이 지내게 하다.

Depurans [deˈpuːrans], das; -, ...rantia [...puˈrantsja]/...puˈrantien [...puˈrantsjən; lat. depurans] ⟨대개 Pl.⟩ [드물게 의학] 하제(Abführmittel).

Deputant [depuˈtant], der; -en, -en [lat. dēputāns] 현물 급여를 받을 권리가 있는 사람. **Deputat** [depuˈtaːt], das; -(e)s, -e [lat. dēputātum] **1.** (노임이나 봉급의 일부인) 현물 급여. **2.** 교사의 책임 시간: sein D. beträgt

20 Stunden 그의 책임 시간은 20시간이다. **Deputation** [deputaˈtsi̯oːn], die; -en [lat. deputatio] (요망 사항이나 요구를 총회의 위임을 받아서 전달하는) 대표단, 교섭 위원단. **deputieren** [depuˈtiːrən] ⟨h⟩ [lat. dēputāre = abordnen] 대표자[대표인]를 파견하다. **Deputierte**, der/die; -n, -n **1.** 대표단원. **2.** (프랑스 등에서의) 의원.

der [deːɐ̯], die [diː], das [das] **I.** ⟨bestimmter Artikel⟩ **1.** 《개별화를 나타냄》 **a)** 《일반적으로》⟨Sg.⟩ der Mann schläft 남자는 잔다; auf Befehl des Königs 왕명에 의해서; auf dem Tisch liegen 책상 위에 놓여 있다; den Baum fällen 나무를 베다; die Mutter ruft ihr Kind 어머니가 아이를 부른다; der Tür einen Tritt geben 문을 발로 차다; die Pflanze bewässern 식물에 물을 대다; das Mädchen hat blonde Haare 소녀는 머리가 금발이다; in einem Zimmer des Hauses 집의 한 방에서; aus dem Buch vorlesen 책에서 읽어주다; das Auto reparieren 자동차를 수리하다; ⟨Pl.⟩ die Züge fahren vorbei 기차들이 지나간다; es ist der Wunsch der Eltern 그것이 부모의 소원이다; den Hühnern Futter geben 닭에 모이를 주다; die Flüsse hinauffahren 강을 거슬러 올라가다. **b)** 《추상명사와 물질명사에서》 der Tod 죽음; die Liebe 사랑; das Leben 삶; die Hoffnung 희망; das Eisen dieser Kanone ist rostig 이 대포의 철은 녹이 슬었다; das Holz des Tisches ist wertvoll 이 책상의 나무는 귀한 것이다. **c)** 《유일무이한 것을 나타냄》 er war der Komponist des 19. Jahrhunderts 그는 19세기의 가장 위대한 작곡가였다; das ist die Idee 그것이 가장 좋은 착상이다. **d)** 《고유명사에 쓰일 때》 α) 《유일한 것을 말할 때》 den Rhein überqueren 라인강을 건너다; den „Faust" lesen 「파우스트」를 읽다; mit der „Europa" fahren "유럽"호(선박명)를 타고 가다. β) 《부가어가 고유명사에 쓰일 때》 der kleine Hans 꼬마 한스; das Frankreich der Revolution 혁명기의 프랑스. γ) 《특정한 나라나 지역 이름에서》 die Schweiz 스위스; die Tschechoslowakei 체코슬로바키아; der Kongo 콩고; das Tessin 테신 주; die Niederlande 화란. δ) ⟨südd.⟩ die Petra kommt gleich 페트라는 곧 온다; der Papa ist nicht da 아빠는 아직 안 오셨다; das Gretchen spielt 그레첸은 놀고 있다; die Müllers fahren in Urlaub 뮐러씨 댁은 휴가를 간다. ε) 《유명한 여류명사의 이름에서》 die Duse 두스 부인. ζ) 《관청어에서》 die Vorladung des Hans Meier 한스 마이어의 소환. **2.** 《일반화를 나타냄》 **a)** 《일반적으로》 der Mensch ist ein soziales Wesen 인간은 사회적 존재이다; die Emanzipation der Frau 여성 해방; das tägliche Brot 일용하는 식빵[음식]; die Bäume gehören zu den Pflanzen 나무는 식물에 속한다. **b)** 《고유명사에서》 der Italiener 이탈리아 사람; die Schwedin 스웨덴 여자. **II.** ⟨Demonstrativpronomen⟩ **1.** 《부가어적으로》 **a)** 《항상 강조음으로 발음된다》 α) ⟨Sg.⟩ der Mann war es 그것은 바로 저 사람이었다; den Lehrer kann ich gut leiden 그 선생님을 나는 좋아한다; die Flasche ist aber nicht voll 그 병은 가득하지 않다; die Truhe kaufe ich 이[그] 궤를 내가 사겠다; das Grundstück ist leider verkauft 그 대지는 유감이지만 팔렸다; das Buch muß man gelesen haben 그 책은 꼭 읽었어야만 된다. β) ⟨Pl.⟩ 《앞에 말을 지시하여》 die Arbeiter werden ausgezeichnet, deren Leistung war überragend 그 노동자들이 표창을 받는다. 그들의 업적이 탁월했다; 《다음에 나올 말을 지시하여》 die Leistung derer, die ausgezeichnet werden, ist überragend 표창을 받는 그 사람들의 업적은 탁월하다. γ) 《다른 단어와 쌍으로 쓰여서》 aus dem und jenem Grund 이런 저런 이유[여러가지] 이유로; um die und die Zeit 모시(某時)에, 아무 아무 때에. **b)** 《강조음으로 발음되지 않을 경우》 《2격 부가어 대신에》 ich sprach mit Margot und deren nettem Mann 나는 마르곳과 그녀의 친절한 남편과 이야기했다; die Verwandten und deren Kinder kamen zu Besuch 친척들과 그들의 어린이들이 방문했다. **2.** 〈독립적으로 쓰여서〉 **a)** 《직접 지시하는》 der war es 그자[사람]이었다; die hat es getan 그녀가 그것을 했다; das ist doch die Höhe! 그것은 터무니 없는 일이다, 무례한 일이다; Wer ist denn die (da)? 저기 저 여자는 누구인가?; der hat gesagt, daß ... 저이가 ...라고 말하였다; die da oben sind an allem schuld 저 위에 있는 자들이 모든 것에 책임이 있다; der und arbeiten! (통용어) 그자가 일을 하다니! (=그는 결코 일을 하지 않을 것이다.) **b)** 《구별하는 뜻으로》 (통용어) die mit den blonden Haaren 금발의 그 여인; ach die! (폄) 아, 그 여자! **c)** das √ 《비인칭 및 비인칭으로 사용되는 동사에서》 das regnet den ganzen Tag 하루 종일 비가 온다; das stinkt hier ganz schön 여긴 나쁜 냄새가 상당히 나는구나. β) 《술어 구문에서》 das ist Frau Maier, und das ist ihr Sohn 이분은 마이어 부인이고, 이 사람은 부인의 아들이다. **d)** 《귀족의 이름에서》 das Schloß derer von S S가(家)의 성. **e)** 《쌍으로 쓰여서》 er hat zu mir gesagt, er sei der und der 그는 자기가 아무개라고 말하였다. **f)** 《앞에 온 말이나 다음에 나올 말을 지시하여》 (통용어) Willst du Hans sprechen? Der ist schon lange weg 한스를 만나고자 하니? 그는 벌써 갔는데; dort liegt eine Frau, deren muß man sich annehmen 저기 한 여자가 누워 있는데 그녀를 돌보아야 된다. **g)** 《앞에 나왔거나 뒤에 나올 문장 전체의 내용을 가리키며》 er ist wütend, und das mit Recht 그는 격노했다. 그런데 그것은 당연한 일이다; der eigentliche Grund war der, daß er keine Lust hatte 원래의 이유는 그가 흥미가 없었다는 그것이었다; wie denn auch sei 그것이 어떻든 간에; dem ist (nicht) so 그것은 그렇다(그렇지 않다); auch das noch! (통용어) 이런 불행[나쁜 소식]까지 겹치다니. **h)** 《통용어 · 인칭대명사 대신에》 Suchst du Fritz? Der kommt gleich 프리츠를 찾고 있니? 그 앤 곧 온다; Mutter ist krank, die hat zuvielgearbeitet 어머니가 아프시다. 어머니(=그녀)는 너무 일을 많이 하셨다. **III.** ⟨Relativpronomen⟩ **1. a)** 《독립적으로》 ein Stuhl, der kaputt ist 부서진 의자; ein ehemaliger Lehrer, dessen ich mich erinnere 내가 잘 기억할 수 있는 옛 선생님; eine Schüssel, die auf dem Tisch steht 식탁 위에 있는 대접; dieses Spiel, das spannend verlief 긴장감을 주며 진행된 그 경기; ein Bild, das er aufgehängt hat 그가 걸어놓은 그림; alle Spieler, die am Ball waren 공을 쫓던 모든 선수들; alle Spielsachen, die der Großvater kauft 할아버지가 산 모든 장난감들. **b)** 《2격 부가어 대신에》 der Vater, dessen Sohn eine Lehre macht 자신의 아들이 견습을 하고 있는 그 아버지; das Buch, dessen Einband beschädigt ist 장정이 훼손된 그 책; die Lampe, von deren grellem Licht er geblendet wurde 번쩍이는 불빛으로 그가 눈이 부셨던 그 등. **2.** 《동시에 관계대명사 및 지시대명사로서》 der sich immer für mich einsetzt, ist mein Freund 나를 위해서 언제나 진력하는 그 사람이 나의 친구이다; die das getan haben soll, ist nicht anwesend 그것을 하였다고 하는 그녀는 참석하고 있지 않다; denen den größten Sieg erringen, denen gebührt das meiste Lob 최고의 승리를 거두는 자들, 그들에게 최대의 찬사가 돌아간다.

Derangement [derãʒəˈmãː], das; -s, -s [frz. dérangement] 방해, 혼란. **derangieren** [derãˈʒiːrən] ⟨h⟩ [frz. déranger] **a)** (고어) 방해하다: er wollte nicht d. 그는 방해하려 하지 않았다. **b)** 《대개 과거분사로》 혼란시키다: 어지럽히다: der Vorfall hatte ihn etwas derangiert 그 사건이 그를 약간 혼란시켰다.

derart ⟨Adv.⟩ 그렇게, 그런 정도로, 그런 방식으로: es hat lange nicht mehr d. geregnet 오랫동안 비가 그렇게 많이 내리지는 않았다. **derartig** ⟨Adj.⟩ 그런 종류의, 그와 같은: eine -e Kälte hat es seit langem nicht gegeben 그런 추위는 오래전부터 없었던 일이다.

derb [derp] ⟨Adj.⟩ **1. a)** 단단한, 튼튼한: -es Schuhwerk 튼튼한 구두. **b)** 영양분이 많은: -e Kost lieben 영양분이 많은 음식을 좋아하다. **c)** 힘센, 강건한: er faßte ihn d. am Arm 그는 그의 팔을 세차게 잡았다. **d)** [지질] (광석이) 거친 덩이의, 괴상(塊狀)의. **2. a)** 거친, 세련되지 못한, 속된: -e Witze machen 거친(속된) 재담을 하다; seine Ausdrucksweise ist d. 그의 말버릇은 세련되지 못하다(거칠다). **b)** 불친절한: eine -e Antwort 불친절한 대답; jmdn. d. anfahren 누구를 거칠게 꾸짖다. **Derbheit,** die, -en **1.** ⟨Pl. 없음⟩ 거칠음(↑derb의 명사형). **2.** 거친(세련되지 못한) 말씨. **Derbholz,** das [임업] 직경 7cm 이상의 간재(幹材). **derbknochig** ⟨Adj.⟩ 뼈대가 큰: ein -es Gesicht 뼈대가 큰 얼굴.

¹Derby ['daːbɪ], -s 더비(영국의 도시).

²Derby ['dɛrbi], das; -s, -s [engl. derby, 1780년 처음으로 이 유형의 경마 경기를 개최했던 Edward Stanley라는 Derby가 백작 이름에서] **1.** 더비 경마. **2.** 특별한 관심을 끄는 채육 경기. **Derbyrennen,** das ↑²Derby (1) 참조.

Derealisation [derealiza'tsjoːn], die; -en [amerik. derealization] [심리] (분열증 등에 의한) 현실감 상실 [소실].

dereierend [dereˈiːrənt], **dereistisch** [dereˈɪstɪʃ; lat. dē rē] ⟨Adj.⟩ [철학] 성찰이 없는 감정으로 인식에 영향을 주는.

dereinst ⟨Adv.⟩ [dermaleinst의 약칭] **a)** ⟨아어⟩ 장차, 앞으로 언젠가: wenn ich d. sterbe, begrabt mich am Fluß 내가 장차 죽거든 강가에 묻어주오. **b)** ⟨고어⟩ 일찌기, 전에, 옛날에: ich bin ihr d. vorgestellt worden 나는 전에 그녀에게 소개를 받았다. **dereinstig** ⟨Adj.⟩ ⟨드물게⟩ 장차.

Dereliktion [derelɪkˈtsjoːn], die; -en [lat. dērelictio] [법] 소유권의 포기. **derelinquieren** [derelɪŋˈkviːrən] ⟨h⟩ [lat. dērelinquere] [법] 동산의 소유권을 포기하다.

deren ['deːrən] **1.** ⟨Demonstrativpron.⟩ **a)** ↑die (↑der II 1 a α)의 단수2격. **b)** ↑der, die, das (↑der II 1 a β)의 복수2격. **2.** ⟨Relativpron.⟩ **a)** ↑die (↑der III 1 a, b)의 단수2격. **b)** ↑der, die, das (↑der III, 1 a, b)의 복수2격.

derent- ['deːrənt-]: **~halben** ⟨Adv.⟩ ⟨고어⟩ **~wegen. ~wegen** ⟨Adv.⟩ **1.** ⟨지시적⟩ 그것(들) 때문에: in dieser Stadt steht eine berühmte Kirche, und d. haben wir unsere Fahrt unterbrochen 이 도시에는 유명한 교회가 있다. 그것 때문에 우리는 여행을 중단했다. **2.** ⟨관계사로⟩ 그들 때문에, 그들을 위하여: die Gäste, d. das Fest stattfand, verspäteten sich 그들을 위하여 잔치가 벌어진 그 손님들이 지각했다. **~willen** ⟨Adv.⟩ ⟨다음 용법으로만⟩ **um d.** 그녀(그들)를 위하여: das Mädchen, um d. er das alles getan hatte, verließ ihn 그가 모든 것을 다해주었던 그 소녀가 그를 저버렸다.

derer ['deːrɐ] ↑der, die, das (↑der II 1 a β)의 복수2격.

deret- ['deːrət-] ↑derent- 의 구형.

dergestalt ⟨Adv.⟩ [der gestalt (adv. Gen.)] ⟨아어⟩ 그렇게, 이렇게, 이런 방식으로: die Ermittlungen verliefen d., daß … 조사는 …한 방식으로 진행되었다.

dergleichen ⟨Demonstrativpron.⟩ ⟨격변화 없음⟩ **a)** ⟨부가어적⟩ 그와 같은(약어: dgl.): d. Fragen schätzte er gar nicht 그러한 질문들을 그는 전혀 높이 평가하지 않았다; und d. mehr 그리고 그와 같은 것(등등)(약어: u. dgl. m.). **b)** ⟨독립적으로⟩ 그와 같은 것, 그런 것: d. geschieht immer wieder 그와 같은 것이 늘 또다시 일어나곤 한다. **c) nicht d. tun** ⟨통용어⟩ (다른 사람들이) 기대하는 것을 하지 않다, 반응을 보이지 않는다.

de rigueur [dəri'gœːr; frz. de rigueur] ⟨드물게⟩ 필수불가결한.

Derivans ['deːrivans], das; -, Derivanitia […'vantsi̯a] /…vanzien [deri'vantsi̯ən; lat. dērīvāns] ⟨대개 Pl.⟩ [의학] 피부 자극제. **Derivat** [deri'vaːt], das; -(e)s, -e **1.** [언어] 파생어(예컨대: schön에서 Schönheit). **2.** [화학] 유도체. **3.** [생물] 파생 기관(발생사적으로 더 이전의 것에 소급시킬 수 있는). **Derivation** [deriva'tsjoːn], die; -en [lat. dērīvātio] **1.** [언어] 파생. **2.** [군] (탄환의) 벗나감. **Derivationsrechnung,** die ⟨고어⟩ ↑Differentialrechnung. **Derivationswinkel,** der [항해] 회전 전박의 수미선(首尾線)과 회전원에 있는 탄젠트의 각도. **derivativ** […'tiːf] ⟨Adj.⟩ [lat. dērīvātīvus] [언어] 파생된. **Derivativ** [-], das; -s, -e […ivə] [언어] 파생어. **Derivativum** […'tiːvʊm], das; -s, …va ⟨드물게⟩ ↑Derivativ. **derivieren** [deri'viːrən] ⟨h⟩ [lat. dērīvāre] **1.** [언어] (단어를) 파생시키다(예컨대: verzeihen에서 Verzeihung). **2.** [군] 조준선에서 벗어나다, 빗나가다. **Derivierte°,** die [수학] 도함수(導函數).

derjenige ['deːrjeːnɪgə], **diejenige** ['diː…], **dasjenige** ['das…] ⟨Demonstrativpron.⟩ [der jener (der, die, das의 강조형)] **a)** ⟨관계 문장 앞에서⟩ derjenige, der das getan hat, soll sich melden 그것을 한 사람은 신고를 하여라; diejenige Frau, die mir geholfen hat, ist verschwunden 나를 도와준 (그) 여자는 사라졌다; er ist derjenige, welcher ⟨통용어⟩ 그가 바로 문제의 그 사람이다. **b)** ⟨2격 앞에서⟩ mit dem Amt ist automatisch dasjenige des Parteivorsitzenden verbunden 그 직책은 당수직과 당수직과 당수직과 당수직과 당수직과 당연히 연결되어 있다.

derlei ['deːɐlaɪ̯] ⟨Demonstrativpron.; 격변화 없음⟩ [mhd. der leie] **a)** ⟨부가어적⟩ 그러한, 이러한, 그런 종류의: d. Worte hört man oft 그런 말들을 자주 듣게 마련이다. **b)** ⟨독립적으로⟩ 그런, 이런 것: d. kommt häufig vor 그런 것은 자주 발생한다.

Derma ['dɛrma], das; -s, -ta […ta; griech. dérma] [의학] 피부. **dermal** [dɛr'maːl], **dermatisch** ⟨Adj.⟩ [의학] 피부에 관한, 피부의.

dermaleinst ⟨Adv.⟩ ⟨고어·아어⟩ ↑dereinst.

dermalen [deːr'maːlən] ⟨Adv.⟩ ⟨österr. 드물게, 그 외는 고어⟩ 지금(jetzt).

Dermalgie [dɛrmal'giː], die; -n […iːən; griech. dérma u. álgos] [의학] 피부(신경) 통증.

dermalig [deːr'maːlɪç] ⟨Adj.⟩ ⟨österr. 드물게, 그 외 고어⟩ 지금의(jetzig).

dermaßen ['deːɐmaːsn] ⟨Adv.⟩ [mhd. Gen. Sg.: der māʒen] 이(그)렇게, 그 정도로: ich war d. überrascht, daß … 나는 …할 정도로 놀랐다.

Dermatikum [dɛr'maːtikʊm], das; -s, …ka [griech. dérma] [의학] 피부약. **dermatisch** ⟨Adj.⟩ [griech. dermatikós] ↑dermal. **Dermatitis** [dɛrma'tiːtɪs], die; …itiden […atiˈtiːdn; griech. dérma] [의학] 피부염증. **Dermatogen** [dɛrmato'geːn], das; -s [식물] 원초 표피(原初表皮). **Dermatologe** […'loːgə], der; -n, -n [griech. dérma u. …loge] 의사, 피부과 의사, 피부병학자, 피부병학. **Dermatologie** [..loˈgiː], die [의학] 피부과학, 피부병학. **Dermatolysis** […'lyːzɪs], die [의학] 선천성 피부 무력증. **¹Dermatom** [dɛrma'toːm], das; -s, -e [griech. dérma] [의학] 피부 종창. **²Dermatom** [-], das; -s, -e [1: griech. dérma u. tomé; 2: griech. dérma u. tomós] [의학] **1.** 피부 조각. **2.** 이식

Dermatomyom 418

용 피부 분리기. **Dermatomyom** [dεrmatomy'o:m], das; -s, -e 〔의학〕 양성 피부 종창. **Dermatoplastik**, die; -en 〔의학〕 피부 이식에 의한 대치〔식피술〕. **Dermatose** [dεrma'to:zə], die; -n [griech. dérma] 〔의학〕 피부병(Hautkrankheit). **Dermatozoon** [dεrmato'tso:ɔn], das; -s, ...zoen [...'tso:ən; griech. dérma u. zōon] 〔의학〕 (피부병을 유발할 수 있는) 피부 기생충. **Dermatozoonose** [...tsoo'no:zə], die; -n 〔의학〕 피부 기생충으로 인한 피부병. **Dermograph** [dεrmo'gra:f], der; -en, -en [의학] (피부에 표시하는데 쓰는) 그리스펜슬. **Dermographie** [...gra'fi:], die; -n [...iən], **Dermographismus** [...gra'fɪsmʊs], der; -, ...men [...mən] 〔의학〕 기계적 자극을 받은 피부 부위에 줄이 생김. **Dermoid** [dεrmo'i:t], das; -s, -e [griech. dérma u. -oeidḗs] 〔의학〕 점막에 생긴 피부와 같은 기형. **Dermoplastik** [dεrmo...], die; -en 1. 〔의학〕 ↑ Dermatoplastik. 2. 박제술. **dermotrop** [...'tro:p] 〈Adj.〉 [griech. dérma u. -tropos] 〔의학〕 피부에 작용하는.

Dernier cri [dεrnje'kri], der; - -, -s -s [dεrnje'kri; frz. dernier cri] 최신 유행: sie ist immer nach dem D. c. gekleidet 그녀는 항상 최신 유행에 맞게 옷을 입는다.

dero ['de:ro] 〈Pron.〉 〈격변화 없음〉 [ahd. dero = Gen. Pl. von : der / die] 〈〈고어〉〉 ↑ deren. **Dero** [-] 〈Pron.; 격변화 없음〉 [고어의 호칭] ↑ Ihr, ↑ Euer: D. Gnaden 전하, 폐하; D. Exzellenz untertänigster Diener 돈수 재배(頓首再拜), 폐하의 충직한 종.

Derogation [deroga'tsjo:n], die; -en [lat. dērogātio] 〔법〕 (법령의) 일부 폐지, 부분적 폐지, **derogativ** [deroga'ti:f] 〈Adj.〉 [lat. dērogātīvus] 〔법〕 (법령을) 일부 폐지하는, 일부 효력 정지하는, **derogatorisch** [deroga'to:rɪʃ] 〈Adj.〉 [lat. dērogātōrius] ↑ derogativ. **derogieren** [dero'gi:rən] 〈h〉 [lat. dērogāre] 〔법〕 부분적으로 폐지하다. **derohalben** ['de:ro'halbn] 〈Adv.〉 〈〈고어〉〉 ↑ deshalb.

Deroute [de'ru:t(ə)], die; -n [frz. déroute] 1. 〈〈고어〉〉 궤주(潰走). 2. 〔경제〕 주가〔가격〕 폭락. **deroutieren** [deru'ti:rən] 〈h〉 [1 : frz. dérouter ↑ Deroute (1)] 1. 〈〈고어〉〉 나쁜 길로 끌어들이다. 2. 〔경제〕 가격을 폭락시키다. **Deroutierung**, die; -en ↑ deroutieren의 명사형. **derowegen** [de:ro've:gn̩] 〈Adv.〉 〈〈고어〉〉 ↑ deswegen.

Derrickkran ['dεrɪk-], der; -s, -e / -kräne [engl. derrick crane, 17세기 영국의 형리인 Derrick의 이름을 따서] 고층 및 지하 공사를 위한 조립 크레인.

Derris ['dεrɪs], die [griech. dérris] 〔식물〕 데리스(콩과 데리스속의 총칭).

derselbe [de:ɐ̯'zɛlbə], **dieselbe** [di:'...], **dasselbe** [das'...] 〈Demonstrativpron.〉 1. 같은, 동일한: er trägt denselben Anzug wie gestern 그는 어제와 같은 양복을 입고 있다; es war ein und derselbe Schauspieler 그것은 동일한 배우였다; das ist doch ein und dasselbe 그것은 동일하다, 차이가 없다; sie ist immer noch dieselbe wie damals 그녀는 아직도 그 당시와 똑같다. 2. 〈통용어〉 유사한 (der, die, das gleiche의 뜻으로) er fährt dasselbe(das gleiche가 더 나음) Auto wie ich 그는 나와 유사한 자동차를 가지고 있다. 3. 〈〈고어·격식 독어; 앞에 나온 말을 가리킴〉〉 das Haus, vor allem das Dach desselben müßte repariert werden 그 집, 특히 그 집의 지붕을 수리해야 된다.

derselbige [de:ɐ̯'zɛlbɪgə], **dieselbige** [di:'...], **dasselbige** [das'...] 〈〈고어〉〉 ↑ derselbe, dieselbe, dasselbe.

Derutaware [de'ru:ta-], die; - [Perugia 지방에 있는 이탈리아 도시 Deruta의 이름에 따라] 16세기의 토기.

derweil(en), 〈〈드물게〉〉 **derweile** [mhd. der wīle(n)]
I. 〈Adv.〉 그 동안에, 그 사이에, 그러는 사이에: ich gehe d. schon mal nach unten 그 동안에 나는 아래로 좀 내려가겠다. II. 〈Konj.〉 ···하는 동안에(während): d. sie mit den Kindern spielte, arbeitete er 그녀가 아이들과 노는 동안에 그는 일을 했다.

Derwisch ['dεrvɪʃ], der; -(e)s, -e [türk. derviş < pers. darwīš] 회교 수도 단체의 승려.

derzeit 〈Adj.〉 [mhd. der zīt(e)] 1. 지금, 현재의(zur Zeit). 2. 〈〈준고어〉〉 그 당시, 그 때, 그 무렵(damals): d. war er der beste Läufer 당시에는 그가 가장 잘 뛰는 사람이었다. **derzeitig** 〈Adj.〉 1. 지금의, 현재의 (jetzig): nach dem -en Recht ist er Vormund 지금의 법에 의하면 그가 후견인이다. 2. 〈〈준고어〉〉 그 당시의(damalig): der -e Leiter des Unternehmens hatte das verfügt 그 시업체의 당시 사장이 그런 조치를 했다.

¹**des** [dεs] 〈der와 das의 단수 2격〉 ↑ der I 1 a 참조.
²**des**, ¹**Des** [-], das; -, - 〔음악〕 내림라 음. ²**Des** ↑ Des-Dur의 부호.

des. = designatus 임명되어 아직 취임하지 않은.

Desannexion [dεs|..., deza...], die; -en [frz. désannexion] 합병의 취소, 분리(제1차 대전 때 프랑스의 Elsaß-Lothringen 환부의 구호).

desarmieren [dεs|..., deza...] 〈h〉 [frz. désarmer] 1. 〈군·고어〉 무장 해제하다(entwaffnen)〈반대 : armieren¹〉. 2. 〈〈고어〉〉 적수의 칼을 쳐서 손에서 떨어뜨리다.

Desaster [de'zastɐ̯], das; -s, - [frz. désastre] 재난, 재화, 파국, 파멸, 불운: ein schlimmes D. 고약한 재난; mit einem D. enden 파국으로 끝나다.

desavouieren [dεsavu'i:rən, deza...] 〈h〉 [frz. désavouer] 1. 누구를 공개적으로 조소〔모욕〕하다 : jmdn. in aller Öffentlichkeit d. 누구를 다른 사람들의 면전에서 웃음거리로 만들다. 2. 인정하지 않다, 부인하다. **Desavouierung**, die; -en ↑ desavouieren의 명사형.

Descort [dε'sko:r], der; -s, -s [frz. descort] 〔문예〕 고대 프랑스의 프로방스 시구의 일종.

Des-Dur ['dεs-], 〈또한〉 '−'−'], das 〔음악〕 내림라 장조 (기호 : Des). ²**des**, ²**Des** ↑ Des 참조, **Des-Dur-Etüde**, die 내림라 장조 연습곡. **Des-Dur-Tonleiter**, die 내림라 장조 음계.

Desengagement [dεzãgaʒə'mã:], das; -s, -s [frz. désengagement] ↑ Disengagement.

Desensibilisation [dezεnzibiliza'tsjo:n], Desensibilisierung, die; -en. 1. 〔사진〕 감광 둔화. 2. 〔의학〕 둔감화. **Desensibilisator** [...'za:tor], 〈또한〉 [...to:ɐ̯], der; -s, -en [...za'to:rən] 〔사진〕 감광 둔화제. **desensibilisieren** [...'zi:rən] 〈h〉 1. 〔사진〕 (감광 둔화제로) 감광을 둔화시키다. 2. 〔의학〕 둔감화시키다. **Desensibilisierung**, die; -en ↑ Desensibilisation.

Deserteur [dezεr'tø:ɐ̯], der; -s, -e [frz. déserteur] 〔군〕 도망병, 탈영병, 투항병: der D. wurde festgenommen u. verurteilt 도망병은 체포되어 유죄 판결을 받았다. **desertieren** [dezεr'ti:rən] 〈s/h〉 [frz. déserter] 〔군〕 탈영〔도망〕하다, 투항하다: er ist von seiner Truppe〔zum Feind〕 desertiert 그는 그의 부대에서 탈영〔적에게〕 투항하였다. **Desertifikation**, die; -en [lat. desertus u. facere] 〔지리〕 사막화. **Desertion** [dezεr'tsjo:n], die; -en [frz. désertion] 〔군〕 탈영, 도망.

desgleichen 〈Adv.〉 역시, 마찬가지로.

Déshabillé [dezabi'je:], das; -(s), -s [frz. déshabillé] a) 우아하고 장식이 된 실내복. b) (18세기에 유행한) 우아한 실내복, 잠옷.

deshalb 〈Adv.〉 그 때문에, 그래서, 그런 까닭에: er ist krank und kann d. nicht kommen 그는 병이 났다. 그

래서 그는 올 수가 없다.

desiderabel [dezide'ra:bəl] 〈Adj.〉 [lat. dēsīderābilis] 《교양어》 바람직한(wünschenswert). **desiderat** [...'ra:t] 〈Adj.〉 [lat. dēsīderātus] 《교양어》 절실히 필요한, 결함을 보충하는: ein solches Nachschlagewerk wäre wirklich d. 그런 참고 서적이 정말로 필요할 것이다. **Desiderat** [dezide'ra:t], das; -(e)s, -e, Desideratum [...ra:tʊm], das; -s, ...ta [...ta; lat. dēsīderātum] 1. [서적] 결본이라 구입 신청이 된 책, 구입 희망 도서. 2. 《교양어》 부족한 것, 절실히 요구되는 것. **Desideratenbuch**, das [서적] 결본(희망 도서) 목록 [대장]. **Desiderativum** [...ra'ti:vʊm], das; -s, ...va [...va; lat. dēsīderātīvus] [언어] 바람을 나타내는 동사. **Desideratum**: ↑Desiderat. **Desiderium** [dezi'de:rjʊm], das; -s, ...ien [...jən]/...ia [...ja; 2: lat. dēsīderium] 《교양어》 1. 《대개 Pl.》 ↑Desiderat (1). 2. 원망, 요구, 욕구.

Design [di'zaɪn], das; -s, -s [engl. design] 디자인, 초안: neuzeitliches D. (von Möbeln) 신시대의 (가구) 디자인. **Designat** [dezi'gna:t], das; -(e)s, -e [lat. dēsīgnātum] [언어·논리] 지시 대상[내용] (비교: Signifikat). **Designation** [dezɪgna'tsjoːn], die; -en [lat. designatio] 1. 지시, 규정. 2. 잠정적인 임명. **Designator** [dezi'gna:tor], (또한) ...oːɐ̯], der; -s, -en [dezɪgna'to:rən; lat. dēsīgnāre] [언어·논리] 지시 기호 (비교: Signifikant). **designatus** [dezɪ'gna:tʊs; lat. dēsīgnātus] 임명되어 아직 취임하지 않은, 예정된(약어: des.): er ist Doktor d. 그는 박사 학위 취득 예정자이다. **Designer** [di'zaɪnɐ], der; -s, - [engl. designer] 디자이너: D. von Industrieprodukten 공산품 디자이너. **Designerin**, die; -nen ↑Designer의 여성형. **designieren** [dezi'gni:rən] 〈h〉 [lat. dēsīgnāre] 《교양어》 1. 어떤 관직의 임명을 예정하다: der designierte Präsident 예정된 회장[대통령]; er ist zum Vizekanzler designiert 그는 부수상으로 내정되었다. 2. 규정하다, 명명하다, 예정하다.

Desillusion [dɛsǀ-, dezɪ...], die; -en [frz. désillusion] 1. 〈Pl. 없음〉 환멸, 각성. 2. 환멸의 체험: eine D. erleben 환멸을 체험하다. **desillusionieren** [dɛsǀiluzjoːniːrən, dezɪ...] 〈h〉 [frz. désillusionner] 환멸을 느끼게 하다, 깨우치게 하다, 각성시키다: er kehrte desillusioniert von seiner Reise zurück 그는 환멸을 느끼고 여행에서 돌아왔다. **Desillusionierung**, die; -en ↑desillusionieren의 명사형. **Desillusionismus** [dɛsǀ-, dezɪ...], der; - 냉철한 현실 관찰주의.

Desinfektion [dɛsǀ-, dezɪ...], die; -en 1. 소독, 살균: die D. des Zimmers 방의 소독. 2. 〈Pl. 없음〉 살균 상태: die D. hielt nicht lange vor 살균 상태는 오래가지 않았다. **Desinfektionsmittel**, das 소독[살균]제. **Desinfektor** [dɛsǀɪn'fɛktor, dezɪ...] (또한) ...oːɐ̯], der; -s, -en [...'to:rən] 1. [인명] 전문가. 2. 소독기. **Desinfiziens** [dɛsǀɪn'fi:tsjɛns, dezɪ...], das; -, ...zientia [...fi'tsjɛntsja]/...zienzien [...fi'tsjɛntsjən] Desinfektionsmittel. **desinfizieren** 〈h〉 소독[살균]하다: das ganze Haus d. 온 집안을 소독 [살균]하다; eine Spritze durch[mit] Alkohol d. 주사기를 알코올로 소독하다. **Desinfizierung**, die; -en ↑Desinfektion (1).

Desinformation [dɛsǀ-, dezɪ...], die; -en 의도적 위장 정보.

Desintegration [dɛsǀ-, dezɪ...], die; -en 1. [사회] 〈반대: Integration〉 a) (문화적 규범 및 가치 체계의) 분산, 분열. b) (사회 집단 또는 사회 체계의) 분열, 해산. 2. [심리] 정신병자의 인격 분열. **Desintegrator** [dɛsǀ-, dezɪ...], der; -s, -en [...gra'to:rən] [기술] (섬유질이 아닌 재료를 부수는) 파쇄기. **desintegrieren** 〈h〉 《전문어》 분열[해산]시키다. **desintegrierend** [dɛsǀ-, dezɪ...] 〈Adj.〉 반드시 필요하지는 않은, 중요하지 않은(반대: integrierend). **Desintegrierung** [dɛsǀ-, dezɪ...], die; -en: ↑Desintegration (1)(반대: Integrierung).

Desinteresse ['dɛsǀ-], das; -s 《교양어》 무관심, 냉담(반대: Interesse): sein D. an[für] etw. zeigen 무엇에 관한 무관심을 표시하다. **Desinteressement** [dɛzɛ̃tərɛsə'maː], das; -s [frz. désintéressement] 《교양어》 무관심, 냉담.

desinteressieren, sich 〈h〉 [frz. se désintéresser] 《드물게 교양어》 무엇에 대한 흥미를 잃다. **desinteressiert** 〈Adj.〉 [frz. désintéressé] 《교양어》 무관심한, 냉담한 (반대: interessiert): ein -es Gesicht machen 무관심한 표정을 하다; sie sitzt d. in einer Ecke 그녀는 무관심한 채로 구석에 앉아 있다. **Desinteressiertheit**, die 무관심함.

Desinvolture [dezɛvɔl'tyːɐ̯], die [frz. désinvolture] 【문예】 (양식에 있어서) 자유 분방.

desistieren [dezɪs'ti:rən] 〈h〉 [lat. desistere] 《고어》 무엇을 단념[포기]하다(반대: insistieren).

Desjatine [dɛsja'ti:nə], die; -n [russ. desjatina] (고대 러시아의 면적 단위) 약 1 헥타르.

Desk-Research ['dɛskrɪsəːɐ̯tʃ], das; -(s), -s [engl. desk research] 【사회·통계】 탁상연구.

deskribieren [dɛskri'bi:rən] 〈h〉 [lat. dēscrībere] [언어] (언어 현상 등을) 기술하다. **Deskription** [dɛskrɪp'tsjoːn], die; -en [lat. dēscrīptio] 《대개 전문어》 기술(記述). **deskriptiv** [dɛskrɪp'ti:f] 〈Adj.〉 [lat. dēscrīptīvus] 《대개 전문어》 기술(서술)적인: -e Grammatik 기술 문법(記述文法). **Deskriptivismus** [...ti'vɪsmʊs], der (언어 현상을 기술하는) 기술주의. **deskriptivistisch** 〈Adj.〉 기술주의의. **Deskriptor** [de'skrɪptor, (또한) ...oːɐ̯], der; -s, -en [...'to:rən; lat. dēscrīptor] [전산] 서술자(叙述子)(key word).

Desmitis [dɛs'mi:tɪs], die; -, ...itiden [...mi'ti:dn; griech. desmós] 【의학】 건염(腱炎) 또는 인대염(靭帶炎). **Desmodont** [dɛsmo'dɔnt], das; -s [griech. desmós u. odón] [동물] 치근(齒根)의 피부. **Desmoid** [dɛsmoˈiːt], das; -s, -e [griech. desmós u. -eidés] 【의학】 결체(結締)조직의 종창. **Desmologie** [...lo'gi:], die; -n [...i:ən] 【심리】 노이로제 발생의 원인을 동인 억제에서 찾는 학설.

Desodorant [dɛsǀodo'rant, dezo...] usw. ↑Deodorant usw.

desolat [dezo'la:t] 〈Adj.〉 [lat. dēsōlātus] 《교양어》 암담한, 참담한: Länder, deren Wirtschaft sich in einem -en Zustand befindet 경제 사정이 참담한 상태에 있는 나라들.

Desordre [de'zɔrdrə], der; -s, -s [frz. désordre] 〈고어〉 혼란, 무질서.

Desorganisation [dɛs-, dezɪ...], die; -en [frz. désorganisation] 《교양어》 1. 해체, 파괴. 2. 계획 부재 [부족], 무질서: der Grund für das Scheitern des Vorhabens war völlige D. 계획 실패의 원인은 완전한 무질서였다.

desorganisieren [dɛs-, dezɪ...] 〈h〉 [frz. désorganiser] 파괴하다, 와해시키다, 해체하다. **Desorganisierung**, die; -en ↑desorganisieren의 명사형.

desorientieren [dɛs-, dezɪ...] 〈h〉 [frz. désorienter] 방향 감각을 잃게 하다, 갈피를 못잡게 하다, 혼란시키다 (반대: orientieren): ich bin in dieser Angelegenheit völlig desorientiert 나는 이 문제에 있어서 전혀 영문을 모르겠다. **Desorientiertheit**, die ↑desorientieren의 명사형. **Desorientierung**, die (반대: Ori-

entierung) **1.** 혼란, 영문을 모름. **2.** 【심리】 방향 설정 불능.
Desorption [dezɔrp'tsjoːn], die; -en [↑Adsorption의 반대 조어] **1.** 【물리】 탈착(脫着). **2.** 【화학】 누출(흡수 가스의).
Desoxydation [des|-, dezo...], 【화학】 **Desoxidation**, die; -en 탈산(脫酸). **desoxydieren** [des|-, dezo...], 【화학】 **desoxidieren** ⟨h⟩ 【화학】 화합물에서 산을 제거하다(탈산하다). **Desoxyribose** [des|ɔksyri-'boːzə, dezo...], die 【화학】 디옥시리보스. **Desoxyribo(se)nukleinsäure** [...'boːznukle'iːn-, ...ribonukle'iːn-], die; -n 【생화학】 디옥시리보스 핵산(약어: DNS).
despektieren [dɛspɛk'tiːrən] ⟨h⟩ [lat. dēspectāre] 《고어》 경멸하다, 멸시하다. **despektierlich** ⟨Adj.⟩ 《아어》 모멸하는, 업신여기는, 무례한: eine -e Äußerung 모멸적인 언사; man redet d. über ihn 사람들은 그에 대해서 멸시하는 투로 말한다.
Desperado [dɛspe'raːdo], der; -s, -s [amerik. desperado] 《교양어》 **1.** 정치적 자포 행위를 하는 모험가, 무법자, 비적. **desperat** [dɛspe'raːt] ⟨Adj.⟩ [lat. dēspērātus] 《교양어》 절망적인, 자포자기의: eine -e Lage 절망적 상황; in -er Stimmung sein 절망적 상황에 처해 있다. **Desperation** [dɛspera'tsjoːn], die; -en [lat. dēspērātio] 절망.
Despot [dɛs'poːt], der; -en, -en [griech. despótēs] **1.** 전제 군주, 폭군: ein mittelalterlicher D. 중세의 폭군; das Volk wurde von einem -en beherrscht 국민은 폭군의 지배를 받았다. **2.** 《비》 폭군 같은 사람: er spielt sich seiner Familie gegenüber als D. auf 그는 그의 가족에게 폭군처럼 행세한다. **Despotie** [dɛspo'tiː], die; -n [...iːən] 전제 정치, 폭정. **despotisch** ⟨Adj.⟩ **1.** 전제 정치의, 폭정의: ein -er Fürst 전제 영주; d. regieren 전제 정치를 하다. **2.** 《비》 오만한, 폭군적인, 무자비한, 반론을 허용치 않는: sein Charakter ist d. 그의 성격은 폭군과 같다; er herrscht d. über seine Familie 그는 전제 군주처럼 그의 가족을 지배한다. **Despotismus**, der 전제주의, 폭력 정치: es herrschte ein grausamer D. 잔학한 전제정치가 시행되었다.
Desquamation [dɛskvama'tsjoːn], die; -en [lat. dēsquāmātus] **1.** 【지질】 박리(剝離), 낙설(落屑). **2.** 【의학·생물】 《포유 동물과 사람 피부의》 박리, 낙설. **3.** 【의학】 《월경시 자궁 점막의》 낙설.
Dessau ['dɛsau], -s 데사우(구 동독의 도시). **¹Dessauer** ['dɛsauɐ], der; -s, - 데사우 사람. **²Dessauer** ⟨Adj.; 격변화 없음⟩ 데사우의. **dessauisch** ['dɛsauɪʃ] ⟨Adj.⟩ 데사우의.
desselben [dɛs'zɛlbn̩] ↑derselbe 참조.
dessen ['dɛsn̩] ↑der, das; (↑der Ⅲ, 1)의 단수 2격.
dessent- ['dɛsnt]: **~halben** ⟨Adv.⟩ 《고어》 ↑~wegen. **~wegen** ⟨Adv.⟩ **1.** 《지시적》 그것으로 인하여, 그것 때문에: er hatte d. drei Nächte nicht geschlafen 그는 그것으로 인하여 사흘밤이나 잠을 못 이루었다. **2.** 《관계적》 das Mädchen, d. er gekommen war 그가 그녀 때문에 온 그 소녀. **~willen** ⟨Adv.⟩ 《다음 용법으로만》 um d. 그것[그 사람]을 위하여: das Mädchen, um d. er gekommen war 그가 그녀를 위하여 온 그 소녀.
dessenungeachtet [(또한) '--'----] ⟨Adv.⟩ 그럼에도 불구하고(dennoch): es regnete in Strömen, d. setzte man das Spiel fort 비가 억수같이 왔다. 그럼에도 불구하고 경기를 계속했다.
Dessert [dɛ'seːɐ, dɛ'sɛrt], das; -s, -s [frz. dessert] 후식, 디저트(Nachspeise): als[zum] D. gab es Eis 후식으로는 아이스크림이 있었다; wir waren gerade beim D. 우리들은 막 후식을 들고 있는 중이었다.
Dessert-: **~besteck**, das 후식용 수저. **~gabel**, die 후식용 포크. **~löffel**, der 후식용 숟가락. **~messer**, das 후식용 칼. **~service**, das 후식용 식기류. **~teller**, der 후식용 접시. **~wein**, der 후식용 포도주(알코올 농도와 당도가 높은).
Dessin [dɛ'sɛ̃ː], das; -s, -s [frz. dessin] **1.** (옷감이나 종이 등의) 무늬: neue -s entwerfen 새로운 무늬를 초안하다. **2.** 데생, 도안, 모양. **3.** 【당구】 밀친 공이 가는 길. **Dessinateur** [dɛsina'tøːɐ], der; -s, -e [frz. dessinateur] (옷감의) 무늬 도안가, 화공. **dessinieren** [dɛsi'niːrən] ⟨h⟩ [frz. dessiner] (무늬를) 도안하다, 그리다. **dessiniert** ⟨Adj.⟩ 무늬가 있는. **Dessinierung**, die; -en 무늬를 그림, 무늬를 도안함.
Dessous [dɛ'suː], das; - [dɛ'suː(s)], - [dɛ'suːs] 《대개 Pl.》 [frz. dessous] 《교양어·준고어》 여자용 속옷(Damenunterwäsche): seidene D. tragen 비단 속옷을 입다.
Destillat [dɛstɪ'laːt], das; -(e)s, -e [lat. dēstillātum] 《전문어》 증류액, 증류수. **Destillatbrenner**, der 브랜디 제조업자, 소주 양조인. **Destillateur** [dɛstɪla'tøːɐ], der; -s, -e [frz. distillateur] **1.** 브랜디 제조인, 소주 양조인. **2.** (드물게) 브랜디를 파는 술집 주인. **Destillation** [dɛstɪla'tsjoːn], die; -en [lat. dēstillātio] **1.** 【화학】 D. spielt in der Parfümherstellung eine wichtige Rolle 증류는 향수 생산시에 중요한 역할을 한다. **2.** 브랜디 증류 공장. **3.** 작은 술집. **Destillationsgas**, das 증류 가스. **destillativ** ⟨Adj.⟩ 증류법으로 만든. **Destillator** [dɛstɪ'laːtɔr, (또한) ...toːɐ], der; -s, -en [...la'toːrən] 증류기. **Destille** [dɛs'tɪlə], die; -n (지역어·준고어) **1.** (주로 브랜디를 파는 작은) 술집, 음식점. **2.** 브랜디 양조장. **Destillierapparat**, der 증류기, 증류 장치. **destillierbar** ⟨Adj.⟩ 증류할 수 있는. **destillieren** [dɛstɪ'liːrən] ⟨h⟩ [lat. dēstillāre] **1.** 【화학】 증류하다: Alkohol d. 알코올을 증류하다; destilliertes Wasser 증류수. **2.** (긴 논문 등에서) 중요한 것을 끌어내다. **Destillierkolben**, der 유리로 된 증류 기구(증류 플라스크). **Destillierofen**, der 산화물에서 금속을 만드는 공업로.
Destinatar [dɛstina'taːɐ], **Destinatär** [...'tɛːɐ], der; -s, -e [frz. destinataire] 【상】 (해상 화물 교통에서) 화물의 수취인. **Destination** [dɛstina'tsjoːn], die; -en [lat. dēstinātio] 《교양어》 **a)** 임무, 사명: es war seine D., für das Recht der Unterdrückten zu kämpfen und dabei sein Leben zu opfern 피압박자의 권리를 위해서 투쟁하고 생명을 바치는 것이 그의 사명이었다. **b)** 목적, 목표.
destituieren [dɛstitu'iːrən] ⟨h⟩ [lat. dēstituere] 《고어》 해임(면직)시키다. **Destitution** [dɛstitu'tsjoːn], die; -en [lat. dēstitūtio] 《고어》 해임(면직).
desto ['dɛsto] ⟨Konj.⟩ [ahd. des diu] 《비교급 앞에서만》 그만큼, 더욱(더), 한층(um so): je eher, d. besser 빠르면 빠를수록 더 좋다; je älter er wird, d. bescheidener wird er 그는 나이가 들면 들수록 더욱더 겸손해진다.
Destose [dɛs'toːzə], die 《인공어》 전분 시험에서 얻는 인공 감미료.
destra mano ['dɛstra 'maːno] ↑mano destra.
destruieren [dɛstru'iːrən] ⟨h⟩ [lat. dēstruere] 《교양어》 파괴하다, 파멸시키다. **Destruktion** [dɛstrʊk'tsjoːn], die; -en [lat. dēstructio] **1.** 파괴. **2.** 【지질】 지표의 풍화. **Destruktionstrieb**, der 【심리】 파괴 본능. **destruktiv** [dɛstrʊk'tiːf] ⟨Adj.⟩ [lat. dēstrūctīvus] **1.**

파괴적인, 해체시키는: eine -e Haltung 파괴적 자세; d. arbeiten 파괴적으로 작업하다. 2. [의학] 악성인, 조직을 파괴하는. **Destruktivität** [...tivi'tɛːt], die 파괴성.
desultorisch [dezʊl'toːrɪʃ] 〈Adj.〉 [lat. dēsultōrius] 《고어》 비약적인, 일정하지 않은, 산만한.
desungeachtet: ↑dessenungeachtet.
deswegen [(또한) '–––] 〈Adv.〉 ↑deshalb.
Deszendent [destsɛn'dɛnt], der; -en, -en [lat. dēscendēns] **1.** [계보] 후예, 후손(반대: Aszendent 1). **2.** (반대: Aszendent 2) **a)** [점성] 출산시 서부 지평선에서 하강하는 성좌[별자리]. **b)** [천문] 하강하는 별자리. **c)** [천문] 별자리의 하강점. **Deszendenz** [...'dɛnts], die **1.** [계보] 후예의 혈통(반대: Aszendenz 1). **2.** [천문] 별자리의 하강(반대: Aszendenz 2). **Deszendenztheorie**, die 진화론(進化論) (Abstammungstheorie). **deszendieren** [...'diːrən] 〈s〉 [lat. dēscendere] (별자리나 물이) 가라앉다, 하강하다. **Deszensus** [dɛs'tsɛnzʊs], der; - **1.** [생물] (포유동물의 생식선이 태내의 생장 기간에 아래나 뒤로) 하강함. **2.** [의학] (결체조직의 허약으로 인한) 기관의 하강.
détaché [detaˈʃeː; frz. détaché] [음악] (현악기의 활을) 짧고 힘있게, 음과 음을 구분하여. **Détaché** [-], das; -s, -s [음악] 짧고 힘있게 그리고 음과 음을 구분하는 활놀림.
Detachement [detaʃəˈmãː, 《또한 schweiz.》 ...ˈmɛnt], das; -s, -s / 《schweiz.》 -e [frz. détachement] **1.** 냉정하게 거리를 두는 자세. **2.** 《군·고어》 파견대, 지대(支隊). **¹Detacheur** [...ˈʃøːɐ̯], der; -s, -e [기술] 분쇄기.
²Detacheur [-], der; -s, -e [frz. détacheur] 얼룩 빼는 전문가. **Detacheuse** [...ˈʃøːzə], die; -n ↑²Detacheur의 여성형.
¹detachieren [detaˈʃiːrən] 〈h〉 [frz. détacher] **1.** [기술] (제분용 곡물을) 분쇄하다, 빻다. **2.** 《고어》 파견대를 보내다.
²detachieren [-] 〈h〉 [frz. détacher] 얼룩진 것을 제거하다[빼다].
detachiert [...ˈʃiːɐ̯t] 〈Adj.〉 《교양어》 냉정하고 객관적인, 초연한. **Detachiertheit**, die 《교양어》 냉정함, 초연함.
Detachur [...ˈʃuːɐ̯], die; -en 《전문어》 (각종 화학 제품을 사용하여) 얼룩을 뺌.
Detail [deˈtai, deˈtaːi]; das; -s, -s [frz. détail] 세목, 상세[자세]한 내용, 세부(사항): ins D. gehen 상세한 내용까지 다루다; er hat uns in allen -s(bis ins kleinste D.) davon berichtet 그는 우리들에게 그것에 관해서 아주 상세하게 보고하였다; **im D.** 소매로(↑en détail).
detail-, Detail-: **~bericht**, der 상보(詳報). **~frage**, die 세부 질문, 세부 문제. **~geschäft**, das ↑~handel 참조. **~handel**, der 《상·고어》 소매(Einzelhandel). **~händler**, der 《상·고어》 소매 상인. **~kenntnis**, die 세부 지식. **~preis**, der 소매 가격. **~reich** 〈Adj.〉 세부 사항이 많은. **~reichtum**, der 〈Pl. 없음〉 세부 사항이 많음. **~schilderung**, die 자세한 묘사, 상술(詳述). **~untersuchung**, die 상세한 조사. **~zeichnung**, die 상세한 도면.
detaillieren [detaˈjiːrən] 〈h〉 [frz. détailler] **1.** 상세히 기술[서술]하다, 세부까지 다루다: einen Vorschlag d. 제안을 상세히 서술하다; detaillierte Auskünfte 상세한 안내; einen detaillierten Bericht abgeben 상세한 보고를 제출하다. **2.** 《상·고어》 소매하다.
Detektei [detɛkˈtai], die; -en 탐정 사무소, 흥신소(興信所): eine D. aufmachen 탐정 사무소를 개설하다. **Detektiv** [t.tiːf], der; -s, -e [engl. detective (policeman)] **1.** 탐정: einen D. beauftragen 탐정에게 의뢰하다; jmdn. durch einen D. beobachten [überwachen] lassen 누구를 탐정으로 하여금 관찰[감시]하도록 하다. **2.** 비밀경찰관, 형사.
Detektiv-: **~büro**, das ↑Detektei. **~geschichte**, die ↑~roman. **~institut**, das ↑~büro. **~kamera**, die (탐정용) 소형 사진기. **~roman**, der 탐정(추리) 소설.
detektivisch 〈Adj.〉 탐정의, 탐정과 같은: -er Scharfsinn 탐정과 같은 명민[통찰력], 《또한》 ...toːɐ̯], der; -s, -en [...ˈtoːrən; engl. detector] **1.** 탐지기. **2.** [무선] 고주파 정류기.
Détente [deˈtãːt], die [frz. détente] [정치] 《국제간의》 긴장 완화. **Détentepolitik**, die 긴장 완화 정책.
Detention [detɛnˈtsioːn], die; -en [lat. dētentio] **1.** [로마법] 불법 점유. **2.** 《고어》 억류, 구류.
Detergens [deˈtɛrgɛns], das; -, ...gentia [...ˈgɛntsia̯ / ...genzien [...ˈgɛntsi̯ən; lat. dētērgēns] [의학] 청정제(清淨劑). **Detergentia** [...ˈgɛntsia̯], das, **Detergenzien** [...ˈgɛntsi̯ən] 〈Pl.〉 **1.** (비누가 안들고 피부를 보호하는) 세탁[세정]제. **2.** ↑Detergens의 복수형.
Deterioration [deteriora'tsi̯oːn], die; -en [frz. détérioration] [법] 훼손, 가치 감소. **Deteriorativum** [...ˈtiːvʊm], das; -s, ...va [...va; lat. dētēriōrātus] ↑Pejorativum. **deteriorieren** [...ˈriːrən] 〈h〉 [frz. détériorer] [법] 훼손시키다, 파손시키다. **Deteriorierung**, die; -en ↑Deterioration.
Determinante [detɛrmiˈnantə], die; -en [lat. dētermināns] **1.** [수학] 행렬식(行列式). **2.** [생물] 유전적 결정자. **Determination** [detɛrminaˈtsi̯oːn], die; -en [lat. dētermināti̯o] **1.** [철학] 개념 규[한]정. **2.** [생물] 씨눈의 발생적 분화 결정. **3.** [심리] (심리적 현상의) 내외적 여건에 의한 제한. **determinativ** [...minaˈtiːf] 〈Adj.〉 **1.** 규정하는, 한정하는, 확정하는. **2.** 결단한, 확정[한정]적인. **Determinativ** [-], das; -s, -e [...iva̯] **1.** 이집트나 수메루의 그림 글자의 한정부(限定符). **2.** [언어] 어근 결정사(반대: Formans). **Determinativkompositum**, das [언어] 한정[규정] 합성어(예컨대: Kartoffelsuppe = Suppe aus Kartoffeln). **Determinativum** [determinaˈtiːvʊm], das; -s, ...va [...va] ↑Determinativ. **determinieren** [determiˈniːrən] 〈h〉 [lat. dētermināre] (미리) 결정(규정, 한정, 확정)하다: durch Tradition determiniert sein 전통으로 인하여 결정되어 있음, (피)결정[제약]성. **Determiniertheit**, die; -en 결정되어 있음. **Determinismus** [...ˈnɪsmʊs], der; - [철학] **1.** 결정론. **2.** (자유 의지를 부인하는) 제약론(필연 론). **Determinist**, der; -en, -en 결정론자. **deterministisch** 〈Adj.〉 **1.** 결정론적인. **2.** 자유 의지를 부정하는. **Determinologisieren**, das [언어] 한정(규정) 합성어에서 표준어로 전이.
detestabel [detɛsˈtaːbəl] 〈Adj.〉 《교양어》 혐오감을 주는. **detestieren** [detɛsˈtiːrən] 〈h〉 [frz. détester] 《교양어》 혐오하다, 저주하다.
¹Detonation [detonaˈtsi̯oːn], die; -en 폭발: die D. war kilometerweit zu hören 폭발소리가 수 킬로미터 밖에서도 들렸다; die D. einer Bombe 폭탄의 폭발.
²Detonation [-], die; -en [frz. détonnation] [음악] 음조의 어긋남, 오보(誤譜).
Detonator [detoˈnaːtor, 《또한》 ...naˈtoːrən], der; -s, -en [...naˈtoːrən] 뇌관(雷管). **¹detonieren** [detoˈniːrən] 〈s〉 [frz. détoner] 폭음을 내며 폭발하다: eine Bombe detonierte in der Nähe 폭탄이 근처에서 폭발했다.
²detonieren [-] 〈h〉 [frz. détonner] [음악] 음조가 어긋나게(틀리게) 노래(연주)하다: er hat gegen Ende der Arie detoniert 그는 아리아 끝부분쯤에서 틀리게 노래를 불렀다.
Detraktion [detrakˈtsi̯oːn], die; -en [lat. dētractio]

[지질] 빙하 저층부에서 얼음이 암석층을 파냄.
Detriment [detri'ment], das; -(e)s, -e [lat. dētrīmentum] 《고어》 손해, 불이익. **detritogen** [detrito'ge:n] 〈Adj.〉 [지질] 유기 퇴적물에 의해서 생긴. **Detritus** [de'tri:tʊs], der; - [lat. dētrītus] **1.** [지질] 바위 부스러기. **2.** 〈생물〉수지 침적물. **3.** 〔의학〕조직(세포) 노폐물.
Detroit [di'trɔyt] 디트로이트(미국의 도시).
detto ['deto] 〈Adv.〉 [ital. detto] 《bayr., österr., 그 외는 드물게》↑dito.
Detumeszenz [detumɛs'tsɛnts], die [lat. dētumēscere] 〔의학〕종창(腫脹)의 감퇴, 부기가 빠짐. **Detumeszenztrieb**, der 〔의학〕성적 긴장 해소의 충동, 사정욕.
Deubel ['dɔybl] 〈지역적〉↑Teufel(비교: Deiwel).
deucht, deuchte ['dɔyçt(ə)] ↑**dünken** 참조.
Deukalion [dɔy'ka:li̯ɔn] (신화에 나오는) 프로메테우스의 아들.
Deus absconditus ['de:ʊs aps'kɔndi:tʊs], der; - - [lat. = verborgener, unbekannter Gott] 〔기독교〕계시에도 불구하고 인지할 수 없는 신(하느님). **Deus ex machina** ['de:ʊseks 'maxina], der; - - - , Dei ['de:i] - - 〈드물게 Pl.〉 [lat. = der Gott aus der (Theater)maschine (고대에서 크레인과 비슷한 비행기를 타고 신을 이 무대 위로 내려온데서 유래)] 《교양어》어려울 때 예기치 않게 적시에 나타나서 도와주는 구조자, 난점의 예기치 않은 해결, 뜻밖의 해결(자), 기상신(機上神).
Deut [dɔyt] 〈niederl.〉 duit = niederlä. Kleinmünze 《다음 용법으로만》**keinen(nicht einen) D.** 전혀 …않다: keinen(nicht einen) D. wert sein 한푼의 가치도 없다; sich (k)einen D. um etw.(jmdn.) kümmern 전혀 무엇(누구)에 개의치 않다; (um) keinen D. besser sein 조금도 더 나은 것이 없다.
deutbar ['dɔytba:ɐ] 〈Adj.〉 해석[설명]될 수 있는: das Gedicht ist psychologisch d. 이 시는 심리적으로 해석할 수 있다. **Deutelei** [dɔytə'lai̯], die; -en 〈폄〉꼬치꼬치 캐는〈소심한〉해석. **deuteln** ['dɔytln] 〈h〉 소심하게〈꼬치꼬치 캐는 식으로〉해석을 하려고 시도하다, 억지설명을 하려고 하다. **deuten** ['dɔytn] 〈h〉 [ahd. diuten] **1.** (손가락 또는 다른 물건으로) 무엇을 가리키다, 지시하다: mit dem Finger auf jmdn.(etw.) d. 손가락으로 누구[무엇]를 가리키다; er deutete nach Süden 그는 남쪽을 가리켰다. **2.** 무엇을 예시하다: die Zeichen deuten auf eine Wetteränderung (hin) 징후가 일기 변화를 예시한다. **3. a)** 해석하다, 설명하다: ein Gedicht(Träume) d. 시(꿈)를 해석하다; jmdm. die Zukunft d. 누구의 장래를 예언하다. **b)** 《드물게》(누구의 처신 등을) 특정한 식으로 해석하다, 의미를 부여하다: jmdm. etw. übel (negativ) d. 누구의 무엇을 나쁘게(부정적으로) 해석하다. **Deuter**, der; -s, - **1.** 해설(해석)자, 설명하는 사람. **2.** 〈österr.〉(머리나) 손짓, 눈짓: gib ihm einen D.! 그에게 손짓을 하라.
Deuteragonist [dɔyterago'nɪst], der; -en [griech. deuteragōnistḗs] 고대 그리스 비극의 두 번째 배우, 제2의 배우(비교: Protagonist u. Tritagonist). **Deuterium** [dɔy'te:ri̯ʊm], das; -s [griech. deúteros] 중수소(重水素)(기호: D). **Deuteriumoxyd**, 〔화학〕**Deuteriumoxid**, das 〈Pl. 없음〉중수(重水), 산화 중수소. **Deuteron** [dɔyˈte:rɔn], das; -s, -en [...'ro:nən] 중양자(重陽子). **deuteronomisch** [dɔytero'no:mɪʃ] 〈Adj.〉 〔기독교〕 모세 오경의 제5서의(신명기의). **Deuteronomium** [dɔytero'no:mi̯ʊm], das; -s [lat. deuteronomium < griech. deuteronómion] 모세 오경의 제5서[신명기]. **Deuterostomier** [dɔytero'sto:mi̯ɐ], der; -s, - 〈대개 Pl.〉 [griech. deúteros u. stóma] 〔동물〕(원래 입은 항문이 되고 입은 새로 생기는 동물들을

총칭하는 명칭) 신구(新口) 동물. **Deutler** ['dɔytlɐ], der; -s, - 꼬치꼬치 해석하는 자, 억지 해석자, 궤변가.
deutlich ['dɔytlɪç] 〈Adj.〉 **a)** 알아보기[듣기] 쉬운, 뚜렷한, 명료한: eine -e Schrift 알아보기 쉬운 필적; d. sprechen 똑똑하게 말하다; jmdm. etw. d. machen 누구에게 무엇을 분명히 해주다[설명하다]; sich d. an etw. erinnern 정확하게 무엇을 기억하다. **b)** 분명한, 명백한, 명확한: das war ein -er Sieg 그것은 분명한 승리였다; um es noch einmal ganz d. zu sagen 그것을 다시 한번 아주 명확하게 말하자면; **d. werden** 노골적인 비난을 하다. **Deutlichkeit**, die; -en **a)** 〈Pl. 없음〉명료, 알기 쉬움: die D. der Aussprache 발음의 명료성; etw. gewinnt an D. 무엇이 명료해지다. **b)** 〈Pl. 없음〉 명백, 명확, 노골성: seine Antwort läßt an D. nichts zu wünschen übrig 그의 대답은 명백하기 이를 데가 없다; etw. in(mit) aller D. sagen 무엇을 아주 명확하게[노골적으로] 말하다. **c)** 〈Pl.〉무례함, 파렴치함: jmdm. -en in sagen 누구에게 무례한 말을 하다. **deutlichkeitshalber** 〈Adv.〉분명히 하기 위하여: ich schreibe es d. in Druckbuchstaben 나는 그것을 분명히 하기 위해서 인쇄체로 쓴다.
Deutoplasma [dɔyto'-], das; -s, ...men [...mən] 〔생물〕난황질(卵黃質), 부형질(副形質).
deutsch [dɔytʃ] 〈Adj.〉[ahd. diutisc = volksmäßig] **a)** 독일(인)의: das -e Volk 독일 민족(국민); die -e Sprache(Nationalhymne) 독일어(국가(國歌)); -er Abstammung sein 독일계이다; die -e Staatsangehörigkeit besitzen 독일 국적을 가지다; ein -es Auto 독일제(독일에 등록된) 자동차; das ist typisch d. 그것은 독일 사람들의 전형적인 태도(습관 등)이다. **b)** 독일어를 사용하는, 독일어의: er spricht d. 그는 독일어를 한다; die -e Schweiz 스위스의 독어 사용 지역; etw. auf d. sagen 무엇을 독일어로 말하다; der Brief ist in d. geschrieben 편지는 독일어로 쓰여져 있다; „Timing", zu d. „der richtige Zeitpunkt für etwas" '타이밍'이라는 말은 독일어로 번역하면 der richtige Zeitpunkt für etwas (무엇을 하기 위한 올바른 시점)이다; **auf (gut) d.** 〈통용어〉명백한, 꾸밈없이 솔직한; **mit jmdm. d. reden(sprechen)** 〈통용어〉누구와 터놓고[솔직하게] 말한다. **c)** 독일어의 필기체로 된: meine Großmutter schreibt noch d. 우리 할머니는 아직도 독일어의 필기체로 쓰신다. **Deutsch** [-], das; -(s) **a)** 〈개인 또는 집단의; 특별히 규정된〉독일어: gutes D. 훌륭한 독일어; er lernt D. 그는 독일어를 배운다; etw. ist in D. abgefaßt 무엇이 독일어로 작성되어 있다; **nicht (mehr) D.(kein D. (mehr)) verstehen** 〈통용어〉무엇을 고의적으로 이해하려하지 않다, 순종하지 않다. **b)** 〈관사 없이〉수업 과목으로서 독일어와 독문학: D. lernen(geben) D. 는 독일어를 가르친다; ein Lehrstuhl für D. 독일어 교수직; wir haben in der zweiten Stunde D. 우리들은 두번째 시간에 독일어를 배운다.
¹deutsch-, Deutsch- (한 낱말로 붙여씀; ↑**²deutsch-, Deutsch-**도 참조): **~amerikaner**, der 독일계 미국인. **~amerikanisch** 〈Adj.〉 독일계 미국(인)의. **~arbeit**, die 독일어(시간에 쓴) 작품. **~feindlich** 〈Adj.〉 독일(인)에 대하여 적대적인. **~feindlichkeit**, die 독일(인)에 대한 적대감. **~freundlich** 〈Adj.〉 독일(인)에 대하여 우호적인, 독일(인)을 좋아하는. **~freundlichkeit**, die 독일(인)에 대한 우호감. **~gesinnt** 〈Adj.〉 독일어와 문화에 소속감을 느끼는, 독일적 감정을 갖고 있는. **~herren** 〈Pl.〉(중세의) 독일 기사 단원. **~herrenorden**, der 〈Pl. 없음〉독일 기사단. **~kunde**, die 독일어 및 문화학[독일학]. **~kundler**, der 독일 문화학 학자. **~kundlich** 〈Adj.〉 독일학의. **~land** 〈고유명사·Pl. 없음〉독일: das Junge D. 청년 독일파(약

1830~1850년 사이의 정치 및 시대 비판적 문학 운동). **~landfrage**, die 〈Pl. 없음〉 [정치] 〈세계 제2차 대전 후의 영토 문제와 관련된〉 독일 문제: die Wiedervereinigung ist das Kernstück der D. 통일은 독일 문제의 핵심이다. **~landfunk**, der 〈독일어 및 유럽의 외국어로 하는〉 독일 방송국. **~landlied**, das 〈Pl. 없음〉 독일 제국의 국가(제3절은 독일 연방 공화국의 국가임). **~landpolitik**, die 〈외국의〉 독일 정책. **~landproblem**, das 〈Pl. 없음〉 ↑ ~landfrage. **~landsender**, der **1.** 독일 제국 방송국(1927~1945). **2.** 구동독 방송국(1945~1971). **~lehrer**, der 독(일)어 교사. **~meister**, der 《역사적》기사단장. **~national** 〈Adj.〉《역사적》**a)** 오스트리아의 독일 의탁을 요구한 자유주의 운동의. **b)** 바이마르 공화국의 군주 정치 및 민족주의를 내세운 정당의, 독일 국민당의. **~ordensritter**, der 〈옛〉독일 기사단의 기사. **~ritterorden**, der 〈옛〉독일 기사단. **~schweiz**, die 〈schweiz.〉독일어를 하는 스위스. **~schweizer**, der 독일어를 모국어로 하는 스위스인. **~schweizerisch** 〈Adj.〉독일어를 하는 스위스의. **~sprachig** 〈Adj.〉 **a)** 독일어를 (말)하는: die -e Bevölkerung der Schweiz 스위스의 독일어하는 주민. **b)** 독일어로 된: -er Unterricht 독일어로 하는 수업; -es Schrifttum 독일어로 된 문헌. **~sprachlich** 〈Adj.〉독일어의: der -e Unterricht im Ausland 외국에서의 독일어 수업. **~sprechen**, das; 는 독일어를 말함. **~sprechend** 〈Adj.〉독일어를 (말)하는. **~stämmig** 〈Adj.〉독일 계통의. **~stunde**, die 독일어 수업 시간. **~unterricht**, der 독일어 수업.

²**deutsch-, Deutsch-** (붙임표와 함께 씀; ↑¹deutsch-, Deutsch-도 참조): **~amerikanisch** 〈Adj.〉독일과 미국간의, 독일인과 미국인으로 구성된: -e Verhandlungen 독일과 미국간의 협상; eine -e Kommission 독미 위원단. **~deutsch** 〈Adj.〉 양독(구동서독)간의: die -en Beziehungen 양독간의 관계. **~schweizerisch** 〈Adj.〉독일과 스위스간의, 독일인과 스위스인으로 구성된.

¹**Deutsche*** [ˈdɔytʃə], der / die 독일인, 독일 사람: ein typischer -r 전형적인 독일인; sie ist Deutsche 그녀는 독일 사람이다; die -n haben die Fußballweltmeisterschaft gewonnen 독일인(독일 선수)들이 세계 축구 선수권을 획득했다.

²**Deutsche** [-], das; 는 **a)** 〈정관사와 함께〉독일어(일반적으로): das D. ist eine indogermanische Sprache 독일어는 인도게르만어이다; etw. aus dem -n(vom -n) ins Koreanische übersetzen 무엇을 독일어에서 한국어로 번역하다. **b)** 독일적인 것, 독일인의 특성: er hat eine Abneigung gegen alles D. 그는 모든 독일적인 것에 대해서 반감을 가지고 있다.

Deutschen-: **~feind**, der 반독일적 감정을 가진 사람. **~fresser**, der 〈통용어·폄〉↑~hasser. **~freund**, der 친독주의자. **~haß**, der 반독 감정. **~hasser**, der 반독(일)주의자.

Deutschheit, die 〈고어〉독일적 본성, 독일인의 민족주의 성향.

Deutschland: ↑¹deutsch-, Deutsch- 참조.

Deutschtum, das; -s **a)** 독일적 본성, 독일 정신, 독일풍. **b)** 독일인임. **c)** 〈외국에 거주하는〉독일인 전체: das D. im Ausland 외국에 거주하는 독일인 전체. **Deutschtümelei** [-tyːmәˈlaɪ], die; -en 〈폄〉독일풍의 과장 을 내는 사람. **Deutschtümler** [-tyːmlɐ], der; -s, - 독일티를 내는 사람.

Deutung [ˈdɔytʊŋ], die; -en 해석, 설명: die D. einer Handschrift 필적의 해석; der Text läßt mehrere -en zu 본문은 몇 가지로 해석될 수 있다. **Deutungsversuch**, der 해석의 시도: keiner der -e führte zu einem Ergebnis 해석의 시도들 중에서 아무것도 성과를 거두지 못하였다. **Deutungsweise**, die 해석의 방식.

Deutzie [ˈdɔytsi̯ə], die; -n [암스테르담의 시참사 의원이었던 J. van der Deutz(1743~1788(？))에 따라서] 바위취속의 식물.

Deux-pièces [døˈpi̯eːs], das; -, - [frz. deux-pièces] 투피스.

Devaluation [devalu̯aˈtsi̯oːn], die; -en [frz. dévaluation] 〈반대: Evaluation〉 ↑ Devalvation. **Devalvation** [devalvaˈtsi̯oːn], die; -en [화폐] 평가 절하 (Abwertung 1): eine D. der deutschen Währung 독일 화폐의 평가 절하. **devalvationistisch** [devalvatsi̯oˈnɪstɪʃ], **devalvatorisch** [devalvaˈtoːrɪʃ] 〈Adj.〉 (특히 화폐의) 가치를 절하하는. **devalvieren** [devalˈviːrən] 〈h〉 [frz. dévaluer] **a)** [화폐] 평가 절하하다: eine Währung d. 화폐를 평가 절하하다. **b)** 〈드물게〉가치(의미)를 깎아내리다. **Devalvierung**, die; -en ↑ devalvieren의 명사형.

Devastation [devastaˈtsi̯oːn], die; -en [lat. dēvāstātio] 〈전문어〉황폐화, 유린, 파괴. **devastieren** [devasˈtiːrən] 〈h〉 [lat. dēvāstāre] 《전문어》파괴하다, 황폐화 하다.

Developer [diˈvɛləpɐ], der; -s, - [engl. developer] **1.** [사진] 현상액. **2.** [화장] **a)** 유방 발육 및 미용제. **b)** 유방 발육 및 형성기.

Deverbativ [devɛrbaˈtiːf], das; -s, -e [...və], **Deverbativum** [devɛrbaˈtiːvʊm], das; -s, ...va [lat. dē- u. verbum] [언어] 동사에서 파생한 명사 또는 형용사(예컨대: atmen에서 Atmung, essen에서 eßbar).

devestieren [deˈvɛstiːrən] 〈h〉 [lat. dēvestīre] 성직을 박탈하다, (중세에) 봉토를 몰수하다. **Devestitur** [devɛstiˈtuːɐ], die 성직 박탈, (중세에) 봉토 몰수.

deviant [deˈvi̯ant] 〈Adj.〉 [lat. dēvi̯āns] [사회] 사회적 행동 방식의 규범에서 벗어나는. **Devianz** [deˈvi̯ants], die; -en [사회] 일탈(逸脫): sexuelle D. 성적인 일탈. **Deviation** [devi̯aˈtsi̯oːn], die; -en [사회·언어] 벗어남, 변칙, 일탈. **Deviationist**, der; -en, -en (당의 공식 노선에서) 벗어나는 사람, 전향자. **devivieren** [deviˈiːrən] 〈s〉 [lat. dēviāre] (당의 공식 노선에서) 벗어나다.

Devise [deˈviːzə], die; -n [frz. devise] 격언, 표어, 구호: seine (erste) D. ist: ... 그의 (첫째가는) 원칙은 ... 이다; immer nach der D. „leben und leben lassen" 항상 „각자 자기 나름대로 살라"는 원칙에 따라. **Devisen** [deˈviːzən] 〈Pl.〉 **a)** (외국에서 외화로 지불해야 될) 지불 명령. **b)** 외(국)환: das Reisegeld in D. bei sich haben 여비를 외화로 휴대하다.

devisen-, Devisen-: **~abkommen**, das [정치] 〈국제간의〉외환 협정. **~abteilung**, die 외환부[과]. **~ausgleich**, der (독일 연방이 군사 주둔비로 나토 회원국에게 지불하는) 외환 보상. **~beschränkung**, die 외환 매입의 제한. **~bestand**, der 외환 보유고. **~bestimmung**, die 〈대개 Pl.〉외환 관리 규정. **~bewirtschaftung**, die [정치] 외환 관리. **~bilanz**, die 외국환 결산. **~börse**, die 외국환 시장[거래소]. **~bringer**, der 〈통용어〉외국환을 벌어들이는 경제 요인. **~geschäft**, das 외국환 업무[거래]. **~gesetz**, das 외환 관리법. **~handel**, der 외국환 거래. **~handelsplatz**, der ↑ ~börse. **~knappheit**, die 외국환 부족. **~kurs**, der 외국환 시세(환율). **~markt**, der 외환 거래(시장). **~notierung**, die 외국환 시세 결정. **~reserven** 〈Pl.〉 외국환 보유량. **~schiebung**, die 부정 거래(암거래). **~schmuggel**, der 외국환 밀수. **~spekulation**, die 외국환 투기. **~trächtig** (das 〈통용어〉 외환을 많이 벌어들이는. **~vergehen**, das 외환 관리법 위반. **~vorschrift**, die 외환 규정. **~zutei-**

devital [devi'ta:l] ⟨Adj.⟩ [의학] 치수(齒髓)가 죽은, 생명이 없는. **Devitalisation** [devitaliza'tsion], die; -en [의학] (치수의) 죽임. **devitalisieren** [devitali'ziːrən] ⟨h⟩ [의학] (치수를) 죽이다. **Devitalisierung**, die; -en ↑ devitalisieren의 명사형.

Devolution [devolu'tsion], die; -en [lat. devolutio] 1. 《법·고어》 (권리·재산의) 이행(移行), 양도. 2. [가] 임면권. **devolvieren** [devol'viːrən] ⟨s⟩ [lat. dēvolvere] 《법·고어》 (권리·재산이) 누구에게 옮겨 가다.

Devon [de'voːn], das; -(s) [영국의 백작령 Devonshire 에 따라] [지질] 데번기(紀)(고생대의 한 시기). **devonisch** ⟨Adj.⟩ 데번기의.

devorieren [devo'riːrən] ⟨h⟩ [lat. dēvorāre] [의학] 삼키다.

devot [de'voːt] ⟨Adj.⟩ [lat. dēvōtus] 《드물게 교양어》 **a)** 《폄》 비굴한, 지나치게 공손한: d. grüßen 비굴하게 인사하다. **b)** 《고어》 겸손한: er kniete d. vor dem Kruzifix nieder 그는 겸손하게 십자가 앞에서 무릎을 꿇었다. **Devotion** [devo'tsion], die; -en [lat. dēvōtio] 《교양어·드물게》 **a)** 비굴함. **b)** 겸손. **Devotionalien** [...tsio'naːliən] ⟨Pl.⟩ [종교] 성물(십자가, 묵주 따위). **Devotionalienhandlung**, die 성물 판매소.

Dewadasi [deva'daːzi], die; -s [sanskr. dēvadāsī] 인도 사원의 춤추는 여인.

Dewanagari [deva'naːgari], die [sanskr. devanāgarī] 인도 문자(특히 산스크리트 문자).

Dexiographie [deksio-], die [griech. dexiós] 왼쪽에서 오른쪽으로 써 나가는 서법. **dexiographisch** ⟨Adj.⟩ 왼쪽에서 오른쪽으로 쓴.

Dextran ⓦ [deks'traːn], das; -s [lat. dexter 대용혈장 (血漿), 덱스트란. **Dextrin** [deks'triːn], das; -s, -e [frz. dextrine] 1. 호정(糊精), 덱스트린. 2. [의학·화학] 수용성 분해물. **dextrogyr** [dekstro'gyːɐ̯] ⟨Adj.⟩ [griech. gȳros] [물리·화학] 우선성(右旋性)의(직선편광의 편광면을 오른쪽으로 돌림). **Dextrokardie** [dekstrokar'diː], die; ...ien [...iːən; griech. kardía] [의학] 우심증(右心症).

Dextropur ⓦ [dekstro'puːɐ̯], das; -s 덱스트로푸어(순포도당 영양 보급제).

Dextrose [deks'troːzə], die 포도당.

Dez, 《또한》 Deez [deːts], der; -es, -e [frz. tête] [지역적] 머리(Kopf): jmdm. eins auf[über] den Dez geben 누구의 머리를 한 대 때리다.

Dez. = Dezember.

Dezem ['deːtsɛm], der; -s, -s [lat. decem] 《역사적》 (농사 수확의 1/10을 교회에 바치는 중세의) 십일조, 10분의 1세. **Dezember** [de'tsɛmbɐ], der; -(s), - [lat. (mēnsis) December] 12월(약어: Dez.; 비교: April). **Dezemvir** [de'tsɛmviːɐ̯], der; -n/-s, -n [lat. decemvir] 10대관. **Dezemvirat** [...vi'raːt] das; -(e)s, -e [lat. decemvirātus] 10대 관제, 10두 정치(고대 로마의).

Dezennium [de'tsɛnjʊm], das; -s, ...ien [...iən; lat. decennium u. annus] 10년(간)(Jahrzehnt).

dezent [de'tsɛnt] ⟨Adj.⟩ [frz. décent] **a)** 고상한, 예의 바른, 단정한, 삼가는《반대: indezent》: ein -es Lächeln 단정한 미소. **b)** 불쾌감을 주지 않는, 눈에 거슬리지 않는: ein -es Parfüm (냄새가) 은은한 향수; die Tapete hat ein -es Muster 도배지의 무늬가 간결하다; -e Beleuchtung 은은한 조명.

dezentral [《또한》 de':...] ⟨Adj.⟩ 《반대: zentral》 1. 중심점에서 떨어진: eine -e Lage 중심지에서 떨어진 위치. 2. 분산된. **Dezentralisation**, die; -en 분산, 지방 분

권《반대: Zentralisation》. **dezentralisieren** ⟨h⟩ [frz. décentraliser] 분산시키다, 지방 분권으로 하다《반대: zentralisieren》. **Dezentralisierung**, die; -en 분산, 지방 분권《반대: Zentralisierung》.

Dezenz [de'tsɛnts], die [frz. décence] 《아어》 1. 단정, 고상함, 삼감《반대: Indezenz》: etw. mit betonter D. tun 무엇을 굉장히 조심스럽게 하다. 2. (눈에 거슬리지 않는) 우아함: die D. seiner Kleidung 그의 의복의 우아함.

Dezernat [detsɛr'naːt], das; -(e)s, -e [lat. dēcernat] (업무) 부문, (전담자의) 업무 분야. **Dezernent** [detsɛr'nɛnt], der; -en, -en [lat. dēcernēns] [행정 관서의] 업무 전담자, 업무 분야의 장.

Dezi- [detsi'-, 《또한》 'deːtsi-; frz. déci-] 10분의 1: ~**ar**, das [frz. déciare] 데시아르(10분의 1아르)(기호: da.). ~**bel**, das; en, -s - [전화의 발명자인 미국의 공학자 A. G. Bell(1847~1922)에 따라] 데시벨(기호: dB). ~**gramm**, das [frz. décigramme] 데시그램(10분의 1그램)(기호: dg). ~**liter**, der 《또는》 das [frz. décilitre] 데시리터(10분의 1리터)(기호: dl). ~**meter**, der 《또는》 das [frz. décimétre] 데시미터(10분의 1미터)(기호: dm). ~**ster**, der [frz. décistère] 10분의 1 스테르(10분의 1 입방미터). ~**tonne**, die 100 kg(기호: dt).

dezidieren [detsi'diːrən] ⟨h⟩ [lat. dēcīdere] 《드물게》 결정하다. **dezidiert** [detsi'diːɐ̯t] ⟨Adj.⟩ 《교양어》 결정적인, 단호한: -e Forderungen 단호한 요구; für etw. d. eintreten 무엇을 단호히 옹호하다.

dezimal [detsi'maːl] ⟨Adj.⟩ [lat. decimalis] 10진법의, 10분의 1의: ein -es Zahlensystem 10 진법.

Dezimal-: ~**bruch**, der [수학] **a)** (분모가 10 또는 10 승의) 소수. **b)** ↑~**zahl**. ~**klassifikation**, die ⟨Pl. 없음⟩ 십진분류법(약어: DK). ~**maß**, das [수학] 십진도, 십분도. ~**potenz**, die [의학] 의사요법 약제의 1:10 비율로 계속되는 희석 단계. ~**rechnung**, die [수학] 10분 산법, 소수 계산. ~**stelle**, die ↑ Dezimale. ~**system**, das [수학] 10진법. ~**waage**, die 10진법에 의한 천칭. ~**zahl**, die [수학] 소수.

Dezimale [detsi'maːlə], die; -(n), -n [수학] 소수점 다음의 수. **dezimalisieren** [...mali'ziːrən] ⟨h⟩ [engl. decimalize] 10 진법으로 (개정)하다. **Dezimalisierung**, die; -en 10 진법 개정. **Dezimation** [detsima'tsion], die; -en [lat. decimātio] 1. 《역사적》 10번째 사람이 처형되던 전쟁 습관. 2. 《고어》 1할의 징세. **Dezime** [de'tsiːmə], die [lat. decima] 1. [음악] 10도의 음정. 2. [문학] 《스페인의》 10행시. **dezimieren** [detsi'miːrən] ⟨h⟩ [lat. decimāre] 1. **a)** 《생물 집단의 수를》 감소시키다. **b)** (폭력 등으로) 감소시키다: Kriege dezimierten die Bevölkerung 전쟁이 주민 수를 감소시켰다. **c)** ⟨d. + sich⟩ 감소하다. 2. 《역사적》 10번째 남자를 사형에 처하다. **Dezimierung**, die; -en 감소, 격감.

Dezisionismus [detsizio'nɪsmʊs], der; - [lat. dēcīsio] (입법시에 정의로 선언된 것을 정의로 보는 법칙학적) 결정론. **dezisiv** [detsi'ziːf] ⟨Adj.⟩ [frz. décisif] 《교양어》 결정적인, 단호한. **Dezisivstimme**, die [정치] 정치단체에서 표결권이 있는 표《반대: Deliberativstimme》.

DFB = Deutscher Fußball-Bund 독일 축구 연맹.
dg = Dezigramm 데시그램.
Dg. = Dekagramm 데카그램.
D. G. = Dei gratia 하느님의 은총으로.
DGB = Deutscher Gewerkschaftsbund 독일 노동 조합 총연맹.
dgl. = dergleichen 그와 같은.
d. Gr. = der Große 대왕, 대제.

d. h. = das heißt 즉.

Dhau: ↑Dau.

d'Hondtsche System, das; -n -s [벨기에의 법률가 Victor d'Hondt(1841~1901)에 따라] 〖정치〗 의원 선거 계산 방법.

d. i. = das ist 즉.

Dia ['di:a], das; -s, -s 〖사진〗 ↑Diapositiv의 약칭: -s rahmen 슬라이드의 틀을 만들다.

Dia- [-; ↑Dia]: ~**betrachter**, der 슬라이드 관찰기. ~**projektor**, der 환등기. ~**rähmchen**, das, ~**rahmen**, der 슬라이드의 틀. ~**vortrag**, der 슬라이드를 보여 주며 하는 강연(Lichtbildervortrag).

Diabas [dia'ba:s], der; -es, -e [griech. diábasis] 휘록암 (輝綠岩).

Diabetes [dia'be:tɛs], der; -s [griech. diabḗtēs 〖의학〗 1. 소변 과다증, 다뇨증(Harnruhr). 2. ↑Diabetes mellitus의 약칭. **Diabetes mellitus** [- mɛ'li:tʊs], der; - - [lat. mellītus] 〖의학〗 당뇨병. **Diabetiker** [dia'be:tikɐ], der; -s, - 〖의학〗 당뇨병 환자. **Diabetikerin**, die; -nen 여자 당뇨병 환자. **diabetisch** [dia'be:tɪʃ] 〈Adj.〉 당뇨병의. **Diabetologe**, der; -n, -n 당뇨병 전문 의사. **Diabetologie**, die 당뇨병학.

Diabolie [diabo'li:], die [griech. diabolía] 악마적 태도, 극악함. **Diabolik** [dia'bo:lɪk], die 〈교양어〉 극악무도함, 악마적 성품. **diabolisch** [dia'bo:lɪʃ] 〈Adj.〉 [lat. diabolicus < griech. diabolikós] 〈교양어〉 극악한. **Diabolo** [di'a:bolo], das; -s, -s 《상상》 공중팽이. **Diabolos** [di'a:bolɔs], **Diabolus** [...lʊs], der; - [lat. diabolus, diabulus < griech. diábolos] 〈교양어〉 악마(비교: Advocatus Diaboli).

Diabon Ⓦ₂ [dia'bo:n], das; -s 《인공어》 (산과 열에 강한) 흑연소재.

diachron [dia'kro:n] 〈Adj.〉 [griech. diá u. chrónos] 〖언어〗 통시(通時)적인(반대: synchron): eine -e Grammatik 통시문법. **Diachronie** [diakro'ni:], die 〖언어〗 (언어 발달의) 통시적 기술(반대: Synchronie). **diachronisch** [dia'kro:nɪʃ] 〈Adj.〉 ↑diachron. (반대:synchronisch): -e Wörterbücher 통시적 사전; etw. d. betrachten 무엇을 통시적으로 관찰하다.

Diadem [dia'de:m], das; -s, -e [lat. diadēma < griech. diádēma] 왕관 머리띠, 관모양의 머리 장식.

Diadochen [dia'dɔxn] 〈Pl.〉 [griech. diádochos] 《교양어》 (주도권을 다투는) 후계자들. **Diadochenkämpfe** 〈Pl.〉 《교양어》 후계 다툼: es gab D. um die Nachfolge in der Parteiführung 당의 지도권 계승을 위한 후계 다툼이 있었다. **Diadochenstreit**, der ↑Diadochenkämpfe. **Diadochenzeit**, die 〈Pl. 없음〉 후계자들의 통치기(기원전 3세기 후반).

Diagenese [diage'ne:zə], die; -n 〖지질〗 종합 연속 변질 작용.

Diaglyphe [dia'gly:fə], die; -n [griech. diáglyphos] 〖예술〗 (어떤 에에) 파서 새긴 모양. **diaglyphisch** 〈Adj.〉 파서 새긴[조각한].

Diagnose [dia'gno:zə], die; -n [frz. diagnose] 1. 〖의학·심리〗 진단: eine D. stellen 진단을 하다; die ärztliche D. lautete auf Nierenentzündung 의사의 진단은 신장염이었다; sein Bericht ist eine D. der politischen Zustände des Landes 그의 보고서는 나라의 정치적 상황에 대한 진단이었다. 2. 〖생물〗 감식[별]. 3. 〖기상〗 일기 개황. **Diagnoseverfahren**, das 진단 방식. **Diagnoseprogramm**, das 〖전산〗 1. 컴퓨터 오류진단 프로그램. 2. (다른 프로그램의) 오류확인 프로그램. **Diagnosezentrum**, das 조기 진단 전문 병원. **Diagnostik** [dia'gnɔstɪk], die [griech. diagnōstikós] 〖의학·심리〗 진단학, 진단법, 진단술. **Diagnostiker**, der; -s, - 진단학자, 진단의사: er ist ein guter D. 그는 훌륭한 진단가이다. **Diagnostikon** [dia'gnɔstikɔn], **Diagnostikum** [...kʊm], das; -s, ...ka 〖질병의〗 특성. **diagnostisch** 〈Adj.〉 진단(학)의: -e Tests 진단을 위한 검사. **diagnostizieren** [diagnɔsti'tsi:rən] 〈h〉 진단하다: der Arzt diagnostizierte eine Lungenentzündung 의사는 폐렴이라고 진단하였다.

diagonal [diago'na:l] 〈Adj.〉 [lat. diagōnālis] 1. 〖기하〗 대각선의. 2. 비스듬한: (etw.) d. lesen 〈통용어〉 속독하다, 일별하다. **Diagonal** [-], der; -(s), -s 능직 (稜織). **Diagonale** [diago'na:lə], die; -n 〈zwei-(n)〉 〖기하〗 대각선: die -n (eines Rechtecks) berechnen (사각형의) 대각선을 계산하다. **Diagonalreifen**, der 〖자동차〗 (실밥이 진행 방향의 대각선으로 넣어진) 자동차 타이어.

Diagramm [dia'gram], das; -s, -e [griech. diágramma] 1. 〖통계〗 도표, 도식, 도해: den Bevölkerungszuwachs in einem D. darstellen 인구 증가를 도표로 제시하다. 2. 〖생물〗 화식도(花式圖). 3. 서양 장기의 배열도. 4. (마구를 쫓는) 다섯 모 별. **diagrammatisch** [diagra'ma:tɪʃ] 〈Adj.〉 도표(도식)의. **Diagrammpapier**, das 방안지(方眼紙). **Diagrammstempel**, der (서양 장기에서) 배열도를 표시하기 위한 도장.

Diagraph [dia'gra:f], der; -en, -en [griech. diagráphein] 분도기, 원도(原圖) 확대기.

Diakaustik [dia'kaʊstɪk], die; -en 〖광학〗 초선(焦線). **diakaustisch** 〈Adj.〉 초선의.

Diakon [dia'ko:n, (österr. / südd.) 'di:akoːn], der; -s / -en, -e(n) [lat. diāconus < griech. diákonos] 1. 〖신교〗 부목사, 집사. 2. (가톨릭, 정교회, 영국 국교의) 부제. **Diakonat** [diako'na:t], das; -(e)s, -e [lat. diāconātus] 1. 부목사[부제]의 직책(주택). 2. 〖병원의〗 간호 봉사: ein D. übernehmen 간호 봉사를 맡다. **Diakonie** [diako'ni:], die [lat. diāconia < griech. diākonía] 〖신교〗 구제사업: in der D. arbeiten 구제사업 부서에서 일하다. **Diakonikon** [diakoni'kɔn], das; -s, ...ka [griech. diākonikón] (초대 기독교와 정교회의) 제의실, 성구실. **Diakonin**, die; -nen ↑Diakon의 여성형. **diakonisch** 〈Adj.〉 부목사[부제]의, 부목사[부제]직의; 구제사업의: -e Einrichtungen 구제사업 시설. **Diakonisse** [diako'nɪsə], die; -n [lat. diāconissa] 〖신교〗 간호사, 사회사업 부녀회원. **Diakonissenhaus**, das 사회사업 부녀회원을 위한 양성소, 기숙사 및 양로원. **Diakonissin**, die; -nen ↑Diakonisse. **Diakonus** [di'a:konʊs], der; -, ...one(n) [dia'ko:nə(n)] 《고어》 신교의 보조 목사.

Diakrise [dia'kri:zə], **Diakrisis** [di'a:krizɪs], die; ...isen [dia'kri:zn̩; griech. diákrisis] 1. ↑Differentialdiagnose. 2. (질병의) 위독 상태. **diakritisch** [dia'kri:tɪʃ] 〈Adj.〉 [griech. diakritikós] 《다음 용법으로》 -**es Zeichen** 〖언어〗 변별적 발음 부호(예컨대: ā, ă, ä).

diaktin [diak'ti:n] 〈Adj.〉 [griech. diá u. aktís] 〖의학〗 X광선을 통과시키는.

Dialekt [dia'lɛkt], der; -(e)s, -e [lat. dialectos < griech. diálektos] **a)** 방언, 사투리: ein norddeutscher D. 북독의 방언; ohne D. sprechen 사투리를 쓰지 않고 말하다. **b)** 〖언어〗 언어의 지역적 변형.

dialekt-, Dialekt-: ~**ausdruck**, der 〈Pl.: ~ausdrücke〉 방언적 표현. ~**dichter**, der 방언 시인. ~**dichtung**, die 방언 문학. ~**färbung**, die 방언 가미. ~**form**, die 방언 형태. ~**forscher**, der 방언 연구가. ~**forschung**, die 방언 연구. ~**frei** 〈Adj.〉 방언을 쓰지 않는: d. sprechen 방언을 쓰지 않고[표준어로] 말하다. ~**geographie**, die 〖언어〗 방언 지리(학).

~stück, das 방언극.

dialektal [dialɛk'taːl] 〈Adj.〉 방언의, 방언적인: -e Unterschiede 방언상의 차이; seine Sprache hat eine -e Färbung 그의 말은 방언이 가미되어 있다.

Dialektik [dia'lɛktɪk], die [lat. (ars) dialectica < griech. dialektikḗ(téchnē)] **1.** 〔수사〕 변론법, 토론법: ein Mann von bestechender D. 매혹적인 변론법을 구사하는 사람. **2.** 〔철학〕 **a)** 변증법: Hegel bediente sich der Methode der D. 헤겔은 변증법의 방법을 사용하였다. **b)** 유물 변증법(Diamat): Marx begründete eine materialistische D. 마르크스는 유물 변증법을 세웠다. **3.** (사물에 내재하는) 대립성. **Dialektiker** [dia'lɛktikɐ], der; -s, - **1.** 토론의 명수. **2.** 〔철학〕 변증가.
dialektisch 〈Adj.〉 [lat. dialecticus < griech. dialektikós] **1.** ↑dialektal. **2.** 〔철학〕 변증법적인: die -e Methode 변증법적인 방법; d. denken 변증법적으로 생각하다. **3.** (교양어) 궤변적인, 꼬치꼬치 캐는: er argumentiert allzu d. 그는 너무 궤변을 떤다. **Dialektismus** [dialɛk'tɪsmʊs], der; -, ...men [언어] 표준어형의 방언적 변형(예컨대: Blumenkohl이 오스트리아에서는 Karfiol로 불림). **Dialektologie** [dialɛktolo'giː], die 방언학. **dialektologisch** [dialɛkto'loːgɪʃ] 〈Adj.〉 방언학적인.

Diallele [dia'leːlə], die; -n [griech. diállēlos] 〔철학〕 순환 논법.

Dialog [dia'loːk], der; -(e)s, -e [frz. dialogue] **a)** 대화, 문답(반대: Monolog): einen D. mit jmdm. führen 누구와 대화를 하다. **b)** 대담, 회담: ein D. zwischen den Vertretern beider Staaten 양국의 대표 자간의 대담.

Dialog-: **~autor**, der 〔영화〕 시나리오의 대화 번안자. **~form**, die (Pl. 없음) 대화 형식, 대화체: Gedichte in D. 대화체로 된 시. **~kunst**, die (Pl. 없음) 대화술. **~partner**, der (교양어) 대화 상대자. **~regie**, die 〔영화〕 대화 감독. **~roman**, der 〔문예학〕 대화체 소설. **~stück**, das 〔연극〕 대화극.

dialogisch [dia'loːgɪʃ] 〈Adj.〉 대화체의(반대: monologisch). **dialogisieren** [dialogi'ziːrən] 〈h〉 대화체로 바꾸다: einen Text d. 텍스트를 대화체로 바꾸다. **Dialogismus** [dialo'gɪsmʊs], der; - [lat. dialogismos < griech. dialogismós] **a)** 〔문예학〕 (자서 및 시 작품중에 나오는) 대화형 묘사. **b)** 〔수사・양식〕 자문자답. **Dialogist** [dialo'gɪst], der; -en, -en [lat. dialogista] ↑ Dialogautor.

Dialysator [dialy'zaːtɔr] ((또한)) ...toːɐ], der; -s, ...oren [...za'toːrən] 〔화학〕 투석기(透析器). **Dialyse** [dia'lyːzə], die; -n [griech. diálysis] **1.** 투석, 여막, 분석. **2.** 〔의학〕 혈액 세척(투석).

Dialyse- (Dialyse 2): **~apparat**, der (신장병에 사용하는) 혈액 투석기. **~gerät**, das 〔의학〕 혈액 투석기(인공 신장). **~station**, die 인공 신장실. **~zentrum**, das 인공 신장 센터.

dialysieren [dialy'ziːrən] 〈h〉 **1.** 〔물리・화학〕 투석하다. **2.** 〔의학〕 혈액을 세척하다. **dialytisch** [dia'lyːtɪʃ] 〈Adj.〉 [griech. dialytikós] 〔화학〕 투석에 의한, 분해하는, 파괴적인.

diamagnetisch 〈Adj.〉 〔물리〕 반자성(反磁性)의, 역(逆)자성의. **Diamagnetismus**, der; - 〔물리〕 **1.** 반자성, 역자기. **2.** 역자성 소재(특성)에 관한 이론.

¹**Diamant** [dia'mant], der; -en, -en [frz. diamant] **1.** 다이아몬드, 금강석: ein roher(hochkarätiger) D. 가공하지 않은(캐럿수가 높은) 다이아몬드; ein D. von 20 Karat 20 캐럿짜리 다이아몬드; **schwarze -en** 석탄(Steinkohle). **2.** 전축의 바늘.

²**Diamant** [-], die 〔인쇄〕 가장 작은 활자(4 포인트).

diamant-, Diamant- (¹Diamant; (또한) diamanten-, Diamanten-): **~besetzt**, (또한) diamantenbesetzt 〈Adj.〉 다이아몬드가 박힌. **~bohrer**, der 〔광업〕 다이아몬드 송곳이 달린) 착암기, 착암기. **~geschmeide**, (또한) Diamantengeschmeide, das 다이아몬드 장신구. **~glanz**, der 〔전문어〕 굴절이 심한 광물질의 광채. **~gravierung**, die 유리 판각. **~kollier**, (또한) Diamantenkollier, das 다이아몬드 목걸이. **~leim**, der 보석용 아교. **~nadel**, die 다이아몬드가 박힌 장식용 핀. **~quader**, der (르네상스와 바로크 건축양식에서) 다이아몬드처럼 연마된 마름돌. **~ring**, der 다이아몬드 반지. **~schleifer**, der 다이아몬드 연마공. **~schmuck**, (또한) Diamantenschmuck, der 다이아몬드 장신구. **~schneider**, der 다이아몬드 석공. **~spitze**, die 다이아몬드 바늘. **~stahl**, der 강도가 높은 특수강. **~staub**, (또한) Diamantenstaub, der 다이아몬드 먼지. **~tinte**, die 유리 부식제.

diamanten [dia'mantn] 〈Adj.〉 **a)** (부가어로만) 다이아몬드의: die -e Bohrerspitze 다이아몬드 천공기 바늘. **b)** (부가어로만) 다이아몬드가 박힌: ein -es Armband 다이아몬드 팔찌. **c)** 다이아몬드와 같은.

diamanten-, Diamanten- (¹Diamant; (또한) diamant-, Diamanten-): **~besetzt**, (또한) diamantbesetzt 〈Adj.〉 다이아몬드가 박힌. **~geschmeide**, (또한) Diamantgeschmeide, das 다이아몬드 장신구. **~kollier**, (또한) Diamantkollier, das 다이아몬드 목걸이. **~schliff**, der ↑ Brillantschliff. **~schmuck**, (또한) Diamantschmuck, der 다이아몬드 장신구. **~staub**, (또한) Diamantstaub, der 다이아몬드 먼지.

Diamantine [diaman'tiːnə], die [¹Diamant] 연마제의 일종.

Diamantschrift, die 〔인쇄〕 다이아몬드 활자로 된 인쇄물: eine Bibel in D. 다이아몬드 활자로 인쇄된 성경.

Diamat, DIAMAT [dia'ma(ː)t], der; - [russ. diamat] 〔변증법적 Materialismus의 약칭.

Diameter [dia'meːtɐ], der; -s, - [lat. diametros < griech. diámetros] 〔기하〕 직경, 지름. **diametral** [diame'traːl] 〈Adj.〉 [lat. diametrālis] **1. a)** 〔기하〕 직경의. **b)** 정반대의, 극단의. **2.** (교양어) 대립되는: -e Ansichten 대립되는 견해. **diametrisch** [dia'meːtrɪʃ] 〈Adj.〉 [griech. diametrikós] 〔기하〕 직경의.

Diamid [dia'miːt], das; -s 〔화학〕 ↑ Hydrazin. **Diamin** [dia'miːn], das; -s, -e 〔화학〕 두 아미노 집단과의 유기적 결합.

Dianetik [dia'neːtɪk], die 다이아네틱스(인간의 콤플렉스와 장애가 출생 전 뇌 속에 축적된 체험에 의해서 생겼으며 심리 요법에 의해서 치료될 수 있다는 비학문적인 이론).

Dianoetik [diano'eːtɪk], die 〔철학〕 사고(기능). **dianoetisch** [diano'eːtɪʃ] 〈Adj.〉 [griech. dianoētikós] 오성에 관한.

Diapason [dia'paːzɔn], der; -s, -s / -e [...pa'zoːnə; lat. diapāsōn < griech. diapāsōn] 〔음악〕 **a)** (또한 das) 고대 그리스 옥타브의 원래 명칭. **b)** 표준 음조. **c)** 음차. **d)** (또한 das) 영국 오르간 음관.

Diapause [dia'pauzə], die; -n [griech. diápausis] 〔생물〕 (특정한 동물의) 발육 휴지 상태.

Diapedese [diape'deːzə], die; -n [griech. diapédēsis] 〔의학〕 누출(성 출혈), 혈관의 유출.

diaphan [dia'faːn] 〈Adj.〉 [griech. diaphanḗs] 〔예술〕 투명한. **Diaphanbild**, das 투명화. **Diaphanie** [diafa'niː], die; -n [...iːən] 〔예술〕 투명화, 유리화. **Diaphanität** [diafani'tɛːt], die [기상] 투명성(도). **Diaphanoskop** [...'skoːp], das; -s, -e [griech. skopeĩn] 〔의학〕 투시 진찰 도구.

Diaphanoskopie [...sko'piː], die; -n [...iːən] 〔의학〕

철조(徹照) 검사(법). **diaphasisch** 〈Adj.〉 구어의 양식적 차이에 관한.
Diaphonie [diafoˈniː], die; -n [...iːən; lat. diaphōnīa < griech. diaphōnía] a) (고대 그리스 음악의) 불협화음. b) (가장 오래된) 다성법.
Diaphora [diˈaːfora, diˈafora], die [griech. diaphorá] 〔수사〕 1. 상위, 불일치. a) 동일어를 다른 의미로 반복함.
Diaphorese [diafoˈreːzə], die; -n [lat. diaphorēsis < griech. diaphórēsis] 〔의학〕 땀의 분비, 발한. **Diaphoretikum** [...ˈreːtikʊm], das; -s, ...ka 〔의학〕 발한제. **diaphorētisch** 〈Adj.〉 [lat. diaphorēticus < griech. diaphorētikós] 발한을 촉진하는, 발한성의.
Diaphragma [diaˈfragma], das; -s, ...men [lat. diaphragma < griech. diáphragma] 1. 〔해부〕 a) 횡격막. b) 격막. 2. 〔화학〕 이온 투과막. 3. 〔물리〕 진공 펌프의 증기 분사 출구. 4. 〔광학·고어〕 차광판.
Diaphyse [diaˈfyːzə], die; -n [griech. diáphysis] 〔해부〕 골간(骨幹).
diaplazentar [diaplatsɛnˈtaːɐ̯] 〈Adj.〉 〔의학〕 태반을 통한.
Diapositiv [diapoziˈtiːf], das; -s, -e [...iːvə] 〔사진〕 투명 양화, 슬라이드(Dia).
Diärese [diɛˈreːzə], **Diäresis** [diˈɛːrezɪs], die; ...resen [...ˈreːzən; lat. diaeresis < griech. diaíresis] 1. 〔언어〕 음절 분해, (연속된 두 모음의) 분음(예컨대: Deismus [deˈɪs...]). 2. 〔운율〕 어미와 운각미의 일치. 3. 〔수사〕 상위 개념의 하위 개념으로의 분해, 하위 개념 열거. 4. 〔철학〕 개념 분해. 5. 〔의학〕 혈관의 파열, 절단.
Diarium [diaˈriːʊm], das; -s, ...ien [...iən; lat. diārium] 1. 〔고어〕 a) 일기(장): ein D. führen 일기를 쓰다. b) 장부. 2. 〔준고어〕 겉장이 있는 두툼한 공책.
Diarrhö, Diarrhöe [diaˈrøː], die; ...öen [...øːən; lat. diarrhoea < griech. diárrhoia] 〔의학〕 설사. **diarrhöisch** 〈Adj.〉 설사성의: eine -e Infektion 설사성의 전염.
Diaskop [diaˈskoːp], das; -s, -e [griech. diá u. skopeĩn] 〔준고어〕 ↑Diaprojektor. **Diaskopie** [...skoˈpiː], die; -n [...iːən] 〔의학·준고어〕 뢴트겐 투영(투시).
Diaspor [diaˈspoːɐ̯], der; -s, -e [griech. diasporá] 보크사이트의 성분. **Diaspora** [diˈaspora], die [griech. diasporá] a) 종교적·민족적 소수파의 거주 지역: in der D. leben 소수파의 거주 지역에 살다. b) 종교적·민족적 소수파: die katholische D. in Berlin 베를린의 가톨릭 소수파. **Diasporagemeinde**, die 소수 이교도(이민족) 공동체.
Diastase [diaˈstaːzə], die; -n [griech. diástasis] 〔해부〕 뼈와 근육간의 틈, 이개(離開). **Diastema** [diaˈsteːma], das; -s, -ta [diaˈsteːmata; lat. diastēma < griech. diástēma] 〔의학〕 날 때부터의 이 사이(틈)인 윗송곳니(앞니) 사이의 틈.
Diastole [diˈastole, (또한) diaˈstoːla], die; -n [griech. diastolḗ] 〈반대: Systole〉 1. 〔의학〕 심장의 수축과 이완. 2. 〔운율〕 음절 연장. **diastolisch** [diaˈstoːlɪʃ] 〈Adj.〉 심장의 수축과 이완에 따른.
diastratisch [diaˈstraːtɪʃ] 〈Adj.〉 [griech. diá u. lat. strātum] 〔언어〕 언어의 계층적 차이에 관한.
Diasystem [ˈdiːaː-], das; -s, -e 〔언어〕 상이한 체계가 함께 작용하는 상위 체계.
diät [diˈɛːt] 〈Adj.〉 a) 섭생에 알맞은, 몸조리에 좋은: d. kochen 섭생에 알맞은 조리하다; eine -e Lebensweise 섭생에 알맞은 생활 방식. b) 식이 요법에 알맞은: er muß streng d. essen 그는 엄격하게 식이 요법을 해야 된다. **Diät** [-/], die; 《종류》 -en [lat. diaeta < griech. díaita] a) 건강식, 섭생, 몸조리: ihre D. war rein vegetarisch 그녀의 건강식은 순전히 채식이었다. b) 환자식, 식이요법, 다이어트: eine D. für Magenkranke 위병 환자를 위한 조리 식사; er wurde auf D. gesetzt 《통용어》 그는 식이 요법을 하라는 처방을 받았다.
Diät-: **~assistent**, der 식이 요법 영양사. **~assistentin** ↑~assistent의 여성형. **~bier**, das 식이 요법 맥주. **~fahrplan**, der 《통용어》 식이 요법 차림표: ein D. für eine Schlankheitskur 날씬해지는 식이 요법 계획. **~fehler**, der 영양 결함, 식생활의 과오. **~form**, die 식이 요법 형식. **~koch**, der 식이 요법 조리사. **~köchin** ↑~koch의 여성형. **~kost**, die 식이섭생 식사. **~küche**, die a) 식이 요법용 식사를 조리하는 부엌. b) 《Pl. 없음》 환자용 식사. c) 《Pl. 없음》 식이 요법 식사 조리법. **~kur**, die 식이 요법, 환자의 식이 요법 계획. **~schwester**, die 식이 요법 영양사.
Diätar [diˈɛːtaːɐ̯], der; -s, -e 《고어》 (관청의) 임시 직원, 일용직. **diätarisch** 〈Adj.〉 일당으로 고용된. **Diäten** [diˈɛːtn̩] 〈Pl.〉 [frz. diète] 1. (국회 의원의) 수당, 일당: D. beziehen 일당을 받다. 2. 대학 강사의 수당. **Diätendozent**, der 수당을 받는 강사. **Diätendozentur**, die 수당을 받는 강사직.
Diätetik [diɛˈteːtɪk], die; -en [lat. (ars) diaetētica < griech. diaitētikḗ (téchnē)] 섭생법. **Diätetikum** [diɛˈteːtikʊm], das; -s, ...ka 섭생 식품. **diätetisch** [diɛˈteːtɪʃ] 〈Adj.〉 섭생법에 맞는: eine -e Lebensweise 섭생법에 맞는 생활 방식.
Diathek [diaˈteːk], die; -en [griech. thḗkē] 슬라이드 도서관(모음).
diatherman [diatɛrˈman] 〈Adj.〉 [griech. diá u. thérmē] 〔전문어〕 투열성(透熱性)의. **Diathermanität**, die 〔기상〕 투열성. **Diathermansie**, die [frz. diathermansie] ↑Diathermanität. **Diathermie** [diatɛrˈmiː], die 〔의학〕 투열 요법.
Diathese [diaˈteːzə], die; -n [griech. diáthesis] 〔의학〕 (선천적인 병적) 소인, 특이체질.
diätisch [diˈɛːtɪʃ] 〈Adj.〉 영양에 관계되는: -er Wert 영양가. **Diätistin** [diˈɛːtɪstɪn], die; -nen ↑Diätassistentin.
Diatomee [diatoˈmeːə], die; -n 《대개 Pl.》 [griech. diátomos] 《생물》 규조(硅藻). **Diatomeenerde**, die 〈Pl. 없음〉 ↑Kieselgur. **Diatomeenschlamm**, der 규조 퇴적. **Diatomit** [...ˈmiːt, (또한) ...mɪt], der; -s 규조 퇴적에서 생긴 수성암.
Diatonik [diaˈtoːnɪk], die 〔음악〕 전음계(반대: Chromatik 1.). **diatonisch** [...] 〈Adj.〉 [lat. diatonicus < griech. diatonikós] 전음계적인(반대: chromatisch 1.): die -e Tonleiter 전음계.
diatopisch [diaˈtoːpɪʃ] 〈Adj.〉 [griech. diá u. tópos] 〔언어〕 언어 형태의 지역적인 차이에 관계되는.
Diatribe [diaˈtriːbə], die; -n [lat. diatriba < griech. diatribḗ] a) 〔문예학〕 (대화 형식의) 도덕 설교. b) 〔교양어〕 학술적 논박문, 비판문.
Diazin [diaˈtsiːn], das; -s, -e [griech. dís u. frz. azote] 〔화학〕 두 개의 질소 원자를 가진 환상 화합물, 디아진. **Diazofarbstoff**, der; -(e)s, -e 〔화학〕 두 개의 질소군을 가진 질소 색소. **Diazotypie** [diatsotyˈpiː], die; -n [...iːən] 〔사진〕 청사진 복사법.
Dibbelmaschine [ˈdɪbl̩-], die; -n [engl. dibble] 점종기. **dibbeln** [ˈdɪbl̩n] 〈h〉 [engl. to dibble] 〔농업〕 점파종기로 심다, 점점이 씨뿌리다. **Dibbelsaat**, die 점파.
dibbern [ˈdɪbɐn] 〈h〉 [jidd. dibbern] 〈지역적〉 은밀히 수군거리다.
Dibothriocephalus [dibotrioˈtseːfalʊs], der; -, ...li [griech. dís bothríon u. kephalḗ] 촌충의 일종.
Dibrachys [ˈdiːbraxys], der; -, - [lat. dibrachys <

griech. díbrachys) 【운율】 단단격의 고대 z운(∪∪).
dich [dɪç] 1. 〈인칭대명사 ↑du의 4격〉 ich habe dich gestern vermißt 나는 어제 네가 없어서 아쉬웠다. **2.** 〈2인칭의 재귀대명사 4격, ↑sich〉 du solltest d. schämen 넌 부끄러워할 줄 알아야 될 것이다.
Dichasium [diˈçaːzi̯ʊm], das; -s, ...ien [...i̯ən]; griech. díchasis] 【식물】 두 가닥으로 갈라지는 가지.
Dichogamie [dɪçogaˈmiː], die [griech. dícha u. gámos] 【식물】 자웅이숙(雌雄異熟).
Dichoreus [diˈçoːreʊs], der, -, ...een [lat. dichorēus < griech. dichóreios] 【운율】 이중장단격(‒∪‒∪).
dichotom [diçoˈtoːm] 〈Adj.〉 [griech. dichótomos] **1.** 【생물】 2분된. **2.** 【철학·언어】 이분법의. **Dichotomie** [diçotoˈmiː], die; ...ien [...i̯ən]; griech. dichotomía] **1.** 【생물】 식물의 싹이 둘로 갈라짐, 이분지. **2.** 이분법(예컨대: diachron-synchron). **dichotomisch** [diçoˈtoːmɪʃ] 〈Adj.〉 ↑dichotom 참조.
Dichroismus [dikroˈɪsmʊs], der; - [griech. díchroos] 【물리】 이색성(二色性). **dichroitisch** [...oˈiːtɪʃ] 〈Adj.〉 이색성의. **Dichromasie** [dikromaˈziː], die; -n [...i̯ən]; griech. dís u. chrôma 【의학】 이색성의 부분 색맹. **Dichromat** [dikromaːt], das; -s, -e [griech. dís u. chrôma] 【화학】 중(重)크롬산염. **dichromatisch** [dikroˈmaːtɪʃ] 〈Adj.〉 이색(두 가지 색)의. **Dichromatopsie** [dikromatoˈpsiː], die; -n [...i̯ən]; griech. dís, chrôma u. ópsis] ↑Dichromasie. **Dichromie** [dikroˈmiː], die; -n [...i̯ən]; griech. díchrōmos [동물] 동종 동물의 상이한 색채. **Dichromsäure**, die [화학] 중크롬산. **Dichroskop** [dikroˈskoːp], das; -s, -e [griech. skopeîn] (이색성 시험용의) 이색경(二色鏡). **dichroskopisch** 〈Adj.〉 이색경의.
dicht [dɪçt] 〈Adj.〉 **1. a)** 조밀한, 촘촘한, 빽빽한, 밀집한; -es Haar 숱이 많은 머리; beim -esten Verkehr 아주 혼잡한 교통 상황에서; ein d. bevölkertes Land 인구가 조밀한 나라, 인구 밀도가 높은 나라; die Zuschauer waren d. gedrängt 관객들은 밀집해 있었다; 전의 ein -es Programm 빈틈없이 꽉 찬 프로그램. **b)** 농후한, 질은: -er Nebel 짙은 안개. **c)** 새지 않는, 밀폐된(반대: undicht): ein -es Faß 새지 않는 통; das Dach ist nicht mehr d. 지붕이 샌다; **nicht ganz d. sein** 《통용어·편》 온전한 정신이 박혀 있지 않다. **2.** (특히 전치사와 결합하여) **a)** 밀접하여, 가까이에: d. neben der Kirche 교회 가까이에; die Polizei ist ihm d. auf den Fersen 경찰이 그의 발뒤꿈치를 바짝 뒤쫓아 오고 있었다. **b)** 직전에: das Fest stand d. bevor 축제가 눈 앞에 다가왔다.
dicht-: **~auf** 〈Adv.〉 바짝 뒤따라서: d. folgen 바짝 뒤따르다. **~bebaut** 〈Adj.〉; dichter, am dichtesten bebaut; nur attr.〉 조밀하게 건물이 들어선. **~behaart** 〈Adj.〉 털이 많이 난, 숱이 많은. **~belaubt** 〈Adj.〉 잎이 밀생한. **~besetzt** 〈Adj.〉 빈틈없이 자리잡은. **~besiedelt** 〈Adj.〉 인구가 조밀하게 거주하는. **~bevölkert** 〈Adj.〉 인구 밀도가 조밀한. **~bewachsen** 〈Adj.〉 밀생한. **~gedrängt** 〈Adj.〉 밀집한. **~halten*** 〈h〉 《통용어》 입이 무겁다, 비밀을 지키다: er hat dichtgehalten 그는 비밀을 지켰다. **~machen** 〈h〉 《통용어》 **1. a)** 문을 닫다, 영업을 중지하다: der Fleischer macht seinen Laden heute schon um 13:00 Uhr dicht 정육점 주인은 오늘 13시에 벌써 그의 가게문을 닫는다. **b)** 《통용어》: wann machen die Geschäfte am Samstag dicht? 토요일에 상점들은 몇 시에 영업을 끝냅니까? **2.** (스포츠 통용어) 방어를 튼튼히 하다. **~maschig** 〈Adj.〉 ↑engmaschig. **~verschneit** 〈Adj.〉 눈이 많이 온.
Dichte [ˈdɪçtə], die; -n **1. a)** 밀도, 조밀함: die D. des Waldes 숲의 조밀함; die D. der Bevölkerung 인구의 밀도; 전의 die D. seiner Beweisführung 그의 증명의 치열함. **b)** 농도(의 짙음): die D. des Nebels 안개의 농도. **2.** 【물리】 밀도: die mittlere D. der Luft 공기의 평균 밀도. **3.** 【사진】 색도의 단위. **4.** 【섬유】 실 또는 코의 수. **Dichtemesser**, der ↑Densimeter.

¹**dichten** [ˈdɪçtn̩] 〈h〉 **a)** 새지 않게 하다: das Dach (mit etw.) d. 지붕을 (무엇으로) 새지 않게 하다; die Fugen sind schlecht gedichtet 틈새가 잘 메워지지 않았다. **b)** 틈새를 메우는 데 적당하다: der Kitt dichtet gut 이 시멘트는 틈새를 잘 막아 준다.

²**dichten** [ˈdɪçtn̩] 〈h〉 [lat. dictāre] **1.** (특히 시행식의) 문학 작품을 쓰다, 저술하다, 창작하다: ein Gedicht[ein Epos] d. 시[서사시]를 쓰다. **2. das Dichten u. Trachten** 혼신의 노력(창세기 6장 5절과 8장 21절에 따라서). **Dichter** [ˈdɪçtɐ], der; -s, - 작가, 시인: ein großer D. 위대한 작가; der D. des „Hamlet" "햄릿"의 작가; einen D. gerne lesen 어느 작가의 작품을 즐겨 읽다.

Dichter-: **~akademie**, die 한림원, 예술원. **~biographie**, die 작가의 전기. **~bund**, der ↑~kreis. **~fürst**, der 《고어》 시성, 대작가, 대문호: Goethe, der D. 시성 괴테. **~gabe**, die (아이) 시재(詩才), 시적 재능. **~komponist**, der 시인 겸 작곡가, 작사 작곡가. **~kranz**, der 월계관. **~kreis**, der (뜻을 같이 하는) 작가 단체, 문학 유파. **~krönung**, die 《역사적》 작가의 대관식. **~lesung**, die 작가 낭독회. **~roß**, das 《교양어·드물게》 (문학의 상징으로) 페가소스. **~ruhm**, der 작가의 명성. **~schule**, die 《고어》 ↑~kreis. **~sprache**, die 시어, 문학어. **~werk**, das 시 작품, 문학 작품. **~wort**, das 시인의 말.
Dichterin [ˈdɪçtərɪn], die; -nen ↑Dichter의 여성형. **dichterisch** [ˈdɪçtərɪʃ] 〈Adj.〉 시적인, 문학적인: -e Prosa 시적인 산문; eine -e Begabung 시적인 재능, 문학적 재능. **Dichterling** [ˈdɪçtɐlɪŋ], der; -s, -e 《편》 재능이 없는 시인. **Dichtertum** [ˈdɪçtɐtuːm], das; -s 작가 정신, 시인 정신.
Dichtigkeit [ˈdɪçtɪçkaɪ̯t], die ↑Dichte.
Dichtkunst [ˈdɪçtkʊnst], die **1. a)** 창작, 시작. **b)** 창작[시작] 능력: die D. ist nicht erlernbar 창작 능력은 배워서 습득되지 않는다. **2.** (예술의 갈래로서) 문학, 시: D., Malerei u. Musik 문학, 미술 그리고 음악.

¹**Dichtung** [ˈdɪçtʊŋ], die; -en **1.** 〈Pl. 없음〉 틈을 메움. **2.** 폐쇄 장치, 폐쇄물: die D. ist kaputt 폐쇄 장치가 망가졌다.

²**Dichtung** [-], die; -en **1.** 문학 작품: lyrische [epische] D. 서정적[서사적] 문학 작품; sinfonische D. [음악] 교향악 시; 전의 was er da erzählt hat, ist reine D. 《통용어》 그가 이야기한 것은 순전히 꾸며낸 것이다. **2.** 〈Pl. 없음〉 ↑Dichtkunst (2): die höfische D. 궁정 문학. **Dichtungsform**, die 문학의 형식, 문학의 갈래: Epos u. Roman sind verschiedene -en 서사시와 장편 소설은 상이한 문학 형식이다. **Dichtungsgattung**, die 문학의 갈래(장르).
Dichtungs-: (¹Dichtung): **~masse**, die 틈을 막는 반죽. **~material**, das 틈을 막는 재료. **~mittel**, das 방수제. **~ring**, der 누르고리, 채움테. **~scheibe**, die 끼움쇠, (너트의) 나사받이(↑~ring).
dick [dɪk] 〈Adj.〉 **1.** 굵은, 뚱뚱한, 육중한(반대: dünn 1): ein -er Baum 줄기 큰 나무; ein -es Buch 두꺼운 책; es regnete -e Tropfen 빗방울이 굵었다; sie hat -e Beine 그녀는 다리가 굵다; er ist d. und fett 《통용어》 그는 뚱뚱보다; du bist -er geworden 너는 뚱뚱해졌다; 전의 er fährt ein -es Auto 《통용어》 그는 크고 비싼 차를 몰고 다닌다; das ist ein -er Fehler 이것은 대단한 잘못이다; ein -es Gehalt 고액의 봉급; jmdm. d.

machen 《속어》 임신시키다; **d. sein** 《속어》 임신중이다; **sich (mit etw.) d. machen** (무엇을 가지고) 뽐낸다. **2. a)** 〈도량형 단위와 결합하여〉 두께가 …인: die Bretter sollen 5 cm d. sein 널빤지는 두께가 5cm여야 한다. **b)** 두꺼운(반대: dünn 1): eine -e Eisdecke 두꺼운 얼음층; ein -er Teppich 두툼한 융단; **mit jmdm. durch d. u. dünn gehen** 어떤 역경에서도 누구를 돕다; **d. auftragen** 《통속어·폄》 과장하다; **es nicht so d. haben** 《통속어》 별로 돈이 많지 않다. **3.** 《통속어》 부어오른, 부은: seine Mandeln sind d. (geschwollen) 그의 편도선이 부었다. **4.** 진한, 된, 진득진득한: eine viel zu -e Soße 너무 된 소스; -e Milch 엉긴 우유. **5.** 조밀한, 농후한: -e Rauchschwaden 짙은 연기; ihr Haar ist sehr d. 《통속어》그녀는 머리숱이 많다. **6.** 《통속어》친한, 가까운: sie waren -e Freunde 그들은 친한 친구였다. **7.** 〈형용사와 동사를 강조〉《통속어》대단히: d. satt sein 대단히 배가 부르다. **8. jmdn.[etw.] d. haben(kriegen)** 《통속어》누구(무엇)을 싫증내다(↑dicke 참조).

dick-, Dick-: **~balg**, der 《통속어·폄》 뚱뚱보. **~bauch**, der 《농》 뚱뚱한 사람, 배불뚝이. **~baucher** [-bauxɐ] ↑~bauch. **~bauchig** 〈Adj.〉 배가 불쑥 나온. **~bäuchig** 〈Adj.〉 배가 나온. **~bein**, das 〈지역적〉 넓적다리(oberschenkel). **~blatt**, das (남아프리카 원산의 화초) 돈나물과의 식물. **~blattgewächs**, das [식물] 돈나물과의 식물. **~darm**, der [해부] 대장(大腸). **~darmentzündung**, die [의학] 대장염(Kolitis). **~darmkrebs**, der [의학] 대장암. **~fellig** [-fɛlɪç] 〈Adj.〉《통속어》신경이 둔한, 철면피의: sei doch bloß nicht so d.! 너무 그렇게 몰염치하지 말아라. **~felligkeit**, die 무신경, 철면피. **~fleischig** 〈Adj.〉 두껍고(살이 많고) 즙이 많은. **~flüssig** 〈Adj.〉 엉긴, 진득진득한. **~flüssigkeit**, die 엉김, 진득진득함. **~fuß**, der **1.** [동물] 큰물떼새. **2.** [식물] 군생하는 독버섯. **~fußröhrling**, der [식물] 독버섯의 일종. **~füttern** 〈h〉《통속어》뚱뚱해지도록 먹이다: ein Tier d. 짐승을 뚱뚱해지도록 먹이다. **~gehen**, das [사냥] 개와 맹수가 새끼를 뱀. **~glas**, das (자동차용) 안전 유리. **~häuter** [-hɔytɐ], der; -s, - 후피류(厚皮類) (코끼리, 코뿔소, 하마 등): 전의 er ist ein D. 그는 무감각한 사람이다. **~häutig** 〈Adj.〉 후피류의. **~kopf**, der 《통속어》**a)** 고집쟁이. **b)** 고집, 완고: einen D. haben 고집스럽다. **~köpfig** 〈Adj.〉 고집 센, 완고한. **~köpfigkeit**, die ↑köpfig의 명사형. **~leibig** [-laɪbɪç] 〈Adj.〉 뚱뚱한, 비만한. **~leibigkeit**, die 뚱뚱함, 비만. **~lippig** 〈Adj.〉 입술이 두꺼운. **~macher**, der 《통속어》 살찌게 하는 음식. **~milch**, die 엉긴 우유, 응유. **~münze**, der (지름이 짧지만 두꺼운) 중세의 동전. **~nischel**, der (ostmd.) ↑~kopf. **~pfennig**, der ↑~münze. **~rübe**, die 〈지역적〉 ↑ Runkelrübe. **~sack**, der 《폄·농》 뚱뚱보. **~schädel**, der 《통속어》↑~kopf. **~schäd(e)lig** 〈Adj.〉 고집 센, 완고한. **~schalig** 〈Adj.〉 껍질이 두꺼운. **~stein**, der 면이 적은 다이아몬드 연마. **~strunk**, der 〈지역적〉 사료용 배추. **~tuer** [-tuːɐ], der; -s, - 〈지역적·폄〉 잘난 체하는 사람. **~tuerei**, die 〈지역적·폄〉 잘난 체함. **~tuerisch** 〈Adj.〉《통속어·폄》 잘난 체하는, 뻐기는. **~tun** 〈h〉《통속어·폄》 잘난 체하다, 뻐기다. **~wandig** 〈Adj.〉 벽이 두꺼운. **~wanst**, der 《폄》 뚱뚱보, 살찐 사람. **~wanstig** 〈Adj.〉 뚱뚱보의. **~wurz**, **~wurzel**, die 〈지역적〉 ↑ Runkelrübe. **~zuckerbehandlung**, die 《전문어》 진한 설탕물에 과일 통조림을 함.

dicke 〈Adv.〉《통속어》 충분히: wir kommen mit den Vorräten d. aus 우리는 저장해 놓은 것으로 충분하다;

jmdn.[etw.] **d. haben** 《경》 누구(무엇)이 싫다.
¹Dicke, die; -n 〈드물게 Pl.〉 **1.** 굵음, 뚱뚱함, 두꺼움: die D. eines Stammes 나무 줄기의 굵음; ein Mann von einer krankhaften D. 병적으로 비만한 남자. **2.** 〈도량형 단위와 함께〉 두께, 굵기: die Eisdecke hat eine D. von 50 cm 얼음층은 두께가 50 cm이다. **3.** 〈Pl. 없음〉 됨, 진득진득함.

²Dicke*, der / die **1.** 《통속어》 뚱뚱한 사람, 뚱뚱보: der D. schnaufte beim Treppensteigen 뚱뚱한 사람은 계단을 오르는 데 숨을 헐떡였다. **2.** 〈대개 관사 없이〉 뚱뚱한 사람에 대한 애칭: -r, komm mal her! 뚱보, 이리 와 봐라.

³Dicke, das; -n 〈대개 관사없이〉《친근》 뚱뚱한 어린이(소년, 부인)에 대한 애칭: das ist unser -s 이게 우리 뚱뚱보지.

dicken ['dɪkn̩] **a)** 〈h〉 되게 만들다, 진득진득하게 만들다. **b)** 〈h/s〉 되게[진득진득하게] 되다. **Dickenabnahme**, die 부피(뚱뚱함)의 감소. **Dickenwachstum**, das 굵어짐. **Dickenzunahme**, die 부피(뚱뚱함)의 증가. **Dickerchen** ['dɪkɐçən], das; -s, - 《친근·농》 뚱뚱한, 뚱뚱한 아이: mein kleines D.! 나의 작은 뚱뚱보야! **dicketun***, sich 〈h〉《통속어·폄》↑dicktun. **Dickicht** ['dɪkɪçt], das; -(e)s, -e 덤불, 숲, (총림): die Rehe verschwanden im D. 노루들이 덤불 속으로 사라졌다; 전의 er fand sich nicht mehr zurecht in dem D. der Paragraphen 그는 복잡한 법조문의 숲 속에서 어찌할 바를 몰랐다. **dicklich** 〈Adj.〉 **1.** 좀 뚱뚱한, 두툼한: er ist in letzter Zeit etwas d. geworden 그는 근래에 좀 뚱뚱해졌다. **2.** 엉긴, 끈끈해진. **Dicklichkeit**, die 두툼함, 엉김. **Dickte**, die; -n [인쇄] 활자의 폭. **Dickung**, die; -en 어린 나무의 밀집.

Dictionnaire [dɪktsjoˈnɛːr], das 《또한 der》; -s, -s ↑ Diktionär.

Didaktik [diˈdaktɪk], die; -en [교육] **a)** 〈Pl. 없음〉 교수학(법): D. der Mathematik 수학 교수법. **b)** 교육 내용 이론과 수업 방법론: es gibt zur Zeit viele verschiedene -en 현재 많은 교수법이 있다. **c)** 교수학 논문. **Didaktiker**, der; -s, - **a)** 교수학 학자. **b)** 교수학적 능력을 가진, 유능한 교사. **didaktisch** 〈Adj.〉 [griech. didaktikós] [교육] **a)** 교수학상의, 수업에 적합한: -e Modelle 교수학적인 모델; diese Methode ist d. falsch 이 방법은 교수학상 틀린 것이다. **b)** 교훈적인, 교육적인: -es Theater 교훈극, 교훈적 연극; eine -e Dichtung 교훈시(문학). **Didaktisierung** [didaktiˈziːrʊŋ], die; -en [교육] 교수 목적에 맞도록 작업함, 교재화 작업. **Didaskalien** [didasˈkaːli̯ən] 〈Pl.〉 [griech. didaskalía] **1.** (고대 그리스 극작가의) 연출 지시문. **2.** (고대 그리스의) 희곡 공연 목록. **Didaxe** [diˈdaksə], die; -n [griech. dídaxis] 〈드물게〉↑ Didaktik (a).

dideldum [diːdlˈdʊm], **dideldumdei** [diːdlˈdʊmˈdaɪ] 〈Interj.〉 [Dudelsack는 Drehorgel의 소리에 따른 의성] 《순교어》 노래나 동요에서 흥을 돋우는 소리.

Dido ['diːdo] 카르타고를 건설하였다는 전설적 여왕.

Didotantiqua [diˈdoːantiːkva], die [프랑스의 인쇄업자 Didot의 이름에 따라] 직립한 라틴어 활자. **Didotsystem**, das; -s 〈프랑스의 인쇄업자 Didot가 개선한〉 인쇄 계량 제도.

Didym [diˈdyːm], das; -s [griech. dídymos] [화학] 디디뮴(두가지 희토류 원소 Praseodym과 Neodym의 혼합물). **Didymmetall**, das ↑Didym 참조. **Didymitis** [didyˈmiːtɪs], die; … itiden […ymiˈtiːdn̩]; griech. dídymoi (Pl.)] [의학] 고환염.

didynamisch 〈Adj.〉 [식물] (자웅 두 꽃술이 있는 꽃의) 수꽃술이 두 개는 길고 두 개는 짧은.

die: ↑der 참조.

Dieb [di:p], der; -(e)s, -e 도둑: den D. auf frischer Tat ertappen 도둑을 현행범으로 붙잡다; haltet den D.! 도둑 잡아라!; er hat sich davongestohlen wie ein D. 그는 몰래 슬쩍 가버렸다; 軍口 die kleinen -e hängt man, die großen läßt man laufen 좀도둑은 처벌하고 큰 도둑은 도망가게 한다; **wie ein D. in der Nacht** (아이) 눈에 띄지 않게, 의외로, 예정에 없이.

Dieberei [di:bə'rai], die; -en 《통용어·閒》도둑질, 도벽, 도둑 근성: der Angeklagte hat sich auch kleine -en zuschulden kommen lassen 피고는 조그만 도둑질도 했다.

diebes-, Diebes- (↑Diebs-도 참조): ~**bande**, die 《閒》도둑떼, 도둑의 동아리. ~**beute**, die 훔친 물건, 장물. ~**fahrt**, die 도둑질 행차(계획). ~**falle**, die 도둑을 잡는 함정, 덫. ~**gut**, das ↑~beute. ~**haken**, der 곁쇠(Dietrich). ~**handwerk**, das (Pl. 없음) 《반어》(직업적으로 하는) 도둑질. ~**höhle**, die ↑~nest. ~**nest**, das 도둑의 소굴, 도둑굴. ~**paar**, das 도둑짝. ~**pack**, das ↑Diebsgesindel. ~**sicher** 〈Adj.〉도난을 막을 수 있는. ~**sprache**, die 도둑의 용어, 부랑자 말. ~**tour**, die ↑~fahrt. ~**werkzeug**, das 도둑의 도구. ~**zug**, der 도둑질 행차.

Diebin ['di:bɪn], die; -nen ↑Dieb의 여성형. **diebisch** 〈Adj.〉 1. 《순고어》 도둑의, 도둑질하는 마음[버릇]이 있는, 도둑 근성의. 2. 남몰래 좋아하는: er hat sich d. gefreut, als die anderen auch einmal zu spät kamen 다른 사람들도 늦게 오는 때가 있자 그는 은근히 고소하며 몹시 좋아했다.

Diebs- (아직도 어떤 복합어에서는 Diebes- 대신에): ~**daumen**, der 《민속》 (행운을 가져온다는) 처형된 도둑의 엄지 손가락. ~**gelichter**, das 《閒》↑~gesindel. ~**gesindel**, das 《閒》 도둑의 무리. ~**volk**, das ↑~gesindel. ~**zunft**, die ↑~gesindel.

Diebsprung, der; -(e)s, …sprünge 《체조》 뛰어넘기의 일종.

Diebstahl ['di:p-ʃta:l], der; -(e)s, …stähle [aus ahd. diub(i)a u. setāla] 도둑질, 절도, 도난: geistiger D. 정신적 절도, 표절; einen D. begehen 도둑질을 하다; jmdn. wegen -s verurteilen 누구에게 절도 행위 때문에 유죄 판결을 내리다. **Diebstahlsverdacht**, der 절도 혐의. **Diebstahlversicherung**, die 도난 보험.

Dieder [di'|e:dɐ], das; -s, - [griech. dís u. hédra] 〔기하〕 2면 다각체.

Dieffenbachie, die; -n 〔오스트리아 식물학자 D. Dieffenbach(1796~1863)에 따라〕 디펜바키아속의 각종 관엽 식물.

Diegese [die'ge:zə], die; -n [griech. diégēsis] 《고어》상세한 진술, 설명, 논의. **diegetisch** [...'ge:tɪʃ] 〈Adj.〉 [griech. diēgētikós] 《고어》 진술조의, 논의조의.

diejenige: ↑derjenige 참조.

Diele ['di:lə], die; -n 1. (길고 좁은) 마루청: die knarren 마루청이 삐거덕댄다. 2. (보통 옷걸이가 있는) 현관. 3. (저지 독일의 농가나 시민 저택에서) 제일 큰 방. 4. 《순고어》 Tanzdiele의 약칭.

Dielektrikum [die'lɛktrikum], das; -s, …ka [griech. diá] 〔물리·전자〕 유전체(誘電體), 절연체. **dielektrisch** 〈Adj.〉〔물리·전자〕 절연체의. **Dielektrizitätskonstante**, die 〔물리·전자〕 한 소재의 전기적 특성을 표시하는 수치.

dielen ['di:lən] 〈h〉〔토건〕 마루청을 깔다. **Dielung**, die; -en 〔토건〕 1. 마루청 깔기. 2. 마루 바닥의 널빤지.

Dielen-: ~**boden**, der 마루 바닥. ~**brett**, das 마루바닥의 널빤지. ~**fenster**, das 마루 창문. ~**fußboden**, der 마루 바닥, 현관 바닥. ~**holz**, das 마루 바닥용 목재. ~**kopf**, der 《예술》 도리스식 기둥에서 추녀 돌림띠

밑부분의 장식. ~**lampe**, die 현관의 등. ~**ritze**, die 현관 마루의 틈. ~**treppe**, die 〔토건〕 옥내 계단.

Dieme ['di:mə], die; -n, **Diemen** ['di:mən], der; -s, - [frz. dîme] 《nordd.》 (옥 외에 쌓아 둔) 짚, 건초, 이탄더미.

Dien [di'e:n], das; -s, -e 〈대개 Pl.〉 [griech. dís] 〔화학〕 불포화 탄소수소.

dienen ['di:nən] 〈h〉 1. a) 고용되어 있다, 근무하다, (누구의 집에서) 고용살이를 하다: dem Staat loyal d. 국가에 충성을 다하다; sie hatte in Herrschaftshäusern (als Dienstmädchen) gedient 그녀는 귀족집에서 (하녀로) 근무했다; 軍口 niemand kann zwei Herren d. 아무도 두 주인을 모실 수는 없다. b) 군에 복무하다, 병역에 복무하다: er hatte acht Jahre (im Heer) gedient 그는 8년간 (군대에서) 복무했었다; er brauchte nicht zu d. 그는 군복무를 할 필요가 없었다. 2. a) 《아이》 어떤 일이나 사람을 위해 헌신하다: der Gerechtigkeit d. 정의를 위해서 헌신하다. b) 유익하다, 이롭다: die Sammlung dient einem guten Zweck 이 수집품은 좋은 목적을 달성하는 데 이롭다. 3. 누구를 돕다, 도움이 되다: mit dieser Auskunft ist mir wenig gedient 이런 안내는 나에게 별로 도움이 되지 못한다; womit kann ich d.? 무엇이 필요하신가요? 분부해 주십시오; es tut mir leid, daß ich Ihnen in dieser Angelegenheit nicht d. kann 이 사안에서 도와드릴 수 없는 것이 유감입니다; mit 50 Mark wäre mir schon gedient 50 마르크만으로도 도움이 되겠습니다. 4. 사용되다, 이용되다, 일정한 목적을 가지고 있다: das alte Schloß dient jetzt als Museum 옛 성은 이제 박물관으로 이용된다; etw. dient (jmdm.) als〔zur〕Nahrung 무엇이 (누구에게) 음식이다. **Diener** ['di:nɐ], der; -s, - a) 하인, 종, 고용인: der Beruf eines herrschaftlichen -s 귀족 집의 하인의 직업; **einen D. machen** (친구) (어린이가 인사할 때) 절하다, 허리를 굽히다; **stummer D.** 식기대, 사이드 테이블. b) 《아이》 공복, 공무원: ein D. des Staats 국가의 공복. c) (아이) 장려자, 후원자: ein D. der Wissenschaft〔der Kunst〕학문〔예술〕의 후원자. **Dienerin** ['di:nərɪn], die; -nen ↑Diener (a, c)의 여성형. **dienern** ['di:nɐn] 〈h〉《閒》굽실거리다: 전의 er dienert beständig vor seinen Vorgesetzten 그는 그의 상관들 앞에서 끊임없이 굽실거린다. **Dienerschaft**, die 하인 일동, 하인 일동.

dienlich 〈Adj.〉《다음 용법으로》**jmdm.〔einer Sache〕d. sein** 누구〔무엇〕에게 유용하다, 이롭다: sein Verhalten war der Sache wenig d. 그의 태도는 그 일에 별로 유익하지 못했다. **Dienlichkeit**, die 유용성.

Dienst [di:nst], der; -(e)s, -e 1. a) 〈Pl. 없음〉 근무, 복무: die Nachtschwester hat einen anstrengenden D. 숙직 간호사는 고된 근무를 한다; um 8⁰⁰ Uhr seinen D. antreten 8시에 근무를 시작하다; seinen D. vernachlässigen 그의 근무를 소홀히 하다; er hat heute lange D. 그는 오늘 오래 근무해야 된다; D. machen〔tun〕 근무하다; welche Apotheke hat heute D. 오늘 어떤 약국이 열려 있습니까?; außer Dienst〔außerhalb des -es〕근무 시간 이 외에, 여가 시간에; nicht im D. sein 근무하지 않다; der Unteroffizier vom D. 당직 하사관; er ist der Chef vom D. 그는 신문사의 당직 부장이다; Dom D. und Schnaps ist Schnaps 공과 사는 구분해야 된다. b) 〈드물게 Pl.〉고용 관계, 지위, 직위: jmdn. aus dem D.〔aus seinen -en〕entlassen 누구를 해고〔해직〕시키다; in jmds. -e treten〔jmdn. in Dienst nehmen〕고용되다〔하다〕; in jmds. Dienst(en) sein〔stehen〕《준고어》누구를 위하여〔누구의 집에서〕근무하다; 軍口 D. 퇴직〔퇴역〕한(약어: a. D.); **im D. von etw.〔im D. einer guten Sache〕stehen** 어떤 일〔좋은 일〕에 헌신

하고 있다; sich in den D. von etw. [in den D. einer guten Sache] stellen 어떤 일[좋은 일]에 헌신하다; etw. in D. stellen 가동[작동]하다. c) 〈Pl. 없음〉(공무원의) 직위 venir: er ist im mittleren D. tätig 그는 중간직에 근무하고 있다; er wurde in den diplomatischen D. übernommen 그는 외교관직에 채용되었다; der öffentliche D. 1) (연방, 주, 시읍면의) 공직, 공무. 2) 공직 근무자 전체. 2. (일정한 임무를 띤) 근무자(들): der technische D. 기술부 근무자(들); für die Übermittlung der Nachrichten arbeiten verschiedene -e 뉴스의 전달을 위해서는 여러 근무자들이 일한다. 3. 도움, 돌봄, 봉사: jmdm. seinen D. [seine -e] anbieten 누구에게 도와 주겠다고 제안하다; kannst du mir einen D. tun? 나를 좀 도와 주겠냐?; (das ist) D. am Kunden 《통용어·농》 고객에 대한 특별서비스; seinen D. [seine -e] tun 써먹을 수 있다; jmdm. gute -e tun 누구에게 매우 유용하다; jmdm. mit etw. einen schlechten D. erweisen 누구에게 (도리어) 폐를 끼치다; zu jmds. -en [jmdm. zu -en] sein [stehen] 누구에게 도와주겠다고 하다; jmdm. den D. versagen 허약해지다, 말을 듣지 않다. 4. [예술] 고딕식 건축의 벽이나 지주 곁에 붙은 소원주[기둥].

dienst-, Dienst-: ~ablauf, der 근무 진행 순서. ~ablösung, die a) 근무 교대. b) 근무 교대조. ~abteil, das (열차의) 차장실, 승무원실. ~adel, der 《역사적》(왕에 대한 근신 관계를 가진) 귀족(↑Adel 1 a). ~alter, das 근무[복무] 연수. ~älteste⁎, der / die 고참자. ~angelegenheit, die 공무 사항. ~antritt, der 공직 취임. ~anweisung, die 근무 지침[지시]. ~anzug, der ↑ ~kleidung. ~auffassung, die 공직관, 근무 자세. ~aufsicht, die 근무 감독. ~aufsichtsbeschwerde, die 감독부에의 시정 사항 청원. ~auftrag, der 근무 위임. ~aufwandsentschädigung, die 공무 수행상의 필요 경비 보상, 직무상 비용의 보상. ~ausgabe, die 《군》 다음 날 일과 전달. ~ausweis, der 근무자 신분 증명서. ~auszeichnung, die 정근(근속) 표창. ~auto, das ↑ ~wagen. ~befehl, der 업무상의 명령, 지시. ~beflissen 〈Adj.〉 남의 일을 잘 돌보아 주는, (너무) 열심인. ~beflissenheit, die 남의 일을 잘 돌보아 주는 것[천성]. ~beginn, der 근무 시작. ~behörde, die 상급 관청, 관할 관청. ~bekleidung, die ↑ ~kleidung. ~bereich, der 소관 분야, 직무 분야. ~bereit 〈Adj.〉 1. (준구어) a) 근무하려고 하는. b) 남의 일을 잘 돌보아 주는 듯한. 2. (정상 개점 시간 이외에) 비상 대기를 하는: die Apotheke ist auch am Sonntag d. 이 약국은 일요일도 비상 대기를 위해 개점하고 있다. ~bereitschaft, die ↑ ~bereit의 명사형. ~beschädigung, die 공무 상해[공상]. ~besprechung, die 업무 회의[협의]. ~betrieb, der 공무 운영 (진행). ~bezeichnung, die 공직명. ~bezüge, die 〈Pl.〉 (공무원의) 봉급. ~bolzen, der 《촌·준구어》 하녀. ~bote, der (준구어) 머슴, 고용인, 하인. ~boteneingang, der (준구어·그 외 지역) 옆문, 뒷문, 하인 출입문. ~botenklatsch, der 하인들의 험담. ~botennatur, die 《촌》 하인 근성. ~botenzimmer, das 《준구어》 하인의 방. ~buch, das 근무 일지, 근무 평정 기록부(하인의). ~eid, der 취임 선서: einen auf den D. nehmen 《통용어·농》 (공무원의) 근무중 술을 마시다. ~eifer, der 남의 일을 잘 돌보아 주는 천성, 지나친 열성. ~eifrig, der 남의 일을 잘 돌보아 주는, 지나치게 열성적인. ~enthebung, die 정직(停職). ~entlassung, die 면직, 해고. ~fähig 〈Adj.〉 ~tauglich. ~fähigkeit, die 근무 능력. ~fahrt, die ↑ ~reise. ~fertig 〈Adj.〉 (드물게) a) 남의 일을 잘 돌보아 주는. b) 근무 준비가 된. ~fertig-

keit, die 남의 일을 잘 돌보아 주는 천성. ~flagge, die 관청의 기. ~flucht, die [법] (병역 대체 근무자의) 근무 이탈. ~frei 〈Adj.〉 비번의, 근무가 없는: d. sein [haben] 비번이다. 근무가 없다; d. nehmen 근무 면제를 받다. ~gang, der 근무상의 순찰, 근무상의 발걸음. ~gebäude, das 근무하는 건물, 공공 건물. ~geber, der (특히 österr) 고용주. ~gebrauch, der 〈Pl. 없음〉 공공사용, 공용. ~geheimnis, das a) 직무상의 비밀. b) 〈Pl. 없음〉 직무상의 비밀 유지 책임. ~geschäfte, die 〈Pl.〉 직무상의 일. ~gesinnung, die 공직관. ~gespräch, das a) 공무상의 대화. b) 공무상의 통화. ~grad, der a) (군대의) 계급. b) 하사관 계급을 가진 사람. ~gradabzeichen, das 계급장. ~habend 〈Adj.〉 근무중의, 당번의: der -e Beamte [Arzt] 당직 관리[의사]. ~habende⁎, der / die 당직 근무중인 사람. ~handlung, die 근무 행위. ~herr, der a) 상급 관청. b) 고용주. ~hund, der 경비견, 경찰견. ~jahr, das 〈대개 Pl.〉 복무 연수, 재직 연한. ~jubiläum, das 근속 기념식. ~kleidung, die 근무복, 제복. ~laufbahn, die 근무 경력. ~leistung, die a) 복무, 직무 수행. b) 〈대개 Pl.〉 [경제] 서비스 업종: zu den -en gehören Gaststättenwesen, Friseurgewerbe u. Krankenpflege 요식업, 이용업 그리고 환자 치료가 서비스 업종에 속한다. ~leistungsbetrieb, der [경제] 서비스 업체. ~leistungsbilanz, die [경제] 서비스의 수출입 결산(관광업에서). ~leistungseinrichtung, die 서비스 기관: Kindergärten gehören zu den -en 유치원은 서비스 기관에 속한다. ~leistungsgeschäft, das [금융] 금융 기관의 자본 및 재산과 무관한 업무. ~leistungsgesellschaft, die [사회] 서비스 업종 위주의 사회. ~leistungsgewerbe, das 서비스 업. ~leistungskombinat, das (구동독) 각종 서비스를 제공하는 대형 업체. ~leistungssektor, der 서비스 업 분야. ~leistungsunternehmen, das ↑ ~leistungsbetrieb. ~leistungsverkehr, der 〈Pl. 없음〉 서비스 관계 외국 무역의 일부. ~mädchen, das (준구어) 하녀, 식모. ~magd, die (고어) (집에서 궂은 일을 하는) 하녀. ~mann, der 1. 〈Pl. …männer/ …leute〉 (역사적) 노예, 소작인. 2. 〈Pl. …männer〉 수하물 운반인. ~marke, die 1. [우편] 관청용 우표. 2. 사복 형사의 신분 증명패. ~mütze, die 제모. ~nehmer, der (österr.) 피고용인(Arbeitnehmer). ~nehmerin, die (österr.) ↑ ~nehmer의 여성형. ~obliegenheiten, die 〈Pl.〉 근무상의 업무[과제]. ~ordnung, die 근무[복무] 규정. ~personal, das (하급 일을 하는) 직원들(호텔이나 가정의). ~pferd, das 관마(官馬). ~pflicht, die a) 근무 의무: die Wehrpflicht gehört zu den -en des Staatsbürgers 병역 의무는 국민의 근무 의무중의 하나이다. b) 고용 관계상의 의무. ~pflichtig 〈Adj.〉 근무[복무] 의무가 있는. ~pistole, die 관용 권총. ~plan, der 근무 일정. ~post, die 공무를 위한 우편, 관용 우편. ~pragmatik, die (österr.) 공법상의 고용 관계 일반 규범. ~rang, der ↑ ~grad. ~raum, der ↑ ~zimmer. ~recht, das 〈Pl. 없음〉 공직자의 권리. ~rechtlich 〈Adj.〉 공직자의 권리에 관한. ~reglement, das (고어) ↑ ~vorschrift. ~reise, die 공무 여행, 출장. ~sache, die a) 공무. b) 공문서. ~schluß, der 〈Pl. 없음〉 근무 끝. ~schreiben, das 공직 서한. ~siegel, das 직인, 관인. ~spritze, die (준구어·속) 여자 하인. ~stelle, die 근무 관청. ~stellenleiter, der 근무 관청 책임자. ~stellung, die 업무 분야, 업무 기능. ~stempel, der 관인, 관청의 고무인[고무인]. ~strafe, die ↑ Disziplinarstrafe. ~strafrecht, das 〈Pl. 없음〉 ↑ Disziplinarrecht. ~stunde, die 〈대개 Pl.〉 1. 근무중의 1시

간, 근무 시간. 2. 관청이 민원인에게 개방된 시간: -n von 8-12 Uhr vormittags 민원 시간은 오전 8시부터 12시까지임. **~tätigkeit**, die 공무[근무] 활동. **~tauglich** 〈Adj.〉 [특히 군] 복무 적격의, 복무 능력이 있는. **~tauglichkeit**, die 복무 적격. **~telefon**, das 관용[사무용] 전화. **~tuend** 〈Adj.〉 ↑~habend 참조: der -e Arzt 당직 의사. **~tuende'**, der / die 당직자, 당직하는 사람. **~übergabe**, die 근무 인계. **~unfähig** 〈Adj.〉 (건강상) 근무 불능의. **~unfähigkeit**, die 근무 불능. **~unfall**, der 근무중 사고, 공상. **~untauglich** 〈Adj.〉 ↑~unfähig. **~untauglichkeit**, die 복무 부적격. **~vergehen**, das 직무 위반. **~verhältnis**, das 복무[근무] 관계, 고용 관계. **~verkehr**, der 관청 내부의 업무 교류. **~verpflichten** 〈h〉 (비상시에) 복무 의무를 지우다: er war im Krieg in der Rüstungsindustrie dienstverpflichtet 그는 전쟁중에 군수 산업에 복무 명령을 받았다. **~verpflichtung**, die 복무 의무(를 지움). **~vertrag**, der 고용 계약. **~verweigerung**, die 복무 거부. **~vorschrift**, die 복무 규정. **~wagen**, der 공무 수행용 자동차, 관용차. **~weg**, der 직무상의 순서, 심급의 순서. **~widrig** 〈Adj.〉 근무[복무] 규정에 위반되는. **~widrigkeit**, die 근무 규정 위반. **~willig** 〈Adj.〉 1. a) 기꺼이 직무를 수행하는. b) 병역 의무를 지킬 용의가 있는. 2. 남을 도와주기를 좋아하는. **~willigkeit**, die 남을 도와주기를 좋아함. **~wohnung**, die 관사, 사택. **~zeit**, die 1. 근무[복무] 기간: seine D. als Soldat beträgt zwei Jahre 그의 군대 복무 기간은 2년이다. 2. 근무 시간: seine tägliche D. beträgt acht Stunden 그의 매일 근무 시간은 8시간이다. **~zeugnis**, das 근무[복무] 증명서. **~zimmer**, das 사무실. **~zweig**, der 업무 분야.

Dienstag ['di:nsta:k], der; -(e)s, -e 〈niederd. dinsdach, dingesdach = Tag des Mars〉 화요일: heute ist D., der 9. Juni 오늘은 6월 9일, 화요일이다; am D., dem 9. Juli(den 9. Juli) 7월 9일, 화요일에; (am) D. morgen 화요일 아침에; D. vormittags 화요일 오전아다; die Nacht von Montag auf[zum] D. 월요일에서 화요일에 이르는 밤.

Dienstag-: **~abend** [-'--'- 《또한》 '-'--], der 화요일 저녁. **~mittag** [--'-- 《또한》 '---], der 화요일 정오. **~morgen** [--'-- 《또한》 '---], der 화요일 아침. **~nachmittag** [--'----- 《또한》 '-'-'---], der 화요일 오후. **~vormittag** [---'--- 《또한》 '-'-'---], der 화요일 오전.

dienstägig ['di:nstɛ:gɪç] 〈Adj.〉 화요일의: die -e Fernsehsendung gefiel uns recht gut 화요일의 텔레비전 방송은 꽤 우리 마음에 들었다. **dienstäglich** 〈Adj.〉 매주 화요일의. **dienstags** ['di:nsta:ks] 〈Adv.〉 매주 화요일에: wir treffen uns d. 우리는 매주 화요일에 만난다; d. abends pflegt er Tennis zu spielen 그는 화요일 저녁마다 테니스를 치곤 한다.

dienstbar 〈Adj.〉 근무[복무]하려고 하는: ein **-er Geist** 〈통용어 • 농〉 누구를 도우며 그의 시중을 드는 사람; **sich³ (einer Sache) Jmdn. (etw.) d. machen** 복종하게 하다, 신하가 되게 하다. **Dienstbarkeit**, die; -en 1. a) 〈Pl. 없음〉 〈드물게〉 하인으로서의 근무. b) 복의, 돌봄. 2. a) 〈Pl. 없음〉 〈아이〉 예속: er war in die D. seiner Geldgeber geraten 그는 그의 전주에 대해서 예속 관계에 빠졌다. b) 〈Pl. 없음〉 〈역사적〉 신신 관계, 노예 관계. 3. [법] 지역권, 사용권. **diensten** ['di:nstn̩] 〈h〉 〈경〉 근무[복무]하다. **dienstlich** 〈Adj.〉 a) 직무상의, 사무상의: es handelt sich um eine rein -e Angelegenheit 순전히 사무적인 사안이다; er ist häufig d. unterwegs 그는 직무상 자주 돌아다닌다. b) 공식적

인: ich gebe Ihnen den -en Befehl 귀하에게 공식적인 명령을 내리는 바입니다. **Dienstleistungsabend**, der 《매주 특정 오후에 관공서나 상가의 문을 늦게까지 여는》 고객 서비스의 저녁.

dies [di:s] ↑dieser, diese, dieses (dies) 참조.
Dies ['di:ɛs] ↑Dies academicus의 약칭.
dies-, Dies-: **~bezüglich** 〈Adj.〉 이에 관한: eine -e Frage 이에 관한 질문; d. kann ich keine Angaben machen 이에 관하여 나는 아무런 진술도 할 수 없다. **~fällig** 〈Adj.〉 〈schweiz.〉 ↑~bezüglich. **~falls** 〈Adv.〉 《준고어》 이 경우와 관련해서. **~jährig** 〈Adj.〉 금년의, 올해의: die -e Ernte 금년의 추수. **~mal** 〈Adv.〉 이번에: vielleicht hast du d. mehr Glück 아마 넌 이번에는 좀더 운이 좋을지도 모르지. **~malig** 〈Adj.〉 이번의: sein -er Aufenthalt in England 그의 이번의 영국 체류. **~seitig** 〈Adj.〉 a) 이쪽의(반대: jenseitig): am -en Ufer des Rheins 라인 강의 이쪽 강변에. b) 《아이》 속세의, 현세의. **~seitige'**, das 속세의 것, 현세의 것. **~seitigkeit**, die 《아이》 현세주의: der D. seines Denkens 그의 사색의 현세주의. **~seits** 이쪽에(반대: jenseits). a) 〈Präp.²〉: d. des Waldes 숲의 이쪽에. b) 〈Adv.〉 d. von Frankfurt [d. vom Fluß] 프랑크푸르트(강)의 이쪽에. **~seits**, das; - 이 세상, 속세, 현세(반대: Jenseits): sich den Freuden des D. hingeben 이 세상의 즐거움에 몰두하다. **Diesseitsglaube**, der 현세 신앙, 현세주의.

Dies academicus ['di:ɛs aka'de:mikʊs], der; - - [lat. diēs academicus] 《교양어》 대학교에서 축제나 일반 강연으로 휴강하는 날. **Dies ater** ['di:ɛs 'a:tɐ] der; - - [lat. diēs āter] 《교양어》 불길한 날, 흉일(Unglückstage).

diese: ↑dieser 참조.
Diese [di'e:zə], die; -n ↑Diesis.
Diesel ['di:l], der; -(s), - [독일 엔지니어인 R. Diesel (1858∼1913)에 따라] 〈통용어〉 1. ↑Dieselmotor의 약칭. 2. 디젤 엔진 자동차. 3. ↑Dieselkraftstoff의 약칭. 4. 《지역적 • 농》 kalter ↑ Kaffee (3).
diesel-, Diesel-: **~antrieb**, der 디젤 모터에 의한 구동. **~elektrisch** 〈Adj.〉 [전자] 디젤 모터로 발전하는. **~karren**, der 소형 디젤 화물차. **~kraftstoff**, der 디젤 기관용 연료. **~lok**, die ↑Diesellokomotive의 약칭. **~lokomotive**, die 디젤 기관차. **~motor**, der 디젤 모터. **~öl**, das ↑~kraftstoff. **~triebwagen**, der 디젤 모터 전동차. **~wagen**, die 《통용어》 디젤 모터 승용차(화물차).

dieselbe: ↑derselbe 참조. **dieselbige:** ↑derselbige 참조.
dieseln ['di:zln̩] ↑nachdieseln 참조.
dieser ['di:zɐ], diese ['di:zə], dieses ['di:zəs], (dies [di:s]) 〈Demonstrativpron.〉 1. 〈부가어적〉 a) 《말하는 사람의 근처에 있는 사람이나 사물을 가리킴》 이: dieser Platz (hier) ist frei 〈여기〉 이 자리는 비어 있다; diese Sachen (da) gehören mir 〈여기〉 이 물건들은 나의 것이다; dies(es) Kleid gefällt mir nicht 이 옷은 내 마음에 들지 않는다. b) 《이미 언급된 것이나 알려진 것을 강조함》 이: ich höre von dieser Sache zum ersten Mal 나는 이 일에 대해서 처음으로 듣는다. c) 《시간을 나타내는 말과 결합하여 다가오거나 지나간 시점을 지시함》 이, 나중의, 지금의, 현재의; 다음의: diesen Sommer 이번 여름(에), 지난 여름(에); Anfang dieses Jahres 금년초, 〈약어〉: d. J.; diese Nacht wird es schneien 오늘 밤에는 눈이 올 것이다; in diesen Tagen [dieser Tage] muß er Geburtstag haben 며칠 후가 그의 생일임에 틀림이 없다. d) 《사람을 나타내는 말 또는 이름과 함께 쓰여 (부정적인) 평가를 나타냄》 dieser Herr Meier ist mir

sehr suspekt 이 마이어 씨라는 사람은 몹시 수상쩍다; wer ist denn dieser Krause? 도대체 이 크라우제라는 자는 누구인가? **2.** 《명사적 용법》 **a)** 《앞에 나오거나 뒤에 따를 명사 또는 문장에 나온 것을 지시》이것, 이 사람; dies ist richtig 이것이 옳다; dies(es) alles wußte ich nicht 이 모든 것을 나는 몰랐다; dies nur nebenbei 이것은 말이 나온 김에 하는 말이다. **b)** 《jener와 결합하여》후자: Mutter u. Tochter waren da; diese trug einen Hosenanzug, jene ein Kostüm 어머니와 딸이 여기 왔었다, 후자는 판탈롱 슈트를 입었고 전자는 부인복을 입고 있었다; **dies und das(dies(es) und jenes)** 몇 가지 일, 이것저것, 가지가지의; **dieser und jener** 이 사람 저 사람, 몇몇 사람; **dieser oder jener** 어떤 사람.

dieserart I. 〈Demonstrativpron.; 격변화 없음〉이와 같은. **II.** 〈Adv.〉《드물게》이런 식으로.
dieserhalb 〈Adv.〉《아어》이[그] 때문에.
dieses: ↑dieser 참조.
diesig ['di:ziç] 〈Adj.〉 [niederd. dīsig] 흐리고 습한, 구름이 낀, 안개가 짙은: ein -er Herbsttag 흐리고 습한 가을 날. **Diesigkeit**, die 흐리고 습함.
Dies irae ['di:ɛs 'i:rɛ], das; - [lat. dies irae = Tag des Zorns] 연미사 독송의 첫머리 말.
Diesis ['di:ɛzɪs], die; Diesen [di'ɛ:zn̩; lat. diesis< griech. díesis] [음악] 올림표소(♯).
Dietrich ['di:trɪç], der; -s, -e 결쇠.
dieweil ['di:tric], dieweilen 《준고어》 **I.** 〈Konj.〉 **a)** 《시간》 …하는 동안에. **b)** 《원인》 …때문에, …한 이유로. **II.** 〈Adv.〉 그러는 사이에, 그 동안에.
Diffamation [difama'tsi̯oːn], die; -en [lat. diffamatio] 《교양어》비방, 헐뜯음: im Laufe seiner Amtszeit war er vielen -en ausgesetzt 그가 재직하는 기간에 그는 많은 비방을 받았다. **diffamatorisch** [difama'to:rɪʃ] 〈Adj.〉 [lat. diffamatorius] 《교양어》비방하는, 헐뜯는: -e Äußerungen 비방하는 언사. **Diffamie** [difa'mi:], die; -n […iːən] **1.** (Pl. 없음) 《중상 모략하는》 악의: die D. seiner Äußerungen ist erschreckend 그의 언사와 《중상 모략적인》 악의는 끔찍스럽다. **2.** 《중상 모략의》 언사, 모욕, 비방: der Zeitungsartikel ist voller -n 신문 기사는 비방으로 가득 차 있다. **diffamieren** [difa'miːrən] 〈h〉 [frz. diffamer] 《욕》 헐뜯다, 비방하다: man hatte ihn als Linksradikalen diffamiert 사람들은 그를 좌익 극렬분자라고 비방했다; er empfand die Kritik als diffamierend 그는 비평을 비방으로 느꼈다. **Diffamierung**, die -en 《욕》 비방함, 헐뜯음.
different [di'fɛrənt] 〈Adj.〉 [lat. differēns] 《드물게》 다른, 상이한, 서로 차이가 있는: -e Anschauungen 상이한 견해들. **differential** [difərɛn'tsi̯aːl], differentiell […'tsi̯ɛl] 〈Adj.〉《드물게》 차이가 있는, 차별적인. **Differential** [difərɛn'tsi̯a:l], das; -s, -e **1.** [수학] 미분. **2.** ↑Differentialgetriebe의 약칭.
Differential-: **~analysator**, der 미분 분석기. **~diagnose**, die 〈의학〉 **a)** 감별 진단. **b)** 감별 진단학에서 고려할 진단(약어: DD 또는 D.D.). **~diagnostik**, die [의학] 감별 진단학. **~geometrie**, die 미분 기하학. **~getriebe**, das [자동차] 차동 연동 장치. **~gleichung**, die [수학] 미분 방정식. **~quotient**, der [수학] **a)** 미분값. **b)** 탄센트락을 결정하는 미분값의 한계치. **~rechnung**, die [수학] **1.** 미분법. **2.** 미분 계산. **~rente**, die [경제] 차액 지대(差額地代). **~schaltung**, die [전기] 차동 접속. **~schutz**, der [전자] 전기 기계 고장 방지 장치. **~sperre**, die [자동차] 차동 연동 장치의 클러치. **~tarif**, der [교통] 차등 요율. **~zoll**, der 차별 관세.
Differentiat [difərɛn'tsi̯a:t], das; -s, -e [lat. differentia] [지질] 분화로 생성한 광물. **Differentiation** [difərɛntsi̯a'tsi̯oːn], die; -en **1.** [지질] 분화. **2.** [수학] 미분 계산. **differentiell**: ↑differential.

Differenz [difa'rɛnts], die; -en [lat. differentia] **1. a)** 차이, 차액; zwischen Einkaufspreis und Verkaufspreis besteht eine D. von 20 Mark 구입 가격과 판매 가격간에 20 마르크의 차액이 있다. **b)** [수학] 뺄셈의 답. **c)** [상] 부족액, 결손액, 차액. **2.** 《대개 Pl.》 의견 차이, 불화: zwischen beiden gab es oft -en wegen der (über die) Kindererziehung 둘 사이에는 자주 어린이 교육 때문에(교육에 관해서) 의견 차이가 있었다; mit jmdm. -en haben 누구와 의견 차이가 있다. **Differenzbetrag**, der 차액. **Differenzenquotient**, der; -en, -en [수학] 미분몫, 미분 계수. **Differenzgeschäft**, das; -(e)s, -e [증권] 차액 거래(반대: Effektivgeschäft). **differenzierbar** [difərɛn'tsi̯ɛ:baːɐ̯] 〈Adj.〉 **1.** 구분되는. **2.** [수학] 미분할 수 있는. **Differenzierbarkeit**, die ↑differenzierbar의 명사형. **differenzieren** [difərɛn'tsi̯ːrən] 〈h〉《교양어》 **a)** 분리하다, 구별하다: man muß d. zwischen Dummheit und Unwissenheit 우리는 우둔함과 무지를 구별해야 된다; bei dieser Frage muß man d. 이 문제에서 우리는 차이점에 유의해야 된다. **b)** (d. + sich) 〈세〉분화되다, 발전하다: die Bereiche der Technik differenzieren sich immer stärker 기술 분야는 점점 더 심하게 세분화된다. **2.** [수학] 미분하다. **3.** [생물] 〈세포, 조직 등을 구분하기 위해서〉 변색시키다. **4.** 〈구동독 농산물 수매에서 상이한 등급을 매기다. **differenziert** 〈Adj.〉《교양어》 **1.** 세분된, 섬세한: die Wissenschaft hat heute viel -ere Methoden 오늘날 학문은 훨씬 더 세분된 방법을 쓴다; er urteilt sehr d. 그는 대단히 섬세하게 판단한다. **2.** 종류가 다양한. **Differenziertheit**, die 세분되었음, 섬세함. **Differenzierung**, die; -en **1. a)** 분리, 구별. **b)** 세분화, 분화: -en des Arbeitsprozesses 작업 과정의 분화. **2.** [생물] **a)** 조직의 분화. **b)** 계통 발생학의 과정에서 분리. **3.** [수학] 미분 계산 법칙에 의한 함수 취급. **4.** 〈구동독 · 농업〉〈농산물 수매시〉차등 등급 책정. **Differenzierungsprozeß**, der 분화 과정. **differieren** [difa'riːrən] 〈h〉 [lat. differre] 《교양어》 다르다, 차이가 있다: unsere Ansichten differieren in manchen Punkten erheblich 우리의 견해는 어떤 점에서는 상당히 달랐다.
diffizil [difi'tsi:l] 〈Adj.〉 [frz. difficile] 《교양어》 **a)** 까다로운, 다루기 어려운, 복잡한, 정확성을 요하는: eine sehr -e Arbeit 아주 까다로운 일; die Untersuchungsmethoden sind äußerst d. 조사 방법은 극도로 까다롭다. **b)** 지나치게 정확한. **c)** 까다로운 성격을 가진, 다루기 어려운, 민감한: er ist in allen Dingen sehr d. 그는 모든 점에서 다루기 어렵다; sei doch nicht so d. 《통용어》 그리 까다롭게 굴지 말아라.
Diffluenz [diflu'ɛnts], die; -en [lat. diffluentia] [지질] 빙하의 분류(分流) (반대: Konfluenz).
difform [di'fɔrm] 〈Adj.〉 [lat. dis- u. forma] [의학] 기형(奇形)의. **Difformität** [difɔrmi'tɛ:t], die; -en [의학] 기형.
diffrakt [di'frakt] 〈Adj.〉 [lat. diffrāctus] 깨어진. **Diffraktion** [difrak'tsi̯oːn], die; -en [물리] 회절(回折).
diffundieren [difʊn'diːrən] 〈s / h〉 [lat. diffundere] **1.** [화학] 녹아 들어가다, 침투하다. **2.** [물리] 확산시키다. **diffus** [di'fuːs] 〈Adj.〉 [lat. diffūsus] **1.** [물리 · 화학] 산란성의, 분산성의. **2.** 《교양어》 불분명한, 산란한, 지리한, 몽롱한: mein Eindruck bleibt d. 내 인상은 불분명한 채로 있다. **Diffusat** [difu'za:t], das; -s, -e [화학] 투석물(액), 확산(호)물. **Diffusion** [dɪfu-

'zio:n], die; -en [lat. diffūsio] 1. a) [화학·물리] (기체, 액체의) 용해, 융합. b) [물리] 빛의 분산. 2. [광] 통풍(장치). 3. (제당에서) 여과. **Diffusor** [dɪ'fu:zɔr 《또한》 ...zo:ɐ] der; -s, -en [dɪfu'zo:rən] 1. [기술] 산기통. 2. [사진] (광도계의 빛을 분산시키는) 투명 플라스틱 조각, 디퓨져.

difteln ['dɪftl̩n] ⟨h⟩ 《지역적》 ↑tüfteln.

Digamma [di'gama], das; -(s), -s [lat. digamma < griech. dígamma] 초기 그리스 알파벳의 글자(F).

digen [di'ge:n] ⟨Adj.⟩ [생물] 두 세포의 융합으로 태어난.

digerieren [dige'ri:rən] ⟨h⟩ [lat. dīgerere] 1. [화학] **a)** 침지(浸漬)하다. **b)** 용해제로 용해해내다. 2. [생리] 소화하다. **Digest** ['daɪdʒɛst], der 《또한》 das; -(s), -s [engl. digest] **a)** (책이나 잡지 등에서 발췌한) 다이제스트 잡지: ein medizinischer D. 의학 다이제스트 잡지. **b)** (책이나 보고서의) 발췌[요약]. **Digestion** [digɛs'tio:n], die; -en [lat. dīgestio] 1. [화학] 침지(浸漬). 2. 《생리》 소화(Verdauung). **digestiv** [digɛs'ti:f] ⟨Adj.⟩ [lat. dīgestus] **a)** [생리] 소화에 관계되는, 소화의. **b)** 소화를 촉진시키는. **Digestivum** [digɛs'ti:vʊm], das; -s, ...va a [생리] 소화제(浸漬劑). **Digestor** [di'gɛstɔr 《또한》 ...to:ɐ], der; -s, -en [...'to:rən] 1. 공기 배출구. 2. [화학] 침지기. 3. 《고어》 증기 압력솥.

Digger ['dɪgɐ], der; -s, - [engl. digger] 삽과 괭이로 땅 속에서 무엇을 찾는 사람, 금광의 갱부.

Digimatik [digi'matɪk], die 전자 계수 기술, 디지탈 식의 정보 처리. **Digit** ['dɪdʒɪt], das; -(s), -s [engl. digit] [기술] (전자기기의 표시판의) 숫자. **digital** [digi'ta:l] ⟨Adj.⟩ [1: lat. digitālis; 2: engl. digital] 1. [의학] 손가락의, 손가락으로는: etw. d. untersuchen 무엇을 손가락으로 진찰하다. 2. [전산] (컴퓨터에서) 계수 (디지탈)형의 (데이터와 정보를 숫자로 표시하는) (반대: analog 2.): -e Maschinen 디지탈 기계; die -e Speicherung grammatischer Daten 문법적 데이터를 디지탈식으로 입력함.

Digital-: **~anzeige**, die 숫자 표시. **~darstellung**, die 데이터 특히 숫자의 제시. **~drucker**, der 숫자 인쇄기. **~rechner**, der [전산] 디지탈 전자 계산기(반대: Analogrechner). **~technik**, die 디지탈 기술. **~uhr**, die 1. [전산] (전자 계산기에 내장된) 시계. 2. (숫자로 시간을 표시하는 전자) 디지탈 시계. **~verfahren**, das [전산] 디지탈 방식.

Digitalis [digi'ta:lɪs] 1. die [식물] ↑Fingerhut (2). 2. das; - [약학] (디기탈리스 잎에서 채취한) 강심제.

Digitalis-: **~glykosid**, das, -e (각종 디기탈리스 잎에서 얻어내는) 심장약. **~therapie**, die 디기탈리스 심장약으로 하는 치료. **~vergiftung**, die 디기탈리스 심장약에 의한 심장의 중독.

digitalisieren [digitali'zi:rən] ⟨h⟩ [전자] 데이터와 정보를 숫자로 제시하다. **Digitalisierung**, die 디지탈화: die D. von Meßwerten 측정치의 디지탈화. **Digitalisierungsbefehl**, der 디지탈화 명령.

Digitalismus, der; - ↑Digitalisvergiftung. **Digitaloid** [digitalo'i:t], das; -s, -e [griech. -oeidḗs] (강심제 디기탈리스의 효과를 가진) 심장약. **Digitoxin** [digi'to'ksi:n], das; -s 디기탈리스 잎의 약효가 강한 유독성의 성분.

Diglossie [diglɔ'si:], die; ...ien [griech. dís u. glṓssa] [언어] 1. 동일 지역에 두 언어가 있는 현상(예컨대: 캐나다의 영어와 불어). 2. 한 나라에 두 가지 문어가 쓰이는 현상(예컨대: 노르웨이의 Bokmål과 Nynorsk).

Diglyph [di'glyːf], der; -s, -e [griech. díglyphos] [예술] 복구 조각 장식(複溝彫刻裝飾).

Dignitar [dɪgni'taːɐ], **Dignitär** [dɪgni'tɛːɐ], der; -s, -e [lat. dignitārius] (가톨릭 교회의) 고위 성직자. **Dignität** [dɪgni'tɛːt], die; -en [lat. dignitās] 1. ⟨Pl. 없음⟩ (교양어) 위엄, 고관, 고관, 가치. 2. [가] **a)** 고위 성직자의 존엄. **b)** 고위 성직자.

Digraph [di'graːf], der; -s, -e(n) [언어] 두 글자 한 음(예: ch [x]).

Digression [digrɛ'sio:n], die; -en [lat. dīgressio] 1. 주제를 벗어남, 여담. 2. [천문] 이각(離角). **DIHT** [Deutscher Industrie- u. Handelstag의 약어] 독일 상공 회의소. **dihybrid** [dihy'briːt, 'diːhybriːt] ⟨Adj.⟩ [생물] 양성 잡종의. **Dihybride** [dihy'briːdə, 'diːh...], der; -n, -n [생물] 양성 잡종(兩性雜種).

Dijambus [di'jambʊs], der; -, ...ben [lat. diiambus < griech. díïambos] [운율] 이중 장단격(⏑—⏑—).

Dikaryont [dika'ryɔnt], das; -s [griech. dís u. káryon] [식물] (세포가 자웅 단일 유전질의 핵을 가지는) 양핵 단계.

Dikasterion, das; -s, ...ien [griech. dikastérion] ↑Dikasterium.

Dikasterium [dikas'teːriʊm], das; -s, ...ien [...iən; griech. dikastérion] (고대 그리스의) 재판정, 법정.

Dike (그리스 신화의) 정의의 여신.

diklin [di'kliːn] ⟨Adj.⟩ [griech. dís u. klínē] [식물] 쌍자엽(雙子葉) 식물의.

Dikotyle [diko'tyːlə], **Dikotyledone** [dikotyle'doːnə], die; -n [식물] 쌍자엽 식물.

Dikrotie [dikro'tiː], die; ...ien [...iən; griech. díkrotos] [의학] 중복 맥박.

Dikta ['dɪkta] ↑Diktum의 복수형.

Diktam ['dɪktam] ↑Diptam.

diktando [dɪk'tando; lat. dictando] 받아쓰게 하면서, 단 아쓸 때에. **Diktant** [dɪk'tant], der; -en, -en [lat. dictāns] 《사무》 받아쓰게 하는 사람(Diktierer). **Diktantenseminar**, das; -s, -e (구술 녹음기 사용법 등을 연습하게) 받아쓰게 하는 사람들을 위한 세미나. **Diktaphon** [dɪkta'foːn], das; -s, -e ↑Diktiergerät. **Diktat** [dɪk'tat], das; -(e)s, -e [lat. dictātum] 1. **a)** 받아쓰게 하기, 구술: nach D. schreiben 구술에 따라 쓰다; die Sekretärin zum D. rufen 받아쓰기 위해서 여비서를 부르다. **b)** 구술한 것: ein D. aufnehmen 받아쓰기를 하다. **c)** (학교에서) 받아쓰기: Thomas hat im D. null Fehler 토마스는 받아쓰기에서 하나도 틀리지 않았다. 2. 《교양어》 (강요된) 명령, 의무: das Land hat sich dem D. der Siegermächte unterwerfen müssen 이 나라는 승전국들의 명령에 복종하지 않을 수 없었다; dem D. der Mode gehorchen 유행(의 명령)에 따르다. **Diktator** [dɪk'tatɔr, 《또한》 ...toːɐ], der; -s, -en [...ta'toːrən; lat. dictātor] 1. 독재자. [전의] er spielt sich zu Hause als D. auf 그는 집안에서 독재자처럼 큰 소리친다. 2. (역사적) (비상시 국가의 전권을 위임받은 로마의) 독재관. **diktatorial** [dɪktator'iaːl] ⟨Adj.⟩ [engl. frz. dictatorial 참조] **a)** 명령적인, 권한이 있는. **b)** 절대적인, 무제한의. **diktatorisch** [dɪkta'toːrɪʃ] ⟨Adj.⟩ [lat. dictātōrius]. 1. **a)** 독재 제도에 맞는, 독재 제도에 속하는. **b)** 독재적인, 전제적인: dieses Land wird d. regiert 이 나라는 독재 정치된다. 2. (폄) 권위주의적인, 독재적인, 무제한의. **Diktatur** [dɪkta'tuːɐ], die; -en [lat. dictātūra] 1. **a)** ⟨Pl. 없음⟩ 독재(정치): die D. der Militärs 군부 독재; die D. des Proletariats (마르크스주의) 프롤레타리아의 독재. **b)** 독재 국가, 독재 체제: in einer D. leben 독재 국가에 살다. 2. ⟨Pl. 없음⟩ (폄) 권위주의적 운영, 강제, 강압: die D. der Chefs 상관의 강압. 3. (역사적) 로마 독재관의 직책 및 임기. **diktieren** [dɪk'tiːrən] ⟨h⟩ [lat. dictāre] 1. 받아 쓰게 하다: er hat seiner

Sekretärin das Gutachten diktiert 그는 감정서를 여비서가 받아쓰도록 구술하였다. **2.** 《교양어》 지시하다, 명령하다, 부과하다: den besiegten Staaten sind harte Reparationen diktiert worden 패전국들에게는 과도한 손해 배상이 부과되었다; ich lasse mir nicht von anderen d., was ich zu tun habe 나는 내가 해야 될 일을 다른 사람으로부터 지시받지 않는다. **3.** 강요하다: Haß diktierte sein Handeln 증오가 그의 그런 행동을 강요하였다. **Diktierer** [dɪk'tiːrɐ], der; -s, - ↑Diktant. **Diktiergerät**, das; -(e)s, -e 구술용 녹음기. **Diktion** [dɪk'tsi̯oːn], die; -en [lat. dictio] 《교양어》 어법, 서법: die klare D. dieses Aufsatzes 이 논문의 명료한 어법. **Diktionär** [dɪktsi̯oˈnɛːɐ], das; -s, -e 구술용 녹음기. [frz. dictionnaire] 《준고어》 (두 개의 언어로 된 외국어) 사전: im französisch-deutschen D. nachschlagen 불독사전을 찾아보다. **Diktum** ['dɪktʊm], das; -s, Dikta [lat. dictum] 《교양어》 **1.** 격언, 명언. **2.** 《고어》 결정, 명령.

Diktyogenese [dɪktyogeˈneːzə], die; -n [griech. díktyon] [지질] 구조 형성.

dilatabel [dilaˈtaːbl] 〈Adj.〉 [lat. dīlātāre] 확장할 수 있는. **Dilatabiles** [dilaˈtaːbiles] 〈Pl.〉 (행을 메우기 위해 확장되었던) 히브리 글자. **Dilatation** [dilataˈtsi̯oːn], die; -en [lat. dīlātātio] **1.** [물리] 확장, 팽창, 연장. **2.** [식물] 나무 줄기의 확대 성장. **3.** [의학] (속이 빈 장기의 병적 또는 인공적) 확장. **Dilatationsfuge**, die; -n [토건] (건축 자재에서 발생하는 압력을 해소하기 위한) 접합점. **dilatativ** [dilataˈtiːf] 〈Adj.〉 확장시키는. **Dilatator** [dilaˈtaːtɔr] 〈또한〉 ...oːɐ̯], der; -s, -en [...taˈtoːrən; lat. dīlātātor] [의학] 확장기. **dilatieren** [dilaˈtiːrən] 〈h〉 [lat. dīlātāre] **1. a)** 확장시키다. **b)** 벌어지다. **2.** [의학] 속이 빈 장기를 확장기로 확장시키다. **Dilation** [dilaˈtsi̯oːn], die; -en [lat. dīlātio] [법] 연기, 유예 기간. **Dilatometer** [dilatoˈmeːtɐ], das; -s, - **1.** [물리] (제적) 팽창계. **2.** (액체의) 알코올 함유량 측정기. **dilatorisch** [dilaˈtoːrɪʃ] 〈Adj.〉 [lat. dīlātōrius] 《교양어》 유예[연기, 지연]하는: eine -e Einrede [법] 일시적[지연적] 항변 (반대: peremptorische Einrede).

Dildo, der; -s, -s [engl. dildo] 대용 남근(Godemiché).

Dilemma [diˈlɛma], das; -s, -s / -ta [lat dilêmma < griech. dílēmma] 진퇴 양난, 궁지, 딜레마: einen Ausweg aus dem D. suchen 궁지에서 벗어날 길을 찾다; sich in einem D. befinden 진퇴 양난에 처해 있다. **dilemmatisch** 〈Adj.〉 진퇴 양난의.

Dilettant [dileˈtant], der; -en [ital. dilettante] 《교양어》 **a)** 예술[학문] 애호가: er war auf vielen Gebieten ein begabter D. 그는 여러 분야에서 재능있는 애호가였다. **b)** 《폄》 서툰 사람, 무능한 사람: das Machwerk eines literarischen -en 서툰 문인의 졸작. **dilettantenhaft** 〈Adj.〉 《교양어·폄》 서투른, 솜씨 없는, 졸렬한: sein Klavierspiel ist sehr d. 그의 피아노 연주는 몹시 서툴다. **Dilettantentum**, das; -s 《교양어》 **1.** 도락적 예술 취미. **Dilettantin**, die; -nen ↑Dilettant의 여성형. **dilettantisch** 〈Adj.〉 **a)** 비전문적인, 문외한의. **b)** 《폄》 서툰, 졸렬한. **Dilettantismus** [...ˈtantɪsmʊs], der; - **a)** (전문 지식이 없는) 학문[예술] 취미. **b)** 《폄》 졸렬함, 서툴음. **dilettieren** [dileˈtiːrən] 〈h〉 (학문이나 예술을) 전문지식 없이 하다, 애호가로 학문[예술]을 하다: er versucht sich in der Schriftstellerei dilettierender Schauspieler 창작 연습을 해보는 배우.

Diligence [diliˈʒãːs], die; -n [frz. diligence] 《역사적》 급행 우편 마차. **Diligenz** [diliˈgɛnts], die; - [lat. dīligentia] 《고어》 세심, 열성.

Dill [dɪl], der; -(e)s, -e, 《österr. ·또한》 **Dille** ['dɪlə], die; -n [식물] (양념이나 약초로 쓰이는) 서양자초. **Dillenkraut, Dillkraut**, das; -(e)s, ...kräuter ↑Dill.

diluieren [diluˈiːrən] 〈h〉 [lat. dīluere] [의학] 희석하다, 묽게 하다. **Dilution** [diluˈtsi̯oːn], die; -en [의학] 희석. **diluvial** [diluˈvi̯aːl] 〈Adj.〉 [lat. dīluviālis] [지질] 빙하기의, 빙하기의. **Diluvialboden**, der; -s, -böden [지질] 빙하기의 지층. **Diluvialzeit**, die [지질] 홍적세(洪積世). **Diluvium** [diˈluːvi̯ʊm], das; -s [lat. diluvium] [지질] 《고어》 홍적세(Pleistozän).

dim. = diminuendo 점차 여리게.
Dimafon [dimaˈfoːn], das; -s, -e [aus: Diktier-Magnetofon] (자기 녹음을 사용한) 받아 쓰기 기계.
Dime [daɪm], der; -s, -s 《그러나》 10 Dime [engl.-amerik. dime] 10센트 가치의 미국 은화.
Dimension [dimɛnˈzi̯oːn], die; -en [lat. dīmēnsio] **1. a)** [물리] 차원(길이와 폭과 두께에 따른): ein Raum hat drei -en 이 공간은 3차원이다. **b)** [물리] 크기 (단위). **c)** 〈대개 Pl.〉 넓이, 면적, 용적, 굵기: die -en des Bauwerks sind gewaltig 건축물의 크기는 엄청나다. **2.** (정신적인 분야의) 범위, 넓이. **dimensional** [dimɛnzi̯oˈnaːl] 〈Adj.〉 차원의, 범위의. **dimensionieren** [dimɛnzi̯oˈniːrən] 〈h〉 [기술] (계산을 근거로) 규격을 확정하다: ein gut dimensioniertes Bauwerk 잘 규격을 정한 건축물. **Dimensionierung**, die; -en 규격을 정하기.

Dimeter ['diːmetɐ], der; -s, - [lat. dimeter < griech. dímetros] 2운각의 고대 시구.

diminuendo [dimiˈnu̯ɛndo] 〈Adv.〉 [ital. = abnehmend] [음악] 음이 약해지는(약어: dim., dimin.). **Diminuendo**, das; -s, -s / ...di [음악] 점점 약해짐. **diminuieren** [diminuˈiːrən] 〈h〉 [lat. dīminuere] 《교양어·드물게》 축소하다, 감소하다. **Diminuierung**, die; -en 축소. **Diminution** [diminuˈtsi̯oːn], die; -en [lat. dīminutio] **1.** 《교양어·드물게》 축소, 감소. **2.** [음악] **a)** 축소법(반대: Augmentation b). **b)** 장식음 사용. **c)** (음을 통한) 속도의 증가. **diminutiv** [diminuˈtiːf] 〈또한〉 deminutiv [deminuˈtiːf] 〈Adj.〉 [lat. dīminūtīvus] [언어] 축소적인, 축소형의. **Diminutiv**, 〈또한〉 **Deminutiv**, das; -s, -e [...və] 〈교양어〉 명사의 축소형(예컨대: Öfchen, Gärtlein). **Diminutivbildung**, die [언어] (대개 감정적인) 축소(명사)형. **Diminutivform**, die; -en 축소형. **Diminutivsuffix** [언어] 축소 어미[접미사]. **Diminutivum** [...ˈtiːvʊm], das; -s, ...va [lat. dīminūtīvum] ↑Diminutiv.

Dimission [dimɪˈsi̯oːn], die; -en [lat. dimissio] 《고어》 ↑Demission. **Dimissionär** [...si̯oˈnɛːɐ̯], der; -s, -e 《고어》 ↑Demissionär. **Dimissoriale** [...soˈri̯aːlə], das; -s, ...alien [...li̯ən; lat. dīmissōrius] [신교] 허가증. **dimittieren** [dimɪˈtiːrən] 〈h〉 [lat. dīmittere] 《고어》 해고하다, 면직시키다.

Dimmer ['dɪmɐ], der; -s, - [engl. dimmer, dim = verdunkeln, (Licht) dämpfen] 명암 조정기.
di molto ↑molto 참조.
dimorph [diˈmɔrf] 〈Adj.〉 [griech. dímorphos] **1.** [생물] 동종이형(同種二形)의. **2.** [화학] 동질양상(同質兩像)의. **Dimorphie** [...ˈfiː], die; -n [...iːən] **1.** [화학] (크리스탈의) 동질양상. **2.** ↑Dimorphismus. **Dimorphismus** [...ˈfɪsmʊs], der; -, ...men [생물] 동종이형.

Din = Dinar 유고슬라비아의 화폐 단위.
¹DIN Ⓦ₂ [diːn 〈또한〉 dɪn; für: Deutsche Industrie Norm(en) / Das Ist Norm] 독일 공업 규격(연구소의

표시). ²**DIN** 필름의 감광도.
DIN-《붙임표와 함께》: **-A4-Blatt**, das A4 용지(독일 공업 규격에 의한 종이 규격). **-Blatt**, das 독일 공업 규격 연구소에서 발행한 일정 분야의 규격 설명서. **-Format**, das DIN에 의한 규격. **-Grad**, der (고어) ↑ ²DIN.
Dinanderie [dinandəˈriː], die; -n [...iːən; frz. dinanderie; 벨기에의 도시 Dinant에 따라] Maastal, Brabant 그리고 Flandern의 놋쇠 제품.
Dinar [diˈnaːɐ̯, 《serbokr.》ˈdinaːr], der; -s, -e 《(그러나) 10 Dinar》 [arab. dīnār] 유고슬라비아(100 Para), 이란(1/100 Rial), 알제리(100 Centimes), 튀니지(1000 Millimes) 등의 화폐 단위(약어: Din, 이란에선: D.).
dinarisch [diˈnaːrɪʃ] 〈Adj.〉(중남부 유럽의 산악 지방에 사는) 디나르족의: die -e Rasse 디나르족.
Diner [diˈneː], das; -s, -s [frz. dîner] **a)** (아어) 오찬, 만찬: eine Einladung zu einem (offiziellen) D. (공식적인) 만[오]찬에의 초대. **b)** (프랑스에서 저녁에 또는 드물게 점심때 드는) 정식.
¹**Ding** [dɪŋ], das; -(e)s, -e / -er **1. a)** 〈Pl. -e (대개 Pl.); 축소형: ↑Dingelchen〉물건, 사물, …것: seine persönlichen -e mitnehmen 그의 개인 물건들을 가지고 가다; Gott, der Schöpfer aller -e 모든 것의 창조자인 하느님; 〖성구〗aller guten -e sind drei 좋은 일은 세 번 해야 된다(세 번째 해서 되었다); jedes D. hat zwei Seiten 모든 것은 (좋고 나쁜) 양면을 가지고 있다. **b)** 〈Pl. -er〉(통용어) (지칭하기 어렵거나 명칭을 모르는 사물을 가리킴》 was ist denn das für ein D.? 이것이 무엇이냐?; die -er taugen nichts, sind schon kaputt 이것들은 쓸모가 없다, 이미 망가졌다; **das ist ja ein D.!** (통용어) 아니 이럴 수가 있는가!; **das ist ein D. mit ('nem) Pfiff** (통용어) 멋진 일[것], **das ist ein D. wie 'ne Wanne** (berlin.) 인상 깊은 일; **ein D. drehen** (통용어) 옳지 못한 짓을 하다; **jmdm. ein D. verpassen** (통용어) 1) 누구를 무자비하게 때리다. 2) 누구를 몹시 꾸짖다; **krumme -er machen** (통용어) 불법적인 짓을 하다; **mach keine -er!** (통용어) 《놀라움의 표시》그런 것은 말아라! **2.** 〈Pl.: - -er (대개 Pl.)〉**a)** 사건, 일: es waren unerfreuliche -e vorgekommen 불유쾌한 일이 일어났다; **über den -en stehen** 초연하다, 개의치 않다. **b)** 일, 용무: sie hatte vor der Reise noch tausend -e zu erledigen 그녀는 여행을 떠나기 전에 수많은 일을 해결해야만 했다; in -en des Geschmacks kennt er sich aus 취향에 관한한 그는 능통하고 있다; 〖속담〗gut D. will Weile haben 좋은 일에는 시간이 걸린다, 대기만성(大器晩成); **die Letzten -e** 인간의 최후지사; **unverrichteter -e** 목적을 이루지 못하고; **etw. (es) ist ein D. der Unmöglichkeit** 무엇은 불가능한 일이다; **etw.[das] geht nicht mit rechten -en zu** 기묘하다, 불가해하다, 정직하지 못한 방법으로 이루어진다; **vor allen -en** 특히, 무엇보다도. **3.** 〈Pl. -er; 축소형: ↑Dingelchen〉(통용어) 계집아이, 소녀: ein junges D. 어린 계집아이; ihr frechen -er! 너희들 버릇없는 계집아이들아! **4.** 〈Pl. -er〉(통용어·은폐) 남자 또는 여자의 성기, 음부. **5. guter -e** (아이) 1) 유쾌한, 쾌활한. 2) 희망에 가득 찬, 낙관적인.
²**Ding** [-], das; -(e)s, -e (역사적) ↑Thing.
¹**ding-, Ding-** (¹Ding): **~gedicht**, das 〖문예학〗사물시. **~welt**, die 현상계. **~wort**, das [Pl. -wörter] 〈Substantiv. **~wörtlich** 〈Adj.〉substantivisch.
²**ding-, Ding-**(²Ding): **~fest** 《다음 용법으로만》 jmdn. d. machen 누구를 체포하다(붙잡다). **~platz**, der (역사적) ↑Thingplatz. **~stätte**, die (역사적) ↑Thingstätte.
Dingelchen [ˈdɪŋ|çən], das; -s, -, (또한) Dingerchen

↑¹Ding(1 a, 3) 참조.

dingen¹, [ˈdɪŋən] **a)** (고어·아직 지역적) 고용하다: Gesinde d. 하인을 고용하다. **b)** 《고어》(돈을 주고 일정한 일에) 부리다. **c)** (아어·편) 《돈을 주고 범죄를 위해》 매수하다: einen Mörder d. 살인자를 매수하다(사다); ein gedungener Killer 돈을 주고 산 살인자, 청부 살인자.

Dingerchen [ˈdɪŋɐçən] ↑Dingelchen의 복수형.
Ding(e)rich [ˈdɪŋ(ə)rɪç], der; -s, -e 〈지역적·경〉 **1.** 《(갑자기 이름이 떠오르지 않거나 이름을 모르는 남자를 지칭하는 말》 그 사람, 저 거시기, 그 누구라더라. **2.** (정확히 지정할 수 없거나 하지 않으려는 것) 거 있잖아, 그 물건 [것]. **Dinggeld**, das; -(e)s, -er 《고어》↑Handgeld.
dinghaft 〈Adj.〉실재의, 실재로 있는. **Dinghaftigkeit**, die 실재성.
Dinghi [ˈdɪŋi] **Dingi** [ˈdɪŋgi], das; -s, -s [engl. dinghy] **1.** 군함 또는 요트에 싣는 작은 배. **2.** 작은 스포츠용 돛단배. **dinglich** 〈Adj.〉 **1.** 구체적인, 실재적인, 대상적인. **2.** 〖법〗물적인: -es Recht 물권; ein -er Anspruch 물권적 청구. **Dinglichkeit**, die 실재성, 대상성.
Dingo [ˈdɪŋgo], der; -s, -s [오스트레일리아의 원주민어] 오스트레일리아의 야생견.
Dingrich ↑Dingerich. **Dings** [dɪŋs], der, die, das; - 《경》 **1.** der, die (또한 지역적) 《당장 이름이 떠오르지 않거나, 이름을 모르거나 또는 언급하지 않고자 하는 남자 또는 여자를 나타내는 말》 그 사람, 저…, 그 누구든라: Herr D., du weißt schon, wen ich meine 저 그 사람, 내가 누구를 말하는지 알고 있잖아; der[die, das] D. hat gesagt, ... 그 누구가 말했는데…. **2.** das 《갑자기 이름이 떠오르지 않거나, 이름을 모르거나 또는 언급하지 않고자 하는 물건 등을 나타내는 말》 그 물건(1 b): gib mir mal das D. da! 저기 저 것 좀 주게! **3.** 《관사 없이》 《갑자기 이름이 떠오르지 않거나, 이름을 모르거나 또는 언급하지 않고자 하는 지명》 sie fahren im Urlaub immer nach D., ich weiß den Namen nicht mehr 그들은 휴가 때면 언제나 그곳으로 가는데 그 이름이 이제 생각나지 않는다.
Dings-: **~bums**, der, die, das (통용어) ↑Dings. **~da**, der, die, das (통용어) ↑Dings. **~kirchen** 《경》 **1.** (또한) --'-- 《관사없이》 (갑자기 이름이 떠오르지 않거나, 이름을 잘 모르거나 또는 언급하지 않고자 하는 지명》 저 그곳. **2.** der 《갑자기 이름이 떠오르지 않거나는 의식적으로 존경심을 갖지 모르는 사람을 칭하는 말》 그 자, 그 친구, 그 …. **~lamdei** [-lamˈdai], der, die, das (지역적) ↑Dings.
dinieren [diˈniːrən] 〈h〉 [frz. dîner] 《아어》만찬을 들다, (점심때 또는 저녁에) 향연을 들다: bei[mit] jmdm. d. 누구의 집에서[누구와 같이] 만찬을 들다. **Diningcar** [ˈdainiŋkaːɐ̯], der; -s, -s [engl. diningcar] ↑Speisewagen의 영어 표현. **Diningroom** [ˈdainiŋrʊm], der; -s, -s [engl. dining room] ↑Speisezimmer의 영어 표현.
Dinkel [ˈdɪŋkl], der; -s, - 이제는 산발적으로만 재배되는 밀의 종류(Spelt).
Dinner [ˈdɪnɐ], das; -s, -s [engl. dinner] **a)** (영미에서는 저녁에 드는) 정찬, 주된 식사. **b)** 만찬, 향연: sie trafen sich zu einem D. im Hotel 그들은 만찬을 들기 위해서 호텔에서 만났다. **Dinnerjacket** [ˈdɪnɐdʒɛkɪt], das; -s, -s [engl. dinner jacket] (반공식적 모임에 참가할 때 입는) 신사 재킷.
Dinosaurier [dinoˈzau̯riɐ], der; -s, -, **Dinosaurus** [dinoˈzau̯rʊs], der; -, ...rier [...iɐ] griech. deinós u. saúra, saũros] (멸종된) 공룡(恐龍). **Dinotherium** [dinoˈteːri̯ʊm], der; -s, ...ien [...i̯ən] griech. deinós

u. thēríon] (멸종된) 공수(恐獸).
Diode [di'o:də], die; -n [griech. dís u. hodós] 【전자】 다이오드.
Diolefin [diole'fi:n], das; -s, -e ↑Dien.
Diolen ⓦ [dio'le:n], das; -s 〈인공어〉 **1.** ↑Diolenfaser의 약칭. **2.** 디올렌으로 짠 천. **Diolenfaser**, die; -n 폴리에스테르 인조사[디올렌].
Dionysien [dio'ny:ziən] 〈Pl.〉 [lat. Dionýsia < griech. Dionysia] 고대 그리스의 포도주 및 생식의 신인 디오니소스 축제. **dionysisch** [dio'ny:zɪʃ] 〈Adj.〉 〈교양어〉 **1.** 디오니소스 신의: ein -er Kult 디오니소스 신의 숭배. **2.** 〈특히 철학〉 도취적인, 황홀한(반대: apollinisch).
Dionysos ['dio:nyzɔs] 디오니소스(그리스의 포도주 및 생식의 신).
diophantisch [dio'fantɪʃ] 〈Adj.〉 [그리스의 수학자 Diophantos(기원전 3세기)에 따라서] 《다음 어법으로》 **-e Gleichung** 부정(不定) 방정식.
Diopsid [diɔ'psi:t], der; -s, -e [griech. dís u. ópsis] 무색[누런, 초록] 휘석(輝石). **Dioptas** [dio'ptas], der; -, -e [griech. dioptéia] 취옥 같은 녹색의 투명 보석. **Diopter** [di'ɔptɐ], das; -s, - [lat. dioptra < griech. dióptra] 투시 구멍, 조준의(照準儀). **Dioptrie** [...'tri:], die; -n [...i:ən] 【광학】 디옵트리(렌즈의 굴절력 단위)(약어: dpt., Dptr., dptr.). **Dioptrik** [...rɪk], die 〈교어〉 광선 굴절학. **dioptrisch** 〈Adj.〉 【광학】 **a)** 굴절(의)의, 투명한. **b)** 굴절하는 요소를 포함한. **Dioptrometer**, das; -s, - 디옵트리 측정기.
Diorama [dio'ra:ma], das; -s, ...men [griech. diá u. hórāma] 【예술】 투시화, 디오라마.
Diorid ⓦ [dio'ri:t], das; -s 〈인공어〉 인공 섬유의 일종, 디오리트. **Diorismus** [dio'rɪsmʊs], der; - [griech. diorismós] 개념 규정. **Diorit** [(또한) dio'rɪt], der; -s, -e [griech. diorízein] 섬록암(閃綠岩).
Dioskuren [diɔs'ku:rən] 〈Pl.〉 [griech. Dióskouroi = Söhne des Zeus (Kastor u. Pollux)] 〈교양어〉 막역한 친구, 죽마고우.
Dioxid ['di:ɔksi:t, (또한) di|ɔ'ksi:t], **Dioxyd** ['di:ɔksy:t, (또한) di|ɔ'ksy:t], das; -s, -e 【화학】 2산화물.
Dioxin, das; -s, -e 【화학】 다옥신(다이옥신).
diözesan [diɔtse'za:n] 〈Adj.〉 [lat. dioecēsānus] 주교구의. **Diözesan**, der; -en, -en 교구 주민. **Diözese** [diø'tse:zə], die; -n [lat. dioecēsis < griech. dioíkēsis] 【가】 주교구의 교구. **Diözie** [diø'tsi:], die [griech. dís u. oikía] 【식물】 자웅 이주(류)(此雄異株(類)). **diözisch** [di'ø:tsɪʃ] 〈Adj.〉 【식물】 자웅 이주(류)의.
Diözismus [diø'tsɪsmʊs], der; - ↑Diözie.
Dip, der; -s, -s [engl. dip] 【요리】 (스낵 등을 찍어 먹는) 소스.
Dipeptid [dipɛp'ti:t], das; -s, -e 【화학】 두 개의 아미노산으로 구성된 단백질. **Dipeptidase** [...ti'da:zə], die; -n 위의 단백질을 분해하는 효소.
Diphtherie [dɪfte'ri:], die; -n [...i:ən] griech. diphthéra] 【의학】 디프테리아. **Diphtherieschutzimpfung**, das 디프테리 혈청. **diphtherisch** 〈Adj.〉 【의학】 디프테리아의, 디프테리아로 생긴. **Diphtheritis** [dɪfte'ri:tɪs], die 〈통용어〉 ↑Diphtherie. **diphtheroid** [dɪftero'i:t] 〈Adj.〉 【의학】 의사 디프테리아.
Diphthong [dɪf'tɔŋ], der; -s, -e [lat. diphthongus < griech. díphthoggos] 【언어】 복모음, 중모음(반대: Monophthong): ei, au, eu sind -e ei, au, eu는 복모음이다. **diphthongieren** [dɪftɔŋ'gi:rən] (h) 〈반대: monophthongieren〉 【언어】 **a)** 단모음을 복모음으로 발전시키다. **b)** 복모음이 되다(반대: monophthongieren). **Diphthongierung**, die; -en 이중 모음화.
diphthongisch 〈Adj.〉 〈반대: monophthongisch〉 【언어】 **a)** 이중 모음을 가진. **b)** 이중 모음으로 발음되는.
diphyletisch [dify'le:tɪʃ] 〈Adj.〉 【생물】 계통 발생학적으로 두 가지에서 유래하는.
diphyodont [difyo'dɔnt] 〈Adj.〉 【의학】 이를 가는.
Diplegie [diple'gi:], die; -n [...i:ən] 【의학】 이중 마비.
Diplexbetrieb ['di:plɛks-], der ↑Duplexbetrieb.
Diplodokus [diplo'dɔ:kʊs], der; -, ...ken 멸종된 거대한 파충류.
Diploe [di'plo:ə], die [griech. diplóē] 두개 관내의 해면 모양의 골질(骨質). **diploid** [...o'i:t] 〈Adj.〉 2배성의, 2배체의(반대: haploid). **Diploidie** [...i'di:], die 【생물】 이배성(二倍性). **Diplokokkus** [...'kɔkʊs], der; -, ...kken 【의학】 쌍구균(雙球菌).
Diplom [di'plo:m], das; -s, -e [lat. diplōma < griech. díplōma] **1. a)** 자격증, 졸업증(대학교 또는 전문 대학의), 디플롬: ein D. über die bestandene Prüfung ausstellen 시험 합격증을 발행하다; das D. des Bäckermeisters 제빵 기능장의 자격증. **b)** 학위(디플롬): ein D. erwerben 학위를 받다; er hat sein D. (als Chemiker) gemacht 그는 (화학자로서) 학위(디플롬)를 받았다(약어: Dipl.). **2.** 상장: der Hersteller bekam ein D. für sein Erzeugnis 제조업자는 그의 생산품으로 상장을 받았다.
Diplom- (Diplom 1): **~arbeit**, die 디플롬(학위) 청구 논문. **~bibliothekar**, der 국가 시험에 합격한 사서. **~chemiker**, der 화학사(약어: Dipl.-Chem.). **~dolmetscher**, der 디플롬 통역사(약어: Dipl.-Dolm.). **~gewerbelehrer**, der 디플롬 실업 교사(약어: Dipl.-Gwl.). **~handelslehrer**, der 디플롬 상업 교사(약어: Dipl.-Hdl.). **~holzwirt**, der 임학사(약어: Dipl.-Holzw.). **~ingenieur**, der 디플롬 엔지니어; 공학사(약어: Dipl.-Ing.). **~kaufmann**, der 〈Pl.: -kaufleute〉 상학사(약어: Dipl.-kfm. (österr.) Dkfm.). **~landwirt**, der 농학사(약어: Dipl.-Ldw.). **~mathematiker**, der 수학사(약어: Dipl.-Math.). **~meteorologe**, der 기상학사(약어: Dipl.-Met.). **~pädagoge**, der 교육학사(약어: Dipl.-Päd.). **~physiker**, der 물리학사(약어: Dipl.-Phys.). **~prüfung**, die 대학 졸업 자격 시험, 디플롬 시험. **~psychologe**, der 심리학사(약어: Dipl.-Psych.). **~sportlehrer**, der 디플롬 체육 교사(약어: Dipl.-Sportl.). **~volkswirt**, der 경제학사(약어: Dipl.-Volksw.).
Diplomand [diplo'mant], der; -en, -en 대학 졸업 자격 시험 준비생. **Diplomat** [diplo'ma:t], der; -en, -en [frz. diplomate] **1.** 외교관: ein ausländischer D. 외국인 외교관. **2.** 외교적 수완이 있는 사람, 외교가: du bist überhaupt kein D.! 너는 전혀 외교적 수완이 없다; er ist der geborene D. 그는 타고난 외교가이다.
Diplomaten-: **~aktentasche**, die 외교관 (서류) 가방. **~ausweis**, der 외교관 신분증. **~gepäck**, das 대사관 직원의 여행 수하물. **~gattin**, die 외교관 부인. **~gut**, das 관세가 면제되는 대사관 직원용 물품. **~koffer**, der, **~köfferchen**, das 외교관 (서류) 가방. **~laufbahn**, die 외교관의 경력: die D. einschlagen 외교관의 경력을 시작하다. **~loge**, die 외교관석(의회의). **~mappe**, die ↑~aktentasche. **~paß**, der 외교관 여권. **~post**, die 외교관 휴대 우편물. **~schreibtisch**, der 특히 크고 육중한 책상. **~tasche**, die ↑~aktentasche. **~wasser**, das 〈통용어·농〉 샴페인 (Sekt). **~viertel**, das 외교관 거주 구역.
Diplomatie [diploma'ti:], die [frz. diplomatie] **1. a)**

외교, 외교 정책. **b)** 외교 사절단: bei dem Empfang war die gesamte ausländische D. vertreten 리셉션에 전 외교 사절단이 참석했다. **2.** 외교적 태도, 수완: das ist eine Frage der D. 그것은 외교술의 문제다. **Diplomatik** [diplo'ma:tɪk], die ↑Urkundenlehre. **Diplomatiker**, der; -s, - 고문서 학자. **Diplomatin**, die; -nen ¹Diplomat의 여성형. ¹**diplomatisch** 〈Adj.〉 [frz. diplomatique] **1. a)** 외교상의: ein Land d. anerkennen 어떤 나라를 외교적으로 인정하다. **b)** 외교 관의: die -e Laufbahn einschlagen 외교관의 경력을 시작하다; eine -e Vertretung einrichten 외교 대표부를 설치하다; das -e Viertel 외교관 거주 지역; das -e Korps 외교 사절단(약어: CD = ↑Corps diplomatique). **2.** 교제를 잘 하는, 책략에 뛰어난(반대: undiplomatisch): ein sehr -er Mensch sein 아주 책략에 뛰어 난 사람이다; d. antworten 외교적으로 대답하다. ²**diplomatisch** 〈Adj.〉 고문서학의: ein -er Abdruck 고 문서 복제판. **diplomieren** [diplo'mi:rən] 〈h〉 (교양어) 졸업(자격) 증서(면허장)를 수여하다: (대개 과거 분사로) eine diplomierte Kinderschwester 면허장을 가진 어린이(전문) 간호사; er ist diplomierter Psychologe 그 는 대학을 졸업한 심리학자(심리학사)이다. **Diplont** [di'plɔnt], der; -en, -en 〔생물〕 염색체가 2개 있는 동식물 유기체. **diplostemon** [diploste'mo:n] 〈Adj.〉 〔식물〕 두 개의 수꽃술이 있다.

Dipodie [dipo'di:], die; -, -n [...ien; lat. dipodia < griech. dipodía] 《그리스 운율에서》 2중 운각(반대: Monopodie, Tripodie). **dipodisch** [di'po:dɪʃ] 〈Adj.〉 주강음과 부강음을 교체적으로 가진.

Dipol ['di:po:l], der; -s, -e 〔물리〕 **1. 2**중극(二重極), 쌍극자(雙極子). **2.** ↑Dipolantenne. **Dipolantenne**, die 양극 안테나.

Dippel ['dɪpl], der; -s, - **1.** 《südd., österr.》 ↑Dübel (1). **2.** 《österr. · 통용어》 종기. **Dippelbaum**, der 《österr.》 대들보.

dippen 〈h〉 [1: niederd.; 2: engl. to dip] **1.** 〔지역적〕 담그다: Brotstücke in die Soße d. 빵조각을 소스에 담 그다. **2.** 〔선원〕 기를 반쯤 내렸다가 올리다.

Dipsomane [dɪpso'ma:nə], der 《또는》die; -n, -n 주기 적 폭음증 환자. **Dipsomanie** [...ma'ni:], die; -n [...ɪən] 주기적 폭음증.

Diptam ['dɪptam], der; -s [lat. dictamnum < griech. díktamnon] 〔식물〕 백선(白鮮).

Dipteren ['dɪptərən] 〈Pl.〉 [griech. dípteros] 쌍시류 (雙翅類)(파리, 모기 등). **Dipteros** ['dɪptərɔs], der; -, ...roi [...ɔy; griech. dípteros (naós)] 그리스의 2중 주 열(柱列)의 전당.

Diptychon ['dɪptyçɔn], das; -s, ...chen / ...cha [...çən /...ça; griech. díptychon] 〔예술〕 **1.** (고대의) 두 장으로 접는 서찰. **2.** 접을 수 있는 두 편의 제단(화).

Dipylonkultur ['di:pylon-], die (아테네에 있는 '이중 문' 디필론 앞의 유적 발굴지에 의거해서) 그리스의 청동기 문화. **Dipylonstil**, der; -s 〔예술〕 초기 그리스의 꽃병 의 기하학적 문양. **Dipylonvasen** 〈Pl.〉 〔예술〕 후기 선사 시대의 그리스 꽃병 무늬가 있는 토기.

dir [di:ɐ̯] **1.** 〈인칭대명사 ↑du의 단수 3격〉 wie geht es d.? 어떻게 지내느냐? **2.** 〈2인칭 재귀대명사 단수 3격〉 〈du로 호칭되는 사람에게 돌아감〉 was hast du dir gewünscht? 너는 무엇을 받기를 원하였는가?

Dirae ['di:rɛ] 〈Pl.〉 [lat. dīrae] 〔문예학〕 (고대 로마 문학 에서) 저주 및 탄핵 시구.

Direct costing ['daɪrɛkt 'kɔstɪŋ; engl. direct costing] 〔경제〕 부분 비용 계산의 여러 가지 방식을 통칭하는 말.

Direct-mailing ['daɪrɛktmeɪlɪŋ], das; -(s), -s [engl. -amerik. direct mailing] 〔광고〕 직송 우편, 다이렉트 메일.

Directoire [dirɛk'toa:ɐ̯], das; -(s) [프랑스 제1공화정 (1795~99)의 집정 내각(Directoire)의 이름을 따서] 〔예 술〕 18세기 말의 공예 양식(Louis-seize와 Empire 사이). **Directoirestil**, der 프랑스 혁명기 양식 〔풍〕.

direkt [di'rɛkt; lat. dīrēctus] **I.** 〈Adj.〉 **1.** 직선의, 곧장 인, 돌아가지 않고: eine -e Verbindung nach Paris 파리로 직행(갈아 타지 않고); der Raum hat kein -es Licht 이 공간은 직사 광선을 받지 않는다; ich komme d. vom Bahnhof 나는 역에서 곧장 오는 길이다. **2.** 지체 없이, 즉시, 머물지 않고: er kommt d. nach Dienstschluß hierher 그는 근무가 끝난 후 즉시 이리로 온다; ein Fußballspiel d. übertragen 축구 경기를 직접〔생〕 중계하다. **3.** 《전치사와 결합하여》 바로 근처에: d. am Bahnhof 바로 역 근처에. **4.** 직접적으로, 중개 없이: es besteht keine -e Telefonverbindung 직통 전화가 없 다; schicken Sie die Post bitte d. an mich 우편물을 저에게 직접 보내 주십시오. **5.** 개인전의, 직접의(반대: indirekt): eine -e Einflußnahme 그의 개인적인 영향 력 발휘. **6.** 《통용어》 직선적인, 노골적인(반대: indirekt): so d. wollte er das doch nicht aussprechen 그는 그 것을 그렇게 노골적으로 말해 버리려고 하지 않았다; er ist allzu d. in seiner Art zu fragen 그는 너무 노골적으로 묻는다. **II.** 〈Adv.〉 《통용어》 바로, 정말, 전적으로: das ist ja d. gefährlich, was du da machst 네가 하고 있는 짓은 정말 위험하구나; er hat d. Glück gehabt 그는 전 적으로 운이 좋았다.

Direkt-: **~bezug**, der 〈Pl. 없음〉 〔경제〕 직접 구매. **~einkauf**, der 〈Pl. 없음〉 〔경제〕 직접 구입. **~flug**, der 직통 비행, 직행, 무기착 비행. **~foto**, das 즉석 사 진. **~geschäft**, das 〔경제〕 직접 거래. **~mandat**, das 〔정치〕 직접 의석〔의원직〕. **~maschine**, die 직행 비행기. **~sendung**, die 〔방송·텔레비전〕 생중계, 실황 중계(반대: Aufzeichnung 2 b): das Fußballspiel wird in einer D. übertragen 축구 경기는 직접〔생〕 중 계로 방송된다. **~spiel**, das 〔축구〕 〈Pl. 없음〉 공이 직 접 전달되는 팀워크 경기. **~student**, der 〔구동독〕 대학에서 수학하는 대학생(반대: Fernstudent). **~studium**, das 〈Pl. 없음〉 〔구동독〕 직접 대학에서의 수학 (반대: Fernstudium). **~übertragung**, die ↑~sendung. **~verkauf**, der 〔경제〕 직접 판매. **~wahl**, die **1.** 〈Pl. 없음〉 직통(전화). **2.** ↑Mehrheitswahl. **~werbung**, die 〔경제〕 〈Pl. 없음〉 〔경제〕 직접 선전.

direktemang [dirɛktə'maŋ] 〈Adv.〉 《통용어·농》 직접, 곧장. **Direktheit**, die; -en **1.** 〈Pl. 없음〉 직선적 임, 노골적임: die D. ihrer Äußerungen ist umwerfend 그녀의 언사의 노골성은 대단하다. **2.** 〔뜀〕 직선적 〔노골적〕 언사: ihre -en sind oft beleidigend 그녀의 노골적 언사는 흔히 모욕적이다. **Direktion** [dirɛk'tsio:n], die; -en [lat. dīrēctio] **1.** 〈Pl. 없음〉 지휘, 관리, 감독: die D. der Bank 은행의 관리; ihm wurde die D. des Krankenhauses übertragen 그에게 병원 관리 가 위임되었다. **2. a)** 간부진, 관청의 총무부: der Hauses besteht aus drei Herren 이 회사의 간부진은 세 사람으로 이루어져 있다. **b)** 회사나 관청 관리부의 사무 실: die D. befindet sich im ersten Stock des Hauses 관리부의 사무실은 이 건물 2층에 있다. **3.** (고어) 방향: 〔전의〕 die geistige Situation vor dem Krieg; sie war ohne innere D. 전쟁 전의 정신적 상황은 내적 인 방향 설정이 없었다. **4.** (schweiz.) 칸톤의 부(部).

direktions-, **Direktions-**: **~assistent**, der 관리부 의 조수. **~etage**, die 〔상〕 Chefetage. **~kraft**, die 〔관리〕 예비적 힘. **~loge**, die (극장이나 음악당의) 특별석. **~los** 〈Adj.〉 《아어 · 드물게》 방향이 없는. **~recht**,

das 지휘[명령]권, **~sekretärin**, die 관리부의 여비서. **~zimmer**, das 관리부의 사무실.
direktiv [dirɛk'tiːf] 〈Adj.〉 [lat. dīrēctus] 《교양어·드물게》행동 지침을 주는. **Direktive** [dirɛk'tiːvə], die; -n 〈흔히 Pl.〉 [Direktivnorm의 약칭] 《교양어》상부의 지시, 훈령, 지침: -n erhalten 지시를 받다; sie hielten sich strikt an die D. den Parteiführung 그들은 엄격하게 당지도부의 지침에 따라 행동했다. **Direktor** [di'rɛktor, 《또한》...toːɐ], der; -s, -en [...'toːrən; lat. dīrēctor] **1. a)** 교[학]장: er ist D. des Gymnasiums 그는 고등 학교의 교장이다. **b)** 장, 소장, 부장, 원장, 관장 등: der D. des Museums 박물관장. **2.** 〖경제〗회사의 사장, 이사회 임원, 국장, 부장: er ist erster D. der Firma 그는 회사의 제 1 부장이다.
Direktor-: **~posten**, der (교)장의 직책. **~stelle**, die ↑~posten. **~zimmer**, das (교)장 사무실, 교[학]장실.
Direktorat [dirɛkto'raːt], das; -(e)s, -e **1. a)** (교)장의 직책: jmdm. das D. übertragen 누구에게 장의 직책을 맡기다. **b)** (교)장의 재임 기간: unter seinem D. hatte die Hochschule sehr an Ansehen gewonnen 그의 재임 기간 중에 이 대학은 몹시 명성을 얻었다. **2.** 《교》장실.
Direktorengehalt, das; -(e)s, ...gehälter 《농》고액의 봉급: er bezieht ein D. 그는 고액의 봉급을 받는다.
Direktorenposten, der; -s, - 사장의 지위. **Direktorensessel**, der; -s, - 사장의 지위: er strebt nach dem D. 그는 사장의 지위를 얻으려고 노력한다. **direktorial** [dirɛkto'riaːl] 〈Adj.〉 사장의 권한에 속하는, 사장에게 맞는: eine -e Entscheidung 사장의 결정. **Direktorin** [dirɛk'toːrɪn], die; -nen ↑Direktor의 여성형. **Direktorium** [dirɛk'toːriʊm], das; -s, ...ien [...jən] **1.** 이사회, 운영 위원회: ein vierköpfiges D. 4 인으로 구성된 이사회[진]; in das D. berufen werden 이사진에 초빙되다. **2.** 〖가〗기도(안내)서. **Direktrice** [dirɛk'triːsə], die; -n [frz. directrice] (피복 공업의) 여주임, 여공배인: sie ist D. in einem Modesalon 그녀는 의상실의 여재배인이다. **Direktrix** [di'rɛktrɪks], die 《수학》준선(準線). **Direttissima** [dirɛt'tɪssima], die; -s [ital. direttissima] 〖등산〗정상으로 직접 통하는 등산로. **direttissimo** [...o] 〈Adv.〉 〖등산〗정상으로 직접 통하는 등산로를 택하는(형성하는). **Direx** ['diːrɛks], der; -, -e / die; -en 《학생》학교의 (여)교장.
Dirham ['dɪrham], **Dirhem** ['dɪrhɛm], der; -s, -s 《(그러나) 5 Dirham》[arab. dirham < griech. drachmḗ, ↑Drachme 참조] **1.** 마로코의 화폐 단위(1 Dirham = 100 Centimes)(약어: DH.). **2.** 이슬람 국가들의 무게 단위(약어: D.).
Dirigat [diri'gaːt], das; -(e)s, -e [↑dirigieren 참조] 《교양어》 **a)** 지휘자의 직업, 교향 악단의 지휘: ein D. übernehmen 지휘자의 자리를 맡다. **b)** 지휘. **Dirigent** [diri'gɛnt], der; -en, -en [lat. dīrigēns, ↑dirigieren 참조] **1.** 지휘자: sein erstes Auftreten als D. 지휘자로서 그 첫 등장(공연); die Philharmoniker haben einen neuen -en 관현악단원들은 새로운 지휘자를 맞았다. **2.** 《드물게》관리자, 영도하는 사람.
Dirigenten-: **~podium**, das 지휘대[석]. **~pult**, das 지휘용 악보대. **~stab**, der 지휘봉. **~stock**, der ↑~stab.
Dirigentschaft, die; -en 지휘자의 활동, 지휘자임: in der Zeit seiner D. in Berlin war er sehr berühmt 그가 베를린에서 지휘자였던 때에 그는 아주 유명했다.
Dirigier-: **~partitur**, die 지휘자용 총보. **~stab**, der ↑Dirigentenstab. **~stock**, der ↑Dirigentenstab.
dirigieren [diri'giːrən] 〈h〉 [lat. dirigere] **1. a)** 지휘하다: einen Chor d. 합창대를 지휘하다; er dirigiert mit einem Taktstock 그는 지휘봉을 가지고 지휘한다. **b)** 악곡을 지휘자로서 공연하다[해석하다]: Karajan dirigierte die 5. Sinfonie von Beethoven 카라얀은 베토벤의 5번 교향곡을 지휘했다. **2. a)** 지도[지배, 관리, 감독]하다: ein Unternehmen d. 기업을 관리하다; ein Polizist dirigiert den Verkehr 경찰관이 교통을 정리한다. **b)** 조종하다, 이끌다: die Fahrzeugkolonne durch die Stadt d. 차량 행렬을 시내로 유도하다. **Dirigismus** [diri'gɪsmʊs], der 〖경제〗 **a)** 통제 경제 정책, 계획 경제. **b)** 생산과 가격을 국가가 주관하는 경제규제. **dirigistisch** 〈Adj.〉 〖경제〗통제 경제의, 국가에서 규제하는: eine -e Planwirtschaft 통제적인 계획 경제; -e Maßnahmen 통제 경제적인 조치.
Dirn [dɪrn], die; -en **1.** 《bayr.·österr.》농가의 하녀. **2.** 《nordd.》소녀. **¹Dirndl** ['dɪrndl], das; -s, -(n) **1.** 〈Pl. -n〉《bayr.·österr.》소녀. **2.** 〈Pl. -〉 ↑Dirndlkleid의 약칭: sie trägt ein fesches D. 그녀는 맵시 있는 디른들을 입고 있다.
²Dirndl [-], das; -s, - 〈ostösterr.〉 **a)** 충층나무 또는 관목. **b)** 충층나무의 열매.
¹Dirndl- (¹Dirndl): **~bluse**, die 디른들 치마에 맞춰서 입는 흰 블라우스. **~kleid**, das 바이에른과 오스트리아 지방의 전통적 여자 의상, 디른들. **~mode**, die 디른들 유행. **~rock**, der 디른들 치마. **~schürze**, die 디른들 (반) 앞치마.
²Dirndl- (²Dirndl): **~baum**, der 《ostösterr.》 ↑Kornelkirsche. **~holz**, das ↑Kornelkirsche. **~schnaps**, der 《österr.》충층나무의 열매로 만든 소주. **~strauch**, der 《österr.》 ↑Kornelkirsche.
Dirne [dɪrnə], die; -n **1.** (고어·아직도 방언적) 어린 소녀. **2.** 창녀.
Dirnen-: **~haus**, das 《드물게》 ↑Bordell. **~milieu**, das 창녀의 세계(영역). **~unterkunft**, die 창녀 숙소. **~unwesen**, das 《폄》매음 행위(에서 오는 피해). **~wesen**, das 〈Pl. 없음〉 ↑Prostitution. **~welt**, die 창녀의 세계.
Dirt-Track-Rennen ['dəːttræk-], das; -s, - [engl. dirt track] 탄석 찌꺼기 등을 깐 경주로에서 하는 오토바이 또는 자전거 경주.
¹dis, ¹Dis [dɪs], das; -, - 《음악》반음 올림 라음. **²dis**: ↑dis-Moll. **²Dis**: ↑Dis-Dur.
Disaccharid, Disacharid [dizaxa'riːt, 'diːz...], das; -s, -e 〖화학〗두 개의 당분자로 된 탄수화물, 이당류(二糖類).
Disagio [dɪs'aːdʒo], das; -s, -s und ...gien [...dʒən] 〖금융·증권〗정화할증금(正貨割增金), 손실(반대: Agio).
disambiguieren 〈h〉 〖언어〗다의성을 지양하다, 분명하게 하다.
Discantus [dɪs'kantʊs], der; -, - ↑Diskant.
Disciples of Christ [dɪ'saɪplz əv 'kraɪst] 〈Pl.〉 [engl. = Jünger Christi] 미국과 캐나다의 침례교의 파.
Discjockey: ↑Diskjockey.
Disco usw. ↑Disko usw.
Discount- [dɪs'kaʊnt-; engl. discount]: **~geschäft**, das 할인 판매점. **~haus**, das ↑~geschäft. **~laden**, der ↑~geschäft. **~preis**, der 할인 가격.
Discounter [dɪs'kaʊntɐ], der; -s, - [engl. discounter] 할인 판매업자.
Dis-Dur ['dɪs-, (또한) '-'-'], das; - 〖음악〗올림라 장조(기호: Dis(↑¹dis, ¹Dis)).
Disengagement [dɪsɪn'geɪdʒmənt], das; -s [engl. disengagement] 〖정치〗자발적 병력 철수.
Diseur [di'zøːɐ], der; -s, -e [frz. diseur] 낭독자. **Diseuse** [di'zøːzə], die; -n [frz. diseuse] ↑Diseur의 여성형.
disgruent [dɪsgru'ɛnt] 〈Adj.〉 일치하지 않는(반대:

kongruent 1).
Disharmonie [(또한) '-----], die; -n [...i:ən] (반대: Harmonie). **1. a)** [음악] 불협화음. **b)** 부조화(색채, 형태 등의): die D. der Farben war störend 색채의 부조화가 거슬린다. **2.** 《교양어》 불화, 불일치. **disharmonieren** [(또한) '-----] 〈h〉 (반대: harmonieren). **1. a)** [음악] 화음(화성)이 되지 않다, 불협화음을 내다: die Akkorde disharmonieren 이 화음은 불협화음을 낸다. **b)** 조화되지 않다: stark disharmonierende Farben 서로 조화되지 않는 색깔들. **2.** 불화하다, 불일치하다: die beiden disharmonieren meistens 두 사람은 대부분 불화하고 있다. **disharmonisch** [(또한) '-----] 〈Adj.〉 (반대: harmonisch). **1. a)** [음악] 불협화음의. **b)** (색깔이나 형태가) 조화되지 않는. **2.** 불화하는: die beiden stehen in einem sehr -en Verhältnis zueinander 두 사람은 서로 몹시 조화되지 않은 관계에 있다. **3.** [지질] 상이하게 변형된.
Disjektion [dɪsjɛk'tsjo:n], die; -en [심리] 꿈의 체험으로서 인격 분열.
disjunkt [dɪs'jʊŋkt] 〈Adj.〉 [lat. disiūnctus] **1.** [수학] 분리된, 선별된. **2.** [논리] 선언(選言)으로 연결된, 선언적인. **Disjunktion** [dɪsjʊŋk'tsjo:n], die; -en [१, २: lat. disiūnctio] **1.** 《고어》 분리, 선별. **2.** [논리] **a)** 선언(選言) 명제(entweder-oder로 연결된). **b)** 이접(離接) 명제(oder로 연결된). **3.** [생물] **a)** (동식물의) 불연속 분포. **b)** 염색체 분리. **disjunktiv** 〈Adj.〉 [lat. disiūnctivus] **1.** [철학] 선언적인(반대: konjunktiv). **2.** [언어] **a)** 선택적인. **b)** 이접적인: „oder" ist eine -e Konjunktion oder는 이접(離接) 접속사이다.
Diskant [dɪs'kant], der; -s, -e [lat. discantus] **1.** [음악] **a)** 최고음(부). **b)** (건반의) 우측 부분. **c)** 주선율에 첨가된 대성음(對聲音). **2.** 고음 성역(聲域). **Diskantschlüssel**, der 〈Pl. 없음〉 [음악] 최고 음부(音部) 음자리표. **Diskantstimme**, die 최고 성음(聲音).
Disken: ↑ Diskus의 복수형.
Diskjockey, Discjockey ['dɪskdʒɔke, (또한) ...ki], der; -s, -s [engl. disk jockey] 디스크자키: der D. legt einen neuen Hit auf den Plattenteller 디스크자키는 새로운 히트곡을 회전판 위에다 올려 놓았다. **Disko** ['dɪsko], die; -s **1.** ↑ Diskothek (2)의 약칭. **2.** (음반을 틀어 놓고 하는 청소년) 무도회. **Diskofox**, der 댄스의 폭스트롯의 현대형. **Diskographie** [dɪskogra'fi:], die; -n [...i:ən; frz. discographie] 음반 목록. **diskoidal** [dɪskoi'da:l] 〈Adj.〉 [lat. discoīdēs < griech. diskoeidḗs] [생물] 원반 모양의. **Diskomusik**, die ↑ Diskosound.
Diskont [dɪs'kɔnt], der; -s, -e, Diskonto, der; -(s), -s /...ti [ital. disconto] [금융] **1.** 할인, 어음 할인. **2.** ↑ Diskontsatz의 약칭.
Diskont-: [금융]: **~erhöhung,** die 할인율의 인상. **~geschäft,** das 어음 할인 업무. **~satz,** der 어음 할인율. **~senkung,** die 할인율의 인하.
Diskonten 〈Pl.〉 [금융] 국내 어음. **diskontieren** [dɪskɔn'ti:rən] 〈h〉 [금융] 어음을 할인하여 사다. **Diskontierung**, die; -en 어음 할인 매입.
diskontinuierlich 〈Adj.〉 《교양어》 불연속의, 연속하지 않는(반대: kontinuierlich): eine -e Entwicklung 불연속적인 발전. **Diskontinuität**, die **1.** 단절, 중절(반대: Kontinuität). **2.** [헌법] 회기불계속의 원칙.
Diskonto: ↑ Diskont.
Diskopathie [dɪskopa'ti:], die; -n [...i:ən] [의학] 추간판(椎間板) 헤르니아.
diskordant [dɪskɔr'dant] 〈Adj.〉 [lat. discordāns] [지질] 부정합(不整合)의. **Diskordanz** [...'dants], die;

-en [lat. discordantia] **1.** 부조화, 불협화. **2.** 〈대개 Pl.〉 불협화음. **3.** [지질] (지층의) 부정합(不整合).
Diskothek [dɪsko'te:k], die; -en [frz. discothèque] **1. a)** 음반 및 녹음 테이프 수집, 녹음 자료. **b)** 음반 및 녹음 테이프 도서관. **2.** 댄스홀, 디스코텍: eine D. besuchen 디스코텍에 가다; eine D. mit Café 카페가 있는 디스코텍. **Diskothekar**, der; -s, -e, -e 녹음 자료 사서. **Diskothekarin**, die; -nen ↑ Diskothekar의 여성형.
Diskredit ['dɪskredi:t, (또한) --'-], der; -(e)s [frz. discrédit] 《교양어》 악평: jmdn. in D. bringen 누구의 신용을 떨어뜨리다, 나쁜 소문을 내다. **diskreditieren** [dɪskredi'ti:rən] 〈h〉 [frz. discréditer] 《교양어》 ...의 신용을 떨어뜨리다, ...의 이름을 더럽히다: einen Politiker d. 정치가를 악평하다. **Diskreditierung,** die; -en 신용 떨어뜨리기.
diskrepant [dɪskre'pant] 〈Adj.〉 [lat. discrepāns] 《교양어·드물게》 **a)** 모순되는, 불일치의. **b)** 상이한, 다양한. **Diskrepanz** [dɪskre'pants], die; -en [lat. discrepantia] 《교양어》 상위, 모순.
diskret [dɪs'kre:t] 〈Adj.〉 [1 und 2: frz. discret 3: engl. discrete] 《교양어》 **1. a)** 은밀한, 말없는, 비밀을 지키는: eine heikle Angelegenheit d. behandeln 까다로운 일을 신중하게 다루다. **b)** 재치있는, 신중한, 약삭빠른(반대: indiskret): ein -es Verhalten 약삭빠른 태도; eine Peinlichkeit d. übergehen 곤란한 일을 요령있게 넘어가다. **c)** 거역스럽지 않은, 삼가는, 사양하는, 고상한: ein -es Parfüm 고상한 향수; ihr Make-up war sehr d. 그녀의 메이크업은 아주 고상하였다. **2.** [기술·물리·수학] 이산(離散)의. **3.** [언어] 분리된. **Diskretheit**, die ↑ diskret의 명사형. **Diskretion** [dɪskre'tsjo:n], die; [frz. discrétion] 《교양어》 **a)** 비밀 엄수: D. (ist) Ehrensache! 비밀 엄수는 당연한 일이다; jmdm. absolute D. zusichern ...에게 절대 비밀 엄수를 확약하다. **b)** 민감함, 약삭빠름, 예의, 조심: D. verbietet es, nach Einzelheiten zu fragen 자세한 사항을 캐묻는 것은 예의상 안된다. **c)** 자제함, 거부감을 주지 않음.
Diskriminante [dɪskrimi'nantə], die; -n [lat. discrīmināns] [수학] 판별식. **Diskrimination** [dɪskrimina'tsjo:n], die; -en [lat. discrīminātio] 《교양어·드물게》 ↑ Diskriminierung. **diskriminieren** [dɪskrimi'ni:rən] 〈h〉 [lat. discrīmināre] **1.** 《교양어》 헐뜯다: jmdn. d. 누구를 헐뜯다. **2.** 《교양어》 차별 대우하다, 무시하다: die Farbigen werden in diesem Land noch immer diskriminiert 유색인들은 이 나라에서 아직도 차별 대우를 받는다. **3.** [언어] (언어 단위를) 구분하다. **Diskriminierung**, die; -en **1.** 《교양어》 차별(대우): die D. von Minderheiten 소수 민족의 차별 대우. **2.** 《교양어》 차별하는 말, 배척. **3.** [언어] 구분. **Diskriminierungsverbot**, das [법] 차별 대우 금지.
diskurrieren [dɪsku'ri:rən] 〈h〉 [lat. discurrere] 《고어·지역적》 《열띠게》 토론하다. **Diskurs** [dɪs'kʊrs], der; -es, -e [lat. discursus] 《교양어》 **1.** 논술. **2. a)** 담론, 담화: ein lebhafter D. 활발한 담론; einen D. mit jmdm. haben(führen) ...와 담론을 하다. **b)** 논쟁, 격론: es gab einen heftigen D. 격론이 있었다. **3.** [언어] 수화(遂話). **diskursiv** [dɪskʊr'zi:f] 〈Adj.〉 [철학] 추론적인, 논증적인(반대: intuitiv): -es Denken 논리적 사고.
Diskus ['dɪskʊs], der; - / -ses, ...ken / -se [lat. discus < griech. dískos] [육상] **1.** [육상] **a)** 원반. **b)** ↑ Diskuswerfen의 약칭: im D. gab es einen neuen Weltrekord 투원반에서 세계 기록이 나왔다. **2.** [식물] 화반. **3.** 정교회의 성체 그릇, 성합.

Diskus- [육상]: **~werfen**, das 투원반, 원반던지기. **~werfer**, der 투원반 선수. **~wurf**, der a) ⟨Pl. 없음⟩ 투원반. b) 투원반에서 던짐: ein D. über 60 m 60 미터 이상 던짐.

Diskussion [dɪsku'sjoːn], die; -en [lat. discussio] 1. a) 토론, 토의: nach dem Vortrag die D. eröffnen 강연후 토론을 시작하다; sich an der D. beteiligen 토론에 참여하다; einen Beitrag zur D. leisten 토론에 기여하다; sich zur D. melden 발언 신청을 하다. b) 논쟁: sie wollte keine -en 그녀는 논쟁을 하지 않으려 했다; sich mit jmdm. auf keine -en einlassen 누구와 논쟁을 하려들지 않다; jmdn. in eine D. verwickeln 누구를 논쟁에 끌고 들어가다. 2. 논의: es gab eine leidenschaftliche D. über den Paragraphen 218 218 조에 대한 열렬한 논의가 있었다; **etw. zur D. stellen** 논쟁의 주제로 제안하다; **(nicht) zur D. stehen** 문제가 (안) 되다, 논쟁의 주제이다(아니다).

Diskussions-: **~abend**, der 밤의 토론회, 토론의 밤. **~basis**, die ↑~grundlage. **~beitrag**, der 토론회에서의 발언: einen wertvollen D. liefern 토론회에서 좋은 발언을 하다. **~bereitschaft**, die ⟨Pl. 없음⟩ 토론할 용의. **~freudig** ⟨Adj.⟩ 토론을 즐겨하는. **~gegenstand**, der 토론의 주제, 대상. **~grundlage**, die 토론의 기초. **~leiter**, der 토론회의 사회자. **~material**, das ↑~stoff. **~partner**, der 토론의 상대자. **~rede**, die 토론회에서의 연설. **~redner**, der 토론회의 연설자. **~runde**, die 토론자의 모임. **~stoff**, der 토론의 주제, 소재. **~teilnehmer**, der 토론회 참가자. **~thema**, das 토론 주제. **~würdig** ⟨Adj.⟩ 토론할 만한.

diskutabel [dɪsku'taːbl] ⟨Adj.⟩ ⟨교양어⟩ 논의할 가치가 있는, 생각해 볼 만한, 고려할 만한 가치 있는(반대: indiskutabel): ein diskutabler Vorschlag 논의해 볼 만한 제안. **Diskutant** [dɪsku'tant], der; -en ⟨교양어⟩ 토론자: als D. an einem Streitgespräch teilnehmen 토론자로서 논쟁에 참가하다. **diskutieren** [dɪsku'tiːrən] ⟨h⟩ [lat. discutere] 1. a) 토론하다: sie diskutierten mit Freunden über Fragen der Kindererziehung 그들은 친구들과 아동 교육에 대해서 토론했다. b) 논쟁하다. 2. 상의하다, 상담하다: über das Angebot d. 제안에 대해서 상의하다. 3. 논구하다: ein Thema d. 주제를 논구하다.

Dislokation [dɪsloka'tsjoːn], die; -en 1. [군·드물게] 분배 주둔, 배병. 2. [의학] 탈구(脫臼), 뼈를 삠. 3. [생물] a) 염색체가 두 가지로 분리됨. b) 염색체 부분의 전위. c) [지질] 단층. 4. [물리] (결정내) 원자의 전위. **Dislokationsbeben**, das; -s, - [지질] 구조상의 움직임으로 인한 지진.

disloyal [dɪsloa'jaːl] ⟨(또한) '---⟩ ⟨Adj.⟩ 반정부적인 (반대: loyal).

dislozieren [dɪslo'tsiːrən] ⟨h⟩ [lat. dislocare] 1. [군] 나누어 주둔시키다. 2. ⟪schweiz.⟫ 이사하다. **Dislozierung**, die; -en 분배 주둔.

Dismembration [dɪsmembra'tsjoːn], die; -en 1. 분할. 2. 국가의 와해. **Dismembrator** [...bra:tɔr] ⟨(또한) ...toːɐ⟩, der; -s, -en [...bra:toːrən] 반고체 물질 분쇄기.

dis-Moll ['dɪs, ⟨(또한) '--'--⟩], das; - [음악] 올림라 단조(기호: dis (↑¹dis, ¹Dis)). **dis-Moll-Tonleiter**, die 올림라 단조 음계.

Dispache [dɪs'paʃə], die; -n [frz. dispache] 해손 청산 (海損清算). **Dispacheur** [...'ʃøːɐ], der; -s, -e [frz. dispacheur] 해손 청산 전문 감정인. **dispachieren** [...'ʃiːrən] ⟨h⟩ 해손을 청산하다.

disparat ⟨Adj.⟩ [lat. disparātus] ⟨교양어⟩ 다른, 일치하지 않는. **Disparität**, die; -en [lat. disparitās] 부등, 부동, 상위: -en ausgleichen 상위함을 조화시키다.

Dispatcher [dɪs'pɛtʃɐ], der; -s, - [a: amerik. dispatcher, b: russ. dispettscher] [경제] a) 생산 주임. b) ⟪구동독·기술⟫ 생산 반장.

Dispens [dɪs'pɛns], der; -es, -e ⟨오스트리아와 가톨릭 교회법에서는⟩ die; -en [lat. dispensa] (특히 가톨릭 교회법에서) 사면, (특별) 면제. **dispensabel** [...'zaːbl] ⟨Adj.⟩ ⟨고어⟩ 사면될 수 있는. **Dispensairemethode** [dɪspa'sɛːɐ-], die; -n [의학·사회 심리] (특수 계층의) 예비적 건강 관리(법). **Dispensarium** [...'zaːrjʊm], das; -s, ...ien [...jən] ↑ Dispensatorium. **Dispensation** [...a'tsjoːn], die; -en [1: lat. dispēnsātio] ↑ Dispensierung. **Dispensatorium** [...'toːrjʊm], das; -s, ...ien [...jən] 약전. **Dispense**, die; -n [?] 관면혼(寬免婚). **dispensieren** [dɪspɛn'ziːrən] ⟨h⟩ [lat. dispensare] 면제하다, 해방시키다: einen Schüler vom Unterricht d. 학생을 수업에서 면제시키다. **Dispensierung**, die; -en 1. 면제, 해방. 2. 약의 조제와 교부.

Dispergens [dɪs'pɛrgɛns], das; -, ...enzien [...'gɛntsjən] / ...entia [...'gɛntsia; lat. dīspērgens] 분산매(分散媒). **dispergieren** [...'giːrən] ⟨h⟩ [lat. dīspergere] 분산시키다.

Dispermie [dɪspɛr'miː], die; -n [...iːən] [의학] 두 개의 정충이 하나의 난소로 들어감.

dispers [dɪs'pɛrs] ⟨Adj.⟩ [lat. dīspersus] [물리·화학] 분산된. **Dispersant** [dɪs'pɛrsnt], das; -(s), -s [engl. dispersant] ⟦화학⟧ 분산제(分散劑). **Dispersion** [...'zjoːn], die; -en [lat. dīspersio] 1. [물리·화학] 분산. 2. [물리] a) 광선이나 음향의 파동 속도가 주파수에 의존함. b) 분광. **Dispersionsfarbe**, die 분산 색깔. **Dispersität** [...ziˈtɛːt], die; -en [물리·화학] 분산도. **Dispersoid** [...'zɔyt], das; -s, -e [물리·화학] 분산매와 분산된 물질의 총체. **Dispersum** [...zʊm], das; -s, ...sa [lat. dispersum] [물리·화학] 분산매에 떠 있는 분산 물질.

Displaced person [dɪs'pleɪst 'pɜːsn], die; -s [engl. displaced person] (제 2 차 대전중 강제 노동을 위하여 독일로 이송된) 강제 이주자(약어: D. P.).

Display [dɪs'pleɪ], das; -s, -s [engl. display] 1. [광고] a) 진열, 전시. b) 장식품. 2. [전산] 디스플레이. **Displayer** [dɪs'pleɪɐ], der; -s, - [광고] 장식품의 도안사. **Displaygraphiker**, der ↑ Displayer. **Displaymaterial**, das [광고] (상품 진열을 위한) 장식품. **Displaywerbung**, die (상품 진열에 의한) 광고.

Dispondeus [dɪspɔn'deːʊs], der; -, ...een [...eːən; lat. dispondēus < griech. dispóndeios] 2중 장장격(— — — —).

Disponende [dɪspo'nɛndə], die; -n ⟨대개 Pl.⟩ [lat. dispōnenda] 팔다 남은 서적. **Disponent** [dɪspo'nɛnt], der; -en, -en [경제] 지배인: der D. überwacht die Aufträge 지배인이 주문서를 감시하다. 2. (극장의) 기획.

disponibel [dɪspo'niːbl] ⟨Adj.⟩ a) 자유롭게 처분할 수 있는, 사용할 수 있는(반대: indisponibel): disponibles Kapital 자유롭게 처분할 수 있는 자본; die Gelder sind jederzeit d. 돈은 언제나 사용할 수 있다. b) [마르크스주의] 직업 훈련을 받아 다양하게 이용할 수 있는. **Disponibilität** [dɪspo nibili'tɛːt], die a) 자유로이 처분할 수 있음. b) [마르크스주의] 직업 훈련을 받아 다양하게 이용할 수 있음. **disponieren** [dɪspo'niːrən] ⟨h⟩ ⟨교양어⟩ a) 배치하다, 정리하다, 활용하다, 처리하다: über seine Untergebenen d. 그의 부하들을 배치[처리]하다; er möchte jederzeit über sein Geld d. können 그는 언제나 그의 돈을 활용할 수 있기를 바란다. b) 사전에 계획하다, 계산하다. **disponiert**

⟨Adj.⟩ ⟨교양어⟩ **a)** …한[할] 기분인: ein schlecht -er Künstler 공연할 기분이 들지 않는 예술가. **b)** [의학] …의 병이 걸리기 쉬운 성향[기질]의: der Atemwege 그는 어려서부터 호흡기 병에 잘 걸리신다. **c)** …에 대한 소질이 있는. **Disposition** [dɪspozi'tsio:n], die; -en [lat. dispositio] ⟨교양어⟩ **1. a)** 처리, 처분, 정리: volle D. über etw. haben …에 대하여 전적인 처분권을 갖다; etw. steht (jmdm.) zur D. 무엇이 (누구의) 처분에 맡겨져 있다; jmdn. zur D. stellen [관] 휴직을 명하다(약어: z. D.). **b)** 계획, 준비: seine -en ändern 그의 계획을 고치다; für ein Vorhaben seine -en treffen 계획을 위한 준비를 하다. **c)** 초안, [논문의] 구성: zu einem Aufsatz eine D. machen 논문의 초안을 잡다. **2. a)** 소질, 성향. **b)** [의학] (병에 걸리기 쉬운) 소질.
dispositions-, Dispositions-: **~fähig** ⟨Adj.⟩ ↑ geschäftsfähig. **~fähigkeit**, die 처분 능력 있음. **~fonds**, der 기밀비. **~kredit**, der [금융] 신용 대부.
dispositiv [dɪspozi'tiːf] ⟨Adj.⟩ 처분하는, 명령하는: eine -e Tätigkeit 처분 행위; -es Recht 임의법. **Dispositor** [dɪs'poːzitor, ⟨또한⟩ ...toːɐ̯], der; -s, -en [...pozi'toːrən; lat. dispositor] [점성] 수대(獸帶) 기호 안에 있는 천체를 지배하는 유성.
Disproportion [⟨또한⟩ '————], die; -en ⟨교양어⟩ 불균형: die Plastik weist große -en auf 이 조형물은 대단한 불균형을 보여준다. **disproportional** [dɪsproportsio'naːl] ⟨Adj.⟩ ⟨교양어·전문어⟩ 균형이 잡히지 않은. **Disproportionalität** [⟨또한⟩ '—————], die; -en 불균형. **disproportioniert** [⟨또한⟩ '————] ⟨Adj.⟩ ⟨교양어⟩ 균형이 잡히지 않은.
Disput [dɪs'puːt], der; -(e)s, -e [frz. dispute] ⟨교양어⟩ 논쟁, 토론: ein langer D. 긴 논쟁. **disputabel** [...'taːbl] ⟨Adj.⟩ [lat. disputābilis] 논쟁할 수 있는, 논쟁의 여지가 있는(반대: indisputabel). **Disputant** [dɪspu'tant], der; -en, -en [lat. disputāns] ⟨교양어⟩ 논쟁자. **Disputation** [dɪsputa'tsioːn], die; -en [lat. disputātio] ⟨교양어⟩ ⟨학술적인 공개⟩ 논쟁. **Disputator** [...'taːtor, ⟨또한⟩ ...toːɐ̯], der; -s, -en [...ta'toːrən; lat. disputātor] 논쟁 참가자. **disputieren** [dɪspu'tiːrən] ⟨h⟩ [lat. disputāre] ⟨교양어⟩ 논쟁하다. **b)** ↑ diskutieren (3): über ein Thema mit jmdm., miteinander) d. 어떤 주제에 대해서 (…와, 서로) 논쟁하다. **Disputierer**, der; -s, - 즐겨 논쟁하는 사람.
Disqualifikation [dɪskvalifika'tsioːn], die; -en **1.** [스포츠] 실격. **disqualifizieren** ⟨h⟩ **1.** ⟨교양어⟩ **a)** ⟨드물게⟩ 부적격이라고 선언하다: jmdn. d. 누구를 부적격이라고 선언하다. **b)** ⟨d. + sich⟩ 부적격임을 드러내다. **2.** [스포츠] 실격시키다: der Spieler wurde disqualifiziert 그 선수는 실격되었다. **Disqualifizierung**, die; -en 무자격, 실격.
Dissektion [dɪsɛk'tsioːn], die; -en **1.** ⟨드물게⟩ 분해, 해체. **2.** [드물게 의학] 절단, 해부.
Dissens [dɪ'sɛns], der; -es, -e [lat. dissēnsus] ⟨교양어⟩ 의견 상위, 이론(반대: Konsens): es gab einen D. in der Frage des § 218 218조 문제에서 의견이 일치하지 않았다. **Dissenter** [dɪ'sɛntɐ], der; -s, -s [engl. dissenter] (영국에서) 성공회를 믿지 않는 신자, 비국교도. **dissentieren** [dɪsɛn'tiːrən] ⟨h⟩ [lat. dissentīre] ⟨교양어⟩ 의견이 다르다.
Dissepiment [dɪsepi'mɛnt], das; -s, -e [lat. dissaepimentum] [생물] 체절간막(體節間膜).
Dissertant [dɪsɛr'tant], der; -en, -en [lat. dissertāns] ⟨교양어⟩ ↑ Doktorand. **Dissertation** [dɪsɛrta'tsioːn], die; -en [lat. dissertātio] 박사 학위 논문(Doktorarbeit). **dissertieren** [dɪsɛr'tiːrən] ⟨h⟩ [lat. dissertāre] ⟨교양어·드물게⟩ 박사 학위 논문을 쓰다.
Dissident [dɪsi'dɛnt], der; -en, -en [1: lat. dissidēns 2: russ. dissident] **1.** ⟨교양어⟩ 교회 탈퇴자, 무교인. **2.** 자유 사상가, 다른 사상을 가진 사람. **Dissidien** [dɪ'siːdiən] ⟨Pl.⟩ [lat. dissidium] ⟨교양어·고어⟩ 쟁점. **dissidieren** [dɪsi'diːrən] ⟨h⟩ [lat. dissidēre] ⟨교양어·고어⟩ **1.** ⟨h⟩ 달리 생각하다. **2.** ⟨s⟩ 교회에서 탈퇴하다.
Dissimilation [dɪsimila'tsioːn], die; -en [lat. dissimulātio, dissimilātio] **1.** [음성] 음의 이화(異化) (반대: Assimilation 2). **2.** [생리] 분해 작용(반대: Assimilation 5). **3.** [사회] 민족적 또는 집단적 특성의 제획득. **dissimilieren** [dɪsimi'liːrən] ⟨h⟩ [lat. dissimulāre, dissimilāre] **1.** [음성] 이화하다. **2.** 분해하다 (반대: assimilieren 1). **Dissimulation** [dɪsimula'tsioːn], die; -en [lat. dissimulātio] [의학·심리] (병이나 증상을 감추는) 익괄(匿怯). **dissimulieren** [...'liːrən] ⟨h⟩ [lat. dissimulāre] [의학·심리] (병이나 증상을) 감추다.
Dissipation [dɪsipa'tsioːn], die; -en [lat. dissipātio] [물리] 산일(散逸). **Dissipationssphäre**, die 《전문어》 대기권의 제일 바깥층, 일출권(逸出圈). **dissipieren** [dɪsi'piːrən] ⟨h⟩ [1: lat. dissipāre] 《전문어》 **1.** 분산시키다. **2.** 변형시키다.
dissolubel [dɪso'luːbl] ⟨Adj.⟩ [lat. dissolūbilis] 《화학》 용해 가능한. **dissolut** [dɪso'luːt] ⟨Adj.⟩ [lat. dissolūtus] ⟨교양어·고어⟩ 무례도한, 방종한. **Dissolution** [dɪsolu'tsioːn], die; -en [lat. dissolūtio] **1.** [의학] 분해. **2.** ⟨교양어·고어⟩ 방종. **Dissolvens** [dɪ'sɔlvɛns], das; -, ...ventia […'vɛntsia] / ...venzien […'vɛntsiən; lat. dissolvēns] [의학] 용해, 분해제. **dissolvieren** [dɪsɔl'viːrən] ⟨h⟩ [lat. dissolvere] 《전문어》 분해하다, 용해하다.
dissonant [dɪso'nant] ⟨Adj.⟩ [lat. dissonāns] **1.** [음악] 불협화의, 부조화의(반대: konsonant). **2.** ⟨교양어⟩ 불일치의, 맞지 않는. **Dissonanz** [dɪso'nants], die; -en [lat. dissonantia] [음악] 불협화음: die Musik hat unerträgliche -en 이 음악은 참을 수 없는 불협화음을 가지고 있다; [전의] das anfangs harmonische Zusammensein endete mit einer D. 처음에는 조화롭게 같이 있다가 불화로 끝났다. **dissonieren** [dɪso'niːrən] ⟨h⟩ [lat. dissonāre] **1.** [음악] 불협화음을 내다. **2.** ⟨교양어⟩ 불일치하다.
Dissousgas [dɪ'suː-], das; -es [화학] 아세톤에 용해된 아세틸린.
dissozial ⟨Adj.⟩ [engl. dissocial] [심리] 반사회적인, 비사교적인. **Dissozialität** [dɪsotsiali'tɛːt], die [심리] 반사회성, 비사교적 태도. **Dissoziation** [dɪsotsia'tsioːn], die; -en [lat. dissociātio] **1.** [심리] (정신, 의식, 인격의) 분열. **2.** [의학] 분리. **3.** [화학] 해리(解離). **dissoziativ** […a'tiːf] ⟨Adj.⟩ 《전문어》 분열의, 분리의. **dissoziieren** [dɪsotsi'iːrən] ⟨h⟩ [lat. dissociāre] **1.** ⟨h⟩ ⟨교양어⟩ **a)** 분리하다, 분해하다. **b)** ⟨d. + sich⟩ 분리, 해체되다. **2.** [화학] **a)** ⟨h⟩ 해리하다, 분열시키다. **b)** ⟨s⟩ 해리되다.
distal [dɪs'taːl] ⟨Adj.⟩ [의학] 말초(부)의, 말단의.
Distanz [dɪs'tants], die; -en [lat. distantia] **1.** ⟨교양어⟩ 거리, 간격: die D. zwischen beiden Punkten beträgt 200 m 두 점간의 거리는 200 m이다; [전의] er hat zu den Ereignissen noch nicht den nötige D. gewonnen 그는 그 사건들에 대해서는 아직은 충분한 거리를 두고 있지 못하다; etw. aus der D. beurteilen …을 거리를 두고 판단하다. **2.** ⟨Pl. 없음⟩ ⟨교양어⟩ **a)** 격차: gesellschaftliche D. 사회적인 격차; auf D. achten 거리를 두다. **b)** 삼가함, 소원: D. wahren 거리를 두다, 삼가하다. **3.** [육상·속도] 달려야 할 구간: die kurze D.

vorziehen 짧은 구간을 선호하다; ein Lauf über eine D. von 1000 m 1000m 구간 달리기. **4.** [권투] **a)** 〈권투선수간의〉 간격. **b)** 회전 수: der Kampf geht über die D. von 15 Runden 경기는 15회전한다.

distanz-, Distanz-: **~geschäft**, das [상업] 격지 거래(반대: Lokogeschäft). **~komposition**, die [언어] 문법 용어. **~los** 〈Adj.〉 《교양어》 거리(간격)가 없는: ein enges -es Zusammenwohnen 협소하고 거리가 없는 공동 거주; die Menschen leben hier zu d. 여기서 사람들은 너무 거리를 두지 않고 산다. **~losigkeit**, die 《교양어》 거리 없음, 간격 없음. **~relais**, das [전기] 거리 계전기. **~ritt**, der 원거리 승마. **~wechsel**, der [상업] 격지 어음.

distanzieren [dɪstan'tsiːrən] 〈h〉 [frz. dancer] **1.** 〈d. + sich〉 《교양어》 **a)** 누구를 멀리하다, 거리를 두다: sich von seinen Parteifreunden d. 그의 동료 당원들을 멀리하다. **b)** 무엇을 거부하다, 무엇과 거리를 두다: sich von einer Äußerung[von einem Interview] d. 의견발표[인터뷰]와 거리를 두다. **2.** [스포츠] 경주에서 이기다: seinen Gegner (um fünf Runden) d. 그의 적수를 (5회 전에) 이기다. **distanziert** 〈Adj.〉 《교양어》 삼가는, 격차를 염두에 두는. **Distanziertheit**, die 《교양어》 삼가는 태도, 거리를 둠. **Distanzierung**, die; -en 거리를 둠.

Distarlinse [dɪsˈtaːɐ̯-], die; -n: 확산 렌즈.

Distel [dɪst], die; -n 가시가 돋힌 여러 가지 식물 이름, (특히) 엉겅퀴. **Distelfalter**, der 작은멋쟁이나비. **Distelfink**, der 도요새속.

distich [dɪs'tɪç] 〈Adj.〉 [lat. distichus] [식물] (잎이) 2열로 된. **distichisch, distichitisch** [dɪstɪ'çiːtɪʃ] 〈Adj.〉 **1.** 2행시의. **2.** 운율이 같지 않은 시구의 쌍으로 된(반대: monostich(it)isch). **Distichon** [ˈdɪstɪçɔn], das; -s, ...chen [lat distichon < griech. dístichon] [운율] 6운각의 시구와 5보격의 시구로 된 2행시.

Distingem [dɪstɪŋ'geːm], das; -s, -e [언어] 변별적 언어 기호. **distinguieren** [dɪstɪŋ'giːrən] 〈h〉 [lat. distinguere] 《교양어·전문어》 구별하다, 특징짓다: seine Sprache unterscheidet ihn von den anderen 그의 언어는 그를 다른 사람과 구별해 준다. **distinguiert** [dɪstɪŋ'giːɐ̯t] 〈Adj.〉 《교양어》 고상한, 고귀한, 구별되는: ein ~er Herr 고상한 신사; er gibt sich sehr d. 그는 대단히 고상한 체한다. **Distinguiertheit**, die 고상함, 고귀함. **distinkt** [dɪs'tɪŋkt] 〈Adj.〉 [lat. distinctus] 《교양어》 명료[명확]한: etw. d. formulieren 무엇을 명확히 표현하다. **Distinktion** [dɪstɪŋk'tsi̯oːn], die; -en [frz. distinction]. **1.** 《교양어》 구별, 차별. **2.** 〈Pl. 없음〉 《교양어·고어》 고귀함, 저명: die D. ihrer Erscheinung 그녀의 외모의 고귀함; er war in Wissenschaftler von D. 그는 저명한 학자였다. **3.** 《교양어·고어》 존경, 평가: mit der höchsten D. von jmdm. sprechen 가장 큰 존경으로 누구에 대해서 말하다. **4.** 〈österr.〉 계급장. **distinktiv** [dɪstɪŋk'tiːf] 〈Adj.〉 《교양어》 구별되는, 현저한: -e Merkmale 구별되는 특성.

Distorsion [dɪstɔr'zi̯oːn], die; -en [lat. distorsio]. **1.** [의학] 염좌(捻挫). **2.** [광학] 왜곡.

distrahieren [dɪstra'hiːrən] 〈h〉 [lat. distrahere] **1.** 《고어》 분산하다, 굴절시키다. **2.** 《전문어》 분리하다. **Distraktion** [dɪstrak'tsi̯oːn], die; -en [lat. distractio] **1.** 《고어》 분산, 굴절. **2.** [지질] 지각의 찢어짐. **3.** [의학] 연전(延展).

Distreß, der; ...sses, ...sse [심리·의학] 지속적인 심한 스트레스.

Distribuent [dɪstri'bu̯ɛnt], der; -en, -en 《교양어》 분배자. **distribuieren** [...u'iːrən] 〈h〉 [lat. distribuere] 《교양어》 분배하다. **Distribution** [...buˈtsi̯oːn], die; -en [lat. distribūtio] **1.** [경제] **a)** 소득의 분배. **b)** 상품의 분배, 판매: die D. von Waren[Gütern] übernehmen 상품의 분배를 맡다. **2.** [심리] 주의력 분산. **3.** 《전문어》 분포: die D. bestimmter Tierarten auf der Erde 일정한 동물의 지구상 분포. **4.** [수학] 초함수(超函數). **5.** [언어] **a)** 분포. **b)** 어떤 언어적 요소가 쓰일 수 있는 환경의 총체. **distributional** [...utsi̯oˈnaːl], **distributionell** [...utsi̯oˈnɛl] 〈Adj.〉 분포의. **Distributionsformel**, die [기독교] 성체 분배시에 쓰는 문구. **distributiv** [...'tiːf] 〈Adj.〉 [lat. distribūtivus] **1.** [언어] **a)** 분배의: -e Zahlwörter 분배수. **b)** 일정한 환경에서 나타나는. **2.** [수학] 분배적인. **Distributivgesetz**, das [수학] 분배 법칙. **Distributivität** [...tiviˈtɛːt], die; -en 분배성. **Distributivum** [...ˈtiːvʊm], das; -s, ...va [언어] 분배 수사. **Distributivzahl**, die ↑Distributivum.

Distrikt [dɪs'trɪkt], der; -(e)s, -e [lat. districtus] **1.** 《드물게》 (관할) 구역, 지역, 지방. **2.** 행정 구역.

Disziplin [dɪstsi'pliːn], die; -en [lat. disciplīna] **1.** 〈Pl. 없음〉 **a)** 규율, 군기: in dieser Armee herrscht strenge D. 이 군대에선 군기가 엄격하다; die D. in seiner Klasse ist schlecht 그의 학급의 규율은 나쁘다. **b)** 단련, 극기, 자제: dieser Beruf verlangt äußerste D. 이 직업은 극도의 극기를 요한다; ein Mensch ohne D. 자제심이 없는 사람. **2.** 학과, 부문, 학문의 한 분야: die Anatomie ist eine selbständige D. der Medizin 해부학은 의학의 독자적인 분과이다. **3.** 스포츠의 종목: solange Boxen olympische D. ist, machen wir mit 권투가 올림픽의 종목인 동안에는 참여한다.

diszipin-, Disziplin- (Disziplin 1): **~los** 〈Adj.〉 규율이 없는. **~losigkeit**, die; -en **1.** 〈Pl. 없음〉 규율 없음, 제멋대로의 태도. **2.** 〈Pl. 없음〉 행동: er wollte sich die -en der Schüler nicht länger gefallen lassen 그는 학생들의 규율 없는 행동을 더 이상 감수하려고 하지 않았다. **~schwierigkeiten** 〈Pl.〉 규율 유지의 어려움. **~widrig** 〈Adj.〉 규율에 위배되는. **~widrigkeit**, die; -en ↑~losigkeit.

Disziplinar- [dɪstsipli'naːɐ̯-] [법]: **~gericht**, das 징계 재판소. **~gerichtsbarkeit**, die 징계 재판권. **~gewalt**, die 〈Pl. 없음〉 징계권. **~maßnahme**, die (대개 Pl.) 징계 조치. **~recht**, das 〈Pl. 없음〉 징계 규정. **~rechtlich** 〈Adj.; nicht präd.〉 징계 규정상의. **~strafe**, die **1.** 《고어》 ↑~maßnahme. **2.** [스포츠] **a)** 협회에서 경기자에게 발한 징계. **b)** [아이스하키] 10분간의 징벌. **~verfahren**, das 징계 절차. **~vergehen**, das 《공무원의》 규율 위반.

disziplinar [dɪstsipli'naːɐ̯] 〈Adj.〉 《특히 österr.》 규율상, 군기상의. **disziplinarisch** 〈Adj.〉 **1.** 규율상의, 징계상의: -e Maßnahmen 징계 조치; gegen jmdn. d. vorgehen 누구에 대해서 징계 조치를 하다. **2.** 엄격한, 가혹한: er wurde d. bestraft für seine Taten 그는 그의 행위 때문에 엄한 처벌을 받았다. **disziplinell** [ɪstsipli'nɛl] 〈Adj.〉 ↑disziplinarisch (1) 참조. **disziplinieren** [dɪstsipli'niːrən] 〈h〉 《교양어·혼히 펌》 규율(군기)을 지키게 하다, 훈련하다: eine Schulklasse d. 학급을 훈련하여 규율을 지키도록 하다. **diszipliniert** 〈Adj.〉 《교양어》 **a)** 규율을 지키는: eine -e Truppe 군기가 엄정한 부대; die Klasse dieses Lehrers ist sehr d. 이 교사의 학급은 아주 규율을 잘 지킨다. **b)** 극기심이 있는: das Spiel des Künstlers ist sehr d. 이 예술가의 연주는 흐트러지지 않았다; sich in einer gefahrvollen Situation d. verhalten 위험한 상황에서 자제심 있게 처신하다. **Diszipliniertheit**, die 《교양어》 **a)** 규율(군기)을 지킴. **b)** 극기, 자제. **Disziplinierung**, die; -en 《교양어·혼히

폄》훈련, 규율《군기》훈련.
Diszission [dɪstsɪ'sio:n], die; -en [lat. discissio] 《의학·드물게》기관이나 조직의 수술적 분리.
Dit [di:], das; -s, -s 《문예학》고대 프랑스 문학에서 교훈적인 단편.
Ditetrode [dite'tro:də], die 《전기》두 개의 4극 진공관이 있는 진공관.
Dithmarschen ['dɪtmarʃn̩, 《또한》'di:t...], -s **1.** 슐레스비히-홀슈타인 주의 서해안에 있는 지역. **2.** 슐레스비히-홀슈타인의 군. ¹**Dithmarscher** ['dɪtmarʃɐ, 《또한》'di:t...], der; -s, - 디트마르셴의 사람. ²**Dithmarscher** ⟨Adj.⟩ 디트마르셴의. **dithmarsisch** ['dɪtmarzɪʃ, 《또한》'di:t...] ⟨Adj.⟩ 디트마르셴의.
Dithyrambe [dity'rambə], die; -n, **Dithyrambus** [dity'rambʊs], der; -, ...ben [lat. dīthyrambus < griech. dithýrambos] 《교양어》**a)** 고대 그리스의 디오니소스 제전에서 부르는 열광적 송가. **b)** 열광적인 찬양(송가). **dithyrambisch** ⟨Adj.⟩ 《교양어》**a)** 디오니소스 송가의. **b)** 열광적인. **Dithyrambus:** ↑Dithyrambe.
dito ['di:to] ⟨Adj.⟩ [frz. dito < ital. detto] 《상·그 외 준고어·가벼운 사교조로》역시, 위와 같은(약어: do., dto.).
Ditrochäus [dɪtrɔ'kɛ:ʊs], der; -, ...äen [...ɛːən; lat. ditrochaeus < griech. ditróchaios] 【운율】이중 장단 (강약)격⟨‿‿⟩.
Dittchen ['dɪtçən], das / der; -s, - 《대개 Pl.》《ostpreuß.》10페니히짜리 동전.
Dittographie [dɪtogra'fi:], die; -n [...i:ən]《전문어》**1.**《철자, 음절, 단어 등의 잘못된》반복《반대: Haplographie》. **2.** 고문서의 두 가지 해독법. **Dittologie** [dɪtolo'gi:], die; -n [...i:ən]《전문어》《잘못된》중복 발음.
Diurese [diu're:zə], die; -n 【의학】(증가된) 이뇨. **Diuretikum** [...'re:tikʊm], das; -s, ...ka [...ka] 【의학】이뇨제. **diuretisch** [diu're:tɪʃ] ⟨Adj.⟩ [lat. diūreticus < griech. diourētikós] 【의학】이뇨 작용을 하는.
Diurnal [diʊr'na:l], das; -s, -e, **Diurnale**, das; -, ...lia [...li̯a; lat. diurnale]【가】하루의 성무 일과. **Diurnum** ['diʊrnʊm], das; -s, ...nen [lat. diurnum] 《österr.·고어》일당.
Diva ['di:va], die; -s / Diven [ital. diva] **a)** 《교양어》프리마돈나, 스타. **b)** 잘난 체하는 사람.
Diverbia [di'vɛrbi̯a] ⟨Pl.⟩ [lat. dīverbia]【문예학】고대 로마 희곡에서 대화 부분.
divergent [divɛr'gɛnt] ⟨Adj.⟩ [lat. divergens] 《반대: konvergent》. **1.** 《교양어》갈라지는, 배치되는: die Meinungen waren sehr d. 의견들이 몹시 배치된다. **2.** 【수학】발산(發散)하는: eine -e Reihe 발산 수열. **Divergenz** [divɛr'gɛnts], die; -en 《반대: Konvergenz》**1.** 《Pl. 없음》분기, 발산, 이산: die D. der Linien 선의 발산(분기). **2.** 《교양어》다름, 차이, 상위: es gab große -en in [zwischen] den Auffassungen der einzelnen Parteien 각 정당의 견해에는 커다란 차이가 있었다. **3.** 【수학】(수열의) 발산. **divergieren** [divɛr'gi:rən] ⟨h⟩ [lat. divergere] 《반대: konvergieren》**1.** 《교양어》갈라지다, 발산하다, 이산하다: diese Linien divergieren 이 선들은 갈라진다. **2.** 《교양어》서로 다르다, 상이하다: die Interessen dieser Gruppe divergieren sehr stark 이 집단의 이해 관계는 몹시 상이하다; divergierende Standpunkte 상이한 관점. **3.** 【수학】(수열이) 발산하다: divergierende Zahlenreihen 발산 수열. **divergierend** ⟨Adj.⟩《교양어·수학》발산하는.
divers... [di'vɛrs...] ⟨Adj.⟩《교양어》몇 개의, 몇몇의: -e Weinsorten 몇 가지의 포도 종류;《명사화》er hatte Diverses zu beanstanden 그는 몇 가지

를 항의할 일이 있다. **Diversa** [di'vɛrza], **Diverse** ⟨Pl.⟩ [lat. dīversa] 여러 가지, 이것저것. **Diversant** [divɛr'zant], der; -en, -en [russ. diwersant] 《특히 구동독》태업자. **Diverse** [di'vɛrzə] ⟨Pl.⟩ ↑Diversa. **Diversifikation** [divɛrzifika'tsio:n], **Diversifizierung**, die; -en [1: lat. diversificatus; 2: engl. diversification] **1.** 변화, 다양. **2.** 【경제】(생산 품목의) 다양화. **diversifizieren** [...fi'tsi:rən] ⟨h⟩【경제】(생산 품목을) 다양화하다. **Diversifizierung:** ↑Diversifikation. **Diversion** [divɛr'zio:n], die; -en [russ. diversija] 《특히 구동독》국가에 대한 태업. **divertieren** [divɛr'ti:rən] ⟨h⟩ [frz. divertir]《고어》흥겹게 하다, 즐겁게 하다. **Divertikel** [divɛr'ti:k(ə)l], das; -s, - [lat. dīverticulum, dēverticulum]【의학】(장기의) 팽창. **Divertikulitis** [...tiku'li:tɪs], die; ...itiden [...li'ti:dn̩]【의학】맹장부들 사이의 염증. **Divertikulose** [...'lo:zə], die; -n【의학】장(腸) 팽창의 빈발.
Divertimento [divɛrti'mɛnto], das; -s, -s / ...ti [ital. divertimento], **Divertissement** [divɛrtɪsə'mã:], das; -s, -s [frz. divertissement]【음악】**1.** 조곡 비슷한 기악곡의 연속. **2.** ↑Potpourri. **3.** 둔주곡에서 엄격한 주제부들 사이의 에피소드. **4.** 음악적 막간곡. **5.** 17, 18세기 프랑스 오페라의 노래 및 발레 삽입곡.
divide et impera! ['di:vide ɛt 'ɪmpera; lat. = teile und herrsche!] 분열시켜라, 그리고 지배하라!
Dividend [divi'dɛnt], der; -en, -en [lat. dividendus] 《반대: Divisor》【수학】**a)** 피제수. **b)** 분자. **Dividende** [divi'dɛndə], die; -n [frz. dividende]【경제】배당금: eine hohe D. ausschütten [zahlen] 많은 배당금을 지급하다; die D. anheben [erhöhen] 배당금을 인상하다. **Dividendenausschüttung**, die 배당금 지급, 이익 배당. **Dividendenertrag**, der 배당 수익. **Dividendenschein**, der【경제】배당 증서. **dividieren** [divi'di:rən] ⟨h⟩ [lat. dīvidere]【수학】나누다《반대: multiplizieren》: 10 dividiert durch 2 ist [gibt] 5 10을 2로 나누면 5가 된다.
Dividivi [divi'di:vi] ⟨Pl.⟩ [südamerik. 인디언 언어에서] 디비디비(무두질 약 성분이 많은 열대 식물의 콩깍지).
Divination [divina'tsio:n], die; -en [lat. dīvinātio]《드물게 교양어》예언: die Gabe der D. besitzen 예언의 재능을 가지고 있다. **divinatorisch** [divina'to:rɪʃ] ⟨Adj.⟩《교양어》예언의 재능이 있는. **Divinität** [divini'tɛ:t], die [lat. dīvīnitās] 신성(神性).
Divis [di'vi:s], das; -es, -e [lat. dīvīsum] **1.**【인쇄】자부(連字符). **2.**《고어》나눗셈 부호. **divisi** [di'vi:zi; ital. divisi]【음악】현악기를 두 연주하라는 기호 (약어: div.). **divisibel** [divi'zi:bl] ⟨Adj.⟩ [lat. dīvīsibilis] 나눌 수 있는: eine divisible Zahl 나눌 수 있는 수. ¹**Division** [divi'zio:n], die; -en [lat. dīvīsio]【수학】제법, 나눗셈《반대: Multiplikation》: eine D. vornehmen 나눗셈을 하다. ²**Division** [-], die; -en [frz. division] 사단: die erste D. 제1사단; eine D. aufstellen 사단을 편성하다. ³**Division** [-; engl. (-amerik.) division] **a)**【축구】경기 등급: in der ersten D. spielen 일군에서 경기하다. **b)**【경제】(미국의) 기업 결합의 생산 분야. **Divisionär** [divizi̯o'nɛ:r], der; -s, -e [frz. divisionnaire]《군·특히 스위스에서》사단장. **Divisionismus** [...'nɪsmʊs], der; - [frz. divisionnisme]【예술】(색채를 점으로 나누는) 프랑스의 근대 미술 경향. **Divisionist** [...'nɪst], der; -en, -en [frz. divisionniste] 디비저니즘의 화가.
Divisions- (²Division): **~arzt**, der 사단 군의관. **~befehl**, der 사단 명령. **~kommandeur**, der 사단 사령관. **~lazarett**, das 사단 야전 병원. **~stab**, der 《군》사단 사령(참모)부. **~stärke**, die ⟨Pl. 없음⟩ 사단

의 병력.

Divisor [di'vi:zɔr, 《또한》 ...zo:ɐ], der; -s, -en [divi'-zo:ɐn; lat. dīvīsor] (반대:Dividend) [수학] **a)** 제수. **b)** 분모. **Divisorium** [divi'zo:riʊm], das; -s, ...ien [...iən] [인쇄] 식자공의 원고집게.

Divulgator [divʊl'ga:tɔr, 《또한》 ...to:ɐ]; der; -s, -en [...ga'to:rən; lat. dīvulgātor] 《드물게·교양어》 일정한 이념의 전파자, 선전자.

Divulsion [divʊl'zjo:n], die; -en [lat. dīvulsio] [의학] 과열.

Diwan ['di:va:n], der; -s, -e [frz. divan, ital. divano < türk. divan < pers. dīwān] **1.** 《준고어》 낮은 안락의자. **2.** (동방의) 시집. **Dịwandecke**, die 안락의자 덮개.

Dixie ['dɪksɪ], der; -(s): ↑Dixieland의 약칭. **Dịxieland** [...lænd], der; -(s), **Dịxielandjazz**, der; - 딕시랜드 재즈(백인 음악가들이 흑인들의 기악을 모방하여 만든 재즈의 변형).

d. J. = **1.** dieses Jahres 금년(의). **2.** der Jüngere 젊은, 아들(인명 뒤에 붙어서).

Djakarta [《indon.》dʒa'karta] ↑Jakarta.

DJH = Deutsche Jugendherberge 독일 청소년 숙박소(유스호스텔).

Djibouti [《frz.》 dʒibu'ti] ↑Dschibuti.

DJK [Deusche Jugend kraft(e. V.)], die 독일 청소년대.

DK = Dezimalklassifikation (도서의) 십진 분류법.

Dkfm. (österr.) = Diplomkaufmann.

dkg (österr.) = Dekagramm.

dkl = Dekaliter.

dkm = Dekameter.

DKP = Deutsche Kommunistische Partei 독일 공산당.

dkr = dänische Krone 덴마크의 동전.

DKW ⓦ [Dampfkraftwagen의 약어] 옛날 자동차 상표.

dl = Deliziter.

DLF = Deutschlandfunk의 약어.

DLG = Deutsche Landwirtschafts-Gesellschaft 독일 농업 협회.

DLRG = Deutsche Lebens-Rettungs-Gesellschaft 독일 인명 구조 협회.

dm = Dezimeter.

Dm = Dekameter.

dm² = Quadratdezimeter.

dm³ = Kubikdezimeter.

DM = Deutsche Mark 독일 마르크.

d. m. = dieses Monats 이 달(의).

d-Moll ['de:-, 《또는》 '-'-], das; - 라 단조(기호: d). **d-Moll-Etüde**, die 라 단조 연습곡. **d-Moll-Tonleiter**, die 라 단조 음계.

Dnjepr ['dnjɛpɐ], der; -(s) 드네프르 강(구소련).

Dnjestr ['dnjɛstɐ], der; -(s) 드네스트르 강(구소련).

DNS = Desoxyribo(se)nukleinsäure 디옥시리보스핵산.

do [do:; ita. do] (계명 창법의) 도.

do. = dito.

d. O. = der Obige 위의 적은(말한) 것, 상기(상술)한 것.

Dobel ['do:bl] ↑Tobel.

¹Döbel ['dø:bl], der; -s, - [preuß. dubelis] 황어류(담수 잉어의 일종).

²Döbel [-] ↑Dübel.

Dobermann ['do:bɐman], der; -s, ...männer [독일 개 사육가, K. F. L. Dobermann(1834~1894)에 따라] 도베르만(주로 경찰견으로 쓰임). **Dobermannpinscher**, der ↑Dobermann.

Dobrudscha [do'brʊdʒa, 《bulgar.》'dɔbrʊdʒa] die; - 도브루자(루마니아).

docendo discimus [do'tsɛndo 'dɪstsimus; lat.] 가르치면서 배운다.

doch [dɔx] **I.** 〈Konj. 《또는》 Adv.〉 그러나(aber): ich habe mehrmals angerufen, d. er war nicht zu Hause 나는 여러 번 전화했지만 그러나 그는 집에 없었다; die Wohnung ist zwar komfortabel, d. (ist sie) auch teuer 그 주택은 안락하기는 하지만 그러나 또한 비싸다. **II.** 〈Adv.〉 **1.** 그럼에도 불구하고(dennoch)《항상 강조됨》: er sagte es höflich und d. bestimmt 그는 공손하지만 그럼에도 불구하고 확고하게 말했다. **2.** (이유를 설명하는 문장을 인도함) er bot mir den Wagen gar nicht an, wußte er d. (= weil er wußte), daß ich mir ein so teures Fahrzeug nicht leisten konnte 그는 내가 그렇게 비싼 자동차를 살 처지가 못된다는 것을 알기 때문에 그 자동차를 권하지도 않았다. **3.** 《부정의 서술문이나 의문문에 상반되는 대답을 할 때》《항상 강조됨》 "Das stimmt nicht!" − "D.!" 그건 옳지 않아! − 웬 걸요!(맞지요.); "Hast du keine Schularbeiten auf?" − "D.!" 너 숙제 없니? − 웬걸요!(있지요). **4.** 《기대에 어긋나는 사실을 말할 때》(특히 강조됨) man kann sich eben d. auf ihn verlassen 그러면 그래도 그를 신뢰할 수가 있구나; er blieb dann d. zu Hause 그는 결국 집에 있었구나. **5.** 《질문, 진술, 권고, 원망 등을 강조하여》 es wird d. nichts passiert sein? 설마 무슨 일이 일어났을 라고?; Sie kommen d. (oder nicht)? 꼭 오시겠지요?; das hast du d. gewußt 그걸 넌 틀림없이 알고 있었겠지?; ja d.! 그럼요!; paß d. auf! 제발 조심하라고!; daß du d. bald wieder gesund wärst! 네가 곧 다시 건강해지길 빈다.

dochmisch ['dɔxmɪʃ] 〈Adj.〉 [griech. dochmikós] 도호미우스의, **Dochmius** ['dɔxmius], der; -, ...mi[...iən] lat. dochmius < griech. dóchmios] [운율] 고대 그리스의 운각(∪--∪ 의 변형).

Docht [dɔxt], der; -(e)s, -e 심지: der D. der Kerze ist niedergebrannt 초의 심지가 다 탔다; den D. der Lampe herunter-(höher) schrauben 등의 심지를 낮추 (돋우)다. **Dochtgarn**, das 심지실. **Dochtschere**, die 심지 가위.

Dock [dɔk], das; -s, -s (드물게) -e [niederl. dok (또는) engl. dock] **1.** 도크, 선거: das Schiff liegt im D. 배는 도크에 들어가 있다. **2.** 선박 정박장.

Docke ['dɔka], die; -n **1.** 실 타래, 곤 실: eine D. Stickgarn 수실 한 타래. **2.** 곡식단. **3.** 난간 기둥. **4.** (지역적) 인형. **5.** (지역적) 돼지. **¹docken** ['dɔkn] 〈h〉 타래로 엮다: Garn d. 실을 타래로 엮다.

²docken [-] [2: engl. dock] 〈h〉 **1. a)** (배를) 도크에 넣다. **b)** 도크에 들어가 있다. **2.** (우주선이 다른 우주선과) 결합하다, 도킹하다. **Docker** ['dɔkɐ], der; -s, - 도크 노동자. **Dọckhafen**, der; -s, -häfen ↑Dock (2). **Dọcking** ['dɔkɪŋ], das; -s, -s [engl. docking] (우주선의) 결합, 도킹: ohne "Docking" ist der Mondflug nicht denkbar 도킹 없이는 달나라 여행은 생각할 수 없다. **Dọckingmanöver**, das 우주선의 도킹(결합) 행위.

Dodekadik [dode'ka:dik], die ↑Dodezimalsystem. **dodekadisch** [dode'ka:dɪʃ] 〈Adj.〉 ↑duodezimal. **Dodekaeder** [dodeka'e:dɐ], das; -s, - [griech. dōdekáedron] 정 12면체.

Dodekanes [dodeka'ne:s], der; - 도데카니스 제도.

Dodekaphonie [dodekafo'ni:], die ↑Zwölftonmusik. **dodekaphonisch** [...'fo:nɪʃ] 〈Adj.〉 12음음악의. **Dodekaphonist** [...fo'nɪst], der; -en, -en 12음 음악 작곡가.

Dodel ['do:dl], der; -s, -(n) (österr. 통용어) 바보.

Dodoma: 도도마(탄자니아의 수도).
Doelenstück ['du:lən-] 〈Pl.〉 사격 축제를 그린 16~17세기 네덜란드의 그림.
Doeskin ⓌⓏ ['do:skɪn], der; -(s) [engl. doeskin] 질기고 매끄러운 모직물, 도스킨.
Dogaressa [doga'rɛsa], die; ...ssen [venez. dogaressa] 총독(Doge)의 부인.
Dogcart ['dɔgkaːt], der; -s, -s [engl. dogcart] (사냥에 쓰는) 2륜 마차.
Doge ['do:ʒə], der; -n, -n [venez. doge < lat. dux] 《역사적》옛날 베니스와 제노바 공화국의 총독. **Dogenmütze**, die 총독의 모자. **Dogenpalast**, der (베니스와 제노바의) 총독 관저.
Dogge ['dɔgə], die; -n [engl. dog] 맹견의 일종: eine deutsche D. 그레이트데인; zwei mächtigen -n bewachten den Eingang 두 마리의 맹견이 입구를 지키고 있다.
¹Dogger ['dɔgɐ], der; -s [engl. Dogger] 【지질】 도거 통중부층(統中部層), 갈 주라(褐 Jura).
²Dogger [-], der; -s [niederl. dogger] 네덜란드의 어선.
Dögling ['døːklɪŋ], der; -s, -e [schwed. dögling] 향유고래.
Dogma ['dɔgma], das; -s, ...men [lat. dogma < griech. dógma] **1.** 교의(敎義), 교조(敎條). **2.** 《폄》독단: ein politisches D. 정치적 독단.
Dogmatik [dɔ'gmaːtɪk], die; -en **1.** 교의학, 교리론: die katholische D. 가톨릭의 교의학. **2.** 《폄》독단적 신념(자세). **Dogmatiker**, der; -s, - **1.** 《폄》독단론자. **2.** 교의학자. **dogmatisch** 〈Adj.〉 **1.** 교의학적인, 교의학의: eine d. verbindliche Lehre 교의학적으로 구속력 있는 학설. **2.** 《폄》독단적인: eine -e Einstellung 독단적인 입장; an etw. d. festhalten 무엇에 독단적으로 집착하다. **dogmatisieren** [dɔgmati'ziːrən] 〈h〉 교의화하다, 교의를 말하다. **Dogmatismus** [...'tɪsmʊs], der; - 《폄》독단론. **dogmatistisch** 〈Adj.〉 독단론에 빠진.
Dogmengeschichte, die **1.** 교의사(敎義史). **2.** 국민경제사. **dogmengeschichtlich** 〈Adj.〉 교의사의, 국민경제사의.
Dogskin ['dɔgskɪn], das; -s [engl. dogskin] 질긴 양가죽.
Doha: 도하(카타르의 수도).
Dohle ['do:lə], die; -n **1.** 까마귀의 일종. **2.** 《농·폄》유행에 뒤진 검은 모자. **Dohlin**, die; -nen 까마귀의 암놈.
Dohne ['do:nə], die; -n 말총으로 만든 새올가미. **Dohnensteig, Dohnenstieg** [...ʃtiːk], der; -s, -e (옛) 숲속 샛길에 놓는 새올가미.
Döhnkes ['døːnkəs] 〈Pl.〉 (nordd.) ↑ Dönkes.
do it yourself! ['du: ɪt jɔː'sɛlf; engl.] 손수하기, 자기가 직접하기(mach es selbst!). **Do-it-yourself-Bewegung**, die 손수 하기 운동. **Do-it-yourself-Methode**, die 손수 하기 방법.
Dokes ['doːkəs] ↑ Tokus.
Doket [do'keːt], der; -en, -en 〈대개 Pl.〉 [griech. Dokētaí] 도케티즘의 추종자. **doketisch** 〈Adj.〉 외관에 의존하는. **Doketismus** [doke'tɪsmʊs], der; - 그리스도의 육신과 십자가상의 죽음을 부정하는 초대 기독교의 이단 교리.
Dokimasie [dokima'ziː], die; -n [...iːən] griech. dokimasía] **1.** 고대 그리스의 공직 취임 자격 시험, 등용 시험. **2.** ↑ Dokimastik (1). **Dokimasiologie** [...zioˈloːgiː], die ↑ Dokimastik. **Dokimastik** [...'mastɪk], die [griech. dokimastikós] **1.** 광석의 귀금속 함량 측정법. **2.** ↑ Dokimasie (1). **dokimastisch** 〈Adj.〉 귀금속 함량 측정법의.

doktern ['dɔktɐn] 《드물게》 ↑ herumdoktern. **Doktor** ['dɔktɔr, 《또한》'dɔktoːɐ̯], der; -s, -en [...'toːrən] lat. doctor] **1. a)** 〈Pl. 없음〉박사(약어: Dr.): D. beider Rechte 양법의(兩法의) 박사; den medizinischen D. haben 의학 박사이다; seinen D. machen [(통용어) bauen] 박사 학위를 하다; zum D. promovieren(promoviert werden) 박사 학위를 하다(박사가 되다); Dr. E. h. = Doktor Ehren halber 명예 박사; Dr. h. c. = Doctor honoris causa 명예 박사; Dr-Ing. = Doktoringenieur (Doktor der Ingenieurwissenschaften) 공학 박사; Dr. jur. = doctor juris (Doktor der Rechte) 법학 박사; Dr. j(ur). u(tr). = doctor juris utriusque (Doktor beider Rechte) 양법학 박사; Dr. med. = doctor medicinae (Doktor der Medizin) 의학 박사; Dr. med. dent. = doctor medicinae dentariae (Doktor der Zahnheilkunde) 치의학 박사; Dr. oec. = doctor oeconomicae (Doktor der Betriebswirtschaft, Wirtschaftswissenschaft) 경제학[경영학] 박사; Dr. phil. = doctor philosophiae (Doktor der Philosophie) 철학 박사; Dr. rer. oec. = doctor rerum oeconomicarum (Doktor der Wirtschaftswissenschaften) 경제학 박사; Dr. rer. pol. = doctor rerum politicarum (Doktor der Staatswissenschaften) 정치학 박사; Dr. sc. math. = doctor scientiarum mathematicarum (Doktor der mathematischen Wissenschaften) 수학 박사; Dr. theol. = doctor theologiae (Doktor der katholischen, evangelischen Theologie) 신학 박사(가톨릭, 신교 신학 박사, D.〔theol.〕로 구분하여). **b)** 박사 학위 소지자(약어: Dr., 복수: Dres = doctores): er ist D. der Philosophie 그는 철학박사이다; sehr geehrte Frau Dr. Schulz! 존경하옵는 슐츠 박사 부인!; sehr geehrte Frau Doktor! 존경하옵는 여박사님!. **2.** 《통용어》의사(Arzt): der Onkel D. 《아동어》의사 아저씨; den D. rufen 의사를 부르다; zum D. gehen 병원에 가다.
Doktor-: ~**arbeit**, die ↑ Dissertation. ~**diplom**, das 박사 학위 증서. ~**examen**, das ↑ Rigorosum. ~**frage**, die 《통용어》 아주 어려운 질문. ~**grad**, der 박사 학위. ~**hut**, der **a)** 박사 학위 모자, 박사모. **b)** 《통용어》박사 학위: den D. erwerben 박사 학위를 하다. ~**ingenieur** (박사 학위를 가진 기사, 공학 박사 (약어: Dr-Ing.). ~**jubiläum**, das 박사 학위 수여 기념일. ~**prüfung**, die 《준고어》박사 시험 합격 후의 사은회. ~**schrift**, die **1.** 《농》 난해한 필적. **2.** 《드물게》↑ ~arbeit. ~**titel**, der 박사 칭호. ~**vater**, der 《통용어》〔학위 논문〕 지도 교수. ~**würde**, die 박사 학위.
Doktorand [dɔkto'rant], der; -en, -en [lat. doctōrandus] 박사 과정 학생(약어: Dd.) **Doktorandenkolloquium**, das 박사 과정의 대화식 수업. **Doktorandin**, die; -'randɪn, die; -nen ↑ Doktorand의 여성형.
Doktorat [...'raːt], das; -(e)s, -e [lat. doctoratus] **1.** 《준고어》↑ Doktorwürde. **2.** 《österr.》 박사 시험. **doktorieren** [...'riːrən] 〈h〉 [lat. doctorare] ↑ promovieren. **Doktorin** [dɔk'toːrɪn], die; -nen ↑ Doktor (1 b, 2)의 여성형.
Doktrin [dɔk'triːn], die; -en [lat. doctrīna] **1.** 교훈, 교의, 이론: die marxistisch kommunistische D. 마르크스주의적·공산주의적 교의. **2.** (정치적) 신조, 행동 원칙: die D. von der Teilung der Gewalten 삼권분립의 이론[신조]. **doktrinär** [dɔktriˈnɛːɐ̯] 〈Adj.〉 [frz. doctrinaire] **1.** 교의적인, 이론적인: ein -er Marxismus 교의적 마르크시즘. **2.** 《폄》 편협한, 공론적인. **Doktrinär** [-], der; -s, -e **1.** 순이론가, 공리공론가.

2. 《볌》 편협하고 세상 물정을 모르는 광신자. **Doktrinarismus** [...naˈrɪsmʊs], der; - 《볌》 교조주의, 공리공론. **doktrinell** [dɔktriˈnɛl] ⟨Adj.⟩ 교의의.

Dokument [dokuˈmɛnt], das; -(e)s, -e [lat. documentum] **1.** 문서, 증서: ein geheimes D. 비밀 문서, -e veröffentlichen 문서를 간행하다. **2.** 증거 서류, 증명; etw. als historisches D. aufbewahren 무엇을 역사적 증거 서류로 보관하다. **3.** 《구동독》 ↑ **Parteidokument**의 생략형, 마르크스-레닌 정당의 당원증. **Dokumentalist** [...taˈlɪst], der; -en, -en [engl. documentalist, frz. documentaliste] ↑ Dokumentar. **Dokumentalistik**, die 문서 보관학. **Dokumentar** [...ˈtaːɐ̯], der; -s, -e 문서 보관사.

Dokumentar-: ~**aufnahme**, die 기록 촬영(녹음). ~**bericht**, der 기록 보도. ~**film**, der 기록 영화. ~**literatur**, die 기록 문학. ~**sendung**, die 기록 방송. ~**serie**, die 기록 연속물. ~**spiel**, das (텔레비전의) 기록극. ~**theater**, das 기록(연)극.

dokumentarisch ⟨Adj.⟩ **1.** 기록(증거)에 의한, 문서(로)의: eine -e Beglaubigung 기록에 의한 증명; seine Aussage d. erhärten 그의 진술을 문서로 증명하다. **2.** 증명력이 있는, 증거로 사용되는: -e Fotos 증거가 되는 사진, 기록사진; ein Buch von größtem -em Wert 대단한 기록적 가치가 있는 책. **Dokumentarist** [...taˈrɪst], der; -en, -en 기록물(영화, 극 등)의 작가. **Dokumentation** [...taˈtsi̯oːn], die; -en **1. a)** 문서(증거서류) 작성, 문서의 정리(보관). **b)** 작성된 문서, 기록: eine umfassende D. liegt vor 광범위한 자료 정리가 나왔다. **2.** 증명의 표시. **Dokumentationsstelle**, die 문서(자료) 보관소. **Dokumentensammlung**, die 증서 수집. **Dokumentator** [...ˈtaːtɔr, 《또한》...toːɐ̯], der; -s, -en [...taˈtoːrən] ↑ Dokumentalist. **dokumentieren** [...ˈtiːrən] ⟨h⟩ **1. a)** 명시하다, 표명하다. **b)** ⟨d. + sich⟩ 분명해지다, 나타나다. **2. a)** 문서로 증명하다. **b)** 기록물로 제시하다. **Dokumentierung**, die; -en 명시, 표명, 증명.

Dokus [ˈdoːkʊs] ↑ Tokus.

Dol [doːl], das; -(s), - [lat. dolor=고통의 약칭] 【의학】 통증의 강도를 재는 단위.

Dolan [doˈlaːn], das; -(s) 《인공어》 화학 섬유, 돌란.

Dolby-System ⓦ, das; -s, -e [미국 전자 기술자 R. M. Dolby에 따라] 【전기】 돌비 방식.

dolce [ˈdɔltʃə], ⟨Adj.⟩ 《비교급》 piu dolce [pi̯uː-], 《최상급》 dolcissimo [dɔlˈtʃɪsimo; dolce < lat. dulcis] 【음악】 부드럽게, 달콤하게, 사랑스럽게. **dolce far niente** [- ˈfaːɐ̯ ˈni̯ɛntə; ital.] 안일은 즐겁다(süß ist's, nichts zutun). **Dolcefarniente**, das; - 즐거운 안일(무위) (süßes Nichtstun). **Dolce stil nuovo** [- ˈstiːl ˈnu̯oːvo], der; - - - [ital. dolce stil nuovo] 13세기 후반의 이탈리아 연애시의 양식(süßer neuer Stil). **Dolce vita** [- ˈviːta], die; - - [ital. dolce vita; 펠리니의 동명의 영화에 따라] 현대판 무위 방탕한 생활(süßes Leben).

Dolch [dɔlç], der; -(e)s, -e **1.** 단도, 비수: den D. ziehen[zücken] 단도를 빼다(뽑아들다). **2.** 《경》 칼.

Dolch-: ~**klinge**, die 단도 날. ~**messer**, das 단도 칼. ~**spitze**, die 단도의 끝. ~**stich**, der 단도로 찌름. ~**stoß**, der **1.** 단도로 찌름. **2.** 음험한 음모. ~**stoßlegende**, die (특히 제1차 세계 대전에서 독일의) 패망 원인 (후방의) 음모에 있다는 주장.

dolcissimo: ↑ dolce의 최상급.

Dolde [ˈdɔldə], die; -n 산형화서(繖形花序).

dolden-, **Dolden-**: ~**blütler**, der **1.** 산형과. **2.** ↑ Doldengewächs. ~**förmig** ⟨Adj.⟩ 산형화서의. ~**gewächs**, das 《대개 Pl.》 산형과의 식물. ~**rispe**, die 산형화서. ~**ständig** ⟨Adj.⟩ 산형화를 갖는, 산형화서의. ~**traube**, die 산방(繖房)화.

doldig [ˈdɔldɪç] ⟨Adj.⟩ ↑ doldenförmig.

Dole [ˈdoːlə], die; -n 《südd.》 하수도, 배수거.

Dolerit [doləˈriːt, 《또한》 ...rɪt], der; -s, -e 현무암.

dolichokephal [doliçokeˈfaːl] usw. ↑ dolichozephal usw. **dolichozephal** [...tseˈfaːl] ⟨Adj.⟩ 【생물·의학】 머리가 긴. **Dolichozephale*****, der/ die 【생물·의학】 (비정상적으로) 머리가 긴 사람. **Dolichozephalie** [...faˈliː], die 【생물·의학】 (비정상적으로) 머리가 긺.

dolieren [doˈliːrən] ↑ dollieren.

Doline [doˈliːnə], die; -n [slowen. dolina] 【지리】 돌리나, 석회정(石灰穽).

doll [dɔl] ⟨Adj.⟩ 《경》 **1.** 믿을 수 없는, 진기한: das Dollste an der Geschichte ist … 그 이야기에서 가장 믿을 수 없는 것은 …이다. **2.** 성대한, 화려한: eine -e Party 성대한 연회; 《반어적》 eine -e Freundschaft ist das! 그거 정말 대단한 우정이네! **3.** 좋지 않은, 싫은, 불쾌한: ein -er Lärm 좋지 않은 소음. **4.** 《동사를 강조하며》 《nordd.》 아주, 몹시: ich habe mich d. gefreut 나는 아주 기뻤다; er regnet immer -er 점점 더 비가 많이 왔다(↑ toll 참조).

Dollar [ˈdɔlaɐ̯], der; -(s), -s 《그러나》 30 Dollar [amerik. dollar] 달러(미국, 캐나다 등의 화폐) (1달러 = 100센트; 기호: $): der D. wurde mit 2,60 gehandelt 달러는 2,60대 1로 거래되었다; in D. za hlen 달러로 지불하다. **Dollarkurs**, der 달러 환율. **Dollarscrips** ⟨Pl.⟩ 1945년 이후 미군 점령군이 사용한 특수 지폐. **Dollarzeichen**, das 달러 기호.

Dollart [ˈdɔlart, 《niederl.》 ˈdɔlart], der; -s 돌아르트 (북해의 만).

Dollbohrer, der 《통용어》 바보 같은(서투른) 사람.

Dollbord, das; -(e)s, -e 뱃전의 가장자리.

Dollbregen, der 《다음 형태로도》 **Dollbrägen** [...mniederd. dulbrēgen] 《nordd.》 무모한 사람, 저돌적인 사람.

Dolle [ˈdɔlə], die; -n [mniederd. dolle] 노받이. **Dollen** [ˈdɔlən], der; -, - 《전문어》 나무못.

dollieren [dɔˈliːrən] ⟨h⟩ [frz. doler] 【제혁】 가죽의 살 부분만 반들 반들하게 갈다.

Dollpunkt [ˈdɔl-], der; -(e)s, -e 쟁점.

Dolly [ˈdɔli], der; -(s), -s [engl. dolly] **a)** 영화 카메라의 바퀴달린 삼각대. **b)** 카메라가 장치된 이동식 대차.

Dolma [dɔlˈmaː], das; -(s), -s 《대개 Pl.》 [türk. dolma] 잘게 썬 양고기와 밥을 배추와 포도잎으로 싼 터키 고유의 음식.

Dolman [ˈdɔlman], der; -s, -e [ung. dolmány < türk. dolaman] **1.** 고대 터키 의상에서 모피가 달린 웃옷. **2.** 경기병의 모피가 달린 저고리. **3.** 발칸지방의 부인용 웃옷.

Dolmen [ˈdɔlmən], der; -s, - [frz. dolmen] 돌멘, 고인돌.

Dolmetsch [ˈdɔlmɛtʃ], der; -(e)s, -e [ung. tolmács < osman.-türk. tilmač] **1.** 《österr.》 그 외 드물게 《시어》 ↑ Dolmetscher. **2.** 《아어》 대변자, 대리인: er machte sich zum D. der Armen 그는 가난한 사람들의 대변자가 되었다. **dolmetschen** ⟨h⟩ **a)** 통역하다: ein politisches Gespräch d. 정치적인 대화를 통역하다. **b)** 통역사로 일하다. **Dolmetscher**, der; -s, - 통역(사): ein freiberuflicher D. 자유 직업의 통역사; als D. bei Konferenzen arbeiten 회의에서 통역사로 일하다. **Dolmetscherin**, die; -nen ↑ Dolmetscher의 여성형. **Dolmetscherinstitut**, das ↑ Dolmetscher-

schule. **Dolmetscherschule**, die 통역 학교.
Dolomit [dolo'mi:t, (또한) ...mit], der; -s, -e [프랑스 광물학자 D. de Gratet de Dolomieu (1750∼1801) 이름을 따서] **1.** 백운암(白雲岩). **2.** 백운석 침적물.
Dolomiten [dolo'mi:tn] 《정관사와 함께 쓰여 Pl.》 돌로미텐(알프스의 일부).
Dolorosa [dolo'ro:za], die ↑Mater dolorosa. **doloroso** [dolo'ro:zo] 〈Adv.〉 [ital. doloroso] 〖음악〗 고통에 가득 찬, 비탄하는, 우수에 가득 찬: 《후치된 형용사로도》 er spielte ein Largo d. 그는 라르고곡을 비탄조로 연주했다.
dolos [do'lo:s] 〈Adj.〉 [lat. dolōsus] 〖법〗 악의(고의)의.
Dolus [do'lo:s], der; - [lat. dolos] 〖법〗 악의, 고의: **D. directus** [- di'rektʊs; lat. dīrēctus, ↑direkt] 행위의 결과와 형법상의 유죄를 완전히 의식하고 저지른 고의; **D. eventualis** [- even'tua:lɪs] 제약된 고의.
¹**Dom** [do:m], der; -(e)s, -e [frz. dôme < ital. duomo] 대성당, 주교좌 성당, 본당: ein romanischer D. 로마네스크 양식의 대성당; der Aachener D. 아헨의 대성당.
²**Dom** [-], der; -(e)s, -e [frz. dôme] **1.** 〖지질〗 궁륭암류(穹窿岩塊). **2.** 종 모양의 기실(汽室).
³**Dom** [-] 《관사 없이》 [port. dom < lat. dominus] (남자 이름 앞에 붙이는) 포르투갈의 귀족 칭호.
Dom- (¹Dom) **~chor**, der **1.** 대성당의 합창단. **2.** 대성당의 제단이 있는 곳. **~dechant, ~dekan** der 주교성당의 주임신부. **~freiheit,** die 《역사적》 주교성당의 관할 구역. **~herr,** der 〖가〗 주교성당의 참사회원. **~kapellmeister,** der 대성당 합창단의 지휘자. **~kapitel,** das 〖가〗 주교좌 성당의 참사회. **~kapitular,** der ↑~herr. **~pfaff,** der; -en, (또한) -s, -en 피리새. **~prediger,** der 〖신교〗 본당의 설교자. **~propst,** der 〖가〗 주교좌 성당의 참사회 회장. **~schatz,** der 대성당의 보물. **~schule,** die 《중세》 대성당 부속 학교. **~schweizer,** der 대성당 관리인. **~stift,** das 〖가〗 대성당 참사회.
Doma ['do:ma], das; -s ...men [lat. dōma] (결정체의) 변면(匾面).
Domäne [do'mɛ:nə], die; -n [frz. domaine] **1.** 국유지, 황실 소유지: eine D. verpachten 국유지를 임대하다. **2.** 전문분야, (활동의) 범위, 영역: seine D. ist die Kurzgeschichte 그의 전문 분야는 단편이다. **domanial** [doma'nja:l] 〈Adj.〉 [frz. domanial] 국유지의. **Domänelbesitz,** der 국유지.
Domatien [do'ma:tsiən] 〈Pl.〉 [griech. dōmátion] 식물의 속이 빈 공간.
Domestik [domes'tik], der; -en, -en [frz. domestique] **1.** 〈대개 Pl.〉 《준고어·폄》 심부름꾼, 하인. **2.** 선수단의 대표 선수를 보조하는 자전거 경주 선수. **Domestikation** [...tika'tsjo:n], die; -en [frz. domestication] 길들임, 순치(馴致). **Domestike,** der; -n, -n Domestik. **Domestikin,** die; -nen 《은폐》 마조키스트 여자. **domestizieren** [...'tsi:rən] 〈h〉 [lat. domesticare] 길들이다: die Kenntnisse der heutigen Biologen reichen aus, jegliches Tier zu d. 오늘날 생물학자들의 지식은 어떤 동물이든 길들이는데 충분하다. 《전의》 seinen Radikalismus d. 그의 극단주의를 자제시키다. **Domestizierung,** die; -en ↑Domestikation. **Domina** [do'mi:na], die; - **1.** 여자 수도원장. **2.** 《은폐》 마조키스트에게 사디슴 행위를 하는 창녀. **dominal** 〈Adj.〉 사디슴 행위를 하는 창녀의. **dominant** [domi'nant] 〈Adj.〉 [lat. domināns 〖생물〗 우성의(반대: rezessiv 1): ein-es Merkmal 우성. **Dominantakkord,** der; -(e)s, -e **Dominantdreiklang,** der; -(e)s, ...klänge 딸림화음.

Dominante, die; -n **1.** 지배적인 특징. **2. a)** 제5음(딸림음). **b)** 제5음에서 얻어진 삼화음 장조. **Dominantseptakkord,** der; -(e)s, -e 딸린 7화음. **Dominanz** [...'nants], die; - en 〖생물〗 우성 (반대:Rezessivität). **Dominat** ['na:t], der / das; -(e)s, -e [lat. domināts] 신의 인정을 받은 로마의 절대군주제, ↑Prinzipat. **Domination** [...na'tsjo:n], die; -en [lat. dominātio] 우위, 지배, 주도권. **Dominica** [do'mi:nika], die [lat. dominica] 〖가〗 일요일, 주일: **D. in albis** [- ɪn 'albi:s] 부활절 다음 첫째 일요일.
Dominica [do'mi:nika, 〈engl.〉 dəmɪ'ni:kə, doʊ'mɪnɪkə] 도미니카. **dominieren** [...'ni:rən] 〈h〉 [lat. dominārī] **1. a)** 우세하다: in dieser Stadt dominiert die konservative Partei 이 도시에선 보수 정당이 우세하다; eine dominierende Figur 지배적인 인물. **b)** 지배하다: die politische Szene d. 정치계를 지배하다. **2.** 《은폐》 마조키스트에게 사디슴의 행위를 하다.
Dominikaner [...ni'ka:nɐ], der; -s, - [성자 Dominikus의 이름을 따라] 도미니크 수도사. **Dominikanerin,** die; -nen 도미니크회 수녀. **Dominikanerkloster,** das 도미니크회 수도원. **Dominikanerorden,** der 〈Pl. 없음〉 도미니크수도회(성도미니쿠스에 의해 1215년 창시된 탁발 수도회; der: O. P.) **dominikanisch** 〈Adj.〉 도미니크 수도회의. **Dominikanische Republik,** die 도미니카 공화국.
Dominion [do'miniən], das; -s, -s / ...nien [...niən; engl. dominion] 〈역사적〉 영국의 자치령. **Dominium** [do'mi:niʊm], das; -s, ...ien [...iən; lat. dominium] **a)** 〈중세〉 영유권. **b)** 〈고어〉 영지(領地).
¹**Domino** [do:mino], der; -s, -s **a)** 두건이 달린 겨울 수사복: einen D. tragen 수사복을 입다. **b)** 수사복을 입은 사람: als D. zum Maskenball gehen 수사복을 입고 가면무도회에 가다. ²**Domino** [-], das; -s, -s **a)** 도미노 놀이: er hat im D. gewonnen 그는 도미노 놀이에서 이겼다. **b)** (동물》 오스트리아에서는 ↑Dominostein (2)의 약어로) **Dominospiel,** das ↑²Domino (a) 참조. **Dominostein,** der **1.** 도미노 놀이의 말. **2.** 과자의 일종.
Dominus ['dominʊs; lat. dominus] 〈관사없이〉 〖가〗 하느님: **Dominus vobiscum!** [- vo'bɪskʊm] 〖가〗 주께서 여러분과 함께! / **Domizil** [domi'tsi:l], das; -s, -e [lat. domicilium] **1.** 〈교양어·대개 pl.〉 주거, 거처: sein D. wechseln 그의 거처를 바꾸다; an einem Ort sein D. aufschlagen 어떤 장소에서 거처를 마련하다. **2.** 〖금융〗 (어음의) 지불 장소. **3.** 〖점성〗 일정한 혹성이 종속된 수대. **domizilieren** [...tsi'li:rən] 〈h〉 **1.** 〈교양어·대개 농〉 거주하다, 살다, 정주하다: in einer Villa d. 별장에서 살다. **2.** 〖금융〗 어음에 지불지를 지정 기입하다. **Domizilwechsel,** der; -s, - **1.** 〖금융〗 타지불(他地拂)어음. **2.** 발행자 거주지의 제3의 은행에서 지불되는 어음.
Dompteur [dɔmp'tø:ɐ̯], der; -s, -e [frz. dompteur] (맹수)조련사: ein erfahrener D. 능숙한 조련사: der Tiger zerfleischte den D. 호랑이가 조련사를 갈기갈기 물어뜯다. **Dompteurkunst,** die 조련술. **Dompteuse** [...'tø:zə], die; -n [frz. dompteuse] ↑Dompteur의 여성형.
Domra ['domra], die; -s / ...ren [russ. domra] 라우테와 비슷한 러시아의 옛날 악기.
¹**Don** [dɔn] 〈관사 없이〉 [span. don/ ital. don] **a)** 〈스페인 남자의 이름 앞에 붙이는 존칭〉 님: D. Pedro 페드로 님. **b)** 〈이탈리아의 남자 이름 앞에 붙이는 성직자와 귀족의 칭호〉 님: D. Camillo 카밀로 님. **Doña** [do'nja] 〈관사 없이〉 [span. doña] 〈스페인의 여자 이름 앞에 붙이는 존칭〉 부인(↑Donja, Donna): D. Elvira. 엘비라 부

인.
²**Don** [dɔn], der; -(s) 돈 강(江)(구 소련).
Donar ['doːnar] (게르만 신화의) 우뢰의 신.
Donarit [dona'riːt, ...rɪt], der; -s [뇌신(雷神) Donar에 따라] 석탄광에서 사용하는 폭발물.
Donatar [dona'taːr], der; -s, -e [lat. donatarius] [법] 수증자(受贈者). **Donation** [...'tsjoːn], die; -en [lat. dōnātio] [법] 증여. **Donatismus** [dona'tɪsmʊs], der; [신학] 4세기에서 7세기까지 북아프리카에서 발달한 교회(운동). **Donatist**, der; -en, -en [lat. Donatista] 위의 교회(운동)의 추종자. **Donator** [do'naːtɔr, (또한) ...toːɐ], der; -s, -en [...na'toːrən; lat. dōnātor] 1.《고어》증여자, 기부자. 2.【물리・화학】 화학 반응시 전자나 이온을 내는 원자나 분자.
Donau ['doːnau], die 도나우(다뉴브) 강.
Donegal [dɔ'negaːl], der; -(s), -s 도니골 직(織).
Donja ['dɔnja], die; -s [span. doña]《통용어・편》**a)** 여자 친구, 애인: er ging mit seiner D. spazieren 그는 그의 여자 친구와 산보를 갔다. **b)**《준고어》하녀(↑ Doña, Donna).
Donjon [dõ'ʒõː], der; -s, -s [(a)frz. donjon] 성탑의 중심 망루.
Don Juan [dɔn 'xuan, (또한) dõ'ʒyã], der; - -s, - -s [스페인 문학에 나오는 동일한 이름의 전설적 인물을 따라서] 난봉꾼, 바람둥이, 색마. **donjuanesk** [...'nɛsk]《Adj.》[span. donjuanesco] 바람둥이의, 돈 환과 같은. **Donjuanismus** [...'nɪsmʊs], der; - [span. donjuanismo] 【정신분석】 자주 상대자를 교체하려는 욕망을 나타내는 남성의 성적 장애.
Dönkes ['dœnkəs]《Pl.》(nordd.) 재미있는 이야기들.
Donkey ['dɔŋki], der; -s, -s [engl. donkey] [조선] 보조증기관(상선의).
Donna ['dɔna] [ital. donna] 1.〈관사 없이〉《이탈리아 여자 귀족명 앞에 붙이는 칭호》부인: D. Anna 안나 부인. 2. die; -s / Donnen 《통용어・편》하녀, 가정부; ↑ Doña, Donja 참조.
Donner ['dɔnɐ], der; -s, - 천둥, 뇌성: der D. rollt 천둥치다; [전의] der D. der Kanonen 대포의 뇌성; **wie vom D. gerührt dastehen(sein)** 벼락맞은 것처럼 (멍하니)서 있다[있다]; **Donner!, D. und Blitz!, D. und Doria!** [- -'dɔːria; Schiller, Fiesko I, 5에 따라], **ach du Donnerchen!** 《통용어・놀라움의 외침》제기랄, 이런 울화통의 터질, 하느님 맙소사!
Donner-: ~balken, der 《군・비어》 a) 간이 변소의 앉는 막대기. **b)** 간이 변소. **~büchse**, die《준고어・농》나팔총. **~gott**, der (Pl. 없음) (고대 게르만족의) 뇌신(Donar, Thor). **~grollen**, das 천둥의 울림. **~hall**, der《준고어》 우뢰 소리. **~keil**, der **1.** 선사시대의 도구. **2.** 전석(箭石). **3.** ['— — '—]《경》《놀라움의 표시》D., hat der Baum viele Äpfel! 아니, 저 나무엔 사과가 많이도 달렸네! **~kiel** [niederd. Dunnerkiel]《관사 없이》《경》《놀라움의 표시》 아니. **~littchen**, (또한) **~lüttchen**《관사 없이》《지역적》《놀라움의 표시》이런 ..., **~maschine**, die (극장의) 천둥소리 내는 장치. **~rollen**, das 천둥소리. **~schlag**, der **1.**《짧은》천둥소리. **2.** ['— — '—]《관사 없이》《경》《화가 나서 놀라는 소리》이런 제기랄: D., jetzt ist der Bindfaden schon wieder gerissen! 이런 제기랄, 묶는 끈이 또 다시 끊어졌네! **~stein**, der ↑ **~keil** (1, 2). **~stimme**, die 우뢰와 같은 목소리: mit einer D. brüllen 우뢰와 같은 목소리로 소리지르다. **~wetter**, das **1.**《고어》뇌우 (Gewitter). **2.**《통용어》꾸지람, 질책. **3.** ['— — '— —]《관사 없이》《경》《놀라움의 표시》이것참 제기랄! 빌어먹을! **b)**《경탄의 표시》 D., was hat so ein Weib für Kraft! 이것참, 여자가 이렇게 힘이 세다

니!
Donnerer ['dɔnərɐ], der; -s ↑ Donnergott.
donnern ['dɔnɐn] **1.**〈비인칭〉〈h〉천둥치다: es blitzt und donnert 천둥 번개가 친다. **2.**〈h〉《a》우뢰 같은 소리를 내다, 우뢰 같이 울리다: die Flugzeugmotoren donnern 비행기 모터가 우뢰 같은 소리를 낸다; donnernder Beifall 우뢰와 같은 갈채. **b)** 우뢰와 같이 울리게하다. **3.**〈s〉우뢰와 같은 소리를 내며 떠나가다: der Zug donnert über die Brücke 기차가 다리 위로 우뢰와 같은 소리를 내며 지나간다; eine Lawine war in das Tal gedonnert 눈사태가 계곡으로 우뢰와 같은 소리를 내며 무너졌다. **4.**《통용어》**a)**〈h〉전력을 다하여[힘껏] 던지다: die Schulmappe in die Ecke d. 책가방을 구석에다 던지다; den Ball an die Latte d. 공을 나무 울타리에다 힘껏 던지다. **b)**〈h〉힘껏 치다: er hat gegen die Scheiben gedonnert 그는 유리창을 힘껏 두드렸다. **c)**〈s〉(쾅하고) 무엇에 부딪히다: er war (mit dem Auto) gegen einen Baum gedonnert 그는 (자동차로) 나무를 쾅하고 들이받았다. **5.**《통용어》〈h〉호통치다, 욕하다: gegen die Anarchisten d. 무정부주의자들에게 호통치다. **Donnerstag**, der; -(e)s, -e 목요일(↑ Dienstag 참조). **Donnerstagabend** 목요일 저녁. **Donnerstag-, donnerstäglich, donnerstäglich, donnerstags** 목요일의, 목요일마다(↑ Dienstag-).
Don Quichotte [dɔnki'ʃɔt, dõ...], der; -s, - -s [Cervantes의 소설 주인공의 이름 돈키호테(Don Quijote)에 따라] 과대 망상광, 무모한 모험가, 《세상을 모르는》 이상가. **Donquichotterie**, (또한 österr.) **Donquichoterie** [...ʃɔtə'riː], die; -n [...'riːən] 과대망상, 무모한 모험, 공상적 기도. **Donquichottiade** [...ʃɔ'tiːadə], die; -n 돈키호테식의 이야기. **Don Quijote, Don Quixote** [dɔnki'xoːtə] ↑ Don Quichotte의 스페인명.
Dontgeschäft ['dõː-], das; -(e)s, -e [증권] 특권 거래, 선택권이 있는 거래.
Döntjes ['dœntjəs, 'døːntjəs]〈Pl.〉 (nordd.) 재미있는 이야기들.
Donum ['doːnʊm], das; -s, Dona [lat. dōnum] 《교양어》《책의》증정, 증여.
doodeln ['duːdl̩n]〈h〉[engl. to doodle] 무의미한 낙서를 끄적거리다.
doof [doːf]; (그러나 예컨대) doofe = 'doːvə, 'doːfə]〈Adj.〉 **1.** 어리석은, 명청한: ein -er Kerl 어리석은 녀석; eine -e Nuß 우매한 사람; glaubst du, ich bin d.? 내가 그렇게 어리석어 보이나? **2.**《지역적》지루한: wir haben jetzt so einen -en Lehrer 요즘 우리 선생 초 지루하다. **b)**《말하는 사람을 화나게 하는》 die -e Tür bleibt nicht zu 이 바보 같은 문이 닫히지 않네. **Doofheit**, die; -en《편》**1.**〈Pl. 없음〉**a)** 어리석음, 우매함. **b)** 지루함. **2.** 어리석은 행동.
Doofi ['doːfi], der; -(s), -s 《통용어》단순한 사람: er ist ein richtiger D. 그는 정말 단순한 사람이다. **Klein D. mit Plüschohren**《통용어・농》단순한 사람. **Doofkopp** [-kɔp], der; -s, -köppe [-kœpə] niederd. Kopp]《편》우매한 사람. **Doofmann**, der〈Pl. -männer〉《편》어리석은 사람.
Dope [dɔp, doːp], das; -s [engl. dope] 《은어》마취[흥분]제.
dopen ['dɔpn̩, 'doːpn̩]〈h〉[engl. to dope] 금지된 자극제를 써서 최고 능력을 발휘시키다: ein Pferd d. 말에게 흥분제를 먹이다; Der Olympiasieger ... war ... gedopt 올림픽 승리자는 자극제를 사용했다; der Herausforderer hatte sich gedopt 도전자는 자극제를 썼다; [전의] mit einem Glas Sekt gedopt 한 잔의 샴페인으로 얼근해져서. **Doping** ['dɔpɪŋ, 'doːpɪŋ], das; -s, -s [engl. doping] 스포츠에서 최고 능력을 발휘하기 위해서 금지된

자극제를 씀, 도핑: der Läufer wurde wegen -s disqualifiziert 달리기 선수가 약물 사용으로 실격되었다. **Dopingkontrolle**, die 【스포츠】 약물 검사.
Doppel ['dɔpļ], das; -s, -. **1.** 부본, 사본: das D. eines Zeugnisses einreichen 증명서의 사본을 제출하다. **2.** 〔특히 테니스〕 **a)** 복식: ein gemischtes D. 혼합 복식; ein D. austragen 복식 경기를 하다. **b)** 복식 선수단. **3.** 〈schweiz.〉 사격 대회 상금.
doppel-, Doppel-: ~**achse**, die 2중 차축. ~**achter**, der 〔조정〕 8인용 경주 보트. ~**adler**, der 〔문장 등의〕 쌍두 독수리. ~**agent**, der 이중 간첩. ~**axel**, der 〔피겨〕 2중 ↑Axel. ~**axt**, die 쌍날의 도끼. ~**b** 〔연결 부호와 함께〕 das 〔음악〕 더블 플랫(기호: bb.); ~**band**, der **a)** 2권 1책. **b)** 두꺼운 책. ~**bauer**, der 〔장기〕 한 선에 연이어서 있는 바우어. ~**becher**, der 〔역사적〕 이중 잔. ~**belastung**, die 이중 부담, 일인 이역. ~**belichtung**, die **1.** 〔사진〕 (실수로 인한) 이중 노출. **2.** 〔영화〕 (의도적인) 이중 노출. ~**belichtungssperre**, die 〔사진〕 이중 노출 방지 장치. ~**besteuerung**, die **a)** 이중 과세. **b)** 중복 과세. ~**bett**, das 2인용 침대, 부부용 침대. ~**bettcouch**, die 2인용 침대로 쓸 수 있는 소파. ~**bewacher** 〈Pl.〉 〔구기〕 한 사람을 지키는 두 명의 선수. ~**bewachung**, die 이중 수비. ~**bier**, das ↑Starkbier. ~**bilder** 〈Pl.〉 〔의학〕 같은 대상의 2중상. ~**bindung**, die 이중 결합. ~**blindversuch**, der 〔심리〕 실험 대상자나 의사가 약이 누구에게 투여되는가를 모르는 약리 심리학의 실험 방법. ~**block**, der; -(e)s, -s / -blöcke 〔배구〕 두 선수가 이룬 블록. ~**bock**, das (사순절에 생산되는) 이중 독한 맥주. ~**boden**, der 〔조선〕 이중 바닥. ~**bodig** 〔흔히〕 ~**bödig** 〈Adj.〉 애매한, 뜻이 숨겨져 있는: ein -er Witz 뜻이 숨겨져 있는 위트. ~**bödigkeit**, die; -en **1.** 〈Pl. 없음〉 애매한 뜻[의미]: die D. einer Situation 상황의 애매성. **2.** 애매한 언명. ~**bogen**, der (가운데를 접은) 곱절이 큰 종이. ~**brechung**, die 〔물리〕 이중 굴절. ~**brief**, der 규격 외 편지. ~**bruch**, der 〔수학〕 복분수. ~**büchse**, die 쌍신총. ~**chor**, der **1.** 〔음악〕 이중창. **2.** 〔건축·드물게〕 이중 성단소 시설. ~**chörig** [-kɔːrɪç] 〈Adj.〉 **1.** 〔음악〕 이중창의: eine -e Messe 이중창의 미사. **2.** 동쪽 성단소 외에 서쪽 성단소도 있는. ~**decker**, der **1.** 복엽(複葉) 비행기. **2.** 《통2어》 2층 버스. **3.** ↑~schnitte. ~**deckung**, die 〔구기〕 두 명의 선수가 한 명을 방어함. ~**deutig** 〈Adj.〉 **a)** 두 가지로 해석되는, 애매한. **b)** (의식적으로) 애매하게 말한: einen -en Witz erzählen 애매한 위트를 이야기하다. ~**deutigkeit**, die; -en **1.** 〈Pl. 없음〉 애매한 의미. **2. a)** 애매한 진술. **b)** 애매한[빈정거리는] 진술. ~**dreier**, der 〔피겨〕 이중 ↑Dreier. ~**dribbel**, das; -s, - 〔농구〕 잇따른 두 개의 드리블. ~**ehe**, die 중혼(重婚): eine D. führen 중혼 생활을 하다 (↑Bigamie). ~**erfolg**, der **1.** 이중 승리. **2.** (같은 경기에서 한 팀의 두 선수가 거둔) 이중 승리. ~**fehler**, der **1.** 〔테니스〕 서브의 두 번 실수, 더블 폴트. **2.** 〔배구〕 양팀의 동시 실수. ~**feld**, das 〔테니스·배드민턴〕 복식 경기장. ~**fenster**, das 이중창. ~**flinte**, die 쌍신총. ~**foul**, das 〔농구〕 이중 파울. ~**fuge**, die 〔음악〕 2개의 대조되는 주제가 있는 둔주곡. ~**funktion**, die 이중 기능. ~**gänger**, der 꼭 닮은 사람: einen D. haben 꼭 닮은 사람이 있다. ~**gängerin**, die; -nen ↑~gänger의 여성형. ~**geschlechtig** 〈Adj.〉 양성의. ~**geschlechtigkeit**, die 자웅 동체성. ~**gesichtig** [-gəzɪçtɪç] 〈Adj.〉 **a)** 두 개의 얼굴이 있는: der Januskopf ist ein -er Männerkopf 야누스의 머리는 두 얼굴이 있는 남자 머리이다. **b)** 야누스의 머리와 같은, 이심(二心)의. ~**gesichtigkeit**, die 이심(二心). ~**gewebe**, das 〔섬유〕 (양면 사용 가능한) 겹직물. ~**gipfel**, der 이중 산봉우리, 쌍봉. ~**gleisig** [-glaɪzɪç] 〈Adj.〉 **1.** 복선의. **2.** 애매한, 모호한: eine -e Politik 애매한 정책. ~**grab**, das **1.** 합장묘. **2.** 〔예술〕 **a)** 죽은 사람 둘을 나란히 그린 묘의 의 대리석판. **b)** 위에는 시체가, 그리고 밑에는 부패가 그려진 두 개의 대리석판. ~**griff**, der 〈대개 Pl.〉 〔음악〕 중음주법(重音奏法). ~**haus**, das 〔토목〕 두 채의 연립 주택. ~**heft**, das 2호 합본 잡지. ~**helix** [-heːlɪks], die 〔생물〕 디옥시리보누핵산의 분자 구조 표시. ~**hochzeit**, die 두 쌍의 합동 결혼식. ~**-Ich** 〔연결 부호와 함께〕 이중 자아. ~**kinn**, das 이중턱. ~**knoten**, der 이중 매듭. ~**kohlensauer** 〈Adj.〉 〔드물게〕 ↑doppeltkohlensauer. ~**kolbenmotor**, der 〔기술〕 복동(複動) 발동기. ~**konsonant**, der 중자음(Falle에서 ll). ~**konsonanz**, die **1.** 중자음의 연속. **2.** 중문자의 연속. ~**konzert**, das 두 개의 독주 악기를 위한 오케스트라 협주곡. ~**kopf**, der 〈Pl. 없음〉 카드놀이의 일종. ~**korn**, der 알코올 농도가 적어도 38% 되는 곡식으로 만든 소주, 도펠코른. ~**kreuz**, das **1.** 〔음악〕 더블샤프, 겹올림표(기호: ×). **2.** 이중 십자가. ~**kuppel**, die 〔건축〕 이중 반구. ~**kurve**, die 이중 커브. ~**lasso**, der 〔피겨·롤러〕 이중 ↑Lasso. ~**lauf**, der (총의) 쌍신. ~**läufig** 〈Adj.〉 쌍신의. ~**laut**, der **1.** ↑Diphthong. **2. a)** ↑~konsonant. **b)** ↑~vokal. ~**leben**, das 이중 생활. ~**leben** 〈Pl.〉 복선. ~**lutz**, der 〔피겨·롤러〕 2중으로 도는(↑Lutz). ~**mandat**, das 의원의 이중 의석, 이중직. ~**meister**, der 〔스포츠〕 두 종목 선수권자. ~**monarchie**, die 이중 군주국: die habsburgische D. Österreich-Ungarn 오스트리아-헝가리의 합스부르크 이중 군주국. ~**moral**, die 이중 도덕. ~**mord**, der 이중 살인. ~**naht**, die 이중 흠질. ~**name**, der 복합명. ~**natur**, die 이중성(격). ~**nelson**, der 복합(↑Nelson). ~**nummer**, der ~heft. ~**paddel**, das 이중의 작은 노. ~**partner**, der 〔테니스·탁구·배드민턴〕 복식조의 짝. ~**paß**, der 〔축구〕 더블 패스. ~**paßspiel**, das 〔축구〕 더블 패스 경기. ~**pony**, das 큰 포니. ~**porto**, das 이중 우편료. ~**porträt**, das 두 사람의 2인 초상화. ~**posten**, der 〔군〕 2인 보초. ~**punkt**, der 〔für lat. cólon〕 콜론, 쌍점. ~**quartett**, das 〔음악〕 **1.** 두 개의 현악 4중주를 위한 작곡. **2.** 두 개의 현악 4중주의 결합. ~**reihe**, die 2열. ~**reiher**, der ↑Zweireiher. ~**reihig** [-raɪtɪç] 〈Adj.〉 ↑zweireihig 참조. ~**rittberger**, der 〔피겨〕 복합(↑Rittberger). ~**rolle**, die 일인 이역. ~**rumpfboot**, das 쌍동(雙胴) 보트. ~**runde**, die 〔스포츠〕 홈그라운드와 외지에서 하는 이중 경기. ~**salchow**, der 〔피겨〕 복합 ↑Salchow. ~**salto**, der 〔체조〕 2번의 연이은 공중제비. ~**salz**, das 〔화학〕 복염. ~**schicht**, die 두 배의 작업조. ~**schläfrig** 〈Adj.〉 두 명이 잘 수 있는. ~**schlag**, der **1.** 〔음악〕 회음(回音)(기호: ∞). **2.** 〔테니스·탁구·배드민턴〕 공이 이중으로 맞음. ~**schleife**, die 이중 나비매듭[넥타이]. ~**schnitte**, die 속을 넣고 빵 두쪽을 겹친 것. ~**seite**, die 〔신문〕 양면. ~**seitig** 〈Adj.〉 **1.** 양면의: eine -e Anzeige 양면 광고. **2.** (인체) 양측의, 좌우측의. ~**sieg**, der (동일 선수단의) 1, 2위 승. ~**sinn**, der ↑~deutigkeit (1). ~**sinnig** 〈Adj.〉 ↑~deutig (a). ~**sinnigkeit**, die ↑~deutigkeit (1). ~**sohle**, die 이중창(구두의). ~**spalte**, die 〔신문〕 2단. ~**spiel**, das **1.** 《볌》 표리 부동함, 거짓: mit jmdm. ein D. treiben 누구를 표리 부동하게 대하다. **2.** 〔테니스·탁구·배드민턴〕 복식 경기. ~**spion**, der ↑~agent. ~**sprung**, der 〔스포츠〕 땅에 발을 대지 않고 두 번 연속 뛰기. ~**spur**, die 나란히 나 있는 흔적(발자국). ~**stecker**, der 〔전기〕 이중 플러그. ~**stern**, der 2중성, 연성(連星). ~**stockbühne**, die 2층 무대.

~stockbus, der ↑~stockomnibus. ~stöckig ⟨Adj.; nicht adv.⟩ 2층의: ein -es Haus 2층집; ein -er Omnibus 2층 버스. ~stockomnibus, der 2층 버스. ~stockschub, der [스포츠] 스키탈 때 양손의 스틱을 동시에 사용하는 법. ~stopper, der [축구] 센터하프 뒤의 수비수. ~strategie, die 이중 전략, 양면 작전. ~streife, die (특히 군대의) 복초(複哨). ~strike, der [볼링] 더블 스트라이크(2회 연속된 스트라이크). ~studium, das 복수 전공(특히 학부가 다른 전공의). ~stunde, die 두 시간 속강(연강). ~triller, der [음악] 이중 떤 꾸밈음[이중전음(顫音)](특히 바이얼린이나 피아노에서). ~T-Stahl 〔붙임표와 함께〕 der 〔건축〕 이중 T자형의 쇠. ~T-Träger 〔붙임표와 함께〕 der 〔건축〕 이중 T자형의 지주(支柱). ~tür, die 이중문, 맞닫이 문. ~türig ⟨Adj.⟩ 이중문의, 맞닫이 문의. ~verdiener, der 1. ⟨Pl.⟩ 맞벌이 부부. 2. 이중 소득자, 겸직자. ~verdienst, der 맞벌이 부부의 공동 수입. ~vergaser, der 고성능 기화기(氣化器). ~vierpolröhre, die ↑Ditetrode. ~vokal, der 중모음(예컨대: Moor의 oo). ~währung, die 금은 양 본위제(金銀兩本位制). ~waise, die ↑Vollwaise. ~wand, die 이중벽. ~wandig [-vandɪç] ⟨Adj.⟩ 이중벽의. ~wendel, die [전기] 이중으로 꼰 철사[전선]. ~zelle, die 2인용 감방. ~zentner, der 200 파운드, 100킬로그램(기호: dz). ~zimmer, das (호텔·병원 따위의) 침대가 둘 있는 2인용 방(↑zweibettzimmer; 반대: Einzelzimmer). ~zünder, der (포탄의) 복식 신관(複式信管)(착발(着發)·시한 신관(時限信管)의 복합체). ~zunge, die (취주 악기에서) 혀를 반갈아 입과 입천장에 대고 단음(斷音)을 내는 것. ~züngelei, die ↑ ~züngigkeit. ~züngig [-tsʏŋɪç] ⟨Adj.⟩ ⟨평⟩ 표리가 부동한 값이 이언의: er ist d. 그는 표리가 부동한 사람이다. ~züngigkeit, die; -en 1. 표리부동. ⟨Pl. 없음⟩ 2. 거짓[불성실한] 진술. ~züngler, der ⟨평⟩ 언행이 표리부동한 사람.

Doppelheit, die; -en 이중임, 이면성. doppeln ['dɔp|n] ⟨h⟩ 1. 두배로 하다, 이중으로 하다. 2. ⟨südd., österr.⟩ 신창을 대다[갈다]: Schuhe d. 구두에 밑창을 대다. 3. 〔전산〕 복본(複本)을 찍다. doppelt ⟨Adj.⟩ [niederrhein. dobbel, dubbel < frz. double] 1. 이중의[으로], 두배의[로], 겹복진: -e Buchführung 복식 부기; eine -e Verneinung 이중부정; 〔성구〕 ⟨통용어⟩ das ist d. gemoppelt 그것은 불필요하게 이중으로 표현되어 있다; 〔전의〕 eine Komödie mit -em Boden 두가지로 해석되는 희극; d. sehen ⟨통용어⟩ 취해 있다. d. und dreifach ⟨통용어⟩ 필요 이상으로, 이중삼중으로; ⟨명사화⟩ die Kosten sind auf das[ums] Doppelte gestiegen ⟨통용어⟩ 값(비용)이 두 배로 올랐다; einen Doppelten trinken ⟨통용어⟩ (소주 같은 것을) 더블로 마시다. 2. 특히 큰[강한], 아주 특별히; etw. mit -em Eifer betreiben ⟨통용어⟩ 무엇을 특별히 열심히 하다; das zählt d. (그것은) 특히 중요하다, 누구의 공로를 특별히 높게 평가해야 한다. doppeltkohlensauer ⟨Adj.⟩ 중탄산(重炭酸)의: doppeltkohlensaures Natron 중탄산(重炭酸) 나트륨. Doppeltsehen, das; -s 한 물건의 두 개의 상을 동시에 보는 것[복시(複視), 이중시(二重視)]. doppeltwirkend ⟨Adj.⟩ 이중 작용을 하는, 이중 효과가 있는. Doppelung, die 2배, 이중, 중복, (구두 따위의) 안(창) 대기, 복본(複本) 찍기, (뱃바닥 따위의) 피복(被覆) 포판(包板), 도박, 기만, 협잡, (뱃바닥 따위의) 피복(被覆). Doppik ⟨회계⟩ 복식 부기. ⟨Pl. 없음⟩ ⟨인공어⟩ 복식 부기. doppio movimento ['dopio movi'mento] [음악] 두 배로 빠르게. Doppler, der; -s, - ⟨südd., österr.⟩ 새로 간 구두창(↑doppeln (1) 참조).

Dopplereffekt, der; -(e)s 〔물리〕 도플러 효과.

Dopplung: ↑Doppelung.

dopsen ['dɔpsn̩] ⟨s⟩ ⟨지역적⟩ 뛰어오르다, 튀어오르다, 곤두박질하다.

Dorade [do'raːdə], die; -n [frz. dorade] 돔과의 크리스 프리스속의 물고기, 만새기, 큰 매기. Dorado [do'raːdo] ↑Eldorado.

Dorant [do'rant], der -(e)s, -e [lat. orontium < griech. oróntion] 〔민속〕 (옛 민간 신앙에 의하여) 마법을 깨뜨리거나 막는[방어하는] 식물(금어초 따위).

Dorer: ↑Dorier.

Dorf [dɔrf], das: -(e)s, Dörfer ['dœrfɐ] 1. ⟨축소형: ↑Dörfchen⟩ (반대: Stadt) 마을, 촌락: auf dem D. wohnen 마을[시골]에 살다; vom D. stammen 시골 출신이다; vom D. in die Stadt ziehen 시골에서 도시로 이사하다; 〔성구〕 die Welt ist ein D. 세상이란 정말 좁구나! (뜻밖에 아는 사람을 만났을 때); das olympische D. 올림픽 선수촌; das sind Potemkinsche Dörfer 그것은 겉보기만 그럴싸하게 보일 뿐이다; das sind jmdm. [für jmdn.] böhmische Dörfer 그것은 이해할 수 없는 일이다, 무슨 영문인지 도무지 알 수가 없다; auf(über) die Dörfer gehen 무엇을 번잡하게(장황하게 이야기) 하다; die Dörfer gehen [카드] (스커트) 으뜸패 대신 같은 짝의(대개 가치가 적은) 패를 내다; aus(in) jedem D. einen Hund haben [카드] (스커트) 각종 [여러 종류의] 패를 갖고 있다; nie aus seinem D. herausgekommen sein 시골뜨기다. 2. ⟨통용어⟩ 마을 사람: das ganze D. war auf den Beinen 온 마을 사람들이 (일어나) 움직이고 있었다.

Dorf-: ~akademie, die ⟨구동독⟩ 시골 사람들의 직업 재교육을 위한 성인 교육 제도. ~älteste, der 마을의 최고령자, 촌장. ~anger, der ⟨준구어⟩ 한 마을의 공동 목장. ~ausgang, der 마을의 변두리. ~beiz, die (schweiz.) ↑~schenke. ~bewohner, der 마을의 사람. ~bulle, der 마을의 종우. ~depp, der ⟨지역적⟩ ↑~trottel. ~eingang, der 마을 입구. ~gemeinde, die 마을의 교구(敎區). ~gemeinschaft, die 한 마을의 주민 전체. ~geschichte, die 전원[촌락] 소설. ~grenze, die 마을의 경계(선). ~helferin, die (농가의 주부가 없을 때 살림을 맡아하는) 지방 자치 단체나 협회에서 일하는 전문 교육을 받은 여직원. ~jugend, die 마을의 젊은이. ~kirche, die 마을 교회. ~klatsch, der 마을 사람들의 수다. ~klub, der ⟨구동독⟩ 마을 클럽. ~krug, der (nordd.) 마을 선술집. ~leute ⟨Pl.⟩ 마을 사람. ~linde, die 마을의 보리수(보리수 밑에 재판장·마을 사람들이 모이는 장소). ~musikant, der (고어) 마을의 악사. ~pfarrer, der 마을의 목사(신부). ~platz, der 마을의 광장. ~schenke, die 마을의 선술집. ~schmiede, die 마을의 대장간. ~schöne, die (조롱) 마을의 예쁜 처녀. ~schönheit, die (조롱) 마을의 예쁜 아가씨. ~schule, die (옛날의 한 학급) 시골 학교. ~schullehrer, der 시골 학교 교사. ~schulmeister, der (고어) 시골 학교 교원. ~schulze, der (고어) 촌장, 면장. ~straße, die 시골 마을 길. ~teich, der 마을의 (연)못. ~trottel, der 마을의 얼간이.

Dörfchen ['dœrfçən], das -s, - ↑Dorf(1). dörfisch ⟨Adj.⟩ ⟨경멸게⟩ 세련되지 않아, 촌스러운. Dörflein, das; -s, - ↑Dorf (1)의 축소형. Dörfler, der -s, - 마을 사람. dörflich ⟨Adj.⟩ 마을의, 시골 풍의. Dorfschaft, die; -en ⟨schweiz.⟩ 촌(락 단체), 촌민 전체.

Doria: ↑Donner.

Dorier [do'riːɐ], der, Dorer, der; -s, - 도리스 사람(고대 그리스의 3대 종족의 하나). dorisch ['doːrɪʃ], ⟨Adj.⟩ 도리스(사람)의, 도리스풍(식)의: -e Säule 도리스식 기둥[원

주)].
Dormeuse [dɔrˈmøːzə], die; -n [frz. dormeuse] **1.** 긴 안락의자. **2.** [(정교한) 머리모양을 보호하기 위해 쓰는 로코코 시대의 고상한] 침실용 모자. **3.** 침대차. **Dormitorium** [dɔrmiˈtoːri̯ʊm], das; -s, ...ien [...i̯ən; lat. dormītōrium] **a)** (수도원·기숙사의) 공동 침실. **b)** 수도사들이 있는 수도원의 한 건물.
Dorn [dɔrn], der; -(e)s, -en (통용어 《또한》 Dörner [ˈdœrnɐ])/-e **1.** (Pl. Dornen) **a)** (특히 식물 줄기의) 가시: einen D. entfernen[ausziehen] 가시를 제거하다[뽑아내다]; sich an den -en stechen 가시에 찔리다; [전의] sein Lebensweg war voller -en 그의 생애는 형극(荊棘)의 길이었다; jmdm. ein D. im Auge sein 누구의 비위에 거슬리다, 누구에게 눈엣가시이다. **b)** [식물] 뾰족해진 잎(뿌리)(반대: Stachel). **2.** 〈시어〉 가시나무 덤불. **3.** (Pl. Dorne) **a)** 가시 모양의 쇠붙이. **b)** 송곳. **c)** [기술] 천공기(穿孔器).
Dorn- (↑dornen-, Dornen-도 참조): ~**busch**, der 가시나무 덤불. ~**fortsatz**, der [해부] (뼈의) 가시 모양의 돌기(突起). ~**hai**, der 돔발상어. ~**röschen** [-ˈ- - -], das 〈가시에 찔려 백년 동안 잠자는〉 동화의 공주. ~**röschenschlaf** [-ˈ- - - -], der 〈반어〉 하는 일 없는 [무위(無爲)의] 생활.
Dörnchen, das; -s, - ↑Dorn의 축소형.
dornen-, Dornen- (↑Dorn-도 참조): ~**gekrönt** 〈Adj.〉 가시면류관을 쓴: das -e Haupt Christi 가시면류관을 쓴 그리스도의 머리. ~**gestrüpp**, das 가시나무 덤불. ~**hecke**, die 가시나무의 생울타리. ~**kranz**, der ↑-krone. ~**krone**, die 가시면류관(그리스도의 고난의 상징). ~**pfad**, der (아이) ↑-weg. ~**reich** 〈Adj.〉 가시가 많은, 고난에 가득 찬: bis zum Weltruhm war es ein -er Weg 세계적 명성에 이르기까지 고난에 가득 찬 길이었다. ~**strauch**, der 가시나무 덤불. ~**voll** 〈Adv.〉 ↑-reich. ~**weg**, der (아이) 가시밭 길, 고난의 길, 형극의 길, 다난한 생애. ~**zweig**, der 가시가 있는 가지.
Dornicht [ˈdɔrnɪçt], das; -s, -e (고어) 가시나무 덤불.
dornig [ˈdɔrnɪç] 〈Adj.〉 **1.** 가시가 있는, 가시 모양의, 가시가 많은. **2.** (아이) 고통스러운, 곤란한, 고난에 찬: sein Lebensweg war d. 그의 생애는 다난했다.
Doromanie [doromaˈniː], die 〈Pl. 없음〉 [griech. dôron] 【의학·심리】 선물 충동, 선물하는 병적 습관.
Doronicum [doˈroːnikʊm], das; -s, - [arab. daranağ] 노랑꽃이 피는 관목.
Dörr- ~**fleisch**, das 《지역적》 훈제한 고기. ~**gemüse**, das 말린 야채. ~**obst**, das (저장용의) 말린 과일. ~**ofen**, der 건조로(乾燥爐). ~**pflaume**, die (대개 Pl.) 말린 오얏.
Dörre [ˈdœrə], die; -n 〈지역적〉 ↑Darre (1 a). **dorren** [ˈdɔrən] 〈s〉 (아이) 마르다, 시들다, (나무가) 말라 죽다. **dörren** [ˈdœrən] **1.** 〈h〉 말리다, 건조시키다, (나무를) 말라 죽게 하다: die anhaltende Hitze dörrt den Rasen 계속되는 더위가 잔디를 말라 죽게 하다. **2.** 〈s〉 마르다, 시들다.
dorsal [dɔrˈzaːl] 〈Adj.〉 [lat. dorsālis] **1.** 【의학】 등(背)의, 뒤쪽의. **2.** 【음성】 설배음(舌背音)의.
Dorsal [-], der; -s, -e 【음성】 설배음(舌背音). **Dorsal(e)** [-(ə)], das; ...l(e)s, ...le 【건축】 (교회 내의) 성직자석의 등받이. **Dorsallaut**, der ↑Dorsal.
Dorsch [dɔrʃ], der; -(e)s, -e **a)** 대구 새끼. **b)** (발트해에 나타나는) 몸집이 작은 대구. **Dorschfisch**, der 대개 3개의 등지느러미와 두개의 꼬리지느러미를 가진 경골류(硬骨類). **Dorschleber**, die 대구의 간(肝).

Dorsche [ˈdɔrʃə], die; -n **1.** 《지역적》 스웨덴 순무. **2.** (캐비지의) 줄기.
dorsiventral [dɔrziventraːl] 〈Adj.〉 [lat. dorsum] 【생물】 배복성(背腹性)의, 복배부동(腹背不同)의. **dorsoventral** [dɔrzovenˈtraːl] 〈Adj.〉 [lat. dorsum] 【해부·생물】 배복 방향(背腹方向)의.
dort [dɔrt] 〈Adv.〉 저기에(서), 거기에(서)(반대: hier): d. oben[drüben, hinten] 저 위[저 건너쪽, 저 뒤]에서; wer ist d.? 거기 누구세요?; von d. aus können Sie mich anrufen 당신은 그곳에서 내게 전화 거실 수 있습니다.
dort-: ~**behalten*** 〈h〉 ↑dabehalten 참조. ~**bleiben*** 〈s〉 ↑dableiben 참조. ~**her**, 〈[또한], 〈강조시〉 ˈ- - -〉 〈Adv.〉 거기로부터, 저곳으로부터: ich komme gerade d. 나는 방금 거기서 오는 길입니다. ~**hin** [(또한) -ˈ-, 〈강조시〉 ˈ- -] 〈Adv.〉 거기로, 저곳으로, 그리로: stell dich d.! 저곳으로 가서 서!; welcher Bus fährt d.? 어느 버스가 그리로 갑니까?; ~**hinab** [(또한) - -ˈ-, 〈강조시〉 ˈ- - -] 〈Adv.〉 저 아래로. ~**hinauf** [(또한) - -ˈ-, 〈강조시〉 ˈ- - -] 〈Adv.〉 저 위로: d. ist der Weg sehr steil 저 위로 가는 길은 매우 가파르다. ~**hinaus** [(또한) - -ˈ-, 〈강조시〉 ˈ- - -] 〈Adv.〉 거기로부터 밖으로, 저 밖으로: bis d. [ˈ- - -] (통용어) 매우, 굉장히, 아주 특별나게. (er ist) frech bis d. (그는) 매우 건방지다. ~**hinein** [(또한) - -ˈ-, 〈강조시〉 ˈ- - -] 〈Adv.〉 그 안(속)으로. ~**hinunter** [(또한) - -ˈ-, 〈강조시〉 ˈ- - -] 〈Adv.〉 그[저] 아래쪽으로. ~**selbst** [-ˈ-] 〈Adv.〉 〈준고어·아어〉 바로 그곳에[거기에]. ~**zulande**, 〈드물게〉 ~**zuland** 〈Adv.〉 (아어) 이미 언급한 그[저] 땅[나라·곳]에서, 그 나라에서(대개 그곳의 특징적인 것과 관련하여).
dorten 〈Adv.〉 (고어·아직 오스트리아에서는 통용어) 저기에, 거기에. **dortig** [ˈdɔrtɪç] 〈Adj.〉 **a)** 거기의, 거기 [저곳]에 있는, 그곳의. **b)** 거기에서 발생하는.
Dortmund 도르트문트(루르 지방의[독일 Nordrhein-Westfalen 주의]〉(공업) 도시). **¹Dortmunder**, der; -s, - 도르트문트 사람. **²Dortmunder** 〈Adj.〉 도르트문트의.
Dos [doːs], die; Dotes [ˈdoːteːs; lat. dōs (Pl.: dōtēs)] 【법】 지참금.
dos à dos [dozaˈdo] 〈Adv.〉 [frz. dos à dos] (교양어) 등을 서로 맞대어.
Döschen [ˈdøsçən], das; -s, - ↑Dose (1)의 축소형. **Dose** [ˈdoːzə], die; -n **1.** 〈축소형: ↑Döschen〉 (뚜껑이 달린) 작은 원통형의 상자(합), 둥근 캔[통]. **2.** (↑Konservendose의 약칭) 통조림. **3.** (↑Steckdose의 약칭) 소켓. **4.** 《비어》 질(膣). **5.** 〈드물게〉 ↑Dosis: die Arznei in vorgeschriebener D. einnehmen 〈드물게〉 지시된 복용량의 약을 먹다.
dösen [ˈdøːzn̩] 〈h〉 **1.** (통용어) 잠시 졸다. **2.** (꿈꾸듯이) 우두커니 있다.
dosen-, Dosen- (↑Büchsen-도 참조): ~**bier**, das 캔맥주. ~**blech**, das 캔제조용 함석. ~**deckel**, der 캔 뚜껑. ~**fertig** 〈Adj.〉 (먹도록) 통조림된. ~**fisch**, der 통조림 생선. ~**fleisch**, das 통조림 고기. ~**gemüse**, das 통조림 야채. ~**libelle**, die 《전문어》 수준기(水準器). ~**milch**, die 캔 연유, (가당) 연유, 콘덴스밀크. ~**öffner**, der 캔 따개. ~**suppe**, die 통조림 수프. ~**wurst**, die 통조림 소시지.
dosierbar [doˈziːɐ̯baːɐ̯] 〈Adj.〉 (분량으로) 정확히 잴[계량할 수 있는. **Dosierbarkeit**, die ↑dosierbar의 명사형. **dosieren** [doˈziːrən] 〈h〉 [frz. doser] ···의 분량을 정하다, 나누다, 계량하다, (약을) 조제하다. **Dosie-**

rung, die; -en 1. ↑dosieren의 명사형. 2. 잰, 정해진, 계량된 양(量): ein Medikament in der richtigen D. verabreichen 정확한 분량의 약을 먹이다.

dösig ['dø:zɪç] 〈Adj.〉 [niederd. dösich; ↑dösen 참조.] **a)** (통용어) 졸리운: die Hitze macht einen ganz d. 더위가 사람을 아주 졸리게 한다. **b)** 무감각한, 멍한, 멍청한.

Dosimeter [dozi'me:tɐ], das; -s, - (사람이 받은) 방사능 양을 측정하는 기구. **Dosimetrie** [...me'tri:], die (물리 · 화학 · 의학) 방사선 에너지 양 측정. **Dosis** ['do:zɪs], die; Dosen [lat. dosis < griech. dósis] 약의 양, (1회의) 복용량, 어느 분량, 정도: eine tödliche D. 치사량; eine beträchtliche D. (an) Schlaftabletten einnehmen 수면제를 상당량 복용하다.

Döskopp ['døːskɔp], der; -s, ...köppe [niederd. Döskopp ↑dösen 참조.] 〈경〉 멍청이.

Dossier [dɔ'si̯e:], das; -s, -s [frz. dossier] **a)** 일건(一件) 서류, 서류의 묶음[다발]; Einsicht in ein D. verlangen 서류의 열람을 요구하다. **b)** (드물게) (누구에게 불리한) 서류 문서.

dossieren [dɔ'si:rən] 〈h〉 [frz. dossier] (전문어) 경사지게[비탈지게] 하다, (평퍼짐한) 사면(斜面)으로 만들다. **Dossierung**, die -en 1. ↑dossieren의 명사형. 2. 완만한 경사.

Dost [dɔst], der; -(e)s, -e 꽃박하, 마요라나(약용 · 요리용).

Dotalsystem [do'ta:l...], das; -s [lat. dōtālis] (구제) (결혼 후 부인의 재산이 남편의 재산으로 넘어가는) 로마법상의 부부 재산권제[법]. **Dotation** [dota'tsi̯o:n], die; -en [lat. dotatio] (교양어) **a)** 공공 기관이나 개인(특히 국가공자)에 대한 금전[재산] 급여(금); 재산 설정, 교회 기본재산 기부. **b)** (드물게) ↑Mitgift. **dotieren** [do'ti:rən] 〈h〉 [lat. dōtāre] 1. (상위직과 관련하여) 지불하다: 〈대개 과거분사로〉 der Posten als Trainer ist mit 5000 DM dotiert 감독 자리에 5000 마르크가 책정되었다; eine gut dotierte Position 수입이 좋은 자리. 2. 〈대개 과거분사로〉 일정한 금액으로 재원을 만들다: beide Preise sind mit je 6000 Mark dotiert 두 상(賞)의 부상은 각각 6000 마르크이다. 3. (반도체 기술) 반도체 물질에 다른 원소를 넣다. **Dotierung**, die; -en 1. ↑dotieren의 명사형. 2. 보수(봉급)(상위직에 대한).

Dotter ['dɔtɐ], der (또는) das, -s, - 1. [동물] 난황질(卵黃質). 2. (달걀의) 노른자위, 난황(卵黃). 3. [식물] 감색(甘菜)(Lein~), 횐독말풀(Stechapfel), 냉이.

dotter-, Dotter-: **~blume** die **a)** 노란 꽃이 피는 여러 가지 식물 이름(미나리아재비, 눈동이 나물 따위). **b)** ↑Sumpfdotterblume의 약칭. **~gelb** 〈Adj.〉 농황색(濃黃色)의, 노른자위 색의. **~sack**, der [동물] 난황낭(卵黃囊)[물고기 · 새 따위의].

dotzen ['dɔtsn̩] 〈h〉 (지역적) (특히 공이) 튀어 오르다, 높이 뛰어 오르다.

Douane ['du̯a:nə] 〈관사 없이〉 [frz. douane < arab. dīwān < pers. dīwān, ↑Diwan 참조.] [Zoll (amt)의 프랑스어 명칭) 세관. **Douanier** [du̯a'ni̯e:], der; -s [frz. douanier] 세관원(세관 관리)[프랑스의].

doubeln ['du:bl̩n] 〈h〉 [zu ↑Double 참조.] **a)** [영화] (위험한 장면 · 리허설 따위에) 대역(代役)하다. **b)** 대역시키다. **Doublage** [du'bla:ʒə], die; -n [frz. doublage] 1. (전문어) (영화의) 동시 녹음, 번역 대사의 녹음. 2. 동시 녹음으로 제작된 영화. **Double** [du:bl], das; -s, -s [frz. double ↑doppelt 참조.] 1. **a)** [영화] 위험한 장면 따위의 대역: er stand als die Dreharbeiten ohne D. durch 그는 그 대역 없이 촬영을 해냈다. **b)** 구별할 수 없을 정도로 다른 사람과 꼭 닮은 사람. 2. [음악] 변주곡의 일종(17~18세기의). 3. ↑Doubleface (b). 4. [스포츠] (한 해에 동일 팀에 의한) 선수권과 우승배의 획득. **Doublé** [du'ble:] 1. ↑Dublee. 2. [펜싱] 이중 명중타, 꾸 두발. **Doubleface** ['du:bl̩fɛs], 《또한》 'dʌbl̩fɛɪs], der; (또는) das -, -s [...fas, (또는) ...douz; frz. double-face, aus: double = doppelt(↑Double 참조.) u. face = Gesicht, Außenseite) **a)** (얼룩덜룩하여 양면으로 입을 수 있는) 교직물(交織物)이나 화학 섬유로 된 직물. **b)** (겨울 외투용) 두께운 소모사(梳毛絲) 직물. **doublieren** [du'bli:rən] ↑dublieren.

Douceur [du'sø:ɐ], das; -s, -s [frz. douceur] 〈준고어〉 팁, 수고비.

Douglas- ['daglas-]: **~raum**, der 〈Pl. 없음〉 [의학] 직장(直腸)과 방광(또는 자궁) 사이의 복막. **~skop** [...'sko:p], das; -s, -e [griech. skopeîn] 복막 관찰용 내시경(內視鏡). **~skopie** [...sko'pi:], die; -n [...i:ən] 내시경을 이용한(질(膣)에서부터의) 복막 진단.

Douglasie [du'gla:zi̯ə], die; -n 미송(美松), 더글러스 전나무(북아메리카 원산). **Douglasfichte, Douglastanne** ['du:glas-], die; -n ↑Douglasie.

Dourine [du'ri:nə] / (독어화) Durine [-], die; -n [frz. dourine, viell. zu arab. darīna = schmutzig sein] [수의] (전염병 병원체[기생충]에 의해 생긴 말과 당나귀의) 성병(性病).

do ut des [do: ʊt 'deːs; lat.] 1. 고대 로마의 상호 계약, 교역법. 2. (호의에 대한) 답례의 선물이나 보답(보상)을 기대할 때 쓰는 표현.

Dover ['doːvɐr, 'douvə], der; -s. (영불 해협에 있는) 영국의 항구 도시.

Dow-Jones-Aktienindex [daʊ'dʒoʊnz-], 《또한》 **Dow-Jones-Index**, der [경제] (미국의) 평균 주가(株價)표[지표 (지수)]를 조사하는 미국 회사 Dow, Jones & Co.에서 유래].

Dowlas ['daʊləs], das; - [engl. dowlas] [섬유] [첫 생산지인 프랑스 Daoulas시에서 유래] (속옷용) 촘촘한 면직.

down [daʊn; engl.] (통용어) 기진맥진한, 우울한.

Downing Street ['daʊnɪŋ 'strɪːt], die 다우닝가(街)(런던의 관청가), 영국 정부(내각).

Down-Syndrom ['daʊn-], das; -s [영국 의사의 이름 J. L. H. Down(1828~1896)에서 유래] ↑Mongolismus.

Doxa ['dɔksa], die 〈Pl. 없음〉 [griech. dóxa] [종교] (원시 기독교 신학의 중요한 개념) 외적 현상 양태(現象樣態), 초현세적(초자연적)인 신의 존엄[위엄].

Doxale [dɔ'ksa:lə], das; -s, -s [lat. doxale] [건축] 성당의 중앙 제단 앞의 성가대 자리와 본랑(本廊) 사이의 격자(格子)(특히 바로크 양식 교회의).

Doxograph [dɔkso'graf], der; -en, -en 〈대개 Pl.〉 [griech. dóxa u. ↑-graph] [철학] 철학자들의 학설을 문제별로 정리하는 그리스 학자. **Doxologie**, die; -n [...i:ən; mlat. griech. doxologiá] 찬미가, 영송(榮誦): die große D. („Ehre sei Gott in der Höhe...") 대영광송(지극히 높은 곳에서는 하느님께 영광이요...); die kleine D. („Ehre sei dem Vater und dem Sohn und dem Heiligen Geist") 소영광송(영광이 성부와 성자와 성신...).

Doyen [doa'jɛ̃ː], der; -s, -s 〈드물게 Pl.〉 [frz. doyen] **a)** 외교단(外交團)의 최고령자. **b)** 한 집단의 최고령자(최연장자(最年長者)]. **Doyenne** [...'jɛn], die; -n 〈드물게 Pl.〉 [frz. doyenne] ↑Doyen의 여성형.

Dozent [do'tsɛnt], der; -en, -en [lat. docēns (Gen. docentis)] **a)** (Volkshochschule도 포함한) 상급의 교원, (특히) 대학 강사. **b)** (교수가 아닌 공무원 신분의) 대학 교원. **c)** ↑Privatdozent. **Dozentin**, die; -nen ↑

Dozent의 여성형. **Dozentur** [...'tuːɐ], die; -en **a)** 대학의 교직(教職). **b)** 대학 강사 자리. **dozieren** [doˈtsiːrən] ⟨h⟩ [lat. docēre] **1.** 대학에서 강의(교수)하다. **2.** 훈계[설교]조로(교훈적으로) 말하다.

D. P. = **D**isplaced **p**erson (전쟁 따위로 인해 고국을 잃어버린) (피)난민, 유민(流民).

dpa = **D**eutsche **P**resse-**A**gentur 독일 통신사.

Dpf = **D**eutscher **Pf**ennig 독일 페니히.

dpt, dptr., Dptr. = **D**io**pt**rie [광학] 디옵트리(렌즈의 굴절력 단위).

Dr = **Dr**achme 드라크마 은화(고대 그리스의), 드라크마(현대 그리스의 화폐 단위, 또 그 은화).

DR = **D**eutsche **R**eichsbahn (1920~1945) 독일 제국 철도(구동독의). **1.** 비행ق.

Dr. = **D**okto**r**.

d. R. = **d**er **R**eserve 예비군[예비역]의; **d**es **R**uhestandes 연금(年金) 생활의.

Drache ['draxə], der; -n, -n [lat. draco < griech. drákōn] (전설상의) 용(龍). **Drachen,** der; -s, - **1.** Drache의 병용형. **1.** 연: einen D. basteln 연을 만들다; im Herbst lassen die Kinder D. steigen 아이들은 가을에 연을 날린다. **2.** 《俗》싸움 좋아하는 여자. **3.** {요트경주용} 바다의 길이가 평평한 3인승 배. **4.** 비행정.

Drachen-: **~ballon,** der ↑Fesselballon. **~baum,** der 용혈수(龍血樹)(나리과의 열대 식물). **~blut,** das **1.** (특별한 힘을 준다는 전설상의) 용의 피. **2.** 기린혈(麒麟血)(용혈수의 수지로 착색제로 쓰임). **~blutpalme,** die (말레이 다도해의 섬에서 자라는) 야자수. **~brut,** die 《준고어》악인들, 천민, 무뢰한. **~burg,** die 《농·준고어》↑~fels. **~fels,** der 《농·준고어》무도회에서 어머니들이 딸을 관찰하는 자리. **~fisch,** der 농어속(屬) [등갈양태속]의 물고기. **~fliegen,** das 행글라이더 비행. **~flieger,** der 행글라이더 비행자. **~flug,** der 행글라이더 비행. **~flugmeisterschaft,** die 행글라이더 비행 선수권. **~flugschule,** die 행글라이더 비행 학교. **~gift,** das 《詩》유해한 것. **~kopf,** der 쏨뱅이·수염속(양볼락과의 바다물고기), 도마뱀의 일종, 용머리(식물 이름). **~muster,** das 용의 모티프를 이용한 중국 도자기 무늬. **~saat,** die (이어) [그리스 신화에서 Kadmos가 뿌린 용의 이에서 유래] 불화의 원인이 되는 생각·말·행동: die D. ist aufgegangen 불화가 만연되었다.

Drachme ['draxmə], die; -n [lat. drachma < griech. drachmḗ, eigtl. = eine Handvoll (Münzen)] **1.** 드라크마 은화(고대 그리스의), 드라크마(현재 그리스의 화폐 단위, 또 그 은화), 1Drachme = 100 Lepta). **2.** (역사적) (옛 독일의) 약량(약의 무게) 단위. (= 1/8 Unze, 3.75 g).

Dragée, 《또한》 **Dragee** [draˈʒeː], das; -s, -s [frz. dragée] **1.** 설탕이나 초콜릿을 입힌 단것(과일, 과자 따위). **2.** 당의정(糖衣錠).

Drageur [draˈʒøːɐ], der; -s, -e 과자류 제조업자.

Draggen ['dragn], der; -s, - [niederd. Dragge(n)] {선원} 작은 닻.

dragieren [draˈʒiːrən] ⟨h⟩ 설탕을 입혀 단 것을 만들다.

Dragist [draˈʒɪst], der; -en, -en [frz. dragiste] ↑ Drageur.

Dragoman ['dragoman], 《또한》 dragoˈmaːn], der; -s, -e [ital. dragomano < arab. targumān] 중동(中東) (아라비아, 터기, 페르시아 따위의) 통역, 안내자.

Dragon [draˈgoːn], Dragun [draˈguːn], der 《또는》 das; -s [frz. targon ↑ Estragon. ↑ Estragon.

Dragonade [dragoˈnaːdə], die; -n (대개 Pl.) [frz. dragonnade] **1.** (역사적) (프랑스 루이 14세 때의) 용기병 (龍騎兵)의 신교도 박해. **2.** (교양어) 강제 조치. **Dragoner** [draˈgoːnɐ], der; -s, - [frz. dragon] **1.** (역사적) 경기병(輕騎兵), 용기병(龍騎兵). **2.** 《俗》뻬대가 굵

은(건강한) 여자, 여장부. **3.** 《österr. 준고어》재킷·외투 뒤의 첨쇠.

Dr. agr. = **d**octor **agr**onomiae 농학 박사.

Dragun [...] ↑ Dragon.

drahn [draːn] ⟨h⟩ 《österr.·통용어》밤새도록 놀다. **Drahrer,** der; -s, - 밤새도록 놀기 좋아하는 사람.

Draht [draːt], der; -(e)s, Drähte (축소형: ↑ Drähtchen) ['drɛːtə] **1.** 철사: Draht (aus)ziehen 철사를 만들다. **2. a)** 전신, 전화선. **b)** 전화(전신) 연결: die Nachricht kam über D. 그 소식은 전보로 왔다. [전의] den D. nach Moskau nicht abreißen lassen 모스크바와 정치적 관계를 유지하다; **heißer D.** (강대국간의) 직통 전화 연락망; **auf D. sein** 《통용어》방심하지 않다, 주의하여 상황을 즉시 바로 인식하여 이용하다; **jmdn. auf D. bringen** 《통용어》누구를 신속히 행동하도록 만들다. **c)** [군] 철조망. **3.** ⟨Pl. 없음⟩《통용어·준고어》돈.

draht-, Draht-: **~anschrift,** die 전보용 주소의 약호. **~antwort,** die 답전(答電). **~auslöser,** der [사진] 케이블 릴리스. **~besen,** der (신축성 있는 철사 갈고리가 달린) 옥외(야외) 용 빗자루. **~bürste,** die 철사 솔, 와이어 브러시. **~esel,** der 《통용어·농》자전거. **~fenster,** das 철망을 친 창. **~funk,** der 유선식(有線式) 라디오(방송). **~gebunden** ⟨Adj.⟩ [통신] 유선(有線)의(반대: drahtlos). **~geflecht,** das 철사 세공, 쇠그물. **~gestell,** das 철사로 된 버팀목. **~gewebe,** die 바둑판의 모양으로 짠 철망(격자·체·울타리 따위에 쓰는), 철사포(布). **~gitter,** die 철망 울타리, 철사로 만든 격자. **~glas,** das (철망[선]을 눌러 넣어 만든) 안전 유리. **~glocke,** die (음식에 파리가 앉지 못하도록 덮는) 쇠그물로 만든 뚜껑. **~haar,** das 빳빳한 털(개 따위의). **~haardackel,** der 빳빳한 털을 가진 개의 일종. **~haarfox,** der (짧은 빳빳한 털을 가진) 폭스 테리어. **~haarig** ⟨Adj.⟩ 털이 빳빳한, 철사처럼 빳빳한 털의. **~haarterrier,** der 털이 짧고 빳빳한 영국산 작은 개 (테리어). **~kommode,** die 《통용어·농》피아노. **~korb,** der 철사로 만든 바구니. **~lehre,** die 철사 게이지, 철사의 굵기를 재는 측정기. **~los** ⟨Adj.⟩ [통신] 무선 전신의(반대: drahtgebunden): -e Telegrafie 무선전신. **~meldung,** die; **~nachricht,** die 전보(통신). **~nagel,** der ↑ ~stift. **~netz,** das 철망, 배선. **~puppe,** die 꼭두각시, 명정이. **~putzdecke,** die [토목] ↑ Rabitzdecke. **~rolle,** die 감은 철사. **~schere,** die 철사 끊는 가위. **~schlinge,** die 철사로 만든 올가미. **~schneider,** der 철사 끊는 기구. **~seil,** das 철삭(鐵索), 철사삭. **~seilbahn,** die ↑ Seilbahn. **~seilkünstler,** der 줄타는 광대·곡예사. **~sieb,** das 철망으로 만든 체. **~spule,** die 철사를 감은 코일. **~stift,** der 《전문어》철사(대갈)못, (작은) 철사 압정. **~verhau,** der 또는 das **1.** [군] 철조망. **2.** 말린 야채. **~wort,** das 전보[전신] 용 주소에 사용되는 기호(부호). **~wurm,** der 철사벌레[연가시](구렁방아벌레[가뭄벌레]의 유충). **~zange,** die 철사를 자르는 도구, 펜치. **~zaun,** der 철사로 만든 [철망] 울타리. **~zieher** [-tsiːɐ], der; -s, - [2: 철사각시를 조종하는 사람에서 유래] **1.** 철사 제조인(자). **2.** 배후 조종자, 배후의 인물. **~zieherei,** die 철사 공장.

Drähtchen ['drɛːtçən] ↑ Draht의 축소형. **¹drahten** ['draːtn] ⟨h⟩ **1.** 《준고어》전보치다. **2.** 철사로 꿰어매다.
²drahten [-] ⟨Adj.⟩ 철사의, 철사로 만든. **drähtern** ['drɛːtɐn] ⟨Adj.⟩ 철사과.

drahtig ['draːtɪç] ⟨Adj.⟩ **1.** 철사같이 단단한[강한, 견고한, 거친, 꺼칠꺼칠한]. **2.** 아주 튼튼한, 몸이 억센, 강인한, 운동으로 단련된. **Drahtung,** die; -en 타전(打電), 전보.

Drain [drɛːn, drɛː], der; -s, -s [frz. drain < engl.

drain] 1. 《또한: Drän [drɛːn]》【의학】배농관(排膿管), 배액관(排液管). 2. ↑Drän (1). **Drainage** [drɛˈnaːʒə], die; -n [frz. drainage] 1. 《또한: Dränage》【의학】배농, 배농(排膿)[배액(排液)]법, 드레나이즈. 2. ↑Dränage (1). 3. 【자동차】배수(排水)(젖은 도로면과 타이어 사이의). **drainieren** [drɛˈniːrən] 〈h〉 [frz. drainer] 1. 《또한: dränieren》【의학】(상처에 유도관을 꽂아서) 배액시키다. 2. ↑dränieren (1) 참조.
Draisine [draiˈziːnə], die; -n 1. 드라이스 자전거, 구식 자전거(오늘날의 자전거의 전신). 2. (철도의) 보선용 소형 궤도차.
drakonisch [draˈkoːnɪʃ] 〈Adj.〉 [기원전 621년 아테네의 입법자 Drakon에서 유래. 그가 만든 법이 매우 가혹하다고 하여] (가혹한 조처와 관련하여) 극히 엄격한. **Drakontiasis** [drakɔnˈtiːazɪs], die [griech. drakontíasis] ↑Drakunkulose. **Drakunkulose** [drakʊŋkuˈloːzə], die; -n [lat. dracunculus = draco(축소형)]【의학】드라쿤클루스 증.
drall [dral] 〈Adj.〉 (소녀의 모습과 관련하여) 투실투실(토실토실)한, 튼튼한: ein -es Mädchen 생기가 넘치는 활발한 소녀. **Drall** [-], der -(e)s, -e 〈드물게 Pl.〉 1. a) (총의) 강선(腔綫). b) (강선에 의한) 총의 선회(운동): 전의 einen D. zum Politisieren haben 정치화의 경향이 있다. 2. a) 【물리】회전. b) ↑Drehimpuls. 3. 【섬유】(실의) 꼬인 가닥 수. **Drallheit**, die 〈Pl. 없음〉 (소녀의) 둥그스름하고 튼튼한 생김새.
Dralon Ⓦ [ˈdraːlɔn], das; -(s) 《인공어》폴리아크릴 합성 섬유.
Drama [ˈdraːma], das; -s, ...men [lat. drāma < griech. drãma] 1. a) 〈Pl. 없음〉(연)극, 희곡: das D. der deutschen Klassik 독일 고전주의의 희곡; die Lehre von den drei Einheiten (Zeit, Ort u. Handlung) im D. (연극에서 시간, 장소, 줄거리의) 삼통일(三統一)의 원칙. b) (비극적 결말의) 극[희곡]: die Dramen Shakespeares[von Shakespeare] 셰익스피어(의) 비극[희곡]. 2. 〈드물게 Pl.〉(충격적, 비극적인) 극적 사건: das D. der Geiselbefreiung 인질 구출기; man sollte kein D. daraus machen 그 일을 실제보다 더 나쁘게 말해서는 안될 것이다. **Dramatik** [draˈmaːtɪk], die 1. 긴장, 극적 감동, 박진감: in dieser Szene liegt eine ungeheure D. 이 장면에는 어마어마한 극적 긴장이 있다. 2. 극작(법), 희곡론.
Dramatiker, der; -s, - 극작가, 극시인. **dramatisch** 〈Adj.〉 [lat. drāmaticus < griech. drāmatikós] 1. 희곡(연극)의: die -e Wirkung eines Theaterstücks 극의 극적 효과; der -e Höhepunkt (연)극의 최고조. 2. 긴장감이 넘치는, 극적인: eine -e Rettungsaktion 긴장감 넘치는 구출 작업. **dramatisieren** [dramatiˈziːrən] 〈h〉 1. 극적으로 표현하다, 과장하다. 2. 각색하다, 극화하다: einen Roman d. 장편 소설을 희곡화하다. **Dramatisierung**, die; -en ↑dramatisieren의 명사형. **dramatis personae** [ˈdraːmatɪs pɛrˈzoːnɛ] 〈Pl.〉 [lat. = die Personen des Dramas] (교양어) 희곡 등장 인물. **Dramaturg** [...ˈtʊrk], der; -en, -en [griech. dramatourgós] 희곡 전문가. **Dramaturgie** [...tʊrˈgiː], die; -n [...ˈiːən; griech. dramaourgía] 1. 희곡론, 희곡 작법(作法): am Anfang der europäischen D. steht die „Poetik" des Aristoteles 유럽 희곡론의 효시는 아리스토텔레스의 시학이다; Lessings Hamburgische D. 레싱의 함부르크 희곡론. 2. (희곡, 방송극, (TV) 영화의) 각색, 연출. 3. (극장, 방송국, TV의) 극 전문가실, 드라마 제작부. **dramaturgisch** 〈Adj.〉 1. 희곡론의, 희곡 작법의. 2. 희곡작법상의. 3. 극 전문가실[부서]의, 드라마 제작부의. **Dramma per musica** [ˈdraːma pɛr ˈmuːzika], das; - -, ...me - - [...mə] 오페라, 가극(에

대한 이탈리아 명칭). **Dramolett** [dramoˈlɛt], das; -s, -e, -s 짧은 연극, 촌극(寸劇).
dran: ↑daran (1, 2)의 통용어: 전의 gut[schlecht] d. sein 행복하다[불행하다]; an dem Motor ist was d. 모터에 이상이 있다; an dem Gerücht ist (schon) etw. d. 헛소문이 아니다; **d. sein** 1) 차례이다. 2) 책임을 지게 되다. 3) 죽어야 하다; **am -sten sein** 〈농〉차례이다; **nicht wissen, wie man mit jmdm. d. ist** 누구를 어떻게 생각해야 좋을지 모르다; **d. glauben müssen** 죽지 않으면 안된다, 위험이나 어려운 일을 모면할 수 없다.
dran-, Dran- (↑daran-, Daran-도 참조.): **~bleiben*** 〈s〉 (통용어) 일정한 장소를 떠나지 않고 남다[머무르다]: bleiben Sie bitte dran 전화를 끊지 마십시오. **dränen** [ˈdrɛːnən] 〈h〉 ↑dränieren (1) 참조. **~gabe**, die 희생, 포기, 헌신. **~geben*** 〈h〉 희생하다, 포기하다: sein Leben für etw. d. 무엇을 위해 생명을 희생하다. **~gehen*** 〈s〉 (통용어) ↑darangehen. **~halten***, sich 〈h〉 1. (통용어) 서두르다. 2. (지역적) 계속하다, 중지하지 않다. **~hängen** 〈h〉 1. (통용어) 무엇을 조금 더 연장하다. 2. 무엇과 관계되다. **~kommen*** 〈s〉 a) (통용어) 차례가 되다. b) (수업 시간에) 지명당하다. **~kriegen** 〈h〉 (통용어) (더 이상 피하지 않고 요구나 일에 따르도록) 누구를 구슬리다. **~machen**, sich 〈h〉 (통용어) ↑daranmachen. **~nehmen*** 〈h〉 (통용어) (차례대로) 처리하다. b) (교사가 학생에게) 질문에 대답하라고 하다. **~setzen** 〈h〉 무엇을 위해 쓰다.
Drän [drɛːn], der; -s, -s / -e [↑Drain의 독어화] 1. a) 배수 도랑. b) 배수관. 2. ↑Drain (1). **Dränage** [drɛˈnaːʒə], die; -n ↑Drainage의 독어화. 1. a) 배수(설비). b) ↑Dränung. 2. ↑Drainage (1).
dränen 〈h〉 ↑dränieren (1) 참조.
drang [draŋ] ↑dringen 참조. **Drang** [-], der; -(e)s, 〈드물게〉 Dränge [ˈdrɛŋə] 1. 충동, 갈망: einem inneren D. nachgeben 내적 충동을 억제하지 못하다. 2. 〈Pl. 없음〉 압박, 궁박, 절박. **dränge** [ˈdrɛŋə] ↑dringen 참조. **Drängelei** [...ˈlai], die; -en, -en 《폄》 성가시게 미는 행위, 새치기: die D. beim Einsteigen 차에 올라탈 때 밀치기. 2. 계속 조르기, 자꾸만 하는 재촉. **drängeln** [ˈdrɛŋln] 〈h〉 1. a) (통용어) 떠밀다[밀치다]. b) 떠밀어 어떤 곳으로 밀어내다. 2. 누구에게 무엇을 하라고 조르다.
drängen [ˈdrɛŋən] 〈h〉 1. a) 밀다, 떠밀다, 밀치다: bitte nicht d.! 떠밀지 마! b) (군중 틈에서) 밀치락달치락하다. 2. a) 누구를 억지로 떠밀다[밀치다]: jmdn. an die Wand d. 누구를 벽에 밀어붙이다. b) 몰려들다[가다], 밀고 나아가다: die Menschen drängten an die Kassen 사람들이 계산대로 몰려갔다; (+ sich) er versuchte, sich nach vorn zu d. 그는 돌진하려고 시도했다. 3. [구기] 맹공격하여 상대방을 꼼짝 못하게 하다. 4. a) (무엇을 하라고) 독촉하다: jmdn. d., seine Schulden zu bezahlen 누구에게 빚을 갚으라고 독촉하다; es drängt mich, euch zu danken 나는 너희들에게 꼭 감사하고 싶다; (명사화) auf Drängen des Vorstandes 이사진의 독촉에 의하여. b) 무엇을 촉구하다: auf Abbruch der diplomatischen Beziehungen d. 외교 관계의 단절을 촉구하다. 5. 긴급 행동[결단]을 요구하다: Die Zeit drängt 때가 절박하다; die Situation drängt 상황이 급박하다; drängende Fragen 긴급한 문제. **Drängerei** [...ˈrai], die; -en 《폄》압박, 핍박, 강제. **Drangperiode**, die; -n [스포츠] (골을 넣기 전) 적의 문전 공격이 많은 시간대. **Drangsal** [ˈdraŋzaːl], die; -e (고어), -e (아어) 압박, 곤궁, 고난.
drangsalieren [...zaˈliːrən] 〈h〉《폄》괴롭히다: der Kranke drangsalierte seine Umgebung von früh bis spät 그 환자는 아침부터 밤까지 주위 사람들을 괴롭혔

다. **Drangsalierung**, die; -en ↑drangsalieren의 명사형. **drangvoll** 〈Adj.〉 **1.** (아이) (공간이) 혼잡한, 좁은, 밀집한. **2.** 괴롭히는, 압박하는, 궁박한.
dränieren [drɛˈniːrən] 〈h〉 **1.** (하수관으로) 배수하다. **2.** ↑drainieren (1) 참조. **Dränierung**, die; -en ↑Dränung.
Drank [draŋk], der; -(e)s [niederd. drank] 《niederd.》 **a)** (부엌의) 구정물, 개숫물. **b)** 돼지먹이. **Drankfaß**, das 《지역적》 돼지먹이를 담는 통. **Dranktonne**, die 《지역적》 **1.** ↑Drankfaß. **2.** 《경》 (가리지 않고 다 먹는) 뚱뚱한 사람.
Drännetz, das ↑Dränsystem. **Dränrohr**, das 배수관.
dransten ['dranstɐ] ↑dran의 남승다 최상급.
Dränsystem, das 배수 설비.
Dränung ['drɛːnʊŋ], die; -en [zu ↑Drän (1)] (하수관, 배수관을 통한) 지상(地床)의 배수.
Drap [dra], der; - [frz. drap] (올이) 톡톡한 모직물, 나사.
Drapa ['draːpa], die; Drapur ['draːpʊr; nord. drapa] [문예학] (10~13세기 고대 북구의) 찬미가 시형(詩形).
Drapé [draˈpeː], der -s, -s [frz. drap] 소모사(梳毛絲)로 짠 양복지. **Drapeau** [draˈpoː], das; -s, -s [frz. drapeau] 《고어》 기(旗), 군기(軍旗). **Draperie** [drapəˈriː], die; -n [...rɪən; frz. draperie] (준고어) (커튼옷의) 정교한 주름잡이(의 모양). **drapieren** [draˈpiːrən] 〈h〉 [frz. draper] **1.** (옷이나 천을) (정교하게) 주름잡다. **2.** 天을쓴을 천으로 장식하다. **Drapierung**, die; -en **1.** (커튼·옷을) 주름잡기. **2.** 주름잡은 천으로 장식하기.
drapp [drap], **drappfarben** 〈Adj.〉 [frz. drap] 《österr.》 모래빛의, 열은 황갈색의.
Drapur ↑Drapa의 복수형.
drasch [draːʃ] ↑dreschen 참조. **Drasch**, [-], der; -(e)s (지역적) 서두름, 초조, 성급함, 법석을 떨며 부산함, 안절부절. **dräsche** ['drɛːʃə] ↑dreschen 참조.
draschen ['draːʃn] 〈h〉 《ostmd.》 비가 오다.
Drastik ['drastɪk], die 〈Pl. 없음〉 노골적임, 대담함: etw. mit besonderer D. schildern 무엇을 특히 노골적으로 묘사하다. **Drastikum** [...tikʊm], das; -s, -ka [griech. drastikós] 준하제(峻下劑). **drastisch** 〈Adj.〉 [griech. drastikós] **a)** 노골적인, 대담한: eine -e Ausdrucksweise 노골적인 표현 방법. **b)** 단호한, 철저한: eine -e Maßnahme 단호한 조처.
Drau [drau], die 〈Pl. 없음〉 도나우 강의 지류.
dräuen ['drɔyən] 〈h〉 《시어》 협박하다: Gefahr dräut 위난이 닥치다.
drauf: ↑darauf (1~5)의 통용어: auf meinem Konto ist nichts d. 내 통장에는 돈이 한 푼도 없다; **etw. d. haben** 1) 무엇을 배우어 잘 알고 있다[숙달해 있다]. 2) (일정한 속력으로) 달리다, 차를 몰다: er hat 120 Kilometer d. 그는 시속 120 킬로미터로 달렸다; **gut o. ä. d. sein** 좋은 상태[상황]에 있다; **d. und dran sein, etw. zu tun** 무슨 일을 하기로 거의 결정한 상태이다.
drauf-, Drauf-: **~bekommen** 〈h〉 (다음 용법으로) **eins d.** 1) 책망당하다. 2) (가볍게) 얻어 맞다. **~brummen** 〈h〉 **1.** (자동차로) 누구·무엇의 뒤를 세게 받다. **2.** (스포츠 은어) 힘차게 슈팅을 날리다. **~gabe**, die **a)** 계약금, 예약금. **b)** 《지역적》 ↑Dreingabe. **~gänger**, der -s, - (고어 Gänger) 무모한 사람. **~gängerisch** 〈Adj.〉 무모한. **~gängertum**, das; -s 무모한 행동. **~geben** 〈h〉 **1. a)** 더 주다, 덤으로 주다. **b)** 《österr.》 시를 한 편 더 낭송하다, 노래를 한 곡 더 부르다. **2. jmdm. eins d.** 1) (통용어) 가볍게 찰싹 때리다. 2) 누구를 질책하다. **~gehen*** 〈s〉 **1.** (통용어) 죽다, 망하다: bei einem Unfall d. 사고로 죽다. **2.**

a) 소비(消耗)되다, 없어지다: im Urlaub ist mein ganzes Geld draufgegangen 휴가 때 나는 있는 돈을 다 써버렸다. **b)** 망가지다: bei der Arbeit ist mein Anzug draufgegangen 일할 때 내 양복이 망가졌다. **~geld**, das 계약금. **~halten*** 〈h〉 (통용어) **1.** 한(일정한) 곳을 (꼭) 쥐다, 누르다. **2.** 무엇을 목표로 삼다, 겨냥하다. **~hauen*** 〈h〉 **1.** (통용어) 누구를 때리다, 무엇을 치다. **2.** (다음 용법으로) **einen d.** (한 사람 혹은 여러 사람과 어울려) 신나게 놀다. **~knallen** 〈h〉 **1.** 《경》 누구 [무엇]를 거누어 쏘다. **2.** 금액을 추가로 부과하다. **~kommen*** 〈s〉 (통용어) 배후를 캐내다. **~kriegen** 〈h〉 (다음 용법으로) **eins[etw.] d.** 1) (통용어) 심한 꾸지람을 받다, 엄한 벌을 받다. 2) 패배하다. 3) 불행을 당하다. **~legen** 〈h〉 **1.** (통용어) 일정한 [한]곳에 놓다. **2.** 일정한 금액에 부족한 액수를 더 부가시키다. **~los** [-ˈ-] 〈Adv.〉 저돌(猪突)적으로[돌진하여]. **~losarbeiten** 〈h〉 저돌적으로 일하기 시작하다. **~losfahren** 〈s〉 (통용어) 일정한 목표 없이 어디로 가다. **~losfeuern** 〈h〉 (통용어) ↑losschießen. **~losgehen*** 〈s〉 (통용어) 저돌적으로 돌진하다. **~losreden** 〈h〉 (통용어) 무턱대고 이야기하기 시작하다. **~losreiten*** 〈s〉 (통용어) 무턱대고 어디로나 말을 타고 달리다. **~losschießen** 〈h〉 (통용어) 무분별하게 마구 쏘다. **~losschimpfen** 〈h〉 (통용어) 마구 욕하기 시작하다. **~loswirtschaften** 〈h〉 (통용어) 무절제하며 살림하다. **~machen** 〈h〉 (다음 용법으로) **einen d.** (통용어) (특별한 계기로 집 밖에서) 사치스런 잔치를 벌이다. **~satteln** 〈h〉 (정치 은어) 추가로 주다 [지급하다]: auf den Tarif vom Vorjahr wurden noch 1.5% draufgesattelt 작년 임금률에 1.5%가 추가로 지급되었다. **~schmieren** 〈h〉 (통용어) (연고 따위를) 바르다·묻지르다. **~sicht**, die (전문어) 부감경(俯瞰景). **~stehen*** 〈h〉 (통용어) 등록[기재]되어 있다. **~stoßen*** 〈h〉 (통용어) 누구에게 무엇을 명백히 제시하다. **~treten*** 〈s〉 (통용어) 누구를[무엇을] 밟다. **~zahlen** 〈h〉 **a)** (통용어) 일정액을 추가 지불하다. **b)** 금전상의 손해를 입다, 너무 많이 지불하다.
draus [draus] ↑daraus (1, 2)의 통용어. 거기서 [그것은] 아무런 결과를 맺지 못했다; **sich nichts d. machen** (통용어) 무엇에 개의치 않다, 무엇에 대해 화내지 않다. **drausbringen*** 〈h〉 《südd., österr.》 혼을 빼다 〈h〉, 얼떨떨하게 하다. **drauskommen*** 〈s〉 **1.** (다음 용법으로) 《südd., österr.》 얼떨떨하다. **2.** (통용어) 무엇을 이해하다, 알게 되다, 쓰여진 것을 해독(판독)할 수 있다. **Drauskommen**, das 〈다음 용법으로〉 **sein D. haben** (österr.) (통용어) 살림을 해나가다. **draußen** ['draʊsn] 〈Adv.〉 **a)** 밖[바깥]에서, 외부에(서), (집) 밖으로(에서) (반대: drinnen): d. vor dem Haus 집 밖에서; nach d. gehen 야외로 나가다. **b)** 어딘가 멀리 떨어진 곳에(서): [전의] d. in der Welt 멀리 떨어지진 세상 어딘가에서.
Drawback ['drɔːbæk], das; -(e), -s [engl. drawback] [경제] (과다 지불된) 관세의 환불.
Drawida [draˈvɪda], (또한) 'draˈvɪda, der; -s, -s 인도의 원주민족, 남인도의 선주(先住) 인종. **drawidisch** [draˈviːdɪʃ] 〈Adj.〉 드라비다(인(人), 어(語))의: -e Sprachen 드라비다어(語)(남인도와 실론의 어족(語族)).
Drawing-room ['drɔːɪŋrʊm], der; -s, -s [engl. drawing room] (영국의) 응접실, 살롱.
Drazäne [draˈtsɛːnə], die; -n [griech. drákaina] ↑Drachenbaum.
Dr. disc. pol. = doctor disciplinarum politicarum 사회 과학 박사.
Dreadnought ['drɛdnɔːt], der; -s, -s [engl. dreadnought] 드레드노트형(型) 전함, (과거 영국의) 초노급

(超弩級) 전함. **drechseln** ['drɛksln] ⟨h⟩ 선반(旋盤)으로 자르다[깎다]: 전의 Phrasen d. 〈농〉 미사여구를 늘어놓다. **Drechselei** [...sə'laɪ], die; -en **a)** ⟨Pl. 없음⟩ 선반[녹로]세공, 선반[녹로]세공업(세공 공장). **b)** 선반[녹로] 세공된 것. **Drechsler** ['drɛkslɐ], der; -s, - 선반공, 녹로공.
Drechsler-: **~arbeit**, die 선반[녹로] 세공. **~bank**, die 선반[녹로]. **~handwerk**, das ⟨Pl. 없음⟩ 녹로[선반] 세공업. **~meister**, der 선반 기능장. **~werkstatt**, die 선반[녹로] 작업소.
Drechslerei [...ə'raɪ], die; -en **1.** ↑Drechslerwerkstatt. **2.** ⟨Pl. 없음⟩ ↑Drechslerhandwerk. **drechslern** ['drɛkslɐn] ⟨h⟩ 녹로로서 녹로세공을 하다.
Dreck [drɛk], der; -(e)s **1.** ⟨통용어⟩ 오물, 쓰레기, 찌꺼기, 때; den D. aufkehren 쓰레기를 쓸어 모으다; mit D. besprizt werden 진창을 뒤집어 쓰다; er starrt vor D. 그는 아주[몹시] 더러웠다; **D. am Stecken haben** 결백하지 않다. **frech wie D.** (↑Oskar 참조) 아주 뻔뻔스러운, 낯가죽이 두꺼운; **(wohl) D. in den Ohren haben** ⟨경⟩ 남의 말을 잘 알아듣지 못하다; **in den Händen haben** ⟨경⟩ (쥘 때·꼭잡을 때) 서투르다; **aus dem (gröbsten) D. (heraus) sein** ⟨통용어⟩ 심한 고난을 면하다, 심한 어려움을 극복하다; **aus dem D. ziehen** ⟨통용어⟩ 누구를 어려운 상황에서 구해내다; **jmdn., etw. durch den D. ziehen/(jmdn., etw. in den D.) ziehen(treten)** ⟨누구(무엇)를 중상[비방]하다; **im D. stecken(sitzen)** ⟨통용어⟩ 심한 고난을 겪고 있다. 난경에 처해 있다; **in D. u. Speck** ⟨통용어⟩ 일을 해서 더러워진 (사람); **mit D. u. Speck** ⟨통용어⟩ 씻지 않고, 더러운 채로; **jmdn. (etw.) mit D. bewerfen** 누구(무엇)를 비방하다. **2.** ⟨폄⟩ 하찮은·시시한 일: macht euren D. alleine 너희들의 일은 너희들이 하고 싶은 대로 해라; den alten D. wieder aufführen 과거의 불쾌했던 일을 다시 회상하다; kümmere dich um deinen eigenen D.! 네 자신의 일에 마음을 써라 !; sich um jeden D. selbst kümmern müssen 하찮은 일에 일일이 혼자 마음써야 하다; **ein D. [der letzte D.] sein** ⟨폄⟩ 전혀 아무것도 아니다(없다), 결코 ··· 아니다; das geht dich einen D. an 그것은 너와 아무런 관계도 없다; ich mache mir einen D. daraus 나는 그것을 하찮게 생각한다; **jmdn. wie [den letzten] D. behandeln** ⟨경⟩ 누구를 아주 하찮게 취급하다. **3.** ⟨폄⟩ 하찮은[시시한] 쓸모[값어치] 없는 일[물건·것]: das ist doch alles D. 그건 모두 시시한[보잘 것 없는] 일이다.
Dreck-: **~arbeit**, (또한) Drecksarbeit, die **a)** 더러운 일. **b)** (다른 사람들이 하기 싫어하는) 천한 일. **~bude**, die **~loch**. **~bürste**, die ⟨통용어⟩ (진흙을 터는) 구둣솔. **~ding**, das **1.** ⟨폄⟩ 더러운 것. **2.** 저질의 물건. **~eimer**, der ⟨폄⟩ 쓰레기통: **strahlen wie ein frisch geputzter D.** ⟨통용어·농⟩ 기뻐서 환한 표정을 짓다. **~fink**, der ⟨경⟩ ↑Schmutzfink. **~fleck**, der ⟨통용어⟩ ↑Schmutzfleck. **~haufen**, der 오물 더미. **~kerl**, der ⟨통용어⟩ ↑Dreckskerl. **~lappen**, der **1.** ⟨통용어⟩ ↑Aufwischlappen. **2.** ⟨폄⟩ 더러운 천 조각, 더러운 옷. **~loch**, das ⟨폄⟩ 더럽고 지저분한 작은 (집). **~nest**, das ⟨폄⟩ 지리한 작은 마을[도시(촌)]. **~pfote**, die ⟨속어⟩ 더러운 손. **~sack**, der ⟨속된 욕설⟩ 비열한 놈. **~sau**, die **a)** ⟨속된 욕설⟩ 더러운 사람(놈). **b)** ⟨비열한⟩ 인간. **~schaufel**, die ⟨통용어⟩ 쓰레기 삽. **~schippe**, die ⟨지역적⟩ ↑~schaufel. **~schleuder**, die **a)** ⟨속어·폄⟩ (외설적) 말재주. **b)** ⟨속된 욕설⟩ 음란한 말을 하기 좋아하는 사람. **~schwein**, die ⟨속된 욕설⟩ 매우 더러운 사람[놈]. **~spatz**, der **a)** ⟨친근⟩ 더러워진 아이. **b)** ⟨속된 욕설⟩ 더러운 인간. **~spritzer**, der

⟨통용어⟩ 오물이 튀겨서 어룽진 점. **~wetter**, das ⟨통용어·폄⟩ 계속 비오는 날씨, 나쁜 날씨. **~zeug**, (또한) Dreckszeug, das ⟨통용어·폄⟩ 보잘것 없는 것.
dreckeln ['drɛkln] ⟨h⟩ **1.** ⟨지역적⟩ 산만하게 여러 가지 일을 하다, 부산 떨다. **2.** 외설스런 말을 하다. **Dreckerei** [drɛkə'raɪ], die ⟨Pl. 없음⟩ ⟨지역적⟩ 불결(함), 더러움. **dreckern** ['drɛkɐn] ⟨h⟩ **1.** ⟨지역적⟩ 모래 속에서 놀다. **2.** (일할 때) 더럽혀 놓다. **dreckig** ['drɛkɪç] ⟨Adj.⟩ **1. a)** ⟨통용어⟩ 불결한, 진창[진흙]투성이의, 더러워진, 더러운: er macht sich nicht gern d. 그는 더러운 일을 하기 싫어한다; die -e Wäsche 더러워진 속옷; 전의 -e Witze 음탕한 농담[음담패설]. **b)** (사람이) 더러운, 지저분한, 불결한. **2.** ⟨폄⟩ 뻔뻔스러운, 파렴치한, 불손한, 건방진: lach nicht so d.! 그렇게 뻔뻔스럽게 웃지마 ! **3.** ⟨폄⟩ 사악한, 야비한, 음험한: ein -er Mord 야비한 살인. **4. jmdm. geht es d.** ⟨통용어⟩ 누구의(재정적) 형편이 나쁘다.
Drecks-: **~arbeit**, die ↑Dreckarbeit. **~kerl**, ⟨또한⟩ Dreckkerl, der ⟨속된 욕설⟩ 비열한(卑劣漢), 더러운 놈. **~zeug**, das ↑Dreckzeug.
Dredsche ['drɛdʒə], die; -n [engl. dredge] [어업] 저예망(底曳網), 저인망(底引網).
Dreesch [drɛːʃ] ↑Driesch.
dreeschen ['drɛːʃn] ⟨h⟩ (ostmd.) 비가 오다.
Dregge ['drɛgə], die; -n ↑Draggen.
Dr. E. h. = Doktor Ehren halber (Ehrendoktor) 명예박사.
Dreh [dreː], der; -s, -s **1.** (적절한) 처치[조치], 방책, 술책, 요령, 피, 트릭: den richtigen D. finden 적절한 방책을 찾아내다. **2.** 비틀음, 회전, 선회, 방향 전환. **3. um den D.** 대략.
Dreh-: **~achse**, die 회전축(回轉軸). **~arbeit**, die ⟨대개 Pl.⟩ 영화 촬영. **~bank**, die 선반(旋盤). **~bewegung**, die 회전[선회] 운동. **~bleistift**, der 샤프펜슬. **~brücke**, die 회전(廻轉)·선개(旋開). **~buch**, das 영화 각본, 시나리오. **~buchautor**, der 시나리오 작가. **~bühne**, die 회전 무대. **~dolle**, die [조정] (회전) 놋좆, 노받이. **~feld**, das [전기] 회전 자장(磁場). **~flanke**, die [체조] 회전하여 가로뛰기. **~flügelflugzeug**, das 회전익(廻轉翼) 비행기(헬리콥터 따위). **~flügler**, der ↑~flügelflugzeug. **~gestell**, das 보기 (Bogie) 차대(車臺), (탱크의) 무한궤도조정대륜(無限軌道調整內輪). **~impuls**, der [물리] 각운동량(角運動量). **~kehre**, die [기계체조] 반(半)을 회전하여 옆으로 뛰어넘기. **~kippe**, die [기계체조] 반(半)을 회전하여 차오르기. **~knopf**, der (문 따위의) 회전식 손잡이. **~kolbenmotor**, der ↑Wankelmotor. **~kondensator**, der [전기] 가변축전기(加變蓄電器), 바리콘(라디오 수신기의). **~kran**, der 회전기중기. **~krankheit**, die (동물, 특히 양의) 회선증(廻旋症), 선도병(旋倒病). **~kreuz**, das 회전식 문, 회전 십자꼴 나뭇대 (한 사람씩 입구를 지나가게 만든 것), (선반의) 회전간(桿). **~leier**, die 고대 (특히 중세의) 사현금(四絃琴), (바이올린형의) 옛 현악기. **~maschine**, die ↑~bank. **~meißel**, der 회전 끌. **~moment**, das [물리] 회전 모멘트, 토크 (회전력의, 축 둘레의 힘의 모멘트). **~orgel**, die 손풍금. **~orgelmann**, der ↑~orgelspieler. **~orgelmusik**, die ⟨Pl. 없음⟩ 손풍금 음악. **~orgelspieler**, der 손풍금 연주자. **~ort**, der ⟨Pl. ...orte⟩ 영화 촬영 장소. **~pause**, die 영화 촬영중의 중간 휴식. **~punkt**, der 선회점(旋回點), 회전축.
Dreh- und Angelpunkt (↑Angelpunkt) 극(極), 선회중심점, 축점(軸點), 선회점, 지렛목, 축축(樞軸點). **~restaurant**, das (고층 건물 최상층·방송탑의) 회전 레스토랑. **~salto**, der ↑Schraubensalto.

~schalter, der 회전(전동) 스위치(켜면 회전하는). ~scheibe, die 1. 전차대(轉車臺). 2. ↑Töpferscheibe. ~schuß, der a) 〖축구〗회전슈트(몸을 회전시켜 하는). b) 발동의 안·팍으로 하는 슈트(이때 공이 커브짐). ~schwungstemme, die 〖기계체조〗철봉에서 반회전 비약하여 멈춤. ~sessel, der (높이를 조절할 수 있는) 회전식 안락의자. ~sprung, der 〖기계체조〗회전 도약. ~strom, der 〖전기〗삼상(三相) 교류, 다상(多相) 교류 〖전류〗. ~strommotor, der 삼상 교류 모터. ~stuhl, der ↑~sessel 참조. ~tür, die 회전문. ~vorrichtung, die 회전 장치. ~wende, die 〖기계체조〗(반대 방향으로의) 반회전 운동. ~wurm, der 공미충(共尾蟲) (선회촌충의 애벌레, 선도병(旋倒病)의 병원체): **den D. haben[bekommen]** 〖통용어·농〗현기증이 나다: 전의 sie hat den D. 1) 〈경〉그녀는 현기증이 난다. 2) 전의 〈경〉그녀는 변덕스럽다. ~**zahl**, die 〖통용어〗회전수(回轉數)(차바퀴 따위의). ~**zahlmesser**, der 회전 속도계, 유속계(流速計).

drehbar ['dre:ba:r] 〈Adj.〉회전할 수 있는, 회전하는: die Bühne ist d. 그것은 회전 무대이다. **Drehe** ['dre:ə], die 〈Pl. 없음〉《지역적》부근, 주위, 주변. **drehen** 〈h〉 1. a) (축을 중심으로 하여) 무엇을 돌리다, 회전시키다: den Schlüssel im Schloß d. 열쇠를 자물쇠 속에 넣고 돌리다. b) 돌다, 회전하다, 선회하다: die Wetterfahne dreht sich im Wind 풍신기(風信旗)가 바람에 돈다; das Karussell dreht sich in der Kreise 회전목마가 (빙글빙글) 돈다; **jmdm. dreht sich alles** 《통용어》누가 어지럽다. c) (회전시켜) 방향을 바꾸다, 돌리다: du mußt den Schalter nach rechts d. 너는 스위치를 오른쪽으로 돌려야 한다. d) (회전하여) 방향을 바꾸다: das Schiff dreht (nach Norden) 배가 진로를 (북쪽으로) 돌린다. e) 무엇을 돌리다: am Radio d. 라디오의 단추를 돌리다; **da hat doch jemand[einer] dran gedreht**, **da muß doch jemand[einer] daran gedreht haben** 〈경〉거기에 뭔가 이상한 데가 있다. f) 〖통용어〗회전시켜 조절[조정]하다(기구·기계에): den Herd klein[auf klein] drehen 화덕을 약하게 조절한다. 2. 돌리어(감아서, 비틀어) 만들다: Seile d. 새끼를 꼬다; er drehte sich eine Zigarette 그는 궐련을 말았다. 3. (영화 등을) 제작하다: einen Film d. 영화를 촬영하다. 4. 〈d. + sich〉무엇이 주제가 되다: es dreht sich darum, daß... …이 문제점이다[문제이다]. 5. 〖통용어·편〗(자기 뜻대로) 무엇을[누구에게] 영향을 주다: das hat er sehr geschickt gedreht 그는 그 일을 능숙하게 조정하였다; **daran ist nichts zu d. und zu deuteln** 그것은 아주 명백하다. 6. 〖통용어·편〗부당한 행동을 하다. 7. 〈d. + sich〉《österr. 통용어》떠나가다: bevor die Reihe zum Zahlen an ihn kam, hat er sich gedreht 지불할 차례가 되기도 전에 그는 사라졌다. **drehend** 〈Adj.〉《지역적》어지러운. **Dreher**, der; -s, - 1. 선반공(旋盤工), 녹로공. 2. 느린 왈츠와 유사한 오스트리아의 민속춤. 3. 〖통용어〗자동차가 빙그르 돌음. **drehrig** ['dre:rɪç] 〈Adj.〉《지역적》어지러운. **Drehung**, die; -en 회전, 선회.

drei [draɪ] 〈기수〉《숫자로서: 3》↑**acht** 참조. 3(의), 셋 (세 사람·세 시·세 살 따위), 셋의: er arbeitet[ißt] für d. 그는 보통 이상으로 많이 일한다[먹는다]; **nicht bis** [〖드물게〗**auf**] **d. zählen können** 〖통용어〗그다지 총명하지 못하다. **Drei** [-], die; -en **a**) 3의 수. **b**) 〖카드의〗3(점). **c**) (주사위 던지기에서의) 3점. **d**) 〈성적표의〉3점, 세 번째 등급: er hat in Latein eine D. geschrieben 그는 라틴어에서 평점 3을 받았다. **e**) 〖통용어〗3호선 열차.

drei-, Drei-: ~**achser**, der 〖통용어〗3개의 차축이 있는 차. ~**achsig** 〈Adj.〉 3achsig 〖기술〗3개의 축(軸)으로 구성된. ~**achteltakt**, der 8분의 3박자. ~**akter**, der 3막극. ~**angel**, der; -s, - (지역적) 〖천의〗세모꼴의 홈. ~**armig**: ↑achtarmig 참조. ~**ball**, der 〖골프〗쓰리볼 매치(세 명의 선수가 각자 자기 공을 사용하면서 함께 라운드하기). ~**bändig**: ↑achtbändig 참조. ~**bastig** [-basticç] 〈Adj.〉《지역적》무모한, 뻔뻔스러운. ~**bein**, das 〖통용어〗삼발이, 삼각대. ~**beinig** 〈Adj.〉세발의, 삼각(三脚)의: ein -er Tisch 세발 책상. ~**bettzimmer**, das 침대 3 개가 있는 방(호텔·병원·손님방 따위의). ~**blatt**, das 〖식물〗일(-)이 셋인(3잎의) 식물(예컨대: 클로버 종류). ~**blättrig** 잎의 셋인, 세 잎의. ~**dimensional** 〈Adj.〉 3차원의: der -e Raum 3 차원의 공간. ~**eck**, das 1. 삼각형, 세모꼴: ein spitzwinkliges [gleichschenkliges, ungleichseitiges] D. 예각(2등변·부등변) 삼각형. 2. 〖스포츠·특히 축구〗골문의 모서리. ~**eckig** 〈Adj.〉 3각의, 3각형의. ~**eckgeschichte**, die 3각 관계를 묘사한 문학이나 영화. ~**eckskomödie**, die 3각 관계를 묘사한 희극. ~**ecktuch**, das (어깨에 두르는) 커다란 3각형 모직 숄. ~**ecksverhältnis**, das 3각 관계. ~**einhalb** 셋 반(3 1/2)의. ~**einig** 〈Adj.〉〖기독교〗삼위일체의: der -e Gott 삼위일체의 천주. ~**einigkeit**, die 〖기독교〗삼위일체. ~**einigkeitsfest**, das ↑~faltigkeitssonntag. ~**fältig**: ↑achtfältig 참조. ~**faltigkeit**, die 〈Pl. 없음〉↑~einigkeit. ~**faltigkeitssonntag**, der 성신강림제 후 첫번째 일요일. ~**farbendruck**, der a) 〈Pl. 없음〉삼색판(三色版). b) 삼색판으로 찍은 인쇄물. ~**farbig** 〈Adj.〉세가지[삼]색의. ~**färbig** 〈Adj.〉《österr.》↑~farbig 참조. ~**felderwirtschaft**, die 〈Pl. 없음〉삼경포(三耕圃)제도, 삼포식(三圃式) 경작. ~**fenstrig** 〈Adj.〉세개의 창문이 있는. ~**fuß**, der 1. (구두창을 댈 때 쓰는) 세발의 기구(삼각대). 2. 〖부엌에서 쓰는〗삼발이. 3. 세발 달린 (낮은) 의자. ~**füßig** 〈Adj.〉 삼각의, 세 발의. ~**geschossig** 〈Adj.〉 3층 건물의, 3층의. ~**gespann**, das 삼두 마차(트로이카). ~**gestirn**, das 〖시어〗세(개의) 별. ~**gestrichen** 〈Adj.〉 〖음악〗 3 점음(點音)의, 3선 소자음(小字音)의. ~**gliederung**, die 3부, 세 발, 세 사람, 세 가닥. ~**gliedrig** 〈Adj.〉세 가닥의, 세 사람[부분]으로 나누어진, 삼항(三項)의 (수학에서), 삼명법(三名法)의 (동·식물). ~**groschenheft**, das 〖편〗싸구려 소설책. ~**heit**, die 세 것이 한 벌이 되는 것[물품], 셋으로 이루어진, 세 폭(幅), 세 짝. ~**hundert** 〈기수〉 (숫자로: 300) 삼백의(↑hundert) 참조. ~**jährig** 〈Adj.〉세 살의, 3년(동안)의. ~**jährlich** 〈Adj.〉 3년 마다의. ~**kampf**, der 3종 경기(100m 달리기, 넓이뛰기 및 포환 던지기로 구성되는). ~**kant**, das 《또는》der; -(e)s, - 에 삼릉형(三稜形), 삼각형, 세모꼴. ~**kanter** [-kantɐ], der; ↑~seithof. ~**kantig**: ↑achtkantig 참조. ~**kantmuschel**, die ↑ Wandermuschel. ~**kantschlüssel**, der (자물통의 공동(空洞)이 세모난)눌러서 여는 자물쇠의 열쇠. ~**kantstahl**, der 〖기술〗등변삼각형 횡단면을 가진 강철. ~**käsehoch**, der; -s, -(s) 〖통용어·농〗꼬마 녀석. ~**klang**, der 3화음. ~**klassenwahlrecht**, die 3등급[차등] 선거권(수입이나 세금 실적에 따라 등급을 매긴, 1918년까지 실시되었던 프러시아의 선거권). ~**könige** 〈Pl.: 관사없이〉삼왕 내조 첨례, 현현절(顯現節)〖공현절(公顯節)〗 (1월 6일): zu D. 삼왕 내조 첨례 때. ~**königsfest**, das ↑~könige. ~**königsspiel**, das (원래) 1월 6일 가톨릭 미사의 개막극, (그후) 중세의 종교극(동방의 세 박사를 통하여 그리스도의 탄생을 다룬). ~**königstag**, der 3왕 내조(來朝)축일, 공현절(1월 6일). ~**königtreffen**, das 3왕 내조 축일의 모임[만남] (바덴-뷔르템베르크주의 자유민주당의 전통적인 모임). ~**köpfig** 〈Adj.〉 3인의, 3두(頭)의. ~**ländereck**, das 삼각 지대(세 나라의 국경이 인접해 있는). ~**laut**, der

【언어】 ↑Triphthong. ≈mähdig〈Adj.〉[zu ↑¹Mahd] ↑~schürig 참조. ~mal〈Adv.〉세 번, 3회, 3배로. ≈malig〈Adj.〉세 번의, 3회의. ≈master, der; -s, - 1. 돛대가 셋 있는 배, 삼장선(三檣船). 2. 삼각 모자. ≈mastig〈Adj.〉돛대가 셋 있는, 삼각 모자의. ~meilenzone, die (연안에서의) 3마일선(線) 3해리 영해(三海里領海). ≈meterbrett, das 3미터 길이의 스프링보드. ~monatig〈Adj.〉3개월 된, 3개월간(동안)의. ≈monatlich〈Adj.〉3개월 마다(의). ≈monatsziel, das 【상】3개월 기한(지불)의. ≈paß, der [zu ↑Paß (4)] 드라이파스, 3엽형(고딕식 건축에서 원호(圓弧)모양의 장식무늬, 좁은 곳을 장식하는 3홍예(虹霓)). ≈pfundbrot, das 3파운드의 빵. ≈pfünder, der 〈통용어〉↑ ~pfundbrot. ≈pfündig〈Adj.〉3파운드의. ~phasenstrom, der ↑Drehstrom. ~prozentig〈Adj.〉100분의 3의, 3 퍼센트의. ≈punktquent, der (Pl. 없음) 비례셈, 안전벨트. ≈punktlandung, die 세 지점(두 바퀴와 활재(滑材)로) 동시 착륙(비행기의). ~rad, das 1. (어린이용)세바퀴 자전거, 세발자전거. 2. 삼륜차, 용달차(배달차). ≈rädrig,《드물게》≈räderig〈Adj.〉세 바퀴가 달린, 세 바퀴의. ≈radwagen, der ↑~rad (2). ≈saitig〈Adj.〉3현의(악기 따위). ≈satz, der (Pl. 없음) 비례셈, 비례법, 삼율법(三率法)(세개의 기지수로 제4의 미지수를 구하는 법). ≈satzaufgabe, die 비례법을 이용하여 푸는 계산(산수)문제. ≈satzrechnung, die (Pl. 없음) ↑~satz. ≈satzspiel, das 【스포츠】(테니스의) 3세트 경기. ≈schiffig〈Adj.〉세개의 랑(廊)(중랑과 두개의 측랑)으로 된(교회의): eine ~ Basilika 세개의 랑으로 된 초기 기독교의 교회당. ≈schlitz, der ↑Triglyph. ≈schneuß, der 【건축】(물고기의 부레로 된) 고딕 양식의 원형 장식. ≈schrittregel, die 【송구】3보(步) 규칙(선수가 공을 손에 들고 세 걸음만 걸을 수 있는). ≈schürig〈Adj.〉일 년에 세 번 베어들이는(목초지 따위). ≈seithof, der 3면[변] 농장(안마당을 중심으로 집, 헛간, 마굿간이 세워진). ≈seitig 3면[변(邊)], 3면[쪽]으로 된. ≈sekundenregel, die 1.【송구】↑~schrittregel. 2.【농구】3초 규칙. ≈silbig〈Adj.〉3철[음]의 (예 철자(綴字)의), 3음절의. ≈spaltig〈Adj.〉【인쇄】3단(段)으로 된. ≈spänner, der 3두마차. ≈spännig〈Adj.〉세필의 말이 끄는. ≈spitz, der (18세기에 유행했던 가장자리가 위로 굽은 남자용) 삼각 모자. ≈sprachig〈Adj.〉a) 3개 국어의(사전 따위의). b) 3개 국어로 된. ≈springer, der 【스포츠】3단 뛰기 선수. ≈sprung, der 3단 뛰기. ≈stellig〈Adj.〉세 자리의, 세 자리 숫자의. ≈stellungskampf, der 【사격】세가지 자세(서고, 무릎꿇고, 누운 자세)에서 쏘는 사격 경기. ≈stimmig〈Adj.〉a) 삼성음・부(三聲音・部)의 (곡). b) 3성(부)의: ein ~er Chor 3부 합창. ≈stöckig〈Adj.〉4층의, (특히 남독에서는) 3층의. ≈strahlig〈Adj.〉세개의 제트 엔진을 갖춘. ≈stufenrakete, die 【군】3단식(가마다 연동기가 달린) 3단식(段式) 로켓. ≈stündig: ↑achtstündig 참조. ≈stündlich: ↑achtstündlich 참조. ≈tagefieber, das 3일열(모기의 의해 3일간 고열이 나는 전염병). ≈tägig: ↑achttägig 참조. ≈täglich: ↑achttäglich 참조. ≈tausend: ↑achttausend 참조. ≈tausender, der ↑Achttausender 참조. ≈teilen〈h〉세 부분으로 나누다. ≈teilig: ↑achtteilig 참조. ≈teilung, die 셋으로 나눔, 3분함, 3등분. ≈uhrfrühzug, der ↑Achthuhrfrühvorstellung. ≈uhrzug, der 세시 열차(세시에 도착하거나 떠나는). ≈undeinhalb 셋 반(半)(3 1/2)의. ≈viertel ['draɪ̯vɪrtl̩]〈분수〉(숫자로 3/4) 4분의 3(3(3/4)(의)): es ist d. zwei 1시 45분이다. ≈viertel [-], der; -s, - ↑Dreiviertelspieler의 약칭. 【럭비】전위와 중위 뒤의 공격수. ≈viertelarmel [-'fɪrtl̩-], der 4분의 3 길이의 소매(팔꿈치를 약간 덮는): ~viertellang [-'fɪrtl̩-]〈Adj.〉4분의 3(의) 길이의. ~viertelliterflasche, die 4분의 3 리터병. ~viertelmehrheit [-'fɪrtl̩-], die 4분의 3(의)[절대]다수. ~viertelreihe [-'fɪrtl̩-], die [럭비] 네 선수중 세 번째(끝에서 두 번째) 선수가 선 위치. ~viertelstunde, die 4분의 3시간(45분). ~vierteltakt [-'fɪrtl̩-], der 4분의 3박자. ~wegehahn, der [기술] 삼로활전(三路活栓). ~wertig〈Adj.〉1.【화학】3가(三價)의. 2.【언어】《동사에서》3가(동사)의. ~wöchentlich《숫자와 함께 3wöchentlich》3주마다(의). ~wöchig〈Adj.〉《숫자와 함께 3wöchig》3주간의: ein ~er Urlaub 3주간의 휴가. ~zack [-tsak], der; -s, -e 해신(海神) Neptun의 표장(標章)[상징]인 삼지창, 끝이 셋으로 갈라진 작살. ≈zackig〈Adj.〉끝이 셋으로 갈라진[삼지(三枝)의]. ≈zehn 13, 십삼(의): jetzt schlägt's (aber) d.!《통용어》이젠 더 이상 참을 수 없다, 이제 그만 해둬!; Dreizehn gilt im Volksglauben als Unglückszahl 13은 민간 신앙에서 불길한 숫자로 여겨진다. ~zehnhundert (기수)(숫자로: 1300) 1300. ≈zehnjährig 13세살의, 13년(동안)의. ≈zeilig〈Adj.〉석줄의, 3행의. ≈zimmerwohnung, die 부엌과 목욕실 외에 방이 셋인 아파트. ≈zinkig〈Adj.〉끝이 셋으로 갈라진. ~züger, der; -s, - 【서양장기】3수(手)를 두어 풀 수 있는 장기문제.

Dreier ['draɪ̯ɐ], der; -s, - 1. (옛날 중・북부 독일의) 3페니히짜리 동전: [전의] das ist keinen D. (mehr) wert 그것은 (더이상) 서푼의 가치도 없다. 2.《통용어》복권에서 맞은 세 가지 숫자. 3. (지역적) Drei (a, c, d, e). 4. [피겨・롤러스케이팅] 피겨(얼음 위에 그리는 3자형(3字形), 3자꼴 도형). 5. 【골프】한 선수가 다른 두 선수를 한 팀 상대로 하는 경기.

Dreier- (drei): ~kombination, die 【스키】(활강, 회전, 대회전의) 3종목 복합경기. ~mannschaft, die [탁구] 5명으로 구성되어 그중 세 선수만 출전하는 팀, 3인조 출전 팀. ~pakt, der 3국 조약(동맹)(1940년 독일, 이탈리아, 일본의 체결한 조약(↑Dreimächtepakt). ~reihe, die 3 열[列] 종대로 선 사람[사물]의: in D. marschieren 3열 종대로 행군하다. ~sprung, der [피겨・롤러스케이팅] 전진 도약과 후진 도약(반 회전하고 착지하는)의 3종의 도약 연습. ~takt, der (기수로 된) 3 박자(예컨대 3/4, 6/8, 9/8). ~wette die 【승마】(상위 3등의)세 마리의 말에 거는 내기, 3연승식 경마.

dreierlei: ↑achterlei 참조. **dreifach**: ↑achtfach 참조. **Dreifache**: ↑Achtfache. **Dreiheit**, die 셋이 한 벌이 되는 것.

drein-, Drein- ['draɪ̯n-] (↑darein- 참조): ~blicken 〈h〉 특별한 표정을 짓다: fiu ster d. 우울한[무관심한] 표정을 짓고 있다. ~fahren* 〈s〉 《통용어》간섭하다, 말참견 하다. ~finden*, sich〈h〉 ↑dareinfinden. ~gabe, die 《지역적》덤, 앙코르: jmdm. etw. als D. versprechen 누구에게 무엇을 덤으로 주겠다고 약속하다. ~geben* 〈h〉 1.《통용어》(다른 덤을 얻기 위하여) 무엇을 포기하다, 바치다, 희생시키다: sein ganzes Vermögen d. 그의 전 재산을 포기하다. 2. (d. + sich) 《드물게》~schicken sich. ~hauen* 〈h〉 《경》 ↑~schlagen. ~mengen, sich〈h〉 ↑~mischen. ~mischen, sich〈h〉 《통용어》 ↑dareinmischen. ~reden〈h〉 《통용어》 ↑dareinreden. ~schauen 〈h〉 ~blicken. ~schicken, sich〈h〉 무엇에 순응하다, 운명에 순응하다. ~schlagen* 〈h〉 《통용어》(싸움・논쟁 따위를 끝내고 질서를 회복시키기 위해) 끼어들다, 간섭[조정]하다(예컨대: 경찰의 데모 진압 등). ~sehen* 〈h〉 ↑~blicken 참조.

dreißig ['draɪ̯sɪç] 〈기수〉 [mhd. drīzec, ahd. drīzuc

(숫자로: 30) 30, 삼십의, 서른, 서른인. 《명사화》 **Dreißig** [-], die 〈Pl. 없음〉 30[서른]이라는 수[숫자]: jmd. ist Mitte (der) D. 누가 30대 중반이다. **dreißiger** ['draɪsɪgɐ] 〈Adj., 격변화 없음〉 (숫자와 함께: 30er) 30년대(代)의: in den d. Jahren des vergangenen Jahrhunderts 전 세기의 30년대에. **Dreißiger**[-], der; -s, - 30세[대]의 사람. 〈Pl.〉 die D.[D. jahre] 30대; ein Mann in den -n[Jahren] 30대의 남자, 제30 연대의 대원, (천 몇 백) 30년 산(産)의 포도주(예컨대: 1830년산의). **Dreißigerin**, die; -nen ↑Dreißiger의 여성형. **Dreißigerjahre** [(또한) '- - -' - -] 〈Pl.〉 30세에서 39세까지의 연령. **dreißigjährig** 〈Adj.〉 (숫자와 함께: 30 jährig) 서른 살의, 30년간의: der Dreißigjährige Krieg 30년 전쟁(1618~1648). **Dreißigsekundenregel**, die 【농구】 30초 규칙. **dreißigst...** ['draɪsɪçst...] 〈↑dreißig의 서수〉 (숫자로: 30.) 제30의: den[am] -en März 3월 30일(에); der Dreißigste 【법】 피상속인(被相續人)의 유가족이 상속인에 대하여 상속후 30일간은 종전대로 부양, 거주 및 가구의 사용을 요구할 수 있는 권리. **dreißigstel** (대개 schweiz.) der; -s, - 30분의 1. **Dreißigstel**, das 〈분수〉 (숫자로: 1/30) 30분의 1.

dreist [draɪst] 〈Adj.〉 [Niederd. drīste, drīstic] 뻔뻔스러운, 불손한, 좀 건방진, 주제넘은, 겁 없는, 뱃심좋은, 몰염치한: eine -e Behauptung 뻔뻔스러운 주장. **Dreistigkeit**, die; -en **a)** 〈Pl. 없음〉 불손한[대담한] 태도(기질). **b)** 뻔뻔스런 행동.

Drell [drɛl], der; -s, -e [Niederd. drel] ↑Drillich.

dremmeln ['drɛmļn] 〈h〉 【지역적】 졸라대다, 마구 조르다.

Drempel ['drɛmpļ], der; -s, - **1.** 들보와 사이의 벽(다락방을 만들기 위한). **2.** 수문(水門)을 버티는 받침대.

Dres. = doctores (↑Doktor 1 b)

Dresche ['drɛʃə], die 〈경〉 ↑Prügel. **dreschen*** 〈h〉 **1.** (곡식을 도리깨 따위로) 타작하다: Getreide (mit der Maschine) d. 곡식을 (기계로) 타작하다. 《명사화》 die Bauern sind beim Dreschen 농부들은 타작 중이다. **2.** 〈경〉 ↑prügeln. **3.** 〈경〉 **a)** (어디를) 세게 치다: mit der Faust auf den Tisch d. 주먹으로 책상을 쾅 치다. **b)** (어디로) 세게 쏘다. **Drescher**, der; -s, - 타작하는 사람: wie ein D. essen[fressen] 많이 먹다. **Drescherkrankheit**, die 수확기에 타작하는 사람들에게 발생하는 급성 기관지염. **Dreschflegel**, der 도리깨. **Dreschgut**, das 【전문어】 탈곡할 재료. **Dreschmaschine**, die 탈곡기.

Dresden ['drɛːsdņ] 엘베 강가의 도시, Sachsen 주의 수도. ¹**Dresdener** ['drɛːsdənɐ], ¹**Dresdner**, der; -s, - 드레스덴 사람. ²**Dresdener**, ²**Dresdner** 〈Adj.〉 드레스덴(식, 풍)의.

Dreß [drɛs], der; Dresses, Dresse; (österr. 또한) die; Dressen [engl. dress < frz. dresser] (특별한 목적을 위한) 의복, 의상, (특히) 운동복: der D. einer Mannschaft (한) 팀의 복장; er war schon im D. 《통용어》 그는 이미 옷을 입고 있었다.

Dressat [drɛˈsaːt], das; -(e)s, -e **1.** 【전문어】 동물 조련의 결과. **2.** 【심리】 습관화된 태도(반응). **dressen** ['drɛsņ] 〈h〉 [engl. to dress] (특이하여 특별한 기회를 위해) 옷 입다. **Dresser** ['drɛsɐ], der; -s, - [engl. dresser] 의상 담당자. **Dresserin**, die; -nen ↑Dresser의 여성형. **Dresseur** [drɛˈsøːɐ], der; -s, -e [frz. dresseur] 동물 조련사(調練師). **dressierbar** [drɛˈsiːɐbaːɐ] 〈Adj.〉 길들일(훈련시킬) 수 있는. **dressieren** [drɛˈsiːrən] 〈h〉 [frz. dresser < vlat. *dīrectiāre < lat. dīrigere] **1. a)** (동물을) 길들이다[훈련시키다]: einen Hund[Pferde] d. 개(말)를 훈련시키다. **b)** 〔벌〕 훈련을 통해 어떤 태도를 갖게하다. **2. a)** 【요리】 (음식, 특히 가금(家禽)을) 보기 좋게 매어서 요리하다. **b)** (케이크 등 단음식을) 크림 따위를 뿌려 장식하다. **c)** 반죽·크림 따위가 든 튜브를 짜서 일정한 모양을 만들다. **3.** (모자 따위에) 증기를 쬐어 모양을 바로잡다. **4.** 【섬유】 (방적에서) 머리털(생가 지스러기) 따위를 빗다. **5.** 【기술】 반복해서 압연(壓延)하다. **6.** (통용어) 괴롭히다. **Dressiersack**, der; -(e)s, ...säcke 【요리】 (케이크 장식용 크림 따위를 짜 내는) 금속의 끝을 가진 튜브. **Dressing** ['drɛsɪŋ], das; -s, -s [engl. dressing] **1.** 샐러드용 소오스. **2.** 구운 고기속에 넣는 혼합 양념. **Dressing-gown** ['drɛsɪŋɡaʊn], der 《또한》 das; -s, -s [engl. dressing gown] 남자용 모닝 가운. **Dressman** ['drɛsmən], der; -s, ...men **1. a)** 남성 패션 모델. **b)** 남성 사진 모델. **2.** (은폐) 동성 연애로 매음하는 젊은 남자. **Dressur** [drɛˈsuːɐ] die; -en **1. a)** 길들임, 훈련, 조교(調敎). **b)** 훈련을 통해 어떤 태도를 익히게 하는 것. **2.** 훈련된 동물의 재주(곡예).

Dressur-: **~akt**, der **a)** 조련 행위. **b)** 【벌】 훈련된 행위의 실행. **~derby**, das 더비 경마 시합. **~fähigkeit**, die (동물의) 훈련 적응력. **~halsband**, das (길들이기 어려운) 개의 목고리. **~haltung**, die **1.** (조련 승마시) 기사의 자세. **2.** (조련·사이클) 말의 자세. **~kunststück**, das (길들인) 동물의 곡예. **~leistung**, die (잘 조련된) 곡예 연기. **~nummer**, die (특히 서커스의) 곡예. **~pferd**, das 조련 중인 말. **~prüfung**, die 【승마】 조련시험. **~reiten**, das; -s 조련 승마. **~versuch**, der 동물을 조련시키려는 시도.

Dr. forest. = doctor scientiae rerum forestalium (Doktor der Forstwissenschaft) 임학박사.

DRGM = Deutsches Reichs-Gebrauchsmuster 독일 실용신안(實用新案)(특허).

Dr. ... (z. B. phil.) **habil** = doctor ... (z. B. philosophiae) habilitatus = habilitierter Doktor [z. B. der Philosophie] 대학 교수 자격을 취득한 박사(예컨대: 대학 교수 자격 취득 철학 박사). **Dr. h. c.** = doctor honoris causa (↑Ehrendoktor) 명예 박사. **Dr. h. c. mult.** = doctor honoris causa multiplex (mehrfacher Ehrendoktor) 여러 개의 명예 학위 소지자.

Dribbel ['drɪbļ], das; -s, - [engl. dribble] ↑Dribbling.

dribbel-, **Dribbel-**: **~gewandt** 〈Adj.〉 【구기】 드리블에 능한[노련한]: der Linksaußen ist sehr d. 레프트 윙은 드리블에 능하다. **~kunst**, die 【구기】 드리블 기술. **~künstler**, der 【구기】 드리블을 특히 잘 하는 선수.

¹**dribbeln** ['drɪbļn] 〈h〉 [engl. dribble] 【구기】 드리블하다(공을 짧고 가볍게 조금씩 몰면서 나아감): er dribbelte (in den Strafraum) 그는 (페널티 에어리어에) 드리블했다.

²**dribbeln** [-] 〈s〉 【지역적】 ↑trippeln.

Dribbler ['drɪblɐ], der; -s, - [engl. dribbler] 【구기】 드리블 선수: der Stürmer ist ein geborener D. 그 포드는 타고난 드리블러이다. **Dribblerkönig**, der 드리블왕. **Dribbling** ['drɪblɪŋ], das; -s, -s [engl. dribbling] 【구기】 드리블.

Driesch [driːʃ], der; -s, -e 《지역적》 휴경지(休耕地)〔휴한지〕.

drieschen ['driːʃņ] 〈h〉 (ostmd.) 비가 오다.

Drift [drɪft], die; -en [niederd. drift] **1. a)** 완류(緩流), 편류(偏流)(바람에 의하여 생기는 조류). **b)** (배의) 표류. **2.** 표류물. **Drifteis**, das; - 유빙(流氷), 성엣장. **driften** ['drɪftņ] 〈s〉 표류하다.

Drilch [drɪlç], der; -s, -e 《지역적》 ↑Drillich.

¹**Drill** [drɪl], der; -(e)s **1.** 군사 훈련, 교련(敎練), 단련, (엄한·심한) 훈련: scharfer, preußischer D. 심한(엄

격한), 프러시아식의 훈련. **2.** 〔낚시〕 낚싯줄을 당겼다 늦췄다 하여 물린 고기를 지치게 만들기.

²**Drill** [-], der; -s, -e ↑Drillich.

³**Drill** [-], der; -s, -e 〈engl. drill〉 (아프리카산의) 흑면비(黑面狒狒).

Drillbohrer, der; -s, - 도래송곳, 나사송곳. **drillen** ['drɪlən] 〈h〉 [niederd. drillen] **1. a)** 엄하게(심하게) 군사 훈련시키다: Rekruten d. 신병을 (엄하게) 훈련시키다. **b)** (반복해서) 심하게(엄하게) 가르치다: **auf etw. gedrillt sein** 〈통용어〉 무엇에 대비하여 철저히 훈련되어 있다. **2.** 줄이 지게 씨를 뿌리다, 조파(條播)하다. **3.** (보러로) 구멍을 뚫다. **4.** 〔낚시〕 낚싯줄을 당겼다 늦췄다 하여 물린고기를 지치게 만들다.

Drillich ['drɪlɪç], der; -s, -e 세 가닥의 연사(撚絲)로 짠 삼베〔아마포(亞麻布)〕.

Drillich-: ~**anzug**, der 아마포로 만든 (작업)양복. ~**hose**, die 아마포 (작업용) 바지. ~**jacke**, die (작업용) 재킷. ~**zeug**, das 아마포 작업복.

Drilling ['drɪlɪŋ], der; -s, -e [〈옛〉 Dreiling] **1.** 세 쌍둥이(중)의 하나: Sie sind (einerige) -e 그들은 (일란성) 세 쌍둥이다. **2.** 총신이 셋인 엽총.

Drillmaschine, die; -n 조파기(條播機), 줄이 지게 씨뿌리는 기계.

drin [drɪn] **1.** ↑darin의 통용어: ich glaube, daß der Schlüssel d. steckt 열쇠가 안에 꽂혀 있는 것같이, **etw. ist d.** 무엇이 가능하다(될 수 있다): in dem Spiel ist noch alles d. 그 경기의 승부는 아직 모르겠다. **2.** ↑drinnen의 통용어: sie ist den ganzen Tag d. geblieben 그 여자는 온종일 안(방)에 머물러 있었다; bei Regen findet die Veranstaltung d. statt 우천시 행사는 실내에서 개최된다; **d. sein** 무슨 일에 (다시) 능숙하다 (익숙하다); nach dem langen Urlaub war er noch gar nicht wieder richtig d. 긴 휴가 후에 그는 전혀 다시 일에 능숙하지 못했다.

drin-: ~**sitzen**° 〈h〉 (통용어) 역경에 처해있다: er sitzt ganz schön drin! 그는 무척 어려운 처지에 놓여있다. ~**stecken**(°) 〈h〉 《통용어》 **1.** 일이 많다, 무엇에 어려움이 있다: er steckt bis über die Ohren (in seiner Arbeit) drin 그는 몹시 분주하다(일이 많다). 누구(무엇에)에게 성향(소질)이 내재해 있다: da stecken noch ungeahnte Möglichkeiten drin 무엇에 아직도 예상 외의 가능성이 내재되어 있다. **3. in etw. nicht d.** 일이 어떻게 될지(풀릴지) 예측(예상)할 수 없다: ob das Auto noch lange hält, weiß ich nicht, da steckt man nicht drin 자동차가 아직도 오래 견딜지는 모르겠어, 그건 예측 불허야. ~**stehen**° 〈h〉 (지역적) 〈ʃ〉 〈통용어〉 책 (따위)에 들어있다〔쓰여 있다, 실려 있다〕: dieses Wort steht im Lexikon nicht drin 이 단어는 사전에 없다.

Dr.-Ing. = Doktoringenieur 공학 박사.

dringen° ['drɪŋən] **1.** 〈s〉 (억지로) 뚫고 나아가다(다다르다, 이르다), 밀고 나아가다(지나가다): sie versuchten, durch das Dickicht zu d. 그들은 덤불을 뚫고(헤치고) 나아가려 시도했다; Wasser ist in den Keller gedrungen 물이 지하실로 스며들었다; ein Splitter drang ihm ins Auge 파편이 그의 눈에 처박혔다; das Gerücht drang in die Öffentlichkeit 소문이 세상에 퍼졌다. **2.** (아이) 〈ʃ〉 누구에게 촉구하다, 조르다, 죄어치다: mit Fragen in jmdn. d. 누구에게 추근추근 묻다〔꼬치꼬치 캐어 묻다〕; sie drang voller Neugier in ihn, ihr alles zu erzählen 그녀는 호기심에 가득 차 모든 것을 얘기해 달라고 그에게 졸랐다; **sich zu etw. gedrungen fühlen** …할 필요를 느끼다, …하지 않을 수 없다. **3.** 〈h〉 무엇을 하라고 강요하다, 무엇을 〔끈질기게〕 주장〔요구〕하다: er hatte darauf gedrungen, einen Spezialisten zu konsultieren 그는 전문가와 상담할 것을 끈

질기게 주장(요구)했다. **dringend** 〈Adj.〉 **a)** 절박한, 긴급한, 유예할 수 없는, 화급한: ein -es Telefongespräch 긴급한 전화 통화. **b)** 간절한, 절실(진지)한, 유력 (강력)한, 설득력 있는 만한: einen -en Appell an jmdn. richten 누구에게 간절하게 호소하다; er war der Tat d. verdächtig 그는 그 행위(범행)의 유력한 용의자였다. **dringlich** 〈Adj.〉 간절히, 화급하게, 몹시. **Dringlichkeit**, die 절박(긴급)(성). **Dringlichkeitsanfrage**, die 【의회】 긴급 질의. **Dringlichkeitsantrag**, der 【의회】 긴급 동의.

Drink [drɪŋk], der; -(s), -s 〈engl. drink〉 (대개 알코올 함유) 음료, 마실 것: sich auf einen (zu einem) D. in der Bar verabreden 바에서 한 잔 하자고 약속하다.

drinnen ['drɪnən] 〈Pronominaladv.〉 그 속에, 안쪽에, 내부에 (반대: draußen (a)): d. im Zimmer 방안에서; **etw. ist d.** [↑drin 참조] 〈österr. 통용어〉 무엇이 가능하다(될 수 있다).

drippeln ['drɪpl̩n] 〈h〉 〈nordd.〉 **a)** 〈비인칭〉 빗방울이 (산발적으로)(간간이) 뚝뚝 떨어진다. **b)** 물을 한 방울씩 떨어 뜨리다.

drisch [drɪʃ] ↑dreschen 참조.

Drischel ['drɪʃl̩], der; -s, - (또는; -n 〈südd., österr.〉) **a)** ↑Dreschflegel. **b)** 도리깨의 살(타작용의).

drischst, drischt [drɪʃ(s)t] ↑dreschen 참조.

dritt [drɪt] 〈다음 용법으로〉 **zu d.** 셋에서: zu d. spielen 셋이서 놀다(카드놀이를 하다). **dritt...** ['drɪt...] 〈↑drei의 서수〉 〈숫자로: 3.〉 제3의, 셋째의: -e von rechts 오른쪽에서 세 번째 사람; 〈명사화〉 bei dem Wettbewerb wurde er Dritter 그는 시합(경기)에서 3등했다; gespielt wurde die Dritte von Beethoven 베토벤의 교향곡 제3번이 연주되었다; 〔속담〕 wenn zwei sich streiten, freut sich der Dritte 두 사람이 싸우면 제3자가 즐거워한다(좋아한다)(제3자가 어부지리 (漁父之利)를 얻는다는 뜻); **der lachende Dritte** 어부지리(漁父之利)를 얻는 사람. ¹**dritt-**, ¹**Dritt-** 〈↑drei의 서수〉 제3의, 셋째의: 〈다음의 복합어에, 예컨대〉 ist der Drittbeste seiner Klasse 그는 자기 반에서 3등이다. **drittälteste...** 〈Adj.〉 세번째로 나이 많은: der -e Sohn 셋째 아들; 〈명사화〉 er ist der Drittälteste seiner Klasse 그는 자기 반에서 세 번째로 나이가 많다. ²**Dritt-** 〈↑drei의 서수〉 〈다음의 복합어에, 예컨대〉 ~**land**, das 제3국(조약 당사국이 아닌). ~**person**, die 제3자, 국외자(局外者). ~**schaden**, der 【법】 제3자가 입는 손해. ~**schuldner**, der 【법】 제3의 채무자. ~**verteidiger**, der 【축구】 제3의 수비수.

Drittel, das; -s, -e 〈고어〉 ↑Drittel (1). **drittel** ['drɪtl̩] ↑achtel 참조. **Drittel** [-], das 〈schweiz.〉 der; -s, **- 1.** 3분의 1. **2. a)** 〔아이스하키〕 링크의 3분의 1. **b)** 총 경기 시간의 3분의 1. **dritteln** 〈h〉 셋으로 나누다(가르다), 3분(三分)하다. **drittemal** 〈Adv.〉 〈다음 용법으로〉 das d. 세 번째(제3회)의. **Drittenabschlagen**, das; -s 술래잡기놀이의 하나. **drittenmal** 〈Adv.〉 〈다음과 같은 용법으로〉 beim(zum) d. 세 번째에. **drittens** 〈Adv.〉 세 번째에, 셋째로. **Dritte-Welt-Laden**, der 제3세계의 상품을 파는 상점. **drittgrößte** 〈Adj.〉 ↑drittälteste. **dritthöchste** 〈Adj.〉 ↑drittälteste. **drittklässer**, der; -s, - 3학년 학생. **drittklassig** 〈Adj.〉 3류의: ein -es Hotel 3류 호텔. **Drittkläßler**, (österr.) **Drittklässler** der; -s, - ↑Drittklässer. **drittletzte...** 〈Adj.〉 끝(마지막) 에서 셋째의: er war der drittletzte 그는 꼴찌에서 셋째였다.

Drive [draif, 〈engl.〉 draɪv], der; -s, -s 〈engl. drive〉 **1. a)** 무엇을 하려는 (행동/생각), 충동, 열망, 노력, 성향: er hat einen Drive zum Spekulieren 그는 사변적 경향이 있다. **b)** 원동력, 활기, 다이나믹한 힘, 동력학(動

力學). 2. 〈Pl. 없음〉 [재즈] 드라이브. 3. [골프・테니스] 강타, 드라이브쇼트. **Drive-in-Kino**, das; -s, -s [engl.-amerik. drive-in] ↑Autokino. **Drive-in-Lokal**, das; -(e)s, -e, **Drive-in-Restaurant**, das; -s, -s 차를 탄 채로 이용할 수 있는 간이 식당(카페테리아). **driven** ['draɪvn̩] [engl. drive] [골프] (공을) 드라이브로 치다: er hat einen Flugball gedrivt 그는 발리를 드라이브로 쳤다. **Driver** ['draɪvɐ], der; -s, - [engl. driver] 드라이버, 1번 우드(타구부가 목제(木製)인 장타용。 클럽).

Dr. jur. = doctor juris 법학 박사(Doktor der Rechte). **Dr. jur. utr.**, **Dr. j. u.** = doctor juris utriusgue 공・사법 박사.

DRK = Deutsches Rotes Kreuz 독일 적십자.

Dr. med. = doctor medicinae 의학 박사(Doktor der Medizin). **Dr. med. dent** = doctor medicinae dentariae 치의학 박사(Doktor der Zahnheilkunde). **Dr. med. univ.** (österr.) = doctor medicinae universae 일반 의학 박사. **Dr. med. vet** = doctor medicinae veterinariae 수의학 박사 (Doktor der Tierheilkunde).

Dr. mont. (österr.) = doctor rerum montanarum 광산학 박사.

Dr. mult. = doctor multiplex 복수[복합] 박사.

Dr. nat. techn. = doctor rerum naturalium technicarum 자연 과학 박사.

drob [drɔp] ↑darob 참조. **droben** ['dro:bn̩] 〈Adv.〉 《아어・südd., österr.》 저 위에서(위쪽에서), 위층에서, 머리위에서(반대: drunten): am Himmel d. 하늘 나라에서(천국에서).

Dr. oec. = doctor oeconomiae 경제학 박사. **Dr. oec. publ.** = doctor oeconomiae publicae 국가학 박사.

Droge ['dro:gə], die; -n [frz. drogue] 1. 약종(藥種), 약제의 원료: starke Schmerzen lindernde -n 심한 통증을 가라 앉히는 약제. 2. **a)** 〈준고어〉 약제, 약품. **b)** 마약, 마취제, 흥분제: harte -n 강한 마약(아편, 헤로인 따위).

dröge ['drø:gə] 〈Adj.〉 [niederd. dröge] (nordd.) **a)** 마른, 건조한, 말라빠진: ein -r Kuchen 말라빠진 케이크 (과자). **b)** 지루한, 매력이 없는, 김빠진: ein -r Mensch 무미건조한 사람.

drogen-, Drogen-: **~abhängig** 〈Adj.〉 마약 중독의. **~abhängige***, der/die; -n, -n 마약 중독자. **~abhängigkeit**, die 〈Pl. 없음〉 마약 중독. **~konsum**, der 마약 소비(량). **~mißbrauch**, der 마약 남용[악용]. **~pflanze**, die ↑Heilpflanze. **~schuß**, der 마약 주사. **~sucht**, die 〈Pl. 없음〉 마약 중독. **~szene**, die [engl. drug scene] 〈통용어〉 마약계.

Drogerie [drogə'ri:], die; -n [...i:ən] frz. droguerie 처방이 필요 없는 약, 화학 제품, 화장품 따위를 파는 상점(드로저리). **Drogist** [dro'gɪst], der; -en, -en [frz. droguiste] 드로거리의 주인이나 점원.

Droh- [dro:-]: **~brief**, der 협박장. **~gebärde**, die [행패] 위협[협박]자세(거동, 몸짓, 태도). **~verhalten**, das ↑~gebärde. **~wort**, das 〈Pl. ...worte〉 협박의 말.

drohen ['dro:ən] 〈h〉 **1. a)** 으르다, 위협하다, 협박하다, 겁주다: eine -de Haltung einnehmen 위협 자세[태도]를 취하다. **b)** (무엇을 하겠다고) 을러대다[협박하다]: (jmdm.) mit Entlassung d. 누구를 해고하겠다고 위협하다. **2.** 무엇이 …할 우려[염려]가 있다, 임박하다, 닥칠 것 같다: eine Gefahr(Unheil) droht 위험(불행)이 닥칠 것 같다; es droht ein Gewitter 뇌우(雷雨)가 올 것 같다; drohende Gefahren 임박한 위험. **3.** 막(바야흐로) 무엇을 하려 하고 있다: er drohte vor Erschöpfung zusammenzubrechen 그는 기진맥진한 나머지 금방이라도 쓰러질 것 같았다.

Drohn [dro:n], der; -en, -en ↑Drohne (1)의 전문어. **Drohne** ['dro:nə], die; -n [niederd. drone, dräne] **1.** (꿀벌의) 수벌. **2.** (똉) 무위도식자, 기식자(寄食者), 게으름뱅이, 식객(食客).

dröhnen ['drø:nən] 〈h〉 [niederd. drönen] **1. a)** 명동(鳴動)하다, 흔들리다, 울려퍼지다, 진동하다: seine Stimme dröhnt durch den(aus dem) Lautsprecher 그의 목소리가 확성기를 통해 쩡쩡히 울려퍼진다; der Lärm dröhnte ihnen in den Ohren 소음이 그들의 귀를 진동시켰다. **b)** 시끄러운, 진동하는 소리로 가득 차 있다: die Erde dröhnte unter den Hufen 땅이 말발굽소리로 진동했다; [전의] mein Kopf dröhnt 나는 몹시 머리가 아프다. **2.** (nordd.) 수다 떨다, 잡담하다, 한담하다.

Drohnendasein, das; -s (똉) 무위도식하는 생활, 빈둥거리며 사는 사람(생활). **Drohnenschlacht**, die; -en (일벌에 의한) 수벌의 살육.

dröhnig ['drø:nɪç] 〈Adj.〉 (nordd.) 느릿느릿한, 활기없는.

Dröhnung, die; -en (은어) 마취 상태, (마취 상태에 이르게 하는) 마취제의 양.

Drohung ['dro:ʊŋ], die; -en 협박, 위협, 공갈: das sind (alles) leere -en 그것은 (모두) 공갈이었다; jmdn. durch -en einschüchtern 누구를 협박하여 겁주다[움츠러들게 하다].

Drolerie [drolə'ri:], die; -n [...i:ən; frz. drôlerie] **1.** 우스팡스러움, 익살, 해학, 허튼소리. **2.** [예술] 우스팡스런 [옷기는] 이야기. **drollig** ['drɔlɪç] 〈Adj.〉 [niederd. drollig] **a)** 우스팡스러운, 익살맞은, 농담을 즐기는, 재미있는: das war so d., daß wir alle lachen mußten 그것은 너무나 우스워서 우리는 모두 웃지 않을 수 없었다. **b)** (명사화) mir ist etw. Drolliges passiert 내게 어떤 우스팡스런 일이 일어났다. **b)** 귀여운, 작은, 우스운: ein -es kleines Mädchen 귀엽고 작은 소녀. **c)** 기묘한, 이상한, 기이한, 특이한, 진기한, 독특한: ein -er Kauz 기이한(독특한) 녀석[놈]. **drolligerweise** 〈Adv.〉 《통용어》 기묘하게도, 이상하게도, 우스팡스럽게도, 진기하게도: d. ist niemand vorher auf den Gedanken gekommen 이상하게도 그 생각을 아무도 미리 하지 못했다. **Drolligkeit**, die; -en **1.** 〈Pl. 없음〉 우스팡스러움, 우스팡스러운 성질[기질]. **2.** 우스팡스러운[진기한] 사건[일].

Dromedar [dro:meda:ɐ̯, drome'da:ɐ̯], das; -s, -e [frz. dromadaire] 단봉(單峰) 낙타.

Drommete [drɔ'me:tə], die; -n 《고어・시어》 ↑Trompete.

Dronte ['drɔntə], die; -n [frz. dronte] 도도새(옛날 인도양 Mauritius 섬에 살았던 커다란 고리 모양 부리를 가진 큰 새, 17・18세기에 절멸).

Dropkick ['drɔpkɪk], der; -s, -s [engl. drop kick] [축구] 드롭킥. **Dorp-out** [drɔp'aʊt], der; -s, -s [engl.-amerik. drop-out] **1.** (사회적 집단에서의) 일탈(탈락자). **2.** [기술] 녹음 탈락, 드롭 아웃. **3.** [전산] 드롭아웃, 입력 중단. **droppen** ['drɔpn̩] 〈h〉 [engl. drop] [골프] 새공을 사용하도록 하다. **Dropper** ['drɔpɐ], der; -s, - [테니스・탁구] ↑Drop-shot. **Drops** [drɔps], der, 《또한》 das; -, -/-e [engl. drop의 Pl.] **1.** 〈Pl. Drops, 대개 Pl.〉 드롭스(사탕). **2.** 〈Pl. -/-e〉 《통용어》 행동거지가 눈에 띄는(유별난) 사람: das ist ja ein ulkiger D. 그 사람은 정말 유별난(웃기는) 사람이다. **Dropshot** ['drɔpʃɔt], der; -(s), -s [engl. drop shot] [테니스・탁구] 드롭 쇼트.

drosch [drɔʃ], **drösche** ['drœʃə] ↑dreschen 참조. **Droschke** ['drɔʃkə], die; -n [russ. droschki] **1.** (구

제》합승 마차, 전세 마차: in einer D. fahren 전세 마차를 타고가다. 2.《준고어》↑Taxe, Autodroschke 참조.
Droschkengaul, der 《통용어·폄》말라빠진 말.
Droschkenkutscher, der (합승·전세) 마차의 마부.
dröseln ['drø:z]n] 〈h〉〈지역적〉 1. (실을) 꼬다, 감다, 빙빙 돌리다. 2. ↑trödeln 참조.
Drosera ['dro:zera], die; …rae 〈griech. droserós〉 늪지대에서 자라는 풀 같은 (끈끈이주걱과의) 식충식물. **Drosograph** [drozo'graːf], der; -en, -en 〈기상〉 자동 강로(降露)〈노량(露量)〉기록계. **Drosometer**, das; -s, - 〈기상〉 측로계(測露計). **Drosophila** [dro'zo:fila], die; …lae 초파리속(屬) (흔히 유전학 실험에 이용되는 곤충).
¹**Drossel** ['drɔsl], die; -n 〈niederd drösle〉 (개똥)지빠귀.
²**Drossel** [-], die; -n 1. 〈사냥〉 (사슴·산돼지 따위의) 기관(氣管), 숨통. 2. 〖전기〗 ↑Drosselspule. 3. ↑Drosselventil.
Drossel- (²Drossel 2, 3): ~**klappe**, die 〖기술〗 절기판(節汽瓣), 조절판. ~**spule**, die 〖전기〗 감압(減壓) 코일, 색류(塞流) 코일, 초크코일. ~**ventil**, das 〖기술〗 절기(節汽) 밸브.
drosseln ['drɔsln] 〈h〉 1. 《준고어》 교살(絞殺)하다. 2. **a)** (힘·속력 따위를) 줄이다, 감하다, 늦추다. **b)** (흐르는 양을) 줄이다, 색류(塞流)(감압(減壓))하다: den Dampf d. 절기(節氣)하다(판을 막아서). **c)** 제한(억제)하다, 줄이다: das Tempo d. 속도를 제한하다.
Drosselsänger, der; -s, - 종달새의 일종(휘파람새과에 속함).
Drosselung, 《또한》 **Droßlung**, die; -en 감속, 감압, 감량.
Drost [drɔst], der; -(e)s, 《또한》 -en, -e 《또한》 -en [niederd. dros(sē)te] 〈역사적〉 군수, 지방장관(옛날 북독과 네덜란드 동부의), **Drostei** [drɔs'taj], die; -en 〈역사적〉 군수(지방 장관)의 관할구, 관구(管區).
Dr. paed. = doctor paedagogiae 교육학 박사.
Dr. pham. = doctor pharmaciae 약학 박사.
Dr. phil. = doctor philosophiae 철학 박사.
Dr. phil. nat. = doctor philosophiae naturalis 자연 과학 박사.
Dr. rer. camer. = doctor rerum cameralium 국가 경제학 박사.
Dr. rer. comm. 《österr.》 = doctor rerum commercialium 상학 박사.
Dr. rer. hort. = doctor rerum hortensium 원예학 박사.
Dr. rer. mont. = doctor rerum montanarum 광산학 박사.
Dr. rer. nat. = doctor rerum naturalium 자연 과학 박사.
Dr. rer. oec = doctor rerum oeconomicarum 경제학 박사.
Dr. rer. pol. = doctor rerum politicarum 정치학 박사.
Dr. rer. soc. oec. 《österr.》 = doctor rerum socialium oeconomicarumgue 사회·경제학 박사.
Dr. rer. tecn. = doctor rerum technicarum 기술 과학 박사.
Dr. sc. agr. = doctor scientiarum agrarium 농학 박사.
Dr. sc(ient). techn. = doctor scientiarum technicarum 기술 과학 박사.
Dr. sc. math. = doctor scientiarum mathematicarum 수학 박사.
Dr. sc. nat. = doctor scientiarum naturalium 《또는》 doctor scientiae naturalis 자연 과학 박사.
Dr. sc. pol. = doctor scientiarum politicarum 《또는》 doctor scientiae politicae 국가학 박사.
Dr. techn. 《österr.》 = doctor rerum technicarum 기술 과학 박사.
Dr. theol. = doctor theologie 신학 박사.
drüben ['dry:bŋ] 〈Adv.〉 저쪽〔저편〕에서, 내세〔저승〕에서: da[dort] d. (저기)저쪽〔저편〕에서. **drüber** ['dry:bɐ] ↑darüber의 통용어. **drüber-** [-], ↑darüber-의 통용어. **drübig** ['dry:biç] 〈Adj.〉 저쪽〔저편〕에〔서〕, 대양〔국경〕의 저편에서.
¹**Druck** [drʊk], der; -(e)s, Drücke ['drʏkə] 〈드물게: -e〉 1. 〖물리〗 압력, 중력, 압(壓): die Abwehr der deutschen Nationalmannschaft stand mächtig unter D. 독일 국가대표 선수단의 수비〔방어〕는 몹시 괴롭힘을 당했다〔압박당했다〕; **D. hinter etw. machen** 《통용어》 무엇을 촉진시키려하다. 2. 〈Pl. 없음〉 **a)** (일회적인) 누름, 눌림, 압박: durch einen D.〔mit einem D.〕auf die Taste setzte der Minister der Anlage in Betrieb 장관은 키를 (한번) 눌러 시설물을 작동시키었다. **b)** 압박감: einen D. im Kopf haben 머리가 무겁다〔명하다〕. 3. 〈Pl. 없음〉 압박, 억압, 강박: D. auf jmdn. ausüben 누구에게 압박〔압력〕을 가하다; dem D. der öffentlichen Meinung nachgeben 여론의 압력에 승복하다〔굴복하다〕; mit etw. in D. kommen〔geraten〕 무엇으로 역경〔곤경〕에 처하다; in〔im〕 D. sein 《통용어》 시간에 쫓기다, 바쁘다; er sitzt〔steckt〕 ganz schön im D. 《통용어》 그는 몹시 시간에 쫓긴다〔시간이 부족하여〕, 돈이 궁하다; unter dem D. der Verhältnisse 주위의 사정〔상황〕에 눌려서, 불가피한 사정으로; jmdn. unter D. setzen 누구에게 강요하다〔심하게 재촉하다〕.
²**Druck** [-], der; -(e)s, -e /-s 1. **a)** 〈Pl. 없음〉 인쇄: etw. in D. geben 무엇을 인쇄에 넘기다〔부치다, 돌리다〕; der Vortrag ist im D. erschienen 그 강연은 인쇄되어 나와 있다. **b)** 〈Pl. -e〉 인쇄물, 판화(版畵), 복제화(複製畵). **c)** 〈Pl. 없음〉 판(版), 인쇄, 활자: kursiver D. 이탤릭체, 사체(斜體). 2. 〈Pl. -s〉 날염(捺染) 직물, 프린트(천).
¹**druck-, Druck-** (¹Druck): ~**abfall**, der 〖물리〗 기압감소. ~**angst**, die 〈Pl. 없음〉 (잠잘 때) 가슴 압박으로 생긴 공포〔불안〕. ~**anstieg**, der 기압 상승. ~**apparat**, der 〖기술〗 고압기기(器機), 고압 부하. ~**ausgleich**, der 〖물리·의학〗 압력조정〔평형(平衡)〕. ~**ausgleichskabine**, die 압력 조정실. ~**belastung**, die 압축 하중(荷重), 《때때》 압력 부하. ~**bleistift**, der 누르는〔노크식〕샤프 펜슬. ~**empfindlich** 〈Adj.〉 압력〔압박〕에 민감한, 압통감(壓痛感)의 (반대: ↑unempfindlich). ~**fest** 〈Adj.〉 압력〔압력〕 배겨내는. ~**festigkeit**, die 압축 강도(强度), 내압력(耐壓力). ~**gefälle**, das 〖물리·의학〗 압력차(差). ~**gefühl**, das 압박감. ~**kabine**, die 여압실(與壓室), 기밀실(氣密室). ~**kessel**, der 〖기술〗 고압 보일러, 가압 탱크. ~**knopf**, der 1. (의복의) 후크〔똑딱〕단추, 스냅. 2. (전자〔전기〕기구의) 누름단추. ~**kochtopf**, der ↑Dampfkochtopf 참조. ~**lähmung**, die 압박 마비. ~**luft**, die 〈Pl. 없음〉 〖물리〗 압착 공기. ~**luftbremse**, die 압축 공기 브레이크. ~**lufthammer**, der ↑Preßlufthammer. ~**luftkrankheit**, die ↑Caissonkrankheit. ~**luftpumpe**, die 〖기술〗 압착 공기 펌프. ~**messer**, der 〖물리〗 압력계, 기압계. ~**mittel**, das 압박(강압) 수단. ~**posten**, der ↑Druckposten. ~**puls**, der 〖의학〗 뇌압 상승시의 느린 맥박. ~**pumpe**, die 〖기술〗 압력 펌프, 양수(揚水) 펌프. ~**punkt**,

²druck-, Druck- der 1. 압력 작용점(총기 발사용). 2. 공기 압력 작용점(비행기 돔세에서). ~regler, der 압력 조절기. ~schwankung, die [물리] 압력(의) 불안정. ~situation, die (심리적) 압박을 받고 있는 상황. ~stelle, die 눈에 띠게 눌린 자리. ~taste, die ↑~knopf (2). ~topf, der ↑~kochtopf. ~unempfindlich 〈Adj.〉 압력(압박)에 둔감한[무감각한]. ~unterschied, der [물리] 압력차(差). ~veränderung, die 압력변화. ~verband, der (지혈용) 압박 붕대. ~welle, die [물리] 압력파(波).

²druck-, Druck- (²Druck): ~bewilligung, die ↑~erlaubnis. ~bogen, der 인쇄 전지(全紙). ~buchstabe, der 활자. ~erlaubnis, die 인쇄 허가. ~erzeugnis, das 인쇄물. ~fähig 〈Adj.〉 인쇄할 수 있는, 인쇄하기에 적합한. ~fahne, die ↑Fahne (3). ~farbe, die 인쇄용 잉크(염료). ~fassung, die 인쇄 용고. ~fehler, der 오식(誤植), 미스프린트. ~fehlerberichtigung die 오식(誤植) 교정. ~fehlerteufel, der 《농》 오식마(誤植魔)[오식을 의인화(擬人化)한 것]. ~fertig 〈Adj.〉 인쇄에 돌릴 준비가 다 된, 인쇄에 막 넣어질. ~form, die (인쇄의) 판형(版型), (날염(捺染)용의) 틀, 판목(版木). ~freiheit, die 인쇄(출판)의 자유(↑Pressefreiheit 참조). ~frisch 〈Adj.〉 방금[막] 인쇄된. ~genehmigung, die ↑~erlaubnis. ~graphik, die [예술] 인쇄 그래픽. ~kosten 〈Pl.〉 인쇄비. ~legung, die; -en a) 인쇄에 돌리기, 인쇄용 제작편집 작업. b) 인쇄에 들어감, 출판. ~letter, die ↑~schrift (1, 2). ~lizenz, die ↑~erlaubnis. ~maschine, die 인쇄기. ~muster, das 날염(捺染)용 도안(圖案), 옷감에 날염된 도안(모양). ~ort, der 발행[인쇄·출판]지. ~papier, das 인쇄용지. ~platte, die 인쇄판. ~presse, die ↑~maschine. ~reif 〈Adj.〉 인쇄에 적합한, 인쇄 가능한. ~sache, die 1. 인쇄물(우편의). 2. [인쇄] (명함, 서식용지, 삐라 따위의) 자질구레한 인쇄물. ~schrift, die 1. 활자, 인쇄체. 2. 스크립트체, 초서체의 활자체. 3. 인쇄물. ~seite, die 인쇄(된) 페이지. ~sorte, die 〈대개 Pl.〉 (österr.) 견본쇄, (미리 인쇄해 놓은) 서식(기입)용지. ~spalte, die (신문이나 사전의) 단(段), 난(欄). ~stock, der 전기판(電氣版), 스테레오판(版). ~stoff, der 날염(捺染)직물(천). ~technik, die ↑~verfahren. ~technisch 〈Adj.〉 인쇄술의. ~type, die 활자(형(型)). ~verbot, das 인쇄금지. ~verfahren, das 날염법(捺染法), 인쇄(법). ~vorlage, die (인쇄할) 원본. ~werk, das 인쇄물. ~wesen, das 〈Pl. 없음〉 인쇄 제도. ~zuschuß, der 인쇄 지원(보조)(금).

Drückeberger ['drykəbɛrgɐ], der; -s, - (통용어·폄) (의무, 위험에서) 꽁무니를 빼는 사람, 비겁한 사람. Drückebergerei [...gə'raj], die; -en 《통용어·폄》 일을 기피하는(꽁무니를 빼는) 행위(태도). drückebergerisch 〈Adj.〉 일에 게으름 피우는, 꽁무니를 빼는.

drucken ['drukŋ] 〈h〉 a) 날염(捺染)하다; lügen wie gedruckt 《통용어》 그럴듯한[천연덕스런] 거짓말을 하다. b) 인쇄하다.

drücken ['drykŋ] 〈h〉 1. a) 누르다; [전의] eine drückende Hitze 무더위, 찌는듯한 더위[혹서(酷暑)]; der Film drückt auf die Tränendrüsen 《통용어》 그 영화는 감동을 불러 일으킨다[자아낸다]; die Mannschaft drückte ständig (auf das Tor) [스포츠] 그 팀은 계속 (골문을) 괴롭혔다. b) (내리) 누르다, 밀다: bei Alarm Knopf d.! 비상시 단추를 누르시오!; jmdm. die Hand d. 누구의 손을 꽉 쥐다, 누구와 악수하다. c) 눌러 으깨서 무엇을 나오게 하다: den Saft aus der Zitrone d. 레몬즙을 짜내다. d) 밀어 붙이다: jmdn. zur Seite d. 누구를 옆으로 밀어붙이다; das Siegel auf die Urkunde d. 증서에 도장을 찍다[증서를 확증하다]; er drückte ihr einen Kuß auf die Wange 그는 그녀의 뺨에 키스했다; jmdm. Geld in die Hand d. 누구의 손에 돈을 쥐어 주다; 〈d. + sich〉 er drückte sich in die Ecke 그는 구석으로 숨어버렸다; sich stillschweigend aus dem Saal d. 몰래[살그머니] 홀에서 사라지다; der Hase drückt sich ins Gras [사냥] 토끼가 풀 속에 숨는다. 2. 고통을 주다, 괴롭히다, 압박감을 주다: ihn drückte der Magen 그는 속이 거북했다[체했다, 위가 답답했다]. 3. 누구의 마음을 무겁게 내리 누르다, 우울하게 만들다, [전의] 압박하다: das schlechte Gewissen drückt ihn 양심의 가책이 그의 마음을 무겁게 내리 누른다; in gedrückter Stimmung sein 풀이 죽어 있다, 우울해 하고 있다. 4. a) [항공] (조종간을) 앞으로(아래로) 밀다(기체를 아래로 기울게 하기 위해). b) 내리다, 떨어뜨리다, 인하시키다, 하락시키다: er hat den Rekord um zwei Sekunden gedrückt 그는 기록을 2초 단축시켰다. c) 《통용어》 (누구의 발전[발달]을) 막다[방해하다]: sein Chef hat ihn ständig gedrückt 그의 사장이 늘 그의 발전을 막았다. 5. 〈d. + sich〉 《통용어》 (의무·일 따위를) 비겁(안이)하게 기피(회피)하다, 남몰래 살짝 도망치다: er drückt sich gern (vor [von] der Arbeit) 그는 걸핏하면 일그머니 (일을) 기피한다. 6. [카드] (패를 골라) 버리다. 7. [역도] 탄력(반동)을 붙이지 않고 바로 들어 올리다, 바로 쑥 올리다. 8. [사냥] 몰이사냥하다.

Drucker ['drukɐ], der; -s, - 인쇄공, 인쇄업자, 날염공(捺染工).

Drücker ['drykɐ], der; -s, - 1. (문의) 손잡이(↑Türdrücker 참조): auf den letzten D. 《통용어》 마지막 순간에, 겨우 제시간에(알맞게). 2. 3 또는 4각[능] 열쇠(놓러서 여는 열쇠). 3. (엽총의) 방아쇠. 4. (전기기기의) 누름 단추: am D. sitzen[sein] 《통용어》 무엇에 대한 결정권[주도권]을 손에 쥐고 있다. 5. 《통용어》 감동을 자아내게 하는 요소(성분). 6. 《통용어》 (가가호호 다니며 신문, 잡지의 정기 구독을 모집하는) 모집자(권유자). 7. [스포츠] 역도 선수.

Drucker-: ~farbe, die ↑Druckfarbe 참조. ~gehilfe, der 인쇄소의 조수. ~handwerk, die 인쇄직공[인쇄업자]의 일. ~lehrling, der 인쇄 도제(徒弟)[견습공, 실습생]. ~marke, die ↑~zeichen 참조. ~meister, der 인쇄 기능장(대가). ~presse, die ↑Druckmaschine 참조. ~schwärze, die 인쇄용 검정 잉크. ~sprache, die 인쇄업자[식자공(植字工), 활자주조(업)자]의 직업어. ~zeichen, das 인쇄소(인쇄, 출판업자)의 상표.

Druckerei [drukə'raj], die; -en 인쇄소.

Drückerei [drykə'raj], die; -en 《통용어·폄》 뺑소니[도망]침, 게으름 피움. Druckjagd, die; -en [사냥] 몰이사냥.

Druckposten, der; -s, - 《통용어》 (공장·군대 따위의) 위험이 없는 초소[작업장]: das ist ein wunderbarer D. 그것은 훌륭한 안전 도피처이다. drucksen ['druksn] 〈h〉 《통용어》 망설이며[주저하면서] 말하다, (말을) 더듬거리다, (질문에 대해) 우물[머무적]거리다, 말문을 트지 못하다.

Drude ['druːdə], die; -n 밤의 요정, 악몽을 꾸게 하는 마녀[몽마(夢魔), 요마(妖魔)].

Drudel ['druːdl], das (또는) der, -s, - (상상의 명칭) 알아 맞추게 하는 그림 수수께끼[넌센스 퀴즈]. drudeln ['druːdl] 〈h〉 그림 수수께끼[넌센스 퀴즈]를 알아 맞히다(그리다). Drudenfuß, der, die (문지방 따위에 그려놓는 마귀를 쫓는[액막이]) 별 모양의 부적(기호: ☆).

Drudenstein, der; -(e)s, -e (물에 의해 가운데 구멍이 난) 액막이돌.

Drugstore ['drʌgstɔː], der; -(s), -s [engl.-amerik. drugstore] 각종 필수품[소모품]을 파는 미국의 상점[가게], 드러그 스토어.

Druide [dru'i:də], der; -n, -n [lat. druidēs (Pl.)] 고대 켈트 민족의 제관(祭官), 드루이드 사제(예언자, 시인, 재판관, 마법사 따위도 겸하였음). **druidisch** ⟨Adj.⟩ 드루이드 사제의: -e Riten 드루이드의 예배(의식).

drum [drʊm] ↑darum의 통용어: sie haben ein Haus mit einem großen Garten d. (herum) 그들은 주위에 큰 정원이 딸린 집을 갖고 있다; **sei's d.** 상관없다, 괜찮다, (그러면) 됐어, 좋아; **was d. und dran ist [hängt] o. ä.** 그것과 관련되는[거기에 속하는] 것; **alles [das] (ganze) Drum und Dran** 거기(그것)에 속하는[해당되는] 모든 것, 부속(부수)물, 일체의 부대 사항. **drum-**: ↑darum-의 통용어.

Drum [dram, 《engl.》 drʌm], der; -s [engl. drum(s)] **a)** 북(Trommel)의 영어 명칭, 드럼. **b)** ⟨Pl.⟩ 재즈 음악의 타악기.

Drumherum, das; -s 거기[그것]에 속하는 것, 부속(부수)물.

Drumlin ['drʊmlɪn, (engl.) 'drʌmlɪn], der; -s, -s / Drums [engl. drumlin] [지질] 빙퇴구(氷堆丘), 드럼린(빙하의 침전물로 형성된 타원형 언덕).

Drummer ['dramɐ, 《engl.》 'drʌmə], der; -s, - [engl. drummer] (재즈 오케스트라 혹은 밴드의) 드럼치는 사람, 리듬악기의 주자(奏者).

Drums: ↑Drum과 ↑Drumlin의 복수형.

drunten ['drʊntn̩] ⟨Adv.⟩ ⟨südd., österr.⟩ 저 아래[밑]에, 저 아래 쪽에, 아래 층에 (반대: droben): 전의 er ist d. 그는 몰락(타락)했다(의기소침하다). **drunter** ['drʊntɐ] ↑darunter의 통용어: **es [alles] geht d. und drüber** 온통 뒤죽박죽이다, 대혼란이다; 《명사화》 das Drunter und Drüber 불안한 시기(소요기), 무질서(소란)한 상황. **drunter-**: ↑darunter-의 통용어.

Drusch [drʊʃ], der; -(e)s, -e **1.** 타작, 탈곡. **2.** 타작하여 얻은 소득[수확] (곡식 또는 짚). **Druschgemeinschaft**, die 《구동독》집단(공동) 타작·탈곡. **Druschplan**, der 《구동독》집단(공동)타작 계획.

Druschel ['drʊʃl̩], die; -n [지역적] 구즈베리 열매.

Druschina [dru'ʃi:na, dru'ʒi:na], die [russ. druschina] 〔역사적〕러시아 제후의 군위대(軍衛隊).

¹Druse ['dru:zə], die; -n **1.** 정동(晶洞)(결정광(結晶鑛)을 싸는 암석의 빈틈), 정족(晶族). **2.** 비저(鼻疽)(비점막(鼻粘膜)에 염증이 생기는 말의 열병), 선역(腺疫). **Drüse** ['dry:zə], die; -n 선(腺), 나력(瘰癧): endokrine -n 내분비선(병).

²Druse [-], der; -n, -n [arab. durzi, 시조 Ad Darazi에 따라] 레바논과 시리아의 한 회교 종파의 신도, 드루즈파의 사람.

druseln ['dru:zl̩n] ⟨h⟩ ⟨nordd.⟩ 졸다, 잠결자다, 잠시 눈을 붙이다.

Drusen ['dru:zn̩] ⟨Pl.⟩ 〔고어·지역적〕포도주 이스트[찌끼](Weinhefe), 침전[침적]물(Bodensatz).

drüsen-, Drüsen-: **~artig** ⟨Adj.⟩ 선(腺) 모양의, 선(腺) 같은(비슷한). **~fieber**, das 선열(腺熱)(편도선염 같은 바이러스 병). **~funktion**, die 선(腺)의 기능[작용]. **~krank** ⟨Adj.⟩ 선병(腺病)을 앓는. **~krankheit**, die 선병(腺病). **~pest**, die 〔의학〕선(腺) 페스트. **~schwellung**, die 선종창(腺腫脹)(종기). **~system**, die 선(腺)조직: endokrine D. 내분비선 조직.

drusig ['dru:zɪç] ⟨Adj.⟩ 비저(鼻疽)에 걸린: ein -es Pferd 비저(鼻疽)에 걸린 말. **drüsig** ⟨Adj.⟩ 선병(腺病)의, 선병질(腺病質)의, 선상(腺狀)의, 나력의.

dry [draɪ] ⟨Adj.⟩; 종류를 표시하는 후치 부가어) [engl. dry] 맛은 드라이 한, 떫은, 달지 않은.

Dryade ['dry'a:də], die; -n, -n ⟨대개 Pl.⟩ [lat. Dryas] 〔그리스 신화〕나무의 정령(精靈), 숲의 요정(妖精).

Dryas ['dry:as], die 고산에서 자라며 작은 덤불을 형성하는 장미과의 식물.

Dryfarming ['draɪfarmɪŋ], das; -s [engl. dry farming] 〔경제〕건조농법.

D-Saite ['de:-], die; -n 라조(調)(d, D)로 조율된 현악기의 현(絃).

DSB = Deutscher Sportbund (구서독의) 독일 스포츠 연맹(1950년 창설).

Dschaina ['dʒaɪna], der; -(s), -(s) [sanskr. jaina] 자이나 교도. **Dschainismus**, der 자이나 교(敎)(인도의 종교). **dschainistisch** ⟨Adj.⟩ 자이나 교의.

Dschellaba ['dʒɛlaba], die; -s [arab. ğallaba] 모직으로 만든 폭이 넓은 아랍의 남자복(장)(긴 겉옷).

Dschibuti [dʒi'bu:ti], -s 지부티(아프리카의 국가 지부티의 수도).

D-Schicht ['de:-], die 심하게 이온화된 공기층.

Dschihad [dʒi'ha:t], der; - [arab. ğihād] (회교도들의) 성전(聖戰).

Dschina ['dʒi:na] ↑Dschaina.

Dschinn [dʒɪn], der; -s, - / -en [arab. ğinn (Pl.)] 회교 민간 신앙의 악령(악마).

Dschiu-Dschitsu ['dʒiu:dʒɪtsu] ↑Jiu-Jitsu.

Dschodo [dʒo:do], das; - [jap. jōdo] (불교에서의) 환생(還生)의 이상향.

Dschonke ['dʒɔŋkə] ↑Dschunke.

Dschungel ['dʒʊŋl̩], der, (드물게) das; -s, - [engl. jungle] (열대의) 밀림, 정글, 총림지(叢林地): **das Gesetz des -s** 무법(無法)[법률부재]성.

Dschungel-: **~fieber**, das ↑Gelbfieber 참조. **~krieg**, der 정글전(밀림전). **~pfad**, der 정글 속의 좁은길(오솔길).

Dschunke ['dʒʊŋkə], die; -n [port. junco] 장크(중국의 돛단배).

DSG = Deutsche Schlafwagen- und Speisewagen-Gesellschaft 독일 침대차·식당차 유한회사(有限會社).

dt = Dezitonne 10분의 1톤.

dt. = deutsch 독일의, 독일 사람[말]의.

DTB = Deutscher Turnerbund 독일 체조 협회.

DTC = Deutscher Touring Automobil Club 독일(여행) 자동차 클럽.

dto. = dito 동일하게, 같게, 마찬가지로, 또.

Dtzd. = Dutzend 다스.

du [du:] ⟨인칭대명사; 2인칭 단수 1격⟩ **a)** (친척, 친지, 어린이, 신(神), 신같은 존재, 친구, 동배, 연소한 학생, 부하, 동물, 동지에, 성도, 독자 및 성서, 시문(詩文)에 있어서의 2인칭) 너, 그대, 자네: du hast recht 네 말[네]이 옳아[맞아]; mit jmdm. auf du und du stehen 누구와 말을 트고 지내는[너니 나니 하는] 사이이다, 친한 사이이다; ⟨2격⟩ wir haben deiner gedacht 우리는 너를 생각했다; ⟨3격⟩ kann ich dir helfen? (너를) 도와 줄까?; 촉말 du wirst dir von dir gar nicht gefallen 너 이러다 욕먹는다; ⟨4격⟩ ich habe dich nicht gesehen 나는 너를 보지 못했다. **b)** (man 대신) 사람(들)은, 누구든지, 우리들은: daran kannst du nichts ändern 그 점은 누구라도 어쩔 도리가 없다. 《명사화》 **Du** [-], das; -(s), -(s) 너, 그대: das vertraute Du "자네"라는 친근한 호칭; jmdm. das Du anbieten 누구에게 말을 트자고 제안.

dual [du'a:l] ⟨Adj.⟩ [lat. duālis] 이원(二元)의, 이중(성)의, 둘을 나타내는, 양수(兩數)의. **Dual** [-], der; -s, -e, **Dualis** [-], der; -, ..le [lat. duālis (numerus)] **1.** 〔언어〕양수(兩數), 2수(數). **2.** 〔서양장기〕의도하지 않은 부수적 해결. **dualisieren** [duali'zi:rən] ⟨h⟩ 배가(倍加)하다, 곱으로 하다, 이중으로 하다, 중복시키다.

Dualismus [dua'lɪsmʊs], der **1.** 이원(二元)성, 상반성, 대립성, 상반 관계: der D. zweier Auffassungen 상반

된 두개의 해석[견해]. **2.** 이원론(二元論), 이원설(반대: Monismus). **3.** 〖정치〗 양당분립, 이대정당주의. **Dualist,** der; -en, -en 이원론자. **dualistisch** ⟨Adj.⟩ **1.** (교양어) 분열[분쟁]의, 대립[대조]의, 모순된, 반대의. **2.** 이원(론)의, 양당분립의: eine -e Weltanschauung 이원론적 세계관. **3.** (서양 장기에서) 별도의 해결책이 있는. **Dualität** [duali'tɛːt], die [lat. duālitās] **1.** (교양어) 이원성, 교환성. **2.** 〖기하〗 쌍대율(雙對律)[쌍대성(性)]. **Dualitätsprinzip,** das 쌍대율(雙對律) 원칙. **Dualsystem,** das; -s -], 〖수학〗 이진법(二進法). **2.** 〖사회〗 양면의 혈통[인척] 관계.

Dubai: -s 1. 아랍에미리트 연합국의 교주. **2.** 두바이(아랍에미리트연합국의 수도).

Dubasse [du'basə], die [russ. dubas] 〖폴란드 및 러시아의〗 화물용 보트[거룻배].

Dubbas ['dʊbas], der; -, -se 〘지역적〙 기형적으로 크고 무거운 물건[사물], 괴물[요괴].

Dübel ['dyːbl], der; -s, - **1.** (못·고리·나사 따위를 박기 위하여 벽에 붙인) 나무판, 나무토막, 못[고리, 나사]받이 (암나사 따위), 맞춤못, (접합용) 나무못. **2.** 〖토건〗 (목재를 꼭 들어 맞추기 위한) 장부. **3.** ⟨österr.⟩ (금속의) 돋을새김 세공, 부출(浮出)[부조(浮彫)] 세공(細工). **dübeln** ⟨h⟩ 맞춤못으로 접합시키다, 나무못을 박아 맞추다.

Dubia, Dubien: ↑Dubium의 복수형.

dubios [du'bioːs], **dubiös** [du'biøːs] ⟨Adj.⟩ [lat. dubiōsus] ⟨아이〗 의심스러운, 애매한. **Dubiosa, Dubiosen** ⟨Pl.⟩ 〖경제〗 회수할[될] 가망이 없는 채권.

Dubitatio [dubi'taːtsi̯o], die; -, ...ones [...ta'tsi̯oːnɛs; lat. dubitātio] 〖수사〗 의혹법. **dubitativ** [dubita'tiːf] ⟨Adj.⟩ [lat. dubitātīvus] 의심[의혹]을 나타내는, 확실치 않은. **Dubitativ** [-], der; -s, -e [...və] 〖언어〗 의혹의 접속법(예컨대: Das hättest du getan? 그것은 네가 한 짓이겠지?). **Dubium** ['duːbi̯ʊm], das; -s, ...ia [...i̯a] / ...ien [...i̯ən; lat. dubium] 의심스러운 경우.

Dublee [du'bleː], das; -s, -s [frz. doublé] **1.** 비(卑)금속의 도금품(鍍金品), 값싼 금속의 금장: eine Uhr in D. 도금한 시계. **2.** (당구경기에서) 먼저 쿠션에 맞고 공을 맞히는 방법, 쿠션에 맞고 되튀어음, 다브르, 반도(反跳). **Dubleegold,** das 도금한 금속.

Dublette [du'blɛtə], die; -n [frz. doublet] **1.** 이중으로 존재하는 것(중복품), 양(兩) 이룬 것 중의 하나(복사(複寫)), (문서의) 부본(副本): die D. eines Buches 책의 복사(본). **2.** 〖사냥〗 쌍신총(雙身銃)(2연발총)으로 두 마리의 짐승을 잇달아 쏘아 죽이는 것. **3.** (일종의) 모조 보석, 유사 보석. **4.** 〖권투〗 더블 펀치. **5.** 〖인쇄〗 (잘못하여) 두 겹으로 인쇄된 것. **dublieren** [du'bliːrən] ⟨h⟩ [frz. doubler] **1.** 금을 입히다(도금, 도장하다). **2.** 〖방적〗 (두개 혹은 여러 가닥의 실을 함께) 꼬다. **3.** 〖인쇄〗 (잘못하여) 두 겹으로 인쇄하다. **4.** 〖예술〗 그림을 수복(修復)할 때 뒷면에 직물이나 목판을 대서 보강하다(강하게 하다). **Dubliermaschine,** die 〖방적〗 (몇 가닥의) 실을 함께 꼬는 기계, 연사기(撚絲機).

Dublin ['dablin] 더블린(아일랜드의 수도).

Dublone [du'bloːnə], die; -n [frz. doublon] 스페인의 옛 금화(金貨) 도블론. **Dublüre** [du'blyːrə], die; -n [frz. doublure] **1. a)** 〘준고어〙 (의복의) 안(감). **b)** (주 복의) 소매 휘장(徽章). **2.** 〖서적〗 특별 장정된 책(특제본) 표지의 장식된 안쪽[내면].

Dubrovnik [(serbokr.) dubroːvniːk] 두브로브니크(유고슬라비아의 항구 도시).

Duc [dyk], der; -(s), -s [frz. duc] 프랑스의 최고 귀족(칭호), 공작(대략 독일의 Herzog에 해당됨). **Duca** ['duːka], der; -, -s [ital. duca] 이탈리아의 귀족(칭호), 공작.

Ducento: ↑Duecento 참조.

Duces: ↑Dux의 복수형.

¹Duchesse [dy'ʃɛs], die; -n [frz. duchesse] (Herzogin에 대한 프랑스어 명칭) 공비(公妃), 공작(公爵)부인. **²Duchesse** ['dʊʃɛs], der; - (Pl. 없음) 무겁고 광택이 나는 고급 견직물. **Duchessespitze,** die 레이스 뜨기의 모형[본]을 하나 하나 붙여 꿰맨 레이스.

Ducht (h), der; -en [niederd. ducht] 〖선원〗 (보트의) 노젓는 사람의 자리.

Duckdalbe ['dʊkdalbə], 〘드물게〙 **Dückdalbe** ['dʏk-], der; -n ⟨대개 Pl.⟩ 〘또한〙 **Duckdalben, Dückdalben,** der; -s, -⟨대개 Pl.⟩ [발명자 Alba 공작의 이름에서] 〖선원〗 계선주(繫船柱).

ducken ['dʊkn̩] ⟨h⟩ **1. a)** ⟨d. + sich⟩ (몸을) 구부리다, (머리 따위를) 살짝 숙이다: sich d., um einem Schlag auszuweichen 매를 피하려고(안 맞으려고) 몸을 구부리다(머리를 숙이다), in geduckter Haltung verharren 몸을 구부린 자세로 버티다(견디다). **b)** 〘드물게〙 머리를 움츠리다. **2. a)** 굴종하다, 감히 반항하려 들지 않다: er duckt immer 그는 늘 굴종한다. **b)** 〘뜀〙 누구를 굴복시키다, 누구를 출세 못하게 하다: er ist in seinem Leben immer nur geduckt worden 그는 평생 굴복만 당하고 살았다. **Duckmäuser** ['dʊkmɔʏzɐ], der; -s, - 〘뜀〙 (음험한) 위선자, 비열(비굴) 한 사람. **Duckmäuserei,** die 음흉한(패기없는) 언행, 위선. **duckmäuserisch** ⟨Adj.⟩ 음흉한, 위선적인, 패기 없는.

Ductus ['dʊktʊs], der; -, - ['dʊktuːs; lat. ductus] 〖의학〗 교통관(交通管), 도관(導管), 선(腺)의 분비(배설)관.

Dudel- ['duːdl]-: **~kasten,** der 〘뜀〙 전축, 라디오, 텔레비전 수상기: ~kasten endlich den D. aus! 이제 그만 [제발] 라디오 좀 꺼! **~sack,** der (가죽으로 만든 바람 주머니가 달린) 옛 피리(낭적(囊笛)), 풍적(風笛), 백파이프(영어의 명칭). **~sackpfeifer,** der 백파이프를 부는 사람. **~sackspieler,** der 백파이프 연주자.

Dudelei [duːdə'laɪ̯], die; -en ⟨통용어·뜀⟩ 서투른[졸렬한] 연주, 단조로운 음악, 시시한[하찮은] 일: hör bloß auf mit dieser ewigen D. auf der Flöte! 제발 그 지겨운 피리 좀 그만 불어! **Dudeler, Dudler** ['duːdl(ə)lɐ], der; -s, - 〘뜀〙 **1. a)** 백파이프 연주자. **b)** 손풍금 연주자. **2.** 서투른 음악가. **dudeln** ['duːdl̩n] ⟨h⟩ ⟨통용어·뜀⟩ **1.** 단조로운 선율을 연주하다. **2.** 단조롭고 기교없는 음을 내다: das Radio dudelt ununterbrochen 라디오에서 끊임없이 시시한 음악이 흘러나온다. **3.** 〘지역적·통용어〙 진탕 마시다, 술을 마시다: wir gehen heute abend einen d. 우리는 오늘 한잔 하러 간다.

Dudler: ↑Dudeler 참조.

due ['duːe; ital. due] 〖음악〗 둘: a due 둘이서. **Duecento** [due't͡ʃɛnto], **Dugento** [du'd͡ʒɛnto], **Ducento** [du't͡ʃɛnto], das; -(s) [ital. duecento, dugento, ducento] (이탈리아에서 양식(樣式) 개념으로서의) 13세기.

Duell [du'ɛl], das; -s, -e [lat. duellum] **1.** 결투: ein D. auf Pistolen 권총을 가지고 하는 결투; jmdn. zum D. (heraus)fordern 누구에게 결투를 걸다(신청하다). **2. a)** 〖스포츠〗 (두 사람, 두 팀 사이의) 운동 시합. **b)** (교양어) 설전(舌戰): die beiden Redner lieferten sich ein witziges, scharfes, erbittertes D. 두 연사는 서로 재치있고, 날카롭고 치열한(격분한) 설전을 주고 받았다. **Duellant** [due'lant], der; -en, -en [lat. duellāns] 결투자, 결투의 상대편. **duellieren** [due'liːrən], sich ⟨h⟩ 결투하다: sie duellierten sich auf einer Waldlichtung 그들은 숲속의 공지(빈터)에서 결투했다. **Duellpistole,** die; -n 결투용 권총.

Duenja ['duɛnja], die; -s [span. dueña] 〖고어〙 예법을 지도하는(시중드는) 부인, 스페인 황후의 시녀장(侍女長), 여가정교사.

Duett [du'ɛt], das -(e)s, -e [ital. duetto] **1.** 《음악》 **a)** 이중창곡. **b)** 이중창, 이중주: (im) D. singen 이중창을 부르다. **2.** ↑Duo (2) 참조.

duff [dʊf] 〈Adj.〉 《nordd.》 광택없는, 희미한[흐린]색의, 칙칙한.

Düffel ['dʏfl], der; -s, - [engl. duffel, duffle, 벨기에의 도시 Duffel에서] 보풀이 선 두껍고 올이 굵게 짜진 면직물의 일종, 뒤펠. **Dufflecoat** ['dʌfəlkoʊt], der; -s, -s [engl. duffle coat] 스포츠용 칠부(4분의 3길이) 코트, 더플코트.

Duft [dʊft], der; -(e)s, Düfte ['dʏftə] **1.** 〈축소형: ↑Düftchen〉 향기, 향내, 방향(芳香): 〈전의〉 der D. der weiten Welt 넓은 세계[세상]의 분위기. **2. a)** 《시어·지역적》 옅은 안개, 아지랭이, 연무(煙霧): morgendlicher D. lag über den Bergen 옅은 아침 안개가 산 위에 깔려 있었다. **b)** 《schweiz.》 수빙(樹氷), 무서리.

Duft-: ~**besen**, der 《경》 커다란 화환, 꽃다발. ~**bruch**, der [임업] 수빙(樹氷)[빙상(氷霜)]에 의한 수목의 피해(나뭇가지가 꺾이는 따위). ~**drüse**, die (사람, 동물의) 취선(臭腺), 향기 분비물질을 분비[배설]하는 선(腺). ~**hauch**, der 《시어》 향기. ~**kissen**, das 약초를 넣은 작은 주머니(옷장용). ~**marke**, die 《생물》 (구역을 표시하거나 같은 종족과의 의사 소통을 위해) 동물이 내는 향향물질. ~**note**, die 독특한 향기. ~**organ**, das (동물, 특히 곤충의) 향선(香腺), 향기 기관(香氣器官). ~**probe**, die **a)** 방향(芳香)[향기] 검사: eine D. vornehmen 방향 검사를 실시하다. **b)** (소량의) 견본(용) 향수. ~**stoff**, der **a)** 〔생물〕 방향 물질. **b)** 향료. ~**wasser**, das 《Pl. -wässer》 a) (방향·정결제용의 약한) 향수. b) 《농》 향수. ~**wolke**, die (반이) 자욱한 향기.

Düftchen ['dʏftçən], das; -s, - ↑Duft 참조.

dufte ['dʊftə] 〈Adj.〉 《부랑자》 duf, toft < jidd. tow < hebr. tob》《경·berlin.》 훌륭한, 근사한, 대단한, 일류의: eine d. Biene 귀엽고 매력적인 아가씨[소녀]; der Urlaub war einfach d. 휴가는 정말 근사했다.

duften ['dʊftn̩] 〈h〉 **a)** 향내가 나다, 좋은 냄새(방향(芳香)]를 풍기다: die Rosen duften stark 장미에서 진한 향내가 난다. **b)** (독특한 냄새, 향내 따위를) 발산시키다: er duftet nach Schnaps (반이) 그에게서 술냄새가 난다.

duftig 〈Adj.〉 **1.** 매우 섬세한[가는], 아주 보드라운: ein -es Sommerkleid 천이 얇고 보드라운 여름옷. **2.** 《시어》 옅은 안개에 쌓인, 부옇게[희미하게] 된. **Duftigkeit**, die ↑duftig의 명사형.

Dugento: ↑Duecento.

Dugong [du:gɔŋ], der; -s, -e / -s [malai. dujung] 듀공(주로 남태평양과 인도양에 사는 수생 포유 동물의 일종인 돌고래, 속칭 인어).

Duisburg ['dyːsbʊrk] 뒤스부르크(구 서독 노르트라인-베스트팔렌 주의 공업 도시). **¹Duisburger**, der; -s, - 뒤스부르크 사람[시민, 주민]. **²Duisburger** 〈Adj.; 격변화 없음〉 뒤스부르크(풍, 식)의.

du jour [dy'ʒuːr] 《frz.》 [고어] 당일(당직, 일직)의: d. j. sein 일직이다, 당번이다.

Dukaten [du'kaːtn̩], der; -s, - [lat. ducātus; 공작 (duca) Roger V. Apulien이 1140년에 처음으로 주조했음] 두카텐, 옛(13~20세기) 유럽 금화의 이름.

Dukaten-: ~**esel**, der 《통용어·농》 무진장한 재원(財源), 《Grimm 동화의 금화 똥을 누는 당나귀에서 유래》 황금알을 낳는 거위. ~**gold**, das 순금(23 캐럿). ~**männchen**, das ↑~esel. ~**scheißer**, der 《경》↑~esel.

Duke [djuːk], der; -, -s [engl. duke] 영국의 최고 귀족(칭호)(대략 독일의 "공작"(Herzog)에 해당됨).

Düker ['dyːkɐ], der; -s, - **1.** 잠관(潛管)(도로나 수로 밑을 통과하는 고압 수관). **2.** 《방언》 농병아리, 흰쪽지오리(물오리과).

duktil [dʊk'tiːl] 〈Adj.〉 engl. ductile 〔기술〕 (금속을) 잡아당겨 늘일 수 있는, 어느 형태로도 될 수 있는[조형하기 쉬운], 가연성(可延性)의, 유인(유연)한, 유연한. **Duktilität** [dʊktiliˈtɛːt], die [기술] 연성(延性), 유인성, 유연성. **Duktor** ['dʊktɔr], 《또한》 to:ɐ], der; -s, -en [...'toːrən; lat. ductor] [인쇄] (염료를 마찰기로 보내는) 강철 도판(導筒). **Duktus** ['dʊktʊs], der; -, [lat. ductus] 《아어》 **1.** 붓놀리기, 필법(筆法), 자획(字劃), 필적: einen markanten D. haben 눈에 띄는[특이한] 필법을 갖다. **2.** (예술 작품의) 독특한 필치[묘사법].

Dulcin, Dulzin [dʊlˈtsiːn], das; -s [lat. dulcis] 둘친(감미제(甘味劑)).

dulden ['dʊldn̩] 〈h〉 **1. a)** 참다, 견디다, 무엇을 허용하다, 인정하다: keinen Widerspruch d. 어떠한 이의(異議)도 허용치 않다; die Arbeit hat keinen Aufschub geduldet 그 일은 일초의 유예도 허용하지 않았다. **b)** 《가까이》 머물도록 허용하다, 관용[용서]하다: sie duldete ihren Verwandten nicht in ihrem Haus 그 여자는 친척이 자기 집에 머무는 것을 허용하지 않았다. **2.** (아어) **a)** 감수 (甘受)하다, 견디내다: er duldet, ohne zu klagen 그는 불평(불만)하지 않고 (잘) 견딘다. **b)** 《드물게》 ↑erdulden: sie mußte viel Leid d. 그녀는 많은 고통을 견디내야 했다. **Dulder**, der; -s, - 참는 사람, 인내자, 관용자. **Dulderin**, die; -nen ↑Dulder의 여성형. **Duldermiene**, die; -n (반이) 일부러 동정을 구하는 (측은한, 안스러운) 표정. **duldsam** ['dʊltzaːm] 〈Adj.〉 참을성이 강한, 너그러운[관대한], 견딜 수 있는: sich d. gegen Andersdenkende zeigen 의견을 달리하는 사람에 대해 관대함을 보이다. **Duldsamkeit**, die ↑duldsam의 명사형. **Duldung**, die; -en ↑dulden (1)의 명사형.

dulliäh [dʊliˈɛː] 〈Adj.〉 《österr. 통용어》 즐겁은, 들뜬, 신나는(원래 요들을 부를 때 내는 환성[환호]). **Dulliäh** [-], die; - 《öster.·통용어》 가벼운 흥분, 들뜬[즐거운] 기분, 얼근한 기분.

Dult [dʊlt], die; -en 《bayr., österr.》 큰 장, (섣달) 대목장, 정기시(定期市)(일년에 한 번 내지 서너 번 서는).

Dulzian [dʊlˈtsiaːn], das; -s, -e [ital. dulciana] 〔음악〕 **1.** (16·17세기에 사용된) 파곳. **2.** 비음(鼻音)을 내는 파이프 오르간의 음전(音栓). **Dulzin**: ↑Dulcin. **Dulzinea** [dʊltsiˈneːa], die; ...een [...'neːən] 《농·경》 [Cervantes의 소설의 주인공 Don Quichotte가 이상적인 여성으로 그리워한 시골 처녀의 이름에서] 애인, 연인.

Duma ['duːma], die; -s [russ. duma] **1.** 《역사적》 (제정 러시아의) 제국 의회(의원). **2.** (1870년 이래) 러시아의 시참사회 회원. **3.** (1906~1917년 사이 제정 러시아의) 국회.

Dumb show ['dʌm'ʃoʊ], die; -, -s [engl. dumb show] (옛 영국 연극에서 공연전에) 줄거리 설명을 위한 무언극.

Dumdum [dʊmˈdʊm], das; -(s), -(s), **Dumdumgeschoß**, das, -geschosses, -geschosse [engl. dumdum, 인도의 Calcutta 부근의 Dumdum 시(市)의 조병창에서 처음으로 만들어진 데서] 덤덤탄(彈).

Dumka ['dʊmka], die; ...ki [tschech. dumka] 발라드풍의 슬라브 민요.

dumm [dʊm] 〈Adj.; dümmer, dümmste〉 [mhd. tump = töricht, unerfahren, stumm] **1. a)** 어리석은 바보 같은, 미련한, 우둔한, 무지한: jmdn. wie einen -en Jungen behandeln 누구를 어리석은 소년같이 취급하다; **sich nicht für d. verkaufen lassen** 《통용어》 누가 권고하는 것을[남이 설득하려는 말을] 믿지 않다; **d. und dämlich** 《통용어》 무척 많이, 몹시; **(immer) der Dumme sein** 《통용어》 (늘) 손해를 보다, 손해보는 짓을 하다. **b)** 영리하지 못한, 분별없는, 주착없는, 어

리석은, 사물을 분간 못하는: sei nicht so d., und nimm das Angebot an! 못난 짓 그만하고 제안을 받아들여! c) 《통용어》 우둔한, 바보 같은, 멍청한, 무지한, 미련한: rede nicht -es Zeug! 바보 같은 소리 하지 마!; sie ist eine -e Gans 그녀는 멍청한 여자(아가씨)이다; jmdm. ist(wird) etw. zu d. 누구에게 무엇이 질색이다(진저리 난다). 2. 《통용어》 불쾌한, 달갑잖은, 언짢은: das ist eine -e Geschichte 그것은 달갑지 않은(반갑지 않은, 언짢은) 일이다; jmdm. d. kommen 《통용어》 누구에 대해 불손해지다, 무례해지다, 파렴치해지다, 뻔뻔스러워지다; 《명사화》 mir ist etwas Dummes passiert 내게 (어떤) 언짢은 일이 생겼다(일어났다). 3. 마비된, 어질 어질한, 무감각인, 현기증이 나는: mir ist ganz d. im Kopf 나는 몹시 현기증이 난다(머리가 명하다).

dumm-, Dumm-: ~bach 《다음 용법으로》 (nicht) aus D. sein 《경》 어리석다(어리석지 않다), 멍청하다 (멍청하지 않다). ~bart, der; -(e)s, -e / -bärte 어리석은 사람, 바보. ~bartel, der; -s, - 《경》 ↑~kopf. ~dreist 〈Adj.〉 무모한, 뻔뻔스러운, 저돌(猪突)적인: eine -e Antwort 뻔뻔스러운 대답. ~dreistigkeit, die ↑~dreist의 명사화. ~frech 〈Adj.〉 ↑~dreist. ~koller, der 《수의》 (말의) 뇌압항진증(腦壓亢進症), 훈도병(暈倒病)(말의 신지성 뇌질환). ~kopf, der 《통용어》 어리석은 사람, 바보, 얼간이. ~stolz 〈Adj.〉 어리석으면서 잘난체 하는(허풍 떠는), 우쭐대는, 허세를 부리는, 불손한, 어리석고 거만한: eine -e Äußerung 불손한 언사(말, 표현).

Dummchen ['dʊmçən] ↑Dummerchen. Dummejungenstreich, der; des Dumme(n)jungenstreich(e)s, die Dumme(n)jungenstreiche 《통용어》 어리석은 소년의 장난, 어리석은 행위, 바보짓(우행(愚行)), 장난꾸러기의 소행(장난). Dummenfang, der 《겁》 잘 믿는 자를 사기치려는(유인하려는) 시도: auf D. (aus)gehen(aussein) 사기에 걸려들 자를 찾아서다(노리다). dümmer: dumm의 비교급. Dummerchen ['dʊmɐçən], das; -s, - 《호의·친근》 어리석은(어리숙한) 사람, 바보 같은 아이. Dummerjan [...jaːn], Dummrian ['dʊmriaː(ː)n], der; -s, -e 《통용어》 멍청이, 얼간이, 바보. Dummerling [...lɪŋ], der; -s, -e ↑Dummerjan. dummerweise 〈Adv.〉 1. 화가 나게도, 불행(불운)하게도, 재수없게도: d. kommt das Gepäck erst morgen 재수없게도 짐은 내일에야 온다. 2. 어리석게도: ich bin d. weggelaufen, statt zu bleiben 어리석게도 나는 남지 않고 서둘러 가버렸다. Dummheit, die; -en 1. 《Pl. 없음》 우둔함, 몽매(蒙昧), 무지: seine D. ist schon sprichwörtlich 그가 아둔하다는 것은 주지(周知)의 사실이다; 성구 wenn D. weh täte, müßte(würde) er den ganzen Tag schreien 《경》 그는 지독히(엄청나게) 어리석다; 속담 D. und Stolz wachsen auf einem Holz 무지와 자만은 대개 한 패다; vor D. brüllen(brummen / schreien (...)) 《경》 무척(폐) 어리석다. 2. 어리석은 짓(말, 일): -en begehen 어리석은 짓을 (행)하다. Dummian ['dʊmiaː(ː)n] 《österr.》 ↑Dummerjan 참조. dümmlich ['dʏmlɪç] 〈Adj.〉 약간 멍청한, 약간 멍청하여 보이는: sein Gesichtsausdruck war ein wenig d. 그의 표정은 약간 멍청해 보였다. Dümmling [...lɪŋ], der; -s, -e 《통용어》 약간 멍청한(멍청하여 보이는) 사람. Dummrian: ↑Dummerjan 참조. Dummsdorf ['dʊms-] 《다음 용법으로》 (nicht) aus D. sein 《경》 어리석다 (어리석지 않다). dümmste: dumm의 최상급.

Dummy ['dami], der; -s, -s / Dummies 《engl. dummy》 1. (실물 크기의) 실험용 모조(플라스틱) 인형. 2. 모조품, 빈 포장(광고, 선전용의). Dummy-head-Stereophonie [-'hɛd-], die ↑Kunstkopfstereophonie.

dümpeln ['dʏmpəln] 〈h〉 [niederd. dümpelen] 【선원】 (배가) 가볍게 옆으로 흔들리다.

Dumper ['dampɐ, 《또한》 'dʊmpɐ], der; -s, - [engl. dumper] 덤프 트럭.

dumpf [dʊmpf] 〈Adj.〉 1. 둔중한, 먹먹한, 잘 울리지 않는, 공허한: -e Geräusche 먹먹한 소음(굉음). 2. 곰팡내 나는, 숨이 막힐듯한(답답한): die Luft ist ganz d. 공기가 아주 숨이 막힐 것 같다. 3. 무딘, 둔감한, 무감각한, 지리한, 재미(흥미)없는: in -er Gleichgültigkeit dasitzen 무신경(無神經)으로 앉아있다. 4. 어슴푸레한, 희미한, 똑똑치 않은: sich nur d. an etw. erinnern 무엇을 그저 어렴풋이(희미하게) 기억하다. 5. 《준고어》 마비된, 몽롱한, 명한: einen -en Halbschlaf 비몽사몽, 선잠. Dumpfheit, die ↑dumpf의 명사화. dumpfig ['dʊmpfɪç] 〈Adj.〉 습기찬, 곰팡내 나는, 부패한, 썩은. Dumpfigkeit, die ↑dumpfig의 명사화.

Dumping ['dampɪŋ], das; -s [engl. dumping] 【경제】 투매(投賣), 덤핑. Dumpingpreis, der 덤핑 가격.

Dumy ['du:mi] 〈Pl.〉 [russ. dumy] 두미(역사적 사건이나 민족적 영웅을 찬미하는 우크라이나의 민요).

dun [du:n] 〈Adj.〉 [niederd. dun] (nordd. 경) 술 취한: d. sein 술 취해 있다.

Dunciade [dʊnˈtsiaːdə], die; -n [Pope의 풍자시 "Dunciad"에서] 【문예학】 풍자시(諷刺詩).

Dune ['du:nə], die; -n (niederd.) ↑Daune.

Düne ['dy:nə], die; -n [niederd. düne] (해안의) 모래언덕, 사구(砂丘).

dünen-, Dünen-: ~artig 〈Adj.〉 사구(砂丘) 같은 [모양의]: -e Ablagerungen 사구(砂丘) 같은 [사구 모양의] 퇴적물. ~bildung, die 사구의 형성. ~gebiet, das 사구가 많은 지역. ~gras, das 모래땅의 사초, 사구(모래 땅)에서 자라는 풀. ~kette, die 줄줄이(나란히) 놓여있는 사구. ~rose, die 사구와 암석에서 자라는 장미의 일종(대개 흰 꽃을 피운다). ~sand, der 사구의 미세한 모래. ~wall, der 사구의 제방(둑).

Dung [dʊŋ], der; -(e)s 비료, 똥거름: D. streuen 비료를 뿌리다.

Dung-: ~ablage, die 얇은 비료 구덩이(통). ~fliege, die (짐승의 분뇨에서 생기는) 작고 검은 파리, 똥파리. ~grube, die 비료 구덩이(통), 거름구덩이. ~haufen, der 퇴비, 비료의 퇴적, 분토더미 (대개 똥거름 속에서 사는) 말똥가리(쇠똥구리) 아과(亞科)의 곤충(벌레). ~karren, der 퇴비(비료) 운반용 손수레. ~streuer, der 비료(거름) 살포기. ~wagen, der 퇴비(비료)차.

Dünge- ['dʏŋə-]: ~kalk, der 석회 비료. ~mittel, das 《대개 Pl.》 화학비료. ~mittelindustrie, die (화학) 비료산업(공업). ~salz, das 염분성 (화학)비료. ~torf, der 이탄(泥炭)비료.

düngen ['dʏŋən] 〈h〉 a) (밭에) 거름을 주다, 비료를 주다, 시비(施肥)하다: gut gedüngte Erde 잘 쳐진 땅. b) 거름이 되다, 비료가 되다: das faulende Laub düngt (gut) 썩는 잎은 (좋은) 거름이 된다. Dünger ['dʏŋɐ], der; -s, - 비료, 똥거름: natürlicher (künstlicher) D. 천연(인공) 비료.

Dünger-: ~einleger, der 【농업】 비료 공급기. ~haufen, der ↑Dunghaufen. ~streuer, der ↑Dungstreuer. ~wagen, der ↑Dungwagen. ~wirtschaft, die 비료 농업(비료로 하는 농업(농경)).

Düngung, die; -en a) 비료주기, 시비(施肥): die D. regelmäßig durchführen 규칙적으로 비료를 주다. b) 《드물게》 비료, 거름.

dunkel [ˈdʊŋkl] 〈Adj.〉 1. a) 어두운, 암흑의(반대: hell): es wird d. 어두워진다(저녁이 된다); 《명사화》 im Dunkeln sitzen 어둠 속에 앉아 있다; 성구 im

Dunkeln ist gut munkeln 밀담은 어둠 속에서[어둠은 음모의 모체]; 전의 im dunkeln bleiben 익명(匿名)으로 남다(있다), 알려지지 않은 채 있다; **im dunkeln tappen** 암중모색(暗中模索)하다, 불확실하다. **b)** 침울[음울]한, 암담한: ein dunkles Kapitel der Geschichte 암울한 역사의 한 장(章). **2.** 거무스레한[거무스름한], 짙은(빛깔): hell; von dunkler Hautfarbe 거무스름한 피부색의(을 가진); die Brille ist d. getönt 이 안경은 짙게 조색(調色)되어 있다; 〈명사화〉 Herr Ober, bitte ein Dunkles 《통용어》 웨이터, 흑맥주 한잔! **3.** 낮은 (소리의), 저음의(반대: hell): eine dunkle Stimme haben 저음의 목소리를 갖고 있다. **4. a)** 뚜렷하지 않은, 불명한, 흐릿한, 희미한, 몽롱한: eine dunkle Sehnsucht 희미한 동경; etw. d. ahnen 무엇을 어렴풋이 예감하다. **b)** 불명료한, 애매한, 모호한: eine dunkle Textstelle 애매한[모호한] 구절[부분]. **5.** 《俗》 수상(미심)쩍은, 불투명한, 의심스러운: dunkle Geschäfte machen 수상한 장사를 하다.

Dunkel [-], das; -s **1.** 《아어》 암흑, 어둠: der Weg war in tiefes D. gehüllt 길은 칠흑 같은 어둠으로 덮여 있었다. **2.** 불분명, 불명료, 애매, 불가해: das D. um einen Vorfall lichten[aufhellen] 사건의 불명료함을 해명하다[밝히다].

dunkel-, Dunkel-: **~adapt(at)ion**, die ↑**~anpassung**. **~anpassung**, die 어두운 곳에서의 눈의 감광도(感光度) 적응. **~arrest**, der 《구제》 암실 구금(구류). **~äugig** 〈Adj.〉 검은 눈을 가진(반대: helläugig). **~blau** 〈Adj.〉 암(暗)청색의(반대: hellblau). **~blond** 〈Adj.〉 **a)** hellblond) **a)** 어두운[진한] 블론드색의. **b)** 어두운 블론드색 머리를 가진. **~braun** 〈Adj.〉 암갈색의(반대: hellbraun). **~farben**, **~farbig** 〈Adj.〉 어두운 색(빛깔)의(반대: hellfarben). **~gefärbt**: ↑**~getönt**. **~gekleidet** 〈Adj.〉 어두운 색깔의 옷을 입은(반대: hellgekleidet). **~gelb** 〈Adj.〉 암(暗)황색의(반대: hellgelb). **~getönt** 〈Adj.〉 어둡게 조색(調色)된. **~grau** 〈Adj.〉 진한 회색의(반대: hellgrau). **~grün** 〈Adj.〉 암(暗)녹색의(반대: hellgrün). **~haarig** 〈Adj.; nicht adv.〉 검은 머리[흑발]의 (반대: hellhaarig); 〈명사화〉 eine schöne Dunkelhaarige 아름다운 흑발의 여인. **~haft**, die ↑**~arrest**. **~häutig** 〈Adj.〉 피부가 거무스름한(반대: hellhäutig). **~kammer**, die 암실. **~mann**, der 〈Pl. -männer〉 [lat. vir obscurus] 《俗》 **1.** 정체가 분명하지 않은 사람, 수상한 사람, 음모가. **2.** 《고어》 《俗》 개화주의자, 반계몽주의자, 무지몽매한 사람. **~nebel**, der 〈Pl.〉 ↑**~wolken**. **~rot** 〈Adj.〉 진홍(眞紅)의, 암적색(暗赤色)의(반대: hellrot), **~strom**, der 《전기》 비조명시에 광전관(光電管)에서 흐르는 전류. **~violett** 〈Adj.〉 진한 보라색의. **~weiß** 〈Adj.〉 《농·온제》 때가 묻어 더러워진. **~werden**, das; -s 어두워짐, 황혼(반대: Hellwerden): vor (dem) D. 해가 지기 전에. **~wolken** 〈Pl.〉 《천문》 암흑성운(暗黑星雲). **~zelle**, die 《구제》 어둡게 한(暗) 감방. **~ziffer**, die 실제의 [비공개] 수치: die D. der Kindesmißhandlungen läßt sich kaum schätzen 실제의 어린이 학대 수치는 그 추정할 수가 없을 정도이다. **~zone**, die 공식(공개) 검사[통제·관리]를 벗어난 영역[범위].

Dünkel ['dyŋkl], der; -s 《아어·俗》 자만, 자부, 오만, 거만, 망상(妄想), 주제넘음. **dünkelhaft** 〈Adj.〉 《아어·俗》 자만하는, 자만에 넘치는, 주제넘은: ein Auftreten 거만한 행동[태도]. **Dünkelhaftigkeit**, die ↑ dünkelhaft의 명사형.

Dunkelheit, die; -en **a)** 암흑, 어둠 (반대: Helligkeit); bei einbrechender D. [bei Einbruch der D.) 땅거미질 무렵에. **b)** 《아어》 어두운 색조[색채, 빛깔].

dunkeln ['dʊŋkln] **1.** 〈h〉 **a)** 《비인칭》 《아어》 서서히 어두워지다: es dunkelt schon 날이 벌써 어두워진다. **b)** 《시어》 어둠이 퍼지다. **2. a)** 〈s〉 거무스레해지다. **b)** (색을) 검게, 거무스레하게 하다. **b)** gedunkeltes Haar 검게 염색한 머리. **3.** 〈h〉 《시어》 어두운 빛을 발하다.

dünken* ['dyŋkn] 〈h〉 《아어·준고어》 **a)** 생각되다, 보여지다: mich 《드물게》 mir) dünkt 《고어: deucht》, wir werden scheitern[daß wir scheitern werden] 나는 우리가 실패[좌절]할 것이라고 생각한다; 〈비인칭〉 es dünkt mich 《드물게》 mir), man hat uns vergessen 나는 사람들이 우리를 잊어버렸다는 생각이 든다. **b)** 환상을 가지다, 공상(상상)하다, 무엇이라고 잘못 생각하고 있다: (d. + sich) du dünkst dich 《드물게》 dir) etwas Besseres[ein Held] (zu sein) 넌 자신이 더 나은 사람[영웅]이라는 환상을 지니고 있다.

dünn [dyn] 〈Adj.〉 **1.** (반대: dick) **a)** 얇은, 가느다란: die Eisdecke ist sehr d. 얼음장은 매우 얇다. **b)** 수척한, 가냘픈, 살이 없는, 홀쭉한: sie ist sehr d. geworden 그녀는 많이 말랐다; sich d. machen 《농》 자리를 되도록 적게 차지하다. **c)** 적은 양의, 엷은. **2. a)** 가는, 연하고 부드러운, 섬세한, 화사한, 가벼운: ein -er Schleier 화사한 면사포[베일]; 전의 die Luft wird in großer Höhe immer -er 공기는 높은 곳에서 점점 더 희박해진다. **b)** 성긴, 드문드문한, 부족한, 모자라는 (반대: dicht): -es Haar haben 머리 숱이 적다. **c)** 가냘픈, 음량이 없는. **3.** 묽은, 물기 있는, 별로 맛이 없는, 내용이 없는, 싱거운: eine -e Suppe 묽은 수프[국]; der Inhalt des Buches ist doch recht d. 이 책의 내용은 정말(페)보잘것없다[빈약하다].

dünn-, Dünn-: **~behaart** 〈Adj.〉 털이 적은[성긴]. **~beinig** 〈Adj.〉 가는 다리의, 다리가 가느다란. **~besiedelt** 〈Adj.〉 인구가 희박한. **~bevölkert** ↑**~besiedelt**. **~bier**, das 《통용어》 알코올 성분이 적은 맥주, 라이트 비어. **~blütig** 〈Adj.〉 《아어·연약한》 연약한, 무력한, 힘이 없는: ein -es Gedicht 별로 내용이 없는 시. **~brettbohrer**, der 《俗》 가장 쉬운 길을 택하는 사람(원래는 "판자의 가장 얇은 데를 뚫는 사람"이란 뜻). **~darm**, der 소장(小腸). **~darmentzündung**, die 소장염, 소장의 염증. **~druck**, der 〈Pl. -drucke〉 [서적] **1.** 《Pl. 없음》 박지 인쇄(薄紙印刷), 인디아-페이퍼 인쇄. **2.** 인디아-페이퍼의 인쇄물[책]. **~druckausgabe**, die 인디아-페이퍼 판(版). **~druckpapier**, das 인디아-페이퍼, 박지. **~flüssig** 〈Adj.〉 묽은 액체 같은, 묽은 용액상[水溶液狀]의, 점도가 얇은. **~flüssigkeit**, die 〈Pl. 없음〉 ↑**~flüssig**의 명사형. **~gesät** 〈Adj.〉 《통용어》 (인구 따위가) 희박한, 희소한; 《씨가》 성기게[드문드문, 듬성듬성] 뿌려진. **~glas**, das 〈Pl. -gläser〉 두께가 2mm 이하의 판유리. **~häutig** 〈Adj.〉 가죽이 얇은, 얇은 피부의, 민감한. **~lippig** 〈Adj.〉 입술이 얇은. **~machen**, (또한) dünnemachen, sich 《통용어》 도주하다, 남몰래 살짝 도망치다: die Burschen haben sich längst dünn(e)gemacht 그 녀석들은 벌써 몰래 도망쳤다. **~mann**, der 〈Pl. -männer〉 《俗》 **a)** 재능이 없는 사람, 실패자. **b)** 병약(허약)자, 약골, 겁쟁이. **~pfiff**, der 〈Pl. 없음〉 《경》 설사. **~schalig** 〈Adj.〉 껍질이 얇은. **~schiß**, der 《속어》 설사. **~schliff**, der 광물의 박편(薄片)(현미경 검사를 하기 위한). **~wandig** 〈Adj.〉 얇은 벽의.

¹Dünne ['dynə], die 《직종 전문어》 영세성, 빈약(성), 박약, 희소, 희박(반대: Dicke).

²Dünne [-], der; -n, -n 《경》 설사: den -n kriegen 설사가 나다.

dünnemachen: ↑ dünnmachen.

dunnemals ['dʊnəmaːls] 〈Adv.〉 《고어·지역적》 당시,

그 무렵에: **Anno d.** 〈통용어·농〉 옛날에, 과거에.
Dunnerlittchen: ↑Donnerlittchen.
Dünnheit, die ↑¹Dünne 참조. **Dünnung,** die; -en 1. 〔사냥〕 (사슴·산돼지 따위의) 옆구리. 2. 〔도축〕 소의 배.
Dunsel ['dʊnzḷ], der; -s, - 〈ostmd.〉 바보, 투박한 사람, 버릇없고 멋없는 사람, 시골뜨기.
Dunst [dʊnst], der; -(e)s, Dünste 1. a) 〈Pl. 없음〉 안개, 아지랑이, 흐린 대기: ein feiner D. liegt über der Stadt 도시에 엷은 안개가 깔려 있다. b) 악취와 열기로 혼탁한 공기, 연무(煙霧): bläulicher D. von Abgasen 배기가스의 푸르스름한 연무(煙霧); jmdm. blauen D. vormachen 〈통용어〉 누구를 속이다(기만하다); keinen (blassen) D. haben von etw. haben 〈통용어〉 무엇을 〔무엇에 관해〕 전혀 모르다. 2. 〈Pl. 없음〉 〔사냥〕 가장 작은 산탄(霰彈). 3. 〈Pl. 없음〉 〔수공〕 粉砕한 빻은 밀가루. 4. 〈Pl. 없음〉 〔군〕 사격, 포격: D. kriegen[bekommen] 사격 당하다.
Dunst-: **~glocke,** die 특히 심한 스모그, 매연(煤煙). **~haube,** die ↑~glocke. **~kalb,** das 태내(胎內)에서 죽은 송아지. **~kiepe,** die 〔↑Kiepenhut 참조〕. 《통용어·농》 a) 실크-行, (남자용) 둥근 모자, 중절모, 투구, 철모. **~kreis,** der 〈아어〉 분위기, (정신적인) 환경, 영향권. **~obst,** das (österr) ↑Dünstobst. **~schicht,** die 연무층. **~schleier,** der 연무(煙霧), 안개 베일. **~schwaden** 〈Pl.〉 증기, 김, 안개. **~wolke,** die 자욱한 연무(煙霧), 매연투성이의 공기(대기).
Dünst- (dünsten 1): **~flüssigkeit,** die 수증기. **~kartoffeln** 〈Pl.〉 쩌서 익힌 감자. **~obst,** das 쩌서 익힌(쩌서 익히기에 적합한) 과일.
dunsten ['dʊnstn̩] 〈h〉 1. 〈아어〉 김(증기)을 발산하다 〔내다〕, 기화하다, 연기(김)가 나다: nach dem Regen dunstete der Boden 비가 온 후 땅에서 김이 났다. b) (증발하면서) 냄새(증기)를 발산하다. 2. **jmdn. d. lassen** (österr. ·통용어) 누구에게 진상을 밝히지 않다.
dünsten ['dʏnstn̩] 〈h〉 1. 〔음식을〕 찌다, 스튜로 하다, 약한 불로 끓이다: Fisch〔Fleisch, Gemüse〕 d. 생선〔고기, 채소를〕 찌다. 2. ↑dunsten (1) 참조. **dunstig** ['dʊnstɪç] 〈Adj.〉 a) 약간 안개가 낀, 흐린: draußen war es schwül und d. 밖은 무더웠고, 안개가 좀 끼어 있었다. b) 〔불쾌한 듯한〕 혼탁한 공기로 가득 찬: eine -e Kneipe 혼탁한 공기로 가득 찬 선술집.
Dünung ['dyːnʊŋ], die; -en 폭풍 전후의 큰 물결〔물결의 굽이침〕, 파도의 굴곡: das Schiff hebt und senkt sich in der D. 배가 요동치는 파도 속에서 올라갔다 내려갔다 한다.
Duo [duːo], das; -s, -s [ital. duo] 1. 〔음악〕 a) 이중주곡: ein D. für Flöte und Klavier 플루트와 피아노를 위한 이중주곡. b) (이중주곡의) 2인 연주자. 2. (반어) 두 사람(이인조〔二人組〕) (사기꾼, 도둑).
Duo-: **~Bus** 〔붙임표와 함께〕, der 두 두오버스(추진 전기 에너지를 공중가선이나 장착 배터리에서 얻는). **~drama,** das 〔두 사람만 등장하는〕 이인극. **~kultur,** die 〔농업〕 복합 재배(경작). **~set,** das 그 쌍으로 된 결혼 반지 〔↑Triset 참조〕. **~walzwerk,** das 쌍기통 압연기(壓延機).
duodenal [duodeˈnaːl] 〈Adj.〉 〔의학〕 십이지장의. **Duodenalulkus,** das; -, -ulzera 〔의학〕 십이지장 궤양. **Duodenitis** [duodeˈniːtɪs]...tiden [...niːtiːdn̩] 〔의학〕 십이지장염. **Duodenum** [duoˈdeːnʊm], das; -s, ...na [lat. duodēnī] 〔의학〕 십이지장.
Duodez [duoˈdeːts], das; - 〈österr. : -〉 [lat. duodecimus] 12절판(折判), 사륙판(四六判) (기호: 12°).
¹**Duodez-**: **~ausgabe,** die 12절판의 판(版). **~band,** der 12절판의 책. **~format,** das ↑Duodez.

²**Duodez-** 〈"특히 작은, 매우 작은"을 뜻하는 규정어로서〉: **~fürst,** der 아주 작은 나라의 군주. **~fürstentum,** das 소공국(小公國). **~staat,** der 아주 작은 나라, 소국(小國).
duodezimal [duodetsiˈmaːl] 〈Adj.〉 [lat. duodecim] 12진법(進法)의, 12분산(分算)의, 12분 소수(小數)의. **Duodezimalsystem,** das 12진법. **Duodezime** [...ˈdeːtsimə], die; -n [ital. duodecima] 〔음악〕 a) 전음계(全音階)의 12번째 음. b) 12도 음정(度音程).
Duole [duˈoːlə], die; -n 〔음악〕 2연음부(連音符).
dupen ['dʊpn̩] 〈h〉 [duplizieren의 약어] 〔사진〕 음화(네거티브) 복제판을 만들다.
düpieren [dyˈpiːrən] 〈h〉 [frz. duper] 〈아어〉 속이다, 기만(사기)하다, 묘하게 속여 넘기다, 놀리다, 바보 취급하다. (명사화) **Düpierte,** der / die; -n, -n 속은〔사기당한〕 사람. **Düpierung,** die; -en. 속임, 사기, 기만, 야유.
Dupla: ↑Duplum의 복수형. **Duplet** [duˈpleː], **Duplett** [duˈplɛt], das; -s, -s [lat. duplex] 2중 렌즈로 된 확대경.
Duplex- ['duːplɛks-; lat. duplex] 〈"이중의, 겹의, 중복된"을 뜻하는 규정어로서〉: **~autotypie,** die 〔인쇄〕 이중 오토타이프(단색 사진판 인쇄). **~betrieb,** 〈또한〉 Diplexbetrieb ['diː...], der 1. 이중 전신업(二重電信業) (전선 한 줄로 양쪽에서 동시에 송·수신 가능). 2. 백업된 컴퓨터 시스템 작동(운용). **~papier,** das 이중 종이(두 개의 상이한 종류나 색깔의 종이를 눌러 합친). **~telegrafie,** die ↑~betrieb (1).
duplieren [duˈpliːrən] 〈h〉 [lat. duplāre] 《교양어》 2중으로 하다, 두 배로 하다, 중복하다. **Duplierung,** die; -en ↑duplieren의 명사형.
Duplik [duˈpliːk, 〈또한〉 ...lɪk], die; -en [frz. duplique] 〔법·준고어〕 제2 답변〔항변〕. **Duplikat** [dupliˈkaːt], das; -(e)s, -e [lat. duplicātum] 복본(複本), 부본(副本), 사본: ein D. einer Urkunde anfertigen 증서〔서류〕를 복사〔복제〕하다.
Duplikation [...kaˈtsi̯oːn], die; -en [lat. duplicātio] 1. 〔교양어〕 이중, 배가, 중복. 2. 〔발생〕 염색체의 배가(倍加). **Duplikatur** [...kaˈtuːɐ̯], die; -en 〔의학〕 이중체(二重體), 중복(重複). **duplizieren** [...ˈtsiːrən] 〈h〉 [lat. duplicāre] 〔교양어〕 이중으로 하다, 배가하다.
Duplizität [...tsiˈtɛːt], die; -en [lat. duplicitās] 1. 〔중(경)〕, 중복: die D. der Fälle (어느 사건의 중복. 2. 〔고어〕 애매, 모호, 표리 부동, 일구 이언. **Duplum** ['duːplʊm], das; -s, ...pla [lat. duplum] ↑Duplikat.
Dupren [dyˈpreːn], das; -s 〈인공어〉 합성(탄성) 고무.
Dups [dʊps], der; -es, -e [poln. dupa] 〔특히 schles.〕 엉덩이, 궁둥이.
Dur [duːɐ̯], das; - 〔음악〕 장조(長調) (반대: Moll).
Dur-: **~akkord,** der 장3화음(長三和音). **~dreiklang,** der 장 3화음. **~tonart,** die 장조. **~tonleiter,** die 장(조의) 음계(音階).
Dura, die ↑Dura mater. **durabel** [duˈraːbl̩] 〈Adj.〉 [lat. dūrābilis] 〈아어〉 견고한, 내구성(耐久性)의, 영속적인.
dural [duˈraːl] 〈Adj.〉 〔의학〕 뇌경막의. **Dural** [-], das; -s 〈österr.〉 Duralumin의 약칭. **Duralumin** ['duːralumiːn], das; -s 듀랄루민. **Dura mater** ['duːra ˈmaːtɐ], die [lat. dura mater] 〔의학〕 뇌경막. **durativ** ['duːratiːf] 〈Adj.〉 〔언어〕 동작의 계속(지속)을 나타내는, 계속상(相)의: -e Aktionsart (과정이나 상황의) 지속(을 나타내는) 동사의 동작 상태(예컨대: blühen, leben, schlafen, wohnen, stehen). **Durax** ⓦ

['duːraks], das; - 〈인공어〉경화(硬化)시킬 수 있는 페놀 수지(樹脂)[송진].

Durbar ['duːrbaːɐ̯, -'-], der (또는) das; -s, -s [engl. durbar] 인도 군주와 옛 인도 부왕(副王)이 베푼 화려한 공식 리셉션[알현·공식 접견].

durch [dʊrç] **I.** 〈Präp.[4]〉 **1.** 《장소》**a)** (본래는 공간적인 통과를 나타냄) 통과하여, 관통하여: d. die Tür gehen 문을 통(과)하여 가다: d. die Nase sprechen 코멘소리 [콧소리]로 말하다. **b)** 가로질러, 횡단하여: d. das Wasser waten 물 속을 걸어서 건너다; 〈전의〉 mir schießt ein Gedanke d. den Kopf 어떤 생각이 나의 뇌리[머리]를 스친다. **2.** 《상황》**a)** (목적 달성의 수단·원인 또는 매개자를[매개물을] 나타냄) …을 통하여, …으로, …을 도구로 하여, …을 써서, …에 의하여: etwas d. Lautsprecher bekanntgeben 무엇을 확성기로 (널리) 알리다; etwas d. das Los entscheiden 무엇을 추첨으로 결정하다; 【수학】(나누기) 6 durch 3 ist 2 6 나누기 3은 2다. **b)** (수동태에서 사건의 행위자가 나타나지 않을 경우) …에 의하여: das Haus wurde d. Bomben zerstört 그 집은 폭탄에 의해 파괴되었다. **3.** 《시간·österr.》(시간적인 행위 또는 상태의 계속을 나타냄) …동안 내내, 줄곧: d. zwei Jahre bemühte er sich um ein Visum 그는 2년 동안 줄곧 비자를 얻으려고 노력했다. **II.** 〈Adv.〉 **1.** 《시간·휴치》 **a)** …동안, 계속해서, …내내: das ganze Jahr d. 일년간 줄곧[일년 내내]. **b)** 《통용어》 지나서, 그후 곧: es ist schon 3Uhr d. 벌써 세 시가 지났다. **2.** (sein과 결합하여, durch와의 복합동사에 대한 생략의 뜻으로) 통과하여(가다): 《통용어》 이미 der Zug (der Bus) ist schon d. 기차[버스]가 이미(역을) 통과했다. **3. d. und d.** 1) 완전히, 철두철미, 전적으로: ich bin d. und d. naß 나는 흠뻑 젖었다. 2) 마음 속(깊이)까지; der Schrei ging mir d. und d. 외치는 (울음) 소리가 마음 속 깊이 스며들었다.

durchabfertigen 〈h〉 (항공 여행시) 휴대 화물을 목적지까지 발송하다.

durchackern 〈h〉《통용어》**a)** 철저하게[충분히] 연구[조사]하다: abends ackert er noch seine Fachliteratur durch 저녁에 그는 또 그의 전공 문헌을 철저히 연구한다. **b)** 〈d. + sich〉 힘겹게[가까스로] 무엇을 남김없이 연구[독파]하다: ich habe mich durch das schwierige Buch durchgeackert 나는 이어려운 책을 힘겹게 독파했다. **D. Durchackerung**, die; -en ↑durchackern 의 명사형.

durchädert [...ɛːdɐt]〈Adj.〉 맥(脈)이 드러나 보이는, 줄진 무늬가 있는 (대리석): seine Hände sind stark d. 그의 손의 힘줄(맥)은 몹시 드러나 보인다.

durcharbeiten〈h〉 **1.** 쉬잖고, 휴계없이 일하다: in der Mittagspause arbeite ich durch 나는 점심 시간에도 쉬지 않고 일한다. **2.** (책을) 숙독 감상[평가]하다, 독파(讀破)하다, 철저히 연구[조사]하다: ein wissenschaftliches Werk d. 학술 서적을 숙독[독파]하다. **3.** (일을) 다 해내다, 완성하다: der Aufsatz ist sprachlich und gedanklich gut durchgearbeitet 이 논문은 언어 및 사고면에서 매우 철저하게 완성되었다. **4.** 충분히 반죽하다, 잘 이기다, 충분히 마사지하다: arbeiten Sie den Teig kräftig durch 반죽을 충분히 잘 이기십시오. **5.** 〈d. + sich〉 (애쓰, 가까스로, 간신히) 뚫다, (곤란을) 극복하다: ich habe mich durch die Menge durchgearbeitet 나는 간신히 군중을 뚫고[헤치고] 나갔다. **D. durcharbeitet** 〈Adj.〉 계속 일하면서 보낸: eine -e Nacht 밤새워 일한 하룻밤. **Durcharbeitung**, die; -en (책의) 숙독 감상[평가], 철저한 연구, 독파, (일의) 완성, 충분한 반죽[마사지].

durchatmen〈h〉 (의식적으로) 숨을 깊이 쉬다, 심호흡하다. **durchatmen**〈h〉《시어》무엇으로 가득 채우다.

durchaus [(또한) '-'-, '-'-]〈Adv.〉 **a)** 무조건, 꼭, 절대적으로, 결단코, 단연: er möchte d. mitkommen 그는 함께 가고 싶어한다. **b)** 전적으로, 처음부터 끝까지, 전연, 철두철미, 모든 점에서: d. nicht 결코, …아니다; nicht d. 꼭…이라고는 할 수 없다; das ist d. richtig 그것은 전적으로 옳다; er ist d. nicht abgeneigt 그가 마음이 없는 것은 절대로 아니다.

durchbacken* 〈h〉 **1.** 충분히[골고루] 굽다: der Kuchen ist nicht richtig durchgebacken 이 케이크는 골고루 구워지지 않았다. **2.** (일정 시간 동안) 쉬지 않고 (빵을) 굽다. **durchbacken*** 〈h〉 무엇을 섞어서[넣어서] 굽다: 《대개 과거분사로》 ein mit Rosinen durchbackener Kuchen 건포도를 넣어 구운 케이크.

durchbeben 〈h〉 (아이) 떨게 하다, 전율케 하다, 감동[감격, 흥분]시키다: ein Zittern[ein Schauer] durchbebte ihren Körper 전율이 그녀의 몸을 떨게 했다; 〈전의〉 von einem glühenden Wunsch durchbebt sein 열렬한 소망으로 몸을 떨고 있다[어찌할 바를 모르고 있다].

durchbeißen* 〈h〉 **1.** (깨)물어 찢다[조개다, 뜯다]: den Faden d. (바느질하면서) 실을 이로 물어 끊다. **2.** 〈d. + sich〉《통용어》 (난관을) 뚫고 나아가다: ich werde mich schon d. 나는 꼭 난관을 타개해 나아갈 것이다; es waren schwere Zeiten, aber wir haben uns durchgebissen 어려운 시기였지만 우리는 역경을 극복하고 말았다. **durchbeißen*** 〈h〉 물어 뜯다, 물어 상처를 입히다: der Hund durchbiß ihm die Kehle 개가 그의 목을 물어 중상을 입혔다.

durchbekommen* 〈h〉《통용어》 **1.** ↑durchbringen (1) 참조. **2.** ↑durchbringen (2) 참조: ein Gesetz d. 법안을 통과시키다. **3.** 두 조각으로 쪼갤[자를] 수 있다; 두 조각낼 수 있다: mit dieser Säge bekomme ich den Stamm nicht durch 나는 이 톱으로 통나무를 자를 수 없다.

durchberaten* 〈h〉 **1.** 심의하다, 숙의(熟議)하다: vor seiner Verabschiedung wurde das Gesetz gründlich durchberaten 그 법률[안]은 의결되기 전에 철저하게 심의되었다. **2.** (여러 가지 주제를) 잇달아(차례 차례) 심의하다[토의하다]: die Gesprächspunkte im Eiltempo d. 빠른 속도로 논의점들을 차례차례 심의하다.

durchbetteln, sich 〈h〉《통용어》 살아가다[먹고 살다다]: er hat sich überall durchgebettelt 그는 어디서나 구걸하여 먹고 살았다. **durchbetteln** 〈h〉 구걸하며 돌아다니다: er hat das ganze Land durchbettelt 그는 걸식하며 전국을 돌아다녔다.

durchbeuteln 〈h〉(österr.) 세게 흔들다, 체로 치다; 때리다.

durchbewegen, sich 〈h〉 (장애물·좁은 곳 따위를) 지나가다, 통과하다.

durchbiegen* 〈h〉 **a)** 힘껏[끝까지] 구부리다. **b)** 〈d. + sich〉 아래로 휘다[굽다]: unter der Last der Bücher biegen sich die Regale langsam durch 책의 중량으로 서가(書架)들이 서서히 아래로 휜다. **Durchbiegung**, die ↑durchbiegen의 명사형.

durchbilden 〈h〉 완성시키다, 완전하게 제작[형성]하다: sein Körper ist durch das intensive Training gut durchgebildet 그의 신체는 강도 있는 훈련으로 잘 발달되어 있다. **Durchbildung**, die ↑durchbilden의 명사형.

durchblasen 〈h〉 **1.** 불어서 깨끗하게 하다[청소하다]: ein verstopftes Röhrchen d. 막힌 관을 불어서 깨끗하게 하다. **2.** 불어서 빼내다[빠지게 하다]. **3. a)** (틈새로) 불어 (넣어)들어오다[나가다]: der Wind bläst durch die Ritzen der Hütte durch 바람이 오두막의 갈라진 틈새로 들어온다. **b)** 강한 바람이 누구에게 파고들

다: der Nordwind hatte uns durchgeblasen 강한 북풍이 우리 몸 속으로 파고들었다. **4.** (악기를) 쉬지 않고[계속] 불다. **5.** (곡을) 처음부터 끝까지 다 불다[연주하다]. **durchbläsen*** ⟨h⟩ 강한 바람이 파고들다: der Wind durchbläst mir die Haare 바람이 나의 머리카락을 헤집고 들어온다.

dụrchblättern, 《또한》 **durchblättern** ⟨h⟩ 책장을 넘기다, 대충 훑어보다: ich habe eine Menge Zeitschriften und Bücher durchgeblättert[durchblättert] 나는 많은 잡지와 책을 훑어 보았다; ⟨명사화⟩ beim Durchblättern der Papiere fand er ein altes Foto 서류를 넘기다가 그는 옛날 사진 한 장을 발견했다.

dụrchbleuen ⟨h⟩ 《통용어》 호되게 때리다: er hat den Jungen ordentlich durchgebleut 그는 소년을 매우 호되게 때렸다.

Dụrchblick, der; -(e)s, -e **1.** (물체 사이로의) 전망, 조망: an dieser Stelle bietet sich ein herrlicher D. auf den See 이 자리에서는 호수의 전망이 아주 좋다. **2.** 《통용어》 통찰, 간파, 맥락의 이해: ich habe völlig den D. verloren 나는 완전히 통찰력을 잃어버렸다. **3.** 《드물게》 개관. **dụrchblicken** ⟨h⟩ **1.** 무엇을 통해 (들여다)보다: er blickte angestrengt (durch das Fernrohr) durch 그는 애를 쓰면서 (망원경을 통해) 보았다. **2.** 《통용어》 이해하다, 맥락을 알다, 훤히 내다보다, 간파하다, 꿰뚫어보다, 통찰하다: da blicke ich nicht (ganz) durch 나는 (다는) 이해하지 못한다. **3.** etw. d. lassen 암시하다, 드러내보이다, 넌지시 비추다: er ließ d., daß er nicht zufrieden sei 그는 만족하지 못하다는 것을 암시했다.

dụrchblitzen ⟨h⟩ 번갯불처럼 번쩍하다[떠오르다]: ein Gedanke durchblitzte ihn[sein Gehirn] 그의 머리[뇌리]에 어떤 생각이 퍼뜩 떠올랐다. **dụrchblitzen** 《다음 용법으로》 etw. d. lassen 드러내(보이)다.

dụrchbluten a) ⟨h⟩ 상처의 피가 붕대 따위를 통해 스며[흘러]나오다. **b)** ⟨s⟩ 완전히 피로 배다: den durchgebluteten Verband wechseln 피에 젖은 붕대를 갈다. **durchblụten** ⟨h⟩ **a)** 피를 통하게 하다, 피를 공급하다: durch kaltes Waschen wird der Körper besser durchblutet 냉수욕은 신체의 혈액 순환을 잘 되게 한다; gut durchblutete Haut 혈색이 좋은 피부. **b)** (상처의 피로) 붕대 따위를 적시다: die Wunde hatte den Verband stark durchblutet 상처의 피가 붕대를 흠뻑 적셨다. **Durchblụtung**, die; -en 피가 통함, 혈액 공급. **durchblụtungsfördernd** ⟨Adj.⟩ 혈액 순환을 촉진하는. **Durchblụtungsstörung**, die 혈액 순환 장애, 혈액(행)부전(不全).

dụrchbohren ⟨h⟩ **a)** 무엇을 뚫고 들어가다. **b)** 꿰뚫다: wir bohren jetzt durch die Wand durch 우리는 지금 벽을 꿰뚫는다. **c)** 구멍을 뚫다(내다). **d)** ⟨d. + sich⟩ 파먹어 들어가다(벌레가 나무 따위를), 구멍을 뚫고 들어가다. **durchbọhren** ⟨h⟩ 《뾰족한 물건으로》 꿰뚫다: ein Messer durchbohrte seine Brust 칼이 그의 가슴을 꿰뚫었다; von einer Kugel durchbohrt werden 탄환에 관통당하다; jmdn. durchbohrend 누구를 꿰뚫어 보다, 누구를 날카로운 눈초리로 바라보다. **Durchbọhrung**, die; -en †durchbohren의 명사형.

dụrchboxen ⟨h⟩ 《통용어》 **1.** ⟨d. + sich⟩ 장애를 뚫고[역경을 헤치고] 나아가다, 밀치며 헤쳐나가다: viele haben sich rücksichtlos zum Ausgang durchgeboxt 많은 사람들이 마구 밀치며 출구로 나갔다; 전의 er hat sich im Leben immer allein d. müssen 그는 평생 늘 혼자서 역경을 헤치고 나아가야 했다. **2.** 무리하게[억지로] 관철(성사)시키다: ein Gesetz trotz großer Widerstände d. 심한 반대에도 불구하고 법안을 억지로 통과시키다.

dụrchbraten* ⟨h⟩ (고기를) 완전히 굽다[익히다]: bitte braten Sie mein Steak nicht ganz durch 내 스테이크를 완전히 익히지 마십시오.

¹dụrchbrausen ⟨s⟩ 쐐쐐[윙윙] 소리를 내며 빠른 속도로(멈추지 않고) 지나가다. **²durchbrausen** ⟨h⟩ 쐐쐐[윙윙] 하는 소리로 뒤덮다(가득 채우다): 전의 der Sturm durchbraust das Tal 폭풍우가 계곡에 휘몰아친다; Begeisterung durchbrauste den Saal 떠들썩한 열광의 소리가 홀에 가득 찼다.

dụrchbrechen* 1. a) ⟨h⟩ 두 조각내다, 부러뜨리다. **b)** ⟨s⟩ 두 동강나다, 두 조각으로 쪼개(갈라)지다: der Blinddarm bricht durch [의학] 맹장이 터져 복강(腹腔)으로 흘러들어가다. **c)** ⟨s⟩ (닫고 있던 것이 꺼져) 밑으로 떨어지다: er ist (durch die Eisdecke) durchgebrochen 그는(얼음장이 꺼져) 물에 빠졌다. **2. a)** ⟨h⟩ 구멍(통로)을 뚫다: eine Wand d. 벽에 구멍을 뚫다; ⟨h⟩ 구멍을 뚫어 만들다: wir haben eine Tür durchgebrochen 우리는 문을 만들었다. **3.** ⟨s⟩ 나타나다, 나오다: die Sonne ist durchgebrochen 해가 (구름 사이에서) 나왔다; die Knospen brechen durch 꽃봉오리가 나온다, 싹이 튼다; der erste Zahn ist durchgebrochen 첫 이빨이 나왔다; 전의 der zurückgestaute Haß brach durch 쌓였던 증오가 터져 나왔다. **4.** 장애를 극복하면서 돌파구를 만들다, 길을 뚫다: der Feind ist an drei Frontabschnitten durchgebrochen 적군은 세 지점에서 전선을 돌파했다. **durchbrẹchen*** (장애를) 극복하다, 돌파하다: das Wasser durchbrach die Deiche 물이 둑[제방]을 무너트렸다; 전의 ein Prinzip [alle Konventionen] d. 원칙[모든 관례]을 깨다. **Durchbrẹchung**, die; -en †durchbrechen의 명사형.

dụrchbrennen* 1. a) ⟨s⟩ (퓨즈 따위가) 녹아 끊어지다: die Sicherung ist durchgebrannt 퓨즈가 녹아 끊어졌다. **b)** ⟨s⟩ 완전히 타다, 완전 연소하다: die Kohlen müssen richtig d. 석탄은 완전히 타야 한다. **c)** ⟨h⟩ (일정 시간 내내) 태우다, 불을 피우다: wir lassen den Ofen(heute nacht) d. 우리는 (오늘 밤) 난로를 끄지 않고 계속 피워둔다. **2.** ⟨s⟩ **a)** 《통용어》 몰래 도망치다, 달아나다: mit dem Geld d. 돈을 갖고 몰래 도망치다. **b)** 《은어》 수비를 따돌리다. **Dụrchbrenner**, der; -s, - 《통용어》 도망자, 탈영병, 가출자.

dụrchbringen* ⟨h⟩ **1.** 좁은 공간을 통해 운반하다: bringen wir den Schrank hier durch? 우리들은 옷장을 이곳을 통과시킬까? **b)** 무사히[안전하게] 통과시키다: man hat (an der Grenze) alle Flüchtlinge durchgebracht 사람들은 (국경에서) 모든 피난민을 통과시켰다. **2. a)** 시험 따위에 합격시키다, 선거에 당선시키다: man hat diesmal alle Kandidaten durchgebracht 이번에는 모든 지원자들을 합격시켰다. **b)** (반대를 극복하고) 관철시키다: ein Gesetz d. 법안을 통과시키다. **3. a)** 근근이 부양하다, 먹여 살리다: sie hat ihre Familie mit Heimarbeit durchgebracht 그녀는 가내 수공업으로 겨우 가족을 부양했다; sich ehrlich d. 정직하게 살아가다. **b)** (의술이나 집중적인 간호로) 환자의 목숨을 구하다, 치료하다: die Ärzte hoffen, den Kranken durchzubringen 의사들은 환자를 낫게 할 수 있길 기대한다. **4.** 낭비하다, 탕진하다: sien Vermögen d. 자신의 재산을 탕진하다.

dụrchbrochen ⟨Adj.⟩ 체눈 세공(細工)의, 작은 구멍이 있는. **Dụrchbruch**, der; -(e)s, -e **a)** 출현, 발생, 돌파, 타개, 관철: der D. eines Zahnes 이가 나옴; 전의 ihm gelang der D. zur Spitzenklasse 그는 난관을 극복하여 톱 클래스에 이르는 데 성공했다; einer Sache zum D. verhelfen 무슨 일이 성사되도록 돕다; eine Idee Kommt zum D. 어떤 생각이 호응을 얻다.

b) 째진[갈라진, 쪼개진, 터진] 틈, 뚫은 구멍[통로].
Dụrchbruch-: **~arbeit,** die **1.** 투조(透彫) 세공[편물]. **2.** 선(線) 세공. **~(s)stelle,** die (담이나 둑에) 구멍이 난 곳. **~stickerei,** die 투조 자수.
durchbrummen ⟨s⟩ 《통용어》 시험에 떨어지다.
durchbuchstabieren ⟨h⟩ **a)** (전화나 무전 따위로) 철자를 불러주다. **b)** 처음부터 끝까지 철자를 읽다.
durchbummeln a) ⟨s⟩ 《통용어》 (목표 없이) 빈둥거리며 돌아다니다, 배회하다: durch die Straßen 거리를 배회하다. **b)** ⟨h⟩ (일정 시간 동안 줄곧) 술집을 전전하다, 술 마시다. **durchbummeln** ⟨h⟩ 술집을 돌아다니며 (시간을) 보내다: 《대개 과거분사로》 eine durchbummelte Nacht 술을 마시며 보낸 밤.
durchbumsen ⟨h⟩ 《비어》 ↑durchvögeln.
dụrchbürsten ⟨h⟩ (머리를) 철저하게 빗다: das Haar nach dem Trocknen kräftig d. 머리를 말린 후 힘차게 빗질하다.
durchchecken ⟨h⟩ **1.** (철저하게) 검사하다: die Passagierliste d. 승객 명단을 철저히 검사하다. **2.** ↑durchabfertigen.
durchdẹnken* ⟨h⟩ 곰곰이[깊이] 생각하다, 숙고하다: seine Situation d. 자신의 처지를 곰곰히 생각하다; ein gut durchdachter Plan 세밀한 부분까지 고려한 주도면밀한 계획. **dụrchdenken*** ⟨h⟩ 《드물게》 ↑durchdenken: die Sache ist nicht richtig durchgedacht 그 일은 제대로 숙고되지 않았다.
durchdiskutieren ⟨h⟩ 충분히 토의하다: vor ihrer Verwirklichung müssen die Pläne eingehend durchdiskutiert werden 계획을 실행에 옮기기 전에 충분히 토의되어야 한다.
dụrchdrängeln, sich 《통용어》 ↑sich durchdrängen. **dụrchdrängen, sich** ⟨h⟩ 사람들을 헤치고[밀고] 나아가다: wir drängten uns mühsam durch die Menge durch 우리는 간신히 사람들을 헤치고 나아갔다.
dụrchdrehen 1. ⟨h⟩ 고기 써[가]는 기계에 넣고 돌리다. **2.** ⟨h, 《드물게》 s⟩ 《통용어》 머리가 돌다, 정신을 잃다, 어찌할 바를 모르다, 당황하다: vor dem Examen hat sie plötzlich durchgedreht 시험 전에 그녀는 갑자기 평정[정신]을 잃었다; von all den Aufregungen war sie ganz durchgedreht 그 모든 홍분으로 그녀는 완전히 제정신이 아니었다. **3.** ⟨h⟩ (차가) 헛바퀴 돌다: beim Start auf dem vereisten Boden drehten die Räder durch 결빙(結氷)된 (땅)바닥에서 출발할 때 바퀴들이 헛돌았다. **4.** ⟨h⟩ 《영화》 (장면을) 중단없이 촬영하다.
durchdringen* ⟨s⟩ **1.** 꿰뚫고 나가다(들어가다), 침입(침투)하다, 헤치고 지나가다, (액체, 사상, 감정 따위가) 스며[배어]들다: der Regen drang (durch die Kleider) durch 빗물이 (옷에) 배어들었다; durchdringende Kälte 살을 에는 듯한 추위; jmdn. durchdringend (mit durchdringendem Blick) ansehen 누구를 뚫어져라 바라보다; [전의] das Gerücht ist bis zur Direktion durchgedrungen 소문이 중역의 귀에까지 들어갔다. **2.** 목적을 달성하다, 관철(성사)시키다: damit wirst du (bei der Behörde) nicht d. 자네 그것을 (관청에서) 성사시키지 못할걸세; der Redner drang (mit seiner Stimme) nicht durch 연사의 목소리가 작아 들리지 않았다. **durchdrịngen*** ⟨h⟩ **1.** 꿰뚫다, 관통하다: ihre Augen versuchten, das Dunkel zu d. 그녀의 눈은 어둠을 꿰뚫으려 했다. **2.** 사로잡다, 가득 채우다: diese Idee hat ihn völlig durchdrungen 그 생각은 그를 완전히 사로잡았다. **Durchdrịngung,** die **1.** 관통, 침투, 관철, 삼투, 충족, 포화, 포만: die D. des Bodens mit Feuchtigkeit 바닥에 습기가 완전히 스며듦(배어듦]. **2.** 정신적 소화, 파악: die geistige D. eines Themas 어떤 주제의 정신적 소화.

durchdröhnen ⟨h⟩ 진동[울리는] 소리로 채우다: der Lärm der Maschinen durchdröhnte die Fabrikhalle 기계 소리가 공장 안에 울려퍼졌다.
dụrchdrucken ⟨h⟩ **a)** (인쇄물이) 자국을 남기다. **b)** (일정 기간 동안) 쉬지 않고 인쇄하다: die Zeitungsdruckerei druckt jede Nacht durch 신문사의 인쇄소는 매일 밤 쉴새없이 인쇄한다.
dụrchdrücken ⟨h⟩ **1.** 눌러 뚫고 나가게 하다, 거르다(액체를), 헝겊 따위에 넣고 짜다. **2.** 할 수 있는 데까지 뒤로 밀다, 펴다 (하다) 돼다: mit durchgedrückten Knien 수평이 되도록 뻗은 무릎. **3.** (빨래를) 가볍게 주물러 빨다. **4.** 《통용어》 (저항·반대를 무릅쓰고) 관철시키다, 밀고나가다: einen Plan[seinen Willen] (gegen starken Widerstand) d. (강한 반대를 무릅쓰고) 계획[자기 의지]을 관철시키다.
durchdrụngen: ↑durchdrịngen 참조. **Durchdrungensein,** das; -s 무엇으로 가득 채워져 있음, 사로잡혀 있음.
durchdụften ⟨h⟩ 《시어》 향내[향기]로 가득 채우다, 향기가 스며[배어]들게 하다.
durchdürfen ⟨h⟩ 《통용어》 **1.** (막아 놓은 곳을) 통과할 [지나갈] 수 있다: hier ist gesperrt, hier darfst du nicht durch! 이곳은 폐쇄되어 있어, (넌) 통과 해선 안 돼! **2.** 통과해도 된다: zuerst darf das von rechts kommends Auto durch 오른쪽에서 오는 차가 우선 통과할 수 있다.
durcheilen ⟨s⟩ (어떤 장소를) 급히 지나가다: er ist (durch die Bahnhofshalle) durchgeeilt 그는 (역 구내를) 급히 지나갔다. **durcheilen** ⟨h⟩ 급하게 통과하다: [전의] die Nachricht durcheilte die Welt 그 소식은 빨리 세상에 퍼졌다.
durcheinạnder ⟨Adv.⟩ 뒤섞여, 뒤죽박죽이 되어, 뒤범벅이 되어, 제 정신이 아닌: hier ist ja alles d. 여긴 정말 모든 게 뒤죽박죽이다; alles d. essen u. trinken 아무것이나 가리지 않고 먹고 마시다; 《전의》 d. sein 정신이 혼란하다. 《명사화》 **Durcheinạnder** [《또한》'----], das; -s **1.** 무질서, 뒤죽박죽, 뒤범벅: in der Wohnung herrscht ein fürchterliches D. 집안이 몹시 뒤죽박죽이다. **2.** 혼란, 혼잡, 혼돈, 우왕좌왕: aber die D. war hoffnungslos 혼란은 절망적이었다; in dem allgemeinen D. konnte der Dieb entkommen 사람들이 우왕좌왕 하는 혼잡을 틈타 도둑은 도망칠 수 있었다.
durcheinạnder-: ~bringen* ⟨h⟩ **a)** 무질서하게 흩어 놓다, 뒤죽박죽을 만들다: du hast meine Bücher durcheinandergebracht 넌 내 책을 뒤죽박죽 흩어 놓았어. **b)** 혼란시키다, 마음을 산란하게 하다, 정신을 흐트러 트리다: eine Frau mit einem Lächeln ganz d. 미소로 여자의 마음을 아주 산란하게 하다. **c)** 혼동하다: du bringst hier zwei verschiedene Dinge durcheinander 너는 지금 두 개의 상이한 일을 혼동하고 있어. **~drängen** ⟨h⟩ 뒤섞여 우왕좌왕하다. **~gehen*** ⟨s⟩ 《통용어》 혼란한 상태에 있다, (일이) 뒤죽박죽으로 진행되다: im Betrieb geht heute alles durcheinander 회사의 모든 일의 진행이 오늘 뒤죽박죽이다; [전의] mir geht heute alles durcheinander 오늘은 내 정신이 혼란해서 모든 것을 혼동한다. **~geraten*** ⟨s⟩ 혼란 상태에 빠지다, 뒤죽박죽되다: meine schön geordnete Sammlung ist durcheinandergeraten 잘 정돈된 내 수집품이 뒤죽박죽되었다; [전의] mir sind zwei Begriffe durcheinandergeraten 나는 두 개념을 혼동했다. **~kommen*** ⟨s⟩ 《통용어》 ↑~geraten. **~laufen*** ⟨s⟩ (여러 사람·동물이) 우왕좌왕하다: alle liefen aufgeregt durcheinander 모두들 홍분해서 우왕좌왕했다. **~liegen*** ⟨h⟩ 무질서하게 [어지럽게] 널려 있다. **~mischen** ⟨h⟩ 뒤섞다. **~reden** ⟨s⟩ (여러 사람이) 동시에 말하다: wenn alle durchein-

anderreden, versteht man kein Wort 모두 한꺼번에 말하면 한 마디도 알아 듣지 못한다. ~**rennen**' ⟨s⟩ ↑ ~laufen. ~**rufen** ⟨h⟩ (여러 사람이) 동시에 부르다[외치다]. ~**schreien**' ⟨h⟩ (여러 사람이) 동시에 소리치다 [외치다]: alle schrieen aufgeregt durcheinander 모두 흥분해서 한꺼번에 소리쳤다. ~**werfen**' ⟨h⟩ **a)** 이리 저리 내던져 뒤죽박죽이 되게 하다: sie warf alle Papiere im Korb durcheinander 그녀는 모든 종이를 휴지통에 마구 던져 넣었다. **b)** 혼동하다: er wirft wieder alles durcheinander, was ich ihm erklärt habe 그는 내가 설명해 준 것을 또 모두 뒤죽박죽 혼동했다. ~**wirbeln** ⟨h⟩ **1.** 이리저리 흩날리다: die Blätter wirbelten durcheinander 나뭇잎들이 바람에 이리저리 흩날렸다. **2.** 《축구 은어》 상대 팀을 교란시키다. ~**würfeln** ⟨h⟩ 《대개 과거분사로》 무턱대로[아무렇게나] 모으다(구성하다): eine bunt durcheinandergewürfelte Mannschaft 잡다하게 구성된 팀.

durchessen,' sich ⟨h⟩ **a)** 얻어먹다: er ißt sich ungeniert bei all seinen Bekannten durch 그는 뻔뻔스럽게 모든 친지들에게서 얻어먹는다. **b)** 《농》 있는 것을 차례차례 다 먹어치우다.

durchexerzieren ⟨h⟩ 《통용어》 철저하게 처음부터 끝까지 연습하다: das Einmaleins d. 구구단을 철저하게 연습하다.

durchfahren' ⟨s⟩ **a)** (자동차 따위를 타고) 통과하다, 지나가다: durch einen Tunnel [unter einer Brücke] d. 터널(다리 아래)을 지나가다. **b)** 멈추지 않고 통과하다[지나가다]: der Zug fährt in H. durch 이 기차는 H.에 서지 않고 그냥 통과한다. **c)** 중단 없이 [멈추지 않고] 가다 [달리다]: der Zug fährt bis München durch 이 기차 는 뮌헨까지 쉬지 않고 달린다[직행한다]; wir sind die ganze Nacht durchgefahren 우리는 밤새도록 쉬지 않고 달렸다; bei dieser Zugverbindung können wir d. 이렇게 열차가 접속[연결]된다면 우리는 바꿔 탈 필요가 없다. **durchfahren'** ⟨h⟩ **a)** (자동차 따위를 타고 어떤 곳을) 지나가다, 달리다. **b)** (자동차 따위를 타고 일정 거리를) 주파하다. **c)** (생각이) 갑자기 떠오르다, (어떤 감정이) 갑자기 엄습하다: ein Gedanke durchfuhr sie 어떤 생각이 갑자기 그녀의 머리를 스쳤다; plötzlich durchfuhr es sie, daß sie nach Hause mußte 집에 가야 한 다는 생각이 갑자기 그녀에게 떠올랐다.

Dụrchfahrt, die; -en **1.** ⟨Pl. 없음⟩ **a)** (자동차 따위를 타고) 지나감, 통과: D. verboten! 차량 통행 금지; die D. durch den Kanal dauerte drei Stunden 운하를 통과하는데 세 시간이 걸렸다. **b)** (자동차 따위를 타고 어떤 곳을) 지나감, 일주 여행, 횡단: wir sind hier nur auf der D. 우리는 이곳을 지나가고 있을 뿐이다. **c)** 통과 허락: der Polizist gab die D. frei 경찰이 통과를 허락했다. **2.** (자동차 따위의) 통로, 출입구: bitte (die) D. freihalten! 출입구에 주차 금지!

Dụrchfahrts-: ~**höhe,** die ⟨차·배의⟩ 통과 높이. ~**recht,** das (타인의 땅을 지나는) 통행권. ~**straße,** die (마을·도시를 가로지르는) 관통로. ~**verbot,** das 통행금지.

Dụrchfall, der; -(e)s, ...fälle **1.** 설사: D. bekommen [haben] 설사가 나다. **2.** 《통용어》 **a)** 실패(연극 공연 따위의): das Stück wurde ein D. 그 작품은 관중의 호응을 받지 못하는 실패작이 되었다. **b)** (시험에서의) 불합격, 낙방, 실패: er hat beim Examen einen D. erlebt 그는 시험에 떨어졌다. **durchfallen'** ⟨s⟩ **1.** 어떤 것의 (구멍, 틈) 사이로 떨어지다. **2.** 《통용어》 **a)** (연극 따위가) 호평을 얻지 못하다, 인기를 끌지 못하다, 실패하다: die Aufführung ist (beim Publikum) durchgefallen 그 공연은 (관중의) 호응을 얻지 못했다. **b)** 시험에 떨어지다[불합격하다]: er ist (im Examen) durchgefallen 그 는 시험에 떨어졌다; er ist mit Pauken u. Trompeten [mit Glanz] durchgefallen 《통용어》 그는 보기좋게 시험에 떨어졌다. **c)** 낙선하다: der neu aufgestellte Kandidat ist bei der Wahl durchgefallen 새로 내세운 후보자가 선거에서 낙선했다. **3.** 《조종사》 (일정 거리를) 수직으로 떨어지다. **durchfallen** ⟨h⟩ (일정 거리를) 떨어지다.

Dụrchfaller ['dʊrçfalɐ], der; -s, - 《통용어》 낙방자, 불합격자.

durchfärben ⟨h⟩ **1.** 완전히[고르게] 물들이다, 염색하다. **2.** (다른 것에) 색이 번지다. **Durchfärbung,** die; -en ↑ durchfärben의 명사형.

durchfaulen ⟨s⟩ 완전히 부패하다(썩다).

durchfechten' ⟨h⟩ **1.** 이길 때까지 투쟁하다[밀고 나가 다]: er hat seine Ansprüche (vor Gericht) durchgefochten 그는 (법정에서) 자신의 주장을 관철시켰다. **2.** ⟨d. + sich⟩ **a)** 난관을 타개[극복]하다, 뚫고 나아가다: ich mußte mich im Leben immer allein d. 나는 인생에서 늘 혼자 난관을 극복해야 했다. **b)** 《통용어》 구걸하며 연명하다. **durchfẹchten'** ⟨h⟩ 《드물게》 투쟁하며 견디 내다.

durchfedern ⟨h⟩ (용수철이 눌리듯) 아래로 움직이다.

durchfegen ⟨h⟩ 구석구석을 깨끗이 쓸다: sie hat das ganze Haus durchgefegt 그녀는 집안 구석구석을 깨끗이 쓸었다. **durchfegen** ⟨h⟩ (바람 따위가) 휩쓸고[회] 지나가다: der Wind durchfegte die Wälder 바람이 숲을 휩쓸고 지나갔다.

durchfeiern ⟨h⟩ 《통용어》 (일정 시간 내내) 먹고 마시며 놀다: wir haben (die ganze Nacht) durchgefeiert 우리는 (밤새도록) 먹고 마시면서 놀았다. **durchfeiern** ⟨h⟩ 먹고 마시며 지내다[보내다]: er hat manche Nacht durchfeiert 그는 여러 밤을 먹고 마시면서 지냈다[보냈 다].

durchfeilen, 《드물게》 **durchfeilen** ⟨h⟩ **1.** 줄로 절단 하다: er hat die Kette durchgefeilt 그는 쇠사슬을 줄로 절단했다. **2.** ⟨nur: durchfeilen⟩ 시문(詩文)을 다듬다, 조탁(彫琢)[퇴고(推敲)]하다: einen Aufsatz d. 논문을 다듬다.

durchfetten ⟨h⟩ (포장지 따위에) 기름이 배게 하다.

durchfeuchten ⟨h⟩ 흠뻑 적시다: das Holz ist vom Regen ganz durchfeuchtet 목재가 비에 흠뻑 젖었다.

durchfịcken ⟨h⟩ (비어) ↑ durchvögeln.

durchfilzen ⟨h⟩ 《경》 철저히 몸을 수색하다, 소지품[해충] 검사를 하다: auf dem Flughafen hat man die Passagiere durchgefilzt 공항에서 탑승객들의 소지품 검사가 철저했다.

durchfinden' ⟨h⟩ **1.** 목표 따위에 도달하다: er hat endlich zu seiner wahren Bestimmung durchgefunden 그는 마침내 그의 진정한 소명에 도달했다. **2.** 통찰하다, 내막[사정]을 알다, 길을 찾아내다: das alles ist so schwierig, daß man nicht mehr durchfindet 그 모든 것은 너무 어려워서 뭐가 뭔지 알 수 없다; 《또한》 d. + sich⟩ bei diesem [durch dieses] Durcheinander finde ich mich nicht mehr durch 이러한 혼란 속에서 나는 이제 뭐가 뭔지 모르겠다.

durchflammen ⟨h⟩ 《지역적》 난타하다, 마구 때리다. **durchflạmmen** ⟨h⟩ (아어) 활활 타오르게 하다: Zorn durchflammte ihn 분노의 불꽃이 그를 활활 타오르게 하였다.

durchflẹchten' ⟨h⟩ 무엇을 넣어서 엮다(짜다, 뜨다).

durchflẹchten' ⟨h⟩ 무엇으로 장식하면서 엮다(짜다, 뜨 다): sie durchflicht den Kranz mit Bändern 그녀는 리본으로 장식하면서 화환을 만들고 있다; 전의 seine Rede war mit Zitaten durchflochten 그의 연설은 인용하는 말이 섞여 있었다.

Durchgang

durchfliegen' ⟨s⟩ **1.** 무엇을 뚫고[무엇 사이로] 날아가[오다]: ein Stein flog durch die Scheibe durch 돌멩이가 유리창을 뚫고 날아왔다. **2.** 중간에 쉬지 않고 목적지까지 비행하다: die Maschine flog trotz des Zwischenfalls (bis zum Zielort) durch 돌발 사건에도 불구하고 비행기는 (목적지까지) 중간 착륙없이 날았다. **3.** (통용어) (시험에) 낙방[낙제]하다: er ist im Staatsexamen durchgeflogen 그는 국가 고시에 낙방했다. **durchfliegen'** ⟨h⟩ **1. a)** 날아 지나가다, 빨리 지나가다: soeben haben wir die Wolken durchflogen 우리는 지금 막 구름 사이를 날았다. **b)** (일정 거리를) 비행하다: die Maschine hat schon weite Strecken durchflogen 이 비행기는 이미 장거리를 비행했다. **2.** 훑어보다, 대충 읽다: rasch die Post[die Zeitung] d. 우편물[신문]을 빨리 훑어보다.

durchfließen' ⟨s⟩ 무엇 사이로 흐르다: (액체가 새서) 흘러내리다, 뚫고 흐르다: das Wasser fließt nur langsam (durch die Röhren) durch 물이 아주 천천히 (관을 따라) 흐른다. **durchfließen"** ⟨h⟩ 가로 질러 흐르다, 관류하다: der Strom durchfließt das Gerät [물리] 전기가 기구에 관류한다.

Durchflug, der; -(e)s, ...flüge 날아 지나감, 통과(무착륙) 비행. **Durchflugsrecht,** das [국제법] 직항권(直航權), 운항권.

Durchfluß, der; ...flusses, ...flüsse **1.** 관류(貫流). **2.** 유출구, 배수구: einen D. bohren 배수구를 뚫다.

Durchfluß-: **~geschwindigkeit,** die 관류 속도. **~menge,** die 관류량. **~messer,** der 유량계(流量計).

durchfluten ⟨h⟩ ⟨아어⟩ 무엇을 (물 사이로) 뚫고 들어오다: das Wasser ist (durch den Riß im Deich) durchgeflutet 물이 (제방의 틈새로) 흘러 들어왔다. **durchfluten** ⟨h⟩ ⟨아어⟩ 범람하다: Licht durchflutet den Raum 빛이 방에 가득 차 넘친다.

durchflutschen ⟨s⟩ (통용어) 무엇을 통해 미끄러지듯 빠져 나가다.

durchformen ⟨h⟩ 세밀하게[완전히] 형성하다[만들다]: seinen Stil d. 자신의 문체를 완전히 만들다. **Durchformung,** die -en ↑durchformen의 명사형.

durchformulieren ⟨h⟩ 용의주도하게 표현하다[작성하다]: der Text war sehr gut durchformuliert 그 텍스트는 아주 잘 작성되어 있었다.

durchforschen ⟨h⟩ **a)** 체계적[과학적]으로 연구[조사]하다: die Quellen der Geschichte d. 사료를 과학적으로 조사하다. **b)** 자세[철저]하게 조사하다, 정사(精査)하다: die Gegend nach einer Quelle d. 지하수를 찾아 그 지역을 자세히 조사하다. **Durchforschung,** die; -en ↑durchforschen의 명사형.

durchforsten ⟨h⟩ ⟨드물게⟩ ↑durchforsten 참조. **durchforsten** ⟨h⟩ **1.** [임업] (삼림을) 간벌(間伐)하다: den Wald regelmäßig d. 삼림을 정기적으로 간벌한다. **2.** 일반적 관점에서 무엇을 자세히 조사[검사]하다. **Durchforstung,** ⟨드물게⟩ **Durchforstung,** die; -en ↑durchforsten의 명사형.

durchfragen, sich ⟨h⟩ 여러 번 길을 물어가며 (목적지에) 가다[다다르다]: ich habe mich zum Museum durchgefragt 나는 여러 번 길을 물어 박물관에 다다랐다.

durchfressen' ⟨h⟩ **a.** 파먹어 뚫다[내다]: die Mäuse haben ein Loch (durch das Brett) durchgefressen 쥐들(파)이 (널빤지를) 파먹어 구멍을 냈다. **b)** (해충 따위가) 좀[파]먹어 만들다: die Motten haben das Gewebe durchgefressen 좀벌레들이 천을 파먹어 못쓰게 만들었다. **c)** (화학 물질을) 망가뜨리다: der Rost hat das Blech durchgefressen 녹이 슬어 함석이 못쓰게 되었다. **2.** ⟨d. + sich⟩ **a)** (해충 따위가) 파먹어 들어가다: [전의] der Brand fraß sich durch das ganze Haus durch 불이 온 집안에 번졌다. **b)** (통용어·팸) 기식(寄食)하다. **c)** 무엇을 힘들여(간신히) 해내다. **durchfressen** ⟨Adj.⟩ 벌레가 파먹은, 좀먹은.

durchfretten, sich ⟨h⟩ (bayr., österr.·통용어) ↑sich durchschlagen (6 b).

durchfrieren' ⟨s⟩ **a)** 완전히 얼다, 꽁꽁 얼다: der See ist bis zum Grund durchgefroren 호수가 바닥까지 완전히 얼었다. **b)** 추위어 몸이 완전히 얼어붙다: die Kinder waren ganz durchgefroren, als sie nach Hause kamen 집에 돌아왔을 때 아이들은 몸이 꽁꽁 얼어붙어 있었다. **durchfroren** ⟨Adj.⟩ 완전히 [꽁꽁] 얼어붙은.

durchfrösteln ⟨h⟩ 덜덜 떨게 하다, 오싹하게 하다: ein Schauer durchfröstelte ihn 두려움이 그를 오싹하게 했다.

durchfrosten ⟨h⟩ ⟨아어⟩ ···에 추위가 스며[배어]들다: trotz des Mantels durchfrostete ihn die Nachtkälte 외투를 입었는데도 밤의 냉기가 그의 몸에 스며들었다.

durchfühlen ⟨h⟩ (무엇을 통하여) 느끼다, 감지하다.

Durchfuhr ['durçfuːɐ], die; -en [경제] (외국 화물의) 통과 (Transit).

Durchfuhr-: **~erlaubnis,** die (외국화물의) 통과 허가. **~handel,** der 통과(중계)무역. **~land,** das (외국 화물의) 통과국. **~verbot,** das (외국 화물의) 통과 금지.

durchführbar ['durçfyːɐbaːɐ] ⟨Adj.⟩ 실행[실시]할 수 있는: ein leicht -er Plan 쉽게 실행할 수 있는 계획. **Durchführbarkeit,** die ↑durchführbar의 명사형.

durchführen ⟨h⟩ **1. a)** 인도하여[데리고] 지나가다, 안내(수행)하다: er hat uns (durch die ganze Ausstellung) durchgeführt 그는 우리를 (전시장 구석구석으로) 안내했다. **b)** (어느 장소를) 통과하다, 지나다: die neue Autobahn führt mitten durch die Stadt durch 새 고속 도로는 도시 한 가운데를 통과한다. **2. a)** 실행[실시]하다: einen Plan d. 계획을 실행에 옮기다. **b)** 수행[실시]하다, 처리하다: wir haben die Untersuchungen mit aller Strenge durchgeführt 우리는 매우 엄격하게 조사[진단]했다. **c)** 완전히 해내다, 완성하다, 끝내다: sie führt ihre Rolle ausgezeichnet durch 그녀는 자기 역을 끝까지 훌륭하게 해낸다. **d)** 개최하다, 행하다: die Versammlung konnte ohne Störungen durchgeführt werden 회의는 장애없이 개최될 수 있었다. **Durchführung,** die; -en 실행, 실시, 성취, 수행, 시행, 처리, 개최, 완성, 마무리: **zur D. kommen (gelangen)** (격식독어) 수행[실시]되다; **zur D. bringen** (격식독어) 수행[실시]하다.

Durchführungs-: **~bestimmung,** die ↑~vorschrift. **~gesetz,** das ↑Ausführungsgesetz. **~verordnung,** die 시행령. **~vorschrift,** die 시행령, 시행 규정.

durchfurchen ⟨h⟩ 두랑[고랑]을 만들다: [전의] ein durchfurchtes Gesicht 주름진 얼굴.

durchfuttern, sich ⟨h⟩ (통용어) (장기간 남의 집에서) 얻어먹다, 기식(寄食)하다: er füttert sich meistens bei andern durch 그는 대체로 남의 집에서 얻어먹고 지낸다.

durchfüttern ⟨h⟩ **a)** (통용어) (어려운 여건 하에서 일정 기간 동안) 부양하다, 먹여 살리다. **b)** 누구를 당분간 먹여살리다: er läßt sich einfach von ihr d. 그는 그냥 그녀한테 얻어먹고 산다.

Durchgabe, die; -n 전달, 통지.

Durchgang, der; -(e)s, ...gänge **1. a)** 통행, 통과: D. verboten 통행 금지; [전의] der d. eines Planeten durch die Sonne [천문] 혹성의 태양면 통과. **b)** 문, (연결)통로: den D. versperren 통로를 막다. **2.** (어떤 일을 구성하는 여러 단계(과정) 가운데 하나) 단계, (운동경기의) 전[후]반전, 회, 시기, (의회의) 독회: der Kandidat unterlag bereits im ersten D. der Wahl 그 후 보자는 일차 투표에서 이미 뒤졌다; der Bundestag befaßte sich im ersten D. mit dem Gesetzentwurf 연방 의회는 그 법안을 제 1 독회에서 다루었다. **Durchgänger**, der; -s - **1.** 잘 놀라는 말(馬). **2.** 《준고어》 도망자, 가출인[인]. **durchgängig** [...gɛŋɪç] 〈Adj.〉 보통의, 일반적인, 관행적인: diese Meinung wird d. vertreten 이것은 일반적인 의견이다. **Durchgängigkeit**, die ↑durchgängig의 명사형.

Durchgangs-: **~arzt**, der 산업재해[상해] 보험 전문의. **~bahnhof**, der 중간역, 통과역(반대: Kopf-, Sackbahnhof). **~hafen**, der 여객이나 화물을 보잘것없고 배에 보급품 따위를 공급하는 항구. **~lager**, das 임시 수용소. **~stadium**, das 발전의 중간 단계, 과도기: er befindet sich in einem D. vom Jugendlichen zum Erwachsenen 그는 청소년에서 성인으로 가는 과도기에 있다. **~station**, die 중간 단계, 전환점, 중간역: diese Prüfung war eine bedeutende D. in seinem Leben 이 시험은 그의 생애에서 중요한 전환점이었다. **~verkehr**, der **1.** ↑Durchfuhr. **2. a)** 통행. **b)** 국제 화물의 철도 수송. **~zug**, der 《드물게》 ↑D-Zug.

durchgaren a) 〈h〉 완전히[푹] 익히다. **b)** 〈s〉 완전히 익다.

durchgären° 〈h/s〉 완전히 발효시키다[발효하다].

durchgaunern, sich 〈h〉 《통용어》 속임수나 사기 등으로 살아가다.

durchgebacken: ↑durchbacken.

durchgeben° 〈h〉 (소식 따위를) 직접 전달하다, 알리다: die Nachricht wurde im[über] den Rundfunk[per Telefon] durchgegeben 그 소식은 라디오[전화]로 전달되었다.

durchgedreht: ↑durchdrehen (2) 참조.

durchgehen° 〈s〉 **1. a)** (무엇 사이로) 지나가다, 통과하다: durch die Sperre d. 개찰구를 통과하다; wir sind durch den Bach durchgegangen 우리는 시내를 건너갔다. **b)** 《통용어》 좁은 곳을 지나가다: ob das Klavier (durch die schmale Tür) durchgeht? 피아노가 (이 좁은 문으로) 들어갈 수 있을까? **c)** 뚫고 들어오다, 배어[스며]들다: der Regen geht (durch meine Jacke) durch 빗물이 (내 재킷으로) 스며든다. **2. a)** 목적지까지 쉬지 않고 직행하다: der Zug geht bis München durch 이 기차는 뮌헨까지 쉬지 않고 직행한다. **b)** 쉬지 않고 계속되다: die Sitzung geht bis zum Abend durch 회의는 저녁까지 쉬지 않고 계속된다. **c)** (일정한 지점[무엇의 끝]까지) 계속되다, 이어지다: an durchgehenden Linien darf nicht überholt werden 끊어지지 않은 차선에서는 추월해서는 안된다; 〈전의〉 das Motiv geht durch die ganze Erzählung durch 이 모티브는 이 소설 전체에서 반복적으로 나타난다. **3. a)** 어느 지점까지 들어선 길을 계속 가다 (gehen Sie die Straße gerade durch bis zur Kirche 교회까지 이 길을 곧장 계속 가십시오. **b)** (긴 구간을) 쉬지 않고 가다. **4. a)** (법안, 의안 따위가) 통과되다, 가결되다: das Gesetz ist ohne Schwierigkeiten (im Parlament) durchgegangen 법안이 어려움 없이 (의회에서) 통과되었다. **b)** 허용되다, 너그럽게 보아주다: diese Abweichung kann gerade noch d. 이 오차 정도는 봐 줄 수 있다; **(jmdm.) etw. d. lassen** 누구의 어떤 행동을 나무라지 않고 너그럽게 보아주다; er läßt ihr nichts d. 그는 그녀의 행동 어느 것 하나도 너그럽게 보아 넘기지 않는다. **c)** …의 역할, 간주되다. **5.** 면밀하게[샅샅이] 검토[점검]하다: der Lehrer ist die Arbeit mit den Schülern durchgegangen 교사는 학생들과 함께 작문을 상세히 검토하였다. **6. a)** (말 따위 짐 승이) 놀라서 달아나다: die Pferde gingen (mit dem Wagen) durch 말들이 (마차를 메단 채) 달아났다. **b)** 《통용어》 (맡긴 물건, 돈 등을 가지고) 도망치다, 달아나다: der Bote ist mit der Kasse durchgegangen 사환이 돈상자를 들고 도망쳤다. **c)** 《통용어》 다른 사람과 눈이 맞아 배우자를 버리고 도망치다: sie ist mit ihrem Geliebten durchgegangen 그녀는 애인과 눈이 맞아 도망쳤다. **7.** 통제[제어]되지 않다: sein Temperament ging mit ihm durch 그는 자제력을 잃었다. **durchgehen**° 〈h〉 걸어서 횡단하다, 가로지르다: ich habe den Wald durchgangen 나는 숲을 횡단했다. **durchgehend** [l. 'durçgeːənt 2. -'ː-ː], 〈Adv.〉 (österr.) 중단없이, 낮 휴식도 없이, 간단[끊임]없이: das Geschäft ist d. geöffnet 그 상점은 계속 열려 있다. **durchgehends** 〈Adv.〉 (österr., 그 외 통용어) 중단없이, 간단[끊임]없이.

durchgeistigt [durç'gaɪstɪçt] 〈Adj.〉 (아어) 이지적인: ein -er Mensch 이지적 인간.

durchgeknöpft: ↑durchknöpfen 참조.

durchgellen 〈h〉 (소리가) 날카롭게 울려퍼지다.

durchgerben 〈h〉 《통용어》 마구 때리다.

durchgeregnet 〈Adj.〉 《통용어》 비에 흠뻑 젖은.

durchgeschwitzt: ↑durchschwitzen 참조.

durchgestalten 〈h〉 완전히[세밀하게] 형상화하다. **Durchgestaltung**, die; -en ↑durchgestalten의 명사형.

durchgießen° 〈h〉 (체나 필터를) 거르다: Tee (durch ein Sieb) d. 차를 (체로) 거르다.

durchgleiten° 〈s〉 미끄러져 통과하다[지나가다]: sie glitt leise durch die Tür durch 그 여자는 살그머니 미끄러지듯 문을 빠져나갔다.

durchgliedern, durchgliedern 〈h〉 (논문 따위를) 단원별로 짜임새있게 구성하다: ein gut durchgegliederter[durchgliederter] Aufsatz 단원별로 짜임새 있게 구성된 논문. **Durchgliederung, Durchgliederung**, die; -en ↑durchgliedern의 명사형.

durchglühen 1. 〈h〉 (쇠 따위를) 완전히 빨갛게 달구다. **2.** 〈s〉 완전히 빨갛게 타다: die Kohlen sind noch nicht ganz durchgeglüht 석탄은 아직 완전히 빨갛게 불이 붙지 않았다. **3.** 〈s〉 (전구 따위가) 너무 타서[달아서] 끊어지다. **durchglühen**° 〈h〉 (시어) (감격, 사랑 따위를) 타오르게 하다, 열화(熱火)로 가득 채우다, 감격시키다: der Himmel war von der Abendsonne durchglüht 하늘은 석양빛으로 빨갛게 물들어 있었다.

durchgraben° 〈h〉 **1.** (구멍을) 파서 뚫다: ein Tunnel wurde (durch den Berg) durchgegraben (산을 파고) 터널이 뚫렸다. **2.** 〈d. + sich〉 파서 길을 내다, 파 나아가다: die Maulwürfe haben sich durchgegraben 두더지들이 땅을 파 나아갔다.

durchgrätschen° 〈h/s〉 [체조] 손 아래로 두 다리를 벌려 돌리다.

durchgreifen° 〈h〉 **1.** (무엇 사이로) 손을 내밀다[집어넣다]. **2.** 단호한 조치를 취하다, 강력하게 행동하다: die Polizei griff hart[energisch] gegen die Demonstranten) durch 경찰은 시위자들에 대해 강력하게 대응했다; es kam zu durchgreifenden Änderungen 획기적인 변화가 일어났다.

durchgrünen 〈h〉 …에 녹지대를 조성하여 부드럽게[포근하게] 하다.

durchgucken 〈h〉 《통용어》 ↑durchblicken (1, 2).

durchhaben° 〈h〉 《통용어》 **1.** 무엇을 통하여 움직이게 [여] 놓다: habt ihr den Schrank jetzt (durch die schmale Tür) durch? 너희들이 지금 (이 작은 문을 통해) 장농을 들여놓았나? **2.** 무엇을 처음부터 끝까지 취급하다, 완수하다: hast du das Buch schon durch? 그 책을 벌써 다 읽었나? **3.** 두 조각내다: er hat den Ast endlich durch 그는 마침내 그 나뭇가지를 톱으로 잘랐

durchhacken ⟨h⟩ 도끼로 두 조각내다.
durchhageln 1. ⟨h⟩ (비인칭) (무엇을 통해) 우박이 들이치다: es hat durchgehagelt 우박이 들이쳤다. **2.** ⟨s⟩ ↑ durchfallen (2 b): ich bin bei der Prüfung durchgehagelt 나는 시험에 떨어졌다.
Durchhalte-: **~apostel**, der 《폄》 가망없는 전투 따위를 계속하자고 주장하는 사람. **~befehl**, der 사수 명령, 기필코 버티라는 명령. **~parole**, die 《폄》 사수하자(기필코 버티자)는 구호. **~vermögen**, das; -s 지탱력, 지구력.
durchhalten' ⟨h⟩ **a)** 끝까지 버티다, 포기하지 않다: wir müssen (bis zum Schluß) d. 우리는 (끝까지) 버텨야 한다. **b)** 견뎌내다, 이겨내다: die Belastung halte ich (gesundheitlich) nicht durch 나는 (건강상) 그 부담을 견뎌내지 못한다. **c)** 고수하다: wollt ihr um jeden Preis euere Theorie d.? 너희들은 어떤 대가를 치르고라도 너희들의 이론을 고집하려는 거니?
Durchhang, der; -(e)s 가운데가 아래로 구부러짐.
durchhängen' ⟨h⟩ **1.** 가운데가 아래로 처지다 [구부러지다]. **2.** 《통용어》 맥이 빠지다, 육체적이나 정신적으로 컨디션이 나쁘다: nach so einer Veranstaltung hängt man völlig durch 그런 행사를 치룬 후에는 완전히 맥이 빠진다.
durchhauen' ⟨h⟩ **1.** /hieb/(《통용어》 haute durch, hat durchgehauen) **a)** 도끼로 자르다: er hieb den Ast mit der Axt durch 그는 도끼로 나뭇가지를 두 조각 냈다. **b)** ⟨d. + sich⟩ (나무 따위를 베어) 길을 뚫다: wir hieben uns (durch das Dickicht) durch 우리는 (덤불을 뚫고) 길을 텄다. **2.** 《통용어》 호되게 때리다[갈기다]: der Vater haute den Jungen tüchtig durch 아버지가 아들을 호되게 때렸다. **3.** 《통용어》 (전선 따위를) 망가뜨리다: der Blitz hat die Leitung durchgehauen 벼락으로 전선이 파손되었다. **durchhauen'** ⟨durchhieb/《통용어》 durchhaute, hat durchhauen⟩ **1.** ↑durchhauen (1 a). **2.** [임업] 나무를 쳐내 길을 내다.
Durchhaus, das; -es, ...häuser 〈österr.〉 두 도로를 연결하는 통로가 있는 집 als D. betrachten 무엇을 일시적 해결책[과도적 단계]으로 간주하다.
durchhecheln ⟨h⟩ **1.** (삼 따위를) 충분히 훑다. **2.** 《통용어·폄》헐뜯다, 혹평하다: die Affäre wurde in allen Zeitungen durchgehechelt 그 사건은 모든 신문에서 혹평을 당했다.
durchheizen ⟨h⟩ **a)** 충분히 난방하다: die Wohnung ist gut durchgeheizt 이 아파트는 난방이 잘 되어 있다. **b)** 계속[중단없이] 난방하다[불을 때다]: über Nacht d. 밤새껏 난방하다.
durchhelfen' ⟨h⟩ **1.** 누구를 도와서 지나가게[뚫고 나가게, 빠져나가게, 벗어나게, 모면하게, 어려운 고비를 넘게]하다: er half mir durch die schmale Öffnung durch 그는 내가 좁은 틈을 빠져나가도록 도와 주었다; 〈전의〉 sie halfen ihm durch viele Schwierigkeiten durch 그들은 그가 많은 어려운 고비를 넘도록 도와 주었다. **2.** ⟨d. + sich⟩ 그럭저럭[근근이] 살아나가다[지내다], 연명하다, 간신히 버티어 나가다: ich helfe mir schon irgendwie durch 나는 어떻게든지 그럭저럭 살아나갈 것이다.
Durchhieb, der; -(e)s, -e 숲속에 낸 작은 길, 구획선(區劃線).
durchhocken' ⟨h/s⟩ [체조] 버티는 양팔 사이로 몸을 앞으로 웅크리다.
durchholen ⟨h⟩ [선원] (느슨해진 밧줄을) 팽팽히 잡아당기다.
durchhören ⟨h⟩ **a)** (벽 따위를 통해) 듣다. **b)** (누구의 말을 듣고) 알아차리다: man hörte (durch seine Worte) tiefe Verbitterung durch (그의 말에서) 그가 몹시 화나 있음을 알아차렸다.
durchhungern, sich ⟨h⟩ 굶주리며 근근히 연명하다.
durchhuschen ⟨s⟩ 재빨리[휙] 지나가다: bevor die Tür zufiel, konnte sie gerade noch d. 문이 닫히기 직전에 그녀는 빠져나갈 수 있었다.
durchimpfen ⟨h⟩ 모든 사람에게[예외없이] 예방 접종 시키다. **Durchimpfung**, die; -en ↑durchimpfen의 명사형.
durchirren ⟨h⟩ 이리저리 헤매다: er hat den Wald durchirrt 그는 숲속을 헤매고 다녔다.
durchixen ⟨h⟩ 《통용어》 (타자기로) 틀린 글자 위에 ×자를 쳐서 지우다.
durchjagen 1. ⟨h⟩ **a)** (적, 짐승 따위를 무엇 사이[안]로) 몰다. **b)** 급속도로 처리하다: einen Prozeß, einen Auftrag d. 소송을 신속히 처리하다. **2.** ⟨s⟩ 질주하여 지나가다: die Burschen mit ihren Motorrädern sind (durch den Ort) durchgejagt 녀석들은 오토바이를 타고 (그곳을) 질주하여 지나갔다. **durchjagen** ⟨h⟩ 질주하여 지나가다: die Verfolger durchjagten die Stadt 추적자들은 도시를 질주하여 지나갔다.
durchkälten ⟨h⟩ (아이) 냉기가 속속들이 배게 하다: völlig durchkältet kamen sie nach Hause 그들은 완전히 얼어서 집에 왔다.
durchkämmen ⟨h⟩ **1.** 꼼꼼하게[충분히] 빗다: sie kämmte ihr Haar durch 그녀는 머리를 꼼꼼하게 빗는다. **2.** ↑durchkämmen 참조: die Polizei kämmte die Häuser (nach dem Flüchtling) durch 경찰은 (도주자를 찾으려고) 집들을 샅샅이 수색했다[이 잡듯이 뒤졌다]. **durchkämmen** ⟨h⟩ 이 잡듯이[샅샅이] 수색하다 [뒤지다].
durchkämpfen ⟨h⟩ **1.** 일정 시간 동안 중단없이 싸우다: die Soldaten hatten drei Tage und drei Nächte durchgekämpft 군인들은 사흘 낮과 사흘 밤을 중단없이 싸웠다. **2. a)** (역경을) 이겨내다, 극복하다: die Widerlichkeiten eines Prozesses d. müssen 재판의 불쾌한 일들을 극복해내야 한다. **b)** (난관을 극복하고) 관철시키다, 밀고 나가다. **3. a)** ⟨d. + sich⟩ 힘으로 길을 뚫다: sich (durch die Menge) zum Ausgang d. 군중 사이를 뚫고 출구로 나아가다. **b)** 어려운 시기를 극복하다: in den Nachkriegsjahren hatte sie sich mühsam d. müssen 전후 수년간 그녀는 힘겹게 역경을 이겨내야 했다. **c)** (내적 갈등 끝에) 결정을 내리다, 결심하기에 이르다: er hat sich dazu durchgekämpft, seinen Plan aufzugeben 그는 내면적 갈등을 겪고서 계획을 포기하기로 결정했다. **durchkämpfen** ⟨h⟩ 일정 시간을 육체적 [정신적] 고통으로 어렵게 지내다: manche durchkämpfte Nacht 고통으로 잠 못 이루며 지새운 여러 날 밤.
durchkauen ⟨h⟩ **1.** 충분히 씹다: frisches Brot sollte man gut d. 갓 구운 빵이라고 할지라도 충분히 씹어야 한다. **2.** 《통용어》 싫증이 날 만큼 상세히 논의하다: ich habe das Thema schon zweimal mit ihm durchgekaut 나는 그 주제를 그와 함께 벌써 두 번이나 상세히 논의했다.
durchkitzeln ⟨h⟩ 누구를 오랫동안 심하게 간질이다.
durchklettern ⟨s⟩ (구멍을 통해) 기어올라 들어가다: ich bin (durch das Fenster) durchgeklettert 나는 (창문을 통해) 기어올라갔다. **durchklettern** ⟨h⟩ 기어서 정상에 오르다: sie durchkletterten die Nordwand des Berges in drei Tagen 그들은 사흘만에 그 산의 북벽을 기어 올랐다. **Durchkletterung**, die; -en ↑durchklettern의 명사형.
durchklingeln ⟨h⟩ 〈nordd.·통용어〉 전화걸다.
¹**durchklingen'** **a)** ⟨s⟩ (다른 소리보다) 잘 들리다[울리다]: seine Stimme klang am lautesten durch 그의 목

소리가 그 중 가장 크게 들렸다. **b)** ⟨h/s⟩ (누구의 말 속에 무슨 기색이) 엿보이다, 암시되다: durch seine Worte klang Unsicherheit durch 그의 말 속에는 불안한 기색이 엿보였다. **durchklingen*** ⟨h⟩ (아이) 소리로 가득 채우다, …에 울려 퍼지다: immer hatte Musik das Haus durchklungen 그 집에는 항상 음악이 울려 퍼졌다.

durchklopfen ⟨h⟩ ⟨지역적⟩ ↑durchprügeln.
durchknallen ⟨s⟩ ⟨통용어⟩ 시험에 떨어지다.
durchkneten ⟨h⟩ **a)** 충분히 반죽하다. **b)** ⟨통용어⟩ 충분히 마사지하다: ich lasse mich täglich eine halbe Stunde lang d. 나는 매일 30분간 마사지 받는다.
durchknöpfen ⟨h⟩ 단추를 완전히[위에서 아래까지] 채우다: das Hemd d. 셔츠의 단추를 다 채우다.
durchkochen ⟨h⟩ 푹 삶다[끓이다], 찌다.
durchkommen* ⟨s⟩ **1.** (복잡한 장소를) 뚫고[빠져] 나오다: wir hatten Mühe (durch die Innenstadt) durchzukommen 우리는 (도심을) 빠져 나오느라 애먹었다; ⟨명사화⟩ ein Durchkommen ist hier nicht möglich 이곳은 지나갈 수 없다. **2.** ⟨통용어⟩ 통화하다: er wählte die Nummer, kam aber (mit seinem Anruf) nicht (nach Hause) durch 그는 (전화) 번호를 돌렸으나 (집에) 통화하지 못했다. **3.** ⟨통용어⟩ ⟨뉴스가⟩ 방송되다, 보도되다: die Meldung[Nachricht] kam durch, daß… …하다는 뉴스가 방송되었다. **4.** (어떤 장소를) 지나가다, 통과하다: um 5 Uhr muß der D-Zug nach München (hier) d. 뮌헨행 급행 열차가 5시에 이곳을 틀림없이 지나갈 것이다. **5. a)** ⟨통용어⟩ (비 따위가) 스며들다, 새다: der Regen kommt (durch die Zimmerdecke) durch (천장으로) 비가 샌다. **b)** 잠시 나타나다, 드러나다: 전의 manchmal kommt der Lehrer bei ihm durch 그의 직업이 교사임이 때때로 드러난다. **6. a)** 성공(출세)하다, 성과를 얻다: er ist im Leben immer gut durchgekommen 그는 인생에서 늘 성공을 거두었다; 전의 damit wirst du (bei ihm) nicht d. 너의 그런 짓은 (그에게는) 통하지 않을 것이다. **b)** 빠듯하게 생활하다[살아가다]: sie kommt (mit ihrer Rente) kaum durch 그녀는 (자신의 연금으로) 근근히 살고 있다. **7.** ⟨통용어⟩ **a)** (위험한 상황을) 모면하다, 고비를 넘기다: sie hoffen, unentdeckt durchzukommen 그들은 들키지 않고 위험을 모면하기를 바란다. **b)** 중병(重病)을 이겨내다. **c)** 시험에 합격하다[붙다]: die ganze Klasse ist (beim Abitur) durchgekommen 학급 전체가 (고등 학교 졸업 시험에) 합격했다.
durchkomponieren ⟨h⟩ **1.** 하나하나 세밀하게 형상화하다. **2.** ⟨음악⟩ 일련형식(一連形式)으로 작곡하다, 시(詩)의 절마다 각각 다른 곡을 붙이다.
durchkönnen* ⟨h⟩ ⟨통용어⟩ 통과할[지나갈] 수 있다: niemand kann durch die Absperrung durch 아무도 교통차단망을 통과해 지나갈 수 없다.
durchkonstruieren ⟨h⟩ ⟨기술⟩ 빈틈없이 구성[조립, 건조]하다.
durchkontrollieren ⟨h⟩ 철저하게 검사[조사, 감독, 통제]하다.
durchkoppeln ⟨h⟩ [언어] (낱말들을) 이음표로 연결하다.
durchkosten ⟨h⟩ **1.** ⟨아이⟩ 차례차례 다 맛보다: ich habe alle Weinsorten durchgekostet 나는 모든 종류의 포도주를 하나하나 다 맛보았다. **2.** 고통[괴로움]을 겪(당하)다; er mußte die Qual des Vergessenwerdens (von Anfang bis Ende) d. 그는 잊혀진다는 괴로움을 처음부터 끝까지 철저히 맛보지 않을 수 없었다. **durchkosten** ⟨h⟩ ⟨아이⟩ 철저히 즐기다, 만끽하다: alle Freuden dieses Lebens d. 현세의 모든 즐거움을 만끽하다.

durchkramen, durchkramen ⟨h⟩ ⟨통용어⟩ 샅샅이 뒤지다[찾다]: er kramte die Schublade durch [durchkramte die Schublade] 그는 서랍을 샅샅이 뒤졌다.
durchkreuzen ⟨h⟩ ×표로 지우다: Nichtzutreffendes bitte d. 해당 사항이 아닌 것은 ×표로 지우시오.
durchkreuzen ⟨h⟩ **1.** ⟨아이⟩ (어떤 곳을) 일주하다, 샅샅이 돌아다니다: einen Erdteil d. 한 대륙을 샅샅이 돌아다니다. **2.** (계획 따위를) 방해하다, 좌절시키다, 어긋나게 하다: jmds. Absichten d. 누구의 의도를 수포로 돌아가게 하다. **Durchkreuzung**, die; -en ↑durchkreuzen의 명사형.
durchkriechen ⟨h⟩ ⟨아이⟩ …에서 빠져 나가다: der Flüchtling ist (unter dem Zaun) durchgekrochen 도주자가 담장 아래로 기어서 빠져 나갔다. **durchkriechen*** ⟨h⟩ 기어서 횡단하다: 전의 Angst durchkriecht sie ⟨아이⟩ 그녀의 마음속에 두려움이 일어난다.
durchkriegen ⟨h⟩ ⟨통용어⟩ ↑durchbekommen.
durchkühlen, durchkühlen ⟨h⟩ 충분히 차게[시원하게] 하다: der Wind hat uns ganz durchgekühlt [durchkühlt] 바람이 우리를 아주 시원하게 해주었다. **Durchkühlung**, die; -en ↑durchkühlen의 명사형.
durchladen* ⟨h⟩ ⟨총에⟩ 장전(裝塡)하다.
durchlangen ⟨h⟩ ⟨통용어⟩ (창 따위를 통해서) 건네주다, 내밀다, 잡다.
Durchlaß ['dʊrçlas], der; …lasses, …lässe […lɛsə] **1.** ⟨아이⟩ 통행 허가: jmdm. D. gewähren 누구에게 통행을 허가하다. **2.** (담이나 장애물의) 통로, 출입구 쪽문, 배수구: ein schmaler D. 좁은 통로. **durchlassen*** ⟨h⟩ **1.** (차단된 곳, 국경 따위를) 통과시키다: er wurde von dem Posten nicht durchgelassen 보초병은 그를 통과시키지 않았다. **2.** (광선 따위를) 투과시키다, (열을) 전도하다, (물을) 새게 하다: der Vorhang läßt (kein) Licht durch 이 커튼은 빛을 투과시킨다[투과시키지 않는다]. **3.** ⟨통용어⟩ ⟨잘못을⟩ 용서하다, 나무라지 않다: sie haben (bei) dem Kind alles durchgelassen 그들은 아이의 모든 잘못을 나무라지 않았다. **4.** [구기] (문지기가) 골을 허용하다. **durchlässig** ⟨Adj.⟩ **1.** 액체[기체]를 투과시키는: -e Schuhe 물이 새는 구두; 전의 die Wände sind hier d. 여기는 누가 엿듣기 쉽다. **2.** 변경(변화)을 가능케 하는, 융통성 있는: das Schulwesen sollte -er gestaltet werden 교육 제도는 보다 융통성 있게 만들어져야 한다. **Durchlässigkeit**, die ↑durchlässig의 명사형.
Durchlaucht ['dʊrçlaʊxt, ⟨또한⟩ -'-], die; -en 전하(殿下)(영주(제후)에 대한 존칭으로 Hoheit와 Erlaucht의 중간에 위치함): Seine D., der Fürst 영주 전하께옵서; Ihre D., die Prinzessin 공주 전하께옵서. **durchlauchtig** ⟨Adj.⟩ 존엄한, 고귀한.
Durchlauf, der; -(e)s, …läufe **a)** ⟨드물게⟩ (액체가) 틈새로 스며[새어] 나옴. **b)** ⟨컴퓨터에서⟩ 한 프로그램을 처음부터 끝까지 돌림. **c)** ⟨방송·텔레비전⟩ 녹음[녹화]된 프로를 방송 허가 기관에서 틀어봄. **d)** ↑Durchgang (2).
Durchlauf-: **~erhitzer**, der; -s, - 순간 온수기. **~probe**, die ⟨연극⟩ 총연습. **~Wassererhitzer** ⟪붙임표와 함께⟫ ↑~erhitzer. **~zeit**, die [전산] 한 프로그램을 다 돌리는데 걸리는 시간.
durchlaufen* **1.** ⟨s⟩ **a)** (무엇을) 뚫고 달려가다: er lief einfach (durch die Absperrung) durch 그는 무조건 (차단망을 뚫고) 달렸다. **b)** ⟨액체가⟩ 틈새로 새다, 스며 나오다, (물 따위가) 흘러가다, 나가다: der Kaffee ist noch nicht ganz (durch den Filter) durchgelaufen 커피가 아직 완전히 (필터를 통해) 흘러 나오지 않았다. **2.** ⟨s⟩ 달려 지나가다, 통과하다. **3.** ⟨s⟩ (일정 시간 내내) 계속

해서 달리다: wir sind die ganze Nacht durchgelaufen 우리는 밤새도록 쉬지 않고 달렸다. **4.** ⟨s⟩ 〖구기〗 적진을 돌파하다. **5.** ⟨h⟩ (구두 따위를) 신어서 망가뜨리다: durchgelaufene Schuhe 신어서 해진 구두. **6.** ⟨s⟩ (건물의 부분 따위를) 죽 이어지다. **durchlaufen*** ⟨h⟩ **1.** (일정한 거리를) 달리다, 주파하다: er durchlief die 800m in weniger als zwei Minuten 그가 800m를 달리는데 2분도 걸리지 않았다. **2.** (어떤 곳을) 걸어서 횡단하다, 일주하다: die ganze Stadt d. 온도시를 걸어서 돌아다니다. **3.** (아이) 무엇(누구)를 통해 지나가다: ein Schauder durchlief mich 나는 소름이 끼쳤다. **4.** 〖학교〗를 졸업하다, (과정을) 마치다: die Schule d. 학교를 졸업하다.

durchlavieren, sich ⟨h⟩ 《통용어·폄》 모든 이점을 이용하여 교묘하게 헤쳐나가다.

durchleben ⟨h⟩ (어떤 상황 따위를) 처음부터 끝까지 겪다, 체험하다: eine solche Zeit möchte ich nicht noch einmal d. 나는 그런 시대를 두번 다시 체험하고 싶지 않다; Augenblicke höchsten Glücks d. 최고로 행복한 순간들을 체험하다.

durchlecken ⟨h/s⟩ (액체) 가스가 무엇을 통해[무엇 사이로] 새다, 스며 나오다.

durchlegen ⟨h⟩ 어디를 통해 (길 따위를) 내다: die neue Straße soll hier durchgelegt werden 새 길이 여기에 난다고 한다.

durchleiden* ⟨h⟩ 《아이》 (일정한 시기(상황)를) 고통을 당하며 겪다[보내다], 견디다: Einsamkeit und Angst d. 고독과 두려움을 견디다.

durchleiten ⟨h⟩ 전선을 공·사유지를 통하게 하다. **Durchleitung**, die; -en ↑durchleiten의 명사형. **Durchleitungsrecht**, das 전선 설치권.

durchlesen, 《고어》 **durchlesen*** ⟨h⟩ 통독하다, 끝까지 [완전히] 다 읽다: ich habe das Buch durchgelesen 나는 그 책을 통독했다.

durchleuchten ⟨h⟩ (빛이) 틈새로 비추어[새어] 나오다: die Sonne leuchtet (durch die Vorhänge) durch 햇빛이 커튼 사이로 새어 나온다. **durchleuchten*** ⟨h⟩ **1.** (아이) 빛으로 가득 채우다: der Himmel war vom Abendrot durchleuchtet 하늘은 저녁노을로 가득 찼다. **2.** 방사선으로 검사(진찰)하다, 방사선 촬영하다: ich ließ mir die Lunge d. 나는 위 사진을 찍었다. **3.** (세밀히) 검사[조사, 분석]하다: jmds. Vergangenheit d. 누구의 과거를 면밀히 조사하다. **Durchleuchtung**, die; -en ↑durchleuchten의 명사형.

durchlichten ⟨h⟩ 《아이》 무엇에 빛을 비추다: 〖전의〗 er bemühte sich, das Dunkel, in das die Vorgänge getaucht waren, zu d. 그는 사건들이 숨어버린 어둠을 밝혀내려고 노력했다.

durchliegen* ⟨h⟩ **1.** (오래 깔고 누워) 해지게 하다: ein durchgelegenes Bett 오래 사용하여 해진 침대. **2.** ⟨d. + sich⟩ 오래 누워 욕창(褥瘡)이 나다: der Patient hat sich durchgelegen 그 환자는 오래 누워 있어서 욕창이 났다.

durchlöchen ⟨h⟩ 《드물게》 …에 구멍을 내다[뚫다]: er hat das Papier durchlocht 그는 종이에 구멍을 냈다. **durchlöchern** ⟨h⟩ **1.** …에 많은 구멍을 내다: von Kugeln durchlöchert zu Boden sinken 많은 총알을 맞고 벌집이 되어 바닥에 쓰러지다; ein staatliches System(Prinzipien) d. 국가 체제[원칙]에 구멍을 내다. **Durchlöcherung**, die ↑durchlöchern의 명사형.

durchlotsen ⟨h⟩ 《통용어》 배를 조종하여 힘든 곳을 통과하다, (어려운 곳을 지나도록) 길을 안내하다: Autofahrer (durch eine Stadt) d. 운전자들에게 (시내를 관통하는) 길을 안내하다.

durchlüften, 《드물게》 **durchlüften** ⟨h⟩ **a)** 충분히 환기하다: sie hat die Wohnung gut durchgelüftet [durchlüftet] 그 여자는 아파트를 충분히 환기시켰다. **b)** (durchlüften(만)) 《전문어》 …에 바람을 통하게 하다, 통풍시키다: das Getreide muß gut durchlüftet werden 곡식은 충분히 통풍시켜야 한다. **Durchlüftung**, die; -en ↑durchlüften의 명사형.

durchlügen*, sich ⟨h⟩《통용어》 거짓말로 일시[그 당장을, 그 자리를] 모면하다: sich (mit Erfolg) durch alle Schwierigkeiten d. 거짓말을 하여 모든 난관을 (성공적으로) 모면하다.

durchmachen ⟨h⟩ **1.** 다 마치다, (과정을) 수료하다, (학교를) 졸업하다: eine Ausbildung d. 전문[직업] 교육을 수료하다; er hat eine große entscheidende Wandlung durchgemacht 그는 결정적인 큰 변화를 극복했다. **2.** (어려운 시기나 상황 따위를) 견디내다, 이겨내다, 겪다, 경험하다: sie haben sehr schlimme Zeiten d. müssen 그들은 아주 어려운 시기를 견디내야 했다; er hat eine schlimme Krankheit durchgemacht 그는 중병을 앓았다. **3.** 〖무슨 일을 마칠 때까지〗 쉬지 않고 계속하다: wenn ich nicht fertig werde, muß ich das Wochenende d. 일을 끝내지 못하면 나는 주말에 계속해야 한다; heute machen wir durch 우리 오늘 밤새워 놀자.

durchmahlen ⟨h⟩ 제분기에 넣고 잘 빻다.

durchmanövrieren ⟨h⟩ (배나 차 따위를) 몰아 좁은 공간[장애물]을 헤치고 나아가다: sich an den Schiffen vorbei zur Landungsstelle d. 배들 사이를 지나 선착장으로 가다; 〖전의〗 er konnte in dieser schlechten Zeit seine Familie sicher durch alle Schwierigkeiten d. 그는 이렇게 어려운 시기에 그의 가족을 이끌어 모든 난관을 안전하게 헤쳐나가게 할 수 있었다.

Durchmarsch, der; -(e)s, ..märsche **1.** 행군[행진] (하며 지나감): die Truppen sind auf dem D. zur Grenze 부대들이 국경을 향해 행군 중이다. **2.** ⟨Pl. 없음⟩ 《경》 설사: D. haben 설사하다. **3.** (스카트 은어) 연속 승리. **durchmarschieren** ⟨s⟩ 행군[군]하며 지나가다: die Truppen sind hier durchmarschiert 군대가 이곳을 행군하며 지나갔다.

durchmengen ⟨h⟩ **1.** 충분히 (잘) 뒤섞다. **2.** 《지역적》 (무엇을 찾으려고 서랍이나 가방 따위를) 헤쳐 뒤죽박죽 만들다.

durchmessen* ⟨h⟩ (전장(全長)이나 폭을) 재다. **durchmessen*** ⟨h⟩ 《아이》 걸어서 가로지르다(횡단하다): ein Zimmer (mit großen Schritten) d. (큰 걸음으로) 방을 가로지르다. **Durchmesser**, der; -s, - 직경, 지름 (기호: d 또는 ∅), 총포의 구경(口徑): den D. (eines Kreises[einer Kugel]) berechnen (원[공]의) 지름을 계산하다; der D. beträgt 10cm 지름이 10cm이다.

durchmischen ⟨h⟩ 골고루 잘 (뒤)섞다: Salat gut d. 샐러드를 충분히 잘 섞다. **durchmischen** ⟨h⟩ ↑untermischen: der Kalk ist mit Sand durchmischt 석회는 모래와 섞여 있다. **Durchmischung**, die; -en ↑durchmischen의 명사형.

durchmogeln, sich ⟨h⟩ 《통용어·폄》 온갖 술수를 부려 헤쳐나가다(살아가다): du wirst dich schon irgendwie d. 너는 무슨 수단을 써서라도 살아나갈 것이다.

durchmüssen* ⟨h⟩ **1.** 《통용어》 폐쇄된 좁은 공간을 지나가야 [통과해야] 하다: zwischen den Autos[durch den Morast] d. 자동차 사이를[수렁을 뚫고] 통과해야 하다; 〖전의〗 in dieser Lage hilft kein Jammern, wir müssen durch 이 상황에서 한탄한들 무슨 소용이겠어, 우리는 난관을 극복하지 않으면 안돼. **2.** 지나가지[통과하지] 않으면 안된다.

durchmustern, durchmustern ⟨h⟩ 면밀하게 조사

[검사]하다: er musterte die eingegangene Warensendung durch 그는 도착한 상품들을 면밀하게 검사했다. **Durchmusterung, Durchmusterung**, die; -en ↑durchmustern, ↑durchmustern의 명사형.

durchnagen, durchnagen ⟨h⟩ (깨)물어 두 조각내다, 물어 뜯다[젖니]: Mäuse haben die Verpackung durchgenagt 쥐들이 포장을 물어 뜯어냈다.

Durchnahme ['durçna:mə], die 주된 주제(단원)를 다룸, (철저한) 검토, 논의: auf die D. eines Lehrstoffes viel Zeit verwenden 어떤 학습 주제를 다루는 데 많은 시간을 소비하다.

durchnässen ⟨h⟩ 푹(흠뻑) 적시다: mit durchnäßten Schuhen und Strümpfen 흠뻑 젖은 구두와 양말을 신고; sie waren bis auf die Haut durchnäßt 그들은 속속들이 흠뻑 젖었다. **Durchnässung**, die; -en durchnässen의 명사형.

durchnehmen* ⟨h⟩ a) (학습 주제(단원)를) 다루다, 충분히 토의(검토)하다: die 20 Lektion (im Unterricht) d. (수업에서) 20과를 다루다. b) 《통용어·폄》 (그 자리에 없는 사람에 대해) 이야기하다, 헐뜯다: sie nahm der Reihe nach alle Bekannten durch 그 여자는 모든 친지들을 차례로 헐뜯었다.

durchnumerieren ⟨h⟩ ···에 일련 번호를 붙이다: Seiten d. 페이지에 일련 번호를 붙이다.

durchorganisieren ⟨h⟩ 완벽하게 조직하다: eine Partei d. 정당을 완벽하게 조직하다. **Durchorganisierung**, die ⟨ Pl. 없음⟩ ↑durchorganisieren의 명사형.

durchörtern ⟨h⟩ [광] 갱도를 뚫다. **Durchörterung**, die; -en ↑durchörtern의 명사형.

durchparieren ⟨h⟩ 1. [펜싱] 반격하지 않고 상대의 강한 공격을 방어하다. 2. [승마] 말의 걸음을 더 빨리 혹은 더 느리게 바꾸게 하다.

durchpassieren ⟨h⟩ ↑passieren.

durchpauken ⟨h⟩ 1. 《통용어》 처음부터 끝까지 철저하게 공부하다: die unregelmäßigen Verben d. 불규칙 동사를 철저하게 익히다. 2. (의안을) 집요하게(무리하게, 억지로) 관철시키다, 통과시키다: die neuen Bestimmungen wurden gegen den Widerstand einzelner Gruppen durchgepaukt 새 규정들은 개별 그룹들의 반대를 무릅쓰고 억지로 통과되었다.

durchpausen ⟨h⟩ ↑pausen.

durchpeitschen ⟨h⟩ 1. 마구(심하게) 채찍질하다: Sklaven d. lassen 노예를 마구 채찍질하게 하다. 2. 《통용어·폄》 급히(서둘러) 처리하다(해치우다], (법률안을) 서둘러 통과시키다: Gesetze (rücksichtslos) d. 법안을 (마구) 서둘러 통과시키다.

durchpennen ⟨h⟩ ↑durchschlafen.

durchpflügen ⟨h⟩ 땅을 깊이 갈다: den Boden tief d. 땅을 깊이 갈다. **durchpflügen** ⟨h⟩ 1. (긴 구간을) 파헤치다, 골(자국)을 내다: die Felder sind durchpflügt von Panzerspuren 탱크가 지나간 자국으로 밭이 파헤쳐졌다. 2. 세밀히 검사(검토, 조사]하다, 샅샅이 뒤다: die Literatur (nach bestimmten Hypothesen) d. 문헌을 (일정한 가설에 따라) 자세히 조사하다.

durchplanen ⟨h⟩ 철저(완벽)하게 계획하다.

durchplumpsen ⟨s⟩ a) 《통용어》 어떤 것의 사이로 떨어지다, 추락하다. b) (시험에) 낙제하다, 떨어지다.

durchpressen ⟨h⟩ 1. 짜서 (체 따위로) 거르다: Kartoffeln (durch ein Sieb) d. 감자를 으깨 (체로) 거르다. 2. 《통용어·폄》 어거지로 관철시키다: seine Pläne d. 그의 계획을 어거지로 밀고 나가다.

durchprickeln ⟨h⟩ 따끔거리는[알알한] 자극을 주며 훑러[지나]가다.

durchproben ⟨h⟩ (연극의 한 장면이나 전체를) 처음부터 끝까지 연습하다: wir hatten den Auftritt schon zweimal durchgeprobt 우리는 그 장(場)을 이미 두 번이나 처음부터 끝까지 연습했다. **durchprobieren** ⟨h⟩ 하나하나(일일이) 시험(검사, 음미]하다: alle Schuhe der Reihe nach d. 모든 구두들을 차례차례 다 신어보다.

durchprüfen ⟨h⟩ 철저히 조사(검사]하다: der Inhalt der Tasche wurde durchgeprüft 가방의 내용물이 철저히 검사되었다.

durchprügeln ⟨h⟩ 《통용어》 마구[호되게] 갈기다[때리다], 실컷 두들겨 패다.

durchpulsen ⟨h⟩ (아이) 고동치며[따뜻하게] 흘러가다[흐르다]: das Blut durchpulst meine Adern 피가 고동치면서 내 혈관을 흐른다. [전의] vom Verkehr durchpulste Straßen (아이) 차량으로 가득한 거리들.

durchpusten ⟨h⟩ 1. 《통용어》 불어서 깨끗하게 하다: ein Röhrchen d. 작은 관을 불어서 깨끗하게 하다. 2. 무엇을 (관 따위에) 불어넣다. 3. a) 틈 사이로 불(어오)다: der Wind pustet (durch die Ritzen) durch 바람이 틈 사이로 들어온다. b) (바람이) 파고들다: der Wind hat uns ganz schön durchgepustet 바람이 심하게 불어 우리들 몸을 파고들었다.

durchputzen ⟨h⟩ 《통용어》 철저하게 청소하다, 대청소하다: die Wohnung muß mal wieder gründlich durchgeputzt werden 집을 다시 한번 대청소해야겠군.

durchqueren ⟨h⟩ 횡단하다, 종주하다: einen Erdteil d. 대륙을 횡단하다. **Durchquerung**, die; -en ↑durchqueren의 명사형.

durchquetschen ⟨h⟩ 1. ↑durchpressen (1). 2. ⟨d. + sich⟩ 비집고 밀치며 빠져 나가다.

durchradeln ⟨h⟩ a) 무엇 사이로 자전거를 타고 가다. b) 자전거를 타고 지나가다: die beiden sind hier eben durchgeradelt 그 두 사람은 막 자전거를 타고 이곳을 지나갔다. **durchradeln** ⟨h⟩ 자전거를 타고 횡단하다.

durchrasen ⟨s⟩ a) (무엇 사이로(무엇을 뚫고]) 질주하다: der Zug raste (durch die Station) durch 기차가 질주하여 (역을) 통과했다. b) (어떤 곳을) 질주하며 지나가다. **durchrasen** ⟨h⟩ (자동차를 타고) 전속력으로 횡단하다: eine schöne Gegend im Auto d. 자동차를 전속력으로 몰아 경치가 좋은 지역을 횡단하다.

durchrasseln ⟨s⟩ 《경》 시험에 떨어지다.

durchrationalisieren ⟨h⟩ 철저하게 합리화하다: einen Betrieb d. 기업을 철저히 합리화하다.

durchräuchern ⟨h⟩ 충분히 그을리다(훈증(燻蒸)·훈제(燻製)]하다.

durchrauschen ⟨s⟩ 1. 《통용어》 시험에 떨어지다: er ist durch die theoretische Prüfung durchgerauscht 그는 이론 시험에 떨어졌다. 2. 소리내며 급하게 지나가다. **durchrauschen** ⟨h⟩ (시어) 쏴쏴(콸콸] 소리로 가득 채우다.

durchrechnen ⟨h⟩ 처음부터 끝까지 계산하다, 통산(通算)하다: die Kosten (noch einmal) d. 비용을 (다시 한번) 철저히 계산하다.

durchregnen ⟨h⟩ ↑durchgeregnet 참조. (비인칭) 비가 새다: in der Küche regnet es durch 부엌에 비가 샌다.

durchreiben* ⟨h⟩ (sich³) die Ärmel d. 많이 입어서 옷소매를 닳아 해지게 하다.

Durchreiche ['durçraiçə], die; -n 음식이나 그릇이 드나드는 주방 벽의 열린 부분. **durchreichen** ⟨h⟩ (무엇 사이로) 건네(넘겨) 주다: Papiere (durch einen Schalter) d. 서류를 (창구를 통해) 건네 주다.

Durchreise, die; -n 어떤 곳(나라)을 여행하며 지나감: sich auf der D. befinden 통과여행중이다. **Durchreiseerlaubnis**, die; -se ↑Durchreisevisum.

durchreisen ⟨s⟩ 1. 여행중 어떤 지역을 통과하다: wir

sind (durch Rom) nur durchgereist 우리는 여행중(로마를) 통과했을 뿐이다. **2.** 쉬지 않고 계속 여행하다: sie sind (bis nach Berlin) durchgereist 그들은 (베를린까지) 중단없이 여행했다. **durchreisen** ⟨h⟩ (어떤 곳을) 두루 여행하다: er hat die halbe Welt durchreist 그는 세계의 반을 편력했다. **Durchreisende**, der / die 통과 여객, 여행자: für die -n gelten besondere Bestimmungen 통과 여객에게는 특별 규정이 적용된다. **Durchreisevisum**, das; -s, ...visa /...visen 통과비자(사증(査證)).

durchreißen' **1.** ⟨h⟩ 두 조각으로 찢다, 찢어 두 조각내다: ein Tuch(ein Papier) (in der Mitte) d. 천(종이)의 가운데를 찢어 동강내다. **2.** ⟨s⟩ 찢다, 끊다: der Faden ist durchgerissen 실이 끊어졌다. **3.** ⟨h⟩ (군) 성급하게 방아쇠를 당기다. **Durchreißer**, der; -s, - ⟨축구 은어⟩ 돌파력이 센, 공격수.

durchreiten' **1.** ⟨s⟩ **a)** 말을 타고 지나가다: er ist durch den Bach durchgeritten 그는 말을 타고 개울을 건넜다. **b)** 말을 타고 통과하다⟨지나가다⟩. **2.** ⟨s⟩ 쉬지 않고⟨중단 없이⟩ 말을 타다: sie sind (die Nächte) durchgeritten 그들은 (여러 날 밤을) 말을 타고 달렸다. **3.** ⟨h⟩ **a)** 말을 타서 상하게⟨해지게⟩ 하다: (sich³) die Hosen d. 말을 타서 바지를 해지게 하다. **b)** ⟨d. + sich⟩ 말을 타서 찰과상을 입다. **4.** ⟨h⟩ 말을 길들이다, 조교(調教)하다. **durchreiten'** ⟨h⟩ 말을 타고 두루 돌아다니다⟨횡단하다⟩.

durchreitern ⟨h⟩ ⟨österr.⟩ 철저히⟨충분히⟩ 체질하다.

durchrennen ⟨s⟩ **a)** 달려서 빠져 나가다⟨지나가다⟩: er ist (durch die Absperrung) durchgerannt 그는 달려서 (차단망을) 빠져 나갔다. **b)** 달려서 지나가다⟨통과하다⟩. **durchrennen'** ⟨h⟩ (어떤 장소를) 달려서 횡단하다, 주파하다: er durchrannte die Strecke in wenigen Minuten 그는 그 구간을 몇 분만에 주파했다.

durchrieseln ⟨s⟩ (무엇 사이로) 졸졸⟨솔솔⟩ 흐르다: Sand rieselte ihm zwischen den Fingern durch 모래가 그의 손가락 사이로 솔솔 빠져 나갔다. **durchrieseln** ⟨h⟩ (감정 따위가) 엄습하다: ein freudiger Schauer durchrieselte ihn 환희의 전율이 그를 엄습했다.

durchringen', sich ⟨h⟩ 고심 끝에 결단을 내리다: ich habe mich zu einer Entscheidung[einem Entschluß] durchgerungen 나는 고심 끝에 결단을 내렸다; sie rang sich schließlich dazu durch, den Beruf aufzugeben 그녀는 고심 끝에 결국 직업을 포기하기로 결정했다.

durchrinnen' ⟨s⟩ (무엇 사이로) 졸졸 흐르다: 전의 das Geld rinnt ihm zwischen den Fingern durch 그는 돈을 관리할 줄 모른다. **durchrinnen'** ⟨h⟩ **1.** 졸졸 흘러 지나가다: ein Bach durchrann die Wiesen 시냇물이 초원을 가로 질러 졸졸 흐른다; 전의 ein Schrecken durchrann ihn 두려움이 그를 엄습했다. **2.** 〔사냥〕 (네발 짐승이 강 따위를) 헤엄쳐 지나가다.

durchrollen ⟨s⟩ **a)** 굴러서 지나가다: der Ball ist (unter den Auto) durchgerollt 공이 (자동차 아래로) 굴러지나갔다. **b)** 멈추지 않고 (계속) 굴러가다.

durchrosten ⟨s⟩ 완전히 녹슬다, 녹슬어 망가지다: das Rohr ist ganz und gar durchgerostet 파이프가 완전히 녹슬었다.

durchrudern ⟨h⟩ 노를 저어 지나가다⟨횡단하다⟩: den See d. 호수를 노저어 건너가다.

durchrufen' ⟨h⟩ ⟨통용어⟩ (전화, 메가폰, 라디오 따위를 통해) 이야기하다, 구두로 전달하다.

durchrühren ⟨h⟩ **1.** 충분히 (휘)젓다. **2.** (휘)저으면서 (체로) 거르다.

durchrutschen ⟨s⟩ ⟨통용어⟩ **1.** 미끄러져 빠져 나가다: 전의 diese Bemerkung ist ihm bloß so durch-gerutscht 이 말은 그의 입에서 그냥 무심코 새어 나왔다. **2.** 무사히 넘기다⟨빠져 나가다⟩: bei der Prüfung ist er gerade noch mit durchgerutscht 그는 시험에 간신히 합격했다. **3.** (오류 따위가 부지불식간에) 휩쓸려 들어가다: einige Fehler sind ihm durchgerutscht 그는 무심코 몇 가지 잘못을 저질렀다.

durchrütteln ⟨h⟩ 세차게 흔들다: der Bus hat uns durchgerüttelt 우리가 탄 버스는 몹시 흔들렸다.

durchs [dʊrçs] ⟨Präp. + Art.⟩ durch das의 융합형.

durchsäbeln ⟨h⟩ ⟨경⟩ 서투르게 자르다.

durchsacken ⟨s⟩ ⟨조종사 은어⟩ 고도(高度)가 떨어지다.

Durchsage, die; -n (확성기, 방송 따위를 통한) 공지 사항, 알리는 말: eine D. der Kriminalpolizei bringen 수사 경찰의 전달 사항을 알리다; Ende der D.! 공지사항 끝! **durchsagen** ⟨h⟩ **1.** (전화, 방송 따위를 통해) 말[전달]하다, 알리다, 공지하다: die Nachricht wurde telefonisch durchgesagt 그 소식은 전화로 전달되었다. **2.** (소식, 명령 따위를) 입에서 입으로 전달하다: das Losungswort leise d. 암호를 조용히 릴레이식으로 전달하다, (용광로의) 장입구.

durchsägen ⟨h⟩ 톱으로 켜서 두 토막⟨조각⟩내다.

Durchsatz, der; -es, ...sätze 〔전문어〕 용량(생산 시설의), (용광로의) 장입구.

durchsäuern ⟨h⟩ 충분히 발효시키다: Teig d. 반죽을 충분히 발효시키다.

durchsaufen' ⟨h⟩ ⟨속어⟩ **1.** 실컷 마시면서 쉬지 않고 놀다: sie haben (bis morgens um 6 Uhr) durchgesoffen 그들은 (아침 6시까지) 진탕 마시면서 놀았다. **2.** ⟨d. + sich⟩ 공술을 진탕 마시다. **durchsaufen'** ⟨h⟩ ⟨속어⟩ 실컷 마시면서 (시간을) 보내다: eine durchsoffene Nacht 진탕 술을 퍼 마시며 보낸 밤.

durchsausen ⟨h⟩ ⟨통용어⟩ **1.** ↑durchrasen (a): die Straßenbahn sauste durch, ohne anzuhalten 전차는 정거하지 않고 전속력으로 달려갔다. **2.** 시험에 떨어지다.

durchschaben ⟨h⟩ 문질러서⟨비벼서⟩ 해지게 하다: durchgeschabte Ärmel 닳아 해진 소매.

durchschallen ⟨schallte, ⟨드물게⟩ scholl durch, durchgeschallt⟩ (소리가) ···을 통해 울려퍼지다: der Lärm schallt (durch die Wand) durch 소음이 (벽을 통해) 울려퍼진다. **durchschallen** ⟨h⟩ 〔기술〕 초음파를 쪼이다. **Durchschallung**, die, -en ↑durchschallen의 명사형.

durchschalten ⟨h⟩ **1.** 〔기술〕 **a)** (스위치를 넣어) 전류를 통하게 하다, (전선 따위를) 연결하다, 접속시키다: eine Telefonleitung d. 전화선을 연결하다. **b)** 끝까지 〔완전히〕 접속시키다, 전기를 마지막 짬까지 연결시키다. **2.** 〔모터스포츠〕 기어를 빨리 고단으로 바꾸다. **Durchschaltung**, die; -en ↑durchschalten의 명사형.

durchschaubar [dʊrçˈʃaʊbaːɐ̯] ⟨Adj.⟩ 진실(속셈)을 쉽게 파악할 수 있는, 쉽게 알아차릴 수 있는: (leicht) -e Pläne (쉽게) 파악할 수 있는 계획; etw. d. machen 무엇을 쉽게 이해할 수 있도록 명료하게 표현하다. **Durchschaubarkeit**, die ⟨Pl. 없음⟩ ↑durchschaubar의 명사형. **durchschauen** ⟨h⟩ ⟨지역적⟩ ↑durchsehen. **durchschauen** ⟨h⟩ **a)** 간파하다, 꿰뚫어보다: er hat die Intrigen schnell durchschaut 그는 음모를 빨리 간파했다; du dich durchschaut 너의 속셈을 훤히 드러냈다. **b)** 이해(파악)하다.

durchschauern ⟨h⟩ ⟨아어⟩ 전율하게 하다.

durchschaukeln ⟨h⟩ ⟨통용어⟩ ↑durchrütteln.

durchscheinen ⟨h⟩ 무엇 사이로⟨무엇을 뚫고⟩ 비치다: die Sonne schien (durch die Wolken) durch 햇빛은 (구름 사이로) 비쳤다; 전의 durch seine Worte scheint seine politische Einstellung durch 그의 말에서 그의 정치적 입장이 드러난다. **durchscheinen'** ⟨h⟩ 빛으로

가득 채우다: die Sonne durchschien das Zimmer 햇살이 방 안에 가득 찼다. **durchscheinend** 〈Adj.〉 빛을 투과시키는, (반)투명의: ein -er Vorhang 반투명의 커튼; 전의 ihr Gesicht war blaß und d. 그녀의 얼굴은 화색없이 투명했다.

dụrchscheuern 〈h〉 닳아[문질러] 해지게 하다.

dụrchschieben* 틈 사이로 밀어넣다: einen Brief unter der Tür d. 편지를 문 아래로 밀어넣다.

dụrchschießen* 〈h〉 쏘아[차서] 무엇을 관통시키다[무엇 사이로 보내다]: er hat den Ball zwischen den Bäumen durchgeschossen 그는 공을 차 나무 사이로 보냈다. **durchschịeßen*** 〈h〉 1. 쏘아 관통시키다: mit durchschossener Brust 관통되어 구멍이 난 가슴으로. 2. [제본] 책 사이에 백지를 끼워 넣다. 3. [인쇄] 행간(行間)을 넓히다. 4. [섬유] 직물에 (두드러지게 대조되는) 실을 넣어서 짜다. 5. (감정이) 갑자기 엄습하다, (생각이) 떠오르다: auf einmal durchschoß ihn ein Gedanke 갑자기 어떤 생각이 그의 뇌리를 스치고 지나갔다.

durchschịffen 〈h〉 〈고어·드물게〉 배를 타고 횡단하다[건너다].

durchschịmmern 〈h〉 a) 무엇을 통해 비치다: der Schein einer Lampe schimmerte (durch den Vorhang) durch 전등의 불빛이 (커튼을 통해) 비쳤다. b) 기미가 엿보이다, 넌지시 나타[드러]나다: in seinen Worten schimmerte Mißtrauen durch 그의 말에는 불신의 기색이 엿보였다.

durchschlạfen* 〈h〉 (일정 시간 내내) 계속 자다: der Patient hat (die ganze Nacht) durchgeschlafen 환자는 (밤새도록) 잤다. **dụrchschlafen*** 〈h〉 자면서 지내다 [시간을 보내다]: durchschlafene Vormittage 자면서 보낸 오전(시간). **Dụrchschlafmittel**, das; -s, - 수면제.

Dụrchschlag, der; -(e)s, ...schläge 1. (먹지를 대고 타자를 쳐서 만든) 복사: einen Brief mit zwei Durchschlägen tippen 복사가 두 장 되도록 편지를 타자기로 치다. 2. 거르는 기구[그릇], 체. 3. 구멍 뚫는 연장. 4. [전기] 불꽃 방전에 의한 절연체의 파괴, 퓨즈의 용해, 파열 방전(破裂放電). 5. [광] 두 갱도의 교차점[연결 통로]. 6. [자동차] 빵꾸난 구멍. **dụrchschlagen*** 〈h〉 ↑durchschlagend 참조. 1. 〈h〉 a) 쳐서 두 조각내다: einen Ziegelstein (mit einem Hammer) d. 벽돌을 (망치로) 쳐서 두 조각내다. b) 두들겨 박다: hier muß ein Nagel durchgeschlagen werden 이곳에 못을 한 개 박아야 한다. c) (으깨서) 체로 거르다. 2. 〈h〉 대변을 촉진하다: gedörrtes Obst schlägt (bei ihm) durch 말린 과일이 (그에게는) 대변을 촉진한다. 3. 〈s〉 퓨즈가 타서 끊어지다: die Sicherung ist heute schon zum zweitenmal durchgeschlagen 오늘 벌써 두 번이나 퓨즈가 타서 끊어졌다. 4. 〈s〉 뚫고 들어가다, (습기가) 배어[스며]들다, (잉크가) 번지다, (소질 따위가) 나타나다, 효력[효과]이 있다, 파급되다: die Feuchtigkeit schlägt (durch die Wände) durch 습기가 (벽에) 배어든다; die Tinte ist durch das Papier durchgeschlagen 잉크가 종이에 번졌다; 전의 überlegen Sie sich noch einen Grund, der völlig durchschlägt 완전히 설득력이 있는 이유를 하나 더 생각해 보십시오; die erhöhten Steuern schlagen auf die Preise durch 인상된 세금은 물가에 영향을 미친다; bei ihm schlägt das väterliche Erbe durch 그에게 아버지의 유전인자가 나타난다. 5. 〈s〉 [자동차] 진동을 충분히 흡수하지 못해 무엇에 세게 부딪다. 6. (d. + sich) 〈h〉 a) 적진을 뚫고 안전한 목표에 도달하다. b) 어려움을 극복하며 근근이 살아가다[연명하다]: die Familie mußte sich in den schweren Zeiten mühsam d. 그 가족은 어려운 시기에 힘들게 살아가야 했다. **durchschlạgen*** 뚫고 들어가(망가뜨리)다:

ein Geschoß durchschlug den hinteren Kotflügel 탄환이 (자동차의) 뒷쪽 흙받이를 뚫고 들어갔다. **dụrchschlagend** 〈Adj.〉 설득력 있는, 결정적인: -e Beweise 설득력 있는 증거. **Dụrchschläger**, der; -s, - ↑Durchschlag (3). **Dụrchschlagfestigkeit**, Dụrchschlagsfestigkeit, die [전기] 절연내력(絶緣耐力), 파괴전압, 파열강도(破裂强度). **dụrchschlägig** [...ʃlɛ:gɪç] 〈Adj.〉 [광] 두 갱도의 연결 통로가 있는. **Dụrchschlagpapier**, das; -s, -e 먹지, 카본지. **Dụrchschlagsfestigkeit** ↑Durchschlagfestigkeit. **Dụrchschlagskraft**, die 1. [탄도] (탄환의) 관통력, 파괴력: die D. einer Granate 수류탄의 파괴력. 2. 설득력, 효능, 효과: Argumente von hoher D. 매우 설득력 있는 논증. **dụrchschlagskräftig** 〈Adj.〉 매우 설득력 있는, 효과적인: etw. erweist sich als d. 무엇이 매우 설득력 있는 것으로 드러난다.

durchschlängeln, sich 〈h〉 (무엇 사이로 재치있게) 빠져 나가다, 역경을 헤쳐나가다: ich schläng(e)le mich zwischen den Tischen und Stühlen des Cafés durch 나는 카페의 식탁과 의자 사이를 재치있게 빠져나간다; 전의 er hat sich sein Leben lang überall durchgeschlängelt 그는 평생 어디서나 역경을 헤쳐나갔다.

durchschleichen* 〈s〉 몰래[살짝] 무엇 사이를 빠져 나가다: es glückte ihm (durch die Absperrung) durchzuschleichen 그는 (교통 차단망을) 빠져 나가는 데 성공했다. **dụrchschleichen*** 〈h〉 (어떤 곳을) 살금살금 횡단하다[지나가다].

dụrchschleifen 〈h〉 〈통용어·팸〉 ↑durchschleppen.

dụrchschlendern 〈h〉 한가로이 거닐면서 지나가다.

dụrchschleppen 〈h〉 〈통용어·팸〉 질질 끌며 지나가다.

dụrchschleusen 〈h〉 1. [항해] (배가) 수문(水門)을 지나가게 하다. 2. 〈통용어〉 (좁은 길, 장애 따위를) 빠져 나오도록 안내하다: jmdn. durch feindliches Gebiet d. 적지를 통과 지나게 누구를 안내하다.

durchschliefen 〈s〉 [사냥] 기어서 빠져 나가다.

Dụrchschlupf, der; -(e)s, -e 빠져 나갈 구멍, 작은 입구.

durchschlüpfen 〈s〉 미끄러져 빠져 나가다: die Kinder sind unter dem Netz durchgeschlüpft 아이들은 그물 아래로 빠져 나갔다; 전의 der Verbrecher ist der Polizei durchgeschlüpft 범인이 경찰 수배망을 빠져 나갔다.

durchschmecken 〈h〉 1. 맛을 보아 (음식의 재료 따위를) 가려[알아]낼 수 있다: bei diesem Wein schmeckt man die Erde durch 이 포도주에서는 흙맛이 난다. 2. 어떤 맛이 더(너무) 강하다: der Senf schmeckt (in dieser Soße) durch 이 소스에서는 겨자맛이 너무 난다. 3. (차례차례) 다 맛보다.

durchschmelzen 〈s〉 녹아 끊어지다: die Sicherung ist durchgeschmolzen 퓨즈가 끊어졌다.

durchschmökern, **dụrchschmökern** 〈h〉 〈통용어〉 ↑durchlesen.

durchschmoren 〈s〉 〈통용어〉 과열되어 망가지다.

dụrchschmuggeln 〈h〉 밀반입[출]하다: Flugblätter (durch die Werktore) d. 전단을 (공장의 문을 통해) 밀반입[출]하다.

durchschneiden*, 〈또한〉 ¹**dụrchschneiden*** 〈h〉 (칼, 가위로) 자르다, 절단하다: er schnitt das Band durch(durchschnitt das Band) 그는 끈을 끊었다. ²**durchschneiden*** 〈h〉 (아이) a) 무엇이 가로질러 무엇을 나누다[떼어놓다]: das Tal durchschneidet das Gebirge 산 사이로 계곡이 나 있다. b) 를 가르며 뚫고 지나가다: 전의 ein Schrei durchschnitt die Stille 외치는 소리가 정적을 깨뜨렸다.

Durchschnitt, der; -(e)s, -e **1. a)** 평균(치): im D. 평균적으로, 일반적으로, 대체적으로; dafür benötigen wir im D. fünf bis sechs Wochen 우리는 그것을 하기 위해서 대체적으로 5~6주가 필요하다. **b)** 대다수, 상당수: der D. unserer Kundschaft bevorzugt die Selbstbedienung 우리 고객의 대다수가 셀프서비스를 선호한다. **2.** 평균, 보통, 중간: über(unter) dem D. stehen 보통 이상(이하)이다; guter(unterer) D. sein 성적이 증상(중하)이다. **3.** 《전문어》단면(도), 횡단면: den D. eines Hauses zeichnen 집의 단면도를 그리다. **4.** 【수학】평균치: der D. von 8 und 4 ist 6 8과 4의 평균치는 6이다. **durchschnittlich I.** 〈Adj.〉 **1.** 평균의: die -e Bevölkerungsdichte 평균 인구 밀도; das -e Einkommen 평균 소득. **2. a)** 평범한, 보통의, 일반적인: ein -es Leben führen 평범한 생활을 하다. **b)** 중간 정도의, 보통의, 평범한: ein Mensch von -er Intelligenz 중간 정도의 지능을 가진 사람. **II.** 〈Adv.〉 평균하여, 대개: wir produzieren d. 2000 Stück pro Tag 우리는 하루 평균 2000개를 생산한다.

Durchschnitts- (zu Durchschnitt 1/2) 《펌》: **~alter**, das 평균 연령. **~begabung**, die 범재(凡才), 중간 정도의 재능. **~bildung**, die 평균적인 교육(교양). **~bürger**, der 평범한(보통) 시민. **~ehe**, die 평범한 결혼(생활). **~einkommen**, das 평균 소득: das D. der Bevölkerung beträgt 1200 DM 주민의 평균 소득은 1200마르크이다. **~ernte**, die 평균 수확고. **~ertrag**, der 평균수익(수확량): dieses Jahr hatten wir einen D. von 5 Tonnen pro Hektar 올해 우리는 헥타르당 5톤의 평균 수확량을 올렸다. **~geschmack**, der 평범한 취미(취향). **~geschwindigkeit**, die 평균 속도. **~gesicht**, das 평범한(특징 없는) 얼굴. **~hotel**, das 보통의 호텔. **~kost**, die 《아이》평범한 음식(물). **~leistung**, die 평균 출력, 보통의(평범한) 성적(기록). **~leser**, der 평범한 독자. **~mensch**, der 보통 사람. **~publikum**, die 평범한 관중(객). **~schüler**, der 평범한 학생. **~talent**, das 보통 재능, 범재(凡才). **~temperatur**, die 평균 온도(기온). **~wert**, der 평균치.

durchschnüffeln, 《또한》 **durchschnüffeln** 〈h〉 《펌》샅샅이 찾다(수색하다): sie schnüffelten die Wohnung durch(durchschnüffelten die Wohnung) 그들은 아파트를 샅샅이 뒤졌다.

durchschossen: ↑durchschießen 참조.

Durchschreibe- ['dʊrçʃraibə-] 〈↑durchschreiben 1 참조〉: **~block**, der (한장씩 떼어내는) 복사부(장). **~buchführung**, die 복사 부기. **~papier**, das 복사 용지(↑~block 참조). **~verfahren**, das 원본과 사본을 함께 만드는 방식.

durchschreiben' 〈h〉 **1.** (먹지 따위를 사이에 넣어) 복사하다. **2.** 텔레타이프로 보내다.

durchschreiten' 〈h〉 《아이》(걸어서) 횡단하다, 지나가다: er durchschritt würdevoll den Saal 그는 위엄있게 홀을 가로질러 갔다.

Durchschrift, die (먹지를 이용한) 복사, 사본: von einem Brief eine D. anfertigen(machen) 편지의 사본을 만들다.

Durchschuß, der; ...schusses, ...schüsse **1. a)** (탄환의) 관통. **b)** 관통상. **2.** 【인쇄】행간의 여백(余白). **3.** 【섬유】씨줄, 위사(緯絲).

durchschütteln 〈h〉 심하게 흔들다: er packte den jungen Dieb am Kragen und schüttelte ihn tüchtig durch 그는 젊은 도둑의 멱살을 잡고 몹시 흔들었다.

durchschütteln 〈h〉 《시어》진동(동요)시키다.

durchschwabbeln 〈h〉 《지역적》↑durchkriechen.

durchschwängern 〈h〉 《시어》무엇으로 가득 채우다, (에) 스며들어 번지다(퍼지다).

durchschwärmen 〈h〉 《아이》(일정 시간을) 이리저리 다니면서 술마시며 보내다: wir haben so manche Nacht durchschwärmt 우리는 그렇게 여러 날 밤을 환락으로 보냈다.

durchschweben 〈h〉 《시어》(둥둥, 둥실둥실) 떠다니다.

durchschweifen 〈s〉 《시어·고어》(어떤 곳을) 헤매고 돌아다니다, 정처없이 떠돌아다니다; 전의 ihre Blicke durchschweiften den Raum 그녀는 방안을 두리번거렸다.

durchschweißen 〈h〉 (금속 따위를) 강하게 가열해서 절단하다: eine Tresortür d. 금고의 문을 가열해서 절단한다.

durchschwimmen' 〈s〉 **1.** 헤엄쳐 지나가다: unter einem Schiff d. 배 밑으로 헤엄쳐 지나가다. **2.** (일정 시간 동안) 쉬지 않고 헤엄치다: die Schiffbrüchigen sind bis zum Ufer durchgeschwommen 난파자들은 해안까지 쉬지 않고 헤엄쳐 왔다. **durchschwimmen'** 〈h〉 헤엄쳐서 건너가다(횡단하다): er hat schon zweimal den Ärmelkanal durchschwommen 그는 벌써 두 번이나 영불 해협을 헤엄쳐 횡단했다.

durchschwindeln, sich 〈h〉 속임수로 어려움을 헤쳐나가다: du kannst dich nicht immer und überall d. 너는 언제나 그리고 어디에서나 속임수로 어려움을 헤쳐나가지는 못할 것이다.

durchschwitzen, 《또한》 **durchschwitzen** 〈h〉 흠뻑 땀을 흘리다, (옷 따위를) 땀에 흠뻑 젖게 하다: er hat sein Wollhemd durchgeschwitzt 그는 흠뻑 땀을 흘려 그의 모직셔츠를 젖게 했다; den durchgeschwitzten [《또한》 durchschwitzten] Kragen wechseln 땀으로 흠뻑 젖은 옷깃을 갈다.

durchsegeln 〈s〉 **1.** (무엇을 통하여, 무엇 사이로) 배를 타고(주항해서) 지나가다: sie sind zwischen den Felsen durchgesegelt 그들은 배를 타고 암벽 사이를 지나갔다. **2.** 【학생】낙제하다, 시험에 떨어지다(불합격하다): er ist durch die Fahrprüfung schon zum zweiten Mal durchgesegelt 그는 운전 시험에 벌써 두번째 떨어졌다. **durchsegeln** 〈h〉 순항하다, (두루) 항해하다, 배를 타고 횡단하다(건너다): das Meer d. 배를 타고 바다를 횡단한다.

durchsehen' 〈h〉 **1.** (창, 망원경 따위를 통해서) 보다, 여다 보다: durch das Milchglas kann man nicht d. 젖빛 유리를 통해서는 들여다볼 수 없다. **2. a)** 일일이(처음부터 끝까지) 검열(교열(校閱))하다, 교정하다, 열람하다: den geschriebenen Brief (auf Schreibfehler hin) d. 다 쓴 편지를 (오기(誤記)가 있나) 일일이 검토(검열)한다. **b)** 대충(죽) 훑어 보다, 일견(一見)하다: eine Zeitschrift d. 잡지를 대충 훑어 보다. **3.** 《통용어》알아채다, 꿰뚫어보다, 간파하다: Da sieht ja keiner mehr durch 아무도 더 이상 그 점을 알아채지 못한다.

durchseihen 〈h〉 【요리】(제, 헝겊에) 거르다, 여과시키다: Obstsaft d. 과즙을 여과시키다.

durchsein' 〈s〉 《통용어》 **1. a)** (좁은 [어려운 곳을]) 뚫고 갔다, 통과하다: um diese Zeit wollten sie eigentlich schon (durch die Zollabfertigung) d. 그들은 사실 이 시각에 벌써 (통관을 끝내고) 통과하려고 했다. 열람을 끝내고 가려 했다. **b)** 통과했다, 통과하여 지나갔다. **2. a)** (일을) 끝냈다, 다 했다, 마쳤다: ich bin jetzt durch den Berg von Akten durch 나는 이제 산더미같이 쌓인 서류를 다 다루었다(처리했다). **b)** 모든 주무 관청을 (쭉) 한 바퀴 돌았다, 대충 일순(一巡)했다: das Gesetz würde bis dahin d. 그 법안은 그때까지 모든 주무 관청을 한 바퀴 돌 것이다. **c)** 재난(난관)을 극복했다(모면했다): ein Verletzter ist gestorben, die anderen sollen dagegen d. 한 부상자는 사망했고, 다른 부상자들은 반대로 생명에는 지장이 없다[생명의 위험은 모면했다]고 한다. **d)** 시험에 합격했다: er konnte es kaum glauben, tatsächlich durchzusein 그는 정말 시험에 합격했다는 것을 거의 믿을 수 없었다. **3.** (구두, 바지 따위가) 해졌다, 떨어졌다[닳았다]: wenn du die Hose so oft anziehst, wird sie bald d. 너(가) 그 바지를 그렇게 자주 입는다면 바지가 곧 해질거야. **4. a)** 다 익었다, 연하다, 부드럽다: der Käse ist noch nicht durch 이 치즈는 아직 익지[익어] 않았다[다 익지 않았다]. **b)** 충분히 구워졌다: das Fleisch müßte eigentlich schon d. 고기는 이제 분명히 다[충분히] 구워졌을 것이다. **5. bei jmdm. unten d.** (통용어) 누구의 웃음거리가 되어 있다: er ist bei mir unten durch 나에게는 그는 볼장 다본 사람이다.

durchsetzbar ['dʊrçzɛtsbaːɐ̯] ⟨Adj.⟩ 관철[완성, 성취, 통과]시킬 수 있는: diese Forderungen sind durchaus d. 이 요구들은 관철될 수 있다. **durchsetzen** ⟨h⟩ **1. a)** 관철[성취, 완성]하다, (끝까지) 해내다, (법률 따위를) 실시하다, (의안을) 통과시키다: seinen Willen (gegen jmdn.) d. (누구에 대항하여) 자기의 의지를 관철시키다. **b)** ⟨d. + sich⟩ 성취하다, 확고한 위치[지위]를 차지하다 [얻다], 뚫고 나아가다, 돌파하다, 달려서[뛰어서] 지나가다: seine Ideen setzten sich überall durch 그의 사상[생각, 이념]은 도처에서 확고한 지반을 얻었다; die Damen setzten sich gegen den Europameister Holland überlegen durch [스포츠] 여자 선수들은 유럽 챔피언인 홀랜드를 앞질렀다. **2.** (전문어) 일정한 (생산 시설의) 용량(물량)을 얻다. **durchsetzen** ⟨h⟩ (연설, 대화 따위에 다른 말을) 많이 삽입하다, 무엇에다 무엇을 (뒤)섞다, (말 따위에) 참견하다. **Durchsetzung**, die 관철, 성취, 완성, (법률의) 실시, (의안의) 통과. **Durchsetzungskraft**, die ↑Durchsetzungsvermögen. **Durchsetzungsvermögen**, das; -s 성취[관철] 능력.

durchseuchen ⟨h⟩ (드물게) (어떤 곳을) 병독으로 오염시키다, 병독을 침윰(浸潤)시키다, 병독이 창궐케 하다: das Land war von einer Epidemie durchseucht 그 나라에는 전염병이 만연되어 있었다.

Durchsicht, die (드물게) 통하여[들여다]봄, 조망, 전망, 간파, (서류·재고 따위의) 검열, 조사, 교열. **durchsichtig** ⟨Adj.⟩ **a)** 투명한, 맑은(물), 들여다[비쳐]보이는(유감) [전의] eine -e Haut 부드러운 피부. **b)** 빤히 들여다 보이는 (구실따위), 쉽게 간파할 수 있는, 명백하게 알아 차릴 수 있는: -e Lügen 뻔한 거짓말; Bestimmungen -er machen 규정을 더 알기 쉽게 만들다. **Durchsichtigkeit**, die ↑durchsichtig의 명사형.

durchsickern ⟨s⟩ **1.** 방울져 한 방울씩 새다, 스며 나오다, 삼투(滲透)하다: das Blut sickert (durch den Verband) durch 피가 (붕대로) 스며나온다; [전의] die Flüchtlinge sickerten bei Nacht und Nebel durch 피난민들은 야음을 틈타서 몰래 빠져나갔다[통과했다]. **2.** (뉴스, 비밀 따위가) 점차 세상에 새어 나가다, 누설되다, 알려지다: Informationen sickern durch 정보가 누설되었다.

durchsieben ⟨h⟩ (곡식, 자갈, 모래 따위를) 체로 치다, 체질하다, 체질하여 가려내다: Mehl d. 밀가루를 체질한다; [전의] sie begannen, die Bewerber durchzusieben 그들은 지원자들을 검사하여 가려내기 시작했다. **durchsieben** ⟨h⟩ (통용어) (탄환 따위가) 구멍 투성이로 만들다: die Tür war von Kugeln durchsiebt 문은 탄환을 맞아 구멍투성이가 되어 있었다.

durchsingen* ⟨h⟩ 끝까지 노래하다[노래부르다]: sie haben das Lied noch einmal ganz durchgesungen 그들은 그 노래를 다시 한번 끝까지 불렀다.

durchsitzen* ⟨h⟩ **1.** (바지, 의자 따위를) 자주 앉아서 완전히 닳게[해지게]하다: sich³ den Hosenboden d. 너무 오래[자주] 앉아서 바지의 엉덩이 판이 다 닳게 하다; er hat die Hose so lange getragen, bis sie durchgesessen war 그는 그 바지를 자주 앉아 다 해질 때까지 오래 입었다. **2.** ⟨d. + sich⟩ (의자 쿠션의) 스프링이 약해지다, 닳다: die Polster haben sich rasch durchgesessen 쿠션의 스프링이 빨리 닳았다.

durchsonnt [dʊrçˈzɔnt] ⟨Adj.⟩ (시어) 양지바른, 해가 비치는.

durchspalten, durchspalten ⟨h⟩ (둘로) 쪼개다, 빠개다: Holzscheite d. 나무토막을 둘로 쪼개다.

Durchspiel, das; -(e)s, -e [축구] 수비진 돌파. **durchspielen** ⟨h⟩ **1. a)** 처음부터 끝까지 (되풀이하여) 연습하다: eine Szene noch einmal ganz d. (연극의) 장면을 다시 한번 처음부터 끝까지 연습하다. **b)** (어느 곡을) 끝까지 연주하다, (어떤 역을) 끝까지 연기하다, (카드 놀이 따위를) 차례로 한 번씩 돌려가며 한 바퀴 돌다, (유희를) 끝가지 하다: wegen einer Verletzung konnte der Spieler (die 90 Minuten) nicht voll d. 그 연주자는 부상으로 인해 (90분간의 연주를) 끝까지 해 낼 수 없었다. **2.** 미래의 모든 가능성과 결과를 머리 속에 그리다. **3.** ⟨d. + sich⟩ [축구] 수비진을 돌파하다.

durchsprechen* ⟨h⟩ 충분히 토의하다[이야기하다], 상세히 상의하다: etw. in Ruhe (mit jmdm.) d. 누구와 무엇을 조용히 숙의하다.

durchsprengen ⟨s⟩ (시어) 빨리[휙] 달리어 통과하다: er sprengte durch das Tor durch 그는 빨리 달려 문을 통과했다.

durchspringen* ⟨s⟩ (무엇을 통하여) 뛰어서 빠져나가다[지나가다]. **durchspringen*** ⟨h⟩ (어떤 장소를) 뛰어서 지나가다.

durchspülen ⟨h⟩ (세탁물 따위를) 충분히 헹구다: die Wäsche mit klarem Wasser gut d. 빨래를 맑은 물로 충분히 잘 헹구다.

durchspüren ⟨h⟩ (통용어) (무엇을 통하여) 알아채다, 감지하다, 알아내다.

durchstarten ⟨s⟩ **1.** [항공] (착륙 불가능시) 다시 급상승하다. **2.** (자동차) **a)** 정차 직전에 갑자기 다시 속력을 내다(악셀을 밟다). **b)** (찬) 모터에 시동을 걸 때 힘껏 악셀을 밟다.

durchstechen* ⟨h⟩ (무엇에 바늘을) 찌르다, (무엇에) 쿡 찌르다. **durchstechen*** ⟨h⟩ (바늘, 칼 따위로) 찔러 꿰뚫다, (무엇을) 찔러 관통시키다, 꿰찌르다. **Durchstecherei** [dʊrçˌʃtɛçəˈraɪ], die; -en [표시를 내기 위해 카드에 구멍을 내는데서 유래] (아어) 결탁, 공모, 음모, (기밀을 이용한) 사기. **Durchstechung**, die; -en (운하, 터널 따위의) 굴착(堀鑿), (지협(地峽)의) 개착, (도랑 따위를) 파서 뚫음.

durchstecken ⟨h⟩ 찔러 꿰뜷다, 꿰찌르다, 찔러[꽂아]넣다, 찌르다: der Briefträger hat einen Brief durchgesteckt 우체부가 편지를 (우편함에) 꽂아 넣었다.

durchstehen* ⟨h⟩ (곤란 따위를) 견디어내다, 이겨내다, 합격하다: er hat die schwierige Situation gut durchgestanden 그는 어려운 상황을 잘 견디어냈다; dieser Markenartikel stand den Test befriedigend durch 이 상품은 테스트에 무난히[만족스럽게] 합격했다. **2.** [스키] (넘어지지 않고) 완주하다. **durchstehen*** ⟨h⟩ (드물게) ↑durchstehen (1). **Durchstehvermögen**, das; -s 관철력, 인내력(지구력(持久力)): er bewies erstaunliches D. 그는 놀라울 정도의 지구력을 증명해 보였다.

durchsteigen ⟨s⟩ **1.** (무엇을 통해) 올라가다, 오르다. **2.** (경) 이해하다, 꿰뚫어 보다: da steig ich nicht (mehr) durch 나는 그 점을 (더이상) 이해 못하겠다.

durchsteigen* ⟨h⟩ 【등산】 (암벽 따위를) 기어오르다, 등반하다, 기어 올라 정복하다, 끝까지 기어오르다: sie haben die Nordwand in 3 Tagen durchstiegen 그들은 3일만에 북쪽 벽을 기어올라 정복했다. **Durchsteigung**, die; -en ↑durchsteigen의 명사형.

durchstellen ⟨h⟩ 전화 교환대를 통하여 내선에 연결하다: bitte (das Gespräch) zum Chef d.! (이 통화를) 사장에게 연결해 주세요!

durchstemmen ⟨h⟩ 끌로 부서뜨리다, (처서) 꿰뚫다: eine Wand d. 끌로 벽을 뚫다.

durchsteppen ⟨h⟩ 겹바느질하다, 누비질하다, 전부 누비다.

Durchstich, der; -(e)s, -e **a)** 개착, (산, 언덕 따위를) 끊어 길을 내기, 터널·운하의 굴착[파내기], 접수 공사(接水工事), 운하 개착, 제찌음, 관통: der D. wird 5 Millionen DM kosten 운하 개착 공사에 5백만 마르크가 소요될 예정이다. **b)** 운하, 수로, 도랑, 터널: seit 1869 existiert ein D. durch die Landenge von Sues 1869년부터 수에즈 지협(地峽)을 통하여 운하가 나 있다.

Durchstieg ['dʊrçʃtiːk], der; -(e)s, -e 〈통하여 올라갈 수 있는〉 틈, 구멍, 트인 곳.

durchstimmbar ['dʊrçʃtɪmbaːɐ̯] ⟨Adj.⟩ 【전기】 계속해서 희망하는 주파수로 조정[조절]할 수 있는. **durchstimmen** ⟨h⟩ **1.** 【음악】 (어떤 악기의) 전음(全音)을 조율(調律)하다: ich muß das Klavier mal wieder d. lassen 나는 피아노의 전음(全音)을 또 다시 조율시켜야 한다. **2.** 【전기】 연속[계속]해서 원하는 주파수로 조정[조절]하다.

durchstöbern ⟨h⟩ 《통용어》 무엇을 샅샅이[두루, 구석구석까지] 찾다, (파 헤치고) 찾다[뒤지다]: er stöberte das ganze Haus (nach dem vermißten Brief) durch 그는 (분실한 편지를 찾느라고) 온 집안을 샅샅이 뒤졌다. **durchstöbern** ⟨h⟩ 《통용어》 **a)** ↑durchstöbern. **b)** 일정한 목표없이 샅샅이 찾다[뒤지다, 뒤적이다]: alte Zeitungen d. 날짜가 지난 신문을 샅샅이 뒤적이다.

Durchstoß, der; -es, …stöße 돌파, 돌진, 진격: am Morgen gelang ihnen der D. zur Küste 그들은 아침에 해안으로 진격하는 데 성공했다. **durchstoßen*1.** ⟨h⟩ 꿰찌르다, 밀어넣다, 쳐넣다, 찔러서 열다, 찔러 찢다. **2. a)** ⟨h⟩ 해지도록 입다, (옷을 입어서 찢어[해어] 뜨리다: du hast die Manschetten ganz durchgestoßen 네 셔츠의 소맷부리가 완전히 해졌구나. **b)** ⟨d. + sich⟩ ⟨h⟩ (천의 가장자리가) 풀리다, 너덜너덜하게 되다, 닳아 해지다(오래 입어서): der Kragen hat sich sehr schnell durchgestoßen 옷깃이 아주 빨리 닳아 해졌다. **3.** ⟨s⟩ 【군】 (적의 전선을) 돌파[돌진]하다, 진격하다: die Feinde sind bis zur Hauptstadt durchgestoßen 적들은 수도까지 진격했다. **durchstoßen*** ⟨h⟩ 찔러 꿰뚫다, 꿰찌르다: das Flugzeug hat die Wolkendecke durchstoßen 비행기가 구름층을 뚫고 날아갔다; mehrere Truppeneinheiten haben die feindlichen Linien durchstoßen 【군】 여러 부대가 적의 전선을 돌파했다.

durchstrahlen ⟨h⟩ **1.** 광선(방사선)을 침투(관통)시키다[스며들게 하다, 쏘이다]: eine chemische Substanz d. 화학 물질에 광선(방사선)을 쏘이다. **2.** 두루(구석구석까지, 샅샅이) 비추다, 밝은 빛으로 가득 채우다: Tausende heller Lampen durchstrahlten den Nachthimmel 수천 개의 밝은 램프가 어두운 밤하늘을 밝게 비추었다. **Durchstrahlung**, die; -en ↑durchstrahlen의 명사형.

durchstrecken ⟨h⟩ **a)** 가능한 한 넓게[멀리] 뻗다, 쭉 펴다: die Arme d. 팔을 쭉 펴다. **b)** (을) 통하여 뻗다[내밀다]: das Kind streckt den Kopf zwischen den Gitterstäben des Balkons durch 어린아이가 발코니의 난간 틈 사이로 머리를 내민다.

durchstreichen* ⟨h⟩ **1.** 줄[선]을 그어 지우다, 삭제(말소)하다: Nichtzutreffendes bitte d. 해당 사항이 아닌 것은 줄을 그어 지우세요. **2.** (고운) 체로 거르다: Erbsen (durch ein Sieb) d. 완두콩을 (체로) 거르다. **durchstreichen*** ⟨h⟩ 《준고어》 **1.** ↑durchstreichen (1). **2.** (아이) 정처없이 유랑하다, 헤매다, 걸어 돌아다니다.

durchstreifen ⟨h⟩ **1.** (아이) (정처없이) 유랑하다, 헤매다[헤매고 다니다], 걸어 돌아다니다: sie haben 14 Tage lang die herbstliche Landschaft durchstreift 그들은 14일 동안 가을 경치를 찾아 걸어 돌아다녔다. **2.** (어느 지역을) 샅샅이 찾다[찾아 돌아다니다], 정찰, 순시(순회)하다: Patrouillen durchstreifen das Land 정찰대들은 그 지방을 정찰했다.

durchströmen ⟨s⟩ 흘러 지나가다, 도도(滔滔)히 지나가다, (떼를 지어) 지나가다: das Wasser strömt hier (zwischen den Steinen) durch 물이 이곳을 (돌 사이로) 흘러간다; 【전의】 die Menge strömte durch den Eingang durch 군중이 밀치며 출입구로 밀려나갔다. **durchströmen** ⟨h⟩ 뚫고 흘러가다[흘러 지나가다, 흐르다], 관류하다, 관개(灌漑)하다: 【전의】 ein Gefühl des Glücks durchströmte ihn 행복감이 그의 온 몸에 넘쳐흘렀다.

durchstrukturieren ⟨h⟩ 철두철미하게[철저히] 조직[구성]하다, 조립하다: ein gut durchstrukturiertes Programm 철저히 잘 구성된 프로그램. **Durchstrukturierung**, die; -en ↑durchstrukturieren의 명사형.

durchstudieren ⟨h⟩ 《통용어》 철저하게 읽다, 정밀하고 자세하게[철저하게] 연구하다[검토하다]: sie hat fast alle Schriften des Aristoteles durchstudiert 그 여자는 아리스토텔레스의 거의 모든 저서를 철저하게 연구했다.

durchsuchen ⟨h⟩ 남김없이[샅샅이, 온통] 찾다[뒤지다]: ich suchte alles durch, konnte aber nichts finden 나는 모든 것을 샅샅이 찾아봤으나 아무것도 발견할 수 없었다. **durchsuchen** ⟨h⟩ **a)** (안을) 샅샅이 뒤지다[찾다, 뒤지다]: sie haben das ganze Haus (nach ihm) von oben bis unten durchsucht 그들은 (그를 찾기 위해) 온 집안을 위층에서 아래층까지 샅샅이 뒤졌다. **b)** (누구의 옷을) (엄중히) 검사하다: jmdn. (nach Rauschgift) d. (마약이 있나 보려고) 누구의 옷을 검사하다. **Durchsuchung**, die; -en ↑durchsuchen의 명사형: bei der D. der Wohnung fand man die gestohlenen Banknoten 아파트를 수색할 때 도난당한 (은행)지폐가 발견되었다. **Durchsuchungsbefehl**, der 수색 명령(영장).

durchsumpfen ⟨h⟩ 《경》 술을 마시며 보내다[지내다], 쉬지 않고 놀다: er hat die ganze Nacht durchgesumpft 그는 밤새도록 술 마시며 지냈다.

durchtanken, sich ⟨h⟩ 《축구 은어》 (온몸으로) 적의 방어를 뚫고 기회를 얻다: der bullige Mittelstürmer hatte sich wieder durchgetankt 그 육중한 센터 포워드는 또 적의 방어를 뚫고 기회를 잡아냈다.

durchtanzen ⟨h⟩ **1.** 쉬지 않고[내내] 춤추다, 끝까지 춤추다(어떤 춤을), 춤추며 지나가다: sie haben die (ganze) Nacht durchtanzt 그들은 밤새도록 쉬지 않고 춤췄다. **2.** 춤을 추어서 (구두를) 해어뜨리다, (구두창 따위에) 구멍을 내다: Schuhe d. 춤을 추어서 구두를 해어뜨린다. **durchtanzen** ⟨h⟩ 춤을 추어서 보내다(지내다): sie durchtanzt ganze Nächte 그녀는 여러 날 밤을 춤으로 지샌다.

durchtasten, sich ⟨h⟩ 더듬어서 무엇을[통로를] 발견하다[목표에 도달하다]: ich tastete mich bis zur Lampe durch 나는 더듬어서 램프를 찾아냈다.

durchtelefonieren ⟨h⟩ **1.** 전화로 말하다[알리다, 전달하다, 연락하다]: jmdm. eine Nachricht d. 누구에게

전화로 소식을 전하다. **2.** 〈d. + sich〉《통용어》애써서 [간신히] 누구와 전화 연결이 되다.
durchtesten 〈h〉 **a)** (일정량을) 전부[빠짐없이] 검사하다: wir testeten alle Geräte durch 우리는 모든 기구를 전부 검사했다. **b)** 세밀하게[철저하게] 검사하다: die Geräte einzeln d. 기구들을 하나하나 세밀하게 검사하다.
durchtexten 〈h〉 (무엇을) 완전히 텍스트화하다.
durchtoben 〈h〉 **1.** 미친듯이 떠들며[날뛰며, 야단 법석을 떨며] (시간을) 보내다[지내다]: sie durchtobten die ganze Nacht 그들은 밤새도록 미친듯이 떠들며 지냈다. **2.** (아이) 깊은 충격을 주다, 동요시키다, 선동하다, 깊이 감동시키다: der Sturm seiner Leidenschaften durchtobte ihn 그의 격정이 그를 몹시 동요시켰다.
durchtosen 〈아이〉 (어떤 장소를) 요란한 소리를 내며 흘러가다[흐르다], 요란하게 울리는 소리로 가득 채우다: im Wildbach durchtost die Schlucht (산골짜기의) 급류가 요란한 소리를 내며 협곡으로 흘러간다.
durchtragen* 〈h〉 (어떤 장소를) 나르며[운반하며] 지나가다, (무엇을 통해) 나르다[운반하다]: notfalls müssen wir den Verletzten (durch den Bach) d. 비상시 우리가 부상자를 (개천을 건너) 운반해야 한다.
durchtrainieren 〈h〉 【스포츠】 철저하게[충분히] 단련[훈련]시키다: ein durchtrainierter Sportler 철저하게 [충분히] 훈련된 스포츠맨.
durchtränken 〈아이〉 적시다, 배어[스며]들게 하다, …에 무엇을 침윤(浸潤)시키다: das Wasser durchtränkt den Erdboden 물이 대지를 적신다; 〈전의〉 von Gefühl durchtränkt sein 감정이 넘쳐 흐르다.
durchtreiben* 〈h〉 **1.** (무엇을 통해 가축을) 몰고 지나가다: Kühe (durch ein Gatter) d. 소를 (울타리를 통해) 몰고 지나가다. **2.** (못·쐐기를) 때려[두들겨] 박다: einen Nagel (durch ein Brett) d. 못을 (널빤지에) 두드려 박다.
durchtrennen, 〈또한〉 **durchtrennen** 〈h〉 둘로 자르다, 양단하다, 잘라 가르다: die Nabelschnur d. 탯줄을 자르다.
durchtreten* **1.** 〈h〉 **a)** (브레이크, 액셀 따위를) 세게 밟다: er trat das Gaspedal voll durch 그는 가속 페달을 세게 밟았다. **b)** [축구] (상대 선수와 동시에 공을 찰 때) 전력으로[온 힘을 다하여] 공을 차다. **2.** 〈s〉 (가스, 액체가) 스며 나오다: das Blut tritt (durch die Gefäßwände) durch 피가 (혈관벽을) 스며 나온다. **3.** 〈통용어〉 차 안으로 쑥 들어가다(다음 사람이 계속 탈수 있도록): meine Herrschaften, treten Sie bitte durch! 여러분, 안으로 쑥 들어가십시오!
durchtrieben [durçˈtriːbn̩] 〈Adj.〉 《팜》 교활한, 잔꾀많은, 약삭빠른, 간교한, 닳고 닳은, 빈틈없는, 엉큼한 [놈]: ein -er Bursche 교활한 녀석[놈]. **Durchtriebenheit**, die; -en **1.** 〈Pl. 없음〉 교활, 닳고 닳음, 빈틈 없음. **2.** 닳고 닳은[교활한] 행동.
durchtrinken* 〈h〉 **1.** (일정한 시간을) 쉬지 않고 술을 마시며 즐겁게 보내다[놀다]: wir haben die ganze Nacht durchgetrunken 우리는 밤새도록 술을 마시며 즐겁게 놀았다. **2.** 〈d. + sich〉 《통용어》 술을 얻어마시다, 공술을 마시다, 남의 돈으로 술을 마시다: der Kerl trinkt sich überall durch 그 녀석은 사방에서 술을 얻어 마신다. **durchtrinken*** (일정한 시간을) 술마시며 보내다: durchtrunkene Nächte 술 마시며 보낸 수많은 밤.
Durchtritt, der; -s (가스·액체가) 스며 나옴[샘]: den D. von Gas verhindern 가스가 새는 것을 막다. **Durchtrittsstelle**, die (가스) 유출구, 배출구, 스며드는[배어 드는, 새는] 곳.
durchtrocknen 〈h〉 완전히[속까지 바싹] 마르다: die Haare sind noch nicht durchgetrocknet 머리가 아직 완전히 마르지 않았다.
durchtropfen 〈s〉 (물방울 따위가) 틈새에서 뚝뚝[방울져] 떨어지다, 새다: an dieser Stelle ist Wasser durchgetropft 이 자리에 물이 샜다.
durchturnen 〈h〉 【체조】 (여러 체조, 한가지 자유 선택 따위를) 처음부터 끝까지 체조하다.
durchvariieren 〈h〉 무엇을 가능한 다양하게 변화시키다, 철저하게[충분히] 변화시키다.
durchvögeln 〈h〉《비어》 **a)** 한 여자와 진하게 성교(性交)하다. **b)** (일정한 시간을) 계속해서 성교하다.
durchwachen 〈h〉 (일정한 시간을) 잠을 자지 않고 지내다, 깨어 있다: sie hat bis zum Morgen bei ihm durchgewacht 그 여자는 아침이 될 때까지 그의 곁에서 깨어 있었다. **durchwachen** 〈h〉 자지 않고 지내다, 철야하다: sie haben mehrere Nächte durchwacht 그들은 여러 날 밤을 자지 않고 보냈다.
¹durchwachsen* 〈s〉 (식물이 바위의 갈라진 틈, 울타리 따위의) 사이에서 자라다[생겨나다]: die Blumen sind (durch den Maschendraht) durchgewachsen 꽃이 (철조망 사이에서) 자랐다. **²durchwachsen** 〈Adj.〉 **a)** 섞여[엉켜] 자란: das Gebüsch ist mit Efeu durchwachsen 덤불은 담쟁이 덩굴과 엉켜 자랐다; -er Speck 살은 살코기로 휘감은 베이컨; -es Fleisch 지방질이 희끗희끗 섞인 고기. **b)** 《통용어·농》 그저그런, 혼합된, 보통의, 평범한: „Wie geht's?"–„Danke, d." 어떻게 지내니?–고마워, 그저그래[그럭저럭 지내].
durchwagen, sich 〈h〉 《통용어》 위험을 무릅쓰고 지나가다: ich wage mich nicht (durch die Menge) durch 나는 (군중을 뚫고) 지나갈 엄두를 못내겠다.
Durchwahl, die (교환대를 거치지 않고) 국제 통화가 가능한) 직접[즉시] 통화. **Durchwahleinrichtung**, die; -en 직접 통화장치. **durchwählen** 〈h〉 **a)** (교환대를 거치지 않고) 직접 통화를 하다(시외통화를 하다): in die USA d. 미국으로 직접 전화 걸다. **b)** (내선 전화에서) 직접 밖으로 다이얼을 돌리다. **Durchwahlnummer**, die; -n (구내 교환 전화의) 대표 번호.
durchwälgern 〈h〉 ↑ durchwelgern.
durchwalken 〈h〉 《경》 실컷[호되게] 때리다, 호되게 갈겨주다, 녹초가 되게 때리다.
durchwalten 〈h〉 《시어》 (완전히) 지배하다, 지정하다, 명하다.
durchwamsen 〈h〉 《경》 호되게 때리다, 녹초가 되게 때리다.
Durchwanderer, der; -s, - (Landstreicher의 공식 명칭) 행각자, 부랑자, 무숙자(無宿者). **Durchwandererkarte**, die 무숙자들을 위한 사회 원조 증명서 (일정기간 동안의). **durchwandern** 〈s〉 (일정 기간을) 쉬지 않고 도보 여행을 하다[장거리 도보를 하다]: sie sind (Tag und Nacht(bis zum Ziel)) durchgewandert 그들은 쉬지 않고 (밤낮으로[목적지까지]) 걸었다. **durchwandern** 〈h〉 여행하여[방랑하여] 지나가다, (어느 곳을) 정처없이 떠돌아다니다, 헤매다, 어슬렁거리다: sein Zimmer d. 《농》 그의 방에서 배회하다(왔다갔다하다). **Durchwanderung**, die; -en ↑ durchwanderen의 명사형.
durchwärmen, **durchwärmen** 〈h〉 충분히 데우다 [따뜻하게 하다]: der Grog hat mich kräftig durchgewärmt[durchwärmt] 그로크 주(酒)가 내 몸을 완전히 따뜻하게 했다. **Durchwärmung**, die; -en durchwärmen의 명사형.
durchwaschen* 〈h〉 《통용어》 빨리[잽싸게] 빨다.
durchwaten 〈s〉 (무엇을 통하여) 걸어서 건너(가)다: der Bach ist seicht, wir können d. 이 개천은 얕아서 우리는 걸어서 건너갈 수 있다. **durchwaten** 〈h〉 (내, 강 따위를) 걸어서 횡단하다[건너가다]: ein über-

schwemmtes Gelände d. 침수 지역을 걸어서 횡단하다.
durchweben ⟨h⟩ 안팎 양면에 무늬를 넣어 짜다: ein durchgewebter Teppich 안팎 양면에 무늬를 넣어짠 양탄자. **durchwebenˈ** (직물에 대비되는 색이나 무늬를) 짜 넣다, 섞어 짜다, 섞어 넣다(삽입하다): den Stoff mit hübschen Mustern d. 천에 예쁜 무늬를 넣어짜다; [전의] die Hochzeitsrede war von vielen blumigen Floskeln durchwoben 주례사에는 많은 미사여구가 삽입되어 있었다.
durchweg ['dʊrçvɛk, (또한) -'-] ⟨Adv.⟩ 완전히, 참으로, 철두철미(하게), 오로지, 예외없이, 언제나, 보통, 일반적으로: die Beispiele sind d. aus der Praxis genommen 이 보기들은 예외없이 실무(경험)에서 뽑은 것이다. **durchwegs** ['dʊrçvɛːks, (또한) -'-] 《österr. · 통용어》 ↑durchweg.
durchwehen ⟨h⟩ 《아이》 바람이 불어대다(들이치다), 세차게 불어닥치다, 불어건너가다, (사상·감정을 남에게) 불어넣다, 고취(鼓吹)하다, 스며들게 하다, 가득 채우다: ein frischer Luftzug durchwehte das Haus 신선한 공기가 집에 들이쳤다; eine lyrische Stimmung durchweht das ganze Buch 서정적 정취가 책 전체에 가득 차 있다.
durchweichen ⟨s⟩ 물에 젖어 아주(완전히) 연하게(부드럽게) 되다, 흠뻑 젖다, 축축해지다: der Karton ist an dieser Stelle ganz durchgeweicht 상자의 이곳이 흠뻑 젖었다(축축해졌다). **durchweichen** ⟨h⟩ 흠뻑 적셔서 아주 연하게(부드럽게) 하다, 흠뻑 적시다(담그다), 젖게(축축하게) 하다: der Regen hat den Boden völlig durchweicht 비가 땅을 흠뻑 적셔서 땅이 부드러워졌다.
durchwelgern ⟨h⟩ 《지역적》(잘 이겨졌을 때까지) 반죽을 충분히 밀방망이로 밀다.
durchwerfenˈ ⟨h⟩ 무엇을 통해 (무엇 사이로) 던져 넣다: er wirft den Ball (durch die Pfosten) durch 그는 공을 (골문의 기둥 사이로) 던진다.
durchwetzen ⟨h⟩ 너무 입어서(써서) 상하게(해지게) 하다(바지 따위를): durchgewetzte Ärmel 해진(닳은) 소매.
durchwichsen ⟨h⟩ 《경》호되게 때리다, 실컷 두들겨 패다, 때려 눕히다.
durchwieseln, sich ⟨h⟩ 《지역적》 ↑durchschlängeln: sich zwischen den Tischen d. 책상(식탁) 사이로 재치있게 비집고 나가다; [전의] sich überall d. 도처에서 이력저력 해(살아)나가다.
durchwindenˈ, sich, ⟨h⟩ (내, 길 따위가) 꾸불꾸불 지나가다(구부러지다), (몸을 비틀어) 구부리고 빠져(헤치고, 비집고)나가다, 밀어제치고(헤치고) 지나가다: sie mußte sich zwischen den Tischen d. 그 여자는 책상(식탁) 사이를 비집고 빠져나가야 했다; [전의] sich durch Schwierigkeiten d. 난관을 극복하다(뚫고 나가다).
durchwintern ⟨h⟩ 겨울을 나게 하다, 월동시키다(식물, 가축을), 겨울 동안 기르다(치다): ich habe die Knollen im Keller durchwintert 나는 구근(球根)을 지하실에서 월동시켰다. **Durchwinterung**, die; -en ↑durchwintern의 명사형.
durchwirken ⟨h⟩ (밀가루를) 충분히 반죽하다, 반죽을 끝내다, 충분히 마사이하다, (에)손을 많이 대어 작용하다. **durchwirken** ⟨h⟩ 《아이》 ↑durchweben 참조: mit Goldfäden durchwirkter Stoff 양면에 금실을 넣어서 (섞어) 짠 천.
durchwitschen ⟨s⟩ 《경》 재빨리(잽싸게) 도망가다(빠져 나가다), 틈새를 빠져 나가다: der Flüchtling ist (durch die Absperrung) durchgewitscht 도주자는 잽싸게 (차단기망을 빠져) 도망갔다.
durchwogen ⟨h⟩ 《아이》 몹시 동요시키다, 심한 충격으로

주다, 매우 흥분(자극)시키다: eine heftige Empfindung durchwogte ihre Brust 격한 감정이 그녀의 가슴을 매우 흥분시켰다.
durchwollenˈ ⟨h⟩ 《통용어》 **a)** (통로, 입구를) 빠져 나가려고 생각하다, 통과하기를 원하다: wir wollen durch dieses Tor durch 우리는 이 문을 빠져나가려고 한다. **b)** 장애물을 뚫고 나가려하다, 길을 내려하다(산, 언덕 따위를 끊어서): die Konstrukteure des Tunnels wollen an dieser Stelle durch den Berg durch 터널 건조자들은 이곳에 산을 파서 길을 내려 한다.
durchwuchern ⟨h⟩ 무성하게 자라퍼지다, 우거지다: der Garten ist von Unkraut durchwuchert 정원에 잡초가 무성하게 자라 퍼져 있다.
durchwühlen ⟨h⟩ **1.** ↑durchwühlen (1). **2.** ⟨d. + sich⟩ 《통용어》 파서 뚫고 나아가다(빠져나가다), 흙을 파며 나아가다: ein Maulwurf hat sich hier durch die Erde durchgewühlt 두더지가 여기 땅을 파서 뚫고 나갔다; [전의] er hat sich (durch den Aktenstoß) durchgewühlt 그는 (문서 더미를) 다 검토했다. **durchwühlen** ⟨h⟩ **1.** 파 뒤집어(헤적여) 찾다, 샅샅이 뒤지다(찾다): den Schrank (nach Wertgegenständen) d. (유가물(有價物)을 찾느라) 장농을 샅샅이 뒤지다. **2.** ↑aufwühlen (1 b): die Geschosse haben den Boden durchwühlt 탄환들이 땅을 파 헤쳤다(뒤집었다).
Durchwurf, der; -(e)s, ...würfe (흙, 자갈, 모래 따위를 체질하는) 발(눈)이 성긴 체.
durchwurstein, **durchwurstein**, sich ⟨h⟩ 《경》 가까스로 빠져(뚫고) 나가다.
durchwurzeln ⟨h⟩ 뿌리가 퍼져(번져, 내려) 땅에 침투하다: die Bäume haben den Boden durchwurzelt 나무들이 뿌리를 내려 땅에 퍼져 들어갔다. **Durchwurzelung**, die; -en ↑durchwurzeln의 명사형.
durchwürzen ⟨h⟩ 향료(조미료)를 충분히 치다, 양념을 넣다, 조미하다, 방향(芳香)으로 가득 채우다.
durchwuzeln, sich ⟨h⟩ 《österr. · 통용어》 (군중 속을) 비집고 지나가다: er wuzelte sich durch die Tanzenden durch 그는 춤추는 사람들 틈을 비집고 지나갔다.
durchzählen ⟨h⟩ 끝까지 수를 세다, 끝까지(남김 없이) 셈해내다, 매거(枚擧)하다, 통산(通算)하다. **Durchzählung**, die; -en ↑durchzählen의 명사형.
durchzechen ⟨h⟩ (일정한 기간을) 술을 흠뻑 많이 마시다, 끝까지 술을 마시다: sie haben (die ganze Nacht) durchgezecht 그들은 (밤새도록) 술을 퍼 마셨다. **durchzechen** ⟨h⟩ 술을 마시며 (시간을) 보내다(지내다): sie haben die Nacht durchzecht 그들은 술 마시며 그 밤을 보냈다.
durchzeichnen ⟨h⟩ ↑durchpausen.
durchziehenˈ 1. ⟨h⟩ (문, 구멍 따위를 통해) 꿰다, 사이로 통과시키다: ein Gummiband (durch einen ausgeleierten Hosenbund) d. (헐거워진 바지 허리띠에) 고무줄을 꿰다. **2.** ⟨h⟩ (톱날, 낮 따위를) 고르게 고정시키다. **3.** ⟨h⟩ 《통용어》 (여러 장애에도 불구하고) 끝까지 포기하지 않다, 끝까지 해내다: nachdem wir die Sache angefangen haben, müssen wir sie unbedingt d. 우리가 그 일을 시작한 이상 우리는 그것을 끝까지(어떻게 해서라도) 해내야 한다. **4.** ⟨s⟩ 지나가다, 통과하다: Flüchtlinge sind in (Scharen) durchgezogen 도망자(피난민)들이 (떼지어) 지나갔다; durchziehende Vogelschwärme 날아 지나가는 새떼. **5.** ⟨d. + sich⟩ ⟨h⟩ 무엇에 스며들어 있다(내포·내재되어 있다): das Motiv zieht sich wie ein roter Faden durch das ganze Stück durch 이 모티브는 시종일관 이 작품 전체에 내재해 있다. **6.** ⟨s⟩ [요리] 스며들도록 잠시 놔두다(음식의 여러가지 성분(재료)이 조화로운 맛을 내도록): der in Essig eingelegte Sauerbraten muß einige Tage d.

초에 절여 구운 고기는 며칠간 스며들도록 놔 두어야 한다. 7. ⟨h⟩ [군] 여자와 성교(性交)하다. **durchziehen*** ⟨h⟩ 1. (어느 땅을) 떼지어 지나가다, 통과하다, 편력(遊歷)하다: die Karawanen durchziehen die Sahara 대상(隊商)들이 사하라 사막을 통과한다. 2. (에) 스며들어 번지다[퍼지다], 사무치다, 침투하다, 누구의 마음을 깊이 사로잡다(가득 채우다): ein plötzlicher Schmerz durchzog ihn 갑작스런 고통이 그의 몸에 파고 들었다; 전의 eine Welle von Dankbarkeit durchzog sie 《아이》 진한 감사의 마음이 그녀를 사로잡았다. 3. 관통하다, (강이) 꿰뚫고 흐르다, 줄줄이 이어가다, 길게 늘어 이어지다: von blauen Adern durchzogener Marmor 푸른색 광맥이 들어있는 대리석. 4. (4격과 함께) 무엇에 내재해 있다: dieses Motiv durchzieht des Dichters gesamtes Alterswerk 이 모티브는 이 시인의 모든 만년의 (예술) 작품에 내재되어 있다. **Durchzieher** ['dʊrçsiːɐ], der; -s, - [대학생] **a)** (결투할 때) 상대 칼의 내리침[일격]. **b)** (맞서 싸우다가 난 얼굴[면상]의 상처[칼자국].

durchzittern ⟨h⟩ 1. 몸을 덜덜 떨게 하다, 전신을 떨게 하다. 2. 《아이》 (감정이 마음 따위를) 떨리게 하다, 전율시키다.

durchzüchten ⟨h⟩ [사육] (일정한 가축의 품종을) 사육목표에 도달할 때까지 기르다.

durchzucken ⟨h⟩ 1. (전광이 어둠 속을) 번쩍이며 지나가다, 번갯불처럼 빨리[순간] 지나가다, 번개처럼 달려지나가다. 2. (생각, 감정 따위가) 갑자기 누구의 마음을 사로잡다, (심장을) 두근거리게 하다, 누구에게 무엇이 명백해지다, 무엇을 지각(知覺)하다.

Durchzug, der; -(e)s, ...züge 1. (군대 따위의) 통과[통과 행진], 관통, (철새의) 이동: der D. der Truppen 군부대의 통과(행진). 2. 〈Pl. 없음〉통풍(通風), 맞바람: zur Lüftung der Wohnung D. machen 집안을 환기시키기 위해 통풍시키다; **auf D. schalten** 《통용어》 (누가 말하거나 보고할 때) 듣지 않다, 마이동풍(馬耳東風)의 태도를 보이다[취하다]. **Durchzügler** [...tsyːklɐ], der; -s, - [동물] 철새. **Durchzugsarbeit**, die 얽기세공, 샤뜨기, 감침질. **Durchzugsrecht**, das [국제법] (군대의) 통과[행진]권.

durchzwängen ⟨h⟩ (억지로, 무리하게) 끝까지 밀고[뚫고] 나가다, 비집고[헤쳐] 지나가다(군중 속을): er zwängte sich (durch die Menge) durch 그는 (군중을) 비집고 나갔다.

Durdreiklang, der; -s, ...klänge [음악] 장삼화음(長三和音).

dürfen* ['dyrfn̩] 1. ⟨Modalverb⟩ **a)** ("허가·권리·권력을 가지고 있는"의 뜻)(…하는 것이) 허가[허락]되어 있다, (…해도) 좋다[괜찮다], (…의) 권리가 있다: „Darf ich heute nachmittag schwimmen gehen?" – „Du darfst (schwimmen gehen)" 오늘 오후에 수영하러 가도 돼요? – (수영하러) 가도 돼; ich habe nicht kommen d. 난 와서는(가서는) 안되었다; darf ich Sie bitten, das Formular auszufüllen? (공손하게 표현할 때, 질문형식으로 씀) (서식) 용지에 기입하시겠습[기입하실까요?]; darf ich bitten? (춤, 식사, 입실을 권유하는 공손한 표현 형식) 추실까요? 들어가시지요. **b)** (소망, 간청, 요구를 표현함; 대개 부정문에서): du darfst jetzt nicht aufgeben! 넌 이제와서 포기하면 안돼! ; ihm darf nichts geschehen 그에겐 아무일도 생겨선 안돼. **c)** 도덕적으로 무엇을 할 권한[권리]이 있다(부정문으로): du darfst Tiere nicht quälen! 너는 동물을 괴롭혀선 안돼!; das hätte er nicht tun dürfen! 그는 그것을 하지 않았어야 했어!; das durfte nicht kommen[nicht kommen d.] 《통용어》 그것은 잘못된 표현[말]이었어. **d)** *α*) (…해야 할) 이유가 충분히 있다: wir dürf-ten annehmen, daß der Film ein voller Erfolg werden würde 우리는 그 영화가 흥행에 완전히 성공할 것이라고 생각할 만한 이유가 충분히 있었다. *β*) ⟨2. Konjunktiv + Inf.⟩ (가능, 개연성 또는 겸손한 주장을 나타냄) …일지도 모른다(모르겠다), …일 것입니다(겠습니다): es dürfte nicht schwer sein, das zu zeigen 그것을 보여드리는 것은 어렵지 않을 겁니다. **e)** ⟨준고어⟩ (대개 nur, bloß와 결합하여) 요하다, 필요로 하다: du darfst bloß ein Wort der Kritik sagen, dann gerät er schon außer sich 네가 비판의 말을 한 마디만 하면 그는 벌써 제정신이 아닐 것이다. 2. ⟨Vollverb⟩ 허용되고 있다, 무엇을 해도 된다, 허락받다: er hat nicht gedurft 그는 해서는 안되었다[허락받지 못했다]; darfst du das? 넌 그것을 해도 되니? **durfte** ['dʊrftə], **dürfte** ['dʏrftə] ↑**dürfen** 참조. **dürftig** ['dʏrftɪç] ⟨Adj.⟩ **a)** (물질적으로) 모자라는, 가난한, 초라한[불품없는], 결핍되어 있는: in -en Verhältnissen leben 궁핍한 상황에서 살다; -e Mahlzeiten 보잘것 없는 식사; d. bekleidet sein 초라하게 옷을 입고 있다. **b)** 《편》 얼마 안되는, 수확[수익]이 없는, 부족한, 빈약한, 옹색한, 하찮은: eine -e Beleuchtung 불충분한 조명; das ist nur ein -er Ersatz 그것은 하찮은 대용품에 지나지 않는다; ein -es Ergebnis 보잘것 없는 결과; seine Kenntnisse auf diesem Gebiet sind d. 이 분야에서의 그의 지식은 보잘것없다[부족하다]. **c)** ⟨준고어⟩ 허약한, 병약한, 가냘픈, 약한 체질의. **Dürftigkeit**, die ↑**dürftig**의 명사형.

Durianbaum ['duːriaːn-], der; -(e)s, ..bäume [식물] (말레이 원산 판야과의 나무) 듀리언. **Durianfrucht**, die; ...früchte [malai, durian] 듀리언 열매 (과실 껍질은 딱딱하고 가시가 있으며, 과육은 강한 향이 있고 즙이 많음).

Durine; ↑Dourine 참조.

Durit [duˈrɪt, ⟨또한⟩ ...ˈriːt], der; -s, -e [lat. dūrus] (재를 많이 남기는) 줄무늬 석탄[듀라이트]. **Duroplast** [duroˈplast], der, ⟨또한⟩ das; -(e)s, -e ⟨대개 Pl.⟩ [lat. dūrus] 열경화성수지[플라스틱].

dürr [dyr] ⟨Adj.⟩ 1. **a)** 마른, 바싹 마른, 건조한, 시들은, 말라 죽은(초목): -e Äste 바싹 마른[말라 죽은] 나뭇가지. **b)** 메마른, 고갈된, 불모의(땅): -er Boden 고갈된[불모의] 땅. **c)** 수확[수익]이 없는, 생산이 없는, 궁핍한, 부족한, 결핍된, 보잘것없는, (말을) 꾸미지 않은: er antwortete mit ein paar -en Worten 그는 몇 마디 간략한 말로 대답했다. 2. 아주 마른, 살이 빠진, 말라빠진, 뼈와 가죽뿐인: sie ist ein -es Gestell 《통용어》 그 여자는 보기 흉할 정도로 말라빠졌다(말랐다); der Junge ist sehr d. 그 소년은 아주 말랐다.

Dürr-: **~fleisch**, das ↑Dörrfleisch. **~futter**, das 건초여물(가축용), 생초(生草) 이외의 사료, 말린 꼴. **~holz**, das 마른 잔나무. **~kräutler**, der (österr.·고어) 건조 약초 상인. **~obst**, das ↑Dörrobst.

Durra ['dʊra], die [arab. dura] ↑Sorgho.

Dürre ['dʏrə], die; -n 1. 건조, 불모, 한발(旱魃), 가뭄: bei der D. dieses Sommers verdorrte alle Vegetation 올 여름의 가뭄으로 모든 식물이 시들어버렸다; 전의 eine geistige D. breitete sich aus 정신적 불모현상이 만연되었다. 2. ⟨Pl. 없음⟩ (초목이) 시들어 있음, 말라 있음.

dürre-, Dürre-: ~empfindlich ⟨Adj.⟩ [식물] 가뭄[한발]에 민감한. **~fest** ⟨Adj.⟩ [식물] 가뭄[한발]에 저항력 있는(견딜 수 있는). **~jahr**, das 가뭄이 심한 해. **~katastrophe**, die 가뭄의 재앙[재해]. **~periode**, die 가뭄이 지속되는 시기. **~resistenz**, die [식물] 가뭄 저항력[내구력]. **~schäden** ⟨Pl.⟩ 가뭄으로 인한 피해[손해, 손실], 가뭄 피해.

Durst [dʊrst], der; -(e)s 1. 목마름, 갈증: großen D.

Dutchman

bekommen 몹시 갈증이 나다; (starken) D. (auf ein kühles Bier(nach einem kühlen Bier) haben (몹시) 목말라 (시원한 맥주 한 잔을) 마시고 싶다; seinen D. löschen(stillen) 갈증을 풀다, 목을 축이다; vor D. fast umkommen 갈증이 나서 거의 죽을 지경이다; **ein Glas (etliche/eins/einen) über den D. trinken** (통용어) 다. 2. 《시어》 갈망, 열망: D. nach Ruhm(Freiheit) 명예욕(자유에 대한 열망).

durst-, Durst-: **~gefühl**, das 갈증. **~löschend** ⟨Adj.⟩ 갈증을 푸는(가시게 하는), 지갈성(止渴性)의. **~stillend** ⟨Adj.⟩ 갈증을 가시게 하는, 지갈성(止渴性)의: -e Getränke 갈증을 가시게 하는 음료(수). **~strecke**, die 궁핍(곤궁, 내핍) 기간. **~streik**, der 음료수 마시기 거부 스트라이크(일정한 요구를 관철시키기 위한): die Anarchisten traten in den D. 무정부주의자들은 음료수마시기 부부 스트라이크에 들어갔다.

dursten ['dʊrstn̩] ⟨h⟩ 《아어》 **a)** 심한 갈증에 시달리다: sie mußten lange hungern und d. 우리는 오랫동안 허기와 갈증에 시달려야 했다; bei dieser Hitze durstet alles 이런 더위에는 만물이 심한 갈증에 시달린다. **b)** 《비인칭》 dürsten (1). **c)** dürsten (2). **dürsten** ['dʏrstn̩] ⟨h⟩ 《시어》 **1.** 《비인칭》 갈증(이)나다, 목(이)마르다: mich dürstet(es dürstet mich) (nach einem kühlen Trunk) 나는 목이 말라 시원한 물 한 모금 마시고 싶다. **2.** 무엇을 갈망[열망]하다: wir dürsteten nach Rache(Unabhängigkeit) 우리는 복수(독립)을 갈망했다; 《또한 비인칭》 es dürstete ihn(ihn dürstete) nach Anerkennung 그는 인정(칭찬) 받기를 갈망했다. **durstig** ['dʊrstɪç] ⟨Adj.⟩ **1.** 목이 마른, 갈증이 나는, 갈증을 느끼는, 목마르게[갈증을 느끼게] 하는: sehr d. sein 몹시 갈증이 난다; das Wandern hat ihn d. gemacht 도보 여행은 그를 갈증나게 만들었다. **2.** 《아어》 무엇을 갈망[열망]하는: er ist d. nach Wissen 그는 지식을 갈망한다.

Durtonart, die; -en 〔음악〕 장조(長調). **Durtonleiter**, die; -n 〔음악〕 장음계(長音階).

Durumweizen ['duːrʊm-], der; -s [lat. dūrum] 경질 밀(듀럼 밀).

Dusch-: **~bad**, das **a)** 샤워실. **b)** 샤워: ein D. nehmen 샤워하다. **~ecke**, die 샤워 시설실. **~gelegenheit**, die 샤워 가능성: Suche Zimmer mit D. 샤워 가능한 방 구함. **~kabine**, die **1.** 칸막이 샤워실. **2.** (아파트의 적당한 곳에 설치할 수 있는) 소형 간이 샤워실. **~raum**, der (샤워기가 여러개 있는) 큰 샤워실. **~vorhang**, der (물이 튀는 것을 막기 위해 친) 샤워실 커튼.

Dusche ['dʊʃə, 《또한》 'duːʃə], die; -n [frz. douche] **1.** 샤워 시설: Zimmer mit D. 샤워 시설이 있는 방; sich unter die D. stellen 샤워하다. **2.** 샤워: eine heiße D. nehmen 온수로 샤워하다; **eine kalte D. (für jmdn.) sein(wie eine kalte D. (auf jmdn.) wirken)** 《통용어》 (누구에게)실망시키다((누구에게)실망, 환멸을 느끼게 하다). **3.** ↑ Duschbad (a). **duschen** ['dʊʃn̩ 《또한》 'duːʃn̩] ⟨h⟩ **a)** 샤워를 하다: abwechselnd warm und kalt d. 냉·온수로 번갈아가며 샤워하다. ⟨d. + sich⟩ 샤워를 하다: sich ausgiebig d. 충분히 샤워를 하다. **b)** 샤워를 시키다, 물을 끼얹다: ein Kind d. 어린 아이에게 샤워를 시키다.

Düse ['dyːzə], die; -n [tschech. duše] 〔기술〕 (송풍기의) 노즐, (증기터빈 혹은 화염방사기 따위의) 통구(簡口), (용광로의) 충풍관(衝風管), 통풍관, (액체, 기체의) 분사관(噴射管), 분사구, 분사급수기, (분수 따위의) 방수관(放水管), 총부리: eine verstopfte D. reinigen 막힌 노즐[통풍관]을 소제하다.

Dusel ['duːzl̩], der; -s [Niederd.] **a)** 《통용어》 뜻밖의 행운, 요행: mit seinem Geschäft hat er (großen) D. gehabt 그는 사업[장사]에서 뜻밖의 (커다란) 행운을 얻었다. **b)** 《지역적》 현기증, 혼미(昏迷), 마비, 몽롱, 비몽사몽, 선잠. **c)** 《지역적》 가벼운 취기, 도취, 명정(酩酊), 황홀, 흥분: er war ständig im D. 그는 항상 약간 (도)취해 있었다. **duselig**, duslig ['duːz(ə)lɪç] ⟨Adj.⟩ 《통용어》 비몽사몽의, 졸음오는, 어렴풋한, 몽롱한, 꿈결 같은, 넋잃은. **duseln** ['duːzl̩n] ⟨h⟩ 《통용어》 몹시 졸리다, 몽롱하다, 명하다, 무엇꾸벅 졸다, 꿈결 속에 있다, (꿈결같이)졸음이 오다, 몽상하다, 황홀해 하다: vor dem Fernseher ein bißchen d. 텔레비전 앞에서 약간 졸다.

Düsen-: **~aggregat**, das ↑Strahltriebwerk. **~antrieb**, der 제트 추진(推進), 로켓트식 분사 반동 추진(장치). **~bomber**, der 제트 폭격기. **~clipper**, der 제트(정기)여객기. **~flugzeug**, das 제트 비행기. **~gewitter**, das 《통용어》 제트 비행기의 음속 돌파시 나는 음향(효과). **~jäger**, der 제트 전투기. **~maschine**, die ↑ **~flugzeug** 참조. **~motor**, der 제트 엔진. **~treibstoff**, der 제트(비행)기의 연료. **~triebwerk**, das ↑ Strahltriebwerk.

duslig: ↑duselig 참조.

Dussel ['dʊsl̩], der; -s, - 《통용어》 멍청이, 얼간이, 우둔한 사람, 느림보, 굼뜨기.

Düsseldorf ['dʏsl̩dɔrf] 뒤셀도르프(노르트라인-베스트팔렌주의 수도로서 독일 라인 강변에 있는 도시). ¹**Düsseldorfer**, der; -s, - 뒤셀도르프 사람. ²**Düsseldorfer** ⟨Adj.; 격변화 없음⟩ 뒤셀도르프(사람)의. **Dusselei** [dʊsəˈlai], die; -en 《통용어》 우둔함, 무지, 어리석은 일[짓], 경박함, 태만함, 방심함, 경솔함. **dusselig** ↑ **dußlig**. **Dusseligkeit**: ↑ **Dußligkeit**, **dusseln** ['dʊsl̩n] ⟨h⟩ 《지역적》 ↑ duseln 참조. **dußlig**, dusselig ['dʊs(ə)lɪç] ⟨Adj.⟩ 《통용어》 **1.** 멍청한, 어리석은, 우둔한, 바보 같은: die Männer sind doch alle d. 남자들이란 모두 어리석다. **2.** 《지역적》 비몽사몽의, 어렴풋한, 졸음오는, 마비된, 무감각한: ich bin noch ganz d. von dem Medikament 나는 그 약 때문에 아직도 아주 무감각하다(비몽사몽 상태에 있다). **Dußligkeit**, Dusseligkeit, die; 《통용어》 **1.** (Pl. 없음) 멍청함, 어리석음, 우둔함, 바보같음. **2.** 어리석은(우둔한) 행동[행위].

Dust [dʊst], der; -(e)s (niederd.) 연기, (특히 곡식을 타작할 때의) (흙)먼지.

duster ['duːstə] ⟨Adj.⟩ 《지역적·통용어》 어두운, 암흑의: es ist hier d. 여기는 어둡다. **düster** ['dyːstə] ⟨Adj.⟩ [niederd. düster] **1. a)** 침침한, 흐릿한, 어스레한, 상당히 어두운: ein -er Gang 침침한 복도. **b)** 우울(의기소침)하게 하는, 음산한, 삭막하게 하는, (색채가) 침침한: das Bild ist in -en Farben gemalt 이 그림은 우중충한 색깔로 그려졌다. **c)** 우울하게 만들 정도로 부정적(否定的)인. **d)** 《드물게》 불투명한, 흐려서 어두운: eine -e Angelegenheit 불투명한 일(사건). **e)** 《드물게》 명백하지 않은, 희미한, 불명료한, 몽롱한: nur eine -e Ahnung von etw. haben 무엇을 그저 어렴풋이 예감하다. **2.** 몸죽은, 기가 죽은, 기분이 언짢은, 음(子)울한, 슬픔에 잠긴, 암담한: es herrschte eine -e Stimmung 음울한(암담한) 기분(분위기)이 감돌았다. **Düster** [-], das; -s 《시어》 ↑ Düsterheit. **Düsterheit**, **Düsternis**, die 암흑, 어둠, 어두운 상태, 음울, 암담, 우수, 음산함. **düstern** ['dyːstɐn] ⟨h⟩ 《시어》 어두워지다, 흐려지다, 캄캄하다, 어둡다, 침침하다, 음울하다: 《비인칭》 es düstert 날이 어두워진다, 하늘이 흐려진다. **Düsternis**, die (아어) ↑ Düsterheit.

Dutchman ['dʌtʃmən], der; -s, ...men [..mən; engl. Dutchman] 영어를 하는 선원들이 독일 선원들에게 하는 욕설[모욕적 언사].

Dutt [dʊt], der; -(e)s, -e/-s [Niederd.] 《지역적》 묶은 머리, 속발(束髮), 상투, 틀어올린 머리.

Dutte ['dʊtə], die; -n 1. 《österr.·통용어》 《동물의》 젖꼭지: die Ferkel saugen an den D. 돼지새끼들이 젖꼭지를 빨고 있다. 2. 《속어》 《여성의》 유방, 젖퉁이, 젖.

Duty-free-Shop [《engl.》 'dju:tɪ'fri:ʃɔp], der; -(s), -s 《공항 내의》 면세품점.

Dutzend ['dʊtsn̩t], das; -s, -e [frz. dozeine] **a)** 〈Pl.: -〉 12개, 다스, 타(打): das D. Eier kostet[kosten] 2,40 Mark 계란 12개의 값은 2마르크 40페니히이다; 성구 davon gehen 12 auf ein D. 《통용어》 그것은 전혀 대단한 것이 아니다[별게 아니다]《약어: Dtzd.》. **b)** 〈Pl.〉 수 많은, 수많이 많은: -e (von) Menschen strömten in den Saal 수 많은 사람들이 홀 안으로 물밀 듯 밀려 들어갔다; sie kamen in[zu] -en 그들은 떼를 지어왔다.

dutzend-, Dutzend-: **~fach** 〈Adj.〉 **1.** 많은: die -en Zusammenbrüche in der Wirtschaft 여러 번의 경제(적) 파산(실패). **2.** 〈nur adv.〉 †~mal. **~geschmack**, der 《貶》 평범한 취향〈기호·취미〉. **~gesicht**, das 《貶》 평범한 얼굴. **~mal** 〈Adv.〉 매우 자주, 수십 번, 몇 번이고, 여러 번〈차례〉. **~mensch**, der 《貶》 보통 사람, 평범한 사람. **~typ**, der 평범한 유형〈의 사람〉. **~ware**, die 《貶》 대량 판매 상품, 보통 상품, 값싼 물건. **~weise** 〈Adv.〉 다스로[다스씩]; 다량으로.

Duumvir [du'ʊmvɪr], der; -n, -n (또한 -i) 〈대개 Pl.〉 [lat. duumvir] 《고대 로마에서》 2인 연대식 관리 중의 사람. **Duumvirat** [duʊmvi'ra:t], das; -(e)s, -e [lat. duumvirātus] 2인 연대직(連帶職), 이두(二頭)양두(兩頭)》 정치[통치].

Duvet [dy'vɛ], das; -s, -s [frz. duvet] 《schweiz.》 솜털이불, 새털이불. **Duvetine** [dyf'ti:n], der; -s, -s [frz. duvetine] 두베틴(양털, 목화 혹은 화학 섬유로 된 모조 비로드).

Düwel ['dy:v], der; -s, - 《niederd.》 악마, 악귀, 마귀, 귀신.

Duwock ['du:vɔk], der; -s, -s [niederd. dūwenwocke] 《niederd.》 《식물》 쇠뜨기《속》, 속새《새쇠풀과》.

Dux [dʊks], der; -, Duces ['du:tse:s; lat. dux] 《음악》 《대개》 둔주곡의 첫 푸가의 주제.

Duz- (duzen): **~bruder**, der ↑~freund. **~freund**, der 너나하는 사이의 친구, 친한 친구. **~fuß** 《다음 용법으로만》 **mit jmdm. auf (dem) D. stehen** 《통용어》 누구와 너나하고 부르는 《친밀한》 사이다, 누구와 말을 놓고 지내다; 전의 er steht mit dem Alkohol auf (dem) D. 《통용어·농》 그는 술을 즐겨 마시고 많이 마신다.

duzen ['du:tsn̩] 〈h〉 자네·너[여보, 당신]라 부르다, 말을 놓다[트다]: er duzt alle seine Leute 그는 그의 모든 부하《친척》들에게 자네라 부른다[말을 놓는다].

DW = Deutsche Welle 독일의 공영 방송〈국〉.

Dwaita ['dvaita], der; - [sanskr. dvaita] 《모든 단일성을 부정하고》 신과 세계의 이원성만을 인정하는 인도 철학.

Dwandwa ['dvandva], das; -(s), -(s) [sanskr. dvandva, eigtl. = Paar] 《언어》 병렬합성어(Kopulativum) 《대등한 관계로 구성된 합성어, 예컨대: taubstumm 따위》.

dwars [dvars] 〈Adv.〉 [niederd. dwers] 《niederd.》 가로질러서, 비스듬히.

dwars-, Dwars- 〔선원〕: **~linie** 《다음 용법으로만》 **in D.** 〔선원〕 서로 나란히, 나란히 늘어서서, 횡대서열(橫隊船列)로, 횡렬(橫列)로. **~schiffs** 〈Adv.〉 배《의 침로》를 가로질러서. **~see**, die 〔선원〕 측면파랑(횡파). **~wind**, der 옆바람.

Dweil [dvail], der; -s, -e [niederd. dwele] 〔선원〕 《갑판을 닦는데 쓰는》 자루달린 걸레.

Dy = Dysprosium.

Dyade [dy'a:də], die; -n [lat. dyas < griech. dyás] **1.** 《수학》 다이앳《두 벡터 a와 b를 나란히 쓴 ab》. **2.** 《사회》 한 쌍, 《최소 사회 관계의》 둘로 된 그룹. **Dyadik** [dy'a:dɪk], die [griech. dyadikós] 《수학》 이진법(二進法). **dyadisch** 〈Adj.〉 이진법의. **Dyas** ['dy:as], die [lat. dyas] 〈고어〉 ↑¹Perm 참조. **dyassisch** [dy'asɪʃ] 〈Adj.〉 《지질》 이첩기[계]의.

dyn = Dyn.

Dyn [dy:n], das; -s [griech. dýnamis] 다인《힘의 C. G. S. 절대 단위》〈기호: dyn〉. **Dynameter** [dyna-], das; -s, - [griech. dýnamis] 《광학》 《망원경의》 확도계(擴度計). **Dynamik** [dy'na:mɪk], die [lat. dynamicē < griech. dynamikḗ (téchnē)] **1.** 《물리》 동력학(動力學)《반대: Statik》. **2.** 원동력, 활력, 기운, 활기, 활동성, 추진력: die D. unserer Zeit 우리 시대의 활기; die D. der wirtschaftlichen Entwicklung 경제 발전의 원동력. **3.** 《음악》 강약법, 음론론(音論論). **Dynamis** ['dy:namɪs], die [griech. dýnamis] 《철학》 변화를 야기시킬 가능성[능력, 힘]《아리스토텔레스, 스콜라 철학의 근본 개념[원리]》. **dynamisch** 〈Adj.〉 [griech. dynamikós] **1.** 《물리》 역학(상), 역동(力動)의《반대: statisch》: die Gesetze 역학적. **2. a)** 다이나믹한, 추진력[활동성, 활력] 있는, 유동적인[동적인]: -e Rente 《국민 총생산·임금·물가의 변화에 따르는》 연동형(聯動)의 연금. **b)** 활기 있는, 생기 있는, 활동[실행]력 있는, 진취적 기상이 풍부한: wir suchen einen -en jungen Mann 우리는 활동력 있는 젊은 남자를 구합니다《구인 광고에서》. **3.** 《음악》 강약법의, 음론론(音論論)의. **dynamisieren** [dynami'zi:rən] 〈h〉 **a)** 《교양어》 통계적〔동계적〕시키다, 가속화시키다. **b)** 《임금, 연금 따위를 물가 변동에 따라》 연동(聯動)시키다: dynamisierte Renten 연동된 연금. **Dynamisierung**, die; -en ↑dynamisieren의 명사형. **Dynamismus** [dyna'mɪsmʊs], der; -, …men **1.** 〈Pl. 없음〉 《철학》 역본설(力本說), 동력론, 다이나미즘. **2.** 〈Pl. 없음〉 《인정》 물활론(物活論). **3. a)** 〈Pl. 없음〉 ↑Dynamik (2). **b)** 《원》 동력, 활동력, 추진력, 활동력. **dynamistisch** 〈Adj.〉 동력론[역본설(力本說)]의, 물활론의, 동력력 있는. **Dynamit** [dyna'mi:t, 《또한》 …'mɪt], das; -s [griech. dýnamis] 다이나마이트: der Felsen wurde mit D. gesprengt 그 암벽은 다이나마이트로 폭파되었다; 전의 D. in den Fäusten haben 《권투은어》 센 주먹을 가지고 있다; D. im Bein haben 《축구은어》 강슛을 쏘는 힘을 가지고 있다. **Dynamitbombe**, die 다이나마이트 폭탄. **Dynamitpatrone**, die 다이너마이트 탄. **Dynamo** [dy'na:mo, 《또한》 'dy:namo], der; -s, -s [engl. dynamo] ↑Dynamomaschine의 약어.

dynamo-, Dynamo-: **~graph**, der 《기술》 역량기록기(力量記錄器), 자동검력기(自動檢力器). **~metamorph** 〈Adj.〉 《지질》 《광물·암석을》 압력을 가해 변형〔변성(變成), 변모〕시킨. **~metamorphose**, die 《광물, 암석의》 동력 변성 작용. **~meter**, das **1.** 역량계(力量計), 동력계(動力計). **2.** 《물리》 전류력계(電流力計).

Dynamomaschine [《또한》 'dy:namo-], die; -n 〔기술〕 다이나모, 발전기. **Dynast** [dy'nast], der; -en, -en [griech. dynástēs] 《중세의》 작은 나라 군주, 주권자, 임금, 군주. **Dynastie** [dynas'ti:], die; -n [...i:ən; griech. dynasteía] 《교양어》 **1.** 왕조, 왕가, 왕통(王統), 군주의 가계(家系). **2.** 《일정한 분야에서 번성하거나 특출하거나 영향력 있는》 가문[명문(名門)], 그룹[집단]: die D. der Krupps 《강철 공업가》 크룹 일가(一

家). **dynastisch** 〈Adj.〉 왕조의, 왕가의, 왕당(王黨)의. **Dynatron** ['dy:natro:n], das; -s, ...one [dyna'tro:nə], 《또한》 -s [aus griech. dýnamis u. ↑*Elektron*] [전기] 다이나트론(진공관의 일종). **Dynode** [dy'no:də], die; -n [aus griech. dýnamis u. ↑*Elektrode*] [전기] 다이노드(진공관[전자관]의 보충전극). **Dyophysit** [dyofy'zi:t], der; -en, -en [griech. dyophysítēs] (그리스도는 참 신이며 동시에 참 인간이라는) 그리스도의 2 본질론을 신봉[추종]하는 사람. **dyophysitisch** 〈Adj.〉 그리스도의 2 본질론의, 그리스도의 2 본질론을 추종[신봉]하는. **Dyophysitismus** [dyofysi-'tɪsmʊs], der; - [그리스 정교] (그리스도가 참 신이며 동시에 참 인간이라는) 그리스도의 두 존재[본질]론. **Dyopson** [dyo'pso:n], das; -s [griech. dýo u. opsōnía] [경제] 두 명의 수요자만 등장하는 시장 형태. **dys-, Dys-** [dys-; griech. dys-] "불량, 부전(不全), 불완전, 곤란, 장애"의 뜻을 가진 전철, 주로 의학용어[술어]로 쓰임 (예컨대: dyspeptisch, Dystrophie). **Dysästhesie** [dysˌeste'zi:, dyze...], die [griech. aísthēsis] 1. [생리] 감각 장애[부전(不全)]. 2. [심리] 불쾌한 감각 감정. **Dysbakterie** [dysbakte'ri:], die; -n [...i:ən] [의학] (장[腸]내의) 비정상 세균 기생. **Dysbasie** [dysba'zi:], die; -n [...i:ən; griech. básis] [의학] (혈액 순환 장애로 인한) 보행 장애, 보행 부전(步行不全). **Dysbulie** [dysbu'li:], die [griech. boulḗ] [심리] 의지(意志) 장애, 의지 박약. **Dysenterie** [dysˌɛnte'ri:, dyzɛ...], die; -n [...i:ən; lat. dysenteria < griech. dysenteríā] [의학] 적리(赤痢), 이질. **dysenterisch** 〈Adj.〉 적리성(赤痢性)의, 이질의. **Dysfunktion**, die; -en [의학] 기능 장애. **Dysgrammatismus** [dysgrama'tɪsmʊs], der [심리] (문법적으로 맞는 문장을 만들어 말하지 못하는) 언어 장애. **Dyskolie** [dysko'li:], die [griech. dyskolía] [심리] 우울, 짜증. **Dyskrasie** [dyskra'zi:], die; -n[...i:ən; griech. dyskrasía] [의학] 악액질(惡液質), 이상혼화증(異常混和症), 혈액 혼합 상태 불량. **Dyslexie** [dyslɛ'ksi:], die; -n [...i:ən; griech. léxis] [의학·심리] 독서 장애, 실독증(失讀症). **dysmel** [dys'me:l] 〈Adj.〉 [의학] (선천적인) 지체기형(脂體奇型)의. **Dysmelie** [dysme'li:], die; -n [...i:ən; zu ↑dys- u. griech. mélos = Glied] [의학] 선천성 지체기형. **Dysmeljenabteilung**, die 선천성 지체기형과(科). **Dysmelienklinik**, die 선천성 지체기형을 치료하는 병원. **Dysmenorrhö** [dysmenɔ'rø:], die; -en [...'rø:ən], **Dysmenorrhöe** [dysmenɔ'rø:], die; -n [...'rø:ən] [의학] 월경곤란(증). **Dysodil** [dyso'di:l, dyzo...], das; -s, -e [griech. dysódēs] [광물] 석판 모양의 석탄, 갈탄의 변종. **Dyspareunie** [dyspary'ni:], die; -n [...i:ən; griech. dyspáreunos] [의학] a) (결혼생활·부부 관계에서의) 육체적·정신적 부조화. b) (성교시 여성의) 불감증, 오르가즘의 결여. **Dyspepsie** [dyspɛ'psi:], die; -n [...i:ən; lat. dyspepsia < griech. dyspepsíā] [의학] 소화불량[장애]. **dyspeptisch** 〈Adj.〉 a) 소화가 잘 안 되는, 소화하기 어려운. b) 소화불량[장애]의. **Dysphasie** [dysfa'zi:], die; -n [...i:ən; griech. phásis] [의학] 언어장애(증), 언어삽체(澁滯)(말더듬), 담화장애, 부전실어(증)(不全失語症). **Dysphonie** [dysfo'ni:], die; -n [...i:ən; griech. dysphōníā] [의학] 발성 장애(예컨대: 목이 쉬었을 때). **Dysphorie** [dysfo'ri:], die; -n [...i:ən; griech. dysphoríā] [의학·심리] 불쾌(한 기분), 신체 위화감(身體違和感)(반대: Euphorie 2). **dysphorisch** 〈Adj.〉 (기분이) 불쾌한, 의기 소침한, 민감한 (자극에), 신경질적인, 성난, 노하기 쉬운 (반대: euphorisch 2). **dysphotisch** [dys'fo:tɪʃ] 〈Adj.〉 [griech. phṓs] [생물] (깊은 물 속의) 어둠침침한. **Dysphrasie** [dysfra'zi:], die; -n [...i:ən; griech. phrásis] [심리] 지적 기능 장애로 인한 언어 장애. **Dysplasie** [dyspla'zi:], die; -n [...i:ən; griech. plásis] [의학] 발육 부전(증), 형성 이상(증)(形成異常症), 이형성(증)(異形成症). **dysplastisch** 〈Adj.〉 발육 부전(증)의, 형성이상(증)의. **Dyspnoe** [dys'pno:ə], die [lat. dyspnoea < griech. dýspnoia] [의학] 호흡 곤란. **Dysprosium** [dys'pro:zi̯ʊm], das; -s [griech. dysprósitos] [화학] 디스프로슘 (원소 이름)(기호: Dy). **Dysteleologie**, die [철학] 반(反)목적론, 무(無)목적론(반대: Teleologie). **dysteleologisch** 〈Adj.〉 반목적론[무목적론]의. **Dystokie** [dysto'ki:], die; -n [...i:ən; griech. dystokíā] [의학] 난산(難產), 이상분만(반대: Eutokie). **Dystonie** [dysto'ni:], die; -n [...i:ən] [의학] 근긴장이상(筋緊張異常), 이상긴장증, 실조(증)(반대: Eutonie). **dystroph** [dys'tro:f] 〈Adj.〉 1. [의학] 영양실조의. 2. 《생물》 (바다가) 부영양(富營養)의. **Dystrophie** [dystro'fi:], die; -n [...i:ən; griech. trophḗ] [의학] (반대: Eutrophie) a) 이상영양(증)(異常營養症), 영양 장애. b) (신체의 한 기관의) 영양 실조. **Dystrophiker** [dys'tro:fikɐ], der; -s, - 영양 실조증(이상 영양증) 환자. **Dysurie** [dysˌu'ri:, dyzu...], die; -n [...i:ən; lat. dysúria < griech. dysouríā] [의학] 배뇨(排尿)장애, 배뇨 곤란. **Dytron** Ⓦ [dy'tro:n], das; -s 《인공어》 데트론(인공[합성]물질). **dz** = Doppelzentner 200파운드(무게). **dz.** = derzeit 지금, 현재, 당시. **D-Zug** ['de:-], der; -(e)s, D-Züge [Durchgangszug 의 약칭] (복도가 있는) 급행 열차: 임 D-Zug durch die Kinderstube gefahren(gebraust) sein (경)좋은 예의범절을 배우지 못했다, 교육을 잘못 받았다. **D-Zug-Tempo**, das 《통용어》 빠른 속도: im D. angerannt kommen 빨리[빠른 속도로] 달려오다. **Zug-Wagen**, der 급행 열차용 차량(객차). **D-Zug-Zuschlag**, der 급행료, 급행 열차(할증) 요금.

E

e, E [eː]; das; -, - **1.** 독일 자모의 다섯째 자, 모음 계열 a, e, i, o, u 중 두 번째 소리: ein kleines e[ein großes E] schreiben 소문자 e[대문자 E]를 쓰다. **2.** [음악] 마음(音)(기본 단음계의 다섯째 음, 기본 장음계의 셋째 음), 마조(調)(보통 대문자는 장조, 소문자는 단조).

E = 1. (기상학상의 국제 기호)(East [iːst; engl.] (또는) Est [ɛst; frz.]) 동(쪽), 동방, 동부. **2.** 준급행 열차(Eilzug). **3.** 구주 도로(Europastraße).

ε = Dielektrizitätskonstante의 기호.

ε, E 그리스 자모의 다섯째 글자(Epsilon).

η, H 그리스 자모의 일곱째 글자(Eta).

Eagle [ˈiːgl] das; -s, -s [engl.-amerik. eagle] **1.** [골프] 표준보다 두 타격 적은 타격 수(數). **2.** 미국의 금화(10 달러에 해당).

EAN-Code [eːaːˈɛn-], der; -s [europäische Artikelnumerierung의 약어] (유럽의) 바코드(상품 포장 등에 적힌 광학적 식별용 줄무늬 기호).

Earl [əːl], der; -s, -s [engl. earl] ↑Graf의 영어 명칭.

Early English [əːli ˈiŋgliʃ], das; - - [engl. Early English (style)] 〖예술〗 영국 고딕식 초기의 양식(1175〜1250).

East-Coast-Jazz [ˈiːstkoustdʒæz], der; - [engl. east, coast. u ↑Jazz 참조] [음악] 1953년 경부터 뉴욕을 중심으로 한 미국 동해안에서 특히 유색[흑인] 음악가들에 의해 형성된 재즈.

Easterngriff [ˈiːstən-], der; -(e)s [engl.-amerik. Eastern grip] [테니스] 포핸드스트로크 그립(미국 동부의 선수들에 의해 처음 사용됨).

Easy-going Girl [ˈiːzɪɡoʊɪŋ ˈɡəːl], das; - -s, - -s [engl. easy going u. ↑Girl 참조] 도덕적·사회적 인습에 얽매이지 않는 아가씨나 젊은 여자. **Easy-rider** [ˈiːzɪraɪdə], der; -s, - [engl.-amerik. easy-rider] **1.** 이지 라이더(높고 분리된 운전대와 등받이가 높은 안장을 가진 오토바이). **2.** 이지 라이더를 타는 청(소)년.

Eat-art [iːtlaːt], die [engl. to eat u. art] 이트 아트(예술 작품을 소비의 대상으로 생산하는 예술파).

Eau de Cologne [ˈoː də koˈlɔnjə], das, 〖드물게〗 die; - - -, Eaux - - [ˈoː - -; frz. eau de Cologne] 오드콜론(일종의 향수: 원래의 생산지인 독일의 Köln에서 나온 말로서 Kölnischwasser라고도 함). **Eau de Javel** [- -ʒaˈvɛl], das (또는) die; -, Eaux - - [ˈoː -; frz. eau de Javel] 〖화학〗 자벨 수(水)(주로 표백제나 살균, 소독제로 사용됨). **Eau de Labarraque** [- - labaˈrak], das (또는) die; - - [1820년 이 물질을 처음으로 생산한 프랑스 화학자 A. G. Labarraque의 이름에서 유래] 《화학·고어》 라바라크 수(水)(표백, 살균, 소독제로 사용됨). **Eau de parfum** [- -parˈfœ̃ː], das; - - -, Eaux - - [ˈɑː - -; frz. eau de(↑Eau de Cologne) u. parfum] (향의 강도가 Kölnischwasser와 Parfüm의 중간인) 향수. **Eau de toilette** [- -toaˈlɛt], das; - - -, Eaux - - [ˈoː - -; frz. eau de toilette] (향의 강도가 Eau de parfum과 Kölnischwasser의 중간인) 향수, 화장수(化粧水). **Eau de vie** [- -ˈviː], die 《또는》 die; - - - [frz. eau-de-vie] Weinbrand(브랜디, 꼬냑), Branntwein (화주(火酒)·브랜디)의 프랑스어 명칭. **Eau forte** [ˈoː-

ˈfɔrt], das / die; - - [frz. eau-forte] 《화학·고어》 질산.

Ebbe [ˈɛbə], die; -n [niederd. ebbe] (반대: Flut) 썰물, 간조: es ist E. 썰물이다, 썰물 때다; E. und Flut 썰물과 밀물, 간만(干滿); im Geldbeutel ist[herrscht] E. 《통용어》 돈주머니에 돈이 몇 푼 안 남았다[돈이 거의 없다]; eine E. im kulturellen Leben 문화계의 침체[쇠퇴].

Ebbe-: ~dauer, die 썰물 기간. **~strom**, der 《드물게》 ↑Ebbstrom. **~strömung**, die 썰물 때 빠지는 바닷물. **~und-Flut-Kraftwerk**, das 조력(潮力) 발전소. **~zeit**, die 간조시(干潮時).

ebben [ˈɛbn] ⟨h⟩ [niederd. ebben] 《대개 비인칭》 조수가 빠지다, 썰물이 지다, (힘 따위가) 약해지다, 줄다, 쇠퇴하다: da es ebbte, warfen wir erst mal Anker 썰물이 졌기 때문에 우리는 우선 닻을 내렸다. **Ebbstrom** [ˈɛp-], der; -(e)s 간조류(干潮流).

ebbes [ˈɛbəs] (südwestd.) 어떤 것, 어떤 일, 무엇, 조금 (etwas).

¹eben [ˈeːbn] ⟨Adj.⟩ **1.** 평탄한, 편편한, 평활한, 고른: der Weg verläuft e. 길이 평탄하게 나있다. **2.** 울퉁불퉁하지 않은, 매끄러운, 평편(편편)해진: den Boden e. machen 땅을 편편하게 하다[고르게 하다]; zu -er Erde 일층에, 아래층에, 지면 높이에. **3.** 《준고어》 《충격·동요 없이》 한결같은, 균등한: das Pferd hat einen -en Gang 이 말은 똑같은 걸음을 걷는다. **²eben** [-] ⟨Adv.⟩ **1. a)** 바로, 막, 때마침, 바로 지금: e. tritt er ein 그가 막 들어온다. **b)** 바로 전에, 조금 전에, 아까: er war e. noch hier 그는 조금 전까지만 해도 여기 있었다. **c)** 《지역적》 잠시동안(만), 빨리, 일른(한번): kommst du e. (mal) mit? 얼른(좀) 오겠니? **2.** 겨우, 가까스로, 간신히, 어렵게: mit drei Mark komme ich (so) e. (noch) aus 나는 3마르크로 간신히 그럭저럭 때운다[지탱한다]. **3.** 《강조·확인》 **a)** 바로 지금, 정말로, 꼭 막, 꼭, 때마침: e. jetzt brauchen wir das Geld 바로 지금 우리는 돈이 필요하다; das e. nicht! 그건 (더욱더) 안된다, 그건 결코 그렇지 않다; sie war nicht e. freundlich zu ihm 《약한 부정》 그 여자는 그에게 별로[그다지] 친절하지 않았다. **b)** 나도 그렇게 생각해, 바로 그거야: ja e.! 내 생각도 그래! 그렇고 말고! e. das! 바로 그것! 물론 그렇지! 바로 그거야! **4.** 어차피, 정말로, 실제로, 여하튼, 어쨌든: das ist e. so 그건 어차피 그런거지.

¹eben-, Eben-: ~bild, das (아이) 비슷한[흡사한] 모습, 초상, 꼭 닮은 사람(특히 얼굴, 모습이): sie ist das (getreue) E. ihrer Mutter 그 여자는 자기 어머니를 (꼭) 닮았다. **~bürtig** [-byrtɪç] ⟨Adj.⟩ **1.** 《구제》 같은[동등한, 대등한] 가문[신분]의: die zweite Frau des Grafen war nicht e. 백작의 두번째 부인은 같은 동등한 가문 출신이 아니었다. **2.** (정신적·신체적 능력·힘이 누구와) 동등한[대등한], 필적하는: ein ihm -er Gegner 그와 대등한[필적할 만한] (수); die beiden waren sich[einander] (geistig) e. 그 두 사람은 서로 (정신적으로) 동등[대등]했다. **~bürtigkeit**, die ↑~bürtig의 명사형. **~erdig** ⟨Adj.⟩ (österr.) 1층의, 지면과 똑같은 높이의, 지계(地階)의:

die ~en Fenster 지면과 같은 높이의 창문들. **~falls** ⟨Adj.⟩ 마찬가지로, 똑같이, … 도 또한: er war e. anwesend 그도 또한 출석했다; danke, e.! 고마워요, 저 도요. **~maß**, das ⟨Pl. 없음⟩ 균형이 잘 잡혀 있음, 조화, 대칭: das E. ihres Körpers 균형이 잘 잡힌 그녀의 몸. **~mäßig** ⟨Adj.⟩ 균형이 잘 잡힌, 조화된, 대칭적인: ihre Gesichtszüge sind e. 그 여자의 얼굴(모습)은 균형이 잘 잡혀 있다. **~mäßigkeit**, die ↑~mäßig의 명사형. **~wert** ⟨Adj.⟩ ⟨schweiz.⟩ ↑~bürtig (2).

²**eben-** [대개 합성어의 두 부분에 다 강세가 있고, 또는 더 강한 지시의 경우 마지막 부분에 강세를 두기도 함]: **~da** ⟨Adv.⟩ 바로 그곳[거기]에(약어: ebd. [인용부분을 명시할 때]): das Zitat findet sich e. 인용(문)은 방금 상술(上述)한 바로 그곳에 있다; ebd. S. 35 und S. 90 위에 든 책[논문]의 35쪽과 90쪽에. **~daher 1.** ⟨Adv.⟩ 바로 그곳[거기]으로부터: er kam von e. 그는 바로 그곳으로부터 왔다. **2.** ⟨Pronominaladv.⟩ 바로 그런 까닭에, 바로 그런 이유로: e. kommt es, daß… 바로 그것 때문에 …한 일이 생긴다. **~dahin 1.** ⟨Adv.⟩ 바로 그곳[거기]으로: e. gehen wir auch 우리도 바로 그곳으로 간다. **2.** ⟨Pronominaladv.⟩ …의 방향으로: seine Auffassung geht e.… 그의 견해는 바로 그곳에 이른다. **~dann** ['-dan; -'dan] ⟨Adv.⟩ 바로 이 시점[시기, 순간]에. **~darum** ⟨Pronominaladv.⟩ 바로 그렇기 때문에: e. muß ich zu ihr hin 바로 그 때문에 나는 그 여자에게 가야 한다. **~daselbst** ⟨Adv.⟩ ⟨schweiz.⟩ ↑ 바로 그곳에 (ebenda). **~der, ~die, ~das** ⟨Demonstrativpron.⟩ 바로 그 남자, 그 여자, 그것: ebendas bezweifle ich 바로 그 점을 나는 의심한다. **~derselbe, ~dieselbe, ~dasselbe** ⟨Demonstrativpron.⟩ ↑~der, ~die, ~das의 강조형: an ebendemselben Platz 바로 그 자리에. **~deshalb, ~deswegen** ⟨Pronominaladv.⟩ 바로 그 때문에: e. bin ich gekommen 나는 바로 그 때문에 왔다. **~dieser, ~diese, ~dieses** ⟨Demonstrativpron.⟩ 바로 이 남자, 이 여자, 이것. **~dort**, ⟨고어⟩ **~dortselbst** ⟨Adv.⟩ 바로 그곳에. **~falls**: ↑ ¹eben-, Eben- 참조. **~jener, ~jene, ~jenes** ⟨Demonstrativpron.⟩ 바로 저 남자, 저 여자, 저것: ebenjenen habe ich in X gesehen 나는 바로 저 남자를 모처에서 보았다. **~so** ['e:bnzo:] ⟨Adv.⟩ …와 아주 똑같이, 마찬가지로], …도 또한: ich mache es e. wie Sie 나도 당신과 똑같이 그것을 합니다; er ist e. gut wie[⟪지역에 따라⟫ als] du 그는 너와 똑같이 좋은 사람이다. **~sogern** ⟨Adv.⟩ 아주 똑같이 좋게[마찬가지]로 기꺼이. **~sogut** ⟨Adv.⟩ 아주 똑같이 좋게[잘]. **~sohäufig** ⟨Adv.⟩ 똑같이 정도로 자주. **~solang(e)** ⟨Adv.⟩ 똑같이 오랫[오래]. **~solcher, ~solche, ~solches** ⟨Demonstrativpron.⟩ 바로 그러한 남자, 그러한 여자, 그러한 것. **~sooft** ⟨Adv.⟩ 똑같은 정도로[마찬가지로] 자주: er kommt e. (wie du) 그도 (너와) 똑같은 정도로 자주 온다. **~sosehr** ⟨Adv.⟩ 그와 똑같이 매우, 와 같은 정도로: e. für Sprachen wie für Mathematik begabt sein 수학과 똑같이 어학에 매우 재능이 있다. **~soviel** ⟨Indefinitpron.⟩ 그 정도(만큼) 많은(것): heute hat er e. geleistet (wie gestern) 오늘도 그는 (어제와) 같은 정도로 많은 일을 해냈다. **~soweit** ⟨Adv.⟩ 똑같은 정도로 멀게[멀리]: wir laufen e. (wie ihr) 우리도 (너희들과) 똑같은 정도로 멀리 달린다. **~sowenig** ⟨Indefinitpron.⟩ 똑같이 정도로 적게, 똑같은 정도로 (거의) …않다: ich weiß e. darüber wie du 나도 그것에 대해서 너와 마찬가지로 별로 아는 게 없다. **~sowohl** ⟨Adv.⟩ 마찬가지[똑같은 정도] 로 잘[좋게]: das ist e. möglich 그것도 마찬가지로 충분히 가능하다.

Ebene ['e:bənə], die; -n [2: lat. planum; 3: engl. level] **1.** 평야, 평지: der Ort liegt in einer fruchtbaren E. 그곳은 비옥한 평야에 (놓여) 있다. **2.** [기하·물리] 평면: eine schiefe E. 사면(斜面)[경사면]: **auf die schiefe E. geraten(kommen)** 탈선하다, 영락(零落)하다, 실패하다, 과오를 범하다. **3.** 분야, 영역, 수준, 정도: ein Gespräch auf wissenschaftlicher E. führen 학술[학문]적 분야의 대화를 하다; Verhandlungen auf höchster E. 최고위층(인사들)의 협의(도의, 교섭, 담판); etw. liegt auf gleicher E. 무엇이 같은 수준이다. **Ebenheit**, die 평탄, 평활(平滑), 일양성(一樣性), 균등, 평등.

Ebenholz ['e:bn̩hɔl-], das; -es, …hölzer [lat. ebenus < griech. ébenos] 흑단(재)⟨黑檀(材)⟩, 오목(烏木): Haare, schwarz wie E. 흑단(재)처럼 검은[새카만] 머리. **Ebenholzbaum**, der ↑Ebenholzgewächs.

ebenholzfarben ⟨Adj.⟩ 새까만, 검은. **Ebenholzgewächs**, das; -es, -e ⟨대개 Pl.⟩ (흑단을 공급하는) 흑단수(黑檀樹)⟨대개 열대성임⟩. **ebenieren** [ebe'ni:rən] ⟨h⟩ [lat. ebenus] (18세기) **1.** 흑단을 박아넣다, 대개 흑단을 상감(象嵌)하다. **2.** 흑단으로 세공하다. **Ebenist** [ebe'nɪst], der; -en, -en [frz. ébéniste] (18세기) 가구 공예가, 흑단 세공사.

Eber ['e:bɐ], der; -s, - 수퇘지⟨반대: die Sau⟩.

Eberesche, die; -n [gall. eburos = Eibe] [식물] 마가목.

Eberraute, die; -n [lat. abrotanum] [식물] 개사철쑥.

ebnen ['e:bnən] ⟨h⟩ 편편하게[평탄하게, 고르게] 만들다, 매끄럽게 만들다: einen Weg e. 길을 고르게[평탄하게] 하다; einen Platz mit einer Walze e. 광장을 도로용 롤러로 닦다[편평하게 하다]. **Ebnung**, die ↑ebnen의 명사형.

Ebonit [ebo'ni:t], das; -s [engl. ebonite] 경질(硬質)의 고무, 에보나이트.

Ebro ['e:bro, ⟪span.⟫ 'eβro], der; -(s) 에브로 강(스페인 동북부의 강).

Ebullioskop [ebulio'sko:p], das; -s, -e [lat. ebullīre u. griech. skopeīn] [화학] 비등점 측정기. **Ebullioskopie** [...oskoˈpi:], die; -n 〔분자량 측정의〕비점법(沸點法), 비점상승법. **ebullioskopisch** [...o'sko:pɪʃ] ⟨Adj.⟩ [화학] 비점법의.

Ecaillemalerei [e'kaj-], die; -en [frz. écaille] [미술] 도자기의 비늘 모양 그림.

Ecart: ↑Ekart. **Ecarté**: ↑Ekarté.

Ecce ['ɛktsə], das; -, - [이사야서 57장 1절: ecce, quōmodo moritur iūstus = sieh, wie der Gerechte stirbt] ⟨구제⟩ 제사, 초혼제(招魂祭). **Ecce-Homo** ['ɛktsəˈho:mo], das; -(s), -(s) [요한복음 19장 1~5절: ecce, homo = sehet, welch ein Mensch] 가시면류관을 쓴 그리스도 상(像) [수난상].

Ecclesia [ɛˈkle:zia], die [lat. ecclēsia < griech. ekklēsía] **1.** ↑ Ekklesia (특히 가톨릭 교리에 상응하는 다음의 라틴어 용법으로): E. militans [-ˈmi:litans; lat. mīlitāns] 세상에서 싸우는 교회(현세의 신자들); E. patiens [-ˈpaːtsiens; lat. patiēns] 고통받는 교회(연옥(煉獄)의 영혼들); E. triumphans [-triˈumfans; lat. triumphāns] 승리의 교회, 완성의 교회(천국의 성인들). **2.** [미술] 여인상.

Ecclesiastes [ekleˈziastes] ↑Ekklesiastes.
Ecclesiasticus: ↑Ekklesiastikus.
Ecdysion: ↑Ekdyson.
Echappé [eʃaˈpeː], das; -s, -s [frz. échappé] [발레] 샤페(도약 자세).
Echappement [eʃapəˈmɛ̃:], das; -s, -s [frz. échappement] **1.** ⟨고어⟩ 도주(逃走), 도망. **2.** [시계] (시계의) 탈진기(脫進機), 제동기(制動機)(톱니가 마구 회전하는 것

을 억제하는 장치). **3.** [피아노] (피아노 내부의 해머를 들어 올리는) 단기(彈機). **echappieren** [eʃa'piːrən] ⟨s⟩ [frz. échapper] 《고어》 (누구에게서) 달아나다, 이탈하다, 탈출[도망]하다.

Echarpe [e'ʃarp], die; -s [frz. écharpe] **1.** 《군고어·전문어》 장식띠, 견대(肩帶), 현장(懸章), 숄, 부인용 어깨걸이, 스카프, 목도리. **2.** (schweiz.) 무늬가 있는 숄[어깨걸이], 무릎싸개.

echauffieren [eʃɔˈfiːrən] ⟨h⟩ [frz. (s')échauffer] **1.** (긴장, 흥분으로 인해) 뜨겁게 하다[뜨거워지다]: im Gesicht bin ich auffallend echauffiert 내 얼굴은 눈에 띄게 달아올랐다 [뜨거워졌다]. **2.** 격앙시키다[격앙하다], 흥분시키다[흥분하다], 안절부절 못하다: e. Sie mich [sich] nicht! 나를 흥분시키지 마시오![흥분하지 마십시오!] **echauffiert** [...'fiːɐ̯t] ⟨Adj.⟩ 《군고어》 **1.** 뜨거워진, 노한, 가열된: mit em Gesicht 뜨거워진 얼굴로 **2.** 흥분된, 격앙된, 신경과민인, 안절부절 못하는: er war sehr e. darüber 그는 그 점에 대해서 몹시 격앙되어 있었다. **Echauffiertheit**, die ↑echauffiert 의 명사형.

Echelon [eʃəˈlõː], der; -s, -s [frz. échelon] (군·고어) 사다리꼴로 편성[정렬]된 부대, 제대(梯隊), 제진(梯陣). **echelonieren** [eʃəloˈniːrən] ⟨h⟩ [frz. échelonner] (군·고어) 부대를 사다리꼴로 편성하다[정렬시키다].

Echeveria [etʃeˈverɪa], die; ...ien [...iən] 19세기 멕시코의 식물 화가인 A. Echeverria에서 유래] 에케베리아 (남미산 돌나무과의 관상용 식물).

Echinit [eçiˈniːt, (또한) ...'nɪt], der; -s, -e; -en, -en [고생물] 섬게[해담(海膽)]의 화석. **Echinoderme** [eçinoˈdɛrmə], der; -n, -n ⟨대개 Pl.⟩ [griech. dérma] ⟨동물⟩ 극피동물(섬게, 불가사리, 해삼 따위). **Echinokaktus**, der;...teen [...kak'teːən] [식물] 섬게 선인장. **Echinokokkose** [eçɔˈkoːzə], die; -n [수의] 포충(낭충)병. **Echinokokkus** [...'kɔkus], der; -s,...ken [griech. échinos u. kókkos] [수의] 포충(胞蟲), 낭충 (囊蟲)(에키노코쿠스 속의 각종 촌충). **Echinus** [e'çiːnus], der; -, - [lat. echīnus < griech. echĩnos] **1.** [동물] 섬게(해담). **2.** [건축] 도리아식 건축의 만두 모양의 기둥머리.

Echo ['ɛço], das; -s, -s [lat. ēchō < griech. ēchṓ] **1.** 반향, 산울림, 메아리: das E. antwortete uns 산울림[메아리]이 우리에게 대답했다; [전의] 그는 nur das E. seines Freundes 그는 그의 친구의 말[의견]을 그대로 옮길뿐 자신의 의견은 갖고 있지 않지; das E. des Auslandes auf dieses Angebot war schwach 이 제공[공급]품에 대한 외국의 반응은 신통치 않았다. **2. a)** [기술] 에코, 되돌아옴. **b)** [결함있는] 반복[되풀이], (의도하지 않은) 잔향(殘響). **3.** [음악] **a)** 에코, 반향음전. **b)** (특히 16~18세기의) 에코 악곡.

echo-, Echo-: ~**artig** ⟨Adj.⟩ 메아리 같은. ~**bild**, das [텔레비전] 이중상(二重像)[고스트 이미지]. ~**effekt**, der **1.** [기술] 반복 효과. **2.** [음악] 반향(에코) 효과. ~**frei** ⟨Adj.⟩ 반향이[메아리가] 없는. ~**gewölbe**, das (작은 소리도 틀을 수 있는) 반향(反響)성의 둥근 천정. ~**graphie**, die; -n [...iən] [의학] 초음파 검사(법). ~**lalie** [-la'liː], die; -n [...iən; griech. lalía] **1.** [정신병학] 반향 언어(증상)(정신병의 일종). [언어 심리] (9~12개월된 유아의) 언어[음성] 모방. ~**lot**, das [기술] (반향에 의한) 음향 측심기(測深器), 음향[반향] 고도계(高度計). ~**lotung**, die 음향 측심. ~**matt**, das 되돌이 된 외통수. ~**patt**, das 되돌이 된 박수. ~**phrasie** [-fra'ziː], die; -n [...iən; griech. phrásis] ↑~lalie.

echoen ['ɛçoən] ⟨h⟩ **1.** (비인칭) 되울리다, 메아리치다: „Esel!" echote es (von den Bergen) "당나귀!"라고 (산에서) 메아리쳤다. **2.** 기계적으로 반복[모방]하다, 찬동하다.

Echse ['ɛksə], die; -n [↑Eidechse의 잘못 분절로 생김] 도마뱀류.

echt [ɛçt] ⟨Adj.⟩ [niederd. echt] **1. a)** 진짜의, 순수의, 불순물이 없는, 위조되지 않은(반대: falsch 1 a): -e Perlen 진짜 진주; ein -er Dürer 뒤러의 진짜 작품[뒤러가 직접 그린 작품]; die Unterschrift ist e. 이 서명은 (위조되지 않은) 진짜이다; der Ring ist e. golden 이 반지는 순금으로 되어 있다. **b)** 순종의: ein -er Pudel 순종 푸들(삽살개의 일종). **c)** 진정한, 참된, 허구적이 아닌, 사실의: eine -e Freundschaft 진정한 우정; sein Schmerz war e. 그의 고통은 정말이었다; (부사적으로 강조적) ich war e. überrascht 나는 정말로 놀랐다. **2.** 전형적인, 대표적인: ein -er Berliner 전형적인 베를린 사람. **3.** [수학] 분모보다 작은 분자를 가진: ein -er Bruch 진분수(眞分數). **4.** [화학·섬유] 바래지 않는: -e Farben 바래지 않는 색깔[불변색]; das Blau ist e. 이 청색은 바래지 않는다.

echt-, Echt-: ~**blau** 순청색의. ~**deutsch** ⟨Adj.⟩ 순수 독일의, 진짜 독일적인, 진짜 독일산(產)의. ~**farbig** ⟨Adj.⟩ 변색(퇴색)하지 않은 색깔의. ~**gold**, das 순금(純金). ~**golden** ⟨Adj.⟩ 순금의. ~**haar**, das 진짜(자연) 머리(반대: Kunsthaar). ~**haarperücke**, die 진짜 머리카락으로 만든 가발. ~**silber**, das 순은(純銀). ~**silbern** ⟨Adj.⟩ 순은의. ~**zeitbetrieb**, der [전산] 실시간 처리(방식).

Echtheit, die 참됨, 적출(嫡出), 순정(純正), 순수, 순종(純種), 바래지[퇴색하지] 않음.

Echtheits-: ~**beweis**, der 진품(순종) 증명. ~**nachweis**, der 진품(순종) 확인. ~**probe**, die, ~**prüfung**, die 진품 검사(시험). ~**zeugnis**, das (사물, 실상의) 신빙성[진품] 증명서.

Eck [ɛk], das; -(e)s, -e (österr.) -en [↑Eckel의 병용형] **1.** (südd., österr.) ↑Ecke (1): [전의] jmdm. über E. ansehen(anschauen) 〔지역적〕 누구를 흘겨[결눈으로] 보다(불신, 시기하여); **im E. sein** [스포츠] 컨디션이 나쁘다; **übers E.** 가로질러, 비스듬히 횡단하여, 대각선으로, 어긋나게. **2.** [구기] 골문의 모서리. ~**eck** [-ɛk] ("각(角)"의 뜻을 가진 다음의 합성어로, 예컨대) Dreieck 3각, Achteck 8각.

Eck-: ~**ball**, der [구기] (축구의) 코너 킥, (하키의) 코너 히트, (핸드볼의) 코너 드로. ~**ballmarke**, die [자전거 폴로] 코너 히트의 지점[표지]. ~**ballverhältnis**, das [구기] (양 팀의) 코너킥(히트, 드로) 비율. ~**bank**, die 귀퉁이에 맞춘 긴의자[코너 벤치]. ~**beschlag**, der (보강, 장식을 위한) 모서리 쇠(장식), 쇠테(책, 가구, 창문 따위의). ~**blatt**, das [예술] 주각(柱脚)의 나뭇잎 모양의 장식, (기둥 뿌리의) 모서리잎꼴 장식. ~**boje**, die [카누폴로] 카누폴로 경기장 코너 표시용 부표(浮標). ~**brett**, das [건축] 구석 선반, 까치발. ~**daten** [Pl.] (정치, 경제 따위 기획[계획]의) 주요 자료. ~**dreiviertel**, der [럭비] 드리쿼터 백의 좌우 윙. ~**fahne**, die [스포츠] (경기장의) 코너 표시기(旗)[코너 플랙]. ~**fenster**, das 구석 창문. ~**flügler** [-.fly:glɐ], der; -s, - [동물] (날개에 독특한 각이 있는) 얼룩나비의 일종. ~**gebäude** das 길 모퉁이 건물. ~**grundstück**, das 길 모퉁이 대지(땅). ~**haus**, das 길 모퉁이 집. ~**laden**, der 길 모퉁이 가게. ~**lohn**, der [경제] 기준 임금, 기본급. ~**lokal**, das 길 모퉁이 술집(식당). ~**lösung**, die [예술] (기둥의 두 장식띠가 직각으로 만날 때 생기는) 직각 무늬 장식. ~**pfeiler**, der 구석[모서리] 기둥, 교대각(橋臺脚), 토대, 지주: [전의] diese Hypothese ist ein E. seiner Theorie 이 가설은 그의 이론의 지주이다. ~**platz**, der (극장이나 차내의) 구석자리, 맨 끝의 좌석. ~**polster**, das [권투] (복서 보호용으

로 링의 각 코너에 댄) 코너 쿠션. ~**punkt**, der 꼭지점, 정점. ~**satz**, der 〈대개 Pl.〉 [음악] 처음과 끝의 악장 [단말(單末)] 악장. ~**säule**, die (일련의 기둥 중) 맨 마지막 기둥, 모서리 기둥. ~**schlag**, der [하키] 코너 히트. ~**schrank**, der (방구석에 놓는) 삼각형의 장(선반), 구석장. ~**sitz**, der ↑~platz. ~**sofa**, das 귀퉁이에 맞춘 소파[코너 소파]. ~**stange**, die (경기장의) 코너 표시 막대. ~**stein 1.** der; -(e)s, -e (보도의) 귓돌, 연석(緣石), 구석돌, 경계석(境界石), 주춧돌, 초석, 이정표: [전의] diese Entdeckung stellt einen E. in der Geschichte der Tierpsychologie dar 이 발견은 동물 심리학사(史)의 이정표가 된다. **2.** das; -s, - [카드] 다이아몬드(Karo). ~**stoß**, der [축구] 코너 킥. ~**stück**, das 모서리를 이루는 가장자리 조각(부분). ~**stunde**, die (하루의) 첫번째 또는 마지막 수업 시간. ~**tisch**, der (음식점의) 구석 테이블. ~**turm**, der (성 따위의) 모퉁이 망루[탑]. ~**wert**, der [경제] 개산(槪算) 가격. ~**wurf**, der [핸드볼] 코너 드로. ~**zahn**, der **1.** 송곳니, 견치(犬齒). **2.** 《통용어》 (춤출 때 아무도 춤추자고 권유하지 않는) 볼품없는[인기없는] 아가씨. ~**zimmer**, das 구석방. ~**zins**, der [화폐] 기본 이자율.

Eckart ['ɛkart] 《다음 용법으로》 **ein getreuer E.** 충실한, 항상 돕는 남자, 국민이 신뢰할 만한 지도자(충성스런 에카르트: 중세 영웅 서사시에 등장하는 인물).

Eckchen ['ɛkçən], das; -s, - ↑ Ecke (1 c, 2 a, 3) 참조.
Ecke ['ɛkə], die; -n **1. a)** 귀퉁이, 모, 모퉁이, 모서리, 끝, 가장자리: sich an der E. eines Tisches stoßen 책상[식탁]의 모서리에 부딪히다; die E. eines Dreiecks [기하] 삼각형의 모서리; **an allen -n (und Enden)** 《통용어》 도처에(서), 어디에서나; **es brennt an allen -n (und Enden)** 《통용어》 모두가 혼란에 빠져 있다, 몹시 무질서하다, 운동 뒤죽박죽이다. **b)** 길목, 길모퉁이: gleich um die E. wohnen 《통용어》 바로 근처(가까이, 다음 골목)에 살고 있다; ich sah sie um die E. biegen 나는 그녀가(그들이) 길 모퉁이를 돌아가고 있는 것을 보았다; 【구】 das ist schon längst um die E. 《통용어》 그것은 벌써 지난 일이다[이미 끝나버린 일이다]. E. stehen 《통용어》 매춘부가 거리에서 고객을 찾다; jmdn. um die E. bringen 《통용어》 누구를 암살하다, 죽이다, 처치하다; etw. um die E. bringen 1) 〈경〉 무엇을 슬쩍 가져가다, 훔치다, 착복하다, 해치우다. 2) 《경솔하게》 낭비하다, (재산을) 탕진하다; um die E. gehen 〈경〉 죽다, 횡사(橫死)하다, 멸망하다; um die E. sein 《통용어》 죽었다; mit jmdm. um[über] sieben -n verwandt sein 《통용어》 누구와 먼 친척 관계에 있다; jmdm. nicht um die E. trauen 《통용어》 누구를 신용하지[믿지] 않다. **c)** 〈축소형〉 ↑Eckchen 1 [지역적] 끝이 뾰죽한 작은 조각. **2. a)** 〈축소형〉 ↑Eckchen 1) 구석(진 곳), 외딴 곳, 한쪽 구석: die E. eines Zimmers 방구석; etw. in die E. stellen 무엇을 제쳐놓다, 치워 버리다; man suchte ihn in allen Ecken 사람들은 그를 사방에서 찾았다. **b)** (두 선이 만나는) 끝 모서리, 코너; etw. in die linke obere E. (einer Postkarte) schreiben 무엇을 (우편 엽서의) 왼쪽 윗 가장자리[끝]에 쓰다; **die lange E.** [스포츠] 선수와 먼 코너; **die kurze E.** [스포츠] 선수와 가까운 코너. **3.** 〈축소형〉 ↑Eckchen) [지역적] 지역, 지대, 주위, 부근: ein idyllisches Eckchen 전원적인 곳[전원 지대]. **4.** [지역적] 노정(路程), 거리: das ist noch eine ganze E. 그곳까지는 아직 폐 멀다. **5.** 【구기】 ↑Eckball: **eine kurze E.** 동료 선수에게 짧게 찬[친] 코너 킥[히트]; **eine lange E.** 골문 앞 코너 킥[히트]; **den Ball zur E. schlagen (lenken)** 공을 골라서 밖으로 쳐내다. **6.** [권투] **a)** 링의 네 코너 중의 코너: jedem der beiden Boxer wird seine E. zugewiesen 두 권투 선수에게 각각 자기 코너가

지정된다. **b)** (권투 선수에게 조언하고 후원하는) 세컨드. **7.** [레슬링] (선수가 휴식동안 머무는 사분원의) 코너.

ecken ['ɛkŋ] 〈h〉 (고어) 모서리를 내다, 모지다.
ęcken-, Ęcken-: ~**band**, das ↑Eggenband. ~**kragen**, der 모서리가 있는 옷깃. ~**los** 〈Adj.〉 귀퉁이[모퉁이, 모서리]가 없는. ~**schütze**, der [하키] 페널티 코너의 공을 받아 다른 선수가 멈추게 한 공을 골문으로 치는 선수. ~**stand**, der ↑~verhältnis. ~**steher**, der 《통용어》 (길 모퉁이에 서서 할 일없는 사람, 게으름뱅이, 거리의 불량배. ~**tor**, das [필드하키] 코너 히트나 페널티 코너를 얻어 넣은 골. ~**verhältnis**, das [스포츠] (양 팀의) 코너 킥[히트] 비율.

Ecker ['ɛkɐ], die; -n **1.** ↑Buchecker. **2.** 〈드물게〉 떡갈나무[너도 밤나무]의 열매. **3.** 〈Pl. 관사 없이 Sg.로 사용됨〉 (독일 카드의 패) 클로버.

eckig ['ɛkɪç] 〈Adj.〉 **1.** 모난, 모가 진, 귀퉁이[구석]가 있는: ein -er Tisch 모가 진 책상[식탁]. **2. a)** 서투른, 어색한, 우둘투둘한: sich e. benehmen 미숙하게[서투르게] 행동[처신]하다. **b)** 무뚝뚝한, 통명스런, 무례한, 조야(粗野)한: ein -er Mensch 무뚝뚝한 사람[인간]. **-eckig** [-ɛkɪç] ("~모난, ~각이 진, ~각 형의" 뜻을 가진 다음의 복합어로, 예컨대) dreieckig, achteckig.

Eckigkeit, die 모(남), 무뚝뚝함, 서투름.

Eckmannschrift ['ɛkman-], die [독일 활자가 O. Eckmann(1865~1902)의 이름에서] [문헌] 독일 활자체의 이름(유겐트 슈틸(Jugendstil)에서 가장 많이 사용된 활자체).

Eclair [e'klɛːɐ], das; -s, -s [frz. éclair] (크림을 채워 넣고 설탕과 초콜릿을 씌운 길죽한 과자) 에클레어.

Economiser: ↑Ekonomiser. **Economyklasse** [ɪ'kɔnəmɪ-], die; -n [engl. economy] (비행기의) 이코노미클라스[보통석].

e contrario [eˑ kɔn'traːrio] 〈Adv.〉 [lat. ē contrāriō] (법·교양어) 반대로, 거꾸로, 역(逆)으로, 오히려.

Ecossais [eko'sɛ], der; - [frz. écossais] [섬유] 큰 격자[바둑판] 무늬 옷감[안감]. **Ecossaise** [eko'sɛːzə], die; -n [frz. écossaise] [음악] 에코세즈(3/2이나 3/4박자의 스코틀랜드 춤).

Ecraséleder [ekra'zeː-], das; -s, - [frz. écrasé] 에크라제 가죽(색깔 있는 우툴두툴한 염소·개 가죽).

ecru [e'kryː] ↑ekrü. **Ecruseide**: ↑Ekrüseide.
Ecu [e'kyː], der; -(s), -(s) [frz. écu. engl = European currency unit] 유럽 경제 공동의 화폐 단위[통화].
Écu [e'kyː], der; -s, -s [frz. écu] 옛 프랑스 은화.
Ecuador [ekua'doːɐ, (span.) ekua'ðoːr], -s 에콰도르(남미의 국가). **Ecuadorianer** [ekuadori̯aˑnɐ], der; -s, - 에콰도르 사람[국민]. **ecuadorianisch** [ekuadori̯aːnɪʃ] 〈Adj.〉 에콰도르(어, 인)의.

ed. [e:'dɪdɪt; lat. ēdidit] (고유명사와 결합하여 앞에 언급한 책의 발행인을 칭하는 약어) (누구) 출판[의](↑edd. 참조): Die Geschichte Roms ed. Reumont 로이몬트 출판의 로마 사(史).

Ed. = Edition.
Edamer ['eːdamɐ], der; -s, -, **Edamer Käse**, der; -s, -, 〈österr.〉 **Edamerkäse**, der; -s, - (네덜란드의 도시 Edam에 따라) 에담 산(產) 치즈.

edaphisch [e'daːfɪʃ] 〈Adj.〉 [griech. édaphos] 《전문어》 **1.** 토양에 관한. **2.** 토양의 영향을 받은. **Edaphon** [e'daːfɔn], das; -s [griech. édaphos] [생물] 토양 미생물계.

edd. [edi'deːrʊnt; lat. ēdidērunt] (고유명사와 결합하여 앞에 언급한 책의 발행인을 칭하는 약어) ~에 의해 출판된(↑ed. 참조): Deutsche Kunstdenkmäler, edd. Mader, Hirschfeld und Neugebauer 마더, 히르쉬펠트, 노이게바우어에 의해 출판된 독일 미술 문화재.

Edda ['ɛda, ⟨ital.⟩ ') 'edda], die [anord.] 〔문예학〕 고대 북유럽 문학전집(신화 전설집). 에다(고대 아이슬란드의 신화, 영웅 전설 및 시법(詩法)을 실은 책으로 산문으로 된 것과 운문으로 된 것, 신구(新舊) 2종이 있으며, 구 Edda 는 가요집).

eddisch ['ɛdɪʃ] ⟨Adj.⟩ 에다(Edda)풍의.

Edeka ['eːdeka] [**E**inkaufsgenossenschaft **de**utscher **K**olonialwaren- und Lebensmitteleinzelhändler의 약어] 독일의 최대 상인 구매 조합.

edel ['eːdl] ⟨Adj.⟩ **1. a)** 《고어》 명문(名門)의, 귀족의, 고귀한: ein Mann aus edlem Geschlecht 가문[출신]이 고귀한 사람. **b)** 순종의, 좋은 품종으로 사육[재배]된: ein edles Pferd 좋은 혈통의 말. **2.** 《아어》 고상[고결, 고매]한, 기품[위엄]있는, 귀골의: ein edler Mensch 고상한 인간; eine edle Gesinnung 고결한 마음(생각, 지조); e. denken 생각이 숭고[고매]한. **3. a)** 《아어》 조화롭게 구성된, 균형잡힌, 아름답게 만들어진: edler Wuchs 균형잡힌 몸매(발육); eine e. geformte Vase 예쁘게 만들어진 꽃병. **b)** 우수한, 가치있는, 값어치가 큰 《고가의》: ein edles Instrument 고가(高價)의 악기; edle Weine 우량[정선된] 포도주; die edlen Teile(des Körpers)〔신체의〕 중요 기관, 급소(急所). **4.** 〔청소년〕 〔성질, 성격이〕 아주 좋은, 훌륭한: dieser Mann ist ein edler Kerl 이 남자는 성격이 아주 좋은 사람이다; das war ja wieder e. von ihm 《반어》 그는 또 다시 비열한[부당한] 행동을 하였다.

edel-, Edel-: **~blaß** ⟨Adj.⟩ 〔통용어〕 고상하게 화장한. **~branntwein**, der 품질이 좋은 화주〔브랜디〕. **~bürtig** [-bʏrtɪç] ⟨Adj.⟩ 〔아어〕 ↑~geboren. **~dame**, die 〔옛〕 귀족 부인. **~denkend** ⟨Adj.⟩ 〔생각이〕 고결한, 고매한, 너그러운. **~dirne**, die ↑~nutte. **~falter**, der (대개 크고 알록달록한) 공작나비. **~faul** ⟨Adj.〕 〔포도〕 포도 알맹이가 부패된. **~fäule**, die 〔포도〕 포도 알맹이의 부패(習)(향내 나는 포도주가 됨). **~fink**, der ↑ Buchfink. **~fisch**, der 〔요리용〕 고급 생선. **~frau**, die 《옛》 〔기혼의〕 귀족 부인. **~fräulein**, die 《옛》 귀족의 영양(令孃). **~gas**, das 〔화학〕 회(稀) 가스。(원소)(희유기체(稀有機體) (Helium, Neon, Argon, Krypton, Xenon, Radon). **~geboren** ⟨Adj.⟩ 〔아어〕 귀족 출신의, 명문(名門) 출신의. **~gemüse**, das 〔원예〕 고급(고등·고가의) 야채. **~gesinnt** ⟨Adj.⟩ 고결한, 고매한, 너그러운, 마음씨가 점잖은. **~herzig** ⟨Adj.⟩ 〔아어〕 고매한, 너그러운, 아량있는, 관용의, 마음씨가 고운. **~hirsch**, der ↑ Rothirsch. **~hof**, der 《옛》 (시골에 있는) 귀족이나 지주의 저택(장원(莊園)). **~holz**, das 양질의 건축용 목재, 고급 목재. **~hure**, die ↑~nutte. **~jacquard**, der 〔섬유〕 고급 자카드직(織)(날염된 커튼용 천). **~kastanie**, die **1.** 밤나무. **2.** 내구성이 강한 밤나무 목재. **~kitsch**, der 〔겉이 번드르르한〔그럴듯하게 보이는〕) 저속품, 유치한 물건. **~knabe**, der 〔옛날 궁중에서 시중들던 귀족 신분[출신]의) 시동(侍童)(Page). **~knecht**, der 〔옛〕 기사의 시종, 귀족 신분의 호종(扈從), 무사의 젊은 종자(從者). **~kommunist**, der 《폄》 (혁명적·급진적 공산주의를 거부하는) 순수 이상주의적 공산주의자. **~kommunistisch** ⟨Adj.⟩ 순수 이상주의적 공산주의의. **~koralle**, die 적산호(赤珊瑚), 홍(紅)산호. **~krebs**, der 최고급 요리용 가재(중부 유럽산의). **~krimi**, der (비교적 수준 높은) 고급 범죄(탐정) 영화, 범죄(추리) 소설. **~leute** ↑~mann의 복수형. **~likör**, der 고급 리큐르(술)〔단 화주). **~mann**, der (Pl. -leute; -männer) 〔옛〕 귀족, 명사. **~männisch** ⟨Adj.⟩ 귀족적, 귀인의, 귀족(귀인)다운. **~marder**, der 담비의 일종(값비싼 갈색 가죽을 가진 큰 담비). **~mensch**, der 명문[귀족] 출신의 사람, 고귀한 〔세련된〕 성격을 가진 사람. **~metall**, das 귀금속(금, 은, 백금 따위). **~metallschmied**, der 귀금속 세공사. **~mist**, der **1.** 〔농업〕 〔자체열로〕 잘 썩은 퇴비. **2.** 〔통용어〕 아주 무의미한(불합리한) 일, 아주 허튼〔실없는〕 소리〔일〕. **3.** 《폄》 ↑~kitsch. **~mut**, der 《아어》 고결한 마음, 의협심, 관용, 아량(雅量). **~mütig** ⟨Adj.⟩ 〔아어〕 고결한, 고매한, 너그러운, 의협심 있는, 아량 있는. **~mütigkeit**, die ↑~mut. **~nelke**, die 〔원예〕 가 크고 덤불이 있는 패랭이꽃과의 식물(카네이션 따위). **~nutte**, die 〔경〕 고급 창녀. **~obst**, das 〔원예〕 개량종 고급 과실. **~opal**, der 〔장신구용〕 고급 오팔(단백석(蛋白石)). **~papp(ein)band**, der 〔서적〕 고급 제본〔장정〕. **~pflaume**, die 개량종 자두. **~pilz**, der ↑ Steinpilz. **~pilzkäse**, der (식용 사상균(絲狀菌)을 첨가한 우유로 만든) 지방질이 적은〔저지방〕 치즈. **~quatsch**, der 〔통용어〕 《폄》 ↑~mist (2). **~reife**, die 〔식물〕 쑥. **~reife**, die ↑~fäule. **~reis**, das 접목용의 가지, 접지(接枝), 접수(接穗). **~reservist**, der (구기 운어) 고퇴(후보) 선수. **~rose**, die (향기로운) 재배 장미. **~rost**, der (청동기 따위의) 녹청(綠青)(Patina). **~schickse**, die ↑~nutte. **~schnulze**, die (《폄》 (다소 예술성이 있는) 감상적 유행가 〔영화, 책〕. **~sinn**, der 《아어》 고결한 마음(씨), 의협심, 관용, 아량. **~sinnig** ⟨Adj.⟩ 고결한 마음씨를 가진, 의협심 있는, 관용성이 있는, 아량 있는. **~sitz**, der 〔옛〕 〔시골에 있는〕 귀족(지주)의 저택, 장원(莊園). **~sorte**, die (과일 따위의) 고급 품종(개량종). **~splitt**, der 〔토건〕 (화강암 같이 특히 단단한 자연석의) 양질의 쇄석(碎石)(자갈)(고급 콘크리트 생산용). **~stahl**, der 특수강(鋼)(단단하고 녹슬지 않는 합금강(合金鋼)). **~stein**, der 보석, 귀석: ein synthetischer E. 인조 보석. **~steinartig** ⟨Adj.⟩ 보석 종류의, 보석 같은, 보석과 유사한(비슷한). **~steinern** ⟨Adj.⟩ 보석으로 만들어진〔제조된〕. **~steinimitation**, die 인조(모조) 보석으로 만든 장신구. **~steinkunde**, die 보석학. **~steinkundlich** ⟨Adj.⟩ 보석학의, 보석학에 관계되는. **~steinschleifer**, der 보석공(工), 보석 세공인(細工人). **~steinschliff**, der 보석 연마(硏磨), 보석 자르기, 보석 세공. **~strich**, der 〔통용어〕 고급 매춘. **~tanne**, die 독일 전나무, 독일 가문비나무, 서양 구상나무. **~topas**, der 장신구용 고급 토파즈(황옥(黃玉)). **~weiß**, das; -(e)s, -e 〔식물〕 에델바이스(고산 식물), 솜다리. **~western**, der 고급(수준급) 서부 영화. **~wild**, das ↑ Rotwild. **~zwicker**, der 알사스산 고급 백포도주.

Edeling ['eːdəlɪŋ] der; -s, -e 〔역사적〕 게르만의 귀족.

Eden ['eːdn] [hebr. 'Ēden] **1.** 〈고유명사, 관사 없이〉 (대개 다음 용법으로) **der Garten E.** (舊約) 에덴 동산(動山), 전의] dieses Antiquariat ist ein Garten E. für den Bücherliebhaber 이 고서점은 애서가의 에덴 동산이다. **2.** das; -(s) 〔아어〕 천국, 낙원, 근사한 곳.

Edentaten [eden'taːtn] ⟨Pl.⟩ [lat. ēdentāta] 〔동물〕 빈치류(貧齒類)(나무늘보, 개미핥기 따위).

edieren [e'diːrən] ⟨h⟩ [lat. ēdere] 출판한다, 발행하다: Schillers Werke e. 쉴러의 작품〔전집〕을 출판하다.

Edikt [e'dɪkt], das; -(e)s, -e [lat. ēdictum] 〔역사적〕 포고(布告), 칙령, 최령, 훈령, 복칙.

Edinburg ['eːdɪnburk] 에딘부르크(스코틀랜드의 수도).

Edinburgh ['eːdɪnbərə] 에딘버러 (↑ Edinburg의 영어 명칭).

Edisonfassung ['eːdizon-], die; -en [미국의 발명가 Thomas Alva Edison(1847~1931)의 이름에서] 〔전기〕 에디슨 소케트.

Editio castigata [e'diːtsɪo kasti'gaːta], die; -nes ...tae [ediˈtsɪoːnes ...tɛ; lat. ēditio castigāta] 〔서적〕 종교, 정치, 성(性)적으로 저촉되는 부분이 발행인 혹은

열에 의해 삭제된 간행본[책]. **Edition** [edi'tsjo:n], die; -en [lat. ēditio] **1.** 【서적】 (특히 학술적) 출판, 발행, 판(版), 간행: jmdn. mit der E. eines Briefwechsels betrauen 누구에게 편지 교환의 출판을 위탁(위촉)하다. **2.** (특별 형식의) 간행본, 비평서, 비판본: eine broschierte E. von Schillers Werken 쉴러 작품의 가철본. **3.** 《드물게》 출판사(대개 회사의 이름과 함께): die Partitur dieser Sinfonie ist in der E. Schott erschienen 이 교향곡의 총보(總譜)는 쇼트 출판사에서 출판되었다.
Editions-: **~arbeit**, die 출판[간행] 업무. **~haus**, das 《드물게》 출판사. **~technik**, die 학술·비판본의 출판 기술.

Editio princeps [e'di:tsio 'prɪntsɛps], das; -nes ...cipes [edi'tsjo:ne:s ...tsipe:; lat. ēditio prīnceps = erste Ausgabe] 【서적】 (특히 고서의) 초판(本). **Editor** ['e:ditɔr, 《또한》 ...to:r; 《또는》 ...to:r, der; -s, -en [edi'to:rən; lat. ēditor] 【서적】 출판[편집, 발행]자(인).

Editorial [edito'rja:l, (engl.) ɛdɪ'tɔ:rɪəl], das; -(s), -s [engl. editorial] **1.** 발행인의 머리말(전문 잡지의). **2.** 발행인 또는 편집장의 사설(신문의). **3. a)** 편집의 간기(刊記)(발행자, 인쇄인의 주소 성명이나 발행 연월일 따위). **b)** 편집의 간기(刊記). **editorisch** [edi'to:rɪʃ] 〈Adj.〉 **1.** 편집(출판, 발행)에 관한: -e Prinzipien 편집 원칙[요강(要綱)]. **2.** 출판[출판인]의 업무에 관한[속하는].

Edle* [e:dlə], der/die; -n, -n [↑edel의 명사형] **1.** 《옛》 귀인, 귀족: **~r** von ..., 구(舊) 오스트리아 귀족의 칭호 (이름 앞에 쓰는)(예컨대: Joseph Edler von Sonnenfels). **2.** (아이) 고상한 사람, 기품 있는 사람.

Edukation [eduka'tsjo:n], die; -en [lat. ēducātio] 【고어】 교육. **Edukt** [e'dʊkt], das; -(e)s, -e [lat. ēductum] **1.** 【전문어】 추출물(抽出物)(해바라기기 기름 따위), 유리체(遊離體). **2.** 【지질】 변성암(變成岩).

E-Dur [((또한) --'-], das; - 마 장조(기호: E). **E-Dur-Etüde**, die 【음】 마 장조 연습곡. **E-Dur-Tonleiter**, die 마 장조 음계.

EDV [e:de:'faʊ] = elektronische **D**atenverarbeitung 컴퓨터[전자식] 정보 처리. **EEG** [e:|e:'ge:] = **E**lektroenzephalogramm 뇌파도(腦波圖).

Efendi [e'fɛndi], der; -s, -s [türk. efendi] 【구제】 (터키에서의 고위 관리에 대한 존칭·칭호) 각하, 선생, 대감.

Efeu ['e:fɔy], der; -s 담쟁이(댕댕이) 덩굴, 송악(속): an der Mauer rankt sich E. hoch 담에는 담쟁이 덩굴이 높이 기어 오르고 있다.

efeu-, Efeu-: **~ähnlich** 〈Adj.〉 담쟁이 덩굴과 비슷한[유사한]. **~artig** 〈Adj.〉 담쟁이 덩굴류의, 담쟁이 덩굴 같은. **~bewachsen** 〈Adj.〉 담쟁이 덩굴로 뒤덮여 있는. **~blatt**, das 담쟁이 덩굴의 잎. **~gewächs**, das 〈대개 Pl.〉 산형화서(繖形花序) 식물. **~grün** 〈Adj.〉 담쟁이 덩굴 같은 초록색의. **~kranz**, der 담쟁이 덩굴로 엮은 화환. **~laube**, die 담쟁이 덩굴로 뒤덮여 있는 정자. **~ranke**, die 담쟁이 덩굴의 넝쿨(넝쿨). **~umrankt** 〈Adj.〉 담쟁이 덩굴로 감겨 얽힌(나무, 기둥 따위가).

Efeff [ɛf'|ɛf, (또한) '--- (또는) '-'-]【다음 용법으로】 etw. aus dem E. beherrschen[können, verstehen] 《통용어》 어떤 일을 충분히 잘 알고 있다[할 수 있다]: zudem versteht er technisch seine Sache aus dem E. 게다가 그는 자기 일을 기술적으로 탁월하게 알고 있다.

Effekt [ɛ'fɛkt], der; -(e)s, -e [lat. effectus] **1.** 결과, 작용, 성공, 성과, 인상(印象), 감명: der E. seiner Bemühungen war gleich Null 그의 노력의 결과는 거의 제로(무(無))였다; keinen großen E. (auf das Publikum) machen (청중에게) 큰 감명을 주지 못하다; im E. läuft beides auf das gleiche hinaus 결과적으로 두 가지는 동일한 것으로 돌아간다. **2.** 능률, 공률(工率), 효과: ein optischer E. 시각 효과.

effekt-, Effekt-: **~beleuchtung**, die 효과 조명(특히 연극, 영화, TV의). **~garn** das [섬유] 특별한 모양과 다양한 색깔로 꼰 실(직물·편물에 일정한 효과를 위해). **~haschend** 〈Adj.〉 【폄】 지나치게 효과[인기]를 노리는. **~hascher**, der 【폄】 지나치게 성공욕이 있는 사람, 인기를 노리는 사람. **~hascherei** [-haʃə'raɪ], die; -en **1.** 《폄》 지나친 효과[인기]를 노리는 짓. **2.** 《대개 Pl.》 성공[효과] 집착적 태도: die plumpen -en gingen ihm auf die Nerven 그 천한(야비한) 성공 집착적 태도를 그는 참을 수 없었다. **~hascherisch** 〈Adj.〉 성공(효과) 집착적인. **~kohle**, die [전기] (아크 등(燈)의) 개량 탄소봉(炭素棒). **~lack**, der 장식효과를 주는 라크(와니스). **~licht**, das ↑~beleuchtung. **~macherei** [-maxə'raɪ], die 지나치게 효과만을 노린 졸작(품). **~mittel**, das (특수) 효과 수단. **~musik**, die 효과 음악. **~voll** 〈Adj.〉 효과가 큰(현저한), 유효한, 감명깊은, 인상적인. **~zwirn**, der ↑~garn 참조.

Effekten [ɛ'fɛktn] 〈Pl.〉 **1.** [증권·금융] 유가 증권: der Kurswert der E. 유가 증권의 시장(시세) 가격, 유통 가치. **2.** (고어) 동산(動産), 소유물.

Effekten- (Effekten 1): **~abteilung**, die (은행의) 증권부. **~bank**, die 증권 은행, 발권(發券) 은행(반대: Depositenbank). **~bestand**, der 유가 증권의 재고[잔고]. **~börse**, die 증권거래소. **~depot**, das **1.** 증권 보관소. **2.** 위탁(한) 유가 증권. **~diskont**, der 유가 증권 매입시의 어음 할인료(이자). **~geschäft**, das 증권 거래(업무). **~giroverkehr**, der 유가 증권 대체 거래(제도). **~handel**, der ↑~geschäft. **~händler**, der 증권 거래(업무) 담당 은행원. **~makler**, der ↑~händler. **~markt**, der ↑~börse. **~plazierung**, die 유가 증권 판매(원매자(願賣者)에게). **~scheck**, der 유가 증권 소유 증명서. **~verkehr**, der ↑~handel. **~verwahrung**, die (금융 기관에 의한) 유가 증권 위탁 관리.

effektiv [ɛfɛk'ti:f] 〈Adj.〉 [lat. effexctīve] **1. a)** 효과적인, 능률적인, 유효한, 영향(작용)이 큰: die -ste Form der Zusammenarbeit 공동 작업(협력)의 가장 효과적인 방법(형식). **b)** 유익한, 이로운, 보람 있는, 성과[효과]가 많은. **2. a)** 실제의, 실물의: der -e Gewinn 실제 이득(이윤). **b)** 《통용어》 실제로, 정말로, 틀림없이 (부사질): ich habe e. keine Zeit 나는 정말로 시간이 없다. **Effektiv** [-], das; -s, -e [...və] [언어] 실효[효과]동사 (예컨대: knechten = zum Knecht machen).

Effektiv-: **~bestand**, der [경제] 실제 재고. **~dosis**, die [의학] 실효량(분량). **~geschäft**, das 현금(현물) 거래, 즉시 거래, 직접 거래(반대: Differenzgeschäft). **~leistung**, die 실(제) 능률(工率). **~lohn**, der 실제 임금. **~stand**, der [군] 실(實)인원, 현재 인원 수. **~stärke**, die [군] 실제 병력. **~verzinsung**, die 유가 증권의 실제 이자, 실제 수익(소득). **~wert**, der [전기] 실효치(値), 실질 가치.

Effektivität [ɛfɛktivi'tɛ:t], die 효과, 효력, 효과, 능률: die E. der angewandten Mittel 적용된 수단의 효과.

Effektor [ɛ'fɛktɔr, 《또한》 ...to:r]; der; -s, -en [...to:rən] 《대개 Pl.》 [lat. effector] **1.** [생리] 신경. **b)** 작동체, 효과기(效果器), 주효 기관. **2.** 【생물·의학】 주효 인자, 작동 물질. **effektorisch** [ɛfɛk'to:rɪʃ] 〈Adj.〉 주효 신경의, 작동적.

effektuieren [ɛfɛktu'i:rən] 〈h〉 [frz. effectuer] 【경제】 **a)** 주문에 응하다. **b)** 대금을 지불하다. **c)** 발송(송달)하다: eine Probesendung e. 견본품을 발송하다.

Effemination [ɛfemina'tsjo:n], die; -en [lat. effēminātio] 【의학】 **a)** (남성의) 여성화(女性化), 여성적 성격,

유약화(柔弱化), 우유부단. b) (남성이 완전히 여성으로 느끼는) 성감(性感)의 극치[최고 단계], 수동적 동성애. **effeminiert** [ɛfemi'ni:ɐt] 〈Adj.〉 [의학·심리학] (남성이) 여성화된, 연약[유약]해진.

Efféndi = ↑Efendi.

efferent [efe'rɛnt] 〈Adj.〉 [lat. efferēns] [의학] 원심성 (遠心性)의, 도출성(導出性)의(반대: afferent). **Efferenz**, die; -en 중추신경계의 지각에서 말초신경으로 가는 관(반대: Afferenz).

effervesźieren [ɛfɛrvɛs'tsi:rən] 〈h〉 [lat. effervēscere] [물리] 비등(沸騰)하다, (화학적 작용에 의해) 발포(發泡)하다.

Effet [ɛ'fe:, 〈또한〉 ɛfɛ:], der / 〈드물게〉 das; -s, -s [frz. effet] (당구에서) 스핀, 깎아[비틀어] 치기: den Ball mit E. schlagen 공을 깎아[비틀어] 치다, 스크루하다. **Effetball**, der 깎아 친 공. **Effetstoß**, der 깎아치기, 비틀기. **effettuoso** [ɛfe'tuo:zo; ital. effettuoso] [음악] 감명깊은, 인상적인. **Efficiency** [ɪ'fɪʃənsɪ], die 〈Pl. 없음〉 [engl. efficiency] 경제효율[효과].

effilieren [ɛfi'li:rən] 〈h〉 [frz. effiler] [이용업] (촘촘히 난 머리카락을) 치다, 깎다[쳐내다], 솎다, 성기게 하다. **Effilierer**, der; -s, - (촘촘히 난) 머리카락을 솎아내는 작은 기구.

Effilierschere, die (촘촘히 난) 머리카락을 솎아내는 가위. **Effilochés** [ɛfilo'ʃe:] 〈Pl.〉 [frz. effilochés] [섬유] 부스러기 목면[솜].

effizient [ɛfi'tsjɛnt] 〈Adj.〉 [lat. efficiēns] [전문어·교양어] 효과적인, 효율적인, 능률적인, (매우) 경제적인(반대: ineffizient): eine -e Methode 효율[능률]적 방법. **Effizienz** [...nts], die; -en lat. efficientia [전문어·교양어] 효율(성), 유효(성), 능률, 경제성(반대: Ineffizienz): die E. der Entwicklungshilfe 저개발국 원조의 효과[효율]. **Effizienzkontrolle**, die -n [능률 관리[검사, 통제]. **effizieren** [ɛfi'tsi:rən] 〈h〉 [lat. efficere] [드물게·전문어] 야기(惹起)시키다. **effiziért** 〈Adj.〉 [언어] 피성목적어(被成目的語)의(동사가 나타내는 동작이 목적어에 나타나는 사물을 만들어내는): -es Objekt 피성목적어(被成目的語)(예컨대: der Bäcker bäckt den Kuchen)(반대: affiziertes Objekt).

Efflation [ɛfla'tsjo:n], die; -en [zu lat. efflātus, 2. Part. von: efflāre = herausblasen] [의학] 트림, 소화 불량으로 신물이 나옴, 속이 쓰림(메스꺼움), 체(滯).

Effloreszenz [ɛflorɛs'tsɛnts], die; -en 1. [의학] 발진(發疹), 피진(皮疹). 2. [지질] 염기(건조 지대에서 지하로부터 희게 뿜어나온 염류), 풍화(물). **efloreszieren** [ɛflorɛs'tsi:rən] 〈h〉 [lat. efflōrēscere] 1. [의학] 발진하다. 2. [지질] (염류 따위가 지표면에) 뿜어나오다, 배어서 나오다.

effluieren [ɛflu'i:rən] 〈h〉 [lat. effluere] [의학] 넘쳐흐르다, 퍼지다(새다), 방사(放射)하다, 유출하다. **Effluvium** [ɛ'flu:vi̯ʊm], das; -s, ...ien [...i̯ən; lat. effluvium] [의학] 대하(帶下), 농즙(膿汁), 발산, 발한, 침출(액)(浸出液).

Effusiometer [ɛfuzi̯o-], das; -s, - [물리] 가스 누출 측정기. **Effusion** [ɛfu'zi̯o:n], die; -en [lat. effūsio] [지질] 용암의 유출. **effusív** [ɛfu'zi:f] 〈Adj.〉 [지질] 용암 유출에 의해 형성된, 화성(火成)의. **Effusívgestein**, das [지질] 화성암(火成岩), 화산암(火山岩), 분출암(噴出岩).

EFTA ['ɛfta], die [European Free Trade Association의 약어] 유럽 자유 무역 연합.

eG = eingetragene Genossenschaft 등록된 협동[동업] 조합.

EG = [Europäische Gemeinschaft(en)의 약어] 유럽 공동체.

egál I. [e'ga:l] 〈Adj.; 격변화 없음〉 [frz. égal] 1. 한 가지의, 균등한: Bretter e. schneiden 널빤지를 같은 모양으로[균등하게] 자르다; 《통용어》 부가어로도 쓰이며 격변화함) zwei -e Stühle 똑같이 생긴 두 개의 의자. 2. 《통용어》 아무렇게 하여도 좋은(상관없는, 마찬가지인). **II.** [e'ga:(:)l] 〈Adv.〉 (ostmd.) 끊임없이, 쉬지않고, 계속하여, 여전히: es hat e. geregnet 계속 비가 왔다.

egalisieren [ɛgali'zi:rən] 〈h〉 [frz. égaliser] 1. [스포츠] a) 다시 한 번 최고기록[신기록]을 이룩하다, 기록을 깨다. b) 동일한 기록을 내다. 2. 《기술·섬유·수공》 고르게[편편하게] 하다[골고루 다 튼튼하게 하다]. 3. [섬유] 고르게 염색하다. **Egalisierung**, die; -en ↑egalisieren의 명사형. **egalitär** [ɛgali'tɛ:ɐ] 〈Adj.〉 [frz. égalitaire] 〈교양어〉 평등한: -e Ideen der Französischen Revolution 프랑스 혁명의 평등 이념; die -e demokratische Massengesellschaft 평등한 민주주의적 대중[민주]사회. **Egalitarísmus** [...ta'rɪsmʊs], der; - 〈사회학·교양어〉 평등주의. **Egalität** [...'tɛ:t], die 〈교양어〉 평등, 동등[평등]한 권리, 균등. **Égalité** [ɛgali'te:], die [frz. égalité] 〈교양어〉 평등(프랑스 혁명의 세 가지 표어 중의 하나). **egálwég** 〈Adv.〉 《통용어, 특히 berlin.》 계속해서, 끊임없이, 줄곧, 쉬지않고.

Egárt ['ɛgart], die; -en [bayr., österr.·고어] 휴경지(休耕地), 휴한지(休閑地), 초지(草地), 목초지(牧草地), 초원. **Egárt(en)wirtschaft**, die 〈Pl. 없음〉 [bayr., österr.·고어] 교대휴경식영농법(交代休耕式營農法), 곡초식(穀草式) 경작법.

Egel ['e:gəl], die; -n, - 거머리. **Egelschnecke**, die 활유(蛞蝓), 괄태충(括胎蟲)의 일종.

Eger ['e:gɐ, (ung.) 'egɛr] 에거(체코·슬로바키아의 도시). **Egerland**, das; -(e)s 에거 땅[지방] 북서 뵈멘(= 보헤미아: 체코·슬로바키아의 주)의 역사상의 지방. **¹Egerländer** ['e:gɐlɛndə], der; -s, - Egerland 사람[주민]. **²Egerländer** 〈Adj.; 격변화 없음〉 Egerland (인(人), 어(語))의.

Egerling ['e:gɐlɪŋ], der; -s, -e 〈지역적〉 식용버섯의 일종, 송이류(松茸類).

Egésta [e'gɛsta] 〈Pl.〉 [lat. ēgesta] [의학] 신체의 분비[배설]물.

Egestion [ɛgɛs'tjo:n], die; -en [lat. ēgestio] [의학] 배설.

¹Egge ['ɛgə], die; -n 써레(의 일종).

²Egge [-], die; -n [niederd. egge] 피륙의 가장자리, (천의) 귀.

eggen ['ɛgn̩] 〈h〉 써레질하다: die Bauern pflügen und eggen (ihre Felder) 농부들은 (그들의 밭을) 갈고 써레질한다.

Éggenband, Eckenband, das; -(e)s, ...bänder [재단] 천의 가장자리나 솔기가 터지지 않도록 대는 단단한 테이프.

Egghéad ['ɛghɛd], der; -s, -s [amerik. egghead] 〈교양어·농 혹은 폄〉 지성인, 지식인, 인텔리(미국에서).

eglomisieren [ɛglomi'zi:rən] 〈h〉 [frz. églomiser] [예술] [18세기 프랑스 미술(공동)품 상인 J. -B. Glomi의 이름에서] 유리판 뒷면에 라카칠로 그림을 그리다.

e GmbH, EGmbH = Eingetragene Genossenschaft mit beschränkter Haftpflicht(지금은: EG, e G) 등록 유한 책임 회사.

e GmuH, EGmu H = Eingetragene Genossenschaft mit unbeschränkter Haftpflicht(지금은: EG, e G) 등록 무한 책임 회사.

Ego ['e:go], das; -s [lat. ego = ich] [철학·심리] 자아(自我). **Ego-Ideál**, das [심리] 자아의 이상(理想)형, 자기의 모범[전형]. **Egoísmus** [ego'ɪsmʊs], der; -,

...men [frz. égoisme] 1. 〈Pl. 없음〉 a) 이기주의(반대: Altruismus): der E. der Parteien 정당들의 이기심(이기주의). b) 【철학】 자기중심[자기본위]론, 자애(自愛)론. 2. 〈Pl.〉 이기(주의)적 성질(행위, 행동, 태도): nationale Egoismen 민족적 이기적 행위. **Egoist**, der; -en, -en [frz. égoiste] 이기주의자(반대: Altruist): ein rücksichtsloser E. 무분별한(가차없는, 무정한) 이기주의자. **Egoistin**, die; -nen ↑Egoist의 여성형.

egoistisch 〈Adj.〉 이기적인, 이기주의의(반대: altruistisch): e. denken 이기적으로 생각하다. **Egotismus** [ego'tɪsmʊs], der; - [frz. egotisme < engl. egotism] 【철학】 자기주장주의, 자아(自我)주의. **Egotist**, der; -en, -en [frz. égotiste] 1. 자기를 주장하는 사람[자기주장자(自己主張者)]. 2. 【문예학】 (자(서)전적) 일인칭 소설의 작가. **Egotrip**, der; -s, -s [engl. ego trip] 《은어》 자기본위의[자기중심적이] 생활 태도.

Egoutteur [egu'tøːɐ], der; -s, -e [frz. rouleau égoutteur] 【제지】 (견본쇄의) 인육봉(印肉捧), (먹)롤러.

Egozentrik [ego'tsɛntrɪk], die 《교양어》 자기(자아) 중심적 사고(관점, 입장, 태도, 기질). **Egozentriker**, der; -s, - 《교양어》 자기(자아) 중심적인 사람. **egozentrisch** 〈Adj.〉 《교양어》 자기(자아) 중심적인. **Egozentrismus** [egotsɛn'trɪsmʊs], der; - 자기(자아) 중심주의. **Egozentrizität** [egotsɛntritsi'tɛːt], die ↑ Egozentrik.

egrenieren [egre'niːrən] 〈h〉 [frz. égrener] 《전문어》 면화(목씨)를 떼어내다, 조면(繰綿)하다, 목화씨를 앗아 솜을 만들다. **Egreniermaschine**, die 목화 껍질 제거기, 조면기(繰綿機).

egressiv [egre'siːf] 〈Adj.〉 [lat. ēgressus] 【언어】 1. 어떤 과정이나 상태의 마지막(끝)를 표현하는, 종출(終出)의 (동사의)(반대: ingressiv 1). 2. 소리를 낼 때 공기가 밖으로 나오는, 외향적(반대: ingressiv 2).

Egyptienne [eʒɪ'pṣjɛn], die [frz. égyptienne] 【인쇄】 에집시엔(일종의 라틴 자체(字體)의 활자).

¹**eh** [eː] 〈Interj.〉 [frz. eh, 의성어] 《통용어》 1. 여보시오[이봐], 야! 2. 글쎄, 원, 그런데, 옳지. 3. (눈이 휘 둥그레질 정도의 놀라움을 나타내어) 저런, 설마, 뭐라구, 어머나, 아하: eh, das darf doch nicht wahr sein! 뭐라구, 그건 사실일리가 없어 !

²**eh** [-; 〈mhd.〉 e(r), 〈ahd.〉 ēr] 1. 〈Adv.〉 《süddt., österr. · 통용어》 어차피, 그렇지 않아도, 어떻든, 하여튼, 아무튼: mach dir keine Mühe, jetzt ist eh alles gleich 애쓰지 마, 어차피이 이젠 모든게 마찬가지니까. **2. seit eh und je** 늘상, 항상, 생각(기억) 할수 있는 한. **wie eh und je** 늘 그런 것처럼, 여느때처럼, 훨씬 이전부터, 변함없이, 여전히.

eh': ↑ehe.

e. h. = ehrenhalber 명예를 위하여. 《österr.》 eigenhändig 자신의, 스스로의, 자필[자서]의.

E. h. = Ehren halber (nur in: Dr. -Ing. E. h.), Dr. E. h. = 명예 박사.

ehe ['eːə], **eh'** [eː], 〈Konj.〉 [mhd. ē(r), ahd. ēr. ↑ ²eh] 이전에, ···하기 전에: es vergingen drei Stunden, e. wir landen konnten 세 시간이 지난 후에야 우리들은 착륙할 수 있었다: e. ihr nicht still seid, kann ich euch das Märchen nicht vorlesen 너희 모든게 조용하기 전에는, 동화를 읽어줄 수 없어.

Ehe ['eːə], die; -n 혼인, 결혼(생활), 부부(관계): die E. brechen 간통죄를 범하다: sie war in zweiter E. mit einem Kaufmann verheiratet 그 여자는 상인과 재혼했다; **eine E. zur linken Hand**[**morganatische E.**] 《구제》 귀천상혼(貴賤相婚)(왕족과 천한 신분의 여인과의 결혼), **wilde E.** 《준고어》 내연 관계, 동서(同棲).

¹**ehe-**: **~baldig** 〈Adj.〉 《österr.》 가능한 곧[빨리]: Bedienerin zu -em Termin gesucht 여급 급구(急求). **~dem** 〈Adv.〉 《아어》 이전에, 옛날에, 일찍이, 그 당시에. **~gestern** 〈Adv.〉 《고어》 그저께. **~malig** 〈Adj.〉 이전의, 옛적의: ein -er Offizier 전직 장교; 《명사화》 seine Ehemalige 《통용어》 그의 옛 아내(애인, 여자 친구). **~mals** 〈Adv.〉 《아어》 《준고어》 이전에, 옛적에, 일찍이. **~möglich** 〈Adj.〉 《österr.》 ↑~baldig. **~tunlichst** 〈Adv.〉 《고어》 가능한 곧[빨리].

²**ehe-, Ehe-**: **~ähnlich** 〈Adj.〉 부부 관계와 유사한. **~anbahner**, der 《대개 Pl.》 결혼 중매인. **~anbahnung**, die ↑~vermittlung. **~anbahnungsinstitut**, das 결혼 소개소. **~kandidat**, der. **~aufhebung**, die 【법】 결혼 해소[파기, 중지]. **~band**, das 〈Pl. -bande, 대개 Pl.〉 《시어》 부부의 연분, 결혼, 혼인: die -e sprengen 결혼 관계를 끊다. **~berater**, der 결혼 상담자. **~beraterin**, die ↑ ~berater의 여성형. **~beratung**, die 1. 결혼 상담(관청, 교회의). 2. ↑~beratungsstelle. **~beratungsstelle**, die 결혼 상담소. **~betrug**, der 【법】 사기 결혼, 결혼 사기. **~bett**, das 부부의 잠자리. **~brechen** (부정법과 현재분사에만 사용됨) 《아어 · 고어》 간통하다: du sollst nicht E. 《성서》 간음(간통)하지 말라. **~brecher**, der 간부(姦夫). **~brecherin**, die; -nen ~brecher의 여성형. **~brecherisch** 〈Adj.〉 간통하는(의), 부정(不貞)한. **~bruch**, der 간통(죄): E. begehen 간통하다, 간통죄를 범하다. **~bund**, der 《아어》 짝 지음, 결혼, 혼인. **~bündnis**, das ↑~bund. **~delikt**, das 【법】 혼인 관계에서 되는 범죄(법행). **~dispens**, die 【법】 혼인 장애(금지)의 면제(사면). **~drachen**, der 《통용어 · 폄》 싸우기 좋아하는 아내(처(妻)). **~erlaubnis**, die 결혼 승낙. **~erschleichung**, die 사기 결혼, 결혼 사기. **~fähig** 〈Adj.〉 【법】 결혼 자격(능력)이 있는. **~fähigkeit**, die 〈Pl. 없음〉 결혼 자격(능력). **~fähigkeitszeugnis**, das 《본국에 법적 결혼 장애 요소가 없음을 증명하는, 외국인들에게 요구되는》 혼인 자격 증명서. **~feind**, der 결혼을 싫어하는 자, 독신주의자. **~feindlich** 〈Adj.〉 a) 《아어》 결혼을 싫어하는. b) 결혼[부부] 생활을 어렵게 하는[방해하는, 저해하는]. **~frau**, die 처(妻), 아내, 기혼 여성. **~freuden** 〈Pl.〉 《농》 결혼의 즐거움(특히 성적(性的)인). **~frieden**, der 조화롭고 평화로운 부부 생활, 원만한 부부 생활. **~führung**, die 《특히 관》 결혼[부부] 생활. **~gatte**, der 1. 《아어》 남편, 바깥 주인. 2. 《Pl.》 【관】 부부. **~gattin**, die ↑~gatte의 여성형. **~gelöbnis**, die **~gelübde**, das 《아어》 결혼 서약. **~gemahl 1.** der 《고어 · 농》 남편, 바깥 주인. 2. das 《고어》 아내(妻), 아내, 기혼 여성. **~gemahlin**, die ~gemahl (1)의 여성형. **~gemeinschaft**, die 결혼 공동체. **~genosse**, der ↑~mann 참조. **~genossin**, die ↑~genosse의 여성형. **~geschichte**, die 결혼 이야기(사(史)). **~gesetz**, das 《대개 Pl.》 【법】 혼인법. **~gespann**, das 《폄 · 농》 부부. **~gespons**, das 《고어 · 농》 1. der 《또한》 ~mann. 2. das ↑~frau. **~glück**, das 결혼[부부]의 행복. **~gut**, das 처[신부]의 재산[지참금, 혼수(婚需)], 부부의 재산. **~güterrecht**, das 〈Pl. 없음〉 【법】 부부 재산법(권). **~hafen**, der 《농》 취직처 · 도피처로서의 결혼. **~hälfte**, die 《통용어 · 농》 ↑~frau. **~herr**, der 《고어 · 농 · 반어》 ↑~mann. **~herrin**, die ↑~frau. **~herrlich** 〈Adj.〉 《고어》 남편의, 바깥주인의. **~hindernd** 〈Adj.〉 【법】 혼인 장애의. **~hindernis**, das 【법】 혼인 장애, (가톨릭의) 혼배 조당. **~hygiene**, die 부부[결혼] 생(성) 위생학(건강법). **~jahr**, das 결혼한 햇수. **~joch**, das 〈Pl. 없음〉 《통용어 · 농》 결혼에 의한 속박(구속). **~jubiläum**,

das 결혼 기념(축)제(기념일). **~kandidat**, der **a)** 《농》 결혼 후보자〔사위감〕. **b)** 결혼지망자, 사위감. **~knochen**, der《통용어·펌》결혼 생활에서 자신의 주도권을 발휘하지 못하는 남자. **~konflikt**, der 부부간의 갈등. **~konsens**, der 《법·고어》 결혼〔혼인〕 계약. **~kontrakt**, der 혼인 계약(서). **~krach**, der 《통용어》 부부싸움. **~kreuz**, das **1.** 《농》 ↑joch. **2.** 《통용어·펌·농》 악처(惡妻), 한부(悍婦). **~krise**, die 결혼(생활)의 위기. **~krüppel**, der 《펌·농》 공처가, 엄처시하. **~leben**, das 결혼 생활. **~leiblich** 〈Adj.〉 《법·고어》 적출(嫡出)의. **~leute** 〈Pl.〉 부부. **~liebste***, der/die 《고어·농·반어》 사랑하는 남편, 사랑하는 아내. **~los** 〈Adj.〉 미혼의, 독신의. **~losigkeit**, die 미혼, 독신(생활). **~mäkler**, der 《법》 ↑ Heiratsvermittler. **~mäklerlohn**, der 《법》 결혼 중매 수수료, 결혼 소개료. **~mann**, der 《Pl. -männer》 남편, 바깥 주인. **~männlich** 〈Adj.〉 《농》 남편의, 바깥 주인의: -e Pflichten 남편의 의무. **~müdigkeit**, die 결혼(생활)의 권태. **~mündig** 〈Adj.〉 《법》 결혼 적령의, 혼기에 달한. **~mündigkeit**, die 결혼 적령(適齡), 혼기(반대: ~unmündigkeit). **~nichtigkeit**, die 《법》 혼인의 무효: auf E. klagen 혼인 무효 소송을 제기하다. **~paar**, das 부부: ein älteres E. 중년 부부. **~paarkurs**, **~kursus**, der 부부들을 위한 (댄스) 강습. **~pakt**, der 《österr.·법》 ↑~vertrag. **~partner**, der 배우자. **~partnerin**, die ↑~partner의 여성형. **~problem**, das 《대개 Pl.》 부부간의 문제. **~prozeß**, der 《법》 혼인 소송. **~recht**, das (Pl. 없음) 혼인법. **~rechtlich** 〈Adj.〉 혼인법(상)의. **~reif** 〈Adj.〉 결혼할 수 있을 정도로 성숙한. **~ring**, der 결혼 반지. **~roman**, der 결혼(생활)을 중점적으로 묘사한 소설. **~sache**, die 《법》 혼인 사건. **~sakrament**, das 〈Pl. 없음〉《가》 혼배 성사. **~scheidung**, die 이혼. **~scheidungsgrund**, der 《법》 이혼 사유. **~scheidungsklage**, die 《법》 이혼 소송(의 제기). **~scheidungsprozeß**, der 이혼 소송. **~scheu** 〈Adj.〉 결혼을 싫어하는. **~scheu**, die 결혼을 싫어함. **~schließung**, die 혼인의 체결, 결혼(예식), 결혼식 거행(법률상의): standesamtliche E. 호적 사무소에서 거행하는 법적 결혼식. **~segen**, der 《고어》 자식 복. **~stand**, der (Pl. 없음) 결혼 생활(상태). **~standsdarlehen**, das 결혼 비용(자금) 대여(대부). **~standslokomotive**, die 《통용어·농》 유모차. **~stiften** 〈h〉《드물게》 중매하다. **~stifter**, der 결혼 중매인. **~stifterin**, die ↑~stifter의 여성형. **~stiftung**, die 결혼 중매. **~störung**, die 《법》 결혼 생활 침해. **~streit**, der ↑~konflikt. **~streitigkeit**, die 《대개 Pl.》부부싸움. **~studio**, das 《schweiz.》 결혼 소개(중개)소. **~teufel**, der, 《농》 악처, 한부(悍婦), 간악한 여인. **~tragödie**, die 결혼(에서 오는) 비극. **~trennung**, die 《법》 별거. **~tyrann**, der 폭군 같은 (포악한) 남편. **~unmündigkeit**, die 결혼 비적령(반대: ~mündigkeit). **~verbot**, das 《법》 성혼(成婚) 금지, 결혼 금지. **~verfehlung**, die 《법》 이혼 사유가 되는 배우자의 의무 불이행. **~verkündigung**, die ↑Aufgebot. **~vermittler**, der 《법》 결혼 중매(소개)인. **~vermittlerin**, die ↑~vermittler의 여성형. **~vermittlung**, die **1.** 결혼 중매(소개). **2.** ↑~vermittlungsinstitut. **~vermittlungsbüro**, **~vermittlungsinstitut**, das 결혼 중매(소개) 사무소. **~versprechen**, das 혼약, 결혼의 구두(口頭) 약속. **~vertrag**, der 《법》 부부 재산 계약. **~vollzug**, der 《법》 (성적(性的)인) 부부 생활의 이행. **~weib**, das 《고어·농》 ↑~frau. **~weihe**, die 《구동독》 (법적 결혼식에 이어지는) 결혼 축하.

~widrig 〈Adj.〉 (결혼 생활에 있어서) 부정(不貞)한. **~wirt**, der ↑~mann 참조. **~wunsch**, der 배우자를 원함(특히 신문 광고란에서), 결혼을 원함. **~zerrüttung**, die 파경. **~zerstörer**, der 《통용어·농》 텔레비전. **~zwist**, der 부부 싸움. **~zwistigkeit**, die 〈대개 Pl.〉 《아어》 부부 싸움.

ehehaft ['e:əhaft] 〈Adj.〉 《schweiz.·준고어》 합법적인, 법률상 유효한. **Ehehalte** ['e:əhaltə], der; -n, -n 《bayr., österr.·고어》 사환, 하인.

ehelich ['e:əliç] 〈Adj.〉 **1.** 적출(嫡出)의(반대: unehelich): -e Kinder 적출자(嫡出子). **2.** 혼인(결혼)상의, 부부의: -es Güterrecht 부부 재산법(제); sich mit jmdm. e. verbinden 《아어》 누구와 결혼하다, 부부의 인연을 맺다. **ehelichen** 〈h〉《준고어·농》(누구와) 결혼하다: seine Haushälterin e. 그의 가정부와 결혼하다. **Ehelicherklärung**, die; -en 《법》 적출 선고(嫡出宣告). **Ehelichkeit**, die 적출(嫡出), 정식 혼인, 정혼(正婚): seine E. wurde nicht angezweifelt 그가 적출자(嫡出子)라는 것은 의심받지 않았다. **Ehelichkeitserklärung**, die ↑Ehelicherklärung.

eh(e)nder ['e:(ə)ndɐ]/《방언》↑eher. **eher** ['e:ɐ] 〈Adv.〉 **1.** 더 일찍이, 보다 더 이전에(반대: später): e. ..., desto besser 빠를수록 더 좋다. **2. a)** 차라리, 오히려: e. will ich sterben als ihn heiraten 그 남자와 결혼하느니 차라리 죽는 편이 낫다. **b)** 더 있을 법한, 더 그럴듯한, 더 사실인 듯한: das ist schon e. möglich 그런이 더 있음직한 일이다(그럴싸하다). **c)** 오히려, 도리어, …으기는 커녕, 반대로: er ist e. klein als groß 그는 몸집이 크다고 하기 보다 오히려 작은 편이다; er ist als dumm[als ein Dummkopf] 그는 전혀[조금도] 바보가 아니다.

ehern ['e:ɐn] 〈Adj.〉 **1.** 《시어》 청동의, 황동의, 놋쇠의. 《전의》 etw. mit -er Stirn behaupten 《아어》무엇을 뻔뻔스럽게[철면피하게] 주장하다. **2.** 《아어》 단단한, 확고한, 끈질긴, 완고한, 불굴의: ein ehernes Gesetz 철칙, 엄정한(논박할 수 없는) 법.

ehest ['e:əst] 〈Adv.〉《österr.》 될 수 있는 대로 빨리, 가능한 빨리[곧]. **ehest...** [-] 〈Adj.: adv.: am ehesten〉 **1.** 가장 빨리[일찍이], 가장 이른, 가능한 일찍[곧, 빨리]: zum -en Termin 가장 빠른 시일[기한, 기간, 기일]에; Ludwig ist am ehesten gekommen 루트비히가 가장 일찍[빨리] 왔다. **2.** 가장 가까이. **3.** 가장 그럴듯[있음직]한, 그럴싸하게, 가장 쉽게: dieses Werkzeug ist (noch) am -en brauchbar 이 연장은 아마도 가장 쓸모 있는 것일 게다. **ehestens** ['e:əstn̩s] 〈Adv.〉 **1.** 일러야, 일러도, 빨라야, 빨라도: e. (am) Dienstag 일러야[빨라야] 화요일에. **2.** 《österr.》 될 수 있는 대로 빨리: Junge, tüchtige Bedienung e. 젊고 유능한 접대원 급구(急求).

Ehgaumer ['e:gaumɐ], der; -s, - 《schweiz.》 도덕가, 풍기 단속관, 남의 품행을 비평하는 사람. **ehig** ['e:iç] 〈Adj.〉 《동물》 한 쌍(짝)씩 함께 사는.

Ehnel ['e:nl], der; -s, - 《österr.·고어》 할아버지, 조부. **Ehni** ['e:ni], der; -s, - 《schwäb.》 할아버지, 조부.

ehr-, **Ehr-**: **~abschneider**, der; -s, - 《고어》 비방자, 중상자. **~abschneiderei** [– – – –'–], die 비방, 중상, 명예 훼손. **~auffassung**, die ↑~begriff. **~begier(de)**, die 〈Pl. 없음〉 지나친 야심, 공명심, 명예욕. **~begierig** 〈Adj.〉 지나치게 야심[공명심, 명예욕]이 있는. **~begriff**, der 명예의 관념, 명예관. **~beleidigung**, die ↑Ehrenbeleidigung. **~erbietig** [...ɐbi:tɪç] 〈Adj.〉 《아어》 공손한, 정중한, 경의[존경]를 표하는, 경건한. **~erbietigkeit**, **~erbietung**, die 《아어》 erbietig의 명사형. **~furcht**, die 외경(畏敬), 경외(敬畏): vor etw. E. haben 무엇에 대해 경외심을 갖

다. ~**furchtgebietend** 〈Adj.〉 경외심을 불러 일으키는, 존엄한, 장중한, 위엄있는. ~**fürchtig** 〈Adj.〉 경외심을 품은, 경외심으로 가득 찬, 외구(畏懼)하는, 공경하는, 존경의 마음을 지닌. ~**furchtslos** 〈Adj.〉 경외심이 없는; 공손하지 않은, 정중하지 못한. ~**Furchtslosigkeit, die** ↑ ~furchtslos의 명사형. ~**furchtvoll** 〈Adj.〉 〈아어〉 경외심으로[공경하는 마음으로] 가득 찬, 공손한, 정중한. ~**gefühl, das** 〈Pl. 없음〉 명예심, 자존심, 체면을 중시하는 감정: etw. aus falschem E. (heraus) tun 무엇을 그릇된 명예심에서 하다. ~**geiz, der**; -es, -e 명예심, 공명심, 야심, 패기: krankhafter E. 병적인 공명심. ~**geizarm** 〈Adj.〉 야심[패기]이 없는. ~**geizen** 〈h〉 [학생] 열심히 공부하다, 배우다. ~**geizig** 〈Adj.〉 공명심[야심]이 있는. ~**geizler** [...gaitslɐ], der; -s, -, ~**geizling** [...gaitslɪŋ], der; -s, -e 〈통용어·펌〉 야심가. ~**liebe, die** 〈Pl. 없음〉 명예심, 명예를 귀히 여기는. ~**los** 〈Adj.〉 명예심이 없는, 불명예스러운, 파렴치한(염치가 없는), 체면이 없는. ~**losigkeit, die** ↑~los의 명사형. ~**pusselei** [...pusaˈlai], die 〈통용어〉 우직한[고지식하게 정직한] 태도. ~**pusselig, -pußlig** [...pus(ə)lıç] 〈Adj.〉 〈통용어·조롱〉 우직한, 고지식하게 정직한. ~**pusseligkeit, -pußligkeit, die** ↑~pusselig, -pußlig의 명사형. ~**rührig** 〈Adj.〉 ↑ehrenrührig. ~**sucht, die** 〈Pl. 없음〉 지나친[과도한] 명예욕(공명심). ~**süchtig** 〈Adj.〉 공명심이 강한, 명심만만한. ~**vergessen** 〈Adj.〉 〈아어〉 파렴치한, 비열한, 명예를 모르는. ~**vergessenheit, die** ↑~vergessen의 명사형. ~**verletzend** 〈Adj.〉 〈아어〉 명예 훼손의, 모욕적인. ~**verlust, der** 〈Pl. 없음〉 [법] 공민권 상실, 공권상실(박탈). ~**würde, die** 〈Pl. 없음〉 《드물게》 경외심을 갖게 하는 위엄(존엄). ~**würden** 〈드물게〉 〈Pl. 없음〉 -(s) 〈가·준고어〉 성직자[신부, 수녀]에 대한 존칭(경칭): darf ich Euer[Eure] E. etwas fragen? 신부님[수녀님]께 무엇 좀 여쭈어 봐도 될까요? (전치사의 2격) (Euer) -s Hut (후치사의 2격) der Hut Eurer E. 신부님의 모자[, Schwester Notburga (편지의 주소 성명에서) 노트부르가 수녀님께 귀하((문서상의 호칭에서) 약어: Ew). ~**würdig** 〈Adj.〉 1. 존경(공경) 할 만한, 귀한, 신성한: eine -e Gedenkstätte 공경할 만한[신성한] 추모지[기념장소]. 2. 〈가〉 신부[수녀]에 대한 존칭: -er Vater![-e Mutter!, die -e Schwester Alberta] 신부님![수녀님!, 알베르타 수녀님!]. ~**würdigkeit, die** ↑ ~würdig의 명사형.

ehrbar [ˈeːɐ̯baːɐ̯] 〈Adj.〉 〈아어〉 존경할 만한, 명망[신용] 있는, 신뢰할 만한, 성실한, 정직한, 예의바른: ein -er Kaufmann 성실한[정직한] 상인. **Ehrbarkeit, die** ↑ ehrbar의 명사형. **Ehre** [ˈeːrə], die; -n 1. a) 〈Pl.은 전치사 결합형에만〉 명예, 명망, 영예, 신용, 영광: diese Tat macht ihm (alle) E. 이 행위는 그의 명망을 높여 준다; in -n ergraut sein 〈아어〉 명예롭게 늙었다; etw. in -n halten 무엇을 존중하다; etw. nur um der E. willen tun 명예만을 위해서 무엇을 하다(이익 때문이 아니라); 〈속담〉 E. verloren, alles verloren 명예를 잃으면 모든 것을 다 잃은 것이다; **jmdm. die E. abschneiden** (준고어) 누구의 명예를 훼손하다, 누구를 중상[비방]하다; **(ich) hab' (habe) die E.!** 〈남독, 오스트리아〉 (인사말) 안녕하십니까, 안녕! ; **auf E.!** 〈선서, 맹세할 때 하는 말〉 맹세코, 명예를 걸고 ; **auf E. und Gewissen** 〈선서, 맹세할 때 쓰는 말〉 나의 명예를 걸고, 맹세코!; **bei meiner E.!** 〈선서, 맹세할 때 쓰는 말〉 나의 명예를 걸고, 맹세코!; **etw. in (allen) -n sagen[tun]** 무엇을 아주[지극히] 공손하게[고결한 마음으로] 말하다[하다]. 한다. **b)** 존경, 경의, 예우(禮遇), 표창, 특대(特待): etw. zur E. Gottes tun 무엇을 신의 영광을 위해서 하다; sich etw. zur E. anrechnen 무엇을 영광스럽게[명예로] 생각하다; (의례의 형식으로) es war mir eine (große) E. 그것은 나에게 (커다란) 영광이었습니다(공손한 인사말에서); mit wem habe ich die E.? 실례입니다만 누구신지요? [성함이 어떻게 되시는지요?]; wir geben uns die E., Ihnen mitzuteilen, daß... …을 삼가 알려 드리는 바입니다; **jmdm. die letzte E. erweisen** 〈아어〉 누구의 장례식에 참석하다; **mit jmdm. [etw.] E. einlegen** 누구와 더불어[무엇으로써] 명예[신용]을 얻다, 두각을 나타내다; **der Wahrheit die E. geben** 진실을 존중하다; etw. ist aller -n wert 무엇이 칭찬[인정]받을 만하다; mit -n 명예[영예]로운. 2. 〈Pl. 없음〉 자존(심), 체면, 면목: meine E. verbietet mir, ihn zu hintergehen 나의 자존심이 그를 기만하는 것을 허락치 않는다; das geht mir gegen die E. 그것은 나의 자존심에 어긋나는 일이다; er setzt seine E. darein, diesen Plan zu unterstützen 〈아어〉 그는 이 계획을 후원[지지]하는 것을 자랑[명예]으로 생각한다; **keine E. im Leib(e) haben** 염치가 없다, 자존심이 없다; **jmdm. bei seiner E. packen** 누구의 명예에 호소하다. 3. 〈고어〉 처녀성, (처녀의) 순결: einem Mädchen die E. rauben 처녀의 순결을 빼앗다, 처녀를 범하다, 처녀의 처녀성을 잃게 하다. 4. 〈Pl. 없음〉 [골프] (티샷에서) 첫 타격을 할 우선권.

ehren 〈h〉 **1. a)** 누구에게 경의를 표하다, 누구를 존경[존중, 칭찬]하다: ich fühle mich durch dieses Angebot geehrt 나는 이 제안을 받은 것을 영광이라고 생각한다; sehr geehrter Herr Müller! (sehr geehrte gnädige Frau!] (귀하) 친애 서두의 인사말! 존경하는 뮐러씨! [존경하는 부인(마나님)!] **b)** 누구에게 영광[명예]을 의미하다, 누구에게 영광이다, 누구의 명예가 되다: sein Vertrauen ehrt mich 그의 신뢰는 나에게 영광[명예]이 된다. 2. 〈준고어〉 존경[존중, 경의]하다.

ehren-, Ehren-: ~**abend, der** (누구를 축하하기 위한) 특별 저녁 공연(야회). ~**abordnung, die** [군] 명예 분견대(특파대) 파견. ~**abzeichen, das** 명예 휘장(徽章). ~**akzept, der** [화폐] (수표, 어음의) 참가 인수(참가 引受). ~**amt, das** 명예직, 고관, 현직(顯職). ~**amtlich** 〈Adj.〉 (무보수) 명예직의. ~**bankett, das** (누구를 위한) 향연, 연회. ~**banner, das** 〈구동독〉 (우량 기업 등에 수여되는) 명예기(旗). ~**beleidigung, die** (또한) Ehrbeleidigung 명예 훼손. ~**bezeichnung, die** 존칭, 경칭. ~**bezeigung, die** (상관에 대한) 경례. ~**bezeugung, die** (군대식) 경례, 경의를 표하기, 예우. ~**bogen, der** 〈드물게〉 개선문. ~**buch, das** 방명록. ~**bürger, der** 1. 명예 시민. 2. 〈통용어〉 명예 시민(의) 칭호. ~**bürgerbrief** der 명예 시민 증서. ~**bürgerrecht, das** 명예 시민권. ~**bürgerschaft, die** 〈Pl. 없음〉 명예 시민의 지위(자격). ~**bürgerkunde, die** 명예 시민 증서. ~**dame, die** 궁녀, 시녀, 나인(内人), (고위의) 여관(女官). ~**degen, der** 명예 훈장으로 수여받은 검(劍). ~**dienst, der** 명예 봉사. ~**doktor, der** 1. 명예 박사(약어: Dr. h. c., Dr. E. h.). 2. 명예 박사의 칭호를 받은 후보(자). ~**doktorat, das** 명예 박사 학위. ~**doktorhut, der** 명예 박사의 모자(학위모). ~**doktortitel, der** ↑~doktor (2). ~**doktorwürde, die** 명예 박사 학위. ~**dolch, der** (나치) 명예 훈장으로 착용하는 단도. ~**eintritt, der** [화폐] 참가 인수(어음의). ~**erklärung, die** [법] 명예 회복의 공개 선언. ~**erweis, der, ~erweisung, die** (군대의) 경례, 경의를 표하는 일, 예우(禮遇). ~**eskorte, die** (주요 인물의) 특별 호위. ~**fähigkeit, die** 명예를 받을 만함: bürgerliche E. 〈schweiz. ·법〉 시민권(공민권) 소지(소유). ~**fest** 〈Adj.〉 〈고어〉 존경받을 만한, 장한, 착실

한. ~**formation,** die [군] 의장대. ~**friedhof,** der 전몰장병 (공동)묘지. ~**gabe,** die 명예 표창(품). ~**garde,** die 의장대(儀仗隊). ~**gasse,** die (누구에게 경의를 표하기 위해) 사람이 두 줄로 늘어선 사이의 통로. ~**gast,** der 주빈(主賓). ~**gefolge,** das 의장병, (왕의) 수행원. ~**gehalt,** das 연금, 은급. ~**geleit,** das ↑~gefolge. ~**gericht,** das (귀족 따위의) 재판소, (변호사, 의사 따위의) 징계 재판(소), (군대의) 군법 회의. ~**gerichtlich** 〈Adj.〉 명예 재판소(징계 재판(소), 군법 회의)의. ~**gerichtsbarkeit,** die 명예(징계, 군법) 재판권. ~**geschenk,** das ↑~gabe. ~**grab (mal),** das 전몰장병 (공동)묘지. ~**gruß,** der ↑Salut. ~**haft,** die 예우 취급 특별 구속(구금). ~**hain,** der (어떤) ↑~friedhof. ~**halber** 〈Adv.〉 명예를 위하여. ~**halle,** die 기념 회관, 위인 합동묘(合同廟), 성현당(聖賢堂). ~**handel,** der 명예 훼손(회복)의 소송(결투), 명예 재판 사건. ~**hof,** der ↑~halle. ~**jungfer, jungfrau,** die 〈고어〉 고관을 접대하는 아가씨. ~**karte,** die 무료 입장권, 우대권. ~**kette,** die 명예 훈장으로 수여받은 장식줄. ~**kleid,** die (아어) 대례복(大禮服), 예복, 제복: das E. des Soldaten 군복. ~**kodex,** der 사회 도덕적 통념, 명예의 관한 불문율[사교 규칙]. ~**kompanie,** die 의장대(儀仗隊)(중대 병력의). ~**konsul,** der 명예 영사. ~**kränkung,** die [법] 명예 훼손. ~**kranz,** der 명예의 화환(花環), 영관(榮冠). ~**kreuz,** das 명예 십자 훈장. ~**legion,** die 〔다음 용법으로〕 der Orden der E. 레지옹 도뇌르 훈장(프랑스의 유명한 훈장); Ritter der E. 레지옹 도뇌르 훈장 소지자. ~**loge,** die 주빈(귀빈)용 특별석. ~**lohn,** der 특별 사례(수당). ~**mahl,** das 〈아어·드물게〉 경의를 표하기 위한 향연. ~**mal,** das 〈Pl. -e /...mäler〉 기념비. ~**mann,** der 〈Pl. ...männer〉 신사, 정직한(성실한) 남자: er ist ein dunkler E. 〔俗〕 그는 신사가 아니다. ~**mitglied,** das 명예회원. ~**mitgliedschaft,** die 명예 회원의 신분[자격]. ~**münze,** die 기념 화폐. ~**nadel,** die 표창(공로) 기장(記章). ~**name,** der 경칭, 존호(尊號). ~**pate,** der (대명 인사의) 명예 대부(代父). ~**patenschaft,** die (저명 인사의) 명예 대부 신분[자격]. ~**pension,** die ↑~gehalt. ~**pflicht,** die 도의상의 의무. ~**pforte,** die 기념 아치(개선문). ~**plakette,** die 기념 배지[메달], 기념 액자. ~**platz,** der 주빈석(主賓席), 상석(上席): 〔전의〕 Erbstück erhielt einen E. 가보(家寶)가 상석을 차지했다. ~**pokal,** der 우승배. ~**posten,** der 1. ↑~mal. 2. (군대의) 의장 초병(哨兵). ~**präsident,** der 명예 총재. ~**präsidium,** das 명예의장역(役)[회장직]. ~**predigt,** die 〈schweiz.〉 축제일의 설교. ¹~**preis,** der 포상(襃賞), 명예상, (경기 따위의) 상배. ²~**preis,** das 《또는》 der; -es, - 현삼(玄蔘)과(科)의 식물, 물칭개나물. ~**promotion,** die 명예 박사 학위 수여(획득). ~**rat,** der 명예고문, 군법회의. ~**rechte** 〈Pl.〉 공민권: bürgerliche E. 시민권. ~**rechtsverlust,** der 〈Pl. 없음〉 공민권 상실. ~**reich** 〈Adj.〉 명예로운, 영광스러운. ~**retter,** der 명예 회복(보호, 옹호)자. ~**rettung,** die 명예(의) 변호(보호, 옹호). ~**richter,** der 명예 재판 사건의 판사. ~**ring,** der 표창으로 받은 반지. ~**rührig** 〈Adj.〉 명예 훼손의, 중상하는. ~**rührigkeit,** die ↑~rührig의 명사형. ~**runde,** die (우승자의) 장내 일주(場内一周): eine E. drehen [학생] 유급하다. ~**säbel,** der 〈~degen: „Du mußt aber morgen pünktlich sein!" – „E.!" (통용어·농) 내일 지각하지 말아야 해! – 걱정마(믿어도 돼]! ~**sache,** die E. haben (명예)문제. 2. 당연한 일. „Kommst du?" – „E.!" (통용어·농·강조) „너 올거니?" – „물론이지!" ~**salut,** der (존경의 표시로서의)

경례, 예포, 축포. ~**salve,** die 예포, 축포(祝砲). ~**säule,** die 기념비(주(柱)). ~**schänder,** der (아어) 명예 훼손자. ~**schänderisch** 〈Adj.〉 (아어) 명예 훼손적인. ~**schändung,** die ((아어)) 명예 훼손. ~**schießet,** der / (드물게) das (schweiz.) 천선 사격 대회. ~**schuld,** die 명예를 건 차용금[借用金], 신용차용(信用借用). ~**schuß,** der (복 Pl.) ↑~salve. ~**schutz,** der [법] 명예 보호(옹호)(개인이나 집단을 위한). ~**senator,** der 대학 평의원회의 명예 회원[위원]. ~**sitz,** der ↑~platz. ~**sold,** der ↑~gehalt. ~**spalier,** das ↑~gasse. ~**spielführer,** der [축구] 명예 주장(특히 공로가 있는 독일 축구 국가 대표 팀의 주장(主將)). ~**standpunkt,** der 명예로운 입장. ~**staubfänger,** der (농) 배우나 스포츠맨의 방벽에 걸려 있는 월계관. ~**stelle, ~stellung,** die ↑~amt. ~**strafe,** die 1. 불명예스런 벌, 능욕형(凌辱刑), (강등 처분), 정계, 견책. 2. 명예(박탈)형(刑)(공민권 정지(정직)처분 따위). ~**stuhl,** der ↑~platz. ~**tafel,** die 1. 기념패. 2. (아어) 누구에게 경의를 표하여 화려하게 장식된 식탁. ~**tag,** der (아어) 기념일(예컨대: 생일, 결혼 기념일). ~**tanz,** der 경의를 표하기 위한 댄스, 신부(직업 무용수)와의 (첫) 댄스. ~**tempel,** der 명예로운 입장. ~**titel,** der 1. 특별한 공적(공훈)에 수여된 칭호(명예칭호). 2. 경칭, 존칭(尊稱). ~**tod,** der (아어) 명예로운 죽음, 장렬(壯烈)한 죽음. ~**tor,** das [스포츠] 패전 팀의 유일한 골 (축구에서). ~**treffer,** der ↑~tor. ~**tribüne,** die 연단의 주빈석. ~**urkunde,** die 상장, 표창장, 감사장, 훈장 수여증서. ~**verpflichtung,** die 명예(영예)로운 의무. ~**voll** 〈Adj.〉 명예(영예)로운, 명예가 되는: ein -er Friede 명예로운 강화(講和). ~**vorsitz,** der 명예의장(職). ~**vorsitzende',** der ↑~präsident. ~**wache,** die 1. 의장병, 의장 위병(儀仗衛兵). 2. 의장병(의장 위병) 근무(당번). ~**wert** 〈Adj.〉 (아어) 존중(존중)할 만한, 명예(영광)스러운; 정직한, 성실한. ~**wort,** das (Pl. -e) 명예를 걸고 한 말(약속), 언명 따위): sein E. geben (아어) verpfänden) 명예를 걸고 약속하다; auf (mein) E.! 맹세코!, 틀림없이!; „Kommst du auch wirklich?" – „(Großes) E.!" (통용어) „너도 정말 오(가)니?" – „틀림없이 갈(올)거야!" ~**wörtlich** 〈Adj.〉 명예를 걸고 맹세한. ~**zeichen,** das 명예훈장, 기장(記章), 상패, 휘장.

ehrenhaft ['e:rənhaft] 〈Adj.〉 존경할 만한, 고결한, 신용 있는. **Ehrenhaftigkeit,** die ↑ehrenhaft의 명사형. **ehrlich** ['e:rlɪç] 〈Adj.〉 1. a) 정직한, 솔직한, 숨김(거짓)없는: -e Besorgnis 진짜 근심[걱정]; er hat ~ Absichten 그는 그 처녀와 결혼할 생각이다; e. gesagt 솔직히 말해서; wo bist du gewesen? Ehrlich! (통용어) 너 어디 있었니? 솔직히 말해봐!; [전의] wie e. ist dieser Tacho? 이 타코미터(회전속도계)는 얼마나 정확한가? b) 성실한, 정직한, 성실한, 신뢰할 수 있는: der -e Finder 정직한 습득자(발견자) (주운 것을 자기가 갖지 않고 내 주는); [俗談] e. währt am längsten 정직만은 생명이 긴 것도 같다. 2. (군()에) 의젓한, 존경할 만한, 명망 있는: e. begraben werden 걸맞게[어울리게] 장례가 치루어지다. 3. etwas **Ehrliches** (통용어) 많음, 다수, 다 량.

ehrlicherweise 〈Adv.〉 1. 솔직[정직]하게(도). 2. (드물게) 성실하게, 정직(충실)하게. **Ehrlichkeit,** die 1. 정직(솔직, 성실)(성), 진실(성). 2. 특히 금전·물적 문제와 관련하여 정직함(성), 신뢰(신용), 성실. **ehrsam** ['e:rzam] 〈Adj.〉 (아어·준고어) 존경할 만한, 신뢰할 만한, 성실한, 정직한, 예의바른. **Ehrsamkeit,** die ↑ehrsam의 명사형. **Ehrung,** die; -en 1. 존경·경의를 표함. 2. 명예 표창용 선물(기념품).

ei [aj] 〈Interj.〉 〈아동어〉 1. (기쁨, 놀람, 노함, 동감, 경멸

따위를 나타내거나 또는 주의를 환기시킴) 아아, 야(야), 원, 아유, 아이고, 그래, 이봐, 어이: ei, wo kommst du denn her? 이봐, 너 어디서 오는거니?; ei, du meine Güte! 아이고, 저런(맙소사)！ **2.** 그래 그래, 우리 아가 우리 아가(착한 아이다)(아이를 어를 때, 애무할 때 다정함의 표시로): ei (ei) machen 쓰다듬다, 어루만지다, 애무하다 (특히 턱을).

Ei [-], das; -(e)s, -er 〈축소형: ↑Eichen〉 **1.** 동물, 인간의 난(자)세포(난자). **2. a)** 〈동물, 특히 새의〉 알(卵): die Henne legt ein Ei 암탉이 알을 낳는다; 전의 die will alles besser wissen, dabei ist er doch kaum aus dem Ei gekrochen 그는 모든 것을 더 잘 아는 체하지만 아직은 풋나기이다. **b)** 〈식용〉 달걀: ein frisches, rohes Ei 신선한〔갓 낳은〕싱싱 하지 않은 달걀; ein weiches〔hartes〕Ei 반숙〔완숙〕한 달걀; verlorene Eier 수란(水卵); russische Eier 〔요리〕삶은 달걀과 마요네즈로 만든 음식; jmdn. mit (faulen) Eiern bewerfen 누구에게 (썩은) 달걀을 던지다(강한 불만의 표시로); jmdn.〔etw.〕 wie ein rohes Ei behandeln 누구〔무엇〕를 매우 조심스럽게 다루다; wie auf Eiern gehen 〈통용어〉 조심스럽게 걷다; sich〔einander〕gleichen wie ein Ei dem andern 혼동할 정도로 서로 닮다; 성규 das Ei will klüger sein als die Henne 〔諺〕자식이 아비보다 똑똑한 체하다; 전의 er ist ein rohes Ei 〈통용어〉 그는 민감한 사람이다; mit diesem hohlen Ei möchte ich nichts zu tun haben 〈통용어〉 나는 이런 경솔하고 비위에 맞지 않는 사람은 상대하고 싶지 않다; seine Schwester ist ein ganz doofes Ei 〈통용어〉 그의 누이는 아주 바보다; er muß das Ei unterm Huhn verkaufen 그는 급히 돈이 필요하다; ungelegte Eier 〈통용어〉 결정되지 않은 일, 확실하지 않은 일: kümmere dich nicht um ungelegte Eier 공연히 지레 걱정하지 말아라; **das ist ein (dickes) Ei!** 〈통용어〉 1) 그것은 아주 불쾌하고 수상쩍은 일이다. 2) 그것 참 훌륭하군！; **ach, du dickes Ei!** 〈통용어〉 놀라서 외치는 소리〕어머나, 저런！; **das Ei des Kolumbus** 콜럼버스의 달걀(뜻밖의 간단한 해결법); **etw. hat seine Eier** 〈통용어〉 무엇에 어려운 점이 있다, 무엇이 매우 어렵다; **ein Ei legen** 〈속〉 묘안을 제시하다, 어떤 발명을 하다〔속〕대변을 보다; **wie aus dem Ei gepellt** 〔드물게〕**geschält**〕 **sein** 〈통용어〉 말쑥한 옷차림을 하고 있다; **für ein Ei und ein Butterbrot kaufen** 대단히 싸게〔헐값으로〕사다. **3.** 《스포츠 은어》공. **4.** 〈통용어〉 투하 폭탄: **Eier legen** 폭탄을 투하하다. **5.** 〈Pl.〉 〈통용어〉 **Eierkohlen**의 약칭. **6.** 〈Pl.〉 〈통용어〉 독일의 마르크 화폐. **7.** 〈대개 Pl.〉 〈속어〉 고환(睾丸), 불알: **dicke Eier haben** 〈속어〉 성병(性病)을 갖고 있다; **jmdn. die Eier schleifen** 〈군·속어〉 누구를 맹훈련시키다; **jmdm. die Eier polieren** 〈속어〉 누구를 호되게 때리다; **jmdm. auf die Eier gehen** 〈속어〉 누구의 비위에 거슬리다. **8.** 〈통용어〉 호감가지 않는 사람.

ei-, Ei- 〈↑eier-, Eier-도 참조〉: ~**ablage**, die 〔Pl. 없음〕산란(產卵). ~**ausstoßung**, die 〔동물·의학〕배란(排卵). ~**befruchtung**, die 난(자)세포의 수정, 수태. ~**bildung**, die 배란. ~**dotter**, der 〔또는 das〕Dotter. ~**dottergelb** 달걀노른자(위) 같이 노란. ~**entwicklung**, die 난(자)세포의 발육〔진화〕. ~**form**, die 달걀 모양, 난형(卵形). ~**förmig** 〈Adj.〉 달걀 모양의, 난형(卵形)의. ~**gelb**, das; -(e)s, -e 《그러나 den Eigelb》 〔요리〕달걀 노른자(위). ~**gelege**, das 〔동물〕한 배의 알(조류, 파충류, 곤충류의 암컷이 한 번에 깐 알의 총체). ~**groß** 〈Adj.〉 달걀 크기의. ~**haut**, die 1. 〔동물·의학〕 난막(卵膜). **2.** 양수막(羊水膜). ~**hülle**, die ↑-haut. ~**kern**, der 〔동물·의학〕 난핵(卵核). ~**klar**, das; -s, - 〈österr.〕

〔요리〕 단백질. ~**leiter**, der 수란관(輸卵管), 나팔관(喇叭管). ~**leiterentzündung**, die 〔의학〕 나팔관(의) 염증. ~**leiterschwangerschaft**, die 나팔관 임신. ~**pick**, der 달걀을 삶을 때 달걀의 둥근 부분을 찌르는 〔부업용〕기구. ~**plasma**, das 〔동물·의학〕 난원형질(卵原形質). ~**pulver**, das 분말 계란. ~**reifung**, der 〔동물·의학〕 난(자)세포의 성숙. ~**rund** 〈Adj.〉 계란같이 둥근, 타원형의. ~**rund**, das 계란 모양, 타원형. ~**schale**, die 〔전문어〕 달걀 껍데기. ~**schnee**, der ↑Eierschnee. ~**sprung**, der 〔동물·의학〕 배란(排卵). ~**weiß**, das; -es, -e **1.** 《복수로는 잘 안 쓰임》. 그러나 drei Eiweiß 〔卵白〕, 알의 흰자위: drei E. zu Schnee schlagen 계란 흰자위 세 개를 휘저어 거품이 일게 하다. **2.** 〔화학·생물〕 단백질. ~**weißabbau**, der 〈Pl. 없음〉 단백질 분해. ~**weißarm** 〈Adj.〉 단백질 결핍의. ~**weißartig** 〈Adj.〉 단백질 성분(성질, 종류)의: -e Verbindungen 〔화학〕 단백질 성분〔성질〕의 화합물. ~**weißbedarf**, der 단백질의 필요량. ~**weißfaserstoff**, der 〔섬유〕 단백질 섬유. ~**weißgehalt**, der 단백질 함량〔농도〕. ~**weißhaltig** 〈Adj.〉 단백질성의, 단백질을 함유한. ~**weißhaushalt**, der 단백질의 공급과 분해, 단백질 관리. ~**weißkörper**, der 〔화학·생물〕 단백질〔체〕. ~**weißkunstfaser**, die 〔섬유〕 단백질로 된 인조 섬유. ~**weißmangel**, der 단백질 결핍(증). ~**weißpräparat**, das 단백제(劑). ~**weißprobe**, die 〔의학·생물〕 단백질 함량 실험. ~**weißreich** 〈Adj.〉 단백질이 풍부한. ~**weißstoffe** 〈Pl.〉 단백질, 단백질 성분의 화합물. ~**weißstoffwechsel**, der 단백질 대사(아미노산으로의)〔순환〕. ~**weißverdauung**, die 단백질 분해(아미노산으로의). ~**zelle**, die 난세포(卵細胞).

eia ['aja] 〈Interj.〉 ↑ei (2) 참조. **eiapopeia** [ajapopaja, -̍ - -̍ - -̍] 〈Interj.〉 〔의성어·아동어〕 자장자장(자장가), 잘자라: e. machen 자장가를 부르다.

Eibe ['aibə], die; -n 주목(朱木)(가끔 묘지 부근에 심는 상록수). **eiben** ['aibŋ] 〈Adj.〉 주목(제〔製〕)의.

eiben-, Eiben-: ~**artig** 〈Adj.〉 주목(朱木)과 같은, 주목 종류의. ~**baum**, der ↑Eibe. ~**gewächs**, das 〈대개 Pl.〉 나자(裸子)나무과에 속하는 식물(특히 북반구에서 자생하는). ~**holz**, das 주목재(朱木材).

Eibisch ['aibɪʃ], der; -(e)s, -e 〔lat. ibiscum〕 치료 효과〔약효〕가 있는 당아욱〔접시꽃〕속(屬) 식물(알테아, 하이비스커스(부용속) 따위). **Eibisch(blätter)tee** der 알테아〔잎〕차(茶). **Eibsee** ['aipze:], der; -s 추크슈피체(독일 알프스의 최고봉) 기슭에 있는 산중 호수.

¹Eich- 〈¹eichen〉: ~**amt**, das 도량형 검정국. ~**beamte**, der 도량형 검정국의 관리. ~**behörde**, die 도량형 검정〔측정〕국. ~**gerät**, das 도량형기 검정에 사용할 표준 중량. ~**gewicht**, das 도량형기 검정에 사용할 표준 중량. ~**marke**, die 〔전문어〕검정〔측량〕표주(標柱)〔표〕지). ~**maß**, das 〔도량형의〕원기(原器), 검정 표준〔척도〕. ~**meister**, der 도량형기 검정관. ~**meter**, das ↑-maß. ~**ordnung**, die 〔법〕 도량형기 검정 규정. ~**pfahl**, der 〔댐의〕 수위계(水位計), 검조기(檢潮器). ~**schein**, der 〔관도량형기〕 검정 증서. ~**stempel**, der 〔관의 도량형기〕 검정 도장. ~**strich**, der 도량형기 표준 측정치를 나타내는 선(線). ~**verwaltung**, der ↑-behörde. ~**wert**, der 〔전문어〕 〔공인계기(公認計器)의〕 표준측정치(값). ~**wesen**, das 〈Pl. 없음〉 도량형기 검정 제도(도량형 검정과 관련된 기능, 조직, 행정 따위). ~**zeichen**, das 도량형기 검정 표시.

²Eich- 〈¹Eiche; ↑Eichen-도 참조〉: ~**apfel**, der 몰식자(沒食子), 오배자(五倍子). ~**baum**, der ↑¹Eiche (1). ~**blatt**, das 떡갈나무 잎. ~**hase**, der 〔지역적〕 다람쥐. ~**horn**, der 〔동물〕 다람쥐. ~**hörnchen**, das 다람쥐: 성규 mühsam (er)nährt sich das E. 〈통용

어·농》이 계획은 실현시키기가 매우 어렵다. ~**kater,** der 《지역적》~**kätzchen,** das 다람쥐. ~**katze,** die 《지역적》↑~**hörnchen.** ~**pilz,** der ↑Steinpilz. ~**wald,** der 떡갈나무[참나무] 숲.

¹**Eiche** ['aiçə], die; -n **1.** 떡갈나무, 참나무: 성교 o du dicke E! 《통용어》(놀라서 외치는 소리) 아이구머니, 이 럴수가!; das ist eine große E. 《통용어》그것은 엄청난(대단한) 일이다; das fällt -n 《통용어》그것은 인상깊다(감명깊다); 속담 von einem[vom] ersten Streiche fällt keine E. 단숨에 되는 일은 없다(매사에는 시간이 필요하다). **2.** 〈Pl. 없음〉떡갈나무 목재.

²**Eiche** [-], die; -n **1.** 검량(檢量), 도량형기 검정(檢定). **2.** 〈직종어〉혼합즙(포도즙, 맥아즙)을 담아 재는 용기.

Eichel ['aiçl], die; -n **1.** 떡갈나무 열매, 도토리. **2. a)** 귀두(龜頭). **b)** 음핵두(陰核頭). **3.** (복수형이 관사없이 단수로 사용됨) (독일의 카드놀이) 클로버.

eichel-, Eichel-: ~**acht,** die 클로버 패의 8의 수. ~**becher,** der [식물] 도토리의 깍정이. ~**bohrer,** der (황갈색의) 바구미, 파라니누스속(屬)의 갑충(甲蟲). ~**daus,** das [카드] 클로버 패의 에이스. ~**entzündung,** die 귀두(龜頭)의 염증. ~**förmig** 〈Adj.〉도토리 모양의, 귀두처럼 생긴. ~**häher,** der 어치. ~**kaffee,** der 도토리 커피(커피의 대용품). ~**könig** [카드] 클로버 패의 킹. ~**mast,** die 돼지 비육용 도토리 사료. ~**ober,** der [카드] 클로버 패의 퀸. ~**schale,** die 도토리의 껍질. ~**tripper,** der ↑entzündung. ~**unter,** der [카드] 클로버 패의 잭.

¹**eichen** ['aiçn] 〈h〉[afränk. 'īkōn < lat. (ex)aequāre (misūrās)] 검량하다, 검정(검량)하다; Gefäße(Waagen) e. 용기[저울]을 검정한다; **auf etw. geeicht sein** 《통용어》 무엇에 정통하다, 무엇을 잘 알고 있다.

²**eichen** [-] 〈Adj.〉 떡갈나무(제(製))의, 떡갈나무재(材)의.

Eichen [-], das; -s, - 《통용어》Eierchen: (↑Ei): 작은 알, 배주(胚珠), 난자(卵子).

eichen-, Eichen- (¹Eiche; ↑Eich- 도 참조): ~**artig** 〈Adj.〉떡갈나무 종류의. ~**baum,** der 《통용어》↑¹Eiche (1). ~**bestand,** der 떡갈나무 숲. ~**blatt,** das 떡갈나무 잎. ~**bock,** der ↑Heldbock. ~**bohle,** die 두꺼운 떡갈나무 널빤지. ~**brett,** das 떡갈나무 널빤지. ~**diele,** die 떡갈나무 마루청. ~**gallwespe,** die 몰식자 벌, 오배자 벌(작고 검은색을 띠며 반짝거림). ~**getäfelt** 〈Adj.〉떡갈나무 널빤지를 댄. ~**hain,** der 《고어·시어》떡갈나무 숲(원림(園林)). ~**holz,** das 떡갈나무 숲속(園林). ~**holz,** das 떡갈나무 재목. ~**kranz,** der 떡갈나무 엽환(葉環). ~**laub,** das **1.** 떡갈나무의 무성한 잎. **2.** 《나치》기사 십자 훈장으로 수여하는 영관(榮冠). ~**lohe,** die 떡갈나무 껍질 가루(염료, 무두질에 쓰이는). ~**rinde,** die 떡갈나무 껍질, 코르크. ~**sarg,** der 떡갈나무(로 만든) 관(棺). ~**schälwald,** der [임업] (무두질 재료용) 코르크를 채취하는 숲. ~**schrank,** der 떡갈나무(로 만든) 장. ~**spinner,** der 낙엽송나방, 산누에나방. ~**stamm,** der 떡갈나무 줄기. ~**stock,** der 떡갈나무로 만든 산책용 지팡이. ~**tisch,** der 떡갈나무로 만든 식탁(책상). ~**tür,** die 떡갈나무로 만든 문. ~**wald,** der 떡갈나무 숲. ~**wickler,** der 떡갈나무 낙엽송나방, 산누에나방(애벌레가 특히 오래된 떡갈나무에 기생하여 해친다).

Eicher ['aiçɐ], der; -s, - **1.** 도량형기 검정관. **2.** [기술] 조정자(調整者), 검량자(檢量者), 정관자, 조정기.

eichern ['aiçɐn] 〈Adj.〉〈schweiz.〉↑²eichen.

Eichung ['aiçʊŋ], die; -en 도량형기 검정.

Eid [ait], der; -(e)s, -e (공식적 또는 법적인) 선서, (신 또는 스승으로에 대한) 맹세, 서약, 서언(誓言); ein kalter E. 《통용어》거짓 맹세, 위증(僞證); einen E. ablegen 선서(맹세)하다; einen E. auf die Bibel schwören 성서에 손을 얹고 맹세하다; seinen E. halten (자기가) 맹세한 것을 지키다; seinen E. brechen 서약을 위반하다; den E. ableiten 《통용어》맹세(선서)를 무효로 하다(그 맹세가 거짓이기 때문에); der Richter nahm ihm den E. ab 판사는 그에게 선서를 하게 했다; ich nehme es auf meinen E., daß er unschuldig ist 그가 무죄라는 것을 나는 맹세한다; unter E. stehen [법] 선서(맹세)를 함으로써 진실을 말할 의무가 있다; jmdn. unter E. nehmen 누구에게 맹세(선서)를 하게 하다; **hippokratischer E.** 히포크라테스 선서; **an -es Statt** [법] 법정인 선서를 대신하여; **jmdn. in E. und Pflicht nehmen** 《아이》누구를 선서시키다.

eid-, Eid- (↑eides-, Eides-도 참조): ~**bruch,** die 선서[서약] 위반. ~**brüchig** 〈Adj.〉선서[서약] 위반의; e. werden 맹세를 깨뜨리다. ~**formel,** die ↑Eidesformel. ~**genosse,** der 스위스 사람[국민]. ~**genossenschaft,** die (Pl. 없음) (종교적 혹은 정치적) 동맹[연합, 연방, 결합], 동맹국: Schweizerische E. 스위스 연방. ~**genössisch** 〈Adj.〉스위스 연방의, 연합(동맹)의, 스위스(사람, 말)의. ~**helfer,** der ↑Eideshelfer. ~**leistung,** die ↑Eidesleistung. ~**pflichtig:** ↑eidespflichtig. ~**schwur,** der 《아이》선서. ~**vergessen** 〈Adj.〉《아이》↑~brüchig.

Eidam ['aidam], der; -s, -e [고어] 사위.

Eidamer(käse), der; -s, - 《österr.·준고어》↑ Edamer Käse 참조.

Eidechs-, Eidechsen- (↑eidechsen-, Eidechsen-도 참조): ~**haut,** die 도마뱀 껍질(가죽제품으로 가공되는). ~**leder,** das 도마뱀 가죽. ~**schuh,** der 도마뱀 가죽으로 만든 구두. ~**tasche,** die 도마뱀 가죽으로 만든 가방.

Eidechschen ['aidɛksçən], das; -s, - ↑Eidechse. **Eidechse.** Eidechsen: 〈축소형: ↑Eidechschen〉 도마뱀.

eidechsen-, Eidechsen- (↑Eidechs도 참조): ~**artig** 〈Adj.〉도마뱀 모양의. ~**haut,** die ↑Eidechshaut. ~**leder,** das ↑Eidechsleder. ~**schwanz,** der 도마뱀의 꼬리. ~**zunge,** die 도마뱀의 혀.

Eider ['aidɐ], die die Schleswig-Holstein 주에 있는 강.

Eider- ['aidɐ-; niederd. Edder < isländ. æður]: ~**daune** (niederd.) ~**dune,** die [niederd. Edderdune < isländ. æðardūnn] 솜털오리의 솜털(베개, 방석, 이불용). ~**ente,** die 솜털오리. ~**gans,** die ↑ ~ente.

eides-, Eides- (↑eid-, Eid-도 참조) [법]: ~**ablehnung,** die ↑~verweigerung. ~**abnahme,** die 선서[서약]를 시키는 일. ~**belehrung,** die 선서하기 전에 선서자와 위증의 의미에 대해 일러주는 말. ~**fähig** 〈Adj.〉(16세 이상으로서) 선서 자격[능력]이 있는 (반대: eidesunfähig). ~**fähigkeit,** die 〈Pl. 없음〉(만16세부터 어지는 법정에서의) 선서 자격[능력] (반대: Eidesunfähigkeit). ~**formel,** die 선서용 문구("나는 선서합니다"라는 말이 들어 있는). ~**helfer,** der (구제) 선서 보조인(보증인)(고대 법에서 선서인의 신빙성을 증명하는). ~**leistung,** die 선서(를) 하기, 서약. ~**pflicht,** die **1.** 선서 의무. **2.** 선서하는 사람의 의무. ~**pflichtig** 〈Adj.〉선서할 [할 만한], 선서의 효과가 있는. ~**stättig** 〈Adj.〉[...ʃtɛtɪç] 〈österr.〉↑~stattlich. ~**stattlich** 〈Adj.〉선서를 대신하는[할 만한], 선서의 효과가 있는. ~**unfähig** 〈Adj.〉반대: eidesfähig 선서 자격[능력]이 없는. ~**unfähigkeit,** die 〈Pl. 없음〉(반대: Eidesfähigkeit) ↑~unfähig의 명사형. ~**verletzung,** die 선서 위반. ~**verweigerung,** die 선서 거부[기피].

Eidetik [ai'de:tɪk], die **1.** [심리] (과거의 지각(知覺)을) 직관상(直觀像)으로 재현하는 능력. **2.** ↑Eidologie.

Eidetiker, der; -s, - [심리] (과거의 지각을) 직관상으로 재현하는 능력의 소유자, 직관상(直觀像) 소유자. **eidetisch** ⟨Adj.⟩ **a)** [심리] (과거의 지각을) 직관상(直觀像)으로 재현하는 능력이 있는. **b)** 《교양어》직관적인, 비유적인.

eidg. = eidgenössisch.

eidlich ⟨Adj.⟩ 선서의, 맹세[서약]한: ein -es Versprechen 맹세한 약속.

Eidologie [aidolo'gi:] die; -n [...i:ən; griech. eĩdos u. ↑logie] [철학] 형상학(形相學). **Eidophor** [aido-'fo:ɐ̯], das; -s, -e [griech. eĩdos u. -phóros] 《텔레비전》텔레비전 화면의 확대 투사기(投射機). **Eidophorverfahren**, das 《텔레비전》확대 영사기를 이용한 수평 조절 영사 방식(텔레비전 영상을 큰 스크린에 재현시키는 영사 방식). **Eidos** ['aidɔs], das; - [griech. eĩdos] **1.** [철학] 형상(形相), 형태, 외관. **2.** [철학] (플라톤의) 이념, 이데아. **3.** [철학] (아리스토텔레스의) 질료의 반대 개념. **4.** [철학] (Husserl의) 본질. **5.** [논리] 종(種)[속(屬)의 하위 개념].

eier-, Eier- (↑ei-, Ei-도 참조): **~apfel**, der ~frucht. **~auflauf**, der 달걀과 밀가루로 만든 과자(푸딩, 슈크림 등 구워서 부풀린 과자). **~becher**, der **1.** 삶은(반숙한) 달걀을 올려 놓는 컵. **2. a)** 《속어・농》몸에 짝 달라붙는 남자 수영복(팬티). **b)** 긴 팬티. **c)** (팔을) 걸어매는 붕대, (손)삼각건(三角巾). **~bofist, ~bovist**, der 호두 내지 달걀 크기의 말불버섯. **~brikett**, das 《대개 Pl.》계란 모양의 조개탄. **~farbe**, die 부활절용 계란에 채색하는 물감. **~fladen**, der 《지역적》↑~kuchen. **~frau**, die 《통용어》계란 장수 여자. **~frucht**, die [식물] 가지. **~gericht**, das (계란을 주성분으로 만든) 계란 요리. **~handgranate**, die 달걀 모양의 수류탄. **~händler**, der 계란 장수. **~haube**, die 삶은(계란 보온용 덮개. **~kiste**, die **1.** 계란 운송(운반) 용 상자. **2.** 《통용어・폄・농》낡은 자동차(비행기). **~klar**, das 《österr.・드물게》흰자위. **~kocher**, der **1.** (전기식) 계란 삶는 기구. **2.** 《통용어・농》납작한 신사모. **~kognak**, der 계란을 넣은 화주(브랜디). **~kohle**, die 계란 모양의 석탄. **~kopf**, der **1.** 《폄》달걀 모양의 머리. **2.** 《폄》지식[지성]인, (세상 물정에 어두운) 인텔리. **~korb**, der 계란 운반용 바구니. **~kuchen**, der 계란・설탕・밀가루・우유를 넣어 만든 팬케이크. **~kunde**, die 《Pl. 없음》《동물》새알을 연구 대상으로 하는 조류학. **~kundlich** ⟨Adj.⟩ 새알을 연구 대상으로 하는 조류학의. **~lampe**, die 【농업】달걀 투시(透視)기. **~landung**, die (조종사 은어) 연착륙(軟着陸)(바퀴가 모두 동시에 땅에 닿는 착륙). **~laufen**, das; -s 스푼 레이스(수저에 달걀을 올려 놓고 달리는 아이들의 놀이). **~legen**, das; -s 산란(產卵). **~legend** ⟨Adj.⟩《전문어》산란(產卵)하는(알을 낳는). **~leger**, der; -s, - [농업・동물] 산란관(管), 산란鶏, 산란鶏(產卵鶏). **~likör**, der 코냑・계란・설탕을 넣어 만든 리큐르술. **~löffel**, der 에그 스푼(삶은 계란을 먹을 때 쓰는 작은 스푼). **~mann**, der 《Pl. ...männer》《통용어》계란 장수. **~markt**, der 계란 (매매)시장. **~milch**, die [요리] 밀크셰이크. **~mühle**, die (고환(睾丸) 타박상의 가능성이 있기 때문에) 《청소년어》철봉의 대차(大車). **~mützchen**, das ↑~haube. **~nudel**, die 《대개 Pl.》계란 국수. **~pampe**, die 《berlin.》(아이들이 손으로 모양을 만들며 노는) 물을 많이 섞은 죽 같은 모래. **~pfannkuchen**, der ↑~kuchen. **~pflanze**, die [식물] 가지. **~pflaume**, die 서양 오얏(자두). **~pilz**, der 살구 버섯(식용 버섯의 일종). **~prüfer**, der 《지역적》↑~lampe. **~punsch**, der (계란을 일으켜 만든) 달걀 펀치, 난주(卵酒). **~pusch**, der 《지역적》 Löwenzahn. **~salat**, der 【요리】 계란 샐러드.

~sauce: ↑~soße. **~schale**, die 달걀 껍데기, 알 껍데기: **noch die -n hinter den Ohren haben** 《통용어》 아직 애송이[풋나기]이다, 아직 미숙하다. **~schalenfarbe**, die 《Pl. 없음》 엷은 베이지색. **~schalenfarben** ⟨Adj.⟩ 연한 베이지색의. **~schalenporzellan**, das (원래 중국에서만 생산되는) 아주 얇은 도자기. **~schaukel**, die 《폄》자전거, 오토바이. **~schaum**, der 《Pl. 없음》 [요리] 거품을 일게 한 계란 요리, 포설(泡雪). **~schecke**, die 《지역적》 **1.** (달걀, 건포도, 아몬드 가루 등을 섞어 만든) 케이크 위에 바르는 식품. **2.** Eierscheke (1)을 얹어 만든 케이크. **~schlange**, die 달걀을 먹고 사는 (율모기과의) 뱀. **~schmalz**, das 《südd., österr.》 푼 계란, 풀어서 반숙한 계란. **~schmarren**, der 《südd.》 팬케이크, 오믈렛. **~schnee**, der [요리] 거품을 일게 한 계란 흰자 요리, 포설(泡雪). **~schneider**, der (완숙한 계란을 조각으로 자르는) 기구. **~schwamm**, der 《österr.》 살구버섯 (식용 버섯의 일종). **~schwammerl**, das 《österr.》 ↑~schwamm. **~sieder**, der 《통용어・농》 뺏뻣하고 둥근 신사 모자. **~soße**, die [요리] 밀가루・계란・우유로 만든 소스. **~speis**, die 《österr.》 푼 계란, 풀어서 반숙한 계란. **~speise**, die **1.** ↑~gericht. **2.** 《österr.》 ↑~speis. **~spiegel**, der ↑~lampe. **~stab**, der [예술] 계란 모양으로 된 장식, 계란 모양과 화살 모양이 (교대로) 된 장식. **~stand**, der 달걀 판매고(판매 상황). **~stich**, der 《Pl. 없음》 [요리] 계란 남두부(卵豆腐). **~stock**, der 《대개 Pl.》 [의학・동물] 자방(子房), 난소. **~stockentzündung**, die 난소염. **~stockschwangerschaft**, die 난소 임신. **~tanz**, der 《통용어》 어려운 상황에서의 신중한 태도. **~tätsch**, der 《schweiz. 방언》 ↑~(pfann)kuchen 참조. **~teigware**, die 《대개 Pl.》 계란을 넣은 분말류. **~uhr**, die (계란 삶는 시간을 표시하는) 모래 시계. **~wärmer**, der ↑~haube. **~welle**, die ↑~mühle. **~zwetsche**, die ↑~pflaume.

Eierchen ['aiɐçən] ↑Eichen의 복수형. **eiern** ['aiɐn] **1.** ⟨h⟩ 《통용어》 불규칙하게[고르지 않게] 돌아가다(바퀴, 레코드판 따위가 찌그러져서). **2.** ⟨경〉**a)** ⟨h⟩ 비틀거리며 걷다. **b)** ⟨s⟩ 비틀거리는 걸음걸이로 (어디로) 가다.

Eifel ['aifl], die 아이펠(마인츠로부터 라인강 하류의 양안(兩岸)에 있는 (라인 지방 편암질) 산맥의 북서쪽 부분), 중세 데본기(紀) (고생대 중의 한 시기)의 지질층.

Eifer ['aifɐ], der; -s 열심, 열중, 정진(精進), 열의, 열정: voller E. für etw. eintreten 열심히[정열적으로] 무엇에 진력하다[무엇을 옹호하다]; im E. etw. übersehen [vergessen] 급해서[흥분하여, 격앙하여] 무엇을 간과하다[잊어버리다]; 《속담》 blinder E. schadet nur 너무 열심히 하는 밥이 목에 맨다, 서두르면 일을 망친다; **im E. des Gefechts** 급한 나머지, 급한김에, 급해서. **Eiferer**, der; -s, - 열중자, 열광자, 광신자(특히 종교・정치적으로 면에서의). **eifern** ['aifɐn] ⟨h⟩ **1.** 《폄》 무엇을 찬성하거나 반대하기 위해 열정적으로 나서다[발언하다]: seine Stirn war gerötet, seine Augen eiferten (아이) 그의 이마는 붉어져 있었으며 그의 눈은 아주 열정적인 흥분으로 가득차 있었다. **2.** (아이) (무엇을 목표로) 열심히 노력하다, (무엇을) 추구하다: nach Ruhm e. 명성을 열망하다[목표로 열심히 노력하다]. **Eifersucht**, die; -《süchte 질투(심), 시기, 새암, 시의(猜疑): jmds. E. erregen 누구의 질투심을 야기시키다; aus E. handeln 질투심에서 행동하다. **Eifersüchtelei** [-zyçtə'lai], die; -en 《대개 Pl.》 (질투로 인한) 다툼질, 새암질, 시샘질. **eifersüchtig** ⟨Adj.⟩ 질투가 심한, 샘 많은: e. auf jmdn. [auf jmds. Erfolge] sein 누구[누구의 성공]를 시기하다.

Eifersuchts-: **~anfall**, der 질투심의 폭발. **~szene**, die 시기[질투]심에서 야기된 격렬한 싸움(장면). **~tat**, die 시기[질투]심으로 인한 살인, 흉행(兇行). ~**tragödie**, die 시기[질투]심에서 저지른 비극[살인]. ~**wahn**, der 질투병[증].

eifervoll ⟨Adj.⟩ 〈아이·드똘게〉 ↑eifrig 참조. **eifrig** ['aifrɪç] ⟨Adj.⟩ [nhd. eiferig] 열심인, 열렬한, 열중(열 망)하고 있는: ein -er Schüler 열심히 공부하는 학생. **Eifrigkeit**, die ↑eifrig의 명사형.

eigen ['aign] ⟨Adj.⟩ **1.** 자기의, 자신의, 사유(私有)의 〈소유대명사와 나란히 강조용법으로 혹은 소유대명사를 대신하여〉: sein -er Bruder hat ihn verraten 그의 친형[동생]이 그를 배반했다; ein Verlag mit -er Druckerei 자체 인쇄소를 가진 출판사; das sind seine -en Worte 그것은 그가 직접 한 말이다; eine -e Meinung haben 자기의 독자적 의견을 갖고 있다; etw. aus -em Entschluß tun 무엇을 자발적으로 하다; auf -e Verantwortung 자기 자신이 책임을 지고; etw. zu e. haben 〈아이〉 무엇을 소유하다; jmdm. etw. zu e. geben 〈아이〉 누구에게 무엇을 선물하다[주다]; sich etw. zu e. machen 무엇을 제것으로 하다, 무엇을 습득[인수]하다; etw. sein e. nennen 〈아이〉 무엇을 소유하다 〈명사화〉 das ist mein Eigen 〈아이〉 그것은 내것이다. **2. a)** 〈누구에게, 무엇에〉 전형적인, 특징적인, 특유한, 고유의: ein Hang zum Grübeln war ihm e. 골돌히 생각하는 버릇이 그의 특징이었다. **b)** 〈준고어〉 진기한, 이상한[야릇한], 드문: er ist ein ganz -er Mensch 그는 아주 별난 사람[기인(奇人)]이다. **3.** 〈지역적〉 지나칠 정도로 세심한, 꼼꼼한, 정확한.

eigen-, Eigen-: ~**antrieb**, der 〖기술〗 자가 추진[구동] 장치(기계, 차량 따위의). ~**aroma**, das 〈식료품 따위의〉 독특한[고유한] 방향(芳香). ~**art**, die **a)** ⟨Pl. 없음⟩ 특색, 특징, 고유함, 특이. **b)** 본질, 개성, 독자성. ~**artig** ⟨Adj.⟩ 기묘한, 기이한, 독특한, 특별한. ~**artigerweise** ⟨Adv.⟩ 기묘하게도, 이상하게도, 드물게도, 독특하게도. ~**artigkeit**, die **1.** ⟨Pl. 없음⟩ 기묘함, 독특함, 특이함, 기이함, 특별함, 고유함, 개성 있음. **2.** 독특한[특이한, 기이한] 태도. ~**aufkommen**, das 개인 부담 금액(총액). ~**bau**, der; -(e)s **1.** 자가제(自家製), 자작(自作). **2.** 〈통용어·농〉 자기가 직접 재배한 식품(포도, 담배 따위). ~**bedarf**, der 자가[국내] 수요(需要), 사용(私用). ~**belastung**, die 〖기술〗 고유 무게. ~**bemühung**, die 자기 노력, 독자적 노력. ~**bericht**, der 〈자사(社) 특파원에 의한〉 신문의 보도[특보]. ~**besitz**, der 〖법〗 자주 점유(自主占有), 사유(재산)〈반대: Fremdbesitz〉, ~**besitzer**, der 〖법〗 자주 점유자; 지주, 토지 소유자. ~**betrieb**, der 자가 경영[기업]. ~**bewegung**, die 〖천문〗 고유 운동. ~**blutbehandlung**, die 〖의학〗 blutherapie. ~**bluttherapie**, die ⟨Pl. 없음⟩ 〖의학〗 자가(自家) 혈액 요법. ~**blutübertragung**, die ↑~bluttherapie. ~**brötelei** [-brøːtəˈlaɪ], der; -en 기벽(奇癖), 괴팍스러움. ~**brötler** [-brøːtlɐ], der; -s, - ⟨폄⟩ 괴짜, 독선적인 사람, 괴팍한 사람, 주관이 강한 사람, 타인에게 좌우되지 않는 사람. ~**brötlerei**, die ↑~brötelei 참조. ~**brötlerisch** ⟨Adj.⟩ 괴짜의, 고립하여 혼자 사는, 독선적인, 피곽스러운. ~**dressur**, die 성공이나 실패의 체험을 통한 바람직한 자세의 터득. ~**dünkel**, der 〈아이〉 자부, 자만, 거만. ~**dynamik**, die 자가 동력. ~**entwicklung**, die 자가 발전(發展), 독자적 발전. ~**erwärmung**, die 〖기술〗 전기 자가 난방. ~**finanzierung**, die 〖재정〗 〈자금의〉 자가 조달〈반대: Fremdfinanzierung〉. ~**funktion**, die 〖수학〗 고유함수. ~**geld**, das 〖재정〗 ↑~mittel 참조. ~**genutzt** ⟨Adj.⟩ 〈집, 차고 따위를〉 집주인이 직접 사용하는〈반대: fremdgenutzt〉. ~**geschlechtlich** ⟨Adj.⟩ 동성애의, 동성 색욕(色慾)의, 동성의. ~**geschwindigkeit**, die 고유 속도, 〈비행

기의〉 대기 속도(對氣速度). ~**gesetzlich** ⟨Adj.⟩ 고유 법칙을[에] 따른, 자율의. ~**gesetzlichkeit**, die ↑~gesetzlich의 명사형. ~**gewicht**, das **1.** 고유 무게, 물건 자체의 무게. **2. a)** 〖기술〗 자중(自重) 〈차량, 용기 따위의〉 자체 중량. **b)** 〖경제〗 정량(正量), 실(實)중량. ~**goal**, das ↑~tor. ~**handel**, der 〖경제〗 자영(自營) 상업. ~**händig** ⟨Adj.⟩ 자신의, 스스로의, 자서(自書)의, 손수, 몸소: e. abzugeben (österr.) 친전(親展)〈특히 우편물의 겉봉에 씀〉〈약어: e. h.〉. ~**händigkeit**, die ⟨Pl. 없음⟩ ↑~händig의 명사형. ~**heim**, das 자가(自家), 자택, 단독 주택. ~**heimbesitzer**, der ↑~heimer. ~**heimer**, der 〘통용어〙 자가 소유자. ~**hilfe**, die 자조(自助). ~**initiative**, die 자기의 발의(發議), 독자적 이니시어티브. ~**inszenierung**, die 독자적 연출. ~**interesse**, das 자기의 이익[관심, 흥미]. ~**kapital**, das 〖경제〗 〈반대: Fremdkapital〉 **1.** 자기 자본. **2.** 자기 자본의 출자. ~**kirche**, die 〈구제〉 〈중세에〉 영주가 사적(私的)으로 세운 성당. ~**kontrolle**, die ↑Selbstkontrolle 참조. ~**kredit**, der 회사(로부터 받는) 대부. ~**leben**, das ⟨Pl. 없음⟩ 독립[독자적] 생활. ~**lebig** ⟨Adj.⟩ ⟨schweiz.⟩ 독립[독자적] 생활을 하는, 자립 생활을 하는. ~**lehner** [-leːnɐ], der; -s, - 〖광〗 자영 채광부(自營採鑛者). ~**leistung**, die 자기 성과[업적, 능력, 기능]. ~**liebe**, die 자기애(自己愛), 이기, 나르시시즘. ~**lob**, das 자화 자찬[自讚], 자만: 성귀 E. stinkt 〘통용어〙 자화 자찬은 구린내가 난다. ~**löhner** [-løːnɐ], der; s, - 〖광〗 ↑~lehner.
~**mächtig** ⟨Adj.⟩ 독단적인, 제멋대로의. ~**mächtigerweise** ⟨Adv.⟩ 독단적으로, 제멋대로. ~**mächtigkeit**, die; -en **1.** ⟨Pl. 없음⟩ 독단, 자주(自主). **2.** 독단적 행동[언행]. ~**marke**, die 〖경제〗 사적 상표 (私的)商標), 자가 상표. ~**mittel** ⟨Pl. 〖재정〗 자기 자금〈반대: Fremdmittel〉. ~**name**, der 고유명사〈반대: Gattungsname〉. ~**nutz**, der; -es 사리(私利), 사욕(私慾), 이기(주의). ~**nützig** [-nʏtsɪç] ⟨Adj.⟩ 사욕이 센[강한], 이기적인. ~**nützigkeit**, die ⟨Pl. 없음⟩ ↑nützig의 명사형. ~**persönlichkeit**, die ⟨Pl. 없음⟩ 〈교양어〉 독특한 인격, 개성. ~**produktion**, die 자가 생산. ~**reflex**, der 자기 반사(自己反射), 고유 반사〈반대: Fremdreflex〉. ~**resonanz**, die 고유[자유] 공명(共鳴), 시준(視準) 공명. ~**schwingung**, die 〖물리〗 고유[자유] 진동(固有振動), 시준(視準) 진동. ~**sinn**, der ⟨Pl. 없음⟩ 고집, 완고, 제멋대로 굶, 변덕: 전의 sie ist ein kleiner E. 그 여자아이는 고집이 세다. ~**sinnig** ⟨Adj.⟩ 고집센, 제멋대로인, 변덕스런, 완고한. **sinnigkeit**, die ⟨Pl. 없음⟩ ↑~sinnig의 명사형. ~**spannung**, die 〖물리〗 고유 내력(內力) [압력, 장력(張力), 응력(應力)], 왜력(歪力)〉. ~**staatlich** ⟨Adj.⟩ **1.** 자국(自國)의. **2.** 자립[독립, 자주, 주권(국가)]의. ~**staatlichkeit**, die ⟨Pl. 없음⟩ 국가의 독립성, 주권. ~**ständig** ⟨Adj.⟩ 독립의, 자립의, 자주의, 자율의. ~**ständigkeit**, die ⟨Pl. 없음⟩ ↑~ständig의 명사형. ~**strahlung**, die 〖물리〗 특성 복사(輻射), 특성 방사선. ~**sucht**, die; -süchte 이기(주의), 사리사욕, 아욕(我慾). ~**süchtig** ⟨Adj.⟩ 이기(주의)적인, 사리사욕이 있는. ~**tor**, das 〖구기〗 자살골. ~**verantwortlich** ⟨Adj.⟩ 자기 책임의, 자기 책임하의. ~**verantwortlichkeit**, die ↑~verantwortlich의 명사형. ~**verbrauch**, der 자가 〖경제〗 소비(자기자신을 위한). ~**versicherung**, die 〖경제〗 자가(자기) 보험. ~**wärme**, die 자기 몸의 체온, 고유 체온. ~**wechsel**, der 〖화폐〗 약속 어음(자기앞 어음). ~**werbung**, der 〖신문사의〗 자기 선전광고. ~**wert**, der 〖수학〗 의 실질 가치, 진가(眞價), (수학에서) 고유(값). ~**wertig** ⟨Adj.⟩ 실질가치[진가]가 있는, 고유치의. ~**wille**, der 고집, 멋대로 함, 완고.

~willig 〈Adj.〉 1. 제멋대로의, 완고한. 2. 고집센, 변덕스러운. ~willigkeit, die 1. 완고함. 2. 완고한 언동, 고집. ~wüchsig [-vy:ksɪç] 〈Adj.〉《드물게》자생(自生)한: -e Kräfte 자생력. ~wüchsigkeit, die ↑ ~wüchsig의 명사형. ~zeit, die [물리] 고유시(固有時).

Eigenheit, die; -en [mhd. eigenheit] 특징, 특성, 개성, 버릇, 기이[잔기]함; sich an jmds. -en stoßen 누구의 독특한 성품에 부딪히다(과 충돌하다). **eigens** 〈Adv.〉특(별)히, 유달리: das braucht nicht e. erwähnt zu werden 그것은 특별히 언급할 필요가 없다; ich habe es ihm e. gesagt 나는 그에게 그것을 (일부러) 분명히 말했다. **Eigenschaft**, die; -en [mhd. eigenschaft, ahd. eiginscaft] (고유한) 성질, 특성, 특징; 자격, 지위, 신분: er hat auch gute -en 그는 선량한 성품도 지니고 있다; Wasser hat die E., bei 0° zu gefrieren 물은 0도에서 어는 특성을 가지고 있다; er ist in amtlicher E. hier 그는 공적인 자격으로 여기에 와 있다; **in seiner E. als** ~의 자격으로; ich spreche hier in meiner E. als gesetzlicher Vormund 나는 법정 후견인의 자격으로 여기에서 발언한다. **Eigenschaftswort**, das; -(e)s, ...wörter ↑ Adjektiv. **eigenschaftswörtlich** 〈Adj.〉↑ adjektivisch: -er Gebrauch 형용사적 용법. **eigentlich** ['aɪɡntlɪç] [1: mhd. eigenlich; 2: mhd. eigenlîche] **I.** 〈Adj.〉 본래의, 고유한, 실제의: die ~ Bedeutung eines Wortes 어떤 단어의 본래의 의미; 〈명사화〉 es geht ihm bei allem um das Eigentliche 그는 모든 일에서 본질적인 것을 중시한다. **II.** 〈Adv.〉 《약어: eigtl.》 **a)** 사실은, 실제로. **b)** 원래, 본래, 엄밀히, 참으로, 실제로: e. hast du recht 사실은 네가 옳다; wir wollen e. nach München, aber ... 우리는 애초에 뮌헨에 가려 했지만, 그러나 ···. **c)** 《특히 의문문에서 관여, 비난 따위의 강조를 표현》 도대체, 그런데: wie heißt du e.? 그런데 네 이름은 뭐지?; was willst du e. hier? 너는 여기서 도대체 무엇을 할 생각이지[원하느냐]?; du könntest e. etwas freundlicher sein 너는 정말이지 좀더 친절할 수도 있을텐데. **Eigentlichkeit**, die 고유성, (사물, 사람의) 본래[실제] 상태. **Eigentum** ['aɪɡntuːm], das; -s [mhd. eigentuom] **1. a)** 소유물, 재산(↑ Besitz a): persönliches E. 개인 소유물; privates[öffentliches / staatliches] E. 사유[공유/국유] 재산; sich an fremdem E. vergreifen《완곡》남의 재산을 훔치다; diese Erfindung ist sein geistiges E. 이 발명은 (저작권법으로 보호되는) 그의 정신적 재산이다. **b)** 소유권: das E. achten 소유권을 존중하다; das Grundstück ist in unser E. übergegangen 그 토지는 우리 소유로 넘어왔다; geistiges E. an etw. haben【법】무엇에 대한 저작권(Urheberrecht)을 가지고 있다. **2.** [고어] 소유지: ein kleines E. auf dem Land haben 시골에 조그마한 토지를 가지고 있다. **Eigentümer** ['aɪɡnty:mɐ], der; -s, - 소유(권)자, 소유주, 주인(↑ Besitzer a): der (rechtmäßige) E. des Grundstücks 토지의 (법적) 소유주. **Eigentümerin**, die; -nen ↑ Eigentümer의 여성형. **Eigentümerschaft**, die 소유권: seine E. nachweisen 자신의 소유권을 증명하다. **eigentümlich** ['aɪɡnty:mlɪç] 〈Adj.〉 **1.**[(또한) --'--]고유의, 특유의, 독특의, 특징적인: jede Zeit scheint die ihr -en Krankheiten zu haben 모든 시대는 그 시대 특유의 병을 가지고 있는 것 같다; ein Hang zum Grübeln war ihm e. 골똘한 생각에 잠기는 것이 그의 독특한 버릇이었다. **2.** 특이한, 이상한, 진기한: sie ist eine -e Person 그 여자는 이상한 사람이다; 〈명사화〉das Eigentümliche an der Sache ist, daß ... 그 일의 특이한 점은 ···라는 것이다. **eigentümlicherweise** 〈Adv.〉기묘하게도. **Eigentümlichkeit**, die; -en [(또한) --'----] **1. a)** 〈Pl. 없음〉 특질, 특색, 특성: dieser Volksstamm hat die E. seines Brauchtums bewahrt 이 종족은 그들의 독특한 습속을 보존했다. **b)** 특징: das ist eine französische E. 그것은 프랑스적[프랑스 사람들의] 특징이다. **2. a)** 〈Pl. 없음〉 진기, 특이, 기이, 색다름: die E. seiner Ausdrucksweise wurde belächelt 그의 기이한 어투[표현 방법]가 웃음을 자아냈다. **b)** 기이[특이]한 성향: auf jmds. -en Rücksicht nehmen 누구의 특이한 성향들을 배려하다.

eigentums-, Eigentums-: ~**bildung**, die 〈Pl. 없음〉(특히 정치) 사유 재산의 형성: die E. fördern 재산 형성을 촉진[장려]하다. ~**delikt** das【법】소유권[재산권] 침해. ~**erwerb**, der【법】소유권 보장. ~**los** 〈Adj.〉재산이 없는: die -en Bevölkerungsschichten 무산 시민층[계층]. ~**recht**, das 소유권: ein E. [das E.] an etw. besitzen ~에 대한 소유권을 보유하다: -e geltend machen 소유권을 행사하다. ~**streuung**, die 소유의 (균등한) 분배[분산]. ~**übergabe**, die【법】소유권 이전[양도]. ~**übertragung**, die ↑ ~übergabe. ~**vergehen**, das【법】소유(재산)권 침해(죄). ~**verhältnisse** 〈Pl.;【법】또는 Sg.〉소유 상태. ~**verlust**, der【법】소유권 상실. ~**vorbehalt**, der【법】소유권 유보. ~**wohnung**, die 사유[개인 소유] 주택.

eignen ['aɪɡnən] 〈h〉 [1: mhd. eigenen, ahd. eiginen] **1.** (누구(무엇)의 특성이다[~에(게) 특유하다]: ihr eignet eine gewisse Schüchternheit 그녀에게는 어느 정도 수줍어하는 습성이 있다. **2.** 〈e. + sich〉(~에) 적당[적합]하다, (~에) 알맞다: sich(nicht) als[zum] Lehrer e. 선생으로 (부)적합하다(하다). **b)** als Geschenk[zum Verschenken] e. 선물로[선물하기에] 알맞다; dieses Gedicht eignet sich nicht für den[zum] Vortrag 이 시는 낭독하기에 알맞지 않다. **eigner** [ˈaɪɡnɐ] = ↑ eigen의 비교급. **Eigner** [-], der; -s, - [↑ eignen (1) 참조] **1.** 선박 소유자, 선주(船主):der Kapitän des Schiffes ist zugleich der E. 그 배의 선장은 동시에 선주이기도 하다. **2.** 《고어》소유자(주). **Eignung** ['aɪɡnʊŋ], die [↑ eignen (2) 참조] 적합(성), 적임, 적성, 능력: die E. für[zu / als] etw. 무엇을 위한[에의/으로서의] 적(합)성.

Eignungs-: ~**prüfung**, die, ~**test** der 적성 검사, 자격 시험. ~**untersuchung**, die【의학】적성 검사(진단).

eigtl. = eigentlich.

Eil-: ~**angebot**, das 긴급 제의, 긴급(가격) 제안. ~**auftrag**, der 지급[긴급] 주문. ~**bestellung**, die (우편) 속달, 지급 주문. ~**bote**, der 속달 (우편) 배달부: Durch Eilboten![우편](편지 겉봉 따위에) 속달(편으로)(!). ~**botenzustellung**, die【우편】속달 우편물 배달, 속달편. ~**brief**, der 속달 우편(편지). ~**fertig** 〈Adj.〉(아어) **a)** 급한, 성급한[조급한], 황망(경솔)한: eine -e Handlungsweise 조급한 행태. **b)** 신속한, 싹싹한, 친절한, 선뜻 도와주는. ~**fertigkeit**, die ↑ ~fertig의 명사형. ~**fracht**, die 급송(속달) 화물선. ~**frachter**, der 1. 급송(급송) 화물 차량. 2. 급송(급송) 화물선. ~**gebühr**, die 1. 우선 취급 요금, 지급료(至急料). 2. [우편] 속달료. ~**gut**, das 급송[급송] 철도 화물. ~**güterzug**, der 급송(급송) 화물 열차. ~**marsch**, der【군】빠른행군, 구보: in Eilmärschen herankommen 빠른행군으로 전진[접근]하다. ~**päckchen**, das [우편] 속달 소형 소포. ~**paket**, das ↑ Schnellpaket. ~**post**, die 속달 우편: die E. austragen 속달 우편물을 배달하다. ~**schrift**, die 〈Pl. 없음〉(생략을 많이 하는) 속기(술). ~**schritt**, der 바쁜 걸음, 속보: sich im E. entfernen 빠른 걸음으로 멀어져 가다. ~**sendung**, die 속달 우편(물). ~**tempo**, das (통용어) 급속도, 빠른 템

포: im E. die Koffer packen 부리나케 트렁크를 꾸리다. ~**triebwagen**, der [철도] 준급행 기동차. ~**verfahren**, das [법] 긴급 수속[처리]. ~**zug**, der [철도] 보통 급행(준급행) 열차(Personenzug과 D-Zug의 중간; 기호: E). ~**zug(s)tempo**, das 《통용어》 ↑ ~tempo. ~**zusteller**, der [우편] 속달(우편) 배달부. ~**zustellgebühr**, die 【우편】 속달(우편) 배달료. ~**zustellung**, die 【우편】 속달편.

Eiland ['ailant], das; -(e)s, -e [mniederd., mniederl. eilant < afries. ēīland] 《고어·시》 섬(↑ Insel).

Eile ['ailə], die [mhd. īle, ahd. īla] 급함, 급속, 신속, 성급, 조급, 서두름: ich habe E. 나는 급하다; die Sache hat (große) E. [keine Eile] 그 일은 (대단히) 급하다(급하지 않다]; er ist immer in E. 그는 언제나 서두른다(바쁘다); etw. in der E. vergessen 서두르다가 무엇을 잊다; in aller E. mitteilen, daß ... 신속 간명하게 ...라고 전하다. **eilen** [mhd. īlen, ahd. īlen, īllan] **1.** ⟨s⟩ 서두르다, 급히 (달려)가다: nach Hause(über die Brücke) e. 집으로(다리를 건너) 서둘러 가다; zu Hilfe n. 누구를 도우러 달려가다; 【속담】 eile mit Weile! 급할수록 차근차근!, 급한 길도 물어 가라! **2.** ⟨h⟩ 급하다, 긴급을 요하다: die Angelegenheit eilt 그 문제는 급하다; es eilt sehr [사태]가 급하다; Eilt! [서류 따위의 속달 표기] 지급(!); es eilt mir nicht damit 그 일은 내게는 급하지 않다. **3.** ⟨e. + sich⟩ ⟨h⟩ 서두르다, 급히 하다: alle Menschen eilen sich, nach Hause zu kommen 모든 사람들이 집에 가려고 서두르다; eile dich doch(mit der Abrechnung)! (계산을) 좀 [제발] 서둘러다오! **eilends** ['ailants] ⟨Adv.⟩ 급히, 재빨리, 허둥지둥: er kommen 서둘러 오다. **eilig** ['ailiç] ⟨Adj.⟩ [mhd. īlec, ahd. īlic] **1.** 급한, 신속한, 재빠른, 서두르는: nur nicht so e. 그렇게 서둘지 좀 마[마세요]; du hast es immer e. 그는 언제나 그렇게 서두른다. **2.** (긴)급한, 신속한 처리를 요하는, 서둘러야 할: eine -e Nachricht 긴급한 소식 (뉴스]; du hast es wohl sehr e. damit? 그 일이 네게 매우는 매우 다급한 모양이다?; 〈명사화〉 ich hatte etwas Eiliges zu tun 나는 긴급히 할 일이 있었다. **Eiligkeit**, die ↑eilig의 명사형. **eiligst** ['ailiçst] ⟨Adv.⟩ ⟨↑eilig (1)의 최상급⟩ 대단히 급한: er machte sich e. davon 그는 화급하게 도망쳤다.

Eimer ['aimɐ], der; -s, - [mhd. eim(b)er, einber, ahd. eimber(i), einber(i)] **1.** 양동이, 물통, 들통: der E. ist voll(läuft über) 양동이가 가득 찼다(넘쳐 흐른다]; ein E. (voll) Wasser 물 한 양동이(가득); in E. heißes Wasser / [아이] heißen Wassers [mit heißem Wasser] 뜨거운 물 한 양동이; es gießt wie aus(mit) -n 《통용어》 비가 억수같이 퍼붓는다; **im E. sein** 〈경〉 망가지다, 엉망이 되다, 끝장(파멸)이다(이 때 Eimer는 Abfalleimer의 뜻): die Uhr[unsere Stimmung, das Fest] ist im E. 시계[우리들의 기분, 축제]는 망가졌다(엉망이 되었다]. **2.** 《통용어·렵》 (낮은) 배, 고물 증기선 [화물선]. **3.** (욕) 멍청이, 바보: dieser E.! 이 멍청한 녀석! **4.** [기술](버킷, 준설기의) 버킷, 두레박.

eimer-, Eimer-: ~**bagger**, der [기술] 버킷 준설기[채굴기]. ~**bank**, die 양동이[물통, 우유통] 받침대. ~**kette**, die **1.** [기술] 버킷(이 달린) 쇠사슬. **2.** (방화수)양동이를 든 사람들이 늘어선 열. e. bilden 물양동이를 들고 줄지어 서다. ~**kettenbagger**, der ↑~bagger. ~**weise** ⟨Adv.⟩ 양동이로 (퍼서): e. Sand[den Sand e.] wegtragen 모래를 양동이로[한 양동이씩] 날라가다. ~**werk**, das [기술] 버킷 준설기(운광기, 채광기].

¹**ein** [ain; mhd., ahd. ein] **I.** 〈기수; 악센트 있음〉 (↑eins I 참조; 숫자 1) -e Mark achtzig 1 마르크 80 페니히; e. Jahr später 1년 뒤에; die Leistung -es (ein-zigen) Forschers 연구자 (단) 한 명의 업적; in e. bis zwei Tagen 하루 내지 이틀 뒤에; in ein(em) und -em viertel Jahr 1년 3개월 뒤에; der -e Gott 유일신 신; er hat nicht- en Tag gefehlt 그는 [하루도 빠지지 않았다; es war alles e. einziges Flammenmeer 모든 곳이 온통 불바다를 이루고 있었다; es war e. Uhr 한 시였다; das -e, was not tut, ist ... 꼭 필요한 한 가지 일은 ···이다; **e. für allemal** 한(이)번만, 단연코, 영구히: das laß dir e. für allemal gesagt sein 이건 너에게 마지막으로 하는 말이니 잘 들어라!; **jmds. e. und alles sein** 누구의 온 생명이다, 행복의 전부이다; **in -em fort** 끊임없이, 연속하여. **II.** 〈부정대명사; 악센트 있음〉 **1.** 〈기수와 비슷한 용법으로〉 **a)** 동일한(사람, 물건)(반대: verschieden): wir sind -er Meinung [-er] und derselben Meinung 우리는 같은(아주 똑같은) 의견을 가지고 있다; etw. kommt auf e. heraus(läuft auf e. hinaus] 《통용어》 결과적으로 같은 것이 되다, 같은 것으로 돌아가다. **b)** 하나, 한쪽(편)(의)(반대: ander ...): der Mann, dessen -es Bein verletzt ist 한쪽 다리를 다친 그 남자; sein -es Bein 《통용어》 그의 한쪽 다리; -er nach dem ander(e)n[-e nach der ander(e)n, ein(e)s nach dem ander(e)n] 한 사람씩, 하나씩, 차례차례로; der -e und (der) andere[der eine(od. oder andere / ein(er) oder(und) der andere] 이것 저것, 이 사람 저 사람, 몇몇(↑ander ... 1 b 참조). **2. a)** (jemand, irgendeiner) 누구, 어떤 사람: das wird kaum -er erfreulich finden 그것은 아마 아무도 기쁘게 생각하지 않을 것이다; -es 《드물게》 jemandes ansichtig werden 누구를 보다(알아차리다); du bist (mir) -er 〈혼히 반어〉 너는 (나에게) 아주 특별한 존재다; das ist der Rat -es, der die Lage kennt 그것은 상황을 아는 사람의 충고이다; -es ist -s der besten Mittel, die ich kenne 그것은 내가 알고 있는 최선의 방법 가운데 하나다; ist es -er von euch? 그는 너희들 동료 중의 한 사람이냐?; (es ist -s [eine(r)] von euch verletzt? 너희 중 누가 다쳤나?; -er (von ihnen) war Bäcker (그들 가운데) 한 사람은 빵제조업자였다; -er der beiden 그 둘 중의 한 사람; -(e)s ist wichtig: ... 한 가지 중요한 일이 있는데, 그것은 ···; -en trinken 《통용어》(특히 소주를) 한 잔 마시다; jmdm. e. langen[kleben] 《통용어》 누구에게 따귀를 한 대 갈기다; -s abbekommen 《통용어》 한 대 얻어맞다, 한 번 당하다. **b)** (man) 사람(들): das soll -er wissen! 그런 것은 (누구나) 알아야지!; das wird -em schnell klar 그것은 금방 알게 된다; das stört -en 그것은 귀찮다[방해가 된다]. **III.** 〈부정관사; 악센트 없음〉 **1.** (어떤 사람이나 사물을 특정한 종류의 개체로 처음 소개할 때) der Hund ist e. Säugetier 개는 포유동물이다; der Sohn -es Bäckers 어느 빵제조업자의 아들; sie hat -en Deutschen geheiratet 그녀는 독일남자와 결혼했다; jmdm. -e Freude machen 누구를 기쁘게 하다; e. bißchen(e. wenig) 조금, 약간; e. anderer 어떤 다른 사람(남자); e. jeder 각자, 누구나, 모두; Herr Ober, -e[eine Tasse] Kaffee bitte! 웨이터, 커피 하나[한 잔] 주세요!; das konnte nur e. (ein Mann wie) Beethoven 그것은 베토벤 같은 사람만이 할 수 있었다; er besitzt -en[ein Bild von] Rubens 그는 루벤스의 그림을 하나 가지고 있다; da fährt e. (roter) Mercedes 저기 (빨간색) 메르세데스 벤쯔 자동차가 한 대 간다; was für e. 《통용어》[welches] Kleid ziehst du an? 당신[너]은 어떤 옷을 입겠어?; was für e. Lärm! 《통용어》 이게 대체 무슨 시끄러운 소리야!, 몹시 시끄럽군!; so -e 《통용어》 eine solch große / solch eine) Enttäuschung! 실망이 큰데!, 그런 (큰) 실망을 하다니! **2.** (개체로써 종류 전체를 대표) e. Gletscher besteht aus Eis 빙하는 얼음으로

되어 있다; e. Hund frißt im allgemeinen kein Gras 개는 일반적으로 풀을 먹지 않는다.

²**ein** [-] ⟨Adv.⟩ [mhd., ahd. īn] **1.** 《명령 또는 생략형으로 스위치의 개폐를 가리키기》 켜검(반대: aus): e. —aus 켜검 —꺼짐(ein-, ausschalten). **2.** ↑aus II, 3 참조.

Einachsanhänger, der; -s, - [자동차] 단축(單軸)[2륜] 트레일러. **einachsig** ⟨Adj.⟩ 단축(單軸)의.

einackern ⟨h⟩ 쟁기로 파서 묻다, 〈종자 따위를〉 갈아 부치다.

einadrig ⟨Adj.⟩ [전기] 단심(單心)의: ein -es Kabel 단심 케이블[전선]. **Einakter** ['ainˌaktɐ], der; -s, - 단막극(희곡). **einaktig** ⟨Adj.⟩ 단막의, 일막의: ein -es Schauspiel 단막극.

einander ['ai'nandɐ] ⟨상호대명사⟩ [mhd., ahd. einander] 《대개 아어》 서로, 상호간: e. widersprechende Behauptungen 서로 모순되는 주장들; e. die Hand geben 악수하다; wir lieben e. 우리는 서로 사랑한다.

einantworten ⟨h⟩ ⟨österr. · 관⟩ 〈재산 따위를 법적으로⟩ 인도하다. **Einantwortung**, die; -en 〈재산 따위의〉 인도[引渡].

Einarbeit, die 《드물게》 ↑Einarbeitung (1). **einarbeiten** ⟨h⟩ **1.** 익숙하게 만들다, 숙달시키다, 정통케 하다: einen Neuling in 초보자를 숙달[숙련]시키다; sich in die neue Aufgabe[auf einem Gebiet] e. 새로운 과제[어떤 분야]를 익히다. **2.** 〈적절하게〉 끼워[새겨] 넣다, 삽입하다: Zusätze in einen《드물게》einem》Aufsatz e. 논문에 추가 내용을 짐어넣다, 논문을 보필(補筆)하다. **3.** 회복하다, 만회[보충]하다: den Zeitverlust e. 시간 손실을 되찾다, 만회하다[따라잡다]. **Einarbeitung**, die; -en ↑einarbeiten의 명사형; 실습. **Einarbeitungszeit**, die 실습 〈교육〉 기간.

einärmeln ['ainˌɛrmln] ⟨h⟩ 하나인, ↑einhaken: sie ärmelte sich bei ihm ein 그녀는 그의 팔을 꼈었다.

einarmen ['ainˌarmən] ⟨h⟩ 《ostmitteld.》 ↑einhaken.

einarmig ⟨Adj.⟩ **1.** 팔이 하나인, 외팔의: ein -er Mann 팔이 하나뿐인 남자; 〈명사화〉 ein Einarmiger 외팔이. **2.** 한 팔로, 외팔로: Gewichte e. stemmen 역기를 한 팔로 들다.

einäschern ['ainˌɛʃɐn] ⟨h⟩ **1.** 〈건물을〉 태워 버리다, 잿더미로 만들다: der Brand äscherte alle Häuser ein 화재가 모든 가옥들을 태워 잿더미로 만들었다. **2.** 〈시체를〉 화장하다: der Tote wurde eingeäschert 사자(死者)는 화장되었다. **Einäscherung**, die; -en **1.** 불태우기, 잿더미로 만들기. **2.** 화장(火葬). **Einäscherungshalle**, die 화장터[↑Krematorium]. **Einäscherungsofen**, der 화장터의 화구(火口).

einatmen ⟨h⟩ **1.** 숨을 들이쉬다(반대: ausatmen): durch die Nase tief e. 코로 숨을 깊이 들이쉬다. **2.** 〈코나 입으로〉 흡입하다, 들이마시다, 빨아들이다: begierig die frische Luft e. 신선한 공기를 한껏 들이마시다. **Einatmung**, die ↑einatmen의 명사형.

einatomig ['ainˌatoːmɪç] ⟨Adj.⟩ [화학·물리] 1원자(原子)의, 단[單]원자 기체.

einätzen ⟨h⟩ 〈동판에〉 부각(腐刻)하다, 부식시키다: der Graphiker hat in die Platte Buchstaben eingeätzt 그 그래픽 디자이너는 판에 글자를 부각했다.

einäugig ⟨Adj.⟩ 눈이 하나뿐인, 외눈(애꾸눈)의: 전의 eine -e Spiegelreflexkamera 일안(一眼) [리플렉스] 카메라(대물 렌즈와 대안 렌즈가 따로 없는). **Einäugige*,** der / die **1.** 애꾸, 애꾸눈(이): 속담에 Unter den Blinden ist der Einäugige König (아마도 lat. inter caecos luscus rex 따라) 장님들만 있는 곳에서는 애꾸가 왕이다.

《통용어·농》 **a)** 〈한 개의 전조등을 켠〉 외눈박이 자전거(오토바이). **b)** 〈전조등이 한 개만 켜진〉 애꾸눈이 자동차.

Einback ['ainbak], der; -(e)s, -bäcke [-bɛkə] / 《통용어》-s 〈효모로 부풀려〉 애벌 구운 빵[과자](다시 한번 구우면 Zwieback가 됨).

einbacken[*] **1.** ⟨bäckt / 《또한》 backt ein, backte / 《준고어》 buk ein, hat eingebacken⟩ 〈무엇을〉 넣고 굽다, 구워 넣다: Mandeln in den kuchen e. 편도를 넣어 케이크를 굽다. **2.** ⟨backt, backte ein, eingebackt⟩ 둘러[에워]싸고 굳어지다, 눌어붙어 굳다: die Lava backte das Gestein ein 용암이 암석들을 에워싸고[뒤덮고] 굳어졌다.

einbahnig ['ainba:nɪç] ⟨Adj.⟩ [교통] 일방 통행의: die Straße ist e. 그 도로는 일방 통행이다. **Einbahnstraße**, die [교통] 일방 통행로: die Umleitungsstraße war als E. gekennzeichnet 그 우회로는 일방 통행로로 표시되어 있었다. **Einbahnverkehr**, der; -s [교통] 일방 통행.

einballen ['ainbalən], **einballieren** ['ainbaliːrən] ⟨h⟩ [nach ital. imballare < frz. emballer] 《상·고어》 고리짝에 넣다, 짐짝을 꾸리다.

einbalsamieren ⟨h⟩ **1.** 〈시체를〉 방부 처리하다, 미이라로 만들어 보존하다: **sich e. lassen können** 《통용어》 아무짝에도 쓸모없다: du kannst dich e. lassen 너는 아무 쓸모없는 인간이다. **2.** 《통용어·농》 화장을 짙게 하다, 화장품을 듬뿍 처바르다. **Einbalsamierung**, die; -en ↑einbalsamieren의 명사형.

Einband, der; -(e)s, -bände [↑einbinden (1) 참조] 〈책의〉 표지: ein lederner E. 가죽 표지.

Einband-: **~decke**, die (일부분씩 간행되는 책에서, 마지막 부분과 함께 출판사가 제공하는) 제본용 표지. **~deckel**, der 〈책의〉 두꺼운 겉장. **~entwurf**, der 〈책의〉 장정(裝幀), 제본. **~leinen**, das 장정[제본]용 천, 클로드. **~titel**, der 〈책의〉 표지 제목.

einbändig ⟨Adj.⟩ 한 권의, 한 권으로 된: eine -e Ausgabe der Werke ist erschienen 그 작품들이 한 권에 묶여져 책이 출간되었다.

einbasisch ⟨Adj.⟩ [화학] 1염기(鹽基)의.

Einbau, der; -(e)s, -ten **1.** ⟨Pl. 없음⟩ **a)** 설치 (작업): der E. eines Bades 목욕탕의 설치. **b)** 장치, 부착, 조립 (반대: Ausbau 1): der E. eines Ersatzteils in einen Motor 부품을 엔진에 달기[장착하기]. **2.** ⟨Pl. 없음⟩ 삽입, 보충: der E. von Zusätzen in ein Kapitel 한 장(章)에 추가 부분을 삽입하기. **3.** 조립해 넣은 부분, 〈건물의〉 내장(內裝), 내부 구조: Einbauten aus Edelholz 고급 목재 내장품.

einbau-, **Einbau-**: **~antenne**, die 내장 안테나. **~badewanne**, die 붙박이 목욕탕[욕조(浴槽)]. **~fertig** ⟨Adj.⟩ 즉시 설치[부착]할 수 있게 완성된: etw. e. liefern 무엇을 즉시 설치할 수 있는 상태로 조달하다. **~herd**, der 조리대에 설치된 레인지. **~küche**, die **a)** 설치용 주방[부엌] 설비. **b)** 조립식 종합 주방 설비 (다양한 장들로 구성되고 전기 기구들이 내장된). **~leuchte**, die **a)** 〈자동차〉 (기계, 자동차의) 추가 부착등(燈). **b)** 비위둔 공동(空洞) 장착용 등. **~möbel**, das (대개 Pl.) 붙박이 가구. **~motor**, der 장착(교환) 엔진. **~regal**, das 붙박이 서가. **~reif** ⟨Adj.⟩ 즉시 설치가 가능한. **~schrank**, der 붙박이장. **~spüle**, die 붙박이 설거지대[싱크대]. **~teil**, das 〈달아 넣은〉 부속품, 구성 부품. **b)** 장착용 (예비) 부품: ein neues E. dazukaufen 새 예비 부품을 곁들여 사다.

einbauen ⟨h⟩ **1. a)** 설치[장치]하다, 만들어 넣다: einen Schrank (in die《드물게》in der) Wand e. (벽에 붙박이로) 장을 설치하다. **b)** 장착[부착]하다, 조립해 넣다 (반대: ausbauen 1): in einen 《드물게》einem Wagen einen neuen Motor e. 자동차에 새 엔진을 장착하다[달다]. **2.** 삽입[보충]하다: (in einen Abschnitt

einen Zusatz e. (글의 한 단락에) 추가 내용을 집어넣다; der Trainer konnte die Neuzugänge in kurzer Zeit e. 그 트레이너는 신입 선수들을 짧은 기간 안에 적절히 배치할 수 있었다.
Einbaum, der; -(e)s, -bäume 통나무 배, 마상이.
Einbeere, die; -n 〖식물〗 삿갓나물, 우산나물(독초).
einbegleiten 〈h〉 《관·고어》(수속을) 시작하다, 제기[제출]하다: ein Gesuch e. 청원을 제기하다, 청원 절차를 밟기 시작하다.
einbegreifen' 〈h〉 (아이) 포함[포괄]하다, 셈에 넣다: Freiheit begreift Gleichberechtigung (mit) ein 자유란 동등한 권리를 포괄하는 개념이다; die Mehrwertsteuer ist im Preis (mit) einbegriffen 부가가치세는 가격에 포함되어 있다.
einbehalten' 〈h〉 **1.** 유보하다, (지불, 인도를) 중지하다: der Betrieb kann den gewährten Vorschuß bei der nächsten Lohnzahlung e. 회사는 가불[선불] 금액을 다음 번 임금 지불 때 공제할 수 있다. **2.** 〖관〗 유치(구류, 구금)하다: den überführten Dieb e. 유죄가 확인된 절도범을 구금하다. **Einbehaltung**, die; -en ↑einbehalten의 명사형.
Einbein- [육상] **~sprung**, der 한 발(로) 뛰기. **~stütz-Abwurftechnik**, die (투원반기술) 한 발로 딛고 던지기. **~stützphase**, die (해머던지기에서) 한 발로 딛고 돌리기 단계.
einbeinig 〈Adj.〉 **1.** 한 다리의, 외발의. **2. a)** 〖축구〗 한쪽 발로만 슛을 하는: ein -er Spieler wird immer ein Stümper bleiben 외발 선수는 언제나 무능 선수로 남을 것이다. **b)** 《특히 육상》 한쪽 발로만 하는: ein -er Sprung 한 발(로) 뛰기.
einbekennen' 〈h〉 《österr.·그 외 아어》 고백[자백]하다, 자인하다: er hat einbekannt, ihn ermordet zu haben 그는 그 남자를 살해했다고 자백했다. **Einbekenntnis**, das; -ses, -se 자백, 고백, 시인. **Einbekennung**, die; -en **1.** (Pl. 없음) 자백[고백](하기). **2.** (österr.) 납세 신고.
einberechnen 〈h〉 《드물게》 계산[고려]에 넣다, 포함하다, 예상[참작]하다.
einberufen 〈h〉 **1.** (회의를) 소집하다: den Bundestag e. 연방의회를 소집하다; eine Versammlung nach Berlin e. 베를린에 집회장소를 소집하다. **2.** (인원을) 동원[소집, 징집]하다: Reservisten zu einer Wehrübung e. 예비군을 방위 훈련에 동원[소집]하다. **Einberufung**, die; -en **1.** (집회, 회의의) 소집: die E. einer Sitzung 회의 소집. **2.** (인원의) 소집, 동원, 징집: seine E. erhalten 소집[징집] (연장)을 받다.
Einberufungs-: **~alter**, das 소집[동원, 징집] 연령. **~befehl**, der 소집[징집] 영장[명령]: den[seinen] E. erhalten 소집[징집] 영장을 받다. **~bescheid**, der ↑~befehl. **~order**, die (준고어) ↑~befehl. **~ort**, der 징집[소집] 장소. **~schreiben**, das 소집[징집] 영장. **~termin**, der 징집[소집] 기일.
einbescheren 〈h〉 《지역적·준고어》 주다, 선물[증여]하다. **Einbescherung**, die; -en ↑einbescheren의 명사형.
einbeschließen' 〈h〉 《아어·드물게》 포함하다, 포괄하다, 계산에 넣다.
einbeschreiben' 〈h〉 《다음 용법으로》 einem Vieleck einen Kreis e. [기하] 다각형에 원을 내접시키다; 〈대개 과거분사로〉 ein einbeschriebener Kreis 내접원.
einbestellen 〈h〉 【행정·관】 소환하다: jmdn. zum Amtsgericht e. 누구를 지방 법원으로 소환하다. **Einbestellung**, die; -en ↑einbestellen의 명사형.
einbetonieren 〈h〉 콘크리트로 메우다, 콘크리트로 고정시키다: der Pfeiler wurde in die Felswand einbetoniert 지주(支柱)가 콘크리트로 암벽에 고정되었다. **Einbetonierung**, die; -en ↑einbetonieren의 명사형.
einbetten 〈h〉 (잠자리에 들게 하듯이) (파)묻다, 매설하다, 삽입하다: ein Kabel in die Erde e. 케이블(전람(電纜))을 땅 속에 매설하다; eingebettet in sattes Grün [im satten Grün] liegen die Häuser 짙은 녹음 속에 집들이 파묻혀 있다; das Individuum ist in die Gesellschaft eingebettet 개인은 사회에 편입되어 있다; 〈전의〉 (문법) 문장, die Konstituenten anderer Sätze sind, können in diese eingebettet werden 어떤 문장이 다른 문장의 구성 요소일 때는 후자에 삽입될 수 있다(예컨대: ich möchte diesen Pullover, *der mir gut gefällt*, kaufen). **Einbettung**, die; -en ↑einbetten의 명사형.
einbettig 〈Adj.〉 침대가 한 개 뿐인 (침실 등): ein -es Hotelzimmer 침대가 하나인 호텔 방. **Einbettkabine**, die; -n 침대가 한 개뿐인 일인용 선실. **Einbettzimmer**, das; -s, - (호텔·병원 등의) 침대가 하나인 방.
einbeulen 〈h〉 **a)** 오목하게 하다, 동그란 홈을 파다: ein eingebeulter Kotflügel 오목하게 눌러 찌그러드려진 (자동차) 흙받이. **b)** 〈e. + sich〉 오목하게 되다, 움푹 들어가다: durch den Druck hatte sich das Blechdach eingebeult 양철지붕이 눌려 움푹 들어갔다. **Einbeulung**, die; -en **1.** (Pl. 없음) (움푹)하게 누름[들어감]. **2.** 오목[움푹] 들어간[패인] 곳.
einbeziehen' 〈h〉 **a)** (누구, 무엇과) 연관시키다, 포함해서 생각하다: einen Umstand[in seine Überlegungen] (mit) e. 어떤 상황을 참작하다[고려에 넣다]; einen Gast in die Unterhaltung (mit) e. 어떤 손님을 담소에 끌어들이다[참여시키다]. **b)** 포함[산입(算入)]하다, 계산에 넣다: wenn ich von der heutigen Jugend rede, so beziehe ich meine beiden Söhne (mit) ein 오늘날의 젊은이들에 관하여 내가 이야기할 때는, 나의 두 아들도 거기에 (함께) 포함된다. **Einbeziehung**, die; -en 고려, 참작: unter E. von ... ...을 고려에 넣어서. **Einbezogenheit**, die (드물게) 포함됨, 참작됨. **Einbezug**, der; -(e)s 《특히 schweiz.》 ↑Einbeziehung.
einbiegen' **1.** 〈h〉 안쪽으로 굽히다(휘다): die Zehen e. 발가락을 오므리다. **2.** 〈h〉 **a)** 한 가운데를 구부리다, 구부러뜨리다: der gewaltige Druck hat den Eisenträger eingebogen 그 엄청난 압력이 철제 들보를 구부러뜨렸다. **b)** 〈e. + sich〉 한 가운데가 구부러지다, 접히다: der Eisenträger hat sich eingebogen 철제 들보의 한가운데가 구부러졌다. **3.** 〈s〉 (방향을 바꿔 어떤 길로) 접어들다: ich bog in eine Seitenstraße ein 나는 옆길로 접어들었다; der Wagen ist nach links eingebogen 그 자동차는 좌회전했다. **Einbiegung**, die; -en ↑einbiegen (1)의 명사형.
einbilden 〈h〉 [mhd. inbilden] **1. a)** 《드물게》 (누구에게 무엇을) 상념, 상상으로서 순응시키다, 접합[삽입]하다. **b)** 〈e. + sich〉 (잘못) 믿어버리다[상상하다], 착각(공상)하다, 가정하다, 믿다: sich^3 Gefahren e. 위험하다고 잘못 생각하다; er bildet sich ein, Napoleon zu sein[er sei Napoleon] 그는 자신이 나폴레옹이라고 착각한다; eine eingebildete Krankheit 심기증(心氣症), 심기망상, 상상병(想像病), 히포콘드리; 〈능동 의미의 과거분사〉 ein eingebildeter Kranker 심기(질병)증 환자; was bildest du dir eigentlich ein? 《통용어》 너 도대체 무슨 엉뚱한 생각을 하고 있니? **2.** 《통용어》 꼭 가지고 싶어하다: das Kind hat sich^3 eine Puppe eingebildet 그 아이는 인형을 하나 꼭 갖고 싶어했다. **3.** 〈e. + sich〉 (그릇되고 지나치게) 자부(자만)하다, 자랑하다: er bildet sich viel (auf seine Kenntnisse) ein 그는 (자기의 지식에 대해서) 굉장히 자만심을 가지고 있다;

darauf brauchst du dir gar nichts einzubilden 그 점에 있어서 너는 전혀 잘난 체할 필요가 없다. **Einbildung**, die; -en [mhd. înbildunge] **1. a)** 〈Pl. 없음〉 (헛된) 상상, 환상: dieses Schloß existiert nur in seiner E. 이 성관(城館)은 오직 그의 상상 속에서만 존재한다. **b)** 공상, 망상, 착각: seine Krankheit ist reine E. 그의 병은 순전히 공상에 불과하다; sie leidet unter [an] krankhaften -en 그는 병적인 망상들에 시달리고 있다. **2.** 〈Pl. 없음〉 자부, 자만, 교만: sie weiß vor E. nicht, was sie tun soll 자만에 들떤 나머지 그녀는 어떻게 해야 할지 모른다; 성구 E. ist auch eine Bildung 〔통용어·농〕자만도 교양이다, 잘난 체하는 것도 재주다. **Einbildungs-**: **~gabe**, die 〈정신적인 또는 예술적인〉 상상력, 상상의 재능. **~kraft**, die 〈Pl. 없음〉 상상력. **~vermögen**, das 〈Pl. 없음〉 상상력.

einbimsen 〈h〉 〔통용어〕애써서 가르치다, 힘들여 머리 속에 넣어 주다, 주입하다: du mußt dir [ihm] noch die lateinischen Vokabeln e. 너는 아직도 라틴어 단어들을 외워야[그에게 가르쳐야] 한다.

einbinden' 〈h〉 **1.** (책을) 제본하다, 장정하다: ein Werk in rotes [《드물게》rotem] Leder e. 어떤 작품을 빨간 가죽으로 장정하다. **2. a)** 싸매다, 동여매다: Obstbäume zum Schutze gegen Frost in Stroh e. 추위에 대비하여 과실나무들을 짚으로 싸매다; ein Verletzter mit eingebundenem Arm 팔에 붕대를 감은[삼각건을 맨] 부상자. **b)** 연결하다, 편입하다: ein Gebiet ins Verkehrsnetz e. 어떤 지역을 교통망에 편입하다; 전의 in seine Pflichten eingebunden sein 의무에 매어 있다. **3.** 《schweiz.》 대자(代子)에게 세례의 선물을 주다.
Einbindung, die; -en ↑einbinden (1, 2)의 명사형.
Einbiß, der; Einbisses, Einbisse 물린 곳[상처].

einblasen' 〈h〉 **1.** (입, 풀무 따위로) 불어 넣다: Luft in einen Hochofen e. 공기를 용광로에 불어 넣다; Gott blies dem Menschen Leben [seinen Odem] ein 《성서》하느님은 인간에게 생명(자신의 숨)을 불어 넣었다. **2.** 《퓜》 **a)** 〔통용어〕귀에다 속삭이다, 넌지시 알리다: jmdm. (die Antwort) e. 〔학생〕누구에게 (답을) 낮은 목소리로 일러 주다. **b)** 권하다, 부추기다, 교사하다: wer mag ihm nur diese Idee [Torheit] eingeblasen haben? 누가 그에게 이 생각[바보 같은 생각]을 불어 넣어 주었을까? **3.** 세게 불어서 무너뜨리다: der Orkan blies die Gebäude wie Kartenhäuser ein 태풍이 건물들을 카드로 지은 집처럼 불어 무너뜨렸다. **4. a)** (취주 악기를) 불어서 길들이다: eine Flöte e. 피리를 불어 (좋은 소리가 나게) 길들이다. **b)** 〈e. + sich〉(취주악기를 연주자의 습관에 맞게) 불어 조율하다, 평소 연주 습관에 이르다: ich muß mich erst (auf der Posaune) e. 나는 우선 (트롬본을 불어) 제 소리가 나게 익혀야 한다. **5.** 〔드물게〕(취주악기를 불어서 시작을) 알리다, 고지하다: er bläst (auf seiner Trompete) immer das neue Jahr ein 그는 늘 (트롬펫을 불어서) 신년을 알린다.

Einblatt, das; -(e)s, -blätter 〔예술〕 ↑Einblattdruck 의 약칭. **Einblattdruck**, der; -(e)s, -e 〔예술〕〔목판인쇄 등에〕푸르스름한 물을 들이다 [↑einbleuen 참조].

einblätt(e)rig 〈Adj.〉 〔식물〕 홑잎의, 홑꽃잎의.

einbläuen 〈h〉 〔섬유류에〕푸른 물을 들이다: Wäsche e. 세탁물에 푸르스름한 물을 들이다 [↑einbleuen 참조].

einblenden 〈h〉 [↑Blende (3 c) 참조] **a)** 〔방송·텔레비전·영화〕(소리나 영상을 방송(화면)에) 집어 넣다, 페이드인(fade in)하다〔반대: ausblenden a〕: Geräusche [Musik] (in ein [einem] Hörspiel) e. 〔방송극에〕소리[음악]를 삽입하다; ein Interview in eine Reportage e. 르포르타주〔현지 보고〕장면을 끼워 넣다. **b)** 〈e. + sich〉〔방송·텔레비전〕(어떤 프로그램을) 방송하다, 내보내다, (어떤 내용으로) 전환하다〔반대: ausblenden b〕: wir blenden uns in wenigen Minuten in die zweite Halbzeit ein 잠시 후에 우리는 후반전 실황을 보내(보여)드리겠습니다. **Einblendung**, die; -en ↑einblenden의 명사형.

einbleuen 〈h〉 (끊임없이 되풀이하여 억지로) 주입시키다, 명심시키다 [비교: einbläuen 참조]: er hat den Schülern nur Formeln und Zahlen eingebleut 그는 학생들에게 공식과 숫자들만 끈질기게 주입시켰다; jmdm. e., etw. nicht zu tun 누구에게 무엇을 하지 말도록 되풀이하여 명심시키다.

Einblick, der; -(e)s, -e **1. a)** (외부인에게 허용된) 일별(一瞥), 얼핏[흘낏](들여다)봄: er hatte E. in düstere Hinterhöfe 그는 어두컴컴한 뒷뜰을 들여다 볼 수 있었다. **b)** (외부인에게 허용된) 열람, 열독(閱讀) 즉 책 읽어 봄: jmdm. E. in die Akten gewähren 누구에게 서류의 열람을 허용하다. **2.** 통찰, 인식: einen E. [-e] in ein Wirtschaftssystem gewinnen 경제 체제에 대한 이해 [통찰력]를 얻게 되다.

einblütig ['ajnbly:tɪç] 〈Adj.〉 〔식물〕 한 송이씩 꽃이 피는, 단화(單花)의.

einbohnern (무엇에) 밀(랍)을 바르다[먹이다]: den Fußboden e. 마룻바닥에 밀랍을 바르다.

einbohren 〈h〉 **a)** 구멍을 뚫다(내다): ein Loch in das Holz e. 목재에 구멍을 내다. **b)** 〈e. + sich〉뚫고 들어가다: der Meißel bohrte sich in das Holz ein 끌이 목재를 뚫고 들어갔다.

einbomben 〈h〉 《구기 은어》 볼을 힘껏 골에 쏘아 넣다: der Mittelstürmer bombte aus 20 Metern unhaltbar zum 1:0 ein 센터 포워드는 골앞 20 미터 거리에서 막을 여지없이 힘껏 슛을 퍼발사켜 1대 0을 만들었다.

einbooten ['ajnbo:tn] 〈h〉 〔해양〕 **a)** (육지로부터) 보트로 배에 운반하다: die Passagiere e. 승객들을 보트로 날라 승선시키다[배에 실어 나르다]. **b)** 보트로 배의 갑판에 도달하다[승선하다]: wir booten jetzt ein 우리는 이제 (보트로부터) 본선에 승선하겠습니다. **Einbootung**, die; -en ↑einbooten의 명사형.

einbrechen' **1. a)** 〈h/s〉(도둑질을 하려고) 침입하다, 부수고 들어가다: Diebe haben in der Werkstatt [sind in die Werkstatt] eingebrochen 작업장에 도둑이 들었다 [침입했다]; bei unserem Nachbarn [in unsere, unserer Firma] ist eingebrochen worden 우리 이웃집 [우리 회사]에 도둑이 들었다. 성구 bei der haben sie (wohl) eingebrochen (und den Verstand geklaut) 〔통용어〕너 (아마도) 정신이 나갔구나 [바보로구나]. **b)** 〈s〉강제로 뚫고 [밀치고, 부수고] 들어가다: Wölfe brachen in die Herde ein 이리들이 가축의 무리 속으로 습격해 들어왔다. **2.** 〈s〉 돌연 나타나다, 시작되다, 일어나다, 다가오다: die Nacht [der Winter] brach ein 밤 [겨울]이 닥쳐왔다; bei einbrechender Dunkelheit 돌연 어둠이 내리기 시작할 때. **3.** 〈s〉 **a)** (가운데 부분이) 아래로 꺼져 [내려] 앉다, 허물어지다: die Decke ist eingebrochen 천장이 무너져 내렸다. **b)** 밑으로 빠져 들어가다: auf dem Eis [beim Eislaufen] e. 빙판에서 [스케이트를 타다가] 얼음이 깨져 물 속으로 빠지다. **c)** 들어가다, 스며[밀려] 들다: Wasser ist in den Stollen eingebrochen 물이 갱도로 밀려들었다. **4.** 《경》실패 [좌절]하다, (예기치 못한) 참패를 겪다: die Konservativen sind bei den Nachwahlen (schwer) eingebrochen 보수파는 보결 선거에서 (참)패했다. **5.** 〈h〉 눌러 [뚫어] 부수다: die Tür [eine Mauer] e. 문 [담]을 부수다 [부수어 구멍을 내다]. **6.** 《승마 은어》 타서 길들이다, 조마(調馬)하다: ein Pferd e. 말을 타서 길들이다. **Einbrecher**, der; -s, - 가택 침입범 [강도], 도둑.

Einbrecher-: **~alarm**, der 도난 경보기. **~bande**, die 가택 침입범 [도둑] 일당. **~könig**, der 《반어》이름

난 도둑, 대도(大盜). **~werkzeug**, das 가택 침입용 도구.

Einbrenn ['aınbrɛn], die; -en (österr.), **Einbrenne**, die; -n (특히 südd., österr.) 버터로 볶은 밀가루(↑ Mehlschwitze). **einbrennen*** 1. ⟨h⟩ 낙(烙)하[치]다, 낙인(烙印) 찍다: Schriftzeichen in Holz auf eine(r) Platte) e. 목제(목판)에 글자를 낙하다(불에 달구어 찍다); einem Tier ein Zeichen e. 동물에 낙인을 찍다. 2. ⟨e. + sich⟩ ⟨h⟩ 깊은 인상을 남기다, 뇌리에 깊이 박히다: das hat sich unauslöschlich meinem Gedächtnis (in mein Gedächtnis) eingebrannt 그것은 나의 기억 속에 지워질 수 없는 인상을 남겼다. 3. ⟨h⟩ **a)** (밀가루를) 굳기름(버터)으로 볶다. **b)** 버터로 볶은 밀가루로 조리하다: eine Suppe(Soße) e. 버터로 볶은 밀가루를 넣어 수프(소스)를 만들다. 4. ⟨s⟩ (지역적) 햇볕에 타다. **Einbrennsuppe**, die (österr.) 버터로 볶은 밀가루 수프.

einbringen* ⟨h⟩ 1. 가지고 들어오다[가다], 들여오[가]다, 운반(반입)하다, 집어 넣다: die Ernte(das Heu) e. 수확물(건초)을 거둬들이다; ein Schiff (in den Hafen) e. 배를 (항구로) 들이다(입항시키다). ein Werkstück in die Maschine e. 부품을 기계에 장치(장착)하다. 2. 잡아 넣다(들이다), 체포하다, 수감하다: geflohene Häftlinge e. 도망간 수감자들을 잡아들이다. 3. 제출하다: im Bundestag ein Gesetz e. 연방의회에 법률안을 제출하다. 4. (관) (값진 것을) 지참하다, 출자하다: ein Haus (in die Ehe) e. (결혼할 때) 집을 한 채 지참하다; Kapital in eine Gesellschaft e. 자본금을 회사에 출자하다; [전의] sich (selbst)(seine Gefühle) in ein Gespräch e. 대화에서 자신(자기의 감정)을 드러내다. 5. **a)** (이익, 수익을) 가져오다, 얻게 해주다: diese Arbeit brachte (ihm) viel (Geld) ein 이 일은 (그에게) 많은 이익을 가져왔다(돈을 벌게 해주었다). **b)** (손해, 불이익을) 끼치다, 초래하다: meine Bemühungen haben mir nur Undank eingebracht 내가 수고한 대가로 얻은 것은 배은망덕뿐이었다. 6. **a)** 회복하다, 보상하다, 메우다: die verlorene Zeit(den Verlust) (wieder) e. 잃어버린 시간(손해)을 (다시) 보충하다. **b)** [인쇄] (식자할 때 활자의 사이나 행간을 좁혀) 행(줄)을 더 짜넣다(반대: ausbringen 4): eine Zeile e. 한 줄을 더 짜넣다. **einbringlich** ['aınbrınlıç] ⟨Adj.⟩ 수익성이 좋은, 생산적인: ein ~er Posten 수입이 좋은 자리. **Einbringung**, die 1. (포로 따위의) 수용, 수감. 2. (법률안의) 의회 제출. 3. (österr.·법) (재판) 비용 청구에 대한 국가의 보상(보증, 담보).

einbrocken ⟨h⟩ 1. 부스러뜨려 넣다: Brot (in die Suppe) e. 빵을 (수프에) 부스러뜨려 넣다. 2. (누구에게 특히 자신에게) 심한 짓을 하다, 귀찮은(불미스런) 일을 저지르다: was hast du uns da eingebrockt! 너는 도대체 우리에게 무슨 못된 짓을 저지른 것이냐!; diese Strafe hast du dir selber eingebrockt 이 벌은 네게 자업자득이다.

Einbruch, der; -(e)s, Einbrüche 1. **a)** (도둑, 강도의) 가택 침입: einen E. in eine Bank verüben 은행에 침입하다. **b)** (돌연한) 침입, 돌입, 내습: der E. des Gegners in unsere Stellung konnte abgeriegelt werden 아군 진지를 향한 적의 내습은 차단할 수 있었다; [전의] der E. von Kaltluft in den Mittelmeerraum 지중해 지역을 향한 한랭한 공기의 내습. 2. 돌발, 닥침, 돌연한 시작: vor E. der Nacht 밤이 닥치기 전에. 3. **a)** 붕괴, 함몰: der E. des Stollens 갱도의 붕괴; [전의] [경제] 폭락: ein E. der Konjunktur 경기의 급격한 쇠퇴. **b)** [지질] (지층의 함몰로 생긴) 움푹 패인 곳, 함몰 지역 [지대, 계곡]. **c)** 밀려(스며)듦, 틈입. 4. (경)실패, 패배, 참패: die Partei erlebte bei den Wahlen den größten E. nach dem Krieg 그 정당은 선거에서 전후 (戰後) 최대의 참패를 당했다.

Einbruch-, ⟪드물게⟫ **Einbruchs-** [지질]: **~becken**, das 함몰 분지. **~gebiet**, das 함몰 지역. **~kessel**, der 함몰 분지. **~meer**, das 함몰해(陷沒海). **~stelle**, die 함몰 지역. **~tal**, das 함몰 계곡(↑ ~becken). **~zone**, die 함몰 지역.

einbruch(s)-, ⟪드물게⟫ **Einbruch(s)-** (Einbruch 1 a): **~diebstahl**, der 침입 절도. **~diebstahlversicherung**, die 도난 보험. **~fall**, der ⟪schweiz.⟫ ↑ Einbruch (1 a). **~sicher** ⟨Adj.⟩ 도난 방지가 되어 있는. **~sicherung**, die 도난 방지 장치[시설]. **~versicherung**, die ↑ ~diebstahlversicherung. **~werkzeug**, das (절도범의) 침입 장구(도구).

Einbruchsgefahr, die (얼음, 눈 표면이 꺼져 빠질 위험, 함몰 위험. **Einbruchstelle**, die; -n (얼음 따위가 꺼져 사람이 빠진 곳, 함몰 장소: die E. absichern 함몰 장소에 안전 장치를 하다.

einbuchten ['aınbʊxtn̩] ⟨h⟩ ⟪경⟫ 가두다, 구금하다, 잡아 넣다. **¹Einbuchtung**, die; -en ↑ einbuchten의 명사형.

²Einbuchtung, die; -en (반대: Ausbuchtung) **a)** 만입(灣入)(만곡(彎曲)]형, 후미진 모양: eine E. der Küste 만곡형 해안. **b)** 오목 들어간 곳: die Metallplatte weist Kratzer und eine E. auf 금속판에 흠집과 움푹 들어간 자리가 보인다.

einbuddeln ⟨h⟩ ⟪통용어⟫ 파묻다(반대: ausbuddeln): sich (in den Sand) e. (모래를) 파고 들어가다(숨다).

einbüffeln ⟨h⟩ ⟪통용어⟫ 애써[억지로] 암기[주입]시키다: ich muß mir noch die Jahreszahlen e. 나는 아직 연대들을 암기해야 한다.

einbügeln ⟨h⟩ (주름을) 다려서 넣다: eingebügelte Falten 다림질로 넣은 주름.

einbumsen ⟨h⟩ ⟪통용어⟫ ↑ einwerfen (2).

Einbund, der; -(e)s, -bünde ⟪schweiz.⟫ 대부(代父)의 세례 선물.

einbunkern ⟨h⟩ 1. 벙커(대형 창고)에 넣다[저장하다]: Kohle(Öl) e. 석탄을 저장고(기름을 탱크)에 저장하다. 2. ⟪경⟫ 구금하다, 감옥에 넣다[가두다].

einbürgern ['aınbʏrgɐn] ⟨h⟩ 1. 시민으로 만들다, 시민권을 부여하다, (외국인을) 귀화시키다(반대: ausbürgern): er ist in der (Schweiz eingebürgert worden 그는 스위스에 귀화했다. 스위스의 시민권을 얻었다. 2. (동물, 식물을) 풍토에 익숙하게 하다, 순화시키다: bestimmte Tiere in einem Gebiet e. 특정한 동물들을 (어느 지역에) 순화시키다(길들이다). 3. **a)** (외래의 습속 따위를) 채용하다, 동화시키다: eine Sitte e. 어떤 풍습을 동화시키다(받아들이다). **b)** ⟨e. + sich⟩ 동화되다, 통용되다: dieses Wort hat sich in unserer Sprache eingebürgert 이 단어는 우리말로 동화되었다; es hat sich eingebürgert, daß … …라는 것이 널리 통용되기에 이르렀다(퍼지게 되었다). **Einbürgerung**, die; -en 1. 시민권 부여, 귀화. 2. (외래 동식물의) 귀화.

Einbürgerungs-: **~antrag**, der 시민권(귀화) 신청. **~gesuch**, das 시민권(귀화) 청원. **~urkunde**, die 시민권 부여 증서, 귀화 증서. **~versuch**, der 귀화(동화) 시도.

Einbuße, die -n 손실, 손해, 희생: schwere (finanzielle) -n erleiden(erfahren) 큰 (경제적) 손해를 보다; eine beträchtliche E. an Rohstoffen 원자재의 막대한 손실. **einbüßen** ⟨h⟩ ⟪spätmhd. einpüßen⟫ 잃다, 상실하다, 손해를 보다: er hat sein ganzes Vermögen eingebüßt 그는 자기의 전재산을 잃었다; sein Leben e. 목숨을 잃다; an Ansehen eingebüßt haben 명망[위신]을 실추당했다.

einchecken ⟨h⟩ [항공] **a)** 탑승[적재] 자격을 확인하다:

eindringen

Passagiere[Gepäck] e. 승객의 탑승[휴대품의 탁송] 수속을 하다. **b)** (승객이) 탑승[적재] 수속을 밟다.
eincremen ⟨h⟩ 크림을 문질러 바르다: ich creme mich (mir das Gesicht) ich creme (내 얼굴에) 크림을 바른다.
eindämmen ⟨h⟩ **1.** (흐르는 물을) 제방[둑]으로 막다: einen Wildbach e. 급류를 둑으로 막다. **2.** (확산을) 제한[억제]하다, 저지하다: einen Waldbrand e. 산불의 확산을 막다; die Inflation e. 통화 팽창을 억제하다. **Eindämmung**, die; -en ↑eindämmen의 명사형.
eindämmern 1. ⟨s⟩ 졸음이 오다, (꾸벅꾸벅) 졸다: ich war gerade ein wenig eingedämmert 나는 방금 잠깐 졸았었다. **2.** 《schweiz.》 ⟨h⟩ es dämmert ein 날이 어두워진다, 땅거미가 진다.
eindampfen ⟨h⟩ 【화학】 (액체를) 증발에 의해 농축하다: Milch e. 우유를 농축하다. **Eindampfung**, die; -en ↑eindampfen의 명사형.
eindämpfen ⟨h⟩ 《südwestd.》 (증기로) 찌다.
eindecken ⟨h⟩ **1. a)** (e. + sich) 준비[비축]하다: sich (für den Winter) mit Öl e. (겨울을 나기 위해) 기름을 비축하다; wir sind (mit allem) gut eingedeckt 우리는 필요한 것들을 (모두) 잘 갖추고 있다. **b)** 《통용어》 포개어 쌓다, 넘치게 하다: jmdn. mit Fragen e. 누구에게 질문을 퍼붓다; ich bin mit Arbeit (voll) eingedeckt 나는 (완전히) 일에 파묻혀있다. **2.** (보호하기 위하여) 덮다, 싸매다: die Rosen e. 장미 그루를 싸매다; ein Dach (mit Ziegeln) e. 지붕을 (기와로) 덮다. **3.** 《지역적》 (식탁을) 차리다(↑decken 참조). **Eindeckung**, die; -en (충분한) 비축, 덮기, 씌우기, 덮개.
Eindecker ['aindɛkɐ], der; -s, - **1.** 【해양】 단층갑판선(單層甲板船). **2.** 【항공】 단엽기(單葉機)(↑Doppeldecker 참조).
eindeichen ['aindaiçn̩] ⟨h⟩ 제방[둑]으로 막다(둘러싸다)(반대: ausdeichen): einen Fluß e. 강에 제방을 쌓다. **Eindeichung**, die; -en ↑eindeichen의 명사형.
eindellen ['aindɛlən] ⟨h⟩ 《통용어》 움푹 들어가게 하다, 우묵하게 만들다: du hast meinen Hut eingedellt 네가 내 모자를 찌그러뜨렸다. **Eindellung**, die; -en **a)** 움푹 들어가게 하기, 찌그러뜨리기. **b)** 움푹 들어간[찌그러진] 곳.
eindeutig ⟨Adj.⟩ **1. a)** (의미, 내용이) 명확한, 의문[오해]의 여지가 없는: eine -e Anordnung 명확한 규정[지시]. **b)** 명백한, 틀림없는, 의심의 여지가 없는: die Beweise sind e. 그 증거들은 의심의 여지가 없다; das hat sich nie e. klären lassen 그것은 결코 확실하게 해명되지 않았다. **2.** 《특히 전문어》 일의적(一義的)인, 한 가지 뜻을 가진(반대: mehrdeutig): ein -er (sprachlicher) Ausdruck 일의적인 (언어) 표현; einen Begriff e. verwenden 어떤 개념을 일의적으로[단일한 의미로] 사용하다. **Eindeutigkeit**, die; en **1.** ⟨Pl. 없음⟩ ↑eindeutig의 명사형. **2. a)** 노골적인 언사, 상스러운 말: jmdm. -en sagen 누구에게 노골적인 말을 하다. **b)** 《농》 점잖지 못한 재담, 야비한 농담.
eindeutschen ['aindɔytʃn̩] ⟨h⟩ **a)** 독일(어)화 하다: ein französisches Wort e. (eindeutschend aussprechen) 어떤 프랑스어 단어를 독일어화하다(독일어식으로 발음하다). **b)** 독일것으로 만들다, 독일인으로 귀화시키다: ein Gebiet e. 어느 지역을 독일에 편입하다. **Eindeutschung**, die; -en **1.** ⟨Pl. 없음⟩ 독일(어)화, 독일인화. **2.** 독일어화된 단어[표현].
eindicken ['aindɪkn̩] ⟨h⟩ 진하게 만들다, 바짝 졸이다: Soße durch Kochen(mit Mehl) e. 소스를 끓여서 졸이다(밀가루로 진하게 하다). **2.** ⟨s⟩ 진해지다, 되직해지다: der Saft ist (allmählich) eingedickt 과즙이 (차츰) 진해졌다. **Eindickung**, die; -en ↑eindicken의 명사형.

eindimensional ⟨Adj.⟩ 일차원적인, 직선적[일면적]인: ein -es geometrisches Gebilde 일차원적인 기하학적 형상; 〔전의〕 e. denken 《교양어》 직선적[일면적]으로 사고하다.
eindocken ⟨h⟩ 【조선】 (배를) 도크에 넣다(반대: ausdocken).
eindorren ⟨s⟩ 바싹 마르다, 말라 쭈그러들다.
eindöseln ['aindøzl̩n] ⟨s⟩ 《지역적》 ↑eindösen, eindusel n 참조.
eindosen ['aindozn̩] ⟨h⟩ 통[병]조림으로 만들다: Wurst [Obst] e. 소시지[과일]를 통[병]조림 하다.
eindösen 《경》 어렴풋이 잠들다, 꾸뻑 잠들다.
eindrängen 1. ⟨s⟩ (누구에게) 떼지어 달려[몰려]들다, 밀고 들어오다: die Fans drängten auf den Star ein 팬들이 그 유명한 배우[가수]에게 몰려들었다; 〔전의〕 Erinnerungen drängen auf ihn ein 기억들이 꼬리를 물고 그의 뇌리에 떠올랐다. **2.** ⟨e. + sich⟩ ⟨h⟩ 억지로 밀고 들어가다, 헤치고 다가가다, 끼어들다: ich drängte mich in den Kreis der Umstehenden ein 나는 둘러서 있는 사람들 속으로 비집고 들어갔다; 〔전의〕 sich in jmds. Angelegenheiten e. 누구의 일에 끼어들다[간섭하다].
eindrecken ['aindrɛkn̩] 《통용어》 **1.** ⟨h⟩ **a)** 더럽히다: du hast (dir) deine Stiefel ziemlich eingedreckt 너는 장화를 상당히 더럽혔구나. **b)** ⟨e. + sich⟩ 몸을 몹시 더럽히다: ich habe mich eingedreckt 나는 진흙[때] 투성이가 되었다. **2.** ⟨s⟩ (매우) 더러워지다: die Schuhe sind stark eingedreckt 구두가 엉망으로 더러워졌다; eingedreckte Kleider 더러워진 옷들. **eindreckern** ['aindrɛkɐn] 《통용어》 **1.** ⟨h⟩ **a)** 더럽히다, 칠하여 지저분하게 하다. **b)** ⟨e. + sich⟩ 자기 몸을 더럽히다. **2.** ⟨s⟩ 더러워지다, 지저분해지다.
eindrehen 1. ⟨h⟩ **a)** 돌려서 끼우다(반대: ausdrehen 2): die Glühbirne (in die Fassung) e. 전구를 (소켓에) 끼우다. **b)** (모발을) 말아 넣다: sich³ die Haare e. 머리를 (컬 클립으로) 곱슬곱슬하게 말다. **2.** 안쪽으로 돌리다: die Hände e. 두 손을 뒤집다. **3.** 【항공·행군】 방향을 돌리다[바꾸다]: nach Süden[zum Angriff] e. 남쪽[공격 자세]으로 방향을 돌리다. **4.** 【육상】 투원반의 동작으로 한쪽 다리를 돌리다.
eindreschen' ⟨h⟩ 《통용어》 **1.** (누구, 무엇을) 마구 때리다, 때려 부수다: auf den Gegner e. 상대방을 (도리깨로 타작하듯이) 마구 치다. **2.** 《드물게》 깨부수다: die Fensterscheiben mit dem Gewehrkolben e. 유리창을 개머리판으로 부수다.
eindressieren ⟨h⟩ 조련하여 습득시키다: einem Tier [(캠) jmdn.) ein Verhalten e. 동물[(캠) 누구)에게 어떤 행동을 조련으로 습득시키다; ein Tier[(캠) jmdn.] auf etw. e. 동물[(캠) 누구)을 조련하여 어떤 행동을 습득시키다.
eindrillen ⟨h⟩ 《통용어》 (훈련으로) 숙달시키다[연습시키다]: jmdm. Kenntnisse e. 누구에게 지식을 주입하다; eingedrillte Phrasen 주입되어 상투어들.
eindringen' ⟨s⟩ [mhd. īndringen, ahd. īndringan] **1.** 뚫고 들어가다, 스며[배어]들다: das Wasser drang (durch die Wände) in den Keller ein 물이 (벽을 뚫고) 지하실로 스며들었다; der Splitter ist tief ins Bein eingedrungen 파편이 다리에 깊이 박혔다; die Salbe dringt schnell (in die Haut) ein 그 연고는 신속히 (피부 속으로) 흡수된다; 〔전의〕 in die Geheimnisse der Wissenschaft e. 학문의 비밀을 파고들다(탐구하다). **2.** 침입(침투)하다, 밀고 들어가다: die Diebe waren nachts in die Wohnung eingedrungen 도둑들이 밤에 집안으로 침입했다. **3.** 협박[위협]하다, 강요[압박]하다: die Männer drangen (mit Messern) auf ihn ein 그 남자들은 (칼로) 그를 협박했다; 〔전의〕 sie drangen im-

mer wieder mit Fragen auf ihn ein 그들은 언제나 나의 외의 질문들로 그를 괴롭혔다. **eindringlich** ⟨Adj.⟩ **a)** 강력한, 설득력 있는, 집요한, 감동적인, 효과 있는: mit -er Stimme sprechen 절박한 음성으로 말하다; etwas e. empfehlen 무엇을 집요[진지]하게 추천하다. **b)** 이목을 끄는, 파고드는, 인상적인. **Eindringlichkeit**, die ↑eindringlich의 명사형: er sprach mit großer E. 그는 매우 호소력 있게 말했다. **Eindringling** ['aindriŋliŋ], der; -s, -e 침입자, 방해자, 불청객: ein nächtlicher E. 한밤의 불청객. **Eindringtiefe**, die; -n [전기·의학] (특정 방사선의) 침투 심도(深度).

Eindrittelpause, die; -n [스포츠] 회복 시간의 첫 3분의 1(체력 소모 후 완전한 회복에 필요한 시간의 최초 3분의 1): in der E. fallen zwei Drittel der gesamten Erholung an 첫 3분의 1 회복 시간에 전체 체력 회복의 3분의 2가 이루어진다.

Eindruck, der; -(e)s, Eindrücke [mhd. īndruc] **1.** 인상, 감명, 느낌: ein tiefer(unauslöschlicher) E. 깊은[지울 수 없는] 인상; ein E. von Verlassenheit 황량한[버림받은] 인상: der erste E. war entscheidend 첫 인상이 결정적이었다; (keinen) E. auf jmdn. machen 누구에게 깊은 인상을 주다[아무 인상도 주지 못하다]; bei jmdm. einen guten(ungünstigen) E. hinterlassen 좋은[유리한, 불리한] 인상을 누구에게 남기다; wir hatten zunächst einen ganz falschen E. von ihm 우리는 처음에 그 사람에 관해 아주 잘못된 인상을 가지고 있었다; er machte einen gedrückten E. [den E. eines zerfahrenen Menschen] 그는 풀죽은[산만한 사람이라는] 인상을 주었다; den E. erwecken, als ob ... 마치 ...듯한 인상을 불러 일으키다; ich habe den E. ⟨《아어》 kann mich des -s nicht erwehren⟩, daß ... 나는 ...라는 인상을 가지고 있다[억제할 수 없다]; **E. schinden** ⟪통용어⟫ 잘 보이려고 애쓰다. **2.** 눌린[들어간] 자국, 흔적: im Kissen war noch der E. ihres Kopfes 베개에는 아직도 그녀의 머리 자국이 남아 있었다. **eindrückbar** ['aindrYkba:ɐ] ⟨Adj.⟩ 누르면 들어가는, (스위치 따위) 누르는 방식의: ein -er Schalter[Knopf] 누르는 스위치[누름단추]. **eindrucken** ⟨h⟩ **1.** 삽입 인쇄하다, 날염(捺染)하다: das Muster wird maschinell (in den Stoff) eingedruckt 그 무늬는 기계적으로 (직물에) 날염된다. **2.** ⟪österr. 통용어⟫ ↑eindrücken (1). **eindrücken** ⟨h⟩ [mhd. īndrücken] **1.** 눌러 부수다[으깨다, 찌그러뜨리다]: ein Kotflügel war eingedrückt (자동차의) 한쪽 흙받이가 우그러져 들어가 있었다; eine eingedrückte Nase 납작코; der Dieb drückte die Fensterscheibe ein 도둑이 창유리를 깼다. **2. a)** 밀어넣다: er stellte den Fuß auf die Gipsmasse und drückte ihn fest ein 그는 발을 깁스 반죽에 올려놓고 꽉 밀어넣었다; 《또한》 e. + sich⟫ er betrachtete die Stelle, wo sich der Stiefelabsatz des Diebes in die Erdreich eingedrückt hatte 그는 도둑의 장화 뒤꿈치에 땅바닥에 눌려 움푹 들어간 자리를 살펴보았다. **b)** 눌러 자국을 내다, 날인하다: die Reifen hatten eine Spur in den Boden eingedrückt 타이어가 땅바닥에 눌린 자국을 남겨 놓았다. **3.** [구기] (골 근처에서) 공을 (살짝) 밀어넣다. **eindrücklich** ⟨Adj.⟩ ⟪schweiz.⟫ 그 외에 드물게 인상 깊은, 인상적인. **Eindrücklichkeit**, die ↑eindrücklich의 명사형. **eindrucklos** ⟨Adj.⟩ 감명[인상]을 주지 않는. **Eindruckstelle**, die; -n [육상] (넓이뛰기나 삼단뛰기에서) 뒷발의 착점. **eindrucksvoll** ⟨Adj.⟩ 인상[감명] 깊은: ein -es Bauwerk 매우 인상적인 건축물.

eindrus(s)eln ['aindruːzl̩n, -drʊsl̩n] ⟨s⟩ ⟪nordd.⟫ 가볍게 잠들다, 선잠 들다.

eindübeln ⟨h⟩ (시멘트 벽이나 담에) 마개못을 박아 고정시키다: Kleiderhaken e. 옷걸이 못을 박아서 고정시키다.

eindunkeln ⟨s⟩ ⟪아어⟫ 어두워지다, 어스레해지다.

eindünsten ⟨h⟩ ⟪südwestd.⟫ (과일이나 채소를) 졸이다, 증발시켜 농축하다.

einduseln ⟨s⟩ ⟪통용어⟫ 얕은 잠이 들다.

eine: ↑¹ein 참조.

einebnen ⟨h⟩ (땅을) 고르다, 평탄[균등]하게 하다: alte Gräber e. 오래된 무덤들을 까뭉개다, 파묘하여 땅을 고르다; die bestehenden Unterschiede in der Auffassung eines Problems e. 어떤 문제에 관한 기존 관점의 차이들을 조정[제거]하다. **Einebnung**, die; -en ↑einebnen의 명사형.

Einehe, die; -n [↑Monogamie] [문화인류] 일부일처제(반대: Vielehe).

eineiig ['ainaiiç] ⟨Adj.⟩ 일란성(一卵性)의: -e Zwillinge 일란성 쌍생아.

eineindeutig ⟨Adj.⟩ [전문어] 1대 1로 대응되는, 가역적(可逆的) 단일 의미의. **Eineindeutigkeit**, die; -en 가역적 일의성(一義性).

eineinhalb (분수) (숫자:1½) 하나 반, 한 개 반 ↑einundeinhalb 참조): seit e. Jahren 일년 반 전부터. **eineinhalbfach** (승수) 한 배 반의: eine Menge 1.5배의 양(量). **eineinhalbmal** (회수(回數)·반복수, Adv.⟩ 한 번 반, 1.5회: e. soviel 1.5배 많은; e. so groß wie ... ...보다 1.5배 큰; e. mehr 1.5배 더 많은; ein Bild e. vergrößern 사진을 한 배 반 확대하다.

Eineinhalbmaster, der; -s, - [해양] 대소(大小) 돛대를 하나씩 단 범[범선].

eineisen ⟨h⟩ [어업] (생선을) 얼음에 재다.

Einelternfamilie, die; -n 편친(偏親)[결손] 가정.

einen ['ainən] ⟨h⟩ [mhd. einen, ahd. einōn] 하나로 만들다, 통일[통합]하다, 일치시키다: ein Volk e. 민족을 통일하다; ein Gedanke einte alle zu einer Meinung 하나의 사상이 모두를 하나로 만들었다; ⟪ + sich⟫ die Stämme haben sich geeint 여러 종족이 하나로 통합되었다.

einengen ⟨h⟩ **a)** 가두어 넣다, (좁은 곳에) 밀어 넣다, 둘러싸다, 속박하다: eine neue Jacke engte ihn etwas ein 새 저고리가 그에겐 약간 끼었다; sich eingeengt fühlen 갇힌[답답한] 느낌을 가지다, 압박감을 느끼다. **b)** (공간을) 한정[제한]하다, 좁히다: jmds. Aktionsradius e. 누구의 행동 반경을 제한하다; einen Begriff e. 어떤 개념을 한정하다. **Einengung**, die; -en ↑einengen의 명사형: die E. der parlamentarischen Souveränität 의회 주권의 제한.

einer: ↑¹ein 참조. **Einer** ['ainɐ], der; -s, - **1.** (대개 Pl.) 한 자리 수: zuerst die E., dann die Zehner addieren 맨 먼저 한 자리 수를, 그 다음에 열 자리 수를 더하다. **2.** [스포츠] 1인승 경조용 보트[카누]. **Einerblock**, der; -(e)s, -s / ...blöcke [배구] 1인 블로킹. **Einerkajak**, der / ⟪드물게⟫ das [스포츠] 1인승 경기용 카약. **Einerkolonne**, die ⟪schweiz.⟫ 일렬종대 행진(↑Gänsemarsch). **einerlei** ['ainɐlai; mhd. einer lei] **1.** ⟪(또한) —'—'—⟫ ⟨Adv.⟩ 같은, 아무래도 같은, 마찬가지인: das ist (mir) doch e. 그것은 (나에겐) 마찬가지다, 그것은 (나에겐) 결국 아무래도 좋은 일이다. **2.** ⟪종수(種數); 격변화 없이 부가어적으로만⟫ Kleider vor e. Farbe 똑같은 빛깔의 옷들; es gab immer nur e. Kost 언제나 변화 없이 똑같은 음식만 나왔다. ⟨명사화⟩ **Einerlei** [-], das; -s; -es 같음, 동일(함), 단조(로움), 불변, 천편일률: das ewige E. des Alltags 일상의 끝없는 단조로움. **Einerleiheit** ⟪또한⟫ —'—'—⟫ die ⟪아어⟫ 동일성, 일양성(一樣性), 불변성.

einernten ⟨h⟩ ⟪드물게⟫ 거두어들이다, 수확하다, ⟨수확물로서⟩ 얻다: das Getreide e. 곡물을 거두어들이다; [전의]

er hat viel Lob dafür eingeerntet 그는 그것에 대해 많은 칭찬을 받았다.
einerseits ['aɪnɐ'zaɪts] ⟨Adv.⟩ 《대개 다음 용법으로》 einerseits ... ander(er)seits 한편으로는 ··· 또 한편으로는: e. freute er sich über den Brief, ander(er)seits machte er sich Sorgen 편지를 받고 그는 한편으로는 기뻤고, 또 한편으로는 걱정이 되었다. **eines**: ↑¹ein 참조.
einesteils ⟨Adv.⟩ 《대개 다음 용법으로》 einesteils ... ander(e)nteils 한편(쪽)에는 ···또 한편(쪽)에는: dort standen e. Fachbücher, andernteils Romane und Bildbände 그 곳에는 한쪽에 전문 서적들이 있고, 또 한쪽에는 소설과 그림책들이 있었다.
einexerzieren ⟨h⟩ **1.** 교련[훈련]시키다, 교육하다: den Rekruten militärisches Grüßen e. 신병들에게 군대식 경례를 훈련시키다. **2.** 반복하여 연습[습득]시키다: er wollte den Lehrlingen jeden Handgriff e. 그는 견습생들에게 각종 취급 방법을 습득시키려 했다.
einfach ['aɪnfax] ⟨Adj.⟩ [spätmhd. einfach] **1.** 하나[한 겹]의, 단일의: ein -er Knoten 한겹 매듭; eine -e Fahrkarte 편도 차표; -e Nelken 홑(꽃)잎 패랭이꽃; -e Buchführung 【상】 단식 부기; das Papier ist nur e. gefaltet 그 종이는 한 번만 접혀 있다. **2. a)** 단순한, 간단한, 이해[해결]하기 쉬운: eine -e Aufgabe 간단한 과제; das ist gar nicht so e. 그것은 그렇게 단순한 일이 아니다; du hast es dir zu e. gemacht 너는 그것을 너무 쉽게 해결했다. **b)** 쉽게 알 수 있는, 분명한, 명백한: aus dem -en Grund, weil ... ···때문이라는 간단한 이유에서; dies ist die -e Wahrheit 이것이 바로 분명한 진실이다. **3.** 꾸밈 없는, 드문, 소박한, 평범한: in -n Verhältnissen leben 검소하게 살다; seine -en Worte gingen zu Herzen 그의 꾸밈 없는 말이 심금을 울렸다; ein ganz -er, bescheidener Mann 아주 소박하고 겸손한 남자; sie gibt sich[kleidet sich] betont e. 그 여자는 일부러 수수하게 꾸민다[옷을 입는다]. **4.** 《강조》 전혀, 아주, 도대체, 곧장, 지체 없이; 바로 그냥: das ist e. unmöglich! 그것은 전혀 불가능하다!; ich begreife Sie e. nicht 나는 당신을 도대체 이해할 수가 없소; er lief e. davon 그는 곧장 달아나 버렸다. **einfächerig** ⟨Adj.⟩ 【식물】 단실(胞室)의 한 개인(↑-fächerig 참조).
einfächern ⟨h⟩ 《드물게》 《우편함 등에》 분류해 넣다: die Briefe sind bereits eingefächert 편지들은 이미 분류되어 넣어져 있다.
Einfachheit, die **1.** 단순함, 〈처리[취급]의〉간단함: ein Trick zur verblüffenden E. 어이없게 간단한 속임수; der E. halber 간단히 말하자면, 편의상. **2.** 꾸밈없음, 소박(함), 수수(함): sich mit betonter E. kleiden 눈에 띄게 수수한 옷차림을 하다.
einfädeln ⟨h⟩ **1. a)** (바늘귀에 실을) 꿰다(반대: ausfädeln 1 a): einen Faden E. (바늘에) 실을 꿰다; ein Tonband (in eine Kassette) e. 녹음테이프를 (카세트에) 끼워 넣다. **b)** 〈실이나 끈을〉꿰어 매다: eine Nadel e. 바늘에 실을 꿰다. **2.** ⟨e. + sich⟩ 【교통】 〈진행 중인 차량의 대열에〉끼어 들어가다(반대: sich ausfädeln 2): du hast dich nicht rechtzeitig eingefädelt 너는 차량의 흐름에 제때에 끼어 들지 못했다. **3.** 《스키 은어》 《슬랄롬에서》 깃대에 걸리다: am dritten Tor fädelte er ein und stürzte 그는 세 번째 깃대에 걸려 넘어졌다. **4.** 《통용어》 재치 있게 꾸미다[해내다], 궁리하다, 피하다: eine Intrige e. 음모[계략]를 꾸미다; er hat die Sache schlau eingefädelt 그는 그 일을 아주 약삭빠르게 해냈다. **Einfäd(e)lung**, die; -en ↑ einfädeln의 명사형.
Einfädler ['aɪnfɛːdlɐ], der; -s, - 《구기》 공격 주도 선수.
Einfahr-: ~**gleis**, das 【철도】 (역의) 진입선(로)(반대: Ausfahrgleis). ~**gruppe**, die 【철도】 (조차장 또는 열차 편성역의) 진입 선로군(線路群)(반대: Ausfahrgruppe). ~**signal**, das 【철도】 진입[입차(入車)] 신호(기) (반대: Ausfahrsignal).

einfahren' 1. ⟨s⟩ 〈차를〉 타고 들어가다, 진입하다, 입항[입갱]하다(반대: ausfahren 1 b): der Zug fährt (auf Gleis 3) ein 열차가 (3번 선로로) 들어오고 있다; das Schiff ist bereits in den Hafen eingefahren 배는 이미 항구에 입항했다; die Bergleute sind eingefahren 【광】 광부들이 입갱했다. **2.** ⟨h⟩ (수확물을 창고에) 들이다[반입하다]: habt ihr die Ernte eingefahren? 너희들 수확물은 실어 들였니?; 《전의》 (Heu) e. 《통용어》 엄청나게 많이 먹다. **3.** ⟨h⟩ 차로 (무엇에) 부딪쳐 부수다: der Betrunkene hat das Garagentor eingefahren 술취한 사람이 차로 (부딪쳐) 차고문을 부수었다. **4.** ⟨h⟩ **a)** ⟨e. + sich⟩ 운전 연습을 하다: ich muß mich mit dem neuen Wagen erst e. 나는 새 차로 우선 운전 연습을 해야겠다. **b)** 〈자동차를〉길들이다: er hat sein neues Auto noch nicht ganz eingefahren 그는 자기의 새 자동차를 아직 완전히 길들이지 못했다. **c)** (마차를 끌도록 말을) 길들이다: die Pferde e. 말들을 (마차끌기에) 길들이다. **5.** ⟨h⟩ ⟨e. + sich⟩ 익숙해지다, 숙달하다: hier hat sich jetzt alles gut eingefahren 여기서는 이제 모든 것이 익숙해졌다; 《대개 과거분사로》 auf [in] eingefahrenen Bahnen (Gleisen) bleiben 구태를 못 벗다, 그대로 있다. **6.** ⟨h⟩ (기계의 특정 부분을) (접어) 넣다(반대: ausfahren 4 a): die Antenne e. 안테나를 밀어 넣다. **7.** ⟨s⟩ 【사냥】 (여우, 오소리 등이 굴 속으로) 기어들어가다(반대: ausfahren 14 a): der Fuchs ist eingefahren 여우가 굴 속에 기어들어갔다. **Einfahrt**, die; -en **1.** ⟨Pl. 없음⟩ 〈탈것의〉 진입, 입차(入車), 입갱(入坑), 입항(반대: Ausfahrt 1 b): der Zug hat noch keine E. 열차는 아직 진입해서는 안된다; Vorsicht bei der E. des Zuges! 기차가 들어오고 있으니 주의하시오!, 열차 진입시 주의! **2. a)** (차량) 진입로, 입구, 갱구(반대: Ausfahrt 2 a): das Haus hat eine breite E. 그 집은 입구[차 진입로]가 넓다; E. freihalten! 진입로[입구] 주차 금지! **b)** 고속도로 진입로: die E. zur Autobahn Mannheim—Frankfurt 만하임—프랑크푸르트 고속도로 진입로.

Einfahrt(s)- (Einfahrt 1): ~**erlaubnis**, die 진입(입항, 입갱)허가(반대: Ausfahrt(s)erlaubnis). ~**geleise**, ~**gleis**, das ↑ Einfahrgleis(반대: Ausfahrgeleise, ~(s)gleis). ~**signal**, das ↑ Einfahrsignal(반대: Ausfahrt(s)signal). ~**straße**, die 진입 도로. ~**tor**, das 입구, 갱구. ~**weg**, der 진입로. ~**weiche**, die 진입 전철기(轉轍機).

Einfall, der; -(e)s, Einfälle [mhd. īnval] **1.** 착상(着想), 묘안; ein witziger E. 위트, 기지(機智), 재치 있는 [기발한] 착상; ihm kam der E. [er kam auf den E.], daß ... ···라는 생각[묘안]이 그에게 떠올랐다; einen glänzenden E. haben 멋진 묘안을 가지고 있다; 〈속구〉 Einfälle (haben) wie ein altes Haus(wie ein altes (Back)ofen) 《농》 〈시대에 뒤진〉 희한(기발)한 착상을 하다, 뚱딴지 같은 생각을 하다〈낡아 "내려앉는(einfallen)" 집의 연상에서 온 말〉. **2.** ⟨Pl. 없음⟩ 〈빛의〉 투사(投射), 입사(入射), 비쳐 들어옴: der schräge E. der Strahlen 광선이 비스듬하게 비쳐 들어옴. **3.** 〈아이〉 돌연한 시작, 닥쳐 옴, 내습: der E. des Winters 겨울의 갑작스런 내습. **4.** 〈적의〉 침입, 침투: der E. der Hunnen in Europa 흉노족의 유럽 침입. **5.** 【사냥】 〈행或 조류의〉 내려앉음: er beobachtete den E. der Rebhühner auf das benachbarte Feld 그는 밭에 자고새들이 내려앉는 것을 관찰했다.

einfall-, **Einfall-**: ~**reich** ⟨Adj.⟩ ↑ einfallsreich. ~**reichtum**, der ↑ Einfallsreichtum. ~**straße**, die

einfallen [교통] (어떤 지역으로의) 진입 도로(반대: Ausfallstraße). **~winkel**, der ↑Einfallswinkel.

einfallen* ⟨s⟩ [mhd. invallen] **1. a)** 생각나다, 머리에 떠오르다: ihm fiel nichts Besseres ein 그에게 더 좋은 생각은 떠오르지 않았다; da fiel ihm eine Ausrede ein 그 때 그에게 핑계거리가 하나 생각났다; laß dir das ja nicht e.! 그런 э생각 절대 생각지도 말아라!; was fällt dir denn ein! 너 도대체 무슨 (엉뚱한) 생각을 하는 거냐!, 당치도 않은 생각은 아예 말아라!; das fällt mir gar nicht[nicht im Schlaf(e) / Traum(e)] ein! 그것은 내가 전혀[감히 꿈에도] 생각지 않은 일이다, 그것은 전혀 고려할 가치가 없다; **sich etwas e. lassen(müssen)** 어떤 해결책[방법]을 찾아내(야 하)다. **b)** 기억이 되살아나다, 다시 생각나다: sein Name fällt mir nicht ein 그의 이름이 나는 생각나지 않는다; plötzlich fiel ihr ein, daß sie eine Verabredung hatte 갑자기 그녀는 약속이 있다는 사실이 생각났다. **2.** 무너지다, 주저앉다, 붕괴[함몰]하다: das Haus drohte einzufallen 집이 무너져 내려려 했다. **3.** (빛이) 비쳐 들어오다, 투[입]사하다: das Sonnenlicht fiel durch ein Fenster ein 햇빛이 창문으로 비쳐 들어왔다. **4.** 《아어》 갑자기 시작되다, 돌연 닥쳐오다: der Winter[dichter Nebel] fiel ein 겨울[짙은 안개]이 갑자기 닥쳐왔다; bei einfallender Nacht 밤이 닥쳐올 때에. **5.** 끼어[뛰어]들다, 장단을 맞추다: dann fielen die Geigen ein 그리고 나서 바이올린 연주가 끼어들었다; alle fielen in das Gelächter ein 모두들 (덩달아) 웃음에 휩쓸렸다. **6.** 쳐들어오다, (불의에) 내습[침입, 침공]하다: der Feind fiel in unser[《드물게》 unserem] Land ein 적이 우리 나라로 쳐들어왔다. **7.** 【사냥】 《야생 조류가》 내려앉다, 날아들다: die Enten fielen auf den[auf dem] See ein 오리들이 호수에 내려앉았다. **8.** 【광】 도괴[붕괴]하다, 함몰하다, 내려앉다: die Gesteinsmassen fallen steil ein 암층들이 수직으로 침하한다.

einfalls-, Einfalls- : **~ebene**, die 【물리】 (광선의) 입사면(入射面), 투사면(投射面). **~los** ⟨Adj.⟩ 착상이 빈약한, 기지[재치]가 없는: ein -er Regisseur 독창적 착상이 없는 연출가; der Plan ist recht e. 그 계획은 정말 재치가 없다. **~losigkeit**, die ↑~los의 명사형. **~lot**, das 【물리】 입사 수직선, (입사점에의) 법선(法線). **~pforte**, die ↑~. **~reich** ⟨Adj.⟩ 【드물게】 기지[재치]가 풍부한, 묘안[착상]이 많은: ein -er Künstler 독창적 묘안이 풍부한 예술가. **~reichtum**, 《드물게》 Einfallsreichtum, der ⟨Pl. 없음⟩ 기지[재치]의 풍부함, 풍부한 착상. **~tor**, das 《통속》 침입[침투]의 요지(要地)[적지], 관문(關門). **~winkel**, 《또한》 Einfallwinkel, der 【광학】 입사각, 투사각.

Einfalt ['aɪnfalt], die [mhd. einvalte, ahd. einvalti] **1.** 《아어》 아둔, 우직, 무지, 단순, 순진: in seiner E. durchschaute er die Vorgänge nicht 순박한 나머지 그는 사태를 꿰뚫어보지 못했다; **(du) heilige E.!** 아이고, 이 성자(聖者)같이 순진한 사람아! **2.** 《아어》 소박, 순결, 천진난만: kindliche E. 어린아이 같은 천진함.

einfältig ['aɪnfɛltɪç] ⟨Adj.⟩ [mhd. einvaltec, einveltec] **a)** 우직한, 순진한, 천진난만한: sei nicht so e., und laß dich nicht in dieser Weise ausnutzen 그렇게 우직해서 이런 식으로 이용당하지 마라. **b)** 단순한, 아둔한, 무지한, 멍청한: seine Fragen waren ziemlich e. 그의 질문들은 꽤 바보스러웠다. **Einfältigkeit**, die [mhd. einvalteceit] 〜einfältig의 명사형. **Einfaltspinsel**, der; -s, - 《통속·경》 바보, 멍청이, 속없는 호인.

einfalzen ⟨h⟩ 【출판】 (제본할 때 표지를) 책의 등에 맞추어 접다, 접지(摺紙)하다. **Einfalzung**, die; -en ↑einfalzen의 명사형.

Einfamilienhaus, das; -es, ...häuser (단독 주택 또는 연립 주택으로서) 일가족용 주택.

Einfang, der; -s, ...fänge **1.** 【수리(水利)】 (수력 발전소에서 동력수(動力水)의) 자유 유입(저수 시설이 없이). **2.** ↑Einfangprozeß.

einfangen* ⟨h⟩ **1.** (붙)잡다, 잡아들이다, 체포[포획]하다, 구금하다, (짐승을 검게) 잡다: einen Verbrecher e. 범인을 잡아들이다; 《전의》 es gelang ihm nicht, das ausbrechende Heck des Wagens (durch Gegenlenkung) einzufangen (과속으로) 차도에서 벗어나는 자동차의 후미를 그는 (반대쪽으로 핸들을 틀어) 끌어들이는 데 실패했다. **2.** ⟨e. + sich⟩ 《통용어》 얻다, 받아들이다, 달게 받다, 참고 견디다: sich³ eine Grippe e. 유행성 감기에 걸리다; du fängst dir gleich Prügel[eine (Ohrfeige)] ein 너는 곧 매[따귀 한 대]를 얻어맞을 줄 알아라. **3.** 《아어》 특성을 파악하여 표현하다, 포착하다: er hat in seinem Bild[in dem Gedicht] die Herbststimmung eingefangen 그는 그의 그림에서[그 시에서] 가을 분위기를 잘 표현[포착]했다. **Einfangprozeß**, der; ...esses, ...esse [핵] (원자핵이 미립자를 흡수·방출하는) 포획[흡수] 반응.

einfärben ⟨h⟩ **1.** 물들이다: einen Stoff (schwarz) e. 옷감(직물)을 (검게) 물들이다; 《전의》 eine gesellschaftspolitisch eingefärbte Komödie 사회 정치적 색채를 띤 희곡. **2.** 【인쇄】 (판목(版木)에) 인쇄용 잉크를 칠하다. **Einfärbung**, die; -en ↑einfärben의 명사형.

einfarbig, 《österr.》 **einfärbig** ⟨Adj.⟩ die Wände sind e. gestrichen 벽은 단색이다[단색으로 칠해져 있다].

einfaschen ['aɪnfaʃn] ⟨h⟩ 《österr.》 싸다, (붕대로) 감다: einen Fuß e. 발에 붕대를 감다.

einfassen ⟨h⟩ 《통용어》 가장자리를 대다, 테두리를 두르다: die Decke ist mit einer Borte (rot) eingefaßt 식탁보는 레이스로 (빨갛게) 가장자리를 댔다; Edelsteine (in Gold) e. 보석을 (금테에) 끼워 넣다. **Einfassung**, die; -en **a)** ⟨Pl. 없음⟩ 테두르기, 둘러싸기. **b)** (가장자리를 둘러싸는 재료) 테, 틀, 상감(象嵌), 보석을 박아넣는 금속: das Grab ist mit einer E. aus Stein 그 무덤은 돌로 테가 둘러져 있다. **Einfassungsmauer**, die 둘러친[감싼] 벽.

einfatschen ['aɪnfatʃn] ↑einfaschen.

einfenzen ⟨h⟩ 《드물게》 (에) 울을 치다, (을) 담으로 둘러 싸다(↑fenzen).

einfetten ⟨h⟩ 기름을 발라 문지르다[매끄럽게 하다]: das Gesicht mit einer Creme e. 얼굴에 크림을 바르다; du mußt die Schuhe gut e. 너는 구두에 구두약을 잘 발라야 한다. **Einfettung**, die; -en ↑einfetten의 명사형.

einfeuchten ⟨h⟩ 축축하게[충분히] 적시다: die Wäsche e. 빨래를 축축하게 적시다.

einfeuern ⟨h⟩ **a)** 《지역적》 (난로에) 불을 지피다(불이 피다). **b)** 술을 퍼마시다: ihr habt aber tüchtig eingefeuert 너희들 정말 몹시 퍼마셨다.

einfiltrieren ⟨h⟩ 《통용어》 흘려 넣다, 부어[불어]넣다, 복용시키다: jdmn. einen Schnaps e. 누구에게 소주를 한 잔 안기다.

einfinden*, sich ⟨h⟩ **1.** 나타나다, 도착하다, 출석[출두]하다: eine große Menschenmenge hatte sich auf dem Platz eingefunden 광장에 많은 사람들이 광장에 나왔다; sich pünktlich e. 정시에 나오다[출두하다]. **2.** 《통용어·드물게》 익숙해지다, 적응(순응)하다: sich in ein Milieu[eine Stimmung] e. 어떤 환경[분위기]에 적응하다.

einflanken ⟨h/s⟩ 【체조】 (목마에) 가로뛰기에 이어 뒤로 뻗치기[앉은자세]를 하다.

einflechten* ⟨h⟩ **1. a)** 엮어(짜) 넣다: ein Band in die

Zöpfe e. 많은 머리에 리본(댕기)을 달다. b) 엮다, 얽다: die Haare e. 머리를 땋다. 2. (말, 인용구를) 삽입하다, 지나가는 말로 언급하다: er flocht gern ein paar Zitate in seine Reden ein 그는 연설[이야기]에 즐겨 인용구 몇 개를 끼워 넣곤 했다. **Einflechtung**, die; -en ↑ einflechten의 명사형.

einflicken ⟨h⟩ 《통어》 (헝겊을) 대고 깁다, 채워[끼워] 넣다: ein Stück Stoff am Ärmel e. 소매에 헝겊 조각을 대고 깁다; 전의 einen fehlenden Buchstaben in ein Wort e. 단어에 빠진 철자를 보충해 넣다.

einfliegen* **1.** ⟨s⟩ (새나 벌레가) 날아들다(반대: ausfliegen 1 a): er wartete, bis die Tauben alle (in den Schlag) eingeflogen waren 그는 비둘기들이 모두 (비둘기장으로) 날아들어 올 때까지 기다렸다. **2. a)** ⟨s⟩ (포위된 곳, 위험한 지역에 비행기로) 침투[침입]하다, 날아들어 가[오]다. **b)** ⟨s⟩ (비행기가 특정 지역 상공에) 진입하다, 날아들다: das Flugzeug ist in fremdes Hoheitsgebiet eingeflogen 비행기가 외국 영공으로 진입했다. **c)** ⟨h⟩ (비행기로) 가져가다, 운반하다: Lebensmittel [Medikamente] (in ein Katastrophengebiet) e. (재난 지역에) 식량[의약품]을 공수(空輸)하다. **3.** ⟨h⟩ **a)** (e. + sich) 비행 연습을 하다: er wollte sich wieder e. 그는 다시 비행 연습을 할 생각이었다. **b)** (길들이기 위해) 시험 비행을 하다: der Testpilot muß die neue Maschine e. 테스트파일럿은 새 비행기를 시험 비행하여야 한다. **4.** ⟨h⟩ (항공업으로 돈을) 벌어들이다: Profite e. (항공사가) 이익을 남기다. **Einflieger**, der; -s, - 테스트파일럿, 시험 비행 조종사.

einfließen* ⟨s⟩ 흘러 들(어)다: in den Keller war Wasser eingeflossen 지하실에 물이 흘러 들었다; 전의 von Nordosten fließt Kaltluft ein [기상] 북동쪽으로 한랭 기류가 흘러 들어오다; **etw. e. lassen** 첨가[삽입]하다, 부언하다: er ließ (in seine Rede) einige Anspielungen e. 그는 (자기 연설[이야기]에) 변죽 울리는 말 몇 마디를 끼워 넣었다.

einflößen ⟨h⟩ **1.** 흘러 넣다, 부어 넣다: einem Kranken Arznei e. 환자에게 약을 흘려 넣어주다. **2.** (어떤 감정을) 불어넣다, 불러일으키다, 환기하다: jmdm. Angst [Vertrauen] e. 누구의 불안감[신뢰감]을 불러일으키다. **Einflößung**, die; -en ↑ einflößen의 명사형.

einfluchten ⟨h⟩ 《전문어》 기준선(基準線)[건축선]에 정렬시키다[맞추다]: bestimmte Punkte in einem Gelände e. 어떤 구역의 특정 지점들을 건축선에 맞춰 배치하다. **Einfluchtung**, die; -en ↑ einfluchten의 명사형.

Einflug, der; -(e)s, Einflüge (항공기의) 진입, 날아듦: feindliche Einflüge wurden gemeldet 적기들의 출현이 보고[신고]되었다. **einflügelig** ['aɪnflyːɡəlɪç], **einflüglig** ['aɪnflyːɡlɪç] ⟨Adj.⟩ 날개가 하나인. **Einflugloch**, das; -s, -löcher [동물] (날벌레, 날짐승이 드나드는) 구멍, 굴집, 새집 따위의) 입구(구멍). **Einflugschneise**, die; -n [항공] (착륙) 진입로(반대: Ausflugschneise).

Einfluß, der; Einflusses, Einflüsse [mhd. învluȝ] **1. a)** 영향(력), 감화: der E. der französischen Literatur auf die deutsche 독일 문학에 끼친 프랑스 문학의 영향; einen guten[positiven] E. auf jmdn. ausüben 누구에게 좋은[긍정적인] 영향을 주다; sich⁴ jmds. E. entziehen 누구의 영향으로부터 벗어나다; er stand unter ihrem E. 그는 그녀의 지배(영향, 간섭) 아래 있었다; ich möchte auf diese Entscheidung keinen E. nehmen 나는 이 결정에 영향을 끼치고 싶지 않다; das hat hier keinen E. 그것은 이 경우에는 영향을 미치지 못한다 [중요한 의미가 없다]. **b)** 세력, 명망: E. besitzen 명망[권]을 지니고 있다; einen ganzen E. einsetzen [verlieren] 자신의 모든 영향력[성망(聲望)]을 투입하다 [잃다]; jmds. E. fürchten 누구의 명망[세력]을 두려워하다; ein Mann von[mit] großem E. 실력자, 유력 인물. **2.** 《드물게》 흘러들어옴, 유입(流入), 합류.

einfluß-, **Einfluß-**: **~bereich**, der 영향[세력]권, 세력 범위: der amerikanische E. 미국의 영향권. **~gebiet**, das 영향[세력]권(역). **~los** ⟨Adj.⟩ 영향(력)이 없는, 세력이 없는(반대: einflußreich): diese Gruppe ist politisch e. 이 집단은 정치적으로 영향력이 없다. **~losigkeit**, die ↑ ~los의 명사형. **~möglichkeit**, die 영향력 행사 가능성. **~nahme** [-na:mə], die 영향력 행사: eine direkte[politische] E. auf den Bürger 시민에 대한 직접적[정치적]인 영향력 행사. **~reich** ⟨Adj.⟩ 영향(력)이 큰, 세력이 강한(반대: einflußlos): -e Männer 유력 인물들. **~sphäre**, die 세력권.

einflüstern ⟨h⟩ **1.** 귓속말하다, 귀에 대고 속삭이다. **2.** 《흔히 폄》 시사(示唆)하다, 교사(敎唆)하다: diesen Verdacht hat ihm die Nachbarin eingeflüstert 이 혐의는 이웃집 여인이 그녀의 은근한 말로 불러일으킨 것이었다. **Einflüsterung**, die; -en 시사, 교사, 부추김.

einfluten ⟨s⟩ (홍수처럼) 밀려[쏟아져] 들어오다: die Wassermassen fluteten in die Kellerräume ein 엄청나게 많은 물이 지하실에 밀려들었다.

einfordern ⟨h⟩ (수금, 인도, 지불을) 강력히 요구[청구]하다, 회수[징수]하다: sein Geld e. 자신의 돈을 (돌려줄 것을) 요구하다. **Einforderung**, die; -en ↑ einfordern의 명사형.

einförmig ['aɪnfœrmɪç] ⟨Adj.⟩ 한 모양의, 동형의, 변화가 없는, 단조로운: eine ziemlich -e Landschaft 꽤 단조로운 풍경. **Einförmigkeit**, die; -en ↑ einförmig의 명사형.

einfressen*, sich ⟨h⟩ 파먹어 들어가다, 부식[잠식]하다: der Rost sat sich tief in das Blech eingefressen 녹이 점점 깊이 철판을 부식해 들어갔다; 전의 der Verdruß fraß sich immer mehr in ihn ein 《아이》 불쾌감이 점점 그의 마음을 파고들었다.

einfrieden ⟨h⟩, **einfriedigen** ['aɪnfriːdɪɡn̩] ⟨h⟩ [mhd. vride, ahd. fridu] (아이) 담으로 둘러싸다, (무엇)에 울을 치다: ein Grundstück e. 토지를 담으로[울타리로] 둘러싸다. **Einfriedigung**, **Einfriedung**, die; -en ↑ einfrieden의 명사형.

einfrieren* **1.** ⟨s⟩ **a)** 얼어서 막히다[못쓰게 되다]: die Wasserleitung ist eingefroren 수도관이 얼어서 막혔다. **b)** 얼어붙다, 결빙하다: das Wasser im Waschbecken friert ein 세숫대야의 물이 얼어붙는다; 전의 bei diesen Worten war sein Lächeln eingefroren 이 말에 그의 미소는 굳어[얼어붙어] 버렸다. **c)** 얼음에 (둘러싸여) 막히다[갇히다]: das Schiff ist (im Hafen) eingefroren 선박이 빙결로 (항구에) 갇혔다. **2.** ⟨h⟩ (보존을 위해) 냉동하다: Lebensmittel e. 식료품을 냉동한다. **3. a)** ⟨h⟩ (현재 상태로) 동결하다: die diplomatischen Beziehungen e. 외교 관계를 (현수준에서) 동결하다. **b)** ⟨s⟩ 동결되다, 발전이 중단되다: sie haben die Verhandlungen e. lassen 그들은 협상을 (현상태에서) 동결시켰다, [명사화] das Einfrieren der Löhne 임금(賃金)의 동결. **Einfrierung**, die; -en ↑ einfrieren의 명사형. **einfrosten** ⟨h⟩ 《드물게》 ↑ einfrieren (2): Gemüse e. 채소를 냉동 저장하다. **Einfrostung**, die; -en ↑ einfrosten의 명사형.

einfrüchtig ⟨Adj.⟩ [식물] 1회 결실(結實)의, 단자방(單子房) 결실의.

einfuchsen ⟨h⟩ 《통어》 교묘하게 숙련시키다, …에 대비시키다, 교육[훈련]하다: er hat sie gehörig auf die

Prüfung eingefuchst 시험에 대비해서 그는 그녀를 굉장히 훈련시켰다; er ist ein eingefuchster Trainer 그는 경험이 많은 노련한 트레이너이다.

einfugen ⟨h⟩ 이음짱을 맞추다, 끼워 넣다, (솔기, 홈에) 박아 넣다: Bretter e. 널빤지를 끼워 맞추다.

einfügen ⟨h⟩ **1. a)** 끼워 박다, 맞추어 넣다, 끼워 맞추다. **b)** 끼워 넣다, 삽입하다, 첨가하다: ein Zitat (in ein Manuskript) e. (원고에) 인용구를 삽입하다. **2.** ⟨e. + sich⟩ 순응[적응]하다, 어울리다: er hat sich rasch (in die Gemeinschaft) eingefügt 그는 (공동 생활에) 곧 적응했다. **Einfügung**, die; -en ↑einfügen의 명사형.

einfühlen, sich ⟨h⟩ 누구의 입장이 되어 느끼다[그의 느낌(마음)을 상상적으로 체험[이해]하다], 감정을 이입(移入)하다: es ist uns doch unmöglich, uns in diese Personen einzufühlen 우리가 이 사람들의 입장이 되어 그들의 마음을 이해하기는 불가능하다; ihr müßt euch in das Gedicht e. 너희들은 시 속으로 감정을 이입해야만 한다. **einfühlsam** ⟨Adj.⟩ 감정 이입의 능력이 있는. **Einfühlsamkeit**, die, **Einfühlung**, die 감정 이입. **Einfühlungsgabe**, die, **Einfühlungskraft**, die ⟨Pl. 없음⟩, **Einfühlungsvermögen**, das 감정 이입 능력.

Einfuhr ['aɪnfuːɐ], die; -en ⟨반대: Ausfuhr⟩ **a)** ⟨Pl. 없음⟩ 반입, 수입: die E. von Obst wurde beschränkt 과일의 수입은 제한되었다. **b)** 반입품, 수입품: die E. dieses Landes ist größer als die Ausfuhr 이 나라의 수입은 수출보다 많다.

einfuhr-, Einfuhr-: ~**abhängig** ⟨Adj.⟩ 수입에 의존하는. ~**beschränkung**, die 수입 제한. ~**bestimmung**, die ⟨대개 Pl.⟩ 수입(반입) 규정. ~**bewilligung**, die ↑~lizenz. ~**erklärung**, die (독일 연방 은행에 제출하는) 수입 설명서[신고서]. ~**erlaubnis**, die, ~**genehmigung**, die ↑~lizenz. ~**gut**, das 수입품. ~**hafen**, der 수입항. ~**handel**, der 수입 무역. ~**kontingent**, das 수입 할당(액). ~**kontingentierung**, die 수입량 배정. ~**land**, das 수입국. ~**lizenz**, die 수입 허가. ~**prämie**, die (특정 수입품에 대한) 수입 장려금[보조금]. ~**schein**, der 수입 허가서, 통관 신고서. ~**sperre**, die ↑~stopp. ~**steuer**, die 수입 관세. ~**stopp**, der 수입 정지[금지]. ~**umsatzsteuer**, die 수입품 거래(매매)세. ~**verbot**, das 수입[반입] 금지. ~**verfahren**, das 수입 절차. ~**vertrag**, der 수입 계약(서). ~**zoll**, der 수입세, 관세: einen E. (auf bestimmte Waren) erheben (특정 물품에) 수입 관세를 부과하다.

einführen ⟨h⟩ **1.** (구멍 속으로) 집어 넣다, 삽입하다: einen Schlauch (durch den Mund) in den Magen e. (입을 통하여) 위 속으로 고무관을 집어 넣다. **2.** 수입하다⟨반대: ausführen 2⟩: Rohstoffe (aus Übersee) e. 원자재를 (해외에서) 수입하다. **3.** 제도, 교과서 따위를 도입하다, 채택하다: ein neues Lehrbuch an einer Schule e. 어떤 학교에서 새로운 교과서를 채택하다; die Sommerzeit e. 서머타임을 실시하다; die Ware hat sich gut eingeführt [상] 그 상품은 (잘) 팔린다; ein (gut) eingeführtes Geschäft 유명한 상점. **4. a)** 누구에게 앞으로 할 일을 가르쳐 주다: einen neuen Mitarbeiter e. 새로 온 동료에게 앞으로 할 일을 가르쳐 주다. **b)** 누구에게 초보를 설명해 주다, 입문시키다: seine Schüler in die Philosophie e. 그의 학생들에게 철학의 기초를 가르치다; einige einführende Worte sprechen 소개(안내)의 말을 몇 마디 하다. **5. a)** 소개하다, 인사시키다: jmdn. bei seinen Eltern (in die Gesellschaft) e. 누구를 자기 양친에게 소개하다[협회에 입회시키다]; [전의] der Autor hat diese Romanfigur sehr spät eingeführt 작가는 이 소설 속의 인물을 매우 늦게야 등장시켰다. **b)** ⟨e.+sich⟩ 어떤 인상을 주며 나타나다[출현하다], 첫인상을 주다: er hat sich im Klub nicht gut eingeführt 그는 클럽에 좋은 인상을 주지 못했다[순탄한 출발을 내디디지 못했다]. **Einführer**, der; -s, - ↑Importeur⟨반대: Ausführer⟩. **Einführung**, die; -en ↑einführen (1, 3, 4, 5 a)의 명사형.

Einführungs-: ~**betrachtung**, die (특정 지식 분야에 대한) 짧막한] 개관. ~**gesetz**, das [법] 경과법(經過法), 경과 규정, 시제법(時際法). ~**jahr**, das 신제품 발매 연도. ~**kurs**, der **1.** [증권] 유가 증권 상장(上場) 시세. **2.** ⟨또한⟩ ~kursus 입문[기초] 과정. ~**preis**, der 첫 시판 가격. ~**unterricht**, der (특정 지식 분야에 대한) 입문 수업. ~**vortrag**, der 입문 강연, (연속되는 강연의) 발췌[초] 강연. ~**worte** ⟨Pl.⟩ 소개의 말.

Einfüll-: ~**öffnung**, die 주입구. ~**stutzen**, der 주입관. ~**trichter**, der 주입 깔때기.

einfüllen ⟨h⟩ 채우다, 부어 넣다: Zucker (in Säcke) e. 설탕을 (자루에) 부어 넣다. **Einfüllung**, die; -en ↑einfüllen의 명사형.

einfüßig ⟨Adj.⟩ **1.** 외발의, 발이 하나(뿐)인. **2.** [축구] 한쪽 발로만 슈팅을 하는. **Einfüßigkeit**, die ↑einfüßig (2)의 명사형.

¹**einfüttern** ⟨h⟩ [전산] 컴퓨터에 입력(入力)하다.
²**einfüttern** ⟨h⟩ [원예] (얼지 않도록) 땅에 깊숙이 묻(꽃)다.

Eingabe, die; -n **1.** 청원(서), 진정(서): eine E. an das Landratsamt richten 지방 의회 사무처에 청원서를 제출하다; eine E. machen 청원[진정]하다. **2.** ⟨Pl. 없음⟩ (약을) 먹임, 흘려 넣음: nach der E. des Beruhigungsmittels 진정제를 먹인 후. **3.** [전산] **a)** ⟨Pl. 없음⟩ 컴퓨터에 자료[정보]를 집어 넣음. **b)** 입력, 인풋⟨반대: Ausgabe 7⟩. **Eingabegerät**, das [전산] 입력 장치.

Eingang, der; -(e)s, Eingänge **1.** ⟨반대: Ausgang 2⟩ **a)** 문, 입구, 현관: jmdm. den E. versperren [verschaffen] 누구의 입장을 차단하다[허락하다]; am E. warten 입구(현관)에서 기다리다. **b)** 시작되는 곳, 입구, 초입: sie wohnen am E. des Dorfes 그들은 마을 의 입구에서 산다. **c)** (장기(臟器)) 입구, 구멍. **2.** ⟨드물게⟩ 접근, 들어감, 출입, 받아들여짐: er fand E. in diese Kreise 그는 이 그룹에 받아들여졌다; [전의] die neue Mode fand in ländlichen Bereichen keinen E. 이 새 유행이 시골에서는 수용되지 않았다. **3.** ⟨Pl. 없음⟩ 개시, 발단, 서두, 서론[언], 서곡, 서막: sie verfaßte den E. seiner Rede 그녀가 그의 연설의 서두를 작성했다. **4.** [사무] ⟨반대: Ausgang 5⟩ **a)** ⟨Pl. 없음⟩ (우편물 따위의) 도착, 배달: den E. der nächsten Sendung abwarten 다음 우편물의 도착을 기다리다. **b)** ⟨대개 Pl.⟩ 입하물, 수취물, 배달된 우편물. **eingängig** ⟨Adj.⟩ 이해[기억]하기 쉬운, 알아듣기 쉬운: etw. e. formulieren 무엇을 누구에게나 쉽게 표현하다. **Eingängigkeit**, die ↑eingängig의 명사형. **eingangs** ['aɪŋaŋs] **I.** ⟨Adv.⟩ 처음에, 시초에, 서두에, 첫머리에: das wurde e. bereits erwähnt 그것은 처음에 이미 언급되었다. **II.** ⟨Präp.²⟩ ···의 첫머리[시초]에⟨반대: ausgangs II⟩ **a)** (공간적): e. der Kurve 커브가 시작되는 곳에. **b)** (시간적): in den letzten Jahrhunderts 지난 세기 초에.

Eingangs-: ~**bestätigung**, die [사무] (우편물 따위의) 수취 확인, 수령 증명. ~**buch**, das [부기] 도착 기입부[到着 記入簿]. ~**chor**, der [음악] (악곡의) 서두 합창. ~**datum**, das [사무] 수령[수취]일자. ~**formel**, die (텍스트 첫머리의) 상투적 문구[표현]. ~**halle**, die (건물의) 현관 홀, 로비. ~**kapitel**, das (소설 등의) 첫 장, 제1장. ~**pforte**, die 입구, 현관. ~**portal**, das 정문. ~**prüfung**, die ↑Aufnahmeprüfung. ~stempel, der 【사무】 수령[수취] 일부인. ~stiege, die 《südd., österr.》 입구(현관) 계단. ~strophe, die (시나 노래의) 첫 연, 제1절. ~stufe, die 【교육】 (5세부터 시작되는 현대 학교 제도에서) 처음 두 학년, 1~2학년. ~tag, der 도착한 날, 수령[수취]일. ~tor, das 입구, 정문, 들어오는 문. ~tür, die 들어오는 문, 입구, 정문(반대: Ausgangstür). ~vermerk, der 【사무】 우편물의 배달[입금(入金)] 시각에 관한 메모. ~wort, das (대개 Pl.) 개회사. ~zeile, die (시나 노래의) 첫 행, 제1행. ~zoll, der ↑Einfuhrzoll.

eingeben* ⟨h⟩ 1. (약을) 복용시키다, 먹이다: dem Kranken stündlich die Tropfen e. 환자에게 시간마다 물약을 복용시키다. 2. 【전산】 컴퓨터에 넣다, 입력하다: Daten (in einen Computer) e. 자료를 (컴퓨터에) 입력하다. 3. 《고어》 제출하다: ein Gesuch e. 청원서를 제출하다. 4. (아이) 불어넣다, 고취하다, 영감을 주다, 생각[소원]을 가지게 하다: diese Idee hat ihm ein guter Geist eingegeben 한 천사가 그에게 이 생각을 불어넣어 주었다.

eingebettet: ↑einbetten 참조.
eingebildet ['aɪngəbɪldət] ⟨Adj.⟩ (꿤) (자신의 능력, 지위 등에 대해서) 우쭐한, 자만심을 품고 있는, 주제넘은, 망(妄)상에 빠진, 거만한, 잘난 체하는: er ist maßlos (auf seine Stellung) e. 그는 (자기의 지위에 대해서) 한없는 자만심을 품고 있다. **Eingebildetheit**, die ↑eingebildet의 명사형.
Eingebinde ['aɪngəbɪndə], das; -s, - 《schweiz.·고 ㅇ》 세례 선물.
¹eingeboren ['aɪngəbo:rən] ⟨Adj.⟩ 1. 어떤 곳에서 태어나 그곳에서 살아온, 토착의: die -e Bevölkerung 토착민, 원주민. 2. (아이) 타고난, 천부의, 고유한, 본래의: einem Menschen -e Kräfte 어떤 사람의 천부적인 힘 [능력].
²eingeboren ⟨Adj.⟩ 【기독교】 신의 독생자로서 태어난, 유일한: Gottes -er Sohn 하느님의 독생자(그리스도).
Eingeborene*, der / die 토착민, 원주민. **Eingeborenensprache** die 원주민의 언어, 토착어.
eingebuchtet ['aɪngəbʊxtət] 1. ↑einbuchten 참조. 2. ⟨Adj.⟩ 움푹한 만(灣) 모양의, 만곡(灣曲)의.
Eingebung, die; -en (아이) 갑자기 떠오르는 중요한 생각, 착상, 계시, 영감(靈感): einer E. folgend, änderte er seinen Entschluß 갑자기 떠오른 생각에 따라 그는 결심을 바꾸었다; künstlerische -en 예술적 영감.
eingedenk ['aɪngədɛŋk] 《다음 용법으로》 **einer Sache e. sein(bleiben)** 《아이》 어떤 일[것]을 기억하고[잊지 않고] 있다; e. seines Verdienstes 그의 공로를 생각해서; seiner Warnung e., blieb sie im Haus 그의 경고를 잊지 않고 그녀는 집에 남아 있었다.
eingedeutscht: ↑eindeutschen 참조.
eingefahren: ↑einfahren (5) 참조.
eingefallen ['aɪngəfalən] ⟨Adj.⟩ 뺨이 움푹 들어간, 초췌한, 쇠약한: sie sieht sehr e. aus 그녀는 매우 초췌해 보인다.
eingefleischt ['aɪngəflaɪʃt] ⟨Adj.⟩ 1. 철저한, 본래부터의, 확고한: ein -er Junggeselle 완강한 독신주의자. 2. (버릇이) 굳어진, 습관이 된: -e Sparsamkeit 몸에 밴 절약 (습관).
eingefrieren* ⟨h⟩ ↑einfrieren (2).
eingefuchst: ↑einfuchsen 참조.
eingeführt: ↑einführen (3) 참조.
eingehen* ⟨s⟩ 1. 《아이》 **a)** (드물게) 안으로 들어가다. **b)** 받아들여지다, 수용되다, 자리를 차지하다: etw. geht in jmds. Bewußtsein ein 무엇이 누구의 의식 속에 들어

가 자리를 잡다; die Ereignisse sind in die Geschichte eingegangen 그 사건들은 역사적 의미를 획득하게 되었다; 【전의】 in das Reich des Todes[zur ewigen Ruhe] e. 죽다. **2.** 【사무】 도착하다, 배달(전달)되다: der Brief ist nicht bei uns eingegangen 편지는 우리에게 배달되지 않았다. **3.** (통용어) **a)** 이해되다, 파악되다: ihm geht alles leicht ein 그는 모든 것을 쉽게 이해한다. **b)** 누구의 마음에 들다, 귀에 솔깃하다, 곧이 들리다: das Lob ging ihm glatt ein 그는 칭찬에 귀가 솔깃해졌다. **4.** (옷감 따위가) 줄(어)들다: das Kleid ist bei der Wäsche eingegangen 이 옷은 빨 때 줄어들었다. **5. a)** (동물이) 죽다: die Katze geht bald ein 고양이는 곧 죽는다; 《사람의 경우에는 경》 er ist an dieser Krankheit jämmerlich eingegangen 그는 이 병으로 비참하게 죽었다. **b)** (식물이) 말라 죽다, 시들다: der Baum geht ein 나무가 고사(枯死)한다. **c)** (영업을) 중지하다, 폐간되다, 가게 문을 닫다: die Zeitung ist eingegangen 그 신문은 폐간되었다. **6. a)** (통용어) 손해를 보다, 피해를 입다: bei diesem Geschäft ist er ganz schön eingegangen 이 장사로 그는 아주 단단히 손해를 보았다. **b)** 《스포츠 은어》 참패하다. **7.** 누구[무엇]에게 관심을 기울이다, (누구의 말 따위에) 반응하다, 동의하다, 처지를 이해하다: auf jmdn. jmds. Fragen] e. 누구의[누구의 잘못]에게 관심을 보이다; sie gehen sehr auf das Kind ein 그들은 그 아이에 대한 이해심이 많다; er ist auf ihren Plan nicht eingegangen 그는 그녀의 계획에 동의하지 않았다; er ging auf diesen Ton nicht ein 그는 이 어투를 무시했다. **8.** (계약 따위를) 관여하다, 떠맡다: ein Bündnis (mit jmdn.) e. (누구와) 동맹을 맺다; ein Risiko e. 위험을 무릅쓰다(감수하다); eine Wette e. 내기를 걸다; mit jmdm. die Ehe e. 누구와 결혼하다; 【성구】 darauf gehe ich jede Wette ein 《통용어》 그것에 대해서 나는 어떤 내기를 걸어도 좋을 만큼 자신을 갖고 있다. **eingehend** ['aɪngeːənt] ⟨Adj.⟩ 상세한, 세부적인, 철저한: eine -e Besprechung 상세한 논의, 상론(詳論); das möchte ich noch -er untersuchen 그것을 나는 더욱 철저하게 조사해 보고 싶다.

eingekeilt: ↑einkeilen (2) 참조.
Eingekochte, ['aɪngəkɔxtə], das; -n ↑Eingemachte.
eingelegt: ↑einlegen (3 b) 참조.
eingeleisig ['aɪngəlaɪzɪç] ↑eingleisig.
eingelernt: ↑einlernen 참조.
Eingemachte ['aɪngəmaxtə], das; -n (식품, 특히 과일의) 병조림, 통조림.
eingemeinden ['aɪngəmaɪndn̩] ⟨h⟩ 보다 큰 시(군, 읍, 면)에 병합[편입]하다. **Eingemeindung**, die; -en ↑eingemeinden의 명사형.
eingenommen ['aɪngənɔmən] **1.** ↑einnehmen (7) 참조. **2. a) von sich [etw.] e. sein** 자신(의 능력)[무엇]에 대해서 자만(도취)하고 있다: er ist sehr von seinem Können e. 그는 자기의 능력에 대해서 매우 자만심을 품고 있다. **b) von etw. e. sein** 무엇에 열광하다, 사로잡혀 있다: er ist von diesem Vorschlag sehr e. 그는 이 제안에 아주 매혹되어 있다. **Eingenommenheit**, die ↑eingenommen의 명사형.
eingepfercht: ↑einpferchen (2) 참조.
eingerechnet: ↑einrechnen 참조.
Eingerichtet ['aɪngərɪçt], das; -s, - 【과거분사의 명사화 ↑einrichten 참조】 유리병 속에 만들어 넣은 (돛단배 따위의) 모형.
Eingerichte ['aɪngərɪçtə], das; -s, - 자물쇠 안의 돌기 (突起).
eingerichtet: ↑einrichten (1, 5, 7) 참조.
Eingesandt ['aɪngəzant], das; -s, -s [과거분사의 명사화 ↑einsenden 참조] (신문·잡지의) 독자 투고.

eingeschlechtig [ˈaɪŋəʃlɛçtɪç] 〈Adj.〉 [식물] 단성(單性)의, 자웅이화(雌雄異花)의. **eingeschlechtlich** [...tlɪç] 〈Adj.〉 한쪽 성(性)에만 관련된, 남성(여성)만의.

eingeschlossen: ↑einschließen (2, 3) 참조.

eingeschnappt: ↑einschnappen (2) 참조.

eingeschossig 〈Adj.〉 단층(單層)의.

eingeschränkt [ˈaɪŋəʃrɛŋkt] ↑einschränken (2) 참조. **Eingeschränktheit**, die (경제적으로) 긴[절]박한 상태, 빈궁, 협소, 한정.

eingeschrieben: ↑einschreiben (1 b, 2) 참조.

eingeschworen: ↑einschwören (b) 참조.

eingesessen 〈Adj.〉 한 곳에 오래 눌러 사는, 토박이의. **Eingesessene***, der / die 오래 눌러 사는 사람, 토착민.

Eingesottene [ˈaɪŋəzɔtənə], das; -n [과거분사의 명사화 ↑einsieden 참조] 〈österr.〉 과일 조림.

eingespielt: ↑einspielen (1 b, 2 a) 참조.

eingesprengt 〈Adj.〉 흩어져 섞여 있는, 산재(散在)하는: in diesem Gestein ist Gold e. 이 광석에는 금이 섞여 있다.

eingesprungen: ↑einspringen (2 b) 참조.

eingestalten 〈h〉 (아이) 형상화시켜 삽입하다, 예술적으로 짜넣다: dem Roman einen Erzähler e. 장편 소설에 서술자를 설정하다. **Eingestaltung**, die; -en ↑eingestalten의 명사형.

eingestandenermaßen 〈Adv.〉 자백[시인]한 바와 같이, 명백히, 의심을 여지 없이: wir haben uns e. nicht fair verhalten 자백한 바와 같이 우리는 정당하게 행동하지 못했다. **Eingeständnis**, das; -ses, -se 자백, 자인, 인정: sein Schweigen wirkte wie ein E. (einer Schuld) 그의 침묵은 (자기의 죄를) 시인하는 듯한 인상을 주었다. **eingestehen*** 〈h〉 자백[고백]하다, 시인[인정]하다, 공언하다: einen Irrtum e. 잘못[오류]을 인정하다; er hat ihm seine Angst eingestanden 그는 그 남자에게 자기의 불안을 고백했다; ich wollte mir nicht e., daß ich mich geirrt hatte 나는 내가 오류를 범했다고 자인하고 싶지 않았다.

eingestellt 〈Adj.〉 어떤 견해를 가진: ein fortschrittlich -er Mann 진보적 사상을 지닌 남자; man weiß nicht, wie er (politisch) e. ist. 그가 (정치적으로) 어떤 견해를 가지고 있는지 알 수 없다.

eingestrichen 〈Adj.〉 [음악] 일점음(一點音)의.

eingetragen: ↑eintragen (1 c) 참조.

Eingetropfte [ˈaɪŋətrɔpftə], das; -n [과거분사의 명사화 ↑eintropfen 참조] 〈österr.〉 (국이나 죽에 뚝뚝 떨어 뜨려 넣는) 묽은 반죽.

eingeübt: ↑einüben (1 a) 참조.

Eingeweckte [ˈaɪŋəvɛktə], das; -n 〈지역적〉 통조림, 병조림.

Eingeweide [ˈaɪŋəvaɪdə], das; -s 〈대개 Pl.〉 (사람이나 동물의) 내장, 오장육부, 창자: einem geschlachteten Huhn die E. herausnehmen 도살한 닭의 내장을 끄집어 내다; 전의 bis in die E. hinein traurig sein 몹시 슬퍼하다.

eingeweide-, Eingeweide-: **~bruch**, der [의학] 탈장(脫腸), 헤르니아. **~nervensystem**, das 내장 신경계, 식물성 신경계(↑vegetatives Nervensystem). **~los** 〈Adj.〉 내장이 없는. **~schau**, die (고대 로마에서 승려가 제물로 바쳐진 동물의 내장을 보고 미래를 예언하는) 장점(腸占). **~senkung**, die [의학] 내장 하수증(下垂症). **~vorfall**, der ↑~bruch. **~wurm**, der 내장 기생충, 장충(腸蟲).

Eingeweihte*, der / die 내막을 아는 사람, 어떤 일에 정통한 사람, 소식통.

eingewöhnen 〈h〉 익숙하게 하다, 습관들이다, 적응시키다: 〈대개 e. + sich.〉 ich habe mich an meinem neuen Arbeitsplatz rasch eingewöhnt 나는 새로운 일자리에 곧 익숙해졌다. **Eingewöhnung**, die ↑eingewöhnen의 명사형. **Eingewöhnungszeit**, die 적응(순응)을 위해 소요되는 시간.

eingewurzelt: ↑einwurzeln 참조.

eingezogen [ˈaɪŋətsoːɡn̩] 〈Adj.〉 《드물게》 은둔의, 칩거하는: ein -es Leben führen 은둔 생활을 하다. **Eingezogenheit**, die 은둔, 칩거.

eingezwängt: ↑einzwängen 참조.

eingießen* 〈h〉 **1.** (잔, 그릇에) 따르다: er goß ihm einen Schnaps ein 그는 그 남자에게 화주를 한 잔 따라 주었다; soll ich dir noch (ein Gläschen) e. ? 한 잔 더 따라 줄까? **2.** 부어[끼어] 넣다.

eingipsen 〈h〉 **1.** 석고로 고착시키다: einen Nagel (in die Wand) e. 못을 (벽에) 석고로 고착시키다. **2.** 석고 붕대를 하다, 깁스를 하다: ein gebrochenes Bein e. 부러진 다리에 깁스를 하다.

eingittern 〈h〉 (에) 울타리[격자]를 두르다: der kleine Platz um das Denkmal wurde eingegittert 기념비 주위의 작은 광장은 울타리가 쳐졌다.

Einglas, das; -es, Eingläser [frz. monocle] 《고어》 모노클, 단안경.

einglasen [ˈaɪŋlaːzn̩] 〈h〉 〈지역적〉 유리 속에 넣다, 테를 끼우다: Dias e. 슬라이드에 테를 끼우다.

eingleisen [ˈaɪŋlaɪzn̩] 〈h〉 [기술] (차량을 다시) 궤도에 올려놓다.

eingleisig 〈Adj.〉 단선(單線)의: eine -e Bahnlinie 단선 철도. **Eingleisigkeit**, die 단선(임).

eingliedern 〈h〉 알맞게 끼워 넣다, 편입하다(반대: ausgliedern): jmdn. in einen Arbeitsprozeß e. 누구를 어떤 공정[작업 과정]에 편입하다; du kannst dich nicht in die Gemeinschaft e. 너는 공동체에 적응[가입]할 수 없다. **Eingliederung**, die; -en 편입, 가입.

eingraben* 〈h〉 **1. a)** 파묻다, 매장하다(반대: ausgraben 1 a): einen Leichnam e. 송장[시신]을 파묻다; der Krebs hat sich eingegraben 게는 (구멍을 파고 들어가) 땅 속에 몸을 감추었다. **b)** (식물을) 심다(반대: ausgraben 1 c): ein Bäumchen e. 묘목을 심다. **2.** (아이) 끝 따위로) 파서 새기다: eine Inschrift in den Grabstein e. 묘비에 비문을 새기다. **3. a)** 눌러서 자국[흔적]을 남기다: die Räder gruben ihre Spuren in den Sand ein 바퀴가 그 흔적을 모래 위에 남겼다. **b)** (e. + sich) 파고 들어가다: 전의 tiefe Furchen hatten sich in sein Gesicht eingegraben 그의 얼굴에 깊은 주름이 파였다; das Erlebnis grub sich tief in sein Gedächtnis ein 그 체험은 그의 뇌리에 깊숙이 각인되었다. **Eingrabung**, die; -en ↑eingraben의 명사형.

eingrätschen 〈h〉 **a)** [체조] 기구에서 손을 떼면서 두 다리를 벌리고 서다. **b)** [축구] 벌린 두 다리를 상대의 다리 사이에 넣어 막다.

eingravieren 〈h〉 새기다, 새겨 넣다, 각인하다: er ließ den Namen in den Ring e. 그는 반지에 이름을 새겨 넣도록 했다. **Eingravierung**, die; -en ↑eingravieren의 명사형.

eingreifen* 〈h〉 **1.** (결정적으로) 관여[개입]하다, 영향력을 행사하다: in eine Diskussion e. 토론에 끼어들다; die Polizei mußte e. 경찰이 개입해야 했었다; diese Maßnahme greift tief in unsere Rechte ein 이 조치는 우리의 권리를 크게 침해한다; ein Ereignis von eingreifender Bedeutung 결정적인 의미를 갖는 사건. **2.** [기술] 꼭 들어맞다, 꽉 물리다.

eingrenzen 〈h〉 **1.** 가시적인 경계(선)를 이루다(긋다): eine Hecke grenzt das Grundstück ein 가시나무 울타리가 그 토지의 경계를 이루고 있다. **2.** 국한하다, 제한시키다: das Diskussionsthema wurde (auf die wichtigste Frage) eingegrenzt 토론의 주제는 (가장 중요한 문제에) 국한되었다. **Eingrenzung**, die; -en ↑eingrenzen의 명사형.

Eingriff, der; -(e)s, -e **1. a)** (부당한) 간섭, 개입, 침해, 침범: sich -e in jmds. private Sphäre erlauben 누구의 개인적(사적) 영역에 개입하다. **b)** 손을 넣어 움켜쥠, 불법적으로 손을 댐. **2.** [의학] (절제) 수술: sich einem leichteren E. unterziehen 비교적 간단한 절제 수술을 받다. **Eingriffsmöglichkeit**, die 간섭(개입) 가능성.

eingrünen ⟨h⟩ [원예] 잔디를 심다. **Eingrünung**, die; -en 잔디 심기.

eingruppieren ⟨h⟩ 무리를 지어 나누다, 집단별로 분류하다: die Angestellten wurden in verschiedene Gehaltsklassen eingruppiert 종업원들은 급료의 등급에 따라 여러 집단으로 분류되었다. **Eingruppierung**, die; -en ↑eingruppieren의 명사형.

Einguß, der; Eingusses, Eingüsse [주물] **1.** 금속을 주형(鑄型)에 넣음. **2.** 주형의 입구(주입구).

einhacken ⟨h⟩ 잘게 썰다, 반복적으로 칼[도끼, 괭이]질하다, (부리로) 쪼아대다: der Sperber hackte auf sein Opfer ein 새매가 노획물을 쪼아댔다; [전의] alle hacken auf ihn ein 《통용어·폄》 모두들 그를 쪼아댔다(비난·공격했다).

einhaken ⟨h⟩ **1.** 고랑이[걸쇠]로 고정시키다(반대: aushaken 1 a): das Seil in die Öse e. 자일(등산용 로프)을 고리쇠에 얽어매다. **2.** 팔을 끼다: sie hakte ihn ein 그녀가 그의 팔짱을 끼었다; die beiden Mädchen hatten sich eingehakt 두 소녀는 서로 팔을 끼었다. **3.** 《통용어》 남의 이야기에 끼어 들다: bei dem Wort Emanzipation hakte sie sofort ein 해방이란 말이 나오자 그녀는 곧장 끼어 들었다.

einhalbmal (반복수 Adv.) (숫자: 1/2 mal) 반곱(半倍)으로, 2분의 1배로: e. so groß wie... ...의 반 곱(배)되는 크기의.

Einhalt (오직 다음 용법으로) **jmdm. [einer Sache] E. gebieten[tun]** (아이)누구[무엇]를 제지[저지, 억제]하다: sie redete unaufhörlich, und niemand gebot ihr E. 그녀는 끊임없이 지껄여댔는데, 아무도 그녀를 막지 않았다; einer Seuche E. tun 돌림병을 막다. **einhalten*** ⟨h⟩ **1.** 멈추다, 중(정)지하다, 중단하다: er hielt in der[mit der] Arbeit ein 그는 일을 멈추었다. **2. a)** 《고어》멈추어 서게 하다. **b)** 〈지역적〉 내보내지 않다, (변 따위를) 참다; das Kind kann es nicht mehr e. 그 아이는 소[대]변을 더 이상 참을 수 없다. **3. a)** 엄수하다, 이행하다: einen Termin e. 기한을 엄수하다; eine strenge Diät e. 엄격한 절식을 이행하다. **b)** 지키다, 준수하다, 벗어나지 않다: die vorgeschriebene Geschwindigkeit e. 규정 속도를 지키다. **4.** [재단] 〔넓이나 폭을〕 주름을 잡아서 줄이다. **Einhaltung**, die 준수, 엄수, 이행.

einhämmern ⟨h⟩ **1. a)** 《드물게》 망치로 때려 박다. **b)** 망치로 쪼아 만들다: Rillen in den Beton e. 시멘트에 망치질로 홈통을 만들다. **2.** 계속해서 망치질하다[두들기다]: [전의] der Boxer hämmerte auf seinen Gegner ein 그 권투 선수는 상대방을 계속해서 난타했다. **3.** 〔반복해서〕 머리 속에 주입하다: einem Kind die Regeln e. 아이에게 법칙을 주입시키다.

einhamstern ⟨h⟩ 《통용어》 많이 얻다, 모아들이다: er hat wieder viele Preise eingehamstert 그는 또 많은 상을 타다.

Einhand-: **~segler**, der [요트] **1.** 단독 항해자. **2.** 1인승 요트. **~wurf**, der [농구] 〔한 손〔원 핸드〕 슛.

einhandeln ⟨h⟩ **1.** 사들이다, 구입하다, 교역(물물 교환)하여 얻다: im Krieg hatten sie den Schmuck gegen [für] Lebensmittel eingehandelt 전쟁 중에 그들은 장

신구를 양식과 바꾸었다. **2.** 《e. + sich》 **a)** 《통용어》(저지른 행동에 대해) 문책당하다: sich wegen seines Zuspätkommens einen Verweis e. 지각해서 견책을 받다; was habe ich mir da bloß eingehandelt! 내가 무슨 야단 맞을 짓을 저질렀던 말인가. **b)** 병을 얻다.

einhändig ⟨Adj.⟩ 손이 하나뿐인, 한 손의: ein -er Kriegsversehrter 한쪽 손을 잃은 전상자(戰傷者)〔상이군인〕.

einhändigen ['ainhɛndɪɡŋ] ⟨h⟩ 무엇을 누구의 손에 쥐어 주다, 수교(手交)하다, 교부하다, 인도하다: sie hat ihm den Schlüssel selbst eingehändigt 그녀는 그에게 직접 열쇠를 건네주었다. **Einhändigung**, die 손에 쥐어줌, 건네줌, 교부, 인도.

einhängen ⟨h⟩ **1. a)** (고리 따위에) 걸다, 매달다, (책에) 표지를 하다〔반대: ²aushängen 2 a): eine Tür e. 문을 경첩(돌쩌귀)에 걸다; den gehefteten oder geklebten Buchblock am Rücken in einen Umschlag e. 철하여 붙인 책에 표지를 씌우다. **b)** 전화 수화기를 놓다, 전화를 끊다: sie wollte noch etwas fragen, aber er hatte bereits (den Hörer) eingehängt 그녀는 무엇인가 더 묻고자 했으나 그는 이미 전화를 끊어 버렸다. **2.** ↑ einhaken (2): sie hat sich bei ihm eingehängt 〔반대: aushängen〕 그녀는 그의 팔짱을 끼었다. **Einhängen**, das; -s [유도] **kleines E.** 바깥 다리 걸어 넘기기. **Einhängeöse**, die; -n 걸어 매다는 고리(쇠).

einharken ⟨h⟩ 《nordd.》 (씨앗이나 비료를 뿌리고) 갈퀴로 땅 속에 섞어 넣다.

einhauchen ⟨h⟩ 《시어》 불어넣다, 부여하다: jmdm. neues Leben e. 누구에게 새로운 생명을 불어넣다.

einhauen* ⟨hieb / haute ein, hat eingehauen⟩ **1. a)** (돌이나 나무에) 새기다, 새겨 넣다: in den [《드물게》) dem] Stein war eine Inschrift eingehauen 그 돌[비석]에 비명이 새겨져 있었다. **b)** 두드려 박다: er haute den Nagel (in die Wand) ein 그는 (벽에다) 못을 박았다. **2.** 치거나 찔러서 부수다[박살내다]: er haute die Fensterscheibe ein 그는 유리창을 박살냈다. **3.** 계속해서 (내리)치다, 때리다, 난타하다: er hieb 〔《통용어》) haute〕 unbarmherzig mit seinem Schwert auf die anstürmenden Gegner ein 그는 무자비하게 칼로 내리쳤다. **4.** 《드물게》 부딪치다, 꽝 소리내며 부딪혀 폭발하다. **5.** 《통용어》 탐욕(게걸)스럽게 먹다, 빨리 많이 먹다.

einhausen ['ainhaʊzŋ], sich ⟨h⟩ 《schweiz.》 살림을 차리다.

einhäusig ['ainhɔʏzɪç] ⟨Adj.⟩ [식물] 자웅동주(雌雄同株)의, 양성화(兩性花)의. **Einhäusigkeit**, die ↑ einhäusig의 명사형.

einheben* ⟨h⟩ **1.** (문을) 돌쩌귀(경첩)에 걸다(einhängen 1 a; 반대: ausheben 2): die Tür wieder e. 문을 다시 달다. **2.** 《südd., österr.》 (돈이나 세금을) 징수하다, 걷다: einen Beitrage e. 회비를 걷다. **Einhebung**, die; -en 《südd., österr.》 세금 징수. **Einhebungsbeamte**, der 징수 담당 관리. **Einhebungstermin**, der 징수 기한.

einheften ⟨h⟩ **1.** (서류를) 철하다. **2.** (옷의 한 부분을) 꿰매 달다.

einhegen ⟨h⟩ [임업·원예] (에) 울타리를 둘러치다. **Einhegung**, die; -en 울타리 치기.

einheilen ⟨s⟩ [의학] 신체 조직 속에 유착(癒着)되다: die übertragene Haut ist eingeheilt 이식된 피부가 유착되었다. **Einheilung**, die; -en 유착. **Einheilungsstörung**, die 유착 장애.

einheimisch ⟨Adj.⟩ **a)** (사람이) 어떤 지방에서 태어나 그곳에서 살고 있는, 원주(原住)의, 토착(土着)의: die -e Bevölkerung 원주민, 토착민. **b)** 국산의, 향토의, 그 지

Einheimische 522

방[나라] 출신[산]의(반대: ausheimisch); die -e Kunst fördern 향토 예술을 장려하다. c) [구기] 홈그라운드에서 경기를 갖는: die -e Mannschaft 홈 팀. **Einheimische,** der/die 그 지방 사람, 원주민, 토착민.

einheimsen ['aɪnhaɪmzn̩] ⟨h⟩ (통용어) (많은 양을) 획득하다, 얻다, 손에 넣다: viele Gewinne e. 많은 이익을 올리다, 많은 돈을 따다

Einheirat, die; -en (상속녀와의 결혼에 의하여) 가족이나 기업의 일원이 됨, 데릴사위로 들어감. **einheiraten** ⟨h⟩ (결혼에 의하여) 가족이나 기업의 일원이 되다, 데릴사위로 들어가다: in eine alte Familie e. 오래된 가문에 데릴사위로 들어가다.

Einheit, die; -en [lat. unitas] **1.** 단일(성), 통일(체), 조화, 일치, 완결성: die wirtschaftliche E. eines Volkes 한 민족의 경제적 통일; E. von Form und Gehalt 형식과 내용의 일치; die einzelnen Teile des Werkes bilden zusammen eine E. 그 작품의 각 부분들은 하나의 통일체를 이룬다; sich zu einer E. verbinden 하나의 통일체로 결합하다. **2.** 단위, 규격: der Meter ist die E. des Längenmaßes 미터는 길이의 단위이다. **3.** [군] (단위) 부대: eine motorisierte E. 기계화 부대. **einheitlich** ⟨Adj.⟩ **a)** 통일적인, 일치하는, 조화된, 완결(통일)성을 갖춘: die Struktur ist nicht e. genug 구조가 아주 분한 통일성을 갖추지 못하다. **b)** 균일한, 균등한, 똑같은, 획일적인: -e Kleidung 똑같은 옷. **Einheitlichkeit,** die ↑einheitlich 의 명사형.

Einheits-: ~**bestrebungen** ⟨Pl.⟩ 정치적 통일 운동[노력]. ~**erde,** die [원예] (화분이나 밭작물용의) 찰흙과 이토를 섞은 흙. ~**essen,** das [군] 변화없는 똑같은 식사. ~**format,** das 획일적인[똑같은] 규격. ~**front,** die 공동[통일] 전선. ~**gedanke,** der 통일 사상[이념]. ~**gewerkschaft,** die 통합[연합] 노동 조합. ~**klasse,** die 형태와 세부 사항이 명확히 규정된 요트의 등급, 동일한 설계에 의해 건조된 요트의 전부. ~**kleidung,** die (벌) 획일적인 복장. ~**kurzschrift,** die ⟨Pl. 없음⟩ 통일 속기 문자. ~**liste,** die [정치] 모든 정당의 후보자를 망라한 비례 대표제 후보자 명부. ~**maß,** das 균일한 척도. ~**partei,** die (다음 용법으로) Sozialistische Einheitspartei Deutschlands (구동독)(1946 년 사민당(SPD)과 공산당(KPD)의 합병으로 생겨난) 독일 사회주의 통일당(약자: SED). ~**preis,** der 균일 가격. ~**preisgeschäft,** das 균일 가격 상점. ~**schule,** die (모든 아동에게 똑같은) 단일 학제. ~**sprache,** die (물리학 같은 학문 분야에서 통하려고 시도하는) 공통어. ~**staat,** der 단일[통일] 국가. ~**strafe,** die [법] (소년형법에서 15년까지 또는 15년 무기의) 균일 금고형. ~**streben,** das (민족의) 통일 노력. ~**tarif,** der (통일) 요금표. ~**wert,** der [세무] 과세 표준 가격. ~**wille(n),** der 통일 의지. ~**zeit,** die ⟨Pl. 없음⟩ 만국 표준시.

einheizen ⟨h⟩ **1. a)** 불을 피우다[때다]: den Ofen e. 난로에 불을 피우다. **b)** 불을 때서 따뜻하게 하다, 난방하다: [전의] mache einen Dauerlauf oder trinke davon einen Schluck, das heizt ein 〔통용어〕 오래달리기를 하던가 이것 한 모금 마시던가 하면 몸이 더워질 것이다. **2.** ⟨통용어⟩ 술을 많이 마시다, 통음하다. **3.** ⟨통용어⟩ **a)** 채근하다, 바짝대다, 다그치다, 몰아대다: er heizte den Arbeitern gehörig ein 그는 노동자들을 몹시 다그쳤다. **b)** 혼내주다, 겁주다, 듣기 싫은 소리를 하다: er hat seinem Gegner ganz schön eingeheizt 그는 자기의 적을 아주 뜨끔하게 해주었다.

einhelfen* ⟨h⟩ ⟨지역적⟩ (대사 따위를 낮은 목소리로) 알려주다.

einhellig ['aɪnhɛlɪç] ⟨Adj.⟩ 이구 동성의, 만장 일치의: -e Zustimmung 만장 일치의 승인. **Einhelligkeit,** die 만장 일치, 이구 동성.

einhenk(e)lig ⟨Adj.⟩ 손잡이가 하나뿐인. **einhenke(l)n** ⟨h⟩ ⟨지역적⟩ 팔(짱)을 끼다: ⟨대개 e.+sich⟩ sie henkelte sich bei ihm ein 그녀는 그와 팔을 끼었다.

einher [aɪn'heːɐ̯] ⟨Adv.⟩ ⟨österr.⟩ ↑herein: komm e.! 들어와.

einher-: ~**fahren*** ⟨s⟩ (아이) 차를 타고 누구의 앞을 지나가다: sie sah ihn stolz mit seinem neuen Wagen e. 그가 자기의 새 자동차를 타고 자랑스럽게 지나가는 것을 그녀는 보았다. ~**gehen*** ⟨h⟩ **1.** 누구의 앞을 지나가다: mit gesenktem Kopf neben seinem Pferd e. 고개를 숙인 채 말을 끌고 지나가다. **2.** 무엇과 함께 나타나다[발생하다], 무엇과 결부되어 있다: die Krankheit geht meist mit Fieber einher 이 병은 대개 열과 함께 발생한다. ~**reden** ⟨h⟩ 별다른 생각 없이 말하다, 중요하지 않은 것을 말하다. ~**schleichen*** ⟨s⟩ 천천히 살금살금 지나[걸어]가다. ~**schreiten*** ⟨s⟩ (아이) 누구의 앞을 걸어가다. ~**stolzieren** ⟨s⟩ 뻣뻣한 자세로 누구의 앞을 걸어가다.

Einherier [aɪn'heːrɪɐ̯], der; -s, - [aisl. einherjar, Pl. von: einheri] 〔북유럽신화〕 전몰 용사, 전사자.

einhieven ⟨h⟩ 〔선원〕 (닻줄 따위를) 감아[당겨]올리다, 끌어들이다.

einhin [aɪn'hɪn] ⟨Adv.⟩ ⟨österr., bayr.⟩ ↑hinein.

einhöck(e)rig ['aɪnhœk(ə)rɪç] ⟨Adj.⟩ (낙타의) 곱사등이인, 단봉의.

Einhol- (통용어; einholen 3): ~**korb,** der 장바구니. ~**netz,** das 장보기용 그물망태. ~**tasche,** die 쇼핑 백.

einholen ⟨h⟩ **1. a)** (뒤쫓아가) 따라잡다: geht schon voraus, ich hole euch wieder ein 앞서가라, 내가 너희들을 따라잡을 터이니. **b)** (뒤떨어진 성적 따위를) 따라잡다, (하지 않은 일을) 만회하다: die verlorene Zeit wieder e. 잃은 시간을 다시 만회하다; in Englisch hatte er seine Mitschüler bald eingeholt 영어 과목에서 그는 동급생들을 따라잡았다. **2.** (깃발 따위를) 끌어[내]리다, 거두어 들이다: die Fahne e. 기를 내리다; die Fischer holten die Netze ein 어부들이 어망을 거두어 들였다. **3.** ⟨통용어⟩ ↑einkaufen (1 a): sie ist nicht rasch e. gegangen 그녀는 재빨리 장보러 갔다. **4.** 마중하다, 영접하다: die hohen Gäste wurden eingeholt 귀한 손님들을 모셔왔다. **5.** 구하다, 청하다: Erkundigungen über jmdn. e. 누구에 대한 정보를 수집하다; ich habe seinen Rat eingeholt 나는 그의 조언을 청했다. **Einholung,** die ↑einholen 의 명사형.

einhören, sich 거듭 듣고 이해하게[알게] 되다.

Einhorn, das; -(e)s, Einhörner 우화에 나오는 이마에 뿔 하나가 난 일각수(一角獸).

Einhufer ['aɪnhuːfɐ], der; -s, - [동물] (말, 얼룩말, 당나귀 등) 기제류(奇蹄類), 단제(單蹄) 동물. **einhufig** ['aɪnhuːfɪç] ⟨Adj.⟩ [동물] 기제류의, 단제 동물에 속하는.

einhüftig ⟨Adj.⟩ [건축] (아치의) 홍예받침대의 높이가 서로 다른.

einhüllen ⟨h⟩ (감)싸다, 덮어씌우다: Kopf und Schultern in eine Decke e. 머리와 어깨를 담요로 감싸다; [전의] Nebel hat die Berge eingehüllt 안개가 산을 뒤덮었다. **Einhüllung,** die ↑einhüllen의 명사형.

einhundert: ↑hundert. **100-m-Lauf,** der; -(e)s, 100-m-Läufe 〔육상〕 100 미터 경주. **110-m-Hürdenlauf,** der; -(e)s, 110-m-Hürdenläufe 〔육상〕 110 미터 장애물 경주.

einhüten ⟨h⟩ ⟨nordd.⟩ (부재 중인 사람을 대신해) 집안 일을 돌보다: meine Tochter ist verreist, ich muß deshalb bei ihr[dort] e. 나의 딸이 여행을 갔기 때문에, 내가 그 애의 집을 돌봐 주어야 한다.

einig ['ainɪç] ⟨Adj.⟩ **1.** 의견(생각)이 같은[일치하는], 사이 좋은(반대: uneinig): ich bin (mir) mit ihm darin e., daß... 나는 …점에서 그와 의견이 [일치한다]; über den Preis sind sie miteinander e. geworden 가격에 관해서 그들은 서로 의견의 일치를 보았다; ich bin mit mir selbst noch nicht ganz e., ob… 나는 …해야 할지 아닌지 아직 마음을 정하지 못했다; die beiden sind sich e. 《통용어》 그 두 사람은 결혼하고자 한다. **2.** 통합(통일)된: die verschiedenen Volksstämme wurden nie zu einer -en Nation 그 여러 종족은 한 번도 통합된 (민족) 국가를 이룬 적이 없다.

einig ... ['ainɪg...] ⟨부정수사 및 부정대명사⟩ **1.** ⟨Sg.⟩ 불특정 정도의, 약간의, 좀 많지 않은: ⟨부가어적⟩ er hat noch -e Hoffnung 그는 아직도 희망을 좀 가지고 있다; mit -em guten [《드물게》 gutem] Willen 하고자 하는 의지가 좀 있으면; ⟨독립적⟩ hier fehlt noch -es 여기에는 아직도 몇[여러] 가지가 모자란다. **2.** ⟨Pl.⟩ 불특정 소수의, 몇몇의, 두서넛: ⟨부가어적⟩ -e Leute 두서너 사람; -e wenige wußten davon 극소수의 사람들만이 그것을 알았다; er hat -e hundert Bücher 그는 이삼백 권의 책을 가지고 있다; -e dreißig Leute 《통용어》 삼십여 명의 사람들; ⟨독립적⟩ -e standen noch herum 몇몇이 아직도 어정거리고 있었다. **3.** ⟨Sg. / Pl.⟩ 상당히, 꽤 많은, 적지 않은: ⟨부가어적⟩ es wird -en Ärger geben 상당한 분노를 자아낼 것이다; ⟨독립적⟩ die Reparatur wird sicher wieder -es kosten 수리하는 데 틀림없이 또 적지 않은 비용이 들 것이다.

einigeln ['ainɪgəln], sich ⟨h⟩ **1.** (고슴도치처럼) 몸을 웅크리다, 옹송그리다. **2.** 들어 앉다, 칩거하다: er hat sich in letzter Zeit in seiner Wohnung eingeigelt 최근에 그는 자기 집안에만 틀어박혀 있었다. **3.** 〔군〕 사방으로부터 방어할 수 있는 위치[자리]를 차지하다. **Eigelung**, die; -en ↑einigeln (2, 3)의 명사형.

einigemal [〔또한〕'----] ⟨Adv.⟩ 두서너 번, 몇 번.

einigen ['ainɪgn] ⟨h⟩ **1.** 단결[일치]시키다, 통일하다: es war nicht gelungen, die verschiedenen Völkerstämme zu e. 여러 종족을 통일하는 데 성공하지 못했다; ein geeinigtes Volk 통일된 민족. **2.** ⟨e. + sich⟩ 일치[합의, 화해]하다, 의견을 같이하다: es dauerte einige Zeit, bis sie sich geeinigt hatten 그들이 의견의 일치를 볼 때까지는 시간이 좀 걸렸다; sich auf einen Vergleich(über den Preis) e. 화해하기로[가격에 관해서] 합의하다; ich habe mich gütlich mit ihm geeinigt 나는 그와 좋게 화해했다. **Einiger**, der; -s, - (민족 따위를) 통일[단결]시키는 사람.

einigermaßen ⟨Adv.⟩ **1.** 어느 정도, 얼마큼, 대략: er hat sich wieder e. erholt 그는 어느 정도 기운을 다시 차렸다; eine e. gelungene Arbeit 어느 정도 성공한 일. **2.** 《통용어》 상당히, 무척, 꽤: er war doch e. überrascht 그는 그래도 상당히 놀랐다.

einiggehen* ⟨s⟩ 의견이 같다[일치하다]: ich gehe mit ihm darin einig, daß ... 나는 …점에서 그와 의견이 일치한다. **Einigkeit**, die; 화합, 단결, 의견의 일치, 합의: die E. unter den Geschwistern wiederherstellen 형제자매간의 화합을 되찾다; 〔속담〕 E. macht stark 뭉치면 산다[강해진다]. **Einigung**, die; -en **1.** 화해, 합의, 의견의 일치: eine gütliche E. anstreben 호의적 합의를 추구하다; über diesen Punkt wurde keine E. erzielt 이 점에 관해서는 합의가 이루어지지 않았다. **2.** 통일, 통합, 결합: die politische, wirtschaftliche E. Europas 유럽의 정치적, 경제적 통합.

Einigungs-: ~**bestrebung**, die ⟨대개 Pl.⟩ 통일을 위한 노력, 통일 운동. ~**versuch**, der 통합 시도. ~**werk**, das 조정[화해] 작업.

einimpfen ⟨h⟩ **1.** (혈청, 왁찐의) 접종하다. **2.** 《통용어》 주입하다, 불어넣다, 가르치다: jmdm. etwas von Jugend auf e. 누구에게 무엇을 어렸을 때부터 주입하다. **Einimpfung**, die ↑einimpfen의 명사형.

einjagen ⟨h⟩ (심한 공포 따위를) 갖게 하다, 야기시키다: du hast ihm große Angst eingejagt 너는 그에게 커다란 두려움을 갖게 했다.

einjährig ⟨Adj.⟩ **1.** 한 살의[된], 일년(간)의. **2.** 〔식물〕 1년생의(반대: ausdauernd 2). ¹**Einjährige***, der 〔옛〕 복무 기간 1년의 지원병. ²**Einjährige**, das; -n 〔복무 기간 1년짜리 지원병에 필요한 학력〕 《통용어·준고어》 10학년 수료.

einjochen ⟨h⟩ 〔고어〕 (소 따위에) 고삐[멍에]를 씌우다.

einkacheln ⟨h⟩ 〔지역적〕 불을 덥게 피우다.

einkalkulieren ⟨h⟩ **1.** 계산에 넣다, 계상(計上)하다: die Verpackungskosten sind (mit) einkalkuliert 포장 비용은 계산에 포함되어 있다. **2.** 계획에 넣다, 예상하다, 감안[고려]하다: ein Risiko e. 위험을 예상하다; etw. in seine Berechnungen e. 무엇을 계산에 넣다.

Einkammersystem ['ainkamɐzyste:m], das; -s, -e (의회의) 단원제(單院制).

einkampfern ⟨h⟩ 〔의학·지역적〕 캠퍼[장뇌(樟腦)]로 처치하다.

einkapseln ⟨h⟩ 포낭[캡슐]에 넣다: pharmazeutische Produkte maschinell e. 의약품을 기계화된 공정으로 캡슐에 넣다; ⟨e. + sich⟩ 〔경의〕 du hast dich in der letzten Zeit zu sehr eingekapselt 너는 근자에 너무 에 둔 생활을 해왔다. **Einkapselung**, 《드물게》 **Einkapslung**, die; -en ↑einkapseln의 명사형.

einkarätig ['ainkarɛ:tɪç] ⟨Adj.⟩ **a)** (보석이) 1캐럿의(중량을 가진). **b)** (금이) 1캐럿의 순금을 포함한. **Einkaräter** ['ainkarɛ:tɐ] der; -s, - 1캐럿 중량의 보석.

einkassieren ⟨h⟩ [ital. incassare] **1.** 수금하다, (돈을) 거둬 모으다[들이다]: er hat für diesen Monat (den Beitrag) noch nicht einkassiert 그는 이번 달에는 아직 회비를 거두지 않았다. **2.** 《통용어》 (남의 물건, 습득물 따위를 거리낌없이) 제 것으로 하다, 차지하다: was andere versehentlich liegenlassen, kassiert er einfach ein 다른 사람들이 실수로 놓아둔 것을 그는 그냥 가져버린다. **3.** 〔경〕 체포하여 가두다, 구금하다. **Einkassierung**, die; -en ↑einkassieren의 명사형.

einkasteln ['ainkastln] ⟨h⟩ 〔österr.〕 《österr. 통용어》 가두어 넣다, 구금하다.

Einkauf, der; -s, Einkäufe **1. a)** 사들임, 구입, 매입: Einkäufe machen 물건을 사들이다; beim E. von Lebensmitteln auf den Preis achten 식료품을 살 때 가격에 유의하다; 〔전의〕 billiger E. 〔농·은폐〕 상점 좀도둑질. **b)** 사들인 물건, 구입물: sie packte ihre Einkäufe aus 그녀는 자기가 산 물건 보따리를 풀었다. **2. a)** (기업의) 물건 구입, 물자 조달. **b)** 〔상〕 구매부[과]: er arbeitet im [beim] E. 그는 구매과에서 근무한다. **3.** (가입 자격이나 권리를 얻기 위한) 지불, 불입: sie hat durch E. in ein Altersheim für später vorgesorgt 그녀는 양로원 입원금을 미리 불입함으로써 훗날의 준비를 해두었다. **4.** 〔스포츠〕 **a)** 새 선수의 스카웃. **b)** 스카웃된[한] 선수. **einkaufen** ⟨h⟩ **1. a)** 물건을 사들이다, 구입하다, 장을 보다: er ist e. gegangen 그는 물건을 사러[장을 보러] 갔다. **b)** 대량으로 매입[구입]하다: 〔전의〕 ohne Geld[kostenlos] e. 〔농·은폐〕 상점에서 좀도둑질을 하다. **2.** 《스포츠·통용어》 선수를 사오다〈스카웃한다〉. **3.** ⟨e. + sich⟩ sich in[bei] etwas e. 지불[불입]에 의하여 무엇의 자격이나 권리를 얻다, 출자하여 무엇의 조합원[주주]이 되다; wir haben uns dort eingekauft 우리는 그곳에 땅을 사두었다. **Einkäufer**, der; -s, - **1.** 구매 담당 직원. **2.** 〔스포츠〕 선수 스카웃 담당자. **Einkäuferin**, die; -nen ↑Einkäufer (1)의 여성형.

Einkaufs-; ~**abschluß,** der (도매) 구매 계약 체결. ~**abteilung,** die ↑Einkauf (2 b). ~**beutel,** der (시장이나 상점에서 물건을 넣어 주는) 비닐 주머니[백]. ~**bummel,** der 쇼핑 산책. ~**genossenschaft,** die 구매 조합. ~**korb,** der **a)** 장바구니. **b)** (슈퍼마켓 등에서 살 물건을 담는) 철사[플라스틱] 바구니. ~**möglichkeit,** die 물건을 살 장소, 가게: in diesem Stadtviertel gibt es kaum -en 이 구역에는 쇼핑할 곳이 거의 없다. ~**netz,** das 장보기용 그물 망태. ~**preis,** der [상] 공장도 가격, 도매값: zum E. 도매값으로. ~**quelle,** die 물건을 사기 좋은 곳. ~**reise,** die (상품) 구매 여행. ~**tasche,** die 쇼핑 백. ~**viertel,** das 상점가. ~**wagen,** der (슈퍼마켓 등에서 고객이 사용하는) 상품 운반용 손수레. ~**zeit,** die 장보는[물건을 사는] 시간. ~**zentrum,** das [engl. shopping center] 쇼핑 센터.

einkehlen ⟨h⟩ [토건] (지붕에) 물받이[홈통]를 달다. **Einkehlung,** die; -en 지붕골, 물받이, 홈통.

Einkehr ['aɪnkeːɐ̯], die **1.** (아어·준고어) (여행중 접객업소에) 들름, 휴식: E. halten (잠간) 휴식을 취하다. **2.** (아어) 명상, 내성(內省), 자기 성찰: das Erlebnis hatte ihn zur E. gebracht 그 체험이 그로 하여금 자기성찰을 하게 했다. **einkehren** ⟨s⟩ **1.** (여행 중 접객업소 따위에) 들르다[들러 휴식하다]: wir sind auf der Fahrt nur einmal (in einem[⟨드물게⟩ in ein]) Wirtshaus eingekehrt 자동차 여행 도중에 우리는 꼭 한 번 (어떤 식당에 들러) 쉬었다; 전의 bei Freunden e. (아어) 여행 중에 친구들을 방문하다. **2.** (아어) (계절 따위가) 찾아오다, 나타나다, 느끼게 하다: der Frühling kehrt in diesem Jahr verspätet ein 금년에는 봄이 늦게 온다; endlich kehrte wieder Friede ein 마침내 평화가 다시 찾아왔다. **3.** ⟨⟨또한⟩ s⟩ [체조] 기구의 중앙을 등뒤로 뛰어넘어 몸을 걸치거나 앉는 자세를 취하다.

einkeilen ⟨h⟩ **1.** (드물게) 쐐기를 쳐 박다, 박아 넣다: einen Axtstiel (das Ohr) e. 도끼 자루를 (구멍에) 박다. **2.** (움직이지 못하도록 사방에서 바싹) 다가서다, 에워싸다: wir standen eingekeilt in der Menge 우리는 사람들 속에 끼어 꼼작 못하고 서 있었다.

einkeimblätt(e)rig ⟨Adj.⟩ [식물] 단자엽(單子葉)의.

einkellern ['aɪnkɛlɐn] ⟨h⟩ (겨울을 나기 위해 감자, 석탄 등을) 지하실에 저장하다. **Einkellerung,** die; -en (겨울이나 지하실에의) 저장. **Einkellerungskartoffel,** die (대개 Pl.) 월동을 위해 저장하기 알맞은 감자.

einkerben ⟨h⟩ **a)** 틈니 모양으로 움푹하게 파다, 새김눈을 파다: einen Stock am oberen Ende e. 막대기의 위쪽 끝을 틈니 모양으로 움푹하게 파다. **b)** (무엇에 글자 따위를) 새겨 넣다: ein Zeichen in einen Baumstamm e. 나무 줄기에 어떤 표시를 새겨 넣다. **Einkerbung,** die; -en **a)** ↑einkerben의 명사형. **b)** 새김눈[자국], 홈.

einkerkern ['aɪnkɛrkɐn] ⟨h⟩ (아어) 투옥(감금, 유폐)하다: einen Freiheitskämpfer e. 자유의 투사를 감금하다; sie fühlte sich in diesem Haus wie eingekerkert 그녀는 이 집에서 감금당한 것처럼 느꼈다. **Einkerkerung,** die; -en 감금, 투옥, 유폐.

einkesseln ['aɪnkɛsl̩n] ⟨h⟩ [군] (완전히) 포위하다: die Armee wurde eingekesselt 그 군단은 포위당했다. **Einkesselung,** die; -en 포위.

Einkindschaft ['aɪnkɪntʃaft], die [법] 이복(異腹) 자식에게도 동일한 상속권을 인정하는 (재혼시의) 부부 재산 계약.

einkitten ⟨h⟩ 시멘트로 때우다, 퍼티로 접합하다.

einklagen ⟨h⟩ (빚 따위를 받기 위해) 소송을 제기하다: Schulden e. 대금(代金) 청구 소송을 제기하다. **Einklagung,** die; -en ↑einklagen의 명사형.

einklammern ⟨h⟩ 괄호 안에 넣다: ein Wort e. 한 단어를 괄호 안에 넣다. **Einklammerung,** die; -en einklammern의 명사형.

Einklang, der; -(e)s, Einklänge **1.** [음악] 동음(同音), 동성, 유니즌. **2.** 일치, 조화, 화합: mit jmdm. im E. sein 누구와 화합하고 있다; Worte u. Taten stehen hier nicht miteinander im[in] E. 말과 행동이 여기서는 서로 일치하지 않는다; etw. in E. bringen 무엇을 일치[조화]시키다.

einklappen ⟨h⟩ 접다, 접어 넣다[올리다](반대: ausklappen): das Bett kann man tagsüber e. 낮에는 이 침대를 접어 벽에 붙여 놓을 수 있다.

einklarieren ⟨h⟩ [관세·해양] (선박의) 입항세를 내다. **Einklarierung,** die; -en 입항세 지불.

Einklassenschule ['aɪnklasn̩ʃuːlə] die; -n [학교] (여러 학년의 학생들이 한 교실에서 배우는) 단학급 학교.

einklassig ⟨Adj.⟩ [학교] 학급이 하나뿐인, 단학급의.

einkleben ⟨h⟩ (풀이나 접착제를) 발라서 붙이다: die Fotos (ins Album) e. 사진들을 (앨범에) 붙이다.

einkleiden ⟨h⟩ **1. a)** 옷을 입히다, 새 옷을 공급하다[해주다]: sich (neu) e. (새로) 옷을 입다. **b)** 제복(군복)을 제공하다[입히다]: die Rekruten wurden eingekleidet 신병들에게 군복이 지급되었다. **2.** (생각이나 체험을) 말로 표현하다, 비유적으로 표현하다: seine Gedanken in ein Gleichnis e. 그의 생각을 비유로 표현하다. **Einkleidung,** die; -en **a)** (새) 옷(제복)을 입힘. **b)** 비유적 표현.

einkleistern ⟨h⟩ 풀로 꼭 붙이다.

einklemmen ⟨h⟩ 끼우다, 죄다, 무엇을 어디에 끼워 움직이지 못하게[다치게] 하다: ich habe mir den Daumen eingeklemmt 내 엄지손가락이 어디에 껴 다쳤다; ich habe ihm die Hand eingeklemmt 나는 그의 손을 죄었다; ein eingeklemmter Bruch 감돈탈장(嵌頓脫腸). **2.** 끼워[밀어] 넣다: das Monokel (ins Auge) e. 모노클(單眼鏡)을 (눈에) 끼워 넣다; der Hund klemmte den Schwanz ein 그 개는 꼬리를 다리 사이로 집어넣었다. **3.** [아이스하키] (경기를 지체하기 위해) 퍽을 경계선[하키 링크의 얼음 표면] 밖으로 쳐내다. **Einklemmung,** die; -en ↑einklemmen의 명사형.

einklicken ⟨h⟩ 찰칵 소리를 내며 맞물리다[걸리다].

einklinken (반대: ausklinken) **a)** ⟨h⟩ 문의 걸쇠를 걸다, 손잡이를 움직여 (문을) 닫[잠그]다: die Tür leise e. 손잡이를 눌러 문을 살짝 닫다. **b)** ⟨s⟩ 문의 걸쇠가 걸리다, 찰칵 닫[잠]기다: er hörte, wie die Tür einklinkte 그는 문이 닫기는 소리를 들었다.

einklopfen ⟨h⟩ (못 따위를) 두들겨 박다: einen Nagel (in die Wand) e. 못을 (벽에) 두들겨 박다.

einknallen ⟨h⟩ [nordd.] 난로를 뜨겁게 때다.

einkneifen* ⟨h⟩ **1.** (입을) 꼭 다물다: er kniff die Lippen ein und schwieg 그는 입술을 꼭 다물고 침묵했다. **2.** ↑einklemmen (2) 참조.

einkneten ⟨h⟩ 반죽해[이겨] 넣다: Rosinen (in den Teig) e. 건포도를 (반죽 속에) 넣다.

einknicken 1. 구부러 (살짝) 꺾다[부러뜨리다], 접다: der Sturm knickte viele Äste ein 폭풍이 많은 나뭇가지들을 부러뜨렸다. **2.** ⟨s⟩ 구부러져 꺾이다, 부러지다: vor Erschöpfung knickten ihr die Knien [knickte sie (in den Knien)] ein 기진맥진하여 그녀는 무릎이 저절로 꺾였다. **Einknickung,** die; -en ↑einknicken의 명사형.

einknöpfbar ['aɪnknœpfbaːɐ̯] ⟨Adj.⟩ 단추를 끼워 달 수 있는. **einknöpfen** ⟨h⟩ 단추를 채워 달다[붙이다](반대: ausknöpfen): das Futter (in einen Mantel) e. 단추를 끼워 (외투 속에다) 안감[라이너]을 달다. **Einknöpffutter,** das 단추를 채워 다는 외투 안감[라이너].

einknoten ⟨h⟩ 넣어서 매다: ein Geldstück ins Ta-

schentuch e. 주머리를 손수건에 싸서 매듭지게 묶다.
einknüpfen ⟨h⟩ 매듭을 지어 달아매다, 붙들어 매다: in den Wandteppich waren Perlen eingeknüpft 벽걸이 융단 속에 진주들이 달려 있다.
einknüppeln ⟨h⟩ 계속해서 곤봉으로 때리다: Polizei knüppelt auf Demonstranten ein 경찰이 데모 군중에게 곤봉 세례를 퍼부었다.
einkochen ⟨h⟩ 1. 끓여서(쪄서) 오래 보존할 수 있게 만들다: den Gelee hat sie selbst eingekocht 그 젤리는 그녀가 손수 졸여서 만들었다. 2. 졸이다, 달이다, 진하게 만들다: die Soße ist zu sehr eingekocht 소스가 너무 진하게 졸여졌다. 3. (österr.) a) 《농》누구를 무엇하도록 피어내다. b) 속이다. **Einkochtopf**, der 끓이는 그릇, 찜통. **Einkochzeit**, die 끓이는(졸이는, 달이는) 시간.
einkokonieren ['aɪnkokoniːran] ⟨h⟩ [engl. to cocoon] 진공 포장하다: elektronische Geräte werden mit Kunststoff einkokoniert 전자 제품들은 합성물질로 진공 포장된다.
einkommen* ⟨s⟩ 1. 《고어》《경》들어오다, 수입이 있다, 취득되다: durch den Verkauf ist eine größere Summe eingekommen 판매를 통하여 비교적 큰 액수의 돈이 들어왔다. 2. 《스포츠》결승점에 들어오다, 골인하다: der Läufer kam als zweiter ein 그 육상 선수는 2등으로 골인했다. (선원) das Schiff kommt (in den Hafen) ein. 배가 (항구에) 들어온다. 3. 《아어》(당국에) 공식적으로 청원하나, 진정하다: um die Genehmigung für etw. e 무엇에 대한 승인(허가)을 청원하다. 4. 《고어·지역적》갑자기 생각나다, 머리에 떠오르다: es ist mir gerade eingekommen, daß… 나에게 방금 …생각이 떠올랐다. **Einkommen**, das; -s, - 수입, 소득, 수익, 봉급: ein hohes monatliches E. haben 월수입이 많다; das E. versteuern E. beträgt … 그의 연봉(연수입)은 …이다; das E. versteuern 소득세를 납부하다; sich für eine bessere Verteilung des -s einsetzen 소득의 보다 나은 분배를 위하여 노력하다.
einkommens-, **Einkommens-**: ~**ausfall**, der 수입(소득) 결손. ~**bezüger**, der; -s, - (schweiz.) 소득(수입)을 올리는 사람, 월급을 받는 자. ~**entwicklung**, die 수입 증가, 소득 증대. ~**grenze**, die 소득한도(限界). ~**höhe**, die 소득 정도. ~**los** ⟨Adj.⟩ 소득(수입)이 없는. ~**schwach** ⟨Adj.⟩ 소득이 적은: e Bevölkerungsschichten 저소득층. ~**stark** ⟨Adj.⟩ 소득(수입)이 높은(많은). ~**steuer** [세무] **Einkommensteuer**, die (통용어) 술고래이다. ~**steuererklärung**, die 소득세 신고. ~**steuerfrei** ⟨Adj.⟩ 소득세가 면제되는. ~**steuerpflichtig** ⟨Adj.⟩ 소득세를 내야 하는. ~**steuertabelle**, die 소득세 일람표. ~**steueranlagung**, die 소득세 사정(查定). ~**verhältnisse** ⟨Pl.⟩ 소득 현황. ~**verteilung**, die 소득 분배. ~**zuwachs**, der 소득 증가.
einköpfen ⟨h⟩ [축구] 헤딩으로 골인시키다.
Einkorn ['aɪnkɔrn], das; -s 외톨밀(밀의 일종).
einkörpern ['aɪnkœrpərn] ⟨h⟩ a) 《종교》(영혼에게 새) 육체를 부여하다. b) ⟨e. + sich⟩ 《심리》자아를 실현하다, 독자성을 얻다. **Einkörperung**, die; -en ↑ einkörpern의 명사형.
einkoten ⟨h⟩ 《의학·심리》(배설을 조절하지 못하여) 똥을 싸다(싸서 더럽히다).
einkrachen ⟨s⟩ 《경》1. a) 소리를 내며 무너지다(붕괴되다): die Brücke ist eingekracht 다리가 폭음을 내며 붕괴되었다. b) 소리를 내며 빠져 들어가다(함몰하다): das Kind ist auf den Eis eingekracht (통용어): eingebrochen) 아이가 얼음이 깨지며 빠졌다. 2. (수류탄 따위가) 날아와 터지다.

einkrallen ⟨h⟩ a) ⟨e. + sich⟩ 발톱으로 움켜잡다(할퀴다): man sah noch, wo sich die Katze eingekrallt hatte 고양이가 할퀸 자국이 아직도 보였다. b) (손가락 따위로) 움켜쥐다, 쥐어뜯다: vor Schmerz krallte sie die Finger (ins Kissen) ein 고통 때문에 그녀는 손가락으로 (베개를) 쥐어뜯었다.
einkratzen ⟨h⟩ 1. (뾰족한 것으로) 긁어서 새기다: er hat seinen Namen (in den Stein) eingekratzt 그는 자기의 이름을 (돌에다) 새겼다. 2. ⟨e. + sich⟩ 《경》아첨하여 환심을 사다: du willst dich bei deinem Chef e. 너는 너의 우두머리에게 아첨해서 환심을 사려는 것이다.
einkräuseln: ↑einkrausen. **einkrausen** ⟨h⟩ [재단] 주름 잡다.
einkreisen ⟨h⟩ 1. 동그라미를 그려 표시하다: ich werde (mir) das Datum rot e. 나는 그 날짜에 빨간 동그라미를 쳐놓겠다. 2. 빙 둘러싸다, 포위하다: den Feind e. 적을 포위하다; wir sind eingekreist 우리는 포위되었다. 3. (범위를 좁혀 가며 어떤 문제의 핵심에) 접근하다: das Diskussionsthema (immer mehr) e. 토론의 주제에 (점차) 접근하다. 4. 《관》행정 구역에 편입시키다.
Einkreiser, der; -s, - 【방송】단회로(單回路) 수신기. **Einkreisung**, die; -en 포위. **Einkreisungspolitik**, die (어느 국가에 대한) 포위(고립화) 정책.
einkremen: ↑eincremen.
einkreuzen ⟨h⟩ 《생물》이종(異種)과의 교배(交配)를 통하여 변종시키다. **Einkreuzung**, die; -en ↑einkreuzen의 명사형.
Einkriege, die (berlin.) ↑Einkriegezeck.
einkriegen ⟨h⟩ 《통용어》1. ↑einholen (1 a) 참조. 마음의 평정(이성)을 되찾다, 다시 침착해지다: als ich das hörte, hab' ich mich (vor Lachen) nicht (mehr) eingekriegt 그 말을 들었을 때, 나는 너무 우스워서 참을 수가 없었다.
Einkriegezeck, das; -s, -s (berlin.) (베를린 지방의) 술래잡기.
einkrümmen ⟨h⟩ 안 쪽으로 구부리다. **Einkrümmung**, die; -en ↑einkrümmen의 명사형.
einkugeln ⟨h/s⟩ 《체조》매달린 자세에서 어깨를 이용하여 앞으로 회전하다.
Einkünfte ['aɪnkʏnftə] ⟨Pl.⟩ 벌이, 수입, 소득: seine -e verbessern 소득을 개선하다.
einkuppeln ⟨h⟩ 《자동차》클러치 페달에서 발을 떼어 동력을 전달(연결)시키다(반대: auskuppeln).
einkurven ⟨s⟩ 《조종사》선회하여 항로에 진입하다.
einkürzen ⟨h⟩ 【원예】잘라 주다, 전정(剪定)하다: Wurzeln e. 뿌리를 잘라 주다.
einkuscheln ⟨h⟩ 《친근》a) ⟨e. + sich⟩ 몸을 편안히 두다. b) (어린이의) 배게를 바로 잡고 이불을 덮어 주다.
Einlad ['aɪnlaːt], der; -s (schweiz.) 짐싣기. **¹einladen*** ⟨h⟩ (수레, 차량, 선박 등에) 짐을 싣다, 적하(積荷)하다(반대: ¹ausladen 1 a): Säcke (in den Waggon) e. 자루들을 (화물 차량에) 싣다.
²einladen* ⟨인용구, 어미는 현재형에 변모음하지 않음; h⟩ a) 초대(초청)하다, 부르다, 권하다: seine Freunde zum Geburtstag (in sein Haus) e. 친구들을 (생일을 맞아 그의 집으로) 초대하다; meine Mutter lädt dich für Sonntag zum Mittagessen ein 나의 어머니가 너를 일요일 점심 식사에 초대하신다; sie lud ihn ein, sich zu setzen 그녀는 그에게 앉도록 권했다; ich bin (heute abend) eingeladen 나는 (오늘 저녁에) 초대받았다; [전의] der schöne Platz lädt zum Verweilen ein 《아어》아름다운 장소가 머물고 싶게 한다. b) (경비 부담 없이) 어떤 행사에 참여하다(초대하다): jmdn. ins Theater(zu einer Autofahrt) e. 누구를 극장(드라이브)에 초대하다. c) (schweiz.) 누구에게 무엇을 하도록 요청하

다. **d)** 《통용어》 엄청나게 많이 먹다. **einladend** 〈Adj.〉 마음을 끄는, 유혹적인, 맛있어 뵈는, 구미[기분]를 돋우는: ein -er Anblick 마음에 드는 모습[정경]; ein e. gedeckter Tisch 입맛을 돋구게 차려진 식탁. **Einlader**, der; -s, - 초청자. **¹Einladung**, die 짐싸기. **²Einladung**, die; -en **a)** 초대, 초청: eine E. aussprechen(annehmen, ablehnen) 초대를 하다(수락하다, 거절하다); einer E. folgen(Folge leisten) 초청에 응하다. **b)** ↑Einladungskarte, ↑~schreiben의 약칭: ~en verschicken 초대장을 보내다. **c)** 《드물게》 간청, 축하연. **d)** 《schweiz.》 《무엇을 하라는》 요청, 요구. **e)** 《펜싱》 상대편의 공격을 유도하기 위하여 일부러 빈틈[허점]을 보이는 자세.
Einladungs-: ~kampf, der [권투] 논 타이틀 매치. **~karte**, die (카드에 쓴) 초대장. **~schreiben**, das (편지 형식의) 초대장.
Einlage, die; -n **1.** 편지에 동봉된 첨부물. **2.** [재단] (옷 속에 넣는) 심, 속. **3.** [요리] 수프의 건더기. **4.** (표면에) 새겨 넣은 장식. **5.** 구두의 안창(밑창). **6.** [치과] (임시로 이를 때워 놓는) 전지(塡齒). **7.** (중간에 끼워 넣은) 삽입 프로그램. **8.** [재정] **a)** 예금, 입금: ein Sparbuch mit hohen -n 예금 잔액이 많은 저금통장. **b)** 출자금(出資金), 불입금: die E. dieses Teilhabers beläuft sich auf 50000 Mar 이 주주의 출자금은 5만 마르크에 달한다.
einlagern 〈h〉 **1.** (창고에 넣어) 저장[보관]하다, 창고에 넣다(반대: auslagern 2): Kartoffeln (im Keller) e. 감자를 (지하실에) 저장하다. **2.** 〈e. + sich〉 다른 물질 사이에 축적(침전, 퇴적)되다(되어 중간층을 형성하다): ins Gewebe eingelagerte Substanzen 조직내에 축적된 물질. **Einlagerung**, die; -en **1.** (창고에) 저장, 보관. **2. a)** 축적, 침전, 퇴적. **b)** 이물질 사이에 축적[침전, 퇴적]된 것.
einlangen 〈s〉 《österr.》 도착하다: er ist gestern in Wien eingelangt 그는 어제 빈에 도착했다.
Einlaß ['ainlas], der; Einlasses, Einlässe [...lesə] **1.** 〈Pl. 없음〉 들어오[가]게 함, 입장 허가: E. ab 18 Uhr 오후 6시부터 개장(입장); jmdm. E. gewähren 누구에게 입장을 허락하다. **2.** 《고어》 입구, 출입문. **einlassen*** 〈h〉 **1.** 들여보내다, 통과시키다, 입장을 허락하다: sie wollte den Fremden nicht e. 그녀는 그 낯선 남자를 들여보내려 하지 않았다. **2.** 물이 흘러 들어가게 하다, 물을 받다(부어넣다): das Wasser (in die Badewanne) e. (욕조에) 물을 받다. **3.** (박아서) 고정시키다, 부착하다, 끼워 넣다: eine Gedenktafel in die Mauer e. 기념패를 벽에 부착하다. **4.** 《südd., österr.》 **a)** 왁스[밀랍]로 닦다. **b)** 도료(라크)를 칠하다. **5.** 〈e.+sich〉 (뭐) 관계를 맺다, 상종(교제)하다: mit diesem Menschen solltest du dich nicht e. 너는 이 인간과 상종해서는 안된다; sie hat sich zu weit mit ihm eingelassen 그녀는 그 남자와 너무 깊이 사귀었다. **6.** 〈e.+sich〉 관여하다, 종사하다, 행하다, 응하다: sich auf ein Abenteuer e. 모험을 감행하다; sich in ein Gespräch mit jmdm. e. 누구와 대화하다. **Einlaßkarte**, die ~ 입장권. **einläßlich** 〈Adj.〉 《schweiz.》 상세한, 자세한, 철저한. **Einläßlichkeit**, die ↑einläßlich의 명사형. **Einlassung**, die; -en [법] (민사 소송에서) 피고의 진술: die E. des Angeklagten widerlegen 피고의 진술을 반박하다.
Einlauf, der; -(e)s, Einläufe **1.** [스포츠] **a)** 〈Pl. 없음〉 (경주·경마에서) 결승점 통과. **b)** 결승점 통과 순서. **c)** 결승점. **d)** 〈Pl. 없음〉 경주의 특정 부분이 시작되는 단계: er stürzte beim E. in die Zielgerade 직선 주로(走路)에 진입할 때 그는 넘어졌다. **2.** [의학] 관장(灌腸): jmdm. einen E. machen 누구를 관장하다. **3.** 《드물게》 (물 따위가 흘러들어가는) 구멍. **4.** [요리] (밀가루, 계란을 반죽한) 수프 건더기. **5.** ↑Eingang (4): die Einläufe der Reihe nach bearbeiten 도착된 우편물[화물]을 순서대로 처리하다. **6.** [사냥] (짐승들이 들어왔다 가 나가지 못하게 만든) 사냥터[獵園]의 입구. **einlaufen*** **1.** [스포츠] **a)** 〈s〉 (선수들이) 달려 들어오다: die Mannschaften laufen (in das Stadion) ein 선수단 들이 (경기장으로) 달려 들어온다. **b)** 〈s〉 (달리기에서) 어떤 단계에 접어들다: in die letzte Runde e. 마지막 라운드에 접어들다. **c)** 〈e. + sich〉 〈h〉 (경기에 앞서) 가벼운 연습으로 몸을 풀다. **2.** 〈s〉 (차량이) 도착하다: auf welchem Gleis läuft der D-Zug nach München ein? 뮌헨행 급행 열차가 몇 번 홈에 도착합니까? **b)** (선박이) 입항하다: das Schiff ist bereits (in den Hafen) eingelaufen 배는 이미 (항구에) 들어왔다. **3.** 〈s〉 (그릇에 액체가) 흘러 들어가다: das Wasser läuft (in die Wanne) ein (물이) (목욕통으로) 흘러들어가고 있다. **4.** 〈s〉 [사무] (편지 등이) 도착하다, 배달되다, 접수되다: Beschwerden laufen bei der Behörde ein 불평을 호소하는 소원(訴願)들이 관청에 접수되고 있다. **5.** ↑eingehen (4): der Stoff läuft beim Waschen ein 이 직물은 빨면 줄어든다. **6.** ↑eintreten (11): ich muß die neuen Schuhe erst e. 나는 새 구두를 우선 신어서 길을 들여야 한다. **7.** 〈e. + sich〉 〈h〉 (기계 따위가) 정상적으로 돌아 가다: die Maschine muß sich erst e. 그 기계는 우선 길이 제대로 들어야 한다.
Einläufer, der; -s, - [사냥] 무리에서 홀로 떨어진 늙은 산돼지.
Einlaufsuppe, die; -n [요리] (일종의) 수제비 수프(↑Einlauf 4 참조). **Einlaufwette**, die; -n (경마에서) 연승식(連勝式) 마권을 사서 걸기.
einläuten 〈h〉 종을 쳐서 시작을 알리다: das neue Jahr e. 종을 쳐서 새해가 밝았음을 알리다; [권투] die letzte Runde wurde eingeläutet 마지막 라운드를 알리는 종이 울렸다; 전의 mit dieser Rede läutete er den Wahlkampf ein 이 연설로써 그는 선거전의 막을 올렸다.
einleben, sich 〈h〉 (새로운 환경 따위에) 익숙해지다: du hast dich jetzt ganz gut in die neuen Verhältnisse eingelebt 너는 이제 아주 홀륭하게 새로운 환경에 적응했구나; 전의 sich in ein Gedicht e. (어떤 시의 분위기에) 젖어 그 시를 내적으로 음미하다.
Einlege-: ~arbeit, die [공예] **a)** 상감 세공(象嵌細工). **b)** 상감 세공으로 만든 물건[작품]. **~holz**, das 덧붙일 판자, 끼워 넣는 나무. **~sohle**, die (구두 안에 끼워 넣는) 바닥창, 깔창. **~tisch**, der 상감 세공을 한 탁자.
einlegen 〈h〉 **1.** 넣다, 끼워 넣다, 삽입하다, 동봉하다: Sohlen in die Schuhe e. 신발에 깔창을 넣다(깔다); du mußt einen neuen Film (in die Kamera) e. 너는 (카메라에) 새 필름을 넣어야만 한다; den Rückwärtsgang e. (자동차의) 후진 기어를 넣다; die Lanze e. (옛) 창을 겨드랑이에 끼다(겨누다). **2.** [요리] (달걀·오이·청어를) 담그다, 절이다. **3.** [공예] **a)** 장식으로 박아 넣다: Perlmutter in Holz e. 자개를 나무에 박아 넣다. **b)** 상감하다: eine eingelegte Arbeit 상감 세공을 한 물건[작품] (↑Einlegearbeit). **4.** [금융] 입금하다, (자본을) 투자하다. **5.** [이용] (젖은 머리카락을) 돌돌말이에 감아 모양을 잡다. **6.** 추가하다, 끼워 넣다, 투입하다: während der Feiertage werden einige Züge eingelegt 연휴 기간에 몇 편의 열차가 증편된다. **7.** 공식적으로 발언하다: ein Veto e. 거부하다; [법] Berufung (beim Oberlandesgericht) e. (고등 법원에) 항소하다. **8.** 《schweiz.》 주다: bei einer Wahl die Stimmkarten einlegen 선거시에 표를 주다. **Einleger**, der; -s, - [금융] 예금자, 투자자. **Einlegerin**, die; -nen ↑Einleger의 여성형. **Einlegung**, die 삽입, 끼워 넣기, 담금[절임], 상감(세공), 입금, 투자.

einleiten 〈h〉 **1.** 준비하다, 도입하다, 발동시키다, 야기시키다: ein Verfahren gegen jmdn. e. 누구에 대한 소송을 제기하다; eine Geburt künstlich e. 출산을 인위적으로 유도하다. **2.** 도입하다, 시작하다, 서두를 장식하다: eine Feier mit Musik e. 축제를 음악으로 시작하다; das Buch wurde von ihm eingeleitet 그 책은 그의 서문으로 시작되었다. **3.** 《드물게》 …으로(in) 유입시키다: Abwässer in einen See e. 폐수를 호수로 유입시키다. **Einleitewort,** das 〈Pl. ...wörter〉 [어학] 문절 도입사(부문장을 유도하는 접속사, 관계대명사, 부사 등). **Einleitung,** die; -en **1.** 개시, 착수: die E. einer Untersuchung 조사의 착수. **2. a)** 시작, 도입: die E. des Gottesdienstes durch Orgelspiel 오르간 연주를 통한 예배의 시작. **b)** 서두, 도입부: sein Vortrag bildete die E. 그의 강연이 서두를 장식했다. **c)** 서론, 서문, 머리말. **3.** 유입시키기, (흐름의) 유도. **Einleitungskapitel,** das 서론, 서장, 제 1 장. **Einleitungsrede,** die 개회사, 개회 연설.
einlenken 1. a) 〈s /《드물게》h〉 (자동차가) 다른 방향으로 가다, 접어들다: das Auto lenkte in eine Seitenstraße ein 자동차는 옆길로 접어들었다. **b)** 〈h〉 (의) 방향을 바꾸다: eine Rakete in eine andere Bahn e. 로켓의 진로를 변경하다. **2.** 〈h〉 경직된 태도를 버리다, 양보하다: als die Verhandlungen zu scheitern drohten, lenkte er schließlich ein 협상이 결렬의 위기에 처했을 때, 그는 마침내 양보했다. **Einlenkung,** die; -en 옆길로 접어듦, 진로 변경, 양보.
einlernen 〈h〉 《폄》 (남의) 머리 속에 집어넣다, 주입식(기계적)으로 가르치다: du hast dem Kind die Antworten gut eingelernt 너는 그 아이에게 대답할 말들을 잘 가르쳐 놓았구나.
¹einlesen* 〈h〉 **1.** 《e. + sich》 한 작품을 정독하여 이해하다: ich habe mich in die klassische Literatur eingelesen 나는 고전 문학에 정통하다. **2.** [전산] (정보 자료를) 입력하다, (자료를) 읽다[옮기다]. **²einlesen*** 〈h〉 《지역적》 **1.** ↑einsammeln (1). **2.** ↑einkrausen.
einleuchten 〈h〉 훤히 이해되다, 분명해지다: seine Argumente leuchteten ihr sofort ein 그의 논거가 그녀에게 곧 분명해졌다. **einleuchtend** 〈Adj.〉 명백한, 분명한, 동의할 수 있는: die Begründung ist e. 그 논거는 납득할 수 있다.
Einlieferer, der; -s, - 인도자, 호송자. **einliefern** 〈h〉 **a)** 데리고 가서 넘겨 주다, 인도(引渡)하다: jmdn. ins Gefängnis e. 누구를 감옥으로 호송하다; der Verletzte wurde heute (in die Klinik) eingeliefert 부상자는 오늘 (병원으로) 이송되었다. **b)** 접수시키다, 넘기다: Pakete bei der Post e. 소포를 우체국에 접수시키다. **Einlieferung,** die; -en 인도(引渡), 이송, 넘김, 맡김.
Einlieferungs-: ~**schein,** der 인도증, 수령증, 송달증명서. ~**stelle,** die 인도[호송, 교부] 장소. ~**termin,** der 인도[호송, 교부] 기간. ~**zeit,** die 인도[호송, 교부] 시점.
einliegend 〈Adj.〉 《격식독어》 동봉된, 봉입된: beachten Sie die -e Gebrauchsanweisung 동봉된 사용 설명서에 유의하시다. **Einlieger** [..lige], der; -s, - 《옛》 품팔이 농군, (토지와 주택이 없는) 농부, 머슴. **Einliegerwohnung,** die 곁방, 곁방, 곁채.
einlieken 〈h〉 [선원] 돛을 밧줄로 잡아 매다.
einlinig ['ajnli:nɪç] 〈Adj.〉 《드물게》 정직한, 곧은, 직선의.
einlochen 〈h〉 **1.** 《경》 감옥에 넣다: er wurde für drei Monate eingelocht 그는 석 달 동안 감옥살이를 했다. **2.** [골프] 공을 구멍에 넣다.
einlöffeln 〈h〉 《친근》 숟가락으로 떠먹이다.

einlogieren 〈h〉 《준교어》 숙박시키다: jmdn. bei sich [in einem Hotel] e. 누구를 자기 집[어느 호텔]에 숙박시키다. 《e. + sich》 묵다, 유숙하다: wo hast du dich einlogiert? 어디서 묵고 있느냐?
einlösbar 〈Adj.〉 되찾을 수 있는, 상환할 수 있는, 태환(兌換)할 수 있는. **einlösen** 〈h〉 **1. a)** 상환하다, 환불 받다: einen Scheck e. 수표를 현금으로 찾다. **b)** 되찾다: ein Pfand (im Pfandhaus) e. (전당포의) 저당물을 되찾다. **2.** (아이) (의무를) 이행하다: sein Wort e. (약속한) 말을 지키다. **Einlösegeld,** das; -n **1.** 상환금, 환불 금액. **2.** (저당물의) 상환액, 저당잡힌 물건을 되찾을 수 있는 금액. **Einlösung,** die; -en 상환, 환불, (저당물을) 되찾음, (의무) 이행. **Einlösungssumme,** die; -n ↑Einlösesumme.
einlöten 〈h〉 납땜하다.
einlullen 〈h〉 《통속어》 **1.** 자장가를 불러 잠들게 하다: das eintönige Geräusch lullte ihn ein 그 단조로운 소음이 그를 잠들게 했다. **2.** (다른 이의 경계나 의혹을) 달래서 가라앉히다: er versuchte die Belegschaft mit schönen Worten einzulullen 그는 광산 노동자들을 감언이설로 무마하려고 했다.
Einmach- (einmachen 1): ~**cellophan,** das 《잼 따위가 든 것을 감싸는》 셀로판 종이. ~**essig,** der 오이 따위를 담그기 위한 식초, 병조림용 식초. ~**frucht,** die 병조림용 과일. ~**gefäß,** das (과일, 채소 따위를) 절여 담그기 위한 용기(用器). ~**glas,** das 〈Pl. ...gläser〉 (과일, 채소 따위를) 절여 담그기 위한 유리 그릇. ~**gummi,** der 《통속어》 《Pl. 없음》 병조림용 재료(과일, 채소 등). ~**ring,** der 병조림용 병 뚜껑의 고무테. ~**suppe,** die (병조림에서 만든) 송아지뼈 수프. ~**topf,** der 조림용 병을(병째 넣고) 끓이는 냄비. ~**zeit,** die 병조림을 만드는 계절. ~**zucker,** der 병조림용 설탕.
Einmach(e) ['ajnmax(ə)], die 《österr.》 버터로 볶은 밀가루.
einmachen 〈h〉 **1.** 절여서 담그다, 병조림으로 만들다: sie hat die Bohnen selbst eingemacht 그들은 콩을 직접 병조림했다; **laß dich e.!** 《통용어·폄》 너는 어쩔 수 없는 놈이구나!; **sich e. lassen können** 《통용어》 더 이상 소용[전망]이 없다, 이제 영 글렀다. **2.** 《지역적》 (…에 넣어) 고정시키다: den Christbaum in den Ständer e. 크리스마스 트리를 받침대에 고정시키다.
einmähdig ['ajnme:dɪç] 〈Adj.〉 (건초를) 일년에 한번 베어 들이는(목초지 따위).
einmahnen 〈h〉 상기시키다, 독촉하다: die Schulden e. 빚을 독촉하다. **Einmahnung,** die; -en (빚 따위의) 독촉, 청구.
einmal 〈Adv.〉 **1.** ['ajnma:l] 한번, 1배: e. u. nicht wieder 꼭 한번; noch e. 또 한번, 다시 한번; e. ums / übers andere 계속해서, 자꾸; e. sagt er dies, ein andermal das 그는 이랬다저랬다 한다; noch e. so groß 갑절로, 두 배로; [속담] e. ist keinmal 한번은 수에 들지 않는다(한번쯤이야 상관없다); **auf e.** 갑자기, 동시에. **2.** (강세가 뒤로 오면) **a)** 언젠가, 후일, 나중에: er wird es (noch) e. bereuen 그는 언젠가 한번 그것을 후회할 것이다. **b)** 일찍이, 예전에, 이전에: es ging ihm e. besser als heute 그는 옛날에는 오늘보다 형편이 좋았었다; es war e. ... 옛날 옛적에…(동화의 서두). **c)** 언제고 한번: kommen Sie doch e. zu mir! 언제고 한번 나한테 오시오! **3.** (강세 없이 다른 부사와 함께) 바로, 마찬가지로, 우선: darf ich auch e. probieren? 나도 한번 시식[맛]을 봐도 괜찮겠어요?; komm erst e. mit 우선 한번 같이 오너라; er kann nicht e. schreiben 그는 글을 쓸 줄도 모른다. **4.** (요청 · 청유를 강조) 좀, 어디 한번: alle e. herhören! 모두들 좀 들어봐요!; sag e.! 말

좀 해봐라! **Einmaleins,** das 1. 1에서 20까지의 수와 1에서 10까지의 수를 서로 곱한 답을 표시한 곱셈 조견표(早見表), 구구(九九)표: das große e. 1에서 20까지의 곱셈표; das kleine e. 1에서 10까지의 곱셈표. 2. 기본 상식, 기초, 초보: das gehört zum E. des Politikers 그것은 정치가의 기본 상식이다. **Einmalflasche,** die; -n ↑ Einwegflasche. **Einmalhandtuch,** das; -(e)s, -tücher (공중 변소에서의) 일회용 (종이) 수건. **einmalig** ⟨Adj.⟩ 1. **a)** 오직 한 번뿐인, 유일한: eine -e Zahlung 일시불. **b)** 아주 드문, 다시 오기 어려운: die Chance ist e. 절호의 기회다. 2. [[또한]] '一''— —] 비길 데 없이 좋은, 전무후무한: ein -er Film 공전절후의 영화. **Einmaligkeit,** die 오직 한번뿐임, 유일성, 절호성, 전무후무함. **Einmalpackung,** die; -en 일회용 포장. **Einmann-:** ~**auto,** das: E. mit Tretgetriebe (통용어·농) 1인 경영업체, 1인 회사. ~**dampfer,** der (통용어·농) 1인용 보트. ~**gesellschaft,** die [경제] (주식이) 1인 주주 회사. ~**sturm,** der [군기] 단독 돌격. ~**torpedo,** der 일인 조종 어(수)뢰. ~**wagen,** der (차장 없이 운전 기사 혼자서 운행하는) 자율 운행 전차. ~**zelle,** die ↑ Einzelzelle.
einmännig ['ainmɛnɪç] ⟨Adj.⟩ [식물] 수술이 하나인.
einmarinieren ⟨h⟩ (생선 따위를) 마리나드(↑Marinade)에 절이다.
Einmarkstück, das; -(e)s, -e 1 마르크짜리 동전.
Einmarsch, der; -(e)s, Einmärsche 진입, 진군, 진주, 입성. **einmarschieren** ⟨s⟩ **a)** 행진해 들어가(오)다(반대: ausmarschieren): die Sportler marschieren ins Stadion ein 운동 선수들이 운동장으로 입장한다. **b)** 진군하여 점령하다, 진주해 들어오다: feindliche Truppen sind in das Land einmarschiert 적군이 국내로 진주해 들어왔다.
einmassieren ⟨h⟩ (피부에 흡수되도록) 잘 바르다, 문지르다.
Einmaster [ainmastɐ], der; -s, - [선원] 돛대가 하나 달린 배, 외대박이. **einmastig** ⟨Adj.⟩ 돛대가 하나 달린, 외돛의.
einmauern ⟨h⟩ 1. 벽으로 둘러싸다, 담을 쌓아서 막다: bei der Grundsteinlegung wurden Dokumente in das Fundament eingemauert 기공식 때 문서들을 (주춧돌 아래에) 넣었다. 2. 벽(담)을 쌓을 때 끼워 넣다, 붙이다: die Metallplatte wird eingemauert 그 철판은 벽을 건조할 때 넣게 된다. **Einmauerung,** die; -en ↑ einmauern의 명사형.
einmeißeln ⟨h⟩ 새기다, 끌로 파다, 조각하다.
einmengen ⟨h⟩ 1. ↑einmischen (1). 2. ⟨e. + sich⟩ ↑einmischen (2).
Einmeterbrett, das; -(e)s, -er [스포츠] 1미터 높이의 다이빙대.
Einmietebetrug, der; -(e)s [법] 입주(주택 임차) 계약 사기. ¹**einmieten** ⟨h⟩ (집, 방을) 빌리다, 임차하다: ⟨대개 재귀동사로 쓰임⟩ er hat sich bei einem älteren Ehepaar eingemietet 그는 중년 부부가 사는 집에 방을 얻어들었다. **Einmieter,** der ⟨대개 Pl.⟩ [동물] 기생 곤충. ¹**Einmietung,** die; -en 임차 입주, 세들음. ²**einmieten** ⟨h⟩ [농업] (감자, 무 따위를) 저장용 구덩이(움)에 넣다(반대: ausmieten). ²**Einmietung,** die; -en ↑einmieten의 명사형.
einmischen ⟨h⟩ 1. ⟨드물게⟩ 섞어 넣다: er hat zuviel Rot (in das Blau) eingemischt 그는 (푸른색에다) 붉은 색을 너무 많이 섞어 넣었다. 2. ⟨e. + sich⟩ 끼어들다, 참견하다: du mußt dich in alles e.! 너는 꼭 모든 일에 끼어들어야 하니! **Einmischerei,** die⟨schweiz.⟩ 혼합, 참견. **Einmischling,** der; -s, -e 참견자, 간섭자.

Einmischung, die; -en 참견, 관여, 중재.
einmonatig ⟨Adj.⟩ 1개월(간)의. **einmonatlich** ⟨Adj.⟩ 1개월마다, 매월 1회의.
einmontieren ⟨h⟩ 끼워 넣다, (기계 속에) 끼워 맞추다: Einzelteile (in eine Maschine) e. 부품들을 (기계에) 끼워 맞추다[조립하다].
einmotorig ⟨Adj.⟩ 모터가 하나 달린: ein -es Flugzeug 단발 비행기.
einmotten ⟨h⟩ 1. (좀약을 넣어서) 좀먹지 않게 보관하다: früher pflegte sie im Frühjahr die Winterkleidung einzumotten 이전에 그녀는 초봄이 되면 겨울 옷에 좀약을 넣어 보관하곤 했었다. 2. [군](선박, 항공기, 전차 등을 즉시 전쟁에 투입할 수 있도록) 격납고에 넣어 두다: du kannst dich e. lassen! 그만 집어치워라, 흥미 없다.
einmummeln, einmummen ⟨h⟩ (옷이나 포대기로) 감싸다, 둘러 입다: ich habe mich gut eingemummelt 나는 옷을 잔뜩 껴입었다.
einmünden ⟨s/h⟩ **a)** 흘러들어가다, 합류하다: [전의] diese Probleme münden alle in dieselbe Frage ein 이 작은 문제점들은 모두 동일한 문제로 귀결된다. **b)** 이어져 있다, 통해 있다: die Straßen münden alle in diesen Platz ein 그 길들은 모두 이 광장으로 통한다; [전의] Gefahr, daß der Grenzkrieg in einen Zusammenprall beider Staaten einmündet 국경 전쟁이 양국 간의 전면 전쟁으로 발전할 위험성. **Einmündung,** die; -en 유입, 합류, 연결, 귀결, 접합, 변전, 발전.
einmünzen ⟨h⟩ (금, 은 덩어리를) 화폐로 주조하다.
einmurkeln ⟨h⟩ 따뜻하게 감싸다.
einmustern ⟨h⟩ 1. 등록[기재]하다. 2. 병적에 편입하다.
einmütig ['ainmyːtɪç] ⟨Adj.⟩ (감정이나 견해가) 완전히 일치하는, 합일하는: etw. e. beschließen 어떤 무엇을 만장일치로 결정하다. **Einmütigkeit,** die 의견 일치, 합일, 단결, 협동.
einnachten ⟨h⟩ ⟨schweiz.⟩ (차츰) 밤이 되다: heute nachtet es früh ein 오늘은 일찍 날이 어두워진다.
einnageln ⟨h⟩ ···에 못을 두드려 박다, ···을 (못을 박아) 고정시키다: einen Haken (in die Wand) e. (벽에) 옷걸이를 (못으로) 박다.
einnähen ⟨h⟩ 1. **a)** 꿰매어 넣다: das Futter (in den Rock) e. (남자의 겉저고리나 여자의 스커트에) 안감을 꿰매어 넣다. **b)** ···을 넣고 꿰매다: heimlich Geld in den Saum e. 돈을 몰래 옷솔기에 넣고 꿰매다. 2. 꿰매어 줄이다: du mußt das Kleid an der Seite etwas e. 당신은 옷의 옆구리를 좀 줄여야겠소. 3. ⟨지역어·폄⟩ 잡아 가두다: wie er einen neuen Raubmord begangen hat, ist er wieder eingenäht worden 그가 또 강도 살인죄를 범했으므로, 그는 다시 구금 당했다.
Einnahme ['ainnaːmə], die; -n 1. ⟨대개 Pl.⟩ 수입, 소득, 수익(반대: Ausgabe 3): seine -n bleiben hinter den Ausgaben zurück 그의 수입은 지출을 따르지 못한다. 2. ⟨Pl. 없음⟩ 복용: die E. von Tabletten einschränken 알약의 복용을 제한하다. 3. ⟨Pl. 없음⟩ 점복, 점령, 탈취: die E. von Berlin durch die russischen Truppen 러시아 군대에 의한 베를린 점령.
Einnahme- (Einnahme 1): ~**ausfall,** der 수입(소득) 결손: der Streik hat einen großen E. verursacht 파업은 커다란 수입 결손을 초래했다. ~**buch,** das 수입 대장, 소득 기재 장부. ~**erwartung,** die ⟨대개 Pl.⟩ 예상 소득액: die -en des Bundes für das neue Etatjahr 새 회계 연도의 연방 세입 예상액. ~**posten,** der 수입(소득) 항목. ~**quelle,** die 수입 원, 세수원(稅收源): sich eine neue E. erschließen 새로운 수입원을 발굴하다. ~**seite,** die 수입란, 수입(기재)면(面). ~**soll,** das 계획 [희망, 예정] 수입.

Einnahmsquelle, die; -n 《österr.》 ↑Einnahmequelle.

einnässen 〈h〉 오줌을 싸서 적시다: das Kind hat das Bett eingenäßt 아이가 오줌을 싸서 침대를 적셨다.

einnebeln 〈h〉 안개[연기]로 덮다: 〈e. + sich〉 die Schiffe nebelten sich ein [군] 함선들은 연막으로 제 모습들이 보이지 않게 은폐했다; es hat sich eingenebelt 《통용어》 안개가 끼었다. **Einneb(e)lung**, die; -en 막(煙幕)으로 은폐하기.

einnehmen* 〈h〉 1. (돈을) 받다, 영수하다, 벌다: er gibt gerne mehr aus, als er einnimmt 그는 자기가 버는 것보다 더 많이 쓰기를 좋아한다. 2. a) (아이) (음식을) 들다: er wünscht das Frühstück auf der Terrasse einzunehmen 그는 테라스에서 아침 식사하기를 원한다. b) (약을) 복용하다: die Tropfen müssen dreimal täglich eingenommen werden 이 물약은 하루에 세 번 복용해야 한다. 3. 《준구어》 (배가) 화물을 적재하다: das Schiff nimmt Fracht ein 배가 화물을 싣고 있다. 4. 정복하다, 점령하다: eine Festung e. 요새를 점령하다. 5. (정해진 자리를) 취하다, 자리 잡다: 전의 eine wichtige Stelle e. 중요한 지위를 차지하다; er nimmt in dieser Frage einen anderen Standpunkt ein 그는 이 문제에서 다른 입장을 취하고 있다. 6. (공간을) 점유하다, 차지하다: der Aufsatz wird etwa drei Seiten e. 그 논문은 3페이지 정도의 분량이 될 것이다. 7. a) 마음을 끌다, 매혹하다, 호감을 불러일으키다: sie hat durch ihr freundliches Wesen die Kollegen für sich eingenommen 그녀는 친절한 성품으로 동료들의 마음을 사로잡았다; **von sich eingenommen sein** 《폄》 자만에 빠져 있다. b) 반감을 불러일으키다, 편견을 갖게 하다: seine Unfreundlichkeit nimmt die Kollegen gegen ihn ein 그의 불친절로 말미암아 동료들이 그에 대해 나쁘게 생각하고 있다. **Einnehmer**, der; -s, - 《준구어》 수납원, 회계원, 세금 징수원.

einnicken 〈s〉 《통용어》 1. (어떤 일을 하는 도중에) 깜빡 잠이 들다, 꾸벅꾸벅 졸다: er ist beim Zeitunglesen eingenickt 그는 신문을 읽다가 깜빡 잠이 들었다. 2. 《축구 용어》 (머리로) 슬쩍 받아 골을 넣다.

einnisten, sich 〈h〉 1. a) (어떤 곳에) 깃들이다, 둥지를 짓다: die Vögel haben sich unter dem Dach eingenistet 새들은 지붕 밑에 둥지를 지었다. b) [의학] (수정된 난자가) 자궁벽에 착상하다. 2. (대개 폄) (어느 장소에) 눌러 앉다, 불청객 노릇을 하다(비교적 오랫동안): sie haben sich bei ihren Verwandten eingenistet 그들은 친척들 집에 눌러 앉았다; 전의 Unruhe und Zweifel hatten sich in ihrem Herzen eingenistet 〈아이〉 불안과 의심이 그녀의 마음속에 자리 잡았다. **Einnistung**, die; -en [의학] ↑Nidation.

einnorden ['ainnɔrdn̩] 〈h〉 (나침반을 이용하여) 지도에 기입된 북쪽이 실제로 북쪽을 가리키도록 하다.

einochsen 〈h〉 (경) (애써) 습득하다, 외우다.

Einöd ['ainløt], die; -en 《österr.》 ↑Einöde. **Einödbauer**, der 《südd., österr.》 외딴 농가에 사는 농부. **Einöde**, die; -n 황무지, 인적이 드물고 외로운 곳: in der weiten, wüsten E. sah man wochenlang keinen Menschen 넓고 황량한 황무지에는 몇 주 동안 사람이라고는 보이지 않았다. **Einödhof**, der 《südd., österr.》 외딴 농가.

einölen 〈h〉 a) 기름을 바르다. b) 기름칠하다: hast du dich[hast du dir die Haut] gegen Sonnenbrand gut eingeölt? 너는 햇볕에 타지 않도록 몸에 기름을 잘 발랐니?

einoperieren 〈h〉 ↑einpflanzen (2): ihr war eine fremde Niere einoperiert worden 그녀는 타인의 신장을 이식받았다.

einordnen 〈h〉 1. (조직적으로) 정돈하다, 분류하다, 편입하다, 배열하다: Karteikarten alphabetisch e. 색인 카드를 알파벳순으로 정리하다; man weiß nicht, in welche Kategorie man ihn e. soll 그를 어떤 범주에 넣어야 할지 모르겠다. 2. 〈e. + sich〉 a) 정해진 차선으로 접어들다: du mußt dich vor dem Abbiegen rechtzeitig e. 방향 전환 전에 제때에 정해진 차선으로 접어들어야 한다. b) (기존의 질서나 환경에) 적응하다: es fällt ihm schwer, sich (in die Gemeinschaft) einzuordnen 그가 (공동체에) 적응하기는 어렵다. **Einordnung**, die; 분류, 편입, 배열. **Einordnungsschwierigkeiten** 〈Pl.〉 적응 곤란, 사회 적응력 부족.

einpacken 〈h〉 1. (종이 따위에) 싸다, 포장하다, (통, 가방 따위에) 담아 넣다, 꾸리다(반대: auspacken 1 a): die Kleider (in den Koffer) e. 옷가지들을 (트렁크에) 담다; **e. können** 《통용어》 아무것도 얻지(달성하지) 못하다, 성공을 거두지 못하다; **pack ein!** 《통용어》 그만 둬, 집어치워라, 꺼져; **du kannst dich e. lassen[laß dich e.]!** 《통용어》 너는 어쩔 수 없는 놈이야! 아무짝에도 못쓸 친구같으니!; **du kannst dich e. lassen[laß dich e.] damit!** 《통용어》 그것은 흥미 없다, 그만둬라. 2. 《통용어》 (따뜻한 옷 따위로) 감싸다, 덮다: du mußt dich gut e., es ist kalt draußen 따뜻하게 옷을 입어야 해, 바깥은 추위. 3. 《통용어》 (운동 경기에서) 큰 승리를 쟁취하다, 압승하다. **Einpackpapier**, das 포장지. **Einpackung**, die; -en 짐꾸리기, 포장.

einparken 〈h〉 (빈 자리에) 주차하다(반대: ausparken): hinter dem roten Wagen kannst du noch e. 빨간 차 뒤에 주차할 수 있다.

Einpartei(en)-: ~**herrschaft**, die 일당 지배. ~**regierung**, die 일당 정부. ~**staat**, der 일당 지배 국가. ~**system**, das 일당 체제.

einpaschen 〈h〉 《통용어》 밀수하다.

einpassen 〈h〉 1. (정확히) 맞추어 넣다, 맞추다: ein Brett in den Schrank e. 널빤지를 장에 맞추어 넣다; 전의 das Tier ist körperlich eingepaßt in die Umwelt 동물은 육체적으로 환경에 적응되어 있다. 2. 〈e. + sich〉 ↑einordnen (2 b) 참조.

einpassieren 〈s〉 (차를 타고서) 도달하다, …가 있는 지점에 당도하다.

Einpassung, die; -en 적응, 순응.

einpauken 〈h〉 《통용어·폄》 a) 고생해서[노력하여] 외우다, 습득하다. b) 《준구어》 (주입식으로) 가르치다. **Einpauker**, der; -s, - 《통용어》 억지로 가르치는 사람, (특히) 시험 준비를 위한 교사.

einpegeln, sich 〈h〉 ↑einpendeln.

einpeitschen 〈h〉 1. 《드물게》 (짐승 따위를) 채찍질하다, 채찍으로 때리다: er peitschte nun erst recht auf die Pferde ein 그는 이제야 비로소 말들에게 심한 채찍질을 하기 시작했다. 2. 엄격하게 가르치다, 습득케 하다: man hatte ihnen diese Parolen schon frühzeitig eingepeitscht 사람들은 그들에게 이 표어들을 벌써 일찍부터 엄하게 가르쳐 놓았었다. **Einpeitscher** [-paitʃɐ], der; -s, - 고무자, 독려자: Dreimal hat die Regierungspartei die Anweisung ihrer E. befolgt 집권당 의원들은 세 번이나 그들의 독려자[원내 총무]의 지시를 따랐다.

einpendeln, sich 〈h〉 평균치에 도달하다, 균형이 잡히다: die Preise haben sich eingependelt 물가가 안정되었다. **Einpendler**, der; -s, - 주거지에서 근무지로 이동하고 있는 사람(반대: Auspendler).

einpennen 〈s〉 (경) 잠들다.

Einpersonenhaushalt, der; -(e)s, -e 1인 가정(家政), 1인 가계. **Einpersonenstück**, das; -(e)s, -e 일

인극, 모노드라마.

einpfarren ⟨h⟩ 교구(敎區)에 편입시키다. **Einpfarrung**, die 교구에의 편입.

Einpfennigstück, das; -(e)s, -e 1페니짜리 동전.

einpferchen ⟨h⟩ 1. 우리 속으로 집어 넣다, 가두다. 2. (좁은 곳에) 쳐[밀어] 넣다. **Einpferchung**, die; -en 우리 속으로 몰아넣기, 좁은 곳에의 감금.

einpflanzen ⟨h⟩ 1. (초목 따위를) 심다: 전의 die Ordnungsliebe hat man ihm von früh auf eingepflanzt 사람들은 일찍이 질서에 대한 사랑을 그에게 심어 주었다. 2. [의학] (장기 따위를) 이식하다. **Einpflanzung**, die; -en 식목, 이식(移植).

einpflastern ⟨h⟩ (보호하기 위해)(을) 포석(鋪石)으로 둘러싸다, (에) 포석을 깔다, (을) 포석에 고정시키다: Hinweisschilder e. 안내판들을 포석에 고정시키다; die Einfahrt e. 진입로에 포석을 깔다; auf diesem Spielplatz wurden die Bäume eingepflastert 이 놀이터에서는 나무들의 둘레에 포석이 깔려 있다.

einpflocken ⟨h⟩ (드물게) **einpflöcken** ⟨h⟩ 1. …을 나무못[말뚝]으로 고정시키다. 2. 말뚝으로 경계를 짓다, 둘러싸다.

einpfropfen ⟨h⟩ [원예] 접지(接枝)로 개량하다, 접붙이다: 전의 er wollte ihm die Verhaltensmaßregeln e. 그는 행동 규범을 그의 마음에 새겨 주고자 했다.

Einphasen- [물리·전기] ~**strom** [-'--], der 단상 전류[單相電流]. ~**Wechselstrom** (《붙임표와 함께》) 단상 교류(가정용으로 쓰이는). ~**Wechselstromsystem**, das 《붙임표와 함께》 단상 교류 체계.

einphasig ⟨Adj.⟩ [물리·전기] 단상(單相)의: -er Wechselstrom 단상 교류.

einpinseln ⟨h⟩ (액체를) 붓으로 바르다, 칠하다: die Wunde mit Jod e. 상처에다 요드를 바르다. **Einpinselung**, ⟨드물게⟩ **Einpinslung**, die; -en ↑einpinseln의 명사형.

einplanen ⟨h⟩ 계획 속에 넣다: 《농》 diese Panne war nicht eingeplant 이런 곤경은 예견되지 않았다(계획에 없었다). **Einplanung**, die; -en ↑einplanen의 명사형.

einpökeln ⟨h⟩ [요리] (오래 보존하기 위해) 소금물에 절이다: **du kannst dich e. lassen[laß dich e.]** 《통용어》 너는 어쩔 수 없는 놈이구나, 이 아무짝에도 쓸모없는 놈이냐; **du kannst dich e. lassen[laß dich e.] damit** 《통용어》 그런 아무 쓸모없는 짓이다.

einpoldern ['aɪnpɔldɐn] ⟨h⟩ ↑eindeichen. **Einpolderung**, die; -en 해변 저지(低地)를 제방으로 둘러쌈, 제방 축조.

einpolig ['aɪnpoːlɪç] ⟨Adj.⟩ [물리·전기] 단극(單極)의, 단극성의.

einprägen ⟨h⟩ 1. (금속 따위에) 새기다, 각인(刻印)하다. 2. a) 깊은 인상(감명)을 주다, 명심시키다: er prägte ihnen ein, pünktlich zu sein 그는 시간에 늦지 않도록 그들에게 다짐을 주었다; er prägte mir diese Worte ein 나는 이 말을 내 가슴에 새겼다; sich einen Namen e. 이름을 정확히 기억하다. b) ⟨e. + sich⟩ 기억에 남다, 잊혀지지 않다: das Bild hat sich mir (unauslöschlich) eingeprägt 이 그림은 내 마음 속에 (지울 수 없는) 인상을 남겼다. **einprägsam** ['aɪnpreːkzaːm] ⟨Adj.⟩ 마음에 남는, 인상 깊은, 감명을 주는. **Einprägsamkeit**, die 인상 깊음, 감명. **Einprägung**, die; -en 각인, 감명을 줌.

einprasseln ⟨s⟩ (누구에게 연달아) 향해지다, 퍼부어지다, 쏟아지다: die Fragen(Vorwürfe) prasselten auf ihn ein 질문(비난)이 그에게 쏟아졌다.

einpressen ⟨h⟩ (무늬 따위를) 찍어[박아] 넣다. **Einpressung**, die; -en 무늬 찍어 넣기.

einprogrammieren ⟨h⟩ [전산] (프로그램을) 입력시키다: 전의 dieses Ziel wird den jugendlichen Sportlern von Anfang an einprogrammiert 이 목표는 처음부터 젊은 운동 선수들의 마음에 새겨져야 한다. **Einprogrammierung**, die; -en 프로그램 입력.

einprügeln ⟨h⟩ 1. 마구 매질하다, (계속해서) 때리다. 2. (통용어·폄) (매질하여) 가르치다: Zucht und Ordnung hat man den armen Kindern eingeprügelt 사람들은 그 가련한 어린이들에게 매로 기율과 질서를 가르쳤다.

einpudern ⟨h⟩ 분가루를 뿌리다[칠하다]: das Baby e. 아기의 몸에 파우더를 뿌려 주다.

einpumpen ⟨h⟩ (물 따위를) 펌프로 퍼넣다.

einpuppen ⟨h⟩ 1. ⟨e. + sich⟩ [식물] 번데기[고치]되다. 2. (berlin.) (누구에게) 옷을 입히다(jmdn.): sich⁴ neu e. 새 옷을 입다.

einquartieren ⟨h⟩ a) [군] 숙영시키다, (누구의 집에) 숙박시키다. b) ⟨e. + sich⟩ 호텔[묵을 곳]을 정하다, 숙박하다: ich habe mich im Nachbar orteinquartiert 나는 인근 마을에 숙소를 정했다. **Einquartierung**, die; -en 1. 숙박[숙영], 숙박[숙영] 할당, 호텔 배당. 2. ⟨Pl. 없음⟩ 숙영하는 사람, 숙영하는 군인들. 3. [군] 이 (風).

einquetschen ⟨h⟩ ↑einklemmen (1).

einquirlen ⟨h⟩ (계란 따위를) 휘젓다, 휘저으며 넣다: ein Ei (in die Suppe) e. 계란을 (수프 안에) 넣어 휘젓다.

einrädrig ⟨드물게⟩ **einräderig** ⟨Adj.⟩ 바퀴가 하나 달린, 일륜(一輪)의.

einrahmen ⟨h⟩ 액자(들)에 끼우다: [성구] das kannst du dir e. lassen 그건 쓸데없는[무가치한] 것이다, 그건 소용 없는 짓이다; 전의 bewaldete Höhen rahmen das Dorf ein 숲이 우거진 언덕이 그 마을을 둘러싸고 있다. **Einrahmung**, die; -en 액자에 넣기, 테두리에 두르기.

einrammen ⟨h⟩ 1. (말뚝 따위를) 때려 박다. 2. (큰 각재 따위로) 분쇄하다: das Tor (mit einem Balken) e. 성문을 (들보로) 밀어붙여 부수다.

einranden ['aɪnrandn] ⟨h⟩ ⟨드물게⟩ ↑einrändern. **einrändern** ⟨h⟩ …에 가장자리를 만들다.

einrangieren ⟨h⟩ 1. (적절한 운전 기술로) 차를 끼워 넣다: den Wagen in eine Parklücke e. 자동차를 차 사이의 좁은 틈에 주차시키다. 2. 범주에 넣다, 분류하다, 편입하다. **Einrangierung**, die; -en (주차시의) 끼워 넣기, 분류, 편입시키기.

einrasten ⟨s⟩ 1. [기술] (톱니바퀴가) 맞물리다, 맞물려 고정되다: der Knopf muß erst richtig e. 단추가 우선 제대로 꿰어져야 한다. 2. ↑einschnappen (2).

einräuchern ⟨h⟩ 연기로 그을리다, 훈제(燻製)하다, 연기를 피워 넣다, 연기로 (가득) 채우다. **Einräucherung**, die ↑einräuchern의 명사형.

einräumen ⟨h⟩ 1. a) (책, 옷 따위를) 집어 넣다, 챙기다, 정리하다: die Möbel (wieder) ins Zimmer e. 가구를 (다시) 방으로 들여놓다. b) (어떤 공간에) 비치하다, 설비하다(반대: ausräumen 1 b). 2. 허가하다, 인용(認容)하다: Kredit e. 고객에게 외상을 허락하다; ich räume ein, daß ich mich geirrt haben könnte 내가 잘못 생각했을 수도 있음을 인정한다. **Einräumung**, die; -en 1. ⟨Pl. 없음⟩ 인정, 승인, 용인. 2. 양여, 양보, 양도. **Einräumungssatz**, der [언어] 양보문, 인용문(認容文)(↑Konzessivsatz).

Einraumwohnung, die; -en 단칸방, 단칸의 주택(아파트).

einrechnen ⟨h⟩ 셈에 넣다, 포함하다: Porto und Verpackung sind nicht eingerechnet 우송료와 포장료는 포함되어 있지 않다; 전의 strategische Spiele wie das Schach, wobei jeder Spieler die Antworten auf seine Züge e. muß 각 경기자들이 자신의 수에 대한 상대의 응수들을 계산에 넣어야만 하는 서양 장기와 같은 전술적 게임들.

Einrede, die; -n 【법】 항의, 의의, 항변, 항고: der Ankläger behauptete, meine Einrede sei nichtig 고소인은 나의 항변이 무효라고 주장했다. **einreden** ⟨h⟩ **1.** (누구를) 믿게 하다, 설득하다: jmdm. einen Plan e. 누구에게 어떤 계획을 믿게 하다; das hast du dir nur eingeredet 너는 단지 그렇다고 믿었을 뿐이다(그건 전혀 맞지 않다). **2. a)** 권고하다, 참견하다, 간언(諫言)하다: dauernd auf jmdn. e. 끊임없이 누구에게 권고하다. **b)** 계속해서 누구에게 얘기하다.

einregnen 1. ⟨e. + sich⟩ ⟨h⟩ 비가 계속 내리다, 비가 그치지 않다: es scheint sich einzuregnen 비가 본격적으로 내릴 것 같다. **2.** ⟨s⟩ **a)** 비에 흠뻑 젖다: wir sind tüchtig eingeregnet 우리들은 비에 흠씬 젖었다. **b)** (그치지 않고 계속 내리는 비 때문에) 발이 묶이다: sie sind in den Bergen eingeregnet 그들은 비 때문에 산중에서 오도가도 못했다.

einregulieren ⟨h⟩ **a)** 【기술】 (가치, 정도 따위를) 조절하다, 맞추다: die Temperatur wird auf 24°C einreguliert 온도는 24°C로 조절된다. **b)** ⟨e. + sich⟩ 제대로 되어 가다: das wird sich alles e. 모든 것은 제대로 잘될 것이다. **Einregulierung**, die 조절, 조정.

Einreib(e)mittel, das; -s, - 도찰제(塗擦劑) (문질러 바르는 연고 따위). **einreiben*** ⟨h⟩ **a)** 문질러서 샴푸시키다, 문질러 바르다: Salbe in die Haut e. 고약을 피부에 바르다. **b)** 문질러서 가공하다: Kaffeeflecken mit Glyzerin e. 글리세린으로 문질러서 커피 얼룩을 빼다.

Einreiber, der; -s, - 【제재】 창문의 걸림쇠(날름쇠).

Einreibung, die; -en ↑einreiben의 명사형: vom Arzt wurden -en verordnet 의사는 안마(마사지)를 처방했다.

einreichen ⟨h⟩ **a)** 제출하다, 교부하다: bei einem Gericht eine Klage e. 법정에 이의를 제기하다; er reichte der[bei der] Regierung seinen Abschied ein 그는 내각에 사표를 제출했다. **b)** (통용어) 제안하다: jmdn. für einen Orden e. 누구에게 훈장을 줄 것을 제안하다. **Einreichung**, die; -en 제출, 제기. **Einreichungsfrist**, die 제출 기간. **Einreichungstermin**, der 제출 기간(일자).

einreihen ⟨h⟩ **a)** ⟨e. + sich⟩ 열(列)에 들어가다, 줄 서다: ich hatte keine Lust, mich in die Schlange der Wartenden einzureihen 나는 기다리는 사람들의 대열에 줄을 설 생각이 없었다. **b)** 정렬시키다, 정돈하다, 배치하다: jmdn. in den Arbeitsprozeß e. 누구를 작업 과정에 배치[편성]하다; Hubert war gleich am Tage nach seiner Ankunft in ein Kolchos eingereiht worden 후베르트는 도착한 그날 바로 한 협동 농장에 배치되었다.

Einreiher ['ainrai̯ɐ], der; -s, - 【제단】 (한 줄 단추의) 양복. **einreihig** ⟨Adj.⟩ **a)** 한 줄로 늘어선. **b)** 한 줄 단추의, 싱글의: ein -er (e. geknöpfter) Mantel 싱글 외투.

Einreihung, die; -en 정렬, 정돈, 배열, 배치.

Einreise, die; -n 입국(반대: Ausreise): jmdm. die E. verweigern 누구의 입국을 거부하다.

Einreise-: **~erlaubnis**, die, **~genehmigung**, die 입국 허가. **~verbot**, das 입국 금지. **~visum**, das 입국 비자.

einreisen ⟨s⟩ 입국하다(반대: ausreisen).

einreißen* 1. ⟨h⟩ 허물다, 파괴하다: alte Stadtviertel e. 도시의 낡은 구역을 철거하다; 전의 die Dynamik der Geschichte selbst ist es, welche die festgefügten Mauern nach und nach einreißt 굳건한 장벽을 점차 허물어 가는 것이 바로 역사의 역동성이다. **2. a)** ⟨h⟩ 잡아 찢다, 찢어서 틈(구멍)을 내다. **b)** ⟨h⟩ (무엇의 속으로) 틈[구멍]을 내다. **3.** ⟨s⟩ 찢어지다, 금가다, 깨어지다: der Ärmel war bis zum Ellbogen eingerissen 소매가 팔꿈치까지 찢어졌다; die eingerissenen Hände eincremen 터서 갈라진 손에 크림을 바르다. **4.** ⟨h⟩ 찔리다: ich habe mir einen Dorn eingerissen 나는 가시에 찔렸다. **5.** ⟨s⟩ (악덕, 병폐 따위가) 만연하다, 널리 퍼지다: merkwürdige Sitten sind in diesem Land eingerissen 이상한 관습이 이 나라에 만연했다.

Einreißhaken, der; -s, - (건물 철거용 중기의) 쟁이 부분. **Einreißung**, die; -en 철거, 파괴, 만연, 유행.

einreiten* 1. ⟨s⟩ 말을 타고 들어가(오)다. **2.** ⟨h⟩ **a)** (말을) 타서 길들이다. **b)** ⟨e. + sich⟩ 말(타기)에 익숙해지다: mit diesem Pferd muß ich mich erst e. 나는 우선 이 말에 익숙해져야 한다.

einrenken ['ainreŋkn̩] ⟨h⟩ **1.** (탈구(脫臼), 골절 따위를) 정골(整骨)하다(반대: ausrenken): der Arzt hat ihm die Schulter wieder eingerenkt 의사가 그의 어깨뼈를 다시 제대로 맞추어 놓았다; 전의 als er den Motor anläßt, bevor er den ersten Gang eingelegt hat 길을 기어를 넣기 전에 그가 엔진을 작동시켰을 때. **2.** (통용어) **a)** 원상태로 복구하다, 깨끗이 하다. **b)** ⟨e. + sich⟩ 정리[해결]되다: zum Glück hat sich alles wieder eingerenkt 다행히도 모든 일이 다시 원상 복구되었다. **Einrenkung**, die; -en 접골, 정골(整骨), 원상 복구, 정리, 해결.

einrennen* ⟨h⟩ **a)** 달려가 부딪쳐서 부수다[파괴하다]. **b)** (통용어) 부딪쳐서 다치다: ich habe mir den Kopf an der Glastür eingerannt 나는 달리다가 유리문에 부딪혀 머리를 다쳤다.

einrexen ['ainreksn̩] ⟨h⟩ (südd., österr.) (잼 따위를) 저장용 병에 저장하다.

einrichten ⟨h⟩ **1. a)** (가구, 기계 따위를) 설비하다, 비치하다: ein Zimmer (mit neuen Möbeln) e. (새 가구로) 방을 꾸미다; ich habe im Keller ein Labor eingerichtet 나는 지하실에 실험실을 설치했다. **b)** ⟨e. + sich⟩ (주거 및 작업 공간을) 꾸미다, 살림을 차리다: du kannst dich hier häuslich e. (통용어) 집에 있는 것처럼 편하게 여겨라. **2.** 【의학】 정골(整骨)하다. **3.** ⟨e. + sich⟩ (환경에) 적응하다, 절약하며 살아가다: seine Frau weiß sich einzurichten 그의 아내는 아껴 가며 살림할 줄 안다. **4. a)** 조정하다. **b)** 가능하게 하다. **5.** ⟨e. + sich⟩ 무엇에 대하여) 예상하다, 준비하다: (통용어) darauf bin ich nicht eingerichtet 그것을 나는 예상하지 못 했다. **6.** 설립(개점)하다: eine Filiale e. 지점을 설립하다. **7.** (목적에 맞게) 변형(조정)하다, 편곡하다: ein Orchesterwerk für Klavier e. 교향곡을 피아노곡으로 편곡하다; eine gemischte Zahl e. 【수학】 대분수를 가분수로 고치다. **Einrichter**, der; -s, - (기계 따위의) 정비(조절)자. **Einrichtung**, die; -en **1.** ⟨Pl. 없음⟩ 설비, 설치, 정골: die E. der neuen Wohnung nimmt viel Zeit in Anspruch 새 주택을 설비하려면 많은 시간이 필요하다; die E. eines gebrochenen Gliedes 부러진 뼈의 정골(整骨); jmdn. mit der E. eines neuen Geschäftes betrauen 누구에게 신설 점포의 설립(개점)을 위탁하다. **2. a)** 가구, 설비: die Wohnung hat eine geschmackvolle E. 이 집은 멋지게 꾸며져 있다. **b)** (기술적) 장치, 기구. **3.** 기관, 관청. **4.** 습관, 관행.

Einrichtungs-: **~darlehen**, das (신혼) 가구 구입용 신용 대출. **~gegenstand**, der 비품, 가구, 설비 물품. **~haus**, das 【상】 가구점. **~stück**, das ↑~gegenstand. **~zahl**, das 설비의 수효, 비품의 숫자: die E. steigern 가설 숫자(예컨대: 전화의 연결선 숫자)를 늘이다. **~zubehör**, das Pl. 부품: es gibt mannigfache Ausführungen dieses modernen -s 이 현대적 설비 부품은 다양한 제품으로 나와 있다.

einriegeln ⟨h⟩ (빗장을 질러) 가두다.
einrieseln ⟨s⟩ 졸졸 흘러들다.
einringen, sich ⟨h⟩ [레슬링] (스파링으로) 몸을 풀다.
Einriß, der; ...isses, ...isse (가장자리나 표면에 난) 깨 [째]진 틈, 균열.
einritzen ⟨h⟩ **a)** 새기다: seinen Namen (in einen Baum) e. 그의 이름을 (나무에) 새기다. **b)** ⟨e. + sich⟩ 할퀴다, 상처를 내다: das Messer hat sich in die Haut eingeritzt 칼이 피부를 상하게 했다. **Einritzung**, die; -en 새김, 할큄, 난자(亂刺).
Einrollbewegung, die; -en [육상] 장대높이뛰기에서 뛰어오르기 시작하는 단계. **einrollen 1.** ⟨h⟩ 말다, 말아서 싸다: den Teppich e. 융단을 둘둘 말다; ich rolle mir die Haare ein 머리카락을 안으로 말아 넣는다. **2.** ⟨s⟩ 굴러 들어오다(가다): der Zug rollt gerade ein 기차가 막 들어오고 있다. **3.** [스포츠] ⟨h/s⟩ **a)** ⟨h⟩ [육상] (장대높이뛰기에서) 몸을 구부려 뛰어오르기 시작하다. **b)** ⟨h⟩ [필드하키] 몰인(roll in)시키다, 사이드 라인을 넘은 공을 되쳐넣다. **Einroller**, der; -s, - [필드하키] **a)** 몰인되는 공. **b)** 공을 몰인시키는 사람. **Einrollinie**, die; -n [필드하키] 몰인시킬 때 다른 선수들이 모두 물러나야 하는 선(사이드 라인에서 6.4m의 거리).
einrosten ⟨s⟩ 녹슬어 움직이지 않다(못쓰게 되다): die Schraube ist eingerostet 나사에 녹이 슬었다 《전의》 meine Knochen rosten ein 《통용어》 뼈마디가 뻣뻣해졌다(운동 부족으로); eine eingerostete Stimme 《농》 쉰 목소리.
einrücken 1. ⟨s⟩ **a)** [군] (열을 지어) 진입하다, 행진해 들어오다: die Truppen rücken in das Land ein 군대가 그 나라에 진주해 들어갔다. **b)** [군] 징집되다: morgen muß er (zum Militär) e. 내일이면 그는 입대해야 한다. **c)** (어떤 직책, 관직에) 나아가다, 진출하다: in eine Schlüsselstellung e. 요직을 맡게 되다. **2.** ⟨h⟩ [기술] (기계를) 작동시키다. **3.** ⟨h⟩ [사무] 몇 칸 띄우고 행(行)을 시작하다. **4.** ⟨h⟩ [신문] (기사나 광고를) 신문에 게재하다. **Einrücktaktik**, die [핸드볼] 수비진이 다 들어오기 전에 우선 가장 멀리 있는 상대방 공격수를 방어하지 않는 응급 방어 자세. **Einrückung**, die; -en ↑einrücken의 명사형. **Einrückungsbefehl**, der 징집 명령. **Einrückungstermin**, der 징집 일자.
einrühren ⟨h⟩ 뒤섞다, 휘저어 넣다: ein Ei (in die Suppe) e. (수프에) 계란을 넣어 휘젓다. **2.** 《통용어》 괴롭히다.
einrüsten ⟨h⟩ [토목] (건물에) 비계를 둘러치다(도장 공사 따위를 하기 위해).

¹**eins** ['ains] ↑¹ein] **I.** ⟨기수⟩ 숫자 1: er kommt gegen e. 그는 한 시경에 올 것이다; e. durch e. ist e. 1 나누기 1은 1이다; 《전의》 Sport ist sein Hobby Nummer e. 《통용어》 스포츠는 그가 가장 좋아하는 취미이다; 《강이》 e. zu null für dich! 《통용어》 이 점에 있어서는 네가 이겼다[내가 졌다]; **e., zwei, drei** 《통용어》 눈깜짝할 사이에; **eins a (Iª)** [상] 최고품이다, 매우 좋다. **II.** ⟨Adj.⟩ 일한, 같은: **in e.** 함께, 같이; **jmdm. e. sein** 《통용어》 마찬가지다, 상관없다. **e. sein** 1) 같다, 동일하다. 2) 동시에 일어나다(발생하다); **mit jmdm. e. sein** [**werden**] 누구와 뜻(행동)을 같이 하다; **mit jmdm.** [**mit etw.**] **e. werden** 완전한 일치를 목표로 하다, 하나로 합쳐지다; 《전의》 sie wurden miteinander e. 《아어·은폐》 그들은 서로 하나가 되었다(몸을 섞었다); **sich mit jmdm. e. wissen** [**fühlen**] 《아어》 누구와 의견이 일치하다. **III.** ⟨부정대명사⟩ ↑¹**ein** II 참조. ²**eins** [-] ⟨Adv.⟩ 《지역적》 한번: (다음 용법으로) **mit e.** 갑자기. **Eins**, die; -en (숫자 1의 글자, 1의 수: eine arabische E. 아라비아 숫자 1; wie eine E. stehen 《통용어》 똑바로 [꼿꼿이] 서 있다; eine E. schreiben (학생이) 논문을

제출하여 최고점을 받다; die Prüfung mit einer [《통용어》 der) E. bestehen 최고점으로 시험에 합격하다; er fährt mit der E. 그는 1번선 전차를 타고 간다.
Einsaat, die; -en **1.** 파종용으로 쓰일 곡식, 곡물의 씨앗. **2.** ⟨Pl. 없음⟩ 파종.
einsäckeln ⟨h⟩ ↑¹einsacken (b). ¹**einsacken** ⟨h⟩ **a)** (곡식 따위를) 자루에 넣다. **b)** 《통용어》 (재빨리) 집어 넣다, 쑤셔 넣다: er hat viel Geld eingesackt 그는 많은 돈을 챙겼다. **c)** 《경》 가두다, 감금하다.
²**einsacken** ⟨s⟩ 《통용어》 가라앉다, 함몰하다: der Karren sackt tief im [《드물게》 in den] Boden ein 짐수레가 바다 깊이 가라앉았다.
einsäen ⟨h⟩ **a)** (땅에) 씨를 뿌리다, 파종하다. **b)** (밭 전체에) 완전히 파종하다.
einsagen ⟨h⟩ 《südd., österr.》(몰래) 얘기해 주다, 소근 거리다(특히 학교에서): die Schüler sind geschickt im Einsagen und Abschreiben 학생들은 몰래 말해 주고 베껴 쓰는 데 숙달되어 있다. **Einsager** [-za:gɐ], der; -s, - 《südd., österr.》 프롬프터, 후견역(後見役). **Einsagerin**, die; -nen ↑Einsager의 여성형.
einsägen ⟨h⟩ **a)** 톱자국을 내다, 톱질하다: das Holz an einer Stelle e., um es spalten zu können 나무를 쪼개기 위해 한 위치에 톱질을 하다. **b)** (홈 따위를) 파다. **c)** ⟨e. + sich⟩ (작업 과정을 빠르게 하기 위해) 함께 톱질하다.
einsalben ⟨h⟩ 고약을 바르다.
einsalzen ⟨h⟩ (저장하기 위하여) 소금에 절이다: **du kannst dich e. lassen**[**laß dich e.**]! 《통용어》 아무 짝에도 쓸모없는 녀석아; **du kannst dich e. lassen** [**laß dich e.**] **damit** 《통용어》 그것으로 아무것도 안된다, 그것으로 덕볼 게 없다. **Einsalzung**, die; -en 소금에 절임.
einsam ['ainza:m] ⟨Adj.⟩ **1. a)** 홀로 있는, 고독한, 세상과의 접촉이 없는: er lebt sehr e. 그는 아주 외롭게 살고 있다; sich e. fühlen 쓸쓸해 하다; ein -er Entschluß 고독한 결단. **b)** 유일의, 단독의, 외톨이의, 의지할 데 없는: ein -er Wanderer 의지할 곳 없는 나그네; Draußen im Vorzimmer brannte e. der Petroleumlampe 바깥에 있는 문간방에는 석유등잔만 혼자 타고 있었다. **2. a)** 외딴, 동떨어진: ein -es Haus am Waldrand 숲 가장자리에 있는 외딴집. **b)** 인적이 드문, 황량한: ein -er Strand im Winter 겨울의 황량한 해변. **Einsamkeit**, die; -en **1.** 홀로 있음, 고독, 은둔. **2.** 외딴곳, 황야. **Einsamkeitsbedürfnis**, das 고독의 욕구. **Einsamkeitsgefühl**, das 고독감.
einsammeln ⟨h⟩ **1. a)** 모으다, 채집하다, 주위 모으다: die heruntergefallenen Früchte wieder e. 떨어진 물건들을 다시 주위 모으다. **b)** (어느 장소에서) 데리고 [가지고] 오다: Eine Schwester sammelt ein paar alte Leute ein 간호사가 노인 몇 명을 모시고 왔다; 《전의》 der Tod sammelte die kleinen Menschentiere ein 죽음의 신이 몇몇 보잘것 없는 인간들을 불러들였다. **2.** (특정 집단으로부터, 특정한 목적을 위해) 인도 받다, 넘겨 받다, 수집하다: die Anträge e. 신청서를 받다. **Einsamm(e)lung**, die; -en 채집, 수집, 모집, 걷기.
einsargen ['ainzarɡn̩] ⟨h⟩ 입관(入棺)하다: einen Toten e. 죽은 사람을 관에 넣다; **du kannst dich e. lassen** (**sich (mit etw.) e. lassen können**) 아무런 쓸모가 없다, 아무것도 할 수 없다. **Einsargung**, die; -en 입관(入棺).
Einsatt(e)lung, die; -en (산봉우리나 건물 사이의) 오목한 부분, 파인 부분: das Dach ist flach, ohne E. 지붕은 파인 부분 없이 평평하다.
Einsatz, der; -es, Einsätze **1. a)** 삽입물, 부착물: die Tischdecke hat einen geklöppelten E. 이 식탁보에는

레이스가 달려 있다. b) 삽입할 수 있는 부분, 끼워 넣는 물건: ein Koffer mit E. für die Kleider 의류용 부속 가방이 붙은 트렁크. **2. a)** (도박, 노름에서) 건 돈, 상금: der E. beträgt eine DM 거는 돈은 1 마르크이다; den E. zahlen 판돈을 내다. **b)** 담보물, 예치금: zwei Mark E. hinterlegen 2 마르크의 보증금을 맡기다. **3.** 〈Pl. 없음〉 **a)** (군대, 선수 따위의) 배치, 투입, 출동: der E. von Panzern 탱크의 배치; der E. der beiden verletzten Spieler ist noch fraglich 두 부상 선수를 투입할 수 있을지는 아직 의문이다. **b)** 힘을 다함, 진력(盡力), 신명(身命)을 바침: ohne E. geht es nicht 있는 힘을 다하지 않으면 불가능하다; die Verteidiger konnten nur mit überhartem E. die Angriffe des Gegners bremsen 수비수들은 엄청난 고투로써 겨우 상대 선수들의 공격을 막아낼 수 있었다. **c)** (행위, 직책의) 수행: zum E. bringen(kommen, gelangen) 《강조》 파견하다(되다), 출동시키다(하다). **4.** [군] (전선으로의) 투입, 출동: die Truppe ist im E. 그 부대는 출동 중이다(전투 중이다). **5.** [음악] 연주(노래)의 시작, (소리의) 가입(역入): der Dirigent gibt den E. 지휘자가 시작 신호를 낸다. **6.** 《schweiz.》 (대개 종교적 영역에서) 공직 임명.

einsatz-, Einsatz-: **~befehl**, der **a)** 투입(출동) 명령. **b)** 출동 명령권: den E. haben 출동 명령권을 지니다. **~bereit** 〈Adj.〉 **a)** 출동할 준비가 되어 있는. **b)** 투입될 준비가 완료된. **~bereitschaft**, die 〈Pl. 없음〉 출동할 용의, 투입 준비 완료. **~dienst**, der (예비군[후보 선수]처럼) 비상시에 투입할 수 있는 집단, 특별 출동대. **~fähig** 〈Adj.〉 **1. a)** 출동 능력이 있는. **b)** 투입될 수 있는. **2.** [스포츠] 출전할 수 있는: der verletzte Spieler war noch nicht (voll) e. 그 부상 선수는 아직도 (완전히) 경기할 수 있는 상태가 아니었다. **~fähigkeit**, die 〈Pl. 없음〉 출전할 수 있는 상태. 〈기계의〉 작동할 수 있는 상태. **~feier**, die 《schweiz.》 (가톨릭의) 성직자 임명 축하식. **~fertig** 〈Adj.〉 투입될 수 있는. **~fisch**, der (양식을 목적으로) 연못에 넣어 둔 어린 물고기. **~freude**, die [스포츠] 투지: der Sturm ließ Ehrgeiz und E. erkennen 포워드진은 패기와 투지를 보여 주었다. **~freudig** 〈Adj.〉 **1.** 기꺼이 출동할 준비가 된. **2.** [스포츠] 패기만만한, 투지를 보여 주는. **~gefäß**, das 한벌[세트]로 된 그릇(의 하나). **~glas**, das 한벌[세트]로 된 유리잔(의 하나). **~gruppe**, die ↑ ~kommando. **~kommando**, das [군] 출동[투입] 부대. **~leiter**, der **a)** 출동 부대의 지휘관. **b)** 직무 수행을 지도하는 사람, 출동 책임자. **~möglichkeit**, die 출동[투입] 가능성. **~ort**, der 출동[투입] 장소. **~plan**, der 직무 수행[출동] 계획. **~ring**, der 〈대개 Pl.〉 석탄 화덕의 금속판으로부터 분리 가능한 고리. **~schwerpunkt**, der 출동[투입]의 중심. **~stab**, der ↑ ~kommando 참조. **~stück**, das 삽입물로 쓰이는 부분, 여분. **~teich**, der 양어지(池). **~truppe**, die 출동[투입] 부대의 하나. **~wagen**, der **1.** (기동 경찰의) 특장차. **2.** (러시 아워에 투입되는) 전철 및 버스 노선의[여유] 차량. **~zeichen**, das (노래[연주]의) 시작 신호.

einsauen 〈h〉 《속어》 매우 더럽히다: das Auto hat mich von oben bis unten eingesaut 자동차가 내 머리끝에서 발끝까지 흙탕물을 뒤집어 씌웠다.

einsäuern 〈h〉 **a)** [가정] (고기, 생선 따위를) 초에 절이다. **b)** [농업] (사료 작물을) 발효시켜 저장하다. **Einsäuerung**, die; -en (고기·생선의) 초절임, (사료의) 발효 저장.

einsaugen* 〈h〉 빨아들이다, 흡수하다: die frische Luft e. 맑은 공기를 들이마시다; Bienen saugen den Honig ein 벌들이 꿀을 빨아들인다; 전의 die Schneedecke sog das Mondlicht in sich ein 쌓인 눈에 달빛이 젖어들었다. **Einsaugung**, die; -en 흡수, 빨아들임, 동화

(同化)시킴.

einsäumen 〈h〉 **a)** [재단] (솔기가 뵈지 않도록) 단을 접어 꿰매다, 가선을 대다: den Rock e. 저고리[치마]에 가선을 대다. **b)** 둘러싸다, 테두리를 두르다: ein von Bäumen eingesäumter Platz 나무로 둘러싸인 광장.

einschachteln 〈h〉 (차곡차곡) 포개어 넣다, 상자에 넣다: seine Sachen mühsam im Koffer e. 그의 물건들을 트렁크에 차곡차곡 포개어 넣다. **Einschacht(e)lung**, die; -en 차곡차곡 포개어 넣음, 상자로 포장하기.

einschalen 〈h〉 [토목] (에) 널빤지[판자]로 둘러치다, 콘크리트용의 형틀을 만들다(반대: ausschalen). **Einschaler**, der; -s, - 콘크리트용 형틀을 만드는 목수. **Einschalung**, die; -en **a)** 콘크리트용 형틀 만들기. **b)** 판자를 대기.

einschalten 〈h〉 **1.** (반대: ausschalten 1) **a)** (스위치를) 넣다, 작동시키다: das Licht e. 전등을 켜다; den dritten Gang (im Auto) e. (자동차의) 3단 기어를 넣다. **b)** 〈e. + sich〉 작동하다, 움직이다: die Automatik schaltet sich nachts ein 자동 조정 장치는 밤에 작동한다. **2. a)** 첨가하다, 끼워 넣다, 부언하다: einige Worte zur Erklärung e. 설명을 위해 몇 마디 덧붙이다. **b)** (어떤 일에) 개입시키다, 참여시키다: Interpol wurde (in die Ermittlungen) eingeschaltet 국제 경찰이(그 수사에) 개입되었다. **c)** 〈e. + sich〉 (말로) 끼어들다, 참견하다: der Staatsanwalt schaltete sich ein 검사가 한 마디 거들었다; ich schaltete mich in die Diskussion ein 나는 그 토론에 끼어들었다. **Einschalthebel**, der 작동 손잡이, 전원 연결 레버. **Einschaltquote**, die [라디오·텔레비전] 시청률, 청취율. **Einschaltung**, die; -en **1.** 전원 연결. **2.** [언어] 문장 속에 첨가된 설명, 삽입구(문).

einschärfen 〈h〉 엄하게 가르치다, 엄하게 경고하다: eine Verhaltensregel e. 행동 규범을 훈계하다; man schärfte den Kindern ein, mit keinem Fremden mitzugehen 사람들은 어린이들에게 낯선 사람을 따라가지 말도록 엄하게 타일렀다.

einscharren 〈h〉 **a)** 땅바닥을 파고 묻다: der Hund scharrt den Knochen ein 개가 땅을 파고 뼈다귀를 묻는다. **b)** (비밀리에) 매장하다.

einschätzen 〈h〉 **1.** (세금, 재산 따위를) 사정(査定)하다, 평가하다, …의 가치를 매기다: eine Sache falsch [richtig] e. 위험을 잘못[바르게] 평가하다. **2.** (사정을 위하여) 세금을 산정하다: das Finanzamt hat uns in diesem Jahr höher eingeschätzt 세무 당국은 금년에 우리에게 더 많은 세금을 매겼다. **Einschätzung**, die; -en 평가, 견적(見積), 사정(査定), 산정(算定).

einschaufeln 〈h〉 삽으로 퍼 넣다: Kartoffeln (in Säcke) e. 감자를 (자루에) 퍼 넣다.

einschäumen 〈h〉 **a)** (비누) 거품을 칠하다: sich vor dem Duschen gründlich e. 샤워하기 전에 꼼꼼히 비누칠을 하다. **b)** (깨지기 쉬운 물건 따위에) 발포(發泡) 섬유로 싸다.

einscheffeln 《드물게》 ↑ scheffeln.

einschenken 〈h〉 **a)** (음료 따위를) 따르다, 붓다: ich schenkte ihm noch eine Tasse ein 나는 그에게 한 잔 더 따라 주었다. **b)** (음료로써) 채우다: die Tassen e. 찻잔들을 채우다.

einscheren 〈s〉 **1.** [교통] (자동차가) 원래 차선으로 다시 들어서다(반대: ausscheren): man soll nach dem Überholen wieder rechts e. (auf die rechte Fahrspur) e. 추월한 후에는 다시 (오른쪽 차선으로) 원래 차선으로 들어가야 한다. **2.** [선원] 밧줄을 (구멍, 도르래 따위에) 꿰다.

Einschicht, die (südd., österr.) 황무지, 황야, 고독, 적막.

einschichten 〈h〉 층층이 쌓아 넣다.

Einschichthof, der; -(e)s, -höfe (südd., österr.) 외딴 농가. **einschichtig** ⟨Adj.⟩ **1.** (südd., österr.) **a)** 외딴, 적막한. **b)** 한 짝만 남은, 미혼의. **2. a)** 단층(單層)의. **b)** [산업] (작업 교대가 없는) 일괄 작업의.

einschicken ⟨h⟩ **1.** 보내다, 송달하다: er hat die Probe an ein Institut eingeschickt 그는 그 견본을 한 연구소로 보냈다. **2.** [기술] (가스, 전기 따위를) 관을 통해 보내다.

einschieben* ⟨h⟩ **1.** 밀어 넣다, 끼워 넣다: Kuchenblech (in den Ofen) e. 케이크 반죽을 올려 놓은 철판을 (오븐에) 넣다; zum 1:0 e. 《축구 언어》 가까운 거리에서 살짝 볼을 밀어 넣어 1대 0을 만들다. **2.** 삽입하다, (설제) 끼워 넣다: Zitate in einen Aufsatz e. 논문에 인용문을 삽입하다; ⟨e. + sich⟩ sich in die Reihe der Wartenden e. 기다리는 사람들의 열에 끼어들다. **3.** ⟨e. + sich⟩ [사냥] (산돼지가) 굴 속으로 들어가다. **Einschiebsel** ['aɪnʃiːpsl̩], das; -s, - 삽입 문장, 삽입문. **Einschiebung**, die; -en **a)** 밀어 넣기, 끼워 넣기. **b)** 삽입된 물건 [문장].

Einschienenbahn, die; -en [교통] 단궤(單軌) 열차, 모노레일. **Einschienenhochbahn**, die; -en 고가(高架) 모노레일.

einschießen* **1.** ⟨h⟩ 사격하여 무너뜨리다: 전의 mit dem Fußball eine Fensterscheibe e. 축구공으로 유리창을 깨뜨리다(박살 내다). **2.** ⟨h⟩ **a)** (총기를) 사격하여 길들이다. **b)** ⟨e. + sich⟩ (같은 표적에 반복 사사(試射)하여) 사정(射程)을 정하다: [스포츠] nach zwanzig Minuten hatte sich der gegnerische Sturm eingeschossen 20분 뒤에 상대 공격진은 드디어 수비를 뚫었다. **c)** 누구[무엇]을 공격 목표[표적]로 삼다. **3. a)** [집아] 넣다, 끼우다: Spikes in die Reifen e. 바퀴에 스파이크를 박다. **b)** [스포츠] (공을) 골에 넣다, 골을 성공시키다. **c)** [인쇄] (종이를 인쇄 전지 사이에) 끼워 넣다. **d)** [방적] 씨실을 꿰다. **4.** ⟨h⟩ (자금을) 출자하다. **5.** ⟨s⟩ 솟아나다, 돌진하다: nach Öffnen der Schleuse schoß das Wasser ein 수문을 열자 물이 쏟아져 내렸다(나왔다). **6.** (지역에) ⟨h⟩ 빵을 오븐에 밀어 넣다.

einschiffen ⟨h⟩ **1.** 배에 실어 넣다(태우다)(반대: ausschiffen): sich (auf einem Boot) e. (배에) 승선하다. **2.** ⟨e. + sich⟩ 항해를 시작하다: sie haben sich nach Amerika eingeschifft 그들은 아메리카를 향해 항해를 시작했다. **Einschiffung**, die; -en 선적, 승선, 탐승. **Einschiffungs-: ~erlaubnis**, die 선적 허가, 탑승 허가. **~hafen**, der 승선 항구, 선적 항구. **~ort**, der 선적[승선]지(地). **~tag**, der 승선일, 선적 일자. **~termin**, der 승선 일시, 선적 일시. **~zeit**, die 선적[승선] 시간.

einschirren ⟨h⟩ (말에) 마구(馬具)를 얹다(반대: ausschirren).

Einschlaf-: ~mittel, das 수면제. **~schwierigkeit**, die (잠 못드는) 불면증. **~störung**, die (잠 못드는) 수면 장애.

einschlafen* ⟨s⟩ **1.** 잠들다: ich bin über dem Lesen eingeschlafen 나는 책을 읽다가 잠이 들었다. **2.** (완곡) 안락사(安樂死) 하다. **3.** (사지가) 마비되다: mir ist der linke Arm eingeschlafen 나는 왼쪽팔이 마비되었다. **4.** 점차 쇠잔해지다, 중단되다: die Freundschaft ist eingeschlafen 우정이 식어버렸다; wir wollen die alten Beziehungen nicht e. lassen 우리는 오래된 관계를 중단시키고 싶지 않다. **einschläfern** ⟨h⟩ **1. a)** 잠들게 하다, 재우다: das gleichmäßige Rauschen schläfert mich ein 나는 단조로운 찰싹거리는 소리에 나는 잠이 들어 버렸다. **b)** 마취시키다: jmdn. vor einer Operation e. 누구를 수술 전에 마취시키다. **c)** (특히 병든 짐승을) 안락사시키다. **2.** 안심시키다, 마음 놓게 하다: jmds Gewissen e. 누구의 양심을 마비시키다. **Einschläferung**,

die; -en 잠들게 함, 마비시킴, 최면.

einschläf(r)ig ⟨Adj.⟩ 1인 취침용의: ein -es Bett 1인용 침대.

Einschlag, der; -(e)s, Einschläge **1. a)** 낙뢰, 내려침, 폭발, 폭음: die Einschläge der Granaten hören 수류탄의 폭음을 듣다. **b)** 벼락[포탄]이 떨어진 자리, 탄흔. **2.** 혼합물, 가미(加味), 특징: eine Bevölkerung mit französischem E. 프랑스 혈통의 주민. **3.** [산림] **a)** 벌목, 벌채. **b)** 베어 낸 목재. **4.** [자동차] 앞바퀴의 선회각 (旋回角). **5.** [재단] (접어 넣은) 시접, 단. **6.** [농업] 묘상(苗床), 모판: Porree im E. aufbewahren 부추를 묘상에 가식(假植)해 놓다. **einschlagen*** ⟨h⟩ **1.** (못, 말뚝 따위를) 두들겨 박다: einen Nagel (in die Wand) e. 못을 (벽에) 두들겨 박다. **2.** 두들겨서 부수다: eine Fensterscheibe e. 창유리를 두들겨 부수다; ich habe mir (an der harten Kante) zwei Zähne eingeschlagen 나는 (딱딱한 모퉁이에 부딪쳐서) 이빨 두 개가 부러졌다. **3.** 쾅 소리를 내며 불붙다(폭발하다), (번개 따위가) 떨어지다: der Blitz (es) hat (irgendwo) eingeschlagen (어디엔가) 벼락이 떨어졌다. **4.** 계속해서 마구 때리다: er schlug wie von Sinnen auf ihn ein 그는 마치 정신 나간듯이 그를 마구 두들겨 팼다. **5.** [임업] 벌채[벌목]하다. **6. a)** (종이, 천 따위로), 싸다, 두르르 말다: das Bild war in eine Decke eingeschlagen 그 그림은 담요에 싸여 있었다. **b)** [농업] (월동을 위해 채소 따위를) 흙으로 덮어 놓다, (어린 식물을) 가식(假植)하다: die Setzlinge müssen vorläufig eingeschlagen werden 싹들을 우선 가식해야 한다. **7.** (길, 방향 따위를) 잡다, (어떤 방향으로) 접어들다: den eingeschlagenen Kurs ändern 이미 접어든 코스를 변경하다; 전의 die juristische Laufbahn e. 법률가의 길을 (택해서) 걸어가다. **8.** (서약, 찬성의 표시로) 악수하다, 박수치다: die dargebotene Hand e. 내민 손을 잡고 악수하다; 전의 als man ihm die Stelle anbot, schlug er ein 그 일자리를 제시하자 그는 그것을 받아들였다. **9.** [교통] (핸들을 꺾어서) 방향을 바꾸다: nach links e. 핸들을 좌로 꺾다. **10.** [재단] 단을 안으로 접어 넣어 줄이다: die Ärmel e. 소매를 줄이다. **11. a)** 성공적으로 발전하다: in der Schule hat er (gut) eingeschlagen 그는 학교에서 잘 해나갔다. **b)** 빠른 시간에 인기를 얻다, 급부상하다: dieser Film hat überall eingeschlagen 이 영화는 도처에서 인기를 거두었다. **einschlägig** ['aɪnʃlɛːgɪç] ⟨Adj.⟩ (어느 분야에) 속하는, 해당하는, 관계하는: die -e Literatur 해당 문헌; die -en Paragraphen des Gesetzes 법률의 당해(當該) 조항. **Einschlagpapier**, das 포장지, 싸는 종이.

einschlämmen ⟨h⟩ [원예·토목] (구멍을) 진흙으로 메우다, 메우다.

einschleichen* **1.** ⟨e. + sich⟩ 몰래 숨어 들어가다, 기어 들어가다, 미끄러져 들어가다: Diebe haben sich (in den Keller) eingeschlichen 도둑들은 (지하실로) 숨어 들었다: 전의 der Gedanke(Verdacht) schleicht sich ein, daß... ...라는 생각[의심]이 슬며시 일어나다. **2.** [의학·약학] (투약을) 조금씩 증량하다(반대: ausschleichen).

einschleifen* ⟨h⟩ **1.** (유리 등에) 새겨 넣다(글자, 무늬 따위를). **2.** [기술] (유리 따위를) 갈아서 맞추다, 맞춰 넣다. **3.** [심리] (반복으로써) 익숙하게 하다, 익히다: eine korrekte Aussprache e. 정확한 발음을 익히다. **b)** ⟨e. + sich⟩ 습관이 되다, 익숙해지다: diese Reaktion hat sich bei dem Tier eingeschliffen 이와 같은 반응이 그 동물에게 습관화되었다; das fremde Wort schleift sich ein 그 낯선 단어가 점점 익숙해지고 있다. **Einschleifung**, die 글자[무늬]를 새겨 넣기, 습관화.

einschleppen ⟨h⟩ **1.** (배를) 예인하다, 끌고 들어오다. **2.** (나쁜 습관 따위를) 묻혀 들어오다, 옮겨 오다: er hat die

Pocken (in die Schweiz[nach Europa]) eingeschleppt 그가 천연두를 (스위스[유럽]로) 전염시켰다. **3.** (사람, 물건을) 데리고[갖고] 오다: Mit Pferdefutter wurde der Samen eines Grases eingeschleppt 잔디의 씨앗이 말의 사료에 묻어 들어왔다. **Einschleppung**, die; -en 예인, 도입, 반입, 전염.

einschleusen ⟨h⟩ **a)** 잠입시키다, 밀수하다: Agenten (in ein Land) e. (어느 나라에) 첩자를 파견하다; Falschgeld in den Verkehr e. 위조 화폐를 유통시키다. **b)** ⟨e. + sich⟩ 잠입하다. **Einschleusung**, die; -en 잠입시킴, 몰래 넣음[보냄].

einschließen* ⟨h⟩ **1. a)** 가두어 넣다, 감금하다, 보관하다: die Gefangenen in ihre Zellen e. 죄수들을 감방에 가두다; das Sparbuch im Schreibtisch e. 통장을 책상 속에 넣고 잠그다. **b)** ⟨e. + sich⟩ (문을 잠그고) 방안에 들어 박히다. **2.** 둘러 막다, 에워싸다: hohe Mauern schließen uns [den Hof] ein 높은 담장이 우리 [마당] 을 에워싸고 있다. **3.** 포함하다, 포괄하다: jmdn. in sein Gebet (mit) e. 누구를 그의 기도에 포함시키다. **einschließlich I.** ⟨Präp.²⟩ …을 포함하여: e. der Unkosten 잡비 포함하여; e. aller Reparaturen 전체 수리비를 포함하여; Europa e. Englands 영국을 포함한 유럽; ⟨뒤에 오는 명사가 강변화 명사로서 그 앞에 규정사가 없으면 어미변화하지 않음⟩ die Kosten e. Porto 우송료를 포함한 비용; das Buch hat 700 Seiten e. Vorwort 그 책은 서문을 포함하여 700 페이지이다; ⟨복수형에서 2격을 식별할 수 없을 때는 3격과 함께⟩ aller Besitz e. Büchern und Kunstwerken 장서와 예술품을 포함한 모든 재산. **II.** ⟨Adv.⟩ …도 포함하여: bis nächsten Montag e. 다음 월요일까지 (다음 월요일도 포함하여). **Einschließung**, die; -en 과 ⟨Pl. 없음⟩ ⟨드물게⟩ 포위, 감금, 포함, 포괄. **b)** [법] (스위스의 소년형법에서) 신원 기록에 등재되지 않는 가벼운 금고형: einen Soldaten wegen Gehorsamsverweigerung zu einem Monat E. verurteilen 명령 불복종로 병사에게 한 달간의 금고형을 선고하다. **c)** [언어] 포괄수식(包括修飾) (형용사와 명사의 결합을 다시 형용사로써 수식하는 것): ein bekanntes Beispiel für eine E. ist „dunkles bayrisches Bier" 포괄수식(包括修飾)의 유명한 예는 „dunkles bayrisches Bier" (바이에른 맥주 중에서도 특히 흑맥주)이다.

einschlummern ⟨h⟩ **1.** (아이) (아기, 환자 등이) 조용히 잠들다. **2.** ⟨은폐⟩ 고이 잠들다: er ist friedlich eingeschlummert 그는 평화롭게 숨을 거두었다. **3.** ⟨통용어⟩ 돌보지 않아 사그라지다, 없어지다: diese Begabung ist inzwischen eingeschlummert 그 재능이 그 사이에 퇴화되었다.

Einschlupf, der; -(e)s, -e / Einschlüpfe (들어갈 수 있도록) 열린 곳, 입구.

einschlürfen ⟨h⟩ 홀짝거리며 마시다[먹다]: die heiße Suppe e. 뜨거운 수프를 홀짝거리며 마시다.

Einschluß, der; Einschlusses, Einschlüsse **1.** [지질] 함유물(광석에 포함된 이물질): fossile Einschlüsse im Gestein 암석 속의 화석 함유물. **2.** 포함, 포괄: die weltpolitischen Probleme unter E. der Abrüstungsfrage 군축 문제를 포함한 국제 정치 문제. **3. a)** 가둠, 감금(특히 죄수에 대한) : nach dem E. haben sich sämtliche Gefangenen zur Ruhe zu begeben 감금 후 모든 죄수들은 취침해야 했다. **b)** 감옥, 우리.

einschmeicheln, sich ⟨h⟩ 아첨하여 호감을 사다, 아양 떨다: sich (mit schönen Worten) beim Chef e. (입에 발린 말로) 사장의 환심을 사다; einschmeichelnde Musik 기분 좋은 음악. **Einschmeich(e)lung**, die; -en 아첨, 알랑거림. **Einschmeichler**, der; -s, - 아첨자, 알랑거리는 사람.

einschmeißen* ⟨h⟩ ⟨경⟩ (돌 따위를) 던져 깨뜨리다: jmdm. das Fenster e. 누구 집의 창문을 돌 따위를 던져 깨뜨리다.

einschmelzen* ⟨h⟩ (금속 따위를) 녹여서 붓다, 주조하다: Glocken e. 종(鐘)을 주조하다. **Einschmelzung**, die; -en 주조(鑄造). **Einschmelzungsprozeß**, der 주조 과정.

einschmieren ⟨h⟩ ⟨통용어⟩ **a)** 기름을 바르다, 기름 치다: die Stiefel e. 장화에 기름칠을 하다. **b)** 더럽히다: seinen Mund (mit Marmelade) e. (잼으로) 입을 더럽히다.

einschmuggeln ⟨h⟩ **a)** 밀수입하다. **b)** ⟨통용어⟩ 몰래 들여보내다, (통제를 어기고) 잠입시키다: er hat seinen Bruder ohne Eintrittskarte eingeschmuggelt 그는 동생을 입장권도 없이 들여보냈다.

einschmutzen ⟨h⟩ ⟨드물게⟩ 더럽히다: die Kleider e. 옷을 더럽히다; die Wäsche ist eingeschmutzt 속옷이 더러워졌다.

einschnappen ⟨s⟩ **1.** (자물쇠 따위가) 찰칵 채워지다 (반대: ausschnappen). **2.** ⟨통용어·펌⟩ 골삣하면 모욕을 느끼다 (화를 내다) : jetzt ist sie wieder eingeschnappt, weil wir sie nicht mitnehmen 우리가 그녀를 데리고 가지 않는다고 그녀는 또 실쭉해졌다.

einschneiden* ⟨h⟩ **1. a)** (가위, 칼 등으로) 자르다, (속까지) 베다: das Papier (an den Ecken) e. 종이 (의 모퉁이) 를 자르다. **b)** (무늬, 금 따위를) 새겨 넣다, 파넣다: Namen in die Bänke e. 벤치에 이름을 새기다; [전의] ein tief eingeschnittenes Flußtal 깊숙이 패인 강계곡. **c)** [요리] 잘게 썰어 넣다: Apfel (in den Rotkohl) e. (붉은 양배추에) 사과를 잘게 썰어 넣다. **d)** (österr. · 유리) (유리를) 잘라서 틀에 끼우다. **e)** [영화] 편집해 넣다, (별도의 필름을) 끼워 넣다: Archivaufnahmen in eine Reportage e. 현장 보도에 자료 화면을 삽입하다. **2.** (끈 따위가 피부에) 옥죄이다: das Gummiband schneidet (in die Haut) ein 고무 밴드가 (피부에) 꽉 조인다; [전의] diese Maßnahme schneidet tief in das Wirtschaftsleben ein 이 조치는 경제 생활에 많은 제약이 되고 있다. **einschneidend** ⟨Adj.⟩ 통절한, 격심한, 단호한, 결정적인: -e Veränderungen 결정적인 변화들. **einschneidig** ⟨Adj.⟩ 날이 하나뿐인, (칼 따위)

einschneien ⟨s⟩ **a)** 눈에 덮이다: das Dorf ist vollkommen eingeschneit 마을이 온통 눈에 뒤덮여 있다. **b)** (쌓인 눈 때문에) 갇히다, 고립되다: wenn wir nicht bald absteigen, schneien wir in der Hütte ein 우리가 곧 하산하지 않으면 이 오두막에 갇히게 된다.

Einschnitt, der; -(e)s, -e **1.** 베기, 도려내기, 절개: der Arzt machte einen E. (in die Luftröhre) 의사가 (기관(氣管)을) 절개했다. **2.** 벤 자국, 벤 상처, 절개된 자리: der E. für den Ärmel ist zu klein 소매를 달 자리(구멍)가 너무 작다. **3. a)** 단락, (운각의) 중단: hier ist ein deutlicher E. in dem Roman 이곳이 이 소설에 있어서 하나의 명백한 단락[전환점]이다. **b)** 중요한[결정적인] 사건: die beiden Weltkriege bedeuteten tiefe -e für alle Völker 양차 세계 대전은 모든 민족들에게 매우 중요한 사건이었다.

einschnitzen ⟨h⟩ 새겨 넣다, 벤 자국을 내다.

einschnüren ⟨h⟩ **a)** 끈으로 묶다[죄다]: ein Paket e. (지역적) 소포를 끈으로 묶다. **b)** 조르다, 죄다: das Gummiband hat eingeschnürt 고무밴드가 피부에 자국이 났다; [전의] Angst schnürte ihr die Kehle ein 공포가 그녀의 목을 옥죄었다.

einschnurren ⟨h⟩ ⟨통용어⟩ 수축하다, 쭈그러들다: sie schnurrt immer mehr ein 그녀는 자꾸만 쭈그러들고 있다; ⟨대개 과거분사로⟩ sie war alt, verhutzelt und

eingeschnurrt 그녀는 늙고 주름지고 쭈그러들었다.
Einschnürung, die; -en a) (끈으로) 묶기, 죄기. b) 묶인 자리, 조인 자리, 협착한 곳: bei der Zellteilung entsteht zuerst eine E. 세포 분열시 우선 한 부분이 가늘어진다.
einschöpfen ⟨h⟩ (음식이나 물 따위를) 퍼담다, 퍼넣다: Wasser (in den Eimer) e. (양동이에) 물을 퍼담다.
einschränken ⟨h⟩ 1. a) 줄이다, 감소시키다: seine Ausgaben (auf das Notwendigste) e. 지출을 (최소한도로) 줄이다; die Macht des Parlaments wird durch dieses Gesetz stark eingeschränkt 이 법으로 인해서 국회의 권한이 많이 제한된다. b) 제한하다, 속박하다: Diplomaten in ihrer Bewegungsfreiheit e. 외교관의 행동 자유를 제한하다. 2. ⟨e. + sich⟩ 절약하다, 검소하게 생활하다: ich muß mich sehr e. 나는 매우 절약하지 않을 수 없다. **Einschränkung**, die; -en a) 축소, 제한, 속박, 절약: das bedeutet eine E. der Freiheit 그것은 자유의 제한을 의미한다. b) 유보, 제한, 조건부: die Methode ist gut, mit der E., daß ... 이 방법은, …를 유보하면, 훌륭하다.
einschrauben ⟨h⟩ (나사 따위를) 돌려서 끼워 넣다(반대: ausschrauben): eine elektrische Birne (in die Fassung) e. 전구를 (소켓에) 끼워 넣다.
Einschreib(e)-: **~brief**, der [우편] 등기 편지(등기 우편). **~gebühr**, die a) [우편] 등기(우편)료. b) ↑ Immatrikulationsgebühr. c) [단체의 내는] 등록비, 가입비. **~päckchen**, das [우편] 등기 소포. **~sendung**, die 등기 우편물.
einschreiben* ⟨h⟩ 1. a) 써넣다, 기입하다: einen Kode für die darzustellenden Zeichen in ein Programmiergerät e. [전산] 표현하고자 하는 기호의 코드를 컴퓨터에 입력하다. b) 명단에 올리다, 기입하다; 등록하다: sich an einer Hochschule e. 대학에 등록하다; eingeschriebene Mitglieder 등록된 회원들[정회원들]. 2. [우편] 등기 (우편으로) 하다: du solltest den Brief lieber e. lassen 너는 그 편지를 등기로 부치는 편이 더 낫다; ein eingeschriebener Brief 등기 편지. 3. a) (펜 따위를) 써서 길들이다. b) ⟨e. + sich⟩ (어느 주제에) 정통하여 천착하여 익숙해진다: ich muß mich erst e. 나는 우선 익숙해지도록 써야 한다. ⟨명사화⟩ **Einschreiben**, das; -s, - 1. (Pl. 없음) 써넣음, 기입, 등록, 입력, 등기. 2. [우편] a) (Pl. 없음) 등기: einen Brief per E. schicken 편지를 등기로 보내다. b) 등기 우편. **Einschreiber**, der; -s, - (통용어) ↑ einschreiben (2 b). **Einschreibsel** ['aɪnʃraɪps], das; -s, - (욕) 난외기입.
Einschreibung, die; -en ↑ einschreiben의 명사형.
einschreien* (아무 말도 못하도록) 소리를 질러다: auf jmdn. e. 누구에게 소리를 질러 말문을 막아버리다.
einschreinen ['aɪnʃraɪnən] ⟨h⟩ [종교] 상자에 넣다: eine Reliquie e. 성유물(聖遺物)을 상자에 넣어 보존하다;[전의] die Märtyrer sind in ihrem Herzen eingeschreint 순교자들은 그들의 가슴 속에 깊이 남아 있다.
einschreiten* ⟨s⟩ 대응[개입]하다, 단호한 태도를 취하다, 대응하다: gegen den Lärm e. 소음에 대해 조치를 취하다; die Polizei schritt mit Wasserwerfern gegen die Demonstranten ein 경찰은 시위자들에게 물대포로 대응했다.
einschrumpeln (nordd.) ↑einschrumpfen. **einschrumpfen** ⟨s⟩ (말라서) 오그라들다, 수축[축소]하다, 주름지다, 시들다, 적어지다: die Blüten schrumpfen allmählich ein 꽃들이 점차 시들어간다. **Einschrumpfung**, die; -en ↑einschrumpfen의 명사형.
Einschub, der; -(e)s, Einschübe a) [인쇄] 삽입문, 인용문, 첨가한 부분. b) [기술] 천장 따위에 끼워 넣는(방음)판. **Einschubdecke**, die 이중 천장. **Einschub-technik**, die ⟨Pl. 없음⟩ 끼워 넣기[틈막이] 기술.
einschüchtern ⟨h⟩ 위협[위압]하다; 겁을 주다; 위축시키다, 당황하게 하다: ich lasse mich nicht e. 나는 겁내지 않는다; sie war so eingeschüchtert, daß sie nicht zu widersprechen wagte 그녀는 너무나 겁을 먹어서 감히 항변하지도 못했다. **Einschüchterung**, die; -en ↑einschüchtern의 명사형. **Einschüchterungsmittel**, das 위협 수단. **Einschüchterungsversuch**, der 공갈 미수, 협박 기도.
einschulen ⟨h⟩ (학령기의 어린이를) 학교에 넣다[편입시키다], 학교에 받아들이다: Kinder werden meist mit 6 Jahren eingeschult 어린이들은 대부분 6세가 되면 취학하게 된다.
einschultern ⟨h⟩ [체조] 어깨를 들어 앞으로 몸을 회전시키다.
Einschulung, die; -en ↑einschulen의 명사형. **Einschulungsalter**, das ⟨Pl. 없음⟩ 취학 연령.
einschürig ⟨Adj.⟩ [농업] (양털, 건초 등을) 1년에 한 번 깎는, 한 번 깎은.
Einschuß, der; Einschusses, Einschüsse 1. a) 총알의 관통: da liegt er. E. in die rechte Schläfe 그곳에 그가 쓰러져 있다. 오른쪽 관자놀이가 관통되었다. b) 총알이 뚫고 들어온 자리(반대: Ausschuß 1): der Ausschuß ist meist größer als der E. 총알이 뚫고 나온 자국은 들어간 자국보다 대개 더 크다. 2. 혼합(물), 첨가(물), 부가(물): das Referat enthält sehr subjektive Einschüsse 이 보고서에는 매우 주관적으로 첨가된 부분들이 있다. 3. [우주] (로켓의) 발사, (궤도) 진입. 4. [스포츠] 슛: zum E. kommen 골인되다. 5. [방적] 씨실. 6. [농업·수의학] (말, 소 따위의) 종양, 염종(炎腫). 7. [금융] (특정 기업에 대한) 투자, 예치금, 불입(금), 선불(금).
einschuß-, Einschuß-: **~bereit** ⟨Adj.; nicht Adv.⟩ [축구] 슛 기회를 잡은. **~loch**, das 총알이 뚫고 들어간 구멍, 관통된 곳. **~narbe**, die 총알이 들어간 자국(흔적). **~stelle**, die 총알이 뚫고 들어온 자리. **~winkel**, der [축구] 슛의 각도.
Einschütte, die; -n [섬유] 누비이불용 깃털을 채워 넣는 데 적합한 섬유. **einschütten** ⟨h⟩ 부어(쏟아) 넣다, (곡식 따위를 자루에) 넣다, 채우다; (커피 따위를) 따르다: dem Pferd Futter e. 말에게 먹이를 부어 넣다. **Einschüttloch**, das 주입구(注入口), 부어 넣는 구멍. **Einschüttöffnung**, die ↑Einschüttloch.
einschwärzen ⟨h⟩; -n [인쇄] 검게 하다, 까맣게 하다. 2. ⟨고어⟩ ↑einschmuggeln: Waren ins Ausland e. 외국으로 물건을 밀반입하다.
einschwatzen, (지역어) **einschwätzen** ⟨통용어⟩ ↑einreden (2).
einschweben ⟨s⟩ (비행기, 우주선 따위가) 선회하며 착륙하다, 착륙하기 위해 선회하다.
einschweißen ⟨h⟩ 1. [기술] 용접하다. 2. 투명 포장지로 포장하다.
einschwemmen ⟨h⟩ 흘려 들여보내다, 유입시키다. **Einschwemmung**, die; -en ↑einschwemmen의 명사형.
einschwenken 1. ⟨s⟩ 방향을 바꾸다, 방향을 바꾸어 접어들다: die Fahrzeuge schwenken auf den Platz ein 차량들이 광장으로 접어들고 있다;[전의] auf einen neuen politischen Kurs e. 새로운 정치 노선으로 방향 전환을 하다. 2. ⟨h⟩ 안쪽으로 향하게 하다.
einschwimmen* ⟨h⟩ 1. [토목] 수로를 따라 운반하다. 2. ⟨e. + sich⟩ [스포츠] 수영에 익숙해지다.
einschwingen* ⟨h⟩ 1. ⟨⟨또한⟩ e. + sich⟩ [사냥] (새 따위가) 내려앉다. 2. ↑einschwenken (1). 3. 향하게 하다.

einschwören* ⟨h⟩ **a)** 선서시키다. **b)** 의무를 지우다: jmdn. auf strenge Vertraulichkeit e. 누구에게 비밀 엄수의 의무를 지우다.

einsegnen ⟨h⟩ **a)** 견진성사[예](堅辰聖事(禮))를 베풀다 (어린이에게). **b)** 봉헌(봉납)하다; 축복하다: eine Ehe [eine neue Kirche] e. 결혼(새 교회)을 축복하다[봉헌하다]. **Einsegnung**, die; -en **a)** 견진성사[예]. **b)** 축복; 봉헌, 봉납, (교회 안의) 결혼식.

einsehen* ⟨h⟩ **1. a)** 속을 들여다(바라)보다: der Garten kann von keiner Seite eingesehen werden 그 정원은 어느 방향에서도 들여다볼 수 없다. **b)** 음미하다, 탐구하다, (서류 따위를) 열람하다, 조사하다: dieses Buch darf nur in dem Lesesaal eingesehen werden 이 책은 열람실 내에서만 열람할 수 있다. **2. a)** 분간하다, 깨닫다; 알아차리다: endlich hat er eingesehen, daß er so nicht weiterkommt 이렇게 계속 가서는 안 된다는 것을 그는 마침내 깨달았다. **b)** 이해하다, 파악하다; 인식하다: du wirst doch e., daß ich nicht eher kommen konnte 내가 더 일찍 올 수 없었다는 걸 너도 이해하게 될 것이다. ⟨명사화⟩ **Einsehen** ⟪다음 용법으로만⟫ **(k)ein E. haben** 1) 이해심[사려, 동정심]이 있다(없다), 이해(고려, 참작)하다[하지 않다]: der Chef hatte ein E. und gab uns den Nachmittag frei 사장은 사정을 고려하여 오후 동안 우리를 쉬게 했다; der Wettergott hatte endlich ein E. ⟪농⟫ 날씨가 좋아졌다. 2) 이성을 되찾다 [얻다].

Einseifbecken, das; -s, - (면도용) 비누 그릇.
einseifen ⟨h⟩ **1.** 비누로 문지르다, (면도하기 위해) 비누 거품을 칠하다: jmdn. e. 누구에게 비누칠을 하다; du mußt die Haut vor dem Rasieren gut e. 면도하기 전에 피부에 비누 거품을 충분히 칠해야 한다; ⟨전의⟩ jmdn. mit Schnee e. (장난으로) 누구의 얼굴에 눈을 문지르다. **2.** ⟪통용어⟫ 속이다, 속여 넘기다, 사취[편취]하다. **Einseifpinsel**, der ↑Rasierpinsel.

einseitig ⟨Adj.⟩ **1.** 일면의, 일방의, 한쪽의, 단독의: eine -e Lähmung 반신불수; Manuskripte bitte e. beschriften! 원고는 한쪽 면만 쓰시오!; der Vertrag ist e. gebrochen worden 계약은 일방적으로 파기되었다. **2.** 편파적인, 불공평한, 치우친; 피상적인; 배타적인; 편협한; 한 분야에 국한된: eine -e Auffassung 일방적인 견해; er ist sehr e. 그는 너무 편협하다; er hat die Sache zu e. dargestellt 그는 그 사건을 너무 한쪽으로 치우치게 서술했다. **Einseitigkeit**, die; -en ⟨드물게 Pl.⟩ ↑einseitig의 명사형.

einsenden* 송부(송달)하다; 공급하다; 운반(운송)하다; 기고(투고)하다; 게재하다(광고 따위를): er sandte das Gedicht einer[an eine] Zeitung ein 그는 한 신문에 시를 기고했다; eingesandte Rechnungen 우송된 계산서. **Einsender**, der; -s 송부자; 운반자, 운송자; 기고[투고]자; 광고 의뢰인. **Einsendeschluß**, der 응모[제출] 마감. **Einsendetermin**, der 응모[제출] 기간. **Einsendung**, die; -en **1.** ⟨Pl. 없음⟩ 송부, 송달; 운반, 운송; 기고, 투고; 게재. **2.** 우송된 것, 광고, 투서, 기고. **Einsendungstermin**, der ↑Einsendetermin.

einsenken ⟨h⟩ **1.** 가라앉히다, 침몰시키다, 함몰시키다 (땅 속에) 파묻다; 묻다, 심다, 파종(播種)하다: die Stützen sind in die Erde eingesenkt 버팀목이 땅 속으로 가라앉아 버렸다. **2.** ⟨기술⟩ (금속 따위를 압착하여 형태를) 만들어내다: einen Prägestempel e. 주형을 찍어내다. **Einsenkung**, die; -en **1.** ⟨Pl. 없음⟩ 가라앉힘, 매장, 식수(植樹); (지면의) 함몰. **2.** (지면의) 함몰 부분.

Einser ['aɪnzɐ], der; -s, - ⟪통용어⟫ **a)** 1의 글자, 1의 수. **b)** 최고 점수: sie hat drei E. im Zeugnis 그녀의 성적표는 1이 셋이나 있다.

einsetzbar ⟨Adj.⟩ 삽입할 수 있는, 끼워 넣을 수 있는.

einsetzen ⟨h⟩ **1. a)** 끼워[꽂아] 넣다, 끼우다; 삽입하다, 집어 넣다; 이어 맞추다: Fenster(scheiben) e. 유리창을 끼우다; Fische (in einen Teich) e. 물고기를 (연못에) 집어 넣다; einen Flicken in die Hose e. 바지에 헝겊을 대다; der Zahnarzt setzte ihm einen Stiftzahn ein 치과 의사가 그에게 계치(繼齒)를 해 넣었다; in dem Satz ist ein Wort einzusetzen 이 문장에는 단어 하나를 보충해야 한다. **b)** [교통] (차량을) 추가로 운행시키다. **2. a)** (에) 임명하다, 지정하다, 수여하다, 설치하다, 제정하다: zur Untersuchung des Falles wurde ein Ausschuß eingesetzt 이 사건을 조사하기 위해 특별위원회가 설치되었다; sein Onkel setzte ihn zu seinem [als seinen] Erben ein 그의 숙부는 그를 상속자로 정했다. **b)** 배치 [투입]하다, 파견하다: all seine Kräfte e. 전력을 다하다; es wurde Polizei gegen die Demonstranten eingesetzt 시위자들을 진압하기 위해 경찰이 투입되었다. **c)** (어떤 위치에) 앉히다: jmdn. (wieder) in seine Rechte e. 누구를 복권시키다. **3. a)** (내기, 노름에) 돈을 걸다, 저당잡히다: etw. als[zum] Pfand e. 무엇을 저당 잡히다. **b)** 내걸다, 모험하다: sein Leben e. 목숨을 걸다; sein Leben für etw. e. 무엇에 생명을 걸다. **4.** ⟨e. + sich⟩ **a)** 노력하다, (어떤 일에) 전력을 기울이다: er hat sich (in dieser Sache) eingesetzt 그는 (이 일에) 전심 전력을 다 했다. **b)** (누구를 위하여) 진력하다, 보증하다, 변호하다: ich werde mich bei deinem Vater für dich e. 너의 아버지에게 너의 이야기를 잘 해 주겠다. **5.** 시작하다, 일어나다, 나오다, 나타나다: der Lärm hat wieder eingesetzt 소음이 다시 시작되었다. **Einsetzung**, die; -en ↑einsetzen의 명사형.

Einsicht, die; -en **1.** ⟨Pl. 없음⟩ **a)** 들여다봄, 엿봄: eine dichte Hecke verhindert die E. in den Garten 빽빽한 산나무 울타리가 정원을 들여다보는 데 방해가 된다. **b)** 열람, 통람, 검열, 조사: jmdm. E. in die Akten gewähren 누구에게 서류의 열람을 허가하다; E. in etw. nehmen 무엇을 조사하다, 열람하다; E. in jmds. Verhältnisse haben 누구의 형편을 조사하다. **2. a)** 인식, 통찰, 이해, 판단, 견식: von etw. E. gewinnen 무엇을 이해[인식]하다; zu der E. kommen, daß... ...라는 인식에 도달하다, ...를 깨닫다[이해하다]. **b)** 이성, 냉정: hab doch E.! 좀 냉정해져라! **einsichtig** ⟨Adj.⟩ **1.** 이성적인, 분별있는, 현명한. **2.** 알기쉬운, 명백한. **Einsichtigkeit**, die ⟨드물게⟩ ↑Einsicht (2).
Einsichtnahme, die; -n ⟪격식독어⟫ ↑Einsicht (1).

einsichts-, Einsichts-: **~fähig** ⟨Adj.⟩ 파악[인식]할 능력이 있는. **~fähigkeit**, die ⟨Pl. 없음⟩ ↑fähig의 명사형. **~los** ⟨Adj.⟩ 통찰력 없는, 몰이해한, 무분별한. **~voll** ⟨Adj.⟩ 분별력 있는, 이성적인, 현명한.

einsickern ⟨s⟩ 스며들다, 침투하다; 침윤(浸潤)하다: der Regen sickert langsam (in den Boden) ein 빗물이 천천히 (땅속으로) 스며든다; ⟨전의⟩ Fast stündlich sickerten neue Nachrichten ein 거의 매시간마다 새로운 소식들이 들어왔다.

Einsied(e)glas, ⟪österr., südd.⟫ ↑Einmachglas.
Einsiedelei [aɪnziːdəˈlaɪ], die; -en 은둔자의 암자.
einsieden* ⟪österr., südd.⟫ (끓여) 졸이다.
Einsiedler, der; -s, - 은자, 세상을 등진 사람, 속세를 떠난 사람.
Einsiedler-: **~klause**, die 은자의 암자. **~krebs**, der 소라게. **~leben**, das 은둔 생활, 둔세(遯世). **~natur**, die 고독을 즐기는 사람.
Einsiedlerin, die; -nen ↑Einsiedler의 여성형. **einsiedlerisch** ⟨Adj.⟩ 은둔적인, 은자와 같은, 고독한.
einsiegeln ⟨h⟩ ⟪전문어⟫ (공기가 통하지 않도록) 넣고 봉하다, 밀봉하다.
Einsilber: ↑Einsilbler.

einsilbig ⟨Adj.⟩ 1. 단철(單綴)의; 1 음절의. 2. 말이 적은, 말없는; 과묵한: er hat nur e. geantwortet 그는 단 한 마디로 대답했다. **Einsilbigkeit**, die ↑einsilbig의 명사형. **Einsilbler** ['ainzɪlblɐ], der; -s, - [언어] 단철어, 단음절어.

einsilieren ['ainzili:rən] ⟨h⟩ [농업] 사일로에 저장하다. **Einsilierung**, die ↑einsilieren의 명사형.

einsingen* ⟨h⟩ 1. a) 《드물게》 노래 불러 잠재우다. b) 노래를 시작하다. 2. ⟨e. + sich⟩ 노래 연습을 하다: der Sänger muß sich vor dem Konzert e. 가수는 음악회 전에 발성 연습을 해야만 한다.

einsinken* ⟨s⟩ 1. (물, 수렁 속으로) 가라앉다, 빠지다, 침몰하다: bis über die Knie (im Schnee) e. 무릎 위까지 (눈 속에) 빠지다; der Wagen ist im Morast eingesunken 자동차가 진창에 빠졌다. 2. 함몰하다, 내려앉다, 침하(沈下)하다: ein Gesicht mit eingesunkenen Wangen 뺨이 움푹 들어간 얼굴; ein Sofa mit eingesunkenem Polster 쿠션이 꺼진 소파.

einsinnig ⟨Adj.⟩ 《드물게》 단의(單意)적인, 명백한. **Einsinnigkeit**, die ↑einsinnig의 명사형.

einsitzen* ⟨h⟩ 1. [법] 복역 중이다, 구속(구금)되어 있다. 2. a) 《무엇을》 앉아서 가라앉게 하다(우묵 파이게 하다). b) ⟨e. + sich⟩ 앉아서 가라앉다(우묵 파이다). 3. [승마] 안장에 올라타다. 4. [고어] 살다, 거주하다; 들어박혀 있다. **Einsitzende***, der / die [법] 복역 중인 자, 죄수.

Einsitzer ['ainzɪtsɐ], der; -s, - 1 인승 마차(자동차, 비행기). **einsitzig** ⟨Adj.⟩ 1인용의, 좌석이 하나뿐인 1인승.

einsommerig, einsömmerig ⟨Adj.⟩ (물고기가) 한 해 여름을 난, 일년생의.

einsortieren ⟨h⟩ (분야별로, 종류별로) 분류하다, 정리하다. **Einsortierung**, die ↑einsortieren의 명사형.

einspaltig ⟨Adj.⟩ [인쇄] 일단의: einen Artikel e. setzen 일단 기사를 짜다.

einspannen ⟨h⟩ 1. (반대: ausspannen 2) a) (말을) 마차에 매다: die Pferde e. 말을 마차에 매다. b) 틀에 매다, 고정시키다: einen Bogen (in die Schreibmaschine) e. 용지를 (타자기에) 끼우다. 2. 《통용어》 끌어들이다, 얽어매다: die ganze Familie e. 가족 전체를 끌어들이다; sich für einen anderen e. lassen 다른 사람을 위해 일하다.

Einspänner, der; -s, - 1. 말 한 필이 끄는 마차. 2. a) 폐쇄적인 인간, 독신(獨人), 별난 사람. b) 《통용어·농》 독신 남자. 3. 《österr.》 생크림만 탄 커피. 4. 《österr.》 소시지(낱개). **einspännig** ⟨Adj.⟩ 1. 말 한 필이 끄는. 2. 《통용어·농》 독신의.

einsparen ⟨h⟩ 절약하다, 절약하여 모으다(얻다). **Einsparung**, die; -en 절약, 절약하여 얻은 것. **Einsparungsmaßnahme**, die 《대개 Pl.》 절감 조치. **Einsparungsmöglichkeit**, die 절약 가능성.

einspeicheln ⟨h⟩ 오래 씹어 침과 섞이게 하다. **Einspeichelung**, die ↑einspeicheln의 명사형.

einspeichern ⟨h⟩ 1. 《드물게》 창고에 넣다; 저장하다, 보관하다. 2. [전산] 입력하다. **Einspeicherung**, die; -en ↑einspeichern의 명사형.

einspeisen ⟨h⟩ 1. [기술] (전기, 물 따위의 에너지를) 보내다, 공급하다. 2. [전산] (프로그램 따위를) 입력하다. **Einspeisung**, die; -en ↑einspeisen의 명사형.

einsperren ⟨h⟩ 1. 가두어 넣다, 유폐(감금)하다; (새장, 우리 속에) 넣다: die Kinder in der(die) Wohnung e. 아이들을 집안에 가두어두다. 2. 《통용어》 구금하다, 감금(투옥)하다: er war drei Monate eingesperrt 그는 석달 동안 감금되어 있었다. **Einsperrung**, die; -en ↑einsperren의 명사형.

einspielen ⟨h⟩ 1. a) (악기를 연주하여) 좋은 소리가 나도록 하다, (악기의) 소리를 다듬다. b) (훈련(연습)시켜) 수준에 이르게 하다. c) ⟨e. + sich⟩ 연주(경기) 연습을 하다: die Fußballmannschaft spielt sich noch nicht ein 그 축구팀은 아직도 워밍업을 하고 있다. 2. ⟨e. + sich⟩ a) 누구(무엇)에 익숙해지다(적응하다): die Partner müssen sich noch aufeinander e. 공연자들은 아직 서로 익숙어야 한다. b) 무리 없는 상태에 이르다, 무리 없이 기능하다: die neue Regelung hat sich noch nicht ganz eingespielt 새 규정은 아직 제대로 작용되지 않았다. 3. ⟨e. + sich⟩ [기술] (측기, 계기 따위가) 어떤 눈금에 멈추다, (어떤 수치를) 가리키다: die Waage hat sich auf [bei] 50 kg eingespielt 저울이 50kg을 가리켰다. 4. [연문어] (음반에) 취입하다. 5. (공연 따위를 통해 비용을) 벌어들이다. **Einspielergebnis**, das 공연 수입금. **Einspielung**, die; -en 1. a) (음반에) 취입. b) 음반의 녹음. 2. 벌어들임(비용을).

einspinnen* ⟨h⟩ 1. ⟨e. + sich⟩ 실을 자아내어 갇히다(감기다, 에워싸이다). 2. (아이) 사로잡다, 매혹하다. 3. ⟨e. + sich⟩ 집안에 틀어박히다, 은둔하다; (무엇에) 빠져들다: du spinnst dich zu sehr in deine Gedanken ein 너는 지나치게 네 생각에 몰두하고 있다. 4. 《경》 감금하다, 금고에 처하다.

Einsponbetrug ['ainʃpo:n-], der; -(e)s 야바위.

Einsprache, die; -n 《österr., schweiz.》 ↑Einspruch, ↑Einrede.

einsprachig ⟨Adj.⟩ a) 한 가지 언어로 쓰여진. b) 《드물게》 한 가지 언어만을 사용하는. **Einsprachigkeit**, die ↑einsprachig의 명사형.

einsprechen* ⟨h⟩ 1. ↑einreden: begütigend auf jmdn. e. 누구를 위로하다. 2. 《아어·드물게》 (…에게) 들르다, 방문하다: wenn er von einem Spaziergange heimkehrend bei ihr einsprach 그가 산책에서 돌아오는 길에 그녀를 방문했을 때. 3. 음반으로 들려 주다. 4. 《고어》 이의를 제기하다: gegen ein Urteil e. 판결에 대하여 항고하다. **Einsprecher**, der; -s, - 항의자.

einsprengen ⟨h⟩ 1. 폭파하여 열다, 폭파하여 뚫다: ein Loch in den Felsen e. 폭파하여 바위에 구멍을 내다. 2. 물을 뿌리다, 물을 뿌려 적시다: Wäsche vor dem Bügeln e. 다림질하기 전에 세탁물에 물을 뿌려 적시다. 3. 《드물게》 억지로 열다, 부수어 열다(문 따위를). **Einsprengsel** ['ainʃprɛŋzl], das; -s, - 잘게 부서져 있는 것: der Stein hat kleine E. von Quarz 이 돌에는 작은 석영 조각이 섞여 있다.

einspringen* 1. ⟨s⟩ 누구를 대신하다, 누구와 교대하다, 누구를 돕다: der junge Sänger mußte für einen erkrankten Kollegen e. 그 젊은 가수는 병이 난 동료의 대역을 맡아야 했다; wenn er in Not war, ist ihm sein Bruder immer wieder mit größeren Summen eingesprungen 그가 위기에 처했을 때면 언제나 그의 형은 적지 않은 돈으로 그를 도와 주었다. 2. a) ⟨e. + sich⟩ ⟨h⟩ [육상·체조·스키] 도약 연습을 하다: die Springer springen sich auf der neuen Schanze ein 점프선수들은 새 점프대에서 연습을 하고 있다. b) ⟨s⟩ [체조·빙상] 연습을 도약으로 시작하다: in den Handstand e. (도약하여) 물구나무서기 연습을 하다. 3. ⟨s⟩ a) ↑einschnappen. b) (안쪽으로) 구부러지다: die Mauer springt hier ein 담장은 여기서 꺾인다.

Einspritz- [자동차] ~**düse**, die (연료의) 분사 노즐, 연료 주입구. ~**motor**, der (연료) 분사식 엔진. ~**pumpe**, die 분사 펌프.

einspritzen ⟨h⟩ 1. 주입(注入)하다, 주사하다. 2. [자동차] 분사하다: der Kraftstoff wird eingespritzt 연료가 분사되다. 3. ↑einsprengen (2): Wäsche e. 속옷 따위(세탁물)에 물을 뿌리다. **Einspritzung**, die; -en 주

입, 분사, 주사.

Einspruch, der; -(e)s, Einsprüche **a)** 항의, 의의, 항변, 불복: bisher ist kein E. erfolgt 지금까지 아무런 이론(異論)이 나오지 않았다; niemand erhob E. gegen die Forderungen 요구 사항에 대해 아무도 항의하지 않았다. **b)** 〖관·법〗 이의 제기: gegen etw. E. einlegen〔erheben〕무엇에 대하여 이의를 제기하다. **Einspruchsrecht**, das 이의 제기권, 거부권.

einsprühen 〈h〉 (무엇의) 표면에 기름칠하다.

einspülen 〈h〉 (세제, 세탁시 분말, 액체 등을) 타 넣다, 섞어 넣다: das Waschmittel in die Waschmaschine e. 세제를 세탁기에 넣다.

einspunden 〈h〉《통용어》감금하다, (누구에게) 자유형(自由刑)을 선고하다.

einspurig 〈Adj.〉 **a)** ↑eingleisig: eine -e Eisenbahnstrecke 단선 철도 구간. **b)** 〖도로〗한 차선만 있는. **c)** 〖도로〗한 차선만으로 통행이 가능한.

Einssein, das; -s《아이》(완벽한) 일치, 동일, 조화, 합의, 단결.

einst [ainst] 〈Adv.〉《아이》**a)** 언젠가, 이전에, 옛날에, 과거에(반대: jetzt). **b)** 장래 언젠가, 뒷날에, 후일에.

Einst, das; - 과거, 옛날(반대: Jetzt): das E. u. das Jetzt 과거와 현재.

einstallen 〈h〉 (가축을) 우리〔마구간〕에 넣다.

einstampfen 〈h〉 **1.** (통에) 다져 넣다, 밟아 넣다, 때려박다. **2.** 찧어 부수다, 밟아 부수다; (서류 따위를) 파기하다; 펄프로 만들다. **Einstampfung**, die; -en †einstampfen의 명사형.

Einstand, der; -(e)s, Einstände **1.** (südd., österr.) **a)** 취임, 입사(入社)(반대: Ausstand 3): jmdm. zu seinem E. Glück wunschen 누구의 입사를 축하하다. **b)** 취임 피로연: er hat seinen E. noch nicht gegeben 그는 자신의 입사 축하연을 아직 열지 않았다. **c)** 입학. **2.** 〈Pl. 없음〉〖스포츠〗(선수, 팀의) 데뷔 경기. **3.** 〈Pl. 없음〉〖테니스〗듀스. **4.** 〖사냥〗짐승이 잘 숨는 장소, 은신처.

Einstand-: **~gebühr**, die 매주(買主) 지급 보증금. **~geld**, das 입회금, 입회(入社金); 취직 피로연의 향연비. **~mädchen**, das 심부름하는 계집아이. **~mann**, der 〖군〗(옛날의) 병역 대리자. **~preis**, der 매입 가격, 원가. **~recht**, das 선매권(先買權). **~schmaus**, der 취직 피로연.

einstanzen 〈h〉 〖기술〗(무늬, 기호 따위를) 새겨 넣다.

einstapeln 〈h〉 층으로 쌓다.

einstauben 1. a) 〈s〉 먼지〔티끌〕투성이가 되다. **b)** 〈h〉 (무엇〔누구〕을) 먼지 투성이로 만들다. **2.** (österr.)↑einpudern, einstäuben (1). **einstäuben** 〈h〉 **1.** (무엇에) 가루를 뿌리다. **2.** (가루 따위의) 뿌려 넣다.

einstechen' 〈h〉 **1. a)** (뾰족한 것으로) 찌르다〔꿰다〕: mit der Gabel in die kochenden Kartoffeln e., um zu prüfen, ob sie gar sind 익었는지 알아보려고 포크로 삶은 감자를 찌르다〔찔러 보다〕. **b)** (바늘, 주사 따위를) 찔러 넣다: die Nadel in die Vene e. 바늘을 정맥에 찔러 넣다. **c)** 박히다〔꽂기 따위가〕. **2.** 찔러서 만들어내다: Löcher in das Papier e. 종이에 구멍을 내다. **3.** (찔러서 구멍을) 뚫다. **4.** (칼, 창 따위로) 누구를 습격하여 상처입히다: 누구를 찔러서 부상을 입히다. **5.** 〖카드〗으뜸패로 먹어가다.

einstecken 〈h〉 **1. a)** 집어 넣다, 끼워〔꽂아〕넣다: den Schlüssel ins Schloß e. 열쇠를 자물쇠에 꽂다; das Bügeleisen e. 다리미의 플러그를 콘센트에 꽂다. **b)** 집어〔끼워〕넣어 고정시키다. **2.** 《통용어》우체통에 집어 넣다, 투함(投函)하다. **3.** 호주머니에 넣다, 휴대하다, 지니다: ich habe vergessen, (mir) Geld einzustecken 나는 돈 가져오는 것을 잊었다; haben Sie eine Zigarette e.? 《통용어》담배 가지고 계십니까? **4.** 《통용어·폄》(돈 따위를) 혼자 가지다, 착복하다: er nimmt eine hohe Pension ein 그는 (부당하게) 높은 연금을 타먹고 있다. **5.** 감수하다, 참다, 받아들이다. **6.** 《통용어》(쉽사리) 이기다, (누구에) 능가하다. **7.** 《통용어》감금〔투옥〕하다. **Einsteckkamm**, der 《장식용의》꽂는 빗. **Einstecktuch**, das (양복의 왼쪽 호주머니에 꽂는) 장식용 손수건.

einstehen' 〈h〉 **1. a)** 보증하다, 옹호하다: ich kann nicht dafür e. 나는 그것을 보증할 수 없다. **b)** 무엇의 책임을 지다, 무엇의 비용을 부담하다: für die Schulden eines anderen e. 다른 사람의 빚을 책임을 지다. **2.** (österr.·통용어) (학교 따위에) 들어가다, (어떤 직책에) 취임하다: bei einem Bauern als Knecht e. 농가의 머슴으로 들어가다.

einstehlen', sich 〈h〉 (드물게) 몰래 숨어 들어가다: er hatte sich unbemerkt in (den Raum) eingestohlen 그는 몰래 숨어 들어 왔다 | 전의 sich in jmds. Vertrauen [in jmds. Herz] e. 교묘하게 누구의 신뢰를 얻다〔누구의 마음에 파고들다〕.

Einsteigediebstahl, der; -(e)s, ...diebstähle 도둑질, 절도. **einsteigen'** 〈s〉 **1.** 승차하다, 올라타다(반대: aussteigen 1 a): in den Bus e. 버스에 오르다; bitte e.! 자, 승차하십시오! **2.** 숨어 들어오다: die Diebe sind durch ein Kellerfenster in das Haus eingestiegen 도둑들은 지하실 창문을 통해서 집안으로 들어왔다. **3.** 《통용어》 **a)** (기업·사업에) 참여하다, 투자하다 (반대: aussteigen 2 a): er wollte mit einer hohen Summe (in das Projekt) e. 그는 상당한 금액을 투자하고 싶어 했다. **b)** (어느 분야에) 종사하다. **4.** 〖등산〗(가파른 암벽을) 기어오르다. **5.** 〖스포츠〗(반칙에 가깝게) 격렬하게 공격하다. **Einsteigluke**, die 내리닫이 입구〔탱크의 뚜껑 따위〕. **Einsteigschacht**, der 맨홀(하수도 따위의).

Einsteiner ['ainˌʃtainɐ], der; -s, - 한 개의 보석이 박힌 반지.

Einsteinium [ainˈʃtainium], das; -s 〖독일 물리학자 Albert Einstein(1879~1955)의 이름에서〗 화학원소(기호: Es).

Einstell-: **~hebel**, der 조정용(調整用) 레버. **~knopf**, der 조정용 누름 단추(↑~hebel 참조). **~platz**, der 주차장. **~raum**, der ↑Garage 참조. **~skala**, die 〖방송〗라디오의 다이얼, 조절 눈금. **~vorrichtung**, die 조절 장치.

einstellbar ['ainʃtɛlbaːɐ] 〈Adj.〉 조정〔조정〕할 수 있는.

einstellen 〈h〉 **1. a)** 넣다, 꽂다: die Bücher (in das Regal) e. 책을 (서가에) 정돈하다. **b)** 어느 장소에 잠시 두다〔맡기다〕: das Auto in eine〔einer〕Garage e. 자동차를 차고에 넣어 두다〔; du kannst deine Sachen bei uns e. 너는 네 물건들을 우리 집에 맡겨도 된다; falsch eingestellte Bücher 잘못 꽂혀 있는 책. **2.** 고용하다(반대: entlassen 2). **3. a)** (기계를) 조절〔조정〕하다: das Radio leiser e. 라디오의 소리를 낮추다; 전의 (e. + sich) die Sonde stellt sich automatisch auf ihr Ziel ein 이 탐침(探針)은 자동으로 조절되어 목표를 향하 낸다. **b)** (기계를) 조절하여 작동시키다. **c)** ↑justieren. **4.** 중지〔종결〕하다, 억제하다; 정지하다: Zahlungen e. 지불을 정지하다; die Zeitung stellt ihr Erscheinen ein 신문이 탐침(探針)은 자동으로 조절되어 목표를 향하 die Belegschaft stellte die Arbeit ein 광산 노조가 파업했다. **5.** (e. + sich) **a)** 모습을 나타내다, (장소·출두하다), 가다〔오다〕: er stellte sich pünktlich bei ihm ein 나는 정각에 그의 집에 도착했다; 전의 der Winter hat sich früh eingestellt 겨울이 일찍이. **b)** (무엇의 결과로) 생기다: starke Schmerzen, verbunden mit Fieber, stellten sich ein 열과 함께 심한 통증이 왔다; es stellte sich kein Erfolg ein 아무런

성과가 없었다. 6. 〈e. + sich〉 a) 무엇(누구)을 목표로 하다, (에) 뜻을 두다; 준비하다, 대비하다: hast du dich mit der Kleidung auf die veränderten Temperaturen eingestellt? 너는 온도 변화에 대비한 옷을 준비했느냐?; er war ganz auf Erfolg eingestellt 그는 자신의 성공만 생각했다. b) (누구에게) 적응하다, 맞추다, (누구의) 뜻을 받아들이다: sie haben sich gut aufeinander eingestellt 그들은 서로 잘 적응해 나갔다. 7. [스포츠] (어떤 기록을) 달성하다. 8. [스포츠] (상대 선수(팀)에 대한) 대비 훈련을 시키다: der Trainer hat die Mannschaft defensiv[auf Defensive] eingestellt 트레이너는 그 팀에게 수비 위주의 연습을 시켰다. 9. 《관》 예견하다, 고려하다. 10. 〈schweiz.〉 a) (직무·권리를) 정지시키다. b) [법] 누구의 무엇을 (판결에 의하여) 박탈하다: jmdn. in dem Bürgerrecht e. 누구의 시민권을 박탈하다.

einstellig 〈Adj.〉 한 자리의.
Einstellung, die; -en 1. 정리, 정돈; 고용; 조절[조정]; 종결[중지]; (기록) 달성, (대비) 훈련, 예상, (공직) 임명. 2. (어떤 사건에 대한) 의견, 견해; 입장, 견지; 관점, 관계: eine positive[eine kritische] E. zu den Dingen haben 사건에 대하여 긍정적인[비판적인] 입장을 지니다. 3. [영화] (연속으로 촬영된) 장면: **amerikanische E.** ↑amerikanisch 참조. 4. 〈schweiz.·법〉 박탈, 정지.
Einstellungs-: **~bedingung**, die 〈대개 Pl.〉 고용 조건. **~behörde**, die 〈schweiz.〉 인사 발령을 담당하는 관서. **~bescheid**, der 취업 통고. **~büro**, das 취업 안내소. **~frage**, die 〈드물게 Pl.〉 고용 문제. **~gespräch**, das 채용 상담. **~sache**, die 〈드물게 Pl.〉 ↑~frage. **~sperre**, die 고용 중지. **~stopp**, der ↑~sperre. **~termin**, der (누구의) 고용 시한. **~untersuchung**, die (고용을 위한) 건강 진단.

einstemmen 〈h〉 1. (끌로 구멍을) 파다: Zapfenlöcher in das Holz e. 장붓구멍을 목재에 파다. 2. 떠받치다, 괴다: die Arme in die Hüften e. 팔을 허리에 괴다(짚다).
einstens ['ainstns] 〈아어·고어〉 ↑einst.
einsteppen 〈h〉 (재봉틀로) 누비다, 박음질하다.
einsteuern 〈h〉 1. (진로, 궤도에) 진입시키다. 2. 조절[조정]하다. **Einsteuerung**, die; -en ↑einsteuern의 명사형.
Einstich, der; -(e)s, -e 1. 찌르기. 2. 찌른(주사한) 곳. 3. [육상] 장대 꽂기.
Einstich-: **~ende**, das [육상] 장대 끝. **~kasten**, der [육상] 장대 꽂을 홈. **~stelle**, die (표면의) 찔린 곳.
einstecken 〈h〉 수놓다.
Einstieg ['ain∫ti:k], der; -(e)s, -e 1. (반대: Ausstieg) a) 승차, 승선. b) 승강구, 타는 곳. 2. [등산] a) (암벽을) 기어오름, 암벽 등반. b) (절벽 등에) 기어오를 수 있는 오목 들어간 곳. 3. (새 분야·문제에 대한) 접근 (방법).
Einstiegluke, die 비행기의 탑승구. **Einstieg(s)möglichkeit**, die 승차 가능성.
Einstiegsdroge 의 마약성 약물(Hassisch 따위).
einstig ['ainstiç] 〈Adj.〉 이전의, 옛날의.
einstimmen 〈h〉 1. a) (악기 따위의) 음정을 맞추다, 조율하다: ein Instrument auf den Kammerton a. 악기를 실내악 톤으로 맞추다. b) (노래, 연주에) 끼어들어 노래하다[연주하다]: in den Gesang der anderen mit e. (다른 사람들의) 노래에 (함께) 화창(和唱)하다; 전의 sie stimmten in den allgemeinen Jubel ein 그들은 함께 환호성을 질렀다. 2. (무엇에) 찬동[동조]하게 하다: 〈e. + sich〉 sich auf etw. e. 무엇과 조화를 이루다, 어울리다. 3. 〈고어〉 찬동[동조]하다.
¹**einstimmig** 〈Adj.〉 [음악] 독창[단음]의, 같은 소리의.

²**einstimmig** 〈Adj.〉 만장일치의, 같은 의견의, 이구동성의. ¹**Einstimmigkeit**, die [음악] 단성음, 화음. ²**Einstimmigkeit**, die 만장일치, 동의, 이구동성.
Einstimmung, die; -en 조율; 찬동, 동조.
einstippen 〈h〉 ↑eintauchen (1).
einstmalig 〈Adj.〉 〈드물게〉 ↑einstig. **einstmals** 〈Adv.〉 〈아어·고어〉 1. 이전에, 옛날에, 오래 전에. 2. 〈드물게〉 훗날에, 장래에.
einstöckig 〈Adj.〉 1층(건물)의, 단층집의.
Einstockumsprung, der; -(e)s, ...sprünge [스키] (스틱으로 받쳐) 방향을 바꿈(활강에서).
einstopfen 〈h〉 1. 채워 넣다, 다져 넣다: die Federn in das Kissen e. (베개에) 깃털을 채워 넣다. 2. (먹이를) 입[부리]에 넣어 주다.
einstöpseln 〈h〉 a) (무엇을) 마개로 해서 막다: den Korken in die Flasche e. 병을 코르크 마개로 해서 막다. b) (무엇의) 플러그를 콘센트에 연결하다: das Telefon e. 전화기의 플러그를 콘센트에 연결하다.
einstoßen* 〈h〉 1. 찔러 넣다, 쳐박다, 밀어 넣다: einen Stock (in die Erde) e. (땅에) 말뚝을 박다. 2. a) (부서지도록) 안쪽으로 밀어붙이다. b) 부딪쳐서 다치다: ich habe mir die obere Zahnreihe eingestoßen 나는 부딪쳐서 내 윗니가 부러졌다. 3. 찔러 쓰러뜨리다, 마구 찌르다: er stieß mit einem Messer auf sein Opfer ein 그는 칼로 상대를 찔러 쓰러뜨렸다. 4. (카드 따위를) [정돈, 분류]하다. 5. 〈e. + sich〉 [육상] (투포환에서) 연습으로 던져 시합에 대비하다.
einstrahlen 〈h〉 1. (빛이) 들어오다. 2. [기상] (광[열]선을) 방사하다. 3. [물리·기술] 방사되다. **Einstrahlung**, die; -en 일사(日射).
einsträngig ['ainstrengiç] 〈Adj.〉 한 줄로 된, 한 가닥의.
einstreichen* 〈h〉 1. 골고루 바르다, 칠하다. 2. 《통용어》 a) (동전 따위를) 주머니에 쓸어 넣다, 긁어 넣다, 비벼 넣다: er strich eilig das Geld ein 그는 황급히 돈을 호주머니에 쓸어 넣었다. b) 《폄》 착복하다, 챙기다: eine hohe Provision e. 높은 이익을 챙기다. 3. [연극] (대본을) 삭제하여 줄이다. **Einstreichung**, die; -en ↑einstreichen의 명사형.
Einstreu, die [농업] (가축을 위한) 짚(으로 된) 자리.
einstreuen 〈h〉 1. 뿌려 넣다; (가축을위한) 잠자리 짚을 깔아 주다: Stroh in den Stall e. 마구간에 짚을 깔아 주다. 2. (무엇을) 뿌리다, 깔다: das Küchenbrett mit Mehl e. 도마 위에 밀가루를 뿌리다; ein Weg mit Schlacke eingestreuten Wege 오물이 널린 길. 3. [텍스트에] 삽입하다, (말 도중에) 참견하다, 끼어들다: persönliche Bemerkungen in seinen Vortrag e. 그의 강연에 개인적 견해를 삽입하다. **Einstreung**, die; -en ↑einstreuen의 명사형.
einstricken 〈h〉 떠[짜] 넣다, 깁다(헤어진 곳을): Knopflöcher in das Vorderteil der Weste e. (조끼 앞쪽에) 단춧구멍을 떠 넣다.
Einstrom, der; -(e)s, Einströme 밀려듦, 흘러듦, 쇄도. **einströmen** 〈s〉 1. (물, 공기 따위가) 흘러들다, 밀려들다(반대: ausströmen b): Wasser strömte (in das Boot) ein (배 안으로) 물이 들어왔다; die Abendluft strömte durchs Fenster ein 저녁 공기가 창문을 통해 밀려들어왔다. 2. 몰려들다, 쇄도하다: eine große Menschenmenge strömte in das Stadion ein 엄청난 군중들이 경기장으로 몰려들었다. **Einströmung**, die 유입, 흘러들어감, (군중의) 쇄도.
einstrophig 〈Adj.〉 1연으로 된.
einstückeln 〈h〉 《통용어》 (헝겊을) 대다: einen Flikken in die Hose e. 바지에 헝겊조각을 대다.
einstudieren 〈h〉 1. 배워 익히다, 익히다; 연습하다:

mit großer Mühe hatte ich mir die Fragen und Antworten einstudiert 질문과 대답을 암기하느라고 무척 애를 썼다. 2. 〈연극〉 대사를 외우다, 사전 연습하다: ein Theaterstück e. 연극 대사를 외우다, 연극 연습을 하다. **einstudiert** 〈Adj.〉《俗》의식적으로 외운, 자연스럽지 못한. **Einstudierung**, die; -en 1. 〈Pl. 없음〉 익힘, 연습. 2. 연습한 작품, 상연(공연).

einstufen 〈h〉 단계를 구분하다[나누다], 등급을 매기다, 정리[분류]하다: sie ist in einer höheren Gehaltsklasse eingestuft 그녀는 고소득 계층에 속한다; jmdn. [etw.] als wichtiger e. 누구[무엇]를 보다 중요하다고 평가하다.

einstufig 〈Adj.〉 **a)** 1단의, 단이 하나인: eine -e Trittleiter 1 단 사다리. **b)** 1단계의: eine -e Rakete 1 단계 로켓.

Einstufung, die; -en 정리, 분류, 자격 분류.

einstülpen 〈h〉 안쪽으로 접어젖히다, 뒤집다(반대: ausstülpen): einen Hut e. 모자를 뒤집다; 〈e. + sich〉 die Ärmel hatten sich eingestülpt 소매가 뒤집어졌다.

Einstülpung, die; -en ↑einstülpen의 명사형.

einstündig 〈Adj.〉 1시간의. **einstündlich** 〈Adj.〉 1시간 마다의.

einstupsen ['ainʃtupṇ] 〈h〉 《österr.·통용어》 누구(에게) 가루[분]를 뿌리다.

einstürmen 〈s〉 **a)** 돌진하다, (불행 따위가) 닥치다: auf jmdn. e. 누구에게 돌진하다; 전의 Erinnerungen stürmten auf mich ein 나는 기억이 되살아났다. **b)** 습격하다, (에) 쇄도하다: die Kinder stürmten mit Fragen auf die Mutter ein 아이들이 어머니에게 질문을 퍼부었다.

Einsturz, der; -es, Einstürze 추락, 무너짐, 붕괴, 사태, 돌진(突進); 몰락; 함몰: die heftige Erschütterung hat das Haus zum E. gebracht 엄청난 충격으로 그 집은 내려앉고 말았다.

einsturz-, Einsturz-: ~beben, das 함몰 지진. **~gefahr**, die 〈Pl. 없음〉 붕괴 위험. **~gefährdet** 〈Adj.〉 무너질 위험이 있는.

einstürzen 1. 〈s〉 무너지다, 붕괴하다, 내려앉다: 전의 eine Welt stürzt für jmdn. ein 세상이 누구에게 무너져 내리다[믿음이 무너지다]. 2. 〈s〉 돌진하다, 습격하다: auf jmdn. e. 누구를 향하여 돌진하다. 3. 〈h〉 밀쳐 넘어뜨리다, 파괴하다.

einstweilen 〈Adv.〉 **a)** 우선, 당분간, 앞으로 얼마 동안. **b)** 그 동안에, 그럭저럭 하는 사이에. **einstweilig** 〈Adj.〉 《관》 당분간의, 잠정적[일시적]인; 우선의: eine -e Verfügung gegen jmdn. erwirken 〔법〕 누구에게 가처분 조치를 취하다.

einsudeln ['ainzu:dəln] 〈h〉 《고어·드물게》 때묻히다, 더럽히다.

einsuggerieren 〈h〉 (생각 따위를) 불어넣다.

einsuren ['ainzu:rən] 〈h〉 《österr.》 (고기 등을) 간국에 담그다, 소금에 절이다.

eins werden: ↑¹eins 참조. **Einswerden**, das; -s (아이) 합일, 단일화; 일치, 동의. **Einswerdung**, die ↑Einswerden.

Eins-zwei-Schlag, der; -(e)s, ...-Schläge 〔권투〕 원투(한번 친 다음 다음 주먹을 연달아 날리는 가격법).

eintägig 〈Adj.〉 하루의, 1일간의, 하루살이의; 잠깐 동안의, 덧없는.

Eintags-: ~fieber, das 〔의학〕 1일열(一日熱). **~fliege**, die 1. 하루살이. 2. (통속적 표현) 곧, 일과적 현상, 잠깐 동안의 성공. **~küken**, das 〔농업〕 부화한 지 하루밖에 안된 병아리.

eintanzen, sich 〈h〉 (무대에 오르기 전에 잠시) 춤을 연습하다. **Eintänzer**, der; -s, - (구제) (댄스홀에서 여자 손님의 춤 상대를 해 주는) 남성 직업 댄서. **Eintänze-**

rin, die; -nen ↑Eintänzer의 여성형.

eintasten 〈h〉 〔기술〕 **a)** (전자기기의) 키보드를 눌러 입력하다[작동시키다]. **b)** 키보드를 눌러 입력되다[작동되다], 켜지다. **Eintastung**, die; -en ↑eintasten의 명사형.

eintätowieren 〈h〉 문신을 새기다. **Eintätowierung**, die; -en **a)** 〈Pl. 없음〉 문신을 새기기. **b)** 문신.

eintauchen 1. 〈h〉 (물 속에) 담그다, 잠그다, 적시다: den Pinsel (in die Farbe) e. 붓을 (물감에) 적시다. 2. 〈s〉 가라앉다, 담(잠)기다: 전의 Der Mann überquerte den Platz, tauchte ein in das jenseitige Straßenlabyrinth 그 사나이는 광장을 가로질러 저편 미로 속으로 사라져갔다.

Eintausch, der; -(e)s 교환, 교역. **eintauschen** 〈h〉 교환[교역]하다: sie tauschten Kleider gegen[(드물게) für] Lebensmittel ein 그들은 의복을 식료품과 바꾸었다[의복과 교환하여 식료품을 얻었다]; die Gutscheine müssen sofort eingetauscht 이 어음[상품권]은 즉시 교환되어야 한다.

eintausend 《명료한 표현》 ↑tausend. **1000-m-Lauf**, der; -(e)s, ...-Läufe 〔육상〕 1000m 달리기 경기. **1500-m-Lauf**, der; -(e)s, ...-Läufe 〔육상〕 1500m 달리기 경기.

eintaxieren 〈h〉 평가하다, 판단하다. **Eintaxierung**, die; -en ↑eintaxieren의 명사형.

einteeren 〈h〉 〔기술〕 타르칠을 하다.

einteigen ['aintaigṇ] 〈h〉 《···의》 반죽을 입히다.

einteilen 〈h〉 1. 나누다, 분할(구분)하다: eine Torte in gleich große Stücke e. 케이크를 크게 세 조각으로 똑같이 나누다; Pflanzen in[nach] Gattungen e. 식물을 속(屬)으로 구분하다. 2. 분배하다, 정리하다: seine Vorräte e. 그의 재고품을 정리하다; sie kann nicht e. 그녀는 살림을 합리적으로 꾸려나가지 못한다. 3. (일자리 따위를) 할당하다, 지정하다, (일자리에) 배치하다: man hatte ihn für den[zum] Nachtdienst eingeteilt 그는 야간 근무에 배치되었다.

Einteiler, der; -s, - (전문어) 원피스 수영복. **einteilig** 〈Adj.〉 1부(部)로 이루어진; 단항(式)의(수학에서).

Einteilung, die; -en 분할, 구획, 분배, 분류. **Einteilungsgrund**, der 분류[구분]의 원칙. **Einteilungsprinzip**, das 분류[구분]의 원칙. **Einteilungszahl**, die 배분수사(配分數詞)(예컨대: je zwei, je drei).

Eintel ['aintl], das 《schweiz.》 der; -, - 〔수학〕 1분의 1, 전체(↑Achtel a 참조).

eintiefen 〈h〉 1. 〔고고〕 파묻다, 매장하다. 2. 〔예술〕 (금 등에) 새기다: ein Relief e. 부조를 새기다. 3. **a)** (수로를) 더 깊이 파다. **b)** 〈e. + sich〉 구멍을 파고들다, 몸을 감추다: der Fluß hat sich in den Sandstein eingetieft 강물은 사암(砂岩)을 파고들었다. **Eintiefung**, die; -en ↑eintiefen의 명사형.

eintippen 〈h〉 (컴퓨터 따위의) 키보드를 눌러 입력하다.

eintitschen 〈h〉 《ostmd.》 적시다, Er ließ den Ärmel in den Teller ein 그는 소매를 국그릇에 적셨다.

eintönig ['aintø:nɪç] 〈Adj.〉 단조로운, 한결 같은, 천편일률적인, 지리한, 흥미없는. **Eintönigkeit**, die ↑eintönig의 명사형.

Eintopf, der; -(e)s, Eintöpfe ↑Eintopfgericht의 약칭. **Eintopfessen**, das; -s, - ↑Eintopfgericht 참조. **Eintopfgericht**, das; -(e)s, -e 찌개와 비슷한 간소한 냄비 요리(야채, 감자, 고기 따위의 모든 재료를 한꺼번에 냄비에 넣어 끓인).

eintopfen ['aintɔpfṇ] 〈h〉 (모종을) 화분에 심다, 옮겨 심다.

Eintracht, die 조화, 일치, 단결, 융화; 친목, 협조, 화해: die E. stören 조화를 해치다; in E. miteinander leben 화목하게 서로 살아가다. **einträchtig** 〈Adj.〉 일치[단결]한, 평화적인, 사이좋은. **Einträchtigkeit,** die ↑einträchtig의 명사형. **einträchtiglich** ['aintrɛçtɪklɪç] (준고어) ↑ einträchtig.

Eintrag ['aintra:k], der; -(e)s, Einträge **1.** 《Pl. 없음》 기재, 기입, 등록, 등기: der E. des Namens in der Liste 명부에 성명 기입. **2.** 《관》 해당란에 기재[기입], 메모: ein E. ins Klassenbuch 학생 기록부에 과오 기재. **3. einer Sache E. tun** 《아이》 어떤 일에 손해를 입히다; das schlechte Wetter tat ihrer guten Stimmung keinen E. 나쁜 날씨가 그녀의 좋은 기분을 상하게 하지는 않았다. **eintragen*** 〈h〉 **1. a)** 써넣다, 기입하다, 기재하다(반대: austragen 4): jmdn. [seinen Namen] in die《(드물게)》der) Teilnehmerliste e. 누구[그의 이름]를 참가자 명단에 올리다. **b)** 《부호 따위를》 그려[적어] 넣다. **c)** 《관》 등기[등록]하다: das Haus ist ins Grundbuch eingetragen 이 집은 토지 대장에 등기되어 있다; Eingetragener 《(또한)》 eingetragener) Verein 등록(된) 협회(약어: E.V. 《또한》 e.V.), **2.** 《꿀벌이 꿀을》 모으다, 운반해들이다. **3. a)** 《이익을》 가져오다, 벌게 하다: sein Geschäft trägt einiges ein 그의 사업은 어느 정도 흑자를 낸다. **b)** 《행위의 결과로서》 가져다 주다, 허락하다: sein Verhalten trug ihm viel Kritik ein 그의 태도는 많은 비판을 받았다. **einträglich** ['aintrɛ:klɪç] 〈Adj.〉 이익[수입]이 있는, 벌이가 되는. **Einträglichkeit,** die ↑einträglich의 명사형. **Eintragung,** die; -en **1.** 기입, 등기, 등록. **2.** 기입된 것, 메모. **Eintragungsgebühr,** die 등기료. **Eintragungsvermerk,** der 메모 표시.

eintrainieren 〈h〉 **1.** 《오랜 연습을 통하여》 익숙하게 하다, 마음속에 지니게 하다: jmdm. ein Verhalten e. 누구에게 어떤 태도를 익히게 하다. **2.** 〈e. + sich〉 《체계적인 훈련을 통하여》 어떤 수준에 도달하다.

einträNken 《다음 용법으로만》 jmdm. etw. [es jmdm.] e. 《통속어》 누구에게 무엇의 앙갚음을 하다: das werde ich Ihnen noch e. 당신에게 그것에 대한 복수를 반드시 하리라.

einträufeln 〈h〉 《한 방울씩》 똑똑 떨어뜨려 넣다, 흘려넣다, 적주(滴注)하다: 《전의》 jmdm. Haß e. 누구의 마음을 증오로 가득 채우다. **Einträufelung,** 《드물게》 **Einträufelung,** die ↑ einträufeln의 명사형.

eintreffen* 〈s〉 **1.** 《장소, 목적지에》 도착하다: das Flugzeug wird um 10 Uhr auf dem Flughafen e. 비행기는 10시에 공항에 도착하게 될 것이다; 《명사화》 das Eintreffen der Polizei abwarten 경찰이 오기를 기다리다. **2.** 《예상대로》 실현되다, 일어나다, 《예상이》 적중하다: alles traf ein, wie er es vorausgesagt hatte 모든 일이 그가 예견했던 대로 들어맞았다.

eintreibbar ['aintraɪpba:ɐ] 〈Adj.〉 《세금, 대출금 따위를》 회수[징수]할 수 있는. **eintreiben*** 〈h〉 **1.** 《축산》 《축사로》 몰아넣다(반대: austreiben 1). **2.** 《못 따위를》 망치로 때려 박다, 박아 넣다: einen Pfahl (in die Erde) e. 《땅에》 말뚝을 박다. **3.** 회수[징수]하다. **Eintreiber,** der; -s, - 수금인, 징수인, 독촉자. **Eintreibung,** die; -en 징수, 회수, 수금, 독촉.

eintreten* **1.** 〈s〉 《걸어》 들어가다, 입장하다; 《현재분사의 명사화》 jmdn. die Eintretenden 입장객들을 맞이했다. **2.** 〈h〉 《문 따위를 밖에서》 차서 부수다, 밟아 부수다: die Polizisten hatten die Tür eingetreten 경찰관들이 문을 차부수고 들어왔다. **3.** 〈h〉 **a)** 〈e. + sich〉 《못 따위의 밟아》 발에 찔리다: ich habe mir einen Nagel (in den Fuß) eingetreten 나는 못을 밟아 (발이) 찔렸다. **b)** 《바닥에》 den Stein in die Erde e. 돌을 밟아서 땅 속에 박다. **4.** 〈h〉 《사람, 짐승 따위를》 짓밟다, 밟고 지나다: er hatte auf dem am Boden Liegenden eingetreten 그는 땅바닥에 누워 있는 남자를 밟고 지나갔다. **5.** 〈s〉 《단체에》 가입하다, 회원이 되다(반대: austreten 5): in eine Partei e. 정당에 가입하다. **6.** 〈s〉 도달하다, 진입하다: das Raumschiff ist in seine Umlaufbahn eingetreten 우주선이 순환 궤도에 진입했다. **7.** 〈s〉 시작되다: in das 50. Lebensjahr e. 50세가 되다; das Unternehmen trat ins dritte Jahrzehnt ein 그 기업은 창업 30년을 맞았다; in die Diskussion[in Verhandlungen] e. 토론[협상]을 시작하다; in die Beweisaufnahme e. 《법》 증언 청취를 시작하다. **8.** 〈s〉 일어나다, 생기다, 보다, 나타나다: ein unerwartetes Ereignis ist eingetreten 예기치 못한 사건이 발생했다; wenn der Fall eintritt, daß er stirbt 그가 죽는다면; es trat eine Besserung seines Befindens ein 그의 건강이 호전되었다. **9.** 〈s〉 누구[무엇]의 편을 들다, 보증하다, 옹호하다, 누구의 대리를 보다: für Reformen [für seinen Freund] e. 개혁을 지지하다[그의 친구 편을 들다]. **10.** 〈h〉 《schweiz.》 《상세히》 다루다, 조사하다, 논하다: wir werden auf die Sache noch e. 우리들은 그 사건을 그래도 취급할 것이다. **11.** 〈s〉 《새 구두를》 신어 발에 길들이다. **eintretendenfalls** 〈Adv.〉 《관》 만일의 경우에는. **Eintretensantrag,** der 《schweiz.》 국회에 대한 심의 요청(법률안 따위의). **Eintretensdebatte,** die 《schweiz.》 자세한 심의에 선행한 국회에서의 논쟁.

eintrichtern 〈h〉 《경》 **1.** 《억지로》 흘려 넣다, 부어 넣다 《약 따위를》 억지로 먹이다. **2.** 《애써서》 가르치다, 억지로 머리 속에 넣어 주다: einem Schüler die Vokabeln e. 학생에게 어휘를 애써서 가르치다. **Eintrichterung,** die; -en ↑eintrichtern의 명사형.

Eintrieb, der; -(e)s, -e 《드물게》 Pl.》 《우리 안으로》 몰아넣음(1; 반대: Austrieb).

eintrimmen 〈h〉 《통속어》 되풀이하여 이르기, 일러서 명심하게 하다.

eintrinken* 〈h〉 《드물게》 받아들이다, 흡수하다: der ausgedörrte Boden trinkt den Regen ein 바싹 마른 붙은 대지가 빗물을 흡수하다.

Eintritt, der; -(e)s, -e **1.** 들어감, 가입, 진입, 시작, 발생, 보증. **2. a)** 《유료》 입장: der E. (zu der Veranstaltung) ist frei 이 《행사의》 입장은 무료이다. **b)** ↑Eintrittsgeld의 약칭. **3.** 《구기》 진출권: der E. ins Viertelfinale 4강 진출권.

Eintritts-: ~**billet(t),** das 《schweiz.》 입장권. ~**gebühr,** die ↑~geld. ~**geld,** das 입장료, 입회비, 입학금. ~**karte,** die 입장권. ~**preis,** der 입장료. ~**prüfung,** die 《드물게》 《공무원이 되기 위한》 적성 검사.

eintrocknen 〈s〉 **1.** 증발하다, 수분이 증발하여 굳다, 말라붙다: das Wasser in den Pfützen ist eingetrocknet 웅덩이에 괸 물이 증발해버렸다; eingetrocknetes Blut 말라붙은 피. **2.** 말라빠지다, 바싹 마르다, 시들다: die Beeren sind eingetrocknet 딸기가 시들어버렸다. **Eintrocknung,** die; -en ↑eintrocknen의 명사형.

eintrommeln 〈h〉 《통속어》 **1.** 《여러 번 강조하여》 명심하게 하다, 심어 주다. **2.** 끊임없이 《집요하게》 작용하여 영향을 미치다: die Werbung trommelt unablässig auf die Verbraucher ein 광고가 소비자에게 끊임없이 영향을 준다.

eintröpfeln 〈h〉 《드물게》 《물방울을》 똑똑 떨어뜨려 넣다. **Eintröpf(e)lung,** die; -en 침윤(浸潤); 주입(注入), 적주(滴注).

eintrüben 〈h〉 **1.** 《액체를》 더럽히다, 흐리게 하다. **2.** 〈e. + sich〉 《기상》 흐려지다, 어두워지다: 《비인칭》 es trübt (sich) ein 날씨가 흐려진다. **Eintrübung,** die; -en 《날씨》 흐려짐, 어두워짐.

eintrudeln 〈s〉 《통속어》 《약속된 장소에》 늦게 도착하다, 어슬렁거리며 나타나다.

eintunken ⟨h⟩ 《지역적》 담그다, (빵을 커피 따위에, 펜을 잉크에) 적시다, 축이다.
eintürig ⟨Adj.⟩ 문이 하나 달린.
einturnen, sich ⟨h⟩ (경기하기 전에 일정한 체조 따위의) 짧은 연습(으로) 경기에 대비하다[준비하다], 몸을 풀다.
eintüten ['ainty:tn] ⟨h⟩ 《상》 종이 봉지에 넣다, 종이 봉지에 싸다. **Eintütung**, die; -en ↑eintüten의 명사형.
einüben ⟨h⟩ 1. a) 연습하여 외우다: eingeübte Worte 외워서 준비한 말. b) (체계적으로 연습시켜) 가르치다: der Lehrer will mit der Klasse[《통용어》der Klasse] ein Theaterstuck e. 교사가 학생들에게 연극 작품을 습득시키려고 한다. c) 연습시키다, 훈련하다. 2. 자기의 것으로 만들다, 습득하다. **Einübung**, die; -en 1. 외우기, 연습. 2. 가르침, 훈련[연습]시킴.
einundeinhalb: ↑eineinhalb.
Einundfünfziger, der 《(다음 용법으로》 den E. haben 《통용어》 책임 능력이 없다, 정신 이상이다(정신병자의 처벌 가능한 행위를 규정한 형법 51조에서 유래함).
einundzwanzig (숫자: 21), **Einundzwanzig** ⟨관사없이⟩ 블랙 잭(카드놀이의 일종).
Einung ['ainʊŋ], die; -en 《고어》 ↑Einigung.
einverleiben ['ainfɛɐlaibn] ⟨h⟩ 1. a) 무엇에 무엇을 합병(편입)하다: er hatte die eroberten Gebiete seinem Reich einverleibt 그는 정복 지역을 그의 제국에 합병했다. b) 합병[합체]하다, 자기의 것으로 하다, 일체가 되게 하다. 2. 《농》 (많은 양을) 먹다; 《드물게》 마시다, 섭취하다: du hast dir den ganzen übriggebliebenen Kuchen einverleibt 너는 남은 케이크를 모조리 먹어 치웠구나. **Einverleibung**, die; -en 一동화, 합병, 합체, 섭취.
Einvernahme, die; -n 《법·österr., schweiz.》 (법정에서의) 심문, 심리. **Einvernahmezimmer**, das 《schweiz.》 심문실. **einvernehmen**⁎ ⟨h⟩ 《법·österr., schweiz.》 심문하다, 심리하다. **Einvernehmen**, das; -s 의견의 일치, 합의, 화합: wir leben in bestem[im besten] E. miteinander 우리는 서로 사이 좋게 지낸다; sich mit jmdm. ins E. setzen (격식체어) 누구와 협조하다. **einvernehmlich** ⟨Adj.⟩ 《관·österr.》 서로 사이 좋은, (의견이) 일치하는, 합의의, 단결한, **Einvernehmung**, die; -en 《법·österr., schweiz.》 심문, 심리.
einverstanden ⟨Adj.⟩ 승낙[양해, 동의]한[된], 합의[일치]된: er ist mit den Bedingungen e. 그는 그 조건에 동의했다; in dieser Frage bin ich nicht mit dir e. 이 문제에 있어서 네 의견에 동의하지 않는다; e.! 좋습니다[됐습니다, 알았습니다]; du hast dich mit der Lösung e. erklärt 너는 그 해결책에 동의의 뜻을 표했다. **einverständlich** ⟨Adj.⟩ 서로 양해[승낙]한[된], 합의된: eine -e Scheidung 합의에 의한 이혼. **Einverständnis**, das; -ses, -se 《드물게 Pl.》 a) 승낙, 동의, 협정: er gab[erklärte] sein E. zu dem Plan 그는 계획에 동의했다; Ihr E. vorausgesetzt, werde ich die Ware bestellen 당신이 동의한다면 이 물건을 주문하겠다. b) 의견 일치, 화합, 의사 소통, 양해: stillschweigendes E. 묵계. **Einverständniserklärung**, die 동의 표시.
Einwaage, die; -n 《상》 1. 순수 내용물만의 무게. 2. (소매에 있어서) 무게가 축남[모자람].
¹**einwachsen**⁎ ⟨s⟩ 1. 뿌리 내리다, 고착하다, 뿌리 박다. 2. 자라[뻗어] 들어가다: der Tumor ist ins Gewebe eingewachsen 종양(腫瘍)이 조직 속으로 자라 들어갔다[전이되었다].
²**einwachsen**⁎ ⟨h⟩ (에) 골고루 왁스를 칠하다.
einwalzen ⟨h⟩ (씨앗, 자갈 등을) 롤러로 땅에 눌러 박다. **Einwalzung**, die; -en ↑einwalzen의 명사형.

Einwand, der; -(e)s, Einwände 이의, 이론(異論), 항변, 항의, 반대, 반증(反證): gegen etw. einen E. erheben[vorbringen, machen] 무엇에 대하여 이의를 제기하다.
Einwanderer, der; -s, - (타국으로부터의) 이주자[이민자](반대: Auswanderer). **Einwandererschiff**, das 이주(이민)선(船). **Einwandererstrom**, der 수많은 이주자들, 이주자의 물결. **einwandern** ⟨s⟩ (타국으로부터) 입국하다, 이주[이민]하다(반대: auswandern): 전의 die jungen Würmer wandern auf dem Blutweg in die Muskulatur ein 기생충의 애벌레들이 혈관을 통해 근육 조직으로 들어간다. **Einwanderung**, die; -en (타국으로부터의) 이주, 이민, 입국; (기생충의) 침투 (반대: Auswanderung).
Einwanderungs-: ~**behörde**, die 이민국. ~**beschränkung**, die 이주자 (수효의) 제한. ~**erlaubnis**, die (다른 지역으로의) 이주 허가. ~**gesetz**, das 이민법. ~**land**, das 이민이 몰려드는 나라. ~**quote**, die (일정 기간 내의) 이민[이주]자 수. ~**strom**, der ↑Einwandererstrom. ~**verbot**, das (자국(自國)으로의) 이민 금지법(규정).
einwandfrei ⟨Adj.⟩ 1. a) 이의(이론)의 여지가 없는, 결함이 없는: die Konserve ist nicht mehr e. 이 통조림은 더 이상 먹을 수 없다. b) 비난의 여지가 없는, 완벽한. 2. 의심[의혹]의 여지가 없는, 명백한, 분명한.
einwärts ⟨Adv.⟩ 안으로, 안쪽으로(향한, 굽은)(반대: auswärts 1).
einwärts-, **Einwärts-**: ~**bewegung**, die 내향(內向)운동, (발을) 안짱다리처럼 모으기. ~**dreher**, der 회전근(廻前筋). ~**drehung**, die 회전(廻前), 번전(飜轉). ~**gebogen** ⟨Adj.⟩ 안으로 굽은. ~**gehen**⁎ ⟨s⟩ 안짱걸음을 걷다. ~**laufen** ⟨s⟩ 안짱걸음을 걷다. ~**schielen**, das; -s 《의학》 내사시(內斜視) (시선의 방향이 안쪽으로 향하는 사팔눈). ~**setzen** ⟨h⟩ 안짱다리 걸음의 자세로 하다. ~**stellen** ⟨h⟩ 안짱다리 걸음의 자세로 하다.
einwässern ⟨h⟩ 물에 담그다[적시다], (물에 담가) 묽게 만들다: Salzheringe über Nacht e. 소금에 절인 청어를 밤새 물에 담가 놓다.
einweben ⟨h⟩ 짜넣다, 엮어 넣다: einen Namen (in den Stoff) e. 이름을 (천에) 짜넣다.
¹**einwechseln** ⟨h⟩ 1. a) (고액권을) 잔돈[동전]으로 바꾸다: können Sie mir einen Fünfzigmarkschein e.? 50 마르크짜리를 좀 바꿔주시겠어요? b) (다른 화폐로) 환전하다: er wechselte 300 DM in[《드물게》 gegen] französische Francs ein 그는 300 마르크를 프랑스 프랑으로 환전했다. 2. [스포츠] (특히 단체 경기에서) 선수를 교체하다. ²**einwechseln** ⟨s⟩ [사냥] (짐승이) 위치를 옮기다. **Einwechs(e)lung**, die; -en 잔돈 바꾸기, 환전, 선수 교체.
einwecken ⟨h⟩ [이 방법을 독일에 수입한 J. Weck(1841~1914)의 이름에서] (식료품을) 병조림하다: **laß dich e.!** 《통용어》 ↑laß dich einmachen! 참조; **weck es ein!** 《통용어》 쓸데없는 말을 하지 마라, 너만 알고 있거라! **Einweck-**: ~**glas**, das 병조림용 유리병. ~**gummi**, der 병조림 유리병 마개용 고무바킹. ~**ring**, der ↑~gummi. ~**topf**, der 내용물이 든 병조림 유리병을 가열·소독하기 위한 냄비. ~**zeit**, die ↑Einmachzeit.
Einweg-: ~**behälter**, der 일회용 용기(내용물을 꺼낸 후에 버릴 수 있는). ~**flasche**, die 회수금액이 포함되지 않은 음료수병. ~**glas**, das ↑~flasche. ~**hahn**, der [화학] 기체·액체를 한 방향으로만 흐르도록 하는 차단 [폐쇄] 장치. ~**kohlepapier**, das 일회용 탄산지(炭酸紙). ~**packung**, die 일회용 포장. ~**scheibe**, die 한 방향에서만 투시할 수 있는 유리창. ~**spiegel**, der 뒷면

이 투시되어 실험 대상을 관찰할 수 있게 한 거울. **~spritze**, die 일회용 주사기. **~verpackung**, die 일회용 포장.
einweichen ⟨h⟩ **1.** (빨래를 세탁 전에 일정 시간) 세제용액에 담구어 놓다. **2.** 물에 담가 보드랍게하다: 전의 sie ging ohne Schirm, war ganz eingeweicht 우산도 없이 가다가 그녀는 흠뻑 젖어버렸다. **Einweichmittel**, das 애벌빨래 세제. **Einweichung**, die; -en ↑einweichen의 명사형. **Einweichwasser**, das ⟨Pl. 없음⟩ 애벌빨래(할) 물.
einweihen ⟨h⟩ **1. a)** (특히 건축물을) 봉헌(봉납)하다, 낙성식(개관식, 개업식, 개통식)을 행하다: eine Kirche e. 교회의 헌당식을 사용하다. **b)** (통용어·농)처음으로 사용하다(입다): am Sonntag hat sie ihr neues Kleid eingeweiht 그녀는 일요일에 새 옷을 처음 입었다. **2.** 누구에게 무엇을 알려주다, 털어놓다, 가르치다, (비결 등을) 전수하다: jmdn. in seine Pläne [in ein Geheimnis] e. 누구에게 그의 계획 [비밀]을 털어놓다. (과거분사의 명사화) das ist nur etwas für Eingeweihte 이것은 전문가들만을 위한 것이다. **Einweihung**, die; -en 봉납, 봉헌, 헌당, 개막(개통, 개업, 제막, 개관, 개교)식, 전수, 가르침. **Einweihungsfeier**, die ↑Einweihungsfeierlichkeit. **Einweihungsfeierlichkeit**, die ⟨대개 Pl.⟩ 낙성(개막, 개관, 개통, 헌당)식. **Einweihungsstich**, der 《schweiz.·사격 경기》 사격장의 개관 기념 경기.
einweisen' ⟨h⟩ **1.** 누구에게 무엇(장소, 지위, 일 따위)을 지정(지시, 할당)하다: jmdn. ins Krankenhaus e. 누구에게 병원을 지정해 주다. **2.** 《관》묵게 하다, 묵을 곳을 정해 주다. **3. a)** 누구에게 새로운 일을 가르치다: die Sekretärin wurde von ihrer Vorgängerin (in ihre Aufgaben) eingewiesen 그 여비서는 전임자로부터 (자신의 임무를) 인계 받았다. **b)** 누구에게 어떤 일[직]을 주다: der Geistliche wurde im Rahmen eines Gottesdienstes in sein Amt eingewiesen 그 성직자는 예배 석상에서 성직을 수여받았다. **4.** [교통] (차량이나 운전자에게) 수신호로 방향을 지시하다: den Fahrer (in eine Parklücke) e. 운전자에게 주차장의 빈 곳으로 가도록 신호를 하다. **Einweiser**, der; -s, - 지시자, 임명권자, 수여자, 신호하는 사람. **Einweisung**, die; -en 지시, 지정, 임명, 할당 (성직 따위의) 수여. **Einweisungsschein**, der 임명장, 지시서.
einwenden' ⟨h⟩ 이의 [이론]을 말하다 [제기하다], 반대하다: er wendete ein, daß er die Aktion für unzulässig halte 그는 그 행동이 미덥지 못하다고 반론을 제기했다; dagegen ist nichts einzuwenden 그것은 이론(異論)의 여지가 없다, 완벽하다; ich hätte jetzt nichts gegen eine Tasse Kaffee einzuwenden 《통용어》 이제 커피 한 잔 마시면 좋겠다. **Einwendung**, die; -en **1.** 이의, 이론, 반론, 반대. **2.** [법] ↑Rechtseinwendung.
einwerfen' ⟨h⟩ **1.** 던져 넣다, 투입하다: eine Münze (in den Automaten) e. (자판기에) 동전을 집어 넣다. **2.** (돌 따위를 던져서) 깨트리다: (jmdm.) eine Fensterscheibe e. 돌 따위를 던져 (누구 집의) 창을 깨다. **3.** (비판적인 의견을) 꺼내다, 이의[이론]을 제기하다, 반대하다: eine Bemerkung e. 어떤 발언에 반대하다. **4. a)** [구기] 드로인하다, 던져넣기를 하다. **b)** [아이스하키] (심판이) 퍽을 두 선수 사이에 던지다. **c)** [럭비] 공을 스크럼 안으로 던지다. **d)** 《e. + sich》 (연습을 통해) 던지기가 성숙하다, **e)** 슈팅을 하다, 골을 향해 공을 던지다. **5.** 《통용어》 격렬하게 [거칠게] 밀어 넣다: der Mann warf den Gang ein und gab Gas 그 남자는 거칠게 기어를 넣고는 가속기를 밟았다. **Einwerfer**, der; -s, - [구기] **a)** 드로인[던져넣기]를 하는 선수. **b)** [럭비] 스크럼을 향해 공을 던지는 선수.

einwertig ⟨Adj.⟩ **1.** [화학] 1가(價)의: Wasserstoff ist e. 수소는 1가 원소이다. **2.** [언어] 일가-(價)의. **Einwertigkeit**, die; -en ↑einwertig의 명사형.
einwickeln ⟨h⟩ **1.** (반대: auswickeln) **a)** (종이 등으로) 돌돌 말다, 싸다. **b)** 덮다, 푹 두르다: sich (in seinen Mantel) e. (외투로) 몸을 감싸다; sie hatte das Kind in eine [《드물게》 einer] Decke eingewickelt 그녀는 아기를 포대기로 감쌌다. **2.** 《경》 말로 구어 삶다, 구이다, 기만하다: sie hat sich von dem Vertreter e. lassen und dem Staubsauger gekauft 그녀는 외판원의 말솜씨에 넘어가서 진공청소기를 구입했다. **Einwickelpapier**, das 포장용 종이, 포장지. **Einwick(e)lung**, die; -en 《드물게 Pl.》 싸기, 포장.
¹einwiegen ⟨h⟩ (아기를) 흔들어 잠재우다, (흥분 따위를) 가라앉히다, (고통 따위를) 덜어 주다: 전의 du hast dich von den falschen Versprechungen e. lassen 너는 거짓 약속으로 마음을 놓았었다.
²einwiegen' ⟨h⟩ [상] **1.** (포장, 통조림 가공 등을 위해 식품을) 달아 넣다. **2.** (저울로 다는 과정에서 다소의 양을) 잃다, 손해 보다.
einwilligen ⟨h⟩ 승낙하다, 동의하다, 인가하다: in die Scheidung e. 이혼에 동의하다. **Einwilligung**, die; -en 동의, 승낙, 인가.
einwindeln ⟨h⟩ (아기를) 포대기[강보]에 싸다, (아이에게) 기저귀를 채우다.
einwinkeln ⟨h⟩ (신호를 위해) 팔다리를 안쪽으로 굽히다, 접다.
einwinken ⟨h⟩ [교통] (신호를 보내서) 방향을 가리키다, 지시하다: Autos auf Parkplätze e. 자동차를 주차장 쪽으로 가도록 신호하다. **Einwinker**, der; -s, - [교통] (차량에) 신호하는 사람.
einwintern ⟨h⟩ **1.** (비인칭) 《드물게》 겨울이 되다, 겨울이 닥치다. **2.** [농업] (월동시키기 위해) 구덩이에 파묻다, 저장용 움에 넣다. **Einwinterung**, die; -en 움저장 (동물을 위한).
einwirken ⟨h⟩ **1.** 영향(감화)을 끼치다, 누구 [무엇]에게 작용하다: erzieherisch auf jmdn. e. 누구에게 교육적인 영향을 주다. **2.** 반응하다: die Salbe auf die Haut e.lassen 피부에 연고를 바르다. **3.** (전문어) 작용을 통해 무엇을 발생 [야기]시키다. **Einwirkung**, die; -en 감화, 영향, 작용.
Einwirkungs- (einwirken 1, 2): **~bereich**, der 《드물게》 그 작용 영역, 효과 범위. **~möglichkeit**, die 작용(효과) 가능성. **~sphäre**, die 작용(영향)권, 유효 범위.
einwöchentlich ⟨Adj.⟩ 매주의. **einwöchig** ⟨Adj.⟩ 일주간의.
einwohnen ⟨h⟩ **1.** 《드물게》(동거인으로서) 살다, 거주하다: die Eltern wohnen bei uns ein 우리 부모님은 우리 집에서 함께 살고 계십니다. **2.** 《드물게》↑innewohnen. **Einwohner** ['ainvo:nɐ], der; -s, - **1.** 주민, 거주자[인]: die E. des Saarlandes [von München] 자르란트 주[뮌헨]의 거주자; die Stadt hat mehr als eine Million E. 그 시의 인구는 백만이 넘는다. **2.** 《드물게》 (어느 집의) 거주자.
Einwohner-: **~liste**, die 주민(등록)명부. **~meldeamt**, das 주민 등록 관청[소], (시, 읍, 면의) 호적과. **~meldestelle**, die ↑~amt. **~verzeichnis**, das 주민 등록부, 주소록. **~zahl**, die 주민수, 인구.
Einwohnerin, die; -nen ↑Einwohner의 여성형. **einwohnerlich** ⟨Adj.⟩ 《schweiz.》주민[거주민]에 관한. **Einwohnerschaft**, die; -en (한 지역이나 국가의) 주민(전체), 전인구.
einwölken ['ainvœlkŋ] ⟨h⟩《드물게》(연기 따위로) 흐리게 하다, 구름으로 덮다: die Gesellschaft war in dichten Zigarrenrauch eingewölkt 그 모임은 자욱한 담배

연기로 덮여 있었다.

einwühlen 〈h〉 파묻어 가다, 땅 속에 묻다[숨기다]: das Wildschwein hat seinen Kopf in den Schlamm eingewühlt 멧돼지가 머리를 진창에 처박았다; 전의 sich in die Kissen e. 베개에 머리를 파묻다.

Einwurf, der; -(e)s, Einwürfe **1.** 던져 넣음, 투입(投入): nach E. des Geldstücks (in den Automaten bitte die) Kurbel drehen 동전을 (자동판매기에) 투입한 후에 손잡이[레버]를 돌리시오. **2. a)** [구기] (일종의) 드로인. **b)** [아이스하키] (시합 개시 시에) 퍽을 양 선수 사이로 떨어뜨리기. **c)** [럭비] 공을 스크럼 사이로 던져 넣기. **3.** 투입구: der E. am Briefkasten 우편함 투입구. **4.** (대화나 토론 중의) 이의, 반발, 말참견, (말) 끼어들기: einen zustimmenden[kritischen] E. machen 동의하는[비판적인] 참견을 하다; jmds. E. widerlegen ⋯의 이의에 대해 반박하다.

einwürgen 〈h〉 **a)** (음식을 강제로) 먹이다: sie versuchte, dem Baby den Brei einzuwürgen 그 여자는 아기에게 죽을 먹이려고 하였다. **b)** (어미 새가 새끼에게) 먹이를 주다.

einwurzeln a) 〈s〉 뿌리 박다: der Baum ist fest eingewurzelt 그 나무는 단단히 뿌리 박고 있다; 전의 schon lange bin ich dort eingewurzelt 이미 오래 전에 나는 그 곳에 뿌리를 내렸다[정착했다]; ein tief eingewurzeltes Mißtrauen 뿌리 깊은 불신; **wie eingewurzelt (da)stehen[stehenbleiben]** (놀라거나 혼미해서) 꼼짝않고 서 있다, 얼어붙어 있다. **b)** 〈e. + sich〉 〈h〉 확고히 뿌리 박다: der Baum hat sich tief eingewurzelt 그 나무는 깊이 뿌리를 박았다; 전의 ein Aberglaube, der sich fest in den Köpfen der Menschen eingewurzelt hat 인간의 머리 속에 확고히 뿌리 박힌 미신. **Einwurz(e)lung,** die; -en ↑einwurzeln 의 명사형.

Einzahl, die; -en [언어] 단수.

einzahlen 〈h〉 **a)** 송금하다, 입금시키다: der Betrag [die Miete] ist auf unser Konto einzuzahlen 그 금액[임대료]은 우리 구좌에 입금해야 한다[입금할 것]. **b)** 예금하다, 불입하다: er zahlt jeden Monat einen bestimmten Betrag auf sein Sparbuch ein 그는 매달 일정액을 통장에 예금한다. **Einzahler,** der; -s, - 불입자, 예금자. **Einzahlung,** die; -en **1.** 입금, 송금, 납입: die E. muß bis zu einem bestimmten Datum vorgenommen sein 입금은 일정 기한까지 이행되어야 한다. **2.** 불입금, 예금: die -en in das Sparbuch eintragen 불입액(혹은 예금)을 통장에 넣다.

Einzahlungs-: ~beleg, der (금융 기관의) 불입 영수증. **~formular,** das 예[입]금서식, 불입서. **~frist,** die 불입 기한. **~kasse,** die ↑~schalter. **~quittung,** die ↑~beleg. **~schalter,** der (우체국이나 은행 등의) 불입 창구. **~schein,** der (schweiz.) ↑Zahlkarte. **~termin,** der 불입 기일[한].

einzäunen 〈h〉 울타리를 두르다: ein Grundstück (mit Maschendraht) e. (철망으로) 토지에 울타리를 치다. **Einzäunung,** die; -en **1.** 울타리치기. **2.** 담, 담장.

einzehig ['aintse:ıç] 〈Adj.〉 [동물] 외발가락의.

einzeichnen 〈h〉 **1.** 써넣다, 적어 넣다, 기입하다: dieser Ort ist nicht in den Plan) eingezeichnet 이 장소는 (지도에) 기입되어 있지 않다. **2.** ↑eintragen (1 a): sich[seinen Namen] in die[in der] Teilnehmerliste e. 자신(그의 이름)을 참가자 명단에 써넣다[기입하다]. **Einzeichnung,** die; -en 기입, 명단 기재.

einzeilig 〈Adj.〉 **1.** 한 줄의, 일렬의, 한쪽의. **2.** (시설물의 배치에 있어서) 한쪽면에만 설치된: eine -e Küche 한 벽면에만 설치된 부엌.

Einzel ['aints|], das; -s, - [스포츠] 단식 경기: er gewann im E. 그는 단식에서 이겼다.

einzel-, Einzel-: ~abmachung, die 단독 협정, 단일 안건에 관한 조약. **~abteil,** das [철도] (객차의) 칸막이로 된 좌석칸. **~achsantrieb,** der [기술] (자동차의) 단일 차축 추진. **~aktion,** die 개인[별] 행동. **~anfertigung,** die 맞춤 제(조)품. **~anschluß,** der (교환대와 연결된) 개별 접속. **~antrieb,** der [기술] 개별 추진. **~arbeit,** die 단일 작업. **~arrest,** der ↑~haft; 개별 수감. **~aufzählung,** die 낱낱, 열거(법). **~ausgabe,** die (책의) 단행본: die Gedichte Goethes erscheinen auch als E. 괴테의 시는 단행본으로도 출간된다. **~bahn,** die [육상] 개별 트랙(주행 코스), 개별 경주로. **~band,** der 〈Pl. ...bände〉 낱권. **~bauer,** der 〈Pl. ...bauern〉 [구동독] (집단 농장에 속하지 않는) 자영 농부(반대: Genossenschaftsbauer). **~behandlung,** die 개별[특별] 취급[처리]. **~beispiel,** das 특별한 예, 드문 예. **~beobachtung,** die 개별 관찰. **~betrieb,** der 《구동독》 자영 공장. **~bett,** das 일인용 침대, 싱글 베드. **~bettzimmer,** das 《드물게》 ↑Einbettzimmer; 일인용 침실, 싱글 룸. **~bild,** das 개별 사진. **~box,** die (동물의) 한 마리용 축사, (자동차의) 대용 차고. **~buchstabe,** der (한 개의 모음 혹은 자음의) 개개 철자. **~darbietung,** die 단독 상연[연시]. **~darstellung,** die (개별적인 사물이나 사람에 대한) 단일 사항 연구서[논문], 모노그라프. **~dasein,** das 개별적 존재. **~ding,** das 〈Pl. ...dinge〉 개별적 사물. **~disziplin,** die [육상] 개별 종목, 한 종목: Hochsprung ist eine E. im Zehnkampf 높이뛰기는 10종 경기 중의 한 종목이다. **~dosis,** die (약의) 분량분, 일회 복용량. **~druck,** der 〈Pl. ...drucke〉 [서적] 별쇄, 분책 출판. **~eindruck,** der 개별 인상[느낌]. **~element,** das (전문의) 구성[집기]의 개개 요소[부분]. **~erfahrung,** die 개별 경험, 단편적 경험. **~ergebnis,** das 개별 결과, 단일 결과(반대: Gesamtergebnis). **~erkenntnis,** die 개별 인식, 개별적 지식. **~erscheinung,** die 개별 현상, 드문[희귀] 현상: solche Mißbildungen sind keine E. mehr 그러한 그릇된 교육은 결코 개별적 현상이 아니다. **~exemplar,** das (무엇의) 개별본[희귀본]. **~existenz,** die 개별 존재, 개별적 존재로서의 인간. **~fahrer,** der [스포츠] 단독 레이서(자동차 경주시 동승자가 없는). **~fahrschein,** der 일회용 승차권. **~fall,** der **a)** 개별적[구체적] 경우. **b)** 특수한[예외적] 경우. **~fallstudie,** die 특수[개별] 사례 연구, 케이스 스터디 (↑Fallstudie). **~fechter,** der [스포츠] 개인전 펜싱 선수. **~feld,** das [스포츠] 단식 전용구장, 단식용 코트. **~feuer,** das [군] 개별 사격, 각개 사격. **~finte,** die [펜싱] 단양격(單體擊). **~firma,** die [상] 개인 회사. **~forschung,** die 개별[특수] 연구(↑~darstellung): geschichtliche E. 역사에 대한 특수 연구 논문(서). **~frage,** die 개개의 질문[문제]. **~friede(n),** der 단독 강화. **~fund,** der 개별 발굴. **~gabe,** die (약의) 일회 분(↑~dosis). **~gänger,** der **a)** 비사교적인 사람, 외톨이: er war schon immer ein E. 그는 언제나 외톨이었다. **b)** 군거(群居)하지 않는 독거성(獨居性) 동물; 괴짜, 기인. **~gängerin,** die; -nen ↑~gänger의 여성형. **~gängerisch** 〈Adj.〉 비사교적으로 행동하는, 비사교적인. **~gängertum,** das; -s 비사교적 행동, 외도는 성격. **~garage,** die (자동차의) 대용 차고, 개별 차고. **~gehöft,** das 단일 (독립) 농장. **~gewerkschaft,** die 단일 노동 조합: die IG-Metall ist die größte deutsche E. 철강 노조는 독일의 가장 큰 단일 노동 조합이다. **~gewicht,** das [상] 낱개의 무게. **~grab,** das **1.** 개인 무덤, 개개의 무덤(묘). **2.** 외만 무덤. **~gut,** das 한개씩 포장한 물건(화물). (↑Stückgut). **~haft,** die 독방 감금(형). **~häftling,** der 독방 감금 죄수. **~handel,**

der 소매상(반대: Großhandel). **~handelsgeschäft,** das 소매 상점. **~handelskaufmann,** der 소매 상인. **~handelspreis,** der 소매 가격(반대: Großhandelspreis). **~handelsumsatz,** der 소매상의 매상. **~handelsunternehmer,** der 소매업자. **~handelsverband,** der 소매상 조합(반대: Großhandelsverband). **~händler,** der 소매 상인(반대: Großhändler). **~haus,** das 단독 주택, 독립 가옥, 외딴집. **~heft,** das 단권, (잡지의 호) 개별호. **~hof,** der 들 가운데의 외딴 농가(↑~gehöft). **~individuum,** das ↑~wesen. **~initiative,** die (스위스의) 개인의 정치적 제안(제청). **~interesse,** das ⟨대개 Pl.⟩ 개별적 이해(관심사) (반대: Gesamtinteresse). **~kampf,** der **1.** [군] 백병전, 각개 전투, 일대일 대결. **2.** [스포츠] 개인전, 개인 경기. **3.** (드물게) 고독한 싸움, 단독의 싸움. **~kämpfer,** der 개인전 출전 선수, 외로운 투사. **~karte,** die (좌석이 따로 따로 떨어진) 개개의 티켓(입장권 등). **~kaufmann,** der [상] 자영업 경영 상인. **~kind,** das (여자 형제도 없는) 독자, 외동이. **~klassement,** das [스포츠] 개별 순위(반대: Gesamtklassement). **~konkurrenz,** die [특히 육상] 종목간 경기. **~lauf,** die [스포츠] (피겨 스케이트의) 솔로(경기) (반대: Paarlauf). **~läufer,** die [특히 스키] 단독 주자(走者). **~leistung,** die **a)** (어느 한 사람의) 특별한 업적(수행). **b)** (개인의) 개별 업적, 개인 성적. **~meisterschaft,** die [스포츠] 개인전 선수권. **~mensch,** der 개(個)인. **~mitgliedschaft,** die 개별 가입(참가). **~möbel,** das 개개의 독립된 가구, 집기(什器). **~nachweis,** der 개별 안내서. **~nummer,** die (잡지의) 개별호, 개별 번호. **~paß,** der (1인용) 개인 여권. **~person,** die (단체가 아닌) 개인. **~persönlichkeit,** die 개개의 성품, 개인 인사. **~preis,** der (본래 한꺼번에 파는 상품의) 낱개 판매 가격. **~problem,** das 개개의 문제, 하나하나의 문제. **~radaufhängung,** die (자동차) 차륜의 독립적 장치. **~raum,** der 개인용 독립 공간. **~reise,** die [관광] (여행사를 통한) 개인 여행(반대: Gruppenreise): dieses Reisebüro organisiert Einzel- und Gruppenreisen 이 여행사는 개인 및 단체 여행을 주관한다. **~reisende*,** der / die 개인 여행객. **~rennen,** das [육상] 개인 경주. **~resultat,** das 개별 결과, 단일 결과(성과). **~richter,** der 단독 (심)판관, 단독 판사. **~sänger,** der (합창단 중의) 독창자(가수). **~sängerin,** die ↑~sänger의 여성형. **~schicksal,** das 개인적 운명. **~sessel,** der [스포츠] 1인용 소파. **~sieg,** der 개별적 승리. **~spiel,** das **1.** ↑Einzel. **2.** ⟨Pl. 없음⟩ [스포츠] 개인 플레이, 단독 행동. **3.** [음악] 독주. **~spieler,** der 독주자. **~sprache,** die [언어] 개별어. **~sprachlich** ⟨Adj.⟩개별어의. **~staat,** der (연방국에서의) 각주(各州): die ~en der USA 미합중국의 각주들. **~staatlich** ⟨Adj.⟩ 각주의, 각주에 속하는. **~start,** der [단체 경기에서] 개별 출발(시작). **~stehende*,** der / die (드물게) 혼자 있는 사람, 독신 남[여]자: ↑Alleinstehende. **~stimme,** die 독창(부). **~strafe,** die [법] 단일형(單一刑), 단독형. **~stück,** das **a)** 개별 품목. **b)** 유일품. **~stunde,** die 개인 교수 시간. **~teil,** das 부품(部品). **~therapie,** die [의학] 개인 요법, 개별 치료(반대: Gruppentherapie 1). **~tier,** das (군생 동물이 아닌) 독거 동물. **~titel,** der [서적] (시리즈가 아닌) 개별 표제 인쇄물(서적). **~turner,** der [스포츠] (단체 경기에서) 개인 체조 선수: er war bester E. am Barren 그는 평행봉에서 최고의 체조 선수였다. **~unternehmer,** der 개인 기업가. **~unterricht,** der 개별 수업, 개인 수업(반대: Gruppenunterricht 1). **~untersuchung,** die 개별적 검사. **~verkauf,** der ⟨Pl. 없음⟩ 소매. **~verpflichtung,** die ⟪구동독⟫ 개인의 의무, 개별 의무(반대: Kollektivverpflichtung). **~vertrag,** der **a)** (특별한 조건 하에서 체결된) 개별 조약(계약, 협약). **b)** ⟪구동독⟫ (탁월한 노동자와의) 개별 노동 조약(계약). **~weis** [...veis] [...vais] ⟨Adv.⟩ (österr.·통용어) 낱낱이: e. sichtbar werden 낱이 드러나다. **~wert,** der (전체에서의) 낱개의 가치. **~wertung,** die [스포츠] 선수 개별 평가. **~wesen,** das 개체, 개별적 존재(Individuum). **~wettbewerb,** der [스포츠] 개인전. **~wirtschaft,** die 개별 경제, 개별 가계(家計). **~wissen,** das 특수 지식, 전문 지식. **~wissenschaft,** die (철학의 영역에 속하지 않는) 특수 (개별) 과학(학문). **~wissenschaftlich** ⟨Adj.⟩ 특수 (개별) 과학의. **~zeit,** die [스포츠] (릴레이의) 개인별 랩 타임. **~zelle,** die **1.** (감방의) 독방. **2.** [생물] 단자(單子), 개개(단독) 세포. **~zimmer,** das (호텔, 병원, 기숙사의) 싱글룸, 1인실: er hat im Hotel ein E. (반대: Doppelzimmer) bestellt 그는 호텔에 1인실(2인실)을 예약했다.

<u>Einzelheit</u>, die; -en **a)** 세목, 세밀함, 자세함: das Gemälde war bis in die kleinste E. ausgearbeitet 그 그림은 아주 세밀하게 그려졌다. **b)** 개별적 정황; 세세한 것(Detail): etw. bis in alle -en kennen[beschreiben] 무엇을 상세히 알다(묘사하며).

Einzeller ['aintselɐ], der; -s, - [생물] 단세포 생물, 원생 동물. **einzellig** ['aintseliç] ⟨Adj.⟩ 단세포 생물의, 원생 동물의. **einzeln** ['aintseln] ⟨Adj.⟩ **1.** 단독의, 개별적인: ein -er Baum stand im Hof 뜨락에 나무 한 그루가 외로서 서 있었다; im -en 상세하게; ins -e 자세한 부분까지; ⟨명사화⟩ vom Einzelnen zum Ganzen fortschreiten 개별적인 것에서 전체로 발전하다. **2.** 몇몇의 (것). **a)** 세목, 몇 개: -es bleibt noch zu klären 몇 가지 더 설명할 것이 남아 있다. **b)** ⟨Pl.⟩ 두셋의 것, 소수(개개)의 것: -e Regenschauer 몇 차례의 소나기; -e Pflanzen sind bei dem Frost zu Schaden gekommen 몇몇의 식물은 서리해 생했다(피해를 입었다).

<u>einzelnstehend</u> ⟨Adj.⟩ 독립된, 고립된, 독신의: einige -e Häuser 외따로 떨어져 있는 두서너 채의 집들.

<u>einzementieren</u> ⟨h⟩ 시멘트로 고정시키다, 붙박다: das Waschbecken war in die(in der) Wand einzementiert 세면대는 벽에 고정되어 있었다; 전의 die Spaltung Deutschlands e. 독일의 분단을 고착화하다.

<u>Einzementierung</u>, die; -en 고정(고착)화.

einziehbar ['aintsi:ba:ɐ] ⟨Adj.⟩ 끌어넣을(들일) 수 있는; 회수[몰수, 압수]할 수 있는. **Einziehdecke,** die; -n 호청을 끼워 넣은 이불. **einziehen* 1.** ⟨h⟩ 끌어넣다; (실을) 꿰다: einen Faden (in die Nadel) e. 실을 (바늘에) 꿰다. **b)** 설치하다, 만들어 넣다: eine Zwischenwand e. 칸막이를 설치하다(만들어 넣다). **2.** ⟨h⟩ 끌어들이다(내리다); 접어 넣다: die Fahne[die Netze] e. 깃발을 내리다[그물을 거두다]; der Hund hatte den Schwanz eingezogen 개가 다리 사이로 꼬리를 감추었다. **3.** ⟨h⟩ 들이마시다, 빨아들이다: den Duft einer Blume durch die Nase e. 코로 꽃향기를 맡다. **4.** ⟨s⟩ (액체가) 스며들다: die Feuchtigkeit ist in den Boden eingezogen 물기가 땅에 스며들었다; die Creme zieht rasch (in die Haut) ein 크림이 (피부에) 빨리 스민다. **5.** ⟨s⟩ 들어가다, 진입하다, 입성하다: die Sportler zogen (ins Stadion) ein 선수들이 (경기장에) 입장했다; 전의 die Partei ist mit 10 Abgeordneten in den Landtag eingezogen 그 당은 10명의 의원으로 주의회에 진출했다; bald zieht der Frühling ein 《아어》 곧 봄이 온다. **6.** ↑einberufen (2): 소집하다, 징집하다: er wurde zur Marine eingezogen 그는 해군으로 징집되었다. **7.** ⟨s⟩ 이사하다, 전입하다(반대: ausziehen 4): ein neuer Mieter ist eingezogen 새로 세든 사람이 이

사왔다. 8. ⟨h⟩ a) (돈, 세금을) 징수하다, 거두어들이다. b) (국가에서) 재산을 몰수하다, 징발하다: jmds. Vermögen e. 누구의 재산을 몰수하다. 9. ⟨h⟩ a) 폐지[폐기]하다, 취소하다, (통화 따위를) 회수하다: Münzen [Banknoten] e. 주화[지폐]를 무효화하다[회수하다]. b) 빈자리를 채우지 않다, (관직 등의 자리를) 폐지하다. 10. [관] ⟨h⟩ (정보를) 수집하다: Nachrichten[Erkundigungen] über jmdn.[etw.] e. 누구[무엇]에 대해서 정보를 수집하다[조사하다]. 11. [출판] ⟨h⟩ 행(行)의 머리를 들어가게 하다. **Einziehe**r, der; -s, - 징수인, 수금하는 사람, 경리. **Einziehschacht**, der; -(e)s, ...schächte [광] 통기[환기]용 갱도. **Einziehung**, die; -en ↑einziehen (1, 2, 5~11)의 명사형.

einzig ['aintsɪç] I. ⟨Adj.⟩ a) 유일한; 단 하나의: das ist der -e Weg 이것이 유일한 방법이다. ⟨명사화⟩ unser Einziger 우리의 외아들; die Umgebung war ein -es Trümmerfeld 주위는 온통 폐허 더미였다. b) (아이) 비할 데 없는; 우수한; 희귀한: darin bist du wirklich e. 이 점에서 너는 정말로 탁월하다. II. ⟨Adv.⟩ 오직, 오로지, 단지: e. er konnte sich nicht entscheiden 단지 그만이 결정을 내리지 못했다; **e. und allein** 전적으로 자서: e. und allein er ist schuld an der Sache 전적으로 그가 이 일에 책임이 있다. **einzigartig** [' — '— — ' — —]⟨Adj.⟩ 유일무이의, 비길 바 없는, 비범한, 출중한, 유례가 드문: dieser Vorgang ist e. in der Geschichte 이 사건은 역사상 그 유례가 없다. **Einzigartigkeit**, die; -en 단일(성), 유일무이(唯一無二); 단 한번의 일[사건]. **Einzigkeit**, die ↑Einzigartigkeit.

Einzimmer- ⟨apartment, das, ⟨appartement, das, ⟨wohnung, die 방이 하나밖에 없는 아파트, 주택.

einzingeln ['aintsɪŋln] ⟨h⟩ 《드물게》 에워싸다(↑ umzingeln, ↑ umstellen).

einzuckern ⟨h⟩ (에) 설탕을 치다, 설탕 절임을 만들다.

Einzug, der; -(e)s, Einzüge 1. 들어 넣기; 진입; 이사, 이전. 2. [인쇄] 첫 행(行)을 들여 보냄, 행 내림: eine Zeile mit E. setzen 한 행을 들여 쓰다.

Einzüger ['aintsy:gɐ], der; -s, - **1**. 한 수(手)로 결판 날 대국(對局). **2**. ⟨schweiz.⟩ ↑Kassierer.

einzugs-, Einzugs-: ⟨bereich, der, ⟨드물게⟩ das 시장 범위, (소비 도시의) (농)산물 공급 지역, (공업 도시의) 원료 공급 지역. ⟨feier, die 집들이; 입주식, 입성식(入城式). ⟨fertig ⟨Adj.⟩ 입장 준비가 된. ⟨gebiet, das 1. ↑bereich. 2. [지리] 집수 구역(集水區域), 유역(流域). ⟨mandat, das ⟨schweiz.⟩ 대금 인환 소포 우편, 착불(着拂) 송달. ⟨marsch, der 입성(入城)[입장] 행진곡. ⟨schmaus, der ↑ ⟨feier. ⟨verfahren, das ⟨채무 변제를 위한⟩ 어음 지불 방식.

einzwängen ⟨h⟩ 밀어[밀쳐] 넣다: er zwängte die großen Gepäckstücke in den Kofferraum ein 그는 그 큰 짐꾸러미를 자동차 트렁크에 밀어 넣었다. ⟨e. + sich⟩ 억지로 몸을 쑤셔넣다; sich in ein beengendes Kleidungsstück e. 꽉 죄는 옷을 억지로 입다; er stand eingezwängt in der Straßenbahn 그는 전차 속에서 옴짝달싹 못하고 서 있었다; [전의] er fühlte sich in starre Konventionen eingezwängt 그는 자신이 굳어버린 관습에 속박되어 있음을 느꼈다. **Einzwängung**, die; -en 밀어[밀쳐] 넣기; 속박[강제].

Einzwirnung, die [섬유] 실을 꼬아서 짧게 만드는 일.

Einzylinder, der; -s, - [기술] ↑Einzylindermotor의 약칭.

Einzylindermaschine, die; -n ↑Einzylindermotor. **Einzylindermotor**, der; -s, -en 1기통(汽筒) 엔진.

Eis [ais], das; -es **1**. a) 얼음: nehmen Sie E. in den Whisky? 위스키에 얼음을 넣으시겠습니까?; morgen gehen wir aufs E. 내일 우리 얼음 지치러[스케이트 타러] 가자; [전의] nach dem ersten Drink war das E. gebrochen 술이 한 순배 돌고나자 분위기가 부드러워졌다; wenn einmal das E. gebrochen ist, werdet ihr sicher gute Freunde werden 일단 마음의 벽을 허물면, 너희들은 분명 좋은 친구들이 될 것이다; **etw. auf E. legen** 《통용어》 1) 연기하다, 중단하다: der Plan wurde auf E. gelegt 그 계획은 연기되었다. 2) 남겨 두다, 간직해 두다; **jmdn. auf E. legen** 《경》 (나중에 쓰기 위해) 남겨 두다, 간직해 두다. **b)** [아이스하키] 얼음판, 경기장. **2**. 아이스크림, 얼음 과자: ein[zwei] E. essen 한[두] 개의 아이스크림을 먹다.

eis-, ¹Eis- (Eis 1): ⟨ähnlich ⟨Adj.⟩ 얼음 같은. ⟨bahn, die 스케이트장, 아이스링크, 터보건 썰맷길. ⟨bank, die 빙암(氷岩); 첩첩이 쌓인 얼음덩이. ⟨bär, der 흰곰, 북극곰. ⟨bär(en)fell, das 북극곰 가죽. ⟨bärengehege, das 흰곰[북극곰] 사육장. ⟨barriere, die 《전문어》 얼음 장벽. ⟨behälter, der 얼음 저장 용기. ⟨beil, das [등산] (아이스) 피켈. ⟨bein, das 1. 삶은 돼지 다리, 돼지 정강(脛骨). 2. ⟨Pl.⟩ 《통용어·농》 찬 발: beim Warten hab ich -e bekommen 기다리다보니 발이 얼어 붙었다; **-e bekommen(kriegen)** 발이 얼다. ⟨berg, der 빙산, 유빙(流水); 얼음으로 덮인 산. ⟨beutel, der (찜질용) 얼음 주머니. ⟨bildung, die (얼음의) 형성. ⟨blase, die ↑ ⟨beutel. ⟨blau ⟨Adj.⟩ 담청색의, 엷은 녹청색의. ⟨blink [-blɪŋk], der; -s, -e [기상] (빙원(氷原)의 반영에 의한) 빙광(氷光), 빙영(氷映). ⟨block, der (Pl. -blöcke) 얼음 덩어리. ⟨blume, die (대개 Pl.) (유리창에 낀) 성에. ⟨blumenglas, das (Pl. 없음) 성에 무늬의 글라스. ⟨boden, der 《전문어》 (추운 지방의) 얼어붙은 땅, 동토. ⟨bonbon, der, 《österr.》 das 아이스 봉봉. ⟨boßeln, das ↑ ⟨schießen. ⟨brecher, der 1. 쇄빙선: [전의] er betätigte sich als E. 《통용어》 그가 딱딱한 분위기를 부드럽게 만들었다. 2. 교각 앞 쇄빙주(柱)(다리를 유빙(流水)으로부터 보호하는), 유빙막이. ⟨bruch, der (Pl. -brüche) 빙하(氷河), 파빙(破水). ⟨decke, die 얼어붙은 얼음(장). ⟨drift, der 아이스드리프트, (얼음 조각을 띄운) 냉음료. ⟨ente, die 북극 바다오리. ⟨essig, der 빙초산. ⟨fabrik, die 얼음 공장, 제빙 공장. ⟨fach, das (냉장고의) 제빙실, 냉동실. ⟨farben ⟨Pl.⟩ [섬유] 냉염(冷染)염료. ⟨feld, das 빙원(氷原). ⟨fischerei, die 얼음 위에서의 낚시질 (얼음 구멍으로). ⟨fläche, die 얼어붙은 얼음(장). ⟨frei ⟨Adj.⟩ 얼지 않는, 부동(不凍)의, 결빙하지 않는. ⟨fuchs, der ↑Polarfuchs. ⟨gang, der 얼음이 깨져 떠내려감; 빙류(氷流). ⟨gänger, der ↑ ⟨geher. ⟨gefahr, die ⟨Pl. 없음⟩ 빙산의 위험성. ⟨geher, der 빙하[빙산]를 오르는 사람. ⟨gekühlt ⟨Adj.⟩ 얼음[냉장 고]으로 차게 한. ⟨getränk, das 얼음을 넣은 음료수, 빙수(氷水). ⟨glatt ⟨Adj.⟩ a) [' — —] 얼어서 미끄러운: die Straße war e. 그 길은 얼어서 미끄러웠다. b) [' — — ' — —] 《통용어》 얼음처럼 미끄러운: der Boden ist ja e.! (땅) 바닥이 얼음처럼 미끄럽군! **glätte**, die 미끄러운 바다[도로]. ⟨grau ⟨Adj.⟩ (서리처럼) 흰, 백발의. ⟨grenze, die [지질] 만년빙 한계선. ⟨hacke, die 얼음 찍는 쇠갈퀴. ⟨hai, der 북극 상어, 그린란드 상어. ⟨haken, der [등산] 아이스하켄. ⟨hammer, der 아이스하켄을 박기 위한 햄머. ⟨hang, der (높은 산의) 얼어붙은 경사면, 빙사면(氷斜面). ⟨hauch, der 얼음처럼 찬 바람. ⟨heiligen ⟨Pl.⟩ 빙성자(氷聖者)의 날 (Mamertus, Pankratius, Servatias의 세 사람, 5월 11에서 13일(또는 15일)까지가 이 성자들의 날인; 이 때에 정 늦은 서리가 내리는 일이 있으므로 이렇게 일컬음).

~**hockey**, das 〖스포츠〗아이스하키. ~**hockeyländerspiel**, das 아이스하키 국가 대항전. ~**hockeymannschaft**, die 아이스하키 팀. ~**hockeyschläger**, der 아이스하키 스틱. ~**hockeyschlittschuh**, der 아이스하키용 스케이트. ~**hockeyspieler**, der 아이스하키 선수. ~**höhle**, die 얼음굴. ~**jacht**, die 빙상 요트. ~**kalt** ⟨Adj.⟩ 1. 얼음처럼〖몹시〗찬: meine Hände sind e. 내 손은 얼음처럼 차다; 〖전의〗ihm wurde e. 그는 몸서리를 쳤다〖와들와들 떨었다〗; es lief ihm e. über den Rücken 그는 등에 냉수를 뒤집어 쓴 듯한 기분이었다〖등줄기가 오싹했다〗; es druchlief ihn e. bei diesem Gedanken 이 일을 생각하자 그는 소름이 쭉 끼쳤다. 2. a) 냉〔잔〕혹한; 냉담한, 쌀쌀맞은, 냉랭한: ein -er Mensch 냉혹〔담〕한 인간. b) 냉정한, 매우 이성적인: -e Berechnungen anstellen (감정이 배제된) 냉정한 계산을 하다. ~**kälte**, die 동한(凍寒); 냉담, 냉혹. ~**kamin**, der 〖등산〗(몸을 넣고 기어오를 정도의) 빙벽의 세로로 갈라진 틈, 아이스침니. ~**kanal**, der 《스포츠·은어》썰매·봅슬레이의 활주로. ~**kappe**, die (고산, 꼭대기 극지 등의) 만년설〖빙〗; 빙원. ~**kasten**, der 〖südd., österr.〗↑ Kühlschrank. ~**keller**, der 《옛》얼음 창고, 빙실(氷室), 저빙고(貯氷庫): hier ist es (kalt) wie in einem E. 여기는 얼음 창고 같다〖전의〗das Zimmer ist ein E. 《통용어》이 방은 몹시 춥다. ~**letterei**, die (애를 써서 여러번 하는) 빙벽 등반. ~**klettern**, das 〖등산〗빙벽 등반. ~**klima**, das 〖기상〗한대 기후; 빙설 기후, 영구 동결 기후. ~**kluft**, die 1. 얼음의 갈라진 틈. 2. 틈새가 얼어붙은 것, 얼어붙은 틈. 3. (나무의 얼어 터진) 틈. ~**klüftig** ⟨Adj.⟩ 1. 얼음이 갈라진 틈의. 2. 얼어붙은 틈의. 3. 얼어 균열이 생긴. ~**klumpen**, der 얼음 덩어리, 빙괴(氷塊). ~**korn**, das 《대개 Pl.》얼음알(갱이). ~**kraut**, das 선인장 국화, 솜일째송화속, ~**krawatte**, die 〖의학〗(특히 편도선 절제 수술 후에 출혈을 막기 위해 쓰이는) 얼음 찜질용 목싸개. ~**kristall**, der 《대개 Pl.》얼음결정, 빙정(氷晶). ~**kruste**, die 얼음의 단단한 표면, 빙각(氷殼). ~**kübel**, der 아이스박스. ~**kühler**, der 냉각기, 냉장고. ~**kunstlauf**, der 〖스포츠〗피겨 스케이팅. ~**kunstlaufen**, das; -s ↑ kunstlauf. ~**kunstläufer**, der 피겨 스케이트 선수. ~**kunstläuferin**, die ↑ ~kunstläufer의 여성형. ~**kunstlaufwettbewerb**, der 피겨 스케이팅 대회. ~**lauf**, der 얼음 지치기, 빙상 활주, 아이스 스케이트. ~**laufen*** ⟨s⟩ 스케이트를 타다, 얼음 지치다. ~**laufen**, das; -s 아이스 스케이팅, 얼음 지치기. ~**läufer**, der 스케이트 타는 사람, 스케이터. ~**läuferin**, die ↑ ~läufer의 여성형. ~**lawine**, die 대형 얼음 사태. ~**leben** ['aislə:bṇ] 하르츠 산맥 동부에 위치한 도시. ~**leber**, der; -s, - 위 도시의 거주자. ~**loch**, das 얼음 구멍. ~**luft**, die 차가운 공기, 냉기(冷氣). ~**mann**, der ⟨Pl. -männer⟩ 1. 《통용어》아이스크림 장사; ↑ Eismann(²Eis-). 2. 〖Pl.〗(österr., südd.) ↑ ~heiligen. ~**masse**, die 얼음 덩어리, 빙괴. ~**meer**, das 빙양(氷洋), 광활한 빙면(氷面). ~**meldedienst**, der (선박의 항해를 위한) 빙상 통보 (氷狀通報), 빙상 안내〖정보〗. ~**monat**, ~**mond**, der (준고어) 정월, 1월. ~**möwe**, die 흰갈매기, 백구(특히 북극의). ~**nadel**, die 《대개 Pl.》침상빙정(針狀氷晶), 세빙(細氷), (얼음의) 탑상빙괴(塔狀氷塊), 얼음덮인 산쪽대기. ~**nebel**, der 얼음 덮힌 못〖강〗위에 서리는 안개, 빙무(氷霧). ~**palast**, der 1. 실내 (피겨) 스케이팅장. 2. 《통용어·농》몹시 추운〖난방이 안된〗집〖방〗. 3. 〈시어〉얼음 궁전. ~**panzer**, der (무엇을 감싸고〖덮고〗있는) 얼음층. ~**papier**, das 투명한 젤라틴 종이, 서릿발 무늬의 인쇄용지〖제도·영문용〗, 알라바스터(Alabaster)지. ~**perle**, die 진주 모양의 얼음 방울(알갱이). ~**pflanze**, die 채송화 등과 같은 다육(多肉)식물. ~**pflug**, der 얼음 절단 기구, (쇄빙선의) 쇄빙기(碎氷機). ~**pickel**, der 〖등산〗쇄빙(碎氷) 도끼, 아이스피켈. ~**prinz**, der 《통용어》인기 피겨 스케이팅 선수, 피겨 스케이팅의 명수. ~**prinzessin**, die ↑ ~prinz의 여성형. ~**punkt**, der 빙점(氷點). ~**regen**, der 1. 싸락눈, 우박, 진눈깨비. 2. (노면동결의 원인이 되는) 빙우(氷雨). ~**region**, die 영구 동토 지역. ~**reifen**, der ⟨대개 Pl.⟩(특히 스파이크가 달린) 눈길용 자동차 타이어, 스노우 타이어. ~**revue**, die 빙상 검열, 아이스레뷔. ~**riese**, der (사람이) 얼음으로 덮인 거대한 산. ~**salat**, der ↑ Krachsalat. ~**schicht**, ⟨österr.⟩ ~**schichte**, die 빙층(氷層), 얼음층. ~**schießen**, 《고형》~stockschießen, das; -s 〖스포츠〗(스코틀랜드컬링과 비슷한) 빙상 경기의 일종. ~**schlitten**, der 빙상 썰매. ~**schmelze**, die 해빙(解氷), 해동(解凍). ~**schnellauf**, der 〖스포츠〗스피드 스케이팅〖경기〗. ~**schnellaufen**, das; -s ↑ ~schnellauf. ~**schnelläufer**, der 스피드 스케이팅 선수. ~**schnelläuferin**, die ↑ ~schnelläufer의 여성형. ~**schnellaufwettbewerb**, der 스피드 스케이팅 경주〖대회〗. ~**scholle**, die 빙원(氷原)의 분리된 조각, 바다 위의 얼음덩이. ~**schrank**, der a) ↑ Kühlschrank. b) 얼음 상자, 아이스박스. ~**schraube**, die 빙벽 등반에 사용되는 나사형의 장비. ~**segeln**, das; -s 〖스포츠〗빙상 요트 타기. ~**spalte**, die 1. 얼음의 틈새, 아이스 크랙. 2. (암벽의) 얼어붙은 틈. ~**speedwayrennen**, das 〖스포츠〗아이스스피드웨이(오토바이 등에 의한 빙상 속도 경기). ~**sport**, der 빙상 스포츠. ~**sproß**, der; Eissprosses, Eisprosse, ~**sprosse**, die; -n 〔사냥〕사슴뿔의 둘째 가지(Augensproß의 윗가지). ~**stadion**, das 빙상 경기장, 스케이트 경기장, 아이스 링크. ~**stand**, der 빙위(氷位). ~**stau**, der (얼음 흐름을 막고 있는) 빙각(氷殼群). ~**staub**, der 얼음 가루; 빙하(그린란드 만년빙 따위)의 표면에서 발견되는 분말. ~**stausee**, der 암석·빙하의 (일시적인) 막힘에 의해 생겨나는 빙호(氷河湖). ~**stock**, der Eisschießen의 공(球)(손잡이가 달린, 쇠를 두른 나무 원반), 아이스스톡. ~**stockschießen**, das; -s ↑ schießen 참조. ~**stollen**,der 〖구기〗빙상화의 철철(尖鐵). ~**stoß**, der (österr., 《또한》südd.) (물의 흐름을 막는) 빙괴의 겹쳐 쌓임; 강의 성엣장. ~**stück**, das, (축소형) ~**stückchen**, das 얼음 조각. ~**sturmvogel**, der 북극바다제비속. ~**tage** ⟨Pl.⟩ 〖기상〗혹한기. ~**tanz**, der 〖스포츠〗아이스댄스, 빙상 무용. ~**tänzer**, der 아이스댄스 선수, 아이스댄서. ~**taucher**, der 되강오리의 일종(북극산). ~**technik**, die 〖등산〗빙벽 등반술〖법〗. ~**tour**, die 〖등산〗동계(冬季) 산악 여행. ~**trümmer** ⟨Pl.⟩ 얼음 조각〔부스러기〕. ~**umschlag**, der 〖의학〗얼음 찜질. ~**vogel**, der [umgedeutet aus: isarno(vogal), eigtl. = Eisen(vogel)] (푸른 빛이 나는 그 깃털에 따라서) 1. 물총새. 2. 낯바닥의 고어. ~**wagen**, der 얼음 운반 차량. ~**wand**, die 얼어붙은 절벽. ~**warndienst**, der 빙상(氷狀) 경보설비, 빙상 경계 근무. ~**wasser**, das 《Pl. 없음》1. 얼음처럼 차가운 물. 2. 얼음 냉수, 빙수(氷水). 3. 얼음 녹은 물. ~**wein**, der 아이스 와인(겨울까지 남겨 놓아 얼게 한 포도로 만든 최고의 와인). ~**wolke**, die 〖기상〗빙운(氷雲). ~**wolle**, die 아이스숄(윤나는 긴털로 손으로 짜는 편물감에 쓰임). ~**würfel**, der 각빙(角氷), 각 얼음. ~**würfelbehälter**, der, ~**würfelschale**, die (냉장고의) 얼음 그릇. ~**wüste**, die 극지 지역〖불모의〗. ~**zacke**, die, ~**zapfen**, der 고드름, 빙주(氷柱). ~**zeit**, die 1. 빙하기〖시대〗. 2. ⟨Pl. 없음⟩빙하 시대〖↑ Pleistozän)에 대한 통속적인 명칭. ~**zeitalter**, das ↑ Pleistozän. ~**zeitgletscher**, der 빙하기의 빙하. ~**zeitlich** ⟨Adj.⟩ 빙하기(氷河期)의. ~**zeitmensch**, der 빙하 시대 인간. **~zone,** die 결빙 지대(고산지의); 한대(寒帶). **~zunge,** die 설형(舌形) 결빙 지대.

²**Eis-** (Eis 2): **~baiser,** das 아이스메링(메링에 얼음 섞은 과자). **~bar,** die ↑~diele. **~becher,** der **a)** 컵 아이스크림: der E. schmeckt gut 이 컵아이스크림은 맛이 좋다. **b)** 아이스크림 컵. **~bombe,** die 구형(球形) 아이스크림, 더블아이스크림. **~bude,** die 아이스크림 가게. **~café,** das 아이스크림 카페, 아이스크림 가게(코너). **~creme,** die 아이스크림. **~diele,** die 빙과점, 아이스크림 가게. **~kaffee,** der 냉커피. **~konditor,** der 아이스크림 제조(판매)업자. **~konsum,** der 얼음[아이스크림] 소비(량), 얼음[아이스크림] 수요. **~krem,** die ↑~creme. **~löffel,** der 아이스크림 스푼. **~mann,** der 〈Pl. -männer〉 아이스크림 장사(배달꾼); ↑Eismann(eis-, ¹Eis-). **~maschine,** die 아이스크림 제조기. **~meringe,** die 아이스 메링(↑~baiser). **~pulver,** die 아이스크림 분말(粉末). **~salon,** der ↑~café. **~schale,** die ↑~becher (b) 참조; 아이스크림 용기(접시). **~schokolade,** die 냉 초콜릿 음료수. **~spezialität,** die 〈대개 Pl.〉 아이스크림 특별 메뉴. **~stand,** der 아이스크림 판매점. **~torte,** die 아이스크림 데코레이션 케이크. **~tüte,** die 〈아이스크림을 담아 파는〉 삼각 봉투형 아이스 와플. **~verkäufer,** der 아이스크림 판매원. **~verkäuferin,** die ↑~verkäufer의 여성형. **~waffel,** die 아이스 와플[과자].

eisen ['aizņ] 〈h〉 〈드물게〉 얼러다, 냉동시키다.

Eisen [-] das; -s, - **1.** 〈Pl. 없음〉 쇠, 철(기호: Fe): etw. ist fest[hart] wie E. 무엇이 무쇠처럼 견고하다; ein Türschloß aus E. 철제(鐵製) 자물쇠; er ist wie von E. 그는 무쇠처럼 강건하다(의지가 강하다); Spinat enthält viel E. 시금치에는 철분이 많다; 속담 man muß das E. schmieden, solange es heiß ist 시기가 잘 이용해야 한다(쇠뿔도 단김에 빼야 한다). **2.** 철제 도구[연장]: die blitzenden E. 〈아이〉 말의 편자; das E. war zugeschnappt 〈사냥〉 덫에 걸렸다; durch in E. sterben 〈시어·고어〉 칼에 찔려 죽다; jmdn. in E. legen[schließen] 누구에게 수갑을 채우다; das E. führen lernen 〈골프〉 아이언으로 치는 법을 배우다; das gegnerische E. berühren 〈펜싱〉 상대방의 검을 건드리다; **ein heißes E. anfassen[anpacken, anrühren]** 위험한 일, 내키지 않는 테마를 다루다; 위험을 무릅쓰다; **ein heißes E.** 위험한 일, 다루기 힘든 사물: dieses Thema ist für ihn ein heißes E. 이 테마는 그에게 벽찬 것이다; **zwei[mehrere noch ein) E. im Feuer haben** 〈통용어〉 제 2 의 대책을 세우고 있다(다른 탈출구를 마련하다); **etw. zum alten E. werfen[legen]** 〈통용어〉 〈폐물로 간주하고〉 더 이상 사용하지 않다; **zum alten E. gehören[zählen]** 〈통용어〉 오래 되어서 더 이상 사용되지 않다. **3.** 〈통용어〉 ↑Eisenpräparat의 약칭.

eisen-, Eisen-: **~ader,** die 철광맥(鐵鑛脈). **~arbeiter,** der 철공, 대장장이. **~armierung,** die 〔토목〕철근 구조물 작업, ↑Stahlarmierung. **~asbest,** der [기술〕 석편. **~bahn,** die 철도, 열차(↑Eisenbahn, Eisenbahn- 참조). **~bakterie,** die 〈대개 Pl.〉 〔생물〕 철(鐵)박테리아. **~band,** das 〈Pl. -bänder〉 철대(鐵帶), 철테. **~bart,** der [독일의 외과의사 J. A. Eisenbarth (1663~1727)의 고사(故事)에서] 돌팔이 의원, 거친 치료를 하는 의사. **~bau,** der 〈Pl. -bauten〉 철(근)건축(물)(↑Stahlbau). **~baute,** die 〈schweiz.〉 ↑~bau. **~beißer,** der 〈통용어·펌〉 호언장담가, 허풍선이. **~bereifung,** die 강철테 두르기. **~bergwerk,** das 철광산. **~beschlag,** der 철(鐵)도금, 쇠를 입힌 것. **~beschlagen** 〈Adj.〉 쇠를 입힌, 철(鐵)도금을 한 것. **~beton,** der 철근

콘크리트(↑Stahlbeton). **~bett,** das 철침대. **~bewehrt** 〈Adj.〉 쇠를 댄. **~blech,** das 얇은 철판, 박철판(薄鐵板) (↑Stahlblech). **~block,** der 〈Pl. -blöcke〉 쇠 덩어리, 철괴(鐵塊)(↑Stahlblock). **~blüte,** die 산석(霰石). **~carbid,** der ~karbid. **~chlorid,** das 〔화학〕 염화(제2)철. **~draht,** der 철선(鐵線), 철사. **~drahtstift,** der 철사 대갈못. **~erz,** das 〔광물〕 철광석. **~erzablagerungen** 〈Pl.〉 철광석 매장(량). **~erzgewinnung,** die 채철광, 선광. **~erzvorkommen,** das 〈대개 Pl.〉 부존(賦存) 철광석. **~farbe,** die 철색(鐵色); 산화철안료(酸化鐵顏料), 철 와니스. **~farben** 〈Adj.〉 쇠빛깔의, 은회색의. **~farbig** 〈Adj.〉 철색의, 산화철색의. **~feilspan,** der 〈대개 Pl.〉 줄로 쓸어 낸 쇠부스러기. **~feilstaub,** der 쇠줄밥. **~fest** 〈Adj.〉 **1.** 쇠처럼 단단한(튼튼한). **2. a)** 저항력 있는, 불굴(不屈)의. **b)** 확고한, 의연한, 요지 부동의. **~fleck,** der 〈감자에 생기는〉 녹 빛깔의 반점. **~fleckig** 〈Adj.〉 녹 빛깔의 반점이 있는. **~fleckigkeit,** die 감자병의 일종. **~fresser,** der 〈통용어·펌〉 허풍선이, 호언장담하는 사람, 약자를 괴롭히는 사람. **~führend** 〈Adj.〉 철광맥의. **~gang,** der ↑~ader. **~garn,** das 강하고 질긴 방사(紡絲). **~gehalt,** der 철 함유량. **~geländer,** das 철제 난간, 철제 울타리. **~gerät,** das 철 기기(鐵器), 철물. **~gerüst,** das 철제 구조물, 철골. **~gestell,** das 철제 골격, 철근(鐵筋). **~gewinnung,** die 채철광, 채철광, **~gießer,** der 주철공, 제철공. **~gießerei** [- - - -'-], die 주철(鑄鐵) 공장. **~gitter,** das 철격자. **~glanz,** der 〔지질〕 결정 적철광(結晶赤鐵鑛). **~grau** 〈Adj.〉 철회색의, (연마한 철에서 나는) 은색(銀色)의. **~guß,** der 〈Pl. 없음〉 **1.** 주조(鑄造). **2.** 주철(鑄鐵). **~gußwaren** 〈Pl.〉 주철 제품. **~hag,** der 〈schweiz.〉 철제 울타리, 철격자. **~haken,** der 쇠 갈고리, 쇠 꺾쇠. **~haltig, ~hältig** 〈Adj.〉 〈österr.〉 철을 함유한, 철분이 있는: 전의 die Luft wurde e. 〈통용어·농〉 발포(發砲)되었다. **~hammer,** der **1. a)** 〈대장간의〉 쇠망치[해머]. **b)** 단철(鍛鐵)용의 큰 기계 망치. **2.** 〈고어〉 대장간. **~händler,** der 철물 상인(↑~warenhändler). **~handlung,** die 철물점, 철기점(↑~warenhandlung). **~hart** 〈Adj.〉 쇠처럼 단단한: eine e. gefrorener Boden 꽁꽁 얼어붙은 땅바닥: 전의 ein -er Wille 굽힘없는(불굴의) 의지. **~hart,** das ↑~ gras 의 일종인 마편초(馬鞭草). **~holz,** das 〈가공하기 어려운〉 경질(硬質) 목재(흑단 등). **~holzbaum,** der 경질수목. **~hut,** der **1.** 지아비꽃, 개정향풀. **2.** 〈중세〉 철모. **~hütte,** die ↑~hüttenwerk. **~hüttenindustrie,** die, **~hüttenkombinat,** das 〈구동독〉 제철 콤비나트. **~hüttenkunde,** die 철물학. **~hüttenwerk,** das 철야금 공장, 철 제련소. **~hüttenwesen,** das 제철(업). **~industrie,** die 제철 공업. **~karbid,** ~carbid, das 〔화학〕 탄화철(炭化鐵)(기호: Fe₃C). **~karbonat,** das 탄산철(炭酸鐵)(기호: FeCO₃). **~kern,** der 〔전기〕 철심(鐵心)(코일 따위의). **~kette,** die 철쇄(鐵鎖), 쇠사슬. **~kies,** der 황철광. **~kiesel,** der 철석영(鐵石英). **~kitt,** der 철 매스틱, 철 접합제. **~klammer,** die 철제 걸쇠(꺾쇠). **~klinker,** der 〔토목〕 철 함유량이 많은 경질 벽돌. **~koks,** der 〔기술〕 철 코크스. **~konstruktion,** die 철골 구조, 철구축(鐵構築)(↑Stahlkonstruktion). **~kraut,** das **1.** 마편초(馬鞭草). **2.** 〔식물〕 길가나 논두렁에 돋아나는 잡초의 일종. **~krebs,** der 〔금속 선박〕 주철의 내부 괴패(壞敗)〔썩어 문드러짐〕. **~kur,** die 철요법. **~lack,** der 철 와니스. **~legierung,** die 철 합금. **~los** 〈Adj.; nicht adv.〉 **1.** 철이 없는, 철을 사용하지 않고 만들어진. **2.** (말에) 편자를 박지 않은. **~lunge,** die 철폐증(鐵肺症)(↑

~staublunge). ~luppe, die [기술] 조철괴(粗鐵塊).
~mangan, das 철망간(↑Ferromangan 참조).
~mangel, der [의학] 철분의 부족[결핍]. ~mangelanämie, die [의학] 빈혈증. ~mennige, die 철단(鐵丹), 대자석(代赭石). ~nagel, der 쇠못.
~nickelkies, der 황동광(↑Pentlandit). ~niere, die 《전문어》철(鐵) 키드니. ~ocker, der 철자토(赭土). ~ofen, der 철제 난로; 용광로. ~oolith, der [지질·광물] 철이상암(鐵餌狀岩). ~oxid usw.: ↑~oxyd usw. ~oxyd, 《화학 전문어》~oxid, das 산화(제2)철; 적철광. ~oxydfarbe, -oxidfarbe, die 산화철의 빛깔.
~oxydul, -oxidul, das 〈Pl. 없음〉《화학 전문어·고어》산화제1철. ~panzer, der 〔역사적〕철갑주(鐵甲胄), 철갑갑(鐵裝甲). ~präparat, das 〔약학〕철제(鐵製劑). ~produkt, das 철제품. ~produktion, die 제철, 철제품 생산. ~quelle, die 철광천(鐵鑛泉). ~radierung, die 부식[식각] 제판화. ~rahm, der [mundartl. Rahm = Ruß, Schmutzkruste] [광물] 대자석(代赭石), 다공성(多孔性) 적갈광. ~rahmig 〈Adj.〉 대자석을 함유하고 있는. ~riegel, der (현관문의) 철제 빗장. ~ring, der 쇠고리, 쇠반지. ~rogenstein, der ↑~oolith. ~rüstung, die 〔역사적〕철제 갑옷. ~säge, die 쇠톱. ~säuerling, der 탄산철광천.
~schaffend 〈Adj.〉 철을 만들어 내는, 제철의: (다음 용법으로) -e Industrie 제철 산업. ~schiefer, der [광물·지질] (석영이 혼합된) 슬레이트 모양의 적철광.
~schiene, die [기술] 레일, 궤도. ~schimmel, der 철회색의 말(馬). ~schlacke, die 제련한 뒤의 쇠 찌꺼기. ~schlag, der (총검술에서) 총검으로 강하게 적의 총검을 내려치는 동작. ~schläger, der [골프] 금속제 헤드가 붙은 클럽. ~schmiede, die 대장간. ~schüssig 〈Adj.〉 [광물] 철분이 많은. ~schwamm, der 해면상의 철(海綿狀鐵). ~schwarz, die 1. 철흑색. 2. (석고물을 채색하는 데 쓰이는) 분말 안티몬. 3. 휘철광, 흑연.
~silicium, das 〈대개 Pl.〉 ↑~feilspan, ~spat, der [광물] 능철광(菱鐵鑛). ~spinell, der [광물] 철첨정석(尖晶石). ~spitze, die 철첨(鐵尖). ~stab, der 철봉(棒). ~ständer, der 쇠로 된 대(臺). ~stange, die 쇠봉(鐵棒). ~staub, der 쇠가루, 쇠먼지, 철분(粉).
~staublunge, die [의학] 철폐증(鐵肺症)(쇠먼지의 흡입으로 인한 폐질환). ~stoffwechsel, der [의학] 철분의 신진대사. ~strebe, die 쇠로 된 버팀대, 철제 지주(支柱). ~sulfat, das 황산철(채색도료로 쓰임). ~sulfid, das 황화철(黃化鐵). ~teil, das 철제(鐵製). ~tinktur, der [약학] 철정기제(鐵丁幾劑). ~träger, der 철제 지주, 철제(대)들보, 철제도리. ~treppe, die 철제 계단. ~tür, die 철문(鐵門). ~verarbeitend 〈Adj.〉 철을 가공하는: (다음 용법으로) -e Industrie 제철업, 철공업. ~verbindung, die [화학] 철 화합물. ~verhüttung, die 제련, 제철. ~vitriol, das 황산제1철 (녹반(綠礬)). ~walzwerk, das 압연 공장. ~waren 〈Pl.〉 철기(류)(鐵器(類)). ~warenhändler, der 철물상, 철물 상인. ~warenhandlung, die 철물점. ~wasser, das ↑~quelle. ~werk das ↑~hüttenwerk. ~wichser, der (제철 은어) 금속 칠을 전문으로 하는 노동자. ~zeit, die 철기 시대(의): -e Funde 철기 시대 발굴물. ~zeitlich 〈Adj.〉 철기 시대의의: -e Funde 철기 시대 발굴물. ~zeug, das 〈Pl. 없음〉철기(鐵器), 철물.

Eisenach ['aizənax] 아이제나흐(독일의 도시). **Eisenacher**, der; -s, - 위 도시의 거주자.
Eisenbahn, die; -en **a)** 철도, 기차: mit der E. fahren 기차로 가다, mit der[per] E. befördern 무엇을 기차로 운반하다; **es ist (die) (aller) höchste E.** (통용어) 지금이 고비[절호의 기회]다, 한시도 망설일 수 없 다. **b)** 궤도, 레일. **c)** (국가의) 철도 관리 기구. **d)** 장난감 기차.

Eisenbahn-: ~abteil, das 열차 내의 찻간; ↑Abteil (1 a) 참조. ~anlage, die ↑Bahnanlage. ~anschluß der ↑Bahnanschluß. ~arbeiter, der Bahnarbeiter. ~aufsicht, die (공공의 이익을 위한) 철도 영업[운송]의 통제[감시]. ~ausbesserungswerk, das 철도 차량 정비소. ~bau, der 철도 공사, 철도 부설. ~bauzug, der 철도 부설용 차량형 사무소. ~beamte, der 철도 공무원. ~bedienstete*, der ↑~beamte. ~beförderung, die 철도 수송[수송]. ~betrieb, der 〈Pl. 없음〉 철도 운행. ~betriebswerk, das ↑~ausbesserungswerk. ~brücke, die a) 철도 횡단교(橋). b) 철교(鐵橋). ~coupé, die 《고어》열차 내의 칸막이 객실; ↑Abteil (1 a). ~damm, der 철둑. ~direktion, die (옛) 철도 관리(국). ~fähre, die 열차[철도] 연락선 (페리). ~fahrkarte, die 철도 승차권, 차표. ~fahrplan, der 열차 시간표. ~fahrt, die 기차 여행. ~gelände, das 철도 시설 지역[부지]. ~gesellschaft, die (사설) 철도 회사. ~gleis, das 궤도, 레일, 철도 선로. ~knotenpunkt, der 철도 접속역. ~körper, der ↑Bahnkörper. ~Kraftwagen-Verkehr, der 철도・자동차 운수(運輸). ~krankheit, die 기차 멀미. ~linie, die 철도 선로, 철도 노선(路線). ~netz, das 철도망. ~personal, das 철도 종업원. ~recht, das 〈Pl. 없음〉철도법. ~schaffner, der 열차 차장. ~schiene, die 레일. ~schranke, die ↑Bahnschranke. ~schwelle, die Bahnschwelle. ~signal, das 철도 신호(기). ~station, die ↑Bahnstation. ~strecke, die 철도 구간. ~stunde, die 열차 평균 시속. ~tarif, der 철도 운임표. ~transport, der ↑~beförderung. ~truppe, die 철도 부대. ~tunnel, der 기차 터널. ~überführung, die ↑Bahnüberführung. ~übergang, der ↑Bahnübergang. ~unglück, das 철도 사고.
~unterführung, die ↑Bahnunterführung. ~verbindung, die ↑Zugverbindung. ~verkehr, der 철도 운수. ~verwaltung, die 철도 관리(국). ~viadukt, der (철도의) 고가교(高架橋), 육교. ~wagen, der 객차(客車). ~waggon, der 화차(貨車). ~wärter, der ↑Bahnwärter. ~wesen, das 〈Pl. 없음〉철도 제도(사무), 철도에 속하는 일체의 것. ~zug, der 열차.

Eisenbahner, der; -s, - (통용어) 철도 직원(종사자).
Eisenbahnergewerkschaft, die 철도 노동 조합.
Eisenbahnerin, die; -nen ↑Eisenbahner의 여성형.
eisern ['aizɐn] 〈Adj.〉 **1.** 쇠로 만든, 철제의: ein -er Ofen 철제 난로; eine -e Brücke 철교(鐵橋); ein -er Vorhang (극장 무대 전면에 있는) 내화용(耐火用) 칠막; die -e Lunge [의학] 철폐(鐵肺)(인공 호흡 기구). **2. a)** 확고한, 철벽의: ~ e Prinzipien 철칙(鐵則); mit -em Willen[-er Energie] eine Sache verfolgen 확고 부동의 의지로[정열을 가지고] 한 가지 일을 추구하다; er blieb trotz aller Vorhaltungen in seiner Behauptung 많은 질책에도 불구하고 그는 철석같이 자기 주장을 고수하였다; sich e. an etw. halten 무엇을 철석같이 고수하다. **b)** 냉혹한, 불굴의, 가차 없는: er ist e. entschlossen, seinen Plan durchzuführen 그는 자신의 계획을 관철하기로 단단히 마음먹었다; in der Sache ist der Chef e. 그 일에 있어 사장은 그 일에 집착하고 있다; mit -er Faust Ordnung schaffen 준엄하게 질서를 잡다.

Eises-: (시어·고어) ~blick, der 냉정한 눈빛[시선].
~hauch, der 냉기: [전의] er spürte den E. des Todes 그는 죽음의 차가운 입김을 느꼈다. ~kälte, die

얼음처럼 차가움, 동한(凍寒): 전의 er betrachtete siemit E. 그는 쌀쌀하게 그녀를 노려보았다.

eisig ['aiziç] ⟨Adj.⟩ **1.** 얼음처럼 찬, 살을 에는 듯이 추운: ein -er Wind bläst mir ins Gesicht 살을 에는 듯한 바람이 나의 얼굴을 때린다; 전의 ein -er Schrecken durchfuhr ihn 등골이 오싹한 공포가 그를 덮쳤다. **2.** 냉담하게 거절하는, 냉정한[무정한], 쌀쌀맞은: ihre Miene(sein Blick) war e. 그녀의 태도는 [그의 시선은] 냉담했다. **eisigkalt** ⟨Adj.⟩ **1.** 얼음같이 찬: es waren -e Tage 살을 에는 듯이 추운 때였다. **2.** 냉담한, 냉정한, 무정한: er erschrak vor ihrem -en Gesichtsausdruck 그는 그녀의 냉랭한 얼굴 표정에 놀랐다.

Eiß [ais], der; -es, -e, (또한) **Eiße** ['aisə], die; -n (südd., schweiz. · 방언적) 농양(膿瘍), 대종(大腫), 옹(癰).

eitel ['aitl] ⟨Adj.⟩ **1.** 《폄》뽐내는, 우쭐한, 자만심이 센: er war e. auf sein Werk 《준고어》 그는 그의 작품을 뽐냈다; das kleine Mädchen ist sehr e. geworden 그 작은 소녀는 매우 우쭐해졌다. **2.** 《아어·준고어》 공허한, 덧없는, 쓸데없는, 허무한: eitles Geschwätz 공허한[쓸데없는] 잡담. **3.** 《시어》 오직, …뿐, …만: die Figur ist e. Gold 저 상(像)은 순금이다; es herrschte e. Freude 그저 즐거움이 넘쳤다. **Eitelkeit,** die; -en 공허, 무가치[한 것], 내용이 없음, 쓸데없는 사물[행위], 허영[자만]심.

Eiter ['aitɐ], der; -s 고름, 농(膿): in der Wunde hat sich E. gebildet 상처 속에 고름이 생겼다. **Eiter-:** **~absonderung,** die 화농(化膿) 적출[제거]. **~beule,** die 해악의 근원(↑Furunkel): **eine E. aufstechen** 폐해의 근원을 색출하다. **~bläschen,** das 농포(膿疱), 작은 종양(腫瘍). **~erreger** ⟨Pl.⟩ 화농균(化膿菌). **~flechte,** die 화농성 수포진. **~fluß,** der 농루(膿漏). **~geschwür,** das ↑Furunkel 참조. **~grind,** der ↑~flechte. **~herd,** der 화농소(化膿巢), 고름이 생기는 병소(病巢). **~körperchen,** das 농구(膿球), 고름집. **~pfropf,** der 《민속》 고름 덩어리, 농핵(膿核), 농전(膿栓). **~pickel,** der 화농성 여드름. **~pustel,** die 농포(膿疱), 농진(膿疹); ↑~bläschen. **~säckchen,** das 《민속》 (치근(齒根) 부위에 생긴) 농낭(膿囊).

eiterig, ↑eitrig. **eitern** ⟨h⟩ 화농하다, 곪다. **Eiterung,** die; -en 곪음, 화농증(化膿症), 화농 작용. **eitrig,** 《드물게》 eiterig ['ait(ə)riç] ⟨Adj.⟩ 화농의, 곪은.

Eiweißstoff, der ⟨대개 Pl.⟩ 단백질.

Eizes: ↑Ezzes.

Ejakulat [ejaku'la:t], das; -(e)s, -e [lat. ēiaculātum = das Herausgeschleuderte] 정액(精液). **Ejakulation** [ejakula'tsio:n], die; -en 사정(射精), 감작스런 발성(發聲)(탄성), 절규, (액체의) 사출. **ejakulieren** [ejaku'li:rən] ⟨h⟩ [lat. ēiaculāre = hinauswerfen] 사정(射精)하다: 전의 ein Springbrunnen ejakuliert schwach 한 분수대가 약하게 물을 뿜어낸다. **Ejektion** [ejɛk'tsio:n], die; -en [2: lat. ēiectio, eigtl. = das Hinauswerfen] **1.** 《지질》 (화산으로부터 슬랙과 화산재 같은 물질들의) 분사(噴射), 분출. **2.** 《고어》 내던짐, 소유권 박탈. **Ejektiv,** der; -s, -e, **Ejektivlaut,** der [언어] 방출음(放出音). **Ejektor** [e'jɛktor, 《또한》 ...to:ɐ], der; -s, -en [...'to:rən] **1.** (엽총에 있는) 자동 약포(autom. 蓐包) 배출기, 약협(藥莢) 제거 장치. **2.** 《기술》 증기 분사(噴射) 펌프, 이젝터, 방사기. **ejizieren** [eji'tsi:rən] ⟨h⟩ [2: lat. ēicere, eigtl. = hinauswerfen] **1.** 《물리》분사(噴射)하다, 방사하다. **2.** 《고어》 내던지다, (소유권을) 박탈하다.

ejusdem mensis [e'jusdem 'mɛnzɪs; lat. ēiusdem mēnsis] 《고어》 동월(同月)(약어: e.m.).

Ekart [e'kaːɐ̯], der; -s, -s [frz. écart, lat. quārtus = der vierte] 〈증권〉 (매매에 의해서 얻는) 차액(의 이익금).

¹Ekarté [ekar'teː], das; -s, -s [frz. écarté] 에카르테(두 사람이 하는 트럼프 놀이의 일종).

²Ekarté [-], das; -s, -s [frz. pose écartée] (고전 발레에서 무용수가 관객쪽으로 팔과 다리를 쭉 펴고 비스듬히 서는) 에카르테 자세.

Ekchymose [ɛkçy'moːzə], die; -n [griech. ekchýmōsis, eigtl. = das Herausströmen] 〈의학〉 출혈반(斑), 피부내 삼출(滲出).

EKD = Evangelische Kirche in Deutschland 독일의 복음 교회.

ekdemisch ['ekdemɪʃ] ⟨Adj.⟩ [griech. ékdēmos] 〈고어〉 외부에 있는, 부재(不在)의.

Ekdyson [ekdy'zoːn], das; -s [griech. ékdysis = das Herauskriechen] 〈동물〉 (곤충의) 탈피(脫皮) 호르몬.

ekel ['eːkl] ⟨Adj.⟩ 《아어》 **a)** 메스꺼운, 구역질 나는: ein ekler Geruch 메스꺼운 냄새. **b)** 혐오스러운, 비난받아 마땅한, 꺼림칙한. **¹Ekel** [-], der; -s **a)** 욕지기, 구역, 메스꺼움: E. bei einem Anblick(vor fettem Fleisch, vor dem Schmutz) empfinden 어떤 광경을 보고(기름기 많은 고기에, 더러움에) 메스꺼움을 느끼다; der Kranke wurde sich selbst zum E. 《고어》 그 환자는 자기 자신이 참을 수 없이 싫어졌다. **b)** 싫증, 권태감; 진저리, 혐오, 불쾌: ein E. vor sich selbst(vor dem Leben) befiel ihn 스스로에 대한[삶에 대한] 권태감이 그를 엄습해왔다. **²Ekel** [-], das; -s, - 《통용어·폄》 (불쾌한 행동으로) 비위를 거슬리는 사람, 싫은 녀석[놈]: er [sie] ist ein E. 그(그녀)는 남의 비위를 거슬리는 사람이다; du E.! 너 같은 놈 보기도 싫다!

ekel-, Ekel- (¹Ekel): **~erfüllt** ⟨Adj.⟩ 구역질 나는. **~erregend** ⟨Adj.⟩ 욕지기 나게 하는, 싫은. **~gefühl,** das 메스꺼운 느낌, 혐오감, 불쾌감. **~paket,** das (nordd.·경) 구역질 나는 사람, 혐오스러운 사람, 싫은 녀석[놈].

ekelhaft ⟨Adj.⟩ **1.** 욕지기가 나는, 싫은, 불쾌한. **2.** 《통용어·동사·형용사의 강조》 매우, 극도로: es war e. kalt 날씨가 지독히 추웠다. **ekelig:** ↑ eklig. **ekeln** ['eːkl̩n] ⟨h⟩ **1. a)** (e. + sich) 역겨움을 느끼다, 구역질 나다: ich ek(el)e mich vor Ratten 나는 쥐를 보면 구역질이 난다. **b)** (비인칭) (누구의) 마음 속에 메스꺼운 느낌이 생기게 하다, 욕지기 나게 하다: es ekelt mich(mir) vor der Ratte 쥐를 보면 나는 속이 메스껍다; ihn[mir] ekelt vor ihm 그를 보면 속이 메스껍다. **c)** (누구에게) 혐오감이 생기게 하다, 혐오를 느끼게 하다. **2.** (빈번한 심술궂은 행동으로) 누구를 자리에서 뜨게 만들다.

Ekelname, der; -ns, -n 별명.

EKG, Ekg = Elektrokardiagramm 심전도.

Ekklesia [ɛ'kleːzia], die [lat. ecclēsia < griech. ekklēsía] 그리스도 교회[기독교 교회]; ↑Ecclesia. **Ekklesiastes** [ekle'tsiastɛs], der; - [kirchenlat. Ecclesiastes < griech. ekklēsiastēs = Redner] (구약성서의) 전도서. **Ekklesiastikus** [ekle'tsiastikʊs], der; - 집회(集會)의 서(書). **Ekklesiologie,** die 교회론.

Eklat [e'klaː(t)], der; -s, -s [frz. éclat] 명성, 영광; 추문, 센세이션을 일으키는 사건[소동]: einen E. verursachen 센세이션을 일으키다. **eklatant** [ekla'tant] ⟨Adj.⟩ [frz. éclatant] **a)** 명백한, 눈에 띄는, 현저한: ein -er Unterschied 현저한 차이(差異); der Widerspruch ist e. 모순이 명백하다. **b)** 남의 이목을 끄는, 센세이셔널한: er hat -e Erfolge errungen 그는 세인의 주목을 받을 만한 성공을 거두었다.

Eklektiker [ɛk'lɛktikɐ, e'k...], der; -s, - [griech. eklektikós = auswählend, auslesend] **1.** 절충론자. **2.**

《교양어・편》 아류(亞流), 추종자. **eklektisch** 〈Adj.〉《교양어》 **1. a)** 《준고어》 취사 선택하는, 검증적인. **b)** 절충주의적인, 절충적인. **c)** 《편》 (예를 들어 이론에 있어) 비독창성의, 자주적이지 못한, 아류의. **2.** 《편》 난삽한, 통일성이 없는, 지리멸렬한. **Eklektizismus** [...i'tsɪsmʊs], der; - **1.** 절충론적 철학, 절충주의. **2.** 《교양어・편》 《비독창적, 비창조적인》 모방. **eklektizistisch** 〈Adj.〉 **1.** 절충론적, 절충주의적. **2.** 《교양어・편》 비독창적인, 아류의.

eklig, 《드물게》 **ekelig** ['eːk(ə)lɪç] 〈Adj.〉 **1. a)** 욕지기 나게 하는, 불쾌한, 혐오스러운, 싫은. **b)** 《통용어》 마주 하기 싫은, 아비한, 비열한, 악의 있는: einen -en Vorgesetzten haben 지긋지긋한 상관 밑에 있다; ich kann ganz schön e. werden 나, 내 앞에서 조심해. **2.** 《통용어》 《동사・형용사의 강조》 몹시, 상당히, 대단히, 매우: ich habe mir e. weh getan 나는 심하게 다쳤다.

Eklipse [ɛk'lɪpsə, e'k...], die; -n [griech. ékleipsis = das Verlassen, Ausbleiben] 《천문》 (일식 또는 월식에서의) 식(蝕)현상[그늘 현상]. **Ekliptik** ['ɛk'lɪptɪk, e'k...], die; -en [lat. līnea ecliptica = zur Eklipse gehörende Linie, Bahn] 황도(黃道), 태양의 시계도(視軌道). **elliptikal** [ɛklɪpti'kaːl, ek...] 〈Adj.〉 황도의. **ekliptisch** [ɛk'lɪptɪʃ, e'k...] 〈Adj.〉 [lat. eclipticus < griech. ekleiptikós] (일・월)식(蝕)의, (일・월)식(蝕)에 관한.

Ekloge [ɛk'loːgə, e'k...], die; -n [lat. ecloga < griech. eklogḗ = Auswahl] 《문예학》 **a)** (고대 로마의) 목가(牧歌), 전원시. **b)** 대화체의 짧은 시. **Eklogit** [eklo'giːt, ek..., 《또한》 ...'gɪt], der; -s, -e [griech. eklogḗ = Auswahl] 《지질》 에클로자이트, 유휘암(榴輝岩). **Eklogitschale**, die 《지질》 지각(地殼)의 움푹 들어간 지역.

Eknoia [ɛk'nɔya], die; - [griech. éknoia = Sinnlosigkeit] 《의학》 사춘기의 과잉 흥분증.

Ekonomiser, **Economiser** [i'kɔnomajzɐ], der; -s, - [engl. economizer] 《기술》 (보일러 설비의) 물 예열(豫熱) 장치.

Ekossaise: 스코틀랜드의 무도곡 († Ecossaise).

Ekphorie [ɛkfo'riː], die; -n [...iːən; griech. ek = (her)aus / -phoría = das Tragen] 《의학》 기억환기(記憶喚起).

Ekpyrosis [ɛk'pyːrozɪs], die [griech. ekpýrōsis = das Ausbrennen] 《철학》 (헤라클레이토스와 스토아 학파의) 세계 대화재 소멸론.

Ekrasit [ekra'ziːt, 《또한》 ...zɪt], das; -s [frz. écraser] (피쿠린산이 들어 있는) 폭발약, 에크라지트.

ekrü ['eˈkryː] 〈Adj.; 격변화 없음〉 [frz. écru] **a)** (직물이) 표백하지 않은, 자연 그대로의 빛깔을 띤. **b)** 베이지(색)의, 엷은 갈색의, **Ekrüseide**, die; -n 생사(生絲).

Ekstase [ɛk'staːzə, ɛks't...], die; -n [griech. ékstasis = das Aussichheraustreten, die Begeisterung, Verzückung] (종교적) 망아(忘我), 법열(法悅), 황홀, 엑스터시, 대열: in (einen Zustand der) E. geraten 무아경(無我境)에 이르다, 넋을 잃다, 정신을 빼앗기다. **Ekstatik** [ɛk'staːtɪk, ɛks't...], die [griech. ekstatikós = verzückt, außer sich] 황홀경의 표현(형식), 법열설(法悅說). **Ekstatiker** [ɛk'staːtikɐ, ɛks't...], der; -s, - **a)** 무아경에 이른 사람, 신바람난 사람, (종교의) 열광자. **b)** 황홀경에 빠지기 쉬운 사람, 열광자. **ekstatisch** 〈Adj.〉 도취한, 열광적인, 망아(忘我)의, 황홀경의: in -er Verzückung 황홀경에 빠져, 황홀한 상태에서.

Ekster ['ɛkstɐ], die; -s (niederd.) †Elster.

Ektase [ɛk'taːzə], die; -n [griech éktasis = Ausdehnung] 【고대 운율】 장음법(長音法), 음절 연장.

Ektasie [ɛkta'ziː], die; -n [...iːən; griech. éktasis] 《의학》 확장(증). **Ektasis** ['ɛktazɪs], die; ...sen [...'taːzn] †Ektase.

Ektenie [ɛkte'niː], die; -n [...iːən; griech. ekténeia = Anstrengung; Dienstfertigkeit; Ausdauer] 《그리스 정교》 (비잔틴의 예배에 있어서의) 화답(和答) 기도.

ekto-, Ekto- [ɛkto-; griech. ektós] "외(外)의, 외부의"의 의미를 갖는 접두어(반대: endo-) (예컨대: ektotroph, Ektoparasit). **Ektoderm** [...'dɛrm], das; -s, -e [† ekto- griech. dérma = Haut] 《생물・의학》 외배엽(外胚葉). **ektodermal** [...dɛr'maːl] 〈Adj.〉 《생물・의학》 외배엽의, 외세포층의. **Ektohormon**, das 외분비 호르몬, 엑토 호르몬(†Pheromon 참조). **Ektomie** [ɛkto'miː], die; -n [...iːən; griech. ektomḗ = das Ausschneiden] 【의학】 절제술(切除術).

ektomorph 〈Adj.〉 《의학》 마르고 갸름한 체질의, 호리한 체질의, 허약한. **Ektomorphie** [...mɔr'fiː], die [† Ektoderm u. griech. morphḗ = Gestalt] 《의학》 호리한 체질, 여윈 체질, 허약 체질자. **Ektoparasit**, der 《의학》 외부 기생 동물[식물].

Ektopie [ɛkto'piː], die; -n [...iːən; griech. éktopos = entfernt von seinem Ort] 《의학》 (장기의) 전위(轉位)(증). **ektopisch** 〈Adj.〉 정규 장소를 벗어난, 전위의.

Ektoplasma, das; -s, ...men 《생물》 (단세포 생물의) 외형질(반대: Entoplasma). **Ektosit** [ɛkto'ziːt], der; -en, -en [† ektosis- 참조 / griech. sītos = Speise] † Ektoparasit. **Ektoskelett**, das; -(e)s, -e 《생물》 외각(外殼), 외골격(반대: Endoskelett). **Ektoskopie** [...sko'piː], die; -n [...iːən; † ekto- u. griech. skopeín = betrachten, beschauen] 《의학》 육안 검진(肉眼檢診), 육안 진찰. **Ektotoxin** [...tɔ'ksiːn], das; -s, -e [† ekto- / † Toxin 참조] 《의학》 (배양균의) 체외독소(體外毒素), **ektotroph** [...'troːf] 〈Adj.〉 [† ekto- 참조 / griech. trophḗ = das Ernähren; Nahrung] 《식물》 숙주(宿主)의 외부에 붙어 생활하는(반대: endotroph).

Ektropion [ɛk'troːpi̯ɔn], **Ektropium** [...pi̯ʊm], das; -s, ...ien [...i̯ən; griech. ektrópion] 《의학》 안검외번(眼瞼外飜), 외번증. **ektropionieren** [ɛktropi̯o'niːrən] 〈h〉 《의학》 검진하기 위해서 눈꺼풀을 까(뒤집어) 보다. **Ektropium**: †Ektropion.

Ekuador [ɛkua'doːɐ] usw. †Ecuador usw.

Ekzem [ɛk'tseːm], das; -s, -e [griech. ékzema] 《의학》 습진(濕疹): ein E. am Fuß haben 발에 습진이 생기다.

Elaborat [elabo'raːt], das; -(e)s, -e [lat. ēlabōrāre = sorgfältig ausarbeiten] **a)** (아이) (퇴고한) 문장, 완성원고(완성고). **b)** 《편》 날림글, 졸렬한 문장. **elaboriert** [elabo'riːɐt] 〈Adj.〉 [engl. elaborated, lat. ēlabōrāre, †Elaborat 참조] **a)** 《교양어》 정선된, 세련된. **b)** 《언어》 세분화된(반대: restringiert).

Elaidin [elai'diːn], das; -s, -e 《화학》 엘라이징. **Elain** [ela'iːn], das; -s [griech. élaion = Fett] 《화학》 엘라잉. **Elainsäure**, die 《화학》 유산(油酸). **Elaiosom** [elai̯o'zoːm], das; -s, -en (대개 Pl.) [griech. élaion († Elain 참조) / sōma = Körper] 《생물》 식물의 씨의 육질부(肉質部).

Elan [e'laːn, 《또한》 e'lãː], der; -s [frz. élan] 《교양어》 (감정의) 고양, 활력, 감격: er ging mit viel E. an seine Aufgabe heran 그는 아주 정열적으로 일에 착수하였다; die Mannschaft spielte ohne E. 그 팀은 맥빠진 경기를 하였다. **Elan vital** [elavi'tal], der; - - [frz. élan vital, 철학자 H. Bergson의 용어; élan, † Elan u. vital, † vital 참조] 《철학》 창조적 생활력 및 형이상학적 근원력, 생의 비약, 생의 약동, 진화의 추진력. **elanvoll** 〈Adj.〉 비약적인, 정열적인.

Eläolith [elɛo'li:t, 《또한》 ...lɪt], der; -s, -e [griech. élaion u. ↑-lith 참조] 〖광물〗 (연옥, 비취 등과 같은) 회색, 적색 또는 푸른색의 기름기 도는 광물. **Eläoplast** [elɛo'plast], der; -en, -en [griech. élaion u. plastós] 〖생물〗 식물 세포의 지방질(脂肪質).

Elaste [e'lastə] 〈Pl.〉 〖화학〗 신축성 합성수지. **Elastik** [e'lastɪk], das; -s, -s 〖또는〗-e,《또한》die; -en 고무줄이 든 천, 신축성 있는 직물. **Elastikakt**, der; -(e)s, -e 탄력적인 몸동작. **Elastikbinde**, die; -n 고무밴드. **elastisch** [e'lastɪʃ]〈Adj.〉 [griech. elastós (elatós) = getrieben; dehnbar, biegbar] 1. 탄력(성) 있는, 탄성이 풍부한: eine -e Stahlfeder 탄력(성) 있는 강철 용수철. 2. a) 유연한, 경쾌한: mit -em Schritt 경쾌한 발걸음으로; er geht immer sehr e. 그는 언제나 활기차게 걷는다. b) 융통성 있는, 신축성 있는, 적응력이 있는: ein Gesetz -er handhaben 법률을 신축성 있게 적용하다〖집행하다〗. **Elastizität** [elastitsi'tɛ:t], die; -en 1. 탄력, 탄성. 2. a) 몸의 유연함, 탄력성. b) 융통성, 순응성, 신축성: die E. der Innenpolitik 국내 정책의 융통성; der Motor hat eine große E. 이 엔진은 회전수가 높다[rpm이] 높은 엔진이다].

Elastizitäts-: **~grenze**, die 〖물리〗 탄성 한계. **~koeffizient**, der 〖물리〗 탄성계수, 탄성률. **~modul**, der 〖물리〗 ↑~koeffizient. **~verlust**, der 탄성 상실.

Elastomere [elasto'me:rə]〈Pl.〉 [↑elastisch u. griech. méros = Teil] 엘라스토머(천연 고무, 합성 고무 등). **Elatere** [ela'te:rə], die; -n 〈대개 Pl.〉 [griech. elatḗr = Treiber] 〖식물〗 포자(胞子)를 보낭으로부터 퍼져나게 하는 탄사(彈絲).

Elativ ['e:lati:f], der; -s, -e [...i:və; lat. ēlātus = erhaben, hoch] 〖언어〗 절대적 최상급(예컨대: modernste Wohnungen = sehr moderne Wohnungen).

Elba ['ɛlba,《ital.》'ɛlba], -s 엘바 섬(지중해에 있는 이탈리아령의 섬).

elbaufwärts ['ɛlp'|aufvɛrts] 〈Adv.〉 엘베 강을 거슬러서. **Elbe** ['ɛlbə], die; - 엘베 강(독일의 강). **Elbeseitenkanal**, der 엘베 강과 중부 독일 운하 사이의 운하. **Elb-Florenz** ['ɛlpflorɛnts] 《준고어·농》 엘베 강변의 플로렌츠(Dresden의 별명).

elbisch ['ɛlbɪʃ] 〈Adj.〉 (고어) 요정 같은, 영적인, 천상의, 초자연적인.

Elbkahn, der 1. 엘베 강의 배. 2.〈Pl.〉《통용어·농》볼품없이 큰 구두.

Elbrus ['ɛlbrʊs,《russ.》elj'brus], der 엘브루스(코카서스 산맥의 가장 높은 구릉).

Elbsandsteingebirge [ɛlp'zantʃtaɪŋəbɪrgə], das 엘베 사암(砂岩) 산맥.

Elch [ɛlç], der; -(e)s, -e 큰사슴, 고라니: ich dachte, mich küßt ein E.《통용어·농》나는 그것이 불가능한 것으로 생각했다(대단히 놀랐다).

Elch-: **~bulle**, der 수고라니. **~geweih**, das 고라니의 뿔. **~jagd**, die 고라니 사냥. **~kalb**, das 고라니 새끼. **~kuh**, die 암고라니. **~wild**, das (식용이 되는) 사냥 고라니.

Elder statesman ['ɛldə 'steɪtsmən], der; - -, Elder statesmen [...; engl. = alterfahrener Staatsmann] (정치·교양어) (정계의) 원로, 장로; (조직·집단의) 유력자, 중진.

Eldorado [ɛldo'ra:do], das; -s, -s 《또한》 Dorado, das; -s, -s /《드물게》...den [span. El Dorado (país) = sagenhaftes Goldland in Südamerika] 이상향(理想鄉), 낙원: ... ist es (= Nordschweden) im Sommer ein E. für Wanderer und Fischer 여름철의 북부 스웨덴은 도보 여행자와 낚시꾼들에게는 낙원이다; Touristenzentren sind ein E. für Diebe und Gauner 관광지는 도둑들의 집합장(천국)이다.

Eleate [ele'a:tə], der; -n, -n 〈대개 Pl.〉 [lat. Eleātēs < griech. Eleátēs] (고대 그리스의) 엘레아 학파의 철학자. **eleatisch**〈Adj.〉 엘레아 학파의. **Eleatismus** [elea-'tɪsmʊs], der; - 엘레아 학파의 철학 사상.

Elefant [ele'fant], der; -en, -en [lat. elephantus < griech. eléphas] 코끼리: **sich wie ein E. im Porzellanladen benehmen**《통용어》(다른 사람에게) 거칠게(무례하게) 행동하다.

Elefanten-: **~baby**, das (몇) 덩치가 큰 어린아이, 뚱뚱한 아이. **~bulle**, der 수코끼리. **~fänger**, der 코끼리 사냥꾼. **~führer**, der (사람 또는 짐을 운반하기 위해) 코끼리를 부리는 사람. **~fuß**, der 튼튼하고 둥근 발디딤판. **~gang**, der 〖체조〗팔과 다리를 쭉 편 채로 손과 발로 걷는 자세. **~gedächtnis**, das 《통용어》매우 뛰어난 기억력. **~gehege**, das 코끼리 사육장. **~gras**, das (아프리카 사바나 지역의) 매우 크게 자라는 풀. **~haut**, die 코끼리 가죽: [전의] in diesem Beruf muß man sich eine E. zulegen《통용어》이 직업에 종사하려면 얼굴이 두꺼워야 한다(너무 민감해서는 안된다). **~herde**, die 코끼리떼. **~jagd**, die (상아를 얻기 위한) 코끼리 사냥. **~kalb**, das 코끼리 새끼. **~kuh**, die 암코끼리. **~küken**, das 〖농〗↑~baby. **~laus**, die 〖〗 Cashewnuß. **~rennen**, das 《통용어·농》대형 트럭들의 추월 경쟁. **~robbe**, die ↑See-Elefant. **~rüssel**, der 코끼리의 코. **~schildkröte**, die 매우 큰 육지 거북, 남생이의 일종. **~treiber**, der ↑~führer.

Elefantiasis《또한》**Elephantiasis** [elefan'ti:azɪs], die; ...asen [...'ti:azn; lat. elephantiasis < griech. elephantíasis] 〖의학〗 상피병(象皮病). **Elefantin**, die; -nen ↑Elefantenkuh. **elefantös** [elefan'tø:s]〈Adj.〉 [코끼리의 모습과 힘에서] 《통용어》대단한, 대규모의, 거대한: das ist ja e.! 굉장하군!

elegant [ele'gant]〈Adj.〉 [frz. élégant < lat. ēlegāns = wählerisch, geschmackvoll] a) 세련된, 우아한, 품위 있는: ein -er Herr 세련된 신사; er ist eine -e Erscheinung 그의 차림새는 품위가 있다; sie ist immer e. angezogen 그녀는 언제나 우아한 옷차림이다. b) 재치있는: sich e. aus einer Affäre ziehen 어느 한 사건에서 재치 있게 빠져 나오다. c) 정선된, 교양 있는: eine -e Ausdrucksweise 교양 있는 표현법. **Elegant** [ele'gã:], der; -s, -s [↑elegant 참조] 《웹》(눈에 띄는, 유행성 차림의) 멋쟁이, 맵시꾼. **Eleganz** [ele'gants], die [(a, b: unter Einfluß von frz. élégance) < lat. ēlegantia] a) (외적인 모습의) 우아함, 단아함, 멋, 맵시: der Hut betonte die E. ihrer Erscheinung 그 모자는 그녀 외관의 맵시를 강조하였다. b) (유연함의) 민첩함, 유연성, 조화로움: er tanzt mit unnachahmlicher E. 그는 흉내낼 수 없을 정도로 유연하게 춤을 춘다. c) (표현에 있어서의) 기품, 격조, 아취: alle lobten die E. seines Stils 모두들 격조 높은 그의 문체를 칭찬하였다.

Elegeion [ele'gaɪɔn], das; -s [griech. elegeîon] 〖운율〗 비가의 율격(律格)(Hexameter와 Pentameter의 결합). **Elegie** [ele'gi:], die; -n [...i:ən; lat. elegīa < griech. elegeía] 1. a) 비가(悲歌), 애가조의 시. b) (Hexameter와 Pentameter로 이루어진) 고대의 2행시구. 2. 우울. **Elegiendichter**, der 비가(悲歌)의 시인. **Elegiker** [e'le:gikɐ], der; -s, - 1. 비가의 시인. 2. 우울한 경향이 있는 사람. **elegisch** [e'le:gɪʃ]〈Adj.〉 1. a) 비가가 시행식에 관한, 비가의. b) 비가 형식으로 만들어진. 2. 구슬픈, 애수를 띤. **Elegjambus** [ele'gjambʊs], der; -, ...ben Daktylus와 Jambus로 이루어진 고대 시구.

Eleison [e'laɪzɔn], das; -s, -s 「주여 불쌍히 여기소서」의 뜻의 기도 문구(↑Kyrieeleison 참조).

Elektion [elɛk'tsjoːn], die; -en [lat. ēlēctio, zu: ēligere = auswählen] 《교양어》 선택, 선발, 선거. **elektiv** [...'tiːf] 〈Adj.〉《교양어》 선택[선거]에 의한, 선거의. **Elektor** [e'lɛktɔr, 《또한》 ...toːr]; der; -s, -en [elɛk-'toːrən; (m)lat. ēlēctor] 1. 선택자, 선거인, 선제후(選帝侯). 2. 《교양어》 유권자. **Elektorat** [elekto'raːt], das; -(e)s, -e 《역사적》 선제후의 지위[자리], 선제후의 영토, 선제후국(國).

Elektrakomplex [e'lɛktra-], der; -es [nach der griech. Sagengestalt Elektra] 〔심리〕엘렉트라 콤플렉스, 친부복합(親父複合) 《딸이 아버지에 대해서 무의식적으로 지니고 있는 성적인 사모감; ↑Ödipuskomplex 참조〕.

Elektret [elɛk'treːt], der 《또한: das》; -s, -e [engl. electret] 엘렉트릿(잔류 정전분극을 가지는 현상). **Elektrifikation** [elɛktrifika'tsjoːn], die; -en 《schweiz.》↑Elektrifizierung. **elektrifizieren** [elɛktrifi'tsiːrən] 〈h〉 전화(電化)하다, 전동화하다: diese Eisenbahnstrecke wurde kürzlich elektrifiziert 이 철도 구간은 최근에 전철화되었다. **Elektrifizierung**, die; -en 전화(電化), 전동화(電動化). **Elektrik** [e'lɛktrɪk], die; -en 1. 전기 설비, 전화(電化) 장치[시설]. 2. 〈Pl. 없음〉《통용어》 전기공학. **Elektriker** [e'lɛktrɪkɐ], der; -s, - 전기 기사, 전기 설비사, 전기공.

Elektriker-: **~schere**, die 《전기 설비용》 절연 가위. **~werkstatt**, die 전기 기사의 작업장. **~zange**, die 《전기 설비용》 절연 펜치.

elektrisch [e'lɛktrɪʃ] 〈Adj.〉 [lat. ēlectrum < griech. ēlektron = Bernstein; 마찰로 인한 전기가 맨 처음에 호박(琥珀: Bernstein)에서 발견되었기 때문에] 1. 전기의: -e Spannung 전압; der Zaun ist e. geladen 그 울타리엔 전기가 통한다: 전의 ...toːr], war Giulietta fast mager. Mager und e. Giulietta는 마른편에 속했다. 2. a) 전기를 저장하는, 전기가 통하는, 전기를 일으키는: eine -e Batterie 전지; ein -er Generator 발전기. b) 전기로 움직이는, 전동식의: wir kochen[heizen] e. 우리는 전기로 요리한다[난방한다]; das geht alles e. 《통용어》 모든 것이 전기로 움직인다[해진다]. c) 전기에 의해 야기된[생긴]: er wurde durch einen -en Schlag getötet 그는 감전(感電)으로 죽었다. d) 전기의, 전기에 관한. **Elektrisch** [-], das 《대개 관사 없이》《통용어》 전류. **Elektrische**, die; -n 《통용어·고어》 전차. **elektrisieren** [elɛktri'ziːrən] 〈h〉 1. a) 전하(電荷)를 띠게 하다, 대전(帶電)시키다, 전류를 통하게 하다: durch Reibung wird der Bernstein elektrisiert 마찰에 의해서 호박(琥珀)은 전기를 띤다. b) 〔의학〕 전기(충격) 요법을 쓰다: zur Kräftigung der Muskulatur wird das Bein des Patienten regelmäßig elektrisiert 근육을 회복시키기 위해 환자의 다리에 규칙적으로 전기충격을 준다. c) 〈e. + sich〉 감전되다: er sprang sofort auf wie elektrisiert 그는 감전된 듯 펄쩍 뛰어 일어났다. 2. 감격시키다, 반하게 하다, 열광(흥분)시키다: er wurde von dieser Frau elektrisiert 그는 이 여자에게 반했다. **Elektrisierapparat**, der; **Elektrisiermaschine**, die 기전기(起電機), 《의료용의》 정전 발전기. **Elektrisierung**, die; -en 전화(電化), 대전(帶電), 충전. **Elektrizität** [elɛktrɪtsi'tɛːt], die 1. 〔물리〕《자연의》 전기 (현상): statische[dynamische] E. 정전기(靜電氣)[동전기]. 2. 전기 (에너지), 전류: eine Stadt mit E. versorgen 어느 도시에 전기를 공급하다.

Elektrizitäts-: **~anlage**, die 발전(發電) 시설[설비]. **~anzeiger**, der ↑Elektroskop. **~behandlung**, die ↑Elektrotherapie. **~erzeuger**, der 발전기(發電機). **~erzeugung**, die 발전(發電). **~gesellschaft**, die 전기 회사, 전기 사업. **~lehre**, die 〔물리〕 전기학. **~menge**, die 전기량(量). **~netz**, das 《전기 공급을 위한》전기망. **~versorgung**, die 전기 공급. **~verteilung**, die 《수요자에 대한》 전력 분배. **~werk**, das 발전소. **~wirtschaft**, die 전기 수급 계획[상황]. **~zähler**, der 적산(積算) 전력계.

elektro-, Elektro- [e'lɛktro-; griech. ēlektro = Bernstein, ↑elektrisch]: **~akustik**, die 〔물리·기술〕 전기 음향학. **~akustisch** 〈Adj.〉 전기 음향(학)의. **~analyse**, die 전(기) 분해. **~artikel**, der 전기 용품, 가전 제품. **~auto**, das 전기 자동차. **~bedarfsartikel**, der ↑~artikel. **~boot**, das 전기 보트(전지로 움직이는 보트). **~bus**, der 전동 버스, 트롤리버스. **~chemie**, die 전기 화학. **~chemisch** 〈Adj.〉 a) 전기 화학의. b) 전기 화학에 기초한[근거한]. **~chirurgie**, die 〔의학〕 전기 외과. **~chirurgisch** 〈Adj.〉 전기 외과의. **~colorverfahren**, das 전기 분해식 금속 도색법. **~degen**, der 〔펜싱〕 전기검. **~diagnostik**, die 〔의학〕 a) 전기 진단법. b) (근육, 신경 기능의) 전기 검사법. **~dialyse**, die 《전문어》 전기 투석(透析). **~dynamik**, die 〔물리〕 전기역학. **~dynamisch** 〈Adj.〉 전기 역학에 근거한, 전기 역학의. **~dynamometer**, das 〔물리〕 전력계(電力計). **~endosmose**, die 전기 삼투(滲透). **~enzephalogramm**, das 〔의학〕 뇌전도(腦電圖)(약어: EEG). **~enzephalograph**, der; -en, -en 〔의학〕 뇌전도 기록기. **~enzephalographie**, die 〔의학〕 뇌파 전위 기록술(腦波電位記錄術), 뇌파 계측. **~erosion**, die 〔기술〕 전기 부식(腐蝕). **~fahrzeug**, das 무궤도 전차, 전동 차량. **~fischerei**, die 전기 어로업. **~florett**, die 〔펜싱〕↑~degen 참조. **~gerät**, das 가전 제품, 전기 기구. **~geschäft**, das 《통용어》 가전 제품 전문점. **~gitarre**, die 전자 기타. **~graphie** [elɛktrogra'fiː], die; -n 〔전산〕 전자 복사법. **~großhandel**, der 가전 제품 도매상. **~gymnastik**, die 〔의학〕 전기 근육 운동. **~hammer**, der 전동식 망치. **~handwerk**, das (집합적으로) 전기 기술직. **~herd**, der 전기 오븐. **~industrie**, die 전기(기계) 산업. **~ingenieur**, der 전기 기사. **~installateur**, der 전기 시설 기술공. **~jet**, der [↑elektro- 참조/engl. jet = Strahl, Strom] 〔우주 물리〕 전기 제트 기류. **~kalorisch** 〈Adj.〉 〔물리〕 전열(電熱)의. **~kardiogramm**, das 〔의학〕 심전도(心電圖). **~kardiographie**, die 〔의학〕 심전계(心電計). **~karren**, der 전동식 소형 트레일러, 전동식 화물 운반기. **~katalyse**, die 〔의학〕 전기 주사. **~kaustik**, die 〔의학〕 전기 소작법. **~kauter**, der 전기 소작기. **~koagulation**, die 〔의학〕 전기 응결. **~konzern**, der 전기 콘체른[여러 기업의 연합]. **~krampf**, der 전격(電擊) 요법, ↑~schock 참조. **~lumineszenz**, die 〔물리〕 방전광(放電光). **~lunge**, die 〔의학〕 전기폐(肺). **~magnet**, der 전자석. **~magnetisch** 〈Adj.〉 전자기의, 전자적인. **~magnetismus**, der 〔물리〕 전자기 현상, 전자기학. **~massage**, die 전기 안마. **~mechanik**, die 전기 공학, 전기 역학. **~mechaniker**, der 전기 설비 기사, 전기(기계)공, 전기 기술자. **~mechanisch** 〈Adj.〉 1. 전기 공학의, 전기 공학에 관한. 2. 전기 역학에 근거한, 전기 공학의. **~medizin**, die 전기 의학. **~meister**, der 전기 기능장. **~melder**, der 〔펜싱〕 (적중을 표시해 주는) 전기 통보기. **~metall**, das 〔금속〕 (전기 분해를 통해서 만든) 전기 금속. **~metallurgie**, die 전기 야금(학). **~meter**, der 〔물리〕 전기 측정기, 전위계(電位計). **~mobil**, das ↑~auto. **~monteur**, der ↑~installateur. **~motor**, der 〔기술〕 전기 모터, 전동기(電動機). **~motorisch** 〈Adj.〉 전동기의, 전동기에 의한: -e Kraft 〔물리〕 전동력, 기전력(起電力).

~myogramm, das 【의학】 근전도(筋電圖)(약어: Emg). ~narkose 【의학】 전기 마취. ~ofen, der 【기술】 전기로(電氣爐). ~osmose, die ↑=endosmose. ~polieren ⟨h⟩ 【기술】 (금속의 표면을) 전기로 매끄럽게 만들다. ~punktur, die 【의학】 전기 침술. ~rasierer, der 《통용어》 전기 면도기. ~rasur, die 전기 면도(질). ~rezeptoren ⟨Pl.⟩ 【생물】 전기 감응기. ~säbel, der 【펜싱】 ↑=degen 참조. ~schiff, das 전동선. ~schock, der 【의학】 전기 충격 요법. ~schweißung, die 【기술】 전기 용접. ~statik, die 1. 【물리】 정(靜)전기학. 2. 《전문어》 (섬유의) 정전기. ~statisch ⟨Adj.⟩ 정전기학의, 정전기적인. ~striktion, die 【물리】 전기 수축(收縮). ~technik, die 전기 공학. ~techniker, der a) ↑=ingenieur. b) ↑Elektriker. c) 전기 공학자. ~technisch ⟨Adj.⟩ 전기 공학의. ~therapie, die 【의학】 전기 요법. ~tonus, der 【의학】 전기 긴장. ~zeit, die 【우상】 전자 계측 시간. ~zeitnahme, die 【우상】 전자 계측.

Elektrochord [...'kɔrt], das; -s, -e [aus ↑elektro- 참조 u. lat. chorda = Darmsaite] 【음악】 전자 피아노, 전자악기.

Elektrode [elɛk'troːdə], die; -n [engl. electrode] 전극(電極): positive E. 양극(陽極)(Anode); negative E. 음극(陰極)(Kathode).

Elektrolyse [...'lyːzə], die; -n [engl. electrolysis] 【물리·화학】 전기 분해, 전해. Elektrolyseur [...ly'zøːɐ̯], der; -s, -e 전해조(槽), 전해기(器), 전해장치. Elektrolysezelle, die 【물리】 ↑Elektrolysiergefäß. elektrolysieren [...ly'ziːrən] ⟨h⟩ 전기 분해하다. Elektrolysiergefäß, das 【화학】 전해 장치[전해조]. Elektrolyt [...'lyːt], der; -en, -e, (또한) -s, -en [griech. lytós = lösbar; 1834년에 Faraday에 의해서 도입됨] 전해질[액]. elektrolytisch [...'lyːtɪʃ] ⟨Adj.⟩ a) 전기 분해의. b) 전해질의. Elektrolytmetall, das; -s, -e 전기 분해 금속.

¹Elektron [e'lɛktrɔn, 《또한》 e'lɛktroːn, elɛk'troːn], das; -s, -en [...'troːnən; griech. élektron = Bernstein] 【핵물리학】 전자, 엘렉트론. ²Elektron [er'lɛktrɔn], das; -s [griech. élektron] 1. 호박금(琥珀金) (금과 은의 자연적인 합금). 2. ⓦ 엘렉트론 합금.

Elektronen– (¹Elektron): ~akzeptor, der 전자 억셉터. ~blitz, der 【사진】 1. 전자 플래시. 2. (은어) ↑~blitzgerät. ~blitzer, der (은어) ↑~blitzgerät. ~blitzgerät, das 《카메라의》 전자 플래시, 전자 스트로보. ~donator, der 전자 도우너. ~(ge)hirn, das 《통용어》 ↑=rechenmaschine. ~hülle, die 전자각(殼). ~konfiguration, die 전자 배치. ~mikroskop, das 전자 현미경. ~mikroskopie, die 전자 현미경의 사용 방법. ~mikroskopisch ⟨Adj.⟩ a) 전자 현미경의. b) 전자 현미경의 사용 방법에 관한. ~optik, die 전자 광학. ~optisch ⟨Adj.⟩ 전자 광학의. ~orgel, die 전자 오르간. ~radius, der 【물리】 전자의 반경 범위. ~rechenmaschine, die 전자 계산기. ~rechner, der ↑=rechenmaschine. ~röhre, die 전자관, 진공관. ~schleuder, die 베타트론(Betatron), 전자 총, (텔레비전의) 전자상 집주관(集注管). ~spin, der 【물리】 전자 스핀(원자 안에서 전자의 자전 운동량의 단위). ~stoß, der 【물리】 전자 충돌(전자가 원자나 분자와 충돌하는 것). ~strahl, der 【물리】 전자선(電子線). ~strom, der ↑=strahl. ~theorie, die 전자론. ~volt, 【관】 Elektronvolt, das 전자 볼트(기호: eV). ~welle, die 【물리】 전자파(波).

Elektronik [elek'troːnɪk], die; -en a) ⟨Pl. 없음⟩ 전자 공학. b) 전자 기기(器機), 전자 부품. c) ⟨Pl. 없음⟩ 【방송·영화·텔레비전】 전자 기기로 만들어 내는 (모든) 소

리. Elektroniker, der; -s, - 전자 기계 기사, 전자 공학자. elektronisch [elek'troːnɪʃ] ⟨Adj.⟩ 전자(공학)의, 전자공학을 이용하는: -e Rechenmaschine 전자 계산기; -e Musik 전자 음악. Elektronium ⓦ [...'troːnɪʊm], das; -s, ...ien [...i̯ən] 엘렉트로늄(전자 악기). Elektronvolt: ↑Elektronenvolt. elektrophil [elɛktro'fiːl] ⟨Adj.⟩ 【물리】 전하(電荷) 축적의 경향이 있는. elektrophob [...'foːp] ⟨Adj.⟩ 【물리】 전하(電荷) 축적의 경향이 없는. Elektrophon [...'foːn], das; -s, -e 【음악】 전자 악기. Elektrophor [...'foːɐ̯], der; -s, -e 【물리】 기전반(起電盤), 전기분(盆). Elektrophorese [...fo're:zə], die 【물리】 전기 영동(泳動). elektrophoretisch [...fo're:tɪʃ] ⟨Adj.⟩ 【물리】 전기 영동에 관한, 전기 영동의. Elektroskop [...'skoːp], das; -s, -e 【물리】 검전기(器). Elektrothermie [...'terˈmiː], die 전기의 의한 가열, 전열학(電熱學). elektrothermisch [...'tɛrmɪʃ] ⟨Adj.⟩ 전열학의, 전열(電熱)의. Elektrotomie [...to'miː], die; -n [...i:ən] 【의학】 전기 수술. Elektrotypie [...ty'piː], die; -n [...i:ən] ↑Galvanoplastik.

Element [ele'mɛnt], das; -(e)s, -e [lat. elementum] 1. a) (구성) 요소, 주성분: ein wesentliches E. 본질적 구성 요소; neben den Veranstaltern sind die Zuschauer eines der tragenden -e 프로모터와 더불어 관객들도 중요한 구성 요소의 하나이다. b) 전형적 특징. 본질적 특성: der Spitzbogen ist ein E. der gothischen Baukunst 첨두(尖頭) 홍예(虹霓)는 고딕식 건축 예술의 전형적 특징이다. c) ⟨Pl. 없음⟩ 힘, 인자(因子): sein Anwesenheit brachte ein heiteres E. in die Gesellschaft 그가 있음으로써 그 모임에 활기가 넘쳤다. 2. ⟨Pl.⟩ 기본 개념, 기본 법칙[원리], 기초, 초보: die -e der Mathematik 수학의 원리. 3. ⟨Pl. 없음⟩ (이상적인) 생활 환경(공간), 본령(本領), 본래의 활동 영역: hier fühlt er sich in seinem E. 그는 이곳이 자신의 발전을 도모할 수 있는 이상적인 곳이라고 여기고 있다. 4. a) (고대와 중세의 자연 철학에서 말하는) 불, 물, 공기, 흙의 네 가지 원소의 하나, 기본 물질. b) ⟨대개 Pl.⟩ (폭풍우, 불따위의) 거대한 자연의 힘, 자연력: die entfesselten -e 맹위(猛威)를 떨치는 폭풍우; das gefräßige E. 《아이》 불; das nasse E. 《아이》 물. 5. Element ⓦ 【화학】 원소: radioaktiven -e 방사성 원소들. 6. 【전기】 전지(電池). 7. ⟨대개 Pl.⟩ 〈멸〉 (해로운 존재로 간주되는 사회적 또는 정치적 집단의 구성원으로서의) 분자(分子): subversive -e 파괴분자; dort halten sich asoziale(kriminelle) -e auf 그 곳에는 반사회적[범죄] 분자들이 존재한다. 8. (구조물의) 부분, 성분. elementar [elemɛn'taːɐ̯] ⟨Adj.⟩ [lat. elementārius] (교양어) 1. a) 기본적인, 근원적인: eine -e Voraussetzung 기본적 전제; -e Bedürfnisse 기본적 욕구. b) 초보의, 기초적인, 간단한: ihm fehlen selbst die -sten Kenntnisse auf diesem Gebiet 그는 이 분야의 가장 초보적인 지식조차도 지니고 있지 못하다. 2. 자연 그대로의, 격렬한, 불가항력의: unvermittelt und e. überfiel ihn der Schmerz 갑작스럽고 격렬하게 고통이 그를 엄습하였다.

elementar-, Elementar-: ~analyse, die 【화학】 원소 분석. ~bereich, der 《전문어》 (국민 학교 입학 전의) 유치원 교육 영역. ~begriff, der 기본 개념. ~bildung, die 국민 학교 교육, 초등 교육. ~buch, das (고어) 기초 단계의 강의에 쓰이는 입문서(入門書). ~ereignis, das 천재 지변(天災地變), 천재. ~gedanke, der 【인종】 (여러 민족의 신앙과 습성에서 나타나는 동일한 종류의) 기본 표상. ~geist, die ⟨옛⟩ (민간 신앙의) 4대 원소 중의 하나 속에 살고 있는 정령(精靈). ~gewalt, die 자연력. ~kenntnis, die ⟨대개 Pl.⟩ 기초 지식. ~klasse, die 국민 학교의 학급. ~kraft, die 자연

력. ~ladung, die [전기] 전기 소량(電氣素量) (기호: e). ~länge, die [물리] (소립자(素粒子) 이론에서의) 최소 간격 길이. ~lehrer, der 국민 학교 교사. ~magnet, der [물리] 최소 자기 단위(最小磁氣單位). ~mathematik, die 기초 수학. ~quantum, das 〈Pl. 없음〉 [물리] 소량(素量) (기호: h). ~schaden, der (schweiz.) 이상 기후에 의한 피해. ~schule, die 《옛》 ↑Grundschule. ~stufe, die (수업의) 초급 (단계), 초보 (단계). ~teilchen, das 소립자(素粒子). ~unterricht, der 《옛》 첫(입문) 수업. ~의 기초[초급] 단계의 수업.

elementarisch [elemɛn'taːrɪʃ] 〈Adj.〉 《드물게》 ↑ elementar (2). **Elementenpaar**, das; -(e)s, -e [기술] 서로 결합되어 반대 방향으로 움직이는 기계의 두 부분. **Elementumwandlung**, die (화학) (핵 변화에 의한) 원소 변화.

Elemi [eˈleːmi], das; -s [span. elimí < arab. al-lāmī] 엘레미(의학과 공업에 사용되는, 열대산(產) 감람과 나무의 수지(樹脂)). **Elemiharz**, das 엘레미 수지(樹脂). **Elemiöl**, das 엘레미 유(油).

Elen [ˈeːlɛn], das, 《드물게》der; -s, - [alit. ellenis] 고라니.

Elenchus [eˈlɛnçʊs], der; -, ...chi / ...chen [lat. elenchus < griech. élegchos] [철학] 논박, 반증, 반박.

elend [ˈeːlɛnt] 〈Adj.〉 **1. a)** 가련한, 불쌍한, 비참한: ein -es Leben führen 비참한 생활을 하다; er ist wirklich ein -er Teufel 《통용어》 그는 실로 불쌍한 사람이다. **b)** 궁색한, 초라한, 빈궁한: eine -e Hütte 초라한 오두막집. **c)** 초췌한, 쇠약한, 수척해진, 건강 상태가 나쁜: ein -es Aussehen 초췌한 모습; mir ist e. 나는 기분이 나쁘다, 나는 속이 메스껍다. **d)** (맘) (비)천한, 야비한, 비열한: er ist wirklich ein -er Schurke 그는 정말 야비한 놈이다. **2.** 《통용어》 **a)** 아주〔굉장히〕 큰(많은): ich habe -en Durst 나는 굉장히 목이 마르다. **b)** (동사와 형용사를 강조) 아주, 지독하게, 대단히, 엄청나게: hier ist es e. heiß 여기는 엄청나게 덥다. **Elend** [-], das; -s **a)** 불행, 고통, 걱정, 고뇌: jmdn. in seinem bitteren E. trösten 쓰라린 고통 속에 빠진 사람을 위로하다; ist das ein E. mit ihm! 《통용어》 그는 암담한 상태에 있다!; **langes E.** 《통용어》 키가 크고 깡마른 사람; **wie ein Häuflein E. dasitzen** 《통용어》 맥없이 처량하게 앉아 있다; **das heulende[graue] E. haben[kriegen]** 《통용어·농》 매우 불행하다고 느끼다, 매우 기가 꺾이다, 절망[낙담]하다; **aussehen wie das leibhaftige E.** 매우 초췌하고 쇠약해 보이다. **b)** 궁핍, 빈곤, 가난.

elendig [ˈeːlɛndɪç] 〈Adj.〉 (지역적) ↑elend. **elendiglich** [ˈeːlɛndɪklɪç], 《또한》'-'-----]〈Adj.〉 《아어》 ↑elend.

Elends-: ~**dasein**, das 비참한[암담한] 삶: ein E. fristen 비참한 삶을 이어가다. ~**gestalt**, die 비참한 모습. ~**leben**, das ↑dasein. ~**quartier**, das 궁색한 거처[숙소]. ~**viertel**, das 빈민굴, 빈민가, 슬럼.

Elenktik [eˈlɛŋktɪk], die [griech. elegktikós] [철학] 논증(논박)술.

Elentier, das; -(e)s, -e ↑Elen.

Elephantiasis: ↑Elefantiasis.

Eleudron [eloyˈdroːn], das; -s 《인공어》 설폰 아미드.

Eleusinien [eloyˈziːniən] 〈Pl.〉 [griech. (hai) Eleusiníai] Eleusis에서 행해졌던 여신 Demeter 제전의 비교의식(秘敎儀式).

Elevation [eleva'tsjoːn], die; -en [lat. ēlevātiō] **1.** (교양어) 상승, 고지, 융기, 높임. **2.** [가] 성체 봉대(식)(聖體奉戴(式))(미사 때에 성체(聖杯)나 성체(聖體)를 들어 올리는 것), 거양성체(擧揚聖體). **3.** [심리] (물리학적으로 해명할 수 없는) 영매(靈媒)에 의한 물체의 상승. **4.** [천문] (별의) 높이, 고도. **5.** [탄도] 조준각(照準角), 앙각

(仰角). **Elevationswinkel**, der 앙각(仰角). **Elevator** [eleˈvaːtor, 《또한》 ...toːɐ̯], der; -s, -en [...vaˈtoːrən; lat. ēlevāre] [기술] (곡물을 운반하는) 양곡기(揚穀機). **Eleve** [eˈleːvə], der; -n, -n [frz. élève, Subst. zu: élever] **a)** (연극, 발레를 배우는) 학생, 수련생. **b)** 실습 기간 중의 영농[영림] 후계자. **c)** (고어) 학생, 도제(徒弟), 후계자. **Elevin**, die; -nen ↑Eleve의 여성형.

elf [ɛlf] (기수) 열하나, 11: die Fußballmannschaft besteht aus e. Spielern 축구 팀은 11명의 선수로 구성된다. **¹Elf** [-], der; -en **1.** 11(이라는 수): eine E. an die Tafel schreiben 11이라는 숫자를 칠판에다 쓰다. **2.** [스포츠] 11명의 선수로 구성된 팀(예컨대: 축구 팀). **3.** (버스, 전철 등의) 노선(路線) 번호 11.

²Elf [-]: ↑Elfe.

elf-, **Elf-(elf)**: ↑acht-, Acht- 참조.

Elfe [ˈɛlfə], die; -n, 《드물게》Elf, der; -en, -en [engl. elf < aengl. ælf] **a)** (전설과 동화에 등장하는, 상냥하고 애교 있는) 요정, 정령. **b)** 《옛》↑Alb. **Elfeck**, das 11각(변)형. **elfeckig** 〈Adj.〉 11각형의. **elfeinhalb** [ˈɛlfainˈhalp] (분수) (숫자로: 11 1/2) 열하나 반.

Elfen- (Elfe): ~**könig**, der 정령의 왕. ~**königin**, die 요정의 여왕. ~**reich**, das [정령]의 왕국. ~**reigen**, der 요정[정령]의 윤무[춤]. ~**schleier**, der 요정의 베일.

Elfenbein, das; -(e)s, -e **1.** 상아(象牙). E. geschnitzte Schachfiguren 상아로 깎아 만든 장기(체스)의 말; **schwarzes E** (경제적 유용성과 관련해서) 흑인 노예. **2.** (대개 Pl.) [예술] (예식, 장식용의) 상아로 된 유물(遺物): -e aus Samos 사모스 섬 출토의 상아 유물.

elfenbein-, **Elfenbein-**: ~**arbeit**, die 상아 제품, 상아 세공품. ~**artig** 〈Adj.〉 상아 같은, 상아 비슷한. ~**farben** 〈Adj.〉 상아색의. ~**griff**, der 상아 손잡이. ~**kästchen**, das 작은 상아 상자. ~**knopf**, der 상아 단추. ~**küste**, die 상아해안(서 아프리카의 해안). **2.** (관사 없이도) 상아 해안 공화국. ~**porzellan**, das 상아 빛 자기(瓷器). ~**schnitzer**, der 상아 세공사. ~**schnitzerei**, die **1.** 상아 세공술, 상아 세공 작업장, 상아 세공품. **2.** 〈Pl. 없음〉 상아 세공 기술. ~**turm**, der [für frz. tour d'ivoire 1837년 프랑스의 비평가 Sainte Beuve (1804~1869)가 Alfred Vigny의 태도를 비평한 말에서 유래] 상아탑(《다음 용법으로》) sich in seinen E. zurückziehen (예술가, 학자 등이 일상의 문제 및 주변 환경에 신경쓰지 않고, 자신의 작업에만 몰두하기 위해서) 상아탑에 은둔하다; in einem E. sitzen [im E. bleiben] (예술가, 학자 등이 일상의 문제와 세계에 신경 쓰지 않고 자신의 고유한 세계에 머물며 살다, 현실에서 도피하다.

elfenbeinern [ˈɛlfn̩bainɐn] 〈Adj.〉 상아로 만들어진, 상아의.

elfenhaft 〈Adj.〉 (요정처럼) 상냥하고 품위 있는, 요정 같은.

Elfer [ˈɛlfɐ], der; -s, - **1.** 《축구 은어》 페널티킥. **2.** (지역적) 11(이라는 숫자). **elferlei** 11종(류)의.

Elfer-: ~**probe**, die 숫자 11을 이용한 계산 시험. ~**rat**, der (사육제 행사를 계획하고 주재하는) 11인의 제전(祭典) 위원회. ~**wette**, die [스포츠] 11개 축구 경기의 승부를 알아맞히는 도박의 일종.

elffach 11배의, 11겹의. **Elffache** 11배.

elfisch [-] 〈Adj.〉 요정의 나라의, 요정의.

elfmal (반복수, Adv.) 11배, 11번.

Elfmeter, der; -s, - [축구] 페널티킥: der Schiedsrichter gab [verhängte] einen E. 심판이 페널티킥을 선언했다; der Spieler konnte den E. (in ein Tor) verwandeln 그 선수는 페널티킥을 득점으로 연결시킬 수 있었다.

elfmeter-, Elfmeter- 〈축구〉: **~marke**, die ↑ ~punkt. **~pfiff**, der 심판의 페널티킥을 알리는 휘슬 소리. **~punkt**, der 페널티킥을 차는 지점. **~reif** 〈Adj.〉 〈통용어〉 (규칙을 심하게 위반해) 페널티킥을 선언할 만한: er hat ihn e. gefoult 그는 페널티킥을 선언할 정도로 그에게 반칙했다. **~schießen**, das; -s 승부차기. **~schuß**, der 페널티킥 차기. **~schütze**, der 페널티킥을 차는 선수. **~tor**, das 페널티킥에 의한 득점.

elft... [εlft...] 〈↑ elf의 서수〉 제11의, 11번째(의) (숫자로 표기하면: 11.): der Elfte im Elften 11월 11일에 대한 자유제적 명칭. **elftel** ['εlftḷ] 〈분수〉 11분의 1(의)(기호로: $\frac{1}{11}$). **Elftel** [-], das 《schweiz. 대개》 der; -s, - 11분의 1. **elftens** 열한 번째로[에](는). **elfundeinhalb** ['εlf ʊnt|ain'halp] (elfeinhalb의 강한 표현) 11개 반의.

Elhorn ['εlhɔrn], der; -s [germ.* el = gelb (vom Saft)] 〈방언적〉 1. 서양말오줌나무. 2. 오리나무(赤楊). 3. 단풍나무.

Elias [e'li:as], 엘리야가 타고 승천(昇天)한 불수레에서(열왕기하 2:11)] 〈다음 용법으로〉 **feuriger E.** 〈통용어·농·고어〉 (칙칙폭폭 소리와 불꽃을 내는) 옛 증기기관차를 이르는 말.

elidieren [eli'di:rən] 〈h〉 [lat. ēlīdere] 1. 《교양어》 삭제하다, 지우다. 2. 〔언어〕 (모음을) 생략하다. **Elidierung**, die; -en 삭제, 생략.

Elimination [eliminaˈtsi̯oːn], die; -en [frz. élimination] 1. 《교양어》 배제, 제거, 삭제, 배설. 2. 〔수학〕 소거(消去). 3. 〔생물〕 도태(淘汰), 퇴화(退化). **eliminieren** [elimi'niːrən] 〈h〉 [frz. éliminer] 1. a) 《교양어》(불필요하거나 결함이 있고 방해를 끼친다고 여겨) 제거하다: er eliminierte alle Fehler 그는 모든 오류를 제거했다. b) (분리해서 다루기 위해) 떼어내다: einzelne Fragen aus einem Fragenkomplex (vorläufig) e. 복합적인 문제로부터 개별적인 문제들을 (잠정적으로) 떼어내서 취급하다. c) (경쟁자로 여겨) 제거하다, 물리치다: seine Konkurrenten e. 그의 경쟁자들을 제거하다 [물리치다]; die gegnerische Mannschaft aus einem sportlichen Wettbewerb e. 상대 팀을 대회에서 탈락시키다. 2. 〔수학〕 (연립 방정식에 나오는) 계산을 통해 미지수를 소거(消去)하다. **Eliminierung**, die; -en 제거, 소거: die E. einer Gefahr 위험의 제거.

elisabethanisch [elizabe'ta:nɪʃ] 〈Adj.〉 영국의 엘리자베드 여왕 시대의.

Elisenlebkuchen [e'li:zn̩-], der; -s, - [뉘른베르크의 과자 제조업자인 Heinrich Haeberlin의 딸 Elisabeth (Elise) Georgine Julia (1847-1864)의 이름을 따서] 크리스마스 때 먹는 조그만 과자.

Elision [eli'zi̯oːn], die; -en [lat. ēlīsio] 〔언어〕 1. (한 어 내에서의) 모음의 탈락[생략](예컨대: Wand(e)rung). 2. (모음으로 시작되는 단어 앞에서) 어미 모음의 생략(예컨대: Freud(e) und Leid).

elitär [eli'tɛːɐ̯] 〈Adj.〉 1. 엘리트에 속하는, 엘리트를 형성하는: -e Gruppen in der Gesellschaft 사회의 엘리트 집단. 2. (자칭) 엘리트의, 엘리트의 특징을 보이는, 엘리트 특유의: ein -es Bewußtsein 엘리트 의식; er reizte die anderen durch sein -es Benehmen 《褒》 그는 엘리트연하는 행동으로 다른 사람들을 화나게 한다. **Elite** [e'li:tə], 《österr.》 e'li:t], die; -n [frz. élite, zu: élire] 1. (집합적으로) 엘리트, 정예(精銳), (사회의) 지도층, 중추: die gesellschaftliche[sportliche] E. 사회적 지도계층(스포츠의 우수 선수들); diese Soldaten sind E. 이 군인들은 특별히 선발된[우수한] 자들이다[정예군이다]. 2. 〈Pl. 없음〉 (타자기의) 엘리트 활자(10포인트), 5포인트 활자.

Elite- (Elite 1): **~armee**, die ↑ ~truppe. **~begriff**, der 〔정치·사회〕 엘리트 개념. **~bildung**, die 〔사회〕 엘리트 교육〔양성〕. **~fahrer**, der 〔스포츠〕 특히 우수한 자동차 경주자. **~formation**, die ↑ ~truppe. **~mannschaft**, die 〔스포츠〕 우수팀. **~schicht**, die 〔사회〕 엘리트층. **~truppe**, die 〔군〕 정예 부대(精銳部隊). **~verband**, der ↑ ~truppe.

Elitisierung [elitiˈziːrʊŋ], die; -en 《교양어》 **a)** 엘리트로의 평가 절상. **b)** (어떤 일의) 엘리트층 전담화(全擔化) (어떤 일이 더 이상 여러 집단에 의해서가 아니라 단지 엘리트층에 의해서만 수행되어지게 되는 발전 과정): das Problem der E. der Kultur 문화의 엘리트 전담화의 문제.

Elixier [elɪˈksiːɐ̯], das; -s, -e [lat. elixīrium < arab. al-iksīr < griech. xērion] 엘릭시에르제(劑), 선약(仙藥), 영약(靈藥).

eljen! ['εljen] 〈통용어〉 만세!

Ellbogen ['εl-], Ellenbogen [ˈεlən-], der; -s, - **a)** 팔꿈치. **b)** 팔꿈치 관절 부분: sich auf die E. stützen 팔꿈치를 괴다; 〔전의〕 um in diesem Berufvorwärts zukommen, braucht man E. 이 직업에서 출세하려면 과감성이 필요하다; ohne E. kannst du dort nichts ausrichten 과감한 관철 능력 없이는 너는 거기서 아무것도 성취할 수 없다; **seine E. (ge)brauchen** 과감하게 밀고 나가다; **keine E. haben** 과감성[박력]이 없다, 관철 능력이 없다.

Ellbogen-, Ellenbogen-: **~freiheit**, die 1. 팔꿈치를 자유롭게 움직일 수 있을 만큼의 여유[여지]. 2. 자기의 뜻을 관철시키기 위해 방해되는 것을 제거하는 과감한 행동방식. **~gelenk**, das 팔꿈치 관절. **~gesellschaft**, die 〈Pl. 없음〉 (민주주의 사회의 사회와는 달리) 자신의 힘으로 밀고 나가야 하는 사회. **~mensch**, der 《褒》 자기의 뜻을 무자비하게 관철시키는 사람, 다른 사람을 밀어 제치고 나아가는 사람. **~parade**, die 《褒》 구부린 팔꿈치의 방어. **~taktik**, die 《褒》 (특히 경쟁자에 대해서) 수단·방법을 가리지 않는 전략[책략], 무자비한 전술.

Elle ['εlə], die; -n **n 1.** 척골(尺骨). **2. a)** 엘레(옛날의 길이 단위: 약 55~85cm). **b)** 엘레 자: etw. mit der E. messen 무엇을 엘레 자로 재다; er geht[läuft], als hätte er eine E. verschluckt 그는 잣대처럼 뻣뻣이 걷는다[달린다]; 〔전의〕 er mißt alles nach seiner E. [legt bei [an] etw. die eigene E.] an 그는 모든 것을 자기의 관점에서 판단한다; er will alles nach [mit] gleicher E. messen 그는 모든 것[일]을 천편일률(千篇一律)적으로 취급하려 한다.

ellen-, Ellen-: **~beuge**, die 팔꿈치의 오금. **~bogen**, der ↑ Ellbogen. **~lang** 〈Adj.〉 〈통용어〉 지나치게 긴, 길다란. **~maß**, das 엘레 자. **~stab**, der ↑ ~maß. **~weise** [...waizə] 〈Adv.〉 엘레(치수)로.

Ellenbogen-: ↑ Ellbogen- 참조.

Eller ['εlɐ], die; -n 〈niederd.〉 오리나무.

Ellgriff, der; -(e)s, -e 〔체조〕 (안마, 평행봉 등의) 외수(外手)

Ellipse [ε'lɪpsə], die; -n [2 a: lat. ellīpsis < griech. élleipsis; 1: griech. élleipsis] 1. 〔기하〕 원추곡선(圓錐曲線), 타원: eine E. konstruieren 타원을 그리다. 2. 〔언어·수사〕 **a)** (인접 문장에서 문장의 주요소의) 생략 (법)(예컨대: (ich) danke schön!; Karl trinkt Bier, Maria (trinkt) Wein). **b)** 생략된 것이 있는 문장.

ellipsen-, Ellipsen- (Ellipse 1): **~bahn**, die 타원 궤도. **~förmig** 〈Adj.〉 타원형의. **~zirkel**, der 타원 컴퍼스.

ellipsoid [εlɪpsoˈiːt] 〈Adj.〉 [aus ↑ Ellipse u. griech. -oeidés] 타원 모양의, 타원체의. **Ellipsoid** [-], das; -s, -e 〔기하〕 **a)** 타원체. **b)** 타원면(타원체가 만드는 곡면). **elliptisch** [ε'lɪptɪʃ] 〈Adj.〉 1. 〔기하〕 **a)** 타원형의. **b)** 타원의 속성에 근거를 둔, 타원의: -e Geometrie 타원

기하학. 2. [언어・수사] 생략(법)의, 불완전한. **Elliptizität** [ɛlip̣titsi'tɛːt], die 1. 《교양어》 타원의 성격(모양). 2. [천문] 타원율[혹성의 적도 직경과 극직경 사이의 차(差)].

Ellok ['ɛl|ɔk], die; -s [철도] ↑E-Lok.

Elmsfeuer ['ɛlms-], [기상] St.-Elms-Feuer, das; -s, - 성(聖)엘모(Elmo)의 불, 장두전광(檣頭電光)[폭풍우시 배의 돛이나 탑처럼 높고 뾰족한 물체에 나타나는 전광].

Eloah [e'lo:a], der; -(s), Elohim [elo'hi:m; hebr. Ĕlôā] (구약성서의) 신성(神性), 신(神).

Elodea [e'lo:dea], Helodea [he'lo:dea], die [griech. helódēs] [식물] 캐나다 말.

Eloge ['e'lo:ʒə], die; -n [frz. éloge < lat. ēlogium < griech. elegeîon] 《교양어》 과도한 칭찬, 과찬: auf jmdn. eine E. machen 누구를 과찬하다.

Elogium [e'lo:gium], das; -s, ...gia [...gia; lat. ēlogium] 1. (고대 로마 시대의 묘석, 입상 등의) 각명(刻銘). 2. 찬사, 찬양하는 연설: ein E. verlesen 찬양의 연설을 낭독하다.

¹Elohim [elo'hi:m], der; - [hebr. Ĕlōhîm, Pluralis majestatis von ↑Eloah] (구약성서의) 야훼, 여호와.

²Elohim: ↑Eloah.

E-Lok ['eː|ɔk], die; -s [elektrische Lokomotive의 약칭] 《준고어》 전기 기관차.

Elongation [elɔŋga'tsjoːn], die; -en [lat. ēlongāre] 1. [천문] 이각(離角)(태양과 혹성 사이의 각). 2. [물리] 진자의 진폭.

eloquent [elo'kvɛnt] 〈Adj.〉 [lat. ēloquēns (2격: ēloquentis)] 《교양어》 웅변의, 달변인, 능변의, 표현이 풍부한: eine -e Schilderung 능란한 묘사. **Eloquenz** [elo'kvɛn̥ts], die [lat. ēloquentia] 《교양어》 능변, 달변; 비유 능란한 어변.

Eloxal Ⓦ [elo'ksaːl], das; -s [elektrisch oxydiertes Aluminium의 약칭] 《전문어》 알루마이트. **Eloxalverfahren**, das 알루마이트 처리(알루미늄의 전해 산화법). **eloxieren** [elo'ksiːrən] 〈h〉 알루마이트로 도금하다, 알루마이트화(化)하다.

Elritze [ɛl'rɪtsə], die; -n [ostmd. Elderitz, Elritz, westmd. erlitz] 연준모치(잉어과의 물고기).

El Salvador [ɛlzalva'doːɐ̯, 《span.》 elsalβa'ðɔɾ], - -s 엘살바도르(중앙 아메리카의 국가).

Elsaß ['ɛlzas], das; - /...asses 알사스(라인 강 상류의 지방명). **¹Elsässer** ['ɛlzɛsɐ], der; -s, - 1. 알사스 사람. 2. 알사스산(産) 포도주. **²Elsässer** 〈Adj.; 격변화 없음〉 알사스의. **elsässisch** ['ɛlzɛsɪʃ] 〈Adj.〉 알사스의. **Elsaß-Lothringen**, -s 알사스로렌(프랑스의 동북부 지방). **elsaß-lothringisch** 〈Adj.〉 알사스로렌(지방)의.

Else ['ɛlzə], die; -n [mniederd. else < germ.* alisō] 《niederd.》 오리나무.

Elster ['ɛlstɐ], die; -n 까치: diebische E. 도벽(盜癖)이 있는 사람. **Elsterauge**, das 《지역적》 사마귀, 티눈. **Elsternnest**, das 까치집.

Elter ['ɛltɐ], das (또는) der; -s, - 《전문어》 양친 중의 한쪽, 편친(偏親). **elterlich** 〈Adj.〉 a) 양친[부모]에게 속하는, 부모의: die -e Wohnung 부모의 집. b) 부모로부터 나오는: -e Liebe 부모의 사랑. c) 부모에게 귀속되는, 부모의: -e Pflichten 부모의 의무; die -e Gewalt [법] 친권(親權). **Eltern** 〈Pl.〉 어버이, 양친, 부모: er hatte durch einen Unfall seine E. verloren 그는 사고로 부모를 잃었다; an seinen E. hängen 부모에 애착을 느끼다, 부모를 사랑하다; sie wohnt noch bei ihren E. 그녀는 아직도 부모와 함께 살고 있다; 성구 er ist in der Wahl seiner E. vorsichtig gewesen 그는 부유한 부모를 두었다; **nicht von schlechten E. sein** 《통용어》 질이 좋다, 훌륭하다; dieser Witz war nicht von schlechten E. 이 익살은 정말 멋들어진[재치 있는] 것이었다.

eltern-, Eltern-: ~**abend**, der (교사들과 학부모들의 의견을 나누는) 학부모의 밤. ~**aktiv**, das 《구동독》 학급학부모 위원회. ~**ausschuß**, der 학부모 위원회. ~**beirat**, der ↑~vertretung. ~**generation**, die [발생학] 제 1세대. ~**haus**, das a) (자신의 어린 시절을 보냈던) 양친의 집, 생가(生家). b) (가정 교육 측면의) 집안, 가정: sie kommt aus einem streng katholischen E. 그녀는 엄격한 가톨릭 가정 출신이다. ~**liebe**, die 어버이[부모]의 사랑. ~**los** 〈Adj.〉 부모가 없는, 고아인: ein -es Kind aufziehen 고아를 양육하다. ~**mitbestimmung**, die 학부모의 참여. ~**paar**, das 양친. ~**pflicht**, die a) (자식들에 대한 법률상으로 규정된) 부모의 의무. b) 〈Pl. 없음〉 (총체적) 부모의 의무: sie haben der E. Genüge geleistet 그들은 부모의 의무를 충분히 이행하였다. ~**recht**, das a) (자식들에 대한 법률상으로 규정된) 부모의 권리, 친권. b) 〈Pl. 없음〉 [법] (총체적) 부모의 의무. ~**schlafzimmer**, das 부모의 침실. ~**schule**, die 학부모(를 위한) 학교(자녀 교육 문제 등을 다룸). ~**seminar**, das 학부모 세미나(자녀 교육 문제와 부모-자식간의 문제를 다룸). ~**sprechstunde**, die 학부모 면담 시간, 그 부모 중의 한 분(쪽): sie hatte einen E. verloren 그녀는 부모 중의 한 분을 잃었다. ~**tier**, das 어미 짐승. ~**versammlung**, die 학부모회. ~**vertreter**, der (학급의) 학부모 대표. ~**vertretung**, die 학부모 대의원회. ~**vogel**, der 어미새.

Elternschaft, die 1. 전체 학부모. 2. 어버이임, 어버이로서의 신분.

Eluat [e'luaːt], das; -(e)s, -e [화학] 용이물(溶離物).

eluieren [elu'iːrən] 〈h〉 [lat. ēluere] 용이(溶離)하다.

Elukubration [elukubra'tsjoːn], die; -en [고어] a) (학문의) 야간 연구. b) 고심해서 작성된 논문.

Elution [elu'tsjoːn], die; -en [lat. ēlūtio] [화학] 용이(溶離).

Eluvialhorizont [elu'vjaːl-], der [지질] 충적층(冲積層). **Eluvium** [e'luːvjum], das; -s 충적토(冲積土).

elysäisch [ely'zɛːɪʃ], elysisch [e'lyːzɪʃ] 〈Adj.〉 [lat. elysius < griech. elýsios] a) 엘뤼시온의, 극락의: die -en Gefilde 엘뤼시온의 낙원. b) 《시어》 천국 같은, 지락(至樂)의, 극락의.

Elysee [ely'zeː], das; -s 엘리제 궁(宮) (Champs-Elysées 공원에 있는 프랑스 대통령의 관저).

elysieren [ely'ziːrən] 〈h〉 [Elektrolyse와 -ieren의 결합으로 만든 인공어] [기술] 전해연마(電解研磨)하다. **Elysierschleifen**, das; -s 전해연마.

elysisch: ↑elysäisch 참조. **Elysium** [e'lyːzjum], das; -s, ...ien [...jən; lat. Elysium < griech. Élýsion (pedíon)] 1. 〈Pl. 없음〉 엘뤼시온(그리스 전설에 나오는, 선량한 사람들이 죽은 후 사는 곳), 극락, 이상향. 2. 《시어》 지상(至上)의 행복, 환락경, 지락(至樂): sich im E. fühlen 자신이 완전한 행복의 상태에 있다고 여기다.

Elytren [e'lyːtrən] 〈Pl.〉 [griech. élytron (Sg.)] [동물] (갑충류의) 날개 딱지(딱개).

Elzevir ['ɛlzəviːɐ̯], die [17세기의 네덜란드의 출판업 집안인 Elzevi(e)r에서] [인쇄] (라틴체의) 엘제비르 체. **Elzeviriana** [ɛlzəvi'rjaːna] 〈Pl.〉 엘제비르(版)(엘제비르가(家)에 의해서 편찬된 12절판(折判)으로 된 로마 및 그리스의 건대판(版)을 일컫는 말).

Em = Emanation.

em. = emeritiert, emeritus 정년 퇴직한.

Email [e'maj, e'maː]; süd., österr. email], das; -s, -s, **Emaille** [e'maljə, e'maj, e'maːj], die; -n [frz. émail] 에나멜(칠), 법랑(琺瑯), 유약(釉藥): ein Topf aus Email

에나멜 칠이 된 단지[냄비]. **Email brun** [emaj'brœ], das; - - [frz. émail brun] 갈색 에나멜 공법(구리 그릇에 갈색의 니스를 칠하고, 여기에 무늬를 새겨 넣은 다음 금도금을 하는, 특히 12, 13세기에 행해졌던 기술).

Email-, Emaille-: ~**arbeit,** die [예술] 에나멜 세공(품), 법랑 세공(품), 칠보자기. ~**draht,** der 에나멜 사, 에나멜 전선(電線). ~**eimer,** der 에나멜 칠(이 되어 있는) 금속 통. ~**farbe,** die 에나멜 색(도료(塗料)). ~**geschirr,** das 법랑 식기. ~**glas,** das 에나멜 유리. ~**kanne,** die 에나멜 주전자. ~**lack,** der 에나멜 니스. ~**maler,** der 에나멜 칠장이, 에나멜[칠보] 세공사. ~**malerei,** die a) ⟨Pl. 없음⟩ 에나멜화(畵) 그리기, 에나멜화 화법(畫法). b) 에나멜화(畵), 칠보화. ~**schild,** das 에나멜(칠)의 방패형 문장(紋章). ~**schriftenmaler,** der 에나멜칠 방패형 문장(紋章)을 그리는 사람. ~**schüssel,** die 법랑 사발[주발]. ~**topf,** der 법랑(에나멜) 냄비[단지]. ~**überzug,** der 에나멜칠. ~**waren,** die 에나멜 제품, 법랑 식기, 칠보 세공품.

Emaille: ↑Email 참조. **Emaille-:** ↑Email- 참조. **Emailleur** [ema'jø:ɐ̯, emal'jø:ɐ̯], der; -s, -e [frz. emailleur] 법랑[에나멜] 세공사, 칠보 자기공. **emaillieren** [ema'ji:rən, emal'ji:rən] ⟨h⟩ [frz. émailler] 에나멜[법랑]을 칠하다, 에나멜을 입히다: ein emaillierter Armreif 에나멜 칠이 된 팔찌. **Emaillierofen,** der 에나멜 칠을 하기 위한 배소로(焙燒爐). **Emaillierwerk,** das 에나멜[칠보 자기] 공장.

Eman [e'ma:n], das; -s, - 에만(특히 샘물의 방사능 함유량의 단위). **Emanation** [emana'tsi̯o:n], die; -, -en [lat. ēmānātio] **1.** [철학] 유출(流出); 특히 신플라톤 학파 및 그노시스 학파의, 세상만물은 불변의 완전한 신적인 유일자로부터 나온다는 설). **2.** (교양어) 방사(放射), 발산(發散): die E. einer starken Persönlichkeit 강한 개성의 발산. **3.** ⟨Pl. 없음⟩ ⟪화학·고어⟫ ↑Radon (기호: Em). **Emanatismus** [...'tɪsmʊs], der; - (후기 그리스 철학자들의) 유출설(流出說). **emanieren** [ema'ni:rən] [1: lat. ēmānāre] **1.** ⟨s⟩ 유출하다. **2.** ⟨h⟩ (자연적 또는 인위적으로 방사선을) 방사하다, 방산(放散)하다. **Emanometer** [emano'me:tɐ], das; -s, - [기상] 대기 중의 방사능 측정기.

Emanze [e'mantsə], die; -n (통용어·폄) 해방된[인습에서 벗어난] 여자(여성), 신여성. **Emanzipation** [emantsipa'tsi̯o:n], die; -en [lat. ēmancipātio] **a)** (종속 상태로부터의) 해방, 독립, 동등[평등]화: gesellschaftliche E. 사회적 해방; die E. völkischer Minderheiten 소수 민족의 해방. **b)** (남성과 여성의) 법률적·사회적 동등화, 부권(父權)에서의 해방, 여성 해방. **Emanzipations-:** ~**bestrebung,** die (대개 Pl.) 해방[독립]을 위한 노력, die -en der völkischen Minderheiten wurden gewaltsam unterdrückt 소수 민족의 독립 운동은 무력에 의해 탄압되었다. ~**bewegung,** die 해방[독립]운동. ~**streben,** das 해방[독립]을 위한 노력.

emanzipativ ⟨Adj.⟩ (교양어) 해방적인.

emanzipatorisch [emantsipa'to:rɪʃ] ⟨Adj.⟩ 해방을 추구하는, 해방을 목표로 한: -e Erziehung 해방 의식 교육 (자신의 사회적 상황에 대한 의식을 고양시키고, 사회의 구조적 억압으로부터의 해방을 도출해 내기 위한 교육); -er Sprachunterricht 자립심 함양 어학 수업. **emanzipieren** [emantsi'pi:rən] ⟨h⟩ [lat. ēmancipāre] **a)** (드물게) (종속 상태에서) 해방[독립, 자립]시키다: die Frauen e. 여성을 해방시키다. **b)** ⟨e. + sich⟩ 해방되다, 자립하다: sich von einer Vorherrschaft e. 피지배 상태에서 해방되다; die unfreien Massen emanzipieren sich 예속된 민중이 해방된다. **emanzipiert** [emantsi'pi:ɐ̯t] ⟨Adj.⟩ **a)** 해방된, (여성의) 전통적 역할을 받아들

이지 않는, 동등한 권리를 추구하는, 자립적인: eine politisch -e Massengesellschaft 정치적으로 해방된 대중 사회; diese Frau wirkt selbstbewußt und e. 이 여자는 자의식을 갖고 자주적으로 활동한다. **b)** ⟪준고어·폄⟫ (여성이) 속박[인습]에서 벗어난, (여자로서) 전통에 얽매이지 않는, 여자답지 않은, 남자 못지 않은. **Emanzipierung,** die; -, -en 해방.

Emaskulation [emaskula'tsi̯o:n], die; -en **1.** [의학] **a)** 거세(去勢). **b)** 음경(陰莖)과 고환(睪丸)의 제거(수술). **2.** (교양어) **a)** 유약화(柔弱化), 무력화(無力化): die E. der Kultur 문화의 유약화. **b)** 희석화(稀釋化): die E. einer Idee 이념의 희석(화). **Emaskulator** [...'la:tɔr, 주로 ...to:ɐ̯], der; -en [...'to:rən] (수말용) 거세 기구. **emaskulieren** [emasku'li:rən] ⟨h⟩ [lat. ēmasculāre] **1.** 거세하다. **2.** (유)약하게 하다, 무기력하게 하다. **Emaskulierung,** die; -en ↑Emaskulation.

Emballage [aba'la:ʒə, (österr.) aba'la:ʃ], die; -n [frz. emballage, zu: emballer] [상] (대개 구입자가 비용을 부담하는) 짐꾸리기, 포장. **emballieren** [aba-'li:rən] ⟨h⟩ [frz. emballer, zu: balle] [상] 포장하다, 짐을 꾸리다.

Embargo [ɛm'bargo], das; -s, -s [span. embargo, zu: embargar] [국제법] **1.** (외국인 및 외국 선박의) 억류. **2.** (특정국에 대한) 수출입 금지, 통상 정지, 무역 봉쇄.

Embarras [aba'ra], das; - [...ra(s)], - [...ra(s); frz. embarras] (고어) **1.** 당혹, 당황, 난처, 낭패. **2.** 방해, 장애. **embarrassieren** ⟨h⟩ [frz. embarrasser < span. embarazar] (고어) **1.** 당황하게 하다, 난처하게 만들다, 무안하게 하다. **2.** 방해하다, 저해하다.

Emblem [ɛm'ble:m, (또한) a'ble:m], das; -s, -e/(bei dt. Aussprache) -ata [frz. emblème] **a)** 상징, 표지, 우의(寓意): der Ölzweig ist das E. des Friedens 올리브나무 가지는 평화의 상징이다. **b)** 국가의 표지(標識), 국장(國章), 표장(標章). **Emblematik** [ɛmble'ma:tik], die **1.** (종교적, 신화적 내용의) 상징적 표현. **2.** 우의(寓意)의 유래와 의미를 연구하는 학문, 표장[우의] 연구. **emblematisch** ⟨Adj.⟩ **1.** 우의에 관한: die -e Literatur 우의에 관한 문헌(文獻). **2.** 상징적, 우의적: -e Darstellungen 상징적[우의적] 표현.

Emboli: ↑Embolus의 복수형. **Embolie** [ɛmbo'li:], die; -n [...i̯ən; griech. embolḗ] [의학] 색전증(塞栓症). **Embolietod,** der 색전증에 의한 사망. **emboliform** [ɛmboli'fɔrm] ⟨Adj.⟩ (전문어) 색전상(塞栓狀)의. **Embolus** [ɛmbolus], der; -, ...li [griech. émbolos] [의학] 색전물(塞栓物).

Embonpoint [abɔ̃'poɛ̃:], der (또는) das; -s, [frz. embonpoint] **a)** (아어·준고어) 비만(肥滿), 비대. **b)** (농) 살찐 배, 똥배: einen E. bekommen[haben] 배가 나오다.

Embouchure [abu'ʃy:ɐ̯, ...ra], die; -n [frz. embouchure, zu: emboucher] **a)** (취주 악기의) 입에 대는 부분. **b)** [음악] (악기를 불 때의) 입 모양.

embrassieren [abra'si:rən] ⟨h⟩ [frz. embrasser, zu: bras] (고어) 포옹하다, 키스하다.

Embros [ɛmbros], das; - [roman.] (이탈리아와 스페인에서 나는) 새끼양의 가죽.

embrouillieren [abru'ji:rən] ⟨h⟩ [frz. embrouiller, zu: brouiller] (고어) 혼란[혼동]시키다.

Embryo [ˈɛmbryo], der (또한 österr.) das; -s, -nen [...yo:nən] / -s [lat. embryo < griech. émbryon] **1. a)** [인류·동물] 배아(胚子), 유충(幼蟲), 애벌레, (인간의 경우는 임신 4주부터 4개월까지의) 태아. **b)** [의학] Fetus. **2.** [식물] 배아(胚芽), 맹아(萌芽).

Embryo-: ~**genese,** die [인류·동물] 배태 발육(胚胎

embryonal

發育), 태아 형성. **~logie**, die [인류·동물] 발생학(發生學), 태생학(胎生學). **~pathie**, die [의학] (임신 초기에 모체가 병에 걸림으로써 생긴) 태아의 이상. **~sack**, der [식물] 배낭(胚囊). **~tomie** [-to'mi:], die [griech. tomḗ] [의학] 절태(截胎).

embryonal [embryo'na:l] 〈Adj.〉, **embryonisch 1.** [의학·생물] **a)** 태아기의, 태아에 관한, 배(胚)의, 맹아의: der Mensch in seiner ~en Phase 태아 단계의 인간. **b)** 아직 발달하지 않은, 미숙한. **2.** 초기 단계의(에 있는), 발아 상태의: ~e Anzeichen einer Entwicklung 진화의 초기 징후.

Embryonal- [인류·동물]: **~entwicklung**, die 태아 발육, 배(胚)의 형성. **~organ**, das 〈대개 Pl.〉 태아[배] 기관(器官). **~zeit**, die 태아 발육 기간, 배의 형성기간.

embryonisch: ↑ embryonal.

Emd [eɱt], das; -(e)s, **Emdet** ['emdət], der; -s《schweiz.》 1년에 두 번째 베는 풀(건초의), 두 번째 베기. **emden** ['emdn̩] 〈h〉《schweiz.》두 번째 베다.

Emden ['emdn̩] 엠덴(독일 서북부의 항구 도시).

¹Emdener, ¹Emder ['ɛmdɐ], der; -s, - 엠덴 시민(사람). **²Emdener, ²Emder** 〈Adj.〉 격변화 없음 엠덴(시민)의.

Emendation [emɛnda'tsjo:n], die [lat. ēmendātio] **1.** [문예학] (그릇되게 혹은 불완전하게 전승된 텍스트의) 교정, 정정(訂正). **2.** [고어] 개량, 수정, 정정. **emendieren** [emɛn'di:rən] 〈h〉 [lat. ēmendāre] **1.** [문예학] (그릇되게 혹은 불완전하게 전승된 텍스트를) 고치다, 교정하다. **2.** [고어] 개량하다, 수정하다.

Emergenz [emɛr'gɛnts], die; -en [(1: engl. emergence) < lat. emergentia] **1.** 〈Pl. 없음〉 창발적(創發的) 진화(높은 존재 단계는 낮은 존재 단계로부터 새로이 나타나는 질(質)에 의해서 생긴다는 현대 영국 철학의 개념). **2.** [식물] 표피의 돌기(突起) (예컨대: 장미의 가시). **Emergenzphilosophie**, die 창발적 진화 철학. **emergieren** [...gi:rən] 〈h〉 [lat. ēmergere] 《고어》 **1.** 떠오르다, 부상하다, 나타나다. **2.** 두각을 나타내다.

Emerit [eme'ri:t, 〈또한〉 eme'rɪt], der; -en, -en [가] 정년 퇴직한 성직자(聖職者). **Emeriti:** ↑ Emeritus의 복수형. **emeritieren** [emeri'ti:rən] 〈h〉 (대학의 정교수를) 정년 퇴직시키다: der längst emeritierte Theologe 오래 전에 정년 퇴직한 신학자(神學者). **Emeritierung**, die; -en 정년 퇴직(退職). **emeritus** [e'me:ritʊs] 〈Adj.〉 [lat. ēmeritus] (앞에 놓이는 칭호와 결합하여) (학교에서) 정년 퇴직한 (약어: em., emer., emerit.). **Emeritus** [-], der; -, ...ti 《교양어》 (정년) 퇴직한 대교수.

emers [e'mɛrs] 〈Adj.〉 [lat. ēmersus] (수생 식물(水生植物)의 기관(器官)이) 수표면(水表面) 위에서 사는, 수상(水上)의 (예컨대: 수련(睡蓮)의 잎과 꽃). **Emersion** [emɛr'zjo:n], die; -en [lat. ēmersus] **1.** [천문] (일식[월식] 후 또는 엄폐 후 천체의) 재현(再現). **2.** [지질] 육지가 해면(海面) 위로 솟아나는 출현.

Emesis ['e:mezɪs], die; - [griech. émesis] [의학] 구토(嘔吐), 욕지기. **Emetikum** [e'me:tikʊm], das; -s, ...ka [lat. emeticum, Neutr. von: emeticus] [의학] 구토제, 최토제(催吐劑). **emetisch** 〈Adj.〉 [lat. emeticus < griech. emetikós] 구토증을 일으키는, 최토성의.

Emeute [e'mø:tə], die; -n [frz. émeute, zu: émouvoir] [고어] 봉기, 폭동, 소요, 반란.

Emigrant [emi'grant], der; -en, -en [lat. ēmigrāns (2격: ēmigrantis, 1. Part. zu: ēmigrāre] 망명자, 이민자, 이주자(반대: Immigrant). **Emigrantin**, die; -nen ↑ Emigrant의 여성형.

Emigranten-: **~kreis**, der 〈대개 Pl.〉 망명자 집단. **~literatur**, die 망명 문학. **~los**, das ↑ ~schicksal. **~organisation**, die 망명자(이민자)들의 단체. **~presse**, die 망명(이민)자들이 발행하는 신문[잡지]. **~schicksal**, das 망명자[이민자]의 운명. **~zeitung**, die 망명[이민] 신문.

Emigrantentum, das; -s 망명자의 신분[처지]: das E. schaffte enge Verbindungen zwischen den Familien 망명자란 처지가 가정들간의 결속을 가져왔다. **Emigration** [emigra'tsjo:n], die; -en [lat. ēmigrātio] **1.** 이주, 이민, 망명(반대: Immigration): die rechtzeitige E. bewahrte ihn vor dem Tod 적시의 망명이 그를 죽음으로부터 지켜 주었다; **innere E.** 내적 [국내] 망명(항거의 표현으로 현실 참여를 기피하는 것). **2.** 〈Pl. 없음〉 망명자: in der E. leben[sterben] 망명지에서 살다[죽다]. **3.** 〈Pl. 없음〉 〈집합적으로〉 망명자들: die E. entfaltete zahlreiche Aktivitäten 망명자들은 수많은 활동을 전개하였다. **emigrieren** [emi'gri:rən] 〈s〉 [lat. ēmigrāre] 이민하다, 이주하다, 망명하다 (반대: immigrieren): nach England[in die Schweiz] e. 영국[스위스]으로 망명하다. **Emigrierte'**, der / die 이주자, 이민자, 망명자.

Emil ['e:mi:l] (『관용적인 어법으로』 **wenn..., dann heiß' ich E.[ich will E. heißen, wenn...]**...은 절대로[결코] 아니다: wenn das sein Auto ist, dann heiß' ich E. 저 차는 분명히 그의 차가 아니다; ich will E. heißen, wenn das nicht seine Freundin ist 저 여자는 분명히 그의 애인이다.

eminent [emi'nɛnt] 〈Adj.〉 [frz. éminent] **a)** 《österr. ·교양어》 매우 중요한, 탁월한, 비상한, 현저한: eine Frage von ~er Bedeutung 매우 중요한 문제. **b)** 《형용사, 동사를 강조》 매우, 대단히, 심히, 지극히: ein e. tüchtiger Mann 대단히 유능한 남자; das ist e. wichtig für mich 그것은 내게 대단히 중요하다; ihre Leistungen haben sich e. gesteigert 그녀의 성적이 매우 향상되었다. **Eminenz** [emi'nɛnts], die; -en [lat. ēminentia] [가] **a)** 〈Pl. 없음〉 (추기경의 칭호로서) 전하(殿下), 예하(猊下): Eure E.! (추기경) 전하, 예하! b) 추기경: **graue E.** (외부로 모습을 드러내지 않는) 영향력이 막강한(정치적) 인물, 막후 실력자.

Emir [e'mɪr, e'mi:ɐ̯], der; -s, -e [arab. amīr] (특히 이슬람 지역의) 군주, 수장(首長), 장군, 태수, 고관. **Emirat** [emi'ra:t], das; -(e)s, -e (동양의) 군주[장군, 태수]의 지위.

emisch ['e:mɪʃ] 〈Adj.〉 [aus engl. emic] [언어] 이미크적(의)인, 변별적(辨別的)인, 의미를 구별짓는.

Emissär [emi'sɛːɐ̯], der; -s, -e [frz. émissaire] 사자(使者), 밀사(密使), 밀정(密偵): einen E. entsenden 밀사를 파견하다. **Emission** [emi'sjo:n], die; -en [1 a: frz. émission] **1.** [금융] **a)** (유가 증권이나 지폐의) 발행, 유통. **b)** 유가 증권. **2.** (유표의) 발행, 유통. **3.** (공기를 오염시키는 물질의) 방출, 배출, 공기[대기] 오염. **4.** [물리] (전자기 입자나 전자기파의) 방사(放射). **5.** 《schweiz.》 (라디오) 방송. **6.** [의학] 배설.

Emissions-: **~bank**, die (공채 따위의) 발행 은행. **~belastung**, die (어느 지역의) 공기 오염에 의한 피해. **~geschäft**, das (은행의) 유가 증권 발행 업무. **~kataster**, der 〈또는〉 das (한 지역의) 대기 오염도 측정. **~kurs**, der (유가 증권의) 발행가. **~schutz**, der 기업의 폐해로부터의 주민의 보호. **~schutzgesetz**, das 대기 오염 보호법. **~spektrum**, das [물리] 방출[방사, 발광] 스펙트럼(자극에 의해 방사(放射)되는 원자나 분자의 스펙트럼). **~stopp**, der (유가 증권의) 발행 정지[금지]. **~theorie**, die [물리] (빛의) 방사설. **~werte**, 〈Pl.〉 방사 측정치, 공기 오염 측정치.

Emitron [e:'mitro:n], das; -s, -e [...'tro:nə] 《또한》 -s [aus lat. ēmittere (↑emittieren) u. ↑¹Elek*tron* 참조] 【기술】에미트론(텔레비전 촬영기의 부품). **Emittent** [emi'tɛnt], der; -en, -en [lat. ēmittēns (2격: ēmittentis), 1. Part. von: ēmittere] 【금융】 (공채 따위의) 발행자.

Emitter [e'mitɐ, 《engl.》ı'mıtə], der; -s, - [engl. emitter, zu: to emit] 【기술】 이미터, 방사기(放射器) (전자를 공급하는 트랜지스터의 부품). **emittieren** [emi'ti:rən] 《h》 [(1: nach frz. émettre) < lat. ēmittere] **1.** 【금융】 (유가 증권을) 발행하다, 유통시키다. **2.** (오염 물질을 대기 중에) 방출시키다, 내뿜다: Abgase e. 배기가스를 내뿜다. **3.** 【물리】 (전자를) 방사하다.

Emmaus ['ɛmaʊs, 《engl.》e'meɪəs] 엠마오(예루살렘 북서 6km 지점에 있던 예수가 부활한 후 두 제자를 만났다는 마을).

Emmchen ['ɛmçən], das; -s, - 〈대개 Pl.〉 [Mark의 약어 M의 축소형] 《통용어·농》 마르크: ein Monatswechsel von tausend E. 액면가 천 마르크의 일개월짜리 어음.

Emmental ['ɛmənta:l], das 에멘탈 지방(스위스의 Bern 주에 속하는 Emme 강의 협곡 지방).

Emmentaler ['ɛmənta:lɐ], der; -s, - [이 치즈를 처음으로 만들었던 스위스의 Emmental 지방에 따라] 에멘탈 치즈.

Emmer ['ɛmɐ], der; -s 《südd.》밀의 일종.

Emmetropie [ɛmetro'pi:], die 《griech. émmetros u. ōps (2격: ōpós)》【의학】정시안(正視眼), 정상 시력.

e-Moll [e:'mɔl] 《또한》-|—|, das 마 단조(短調; 기호: e). **e-Moll-Etüde**, die 마 단조 연습곡. **e-Moll-Tonleiter**, die e를 기음(基音)으로 한 단음계(短音階).

Emotion [emo'tsio:n], die; -en [frz. émotion, zu: émouvoir] 《교양어》 정서, 감정, 감동, 감격: 《durch [mit] etw.》 -en wecken 《무엇으로》 감정을 일깨우다, 감동시키다: seinen -en freien Lauf lassen 감정을 그대로 드러내다; er sprach ohne jede E. 그는 감정없이 말했다. **emotional** [emotsio'na:l] 〈Adj.〉 감정(정서)의, 감동[감격]적인: eine -e Sprache 감정적인 말. **emotionalisieren** [emotsionali'zi:rən] 〈h〉 ⓐ) 감정[감동]을 불러 일으키다, 감정에 호소하다: emotionalisierende Schlagwörter 감정에 호소하는 슬로건[표어]. **b)** 《드라마 따위에》 감정을 넣다. **c)** 《e. + sich》 감정적으로 되다. **Emotionalismus**, der; - 주정주의(主情主義). **Emotionalität** [emotsionali'tɛt], die 감정성, 감동성, 정서성. **emotionell** [emotsio'nɛl] 〈Adj.〉 = emotional. **emotionsfrei** 〈Adj.〉 감정이 배제된. **emotionsgeladen** [emo'tsjo:ns-] 〈Adj.〉 격렬한 감정을 띤, 감정에 찬 감정이 개입된: eine -e Diskussion 감정에 치우친 토론. **emotionslos** 〈Adj.〉 감정이 없는, 무감동의, 감정이 담기지 않은, 감정을 나타내지 않는. **emotiv** [emo'ti:f] 〈Adj.〉 [engl. emotive] 감정을 지닌 《품은》, 감정이 담긴. **Emotivität** [emotivi'tɛt], die 【심리】 감격성, (피)감동성, 정서 과민.

Empathie [ɛmpa'ti:], die [engl. empathy] 【심리】 감정이입(感情移入).

Empfang [ɛm'pfaŋ], der; -(e)s, Empfänge [...'pfɛŋə] **1.** 《책》받음, 수취, 수령, 영수: den E. einer Ware bestätigen 물품의 수령을 확인하다; zahlbar bei E. 《상》물품 수령시 지불; **etw. in E. nehmen** 무엇을 받다[수령하다]: er nahm den Eilbrief in E. 그는 속달 편지를 수령하였다; **jmdn. in E. nehmen** 《통용어》누구를 영접하다: die Demonstranten wurden von Polizisten mit Wasserwerfern in E. genommen 《반어》 경찰은 시위대를 물대포로 영접했다. **2.** 《유선·방송·텔레비전》수신(受信): ein ungestörter E.

양호한 수신(受信)(상태). **3. a)** 〈Pl. 없음〉《아이》환영(식): ihm wurde ein begeisterter E. zuteil 그는 열광적인 환영을 받았다. **b)** 환영 파티, 리셉션: einen E. geben 환영 파티를 개최하다. **4.** (호텔의) 프론트, 접수처: am[beim] E. liegen zwei Briefe für dich 프론트에 너에게 온 편지가 두 통 있다. **empfangen**[em'pfaŋən] 《h》 **1. a)** 《아이》 (자신의 몫을) 받다, 수령하다, (세례 따위를) 받다: einen Brief[einen Befehl] e. 편지[명령]를 받다; das Sakrament der Taufe[die Kommunion, die Letzte Ölung] e. 【종교】 세례[성찬식(聖餐式), 종부성사(終傅聖事)]를 받다[배령(拜領)하다]. **b)** 《아이》 (벌로서) 얻어 맞다, 감수(甘受)하다: er vergaß die Schläge nicht, die er in seiner Kindheit empfangen hatte 그는 어린 시절에 맞은 매를 잊지 않았다. **c)** 《군》 배급받다: Essen[Verpflegung] e. 배식받다. **2.** 《유선·방송·텔레비전》 수신[수상]하다: diesen Sender können Sie nur über UKW, auf Kanal 13 e. 당신은 이 방송을 초단파, 채널 13으로만 수신하실 수 있습니다. **3.** 《아이》 (의식 속에) 받아들이다, 얻다: neue Anregungen[Eindrücke] e. 새로운 자극[충동]을 받다; der erste Eindruck, den ich von der Welt des Orients empfing 내가 동양 세계에서 받은 첫 인상. **4.** 《아이》 **a)** 《누구를》 맞이하다, 영접하다: jmdn. herzlich[kühl] e. 누구를 따뜻하게[냉담하게] 맞이하다; 전의 als wir aus dem Haus traten, empfing uns ein Sprühregen 《반어》 집을 나서자 가랑비가 우리를 맞아 주었다. **b)** (방문객, 손님을) 환영[영접, 접대, 접견]하다, 맞아들이다: Gäste[Besuch] (bei sich) e. 손님[방문객]을 (자기 집에서) 접대하다. **5.** 《아이》 임신하다, 수태하다: sie hat (ein Kind von ihm) empfangen 그녀는 (그의 아이를) 임신하였다. **Empfänger** [ɛm'pfɛŋɐ], der; -s, - **1.** 수취자, 수취인, 수신인: der E. des Briefes der Arbeitslosenunterstützung 편지의 수취인[실업 보험금 수령자]; die E. niedriger und hoher Einkommen 소득의 낮고 높은 사람들을 구별 없이, 누구나 다. **2.** ↑Empfangsgerät. **Empfängerabschnitt**, der (영수증 등의) 수취인 보관용 절취 부분. **Empfängerin**, die; -nen ↑Empfänger (1)의 여성형. **empfänglich** [ɛm'pfɛŋlɪç] 〈Adj.〉 **a)** (외부로부터의 영향에) 아주 민감한, 감수성이 예민한: er ist für alles Schöne[Schmeicheleien] sehr e. 그는 모든 아름다운 것에 감응되다[아첨에 넘어가기] 쉽다; sind meine Augen heute doppelt e.? 내 눈이 오늘은 두 배나 민감해진 것인가? **b)** (특정한 병에) 저항 능력이 없는, 잘 걸리는: e. für Erkältungen 감기에 걸리는. **Empfänglichkeit**, die 감응력, 민감성, 감수성, 수용력: die E. für das Schöne[für schlechte Einflüsse] 아름다움에 대한 감수성[나쁜 영향에 물들기 쉬운 성질]. **Empfangnahme**, die [관·상] 수령, 수취. **Empfängnis** [ɛm'pfɛŋnɪs], die 임신, 수태: eine E. verhüten 피임(避妊)하다; **die Unbefleckte E. (Mariens, Marias)** 성모 (마리아)의 원죄 없으신 잉태(무염시태).

empfängnis-, Empfängnis-: **~bereit** 〈Adj.〉 ↑**~fähig**. **~bereitschaft**, die 수태 가능성. **~fähig** 〈Adj.〉 수태 능력이 있는, 수태 가능한. **~optimum**, das 수태 최적기. **~verhütend** 〈Adj.〉 피임의: -e Mittel 피임 도구[약]. **~verhütung**, die 피임(避妊): Methoden der E. 피임 방법. **~verhütungsmittel**, das 피임약[도구]. **~zeit**, die 【법】 수태 시기(아이의 수태가 이루어졌다고 추정되는 시기).

empfangs-, Empfangs-: **~abend**, der (정기적으로) 손님을 초대해 리셉션을 여는 밤. **~anlage**, die 무전기. **~antenne**, die 【전자】 수신 안테나. **~apparat**, der ↑**~gerät**. **~berechtigt** 〈Adj.〉 수령권(受領權)이 있는, 수령권을 위탁 받은. **~berechtigte**, der / die 수

령권자(受領權者). **~bereit** 〈Adj.〉 접대[손님을 맞추어 일] 준비가 된: für die Ankunft der Gäste muß die Wohnung e. sein 손님들의 도착에 때 맞추어 집안에 접대 준비가 되어 있어야 한다. **~bescheinigung,** die 수령증, 영수증. **~bestätigung,** die 수령증: jmdm. eine E. (über etw.) ausstellen 누구에게 (무엇에 대한) 수령증을 발부하다. **~büro,** die (회사의) 응접실, 접견실, (호텔의) 프론트. **~chef,** der (호텔, 백화점의) 안내[접수] 책임자, (백화점의) 판매장 감독. **~dame,** die (백화점, 호텔의) 여자 안내원. **~feierlichkeit,** die (대개 Pl.) 환영 행사. **~gerät,** das [전기] (무선 통신, 라디오, 텔레비전 방송을 수신할 수 있는) 수신기, 라디오, 텔레비전 수상기. **~halle,** die (호텔의) 로비, 현관. **~komitee,** das 환영[영접](준비) 위원회. **~qualität,** die [방송] 수신 상태. **~raum,** der 접견실, 응접실, 사랑방. **~saal,** der ↑ ~raum. **~schalter,** der (호텔 로비의) 접수 창구. **~schein,** der ↑ ~bescheinigung. **~station,** die 1. [상] (화물) 수취역, 목적지. 2. [유선·방송·텔레비전] 수신국(受信局). **~stelle,** die ↑ ~station (2). **~störung,** die (무선 통신, 라디오, 텔레비전 방송 수신시의) 수신 방해[장애]. **~tag,** der (정기적으로 손님들을 맞이하는) 접견일, 면회일. **~tot** 〈Adj.〉[유선·방송·텔레비전] 수신 불능(受信不能)의: -e Zonen 수신 불능 지역. **~zeit,** die 면회[접견] 시간. **~zimmer,** das ↑ ~raum.

empfehlen* [ɛmˈpfeːlən] 〈h〉 1. a) 누구에게 누구[무엇]를 추천하다, 권하다, 소개하다, 권고하다: ich kann ihn dir (als Fachmann) sehr e. 나는 너에게 그를 (전문가로서) 기꺼이 추천하겠다; dieses Präparat ist sehr zu e. 이 제품은 추천할 수 있습니다; empfohlener Richtpreis [경제] 소비자 권장 가격; empfehlen Sie mich bitte Ihrer Gattin!, ich lasse mich Ihrer Gattin e.! 《아어·준고어》 당신 부인에게 안부 전해 주십시오. b) 칭찬[칭송]하다: als Geschäftspartner kann ich ihn nur e. 나는 동업자로서 그를 추켜세우지 않을 수 없다. c) 〈e. + sich〉 적합한[유익한, 추천할 만한] 것으로 밝혀지다: er empfiehlt sich bereits durch seine rasche Auffassungsgabe als geeignet für diese Arbeit 그가 이 일의 적임자임이 이미 밝혀졌다. d) 〈e. + sich〉 무엇을 돕겠다고[자청하고] 나서다: wir halten uns zu weiteren Aufträgen bestens empfohlen [상] 앞으로도 계속 애용해 주시기 바랍니다. e) 〈e. + sich; 비인칭〉 추천[천거]할 만하다, 적절하다, 당연하다, 좋다: es empfiehlt sich, die Angelegenheit auf sich beruhen zu lassen 그 일은 그대로 내버려 두는 것이 좋다고 생각합니다. 2. 《아어》 맡기다, 의탁하다: ich empfehle das Kind deiner Obhut 그 아이를 자네의 보호에 맡기겠네. 3. 〈e. + sich〉《아어》 (정중하게) 작별을 고하고[작별 인사를 하고] 물러[떠나]가다: als ich kam, hatte er sich bereits empfohlen 내가 갔을 때, 그는 벌써 떠나고 없었다; ich empfehle mich 저는 이만 물러가겠습니다; [전의] der Winter kam und empfahl sich 겨울이 왔다가는 물러갔다. **empfehlenswert** 〈Adj.〉 a) 추천[천거]할 만한, 적절한, 훌륭한: -e Bücher(Filme) 추천할 만한 책들(영화들). b) 바람직한, 지당한, 유리한, 유익한: es wäre e., rechtzeitig dort zu sein 그 곳에 제때에 가는 것이 좋을 것입니다. **Empfehlung,** die; -en 1. 제안, 충고, 조언, 권고, 추천: auf E. seines Arztes 주치의 권고에 따라. 2. 추천(서), 소개(장): jmdm. eine E. schreiben 누구에게 추천서를 써주다; auf die -en seines Lehrers hin hatte er die Stelle bekommen 그는 스승의 추천으로 그 직장을 얻었다. 3. 《아어》 (공손한, 예의바른) 안부의 말, 안부 인사: eine E. an Ihre Frau Mutter! 자당(慈堂)께 안부 전해 주십시오! **Empfehlungsbrief,** der ↑ ~schreiben. **Empfehlungsschreiben,** das 추천서, 소개장.

empfindbar 〈Adj.〉 지각(知覺)될 수 있는, 느껴지는. **Empfindelei** [ɛmpfɪndəˈlaɪ], die 감상(感傷)적임, 감상(性). **empfindeln** [ɛmˈpfɪndln] 〈h〉《드물게·별》쉽게 감동되다, 감상적이다, 정에 무르다. **empfinden*** [ɛmˈpfɪndn̩] 〈h〉 a) (감각을 통해 전달된 자극을) 느끼다, 지각하다: Hunger(Kälte) e. 허기(추위)를 느끼다. b) (어떠한 감정의 움직임을) 경험하다, 겪다, (누구[무엇]와 관련하여) …한 느낌[기분]이 들다: Angst vor jmdm.[etw.] e. 누구[무엇]를 두려워하다; er empfand tiefe Reue über seine Tat 그는 자신의 행위를 깊이 뉘우쳤다; er empfindet nichts für sie 그는 그녀에게 아무런 감정도 느끼지 않는다. c) 무엇을 어떻게 여기(느끼)다, 누구[무엇]를 무엇으로 간주하다: etw. als kränkend[als (eine) Wohltat] e. 무엇을 모욕(은혜)으로 느끼다; jmdn. als (einen) Störenfried e. 누구를 훼방꾼이라고 생각하다; sie empfand dunkel, daß sie Unrecht getan hatte 그녀는 자신의 행동이 부당했음을 막연하게 느꼈다. **Empfinden** [-], das; -s a) 《아어》 (외부의 인상에 의해서 생겨나는) 특정한 감정, 느낌: er grübelte diesem zwiespältigen E. von Neid und Sorge nach 그는 미움과 걱정의 이 모순된 감정에 대해서 곰곰히 생각했다. b) (무엇을 감지하고 올바로 판단할 수 있는) 섬세하고 민감한 감정, 감각, 육감, 직감력, 지각: das sagte ihm sein natürliches E. 그의 타고난 직감력이 그에게 그것을 알려주었다; das einfache E. für Recht und Unrecht 정의와 불의를 느낄 수 있는 기본적 감각; für mein E. nach 내 느낌[생각]으로는. **empfindlich** 〈Adj.〉 1. (특정한 자극에 대해) 민감하게 반응하는, 예민한: meine Haut ist sehr e. 내 피부는 매우 민감하다; [전의] -e Geräte 민감하게 반응하는[정밀한] 기계; dieser Film ist sehr e. 이 필름은 몹시 감광적(感光的)이다[빛에 민감하다]. 2. a) 감정이 상하기 쉬운, 과민한, 감정이 섬세한[민감한, 예민한]: er traf ihn an seiner -sten Stelle 그는 그의 가장 민감한 곳을 건드렸다; sie ist e. für alle Untertöne 그녀는 말 속의 모든 뉘앙스를 예민하게 감지한다. b) 성마른, 감정이 상한, 신경질적인, 화를 잘 내는: sie reagierte (sehr) e. 그녀는 (매우) 신경질적인 반응을 보였다; sei doch nicht so e.! 그렇게 성마르게 굴지 마라! 3. 감염되기 쉬운, 병에 잘 걸리는 허약한: er ist e. gegen Schnupfen 그는 코감기에 잘 걸린다. 4. 튼튼하지 못한, 망가지기 쉬운, 상하기 쉬운: diese Bluse ist sehr e. 이 블라우스는 매우 조심스럽게 취급해야 한다. 5. a) 살을 에는 듯한, 혹독한, 고통스러운, 견디기 어려운, 엄한, 가혹한: eine -e Strafe 엄벌(嚴罰); -e Verluste 견디기 어려운 손실; seine Bemerkung hat ihn e. getroffen 너의 그 말이 그의 아픈 곳을 찔렀다. b) 〈형용사, 동사를 강조〉 몹시, 매우. **Empfindlichkeit,** die; -en 1. 민감한 반응, 예민(함): die E. der Haut 피부의 예민(함); [전의] die E. des Gerätes 기계의 민감성. 2. a) 다치기 쉬운 성질, 섬세한, 민감성: du mußt seine E. in solchen Dingen berücksichtigen 너는 그러한 일에 대한 그의 민감성을 고려해야 한다. b) 《대개 Pl.》성마름, 신경질적인(과민한) 반응. 3. 〈Pl. 없음〉 (병에) 감염되기 쉬운 속성, 허약(함): seine E. gegen Schnupfen 감기에 약한 그의 체질. 4. 〈Pl. 없음〉 (물질의) 상하기[훼손되기] 쉬운 속성. **empfindsam** [ɛmˈpfɪntzaːm] 〈Adj.〉 a) 다정다감한, 감정이입 능력이 있는, 섬세한, 정에 무른: eine -e Natur 다정다감한 성품이 있는 사람. b) 감정이[정서가] 풍부한, 감상적인, 센티멘털한: eine -e Geschichte 감상적인 이야기. **Empfindsamkeit,** die 1. 다정다감, 섬세한 감정: sie ist ein Mensch von großer E. 그녀는 매우 다정다감한

사람이다. **2.** 감상주의(感傷主義)(감정적·감상적 세계관으로 특징지워지는, 영국에서 출발한 18세기 유럽의 정신적 흐름). **Empfindung**, die; -en **a)** (감각 기관을 통한) 느낌, 지각, (육체적) 감각: die E. in den Händen stellte sich wieder ein 손의 감각이 다시 살아났다. **b)** 기분, 감정: -en (der Freude) aufkommen lassen (즐거움의) 감정을 나타내다; sie erwiderte seine E. 《아어》 그녀는 그의 기분에 응답했다.

empfindungs-, Empfindungs-: **~arm** 〈Adj.〉 감정이 빈곤한[메마른]. **~armut**, die 감정의 빈곤. **~fähig** 〈Adj.〉 감각[감정]이 있는. **~fähigkeit**, die 〈Pl. 없음〉 **a)** 감각 능력(感覺能力). **b)** (영혼적) 감정 능력(感情能力). **~kraft**, die 감각 능력, 지각 능력. **~laut**, der ↑~wort. **~leben**, das 감정 생활. **~los** 〈Adj.〉 **a)** 감각 능력이 없는, 감각이 마비된: mein Arm ist ganz e. 내 팔은 완전히 감각이 마비되었다. **b)** 무감정한, 감정이 없는, 냉혹[무정]한: er ist ein vollkommen -er Mensch 그는 완전히 무감정한 사람이다. **~losigkeit**, die **a)** 무감각, 감각의 마비. **b)** 무감정, 무정, 냉담, 무신경. **~mensch**, der 섬세한 감각[감정]을 지닌 사람, 정직(情的)인 사람. **~nerv**, der ↑ Sinnesnerv. **~organ**, das ↑ Sinnesorgan. **~vermögen**, das (아어) ↑ ~fähigkeit 참조. **~voll** 〈Adj.〉 감정이[정서가] 풍부한, 다감한. **~wort**, das ↑ Interjektion.

Emphase [ɛmˈfaːzə], die; -n [frz. emphase] 《교양어》 강조, 역설: mit E. sprechen 힘을 주어[강조해서] 말하다.

emphatisch [ɛmˈfaːtɪʃ] 〈Adj.〉 [nach frz. emphatique] 《교양어》 어세가 강한, 강조하는, 힘을 준: er sprach sehr e. 나는 몹시 힘을 주어 말했다.

Emphysem [ɛmfyˈzeːm], das; -s, -e [griech. emphýsēma] 【의학】 (특히 폐의) 기종(氣腫). **emphysematisch** [ɛmfyzeˈmaːtɪʃ] 〈Adj.〉 【의학】 기종의.

¹Empire [ãˈpiːɐ̯], das; -(s) [frz. (style) Empire, zu: empire] **a)** (나폴레옹 I 세와 Ⅲ세 치세의) 프랑스 제국. **b)** 제국 시대(나폴레옹 I 세와 그 다음 시기(약 1800~1830년)의) 예술 양식: der Salon war ganz im Geschmack des E. eingerichtet 그 살롱은 완전히 나폴레옹 1세) 제정 시대의 예술 양식으로 꾸며졌다. **²Empire** [ˈɛmpaɪə], das; -(s) [engl. (the British) Empire < frz. empire] 대영 제국(大英帝國).

Empire- [¹Empire (b)]: **~kleid**, das 제국 시대 양식의 의상. **~kommode**, die 제국 시대 양식의 장롱(옷장). **~möbel**, das (대개 Pl.) **a)** 제국 시대의 가구. **b)** 제국 시대 양식의 가구. **~mode**, die 제국 시대(풍)의 유행. **~sessel**, der 제국 시대(풍)의 안락의자. **~stil**, der 제국 시대의 예술 양식. **~zeit**, die 제국 시대.

Empirem [ɛmpiˈreːm], das; -s, -e 《교양어》 경험적 사실. **Empirie** [ɛmpiˈriː], die [griech. empeiría, zu: émpeiros] 《교양어》 **a)** (실험, 측정, 관찰 등의) 경험적 (연구) 방법. **b)** 경험적 지식. **Empiriker** [ɛmˈpiːrikɐ], der; -s, - 《교양어》 **a)** 경험론자. **b)** 경험가, 경험주의자. **Empiriokritizismus** [ɛmpɪrio...], der; - [griech. empeiría (↑ Empirie) u. ↑ Kritizismus] 【철학】 경험 비판론(R. Avenarius가 제창한 형이상학을 부정하고 단지 비판적 경험에만 의존하는 인식론). **Empiriokritizist**, der; -en, -en 【철학】 경험비판론자. **empiristisch** 〈Adj.〉 [griech. empeirikós, zu: émpeiros] 《교양어》 경험에서 얻은, 경험에 근거한, 경험적인: etw. e. herausfinden 무엇을 경험을 통해서 터득하다. **Empirismus** [ɛmpiˈrɪsmʊs], der; - 【철학】 경험론. **Empirist** [ɛmpiˈrɪst], der; -en, -en 【철학】 경험론자. **empiristisch** 〈Adj.〉 【철학】 경험론적인.

Emplacement [ãplasəˈmã], das; -s, -s [frz. emplacement, zu: place] 《군·고어》 진지, 포좌(砲座).

Emplastrum [ɛmˈplastrʊm], das; -(s), ...ra [lat. emplastrum] 【의학】 고약(膏藥).

Employé [ãploˈaˈjeː], der; -s, -s [frz. employé, subst. 2. Part. von: employer] 《고어》 사원, 피고용인, 종업원. **employieren** [ãploaˈjiːrən] 〈h〉 [frz. employer] 《고어》 사용하다, 쓰다.

empor [ɛmˈpoːɐ̯] 〈Adv.〉 《아어·시어》 위로, 솟아, 높이: e. zu den Sternen 별을 향해 위로.

empor-, Empor- 《아어》 ↑ hinauf-, hoch-도 참조: **~arbeiten**, sich 〈h〉 노력하여 입신 출세하다: er hatte sich vom einfachen Angestellten zum Geschäftsführer emporgearbeitet 그는 열심히 일해서 말단 사원에서 지배인이 되었다. **~blicken** 〈h〉 위를 쳐다보다: er blickte zur Decke empor 그는 천정을 올려다 보았다. **~dienen**, sich 〈h〉 열심히 근무해서 승진(출세)하다. **~dringen*** 〈s〉 용솟음쳐 나오다, 위로 치밀어 오르다: das Wasser dringt langsam empor 물이 서서히 솟아 오르고 있다. **~fahren*** 〈s〉 **a)** (탈것을 타고) 위로 올라가다. **b)** (무엇에 놀라) 벌떡 일어서다, 뛰어오르다. **~flackern** 〈s〉 ↑ auflackern. **~flammen** 〈s〉 확 활 타오르다, 갑자기 타오르다: 전의 eine Leidenschaft flammte in ihm empor 정열의 불꽃이 그의 가슴 속에서 활활 타올랐다. **~fliegen*** 〈s〉 날아 오르다: die Schaukel fliegt weit empor 그네가 하늘 높이 날아오른다. **~gehen*** 〈s〉 **1.** 걸어 올라가다: die Treppe e. 계단을 오르다. **2.** (끝이) 올려지다: die Flagge geht am Mast empor 기가 깃대에 게양된다. **~halten*** 〈h〉 위로 쳐들다. **~heben*** 〈h〉 높이 치켜들다, 위로 들어 올리다. **~helfen*** 〈h〉 누구의 출세를 도와주다. **~kämpfen**, sich 〈h〉 높이 오르려고 서로 싸우다[각축(角逐)을 벌이다]. **~klettern** 〈h〉 기어 올라가다. **~klimmen*** 〈s〉 애써 기어 오르다: einen Berg e. 산을 힘들여 오르다. **~kommen*** 〈s〉 **a)** 위로 (솟아) 오르다, 위쪽에 다시 나타나다. **b)** (사회에서) 명성을 얻다, 출세하다. **~kömmling** [-kœmlɪŋ], der; -s, -e [für frz. parvenu] (폄) 벼락 출세한 사람, 벼락부자, 졸부. **~kriechen*** 〈s〉 기어 올라가다. **~lodern** 〈h〉 ↑ ~flammen: das Feuer lodert im Wind hoch empor 불이 바람을 받아 활활 타오른다. **~quellen*** 〈s〉 (물 따위가) 용솟음쳐 흘러 나오다: 전의 aus ihrer Brust quoll Schluchzen empor 그녀의 가슴에서 오열(嗚咽)이 복받쳐 흘러 나왔다. **~ragen** 〈h〉 (우뚝) 솟아 있다: die Bäume ragen zum Himmel empor 나무들이 하늘 높이 솟아 있다; emporragende Türme und Mauern 우뚝 솟아 있는 탑과 성벽들. **~ranken**, sich 〈h〉 (넝쿨이) 위로 오르다, 휘감고 오르다: der Wein rankt an der Mauer bis zu den Fenstern empor 포도 넝쿨이 벽을 타고 창문에까지 뻗어 올라 있다. **~recken** 〈h〉 **a)** 위로 뻗다: die Arme weit e. 팔을 위로 높이 치켜들다. **b)** 〈e. + sich〉 힘차게[단숨에] 몸을 위로 쭉 뻗다: ich reckte mich steil empor, um den Ball aus der Luft zu fangen 나는 공중 볼을 잡으려고 몸을 위로 쭉 뻗었다. **~reißen*** 〈h〉 (강제로) 위로 끌어 올리다: sie haben ihn an den Armen emporgerissen 그들은 그의 팔을 잡고 그를 위로 끌어 올렸다. **~richten**, sich 〈h〉 ↑ aufrichten (1). **~schauen** 〈h〉 위를 쳐다보다: er schaut zu ihrem Fenster empor 그는 그녀의 창문을 쳐다 보았다. **~scheuchen** 〈h〉 ↑ aufscheuchen. **~schieben*** 〈h〉 **a)** 밀어 올리다. **b)** 〈e. + sich〉 천천히 [조심스럽게] 위를 향해 움직이다. **~schießen*** 〈s〉 **a)** 갑자기 위로 솟구치다: plötzlich schießt ein Feuerstrahl empor 갑자기 한 줄기 섬광이 솟구쳐 오른다. **b)** 급성장하다, 무럭무럭 자라다: rasch emporschießendes Gras 급속히 자라나는 풀; 전의 neue Gebäude schossen empor 새로운 건물들이 우후죽순처럼 건축되었다. **~schlagen*** 〈s〉

(불꽃이) 활활 타오르다. **~schlängeln,** sich ⟨h⟩ 굽이쳐 올라가다, (불꽃 따위가) 너울거리며 타올라가다. **~schleichen*** a) ⟨s⟩ 소리없이 (기어) 올라가다. b) ⟨e. + sich⟩ (눈에 띄지 않게) 살금살금 (기어서) 올라가다: er versuchte sich heimlich emporzuschleichen 그는 남몰래 위로 올라가려고 하였다. **~schleudern** ⟨h⟩ 위로 던지다. **~schnellen** ⟨s⟩ a) 재빨리 뛰어오르다: er schnellte aus seinem Sessel empor 그는 의자에서 벌떡 일어났다; ⟨e. + sich⟩ die Fische schnellten sich aus dem Wasser empor 물고기들이 물에서 펄쩍펄쩍 뛰어올랐다. b) (값, 양, 온도 등이) 단시간에 현저히 상승하다, 폭등하다: die Preise waren zu astronomischen Höhen emporgeschnellt 물가가 삼시간에 천문학적인 수준으로 올랐다. **~schweben** ⟨s⟩ 떠오르다, (너울너울) 날아오르다. **~schwingen*** ⟨h⟩ 흔들어 들어 올리다: die Fahne e. 기를 흔들어 들어 올리다. ⟨e. + sich⟩ 전의 er schwang sich zu großen Leistungen empor 그는 위대한 업적을 이루었다. **~sehen*** ⟨h⟩ 쳐다보다: sie sah zu ihm empor 그녀는 그 남자 쪽을 쳐다보았다. **~spielen,** sich ⟨h⟩ [스포츠·연극·영화·텔레비전] 명성을 떨치다, 유명해지다, 스타가 되다. **~springen*** ⟨s⟩ 뛰어오르다: während des Tanzes springen die Männer hoch empor 춤을 추는 남자들은 껑충껑충 뛰어오른다. **~steigen*** ⟨s⟩ **1.** a) 올라가다, 오르다: die Treppen zum vierten Stock e. 4층으로 계단을 올라가다; 전의 die Häuser steigen am Hügel empor 그 언덕엔 꼭대기까지 집들이 늘어서 있다. b) (공중에서) 위로 올라가다: der Mond steigt aus den Wolken empor 달이 구름을 해치고 둥실 떠오른다; 전의 der Geist steigt zum Himmel empor 기도가 하늘까지 닿다. **2.** 명성(영향력)을 얻다, 입신 출세하다: er stieg zum Abteilungsleiter empor 그는 국장의 지위에 올랐다. **~stieben*** ⟨s⟩ (놀라서) 뿔뿔이 (흩어져) 날아오르다. **~stieg,** der 위로 올라감. **~stilisieren** ⟨h⟩ †hochstilisieren 참조. **~stoßen*** ⟨s⟩ 급상승하다. **~streben** ⟨s⟩ 오르려고 노력하다. **~strecken** ⟨h⟩ †recken. **~tauchen** ⟨s⟩ 수면에 떠오르다. **~tragen*** ⟨h⟩ 위로 들어올리다. **~treiben*** ⟨h⟩ 밀어(추켜) 올리다. **~wachsen*** ⟨s⟩ a) 성장하다, 위로 자라다: 전의 aus dem Dunkel wuchsen Bäume empor 어둠 속으로부터 나무들이 점점 더 크게 나타났다. b) …으로 성장(발전)하다. **~winden*,** sich ⟨h⟩ 휘감겨 올라가다. **~wirbeln** a) 날려 올라가게 하다: der Wind hat die Blätter emporgewirbelt 바람이 나뭇잎을 날려 올렸다. b) ⟨s⟩ (먼지 따위가) 뿌옇게 일어나다, 흩날리다: der Staub wirbelte hoch empor 먼지가 높이 회오리쳐 일어났다. **~wogen** ⟨s⟩ 파도가 높이 일다. **~wölben** ⟨h⟩ 위(바깥) 쪽으로 휘다 (구부리다). **~zeigen** ⟨h⟩ 위쪽을 가리키다. **~ziehen*** ⟨h⟩ a) 추켜 올리다, 끌어 올리다: die Augenbrauen e. 눈썹을 추켜 세우다. b) ⟨e. + sich⟩ (길 따위가) 위쪽으로 향하다(나 있다): der Weg zieht sich in Windungen den Berg empor 길이 산을 타고 꼬불꼬불 올라간다.

Empore [ɛm'poːrə], die, -n 성당의 2층석(二層席), 합창대석, 교회의 위층 골마루.

empören [ɛm'pøːrən] ⟨h⟩ **1.** a) 격분시키다, 몹시 노하게 (화나게) 하다: seine Worte empörten mich 그의 언사가 나를 격분시켰다; über jmdn. [etw.] empört sein 누구(무엇)에 격분해 있다. b) ⟨e. + sich⟩ 분개하다, 격분하다: sich empört über jmdn. [etw.] e. 누구(무엇)에 대해서 몹시 격노하다. **2.** ⟨e. + sich⟩ 반항(저항)하다: sich gegen die Besatzung e. 점령군에게 저항하다; die Bauern empörten sich gegen den Zustand der Abhängigkeit 농민들은 예속 상태에 대해 항쟁하였다.

empörend ⟨Adj.⟩ 분노를 불러 일으키는, 괘씸한, 불쾌한, 과렴치한, 전대미문의: ich finde es e., daß … 나는 …을 불쾌하게 생각한다. **Empörer** [ɛm'pøːrɐ], der, -s, - (아이) 저항자, 반항자, 반도(叛徒), 폭도: die Empörer gegen die Kolonialherren wurden niedergemetzelt 식민통치자들에 대항한 항거자들은 학살당했다. **empörerisch** ⟨Adj.⟩ a) 선동적인, 반항(저항) 운동을 촉구하는: -e Reden halten 선동적인 연설을 하다. b) 폭동을 일으킨, 항거중인, 반란적인: -e Bauern 폭동을 일으킨 농민들.

Emporium [ɛm'poːriʊm], das; -s, …ien [… i̯ən; lat. emporium < griech. empórion] (고어) 상업 중심지, 시장, 화물 집산지.

Empörung, die; -en **1.** ⟨Pl. 없음⟩ 격분, 분개, 분노: seiner E. (über etw.) Luft machen (무엇에 대한) 분노를 터뜨리다; sie war voller E. 그녀는 격분으로 가득 찼다; er bebte vor E. 그는 분개한 나머지 부르르 몸을 떨었다. **2.** 항거, 반란, 폭동, 모반: die E. der Unterdrückten gegen ihre Ausbeuter wurde niedergeschlagen 착취자들에 대한 피착취자들의 항거는 진압되었다; die E. griff um sich 폭동이 주위로 번져 나갔다. **Empressement** [ãprɛsə'mã:], das; -s [frz. empressement] (교양어·고어) (일에 대한) 열성, 열의.

Empyem ['ɛmpi̯eːm], das; -s, -e [griech. empýēma] (의학) 축농(증), 농흉(膿胸).

empyreisch [ɛmpy'reːɪʃ] ⟨Adj.⟩ 최고천(最高天)의, 화천(火天)의, 천공(天空)의. **Empyreum** [ɛmpy'reːʊm], das; -s [lat. empyrius < griech. empýrios] (철학) 최고천, 화천, 천상계(天上界), 엔퓨로스(고대 철학과 스콜라 철학의 세계상에서 가장 높은 하늘로서 불과 빛의 영역이며 천당이기도 하다). **empyreumatisch** [ɛmpyrɔy̯-'maːtɪʃ] ⟨Adj.⟩ [griech. empýreuma] (전문어) 탄화(炭化)에 의해서 생긴, 탄내나는.

¹Ems [ɛms], die 엠스 강(서북 독일의 강).

²Ems: ↑Bad Ems.

¹Emser ['ɛmzɐ], der; -s, - 엠스 시민(인, 사람). **²Emser** ⟨Adj.; 격변화 없음⟩ 엠스의.

emsig ['ɛmziç] ⟨Adj.⟩ 부지런한, 섬없이 일하는, 꾸준한: ein Ergebnis -en Fleißes 꾸준한 근면의 결과; e. arbeiten 부지런히 일하다.

Emsigkeit, die 섬없는(꾸준한) 근면, 지칠줄 모르는 활동.

Emton ['ɛmtɔn], der; -s, -s (berlin.·경) 친구, 치(알려져 있거나 이미 거론된 남자에 대한 약간 깔보는 듯한 호칭): was macht denn der E. da? 저 친구 도대체 무엇을 하고 있지?

Emu ['eːmu], der; -s, -s [engl. emu, gek. aus port. ema di gei] 에뮤(오늘날엔 거의 멸종된 오스트레일리아 초원 지역에서 나는 타조 비슷한 큰 새).

Emulation [emula'tsi̯oːn], die [lat. aemulātio] (고어) **1.** 경쟁심. **2.** 질투, 시기.

Emulgator [emʊl'gaːtɔr], der; -s, -en [...gaˈtoːrən] (화학) 유화제(乳化劑). **emulgieren** ⟨h⟩ [lat. ēmulgēre] 유화(乳化)하다. **Emulsin** [emʊl'ziːn], das; -s [lat. ēmulsus] 에물진(편도(扁桃) 속에 함유된 효소). **Emulsion** [emʊl'zi̯oːn], die; -en [lat. ēmulsus, **2.** Part. von: ēmulgēre] **1.** (화학) 유화(乳化), 유화액, **2.** (사진) 감광유제(感光乳劑).

Emundantia [emʊn'dantsi̯a] ⟨Pl.⟩ [lat. ēmundantia, Neutr. Pl. von: ēmundāns, 1, Part. von: ēmundāre] (의학) 외용(外用) 세척제(洗滌劑).

E-Musik, die ⟨Pl. 없음⟩ 진지한 음악(ernste Musik의 약칭; 반대: U-Musik).

Enakiter [ena'kiːtɐ], **Enakskinder** ['eːnaks-], **Enakssöhne** ⟨Pl.⟩ [가나안의 거인족에 따라] 거인(들).

Enallage [ɛn'alage, e'na…; ɛn|ala'geː, ena…], die [lat.

enallagē < griech. enallagḗ] [언어] (형용사를 논리적으로 그것이 속해야 하는 명사가 아닌 다른 명사 앞에 놓는) (어구의) 환용(換用), 전구법(轉句法), 환치법(예컨대: mit einem blauen Lächeln seiner blauen Augen, statt: mit einem Lächeln seiner blauen Augen).

Enanthem [ɛnanˈteːm, ena...], das; -s, -e [griech. en u. ánthēma] [의학] 점막진(粘膜疹), 내발진(內發疹).

enantiotrop [ɛnˈantio̩ˈtroːp] ⟨Adj.⟩ 호변2형적(互變二形的)인. **Enantiotropie**, die [griech. enantíos u. trópos] [화학] 호변2형성(互變二形性; 동일한 물질이 어떤 상태에서 다른 상태로 변할 수 있는 것).

Enation [enaˈtsi̯oːn], die; -en [lat. ēnātus, 2. Part. von: ēnāsci] [식물] (식물의 기관(器官)의 표면에 혹이 생기는) 육기성장(肉起成長).

en avant! [anaˈva, frz., aus: en u. avant] 앞으로(갓), 출발!

en bloc [ãˈblɔk] ⟨Adv.⟩ [frz., aus: en u. bloc] 한 묶음으로, 전부, 몽땅, 일괄하여: etw. en b. ablehnen 무엇을 몽땅 거부(거절)하다.

En-blọc-Abstimmung, die (여러 후보자들에 대한) 일괄 투표.

en cabochon [ãkaboˈʃõ; frz., aus: en u. cabochon] (보석을) 윗부분은 둥글게, 아랫부분은 평평하게 하여 매끄럽게 간.

en canaille [ãkaˈnaːj; frz., aus: en u. canaille] (교양어·고어) 경멸적으로, 모욕적으로: jmdn. en c. behandeln 누구를 모멸적으로 다루다. **encanaillieren** [ãkanaˈjiːrən], sich ⟨h⟩ [frz. s'encanailler] 《폄》 천한 사람들과 어울리다, 품위를 떨어뜨리다.

en carrière [ãkaˈrjɛːr; frz., aus: en u. carrière] (교양어·고어) 전속력으로.

Enceinte [ãˈsɛ̃ːt(ə)], die; -n [frz. enceinte, zu: enceindre] (군·고어) 요새(要塞)의 위벽(圍壁), 위곽(圍郭).

Encephalitis: ↑ Enzephalitis.

enchantiert [ãʃãˈtiːrt] ⟨Adj.⟩ [frz. enchanté, 2. Part. von: enchanter] (고어) 홀린, 황홀한, 매혹된.

enchassieren [ãʃaˈsiːrən] ⟨h⟩ [frz. enchâsser, zu: châsse] (고어) 보석을 박아 넣다. **Enchassure** [ãʃaˈsyːrə], die; -n [frz. enchâssure] (고어) 보석 박아 넣기.

Encheirese [ɛnçaiˈreːzə], die; -n [griech. egcheírēsis] (고어) 취급(방법), 처치, 다루기. **Encheiresis naturae** [ɛnˈçairezɪs naˈtuːrɛ], die [griech. egcheírēsis ↑ Encheirese 참조; lat. nātūra] 자연력의 이용(괴테).

Enchiridion [ɛnçiˈriːdi̯ɔn], das; -s, ...[i̯ən; lat. enchīridion < griech. egcheirídion] (고어) 편람(便覽), 소형 편람, 작은 교과서.

Encoder [ɪnˈkoudə], der; -s, - [engl. encoder, zu: to encode] 엔코더, 부호기(符號器), (컴퓨터, 스테레오 방송 장치 혹은 정보 전달 시스템에 있는) (정보) 암호화 장치(반대: Decoder]. **encodieren**: ↑ Encodierung. **Encoding** [ɪnˈkoudɪŋ], das; -s, -s [engl. encoding] (커뮤니케이션) (정보)의 암호화, 기호화(반대: Decoding).

Encounter [ɪnˈkauntə], der; ⟨또한 auch⟩ das; -s, - [engl. encounter] [심리] 집단 감수성 훈련.

encouragieren [ãkuraˈʒiːrən] ⟨h⟩ [frz. encourager, zu courage] (준고어) 용기를 북돋우다, 격려하다, 고무하다; jmdn. zu etw. e. 누구를 격려하여 무엇을 하게 하다.

Encrinus [ɛnˈkriːnʊs], der; -, ...ni [griech. en u. krínon] 갯나리, 갯나리의 화석(멸종된 바다나리의 일종으로 중생대의 최하층인 3첩기층(疊紀層)에 널리 분포되어 있다.

end-, End- [ˈɛnt-]: ~**abrechnung**, die 최종 결산(決算): die E. für einen Monat machen 월말 결산을 하다. ~**abstimmung**, die 최종 투표, 결선 투표(決選投票). ~**ausscheid**, der 최종 예선. ~**bahnhof**, der 종착역, 종점. ~**bescheid**, der 최후 통첩, 최종 결정. ~**beschluß** ⟨Adj.⟩ [언어] 마지막(끝) 음절에 강세가 있는. ~**betonung**, die 마지막 음절의 강세(악센트): dieses Wort hat E. 이 단어는 끝음절에 강세가 있다. ~**betrag**, der 최종 액수(금액). ~**buchstabe**, der 단어의 끝글자. ~**darm**, der [의학] 1. ↑ Dickdarm. 2. (무척추 동물의) 후장(後腸). ~**dreißiger**, der 30대 말의 남자. **dreißigerin**, die 30대 말의 여자. ~**effekt**, der 최후의 결과, 결과적으로 얻은 효과: im E. mußt du dir selbst helfen 결국 너는 네일을 스스로 처리해야 한다. ~**erfolg**, der 최후의 성과(결과). ~**ergebnis**, das 최종적인 결과: im E. läuft es auf das gleiche hinaus 결국 그는 것은 같은 결과가 된다. ~**erzeugnis**, das 최종 생산품(물). ~**fassung**, die 최종 문안(文案). ~**fertigung**, die (제품의) 최종 마무리(단계). ~**fünfziger**, der 50대 말의 남자. ~**fünfzigerin**, die 50대 말의 여자. ~**geschwindigkeit**, die (허용된) 최고(최대) 속도. ~**giltig** (österr.·준고어) ↑ ~gültig. ~**gültig** ⟨Adj.⟩ 최종적인, 최후의, 뒤집을 수 없는: eine -e Lösung 최종적인 해결(책); sich e. zu etw. entschließen 무엇을 하려고 최종적으로 결심하다; ich weiß noch nichts Endgültiges 나는 아직 최종적인 것을 모른다. ~**gültigkeit**, die 최종(최후) 성격(상태), 번복할 수 없음. ~**haltestelle**, die 종착역, 종점. ~**hirn**, das 척추동물의 뇌의 맨 앞 부분. ~**kampf**, der [스포츠·군] 결승전, 결전, 최후의 한판. ~**konsequenz**, die 최종적 귀결. ~**konsonant**, der (단어의) 끝자음. ~**lager**, das 최종 처리장. ~**lagerung**, die (방사능 폐기물의) 최종 처리(матер). ~**lauf**, der [육상·스키] 결승전(레이스). ~**los** ⟨Adj.⟩ a) 끝이 없는, 연속적인: eine -e Kette 연속적인 사슬. b) 끝날 것 같지 않은, 끝이 아득한 인내; 영구의, 영원의: -e Geduld 무한한 인내; es dauerte e. lange, bis er kam 무척이나 오래 지나서야 그가 나타났다; die Stunden des Wartens zogen sich (bis) im Endlose hin 기다림의 시간이 끝없이 이어졌다. ~**losbahn**, die 원형 경주로. ~**losband**, das ⟨Pl. -bänder⟩ [인쇄] (연속적으로 인쇄되어지는) 순환 종이 테이프. ~**losbauweise**, die (여러 요소들을 임의로 병렬시키는) 조립식 건축방식. ~**losformular**, das [인쇄] 서로 이어져 절단할 수 있게 된 양식의 서식(書式). ~**losigkeit**, die 무한, 무궁, 영원 구성, 불멸. ~**lösung**, die a) (드물게) 최종적인 해결. b) (나치·은폐) 유럽에 있는 유태인들에 대한 절멸(계획). ~**montage**, die 최후의 마무리 조립, ~**moräne**, die [지질] 종퇴빙퇴석(終末氷堆石). ~**nummer**, die 마지막 수(數). ~**phase**, die 마지막 국면(단계): die Verhandlungen treten in ihre E. 협상이 마지막 국면에 접어든다. ~**produkt**, das 최종 생산품, 최종 제품. ~**punkt**, der 종점, 극점(極點), 종착지: der E. einer Reise 여행의 종착지, 행선지. ~**reim**, der 각운(脚韻) (반대: Anfangsreim). ~**resultat**, das 최종결과. ~**rumpffläche**, die [지질] 산맥의 삭박작용(削剝作用)의 마지막 단계. ~**runde**, die [스포츠] (트랙을 여러 바퀴 도는 운동 경기에서) 마지막 한바퀴, 최종 바퀴, 최종 결선. ~**rundenspiel**, das [스포츠] 마지막 한바퀴의(최종 라운드의) 경기, 최종 결선. ~**see**, der 물이 흘러나가지 않는 호수. ~**sieg**, der [스포츠] 결승전, 최종 승리. ~**silbe**, die (낱말의) 끝음절: das Wort wird auf der E. betont 그 단어는 끝음절에 악센트가 있다. ~**spiel**, das a) [스포츠] 결승전. b) (서양 장기의) 종반전. ~**spurt**, der [육상] a) (골인 지점 앞에서의) 전력 질주, 라스트 스퍼트: den E. anziehen 라스트 스퍼트를 가하

Endchen 다. b) 〈Pl. 없음〉 라스트 스퍼트 능력. **~stadium**, das 최종 단계(국면): die Krankheit ist in ihr E. getreten 병이 말기에 접어들었다. **~stand**, der [스포츠] 최종 결과(스코어). **~ständig** 〈Adj.〉 [생물] 〈잎·꽃·싹 등이〉 무엇의 끝에 있는. **~station**, die [교통] 종점, 종착역: bis zur E. mitfahren 종점까지 동승하다; E., alles aussteigen! 종점입니다, 모두 하차해 주십시오! **~stelle**, die ↑~station. **~stück**, das 〈여러 조각으로 이루어진 것의〉 끝부분: das E. eines Brotes 빵의 마지막 조각. **~summe**, die 총계, 합(computation). **~twen**, der 〈통용어〉 ↑~zwanziger. **~ursache**, die 〈사건의〉 궁극적 원인. **~urteil**, das [법] 최종 판결. **~verbraucher**, der [경제] 최종 소비자. **~verbraucherpreis**, der 최종 소비자 가격. **~vierziger**, der 40대 말의 남자. **~vierzigerin**, die 40대 말의 여자. **~vokal**, der 〈단어의〉 끝모음. **~zahl**, die 〈이어지는 여러 숫자의〉 마지막 숫자. **~zeit**, die 세계 종말의 시기, 말세기. **~zeiterwartung**, die 세계 종말 시기의 예상(豫想). **~zeitlich** 〈Adj.〉 세계 종말 시기의. **~ziel**, das 최종 목표, 최종 목적지. **~ziffer**, die 〈여러 자리 숫자의〉 마지막 숫자. **~zustand**, der 최종 상태. **~zwanziger**, der 20대 말의 남자, **~zwanzigerin**, die 20대 말의 여자. **~zweck**, der 최종 목표, 궁극의 목표.

Endchen ['ɛntçən], das; -s, - ↑Ende (2). **Ende** ['ɛndə], das; -s, -n **1. a)** 〈공간적〉 끝, 말단, 종점, 끝나는 지점(뜻)(반대: Anfang, Beginn): wir wohnen am E. der Stadt(am E. der Welt) 우리는 도시의 변두리에(〈농〉 멀리 떨어진 교외에) 살고 있다; jmdm. bis ans E. der Welt folgen 누구를 세상의 끝까지 따라가다; von einem E. zum andern 한 끝에서 다른 끝으로; [전의] er faßt die Sache an der richtigen(falschen) E. an 그는 그 일을 올바로[잘못] 다루고 있다. **b)** 〈Pl. 없음〉 〈시간적〉 끝, 마지막 단계, 종말, 결말(반대: Anfang, Beginn): ein plötzliches(tragisches) E. 갑작스런[비극적] 결말; das E. der Welt 세계의 종말; das E. der Vorstellung 종연(終演), 종영(終映); 〈아이〉 es war des Staunens kein E. 놀라움은 끝이 없었다; bei seinen Erzählungen findet er kein E. 그의 이야기는 끝이 없다; E. April 4월 말; er ist; E. fünfzig(der Fünfziger) 그는 50대 말이다; am[zu(m)] E. des Jahres 연말에; die Vorstellung ist (gleich) zu E. 상연[공연]이 (곧) 끝난다; meine Geduld ist zu E. 내 인내심은 한계에 도달했다; unser Geld geht zu E. 돈이 다 떨어져 간다; eine Arbeit zu E. bringen(führen) 일을 끝내다; mit etwas zu E. kommen 무엇을 마치다[끝내다]; den Brief zu E. lesen, 〈농으로도〉 lesen 편지를 끝까지[완전히] 다 읽다; [성구] 〈농〉 alles hat ein E., nur die Wurst hat zwei 모든 것은 다 끝이 하나뿐인데 소세지만은 [촉감] E. gut, alles gut 끝이 좋으면, 다 좋다; **das dicke E.** 〈통용어〉 〈예기치 않은〉 커다란 난관[어려움]; das dicke E. kommt noch (kommt noch nach) 무서운 일은 나중에 닥쳐 온다. 더 앞이 무섭다; **das E. vom Lied** 〈통용어〉 〈어떤 일의〉 실망스러운[진부한] 결말: das E. vom Lied war, daß alles beim alten blieb 모든 것이 있던 그대로라는 실망스러운 결말로 끝나고 말았다; **ein E. mit Schrecken** 경악스러운 재앙(종말); **letzten -s** 결국: letztes -es mußte er doch nachgeben 그는 결국 양보해야만 했다; **ein(kein) E. nehmen** 끝을 맺다(끝[한]이 없다); **ein böses(kein gutes) E. nehmen** 좋지 않게 끝나다; **einer Sache ein E. machen(setzen, bereiten)** 〈아이〉 무엇의 결말을 짓다, 무엇을 끝맺다; **einem Streit ein E. bereiten** 싸움에 종지부를 찍다; **seinem Leben ein E. machen(setzen)** 〈아이〉 자살하다; **am E. 1)** 결국: das ist am E. dasselbe 그것은 결국 같은 것이다. **2)** 〈nordd.〉 아마, 어쩌면: **am E. sein** 〈통용어〉 완전히 기진맥진한, 지칠대로 지친; ich bin völlig am E. 나는 완전히 지칠대로 지쳤다; **mit etw. am E. sein** 더 이상 어찌 해볼 수 없다 er ist mit seiner Kunst[seinem Latein] am E. 그는 온갖 방책을 다 써 보았지만 소용이 없다, 그는 이 어찌할 바를 모른다; **mit jmdm. geht es zu E.** 〈은폐〉 누구는 임종이 임박해 있다; **zu welchem E.?** 〈준고어〉 무슨 목적으로, 무엇 때문에? **c)** 〈아이·은폐〉 죽음: sein E. nahen fühlen 죽음이 가까움을 느끼다; ein qualvolles E. haben 고통스런 임종을 맞다. **2.** 〈축소형: ↑Endchen〉 **a)** 말단, 끄트머리, 자투리: das E. der Wurst 소세지의 끄트머리 조각; da ist (doch) das E. von weg 〈통용어〉 그것은 〈정말〉 믿어지지 않는[들어보지 못한] 일이다. **b)** 〈통용어〉 〈전체의〉 작은 토막[조각]. **c)** 〈Pl. 없음〉 〈통용어〉 〈통용어의 법〉 먼 거리: es ist noch ein ganzes(gutes) E. bis zum Bahnhof 정거장까지는 아직 상당히 먼 거리가 남았다. **3.** [사냥] 사슴의 가지뿔. **4.** [선원] 닻줄, 밧줄.

Endecasillabo [endeka'zi:labo], der; -(s), ...bi [ital. endecasillabo] 〈소네트(14 행시), 스탠저(8 행시), 테르치네(3 행시집) 등의 시형에서 보이는〉 이탈리아의 11음절의 시행(詩行).

Endecha [ɛn'detʃa], die; -s [span. endecha] 〈특히 비가(悲歌)에 조시(弔詩)에 쓰이는〉 스페인의 시형.

Endefeuer, das; -s, - [사격 경기의 구령인 "사격 중지"에서]〈schweiz.〉휴전. **Endefinken** 〈Pl.〉〈schweiz.〉〈천조각으로 만든〉 실내화, 슬리퍼. **Endel** ['ɛndl], das; -s, - 〈bayr., österr.〉〈튼튼하게 만든〉천의 가장자리(귀). **endeln** ['ɛndln] 〈h〉〈bayr., österr.〉천(옷감)의 가장자리에 테두리를 두르다.

Endemie [ɛnde'miː], die; -n [...iən; griech. éndēmos] [의학] 풍토병, 토질병(土疾病). **endemisch** [ɛn'deːmɪʃ] 〈Adj.〉 **a)** 〈어느 지역〉 고유의, 특유한. **b)** [의학] 풍토병의, 풍토성의. **c)** [생물] 특정 지방에 분포되어 있는, 토착(土着)의. **Endemismus** [ɛnde'mɪsmʊs], der; -s [생물] 풍토성(동물과 식물들이 특정한 지역에만 존재하는 것). **Endemiten** [ɛnde'miːtn] 〈Pl.〉 [생물] 특정한 지역에만 존재하는 식물[동물]군(群).

enden ['ɛndn] **1.** 〈h〉 **a)** 〈공간적으로〉 끝나다: der Weg hatte in einem dichten Dickicht geendet 그 길은 빽빽한 숲에 이르러 끝났다; die Röcke enden knapp unter dem Knie 스커트가 가까스로 무릎 아래에 미치다. **b)** 〈시간적으로〉 끝나다, 마치다: der Streit endete tragisch 그 싸움은 비극적으로 끝났다; wie soll(wird) das e.? 그것은 어떻게 끝날까?; nicht e. wollender Beifall 그칠 줄 모르는 갈채. **2. a)** 〈h〉 〈연설 등을〉 끝마치다. **b)** 〈h〉[드물게] 일생을 마치다, 죽다: am Galgen e. 교수대에서 일생을 마치다; wie hat([드물게] ist) er geendet? 그는 어떻게 죽었는가? **3.** [言어] 〈h〉 〈낱말이〉 무엇으로 끝나다: dieses Wort endet auf[mit] k 이 낱말은 k로 끝난다. **4.** 〈드물게 아이〉 〈h〉 끝내다, 결말을 짓다. **-ender** [-ɛndɐ] 〈다음의 합성어로, 예컨대〉 Achtender (여덟 가닥의 뿔을 가진 사슴), Zwölfender (열두 갈래 뿔의 큰 사슴).

enderisch ['ɛndərɪʃ] 〈언어〉 ↑entrisch 참조.

Endesunterzeichnete', der / die 〈문서의〉 서명자(署名者).

en détail [ãde'taj; frz., aus: en u. détail] **a)** [상] 낱개로, 소매로(반대: en gros): die Ware wird nur en d. verkauft 이 상품은 소매로만 판매된다. **b)** 일일이, 세밀히, 상세하게. **Endétailgeschäft**, das 〈상·고어〉 소매업, 소매상.

endigen ['ɛndɪɡn] 〈h〉 〈아이·준고어〉 ↑enden. **Endigung**, die; -en 〈고어〉 종료, 종결, 끝냄.

Endivie [ɛn'diːviə], die; -n [Frz. endive] 꽃상치. **Endiviensalat**, der. 꽃상치 샐러드.

endlich ['ɛntliç] **I.** 〈Adv.〉 **a)** (오랜 기다림, 지체, 의혹의 시간 후에) 마침내, 드디어, 기어이: wann bist du e. fertig? 언제나 끝나니?; na e.! (통용어) 야, 드디어! **b)** 결국: e. gab er doch nach 그는 결국 굴복하고 말았다. **II.** 〈Adj.〉 《전문어》(공간, 시간, 숫자 등이) 제한된, 한정된, 무상(無常)한, 일시의: eine -e Zahl 유한수(有限數); unsere Welt ist e. 이 세상은 무상하다. **Endlichkeit**, die; -en 유한, 무상한 일, 현세.

Endobiont [ɛndo'biɔnt], der; -en, -en [griech. éndon u. bioús] 【생물】체내기생체(體內寄生體)(반대: Epibiont). **Endobiose** [ɛndo'bioːzə], die; -n [griech. éndon u. bíos] 【생물】체내기생(體內奇生)(예컨대: 장(腸) 속에 살고 있는 박테리아)(반대: Epibiose).

Endocarditis: ↑Endokarditis 참조. **Endocardium** [ɛndo'kardjum], das; -s, ...dia ↑Endokard.

Endodermis [ɛndo'dɛrmɪs], die; ...men [griech. éndon u. dérma] 【식물】 내피(內皮).

Endoenzym [ɛndoɛn'tsyːm], das; -s, -e 【생물】 (세포)내효소(內酵素).

Endogamie [ɛndoga'miː], die; -n [...iən; griech. éndon u. gámos] 【사회】 동족 결혼, 족내혼(族內婚)(반대: Exogamie).

endogen [ɛndo'geːn] 〈Adj.〉 [griech. endogenēs] **1. a)** 【의학】(물질, 병원체(病原體) 혹은 병 등이) 체내에서 생기는, 내생적인, 내인성(內因性)의(반대: exogen 1 a). **b)** 【의학】 소질(素質)에 원인이 있는(반대: exogen 1 b). **c)** 【식물】(표면 조직층에서가 아니라, 내부에서 생겨나서 외부의 조직층을 뚫고 나오는) 내생(內生)의(반대: exogen 1 c). **2.** 【지질】 지구 내부에서 생긴, 내인적(內因的)인(반대: exogen 2): ein -es Erdbeben 내인적 지진(地震).

Endokannibalismus [ɛndo-], der; - 【인종】 동족호식(同族互食)(반대: Exokannibalismus).

Endokard [ɛndo'kart], das; -s, -e [griech. éndon u. kardía] 【의학】 심내막(膜). **Endokarditis** [...kar'diːtɪs], die; ...itjden 【의학】 (특히 심장 판막에 생기는) 심내막염(心内膜炎).

Endokarp [ɛndo'karp], das; -es, -e [griech. éndon u. karpós] (예컨대: 복숭아와 살구의 핵(核))(반대: Exokarp).

endokrin [ɛndo'kriːn] 〈Adj.〉 [griech. éndon u. krínein] 【의학】 **1.** (선(腺)의) 내분비의(반대: exokrin). **2.** 내분비선에 관한, 내분비선의. **Endokrinie** [ɛndokri'niː], die 【의학】 내분비 기능 장애. **Endokrinolog** [ɛndokrino'loːgə], der; -n, -n 【의학】 내분비학 학자. **Endokrinologie** [ɛndokrinolo'giː], die 【의학】 내분비학.

Endolymphe, die; -n 【생물·의학】 미로임파(迷路淋巴), (내이(內耳)의) 내림프(액).

Endolysine [ɛndoly'ziːnə] 〈Pl.〉【의학】 (백혈구) 엔돌리신.

Endometritis [ɛndome'triːtɪs], die; ...itjden 【의학】 자궁내막염(子宮内膜炎). **Endometrium** [ɛndo'metrium], das; -s, ...ien [...iən; griech éndon u. mêtra] 【의학】 자궁 점막, 자궁 내막.

Endomitose [ɛndomi'toːzə], die; -n 【생물】 핵내 유사 분열(核内有絲分裂).

endomorph [ɛndo'mɔrf] 〈Adj.〉 [grech. éndon u. morphē] **1.** 【지질】 내포 광물의(반대: exomorph), 내변적(變的), 혼성적인. **2.** 비만형의, 살찐, 내배엽형의. **Endomorphie** [ɛndomɔr'fiː], die 【의학】 내배엽형체(内胚葉型體). **Endomorphismus**, der; ...men 〈수학〉 자기준동형(自己準同形). **Endomorphose** [ɛndomɔr'toːzə], die; -n 【지질】 혼성 작용(주변 암석과의 접촉으로 인한 화성암 형성상의 변화).

Endoparasit, der; -en, -en 【의학】 내부(체내) 기생충.

Endophyt [ɛndo'fyːt], der; -en, -en [griech. éndon u. phytón] 【생물】 내부(체내) 기생식물. **endophytisch** 〈Adj.〉【의학】 (종양이) 안쪽으로 자란다.

Endoplasma [ɛndo-], das; -s, ...men ↑Entoplasma 참조. **endoplasmatisch** 〈Adj.〉【생물】 (원생 동물 세포의) 내부 원형질의, 내질(內質)의.

Endoskelett, das; -(e)s, -e 【생물】 (척추동물의) 내골격(内骨格)(반대: Ektoskelett).

Endoskop [ɛndo'skoːp] **1.** das; -s, -e [griech. éndon u. skopeîn] 【의학】 내시경(内視鏡). **2.** (드물게) der; -en, -en 내시경 검사 전문의. **Endoskopie** [...skoː'piː], die; -n [...iən] 【의학】 내시경검사(법). **endoskopisch** 〈Adj.〉【의학】 **a)** 내시경에 관한. **b)** 내시경 검사(법)에 관한. **c)** 내시경 검사(법)에 의한: die -e Untersuchung des Magen-Darm-Kanals 위·장관(胃·腸管)의 내시경 검사법에 의한 진단.

Endosmose [ɛndɔs'moːzə], die; -n ↑Kataphorese.

Endosperm [ɛndo'sperm], das; -s, -e [griech. éndon u. spérma] 【생물】 배유(胚乳), 내유(内乳).

Endospore, die; -n 【식물】 자낭포자(子囊胞子).

Endothel [ɛndo'teːl], das; -s, -e, **Endothelium** [ɛndo'teːlium], das; -s, ...ien [...iən; griech. éndon u. thēlē] 【의학】(혈관 및 임파관의) 내피 세포.

endotherm [ɛndo'tɛrm] 〈Adj.〉 [griech. éndon u. thérmē] 【물리·화학】 열을 흡수하는, 흡연(吸熱)의(반대: exotherm): -e Prozesse 흡연 과정.

endothym [ɛndo'tyːm] 〈Adj.〉 [griech. éndon u. thymós] 【심리】 심층 감정의.

Endotoxine 〈Pl.〉 【생물·의학】 내독소(内毒素), 균체 내독소(菌體内毒素).

endotroph [ɛndo'troːf] 〈Adj.〉 [griech. éndon u. trophē] 【식물】 (버섯류가 다른 식물의) 내부에서 영양을 취하는(반대: ektotroph).

endozentrisch [ɛndo'tsɛntrɪʃ] 〈Adj.〉 【언어】 내심적(内心的)인, 내심 구조의(예컨대: großes Haus=Haus) (반대: exozentrisch).

Endung ['ɛndun], die; -en 【언어】 어미.

endungslos 〈Adj.〉 【언어】 어미가 없는.

Energetik [ener'geːtɪk], die **1.** 에너지론(論)(에너지를 만물의 본질 및 원동력으로 보는 자연철학적 경향)(독일의 오스트발트(W. Ostwald)에 의해서 주장됨). **2.**【물리】에너지학. **Energetiker** [ener'geːtikɐ], der; -s, - 에너지론(의 대변)자. **energetisch** [...'geːtɪʃ] 〈Adj.〉 [griech. energētikós] **1.** 에너지론에 관한(근거한), 에너지론의: -e Sprachbetrachtung 에너지론적 언어관(언어를 일회적인 창조물이 아닌, 지속적으로 작용하는 힘으로 보는 언어관); **-er Imperativ** (W. Ostwald의 요구에 따라서, 에너지를 낭비하지 말고 잘 이용하라는) 에너지론의 기본 원칙. **2.** 【물리】 에너지에 관한(근거한), 에너지의. **energico** [e'nɛrdʒiko] 〈Adv.〉 [ital. energico] 【음악】 힘차게, 힘있게, 결연히. **Energie** [ener'giː], die; -n [...iːən; lat. energīa < griech. enérgeia] **1.** 〈Pl. 없음〉 힘, 세력, 정력, 강력한 육체적·정신적 기력, 실행력[활동력], 근기: er besitzt eine nie erlahmende E. 그는 지칠줄 모르는 정력을 소유하고 있다; alle E. für etw. aufbieten (aufwenden) 무슨 일에 전력을 다하다; er steckt voller E. [birst fast vor E.] 그는 기력이 넘쳐 흐른다. **b)** (드물게) 강조, 역점, 결연[단호]함: etw. mit E. sagen 힘을 줌주어 말하다. **2.** 【물리】에너지: elektrische[chemische] E. 전기(화학) 에너지; bei diesem Vorgang geht E. verloren 이 과정

에서 에너지의 손실이 생긴다; -n nutzen[speichern] 에너지를 이용하다[축적하다].
energie-, Energie-: **~abgabe,** die 에너지 방출. **~arm** ⟨Adj.⟩ (반대: energiereich) a) 에너지가 부족한. b) 에너지 자원이 부족한. **~art,** die 에너지 형태(종류). **~aufwand,** der 1. 정력(기력)의 소모: er führte seinen Plan mit großem E. durch 그는 엄청난 정력을 소모해 가면서 그의 계획을 수행했다. 2. 에너지 소모(량): der E. für den Betrieb einer Maschine 기계를 작동시키는 데 필요한 에너지 소모(량). **~ausbeute,** die 에너지 자원의 획득(노획). **~ausschuß,** der 에너지위원회(에너지 정책의 문제들을 취급하는). **~beauftragte*,** der 에너지 전담인. **~bedarf,** der 에너지 수요. **~beraterin,** die 에너지 회사 소비자 상담역(발전소, 가스 공장, 전기기기 및 가스기기 생산 회사의). **~bereich,** der 에너지(경제) 영역. **~betrag,** der 에너지 량. **~bewußt** ⟨Adj.⟩ 에너지 절약의. **~bündel,** das 《통용어》 정력적인 사람. **~einsparung,** die 에너지 절약. **~erzeugung,** die 에너지 생산. **~form,** die 에너지 형태(종류): (운동에너지): alle -en können ineinander umgewandelt werden 모든 에너지는 서로간에 변환이 가능하다. **~frage,** die ↑~problem (b): eine Lösung in der E. 에너지 문제의 해결. **~gehalt,** der 에너지 함유량. **~geladen** ⟨Adj.⟩ 정력적인, 기력이 충만한. **~gewinnung,** die 에너지 획득. **~haushalt,** der 에너지 수급관계(需給關係). **~intensiv** ⟨Adj.⟩ 에너지 집약적인, 많은 에너지를 소비하는. **~kapazität,** die 에너지 용량. **~krise,** die 에너지 위기(에너지 공급상의). **~lage,** die 에너지 공급 상태. **~leistung,** die 된지 많이 든 업적. **~lieferant,** der 에너지원(源). **~los** ⟨Adj.⟩ 힘(기력)이 없는, 실행력이 없는. **~losigkeit,** die 무기력. **~lücke,** die 에너지 공급상의 결함, 에너지 공급의 중단. **~menge,** die 많은 양의 에너지. **~politik,** die 에너지 정책(에너지 공급과 관련된). **~politisch** ⟨Adj.⟩ 에너지 정책의. **~prinzip,** das ⟨Pl. 없음⟩ ↑~satz. **~problem,** das a) 에너지 공급과 관련된 문제. b) ⟨Pl. 없음⟩ 에너지 공급의 문제. **~programm,** das 《정부의》 에너지 공급 계획. **~quelle,** die 에너지원(源): die Kernspaltung ist heute eine wichtige E. (원자) 핵분열은 오늘날 중요한 에너지원이다. **~rechnung,** die (전기, 가스 등의) 에너지 사용 계산서. **~reich** ⟨Adj.⟩ (반대: energiearm) a) 에너지가 풍부한: ein ~er Verbrennungsvorgang 많은 양의 에너지를 방출하는 연소과정(燃燒過程). b) 에너지 자원이 풍부한. **~reichtum,** der 풍부한 에너지. **~reserve,** die (대개 Pl.) 에너지의 비축(저장). **~satz,** der ⟨Pl. 없음⟩ [물리] 에너지 보존의 법칙. **~spender,** der 에너지원(源). **~system,** das 에너지 분배 체계. **~träger,** der 에너지원(源): Kohle u. Erdöl sind primäre, Benzin u. Strom sind sekundäre E. 석탄과 석유는 제1의 에너지원이며, 벤진과 전기는 제2의 에너지원이다. **~umwandlung,** die [물리] 에너지 변환(예컨대: 석탄의 화학 에너지로부터 생기는 열 에너지). **~verbrauch,** der 에너지 소비(량). **~verlust,** der 에너지 손실. **~verschwendung,** die 1. 정력의 낭비: es ist reine E., ihn zu ermahnen 그에게 훈계를 하는 것은 순전히 정력의 낭비이다. 2. 에너지(자원 소비상의) 낭비. **~versorgung,** die 에너지(자원)의 공급. **~verteilung,** die 에너지 분배. **~vorrat,** der ⟨대개 Pl.⟩ 에너지 자원의 비축[저장]. **~wirtschaft,** die 에너지 경제(에너지의 생산, 가공, 분배를 포괄하는 경제 분야). **~wirtschaftlich** ⟨Adj.⟩ 에너지 경제의. **~zufuhr,** die 에너지 공급.
energisch [eˈnɛrgɪʃ] ⟨Adj.⟩ [nach frz. énergique] a) 정력(기력)이 넘치는, 강력한 의지·실행력을 보여 주는, 힘찬, 활동력이 있는: ein ~es Auftreten haben 당당한 모습으로 등장하다; e. durchgreifen 단호한 조처를 취하다. b) 정력, 강력한 의지·실행력을 증명해 주는: ein ~es Kinn 강력한 의지를 나타내주는 턱. c) 힘을 준, 강조하는, 결연한, 단호한: einen ~en Protest vorbringen 강력하게 항의하다. **energochemisch** [energo...] ⟨Adj.⟩ (에너지가) 화학 반응에 의해서 생긴.
Enervation [enɛrvaˈtsi̯oːn], die [lat. ēnervātio] ↑ Enervierung. **enervieren** [enɛrˈviːrən] ⟨h⟩ [frz. énerver] 1. 《아어》 약하게 하다, 원기를(기력을) 꺾다: diese Auseinandersetzungen enervieren mich 이러한 논쟁이 내 신경을 지치게 한다; ein enervierender Lärm 혼을 빼앗아 가는 소음(騷音). 2. [의학] 신경을 절제(切除)하다. **Enervierung,** die; -en 1. 《아어》 기운(기력) 상실, 무기력, 쇠약. 2. [의학] 신경절제(神經切除).
en face [aˈfas; frz.; ins Gesicht] 《전문어》 (특히 초상화 그리기에서) 전면에서(보아), 직면하여, 마주보고(반대: en profil): jmdn. en f. und en profil malen 누구를 정면과 측면에서 그리다. **En-face-Bild,** das 정면화.
en famille [ɑfaˈmij; frz.] 《준고어》 가족끼리, 내밀히, 비밀리에: wir waren ganz en f. 우리는 완전히 가족끼리였다.
Enfant terrible [ɑ̃fɑ̃teˈribl], das; - -, -s -s [ɑfɑ̃teˈribl; frz., schreckliches Kind] 주위 사람들을 종종 놀라게 하고 당황하게 만드는 사람, (타인에게 폐가 됨을 생각치 않는) 분별없는 인간.
enfilieren [ɑfiˈliːrən] ⟨h⟩ [frz. enfiler] 1. 《고어》 실에 꿰다, 나란히 늘어놓다. 2. 《군·고어》 소사(掃射)하다.
enflammieren [ɑflaˈmiːrən] ⟨h⟩ [frz. enflammer] 《고어》 (정열을) 불타게 하다, 열광케 하다, 황홀하게 하다, 감격시키다.
Enfle [ˈɑːfl], das; -s, -s [frz. enfle] 52장의 휘스트 카드를 가지고 6명이 하는 프랑스의 카드놀이.
Enfleurage [ɑfløˈraːʒə], die [frz. enfleurage] 냉침법(冷浸法), 향료 흡수법(향수 산업에서).
eng [ɛŋ] ⟨Adj.⟩ 1. (반대: weit) a) (공간적으로) 좁은, 비좁은: das Tal ist sehr e. 그 계곡은 폭이 매우 좁다; sein Gesicht bekam einen harten Zug, die Pupillen wurden e. 그의 얼굴 표정은 딱딱하게 굳어졌고, 동공(瞳孔)은 오므라들었다; [전의] in -en Verhältnissen leben 검소한 생활을 하다. b) 좁은, 틈새가 없는, 빽빽한, 밀집한: e. schreiben 사이를 좁혀 빽빽하게 쓰다; die Bäume stehen etwas zu e. 나무들이 아주 빽빽하게 들어서 있다. c) (옷 따위가) 몸에 꽉 끼는, 작은: -e Hosen 째는 바지. d) 활동의 여지가 없는: ihm sind -e Grenzen gesetzt 그에게는 활동의 여지가 제한되어 있다; [성구] das darf man nicht so eng sehen 《통용어》 그것은 관대히 봐주어야 한다. 2. (비교급과 최상급으로) 한정된: in die -ere Wahl kommen(gezogen werden) 결선 투표가 되다, 당선 유망권 내에 들다; im -eren(-sten) Sinn des Wortes 보다(가장) 한정된 의미로. 3. 친밀한, 긴밀한: in -em Kontakt mit jmdm. stehen 누구와 긴밀한 접촉을 갖고 있다; im -sten Kreis feiern 가장 친한 사람들끼리만 축하하다; e. [aufs -ste] befreundet sein (아주) 친하다.
Engadin [ˈɛŋgadiːn, 《또한》 - - -ˈ-], das; -s 스위스의 Inn 천(川)의 계곡 지대.
eng-, Eng-: **~anliegend** ⟨Adj.⟩ (옷 따위가) 몸에 꼭 끼는. **~anschließend** ⟨Adj.⟩ 꼭 맞는, 밀접한. **~bedruckt** ⟨Adj.⟩ 행 간격을 좁게해서 인쇄한. **~befreundet** ⟨Adj.⟩ 친밀한 우정 관계로 맺어진, 절친한. **~begrenzt** ⟨Adj.⟩ 좁게 한정[국한]된, 좁은. **~beschrieben** ⟨Adj.⟩ 촘촘하게 쓰여진. **~brüstig** [...brystɪç] ⟨Adj.⟩ a) 가슴이 좁은, (체격이) 가냘픈: [전의] ein -es Häuschen 《아어》 비좁고 넘어질 것 같은 판자집. b)

천식의, 숨이 가쁜. **~brüstigkeit,** die (체격이) 가냘픔, 호흡 곤란. **~halsig** 〈Adj.〉 목이 좁은. **~herzig** 〈Adj.〉 마음이 좁은, 편협한, 완고[완고]한, 옹졸하고 융통성이 없는. **~herzigkeit,** die 편협함, 옹졸함. **~maschig** 〈Adj.〉 **1.** (그물의) 코가 쫀쫀한, 촘촘한 짠: 전의 ein -es Verwaltungsnetz 빈틈없는 행정망(行政網). **2.** 【스포츠】 (경기 운영에 있어서) 공간을 넓게 쓰지 못하는. **~paß,** der **1.** (길, 도로, 통로상의) 좁은 곳, 애로(隘路). **2.** (무엇이 부족한) 경제적 궁지(窮地), 난국(難局), 곤경: es besteht ein E. auf dem Gebiet der Stromversorgung 전기 공급이 곤경에 처해 있다(어려운 상황에 있다); Engpässe der Textilindustrie beseitigen 섬유 산업의 난국을 타개하다. **~stirnig** [...ɪnɪç] 〈Adj.〉 (뜻) 편견에 사로잡힌, 소견이 좁은, 융통성이 없는, 편협한: halten Sie mich bitte nicht für theologisch e. 나를 신학적으로 편협한 사람으로 간주하지 마십시오; e. handeln 융통성 없게 행동하다. **~stirnigkeit,** die 편협함, 편견, 편파성. **~umgrenzt** 〈Adj.〉 ↑begrenzt. **~verbunden** 〈Adj.〉 (아이) ↑befreundet. **~verwandt** 〈Adj.〉 (내용상으로) 매우 유사한, 근사한: zwei -e Begriffe 두 개의 유사 개념. **~zeilig** 〈Adj.〉 행간이 좁은: e. schreiben 행 사이를 좁혀 빽빽하게 쓰다.

Engagement [ãgaʒəˈmãː], das; -s, -s [frz. engagement] **1.** (Pl. 없음) (개인적인) 개입(介入), 의무감, 책임: das militärische E. der USA in Europa 유럽에서의 미국의 군사적 개입; sein E. für Gerechtigkeit [gegen Willkür] 정의를 위한[독재에 대항하는] 그의 책임감. **2.** (예술가) 고용 계약, 초빙, 취직 자리: ein E. suchen 취직자리를 구하는; sie hat ihr E. verlängert 그녀는 그녀의 고용계약을 연장하였다; ohne festes E. sein 고정된 직장이 없다. **3.** (고어) 무도에의 권유, 춤 청하기. **4.** 【증권】 (증권 거래상의) 약속, 채무. **5.** 【펜싱】 (검의) 교차[접촉]. **engagieren** [ãgaˈʒiːrən] 〈h.〉 [frz. engager] **1.** (e. + sich) **a)** 무엇을 위해 전력하다, 무엇에 얽매이다: sich politisch・정치적으로 참여하다; du hast dich voll für die Ziele der Partei engagiert 자네는 당의 목표를 위해 힘껏 노력했네. **b)** (군사적・거래상의) 약속을 행하다. **2. a)** (예술가, 배우를) 계약시키다, 계약으로 속박하다. **b)** (특정한 과제를 위해서) 고용하다: zur Nachhilfe jmdn. als Privatlehrer e. 보습(補習)을 위해서 누구를 가정교사로 고용하다. **3.** (준고어) 춤을 추자고 청하다: er hat sie für den nächsten Tanz[zum Walzer] engagiert 그는 그녀에게 다음 춤(왈츠)을 추자고 청했다. **4.** 【펜싱】 검을 교차시키다. **engagiert** [ãgaˈʒiːɐ̯t] 〈Adj.〉 **1. a)** 무엇을 단호하게 편드는, 참여적인: ein -er Schriftsteller 무엇을 결연히 주장하는 작가, 참여 작가. **b)** 무엇에 강력한 관심이 있는, 참여적인: stark politisch[sozial] e. sein 정치(사회)에 매우 강력한 관심을 보이다. **2.** (nicht adv.) 고용된, 종사하고 있는: an einer Bühne[als Privatlehrer] e. sein 어느 극장에서 일하고 있다(가정교사로 고용되어 있다). **Engagiertheit,** die 변호(옹호), 참여, 고용.

en garde! [ãˈgard; frz.] 【펜싱】 (펜싱 선수들에게 준비 자세를 취하라는 명령) 준비!

Engastrimant [ɛŋgastriˈmant], der; -en, -en [griech. eggastrímantis] 복화술(腹話術)(을 이용해서 말하는) 예언가.

Enge [ˈɛŋə], die; -n **1.** (Pl. 없음) 좁음, 비좁음, 협소함: in bedrückender E. leben 답답한 환경에서 살다; 전의 kleinbürgerliche E. des Geistes 정신의 소시민적인 편협함[고루함]. **2.** (준고어) 협소한 곳, 애로(隘路): das Schiff durch eine E. steuern 좁은 수로(水路) 사이로 배를 조타(操舵)해서 가다; **in die E. geraten** 궁지에 몰리다; **jmdn. in die E. treiben** 누구를 곤란하게 하다, 궁지에 몰아 넣다. **Engelaut,** der 【언어】 마찰음(摩擦音).

Engel [ˈɛŋl̩], der; -s, - [griech. ággelos] **1.** 〈축소형: ↑Engelchen, Engelein, Englein〉 【종교】 천사(天使): gefallene E. 타락한 천사들, 악마; der E. der Verkündigung[des Todes] 고지(告知)[죽음]의 천사; ein blonder E. kam auf mich zu 매혹적인 금발의 아가씨가 나를 향해 다가왔다; 성구 ein E. fliegt[geht] durchs Zimmer 대화가 갑자기 중단되다(천사가 나타나면 모두 놀라서 입이 떨어지지 않게 되리라는 표상에서 연유); das hat dir ein E. eingegeben 그것은 매우 좋은 생각이다; **(auch) nicht gerade ein E. sein** (통용어) 언제나 모범적으로 행동하지는 못한다; **ein E. mit einem B. davor** 《통용어》 버릇없는 아이(B + Engel = Bengel에서 익살스럽게 만든 말); **die E. im Himmel singen [pfeifen] hören** 《통용어》 매우 심한 통증을 느끼다(원래는 황홀하다는 뜻인데 오늘날은 반어적으로). **2. a)** 조력자, 구원자: sie ist ein wahrer E. 그녀는 진짜 자비로운 천사(구원자)이다; du bist ein E., daß du mir die Arbeit abnimmst 그녀의 일을 도맡아 하는데그려, 너는 진정 구원자다; **die gelben E.** 황색의 천사들(황색의 차를 타고 다니는 ADAC의 고장차 구조반). **b)** 《통용어・반어》 순진한 사람, 순결한 사람: du unschuldsvoller[ahnungsloser] E.! 이 순진한 (아무것도 모르는) 사람아!

engel-, Engel- (때로는 engels-, Engels-): **~amt,** das 【가】 **1.** 천사들을 기리기 위한 장엄 미사. **2.** 강림절(降臨節) 기간 동안에 성모 마리아를 기리는 미사. **3.** 성탄절 밤의 심야 미사. **4.** 어린아이 매장시에 하는 미사. **~chor,** der 천사들의 합창. **~fisch,** der 전자리상어의 일종. **~flügel,** (또한) Engelsflügel, der 천사의 날개. **~gleich,** (또한) engelsgleich 〈Adj.〉 (아이) 천사 같은. **~gut,** (또한) engelsgut 〈Adj.〉 천사같이 자비로운. **~knabe,** der 소년의 모습을 한 천사. **~kopf,** (또한) Engelskopf, der 천사(상)의 머리, 사랑스런 아이의 머리. **~macher,** der 불법 낙태(落胎) 시술자(↑~macherin의 남성형). **~macherin,** die; -nen [원래는 양자를 죽이는 여자라는 뜻에서] 《통용어・은폐》 불법 낙태를 시술하는 여자(산파): illegale Eingriffe durch -nen 불법 낙태 시술자에 의한 불법 수술. **~rein** 〈Adj.〉 (아이) 천사처럼 순결한. **~schar,** die 천사의 무리. **~schön** 〈Adj.〉 (아이) 천사같이 아름다운. **~stimme,** (또한) Engelsstimme, die 천사의[천사와 같은] 목소리. **~süß,** das; -es ↑Tüpfelfarn. **~wurz,** die ↑Angelika.

Engelchen [ˈɛŋlçən], das; -s, - ↑Engel (1) 참조. **Engelein** [ˈɛŋlaɪn], das; -s, - (↑Engel (1) 참조), 작은 천사. **engelhaft** 〈Adj.〉 (천사같이) 부드러운, 영적인, 사랑스러운. **Engelhaftigkeit,** die (천사 같은) 부드러움, 영성(靈性), 사랑스러움.

engels-, Engels- (때로는 engel-, Engel-): **~flügel,** (또한) Engelflügel, der 천사의 날개. **~geduld,** die 천사의 인내(천사와 같은 한없이 넓고 큰 인내(관용)): er hatte eine E. (mit ihr) 그는 (그녀를) 광대무변한 관용으로 용서해 주었다. **~gesang,** der 천사들의 노래. **~gesicht,** das 천사의 얼굴, 천사와 같은 얼굴. **~gewand,** das (아이) 천사의 옷. **~gleich** ↑engelgleich. **~gruß,** der Der Englischer Gruß(↑Gruß). **~gut:** ↑engelgut. **~güte,** die 천사의 자비. **~haar,** das 크리스마스 트리용의(털처럼 가느다란 금색 또는 은색의) 실. **~kind,** das (아이) 매우 예쁜 아이. **~kopf,** der ↑Engelkopf. **~miene,** die 순진한 척 하는 표정: eine E. aufsetzen 순진한 표정을 짓다. **~musik,** die 천상의 소리처럼 아름답게 들리는 음악. **~pelerine,** die (österr.・고어) (어깨 위에 걸치는) 흰색의 넓은 칼라. **~stimme,** die ↑Engelstimme. **~zungen** 〈Pl.〉

engen 570

《(다음 용법으로)》 **mit (Menschen- und mit) E.** 융변적으로, 절절히, 능변(能辯)으로; **mit E. auf jmdn. einreden** 누구에게 능변으로 권고[간언]하다.
engen [´ɛŋən] 《h》 (드물게) 좁히다, 조르다, 죄다: **der Kragen engte ihm den Hals** 옷깃이 그의 목을 옥죄었다.
Engerling [´ɛŋəliŋ], der; -s, -e 딱정벌레류의 유충(幼蟲).
Engigkeit [´ɛŋiçkait], die ↑**Enge (1)**.
England [´ɛŋlant], (engl.) 〉´iŋglənd〉, -s 영국.
Engländer [´ɛŋlɛndɐ], der; -s, - **1.** 자재(自在) 스패너 [나사돌리개]. **2.** 《österr.》 편도(扁桃)《땅콩》과자.
Englein [´ɛŋlain], das; -s, - ↑**Engel (1)**.
¹englisch [´ɛŋliʃ] 《Adj.》 **a)** 영국(사람)에 관한, 영국의, 영국에서 유래하는: **-er Abstammung sein** 영국 혈통이다; **-es Vollblut** 영국 순혈종(純血種)의 말(승마 및 경마용으로 매우 좋은 말 품종); **-er Humor** 영국식 유머(일상맞고 꾸밈이 없는 유머); **-e Broschur** 영국식 가철(假綴)(간단한 장정); **-e Krankheit** 《고어》 영국병, 구루병(영국에서 처음 기록되었음); **-e Soße** 영국식 소스(영국 서남부의 주 Worcester시 원산의 소스, 자극적인 양념 소스); **Englische Fräulein** 여성의 교육을 목적으로 영국 출신의 **Maria Ward**가 창설한 여성회; **ein -es Kostüm** 영국식 복장(꼼꼼하고 잘 맞는 맞춤양복); **-er Trab** ↑**Englischtraben** 참조; **e. braten** 영국식으로 굽다(설굽다, 반만 굽다); **e. einkaufen** (경·은폐) 훔치다. **b)** 영국의, 영어로 된: **die -e Sprache** 영어; **(gut) e. sprechen** 영어를 (잘) 하다.
²englisch [-] 《Adj.》 (고어) 천사의, 천사와 같은.
Englisch [-], das; -(s) **a)** 영어: **er spricht ein gutes E.** 그는 영어를 잘한다; **dein E. ist nicht fehlerfrei** 너의 영어는 정확하지 않다; **das Buch ist in E. abgefaßt** 그 책은 영어로 쓰여졌다. **b)** (학과 수업으로서의) 영어 영문학: **in der dritten Stunde haben wir E.** 셋째 시간에 영어영문학 강의가 있다; **eine Fünf in E. haben** 영어영문학 과목에서 E 학점을 받다.
englisch-, Englisch-: **~fangen**, das 영국식 술래잡기. **~horn**, das (Pl. -hörner) 잉글리시 호른, 알토 오보에. **~leder**, das 두껍고 매우 질긴 면직물. **~mann**, der (통용어) 영국인. **~pflaster**, das 영국식 반창고. **~rot**, das (산화철로 된) 붉은 안료(顏料). **~sprachig** 《Adj.》 **1.** 영어로 된. **2.** 영어를 말하는: **die -e Bevölkerung** 영어 사용 민족. **~traben**, das; -s 《경마》 영국식 속보. **~unterricht**, der 영어 수업.
Englische, das; -n **a)** (일반적인) 영어: **etwas aus dem [vom] -n ins Deutsche übersetzen** 무엇을 영어에서 독일어로 번역하다. **b)** 영국인의 특징을 이루는 것, 영국적 특성, 영국풍: **er begeistert sich für alles -e** 그는 영국적인 것이라면 무엇이든 열광한다.
English-Waltz [´iŋgliʃ ´wɔ(:)l(t)s], der; -, - [engl. **English waltz**] 느린 왈츠. **englisieren** [ɛŋ(g)li´zi:rən] 《h》 **1.** (사육) (밑으로 처지는) 말의 꼬리근육을 자르다. **2.** ↑**anglisieren (1)**.
Engobe [a´go:bə], die; -n [frz. engobe] (도자기의) 표면에 바르는 유약. **engobieren** [ago´bi:rən] 《h》 [frz. engober] (도기류(陶器類)의) 표면에 유약을 바르다.
Engorgement [ãgɔrʒə´mã:], das; -s, -s [frz. engorgement] 《고어》 (경제의) 불경기, 침체.
Engramm [ɛn´gram], das; -s, -e 《심리·의학》 엔그램 (자극이나 체험 인상이 중앙 신경계에 남긴 흔적), 기억 심상(心像), 기억 흔적.
en gros [ã´gro; frz.] 《상》 도매로(반대: en détail).
Engros- [a´gro; frz.]: **~geschäft**, das 《상·고어》 도매업, 도매상. **~handel**, der 《상》 도매업. **~preis**, der 《상》 도매가격.
Engrossist [ãgrɔ´sist], der; -en, -en 《österr.》 ↑**Grossist** 참조.
Enharmonik [ɛnhar´mo:nik], die 《음악》 이명(異名)동음(예컨대: 올림 다 장조 = 내림라 장조). **enharmonisch** 《Adj.》 [griech. enharmonikós] 《음악》 이명동음의: **gis und as sind e. gleich** 올림사 단조(gis)와 내림 마 단조(as)는 이명 동음이다.
enigmatisch [eni´gma:tiʃ] 《Adj.》 [engl. enigmatic] ↑**änigmatisch**.
Enjambement [ãʒãbə´mã:], das; -s, -s [frz. enjambement] 《운율》 월행(越行)(시의 한 행의 의미·구문이 다음 행으로 계속되기) 《↑Zeilensprung》.
Enk [ɛŋk], der; -(e)s, -e (고어) 머슴.
enkaustieren [ɛnkaus´ti:rən] 《h》 납화(蠟畵)를 그리다. **Enkaustik** [ɛn´kaustɪk], die [griech. egkaustikḗ (téchnē)] 납화법. **enkaustisch** 《Adj.》 [griech. egkaustikós] 납화법의, 납화법에 의한.
¹Enkel [´ɛŋkəl], der; -s, - (지역적) 복사뼈.
²Enkel [-], der; -s, -e **1.** 손자. **2.** 자손, 후예; 후계자, 추종자. **Enkelin**, die; -nen 손녀(딸).
Enkel- (**²Enkel**): **~kind**, das 손자, 손녀. **~sohn**, der 손자. **~tochter**, die 손녀(딸).
enken [´ɛŋkn] 《h》 (지역적) (나무에) 접을 붙이(어 개량하)다.
Enklave [ɛn´kla:və], die; -n [frz. enclave] 자국의 영내에 있는 타국의 영토(반대: Exklave).
Enklise [ɛn´kli:zə], **Enklisis** [´ɛnklizis], die; ...sen [ɛn´kli:zn; griech. égklisis] 《언어》 전접(前接)(악센트 없는 말이 바로 앞의 악센트 있는 말과 합쳐지는 것)(예컨대: „zu dem"→ „zum", 반대: Proklise). **Enklitikon** [ɛn´kli:tikɔn], das; -s, ...ka [lat. encliticum] 《언어》 음세상(音勢上) 선행어에 접합되는 말(예컨대: „kommst du" → (통용어) „kommste").
enklitisch [ɛn´kli:tiʃ] 《Adj.》 [lat. encliticus ‹ griech. egklitikós] 《언어》 전접적(前接的)인(반대: proklitisch).
enkodieren [ɛnko´di:rən] 《h》 [engl. encode] (전달 정보를) 기호화하다, 부호[암호화] 하다(반대: dekodieren). **Enkodierung**, die; -en (전달 정보의) 기호화, 부호[암호화] (반대: Dekodierung).
Enkolpion [ɛn´kɔlpiɔn], das; -s, ...ien [...iən; griech. egkólpion] **1.** 목걸이 유물(遺物) 케이스. **2.** (그리스 정교회의 고위 성직자들의) 십자가 목걸이.
Enkomiast [ɛnko´miast], der; -en, -en [griech. egkōmiastḗs] 《수사》 찬사를 하는 사람, 찬미자.
Enkomiastik, die [griech. egkōmiastikḗ] (찬사나 찬시로) 칭송하는 기술, 찬미술, 찬사작법(作法).
Enkomion [ɛn´ko:miɔn], **Enkomium** [...iʊm], das; -s, ...ien [...iən; lat. encōmium ‹ griech. egkómion] 《수사》 칭찬, 찬사, 송사(頌詞), 찬가.
Enkulturation [ɛnkultura´tsjo:n], die; -en [amerik.-engl. enculturation] 《사회》 (특정 문화 환경에의) 순응, 동화(同化)(↑**Akkulturation** 참조).
en masse [ã´mas; frz.] (통용어) 무더기로, 여럿이 함께, 대량으로 (존재하는, 나타나는).
en miniature [ãminia´ty:r; frz.] 축소해서 (묘사한), 소규모로, 줄여서: **das ist Schloß Sanssouci en m.** 저것은 상수시 성(城)의 축소판이다.
ennet [´enat] 《Präp.³》 (schweiz.·방언) 저쪽에, 건너편에, 건너서, 넘어서: **e. dem Gebirge[der Grenze]** 산 너머에[국경 저편에]. **ennetbirgisch** [...bɪrgɪʃ] 《Adj.》 (schweiz.·방언) 알프스산 너머에 있는. **ennetrheinisch** 《Adj.》 (schweiz.·방언) 라인 강 건너편에 있는, (서부) 독일의.

Enns [ɛns], die 엔스 강(도나우 강의 지류).

Ennui [ãˈnүi:, aˈnүi:], der; -s [frz. ennui] 《교양어》 **a)** 지루함, 심심함. **b)** 불쾌, 짜증, 싫증, 권태. **ennuyant** [ãnүˈjant, an...; ...ˈja:] 〈Adj.〉 [frz. ennuyant] 《교양어》 **a)** 지루한. **b)** 짜증나는, 불쾌한, 싫은, 성가신. **ennuyieren** [ãnүˈjiːrən, an...] 〈h〉 [frz. ennuyer] 《교양어》 **a)** 지루하게 하다. **b)** 화나게 하다, 싫증나게 하다.

enorm [eˈnɔrm] 〈Adj.〉 [frz. énorme] 엄청난, 대단한, 엄청나게 큰: -e Anstrengungen 엄청난 노력; seine Kräfte sind e. 그의 힘은 어마어마하다; das neue Gerät ist e. praktisch 새 기계는 매우 실용적이다; eine e. schwierige Thematik 대단히 어려운 테마. **Enormität** [enɔrmiˈtɛːt], die; -en 《교양어》 **a)** 〈Pl. 없음〉 엄청남, 막대함, 거대함. **b)** 엄청난(어마어마한) 것(물건).

Enostose [ɛnǀɔsˈtoːzə, enɔs...], die; -n [griech. en u. ostéon] 〖의학〗 내골종(內骨腫).

en passant [ãpaˈsã; frz., auf der Durchreise] **1. a)** 덧붙여서, 하는 김에, 아울러: etw. en p. erwähnen 무엇에 관하여 덧붙여서 말하다. **b)** 지나는 길에: ich habe das noch en p. gekauft 나는 그것을 지나는 길에 샀다. **2.** [체스] 졸을 써서(약어: e. p.).

en pleine carrière [ãplɛnkaˈrjɛːr; frz.] 질구(疾驅)하여, 나달려서.

en profil [ãproˈfiːl; frz.] 《전문어》 (특히 초상화 그리기에서) 측면에서(본)(반대: en face). **En-profil-bild**, das 측면 초상화.

Enquete [ãˈkɛt(ə), 《또한》 ãˈkeːt(ə)], die; -n [frz. enquête] **1.** 대규모의 조사, 설문, 앙케트: die Stimmung durch offizielle -n ermittelt 공적인 앙케이트를 통해 여론을 조사하다. **2.** (österr.) 연구집회(研究集會). **Enquetekommission** [frz.《구서독》] 연방의회의 전문연구위원회(예컨대: 헌법 개정이나 선거권 등에 대한).

enragiert [ãraˈʒiːɐt] 〈Adj.〉 [frz. enragé] 《준고어》 **a)** 열렬한, 열광적인: sich e. für jmdn.《etw.》 einsetzen 누구(무엇)를 열렬히 옹호하다. **b)** 격노한, 격분한: über jmdn.《etw.》 sehr e. sein 누구(무엇)에 대해서 격분하다.

enrhümiert [ãrүˈmiːɐt] 〈Adj.〉 [frz. enrhumé] 《고어》 감기 기운이 있는, 콧물감기에 걸린.

enrollieren [ãrɔˈliːrən] 〈h〉 [frz. enrôler] 《군・고어》 병적에 편입하다, 징집하다.

en route [ãˈrut; frz.] 《교양어》 도중에(서).

Ens [ɛns], das; - [lat. ēns] 〖철학〗 존재자, 존재, 본질, 이데.

Ensemble [ãˈsãːbl], das; -s, -s [frz. ensemble] **1. a)** 앙상블(극단, 무용단, 합창단, 합주단 등의 전원): ein neues E. gründen 새로운 앙상블을 창설하다; er gehört als Bratschist dem E. des Philharmonischen Orchesters an 그는 필하모니 관현악 앙상블의 비올라 연주자이다. **b)** (실내악, 경음악 및 재즈 음악의) 소규모 악단, 소규모의 예술가 그룹: ein E. von drei Mann spielte zum Tanz auf 세 명으로 이루어진 소규모 악단이 무도곡을 연주했다; die beiden Paare sangen im E. 두 쌍의 남녀가 합창을 하였다. **c)** 독창자(독주자)들을 위한 합(場)(순서): auf die Arie folgt ein E. 아리아 이어서 독창자들의 순서가 있다. **2.** 앙상블(원피스와 재킷, 코트 따위가 조화를 이룬 벌의 여성복): sie trug ein elegantes grünes E. mit passendem Hut 그녀는 어울리는 모자와 함께 푸른 색의 우아한 앙상블을 입고 있었다. **3.** (보존할 만한 가치가 있는) 일단(一團)의 도시 건축물들, 조화체(調化體).

Ensemble- (Ensemble 1): **~mitglied**, das 앙상블 단원, 실내악단 단원. **~musik**, die 댄스 음악 및 경음악. **~musiker**, der 댄스・경음악 음악가. **~spiel**, das (실내악에 있어서) 합(동 연)주: Wettbewerbe für Soloinstrumente und für E. 독주(獨奏) 및 합주 경연 대회. **~tänzer**, der (그룹의 일원으로 춤을 추는) 발레 무용수. **~tänzerin**, die ↑~tänzer의 여성형.

Ensilage [ãsiˈlaːʒə], die [frz. ensilage] 〖농업〗 **a)** 사료 (飼料)인 풀을 사일로에 넣어 발효시켜 보존하기, 목초의 신선 보존법. **b)** 발효 사료, (신선하게 저장된) 목초.

en suite [ãˈsүit; frz.] 《교양어》 중단되지 않은, 끊임없는, 잇따른, 연속된, 연달아: das Stück lief am Broadway ein ganzes Jahr lang en s. 그 작품은 브로드웨이에서 일 년 내내 연속해서 상연되었다.

ent [ɛnt] 〈다음 용법으로〉 **ent oder weder!** 《통용어・농》 둘 중 하나를 택하라! (entweder-oder!).

Entamöben [ɛntǀaˈmøːbn̩, ɛnta...] 〈Pl.〉 〖생물〗 체내기생충 아메바.

Entari [ɛntaˈri:], das; -(s), -s [türk. entari] 고대 오리엔트의 긴 겉옷.

entalpen [ɛntˈǀalpn̩] 〈h〉 (schweiz.) (가축을) 높은 산의 목장으로부터 다시 몰아오다.

entamten [ɛntˈǀamtn̩] 〈h〉 《고어》 면직하다, 해고하다. **Entamtung**, die; -en 《고어》 면직, 해고.

entarten 〈h〉 **a)** 변종(변질, 변성)하다: entartete Kunst 퇴폐 예술(나치의 예술관과 일치하지 않은 현대 예술 창작 전체에 대한 명칭). **b)** (부정적으로) 변질(변화)하다, 타락하다: das mittelalterliche Reich war zu einem Monstrum entartet 중세의 제국은 괴물로 변하였다. **Entartung**, die; -en **1.** 〈Pl. 없음〉 변질, 변성, 퇴화, 타락: die E. des Rechts(der Sitten) 법률(도의)의 변질(타락). **2.** 변질(타락)의 가능성, 변질의 현상 형태.

Entartungs-: ~erscheinung, die 타락 현상. **~form**, die 변질(타락) 형태: die Despotie ist eine E. der Monarchie 전제 정치는 군주 정치의 타락 형태이다. **~schaden**, der 타락의 해악, 변질 해악.

entaschen [ɛntˈǀaʃn̩] 〈h〉 재를 제거하다. **Entaschung**, die; -en 재의 제거.

Entasis [ɛnˈtaːzɪs], die; ...asen [ɛnˈtaːzn̩; griech. éntasis] 〖건축〗 엔타시스(고대 그리스・로마의 기둥의 배를 약간 볼록하게 한 건축 양식).

entasten, entästen 〈h〉 〖임업〗 가지를 치다: den Baum vor dem Fällen e. 나무를 베어 넘어뜨리기 전에 가지치기를 하다.

entäußern, sich 〈h〉 (아어) **a)** 무엇을 버리다, 포기하다, 단념하다: sich seiner Rechte(seiner Freiheit) e. 자신의 권리(자유)를 포기하다. **b)** 넘겨 주다, 양도하다, 처분 [정리]하다: er hat sich seines gesamten Vermögens entäußert 그는 그의 전 재산을 처분하였다(양도하였다). **Entäußerung**, die; -en **1.** (아어) 포기, 단념. **2.** 《격식독》 양도, 매각, 처분: die E. des Grundstücks 토지의 매각.

Entballung, die; -en (인구나 공장 과밀 지역의) 밀집도의 경감(해소): die E. von Industriegebieten 공업 지대의 밀집도의 해소.

entbasten 〈h〉 〖섬유〗 생사(生絲)를 누에고치의 점액질로부터 풀어내다.

entbehren [ɛntˈbeːrən] 〈h〉 **1. a)** (아어) 누가 없음을 아쉬워하다, 그리워하다: sie entbehrt schmerzlich ihren Freund 그녀는 그녀의 남자친구를 몹시 그리워하고 있다. **b)** 누구(무엇)를 포기하다, 누구(무엇) 없이 지내다: ich kann das Buch nicht länger e. 나는 이 책이 없으면 곤란하다; er hat in seiner Jugend viel(es) e. müssen 그는 젊음을 때 많은 것이 부족한 상태로 지내야 했다. **2.** (아어) 무엇이 없다, 무엇이 부족하다: diese Behauptung entbehrt jeder Grundlage 이 주장은 아무런 근거가 없

다; das entbehrt nicht einer gewissen Komik 그것은 매우 익살스럽다. **entbehrlich** ⟨Adj.⟩ 없어도 되는, 쓸데없는, 불필요한(반대: unentbehrlich): diese Anweisung war völlig e. 이 지시는 전혀 필요가 없었다. **Entbehrlichkeit**, die 불필요, 무용(반대: Unentbehrlichkeit). **Entbehrung**, die; -en 결핍, 궁핍, 부자유, 자제; große(schmerzliche) -en auf sich nehmen(ertragen) 지독한(고통스런) 궁핍을 감수하다(참다). **entbehrungsreich**, **entbehrungsvoll** ⟨Adj.⟩ 궁핍으로 가득 찬, (물질적으로) 부자유스러운: eine -e Zeit 궁핍이 만연한 시대.

entbeinen [ent'baɪnən] ⟨h⟩ (짐승, (식용) 고기의) 뼈를 제거하다: ein Huhn e. 닭의 뼈를 제거하다.

entbieten* a) ⟨아어⟩ (안부 따위를) 전하다, 보내다: jmdm. seine besten Grüße(ein Willkommen) e. 누구에게 안부(환영의 말)를 전하다. **b)** ⟨아어·준고어⟩ 누구를 오도록 사람을 보내다: der Kaiser entbot alle Fürsten (zu sich) 황제는 모든 제후들을 오도록 하였다.

entbinden* ⟨h⟩ **1. a)** 풀어 놓아주다, 면제해주다, 해방 [석방]하다: jmdn. von seinem Eid((아어) seines Eides) e. 누구를 서약으로부터 면책시켜 주다. **b)** ⟨아어·준고어⟩ 방출하다, 발산하다; 유효하게 하다, 발휘하다: die griechische Kunst hat starke Formkräfte entbunden 그리스 예술은 강력한 형식력을 발휘하였다. **2. a)** (임신부를 도와) 분만시키다: dieser Arzt hat meine Frau entbunden 이 의사가 내 아내의 분만을 담당했다. **b)** (분만의 도움을 받아) 아이를 낳다: sie hat zu Hause(in der Klinik) entbunden 그녀는 집(병원)에서 아이를 분만하였다. **Entbindung**, die; -en **1.** 석방, 면제: die E. von einem Amt 면직(免職). **2.** 분만, 출산: eine schwere(leichte) E. 난산(難產)(순산(順產)).

Entbindungs- (Entbindung 2): **~abteilung**, die 분만과(科). **~anstalt**, die ↑~heim. **~heim**, das 산원(產院). **~pfleger**, der 조산원. **~saal**, der ↑ Kreißsaal, **~station**, die 산과병동(產科病棟).

entblättern ⟨h⟩ **1.** (나무 따위의) 잎을 떨어뜨리다: der Sturm hat die Bäume völlig entblättert 폭풍이 나뭇잎들을 깡그리 떨어뜨렸다. **2.** ⟨e. + sich⟩ **a)** 잎이 지다: im Herbst entblättern sich die Bäume 가을에 나뭇잎이 진다. **b)** ⟨통용어·농⟩ 옷을 벗다: der pupillenaktivierende Reiz sich entblätternder Jungfrauen 옷 벗는 처녀들의 흥분적인 매력. **Entblätterung**, die; -en 잎 떨어뜨림, 낙엽(落葉).

entbleien [ent'blaɪən] ⟨h⟩ 납성분을 제거하다: das Benzin wird entbleit 휘발유는 납성분이 제거된다. **Entbleiung**, die; -en 납성분의 제거.

entblöcken ⟨h⟩ 【철도】 차단을 풀다: ein Signal e. 신호기의 폐목을 올리다.

entblöden [ɛt'bløːdn̩] ⟨h⟩ ⟨다음의 용법으로만⟩ **sich nicht e., etw. zu tun** ⟨아어·폄⟩ 뻔뻔스러운 짓, 어리석은 짓 따위를) 감히(거리낌 없이) 행하다.

entblößen [ɛnt'bløːsn̩] ⟨h⟩ **1. a)** (신체, 신체의 일부를) 옷을 벗겨서 드러내다, 발가 벗기다: die Brust e. 가슴을 노출하다; mit entblößtem Kopf / ⟨아어⟩ entblößten Hauptes 모자를 벗고서; 전의 ich habe mich(mein Innerstes) vor dir entblößt 나는 너에게서 나의 모든 비밀스런 생각을 다 털어 놓았다. **b)** 드러내다, 노출시키다: beim Sprechen die Zähne e. 말할 때 이빨을 보이다. **2.** 구(救)해 주다, 해방하다, (필요한 물건을) 빼앗다: ich bin von allen Mitteln((아어) aller Mittel) entblößt 나는 무일푼이다; die Abwehr(die Deckung) e. 【축구】 방어선을 노출시키다. **Entblößung**, die; -en 벌거벗김, 노출(부), 폭로, 철수.

entbluten ⟨h⟩ 피를 다 흘려 버리다 하다: ein Schlachttier e. 도살된 가축의 피를 다 흘려 버리게 하다. **Entblutung**, die 출혈(사)(死).

entbräunen ⟨h⟩ ⟨통용어⟩ 옛 나치스 당원을 심사하여 벌하다, 추방하다, 비나치스화하다.

entbrechen ⟨h⟩ ⟨다음 용법으로⟩ **sich nicht e. können** ⟨고어⟩ …하지 않을 수 없다.

entbreiten ⟨h⟩ **a)** 확장하다, 발전[전개]시키다. **b)** ⟨e. + sich⟩ 넓어지다, 퍼지다, 전개되다: sanft und groß entbreitet sich Oberitalien 상부 이탈리아는 완만하고 넓게 전개되고 있다.

entbrennen* ⟨s⟩ ⟨아어⟩ **1.** 돌발하다, 갑자기[격렬하게] 시작되다, 일어나다: der Krieg entbrannte an allen Fronten 전쟁이 모든 전선에서 돌발하였다. **2.** (어떤 감정이) 불타오르다: in Zorn e. 격분하다, 버럭 성을 내다; von Begierde entbrannt sein 욕망에 사로잡혀 있다.

entbürokratisieren ⟨h⟩ 관료(주의)적이 되지 않게 하다, 관료성을 제거하다, 간소화하다: die Denkweise der Beamten e. 공무원의 사고방식을 관료적이 되지 않게 하다. **Entbürokratisierung**, die 비관료주의화.

Entchen [ˈɛntçən], das; -s, - ↑ Ente (1).

entchloren ⟨h⟩ 과잉의 염소를 제거하다: Trinkwasser e. 음료수의 과잉 염소를 제거하다.

Entchristlichung [ɛnt'krɪstlɪçʊŋ], die 탈(脫) 기독교화: Verstädterung erschien ihnen gleichbedeutend mit E. 도시화는 그들에게 기독교의 쇠퇴를 의미하는 것으로 여겨졌다.

entdämmern ⟨s⟩ ⟨드물게⟩ 소리없이 잠들다, 반 수면 상태에 빠지다.

entdämonisieren ⟨h⟩ 비(非)마성화(탈마성화)하다, 누구에게서(무엇으로부터) 악마적인 힘과 작용을 박탈하다: Natur haben sie seit jeher durch Architektur zu ersetzen und z. e. versucht 그들은 옛날부터 자연을 건축술로 대체시키고, 자연의 마성을 없애버리려 하였다. **Entdämonisierung**, die; -en 비마성화(非魔性化), 탈마성화.

entdecken ⟨h⟩ **1.** (종래까지 알려지지 않았던 것을) 발견하다: ein chemisches Element e. 화학 원소를 발견하다. **2. a)** (어떤 숨겨진 것, 찾고 있던 것을) 찾아내다: in dieser Arbeit ist kein Fehler zu e. 이 연구 논문에서는 어떤 오류도 찾아볼 수가 없다; der Verbrecher wurde endlich entdeckt 범인은 마침내 색출되었다. **b)** 뜻밖에 깨닫다, 알아채다, 무엇과 마주치다: einen neuen Weg [eine Fähigkeit in sich] e. 새로운 방법[자기 자신의 능력]을 뜻밖에 깨닫다; sein Herz für jmdn. e. 누구를 사랑하기 시작하다; du hast dir ein Juwel entdeckt 너는 너의 마음에 드는 보석을 찾아냈다. **3.** ⟨아어·준고어⟩ 털어놓다, 폭로하다: er hat ihr sein Herz entdeckt 그는 그녀에게 사랑을 고백하였다; ⟨또한⟩ e. + sich⟩ du mußt dich mir ganz e. 너는 나에게 전부 털어놓아야 해. **Entdecker** [ɛnt'dɛkɐ], der; -s, - 발견자. **Entdeckerfreude**, die 발견의 기쁨. **entdeckerisch** ⟨Adj.⟩ 발견적인, 발견의: -e Freude empfinden. 발견의 기쁨을 맛보다. **Entdeckerstolz**, der (발견에 대한) 발견자의 자부심. **Entdeckung**, die; -en **1.** 발견, 깨달음: eine (grausige) E. machen ⟨강조⟩ 어떤 (나쁜) 것을 발견하다. **2.** 발견(된 것), 발견물: eine überraschende [schreckliche, wissenschaftlich bedeutsame] E. 놀라운(무서운, 학문적으로 중요한) 발견; sich über eine schmerzliche E. hinwegtrösten 어떤 고통스러운 사실의 인식에 대해 스스로의 마음을 위안하다.

Entdeckungs-: **~fahrt**, die ↑~reise. **~reise**, die 탐험 여행: **auf E.(-n) gehen** ⟨농⟩ 주변을 탐색하다(살피다). **~reisende***, der 탐험 여행가. **~zeitalter**, das 지리적 발견의 시대.

entdemokratisieren ⟨h⟩ 비민주화하다: der Staat wird langsam entdemokratisiert 국가가 점차 비민주

화되어 가다. **Entdemokratisierung**, die; -en 비민주화.

entdogmatisieren ⟨h⟩ 비교의(非敎義)화하다, 비독단화하다, 독단을 제거하다. **Entdogmatisierung**, die; -en 비독단화.

entdramatisieren ⟨h⟩ 극적인 요소를 제거하다. **Entdramatisierung**, die 비극화(非劇化), 극적 요소의 제거.

entdröhnen ⟨h⟩ 【기술】 (붕붕거리는 소음을) 제거하다 (약하게 하다). **Entdröhnung**, die; -en 소음의 제거.

entdunkeln ⟨h⟩ 밝게하다, 등화관제를 풀다.

Ente ['entə], die; -n **1. a)** ⟨축소형: ↑**Entchen**, **Entlein**⟩ 오리, 집오리: er watschelt wie eine E. 그는 오리처럼 뒤뚱거리며 걷는다; sie ist eine lahme E. 《통용어·폄》 그녀는 활기가 없고 답답한 사람이다; mein Wagen ist eine ganz lahme Ente 《통용어》 내 차는 빨리 달리지 못한다; er schwimmt wie eine bleierne E. [auf dem Grund / auf der trockenen Landstraße] 《농》 그는 전혀 수영을 할 줄 모른다, 그의 수영 솜씨는 매우 서투르다. **b)** 암오리. **c)** 오리 요리, 오리 불고기. **2.** 《통용어》 허위 보도: die E. ist geplatzt 《통용어》 보도가 허위로 판명되었다. **3.** 《통용어》 (오리 모양의) 요강(남자 환자용). **4. kalte E.** (포도주, 샴페인, 광천수 그리고 얇은 레몬 조각 등으로 만든) 백포도주 칵테일의 일종: eine kalte E. zubereiten[trinken] 백포도주 칵테일을 만들다[마시다].

entehren ⟨h⟩ **a)** 명예를 빼앗다, 체면을 손상시키다: er hat den Namen seiner Familie entehrt 그는 가문의 이름을 더럽혔다; diese Behandlung war ihm entehrend 이러한 대우가 그에게는 수치스러운 것이었다. **b)** 《고어》 유혹하다, 능욕하다: er hat das Mädchen entehrt 그는 그 처녀를 능욕하였다. **Entehrung**, die; -en 명예 훼손, 능욕.

enteignen ⟨h⟩ **a)** (공공 복지의 공적인 목적을 위해서 국가의 법적 개입을 통해) 누구의 재산을 수용하다, 몰수하다: einen Hausbesitzer e. 가옥 소유자의 재산을 몰수하다. **b)** (사유 재산을) 국유화하다. das Großkapital e. 대자본을 국유화하다: **Enteignung**, die; -en 몰수, 수용, 국유화: eine Bodenreform mit umfangreichen -en 대규모의 재산 몰수[수용]을 동반한 토지 개혁.

enteilen ⟨s⟩ 《아어》 급히 떠나가다, 도망가다: ohne Abschiedsgruß e. 작별 인사도 없이 급히 떠나가다; [전의] die Zeit war ihnen wie im Fluge enteilt 세월이 그들에게는 쏜살같이 버렸다.

enteisen ⟨h⟩ 얼음을 제거하다. **Enteisung**, die; -en 빙(氷)제거, 서리 제거: für die E. der Tragflächen sorgen 주익(主翼)의 서리 제거에 신경을 쓰다.

enteisenen [ent'|aizənən] ⟨h⟩ 철(성분)을 제거하다: Wasser e. 물의 철(분)을 제거하다. **Enteisenung**, die; -en 철분 제거.

Entelechie [entele'çi:], die; -n [...iən; lat. entelechīa < griech. entelécheia] 【철학】 엔텔레케이아(목적을 자체내에 지니고 있는 것; 질료(質料) 속에서 실현되는 형상(形相); 발전과 완성을 성취시켜주는 유기체 내부의 능력). **entelechisch** [...'leçɪʃ] ⟨Adj.⟩ 엔텔레케이아에 관한, 엔텔레케이아에 근거한, 엔텔레케이아에 의해 생긴.

entemotionalisieren ⟨h⟩ (이야기에서) 감정을 제거하다, (문제되는 일을) 객관적으로 다루다: man müsse dieses Thema „entemotionalisieren" 이 테마는 "객관적으로 다루어야" 할 것이다.

enten ['entn] ⟨h⟩ [niederl. enten < frz. enter] (지역적) 나무에 접을 붙이다, 나무를 개량하다.

Enten-: ~arsch, der 《지역적·속어》 **1.** 오리궁둥이: ihr geht der Mund wie eine E. 그녀는 쉴새없이 지껄인다. **2.** 수다스러운 여자. **~braten**, der 오리불고기. **~ei**, das 오리알. **~feder**, die 오리깃털. **~fett**, das 오리 지방(脂肪). **~flaum**, der 오리의 솜털. **~flinte**, die 산탄총(霰彈銃) (오리 사냥용). **~flott**, das (nordd.) ↑~grütze. **~gang**, der [제조] 오리걸음. **~grieß**, der, **~grün**, das 〈Pl. 없음〉, **~grütze**, die 〈Pl. 없음〉 좀개구리밥. **~jagd**, die 오리 사냥. **~junge**, das 〈österr.⟩ ↑~klein. **~klein**, das (요리용으로 구분된) 오리의 다리 부위와 내장. **~küken**, das 새끼 오리. **~muschel**, die 조개삿갓. **~mutter**, die 어미오리. **~pfuhl**, der 오리늪, 오리연못. **~schmutz**, der ⟨schweiz.⟩ ↑~fett. **~schnabel**, der **a)** 오리주둥이. **b)** ⟨대개 Pl.⟩ (종교 개혁 시대의) 오리주둥이 구두(그 코가 오리주둥이처럼 생겨서). **~teich**, der 오리가 사는 연못, **~vogel**, der ⟨대개 Pl.⟩ 오리과의 새. **~wal**, der 청배돌고래(입이 튀어나온).

Entente [ã'tã:t(ə)], die; -n [frz. entente] [정치] (국가 사이의) 동맹 협약, 협상: eine E. gründen 동맹 관계를 맺다.

Entente cordiale [atãtkɔr'djal; frz.], die; 화친 협상 (양국간의); 1904년에 체결된 영불 화친 협상.

Enter ['entɐ], das, 《또한》 der; -s, -(s) (niederl.) 한 살 먹은 새끼 짐승(망아지, 송아지, 새끼양).

Enter- (entern 1): **~beil**, das (옛) 전부(戰斧) (적선에 승선하여 밧줄을 끊고 적들을 살상하는데 쓰는 손도끼). **~brücke**, die (옛) 적선(敵船)의 을라타는데 쓰이는 다리. **~haken**, der (옛) 적선을 걸어당기기 위한 쇠갈고리.

enteral [ente'ra:l] ⟨Adj.⟩ [의학] 장(腸)의, 내장(內臟)의.

enterben ⟨h⟩ 누구의 상속권을 박탈하다, 폐적(廢嫡)하다: er hat seine Kinder enterbt 그는 그의 아이들의 상속권을 박탈하였다[폐적하였다]; [전의] vom Schicksal enterbt sein 숙명적으로 큰 불이익을 당하다. **Enterbte***, der / die; -n, -n 상속권 상실자: [전의] die -n der Gesellschaft 사회의 무산자(無産者)들. **Enterbung**, die; -en 상속권 박탈, 상속 폐제(廢除).

Enterich ['entəriç], der; -s, -e 수오리.

Enteritis [ente'ri:tɪs], die; ...itiden [griech. énteron] [의학] 소장(小腸)의 염증, 장염(腸炎), 장 카타르.

entern ['entɐn] [niederd. < (m)niederl.] **1.** ⟨h⟩ (적선(敵船)에) 기어 올라타서 무력으로 점령(占取)하다. **2. a)** (선원) ⟨s⟩ (줄을 타고 돛대 등에) 기어오르다: der Matrose ist in die Masten geentert 그 선원은 돛대 위로 기어올라갔다. **b)** 《통용어》 ⟨h⟩ 기어오르다: er hat den Zaun geentert 그는 울타리를 기어올라갔다.

enterogen [entero'ge:n] ⟨Adj.⟩ [griech. énteron u. ↑-gen 참조] [의학] 장(腸)에서 발생한, 장에 원인이 있는, 장성[腸性]. **Enterokinase** [...ki'na:zə], die [griech. énteron u. kineîn] [의학] 엔테로키나제(장점막 표피에서 생긴 효소로서, 췌장(膵臟)의 비활동성의 효소원(酵素原)을 활동성의 효소로 변화시켜 줌). **Enteroklyse** [...'kly:zə], die; -n, **Enteroklysma** [...'klysma], das; -s, ...men u. ...mata [griech. énteron u. klýsis] [의학] 관장(灌腸), 장(腸) 세척, (소장에 이르는 고위(高位) 관장(법). **Enterokokken** [...'kɔkn] ⟨Pl.⟩ [의학] 장균(腸菌) (사람의 정상적인 생리적 기생균(寄生菌)의 하나인 장(腸)박테리아), 장구균(腸球菌). **Enterokolitis** [...ko'li:tɪs], die; ...itiden [의학] 소장(小腸)·대장(大腸)의 염증, 소장·결장염(結腸炎). **Enterolith** [...'li:t, (또한) ...lɪt], der; -s / -en, -e(n) [의학] 장결석(腸結石), 화석분(化石糞), 분석(糞石). **Enteron** ['enteron], das; -s, ...ra [griech. énteron] [의학] 장(腸) (특히 소장(小腸)), 내장, 장관(腸管). **Enteroskop** ['...sko:p], das; -s, -e [griech. éntero u. skopeîn] [의학] 대장경

(大腸鏡)(대장의 검진 기구). **Enteroskopie** [...sko'pi:], die; -n [...i:ən] 【의학】 대장경(大腸鏡) 검사. **Enterostomie** [...sto'mi:], die; -n [...i:ən]; griech. énteron u. stóma] 【의학】 인공항문의 첨부용(貼付用), 인공 항문술 (肛門術). **Enterovirus**, das, 《또한》 der; -, ...ren 〈대개 Pl.〉 【의학】 장(腸)비루스, 장균.

Entertainer ['entəteinɐ], der; -s, - [engl. entertainer] 엔터테이너, (여흥, 술자리 등의) 흥을 돋우는 연예인. **Entertainerin**, die; -nen ↑Entertainer의 여성형. **Entertainment** [entɐ'teinmənt], das; -s [engl. entertainment] 〔직업적으로 제공된〕 여흥, 오락.

Enterung, die; -en ↑entern의 명사형.

entetiert [äte'ti:ɐt] 〈Adj.〉 [frz. entêté] (고어) 완고한, 고집센.

entfachen 〈h〉 (아어) **a)** 불을 붙이다, 불을 불어 일으키다, 불지르다, 활활 불타오르게 하다: der Wind hat einen Brand entfacht 바람이 화재를 일으켰다; [전의] ich will in mir die Flamme einer unauslöschlichen Liebe e. 나는 내 마음 속에 꺼지지 않는 사랑의 불꽃을 타오르게 하고 싶다. **b)** (무엇을) 일으키다, 부추기다, 극화하다: der Anblick entfachte seine Begierde 그 광경이 그의 욕정을 부채질했다; einen Krieg [eine Revolution] e. 전쟁(혁명)을 일으키다. **Entfachung**, die; -en 불을 일으키기, 불붙이기, 자극, 선동.

entfahren* 〈s〉 **a)** (말, 목소리 따위가) 자기도 모르게 갑자기 튀어나오다: „Mist!" entfuhr es ihm "빌어먹을!" 이라는 말이 얼떨결에 그의 입에서 튀어나왔다. **b)** 갑자기 빠져나오다, 벗어나다.

Entfall, der; -(e)s 탈락, 누락, 생략. **entfallen*** 〈s〉 **1. a)** (아어) 손에서 떨어지다, 무엇으로부터 미끄러[빠져] 떨어지다: das Buch entfiel ihm 책이 그의 손에서 빠져 떨어졌다. **b)** (갑자기) 기억이 나지 않다, (깜박) 잊다: mir ist plötzlich entfallen, was ich fragen wollte 내가 묻고자 했던 것이 무엇이었는지를 나는 깜박 잊었다. **2.** 누구(무엇)의 몫이 되다: von dem gesamten Gewinn entfallen auf jeden Teilnehmer 100 DM 전체 이익 중에서 각 참가자에게 100마르크씩의 몫이 돌아간다; drei Mandate entfielen auf Frauen 세 의석(議席)이 여자들에게 돌아갔다. **3.** (격식어) 탈락하다, 누락되다, 더 이상 고려되지 않다: dieser Punkt des Antrags entfällt 신청서류의 이 항목이 누락되어 있다.

entfaltbar [ɛnt'faltbaːɐ] 〈Adj.〉 펼쳐볼 수 있는, 펼칠 수 있는. **entfalten** 〈h〉 **1. a)** (접힌 것을) 펴다, 풀다, 펼치다: einen Brief [eine Landkarte] e. 편지[지도]를 펴다. **b)** 〈e. + sich〉 펴지다, 풀리다, 열리다: [전의] sein Gesicht entfaltet sich wie eine Pfingstrose 그의 얼굴이 작약(芍藥)꽃처럼 환하게 핀다. **2. a)** 〈e. + sich〉 발달[발전, 발육]하다: seine Persönlichkeit kann sich hier nicht voll e. 그의 개성이 여기서는 제대로 발전될 수 없다. **b)** 보여주다, 나타내다, 드러내보이다: viel Mut[sein ganzes Können] e. 큰 용기[그의 모든 능력을] 보여주다. **3.** 진술하다, 개진(開陳)하다, 생각을 펼쳐 보이다: er entfaltete vor uns seinen Plan 그는 우리 앞에서 그의 계획을 펼쳐보였다. **4.** (무엇을 시작해서) 강렬하게 해나가다, 열성적으로 행하다: eine fieberhafte Tätigkeit e. 열성적인 활동을 하다. **Entfaltung**, die; 펼치기, 발전, 발달, 계발, 전개, 제시, 주장: zur E. bringen (강조) 펴다, 펼치다, 발전시키다, 계발하다; 보여주다, 진술하다; zur E. kommen [gelangen] (강조) 펴지다, 발달[발전, 발육]하다. **Entfaltungsmöglichkeit**, die; 발전 가능성: dieser Beruf bietet viele -en 이 직업은 많은 발전 가능성을 제공해 준다.

entfärben 〈h〉 **1.** 무엇(특히 직물류)의 색을 빼다, 탈색하다, 표백하다: Stoffe durch chemisches Verfahren e. 화학 처리에 의해 옷감의 색을 빼다. **2.** 〈e. + sich〉 빛이 바래다: sein Gesicht entfärbte sich 그의 얼굴이 창백해졌다. **Entfärber**, der; -s, - 탈색제, 표백제. **Entfärbung**, die; -en 탈색, 퇴색, 변색, 창백(하여짐). **Entfärbungsmittel**, das ↑Entfärber.

entfernen [ɛnt'fɛrnən] 〈h〉 **1. a)** 멀리하다, 제거하다, 누구(어떤 것)를 멀리 떼어놓다: einen Flecken aus dem Kleid e. 옷에서 얼룩을 빼내다; ihm wurden die Mandeln entfernt 그는 편도선 제거 수술을 받았다; er wurde aus seinem Amt entfernt 그는 면직[해직]되었다. **b)** (점점 더) 멀어지게 하다: das entfernt uns allzuweit von unserem Thema 그것은 우리의 주제로는 너무 거리가 먼 것이다. **2.** 〈e. + sich〉 멀어지다, 떠나가다, 사라지다: ich entfernte mich heimlich aus der Stadt 나는 남몰래 그 도시를 빠져나왔다; du hast dich allzusehr von der Wahrheit entfernt 너는 너무나 진실과는 거리가 먼 이야기를 하였다. **entfernt** 〈Adj.〉 **1. a)** 멀리 떨어진: der Hof liegt weit e. von der Straße [weit von der Straße e.] 그 저택은 도로에서 매우 멀리 떨어어 있다; ich bin weit davon e. ihr zu glauben 나는 결코 너를 믿지 않는다; nicht e. [nicht im ─esten] 조금도 …하지 않다, 결코 …않다. **b)** (척도 단위와 결합하여 특정한 거리를 표현) das Haus liegt 300 Meter [eine Stunde] e. 그 집은 300미터 [한 시간]의 거리에 있다. **2.** (서로) 멀리 떨어진, (관계[혈연]가) 먼): mit ihm stehe ich in -em Briefwechsel 그와는 아주 가끔 편지를 교환한다; er ist mit mir verwandt 그는 나와는 아주 먼 친척이다. **3.** 미소한, 근소한, 희미한, 극히 적은: ich erinnere mich ganz e. daran 나는 아주 희미하게 그것을 기억한다. **Entfernung**, die; -en **1.** 거리, 간격: die E. bis zur Mauer beträgt knapp 50 Meter 장벽까지의 거리는 약 50미터이다; die Musik war auf eine große E. (hin) zu hören 음악은 멀리서도 들을 수 있었다; [전의] die gesellschaftliche E. zwischen oben und unten 상류층과 하류층 사이의 사회적 괴리(乖離). **2. a)** 제거: ich drang auf seine E. aus dem Amt 나는 그의 면직을 주장[고집]했다. **b)** 이탈: er wurde wegen unerlaubter E. von der Truppe bestraft 그는 부대로부터의 무단 이탈로 처벌을 받았다. **Entfernungsmesser**, der **a)** 거리 측량기 [측정기]. **b)** 거리 측량 기사, 거리 측정원: der E. liest Entfernungen ab 측량기가 거리를 알려준다.

entfesseln 〈h〉 폭발적으로 발생하게 하다, 불러 일으키다: einen Aufruhr [Krieg] e. 폭동 [전쟁]을 일으키다; entfesselte Elemente (Naturgewalten) 맹위를 떨치는 사나운 풍우 [자연의 맹위]. **Entfesselung**, die; 〔드물게〕 **Entfeßlung**, die; -en 불러 일으키기, (억제된 것의) 폭발, 발산. **Entfesselungskünstler**, der (버라이어티 쇼에서 스스로) 포승 푸는 곡예사.

entfetten 〈h〉 탈지(脫脂)하다: Milch e. 우유의 지방분을 현저히 줄이다. **Entfettung**, die; -en 탈지. **Entfettungsdiät**, die 체중 감소 식이(食餌) 요법. **Entfettungskur**, die; -en (지방질을 없애기 위한) 절식요법, 몸의 살을 빼는 요법.

entfeuchten 〈h〉 (과잉의) 습기를 제거하다, 제습(除濕)하다: den lehmigen Boden e. 진흙땅을 말리다. **Entfeuchter**, der; -s, - 습기 제거기, 제습기(除濕機). **Entfeuchtung**, die; 습기 제거, 제습.

entfiedern 〈h〉 깃털을 제거하다, 털을 뽑다 (뜯다). **Entfiederung**, die; -en 깃털 뽑기 [제거].

entflammbar [ɛnt'flambaːɐ] 〈Adj.〉 **1.** 불붙기 쉬운, 불타기 쉬운, 가연성(可燃性)의. **2. a)** 쉽게 감격 [열광]하는: für neue Ideen ist er besonders leicht e. 새로운 이념에 대해서 그는 특히 쉽게 열광한다. **b)** (농) 반하기 쉬운: ein leicht -es junges Mädchen 쉽게 사랑에 빠지는 젊은 처녀. **Entflammbarkeit**, die 가연성(可燃性), 감

격하기 쉬운 성질, 반하기 쉬운 성질. **entflammen** 《아어》 1. 〈h〉 a) 《드물게》 불태우다, 불타오르게 하다, 점화하다: ein Streichholz e. 성냥불을 붙이다. b) 〈e. + sich〉 불타기 시작하다, 불타오르다, 불붙다: 전의 seine Phantasie hat sich daran entflammt 그것으로 인해 그의 상상력에 불이 붙었다. 2. 〈h〉 a) 감격케 하다, 열광케 하다, 고무하다. b) 반하게 하다: (in Liebe) für jmdn. entflammt sein 누구에 대한 연정에 불타오르고 있다. c) (격렬한 감정을) 불러 일으키다: jmds. Zorn e. 누구의 분노를 일으키다; von Leidenschaft entflammt sein 열정에 불타고 있다. 3. 〈s〉 《드물게》 불타오르다, 폭발하다: 전의 ein Kampf um die Macht ist entflammt 권력 투쟁이 시작되었다. **Entflammung**, die; -en 인화, 감격케하기, 반하게하기, 불타오르기. **Entflammungspunkt**, der 인화점. **Entflammungstemperatur**, die 인화 온도.

entflęchten* 〈h〉 1. [경제] (대기업 또는 콘체른을 독자적인 분할 기업으로) 해체시키다, 나누다, 독립시키다. 2. (얽힌 것을) 풀다: schwierige Besitzverhältnisse e. 어려운 소유 관계를 해결하다. **Entflęchtung**, die; -en (콘체른의) 해체; (매듭의) 해결. **Entflechtungsabkommen**, das 【군】 정전(停戰) 협정(완충 지대 설치 협정).

entflęcken 〈h〉 얼룩을 빼다: einen Teppich e. 양탄자의 얼룩을 빼다.

entfleischen [ent'flaɪʃn̩] 〈h〉 1. a) 무엇에서 살을 떼어내다. b) (아이) 쇠약케 하다, (누구를) 여위게 하다: ein vom Fasten entfleischtes Gesicht 단식으로 수척해진 얼굴; 전의 -e Baumstümpfe 앙상한 그루터기. 2. 【혁】 진피(眞皮)의 결체(結締) 조직을 제거하다, 베어내다.

entfleuchen [ent'flɔʏçn̩] 〈s〉 (고풍・농) ↑entfliehen.

entfliegen* 〈s〉 1. 누구[무엇]으로부터 날아[도망]가다: der Vogel ist aus dem offenen Käfig entflogen 새가 열려진 새장으로부터 날아갔다.

entfliehen* 〈s〉 1. (감시, 세력권, 위험 으로부터) 도망가다: der Gefangene konnte (seinen Wächtern) e. 죄수는 (간수들로부터) 도망칠 수 있었다; 전의 der Unruhe e. (아이) 소요로부터 몸을 피하다; seinem Schicksal zu e. suchen (아이) 자기의 운명에서 벗어나려고 하다. 2. (아이) (시간이) 빨리 지나가다, 빨리 사라져 버리다: die schöne Zeit[die Jugend] entflieht 아름다운 시절[청춘]이 금방 지나간다.

entfließen* 〈s〉 (아이) (빛, 물 따위가) 무엇으로부터 흘러 나오다: 전의 das Wesen des Beamten entfließt nicht einer Universaldefinition 공무원의 존재는 보편적 정의(定義)에서 드러나지는 않는다.

entflohen [ent'floːən] 〈h〉 《드물게》 벼룩을 제거하다[잡다].

entfręmden 〈h〉 1. a) (기존의 밀접한 관계를) 소원(疎遠)케 하다, 낯설게 하다, 소외시키다: die Arbeit hat ihn mir entfremdet 그 작업은 그와 나와의 관계를 서먹하게 만들었다. b) 본래의 목적에 사용하지 않다, 다른 목적에 쓰다: man hat diesen Raum ihrem Zweck entfremdet 사람들은 이 공간(방)을 본래의 목적에 맞게 사용하지 않았다. 2. 〈e. + sich〉 누구[무엇]와 내면적으로 멀어지다, 소원(疎遠)하여지다: du hast dich ihm entfremdet 너는 그와 사이가 멀어졌다. **Entfremdung**, die; -en 소외, 소원(疎遠): zwischen uns ist eine E. eingetreten 우리들 사이가 소원해졌다; die E. des Menschen von dem Produkt seiner Arbeit 자신의 노동의 산물로부터 인간의 소외.

entfrįsten 〈h〉 특정한 기한을 정하지 않다[파기하다]: Tarifverträge e. 임금 협정의 기한을 정하지 않다. **Entfristung**, die; -en (특정) 기한의 파기.

entfrosten 〈h〉 서리[얼음]를 녹여서 없애다, 해동(解凍)하다: den Verdampfer im Kühlschrank mit einem Gebläse e. 냉장고의 냉각 장치의 서리를 송풍기로 녹이다. **Entfroster**, der; -s, ↑Defroster. **Entfrostung**, die; -en 제빙(除氷), 서리 제거.

entführen 〈h〉 a) 몰래 데려가다, 빼앗아가다; (어린아이 따위를) 유괴하다: ein Kind e. 어린아이를 유괴하다; ein Flugzeug ins Ausland e. 비행기를 외국으로 납치하다; sie ließ sich von ihrem Geliebten e. 그녀는 애인과 눈이 맞아 달아났다. b) 《농》 가지고 가다, 차지하다: die Bronzemedaille aber entführte der Norweger Olav Jordet 그러나 동메달은 노르웨이의 올라프 요르뎃이 차지했다; hast du mir mein Buch entführt? 네가 내책을 가져갔니? **Entführer**, der; -s, - 유괴범, 납치범, 눈맞아 내빼는 사람. **Entführung**, die; -en 유괴, 납치: eine gewaltsame E. planen 강제 납치 계획을 꾸미다.

entfusseln 〈h〉 《통용어》 솜털, 보푸라기를 제거하다: eine dunkle Jacke e. 짙은 색의 재킷의 보푸라기를 떼어 내다.

entgasen 〈h〉 〔전문어〕 (화학 물질로부터) 가스를 제거[채취]하다: Kohle e. 석탄에서 가스를 채취하다. **Entgasung**, die; -en 가스분(分) 제거[채취]. **Entgasungsvorgang**, der 가스분(分) 제거[채취] 과정.

entgęgen [ent'geːgṇ] I. 〈Adv.〉 1. 누구[무엇]쪽을 향해서, 누구[무엇]쪽으로: der Sonne e.! 태양을 향하라! 2. 배치(背馳)되는, 어긋나는, 거스르는: dieser Beschluß ist unseren Wünschen völlig e. 이 결정은 우리의 소망과는 완전히 상치된다. II. 〈Präp.³〉 반(대)하여, 거역하여: e. meinem Wunsch[《드물게》meinem Wunsch e.] ist er abgereist 그는 (가지 말라는) 나의 충고를 거역하고 떠나버렸다.

entgęgen-, Entgęgen-: ~arbeiten 〈h〉 누구에 대하여 반대 행동을 취하다, 누구를 저지하다: seinen Widersachern e. 적에 대항하여 싸우다. **~bangen** 〈h〉 두려운 마음으로 누구[무엇]쪽을 바라보다: er bangte dem Verhör entgegen 그는 두려운 마음으로 심문(審問)하는 쪽을 쳐다보았다. **~beugen** 〈h〉 누구[무엇]가 있는 쪽을 향해 몸을 굽히다. **~bewegen** 〈h〉 누구[무엇] 쪽을 향해 움직이다. **~blicken** 〈h〉 (아이) 누구[무엇]쪽을 보다: sie blickte dem Besucher freundlich e. 그녀는 방문객을 상냥한 눈빛으로 쳐다보았다; 전의 sorgenvoll der Zukunft e. 근심어린 마음으로 다가오는 장래를 조망하다. **~blinzeln** 〈h〉 누구의 쪽을 실눈으로 보다. **~branden** 〈s〉 (무엇이) 성난 파도처럼 누구를 향해 다가가다. **~bringen*** 〈h〉 어떠한 태도로 대하다, (언행으로) 나타내다, 표명하다: jmdm. Wohlwollen e. 누구에게 호의를 나타내다; er brachte dem Vorschlag wenig Interesse entgegen 그는 그 제의에 대해 별로 관심을 보이지 않았다. **~drängen** 〈h〉 누구[무엇]의 반대 방향으로 밀고 나아가다. **~duften** 〈h〉 누구 쪽으로 향기가 나다[냄새가 나다]: aus der Küche duftete es uns köstlich entgegen 부엌에서 우리쪽으로 맛있는 냄새가 풍겨왔다. **~eilen** 〈s〉 누구[무엇] 쪽으로 서둘러 가다, 급히 맞이하러가다: wir eilten den ankommenden Gästen entgegen 우리는 도착하는 손님들을 급히 맞이하러 갔다. **~fahren*** 〈s〉 누구[무엇] 쪽으로 차를 타고 맞이하러가다: ich fahre mit dem Rad ein Stück entgegen 나는 자전거를 타고 너를 얼마간 맞이하러 가겠다. **~fiebern** 〈h〉 학수고대하다: die Gefangenen fieberten ihrer Befreiung entgegen 죄수들은 자신의 석방을 학수고대하였다. **~fliegen*** 〈s〉 누구[무엇]쪽을 향하여 날아가다, 누구를 비행기를 타고 맞이하러 가다: 전의 sie lief aus dem Haus und flog ihm entgegen 그녀는 집에서 뛰어나와 그를 향해 달려갔다. **~fließen** 〈s〉 누구[무엇] 쪽으로 흘러가다: wo der Strom dem

Meer entgegenfließt 강이 바다를 향해 흘러가는 곳. **~fluten** ⟨s⟩ 누구[무엇]를 향해 밀려오다: 전의 eine Woge der Begeisterung flutete ihm entgegen 감격의 파도가 그를 향해 밀려왔다. **~führen** ⟨h⟩ 누구[무엇]에게 데리고 가다[이끌고 가다]: 전의 ein Werk seiner Vollendung e. 작품을 완성시켜가다. **~funkeln** ⟨h⟩ 누구 쪽으로 반짝이다(빛을 내다): aus dem Kästchen funkelte ihr ein Diamant entgegen 조그만 상자 속의 다이아몬드가 그녀를 향해 반짝 빛을 냈다. **~gehen*** ⟨s⟩ 누구[무엇]를 향해 가다, 마중가다: 전의 besseren Zeiten (einer Katastrophe) e. 보다 나은 시절을 향해[재앙을 무릅쓰고] 가다. **~gesetzt** ⟨Adj.⟩ 1. a) 마주 대한: er wohnt am -en Ende der Stadt 그는 도시의 맞은편 끝에 살고 있다. b) 반대의: in die -e Richtung gehen 반대쪽으로 가다. 2. 상반되는, 대립적인: -er Meinung sein 의견이 상반되다; seine Auffassung ist meiner diametral e. 그의 의견은 나와 정반대이다; sich e. (zu) den Erwartungen verhalten 기대와 상반되게 행동하다. **~gesetztenfalls** ⟨Adv.⟩ (격식독어) 반대일 경우에는, 그렇지 않으면. **~hallen** ⟨h⟩ (소리가) 쾅쾅 울려나오다. **~halten*** ⟨h⟩ 1. 누구(무엇)의 방향으로 내밀고 있다: er hielt ihr die Hand entgegen 그는 그녀에게 손을 내밀었다. 2. 누구(무엇)에 대해서 반론[이의]을 제기하다: diesen Beweisen ist nichts entgegenzuhalten 이 증거에 대해서는 어떤 이의도 제기할 수 없다. **~handeln** ⟨h⟩ 누구[무엇]에 대해서 반대 행동을 하다: er handelt allen Abmachungen entgegen 그는 모든 약정에 반대되는 방향으로 행동한다. **~harren** ⟨h⟩ (아이) 누구를 기다리다. **~jauchzen** (아이), **~jubeln** ⟨h⟩ (다가오고 있는) 누구를 향하여 환호성을 올리다: die Menge jubelte den Siegern entgegen 군중은 승리자들을 향해 환호성을 울렸다. **~kommen*** ⟨s⟩ 1. a) 누구[무엇]를 향해가다, 마중하다: der entgegenkommende Wagen hat ihn geblendet 맞은편에서 오는 차의 눈을 부시게 하였다; 전의 Vertrauen kam ihm von allen Seiten entgegen 그에 대한 신뢰가 사면팔방에서 쏟아졌다. b) 누구에 대해서 어떻게 행동하다: man kam ihm freundlich entgegen 사람들은 그를 친절하게 대했다. 2. a) 승인하다, 누구의 소망·요구를 쾌히 들어주다: wir kommen Ihnen(Ihren Wünschen) gerne entgegen 우리는 당신의 청을 기꺼이 들어주겠습니다; sie waren einander auf halbem Weg entgegengekommen 그들은 중도에서 서로 상대방의 뜻을 받아들였다. b) 무엇과 일치하다, 무엇에 따르다: diese Arbeit kommt seinen Neigungen sehr entgegen 이 작업은 그의 기호와 딱 들어맞는다. **~kommen**, das; -s 1. 환영, 환대, 친절. 2. 승인, 쾌락(快諾): sich zu einem E. bereit finden 응할 준비가 되어있다. **~kommend** ⟨Adj.⟩ 친절한, 호의적인, 융화적인: er war uns gegenüber immer sehr e. 그는 우리에게 언제나 매우 호의적이었다. **~kommenderweise** ⟨Adv.⟩ 친절[정중]히. **~lächeln** ⟨h⟩ 누구를 향해 미소짓다. **~lachen** ⟨h⟩ 누구를 향해 웃다. **~laufen*** ⟨h⟩ 1. 누구[무엇]를 향하여, 뛰어 마중나가다: freudig lief er den Ankommenden entgegen 그는 기쁨에 겨워 도착자들을 맞이하러 뛰어 나갔다. 2. (무엇에 대해서 의견 따위가) 상반되다: dieser Beschluß läuft meinen Wünschen völlig entgegen 이 결정은 나의 바람과 완전히 상반된다. **~leben** ⟨h⟩ a) 어떤 시대[시절]를 향해 다가가다: Leben wir einer Welt von Verbrechern entgegen? 우리는 범죄자들의 세계를 향해 가고 있는 것인가? b) 무엇을 목표로 하여 살다. **~nahme**, die 수령(受領): die E. einer Geldsumme bestätigen 금액의 수령을 확인하다(증명하다). **~nehmen*** ⟨h⟩ 받다, 받아들이다: er nahm die Glückwünsche freudig entgegen 그는 축하인사를 기쁜 마음으로 받았다. **~quellen*** ⟨s⟩ 누구[무엇]를 향해 솟아오르다. **~rasen** ⟨s⟩ 누구[무엇]를 향해 돌진하다. **~reifen** ⟨s⟩ 《아이》 (무엇에 대한) 준비가 되다, 시기가 무르익다: der Beförderung zum Sergeanten e. 중사로 진급할 시기가 충분히 무르익다. **~rennen**[*] ⟨s⟩ 누구[무엇]를 향해 뛰어가다. **~rollen** ⟨s⟩ 누구[무엇]를 향해 굴러가다. **~rufen*** ⟨h⟩ 누구를 향하여 외치다. **~schallen** ⟨h⟩ 누가 있는 쪽을 향하여 소리가 울리다. **~schicken** ⟨h⟩ 누구[무엇]를 향해 보내다: den Gästen wurde eine Abordnung entgegengeschickt 손님들을 맞도록 대표단이 보내졌다. **~schlagen*** 1. ⟨s⟩ 갑자기 몰려오다(다가오다): Schwaden von Rauch schlugen uns entgegen 자욱한 연기가 갑자기 우리 쪽으로 몰려 왔다. 2. ⟨h⟩ (심장이) 누구를 향해 방망이질 치다: mein Herz schlägt ihr entgegen 나의 심장이 그녀를 향해 방망이질 친다. **~schreien*** ⟨h⟩ 누구[무엇]를 향해 외치다. **~sehen*** ⟨h⟩ 1. (다가오는 것, 미래의 것을) 기다리다: ich sehe Ihrer Antwort gern entgegen 당신의 답장을 즐거운 마음으로 기다리겠습니다(편지 끝맺음말). 2. (다가오는) 누구[무엇] 쪽을 바라보다: dem ankommenden Schiff e. 도착하는 배 쪽을 바라보다. **~sein*** ⟨s⟩ 《드물게》 무엇과 모순·반대되다: diese Ansicht ist meiner völlig entgegen 이 견해는 나의 견해와 완전히 상치된다. **~setzen** ⟨h⟩ 1. 무엇에 반대하여 무엇을 내놓다: er setzte mir Widerstand entgegen 그는 나에 대해서 반대하였다; (+ sich) er setzte sich mir entgegen 그는 나에게 반대하였다. 2. 무엇을 무엇에 대비(對比)하다: Utopien setzt er die Realität entgegen 그는 이상향과 현실을 대비한다. **~setzend:** ↑ adversativ. **~setzung**, die; -en 반대, 대항; 대비. **~springen*** ⟨s⟩ 누구[무엇]를 향해 재빨리 달려가다: die Kinder springen dem heimkommenden Vater entgegen 아이들은 귀가하는 아버지를 향해 달려간다. **~starten** ⟨h⟩ [축구] 누구[무엇]를 향해 속도를 내서 달리다. **~stehen*** ⟨h⟩ 1. (무엇에 대해) 방해가 되다: der Durchführung des Plans stehen Schwierigkeiten entgegen 계획을 수행하는 데 있어서 여러 난점들이 방해가 되고 있다. 2. 무엇과 모순되다, 무엇과 대립하고 있다, 반대다: seinen Behauptungen stehen schwerwiegende Beweise entgegen 중요한 증거들이 그의 주장과 대립되고 있다. **~stellen** ⟨h⟩ 1. a) 대항시키다, 막다. b) (e. + sich) 길을 막다, 차단하다: 전의 Schwierigkeiten stellten sich uns entgegen 여러 어려움이 우리의 길을 막아섰다. 2. ↑ entgegengesetzten (2). **~stemmen**, sich ⟨h⟩ 누구에게 저항하다, 반대하다, 반항하다, 무엇을 막다: er stemmte sich mit aller Kraft dieser Entwicklung entgegen 그는 온 힘을 다해서 이러한 사태 진전에 저항했다. **~streben** ⟨h⟩ 누구를 향해 노력하다, 애쓰다: die Pflanze strebt dem Licht entgegen 식물은 빛을 향하여 자란다. **~strecken** ⟨h⟩ 누구[무엇] 쪽으로 (곧게) 펴다: sie streckte ihm die Arme entgegen 그녀는 그를 향해 팔을 뻗었다. **~stürzen** ⟨h⟩ 누구[무엇]를 향해 추락하다, 돌진하다: ein abbrechender Ast stürzte mir entgegen 나뭇가지가 부러지면서 내 쪽으로 떨어졌다. **~tragen*** ⟨h⟩ a) 누구에게 무엇을 가져다 주다: die Kinder trugen ihm den kleinen Hund entgegen 아이들은 그에게 조그만 개를 데려갔다. b) (교통수단을) 누구를 실어다주다(나르다). **~treiben*** ⟨h⟩ 누구[무엇] 쪽으로 (바람에 날려) 흘러가다: 전의 dem Untergang e. 파멸로 치닫다. **~treten*** ⟨s⟩ 1. a) 누구[무엇]를 저지하다: einem Einbrecher furchtlos e. 침입자를 대담하게 저지하다. b) 조우하다, 일어나다, 생기다: diese Erscheinung tritt einem in der Natur häufig entgegen 이러한 현상은 자연에서 빈번하게 일어난다. c) 누구[무엇]에 대처하다: allen Problemen tatkräftig e. 모든 문제에 박력있게 대처하다. **2.** 누구[무엇]와 맞서 싸우다, 누구[무엇]에 대해 저항하다: einer Unsitte[einem Vorurteil] e. 악습[편견]과 맞서 싸우다. **~wälzen**, sich ⟨h⟩ 누구[무엇] 쪽을 향하여 우르르 몰려가다. **~werfen*** ⟨h⟩ **1.** 누구를 향하여 던지다: sie warf mir den Ball entgegen 그녀는 나를 향하여 공을 던졌다. **2.** ⟨e. + sich⟩ **a)** 누구[무엇]를 저지하다, 대항하다. **b)** 무엇에 몸을 던지다, 뛰어들다: er warf sich furchtlos der Gefahr entgegen 그는 대담하게 위험 속으로 뛰어들었다. **~wirken** ⟨h⟩ 무엇에 대하여 반대 행동을 취하다, 무엇을 저지하다: dem Laster e. 악습에 대항하여 싸우다. **~ziehen*** ⟨s⟩ 누구를[무엇을] 향해서 나아가다, 마주나가다.

entgegnen [ent'ge:gnən] ⟨h⟩ (무엇에 대해서 부정적으로) 대답하다, 말대꾸하다, 반대되는 논거를 대다, 항변하다: darauf wußte er nichts zu e. 그에 대해서 그는 말대꾸할 방도가 없었다. **Entgegnung**, die; -en 대답, 말대꾸, 항변: eine scharfe[schlagfertige] E. 매정스러운[재치있는] 대답; man würdigte ihn keiner E. 사람들은 그에게 말대꾸조차 해주지 않았다.

entgehen* ⟨s⟩ **1. a)** 무엇을 모면하다, 무엇을 피[면]하다: er ist dem Tode nur knapp entgangen 그는 가까스로 죽음을 모면했다. **b)** 누가 무엇을 잃다, 놓치다: diese einmalige Gelegenheit soll mir nicht e. 이 단 한 번의 기회는 놓치지 않겠다. **2.** (누가 무엇을) 알아차리지 못하다, 무엇을 못 보[듣]다, 빠뜨리다: dieser Fehler ist mir entgangen 유감스럽게도 나는 이 잘못을 알아차리지 못했다.

entgeistert [ent'gaistɐt] ⟨Adj.⟩ [고어가 된 entgeistern의 과거분사] 망연자실(茫然自失)한, (놀라서) 말이 안나오는: jmdm. -e Blicke zuwerfen 누구를 망연자실한 눈빛으로 쳐다보다; ich war von der Nachricht völlig e. 나는 그 소식을 듣고 완전히 넋을 잃었다.

Entgelt [ɛnt'gɛlt], das; -(e)s, -e (성과 또는 수고에 대한) 보상, 대가: ein E. fordern 보수를 요구하다; als[zum] E. für unsere Hilfe durften wir ins Kino 우리는 도와준 대가로 우리에게 영화관에 가도록 허락되었다. **entgelten*** ⟨h⟩ **1.** 무엇에 대한 벌을 받다, 속죄하다: er hat diesen Fehler schwer e. müssen 그는 이 실수의 대가로 무거운 벌을 받아야만 했다. **2.** 보상하다: alle Mühen wurden mir entgolten 나의 모든 노력의 대가는 보상되었다. **entgeltlich** ⟨Adj.⟩ 《격식독어》 유상(有償)의: etw. e. erwerben 무엇을 유상으로 얻다.

entgiften ⟨h⟩ 해독(解毒)하다, 소독하다: 〔전의〕 durch das Gespräch wurde die Atmosphäre merklich entgiftet 대화에 의해서 분위기가 눈에 띄게 부드러워 졌다. **Entgiftung**, die; -en 해독, 소독.

entglasen [ɛnt'glaːzn̩] ⟨h⟩ 《드물게》 (무엇에서) 유리를 제거하다.

entgleisen [ɛnt'glaizn̩] ⟨s⟩ **1.** (궤도 차량이) 궤도에서 벗어나다, 탈선하다. **2. a)** (공동체에서) 무례[불량]한 행동을 하다(보이다): wenn er betrunken ist, entgleist er leicht 술에 취하면 그는 쉽게 무례[불량]한 행동한다. **b)** 본론에서 벗어나다. **c)** (정도(正道)에서) 벗어나다, 탈선하다, 일탈(逸脫)하다. **Entgleisung**, die; -en 상스러운 언행, 무례한 언사, 과실(過失), 실책(失策), 탈선.

entgleiten* ⟨s⟩ 《아어》 **1.** (무엇으로부터) 미끄려져 떨어지다: die Vase ist ihr[ihren Händen] entglitten 꽃병이 그녀의 손에서 미끄러져 떨어졌다; 〔전의〕 das Kind entglitt unserer Kontrolle 그 아이는 우리의 통제에서 벗어났다. **2.** 없어지다, 사라지다, 사라져가다: langsam entgleitest du mir 너는 점차 내게서 멀어지고 있다.

entglorifizieren ⟨h⟩ (어떤 것에서) 후광(後光)을 없애다[제거하다].

entgotten [ɛnt'gɔtn̩] ⟨h⟩ 《드물게》 **1.** 신의 개념[신에 한 믿음]을 없애다: eine entgottete Welt 신에 대한 믿음이 없어진 세계. **2.** 신성(神性)을 박탈하다, (무엇에 대한) 신적인 숭배를 없애다. **entgöttern** [ɛnt'gœtɐn] ⟨h⟩ 신에 대한 믿음을 제거하다. **Entgötterung**, die; -en, **Entgottung**, die; -en 탈신(성)화(奪神(性)化).

entgraten [ɛnt'graːtn̩] ↑abgraten.

entgräten [ɛnt'grɛːtn̩] ⟨h⟩ 생선의 뼈를 바르다, 뼈를 빼다: Sardellen e. 정어리의 뼈를 추려내다.

entgrenzen ⟨h⟩ 《아어・드물게》 한계를 없애다: einen Begriff e. 개념의 한계를 없애다. **Entgrenzung**, die; -en 한계의 제거.

enthaaren ⟨h⟩ (바람직스럽지 않은) 털을 뽑(아 내)다: die Beine[die Achselhöhlen] e. 다리[겨드랑이]의 털을 제거하다. **Enthaarung**, die; -en 털뽑기, 탈모(脫毛). **Enthaarungscreme**, die 탈모 크림. **Enthaarungsmittel**, das 탈모제(脫毛劑).

enthaften ⟨h⟩ 《드물게》 석방(釋放)하다, 해방하다. **Enthaftung**, die; -en 해방, 석방, 방면: die E. anordnen 석방을 명령[지시]하다.

Enthalpie [ɛntal'piː] die [griech. enthálpein] **a)** [물리] 엔탈피(일정한 압력 하에서의 열). **b)** [기상] 엔탈피(습한 공기 속에 존재하는 총체적인 열에너지).

enthalten* ⟨h⟩ **1.** 함유하다, 지니다, 포함[포괄]하다: die Flasche enthält einen Liter Wein 이 병에는 1리터의 포도주가 들어있다; in dem Getränk ist Kohlensäure enthalten 이 음료에는 탄산이 함유하고 있다; die Verpackung ist im Preis (mit) enthalten 포장료는 가격에 포함되어 있다. **2.** ⟨e. + sich⟩ 《아어》 무엇을 그만두다, 억제하다: sich des Alkohols e. 술을 끊다, 금주(禁酒)하다; sich geschlechtlich e. 성교를 갖지 않다; bei der Abstimmung enthielt er sich der Stimme 투표에서 그는 기권을 하였다; ich konnte mich des Lachens nicht e. 나는 웃지 않을 수 없었다. **enthaltsam** [ɛnt'haltzaːm] ⟨Adj.⟩ 삼가하는, 절제있는, 금욕[금주]하는. **Enthaltsamkeit**, die 조심, 검소, 절제, 금욕. **Enthaltung**, die; -en **1.** (Pl. 없음) ↑Enthaltsamkeit. **2.** (투표의) 기권: der Kandidat wurde mit 47 Stimmen bei drei -en gewählt 그 후보는 3표의 기권에 47표를 얻어 선출되었다.

enthärten ⟨h⟩ (의) 굳은 것을 제거하다, 부드럽게 하다. **Enthärtung**, die; -en 연화(軟化). **Enthärtungsmittel**, das 경수연화제(硬水軟化劑), 연수제(軟水劑).

enthaupten [ɛnt'hauptn̩] ⟨h⟩ 《아어》 목을 베다, 참수하다. **Enthauptung**, die; -en 참수(斬首).

enthäuten ⟨h⟩ 무엇의 껍질(살짝)을 벗기다: ein erlegtes Tier[Zwiebeln] e. 잡은 짐승의 가죽을 벗기다[양파의 껍질을 벗기다]. **Enthäutung**, die; -en 탈피(脫皮), 박피(剝皮).

entheben* ⟨h⟩ 《아어》 **1.** 누구를 무엇으로부터 해방하다: das enthebt mich der Notwendigkeit mich zu rechtfertigen 그것으로 해서 나는 해명할 필요성이 없어진다; wir sind aller Verpflichtungen enthoben 우리는 모든 의무[책임]로부터 해방(면제)되었다. **2.** 누구를 면직[해직]하다: er wurde seines Amtes enthoben 그는 면직[해직] 되었다. **Enthebung**, die; -en 해방, 해제, 면제, 해직, 면직.

entheiligen ⟨h⟩ 무엇의 신성을 모독하다, 누구의 성직을 빼앗다: eine geweihte Stätte e. 신성한 장소를 더럽히다. **Entheiligung**, die; -en 신성 모독, 성물[성역] 모독, 성물[성역]의 속용(俗用).

Enthelminthen [ɛnthɛl'mintn̩] ⟨Pl.⟩ 【의학】 내장기생충(內臟奇生蟲).

enthemmen ⟨h⟩ **1.** [심리] 누구에게서 억제력을 없애다(술 따위가): er tobte, vom Alkohol völlig enthemmt 그는 술로 인해 완전히 자제력을 잃고 소란을 피웠

다. 2. 〈기계 따위의〉 제동장치를 풀다. **Enthemmtheit**, die 자제력 상실. **Enthemmung**, die ↑enthemmen의 명사형.
enthirnen [ent'hirnən] 〈h〉 뇌를 제거하다. **Enthirnung**, die; -en 뇌의 제거. **Enthirnungsstarre**, die 【의학】 대뇌피질(皮質) 기능의 최종적인 정지에 의한 사.
enthüllen 〈h〉 **1. a)** 《아어》 무엇의 덮개를 벗기다, 드러내다. **b)** 〈덮개를 벗겨서〉 공개하다: ein Denkmal e. 기념비의 제막식을 거행하다. **2.** 《아어》 **a)** 밝히다, 털어놓다: (jmdm.) ein Geheimnis e. (누구에게) 비밀을 밝히다. **b)** 〈누구의〉 정체를 폭로하다, 가면을 벗기다: dieser Brief enthüllt ihn als Schwindler 이 편지가 그가 사기꾼임을 말해준다. **3.** 〈e. + sich〉 **a)** 모습을 드러내다, (비밀 따위가) 드러나다, 밝혀지다: jetzt hat sich (mir) sein wahrer Charakter enthüllt 이제 (나에게) 그의 본성이 드러났다. **b)** 무엇임이 증명되다, 밝혀지다, 판명되다: das Geschehen enthüllte sich als ein Naturvorgang 그 사건은 하나의 자연 현상임이 밝혀졌다. **Enthüllung** die; -en **1.** 덮개를 벗김, 제막(식), 피력; (비밀 따위를) 들추어냄. **2.** 〈대개 Pl.〉 드러낸 것, 폭로된 비밀. **Enthüllungskünstlerin**, die 《농》 스트립걸.
enthülsen 〈h〉 껍질을 까다, 깍지를 벗기다: Erbsen e. 완두의 깍지를 벗기다.
enthumanisieren 〈h〉 비인간화하다. **Enthumanisierung**, die 비인간화.
enthusiasmieren [entuzias'mi:rən] 〈h〉 [frz. enthousiasmer] 《교양어》 감격(열광)케 하다, 황홀케 하다: 〈e. + sich〉 ich enthusiasmierte mich für diese Künstlerin 나는 이 여류 예술가에게 매료되었다. **Enthusiasmus** [entu'ziasmus], der; - [griech. enthousiasmós] 감격, 열광, 황홀, (환희의) 극치: jmds. E. dämpfen 누구의 감격(열광)을 억누르다. **Enthusiast**, der; -en, -en [griech. enthousiastés] 열광자, 열렬한 지지자, 팬, 광신자. **enthusiastisch** 〈Adj.〉 열광적인, 심취한: er ist noch sehr e. für sein Alter 그는 나이에 비해 여전히 매우 열광적이다.
Enthymem [enty'me:m], das; -s, -e [lat. enthymēma < griech. enthýmēma] 【철학】 생략 3단논법, 생략 추리법.
entideologisieren 〈h〉 탈이데올로기화하다: seine Denkweise e. 자기의 사고방식을 탈이데올로기화하다. **Entideologisierung**, die; -en 탈이데올로기화.
Entität [enti'tɛ:t], die; -en [lat. entitas] **1.** 【철학】 〈사물의〉 존재, 실재(實在). **2.** 〈주어진 특정의〉 양(量).
entjungfern [ɛnt'jʊŋfɐn] 〈h〉 누구의 처녀성을 빼앗다, 능욕하다; ein Mädchen e. 처녀를 겁탈하다. **Entjungferung**, die; -en 처녀 능욕.
entkalken 〈h〉 석회분(석회 침전물)을 제거하다. **Entkalkung**, die; -en 석회분(석회 침전물) 제거.
entkeimen 〈h〉 **1. a)** 살균하다, 소독하다: Trinkwasser e. 음료수를 살균하다. **b)** 무엇의 싹을 따다. **2.** 《시어》 **a)** 싹트다: junge Triebe entkeimen der Erde 새싹이 땅에서 싹트다; 〖전의〗 Liebe entkeimte ihren Herzen 사랑이 그들의 마음에 싹텄다. **b)** 누구의 자손이다, 무엇에서 발생하다: dem Haus Davids e. 다윗 가문의 자손이다. **Entkeimung**, die; -en 살균, 소독; 싹을 따 없애기; 발아(發芽), 발생, 단종.
entkernen 〈h〉 〈과일의〉 핵(씨, 심)을 빼다: Äpfel e. 사과의 씨를 빼내다. **Entkerner**, der; -s, - 씨 제거기. **Entkernung**, die; -en 씨 제거.
Entkirchlichung, die 교회와의 소원(疎遠) 교회로부터의 이탈, 교회의 영향력의 (점차적) 쇠퇴.
entkleiden 〈h〉 《아어》 **1.** 누구의 옷을 벗기다: sie mußten sich bis auf Hemd und Hose e. 그들은 내의

와 바지까지도 벗어야 했다. **2.** 누구〔무엇으〕로부터 무엇을 빼앗다: eine Sache ihres Reizes e. 무엇의 매력을 제거하다; er wurde seines Amtes entkleidet 그는 면직되었다. **Entkleidung**, die; -en 탈의, 박탈, 면직.
Entkleidungs-: ~**künstlerin**, die 스트립걸. ~**nummer**, die, ~**szene**, die 스트립걸의 쇼.
entknospen 1. a) 〈h〉 〈의〉 싹〔꽃봉오리, 꽃〕을 따다. **b)** 〈s〉 (식물의) 싹이 나다, 꽃봉오리가 벌어지다, 꽃피다. **2.** 《시어·드물게》 〈s〉 누구의 후손이다, 무엇에서 유래하다: aus edlem Geschlecht e. 고귀한 가문 출신이다.
entknoten 〈h〉 〈실, 끈 따위의〉 매듭을 풀다: 〖전의〗 die Fäden einer Romanhandlung e. 소설의 사건 진행의 가닥을 풀다. 《또한》 e. + sich〉 die Handlung hat sich entknotet 사건 진행은 가닥이 풀렸다. **Entknotung**, die; -en 매듭을 풀기, 해결.
entkoffeinieren 〈h〉 《전문어》 커피의 카페인을 제거하다.
Entkolon(ial)isierung, **Entkolonisation**, die; -en ↑**Dekolonisation**.
entkommen* 〈s〉 누구〔무엇〕로부터 달아나다, 벗어나다: aus dem Gefängnis〔ins Ausland, über die Mauer〕 e. 탈옥하다〔외국으로 도망가다, 담을 넘어 달아나다〕; an (ein) Entkommen war nicht zu denken 도주는 생각할 수 없었다.
entkoppeln 〈h〉 연결〔접속〕을 풀다: die Raumschiffe wieder e. 우주선을 (도킹 상태에서) 다시 분리하다. **Entkopp(e)lung**, die; -en 연결〔접속〕의 분리.
entkorken 〈h〉 병의 코르크 마개를 뽑다.
Entkörperung 〈h〉; -en 탈구체화(묘사〔서술〕가 구체적인 것으로부터 추상적인 것으로 나아가는 것).
entkräften [ɛnt'krɛftn] 〈h〉 **1.** 힘을 빼앗다, 활기를 빼앗다, 쇠약〔피로, 허탈〕하게 하다. **2.** 반박하다, 무효로 하다: der Verdacht wurde durch Zeugenaussagen entkräftet 그 협의는 증인의 진술에 의해서 벗겨졌다. **Entkräftung**, die; -en 쇠약(케 하기), 피로, 무기력, 허탈, 허약, 논박, 실효(失效): an〔vor〕 E. sterben 쇠약(영양 실조)으로 죽다.
entkrampfen 〈h〉 경련을 풀다〔완화시키다〕: 《또한》 e. + sich〉 die Muskeln entkrampfen sich 근육 경련이 풀리다〈반대: verkrampfen sich〉; 〖전의〗 eine angespannte Situation e. 긴장 상태를 해소하다. **Entkrampfung**, die; -en 경련의 완화, 긴장 상태의 해소.
entkrauten 〈h〉 【농업】 잡초(雜草)를 제거하다. **Entkrautung**, die; -en 【농업】 잡초 제거, 제초.
entkriminalisieren 〈h〉 범죄의 누명〔오명〕을 벗기다, 범죄성을 제거하다.
entkuppeln 〈h〉 《드물게》 ↑**auskuppeln**.
Entlad [ɛnt'la:t], der; -(e)s, -e (schweiz.) 짐부리기.
entladen* 〈h〉 **1. a)** 무엇(배, 수레, 짐말)의 짐을 부리다〔내리다〕: den Wagen〔das Schiff〕 e. 차(배)의 짐을 내리다. **b)** (안에 실려진 물건을) 다시 끄집어내다. **c)** (무엇으로부터) 탄약을 빼내다〈반대: laden〉. **2. a)** 방전시키다〈반대: aufladen 2 a, α〉. **b)** 〈e. + sich〉 방전하다〈반대: aufladen 2 a, β〉. **3.** 〈e. + sich〉 **a)** 돌발하다, 일어나다, 폭발하다. **b)** (분노 따위가) 폭발하다: sein Zorn entlud sich auf〔über〕 die Kinder 그의 분노는 아이들을 향해서 분출되었다. **Entladung**, die; -en 짐부리기, 탄약 제거, 방전, 돌발, (감정의) 분출, 폭발: die Spannung zur E. bringen 긴장을 해소하다.
entlang [niederd. en(t)lanc] **I.** 〈Präp.〉 보통 명사 뒤에 놓일 때는 4격, 드물게 〔스위스에서는 현재도〕 3격; 명사 앞에 놓일 때는 3격, 드물게 2격, 고어에서는 4격〈을 지배〉 무엇을 따라: den Fluß e. standen Bäume 강을 따라서

나무들이 서있었다; e. dem Weg[(드물게) des Weges] läuft ein Zaun 길을 따라서 울타리가 나있다. II. 〈Adv.〉 (을) 따라: die Kinder stellten sich an den Fenstern e. auf 아이들은 창문을 따라서 정렬했다.

entlang-: **~blicken** 〈h〉 무엇을 따라서 시선을 주다(던지다). **~fahren*** 〈s〉 **a)** (무엇에) 연(沿)해서 차를 타고 가다: am Wald e. 숲을 따라서 차로 달리다. **b)** (손가락 따위로) 무엇을 따라서 선을 긋다. **~fliegen*** 〈s〉 (무엇에) 연(沿)해서 비행기를 타고 가다. **~flitzen** 〈s〉 (통용어) 무엇을 따라 질주(疾走)하다. **~führen** 〈h〉 **1.** 어떤 길을 따라서 인도하다. **2.** 무엇과 평행으로(무엇과 인접해서) 뻗어있다(이어지다): der Weg führte am Ufer entlang 그 길은 강가를 따라서 뻗어 있다. **~gehen*** 〈s〉 무엇을 따라서 가다: den Bach [am Strand] e. 실개천[바닷가]을 따라서 걷다(가다). **~kommen*** 〈s〉 무엇을 따라서 오다. **~kriechen*** 〈s〉 무엇을 따라서 기어가다. **~laufen*** 〈s〉 **a)** (통용어) ↑~gehen. **b)** 무엇을 따라서 흐르다. **c)** 무엇을 따라서 뻗다(이어지다). **~schlendern** 〈s〉 어떤 길을 따라서 어슬렁어슬렁 거닐다. **~schreiten*** 〈s〉 어떤 길을 따라서 걷다. **~streichen*** 〈h〉 (손 따위로) 무엇을 따라(서) 문지르다. **~torkeln** 〈s〉 어디를 따라서 비틀거리며 걷다[갈지자로 걷다]. **~ziehen*** 〈s〉 **1.** (무리를 지어) 무엇을 따라 같읗이 움직이다: wie die Wolkenfetzen, die am Himmel entlangzogen 떼를 지어 하늘가로 끝없이 흘러간 조각구름처럼. **2.** 〈e. + sich〉 **a)** 무엇을 따라 늘리[길게] 뻗치다. **b)** (무엇을 손으로 잡고) 조금씩 따라서 움직이다(나아가다). **~zuckeln** 어떤 길을 따라서 느릿느릿 힘없이 걷다.

entlärmen 〈h〉 소음을 없애다. **Entlärmung**, die 소음 제거.

entlarven [εnt'larfn] 〈h〉 (누구의 진정한 의도[사람이나 사물의 본성]를) 폭로하다, 가면을 벗기다: jmdn. als Betrüger e. 누가 사기꾼임을 폭로하다. **Entlarvung**, die; -en ↑entlarven의 명사형.

entlassen* 〈h〉 **1.** 누구를 무엇으로부터 떠나게 하다[자유롭게 하여 주다]: einen Gefangenen (vorzeitig) e. 죄수를 (가(假)) 석방하다; jmdn. aus der Klinik [aus dem Wehrdienst] e. 누구를 퇴원[제대]시키다 [전의] jmdn. aus einer Verpflichtung e. 누구를 의무로부터 면제시켜 주다. **2.** 누구를 해고하다(반대: einstellen 2): jmdn. (wegen einer schwerwiegenden Verfehlung) fristlos e. 누구를 (중대한 과오 때문에) 즉각 해고하다. **Entlaßfeier**, die; -n (südd.) ↑Entlassungsfeier. **Entlaßschüler**, der; -s, - (südd.) 졸업생. **Entlassung**, die; -en **1.** 떠나게 하기[함] (석방, 해방, 출옥, 퇴원 등). **2.** 해고: die E. aus dem Staatsdienst 관직으로부터의 해직[면직]. **b)** 해직서, 해고서, 해고 통지: seine E. zugestellt bekommen 해고 통지서를 송달받다.

Entlassungs-: **~feier**, die 졸업식. **~gesuch**, das 사직원, 사표. **~grund**, der ↑Kündigungsgrund. **~klasse**, die [학교] 졸업생반. **~papiere** (Pl.) 제대 증명서, 석방 증명서. **~schein**, der 제대(석방) 증명서. **~schüler**, der ↑Entlaßschüler. **~zeugnis**, das 졸업증(명서).

entlasten 〈h〉 **1. a)** (누구 또는 무엇의) 부담을 경감하다: seine Eltern im Geschäft e. 가게에서 부모님의 노고를 덜어드리다. **b)** 정신적 부담을 없애주다: sein Gewissen e. 양심의 가책을 덜다. **2. a)** [법] (혐의 따위를) 풀다(반대: belasten 3): den Angeklagten durch eine Aussage e. 진술을 통해 피고의 혐의를 풀다. **b)** [상] 누구의 업무 집행을 (검토한 본 후에) 재가하다(승인하다). **3.** [화폐] 차변액(借邊額)을 상환하다, (부채의 상환을 통해서) 장부상으로 상쇄하다. **Entlastung**, die; -en **a)** ↑ent- lasten의 명사형: der Geschäftsführung wurde die E. erteilt[verweigert] 업무 집행의 재가가 이루어졌다[거부되었다]. **b)** (누구의) 부담을 덜어 주는 사람[것]: der Sohn war eine große E. für seine alten Eltern 그 아들은 노부모에게는 커다란 일손이었다. **c)** [사회학] 정신적 부담의 경감(여러 가지 행동 방식 및 자극성향 사이에서 결정을 내려야 하는 인간의 "부담"을 덜어주는, 사회적으로 인정된 문화적인 여러 행동 표본의 기능).

Entlastungs-: **~angriff**, der [스포츠] 견제 공격(자기 팀 방어의 부담을 덜기 위한 공격 ─ 공격이 최선의 방어 ─). **~bogen**, der [토목] 무게받이 아치, 짐받이 아치. **~frage**, die [법] 피고의 혐의를 벗기는 데 유리한 질문들. **~material**, das 피고의 혐의를 벗기는 데 유리한 자료. **~moment**, das 피고의 혐의를 벗기는 데 유리한 계기. **~schlag**, der [구기] 어떤 선수나 팀을 곤경으로부터 구해주는 공격. **~zeuge**, der [법] 피고에게 유리한 증인, 면책(免責) 증인. **~zeugnis**, das 누구의 혐의를 풀어주는 증거물[증인의 진술]. **~zug**, der [철도] (혼잡 완화를 위한) 임시 열차.

entlauben [εnt'laubn] 〈h〉 **a)** (나무나 덤불의) 잎을 떼어내다, 잎이 지게하다. **b)** 〈e. + sich〉 낙엽이 지다. **Entlaubung**, die; -en ↑entlauben의 명사형.

entlaufen* 〈s〉 누구(무엇)로부터 달아나다[도망하다]: der Hund ist (seinem Herrn) entlaufen 개가 (주인에게서) 달아났다.

entlausen 〈h〉 이(虱)를 잡다[구제(驅除)하다]: Lagerinsassen[Soldaten] e. 수용소 수감자들[군인들]의 몸에서 이를 구제(驅除)하다. **Entlausung**, die; -en 이잡기. **Entlausungsschein**, der 이 구제(驅除) 확인서.

entledigen [εnt'le:dɪgn̩] 〈h〉 (아이) **1.** 무엇을 누구(엇)로부터 제거하다[해방하다]: sie entledigten junge Tannenstämme ihrer Äste 그들은 어린 전나무 줄기의 가지들을 쳐주었다. 〈자주〉 〈e. + sich〉 sich eines Störenfriedes e. 훼방꾼[방해자]를 떨쳐버리다. **2.** 〈e. + sich〉 (불필요하고 성가시게 생각하이) 옷을 벗다: sich seines Fracks e. 연미복을 벗다. **3.** 〈e. + sich〉 (의무를 다해서) 무엇을 끝내버리다[해치우다]: sich einer Aufgabe[eines Problems] e. 과제[문제]를 처리하다.

entleeren 〈h〉 **1. a)** (무엇을 기울여서) 비우다: einen Aschenbecher (in den Mülleimer) e. 재털이를 (쓰레기통에) 비우다; sich e. 용변을 보다, 구토하다(게우다). **b)** 〈e. + sich〉 (사람이) 텅비다. **2. a)** 무엇으로부터 (본래의) 내용(물)을 빼앗다(박탈하다): das Wort ist seines Sinnes völlig entleert worden 그 말은 의미를 완전히 빼앗겼다. **b)** 〈e. + sich〉 본래의 의미를 잃다, 공허해지다. **Entleerung**, die; -en **a)** ↑entleeren의 명사형. **b)** [의학] 배설물, 대소변.

entlegen 〈Adj.〉 [entliegen의 과거분사] **1.** (교통, 중심부로부터) 멀리 떨어져 있는, 외진: an einem -en Ort 외진 곳(에서). **2.** (정신적으로) 통례적인 것에서 벗어난, 부자연스러운. **Entlegenheit**, die (아이) 멀리 떨어져 있음; 외딴 곳, 인적이 드문 곳[두메].

entlehnen 〈h〉 **1.** (다른 정신적 영역으로부터) 무엇을 빌리다, 차용하다: ein Wort aus einer fremden Sprache e. 어떤 낱말을 외국어로부터 차용하다[전용하다]. **2.** (고어) ↑entleihen (1). **Entlehnung**, die; -en **1.** 빌림, 차용(借用), 전용, 인용, 표절. **2.** 빌어온 것, 차용물(借用物), 차용어(借用語): „Fenster" ist eine E. aus dem Lateinischen „Fenster"는 라틴어로부터 차용된 단어이다.

entleiben [εnt'laibn̩], sich 〈h〉 (아이) (무기로) 죽이다, 살해하다.

entleihen* 〈h〉 **1.** (잠시 사용할 목적으로) 누구로부터 무엇을 빌리다: eine Summe von jmdm. e. 누구로부터 (얼마만큼의) 금액을 빌리다. **2.** ↑entlehnen (1): ich habe dieses Bild von Mommsen entliehen 나는 이 그림을 몸젠에게서 본뜼다. **Entleiher**, der; -s, - (특히 책 따위의) 차용자(借用者), 표절자. **Entleihung**, die; -en 빌림, 차용, 전용, 인용.

Entlein ['entlain], das; -s, - ↑Ente (1): **hässliches E.** (통용어·농) 미운 오리새끼, 입게 구는 어린 소녀.

entloben, sich 〈h〉 파혼하다(반대: verloben, sich). **Entlobung**, die; -en 파혼(반대: Verlobung).

entlocken 〈h〉 **a)** 누구에게서 무엇을 꾀어내다, 사취하다, 속여서 빼앗다: jmdm. ein Lächeln e. 누구로부터 미소를 이끌어내다. **b)** (누구에게서) 무엇을 불러 일으키다[자아내다]: die freudige Nachricht entlockte ihr einen kleinen Schrei 기쁜 소식이 그녀에게서 가느다란 비명을 자아냈다.

entlohnen, (schweiz.) **entlöhnen** 〈h〉 **a)** (개별적인 서비스나 하급의 노동에 대해서) 노임을 주다[사례하다]: den Kofferträger e. 수하물 운반인에게 노임을 주다. **b)** 《드물게》 급료를 지불하다. **Entlohnung**, (schweiz.) **Entlöhnung**, die; -en **a)** 노임[급료]의 지불, 사례. **b)** 보수, 봉급, 급료.

entlüften 〈h〉 **a)** (방의 공기를 환기시키다. **b)** [기술] 배기(排氣)하다(도관(導管), 수력 시스템 따위의 내부에 들어 있는 쓸데없는 공기를 뽑아 버리는 것). **Entlüfter**, der; -s, - 배기[환기] 장치. **Entlüftung**, die; -en 1. 환기, 통기, 배기. **2. a)** ↑Entlüftungsanlage의 약칭. **b)** 배기작업.

Entlüftungs- (entlüften a): **~anlage**, die 환기 시설, 배기 장치. **~fenster**, das 환기창(換氣窓). **~haube**, die 두건 모양의 환풍 장치(요리시에 나오는 증기를 배출시키기 위해 천장 따위의 외벽에 부착되어 있는 금속·플라스틱제 환풍 설비). **~klappe**, die 여닫이 통풍문. **~ventil**, das ((압착) 공기를 방출시키기 위한) 통풍 밸브.

entmachten [ɛnt'maxtn] 〈h〉 누구로부터 힘[권력]을 빼앗다, 무력하게 하다: einen Minister e. 장관을 경질하다. **Entmachtung**, die; -en 힘[권력]의 박탈, 무력화.

entmagnetisieren 〈h〉 자력(磁力)이 없는 상태로 되돌려 놓다, 소자(消磁)하다, 자기(磁氣)를 없애다(반대: magnetisieren). **Entmagnetisierung**, die; -en: das Entmgnetisieren 소자(消磁).

entmannen [ɛnt'manən] 〈h〉 **1. a)** 누구로부터 남성 생식선(生殖腺)을 제거하다, 거세(去勢)하다. **b)** [외과의술로] 누구로부터 음경(陰莖)을 제거하다. **2.** (의) 기력을 죽이다, 약하게 하다. **Entmannung**, die; -en 거세(去勢), 음경(陰莖) 제거, 기력 죽임, 여성화, 유약화.

Entmarkungsenzephalomyelitis [ɛnt'markuŋs-], die; **Entmarkungskrankheit**, die [의학] 뇌 및 척수의 질환, 다발성 경화증(硬化症).

Entmaterialisation, die; -en 비(非)물질화. **entmaterialisieren** 〈h〉 비물질화하다. **Entmaterialisierung**, die; -en 비(非)물질화.

entmenschen [ɛnt'mɛnʃn] 〈h〉 **a)** 인간성(인간으로서의 가치, 품위)을 박탈하다, 비인간화하다: der Nationalsozialismus erklärte die Juden zu Untermenschen, entmenschte sie 나치는 유대인들을 열등 인간으로 선포하고, 그들의 인간성을 박탈하였다. **b)** 인간으로서의 품위[가치]를 스스로 상실하다, 야만화되다. **entmenschlichen** [ɛnt'mɛnʃlɪçn] ↑entmenschen. **Entmenschlichung**, die; **Entmenschung**, die 비인간화, 인간성 상실.

entmilitarisieren 〈h〉 [frz. démilitariser] (어느 지역으로부터) 군대를 철수하고 군사 시설을 철거하다, 비무장화하다(반대: militarisieren): eine entmilitarisierte Zone 비무장 지대; **die Uniform e.** (통용어·농·준고어) 군대 피복품[군복]을 민간복으로 개조하다.

Entmilitarisierung, die; -en (어떤 지역의) 군대 철수 및 군사 시설 철거, 비무장화, 비군사화.

entminen [ɛnt'miːnən] 〈h〉 기뢰[지뢰]를 제거하다, 소해(掃海)하다: ein Gebiet e. 어느 지역의 지뢰를 제거하다. **Entminung**, die; -en 기뢰[지뢰] 제거.

entmischen 〈h〉 [화학·기술] **a)** (혼합물을) 분해하다. **b)** (혼합물의 분해를 통해서) 석출(析出)하다. **Entmischung**, die; -en [화학·기술] (혼합물의) 분석(분해), 석출(析出).

entmisten 〈h〉 (기계로) 마구간을 청소하다, (축사의) 오물을 제거하다. **Entmistung**, die; -en **1.** (마구간의) 기계 청소, 오물 제거. **2.** ↑Entmistungsanlage의 약칭. **Entmistungsanlage**, die 구비(廐肥) 제거 장치.

entmobilisieren 〈h〉 ↑demobilisieren(반대: mobilisieren). **Entmobilisierung**, die; -en ↑Demobilisierung(반대: Mobilisierung).

entmündigen [ɛnt'mʏndɪgn] 〈h〉 누구에게 금치산(禁治産)의 선고를 내리다: jmdn. wegen Geisteskrankheit [Trunksucht] e. 누구에게 정신병[음주벽] 때문에 금치산의 선고를 내리다. **Entmündigung**, die; -en 금치산(의 선고).

entmutigen [ɛnt'muːtɪgn̩] 〈h〉 **a)** 누구로부터 자신감을 빼앗다, 누구의 용기[의기], 사기를 잃게 하다, 낙담시키다: jmdn. mit einer Bemerkung e. 어떤 말로 누구의 사기를 잃게 하다; sich nicht e. lassen 낙담치 않다. **b)** (드물게) 무엇으로부터 발전의 가능성을 빼앗다. **Entmutigung**, die; -en ↑entmutigen의 명사형.

entmystifizieren 〈h〉 (무엇과 연관되어 있는) 신비스런 표상을 제거하다(반대: mystifizieren). **Entmystifizierung**, die; -en 신비로운 표상의 제거.

entmythisieren 〈h〉 ↑entmythologisieren. **Entmythisierung**, die; -en ↑entmythisieren의 명사형.

entmythologisieren 〈h〉 (무엇과 연관된) 신화적 혹은 비합리적 표상을 제거하다, 비신화(非神話化)하다, 신화적 요소를 제거하다. **Entmythologisierung**, die; -en [비신화(非神話化)라는 불트만(Bultmann)의 개념, 즉 기독교의 복음을 신화로부터 분리해서 고찰하고, 이 복음을 현대적 이해를 도모하는 관점에서 해명하려는 시도에 의거해서] (신약 성서의) 비신화화(非神話化), 신화적 요소의 배제.

entnadeln, sich 〈h〉 침엽(針葉)이 지다, (침엽수의) 낙엽이 지다. **Entnadelung**, (드물게) **Entnadlung**, die; -en ↑entnadeln의 명사형.

Entnahme [ɛnt'naːmə], die; -n 떼어냄.

entnationalisieren 〈h〉 누구의 국적을 박탈하다, 공민권을 박탈하다, 누구의 국민성을 빼앗다, 비국유화하다. **Entnationalisierung**, die; -en 국적[공민권] 박탈, 국민성의 제거, 비국유화.

entnazifizieren [ɛntnatsifi'tsiːrən] 〈h〉 [engl. denazify에 따라] **a)** (구(舊) 나치당원을 심사해서 (속죄를 통해서) 복권시키다. **b)** (제3차 세계대전 후에 국가적 제도, 장치, 공공생활에서) 나치의 영향을 차단하다, 비(非)나치(스)화하다. **Entnazifizierung**, die; -en 비(非)나치(스)화(化).

Entnazifizierungs-: **~behörde**, die 비나치(스)화 담당 관청. **~gericht**, das 비나치(스)화 법원. **~gesetz**, das 비나치(스)화 법. **~kommission**, die (1945년에 독일 주둔 연합군에 의해 설치된) 비(非)나치화 위원회. **~verfahren**, das 비나치(스)화 조치.

entnebeln 〈h〉 안개를 제거하다. **Entnebelung**, (드물게) **Entneblung**, die; -en 안개 제거.

entnehmen 〈h〉 **1.** (어떤 목적으로) 무엇([드물게] 누구)으로부터 끄집어내다: jmdm. eine Blutprobe e. 누구의 혈액 검사를 하다; [전의] ein Leitbild der Literatur e. 문학(작품)의 이상상(理想像)을 끌어오다[차용하다]. **2.**

무엇으로부터 무엇을 정보로 얻다[무엇으로부터 추론하다]: Ihrem Schreiben haben wir entnommen, daß ... 당신의 편지로부터 우리는 …을 추측했습니다.

entnerven ⟨h⟩ 신경을 지치게 하다, 힘·신경을 쇠약하게 하다: der lange Krieg hatte sie entnervt 그 기나긴 전쟁이 그들을 쇠잔케하였다. **Entnervung**, die; -en 기를 꺾음, 쇠약, 권태.

Entoblast [ento'blast], das; -(e)s, -e [griech. entós u. blastós], **Entoderm** [ɛnto'dɛrm], das; -s, -e [griech. entós u. dérma] 〖생물·의학〗 내배엽(內胚葉)(↑Ektoderm 참조). **entodermal** [...der'ma:l] ⟨Adj.⟩ 내배엽의(↑ektodermal 참조).

entölen ⟨h⟩ 무엇으로부터 기름[지방]을 빼다, 탈지하다. **Entölung**, die; -en 기름·지방의 제거, 탈지.

Entomologe [ɛntomo'lo:gə], der; -n, -n [griech. éntomon(zōon) u. ↑-loge 참조] 곤충학자. **Entomologie** [...lo'gi:], die 곤충학: die angewandte E. 응용곤충학. **entomologisch** ⟨Adj.⟩ 곤충학에 관한

Entoparasit, der; -en, -en [griech. entós u. ↑Parasit 참조] 〖생물〗 내부 기생체[동물], 체내 기생충.

entopisch [ɛn'to:pɪʃ] ⟨Adj.⟩ [griech. éntopos] 《전문어》 국내의, 자국의, 그 지역에 있는.

Entoplasma, das; -s, ...men [griech. entós u. ↑Plasma 참조] 〖생물〗 《세포질의》 내질(內質), 내부 원형질(반대: Ektoplasma).

entoptisch [ɛn'tɔptɪʃ] ⟨Adj.⟩ [griech. entós u. ↑optisch 참조] 〖의학〗 안구 내에 있는, 눈 속의.

entordnen ⟨h⟩ 《드물게》 무엇의 질서를 파괴하다〖유린하다〗. **Entordnung** der 질서의 파괴〖유린〗.

Entoskopie [ɛntosko'pi:], die; -n [...i:ən; griech. entós u. skopeîn] 《드물게》 ↑Endoskopie.

entotisch [ɛn'to:tɪʃ] ⟨Adj.⟩ [griech. entós u. ōtikós] 〖의학〗 귀 속에서 생기는, 귀 속에 있는, 귀 속의.

Entourage [ɑ̃tu'ra:ʒə], die [frz. entourage] 《누구의》 주위의 사람들, 수행원, 측근자.

En-tout-cas [ɑ̃tu'ka], der; - [...a(s)], - [... as; frz. en-tout-cas] 《고어》 양산 겸용 우산.

Entoxismus [ɛnto'ksɪsmʊs], der; -, ...men [griech. en u. toxikón] 〖의학〗 **1.** ⟨Pl. 없음⟩ 중독(中毒). **2.** 중독현상.

Entozoon [ɛnto'tso:ɔn], das; -s, ...zoen [...'tso:ən] / ...zoa [griech. entós u. zōon] 〖의학〗 체내 기생충.

entpersönlichen [ɛntpɛr'zø:nlɪçn̩] ⟨h⟩ 비인격화하다, 개인으로서의 존엄성을 무시하다. **Entpersönlichung**, die; -en 비인격화.

entpflichten [ɛnt'pflɪçtn̩] ⟨h⟩ 《근무 연한의 만료 후에》 누구의 직책〖의무〗을 해제하다: einen Professor (von seinem Ordinariat) e. 교수를 《정》교수의 직책으로부터 해임하다. **Entpflichtung**, die; -en 직책의 해제, 해임(解任).

entpoetisieren ⟨h⟩ 무엇으로부터 시적(詩的)인 특성을 제거하다, 비시화하다. **Entpoetisierung**, die; -en 비시화(非詩化).

entpolitisieren ⟨h⟩ 《국가적 또는 사회적 영역의》 정치적 요소를 배제하다, 비정치화하다: die Rundfunkanstalten e. 방송 기관으로부터 정치적 성격을 배제하다. **Entpolitisierung**, die; -en 비정치화(非政治化).

entpressen ⟨h⟩ 《아어》 누구로부터 무엇을 무리하게〖강압적으로〗 빼앗다, 강탈하다: die Folter entpreßte ihm ein Geständnis 고문에 못이겨 그는 자백을 했다.

entprivatisieren ⟨h⟩ ↑verstaatlichen 참조(반대: privatisieren): ein Unternehmen(die Presse) e. 기업〖언론〗을 국유화하다. **Entprivatisierung**, die; -en 국유화.

entproblematisieren ⟨h⟩ 문제성〖문제점〗을 제거하다. **Entproblematisierung**, die; -en 문제성〖문제점〗의 제거.

entpulpen [ɛnt'pʊlpn̩] ⟨h⟩ 《전문어》 《섬유로부터 시럽 따위를》 빼어버리다.

entpuppen [ɛnt'pʊpn̩], sich ⟨h⟩ 《놀랍게도》 누구〖무엇〗로서의 정체가 드러나다: er entpuppte sich als Betrüger 그는 사기꾼의 정체를 드러냈다; du hast dich ganz schön entpuppt 《통용어·반어적》 너 사람이 달라졌구나《부정적인 쪽으로》. **Entpuppung**, die; -en 정체(의) 폭로.

entqualifizieren ⟨h⟩ 무엇으로부터 가치를 빼앗다.

entquellen* ⟨s⟩ 《아어》 무엇에서 솟아 나오다: Tränen entquollen ihren Augen 그녀의 눈에서 눈물이 펑펑 쏟아졌다.

entraffen ⟨h⟩ 《시어》 ↑entreißen.

entrahmen [ɛnt'ra:mən] ⟨h⟩ 《우유에서》 기름기를 빼내다, 탈지하다: entrahmte Frischmilch 탈지한 신선한 우유. **Entrahmer**, der; -s, - 우유 탈지기(機). **Entrahmung**, die; -en 탈지.

entrappen [ɛnt'rapn̩] ⟨h⟩ 〖포도재배〗 《압착에 들어가기 전에》 포도송이의 포도를 떼내다.

entraten* ⟨h⟩ 《아어·준고어》 누구〖어떤 무용한 것〗를 포기〖단념〗하다, 누구〖무엇〗없이 지내다: der Gesellligkeit [der Frauen] e. 사교〖교제〗〖여자〗없이 지내다.

enträtseln ⟨h⟩ **a)** 수수께끼를 풀다, 《원인 따위를》 구명하다, 이해하다, 간파하다: in Geheimnis e. 비밀을 알아내다. **b)** ⟨e. + sich⟩ 풀리다, 해명되다. **Enträts(e)lung**, die; -en 《모호한 것의》 해명, 해독(解讀), 이해, 간파.

Entreakt [a'trakt], der; -(e)s, -e [frz. entracte] 《오페라와 연극의》 간주곡《독자적으로 상연되기도 함》.

Entrechat [ɑ̃trəˈʃa], der; -s, -s [frz. entrechat] 〖발레〗 앙트르샤《뛰어 있을 동안에 발뒤꿈치를 몇번이고 마주치는 동작》.

entrechten ⟨h⟩ 누구의 권리〖공권〗를 박탈하다. **Entrechtete*** [ɛnt'rɛçtətə], der / die 공권을 상실당한 사람. **Entrechtung**, die; -en 권리〖공권〗의 박탈.

Entrecote [ɑ̃trəˈkoːt], das; -(s), -s [frz. entrecôte] 스테이크용의 소 갈빗살.

Entree [a'tre:], der; -s, -s [frz. entrée < lat. intrāre] **1.** 앞현관, 응접실, 입구. **2.** 들어가기, 입장, 등장〖나타남〗. **3.** 《österr.》 입장료. **4.** 전채(前菜), 앙트레《수프와 주된 요리 사이에 나오는 사잇요리》. **5. a)** 발레의 서곡(序曲), 전주곡. **b)** 《오페레타의》 최초의 아리아. **Entreetür**, die 입구의 문, 현관 문.

Entrefilet [ɑ̃trəfi'lɛ], das; -s, -s [frz. entrefilet] 《전문어》 〖신문의 기사란에 삽입된 반판적(半官的)인〗 짤막한 기사.

entreißen* ⟨h⟩ **1.** 누구에게서 무엇을 낚아채다〖빼앗다〗: jmdm. eine Waffe(die Handtasche) e. 누구에게서 무기〖핸드백〗를 빼앗다; 〖전의〗 jmdm. sein Geheimnis e. 누구로부터 비밀을 캐내다. **2.** 《아어》 **a)** 누구를 무엇으로부터 구해내다: jmdn. den Flammen〖dem Elend〗 e. 누구를 화재〖곤궁〗로부터 구해내다. **b)** 누구를 어떠한 분상태로부터 빠져나오게〖벗어나게〗 하다, 누구를 무엇으로부터 해방시키다〖면제하다〗: jmdn. [etw.] dem Vergessen e. 《누구에게》 누구〖무엇〗에 대한 기억을 상기시켜주다.

Entrelacs [ɑ̃trəˈla], das; - [...a(s)], - [... as; frz. entrelacs] 《대개 Pl.》 끈 노끈 모양의 장식〖사슬꼴 장식〗, 얽힘 장식, 얽음 장식.

Entremés [ɑ̃trəˈmɛs], das; -, - [span. entremés < lat. intermissus] 《연극에서》 막간에 상연되는 《익살스런》 스페인의 단막극. **Entremetier** [...meˈtie:], der; -s, -s [frz. entremétier] 《수프와 자질구레한 사잇요리의 전문》

요리사. **Entremets** [ãtrə'me:], das; -[e:(s)], -[...e:s; frz. entremets] 앙트르메(요리가 나오는 순서에 있어서 야채나 계란으로 만든 가벼운 사잇요리, 디저트 형식으로 나오기도 함).

entre nous [ãtrə'nu; frz.] 《교양어》 남 몰래, 우리끼리의 말이으로.

Entrepot [ãtrə'po:], das; -, -s [frz. entrepôt < lat. interpōnere] 보세 창고.

Entrepreneur [atrəprə'nœ:ɐ̯], der; -s, -e [frz. entrepreneur] 《고어》 (음악회, 연극 상연 따위의) 주최자, 흥행자(興行者), 대표, 기업가, 청부인(請負人). **Entreprise** [...'pri:zə], die; -n [frz. entreprise] 《고어》 기업, 청부, 흥행.

Entresol [ãtrə'sɔl], das; -s, -s [frz. entresol < span. entresuelo] [건축] 《고어》 중 2 층(보통 2층보다 조금 낮은 1·2 층의 중간층).

Entrevue [ãtrə'vy:], die; -n [frz. entrevue] 《고어》 (특히 군주들의) 회견, 회담, 대담, 인터뷰.

entrichten* ⟨h⟩ [관] 누구에게 무엇(돈, 세금 따위)을 지불하다, 변제(납부)하다: Steuern [eine Gebühr] e. 세금(수수료)을 납부하다; seinen Obolus e. 《농》 분담금, 입장료를 지불하다; 전의 die Stadt mußte der Seuche ihren Tribut e. 도시에서 많은 사람이 전염병으로 죽었다. **Entrichtung**, die; -en 지불, 변제, 납부.

entriegeln ⟨h⟩ 빗장을 벗기다(반대: verriegeln): eine Tür[ein Tor] e. 현관문[대문]의 빗장을 (빼서) 열다. **Entrieg(e)lung**, die; -en 빗장 벗기기[열기].

entrieren [ã'tri:rən] ⟨h⟩ [frz. entrer] 《고어》 시작하다, 꾀하다, 시험해보다.

entrinden [ɛnt'rɪndn̩] ⟨h⟩ 나무껍질을 벗기다. **Entrindung**, die; -en 나무껍질 벗기기.

entringen* ⟨h⟩ 《아어》 1. 누구에게서 무엇을 억지로 빼앗다: jmdm. ein wichtiges Dokument e. 누구에게서 중요한 자료를 탈취하다. 2. ⟨e. + sich⟩ a) 무엇에서 힘겹게 몸을 빼내다: sich jmds. Umarmung e. 누구의 포옹으로부터 몸을 빼내다. b) 누구의 입에서 어떤 소리가 새어나오다: ein Seufzer entrang sich [seiner Brust] 그의 입[가슴]에서 한숨이 새어 나왔다.

entrinnen* ⟨s⟩ 1. 《아어》 a) 위험에서 가까스로 벗어나다: einer Gefahr[dem Tod, der Gefangenschaft] e. 위험(죽음, 감금 상태)에서 구사일생으로 빠져나오다. b) 도주[도망]해서 누구로부터 멀리가다[피하다]. 2. 《시어》 무엇으로부터 흘러[솟아] 나오다. 3. ↑verrinnen 의 시어.

entrippen ⟨h⟩ 《전문어》 담뱃잎의 줄기를 떼다.

entrisch ['ɛntrɪʃ] ⟨Adj.⟩ (bayr., österr.) 섬뜩한, 무시무시한.

entrollen 《아어》 1. ⟨h⟩ (말려 있는 것을) 펴다, 풀다: eine Urkunde[eine Fahne] e. 증서[기(旗)]를 펼치다. 2. ⟨h⟩ ⟨e. + sich⟩ 서서히 나타나다, 발생하다, 일어나다, 전개되다: vor seinen Augen entrollte sich eine andere Welt 그의 눈 앞에 다른 세계가 서서히 나타났다. 3. ⟨s⟩ 무엇으로부터 굴러 떨어지다, 굴러가버리다: den Händen waren Silbermünzen entrollt 손에서 은화가 굴러 떨어졌다.

entromantisieren ⟨h⟩ 무엇에서 낭만적 성격[특성]을 제거하다, 비(非)낭만화하다. **Entromantisierung**, die; -en 낭만성의 제거, 비(非)낭만화.

Entropie [entro'pi:], die; -n [...i:ən] 1. 엔트로피(열역학에 있어서의 상태함수의 하나). 2. 【정보】 (다수의 정보 중의) 평균치의 정보 내용. **Entropium** [ɛn'tro:pium], das; -s, ...ien [...iən] 『의학』 눈꺼풀의 내번증(內翻症), 안검내번(內反).

entrosten ⟨h⟩ 무엇으로부터 녹을 빼다[제거하다]. **Entrostung**, die; -en 녹 빼기[제거].

entrücken 《아어》 1. ⟨h⟩ a) 누구[무엇]를 어떤 영역이나 상태로부터 밀어내다, 옮기다, 움직여서 치우다: der Wirklichkeit[der Öffentlichkeit] entrückt sein 현실 [사회]에서 멀어져 있다. b) 현실과 다른 세계[무아경]에 빠뜨리다: entrückt auf etw. blicken 무엇을 넋을 잃고 쳐다보다. 2. 《드물게》 ⟨s⟩ 누구의 의식으로부터 멀어지다[사라지다]. **Entrücktheit**, die; -en ⟨Pl. 잘 안 쓰임⟩ 황홀(경), 무아지경. **Entrückung**, die; -en 《아어》 a) 옮기기, 치우기. b) 황홀경, 무아지경.

entrümpeln [ɛnt'rʏmpl̩n] ⟨h⟩ (방의) 잡동사니를 치우다. **Entrümp(e)lung**, die; -en 잡동사니를 치우기, 잡동사니 제거.

entrunden ⟨h⟩ [언어] (원순모음을) 비(非)원순모음화하다, 입술을 둥글게 하지 않고 발음하다: mhd. „diu" wurde zu nhd. „die" entrundet 중세독어의 "diu"는 신고독어에서 "die"로 비원순모음화 되었다. **Entrundung**, die; -en 비(非)원순모음화.

entrußen ⟨h⟩ 그을음을 제거하다[닦아내다].

entrüsten ⟨h⟩ a) ⟨e. + sich⟩ (무엇 때문에 도의심이 상하여) 격분하다, 노하다: sich über jmdn. [jmds. Verhalten] (sittlich) e. 누구[누구의 행동]에 대해서(도덕적으로) 격분하다. b) (누구의 도의심을 상하게 하여) 격분시키다, 노하게하다: er war entrüstet über das, was hier geschah 그는 여기서 일어난 일에 대해서 격노하였다. **Entrüstung**, die; -en 격분, 분노, 분개: E. über ein Verbrechen 범죄에 대한 격분. **Entrüstungssturm**, der 분노의 폭풍.

entsaften [ɛnt'zaftn̩] ⟨h⟩ (무엇으로부터) 즙을 짜내다. **Entsafter**, der; -s, - 녹즙기, 과즙[야채즙]을 짜는 기구.

entsagen ⟨h⟩ 《아어》 (어떠한 판단에서) 무엇[《드물게》 누구]을 자진해서 포기[단념]하다, 체념하다, 버리다: den Freuden des Lebens e. 삶의 즐거움을 단념하다; freiwillig der Herrschaft e. 자발적으로 퇴위하다. **Entsagung**, die; -en 《아어》 체념, 단념, 포기, 퇴위, 퇴직. **entsagungsreich** ⟨Adj.⟩ 체념에 가득 찬. **entsagungsvoll** ⟨Adj.⟩ a) 체념을 받아들이는, 단념한, 세상을 버린, 몰아적인, 헌신적인. b) 체념을 요구하는.

entsahnen [ɛnt'za:nən] ⟨h⟩ (우유로부터) 유지(乳脂)를 제거하다, 탈지하다.

entsakralisieren [ɛntzakrali'zi:rən] ⟨h⟩ 어떤 것에서 성(聖)스러운 성격[특성]을 제거하다, 범속화(凡俗化)하다. **Entsakralisierung**, die; -en 성스러운 특성의 제거, 범속화: die Frage der E. der Sprache 종교적 어휘의 사용에 있어서 세속적 경향의 문제.

entsalzen ⟨h⟩ (식수(食水)로 쓰기 위해 바닷물이나 소금기가 섞인 물로부터) 소금기를 제거하다, 탈염하다. **Entsalzung**, die; -en 바닷물의 음료수화, 탈염(脫塩), 염분의 제거. **Entsalzungsanlage**, die 탈염 설비[시설].

Entsatz, der; -es a) 해위[解圍] (포위된 요새나 부대를 새로운 원병(援兵)에 의해 구출함), 구원: jmdm. E. bringen 누구를 구원하다. b) ↑Entsatztruppe(n)의 약칭. **Entsatzarmee**, die; **Entsatztruppe**, die 지원병, 지원군.

entsäuern ⟨h⟩ 탈산(脫酸)하다, 중화하다. **Entsäuerung**, die; -en 탈산, 중화.

entschädigen ⟨h⟩ a) 누구에게 무엇[손해, 노력 따위]을 갚다, 배상[변상]하다: jmdn. für einen Verlust ausreichend [mit Geld] e. 누구에게 손실에 대해서 충분히 [돈으로] 변상하다; die Aussicht vom Gipfel entschädigte uns für den mühsamen Aufstieg 정상의 전망이 우리의 힘겨운 등정을 보상해주었다. b) 상해[부상]에 대해서 (적절하게) 보상해주다. **Entschädigung**,

die; -en a) 손해 배상, 보상. b) 보상금, 배상금.
entschädigungs-, Entschädigungs-: ~anspruch, der 손해 배상 청구(권). **~forderung**, die 손해 배상 청구. **~klage**, die 손해 배상 소송(고소). **~los** ⟨Adj.⟩ 보상[손해 배상]이 없는. **~summe**, die 보상[손해 배상]액.
entschärfen ⟨h⟩ **1.** (폭발물로부터) 뇌관[폭발 장치]을 제거하다: der clevere Keeper konnte auch diese Bombe[auch diesen Schuß] e. 《스포츠 은어》그 영리한 골키퍼는 그러한 강력한 슛도 막아낼 수 있었다. **2. a)** 문제점을 완화하다, (논쟁 따위의) 날카로움(격렬함)을 완화시키다(누그러뜨리다): eine Krise e. 위기를 누그러뜨리다. **b)** (무엇의 본질적인 요소를) 충분히 고려치 않다, 간과하다. **Entschärfung**, die; -en 뇌관 제거, 완화(하기), (본질적 요소의) 간과(看過).
Entscheid [ɛntˈʃaɪt], der; -(e)s, -e **a)** 판결, 결정. **b)** ↑ Entscheidung. **entscheiden*** ⟨h⟩ **1. a)** (최종적으로) 판단하다: das Gericht wird den Streit e. 재판소가 그 소송에 대해서 (최종적인) 판결을 내릴 것이다. **b)** 결정하다, 결심하다: über den Einsatz von Truppen e. 군대의 투입을 결정하다. **2.** (무엇에) 결정적인 작용을 하다, (무엇을) 결정짓다: das Los hat gegen ihn entschieden 추첨에 의해 그에게 불리한 쪽으로 결정이 났다; das Match für sich e. (können) 《스포츠》시합을 이기다(이길 수 있다). **3.** ⟨e. + sich⟩ **a)** (검토, 비교 또는 잠깐의 숙고 후에) 누구[무엇]를 택하기로 결정하다: sich für einen Bewerber[ein Verfahren] e. 지원자[방법]를 결정하다. **b)** 명백해지다, 밝혀지다, 판명되다: das Spiel entschied sich bereits gegen Ende der ersten Halbzeit 그 경기는 전반전 끝 무렵에 이미 승부가 결정나 버렸다. **entscheidend** ⟨Adj.⟩ 결정적인, 최종적인, 단호한: er hatte -en Einfluß auf ihn 그가 그에게 결정적인 영향을 끼쳤다: die außenpolitische Stellung e. schwächen 외교적 입장을 극도로 약화시키다. **Entscheidung**, die; -en **1.** 판단, 결정: die Frage steht vor der E. 그 문제는 곧 결정날 것이다; darüber steht ihm die E. zu 그것에 대해서는 그에게 결정 권이 있다; die E. fiel durch das Los e. 추첨에 의해서 결정이 내려졌다. **2.** 결심, 결단: wir müssen endlich zu einer E. kommen 《강조》우리는 결국 결단을 내려야 한다.
entscheidungs-, Entscheidungs-: ~befugnis, die 의결권. **~frage**, die [언어] (Ja 나 Nein의 대답을 요구하는) 결정 의문문(文). **~freiheit**, die **a)** 판단의 자유, 자유 재량권. **b)** 선택[결정]의 자유. **~furcht**, die 선택[결정]의 두려움. **~gewalt**, die 의결권. **~instanz**, die 최종심(最終審). **~kampf**, der 결승전, 결전(決戰). **~lauf**, der [육상 경기] 순위 결정전, 예선전. **~möglichkeit**, die 결정 가능성. **~recht**, die **a)** 결정권, 판결권. **b)** 선택[결정]권. **~schlacht**, die ↑ ~kampf. **~schwach** ⟨Adj.⟩ 판단력[결정력]이 약한. **~schwer** ⟨Adj.⟩ 결정적으로 중요한. **~satz**, der [테니스] 결승 세트. **~spiel**, das [구기] 결승전. **~stunde**, die **a)** 판단[결정]의 시기. **b)** 결정적 순간, 흥망성쇠가 달린 때.
entschieden [ɛntˈʃiːdn̩] ⟨Adj.⟩ [↑entscheiden의 과거분사] **1.** 결정적인, 단호한: etw. e. [auf das -ste] ablehnen 무엇을 강력하게 거부하다[거절하다]. **2.** 분명한, 명백한. **Entschiedenheit**, die; -en 단호한 태도, 단호함, 확고부동.
entschlacken ⟨h⟩ (신체의 해독과 세정(洗淨)을 위해서) 신진대사의 산물을 제거하다, 노폐물을 없애다. **Entschlackung**, die; -en 노폐물의 제거, 정화.
entschlafen* ⟨s⟩ ⟨아이⟩ **1.** 《은혜》평안하게 죽다: beim Heimgang unseres lieben Entschlafenen 지금 방금 영면한 고인의 황천길에. **2.** 《아이》↑einschlafen.

entschlagen*, sich ⟨h⟩ ⟨아이⟩ **a)** (내면적으로) 무엇으로부터 벗어나다: sich einer Furcht[einer Sorge, jeder Parteilichkeit] e. 두려움[걱정, 편파성]에서 벗어나다. **b)** (권리 따위를) 포기하다: die abgehärmte Frau entschlägt sich nicht der Aussage 그 초췌한 여인은 발언권을 포기하지 않는다.
entschlammen [ɛntˈʃlamən] ⟨h⟩ 진흙을 제거하다, 준설(浚渫)하다. **Entschlammung**, die; -en 진흙 제거, 준설.
entschleiern [ɛntˈʃlaɪɐn] ⟨h⟩ ⟨아이⟩ **1.** 베일을 벗기다 (반대: verschleiern); das Gesicht e. 얼굴의 베일을 벗기다. **2. a)** (비밀스러운 것, 불가해(不可解)한 것을) 밝혀내다: den Sinn des Lebens[ein Geheimnis] e. 삶의 의미[비밀]를 밝히다(캐내다). **b)** ⟨e. + sich⟩ (숨겨져 있던 것이) 드러나다[보이게 되다]. **Entschleierung**, die; -en 베일을 벗기기, 노출, (비밀 따위가) 드러남.
entschließen*, sich ⟨h⟩ 무엇을 하려고 결심하다: sich zu etwas e. 무엇을 결심하다; sich (dazu) e., etwas zu tun 무엇을 할 결심을 하다; er war fest entschlossen, nicht nachzugeben 그는 굴복하지 않기로 굳게 결심했다; kurz entschlossen reiste er ab 즉시 결심한 후 그는 떠나버렸다. **Entschließung**, die; -en **1.** 결심: zu einer E. gelangen 결심이 서다. **2.** 결의(決議): eine E. annehmen 결의안을 채택(상정)하다. **entschlossen** [ɛntˈʃlɔsn̩] ⟨Adj.⟩ [↑entschließen의 과거분사] 결심한, 결연(決然)한, 단호한, 투지의식이 있는, 힘찬: ein -er Gegner[Verfechter] einer politischen Idee 어느 정치이념의 철저한 적대자[옹호자]; nach diesen Vorfällen trat er e. aus der Partei aus 이 사건 후에 그는 (자신의 의견을 굽히지 않고) 끝내 당에서 탈퇴해 버렸다. **Entschlossenheit**, die 결심, 결의(決意), 단호한 태도, 결연함, 실행력: sich mit wilder E. auf jmdn. stürzen 누구에게 죽기 아니면 살기로 덤벼들다.
entschlummern ⟨h⟩ ⟨아이⟩ **1.** ↑einschlafen (1). **2.** 《은혜》↑entschlafen (1).
entschlüpfen ⟨s⟩ **1.** (위험이나 감시로부터) 살그머니 달아나다, 탈주하다: das Kind entschlüpfte der Mutter 어린아이가 엄마의 손에서 살그머니 달아났다. **2.** (누구 입에서) 무심코 새어 나오다: ihm[seinen Lippen] entschlüpfte eine unvorsichtige Bemerkung 그의 입에서 무심결에 경솔한 말이 튀어나왔다.
Entschluß, der; ...schlusses, ...schlüsse 결심, 결정, 결단, 결의(決議): einen E. fassen[ändern] 결심을 하다[바꾸다]; zu keinem E. kommen 결심하지 못하다; er ist ein Mann von raschem E. 《준고어》그는 결심이 빠른 사람이다.
entschluß-, Entschluß-: ~fähig ⟨Adj.⟩ 결단력이 있는(반대: ~unfähig). **~fähigkeit**, die ⟨Pl. 없음⟩ (반대: ~unfähigkeit) ↑ ~kraft. **~freiheit**, die 자유 재량. **~freude**, **~freudigkeit**, die ⟨Pl. 없음⟩ 결심이 빠른 성격. **~kraft**, die 결단력. **~lähmung**, die 결심하는 것에 대한 두려움[불안]. **~los** ⟨Adj.⟩ (무감각한 상태에 빠져서) 결심하지[결단을 내리지] 못하는. **~losigkeit**, die ↑ ~los의 명사형. **~unfähig** ⟨Adj.⟩ 결단력이 없는(반대: ~fähig). **~unfähigkeit**, die ⟨Pl. 없음⟩ 결단력의 부재(반대: ~fähigkeit).
entschlüsseln [ɛntˈʃlʏsl̩n] ⟨h⟩ **a)** 해독하다. **b)** 무엇의《(드물게) 누구의》수수께끼를 벗겨내다[풀다]. **Entschlüsselung**, 《드물게》**Entschlüßlung**, die; -en (암호의) 해독, 《누구에 대한》풀음[벗겨냄].
entschmutzen ⟨h⟩ 더러움(오염)을 제거하다, 정화하다. **Entschmutzung**, die; -en 더러움(오염)의 제거, 정화.
entscholastisieren [ɛntʃolastiˈziːrən] ⟨h⟩ 경직된 독단론을 없애다[제거하다].

entschreiten* ⟨s⟩ 《아어·반어》 걸어서 누구[무엇]로부터 현저히 멀어지다.

entschrọtten ⟨h⟩ 《드물게》 ↑enttrümmern.

entschuldbar [ɛntˈʃultbaːɐ̯] ⟨Adj.⟩ (실수 따위를) 용서할 수 있음, 용서하여도 지장이 없음. **Entschuldbarkeit,** die 용서할 수 있음. **entschulden** ⟨h⟩ (법적 조치에 의해서) 채무를 면제[해제]하다. **entschuldigen** [ɛntˈʃuldɪgn̩] ⟨h⟩ **1. a)** ⟨e. + sich⟩ 사과하다, 변명하다, 사죄하다: sich (bei jmdm.) wegen seines Versehens [für sein Versehen] e. (누구에게) 자기의 실수에 대한 변명[사죄]을 하다; sich mit Krankheit e. 병을 이유로 변명하다. **b)** (실수, 지각 따위의) 이유를 들다: ich ließ mich e. 나는 다른 사람을 통해 불참의 뜻을 전달했다. **2. a)** (규칙 위반 따위를) 용서하다: entschuldige bitte, daß(wenn) ich unterbreche 방해가 되어 미안합니다, 실례합니다; entschuldigen Sie bitte! 《정중한 표현》 용서하십시오, 실례합니다, 미안합니다, 실례합니다만; Sie müssen schon e., daß … 《통용어》 …을 용서하십시오; 《성구》 entschuldigen Sie, daß ich geboren bin 《과실을 질책하는 소리에 대한 농담조 또는 비꼬는 답변》 태어나서 죄송합니다. **b)** 무엇을 납득시키다, 이해시키다: der Alkoholgenuß entschuldigt sein Betragen nicht 술을 먹었다는 사실이 그의 행동을 납득시켜 주지는 못한다. **Entschuldigung,** die; -en **1.** (실수, 지각 따위에 대한) 변명, 구실: etw. zu seiner E. anführen 무엇을 구실삼아서 갖다 대다. **2.** (누구의 실수의 이유를 말하고 용서를 비는) 변명서[이유서], 사과서: er gab die E. beim Lehrer ab 그는 선생님에게 이유서를 제출하였다. **3. a)** (누구의 과실에 대한) 용서, 이해, 사죄: jmdn. für[wegen] etw. um E. bitten 누구에게 무엇에 대해서 용서[이해]를 구하다; E.! 《정중한 표현》 용서하십시오, 실례합니다! **b)** 사과하는 말.

Entschuldigungs-: **~brief,** der 변명서, 사과문, 사과장, 사과편지, 결석계. **~grund,** der 변명 이유. **~schreiben,** das ↑~brief. **~zettel,** der ↑~brief. **Entschuldung,** die; -en 채무 상환(償還).

entschulen [ɛntˈʃuːlən] ⟨h⟩ 재래식 학교[수업]을 폐지하다. **Entschulung,** die 재래식 학교[수업]의 폐지.

entschụppen (물고기의) 비늘을 제거하다.

entschweben ⟨s⟩ 《아어·반어》 무엇으로부터 둥실둥실 [훨훨] 떠나가다, 사라지다.

entschwefeln ⟨h⟩ 【화학】 **a)** (공업용 가스로부터) 황화수소를 제거하다. **b)** (액체 상태의 쇠, 강철, 주철 등으로부터) 유황을 제거하다, 탈황(脫黃)하다. **Entschwef(e)lung,** die; -en 탈황(脫黃).

entschweißen ⟨h⟩ 《섬유》 양털에서 기름[지방]과 땀을 빼다.

entschwịnden* ⟨s⟩ 《아어》 **1.** 보이지 않게 되다, 사라지다: jmds. Blicken e. 누구의 시야에서 사라지다; 전의 der Name ist mir[meinem Gedächtnis / mir aus dem Gedächtnis] entschwunden 그 이름은 나의 기억에서 사라졌다. **2.** (유감스럽게도) 빨리 지나가 버리다: die Zeit entschwindet wie im Flug 시간[세월]이 순식간에 지나가버린다.

entseelt [ɛntˈzeːlt] ⟨Adj.⟩ 《아어》 영혼[생명]이 없는, 죽은. **Entseelung,** die 《아어》 영혼의 박탈, 무의존.

entselbsten [ɛntˈzɛlpstn̩] ⟨h⟩ 《드물게》 **a)** (누구를 죽여서) 자아를 빼앗다. **b)** 누구의 자존심[자립(심)]을 빼앗다.

entsẹnden* ⟨아어⟩ 심부름을 보내다, (사자(使者)를) 파견하다: jmdn. in ein Komitee[zu einem Kongreß] e. 누구를 위원회[회의]에 파견하다; 전의 er entsandte ein Stoßgebet zur Madonna 그는 성모 마리아를 향해 짧고도 간절한 기도를 올렸다. **Entsendung,** die; -en 파견, 발송.

entsẹtzen ⟨h⟩ **1. a)** ⟨e. + sich⟩ (무엇에) 깜짝 놀라다: alle entsetzten sich bei diesem Anblick 이 광경을 보고 모두 경악하였다. **b)** 깜짝 놀라게[겁먹게] 하다: ich bin ganz entsetzt darüber 나는 그것에 너무나 놀랐다. **2.** 【군】 (도시, 요새 따위의) 포위망을 풀다, 구원하다. **3.** 《고어》 옮기다, 옮겨놓다, 누구의 지위를 빼앗다: jmdn. des Amtes[des Oberbefehls] e. 누구의 직위[최고 사령관의 지위]를 빼앗다. **Entsetzen,** das; -s 깜짝 놀람, 경악: ich habe mit E. vernommen, daß … 나는 … 을 듣고 깜짝 놀랐다; zu aller E. 《아어》 놀랍게도.

entsẹtzenerregend ⟨Adj.⟩ 경악을 자아내는, 경악스런: ein -er Anblick 경악을 자아내는 광경. **Entsẹtzensschrei,** der; -(e)s, -e 경악의 외침[울부짖음]. **entsẹtzensvoll** ⟨Adj.⟩ 《아어》 경악에 찬. **entsẹtzlich** ⟨Adj.⟩ **1.** 무서운, 놀랄만한: ein -es Unglück(Verbrechen) 경악스런 불행[범죄]. **2.** 《통용어》 **a)** 엄청난, 엄청나게: -en Hunger haben 몹시 배가 고프다. **b)** (형용사와 동사의 강조 용법으로) 무섭게, 엄청나게, 대단히, 극도로: es war e. kalt 지독히 추웠다; die Wunde blutete e. 상처에서 피가 몹시 흘렀다. **Entsẹtzlichkeit,** die; -en 무서움, 놀람, 경악. **Entsẹtzung,** die; -en 빼앗기, 면직, 폐위, 포위를 풀, 구원(救援).

entseuchen [ɛntˈzɔʏçn̩] ⟨h⟩ (반대: verseuchen) **1.** (어떤 지역의 방사능, 독가스) 오염을 제거하다. **2.** 소독하다. **Entseuchung,** die; -en 오염의 제거, 소독, 살균.

entsịchern ⟨h⟩ 총의 안전 장치를 풀다, 사격할 준비를 하다.

Entsied(e)lung, die (어떤 특정한 원인에 의한) 취락의 소멸.

entsiegeln ⟨h⟩ 《옛》 무엇의 봉인을 떼다, 개봉하다(반대: versiegeln): einen Brief e. 편지를 개봉한다. **Entsieg(e)lung,** die 개봉.

entsịnken* ⟨s⟩ 《아어》 누구[누구의 손]로부터 미끄러져 [빠져] 떨어지다: das Buch war ihm[seiner Hand] entsunken 책이 그(그의 손)에게서 떨어져버렸다; 전의 ihr entsank der Mut 그녀는 의기소침해졌다.

entsịnnen* ⟨h⟩ (오랫동안 잊고 있던 것을) 다시 생각해 내다, 심사숙고해서 눈앞에 생생하게 그려내다, 상기하다: sich jmds.[eines Gespräches] e. 누구[대화]를 상기하다; sich an jmdn.[an ein Gespräch] e. 누구[대화]를 상기하다.

entsịnnlichen [ɛntˈzɪnlɪçn̩] ⟨h⟩ 무엇으로부터 감각적·구상적 요소를 제거하다, 추상화하다: dieses Wort ist entsinnlicht 《언어》 이 낱말은 원래의 의미가 퇴색되었다. **Entsịnnlichung,** die; -en 비감각화, 감각적·구상적 요소의 상실, 추상화.

entsịttlichen [ɛntˈzɪtlɪçn̩] ⟨h⟩ 누구의 도의심을 해치다, 누구의 도덕적 가치[도덕관]를 문제 삼다, 풍기를 문란케 하다, 타락시키다: solche Filme können die Jugend e. 그러한 영화는 청소년의 도의심을 해칠 가능성이 있다. **Entsịttlichung,** die 풍기문란, 도의 퇴폐.

entsolidarisieren ⟨h⟩ 어느 집단과의 유대[결속 관계]를 해체하다.

entsọrgen ⟨h⟩ 《관》 쓰레기 따위를 제거하다, (폐기물) 문제를 해결하다, 쓰레기를 처리하다. **Entsọrgung,** die; -en 쓰레기 제거[수거], 쓰레기 처리. **Entsọrgungspark,** der; -(e)s, -s 쓰레기[폐기물] 처리 시설.

entspạnnen ⟨h⟩ **1. a)** (정신, 육체 따위를) 풀리게 하다, 이완시키다, 긴장을 풀다. **b)** ⟨e. + sich⟩ 긴장이 풀리다, 풀어지다, 개다: ihr Gesicht[ihre Stirn] entspannte sich 그녀의 얼굴[이맛살]이 펴졌다. **c)** 《대개》 e. + sich⟩ 휴양하다, 휴식을 취하다. **d)** 누구를 휴식시켜 새로운 활력을 얻게 하다. **e)** (물리) 늦추다; 《통용어》 이 세제(洗劑)는 물의 표면장력을 감소시켜 물이 잘 스며들게 한다. **2. a)** (무엇에서 위험스런) 긴장을 제거하다: die Verhandlungen haben die politische Lage entspannt 그 담판이 정치 상황의 위험스런 긴장을 완화시켰다. **b)** 〈e. + sich〉 (위험스런) 긴장이 가라앉다(완화되다). **Entspannung, die; -en 1.** 긴장의 해소, 휴식, 긴장 이완. **2.** 위험스런 긴장의 해소(제거), 정치적(군사적) 긴장의 해소, (국제 관계의) 데탕트[긴장 완화]: eine weltweite[globale] E. 세계적인 긴장 완화; zur E. beitragen 긴장 완화에 기여하다.

Entspannungs-: ~gespräch, das 긴장 완화를 위한 대화[회담](개인적, 정치적, 군사적인 긴장의 해소를 위한 적대자들 사이의 대화). **~literatur,** die 휴식용 문학(작품). **~massage,** die (은폐) (남성의 성적 만족에 도움이 되는) 긴장 해소 마사지. **~politik,** die 유화 정책, 긴장 완화책(주요 정치 세력간의 정치적·군사적 긴장을 해소하기 위한 정치적 노력). **~prozeß,** der (정치적 또는 군사적인) 긴장 해소 과정. **~therapie,** die 〈Pl. 없음〉 **1.** (특히 마사지에 의한) 근육의 긴장 및 경련의 해소를 위한 치료법. **2.** (심리적인 또는 심리에 원인이 있는) 육체적 긴장 상태의 해소를 위한 치료법. **~übung,** die 〈대개 Pl.〉 **a)** [의학] 근육의 이완을 위한 치료 체조, 유연 체조. **b)** 자기(自己) 훈련, 명상(묵상).

entsperren 〈h〉 (구좌, 예금 등의) 지불 정지를 해제하다, 현금의 지불을 다시 자유롭게 하다(반대: sperren). **Entsperrung,** die; -en 지불 정지의 해제.

entspiegeln 〈h〉 (렌즈 따위를) 코팅하다. **Entspieg(e)lung,** die; -en (렌즈나 프리즘 따위의) 코팅.

entspinnen', sich 〈h〉 (누구와 누구 사이에서) 어렴풋이 움트다, 서서히 생기다[발전하다]: zwischen ihnen hat sich (zwischen ihnen) eine Freundschaft (그들 사이에) 우정이 싹텄다.

entsprechen' 〈h〉 **1.** 무엇((드물게) 누구)과 일치하다, 무엇((드물게) 누구)과 동등하다, 필적하다, 걸맞다, 상응하다: seine Aussage entspricht (nicht) den Tatsachen 그의 진술은 사실과 일치한다(일치하지 않는다); dieser Kunststoff entspricht in seinen Eigenschaften dem Holz 이 합성물질은 그 속성에 있어서 목재와 동등하다. **2.** (소원, 요구 따위에) 응하다, 무엇을 들어주다: einem Antrag[einer Bitte] e. 제의[청]에 응하다. **entsprechend I.** 〈Adj.〉 **a)** 걸맞는, 알맞은, 적절한: bei der Kälte mußt du dich e. (warm) anziehen 추울 때는 (추위를 타지 않도록) 알맞게 (따뜻하게) 옷을 입어야 한다. **b)** (무엇에 대한) 결정권(권한)이 있는: bei der -en Behörde anfragen (當該) 관청(주무(主務)관청)에 문의하다. **II.** 〈Präp.³〉 무엇에 따라서, 무엇에 응해서, 무엇에 의하여: e. seinem Vorschlag 그의 제안에 따라서. **Entsprechung,** die; -en 일치, 동등, 필적, 상응, 부합(하는 것). **2.** 유사(한 것), 일치하는 것.

entsprießen' 〈s〉 (아이) **1.** (무엇(땅속)으로부터) 싹트다, 생기다: die ersten Krokusse entsprießen der Erde 첫 크로커스가 대지(大地)에서 움터 나오다. **2.** 무엇으로부터 출생하다, 유래하다: (aus) der Ehe sind vier Kinder entsprossen 그 결혼에서 네 명의 아이가 출생하다.

entspringen' 〈s〉 **1.** (강 따위가) 발원(發源)하다: dem erloschenen Vulkan entspringen Heilquellen 사화산 (死火山)에서 온천(광천)이 솟아난다. **2. a)** 부상하다, 무엇으로부터 밝혀지다[설명되다]: ihr Verhalten entspringt (aus) einer bloßen Laune 그녀의 행동[태도]은 단순한 기분에서 나온다. **b)** (아이) 무엇(누구)으로부터 생겨나다, 출생하다, 누구의 후예이다: die Göttin Athene entsprang dem Haupt des Zeus 여신 아테네는 제우스의 머리로부터 출생했다; Eine gewaltige Daseinsfreude entspringt in der Mitternachtsstunde 힘찬 현존의 기쁨은 한밤중에 생겨난다. **3. a)** (감옥 따위에서) 달아나다, 도망[탈주]하다: er war dem Gefängnis entsprungen 그는 탈옥했다. **b)** (드물게) 갑자기 손에서 빠져나가다.

entstaatlichen [ɛnt'ʃtaːtlɪçn̩] 〈h〉 (국유물, 기업 따위를) 불하하다, 민간에 이양하다, 민영화하다(반대: verstaatlichen). **Entstaatlichung,** die; -en 민간 이양, 불하 (拂下).

entstalinisieren [ɛntʃtalini'ziːrən, ɛntst...] 〈h〉 비(非) 스탈린화하다. **Entstalinisierung,** die 비(非)스탈린화 (구소련의 권력 영역에서 1953년 이후 시작된 과정으로, 스탈린의 개인 독재 방식으로부터의 부분적인 전향(轉向), 레닌적 일당 독점 지배 체제의 복구, 수정 공산주의적 기도의 부분적인 허용 등이 그 특징이다).

entstalten [ɛnt'ʃtaltn̩] 〈h〉 [Gestalt 참조] 《드물게》 ↑ entstellen. **Entstaltung,** die; -en ↑entstalten의 명사형.

entstammen 〈s〉 **a)** 어느 가문 출신이다, (어느 영역에서) 유래하다: er entstammt den Adelskreisen [einem anderen Milieu] 그는 귀족[다른 환경] 출신이다. **b)** 어느 시대로부터 유래하다, 무엇에 기인하다, 근거를 두다, 무엇에서 생기다: dieser Begriff entstammt der Aufklärung 이 개념은 계몽주의 시대에 생긴 것이다.

entstauben 〈h〉 무엇으로부터 먼지를 제거하다[없애다]. **Entstaubung,** die; -en 먼지 제거.

entstehen' 〈s〉 **a)** 생기다, 생성하다, 일어나다: es entstand ein ganz neuer Stadtteil 아주 새로운 시구(市區)가 생겼다; aus dem Zwischenfall ist eine kriegerische Auseinandersetzung entstanden 돌발 사건이 언쟁으로까지 번졌다. **b)** (누구에게) 무엇이 생기다, 기인하다: Ihnen entstehen dadurch keine zusätzlichen Kosten 당신(들)에게는 그로 인해 어떠한 추가 비용도 생기지 않습니다. **Entstehung,** die 생성, 발생, 형성, 기원, 기인, 유래.

Entstehungs-: ~geschichte, die **a)** (무엇의) 발생 [기원]의 역사, 발생[생성]사. **b)** 창세기. **~grund,** der 발생 원인. **~mechanismus,** der 발생 메커니즘(무엇의 발생에 결정적인 구조(조직)). **~ort,** der 발생[생성] 장소, 발생지. **~ursache,** die ↑~grund. **~zeit,** die 발생[생성] 시기.

entsteigen' 〈s〉 (아이) **a)** (차에서) 내리다: sie entstiegen dem Auto[dem Flugzeug] 그들은 자동차[비행기]에서 내렸다. **b)** (무엇으로부터) 위로 올라오다, 나오다: dem Wasser[einer Erdspalte] e. 물[땅틈새]에서 올라오다.

entsteinen 〈h〉 (과일로부터) 씨를 빼(내)다.

entsteißen [ɛnt'ʃtaɪsn̩] 〈h〉 (통용어) 아침부터 얻어내다, 우려내다. **entstellen** 〈h〉 **1.** (누구의 표정[모습]을) 일그러뜨리다, 찌그러뜨리다, 기형으로 만들다, 기형으로 만 들다: der Verwundete war bis zur Unkenntlichkeit entstellt 부상자는 알아보지 못할 정도로 형체가 일그러졌다. **2.** (잠꼬, 사실 따위를) 왜곡(歪曲)하다: der Druckfehler entstellt den Sinn des Satzes 미스프린트로 문장의 의미가 손상되다[불분명해지다]. **Entstellung,** die; -en **1.** 훼상(毀傷), 불구로 하기. **2.** 날조, 곡해.

entstempeln 〈h〉 (허가 관청의 날인을 제거함으로써) 자동차 번호판을 무효화하다, 자동차 번호를 취소하다.

entstielen 〈h〉 (과일의) 줄기를 제거하다.

entstofflichen [ɛnt'ʃtɔflɪçn̩] 〈h〉 (아이) 비물질화하다. **Entstofflichung,** die; -en 비물질화.

entstören 〈h〉 (라디오 수신의)장해를 제거, 잡음을 제거하다: eine (Telefon)leitung[Elektrogeräte] e. (전화)선 [전기 기구]의 잡음을 제거하다. **Entstörung,** die; -en 수신 장해의 제거, 잡음 제거. **Entstörungsdienst,** der (전화의) 고장 상담(실). **Entstörungsstelle,** die (전화의) 고장 상담실, 고장 처리 센타.

entströmen ⟨s⟩ 《아어》 무엇으로부터 흘러나오다: das Publikum entströmte dem Saal 관객이 홀에서 쏟아져 나왔다; [전의] seinen Lippen entströmte eine erschütternde Klage 그의 입술에서 땅이 꺼질 듯한 비탄이 흘러나왔다.

entstürzen ⟨s⟩ 《시어》 무엇으로부터 떨어져 내리다: Tränen entstürzten ihren Augen 눈물이 그녀의 눈에서 굴러 떨어졌다.

entsühnen ⟨h⟩ 《아어》 (속죄를 통해) 죄를 씻다, 불제(祓除)하다. **Entsühnung**, die; -en 죄를 씻음, 속죄, 불제(祓除).

entsumpfen ⟨h⟩ 습지를 건조시키다, 농경이 가능하게 하다, 거주가 가능하게 하다, 간척하다. **Entsumpfung**, die; -en 습지의 건조[제거].

enttabuieren: ↑enttabuisieren usw. **enttabuisieren** ⟨h⟩ 터부시하지 않다(반대: tabuisieren). **Enttabuisierung**, die; -en ↑enttabuisieren의 명사형.

enttanken ⟨h⟩ 탱크(연료통)의 연료를 제거하다(비우다).

enttarnen ⟨h⟩ **1.** (간첩의 신분을) 폭로[밀고]하다: sich freiwillig e. 자수하다. **2.** 발견하다, 폭로하다, 밝히다. **Enttarnung**, die; -en 밀고, 발견, 폭로.

enttäuschen ⟨h⟩ 《누구를》 실망시키다, 《무엇에》 환멸을 느끼게 하다: jmdn. [jmds. Vertrauen] e. 누구를 실망시키다[누구의 신뢰를 저버리다]; das Fußballspiel enttäuschte 그 축구 경기는 기대에 못 미쳤다; von jmdm. [von(über) jmds. Verhalten] enttäuscht sein 누구[누구의 행동]에 대해서 실망하다; ich bin angenehm enttäuscht 《통어·농》 나는 상황이 이 보다 더 나쁘리라 생각했었다. **Enttäuschung**, die; -en a) 기대에 어긋남, 실망시키기: mit jmdm.[etw.] eine E. erleben 누구[무엇]에게 실망하다. b) ⟨Pl. 없음⟩ 실망(하기), 환멸감: sehr zu unserer E. hat er sich anders entschieden 우리의 실망이 너무도 크게 그는 달리 결정을 내렸다. **enttäuschungsreich** ⟨Adj.⟩ 실망이 큰.

entteeren ⟨h⟩ 무엇으로부터 타르를 제거하다. **Entteerung**, die; -en 타르 제거.

entthronen ⟨h⟩ a) 《아어》 (군주를) 폐위(廢位)시키다, 왕위로부터 축출하다. b) 권력의 지위로부터 몰아내다: damit war der Rohrzucker entthront 이로써 사탕수는 더 이상 가장 중요한 경작(식)물이 되지 못하게 되었다. **Entthronung**, die; -en 폐위(廢位), 권좌로부터의 축출.

enttrümmern [ɛntˈtrʏmɐn] ⟨h⟩ 잔해(파편)를 제거하다. **Enttrümmerung**, die; -en 잔해[파편]의 제거.

entvölkern [ɛntˈfœlkɐn] ⟨h⟩ a) (어느 지역의) 인구를 감소시키다: der lange Krieg(die Hungersnot) hat ganze Distrikte entvölkert 오랜 전쟁(기근)이 모든 지역의 인구를 감소시켰다. b) ⟨e. + sich⟩ 어느 지역의 인구가 감소하다. **Entvölkerung**, die; -en 주민 절멸, 인구의 감소.

entwachsen* ⟨s⟩ **1.** 감당할 수 없을 만큼 커지다[성장하다]: die Kinder begannen der Mutter zu e. 아이들이 어머니가 감당하지 못할 만큼 성장하기 시작했다; er war kaum den Kinderschuhen entwachsen 그는 유년기를 벗어나지 못했다[자립할 수 없었다]. **2.** 《아어》 《무엇에서》 생겨나다, 싹트다, 움트다: dem Boden entwuchs dichter Rasen 땅에서 촘촘한 잔디가 움터 나왔다.

entwaffnen ⟨h⟩ **1.** 누구로부터 (강제로) 무기를 빼앗다, 무장을 해제하다: Truppen[einen Gefangenen, einen Einbrecher] e. 군대[포로, 강도]의 무장을 해제하다. **2.** (흥분이나 분노를) 가라앉히다. **Entwaffnung**, die; -en **1.** 무장 해제, 무력화, 마음을 부드럽게 함. **2.** [펜싱] 상대의 검을 손에서 떨어뜨리는 공격.

entwalden [ɛntˈvaldn̩] ⟨h⟩ (어떤 땅의) 삼림을 벌채하다, 개간하다. **Entwaldung**, die; -en (삼림의) 벌채, 개간.

entwandeln 1. ⟨h⟩ [장기] (후퇴 게임에서) 위치를 바꾼 말을 다시 원래의 말로 놓다. **2.** ⟨s⟩ 《아어·농》 위엄있게 [품위있게] 떠나다, 가버리다. **Entwandlung**, die; -en ↑entwandeln의 명사형.

entwanzen [ɛntˈvantsn̩] ⟨h⟩ 빈대를 제거하다[잡다]: einen Raum e. 방안의 빈대를 잡다.

entwärmen, sich ⟨h⟩ 《전문어》 열을 잃다. **Entwärmung**, die 열 손실.

entwarnen ⟨h⟩ 공습 경보를 해제하다: es wurde entwarnt 공습 경보가 해제되었다. **Entwarnung**, die; -en 공습 경보의 해제: die Sirenen geben E. 사이렌이 공습 경보의 해제를 알리고 있다.

Entwarnungs-: **~frisur**, die 《통용어·드물게》 어퍼 스타일(뒷머리를 빡빡하게 빗어올린 부인의) 머리 모양의 일종. **~signal**, das = **~zeichen**, das 공습 경보 해제 신호(사이렌).

entwässern ⟨h⟩ **1.** a) (땅으로부터) 물을 빼내다[배수(排水)하다]. b) (어느 방향으로) 물이 흘러가다. **2.** 조직 속에 축적된 물을 제거하다. **Entwässerung**, die; -en **1.** 배수(排水) (공사), 조직 속에 축적된 물의 제거. **2.** ↑Kanalisation 참조.

Entwässerungs-: **~anlage**, die a) [농업] 배수 시설. b) 하수 시설. **~graben**, der 배수로. **~kanal**, der ↑~graben. **~netz**, das (해변의 늪지대의 배수를 위한) 배수망. **~rohr**, das 배수관. **~schacht**, der 배수갱.

Entwäßrung, die; -en 《드물게》 ↑Entwässerung.

entweder [ˈɛntveːdɐ, 《또한》 —ˈ——] ⟨Konj., Adv.⟩ 《다음 oder (둘)뿐으로만》 **e. ... oder** 무엇이 아니면 무엇(다음에 오는 oder와 함께 둘 또는 그 이상의 가능성 중에서 하나를 택하다의 뜻): e. kommt mein Vater oder mein Bruder 아버지 아니면 형이 온다; e. strengst du(du strengst) dich mehr an, oder du wirst die Prüfung wieder nicht schaffen 너는 더 노력하든지, 아니면 다시 시험에 떨어질 것이다. **Entweder-Oder**, das; -, - 양자택일.

entwegt [ɛntˈveːkt] [entwegen(《고어》)의 과거분사] ⟨Adj.⟩ 《드물게》 정처없다, 정신적 지향점이 없이 사는.

entweichen* ⟨s⟩ **1.** (무엇으로부터) 유출하다, 흘러나오다, 새어나오다: die Luft entweicht (dem Blasebalg) (풀무에서) 공기가 새어 나오다; aus seinem Gesicht entwich alles Blut 《아어》 그의 얼굴에서 핏기가 완전히 가셨다(창백해졌다). **2.** 남몰래 도망치다, 위험 상태에서 벗어나다, 달아나다: aus dem Gefängnis (in die Schweiz) e. 탈옥하다(스위스로 도주하다). **Entweichgeschwindigkeit**, die [물리] 탈출 속도(우주 비행체가 더 이상의 추진력없이 혹성이나 달로부터 멀리 떨어진 우주공간의 임의의 장소까지 돌진하는 데 필요한 속도). **Entweichung**, die; -en ⟨schweiz.·드물게⟩ ↑entweichen의 명사형.

entweihen ⟨h⟩ 《무엇의》 신성을 해치다, 신성을 모독하다. **Entweihung**, die; -en 신성모독, 성물[성역]을 더럽힘.

entwenden ⟨h⟩ 《아어》 (기회를 이용해서 무엇을) 슬쩍하다, 가로채다, 훔치다: Geld (aus der Kasse) e. (계산대) 돈을 슬쩍하다. **Entwendung**, die; -en 가로챔, 횡령, 절취, 도적질.

entwerfen* ⟨h⟩ a) 겨냥도를 그리다, 초안을 잡다, 설계하다: Möbel[einen Bauplan] e. 가구[건축 설계도]의 초안을 잡다. b) 무엇의 요점을 (문자로) 그리다, 입안하다: einen Text[ein Programm] e. 조문[강령]을 기초하다. **Entwerfer**, der; -s, - 계획[설계, 입안, 기초]자, 디자이너. **Entwerfung**, die 설계, 입안, 기초.

entwerten ⟨h⟩ **1.** 다시 사용하지 못하도록 만들다, 소인을 찍다: einen Fahrschein[eine Eintrittskarte] e. 차표

[입장권]을 개찰하다(찢거나 하여 다시 못쓰게 하다); eine Briefmarke e. 우표에 소인을 찍다. **2. a)** 무엇의 가치를 절하하다[내리다], 무가치하게 하다: das Geld ist entwertet 화폐의 가치가 절하되었다, 화폐의 통용이 정지되었다. **b)** 〈e. + sich〉《드물게》무가치하게 되다, (무엇의) 가치가 떨어지다. **Entwerter,** der; -s, - (지하철, 전차, 버스 따위의) 자동 개찰기. **Entwertung,** die; -en (재사용하지 못하도록 차표 따위에) 구멍을 뚫음, 소인을 찍음; 가치 저하, (화폐의) 평가 절하.

entwesen 〈h〉 **1.** 《전문어》해충[독충]을 없애다, 구제(驅除)하다, 소독하다. **2.** 《드물게·아어》본질을 빼앗다, 성격을 변하게 하다. **Entwesung,** die; -en (해충의) 구제(驅除), 소독, 본질을 빼앗음.

entwickeln 〈h〉 **1.** 〈e. + sich〉(어떠한 힘의 작용으로) 서서히 생기다, 생성하다: aus der Raupe entwickelt sich der Schmetterling 애벌레로부터 나비가 생긴다(유충이 나비가 되다); Dämpfe entwickelten sich (수)증기가 생겨났다. **2.** 〈e. + sich〉**a)** 발육하다: das Kind hat sich schnell entwickelt 그 어린아이는 발육이 빨랐다. **b)** (어느 과정에서) 점차 새로운[보다 나은] 단계로 접어들다, (무엇이) 진전되다. **3. a)** (누구 또는 무엇이) 보다 높은 수준으로 끌어 올리다, 발전시키다. **b)** (구동독) (정치적 훈련을 통해) 육성하다: Propagandisten e. 선전원을 육성하다. **c)** 〈e. + sich〉(어떠한 조건하에서) 점차 다른[새로운 것]이 되다, 발전[발달]하다: Japan hat sich zu einer Industriemacht entwickelt 일본은 점차 발달하여 대공업국이 되었다. **4. a)** (어느 과정에서 자체에 의해 무엇을) 발생시키다: der Samen entwickelt den Keim 씨앗이 배(胚)를 발생시킨다. **b)** (기능, 능력을) 발휘하다: die neuen Züge entwickeln eine große Geschwindigkeit 새 열차들은 대단한 쾌속을 보여주고 있다. **c)** 새로운 것[보다 진보적인 것]을 발명하다(고안하다): ein neues Verfahren[ein Heilmittel] e. 새로운 방법[약제]을 고안[발명]하다. **5.** (누구에게 무엇을 차근차근) 설명하다, 개진하다: eine Theorie e. 어떤 이론을 피력하다; eine mathematische Formel e. 수학 공식을 유도하다. **6.** [사진] 현상하다: einen Film e. 필름을 현상하다. **7.** [군] 전투 대형으로 벌리다, 전개하다: 《또한》〈e. + sich〉das Regiment entwickelte sich zwischen den beiden Gehölzen 그 연대는 양 숲 사이에서 전투 대형을 갖추었다. **Entwickelung:** ↑Entwicklung의 고어. **Entwickler,** der; -s, - **1.** 고안[발명]가. **2.** 현상액.

Entwickler- (Entwickler 2): **~bad,** das 필름을 현상하기 위해 현상액에 담금. **~dose,** die (적은 수의 필름을 현상할 때 쓰는) 현상용 차광(遮光)상자. **~schale,** die 현상액을 탄 물을 담는 그릇[용기].

Entwicklung, die; -en 생성, 발육, 발전, 육성, 발달, 발생, 개진, 전개, [사진] 현상.

entwicklungs-, Entwicklungs-: ~abschnitt, der (전체 발전 중의 하나의) 발전 단계[시기]. **~alter,** das 〈Pl. 없음〉↑Pubertät. **~arbeit,** die (기술적인) 생산물의 제조나 개량 작업. **~aufgabe,** die ↑arbeit. **~beschleunigung,** die ↑Akzeleration (1). **~büro,** das 생산물의 제조나 개량 작업을 하는 사무실. **~dienst,** der 개발 도상국의 건설 작업을 돕는 조직화된 자원 봉사. **~epoche,** die **a)** 여러 가지 발전이 이루어진 시대. **b)** ↑abschnitt. **~etappe,** die ↑abschnitt. **~fähig** 〈Adj.〉 발전 가능성이 있는. **~fähigkeit,** die 〈Pl. 없음〉 발전 가능성[능력]. **~faktor,** der 발전 요인. **~gang,** der 발전 과정, 발달 과정, 발육 과정, 진화 과정; der (geistige) E. eines Menschen 어느 인간의 (정신적) 발전 과정. **~geschichte,** die **a)** 발전(발달)사. **b)** 발생학, 태생학(胎生學)(생물, 유기체의 개체 발생사적·계통 발생사적 진화 과정에 대한 학문). **~geschichtlich** 〈Adj.〉 발전사[발달사, 발생학]에 관한. **~gesetz,** das 〈대개 Pl.〉 발전 법칙. **~gespräch,** das (구동독) 정치 의식화 대화(누구를 정치적으로 의식화된 협력자로 만들어 주는 대화). **~grad,** der 발전(정)도. **~helfer,** der 저개발국의 자원 봉사자. **~hemmend** 〈Adj.〉 발전[발육]을 저해하는. **~hemmung,** die 발육 장애: eine körperliche E. 신체의 발육 장애. **~hilfe,** die **a)** 저개발국 원조(계획)(아프리카, 아시아, 중남미, 남구 및 동구의 저개발국들에 대한 서구 산업국가들의 원조): E. leisten 저개발국을 원조하다. **b)** (개발 도상국에 대한) 개발 지원 자금. **~ingenieur,** der 계획의 고안[구상]을 담당하는 기술자. **~institut,** das 생산물의 제조나 개량 작업을 하는 연구소. **~jahre** 〈Pl.〉 ↑Pubertät. **~kosten** 〈Pl.〉 (새로운 방법, 제품 따위의) 개발비. **~land,** das 〈Pl. ...länder〉 (유럽의 산업국가들과 비교해 볼 때) 개발 도상국. **~lehre,** die 〈Pl. 없음〉 인간의 발생사(진화의 역사), 진화론. **~linie,** die 발달[진화] 계보. **~mäßig** 〈Adv.〉 발달[진화]적인(의). **~mechanik,** die ↑physiologie. **~ministerium,** das 개도국 담당부(처). **~möglichkeit,** die 발전[발달] 가능성. **~papier,** das ↑Fotopapier. **~periode,** die 사춘기, 발전[발달]기. **~phase,** die 발전 단계. **~physiologie,** die 발생 생리학(發生生理學). **~plan,** der 개발 계획. **~politik,** die (개발 도상국의) 개발 정책. **~politisch** 〈Adj.〉 개발 정책에 관한. **~programm,** das 발전[개발] 계획 [프로그램]. **~projekt,** das 발전[개발] 계획[구상]. **~prozeß,** der 발달 과정, 성장 과정. **~reihe,** die 발달[발전] 순서. **~roman,** der [문예학] 발전 소설(한 청년의 정신적 발전 과정을 그린 소설). **~schritt,** der ↑ ~abschnitt. **~stadium,** das 발달[발전] 단계. **~stand,** der 발달[발전] 상태. **~störung,** die (특정 원인의 해로운 유기체의) 발육[발달] 장해. **~stufe,** die 발전 단계. **~tempo,** das 발전[발달] 속도. **~tendenz,** die 발전[진전] 경향, 정세. **~verfahren,** das 개발 방법. **~verlauf,** der 발전의 진행(경과). **~verzögerung,** die ↑Retardation. **~vorgang,** der 발전 과정, 발육 과정. **~zeit,** die **1.** 〈Pl. 없음〉 ↑Pubertät. **2.** (무엇이) 발달[발전]에 필요한 시간. **~zustand,** der 발달[발전] 상태.

entwidmen 〈h〉 [관] (무엇에 대한) 공공물 지정을 해제하다. **Entwidmung,** die; -en 공공물 지정의 해제.

entwinden* 〈h〉 (아어) **1.** 누구에게서 무엇을 억지로 빼앗다(탈취하다): jmdm. den Revolver e. 누구에게서 연발 권총을 빼앗다. **2.** 〈e. + sich〉 무엇으로부터 벗어나다, 무엇을 뿌리치다: sich jmdm. e. 누구로부터 몸을 빼내다.

entwirrbar [ent'vɪrbaːɐ] 〈Adj.〉 풀 수 있는, 해결할 수 있는. **entwirren** [ent'vɪrən] 〈h〉 (아어) **1.** 얽힌 것을 풀다. **2. a)** (혼란스러운 것, 어려운 것을) 해결하다, 수습하다: die politische Lage e. 정국을 수습하다. **b)** 〈e. + sich〉 혼란스러운 것[어려운 것]이 풀리다, 해결되다. **Entwirrung,** die 얽힌 것 풀기, 수습, 해결.

entwischen 〈s〉 《통용어》 (술수를 써서) 누구로부터 재빨리 달아나다, 탈주하다, 추격의 손길에서 벗어나다: aus dem Gefängnis(ins Ausland) e. 탈옥하다(국외로 도망치다); der Polizei(den Verfolgern) e. 경찰(추적자들)로부터 벗어나다. **Entwischte***, der / die; -n, -n 도망자, 탈주자.

entwöhnen [ɛnt'vøːnən] 〈h〉 **1.** 젖먹이를 떼어서 젖을 떼다, 이유(離乳)하다: einen Säugling e. 젖먹이를 젖떼다. **2. a)** (아이) 누구의 어떤 습관을 버리게 하다: ich bin meiner Muttersprache fast ganz entwöhnt 나는 나의 모국어를 거의 잊어 버리게 되었다. **b)** (아어) 〈e. + sich〉 어떤 습관을 버리다: ich entwöhnte mich ganz des Rauchens 나는 담배를 완전히 끊었다. **Entwöh-**

nung, die; -en 이유(離乳), 습관을 버리는 일.
entwölken [ɛnt'vœlkn̩], sich ⟨h⟩ (아이) 구름이 걷히다, 개다(반대: bewölken, sich): 전의 Vaters Züge entwölkten sich 〈농〉 아버지의 표정이 밝아졌다. **Entwölkung,** die 구름이 걷힘[개임].
entwürdigen ⟨h⟩ 누구의 품위[품격]를 빼앗다, 체면을 손상시키다: den Menschen e. 인간의 품위를 빼앗다; (대개 현재분사로) etw. als entwürdigend empfinden 무엇을 품위를 떨어뜨리는 것으로 느끼다. **Entwürdigung,** die; -en 품위[품격]를 빼앗기[떨어뜨리기], 체면 손상.
Entwurf, der; -(e)s, Entwürfe **1. a)** 설계(도): einen E. anfertigen[ausarbeiten] 설계도를 작성하다[완성하다]. **b)** 초안(草案): der E. einer Verfassung[zu einem Roman] 헌법[소설]의 초안. **2.** 《고어》 계획, 복안, 구상, 기도: er steckt voll von Entwürfen 그의 머리 속은 복안으로 꽉 차 있다.
Entwurfs-: ~büro, das 설계 사무실. **~geschwindigkeit,** die [토목] (도로의) 설계 속도, 스피드 디자인. **~skizze,** (또한) **Entwurfskizze,** die (무엇에 대한) 설계 스케치, 초안 스케치. **~zeichnung,** die (무엇에 대한) 설계(도).
entwurmen ⟨h⟩ 구충(驅蟲)하다. **Entwurmung,** die; -en 구충.
entwurzeln ⟨h⟩ **1.** 무엇의 뿌리를 뽑다. **2.** 누구로부터 사회적·정신적 근거[지반]를 빼앗다: die Vertreibung aus der Heimat hat sie entwurzelt 고향에서 쫓겨난 그녀는 삶의 근거를 잃었다. **Entwurzelung,** (또한) **Entwurzlung,** die; -en 뿌리뽑기; 사회적·정신적 근거의 박탈.
entzaubern ⟨h⟩ 《아이》 **a)** 마법(魔法)으로부터 구해내다(반대: verzaubern). **b)** (누구/무엇으로부터) 매력[마력]을 상실케 하다: bei Tageslicht wirkte alles völlig entzaubert 대낮의 밝은 빛에서는 모든 것의 매력이 완전히 상실되었다. **Entzauberung,** die; -en 마법에서 구해내기, 매력[마력]을 빼앗기.
entzerren ⟨h⟩ **a)** 비뚤어진 것을 바로잡다. **b)** [통신] 고르지 못한 방송[중계] 상태를 바로잡다(반대: verzerren). **c)** [사진] 사진의 잘못된 부분을 수정하다. **Entzerrer,** der; -s, - [기술] 변형 보정기(와이드 스크린 위에다 상영할 때 찌그러진 그림을 바로잡아 주는 렌즈가 달린 영사기). **Entzerrung,** die; -en 비뚤어진 것을 바로잡기, 교정, 수정.
entziehen[*] ⟨h⟩ **1. a)** 누구로부터 뽑아내다: sie entzog mir ihre Hand 그녀는 내게서 손을 빼냈다. **b)** 누구에게서 무엇을 빼앗다: jmdm. die Unterstützung e. 누구를 더 이상 지원해 주지 않다; 전의 jmdm. das Vertrauen entziehen 누구를 더 이상 신임하지 않다. **c)** (무엇을) 더 이상 이용하지 못하게 하다: jmdm. den Führerschein e. 누구의 운전 면허를 취소하다; einem Redner das Wort e. 연사의 연설을 중단시키다. **d)** 무엇으로부터 멀리 두다: sein Beruf entzieht ihn zu oft der Familie 그는 직업 때문에 종종 가족과 떨어져 있다. **e)** 무엇으로부터 끌어들이다, 흡수하다: die Wurzeln entziehen dem Boden Feuchtigkeit 뿌리는 땅에서 수분을 흡수한다. **2.** ⟨e. + sich⟩ **a)** 누구[무엇]로부터 벗어나다: sich jmdm. [jmds. Umarmung] e. 누구[누구의 포옹]로부터 벗어나다; 전의 er konnte sich ihrem Charme nicht e. 그는 그녀의 매력에서 벗어나올 수가 없었다. **b)** 《아이》 누구[무엇]로부터 손을 떼다, 관계를 끊다: sie entzog sich unseren Blicken 그녀는 우리의 시선을 피하여 숨었다. **c)** (과업 따위를) 이행하지 않다: sich einer Verpflichtung[der Verantwortung] e. 의무[책임]를 이행하지 않다. **d)** (아이) (적시에 자기 힘으로) 모면하다: sich der Verhaftung (durch die Flucht) e. (도주해서) 체

포를 모면하다. **e)** 무엇의 대상으로부터 벗어나다: etw. entzieht sich der Berechnung 무엇이 예측을 불허하다; das entzieht sich meiner Kenntnis 그것은 나는 잘 알지 못한다. **3.** 《통용어》 금단 요법을 받게 하다, 약물 중독을 치료하다. **Entziehung,** die; -en **a)** 박탈, 취소, 정지. **b)** ↑Entziehungskur의 약칭. **Entziehungsanstalt,** die 금단[금주] 요양소. **Entziehungserscheinung,** die 금단 현상[증상]. **Entziehungskur** die 금단 요법.
entzifferbar [ɛnt'tsɪfɐbaːɐ̯] ⟨Adj.⟩ 해독[판독]할 수 있는: eine schwer -e Schrift 해독하기 어려운 필적. **Entzifferer** [ɛnt'tsɪfərɐ], der; -s, - 해독[판독]자. **entziffern** ⟨h⟩ [frz. déchiffrer] **a)** 판독하다: eine Inschrift e. 비문을 판독하다. **b)** (암호를) 해독하다: eine Geheimschrift[einen Funkspruch] e. 암호문[무선 통신문]을 해독하다. c) 전의 überhaupt war dieses Gesicht nicht leicht zu e. 이 얼굴은 표정을 읽기가 결코 쉽지 않았다. **Entzifferung,** die; -en 판독, 해독.
entzücken ⟨h⟩ **1. a)** 기뻐 날뛰게 하다, 황홀하게 하다, 매혹하다: die Musik entzückte ihn 그 음악이 그를 황홀케 하였다; sie war hell entzückt über die Blumen 그녀는 진정 그 꽃에 매료되었다; ich bin von diesem Vorschlag entzückt 나는 이 제안에 홀려버렸다; entzückt, Sie zu sehen 당신을 뵙게 되어 대단히 기쁩니다; (반어) er wird von deinem Angebot wenig entzückt sein 그는 너의 제안을 별로 달갑게 여기지 않을 것이다. **b)** ⟨e. + sich⟩ (드물게) 넋을 잃다, 황홀해하다, 몹시 기뻐하다. **2.** 《고어》 entrücken. **Entzücken,** das; -s ⟨아이⟩ 감격, 열광, 환희: die Bilder erregten unser E. 그 그림들이 우리들의 감탄을 자아냈다. **entzückend** ⟨Adj.⟩ 매력있는, 황홀하게 하는: ein -es kleines Mädchen 매력적인 어린 소녀. **Entzückung,** die; -en 《아이》 황홀, 열광, 환희.
Entzug, der; -(e)s 중지, 정지, 박탈, 흡수.
entzügeln ⟨h⟩ 《아이》 ↑enthemmen.
Entzugserscheinung, die; -en ↑Entziehungserscheinung.
entzündbar [ɛnt'tsʏntbaːɐ̯] ⟨Adj.⟩ 불붙기 쉬운, 가연성의, (분노, 증오, 애정 따위가) 잘 불타오르는. **Entzündbarkeit,** die ↑entzündbar의 명사형. **entzünden** ⟨h⟩ **1. a)** 무엇에 불붙이다, 점화하다: eine Fackel [ein Streichholz, sich eine Zigarette] e. 횃불을 붙이다[성냥불을 켜다, 담배에 불을 붙이다]; ein Feuer e. 불을 일으키다. **b)** ⟨e. + sich⟩ 불붙다, 발화하다: das Heu hat sich (von selbst) entzündet 건초에서 (저절로) 불이 일어났다. **2.** 《아이》 **a)** (감정 따위를) 불타오르게 하다: eine Leidenschaft e. 격정을 불타오르게 하다. **b)** 격앙[흥분]시키다. **3.** ⟨e. + sich⟩ **a)** 일어나다, 생기다, 터지다: an dieser These hatte sich ihr Streit entzündet 이 테제를 놓고 그들의 언쟁이 일어났다. **b)** 흥분하다, 분격하다. **4.** ⟨e. + sich⟩ 염증을 일으키다: sein Hals[die Wunde] hat sich entzündet[ist entzündet] 그의 목[상처]에 염증이 생겼다; entzündete Augen 염증이 생긴 눈.
entzundern [ɛnt'tsʊndɐn] ⟨h⟩ (전문어) (금속의) 녹을 없애다, 부식시켜 연마하다. **Entzunderung,** die; -en ↑entzundern의 명사형.
entzündlich [ɛnt'tsʏntlɪç] ⟨Adj.⟩ **1.** 불붙기 쉬운, 가연성의: der Stoff ist sehr leicht e. 이 물질은 불이 매우 잘 붙는다. **2.** 흥분하기 쉬운; ein -es Gemüt 흥분 잘하는 기질. **3.** 염증의. **Entzündlichkeit,** die; -en **a)** 염증. **b)** 가연성. **Entzündung,** die; -en **1.** 염증: eine chronische[fiebrige] E. 만성[열성] 염증. **2. a)** 점화. **b)** 발화. **entzündungshemmend** ⟨Adj.⟩ 염증을 막아주는. **Entzündungsherd,** der 염증소: den

E. beseitigen 염증소를 제거하다.
entzwei [ɛnt'tsvaɪ] 〈Adj.〉 갈라져서, 쪼개져(반대: ganz 5): der Teller ist e. 접시가 쪼개졌다; 전의 Ich bin ganz e. vor Lachen 나는 포복절도할 지경이다.
entzwei-: **~beißen*** 〈h〉 깨물어 쪼개다. **~brechen*** a) 〈h〉 둘로 깨다. b) 〈s〉 (둘로) 쪼개지다: das Porzellan brach entzwei 도자기가 두 조각이 났다. **~gehen*** 〈s〉 쪼개지다: meine Brille ist entzweigegangen 내 안경이 깨졌다. **~hacken** 〈h〉 쪼개다. **~hauen*** 〈h〉 ~hacken. **~machen** 〈h〉 《통용어》깨져서 못쓰게 만들다. **~reißen*** a) 〈h〉 (둘로) 찢다: einen Brief e. 편지를 찢다. b) 〈s〉 (천 따위가) 찢어지다: der Vorhang riß entzwei 커튼이 두 조각이 났다. **~schlagen*** 〈h〉 때려서 (두) 조각 내다. **~schneiden*** 〈h〉 (두) 조각으로 자르다. **~springen*** 〈s〉 조각나다.
entzweien [ɛnt'tsvaɪən] 〈h〉 a) (+ sich) 금이 가다, 갈라지다: wegen solcher Kleinigkeit hat er sich mit seinen Eltern entzweit 그러한 사소한 일로 그는 부모와 사이가 나빠졌다; sie haben sich (miteinander) entzweit 그들은 (서로) 사이가 나빠졌다. b) (우정 관계 따위를) 갈라지게 하다: ein Mißverständnis hat sie entzweit 오해가 그들을 갈라 놓았다. **Entzweiung**, die; -en ↑entzweien의 명사형: es kam wieder zu -en 다시 갈라지게 되었다.
Enukleation [enuklea'tsɪoːn], die; -en [의학] 〈안구・종창핵 등의〉 적출(摘出). **enukleieren** [enukle'iːrən] 〈h〉 [lat. ēnucleāre] **1.** 〔의학〕 적출하다. **2.** 《교양어・고어》 설명[주해]하다.
Enumeration [enumera'tsɪoːn], die; -en [lat. ēnumerātio]. ↑Aufzählung. **Enumerationsprinzip**, das 〈Pl. 없음〉 (특히 행정재판소의 관할권을 법률에 의해 명시된 소송들에 제한하는) 열거 원칙. **enumerativ** [...'tiːf] 〈Adj.〉 열거하는. **enumerieren** [...'riːrən] 〈h〉 [lat. ēnumerāre] 하나하나 세다, 열거하다.
Enunziation [enʊntsɪa'tsɪoːn], die; -en [lat. ēnūntiātio] 《전문어》진술, 언명.
Enurese [enu'reːzə], die; -n [griech. enoureīn] [의학] 유뇨증, 야뇨증.
Enveloppe [ãvə'lɔp(ə)], die; -n [frz. enveloppe] **1.** 〔수학〕 포락선(包絡線). **2.** 앙벨로프(19세기 초에 유행했던 외투 모양의 옷).
Envers [ã'veːr, ã'veːʁ], der; - [...ɐ(s), - [...ɐs] (고어) 반대(면), 이면.
Environment [ɪn'vaɪərənmənt], das; -s, -s [engl. environment] [예술] 환경 예술(공간). **environmental** 〈Adj.〉 [engl. environmental] [예술] 환경 예술(공간)의. **Environtologie** [ɛnvɪrɔntolo'giː], die [frz. environ] ↑Umweltforschung.
en vogue [ã'voːk; frz.] (다음 용법으로) **en v. sein** 유행하다.
Envoyé [ãvoa'jeː], der; -s, -s [frz. envoyé] 외교 사절.
Enzephalitis [ɛntsefa'liːtɪs], die; ...litjden [griech. enképhalos] [의학] 뇌염. **Enzephalogramm** [...lo'gram], das; -s, -e [griech. enképhalos] [의학] 뇌조영(촬영)도. **Enzephalographie**, die; -n [...iːən] [의학] **1.** ↑Elektroenzephalographie 참조. **2.** 뇌뢴트겐 사진술[검사].
Enzian ['ɛntsɪaːn], der; -s, -e [lat. gentiāna] **1.** 용담. **2.** 노란 용담의 뿌리로 빚은 브랜디: ein Glas[einen] E. trinken 엔치안을 한 잔 마시다; zwei (Glas) E. trinken 엔치안을 두 잔 마시다. **enzianblau** 〈Adj.〉 용담처럼 빛나는 청색의.
Enzyklika ['ɛntsyːklika, (또한) ...'tsyːk...], die; ...ken [encyclicus] (현실 문제에 대한) 로마교황의 교서, 회칙. **enzyklisch** [ɛn'tsyːklɪʃ, (또한) ...'tsyːk...] 〈Adj.〉 [lat. encyclicus] 《교양어》원을 도는: **enzyklische Bildung** 7가지 자유 과목에 기초한 중세 교육.
Enzyklopädie [ɛntsyklopɛ'diː], die; -n [...iːən; frz. encyclopédie] 백과 사전. **Enzyklopädiker** [...'pɛːdikɐ], der; -s, - 백과 사전 저자. **enzyklopädisch** 〈Adj.〉 **a)** 백과 사전의, 백과 사전적인. **b)** 박식한. **Enzyklopädist** [...pɛ'dɪst], der; -en, -en [frz. encyclopédiste] (18세기 프랑스의) 백과전서파.
Enzym [ɛn'tsyːm], das; -s, -e [griech. en u. zýme] 《생화학》 엔자임, 효소. **enzymatisch** [ɛntsy'maːtɪʃ] 〈Adj.〉 효소의: -e Reaktionen 효소 반응. **Enzymologie** [...molo'giː], die 효소학.
enzystieren [ɛntsʏs'tiːrən] 〈h〉 《생물》포낭을 만들다, 포낭으로 싸다(싸이다).
Eobiont [eo'bɪɔnt], der; -en, -en [griech. ēōs u. bioús] 《생물》세포 구조를 가진 최초의 생물체로서의 원시 세포.
eo ipso ['eːo 'ɪpsɔ; lat. eō ipsō] 《교양어》 자명한, 명약관화한: das versteht sich eo i. 그것은 자명하다.
Eolienne [eo'lɪɛn], die [frz. éolienne] 아이올리아직.
Eolith [eo'liːt, (또한) ...lɪt], der; -s / -en, -e(n) 에올리스, 원석기, 원석기. **Eolithikum** [eo'liːtikʊm, (또한) ...lɪt...], das; -s 원시 석기 시대.
Eos ['eːɔs], die [griech. ēós] 《시어》 아침, 여명. **Eosin** [eo'ziːn], das; -s [griech. ēós] 에오신(잉크 등의 제조에 사용되는) 적색 색소). **eosinieren** [eozi'niːrən] 〈h〉 에오신으로 붉게 물들이다. **eosinophil** [eozino'fiːl] 〈Adj.〉 에오신으로 염색이 (잘) 되는. **eozän** [eo'tsɛːn] 〈Adj.〉 제3기 하층의, 시신세(始新世)의. **Eozän** [-], das; -s [griech. ēós u. kainós] 제3기 하층, 시신세. **Eozänformation**, die ↑Eozän 참조. **Eozoen** [-] ↑Eozoon의 복수형. **Eozoikum** [eo'tsoːikʊm], das; -s [griech. ēós u. zōḗ] ↑Archäozoikum. **eozoisch** [eo'tsoːɪʃ] 〈Adj.〉 효생대의, 상시원생대의. **Eozoon** [eo'tsoːɔn], das; -s, Eozoen [...o:ən] 《대개 Pl.》 (griech. zōon] [지질] 원시 시대 암석에 박힌 불순 석회의 독특한 형태.

Epagoge [epago'geː], die [griech. epagōgḗ] 《논리》 귀납법. **epagogisch** [...'goːgɪʃ] 〈Adj.〉 《논리》 귀납적인.
Epakte [e'paktə], die; -n [lat. epactae] 《전문어》 태양력 1년과 태음력 12개월과의 차이(태양력이 약 11일 많음).
Epanalepse [epana'lɛpsə], **Epanalepsis** [...'naːlɛpsɪs], die; ...lepsen [...na'lɛpsn; lat. epanalēpsis < griech. epanálēpsis] 《수사・문체》 문장내에서의 동어(군) 반복.
Epanaphora [epa'naːfora], die; ...rä [griech. epanaphorá] ↑Anapher.
Epanodos [epa'noːdɔs], der; ...doi ...doy; griech. epánodos] 《수사・문체》 도치 반복(예컨대: ich preise den Herrn, den Herrn preise ich).
Eparch [e'parç], der; -en, -en [griech. éparchos] 《역사적》 (비잔틴 제국의) 지방 제독. **Eparchie** [epar'çiː], die; -n [...iːən] **1:** griech. eparchía **1.** 《역사적》 (비잔틴 제국의) 지방. **2.** (그리스 정교의) 주교구.
Epaulett [epo'lɛt], das; -s, -s, **Epaulette** [...'lɛtə], die; -n [frz. épaulette] (제복의) 견장, (의복의) 어깨받이.
Epave [e'paːvə], die [frz. épave] 《고어》잔해, 해난 구조물.
Epeirogenese: ↑Epirogenese.
Epeirophorese [epaɪrofo'reːzə], die; -n [griech. ḗpeiros u. phórēsis] [지질] 대륙의 수평 이동.
Epeisodion [epaɪ'zoːdɪɔn], das; -s, ...dia [griech. epeisódion] 《문예》 (고대 그리스 극중의 합창가 사이의) 대화 장면.
Epen: ↑Epos의 복수형.

Epenthese [epɛn'te:zə], **Epenthesis** [e'pɛntezɪs], die; ...thesen [...'te:zn; lat. epenthesis < griech. epenthesis] 【언어】 발음을 용이하게 하기 위한 삽입음(예컨대: namen*lich*oder *t*).

Epexegese [epɛkse'ge:zə], die; -n [lat. epexēgēsis < griech. epexēgēsis] 【수사·문체】 설명적 보족어(예컨대: drunten *im Unterland*). **epexegetisch** ⟨Adj.⟩ 설명적 보족의.

Ephebe [e'fe:bə], der; -n, -n [lat. ephēbus < griech. éphēbos] 《역사적》 (고대 그리스의 18~20세 사이의) 청년, 장년. **Ephebie** [efe'bi:], die [lat. ephēbīa < griech. ephēbeia] 【의학】 (남성의) 사춘기. **ephebisch** [e'fe:bɪʃ] ⟨Adj.⟩ [griech. ephēbikós] 청년의, 젊음의. **ephebophil** [efebo'fi:l] ⟨Adj.⟩ [lat. ephēbus u. griech. philos] 【의학·심리】 젊은 남성에 대한 동성애 기질의. **Ephebophile**, der; -n, -n (젊은 남성에 대한) 동성 연애자. **Ephebophilie** [efebofi'li:], die 【의학·심리】 젊은 남성에 대한 동성애 (성향).

Ephedra ['e:fedra], die; ...drae [...dre]/...dren [e'fe:drən; lat. ephedra < griech. ephédra] 마황(속). **Ephedragewächs**, das 마황(科)의 식물. **Ephedrin** [efe'dri:n], das; -s 에페드린.

Epheliden [efe'li:dn̩] ⟨Pl.⟩ [griech. ephēlídes] 【의학】 주근깨.

ephemer [efe'me:r] ⟨Adj.⟩ [griech. ephḗmeros] 1. 《교양어》 순간의, 일시적인, 덧없는: sein Interesse an der Sache war nur e. 그 일에 대한 그의 관심은 일시적인 것이었다. 2. 【식물·동물】 하루살이의. **Ephemera** [e'fe:mera] ⟨Pl.⟩ [griech. ephḗmera] 【의학】 ↑ Eintagsfieber. ¹**Ephemeride** [efeme'ri:də], die; -n ↑ Eintagsfliege. ²**Ephemeride** [-], die; gen. [lat. ephēmerís] 1. 〈대개 Pl.〉 【천문·점성】 천문력표, 천체력. 2. 〈Pl.〉 (고어) 정기적으로 발행되는 일지. **ephemerisch** [efe'me:rɪʃ] ↑ ephemer. **Ephemerophyt** [efemero'fy:t], der; -en, -en [griech. ephḗmeros u. phytón] 【식물】 일정 지역에 잠정적으로 나타나는 식물.

Epheser, der; -s, - ↑Ephesus의 주민. **Epheserbrief**, der ⟨Pl. 없음⟩ 에베소서(書). **Ephesos, Ephesus** 에페소(ㅍ)스(소아시아 서부의 고대 그리스의 도시).

Ephor [e'fo:r], der; -en, -en [lat. ephorus < griech. éphoros] 《역사적》 (고대 스파르타에서 매년 5명씩 선출되었던) 최고 관리. **Ephorat** [efo'ra:t], das; -(e)s 1. 《역사적》 ↑Ephor의 직. 2. ↑Ephorus의 직. **Ephorenamt**, das ↑Ephorat (I, 2). **Ephorie** [efo'ri:], die; -n [...i:ən; griech. ephoreía] Ephorus의 관할구. **Ephorus** ['ɛ:forʊs, 《또한》 'ɛf...], der; -, ...oren [e'fo:rən, ɛ...; lat. ephorus] **a)** 교회 감독관(특히 신교의). **b)** (신교) 신학교장, 기숙사 사감.

Epibiont [epi'bjɔnt], der; -en, -en [griech. epí] 【생물】 상체 생물 군집에서의 상대측(반대: Endobiont). **Epibiose** [...bio:zə], die [griech. epi u. bíōsis] 【생물】 상체생물군집(上在生物群集)(인간의 피부에 생기는 세균의 성장 등, 반대: Endobiose).

Epideiktik [《또한》...de'ɪk...], die [griech. epideiktikḗ (téchnē)] 【수사·문체】 미사여구가 많은 축사체 식사. **epideiktisch** [(《또한》...de'ɪk...] ⟨Adj.⟩ [griech. epideiktikós] 【수사·문체】 장황한, 미사여구의.

Epidemie [epɪde'mi:], die; -n [...i:ən; lat. epidēmia < griech. epidēmía nósos] 유행[전염]병, 역병, 돌림병: eine E. ist ausgebrochen 전염병이 돌발했다. 【전의】 bei Bingospielen wurde zu einer richtigen E. 빙고게임이 상당히 유행했다. **Epidemiologe** [epidemio'lo:gə], der; -n, -n 【의학】 전염병 연구가. **Epidemiologie**, die [zu lat. epidēmia (↑Epidemie) u. ↑-logie] 【의학】 유행병학, 역학. **epidemiologisch** ⟨Adj.⟩ 【의학】 역학(상)의. **epidemisch** [epi'de:mɪʃ] ⟨Adj.⟩ 유행성의, 전염성의.

epidermal [epɪdɛr'ma:l] ⟨Adj.⟩ 【의학】 표피(성)의. **Epidermis** [epi'dɛrmɪs], die; ...men [lat. epidermis < griech. epidermís] 【생물·의학】 표(외)피, 세포성 표피.

Epidiaskop [epidia'sko:p], das; -s, -e [griech. epí diá skopeīn] 에피디아스코프(투명, 불투명체의 화상을 스크린에 비추는 환등기의 일종).

Epigaion [epi'gaiɔn], das; -s [griech. epígaion] 유기체의 지상 생활권.

Epigastrium [epi'gastriʊm], das; -s, ...ien [...iən; griech. epigástrion] 【의학】 상복부, 심와부(心窩部).

Epigenese [epige'ne:zə], die; -n 1. 【생물】 후성(설). 2. 【지질】 (하상의) 후생. **epigenetisch** ⟨Adj.⟩ [griech. epí = darauf u. ↑genetisch] 1. 【생물】 후성(설)의. 2. 【지질】 **a)** (광상의) 후생의. **b)** (하상의) 후생의.

epigonal [epigo'na:l] ⟨Adj.⟩ 《교양어》 아류의.

Epigonation [epigo'na:tɪɔn], das; -s, ...ien [...i:; ngriech. epigonátion] (그리스 정교) 사제복의 무릎이 내려오는 휘장.

Epigone [epi'go:nə], der; -n, -n [griech. epigonos] 《교양어》 아류, 모방자. **epigonenhaft** ⟨Adj.⟩ 《교양어》 아류의, 모방의. **Epigonentum**, das; -s 《교양어》 아류.

Epigramm [epi'gram], das; -s, -e [lat. epigramma < griech. epígramma] 【문학】 (2행의) 격언시, 풍자시, 에피그램. **Epigrammatik** [epigra'ma(:)tɪk], die 【문학】 에피그램작법. **Epigrammatiker** [...'ma(:)tikɐ], der; -s, - 【문학】 에피그램 작가. **epigrammatisch** [...'ma(:)tɪʃ] ⟨Adj.⟩ [lat. epigrammaticus] 《교양어》 (에피그램처럼) 간결하고 날카로운. **Epigrammatist**, der; -en, -en [lat. epigrammatista < griech. epigrammatistḗs] (고어) ↑ Epigrammatiker. **Epigraph** [epi'gra:f], das, -s, -e [griech. epigraphḗ] 【고고학】 고대의 비명. **Epigraphik**, die 제명학, 금석(문)학. **Epigraphiker**, der; -s, - 제명학자, 금석(문)학자.

Epik ['e:pɪk], die 서사시[문학].

Epikanthus [epi'kantʊs], der; - [griech. epí u. kanthós] 【의학】 안내각췌피(眼内角贅皮), 몽고 주름.

Epikard [epi'kart], das; -s [griech. epí u. karda] 【의학】 심(장)외막.

Epikarp [epi'karp], das; -s, -e [griech. epí u. karpós] 【식물】 외과피(外果皮).

Epikedeion [epi'ke:daiɔn], das; -s, ...deia [griech. epikḗdeion] 【문학】 (고대의) 애도가, 조시(弔詩).

Epiker, der; -s, - 서사 시인.

Epiklese [epi'kle:zə], die; -n [griech. epíklēsis] (그리스 정교에서) 성령 강림을 위한(비는) 기도(의식).

epikontinental ⟨Adj.⟩ [griech. epí u. ↑kontinental] 【지질】 대륙(붕) **Epikontinentalmeer**, das; -(e)s, -e 【지질】 연해(緣海).

Epikrise [epi'kri:zə], die; -n [griech. epíkrisis] 【의학】 이차적 분리(分利), (의사의) 정밀 판별.

Epikureer [epiku're:ɐ], der; -s, -[lat. Epicurēī < griech. Epikoúreioi] 1. 에피쿠로스 학파의 철학자(신봉자). 2. 《교양어》 향락주의자, 쾌락주의자. **epikureisch, epikurisch** ⟨Adj.⟩ 1. 에피쿠로스(학파, 학설)의. 2. 《교양어》 향락주의의, 향락적인. **Epikureismus** [epikure'ɪsmʊs], der; - 1. 에피쿠로스주의(학설). 2. 《교양어》 향락[쾌락]주의. **epikurisch** ⟨Adj.⟩ ↑epikureisch 참조.

Epilation [epila'tsio:n], die; -en 【의학】 탈모, 제모, 발모.

Epilepsie [epilɛ'psi:], die; -n [...i:ən; frz. épilepsie <

lat. epilēpsia < **griech.** epilēpsíā] [의학] 간질, 전간 (癲癇), 지랄병. **epileptiform** [epilepti'fɔrm] ⟨Adj.⟩ [의학] 유사간질의, 간질과 비슷한. **Epileptiker** [epi-'lɛptikɐ], der; -s, - [의학] 간질병자, 전간환자. **epileptisch** ⟨Adj.⟩ [lat. epilēpticus < griech. epilēptikós] a) 간질에 의한: ein -er Anfall 간질 발작. b) 간질병에 걸린, 간질성의: e. veranlagt sein 간질성이다. **epileptoid** [epilɛpto'i:t] ⟨Adj.⟩ ↑ epileptiform.
epilieren [epi'li:rən] ⟨h⟩ [lat. ex u. pilus] [의학] 체모를 제거하다.
Epilimnion [epi'lɪmniɔn], **Epilimnium** [...iʊm], das; -s, ...ien [...iən]; griech. epí u. limníon] [생물・지리] (수심 7~30m인 호소(湖沼)의) 표수층(表水層); 대류층.
Epilog [epi'lo:k], der; -s, -e [lat. epilogus < griech. epílogos] (반대: Prolog) a) 끝말, (드라마의) 종장, 에필로그. b) (책의) 후기.
Epinastie [epinas'ti:], die; -n [...iən; zu griech. epí u. nastós] [식물] 잎의 윗쪽이 아랫쪽보다 더 빨리 자라는 현상. **epinastisch** [epi'nastɪʃ] ⟨Adj.⟩ [식물] 상편생장의.
Epinglé [epɛ̃'gle:], der; -(s), -s [frz. (velours) épinglé] 1. 돌은 줄무늬가 있는 직물. 2. 잘 풀리지 않는 고리 (매듭)가 있는 질긴 가구 포장재.
Epinikion [epi'ni:kiɔn], das; -s, ...ien [...iən; griech. epiníkion] [문예학] (고대 그리스의) 승리의 찬가.
Epipaläolithikum [epipaleo'li:tikʊm, (또한) ...lɪt...], das; -s [griech. epí u. ↑ Paläolithikum] ↑ Mesolithikum 참조.
Epiphania: ↑ Epiphanie. **Epiphanias** [epi'fa:nias], das; -, **Epiphanienfest** [...'fa:niən-], das; -(e)s, -e [기독교] (그리스도의) 공현제[축일](1월 6일), 주현절. **Epiphanie** [...fa:'ni:], **Epiphania** [epi'fa:nia], die [griech. epipháneia] [기독교] (신, 그리스도의) 공현, 현현. **Epiphänomen**, das; -s, -e [griech. epí u. ↑ Phänomen] [철학] 수반(부수) 현상.
Epiphora [e'pi:fora], die; ...rā [griech. epiphorá] 1. [수사・문체] 결구 반복(연속해서 글 끝에 동일어를 반복하는 것: er will alles, kann alles, tut alles 따위). 2. [의학] 누루(淚漏), 유루(流漏).
Epiphyllum [epi'fylʊm], das; -s [griech. epí u. phýllon] 공작 선인장(브라질산).
Epiphyse [epi'fy:zə], die; -n [griech. epíphysis] [의학・생물] 1. 송과체(선)(松果體(腺)). 2. 관상골(管狀骨)의 골단(骨端). **Epiphyt** [epi'fy:t], der; -en, -en [griech. epí u. phytón] [식물] 착생(着生) 식물(다른 식물에 기생하나 양분은 스스로 취함).
epirogen [epiro'ge:n] ⟨Adj.⟩ [griech. ēpeiros u. ↑-gen] [지질] 조륙(造陸) 작용(운동)에 의한. **Epirogenese** [epiroge'ne:zə], **Epeirogenese** [epairo-], die; -n [griech. ēpeiros u. ↑ Genese] [지질] (지각의) 조륙 작용(운동). **epirogenetisch** ⟨Adj.⟩ ↑ epirogen.
Epirot [epi'rot], der; -en, -en 에피루스 주민.
Epirrhem [epi're:m], **Epirrhema** [e'pɪrema], das; -s, ...emata [...'re:mata]; griech. epírrhēma] [문예학] 아티카[아테네] 희극 중 합창의 대화제.
episch ['e:pɪʃ] ⟨Adj.⟩ [lat. epicus < griech. epikós] a) 서사적인, 서사시의. b) 서사체의, 이야기식의: etw. in -er Breite schildern 무엇을 아주 상세하게 묘사하다.
Episiotomie [epizioto'mi:], die; -n [...i:ən; zu griech. epísion u. tomē] [의학] (출산시의) 외음절개술.
Episit [epi'zi:t], der; -en, -en [동물] 육식 동물.
Episkop [epi'skɔp], das; -s, -e [griech. epí u. skopeĩn] 에피스 투영 장치(불투명화의).
episkopal [episkoˈpa:l] ⟨Adj.⟩ [lat. episcopālis] 주교의. **Episkopale**, der; -n, -n 영국 성공회 교도. **Episkopalismus**, der; - [가] 주교(공회의) 중심주의(반대: Kurialismus, Papalismus). **Episkopalist**, der; -en, -en: 주교 중심주의자. **Episkopalkirche**, die 1. (비가톨릭) 주교단 교회(그리스 정교회 등). 2. 감독 교회.
Episkopat [epɪskoˈpaːt], das, [신학] der; -(e)s, -e [kirchenlat. episcopātus, episcopātum] 1. ⟨Pl. 없음⟩ 주교의 직. 2. 주교단. **episkopisch** ⟨Adj.⟩ ↑ episkopal 참조. **Episkopus** [e'pɪskopʊs], der; -, ...pi [kirchenlat. episcopus] ↑ Bischof.
Episode [epi'zo:də], die; -n [frz. épisode < griech. epeisódion] 1. a) 삽화(적인 사건), 에피소드: er erzählte eine E. aus seinem Leben 그는 자신의 일생 중에 일어났던 한 사건(에피소드)을 이야기했다. b) (굵고 굵직한 사건의 연결 속에서 중요성이 없는) 짧은 시기. 2. (희곡이나 소설의) 삽화, 삽입극. 3. [음악] 삽입부, 간주곡.
Episoden-: ~**darsteller**, der 조연(배우), 조역. ~**film**, der 옴니버스 영화. ~**rolle**, die 조역. ~**spieler**, der ↑~darsteller.
episodenhaft ⟨Adj.⟩ 삽화적인, 잠간의, 짧은. **episodisch** ⟨Adj.⟩ 삽입된, 부수적인, 일시적인: -e Gewässer [지질] 간헐천.
Epispadie [epispa'di:], die; ...dien [...iən; griech. epí u. spadón] [의학] (선천성) 요도상렬(尿道上裂).
Epistase [epi'sta:zə], die; -n [griech. epístasis] [발생학] (유전자 효과의) 상위(性). **epistatisch** ⟨Adj.⟩ [발생학] 상위(의).
Epistaxis [epi'staksɪs], die [griech. epístaxis] [의학] 비(출)혈, 코피.
Epistel [e'pɪstl], die; -n [lat. epistola < griech. epistolé] 1. [기독교] a) (신약 성서의) 서간경. b) [가] (미사 때의) 서간경 낭독: jmdm. die E. lesen 《준어구》 누구에게 설교[훈계]하다. 2. 《고어・쁨 또는 농》 (비문의) 긴 편지: jmdm. eine E. schreiben 누구에게 장문의 편지를 쓰다. 3. 《준어구》 훈계, 꾸지람, 견책: es wurde ihm eine E. zuteil 그는 꾸지람을 들었다. **Epistelseite**, die [가] (제단의) 서간경(側)(교회 정면 제단의 우측으로 (부)사제가 사도서간을 낭독하는 곳)(반대: Evangelienseite).
Epistemologie [epɪstemoloˈgi:], die [engl. epistemology] [철학] 과학(이)론, 인식(이)론. **epistemologisch** ⟨Adj.⟩ [철학] 과학(이)론의, 인식(이)론의.
Epistolar [epɪstoˈlaːɐ], das; -s, -e (가톨릭 미사 때의) 사도서간 낭독자. **Epistolarium** [...ˈlaːriʊm], das; -s, ...ien [...iən; lat. epistolārium] 1. [가] 서간경. 2. ⟨고어⟩ (유명 인사의) 서한집. **Epistolographie** [epɪstoloˈgraːfiː], die; -n [...iən; zu griech. epistolé u. ↑-graphie] [고어] 서한[간]문 작법.
Epistropheus [e'pɪstrofɔys], der; - [griech. epistropheús] [동물・의학] (파충류, 조류, 포유 동물, 인간의) 제2경추(頸椎).
Epistyl [epi'sty:l], das; -s, -e, **Epistylion** [epi'sty:liɔn], das; -s, ...ien [...iən; lat. epistȳlion < griech. epistýllon] ↑ Architrav.
Epitaph [epi'taːf], das; -s, -e, **Epitaphium** [epiˈtaːfiʊm], das; -s, ...ien [...iən; lat. epitáphium < griech. epitáphion] 1. ⟨교양어⟩ a) 묘비명, 비문. b) (교회의 내벽)등에 묘비명이 있는 기념품. 2. (정교회의) 그리스도 십자가상(성금요일의).
Epitasis [e'pi:tazɪs], die; ...sen [epi'ta:zn; lat. epitasis < griech. epítasis] [문예학] (특히 3막 희곡에서) 극적 사건의 고양.
Epitaxie [epita'ksi:], die; -n [...i:ən; zu griech. epí u. -taxía] [화학] 중가 효과.

Epithalamion [epita'la:mi̯ɔn], **Epithalamium** [...mi̯ʊm], das; -s, ...ien [...i̯ən; lat. epithalamium < griech. enithalámion] (고대 그리스, 로마의) 축혼가, 결혼 축가(祝歌).

Epithel [epi'te:l], das; -s, -e [griech. epí u. thēlē] [생물] 상피(젖꼭지, 입술 따위의). **epithelial** [epite'lia:l] ⟨Adj.⟩ 상피의. **Epitheliom** [epite'li̯o:m], das; -s, -e [의학] 상피(세포)종(양). **Epithelisation** [epiteliza'tsi̯o:n], die [의학] 상피 조직 형성. **Epithelium** [epi'te:li̯um], das; -s, ...ien [...i̯ən] ↑Epithel. **Epithelkörperchen** ⟨Pl.⟩ [의학] 상피 소체(上皮小體). **Epithelzelle**, die; -n (대개 Pl.) 상피 세포.

Epithese [epi'te:zə], die; -n [griech. epithesis] [언어학] (발음을 용이하게 하기 위한) 첨음(添音)(예컨대: d in niemand, mhd. nieman). **Epitheta ornantia**: ↑Epitheton ornans의 복수형. **Epitheton** [e'pi:teton], das; -s, ...ta [lat. epitheton < griech. epítheton] [언어] 한정적 형용사(예컨대: das *große* Haus). **Epitheton ornans** [-'ɔrnans], das; - -, ...ta ornantia [-ɔr'nantsi̯a; lat. ornāns] [수사] 장식적 형용사(어). (예컨대: *grüne* Wiese).

Epitomator [epito'ma:tɔr, (또한) ...o:ɐ̯], der; -s, -en [...ma'to:rən; lat. epitomātor] 발췌자, 초록자. **Epitome** [e'pi:tome], die; -n [epi'to:mən; lat. epitomē < epitome] [문예학] (고대 로마, 인문주의 시대의) 초록, 개요, 발췌록.

Epitrachelion [epitra'xe:li̯ɔn], das; -s, ...ien [i̯ən]; griech. epí u. tráchēlos] (동방 정교회 사제의) 경수대(頸垂帶).

Epitrit [epi'tri:t], der; -en, -en [lat. epitritus < griech. epítritos] [운율] (고대 그리스의) 3장 1단 각운 (예컨대: ‿—‿—).

Epitrope [epi'tro:pə], die; -n [griech. epitropē] [수사] 양보 가설법, 일시적인 시인. **epitropisch** ⟨Adj.⟩ 양보 가설(법)의.

Epizentralentfernung, die; -en [지질] 진앙거리. **Epizentrum**, das; -s, ...ren [zu griech. epíkentros] [지질] 진앙.

Epizeuxis [epi'tsɔyksɪs], die [lat. epizeuxis < griech. epizeuxis] ↑Epanalepse 참조.

Epizoen: ↑Epizoon의 복수형. **epizoisch** [epi'tsoːɪʃ] ⟨Adj.⟩ [생물] **a)** 외기생충의, 체표기생충의. **b)** (씨앗, 종자 등이) 인간·동물에 부착되어 전파[유포]되는.

Epizone, die [griech. epí u. ↑Zone] [지질] 천성대.

Epizoon [epi'tso:ɔn], das; -s, ...zoen [...'tso:ən]/...zoa (대개 Pl.) [griech. epí u. zōon] [생물·의학] 체외(외피·외부) 기생충, 체표 착생동물(이 따위). **Epizoonose** [epitsoo'no:zə], die; -n [의학] 체외 기생충에 의한 피부병. **Epizootie** [epitsoo'ti:], die; -n [...i̯ən; griech. epí u. zōon] **1.** [수의] 가축의 유행병, 수역(獸疫). **2.** ↑Epizoonose 참조.

Epizykel [epi'tsy:kl̩], der; -s, - [lat. epicyclus < griech. epí kyklos] [천문] 본륜. **Epizykeltheorie**, die ⟨Pl. 없음⟩ [천문] 본륜 운동설. **Epizykloide** [epitsyklo'i:də], die; -n [천문·수학] 에피사이클로이드.

epochal [epɔ'xa:l] ⟨Adj.⟩ [교양어] **1.** 획기적인: eine -e Erfindung 획기적 발명; ein Ereignis von -er Bedeutung 획기적 의미를 가진 사건, [전의] ⟨반어적·농⟩ eine -e Idee 기막힌 생각. **2.** [교육] (학과목을) 시기적으로 나누어 하는. **Epochalunterricht**, der 학과목을 병렬적으로가 아니라 순차적, 시기적으로 나누어하는 수업 방식. **Epoche** [e'pɔxə], die; -n [lat. epocha < griech. epoche] (역사적) 시기, 시대: am Beginn einer neuen E. stehen 새 시대의 시작에 서다; in eine neue E. eintreten 새 시대로 접어들다; **E. machen** 새 시대를 열다. **epochemachend** ⟨Adj.⟩ 획기적인: eine -e Entdeckung 획기적인 발견.

Epode [e'po:də], die; -n [lat. epōdos < griech. epōdós] **1.** ⟨Pl. 없음⟩ 장단의 시행이 교차되는 (고대) 시 형태. **2.** [전문어] 특히 고대 그리스의 비극 중 합창가에서 Strophe와 Antistrophe에 이어지는 제 3 단, 후절. **epodisch** ⟨Adj.⟩ ↑Epode (1, 2)의 형용사형.

Eponym [epo'ny:m], das; -s, -e [griech. epōnymos] 인명에서 따온 종류명(예컨대: Zeppelin für Luftschiff).

Epopöe [epo'pø:ə, (또한) ...'pø:], die; -n [...o:ən; griech. epopoiía] ⟨고어⟩ ↑Epos.

Epos ['e:pɔs], das; -, Epen ['e:pn̩; lat. epos < griech. épos] (영웅) 서사시: das höfische E. des Mittelalters 중세의 궁정 서사시.

Epoxid [epɔ'ksi:t, (또한) ——'—] ↑Epoxyd에 대한 화학 전문 용어. **Epoxyd** ['ep|ɔksy:t, (또한) ——'—], das; -s, -e [화학] 에폭시드.

Eppich ['ɛpɪç], der; -s, -e [lat. apium] ↑Sellerie, ↑Efeu 등에 대한 지역적 명칭.

Eprouvette [epru'vɛt], die; -n [frz. éprouvette] [화학] ⟨österr.⟩ 시험관.

Epsilon ['ɛpsilɔn], das; -(s), -s [griech. è psilón] 그리스 자모의 다섯번째 문자(*E*, ε).

Epulis [e'pu:lɪs], die; ...iden [epu'li:dn̩]; griech. epoulís] [의학] 잇몸 종양.

Equestrik [e'kvɛstrɪk], die [lat. equester] [⟨교양어·준고어⟩ (곡)마술. **Equidae** ['e:kvide], **Equiden** [e'kvi:dn̩] ⟨Pl.⟩ [lat. equus] [동물] 말과(科).

Equilibrist usw. ↑Äquilibrist usw.

Equipage [ekvi'pa:ʒə, ⟨드물게⟩ ekl...], die; -n [frz. équipage] ⟨고어⟩ **1.** (호화로운) 마차. **2.** 선원. **3.** (장교의) 장비. **Equipe** [e'kɪp], die; -n [frz. équipe] **a)** [스포츠] (특히 마술의) 선발 팀. **b)** 작업조(班), 팀: der Kanzler stellte seine E. vor 수상이 자신의 팀(각료들) 을 소개했다. **equipieren** [ekvi'pi:rən, ⟨드물게⟩ eki...] ⟨h⟩ [frz. équiper] ⟨고어⟩ 장비를 갖추다. **Equipierung**, die; -en 장비.

er [e:ɐ̯] ⟨인칭대명사, 3인칭 남성 단수 1격⟩ **1.** (이미 알려져 있거나 연급된 사람 혹은 사물을 나타내는 남성 명사를 대신하여) 그, 그사람, 그것: er als mein bester Freund 나의 가장 좋은 친구인 그; der Berg dort drüben, ist er nicht eindrucksvoll? 저 편의 산 말이에요, 그것은 인상적이지 않습니까?; bei den Vögeln sorgt er für Futter, während sie brütet 새의 경우 암컷이 알을 품고 있는 동안에는 수컷이 먹이를 책임진다; die Toilettentüren waren mit "Er" und "Sie" gekennzeichnet 화장실 문은 "남자"와 "여자"라는 말이 표시되어 있었다; ⟨2격⟩ seiner: wir gedenken seiner[(그의) sein] mit Hochachtung 우리들은 존경심을 가지고 그 남자를 생각한다; ⟨3격⟩ ihm: ich gebe ihm das Buch 나는 그 남자에게 책을 준다; der Hund hat Hunger, man muß ihm Futter geben 그 개는 배가 고프니 그에게 먹이를 주어야 한다; ⟨4격⟩ ihn: wo ist Vati? ich habe ihn gerade nicht gesehen 아빠가 어디 계시니? 방금도 내가 그분을 뵈었는데; der Baum ist doch gesund, warum willst du ihn fällen? 그 나무는 건강한데 왜 너는 그것을 벨려고 하니?; sie dachte stets nur an ihn 그녀는 늘 그녀의 애인 생각만 했다. **2.** ⟨고어⟩ (아랫 사람에 대한 호칭으로서 du 혹은 Sie라고 부르지 않고 Er라고 불렀음) hat Er dem Graten die Nachricht überbracht? 당신은 백작에게 소식을 전달하였소? ⟨명사화⟩ **Er** [-], der; -s, -s ⟨통용어⟩ 남자, 수컷, 수놈: am Tisch sitzen ein Er und eine Sie 식탁에는 남자 한 명과 여자 한 명이 앉아 있

다; dieser Hund ist ein Er 이 개는 수놈이다.
erachten ⟨h⟩ 《아어》 간주하다, 고려하다, 인정하다: etw. als/für notwendig[als/für seine Pflicht] e. 무엇을 필수적인 것[그의 의무]으로 간주하다. ⟨명사화⟩ **Er-achten**, das 《다음 용법으로》 **meiner E. nach [nach meinem E., meines -s]** 나의 생각[견해]으로는: meinem E. nach[nach meinem E., meines -s] ist das Ergebnis falsch 나의 생각으로는 그 결과는 잘못된 것이다.
erahnen ⟨h⟩ 예지[예감]하다, 직관적으로 파악하다.
erarbeiten ⟨h⟩ 1. 일하여 획득하다[얻다]: er hat seine jetzige Position allein erarbeitet 그는 지금의 그의 위치를 혼자 힘으로 획득했다. 2. 연구를 통해 파악하다, 소화하다: du mußt dir den Inhalt des Buches e. 너는 그책의 내용을 파악해야 한다. 3. 공동 작업[토론]을 통해 완성하다[끝내다]. **Erarbeitung**, die; -en 획득, 파악, 완성.
eräugen ⟨h⟩ **a)** 《동물이》 눈으로 보고 알아차리다: das Reh eräugte den Jäger 그 사슴은 사냥꾼을 알아차렸다. **b)** 《준고어·농》 알아차리다.
erb-, Erb-[ˈɛrp-] (↑ **erben-, Erben-** 참조): **~adel**, der 세습 귀족(Geburtsadel)(반대: Verdienstadel). **~ad(e)lig** ⟨Adj.⟩ 세습 귀족의. **~änderung**, die ↑ Mutation. **~anlage**, die 《생물》 유전인자. **~anspruch**, der 상속 청구권. **~anteil**, der 상속 몫. **~bauer**, der 1. 영세 농부. 2. 세습 농부. **~baurecht**, das 《법》 지상권(地上權). **~bauzins**, der 《법》 지상권 임대료. **~bedingt** ⟨Adj.⟩ 상속 제한[조건]의. **~begräbnis**, das 《조상 대대의》 가족 묘지. **~berechtigt** ⟨Adj.⟩ 상속권이 있는. **~berechtigung**, die 상속 권리[자격]. **~bescheinigung**, die ↑ **~schein** 참조. **~besitz**, der 상속 재산, 유전. **~bild**, das 《생물》 《遺傳子型》. **~biologie**, die ⟨Pl. 없음⟩ ↑ Genetik. **~biologisch** ⟨Adj.⟩ 발생[유전]학적인. **~eigen** ⟨Adj.⟩ 상속받은, 세습된, 유전된. **~eigenschaft**, die 《생물》 유전적 특성. **~eigentum**, das 상속 재산. **~eingesessen** ⟨Adj.⟩ 대를 이어 한 장소에 거주하는. **~einsetzung**, die 《법》 상속권자의 지정. **~fähig** ⟨Adj.⟩ 《법》 상속권이 있는(반대: erbunfähig). **~fähigkeit**, die ⟨Pl. 없음⟩ 《법》 상속 능력, 상속력. **~faktor**, der 유전인자. **~fall**, der 《법》 상속 개시(相續開始)을. **~fällig** ⟨Adj.⟩ 《법》 상속권에 의해 귀속하는. **~fehler**, der 유전적 결함. **~feind**, der 1. **a)** 대대로의 적대 민족: Deutsche und Franzosen galten lange Zeit als -e 독일과 불란서는 오랫동안 적대 민족으로 여겨졌다. **b)** 불구대천의 원수. 2. ⟨단수⟩《옛예》악마. **~folge**, die **a)** 상속(순위), 계승. **b)** 왕위 계승. **~folgekrieg**, der 왕위 계승전(쟁). **~folger**, der **a)** 《법》 계승자, 상속자. **b)** 왕위 계승자. **~folgerecht**, das 《법》 상속법. **~folgestreit**, der 상속 싸움. **~forschung**, die ↑ Genetik. **~gang**, der **a)** 《생물》 유전(양식). **b)** 《법》 ↑ **~folge**. **~gefüge**, das 《발생학》 ↑ **~bild**. **~gesessen** ⟨Adj.⟩ ↑ **~eingesessen**. **~gesetz**, das 《Vererbungsgesetz. **~gesund** ⟨Adj.⟩ 《의학》 유전 병질이 없는(반대: erbkrank). **~gesundheit**, die 《의학》 유전 병질이 없는 건강. **~grind**, der 《의학》 황선(黃蘚). **~großherzog**, der 대공(大公)의 장차나 왕위 계승자. **~gut**, das 1. 《생물》 유전질. 전기 christliches E. 기독교의 속성. 2. ↑ **~hof**. **~hof**, der 《나치》 《분할되지 않고 맏아들에게 상속되는》 세습 농장. **~hofrecht**, das 《나치》 세습 농지법. **~hygiene**, die ↑ Eugenik. **~information**, die 《발생》 유전 정보: eine Säure ist Träger aller -en in den Chromosomen 산맛은 염색체 들에 있어서 모든 유전 정보의 운반체이다. **~kaisertum**, das ↑ **~monarchie**. **~königtum**, das; ↑ **~monarchie**. **~krank** ⟨Adj.⟩ 《의학》 유전 병(질)이 있는(반대: erbgesund). **~krankheit**, die 《의학》 유전병. **~lande** ⟨Pl.⟩ 《역사적》 세습[영]지. **~lassenschaft**, die; -en 《법》 유산. **~lasser** […lasɐ], der 《법》 피상속인, 유언자. **~lasserin**, die; -nen ↑ **~lasser**의 여성형. **~lasserisch** ⟨Adj.⟩ 《법》 유증(遺贈)의. **~lassung**, die; -en ↑ **~lassenschaft**. **~lehen**, das 《역사적》 세습 영지. **~lehre**, die ↑ Genetik. **~leiden**, das ↑ **~krankheit**. **~leihe**, die ↑ **~pacht**, **~zinsgut**. **~los** ⟨Adj.⟩ **a)** 상속인이 없는, 계승자가 없는. **b)** 유산이 없는. **~mangel**, der ↑ **~schaden**. **~masse**, die 1. 《생물》 유전질(Erbgut), 유전소질(遺傳素質). 2. 《법》 상속 재산, 유산. **~mäßig** ⟨Adv.⟩ 유전자로, 유전인자들에 의해. **~merkmal**, das 유전적 특성. **~monarchie**, die 세습 군주국. **~onkel**, der 《통용어·농》 《유산을 기대할 수 있는》 부유한 숙부. **~pacht**, die **a)** 《규제》 세습 임차권. **b)** ↑ **~baurecht**. **~pächter**, der 세습 소작인, 세습 임차인. **~pathologe**, der 《의학》 유전 병리학자. **~pathologie**, die 《의학》 유전 병리학. **~pflege**, die ↑ Eugenik. **~prinz**, der 《황》태자. **~recht**, das 《법》 **a)** ⟨Pl. 없음⟩ 상속법. **b)** 상속권. **~rechtlich** ⟨Adj.⟩ 상속법[권]적인. **~schaden**, der 《발생학》 유전적 결함. **~schein**, der 《법》 상속 증명서. **~schleicher**, der **a)** 《욕》 사기 상속인, 유산 횡령자. **b)** 《농》 딸 많은 집에 늦게 태어난 아들. **~schleicherei** [‒ ‒ ‒ ‒ ‒' ‒], die 《법》 유산횡령, 사기 상속. **~schleicherin**, die 《욕》 ↑ **~schleicher** (a)의 여성형. **~schleichersendung**, die 《österr. 농》 뮌헨의 라디오 희망 음악. **~schuld**, die 《법》 상속 부채(負債). **~stollen**, der 《광》 배수횡갱(排水橫坑). **~streitigkeit**, die ⟨대개 Pl.⟩ 상속(유산) 싸움. **~struktur**, die 《생물》 유전자 구조. **~stück**, das 오래된[가치있는] 상속물. **~substanz**, die ↑ **~gut** (1). **~sünde**, die 《기독교》 원죄(原罪). **~tante**, die 《통용어·농》 유산을 기대할 수 있는 숙모. **~teil**, das 1. 유산 상속분(分). 2. 유전적인 소질. **~teilung**, die 상속 재산의 분할[분배]. **~tochter**, die 여자 상속인. **~träger**, der ↑ Gen 참조. **~übel**, das 유전병, 유전적 질환. **~unfähig** ⟨Adj.⟩ 상속 조건을 갖추지 못한(반대: erbfähig). **~unfähigkeit**, die ⟨Pl. 없음⟩ ↑ **~unfähig**의 명사형. **~untertänig** ⟨Adj.⟩ 《역사적》 《농부가》 세습적으로 지주에게 종속된. **~untertänigkeit**, die 《역사》 세습 농노의 신분[관계]. **~unwürdig** ⟨Adj.⟩ 《법》 상속에서 제외되는, 상속자격을 잃은. **~unwürdigkeit**, die 《법》 상속권 실격. **~verbrüderung**, die 《법》 《왕가간의》 상속에 관한 상호 계약. **~vertrag**, der 《법》 상속 계약. **~verzicht**, der 《법》 상속 포기. **~verzichtsvertrag**, der 《법》 상속 포기 계약. **~wesen**, das 상속 [제도]. **~wort**, das 《언어》 《외래어·차용어에 대한》 세습 토지 경작물. **~zinsgut**, das 《법》 세습 토지 경작물.
Erbärmdebild [ɛrˈpˈbɛrmdaˈ-], das 《예술》 그리스도의 수난상. **erbarmen** ⟨h⟩ 1. ⟨e. + sich⟩ 《아어》 불쌍히 《가엾게》 여기다: er hat sich meiner 《《고어》 über mich》 erbarmt 그는 나를 불쌍히 여겼다; Herr, erbarme dich unser[über uns] 주여, 우리를 가엾게 여기소서; 전치 sich einer Sache e. 《농》 무엇을 먹다; keiner will sich des letzten Stück Kuchens e. 《농》 아무도 마지막으로 남은 케이크 조각을 먹으려 하지 않는다. 2. 연민의 정을 일으키다, 불쌍히 여기게 하다, 먹다; der kranke Hund erbarmte ihn 그 병든 개가 그에게 연민의 정을 일으켰다; du erbarmst mich [《österr.》 mir] 너는 나로 하여금 연민의 정을 느끼게 한다. ⟨명사화⟩ **Erbarmen**, das; -s 연민, 동정, 자비; **zum E.** 형편없이, 가엾게도; sie singt zum E. 그녀는 대단히 서투르게

노래부른다. **erbarmenswert** ⟨Adj.⟩ 가련한, 측은한.
Erbarmer [ɛɐ̯'barmɐ], der; -s ⟨아어⟩ 대자대비한 신(神). **erbärmlich** [ɛɐ̯'bɛrmlɪç] ⟨Adj.⟩ **1. a)** 가련한, 비참한. **b)** 질이 나쁜, 빈약한, 불충분한: die Rede des Ministers war e. 그 장관의 연설은 내용이 빈약했다. **c)** 《욕》 타락한, 비열한, 천박한: er ist ein -er Lump 그는 타락한 부랑자다. **2. a)** 대단히 큰, 강한, 거대한, 끔찍한. **b)** ⟨형용사와 동사에서 강조적으로⟩ 대단히(sehr): ein e. kleines Stück 대단히 작은 부분; wir froren e. 우리는 대단히 추웠다. **Erbärmlichkeit**, die 비참, 비열, 위와 같은 일[것, 행위]. **Erbarmnis**, die ⟨아어·고어⟩ = Erbarmen. **Erbarmung**, die; -en ↑Erbarmen: ach. E.!(뜻밖의 언짢은 일에 외치는 소리) 아, 불쌍한!
erbarmungs-, **Erbarmungs-**: **~los** ⟨Adj.⟩ 무자비한, 무정한, 냉혹한. **~losigkeit**, die 무자비, 냉혹. **~voll** ⟨Adj.⟩ ⟨아어⟩ 자비심이 많은. **~würdig** ⟨Adj.⟩ ⟨아어⟩ 가련한, 측은한.
erbauen ⟨h⟩ **1.** 세우다, 건축하다: die Kirche wurde im 14. Jahrhundert erbaut 그 교회는 14세기에 건축되었다. 俗談 Rom ist nicht an(in) einem Tage erbaut worden 로마는 하루(아침)에 이루어진 것이 아니다. **2.** 《아어》 **a)** ⟨e. + sich⟩ 기뻐하다, 감동하다: sich an guter Musik e. 좋은 음악에 감동하다. **b)** 위로하다, 교화(선도)하다, 마음을 고양시키다. **von etw.[über etw.] nicht(wenig) erbaut sein** 무엇에 관해(대해) 감동(즐거워)하지 않다. **Erbauer**, der; -s - 건축(건립, 건설)자. **erbaulich** ⟨Adj.⟩ ⟨준고어⟩ 교화적인, 유익한, 신앙심을 일으키는: es war ein nicht sehr[nicht gerade] -er Anblick 그것은 별로 좋은[즐거운] 광경은 아니었다. **Erbaulichkeit**, die 교화, 경건. **Erbauung**, die; -, -en 교화, 선, 신앙심 고양, 경건: etw. zur E. lesen 무엇을 정신 수양을 위해 읽다.
Erbauungs-: **~buch**, das 종교서, 기도서. **~lektüre**, die ↑~literatur. **~literatur**, die ⟨Pl. 없음⟩ 교회적(종교적) 서적들(기록들). **~schrift**, die ↑~buch. **~stunde**, die 기도 시간.
¹Erbe ['ɛrbə], das; -s **1.** 유산, 상속 재산: das väterliche [mütterliche] E. 아버지[어머니]의 유산; das E. antreten[ausschlagen] 유산을 상속하다. **2.** 전승, 비물질적(정신적, 문화적) 유산. **²Erbe** [-], der; -n, -n 상속인, 후계자: die lachenden -n (바라던) 유산을 기뻐하는 상속인; jmdn. zum[als] -n einsetzen 누구를 후계자로 지정하다; 轉義 etw. den -n hinter-[über]lassen 무엇을 자손들에게 남기다.
erbeben ⟨s⟩ **1. a)** (갑자기) 강하게 흔들리다, 진동하다. **b)** ⟨아어⟩ ↑beben (1): die Häuser erbebten ununterbrochen während des Angriffs 집들이 공격을 받는 동안 끊임없이 진동했다. **2.** 전율하다, (벌벌) 떨다.
erben ['ɛrbn̩] ⟨h⟩ **1. a)** 유산을 상속받다: ein großes Vermögen e. 큰 재산을 유산으로 상속받다; du hast wohl geerbt? 상속이나 받았느냐? (농담조, 돈이 없는 자가 낭비할 경우). **b)** 《통용어》 얻다, 선물받다: die Hose hat er von seinem Bruder geerbt 그는 바지를 형으로부터 얻어 입었다; hier ist nichts[gibt es nichts] zu e. 여기선 아무것도 거저 얻을 수 없다. **2.** (양친이나 조상으로부터 재능, 소양) 물려받다, 이어받다: die roten Haare hat sie von der Mutter geerbt 그녀는 빨간 머리를 어머니에게서 물려받았다.
erben-, **Erben-** (↑erb-, Erb- 참조): **~gemeinschaft**, die 공동 상속 관계. **~haftung**, die 상속자 보증(유산 청구를 하기 위한). **~los** ⟨Adj.⟩ 상속인이 없는, 후계자가 없는. **~losigkeit**, die ↑~los의 명사형.
Erbeserbe, der; -n, -n 한 상속인[후계자]의 다음 상속인[후계자].

¹erbeten ⟨h⟩ 기도[소원]하여 얻다. **²erbeten**: ↑erbitten.
erbetteln ⟨h⟩ **a)** 구걸하여 얻다[얻으려고 하다]: du hast das Geld in den Häusern erbettelt 너는 집집마다 다니면서 돈을 구걸했다. **b)** 간청하여 얻다[얻으려고 하다]: die Erlaubnis für etw. vom Vater e. 무엇을 위한 허락을 아버지에게 간청하여 얻어내다.
erbeuten [ɛɐ̯'bɔytn̩] ⟨h⟩ 노획하다, 약탈하다: feindliche Panzer e. 적의 장갑차를 노획하다. **Erbeutung**, die 빼앗음, 약탈, 노획.
erbieten, sich ⟨h⟩ (무엇을 하겠다고) 자청하다, 나서다: er erbot sich, ihr bei den Aufgaben zu helfen 그는 그녀의 숙제를 도와주겠다고 나섰다.
Erbin, die; -nen ↑²Erbe의 여성형.
erbitten ⟨h⟩ **1.** ⟨아어⟩ 공손히 청하다: jmds. Rat [Zustimmung für etw.] e. 누구의 조언[무엇을 위한 동의]을 청하다; er erbat mir seine Hilfe 나는 그의 도움을 요청했다. **2.** ⟨e. + sich + lassen⟩ ⟨준고어⟩ 누구의 청을 받아들이다, 허락하다; ich ließ mich erbitten, ihnen die Miete zu stunden 나는 그들에게 집세 연기를 허락했다: er hat sich nicht e. lassen 그는 청을 받아들이지 않았다.
erbittern [ɛɐ̯'bɪtɐn] ⟨h⟩ **a)** 분격시키다, 노하게 하다: die Ablehnung erbitterte ihn zutiefst 그 거절은 그를 너무나 격분시켰다. **b)** ⟨e. + sich⟩ 격분하다, 노하다: ich hatte nicht angenommen, daß du dich über diese Ablehnung[wegen dieser Sache] so e. würdest 나는 네가 이 거절에 대해[이 일 때문에] 그렇게 노하리라고는 생각지 못했다. **erbittert** ⟨Adj.⟩ 완고한, 격렬한. **Erbitterung** die 분격, 증오: er war voller E. über diese Ungerechtigkeit 그는 이 불공정에 대해 분격했다.
Erbium ['ɛrbiʊm], das; -s [화학] 에르비움(원소 기호: Er.).
erblassen* ⟨s⟩ **1.** ⟨아어⟩ 창백해지다, 새파래지다: 轉義 mit der erblassenden Nacht waren auch die Mädchen ermattet 새벽이 다가오면서 소녀들 역시 피곤해졌다. **2.** ⟨시어·고어⟩ 죽다.
erbleichen* ⟨s⟩ **1.** (erbleichte / ⟨고어⟩ erblich, ist erbleicht / ⟨고어⟩ erblichen) **a)** ⟨아어⟩ 창백해지다, 새파래지다. **b)** 흐려지다, 색이 바래다. **2.** ⟨nur: erblich, ist erblichen⟩ ⟨시어·고어⟩ 죽다.
erblich ⟨Adj.⟩ **a)** 상속(세습)의, 계승될 수 있는: -er Adel 세습 귀족. **b)** 유전(성)의: eine -e Krankheit 유전병; er ist e. belastet 그는 (종지않은) 유전적 소인(素因)을 물려받고 있다(농담으로는 긍정적 의미로도 쓰임). **Erblichkeit**, die 상속(세습, 계승)될 수 있음, 유전(성).
erblicken ⟨h⟩ **1.** ⟨아어⟩ 보다, (불현듯) 파악하다: die Berge am Horizont e. 지평선 위에 산들을 보다; 轉義 erst später gingen ihm die Augen auf: er erblickte sich dem Nichts gegenüber 나중에야 그는 눈을 뜨게 되었다. 그때 그는 무(無)와 맞서 있는 자신을 보았다. **2.** 관찰하다, 인식하다, 믿다: er erblickte in mir seinen Retter 그는 나를 그의 구원자로 여겼다.
erblinden [ɛɐ̯'blɪndn̩] ⟨s⟩ **1.** 눈멀다, 소경이 되다, 실명하다: nach einem Unfall e. 사고 후에 실명하다. **2.** 흐려지다, 불투명해지다: der Spiegel(der Lack) ist erblindet 거울(니스)이 흐렸다. **Erblindung**, die; -en 실명.
erblonden [ɛɐ̯'blɔndn̩] ⟨s⟩ ⟨통용어·농⟩ (염색, 표백을 통해) 블론드빛이 되다, 금발머리를 갖게 되다.
erblühen ⟨s⟩ 꽃피어 피다, 만발하다: die Rose ist in der Vase erblüht 장미가 꽃병 속에서 활짝 피었다; 轉義 das Lächeln wollte wieder in seinen

Zügen e. 미소가 또다시 그의 얼굴 모습 속에서 활짝 피려고 했다. **b)** 발전하다, 번영하다: das Mädchen war zur Frau erblüht 그 소녀는 부인으로 성숙했다.
erbohren ⟨h⟩ 《전문어》 채굴하다.
erborgen ⟨h⟩ 《아어》 빌(리)다: sich³ Geld e. 돈을 빌리다.
erbosen [ɛɐ̯'boːzn̩] ⟨h⟩ **1.** 화나게 하다, 분노하게 하다: über jmdn.(etw.) erbost sein 누구에 대하여[무슨 일로] 화를 내다. **2.** ⟨e. + sich⟩ 노하다, 화나다: ich habe mich über dein Verhalten erbost 나는 너의 태도에 대해서 화가 났었다.
erbötig [ɛɐ̯'bøːtɪç] ⟨Adj.⟩ 《다음 용법으로》 **e. sein** 나서다, 각오가 되어 있다; **sich e. machen[erklären]** 자신의 각오를 밝히다: sie machten[erklärten] sich e., die Aufgabe zu übernehmen 그들은 그 과제를 떠맡겠다는 그들의 각오를 알렸다. **Erbötigkeit**, die 제의, 신청.
erbrausen ⟨s⟩ 《아어》 (바다, 폭풍 따위가) 요란하게 소리 나기(포효하기) 시작하다.
erbrechen* ⟨h⟩ **1. a)** 《아어》 (자물쇠, 서랍 등을) 부수어 열다. **b)** 《고어》 (편지, 봉인 등을) 개봉하다. **2. a)** 토하다: das Baby hat (seinen Brei) wieder erbrochen 아기가 (그의 죽을) 다시 토해버렸다; 전의 Ihr Koffer ... erbricht seinen Inhalt in den Korridor 당신(그녀)의 트렁크는… 그의 내용물을 복도에다 쏟아놓는다. **bis zum Erbrechen** 《통용어·편》 싫증이 날 때까지: wir haben bis zum E. unsere Übungen gemacht 우리는 싫증이 날 때까지 연습(훈련)했다. **b)** ⟨e. + sich⟩ 구토하다, 게우다: vor Übelkeit mußte ich mich e. 메스꺼움 때문에 나는 토할 수밖에 없었다.
erbringen* ⟨h⟩ **a)** 결과를 가져오다, 제공하다: die Versteigerung erbrachte einen großen Gewinn 그 경매는 커다란 수확을 가져왔다. **b)** (요구된 돈을) 조달하다. **c)** (기능 동사로서) den Beweis[Nachweis] für etw. e. 무엇에 대한 증거를 제출하다(무엇을 증명하다).
erbrüten ⟨h⟩ 《전문어》 부화되다, (알에서) 깨어 나오다. **Erbrütung**, die 부화, 포란(抱卵).
Erbs- ['ɛrps-] (↑Erbsen- 참조): **~brei**, der ↑Erbsenbrei. **~mehl**, das (스프용으로 쓰이는) 완두콩 가루. **~püree**, das ↑Erbsenbrei. **~stroh**, das 마른 완두콩 깍지. **~tüll**, der (둥근 구멍들이 나도록) 성기게 짠 무명. **~wurst**, die 완두콩 소세지.
Erbschaft, die; -en [↑¹Erbe (1) 참조] 유산: eine E. antreten[machen, ausschlagen] 유산을 상속하다; er bringt die E. seines Vaters durch 그는 아버지의 유산을 탕진한다. 전의 eine E. entwicklungsgeschichtlicher oder historischer Entwicklungen 진화론적 혹은 역사적 발전들의 유산.
Erbschafts-: ~angelegenheit, die 상속 사건. **~anspruch**, der 〔법〕 상속회복 청구권. **~auseinandersetzung**, die (유산) 분쟁. **~besitzer**, der 〔법〕 상속권자. **~klage**, der 유산 소송. **~masse**, die 〔법〕 ↑Erbmasse (2). **~sache**, die 〔법〕 상속 사건. **~steuer**, 〔세무〕 **Erbschaftsteuer**, die 상속세. **~streit**, der, **~streitigkeit**, die 〈대개 Pl.〉 상속 싸움.
Erbse ['ɛrpsə], die; -n **1. a)** 완두콩. **b)** 완두식물의 열매(콩과 체물). **c)** (식량으로써) 완두콩: gebackene -n (↑Backerbsen) 완두콩 모양의) 튀김 경단. **2.** 〔경〕 머리(Kopf): etw. an der E. haben 제정신이 아니다.
erbsen-, Erbsen- (↑Erbs- 참조): **~bein**, das [의학] 손목관절의 작은뼈. **~brei**, der 완두죽. **~eintopf**, der 진한 완두 수프. **~feld**, das 완두밭. **~groß** ⟨Adj.⟩ 완두 크기의. **~kraut**, das 완두의 줄기와 잎. **~mehl**, das ↑Erbsmehl. **~pflanze**, die 완두. **~probe**, die 완두콩 시험(완두콩을 침대 밑에 넣어 신체적 민감성을 보고 고귀한 혈통인가를 알아낸다는 동화에서 전해지는 시험: 안델센의 완두 위의 공주). **~püree**, das ↑~brei. **~schote**, die (민속적) 완두깍지. **~stein** der 〔광물〕 두석(豆石). **~strauch**, der 골담초. **~stroh**, das 완두짚. **~suppe**, die **1.** 완두 수프. **2.** 《통용어》 짙은 안개. **~wickler**, der 그의 유충이 완두를 갉아먹어 해를 끼치는 나비. **~zähler**, der 《통용어·편》 좀스럽고 인색한 인간, 구두쇠.
Erbtum ['ɛrptuːm], das; -s, ...tümer [...tyːmɐ] 《고어》 **1.** 유산, 상속 재산. **2.** 상속의 토지 소유. **erbtümlich** ['ɛrptyːmlɪç] ⟨Adj.⟩ 상속의.
erd- ['ɛːɐ̯t-], **Erd-** (↑erden-, Erden- 참조): **~achse**, die 지축(地軸). **~alkalien** ⟨Pl.⟩ 〔화학〕 바리움, 칼시움, 마그네시움 그리고 슈토론티움의 산화물. **~alkalimetall**, das 〔화학〕 알칼리 토류(土類) 금속. **~altertum**, das ⟨Pl. 없음⟩ ↑Paläozoikum. **~anziehung**, die ⟨Pl. 없음⟩ 지구의 인력. **~apfel**, der (지역적) ↑Kartoffel. **~äpfelknödel**, der (österr.) 감자 경단. **~äpfelkoch**, das (österr.·통용어) 으깬 감자죽. **~äpfelnudeln** ⟨Pl.⟩ (österr.) 으깬 감자 반죽으로 구운 손가락 크기만한 덩어리들. **~äpfelplatzke** ⟨Pl.⟩ (österr. 준국어) **a)** 둥글넓적한 감자과자. **b)** 돼지 기름에 구운 감자 팬 케이크. **~äpfelpüree**, das (österr.) 으깬 감자죽. **~äpfelsalat**, der (österr.) 감자 샐러드. **~äpfelschmarren**, **~äpfelsterz**, der (österr.) 잘게 썰어 기름에 튀긴 감자. **~äquator**, der ↑Äquator. **~arbeiten** ⟨Pl.⟩ 〔토건〕 토목 공사. **~arbeiter**, der 토역꾼. **~atmosphäre**, die 대기권. **~aushub**, der ↑Aushub. **~bahn**, die 〔천문〕 지구 궤도. **~ball**, der ⟨Pl. 없음⟩ 《아어》 지구. ↑~kugel (a). **~beben**, das 지진. **~bebenanzeiger**, der 지진계. **~bebenherd**, der 진원지. **~bebenmesser**, der ↑Seismograph. **~bebenwarte**, die 지진 관측소. **~bebenwelle**, die 지진파(地震波). **~beere**, die **a)** (야생으로 또는 밭에서 자라는) 딸기식물. **b)** 딸기(열매). **~beerbaum**, der 〔식물〕 철쭉과의 상록관목(지중해 기후지역에서 자라는). **~beerbowle**, die 딸기술. **~beereis**, das 딸기 맛이 나는 아이스크림. **~beerfarben**, **~beerfarbig** ⟨Adj.⟩ 딸기 색깔의. **~beerfrappé**, das (österr.) 우유에 딸기를 잘게 썰어 넣어 만든 냉음료. **~beergeschmack**, der 딸기 맛. **~beerkompott**, das 설탕물에 삶은 딸기. **~beerkonfitüre**, die 딸기잼. **~beerlikör**, der 딸기 리큐르 술. **~beermarmelade** die 딸기잼. **~beerpocken** ⟨Pl.⟩ ↑Frambösie. **~beerrot** ⟨Adj.⟩ **~beerfarben. ~beersaft**, der 딸기 쥬스. **~beersekt**, der 딸기맛 샴페인. **~beertörtchen**, das 딸기 과자, 작은 딸기케이크. **~beertorte**, die 딸기 케이크. **~beerwein**, der 신선한 딸기즙으로 만든 술. **~beschleunigung**, die 〔물리〕 중력 가속도(重力加速度). **~beschreibung**, die 《고어》 지리학. **~bestattung**, die (시체) 매장(반대: Feuerbestattung 화장). **~bevölkerung**, die ⟨Pl. 없음⟩ 지구상의 주민, 인간. **~bewegung**, die **a)** 지각(地殼) 운동. **b)** 건축공사때 흙의 운반. **~bewohner**, der 지구에 사는 사람, 인간. **~biberli** [...biːbɐli], das, - - (지역적) 난쟁이. **~birne**, die (지역적) ↑Kartoffel. **~blitz**, der 〔기상〕 (구름과 지구 사이 안으로 야기되는) 번개 (반대: Wolkenblitz). **~boden**, der 대지, 토지: **dem E. gleichmachen** (집, 도시를) 완전히 파괴하다; **wie vom E. verschluckt sein** 흔적도 없이 사라지다: der Mann war wie vom E. verschluckt 그 남자는 갑자기 사라져 버렸다; **vom E. verschwinden** 생존을 포기하다, 죽다, 파기(절멸)되다. **~bohrer**, der 〔기술〕 지중 천공기, 지추(地錐). **~braun** ⟨Adj.⟩ 흙갈색의.

~brocken, der 흙덩어리. ~bunker, der 〖군〗 방공호, 토치카. ~dichte, die 〖물리〗 지구의 평균밀도. ~fahl 〈Adj.〉↑~farben. ~fall, der 〖지질〗 토지의 함몰, 땅이 꺼짐. ~farbe, die 〈대개 Pl.〉광물(성) 안료(顔料), 흙색(의 안료). ~farbig 〈Adj.〉 흙색의, 흙빛의, 갈색의. ~ferkel, das 〖동물〗 개미 핥기 무리(아프리카산). ~fern 〈Adj.〉 1. 〖천문〗 지구에서 멀리 떨어진(반대: ~nah). 2. 《시어》 황홀(감격)한. ~ferne, die 1. ↑Apogäum(반대: ~nähe). 2. 《시어》 황홀, 감격. ~floh, der ↑Flohkäfer. ~frucht, die (땅콩 등) 흙 속에서 익는 실과. ~gas, das 천연 가스. ~gasförderung, die 천연 가스 채굴(반출, 산출). ~gashöffig 〈Adj.〉 풍부한 천연 가스 산출이 기대되는. ~gaslagerstätte, die 천연 가스 광산. ~gasproduktion, die 천연 가스 생산. ~gasreserve, die 천연 가스 저장. ~gasversorgung, die 천연 가스 공급. ~gasvorkommen, das 천연 가스 산출. ~geboren 〈Adj.〉《시어》속세의, 인간적인, 덧없는. ~gebor(e)ne,' der / die; -n, -n ↑~geboren의 명사형. ~gebunden 〈Adj.〉 대지의 얽매인, 세속적 경향이 농후한: 〖전의〗 Was dort mühelos ausgesehen hatte, wirkte hier e. 저곳에서는 부담없이 보여졌던 것이, 이곳에서는 부담스럽게 작용하였다. ~geist, der 지령(地靈). ~gelb 〈Adj.〉 황토색의. ~geruch, der 흙냄새. ~geschichte, die 〈Pl. 없음〉 지질학. ~geschichtlich 〈Adj.〉 지질학적인. ~geschmack, der 흙 맛: Der Wein hat einen leichten E. 그 포도주는 약간 흙맛이 난다. ~geschoß, das (건물의) 일층. ~globus, der ↑Globus. ~glöckchen, das 《알프스의》 인동덩굴 식물. ~gravitation, die ~anziehung. ~haltig 〈Adj.〉 흙을 함유하는. ~harz, das 《고어》 ↑Asphalt. ~haufen, der 흙더미. ~höhle, die 지하동굴. ~hörnchen, das 다람쥐 일종. ~hügel, der ↑~haufen. ~hummel, die (흙 속에 집을 짓고 사는 몸집이 큰) 벌의 일종. ~hund, der 〖사냥〗 (다켈이나 폭스 테리어 등) 땅속의 동물 사냥에 이용되는 작은 개. ~hütte, die 흙집. ~induktor, der 〖물리〗 지자기 감응기(地磁氣感應器). ~innere, das 지구의 내부. ~jagd, die 〖사냥〗 땅속에 사는 야생동물 사냥. ~kabel, das 지하 전선(地下電線). ~kampf, der ↑Bodengefecht. ~karte, die 세계지도. ~kern, der 지핵(地核). ~klumpen, der ↑~brocken. ~krebs, der ↑Maulwurfsgrille. ~kreis, der 《시어》 지구, 전세계. ~kröte, die (유럽의) 회갈색 두꺼비. ~kruste, die 지각(地殻): die E. ist etwa 30 km dick 지구의 외각 30 km 두께다. ~kugel, die a) 지구(地球). b) ↑Globus. ~kunde, die ↑Geographie. ~kundelehrer, der 지리학 교사. ~kundestunde, die 지리학 시간. ~kundeunterricht, der 지리학 수업. ~kundler [...küntlɐ], der; -s, - ↑Geograph. ~kundlich [...küntliç]〈Adj.〉 geographisch의. ~leitung, die 〖전기〗 지회로(地回路), 접지선(接地線). ~licht, das ↑~schein. ~loch, das 땅이 파인 곳, 땅구멍, 참호. ~magnetisch 〈Adj.〉 지자기의. ~magnetismus, der 〖물리〗 지자기(地磁氣). ~männchen, das 1. 땅속에 사는 난쟁이, 소(小)요괴. 2. 아프리카에 사는 작은 고양이 일종. ~massen 〈Pl.〉 거대한 흙더미. ~maus, die 들쥐. ~messung, die 측량술, 측지학. ~metall, das 〖화학〗 토류(土類) 금속. ~mittelalter, das ↑Mesozoikum. ~mittelpunkt, der 〈Pl. 없음〉 지구의 중심점. ~nah 〈Adj.〉 a) 〖천문〗 지구에 근접한(반대: ~fern 1). b) 《시어》 ↑~verbunden. ~nähe, die 〖천문〗 ↑Perigäum(반대: ~ferne 1). ~neuzeit, die ↑Känozoikum. ~nuß, die 땅콩, 낙화생. ~nußbutter, die ↑~nußmark. ~nußfett, das 응고된 땅콩기름. ~nußkuchen, der 땅콩기름으로 짜고 남은 사료용 찌꺼기. ~nußmark, das 땅콩 버터. ~nußmus, das ↑~nußmark. ~nußöl, das 땅콩 식용유. ~oberfläche, die 지구의 표면. ~öl, das 광유(鑛油), 석유. ~ölbedarf, der 석유수요. ~ölbohrung, die 석유 시굴(試掘). ~ölchemie, die ↑Petrolchemie. ~ölerzeuger, der 석유 생산국. ~ölerzeugnis, das 석유 생산물, 석유 생산품. ~ölexportierend 〈Adj.〉 석유를 수출하는. ~ölfeld, das 유전(油田). ~ölförderländer 〈Pl.〉 석유 생산국들. ~ölfördernd 〈Adj.〉 석유를 생산하는. ~ölförderung, die 석유 채굴. ~ölhöffig 〈Adj.〉 (풍부한) 석유 산출의 가망이 있는. ~ölhöffigkeit, die ↑ölhöffig의 명사형. ~ölkrise, die ↑Ölkrise. ~öllagerstätte, die (땅속이나 바닷 속의) 석유 매장지. ~ölleitung, die 석유의 송유관(送油管). ~öllieferung, die 석유 공급〔조달〕. ~ölpreis, der 석유 가격. ~ölprodukt, das 석유 제품. ~ölproduktion, die 석유 생산. ~ölproduzent, der ↑~ölerzeuger. ~ölproduzierend 〈Adj.〉 석유를 생산하는. ~ölraffinerie, die 석유공장, 정유소. ~ölverarbeitung, die 석유가공. ~ölverbrauchend 〈Adj.〉 석유를 사용하는〔소모하는〕. ~ölvorkommen, das 석유 산출. ~pech, das 〈시어〉 ↑Asphalt. ~pyramide, die 〖지질〗 토주(土柱). ~rauch, der 〖식물〗 푸마리아초(草). ~rauchgewächse 〈Pl.〉 〖식물〗 푸마리아초(草) 식물류. ~reich, das 육지, 토지, 토양, 지면(地面). ~rinde, die ↑~kruste. ~rotation, die ↑~umdrehung. ~rutsch, der 흙이 무너져 내림, (산) 사태: 〖전의〗 die Partei erlebte bei den letzten Wahlen einen E. 당은 지난 선거에서 막대한 득표의 손실〔패배〕을 맛보았다. ~satellit, der 인공위성. ~schatten, der (달에 비친) 지구의 그늘. ~scheibe, die 《민속적》 시클라멘. ~schein, der 〖천문〗 지구 회조광(回照光)(태양이 지구를 통해 반사되는 빛). ~schicht, die a) 지층. b) 〖지질〗 단일 퇴적층. ~schlipf, der 《schweiz.》 ↑~rutsch. ~schluß, der 〖전기〗 접지(接地), 어스. ~scholle, die ↑~brocken. ~sicht, die 지구 조〔전〕망(비행기 등에서 보는). ~spalte, die 땅에 난 틈(균열). ~stern, der 매운버섯속. ~stoß, der 대지의 진동. ~strahlen 〈Pl.〉 1. 〖물리〗 지구 방사선(지구의 방사선 물질로부터 나오는 알파, 베타, 감마선). 2. 〖물리학적으로 증명할 수 없으나 인간과 동물에 영향을 끼치는〕 지구 방선(放線). ~ströme 〈Pl.〉 〖물리〗 지전류(地電流). ~teil, der 대륙, 주(洲): der Schwarze E. 아프리카 대륙; Europa ist einer der fünf -e 유럽은 오대주의 하나다. ~trabant, der a) 《드물게》 ↑~satellit. b) 〈Pl. 없음〉《아이》 지구의 위성(= 달). ~umdrehung, die 지구의 자전. ~umfang, der 지구의 주위〔넓이〕. ~umfassend 〈Adj.〉 지구를 포함한. ~umflug, der 지구 일주 비행. ~umkreisung, die (위성 등의) 지구 선회〔비행〕. ~umlauf, der ↑~umkreisung. ~umlaufbahn, die (위성 등의) 지구 선회〔회전〕 궤도. ~umrundung, die (특히 배로) 세계 일주. ~umseg(e)lung, die 세계 일주 항해. ~umsegler, der 세계 일주 항해자. ~umspannend 〈Adj.〉 지구를 싸고 있는. ~urzeit, die ↑Archaikum. ~verbunden 〈Adj.〉 대지〔속세, 자연〕에 매인. ~verhaftet 〈Adj.〉 ↑~verbunden. ~wachs, das 〖화학〗 지랍(地蠟). ~wall, der 흙벽, 토루(土壘). ~wärme, die 지열(地熱), 지온(地溫). ~wärts 〈Adv.〉〔↑-wärts 참조〕 《아이》 지상으로, 아래로. ~zeitalter, das 〖지질〗 지질학상의 연대.

erdacht [ɛɐ'daxt] ↑erdenken의 과거분사.
erdauern 〈h〉《schweiz.》 철저하게 조사하다, 충분히 음

미하다. **Erdauerung**, die; -en 철저한 조사, 충분한 음미.

Erde ['eːɐ̯də], die; -n 〈드물게 Pl.〉 **1. a)** 흙, 토양: den armen guten Papa deckt längst die kühle E. 《아이》 불쌍했던 선량한 아빠는 오래 전부터 싸늘한 흙으로 덮여 있다(= 그는 오래 전에 죽었다); E. zu E. 흙은 흙으로(매장할 때의 말); in geweihter E. begraben sein 《아이》 묘지에 묻히다. **b)** 〖화학〗 토류(土類). **2.** 〈Pl. 없음〉 대지, 토지, 지면, 땅: die E. bebt 땅이 흔들린다; etw. fällt auf die E. 무엇이 땅에 떨어진다; zu ebener E. 땅 높이에, 일층에; [정규] die E. sei ihm leicht! 그의 영혼이 안식(평화)을 찾기를! (죽은 자와 관련해서); **auf der E. bleiben** 《통용어》 환상에 사로잡히지 않다; etw. **aus der E. stampfen** 순식간에 만들다(조립, 마련하다): eine Wohnsiedlung aus der E. stampfen 아파트 단지를 신속하게 짓다; **unter der E. liegen** 《아이·은폐》 죽다; **jmdn. unter die E. bringen** 《통용어》 1) 누구의 수명을 단축시키다. 2) 누구를 매장하다, 죽이다; **jmdn. unter die E. wünschen** (분노 등으로) 누가 죽기를 소망하다. **3.** (특정한) 토지, 지역: er liegt in fremder E. begraben 《아이》 그는 낯선 땅[외국]에 묻혀 있다. **4.** 속세, 현세, 세상: er genießt die Freuden dieser E. 그는 이 세상의 기쁨을 즐긴다; auf der ganzen E. bekannt sein 전세계에 알려져 있다; am Anfang schuf Gott Himmel und E. 태초에 신께서 하늘과 땅을 창조하셨다; **auf Erden** 《아이》 이 세상에서, 지상에서, 속세에서. **5.** 〈Pl. 없음〉 (태양의 위성으로서) 지구: die E. dreht sich um die Sonne 지구는 태양을 돈다. **6.** 〖전기〗 접지(接地), 지기(地氣): den Heizkörper als E. benutzen 지기로 방열기를 이용하다. **erdelos** 〈Adj.〉 〖식물〗 흙없는, 땅을 사용하지 않는: -e Pflanzenkultur 수경 재배. **erden** ['eːɐ̯dn̩] 〈h〉 〖전기〗 접지(接地)하다, 어스를 대다.

erden-, Erden- (↑-erd-, Erd- 참조. 대개 시어, 아어 혹은 고어): **~bewohner**, der ↑Erdbewohner. **~bürger**, der 인간: ein kleiner, neuer E. 《농》 새로 태어난 아이. **~dasein**, das ~leben. **~fern** 〈Adj.〉 ↑erdfern. **~glück**, das 현세의[속세의] 행복. **~güter** (Pl.). **~jammer**, der 현세의 부귀[재보]. **~kind**, das (속세의 덧없는 존재로서) 인간, 사람. **~kloß**, der (죄많고 힘없는 존재로서) 인간, 사람. **~lauf**, der ↑~leben. **~leben**, das 사람의 일생, 세상 (의 생활). **~leid**, das 현세의 고통[슬픔]. **~los**, das 세상의 운명, 사람의 운수. **~lust**, die ↑~glück. **~nah** 〈Adj.〉 **~not**, die ↑~leid. **~pilger**, der 인생을 순례로 여기는 (종교적) 인간. **~rund**, das 지구. **~schoß**, der 대지의 품속, 땅속. **~schwere**, die 정신과 영혼의 교양을 방해하는 짐으로써 지상 생활. **~kind**, das ↑~kind. **~wallen**, das 지상 방랑[순례]. **~wandel**, der ↑~leben 참조. **~winkel**, der 벽지, 외딴 곳. **~wurm**, der 둔한 사람[하찮은, 가련한] 인간.

erdenkbar [ɛɐ̯'dɛŋkbaːɐ̯] 〈Adj.〉 생각할 수 있는, 있을 수 있는: er gab sich alle -e Mühe 그는 온갖 노력을 다 했다. **erdenken** 〈h〉 생각해내다, 안출(案出)하다, 고안하다: eine erdachte Geschichte 꾸며낸[지어낸] 이야기. **erdenklich** 〈Adj.〉 생각할 수 있는, 가능한: er tat alles Erdenkliche 〖명사화〗 그는 생각할 수 있는 모든 것을 다했다.

erdhaft 〈Adj.〉 《아이》 대지에서 생활하는, 자연대로의, 토착의.

erdichten 〈h〉 《아이》 꾸며내다, 허구[날조]하다: eine Ausrede e. 변명을 꾸며대다. **Erdichtung**, die; -en 허구, 날조, 지어낸 이야기.

erdig ['eːɐ̯dɪç] 〈Adj.〉 흙의, 흙모양의, 토질의: ein -er Boden 흙바닥; -e Säuerlinge 탄산수. **b)** 《아이》 흙으로 덮힌[더럽혀진]. **c)** 흙맛이[냄새가] 나는, (냄새나 맛이) 흙을 생각나게 하는.

erdolchen [ɛɐ̯'dɔlçn̩] 〈h〉 《아이》 단도로 찔러 죽이다. 칼로 살해하다: Leen hätte sich lieber erdolcht, als seine Geliebte zu werden Lens 레은 그의 애인이 되기보다는 차라리 자신을 단도로 찔러 죽고자 했었다.

erdreisten [ɛɐ̯'draistn̩], sich 〈h〉 《아이》 대담하게 무엇을 행하다[감행하다]: der Schüler erdreistete sich während des Unterrichts zu rauchen 그 학생은 대담하게도 수업중에 담배를 피웠다.

erdröhnen 〈h〉 **a)** (진동 따위가) 울리다, 메아리지다, (갑자기) 울리기 시작하다: die Halle erdröhnte vom Gelächter 웃음소리가 홀을 울렸다. **b)** 굉음을 내며 흔들리기 시작하다: wieder erdröhnte die Erde 다시 땅이 굉음을 내며 흔들리기 시작했다.

erdrosseln 〈h〉 교살하다: seine Frau (mit einem Strick) e. 그의 부인을 (끈으로) 목졸라 죽이다; [전의] er hat schonungslos requiriert ... und jeden Widerstand erdrosselt 그는 가차없이 거두어들였다 ... 그리고 모든 반대를 묵살했었다. **Erdrosselung, Erdroßlung**, die; -en 교살, 목메어 죽음.

erdrücken 〈h〉 **1.** (무게로) 눌러 죽이다, 압살하다: die Kinder wurden von den Erdmassen erdrückt 어린 애들이 흙덩이에 깔려 죽었다. **2.** 압박하다, 침울하게 하다: von Sorgen(Hoffnungslosigkeit) erdrückt werden 걱정[절망]에 짓눌려 우울해지다; der Wissensstoff erdrückt die jungen Menschen 지식이 그 젊은 사람들을 압박한다. **3.** 압도하다: das Bildchen wird von der gemusterten Tapete völlig erdrückt 그 작은 그림은 무늬가 있는 양탄자에 의해 완전히 압도되었다. **erdrückend** 〈Adj.〉 압도적인, 옴짝달싹 못하게 하는.

Erdrusch, der; -(e)s, -e 탈곡하여 얻은 곡식.

erdulden 〈h〉 참고 견디다, (고통, 손해 따위를) 당하다, 받다, 입다: Leid(Demütigungen) e. 고통[멸시]을 참고 견디다. **Erduldung**, die ↑erdulden의 명사형.

Erdung, die; -en **1.** 〈Pl. 없음〉 접지(接地)시킴. **2.** 접지 (接地). **Erdungsleitung**, die ↑Erdung (6).

Erebos ['eːrebɔs], **Erebus** [...bʊs], der; - [lat. Erebus < griech. Érebos] 저승, 지옥(그리스 전설에서 죽은 자의 나라).

E-Rechner ['eː-], der; -s, - 전기 계산기.

ereifern [ɛɐ̯'aifɐn], sich 〈h〉 열중하다, 흥분하다, 열을 내다: sich im Gespräch e. 대화에 열중하다; sich über unwichtige Dinge e. 사소한 일에 열을 내다. **Ereiferung**, die; -en ↑ereifern의 명사형.

ereignen, sich 〈h〉 일어나다, 생기다, 발생하다: ein Unfall ereignete sich an der Kreuzung 십자로에서 사고가 발생했다; **Ereignis**, das; -ses, -se 일어난 일, 사건; ein fröhliches (trauriges, historisches) E. 즐거운 (슬픈, 역사적인) 사건; das Konzert war ein E. für unsere Stadt 그 연주회는 우리 도시로서는 큰 사건이었다: [정규] große -se werfen ihre Schatten voraus 큰 사건들은 전조가 있는 법이다: **ein freudiges E.** 《은폐》 출산(出産). **ereignislos** 〈Adj.〉 별다른 사건이(사고가) 없는. **ereignisreich** 〈Adj.〉 다사(多事)한: ein -er Urlaub(Tag) 사건이 많았던 휴가(하루).

ereilen 〈h〉 《아이》 급히 쫓아가다, 붙들다, 급습하다: die Nachricht vom Tod seiner Mutter ereilte ihn bei der Abreise 길을 떠나려는 참에 어머니의 죽음에 관한 소식이 갑자기 그에게 전해졌다; der Tod[ihr Schicksal] hat sie ereilt 그녀는 급사했다.

erektil [erɛk'tiːl] 〈Adj.〉 [frz. erectile] 〖의학〗 발기성(勃起性)의. **Erektion** [erɛk'tsi̯oːn], die; -en [lat. ērēctio = Aufrichtung] 발기: die E. der Brustwar-

zen 젖꼭지의 발기.
Eremit [ere'mi:t, 《또한》 ...mit], der; -en, -en [lat. erēmīta < griech. erēmftēs] **a)** 은자, 《종교적 이유로》 세상을 등지고 사는 사람. **b)** 혼자 고독하게 사는 인간. **Eremitage** [eremi'ta:ʒə], die; -n [frz. ermitage] 은 자의 암자(동굴). **Eremitei** [eremi'taj], die; -en 《고 어》 외딴 거처(주거)(Einsiedelei). **Eremitendasein**, das 《아이》 은둔자 생활: nach dem Tod seiner Frau führte er ein E. 부인이 죽은 후 그는 은둔자의 생활을 영위했다. **Eremitenleben**, das ↑~dasein.
Eremurus [ere'mu:rʊs], der; - [griech. erēmía = Wüste u. ourá = Schwanz, Schweif] 아시아산 백합식 물의 일종.
Eren [e:rən], Ern [ern], der; -, - 현관, 문입구.
Erepsin [ere'psi:n], das; -s [griech. eréptesthai = rupfen; fressen, verzehren] 【의학】 에렙신(췌장과 소장에 들어 있는 단백질 분해 효소 혼합물).
ererben ⟨h⟩ [↑ererbt] 《고어》 **erben** (1 a, 2). **ererbt** ⟨Adj.⟩ **1.** (물질적 유산을) 상속 받은: ein -es Haus [Grundstück] 상속 받은 집[토지]. **2.** 《재능 등을》 물려 받은: eine -e Krankheit 유전병.
erethisch [e're:tɪʃ] ⟨Adj.⟩ 《의학·심리》 과민(자극)성 의. **Erethismus**, der; - [griech. erethismós = das Reizen, Aufreizung] 자극, 흥분.
erfahrbar [ɛɐ̯'fa:ɐ̯ba:ɐ̯] ⟨Adj.⟩ 인식(경험, 체험, 감지)될 수 있는. **¹erfahren*** ⟨h⟩ **1.** 듣고 알다, 전해듣게 되다, 알게 되다: von einer Sache durch Zufall e. 어떤 일에 관해 우연히 알게 되다. **2. a)** 《아이》 체험하다, 감지하다: Glück[Leid, nichts als Undank, manche Demütigung] e. 행복[고통, 배은망덕, 많은 굴욕]을 체험하다. **b)** (퇴색) (특정의 목적어와 결합하여) ···하게 되다, 겪다: der Verlag wird eine Erweiterung e. 그 출판사는 확장될 것이다; das Buch soll eine Überarbeitung e. 그 책은 개정되어야 한다; der Umsatz hat eine Steigerung e. 매상이 증가되었다. **²erfahren** ⟨Adj.⟩ 경험있는, 숙달한, 노련한: ein -er Arzt [Rechtsanwalt] 경험있는 의사(변호사). **³erfahren*** ⟨h⟩ 탈 것을 업(業)으로 하여 돈을 벌다, (탈 것을 통한 경주에서) 상을 받다: als Kutscher erfuhr ich mir ein Vermögen 나는 마부로 재산을 모았다; sie erfuhr sich die Bronzemedaille 그녀는 경주에서 동메달을 받았다. **Erfahrenheit**, die 경험있음, 노련. **Erfahrung**, die; -en **1.** 경험: er hat viel E. auf diesem Gebiet 그는 이 분야에 많은 경험을 갖고 있다. **2.** 체험, 전문: mit ihm habe ich viele schlechte -en gemacht 나는 그에게서 수없이 쓴 체험을 겪었다; 속담 E. ist die beste Lehrmeisterin 체험이 가장 좋은 스승이다. **3.** 【철학】 (인식의 토대로서) 경험적 지식. **4. etw. in E. bringen** 무엇을 (노력해서) 알다: mit viel Mühe habe ich ihre Anschrift in E. bringen können 온갖 고생을 해서 나는 그녀의 주소를 알았다.
erfahrungs-, Erfahrungs-: **~austausch**, der 경 험 교환. **~bereich**, der 경험[할 수 있는] 영역. **~bericht**, der 경험 보고. **~gemäß** ⟨Adv.⟩ 경험에 따라, 경험에 따라. **~mäßig** ⟨Adj.⟩ 경험에 의한, 경험적인. **~regel**, die 경험 법칙. **~reich** ⟨Adj.⟩ 경험이 풍부한. **~sache**, die (통용어) 경험상의 일[문제]. **~schatz**, der 풍부한 경험. **~tatsache**, die 경험적 사실. **~urteil**, das 【철학】 경험적 판단. **~welt**, die 《아이》 경험적 세계. **~wert**, der 실험계수. **~wissenschaft**, die 【철학】 경험 과학(특히 자연과학). **~zahl**, die ↑~wert.
erfaßbar [ɛɐ̯'fasba:ɐ̯] ⟨Adj.⟩ 파악할 수 있는, 이해할 수 있는: statistisch -e Vorgänge 통계적으로 파악 가능한 사건들. **erfassen** ⟨h⟩ **1. a)** 《드물게》 (손으로) 붙잡다,

움켜쥐다: den Ertrinkenden am Arm e. 물에 빠진 사람의 팔을 붙잡다; [전의] ich übe mich, mit einem Blick immer gleich dreißig zu e. 나는 한번 쳐다보아서 30명을 동시에 헤아릴 수 있도록 훈련을 쌓고 있다. **b)** (강압적으로) 데려가다, 잡아채다: der Schwimmer wurde von einem Strudel erfaßt 헤엄치던 사람이 소용돌이에 휩쓸려버렸다. **2.** (감정, 기분이) 들다, 엄습하다: Ekel[Angst, Freude] erfaßte ihn 구토[공포, 기쁨]가 그를 엄습했다. **3.** 포착(파악, 이해)하다: etw. intuitiv e. 무엇을 직관적으로 이해하다: du hast es erfaßt! 너는 그것을 아주 올바르게 이해했다. **4. a)** 조사 (기록, 분류)하다: eine Bevölkerungsschicht[einen Sachverhalt] statistisch e. 인구층을[형세를] 통계학적으로 조사하다. **b)** 고려하다, 참작하다: die Versicherung erfaßt auch die Angestellten 보험은 사무직들도 고려하고 있다. **Erfassung**, die; -en ↑erfassen (3, 4)
Erfassungs-: **~betrieb**, der 《구동독》 농산물 계획 경제 제도(약어: VEAB). **~preis**, der 도축(屠畜) 가격, 축산물 가격. **~stelle**, die 농산물 분류 등록처.
erfechten* ⟨h⟩ 투쟁하여 얻다, 쟁취하다: den Sieg e. 승리를 획득하다; [전의] damit hat er allenthalben Anerkennung erfochten 그것으로 그는 곳곳에서 인정을 받았다.
erfinden* ⟨h⟩ **1.** (새로운 것을) 생각해내다, 고안(창출, 발명)하다: eine Maschine[Vorrichtung] e. 새로운 기계 [장치]를 고안하다. **2.** 허구화(날조)하다, 창작하다, 꾸며대다: eine Ausrede[Geschichte] e. 변명[이야기]을 꾸며대다. **Erfinder**, der; -s, - **1.** 발명가: 《구동독》 Verdienter E. des Volkes 인민 공로 발명가. **2.** 창시자: Gutenberg war der E. der Buchdruckerkunst 구텐베르크는 인쇄술의 창시자였다; [상규] das ist nicht im Sinne des -s (통용어) 그것은 원래의 뜻이 아니다.
Erfinder-: **~geist** der ⟨Pl. 없음⟩ 발명 능력[재간], 발명 정신. **~kollektiv**, das 《구동독》 (공동으로 하나의 발명에 종사하는) 발명가 집단. **~schutz**, der 발명가(권리) 보호.
erfinderisch ⟨Adj.⟩ 발명의 재간이 있는, 독창적인, 상상력이 풍부한: er ist ein -er Kopf 그는 발명에 재간이 있다. **erfindlich** ⟨Adj.⟩ (다음 용법으로) nicht e. sein 알 수 없다, 이해할 수 없다: warum er es tat, ist nicht e. 어째서 그가 그것을 했는지 이해할 수 없다. **Erfindung**, die; -en **1. a)** ⟨Pl. 없음⟩ 발명, 안출(案出), 착상: die E. der Dampfmaschine durch James Watt kündigte ein neues Zeitalter an 제임스 와트의 증기 기관 발명은 새로운 시대를 예고했다. **b)** 발명품: der Motor ist eine bahnbrechende E. 모터는 획기적인 발명품이다. **eine E. machen** 무엇을 발명(고안)하다. **2.** 허구, 날조, 꾸며냄, 창작: er wies diese Aussage[Geschichte] als (eine) reine E. zurück 그는 이 진술을[이야기를] 날조된 것, 단순한 날조라고 거각했다.
erfindings-, Erfindings-: **~gabe**, die 발명의 재간, 독창력. **~kraft**, die ↑~gabe. **~reich** ⟨Adj.⟩ 발명의 재간이 있는, 상상력이 풍부한. **~reichtum**, der ⟨Pl. 없음⟩ ↑~reich의 명사형. **~schutz**, der ↑ Erfinderschutz. **~wesen**, das ⟨Pl. 없음⟩ 《구동독》 과학 기술 진흥 촉진(장려) 계획.
erflehen ⟨h⟩ 《아이》 간청하여 얻다, 탄원하다: ich erflehte (mir) dafür Hilfe von Gott 나는 그것에 대해 신의 도움을 간청했다.
erfliegen* ⟨h⟩ (비행을 통해) 획득하다, 도달하다: einen neuen Rekord e. 비행에서 신기록을 획득하다.
erfließen* ⟨s⟩ (österr. 준고어) 나타나다, 반포되다, 선고되다.
Erfolg [ɛɐ̯'fɔlk], der; -(e)s, -e 성공 성[결, 효]과: die

Aufführung war ein voller E. 그 상연은 대단히 성공적이었다; guten(keinen) E. haben 성공[실패]하다: seine Anstrengungen waren nicht von E. begleitet (gekrönt) 그의 노력들은 수포로 돌아갔다; ein Spieler hatte zweimal E. [축구] 한 선수가 두 골을 넣었다.
erfolg-, Erfolg- (↑erfolgs-, Erfolgs-도 참조): **~gekrönt** ⟨Adj.⟩ (아이) 오랜 노력 끝에 마침내 성공한. **~rascherei** [-haʃə'rai], die; -en (폄) 성공하려고 초조하게 구는 일. **~los** ⟨Adj.⟩ 효과없는, 실패한, 헛된. **~losigkeit**, die ↑~los의 명사형. **~reich** ⟨Adj.⟩ **a)** 성공적인. **b)** 효과 있는. **~versprechend** ⟨Adj.⟩ 성공할 가망이 있는, 유망한.
erfolgen ⟨h⟩ **1.** 잇달다, 결과로서 ~에 따르다: auf das Klingeln erfolgte nichts 초인종 소리가 난 후 아무런 일도 없었다. **2.** (기능동사로) 일어나다, 행하여지다, 생기다: es ist noch keine Antwort erfolgt 회답이 아직 오지 않았다; Ihr Eintritt kann sofort e. 당신은 곧 입장할 수 있습니다.
erfolgs-, Erfolgs- (↑erfolg-, Erfolgs-도 참조): **~aussicht**, die (대개 Pl.) 성공의 전망[가능]. **~autor**, der 성공적인 작가. **~autorin**, die ~autor의 여성형. **~beteiligung**, die 이익 배분. **~buch**, das 베스트셀러의 책. **~chance**, die ↑~aussicht. **~denken**, das; -s 성공만을 노리는 생각. **~erlebnis**, das 성공[성취] 체험. **~erwartung**, die 성공의 기대[갈망]. **~film**, der 히트한 영화. **~gekrönt** ⟨Adj.⟩ ↑erfolggekrönt. **~rascherei**, die; -en ↑Erfolgarascherei. **~honorar**, das 실적 수당. **~kurve**, die 성취 곡선. **~meldung**, die 성공 보고. **~mensch**, der (직업적으로) 성공한 인간. **~nachweis**, der 성과[결과]에 대한 증명. **~prämie**, die 성공[성취]에 대한 사례[보수]. **~quote**, die 성공률(成功率). **~rezept**, das 성공책(成功策). **~roman**, der 베스트셀러 소설. **~schlager**, der **1.** 히트곡. **2.** 히트 상품. **~schriftsteller**, der ↑~autor 참조. **~serie**, die [스포츠] 연승. **~sicher** ⟨Adj.⟩ **a)** 성공의 전망이 좋은. **b)** 성공을 확신한, 자기 도취적인. **~stück**, das 히트한 연극 (작품). **~trainer**, der (스포츠) 연승 숭전의 트레이너. **~zahl**, die ↑~ziffer 참조. **~ziffer**, die 성공[성취] 횟수. **~zwang**, der 성공에 대한 강박.
erforderlich [ɛɐ̯'fɔrdɐlɪç] ⟨Adj.⟩ 필요한, 필수의: die -en Mittel bereitstellen 필요한 수단을 준비하다; die Einwilligung der Eltern ist e. 양친의 동의가 필요하다. **erforderlichenfalls** ⟨Adv.⟩ (격식어) 필요한 경우에는: e. wird die Polizei einschreiten 필요한 경우에 경찰이 중재할 것이다. **erfordern** ⟨h⟩ 필요로 하다, 요(구)하다: dieses Projekt erfordert viel Geld(Zeit) 이 계획은 많은 돈[시간]을 필요로 한다; der Übelstand erfordert Abhilfe (격식어) 부정[폐단]은 제거되어야만 한다. **Erfordernis**, das; -ses, -se 필요한 조건[전제]: ein wichtiges E. für diese Tätigkeit ist menschliche Reife 이러한 활동을 위해 중요한 조건은 인간적 성숙이다.
erforschen ⟨h⟩ 탐지하다, …의 근본을 연구하다: den Weltraum(den Menschen) e. 우주[인간]을 탐구하다; die Wahrheit über etw. e. 무엇의 진상을 규명하다; sein Gewissen e. 그의 양심을 면밀히 시험하다. **Erforscher**, der; -s, - 탐(연)구자, 탐험자: der E. der Antarktis 남극 탐험자. **Erforschung**, die 탐(연)구, 탐사: E. des Weltalls 우주의 탐구.
erfragen ⟨h⟩ 물어서 알다, 확인하다: den Weg e. 길을 확인하다. **Erfragung**, die; -en 물어서 앎, 조회, 확인.
erfrechen [ɛɐ̯'frɛçn̩] ⟨h⟩ (아이) 무엇을 대담하게 행하다[말하다]: ich habe mich e. erfrecht, ihm die Wahrheit zu sagen 나는 그에게 진실을 말하기로 작정했

었다.
erfreuen ⟨h⟩ **1. a)** 기쁘게 하다: jmdn. mit einem Geschenk e. 누구를 선물로 기쁘게 하다; sein Besuch hat mich sehr erfreut 그의 방문이 나를 대단히 기쁘게 했다. **b)** ⟨e. + sich⟩ 기뻐하다: sich am Anblick der Kinder e. 어린애들을 보고 기뻐하다. **2.** ⟨e. + sich⟩ (아어) 무엇을 (기쁨 속에서) 향유하다(누리다): ich erfreue mich bester Gesundheit 나는 최상의 건강을 누리고 있다; sich großer Beliebtheit e. 큰 인기를 누리고 있다; sich eines gesegneten Appetits e. (농) 왕성한 식욕을 가지고 있다. **erfreulich** ⟨Adj.⟩ 기쁜, 유쾌한, 만족스러운: der Anblick war nicht sehr e. 그 광경은 그렇게 즐거운 것이 아니었다. **erfreulicherweise** ⟨Adv.⟩ 기쁘게도, 다행히도.
erfrieren[1] ⟨h⟩ **a)** ⟨s⟩ 얼어 죽다: im Krieg sind viele Soldaten erfroren 수많은 병사들이 전쟁에서 얼어 죽었다; [전의] 완전히 erfroren kamen sie nach Hause 추위에 꽁꽁 얼어서 그들은 집으로 왔다. **b)** 동상을 입다: dem Bergsteiger sind zwei Zehen erfroren 그 등산가의 발가락 두 개가 동상에 걸렸다. **c)** ⟨h⟩ ⟨e. + sich³⟩ (손, 발 등이) 얼어서 마비되다, 곱다, 동상에 걸리다: ich habe mir die Füße(Ohren) erfroren 내 발[귀]이 얼었다. **d)** ⟨s⟩ 얼어서 시들다: die Geranien(die jungen Triebe) sind über Nacht erfroren 제라늄[어린 싹들]이 밤 사이에 얼어 죽었다. **e)** ⟨s⟩ (감자, 사과 등이) 얼어서 상하다: die Kartoffeln(die Äpfel) sind im Keller erfroren 감자[사과]들이 지하 창고에서 얼어 상했다. **2.** ⟨s⟩ 굳어지다, 응고되다, 딱딱해지다: das Lächeln erfror ihm auf dem Gesicht 미소가 그의 얼굴에서 굳어 버렸다. **Erfrierungstod**, der 동사(凍死).
erfrischen ⟨h⟩ **1. a)** 신선하게 하다, 생기[원기]가 나게 하다, 상쾌하게 하다: die Rast(der Kaffee) hat den Fahrer erfrischt 휴식[커피]이 운전사의 기분을 상쾌하게 했다; der Regen erfrischt den Garten 비는 정원을 생기있게 해준다. **b)** (정신적으로) 고무[자극]하다, 새로운 감흥[활력]을 주다: etw. mit erfrischender Deutlichkeit sagen 무엇을 신선한 명료성을 가지고 말하다. **2.** ⟨e. + sich⟩ 상쾌[유쾌]해지다, 원기를 회복하다: sich mit einem Bad(einem Kaffee, einem Glas Bier) e. 목욕으로(커피로, 한 잔의 맥주로) 원기를 회복하다. **Erfrischung**, die; -en **1.** 원기 회복. **2. a)** 기분 전환: die Dusche war eine angenehme E. 샤워가 상쾌하게 기분 전환을 마련해 주었다. **b)** 청량음료, 가벼운 음식: eine E. zu sich nehmen 다과를 들다.
Erfrischungs-: **~bude**, die (통용어) ↑~stand 참조. **~getränk**, das 청량 음료(레몬수, 사과 주스 등). **~kiosk**, der ↑~stand 참조. **~raum**, der (백화점, 극장, 공장 등의) 다과 식당. **~stand**, der (찬음료, 과자, 맥주 등을 파는) 가게, 매점, 노점. **~stelle**, die [육상] 마라톤 도중 음료수를 마실 수 있는 곳. **~trank**, der ↑~trunk. **~trunk**, der (아어) 청량 음료.
erfühlen ⟨h⟩ **a)** (아어) 감정으로 파악하다, 느끼다. **b)** 《드물게》 만져보거나 대보고 알아차리다.
erfüllbar [ɛɐ̯'fʏlbaːɐ̯] ⟨Adj.⟩ 성취[실현]된, 이루어진. **Erfüllbarkeit**, die ↑erfüllbar의 명사형. **erfüllen** ⟨h⟩ **1. a)** (공간을 점차로) 채우다: Qualm erfüllte das Zimmer 자욱한 연기가 방을 가득 채웠다. **b)** 무엇으로 가득 채우다: ein mit Sorgen erfülltes Leben 걱정으로 가득 찬 인생. **2. a)** 내적으로 충만시키다, (기분, 생각을) 가득 차게 하다: Zorn(Freude) erfüllte ihn 분노[기쁨]가 그의 마음을 가득 채웠다; die neue Aufgabe erfüllte ihn ganz neuen 새로운 과제가 그의 생각을 꽉 메웠다. **b)** (아어) 무엇이 누구의 마음 속에 떠오르게 하다, 생기게 하다: sein Verhalten erfüllt mich mit Sorge 그의 행동은 내 마음을 걱정스럽게 한다; seine Worte erfüllten uns

Erfülltheit

mit Trost 그의 말이 우리들을 위로해 주었다. **3.** (의무, 기대, 요구 등을) 지키다, 충족시키다, 이행하다: einen Vertrag(ein Versprechen, ein Gelübde, eine Pflicht) e. 계약[약속, 기원(祈願), 의무]을 지키다; das Gerät erfüllt seinen Zweck 이 기구는 그의 목적하는 바를 달성하고 있다; damit ist der Tatbestand des Betrugs erfüllt [법] 이로써 사기죄의 구성 요건은 성립된다. **4.** 〈e. + sich〉 실현되다, 적중하다: mein Wunsch [seine Prophezeiung] hat sich erfüllt 나의 소망[그의 예언]은 실현[적중]되었다; die Zeit ist erfüllt [시어] 때에 이르렀다(기다리던 일이 드디어 일어나다); er blickt auf ein erfülltes Leben zurück 《아이》 그는 이룩된 인생을 돌이켜 보고 있다. **5.** [수학] 일치하다, 타당하다. **Erfülltheit**, die 충만, 열중. **Erfüllung**, die; -en 〈드물게 Pl.〉 **1.** 다함, 충실, 충만. **2.** 성취, 수행, 이행, 실행. **3. in E. gehen** 실현되다, 이루어지다: mein Traum ging in E. 나의 꿈은 실현되었다.
Erfüllungs-: ~**gehilfe**, der [법] 이행 보조자(履行補助者). ~**ort**, der ⟨Pl. -e⟩ [법] 계약 이행지, 지급지(어음의), 인도지(引渡地). ~**politik**, die ⟨Pl. 없음⟩ [나치] 계약 이행 정책(동맹국간의). ~**tag**, der [법] 이행 기일, 지급일, 인도일.
erfunden [ɛɐ̯'fʊndn̩] **erfinden**의 과거분사.
Erfurt ['ɛrfʊrt] 에어푸르트(구동독의 도시). ¹**Erfurter**, der; -s, - 에어푸르트 시민. ²**Erfurter** 〈격변화 없음·Adj.〉 에어푸르트의.
erg = Erg.
Erg [ɛrk], das; -s, - [griech. érgon = Werk, Arbeit] 애르크(일 또는 에너지의 절대 단위, 기호: erg.)
erg. = ergänze! 보충하시오 [하라!]
ergänzen [ɛɐ̯'gɛntsn̩] ⟨h⟩ **1. a)** 완전하게 하다, (결핍된 것을) 보충하다: eine Sammlung [das Lager] e. 수집품 [재고품]을 보충하다. **b)** ⟨e. + sich⟩ 보충되다, 서로 보충하다: der Vorstand ergänzt sich durch Zuwahl 이사는 보궐 선거를 통해 보충된다. **2. a)** 〈아이〉 보충을 통해 완전하게 하다, 풍부하게 하다. **b)** (완전하도록) 부가하다, 보완하다: Anmerkungen ergänzen den Text 주석은 텍스트를 보완한다. **c)** 추가해서 진술하다: darf ich hierzu noch etwas e.? 내가 이것에 대해서 좀더 추가 진술해도 됩니까? **3.** 보조하다, 수복하다, 상보(相補)하다: bei den beiden ergänzt einer den anderen aufs beste 그 두 사람 경우에 서로가 최선으로 보조하고 있다. **Ergänzung**, die; -en 완전하게 하기, 보충, 보결, 증보, 수복.
Ergänzungs-: ~**abgabe**, die [세무] 추가 조세, 추가 공과금. ~**band**, der ⟨Pl. ...bände⟩ [서적] 〈책, 서류 따위의〉 증보, 부록, 별전. ~**bindestrich**, der [언어] (합성어나 파생어에서 공통성분의 자리에 사용되는) 이음줄(예컨대: Sozial- und Kulturpolitik). ~**farbe**, die ↑Komplementärfarbe. ~**frage**, die **1.** [언어] 부분 의문문, 보충의문문(Ja 혹은 Nein의 대답을 요구하지 않는 의문문, 의문사를 동반한 의문문). **2.** 보충 질문(국회 등에서). ~**heft** das ↑Ergänzungsband. ~**kommando**, das ⟨österr.⟩ 오스트리아 연방 군대의 모병을 담당하는 병역 본부. ~**satz**, der ↑Objektsatz. ~**sport**, der 균형[교정] 운동. ~**test**, der [심리] 미완성 문장을 완성시키는 테스트.
Ergastoplasma [ɛrgasto-], das; -s, ...men [griech. ergastikós = arbeitsam, tätig] [생화학] 강력한 단백질 합성이 행해지는 선(腺) 세포의 세포 원형질 구성 요소.
Ergativ ['ɛrgati:f], der; -s, -e [...i:və; griech. ergátēs = Arbeiter; der Handelnde] [언어] 능격(能格), 타동사에서 행위자를 나타내는 격[특히 코카시아 언어에서].
ergattern [ɛɐ̯'gaten] ⟨h⟩ 〈통용어〉 (끈기와 기지로서) 획득하다, 붙잡다: die letzten Eintrittskarten e. 마지막

입장권을 획득하다.
ergaunern ⟨h⟩ 사취(詐取)하다.
Erg. -Bd. = Ergänzungsband.
¹**ergeben*** ⟨h⟩ **1. a)** 결과에 이르다: 60 durch 4 geteilt ergibt 15 60을 4로 나누면 15가 된다. **b)** 〈e. + sich〉 과로써 나타나다, 무엇에서 발생하다: daraus ergaben sich viele Möglichkeiten 그것으로부터 가능성들이 나타났다. **2.** 〈e. + sich〉 **a)** 헌신하다, 몰입하다: sich dem Spiel [dem Alkohol] e. 도박[알코올]에 몰입하다. **b)** 운을 맡기다, 바치다: sich in sein Schicksal e. 운명에 맡기다(따르다). **c)** 반[귀]항하지 않다, 항복하다: die Festung hat sich (auf Gnade und Ungnade) ergeben 그 요새는 (무조건) 항복했다. ²**ergeben** ⟨Adj.⟩ **a)** 전심[몰두]한, 빠져 있는, 따르는: er ist ihr blind e. 그는 그녀에게 맹목적으로 빠져 있다. **b)** 순응하는, 체념한: ein -es Gesicht machen 체념적인 표정을 짓다. **c)** 〈아이〉 복종[심복]하는, 공손[충실]한: Ihr sehr ergebener... 〈편지에서〉 돈수재배(頓首再拜), 〈삼가〉 올림. **Ergebenheit**, die; **a)** 충성, 귀의, 전심(專心). **b)** 복종, 순종. **Ergebenheitsadresse** die 지도권[당사적] 인사로서 개인이나 집단이 그들의 충성을 표명한 서한.
Ergebnis [ɛɐ̯'ge:pnɪs], das; -ses, -se 결과, 결말, 성과, 수확, (수학에서) 답: ein mageres (zwangsläufiges, logisches, (un)günstiges, positives] E. 빈약한 [강제적인, 논리적인, (불리)유리한, 긍정적인] 결과; die Untersuchung hatte [brachte] kein E. 그 조사는 어떠한 성과도 이끌어내지 못했다; im E. besteht kein Meinungsunterschied zwischen uns 결과적으로 보아 우리 사이에는 의견차이가 전혀 없다.
ergebnis-, Ergebnis-: ~**beteiligung**, die [경제] 사원 주식 배당제. ~**liste**, die 운동 경기의 결과 기록부. ~**los** ⟨Adj.⟩ 성과[효과] 없는, 무익한. ~**losigkeit**, die ↑~los의 명사형. ~**protokoll**, das 회의에서 중대한 결과만을 다룬 회의록. ~**reich** ⟨Adj.⟩ 효과[성과]가 큰, 수익이 많은.
Ergebung, die 복종, 귀의, 체념: er hat sein Los in stiller E. getragen 그는 그의 운명을 조용한 체념 속에서 받아들였다. **ergebungsvoll** ⟨Adj.⟩ 극도로 복종적인, 체념이 가득한: e. stillhalten 극도로 체념에 차서 꿈쩍 않다.
ergehen* 1. 〈아이〉 ⟨s⟩ (공적으로) 발표[반포]되다: ein neues Gesetz ist ergangen 새로운 법이 반포되었다; an den Gelehrten erging ein Ruf in die USA 학자들은 미국으로 초빙되었다. **2.** (비인칭) ⟨s⟩ 누구의 신상에 일어나다, 미치다: es ist ihm dort schlecht ergangen 그는 그곳에서 어렵게 지냈다, 받아들이다: **etw. über sich e. lassen** 무엇을 견디다, 참다, 받아들이다: er läßt alles ruhig [teilnahmslos] über sich e. 그는 모든 것을 조용히[무덤덤하게] 받아들이고 있다. **3.** ⟨e. + sich⟩ ⟨h⟩ (말이나 생각에) 빠지다, 그것에 늘어놓다, 떠벌리다: sich in Vermutungen (Dankesworten, Lobreden, Schmähungen] gegen seinen Nachbarn e. 이웃에 대해 추측 [감사의 말, 칭찬, 흠]을 늘어놓다; man erging sich in langen Reden (렴) 긴 사설을 늘어 놓았다. **4.** 〈e. + sich〉 〈아이〉 ⟨h⟩ 한 장소에서 산책하다, 소요하다: die Damen ergingen sich im Park 숙녀들은 공원에서 산책했다.
ergiebig [ɛɐ̯'gi:bɪç] ⟨Adj.⟩ 수확이 많은, 성[효]과가 더 큰 것: eine -e Kaffeesorte 수확률이 높은 커피 품종. **Ergiebigkeit**, die 풍부, 풍요, 풍작, 비옥.
ergießen* ⟨h⟩ **1.** 〈e. + sich〉 흘러나가다, 쏟아지다, 범람하다: der Strom ergießt sich ins Meer 그 강은 바다로 흘러든다; ein Schwall von Schimpfwörtern ergoß sich über [auf] ihn 그에게 욕지거리[악담]가

아졌다. 2. 《아어》 내뿜다, 쏟다붓다: die Sonne ergoß ein gleißendes Licht über das Tal 태양이 반짝이는 빛살을 계곡 위에 쏟아붓고 있었다.

erglänzen⁺ ⟨s⟩ 《아어》 반짝이다, 빛나다: das Meer erglänzt in der Sonne 바다가 햇볕을 받아 반짝거렸다; [전의] das Lachen ist ein Erglänzen der Seele 웃음은 영혼의 빛이다.

erglimmen⁺ ⟨s⟩ 《시어》 타오르기 시작하다, (어둠 속에서) 희미하게 빛나다; [전의] seine Augen erglimmen vor Zorn 그의 두눈은 분노로 타오르기 시작한다.

erglühen ⟨s⟩ 《아어》 **a)** 작열하다, 달기 시작하다, 빛나다; [전의] in Liebe erglüht sein 연정에 불타다. **b)** 붉어지다: vor Scham e. 부끄러움으로 빨갛게 되다.

ergo ['ɛrgo] ⟨Adv.⟩ [lat. ergō] [그러므로(also, folglich). ergo bibamus! [-bi'ba:mʊs; lat.] Also laßt uns trinken! 자, 마시자! (중세의 술좌석에서 부르는 노래의 부분).

ergo-, Ergo- [ɛrgo-; griech. érgon]: **~graph**, der; -en, -en [의학] 근육 작업량 기록계. **~graphie**, die [의학] 근육 작업량 기록(법). **~logie**, die (민속학의) 도구 노동 습속(習俗) 연구. **~logisch** ⟨Adj.⟩ ↑ ~logie의 형용사형. **~meter**, das; -s, - [의학] 근육 작업량 측정계. **~metertest**, der [의학] 근육 작업량 측정계에 의한 테스트. **~metrie**, die [의학] 근육 작업량 측정(법). **~metrisch** ⟨Adj.⟩ ↑ ~metrie의 형용사형. **~nomie** ↑Ergonomie. **~stat** [...'stat], der; -en, -en [griech, statós] ↑ ~meter. **~therapeutin**, die 작업[노동] 요법 여성 치료사. **~therapie**, die ⟨Pl. 없음⟩ (장기간 또는 일정 기간, 노동 등 여러 가지 활동을 통해 환자를 치료하는) 노동 요법, 작업 요법. **~trop** [...'troːp] ⟨Adj.⟩ [griech, trópos] 온몸의 기운을 모은, 능률을 상승시키는.

Ergonomie [...noˈmiː], **Ergonomik** [...'noːmɪk], die [engl. ergonomics] 인간 공학(인간의 노동 능력 및 노동 여건을 연구하는). **ergonomisch** ⟨Adj.⟩ 인간 공학의.

Ergosterin [ɛrgoste'riːn], das; -s 에르고스테린(비타민의 모체, 맥각(麥角) 따위의 균류에서 추출되는 스테린).

Ergosterol [...'roːl], das; -s [engl. ergosterol] Ergosterin의 영어 표기. **Ergotamin** [...ota'miːn], das; -s [의학] 알칼로이드, 맥각(麥角)에서 추출된 알칼로이드. **Ergotin** Ⓦ [...'tiːn], das; -s [의학] 에르고틴(자궁 수축용의 유동 엑스). **Ergotismus** [...'tɪsmʊs], der; - 맥각(麥角) 중독, 흑수병(黑穗病).

Ergotoxin [...toˈksiːn], das; -s 맥각 알칼로이드. **Ergotren** Ⓦ [...'treːn], das; -s (인공이 Ergotin을 발전시킨 제제(製劑)). **ergotrop** ⟨Adj.⟩ [의학] 상승적인, 활성적인.

ergötzen [ɛɣˈgœtsn] ⟨h⟩ 《아어》 **a)** 기쁘게[유쾌하게] 하다, 즐겁게 하다, 위로하다: seine Späße haben mich ergötzt 그의 농담이 나를 위로했다. **b)** (무엇을) 기뻐하다, 즐기다, 흥겨워하다: ich ergötze mich an diesem Anblick 나는 이 광경을 보고 기뻤다. **Ergötzen**, das; -s 기쁘게[즐겁게] 하기, 만족, 즐거움: zum E. der Zuschauer 관중을 즐겁게 하기 위해. **ergötzlich** ⟨Adj.⟩ 기쁜, 흥겨운: 재미있는, 유쾌한. **Ergötzlichkeit**, die; -en ⟨드물게⟩ **a)** ⟨Pl. 없음⟩ 유쾌한 일, 희열. **b)** 여흥, 오락거리. **Ergötzung**, die; -en ⟨아어⟩ 즐거움, 위로.

ergraben⁺ ⟨h⟩ ⟨드물게⟩ 발굴하여 얻다[획득하다].

ergrauen ⟨s⟩ 회색이 되다, (머리카락이) 세다, 백발이 되다: er war schon leicht ergraut 그의 머리는 벌써 희끗희끗해졌다; [전의] ein im Dienst ergrauter Beamter 오랜 세월을 근무한 공무원. **ergrausen** ⟨s⟩ 《시어·고어》 공포에 사로잡히다.

ergreifen⁺ ⟨h⟩ **1. a)** (손으로 누구[무엇]를) 붙잡다, 움켜 쥐다: das Halteseil e. 계류밧줄을 붙잡다; ein Kind bei der Hand e. 아이의 손을 잡다; [전의] die Flammen ergriffen das Haus 그 집은 화염에 휩싸였다. **b)** 붙들다, 체포하다: einen Dieb e. 도둑을 잡다. **c)** 덮치다, 엄습하다: von einer Krankheit ergriffen werden 병에 걸리다. **d)** (퇴색, 무엇의 시작, 결정을 나타낼 때) einen Beruf e. 어떤 직업을 갖다; eine Gelegenheit e. 기회를 포착하다; die Initiative e. 주도권을 잡다; die Macht e. 권력을 장악하다; Maßnahmen e. 조처를 취하다. **2.** (감정 따위가 마음을) 사로잡다: von Furcht ergriffen sein 공포에 사로잡혀 있다. **3.** 감동시키다, (…에게) 충동을 주다: die Musik hat mich tief ergriffen 그 음악은 나를 감동시켰다; das ist ergreifend komisch 그것은 매우 희극적이다; (tief) ergriffen sein (깊은) 충격[감동]을 받고 있다. **Ergreifung**, die; -en ⟨드물게 Pl.⟩ **1.** 장악, 포착; 채택, 채용; 이용, 사용. **2.** 체포, 포박: für die E. des Täters wurde eine hohe Belohnung ausgesetzt 범인의 체포에 높은 상금이 걸렸다.

ergreisen [ɛɣˈgraizn] ⟨s⟩ ⟨드물게⟩ 백발이 되다.

ergriffen [ɛɣˈgrɪfn] 충격을 받은, 감동된. **Ergriffenheit**, die (깊은) 감동, 충격: er versuchte seiner E. Herr zu werden 그는 감격을 억누르려고 했다; vor E. schweigen 감동한 나머지 말을 못하다. **Ergriffensein**, das; -s 감동되어 있음, 감동.

ergrimmen ⟨s⟩ 《아어》 격노하다, 격분하다: über etw. ergrimmt sein 무엇에 대해 격노해 있다.

ergrübeln ⟨h⟩ 생각해 내다, 안출(案出)하다.

ergründbar [ɛɣˈgrʏntbaːɐ̯] ⟨Adj.⟩ 규명할 수 있는, 해명할 수 있는. **ergründen** ⟨h⟩ (…의) 깊이를 재다, (의) 근본을 캐다, 탐구[해명]하다, 구명하다: die Ursache von etw. e. 무엇의 원인을 규명하다. **ergründlich** ⟨Adj.⟩ 《아어》 측정[구명]할 수 있는. **Ergründung**, die; -en ⟨많게 복수⟩ 근본을 캐기, 탐구, 구명, 천명, 해명; 측심(測深).

ergrünen ⟨s⟩ 《아어》 (초목이) 푸르게 되다, 푸르게 되기 시작하다.

Erguß, der; Ergusses, Ergüsse **1.** [의학] **a)** 혈종(血腫), 내출혈, 혈액 침출(浸出). **b)** ↑Ejakulation. **2.** [지질] **a)** (용암) 분출. **b)** 분출된 용암. **3.** 《아어·벨》 (심중의) 토로, 쏟아냄: jmds. Güsse ungerührt über sich ergehen lassen 누구의 장황설을 태연하게 참고 견디다. **Ergußgestein**, das [지질] 분출암(岩).

erhaben ⟨Adj.⟩ **1.** (전문어) 높아진, 두드러진, 불룩한. **2.** 숭고[고귀, 고상, 고매]한, 기품이 높고, 탁월한, 뛰어난: ein -er Anblick 숭고한 풍경; [성구] vom Erhabenen zum Lächerlichen ist nur ein Schritt 숭고한 것에서 웃음팡스런 것까지는 단지 한 발짝이다(나폴레옹이 러시아에서 패전후 퇴각하면서 한 말). **3.** 초월(초연)한; über jeden Verdacht e. sein 모든 혐의에 초월하다(모든 혐의를 안중에 두지 않다); über solche kleinliche Kritik muß man e. sein 그와같은 사소한 비판에는 초연해야 한다; seine Arbeit ist über alles Lob e. 그의 일은 이루 다 칭찬할 수 없다. **Erhabenheit**, die; -en **1.** ⟨드물게⟩ 높아짐, 돌출, 융기. **2.** ⟨Pl. 없음⟩ 숭고, 장엄, 고상, 고결, 품위.

Erhalt, der; -(e)s **1.** 《격식 독어》 수령, 영수. jmdm. den E. einer Ware bestätigen (누구에게) 물품의 수령을 확인하다. **2.** 입수(入手). **erhalten**⁺ ⟨h⟩ **1. a)** (주어서) 받다, 얻다: er erhielt das Buch als[zum] Geschenk 그는 책을 선물로 받았다. **b)** (대가로) 받다, 인수[연수]하다, 수취하다: sie erhält für einen Auftritt 6000 Mark 그녀는 일회 출연에 6000 마르크를 받는다; [전의] er hat den Lohn für seine Untaten erhalten 그는 범죄에 대한 대가를 치루었다. **c)** (송달)받다, (전달)받다: einen Brief, [neue Nachrichten] e. 편지[새

소식]을 받다. **d)** 〈대가로〉 받아들이다: er erhielt drei Jahre Gefängnis 그는 3년 징역형을 받았다. **e)** 〈구타 따위를〉 당하다: er erhielt einen Schlag auf den Kopf 그는 머리에 타격을 당했다. **f)** 〈명령, 주문, 허가 따위를〉 받다: die Straße erhielt einen neuen Namen 그 도로는 새로운 이름을 얻었다; der Aufsatz erhielt eine neue Fassung 그 논문은 수정되었다. **g)** 〈어떤 인상을〉 받다: ein schiefes Bild von jmdm.[etw.] e. 누구[무엇]에 대해 그릇된 인상을 받다. **h)** 만들어 내다: Teer erhält man aus Kohle 타르는 석탄에서 얻는다. **2. a)** 보존하다, 유지하다; 받치다; 지키다: Gemüse(Fleisch) frisch e. 채소[고기]를 신선하게 유지하다; erhalte dir deine Gesundheit! 건강을 유지해라!; ein Gebäude e. 건물을 〔쓰러지ალ 않도록〕받치다; den Frieden e. 평화를 견지 [유지]하다; davon ist nicht mehr viel erhalten 그것은 이제 더 이상 많이 남지 않았다; er ist noch recht gut erhalten 〈농〉 그는 나이에 비해서 여전히 매우 젊어 보인다. **b)** 〈e. + sich〉 몸을 지탱하다[유지하다], 보존되다, 유지되다: ich will mich durch Sport fit e. 나는 운동을 통해서 내몸을 쓸모있게 유지하고자 한다. **3.** 부양하다, 양육하다: eine große Familie zu e. haben 대가족을 부양해야 하다. **4.** 〈e. + 과거분사〉〈《수동의 대용으로》 etw. bestätigt〔zugesprochen〕e. 무엇을 확인〔승낙〕받다. **Erhalter**, der; -s, - 부양자; 유지자, 책임자; 수호자. **erhältlich** [εɐ'hεltlɪç] 〈Adj.〉 손에 넣을 수 있는, 살 수 있는: nicht mehr -es Präparat 더 이상 손에 넣을 수 없는 제품; etw. e. machen (schweiz·격식 독어〉 무엇을 인수하다. **Erhaltung**, die **1.** 입수, 유지, 보존, 노력하여 얻음: die E. des Status quo 현상유지; der Satz von der E. der Energie 에너지 보존의 법칙. **2.** 부양, 급양, 양육: sein Lohn ist zu gering zur E. der großen Familie 그의 임금은 대가족을 부양하기에 너무 적다.

erhaltungs-, Erhaltungs-: ~**futter**, das 〔농업〕 사료. ~**kosten** 〈Pl.〉 양육(보전, 수선)비. ~**neigung**, die ↑Beharrungstendenz. ~**satz**, der 〔물리〕〔질량〕보전(保全)〔불변〕의 법칙. ~**trieb**, der ↑Selbsterhaltungstrieb. ~**würdig** 〈Adj.〉 보존할 가치가 있는. ~**zustand**, der 보존 상태.

erhandeln 〈h〉 **a)** 장사하여 벌다: 〔전의〕 keine Kredite zu e. wissen 신용을 장사하여 벌 수는 없다. **b)** ↑ aushandeln: bessere Bedingungen e. 더 좋은 조건을 얻어내다.

erhängen 〈h〉 **a)** 〈e. + sich〉 목매어 죽다: sich an einem Balken mit einem Koppel e. 대들보에 목을 매어 죽다. **b)** 교살하다, 교수형에 처하다: jmdn. zum Tod durch Erhängen verurteilen 누구에게 교수형을 언도하다. 〈과거분사의 명사화〉 **Erhängte*** der / die; -n, -n 목매어 죽은 자; Mehreren Erhängten sah ich ins angestrengte Gesicht 나는 몇몇 목매어 죽은 사람의 피곤한 얼굴을 들여다 보았다.

erharren 〈h〉 〈아어〉 애타게 기다리다, 학수고대하다.

erhärten 1. 〈h〉 시인[확인]하다, 증명하다: eine Aussage eidlich erhärten[durch einen Eid] e. 진술을 선서로 증명하다. **2.** 〈아어〉 **a)** 〈s〉 단단하게 되다: Beton erhärtet an der Luft 콘크리트는 공기에 쐬어서 굳어진다. **b)** 〈h〉 단단하게 하다, 견고하게 하다, 굳히다. **Erhärtung**, die; -en ↑erhärten의 명사형.

erhaschen 〈h〉 〈아어〉 **1.** 재빨리 붙잡다, 날쌔게 붙잡다. **2. a)** 알아차릴 수 있다: mein Blick erhaschte gerade noch ihr Gesicht 나의 눈은 곧바로 그녀의 얼굴을 알아볼 수가 있었다. **b)** 〈힘들여〉 얻다, 소유하다.

erhausen 〈h〉 〈schweiz.〉 저축하다, 절약하여 취득하다.

erheben* 〈h〉 **1. a)** 높이 올리다, 높이다, 들다, 올리다: das Glas (auf jmds. Wohl) e. 〈누구의 건강을 위해서〉건배하다; die Augen [den Blick] (zu jmdm.) e. 〈누구를〉 올려다 보다, 존경하다; die Hand zum Schwur e. 손을 선서를 하기 위해 쳐들다; die Waffe gegen jmdn. e. 누구를 무기로 위협하다; erhobenen Hauptes 머리를 쳐들고, 의기양양하게; 〔전의〕 er sprach mit erhobener Stimme 그는 큰소리로 말했다. **b)** 마음(정신)을 높이다, 고양시키다. **2.** 〈e. + sich〉 **a)** 〈자리, 의자에서〉 일어서다, 일어나다: erst gegen Mittag erhob er sich (아어) 점심때가 되어서 비로소 그는 잠자리에서 일어났다. **b)** 〈새, 비행기 등이〉 공중으로 날아오르다, 상승하다: der Adler erhebt sich in die Lüfte 독수리가 공중으로 날아오른다. **c)** 〈우뚝〉 솟다, 뛰어나다: die Berge erheben sich dort nicht über 1000 Meter 저기 솟아있는 산들은 1000m가 채 못된다. **3. a)** 끌어올리다, 등급[승진]시키다: eine Gemeinde zur Stadt e. 읍을 시로 승격시키다. **b)** 〈고어·성서〉 찬양하다, 존경하다, 숭배하다. **c)** 〈e. + sich〉 〈무엇을〉 극복하다, 〔전의〕 지경에서 벗어나다: er erhebt sich nie über den Durchschnitt 그는 중간치를 결코 벗어나지 못한다. **d)** 〈e. + sich〉 〈누구를〉 얕보다, 멸시하다: du erhebst dich zu gern über die andern 너는 예사로 다른 사람들을 멸시한다. **4.** 〈e. + sich〉 봉기하다, 반항하여 궐기하다: die Gefangenen erhoben sich gegen ihre Bewacher 죄수들이 간수들에게 반항하여 봉기했다. **5. a)** 〈조세 따위를〉 받다〔거둬〕들이다, 징수하다: bei dieser [für diese] Veranstaltung wird ein Eintritt von 3 Mark erhoben 이 행사에는 3마르크의 입장료가 징수된다. **b)** 〈südd., österr.〉 조사(검증)하다: die Hochwasserschäden e. 홍수 피해를 조사하다. **c)** 〈드물게〉 모으다, 수집하다. **6. a)** 〈e. + sich〉 〈아어〉 〈전쟁, 논쟁, 바람 따위가〉 일어나다, 생기다: ein Sturm erhebt sich 폭풍이 일고 있다; die Frage erhebt sich 의문이 생긴다. **b)** 〈퇴색〉 일으키다, 제기하다: Klage gegen jmdn. e. 누구를 상대로 소송을 일으키다; einen Anspruch auf etw. e. 무엇을 요(청)하다; seine Stimme e. 목소리를 높이다; ein großes Geschrei e. 〈통용어〉 고함치다. **erhebend** 〈Adj.; nicht adv.〉 〈erheben (1 b)의 현재분사형〉 마음(정신, 사상 등)을 향상시키는, 기운을 돋우어 주는: das war ein -er Augenblick 그것은 감격적인 순간이었다; eine Feier 장엄의 의식. **erheblich** [εɐ'he:plɪç] 〈Adj.〉 중요〔중대〕한, 두드러진, 현저한, 유력한 〈반대: unerheblich〉: ein -er Unterschied 현저한 차이. **Erheblichkeit**, die ↑erheblich의 명사형. **Erhebung**, die; -en **1.** 구릉, 언덕, 산〔봉우리〕. **2.** 등용, 승격, 승급. **3.** 정신적 고양〔향상〕, 행복감. **4.** 봉기, 반항: eine bewaffnete E. 무장 봉기. **5.** 징수. **6.** 조사, 검증.

erheiraten 〈h〉 결혼하여 얻다: er hat einen großen Hof 그는 결혼함으로써 큰 농장을 얻었다.

erheischen 〈h〉 〈아어〉 요구하다, 필요로 하다.

erheitern [εɐ'haɪtɐn] 〈h〉 **1. a)** 기분좋게〔쾌활하게〕하다, 흥겹게 하다. **b)** 〈의〉기운을 내게 하다: der Wein erheitert unser Gemüt 〈준고어〉 포도주는 우리 기분을 북돋우어 주셨다. **2.** 〈e. + sich〉 〈아어〉 **a)** 〈날씨 따위가〉 개다, 밝아지다. **b)** 명랑해지다, 기분이 좋아지다. **Erheiterung**, die; -en 쾌청〔쾌활〕 하여짐, 명랑해짐, 좋은 기분; 기분 전환.

erhellen 〈h〉 **1. a)** 밝게 하다, 비추다. **b)** 즐겁게 하다, 명랑하게 하다. **c)** 〈e. + sich〉 청명해지다, 개다: der Himmel erhellt sich 하늘이 개인다. β) 쾌활해지다, 명랑해지다. **2. a)** 해명하다, (문제를) 풀다, 규명하다. **b)** 〈비인칭〉 밝혀지다, 판명되다: aus den Meßwerten erhellt, wie wichtig der Umweltschutz ist 측정치에서 환경보호가 얼마나 중요한가가 판명된다. **Erhellung**, die; -en 〈Pl. 드물게〉 ↑erhellen의 명사형.

erheucheln 〈h〉 **a)** 속이다, …인 체하다: sein Interesse

war erheuchelt 그의 관심은 거짓[위선]이었다. **b)** 〈e. + sich³〉 속에서 얻다: sich das Wohlwollen der Vorgesetzten e. 상관의 호의를 속에서 얻다.

erhitzen [ɛɐ̯ˈhɪtsn̩] 〈h〉 **1.** 뜨겁게 하다, 가열하다: 전의 der Wein erhitzte ihn 그는 술기운이 올랐다. **2.** 〈e. + sich〉 뜨거워지다: 전의 sie hatte sich beim Treppensteigen erhitzt 그녀는 계단을 오를 때 더워졌다. **3. a)** 흥분시키다, 화나게 하다: der Streit erhitzte die Gemüter 다툼으로 인해 사람들이 흥분했다. **b)** 〈e. + sich〉 흥분하다, 열중하다, 화나다: sie erhitzten sich an dieser Frage 그들은 이 문제에 흥분했다. **Erhitzer**, der; -s, - 가열기, 히터. **Erhitzung**, die; -en 뜨겁게 하기, 가열, 가온; 열중, 격앙, 흥분.

Erhobensein, das; -s 〈아어〉 신성한 기분, 행복감.

erhoffen 〈h〉 기대하다, 열망하다: der erhoffte Gewinn blieb aus 기대했던 이익은 없었다.

erhöhen 〈h〉 **1.** 높게 하다, 높이다, 올리다, 끌어 일으키다; 세우다, 쌓다, die Deiche (um einen Meter) e. 제방을 (1미터 정도) 쌓다. **2. a)** 증가시키다, 인상하다: die Steuern[die Löhne, die Preise] e. 세금[임금, 가격]을 올리다; den Beitragssatz um 0.5% auf 11% e. 분담금률을 0.5% 올려 11%로 하다; der Kranke hat erhöhte Temperatur 환자는 열이 약간 있다. **b)** 〈e. + sich〉 높아지다, 증가하다, 등귀(騰貴)하다: die Zahl der Unglücksopfer hat sich auf 34 erhöht 사고 희생자들의 수는 34명으로 증가했다. **3.** 승진시키다, 승급시키다: er wurde im Rang erhöht 그는 승급되었다. **4.** 〈음악〉 반음 높이다. **Erhöhung**, die; -en **1.** 높이기, 높이, 올림, 오름. **2.** 〈드물게〉 고지(高地), 융기, 언덕, 기둥. **3. a)** 증액, 등귀. **b)** 증대, 확대. **c)** 증가, 상승. **4.** 〈아어〉 숭격, 승화. **5.** 〈음악〉 반음[높임]. **Erhöhungszeichen**, das 〈음악〉 올림표(#), 샤프.

erholen, sich 〈h〉 **1. a)** 원기를 되찾다, 회복하다, 휴양하다: ich habe mich im Urlaub gut erholt 나는 휴가에서 원기를 회복했다; 전의 die Börsenkurse haben sich erholt 증권 시세가 회복되었다. **b)** 극복하다, 소생하다: sich von einer Krankheit e. 병이 완쾌되다. **2.** 〈고어〉 〈구하여〉 얻다: ich erholte mir Rat(s) bei ihm 나는 그에게 상의했다[조언을 구했다]. **erholsam** 〈Adj.〉 회복에 도움이 되는. **Erholsamkeit**, die ↑erholsam의 명사형. **Erholung**, die 회복, 완쾌, 휴양, 정양, 보양; 기분 전환, 위안: zur E. (an die See, aufs Land, in ein Bad) fahren (바다로, 시골로, 온천장으로) 휴양을 가다; die E. verschmutzten Wassers 오염된 물의 자기정화; E. des Bodens 토지의 경작 능력 회복.

erholungs-, Erholungs-: ~aufenthalt, der **1.** 휴양 체류, 휴양지. **2.** 〈드물게〉 ↑~ort. **~bedürftig** 〈Adj.〉 휴양[정양]이 필요한. **~gebiet**, das 휴양지. **~heim**, das (회복기 환자의) 요양소, 휴양 센터. **~kur**, die 전지 요양, 휴양. **~möglichkeit**, die 휴양[회복, 완쾌] 가능성. **~ort**, der 요양[휴양]지. **~pause**, die 중간 휴식. **~raum**, der 휴식[휴양] 공간. Erholungsräume in der Nähe der Industriegebiete schaffen 공업 지역 주변에 휴식[휴양] 공간(들)을 마련하다. **~reif** 〈Adj.〉 〈통용어〉 휴식[휴양]이 필요한. **~reise**, die 휴양 여행. **~stätte**, die 〈아어〉 ↑~ort. **~suchende**: ↑Erholungsuchende. **~urlaub**, 요양[정양] 휴가. **~wert**, der 휴양지로서의 가치. **~zeit**, die 휴양 기간. **~zentrum**, das 휴양 센터. **~zweck**, der 휴양 목적.

erholungsuchend 〈Adj.〉 휴양을 원하는. **Erholungsuchende**, der / die; -n, -n 휴양객.

erhorchen 〈h〉 엿듣다, 몰래 듣다.

erhören 〈h〉 **1.** 《아어》 **a)** 청을 들어 주다: Gott hat ihn [sein Gebet] erhört 신이 그의 말[기도]을 들어 주셨다. **b)** 《준고어》 《누구의》 구애에 응하다. sie hat ihren Liebhaber erhört 그 여자는 구혼자의 구애에 응했다. **2.** (ostmd.) 참고 듣다〈대개 부정으로 사용〉 ich kann diesen Lärm nicht mehr e.! 나는 이 소음을 더 이상 참을 수 없다! **Erhörung**, die; -en 〈드물게 Pl.〉 들어줌, 응납, 청허.

erhungern 〈h〉 굶으면서 이룩하다: du musst dir dein Studium e. müssen 너는 굶주림을 참고 공부하지 않으면 안 되는구나; eine erhungerte Schlanke Linie 단식으로 얻은 날씬한 몸매.

Eriesee ['iɐ̯i...], der, -s 이리 호(북아메리카에 있는 호수).

erigibel [eri'gi:bl] 〈Adj.〉 ↑erektil. **erigieren** [eri'gi:rən] 〈s〉 [lat. ērigere] 〈의학〉 **a)** 일어서다, 뻣뻣해지다. **b)** 발기하다.

Erika ['eːrika], die; -s 〈또는〉 ...ken [lat. erīcē < griech. ereíkē] **a)** ↑Glockenheide. **b)** ↑Heidekraut. **Erikagewächs**, das 〈대개 Pl.〉 ↑Heidekrautgewächs. **Erikazee** [erika'tseːə], die; -n 〈대개 Pl.〉 ↑Heidekrautgewächs.

erinnerbar [ɛɐ̯ˈlɪnɐbaːɐ̯] 〈Adj.〉 《드물게》 회상할 수 있는, 생각(상기)할 수 있는. **erinnerlich** 〈Adj. nur präd.〉 생각해 낼 수 있는, 기억이 남아 있는: der Vorgang ist mir[nicht mehr] e. 나는 그 사건을 기억하고 있다[더 이상 기억하지 못한다]. **erinnern** [ɛɐ̯ˈlɪnɐn] 〈h〉 **1.** 〈e. + sich〉 생각해 내다, 상기[회상]하다, 기억하고 있다: ich erinnere mich an diesen Menschen[〈아어〉dieses Menschen/〈österr., schweiz.〉 auf diesen Menschen] 나는 이 사람을 기억한다; wenn ich mich recht erinnere, geschah es vor drei Jahren 내 기억에 틀림없다면 그것은 3년전의 일이다; 〈통용어〉 북독에서는 재귀대명사 없이 4격 목적어를 사용하여 ich erinnere ihn gut 나는 그 남자를 잘 기억하고 있다. **2. a)** 〈누구로 하여금 무엇을〉 생각나게 하다, 상기시키다: dieses Denkmal erinnert (uns) an vergangene Zeiten 이 기념물은 (우리들에게) 지난 날을 상기시킨다; ich will nicht mehr daran erinnert werden 나는 더 이상 그것을 생각하고 싶지 않다. **b)** (잊지 않도록) 주의시키다, 하다: jmdn. an seine Pflicht[sein Versprechen] e. 누구로 하여금 그의 의무[약속]를 잊지 않게 하다. **c)** 〈유사점을 통해〉 생각나게 하다: ihre Stimme erinnert mich lebhaft an meine Schwester 그녀의 목소리는 나의 누이동생을 생생하게 생각나게 한다. **3.** 〈아어·준고어〉〈결점 따위를 찾아〉지적하다: ich habe verschiedenes dagegen zu e. 나는 그것에 관하여 여러가지 할 말이 있다; ich möchte e., daß ... 나는 ···을 지적해 두고 싶다. **Erinnerung**, die; -en **1.** 〈Pl. 없음〉 **a)** 기억력: meine E. setzt hier aus 나의 기억력은 여기서 끝난다. **b)** 기억: dieses Ereignis ist meiner E. ganz entfallen 이 사건은 내 기억에서 완전히 없어졌다; etw. aus seiner E. tilgen 무엇을 자신의 기억에서 말살하다; etw. (gut) in E. haben[in (guter) E. behalten] 무엇을 (잘) 기억하고 있다; sich³ etw. in die E. zurückrufen 무엇을 기억에 되살리다[생각해 내다]; er wollte sich mit diesem Gruß in E. bringen 이 인사말로서 그 자기 자신을 기억시키려고 했다. **2.** 추억: -en an jmdn. (etw.) werden wach 〈누구(무엇)에 대한〉 추억이 생생해지다; er hat keine[nur eine schwache] E. an seine Kindheit 그는 어린 시절에 대해 전혀 추억을 갖고 있지 않다[희미한 추억만을 갖고 있다]. **3. a)** 〈Pl. 없음〉 기념, 기억, 회상: er wollte jede E. an den Krieg auslöschen 그는 전쟁에 대한 모든 기억을 없애려고 했다; er steht bei uns in guter E. 그는 우리들에게 우호적인 기억 속에 남아 있다. zur E. an ... ···의 기념으로. **b)** 기념물[품]: nimm das als E. an meinen Vater 그것을

erinnerungs-, Erinnerungs- 나의 아버님에 대한 기념물로 가지시오! **4.** ⟨Pl.⟩ 회상록, 자서전: seine ~en schreiben 그의 자서전을 쓰다. **5.** 경고, 주의, 독촉, 재촉. **6.** [법] 이의, 항변.

erinnerungs-, Erinnerungs-: ~album, das 기념앨범. **~anzeige, die** ↑~werbung. **~bild,** das 기억심상(心像). **~buch,** das 기념첩, 비망록. **~fähigkeit, die** ↑~vermögen. **~feier, die** ↑ Gedenkfeier. **~fetzen, der** 《아이》 기억(추억)의 단편. **~foto,** das 기념 사진. **~gabe, die** ↑~stück. **~hilfe, die** ↑Gedächtnishilfe. **~los** ⟨Adj.⟩ 기억(력)이 없는. **~losigkeit, die** ↑~los의 명사형. **~lücke, die** 기억 상실 부분. **~mal,** das 《아이》 ↑ Denkmal. **~medaille, die** ↑ Gedenkmedaille. **~posten, der** [경제] (대차 대조표에서 이미 상쇄되었지만 아직 사업에 쓰이는 자산을 위한) 특별 항목. **~schatz, die** 풍부(풍성)한 추억. **~schreiben,** das 《고어》 독촉장, 계고장. **~schwäche, die** ↑ Gedächtnisschwäche. **~schwer** ⟨Adj.⟩ 우울한(암울한) 생각(회상)에 잠긴. **~stätte, die** 《아이》 ↑ Gedenkstätte. **~stück,** das 추억[기억]을 상기시키는 물건[대상]. **~tafel, die** 《아이》 ↑ Gedenktafel. **~täuschung, die** 기억의 착각. **~vermögen,** das ⟨Pl. 없음⟩ 기억력. **~voll** ⟨Adj.⟩ 《아이》 기억에 생생한. **~werbung, die** [광고] (시장의 관심, 이미지 상표 인식 등을 유지 또는 높이기 위하여 옛 광고를 계속하는) 기억 연상 광고(선전). **~wert, der 1.** 회상[기념] 가치(물질적이 아닌). **2.** ↑~posten. **~zeichen,** das 추억의 표시, 기념, 기념품.

Erinnophilie [erinɔfiˈliː], die [우표] 기념 우표 수집.

Erinnye [eˈrɪnyə], die; -n, **Erinnys** [eˈrɪnys], die; ...yen [...yən] ⟨Pl.⟩ [lat. Erinnys ⟨ griech. Erinnýs⟩] (그리스 신화의) 복수의 여신. **Eris** [ˈeːrɪs] 불화의 여신(그리스 신화의).

Erisapfel [ˈeːrɪs-], der; -s, -äpfel ⟨Pl. 안 쓰임⟩ [Eris 이름을 따라] 《교양어》 불화의 사과(Troya 전쟁의 원인이 되었던), 싸움의 원인. **Eristik** [eˈrɪstɪk], die [griech. eristikétéchnē] 《교양어》 (학문적인) 논쟁의 비결. 논쟁술. **Eristiker, der;** -s, - ⟨대개 Pl.⟩ [griech. Eristikós] (학문적) 메가라 학파(철학자)(논쟁을 즐기는). **eristisch** ⟨Adj.⟩ 《교양어》 논쟁술의.

Eritrea ⟨누⟩ 에리트레아(홍해변에 있는 에티오피아의 지방 이름). **Eritreer, der** -s, - 에리트레아의 주민. **eritreisch** ⟨Adj.⟩ 에리트레아 주민의.

eriagen ⟨h⟩ **a)** 사냥하여 잡다. **b)** 노력하여 얻다.

erkahlen [ɛɐ̯ˈkaːlən] ⟨s⟩ 《드물게》 (머리, 산 따위가) 벗겨지다.

erkalten [ɛɐ̯ˈkaltn̩] ⟨s⟩ 식다, 차지다: sein Leib war erkaltet 그는 죽었다; ihre Liebe ist längst erkaltet 그들의 애정은 오래전에 식었다. **erkälten** ⟨h⟩ **1. a)** ⟨e. + sich⟩ 감기들다: ich habe mich bei dem Regen erkältet 나는 비를 맞고 감기에 걸렸다; er ist stark erkältet 그는 심한 감기다. **b)** ⟨e. + sich³⟩ 추위로 해치다, 병나제 하다: ich habe mir den Magen erkältet 나는 추위로 위를 탈나게 했다. **2.** 《아이》 식히다, 차게 하다. **Erkältung, die** 식음, 차게됨, 냉각. **Erkältung, die;** -en (기침, 콧물[감기], 카타르(점막의 염증)) die E. klingt ab 감기가 떨어지다; ich habe mir eine E. zugezogen(《일상어》 geholt) 나는 감기에 걸렸다. **Erkältungsgefahr, die** ⟨Pl. 없음⟩ 감기 위험. **Erkältungskrankheit, die** 감기.

erkämpfen ⟨h⟩ 쟁취하다, 획득하다: den Sieg[eine Goldmedaille] e. 승리[금메달]를 획득하다.

Erkanntnis [ɛɐ̯ˈkantnɪs], das; -ses, -se ⟨schweiz.⟩ ↑ ²Erkenntnis.

erkaufen ⟨h⟩ **1.** 대가[희생]를 치르고 얻다: eine teuer erkaufte Freiheit 비싼 대가를 치루고 얻은 자유. **2.** 뇌물을 주어 누구를 매수하다, 무엇을 얻다: die Aussage des Zeugen war erkauft 그 증인의 진술은 매수된 것이다.

erkecken [ɛɐ̯ˈkɛkn̩], sich ⟨h⟩ 《준고어》 대담하게 하다, 감행하다.

erkennbar [ɛɐ̯ˈkɛnbaːɐ̯] ⟨Adj.⟩ 알아볼 수 있는, 식별(인식)할 수 있는: bei dem Licht ist die Schrift kaum e. 그 불빛에서는 글씨를 거의 알아볼 수 없다. **Erkennbarkeit, die** ↑erkennbar의 명사형. **erkennen*** ⟨h⟩ **1.** (사람이나 사물의 어떠함을) 알다: hier stehn noch Bremsspuren zu e. 여기 아직도 브레이크 흔적이 보인다; der Stern ist gerade noch mit bloßem Auge zu e. 저 별은 육안으로도 볼 수 있다. **2. a)** 식별하다, 분별하다, 확인하다: jmdn. als (den) Täter e. 누구를 범인으로 확인하다; er gab sich zu e. 그는 자기의 신분[이름]을 밝혔다. **b)** 깨닫다, 승인하다: seinen Irrtum e. 자신의 잘못을 깨닫다; du bist erkennt 너의 속셈은 드러났다; ich erkenne, daß es nicht anders geht [어쩔 수 없이 어떻게 될 수가 없음을 나는 이해하겠다(알겠다); [속담] erkenne dich selbst! 너 자신을 알라! **3.** 《아이·고어》 교접하다, 성교하다: Adam erkannte sein Weib Eva, und sie ward schwanger 아담이 그의 아내 이브와 동침하매, 이브가 잉태했다(창세기 4장 1절). **4. a)** [법] 판결을 내리다, 선고하다: die Richter erkannten auf Freispruch [auf eine Geldstrafe] 판사들은 무죄[벌금형]을 선고했다. **b)** [스포츠] (주심이나 선심으로서) 판단하다, 결정하다, 선언하다: der Schiedsrichter erkannte auf Elfmeter 주심이 패널티킥을 선언했다. **5.** [금융] 얼마를 누구의 계좌에 기입하다. **erkenntlich** ⟨Adj.⟩ 호의를 인정하는, 감사하고 있는(다음 용법으로): sich e. zeigen, (**e. sein**) 사의(謝意)를 표하다. **Erkenntlichkeit, die;** -en (격식독어) **a)** ⟨Pl. 없음⟩ 감사의 표시, 사의(謝意). **b)** 감사를 나타내는 선물, 친절. **¹Erkenntnis, die;** -se **1.** 앎, 지각, 인지(認知), 식별: neue ~se der Forschung 새로운 연구 지식; ich durfte mich dieser E. nicht verschließen 나는 이러한 지각에 눈을 감아서는 안되었다; er kam zu der E., daß ... 그는 ...을 알게 되었다. **2.** ⟨Pl. 없음⟩ 통찰, 깨달음, 인식: an die Grenzen der E. stoßen 인식의 한계에 부딪치다; vom Baum der E. [성경] 지혜의 나무(선악을 알게 하는). **²Erkenntnis** [16. Jh. ↑erkennen (4 a) 참조.] das; -ses, -se ⟨österr. 고어⟩ [법정] 판결, 선고.

erkenntnis-, Erkenntnis- (¹Erkenntnis): **~drang,** der ⟨Pl. 없음⟩ 지식[인식]욕. **~fähigkeit, die** ⟨Pl. 없음⟩ 인식(능)력. **~gehalt, der** 인식 내용. **~kritik, die** [철학] 인식 비판. **~kritisch** ⟨Adj.⟩ [철학] 인식에 관한. **~lehre, die** ↑~theorie. **~mäßig** ⟨Adj.⟩ 인식에 관한. **~methode, die** 인식 방법. **~mittel,** das 인식 수단. **~prozeß,** der 인식 과정. **~theoretisch** ⟨Adj.⟩ [철학] 인식론의. **~theorie, die** [철학] 인식론. **~vermögen,** das ⟨Pl. 없음⟩ 지력, 인식력.

Erkennung, die 앎, 인식, 식별, 분별.

Erkennungs-: ~dienst, der (경찰의) 감식(작업), 감식과. **~marke, die** 인식표. **~merkmal,** das 식별 기호. **~zeichen,** das 식별 신호, 식별표, 인식표, 식별, 기장(記章).

Erker [ˈɛɐ̯kɐ], der; -s, - (집 위층에 있는 내다보기 위한) 불쑥 나온 창. **Erkerfenster, das** 돌출창. 불쑥 나온 창. 돌출창. **Erkerzimmer,** das 돌출창이 있는 방, 구석방.

erkiesen* ⟨h, 주로 과거와 과거분사 형태로 사용.⟩ ↑ erküren 참조.⟩ 《아이》 선발하다, 선택하다: hast du Rot zu deiner Lieblingsfarbe[du dir Rot als Lieblingsfarbe] erkoren? 빨간색을 너의 좋아하는 색깔로 골

랐느냐?

erklärbar [ɛɐ̯'klɛːɐ̯baːɐ̯] ⟨Adj.⟩ 설명[해설]할 수 있는, 명백한. **Erklärbarkeit**, die ↑erklärbar의 명사형. **erklären** ⟨h⟩ [↑erklärt 참조.] **1. a)** 명백히 하다, 설[해, 천]명하다: etw. genau e. 무엇을 정확하게 설명하다. **b)** 증명하다, …의 이유를 들다, 해석하다: sein Versagen ist mit Krankheit zu e. 그의 거절은 병 때문이라 할 수 있다; ich kann mir dein Verhalten nicht e. 나는 너의 행동을 이해할 수 없다. **c)** ⟨e. + sich⟩ 밝혀지다, 설명되다: das erklärt sich selbst 그것은 스스로 자명해진다; so erklärt es sich, daß ... 이와 같이 ... 은 밝혀진다[설명된다]. **2. a)** 말하다, 언명[단언, 공언]하다: „ich werde nicht kommen", erklärte er 나는 오지 않겠다, 하고 그는 언명했다; einem Land den Krieg e. 어느 나라에 대해 전쟁을 선포하다. **b)** ⟨e. + sich⟩ 입장을 표명하다: erkläre dich deutlicher! 좀더 분명하게 너의 생각을 말해다오!; sich für[gegen] jmdn.[etw.] e. 누구[무엇]에게 찬성(반대) 입장을 표명하다; sie erwartete, daß ich mich endlich erklärte 그 여자는 내가 결국 사랑을 고백할 것을 기대하고 있었다. **3.** (공(公)적으로) 발표하다, 선언(단언, 성명, 포고]하다: einen Vermißten für tot e. 실종자를 사망한 것으로 발표하다; er wurde zum Sieger auf Punkten erklärt 그는 판정승을 선언 받았다. **Erklärer**, der; -s, - 주석자.
erklärlich ⟨Adj.⟩ 설명할 수 있는, 명백한, 이해 할 수 있는: ein ~er Irrtum 명백한 잘못; das macht die Sache e. 이것으로 이 사건이 설명된다. **erklärlicherweise** ⟨Adv.⟩ 명백하게, 누구나 알 수 있게. **erklärt** ⟨Adv.⟩ 공공연한, 단호한. **b)** 명언(언명, 공표)된. **erklärtermaßen** ⟨Adv.⟩ 설명할 수 있을 정도로, 명확히, 엄연히. **erklärterweise** ⟨Adv.⟩ 단호[명확]하게. **Erklärung**, die; -en **1.** 설명, 해석, 해명, 이유, 진술: das bedarf keiner weiteren E. 그것은 더 이상 설명이 필요 없다; er hat[findet] für alles eine E. 그는 만사에 이유를 댄다; für dieses Verhalten verlange ich eine E. von Ihnen 이와 같은 처신에 대해 나는 당신의 해명을 요구한다. **2.** 보고, 통지, 언명, 선언, 포고, 진술, 고백: die Regierung gibt eine E. ab 정부가 성명을 발표한다. **Erklärungsversuch**, der 해명 시도.
erklecklich [ɛɐ̯'klɛklɪç] ⟨Adj.⟩ (아어) 상당한, 막대한, 충분한, 현저한: eine ~e Summe 상당한 액수.
erklettern ⟨h⟩ 꼭대기까지 기어오르다, 등반하다: der Felsen wurde vor 50 Jahren erstmals erklettert 그 암벽은 50년 전에 처음으로 등반되었다. **Erkletterung**, die; -en erklettern의 명사형.
erklimmen* ⟨h⟩ (아어) 애써서 기어오르다. **Erklimmung**, die; -en ↑erklimmen의 명사형.
erklingen* ⟨s⟩ 울려 나오다, 울리기 시작하다, 울려 퍼지다.
erklügeln ⟨h⟩ (드물게) 머리를 짜서 생각해내다, 핑계대다, 궤변을 늘어 놓다.
erkoren [ɛɐ̯'koːrən] ↑erkiesen의 과거분사. **Erkorene**, der/die; -n, -n 선택된 남자[여자].
erkranken ⟨s⟩ 병이 나다: an Asthma[an (einer) Grippe] e. 천식(감기)에 걸리다. **Erkrankung**, die; -en 발병, 이환(罹患), 질병. **Erkrankungsfall**, der 발병[질병]의 경우.
erkühnen [ɛɐ̯'kyːnən], sich ⟨h⟩ (아어) 대담하게도 무엇을 하다, 감행하다.
erkundbar [ɛɐ̯'kʊntbaːɐ̯] ⟨Adj.⟩ 확인하게 하는, 정찰[탐색]하기 좋은. **erkunden** [ɛɐ̯'kʊndn̩] ⟨h⟩ (군) 탐사하다, 정찰하다: die feindlichen Stellungen e. 적진을 정찰하다. **Erkunder**, der; -s, - 정찰하는 사람, 척후병. **erkundigen** [ɛɐ̯'kʊndɪɡn̩], sich ⟨h⟩ 묻다, 문의하다: sich nach dem Weg[nach jmds. Befinden] e. 길[누

구의 안부]을 묻다; er hat sich bei mir (danach) erkundigt 그는 나에게 (그것을) 물었다. **Erkundigung**, die; -en 문의, 조회: über jmdn.[etw.] -en einziehen 누구[무엇]를 조사하다. **Erkundung**, die; -en (군) 탐색, 탐지, 정찰.
Erkundungs-: **~arbeit**, die 수색[정찰] 작업. **~fahrt**, die 정찰 운행. **~flug**, der 정찰 비행. **~gang**, der 수색 활동, 예금, 공탁. **~trupp**, der 정찰[수색]대. **~zug**, der ↑~fahrt.
erkünsteln ⟨h⟩ (펌) 거짓꾸미다, 가장하다, …체하다: (대개 과거분사로) mit erkünstelter Ruhe 평정을 가장하고.
erküren* ⟨h⟩ erkürte(erkor), hat erkürt(erkoren) ↑erkiesen 참조. (아어) 뽑다, 선발[선택]하다, 선거하다. **Erkürung**, die; -en 지명, 임명, 선거.
erlaben ⟨h⟩ (아어) 상쾌하게 하다, 활기[원기]를 북돋우다: (대개 e. + sich) (전의) er hat sich an diesem Anblick erlabt 그는 이 광경을 보고 기운이 났다.
Erlag [ɛɐ̯'laːk], der; -(e)s, Erläge [ɛɐ̯'lɛːɡə] (österr. · 관청) (일정한 금액의) 불입, 예금, 공탁. **Erlagschein**, der (österr.) 대체(對替) 지금 불입표(↑Zahlkarte).
erlahmen ⟨s⟩ **a)** 마비되다, 피로해지다: der Arm erlahmte ihm vom langen Tragen 그의 팔은 오랫동안 물건을 들어서 마비되었다. **b)** (아어) 약해지다, 느슨해 지다: sein Eifer ist schnell erlahmt 그의 열성은 곧 시들해졌다. **Erlahmung**, die ↑erlahmen의 명사형.
erlangen ⟨h⟩ 무엇에 다다르다, 도달하다, 얻다, 획득하다, 차지하다, 달성하다; die absolute Mehrheit e. 절대 다수를 차지하다; die Erlaubnis e., etw. zu tun 무엇을 할 수 있는 허락을 얻다; das Visum ist schwer zu e. 비자는 획득하기가 어렵다. **Erlangung**, die ↑erlangen의 명사형.
Erlaß [ɛɐ̯'las], Erlasses, Erlasse (österr) Erlässe [ɛɐ̯'lɛsə] **1. a)** der; (당국의, 관청의) 지시, 규정, 법령: einen E. herausgeben(befolgen) 규정을 공포하다[준수하다]. **b)** ⟨Pl. 없음⟩ (법의) 제정, 발령, 발포. **2.** 면제(형벌, 채무 따위의), 사면(赦免). **erlassen*** ⟨h⟩ **1.** 포고(布告)하다, 공포하다: ein Gesetz[einen Befehl, eine Verfassung, eine Amnestie, ein Verbot] e. 법률[명령, 헌법, 사면령, 금지령]을 공포하다[내리다]. **2.** 면제하다, 사면하다, (형벌, 의무 등을) 면(免)하다: jmdm. eine Schuld e. 누구에게 죄를 면제하다. **Erlaßjahr**, das ↑Jubeljahr 참조. **Erlassung**, die; -en (드물게 Pl.) 면제, 사면, 허용; 발령, 발포.
erlauben [ɛɐ̯'laʊbn̩] ⟨h⟩ **1.** 허가하다, 허용하다, 용서하다 (반대: verbieten): ich erlaubte ihm zu reisen 나는 그에게 여행하도록 허락했다; Fotografieren ist hier nicht erlaubt 여기서 사진 촬영은 금지되어 있다; erlauben Sie, daß ich rauche? 내가 담배를 피워도 괜찮겠습니까?; (na) erlauben Sie mal!(통용어) 어떻게 그런 말씀을 하실 수 있습니까. [성구] was nicht verboten ist, das ist erlaubt 금지되지 않은 것은 허락된 것이다; erlaubt ist, was gefällt 마음에 드는 것이라면 무엇을 해도 좋다; erlaubt ist, was sich ziemt 예의에 어긋나지 않는 것이라면 무엇을 해도 상관없다. **2.** 동의하다, 인가(승낙)하다: seine Mittel erlauben ihm kein eigenes Auto 그는 자가용 차를 가질만한 여유가 (돈)가 없다; wenn es das Wetter erlaubt 날씨가 좋으면. **3. a)** 무엇을 감히하다, 제멋대로 무엇을 하다: ich kann mir hierüber kein Urteil e. 나는 이점에 대해 공정한 판단도 감히 할 수 없다; ich erlaube mir, Sie morgen aufzusuchen 실례지만 내일 당신을 방문할 작정입니다; was erlaubst du dir denn! 넌 도대체 무엇을 할 작정이야! **b)** 무엇을 섭취하다, 어떤 즐거움을 누리다; endlich kann ich mir eine größere Wohnung e. 마침내 나는 보다 큰 집을 장만할

수 있게 되었다. **Erlaubnis,** die; -se 〈드물게 Pl.〉 허가, 동의: er hat den Wagen mit [ohne] E. des Chefs benutzt 그는 자동차를 사장의 허가를 받고[없이] 사용했다; um E. bitten 허가를 부탁하다; mit Ihrer E. 죄송합니다만(정중한 표현에 사용하는 상투어). **Erlaubnisschein,** der 허가증, 면허장.

erlaucht [ɛɐ̯ˈlauxt] 〈Adj.〉 [lat. illustris] 〈아어〉 고상한, 귀한, 저명한. **Erlaucht** [-], die; -en 각하(귀족에 대한 존칭): Seine E., Graf von … …백작 각하.

erlaufen* 〈h〉 [스포츠] **a)** 달려서 도달하다. (공 따위를) 달려서 붙잡다: eine Flanke e. 측면을 따라잡다. **b)** 달려서 획득하다[얻다]: du hast (dir) viele Trophäen erlaufen 너는 달리기에서 수많은 트로피를 획득했다.

erlauschen 〈h〉 〈드물게〉 귀담아 듣다. 엿듣다.

erläutern 〈h〉 설명하다, (뜻을) 밝히다, 해석[해명]하다. einen Text e. 본문에 주석을 달다. **Erläuterung,** die; -en 해명, 해석, 주석; 뜻풀이. **erläuterungsweise** 〈Adv.〉 해명[해설]으로.

Erle [ˈɛrlə], die; -n **1.** 오리나무(식물). **2.** 〈Pl. 없음〉 오리나무(재목).

erlebbar [ɛɐ̯ˈleːpbaːɐ̯] 〈Adj.〉 체험 가능한. **erleben** 〈h〉 **1. a)** 마주치다, 경험하다, 겪다: ich habe schon viel [vieles] erlebt 나는 이미 산전수전을 다 겪었다. **b)** 체득[감독]하다: eine Landschaft e. 풍경을 음미하다; so aufgeregt habe ich ihn noch nie erlebt 그가 그렇게 화가 난 것을 나는 여태 본적이 없다. **2. a)** 〈외부의 반응으로서, 행위의 결과로서〉 경험하다: das Buch erlebt schon die 5. Auflage 그 책은 벌써 5판을 거듭하고 있다; hat man so was schon erlebt! 그런 일이 일찍이 있었을까?; du kannst (von mir) noch was erleben! 너 그러다가 (내게) 당하는 수가 있어! **b)** 〈e. + sich〉 자기 자신이 어떠어떠하다고 느끼다[자각하다]: der Mensch erlebt sich als ein kleines, unbedeutendes Rädchen in einem großen Geschehen 인간은 자기 자신이 위대한 사건 속의 보잘것 없는 작은 수레바퀴임을 자각한다. **3.** 살아서 어떤 때(무엇)를 만나다: werden wir das Jahr 2000 e.? 우리가 2000년 까지를 살게 될까? **Erleben,** das; -s **a)** 체험, 경험. **b)** 체험한 것, 겪은 것. **Erlebensfall,** der [보험] 일정한 나이가 되었을 때 연금을 지급받는 생명보험의 일종: im E. 생존할 경우에는, 생존한 경우에. **Erlebnis** [ɛɐ̯ˈleːpnɪs], das; -ses, -se 경험, 체험, 전문, 기표된 사건: ich habe ein schreckliches E. gehabt 나는 끔찍한 체험을 했다.

erlebnis-, Erlebnis-: **~arm** 〈Adj.〉 경험이 없는(반대: ~reich). **~aufsatz,** der [교육] [국민학생들의] 체험작문. **~bericht,** der 체험[경험] 보고. **~dichtung,** die [문예학] 체험 문학. **~fähigkeit,** die 〈Pl. 없음〉 [심리] 체험 능력. **~fülle,** die 체험의 풍부함. **~gehalt,** der 체험의 내용. **~hunger,** der 체험욕. **~hungrig** 〈Adj.〉 체험욕이 강한, 경험을 갈망하는. **~inhalt,** der 체험의 내용. **~lyrik,** die 체험시. **~reich** 〈Adj.〉 경험이 풍부한(반대: ~arm). **~roman,** der 체험 소설. **~stark** 〈Adj.〉 체험이 강한. **~welt,** die 체험 세계, 경험 영역.

erledigen [ɛɐ̯ˈleːdɪɡn̩] 〈h〉 **1. a)** (의심을) 풀다, 끝내다, 마치다, 처치하다, 해결하다, 처리하다, 〈싸움을〉 조정하다: das muß der Chef selbst e. 그 문제는 사장 자신이 해결해야 한다; viel zu e. haben 할 일이 많다; erledigt! 〈통속어〉 해결되었다! , 다 끝났다! **b)** (e. + sich) 끝나다, 처리[해결]되다: der Fall hat sich erledigt 그 사건은 결말이 났다. **2.** 지게 하다, 이기다, 없애다, 죽이다: 〈전의 용법〉 jmdn. moralisch e. 누구를 도덕적으로 매장하다; durch die Verleumdungen wurde er erledigt 그는 모략으로 매장되었다. **erledigt** 〈Adj.〉 **1.** 〈통속어〉 완전히 지친, 소진한: einen -en Eindruck machen 몹시 지친 표정을 짓다. **2.** 〈준고어〉 자리가 비어 있는: ein -es Amt 공직(空職). **Erledigung,** die; -en **a)** 〈Pl. 없음〉 해결, 처치, 처리, 종료: 〈격식투어〉 in E. Ihrer Anfrage teilen wir Ihnen mit … 당신 질의에 대한 회답으로 우리는 당신에게 …을 알립니다. **b)** 배려, 돌봄, 주선, 직무. **Erledigungsvermerk,** der [관] 서류 처리 부호.

erlegen 〈h〉 [mhd. erlegen, ahd. irlecan] **1.** 〈아어〉 (동물을 쏘아) 죽이다, 쓰러뜨리다: in den Wäldern ist kürzlich ein Wolf erlegt worden 숲속에서 최근 늑대 한 마리가 사살되었다. **2.** 〈지역적〉 지불하다, 불입하다, 예금하다: das Eintrittsgeld e. 입장료를 내다. **Erlegung,** die; -en **a)** 〈Pl. 없음〉 쓰러트림, 쏘아죽임, 지급, 불입. **b)** 〈드물게〉 발사, 발포.

erleichtern 〈h〉 **1. a)** 가볍게 하다: seinen Rucksack e. 배낭을 가볍게 하다. **b)** 쉽게 하다, 덜어주다: jmdm. die Arbeit e. 누구의 일을 덜어 주다. **2. a)** 안심시키다: diese Nachricht erleichterte sie sehr 이 소식이 그녀를 대단히 안심시켰다. **b)** (고백 따위에 의해 마음의 무거운 짐에서) 벗어나다, 해방시키다: sein Herz[sein Gewissen] e. 마음의 무거운 짐을 풀다; 〈auch e. + sich〉 du kannst dir dein Gewissen(dich durch ein Geständnis) e. 너는 고백함으로써 마음의 무거운 짐을 벗어 날 수 있다. **3.** 〈e. + sich〉 **a)** 〈통용어〉 (넥타이를 풀거나, 웃옷을 벗어서) 편하게 하다. **b)** 〈통용어·은폐〉 대[소]변을 보다: er ging hinaus, um sich zu e. 그는 볼일을 보기 위해 밖으로 나갔다. **4.** 〈통용어·농〉 (누구의 돈을) 사취하다, 빼앗다: jmdn. beim Pokern e. 포커에서 누구의 돈을 따먹다. **Erleichterung,** die; -en **a)** 〈Pl. 없음〉 안심, 안도: ein Seufzer der E. 안도의 한숨. **b)** 경감, 완화. **Erleichterungsmittel,** das 진통제, 진정제, 완화제.

erleiden* 〈h〉 **a)** 감수하다, 견디다, 참다: große Schmerzen e. 극심한 고통을 견디다. **b)** (해, 악 따위를) 당하다, 입다: eine Niederlage[schwere Verluste] e. 실패[막대한 손해]를 당하다; einen Rückfall e. 재발하다; die Verhandlungen erlitten eine Unterbrechung 협상은 중단되었다.

erlen [ˈɛrlən] 〈Adj.〉 오리나무(제)의.

Erlen- [-]: **~bruch,** der/das 오리나무 숲이 있는 습지. **~busch,** der 오리나무 숲. **~holz,** das 오리나무재, 오리나무 숲. **~rüßler,** der/**~würger,** der 오리나무 바구미. **~strauch,** der 덤불[관목], 숲을 이룬 오리나무. **~zeisig,** der 검은 방울새.

erlernbar [ɛɐ̯ˈlɛrnbaːɐ̯] 〈Adj.〉 학습할 수 있는, 습득할 수 있는. **Erlernbarkeit,** die ↑erlernbar의 명사형. **erlernen** 〈h〉 ↑¹erlesen] 정선된, 우량한, 뛰어난: e. Weine 정선된 포도주들; der Kreis der Gäste war e. 손님들의 범위가 정선되었다. **Erlesenheit,** die ↑erlesen의 명사형.

erleuchten 〈h〉 **1. a)** 밝게 하다, 비추다: Blitze erleuchten den Himmel 번갯불이 하늘을 환하게 비춘다. **b)** 〈e. + sich〉 밝아지다, 〈전의〉 ihr Gesicht erleuchtete sich von innen 그녀의 얼굴은 내면으로부터 빛나기 시작했다. **2.** 〈아어〉 계몽하다, 깨우치다, 계발하다. **Erleuchtung,** die; -en 조명, 전기 조명, 〈전의〉 인스피레이션; 계몽, 계발, 깨달음: göttliche E. 계시(啓示).

erliegen* 〈s〉 **a)** …에 패하다, 굴(복)하다, 쓰러지다, 죽

다: dem Gegner im Kampf e. 《준고어》 싸움에서 적에게 패하다; den Verlockungen des Lebens e. 인생의 유혹을 이기지 못하다; einer Täuschung e. 속다; einem Einfluß e. 영향을 받다; einem Irrtum e. 현혹당하다; 〈명사화〉 **zum Erliegen kommen** 《작업, 기능 등이》 정지되다: der Verkehr ist im Nebel zum E. gekommen 안개 속에서 교통이 마비되었다; etw. **zum Erliegen bringen** …의 기능을 정지시키다. b) 죽다: einem Herzschlag e. 심장마비로 죽다. 2. 《österr.》 공탁(기탁)되어 있다, 맡겨져 있다.

erlisten 〈h〉 술책을 부려서 무엇을 얻다, 편취하다. **Erlistung**, die ↑erlisten의 명사형.

Erlkönig ['ɛrl-], der; -s, -e [dän. elver-konge „Elfen-könig"의 오역(誤譯)] 요정의 왕, 마왕; 위장한 시운전용 신형차.

erlogen: ↑erlügen의 과거분사.

Erlös [ɛɐ̯'løːs], der; -es, -e 《판매건에서 얻은》 수익금, 매상고: er lebte vom E. seiner Bilder 그는 그의 그림을 팔아 생활했다.

erlöschen* 〈s〉 **a)** 《불, 빛 등이》 꺼지다, 사라지다: [전의] das Lächeln erlosch wieder 미소가 다시 사라졌다. **b)** 바래다, 퇴색하다, 《목소리가》 가냘퍼[희미해]지다: die Leidenschaft erlischt 정열이 식다; mit erlöschender Stimme sprechen 나오지 않는 목소리로 말하다. **c)** 없어지다, 소실[소멸]하다, 《혈통이》 끊어지다. **d)** 효력을 잃다: die Firma ist erloschen 그 회사는 해산되었다.

erlosen 〈h〉 《드물게》 제비 뽑아서 얻다.

erlösen 〈h〉 **1.** 자유롭게 하다, 《어려움, 고통, 걱정에서》 구해내다, 구제하다: eine verzauberte Prinzessin e. 마법에 걸린 공주를 구해내다; erlöse uns von dem Bösen 우리를 악에서 구하소서《주기도문》; er wurde von seinem schweren Leiden erlöst 《은폐》 그는 죽었다; ich bin erlöst 《통어》 나는 구원을 받았다. **2.** 〈아어·준고어〉 《팔아서 돈을》 벌다, 벌다: er hat 2 Mark pro Stück erlöst 그는 한개당 2 마르크를 받았다. **Erlöser**, der; -s, - **a)** 구제자. **b)** 〈Pl. 없음〉 《기독교》 구세주, 그리스도. **Erlöserbild**, das **a)** 그리스도상《像》. **b)** 《종교》 구세주의 정신적 표상. **Erlösung**, die; -en 구제, 구원, 해방; 구제, 속죄. **Erlösungswerk**, das 《그리스도에 의한》 속죄.

erloten 〈h〉 《드물게》 《측연(測鉛)으로》 물의 깊이를 재다.

erlügen* 〈h〉 거짓말하다, 날조하다: eine Geschichte e. 역사를 날조하다; erlogene Nachrichten 허위 보도.

erlustieren [ɛɐ̯lʊs'tiːrən], sich, **erlustigen** [ɛɐ̯'lʊstɪɡn̩], sich 《준고어·농》 즐기다, 즐겁게 지내다.

ermächtigen [ɛɐ̯'mɛçtɪɡn̩] 〈h〉 누구에게 무엇을[을 할] 권력(권능)을 부여하다, 전권을 위임하다, 자격을 부여하다: wir ermächtigen ihn, die Verhandlungen in unserem Namen zu führen 우리는 우리 이름으로 회담을 하도록 전권을 그에게 위임한다. **Ermächtigung**, die; -en 권력 부여, 전권 위임; 권능, 전권: er hat keine E., den Vertrag zu unterschreiben. 그는 그 계약에 서명할 권한이 없다. **Ermächtigungsgesetz**, das 《헌법》 수권법《授權法》.

ermahnen 〈h〉 훈계하다, 정신차리게 하다, 경고하다: jmdn. zur Sparsamkeit[zur Vorsicht] e. 누구를 근검절약[주의] 하도록 타이르다. **Ermahnung**, die; -en 훈계, 주의 환기, 경고, 재촉: er hat alle -en in den Wind geschlagen 그는 경고를 개의치 않았다.

ermangeln 〈h〉 **a)** 《아어》 《무엇이》 부족하다: ich ermang(e)le dieses Vorteils 나에게는 이러한 장점이 없다. **b)** 《고어·격식독어》 (nicht게 동반해서) 게을리하지 않다, 무슨일을 틀림없이 행하다: wir werden nicht e., Ihnen rechtzeitig Nachricht zu geben 우리는 당신에게 적시(適時)에 꼭 소식 전하도록 하겠습니다. **Ermang(e)lung** 《다음 용법으로》 in E. 《아어》 …의 결핍 때문에, …이 없으므로: in E. eines Besser(e)n begnügte er sich mit einem Stück Brot 더 좋은 방도가 없어서 그는 빵 한 조각에 만족했다.

ermannen [ɛɐ̯'manən], sich 〈h〉 《아어》 용기를 내다, 분기(奮起)하다: ich hatte mich wieder ermannt 나는 다시 용기를 내었었다. **Ermannung**, die 〈Pl. 없음〉 ↑ermannen의 명사형.

ermäßigen 〈h〉 **a)** 《값을》 절약하다, 경감하다, 《값을》 깎다. **b)** 《e. + sich》 《값이》 내리다, 떨어지다. **Ermäßigung**, die; -en 절약, 경감, 완화. **a)** eine E. der Gebühren beantragen 수수료《사용료》의 인하를 요구하다. **b)** 가격 인하, 할인.

ermatten [ɛɐ̯'matn̩] 《아어》 **1.** 〈s〉 **a)** 피로하다, 지치다, 싫증나다: [전의] sein Mut war bald ermattet 그의 용기는 곧 사그러졌다. **b)** 빛이 바래다, 흐려지다. **2.** 〈h〉 피로하게 하다, 지치게 하다, 싫증나게 하다: die Anstrengungen haben ihn sehr ermattet 그는 긴장하여 매우 지쳤다. **Ermattung**, die 〈Pl. 없음〉 피로, 쇠약, 권태.

ermeßbar 〈Adj.〉 측량(평가)할 수 있는. **ermessen*** 〈h〉 재다, 측량하다, 알아내다: wer ermißt die Bedeutung dieses Augenblickes? 누가 이 순간의 중요성을 아는가? ; 《또한》 《e. + sich》 daran ermißt sich die Leistung 그것으로 업적이 평가된다. **Ermessen**, das; -s 고려, 판단, 평가, 견적, 추측: nach reifem E. 자유 재량에 따라; **nach menschlichem E.** 대체로 보아, 여러 의견에 따르면, etw. **in jmds. E. stellen** 무엇을 누구의 자유재량에 맡기다.

Ermessens-: **~frage**, die 자유 재량의 허용 문제, 개인적 판단 문제. **~freiheit**, die 〈Pl. 없음〉 개인적 재량의 자유. **~mißbrauch**, der 자유 재량권의 남용. **~spielraum**, der 자유 재량의 여지.

ermitteln [ɛɐ̯'mɪtl̩n] 〈h〉 **a)** 탐구(발견)하다, 조사하다: einen Täter e. 범인을 발견하다. **b)** 산출(算出)하다, 확정하다: den Durchschnittswert e. 평균치를 산출하다. **c)** [법] 수사하다. **Ermittlung**, die; -en **a)** 발견, 탐구, 조사, 확정. **b)** 〈대개 Pl.〉 수사《경찰의》: -en einleiten[anstellen, durchführen] 수사를 개시하다, 수사하다.

Ermittlungs- [법]: **~arbeit**, die 수사 활동. **~ausschuß**, der 수사 위원회. **~beamte**, der 수사관. **~büro**, das 안내소, 흥신소. **~dienst**, der 수사 업무. **~ergebnis**, das 수사 결과. **~richter**, der 수사 판사. **~stand**, der 수사 상황《상태》. **~tätigkeit**, die 수사 활동. **~verfahren**, das 수사 절차《검사가 기소 여부를 결정하기 위한》.

ermöglichen [ɛɐ̯'møːklɪçn̩] 〈h〉 가능케 하다, 《실행할 수 있도록》 궁리하다: jmdm. eine Reise e. 누구의 여행을 실현시키다; ich komme, sobald meine Zeit es ermöglicht 나는 시간이 되는대로 곧 오겠다. **Ermöglichung**, die ↑ermöglichen의 명사형.

ermorden 〈h〉 죽이다, 살해하다, 학살하다. **Ermordung**, die; -en ↑ermorden의 명사형.

ermüdbar [ɛɐ̯'myːtbaːɐ̯] 〈Adj.〉 쉽게 지치는. **Ermüdbarkeit**, die 〈Pl. 없음〉 피로, 피곤 증세. **ermüden** [ɛɐ̯'myːdn̩] **1. a)** 〈s〉 피로해지다, 지치다, 싫증나다. **b)** 〈h〉 피로하게 하다, 번거롭게 하다. **c)** 〈기술〉 《금속이》 피로하다. **Ermüdung**, die; -en **1.** 피로, 권태: vor E. einschlafen 피곤해서 잠이 든다. **2.** [기술] 《금속의》 피로.

ermüdungs-, **Ermüdungs-**: **~erscheinung**, die 〈대개 Pl.〉 피로 현상. **~frei** 〈Adj.〉 피곤하게 만들지 않는. **~los** 〈Adj. nicht adv.〉 피곤해지지 않는, 능률이 저하되지 않는. **~zustand**, der 피로 상태.

ermuntern [ɛɐ̯'mʊntɐn] 〈h〉 **1.** 원기를 북돋우다, 쾌활하

게 하다, 고무하다, 자극하다. 2. a) 《준고어》 잠을 깨우다. b) 〈e. + sich〉 잠을 깨다, 기운이 나다, 회복하다. **Ermunterung**, die; -en a) 격려, 고무. b) 격려의.
ermutigen [ɛɐˈmuːtign] 〈h〉 기운을 내게 하다, 고무하다: Kinder durch Lob e. 어린애들을 칭찬을 통해서 격려하다(반대: entmutigen). **Ermutigung**, die; -en a) 격려, 고무. b) 고무적인 말.
Ern : ↑Eren.
ernähren 〈h〉 1. a) …을 먹이다[기르다], 양육하다, 사육하다: ein Baby[an der Brust] e. 아기를 모유로 기르다; 전의 den Geist durch Lesen e. 정신을 독서로 살찌우다. b) 〈e. + sich〉 …을 먹고 살다: ich ernähre mich hauptsächlich von Quark und Obst 나는 주로 응유(凝乳) 치즈와 과일을 먹고 산다. 2. a) 부양하다: eine große Familie zu e. haben 대가족을 부양해야 한다. b) 〈e. + sich〉 (자신의) 생계를 이어가다: vom dem Gehalt kann ich mich kaum e. 그 봉급으로 나는 내 생계를 이어갈 수가 없다. **Ernährer**, der; -s, - a) 부양하는 사람, 부양자. b) 《드물게》 식량 생산자. **Ernährerin**, die; -nen ↑Ernährer의 여성형. **Ernährung**, die; - 1. a) 양육, 사육, 영양 섭취: natürliche (künstliche) E. 모유 포육(哺育)[인공 포육] 나는 주로 응유(凝乳) 치즈와 과일을 먹고 산다. tierische[pflanzliche] E. 동물성[식물성] 식품. 2. 생계, 부양, 돌봐줌: für die E. der Familie sorgen 가족의 생계를 돌보다.
ernährungs-, Ernährungs-: ~**amt**, das 《전시에 식량 배급을 담당한》 식량 관리국. ~**basis**, die 기본 식량. ~**beihilfe**, die 양육비 보조금. ~**forschung**, die 〈Pl. 없음〉 영양학. ~**kosten** 〈Pl.〉 생계비. ~**krise**, die 식량 위기. ~**lage**, die 영양 상태, 식량 사정. ~**lehre**, die 〔의학〕 영양학. ~**ministerium**, das 식량성. ~**physiologie** die 〔의학〕 영양 생리학. ~**physiologisch** 〈Adj.〉 영양 생리학의. ~**situation**, die ↑~lage. ~**störung**, die 〔의학〕 영양 장해. ~**weise**, die 영양 섭취법. ~**wissenschaft**, die ↑~lehre. ~**zustand**, der 〔의학〕 영양 상태.
ernẹnnen* 〈h〉 a) 누구를 어떤 지위에 임명[지명]하다: jmdn. zum Vorsitzenden e. 누구를 의장으로 지명하다. b) 임명하다, 지명하다: einen Nachfolger e. 후계자를 임명하다. **Ernennung**, die; -en 지명, 임명, 천거, 취임. **Ernennungsurkunde**, die 임명장, 사령장: den Ministern wurden die n überreicht 장관들에게 임명장들이 수여되어졌다.
erneuen [ɛɐˈnɔyən] 〈h〉 a) 《드물게》 ↑erneuern. b) 〈e. + sich〉 〈아이〉 새로워지다. **Erneuer**, 《자주》 **Erneu(e)rer**, der; -s, - 개혁가, 갱신자, 부흥자, 복구자, 수선자. **Erneuerin**, die; -nen ↑Erneuer의 여성형.
erneuern [ɛɐˈnɔyɐn] 〈h〉 1. a) (낡은 것, 헌것을) 새것으로 바꾸다: die Autoreifen e. 자동차 바퀴를 새것으로 바꾸다. b) 회복하다, 부흥하다, 수선하다: ein Bauwerk von Grund auf e. 건물을 근본적으로 복구하다. c) 〈e. + sich〉 새롭게 되다, (원기를) 회복하다. 2. 다시 생기게 하다, 다시 시작하다: eine alte Freundschaft e. 옛 우정을 부활시키다. 3. 되풀이 하다, 연장하다; 갱신하다: den Paß e. 여권을 갱신하다. **Erneuerung**, die; -, -en 개혁, 갱신, 수선, 수리, 회복, 재흥, 부활, 복구, 계속: das Haus hat eine E. dringend nötig 그 집은 수선이 시급하게 필요하다.
erneuerungs-, Erneuerungs-: ~**bedürftig** 〈Adj.〉 개선[수선, 갱신, 개혁]이 필요한. ~**bedürftigkeit**, die 수선[개혁] 필요성. ~**bewegung**, die (정신적, 문화적, 정치적 분야의) 개혁운동. ~**schein**, der [증권] 갱신 증권[증서].
Erneurer: ↑Erneuerer. **erneut** [ɛɐˈnɔyt] 〈Adj.〉 새롭게(대두되는), 다시 한 번, 재차. **Erneuung**, die; -en [zu: erneuen] 《드물게》 ↑Erneuerung.

erniedern [ɛɐˈniːdɐn] 〈h〉 〈아어·준고어〉 낮추다, 〈품위를〉 떨어 뜨리다, 천하게 하다. **erniedrigen** [ɛɐˈniːdrɪɡn] 〈h〉 1. a) (도덕적으로) 낮추다, (품위를) 떨어 뜨리다: eine erniedrigende Behandlung erfahren 굴욕적인 취급을 당하다; 《또한》 〈e. + sich〉 damit hast du dich selbst erniedrigt 그것으로 너는 너 자신의 품위를 떨어뜨렸다. b) ((누구를) 서열에서 한단계) 낮추다: wer sich selbst erniedrigt, wird erhöht werden 누구든지 자기를 낮추는 자는 높아지리라 (마태복음 23장 12절). 2. (값을) 깎다, 감하다: die Preise e. 가격을 깎다: a zu as e. (음악에서) 반음을 낮추다. **Erniedrigung**, die; -en a) 낮춤, 내림, 굴욕, 겸양, 비굴. b) 감가. **Erniedrigungszeichen**, das 〔음악〕 플랫, 변기호(變記號) 《기호: ♭; 음(音)을 반음 내리기 위하여 음표의 왼편에 붙임》.

ernst [ɛrnst] 〈Adj.〉 1. 진지한, 진심의, 웃지않는, 근엄한: eine -e Miene machen 진지한(근엄한) 표정을 짓다: er bemühte sich, e. zu bleiben 그는 웃지 않으려고 애를 썼다. -e Musik 고전 음악, 예술 음악(반대: Unterhaltungs-, Tanzmusik). 2. 중대[중요]한, 심상치않은: seine Aufgabe e. nehmen 자신의 임무를 중요하게 받아들이다. 3. 진정한 솔직[정직, 성실]한: es ist ihm e. damit 그는 그일에 대해서 진지하다. 4. 대단히 심각한, 위험적인 걱정스런: die Lage sieht e. aus 상태가 대단히 심각하여 보인다. **Ernst** [-], der; -(e)s 1. a) 진지, 엄숙, 엄격, 가혹: mit E. und Würde 진지함과 위엄을 가지고: tierischer E. (통용어·편) 더럽게 융통성 없이 고지식함. b) 진심(眞心), 진정, 진심, 본심: Scherz und E. 농담과 진심. er hat allen -es behauptet, daß … 그는 아주 진정으로 …을 주장했다: (mit einer Sache) E. machen (어떤 일을) 진지하게 생각하다, 진지하게 대처하다. 2. a) 사실, 현실, 중대, 중요: aus dem Spiel wird E. 장난이 사실이 된다: der E. des Lebens 인생의 대사; 힘든 일상 생활, 거친 현실. 직업 인생. b) 위험, 위험. **Ernstfall**, der 위급한 경우, 전시: wenn der E. eintritt 위급한 경우가 닥치게 되면; im E. 위급한 경우에, 전시에. **ernstgemeint** 〈Adj.〉 중대한, 진지한.
ẹrnsthaft 〈Adj.〉 1. 진지[착실]한, 진심[본심]의, 중후한, 침착한: eine -e Miene aufsetzen 진지한 표정을 짓다. 2. 강렬한, 긴급한, 중요[중대]한: -e Ermahnungen 강력한 경고(훈계). 3. 솔직한, 엄정한, 진지한, 실제의, 사실의: daran hat niemand e. geglaubt 그것에 대해 아무도 실제로 믿지 않았다. 4. 대단한, 심한, 위험적인: -e Verletzungen 심한 부상. **Ernsthaftigkeit**, die 진지함, 진지성, 엄정성: an der E. dieser Aussage ist nicht zu zweifeln 이 진술의 진지성은 의심할 수 없다.
ẹrnstlich 〈Adj. 대개 adv.〉 1. 진지한, 강렬한, 심한: jmdn. e. ermahnen 누구에게 강력하게 경고(훈계)하다. 2. 진정으로, 사실로: jmdm. e. böse sein 누구에게 정말로 화내다. 3. 예사가 아닌: e. krank sein 예사가 아닌 병이다.
Ernte [ˈɛrntə], die; -n 1. 거두어 들임, 수확: die Bauern sind bei[in] der E. 농부들이 수확 중이다; reiche (schreckliche, furchtbare) E. halten (아어) 파멸 [몰락, 죽음]을 가져오다; Krieg und Pest hielten reiche E. 전쟁과 흑사병은 다수의 희생자를 냈다. 2. 수확물(고), 총 수확량: eine gute(schlechte) E. 풍(흉)작의 물(고), 총 수확량; 전의 die literarische E. des Exils 망명의 문학적 수확; jmdm. ist die ganze E. verhagelt 《통용어》 누구가 실패(패배)로 인해 기가 꺾이다.
ẹrnte-, Ernte-: ~**arbeit**, die (대개 Pl.) 수확 작업 일꾼. ~**arbeiter**, die 수확하는 일꾼. ~**arbeiterin**, die ↑~arbeiter의 여성형. ~**ausfall**, der 1. 〈Pl. 없음〉 수확 [량·고], 수확의 질. 2. 〈Pl.〉 감수. ~**aussicht**, die (대개 Pl.) 수확 전망. ~**brigade**, die 《구동독》 수확 작업

조. ~dankfest, das 추수 감사절. ~einsatz, der 수확 돕기. ~ergebnis, das 수확량. ~ertrag, der 수확량. ~fest, das 추수감제. ~helfer, der 수확돕기 일손. ~helferin die ↑~helfer의 여성형. ~hilfe, die 수확 돕기 ~kampagne, die 《구동독》 공동 수확 작업. ~kranz, der 추수 감사절의 화환(花環). ~krone, die 추수 감사절의 화환(花環). ~maschine, die 수확용 농기계. ~monat, ~mond, der (고어) 8월(수확의 달). ~plan, der 《구동독》 수확 계획. ~reif 〈Adj.〉 수확할 정도로 익은. ~resultat, das 수확량. ~segen, der 〈Pl. 없음〉《아어》 수확(량). ~tanz, der 추수 감사절의 무용(춤). ~versicherung, die 수확 결손 보험(천재 지변으로 인한). ~wagen, der 수확차, 곡물차. ~wetter, das 수확에 적합한 날씨. ~zeit, die 수확기.

ernten ['ɛrntn] 〈h〉 거두어 들이다, 수확하다: 전의 Undank[keinen Dank] e. 전혀 갈채[환영]를 받지 못하다.

Ernting, der; -s, -e 〈고어〉 ↑Erntemonat.

ernüchtern 〈h〉 1. 취기에서 깨우다: die Nachtluft ernüchterte ihn 밤공기가 그의 취기를 깨웠다. 2. 각성시키다, 냉정[진지]하게 하다: Ärger und Enttäuschung hatten ihn ernüchtert 분노와 실망이 그를 각성시켰다; ernüchtert weg gehen 실망해서 가버리다. Ernüchterung, die; -en 1. 술에서 깸. 2. 각성, 냉정[진지]해짐, 미몽에서 깨어남.

Eroberer [ɛɐ'ˈloːbərə], der; -s, - 정복자: den -n Widerstand entgegensetzen 정복자에게 저항하다. Eroberin, die; -nen ↑Eroberer의 여성형. erobern [...bɐn] 〈h〉 1. 정복하다: Gallien wurde von Cäsar erobert 갈리아는 시저에 의해 정복되었다. 2. 획득하다, 얻다: die Firma hat (sich) mit diesem Produkt neue Märkte erobert 그 회사는 이 상품으로 새 시장을 획득[개척]했다; einen Berg e. 〈아이〉 산을 정복하다; sie wollten im Urlaub Rom e. 〈농〉 그들은 휴가에 로마를 철저히 구경하려고 했다. Eroberung, die; -en 1. a) 정복. b) 정복하여 얻은 것(점령지, 노획물 따위). 2. a) 〈노력하여, 싸워〉 얻음, 획득. b) 획[취]득물: -en machen 누구[무엇]를 획득하다; auf -en ausgehen 《농》 (추종자, 여자 따위를) 낚으러 나서다.

eroberungs-, Eroberungs-: ~absicht, die 〈대개 Pl.〉 정복 의도. ~drang, der 〈Pl. 없음〉 정복 충동. ~feldzug, der 정복을 위한 출정[출병]. ~geist, der 〈Pl. 없음〉 침략 근성. ~gier, die 정복욕. ~krieg, der 침략[정복] 전쟁. ~lust, die 정복욕. ~lüstern 〈Adj.〉 정복욕에 찬. ~lustig 〈Adj.: nicht adv.〉 정복욕에 찬. ~plan, der 정복 계획. ~politik 〈Pl. 없음〉 침략[정복] 정책. ~sucht, die 〈Pl. 없음〉 (병적인) 정복욕. ~süchtig 〈Adj.: nicht adv.〉 정복욕에 찬. ~wille, der 정복[침략] 의지. ~zug, der ↑~feldzug.

erodieren [ero'diːrən] 〈h〉 [lat. ērōdere] (지질) (흙을) 씻어내리다, 침식하다, 부식하다: die erodierende Tätigkeit eines Flusses 강물의 침식 활동.

eröffnen 〈h〉 1. 개막하다, 개업하다: eine Ausstellung e. 전시회를 개막하다. 2. a) (의학) 절개(切開)하다, 열다. b) (관) (공적으로) 개봉하다: der Notar eröffnete das Testament 공증인이 유언장을 개봉했다. c) (상) 개설하다: ein Konto bei der Bank e. 은행 구좌를 개설하다. d) (법·상) 시작하다: den Konkurs e. 파산 절차를 시작하다. 3. a) 시작하다, 개회하다, 열다: der Ball wurde mit einer Polonaise eröffnet 무도회는 폴란드 무용곡으로 시작되었다. b) (증권) (증권 시장이) 개장(開場)되다. 4. a) 털어 놓다, 알리다: er eröffnete mir seine Absichten 그는 나에게 그의 의도를 털어놓았다. b) 〈e. + sich〉《아이》 누구에게 속마음을 털어놓다, 토로하다. 5. a) 열어주다: das Angebot eröffnet (mir) neue Möglichkeiten 그 제안은 (나에게) 새로운 가능성을 열어준다. b) 〈e. + sich〉 열리다, 나타나다. Eröffnung, die; -en 1. 엶, (유언장의) 개봉, 개시, 개업, 개막, 열어줌. 2. 고백, 토로: seine -en überraschten mich nicht 그의 고백들이 나를 놀라게 하지 않았다. (jmdm.) eine E. [-en] machen (누구에게) 비밀을 털어놓다. 3. (장기) 개국.

Eröffnungs-: ~ansprache, die 개회사. ~beschluß, der (법) 개시결정(開始決定) ~bilanz, die [경제] 개시 대차대조표. ~drittel, das [아이스하키] ↑Anfangsdrittel. ~feier, die 개막 축하행사. ~feierlichkeit, die 〈대개 Pl.〉 개막[회]식. ~konzert, das 개막 연주회. ~kurs, der [증권] (주식의) 개장 시세. ~periode, die [의학] 개구(開口)기. ~rede, die ↑~ansprache. ~sitzung, die (회의의) 첫모임, 첫회의. ~spiel, das [스포츠] 개막 경기. ~tag, der 개막[업, 장]일. ~variante, die (서양 장기에서) 개국수 중의 하나. ~veranstaltung, die 개막 행사. ~vorstellung, die (축제, 음악제 등의) 개막 연주(공연). ~wehen, die (의학) 산전(産前) 진통.

erogen [ero'geːn] 〈Adj.〉 [zu griech. érōs (↑Eros) u. ↑-gen] a) 성적 자극에 민감한: -e Zonen 성감대. b) 성적(性的) 자극을 불러일으키는. Erogenität [...geniˈtɛːt], die (드물게) 성적 자극성(민감성).

eroico [eˈroːiko] 〈Adv.〉 [ital. eroico < lat. hērōicus, ↑heroisch] [음악] 영웅적인.

erörtern [ɛɐ'ˈœrtɐn] 〈h〉 논(論)하다, 토론하다, 상론하다, 논의하다: eine Frage [einen Fall] mit jmdm. e. 질문[사례]를 누구와 함께 논하다; ein Problem wissenschaftlich e. 문제를 학문적으로 논의하다. Erörterung, die; -en 토론, 논의: gründliche -en über etw. anstellen 무엇에 대해 철저히 논의하다; er ließ sich auf keine weiteren -en ein 그는 그 이상의 토론에는 응하지 않았다.

Eros ['eːrɔs, 'ɛrɔs], der; - [griech. érōs] 사랑, 연애, 성애(性愛): pädagogischer E. [교육] 교육적 에로스(스승과 제자 사이의 정신적 사랑); philosophischer E. [철학] 철학적 에로스(진선미의 세계를 동경하는 순수애); Eros-Center, das 섹스 센터, 유곽.

Erosion [ero'zi̯oːn], die; -en [lat. ērōsio] 1. [지질] 침식(작용), 수식(水蝕): durch E. entstandene Täler 침식 작용에 의해 생겨난 계곡들. 2. [의학] a) (피부나 점막 표면의) 진무름, 미란(糜爛). b) (치아의) 법랑질(琺瑯質) 부식. 3. [기술] (내화성(耐火性) 건축 자재의) 파손, 훼손.

Erosions-: ~basis, die [지질] 침식 기준면. ~schaden, der 침식[부식] 피해. ~schutz, der 침식[부식] 보호(방지). ~tal, das 침식 계곡.

erosiv [eroˈziːf] 〈Adj.〉 침식의, 침식[부식]에 의한.

Erosteß [eˈrɔstɛs], die; -en [en [aus ↑Eros u. ↑Hostess] 매춘부. Erotel [eroˈtɛl], das; -s, -s [aus ↑Eros u. ↑Hotel] 러브 호텔.

Erotema [eroˈteːma], das; -s, ...ata [ero'teːmata] griech. erōtēma] (철학) 질문, 질의. Erotematik [eroteˈmaːtɪk], die [zu griech. erōtēmatikós] a) [철학] 질문법. b) [교육] 학생의 응답식 수업법. erotematisch 〈Adj.〉 [교육] (수업에서) 문답 형식의.

Eroten [eˈroːtn̩] 〈Pl.〉 [lat. Erōtes, Pl. von: Erōs < griech. Érōs] 사랑의 남신(男神)들(대부분 어린애 모습을 한). Erotical [eˈroːtikl̩], das; -s, -s 에로물(영화 따위). Erotik [eˈroːtɪk], die a) 사랑(정신과 육체를 포함한), 성애, 연애: die E. im Gegensatz zur bloßen Sexualität 단순한 성생활과 반대되는 사랑. b) (은폐) 섹스. Erotika 〈Pl.〉 von ↑Erotikon. Erotiker, der; -s, - a) 에로 시인[작가]. b) 관능파, 연애의 달인(達

人). **Erotikon**, das; -s, ...ka 《드물게》 ...ken [griech. erōtikón] **a)** 연애 문학서. **b)** 《Pl.》 최음제, 흥분제. **erotisch** 〈Adj.〉 [frz. érotique < griech. erōtikós] **a)** 연애의, 성애의, 육감적인, 요염한: -e Beziehungen 연애 관계. **b)** 《음해》 색정(色情)의, 호색(好色)의. **erotisieren** [eroti'zi:rən]〈h〉 **a)** 관능을 자극하다. **b)** 선정적으로[색정적으로] 만들다. **Erotisierung**, die; -en ↑erotisieren의 명사형. **Erotismus** [ero'tısmus], **Erotizismus** [eroti'tsısmus], der; -, ...men 에로티즘. **Erotologie** [erotolo'gi:], die [griech. érōs] **a)** 성애(性愛) 연구[학]. **b)** 연애술[론]. **Erotomane** [...'ma:nə], der / die; -n, -n [의학·심리] 색광. **Erotomanie** [...ma'ni:], die [griech. erōtomanía] [의학·심리] 이상(과대) 성욕(증).
erpaddeln 〈h〉 (조정 경기에서) 입상하다.
Erpel ['ɛrp], der; -s, - 수오리.
erpicht [ɛɐ'pɪçt] 〈Adj.〉 《다음 용법으로》 auf etw. e. sein 무엇에 집착하는: er ist aufs Geld e. 그는 돈에 집착한다.
erpreßbar 〈Adj.〉 공갈[협박] 할 수 있는. **Erpreßbarkeit**, die ↑erpreßbar의 명사형. **erpressen** 〈h〉 **1.** (협박이나 폭력을 통해) 강요하다, 협박하다: er wurde von ihr [durch sie] erpreßt 그는 그녀로부터[에 의해] 협박당했다. **2.** 협박해서 (돈 따위를) 빼앗다: man erpreßte von ihm Geld [ein Geständnis] 그는 그녀로부터 돈 [자백]을 빼앗겼다. **Erpresser**, der; -s, - 협박자. **Erpresserbrief**, der 협박장[편지]. **Erpresserin**, die; -nen ↑Erpresser의 여성형. **erpresserisch** 〈Adj.〉 협박[강요,공갈] 하는. **Erpressung**, die; -en 공갈, 협박, 강탈, 강요.
Erpressungs-: **~brief**, der ↑Erpresserbrief. **~manöver**, das 《편》 공갈[협박]의 계략. **~plan**, der 공갈[협박] 계획. **~politik**, die 협박 정책. **~versuch**, der 공갈 미수.
erproben 〈h〉 (쓸모 및 효용을) 시[실]험해 보다: jmds. Verschwiegenheit e. 누구의 과묵함을 시험해 보다. (과거분사) **erprobt a)** 시험을 필한, 확실한, (효능이) 입증된: ein -er Kämpfer 믿을 만한 투사. **b)** 《드물게》 예부터의, 전래의: nach -er Gewohnheit 전해오는 관습에 따라. **erprobterweise** 〈Adv.〉 입증된 바와 같이. **Erprobung**, die; -en 시험, 확인.
Erprobungs-, **Erprobungs-**: **~flug**, der ↑Testflug. **~halber** 〈Adv.〉 시험할 목적으로. **~zeit**, die 시험[실험] 기간.
erquicken [ɛɐ'kvɪkn]〈h〉 (아어) 원기를 북돋다, 생기를 넣어주다, 기분을 상쾌하게 하다: das kühle Getränk erquickte ihn 찬 음료가 그를 상쾌하게 했다. **erquicklich** 〈Adj.〉 (아어) 원기[생기]를 돋우는, 상쾌한, 기분 좋은: der Abend war e. kühl 저녁은 상쾌하게 시원했다. **Erquickung**, die; -en (아어) **1.** 《Pl. 없음》↑erquicken의 명사형. **2.** 청량제. **Erquickungstrank**, der (아어) 청량 음료.
errackern 〈h〉 (통음어) 힘겹게 얻다, 획득하다.
erraffen 〈h〉 **1. a)** 긁어 모으다. **b)** 끌어 모으다: er konnte im Leben nie genug Geld [Reichtümer] e. 그는 일생 돈[재산]을 충분히 끌어모으지 못했다. **2.** 〈e. + sich〉 《드물게》 떨쳐 일어서다.
erramschen 〈h〉 《경》 **a)** (떨이 상품을) 싸게 대량으로 사다: im Ausverkauf billige Wäsche e. 재고정리 대매출에서 싸구려 속옷을 대량으로 사다. **b)** 날쌔게 붙잡다, 획득하다.
errare humanum est ['ɛra:rə hu'ma:num 'ɛst; lat.] (Irren ist menschlich) 과오는 누구에게나 있는 것이다.
Errata: ↑Erratum의 복수형.
erraten* 알아맞히다, 추측하다: jmds. Wunsch [seine Gedanken] e. 누구의 소원[그의 생각]을 알아맞히다.
erratisch [ɛ'ra:tɪʃ] 〈Adj. nur attr.〉 [frz. (bloc) erratique < lat. errāticus = umherirrend] (운동이) 불규칙한, 부정되(不定時)의, 유주성(遊走性)의: ein -er Block [지질] 표석(漂石) (빙하로 운반되었다가 빙하가 녹은 뒤 그냥 남겨져 있는 바윗돌). **Erratum** [ɛ'ra:tum], das; -s, ...ta [lat. errātum = Irrtum, Fehler] [인쇄·문헌] 오식(誤植), 오류.
errechenbar [ɛɐ'rɛçnba:ɐ] 〈Adj.〉 산출[계산]할 수 있는: ein genau -es Ergebnis 정확히 산출할 수 있는 결과. **Errechenbarkeit**, die 산출[계산] 가능성. **errechnen** 〈h〉 **1. a)** 산출[계산]하다: den Verkaufspreis [eine Entfernung] e. 판매 가격[거리]을 계산하다. **b)** 기대하다: alles kam anders, als ich es mir errechnet hatte 모든 것이 내가 기대했던 것과는 다르게 되었다. **2.** 〈e. + sich〉 《격식독어》 예측되다: daraus errechnet sich folgender Gewinn 그로부터 다음과 같은 이익이 예측된다. **Errechnung**, die 산출, 계산, 기대.
erregbar [ɛɐ're:kba:ɐ] 〈Adj.〉 흥분[격앙]하기 쉬운, 불끈거리는: ein (leicht) -er Mensch (쉽게) 흥분하는 인간. **Erregbarkeit**, die 흥분, 과민, 민감. **erregen** 〈h〉 **1. a)** 자극하다, 흥분[격앙]시키다: ihr Anblick erregte ihn 그녀의 모습이 그를 (성적으로) 자극했다; ein erregendes Schauspiel 자극적인 구경거리. **b)** 〈e. + sich〉 흥분[격분]하다: sich unnötig über etw. e. ~에 대해 쓸데없이 흥분[격분]하다. **2. a)** (현기증, 불쾌, 노여움 따위가) 나게 하다, (동정심, 이의, 싸움 따위를) 야기하다: Staunen e. 놀라게 하다; ich wollte keinen Verdacht e. 나는 어떠한 의혹도 일으키고 싶지 않았다. **b)** 자극(고무)하다: jmds. Phantasie e. 누구의 상상을 자극하다. **3.** 《아어·드물게》 생기게 하다, 일으키다. **Erreger**, der; -s, - 병원체(病原體), 자극자(물), 선동자. **Erregertheit**, die; ↑Erregung (1 b). **Erregung**, die; -en **1. a)** 자극, 흥분, 격앙: alle möglichen -en von jmdm. fernhalten 모든 가능한 자극을 누구에게서 멀리하다. **b)** 자극[흥분] 상태: in heftige E. geraten 격렬한 흥분 상태에 빠지다; sie zitterte vor E. 그녀는 흥분되어 몸을 떨었다. **2. a)** 야기, 촉발: [법] wegen E. öffentlichen Ärgernisses 대중의 불쾌감 유발로 인해. **b)** 자극: die E. eines Muskels 근육의 자극.
Erregungs-: **~impuls**, der 자극의 충격: die Nerven übermitteln -e 신경들은 자극의 충격을 전달한다. **~leitung**, die [의학] 자극 전달. **~stauung**, die 정체된 격앙[흥분] 상태. **~steigerung**, die 흥분[자극] 상승. **~vorgang**, der 자극[흥분]의 진행(경과). **~zustand**, der 흥분 상태.
erreichbar [ɛɐ'raiçba:ɐ] 〈Adj.〉 도달할 수 있는: er ist telefonisch e. 그는 전화로 연락이 가능하다. **Erreichbarkeit**, die ↑erreichbar의 명사형. **erreichen** 〈h〉 **1.** ...에 닿다, 다다르다: das Kind kann die Tischkante noch nicht e. 어린애는 아직 (키가 작아) 책상 모서리를 잡을 수 없다. **2.** 도달하다: den Gipfel des Berges [der Macht] e. 산[권력]의 정상에 도달하다; er hat ein hohes Alter erreicht 그는 고령에 도달했다; das Klassenziel e. 《교육·은어》 다음 학년으로 진급되다. **3.** 누구와 연락하다, 통하다: wie, wo kann ich Sie e.? 어떻게, 어디서 나는 당신과 연락이 됩니까?; ich bin telefonisch unter der Nummer ... zu e. 나는 다음 전화 번호로 연락될 수 있다. **4.** 성취하다, ...을 얻다: er hat alles erreicht, was er wollte 그는 그가 원했던 것을 모두 얻었다. **Erreichung**, die 도달, 달성: bei E. der Altersgrenze 연령의 한계에 도달했을 때에.
erretten 〈h〉 (아어) ↑retten: jmdn. aus großer Not

[vor dem Ertrinken] e. 누구를 커다란 곤궁(의사 직전)에서 구하다. **Erretter**, der; -s, - (아어) ↑Retter: mein E. vom Tode ist mein Leben 나의 죽음의 은인. **Errettung**, die; -en 구조, 구제.

Errhinum [eˈriːnum], das; -s, ...na [griech. érrhinon] (대개 Pl.) [의학] (코)감기약.

errichten ⟨h⟩ **1. a)** 짓다, 건립하다: eine Kirche[ein Denkmal] e. 교회(기념물)를 짓다. **b)** 세우다, 일으키다; ein Podium[Barrikaden] e. 연단을 설치하다(바리케이트를 치다); [기하] auf einer Geraden die Senkrechte e. 직선 위에 수선을 긋다. **2. a)** ⟨공적(公的)으로⟩ 창설[창립]하다: eine neue Gesellschaft e. 새로운 회사(협회)를 창설하다. **b)** [법] (문서, 계약서, 유언장 따위를) 작성하다. **Errichtung**, die; -en ↑errichten 의 명사형.

errie̱chen ⟨다음 용법으로만⟩ jmdn. nicht (mehr) e. können ⟨지역적⟩ 누구를 (더 이상) 참을 수 없다; sie kann ihre Nachbarin nicht e. 그녀는 그녀의 이웃 여자를 참을 수 없다.

erringen* ⟨h⟩ 노력하여(싸워, 경쟁하여) 얻다, 획득하다: bei einer Wahl die Mehrheit e. 선거에서 다수표를 얻다; ein hart errungener Sieg 힘들게 싸워 얻은 승리. **Erringung**, die 얻음, 획득.

errö̱ten ⟨s⟩ ⟨아어⟩ (기쁨, 노여움, 부끄러움 따위로) 얼굴이 빨개지다, 낯을 붉히다: sie schlug errötend die Augen nieder 그녀는 얼굴을 붉히면서 눈을 내리떴다; ⟨명사화⟩ mit dieser Bemerkung brachte er sie zum Erröten 이 말로 그는 그녀의 얼굴을 붉게 만들었다.

erru̱dern ⟨h⟩ 조정 경기에서 얻다, 획득하다: eine Bronzemedaille e. 동메달을 조정 경기에서 획득하다.

errufen* ⟨h⟩ ⟨지역적⟩ 들리도록 크게 부르다, 큰 소리로 부르다.

Errungenschaft [ɛrˈruŋənʃaft], die; -en 획득(취득)물, 소득, 노력의 대가, 업적, 성과, 결과: eine E. der Forschung 연구의 성과; die ~en des Sozialismus [sozialistische -en] 사회주의 업적.

ersättigen ⟨다음 용법으로만⟩ **sich**(nicht) an etw. e. können ⟨아어⟩ 무엇에 싫증나지 (않게) 되다: ich konnte mich an ihrer Schönheit nicht e. 나는 그녀의 아름다움에 싫증을 낼 수 없었다.

Ersatz [ɛɐˈzats], der; -es **1. a)** 대신, 대용, 대리, 대용품: er bekam ein neues Buch als E. für das beschädigte 그는 훼손된 책 대신으로 새책을 받았다; als E. aufgestellt werden 후보 선수로 편성되다. **b)** 배상, 대상(代償), 보상: für einen Schaden E. fordern 손해(피해)에 대한 보상을 구하다. **c)** [군] 보충병, 보충 부대. **2.** ⟨드물게⟩ 대치(代置): der E. von Öl durch Kohle 석탄으로 석유 대치.

ersatz-, Ersatz-: **~anspruch**, der 배상 청구권. **~ball**, der [스포츠] 예비공. **~bank**, die / Reservebank. **~bataillon**, das 보충 대대(大隊). **~batterie**, die 예비 전지. **~befriedigung**, die [심리] 보상 만족. **~beruf**, der 예비(대리) 직업. **~dehnung**, die [언어] 대상 연장(代償延長). **~dienst**, der (병역 대신의) 대체 복무, 대역(代役). **~dienstpflichtig** ⟨Adj. nicht adv.⟩ 대역 의무가 있는. ⟨명사화⟩ **~dienstpflichtige**,* der; -n, -n 대역 의무자. **~dienstzeit**, die 대역 복무 기간. **~erbe**, der [법] 보충 상속인. **~fahrer**, der 예비(대리) 운전사. **~frau**, die [청소년어] (소망했던 여자 친구 대신의) 대리 애인. **~geschwächt** ⟨Adj. nicht adv.⟩ [스포츠] 보충 선수 기용으로 전력이 약화된. **~gut**, das (매매 Pl.⟩ 대용(물)품. **~handlung**, die [심리] 대상(보상) 행동. **~heer**, das 예비[보충] 병력. **~infinitiv**, der [언어] 대체 부정사(완료시형에서 과거분사 대용으로 쓰는 부정사). **~kaffee**, der 대용 커피. **~kandidat**, der 보궐 후보자. **~kapitän** der [아이스하키] 주장 대리. **~kasse**, die 임의의 건강 보험 조합, 임의 질병 보험 금고. **~kragen**, der 예비 칼라(목깃), (단추를 끼우고 풀 수 있는). **~leistung**, die 배상, 보상: bei einem Schaden zur E. verpflichtet sein 손해가 났을 때 보상의무가 있다. **~leute**, die [↑mann의 복수형. **~lieferung**, die 배상품 인도(공급). **~los** ⟨Adj.⟩ 예비(보충)없이: der Paragraph wird e. gestrichen 그 단락은 보충없이 삭제되었다. **~lösung**, die 차선적 해결. **~mann**, der 1. ⟨Pl. -männer u. -leute⟩ 대리인, 보결(보충)인: einen E. für den erkrankten Kollegen suchen 병든 동료를 위해 대리인을 찾다. **2.** ⟨Pl. -männer⟩⟨청소년어⟩ (소망했던 남자 대신의) 남자 애인. **~mine**, die 예비 볼펜심. **~mittel**, das 대용물, 대용품. **~mutter**, die (정신적) 대리모(母). **~objekt**, das **1.** ⟨교양어⟩ 대용(대용품) 대상. **2.** [심리] 대치 목표(대상). **~person**, die [심리·사회] 대리인, 대용 인물. **~pflicht**, die 배상 의무. **~pflichtig** ⟨Adj. nicht adv.⟩ 배상 의무가 있는. **~pflichtige,*** der / die; -n, -n 배상 의무자. **~präparat**, das 대리 약제, 대용 표본. **~probe**, die [언어] 대체 시도(문장을 다른 문장으로). **~rad**, das / Reserverad. **~reifen**, der 예비 타이어(자동차 따위의). **~religion**, die 종교 대용의 [정치적] 이념. **~reserve**, die 보충 병력, 예비 병력. **~reservist**, der 보충병. **~spiel**, das 보충 시합(축구 복권의). **~spieler**, der [스포츠] 후보 선수. **~stoff**, der 대용원(직물), 대용품. **~stück**, das 보충(예비)품, 대용(드물게) (특히 기술) 부품: das E. in den Motor einbauen 모터에 부품을 장착하다. **~teillager**, das 부품 창고: einen neuen Auspuff aus dem E. holen 부품 창고에서 새 배기통을 가져오다. **~teilmedizin**, die 인공장기의학. **~torwart**, der 후보 골문지기. **~truppe**, die (군대에서) 보충 부대. **~versuch**, der [역도·육상경기] 추가시도(경기가 방해되었을 때). **~wagen**, der (기차나 전차의) 예비차량. **~wahl**, die 보궐 선거. **~weise** ⟨Adv.⟩ 대용(보상)으로: für die beschädigte Ware erhalten Sie e. eine neue Lieferung 손상된 상품 대신에 당신은 그 보상으로 새로운 공급을 받는다. **~wesen**, das ↑Wehrersatzwesen. **~zeit**, die (군복무 등 연금 보험료를 지불하지 않아도 지불 기간에 계산되는) 보충 기간.

ersaufen* ⟨s⟩ **1.** (경) 익사하다. **2. a)** (밭 따위가) 물속에 잠기다: die Felder[Wiesen] sind durch den starken Regen ersoffen 들판(초원)들이 강한 비로 인해 물 속에 잠겼다. **b)** (자동차 모터가) 발동이 걸리지 않다: der Motor ist ersoffen 모터의 발동이 걸리지 않다.

ersäufen [ɛɐˈzɔyfn̩] ⟨h⟩ 익사시키다: ⟨속어⟩ er hat sich ersäuft 그는 투신 자살했다; [전의] seinen Kummer [einen Mißerfolg] im Alkohol e. ⟨속어⟩ 그의 근심 [실패]을 술로 잊어버리다. **Ersäufung**, die ↑ersäufen 의 명사형.

erschachern ⟨h⟩ (폄) 에누리해서 사다.

erschaffen* ⟨h⟩ ⟨아어⟩ 만들어내다, 창조(창작)하다, 생산하다: Gott hat die Welt(den Menschen) erschaffen 신은 세계(인간)를 창조했다; sie stand da, wie Gott sie erschaffen hatte ⟨은폐⟩ 그녀는 이브의 모습으로(나체로) 서 있었다. **Erschaffer**, der; -s, - 창조(창작)자, 제조주, 생산자: der E. der Welt 세계의 창조자. **Erschaffung**, die 창조, 창작, 생산.

erschallen* ⟨s⟩ 울리다, 울려퍼지다: lautes Gelächter [eine Trompete] erscholl(erschallte) 커다란 웃음 소리(트럼펫 소리)가 울려 퍼졌다.

erschaubar [ɛɐˈʃaubaɐ] ⟨Adj. nicht adv.⟩ ⟨시어⟩ 직관적인.

erschaudern ⟨s⟩ 《아어》 공포에 사로잡히다, 벌벌 떨다: er erschauderte vor Entsetzen(Ehrfurcht) 그는 놀라움[경외심]으로 전율했다.

erschauen ⟨h⟩ 1. 《시어》 a) (위대한 것을) 바라보다. b) 간취(看取)하다. 2. (지역적) 보다, 인지하다: sie hat ihn sofort hinter dem Haus erschaut 그녀는 그를 곧 집뒤에서 보았다.

erschauern ⟨s⟩ 《아어》 (오한, 전율, 외경에) 몸을 떨다: von Kälte (vor Entsetzen) e. 추위(공포)에 몸을 떨다: die plötzliche Stille ließ ihn e. 갑작스런 고요가 그를 전율하게 했다.

erscheinen* 1. a) 나타나다, 보이다, 출현하다: er erschien auf dem Bildschirm 그는 텔레비전에 출연했다; die Küste erschien am Horizont 해안이 수평선에 나타났다. b) (꿈이나 환영에서) 나타나다, 보이다: Hamlet erscheint der Geist seines Vaters 햄릿에게 아버지의 망령이 보인다. c) 모습을 드러내다, 출석[출두]하다, 등장하다: als Zeuge vor Gericht e. 증인으로 출정(出廷)하다. 2. 공포되다, 출판[발행]되다: die Zeitschrift erscheint monatlich 그 잡지는 매달 발행된다. 3. ...으로 보이다, 생각되다: alles erschien mir wie ein Traum 모든 것이 나에게는 꿈처럼 여겨졌다.

Erscheinung, die; -en 1. 현상: der Totalitarismus ist eine spezifische E. des 20. Jahrhunderts 전체주의는 20세기의 특이한 현상이다; **Fest der E. des Herrn** [기독교] 주(主)의 공현(公現) 축일(1월 6일); **in E. treten** 나타나다, 발생[발현]하다. 2. 풍채, 풍채가 있는 인물: er ist eine stattliche E. 그는 당당한 풍채를 가지고 있다. 3. 환상, 환영, 유령.

Erscheinungs-: **~bild**, das (특징적) 외견, 외관. **~datum,** das 출판[발행] 일자. **~fest,** das ↑ Epiphanias. **~form,** die 외형, 외관, 형태, 형상. **~jahr,** das (서적의) 발행[간행] 연도. **~lehre,** die [철학] 현상학. **~ort,** der (서적의) 발행[간행] 지(地). **~tag,** der (출판물의) 발행[간행]일. **~weise,** die 1. 현상 양태(現象樣態). 2. (신문·잡지 등의) 발행 방식[간격]: eine wöchentliche E. 주간(週間) 발행. **~welt,** die 현상계. **~zustand,** der 외견[외관] 상태.

erschieben* ⟨h⟩ (통용어·폄·드물게) (부정, 사기를 통해) 얻다, 마련하다: sich³ ein Vermögen e. 부정으로 재산을 마련하다.

erschießen* ⟨h⟩ 쏘아 죽이다, 총살하다: er hat sich [mit einer Pistole] erschossen 그는 권총 자살을 했다; 전의 die gegnerische Mannschaft wurde regulär erschossen 〈스포츠·은어〉 상대 팀은 큰 골차로 대패했다. **erschossen sein** (통용어) 쇠진되다, 극도로 놀라다. **Erschießung,** die; -en 사살, 총살. **Erschießungskommando,** das 총살 명령.

erschimmern ⟨s⟩ 《아어》 희미하게 빛나기 시작하다.

erschlaffen [ɛɐ̯ˈʃlafn̩] ⟨h⟩ 1. ⟨s⟩ a) 느슨해지다, 늘어지다, 풀이죽다[꺾이다]: 전의 die Truppe ist moralisch erschlafft 군대는 도덕적으로 무기력해졌다. b) 쇠약해지다. 2. (드물게) ⟨h⟩ 무기력[유약]하게 하다, 지치게 하다. **Erschlaffung,** die 이완, 쇠약, 무기력, 유약, 허탈.

erschlagen* ⟨h⟩ a) 때려죽이다: er wurde vom Blitz erschlagen 그는 벼락을 맞아 죽었다; 전의 man hat ihn mit Beweismaterial förmlich erschlagen (통용어) 사람들은 그를 증거 자료를 가지고 단호하게 추궁했다(그래서 그는 자신의 견해나 의도를 바꾸지 않을 수 없었다): ich fühle mich total erschlagen (통용어) 나는 기진맥진한 상태다. b) (떨어지게 함으로써) 맞아죽게 하다. **Erschlagung,** die 타살, 참살, 박살.

erschleichen* ⟨h⟩ 〈폄〉 (부정 수단으로) 손에 넣다, 사취[절취]하다: du hast dir diese Erbschaft erschlichen 너는 이 유산을 횡령했다. **Erschleichung,** die; -en 사취, 절취, 횡령.

erschließbar [ɛɐ̯ˈʃlɪsbaːɐ̯] ⟨Adj.⟩ 개척[개발] 가능한, 해명할 수 있는. **erschließen*** ⟨h⟩ 1. a) 개척[개발]하다, 열다, 해명하다: für ein Produkt neue Märkte e. 생산품을 위해 새로운 시장을 개척하다; 전의 jmdm. ein Geheimnis(sein Herz) e. 누구에게 비밀[속마음]을 털어놓다. b) 이용하다, 유용하다: Bodenschätze e. 지하자원을 이용하다. 2. ⟨e. + sich⟩ a) 《아어》 열리다, (꽃이) 피다: die Blüte erschließt sich 꽃이 피다. b) 이해되다, 접근되다: diese Dichtung erschließt sich sehr schwer 이 작품은 이해하기가 몹시 어렵다. c) 《아어》 자신을 누구에게 털어놓다: du hast dich mir ganz erschlossen 너는 나에게 완전히 다 털어놓고 이야기했다. 3. 추론하다, 연역하다: die Bedeutung eines Wortes (aus dem Textzusammenhang) e. 단어의 의미를 (문맥 관련에서) 추정하다. **Erschließung,** die; -en 개발, 개척, 해명, 추론. **Erschließungskosten** ⟨Pl.⟩ 개발[개척] 비용(토지 등의).

erschlossen [ɛɐ̯ˈʃlɔsn̩] ↑erschließen의 과거분사.

erschmeicheln ⟨h⟩ 감언이설로 무엇을 얻다.

erschmelzen* ⟨h⟩ [제련] 용해시켜 얻다: Eisen aus Erz e. 광석을 용해시켜 철을 얻다. **Erschmelzung,** die; -en 용해, 녹임.

erschmieren ⟨h⟩ (통용어·폄) a) 날림으로 글을 써서 (돈을) 벌다: mit diesen Schundromanen hat er (sich³) ein kleines Vermögen erschmiert 이 졸작 소설을 써서 그는 조그만 재산을 마련했다. b) 뇌물을 써서 획득하다.

erschnappen ⟨h⟩ (드물게) 덥석 물다, 잡아채다, 붙잡다: das Tier erschnappt seine Beute 그 동물은 자기의 먹이를 덥석 잡아챈다.

erschnorren ⟨h⟩ (지역적·경) 구걸(동냥)하여 얻다: überall hatte er etwas erschnorrt 그는 도처에서 그것을 구걸하여 얻었다.

erschnuppern ⟨h⟩ (드물게) 냄새 맡다.

erschöpfbar [ɛɐ̯ˈʃœpfbaːɐ̯] ⟨Adj. nicht adv.⟩ 고갈될, 당진한, 지친, 피폐한. **erschöpfen** ⟨h⟩ 1. a) 다 길어내다(비우다), 남김없이 이용하다. 써버리다: die Batterie ist erschöpft 전지가 다 닳았다. b) 충분히 논구(論究)하다, 상론하다: eine erschöpfende Auskunft 상세한[완전한] 정보[안내]. 2. 지칠 대로 지치게 하다: er erschöpfte sich in fruchtlosen Bemühungen 그는 결실 없는 노력으로 지칠대로 지쳤다. 3. ⟨e. + sich⟩ a) 무엇에 국한되다: mein Auftrag erschöpft sich darin, die Briefe zu registrieren 나의 임무는 편지들을 대장에 기록하는 것이다. b) 약해지다, 감소되다. **erschöpflich** ⟨Adj. nicht adv.⟩ 다 써버릴 수 있는, 다 빼낼 수 있는. **Erschöpfung,** die; -en 1. 다 퍼냄, 비움. 2. 소모, 기진맥진, (극도의) 피로.

Erschöpfungs-: **~grad,** der (육체적, 정신적) 탈진 정도. **~krankheit,** die 탈진으로 생긴 병. **~pause,** die 탈진으로 인한 중단[휴식]. **~schlaf,** der 탈진 상태의 잠. **~tod,** der 탈진[쇠진]으로 인한 죽음. **~zustand,** der 기진맥진[탈진, 쇠진] 상태.

erschossen [ɛɐ̯ˈʃɔsn̩] ↑erschießen의 과거분사.

¹erschrecken* ⟨s⟩ 깜짝 놀라다, 경악하다: ich erschrak bei dieser Nachricht(über seine Worte) 나는 이 소식[그의 말]에 깜짝 놀랐다. **²erschrecken** ⟨h⟩ 놀라게 하다, 경악시키다: die Seuche nimmt erschreckende Ausmaße an 전염병이 놀라울 정도로 만연되기 시작했다. **³erschrecken,*** sich ⟨h⟩ (통용어) 깜짝놀라다, 경악하다: wie habe ich mich[darüber] erschreckt [erschrocken]! 얼마나 나는 [그것에 대해] 놀랐었던가! **erschrecklich** ⟨Adj.⟩ 《고어》 놀라운, 무서운.

erschreien* ⟨h⟩ (지역적) 소리쳐 부르다: er stand so

weit entfernt, daß er nicht zu e. war. 그는 너무 멀리서 있었기 때문에 소리쳐 부를 수가 없었다.

¹**erschrocken** [ɛɐ'ʃrɔkŋ] ↑¹erschrecken의 과거분사.

²**erschrocken** [-] ↑³erschrecken의 과거분사. **Erschrockenheit**, die 경악, 깜짝 놀람, 공포. **erschröcklich** [ɛɐ'ʃrœklɪç] 〈Adj.〉《고풍·농》↑erschrecklich.

erschürfen 〈h〉《드물게》(지하 자원들을) 탐사(발견)하다: Erdölvorkommen(Kohlenlager) e. 석유 지하 자원(석탄층)을 탐사(발견)하다.

erschüttern [ɛɐ'ʃʏtɐn] 〈h〉 **1. a)** 흔들어 움직이게 하다, 진동시키다: ein Erdbeben erschütterte die Stadt 지진이 도시를 흔들리게 했다. **b)** 문제시하다: einen Beweis e. 증거를 의심케 하다. **2.** 깊이 감동시키다, 충격을 주다: der Tod des Freundes hat ihn tief erschüttert 친구의 죽음은 그에게 몹시 충격적이었다: über etw. tief erschüttert sein 무엇에 대해 깊이 감동하다(충격을 받다). **Erschütterung**, die; -en **1. a)** 진동, 동요: eine starke E. des Erdbodens 지층의 강한 진동. **b)** 손상, 문제시: die E. meines Vertrauens 내 신뢰(신용)의 손상. **2.** 감동, 충격: eine schwere seelische E. 심한 정신적 충격.

erschütterungs-, Erschütterungs- (Erschütterung 1 a): **~anfällig** 〈Adj.〉 진동(동요)하기 쉬운, 혼들리기 쉬운. **~fest** 〈Adj.〉 진동(동요)에도 움직이지 않는. **~frei** 〈Adj.〉 진동(흔들림) 없는, 무진동의. **~sicher** 〈Adj.〉 ↑~fest. **~welle**, die (지진으로 인해 생긴) 진동파.

erschweren [ɛɐ'ʃveːrən] 〈h〉 **a)** 어렵게 하다, 힘들게 하다: Nebel erschwert die Orientierung 안개가 방향 분간을 어렵게 한다: erschwerende Umstände 《법》형(刑)의 가중적 정상(情狀). **b)** 힘들게 하다, 곤란하게 하다, 괴롭히다: sie hat uns die Arbeit sehr erschwert 그녀는 우리의 일을 대단히 힘들게 했다. **c)** 〈e. + sich〉 힘들게 되다, 어렵게 되다. **Erschwernis**, die; -se 곤란, 방해, 장애. **Erschwerniszulage**, die (야근이나 힘든 일에 대한) 특별 근무 수당. **Erschwerung**, die; -en 어렵게 하기, 가중(加重).

erschwindeln 〈h〉 사취(詐取)[편취]하다.

erschwingbar [ɛɐ'ʃvɪŋbaːɐ] 〈Adj.〉《드물게》↑erschwinglich. **erschwingen*** 〈h〉《드물게》(무엇을 위한 돈, 비용 따위를) 조달하다, 지불하다. **erschwinglich** 〈Adj.〉 조달할 수 있는, 둘러댈 수 있는. **Erschwinglichkeit**, die ↑erschwinglich의 명사형.

esegeln 〈h〉 조정 경기에서 (노력하여 싸워) 얻다, 획득하다: eine Medaille e. 메달 하나를 조정 경기에서 획득하다.

ersehen* 〈h〉 **1. a)** 알아채다, 미루어 알다: aus den Akten läßt sich nichts e. 서류로 미루어서는 아무것도 알 수 없다. **b)** 《드물게》 보다, 식별하다. **2. jmdn.(etw.) nicht e. können** 《지역적》 누구(무엇)를 보기도 싫다(혐오하다). **3.** 《고어》 뽑다, 선택하다.

ersehnen 〈h〉《아어》열망하다, 그리워하다: der ersehnte Augenblick war gekommen. 열망하던 순간이 왔다.

ersessen [ɛɐ'zɛsn] ↑ersitzen의 과거분사.

ersetzbar [ɛɐ'zɛtsbaːɐ] 〈Adj.〉 바꿀 수 있는, 대체할 수 있는, 보상할 수 있는. **Ersetzbarkeit**, die ↑ersetzbar의 명사형. **ersetzen** 〈h〉 **a)** 대체하다, 대신하다: bis zu einem gewissen Grade läßt sich Talent durch Fleiß e. 재능은 어느 정도까지 노력으로 보충할 수 있다. **b)** 대신하다: sie ersetzte dem Kind die Mutter 그녀는 그 어린애의 어머니를 대신한다. **2.** 배상하다, 갚다, 상환하다: einen Schaden e. 손해를 보상하다. **ersetzlich** 〈Adj.〉《드물게》↑ersetzbar. **Ersetzung**, die; -en 대체, 보충, 배상.

ersichtlich 〈Adj.〉 볼 수 있는, 보고 알 수 있는, 명백한.

ersiegen 〈h〉《아어》이겨서 얻다, 쟁취하다.

ersingen* 〈h〉 노래하여 얻다(벌다): sie ersang sich einige Millionen Mark 그녀는 노래로 수백만 마르크를 벌었다.

ersinnen* (아어) 생각해내다, 고안하다, 안출하다, (이야기, 거짓말 따위를) 날조(허구)하다. **ersinnlich** 〈Adj.〉《고어》있을 수 있는, 생각해 낼 수 있는: auf jede(alle) nur -e Art und Weise 모든 생각해 낼 수 있는 방법으로.

ersitzen* 〈h〉 **1.** 〈팽〉 오래 앉아서 (무엇을) 얻다: er hat sich³ seine Beförderung nur ersessen 그는 때가 되어 승진되었다. **2.** 《법》 시효(時效)에 의하여 취득하다. **Ersitzung**, die; -en 《법》 취득시효(取得時效). **Ersitzungszeit**, die 《법》 취득시효 기간.

ersorgen 〈h〉《schweiz.》걱정하여 얻다, 고대하다.

erspähen 〈h〉《아어》탐색하다, (야수를) 망보다, (적을) 정찰하다, (기회를) 엿보다.

ersparen 〈h〉 **1.** 절약하여 모으다(구입하다): ich habe mir ein Häuschen erspart 나는 저축으로 조그만 집 한 채를 장만했다: erspartes Geld 저금(貯金). **2.** 누구에게 무엇을 면하게 하다: es bleibt einem(aber auch) nichts erspart 《통용어》 그것은 자신이 감수하지 않으면 안된다. **Ersparnis**, die; -se **1.** (österr. 또한) das; -ses, -se 《대개 Pl.》 저금, 저축(액). **2.** 절약, 절감. **Ersparung**, die ↑ersparen의 명사형.

Ersparnis-: **~gründe** (Pl.) 절약(근검) 동기. **~kasse**, die 《schweiz.》 저축 은행(금고) **~maßnahme**, die 근검(절약) 조치.

erspielen 〈h〉 놀음(카드, 도박 등)으로 얻다(벌다), 경기 (연주)에서 획득하다.

erspinnen* 〈h〉 《기술》 (합성 섬유를) 생산하다.

ersprießen* 〈s〉 《아어》 ↑hervorsprießen: 전의 daraus wird nichts Gutes e. 그것으로부터는 아무짓도 좋은 일이 일어나지 않을 것이다. **ersprießlich** 〈Adj.〉《아어》유익(유용)한, 효용있는: eine -e Zusammenarbeit 유익한 공동작업. **Ersprießlichkeit**, die ↑ersprießlich의 명사형.

erspringen* 〈h〉 뛰기경기에서 (무엇을) 획득하다.

erspürbar [ɛɐ'ʃpyːɐbaːɐ] 〈Adj.〉《드물게》 감지(지각)할 수 있는. **erspüren** 〈h〉《아어》 **a)** 감지하다, 인지하다, 인식하다: jmds. Begabung e. 누구의 천부의 재능을 감지하다. **b)** 감촉으로 느끼다.

erspurten 〈h〉(분발해서 승리를) 획득하다: du hast (dir) im 100-Meter-Lauf den Sieg erspurtet 너는 100 미터 역주(力走)에서 우승을 했다.

erst [eːɐst] 〈Adv.〉 **1.** 맨처음의, 최초의, 제1의: e. kommst du an die Reihe 네가 첫번째 차례다. **2. a)** 비로소, 처음으로: er kam e. um 10 Uhr 그는 10시경에야 비로소 왔다. **b)** 겨우, 단지: er ist e. 10 Jahre alt 그는 겨우 열 살이다. **3.** (뜻의 강조) 한층 더, 보다 더: er ist schon frech, aber e. sein Bruder! 그도 뻔뻔스럽지만 그의 형은 한술 더 뜬다! **ers...** [-] 〈↑eins의 서수〉 〈숫자: 1.〉 **a)** 맨처음의, 최초(제1)의: du bist der erste, der das sagt 너는 그것을 말한 최초의 사람이 아니다; im ersten Stock wohnen 2층에서 산다; zum ersten, zum zweiten, zum dritten 사시오, 사시오, 자 팔렸습니다(경매인이 외치는 소리); den ersten Zug haben (장기에서) 첫수를 둔다; am ersten Mai(e) 8 월음으로; Verbrennungen ersten Grades 1도 화상; der Erste Mai 노동절(5월 1일): **fürs erste** 무엇보다도 먼저, 우선, 당분간; **der(die, das) erste beste** (최초의 것이 제일 좋다는 뜻에서) 닥치는 대로의, 임의의 것. **b)** (서열이나 질 따위의) 첫째의, 제1의, 일류의: eine Fahrkarte erster Klasse 일등칸 차표; Strümpfe erster

Wahl 최상품의 양말. **Erster von hinten** 《청소년·농》 꼴찌.

erst-, Erst-: ~**aufführen** ⟨h⟩ 초연(初演)하다. ~**aufführung**, die 초연(初演). ~**auflage**, die (책의) 초판. ~**ausgabe**, die **1. a)** (인쇄된 단행본의) 초판. **b)** 초판본. **2.** (어떤 우표의) 초판 발행. ~**ausgabetag**, der (어떤 우표의) 초판 발행 날짜. ~**ausrüster**, der [경제] ↑~ausrüstung. ~**ausrüstung**, die 처음(원래)의 장비[품](예컨대 자동차 등의 대체 부품과는 반대로). ~**ausstattung**, die 첫 장식[시설]. ~**ausstrahlung**, die 첫 방영(방송). ~**beichte**, die [가] 첫 고해(告解). ~**bereifung**, die (자동차 등의) 첫 타이어. ~**besitz**, der 첫 소유. ~**beste** ⟨Adj.⟩ (다음 용법으로) **der(die, das) erstbeste**(최초의 것이 제일 좋다는 뜻에서) 닥치는 대로의, 임의의. ~**besteigung**, die [등산] 최초의[첫] 등반. ~**druck**, der 초판 인쇄. ~**ersteiger**, der [등산] 최초의등반자. ~**erwähnt** ⟨Adj.⟩ ↑~genannt. ~**erwerb**, der 첫 취득(획득). ~**erwerber**, der 첫 취득자[획득자], 첫 주인. ~**fahrt**, die 첫 운행, (선박의) 처녀 항해. ~**film**, der (영화 감독의) 첫 필름, 처녀작. ~**flug**, der 첫 비행, 처녀 비행. ~**gebärende**˙, die [의학] 초산부(初產婦) ⟨Adj.⟩ 맨 처음에 태어난. (명사화) ~**gebor(e)ne**˙, der, die, das; -n, -n 장남, 장녀, 장자. ~**gebot**, das 첫 경매 가격. ~**geburt**, die **1.** ↑~geborene. **2.** [법] (상속에 있어) 장자의 특전: [성구] dafür würde ich meine E. (her)geben [verkaufen] 그것을 위해서라면 나는 어떠한 보상이라도 치르겠다. ~**geburtsrecht**, das ↑~geburt (2). ~**gemeldet** ⟨Adj.⟩ 처음으로 보고된[신청된]. ~**genannt** ⟨Adj.⟩ 처음에 지정된. ~**helfer**, der 응급 처치자. ~**helferin**, die ↑~helfer의 여성형. ~**impfung**, die [의학] 제1차 예방 접종. ~**instanz**, die [법] 제1심(審). ~**instanzlich** ⟨Adj.⟩ [법] 제1심의, 제1심의 관할의. ~**jännerbrauch**, der ⟨österr., südd., schweiz.⟩ 새해 풍습. ~**klaß-** ⟨schweiz.⟩ **1.** 초급 학년, 제1학년. **2.** (능력, 품질 따위의) 제1급인(등, 류(流)), 최상급: -hotel [-abteil] 일급 호텔[일등간]. ~**klässer** [...klɛsɐ], der; -, - ⟨md.⟩ ↑-kläßler. ~**klassig** ⟨Adj.⟩ **a)** 우수한, 뛰어난, 훌륭한. **b)** [스포츠] 제일급의, 최상급의. ~**klassigkeit**, die ↑~klassig의 명사형. ~**klaßlehrer**, der ⟨schweiz.⟩ 일학년 선생님. ~**klaßler** ⟨österr.⟩ ~**kläßler**, der; -s, - ⟨südd., schweiz.⟩ [학교의] 1년생, 최하급생. ~**klaßwagen**, der ⟨schweiz.⟩ 일등차(車). ~**kommunikant**, der [가] 첫 영성체자. ~**kommunikantin**, die ↑~kommunikant의 여성형. ~**kommunion**, die [가] 첫 영성체(식). ~**kommuniontag**, der [가] 첫 영성체날. ~**malig** ⟨Adj.⟩ 제1회의, 최초[초회]의. ~**maligkeit**, die ↑~malig의 명사형. ~**mals** ⟨Adv.⟩ 처음으로, 첫째로. ~**milch**, die [의학] (분만 후의) 첫 모유(母乳). ~**placierte**˙ 《독어화》 ~**plazierte**, der/die [스포츠] 1위 입상자, 우승자. ~**rangig** [...raŋɪç] ⟨Adj.⟩ **a)** 제1류[등]의, 절박한, 중요한. **b)** ↑~klassig (a). **c)** (저당권에 의해 토지대장에) 첫째로 실린[기록된]. ~**rangigkeit**, die ↑~rangig의 명사형. ~**recht**, das 우선권, 특권. ~**risikoversicherung**, die [경제] (상해를 당한 경우 보험 총액까지 보상되는) 위험 보험. ~**satz**, der (Pl. 없음) 초판 조판. ~**semester**, das 첫학기의 대학생. ~**sendung**, die (라디오나 TV의) 첫 방송. ~**stellig** ⟨Adj.⟩ ↑~rangig (c). ~**stimme**, die 《구서독》 (연방의회 선거 때 선거구의 후보자에게 던지는) 제1표. ~**tagsbrief**, der 새 우표의 발행 당일 소인이 있는 장식용 편지 봉투. ~**tags(brief)umschlag**, der [우표] ↑~tagsbrief. ~**tagsstempel**, der [우표] 새 우표의 발행 당일 기념

소인(消印). ~**verkaufstag**, der 매매 첫날. ~**veröffentlichen** ⟨h⟩ 첫출판[발행]하다, 첫공고 [공시, 공포]하다. ~**veröffentlichung**, die ↑~veröffentlichen의 명사형. ~**versorgen** ⟨h⟩ 《드물게》 응급 처치하다. ~**versorgung**, die ↑~versorgen의 명사형. ~**verstorbene**˙, der/die (대개 부부 중) 먼저 죽은 자. ~**wagen**, der (한집에 2대 이상의 자동차가 있을 때) 제1자동차. ~**wähler**, der (투표할 나이에 다다른) 첫 유권자. ~**zulassung**, die [자동차] 최초 등록(증), 최초 운행 허가(증).

erstarken [ɛɐ̯ˈʃtarkn̩] ⟨s⟩ (아이) 강하게 되다, 힘세지다, 견고하게 되다: die liebevolle Pflege ließ ihn bald wieder e. 애정어린 돌봄이 그를 곧 다시 건강하게 했다. **Erstarkung**, die 강하게 함, 강화(強化), (체력의) 증진.

erstarren ⟨s⟩ **1. a)** 굳어지다, 딱딱[뻣뻣]해지다: das Wasser erstarrt zu Eis 물이 얼어서 얼음으로 굳어진다. **b)** (아이) (죽어서) 굳어지다, 경직되다, 마비되다: das gesellschaftliche Leben war in Konventionen erstarrt 사회적 생활이 관습 속에서 경직되었다. **2.** (추위로) 곱다, 응고[응결]되다. **3.** (갑자기) 굳어지다, 뻣뻣해지다: vor Schreck [vor Entsetzen] e. 놀란 나머지 몸이 굳어지다. **Erstarrtheit**, die **Erstarrung**, die **1.** 응고, 경직: die E. der Lava 용암의 응고; [전의] die E. in der (zur) Konvention 관습 속에서(으로) 경직. **2.** 마비, 무감각, 동결(凍結): sich aus seiner E. lösen 마비 상태에서 풀리다.

erstatten [ɛɐ̯ˈʃtatn̩] ⟨h⟩ **1.** (비용을) 지급하다, (무엇 대신으로) 보내주다, (임체금, 부채 따위를) 갚다. **2.** 《관·기능동사로》 ···을 하다, 행하다: gegen jmdn. Anzeige e. 누구를 고발하다[고소하다]: jmdm. Bericht über etw. e. 누구에게 무엇에 대한 보고를 하다. **Erstattung**, die; -en 상환, 배상, 갚음.

erstaunen 1. ⟨h⟩ 놀라게 하다, 경탄[경악]시키다: ihr Verhalten hat mich sehr erstaunt 그녀의 행동은 나를 매우 놀라게 했다. **2.** ⟨s⟩ 놀라다, 경탄[경악]하다, 이상하게 여기다: 《준고어》 sie erstaunte über diesen Bericht 그녀는 이 보고에 대해 경악했다. 《드물게 e. + sich》 ich habe mich sehr darüber erstaunt 나는 그것에 대해 매우 놀랐다. **Erstaunen**, das; -s 놀람, 경악, 경탄, 의혹: zu meinem E. ist er noch hier 놀랍게도 그는 아직도 여기 있다. **erstaunenswert** 《드물게》, **erstaunenswürdig** ⟨Adj.⟩ ↑erstaunlich. **erstaunlich** ⟨Adj.⟩ **1.** 놀라운, 경탄할 만한, 이상스러운: eine -e Begebenheit 놀라운 사건. **2. a)** 대단히 큰: das Gelände hat -e Ausmaße 그 난간은 대단히 큰 규모를 갖고 있다. **b)** 대단히: sie sieht e. jung aus 그녀는 대단히 젊게 보인다. **erstaunlicherweise** ⟨Adv.⟩ 놀랍게도: e. hat er die Prüfung doch bestanden 놀랍게도 그는 시험에 합격했다. **Erstauntheit**, die 경악, 놀람, 경탄.

erstechen˙ ⟨h⟩ (단도로) 찔러 죽이다.

erstehen˙ **1.** ⟨s⟩ (아이) 부활하다, 새로 일어나다, 소생하다. **2.** ⟨s⟩ (아이) 일어나다, 발생하다. **3.** ⟨h⟩ (많은) 노력을 통해) 구입하다, 사다: er hat in letzter Minute noch drei Eintrittskarten erstanden 그는 마지막 순간에도 입장권을 겨우 구입했다. **Ersteher**, der; -s, - (경매에서) 낙찰시켜 사는 사람, 구매자. **Erstehung**, die 소생, 부활, 낙찰 구매.

Erste-Hilfe-Ausrüstung, die; -en 응급 처치[처리] 장비. **Erste-Hilfe-Leistung**, die; -en 응급 처치(처리).

ersteigbar [ɛɐ̯ˈʃtaɪ̯kbaːɐ̯] ⟨Adj.⟩ 오를 수 있는. **Ersteigbarkeit**, die ↑ersteigbar의 명사형. **ersteigen**˙ **a)** (맨 위까지) 올라가다: eine Treppe e. 계단을 끝까지 올라가다. **b)** (꼭대기까지) 기어올라가다: wir ersteigen den Berg in vier Stunden 우리는 산꼭대기까지 4시간만에 기어올라갔다; 전의 er hat die höchsten Stufen des Ruhms erstiegen 그는 최고의 명예를 획득했다. **Ersteiger**, der; -s, - 등반가.

ersteigern ⟨h⟩ (경매에서) 낙찰시키다, 구매하다, 사다. **Ersteigerung**, die; -en 낙찰, 구매.

Ersteigung, die; -en 기어올라감, 기어올라 다다름, 등반.

erstellen ⟨h⟩ 《격식독어》 1. 짓다, 건립하다: ein Gebäude[Wohnungen] e. 건물[아파트]을 짓다. 2. 작성하다: ein Gutachten[einen Plan] e. 감정서[계획]를 작성하다. 3. 《schweiz.》 만들어내다, 제조하다, 제공하다: einen Antrag e. 제의하다, 제안하다. **Ersteller**, der; -s, - 건축자, 완성자. **Erstellung**, die; -en 건축, 완성, 작성, 제조. **Erstellungskosten** ⟨Pl.⟩ ↑ Erstellung의 비용.

erstemal (다음 용법으로) das e. 첫째, 첫 번째: beim [zum] erstenmal 첫번째에는[도]. **erstens** ['eːɐ̯stns] ⟨Adv.⟩ 첫째로, 최초에, 맨 처음에: e. habe ich kein Geld, zweitens keine Zeit, und drittens bin ich zu müde 첫째로 나는 돈이 없고, 둘째로 시간이 없으며, 셋째로 피곤하다.

erster... ['eːɐ̯stɐ...] ⟨↑ erst-...의 비교급⟩ der [die, das] ~e. 전자(반대: der [die, das] letztere 후자). **Erste(r)-Klasse-Abteil**, das; -(e)s, -e 일등칸, 일등실. **Erste(r)-Klasse-Wagen**, der; -s, - 일등실을 가진 기차.

ersterben* ⟨s⟩ 《아어》 1. (점차로) 시들다, 소멸하다, 가라앉다, 사라지다. 2. (드물게) 죽다, 소멸하다.

ersticken 1. ⟨s⟩ (공기나 산소 결핍으로) 숨이 막히다, 질식하다: sie erstickte fast vor Lachen 그녀는 거의 숨이 막힐 정도로 웃었다; im Arbeit e. 일로 매우 바쁘다; er erstickt noch im Geld 〔통용어〕 그는 엄청난 부자다. 2. ⟨h⟩ a) …의 숨통을 막다, …을 질식시키다: es ist erstickend heiß machte 〔통용어〕 덥다; 전의 einen Aufstand im Blut e. 폭동을 잔혹하게 진압하다. b) (불 따위를) 끄다, 가라앉히다, 진정시키다: die Flammen mit Sand e. 불꽃을 모래로 끄다. **Erstickung**, die 질식, 교살. **Erstickungs-**: **~anfall**, der 질식 발작. **~gefahr**, die 질식 위험. **~tod**, der 질식사.

erstlich ⟨Adv.⟩ 《준고어》 † erstens. **Erstling**, der; -s, -e 1. 한 예술가의 첫 작품, 처녀작. 2. 《드물게 · 성서적》 첫 아이, 맏이. 3. 《드물게》 (계절의) 첫 작품. 4. 《권투》 신인(新人).

Erstlings-: **~arbeit**, die 예술가의 첫 작품. **~ausstattung**, die 신생아의 의류. **~druck**, der 1. (한 지방이나 도시의) 가장 오래된 인쇄물. 2. [그래픽] 초판인쇄. **~film**, der 첫 영화. **~garnitur**, die 신생아가 속옷 입음. **~roman**, der 첫 소설. **~stück**, das ↑ ~werk. **~versuch**, der 최초의 시도, 초심자의 첫 작품. **~wäsche**, die †~ausstattung. **~werk**, das 작가의 첫 문학 작품: dieser Roman[dieses Drama] ist sein E. 이 소설[희곡]은 그의 첫 작품이다.

erstorben [ɛɐ̯ˈʃtɔrbn] † ersterben의 과거분사. **Erstorbenheit**, die 사멸, 소멸, 무감각, 생기없음.

erstrahlen ⟨s⟩ 빛나다, 반짝이다.

erstreben ⟨h⟩ 얻으려고 노력하다, 추구[열망]하다: Reichtum[Ansehen] e. 부[명성]을 얻으려고 노력하다. **erstrebenswert** ⟨Adj.⟩ 추구[노력]할 가치가 있는.

Erstrebung, die 노력, 추구, 열망.

erstrecken ⟨h⟩ 1. (e. + sich) a) (시간적, 공간적으로) 길어지다, 넓어지다, …에 이르다[미치다]. b) (일정한 시간적) 기한을 갖다: seine Forschungen erstreckten sich über zehn Jahre 그의 연구는 10년 넘어 걸렸다. c) 무엇에 이르다, ~에 미치다, 관계하다, …을 포함하다: das Gespräch erstreckte sich auf alle wichtigen Fragen 대화는 모든 중대한 문제들을 다 언급했다. 2. (österr.) (기간을) 연장하다. **Erstreckung**, die; -en 확장, 신장(伸張), 범위, 넓이, 연기.

erstreiten* ⟨h⟩ 《아어》 (싸워, 논쟁하여) 획득하다.

¹**erstunken*** [ɛɐ̯ˈʃtʊŋkn] (다음 용법으로) e. und erlogen sein 《경》 새빨간 거짓말이다. ²**erstunken** 《경》 전의 besser erstunken als erfroren 환기가 잘 되는 추운 방보다는 환기가 잘 안되더라도 더운 방이 차라리 더 낫다.

erstürmen ⟨h⟩ 습격하여 얻다, 정복하다, 공략하다: 전의 sie erstürmten die Gipfel des Berges 그들은 산의 정상을 정복했다. **Erstürmung**, die; -en 습격, 공략.

ersuchen ⟨h⟩ 《아어》 a) 누구에게 무엇을 부탁[간청]하다. b) (공식적으로) 요구하다, 요청하다. **Ersuchen**, das; -s, - 간절히 원함, 의뢰, 청원, 간청: ein E. an jmdn. richten[stellen] 청원[청구]하다.

ertanzen ⟨h⟩ 춤추어서 얻다[획득하다]: das Paar hat (sich³) die Weltmeisterschaft ertanzt 그 한 쌍은 춤에서 세계 선수권을 획득했다.

ertappen ⟨h⟩ 1. 급습하여 붙잡다, 체포하다: der Dieb wurde auf frischer Tat ertappt 그 도둑은 현행범으로 체포되었다. 2. e. + sich (갑자기) 느끼다, 알아차리다: er ertappte sich bei dem Gedanken, das Bild an sich zu nehmen 그는 그 그림을 착복하겠다는 생각이 생기기 시작했다. **Ertappung**, die 《드물게》 (불의의) 포착, 체포.

ertasten ⟨h⟩ 더듬어 찾아내다, 탐지하다: im Dunkeln ein Hindernis e. 어둠 속에서 장애물을 탐지하다.

ertauben [ɛɐ̯ˈtaʊbn] ⟨h⟩ 《아어 · 준고어》 a) 귀가 먹다, 청각을 상실하다: auf einem Ohr war er fast ertaubt 그는 한쪽 귀가 거의 먹었다. b) 무감각하다. **Ertaubung**, die (준고어) 귀먹음, 청각상실, 무감각.

ertäuben [ɛɐ̯ˈtɔybn] ⟨h⟩ 《schweiz.》 노하게(화나게) 하다, 성내게 하다.

ertauchen ⟨h⟩ 교환하여 얻다: er hat (sich) eine Münze ertaucht 그는 동전을 교환하여 얻었다.

erteilen ⟨h⟩ 나누어 주다, 베풀어 주다, 승낙하다: jmdm. einen Rat e. 누구에게 조언을 하다; er erteilt keinen Unterricht mehr 그는 더 이상 수업을 하지 않는다. **Erteilung**, die; -en (나누어) 줌, 수여, 시여, (명령의) 공포(公布), 허용.

ertesten ⟨h⟩ 검사해서 확인하다[발견하다].

ertippen ⟨h⟩ (경마나 복권에서) 이기다, 획득하다.

ertönen ⟨s⟩ a) 울리다, 소리나다, 울리다: plötzlich ertönte eine Stimme 갑자기 목소리가 들렸다. b) (아어) 울림[소리, 소음]으로 가득 차다: der Wald ertönte von frohen Liedern 숲 속은 즐거운 노래 소리에 가득 차 있었다.

ertöten ⟨h⟩ 《아어》 절멸[근절]하다, 억제하다, (격정 따위를) 억누르다, (정욕 따위를) 끊다. **Ertötung**, die 절멸, 근절, 금단, 금욕.

Ertrag [ɛɐ̯ˈtraːk], der; -(e)s, Erträge [...ˈtrɛːɡə] 1. (밭의) 수확(고), (광산의) 산출량: die Erträge aus dem Getreideanbau steigen[nehmen] ab 곡물 경작의 수확고가 저하[감소]되다. 2. (경제적) 수익, 이득, 소득: der E. eines Geschäfts[Unternehmens] 장사[기업]의 이익.

ertrag-, Ertrag- (Ertrags-): **~fähig** ⟨Adj.⟩ 소득 있는, 수익이 되는, 생산적인: ein sehr ~er Boden 대단히 소득이 높은 땅. **~fähigkeit**, die (Pl. 없음) ↑ ~fähig의 명사형. **~los** ⟨Adj.⟩ 소득[벌이]이 없는: ein -es Geschäft 벌이가 없는 장사. **~losigkeit**, die ↑ ~los의 명사형. **~reich** ⟨Adj.⟩ 수익[소득]이 많은, 생산적인(반대: ertragsarm). **~steigerung**, 《또한》 Ertraggssteigerung, die 수익 증가(반대: Ertragsminderung). **~steuer**, 《또한》 Ertragssteuer, die [세무] 소득세, 수익세.

ertragbar [ɛɐ̯'traːkbaːɐ̯] 〈Adj.〉 ↑**erträglich** (a). **ertragen*** 〈h〉 견디다, 참다: er konnte den Anblick nicht länger e. 그는 그 모습을 더 이상 참을 수가 없었다. **erträglich** [ɛɐ̯'trɛːklɪç] 〈Adj.〉 **a)** 참을 수 있는, 견디어 낼 수 있는: der Schmerz ist (gerade noch) e. 고통은 아직은 참을 수 있다. **b)** 〈통용어〉 상당한, 괜찮은, 어지간한: er hat ein ~es Auskommen 그는 조촐한 살림을 하고 있다. **Erträglichkeit**, die ↑erträglich의 명사형. **Erträgnis** [ɛɐ̯'trɛːknɪs], das; -ses, -se ↑Ertrag. **erträgnisreich** 〈Adj.〉 ↑ertragreich.

ertrags-, Ertrags- (Ertrag-): **~arm** 〈Adj.〉 수익 [소득]이 적은(반대: ertragreich). **~ausfall**, der 수익 [소득] 결손. **~aussichten** 〈Pl.〉 소득 전망, 수익 가망. **~beteiligung**, die 수익(소득) 분배. **~einbuße**, die 수익 손실(손해). **~fähig**: ↑ertragfähig. **~fähigkeit**: ↑Ertragfähigkeit. **~höhe**, die 소득 액수, 소득 정도. **~klasse**, die **1.** [농업] (경작지의) 수확 등급 **2.** [임업] (수목의) 발육 등급. **3.** (담수 어업(淡水漁業)에서 어획고에 따라 정해지는) 하천의 등급. **~lage**, die 수익 상황(상태). **~menge**, die 수확량, 소득액. **~minderung**, die 소득 감소(반대: ~steigerung). **~schwankung**, die ↑Ertragsminderung. **~sicher** 〈Adj.〉 수익이 확실한. **~steigerung**, die 《또한》 Ertragssteigerung, die 소득증가, 생산성 향상(반대: ~minderung). **~steuer**, die ↑Ertragsteuer. **~wert**, der 수익 가치. **~zahl**, die 〈대개 Pl.〉 수확(소득)량. **~zuwachs**, der 소득[수익] 향상(증가).

ertränken 〈h〉 물에 빠지게 하다, 익사시키다: 전의 seine Sorgen in[im] Alkohol e. 그의 근심을 술로 잊다. **Ertränkung**, die; -en 익사.

erträumen 〈h〉 꿈꾸다, 몽상하다: ein nie erträumtes Glück 꿈도 꾸지 못했던 행운.

ertrinken 〈h〉 물에 빠지다, 익사하다: der Junge ist beim Baden im Fluß ertrunken 그 젊은이는 강에서 수영하다가 빠져죽었다: 전의 das Land ertrank im Regen 땅은 비로 흠뻑 젖었다; wir ertrinken in einer Flut von Briefen 우리는 편지의 홍수에 파묻혀 있다. 〈명사화〉 **Ertrinken**, das; -s 익사, 물빠짐: jmdn. vor dem E. [vor dem Tod des ~] retten 누구를 익사 직전에 구하다. **Ertrinkende,*** der/die 익사의 위험에 놓인 자.

ertrotzen 〈h〉 〈아이〉 억지를 써서 빼앗다[관철하다]: 끝까지 버티어 (목적에) 도달하다: du hast (dir) von deinen Eltern die Erlaubnis ertrotzt 너는 너의 양친으로부터 허락을 얻어내었다.

ertrunken [ɛɐ̯'trʊŋkŋ̍] ↑ertrinken의 과거분사. **Ertrunkene,*** der/die 익사자.

ertrutzen 〈h〉 〈고풍〉 ↑ertrotzen.

ertüchtigen [ɛɐ̯'tʏçtɪgŋ̍] 〈h〉 (심신을) 단련하다: sich durch täglichen Frühsport e. 날마다의 아침 운동을 통해 (심신을) 단련하다. **Ertüchtigung**, die; -en 단련.

ertüfteln 〈h〉 머리를 짜서 생각해내다.

erübrigen [ɛɐ̯'yːbrɪgŋ̍] 〈h〉 **1.** 남기다, 저축하다: Können Sie etwas Zeit [eine Stunde] für mich e.? 당신은 나를 위해 시간을 좀 (한 시간 정도 시간을) 내주실 수 있습니까? **2.** 〈e. + sich〉 넘치다, 쓸데없다: es erübrigt sich, näher darauf einzugehen 그 문제를 더 자세히 논할 필요는 없다. **3. es erübrigt noch ...** 《격식독어·준고어》 아직 더 필요하다: es erübrigt noch, über folgendes zu sprechen 다음 것에 대해서 아직 더 이야기할 필요가 있다. **Erübrigung**, die ↑erübrigen의 명사형.

Erudition [erudi'tsi̯oːn], die [lat. ēruditio] 《고어》 학식, 교양.

eruieren [erʊ'iːrən] 〈h〉 [lat. ēruere] **a)** 《교양어》 찾아내다, 확인하다: der Name des Täters konnte noch nicht eruiert werden 범인의 이름은 아직 확인할 수가 없었다. **b)** (österr.) 〈누구를〉 찾아내다, 발견하다: den Besitzer eines Wagens e. 자동차 주인을 찾아내다. **Eruierung**, die; -en ↑eruieren의 명사형.

Eruktation [erʊkta'tsi̯oːn], die; -en [lat. ēructātio] [의학] 트림. **eruktieren** [erʊk'tiːrən] 〈h〉 [lat. ēructāre] [의학] 트림하다.

eruptieren [erʊp'tiːrən] 〈s〉 [lat. ēruptus] [지질] (화산이) 폭발(분화)하다, (용암, 가스, 열기 등이) 분출하다: 전의 jäh eruptierendes Gelächter 갑작스레 터져나오는 웃음. **Eruption** [erʊp'tsi̯oːn], die; -en [lat. ēruptio] **1. a)** [지질] (화산의) 폭발, 분화, (용암, 열기 외) 분출. **b)** (태양의) 가스 분출. **2.** [의학] **a)** 피부 발진의 발병. **b)** 피부 발진. **Eruptions-** (Eruption 1 a): **~kegel**, der 원추형의 용암 퇴적. **~krater**, der 분화구. **~masse**, die 용암의 퇴적 더미. **eruptiv** [erʊp'tiːf] 〈Adj.〉 **1. a)** [지질] 분출물로 된. **b)** 《교양어》 분출하는, 솟구치는. **2.** [의학] 피부에 솟는, 발진하는. **Eruptivgestein**, das [지질] 화성암.

erwachen 〈s〉 〈아어〉 **a)** 눈을 뜨다, 잠을 깨다: ich bin von dem Lärm erwacht 나는 소음 때문에 잠을 깼다; 전의 aus seinen Träumen e. 꿈에서 깨다. **b)** 눈 뜨다, 싹트다: sein Gewissen ist erwacht 그의 양심이 눈을 떴다. 〈명사화〉 **Erwachen**, das; -s 잠을 깸, 소생, 자성.

¹erwachsen* 〈s〉 **1. a)** 생겨나다, 자라나다, 일어나다: tiefes Mißtrauen war zwischen uns erwachsen 우리 사이에는 깊은 불신이 생겼다. **b)** (결과로) 생기다[나타나다]: daraus kann ihm nur Nutzen e. 그것으로부터는 그에게 이익만이 생길 것이다. **2.** 〈준고어〉 성장하다, 자라다, 성인이 되다: er ist zum Manne erwachsen 그는 한 사람의 남자로 성장했다. **²erwachsen** 〈Adj.〉 성장한, 어른이 된, 성인의, 숙고, 음미: er hat schon sehr e. gehandelt 그는 벌써 대단히 어른스럽게 행동했다. **Erwachsene**, der/die 성인, 어른, 성년자. **Erwachsenenbildung**, die 성인 교육. **Erwachsenentaufe**, die [종교] 성인 세례. **Erwachsensein**, das/der 성년기, 성인: Jugendliche hat damit die Schwelle zum E. überschritten 그 젊은이는 그것으로 성인으로의 문턱을 넘었다.

erwägen* 〈h〉 **a)** 검토하다, 숙고하다, 헤아리다, 음미하다: ich erwog lange, ob ich ihm schreiben sollte 나는 내가 그에게 편지를 써야 할 것인가를 오랫동안 숙고했다. **b)** 고려하다, 생각하다: er erwog, den Vertrag zu kündigen 그는 계약을 해약할 생각을 했다. **erwägenswert** 〈Adj.〉 고려의 가치가 있는. **Erwägung**, die; -en 고려, 숙고, 음미: in der E. dessen, was er gesagt hat 그가 말했던 것을 고려하여; nach reiflicher E. 충분한 고려(숙고) 끝에; **etw. in E. ziehen** 숙고[고려]하다.

erwählen 〈h〉 〈아어〉 **a)** 선택하다, 고르다. **b)** 투표로 뽑다, 선출하다. **Erwählte,*** der / die ↑Auserwählte. **Erwähltheit**, die 선택 [선출]받음. **Erwählung**, die; -en 선출, 선발, 선택, 선거.

erwähnen 〈h〉 언급하다: der Ort wird im 9. Jahrhundert zuerst erwähnt 그 장소는 9세기에 최초로 언급되었다. **erwähnenswert** 〈Adj.〉 말할[언급할] 가치가 있는. **erwähntermaßen** 〈Adv.〉 《격식독어·고어》 상술한 바와 같이. **Erwähnung**, die; -en 언급, 언급: etwas findet E. 무엇이 언급되다; etwas verdient (keine) E. 무엇은 언급할 가치가 있다[없다]; die Sache

erwiesenermaßen

ist nicht der E. wert 《아어》 그 문제는 언급할 가치가 없다.
erwahren ⟨h⟩ 《schweiz.》 **1.** (투표 결과를) 공적으로 유효하다고 승인하다. **2. a)** …이 진실하다는 것을 증명하다. **b)** ⟨e. + sich⟩ 진실임이 밝혀지다, 실현되다. **Erwahrung,** die; -en ↑erwahren의 명사형.
erwandern ⟨h⟩ 편력하여 체험하다(알게 되다). **Erwanderung,** die; -en ↑erwandern의 명사형.
erwarmen [ɛɐˈvarmən] ⟨h⟩ ⟨고어⟩ 따뜻해지다, 더워지다. **erwärmen** ⟨h⟩ **1. a)** 따뜻하게 하다, 데우다, 뜨겁게 하다: Wasser auf 40 Grad e. 물을 40도로 데우다; [전의] der Anblick erwärmte mir das Herz 그 모습은 나를 기쁘게 했다. **b)** ⟨e. + sich⟩ 더워지다, 따뜻해지다: die Luft erwärmt sich langsam 공기가 점차 따뜻해진다. **2. a)** ⟨e. + sich⟩ ⟨etw.für⟩ 흥미를 갖다: ich kann mich für ihn nicht e. 나는 그에게 흥미를 느낄 수가 없다. **b)** 마음을 끌다, 호의를 얻다: er versuchte, die Partei für seine Ideen zu e. 그는 당(黨)이 그의 생각을 받아들이도록 노력했다. **Erwärmung,** die ↑erwärmen의 명사형.

erwarten ⟨h⟩ **1.** 고대하다, 기대하다, 기다리다: ich erwarte dich um 8 Uhr am Eingang 나는 너를 여덟시에 입구에서 기다리겠다; sie erwartet ein Kind 그녀는 임신중이다; [전의] was wird mich noch alles e.! 나에게 또 무엇이 닥쳐오게 될까! **2. a)** (가능한 것으로) 생각하다, …을 감안(고려)하다: ich erwarte von dir, daß du uns hilfst 나는 네가 우리를 도울 것을 당연한 것으로 전제한다; der Urlaub war über (alles) Erwarten schön 휴가는 기대 이상으로 좋았다. **b)** 기대하다, 열망하다, 희망하다: der junge Künstler läßt noch viel e. 그 젊은 예술가는 큰 기대(희망)를 갖게 한다. **Erwartung,** die; -en **1.** ⟨Pl. 없음⟩ 기다림, 고대: war voll(er) E. 그는 기다림(기대)에 가득 차 있다. **2.** (대개 Pl.) 예기, 예상, 가망: die -en an die Ehe sind eminent groß 그 결혼에 대한 기대는 대단히 크다; hat sich in seinen -en getäuscht 그는 실망했다; in der E. daß... …을 희망(기대)하면서.

erwartungs-, Erwartungs-: ~angst, die [심리] 지레먹는 겁. **~froh** ⟨Adj.⟩ 즐거운 기대로 가득 찬. **~gemäß** ⟨Adv.⟩ 기대에 따라, 기대한 대로. **~haltung,** die 기대 자세(태도). **~horizont,** der ⟨Pl. 없음⟩ 기대 지평. **~norm,** die 기대(예상) 기준, 예상(기대)치. **~voll** ⟨Adj.⟩ 기대에 찬, 많은 기대를 가진.

erwecken ⟨h⟩ **1. a)** ⟨아어·선교어⟩ 깨우다, 일으키다: jmdn. aus tiefem Schlaf e. 누구를 깊은 잠에서 깨우다. **b)** 소생(부활)시키다: jmdn. vom Tode(von den Toten) e. 누구를 소생시키다; [전의] alte Bräuche wieder zum Leben e. 옛 관습을 다시 부활시키다. **2.** 일깨우다, 각성시키다, 자극하다, 불러일으키다: Hoffnung e. 희망을 일깨우다. **Erweckung,** die; -en **1.** 일깨움, 소생, 부활, 고무. **2. a)** [신비] 신앙의 각성. **b)** [신교] 개심, 회심. **Erweckungsbewegung,** die; -en (18/19세기 신교) 신앙 부흥 운동.

erwehren, sich ⟨h⟩ ⟨아어⟩ 막다, 멀리하다, 방어하다, 지키다: sie konnte sich der Tränen[eines Lächelns] nicht e. 그녀는 울지(웃지) 않을 수 없었다.

erweichbar [ɛɐˈvaiçbaːɐ̯] ⟨Adj.⟩ **1.** 부드럽게 할 수 있는. **2.** 마음이 녹이지는, 마음이 풀어지는. **erweichen** **1.** ⟨h⟩ 부드럽게 하다: die Hitze erweichte das Wachs 열기가 밀랍을 부드럽게 했다; [전의] ihre Tränen haben mein Herz erweicht 그녀의 눈물이 내 마음을 약하게 했다. **2.** ⟨s⟩ 부드러워지다, 성질이 누그러지다. **Erweichung,** die; -en. ↑erweichen의 명사형.

Erweis [ɛɐˈvais], der; -es, -e ⟨준고어⟩ 증명, 증거: den E. für etw. erbringen 무엇에 대한 증거를 제시하다.

erweisbar ⟨Adj.⟩ 증명할 수 있는. **erweisen*** ⟨h⟩ **1.** 증명하다: jmds. Unschuld e. 누구의 무죄를 증명하다. **2.** ⟨e. + sich⟩ 입증되다, 드러나다, (태도를) 보이다: sich dankbar gegen jmdn. e. 누구에게 사의를 표하다; du hast dich als wahrer Freund erwiesen 너는 정말 진실한 친구임을 보여주었다. **3.** 나타내다, 표명하다. **erweislich** ⟨Adj.⟩ ⟨고어⟩ 증명할 수 있는. **Erweisung,** die; -en 증명(하기), 입증.

erweitern ⟨h⟩ **1.** 확대하다, 넓히다, 확대(확장)하다: ein Durchfahrt[einen Flugplatz] e. 통로[비행장]를 넓히다; [전의] seinen Horizont e. 그의 시야를 넓히다; im erweiterten Sinn 넓은 의미로. **2.** ⟨e. + sich⟩ 넓어지다, 확대(확장)되다: die Höhle erweitert sich allmählich 동굴이 점차 넓어진다. **Erweiterung,** die; -en ↑erweitern의 명사형: die E. der Fahrbahn [der Anlagen] 차도[시설]의 확장. **Erweiterungsbau,** der ⟨Pl. -ten⟩ 증축.

Erwerb [ɛɐˈvɛrp], der; -(e)s **1. a)** 획득, 취득. **b)** 생업, 직업: sich³ einen neuen E. suchen 새로운 직업을 찾다. **c)** (정신적인) 습득: der E. von Wissen[von Kenntnissen] 지식의 습득. **d)** 구입, 매입. **2.** 벌이, 소득: von seinem E. leben 그의 벌이로 먹고 산다. **erwerben*** ⟨h⟩ **1. a)** (일하여) 얻다, 취득하다, 벌다: [전의] sich³ große Verdienste um etw. e. 무엇을 위해 큰 공을 세우다. **b)** (연습이나 배움을 통해) 습득하다: durch Lektüre ein umfangreiches Wissen e. 독서를 통해 풍부한 지식을 습득하다. **2. a)** (교섭이나 매입을 통해) 손에 넣다, 사들이다, 취득하다. **b)** [의학·심리] (접촉로) 생기다: diser Herzfehler ist erworben 이 심장병은 후천성이다. **Erwerber,** der; -s, - 획득자, 취득자. **Erwerberin,** die; -nen ↑Erwerber의 여성형.

erwerbs-, Erwerbs-: ~ausfall, der 수입 결손. **~beschränkt** ⟨Adj.⟩ (심신 장애로) 취업상 제약을 받는. **~einkünfte** Pl. [경제] 영업 수익. **~fähig** ⟨Adj.⟩ 생계를 세워나갈 능력이 있는. **~fähige,*** der / die 생계 능력자, 취업 가능자. **~fähigkeit,** die ⟨Pl. 없음⟩ 영업 능력, 생업(취업) 능력. **~gemindert:** **~beschränkt. ~gesellschaft,** die 영리 회사(조합). **~gier,** die ⟨폄⟩ 영리욕. **~intensität,** die [경제] (취업 가능 인구의) 취업률. **~leben,** das 영리(취업) 활동. **~los** ⟨Adj.⟩ **a)** ↑arbeitslos (1). **b)** (관) 실업 보험을 받지 못하는 실업의. **~lose,*** der / die 실업자. **~losigkeit,** die 실업. **~minderung,** die 생계(취업) 능력의 감소. **~mittel,** das 생계 수단, 생업 자본. **~möglichkeit,** die 생계 소득 기회. **~person,** die [경제] 취업 가능 인(구). **~quelle,** die 소득원. **~quote,** die [경제] (전국민의) 취업률. **~sinn,** der ⟨Pl. 없음⟩ 소득 포착 능력. **~streben,** das 소(취)득 노력. **~tätig** ⟨Adj.⟩ 생업(직업)에 종사하는. **~tätige,*** der / die 근로자, 취업자. **~trieb,** der ↑~gier. **~unfähig** ⟨Adj.⟩ 취업(생업) 불능의. **~unfähige,*** der / die 취업(생업) 불능자. **~unfähigkeit,** die 취업(생업) 불능. **~unternehmen,** das 영리 기업. **~zweck,** der 영리 목적. **~zweig,** der 산업(생업) 부문(분야).

Erwerbung, die; -en **1.** ⟨Pl. 없음⟩ 획득, 취득, 구입. **2.** 획득(취득)물, 구입품: dieses Auto ist seine neueste E. 이 자동차는 그가 최근에 구입한 것이다.

ewidern ⟨h⟩ (↑wider 참조) **1.** 대답하다, 응답하다, 대구하다: er erwiderte mit einer Frage 그는 질문으로 대꾸했다. **2.** (같은 방식으로) 대응하다, 갚다: seine Liebe wurde nicht erwidert 그의 사랑은 응답이 없었다; das Feuer e. ⟨군⟩ 응사하다. **Erwiderung,** die; -en **1.** 대답, 응답, 응수. **2.** 답례, 보답, 갚음, 대응.

erwiesenermaßen ⟨Adv.⟩ 입증된 바와 같이.

erwirken ⟨h⟩ 얻어내다, 이루어내다. jmds. Entlassung e. 누구의 석방을 실현시키다. **Erwirkung,** die 달성, 성취.

erwirtschaften ⟨h⟩ 경영[관리]을 잘해서 얻다. **Erwirtschaftung,** die ↑erwirtschaften의 명사형.

erwischen ⟨h⟩ 《통용어》 **1. a)** (불)잡다, 체포하다: die Polizei hat die Täter noch nicht erwischt 경찰은 범인들을 아직 붙잡지 못했다. **b)** (범죄 현장에서) 체포하다. **2. a)** 붙잡다. **b)** (차편이나 사람을) 가까스로 붙잡다: er hat den letzten Zug noch erwischt 그는 간신히 막차를 탔다. **c)** (우연히) 잡다(얻다). **3.** 〈비인칭〉 (병이나 불행 등에) 걸리다, 당하다: meinen Freund hat es schwer erwischt 1) 나의 친구는 중병을 앓고 있다. 2) 중상을 입었다. 3) 무엇인가 불행한 일을 당했다. 4) 〈농〉 열렬한 사랑에 빠져있다. **erworben:** ↑erwerben의 과거분사.

erwünscht [ɛɐ'vʏnʃt] ⟨Adj.⟩ 바라던, 환영받는: du bist hier nicht e. 너는 여기서 불청객이다.

erwürgen ⟨h⟩ 목졸라 죽이다, 교살하다: er hat ihn mit bloßen Händen erwürgt 그는 그를 맨손으로 목졸라 죽였다. **Erwürgung,** die; -en 교살.

Erysipel [eryzi'peːl], das; - s, **Erysipelas** [ery'ziːpelas], das; - [lat. erysipelas < griech. erysípelas] ↑ Wundrose.

Erythea [ery'teːa], die; ...een [그리스의 헤라클레스 전설에 언급된 남부 스페인의 섬 Erythea란 이름에서] 에뤼테아 (중앙 아메리카가 산 식물의 일종). **Erytheapalme,** die. 에뤼테아 종려〔야자〕나무.

Erythem [ery'teːm], das; - s, -e [griech. erýthēma] 〔의학〕 홍반, 홍진. **Erythrin** [ery'triːn], der; - s [zu griech. erythrós = rot] ↑ Kobaltblüte. **Erythrismus** [ery'trɪsmus], der; - /...men **1.** 검은색 동물에게 나타나는 붉은 빛. **2.** 흑인에게 나타나는 빨간 머리털. **Erythrit** [ery'triːt], der; - [griech. erythrós] 4가(價) 알코올. **Erythrophobie** [...fo'biː], die; -n [...iːən; griech. erythrós u. phóbos] **1.** 〔심리〕 적면 (赤面) 공포증, **2.** 〔의학〕 적색 공포증. **Erythrosin** [erytro'ziːn], das; - s [griech. erythrós] 인공 적색 염료 (색소). **Erythrozyt** [...'tsyːt], der; - en, - en 〈대개 Pl.〉 [griech. erythrós] 〔의학〕 적혈구.

Erz [eːɐts, ɛɐts], das; -es, -e **1.** 광석, 원광(原鑛): -e gewinnen(aufbereiten) 광석을 채굴(선광(選鑛))하다. **2.** (아어·드높게) 청동: er stand da wie aus(in) E. gegossen. 그는 그곳에 뻣뻣이 서 있었다.

¹**erz-, Erz-** ['eɐts-, 'ɛɐts-] (Erz 1): **~abbau,** der 〈Pl. 없음〉 광석 채굴. **~ader,** die 광맥, 암맥. **~arm** ⟨Adj.⟩ 광석 매장량이 빈약한(반대: ~reich). **~aufbereitung,** die 선광(選鑛). **~bau,** der 광 광산, 채광. **~bergbau,** der 채광. **~bergwerk,** das ↑~grube. **~beschickung,** die 〔기술〕 용광로에 광석 장입(채우기). **~brocken,** der 광석 파편. **~förderung,** die 광석 반출(채굴). **~gang,** der 광맥. **~gebirge,** das 독일과 체코슬로바키아 사이에 있는 산맥 광맥. **~gehalt,** der 광석 함량. **~gewinnung,** die 채광, 선광. **~gießer,** der 놋쇠〔청동〕 주조자, 주조공. **~gießerei,** die 주조〔업〕, 주조소 (鑄造所). **~grube,** die 광산, 광갱. **~haltig** ⟨Adj.⟩ 광석〔금속〕을 포함한. **~höffig** ⟨Adj.⟩ 〔광〕 광석 산출의 전망이 있는. **~hütte,** die 제련소, 용광로. **~lager,** das 광상(鑛床) 광상. **~lagerstätte,** die 〔지질〕 광상(鑛床). **~mikroskop,** das 〔기술〕 광석 탐지용 편광 현미경. **~probe,** die 광석 함유량 시험. **~reich** ⟨Adj. nicht adv.⟩ 광석이 많은(반대: ~arm). **~schiff,** das 광석 운송〔운반〕 선박. **~stock,** der 계단식 형태의 광상(鑛床). **~verarbeitung,** die 제련(製鍊). **~verhüttung,** die 제련(製鍊). **~vor-**

kommen, das 광석 매장〔산출〕.

²**erz-, Erz-** ['ɛɐts-] [lat. arc(h)i- < griech. arch(i)-]: **~amt,** das 〔역사적〕 〔중세 독일의〕 최고 궁내 관직. **~bannerherr,** der 〔역사적〕 우두머리 방기기사(方旗騎士)〔방기를 들고 출전할 수 있는〕. **~bischof,** der [lat. archiepiscopus] 〔가〕 대주교. 통치권이 있는 주교에의 교황이 수여하는 명예 칭호. **~bischöflich** ⟨Adj.⟩ 대주교의. **~bistum,** das ↑~diözese. **~diakon,** der ↑Archidiakon. **~diözese,** die 〔가〕 대주교 교구(區). **~engel,** der [lat. archangelus < griech. archággelos] 대천사. **~herzog,** der 대공(大公) (옛 오스트리아 황태자의 칭호). **~herzogin,** die 대공비(妃). **~herzoglich** ⟨Adj.⟩ 대공의, 대공령(領)의. **~herzogtum,** das 대공령, 대공의 지위. **~jägermeister,** der 〔역사적〕 왕궁의 시종 장관. **~kämmerer,** der 〔역사적〕 왕궁의 시종 장관. **~kanzler,** der 〔역사적〕 〔중세 왕국의〕 대재상. **~marschall,** der 〔역사적〕 왕궁의 장례관(掌禮官)장관. **~priester,** der ↑Archipresbyter. **~schenk,** der 〔역사적〕 헌작(獻酌)장관. **~truchseß,** der 〔역사적〕 사용원(司膳院)장관. **~vater,** der 〔종교〕 (특히 이스라엘 민족의) 가장(家長), 족장.

³**erz-, Erz-** (뒤에 오는 명사나 형용사와 합성하여 뜻을 강조시킴) [↑²erz- 참조.]: **~böse** ⟨Adj.⟩ 흉악한, 극악한. **~bösewicht,** der 흉악한 놈, 대악한(大惡漢). **~demokrat,** der 철저한〔골수〕 민주주의자. **~dumm** ⟨Adj.⟩ 어리석기 짝이 없는. **~dummheit,** die ↑~dumm의 명사형. **~faschist,** der 철저한〔골수〕 파시스트(국수주의자). **~faul** ⟨Adj.⟩ 태만한, 게을러빠진. **~feind,** der 철천지 원수. **~feindschaft,** die 철천지 적개심(증오). **~gauner,** der 《뽐》 대사기꾼, 대악한. **~gescheit** ⟨Adj.⟩ 대단히 영민한(명석한). **~halunke,** der 대악한, 대단한 불량배. **~katholik,** der 철저한 가톨릭 교도. **~katholisch** ⟨Adj.⟩ 가톨릭 신앙으로 굳은. **~kommunist,** der 철저한〔골수〕 공산주의자. **~konservativ** ⟨Adj.⟩ 철저히 보수주의적인. **~lügner,** der 터무니없는 거짓말쟁이. **~lump,** der 대악당(무뢰한). **~protestantisch** ⟨Adj.⟩ 철저히 신교적인. **~reaktionär** ⟨Adj.⟩ 철저히 반동적인. **~schelm,** der 〔아어·준고어〕 대악한, 장난꾸러기 대장. **~schurke,** der 큰 ~lump. **~spitzbube** der 《뽐》 큰 ~gauner. **~übel,** das 으뜸가는 악.

Erzähl-: ~freude, die 이야기하는 즐거움. **~freudig** ⟨Adj.⟩ 이야기하길 좋아하는. **~gut,** das 이야기 자산 (한 민족에게 전승된 이야기들의 총체). **~kunst,** die 〈Pl. 없음〉 소설기법. **~lied,** das 이야기체[설화체]의 민요. **~talent,** das ↑ Erzählertalent (a). **~technik,** die ↑~kunst. **~weise,** die **a)** (소설)서술방식. **b)** 〔문예학〕 (소설)서술의 기본형식: Bericht und Beschreibung sind verschiedene -n bei der erzählerischen Darstellung 보고와 묘사는 서로 다른 서술 형식이다. **~zeit,** die 〈Pl. 없음〉 〔문예학〕 서술 시간.

erzählen ⟨h⟩ **a)** 이야기하다: den Kindern ein Märchen e. 어린애들에게 동화를 이야기하다. **b)** 보고하다: mir kannst du viel e. 《통용어》 나는 네 말을 믿지 않는다. **c)** 전하다, 말하다: sie erzählt alles ihrer Freundin 그녀는 모든 것을 그녀의 친구에게 말한다. **erzählenswert** ⟨Adj.⟩ 이야기할 가치가 있는. **Erzähler,** der; - s, - **a)** 이야기하는 사람. **b)** 작가, 소설가자. **erzählerisch** ⟨Adj.⟩ 이야기적인, 설화적인. **Erzählertalent,** das; -(e)s, -e a〉 〈Pl. 없음〉 이야기꾼, 재주. **b)** 이야기꾼, 재주 가진 사람. **Erzählung,** die; -en **1.** 이야기하기[하는 것]. **2.** 〔문예학〕 소설.

erzeigen ⟨h⟩ 〔아어〕 **1. a)** 표시하다, 보이다: jmdm. Ehre〔Vertrauen〕e. 누구에게 경의〔신뢰〕를 표하다. **b)**

⟨e. + sich⟩ …한 모습을 보이다, 나타내다: sich jmdm. gegenüber dankbar e. 누구에게 고마워함을 보이다. **2. a)** …으로 나타나게 하다. **b)** ⟨e. + sich⟩ 증명하다, 알려지다. **Erzeigung**, die; -en 표시, 표명.
erzen ['eːɐ̯tsn̩, 'ɛɐ̯tsn̩] ⟨Adj.⟩ ⟨아어⟩ 청동[놋쇠]의.
erzeugen ⟨h⟩ **1. a)** 생기게 하다, 발생시키다. Reibung erzeugt Wärme 마찰은 열을 발생시킨다. **b)** ⟨준고어⟩ ⟨아이를⟩ 만들다: er hatte viele Kinder erzeugt. 그는 많은 아이들을 만들었다. **2. a)** 생산(산출)하다. **b)** ⟨österr.⟩ ⟨일상용품을⟩ 제조하다, 생산하다: Kleider [Schuhe] e. 옷[신발]을 만들다. **Erzeuger**, der; -s, - **1.** ⟨친⟩아버지. **2. a)** 생산자. **b)** ⟨österr.⟩ ⟨일상용품⟩ 제작(제조)자.
Erzeuger- (Erzeuger 2): **~erlös**, der 생산자가 그의 물건을 판 돈[매상고]. **~land**, das 생산지, 산출국. **~preis**, der 제조원가.
Erzeugnis [ɛɐ̯'tsɔyknɪs], das; -ses, -se 생산물[품], 산(출)물, 농작물, 제조품. **Erzeugung**, die; -en 생산, 제작, 산출: die E. von Strom 전력 생산.
Erzeugungs-: **~grammatik**, die 생성문법 (= generative Grammatik). **~kosten** ⟨Pl.⟩ 생산비. **~schlacht**, die ⟨나치의⟩ 생산전(戰)(특히 전시 체제하의 농산물 생산 증강).
erziehbar [ɛɐ̯'tsiːbaːɐ̯] ⟨Adj.⟩ 교육(훈련)할 수 있는: ein sehr schwer -es Kind 교육시키기가 대단히 어려운 아이, 문제아. **erziehen*** ⟨h⟩ **1. a)** 교육하다. **b)** 훈도하다, 가르치다, 가정교육을 시키다: seine Kinder zur Selbständigkeit[Sparsamkeit] e. 아이들이 독립심을 갖도록[근검절약하도록] 가르치다[키우다]. **2.** ⟨원예⟩ ⟨식물을⟩ 재배하다. **Erzieher**, der; -s, - 교육자[가], ⟨가끔⟩ 교사. **Erziehergabe**, die ⟨Pl. 없음⟩ 교육자 자질. **Erzieherin**, die; -nen ↑Erzieher의 여성형. **erzieherisch** ⟨Adj.⟩ 교육적인, 교육상의: aus -en Gründen 교육상의 이유들로. **b)** 교육을 목표로, 교육적 입장에서. **erziehlich** ⟨Adj.⟩ ⟨österr.⟩ ↑erzieherisch. **Erziehung**, die **1.** 교육, 훈육: er hat ihre E. vernachlässigt 그는 그녀의 교육을 소홀히 했다. **2.** 소년 시절 배워 익힌 태도[예절]: vergiß deine gute E. nicht! 좋은 몸가짐[예절]을 잊지 말아라!
erziehungs-, Erziehungs- (Erziehung 1): **~anspruch**, der 교육에 대한 요구[권리]. **~anstalt**, die 교육 기관, 감화원. **~arbeit**, die ⟨Pl. 없음⟩ 교육 업무. **~aufgabe**, die 교육 과제. **~beihilfe**, die ↑Ausbildungsbeihilfe. **~berater**, der 교육 고문[조언자]. **~beratung**, die **a)** 교육 상담. **b)** 교육 상담 시설[기구]. **~berechtigt** ⟨Adj. adv.⟩ 친권(親權) 행사의 권리가 있는. **~berechtigte,** der/die 친권자(부모, 후견인 등). **~departement**, das ⟨schweiz.⟩ 교육부. **~direktion**, die ⟨schweiz.⟩ ⟨칸톤의⟩ 문교부. **~faktor**, der 교육 요인[요소]. **~fehler**, der 교육적 결점, 잘못된 교육. **~frage**, die 교육 문제. **~grundsatz**, der 교육 원칙. **~heim**, das (문제아·비행 소년을 수용하는) 보호 시설, 감화원. **~hilfe**, die **a)** (소년 보호에서 실시하는) 보조 교육. **b)** ⟨schweiz.⟩ (소년 형법에 규정된) 교육 조처. **~ideal**, das 교육 이상. **~institut**, das 교육 기관. **~lager**, das 교육장(場). **~lehre**, die **a)** 교육론. **b)** ↑Pädagogik. **~maßnahme**, die 교육 규범. **~methode**, die 교육 방법. **~ministerium**, das (정부의) 교육부. **~mittel**, das 교육 수단. **~modell**, das 교육 모델. **~pflicht**, die 교육 의무. **~problem**, das 교육 문제. **~programm**, das 교육 계획, 교육 프로그램. **~prozeß**, der 교육 과정. **~roman**, der ⟨문예학⟩ 교육 소설. **~schema**, das 교육안(案), 교육형(型). **~schwierigkeiten** ⟨Pl.⟩ 교육 과정에서 부딪치는 어려움. **~stil**, der 교육 방식. **~system**, das 교육 편제. **~verhalten**, das 교육 행위. **~versuch**, der 교육 시도. **~werk**, das 교육 활동, 지도 작업. **~wesen**, das ⟨Pl. 없음⟩ 교육 제도, 교육 관계 사항. **~wissenschaft**, die ⟨Pl. 없음⟩ **a)** 교육론. **b)** ↑Pädagogik. **~ziel**, das 교육 목표.
erzielen ⟨h⟩ 얻다, 달성하다, 목표하다, 뜻하다: das Produkt konnte einen guten Preis e. 이러한 생산품은 좋은 가격을 받을 수 있었다. **Erzielung**, die 목적 달성, 성취, 성공, 획득.
erzittern ⟨s⟩ 떨다, 전율하다.
erzüchten ⟨h⟩ ⟨드물게⟩ ↑züchten. **Erzüchter**, der; -s, - 재배(배양)자, 사육(양)자, 교육자.
erzürnen 1. ⟨h⟩ **a)** 노하게[화나게] 하다. **b)** ⟨e. + sich⟩ 노하다, 성내다: ich habe mich über diesen Vorfall sehr erzürnt 나는 이번 사건에 대해서 대단히 화가 났다. **2.** ⟨드물게 s⟩ 화내다, 성내다, 노하다. **Erzürnung**, die 노함, 성남.
erzwingen* ⟨h⟩ 억지로 빼앗다, 강탈하다, 강제[강요]하다: Liebe läßt sich nicht e. 사랑은 강요할 수가 없다; ein erzwungenes Geständnis 강요된 자백. **Erzwingung**, die 강탈, 강제, 강요, 강행. **Erzwingungshaft**, die 굴복. **erzwungenermaßen** ⟨Adv.⟩ 강제적으로.

¹es [ɛs] ⟨인칭대명사⟩ ⟨3인칭 단수, 중성 1격과 4격⟩ [ahd. mhd. ez, 2격 es, mhd.의 z는 s로 변하였으므로 1, 2, 4격의 꼴이 일치했으나 지금은 2격의 꼴이 sein(er)으로 되어, 2격의 es는 특수한 용법에만 남게 되었음] 그것은(이), 그것을. **1.** (선행하는 것을 받음) **a)** ⟨명사⟩ da steht ein neues Haus, es gehört mir 저기 새 집이 서 있는데, 그 것은 내 집이다: ⟨주어를 다시 받아 강조하거나 먼저 지시함⟩ dieses ganze umständliche Hin und Her, es ödete ihn an 이런 모든 형식적인 번거로움, 그것이 그를 싫증나게 했다; da ist es wieder, dein Mißtrauen 그것은 또 다시 너의 불신 때문이다; ⟨2격⟩ Gulasch war ihr Leibgericht, sie wurde seiner nie überdrüssig 굴라슈 수프는 그녀가 좋아하는 음식이었다, 그녀는 그것에 한번도 물리지 않았다; ⟨3격⟩ das gebe ich ihm (dem Tier) zu fressen 그것을 나는 그것에게(동물에게) 먹도록 준다; ⟨4격⟩ er hatte das Buch zu Ende gelesen und legte es weg 그는 그 책을 끝까지 다 읽었다. 그리고 그것을 치웠다; Mode für ihn, sie und es (das Kind) 그와 그녀와 그 아이를 위한 유행; da habe ich es endlich wieder, mein lange vermißtes Buch 나는 마침내 그것을 다시 가졌다, 내가 오랫동안 애타게 찾았던 그 책을. **b)** ⟨부정관사·형용사⟩ ich höre junge Männer singen, es sind wohl Soldaten 나는 젊은이들이 노래하는 것을 들었는데, 그들은 바로 군인들이다; Paul war es, der das sagte 그는 것을 말한 사람은 파울이었다; er ist wütend, und sie ist es auch 그는 분노했다, 그녀도 그랬다. **2. a)** ⟨문장 전체 또는 그 주요부문⟩ sie las ein Buch, und ich tat es auch 그녀는 책을 읽었다, 나도 그랬다; er hat zwar gesagt, er werde teilnehmen, es ist aber fraglich 그는 참여할 것이라고 말했지만, 그것은 의심스럽다. **b)** ⟨문법상의 주어로서 의미상 주어에 앞서는 경우⟩ es war einmal ein König ⟨동화의 시작⟩ 옛날에 임금님이 계셨다; (es ist) schön, daß Sie gekommen sind 당신이 와주셔서 정말 고맙습니다; (es ist) ab, alles noch einmal zu sagen 나는 모든 것을 다시 한 번 말하는 것을 거부한다. ⟨원래 2격⟩ er wurde es müde, immer wieder darauf hinzuweisen 그는 항상 반복해서 그것을 지적하는 일에 물렸다; **es sei denn, (daß)** …이 아니면(아니라면): ich bin um acht Uhr da, es sei denn, daß etwas dazwischenkommt 그 사이에 무슨 일이 일어나지 않으면 나는 8시 정각에 그곳에 있

¹Es 졌다. c) 《의도했던 상황을 직접 나타냄》 wir haben es endlich geschafft! 우리는 (그것을) 마침내 해냈다! 3. 《비인칭 동사의 주어》 a) 《기후, 시간, 계절 등을 나타냄》 es regnet 비 온다; es donnert und blitzt 천둥과 번개가 친다. b) 《비인칭적으로 쓰인 인칭동사의 주어로서》 es brennt! 불이야! es klopft an die Tür 문을 두드리는 소리가 난다; diesmal hat es mich getroffen 이번엔 내 차례였다. c) 《상황 및 방법문에서》 es ist Nacht 밤이다; bald wird (es) dir wieder besser sein. 곧 너는 다시 좋아질 것이다. d) 《수동 및 재귀문에서》 es wurde (viel) gelacht 사람들이〔몹시〕웃었다; hier wohnt es sich gut〔läßt es sich gut wohnen〕여기는 살기가 좋다. 4. 《형식적 목적어》 er hat es gut 그는 행복하다; er hat es weit gebracht 그는 성공했다; er hat es auf sie abgesehen 그는 그녀를 노렸다. **¹Es** [-], das; -, - **1.** 〔언어〕그것, 어떤 것. **2.** 〔심리〕에스, 무아의식.

²es, ²Es [-], das; -, - 〔음악〕 반음 내린 마 음(音).

³es = es-Moll.

³Es [; nach der Abk. „S"] 〈Pl.〉 (österr. 통용어) ↑ Schilling의 약칭.

⁴Es [-], der; -, - (österr. 통용어) ↑ Espresso의 약칭.

⁵Es = Es-Dur.

⁶Es = Einsteinium 아인슈타이늄 (방사성원소, 기호 Es, 번호 99).

ESA, die [engl. European Space Agency] 유럽 우주 기구(Europäische Weltraumorganisation).

E-Saite, die; -n 현악기에서 마(E) 음에 해당되는 현.

Esau ['ɛzau]; 성경(1. Mose 25, 25)에 나오는 인물 Esau에 따라, der; -s 〈구약성서 중의〉 사람 이름. **ein haariger E.** 《통용어·농》 털보.

Esc = Escudo.

Escalopes [ɛska'lɔp, ...ɔps] 〈Pl.〉 [frz. escalopes] 〔요리〕 고기나 육류 혹은 생선을 얇게 썰어 구운 조각.

Eschatologie [ɛsçatolo'giː], die; -n [...ɪən]; griech. éschatos 〔신학〕(세계와 인간의) 종말론, 종말 신학.

eschatologisch 〈Adj.〉〔신학〕**1.** 종말론적인. **2.** (교양어) 최후의, 마지막의.

Esche ['ɛʃə], die; -n **1.** 〔식물〕서양물푸레나무. 〈Pl. 없음〉 서양물푸레나무 재목; ein Speer mit einem Schaft aus E. 대(자루)가 물푸레나무로 된 창. **eschen** 〈Adj.〉 물푸레나무(제)의, 물푸레나무로 된. **Eschenbaum**, der 물푸레나무. **Eschenholz**, das. 물푸레나무 재목〔산림〕.

E-Schicht, die E 층(層), 이온층(100~150 km 높이에 있는).

Escudo [ɛs'kuːdo], der; -(s), -(s) [port. escudo] 에스쿠도 (포루투갈과 칠레의 화폐(단위)).

Es-Dur [《또한》 '-'-], das; - [음악] 내림마 장조(기호: Es). **Es-Dur-Etüde**, die 〔음악〕내림마 장조 연습곡. **Es-Dur-Tonleiter**, die 내림마 장조 음계.

Esel ['eːzl], der; -s, - [lat. asinus (또는) asellus] **1.** 〈축소형 (시어)〉 : ↑Eselein〕 당나귀 : dumm wie ein E. 당나귀처럼 우둔한(명청한) : 〔성구〕 dich hat (wohl) der E. im Galopp verloren〔경〕 1) 너는 어디서 굴러먹던 말뼈다귀냐? 2) 너는 대단히 명청하다〔머리가 나쁘다〕. dastehen wie Buridans E. 양자택일을 못하고 있다(프랑스 철학자 J. Buridan (1300~1358)이 쓴 우화에서 연유함); 〔속담〕wenn es dem E. zu wohl wird, geht er aufs Eis (und bricht sich ein Bein)〔geht er aufs Eis tanzen〕《통용어》 손자를 귀여워하면 할아비 상투 잡는다, 어리석은 놈은 신이 나면 우쭐해서 분수넘치는 짓을 한다; wenn man den E. nennt, kommt er (schon) gerennt 호랑이도 제말하면 온다; **ein E. in der Löwenhaut** 허세를 부리는 명청한 놈(당나귀가 숲에서 사자 가죽을 발견해서 그것을 입고 사람과 동물을 놀래 주었으나 곧 탄로가 난다는 이솝 우화에서 연유). **2.** 《통용어》 바보, 미련한 놈, 등신 : du E.! 이런 명청이! ; 〔성구〕 der E. nennt sich zuerst 빈 수레가 더 요란하다. **3.** 《통용어》 **a)** 자전거. **b)** 오토바이.

esel-, Esel- (↑Esels-도 참조.) : **~artig** 〈Adj.〉 당나귀 모양의, 당나귀 같은. **~füllen**, das 당나귀 새끼. **~grau** 〈Adj.〉 당나귀 같은 회색의. **~hengst**, der 수당나귀. **~karren**, der ↑Eselskarren. **~reiter**, der 당나귀 타는 사람. **~stute**, die 암당나귀. **~treiber**, der Eselstreiber, der 당나귀 몰이꾼. **~wiese**, die ↑ Eselswiese.

Eselei [eːzə'lai], die; -en 《통용어》 우둔(함), 미련한 것〔행위〕.

Eselein ['eːzəlain], das; -s, - ↑Esel (1). **eselhalt, eselig** 〈Adj.〉《통용어》어리석은, 우둔한. **Eselin**, die; -nen ↑Esel (1)의 여성형.

Esels- (↑esel-, Esel-도 참조.): **~bank**, die 《통용어·고어》(학급에서 가장 태만한 학생에게 벌로 앉히는) 열등생 걸상. **~bogen**, der ↑~rücken (2 a). **~brücke**, die [von lat. pons asinōrum] 《통용어》 **1. a)** 기억력 보조를 위한 근거(요점) : sich eine E. bauen 어떤 일을 기억하다, 명심하다. **b)** 이해력 보조, 힌트. **2.** 《학생》 (열등생, 게으름뱅이 등을 위한) 자습서, 해답서. **~brückenliteratur**, die 참고서, 백과 사전. **~distel**, die 가시가 돋힌 식물속(특히 엉겅퀴). **~fell**, das 당나귀 가죽. **~geschrei**, die 당나귀의 울부짖음. **~gurke**, die ↑Spritzgurke. **~haupt**, das 〔조선〕장두(檣頭). **~karren**, Eselskarren, der 나귀 수레. **~last**, die 당나귀 짐. **~milch**, die 나귀 젖. **~ohr**, das **1.** 당나귀의 귀. **2.** 《통용어》 책장의 귀접이 부분(찾기 쉽게 또는 부주의 따위로 접힌). **~rücken**, der **1.** 당나귀의 등. **2. a)** 〔건축〕(고딕 건축의) 첨두 아치. **b)** 〔철도·은어〕 험프(중력으로 조차(操車)하기 위해 만들어진 언덕). **~schrei**, der 당나귀 울음소리. **~schule**, die 《속칭》(학업 지진아를 위한) 특수 학교. **~treiber**, 《또한》 Eseltreiber, der 당나귀 몰이꾼. **~tritt**, der (패배가 확정된 자에게) 가하는 비겁한 일격〔공격〕. **~wiese**, Eselwiese, die 《통용어·농》(스키 초심자를 위한) 가장자리 연습장, 〈신문의〉 3행 광고란.

Eskader [ɛs'kaːdɐ], die; -s [frz. escadre] 〔고어〕 함대, 전대(戰隊).

Eskadra [ɛs'kaːdra], die [russ. eskadra] 지중해의 구소련 합대명.

Eskadron [ɛska'droːn], die; -en [frz. eschadron] (군·고어) ↑ Schwadron.

Eskalade [ɛska'laːdə], die; -n [frz. escalader] 《역사적》 사다리를 이용한 요새 공략. **eskaladieren** [ɛskala'diːrən] 〈h〉 (frz. escalader) 〔군〕 **1.** 〔역사적〕 사다리를 타고 올라가 공격하다. **2.** 사다리타기 연습하다. **Eskaladierwand**, die 등반(연습)벽.

Eskalation [ɛskala'tsi̯oːn], die; -en [engl. escalation] 《교양어》단계적 증가〔확대〕, 점차적 상승 (정치적, 군사적) 강화(반대 : Deeskalation) : militärische E. 군사적 강화; 〔전의〕 die E. des Schreckens 공포의 점진적인 상승. **eskalieren** [ɛska'liːrən] 〈h〉 확대하다, 강화하다; den Widerstand (bis) zum Terror e. 저항을 테러로까지 확대하다. **Eskalierung**, die; -en 확대, 강화.

Eskamotage [ɛskamo'taːʒə, (österr.) ...ʒ], die; -n [frz. escamotage] 〔고어·österr.〕 **1.** 요술. **2.** 요술쟁이의 눈속임(트릭). **Eskamoteur** [...'tøːɐ̯], der; -s, - [frz. escamoteur] 〔고어〕요술쟁이, 마술사. **eskamotieren** [...'tiːrən] 〈h〉 [frz. escamoter] 《교양어》 요술로 감추다, 주문을 외어 없어지게 하다. **Eskamotierung**, die; -en ↑eskamotieren의 명사형.

Eskapade [ɛska'paːdə], die; -n [frz. escapade] **1.** 〔승

마] (훈련 중의 말이) 옆으로 잘못 뜀. 2. 《교양어》 분방한 [정상을 벗어난] 행동. 모험적인 기도: sich auf gefährliche politische -n einlassen 위험한 정치적 행동에 관여하다. **Eskapismus** [...'pɪsmʊs], der; -; [engl. escapism] 《심리·교양어》 현실 도피주의. **eskapistisch** 〈Adj.〉 《심리·교양어》 현실도피적인.

Eskariol [eskaˈri̯oːl], der; -s [frz. escarole] [식물] 꽃상치.

Eskarpe [ɛsˈkarpə], die; -n [frz. escarpe] 《역사적》 방어 보루에서 참호의 안쪽 벽. **eskarpieren** 〈h〉 [frz. escarper] (방어 보루에서) 언덕을 가파르게 만들다.

Eskarpin [ɛskarˈpɛ̃ː], der; -s, -s [frz. escarpin] (앞 끝이 뾰족한) 무도용 구두, (18세기 유행했던) 신사화.

¹**Eskimo** [ˈɛskimo], der; -(s), -(s) [1: engl. Eskimo] 1. 에스키모인 (북극권에 사는 몽골계 종족). 2. 〈Pl. 없음〉 소모사로 만든 모직물, ²**Eskimo** [-], das 에스키모 언어.

Eskimo-: ~**frau**, die 에스키모 여인. ~**hund**, der 에스키모인의 개, 북극개. ~**kajak**, der 에스키모인이 쓰는 가죽으로 둘러친 작은 고기잡이배. ~**rolle**, die [카누] (카누 경기에서 사용되는) 에스키모인의 회전 기술. ~**schlitten**, der 에스키모인의 썰매.

eskimoisch [ˈɛskiˈmoːɪʃ] 〈Adj.〉 에스키모인의, 에스키모인다운. **Eskimoisch**, das; -(s), **Eskimoische**, das; -n 에스키모인의 언어. **eskimotieren** [ɛskimoˈtiːrən] 〈h〉 [카누] 전복된 배를 다시 세우기 위해 물 속에서 회전하다.

Eskompte [ɛsˈkõːt], der; -s, -s [frz. escompte] 《준고어》 1. [상] 할인, 감가. 2. [금융] (이자)감액, 공제. **eskomptieren** [ɛskõˈtiːrən] 〈h〉 [frz. escompter] 1. 《상·고어》 할인하다. 2. 《금융·고어》 감액하다. 3. 《증권·은어》 (어떤 사건의 영향을) 증권 시세에 미리 참작하다.

Eskorialschaf [ɛskoˈri̯aːl-], das; -(e)s, -e (스페인에 있는 Escorial 성 이름을 딴) 에스코리알 양(羊).

Eskorte [ɛsˈkɔrtə], die; -n [frz. escorte] 호위대, 경호대: von einer E. bewacht werden 호위대에 의해서 감시되어지다. **eskortieren** [ɛskɔrˈtiːrən] 〈h〉 [frz. escorter] 〔군〕 호위하다, 경호하다: Polizeihubschrauber eskortierten den Präsidentenwagen in niedriger Höhe 경찰 헬리콥터가 대통령차를 저공에서 경호했다. **Eskortierung**, die; -en 호위, 경호, 수행.

Eskudo [ɛsˈkuːdo], der; -(s), -(s) ↑Escudo.

Esmeralda [ɛsmeˈralda], die; -s [span. esmeralda] 에스메랄다 (스페인 무곡의 일종).

es-Moll [(또한) '—'—], das; - 내림마 단조. **es-Moll-Etüde**, die. 내림마 단조 연습곡. **es-Moll-Tonleiter**, die 내림마 단조 음계.

Esoterik [ezoˈteːrɪk], die 《교양어》 1. 비의(秘義). 2. 비의적 사고[태도]. **Esoteriker** [...rɪkɐ], der; -s, - 《교양어》 비교(秘教)의 추종자, 비교도(秘教徒). **esoterisch** 〈Adj.〉 [griech. esōterikós] 《교양어》 비교(秘教)의, 비전(秘傳)의, 밀교(密教)적(반대: exoterisch): ein -er Kreis. 밀교[비교] 그룹.

Espada [ɛsˈpaːda], der; -s, -s [span. espada] 스페인의 투우사.

Espadrille [ɛspaˈdrɪj], die; -s (-) (대개 Pl.) [frz. espadrille] 〔유행〕 바닥이 나래새풀로 된 아마(亞麻) 운동화.

Espagnole [ɛspanˈjoːlə], die; -n [frz. danse espagnole] 스페인의 무곡. **Espagnolette** [ɛspanjoˈlɛtə], die; -n [frz. espagnolette] (창문의) 회전 자물쇠. **Espagnoletteverschluß**, der (창문의) 회전 자물쇠.

Esparsette [ɛsparˈzɛtə], die; -n [frz. esparcet(te)] 〔식물〕 가시완두.

Esparto [ɛsˈparto], der; -s, -s [span. esparto] a) 아프리카나래새. b) (종이 원료로 쓰이는) 나래새의 질긴 잎. **Espartofaser**, die 아프리카나래새의 섬유. **Espartogras**, das 아프리카나래새.

Espe [ˈɛspə], die; -n 사시나무. **espen** 〈Adj.〉 사시나무로 만든.

Espen-: ~**baum**, der 사시나무. ~**holz**, das 사시나무 목재. ~**laub**, das 사시나무 잎: **wie E. zittern** 사시나무처럼 떨다.

Espérance [ɛspeˈrãːs], die; -n [frz. espérance] 주사위 두 개를 가지고 하는 노름. **Esperantist** [ɛsperanˈtɪst], der; -en, -en 에스페란토어 사용자(주의). **Esperanto** [ɛspeˈranto], das; -(s) 에스페란토어(語) (폴란드의 안과 의사 L. Zamenhof (1859~1917)가 주로 로만어와 영어를 기초로 1887년에 창안한 국제어). **Esperantologe** [ɛsperantoˈloːɡə], der; -n, -n 에스페란토어 문학자. **Esperantologie** [ɛsperantoloˈɡiː], die; 에스페란토어 문학.

Espinela [ɛspiˈneːla], die; -s [스페인의 시인 V. Espinel (1550~1624)] [문학] 10행으로 된 스페인의 고전시형.

espirando [ɛspiˈrando] 〈Adv.〉 [ital. espirando] 〔음악〕 소리를 점점 죽여가며.

Esplanade [ɛsplaˈnaːdə], die; -n [frz. esplanade] (큰 건축물 따위의 앞에 있는) 광장.

espressivo [ɛspreˈsiːvo] 〈Adv.〉 [ital. espresso] 〔음악〕 표정을 풍부하게, 감정을 넣어서. **Espressivo** [-], das; -s, -s (또는) ...vi 〔음악〕 표현이 풍부한 구(절). ¹**Espresso** [ɛsˈpreso], der; -(s), -s (또는) ...ssi (aber drei Espresso) [ital. (caffè) espresso] a) 〈Pl. 없음〉 매우 검게 볶은 커피. b) 에스프레소 커피. ²**Espresso** [-], das; -(s), -s 에스프레소 커피점.

Espresso-: ~**automat**, der 에스프레소 자동 판매기. ~**bar**, die 에스프레소 간이 커피점. ~**maschine**, die 에스프레소 커피기(계).

Esprit [ɛsˈpriː], der; -s [frz. esprit] 《교양어》 정신, 기지, 총명: 전의 die Modeschöpfung aus Paris von voll männlichem E. 남성적인 기지가 넘치는 파리의 패션 디자인. **Esprit de corps** [ɛspriˈdkɔːr], der; - - [frz. esprit de corps] 〔고어〕 단결심, 단체 정신, 신분의식.

Esq. = Esquire.

Esquire [ɪsˈkwai̯ɐ], der; -s, -s [engl. esquire] (영국식 존칭) …씨, …귀하(약어: Esq.).

eß-, **Eß-**: ~**apfel**, der (바로 먹기 좋은) 사과. ~**besteck**, das 식사 도구(나이프, 포크, 스푼) 한 벌. ~**blech**, das 〈지역적〉 ↑~geschirr (1). ~**ecke**, die (음식을 차려두는) 식사 코너. ~**gerät**, das 〈아이〉 1. 식사 도구(특히 포크 따위). 2. (한 가정, 기숙사 따위의) 식사 도구 일체. ~**geschirr**, das 1. 식사용 그릇. 2. 조리용 그릇. ~**gier**, die 식욕, 게걸스러움. ~**gierig** 〈Adj.〉 탐식스러운, 탐욕스러운. ~**kastanie**, die (식용) 밤나무(열매). ~**kultur**, die 음식[식사] 문화. ~**künstler**, der 〔농〕 명요리사. ~**küche**, die 식사도 함께 할 수 있는 주방. ~**löffel**, der 큰 숟가락(찻숟가락과 구별하여). ~**löffelweise** 〈Adv.〉 (큰) 숟가락으로. ~**lokal**, das 식당. ~**lust**, die 〈Pl. 없음〉 식욕. ~**lustig** 〈Adj.〉 식욕을 지니고 있는. ~**mantel**, der (schweiz.) (식사 때 어린이에게 걸쳐주는) 가슴받이, 턱받이. ~**marke**, die ↑Essenmarke. ~**napf**, der ↑~geschirr (2). ~**nische**, die ↑~ecke. ~**paket**, das 식품이든 소포. ~**papier**, das 〈지역적〉 ↑Oblate. ~**pause**, die (드물게) ↑Essenpause 식사를 위한 휴식. ~**platz**, der 식탁이 놓인 자리. ~**raum**, der 식사장소, 식당. ~**schokolade**, die 먹는 초콜릿(음료나 조리용과 구별해서). ~**schüssel**, die ↑~geschirr (2). ~**stäbchen**, das (대개 Pl.) 젓가락. ~**teller**, der 식사

용 접시. ~**tisch**, der 식탁. ~**unlust**, die 식욕 부진. ~**waren** 〈Pl.〉 식료품. ~**zimmer**, das **1. a)** 식당, 식사실. **b)** 식당용 가구. **2.** 〈통용어〉**a)** 입, 구강(口腔). **b)** (은폐·농) 의치(義齒). ~**zwang**, der [심리] 식사 강박 관념.

Essai [ɛ'sɛ, ɛ'seː] ↑Essay의 프랑스어형. **Essay** ['ɛsɛ (또는 österr.) ɛ'seː], der (또는) das, -s, -s [engl. essay] 에세이, 평론, 소론. **Essayist** [ɛse'ɪst], der; -en, -en 평론가. **Essayistik**, die **a)** 평론 창작. **b)** 평론 문학. **essayistisch** 〈Adj.〉 평론 (형식)의.

eßbar [ɛsbaːɐ] 〈Adj.〉 먹을 수 있는, 식용으로 되는. **Eßbarkeit**, die 먹을 수 있음. ¹**Esse** ['ɛsə], die; -n 〈청소년어〉입.

²**Esse** [-], die; -n **1. a)** (ostmd.) 굴뚝. **b)** 대장간의 노(爐); **etw. in die E. schreiben** 〈통용어〉 (대금(貸金)을 들어오는 것으로) 단념하다, 내버리다. **2.** 〈통용어·농〉 실크 해트, 원통형 모자.

essen* ['ɛsn̩] 〈h〉 **1.** 먹다: hastig e. 급하게 먹다; im Stehen[bei Kerzenlicht] e. 서서[촛불 곁에서] 먹다; heute abend essen wir warm 오늘 저녁 우리는 조리된 음식을 먹는다; 〈속담〉 selber e. macht fett 혼자 먹으면 배탈난다. **2.** 무엇을 먹다: Fleisch[seine Suppe] e. 고기[수프]를 먹다; er ißt keinen Fisch 그는 생선을 못 먹는다; ich mag nichts[kann nichts] e. 나는 아무것도 먹고 싶지 않다[먹을 수 없다]; 〈속담〉 es wird nichts so heiß gegessen, wie es gekocht wird 처음에 보이는 것 보다는 그리 악화되지 않는다. **3.** (어떤 상태가 되도록) 먹다: seinen Teller leer e. 수프를 먹어서 접시를 비우다; er ißt mich noch arm! 그는 나를 떨어 먹는다 !; jetzt kannst du dich einmal satt e. 이제 넌 한번 배부르게 먹을 수 있다. ¹**Essen**, das; -s, - **1. a)** 〈Pl. 없음〉 식사: beim E. sitzen 식사하다; 〈속담〉 E. und Trinken hält Leib und Seele zusammen 사람은 의식(衣食)이 족해야 만 산다. **b)** 잔치, 연회; an einem E. teilnehmen 잔치에 참석하다. **2.** 음식; das E. wird kalt 음식이 식는다; acht E. fehlen 8인분 음식이 부족하다. **3.** 〈Pl. 없음〉 식사, 부양.

²**Essen**: 에센(독일 루르 지방의 공업 도시). **essendisch** 〈Adj.〉 〈드물게〉 ↑essensch. ¹**Essener**, der; -s, - ↑ ²Essen의 주민(사람). ²**Essener** 〈Adj.; 격변화 없음〉 에센의. ³**Essener** [ɛs'seː] der; -s, - [griech. Essēnóē] 에세파의 신도(1~3세기 팔레스티나에 있었던 유태인의 금욕적 비밀 교단).

Essen- (↑Essens-도 참조): ~**ausgabe**, die **1.** 〈Pl. 없음〉 식사 교부, 급식. **2.** 급식 장소, 급식소(창구). ~**behälter**, der 음식 저장 그릇. ~**empfang**, der 〈Pl. 없음〉 음식 대접 받음. ~**fassen**, das; -s [군] 급식 받음. ~**geruch**, 〈드물게〉 Essensgeruch 의 음식(요리) 냄새. ~**holer**, der [군] 식사 당번. ~**karte**, die 식권. ~**korb**, der 식품 바구니. ~**kübel**, der 음식 통. ~**marke**, 〈드물게〉 Essensmarke, Eßmarke, die (돈 대신 쓰이는) 식비 보조용 금권(金券). ~**pause**, 〈드물게〉 Essenspause, Eßpause, die 식사를 위한 휴식. ~**träger**, der [군] 식사 당번.

Essens- (↑Essen-도 참조): ~**ausgabe**, die ↑Essenausgabe (1). ~**entzug**, der 〈대개 벌로써〉 급식. ~**folge**, die (식사때) 음식 나오는 순서. ~**geruch**, der 〈드물게〉 ↑Essengeruch. ~**marke**, 〈드물게〉 ↑Essenmarke. ~**pause**, die 〈드물게〉 ↑Essenpause. ~**zeit**, die 식사 시간.

Essenfeger, **Essenkehrer**, der; -s, - (ostmd.) 굴뚝 청소부.

essensch 〈Adj.〉 ↑²Essen 참조. 에센(市)의.

Essentia [ɛ'sɛntsia], die [lat. essentia] [철학] 본질, 본체, 진수(眞髓). **essential** [ɛsɛn'tsiaːl] 〈Adj.〉 [lat.

essentia] [철학] ↑essentiell. **Essential** [ɪ'sɛnʃəl], das; -s, -s 〈대개 Pl.〉 [engl. essential] 《교양어》**1.** (본)질적 요소, 요점. **2.** 필수불가결한 것. **Essentialien** [ɛsɛn'tsiaːliən], Pl. [법] (법률 행위의) 요소. **essentiell** [ɛsɛn'tsiɛl] 〈Adj.〉 [frz. essentiel] **1. a)** 《교양어》 필수적인, 필연적(반대: akzidentell). **b)** [철학] 본질적인, 본체의. **2.** [화학·생물] 불가결한, 필수적: -e Fettsäuren 필수(불가결) 지방산. **3.** [의학] 진성의, 본태적인, 특발성(特發性)의.

Essenz [ɛ'sɛnts], die; -en [lat. essentia] **1.** 〈Pl. 없음〉 **a)** 《교양어》 가장 필수적인 것, 핵심: dieser Satz ist die E. seiner Lehre 이 문장이 그의 학설의 핵심이다. **b)** [철학] 본질, 본체, 진수, 기본 개념. **2.** 향기, 향료, 향유. **3.** (고기, 생선, 야채 등에서 얻은) 추출물, 즙, 엑기스, 정유 (精油).

Esser, der; -s, - 먹는 사람: er ist ein starker[schlechter] E. 그는 대식[소식]가다. **Esserei** [ɛsə'raj], die 〈통용어·편〉**1.** 폭식, 대식, 탐식. **2.** 연회, 향연. **Esserin**, die; -nen ↑Esser의 여성형.

Essig [ɛsɪç], der; -s, 〈종류〉 -e [lat. acētum] 식초: **es ist E. mit etw.** 〈통용어〉 무엇은 소용없다(실패다); **zu E. werden** 〈통용어〉 수포로 돌아가다, 실패하다.

essig-, **Essig-**: ~**ähnlich** 〈Adj.〉 식초의(같은). ~**älchen**, das (낡은 초나 산패한 과실에 생기는) 초선충 (醋線蟲). ~**äther**, der 〈통용어〉 ↑ ~säureäthylester. ~**bakterie**, die ↑ ~säurebakterie. ~**baum**, der 옻나무속(屬)의 일종(북아메리카 원산). ~**brauer**, der 식초(食醋) 양조업자. ~**brauerei**, die 식초(食醋) 제조 공장. ~**dorn**, der ↑Berberitze. ~**essenz**, die 농초산용액, 농축초. ~**ester**, der 〈통용어〉 ↑ ~säureäthylester. ~**fabrik**, die ↑ ~brauerei. ~**fabrikation**, die 식초(醋) 제조. ~**flasche**, die 식초병. ~**fleisch**, das 식초에 절인 고기. ~**fliege**, die 유충이 식맛으로 발효되는 과일이나 오이 등에서 자라는 파리. ~**früchte** 〈Pl.〉 식초에 절인 과일. ~**gärung**, die 식초 발효. ~**geist**, der 〈Pl. 없음〉 [고어] 아세톤. ~**gemüse**, das 식초에 절인 야채. ~**gurke**, die 〈대개 Pl.〉 식초에 절인 오이. ~**kahm**, der ↑ ~mutter. ~**kräutersoße**, ~**kräutersauce**, die 약초향을 섞은 식초 소스. ~**mutter**, die 초모(醋母), 초산발효균. ~**pilz**, der **1.** ↑ ~mutter. **2.** 〈대개 Pl.〉 식초로 요리되거나 절여진 작고 단단한 식용버섯. ~**rose**, die (유럽의 중부와 남부에 자라는 붉은색의 향기가 좋은) 장미의 일종(학명: *Rosa gallica*). ~**sauce**, die ↑ ~soße. ~**sauer** 〈Adj.〉 〈대개 부가어 용법으로〉 식초같이 신, 초산의: essigsaures Salz [화학] 초산염. ~**säure**, die [화학] 초산(醋酸). ~**säureäthylester** [...ɛ'tyːlʔɛstɐ], der 초산에테르. ~**säurebakterie**, die 〈대개 Pl.〉 초산균. ~**säuregärung**, die ↑ ~gärung. ~**soße**, die 식초, 기름 및 다른 양념으로 만든 소스. ~**stich**, der 〈Pl. 없음〉 (포도주나 맥주의) 초산 부패. ~**sumach**, der ↑ ~baum. ~**und-Öl-Ständer**, der 양념대, 온갖 양념을 담는 그릇. ~**wasser**, das 식초수.

Eßkohle ['ɛs-], die; -n 무연탄.

Establishment [ɪs'tɛblɪʃmənt], das; -s, -s [engl. establishment] **a)** 상층부, 지도층. **b)** 《펌》 (정치적·사회적) 체제.

Estafette [ɛsta'fɛta], die; -n [frz. estafette < ital. staffetta] (고어) 기마전령, 파발꾼.

Estakade [ɛsta'kaːdə], die; -n [frz. estacade < provenz. estacado] **1.** 잔교(棧橋). **2.** (항구, 강 따위의) 목책, 울타리.

Estamin [ɛsta'mɪːn] ↑Etamin.

Estaminet [ɛstami'neː], das; -(s), -s [frz. estaminet < wallonisch staminê] (고어) **a)** 작은 카페, 다방. **b)** 선

술집.

Estampe [ɛs'taːp(ə)], die; -n [frz. estampe < ital. stampa] 복제, 동판화, 목판화.

Estanzia [ɛs'tantsi̯a, ...nsi̯a], die; -s [span. estancia] (남미의) 농장.

Este, der; -n, -n ↑ Estland의 주민.

Ester ['ɛstɐ], der; -s, - [화학] 에스테르. **Esterase** [ɛste'raːzə] die; -n [화학] 지방 분해 효소.

Estin, die; -nen ↑ Este의 여성형. **Estland**, -s 에스토니아(구소련 연방을 구성하는 공화국으로 발트 3국의 하나. 수도는 Tallin). **Estländer**, der; -s, - 에스토니아 주민[사람]. **estländisch** ⟨Adj.⟩, **estnisch** ⟨Adj.⟩ 에스토니아의. **Estnisch**, das; -s, **Estnische**, das; -n 에스토니아어(말).

estinguendo [ɛstiŋ'guɛndo] ⟨Adv.⟩ [ital. estinguendo] [음악] 꺼지듯이, 사라지듯이. **estinto** [ɛs'tinto] ⟨Adv.⟩ [ital. estinto] [음악] 숨을 죽인, 꺼진.

Estomihi [ɛsto'miːhi] [관사와 격변화 없음] [lat. Estō mihi] [종교] 오순절(五旬節)의 주일(主日)(부활제 전의 7번째 일요일.

Estrade [ɛs'traːdə], die; -n [1: frz. estrade < span. estrado; 2: russ. estrada] 1. ⟨준고어⟩ 약간 높게 한 마루, 연단. 2. (구동독) 연예회(演藝會) (특히 음악, 춤, 곡예 등이 혼합된).

Estraden- (Estrade 2): **~band**, die (↑Band) 연예회 밴드(악단). **~konzert**, das 연예회. **~programm**, das 연예회 프로그램.

Estragon ['ɛstragɔn], der; -s [frz. estragon < arab. ṭarḫūn] 쑥의 일종(양념으로 씀). **Estragonessig**, der 에스트라곤 식초. **Estragonsenf**, der 에스트라곤 겨자.

Estremaduragarn [ɛstrema'duːra-], das; -(e)s 무명 뜨개실.

Estrich ['ɛstriç], der; -s, -e [lat. astracum, astricum < griech. óstrakon] 1. (시멘트, 진흙 따위의) 바닥. 2. ⟨schweiz.⟩ 지붕밑방, 다락방. **Estrichgips**, der (시멘트 등으로) 특수 처리된 석고. **Estrichleger**, der (시멘트, 진흙 따위의) 바닥을 까는 자[직업].

Eszett [ɛs'tsɛt], das; -, - 자모 ß.

Eta [e'ta], das; -(s), -s [griech. ēta < hebr. hêt] 그리스 자모의 일곱째(Η, η = 장음 E, e).

ETA, die [Euzkadi Ta Azkatasuna = Baskenland und Freiheit의 약어] (1959년 이후) 바스크족 거주지에 있는 지하[저항] 운동.

etablieren [eta'bliːrən] ⟨h⟩ [frz. (s')établir] 1. 설치(개설, 창설)하다, 확정하다: eine neue Wissenschaft e. 새로운 학문을 창설하다. 2. ⟨e. + sich⟩ a) (특히 독립된 상인으로) 자리잡다, 개업하다: sich (in[an] einem Ort) (als Kaufmann) e. (어느 곳에서) (상인으로서) 자리잡다. b) 거처를 정하다. c) (단체나 사회에서) 직을 갖다, 확실한 위치를 갖다. **etabliert** ⟨Adj.⟩ 1. (비교형 잘 안 쓰임) 기초가 튼튼한. 2. 확고한 위치를[직을] 가진. **Etablierung**, die; -en 거처를 정함, 개업(창업), 정착, 확고한 사회적 지위. **Etablissement** [etablis(ə)'mãː, ⟨schweiz.⟩ ...'mɛnt], das; -s, -s / ⟨schweiz.⟩ -e [frz. établissement] ⟨아어⟩ 1. 기업, 회사, 상회, 상점. 2. a) 여관, 음식점. b) 유흥업소. c) (은폐) 사창가.

Etage [e'taːʒə], die; -n [frz. étage] (가옥의) 층(層): in [auf] der dritten E. wohnen 3층에 살고 있다 / ⟨전의⟩ den Ball in die zweite E. schießen[jagen] 공을 골문 위로 높이 차다.

etagen-, Etagen-: **~bett**, das 2층 침대. **~förmig** ⟨Adj.⟩ 계단형의. **~geschäft**, das 건물의 위층을 사용하는 상점[상가]. **~haus**, das 여러 층으로 된 (임대) 주택. **~heizung**, die 층별 중앙 난방. **~kellner**, der 호텔의 층별 책임 종업원. **~tür**, die 층별 현관문. **~woh-**

nung, die 각 층에 딴 가족이 살 수 있게 설비한 임대 주택.

Etagere [eta'ʒeːrə, ...'ʒɛːrə], die; -n [frz. étagère] 1. ⟨준고어⟩ 책[찬]장. 2. 벽걸이용 화장품 통(여러 칸으로 되어 있음).

Etalage [eta'laːʒə], die; -n [frz. étalage] ⟨고어⟩ 진열(장). **etalieren** [...'liːrən] ⟨h⟩ [frz. étaler] ⟨고어⟩ 진열하다, 전시하다.

Etalon [eta'lõː], der; -s, -s [frz. étalon] [전문어] 표준 도량형, 표준. **Etalonnage** [etalɔ'naːʒə], die; -n [frz. étalonnage] [영화] 필름 복사기에서 복사 광선의 강도 조절.

Etamin [eta'miːn], das (또한 österr.) der; -s (가는 실로 비쳐 보이게 짠) 에타민 직물. **Etamine**, die [frz. étamine] ↑Etamin.

Etappe [e'tapə], die; -n [frz. étape] 1. a) (하루에 해야 할) 행정(行程). b) (발전의) 단계, 시기. 2. [군] 후방 보급지, 병참 기지; (펌) 후방(반대: Front).

etappen-, Etappen-: **~dienst**, der (Pl. 없음) 병참(후방) 근무. **~flug**, der 중간 착륙 비행. **~gebiet**, das [군] 병참 지역. **~halt**, der ⟨schweiz.⟩ 중간 정거, 비행 중단. **~hase**, der (군·펌) 병참(후방) 근무자. **~hengst**, der (군·펌) ↑~hase. **~lauf**, der [육상] 역전 경주. **~lazarett**, das [군] 위수(衛戍) 병원. **~rennen**, das [스포츠] ↑~lauf; 자전거나 모터 역전 경기. **~schwein**, das (군·속어·펌) ↑~hase. **~sieg**, der [속도 경기] 역전 경기의 한 구간에서의 승리. **~sieger**, der 위의 승리자. **~straße**, die [군] 병참(보급)로, 군용도로. **~weise** ⟨Adv.⟩ 단계적으로, 조금씩, 차례로. **~wertung**, die [속도 경기] 역전 경주의 각 구간 평가. **~ziel**, das [스포츠] 경주의 구간 목표.

Etat [e'taː], der; -s, -s [frz. état] 1. a) 일정 기간의 (국가) 예산(안): das Parlament berät (über) den E. für das Jahr 1995 국회는 1995년도 예산을 심의한다. b) 일정 규모의 (국가) 예산액: ein E. von 100 Milliarden Mark 1천억 마르크 규모의 예산액. c) 일정 목적을 위한 (지출)예산액: das übersteigt meinen E. (통용어·농) 그것은 내 예산을 초과한다. 2. [예술] (동판 제작 때의) 판 상태. 3. ⟨schweiz.⟩ 회원[직원] 명부.

etat-, Etat-: **~ansatz**, der 예산 견적[평가]. **~aufstellung**, die 예산 편성, 예산 작성. **~ausgleich**, der 예산 안 조정. **~autonomie**, die 예산 편성의 자율성(독립성). **~beratung**, die 예산(안) 심의. **~defizit**, das 예산 적자[결손]. **~entwurf**, der 예산 초안(구상). **~gesetz**, das 예산법. **~jahr**, das 회계 연도. **~kürzung**, die 예산 삭감. **~lage**, die 예산 상황. **~lesung**, die (국회에서) 예산 독회. **~mäßig** ⟨Adj.⟩ a) 예산상의, 예산에 책정된. b) 정원(내)의. **~mittel** ⟨Pl.⟩ 예산 자금. **~periode**, die 예산 기간. **~planung**, die 예산 계획. **~posten**, der 예산 항목. **~rechtlich** ⟨Adj.⟩ 예산법상의. **~rede**, die 예산 연설. **~stärke**, die [군] 정원(定員). **~überschreitung**, die 예산 초과. **~zuweisung**, die 예산 할당.

etatisieren [etati'ziːrən] ⟨h⟩ [frz. étatiser] [관] 예산에 계상(計上)하다. **Etatisierung**, die; -en ↑etatisieren의 명사형. **Etatismus** [eta'tısmus], der; - [frz. étatisme] [정치] 1. (특정 산업에 국한되는) 국가 계획 경제 형태. 2. 국익 최우선 사상, 국가주의. 3. ⟨schweiz.⟩ (각 주(州)에 대한) 중앙 권력 강화. **etatistisch** ⟨Adj.⟩ ↑Etatismus(1~3)의 형용사형.

États généraux [etaʒene'ro] ⟨Pl.⟩ [frz. États généraux] (역사적) 18세기까지 프랑스의 3신분제(귀족, 승려, 시민).

Etazismus [eta'tsɪsmus], der; - [gelehrte Bildung zum griech. Buchstabennamen ēta, ↑Eta 참조.] 장

음 e에 해당되는 그리스 자모 Eta의 발음(반대 : Itazismus).

etc. = et cetera.

et cetera [εt'tse:tera; lat. et cētera] *und so weiter* (약어: etc.) 등등, 따위, 운운. **et cetera pp.** [- - pe'pe:; pp. = lat. perge, perge = fahre fort, fahre fort]《통용어·농》등등(und so weite, und so weiter).

et cum spiritu tuo [et kum 'spi:ritu 'tu:o; lat. = und mit deinem Geiste] 〔가〕 (가톨릭 미사에서 "주께서 여러분과 함께 Dominus vobiscum"라는 인사에 대한 신도의 응답 구절) 당신의 사제와 함께.

etepetete [e:tǝpe'te:tǝ, ...pǝ...] 〈Adj.〉《통용어》거드름 피우는, 점잔빼는, 까다로운.

eternisieren [eterni'zi:rǝn] 〈h〉 [frz. éterniser] 〔고어〕 천연시키다, 지연시키다, 영원화하다. **Eternit** Ⓦ [eter'ni:t, 《또한》 ...'nɪt], das 《또는》 der; -s [lat. aeternus] 에테르니트(내구성 섬유 건축재). **Eternitplatte**, die 석면 슬레이트.

Etesien [e'te:ziǝn] 〈Pl.〉 [lat. etēsiae < griech. etēsíai] (동지중해 지방의) 계절풍. **Etesienklima**, das 계절풍 기후(여름은 건조, 겨울은 다습).

Etgrön: ↑ Ettgrön.

ETH = Eidgenössische Technische Hochschule (스위스의) 연방 공과 대학.

Ethanograph [etano'gra:f], der; -en, -en [engl. ethanol] 알코올의 혈중 농도 측정기.

Ether: ↑ Äther (4).

Ethik ['e:tɪk], die; -en [lat. ēthica, ēthicē < griech. ēthikē 1. a) 윤리학. b) 윤리학 책. 2. 〈Pl. 없음〉《교양어》 윤리, 도덕. **Ethiker**, der; -s, -. 윤리학자. 2. 도덕가. **Ethikotheologie** [etikoteolo'gi:], die; - [griech. ēthikós] 윤리 신학(우리 내부의 도덕적 법칙에서 그의 원인자로서 신을 추론하는 것 -칸트). **ethisch** 〈Adj.〉 [lat. ēthicus < griech. ēthikós]. 1. 윤리학의, 윤리학적인. 2. 윤리(도덕)적인, 윤리상의.

ETHL = ETH Lausanne.

Ethnie [et'ni:], die; -n [...i:ǝn; griech. éthnos] 〔문화인류〕 (단일 문화를 가진) 종족, 민족, 인종. **Ethnikon** ['etnikon], das; -s, ...ka [griech. ethnikón] 〔언어〕 종족[인종]명. **ethnisch** ['ɛtnɪʃ] 〈Adj.〉 [griech. ethnikós] 《교양어》 종족[인종]의, 인종에 특유한. **Ethnograph** [etno'gra:f], der; -en, -en [griech. éthnos] 민족[인종] 학자. **Ethnographie** [...gra:'fi:], die; -n [...i:ǝn; griech. éthnos] 인종지(人種誌). **ethnographisch** 〈Adj.〉 민족지의. **Ethnologe**, der; -n [griech. éthnos] 인종[민족] 학자. **Ethnologie** [etnolo'gi:], die; - [griech. éthnos] 1. 인종[민족]학. 2. 원시 사회 구조와 문화를 연구하는 학문. 3. 미국에서 행해지는 모든 사회 구조와 문화를 연구하는 학문. **ethnolgisch** 〈Adj.〉 민족[인종]학의. **Ethnozentrismus**, der; - [griech. éthnos] 자기 민족 중심주의.

Ethologe [eto'lo:gǝ], der; -n, -n 비교행동학자. **Ethologie** [etolo'gi:], die [lat. ēthologia < griech ēthologia] 비교 행동학. **ethologisch** 〈Adj.〉 ↑ Ethologie 의 형용사형. **Ethos** ['e:tɔs], das; - [griech. ēthos] 《교양어》 풍습[속], 도덕적 기풍, 품성[격], 민족[사회] 정신.

Ethyl usw. : ↑ Äthyl usw. **Etienne** [e'tiɛn], die 〔인쇄〕 라틴체 인쇄 활자.

Etikett [eti'kɛt], das; -(e)s, -en (또한: -e, -s) (상품 위의) 레테르, 상표, 가격표, 꼬리표: die Flasche hat kein E. 그 병은 상표가 없다. **¹Etikette**, die; -n [frz. étiquette] 《schweiz., österr. ·기타 고어》
²Etikette, die; -n [frz. étiquette] 예의 범절, 예법: die E. erlaubt das nicht 예의범절은 그것을 허락하지 않는다. **etikettieren** [etikɛ'ti:rǝn] 〈h〉 [frz. étiqueter] ...에 레테르를 붙이다, 표를 붙이다: 〔전의〕 einen Politiker als Konservativen[als konservativ] e. 한 정치가를 보수주의자로[보수적이라고] 낙인찍다. **Etikettierung**, die; -en 1. 레테르[상표]를 붙임. 2. 상표, 가격표, 레테르. **Etikettiermaschine**, die; -n 상표[가격표, 레테르]를 붙이는 기계.

Etiolement [etiolǝ'mã:], das; -s [frz. étiolement] ↑ Vergeilung 참조. **etiolieren** [etio'li:rǝn] 〈h〉 [frz. étioler] ↑ vergeilen.

etisch ['ɛ:tɪʃ] 〈Adj.〉 [engl. etic] 〔언어〕 의미를 구별시키지 않는, 비변별적.

etlich... ['ɛtlɪç...] 〈Indefinitpron./ unbest. Zahlwort〉 1. 〈Sg.〉 《준고어》 약간의, 조금의: ich kann dazu noch -es bemerken 나는 그것에 대해 조금더 말할 수 있다. 2. 〈Pl.〉 《준고어》 몇몇의, 소수의: -e kriminelle Gefangene 몇몇의 형사범. 3. 〈Sg./Pl.〉 《준고어·강조》 대단히 많은, 상당히 큰, 현저한 양[수]의: das hat -en Wirbel verursacht 그것은 상당한 소용돌이[혼란]를 야기시켰다. **etlichemal** [《또한》 '---'-] 〈Adv.〉 《준고어》 어간에말.

Etmal ['ɛtma:l], das; -(e)s, -e [niederd. Ettmal] 〔선원〕 1. 전날 정오부터 금일 정오까지의 시간[일주야]. 2. 일주야 항정(航程).

Eton [i:tn] 이튼 시(市)(영국 템즈 강변에 있는 도시).

Etrurien [e'tru:riǝn], -s 이탈리아의 북부·중부 지방을 가리키는 옛 명칭. **Etrusker** [e'truskǝ], der; -s, - 에투르리엔의 주민[거주자]. **etruskisch** [e'truskɪʃ] 〈Adj.〉 에투르리엔 주민의[언어의]. **Etruskisch**, das; -(s), **Etruskische**, das; -n 에투르리엔 언어.

Etsch [ɛtʃ], die 북 이탈리아에 있는 강 이름.

Etter ['ɛtɐ], der 《또는》 das; -s, - 《südd.》 개발[건축]된 마을 지역.

Ettgrön, Etgrön ['ɛtgrø:n], das; -s [niederd. etgröde] (niederd.) 두 번째 건초 베어들이기.

Etüde [e'ty:dǝ], die; -n [frz. étude] 〔음악〕 연습곡: 〔전의〕 literarische -n 《교양어》 문학적 습작품.

Etui [ɛt'vi:, e'tɥi:], das; -s, -s [frz. étui] 1. 작은 함, 상자, 케이스, 붕지: die Brille ins E. legen 안경을 케이스에 넣다. 2. 《통용어·농》 가느다란[좁은] 침대. **Etuikleid**, das 몸에 꽉 맞게 재단된 옷. **Etuimacher**, der; -s, - 상자(케이스, 붕지) 제조자.

etwa ['ɛtva] 〈Adv.〉 1. 대략: in e. einer Woche 대략 일주일 내에; **in e.** 어느 정도, 조금. 2. 예를 들면: einige Städte wie e. München, Köln, Hamburg 예를 들어 뮌헨, 퀼른, 함부르크 같은 몇몇 도시들. 《schweiz.》때때로, 이따금: auch später hat er uns immer noch e. besucht 후에도 그는 여전히 우리를 때때로 방문했다. 4. 아마, 혹시, 우연히, 어쩌다: wenn er e. doch noch kommt 만약 그가 그래도 혹시 오지 않는다면; **nicht e.** 결코(어떤 경우에도) ...아니다. **etwaig** [ɛt'va(:)ɪç] 〈Adj.〉 어쩌면 일어날[있을]법한, 만일의, 불시[임시]의: -e Umwege 어쩌면 있을지도 모를 우회로; -e Gäste sofort bedienen 불시의 손님들을 즉시 대접하라. **etwas** ['ɛtvas] 〈Indefinitpron.〉 《통용어: was》 1. a) 어떤 것[일], 무엇: irgend e. 어떤 것; hat er e. gesagt? 그는 무엇을 말했느냐?; hat er dir e. getan? 그가 너에게 무슨 괴로움을 끼쳤느냐?; er hat e. gegen mich 그는 나에게 어떤 편견을 갖고 있다; die beiden haben e. miteinander 《통용어》 그 두사람은 서로 연애 관계에 있다; der Gedanke hat e. für sich 《통용어》 그 생각은 썩 좋다; e. ganz Neues 어떤 완전히 새로운 것: **so e.** 무엇인가 그와 같은 것; **(so) e. wie** ....과 유사한. **b)** 상당[중요]한 일[것], 이렇다 할[대단한] 사람(반대: nichts): das ist doch wenigstens e. 적더라도 없는 것 보다는 낫

다; aus dem Jungen wird einmal e. 이 청년은 장래 유능한 인물이 될 것이다; er wird es noch zu e. bringen 그는 제법 해낼 것이다. c) 일부분, 한 조각: nimm dir e. von dem Geld 그 돈 중 일부를 가져라; er hat e. von einem Gelehrten 그는 다소 학자다운 점을 지니고 있다. 2. 약간, 조금: ich brauche e. Geld 나는 돈이 좀 필요하다; ich will noch e. lesen 나는 좀더 책을 읽겠다. **Etwas** [-], das; -, - 〈농: -se〉 어떤 무엇, 어떤 것: ein kleines, piependes E. 작고 삐약거리는 어떤 것; **das gewisse E.** 1) (무어라 형언하기 어려운 매력으로써) 어떤 면[무엇]. 2) (특이한[예술적] 능력으로써) 어떤 무엇. **etwelch**... ['etvelç...] 〈Indefinitpron〉〈schweiz., österr., 그 밖엔 고어〉 ↑einig ...; 그 어떤(것·사람). 〈Pl.〉 ~e, 두서넛의, 약간의. **etwelchermaßen** 〈Adv.〉〈schweiz., österr. · 고어〉↑einigermaßen.
Etymologe [etymo'lo:gə], der; -n, -n [lat. etymologos < griech. etymológos] 어원학자(語源學者), 어원 연구가. **Etymologie** [...lo'gi:], die; -n [...i:ən; lat. etymologia < griech. etymología] [언어] 1. 〈Pl. 없음〉 어원학. 2. die E. der Fremdwörter 외래어 어원. **etymologisch** 〈Adj.〉 [lat. etymologikos < griech. etymologikós] [언어] 어원학의, 어원상의. **etymologisieren** [...logi'zi:rən] 〈h〉 [lat. etymologicare] 어원을 구명하다: ein Wort e. 한 단어의 어원을 구명하다. **Etymologisierung**, die; -en ↑etymologiesieren의 명사형. **Etymon** ['ε:tymɔn, (또한) 'et...], das; -s, ...ma [griech. étymon] 단어의 원형(原形), 어근(Wurzelwort, Stammwort).
Et-Zeichen ['εt-], das; -s, - [lat. et] (회사 이름 따위에 "그리고"의 표시로서) &의 기호.
etzlich... ['εtsliç...] 〈Indefinitpron〉《농》↑etlich....
EU. = Europium.
Eubiotik [ɔy'bio:tik], die [griech. eũ u. biōtikē (téchnē)] [의학] 섭생법.
Euböa [ɔy'bø:a], -s 그리스의 에비아 섬. **euböisch** 〈Adj.〉 에비아 섬의.
euch [ɔyç] 1. 〈인칭대명사 ↑²ihr의 3·4격〉 너희들에게 [을]. 2. 〈재귀대명사로서〉 너희들 자신에게[을]: ihr irrt e. 너희들은 잘못 생각하고 있다.
Eucharistie [ɔyçarıs'ti:], die; -n [...i:ən; lat. eucharistia < griech. eucharistía] [가] 1. a) 성찬식. b) 〈Pl. 없음〉 성찬, 성 만찬식. 2. 성체. **Eucharistiefeier**, die [가] 성체 만찬식 축제. **eucharistisch** [...'rıstıʃ] 〈Adj.〉 [가] 성체의: Eucharistischer Kongreß 성체 대회(가톨릭 교도들의 국제 회의).
Eudämonie [ɔydεmo'ni:], die [griech. eudaimonía] [철학] 행복. **Eudämonismus**, der; - 행복설[론], 행복주의. **Eudämonist**, der; -en, -en 행복론자, 행복의자. **eudämonistisch** 〈Adj.〉 행복설[론]의, 행복주의의.
Eudiometer [ɔydio'me:tɐ], das; -s, - [griech. eudiá] [화학] 검기기(檢氣器), 가스 성분 측정기. **Eudiometrie** [...me'tri:], die 공기중의 산소 측정.
Eudoxie [ɔydo'ksi:], die; -n [...iən; griech. eudoxía] 〈교양어·고어〉 1. 좋은 평판. 2. 올바른 판단.
¹euer [ˈɔyɐ] 〈소유대명사〉 1. a) 〈명사 앞에서〉 α) 너희들[그대들]의: eu(e)re Mutter 너희들의 어머니; sagt das eu(e)ren[euerm] Lehrer! 그것을 너희들의 선생님에게 말씀드려라! β) 너희들의 습관인 그 …: rauchst ihr immer noch täglich eu(e)re 20 Zigaretten? 너희들은 아직도 여전히 하루에 20개피씩 담배를 피우느냐? γ) 〈아어〉 (신분 높은 남성의 존칭어 앞에 붙어서 "각하" 따위의 뜻을 나타냄): Zu Befehl, Euer Exzellenz! 알았습니다, 각하! b) 〈명사를 생략하고〉 das ist nicht unser Hund, sondern eu(e)rer 이것은 우리 개가 아니고 너희

들의 것이다. 2. 〈명사적 용법〉《아어》: das Eu(e)re 너희들의 것[재산·의무]. **²euer** [-] 〈인칭대명사 „ihr"의 2격〉 너희들의, 그대들의: wir gedenken e. 우리는 너희들을 잊지 않고 있다; ihr wart e. drei 〈준고어〉 너희들은 세 명이었다. **euerseits**: ↑euerseits. **euersgleichen**: ↑euresgleichen. **euerthalben, -wegen, -willen**: ↑eurethalben.
Eugenetik [ɔyge'ne:tik], die [griech. eugenétes] ↑Eugenik. **eugenetisch** 〈Adj.〉 ↑eugenisch. **Eugenik** [ɔy'ge:nik], die [의학] 우생학. **Eugeniker** [ɔy'ge:nikɐ] der; -s, - [의학] 우생학자. **eugenisch** 〈Adj.〉 우생학[상]의: -e Maßnahmen 우생학적 처리.
euhedral [ɔyhe'dra:l] 〈Adj.〉 [griech. eũ u. hédra] ↑idiomorph.
Euhemerismus [ɔyheme'rısmus], der; - [그리스 철학자 Euhemeros] [철학] (종교나 신화에서 신들은 원래 뛰어난 인간들이었다는) 에우헤메로스 설. **euhemeristisch** 〈Adj.〉 에우에메로스 설의.
Eukalyptus [ɔyka'lyptus], der; -, ...ten / - [griech. eũ u. kalýptein] 유칼리(오스트레일리아 원산의 교목). **Eukalyptus-**: **~baum**, der 유칼리 나무. **~bonbon**, der (또는) das 유칼리 유액 맛이 나는 (기침에 먹는) 사탕. **~öl**, das 유칼리 기름. **~tee**, der 유칼리 차(茶).
Eukaryonten [ɔyka'ryɔntn] 〈Pl.〉 [griech. eũ u. káryon] [생물] 진핵(眞核) 생물.
Eukinetik [ɔyki'ne:tik], die [댄스] 율동학.
euklidisch [ɔy'kli:dıʃ] 〈Adj.〉 [그리스 수학자 Euklid] [수학] 유클리드의: -e Geometrie 유클리드 기하학.
Eukolie [ɔyko'li:], die [griech. eukolía] [심리] 만족스런 상태, 쾌적감. **Eukrasie** [ɔykra'zi:], die [griech. eukrasía] 1. [의학] 정상체액질. 2. [심리] 행복해 하는 기질[소질].
Eulan Ⓦ [ɔy'la:n], das; -s [griech. eũ u. lat. lāna] 오일란(양모 방충제 이름). **eulanisieren** [ɔylani'zi:rən] 〈h〉 오일란으로 방충가공하다: eulanisierte Teppiche 오일란 방충 가공된 양탄자.
Eulchen [ˈɔylçən], das; -s, - ↑Eule (1). **Eule** [ɔylə], die; -n 1. 〈축소형: ↑Eulchen〉 부엉이: [성구] er macht ein Gesicht wie eine E. am Mittag (통용어) 그는 대낮에 졸리운 얼굴을 하고 있다; (das hieße ja) nach Athen tragen (교양어) 하지 않아도 될 일을 하다 (부엉이가 많은 Athen 市에 부엉이를 가지고 가라); eine E. fangen [선원] (돛단배가) 갑자기 앞에서 바람을 받다. 2. a) 〈뱀〉 불쾌한 여자. b) 〈청소년〉 여자, 계집애. 3. 〈nord(west)d., berlin.〉 좀 쓰는 기계. 4. 〈nordd.〉 a) 작은 빗자루. b) 깃털로 만든 비, 총채. 5. 밤나방.
eulen-, Eulen-: ~ähnlich 〈Adj.〉 부엉이를 닮은, 부엉이 같은. **~artig** 〈Adj.〉 부엉이류의. **~äugig** 〈Adj.〉 부엉이 눈을 한, (깜짝 놀라) 눈이 휘둥그레진. **~falter**, der ↑Eule (5). **~flucht**, die 〈Pl. 없음〉 〈nordd.〉 땅거미, 해질녘. **~flug**, der 부엉이의 비상(飛翔). **~nest**, das 부엉이 둥지[집]. **~ruf**, der 부엉이 우는 소리. **~schrei**, der 부엉이가 지르는 소리. **~spiegel**, der [niederd. Ulenspegel] Till ~spiegel, 14세기 널리 알려졌던 장난꾼: 장난꾸러기, 익살꾼. **~spiegelei**, die; -en 장난, 못된 장난. **~spiegelhaft** 〈Adj.〉 오일렌슈피겔 같은, 익살꾼 같은. **~spiegelstreich**, der 장난, 못된 장난. **~vogel**, der 맹금에 속하는 부엉이의 일종.
eulenhaft 〈Adj.〉 부엉이 같은.
Eulogie [ɔylo'gi:], die; -n [...i:ən; lat. eulogia < griech. eulogía] [기독교] 1. 축복(의 기도). 2. (그리스 정교회에서 미사 후에 나누어 주는) 성찬식에 사용되지 않는 〈열렬한〉 찬사, 축사.
Eumel ['ɔyml], der; -s, - 1. 《청소년》a) 《욕설》혐오스

eumeln 626

런 인간, 멍청이. 2. 《통용어》 대상, 물건. 3. 《속어》 남근. **eumeln** 〈*h*〉【청소년】1. 즐기다. 2. 애무하다.

Eumenide [ɔymə'ni:də], die; -n 《대개 Pl.》 [lat. Eumenis < griech. Eumenís] 복수의 여신 Erinnye를 은혜적으로 지칭하는 이름.

Eunuch [ɔy'nu:x], der; -en, -en, **Eunuche**, der; -n, -n [lat. eunūchus < griech. eunoûchos] 1. 거세된 남자. 2. 환관(宦官). **eunuchenhaft** 〈Adj.〉 거세된 남자 같은, 환관의. **Eunuchenstimme**, die 《통용어·농》 남자에게 어울리지 않게 높고 가느다란 목소리. **Eunuchismus** [ɔynu'xɪsmʊs], der; - [의학] 환관증(症). **Eunuchoidismus** [ɔynuxɔi'dɪsmʊs], der; - [griech. eunouchoeidés] [의학] 유사환관증.

Euonymus [ɔy'o:nymʊs] ↑Evonymus.

Eupathe(o)skop [ɔypate(o)'skɔ:p], das; -s, -e [griech. eupátheia u. skopeîn] 기후 측정기.

eupelagisch [ɔype'la:gɪʃ] 〈Adj.〉【생물】 해수면에서 살고 있는.

Euphemismus [ɔyfe'mɪsmʊs], der; -, ...men [griech. euphēmismós] 《교양어》 미화법, 완곡법(예컨대:sterben 대신 entschlafen). **euphemistisch** 〈Adj.〉 《교양어》 완곡한: ein -er Ausdruck für etw. 무엇에 대한 완곡한 표현.

Euphonie [ɔyfo'ni:], die; -n [...iən; lat. euphōnia < griech. euphōnía] 【언어·음악】 듣기 좋은 소리(반대: Kakophonie). **euphonisch** [ɔy'fo:nɪʃ] 〈Adj.〉 1. 【언어·음악】 듣기 좋은 소리의(반대:kakophonisch). 2. 【언어】 좋은 어조(語調)의: das t in „eigentlich" ist ein -er Konsonant "eigentlich"에서 t는 좋은 어조의 자음이다.

Euphonium [ɔy'fo:niʊm], das; -s, ...ien [...iən; griech. eúphōnos] 1. 유포늄(손가락으로 문질러서 소리를 내는 유리관 악기). 2. 바리톤 코넷(고음 금관악기의 일종).

Euphorbia [ɔy'fɔrbia], die; ...ien [...iən], **Euphorbie** [...iə], die; -n [lat. euphorbia < griech. euphórbion] 【식물】 대극(大戟). **Euphorbiapflanze**, die 대극과 식물. **Euphorbie** ↑Euphorbia. **Euphorbium** [...iʊm], das; -s, ...ien [...iən; lat. euphorbium < griech. euphórbion] 대극과 식물의 고무 수지(수의약제로 쓰임).

Euphorie [ɔyfo'ri:], die; -n [...iən; griech. euphoría] 《교양어》 1. 안정감, 만족감, 낙관적 상태: die E. der ersten Monate ist vorbei 첫번째 몇달의 안정감은 사라지고 없다; in der E. seinen 낙관적 상태에 있다. 2. 《반대: Dysphorie》 【의학·심리】 a) 〈Pl. 없음〉 (중병중의) 쾌적감. b) 병적 쾌활성, (약물에 의한) 도취. **Euphorikum** [ɔy'fo:rikʊm], das; -s, ...ka 【의학】 도취약. **euphorisch** 〈Adj.〉 1. 《교양어》 낙관적 상태의, 안정감의. 2. 《반대: dysphorisch》 【의학·심리】 a) 〈극도의〉 정신적 고양 상태의, 행복감의. b) 도취경에 빠진. **euphorisieren** [ɔyfori'zi:rən] 〈*h*〉 【의학】 행복감에 젖게 하다, 도취 상태에 빠지게 하다. **Euphrat** [ˈɔyfrat], der; -(s) 유프라테스 강. **Euphrosyne** [ɔyfro'zy:nə, ...ne] 그리스 신화의 우미의 여신.

Euphuismus [ɔyfu'ɪsmʊs], der; -, ...men [engl. euphuism, 영국 작가 J. Lyly의 소설 „Euphues" (1578)에 따라] 【문예학】 1. 〈Pl. 없음〉 „바로크 시대 영국 문학에서" 미사 여구체 문장, 과장 문체. 2. 미사 여구의 문체 요소. **euphuistisch** 〈Adj.〉 과장[화려] 문체의.

euploid [ɔyplo'i:t] 〈Adj.〉 【생물】 숫적으로 정상의 염색체를 나타내는. **Euploidie** [ɔyplɔi'di:], die [생물] 정상 염색체 상태.

Eupnoe [ɔy'pno:ə], die [griech. eúpnoia] 【의학】 안정 호흡.

Eupraxie [ɔypra'ksi:], die [griech. eupraxía] 【철학】 도덕적으로 정당한 행위.

Eurailpaß [ɔy'rail-], der; ...passes, ...pässe [engl. Eurailpass] 【철도】 유레일 패스(서유럽 전 철도에 통용되는 일반 패스). **Eurasien** [ɔy'ra:ziən], -s 유라시아 (Asien와 Europa를 합친 지명). **Eurasier** [ɔy'ra:ziɐ], der; -s, - 유라시아인. **Eurasierin**, die; -nen ↑Eurasier의 여성형. **eurasisch** [ɔy'ra:zɪʃ] 〈Adj.〉 유라시아적, 유라시아의. **Euratom** [ɔyra'to:m], die [*Europäische Atom*(energie)gemeinschaft의 약칭] 유럽 원자력 공동체.

eure ['ɔyrə], **Eure** [-] ↑¹euer 참조. **eurerseits** 《österr.에서만》, **euerseits** 〈Adv.〉 (편지에서는: Eurerseits) 너희(그대)들 편에서: bestehen e. noch Fragen? 너희들 편에서 아직 질문이 있느냐? **euresgleichen** (österr.에서만), **euersgleichen** (Pron.; 격변화 없음) 그대들과 같은 사람들, 너희(그대)의 동배.

euret- (österr.에서만), **euert-**: ~**halben** 〈Adv.〉《준고어》 ↑euretwegen. ~**wegen** 〈Adv.〉 그대(너희)들을 위하여(때문에). ~**willen** 〈Adv.〉 (다음 용법으로) **um e**.: ich habe um e. so gehandelt 나는 그대(너희)들을 생각해서 그렇게 행동했다.

Eurhythmie [ɔyrʏt'mi:], die [griech. eurhythmía] 1. 【댄스·체조】 오이리트미(율동적인 운동(움직임)). 2. 【의학】 정상 맥박. 3. ↑Eurythmie. **Eurhythmik**, die ↑Eurhythmie (1).

eurige ['ɔyrɪgə], der, die, das; -n, -n 〈Possessivpron. Art.과 함께〉 《아어·준고어》 그대(너희)들의 것(소유물, 가족, 부하, 의무, 벗 따위의) (편지에서: Eurige): **ich bin ganz der Eurige** 역службе서(편지의 끝말).

euro-, Euro- [ɔyro-, 《강조시》 'ɔyro-]: ~**cheque** [-ʃɛk], der; -s, -s 유로첵(유럽 전 은행에서 통용되는 수표). ~**cheque-Karte**, die 유로첵 크레딧(신용)카드. ~**dollars** 〈Pl.〉 【경제】 유로 달러. ~**kommunismus**, der 서구 공산주의, 유로 커뮤니즘. ~**kommunist**, der 서구 공산주의자. ~**konzern**, der 【경제】 유럽 콘체른. ~**krat**, der; -en, -en [frz. eurocrate] 【정치】 유로크라트(유럽 공동체 관료). ~**scheck**, der ↑~cheque. ~**vision**, die 1. 유로비전(서유럽의 국제 텔레비전 중계 조직). 2. 위를 통한 텔레비전. ~**visionsnetz**, das 유로비전의 송신망. ~**visionssendung**, die 유로비전 송신.

¹**Europa** [ɔy'ro:pa] [lat. Eurōpa < griech. Eurōpē] 1. 유럽(대륙). 2. 유럽 국가들의 집단.

²**Europa** [-] 그리스 신화의 여신(Zeus신의 애첩).

europa-, Europa- [ɔy'ro:pa-]: ~**cup**, der 유럽 컵(↑~pokal). ~**flagge**, die 유럽 회의(會議)의 기(旗). ~**meister**, der 【스포츠】 유럽 선수권 보유자. ~**meisterschaft**, die 【스포츠】 1. 유럽 선수권 시합. 2. 위의 시합에서 승리. ~**minister**, der 유럽 담당 장관, 구주(歐州) 장관. ~**müde** 〈Adj.〉 《통용어》 유럽에 실증난(물린). ~**parlament**, das 〈Pl. 없음〉 유럽 의회(議會). ~**pokal**, der 【스포츠】 1. (각종 경기의) 유럽 국제 경기 우승 트로피. 2. 유럽 배(杯) 쟁탈 국제 시합. ~**rat**, der 〈Pl. 없음〉 유럽 회의(1949년 이래 유럽의 통합을 목표로 하는 기구로 본부는 Straßburg에 있음) (약어: ER). ~**rekord**, der 【스포츠】 유럽 기록. ~**straße**, die 유럽 국제 도로(교통 표시는 초록 바탕에 하얀색 E). ~**union**, die 유럽 연맹(연합). ~**zone**, die 【테니스】 (데이비스컵의) 유럽 지역.

Europäer [ɔyro'pɛ:ɐ], der; -s, - 1. 유럽인(사람). 2. 유럽 통합을 주장하는 정치가. **europäisch** [ɔyro'pɛ:ɪʃ] 〈Adj.〉 1. 유럽의. 2. 유럽 통합의. **europäisieren** [ɔyropɛi'zi:rən] 〈*h*〉 유럽화하다. **Europäisierung**, die; -en 유럽화. **europid** [ɔyro'pi:t] 〈Adj.〉 〔↑Eu-

Evaporographie

ropa u. griech. -eidḗs) [인류] 코카소이드의, 백색 인 종의. **Europide'** [ɔyro'pi:də], der/die; -n, -n [europid의 명사형. **Europium** [ɔy'ro:pi̯ʊm], das; -s [nach dem Erdteil Europa] 유로퓸(화학 원소의 하나) (기호: Eu).

Eurydike [ɔy'ry:dike; ɔyry'di:ka, ...ke] 에우리디케(그리스 신화의 여신, Orpheus의 처).

Eurythmie [ɔyryt'mi:], die [인지학의 창시자 Steiner의 표기에 따라] 율동법, 율동 요법. **eurythmisch** 〈Adj.〉 율동(요)법의. **Eurythmist** [...'mɪst], der; -en, -en 율동(요)법 교사.

eurytop [ɔyry'to:p] 〈Adj.〉 [griech. eurýs u. tópos] [생물] (동식물에 의해) 널리 퍼진, 널리 분포된.

Eustachische Röhre [ɔys'taxɪʃə-], **Eustachische Tube** [- -], die; -n -, -n -n [이탈리아의 해부학자 B. Eustachi에 따라] [의학·동물] 유스타키오관(管), 구씨관(歐氏管), 이나팔관.

Eustasie [ɔysta'zi:], die; -n [지질] 해수면(海水面) 변동(해수량의 변동으로 인한). **eustatisch** [ɔy'sta:tɪʃ] 〈Adj.〉 [지질] 1. 해수면 변동의. 2. (바다 밑바닥이) 지각 운동으로 인해 변하는.

Eustreß, der; ...sses, ...sse [griech. eū] [의학·심리] 자극(도발)적인 스트레스.

Eutektikum [ɔy'tektikʊm], das; -s, ...ka [griech. eútēktos] [화학] 공융(共融) 혼합물[합금]. **eutektisch** [ɔy'tektɪʃ] 〈Adj.〉 공융 혼합물의: -er Punkt 공융점(共融點).

Euter ['ɔytɐ], das, 《고행·지역적》 der; -s, - (포유 동물의) 젖퉁이, 유선(乳腺).

Euterpe [ɔy'tɛrpə] 에우테르페(음악, 서정시의 여신).

Euthanasie [ɔytana'zi:], die [griech. euthanasía] 1. [의학] a) 안락사(安樂死). b) 안락사술. 2. 《나치·은폐》무가치한 생명의 근절.

Eutokie [ɔyto'ki:], die [griech. eutokía] [의학] 안산(安産), 정상 분만(반대: Dystokie).

Eutonie [ɔyto'ni:], die [의학] 근육과 혈관의 정상 신장상태(반대: Dystonie).

eutroph [ɔy'tro:f] 〈Adj.〉 [griech. eútrophos] [전문어] 1. 영양이 풍부한. 2. (호수 등) 부(富)영양의. **Eutrophie** [ɔytro'fi:], die [griech. eutrophía] [반대: Dystrophie] [의학] a) 양호한 영양 상태. b) 규칙적인 영양 공급. **eutrophieren** [ɔytro'fi:rən] 〈h〉 (호수 등이) 부(富)영양화하다. **Eutrophierung**, die; -en 부영양화.

ev. = evangelisch.
eV. = Elektronenvolt.
e. V. = eingetragener Verein 등록된 협회.
Ev. = Evangelium.
E. V. = Eingetragener Verein 등록된 협회.

Eva ['e:fa, 《또한》 'e:va], die; -s [hebr. Ḥawwä] 《통용어·농》 여자. **Evakostüm**: ↑Evakostüm.

Evakuation [evaku̯a'tsi̯o:n], die; -en [frz. évacuation < lat. ēvacuātio] 1. 《드물게》 ↑Evakuierung (1). 2. [기술] 진공화. **evakuieren** [evaku'i:rən] 〈h〉 [frz. évacuer < lat. ēvacuāre] 1. a) (위험 때문에) 대피[철수]시키다: die Bewohner (aus einem Gebiet(Haus)) e. 주민들을 (어떤 지역[집]에서) 대피시키다; einen Betrieb[ein Archiv] in ein sicheres Gebiet) e. 공장(문서실)을 (안전한 지역으로) 옮기다. b) 소개(疎開)하다, 철시(撤市)시키다. 2. [기술] 진공 상태로 만들다. **Evakuierung**, die; -en 1. a) 대피, 철수. b) 소개. 2. [기술] 진공화.

Evaluation [evalu̯a'tsi̯o:n], die; -en [1: frz. évaluation, 2: engl. evaluation] 1. 《교양어》 사정(査定), 평가(評價). 2. [교육] (교안이나 수업 계획에 대한) 평가.

evaluativ 〈Adj.〉 《교양어·언어》 평가적인. **evaluieren** [evalu'i:rən] 〈h〉 1. 《교양어》 가치를 사정(査定)하다, 평가하다. 2. [교육] (교안이나 수업 계획을) 평가한다. **Evaluierung**, die; -en ↑evaluieren의 명사형.

Evalvation [evalva'tsi̯o:n], die; -en [latinis. nach frz. évaluation] 《고어》 평가, 견적, 가격 결정. **evalvieren** [...'vi:rən] 〈h〉 [latinis. nach frz. évaluer] 《고어》 평가하다, 가격을 결정하다.

Evangele [evaŋ'ge:lə], der; -n, -n [↑evangelisch (2) 참조] 《통용어·평》 신교도. **Evangeliar** [evaŋ'ge:li̯ar], das; -s, -e, **Evangeliarium** [...a:ri̯ʊm], das; -s, ...ien [...i̯ən; lat. evangeliarium] [기독교] 성복음집(聖福音集).

Evangelien: ↑Evangelium의 복수형.

Evangelien: ~buch, das ↑Evangeliar. ~harmonie, die [기독교·문예학] 공관(共觀) 4복음서(4복음서를 비교하여 쓴 예수전). ~seite, die [가] 제단의 좌측 (반대: Episteloseite). ~text, der 성복음집.

evangelikal [evaŋgeli'ka:l] 〈Adj.〉 [engl. evangelical] [기독교] 1. [신학] 복음서 절대주의의, 복음서에 근거한. 2. 저(低)교회파의(영국 국교중 의식을 비교적 경시하는 교파). 3. 신약의 절대 권위를 신봉하는. **Evangelikale'**, der/die 복음서 절대주의자. **Evangelimann**, der; -s, ...männer 《österr.·옛》 (헌금을 얻으려고) 성경이나 성가를 낭송하는 사람. **Evangelisation** [...iza'tsi̯o:n], die; -en [lat. euangelizātio] [신교] (↑Evangelisierung) 복음 전도. **evangelisch** [evaŋ'ge:lɪʃ] 〈Adj.〉 [기독교] 1. 복음(서)의, 복음을 믿는, 복음주의의: -e Räte [가] 복음적 권고(특히 청빈, 순결, 순종). 2. 신교의(약어: ev.): die ~e Kirche 복음 교회. **evangelisch-lutherisch** [《고어》...-lu'te:rɪʃ] 〈Adj.〉 루터교파의(약어: ev.-luth.). **evangelisch-reformiert** 〈Adj.〉 [복음] 개혁파(칼빈파)의(약어: ev.-ref.). **evangelisieren** [...geli'zi:rən] 〈h〉 [lat. euangelizāre < griech. euaggelízesthai] [신교] ...에게 복음을 전(설명)하다, (복음을 설명하여) 기독교에 귀의시키다. **Evangelisierung**, die; -en 복음 전도(포교). **Evangelist** [...'lɪst], der; -en, -en [lat. euangelista < griech. euaggelistēs] 1. [기독교] 복음서 저자 (Johannes, Lukas, Markus, Matthäus). 2. 동방 교회 복음서를 낭송하는 집사. 3. [신교] 순회 설교자(포교자). **Evangelistar** [evaŋgelɪs'ta:r], das; -s, -e, **Evangelistarium** [...a:ri̯ʊm], das; -s, ...ien [...i̯ən; lat. evangelistarium] [기독교·옛] 성복음집(聖福音集). **Evangelistensymbol**, das 복음서 저자를 가리키는 상징(천사 혹은 인간은 마태, 사자는 마가, 황소는 누가, 독수리는 요한). **Evangelium** [...'ge:li̯ʊm], das; -s, ...ien [...i̯ən; lat. euangelium < griech. euaggélion] 1. 〈Pl. 없음〉 a) [기독교] 《구세주 출현의》 복음: 전의 wir lauschten seinen Worten wie einem E. 우리는 그의 말에 구세주의 복음처럼 귀를 기울였다. b) 절대적 진리, 금과옥조, 진리: alles, was er sagte, war (ein) E. für uns 그가 말한 모든 것이 우리에게는 절대적 진리였다. 2. [기독교] a) 《신약성서의》 복음서(약어: Ev.): das E. des Lukas 누가복음서. b) 《예배 때 낭독하기 위한》 복음서 발췌 문구.

Evaporation [evapora'tsi̯o:n], die; -en [lat. ēvapōrātio] [전문어] 증발, 기화, 발산. **Evaporator** [...'ra:tɔr, 《또한》 ...'to:r], der; -s, -en [...'ra:torən] 증발 기구(특히 바닷물에서 담수를 얻기 위한). **evaporieren** [evapo'ri:rən] 〈h〉 [lat. ēvapōrāre] [전문어] 1. 〈s〉 증발하다. 2. 〈h〉 [기술·화학] 증발시키다, 수분을 제거하다: evaporierte Milch 증발 농축 우유. **Evaporimeter** [...ori'me:tɐ], das; -s, - [물리·기상] 증발계. **Evaporographie** [...ogra'fi:], die [사진] 사진 촬영 때

Evasion [eva'zio:n], die; -en [lat. ēvāsio] 《교양어》 1. 집단 탈주, 도피, 도망. 2. 《고어》 핑계, 구실. **evasiv** [...'zi:f], **evasorisch** [...'zo:rɪʃ] 〈Adj.〉《고어》도피적, 구실의, 핑계의.

Evaskostüm, das 《다음 용법으로》 **im E.** 《통용어·농》 《여자가》 벌거숭이로. **Evastochter**, die; ...töchter 《농》 여자, 소녀.

Evektion [evɛk'tsio:n], die [lat. ēvectio] 《천문》 달 (月)의 출차(出差).

Evenement [evena'mã:], das; -s, -s [frz. événement] 《교양어·고어》 1. 사건. 2. 결과, 효과.

Eventail [evã'ta:j], das; -s, -s [frz. éventail] (책장정에서) 부채 도형.

eventual [even'tua:l] 〈Adj.〉《드물게 교양어》↑eventuell 참조.

Eventual- [lat. eventus]: **~abstimmung**, die (schweiz.) 중간 투표(표결). **~antrag**, der 【법】예비적 신청, 부대제의(附帶提議). **~budget**, das ↑~haushalt. **~dolus**, der ↑Dolus eventualis. 【법】고의(양의)적 미필. **~fall**, der 만일의 경우. **~haushalt**, der 【정치】 임시 예산. **~verbindlichkeit**, die 【법·경제】잠정적 책임(의무). **~verpflichtung**, die ↑~verbindlichkeit.

Eventualität [eventuali'tɛ:t], die; -en 만일의 경우, 뜻 밖의 일, 우발적 사태. **eventualiter** [even'tua:litɐ] 〈Adv.〉《교양어·고어》혹시, 어쩌면, 자칫하면. **eventuell** [even'tuɛl] 〈Adj.〉 [frz. éventuel] 사정(경우)에 따라서는, 만일의 경우에(약어: evtl.). **eventunell** [...tu'nɛl] 〈Adv.〉《교양어·농》↑eventuell.

Everest ['evərɛst, (engl.) 'evarɪst] ↑Mount Everest; 에베레스트 산.

Everglaze ⓦ ['evəgleɪz], das; -, - [engl. everglaze] 【섬유제품】 광택이 나는 (면)직물. **Evergreen** [...gri:n], der《또한》das; -s, -s [engl. evergreen] 1. 불후의 명작, 인기작. 전의 Verdis Aida ist ein E. (auf der Opernbühne) 베르디의 아이다는 (오페라 무대에서) 항상 인기있는 작품이다. 2. 연습곡, 재즈의 연주곡.

Evertebrat [evertə'bra:t], der; -en, -en (대개 Pl.) 【동물】 무척추 동물(반대: Vertebrat).

evident [evi'dɛnt] 〈Adj.〉 [lat. ēvidēns] 1. 《교양어》 a) 자명한, 의심할 수 있는: es ist e., daß nicht jedes Werk ein Bestseller werden kann 모든 작품이 베스트셀러가 될 수 없다는 것은 자명하다. b) 분명한, 명확한: eine Tatsache (durch Untersuchungen) e. machen 어떤 사실을 (조사를 통해) 밝히다. 2. **e. halten** 《österr.·관》↑in Evidenz halten. **Evidenz** [evi'dɛnts], die; -en [lat. ēvidentia] 1. 《교양어》a) (Pl. 없음) 명백, 자명, 확실. b) 《드물게》명백한 사실(사태, 사정). 2. (österr.·관) 일람, 개관: **in E. halten** (österr.·관) 1) 일람표(명단)를 만들다. 2) 기록(등록)하다. 3) 잊지 않다, 주의하고 있다. **Evidenzbüro**, das (österr.·관) 등록국, 등기(기록)소.

Eviktion [evɪk'tsio:n], die; -en [lat. ēvictio] 【법】 소유권 박탈(追奪). **evinzieren** [evɪn'tsi:rən] 〈h〉 [lat. ēvicere] 【법】 소유권을 박탈(추탈)하다.

Eviration [evira'tsio:n], die [lat. ēvirātio] 【심리】 남성의 여성화.

ev.-luth. = evangelisch-lutherisch.

Evokation [evoka'tsio:n], die [lat. ēvocātio] 1. 《교양어》 (예술 작품을 통한) 상상이나 체험의 환기. 2. 【법】 (상급 재판소에서 피고의) 소환. 3. (역사적) (중세에 국왕이나 교황의) 미결 소송의 소환권. 4. (고대 전쟁의 관습으로 침략한 도시의 수호신을 자기편으로 삼기 위해) 호출하는 것, 초신(招神). **evokativ** [...'ti:f] 〈Adj.〉《교양어》상상을 일으키는[환기시키는]. **evokatorisch** [...'to:rɪʃ] 〈Adj.〉《교양어》상상을 자극하는(환기시키는), 소환하는.

Evolute [evo'lu:tə], die; -n [lat. ēvolūtus] 【수학】축 폐선(縮閉線). ↑Evolvente 참조. **Evolution** [evolu-'tsio:n], die; -en [lat. ēvolūtio] 1. 《교양어》 전개, 발전, 진전(반대: Revolution): die E. der Gesellschaftsformen 사회 형태들의 발전. 2. 【생물】 진화(進化). **evolutionär** [...tsio:'nɛ:ɐ] 〈Adj.〉《교양어》발전 [전개, 진화]의. **Evolutionismus** [...'nɪsmʊs], der; - 진화론(進化論). **Evolutionist**, der; -en, -en 진화론자. **evolutionistisch** 〈Adj.〉 진화론적인. **Evolutionslehre**, **Evolutionstheorie**, die 진화론, 전개설, 발생론, 유전론. **evolutiv** [...'ti:f] 〈Adj.〉《전문어》발전적인, 진화의. **Evolvente** [evɔl'vɛntə], die; -n [lat. ēvolvēns] 【수학】 신개선(伸開線)(↑Evolute 참조). **Evolventenverzahnung**, die 기어바퀴 연결 방법의 일종. **evolvieren** [evɔl'vi:rən] 〈h〉 [lat. ēvolvere] 《교양어》 발전[전개, 진화]하다(↑involvieren).

Evonymus [e'vo:nymʊs], der 《또한》 die; - [lat. euōnymos < griech. euṓnymos] ↑Spindelbaum.

Evorsion [evɔr'zio:n], die; -en [lat. ēvorsus] 【지질】 a) 돌과 모래를 담은 물의 소용돌이 운동. b) (위를 통해 생긴) 웅덩이(폭포밑 등).

evozieren [evo'tsi:rən] 〈h〉 [lat. ēvocāre] 1. 《교양어》 환기시키다. 2. 【법】 소환하다.

ev.-ref. = evangelisch-reformiert.

evtl. = eventuell.

evviva [ɛ'vi:va] 〈Interj.〉 [ital. evviva] 만세!

Ew. = Euer, Eure.

¹Ewe [ɛ'veː], der; -, - 서아프리카 종족명. **²Ewe**, das; - 위 종족의 언어.

Ewer ['eːvɐ], der; -s, - [niederd. ēver, ēvar] (nordd.) 작은 범선의 일종(바닥이 평평한 연안 항해용 작은배).

E-Werk [eː-], das; -(e)s, -e 발전소.

EWG [eːve:'geː], die (Europäische Wirtschaftsgemeinschaft의 약어 ↑EG 참조.) 유럽 경제 공동체.

ewig ['eːvɪç] 〈Adj.〉 1. a) (시간적으로) 영원(영구)한, 무한한: das -e Leben 영생(永生); (명사화) der Ewige 신(神), b) 부단한, 끊임없는: -er Schnee 만년설; (명사화) ein Ewiger (대학생어) (오랫동안 졸업을 못한) 만년학생. 2. 《통용어》끝(한) 없는, 무한(무궁)한: ich habe das -e Einerlei satt 나는 그 한없는 단조로움에 싫증이 났다; e. und drei Tage 《농》오래 오래; das ist e. schade 그 것은 참 유감이다.

Ewig-, **-gestrige'**, der/die 《팸》시대에 뒤떨어진 자. **~gleiche'**, das 영원한 것, 불변적인 것. **~weibliche'**, das (괴테의 "파우스트"에서) 《교양어》 영원불멸의 여성적인 것.

Ewigkeit, die; -en 1. (Pl. 없음) a) 영원, 무한, 영겁: von E. zu E. 영원히. b) 【종교】 영원한 것, 영원의 저 세상: **in die E. eingehen**[**abberufen werden**] (아어·은폐) 영면하다, 죽다. 2. 《통용어》장(긴) 시간, 무한한 시간: seit einer E. [seit -en] warte ich hier schon auf dich 오래전부터 나는 여기서 너를 기다리고 있다. **Ewigkeitssonntag**, der 【기독교】 사자(死者) 위령일, 교회 역년(教會曆年)의 마지막 일요일. **Ewigkeitswert**, der 《아어》 영원한 가치. **ewiglich** ['eːvɪklɪç] 〈Adv.〉 《시어·고어》 영원(영구)히.

Ew. M. = Eure Majestät, Euer Majestät 폐하, 전하, 각하.

EWS = Europäisches Währungssystem 유럽 통화 체제 [제도].

ex [ɛks] 〈Adv.〉 [lat. ex] 〘통용어〙 1. **ex trinken** 단숨에 다 마시다: ex!, auf das Wohl des Gastgebers! 마시자[건배]! 주인의 건강을 위하여! 2. 〘통용어〙끝난, 지난: diese Freundschaft ist ex 이 우정은 끝났다. 3. 〘경〙죽은: die Frau ging auf der Stelle ex 그 부인은 그 자리에서 죽었다[즉사했다]. **Ex** [-], das; -, - (bayr., schweiz, 학생) ↑Extemporale의 약어.

Ex- [lat. ex-] 〘인물 칭호 앞에서〙이전의, 앞의: **~kaiser**, der 전(前) 황제. **~kaiserin**, die ↑~kaiser의 여성형. **~könig**, der 전(前) 왕. **~meister**, der 전(前) 챔피언. **~minister**, der 전직 장관. **~weltmeister**, der 전(前) 세계 챔피언.

Ex. = Exemplar.

ex abrupto [ɛksap'rupto; lat.; ↑abrupt 참조]〘교양어〙돌연히, 뜻밖에.

ex aequo [ɛks'ɛ:kvo; lat. aequus = gleich]〘교양어〙같은 방식으로, 똑같이.

Exaggeration [ɛksagera'tsio:n], die; -en [lat. exaggerātio] 과장, 과대, 침소봉대. **exaggerieren** [ɛksage'ri:rən] 〈h〉[lat. exaggerāre] 과장하다.

exakt [ɛ'ksakt] 〈Adj.〉[lat. exāctus] 정확한, 엄밀한: eine -e Definition 정확한 정의. **Exaktheit**, die 정확, 엄밀.

Exaltation [ɛksalta'tsio:n], die; -en [frz. exaltation]〘심리·교양어〙흥분, 고양, 황홀. **exaltieren** [...'ti:rən], sich 〈h〉[frz. (s') exalter] 1. 흥분[격분, 격앙]하다. 2. 황홀경에 빠지다. **exaltiert** 〈Adj.〉[frz. exalté] 1. 흥분된, 격앙된, 신경질적인, 황홀해 있는: ein -es Benehmen 흥분된[신경질적인] 행동거지. 2. 과장된, 극단의, 터무니 없는, 과도한: ein -er Gedanke 터무니 없는 생각. **Exaltiertheit**, die; -en 〈1. (Pl. 없음) 흥분성, 신경질. 2. (대개 Pl.) 신경질적인 행동[태도]. **Examen** [ɛ'ksa:mən], das; -s, -/(드물게)...mina [lat. exāmen] 시험: das mündliche[schriftliche] E. 구두[필기] 시험; ein E. machen[bestehen] 시험을 치루다[시험에 합격하다]; durchs E. fallen[im E.] durchfallen 시험에 떨어지다.

Examens-: **~angst**, die 시험 공포. **~arbeit**, die 필기 시험. **~aufgabe**, die 시험 과제. **~frage a)** 시험 문제. **b)** 대단히 어려운 물음[문제]. **~kandidat**, der 수험자. **~not**, die 수험자의 곤경. **~note**, die 시험 점수[평점]. **~tag**, der 시험날. **~vorbereitung**, die 시험 준비. **~zimmer**, das 시험치는 교실(방).

Examinand [ɛksami'nant], der; -en, -en [lat. exāminandus]〘교양어〙수험자, 수험생. **Examinator** [...'na:tor, (또한)...to:ɐ], der; -s, -en [...na'to:rən] 〈교양어〙시험관(위원), 심사원. **Examinatorium** [...na'to:riʊm], das; -s, ...ien [...iən]〘교양어〙1. 시험 위원회. 2. 시험 준비. **examinieren** [ɛksami'ni:rən] 〈h〉[lat. exāmināre] 1. 시험하다, 문의하다. 2. 조사(검사)하다. 3. 심문하다: eine Sache gründlich e. 한 사건을 철저히 심문하다.

Exanie [ɛksa'ni:], die; -n [...iən]〘의학〙탈항(脫肛).

Exanthem [ɛksan'te:m], das; -s, -e [lat. exanthēma]〘의학〙발진(發疹). **exanthematisch** 〈Adj.〉〘의학〙발진의.

Exanthropie [ɛks(|)antro'pi:], die 〘심리〙인간 기피, 교제 혐오.

Exaration [ɛksara'tsio:n], die; -en [lat. exarātiō]〘지질〙(빙하에 의한) 지층의 침식(작용).

Exarch [ɛ'ksarç, ɛks'arç], der; -en, -en [lat. exarchus < griech. éxarchos] 1.〘역사적〙(중세 동로마 제국의) 총독, 태수. 2.〘동방정교회〙대주교 대리, 총주교 대리.

Exarchat [ɛks(|)ar'ça:t], das; -(e)s, -e ↑Exarch의 직(職).

Exartikulation [ɛks(|)artikula'tsio:n], die; -en〘의학〙관절 절단수술, 관절 탈구(脫臼).

Exaudi [ɛ'ksaudi, ɛks'|audi]〘관사와 격변화 없음〙[lat. exaudī]〘신교〙부활제 후의 제 6일요일.

exc. = excudit.

ex cathedra [ɛks ka(:)tedra; lat.] 1.〘가〙교황의 권위에 의하여, 교황의 권리로: eine Entscheidung ex c. 교황의 권위에 의한 결정. 2.〘교양어·폄〙절대 권위에 의하여.

Exceptio [ɛks'tsɛtsio:], die; -nes [...'tsio:ne:s; lat. exceptio]〘법〙항변(抗辯), 이의.

Exchange [ɪks'tʃeɪndʒ], die; -n [engl. exchange]〘금융〙1. 환전, 환전 시세. 2. 거래소(시세).

excud. = excudit.

excudit [ɛks'ku:dɪt; lat.] 누구에 의해 출판된, 누구에 의해 인쇄된.

ex definitione [ɛks defini'tsio:nə; lat.]〘교양어〙오로지 정의(定義)에 따라.

Exedra ['ɛksedra], die; Exedren [ɛ'kse:drən; lat. exedra < griech. exédra] 1.〘고대 건축〙홀이나 회랑의 확충으로 반원이나 정방형으로 된 공간. 2.〘중세 건축〙(성당 등의) 반원형의 벽감.

Exegese [ɛkse'ge:zə], die; -n [griech. exégēsis]〘전문어·교양어〙해석, (특히) 성서 해석: die E. eines Textes 한 텍스트의 해석. **Exeget** [ɛkse'ge:t], der; -en, -en [griech. exēgētḗs] 해석학자, (특히) 성서의 해석자: die -en des Neuen Testaments 신약성서의 해석학자들. **Exegetik** [-ɪk], die [lat. exēgētica] 〘고어〙성서 해석학. **exegetisch** 〈Adj.〉[griech. exēgētikós] 해석의, 석의의: die -e Methode 해석 방법. **exegieren** [ɛkse'gi:rən] 〈h〉〘고어〙해석하다.

Exekration [ɛksekra'tsio:n] ↑Exsekration.

Exekutant [ɛkseku'tant], der; -en, -en〘교양어〙수행자, 완성자, 실행자. **exekutieren** [...'ti:rən] 〈h〉1. **a)** 처형하다, 사형 집행하다. **b)**〘법·고어〙처벌하다. 2.〘교양어·드물게〙수행하다, 실(시)행하다. 3.〘österr.·관〙압류하다, 담보물건으로 차압하다. **Exekutierung**, die; -en; **Exekution** [ɛkseku'tsio:n], die; -en [lat. ex(s)ecūtio] 1. **a)** 처형, 사형 집행. **b)**〘법·고어〙처벌. 2.〘교양어·드물게〙수행, 실행, 실시. 3.〘österr.·관〙담보, 압류.

Exekutions-: **~befehl**, der 1. 처형 명령. 2.〘österr.·관〙법적인 차압 명령. **~kommando**, das 처형조(반). **~werber**, der 〘österr.·관〙차압채권자. **exekutiv** [...'ti:f] 〈Adj.〉〘법·정치〙실행(실시)의, 행정의.

Exekutiv-: **~ausschuß**, der 실행〘집행〙위원회. **~beamte**, der 행정[수행] 당국의 관리. **~behörde**, die 〘정치〙집행[행정] 당국. **~gewalt**, die 행정력, 행정권. **~komitee**, der〘정치〙↑~ausschuß. **~organ**, das〘정치〙행정 조직. **~polizei**, die 행정 경찰. **~rat**, der〘정치〙집행[실행]회의 의원. **~vollmacht**, die〘법·정치〙법률 등의 집행전권.

Exekutive [...'ti:və], die; -n 1. 〘법·정치〙집행권, 행정권. 2. 〘österr.〙행정 집행 기관. **Exekutor** [ɛkse'ku:tor, (또한)...to:ɐ], der; -s, -en [...ku'to:rən; lat. ex(s)ecūtor] 1.〘법〙실행[실시]자. 2.〘österr.〙집달리, 집행관. **exekutorisch** [ɛkseku'to:rɪʃ]〈Adj.〉〘드물게〙집행의, 강제 집행의.

Exempel [ɛ'ksɛmpl], das; -s, - [lat. exemplum] 1.〘교양어·준국어〙예(例), 보기: sich[3] ein E. an jmdm.[etw.] nehmen 누구[무엇]를 자신의 모범으로 삼다; **ein E. an jmdm.[mit etw.] statuieren** 누구[무엇]를 본보기로 보이다(벌하다); **zum E.** 예를 들면, 이를테면. 2.〘고어〙(연습의) 산수 문제, 계산 문제; **die Probe aufs E. machen** 구체적 실례를 통해 사실

을 검증하다. **Exemplar** [ɛksɛm'plaːɐ̯], das; -s, -e [lat. exemplar] 견본, 본, 모범, (서적의) 부, 권: 20 -e dieses Buchs 이 책 20부; Alwin ist ein merkwürdiges E. 《농》 알빈은 묘한 녀석이다; Männer, die ich als die besten -e der schweizerischen Gesellschaft ansehe 내가 스위스 사회의 가장 뛰어난 모범으로 간주하는 남자들. **exemplarisch** 〈Adj.〉 [lat. exemplāris] 《교양어》모범적인, 본보기로서의: jmdn. e. bestrafen 누구를 본보기로 엄벌하다. **Exemplarismus**, der; - [철학] 1. 범형론(範型論)(모든 피조물은 신의 원모습을 반영한다는 학설). 2. 범형 인식론(사물의 인식은 신 안에 존재하는 원모습을 통해 가능해 진다는 학설). **exempli causa** [ɛ'ksɛmpli 'kauza; lat.] 《교양어》예를 들면, 보기로서(약어: e. c.). **Exemplifikation** [ɛksɛmplifika'tsjoːn], die; -en 《교양어》↑Exemplifizierung. **exemplifikatorisch** [...'toːrɪʃ] 〈Adj.〉 《교양어》예시적인, 예증적인. **exemplifizieren** [...fi'tsiːrən] 〈h〉 [lat. exemplificāre] 《교양어》예시[예증]하다. **Exemplifizierung**, die; -en 예시, 예증, 선례를 인용함.

exemt [ɛ'ksɛmt] 〈Adj.〉 [lat. exēmptus] 1. [법] (병역, 납세 따위의 의무가) 면제된, 제외된. 2. 《종교》면속되, 사교 지배를 면한. **Exemption** [ɛksɛm'tsjoːn], die; -en [lat. exēmptio] 1. [법] 면제, 제외, 치외 법권. 2. 《종교》(사교구(司敎區)) 면속(免屬).

exen ['ɛksn̩] 〈h〉 1. [대학생] 퇴학 처분하다. 2. [학생] (수업 시간에) 무단 결석하다.

Exequatur [ɛkse'kvaːtʊr], das; -s, -en [...kva'tuːrən], lat. ex(s)equātur] [관] 1. (국가가 외국의 영사, 무역 사무관에게 주는) 승인서, 인가장, 승인, 인가. 2. 《교양 교서의 국가 인가》 제도. **Exequien** [ɛkse'kvjən] 〈Pl.〉 [lat. ex(s)equiae] [가] 장례[식], 장례미사. **exequieren** [ɛkse'kviːrən] 〈h〉 [lat. ex(s)equī] [법·고어] 강제 집[수]행하다, 압류[차압]하다.

Exercitium [ɛksɛr'tsiːʊm] ↑Exerzitium.

Exergie [ɛksɛr'giː], die; -n [...iːən] [물리] 한 시스템의 작업 능력.

Exerzier- (군): ~**ausbildung**, die 훈련[교련]을 통한 교육. ~**bombe**, die 연습용 폭탄. ~**feld**, das ~**platz**. ~**gefreiter**, der 《군제》신병 훈련 조교(상등병, 병장). ~**halle**, die 실내 훈련장. ~**kleid**, das ↑Ekkleid. ~**knochen**, der [의학] 근육의 일부를 무리하게 사용해서 혹이 굳어진) 연병골(練兵骨). ~**meister**, der 《고어》훈련[교련] 교관. ~**munition**, die 훈련용 탄약. ~**patrone**, die ↑~munition. ~**platz**, der 연병장. ~**reglement**, das [군제] 조전. ~**schritt**, der (옛) 분열 행진 보조. ~**übung**, die 훈련 연습. ~**vorschrift**, die ↑reglement.

exerzieren [ɛksɛr'tsiːrən] 〈h〉 [lat. exercēre] 1. a) 군대식 훈련을 하다: scharf e. 엄격한 군대식 훈련을 하다. b) 군인을 훈련시키다: Rekruten e. 신병을 훈련시키다. 2. a) (통용어) 반복 연습하다: die Berechnung von Kreisumfängen e. 원주의 계산을 반복 연습하다. b) (신기술, 신방법을) 시험적으로 실행하다: diese Methode hat schon sein Vorgänger exerziert 그의 전임자가 이 방법을 벌써 시험한 바 있다. **Exerzitien** [...'tsiːtsjən], (österr.) 때때로: Exerzizien [-] 〈Pl.〉 [가] 심령 수행, 묵상, 피정. **Exerzitienmeister**, der: 심령수행의 지도자. **Exerzitium** [...jʊm], das; -s, ...ien [...'tsiːən], lat. exercitium] (준고어) 1. 연습. 2. 필기 연습, 학교 숙제. **Exerzizien** ↑Exerzitien.

ex est ['ɛks 'ɛst; lat.] 《교양어》끝났다(es ist aus).

ex falso quodlibet [ɛks 'alzo 'kvɔtlibet; lat.] [논리] 하나의 잘못된 진술에서는 온갖 임의의 진술이 논리적으로 추론될 수 있다.

Exfoliation [ɛksfolja'tsjoːn] die; [lat. exfoliātus, ex-

foliāre] [의학] 탈락, 낙설(落屑).

Exgefreite ['ɛks-], der; -n, -n 《군·구제》↑Exerziergefreite의 약칭.

exgüsi [ɛks'gyːzi] 〈Interj.〉 [frz. excuse] 〈schweiz.· 농〉 실례!, 용서를!.

Exhalation [ɛkshala'tsjoːn], die; -en [lat. exhālātio] 1. [의학] (숨을) 내뿜음, 내쉼, 발산. 2. [지질] (화산에서) 분출(물). **exhalieren** [...'liːrən] 〈h〉 1. [의학] (숨 따위를) 내뿜다, 증발시키다. 2. [지질] 분출하다.

Exhaustion [ɛkshaus'tjoːn], die; -en [exhaustio] [의학] 쇠진(상태). **Exhaustionsmethode**, die [기하] (아르키메데스의) 구분구적법(區分求積法). **exhaustiv** [...'tiːf] 〈Adj.〉 [lat. exhaustus] 《교양어》완전한, 빠짐없는. **Exhaustivität** [...tiviˈtɛːt], die 완전성. **Exhaustor** [ɛks'haustɔr, ...toːɐ̯], der; -s, -en [...'toːrən] lat. exhaustus] [기술] 통풍(배기)기.

exhibieren [ɛkshi'biːrən] 〈h〉 [lat. exhibēre] 《교양어·펌》보여 주다, 전시하다. **Exhibierung**, die; -en 전람, 전시, 진열, 제시, 제출. **Exhibition** [ɛkshibi'tsjoːn], die; -en [lat. exhibitio] 1. [심리] 성기 노출증. 2. 《교양어》제시, 전시. **exhibitionieren** [...tsjoˈniːrən] 〈h〉 [심리] (타인 앞에서) 음부를 노출하다. **Exhibitionismus** [...'nɪsmʊs], der; - [프랑스의 의사 Lasègue(1816~83)로부터 유래] 1. [심리] (음부) 노출증. 2. 《교양어》a) 전시 성향, 노출 성향. b) (감정이나 확신등의) 표시, 과시. **Exhibitionist** [...'nɪst], der; -en, -en 과시형 인간, (음부) 노출증 환자. **Exhibitionistin**, die; -, -nen ↑Exhibitionist의 여성형: sie hat nie für Nacktfotos posiert. Sie ist keine E. 그녀는 나체 사진을 위해 포즈를 취한 적이 없다. 그녀는 결코 음부 노출증 환자가 아니다. **exhibitionistisch** 〈Adj.〉 a) 전시적인, 과시적인. b) 노출증의.

Exhorte [ɛks'hɔrtə], die; -n [lat. exhortātio] 《고어》 경고, 간언.

Exhumation [ɛkshuma'tsjoːn], die; -en [lat. exhumātio] ↑Exhumierung. **exhumieren** [ɛkshuˈmiːrən] 〈h〉 (허가를 받아 시체를) 발굴하다. **Exhumierung**, die; -en 《예··묘의》발굴.

Exi ['ɛksi], der; -s, -s [펌] 록크족이 아닌 일반 젊은이, 부르주와적인 청소년.

Exigenz [ɛksi'gɛnts], die; -en [exigentia] 《고어》필요, 수요. **exigieren** [ɛksi'giːrən] 〈h〉 [lat. exigere] 《고어》요구하다, (빛을) 받다. **Exiguität** [ɛksiguiˈtɛːt], die [lat. exiguitās] (교양어) 사소함, 미미함.

Exil [ɛ'ksiːl], das; -s, -e [lat. exilium] 망명(지), 추방: im E. leben 망명 생활을 하다. **Exil-** 《민족 이름과 결합하여 망명자임을 나타내는 복합어로, 예컨대:》Exilkroate (망명 크로아티아인), Exilkubaner (망명 쿠바인).

Exil-: ~**heimat**, die 제2의 고향이 된 망명지. ~**literatur**, die 망명 문학(특히 나치 정권으로부터 망명한 작가들의). ~**politiker**, der 망명 정치인. ~**regierung**, die 망명 정부. ~**zeit**, die 망명 시기[기간].

exilieren [ɛksi'liːrən] 〈h〉 [lat. ex(s)iliāre] 《교양어》추방하다, 귀양보내다: die exilierten deutschen Schriftsteller 망명 독일작가들. **Exilierte'**, der / die 망명자. **Exilierung**, die; -en 추방, 귀양. **exilisch** [ɛ'ksiːlɪʃ] 〈Adj.〉 《교양어》a) 망명의. b) 망명 시절의.

eximieren [ɛksi'miːrən] 〈h〉 [lat. eximere] [법] 법적 의무를 면제시키다, 치외 법권을 인정하다(↑exemt, Exemtion 참조).

existent [ɛksɪs'tɛnt] 〈Adj.〉 [lat. ex(s)istēns] 존재하는, 현존의: jmdn. [etw.] als nicht e. betrachten 누구[무엇]를 존재하지 않는 것으로 간주하다. **Existentia** [...'tɛntsja], die [spätlat. ex(s)istentia, ↑Existenz 참

조] [철학] 존재, 현존. **existential** [...tɛn'tsi̯aːl] 〈Adj.〉 [철학] 실존적인. **Existential** [-], das; -s, -ien [...i̯ən] [철학] 개별적인 인간 존재의 특성. **Existentialismus** [...tsi̯a'lɪsmʊs], der; [frz. existentialisme Jean-Paul Sartre, zu: existenciel, existentiel, ↑existentiell 참조] [철학] 1. 실존주의(철학). 2. ↑Existenzphilosophie. **Existentialist** [...'lɪst], der; -en -en [frz. existentialiste] 1. 실존주의[철학]자. 2. 실존주의적으로 사는 사람. **Existentialistin**, die; -nen ↑Existentialist의 여성형. **existentialistisch** 〈Adj.〉 1. 실존주의적인, 실존철학적인. 2. 실존주의적인: -er Lebensstil 실존주의적 생활 양식. **Existentialphilosophie**, die ↑Existenzphilosophie. **Existentialsatz**, der; -es, ...sätze [언어] 타동사문. **existentiell** [ɛksɪstɛn'tsi̯ɛl] 〈Adj.〉 [frz. existentiel, existenciel] [철학·교양어] 실존의, 극히 중요한: eine Frage von -er Bedeutung 극히 중요한 문제. **Existenz** [ɛksɪs'tɛnts], die; -en [lat. ex(s)istentia] 1. a) 〈Pl. 없음〉 존재, 현존: er wußte nichts von der E. dieses Briefes 그는 이 편지가 있는 것도 몰랐다. b) (사람으로서의) 현존, (인간의) 삶: die menschliche E. 인간다운 삶; eine kümmerliche E. fristen 근근이 삶을 이어가다; seine nackte E. retten 그의 목숨을 건지다. 2. 생활 토대, 생계: jmdm. eine gesicherte E. bieten 누구에게 안정된 생활 토대를 제공하다. 3. 《폄어적인 부가어와 함께》 인간: er ist eine gestrandete[gescheiterte, verkrachte] E. [교양어] 그는 인간 낙오자이다.

existenz-, Existenz-: ~**analyse**, die [심리] 실존분석. ~**angst**, die [철학·교양어] 실존적 불안. ~**aussage**, die [철학] 실존자각적 진술. ~**bedingung**, die 1. 실존[존재]을 위한 조건. 2. 〈Pl.〉 생활[생계] 조건. ~**bedrohend** 〈Adj.〉 생존[을 생계를] 위협하는. ~**berechtigt** 〈Adj.〉 생존권의. ~**berechtigung**, die 생존권. ~**beweis**, der [수학] 해답의 존재에 대한 증명. ~**erhaltend** 〈Adj.〉 실존을 유지의. ~**erhellung**, die [철학] 실존 해명. ~**fähig** 〈Adj.〉 생계 능력이 있는. ~**fähigkeit**, die 〈Pl. 없음〉 생계 능력. ~**form**, die 생존 방식[형태]. ~**frage**, die 생존 문제. ~**gefährdend** 〈Adj.〉 생존[생계]을 위태롭게 하는. ~**grundlage**, die 생계의 기반. ~**kampf**, der 생존 경쟁. ~**minimum**, das 〈Pl. 없음〉 최저 생활비. ~**mittel** 〈Pl.〉 생활수단. **möglichkeit**, die 존재 가능성. ~**philosophie**, die 실존 철학. ~**sicherheit**, die 생존 안정. ~**sicherung**, die 생존 보장. ~**sorge**, die 생존[생활] 걱정. ~**unsicherheit**, die 〈Pl. 없음〉 생존[생활]의 불안정성.

existenzial, Existenzial usw.: ↑existential, Existential usw. 참조. **existieren** [ɛksɪs'tiːrən] 〈h〉 [lat. ex(s)istere] 1. 존재하다, 있다, 실존하다: diese Menschen existieren nur in deiner Phantasie 이런 인간들은 오직 너의 상상 속에만 존재한다. 2. 생존[생활]하다, 생계를 이어가다: von 400 Mark Rente monatlich kann man kaum e. 매달 400 마르크 연금으로는 거의 생활을 수 없다.

Exitus ['ɛksitʊs], der; - [lat. exitus] [의학] 사망, 최후, 종말.
Exkardination [ɛkskardina'tsi̯oːn], die; -en [가] (성직자의) 사교구 전출(반대: Inkardination).
Exkavation [ɛkskava'tsi̯oːn], die; -en [lat. excavātio] 1. [의학] 오목하게 된 곳, 동공, 동. 2. [치과] (충치 등을) 빼기, 파내기. 3. [전문어] 발굴, 굴삭[掘削]. **Exkavator** [...vaːtor, 《또한》 ...toːɐ̯], der; -s, -en [..va'toːrən] 1. [치과] 충치 제거를 위한 수저 모양의 도구. 2. 굴삭기[掘削機]. **exkavieren** [...'viːrən] 〈h〉 [lat. excavāre] 1. [치과] 충치를 빼다. 2. 《전문어》 발굴하

다, 굴삭하다.
exkl. = exklusive.
Exklamation [ɛksklama'tsi̯oːn], die; -en [lat. exclāmātio] 《수사·교양어·고어》 외침(소리), 감탄. **exklamatorisch** [...'toːrɪʃ] 〈Adj.〉 1. 《수사》 외치는. 2. 《교양어》 사기적인, 과장하여 광고하는. **exklamieren** [...'miːrən] 〈h〉 [lat. exclāmāre] 《교양어·고어》 외치다, 소리치다.
Exklave [ɛks'klaːvə], die; -n 1. 본국과 떨어져 타국에 둘러싸인 영토(반대: Enklave). 2. 《생물》 통상 분포 지역 외에 동식물이 분포하고 있는 지역.
Exkleid ['ɛks-], das; -(e)s, -er [Exerzierkleid의 약칭] (schweiz.) 군대의 훈련복.
exkludieren [ɛksklu'diːrən] 〈h〉 [lat. exclūdere] 《교양어·고어》 제외[배제]하다(반대: inkludieren). **Exklusion** [...u'zi̯oːn], die; -en [lat. exclūsio] 《교양어·고어》 제외, 배제. **exklusiv** [ɛksklu'ziːf] 《Adj.》 [engl. exclusive] 1. 《교양어》 a) 배타적인; die -e Gesellschaft (상류의) 배타적 사교 단체. b) 특권 계급의, 고급의: ein -es Restaurant 고급 음식점. 2. 특정 목적의, 가까이 할 수 없는, 다른 것을 받아들이지 않는, 독점적인: eine -e (Theater)aufführung 특정 목적의 (연극)공연; das sind die -en Vorteile dieses Systems 이것들이 다른 조직에서 볼 수 없는 장점들이다.

Exklusiv- (exklusiv 2): ~**bericht**, der (신문, 잡지 의) 독점 보도[기사]. ~**foto**, das 독점 사진. ~**interview**, das 독점 인터뷰. ~**recht**, das 전유권, 독점권. ~**vertrag**, der 독점 계약.

exklusive [...'ziːvə] 〈Präp.²; ↑einschließlich〉 [lat. exclūsive] [상] …을 제외하고(약어: exkl.)(반대: inklusive): e. der genannten Beträge 상기 금액은 제외하고. **Exklusive** [-], die 《역사적》 (기묘 후보를 교황 선출에서) 제외하는 권리. **Exklusivität** [...zivi'tɛːt], die 《교양어》 배타, 독점, 전유.
Exkommunikation, die; -en [lat. kexcommunicātio] [가] 파문, 제명. **exkommunizieren** 〈h〉 [lat. excommunicāre] [가] 배척(파문)하다. **Exkommunizierung**, die; -en 배척, 파문.
Exkoriation [ɛkskoria'tsi̯oːn], die; -en [lat. excoriātus] [의학] 찰과상.
Exkrement [ɛkskre'ment], das; -(e)s, -e 〈대개 Pl.〉 [lat. excrēmentum] 《교양어》 배설물, 분뇨.
Exkreszenz [ɛkskrɛs'tsɛnts], die; -en [lat. excrēscēns] [의학] 병적 발육, 곱사등이, 혹.
Exkret [ɛks'kreːt], das; -(e)s, -e [lat. excrētum] [의학·동물] 배출물, 배설물, 분비물. **Exkretion** [ɛkskre'tsi̯oːn], die; -en [의학·동물] 배설, 배출, 분비. **exkretorisch** [ɛkskre'toːrɪʃ] 〈Adj.〉 [의학·동물] 배설성의.
Exkulpation [ɛkskulpa'tsi̯oːn], die; -en [lat. exculpātio] [법] 무죄변명, 해명, 변명. **exkulpieren** [ɛkskul'piːrən] 〈h〉 [법] 무죄를 변명하다. 〈대개 e. + sich〉 자신의 무죄를 변명하다.
Exkurs [ɛks'kʊrs], der; -es, -e [lat. excursus] 《교양어》 (학술 논문에 붙인) 여론(餘論), 외론(外論), 부설(附設), 본론에서 벗어남. **Exkursion** [ɛkskʊr'zi̯oːn], die; -en [frz. excursion] 연구 여행, 소풍: eine (geographische) E. (in die Alpen) unternehmen (알프스로)(지리학적인) 연구 여행을 하다.
exlex [ɛks'lɛks] 〈Adv.〉 [lat. exlēx] 《고어》 법의 보호를 벗어난, 추방된.
Exlibris [ɛks'liːbriːs], das; -, - [lat. ex librīs] [서적·그래픽] 장서표(票).
Exmatrikel, die; -n [대학] 대학의 졸업(수료) 증서.
Exmatrikulation [ɛksmatrikula'tsi̯oːn], die; -en

【대학】 제적, 제명, 퇴학(대학의)(반대: Immatrikulation). **exmatrikulieren** [...'liːrən] ⟨h⟩ 【대학】 (대학생을) 제명하다, 퇴학시키다(반대: immatrikulieren). **Exmatrikulierung,** die; -en 제명, 제적, 퇴학.

Exmission [ɛksmɪ'sjoːn], die; -en 【법】 강제 퇴거, 명도(明渡)를 명령함. **exmittieren** [ɛksmɪ'tiːrən] ⟨h⟩ [lat. ē(x)mittere] **1.** 【법】 (가족, 토지로부터) 퇴거를 명하다. **2.** 《교양어·드물게》 문밖으로 내쫓다. **Exmittierung,** die; -en ↑Exmission.

ex nunc [ɛks 'nʊŋk;;; lat.] 【법】 지금부터(비교: ex tunc).

Exobiologe [ɛkso-], der; -n, -n 우주 생물 학자. **Exobiologie,** die; 우주 생물학. **exobiologisch** ⟨Adj.⟩ 우주 생물학의, 우주 생물학적인.

Exodermis [ɛkso'dɛrmɪs], die; ...men [griech. éxō u. dérma] 【식물】 (식물뿌리의) 외피층(外皮層).

Exodos ['ɛksɔdɔs], der; -, - [griech. éxodos] **a)** 고대 그리스극에서 합창대의 끝노래(반대: Parodos). **b)** 고대 그리스극의 끝부분. **Exodus** ['ɛksodʊs], der; -, -se [at. exodus < griech. éxodos] 【성서】 출애굽기, 《교양어》 이주, 대탈출: der E. der deutschen Bevölkerung aus Danzig 단치히로부터 독일 민족의 대탈출.

ex officio [ɛks ɔ'fiːtsjoː; lat., officium] 【법】 직무상, 직권에 의해(약어: e.o.).

Exogamie [ɛksɔga'miː], die [griech. éxō u. gámos] 【사회】 동족외 결혼, 이족(異族) 결혼(반대: Endogamie).

exogen [ɛkso'geːn] ⟨Adj.⟩ **1. a)** 【의학】 외인성(外因性)의. **b)** 【심리】 외인성의, 외인의. **c)** 【식물】 외생(外生)의. **2.** 【지질】 외성(外成)의.

Exokannibalismus [ɛkso-], der; - 【인종】 타종족을 잡아먹음(반대: Endokannibalismus).

Exokarp [ɛkso'karp], das; -s, -e [griech. éxō karpós] 【식물】 과일의 외피(반대: Endokarp).

exokrin [ɛkso'kriːn] ⟨Adj.⟩ [griech. ékō u. krinein] 【의학】 외분비의(반대: endokrin).

exomorph [ɛkso'mɔrf] ⟨Adj.⟩ [griech. éxō u. morphé] 【지질】 (화성암과 접촉에서) 주변 암석을 변화시키는(반대: endomorph 1).

Exoneration [ɛksonera'tsjoːn], die; -en [spätlat. exonerātiō] 《고어》 (부담의) 면제, 경감. **exonerieren** [...'riːrən] ⟨h⟩ [lat. exonerāre] 《고어》 면제하다, 경감하다.

Exonymon [ɛ'koːnymɔn], das; -s, ...ma [griech. éxō u. ónyma] 【언어】 지명의 외국 명칭.

Exophorie [ɛksofo'riː], die [griech. éxō u. phoreīn] 【의학】 잠복성 외사시(外斜視).

exophthalmisch [ɛksɔf'talmɪʃ, ɛkso'-...] ⟨Adj.⟩ 【의학】 안구돌출의. **Exophthalmus** [...mʊs], der; - [griech. exóphthalmos] 【의학】 안구 돌출.

exorbitant [ɛksɔrbi'tant] ⟨Adj.⟩ [lat. exorbitāns] 《교양어》 터무니 없는, 과도한, 궤도를 벗어난: -e Preise 터무니 없는 가격. **Exorbitanz** [...nts] die; -en 《교양어》 과도함, 터무니 없음.

Exordium [ɛ'ksɔrdjum], das; -s, ...ia [lat. exōrdium] 【수사】 (연설 등의) 서두, 발단.

ex korriente lux [ɛks o'rjɛnta 'lʊks; lat.] 빛은 동방에서 오다.

exorzieren [ɛksɔr'tsiːrən], **exorzisieren** [...tsi'ziːrən] ⟨h⟩ [lat. exorcizāre < griech. exorkízein] 【종교】 악마를 내쫓다. **Exorzierung, Exorzisierung,** die; -en ↑exorzieren의 명사형. **Exorzismus** [...'tsɪsmʊs], der; -, ...men [lat. exorcismus < griech. exorkismós] 【종교】 악마쫓기. **Exorzist** [...'tsɪst], der; -en, -en [lat. exorcista < griech.

exorkistés] **1.** 【종교】 귀신을 불러내는 사람. **2.** 《가·고어》 불마사(祓魔師).

Exosmose [ɛksɔs'moːzə, ɛks|ɔ...], die; [griech. éxō] 【화학】 침출(浸出), 삼출(滲出).

Exosphäre [ɛkso-], die; -n 대기의 최외층(最外層).

Exot [ɛ'ksoːt], der; -en, -en, 《또한》 **Exote** [ɛ'ksoːtə], der; -n, -n **1.** 이국인(외인), 《열대》 이국 동·식물. **2.** 《Pl.》 【증권】 해외증권. **Exotarium** [ɛksoˈtaːrjum], das; -s, ...ien 【교양어】 열대 동물 사육 시설. **Exote:** ↑Exot. **Exoteriker** [ɛkso'teːrikɐ], der; -s, - 《교양어》 비법을 전수받지 못한 자, 초심자, 문외한(반대: Esoteriker). **exoterisch** [ɛkso'teːrɪʃ] ⟨Adj.⟩ [lat. exōtericus < griech. exōterikós] 《교양어》 외부용의, 공공의, 일반적인(반대: esoterisch).

exotherm [ɛkso'tɛrm] ⟨Adj.⟩ [griech. éxō u. thēmē] 【물리·화학】 발열성의(반대: endotherm).

Exotik [ɛ'ksoːtɪk], die 《교양어》 이국적 정조, 이국 정서. **Exotika** [...tika] ⟨Pl.⟩ 이국의 예술품. **Exotin** [ɛ'ksoːtɪn], die; -nen (특히 열대 지방에서 온) 이국 여인. **exotisch** ⟨Adj.⟩ [lat. exōticus < griech. exōtikós] **a)** 이국풍의, 외국의, 외국산의, 외국종의: ein -er Roman 이국적 무대의 소설. **b)** 이상한, 진기한, 특이한.

Exotismus [ɛkso'tɪsmʊs], der; -, ...men 【언어】 외래어, 외래어법.

ex ovo [ɛks 'oːvo; lat.] ↑ab ovo.

exozentrisch [ɛkso'tsɛntrɪʃ] ⟨Adj.⟩ 【언어】 외심적(반대: endozentriech).

Expander [ɛks'pandɐ], der; -s, - [engl. expander] 【스포츠】 엑스팬더, 신근기(伸筋器). **expandieren** [ɛkspan'diːrən; lat. expandere] **1.** ⟨h⟩ ⟨교양어⟩ 확대 [확장, 확충]하다: eine expandierende Stadt 확장되는 도시. **2.** 【기술·물리】 **a)** ⟨h⟩ (가스, 증기 등을) 팽창시키다. **b)** ⟨s⟩ (특히 증기, 가스 등이) 늘어나다, 퍼지다, 팽창하다. **3.** ⟨h⟩ **a)** 【정치】 (세력, 영향력, 규모를) 확대하다. **b)** 【경제】 상권을 늘리다, 사세를 확장하다. **expansibel** [ɛkspan'ziːbl] ⟨Adj.⟩ [frz. expansible] ⟨고어⟩ 팽창 가능한. **Expansion** [...'zjoːn], die; -en [frz. expansion] **1.** 《교양어》 확대, 증가: eine kräftige E. des Umsatzes 두드러진 매상 증가. **2.** (가스나 증기의) 팽창, 늘어남. **3. a)** 【정치】 세력 팽창: eine Politik der E. betreiben 세력 팽창 정책을 행하다. **b)** 【경제】 상권 확장. **expansionistisch** [ɛkspanzio'nɪstɪʃ] ⟨Adj.⟩ 세력 팽창주의적인.

¹Expansions- (Expansion 2) ~**geschwindigkeit,** die 팽창[확산] 속도, ~**kraft,** die 【물리】 팽창력. ~**kurve,** die 팽창 곡선. ~**maschine,** die (기체의 팽창력을 이용하는) 팽창 기관. ~**theorie,** die (구조 지질학적인 가설로서) 팽창 이론(반대: kontraktionstheorie.). ~**ventil,** das 팽창판. ~**vermögen,** das 팽창[확대] 능력. ~**vorgang,** der 팽창[확대] 과정. ~**welle,** die 팽창[확대] 파동.

expansions-, **²Expansions-** (↑Expansion, 《특히》 3 a): ~**bedürfnis,** das 팽창[확대, 신장] 욕구. ~**bestrebungen** ⟨Pl.⟩ 팽창 노력. ~**drang,** der 팽창[확대] 충동. ~**freudig** ⟨Adj.⟩ 확장[확대]지향적인. ~**gelüst(e),** das 확대[팽창] 욕망. ~**krieg,** der (영토) 확장 전쟁. ~**politik,** die **1.** 【정치】 팽창주의 정책. **2.** 【경제】 기업 확장 정책. ~**politiker,** der 세력 확장주의자. ~**rate,** die 확장률. ~**streben,** das 팽창 노력.

expansiv [ɛkspan'ziːf] ⟨Adj.⟩ 확장적인, 팽창성의. **Expansivkraft,** die 팽창력.

Expatriation [ɛkspatria'tsjoːn], die; -en 【정치·법】 국적[시민권] 박탈, 국외 추방. **expatriieren** [ɛkspatri-

'i:rən] ⟨h⟩ [malat. expatriare] 【정치・법】 국적(시민권)을 박탈하다, 국외로 추방하다. **Expatriierung,** die; -en ↑Expatriation.

Expedient [ɛkspe'djɛnt], der; -en, -en [lat. evpediēns] **a)** 상품 발송부 종업원, 발송계. **b)** 여행사의 사원. **expdeieren** [...'di:rən] ⟨h⟩ [lat. expedīre] (우편물, 상품 등을) 발송(송부)하다, 파견하다: per Luftpost e. 항공편으로 발송하다: jmdn. an einen anderen Ort e. (통용어) 누구를 다른 장소에 파견하다. **Expedierung,** die; -, -en 발송, 송부, 파견. **Expedit** [ɛkspe'di:t], das; -(e)s, -e (österr.) (회사, 상점의) 상품 발송부. **Expedition** [ɛkspedi'tsjo:n], die; -en [lat. expeditio] **1. a)** (미지의 지역에 대한) 조사 여행, 탐험: en einer E. (in die Antarktis) teilnehmen (남극) 조사 여행에 참여하다. **b)** 조사단, 원정대, 탐험대. **2.** (고어) 원정, 출병. **3.** (외국) 파견군. **4. a)** (회사, 상점 등의) 상품 발송부. **b)** (상) 발송, 송부, 파견. **5.** (고어) (신문사 등의) 광고 대리부.

Expeditions-: **~abteilung,** die ↑Expedition (4 a). **~ausrüstung,** die 탐험(원정) 장비. **~büro,** das 상품 발송 사무실. **~film,** der 탐험 사진. **~korps,** das (Expedition 2) 출정군, 출병 군단. **~leiter,** der 조사단장, 원정(탐험)대장. **~schiff,** das 탐험용 배. **~teilnehmer,** der (Expedition 1 a) 탐험 참가자(대원). **~truppe,** die (고어) ↑ ~korps. **~zelt,** das 탐험용 천막.

Expeditor [ɛkspe'di:tor, (또한) ...to:r], der; -s, -en [...'di:torən] ↑ expedieren 참조.) (드물게・특히 österr.) (회사, 상점 등의) 상품 발송부 종업원, 발송계.

Expektorans [ɛks'pɛktorans], das; -, ..ranzien [...'rantsjən] / ...rantia [...'rantsja], **Expektorantium** [...'rantsjʊm], das; -s, ...ranzien / ...rantia [lat. ex u. pectus] 【의학】 거담제(去痰劑), 기침약. **Expektoration** [...ra'tsjo:n], die; -en **1.** 【의학】 객담, 가래침. **2.** (고어) (개인적인) 심정 토로. **expektorieren** [...'ri:rən] ⟨h⟩ **1.** 【의학】 (가래를) 뱉어내다, 객담하다. **2.** 《(또한) e. + sich》 (고어) 마음 속을 털어 놓다.

expellieren [ɛkspɛ'li:rən] ⟨h⟩ [lat. expellere] (고어) 추방하다, 내몰다.

Expensen [ɛks'pɛnzn] ⟨Pl.⟩ [lat. expēnsa (pecūnia)] (고어) 비용, 지출, 경비 재판 비용. **expensiv** [ɛkspɛn'zi:f] ⟨Adj.⟩ (드물게) 돈이 드는, 지출이 많은, 비경제적인.

Experiment [ɛkspɛri'mɛnt], das; -(e)s, -e [lat. exprīmentum] **1.** (학문적) 실험, 시험: ein chemisches [psychologisches] E. 화학[심리학] 실험. **2.** 대담한 시도, 모험: ein kühnes(gefährliches) E. 대담한(위험한) 시도; wir wollen keine -e machen, (nur) keine -! 우리는 위험부담을 지지 않으려고 한다. **experimental** [...men'ta:l] ⟨Adj.⟩ (드물게) = experimentell (1).

Experimental-: **~film,** der 스튜디오 필름. **~physik,** die 실험 물리학(반대: theoretische Physik). **~physiker,** der 실험 물리학자. **~psychologie,** die 실험 심리학.

Experimentator [...'ta:tor, (또한) ...to:r], der;k -s, -en [...ta'to:rən] 실험자. **experimentell** [...men'tɛl] ⟨Adj.⟩ **1.** 실(경)험을 토대로 한: etw. e. nachweisen 무엇을 실험으로 증명하다. **2.** 【예술・문학・음악】 (예술상의 수법, 작품 등이) 실험적인.

experimentier-, Experimentier-: **~bühne,** die [연극] 실험 무대. **~freude,** die 실험의 즐거움(기쁨, 희열). **~freudig** ⟨Adj.⟩ 실험을 즐겨하는. **~freude. ~lustig** ⟨Adj.⟩ 실험하기 좋아하는, 실험할 마음이 있는. **~material,** das 실험 재료. **~stadium,** das 실험 단계: das Projekt befindet sich noch im E. 그 계획(구상)은 아직 실험 단계에 있다. **~station,** die (종합 병원의) 실험 병동[부서]. **~theater,** das **1.** 실험 극장. **2.** 실험 극장 무대.

experimentieren [...'ti:rən] ⟨h⟩ [frz. expérimenter] 실험하다: mit(an) Tieren e. 동물 실험을 하다. **Experimentiererei,** die; -en 무계획적인 과잉 실험. **Experimentum crucis** [...'mɛntʊm'kru:tsɪs], das; - - [lat.] (교양어) 진부가 갈리는 결정적인 실험. **expert** [ɛks'pɛrt] ⟨Adj.⟩ [frz. expert] (고어) 숙달된, 노련한. **Experte** [ɛks'pɛrtə], der; -n, -n [frz. expert] 정통한 사람, 전문(노련)가: ein E. in(für) Steuerfragen 세금 문제 전문가.

Experten-: **~ausschuß,** der 전문가 위원[회]. **~gruppe,** die ↑ ~stab. **~kreis,** der 전문가 사회(동아리). **~stab,** der 전문가 그룹.

Expertin, die; -nen ↑Experte의 여성형. **Expertise** [ɛkspɛr'ti:zə], die; -n [frz. expertise] 【경제・미술(골동)품 거래・법률・정치】 전문가의 감정서. **expertisieren** [ɛkspɛrti'zi:rən] ⟨h⟩ [frz. expertiser] 《드물게》 감정하다.

Explanation [ɛksplana'tsjo:n], die; -, -en [lat. explānātio] 【문예학】 내용해석, 텍스트 해설[해석]. **explanativ** ['ti:f] ⟨Adj.⟩ [lat. explānātīvus] 【문예학】 해설(주석)적인. **explanieren** [...'ni:rən] ⟨h⟩ [lat. explānāre] 【문예학】 해석(해설, 주석)하다.

Explantation [ɛksplanta'tsjo:n], die; -, -en [lat. ex u. planta] 【의학・동물】 조직 배양, 체외 배양. **explantieren** [...'ti:rən] ⟨h⟩ 【의학・동물】 (세포, 조직을) 체외 배양하기 위해 떼어내다. **Explantierung,** di; -en ↑ explantieren의 명사형.

Expletiv [ɛksple'ti:f], das; -s, -e [...i:və; lat. explētīvus] 【언어】 허사(虛辭)(예컨대: ob er wohl Zeit hat? 에서 wohl).

explicit ['ɛksplitsɪt; lat. explicit] 【문예학】 (필사본이나 고사본 말미에 기입되는) 완성됨, 끝남 (= es ist vollzogen, es ist zu Ende)(반대: incipit). **Explicit** [-], das; -, -s 【문예학】 중세 필사본이나 고사본의 결어(結語). **Explikation** [ɛksplika'tsjo:n], die; -en [lat. explicātio] **1.** (교양어) 설명, 해석, 주석. **2.** 【논리】 논리정연한 설명, 개념 정의. **explizierbar** [ɛksplit'tsi:ɐba:ɐ] ⟨Adj.⟩ (교양어) 설명(해설, 주석)할 수 있는. **explizieren** [...'tsi:rən] ⟨h⟩ [lat. explicāre] **1.** (교양어) 설명(해설, 해석)하다, 주석을 가하다. **2.** ⟨e. + sich⟩ (rhein.) 토론[논의]하다. **explizit** [...'tsi:t] ⟨Adj.⟩ [lat. explicitus] (전문어・교양어) **1.** 명백히, 뚜렷하게, 명시적(반대: implizit): eine -e Funktion(sgleichung) 양계수 방정식. **2.** 상세한, 자세한. **explizite** [ɛks'pli:t'site] ⟨Adv.⟩ [lat. explicitē] (교양어) 명백(명확)히, 명시적으로(반대: implizite). **Explizitheit,** die 명백(성), 명확(성).

explodierbar [ɛksplo'di:ɐba:ɐ] ⟨Adj.⟩ 폭발성의, 폭발할 수 있는. **explodieren** [ɛksplo'di:rən] ⟨s⟩ [lat. explōdere] **1.** 파열하다, 폭발하다. (전의) die Kosten explodieren 값[비용]이 급격히 상승하다. **2.** (감정이) 폭발하다: vor Zorn(Wut) e. 분노[격분]으로 감정이 폭발하다. **3.** 《스포츠 은어》 격렬하게 경기하다, 돌진하다: am Ball e. 공에 돌진하다.

Exploitation [ɛksploata'tsjo:n], die; -en [frz. exploitation] (교양어・마르크스주의) 수탈, 착취. **exploitieren** [...'ti:rən] ⟨h⟩ [frz. exploiter] (고어・마르크스주의) 착취(수탈)하다, 이용하다.

Explorand [ɛksplo'rnat], der; -en, -en [lat. explōrandus] (전문어) 피조사자. **Exploration** [...ra'tsjo:n] die; -en [lat. explōrātio] (전문어) 조사, 검사, 탐색:

eine archäologische E. 고고학적 조사. **explorativ** [...'ti:f] 〈Adj.〉 〔전문어〕 조사의, 탐색적인. **Explorator** [...'ra:tor, (또한) ...to:ɐ], der; -s, -en [...ra'to:rən]; lat. explōrātor] 〔전문어〕 조사자, 검사자, 탐색자. **Exploratorenverfahren**, das 〔민속〕 민속 문화 직접 조사 방법(언어, 관습, 도구 등의). **exploratorisch** [...ra'to:rɪʃ] 〈Adj.〉 [lat. explōrātōrius] 〔전문어〕 탐색적인, 탐구적인. **explorieren** [ɛksplo'ri:rən] 〈h〉 [lat. explōrāre] 〔전문어〕 **1.** 탐색(탐구)하다, 조사(검사)하다: das Terrain e. 지형을 탐색하다. **2.** (개인을) 조사하다, 탐색하다: jmdn. psychologisch e. 누구를 심리적으로 조사하다.

explosibel [ɛksplo'zi:bl] 〈Adj.〉 **1.** 폭발[파열]성의. **2.** 〔의학·심리〕 정신병자의. **Explosion** [...'zio:n], die; -/en [lat. explōsio] 파열, 폭발: die E. eines Dampfkessels 증기 기관의 폭발.

explosions-, Explosions-: ~artig 〈Adj.〉 폭발성의, 힘찬: ein -es Geräusch 폭발성 소음; ein -es Anwachsen 급속한 팽창(작근(着根)). **~durck**, der 폭발시의 압력. **~gefahr**, die 〈Pl. 없음〉 폭발 위험. **~herd**, der **1.** 폭발의 진원지. **2.** 불안[분규]의 발생지. **~katastrophe**, die 폭발로 인한 참화. **~knall**, der 폭음, 폭발음(爆鳴). **~kraft**, die 폭발력. **~krater**, der 폭발 분화구. **~motor**, der 〔기술〕 내연 기관. **~pilz**, der 폭발시에 생기는 거대한 버섯 구름. **~schlag**, der 〔골프〕 익스플로전샷. **~schutz**, der 폭발에 대비한 안전(조치). **~sicher** 〈Adj.〉 폭발의 염려가 없는: **~temperatur**, die 〔자연과학〕 폭발(예상) 온도. **~welle**, die 〔물리〕 폭발 파. **~wirkung**, die 폭발 효과. **~wolke**, die 폭발시 발생하는 구름, 폭발운.

explosiv [ɛkspló'zi:f] 〈Adj.〉 [lat. explōsus] **1. a)** 폭발[파열]성의: ein -es Gemisch 폭발성 화합물; 전의 die -en Kräfte der Revolution 혁명의 폭발적인 힘. **b)** 성질이 급한, 화를 잘 내는: ein -es Temperament 조급(躁急)한 기질, 조급증. **2. a)** 폭발하는 것과 같은: -e Laute 〔언어〕 터짐소리, 파열음(↑Explosivlaute); 전의 etw. geschieht in -er Heftigkeit 무엇이 폭발적으로 격렬하게 일어나다; eine -e Steigerung 폭발적 상승, 폭등. **b)** 활기 있는, 격렬한: e. reagieren 격렬하게 대응하다; 〔스포츠〕 ein -er Start 힘찬 출발 -er Einsatz am Gegner[am Ball] 상대방[공]에 대한 돌진[대쉬]. **Explosiv** [-], der; -s, -e [...i:və] 〔언어〕 ↑Explosivlaut 참조.

Explosiv-: ~geschoß, das 고성능 포탄[파열탄]. **~körper**, der 〔드물게〕 발파재(發破材). **~laut**, der 〔언어〕 터짐소리. 폐색음(Verschlußlaut)(예컨대: p, t, k). **~stoff**, der **1.** 〔기술〕 폭발 물질. **2.** 가연성 물질. **~wolke**, die 〔군〕 분탄성 폭발운.

Expolsiva [...'zi:va], die; -, -vä 〔언어〕 ↑Explosivlaut. **Esplosivität** [...zivi'tɛ:t], die 폭발성(질).

Exponat [ɛkspo'na:t], das; -(e)s, -e [russ. eksponat] 〔교양어〕 전시 품목, 박물관 소장품.

Exponent [...'nɛnt], der; -en, -en [lat. expōnēns = (her)aussetzend, -stellend.] **1.** (노선, 정당의 전형적인) 대표자: der E. des Zeitgeistes 시대정신의 대표자. **2.** 〔수학〕 **a)** 지수(指數), 멱수: der E. einer Zahl. 어떤 수의 지수. **b)** 중근, 멱근: der E. einer Wurzel. 어떤 근의 승근.

Exponential- [ɛkspone'n'tsia:l-]: **~funktion**, die 〔수학〕 지수 함수. **~gleichung**, die 〔수학〕 지수 방정식. **~größe**, die 〔천문〕 지수량. **~kurve**, die 〔수학〕 지수 곡선. **~reihe**, die 〔수학〕 지수 급수. **~röhre**, die 〔방송〕 (라디오에서) 음량 강소 자동 조정관. **exponentiell** [...'tsiɛl] 〈Adj.〉 〔수학〕 지수[멱수]의: der E. Anstieg einer Kurve. 곡선의 지수적 상승.

exponieren [ɛkspo'ni:rən] 〈h〉 [lat. expōnere = (her)aussetzen, -stellen] **1.** 〔교양어〕 (관심, 공격, 위험의 표적으로) 드러내다: den Körper (der Sonnenstrahlung) e. 몸을 (햇볕에) 드러내다; der Spähtrupp darf sich nicht e. 정찰대는 자신을 나타내선 안된다. **2.** 〔교양어〕 (관심, 공격, 위험이 있는 상황에) 노출시키다: jmdn. (sich) durch unvorsichtige Äußerungen e. 누구[자신]를 부주의한 발언으로써 노출시키다; seine Gefühle nicht e. 감정을 드러내지 않다. **3.** 〔전문어〕 서론으로 약술하다. **4.** 〈사진·드물게〉 노출하다(↑belichten): (den Film) e. (필름을) 노출하다. 〈고어분사〉 **exponiert** 〈Adj.〉 **1.** 드러나 있는: strategisch -e Staaten. 전략상 무방비 상태의 국가를. **2.** (개인적 상황에 따라) 위험[공격]에 노출되는, 관심의 대상이 되는: eine -e politische Persönlichkeit 관심의 표적이 되는 정치적 인물.

¹Export [ɛks'pɔrt], der; -(e)s, -e [engl. export] 〈반대: Import.〉 **1.** 〈Pl. 없음〉 수출, 해외 판매: den E. [von Kraftfahrzeugen] fördern[drosseln] (자동차) 수출을 촉진하다[억제하다]; Fa. Schulz, Ex- und Import 수출입 회사, 슐츠. **2.** 수출(액): der E. überwiegt den Import 수출액이 수입액을 초과하다; 전의 blondes Mädchen, E. aus Schweden 스웨덴 출신의 금발의 소녀. **²Export** [-], das; -, - ↑Exportbier.

export-, Export-: ~abhängigkeit, die 수출 의존성. **~abschluß**, der 수출 계약 체결. **~abteilung**, die 수출과. **~anteil**, der **1.** (전체 무역에서의) 수출 비중. **2.** 전체 수출에서의 비중. **~artikel**, der 수출 품(목). **~auftrag**, der 수출 주문. **~ausführung**, die 수출(계약)의 이행, 수출을 위한 출고. **~beschränkung**, die 수출 제한. **~bestimmung**, die 〈대개 Pl.〉 수출 규정. **~bier**, das (장기저장용으로 양조한 수출 맥주, (지금은) 엑스포르트 비어(알코올 농도 3.5~4.5%의 하층에서부터 발효하는 향기 있는 고급 맥주). **~bonus**, der | ↑ prämie. **~erlaubnis**, die 수출 허가. **~erzeugnis**, das 수출용 생산품. **~fähig** 〈Adj.〉 수출 가능한, 수출 능력이 있는: -e Waren 수출 가능 상품. **~firma**, die 수출 상사. **~förderung**, die 수출 진흥[촉진]. **~freudig** 〈Adj.〉 수출 호황의, 수출 평중의. **~genehmigung**, die 수출 인가, 수출 면장. **~geschäft**, das **1.** 수출업, 수출회사. **2.** 수출 업무. **3.** 〈Pl. 없음〉 수출 무역. **~gut**, das 〈대개 Pl.〉 수출 상품. **~hofen**, der 수출항. **~handel**, der 수출 무역. **~händler**, der 수출 업자. **~industrie**, die 수출 산업. **~intensiv** 〈Adj.〉 수출 집약적인: ein -er Wirtschaftszweig 수출 집약적인 경제 분야. **~kampagne**, die 수출 캠페인. **~kaufmann**, der 수출 상인. **~konjunktur**, die 수출 경기. **~kontingent**, das 수출 쿼터 할당액. **~kontrolle**, die 수출 통제, 수출 제한. **~kredit**, der 수출 대부. **~land**, das 〈Pl. -länder 없음〉 수출국. **~leiter**, der 수출과장. **~lenkung**, die 수출 지도. **~lieferung**, die 수출 공급. **~markt**, der 수출시장. **~modell**, das (제품의) 수출 견본. **~prämie**, die 수출 장려금. **~preis**, der 수출 가격(특히 국내 가격에 비하여). **~quote**, die 수출 할당. **~rückgang**, der 수출 감소. **~steigerung**, die 수출 증가. **~subvention**, die ↑prämie. **~überschuß**, der (수입에 대한) 수출 초과(반대: Importüberschuß) **~ware**, die 수출 상품. **~wirtschaft**, die 수출 경제. **~ziffer**, die (일정 기간 동안의 수출 및 수출 능력을 표시하는) 수출 지수. **~zoll**, der 수출 관세. **~zweig**, der 수출 부문.

Exporten 〈Pl.〉 [Export에 대한 예 Pl.] 〔경제〕 수출품 (반대: Importen). **Exporteur** [ɛkspɔr'tø:ɐ], der; -s, -e 〔경제〕 수출 업자, 수출 회사(반대: Importeur). **exportieren** [...'ti:rən] 〈h〉 [lat. exportāre = heraus-, hinaustragen〕 수출하다(반대: importieren): Kaffee e. 커피를 수출하다; 〔전의〕 die Inflation(Arbeitslosigkeit〕 e. 인플레이션(실업〕을 외국으로 전파시키다.

Exposé [εkspo'ze:], das; -s, -s [frz. exposé] **1.** 설명서, 보고서; 각서; seine Meinung zu etw. in einem (kurzen) E. niederlegen 무엇에 대한 그의 의견을 (짧고) 간결한 진술로써 피력하다. **2.** 개요, 개관. **3.** 〔영화·문학〕 (특히 영화 대본의 초안) 줄거리: das E. eines Drehbuchs(Romans) 영화대본〔소설〕의 줄거리. **Exposition** [...zi'tsio:n], die; -en [lat. expositio = Darlegung, Entwicklung〕 **1. a)** 《드물게》(뒤에 나올 것에 대한) 설명, 계획, 초안, 구성; der E. eines Schulaufsatzes 학교 작문의 구성〔초안〕. **2.** 〔문예학〕 희곡의 도입부, 개진. **3.** 〔음악〕 **a)** 주제의 제시부(提示部)(특히 소나타 제 1 악장의). **b)** 주제의 첫 연주가 포함되는 푸가의 머릿 부분. **4.** 〔드물게〕 전시(회). **5.** 〔사진·드물게〕 노출. **6.** 〔가〕 성체 현시(聖體顯示). **7.** 〔생물〕 태양 광선 투사 지역. **Expositionszeit**, die 노출 시간. **Expositur** [εksposi'tu:ɐ̯], die; -en [lat. ex = (her)aus u. positus = gestellt, gelegt〕 **1.** 〔가〕 지성당(支聖堂) 교구. **2.** (österr.) **a)** 출장소. **b)** 분교(分校). **Expositus** [εks'po:zitʊs], der; -, ...ti 〔가〕 지성당 교구를 관할하는 성직자.

expreß [εks'prεs] 〈Adv.〉 [lat. espressus = ausgedrückt, ausdrücklich〕 **1.** 《준고어》 급히, 지금으로: einen Brief e. zustellen 편지를 속달로 급히 보내다. **2.** 《지역적》 고의로: das tut er e. 그는 의도적으로 그 짓을 한다. **Expreß** [-], der; ...esses, Expreßzüge [Expreßzug의 약칭〕 (österr.) 그 외는 고어》 (장거리) 특급 열차; ↑-Express 참조.

Expreß- (Eil-, Schnell:) **~bote**, der 《고어》 급사 (Eilbote). **~brief**, der 〔고어〕 속달 편지(Eilbrief). **~dienst**, der 긴급 봉사(단), 긴급 처리(반). **~gut**, das 〔철도〕 속달 화물: etw. als E. schicken 무엇을 속달 화물로 부치다. **~kaffee**, der 인스턴트 커피. **~karte**, die 〔철도〕 속달 화물 운송장. **~paket**, das 속달 소포. **~reinigung**, die 속성 세탁(드라이 크리닝). **~sendung**, die 속달 발송(송달). **~verkehr**, der 고속 교통. **~zug**, der 《고어·아직도 schweiz.》 (장거리) 특급 열차.

-Express, der 《장거리 특급 열차의 철도 전문 표기에서, 예컨대》 Trans-Europ-Express, Hellas-Express. **Expression** [εksprε'sio:n], die; -en [lat. expressio] **1.** 《교양어》 (고양된) 표현. **2.** 〔미술〕 착색, 채색. **3.** 〔음악〕 발상(發想). **4.** 〔의학〕 압출법(壓出法). **Expressionismus** [εkspresio'nɪsmʊs], der; - [lat. expressio = Ausdruck] (특히 20세기 초반의) 표현주의; der literarische (musikalische) E. 문학적〔음악적〕 표현주의. **Expressionist**, der; -en, -en 표현주의의 작가(화가, 음악가). **expressionistisch** 〈Adj.〉 표현주의적: ein -er Stil 표현주의적 문체. **expressis verbis** [εks'prεsi:s-'vεrbi:s; lat.]. 《교양어》 분명히, 확실히 말로써. **expressiv** [εksprε'si:f] 〈Adj.〉 [lat. expressivus] 《교양어》 표현이 풍부한(강한), 표현적인; 의미심장한: ein -e Gebärde 표현적 동작; diese Farben sind sehr e. 이 색들은 매우 풍부한 표현력을 가지고 있다. **Expressivität** [...sivi'tε:t], die 〈Pl. 없음〉 **1.** 표현성. **2.** 〔생물〕 유전 발현도.

exprofesso [εkspro'feso] lat., aus: ex = (her)aus u. professo = öffentlich bekennen erklären **1.** 《교양어》 직무상, 직책 때문에. **2.** 《고어》 고의로(absichtlich).

Expromission [εksprɔmɪ'sio:n], die; -en [lat. exprōmissus] 〔법·고어〕 채무 면탈(免脫).

Exproprianteur [εksproprɪa'tøːɐ̯], der; -s, -e [frz. exproprianteur] 《마르크스주의》 몰수자(Enteigner), 수용자, 착취자. **Expropriation** [...a'tsio:n], die; -en [frz. expropriation] 《마르크스주의》(토지의)수용(收用), 공용징수: die E. der Bourgeoisie 부르주아〔유산 계급자〕의 착취〔수용〕. **exproprileren** [...iˈliːrən] 〈h〉 [frz. exproprier] 《마르크스주의》 수탈하다.

Expulsion [εkspʊl'sio:n], die; -en [lat. expulsio = Vertreibung] 〔의학〕 구제(驅除), 배출(Abführung). **expulsiv** [...'ziːf] 〈Adj.〉 〔의학〕 구출 효과가 있는, 설사〔변통〕의 효력이 있는.

exquisit [εkskvi'zi:t] 〈Adj.〉 [lat. exquīsītus] 정선된, 우수한: -e Speisen 정선〔우수〕 식품; der Wein ist e. 이 포도주는 매우 훌륭하다.

Exsekration [εksekra'tsio:n], Exekration [εkse...], die; -en **1.** 《교양어》 신성 모독. **2.** 〔가〕 성직 박탈, 저주. **exsekrieren** [εkse'kri:rən], exekrieren [εkse...] 〈h〉 [lat. ex)secrāri:zen, exekrier isacer = heilig] **1.** 《교양어》 신성을 모독하다, 신물(神物)〔신역(神域)〕을 더럽히다. **2.** 〔가〕 성직을 박탈하다, 저주하다.

Exsikkans [εks'zıkans], das; -, ...kkanzien [...'kantsɪən] / ...kkantia [...'kantsɪa; lat. exsiccans = austrocknen] 〔의학〕 건조제. **Exsikkat** [...'kat], das; -(e)s, -e [lat. exsiccātus = trocken] 〔생물〕 건조 식물 실험. **Exsikkation** [...ka'tsio:n], die; -en [lat. exsiccātio] **1.** 〔화학〕 건조(시킴) **2.** 〔의학〕 전신 건조 상태. **exsikkativ** [...ka'ti:f] 〈Adj.〉 〔의학〕 건조 효과가 있는, 건조시키는(aus yrocknend). **Exsikkator** [...'ka:tor], (또한) ...to:ɐ̯], der; -s, ...oren [...ka'to:zə] 〔화학〕 건조기. **Exsikkose** [...'ko:zə], die; -n 〔의학〕 신체 건조(심한 수분 상실증의 경우에).

Exspektant [εkspεk'tant], der; -en, -en [lat. exspectāns: exspectantis, 1. Part. von : exspectāre = entgegensehen, erwarten] 〔고어〕(관직, 성직 따위의) 후보자, 대기 발령자. **Exspektanz** [...nts], die; -en 《고어》(취임)대기 발령(관직이나 성직). **exspektativ** [...'ti:f] 〈Adj.〉 **1.** 《고어》(취임)대기적인. **2.** 〔의학〕 대기적〔요법〕인.

Exspiration [εkspɪra'tsio:n], die; 〈Pl. 없음〉 [↑exspirieren 참조.] **1.** 〔의학〕(숨을) 내뿜음, 호기(呼氣) **2.** 절명(絶命), **3.** 〔상〕 만기(滿期)(반대: inspiration.) **exspiratorisch** [...'to:rɪʃ] 〈Adj.〉 〔의학〕 호기(呼氣)의 (반대: inspiratorisch); 〔음성〕 날숨에 의한 소리내기, 호기조음(呼氣調音); -er Akzent 〔언어〕 어조 강세(Druckakzent). **exspirieren** [...'ri:rən] 〈h〉 [lat. exspīrāre = heraussblasen, aushauchen] **1.** 〔의학〕 숨을 내쉬다(ausatmen). **3.** 숨지다. **3.** 만기가 되다.

Exspoliation [εkspolia'tsio:n], die; -en 〔강〕탈.

Exstirpation [εkstɪrpa'tsio:n], die; -en [lat. exstirpātlo = Ausrottung]. 〔의학〕 절제(술), 척출(剔出). **exstirpieren** [...pi:rən] 〈h〉 [lat. exstirpāre = (mit dem Stumpf u. der Wurzel) herausreißen, ausrotten] 〔의학〕 절제하다, 척출하다.

Exsudat [εksu'dat], das; -(e)s, -e [lat. exsūdātum] **1.** 〔의학〕 삼출물, 삼출액(염증을 일으킨 장기에서 나오는): entzündliches E. 화농 삼출액. **2.** 〔생물〕 곤충의 선분비물(腺分泌物). **Exsudation** [...da'tsio:n], die; -en [lat. exsūdātio = Ausschwitzung] **1.** 〔의학·생물〕 **2.** 〔지질〕 광물에서 나온 추출물(광석 제련 과정에서), **exsudativ** [...'ti:f] 〈Adj.〉 〔의학·생물〕 삼출물이 분비되는, 분비적.

Extemporale [εkstεmpo'ra:lə], das; -s, ...lien [...lɪən; lat. (scriphum) extemporale = unvorbereliete (Schrift)] 〔고어〕 즉석 과제. **extempore** [εks'tεmpore] 〈Adv.〉 [lat. ex tempore = aus dem Zeitabschnitt heraus] 《연극·교양어》 아무런 준비없이, 즉석

에서. **Extempore** [-], das; -s, -s 《연극·교양어》 1. 즉흥적인 삽입(무대에서). 2. 즉흥 연기, 즉흥 연설. **extemporieren** [ɛkstɛmpoˈriːrən] 〈h〉《연극·교양어》 (무대에서) 즉흥적으로 삽입하다; 즉석에서 말하다(쓰다, 연주하다): der Schauspieler extemporiert hervorragend 그 배우의 즉흥 연기는 뛰어난 바 있다.

Extended [ıksˈtɛndıd], die; 〈Pl. 없음〉 [engl. extended] 【인쇄】 확대 로마자체(字體). **extendieren** [ɛkstɛnˈdiːrən] 〈h〉 [lat. extendere] 《교양어》확장[확대] 하다 **extensibel** [ɛkstɛnˈziːbl] 〈Adj.; ...ibler, -ste〉 [lat. extēnsus] 《고어》 확대[확장]가능한 **Extensibilität** [...zibiliˈtɛːt], die 《고어》 확대[확장] 가능성. **Extension** [...nˈzi̯oːn], die; -en [lat. extensio] 1. 《교양어·드물게》확대, 확장, 팽창. 2. 【논리】외연(반대: Intension). 〈그에 파생하는 파생〉 **extensional** [...i̯oˈnaːl] 〈Adj.〉 【논리】 외연적인(반대: intensional): -e Logik 외연 논리(학). **Extensität** [...ziˈtɛːt], die 〈Pl. 없음〉 [lat. extēnsus] 《교양어》 연장, 확장, 범위. **extensiv** [ɛkstɛnˈziːf] 〈Adj.〉 1. 《반대: intensiv》a) 《교양어》확대[확장]된 포괄적인: -e Propagandatätigkeit 대대적인 선전 활동. b) 【농업】조방 농업(粗放農業)의: -e Wirtschaft 조방경제, 대규모 경제. 2. 【법】확대적인(반대: restriktiv): -e Auslegung von Gesetzen 법의 확대 해석. **extensivieren** [...ziˈviːrən] 〈h〉 《교양어》확장[확대]하다. **Extensivität** [...ziviˈtɛːt], die 〈Pl. 없음〉↑ Extensität.

Extérieur [ɛkstɛˈri̯øːɐ̯], das; -s, -s / -e [frz. extérieur]《교양어》외부, 외관, 외모: das E. eines Mannes wirkt nur auf Backfische 남자의 외모가 효력을 내는 건 풋나기 처녀의 경우 뿐이다.

Exterioritāt [ɛkstɛri̯oriˈtɛːt], die; -en [lat. exterior, ↑ Extérieur 참조]《고어》외면, 표면.

Extermination [ɛkstɛrminaˈtsi̯oːn], die; -en 《고어》 a) 추방, 귀양. b) 파괴, 박멸. **exterminieren** [...ˈniːrən] 〈h〉 [lat. extermināre, eigtl. = über die Grenze treiben]《고어》 a) 추방하다. b) 근절하다, 뿌리를 뽑다.

extern [ɛksˈtɛrn] 〈Adj.〉 [lat. externus] 1.《전문어·교양어》외부[외래]의(반대: intern): in -en Relationen stehen 외적인 관계에 있다. 2. a) 외부에서 온, 타교 출신의: ein -er Abiturient 고등학교 졸업 시험의 타교 수험생, 《명사화》 das Examen als Externer ablegen 타교 수험생의 자격으로 시험을 보다. b) 통학하는: ein -er Schüler 통학생. **Externa**: ↑ Externum의 복수형.

externalisieren [ɛkstɛrnaliˈziːrən] 〈h〉 [engl. externalize] 【심리】 밖으로 표출(表出)하다(반대: internalisieren): Konflikte e. 갈등을 밖으로 발산시키다. **Externalisierung**, die; -en 밖으로 발산시킴: seelische Konflikte durch E. lösen 정신적 갈등을 밖으로 발산시켜서 풀다. **Externat** [...ˈnaːt], das; -(e)s, -e 기숙사 없는 교육 기관(반대: Internat). **Externist**, der; -en, -en 1. 【의학】 a) 《드물게》외과 의사(반대: Internist). b) 외래 환자. 2. 《österr.》 a) 외부 수험생. b) 통학생. c) 【연극】 객원 배우, 비전속 배우. **Externum** [ɛksˈtɛrnʊm], das; -s, ...na [lat. externum] 【의학】 외용약(外用藥).

exterritorial [ɛkstɛritoˈri̯aːl] 〈Adj.〉 [lat. ex = (her)aus u. ↑ territorial]【법】치외 법권의: -e Gebiete [Personen] 치외 법권 지역(인물). **exterritorialisieren** [...ri̯aliˈziːrən] 〈h〉 치외 법권의 지위를 주다. **Exterritorialität** [...ri̯aliˈtɛːt], die 〈Pl. 없음〉 치외법권. E. genießen 치외 법권을 누리다.

Extinktion [ɛkstıŋkˈtsi̯oːn], die; -en [lat. ex(s)tinctio = das Auslöschen, Vernichten] 1. 《고어》 소멸(권리나 부채 따위). 2. 【물리·천문·기상】 광선의 약화(弱和)(어떤 매체를 통과할 때). 3. 【화학】《수은의》 소화(消和), 냉각. **Extinktionskoeffizient**, der 소광(消光) 계소, 소광 정도.

extorquieren [ɛkstɔrˈkviːrən] 〈h〉 [lat. extorquēre, eigtl. = herausdrehen]《고어》 강탈[강요]하다. **Extorsion** [...ˈzi̯oːn], die; -en 《고어》 강탈, 공갈 취재(恐喝取財).

extra [ˈɛkstra; lat. extrā (ordinem) = außer (der Ordnung, der Reihe] I. 〈Adv.〉 1. 별도로: das Frühstück wird e. bezahlt 아침 식사는 별도 계산됨; <통용어에서는 부거어적으로도> ein e. Zimmer. 별실; 《명사화》 etw. Extraes《통용어》특별한 것, 유별난 것. 2. a) 특별히, 가외로, 추가로: jmdm. noch ein Trinkgeld e. geben 누구에게 팁을 가외로 더 주다; ein e. starker Kaffee. 특히 진한 커피; <통용어에서는 부가어적으로도> eine e. Belohnung 특별 수당. b) 《지역적》 특별은(혼히 부정적으로): es geht mir nicht e. 그저 그런 형편이다. 3. 특별히, 고의로: sie hat e. einen Kuchen für dich gebacken. 그녀는 너를 위하여 특별히 과자(케이크)를 구웠다; das hast du e. gemacht! 넌 그것을 일부러 했어! II. 〈Adj.〉《bayr., österr.》까다로운, 요구가 많은: sei nicht gar so e.! 너무 그리 까다롭게 굴지 마라! 〈zu 12a:〉**Extra** [-], das; -s, -s <대개 Pl.> 추가적인 것. (특히 자동차의)추가 부속품: die -s werden (bei diesem Wagen) gesondert berechnet 추가 부속품은(이 자동차의 경우) 별도 계산됨.

extra-, Extra- (extra I 1, 2 a): ~**aufführung**, die 《scheiz.》특별 상연, 특별 공연. ~**ausgabe**, die 1. 호외, 특별 출판. 2. 특별 지출, 임시비. ~**blatt**, das 신문 호외. ~**chor**, der 【연극】 추가적으로 삽입된 합창(특정 오페라에서). ~**fahrt**, die 《schweiz.》 특별 운행, 공차 (空車)운행(전차의 경우). ~**fein** 〈Adj.〉《통용어》특히 좋은, 특급의. ~**klasse**, die 최상급(의 사물이나 사람): ein Film der E. 최고의 영화; er[das] ist E. 《통용어》 그(그것)는 특출(굉장)하다. ~**leistung**, die 특수한 업적(성과). ~**post**, die 《옛》특별 지급 우편(마차): mit E. 《준교어》매우 빨리. ~**profit**, der 가외(추가) 수입. ~**ration**, die 비상 양식. ~**sitzung**, die 《schweiz.》 비상(특별) 회의. ~**steuer**, die 《schweiz.》 특별세. ~**tour**, die 1.《드물게》추가 주유(周遊): eine E. fahren 예정에 없던 드라이브를 하다. 2. 《통용어·팀》 (다른 사람이 보기에는) 답답스런 계획(일). du leistest dir dauernd von zwei neuen Extras 너는 자넨 계속해서 엉뚱한 짓을 하는군. ~**tram**, die 《schweiz.》전차의 특별 차량. ~**vorstellung**, die 특별 상연, 특별 공연. ~**wurst**, die 1.《통용어에서는 다음 용법으로》: jmdm. eine E. braten 누구 특별[예외] 취급하다. E. (gebraten) kriegen (bekommen, haben) wollen. 특별 우대를 받고자 하다. 2.《österr.》훈제 고기로 만든 순대. ~**zimmer**, das 《österr.》【요리집의】특실. ~**zug**, der 《옛·아직도 schweiz.》특별(임시) 열차. ~**zuteilung**, die 특별 배당.

extra dry [-ˈdraj] 〈Adj.〉 [engl. extra dry] 매우 떫고 쌉쌀한(샴페인, 포도주, 기타 알코올을 음료에서).

extrafloral [...floˈraːl] 〈Adj.〉 [lat. extrā u. flōs = Blume, Blūte]【식물】꽃의 외부에 있는.

extragalaktisch 〈Adj.〉【천문】은하 외계(銀河外界)의.

extragenital 〈Adj.〉【의학】1. 생식기 외부의. 2. 생식기 부분과 관계가 없는(특히 성병의 감염에서).

Extrahent [ɛkstraˈhɛnt], der; -en, -en 【법·고어】1. 청원자, 신청자. 2. 발췌자, 초록(抄錄)자. 3. 발송인. **extrahieren** [ɛkstraˈhiːrən] 〈h〉 [lat. extrahere = herausziehen] 1. 【의학】 끄집어[뽑아]내다. einen Zahn e. 이빨을 하나 뽑다. 2.【화학·약학】 추출하다, 유리(遊

離)하다; **3.** 《고어》 발췌하다: aus einem Buch die wichtigsten Stellen e. 책에서 가장 중요한 부분을 뽑아 적다. **4.** 《법·고어》 청원(신청)하다. **Extrakt** [eks'trakt], der; -(e)s, -e [lat. extractum = Herausgezogenes] **1.** 〈전문어로서 또한 das〉추출물, 엑기스: -e aus pflanzlichen Substanzen 식물성 물질에서 뽑아 낸 엑기스. **2.** 〈책외〉발췌, 초록(抄錄): dieser Aufaszt enthält den E. seiner Forschungen 이 논문은 그의 연구의 정수를 포함하고 있다. **Extrakteur** [ɛstrak'tøːɐ̯], der; -s, -e [frz. extracteur] [화학·약학] 추출 기구, 유리(遊離)기구. **Extraktion** [ɛkstrak'tsi̯oːn], die; -en **1.** [의학] 뽑아냄, 적출(摘出): die E. eines Zahnes 발치(拔齒). **2.** [화학·약학] 추출, 유리: die E. einer Substanz aus einem Stoffgemisch 혼합물로부터 어떤 물질의 추출. **extraktiv** [ɛkstrak'tiːf] 〈Adj.〉 [lat. extactus] [화학·약학] 발췌[추출]의. **Extraktivstoffe** 〈Pl.〉 [생물] 추출 물질.

extralingual [...lɪŋˈɡu̯aːl] 〈Adj.〉 [lat. extrā u. lingua = Zunge, Sprache] [언어] 언어외적인, 언어에 속하지 않는(반대: intralingual).

extramundan 〈Adj.〉 [철학] 초월적인(transzendent), 속세를 떠난.

extramural [...muˈraːl] 〈Adj.〉 [lat. extrā u. mūrālis = zur Mauer, Wand gehörend] **1.** 성벽 외곽에 있는. **2.** [의학] 공동벽(空洞壁)의 밖에 있는(예컨대: 장관(腸管)의). **extra muros** [ˈɛkstra ˈmuːroːs; lat.] 성벽 외곽, 성밖.

extran [ɛksˈtraːn] 〈Adj.〉 [lat. extrāneus] 《고어》외국의, 낯선. **Extraneer** [ɛksˈtraːneːɐ̯], der; -s, -, **Extraneus** [...neus], der; -, ...neer [..neɐ̯; lat. extrāneus = Fremder] 《교양어》외래 수험생, 외국인.

extraordinär 〈Adj.; 비교할 잘 쓰이지 않음〉 [frz. extraordinaire] 《교양어·준고어》비상한, 비범한(außerordentlich). **Extraordinariat**, das; -(e)s, -e [대학] 정원외 교수직. **Extraordinarium**, das; -s, ...ien [...i̯ən; lat. extraōrdinārium] 특별 회계 예산. **Extraordinarius**, der; -, ...rien [...i̯ən; lat. extraōrdinārlus = außerordentlich] [대학] 정원외 교수 (교수와 동급이나 연구소의 장은 될 수 없음). **extra ordinem** [-ˈɔrdinɛm; lat.] 열(列) 밖의, 열 외의.

Extrapolation [...polaˈtsi̯oːn], die; -en [수학] 보외법 (補外法), 외삽법(外揷法)(반대: Interpolation). **extrapolieren** [...poˈliːrən] 〈h〉 (반대: Interpolieren) **1.** [수학] 보외법(외삽법)을 행하다; 〈명사화〉 Werte durch Extrapolieren bestimmen 보외법으로 수치를 구하다. **2.** 《교양어》 추론하다: ein aus wenigen bekannten Daten extrapoliertes Resultat 별로 알려지지 않은 사실에서 추론된 결과.

Extraplsition, die; -en [언어] 외치법(外直法)(예컨대: „Daß du kommst, ist schön" 대신 „Es ist schön, daß du kommst).

Extrapunitivität [...punitiviˈtɛːt], die; -en [lat. extrā u. pūnītus] [사회심리] 전가(轉嫁) 욕구(자신의 모자란 점을 다른 사람에게 넘겨 씌우려는 태도).

Extrasystole [(또한) ...'zystole], die; -n [...zysˈtoːlən] [의학] 자극성 심장 수축(특수 자극을 받아 정상적인 심장 박동보다 더 빨리 이루어지는 심장 수축).

extratensiv [...ˈtɛnˌziːf] 〈Adj.〉 [lat. extrā u. tēnsus] 《교양어》 외부로 작용하는, 외향성의.

Extraterrestrik [...tɛˈrɛstrɪk], die [천문·물리학] 우주(물리)학. **extraterrestrisch** 〈Adj.〉 [천문·물리] 지구 밖의, 우주의.

extrauterin [...uteˈriːn] 〈Adj.〉 [의학] 자궁(子宮) 밖의, 자궁 외의(반대: intrauterin): -e Schwangerschaft 자궁외 임신.

extravagant [...vaˈɡant, 《또한》 ˈ----] 〈Adj.〉 [frz. extravagant] 유별난, 상궤를 벗어난, 극단적인, 지나친: seine Kleidung ist sehr e. 그의 옷차림은 매우 이상야릇하다; ihre Wohnung ist e. 그녀의 집은 요란하게 꾸며져 있다. **Extravaganz** [...vaˈɡants, 《또한》 ˈ----], die; -en [frz. extravafance] **a)** 〈Pl. 없음〉 과람(過濫), 극단, 유별남: sie ist wegen der E. ihres Verhaltens bekannt 그녀는 유별난 행동으로 유명하다. **b)** 〈대개 Pl.〉 분수에 넘치는 물건, 터무니 없는 행동: jmdm. mit seinen -en auf die Nerven fallen 터무니 없는 행동으로 누구의 신경을 피곤하게 하다; eine Ausstattung ohne alle -en. 수수한 장비[설비, 혼].

Extraversion [...verˈzi̯oːn], die; -en [lat. extrā u. versus] [심리] ↑Extravertiertheit(반대: Introversion). **extravertiert** [...verˈtiːɐ̯t] 〈Adj.〉 [lat. extrā u. vertere = wenden] [심리] 외향적인, 세상일에 관심이 많은(반대: introvertiert). **Extravertiertheit**, die 〈Pl. 없음〉 [심리] 외향성(外向性).

extrazellulär 〈Adj.〉 [의학] 세포 밖의, 세포 외의.

extrem [ɛksˈtreːm] 〈Adj.〉 [lat. extrēmus = der äußerste] 극단적인, 극도의: die -en Werte einer Funktion(skurve): 함수(곡선)의 극치(극대치나 극소수의 총칭); er hat -e Ansichten 그는 극단적인 견해를 갖고 있다; -e Beispiele(Fälle) 극단적인 보기(경우); sich e. verbessern(verschlechtern) 엄청나게 개선되다(악화되다); er steht (politisch) e. links. 그는 (정치적으로) 극단적인 좌익이다. 〈명사화〉er ist ein Extremer 그는 극단주의자다. **Extrem** [-], das; -s, -e 극단, 극도: etw. ins(bis zum) E. treiben 무엇을 극단적으로 행하다; von(aus) einem E. ins andere fallen 하나의 극단으로부터 다른 하나의 상반된 극단으로 흐르다(특히 태도나 입장이); zwischen den -en schwanken[vermitteln 양극단 사이를 오락가락하다(중재하다); [속담] die -e berühren sich 극은 극으로 통한다, 양극(兩極)은 어떤 점에서는 상통(相通)한다.

Exrtem-: **~fall**, der 극단적인 경우. **~form**, die 극단적인 형태(형식). **~punkt**, der [수학] 극점(極точка). **~situation**, die 극한 상황, 비상 사태. **~thermometer**, das [기상] 최고 최저 온도계(한란계). **~wert**, der [수학] 최대치(Maximum), 최소치(Minimum).

extremisieren [ɛkstremiˈziːrən] 〈h〉 극단화 하다, 과격화로 나가다. **Extremisierung**, die 〈Pl. 없음〉 극단화, 과격화. **Extremismus** [...ˈmɪsmʊs], der; -, 《종류》...men 극단주의 노선, 과격주의 행동: nationaler E. 민족적 극단주의. **Extremist**, der; -en, -en 극단주의자, 과격파. **Extremistin**, die; -nen. ↑Extremist의 여성형. **extremistisch** 〈Adj.〉 극단 노선의, 과격적인: -e Tendenzen[Aktivitäten, Parolen] 과격한[극단적인] 경향[활동, 구호]. **Extremität**, die; -en [1 : lat. extrēmitās, 2 : lat. extrēmitātēs = die äußersten Enden] **1. a)** 극단, 극도. **b)** 극단성, 과격성 (예컨대, 이념이나 계획의). **2.** 〈대개 Pl.〉손발, 수족: die oberen -en 팔; die unteren -en 다리.

extrinsisch [ɛksˈtrɪnzɪʃ] 〈Adj.〉 [engl. extrinsic] [심리학·교육] 외부 원인적인, 외부 자극적인, 외부 조종적인(반대: intrinsisch): -e Motivation 외적 동기(동인).

Extrophie [ɛkstroˈfiː], die; -n [...i̯ən; griech. ex = (her)aus u. strophein = drehen, wenden] ↑Ektopie. **Extroversion** [ɛkstroverˈzi̯oːn], die [심리] 외향(성).

extrovertiert [ɛkstroverˈtiːɐ̯t] 〈Adj.〉↑extravertiert. **Extruder** [ɛksˈtruːdɐ], der; -s, - [engl. extrder] [기술] 압출 성형기(壓出成形機). **extrudieren** [ɛkstruˈdiːrən]

⟨h⟩ [engl. to extrde] 【기술】 압출 성형하다. **Extrusion** [...'zio:n], die; -en **1.** 【지질】 (화산의)용암 분출. **2.** 【치과】 치아 돌기(突起). **extrusiv** [...'zi:f] ⟨Adj.⟩ 【지질】 (화산에서) 분출한, (돌이) 지표면에 응고한. **Extrusivgestein**, das 【지질】 (지표면에 응고한) 분출암(화산암).

ex tunc [eks'tuŋk; lat.] 【법】 그 당시부터 (von damals an), ↑ex nunc 참조.

exuberant [ɛksube'rant] ⟨Adj.⟩ [lat. exūberāns von : exberāre = reichlich hervorkommen, überströmen]. 《고어》 무성한, 풍부한, 무진장의. **Exuberanz**, die; -en [lat. exūberantia = Überfluß] 《고어》 ↑exuberant의 명사화.

Exulant [eksu'lant], der; -en, -en [lat. ex(s)lāns 《고어》 추방당한 사람, 망명자. **exulieren** [...'li:rən] ⟨s⟩ [lat. ex(s)lāre] 《고어》 망명 생활을 하다, 유형(流刑) 생활을 하다.

Exulzeration [ɛks(|)ʊltsera'tsio:n], die; -en [lat. exulcerātio] 【의학】 종양(潰瘍) 형성. **exulzerieren** [...'ri:rən] ⟨h⟩ [lat. exlcerāre] 【의학】 (조직이) 종양성(潰瘍性)으로 변하다.

Exundation [ɛks(|)ʊnda'tsio:n], die; -en [lat. exundātio] 《고어》 범람, 홍수.

Ex-und-hopp-Flasche, die; -n 《경》 일회용 병.

exundieren [ɛks(|)ʊn'di:rən] ⟨s⟩ [lat. exndāre unda = Welle; Strom] 《고어》 둑을 넘어서다, 넘치다, 범람하다.

ex ungue leonem [ɛks 'ʊŋguə le'o:nɛm; lat. = den Löwen nach der Klaue (malen)] 부분을 보고 전체의 형태를 추론하다.

ex usu [ɛks 'u:zu; lat. = aus dem Gebrauch heraus] 경험에 의하여, 관습에 따라, 연습을 통하여.

Exuvie [ɛ'ksu:viə], die; -n [lat. exuviae = abnehmen; ablegen] **1.** (뱀, 매미 따위의) 허물, 잔해. **2.** ⟨Pl.⟩ 《고어》 전리품.

ex voto [ɛks 'vo:to; lat. ↑Votum 참조: auf Grund eines Gelübdes]; **Exvoto** [ɛks'vo:to], das; -s, -s /...ten. 《종교》 공양물, 봉헌물, 봉납화, 봉납 현판.

Exz. [ɛksts] 각하(閣下), ↑Exzellenz의 약어.

Exzedent [ɛkstse'dɛnt], der; -en, -en [lat. excēdēns] 《고어》· 아직도 österr. 관)】 무리한, (규정)위반자. **2.** 【보험】 보험금 초과액. **Exzedentenvertrag**, der 【보험】 재보험 계약.

exzedieren [ɛkstse'di:rən] ⟨h⟩ [lat. excedere = herausgehen, "berschreiten] 《고어》 **a)** 행패를 부리다. **b)** 도를 넘다, 탈선하다.

exzellent [ɛkstse'lɛnt] ⟨Adj.⟩ [frz. execllent] 우수한, 탁월한, 뛰어난; ein -er Plan 우수한 계획; das Frühstück war e. 아침 식사는 매우 훌륭했다. **Exzellenz** [...'lɛnts], die; -en [frz. excellence] 각하(고위 관리, 대사, 성직 따위에 대한 경칭): Eure E. (직접 부르는 말로) 각하; Seine E. (간접으로) 각하; die Einladung Eurer [Seiner] E. 각하의 초대; (편지의 주소) Seiner E. dem Präsidenten der ...ischen Republik ...공화국 대통령 각하; Ihren -en dem Herrn amerikanischen Botschafter und Gattin 미국 대사 내외분 각하(약어: Exz.) **exzellieren** [...'li:rən] ⟨h⟩ [lat. excellere] 《교양어》 빼어나다, 탁월하다.

Exzelsiormarsch [ɛks'tsɛlzio:r-], der; -(e)s, ...märsche [lat. excelsior = höher excelsus = hoch] 【장기】 졸(卒)의 행마(行馬).

Exzenter [ɛks'tsɛntɐ], der; -s, - 【기술】 편심륜(偏心輪).

Exzenter-: ~**presse**, die 【기술】 편심압축기(偏心壓縮器). ~**scheibe**, die 【기술】 편심판(偏心板); ↑Exzenter. ~**welle**, die 편심축.

Exzentrik [...trɪk], die; ⟨Pl. 없음⟩ **1.** 《교양어》 기이한 행동: eine Frau voller E. 아주 이상한 부인. **2.** 매우 우스운 곡예술. **Exzentriker**, der; -s, - : **1.** 《교양어》 기인(奇人), 지나치게 이상한 사람. **2.** 어릿광대의 역을 맡은 곡예사. **exzentrisch** ⟨Adj.⟩ [1 : griech. ékkentros, aus : ek- = (her)aus- u. -kentros, zu : kéntron = Zentrum] **1.** 〈수학·천문〉 편심(偏心)의: -e (반대: konzentrische) Kreise 외심원; eine -e Scheibe 편심륜; eine stark -e Planetenbahn 심한 편심적 유성 궤도. **2.** 상규를 벗어난, 야릇한: ein -er Mensch (Charakter) 괴상한 사람(성격); sich e. verhalten 이상한 행위를 하다. **Exzentrizität** [ɛkstsɛntritsi'tɛ:t], die; -en **1.** 〈수학·천문학〉 편심(偏心), 이심(離心). **2. a)** ⟨Pl. 없음⟩ 편심성(偏心性), 기발함. **b)** 기이한 물건(행동): sich nicht an jmds. -en stören 누구의 별난 짓에 개의하지 않다.

Exzeption [ɛkstsɛp'tsio:n], die; -en [lat. exceptio] 《고어》 **1.** 예외. **2.** 이의 신립, 항변; ↑Exceptio 참조. **Exzeptionalismus** [...tsi̯ona'lɪsmus], der; -, ...men 【지질】 **1.** ⟨Pl. 없음⟩ 지질 형성설(암석이나 지형의 2. 일정한 암석(산맥)의 예외적 형성 과정. **exzeptionell** [...tsi̯o'nɛl] ⟨Adj.⟩ 비교적은 잘 쓰이지 않음.⟩ [frz. exceptionnel] 《교양어》 이상한, 예외적인: eine -e Darbietung 예외적인 공연(여흥). **exzeptiv** [...'ti:f] ⟨Adj.⟩ [lat. exceptus] 《고어》 예외적인, ...을 제외한. **Exzeptivsatz**, der 【언어】 예외문, 예외를 표현하는 조건문(예컨대: es sei denn).

exzerpieren [ɛkstsɛr'pi:rən] ⟨h⟩ [lat. excerpere = herauspflücken] 《교양어》 발췌(초록)하다: aus einem Buch die wichtigsten Textstellen e. 책에서 가장 중요한 본문 부분을 발췌하다; ein Buch e. 책을 발췌하다. **Exzerpt** [ɛkst'sɛrpt], das; -(e)s, -e [lat. excerptum] 《교양어》 발췌, 초록(Auszug): -e machen (anfertigen) 초록을 만들다(작성하다). **Exzerption** [ɛkstsɛrp'tsio:n], die; [lat. exceptio = Exzerpt] 《교양어》 **1.** 발췌. **2.** 〈드물게〉 발췌물, 추려 뽑는 것. **Exzerptor** [ɛks'tsɛrptor, (또한) ...to:ɐ], der; -s, -en [...'to:rən]. 《교양어》 발췌자, 초록인.

Exzeß [ɛks'tsɛs], der; ...esses, ...esse [lat. excessus] 과도, 방일(放逸), 무절제: seine alkoholischen (sexuellen) Exzesse rächten sich gesundheitlich 그는 지나치게 술을 마신(성행위를 한) 결과로 건강을 상하게 했다; Exzesse begehen 방일(탐닉)하다; etw. bis zum E. treiben. 무엇을 지나치게 행하다. **exzessiv** [ɛkstsɛ'si:f] ⟨Adj.⟩ 《교양어》 과도한, 범위를 벗어난, 지나친: -e Phantasie 지나친 환상; ein Angriff von -er Schärfe 무지무지하게 격렬한 공격; -es Klima 연교차(年較差) 40℃ 이상의 유지 기후.

exzidieren [ɛkstsi'di:rən] ⟨h⟩ [lat. exeīdere = heraushauen; herausschneiden] 【의학】 척출(剔出)하다(예컨대: 종양 따위를).

exzipieren [ɛkstsi'pi:rən] ⟨h⟩ [lat. excipere herausnehmen] 《고어》 제외하다, 예외로 빼놓다.

Exzision [ɛkstsi'zio:n], die; -en [lat. excīsio = das Ausschneiden] 【의학】 제거, 척출.

exzitabel [ɛkstsi'ta:bl] ⟨Adj.⟩ ...bler, -ste] 【의학·심리】 민감, 신경질적인. **Exzitabilität** [...tabili'tɛ:t], die; -en 【의학·심리】 민감, 신경 과민. **Exzitans** ['ɛkstsitans], das; -, ...tanzien [ɛkstsi'tantsi̯ən] /...tantia [...'tantsia; lat. excitāns] 【의학】 (심장, 혈액 순환, 신경 등의) 촉진제. **Exzitation** [ɛkstsita'tsio:n], die; -en [lat. excitātio = Ermunterng; Erregung] 【의학】 **1.** (혈액 순환, 호흡, 신경 계 등의) 약제에 의한 활성화. **exzitieren** [...i'ti:rən] ⟨h⟩ [lat. excitāre] 【의학】 자극하다, 활성화하다.

Eyecatcher ['aiketʃɐ], der; -s, - [engl. eye-catcher] 사람의 눈을 끄는 것. **Eyeliner** ['ajlainɐ], der; -s, - 아이라이너(눈썹그리는 화장품). **Eye-word** ['aiwɔːd], das; -s, -s [engl. eye-word] 〖언어〗 (주로 글말에서 보이는) 발음과 쓰기가 어려운 외래어.

Eyrir ['ajrir], der 《또는》 das; -s, Aurar 아이슬란드 화폐 단위(100 Aurar = 1 Krone).

Ezzes ['ɛtsəs], Eizes ['aitsəs] 〈Pl.〉 [jidd. ezo = Rat] 《österr.·통용어》 조언, 충고, 힌트.

F

f, F [ɛf], das; -, - **1.** 독일어 자모의 여섯째 자. **2.** [음악] 바 음(音), 다 장조 음계의 넷째 음, 기초 단음계의 여섯째 음.

f = f-Moll 바 단조.

F = Fahrenheit 화씨; Farad 전기 용량 단위; Fluor 불소; F-Dur 바 장조.

f. = folgende (Seite) 이어진 페이지. ↑für의 약어.

fa [faː; ital. fa ↑Solmisation 참조] 계명(階名)에서의 파.

Fa. = Firma.

Fabel ['faːbl], die; -n [lat. fābula = Erzählung, Sage] **1.** 우화: eine lehrreiche F. 교훈적인 우화; -n von Lessing nach Äsop 이솝에 따른 레싱의 우화. **2.** 꾸민 이야기, 거짓말: sich eine F. ausdenken 거짓말을 꾸며내다; 《통용어》 er hat dir eine F. aufgetischt 그가 네게 터무니없는 소리를 한 거라구. **3.** 〔문학 작품의〕 줄거리: die F. des Romans ist nicht gerade neu 그 소설의 줄거리는 꼭 그렇게 새로운 것은 아니다.

Fabel-: **~buch**, der 우화집. **~dichter**, der 우화 작가. **~geschöpf**, das ↑~wesen. **~gestalt**, die ↑ ~wesen. **~land**, das 실제로는 존재하지 않는 나라, 도원경(桃源境). **~preis**, der 엄청나게 비싼 값. **~tier**, das 상상의 동물. **~weite**, die [스포츠] (뛰기, 던지기 등에서 이룩한) 경이적인 기록. **~welt**, die **1.** 환상의 세계. **2.** 우화의 세계. **~wesen**, das 비현실적인 상상의 존재〔동물〕. **~zeit**, die **1.** [스포츠] (달리기, 수영 등에서 이룩한) 경이적인 (시간) 기록. **2.** 전설〔신화〕 시대.

Fabelei [faːbə'laɪ], die; -en 《자주 펌》 **1.** 《Pl. 없음》 (드물게) 허무맹랑한 소리(를 늘어 놓기). **2.** 꾸며낸 이야기: auf seine -en darf man nicht hereinfallen 그의 허튼 소리에 걸려 들어서는 안된다. **fabelhaft** 〈Adj.〉 **1.** 상상 (기대)을 뛰어넘는, 비상하게 훌륭한, 굉장한(großartig): ein -es Material 굉장한 물질; er ist ein -er Kerl 그는 더할 나위없이 멋진 녀석이다; das ist ja f.! 그것 참 기막하게 좋은데! **2. a)** 보통이 아닌, 믿을 수 없을 만큼 큰〔많은〕: er besitzt ein -es Vermögen 그는 어마어마하게 많은 재산을 갖고 있다. **b)** 〈Adj.의 강조〉 매우, 대단히(sehr): er ist f. reich 그는 무지무지한 부자이다. **fabeln** 〈h〉 지어내어 말하다; 허황된 이야기를 만들어 내다: was fabelst du denn da wieder? 또 무슨 터무니없는 소릴 지껄이느냐?

Fabismus [fa'bɪsmʊs], der; - [lat. faba = Bohne] 〔의학〕 콩을 먹거나 콩꽃가루를 마셔서 생긴 병(病).

Tableau [ta'bloː], das; -s, -x [ta'bloː] ↑Fabliau. **Fable convenue** [fabləkøv'ny], die; - -, -s -s [fabləkøv'ny; frz. fable convenue] 의사 허구(擬似虛構). **Fabliau** [fabli'oː], das; -s, -x [fabli'oː; frz. fabliau] 〔문예〕 고대 프랑스의 운문 설화(韻文說話).

Fabrik [fa'briːk], 《또한》 ...rɪk], die; -en [lat. fabrica = Künstler-, Handwerksarbeit; Werkstätte] **1.** 공장: eine F. gründen〔übernehmen, haben〕 공장을 창설하다〔인수하다, 소유하다〕; sie geht in die F. 그녀는 직공〔공원(工員)〕이다. **2.** ↑Fabrikgebäude, Fabrikanlage: die Arbeiter strömen aus der F. 공장 건물에서 노동자들이 쏟아져 나온다. **3.** (전체) 공장 직원: die F. macht einen Betriebsausflug 공장직원들이 직장 소풍을 간다〔야유회를 갖는다〕.

fabrik-, Fabrik-: **~anlage**, die 공장 시설. **~anwesen**, das 공장 부지. **~arbeit**, die 〈Pl. 없음〉 공장 노동. **~arbeiter**, der 공장 노동자. **~arbeiterin**, die 여공(女工). **~bau**, der 〈Pl.: -bauten〉 공장 건물. **~besitzer**, der 공장주. **~betrieb**, der 공장 경영. **~direktor**, der 공장장. **~erzeugnis**, das 공장 생산품. **~fahrer**, der [스포츠] (일정한 기업체에 소속되어 출전하는) 직업 사이클〔자동차 경주〕 선수. **~garantie**, die 제조자 품질 보증. **~gebäude**, das 공장 건물. **~geheimnis**, das ↑Fabrikationsgeheimnis. **~gelände**, das 공장 부지. **~grundstück**, das 공장 토지, 공장 부동산. **~halle**, die 공장의 강당〔홀〕. **~herr**, der (고어·자주 펌) ↑~besitzer. **~hof**, der 공장 뜰. **~leitung**, die 공장 운영〔관리〕. **~mädchen**, das (고어) 여공으로 일하는 처녀. **~marke**, die 제조 공장의 상표. **~mäßig** 〈Adj.〉 공장 생산식의, 대량 생산의: die -e Herstellung von Gebrauchsgütern 공장 소비 상품의 대량 생산에 의한 제조. **~mauer**, die 공장의 벽〔담〕. **~neu** 〈Adj.〉 신품의, 사용된 적이 없는: ein -er Wagen 아주 새 차. **~preis**, der 공장도 가격. **~raum**, der 공장의 크기〔공간〕. **~saal**, der 공장의 큰 방(회당, 홀). **~schiff**, das [어업] (어획물 가공용) 가공선(加工船). **~schlot**, der 공장 굴뚝. **~schornstein**, der 공장 굴뚝. **~siedlung**, die (공장 부근의) 노동자 주택지, 사택 지구. **~signet**, das ↑~marke. **~sirene**, die 공장의 고동(사이렌)(작업의 시작과 끝을 알림). **~stadt**, die 공장 도시. **~tor**, das 공장 정문. **~trawler**, der ↑~schiff. **~ware**, die 《자주 펌》 공장 제품, 싸구려(대량 생산) 제품: das ist keine Handarbeit, sondern reine F. 이것은 수제품이 아니라 순전히 공장에서 기계로 뽑은 제품이다. **~wesen**, das 〈Pl. 없음〉 공장(기계) 산업, 공장 제도. **~zeichen**, das ↑~marke. **~zucker**, der 정백 설탕(화공 약품을 사용하여 정제한 것).

Fabrikant [fabri'kant], der; -en, -en [frz. fabricant] 제조업자, 공장 주인. **Fabrikat** [fabri'kaːt], das; -(e)s, -e **1.** 공장 제품. **2.** 상표(Marke): die Maschine ist kein deutsches F. 이 기계는 독일제가 아니다. **Fabrikation** [fabrika'tsjoːn], die [lat. fabricātio = Verfertigung, Bauen, Herstellung] (공장에서의) 제조, 생산: die F. dieses Gerätes wurde eingestellt 이 기구의 생산이 중단되었다.

Fabrikations-: **~anlage**, die 생산 시설, 생산 설비. **~betrieb**, der 부품(部品) 제조 업체. **~fehler**, der 제작상의 실수, 제조 하자. **~geheimnis**, das 생산 비밀, 제조 비밀. **~methode**, die 생산 양식, 제작 방법. **~programm**, das (한 생산 공장의) 생산 가능 품목. **~prozeß**, der 생산 과정, 제작 공정. **~stätte**, die 《아어》 제조 공장: eine F. errichten 제조 공장을 설치하다. **~verfahren**, das 생산 양식, 제작 과정.

fabrikatorisch [fabrika'toːrɪʃ] 〈Adj.〉 생산〔제조, 제작〕의: die -e Beschaffenheit ist einwandfrei 제작 상태는 나무랄 나위가 없다. **Fabrikler**, der; -s, - 《schweiz.·통용어》 공장 노동자. **Fabriklerin**, die; -nen ↑Fabrikler의 여성형. **Fabriks-**: 《österr.》 ↑

Fabrik- 참조. **fabrizieren** [fabri'tsi:rən] ⟨h⟩ [lat. fabricāre = verfertigen, herstellen] **1.** (준고어) (공장식으로) 생산하다: diese Firma fabriziert nur noch elektrische Geräte 이 회사는 아직도 전기 기구만을 생산하고 있다. **2.** 《통용어·흔히 폄》 **a)** 임시 변통으로 제작하다, 그럭저럭 만들어 내다, 그럴듯하게 제작하다: so einfach ist es nicht, moderne Unterhaltungssendungen zu f. 현대의 여흥 프로를 그럴듯하게 제작한다는 게 그리 간단한 일은 아니다. **b)** 시시한[바보 같은] 짓을 하다; (손해 따위를) 야기하다: was hast du nun wieder fabriziert? 너 지금 또 무슨 엉터리 짓을 했느냐?

fabula docet ['fa:bula 'do:tset; lat. = die Fabel lehrt] 이 이야기의 교훈은 …와 같다. **Fabulant** [fabu'lant], der; -en, -en [lat. fābulāns] **a)** 사실과는 달리 상상으로 꾸며 얘기하는 사람, 환상적인 이야기를 지어내는 사람. **b)** 《폄》 수다쟁이, 사기꾼. **fabulieren** [fabu'li:rən] ⟨h⟩ [lat. fābulārī = sprechen, plaudern, phantasieren] 상상력이 풍부하게 얘기하다, 얘기를 지어내어 분식(扮飾)하다: er fabulierte von seltsamen Begegnungen [Ereignissen] 그는 기이한 해후(사건)를 꾸며가며 이야기 했다; ⟨명사화⟩ bei seinem Bericht geriet er gelegentlich ins Fabulieren 그는 보고를 할 때 이야기 상상력을 발휘하여 말하곤 한다. **Fabulierer**, der; -s, - (상상력을 동원하여 이야기할 줄 아는) 이야기꾼. **Fabulierkunst**, die 이야기의 각색 화술(話術). **Fabulierlust**, die 상상 욕구. **Fabulist** [fabu'lɪst], der; -en, -en (고어) 우화 작가(Fabeldichter). **fabulös** [fabu'lø:s] ⟨Adj.⟩ [lat. fābulōsus = zur Sage gehörend] (통용어·자주 농) 환상적인, 비현실적인: ein -er Rekord (im 100-m-Lauf) 환상적인 신기록(100m 경주에서); seine Darstellung der Ereignisse klingt reichlich f. 그의 사건 묘사는 다분히 허황하게 들린다.

fac [fak; lat.] 제조하라! (처방전에서의 지시).

Face [fa:s], die; -n [lat. faciēs = Gestalt; Gesicht] 《고어》 **1.** 얼굴, 앞면 (↑en face 참조). **2.** ↑Avers.

Facelifting ['feisliftɪŋ] das; -s, -s [engl. face-lifting] 얼굴의 주름 없애기, 안면 성형(成形) 수술.

Facette [fa'setə], die; -n [frz. facette] **1.** (보석이나 결정체의) 깎은 면, 각면(角面). **2.** [인쇄] 전기판의 능각면(稜角面)(목판(木板)의 고정에 쓰임). **3.** [치과] 인공치관(人工歯冠), 사기나 플라스틱으로 의치를 입힌 것. **4.** [동물] (곤충 복안(複眼)의 하나하나인) 개안(個眼).

facetten-, Facetten-: ~**artig** ⟨Adj.⟩ der -e Schliff des Glases 유리의 각면 연마. ~**auge**, das (동물) 곤충의 복안(複眼). ~**glas**, das 작은 각면(角面)의 형태로서 깎인 유리, 곰보 유리. ~**schliff**, der 각면 연마; 이 Schmuckstein hat F. 각면 처리된 보석.

facettieren [fase'ti:rən] ⟨h⟩ **1.** 다면체로 깎다: einen Edelstein f. 보석을 다면체로 깎다. **2.** [인쇄] 전기판에 능각면(稜角面)을 만들다.

Fach [fax], das; -(e)s, Fächer ['feçɐ] **1.** 칸, 서랍: das mittlere F. des Schrankes ist noch leer 장의 중간 서랍이 아직 비어 있다; der Schlüssel[die Post] liegt im F. 열쇠[우편물]가 함에 있다(예컨대: 호텔 같은 데서). **2.** [토건] 벽의 중깃 칸, 사이벽. **3.** [직조] 씨줄 사이의 북이 통하는 경간. **4. a)** 전공 분야, 활동 분야: er studiert[lehrt] die Fächer Chemie und Biologie 그는 화학 및 생물 분야를 공부한다[가르친다]; dieser Juwelier[Sportler] ist ein Meister seines -es 이 보석상(운동선수)은 자기 분야의 대가이다; das schlägt nicht in mein F. 그것은 나의 전공 밖의 일이다[나의 소관이 아니다]; er ist vom F. 그는 (이 방면의) 전공자이다. **b)** (배우나 오페라 가수의) 연기 분야: der Sänger wechselte vom lyrischen ins dramatische F. 그 가수는 서정 부문에서 가극 부문으로 옮겼다.

fach-, Fach-: ~**arbeit**, die 전문가의 작업. ~**arbeiter**, der 전문 노동자, 숙련공. ~**arbeiterbrief**, der 숙련공 자격 시험 합격 증서. ~**arbeiterin**, die ↑~arbeiter의 여성형. ~**arbeiterprüfung**, die 숙련공 자격 시험. ~**arbeiterzeugnis**, das ↑~arbeiterbrief. ~**arzt**, der 전문의. ~**ärztlich** ⟨Adj.⟩ 전문의(사)의: sich f. behandeln lassen 전문의의 치료를 받다. ~**aufsatz**, der 전공 논문. ~**aufsicht**, die (하급 행정 단위에 대한 국가의) 행정 감독 (↑Rechtsaufsicht 참조). ~**ausbildung**, die 전문 직업 교육. ~**ausdruck**, der 전공 용어, 술어. ~**ausschuß**, der 전공 위원회. ~**ausstellung**, die 특정 전문 분야 전시회. ~**bau**, der 《고어》 ↑werkbau. ~**begriff**, der ↑~ausdruck. ~**berater**, der 전문 분야 고문. ~**beratung**, die 전공 조언, 전공 심의 (↑~berater 참조). ~**bereich**, der **1.** ↑~gebiet. **2.** [대학] 전공 계열(단과 대학보다 하위 단위; 예컨대: 어문 계열). ~**bereichssprecher**, der 전공 계열 부장. ~**bericht**, der 전문 분야의 보고. ~**bezeichnung**, die 전공 표시. ~**bezogen** ⟨Adj.⟩ 전공과 관련이 있는, 전공 중심의. ~**bibliothek**, die 전문도서관. ~**bildung**, die ↑~ausbildung. ~**blatt**, das ↑~zeitschrift. ~**buch**, das 전문 서적. ~**bücherei**, die ↑~bibliothek. ~**buchhandlung**, die 전문 서적상, 전문 서점. ~**buchverlag**, der 전문 서적 출판사. ~**chinesisch**, das; - 《폄》 (비전문인은 알 수 없는) 전문어. ~**didaktik**, die 전공 교수법. ~**disziplin** 전공 부문: die naturwissenschaftlichen -en 자연 과학 부문. ~**egoismus**, der 전공 이기주의. ~**egoist**, der 전공 이기주의자(↑~egoismus 참조). ~**examen**, das 전공 시험. ~**fotograf**, der 사진 전문가. ~**frage**, die 전공 문제. ~**fremd** ⟨Adj.⟩ **1.** 전공[전문]과는 동떨어진, 전공 교육을 받지 못한: -e Methoden 전공과는 거리가 먼 방법. **2.** 비전문적인, 아마추어적인: -e Vorstellungen 아마추어적인 생각. ~**gebiet**, das 전공(지식, 작업 등의). ~**gebunden** ⟨Adj.⟩ 전공과 관련된. ~**gebundenheit**, die 전공 연계성. ~**gelehrte**, der 전공 학자. ~**gemäß** ⟨Adj.⟩ 전문 분야(의 규칙)에 따른: eine -e Ausbildung 전공 교육. ~**genosse**, der ↑~kollege. ~**gerecht** ⟨Adj.⟩ 전문적인, 전문성 요구에 합당한. ~**gericht**, das 직업 재판관으로 구성된 법원. ~**geschäft**, das 전문점: dieser Artikel ist nur im F. erhältlich 이 물건은 전문점에서 살 수 있다. ~**gespräch**, das 전문 대담. ~**größe**, die 사계의 대가. ~**gruppe**, die **1.** 전문 단체. **2.** [대학] 전공 집단: die F. Anglistik 영어 영문학 전공 단체. ~**gruppenleiter**, der 전문 부서장. ~**gutachten**, das 전문 감정(鑑定). ~**handel**, der 전문 상업. ~**handlung**, die ↑~geschäft. ~**historiker**, der 역사 전공 학자. ~**hochschule**, die 전문 대학. ~**hochschulreife**, die 전문 대학 입학 자격. ~**idiot**, der 《폄》 전공 바보(자신의 전공에만 골몰하여 그 밖의 다른 일은 몰라라 하는 사람). ~**jargon**, der 전문 통용어, 전문 분야에서 일상적으로 쓰이는 가벼운 표현. ~**juristisch** ⟨Adj.⟩ 법률 전문적. ~**katalog**, der [출판] **1.** 전문 서적 목록. **2.** 전문 사항 목록. ~**kenner**, der 전문 지식인. ~**kenntnis**, die (대개 Pl.) 전문 지식. ~**kollege**, der 같은 전문직에 종사하는 사람. ~**kommission**, die 전문 위원회. ~**kongreß**, der 전문가 회의. ~**kraft**, die 전문 인력. ~**kreis**, der (주로 Pl.) 전공 분야, 사계: ein in -en bekannter Wissenschaftler 사계에서 저명한 학자. ~**kritik**, die **1.** 전문[전공] 비평. **2.** (Pl. 없음) 전문 비평 비평. ~**kritisch** ⟨Adj.⟩ 전문 비평적. ~**kunde**, die (직업 학교의) 전문 교과. ~**kundig** ⟨Adj.⟩ 전문 지식을 지닌, 정확한 전문 지식을 바탕으로 한: ein -es Publikum 전문 지식을 갖춘 청중. ~**kundlich** ⟨Adj.⟩

숙련된, 전문 분야에 통달한: -er Unterricht 전공 수업. ~**lehre**, die 전공 이론. ~**lehrer**, der 전문 교사. ~**lehrerin**, die ↑~lehrer의 여성형. ~**lehrgang**, der 전문 과정. ~**leute** ↑~mann의 복수형. ~**lexikon**, das 전문어 사전. ~**literatur**, die 전문 서적. ~**mann**, der 〈Pl. -leute, 《드물게》-männer〉전문가: ein F. für Straßenbau 도로 공사 전문가; er ist F. auf diesem Gebiet 그는 이 분야에서 전문가이다; 정구 da staunt der F. (und der Laie wundert sich) 그것이 가능하다고 간주해선 안될 것이다. ~**männisch** 〈Adj.〉전문가적인: ein -es Urteil 전문가적인 판단. ~**mäßig** 〈Adj.〉〈드물게〉 fachlich, fachgerecht. ~**norm**, die 특정 전문 분야에 대한 독일 공업 규격. ~**oberschule**, die 전문 고등학교. ~**organ**, das 전문지(專門紙(誌)). ~**personal**, das 전문 요원. ~**presse**, die ↑~zeitung. ~**prüfung**, die 전공 시험. ~**publikation**, die ↑~literatur. ~**referat**, das 1. 전문 분야 보고(강연). 2. (특정 전문 영역에 대한) 전담(專擔) 행정 부서: das F. (für) Kultur 문화 전담 부서. ~**referent**, der (특정 영역을) 전담하는 사람. ~**richter**, der 전문 교육을 받은 판사, 전문 재판관. ~**richtung**, die (학문상의) 전공 부문, 전공 학과. ~**schule**, die (주간 혹은 야간의) 직업 전문 학교. ~**schulwesen**, das 직업 전문학교 제도. ~**semester**, das 전공 교과 이수 학기: sie ist jetzt im vierten F. 그녀는 이제 네 번째 전공 학기를 이수하고 있다. ~**simpelei** [-zɪmpəˈlai], die; -en (통용어·자주 폄) (사적인 자리에서) 전문적인 문제에 관해 지루하게 늘어 놓는 장황설. ~**simpeln** [-zɪmpl̩n] 〈h〉 (통용어·자주 폄) (사적인 자리에서) 전문적인 장광설을 늘어 놓아 다른 사람들을 지루하게 하다. ~**sprache**, die (특수 전문 어휘를 포함하는) 전문어. ~**sprachlich** 〈Adj.〉전문어적인. ~**studium**, das 전문 분야의 연구. ~**tagung**, die ↑~kongreß. ~**technik**, die 전문 기술. ~**technisch** 〈Adj.〉전문 기술적인. ~**terminus**, der ↑~ausdruck. ~**text**, der 전공 텍스트: naturwissenschaftliche -e 자연 과학 대본. ~**übergreifend** 〈Adj.〉전공 포괄적: ein -es Lernziel 전공 포괄적 학습 목표. ~**unterricht**, der 전공 수업. ~**urteil**, das 전문적 판단. ~**verband**, der (경제) 전문 기업 연합회. ~**verkäufer**, der 전문 판매원. ~**verlag**, der ↑~buchverlag. ~**vertreter**, der 전문 분야 대표자. ~**verwaltung**, die 전문 행정(부서). ~**vokabular**, das ↑~wortschatz. ~**welt**, die 〈Pl. 없음〉사계(斯界): sein Buch wurde von der F. mit Beifall aufgenommen 그의 저서는 박수 갈채를 받으면서 사계의 전문인들에게 받아들여졌다. ~**werk**, das 1. a) 〈Pl. 없음〉 목재 공법(木骨工法). b) 목골 골조. 2. [토목] (지붕이나 교량의) 3각 철골 구조, 결구(結構), 형구(桁構). ~**werkbau**, der 1. 〈Pl. 없음〉 ↑~werk (1 a). 2. 〈Pl. -bauten〉목조 공법에 의한 건물. ~**werkbauweise**, die ↑~werk (1 a). ~**werkhaus**, das ↑~werkbau (2). ~**werkmauer**, die 목재 공법에 의한 벽. ~**wissen**, das ↑~kenntnis(se). ~**wissenschaft**, die 전문 과학, 특수 과학. ~**wissenschaftler**, der 특수 과학자. ~**wissenschaftlich** 〈Adj.〉특수 과학적. ~**wort**, das 〈Pl. -wörter〉 ↑~ausdruck. ~**wörterbuch**, das 전문 용어 사전. ~**wortschatz**, der 전문 어휘. ~**zeitschrift**, die 전문(학술) 잡지. ~**zeitung**, die 전문(학술) 신문(↑~zeitschrift).

-fach [-fax] …배(倍)의 《다음의 복합어로, 예컨대》 achtfach, mehrfach.

Fächel [ˈfɛçl̩], der; -s, - [식물] 선상 취산 화서(扇狀聚繖花序). **fächeln** [ˈfɛçl̩n] 〈h〉 1. (아이) a) 부드럽게 흔날리다, 살랑대다: es fächelte eine leichte Brise 가벼운 미풍이 살랑거렸다. b) 부드럽게 불어오다: ein Lufthauch fächelte mich 서늘한 미풍이 나를 부드럽게 감쌌다. c) 가볍게 나부끼게 하다: eine leichte Brise fächelte die Blätter der Pappeln 가벼운 미풍이 포플라 잎새를 팔랑이게 했다. d) 가볍게 나부끼다: die Blätter der Bäume fächelten im Wind 나무들의 잎새가 바람에 하늘거렸다. 2. 부채 따위를 가볍게 흔들어 부치다: sie fächelte mir die Stirn (mit einer gefalteten Zeitung) (접은 신문으로) 이마에 대고 가볍게 부쳤다. **fachen** [ˈfaxn̩] 〈h〉 ↑an-, entfachen. **Fächer** [ˈfɛçɐ], der; -s, - 1. 부채: einen F. entfalten(zusammenlegen) 부채를 펴다(접다); 전의 in dem breiten F. politischer Aktionen (아이) 수많은 정치활동에서. 2. [사냥] 대뇌조(大雷鳥)의 미우(尾羽). 3. [식물] 종려의 부채꼴 잎.

fächer-, Fächer-: ~**artig** 〈Adj.〉부채꼴 (모양)의: die Jalousien schoben sich f. ineinander 블라인드가 부채처럼 접혀 들어갔다. ~**besen**, der 갈퀴. ~**fenster**, das [토건] 창창(볕은 좁고 위로 부채살처럼 퍼져 올라감). ~**flügler**, der [동물] 곤충의 연시목(撚翅目) (갑충류와 막시류의 중간 형태). ~**förmig** 〈Adj.〉부채 모양의: er hatte die Banknoten f. angeordnet 그는 지폐를 부채꼴로 배열해 놓았다. ~**gewölbe**, das [토건] 선형궁륭(扇形穹隆). ~**palme**, die 선상엽(扇狀葉) 종려(야자)나무.

fächerig [ˈfɛçərɪç] 〈Adj.〉부채 모양의.

-fächerig [-fɛçərɪç] 《다음의 합성어로, 예컨대》 ein-, zweifächerig [식물] 단자방(單子房), 복자방(複子房).

¹**fächern** [ˈfɛçɐn] 〈h〉(드물게) 칸으로 구획하다: den Schrank f. 장을 칸으로 나누다; (대개 과거분사로) ein gefächertes Gestell 칸막이 시렁(서가).

²**fächern** [-] 〈h〉 1. a) 전공별로 세분하다: den Unterricht stärker f. 수업을 다분히 과목별로 세분하다. b) 〈f. + sich〉 부채꼴 모양으로 펼쳐지다: Auf der anderen Seite fächern sie s (= die Pfade) sich sofort wieder über die ganze Steppe 다른 쪽에서 작은 길들이 곧장 다시 전체 초원 위로 갈려 나간다. 2. [특히 사냥] 〈드물게〉 a) ↑ fächeln (1 c). b) ↑ fächeln (1 c). **Fächerung**, die; -en ↑ fächern 의 명사형.

fachlich 〈Adj.〉전문적인: -e Kenntnisse 전문 지식; sich f. qualifizieren 전문 자격을 획득하다. **Fachschaft**, die; -en 1. 동일 직업인 단체. 2. 동일 전공 계열 대학생 단체. **Fachschaftsvertreter**, der 동일 직업인 단체장, 동일 전공 계열 대학생 단체장. **Fachschaftsvollversammlung**, die 동일 직업인 단체 회의, 동일 전공 대학생 회의.

Facialis: ↑Fazialis. **Facies** [ˈfaːsiɛs] ↑Fazies.

Fackel [ˈfakl̩], die; -n 횃불: eine F. anzünden [(weiter) tragen] 횃불을 들다 [(계주하여) 운반하다].

Fackel-: ~**schein**, der 〈Pl. 없음〉 횃불의 불빛. ~**träger**, der 횃불잡이, 성화 주자(聖火走者): der letzte der F. entzündete das olympische Feuer 최후의 성화 주자가 올림픽 성화(聖火)에 점화하였다. ~**trägertechnik**, die 성화 주자의 기술. ~**trägerwechsel**, der [육상] 성화 주자 교체. ~**zug**, der 횃불 행진: jmdn. mit einem F. ehren 횃불 행진으로써 누구에게 경의를 표하다.

fackeln [ˈfakl̩n] 〈h〉 (통용어) 미적미적하다, 망설이다: wenn du noch lange fackelst, ist die gute Gelegenheit vorbei 자네가 여전히 오랫동안 망설인다면 좋은 기회는 지나가고 만다.

facken [ˈfakn̩] 〈h〉 [원래 = 거친 동작을 하다의 뜻] (ostmd.) 던지다(werfen): den Ball f. 공을 던지다.

Façon [faˈsõː] ↑Fasson. **Façon de parler** [fasõdpar-

'le], die; - - -, -s - - [fasōdpar'le; frz. façon de parler] 〈고어〉 **a)** (일정한) 말투. **b)** 별 뜻이 없는 말투, 빈말. **Façonné** [fasɔ'neː], der; -(s), -s [frz. façonné] 능직(綾織). **Fact** [fækt], der; -(s), -s [engl.] 〈Pl. 없음〉〈engl.〉 사실. **Faction-Prosa** ['fækʃən-], die 〈Pl. 없음〉 [engl. faction] 〖문예학〗 실화 소설. **Factoring** ['fæktərɪŋ], das; -s [engl.-amerik. factoring] 〖경제〗 채권 매수업(무), 수금 대리업. **Facture** [fak'ty:rə], die; -n ↑Faktur (2 b). **Facultas docendi** [fa'kʊltas do'tsendi], die; - - [lat. facultās u. docendī, docēre = lehren에서 유래] 〈교양어〉 **a)** (고등 교육 기관) 교원 임명. **b)** 〈고어〉 교원 자격.

fad [faːt] 〈südd., österr.〉 ↑fade (단, fade보다 거부감이 더 강함).

Fadaise [faˈdɛːzə], die; -n [frz. fadaise] 〈고어〉 어리석은 짓, 물퉁머리.

Fädchen ['fɛːtçən], das; -s, - ↑Faden (1).

fade ['faːdə] 〈Adj.〉 [frz. fade] **1.** 제맛이 아닌, 간이 맞지 않은: eine f. Brühe 맛없는 국물〈육수〉; mir ist ganz f. im Mund 맛이 내 입에는 전혀 맞지 않는다. **2. a)** 〈통용어・südd., österr.〉 무미 건조한, 얼빠진: ein -r Mensch 얼간이; er redet nichts als -s Zeug 그는 김빠진 소리만 하고 있다. **b)** 〈südd., österr.〉 소심한, 새침 부린: komm doch mit, sei nicht so f.! 그렇게 빼지만 말고 같이 가자구!

fädeln ['fɛːdln] 〈h〉 **1. a)** 꿰다: das Garn durch das Nadelöhr(in die Nadel) f. 실을 바늘귀(바늘)에 꿰다. **b)** 실에 꿰어 달다: ein fäd(e)ln Perlen auf eine Seidenschnur 나는 비단줄에 진주를 꿴다. **2.** 〈통용어〉 재치있게 실행하다: „das hat er geschickt gefädelt", sagten die Lehrlinge "그는 교묘하게 그것을 해냈다"고 도제들은 말했다. **Faden** ['faːdn], der; -s, Faden ['fɛːdn]/Faden **1.** 〈Pl. Fäden, 축소형〉 ↑Fädchen〉 실: ein dünner[seidener] F. 가느다란(명주) 실; der F. verwickelt sich 실이 엉클어지다; wenige Tage nach der Operation werden bereits die Fäden gezogen 수술 후 며칠만 지나면 실을 뽑게 된다; einen F. einfädeln [abschneiden] 실을 꿰다(자르다); etw. mit Nadel und F. annähen 무엇을 바늘과 실로써 꿰매 붙이다; 〖전의〗 der F. der Unterhaltung riß ab 한담의 실마리가 끊겼다; den F. des Gesprächs wieder anknüpfen 대화(의 실마리)를 다시 잇다; **der rote F.** 근본 사상, 주제: den roten f. in jmds. Schilderungen vermissen 누구의 서술에는 그 중심 주제가 빠져 있다; **alle Fäden laufen in jmds. Hand zusammen** [jmd. hat, hält alle Fäden(fest) in der Hand] 어떤 사람이 모든 것에 대한 실권을 쥐고 있다[만사에 결정적 영향을 행사하다]; **keinen trockenen F. (mehr) am Leibe haben** 〈통용어〉 흠뻑 젖다; **den F. verlieren** 이야기의 맥락을 잃다; **keinen guten F. an jmdm. lassen** 〈통용어〉 누구에 대하여 험담만 하다[철저히 깎아내리기만 하다]; **keinen guten F. miteinander spinnen** 〈통용어〉 서로 잘 안 맞다[사이가 불통이다]; **an einen (dünnen[seidenen]) F. hängen** 풍전등화와 같다, 전도가 매우 암담하다: sein Leben hing an einem F. 그의 목숨이 실낱같다. **2.** 〈Pl. 없음〉 실의 모양과 닮은 것: ein dünner F. Blut rann aus seinem Mund 그의 입으로부터 가느다란 한 줄기 피가 흘러 내렸다; sie hat schon silberne Fäden im Haar 그 여자는 벌써 드문드문 흰 머리카락이 있다; der Sirup zieht Fäden 시럽이(숟갈에서) 차지게 흘러 내린다. **3.** 〈Pl. Faden〉〖선원〗 길(물의 깊이를 재는 길이의 단위로 약 1.80 m): der Anker liegt sechs Faden tief 닻이 여섯 길 깊이에 내려와 있다.

faden-, Faden-: **∼bakterie**, die 〈대개 Pl.〉〖생물〗 선상균(線狀菌). **∼dichte**, die 직조 밀도(纖造密度). **∼dünn** 〈Adj.〉 실처럼 가는: ein Insekt mit -en Beinen 실처럼 가는 다리를 가진 곤충; 〖전의〗 sie antwortete mit einem -en Stimmchen 그 여자는 실낱 같은 음성으로 대답했다. **∼ende**, das 실끝: das F. abschneiden 실끝을 잘라내다. **∼förmig** 〈Adj.〉 실 모양의. **∼geber**, der (재봉기의) 복실 잡이. **∼gerade** 〈Adj.〉 솔기를 따라 똑바로. **∼glas**, das 실무늬(사선) 유리. **∼heftmaschine**, die 〖제본〗 사철기(絲綴機)(실로 철하는 기계). **∼heftung**, die 〖제본〗 사철에 의한 제본법. **∼kreuz**, das 〖광학〗 조준선(정확하게 사물을 보기 위해 렌즈에 표시된 십자의 눈금): 〖전의〗 jmdn. im F. haben 누구를 예의 감시하다. **∼lauf**, der 〖직조・재단〗 세로결: den Stoff im[nach] dem F. schneiden 천을 세로결에 따라 자르다. **∼los** 〈Adj.; nicht adv.〉 (콩 따위가) 심이 없는: -e Stangenbohnen 심이 없는 강낭콩. **∼molekül**, das 〖섬유〗 선상(線狀) 고분자. **∼netz**, die 〖광학〗 조준망(照準網). **∼nudel**, die 〈대개 Pl.〉 실국수. **∼pilz**, der 〖 〗 Algenpilz. **∼regen**, der 실비. **∼scheinig** [-ʃaɪnɪç] 〈Adj.〉 **1.** 해어진, 닳아 떨어진: die Jacke war an den Ärmeln f. geworden 저고리 소매깃이 해졌다. **2.** 〈뜻〉 속이 뻔히 들여다 보이는(말 따위에서), 납득이 가지 않는: eine -e Moral 속이; seine Ausrede war(klang) recht f. 그의 변명은 속이 뻔히 들여다 보였다. **∼scheinigkeit**, die 〈Pl. 없음〉 ↑∼scheinig의 명사형. **∼schlag**, der 〈Pl. 없음〉 〈schweiz.〉 시침 바느질, 가봉. **∼sommer**, der 〈지역적〉 Altweibersommer. **∼sonde**, die 풍향관측사(風向觀測線). **∼spiel**, das 실트기. **∼stärke**, die 실의 강도. **∼wurm**, der 선충류(線蟲類). **∼zähler**, der 〖섬유・그래픽〗 확대경(직조 밀도나 인쇄된 그림을 검사할 때 쓰임).

Fadesse [fa'dɛs], die 〈Pl. 없음〉 〈österr.・통용어〉 무미 건조한 태도, 따분한 거동.

Fadheit, die; -en **1.** 〈Pl. 없음〉 맛없는 상태, 김빠진 상태: die F. einer Suppe 국이 맛없음. **2.** 〈뜻〉 **a)** 〈Pl. 없음〉 따분한[명청한] 모습: seine F. langweilte die Zuhörer 그의 따분함(명청함)이 청중을 지루하게 했다. **b)** 얼빠진것, 진부한것: die -en seiner Rede 그의 연설의 진부한 표현들.

Fadian [fa'diaːn], der; -s, -e 〈österr.・통용어〉 따분한 사람, 맥빠진 사람.

fädig ['fɛːdɪç] 〈Adj.〉 실과 같은.

Fading ['feːdɪŋ], das; -s [engl. fading] **1.** 〖방송〗 (수신 전파의) 페이딩. **2.** 〖기술〗 (브레이크 과열로 인한) 제동 효과 감소.

fadisieren [fadi'ziːrən], sich 〈h〉 〈österr.・통용어〉 지루해 하다: ich habe mich in diesem Film furchtbar fadisiert 이 영화가 지루해서 혼났다.

Faeces: ↑Fäzes.

Faenzamajoliken [fa'ɛntsa-] 〈Pl.〉 (이탈리아의 도시 Faenza에 따라) 특수 도기(陶器)(↑Fayence 참조).

Fagott [fa'gɔt], das; -(e)s, -e [ital. fagotto] 파곳(목관 악기의 일종). **Fagottist** [fago'tɪst], der; -en, -en 파곳 연주자.

Fähe ['fɛːə], die; -n 〖사냥〗 (여우・오소리・담비의) 암컷.

fähig ['fɛːɪç] 〈Adj.; nicht adv.〉 **1.** 유능한, 재능이 있는: die Wirtschaft braucht -e Köpfe 산업은 유능한 인재들을 필요로 한다. **2. zu etw. f. sein** 무엇을 할 수 있다: diese Burschen sind zu allem f. 이 사내아이들은 어떤 몹쓸짓도 저지를 수 있다; sie war nicht f., ein Wort zu sprechen 그 여자는 한 마디 말도 할 수 없었다; ich wäre jetzt zu einem Schnaps f. 〈뜻〉 소주 한 잔 하고 싶은데; ein zu großen Leistungen -er Mann 큰 일을 해낼 수 있는 사나이. **-fähig** [-fɛːɪç] 〈접미사로서〉

a) …할 수 있는: zeugungsfähig 생식[생산] 능력이 있는. **b)** …하기에 알맞은: transportfähig 운송에 적합한. **Fähigkeit**, die; -en **1.** 〈대개 Pl.〉 능력; 자질, 소질: jmds. geistige(menschliche) -en 누구의 정신적(인간적) 능력; künstlerische -en haben 예술적 자질을 지니고 있다; seine -en für etw. einsetzen 그의 능력을 무엇에 투입하다. **2.** 〈Pl. 없음〉 할 수 있음, 할 만한 입장: die F., jmdn. zu überzeugen, geht ihm ab 그는 누구를 설득시킬 만한 입장이 약화되고 있다; 《반어》 manche haben die F., sich ihrer Verantwortung zu entziehen 몸을 빼서 책임을 지지 않으려는 사람이 많다. **Fähigkeitsausweis**, der 기능 자격증. **Fähigkeitsnachweis**, der ↑ Fähigkeitsausweis.
fahl [fa:l] 〈Adj.; nicht adv.〉 납빛의, 창백한, 빛바랜: -e Lippen 창백한 입술; der Mond schimmerte f. 달이 희미하게 빛나고 있었다.
fahl-, Fahl-: **~blau** 〈Adj.〉 담청색의: der Heimathafen lag in -em Abendlicht 선적항(船積港)은 담청색의 저녁빛에 싸여 있었다. **~bleich** 〈Adj.〉 〈얼굴 따위가〉 핼쓱한. **~blond** 〈Adj.; nicht adv.〉 잿빛이 도는 블론드(머리카락). **~erz**, das 〈광〉 유동광(黝銅鑛). **~gelb** 〈Adj.〉 담황색의. **~grau** 〈Adj.〉 회회색의: -e Wolken 연회색 구름. **~leder**, das 〈전문어〉 〈소가죽을 무두질하여 만든〉 구두 상피(上皮). **~segler**, der 칼새 〈명매기〉과의 새. **~weiß** 〈Adj.〉 회백색의(灰白色의). **~wild**, das 〈사냥〉 ↑ Steinwild.
Fahlheit, die 납빛, 창백한 외관: die F. seines Gesichts 그의 얼굴의 창백한 모습.
Fähnchen ['fɛ:nçən], das; -s, - **1. a)** 〈작은〉 종이 깃발: die Kinder schwenkten ihre F. 아이들이 그들의 종이 깃발을 흔들었다. **b)** 깃발 모양의 부호. **2.** 〈통용어·편〉 값비고 허름한 옷.
fahnden ['fa:ndn̩] 〈h〉 수배하다, 수색하다: nach einem Verbrecher f. 범인을 수배하다; 전의 er fahndete überall nach dem verschollenen Manuskript 그는 실종된 원고를 찾아 구석구석을 뒤졌다. **Fahndung**, die; -en 수배, 수사: die F. nach den drei Verbrechern verlief ergebnislos 3인의 범인에 대한 수사는 아무런 결과도 없이 끝났다.
Fahndungs-: **~aktion**, die 수사 활동. **~apparat**, der 수사에 동원된 경찰 인력 및 장비 일체. **~blatt**, das 수배자 명단이 실린 유인물. **~buch**, das 수배자 명단이 실린 책자. **~dienst**, der 수사과〈세관·국세청·철도 경찰의 경우〉. **~liste**, die 수배자 명단: auf[in] der F. stehen 수배자 명단에 올라 있다. **~streife**, die 수색 수사.
Fahne ['fa:nə], die; -n **1.** 〈旗〉: eine zerschlissene [verblichene] F. 갈기갈기 찢어진〈색이 바랜〉 기; die schwarzrotgoldene F. 흑적황색기〈독일 국기〉; die F. weht [flattert, bauscht sich] im Wind 바람에 깃발이 나부끼다〈펄럭이다, 부풀다〉; eine F. aufziehen[einholen, auf halbmast setzen] 기를 올리다〈내리다, 반게양(半揭揚)하다〉; die weiße F. hissen 〈F.〉〈항복의 표시로〉 백기를 올리다〈들다〉; 전의 die F. der Freiheit hochhalten 〈아이〉 자유를 위하여 투쟁하다; **die[seine] F.[das(sein) Fähnchen] nach dem Wind drehen [hängen]** 〈편〉 줏대없이 흔들리다, 그때 그때의 상황에 적응하다; **etw. auf seine F. schreiben** 무엇을 목표로 설정하다, 무엇을 표방하다; **mit fliegenden -n zu jmdm.[etw.] übergehen[überlaufen]** 갑자기 변절하여 누구[무엇]에게 전향하다; **zu den -n eilen** 〈아어·고어〉 입대하다; **zu den -n rufen** 〈아어·고어〉 모병(募兵)하다. **2.** 〈Pl. 없음〉 〈통용어〉 문뱃내, 입에서 풍기는 술냄새: seine F. konnte man aus drei Metern Entfernung riechen 그가 풍기는 술냄새는 3 m 를 떨어져서도 맡을 수 있다. **3.** [인쇄] 교정쇄. **4.** [사냥] 〈사냥개나 다람쥐 따위의〉 긴 꼬리털. **5.** [동물] 새의 깃털. **6.** [식물] 〈나비꼴 꽃부리의〉 기관(旗瓣).

fahnen-, Fahnen-: **~abzug**, der ↑ Fahne (3). **~appell**, der 〈군〉 점호, 비상 소집. **~eid**, der 〈군〉 군기(軍旗)에 대한 맹세. **~flucht**, die 〈Pl. 없음〉 〈군〉 탈영. **~flüchtige***, der; -n, -n 〈군〉 탈주[탈영]병. **~geschmückt** 〈Adj.; nicht adv.〉 깃발로 장식한. **~halter**, der 깃발 받침, 기단(旗壇). **~junker**, der 〈군〉 **1.** 〈역사적〉 〈귀족 출신〉 기수병. **2.** 사관 후보생. **~korrektur**, die [인쇄] 교정(校正). **~mast**, der 깃발 마스트. **~schmuck**, der 깃발 장식. **~schuh**, der ↑ ~halter. **~schwingen**, das; -s 〈하 행렬시의〉 깃발 곡예. **~schwinger**, der 깃발로 재주 넘기는 사람. **~stange**, die 깃대: **das Ende der F.** 〈교양어〉 한계점, 상한점: in der Sozialgesetzgebung ist jetzt das Ende der F. erreicht 이제 사회법 제정에서는 그 한계점에 도달했다. **~träger**, der 기수〈旗手〉. **~tuch**, das **1.** 〈Pl. ...tuche〉 깃발용 원단, 깃발감. **2.** 〈Pl. ...tücher〉 기폭(旗幅)(↑Fahne (1)). **~weihe**, die 기(旗) 봉헌식. **~wort**, das 〈Pl. ...wörter〉 [원래 = 자기 깃발에 적는 글] 〈아어〉 표어, 슬로건.
Fähnlein ['fɛ:nlaɪn], das; -s, - **1.** 〈드물게〉 ↑ Fahne (1) 의 축소형. **2. a)** 〈역사적〉 300명 정도의 용병(傭兵) 단위, 부대. **b)** 청소년 부대. **Fähnrich** ['fɛ:nrɪç], der; -s **1.** 〈역사적〉 **a)** 〈중세의〉 기수(旗手). **b)** 〈프로이센 군대의〉 최연소 사관. **2.** 사관 후보생.
fahr-, Fahr- ['fa:r-] 〈↑ Fahrt-도 참조〉: **~abteilung**, die 수송대. **~auftrag**, der 수송 위임장. **~ausbildung**, die 차량 운전 교습. **~ausweis**, der **1.** 차표, 승차권. **2.** 〈schweiz.〉 ↑ Führerschein. **~bahn**, die 차도, 선로. **~bahnbelag**, der [도로] 노면(路面). **~bahnbreite**, die 노폭, 선로의 폭. **~bahnmarkierung**, die [교통] 도로 표지. **~bahnrand**, der 도로[선로]의 가장자리, 노변. **~bahnverengung**, die 차도 축소. **~bahnwechsel**, der 〈운전시 옆차로의〉 차선 변경. **~begleiter**, der 〈운전석 옆자리에 앉는〉 동승자, 편승자. **~benzin**, das 차량용 휘발유, 자동차 기름. **~bereich**, der 〈1회 연료 공급에 의한〉 주행 거리(↑ Fahrtbereich). **~bereit** 〈Adj.〉 운행〈출발〉 준비가 된. **~bereitschaft**, die 〈차량 정비를 위한〉 긴급 출동 대비. **~bibliothek**, die ↑ ~bücherei. **~bücherei**, die 이동 도서실. **~bühne**, die 〈건축 현장의〉 무개(無蓋) 승강기. **~charakteristik**, die 〈전문어〉 운항 특성. **~damm**, der 《berlin.》 ↑ ~bahn. **~dauer**, die ↑ Fahrtdauer. **~dienst**, der [철도] 운항 업무. **2.** 공공(公共) 차량 운행 업무. **~dienstleiter**, der [철도] 운행 사무장. **~dienstleiterin**, die ↑ ~dienstleiter의 여성형. **~draht**, der [교통·기술] 〈전철 및 무궤전차용〉 공중 가선(架線). **~eigenschaft**, die 〈대개 Pl.〉 〈차량의〉 주행(走行) 특징. **~erlaubnis**, die **a)** 운행 허가, 운전 면허. **b)** 〈구동독〉 ↑ Führerschein. **~fehler**, der 운전 실수: der Unfall wurde durch einen F. verursacht 사고는 운전 실수로 인하여 일어났다. **~gast**, der 승객. **~gastraum**, der 승객실. **~gastschiff**, das 여객선. **~gefühl**, das 승차감. **~geld**, das 운행 요금, 운임: das F. bezahlen 차비를 지불하다. **~gelderstattung**, die 운임 반환, 운임 정산. **~gelegenheit**, die 교통 편의. **~geschäft**, das 흥행 운수 업체〈회전 목마, 공중 열차 따위를 운행함〉. **~geschwindigkeit**, die 주행 속도: eine F. von 90 Stundenkilometern 시속 90 km 의 속력. **~gestell**, das **1.** 차대(車臺)〈바퀴와 연결되는 전후축〉. **2.** ↑ ~werk (1). **3.** 〈가벼운 농〉 사람의 다리: zieh dein F. ein! 다리 치워!; ein verbogenes F.

haben 꾸부정한 다리를 갖고 있다. ~**gleis**, das 궤도(軌道). ~**habe**, die ⟨schweiz.⟩ 동산(動産)(Fahrnis). ~**hauer**, der 갱부장(坑夫長) 조수. ~**karte**, die 차표: eine F. lösen 차표를 사다; um die F. zum Endspiel kämpfen [스포츠] 결승 티켓을 놓고 싸우다; **eine F. schießen**《통용어·특히 군》과녁 쏘기에서 표적을 벗어나다. ~**kartenausgabe**, die ↑~kartenschalter. ~**kartenautomat**, der 승차권 자동판매기. ~**kartendrucker**, der 승차권 인쇄기. ~**kartenknipser**, der《통용어》검표원, 개찰 계원. ~**kartenkontrolle**, die 검표. ~**kartenkontrolleur**, der 검표원(檢票員). ~**kartenschalter**, der 매표 창구. ~**kilometer**, der 주행 거리(킬로미터): 5 F. kosten 60 Pfennig 5킬로 주행에 60페니히 든다. ~**komfort**, der 승차 쾌적감. ~**können**, das ↑~kunst. ~**korb**, der (승강기나 삭도의) 탑승실, 적재함. ~**kosten** ⟨Pl.⟩ 차비, 여비. ~**kundig** ⟨Adj.⟩ 운전할 줄 아는. ~**kunst**, die 운전 기술. ~**künstler**, der 능숙한 운전자. ~**lässig** ⟨Adj.⟩ 조심성 없는, 태만한, 경솔한. ~**lehrer**, der 운전 교사. ~**leistung**, die 운행 성능. ~**leitung**, die (전차·무궤도 버스의) 가선(架線). ~**personal**, das 승무원. ~**plan**, der 1. a) 운행 시간, 배차 시간: die Straßenbahn hat ihren F. nicht eingehalten 전차는 운행 시간을 지키지 않았다. b) 운행시간표(역이나 정거장에 비치함). 2. a)《통용어》계획, 의도: ihr unerwarteter Besuch hatte seinen ganzen F. durcheinandergebracht 그녀의 돌연한 방문으로 그의 모든 계획은 뒤죽박죽이 되었다. b)《연극 용어》연출 예정(계획). ~**planänderung**, die 운행 시간 변경. ~**planmäßig** ⟨Adj.⟩ 운행 시간표대로: die Bahn ist f. eingetroffen 열차는 예정대로 도착했다. ~**planwechsel**, der 운행 시간 변경. ~**praxis**, die ⟨Pl. 없음⟩ 운전 실습. ~**preis**, der 운임, 차삯: eine Fahrkarte zu ermäßigtem F. 할인 승차권. ~**preisanzeiger**, der (택시의) 요금 표시기. ~**preiserhöhung**, die 운임 인상. ~**preisermäßigung**, die 운임 할인. ~**preiserstattung**, die 운임 반환, 운임 정산. ~**prüfung**, die 운전 면허 시험: er hat die F. erst beim zweiten Mal bestanden 그는 운전 면허 시험을 두번째에서야 합격했다. ~**rad**, das 자전거: auf einem F. fahren 자전거를 타고 가다. ~**radhänger**, der 자전거 뒤에 달린 트레일러. ~**radbereifung**, die 자전거 타이어. ~**radergometer**, das (실내 연습용 자전거에 부착된) 주행 계측기. ~**radfahrer**, der《드물게》Radfahrer. ~**radhändler**, der 자전거 판매인. ~**radhandlung**, die 자전거 판매. ~**radkarte**, die (비포장 자전거의) 운동장. ~**radkette**, die 자전거 체인. ~**radlampe**, die 자전거 램프. ~**radlenker**, der 자전거(조향) 핸들. ~**radlösung**, die ⟨schweiz.⟩ ↑Lösung (5). ~**radpumpe**, die 자전거 공기주입기. ~**radrahmen**, der (바퀴를 제외한) 자전거 프레임. ~**radreifen**, der 자전거 타이어. ~**radschloß**, das 자전거 자물쇠. ~**radschlüssel**, der 1. 자전거 열쇠. 2. 자전거 나사 돌리개, 자전거 스패너. ~**radsport**, der 《드물게》↑Radsport. ~**radstand**, der 자전거 주차장. ~**radständer**, der 자전거 주차대. ~**radtour**, die ↑Radtour. ~**radweg**, der ↑Radweg. ~**rinne**, die 수로, 항로: die F. der Hafeneinfahrt wird ausgebaggert 항구로 들어오는 수로가 준설된다. ~**schein**, der (전차, 버스의) 승차권. ~**scheinblock**, der 차표철. ~**scheinentwerter**, der 개찰기. ~**scheinheft**, das 차표철. ~**scheinmappe**, die 차표 가방. ~**schemel**, der [기술] 자동차의 하부 차대. ~**schreiber**, der ↑Fahrtenschreiber. ~**schule**, die 자동차 학원: er hat [leitet] eine F. 그는 자동차 학원을 운영한다; die F. ist bald zu Ende《통용어》(자동차 학원의) 운전 교육이 곧 끝난다. ~**schüler**, der 1. 자동차 학원생. 2. 원거리 통학생 ~**schulprüfer**, der 자동차 학원 시험관. ~**schulung**, die 운전 교습, 운전 교육. ~**sicher** ⟨Adj.⟩ 운행상 안전한 (↑~sicherheit). ~**sicherheit**, die ⟨Pl. 없음⟩ (차량의) 운행 안전성: diese Scheinwerfer schaffen wesentlich bessere Sichtverhältnisse u. damit erhöhte F. 이 전조등(前照燈)은 훨씬 더 나은 시계(視界)를 마련함으로써 운행 안전성을 높여 준다. ~**situation**, die 운전[운행] 상황. ~**spur**, die 차선: die linke F. zum Überholen benutzen 왼쪽 차선을 추월에 이용하시오. ~**stabilität**, die 주행 안정성. ~**stand**, der 1. 계기판을 포함한 운전대. 2. (선박 기계실의) 감시대 및 제어대. ~**steig**, der 자동 이동 보도(步道). ~**steiger**, der 수갱부장(首坑夫長). ~**stil**, der (스키·자동차 경주자의) 주행 스타일. ~**strahl**, der [수학] 활경(活徑), 동경(動徑). ~**straße**, die 1. 차도. 2. [철도] 운행선. ~**strecke**, die 주행 거리, 주행 구간: für diese F. benötigt man etwa zwei Stunden 이 구간을 달리는 데는 약 2시간이 필요하다. ~**streifen**, der ↑~spur. ~**student**, der ↑~schüler (2). ~**stuhl**, der 1. a) 승강기의 탑승실. b) 승강기, 엘리베이터: den F. benutzen 승강기를 이용하다; mit dem F. fahren 승강기를 타고 가다. 2. ↑Krankenfahrstuhl(환자용 휠체어)의 약칭. ~**stuhlführer**, der 승강기 운전원. ~**stuhlgehäuse**, das 승강기틀, 승강기 케이스. ~**stuhlschacht**, der 승강기 수갱(竪坑). ~**stunde**, die 운전 교습 시간. ~**tauglich** ⟨Adj.; nicht adv.⟩ 운전에 적격한(반대: ~untauglich). ~**tauglichkeit**, die 운전 적성(適性). ~**taxe**, die ⟨schweiz.⟩ 운임, 승차 요금. ~**technik**, die 운전 기술. ~**technisch** ⟨Adj.⟩ 운전 기술(의). ~**test**, der 시험 운전. ~**treppe**, die ↑Rolltreppe. ~**tüchtig** ⟨Adj.⟩ (반대: ~untüchtig) 1. 운전할 수 있는. 2. (차량 상태가) 운행 가능한. ~**tüchtigkeit**, die (반대: ~untüchtigkeit). 1. (알코올이나 약물의 영향을 받지 않은 심신의) 운전 가능한 상태. 2. (안전 운행을 보장하는 차량의) 운행 가능 상태. ~**unsicherheit**, die ⟨Pl. 없음⟩ 운전 불확실성(알코올 등의 영향으로 인한). ~**untauglich** ⟨Adj.⟩ 운전 결격의(반대: ~tauglich). ~**untauglichkeit**, die 운전 결격성(반대: ~tauglichkeit). ~**untüchtig** ⟨Adj.⟩ (반대: ~tüchtig) 1. 운전할 수 없는. 2. (차량 상태가) 운행 불능인. ~**untüchtigkeit**, die (반대: ~tüchtigkeit) 1. (알코올이나 약물의 영향으로 인해 심신의) 운전 불가능 상태. 2. (차량 상태의) 운행 불가. ~**verbindung**, die 교통 연결. ~**verbot**, das (운전자에 대한) 운전 금지. ~**verhalten**, das 1. 운전 태도. 2. 운전 특징. ~**verkehr**, der 차량 교통. ~**vorschrift**, die 교통 규칙. ~**wasser**, das ↑~rinne: 전의 die Unterhaltung geriet in (ein) politisches F. 이야기가 어느새 정치 쪽으로 흘렀다; **in seinem[im richtigen] F. sein**《통용어》자기의 전문 영역에 속하고 있다; **in jmds. F. schwimmen[segeln]**《통용어》누구의 영향을 심히 받고 있고, 누구의 생각을 무비판적으로 수용하다. ~**weg**, der 1. ↑~strecke. 2. 차도. ~**weise**, die 운전 태도(특히 다른 운전자에 대한). ~**werk**, das 1. 비행기의 다리, 착륙 장치. 2. ↑~gestell (1). ~**werkabstimmung**, die 차대(車臺) 조정. ~**werksbau**, der ⟨Pl. 없음⟩ 차대(車臺) 제작. ~**widerstand**, der 주행 저항(走行抵抗). ~**wind**, der 1. (돛단배 따위에서의) 순풍. 2. ↑Fahrtwind. ~**zeit**, die 주행 시간(↑Fahrtzeit): eine F. von fünf Stunden muß man einkalkulieren 주행 시간은 5시간은 잡아야 한다. ~**zeug**, das 승용물, 탈것 (차량, 선박, 비행기 등): er handelt mit -en aller Art, vom Fahrrad bis zum Auto 그는 자전거에서 자동차에

이르는 모든 종류의 차량을 취급한다. **~zeugausweis, der** (schweiz.) ↑Kraftfahrzeugschein. **~zeugbau, der** ⟨Pl. 없음⟩ 차량 제작. **~zeugbrief, der** ↑Kraftfahrzeugbrief. **~zeugführer, der** 차량 운전자. **~zeughalter, der** 차량 보유자. **~zeughaltung, die** ⟨Pl. 없음⟩ 차량 보유. **~zeuginsasse, der** 차량 탑승객. **~zeugkolonne, die** 차량 행렬. **~zeugkonvoi, der** 차량 호송. **~zeuglenker, der** (schweiz.) ↑~zeugführer. **~zeugnummer, der** ↑Kraftfahrzeugkennzeichen. **~zeugpapiere** ⟨Pl.⟩ ↑Kraftfahrzeugpapiere. **~zeugpark, der** ↑Wagenpark. **~zeugrahmen, der** 차량의 프레임. **~zeugschlange, die** 차량의 장사진(長蛇陳). **~zeugtyp, der** 자동차의 유형[타입]. **~zeugverkehr, der** 차량 교통. **~zeugwartung, die** 차량 보수, 차량 관리. **~zeugwrack, das** 차량 잔해(殘骸), 폐차(廢車).

Fähr- [ˈfɛːr-]: **~betrieb, der** 나룻배 운행, 카페리 운행. **~bett, das** 선착장(船着場), 도선장(渡船場). **~boot, das** 나룻배. **~dienst, der** 나룻배 운행 업무. **~hafen, der** 차량 도선항(車輛渡船港), 카페리 정박항(碇泊港). **~haus, das** ⟨나룻배⟩사공의 집. **~kahn, der** ↑~schiff. **~lohn, der** (옛) 뱃삯, 1회 도강료(渡江料). **~mann, der** ⟨Pl. ...männer / ...leute⟩ ⟨나룻배의⟩ 사공. **~schiff, das** 차량 도선(車輛渡船), 카페리: dieses F. hat zwei Wagendecks 이 카페리는 두 개의 차량용 갑판이 있다. **~verkehr, der** ↑~betrieb.

fahrbar [ˈfaːɐ̯bʁɐ] ⟨Adj.⟩ **1.** 운행될 수 있는; 운행에 적합한: ein -es Bett 바퀴 달린 이동식 침대. **2.** ⟨준고어⟩ ⟨도로, 강 따위가⟩ 통행[항행] 할 수 있는. **Fahrbarkeit, die** ⟨Pl. 없음⟩ ↑fahrbar의 명사형.

Fährde [ˈfɛːɐ̯də], die; -n ⟨시어⟩ 위험.

Fähre [ˈfɛːrə], die; -n **1.** 나룻배, 도선: die F. legt am Ufer an 나룻배가 강 언덕에 닿는다; wir setzten mit der F. über 우리는 나룻배를 타고 건너간다. **2.** ↑Mondlandfähre(달 착륙선)의 약칭.

fahren¹ [ˈfaːrən] **1. a)** ⟨s⟩ ⟨동력과 바퀴 등의 도움으로 움직여 나아⟩가다: der Zug fährt 기차가 간다; das Schiff fährt langsam aus dem Hafen) 배가 천천히 (항구를 빠져) 나간다; der Fahrstuhl fährt nur bis zum achten Stock 승강기는 9층까지만 운행한다; wann fährt der nächste Bus? 다음 버스는 언제 출발합니까?; fährt die Straßenbahn über den Markt? 전차는 시장을 거쳐 갑니까? **b)** ⟨f. + sich⟩ ⟨h⟩ ⟨차량이⟩ 일정한 주행 특징을 갖고 있다: der neue Wagen fährt sich hervorragend 새 차는 주행 특징이 탁월하다. **2. a)** ⟨탈것을⟩ 타고[몰고] 가다: vorsichtig f. 조심스럽게 차를 몰다; rechts f. 오른쪽으로 차를 몰다; erster Klasse f. 일등 차편으로 가다; aus der Garage f. 차고 밖으로 차를 몰다; er ist seit 20 Jahren unfallfrei gefahren 그는 20년 이래로 무사고 운전을 해 오고 있다; ich bin heute gefahren 오늘은 내가 운전을 했다; wir fahren um 8 Uhr 우리는 8시에 출발한다; man fährt bis dahin 2 Stunden 거기까지 차편으로 2시간이면 간다; der Pkw fuhr dem Lkw in die Flanke 승용차가 화물차의 옆구리를 들이받았다; ⟨전의⟩ Christus ist gen Himmel gefahren 그리스도에서 승천하셨다. **b)** ⟨s⟩ 차량으로 여행하다, 드라이브하다: an die See f. 차를 타고 바닷가로 가다. **c)** ⟨f. + sich⟩ ⟨h⟩ 차를 타고 가기가 어떠어떠하다: auf dieser Straße fährt es sich schlecht 이 길에선 차타고 가기가 나쁘다. **3. a)** ⟨s⟩ ⟨탈것을⟩ 사용하다, 타다: Auto f. 자동차를 타다; wir sind Schlitten gefahren 우리는 썰매를 탔다. **b)** ⟨h⟩ ⟨차량 따위를⟩ 몰다, 운전하다: den Wagen in die Garage f. 차를 차고에 몰아넣다; wer von euch hat gefahren? 너희 중에 누가 차를 몰았나?; sie hat mich f. lassen 그녀는 나더러 차를 몰게 했다. **c)** ⟨h⟩ 연료로써 사용하다:

er fährt nur Super(benzin) 그는 슈퍼(휘발유)만을 연료로써 사용한다. **4.** ⟨h/s⟩ **a)** ⟨어떤 구간을 차량으로⟩ 달리다, 주파하다: einen Umweg f. 차를 타고 우회하여 가다; ich bin diese Straße schon oft gefahren 나는 이 길을 이미 자주 차로 가본 적이 있다. **b)** 차를 타고 어떤 일을 치르다: [스포츠] ein Rennen[einen Rekord] f. 자동차 경주를 하다[자동차 경주에서 최고의 기록을 수립하다]; eine Aufnahme f. [영화] ⟨카메라 차량 따위를 가지고⟩ 촬영하다. **5.** ⟨h⟩ 차를 몰아 곤란한 상황에 빠지다: er hat seinen Wagen zu Bruch gefahren 그는 차를 몰아 파손시켰다. **6.** ⟨h⟩ 차로 나르다, 수송하다: er hat den Verletzten ins Krankenhaus gefahren 그는 부상자를 병원에 싣고 갔다. **7.** ⟨h⟩ **a)** [기술] 가동하다, 조작하다: die gesamte Anlage wird von einer Zentralstelle aus gefahren 전체 시설이 중앙 통제부로부터 조작된다. **b)** [영화·방송·텔레비전] 방송(방영)하다: die Nachrichtensendungen werden täglich mehrmals gefahren 뉴스 방송은 하루 여러 차례 나간다. **8. a)** ⟨s⟩ 재빨리 움직이다, 황급히 이동하다: in die Kleider f. 허겁지겁 옷을 꿰어 입다; er fuhr in die Höhe 그는 후닥닥 일어났다; [사냥] der Hase fährt aus dem Lager 토끼가 보금자리로부터 뛰어나오다; der Hund ist ihm an die Kehle gefahren 개가 그의 목덜미로 뛰어올랐다; ⟨전의⟩ was ist denn in dich gefahren? 도대체 너 어떻게 되었니?; der Schrei fuhr mir durch Mark und Bein 비명 소리가 나의 골수에 사무쳤다; blitzschnell fuhr es ihr durch den Kopf, sofort abzureisen 당장이라도 출발해야겠다는 생각이 섬광처럼 그녀의 뇌리를 스쳐 갔다. **b)** ⟨h/s⟩ ⟨빠른 동작으로⟩ 무엇을 쓰다듬다[스치다, 훑다]: sie fuhr mit dem Staubtuch kurz über die Tischplatte 그녀는 마른 걸레로 식탁 위를 대충 훑었다. **9.** ⟨s⟩ [광] 갱도(坑道)에 들고 나다. **10** ⟨?⟩ [통용어] 겪어내다: mit dieser Methode sind wir immer gut gefahren 우리는 이 방법으로써 언제나 잘 해냈다; bei diesem Geschäft ist er nicht übel gefahren 그는 이 일에서 재미를 못 본 것은 아니다. **11. einen f. lassen** ⟨속어⟩ 방귀 한 방 뀌다. **fahrend** ⟨Adj.⟩ 거주지가 일정하지 않은, 떠돌아다니는: -e Musikanten 떠돌이 악사들; -e Habe [법] 동산. **Fahrende*, der / die; -n, -n** ⟨고어⟩ 떠돌이, 뜨내기.

Fahrenheit [ˈfaːrənhaɪ̯t]; 독일 물리학자 D. G. Fahrenheit (1686~1736)의 이름에서 [물리] 화씨(기호: F). **Fahrenheitskala**, die ⟨Pl. 없음⟩ [물리] 화씨 눈금.

fahrenlassen ⟨h⟩ ↑fahren (11) 참조. **1.** ⟨쥐고 있던 것을⟩ 놓아버리다, 내려놓다: der Dieb ließ den Sack fahren und flüchtete 도둑은 보따리를 내던지고 달아났다. **2.** 포기[단념]하다(aufgeben): sie hat alle Hoffnungen f. 그녀는 모든 희망을 포기했다. **Fahrensmann, der; -(e)s, ...leute / ...männer** [선원] 선원. **Fahrer, der; -s, -** **a)** 자동차 운전수(↑Autofahrer의 약칭). **b)** ⟨직업적⟩ 차량 운전 기사.

Fahrer-: **~flucht, die** ⟨교통 사고시의⟩ 뺑소니: F. begehen 뺑소니치다. **~flüchtig** ⟨Adj.⟩ 뺑소니치는. **~haus, das** 화물차의 운전실. **~kabine, die** ↑~haus. **~sitz, der** 운전석. **~stand, der** ↑Fahrstand (1).

Fahrerei [faːrəˈraɪ̯], die ⟨퓜⟩ 서투르게 차를 몲, 너무 자주[너무 오래] 귀찮게 차를 몲. **Fahrerin, die; -nen** ↑Fahrer의 여성형. **fahrerisch** ⟨Adj.⟩ 차량 운행의, 운전 솜씨의: sie ist ihm f. überlegen 그녀는 그보다 운전 솜씨가 월등히 낫다. **fahrig** [ˈfaːrɪç] ⟨Adj.⟩ **a)** 불안하고 성급한; 침착하지 못한. **b)** ⟨주의력이⟩ 산만한; 덜렁거리는. **Fahrigkeit, die** ↑fahrig의 명사형. **fahrlässig** ⟨Adj.⟩ 태만한, 방심한, 부주의의: -e Tötung [법] 과실 치사. **Fahrlässigkeit, die; -en** ⟨드물게 Pl.⟩ 과실,

태만: bewußte F. 【법】 고의적 과실.
fährlich ['fɛːɐ̯lɪç] ⟨Adj.⟩ ⟨고어⟩ 위험한. **Fährlichkeit**, die; -en ↑fährlich의 명사형.
Fahrnis ['faːɐ̯nɪs], die; -se 【법】 동산. **Fahrnisgemeinschaft**, die ⟨법·고어·schweiz.⟩ (부부의) 동산공유제(動產共有制). **Fahrnisschaden**, der 동산 손실, 동산 피해.
Fährnis ['fɛːɐ̯nɪs], die; -se ⟨자주 Pl.⟩ 《아이》 위험, 위험한 상황.
Fahrt [faːɐ̯t], die; -en **1.** ⟨Pl. 없음⟩ **a)** 〈차량 따위를〉 타고 가기; 〈차량 따위의〉 나아감, 진행: nach drei Stunden F. kamen wir an 차를 타고 세 시간 후 우리는 도착했다; er sprach kein Wort während der F. 그는 차를 타고 가는 동안 한 마디도 안했다. **b)** 〈차량 따위의〉 운행 속도, 속력: der Zug ist in voller F. 기차가 전속력으로 가고 있다; das Schiff nahm F. auf 배가 속력을 내기 시작했다; das Schiff machte nur wenig(kleine) F. 배는 저속으로 달렸다; volle F. voraus! 〈선원: 기관사에 대한 명령〉 전속 항진!; **in F. kommen**(geraten) ⟨통용어⟩ 1) 기분이 좋아지다. 2) 격노하다, 화내다; **in F. sein** ⟨통용어⟩ 1) 기분이 좋은 상태이다. 2) 격노하여 있다, 화나 있다; **jmdn. in F. bringen** ⟨통용어⟩ 1) 좋은 기분이 되게 하다. 2) 격노하게 하다, 화나게 하다. **2. a)** (차를 타고 가는) 나들이, 드라이브; 차편 여행: eine lange F. 긴 차편 여행; wir hatten eine gute F. hierher 이리로 차를 타고 오는데 좋았습니다[편안했습니다]; **eine F. ins Blaue** 지향없이 떠나는 드라이브[여행]. **b)** 도보 여행, 원족, 하이킹: wir sind oft auf F. gegangen 우리는 자주 소풍을 가곤 했다. **3.** 【광】 **a)** (갱도 출입) 사닥다리. **b)** 콘베이어 운반 장치. **4.** 【해양】 Fahrtbereich: er ist Kapitän auf großer F. 그는 원양 항해의 선장이다; er hat das Patent für kleine F. 그는 연안 항해에 대한 면허를 갖고 있다; das Schiff ist für mittlere F. zugelassen 그 배는 중거리 항해에 쓰도록 허가나 있다.
Fahrt- (↑Fahr-, Fahrten-도 참조): **~ausweis**, der ↑Fahrausweis (1). **~bereich**, der 【해양】항해 구역. **~bereit** ⟨Adj.⟩ ↑fahrbereit 참조. **~dauer**, die 승차 〔주행〕시간. **~genosse**, der ⟨고어⟩ 동행자. **~geschwindigkeit**, die ↑Fahrgeschwindigkeit. **~kilometer**, der ↑Fahrkilometer. **~kosten** ⟨Pl.⟩ ↑Fahrkosten. **~richtung**, die 진행 방향, 진로: der Bus änderte plötzlich die F. 버스가 갑자기 방향을 바꾸었다. **~richtungsanzeiger**, der 〔자동차〕 방향 지시등. **~rinne**, die ↑Fahrrinne. **~route**, die 노정(路程), 여정(旅程). **~schreiber**, der 〔자동차〕 속도 기록계. **~strecke**, die ↑Fahrstrecke. **~unterbrechung**, die 운행 정지, 도중 하차. **~wind**, der 〔차량의〕 고속으로 달릴 때 생기는 바람, 주행풍(走行風)(↑Fahrwind). **~zeit**, die ↑Fahrzeit. **~ziel**, das 〔차를 타고 가는〕 행선지.
Fährte ['fɛːɐ̯tə], die; -n 짐승의 발자국, 자귀: eine frische(warme) F. 선명한 자귀; der Hund nimmt die F. auf 개가 짐승의 발자국을 쫓아간다; den Hund auf die F. setzen 개로 하여금 짐승의 발자국을 쫓게 하다; [전의] die Polizei ist auf der falschen F. 경찰이 범인의 뒤를 잘못 쫓고 있다; jmdn. auf eine falsche F. locken (auf die richtige F. bringen) 누구를 잘못된 길로 유인하다〔바른 길로 인도하다〕.
Fahrten- (↑Fahrt-도 참조): **~buch**, das **1.** 운행일지. **2.** 도보 여행〔하이킹〕 일지. **~messer**, das 하이킹용 나이프. **~schreiber**, der ↑Fahrtschreiber. **~schwimmer**, der 원영자(遠泳者)(30분간의 수영과 3m 높이의 다이빙대 뛰어내리기 시험에 합격한 사람). **~schwimmabzeichen**, das 원영자 휘장(배지).

~schwimmerzeugnis, das. 원영 자격증.
Fährtensucher, der 짐승의 발자국을 찾는 사람.
Fahrtuch, das; -s, ...tücher ⟨nordd.⟩ 행주, 걸레.
Faible [fɛːbl], das; -s, -s [frz. faible] 편애, 〔어떤 특정한 것에 집착하는〕성향(性向)〔약점〕: Er hatte sofort ein F. für diesen Jungen 그는 이 소년을 곧 무척 좋아했다.
Faille [faːj, 'faljə], die [frz. faille] 결이 고운 비단.
fair [fɛːɐ̯], ⟨Adj.⟩ [engl. fair] **a)** 떳떳한, 예의 바른, 공정한, 훌륭한: -es Benehmen 예의 바른 처신; ein -er Geist 공정무사(公正無邪)한 생각; das war nicht ganz f. von ihm 그것은 그의 떳떳한 행동이 아니었다. **b)** [스포츠] 경기 규칙에 따르는, 공평한, 정정당당한: ein -er Sportler 정정당당한 선수; die Entscheidung des Schiedsrichters war nicht f. 심판의 판정은 불공평했다. **Fairneß** ['fɛːɐ̯nɛs], ⟨österr.⟩ **Fairness**, die [engl. fairness] **a)** 품행 방정, 공평무사한 태도. **b)** [스포츠] 경기규칙 따위를 잘 지키는 방정한 태도. **Fairneßpokal**, der [스포츠] 모범상배(模範賞杯). **Fairneßpreis**, der [스포츠] 모범상. **Fairplay** ['fɛːɐ̯pleɪ], das; - - [engl. fair play] ↑Fairneß. **Fairway** ['fɛːɐ̯weɪ], das; -s, -s [engl. fairway] [골프] 페어웨이(tee와 putting green 사이의 잔디밭 구역).
Fairy chess ['feərɪtʃes], das; - - [engl. fairy chess] 【장기】묘수풀이 신식 장기(보통 장기에서는 쓰이지 않는 새로운 말이 있으며 장기판도 다름).
Faiseur [fɛːzøːɐ̯], der; -s, -e [frz. faiseur] ⟨고어⟩ 〈나쁜 일의〉 주모자, 원흉(Anstifter). **Fait accompli** [fɛtakɔ̃'pli], das; - -, -s, -s [fɛza...; frz. fait accompli] ⟨교양어⟩ (변경 불가의) 기정 사실.
fäkal [fɛ'kaːl] ⟨Adj.⟩ [lat. faex] [의학] 배설물의. **Fäkaldünger**, der 분뇨 비료. **Fäkalien** [...iən] ⟨Pl.⟩ [의학] 변(便), 똥오줌.
Fakir ['faːkiːɐ̯, ⟨österr.⟩ fa'kiːɐ̯], der; -s, -e [arab. faqīr] **1.** (회교의) 수도자, 탁발승. **2.** (탁발승으로 등장하는) 마술사, 사기꾼.
Faklsau ['fak], die; ...säue ⟨südd., österr.⟩ (새끼를 밴) 암퇘지.
Faksimile [fakˈziːmile], das; -s, -s [engl. facsimile] ⟨전문어⟩ 모사(模寫), 복사, 팩시밀리.
Faksimile-: **~abdruck**, der ↑~druck (2). **~ausgabe**, die 복제본(複製本), 복사판(複寫版). **~druck**, der (Pl. -drucke) **1.** (Pl. 없음) 복제인쇄. **2.** 원형 복사품, 복제품(複製品). **~stempel**, der 복제 도장. **~telegraf**, der 모사(복사) 전신기(模寫[複寫] 電信機). **~übertragung**, die 모사(복사) 전송(模寫[複寫] 電送).
faksimilieren [fakzimiˈliːrən] ⟨h⟩ 모사〔복사〕하다.
Fakt [fakt], das, ⟨또한⟩ der; -(e)s, -en ⟨또한⟩ -s ↑¹Faktum. **Fakta**: ↑¹Faktum의 복수형. **Fakten**: ↑Fakt와 ↑¹Faktum의 복수형. **Faktenmaterial**, das; -s, -ien 사실에 근거한 자료, 실질적 자료. **Faktenwissen**, das; -s ⟨외형적⟩ 사실에 대한 지식: seine Kenntnisse beschränken sich auf bloßes F. 그의 지식은 그저 외형적 사실에 국한된다. **Faktion** [fakˈtsi̯oːn], die; -en [lat. factio] ⟨준고어⟩ 당내 분파, 당내 파벌, 당파. **faktiös** ⟨Adj.⟩ [frz. factieux] 당파적인. **Faktis** ['faktis], der; - [인공어] 대용〔인조〕 고무.
faktisch ⟨Adj.⟩ **a)** 실제적인, 사실상의. **b)** ⟨österr.·통용어⟩ 실지의, 기실, 사실상. **faktitiv** [fakˈtiːf, ⟨또한⟩ '----] ⟨Adj.⟩ [lat. factitāre] ⟨교양어⟩ **1.** (무엇을) 야기(惹起)하는. **2.** [언어] 사역의: -e Verben 사역동사. **Faktitiv** [-], das; -s, -e [...iːvə], **Faktitivum** [...ˈtiːvʊm], das; -s, ...va [언어] 사역동사(예컨대: schärfen = scharf machen). **Faktizität** [faktiʦiˈtɛːt],

Faktographie 648

die; -en 《철학·교양어》 소여성(所與性), 사실성. **Faktographie**, die ↑Faction-Prosa. **faktographisch** ⟨Adj.⟩ 실화 소설적. **Faktor** ['faktor, 《또한》 'fakto:ɐ̯], der; -s, -en [...'to:rən; lat. factor] **1.** 요소, 요인; 관점: wirtschaftliche und psychische -en wirken hier zusammen 이 경우에 경제적 요인과 심리적 요인이 함께 작용하고 있다; das Wetter ist (bei unserem Vorhaben) ein unsicherer F. (우리의 계획에서) 날씨는 가변적 요소이다. **2.** 〔수학〕 인수(因數): ein F. von 10^8과 10^8의 인수; eine Summe in (ihre) -en zerlegen 총계를 인수로 분해하다. **3.** (인쇄소 등의) 직공장. **Faktorei** [faktoˈraɪ], die; -en [lat. factoria] (식민지주의 시대의) 해외 영업소. **Faktorenanalyse**, die 〔심리〕 요인 분석. **faktoriell** [...toˈri̯ɛl] ⟨Adj.⟩ 요인 분석된, 요인 분해된. **Faktotum** [fakˈto:tum], das; -s, -s /...ten [lat. factotum] 막일꾼, 허드렛 일꾼, 닥치는 대로 무엇이나 하는 고용인, 가정부. **¹Faktum** [ˈfaktʊm], das; -s, ...ten/ 〈준고어〉 ...ta [lat. factum] 〔교양어〕 실제 사실(實在事實), 어쩔 수 없는 사실: ein politisches [unabänderliches] F. 정치적인[변경할 수 없는] 실재 사실; sich bei einem Vortrag auf Fakten stützen 강연을 할 때 실재 사실에 근거를 두다. **²Faktum** [-], das; -, ...tümer [lat. factum] 〔부랑자〕 훔친 물건, 장물[臟物]. **Faktur** [fakˈtuːɐ̯], die; -en [lat. factūra] **1.** 〈상·준고어〉 납품계산서, 송장(送狀) (Lieferschein). **2. a)** 〈고어·반어〉 손질, 손으로 하는 일. **b)** 〔음악〕 악곡 구성. **Faktura** [fakˈtuːra], die; -, ...ren 〈고어·österr.〉 ↑Faktur (1). **Fakturenbuch**, das 〈상·준고어〉 회계 장부. **fakturieren** [faktuˈriːrən] ⟨h⟩ 〔상〕 송장을 쓰다, 상품 가격을 계산(견적)하다. **Fakturiermaschine**, die 계산서[견적서] 작성기. **Fakturierung**, die; -en 송장 작성, 상품 계산(견적). **Fakturist** [faktuˈrɪst], der; -en, -en 송장(送狀) 담당자. **Fakturistin**, die; -nen ↑Fakturist의 여성형.

fäkulent [fekuˈlɛnt] ⟨Adj.⟩ [lat. faeculentus] 〔의학〕 대변의, 대변(大便)과 같은.

Fakultas [faˈkʊltas], die; ...täten [...ˈtɛːtn̩; lat. facultās] 〔교양어〕 (전공) 교원 자격: ein Studienrat mit der F. für Geschichte 역사 교원 자격을 지닌 고등 교육 기관의 정교사. **Fakultät** [fakʊlˈtɛːt], die; -en [frz. facultas] **1.** 〔대학〕 **a)** 종합 대학의 단과 대학, 학부: sich an der philosophischen (medizinischen) F. einschreiben lassen 철학부[의학부]에 등록하다; (ein Kollege) von der anderen F. sein 《농》 1) 신양관 〔세계관〕이 다르다. **b)** 동성 연애자이다. **b)** 학부 총원(교수와 학생 모두 포함): die gesamte F. nahm an der Feier teil 전체 학부가 축제에 참가했다. **c)** 학부 건물. **2.** 〈고어〉 Fakultas. **3.** 〈고어〉 능력, 재능. **4.** 〔수학〕 계승(階乘)(예컨대: 1·2·3·4·5 = 5 Fakultät; 기호: 5!). **fakultativ** [fakʊltaˈtiːf] ⟨Adj.⟩ [frz. facultatif] 〔교양어〕 임의적, 자유재량에 맡긴, 자유 선택적 (반대) obligatorisch): -e Unterrichtsfächer 자유 선택 과목. **Fakultäts-**: ~**beschluß**, der 학부(단과 대학) 위원회의 의결(議決). ~**rat**, der 학부위원회(교수, 조교, 학생 등으로 구성됨). ~**versammlung**, die 학부 위원회의 총회.

Falaises [faˈlɛːz], **Falaisen** [faˈlɛːzn̩] ⟨Pl.⟩ [frz. falaises] (노르망디)의 암벽 해안의 프랑스식 표현.

Falange [faˈlaŋɡe], die; 〔span.〕 〔span. Falange〕 팔랑헤(1936년 이래로 Franco 지도 하에 결성된 스페인의 파시스트 정당). **Falangist** [falaŋˈɡɪst], der; -en, -en [span. Falangista] **1.** 팔랑헤 당원. **2.** 레바논의 기독 팔랑헤 당원.

falb [falp] ⟨Adj.⟩ 〈아어〉 노르스름한, 황회색의. **Falbe** [ˈfalbə], der; -n, -n 노랑말, 노르스름한 색깔이 도는 말. **Falbel** [ˈfalbl̩], die; -n [frz. falbala] 〔재단〕 옷단 주름 장식. **falbeln**, **fälbeln** [ˈfɛlbln̩] ⟨h⟩ 〔재단〕 **a)** 잔주름을 잡다(rüschen). **b)** 옷단 주름 장식을 달다.

Faldistorium [faldɪsˈtoːri̯ʊm], das; -s, ...ien [...i̯ən; lat. faldistorium] 팔걸이 접의자(승정이나 수도원장의 교회 축제용).

Falke [ˈfalkə], der; -n, -n **1.** 매: der F. erspäht[schlägt] die Beute 매가 먹이를 노린다[덮친다]. **2.** 〈대개 Pl.〉 매파, 주전파(主戰派), 강경파.

Falken-: ~**auge**, das **1.** 《아이》 혜안(炯眼), 날카로운 눈매. **2.** 장식용 석영(石英). ~**beize**, die ↑²Beize. ~**blick**, der 〈Pl. 없음〉 《아이》 혜안의 통찰력, 날카로운 인식. ~**haube**, die 〔사냥〕 매는 가리개. ~**horst**, der 매 보금자리. ~**jagd**, die ↑²Beize.

Falkenier [falkəˈniːɐ̯], der; -s, -e 〈고어〉 ↑Falkner. **Falkner** [ˈfalknɐ], der; -s, - [lat. falconārius] 〔사냥〕 매 사냥꾼, 매 훈련시키는 사람, 매잡이. **Falknerei** [falknəˈraɪ], die; -en 〔사냥〕 **1.** 〈Pl. 없음〉 매사냥, 매 훈련시키기. **2.** 매 훈련장.

Falklandinseln [ˈfalklantinzl̩n] 〈언제나 관사와 함께, Pl.〉 포클랜드 제(諸)도.

¹Fall [fal], der; -(e)s, Fälle [lat. casus] **1.** 〈Pl. 없음〉 **a)** 떨어짐, (중력에 의한) 낙하: der Fallschirm öffnet sich im F. 낙하산은 낙하하면서 펼쳐진다; **der freie F.** 〔물리〕 자유 낙하. **b)** 쓰러짐, 넘어짐: einen schweren F. tun 크게 넘어지다; man hörte einen dumpfen F. 쿵하고 넘어지는 소리가 들렸다; 《비》 der F. Trojas 트로야의 함몰; **zu F. kommen** 1) 《아어》 쓰러지다, 넘어지다: er ist im Dunkeln zu F. gekommen 그는 어둠 속에서 쓰러졌다. 2) 몰락하다, 무너지다, 실각하다: der Minister ist durch[über] diesen Skandal zu F. gekommen 장관은 이 추문으로 말미암아 실각했다; **zu F. bringen** 1) 《아어》 쓰러뜨리다, 무너뜨리다: eine dicke Baumwurzel hat sie zu F. gebracht 굵은 나무 뿌리가 그녀를 쓰러뜨렸다. 2) 망하게 하다, 붕괴시키다: ein Gesetz [einen Plan] zu F. bringen 법안[계획]을 무효로 하다; seine Skandale haben ihn schließlich zu F. gebracht 그의 추문이 끝내 그를 망하게 하고 말았다. **2. a)** 경우, 사정: wenn dieser F. eintritt 이러한 경우가 닥친다면; für den schlimmsten F. 최악의 경우에 대비하여; **(nicht) der F. sein.** 사정이 그러하다(그렇지 않다); **den F. setzen** 어떤 사정이 주어졌다고 가정하자: setzen wir einmal den F., er käme zu spät 그가 늦게 온다고 한번 가정하자; **gesetzt den F., daß**... ...라고 가정하면; **für den F., daß**... ...의 경우에 대해서; **im Fall(e), daß** ... ...의 경우에는; **auf jeden F.** 어떤 경우에도 꼭, 여하튼, 반드시; **auf alle Fälle** 1) 어떤 경우에도 꼭, 반드시. 2) 만일의 경우에 대비하여 (vorsichtshalber); **auf keinen F.** 어떠한 경우에도 ...하지 않는, 절대로, 절대 않다; **von F. zu F.** 개개의 경우에 따라, 그때 그때 봐서. **b)** 특수한 일; 사건: ein hoffnungsloser F. 가망 없는 일; dieser F. macht mir Sorge 이 일로 걱정이 된다; einen F. als Beispiel anführen 어떤 사건을 보기로 들다; ich komme noch auf den F. zurück 그 건(件)에 대해서 나는 다시 다루기로 하겠다; **jmds. F. sein** 《통용어》 누구의 마음에 들다, 누구에게 걸맞다: er ist nicht gerade mein F. 그가 꼭 내 마음에 탐탁하지는 않다; **klarer F.!** 《통용어》 물론이지! 뻔한 사실이지!; **in jedem F.** 이러나 저러나 간에. **3.** 〔법〕 사건, 사안(事案), 심리안건(審理案件) (Verhandlungssache): der F. Robert Krause 로베르트 크라우제 사건; einen F. untersuchen 어떤 사안을 조사하다; das Gericht hat den F. entschieden 사직 당국이 이 사건의 판결을 내렸다. **4.** 〔의학〕 증례(症例), 병례 (病例): es traten mehrere Fälle von Pilzvergiftung auf 버섯 중독의 여러 증례가 나타났다; 〔전의〕 sie haben zwei schwere Fälle auf der Station 그들의 병동에는 중환자 두 사람이 있다. **5.** 〖문법〗 격(Kasus): nach "wegen" steht der 2. F. „wegen" 다음에는 2격이 온다. ²**Fall** [-], das; -(e)s, -en 〖선원〗 용층줄(돛을 올렸다 내렸다 하는 줄), 마룻줄.

fall-, Fäll-: ~**apfel**, der 나무에서 떨어진 사과. ~**ball**, der 〖파우스트 볼〗 튀어 오르지 않도록 깎아치는 볼. ~**baum**, der 〖사냥〗 후림나무(까마귀 사냥새에 부엉이를 후림새로 매달아두는 나무). ~**beil**, das 〖 〗 Guillotine. ~**beschleunigung**, die 〖물리〗 낙하 가속도. ~**biegung**, die (österr.) ↑Biegung (2). ~**brücke**, die 공성 잔교(攻城棧橋)(성벽을 타오르거나 해자를 건너거나 또한 적의 배에 갖다 붙이는 공격용 다리). ~**gatter**, das ↑~**gitter**. ~**geschwindigkeit**, die 〖물리〗 낙하 속도. ~**gesetz**, das 〖물리〗 (자유)낙하 법칙. ~**gitter**, das 차폐 적문(遮蔽吊門)(성각의 문로를 차단하는 격자문). ~**grube**, die 함정, 허방다리. ~**hammer**, der 내리달구, 낙하망치. ~**höhe**, die **1.** 〖물리〗 강하고도(降下高度), 낙차(落差). **2.** 몰락의 심도 (극중 주인공의 사회적 신분이 높을수록 사회적 몰락의 크기가 더 깊게 나타난다는 가정). ~**holz**, das 바람에 떨어진 나무(대개 마른 가지). ~**laub**, das (비슷철시: Fallaub) 낙엽. ~**linie**, die (비슷철시: Fallinie) **1.** 최고 경사선. **2. a)** 〖등산〗 ↑Direttissima. **b)** 〖스키〗 최단 활강. ~**masche**, die (schweiz.) (양말의) 세로(코) 풀린 코. ~**meister**, der 《고어》 박피사(剝皮師)(Abdecker). ~**nest**, das ↑Fallennest. ~**obst**, das 바람에 떨어진 과실, 낙과(落果): die F. auflesen 낙과를 줍다. ~**plättchen**, das 〖체스〗 초읽기의 경과 시간대(帶)(체스용 시계의). ~**reep**, das [niederd. falreep] 〖선원〗 현제(舷梯), 현문(舷門). ~**rohr**, das (빗물받이 홈통. ~**rückzieher**, der 〖축구〗 오버헤드 킥(머리 위로 돌려차기). ~**schirm**, der 낙하산: mit dem F. abspringen 낙하산을 타고 뛰어내리다. ~**schirmabsprung**, der (낙하산에 의한) 낙하. ~**schirmabwurf**, der 낙하산 투척(낙하산에 물건을 매달아). ~**schirmjäger**, der 〖군〗 공수 부대원, 낙하산 부대원. ~**schirmjägertruppe**, die 〖군〗 공수 부대, 낙하산 부대. ~**schirmler** [-ʃɪrmlɐ], der; -s, - (schweiz.) ↑~schirmspringer. ~**schirmseide** die 낙하산 원단. ~**schirmsport**, der 스카이 다이빙. ~**schirmspringen**, das; -s 〖낙하산에 의한〗 낙하. ~**schirmspringer**, der 스카이다이버, 파라슈트. ~**schirmspringertruppe**, die ↑~schirmjägertruppe. ~**start**, der 〖육상〗 **a)** (연습 중에) 천천히 달리다가 갑자기 전속력으로 질주. **b)** 몸을 앞으로 펴서 전방 위치에서 경주를 시작하는 스타트. ~**strecke**, die ↑~höhe (1). ~**strick**, der 덫, 함정: jmdm. -e legen 누구의 함정을 만들다. ~**studie**, die 사례 연구, 케이스 스터디. ~**sucht**, die 〈Pl. 없음〉 〖고어〗 간질병. ~**süchtig** 〈Adj.〉 〖고어〗 간질병의. ~**technik**, die 〖무도〗 낙법. ~**treppe**, die 〖광〗 **1.** 접는 사다리. **2.** (폐석 운반용) 파이프식 슈트. ~**tritt**, der 〖럭비〗 손에서 공을 놓치지 않고 닿기 전에 차기. ~**tür**, die **1.** 벽락담이. **2.** (바닥을 디디면 꺼지게 되어 있는) 허방문. ~**weise** 〈Adv.〉 (österr.) 개별적으로, 경우에 따라(gegebenenfalls): er arbeitet nur f. 그는 오다가다 일할 따름이다; (부가어적으로도) das f. Auftreten dieser Schädlinge 이러한 해충의 경우에 따른 출현. ~**wild**, das 〖사냥〗 (병, 기아, 추위따위로) 죽은 들짐승. ~**wind**, der 재넘이, (아래로 부는) 산바람. ~**wurf**, der 〖핸드볼〗 다이빙 슛.

Fällbad ['fɛl-], das; -(e)s, ..bäder 〖섬유〗 화학사(絲) 제제에 사용되는 화학액(실 분사기에서 나오는 액체를 군혀서 실로 만들어 줌).

Falle ['falə], die; -n **1.** 덫, 함정; -n stellen (legen) 덫을 놓다, 함정을 파다; der Fuchs ist in die F. gegangen 여우가 덫에 걸렸다; jmdm. eine F. stellen 누구를 함정에 빠뜨리려고 하다, 모함하다; jmdm. in eine F. locken 누구를 유혹하여 계략에 말려들게 하다; er ist in eine F. geraten 그는 책략에 말려들었다; wir sitzen hier in der F. 우리는 이곳을 빠져나갈 수 없다. **2.** 《경》 잠자리, 침대 (대개 in과 결합하여): seine F. bauen〖통용어〗 잠자리를 만들다; in die F. gehen(sich in die F. legen) 잠자리에 들다. **3. a)** (눌러 닫는) 빗장. **b)**(schweiz.) 문의 손잡이.

Fälle: ↑Fall의 복수형. **fallen*** ['falən] 〈s〉 **1. a)** 떨어지다, 낙하하다: das Blatt fällt lautlos 잎이 소리없이 떨어져 내린다; der Vorhang fällt 막이 내린다; sie hat eine Masche f. lassen 그녀는 (뜨개질하다가) 코를 하나 빠뜨렸다. **b)** 쓰러져 눕다, 넘어져 뻗다: erschöpft ließ ich mich auf s Bett f. 녹초가 되어 나는 침대 위에 쓰러졌다. **c)** 쓰러지다, 넘어지다: er ist sehr unglücklich gefallen 그는 아주 운수사납게 넘어졌다; 〈과거분사로〉 전의 ein gefallenes Mädchen 윤락 여성, 논다니. **2. a)** 아래로 늘어지다: die Gardinen fallen locker 커튼이 느슨하게 처져 있다. **b)** (아이) 비스듬히 아래로 향하고 있다: die Felsen fallen schroff ins Tal 암석이 계곡으로 깎아지른 듯서 있다. **3.** (반대: steigen) **a)** 높이나 정도가 낮아지다: der Wasserspiegel ist (um 1m) gefallen 수위가 (1m 정도) 낮아졌다; die Temperatur ist gefallen 온도가 떨어졌다, 날씨가 추워졌다. **b)** 가격이 하락하다: die Waren sind im Preis gefallen 상품의 가격이 떨어졌다. **c)** 중요성이 적어지다(감소하다): sein Ansehen fällt immer mehr 그의 명망이 점점 더 떨어지고 있다. **4. a)** 전사하다: in dem Gefecht sind viele Soldaten gefallen 전투에서 많은 군인이 전사했다. **b)** 〖사냥〗 〖짐승의 질병, 기아, 추위 따위로〗 죽다: in diesem Winter ist viel Wild gefallen 이번 겨울에 많은 짐승이 죽었다. **5.** 점령되다, 함락되다: auch die Hauptstadt des Landes ist jetzt gefallen 그 나라의 수도 또한 이제는 함락되고 말았다. **6.** 없어지다, 통용력을 잃다: diese Steuer ist jetzt gefallen 이 세금은 이제 없어지고 말았다. **7. a)** 어떤 곳으로 재빨리 나아가다, 재빨리 어떤 자세를 취하다: die Tür fiel ins Schloß 문이 잠겼다; er fiel (vor ihr) auf die Knie 그는 (그녀 앞에) 급히 무릎을 꿇었다; sie fiel der Freundin um den Hals 그녀는 여자 친구의 목을 얼싸 안았다; er fiel dem Pferd in die Zügel 그는 고삐를 잡아 말을 세웠다; feindliche Truppen waren ins Land gefallen 적 부대가 그 나라에 침입했다; sie wollten dem Feind in die Flanke f. 그들은 적의 측면을 급공(急攻)하고자 했다. **b)** 어떤 곳에 도달(침투)하다: kein Lichtstrahl fiel in die Höhle 동굴 안으로는 어떤 빛도 스며들지 않았다; ein Schatten fällt an die Wand 그림자 하나가 벽에 비쳤다; 전의 die Wahl ist auf sie gefallen 선거의 결과는 그녀의 당선이었다; der Verdacht fiel auf ihn 혐의가 그에게 쏠렸다. **8. a)** 어떤 시기와 일치하다, 어떤 시기에 행하여지다: der Heilige Abend fällt dieses Jahr auf einen Sonntag 올해의 크리스마스 이브는 일요일이다; in diese Zeit fallen die Hauptwerke des Dichters 시인의 주요 작품은 이 시기의 것이다. **b)** 어떤 범위에 속하게 되다, 무엇에 해당되다: in(unter) dieselbe Kategorie f. 동일 범주에 속하다; das fällt nicht unter dieses Gesetz 그것은 이 법률에 해당되지 않는다. **c)** 누구의 소유가 되다: die Erbschaft fiel an seine Schwester 유산은 그의 누이가 차지하게 되었다. **9. a)** 어떤 일이 이루어지다: die Entscheidung ist gefallen 결정이 났다; bei der Demonstration fielen Schüsse 데모할 때 발포되었다; während der ersten Halbzeit fiel kein Tor 전반전엔 골도 나지 않았다. **b)** 말로 표현되다: in der Sitzung

fielen scharfe Worte 회의에선 신랄한 말이 터져나왔다; dein Name ist auch gefallen 너의 이름도 거론되었다. **10.** 다른 상태(태도)로 바뀌다: in Schwermut f. 애수에 잠기다; das Gebäude ist in Trümmer gefallen 건물은 초토화되고 말았다; die Pferde fielen in Trab 말이 속보로 달리기 시작했다. **11.** 《통용어》↑durchfallen (2 b): durchs Examen f. 시험에 떨어지다. **fällen** ['fɛlən] ⟨h⟩ **1.** (베어) 넘어뜨리다: Bäume f. 나무를 베다. **2.** [군] 겨누다: mit gefälltem Gewehr 총을 겨누면서. **3.** 말로 나타내다, 단언하다: ein Urteil über jmdn. f. 누구에 대해 판결을 내리다; er hat die Entscheidung gefällt 그가 결단을 내렸다. **4.** [화학] 침전시키다. **fallenlassen*** ⟨h⟩ **1.** 단념하다, 그만두다: er hat seine Absicht, eine Reise zu machen, fallenlassen [(드물게) fallengelassen] 그는 여행하려던 의도를 포기했다. **2.** 누구와 관계를 끊다: er hat seinen Mitarbeiter fallenlassen [(드물게) fallengelassen] 그는 동업자와 손을 끊었다. **3.** 지나는 말로 언명하다: er hat eine Bemerkung fallenlassen [(드물게) fallengelassen] 그는 슬쩍 그의 소견을 내비친 사람. **Fallennest**, das; -(e)s, -er [농업] 내리닫이 닭장(내리닫이 문이 달렸음). **Fallensteller** [-ʃtɛlɐ], der; -s, - 덫놓는 사람.
fallibel [faˈliːbl] ⟨Adj.⟩ [lat. fallere] (고어) 오류에 빠지기 쉬운, 잘못될 수 있는. **Fallibilität** [falibiliˈtɛːt], die; -en (고어) ↑fallibel의 명사형. **fallieren** [faˈliːrən] [ital. fallire] **1.** ⟨h⟩ 파산하다, 지불 불능이 되다: sie begreifen nicht, daß ihr Unternehmen f. konnte 그들은 그들의 기업이 파산할 수도 있었다는 사실을 이해하지 못한다. **2.** ⟨s⟩ (지역적) 실패하다: der Kuchen ist (mir) leider falliert 유감스럽게도 (나의) 케이크는 실패작이었다.
fällig ['fɛlɪç] ⟨Adj.⟩ **a)** 일정한 시점에 지불해야 할: der Betrag ist am 1. April f. 금액은 4월 1일에 지불되어야 한다. **b)** 일정한 시점에 처리해야 할, 일정한 시점에 되는: die längst -e Reform des Schulwesens 오랫동안 숙제로 되어 온 학제 개편; immer wenn er zu spät nach Hause kommt, ist ein Streit f. 그가 늦게 귀가하는 경우에는, 언제나 싸움이 한바탕 벌어진다; jetzt reicht es mir aber, der Kerl ist heute abend f.! 이젠 정말이지 참을 수 없어, 이 녀석과 오늘 저녁엔 따져봐야겠어! **c)** 일정한 시점에 예정되어 있는: der Schnellzug ist in 4 Minuten f. 급행열차는 4분 있으면 도착할 것이다. **Fälligkeit**, die; -en **1.** ⟨Pl. 없음⟩ 만기. **2.** [경제] 부채 지불 확정일.
Fälligkeits- (Fälligkeit 2): **~hypothek**, die [금융] 근저당. **~klausel**, die [금융 · 구동독] 변제 약정(辨濟約定). **~tag**, der 지불일. **~termin**, der 변제 기일(辨濟期日).
Falliment [faliˈmɛnt], das; -s, -e **Fallissement** [falisəˈmɛːt], das; -s, -s [ital. fallimento] (고어) 파산, 지불 정지. **fallit** [faˈliːt], (또한) ...lɪt] ⟨Adj.⟩ [ital. fallito] (고어) 지불 불능의, 파산한. **Fallit** [-], der; -en, -en (고어) 파산자, 지불 불능자.
Fällmittel [-], das; -s, - ↑Fällungsmittel.
Fallot, ↑Falott.
Fallout [fɔːlˈaʊt], der; -s, -s [engl. fallout] [핵] 방사성 강하물, 방사성 유출.
falls [fals] ⟨Konj.⟩ ...라면, ...의 경우에는: f. es regnen sollte, bleiben wir zu Hause 비가 온다면 집에 있겠다; nimm einen Schirm mit, f. es regnet (통용어) 어쩌면 비가 올지도 모르니, 우산을 갖고 가렴.
Fällung, die; -en (드물게 Pl.) **1.** 벌목, 베어 넘김. **2.** 발언, 단언. **3.** [화학] 침전. **Fällungsmittel**, das 침전제.
Falott, Fallot [faˈlɔt], der; -en, -en [frz. falot]

(österr. · 통용어) 사기꾼, 건달.
Falsa: ↑Falsum의 복수형. **falsch** [falʃ] ⟨Adj.⟩ **1. a)** 모방된, 모조의, 인조의(반대: echt 1 a): -e Zähne 의치; -e (Edel)steine 인조 보석. **b)** 가짜의, 위조된: -e Banknoten 위조 지폐; unter -em Namen reisen 변성명하고 여행하다. **2.** (반대: richtig I, 1) **a)** 틀린, 사실과 맞지 않는; 거짓의, 잘못된: in den -en Zug einsteigen 다른 방향으로 가는 기차를 타다; in der -en Richtung (f.) gehen 엉뚱한 방향으로 가다; den Eindruck von ihm ist f. 그에 대한 너의 인상은 사실과 다른 것이다; verbunden sein 전화가 잘못 연결되다; 전의 da bist du f. verbunden! 그 점은 네가 잘못이라구!; 《명사화》 **an den Falschen**[《농》 **die Falsche**] **geraten** 누구에게 기대한 것과 정반대의 반응을 얻다, 사람을 잘못 짚다. **b)** 결함이 있는, 오류적; 제대로 되지 않은: die -e Aussprache eines Wortes 결함이 있는 낱말 발음; die Uhr geht f. 너의 시계는 제대로 가지 않는다; da sind Sie f. informiert 이 점에서 잘못 알고 계시군요; 성구 wie man's macht, ist's [macht man's] f. 많은 사람에게 다 잘해줄 수는 없는 법. **3.** 부적절한, 어울리지 않는: mit -em Pathos reden 가당치 않은 열정으로 떠들어대다. **4.** 진리(정의)에 맞지 않는, 현혹적인, 사기적인: -e Angaben machen 허위의 진술을 하다. **5.** (편) 본심을 숨긴, 교활한, 음험한: ein -er Freund 속마음을 털어놓지 아니하는 친구(반대) er ist ein -er Hund 그는 음험한 녀석이다; sie ist eine -e Schlange 그녀는 교활한 계집이다. **6.** 《지역적》 화난, 격노한: f. (auf jmdn.) sein (누구에게) 감정을 품고 있다, 누구에게 화나 있다; sie wurde ganz f., als sie das hörte 그녀는 그 사실을 들었을 때 그녀는 노발대발했다. **Falsch** [-] (아직은 용법으로) **an jmdm. ist kein F.** 누구는 나무랄 데 없는 사람이다; **ohne F. sein** 악의가 없다.
falsch-, **Falsch-**: **~aussage**, die [법] 과실위증(過失僞證). **~buchung**, die [경제] 오기 부기, 가짜 장부. **~eid**, der [법] 선서를 한 과실위증(過失僞證)(이 경우 자신의 진술을 진리라고 생각함)(반대: Meineid). **~geld**, das -(e)s 위조 화폐. **~gläubig** ⟨Adj.⟩ 이단 [사교](異端[邪敎]) 의. **~herum** ⟨Adv.⟩ **a)** 방향이 틀리게, 잘못된 방향으로: etw. f. stellen 무엇을 잘못된 방향으로 놓다. **b)** 방향이 틀린, 잘못된 방향이: das Sofa steht jetzt f. 소파가 지금 이 방향이 이제는 잘못되어 있다. **~meldung**, die 허위 보도, 오보(誤報). **~münzer** [-mʏntsɐ], der; -s, - 화폐 위조자, 위폐범(偽幣犯). **~münzerei** [-mʏntsəˈraɪ], die ⟨Pl. 없음⟩ 화폐 위조. **~parker** [-'parkɐ], der; -s, - 주(정)차 위반자. **~rum** ⟨Adv.⟩ (지역적) ↑~herum. **~spielen** ⟨h⟩ (카드) 놀이에서 속임수를 쓰다, 사기 도박을 하다. **~spieler**, der 사기 도박꾼.
fälschen ['fɛlʃn] ⟨h⟩ [lat. falsi(fi)cāre] 위조(모조)하다, 변조하다: Geld(Wechsel, eine Unterschrift) f. 돈(어음, 서명)을 위조하다; gefälschte Papiere 위조 문서. **Fälscher**, der; -s, - 위조(변조, 모조)자. **Falschheit**, die **1.** 가짜임, 허위, 부정확함, 오류. **2.** (편) 위선(위선)적임. **fälschlich** ['fɛlʃlɪç] ⟨Adj.⟩ 오류적인, 잘못된, 부정확한: eine -e Beschuldigung 무고(誣告)하다; jmdn. f. anklagen 누구를 무고(誣告)하다; Es bringt Glück, wenn einer f. totgesagt wird 죽었다고 헛소문이 나면, 행운이 오는 법이다. **fälschlicherweise** ⟨Adv.⟩ 잘못되어, 실수로: das Paket wurde f. bei uns abgegeben 소포가 잘못되어 우리에게 교부되었다. **Fälschung**, die; -en **1.** (드물게 Pl.) 위조, 모조, 변조. **2.** 위조(모조)품, 변조된 것. **fälschungssicher** ⟨Adj.⟩ 위조 방지가 된: -e Ausweise 위조할 수 없게 만든 증명서. **Falsett** [falˈzɛt], das; -(e)s, -e (드물게 Pl.) [ital. falsetto] [음악] 가성(假聲). **falsettieren** [falzɛˈtiːrən] ⟨h⟩ [음악]

가성으로 노래하다. **Falsettist** [...'tɪst], der; -en, -en [음악] 가성 가수(假聲歌手). **Falsettstimme**, die ↑ Falsett. **Falsifikat** [falzifi'ka:t], das; -(e)s, -e [lat. falsificātum] 《교양어》위조[모조]품, 위조 화폐. **Falsifikation** [...ka'tsi̯oːn], die; -en [lat. falsificātio] 《교양어》 1. 위조, 모조. 2. 반론, 논박(반대: Verifikation 2). **falsifizieren** [...fi'tsi:rən] ⟨h⟩ [lat. falsificāre] 《교양어》 1. 위조[모조]하다. 2. (학문적 주장을) 반론[논박]하다(반대: verifizieren 2). **Falso bordone** ['falzo bɔr'doːnə], der; - -, ...si ...ni [ital. falso bordone] ↑ Fauxbourdon. **Falsum** [falzʊm], das; -s, ...sa [lat. falsum] 《고어》사기, 위조.

Falt [falt], der; -s, Fälte 《schweiz.》 ↑ Falte.

Falt-: **~arbeit**, die 접기 작업, 주름내기. **~blatt**, das 서적, 신문 등에 접어 넣은 선전(광고)용 인쇄물. **~boot**, das (노의 양끝으로 젓는) 조립식 보트. **~karte**, die 접지도(摺地圖)(볼 때는 접어 가지고 있음). **~karton**, der 마분지 접상자(摺箱子)(보관시에 평평하게 접을 수 있음). **~kuppel**, die [건축] 주름 반구탑(半球塔). **~schachtel**, die 접상자(摺箱子)(보관시에는 평평하게 접을 수 있음). **~schnitt**, der 주름 절단무늬(접은 종이를 잘라 대칭으로 나타난). **~stuhl**, der 접의자. **~tür**, die 병풍문.

faltbar ['faltbaːɐ̯] ⟨Adj.⟩ 접을 수 있는. **Fältchen** ['felt-çən], das; -s, - ↑ Falte (1, 2) 참조: tausend F. durchziehen ihr Gesicht 그녀의 얼굴에는 수천 개의 잔 주름이 패여 있었다. **Falte** ['faltə], die; -n 1. ⟨축소형: ↑Fältchen⟩ **a)** 금, 주름: tiefe -n 길게 패인 금; die -n ausbügeln 다림질을 하여 주름을 펴다. **b)** 구김살, 천의 주름 부분(포개거나 구겨서 생긴): der Rock fällt in fließenden -n 치마가 아래로 주름이 나 있다; 전의 die tiefsten -n ihres Herzens 《시어》그녀 마음의 가장 깊은 속사정. 2. ⟨축소형: ↑Fältchen⟩ 주름살: tiefe -n im Gesicht 얼굴에 나 있는 깊은 주름살; die Stirn in -n legen(ziehen) 이맛살을 찌푸리다. 3. [지질] 습곡(摺曲). **fälteln** ['feltl̩n] ⟨h⟩ 잔주름을 내다. **falten** ['faltn̩] ⟨h⟩ 1. 접다: einen Brief (zweimal) f. 편지를 (두 번) 접다. 2. **a)** 주름살을 짓다, 찡그리다: die Stirn f. 이맛살을 찌푸리다. **b)** ⟨f. + sich⟩ 주름이 생기다, 구겨지다: die Haut faltet sich 피부에 주름이 생긴다. 3. 포개어 모으다: die Hände auf der Brust f. 손을 가슴에 포개다. 4. [지질] **a)** 습곡(褶曲)을 형성하다. **b)** ⟨f. + sich⟩ 습곡(褶曲)이 생기다.

falten-, **Falten-**: **~balg**, der ↑¹Balg (5). **~bildung**, die 1. 주름살의 형성. 2. [지질] ↑ Faltung (2). **~frei** ⟨Adj.⟩ 구김살이 생기지 않는(의복 따위가). **~gebirge**, das [지질] 습곡 산맥. **~gesicht**, das 주름진 얼굴. **~gewand**, das 《아어》주름이 많이 잡힌 옷. **~haut**, die [의학] 주름살이 많은 피부. **~jupe**, die 《schweiz.》↑~rock. **~kapitell**, das [건축] 주름 장식 주두(柱頭). **~los** ⟨Adj.⟩ 1. 구김살이 없는. 2. 주름살이 없는. **~reich** ⟨Adj.⟩ 1. 주름이 많은. 2. 주름살이 많은. **~rock**, der 주름 치마. **~partie**, die ↑~teil. **~teil**, der 《또는 das 주름(살을 잡은) 부분. **~wurf**, der 다양한 재료의 조형적 구성, 주름이 많은 옷: Madonna in blauem F. 푸른색의 주름이 많은 옷을 입고 있는 마돈나.

Falter ['faltɐ], der; -s, - 《드물게》 ↑ Schmetterling. **Falterblume**, die 충매화(蟲媒花).

faltig ['faltɪç] ⟨Adj.⟩ **1. a)** 주름이 있는. **b)** 구김살이, 구겨진. **2.** 주름살이 진. **-fältig** [-fɛltɪç] ⟨다음의 합성어로, 예컨대⟩ achtfältig, vielfältig. **Faltung**, die; -en 1. 접기. 2. [지질] 습곡(摺曲). **Faltungsära** = ↑ Ära (2 b).

Falz [falts], der; -es, -e **1.** [제본] **a)** 전지(全紙)가 접힌 자리, 접힌 선. **b)** 홈(책의 겉장에서 등으로 가는 경계이 생긴 것). **c)** 복지(幅地)(낱장을 붙이기 위해 접어서 잡아 맨 자리). **2.** [토목·제재] 사개, 개탕(開鐺): die Bretter müssen in den -en genau zusammenpassen 판자는 사개가 정확히 맞물려야 한다. **3.** [기술] 합석 이음새 자리: die Konservendose ist durch einen F. am oberen Rand verschlossen 통조림 깡통은 윗부분이 이음새 자리로써 밀폐되어 있다.

Falz-: **~bein**, das [제본] 접지(摺紙) 주걱. **~linie**, die ↑ Flattermarke. **~maschine**, die 1. [제본] 접지(摺紙) 기계. 2. 접판기(摺版機) ↑ Falz (3). **~pfanne**, die ↑~ziegel. **~ziegel**, der [토목] 이음 기와.

falzen ['faltsn̩] ⟨h⟩ 1. 접은 선으로 어떤 모양을 만들다. 2. [제혁] 가죽의 안쪽을 다듬다. **Falzer**, der; -s, - [제본] 접지공(摺紙工). **Falzerin**, die; -nen ↑ Falzer의 여성형. **falzig** [faltsɪç, -e ...ɪɡə] ⟨Adj.⟩ 접은 선이 있는. **Falzung**, die; -en 1. 접은 선으로 모양 만들기. 2. 접힌 자리.

Fama ['faːma], die [lat. fāma] 《아어》낭설, 풍문, 소문: es ging die F., daß... …라는 풍문이 돌았다.

familial [famiˈli̯aːl] ⟨Adj.⟩ [사회] 가정 단위의. **familiär** [famiˈli̯ɛːɐ̯] ⟨Adj.⟩ [lat. familiāris] **1.** 가정적인, 가족적인: -e Zwistigkeiten 가족 불화. **2. a)** 친숙한, (가족처럼) 터놓는, 허물없는: es herrscht ein -er Ton 허물없는 분위기이다; sich f. ausdrücken 터놓고 말하다. **b)** 낙살좋은, 뻔뻔스러운. **Familiare*** [famiˈli̯aːre], der / die 《대개 Pl.》 [lat. familiāris] 《T》 **1.** 교황 가족. **2.** 수도원 고용인(수도회원은 아님). **familiarisieren** [familiari'zi:rən] ⟨h⟩ [frz. familiariser] 《G》 친숙하게 되다. **Familiarität** [familiariˈtɛːt], die; -en 《교양어》 **a)** 친숙(밀)성, 허물없음. **b)** 낙살, 뻔뻔스러움. **Familie** [faˈmiːli̯ə], die; -n [lat. familia] **1. a)** 가족, 가정: eine vierköpfige F. 4인 가족; die Heilige F. 성가(聖家)(예수, 마리아 그리고 요셉으로 된 가족을 말함); eine F. gründen 《아어》가정을 이루다; haben Sie F.? 아내와 자녀가 있습니까?; 성구 das bleibt in der F. 그것은 집안 일이다(남이 알아서는 안되는); das kommt in den besten -n vor 그것은 누구에게나 일어날 수 있는 일로 뭐 그렇게 나쁘진 않다. **b)** 가문, 문벌: eine ausgestorbene F. 대가 끊긴 가문; 《반어》die liebe F. 꼴같잖은 집안; sie ist aus guter F. 그녀는 좋은 문벌의 출신이다; diese Begabung liegt in der F. 이 재능은 그 가문의 유전이다. **2.** [생물] 과(科).

familien-, **Familien-**: **~ähnlichkeit**, die 가족간의 유사성. **~album**, das 가족 사진첩. **~angehörige**, der / die ↑ Angehörige(a). **~angelegenheit**, die 집안 일. **~anhang**, der ↑ Anhang (2 b). **~anlaß**, der 《schweiz.》가정적(가족적) 행사. **~anschluß**, der 가족권내에 편입됨: der Untermieter wünschte keinen F. 세든 사람은 가족과 같은 대우를 바라지 않았다. **~anzeige**, die [신문] 가족 광고(출산, 혼인, 사망 등을 알림). **~ausflug**, der 가족 소풍. **~bad**, das **1.** 《고어》남녀 공용탕. **2.** 가족탕. **~bande** 《Pl.》《아어》가족 연계(관계). **~begräbnis**, das ↑ ~grab. **~beratung**, die 가정 상담. **~beratungsstelle**, die 가정 상담소. **~besitz**, der 가문의 재산, 문중 재산. **~betrieb**, der 가족 사업(기업). **~bibel**, die (대를 물린) 가족용 성서. **~bild**, das 가족 사진. **~blatt**, das 가정 잡지(19 세기의 한 주간지 이름). **~buch**, das 가족 등기부(본인과 부모 동회 서기가 작성). **~clan**, der 족당(族黨). **~chronik**, die 가족 족보, 세보(世譜). **~drama**, das 가정 가극. **~ehre**, die 가문의 명예. **~ereignis**, das 가정의 경사. **~erziehung**, die 가정 교육. **~fahrt**, die ↑~ausflug. **~feier**, die 집안 잔치, 가정의 축일(제일)(祝日祭日). **~feierlichkeit**, die 집안 잔치, 가문의 축제. **~feindlich** ⟨Adj.⟩ 반가족적인, 가정 파괴적인. **~ferienstätte**, die 가족 유원지. **~fest**, das ↑~feier. **~festlichkeit**, die 가정 축제의 분위기, 가정 축제적 사건. **~flasche**, die ⟨광고⟩ 가정용 대형 음료수병. **~forschung**, die ↑Genealogie. **~foto**, das ↑~bild. **~fürsorge**, die 가정 보호. **~geheimnis**, das 가정 비밀. **~gerecht** ⟨Adj.⟩ 가정에 알맞는. **~gericht**, das **1.** 가정 법원. **2. a)** ⟨Pl. 없음⟩ ⟨통용어⟩ ↑~rat (a). **b)** 가정 재판소. **~geschichte**, die **1.** 가족사. **2.** 집안 사건의 역사. **~gesetzbuch**, das ⟨구동독⟩ 가정법. **~gesetzgebung**, das ⟨구동독⟩ 가정 법전. **~glück**, das 가정의 행복. **~grab**, das 가족 묘지. **~gruft**, die ↑~grab. **~haupt**, das ⟨schweiz.·고어⟩ ↑~oberhaupt. **~heim**, das 자택, 본가. **~hilfe**, die 부양 가족 의료 보험 보조. **~ideologie**, die 가정 이념. **~idyll**, das 가정의 목가적 풍경(생활). **~knatsch**, der ↑~krach. **~krach**, der ⟨통용어⟩ 가정 불화. **~kreis**, der 가족권, 가족 범위. **~kunde**, die ⟨Pl. 없음⟩ ↑Genealogie. **~kutsche**, die ⟨농⟩ 속력을 못내는 덩치 큰 자동차. **~lastenausgleich**, der 자녀 수당(아이가 많은 가정에 대한). **~leben**, das ⟨Pl. 없음⟩ 가정생활. **~minister**, der 가정 장관. **~ministerium**, das 가정성. **~mitglied**, das 가족 구성원. **~mutter**, die 가정의 어머니, 가모(家母). **~name**, der 성(姓). **~oberhaupt**, das 가장(家長), 세대주. **~packung**, die ⟨광고⟩ 대형 상품 포장. **~papiere** ⟨Pl.⟩ 가정의 문서. **~paß**, der 가족 여권. **~pflege**, die (가정부에 한) 살림살이. **~pflegerin**, die 가정부(家政婦). **~planung**, die ⟨meist Pl.⟩ 가족 계획. **~politik**, die ⟨Pl. 없음⟩ 가족 정책. **~politisch** ⟨Adj.⟩ 가족 정책적. **~rat**, der ⟨Pl. 없음⟩ **a)** 가족 회의: einen F. halten 가족 회의를 하다. **b)** 가족 회의 참석자들, 가족 회원: er mußte tun, was der F. beschlossen hatte 그는 가족 회원이 결정한 것을 해야 했다. **~recht**, das ⟨Pl. 없음⟩ 친족법. **~rezept**, das 가정 전래식 요리법, 대물린 요리법. **~roman**, der 가정 소설. **~schmuck**, der 세전보물(世傳寶物). **~sinn**, der ⟨Pl. 없음⟩ 가족적 이해심, 가정 관심. **~soziologie**, die 가정 사회학. **~stammbuch**, das ↑~buch. **~stand**, der ⟨Pl. 없음⟩ 혼인 관계(미혼, 기혼, 이혼 따위). **~stolz**, der ↑~ehre. **~stück**, das 세전지물(世傳之物), 그 집 친족 모임일(日). **~therapie**, die [심리] 가족요법(다수의 가족 구성원이 동시에 치료를 받음). **~tisch**, der 가족 식탁. **~tradition**, die 가문의 전통, 가풍(家風). **~tragödie**, die ⟨장르⟩ 가정 비극. **~tratsch**, der ⟨통용어⟩ 집안 일에 대한 잡담. **~treffen**, das ↑~tag. **~unterhalt**, der 가족의 생계 유지[호구지책]. **~unternehmen**, das ↑~betrieb. **~vater**, der 가장(家長), 가부(家父). **~verband**, der ⟨사회⟩ 일가 권속. **~verhältnisse** ⟨Pl.⟩ 가정 환경, 가정 형편. **~vermögen**, das 가산. **~vorstand**, der ↑~oberhaupt. **~wappen**, das 가문(家紋). **~wirtschaft**, die 가정 경제. **~zulage**, die 가족 수당(실업자 보조 목적의). **~zusammenführung**, die 전쟁 이산 가족 찾아주기. **~zuschlag**, der ↑~zulage. **~zuwachs**, der ⟨농⟩ 아기: F. erwarten[bekommen] 출산을 기다리다[아기를 낳게 되다]. **~zwist**, der ⟨아어⟩ 가정 불화.

Familismus [fami'lısmʊs], der; - [engl. familism] [사회] 가족주의(사회적 관계를 가족 차원에 국한시킴).

famos [fa'mo:s] ⟨Adj.⟩ [lat. fāmōsus = 통용어·준고어] 저명한, 굉장한, 훌륭한. **Famosschrift**, die; -en (인문주의와 종교 개혁 시대의) 비방 문서.

Famula [ˈfaːmula] die; ...lä [lat. famula] ↑Famulus 의 여성형. **Famulatur** [famula'tuːɐ̯], die; -en ⟨교양어⟩ 의과 대학 임상 실습. **famulieren** [famu'liːrən] ⟨h⟩ [lat. famulāri] ⟨교양어⟩ 임상 실습하다. **Famulus** [ˈfaːmulus], der; -, -se / …li [lat. famulus] ⟨교양어⟩ **1.** 임상 실습의 대상. **2.** ⟨고어·농⟩ 교수의 조교.

Fan [fɛn], der; -s, -s [engl. fan] 팬, 애호가.

Fanal [faˈnaːl], das; -s, -e [frz. fanal] (아이로 새로운 것에의) 효시, 획기적 사건, [군] 봉화.

Fanatiker [faˈnaːtikɐ], der; -s, - 광신자. **fanatisch** ⟨Adj.⟩ 광신적인, 열광적인. **fanatisieren** [fanati'ziːrən] ⟨h⟩ 광신적으로 만들다, 열광시키다. **Fanatismus** [fana'tısmʊs], der; - 광신, 열광.

Fanclub: ↑Fanklub.

¹Fancy [ˈfɛnsɪ], der (또는) das; -(s) [engl. fancy] 거친 플란넬 옷. **²Fancy** [-], der; …ies […sɪz; engl. fancy, 원래 = Phantasie, ↑¹Fancy] [음악] 짧은 기악 환상곡. **Fancy-dress**, der; -, -es […ɪz; engl. fancy dress] 가장 무도회 의상(Maskenkostüm). **Fancy-work** […wəːk], das; -s, -s [engl. fancy work] 자수, 편물, 장식 매듭.

fand [fant] ↑finden 참조.

Fandarole: ↑Farandole.

Fandango [fanˈdaŋɡo], der; -s, -s [span. fandango] 판당고(캐스터네츠, 기타 등의 반주로 연주되는 스페인 민속 무용).

fände [ˈfɛndə] ↑finden 참조.

Fanfare [fan'faːrə], die; -n [frz. fanfare] [음악] **1.** 팡파르(음전없이 길게 울리는 트럼펫). **2.** 트럼펫 신호: - erklingen 팡파르가 울리다. **3.** 팡파르 곡(曲)(트럼펫과 소북을 위한 짧은 악곡). **4.** 차량의 경적 장치. **Fanfaren-: ~bläser**, der 팡파르 취주자. **~einband**, der 표지 장식 계본(16·17세기의 것으로 좌우 대칭 장식 무늬가 소장자의 문장(紋章)을 에워쌈). **~klang**, der 팡파르 소리. **~stoß**, der 팡파르 취주. **~zug**, der 팡파르 취주 악대, 브라스 밴드.

Fanfaron [fãfa'rɔ̃ː], der; -s, -s [frz. fanfaron] ⟨고어⟩ 큰소리 치는 사람, 허풍선이. **Fanfaronade** [fãfaro'naːdə], die; -n [frz. fanfaronnade] ⟨고어⟩ 허풍, 호언장담.

Fang [faŋ], der; -(e)s, Fänge [ˈfɛŋə] **1.** ⟨Pl. 없음⟩ **a)** (짐승을) 잡음, 포획: die Fischdampfer laufen zum F. aus 어선들이 고기를 잡으러 출항한다. **b)** 포획물: einen guten F. machen 좋은 것을 찾아내다: mit dir haben wir ja einen tollen F. gemacht! ⟨반어⟩ 너에게 몹시 실망했다. **2.** [사냥] **a)** ⟨Pl.⟩ (맹수 개의) 입. **b)** ⟨대개 Pl.⟩ (맹수 개의) 송곳니, 엄니. **c)** ⟨Pl.⟩ ⟨맹금의⟩ 갈구리 발톱: [전의] was er einmal in den Fängen hat, rückt er nicht wieder heraus 그는 한번 움켜잡았다 하면 다시 내놓는 법이 없다. **3.** einem Wild den F. geben [사냥] 덜 죽은 사냥감을 아주 죽이다.

fang-, Fang-: ~arm, der [동물] 촉수, (오징어 따위의) 다리. **~ball**, der 공받기놀이, 캐치 볼: [전의] mit jmdm. F. spielen 누구를 맘대로 갖고 놀다. **~baum**, der [임업] 방충나무(防蟲蒸木)(벌레가 갉아 먹어 쓰러질 나무로, 벌레가 꼬이게 그대로 두었다가 태움). **~boot**, das ↑~schiff. **~damm**, der [토목] 방수둑, 방조제(防潮堤). **~einrichtung**, die [우편] 익명 통화자 확인 장치. **~eisen**, das [사냥] (들짐승 사냥용) 쇠덫. **~ergebnis**, das 어획. **~faden**, der [생물] ↑~arm. **~fehler**, der [스포츠] 공받을 때의 실수. **~flotte**, die 어로선단. **~frage**, die 유도 심문. **~frisch** ⟨Adj.⟩ (생선이) 매우 싱싱한, 금방 잡은 것처럼 신선한. **~garn**, das ↑~netz (1). **~gebiet**, das 어로[수렵] 구역. **~gerät**, das 포획 기구. **~grube**, die ↑Fallgrube. **~gründe** ⟨Pl.⟩ 어획고가 높은 어장. **~gürtel**, der [농업] 보호대(과일나무에 둘러 해충을 막음), 포충대(捕蟲帶). **~haken**, der 착함(着艦) 고리(항공모함에 내리

는 비행기 동체의 후단 밑에 있는 고리로서, 착함시(着艦時) 착함갑판상에 가로로 쳐 있는 착함제동강삭(着艦制動鋼索)에 걸려 비행기의 전진을 막고 제동하게 됨.). **~hand**, die 〖아이스하키〗 골키퍼가 원반막을 잡는 손. **~handschuh**, der 〖아이스하키〗 골키퍼용 장갑. **~heuschrecke**, die 버마제비. **~jagd**, die [사냥] 덫[그물] 사냥. **~korb**, der 구조망(전차(電車) 앞쪽 밑에 설치). **~künstler**, der 〖스포츠 은어〗 골키퍼 도사. **~leine**, die [선원] 배를 매는 밧줄. **~messer**, das 1. [사냥]↑Hirschfänger. **~netz**, das 1. [어업·사냥] 어망, 수렵망. 2. [항공] 제동망(制動網)(이착륙시 브레이크 고장으로 인한 궤도 이탈을 방지). 3. (서커스의) 사고 방지망. **~partei**, die 〖독일식 크리켓〗 수비하는 편, 방어군. **~pflanze**, die [농업] 병충해 방지 식물. **~plan**, der 〖구동독〗 어로 계획. **~platz**, der ↑~gebiet. **~prämie**, die 포획 보상금(어떤 물고기를 끼치는 detail을 잡은 데 대한). **~riemen**, der (스키의) 연멜 벨트. **~schaltung**, die ↑~einrichtung. **~schiff**, das 어업선, 어로선. **~schluß**, der 속임수의 거짓 결론, 기만 결론(欺瞞結論). **~schnur**, die 〖군〗 **a)** (전에는) (경비병의 투구와 제복의) 연결끈. **b)** (제복에 부착된) 계급(장식)끈. **~schrecke**, die ↑~heuschrecke. **~schuß**, der [사냥] 확인 사살(確認射殺). **~sicher** 〈Adj.〉 〖스포츠〗 공잡기가 확실한, 완전하게 공을 잡는. **~spiel**, das 쫓아가 잡기(어린이 놀이). **~stoß**, der 확인 척살(確認刺殺). **~unsicher** 〈Adj.〉 〖스포츠〗 공잡기가 불확실한, 공을 불안전하게 잡는. **~vorrichtung**, die 1. 자동 정지 장치(승강기 따위의 연결 밧줄이 끊어졌을 때의 안전을 위한). 2. ↑~einrichtung. **~zahn**, der 《대개 Pl.》↑Fang (2 b). **~zaun**, der 눈막이 울타리, 방설책(防雪柵). **~zeit**, die 고기잡기에 좋은 때, 어로기(漁撈期).

Fangemandl ['faŋəmandl], das; -s 〈bayr.〉↑Fangen.

fangen' ['faŋən] 〈h〉 **1. a)** (쫓던 짐승을) 잡다, 포획하다: die Katze hat eine Maus gefangen 고양이가 쥐를 잡았다; eine (Ohrfeige) f. 〈südd., österr.〉 따귀를 한 대 얻어맞다. **b)** (쫓던 사람을) 체포하다, 잡다: alle wollten helfen, den Dieb zu f. 모두 도둑을 체포하는 데 도우려했다; 《대개 과거분사로》 die gefangenen Soldaten 포로가 된 병정들; er war lange in Rußland gefangen 그는 러시아에서 오랫동안 포로로 잡혀 있었다; 전의 so leicht lasse ich mich nicht f. 〖통용어〗 나는 그렇게 쉽사리 (술책에) 걸려들지 않는다; seine Erzählung hatte uns ganz gefangen 우리는 그의 이야기에 홀렸다(홀딱 빠졌다); **sich gefangen geben** (아이) 자진해서 체포되다, 스스로 잡아가게 하다. **c)** 〈f. + sich〉 α) (덫이나 그물에) 잡히다: der Fisch hat sich im Netz gefangen 물고기가 그물에 걸렸다; 전의 er hat sich in der eigenen Schlinge gefangen 그는 자승자박되었다. β) 정지하여 모이다: der Wind fängt sich im Schornstein 바람이 굴뚝에서 빠지지 않고 있다. **2.** (공중에 던져진 것을) 붙잡다: er fing den Ball geschickt (mit einer Hand) 그는 (한 손으로써) 재빠르게 공을 잡았다. **3.** 〈f. + sich〉 다시 균형을 잡다: ich stolperte, konnte mich aber gerade noch f. 나는 휘청했으나, 잽싸게 다시 몸을 바로잡을 수 있었다; 전의 erst Monate nach dem Unglück hat sie sich wieder gefangen 불행이 있고나 지 몇 달 후에야 비로소 그녀는 다시 평정을 회복했다. **Fangen**, das; -s 쫓아가 잡기(어린이 놀이의 일종). **Fänger** ['fɛŋɐ], der; -s, - (짐승을) 잡는 사람, 포획자. **Fängerin**, die; -nen↑Fänger의 여성형. **Fangerle** ['faŋɐlə], das; -s 〈südd.〉↑Fangen. **Fangerspiel**, das; -s 〈südd.〉↑Fangen. **fängisch** ['fɛŋɪʃ] 〈Adj.〉 [사냥] 포획 준비가 된.

Fanglomerat [faŋlomeˈraːt], das; -(e)s, -e [지질] 이토 침적물(泥土沈積物).

Fango ['faŋgo], der; -s [ital. fango] 광고, 천니(泉泥)(온천에서 나온 것으로 찜질용). **Fangobad**, das 이천욕(泥泉浴). **Fangopackung**, die 광고 습포(濕布).

Fanklub ['fɛn-], der 팬클럽(유명인의 팬들이 모여 이룬 것).

Fannings ['fænɪŋz] 〈Pl.〉 [engl. fannings] 차 찌꺼기, 찻가루.

Fanon [faˈnoː], der; -s, -s, **Fanone** [faˈnoːnə], der; -, ...ni [ital. fanone] (교황 전례복의) 어깨걸이.

Fanpost ['fɛn-], die 팬 레터.

Fant [fant], der; -(e)s, -e [lat. infāns] 〈고어〉 풋내기, 미성년자.

Fantasia [fantaˈziːa], die; -s [ital. fantasia] **1.** (아랍인의) 기마 놀이, 기마전. **2.** [음악] 환상곡. **Fantasie** [fantaˈziː], die [v iˈɛn; -iːən; -s: ital. fantasia] **1.** [음악] 환상곡. **2.** (드물게) ↑Phantasie.

Farad [faˈraːt], das; -(s), - [영국 물리학자 M. Faraday (1791–1867)의 이름에서] [물리] 패럿(전기 용량의 단위; 기호: F). **Faradaykäfig** ['færədɪ-], der [물리] 패럿 상자(외부 전자기(電磁氣)를 차단하여, 그 안에 있는 예민한 계측기를 보호하는 금속상자). **Faradisation** [faradizaˈtsjoːn], die [의학] 감응 전류 요법(感應電流療法)(진단 및 치료 목적), 전기 요법. **faradisch** [faˈraːdɪʃ] 〈Adj.〉 《다음 용어로》 **-er Strom** [물리] 감응 교류 전류. **faradisieren** [faradiˈziːrən] 〈h〉 [의학] 감응 전류로 치료하다, 전기 요법을 쓰다. **Faradotherapie**, die ↑ Faradisation.

Farandole [faranˈdoːlə], **Fandarole** [fandaˈroːlə], die; -n [frz. farandole] 파랑돌(프로방스 지방의 춤).

farb-, Farb- (↑farben-, Farben- 참조): **~abstimmung**, die **a)** [사진] 색채 배합, 배색(配色). **b)** 색채 조절. **~abstufung**, die 색상 단계. **~abweichung**, die **a)** [사진] (실물과 다른) 색채 차이, 채색 변화. **b)** [광학] ↑Aberration (3). **~abzug**, der [사진] 컬러 필름 인화. **~aufnahme**, die ↑~fotografie (2). **~auszug**, der [사진] 색추출(色抽出) 촬영(피사체의 색채 부분만을 나타냄). **~band**, das 《Pl. ...bänder》 타자기의 리본: ein neues F. einlegen 새 리본을 끼워 넣다. **~beutel**, der 물감 봉지(데모식에서 던짐): jmdn. mit ~n bewerfen 누구에게 물감 봉지를 던지다. **~bezeichnung** (또한) Farbenbezeichnung, die 색채명. **~bild**, das ↑~fotografie (2). **~buch**, das [외교] 외교 문서집(결과지의 색깔이 나라에 따라 다름. 이를테면 독일·일본은 백(白), 영국은 청(靑), 프랑스·중국은 황(黃), 오스트리아·구소련은 적(赤) 따위. 예컨대: Blau-, Gelbbuch). **~dia**, das [사진] 컬러(원색) 슬라이드. **~druck**, (또한) Farbendruck, der 〈Pl. ...drucke〉 **1.** 〈Pl. 없음〉 컬러(원색) 인쇄. **2.** 컬러(원색) 인쇄물. **~echt** 〈Adj.〉 색이 바래지 않는, 변색되지 않는; 전의 색채 불변성. **~effekt**, der 색채 효과. **~ei**, das 물감 계란(계란 안에 물감을 채운 것): die Demonstranten warfen mit ~en 데모 군중은 물감 계란을 던졌다. **~eindruck**, der 색채 인상. **~empfindlich**, (또한) farbenempfindlich 〈Adj.〉 **1.** (컬러 필름 따위가) 감광도가 높은, 색에 민감한. **2.** 쉽게 색이 바래는. **~empfindlichkeit**, (또한) Farbenempfindlichkeit, die 〈Pl. 없음〉 색 감수성. **~empfindung**, die 색채 감각, 색감. **~erde**, die [n [화학] 염색 점토. **~fernsehempfänger**, der 컬러 텔레비전 수상기. **~fernsehen** 〈부정법에서만 사용〉 컬러 텔레비전을 보다. **~fernsehen**, das 컬러 텔레비전. **~fernseher**, der ↑~fernsehempfänger. **~fernsehfilm**, der 컬러 텔레비전 영화. **~fernsehgerät**, das 컬러 텔레비전(수상기). **~fernsehkamera**, die 컬러 텔레비전 카메라.

~**fernsehübertragung**, die 컬러 텔레비전 중계. ~**film**, der 1. 컬러 필름. 2. 천연색 영화. ~**filter**, der /〈전문어〉das ↑Filter (2). ~**fleck**, der 물감 얼룩. ~**foto**, das ↑fotografie (2)의 약칭. ~**fotografie**, die 1.〈Pl. 없음〉컬러 처리. 2. 컬러 사진. ~**gebung**, die; -en 착색, 채색. ~**gestaltung**, die ↑gebung. ~**glas**, das 〈Pl. ...gläser〉 착색 유리(스테인드 글라스). ~**holz**, das 염료재(染料材). ~**holzschnitt**,《또한》Farbenholzschnitt, der [미술] 천연색 목판 조각, 천연색 판화. ~**karte**, die 색표(色標). ~**kasten**,《또한》Farbenkasten, der ↑Malkasten. ~**kissen**, das ↑Stempelkissen. ~**klecks**, der ↑~fleck. ~**kombination**, die 색채 구성(배합). ~**komponente**, die [화학] 색채 요소. ~**komposition**, die 색채 구성. ~**kontrast**, der 색채 대비. ~**körper**, der 색소, 물감. ~**lehre**, die ↑Farbenlehre. ~**lichtbild**, der ↑~fotografie (2). ~**lithographie**, die 천연색 석판 인쇄. ~**los** 〈Adj.〉 1. 무색의, 색채가 없는: ihr Gesicht war schmal und f. 그녀의 얼굴은 좁고 창백했다. 2. 특징없는, 무미건조한, 지루한: ein -er Politiker 개성이 없는 정치가; seine Schilderung war zu f. 그의 묘사는 너무나 무미건조했다. ~**losigkeit**, die 〈Pl. 없음〉무색, 무미건조, 따분함. ~**mine**, die 색심(色心)(연필 따위). ~**negativ**, das [사진] 천연색 음화(陰畫)(네거티브). ~**negativfilm**, der 천연색 음화(네거티브) 필름. ~**nuance**, die 색채 뉘앙스. ~**papier**, das [사진] 천연색 인화지. ~**photographie**, die ↑~fotografie. ~**probe**, die ↑Farbenprobe. ~**pulver**, das 가루물감, 분말(粉末) 물감. ~**punkt**, der 색광점(色光點)(색채면의 광점(光點), 빛의 3원색인 적·녹·청 3 빛이 이루는 하나의 광점). ~**schicht**, die [생물] 색채 변층. ~**schlag**, der [출판] (책의) 색도 인쇄면(色度印刷面). ~**skala**, die 표색계(表色系). ~**skizze**, die [미술] 색채 스케치. ~**stellung**, die 색채 구성, 색채 배합. ~**stich**, der (본래의 것과는 다른) 색조. ~**stift**, der 색연필. ~**stoff**, der 색소, 염료, 안료(顏料): natürlicher (synthetische) ~ 천연(합성) 염료. ~**temperatur**, die [사진] 색온도(어떤 물체의 가시광선 발사시, 그 색이 어떤 온도의 흑체(黑體)가 지닌 복사색(輻射色)과 같이 보일 때, 그 흑체의 온도를 물체의 온도라고 보고 그 온도를 물체의 색온도라 함). ~**test**, der ↑Farbentest. ~**ton**, der 같은 색조, 색상: Hut und Tasche im gleichen f. 같은 색조의 모자와 가방. ~**tonrichtig** 〈Adj.〉 정색성(整色性)의. ~**topf**, der 물감통, 안료통. ~**tripel**, das 삼원색광(三原色光)(색채 화면에 적·녹·청의 세 점으로 나타나는 광점 현상). ~**tupfen**, ~**tupfer**, der ↑~fleck. ~**umkehrfilm**, der [사진] 슬라이드 현상용 컬러 필름. ~**valenz**, die (눈에 대한) 색자극치. ~**vergrößerung**, die [사진] 컬러 사진 확대. ~**walze**, die [인쇄] 잉크 롤러. ~**wechsel**, der 1. 색채 변화. 2. [동물] 보호색(체색(體色))의 변화: F. zeigen 보호색의 변화를 나타내다. ~**werk**, das [인쇄] 잉크 장치(색채 인쇄를 위한). ~**wert**, der 1. 3자극값(三刺戟値). 2. [사진·그래픽] 색채 부분촬영에서 어느 부분을 검게 하기. ~**wiedergabe**, die (원본이 갖고 있는) 색의 재현. ~**zusammenstellung**, die 《또한》Farbenzusammenstellung, die ↑~kombination.

Farbe ['farbə], die; -n 1. a) 색, 색채, 색깔: eine dunkle F. 어두운 색; die -n sind gut aufeinander abgestimmt 색이 서로 잘 어울린다; diese Farben beißen sich 〈통용어〉 이 색깔들은 서로 맞지 않는다; drei Hefte in den -n Gelb, Rot u. Orange 노랑, 붉은색 그리고 오렌지색인 세 권의 노트; sein Gesicht verlor plötzlich alle F. 그의 얼굴에 갑자기 핏기가 가셨다; durch den Spaziergang hast du wieder richtig F. bekommen 산보 덕택에 너는 다시 제대로 건강하게 보이는구나; 〈전의〉 im Verlauf des Abends bekam (gewann) ihr Spiel immer mehr F. 저녁 시간의 흐름에 따라 그녀의 움직임은 점점 더 생기를 얻고 있었다; **die F. wechseln** 안색이 변하다 (↑Farbe 3 a), 창백해졌다가 다시 혈색이 돌아오다. b) 〈Pl. 없음〉 색을 지니고 있음, 유색(有色), 다색(多色): die meisten Abbildungen des Buches sind in F. 책의 삽화 대부분이 다채로운 색을 담고 있다. 2. 물감, 염료: die F. blättert von der Wand 채색이 벽에서 벗겨 떨어진다; etwas F. auftragen 화장하다; 〈전의〉 etw. in den schwärzesten -n malen 무엇을 아주 부정적으로(비관적으로) 묘사하다. 3. a) 〈대개 Pl.〉 (나라, 단체 등의) 상징색, 기치(旗幟), 표지(標識): er vertritt bei den Wettkämpfen die -n seines Landes 그는 경기에 임하여 그의 나라를 대표하다; in den französischen -n 프랑스의 색을 띤 작은 기(旗); **die F. wechseln** 정치적 신념을 바꾸다, 다른 정당(단체) 쪽으로 옮아가다 (↑ Farbe 1 a). b) 〈어떤 개념의〉 상징색: Grün ist die F. der Hoffnung 초록은 희망을 상징하는 색이다. 4. 그림이 같은 짝패: Kreuz, Pik, Herz und Karo sind die vier -n der Spielkarte 클로버, 스페이드, 하트 그리고 다이아는 트럼프 카드의 네 짝패이다; **F. bekennen** 〈통용어〉 견해를 털어놓다.

Färbe-: ~**gut**, das 염색(직)물. ~**methode**, die 염색방법. ~**mittel**, das 염료, 안료. ~**verfahren**, das 염색 처리.

färben-, **Farben-** (↑farb-, Farb- 참조): ~**bezeichnung**, die 《또한》Farbbezeichnung, die 색채명. ~**blind** 〈Adj.〉 색맹의. ~**blindheit**, die 색맹. ~**druck**, der ↑Farbdruck. ~**empfindlich**: ↑farbempfindlich. ~**empfindlichkeit**, die 색 감수성. ~**fabrik**, die 염료 (안료) 공장. ~**fehlsichtigkeit**, die [의학] ~blindheit. ~**film**, der (schweiz.) ↑Farbfilm. ~**freudig** 〈Adj.〉 a) 밝은 〔강한〕 색채의, 다채로운: sie liebt Stoffe mit -en Mustern 그녀는 다양한 색상의 무늬가 있는 천을 좋아한다. b) 강한 〔밝은〕 색채의. ~**freudigkeit**, die 색상 풍부함, 다채로움. ~**froh**: ↑~freudig: der Festzug bot ein -es Bild 축제 행렬은 한 폭의 현란한 그림이었다. ~**harmonie**, die 색채 조화. ~**holzschnitt**, der ↑Farbholzschnitt. ~**hören**, das [의학] 색청(소리의 자극에 색감각이 함께 일어나는 일). ~**industrie**, die 염료 공업. ~**kasten**, der ↑Farbkasten. ~**kleckser**, der (농) 환쟁이, 서툰 화가. ~**kräftig** 〈Adj.〉 색채가 강렬한, 색깔이 아름다운, 색상미려(色相美麗). ~**lehre**, die 《또한》Farblehre, die 색채론. ~**palette**, die 1. 팔레트. 2. 수많은 물감. ~**pracht**, die 현란, (색채의) 화려함. ~**prächtig** 〈Adj.〉 현란한, 색채가 화려한. ~**probe**, 《또한》Farbprobe, die 염색 테스트, 색채 견본. ~**reich** 〈Adj.〉 색이 다채로운, 색상 견본. ~**reichtum**, der 〈Pl. 없음〉 색채의 다양(풍성)함. ~**schön** 〈Adj.〉 색이 아름다운. ~**schönheit**, die 〈Pl. 없음〉 색채 아름다움, 색상미려(色相美麗). ~**sinn**, der 〈Pl. 없음〉 1. 색채 감별력. 2. 색채 감각. ~**spiel**, das 색채 변화. ~**stich**, der [미술] 천연색 동판화. ~**symbolik**, die ↑Farbsymbolik. ~**test**, der ↑Farbtest, der 색채 실험, 색반응 검사. ~**tragend** 〈Adj.〉 (학생) 서클 〔단체〕에 소속하고 있는. ~**wechsel**, der ↑Farbwechsel. ~**zusammenstellung**, die 《또한》Farbzusammenstellung, die ↑Farbkombination.

-farben [-farbṇ], **-farbig** [-farbɪç] 《다음의 복합어와 과생어로, 예컨대》 cremefarben, cremefarbig, honigfarben, einfarbig.

färben ['fɛrbṇ] 〈h〉 1. a) 물들이다, 채색〔염색〕하다: sie hat ihr Haar (rot) gefärbt 그녀는 머리를 (붉게) 염색했

다. b) 《통용어》 색이 바래다[번지다]. c) ⟨f. + sich⟩ 어떤 색조를 갖게 되다: der Himmel färbte sich rötlich 하늘이 붉은 색으로 변했다; das Laub färbt sich schon 잎새에 벌써 단풍이 든다. 2. 의도적으로 달리 고쳐 표현하다: er liebt es, seine Vorträge humoristisch zu f. 그는 그의 강연을 유머러스하게 각색하여 말하기를 좋아한다; ⟨대개 과거 분사로⟩ eine politisch gefärbte Rede 정치적으로 윤색된 연설. **Färber**, der; -s, - 염색업자, 염색공.

Färber-: ~**baum**, der 거망옻나무. ~**distel**, die 잇꽃. ~**eiche**, die 떡갈나무의 일종. ~**pflanzen** ⟨Pl.⟩ 염료 식물. ~**röte**, die 서양꼭두서니. ~**waid**, die 대청(大靑).

Färberei [fɛrbə'raɪ], die; -en 1. ⟨Pl. 없음⟩ 염색 처리: mit diesem Stoff war es eine etwas schwierige F. 이 천은 염색하기가 다소 어려웠다. 2. 염직 공장. **farbig** ['farbɪç] ⟨Adj.⟩ 1. a) 여러 색깔이 있는(bunt): ein -er Druck 천연색 인쇄; die Landschaft bot ein -es Bild 풍경은 한 폭의 천연색 그림이었다; f. wie ein Papagei gekleidet sein 앵무새처럼 알록달록한 차림이다. b) 흑백이 아닌 색깔의: -es Glas 색유리. c) (흰 피부색이 아닌) 유색(有色)의: ein -er Amerikaner 유색 미국인. 2. 생생한 변화가 많은: eine -e Schilderung 생생한 묘사; das Spiel war spannend und f. 게임은 동미진진했고 우여곡절도 많았다. **-farbig**: ↑**-farben. färbig** ['fɛrbɪç] ⟨österr.⟩ ↑**farbig** (1 a, b). **Farbige*** ['farbɪgə], der/die 유색인: in den Laufdisziplinen waren die -n besonders erfolgreich 달리기 종목에서는 유색인들이 특히 좋은 성적을 거두었다. **Farbigkeit**, die ⟨Pl. 없음⟩ ↑**farbig** (1 a, b, 2)의 명사형. **farblich** ⟨Adj.⟩ 색채의, 색깔이 있는. **Färbung**, die; -en 1. a) 염색하기, 착색(着色). b) 염색된 상태, 색조: das Wasser nahm sofort eine rostbraune F. an 물은 당장 녹빛 갈색의 색조를 띠었다. 2. 의도적 윤색, 경향: er gab seinem Vortrag eine ganz bestimmte F. 그는 자신의 강연에 아주 특정한 윤색을 가했다.

Farce ['farsə], die; -n [frz. farce] 1. 광대극, 익살극, 소극. 2. 하찮은 것, 별로신통한 것, 웃기는 장난: die umständliche Zeremonie war eine einzige F. 장황한 의식은 두번 다시 볼 수 없을 정도로 웃기는 장난이었다. 3. 【요리】 소(잘게 다진 고기, 야채, 양념 따위를 넣어 만든): eine Pastete mit einer F. füllen 만두를 소로써 채우다. **Farceur** [far'søːɐ̯], der; -s, -e [frz. farceur] 《고어》 익살꾼. **farcieren** [far'siːrən] ⟨h⟩ [frz. farcir] 【요리】 소를 넣어 채우다: Geflügel f. 《식용》 가금(家禽)을 소로써 채우다.

farewell [fɛə'wel, engl.] 잘 가거라[있거라]! (영어의 작별 인사).

Farin [fa'riːn], der; -s [lat. farīna] a) 누런 설탕(정제하지 않은). b) ↑Puderzucker. **Farinzucker**, der ↑Farin.

Färinger ['fɛːrɪŋɐ], der; -s, - ↑Färöer (2).

Farm [farm], die; -en [engl.-amerik. farm] 1. 농장: eine F. bewirtschaften 농장을 경영하다. 2. 사육장: die F. liefert einen Großteil der Felle ins Ausland 이 사육장은 모피의 대부분을 외국으로 수출한다. **Farmer**, der; -s, - [amerik. farmer] 농장주. **Farmersfrau**, die a) 농장주의 부인. b) 농장의 여주인.

Farn [farn], der; -(e)s, -e 양치류(羊齒類).

farn-, Farn-: ~**artig** ⟨Adj.⟩ a) 양치류의. b) 양치류처럼 보이는. ~**blatt**, das ↑wedel. ~**kraut**, das ↑Farn. ~**pflanze**, die 1. ⟨대개 Pl.⟩ 양치식물(羊齒植物). 2. 양치류의 개별 식물. ~**wedel**, der 깃 모양의 양치류 잎새.

Färöer ['fɛːrøːɐ, (또한) fɛ'røːɐ] ⟨Pl.; 관사와 함께⟩ 1. 페로어 제도(스코틀랜드와 아이슬란드 사이에 산재함). 2. 페로어 제도의 주민. 3. ⟨Adj.; 격변화 없음⟩ 페로어 제도의. **färöisch** ['fɛːrøːɪʃ, (또한) fɛ'røːɪʃ] ⟨Adj.⟩ 페로어 제도의.

Farre, der; -n, -n, **Farren** ['farə(n)], der; -s, - 《고어·아직도 지역적》 (어린) 종우(種牛)(Bulle). **Farrenschwanz**, der 《지역적》 훈련용 채찍. **Färse** ['fɛrzə], die; -n (아직 새끼를 낳지 않은) 암소.

Fas [fas], das; - [lat. fās] (고대 로마의) 신들이 허락한 것 (반대: Nefas).

Fasan [fa'zaːn], der; -(e)s, -e / -en [lat. (avis) phāsiānus < griech. (órnis) Phāsiānós] 꿩. **Fasanengehege**, das ↑Fasanerie (a). **Fasanenzucht**, die 꿩 사육. **Fasanerie** [fazanə'riː], die; -[...iːən; frz. faisanderie에서 유래] a) 꿩 사육장. b) 꿩 사육동(飼育棟) (특히 17·18세기의).

Fasche ['faʃə], die; -n [ital. fascia] ⟨österr.⟩ 1. 붕대. 2. 문틀, 문광(門框). 3. 고정철대(固定鐵帶). **faschen** ['faʃn] ⟨h⟩ ⟨österr.⟩ 붕대로 감다: den verrenkten Fuß f. 삔 발을 붕대로 감다.

faschieren [fa'ʃiːrən] ⟨h⟩ ⟨österr.⟩ 고기 저미다(가는) 기계에 넣어 돌리다. **Faschiermaschine**, die ⟨österr.⟩ ↑Fleischwolf. 《과거분사의 명사형》 **Faschierte**, das; -n ⟨österr.⟩ 1. ↑Hackfleisch. 2. 저민[간] 고기로 된 음식.

Faschine [fa'ʃiːnə], die; -n [ital. fascina] (전문어) 편비(철사로 잔가지를 묶어 호안용(護岸用)으로 씀). **Faschinenwall**, der 편비내 방축.

Fasching ['faʃɪŋ], der; -s, -e/-s ⟨südd., bes. bayr., österr.⟩ 사육제(기간).

Faschings- ⟨südd., österr.⟩: ~**ball**, der 사육제 무도회. ~**dienstag**, der ↑Fastnachtsdienstag. ~**fest**, das ↑~ball. ~**kostüm**, das ↑Fastnachtskostüm. ~**krapfen**, der ↑Fastnachtskrapfen. ~**prinz**, der ↑Karnevalsprinz. ~**prinzessin**, die ↑~prinz의 여성형. ~**scherz**, der 사육제의 여흥. ~**schlager**, der ↑Karnevalschlager. ~**sonntag**, der 성회(聖灰) 수요일 전의 마지막 일요일. ~**trubel**, der 사육제의 광란. ~**umzug**, der ↑Fastnachtsumzug. ~**zeit**, die ↑Fastnachtszeit. ~**zug**, der ↑Fastnachtsumzug.

faschisieren [faʃiˈziːrən] ⟨h⟩ 파쇼화하다. **Faschisierung**, die 파쇼화. **Faschismus** [fa'ʃɪsmʊs], der; - [ital. fascismo] 1. (역사적) (이탈리아의) 파시스트당. 2. (편) 파시즘. **Faschist**, der; -en, -en [ital. fascista] 파시스트. **faschistisch** ⟨Adj.⟩ a) 파시즘의. b) 파쇼적인, 파쇼 추종적인. **faschistoid** [faʃɪsto'iːd] ⟨Adj.⟩ 파시즘과 유사한, 파쇼적 특징이 보이는.

Fascismus [fas'tsɪsmʊs], der; - ⟨schweiz.⟩ ↑Faschismus. **Fascist**, der; -en, -en ⟨schweiz.⟩ ↑Faschist. **fascistisch** ⟨Adj.⟩ ⟨schweiz.⟩ ↑faschistisch.

Fase ['faːzə], die; -n [frz. face] 【제재·석공】 사면(斜面) (석재나 목재의 모서리를 밀어서 생긴).

Fasel [faːzl̩], der; -s, - [mhd. vasel, ahd. fasal] 종축(種畜). **faselbar** ⟨Adj.⟩ 교접과 생산이 가능한, 번식 가능.

Fasel-: ~**eber**, der 씨암퇘지, 종돈(種豚). ~**hengst**, der 씨말, 종마(種馬). ~**hof**, der 종축장. ~**vieh**, der 씨소, 종우(種牛)(드물게 씨돼지도 뜻함).

Faselei [fazə'laɪ], die; -en 《통용어·편》 허튼 소리, 잡소리, 무분별, 멍청함. **Faseler**, ⟨또한⟩ **Fasler**, der; -s, - ↑Faselhans 참조. **Faselfehler**, der; -s, - 부주의에서 온 실수. **Faselhans**, der; -(es), -e / ...hänse 《통용어·편》 떠버리, 엉터리 수작꾼. **faselig** ['faːzəlɪç] ⟨Adj.⟩ 《통용어·편》 덤벙대는, 대중 없는, 경박한.

faseln ['fa:zln] ⟨h⟩ [(früh)nhd. fasen = irrereden] 《통용어·폄》되는 대로 지껄이다(끄적거리다), 씨부렁거리다: was faselt er denn da wieder! 저 친구 또 무슨 허튼 수작인가! **2.** 건성건성 해치우다, 어설프게 작업하다.

fasen ['fa:zn] ⟨h⟩ 《제재·석공》 모서리를 밀어 사면으로 하다.

Faser ['fa:zɐ], die; -n ⟨축소형: ↑Fäserchen⟩ [spätmhd. vaser] 섬유, 실, 힘줄: -n verspinnen 실을 잣다; die -n eines Muskels 근육의 힘줄; [전의] mit allen -n (mit jeder F.) (seines Herzens) an jmdm. [etw.] hängen 진심 갈려(盡心竭力)으로 누구(어떤 것)에게 매달리다.

faser-, Faser-: ~**artig** ⟨Adj.⟩ 실 모양의, 섬유 형태의. ~**bildend** ⟨Adj.⟩ 섬유 형성의. ~**dämmstoff,** der [기술] 섬유 차폐물. ~**geschwulst,** die [의학] 섬유종(纖維腫). ~**glas,** das (Pl. 없음) [기술] 유리 섬유. ~**hanf,** der 섬유마(纖維麻). ~**haut,** die [의학] 섬유질 피부. ~**holz,** das 섬유 원목. ~**nackt** ⟨Adj.⟩ 《드물게》 ↑splitterfasernackt. ~**pflanze,** die 섬유 식물. ~**platte,** die 건축용 섬유판. ~**schonend** ⟨Adj.⟩ 섬유를 보호하는. ~**schreiber,** der 섬유촉 필기구. ~**stoff,** der 섬유 직물 원단, 섬유 원료. ~**struktur,** die 섬유 구조. ~**verlauf,** der 섬유의 결.

Fäserchen ['fɛːzɐçən], das; -s, - ↑Faser의 축소형. **faserig, fasrig** ['fa:z(ə)rɪç] ⟨Adj.⟩ 섬유질의, 섬유질이 많은. **fasern** ['fa:zɐn] ⟨h⟩ 올이 풀어지다, 실(섬유) 가닥이 드러나다: gefasertes Holz 섬유성 목재. **Faserung,** die (Pl. 없음) ↑fasern의 명사형.

Fashion ['fɛʃn, (engl.) 'fæʃən], die [engl. fashion] **a)** ⟨Pl. 없음⟩ 유행. **b)** 고상함, 세련된 생활 양식. **fashionabel** [faʃio'na:bl] ⟨Adj.⟩ **fashionable** ['fɛʃənabl, (engl.) 'fæʃnəbl] ⟨Adj.⟩ [engl. fashionable] 《교양어》 우아한, 멋진, 최신 유행의. **Fashionable novels** ['fɛʃnabl 'nɔvəlz] ⟨Pl.⟩ [engl. Fashionable Novels] [문예학] 유행 소설(상류 사회를 소재로 한 19세기 영국 소설).

Fasler: ↑Faseler.

Fasnacht, die [mhd. vas(e)nacht] 《지역적》 ↑Fastnacht. **Fasnachtsschenkeli** [-ʃɛŋkali], das; - (s), - [schweiz. Schenkeli] (사육제의) 스틱 과자(둥근 막대 모양의 손가락 길이 정도). **Fasnachtsschlüferli** [-ʃlyːfɛli], das; -(s), - [schweiz. Schlüferli] (schweiz.) (사육제의) 고리 과자(환상선(環狀線)으로 둥글게 꼬여져 있음).

fasrig: ↑faserig 참조.

Faß [fas], das; Fasses, Fässer ['fɛsɐ] (측량 단위로는 《또한》 Faß) [mhd., ahd. vaʒ] **1.** ⟨축소형: ↑Fäßchen⟩ (나무) 통(맥주 따위의 저장용으로 사용되는): drei Fässer(Faß) Bier 맥주 3통; ein F. (Bier) anstechen [anzapfen] 맥주통을 따다; Bier vom Faß 생맥주; er trinkt《속어》 säuft) wie ein F. 《통용어》그는 술이 고래다; 《농》 das schlägt dem F. den Boden aus 해도 해도 너무한다; 《농》 das schlägt dem F. die Krone ins Gesicht 위와 같음; das bringt das F. zum Überlaufen 위와 같음; **ein F. ohne Boden (sein)** 밑빠진 독; **ein F. aufmachen** 《통용어》 신나는 한 판의 잔치를 벌이다. **2.** [청소년] 대가, 전문가: ein F. im Bogenschießen 양궁의 대가.

faß-, Faß-: ~**band,** das ↑reifen. ~**beinig** ⟨Adj.⟩ (말·소·양의) 다리가 밖으로 굽은, 내반슬(內反膝)의. ~**beinigkeit,** die ↑~beinig 의 명사형. ~**bier,** das 생맥주, 통맥주. ~**binder,** der (südd., österr.) 통메장이. ~**binderei,** die 통메기. ~**brause,** die 산성(酸性) 레모네이드(통에 저장된). ~**daube** ↑Daube. ~**hahn,** der 통마개. ~**reif(en),** der 통테. ~**spund,** der (통의) 마개. ~**wein,** der 통에 저장한 포도주. ~**weise** ⟨Adv.⟩ 한통씩 한통씩(↑fässerweise 참조).

Fassade [fa'saːdə], die; -n [frz. façade] **1.** 건물의 앞면, 전면: die F. (des Theaters) wird gereinigt (극장의) 정면벽이 청소된다. **2.** 《폄》 외형, 겉치레: bei ihm ist alles nur F. 그의 경우 모든 것이 겉만 번지르르할 따름이다. **3.** 《통용어·폄》 낯짝, 상판: sie hat zwar eine hübsche F., aber es ist nicht viel dahinter 그녀는 상판이야 예쁘장하지만, 속에 든 것은 별로 없다.

Fassaden-: ~**aufzug,** der (고층 건물의 청소 따위를 위한) 벽면 승강기. ~**dekoration,** die [건축] 건물 정면 장식. ~**gestaltung,** die [건축] 건물의 정면 구성. ~**kletterer,** der 벽을 타고 창을 넘어온 도둑. ~**lift,** der ↑~aufzug. ~**putzer,** der ↑~reiniger. ~**reiniger,** der 건물벽 청소인(특히 정면벽의). ~**reinigung,** die 건물(정면)벽 청소. ~**reinigungslift,** der 건물(정면)벽 청소용 승강기. ~**sockel,** der 건물 정면 기저(基底) [주각(柱脚)]. ~**stukkateur,** der 건물 정면 벽 장식 칠세공 직공. ~**turm,** der [건축] 교회 등의 정면탑.

faßbar ['fasbaːɐ̯] ⟨Adj.⟩ **a)** 분명히 인식할 수 있는, 파악할 수 있는, 구체적인: mit ideellen, nicht durch Geld -en Werten 이념적인, 돈으로는 파악될 수 없는 가치를 지닌. **b)** 이해 가능한, 쉽게 설명할 수 있는: das ist ja kaum f.! 그것 참 알 수 없는 노릇이군! **Faßbarkeit,** die ↑faßbar의 명사형.

Fäßchen ['fɛsçən], das; -s, - ↑Faß 참조.

fassen ['fasn̩] ⟨h⟩ **1. a)** 붙잡다, 붙들다: jmdn. am Arm [bei der Hand] f. 누구의 팔(손)을 붙들다; er bekam den Ast zu f. 그는 가지를 붙잡게 되었다; faß! 잡아! 둘어! (개에 대한 명령); [전의] die Strömung faßte das Boot 물살이 배를 잡아챘다; jmdn. bei seiner Ehre f. 누구의 명예심을 매달리다(호소하다). **b)** 《의미가 약화되어》: Vertrauen zu jmdm. f. 누구에 대한 신임을 얻다; er konnte keinen (klaren) Gedanken f. 그는 어떠한 (분명한) 생각도 표현할 수가 없었다; einen Entschluß f. 결심하다. **2.** 손으로 특정 부위를 잡다(만지다), 손을 대다: nach einem Glas f. 잔을 잡다; das Kind faßte ihm[ihn] ins Gesicht 어린아이가 그의 얼굴을 만졌다; er faßte ins Leere 그는 허공을 움켜쥐었다. **3.** 체포하다: die Polizei hat den Dieb gefaßt 경찰이 도둑을 체포했다. **4.** 제자리에 물려들다, 맞다: die Schraube faßt gut 나사가 잘 맞는다; das Zahnrad faßt nicht mehr richtig 톱니바퀴가 이젠 제대로 물리지 않는다. **5.** 《아이》 엄습하다, 사로잡다: ein Schauder faßte ihn 한차례 전율이 그를 엄습했다; Entsetzen hatte sie gefaßt 경악이 그녀를 사로잡았다. **6. a)** 받아넣다, 적재하다: sie liefen den Hafen an, um Kohlen zu f. 그들은 석탄을 싣기 위하여 기항했다. **b)** 《군》 보급받다, 수령하다: Essen f. 음식을 보급받다. **7.** 수용할 수 있다(용량의 표시): der Tank faßt 50 Liter 탱크는 50리터들이이다; der Saal faßt 1000 Zuschauer 홀은 1000명의 관객을 수용할 수 있다. **8.** 둘레를 치다, 틀에 집어넣다: einen Edelstein (in reines Gold) f. 보석을(순금 속에) 박아 넣다(세팅하다); eine Quelle f. 샘물에 샘터 시설을 만들다. **9.** 표현하다, 나타내다: seine Gedanken in Worte f. 그의 생각을 말로써 나타내다; einen Begriff f. 어떤 개념을 넓은 뜻에서 규정하다. **10.** 《대개 제한적·부정적으로》 **a)** 《아이》 (앞뒤 맥락을) 이해(납득)하다, 파악하다: es fiel ihm schwer, das Problem (ganz) zu f. 그로서는 문제를 (완전히) 파악하기가 어려웠다. **b)** 가능한(진실한) 것으로 간주하다, 사실로 믿다: das ist (doch) nicht zu f.! 그건 (아무래도) 믿을 수 없어! **11.** ⟨f. + sich⟩ 평정을 되찾다, 다시 정신을 차리다: er erschrak, faßte sich aber schnell 그는 대경실색했으나 재빨리 평정을 되찾았

다.
fässerweise ⟨Adv.⟩ 통 단위로, 여러 통으로: die Heringe können nur f. geliefert werden 청어는 통 단위로만 납품될 수 있다.
Fassion [fa'sio:n], die; -en [1: lat. fassio] (고어) 1. 고백. 2. 세금 신고.
faßlich ⟨Adj.⟩ 이해할 수 있는, 평이한: eine in (leicht) -er Form geschriebene Abhandlung (쉽게) 이해할 수 있는 형태로 작성된 논문. **Faßlichkeit**, die ↑faßlich의 명사형.
¹Fasson [fa'sõ:, (südd., österr., schweiz.는 대개) fa'so:n], die; -s/(südd., österr. u. schweiz.는 대개) -en [frz. façon] a) (복장의) 재단, 만듦새: ein Mantel nach neuester F. 최신 유행형의 외투. b) 정상적인 상태, 일반적인 모습: sie ist in letzter Zeit etwas aus der F. geraten (통용어) 그녀는 최근에 몸이 불었다(났다); [결구] jeder soll [kann] nach seiner (auf seine) F. selig werden 누구나 자기 나름대로 살아야 한다.
²Fasson [fa'sõ:], das; -s, -s ↑Revers. **fassonieren** [faso'niːrən] ⟨h⟩ 1. 모양을 내다(음식, 특히 육류에 대해서). 2. (österr.) 커팅식으로 단발하여 다듬다, 머리를 다듬다. **Fassonnudeln** ⟨Pl.⟩ (별, 문자 따위의 형상으로 한) 모양 국수. **Fassonschnitt**, der 커팅식 단발(剪髮).
Fassung, die; -en 1. a) 틀, 테(특히 보석류의 세팅에 쓰이는): die goldene F. eines Edelsteins 보석의 황금테; die F. der Brille ist verbogen 안경의 테가 뒤틀렸다. b) 우물틀, 샘틀: eine Quelle mit einer steinernen F. umgeben 샘을 돌맹이로 빙 둘러 막다. c) 소켓: die Birne aus der F. schrauben 전구를 소켓에서 돌려 빼다. 2. a) 표현 양식, 용어(Wortlaut): der Beschluß wurde in eine kürzere F. gebracht 의결사항은 다소 짧은 형식으로 정리되었다. b) 원고(原稿), 텍스트, 교정(版): die ursprüngliche [letzte] F. eines Romans 소설의 최초[최종] 원고. 3. [예술] 조각품의 채색. 4. ⟨Pl. 없음⟩ 마음의 평정, 자제, 태연자약: die F. bewahren [verlieren] 마음의 평정을 유지[상실]하다; es ist durch nichts aus der F. zu bringen 그는 천하없는 일이 있어도 당황하지 않는다; sie rang nach F. 그녀는 혼신의 힘을 기울여 태연자약하려고 애썼다. 5. ⟨Pl. 드물게⟩ a) (의미가 약화되어) die F. voreiliger Beschlüsse 성급한 결정을 내림. b) 파악, 납득: die F. des komplizierten Sachverhaltes fiel ihm schwer 복잡다단한 사태의 파악이 그로서는 어려웠다.

fassungs-, Fassungs-: **~gabe**, die ⟨Pl. 없음⟩ (드물게) ↑Auffassungsgabe. **~kraft**, die ⟨Pl. 없음⟩ ↑ Auffassungskraft. **~los** ⟨Adj.⟩ 당황한, 어쩔 줄을 모르는, 대경실색한, 할 말을 잃은: ein -es Gesicht machen 당황한 표정을 짓다. **~losigkeit**, die ↑~los의 명사형. **~raum**, der ⟨Pl. 없음⟩ 수용 용적(공간). **~vermögen**, das ⟨Pl. 없음⟩ 1. 수용[저장] 능력: das F. eines Tanks 탱크의 저장 능력. 2. ↑Auffassungsvermögen.
fast [fast] ⟨Adv.⟩ 거의, 대략(beinahe): es waren f. tausend Personen anwesend 참가 인원이 거의 1000명에 육박했다; f. wie ein Kind 어린 아이와 비슷하게; wir hätten uns f. verlaufen 하마터면 길을 잃어버릴 뻔했다.
Fastback ['faːstbæk], das; -s, -s [1: engl.-amerik. fastback]. 2: engl.-amerik. fast + back] 1. ↑Fließheck. 2. 리와인드 플레이. **Fast Break** ['faːstˈbreɪk], der ⟨또는⟩ das; -, - -s [engl.-amerik. fast break] [농구] 속공 (Steilangriff).
Fastebene, die [지리] 준평원.
Fastelabend ['fastl-], der (rhein.) ↑Fastnacht. **fasten** ['fastn] ⟨h⟩ 단식하다, 금식하다. **Fasten** [-] ⟨Pl.⟩ [가] a) 사순절(부활절 전 40 일간). b) 사순절 금식.

Fasten-: **~aktion**, die 사순절 행사. **~almosen**, das [종교] 사순절 자선. **~kur**, die 단식 요법. **~monat**, der 금식[단식]월(月). **~opfer**, das ↑~almosen. **~predigt**, die [가] 사순절 설교. **~sonntag**, der 사순절 기간 중의 일요일. **~speise**, die [종교] 사순절 기간에 허용된 음식. **~zeit**, die a) [종교] 단식[금식] 기간. b) [가] 사순절(성회 수요일부터 부활절 전날까지 일요일을 뺀 40 일간).
Fasti ['fasti] ⟨Pl.⟩ [lat. fāstī] 공무일(公務日), 심리일(審理日)(옛날 로마 달력의 의하여 국가 공공(公共)의 안건이나 소송(訴訟)의 안건을 다루도록 허용된 날).
fastidiös [fasti'djøːs] ⟨Adj.⟩ [frz. fastidieux] (고어) 거슬리는(widerwärtig), 지겨운. **Fastidium** [fa'stiːdiʊm], das; -s [lat. fāstīdium] [의학] 거부감, 혐오감(예컨대: 음식에 대해서).
Fastnacht, die 사육제(Fasching, Karneval)(성회 수요일보다 시작되는 사육제 전의 3·4 일 기간, 특히 맨 마지막 날): sie wollen F. feiern 그들은 사육제에 참가하려고 한다; alte F. (pfälz.) 사육제 다음의 일요일; hinterherkommen wie die alte F. (pfälz.) 느림치다, 뒤늦게 오다. **Fastnachter**, **Fastnachtler** [...naxt(l)ɐ], der; -s, - 사육제 협회의 회원(변장을 하거나 가면을 씀). **fastnächtlich** ⟨Adj.⟩ 사육제의, 사육제 풍의.

Fastnachts-, (드물게) **Fastnacht-**: **~ball**, der ↑Faschingsball. **~brauch**, die 사육제 풍습(가면과 변장 따위). **~dienstag**, der 참회 화요일(성회 수요일 전날). **~garde**, die (화려한 제복을 입은) 사육제 협회 회원 그룹. **~geck**, der ↑Fastnachter. **~gesicht**, das ↑~maske. **~kostüm**, das 사육제 의상. **~krapfen**, der 사육제 도너츠. **~krappel**, der (지역적) ↑~krapfen. **~küchelchen**, **~küchlein**, das (südd.) ↑~krapfen. **~larve**, die ↑~maske. **~maske**, die 사육제의 가면. **~narr**, der 사육제의 광대(익살꾼) (↑Fastnachter). **~pfannkuchen**, der (norddt., berlin.) ↑~krapfen. **~posse**, die ↑~spiel. **~prinz**, der ↑Karnevalsprinz. **~prinzessin**, die ↑~prinz의 여성형. **~schlager**, der Karnevalsschlager. **~spiel**, das; -s [문예학] 사육제극(후기 중세 민속극). **~treiben**, das 사육제놀이. **~umzug**, der 사육제의 가장 행렬. **~zeit**, die 사육제 기간(성회 수요일로 시작되는 사순절 이전의 주일에 걸침). **~zug**, der ↑~umzug.
Fasttag, der; -(e)s, -e 단식일: der Arzt hat ihm einige -e verordnet 의사는 그에게 며칠간의 단식 처방을 내렸다.
Faszes ['fastseːs] ⟨Pl.⟩ [lat. fascēs] (역사적) 속간 부월(束簡斧鉞)(나뭇가지 묶음 사이로 도끼가 솟아나게 한 식별표로서 고대 로마 집정관의 최고 권위를 상징함). **Fasziation** [fastsia'tsjoːn], die; -en 1. [식물] 대화(帶化). 2. [의학] 붕대감기. **Faszie** ['fastsiə], die; -n [lat. fascia] [의학] 1. 근막(筋膜), 근초(筋鞘). 2. 붕대. **Faszikel** [fas'tsiːkl, (또한) ...'tsɪkl], der; -s, - [lat. Fasciculus] 1. (고양이) a) (서류 묶음 등의) 뭉치. b) (간행물의) 분책(分冊)(Heft). 2. [의학] (작은) 근육[신경 섬유] 속(束). **faszikulieren** [fastsiku'liːrən] ⟨h⟩ (↑Faszikel (1 a) (고어) (서류를) 철하다.
Faszination [fastsina'tsjoːn], die [lat. fascinātiō] (교양어) 매혹, 매력, 고혹(蠱惑): seine Stimme übt eine F. auf die Zuhörer aus 그의 목소리가 청중을 매료(魅了)한다. **faszinieren** [fastsi'niːrən] ⟨h⟩ [lat. fascināre] 홀리다, 사로잡다. **Faszinosum** [fastsi'noːzum], das; - [lat. (교양어) 매력(매혹)적인 것.
Fata ↑ Fatum의 복수형. **fatal** [fa'taːl] ⟨Adj.⟩ [lat. fātālis] (교양어) a) 언짢은, 난처한, 고약한: in eine -e

Lage geraten 난처한 지경에 빠지다; die Verwechslung hatte -e Folgen 혼동은 고약한 결과를 낳았다. **b)** 숙명적인, 불길한, 불행한: etwas wirkt sich f. aus 무엇의 영향은 치명적이다. **fatalerweise** 〈Adv.〉 불행하게도, 불행히도. **Fatalismus** [fata'lɪsmʊs], der; - 《교양어》숙명론, 운명론. **Fatalist**, der; -en, -en 숙명론자, 운명론자. **Fatalistin**, die; -nen ↑Fatalist의 여성형. **fatalistisch** 〈Adj.〉 숙명[운명]론적인. **Fatalität** [fatali'tɛːt], die; -en 숙명, 불운, 재난.

Fata Morgana ['faːta mɔr'gaːna], die; - ...nen/- -s [ital. fata morgana] 신기루.

Fathom ['fæðəm], das; -s, -(s) [engl. fathom] 패덤 (1,828 m) (영국식 길이의 단위).

fatieren [fa'tiːrən] 〈h〉 [lat. fatēri] **1.** (고어) 고백하다, 진술하다. **2.** (österr.) 납세 신고하다. **Fatierung**, die; -en (österr.) 납세 신고.

fatigant [fati'gant] 〈Adj.〉 [frz. fatigant] 《고어》피로하게 하는, 지루한, 성가신. **Fatige**, Fatigue [fa'tiːgə], die; -n [frz. fatigue] 《고어》피로, 권태. **fatigieren** [fati'giːrən] 〈h〉 [frz. fatiguer] 지치게 하다, 지루하게 하다, 성가시게 하다. **Fatigue**: ↑Fatige.

Fatsia ['fatsia], die; ...ien [...iən] 《식물》 팔손이나무 (Zimmeraralie).

Fatum ['faːtʊm], das; -s, ...ta [lat. fātum] 《교양어》운명, 천명(天命), 숙명.

Fatzke ['fatskə], der; -n/-s, -n/-s [lat. facētia] 《통용어·편》 얼간 망둥이, 시건방진 놈.

Faubourg [fo'buːr], der; -s, -s [frz. faubourg] (프랑스의) 교외(郊外).

fauchen ['fauxn̩] 〈h〉 **1.** (동물이) 쉭쉭 소리를 내다: die Katze[der Fuchs] fauchte (wütend) 고양이[여우]가 (화가 나서) 쉭쉭 소리를 냈다; 전의 der Wind faucht 획획 소리를 내며 바람이 분다. **2.** 홍분하여[거친 목소리로] 말하다.

faukal [fauˈkaːl] 〈Adj.〉 [engl. faucal] [언어] ↑pharyngal.

faul [faul] 〈Adj.〉 **1.** 썩은, 부패한: -es Fleisch[Obst] 썩은 고기[과일]; die Fische sind f. 생선이 썩었다. **2.** (통용어·편) 뭔가 수상한, 부도덕한, 구린내가 나는, 제대로가 아닌: ein -er Kompromiß 뭔가 구린내가 나는 타협; eine -e Ausrede 믿기 어려운 변명; ein -er Friede 위태로운 평화; das ist doch alles -er Zauber! 도대체가 모조리 사기야!; es steht f. um ihn[um seine Geschäfte] 그(그의 사업)는 뭔가 수상쩍다; 장구 etwas ist f. im Staate Dänemark 어디 뭔가 돌아가는 낌새가 좋지 않다(『햄릿』1막 4장에 나오는 말). **3.** 게으른, 움직이길 꺼려하는, 굼뜬, 태평스런, 늘어진(반대: fleißig a): ein -er Schüler 게으른 학생; er ist zu f. zum Schreiben 그는 필 쓰기에는 너무 게을러 빠졌다; **nicht f.** 망설이지 않고, 잽싸게: sie, nicht f., beantwortete seine Zudringlichkeit mit einer Ohrfeige 그녀는 그의 추근거림에 대하여 냅다 따귀 한 대를 올려 붙여 응수했다. **4.** 질질 끄는, 태만한: ein -er Schuldner 돈을 잘 갚지 않는 채무자.

Faul-: **~baum**, der 서양갈매나무. **~baumrinde**, die 서양갈매나무 껍질. **~bett**, das 《고어》 휴식용 긴 의자, 침상, 소파: auf dem F. liegen 침상에 누워 있다. **~brand**, der ↑Gangrän 참조. **~brut**, die 벌새끼의 흑사병. **~ecke**, die 【의학】 구각염(口角炎): eine schlecht sitzende und ungepflegte Prothese ist häufig an der F. schuld 잘 맞지 않고 손질 안된 의치가 흔히 구각염의 원인이다. **~gas**, das 메탄가스. **~grube**, die 【기술】 폐수부식조(廢水腐蝕槽). **~pelz**, der 《친근》 농뱅이, 게으름뱅이. **~sack**, der 《통용어》 ↑~pelz. **~schlamm**, der (하수구 따위의) 썩은 진흙. **~schnee**, der 녹아 질척이는 눈. **~stelle**, die (과일 위의) 썩은 부위. **~tier**, das **1.** 나무늘보(중남미 대륙의 서식하는 50 cm 가량의 매우 굼뜬 포유 동물). **2.** 《통용어》게으름뱅이. **~winkel**, der ↑~ecke.

Fäule ['fɔylə], die (아어) 부패. **faulen** ['faulən] 〈s/h〉 [mhd. vūlen, ahd. fūlēn] 썩다, 부패하다: das Obst fault 과일이 썩는다; faulendes Stroh 썩고 있는 건초. **faulenzen** ['faulɛntsn̩] 〈h〉 아무 일도 않고 지내다, 빈둥빈둥 태평으로 놀다: jetzt hast du aber genug gefaulenzt! 네가 빈둥거리고 노는 것도 이젠 그만하면 됐어! **Faulenzer**, der; -s, - 1. (편) 건달, 게으름뱅이, 놀고 먹는자. **2.** (통용어·농·고어) 안락 의자, 와상(臥床). **3.** (österr. · 통용어) 받침 패지(罫紙). **Faulenzerei** [faulɛntsəˈrai], die; -en 나태, 무위 도식: diese F. muß aufhören! 이따위 무위 도식은 그만두어야 한다! **faulenzerisch** 〈Adj.〉 게으른, 아무것도 않는. **Faulenzerleben**, das 게으른 인생, 일없고 얽매이지 아니한 생활. **Faulheit**, die 나태성, 게으름: er wird dir schon die F. austreiben 그가 너의 게으른 성질을 꼭 뜯어 아낼 것이다; **vor F. stinken** (편) 매우 게을러빠지다. **faulig** ['faulɪç] 〈Adj.〉 부패하는, 썩기 시작한: -es Obst 썩어드는 과일; ein -er Geruch 썩는 냄새; 전의 das Faulichte des f. gewordenen Geistes 비정상적으로 되어버린 정신의 영통한. **Fäulnis** ['fɔylnɪs], die 부패, 썩게 됨: die F. des Getreides ist bereits fortgeschritten 곡식의 부패가 이미 진행되었다; in F. übergehen 썩게 되다; Fleisch vor F. bewahren 고기가 썩지 않게 보관하다; 전의 die F. der gesellschaftlichen Institutionen 사회 제도의 내적 붕괴.

fäulnis-, **Fäulnis-**: **~bakterie**, die (대개 Pl.) 부패균. **~erreger**, der ↑~bakterie. **~erscheinung**, die 부패 현상. **~hemmend** 〈Adj.〉 부패를 억제하는, 방부성(防腐性)의. **~herd**, der 부패의 온상. **~keim**, der ↑~bakterie. **~prozeß**, der 부패 과정. **~verhütend** 〈Adj.〉 부패를 막는.

Faulung, die; -en (Pl. 잘 쓰이지 않음) 부패함, 썩기 시작함.

Faun [faun], der; -(e)s, -e [lat. Faunus] 목양신(牧羊神)(반인반양의 고대 로마의 하천·임야 신으로 후일 호색의 산림정(山林精)으로 나타남): 전의 er ist ein F. (아어) 그는 호색한이다. **Fauna** ['fauna], die; ...nen [lat. Fauna] 【동물】 **1.** (특정 지역의) 동물 세계, 동물군(動物群): die F. Südafrikas 남아프리카의 동물 세계. **2.** (특정 지역의) 동물지(誌), 동물상(相), 동물구계(動物區系). **Faunenkunde**, die (Pl. 없음) ↑Faunistik. **faunisch** 〈Adj.〉 (아어) **a)** 자연스러운, 소박한, 원래의 모습이 훼손되지 아니한: -e Spätsommeridylle 소박한 만하(晩夏)의 목가적 풍경. **b)** 관능적인, 관능적, 음랑한. **Faunist** [fau'nɪst], der; -en, -en (특정 지역의) 동물상[구계] 연구자. **Faunistik**, die (특정 지역) 동물상학, 동물지지(地誌)학. **faunistisch** 〈Adj.〉 동물상학적, 동물지지학적인. **Faungesicht**, das 동물 형상, 호색적 모습.

Fausse: ↑Foße.

Faust [faust], die; Fäuste ['fɔystə] 〈축소형〉 ↑Fäustchen〉 주먹: eine F. machen 주먹을 휘둘러 위협하다; die F. ballen[öffnen] 주먹을 쥐다[펴다]; mit den Fäusten gegen die Tür trommeln 주먹으로 대문을 두드리다; aus der F. essen 수저없이 맨손으로 먹다; 장구 ich bin jmdm. in die F. gelaufen 나는 누구의 주먹판에 빠져들었다(싸움판에 참여한 것을 적당히 얼버무리는 작); **das paßt wie die F. aufs Auge** (통용어) **1)** 그것은 얼토당토 않다. **2)** (부정적인 두 사건이 마침맞을 때) 안성맞춤이다; **das paßt wie F. aufs Gretchen** (통용어·농) 이도령에 춘향이로구나(괴테의 "파우스트"에 나

오는 „das paßt wie die F. aufs Auge"에 따른 농담); **die F. im Nacken spüren** 심한 압박감을 느끼다, 강제에 못이겨 행동하지 않을 수 없다; **die F.(die Fäuste) in der Tasche ballen** 속으로 분을 품다, 분노를 억누르다; **auf eigene F.** 혼자서 책임을 지고: etw. auf eigene F. unternehmen 무엇을 독자적으로 시도하다; **mit der F. auf den Tisch schlagen(hauen)** 과감하게 추진하다, 분명하게 말하다; **mit eiserner F.** 폭력을 휘둘러.

faust-, Faust-: **~abwehr,** die [구기] (골키퍼가) 주먹으로 쳐내기. **~ball,** der **1.** ⟨Pl. 없음⟩ 파우스트 볼. **2.** 파우스트 볼에 사용되는 가죽공. **~degen,** der 《고어》 단검. **~dick** ⟨Adj.⟩ 주먹만한: eine -e Geschwulst 주먹만한 종기; [전의] 《또한》 adv.) eine -e Lüge (통용어) 터무니없는 거짓말; er hat f. aufgetragen (통용어) 그는 터무니없게 과장했다. **~fechten,** die 《아어》 권투. **~feuerwaffe,** die (권총 따위의) 휴대용 화기. **~groß** ⟨Adj.⟩ 주먹 크기만한. **~hammer,** der (철물공 등이 사용하는) 큰 망치. **~handschuh,** der 벙어리 장갑. **~hantel,** die (중량 경기) (연습용) 아령. **~hieb,** der ↑~schlag. **~kampf,** der 《아어》 ↑Boxkampf. **~kämpfer,** der 《아어》 ↑Boxer (1). **~keil,** der [고고] (구석기 시대의 연장·무기인) 악부(握斧), 첨두석기(尖頭石器). **~lage,** die [펜싱] (칼의 위치에 따른) 손의 위치. **~parade,** die [구기] 주먹으로 쳐내는 방어, 블로킹. **~pfand,** das 저당물: [전의] die geographische Lage machte Westberlin zum F. der Sowjetunion 지리적 위치가 서부 베를린을 구소련의 압력 수단으로 만들었다. **~position,** die [펜싱] (칼을 든) 손의 위치. **~recht,** das ⟨Pl. 없음⟩ 자구권, 자위권: [전의] vom F. Gebrauch machen 자구권을 행사하다. **~regel,** die 대체적인 규칙, 요강: eine F. für die Praxis aufstellen 실무의 대체적인 규칙을 세우다. **~rohr,** die 《고어》 권총. **~säge,** die (손으로 쓰는) 큰 톱. **~schlag,** der 주먹으로 치기. **~skizze,** die 대체적인 스케치. **~waffe,** die ↑~feuerwaffe. **~zahl,** die 어림수.

Fäustchen ['fɔystçən], das; -s, - ↑Faust: **sich³ ins F. lachen**((schweiz.) **ins F. lachen**) 고소해 하다.
Fäustel ['fɔystl], der; -s, - **1.** (광부나 석수가 쓰는) 큰 망치. **2.** ↑Faustkeil. ↑Fausthandschuh 참조. **fausten** ['faustņ] ⟨h⟩ **a)** (공을) 주먹으로 쳐내다. **b)** 《드물게》 주먹을 쥐다. **Fauster** ['fausṭɐ], der; -s, - (ostmd.) ↑Fausthandschuh.
faustisch ⟨Adj.⟩ [Goethe의 작품 「Faust」에서] 《교양어》 파우스트적인.
Fäustling ['fɔystlıŋ], der; -s, -e **1.** ↑Fausthandschuh. **2.** [광] 주먹만한 돌.
faute de mieux [fotdə'mjø] 《교양어》 부득이한 경우에, 차선으로.
Fauteuil [fo'tø:j], der; -s, -s [frz. fauteuil] (특히 österr.·그 외 준고어》 안락 의자
Fautfracht ['faut-], die; -en [frz. faux fret] **a)** 공하실(空荷室) (용선 계약을 지키지 않아 빈 채로 놓아둔 화물 적재실). **b)** (운송 계약 해제시 지불하는) 공하 운임.
Fauvismus [fo'vɪsmʊs], der; - [frz. fauvisme 포비즘, 야수파. **Fauvist,** der; -en, -en (대개 Pl.) 야수파 화가. **fauvistisch** ⟨Adj.⟩ 포비즘(야수파)적인.
Faux ami [foza'mi], der; - -, - -s [-; frz. faux ami] [언어] 전이외수(轉移誤譯) (예컨대: 독일어의 Spektakel = 야단법석, 소동이 프랑스어의 spectacle = 연극 그대로 전이되는 따위).
Fauxbourdon [fobur'dõ:], der; -s, -s [frz. fauxbourdon] **1.** [음악] 화음 대위법의 악곡. **2.** 성가음창조(聖歌吟唱調).

Fauxpas [fo'pa], der; - [...pa(s)], - [...pas; frz. faux pas] 추태, 실수: er hat einen solchen F. begangen 그는 고약한 실수를 범하였다.
Favela [fa've:la], die; -s [port. favela] 《교양어》 (남미 대도시의) 빈민가, 빈민굴.
Faven, Favi: ↑Favus의 복수형.
favorabel [favo'ra:bļ] ⟨Adj.; ...bler) [frz. favorable] 《고어》 **a)** 마음이 기울어진, 정을 주는. **b)** 유리한.
Favoris [favo'ri:] ⟨Pl.⟩ [frz. favoris] 《고어》 (폭이 좁은) 구레나룻. **favorisieren** [favori'zi:rən] ⟨h⟩ [frz. favoriser] **1.** 《교양어》 우대하다, 총애하다. **2.** [스포츠] 우승 후보로 꼽다. **Favorit** [favo'ri:t, 《또한》 ...'ri:t, der; -en, -en [1: frz. favori; 2: engl. favourite] **a)** 총아, 귀염둥이: der vielseitige Schauspieler ist der F. dieses Regisseurs 다재다능한 그 배우는 이 감독이 애지중지하는 사람이다. **b)** 《고어》 총신, 총아: er war der F. der Königin 그는 여왕의 총신이었다. **2.** [스포츠] 우승 후보자: [전의] der erfahrene Politiker geht als F. in den Wahlkampf 그 노련한 정치가는 당선 후보자로 선거전에 돌입한다.
Favoriten- (Favorit 2): **~rolle,** die 우승 후보에 거는 기대. **~schreck,** der 《은어》 복병, 다크 호스. **~sieg,** der 우승 후보의 승리. **~stellung,** die ↑~rolle. **~sterben,** das 《은어》 우승 후보의 중도 탈락. **~sturz,** der 우승 후보의 패배. **~töter,** der 《은어》 우승 후보 킬러.
Favoritin, die; -nen ↑Favorit의 여성형.
Favus ['fa:vʊs], der; -, ...ven / ...vi [lat. favus] **1.** [의학] 사상균(絲狀菌) 피부병. **2.** [동물] 벌집의 밀랍판.
Faxen ['faksn] ⟨Pl.⟩ [방언적·고어 Faksen. Fack(e)s, Fickesfackes = Possen의 약칭 fickfacken = hin u. her laufen, früher bes. auf den Possenreißern der Jahrmärkte과 관련] **1.** 익살스런 표정(동작). **2.** 허튼 소리, 바보짓, 넌센스. **Faxenmacher,** der 농담꾼, 익살꾼.
Fayence [fa'jã:s], die; -n [frz. fayence, faience] 파엔차 도기, 채색 백도(彩色白陶).
Fayence-: ~kanne, die 파엔차 도기 사기 주전자. **~krug,** der 파엔차 항아리(↑~kanne). **~ofen,** der 파엔차 타일 난로. **~schüssel,** die 파엔차 사기 대접. **~technik,** die 파엔차 도기의 유약 처리 기술. **~teller,** der 파엔차 사기 접시.
Fayencerie [fajãsə'ri:], die; -n [...i:ən; frz. faiencerie] 파엔차 도기 공장.
Fazenda [fa'tsɛnda, fa'zɛnda], die; -s [port. fazenda] (브라질의) 영지(領地), 장원(莊園).
Fäzes ['fɛ:tsəs] ⟨Pl.⟩ [lat. faecēs] 《의학》 배설물, 배변.
Fazetie [fa'tse:tsiə], die; -n [2: lat. facētiae] **1.** ⟨대개 Pl.⟩ [문예학] (15~16세기 이탈리아의) 골계담(滑稽談), 희담(戱談). **2.** ⟨Pl.⟩ 《고어》 익살스러운 착상, 유머적 언사.
fazial [fa'tsia:l] ⟨Adj.⟩ [mlat. faciālis] [의학] 얼굴의, 안면의. **Fazialis** [...li:s], der; - [Nervus facialis의 약칭] [의학] 안면신경. **faziell** [fa'tsiɛl] ⟨Adj.⟩ [지질] 지층상(地層相)의. **Fazies** ['fa:tsiɛs], die [lat. faciēs] **1.** [지질] 지층상(地層相). **2.** [식물] (식물군의) 최소 단위.
Fazilität [fatsili'tɛ:t], die; -en [lat. facilitās] **1.** 《준고어》 경쾌, 친절, 민활. **2.** [금융·경제] 금융 혜택. **Fazit** ['fa:tsɪt], das; -s, -s [lat. facit의 명사화] **1.** 《고어》 총합계. **2.** 결과, 최종 결산: das F. der Untersuchungen war jedesmal das gleiche 연구의 결과는 언제나 같은 것이었다; **das Fazit aus etw. ziehen** 무엇으로부터 결과를 요약하다.

FBI ['ɛfbi:'aɪ], der 《또는》 das; - [amerik. Federal Bureau of Investigation의 약어] 미국 연방 수사국.

FDJ [ɛfdeːˈjɔt], die《구동독》[Freie Deutsche Jugend의 약어] 자유 독일 청년단(14세 이상이 단원임). **FDJler** [...lɐ], der; -s, -《구동독》FDJ의 단원.
F-Dur [ˈɛf-, (또한) '-'-], das 바 장조(기호: F)(↑f, F 2 참조). **F-Dur-Etüde**, die 바(F) 장조 연습곡.
Feature [ˈfiːtʃɐ], das; -s, -s (또한) die; -s [engl. feature] **1. a)** [방송·텔레비전] (다큐멘터리) 특집 방송. **b)** [신문] 특집 기사. **2.** [영화] 본(本)영화. **Featuresendung**, die 특집 방송.
Feber [ˈfeːbɐ], der; -s, -《österr.》↑Februar.
febril [feˈbriːl] 〈Adj.〉 [lat. febris] [의학] 열이 있는, 열병과 같은: ein -er Infekt 열성(熱性) 전염병. **Febris** [ˈfeːbrɪs], die [lat. febris] [의학] 열(熱).
Februar [ˈfeːbruaːɐ̯], der; -(s), -e [lat. (mēnsis) Februārius] 2월(약어: Febr.).
fechsen [ˈfɛksn̩] 〈h〉《österr.》수확하다.
Fechser [ˈfɛksɐ], der; -s, - 휘문이 가지, 휘문이, 취목(取木).
Fechsung, die 〈u österr.·준고어〉수확.
Fecht- (↑Fechter-도 참조): **~abstand**, der 펜싱 시합자 사이의 간격. **~akademie**, die 펜싱(검술) 학교. **~anzug**, der 펜싱(검술) 복장. **~auslage**, die 펜싱 기본 자세. **~ausrüstung**, die 펜싱 용구(用具). **~bahn**, die 펜싱 시합장. **~boden**, der [대학생] ↑~saal. **~bruder**, der 《준고어》떠돌이 거지, 부랑자(浮浪者). **~degen**, der 펜싱검(劍). **~gruß**, der [펜싱 인사(시합 시작시에 하는 의식적(儀式的) 인사). **~handschuh**, der 펜싱 장갑. **~hieb**, der (샤브르 검에 의한) 베이기 공격. **~hose**, die [펜싱] 바지. **~jacke**, die 펜싱 저고리. **~kampf**, der 펜싱 시합. **~korb**, der ↑~maske. **~kunst**, die (펜싱)검술. **~lehrer**, der [펜싱] 교사. **~linie**, die [펜싱] 도선선(刀身線) (팔과 일직선을 이루는 칼끝의 유효 부분을 겨냥함). **~maske**, die 펜싱 마스크. **~meister**, der 펜싱 사범. **~puppe**, die [펜싱] 펜싱 인형(펜싱 연습에 쓰임). **~saal**, der 펜싱 시합장이 있는 홀. **~schuh**, der 펜싱 구두. **~schule**, die 펜싱 학교(도장). **~schurz**, der 펜싱용 가슴받이. **~stellung**, die 펜싱 자세: in F. gehen 펜싱 자세를 취하다. **~turnier**, das 펜싱 대회. **~übung**, die 펜싱 연습. **~unterricht**, der 펜싱 수업(지도). **~waffe**, die 펜싱 무기(찌르기 검과 베이기 검이 있음).
fechten¹ [ˈfɛçtn̩] 〈h〉 **1. a)** 칼싸움하다, 격검(擊劍)하다: mit jmdm. [gegen jmdn.] f. 누구(누구를 상대)와 칼싸움하다; Damen fechten nur Florett 여자는 플로레 검만 갖고 싸운다; 전의 sie fechten mit harten Worten 《아이》 그들은 격론을 벌었다. **b)** (아이) 병사로서 전투에서 싸우다: er hat unter Napoleon gefochten 그는 나폴레옹의 휘하에서 싸웠다; 전의 die Stadt focht ihren verzweifelten Kampf gegen die Einsamkeit 도시는 고독에 대항하여 절망적인 전투를 벌였다. **2.** (통용어) (집집마다 다니며) 구걸하다, 동냥하다: 전의 die Kinder haben beim Vater ein paar Mark gefochten, um auf den Rummel gehen zu können 아이들은 연시(年市) 장터에 놀러가기 위해서 아버지를 졸라 몇 마르크 얻어 냈다. **Fechter**, der; -s, - **1.** 검객, 검사. **2.**《고어》↑Fechtbruder.
Fechter- (↑Fecht-도 참조): **~abstand**, der ↑Mensur. **~begrüßung**, die [펜싱] 인사, 펜싱인사. **~flanke**, die [체조] 한 손 버티기(안마 운동 따위에 착지 전에 한 손 짚고 몸을 펴는 연기). **~gruß**, der ↑ Fechtgruß. **~sitz**, der [체조] 한 손 짚고 밖으로 수평서기(평행봉에서). **~sprung**, der [체조] 한 손 짚

고 내리기. **~umschwung**, der [체조] 한 손 잡고 다리 걸어 돌리기(철봉에서). **~welle**, die [체조] ↑~umschwung. **~wende**, die [체조] 한 손 짚고 돌기.
Fechterin, die; -nen ↑Fechter (1)의 여성형. **fechterisch** 〈Adj.〉 펜싱의, 격검의.
fecit [ˈfeːtsɪt; lat. facere] …의 작(作)(흔히 이름 뒤에 붙여 씀; 약어: f./fec.).
fecken [ˈfɛkn̩] 〈h〉《schweiz.》검사하다. **Fecker**, der; -s, - [2: ↑feken] 《schweiz.》**1.** 도량형 검사인, 우유 검사자. **2.** 부랑인, 떠돌이.
Fedajin [fedaˈjiːn], der; -s, -s [arab. Fidāʼiyūn] **a)** (아랍) 의용병. **b)** 정치적 아랍 지하 조직원, 페다인.
Feder [ˈfeːdɐ], die; -n **1.** 깃, 깃털, 새털: zerzauste [gespreizte] -n 엉클어진[펼친] 깃털; die Kleine ist leicht wie eine F. 이 작은 여자(아이)는 새털처럼 가볍다; -n schleißen 깃털을 낱개죽이에서 뽑아내다; ein Vogel mit schwarzen -n 털이 검은 새; etw. so tun, daß die -n (nur so) fliegen 《경》 무엇을 지나친 기세로써 하다, 무엇을 맹렬히 하다; **-n lassen (müssen)** (통용어) 어느 정도 희생을 치르고야 목표를 달성하다; **in die (in den, aus den) -n** (통용어) 침대 속으로[속에서, 밖으로]: ich muß morgen wieder früh aus den -n 나는 내일 또다시 일찍 잠자리에서 일어나야 한다; **sich mit fremden -n schmücken** 남의 공적을 자신의 것인 양 내보이며 (공작의 깃털로 자신을 장식한 까마귀 우화에서 연유함); **von den -n aufs Stroh kommen** 가난해지다, 빈궁하게 되다. **2. a)** 펜: 전의 der Tod nahm ihm die F. aus der Hand 죽음이 그의 손에서 붓을 앗아갔다; die Wut führte ihm die Feder 그는 분노에 붓을 맡기고 써내려 갔다; jmd. schreibt [führt] eine kluge (geschliffene, gewandte) F. 누가 현명한(세련된, 숙달된) 필봉을 구사하다(휘두르다); jmdm. etw. in die F. diktieren 누구에게 무엇을 구술하여 받아쓰게 하다; aus jmds. F. stammen (geflossen sein) 누가 쓴 것이다; zur F. greifen 문필 활동을 하게 되다, 누구(무엇)에 대해 쓰다. **b)** 《österr.》펜대: die F. am Ohr 펜대를 귀에 꽂고. **3.** [기술] 용수철, 태엽, 스프링: die F. der Uhr ist gespannt [gebrochen] 시계의 태엽이 감겨져[끊어져] 있다. **4.** [목공] 반자 은(隱)촉. **5. a)** 《대개 Pl.》 [사냥] (멧돼지 등의) 강모(剛毛). **b)** 붉은 사슴의 늑골.
feder-, Feder-: **~antrieb**, der [기술] 스프링 구동(驅動). **~arbeit**, die 깃털 세공. **~artig** 〈Adj.〉 깃털 모양의, 깃털로 된: -e Haare 깃털 같은 머리. **~ball**, der [스포츠] **1.** 〈Pl. 없음〉 배드민턴. **2.** 배드민턴 공, 셔틀콕. **3. auf den F. gehen** [농] 자러 가다(아이들에게 하는 말). **~ballschläger**, der 배드민턴 라켓. **~ballspiel**, das **1. a)** 〈Pl. 없음〉 ↑~ball (1). **b)** 배드민턴 경기: beim letzten F. hat er verloren 배드민턴 결승전에서 그는 졌다. **2.** 배드민턴 경기 도구. **~ballspielen**, das; -s 배드민턴 경기. **~barett**, das 깃털 장식 모자. **~bein**, das [기술] (차·비행기의) 스프링 장치. **~besen**, der ↑Staubbesen. **~bett**, das 깃털 이불, 새털 이불. **~blatt**, das [기술] 용수철 판. **~blume**, die 〈대개 Pl.〉 깃털 조화(造花). **~boa**, die 깃털 목걸이. **~brett**, das [체조] 스프링 보드. **~bruch**, der 스프링 파손. **~büchse**, die 《고어》필통. **~busch**, der **a)** 관모, 도가머리. **b)** 장식 깃털. **~büschel**, das ↑Flederwisch. **~deckbett**, das, **~decke**, die ↑~bett. **~fahne**, die ↑Fahne (5). **~fuchser** [-fʊksɐ], der; -s - [↑fuchsen 참조] 《폄》**a)** 좀생원, 좀팽이꾼. **b)** 현학자, 관료주의자. **b)** 시시한 문필가, 삼류 작가. **~führend** 〈Adj.〉지휘의 책임이 있는, 관할의 책임을 지는: das -e Ministerium 해당(관할) 부처; 전의

in etw. sein 무엇에 결정적인 위치를 차지하고 있다, 무엇에 정상급이다. ~**führung**, die 주무(主務), 관할, 지휘 감독: unter (der) F. des …[der …, von …] …의 책임[지휘]하에서. ~**geistchen** […gaistçən], das; -s, - 새짓나방과의 곤충. ~**gewandt** ⟨Adj.⟩ 《(아)》 글에 능한, 필력이 좋은: der Autor dieses Flugblatts ist sehr f. 이 전단(傳單)의 필자는 매우 능문(能文)이다. ~**gewicht**, das [engl. feather-weight] [중량 경기] **1.** ⟨Pl. 없음⟩ 페더급. **2.** 페더급 선수. ~**gewichtler** [-gəviçtlɐ], der; -s, - 페더급 선수. ~**gras**, das 유럽나래새(풀의 한 종류). ~**griffhantel**, die [스포츠] 악력기(握力器). ~**halter**, der 펜대. ~**haltergriff**, der [engl. penholder-] [탁구] 펜홀더 방식. ~**hut**, der 깃털 장식 모자. ~**kasten**, der 《(고어)》 ↑ ~mäppchen. ~**kern**, der 매트리스의 스프링 부분. ~**kernmatratze**, die 스프링이 들어간 매트리스. ~**kiel**, der **a)** 깃의 대. **b)** 《(옛)》 펜대. ~**kissen**, das 새털방석. ~**kleid**, das (아이) 새의 깃털 전체, 새의 옷(새의 깃털을 새의 옷으로 봄): der Papagei hat ein buntes F. 앵무새가 알록달록한 옷을 입고 있다. ~**klemme**, die 코일 집게(전류의 연결에 쓰임). ~**kohl**, der **a)** 깃양배추. **b)** [지역적] 녹색 겨울배추. ~**konstante**, die [물리] 탄성상수, 탄성계수. ~**koralle**, die ↑ Seefeder. ~**kraft**, die **a)** [기술] 탄력. **b)** 탄력성. ~**krieg**, der (아이 · 준고어) 필전(筆戰), 논전(論戰): einen F. (mit jmdm. wegen etw. [über etw.]) führen (누구와 무엇 때문에[무엇에 관하여]) 필전을 벌이다. ~**leicht** ⟨Adj.⟩ **a)** 새털처럼 가벼운. **b)** 경쾌한, 손쉬운. ~**lesen**, das **a)** (다음의 용법으로만) **nicht lange(nicht viel) -s mit jmdm.** [etw.] **machen** 누구에게 대해[무엇을 다루는데] 주저함이 없이 처리해 버리다: **ohne viel Federlesen(s), ohne langes F.** 별로 망설이지 않고, 거침없이 척척. **viel zu viel -s** 야단법석을 떨어가며, 너무 번거롭게. ~**los** ⟨Adj.⟩ 깃이 없는, 털이 나지 않은: aus den Vogeleiern schlüpfen -e Junge 새알에서 털도 나지 않은 새새끼가 빠져 나온다. ~**mäppchen**, das 《(학생용)》 필통. ~**mappe**, die ↑ ~mäppchen. ~**matratze**, die ↑ ~kernmatratze. ~**messer**, das 호주머니칼. ~**motte**, die **a)** ↑ ~geistchen. **b)** 털날개나방. ~**nelke**, die 수염패랭이꽃. ~**ohr**, das 귀밑 깃털(특히 올빼미의). ~**pennal**, das 《(österr.)》 ↑ ~mäppchen. ~**püschel**, das 《(지역적)》 ↑ Flederwisch. ~**schachtel**, die ↑ ~mäppchen. ~**schaft**, die 깃촉. ~**schale**, die 펜(담는) 접시. ~**schloß** das 용수철 자물쇠. ~**schmuck**, der **a)** (시어) 깃옷. **b)** 장식 깃털: der F. der Indianerhäuptlinge 인디언 추장의 장식깃털. ~**skizze**, die 펜화의 스케치. ~**spiel**, das [사냥] 의조(擬鳥)(매사냥에서 매를 불러들이기 위하여 쓰는 미끼로 비둘기 날개를 엮어 만듦). ~**spirale**, die [기술] 용수철 태엽. ~**sprungbrett**, das ↑ ~brett. ~**stahl**, der 탄성 강철(용수철 제작용). ~**stiel**, der 《(österr.)》 ↑ ~halter. ~**strich**, der 펜놀림, 운필(運筆), 일필(一筆): mit wenigen -en fertigte er eine Skizze an 몇 번 안되는 운필로써 그는 한 장의 스케치를 완성했다; **mit einem(durch einen) F.** 곧장, 갑작스레 서둘러, 이것저것 볼 것 없이, 한 번 썸빔으로써(흔히 부정적 결단에 관련되어 쓰임): große Hoffnungen eines Menschen mit einem F. vernichten 한 인간의 위대한 희망을 성급하게 서둘러 말살시키다. ~**tasche**, die 《(지역적)》 ↑ ~mäppchen. ~**tuch**, das 【제조】 ↑ Sprungtuch. ~**vieh**, das 《(통용어)》 가금(家禽). ~**waage**, die 용수철 저울. ~**wechsel**, der Mauser. ~**wedel**, der 깃털 총채, 먼지떨이. ~**weiß**, das 광석의 고운 가루, 재단용 초크. ~**weiße**, der; -n, -n 페더바이에 포도주(발효중의 포도를 짜낸 것으로 회백색임). ~**werk**, das 태엽 장치. ~**wild**, das 【특히 사냥】 야생 조류. ~**wisch**, der ↑ Flederwisch. ~**wischer**, der 펜닦개. ~**wolke**, die 새털구름(Zirruswolke). ~**zange**, die 《(고어)》 핀셋. ~**zeichnung**, die **a)** 펜화. **b)** ⟨Pl. 없음⟩ 펜화 기법. ~**zirkel**, der 용수철 컴퍼스. ~**zug**, der (아이) ↑ ~strich.

federig, fedrig ['fe:d(ə)riç] ⟨Adj.⟩ ↑ federartig. **Federling** ['fe:dɐlɪŋ], der; -s, -e 새의 깃에 기생하는. **federn** ['fe:dɐn] ⟨h⟩ **1.** 탄력있게 움직이다, 탄력있게 흔들리다: das Brett federte beim Absprung 뛰어내릴 때에 도약판이 휘청댔다; mit federnden Schritten 경쾌한 발걸음으로. **2.** 스프링 장치를 하다: ⟨대개 과거분사로⟩ ein schlecht gefederter Lastwagen 스프링 장치가 나쁜 화물차. **3.** (오늘날에도 린치에 사용되는 모욕적 형벌로서) 머리와 몸에 털을 입히다(타르나 꿀 등을 몸에 바른 다음). **4.** 【사냥】 **a)** 새의 깃만 쏘아 떨어트리다. **b)** 등골의 융기 부분만을 쏘다(우제동물의 사냥시에). **Federung**, die; -en 스프링 장치. **Federungseigenschaft**, die ⟨대개 Pl.⟩ 탄력성. **Federungsvermögen**, das ⟨Pl. 없음⟩ 탄성 능력. **fedrig**: ↑ federig. **Fedrigkeit**, die 탄력 상태.

Fee [fe:], die; -n ['fe:ən; frz. féé] 요정(妖精), 선녀: eine gute[böse] F. 착한[악한] 요정.

Feedback ['fi:dbæk], das; -s, -s [engl. feedback] **1.** [인공두뇌학] 피드백, 귀환, 송환. **2.** [방송·텔레비전] 시청자 여론의 영향. **Feeder** ['fi:dɐ], der; -s, - [engl. feeder] [무선] 배전선, 송전선.

Feelie ['fi:lɪ], das; -(s), -s [engl. feelie] 감각 예술 작품(보고 듣고 만져보고 맛을 볼 수 있음). **Feeling** ['fi:lɪŋ], das; -s, -s [engl. feeling] 《(교양어)》 감각, 감정(Gefühl).

Feen- ['fe:ən-] (Fee): ~**königin**, die 요정의 여왕. ~**land**, das 요정의 나라, 선경(仙境). ~**märchen**, das 동화. ~**palast**, der 요정의 궁전. ~**reich**, das 요정의 왕국. ~**reigen**, der 요정의 윤무(輪舞). ~**schloß**, das 요정의 성(城). ~**stück**, das ↑ Feerie.

feenhaft ⟨Adj.⟩ **a)** 요정 같은, 신비로운, 마술 같은. **b)** 우미(優美)한, 요정처럼 아름다운: ihre -e Gestalt 그녀의 우미한 모습. **Feerie** [fe:əˈriː], die; -n […iːən; frz. féerie] (준고어) 몽환극, 동화극.

Feet: ↑ Foot의 복수형.

Fege ['fe:gə], die; -n (독일어) 제. **Fegefeuer**, das [가] 정죄(淨罪)의 불길, 연옥: die Seelen der Verstorbenen leiden im F. 망자의 혼령들이 정죄의 불길에 죄를 씻는다. **fegen** ['fe:gn̩] **1.** 《(지역적)》 ⟨h⟩ **a)** 비로 쓸다, 청소하다(säubern): (den Fußboden der Straße) f. 바닥(도로)을 청소하다; (4격 없이도) er war im Hinterhof und fegte 그는 뒤뜰에서 청소하고 있었다. **b)** 무엇을 비질하다, 비질로 쓸어 치우다: sie fegte den Schnee [das Laub] vom Bürgersteig 그녀는 보도의 눈(나뭇잎)을 쓸어 치웠다. **c)** 덮인 것 따위를 비로 쓸어 다시 그 모습이 드러나게 하다. **2.** 《(h)》 **a)** 휩쓸어버리다: er fegte mit der linken Hand die Hefte vom Tisch 그는 왼손으로 책상에 있는 공책을 휩쓸어버렸다; [전의] er hatte den Gegner schon nach drei Gängen vom Platz gefegt [스포츠 은어] 그는 상대방을 3회전에 제압해버렸다. **b)** (급히) 내몰다. **3.** ⟨s⟩ 급히 휘몰아 가다(rasen), 돌진하다(stürmen): der Sturm ist über die Berge gefegt 폭풍이 산을 휘몰아 갔다. **4.** 《(südd., schweiz.)》 ⟨h⟩ 윤이 나게 닦다(blank reiben). **5.** 【아이 스하키】 **b)** 스틱으로 털을 밀어치다. **6.** 【사냥】 (사슴 따위가) 뿔을 갈다(나무에 문질러 모피로 털 껍질을 제거함): im Sommer fegen die Hirsche (ihr Geweih) 여름에 사슴이 뿔을 간다. **7.** 《(속어)》 ⟨h⟩ 성교하다(koitieren). **8.** 【부랑자】 ⟨h⟩ 숱이나다. **Feger** ['fe:gɐ],

Fegfeuer der; -s, - **1.** 《드물게》 비(Kehrbesen). **2.** 《통용어》 **a)** 개구쟁이, 말괄량이(Wildfang). **b)** 《여자에게》 추근대는 사람, 바람기 있는 남자. **3.** 《속어》 **a)** 활달한 여자. **b)** 색골녀(色骨女). **Fegfeuer** 《드물게》 ↑Fegefeuer. **Fegnest** ['fe:knɛst], das; -(e)s, -e 《schweiz.·방언적》 덜렁쇠, (특히) 덤벙대는 아이. **fegnesten** ['fe:knɛstṇ] 〈h〉 《schweiz.·방언적》 (특히 아이가) 덤벙대다. **Fegsel** ['fe:ks]], das; -s, - 《지역적》 먼지, 쓰레기(Kehricht).

Feh [fe:], das; -(e)s, -e 시베리아 다람쥐의 모피.

Fehde ['fe:də], die; -n (중세의) 파벌 싸움, 족당 싸움, (개인간의) 반목: 전의 《아이》 literarische[politische] ~ (mit jmdm.) austragen[ausfechten] 문학적[정치적] 투쟁을 ~(누구와) 전개하다. **Fehdebrief**, der 도전장, 결투장. **Fehdehandschuh**, der 《다음과 같은 용법으로》 **jmdm. den F. hinwerfen[vor die Füße werfen / ins Gesicht schleudern, werfen]** 《아이》 누구에게 도전하다; **den F. aufnehmen [aufheben]** 《아이》 도전을 받아들이다.

fehl [fe:l] 〈Adv.〉 《다음과 같은 용법으로》 **f. am Platz(e)**《드물게》 **Ort) sein** 《아이》 어떤 상황에 부적당하다: dein Tadel war hier f. am Platz 너의 비난은 이 경우 어울리지 않았다; er kam sich f. am Ort vor 그는 자신이 불청객인것처럼 생각되었다. **Fehl** [frz. faille] 《다음과 같은 용법으로》 **ohne F.** 《아이》 아무런 결점 없이, 나무랄 데 없는: ihre Schönheit war ohne F. 그녀의 아름다움은 나무랄 데 없었다.

fehl-, Fehl-: 《아이》 **~angabe, die a)** 《군》 빗나간 사격의 표시. **b)** 《통용어》 불가[부재(不在)] 통고. **~aufgabe, die** 【특히 배구】 서브 미스. **~aufschlag, der** 【특히 배드민턴·테니스·탁구】 서브 미스. **~bedienung, die** 《전기 기구 따위의》 취급 부주의, 잘못 취급: die Anlage ist gegen F. gesichert 이 시설은 취급 부주의에서 불상사가 일어나도록 안전장치가 되어 있다. **~belegen** 〈h〉 《관》 주택을 잘못 임대하다(사회적인 주택난의 견지에서 보아). **~belegung, die** ↑belegen의 명사형. **~besetzen** 〈h〉 배역을 잘못 정하다. **~besetzung, die** 배역 착오: in diesem Film gab es keine -en 이 영화에서 배역 착오는 없었다. **~bestand, der** 결손 재고. **~betrag, der** [상·경제] 결손액, 적자(Defizit). **~bildung, die** [의학] 기형적 형성. **~bitte, die** 《다음 용법으로》 **eine (keine) F. tun** 《아이》 들어주지 않는[들어주는] 부탁을 하다. **~bitten**〈h〉 《준교어》 헛부탁을 하다. **~deutung, die** ↑~interpretation. **~diagnose, die** 오진(誤診). **~disposition, die** 잘못된 처리[계획]. **~druck, der** 〈Pl. -drucke〉 [우표] 잘못 인쇄, **~einkauf, der** 【스포츠】 **1.** 잘못된 스카우트. **2.** 스카우트 실패작: 잘못된 선수, 스카우트 실패작. **~einschätzung, die** 잘못된 평가, 오판. **~entscheid, der** ↑~entscheidung. **~entscheidung, die** 잘못된 결정. **~entwicklung, die** 방향을 잘못 잡은 발전. **~ernähren** 〈h〉 ein fehlernährter Säugling 부적당한 영양의 유아. **~ernährung, die** 잘못된 양육(법). **~etymologie, die** ↑Volksetymologie. **~farbe, die 1.** 【카드】 **a)** 손에 없는 패. **b)** 으뜸패가 아닌 패. **2.** 겉잎이 변색된 여송연. **~farben** 〈Adj.〉 변색의. **~gebären**〈h〉 《드물게》 유산하다. **~geburt, die 1.** 유산, 낙태: sie hat zwei -en hintereinander gehabt 그녀는 연달아 두번이나 유산된 태아. **2.** 유산된 태아. **~gehen** 〈s〉 《아이》 **1.** 길을 잘못 들다, 길을 잃다: wenn du diesem Weg folgst, kannst du praktisch nicht f. 네가 이 길을 따라가면 사실상 길을 잃을 수가 없다. **2.** 맞히지 못하다, 빗나가다: der erste Schuß ging fehl 첫 발은 빗나갔다. **3.** 잘못 생각하다, 실패하다: vielleicht gehe ich fehl damit, die Sache so zu betrachten 이 일을 그렇게 본다는 점에서 아마 나는 잘못인지도 모르겠다. **~gewicht, das** 【상】 중량 미달. **~greifen*** 〈h〉 《아이》 잘못을 저지르다, 실수하다. **~griff, der** 잘못된 일처리, 실책. **~haltung, die** **1.** ↑Haltungsfehler: eine körperliche F. 신체적인 자세 불량. **2.** 【심리】 태도 불량. **~handlung, die** ↑~leistung. **~information, die** 그릇된 정보. **~interpretation, die** 그릇된 해석: die F. eines Wortes 한 낱말의 잘못된 해석. **~interpretieren** 〈h〉 《아이》 잘못 해석하다. **~investition, die** 【경제】 **a)** 비경제적 투자, 잘못된 투자. **b)** 《통용어》 비경제적 투자의 대상. **~kalkulation, die a)** 【경제】 오산, 계산 착오. **b)** 잘못된 예상(가정). **~kauf, der a)** 《아이》 너무 비싼 구매, 바가지 구매. **b)** 《통용어》 바가지 상품. **~konstruktion, die** 《편》 결함이 있는 구조: das Auto ist eine F. 이 자동차는 구조상 결함이 있다. 전의 eine gedankliche F. 잘못된 생각에 근거한 이론. **~leistung, die** 【심리】 실책, 착오, 과오: eine Freudsche F. 프로이드적 과오. **~leiten** 〈h〉 《아이》 잘못된 길로 인도하다: eine fehlgeleitete Phantasie 오도된 환상. **~leitung, die** 오류 유도, 유도 착오: -en von Kraftfahrzeugen 차량의 유도 착오. **~meldung, die** ↑~anzeige. **~menge, die** ↑~gewicht. **~ordnung, die** 【물리】 (결정체에서의) 격자(格子) 결함. **~paß, der** 【구기】 패스 미스. **~planung, die** 잘못된 계획, 계획 착오. **~punkt, der** 【스포츠】 ↑Minuspunkt. **~rechnung, die** 잘못된 계산, 계산 착오. **~schätzen**〈h〉 《아이》 잘못 평가하다, 틀리게 어림잡다: jmds. Alter f. 누구의 나이를 잘못 잡다. **~schießen*** 《아이》 빗나가게 쏘다: 전의 jetzt hast du aber gewaltig fehlgeschossen! 《통용어》 하지만 이번에는 자네가 엄청나게 잘못했어! **~schlag, der 1.** 실패. **2.** 【구기】 헛치기, 타격 실패. **~schlagen*** 〈s〉 실패하다: alle Bemühungen schlugen fehl 모든 노력이 허사였다. **~schluß, der** 잘못된 결론. **~schreibung, die** 잘못된 철자법. **~schuß, der** 빗나간 사격. **~sichtig** 〈Adj.〉 《아이》 비정시(非正視)의. **~sichtigkeit, die** 《아이》 Kurzsichtigkeit ist eine Art der F. 근시는 비정시(非正視)의 일종이다. **~spekulation, die** 잘못된 투기(投機), 오류적 생각. **~sprung, der a)** 【육상】 도약 실패. **b)** 【체조】 안마(鞍馬)의 실패 동작. **~start, der 1.** 【육상】 출발 실패, 파울 스타트. **2.** 【항공】 이륙 실패. **~stelle, die** 【경제】 빈 자리, 공석: eine F. mit jmdm. besetzen 빈 자리를 누구로써 충원하다. **~steuerung, die** 【의학】 기능 장애. **~stoß, der** 【스포츠】 잘못 찌르기. **~treten*** 〈s〉 《아이》 헛디디다. **~tritt, der a)** 헛디딤. **b)** 《아이》 과실, 죄악: einen F. tun 과실을 범하다, 전의 der Verein darf sich jetzt keinen F. mehr erlauben 팀은 이제 어떠한 패배(실점)도 해서는 안된다. **c)** 《준교어》 《사생아가 생긴 처녀의》 불륜의 사랑. **~urteil, das a)** 그릇된 판결, 오판: ein F. fällen 그릇된 판결을 내리다. **b)** 잘못된 판단. **~verhalten, das** 【심리】 반사회적 태도. **~versuch, der** 【역도·육상】 실패한 시도. **~wurf, der** 【육상】 실패한 투척. **~zeit, die 1.** 【사회 보장】 (연금 계산에서의) 결손 시간. **2.** 결석 시간. **~zündung, die** 【기술】 불발, 점화 실패. **F. haben** 《통용어》 무엇을 옳게 이해하지 못하다.

fehlbar ['fe:lba:ɐ̯] 〈Adj.〉 **1.** (schweiz.) **a)** 병약한, 위반한, 반칙을 한. **b)** 《드물게》 오류를 범하기 쉬운, 잘못을 저지르기 쉬운(반대: unfehlbar). **Fehlbarkeit, die** ↑Fehlbarkeit의 명사형: Unfehlbarkeit). **fehlen** ['fe:lən] 〈h〉 [frz. fa(il)lir] **1.** *α*) 존재하지 않다, 없다: besondere Kennzeichen fehlen 특수한 표지가 없다. *β*) 수중(手中)에 없다, 모자라다: ihm fehlt jeder Sinn für Humor 그에게는 유머 감각이 하나도 없다. **b)**

결석하다, 출석하지 않다: die Kinder haben schon öfter unentschuldigt gefehlt 아이들은 이미 여러 차례 사전에 양해도 구하지 않은 채 결석했다. **c)** 아쉽다, 아쉬워하다: das Auto fehlte uns doch sehr 우리는 자동차가 대단히도 아쉬웠다. **d)** 없어지다, 사라지다: an der Jacke fehlt ein Knopf 저고리에 단추가 하나 없어졌네. **e)** 무엇에 필요하다: noch drei Punkte fehlen (ihm) zum Sieg (그가) 승리하려면 3점이 더 필요하다; jetzt fehlt mir noch, daß ich krank werde 《반어》이제 병만 들면 모든게 끝장이다; das fehlt mir gerade noch (zu meinem Glück) 《통용어·반어》(내 행복에다) 어디 그것까지 필요하답 수야 있겠는가 [이젠 소용없다]. **2.** 〈비인칭〉부족하다(mangeln): es fehlt uns an allem 우리는 모든 것이 부족하다; die Gastgeber ließen es an nichts f. 손님을 대접하는 측에서는 무엇 하나 부족함이 없이 다 차려 놓았다; an mir soll es nicht f. 나는 만반의 준비가 되어 있으니 맡겨 주기만 해보시오; ob's bei ihm wohl fehlt's wohl (im Kopf)? 아니 녀 이게 무슨 뚱딴지 같은 짓이냐?; wo fehlt's denn? 아니 무슨 걱정[문제]이 있니? **3.** 병이 나 있다: fehlt dir etwas? 어디 아프니?; mir fehlt nichts 난 아픈 데가 전혀 없어. **4.** 《고어》빗나가다, 빗나가다: das Ziel f. 표적을 빗맞히다; **weit gefehlt!** 《아어》엄청난 실수야! **5.** 《아어》죄를 저지르다: ich weiß, wie sehr ich gefehlt habe 나는 내가 얼마나 심하게 죄를 저지른지 알고 있다. **Fehler** ['fe:lɐ], der, -s, - **1. a)** 잘못, 오류, 실수: ein grober[leichter] F. 큰[가벼운] 실수; grammatische F. 문법적인 실수; F. in der Rechtschreibung 정서법상의 실수; F. korrigieren 잘못을 바로 잡다; er hat im Diktat 10 F. 그는 받아쓰기에서 틀린 곳이 10군데이다; [스포츠] Der Schiedsrichter entschied auf F. 심판은 파울이라고 판정했다. **b)** 그릇된 결정, 잘못된 조치, 실책: einen F. begehen 실책을 범하다; das war mein F. 그것은 나의 잘못이다. **2. a)** 결함, 약점: charakterliche F. haben 성격적인 결함이 있다; der F. bei der Sache liegt darin, daß ... 그 일에서의 단점은 …에 있다. **b)** 흠, 하자(瑕疵): Textilien mit kleinen -n 경미한 하자가 있는 직물.

fehler-, Fehler-: **~analyse**, die 오류 분석. **~anfällig** 〈Adj.〉결함이 잘 드러나는, 결함에 약한. **~frei** 〈Adj.〉잘못[결점]이 없는: sie spricht f. Deutsch 그녀는 결점없이 독일어를 말한다; [스포츠] der Reiter blieb auch bei dieser Runde f. 기수(騎手)는 이번 출장(出場)에서도 잘못이 없었다. **~grenze**, die 《전문어》오차의 한계, 공차(公差). **~linguistik**, die 오류 언어학(특히 외국어 학습에서의 오류문제를 다룸). **~los** 〈Adj.〉실수[하자]가 없는: der Edelstein ist völlig f. 그 보석은 완전무결하게 하자가 없다. **~losigkeit**, die 무결함성. **~punkt**, der [스포츠] 실점(失點). **~quelle**, die 오류[실수]의 근원. **~quote**, die 《통계》오차율. **~rechnung**, die 오차계산학(응용수학의 한 분야). **~suche**, die 결함 추적: auf F. gehen 결함[결점]을 찾아 나서다. **~zahl**, die 틀린 곳[것]의 개수(특히 필기 작업에서).

fehlerhaft 〈Adj.〉잘못이 있는, 결점이 있는, 흠집이 있는: eine -e Aussprache 틀린 발음. **Fehlerhaftigkeit**, die ↑fehlerhaft의 명사형. **fehlhaft** 〈Adj.〉(schweiz.) 위반을 한, 반칙을 한.

Fehn [fe:n], das, -(e)s, -e [niederl. veen] (niederd.) ↑Fenn. **Fehnkolonie**, die 운하 연변의 취락. **Fehnkultur**, die 《전문어》늪지대 개발.

Fehwerk, das; -(e)s [↑Fe] ↑Pelzwerk.

Fei [faj], die, -en [lat. Fāta] 《시어·고어》↑Fee. **feien** ['fajən] 〈h〉《아어》(마력에 의해) 보호하다, 상하지 않게 하다: gegen Vorwürfe gefeit sein 비난에도 끄떡 없다.

Feier ['fajɐ], die; -n [lat. fēria] **a)** 기념축제, 잔치: zu seinem Geburtstag veranstalteten wir eine kleine F. 그의 생일에 우리는 조그만 잔치를 마련했다; (아이) eine F. begehen 잔치를 거행하다. **b)** 봉행(奉行), 축하: die F. des heiligen Abendmahls 성찬식의 봉행; **zur F. des Tages** (농) 이 날을 축하하기 위하여.

feier-, Feier-: **~abend**, der **a)** (하루일 뒤의) 자유 시간: seinen F. genießen 그의 자유시간을 즐기다. **b)** 근무 종료, 작업 종료: F. machen 하루일을 마치다; (für heute ist) F.! (오늘은 이쯤 해두고) 끝내자!; [전의] für mich ist F. [dann ist / mache ich F.]! 《통용어》나는 더 이상 계속할 수 없다, 나로서는 끝이다!; **damit**[mit etw.] ist (bei mir) F. 《통용어》이 일[무엇]은 (나에게) 더 이상 아무런 흥미도 없다, 나로서는 볼 장 다 봤다. **~abendarbeit**, die (주간 작업 끝난 뒤의) 야간 작업. **~abendbeschäftigung**, die (하루일 뒤의) 자유시간에 하는 일. **~abendheim**, das 《구동독》양로원 (Altersheim). **~abendlektüre**, die (하루일 뒤의) 자유 시간의 독서. **~abendlich** 〈Adj.〉느긋한, 유유자적한. **~abendverkehr**, der 퇴근길의 러시 아워. **~schicht**, die 《광》(경영난으로 인해) 중단[탈락]된 교대 작업. **~stunde**, die 의식[추도식]의 시간. **~tag**, der **a)** 공휴일, 축제일, 경축일: ein gesetzlicher F. 법적 공휴일; das Museum ist leider an Sonn- und Feiertagen geschlossen 박물관은 유감스럽게도 일요일과 경축일에는 휴관한다. **b)** 특별한 날, 기념비적인 날: heute ist für mich ein F. 오늘은 나에게 있어서 아주 특별한 날이다. **~täglich** 〈Adj.〉휴일 같은. **~tags** 〈Adv.〉휴일에는, 축제일에는. **~tagsruhe**, die 휴일[축제일]의 휴무. **~tagsstille**, die 휴일[축제일]의 정적. **~tagsstimmung**, die (평안하고 느긋한) 휴일[축제일]의 기분.

Feierei [fajə'raj], die, -en 《통용어·폄》(번잡하고 지루한) 경축 놀이. **feierlich** 〈Adj.〉**a)** 축제다운, 장엄한, 엄숙한, 점잖은 뺀, 격식을 갖춘: -e Stille 엄숙한 정적; er verbeugte sich f. 그는 격식을 갖추어 절을 했다; das [es] ist ja (schon) nicht mehr f. 《통용어》(위엄과 점잖을 빼는 것이 지나쳐) 더이상 참을 수가 없을 정도이다. **b)** 강조하여, 힘을 주어: etw. f. erklären 무엇을 힘주어 설명하다. **Feierlichkeit**, die; -en **1. a)** (Pl. 없음) 장엄함, 위엄, 엄숙, 격식: etw. mit einer gewissen F. tun 무엇을 어느 정도 위엄을 갖추어하다. **b)** 장중한 표현, 엄숙한 표현. **2.** 축제 행사, 경축일 행사: die -en dauern mehrere Tage 축제 행사는 여러 날 계속된다. **feiern** ['fajɐn] 〈h〉[lat. feriāre] **1. a)** 축제를 벌리다, 축하하다: Geburtstag f. 생일을 축하하다; das heilige Abendmahl f. 성찬식을 올리다. **b)** 즐겁게 모이다: wir feierten jede Nacht 우리는 매일 밤 모여 놀았다. **c)** 칭송하다, 환영하다: sie feierten ihn als Erretter des Vaterlandes 그들은 그를 조국의 구원자로서 칭송했다; sie ist eine gefeierte Schönheit 그녀는 인구에 회자되는 미인이다. **2.** 《통용어》일을 쉬다(이 뜻으로 쉽이): die Arbeiter mußten (eine Woche lang) f. 노동자들은 (일주일 동안) 쉬어야 했다.

feig(e) [fajk, 'fajgə] 〈Adj.〉《폄》**1.** 비겁한, 겁많은: der Kerl ist feig(e) 그 녀석은 비겁하다; sich feig(e) zurückziehen 비겁하게 꽁무니를 빼다. **2.** 비열한, 음흉한, 악랄한: ein feiger Mord 비열한 살인; sie haben uns feig(e) im Stich gelassen 그들은 우리를 야비하게도 곤경에 그대로 내버려 두었다.

Feige ['fajgə], die; -n [lat. fīca] **1.** 무화과속(屬). **2.** ↑Feigenbaum. **3.** 무화과 열매: getrocknete -n 말린 무화과 열매. **4. a)** 《속어》여성의 음부(Vagina). **b)** 《속어·폄》노는 계집, 갈보(Hure).

Feigen-: **~baum**, der 무화과나무. **~blatt**, das [2:

아담과 이브가 무화과 잎으로 앞가리개를 엮었다는 창세기 3장 7절에서 유래】 **1.** 톱, 밀 잎사귀. **2.** 무엇을 숨겨 감추는 덮개; (조각 따위에서의) 국부 가리개. **~distel,** die ↑Opuntie. **~kaffee,** der 무화과 커피(커피 대용의). **~kaktus,** der 선인장의 일종(열대 아메리카 원산으로 무화과 열매 크기의 먹을 수 있는 붉은 열매가 열림).

Feigheit, die 비겁, 겁많음: F. ist schlimmer als Tod 비겁은 죽음보다 더 고약하다; [군] er wurde verurteilt wegen F. vor dem Feind 그는 적 앞에서 비겁한 행위를 했기 때문에 유죄 판결을 받았다. **feigherzig** ⟨Adj.⟩ (준고어) ↑feig(e) (1). **Feigherzigkeit,** die ⟨준고어⟩ ↑Feigheit. **Feigling,** der; -s, -e 〖명〗 겁쟁이: du wagst es ja doch nicht, du F.! 그래도 넌 그것을 감행하지 않는군, 너 이 겁쟁이 같으니라구!

Feigwarze, die; -n (음부, 항문 따위에 나는) 종양, 종기. **Feigwurz,** die; -en ↑Scharbockskraut.

feil [fail] ⟨Adj.⟩ **1.** ⟨아·팽⟩ (돈으로) 매수(買收)할 수 있는: eine -e Dirne 돈주고 살 수 있는 창녀(매춘부). **2. f. sein** ⟨고어⟩ 팔려고 내놓은: das Grundstück ist (ihm) für(gegen) eine bestimmte Summe f. 대지는 (그에게) 일정한 가격이면 팔릴 수 있다.

feil-, ¹Feil- (feil): **~bieten*** ⟨h⟩ 〈아어〉 팔려고 내놓다. **~bietung,** die; -en **1.** **~bieten**의 명사형. **2.** ⟨österr.⟩ 경매. **~halten*** ⟨h⟩ ⟨고어⟩ **~bieten**: Waren f. 상품을 팔려고 내놓다.

²Fejl- (Feile, ↑Feilen-도 참조): **~arbeit,** die 연마 제품. **~kloben,** der 수동 바이스(조그만 부분품의 고정에 쓰임). **~maschine,** die 연마기. **~späne** ⟨Pl.⟩ **~staub**. **~staub,** der ⟨Pl. 없음⟩ 줄밥(먼지)(줄질할 때 생기는). **~strich,** der 줄질하기.

Feile [failə], die; -n 줄: eine grobe F. 선이 굵은 날의 줄; [전의] er legte die letzte F. an sein Werk ⟨아어⟩ 그는 자신의 작품에 마지막 손질을 가했다; (an) einer Sache fehlt die letzte F. 어떤 일에 최후의 끝마무리가 안되어 있다. **feilen** ['failən] ⟨h⟩ 줄질하다; etw. passend f. 무엇을 알맞게 줄질하다; ich muß mir die (Finger)nägel f. 나는 손톱을 줄질해야겠다; [전의] an diesen Versen hat er lange gefeilt 그는 이 시를 오랫동안 퇴고(손질)했다.

Feilen- (↑Feil-도 참조): **~hauer,** der 줄제조인. **~haumaschine,** die 줄생산 기계. **~heft,** das 줄의 자루. **~hieb,** der 줄날세우기.

Feilicht ['failiçt], das; -s ⟨고어⟩ ↑Feilstaub.

feilschen ['failʃn] ⟨h⟩ 〖명〗 값을 깎다, 가능한 한 득을 보려고 하다: er feilscht zäh um den Preis jedes einzelnen Stücks 그는 끈질기게 물건 하나하나의 값을 깎는다.

¹Feim [faim], der; -(e)s ⟨고어⟩ 부서지는 파도.

²Feim [-], der; -(e)s, -e, **Feime** ['faimə], die; -n, **Feimen** ['faimən], der; -s, - ⟨nordd., md.⟩ (건초, 곡식, 나무의) 가리, 더미. **feimen** [-] ⟨h⟩ 가리로 쌓아 쟁이다, 더미로 쌓다.

fein [fain] ⟨Adj.⟩ [lat. finis] **1. a)** 가는, 부드러운(반대: grob): -es Gewebe 올이 가는 직물; -e Linien [Striche] 가는 선[줄]; ihr Haar ist sehr f. 그녀의 머리털은 매우 가늘다(반대: dick); ein -es Sieb 촘촘한 체. **b)** 모양새가 고운, 정교한: -e Hände haben 고운 손을 가지고 있다; das Mädchen hat ein -es Gesicht 그 소녀는 정교한 얼굴이다. **c)** 미세한 (반대: grob), (가루 따위가) 굵지 않고 고운: etw. ist f. gemahlen 무엇이 곱게 빻아졌다. **2. a)** 섬세한, 미묘한: ein -es Verständnis [einen -en Sinn] für etw. haben 무엇에 대해 섬세한 이해[감각]를 지니고 있다. **b)** 예민한, 날카로운(scharf), 정확한(exakt): ein -es Gehör[eine -e Nase] haben 예민한 청각[후각]을 지니고 있다; -e Instrumente 민감한 기구; ein -er Beobachter 날카로운 관찰자; Unter- schiede f. herausarbeiten 차이점을 정확하게 집어내다. **c)** 예리한; 약은(listig), 빈틈 없는, 노회한: ein Schachzug 〖장기에서〗 묘수(妙手); f. [aufs feinste] ausgeklügelt 기막하게 잘 생각해 낸. **3. a)** 최상품의, 고급의, 정선된, 특선품의: es duftet nach einer -en Seife 고급 비누 냄새가 난다; -es Gold 순금; die -e Küche 상류의 주방(최고급 요리가 되어 나오는). **b)** 〖통용어〗 훌륭한, 기쁜: das ist eine -e Sache 그것은 훌륭한 일이다; f., daß du wieder da bist 네가 다시 돌아와 기쁘다; **f. (he)raussein** 〖통용어〗 어려운 고비를 넘기다. **c)** 〖통용어〗 예의바른, 친절한, 멋있는: er ist wirklich ein -er Kerl 그는 참으로 멋있는 녀석이다; 〖반어〗 du hast ja eine -e Verwandtschaft 너는 정말이지 형편없는 친척을 갖고 있군. **4.** 점잖은, 고상한(vornehm), 우아한(elegant): du dünkst dich[dir bist dir] wohl zu f. dafür 너는 그 일을 하기에는 네 자신이 너무 고상하다고 생각하는 모양인데; f. aussehen 우아하게 보이다. **5.** ⟨Adv.⟩ 〖통용어〗(강조의 표현으로 사용되어) daß du mir f.(ja, bloß) brav bleibst! 그저 얌전하게만 있으라니까!

fein-, Fein-: **~abstimmung,** die 〖기술〗(기계·기구의) 정밀 조정. **~ansprache,** die 〖군〗 적 진영에 대한 정밀 보고(반대: Grobansprache). **~arbeit,** die 정밀 작업. **~bäcker,** der 제과업자. **~bäckerei,** die 제과점. **~backwaren** ⟨Pl.⟩ ↑**~gebäck**. **~bearbeitung,** die 〖기술〗 정밀가공. **~besaitet** ⟨Adj.⟩ 민감한 (empfindlich), 감각이 섬세한. **~blech,** das 얇은 금속판, 합석(반대: Grobblech). **~brand,** der 〖기술〗(금속의) 정련(精鍊). **~brennen,** das; -s ↑**~brand**. **~chemikalie,** die 〖해당 Pl.〗 순정(純正) 화학 제품(반대: Schwerchemikalie). **~einstellung,** die 〖기계·기구의〗 미세조정(微細調整)(반대: Grobeinstellung). **~fädig** ⟨Adj.⟩ 올이 가는; 가는 올로 된(직물 따위의). **~faserig** ⟨Adj.⟩ 섬유가 가는, 가는 섬유로 된(반대: grobfaserig). **~frost,** der 〖구둑독〗 냉동 식품. **~frostgemüse,** das 〖구둑독〗 냉동 야채. **~frostobst,** das 〖구둑독〗 냉동 과일. **~frostware,** die 〖Pl. 없음〗 〖구둑독〗 냉동 식품. **~fühlend** ⟨Adj.⟩ 섬세한 감정을 지닌, 민감한. **~fühlig** [-fy:liç] ⟨Adj.⟩ **a)** 예민한, 신경이 예민한: ein -er Mensch 예민한 사람. **b)** 〖기술〗 반응이 예민[민감]한. **~fühligkeit,** die ↑**~fühlig**의 명사형. **~geädert** ⟨Adj.⟩: die -en Flügel der Libelle 잠자리의 가는 맥상(脈狀)이 보이는 날개. **~gebäck,** das ⟨Pl. 없음⟩ 고급 양과자. **~gefühl,** das ⟨Pl. 없음⟩ 예민한 감수성, 섬약한 신경: großes F. bei etw. zeigen 어떤 것에서 대단히 예민한 감수성을 보이다. **~gegliedert** ⟨Adj.⟩ -e Hände 손마디가 가느다란 손. **~gehalt,** der 〖귀금속의〗 순도(純度): der F. des Ringes ist aus dem Stempel ersichtlich 반지의 순도는 압인(押印)에서 보고 알 수 있다. **~gehaltsstempel,** der: der F. ist im Inneren des Ringes angebracht 순도 압인은 반지 안쪽에 새겨져 있다. **~gemahlen** ⟨Adj.⟩(반대: grobgemahlen) -es Mehl 곱게 빻은 밀가루. **~geschliffen** ⟨Adj.⟩ -es Kristall 곱게 연마된 크리스탈 유리 제품. **~geschnitten** ⟨Adj.⟩ **1.** 잘게 썬. **2.** (윤곽이) 깨끗하고 정연(整然)한: ein -es Gesicht [Profil] 잘 빠진 얼굴[옆모습]. **~geschwungen** ⟨Adj.⟩ -e Augenbrauen 가늘게 휘어있는 눈썹, 곡선 춘산(八字春山). **~gesponnen** ⟨Adj.⟩(반대: grobgesponnen) -es Garn 가늘게 자은[뽑은] 실. **~gestoßen** ⟨Adj.⟩ -er Zimt 잘게 부순 육계(肉桂). **~gestreift** ⟨Adj.⟩(반대: grobgestreift) ein -er Anzug 가는 줄무늬가 있는 양복. **~gewicht,** das (주화에 포함된 귀금속의) 순중량(純重量). **~gezeichnet** ⟨Adj.⟩ ein -es Gefieder 섬세한 무늬가 있는 깃털. **~glied-**

rig ⟨Adj.⟩ (체격이) 날씬한, 가냘픈: -e Hände 가느다란 손. **~gold**, das 순금. **~guß**, der 정련주조. **~hörig** [-høːrɪç] ⟨Adj.⟩ 귀가 밝은, 청각이 예민한. **~hörigkeit**, die ↑ ~hörig의 명사형. **~keramik**, die ⟨Pl. 없음⟩ 고급 도자기 제품(반대: Grobkeramik). **~keramisch** ⟨Adj.⟩ 고급 도자기 제품의. **~korn**, das ⟨Pl. 없음⟩ (반대: Grobkorn) 1. [사격] 가늠쇠 끝만이 가늠 구멍에 보이도록 하는 조준법. 2. [사진·금속] 미립자(微粒子). **~kornentwickler**, der [사진] 미립자 현상(現象). **~körnig** ⟨Adj.⟩ (반대: grobkörnig). 1. 미립자처럼 작은. 2. [사진] (필름의 상태가) 미립자의. **~körnigkeit**, die (반대: Grobkörnigkeit) ↑ ~körnig의 명사형. **~kost**, die 진미(Delikatesse). **~kostabteilung**, die 고급 식품부. **~kostgeschäft**, das 고급 식품상점. **~kostladen**, der ↑ ~kostgeschäft. **~kupfer**, das 정련동. **~machen** ⟨h⟩ sich ~성장(盛裝)하다, 잘 차려 입다. **~maschig** (반대: grobmaschig) ↑engmaschig (1): ein -es Netz 촘촘한 그물. **~maschigkeit**, die ↑ ~maschig의 명사형. **~mechanik**, die 정밀 기계 공업. **~mechaniker**, der 정밀 기계공. **~mechanisch** ⟨Adj.⟩ 정밀 기계공업적인: -e Geräte [Instrumente] 정밀 기구(도구). **~messen**, das; -s [기술] 정밀[미량] 측정(0.001mm의 정확성을 지님). **~meßgerät**, das 정밀 측정기. **~meßtechnik**, die 정밀 측정술. **~messung**, die ↑ ~messen. **~narbig** ⟨Adj.⟩ (가죽의) 표면의 흠으로 남이 섬세한 (반대: grobnarbig). **~nervig** [-nɛrvɪç, (또한) -nɛrfɪç] ⟨Adj.⟩ 신경이 섬세한: ein -er Künstler 민감한 예술가. **~nervigkeit**, die ↑ ~nervig의 명사형. **~optik**, die 정밀 광학. **~porig** ⟨Adj.⟩ 미세한 구멍이 있는(반대: grobporig): eine -e Haut 땀구멍이 잘 드러난 피부. **~rippware**, der ⟨Pl. 없음⟩ 가는 주름이 있는 직물류(특히 내의 종류에서). **~sandig** ⟨Adj.⟩ ein -er Strand 고운 모래가 깔린 해안. **~schleifen¹** ⟨h⟩ 반들반들하게 연마하다. **~schmecker**, der 미식가. **~schmeckerin**, die; -nen ↑ ~schmecker의 여성형. **~schmeckerisch** [-ʃmɛkərɪʃ] ⟨Adj.⟩ 미식가적인, 식도락의. **~schmeckerlokal**, das 식도락, 식도락 요리점. **~schnitt**, der 1. 아주 곱게 썬 파이프 담배(반대: Grobschnitt). 2. (영상 효과의 개선을 위한) 필름의 정밀 재단. **~seife**, die (약한 피부를 위한) 연한 비누. **~silber**, das 순은. **~sinnig** ⟨Adj.⟩ 감각이 섬세한(특히 예술적인 방면에). **~sinnigkeit**, die ↑ ~sinnig의 명사형. **~spinnen**, das; -s [섬유] (공정의) 끝마무리 방적. **~sprit**, der ↑ Branntwein. **~struktur**, die [물리] 미세 구조(빛에 의한 현미경으로는 포착되지 않음)(반대: Grobstruktur): die F. der Zellen 세포의 미세한 구조. **~strumpf**, der (대개 Pl.) 고급 양말. **~strumpfhose**, die 고급 팬티 스타킹. **~stschleifen¹** ⟨h⟩ ~schleifen. **~täschner**, der 지갑 생산자. **~unze**, die 순금·순은의 무게 단위, 온스(31.1g). **~vermahlen** ⟨Adj; (또한) feinstvermahlen⟩ 매우 곱게 빻다[찧다]. **~verteilt** ⟨Adj.⟩ 골고루 미세하게 분포된. **~waage**, die 정밀 저울. **~wäsche**, die (세심한 처리를 요하는) 섬세한 세탁물. **~waschmittel**, das 그 섬세한 세탁물을 위한 세제. **~waschpulver**, das ↑ ~waschmittel.

feind [faɪnt] ⟨Adj.⟩ (다음과 같이 결합하여) jmdm. [einer Sache] f. sein (아이) 누구[무엇]의 적이다: dem Alkohol f. sein 술대 강고히 살아가다. **Feind** [-], der; -(e)s, -e 1. a) 적, 원수: ein erbitterter F. 불구대천의 원수; ein F. des Volkes 인민의 반역자; sie waren -e 그들은 서로 앙숙이었다; sich jmdn. zum F. machen 누구의 앙심[적의]을 사게 되다; dieses Tier hat viele -e 이 동물은 천적이 많다; der böse F. [기독

교] 악마(Teufel). b) 반대자: ein F. der künstlichen Düngung[des Alkohols] 인공비료[술]에 대해서 반대하는 사람; **ein (geschworener, abgesagter) F. von etw. sein** 무엇을 단호히 거부하는 사람이다. 2. ⟨Pl. 없음⟩ 적군: den F. angreifen[zurückwerfen] 적군을 공격[격퇴]하다; **ran an den F.!** [통용어] 머뭇거리거나 망설이지 말고 본격적으로 해 보라구!; **vor dem F. bleiben** 《아어·은폐》 전사하다.

feind-, Feind-: **~berührung**, die [군] 적군과의 조우. **~bild**, das ⟨Pl. 없음⟩ 적에 대한 무서운 생각, 적개심. **~einsatz**, der 적군의 배치[투입]. **~einwirkung**, die ⟨Pl. 없음⟩ [군] 적과의 접전에 의한 영향[손해]. **~flug**, der [군] 적지 비행: [전의] vom F. zurück (공군·농) 처녀와 데이트하고 돌아온. **~herrschaft**, die 적치(敵治), 점령군 통치. **~mächte** ⟨Pl.⟩ (드물게) 교전 상대국들의 총 전력. **~propaganda**, die 적의 선전(공작). **~selig** ⟨Adj.⟩ 적의를 품은, 증오에 찬: -e Blicke[Handlungen] 적의에 찬 눈초리[행위]; sich f. gegen jmdn. zeigen 누구에게 적의를 보이다. **~seligkeit**, die a) ⟨Pl. 없음⟩ 적의. b) ⟨Pl.⟩ 적대 행위: die -en einstellen 적대 행위를 중단하다. **~sender**, der [군] 적국의 뉴스 방송. **~sicht**, die ⟨Pl. 없음⟩ ~bild. **~staat**, der 적국. **~wärts** ⟨Adv.⟩ 적(군) 쪽으로.

Feindes-: **~hand** (다음 용법으로) in F. [시어] 적의 수중으로: er geriet[fiel] in F. 그는 적의 손에 떨어졌다. **~land**, das ⟨Pl. 없음⟩ [시어] 적국. **~macht**, die ⟨Pl. 없음⟩ [시어] 적군.

Feindin, die; -nen ↑ Feind의 여성형. **feindlich** ⟨Adj.⟩ 1. a) α) 악의의, 적의의: -e Intrigen 악의의 음모. β) 위험이 도사린: eine -e Umwelt 위험한 환경. b) 적대적인(반대: freundlich 1 c): eine -e Haltung gegen jmdn. [jmdm. gegenüber] einnehmen 누구에 대해 적대적 태도를 취하다. c) 불화한, 불목(不睦)한: zwei -e Brüder 불화한 두 형제. 2. 적군의: das Abhören -er Sender 적군 방송의 청취. **-feindlich** (접미사적 사용)(규정어의 내용에 대하여) 반대적[혐오적]인(반대: -freundlich b): kinderfeindliche Wohnungen 어린아이들에게 불편하게 되어 있는 집; regierungs-feindliche Truppen 반정부군. **Feindlichkeit**, die; -en 1. ⟨Pl. 없음⟩ 악의, 반감. 2. 적대 행위. **Feindschaft**, die; -en 적의(관계), 불화(반대: Freundschaft 1a): zwischen den Rivalen herrscht eine erbitterte F. 라이벌 사이에는 극심한 적대관계가 있다; jmdm. in F. leben 누구와 불화 속에 살다; [성구] darum keine F. (berlin.) 그것 때문에 우리 서로 반목하지 맙시다. **feindschaftlich** ⟨Adj.⟩ 적대적인, 불화의.

Feine ['faɪnə], die ⟨고어⟩ Feinheit. **feinen** ['faɪnən] ⟨h⟩ [제련] (금속을) 정련하다, 정제하다. **Feinheit**, die; -en 1. ⟨Pl. 없음⟩ 섬세함, 섬약성. 2. ⟨자주 Pl.⟩ a) (미세한) 개별성, 미묘한 뉘앙스: stilistische -en nicht erkennen 미묘한 문체적 뉴앙스를 간파하지 못하다; sich mit den letzten -en der Aussprache vertraut machen 발음의 아주 미세한 부분까지 익히다. b) (은근한) 암시: die -en nicht verstehen 암시를 이해하지 못하다. 3. ⟨Pl. 없음⟩ 정교함, 교묘함, 양질: die F. dieses Porzellans 이 도자기의 정교함. 4. ⟨Pl. 없음⟩ 우아함, 고상함: ihm mangelt es an der nötigen F. 그에게는 필요한 우아함이 결여되어 있다.

Feinsliebchen [faɪnsˈliːpçən], das; -s, - ⟨시어·고어⟩ 연인, 애인.

feiß [faɪs] ⟨Adj.⟩ ⟨alemann.⟩ 살찐, 비만한: [전의] ein -er Geschäftsmann 유족(풍족)한 상인. **feist** [faɪst] ⟨Adj.⟩ ⟨폄⟩ 살찐, 뚱뚱한: ein -es Gesicht 통통한 얼굴; [전의] mit einem -en Grinsen 히죽거리는 미소.

Feist [-], das; -(e)s 《사냥》 (털짐승의) 지방. **Feiste**, die; **Feistheit**, die 《몡》 (징그럽게) 뚱뚱함, 살찜. **Feisthirsch**, der 《사냥》 교미를 앞둔 살찐 사슴. **Feistigkeit**, die 《몡》 ↑Feistheit. **Feistzeit**, die 《사냥》 (사냥감으로 적당한) 들짐승의 비만기.

Feitel ['fajtl], der; -s, - 《südd., österr.·통용어》 값싼 간이 주머니칼.

Feiung ['fajuŋ], die; -en 〔↑feien 참조〕 1. 《드물게》 (마력 따위에 의하여) 안전하게 함. 2. **stille F.** 〔의학〕 면역화.

feixen ['fajksn] 〈h〉 [nordd. Feix] 《통용어》 남 안될 것을 좋아라고 웃어대다, 심술궂게 히죽거리다: er feixte über das ganze Gesicht 고소하다는 표정으로 한바탕 웃어대다.

feken ['fe:kn] 〈h〉 [Fecken = Flügel] 《schweiz.》 (하찮은 것을) 횡령하다, 훔치다.

fekund [fe'kunt] [lat. fēcundus] 〔생물〕 생산 능력이 있는. **Fekundation** [...da'tsjo:n], die; -en 수태, 수정. **Fekundität** [...di'tɛːt], die 〔생물〕 생산력.

Felbel ['fɛlbl], der; -s, - [ital. felpa] (특히 실크 해트에 쓰이는) 비단 벨벳.

Felber ['fɛlbɐ], der; -s, - 《südd.》 버드나무. **Felberbaum**, der ↑Felber.

Felchen ['fɛlçn], der; -s, - 연어의 일종(알프스 산맥의 호수에 사는).

Feld [fɛlt], das; -(e)s, -er 1. 〈Pl. 없음〉 《아어》 벌, 들판: **durch F. und Wald** 들판과 숲을 통과하여. 2. (경작지로서의) 밭: **der Bauer bestellt das F.** 농부가 밭을 경작한다; **das Korn steht noch im F.** 《준고어》 곡식이 아직 들에(창고로 운반되지 않고) 있다; 〔성구〕 **das steht noch in weitem F.** 그것은 아직도 불확실하다(아직 추수되지 아니한 곡식과 같다); 〈전의〉 **der -er stehen gut** 형세가 유리하다. 3. (하나의 평면상에 구분되어 있는) 칸: **die 64 -er des Schachspiels** 장기의 64개 칸; **die leeren -er eines Formulars (mit Zahlen) ausfüllen** 서류의 빈 칸을 (숫자로써) 채우다. 4. 〔스포츠〕 필드, 경기장: **einen Spieler des -es[vom F.] verweisen** 한 선수를 퇴장시키다; **die Mannschaft ist auf dem F. besser als in der Halle** 이 팀은 실내 체육관에서보다는 옥외 경기장에서 더 낫다; **das F. beherrschen** 경기를 주도하다. 5. 〈Pl. 없음〉 《준고어》 전장(戰場), 전선: **auf dem F. der Ehre fallen** 《아어·은폐》 영예의 전장에서 산화하다; **das F. behaupten** 경쟁 상대를 젖히고 자신의 입장(지위)을 견지하다; **das F. beherrschen** 보편적 척도로서 인정받고 있다; **das F. gewinnen** 《아어·고어》 승리하다, 승자가 되다; **das F. räumen** 자신의 입장을 포기하다, 물러나다; **jmdm. das F. streitig machen** 누구와 경쟁하다; **jmdm. das F. überlassen** 퇴각하여 상대의 진로를 열어주다; **jmdn. aus dem F. schlagen** 《아어》 누구에게 이기다; **etw. gegen jmdn.(etw.) ins F. führen** 《아어》 무엇을 누구(무엇)에 반대하는 논거로서 대다: **er führte gegen den Volksentscheid drei wesentliche Gründe ins F.** 그 국민 투표에 반대하는 논거로서 세 가지 본질적인 이유를 열거했다; **gegen [für] jmdn.(etw.) zu -e ziehen** 《아어》 누구(무엇)에 반대하여[찬성하여] 싸우다. 6. 〈Pl. 없음〉 활동 영역, 전문 분야: **das F. der Wissenschaften (der Weltpolitik)** 학문(국제 정치)의 영역; **ein weites F. sein** 조감하기 어려운[논란이 많은] 영역[테마]이다. 7. 〔물리〕 장(場): **ein elektromagnetisches F.** 전자장(電磁場). 8. 〔스포츠〕 달리는 선수 집단: **das F. anführen** 여러 선수의 선두주자로 달리다. 9. 〔스포츠〕 총 참가 인원. 10. 〔언어〕 **Wortfeld**의 약칭: **der Begriff des sprachlichen -es** 낱말밭(어휘장)의 개념.

feld-, Feld-: ~**ahorn**, der 단풍의 일종. ~**altar**, der 〔군〕 (운반할 수 있는) 야전 제단. ~**anteil**, der 〔구기〕 (어느 팀의) 우세한 포지션. ~**arbeit**, die [engl.-amerik. fieldwork] 1. 들일. 2. ↑~forschung. ~**arbeiter**, der 농부, 농군. ~**artillerie**, die 야전 포병대. ~**arzt**, der 〔군〕 군의관. ~**ausrüstung**, die 〔군〕 야전 장비. ~**bahn**, die (쉽게 이동할 수 있는 협궤의) 야외 철도. ~**bau**, der 〔군, Pl. 없음〕 농경(Ackerbau), 농업. ~**baubrigade**, die 《구동독》 경작 작업조(가장 규모가 작은 작업 집단). ~**baubrigadier**, der 《구동독》 경작 작업조원. ~**befestigung**, die 《대개 Pl.》 〔군〕 야전 방어 시설, 야전 보루. ~**beherrschend** 〈Adj.〉 〔스포츠〕 경기를 주도하는: -e Mannschaft 우세한 팀. ~**beobachtung**, die 〔사회〕 현장 관찰. ~**bereinigung**, die ↑Flurbereinigung. ~**bestellung**, die 농지 경작. ~**bett**, das 야전 침대. ~**binde**, die 〔군〕 a) 《Offiziersschärpe. b) 《옛》 복대(腹帶). ~**bischof**, der 〔군〕 종군 성직자(종군 목사 등). ~**blume**, die 들꽃, 야생화. ~**blumenstrauß**, der 야생화 꽃다발. ~**bluse**, die 〔군〕 군복상의. ~**bohne**, die ↑Pferdebohne. ~**brigade**, die ↑~baubrigade. ~**champignon**, der 야생 양송이 버섯. ~**dieb**, der 〔법〕 농작물 도둑. ~**diebstahl**, der 농작물 도둑질. ~**dienst**, der 〔군·국방〕 야전 근무. ~**dienstfähig** 〈Adj.〉 야전 근무할 수 있는. ~**dienstübung**, die 야전 훈련. ~**ein(wärts)** [-'-(-)] 〈Adv.〉 들판으로 향하여. ~**eisenbahn**, die ↑~bahn. ~**erbse**, die ↑Ackererbse. ~**experiment**, das 현장 실험. ~**fieber**, das 들일에서나 홍수 지역에서 나타나는 독감 유형의 전염병. ~**flasche**, die 〔군〕 수통. ~**flüchter** [-flyçtɐ], der 양비둘기(집비둘기의 야생종). ~**flur**, die 〈Pl. 없음〉 경작지. ~**forschung**, die 〔사회·언어 등〕 현장 조사, 현장 사례 수집. ~**frevel**, der 농작물 훼손. ~**friedensbruch**, der 〈Pl. 없음〉 〔법〕 농지 무단 침입. ~**frucht**, die 《대개 Pl.》 농작물, 곡식. ~**futterbau**, der 〈Pl. 없음〉 《구동독》 사료 작물의 경작. ~**gans**, die 야생 거위. ~**geistlicher**, der 《고어》 ↑Militärgeistlicher. ~**gendarm**, der 전투지의 헌병. ~**gendarmerie**, die 〈Pl. 없음〉 〔군〕 전투지 헌병대. ~**geschrei**, das 1. 《구제》 (전투지에서의) 군호, 암호(Parole). 2. 〔문장〕 헬멧에 표시된 표어. ~**geschütz**, das 야포. ~**gottesdienst**, der 야전 예배, 진중 미사. ~**graswirtschaft**, die 〔농업〕 곡초식 경작법 (곡식과 풀을 번갈아 경작함). ~**grau** 〈Adj.〉 회록색(灰綠色)의. ~**grau**, das (세계 대전에서의, 독일군 제복의) 회록색(灰綠色): **ein Offizier in F.** 제복 입은 독일 장교. ~**graue*****, der 《아어》 제복 입은 독일 군인. ~**häcksler**, der 건초 콤바인(풀을 베어 작두질을 한 다음 차에 불어 싣는 기계). ~**handball**, der 옥외 핸드볼(반대: Hallenhandball). ~**hase**, der 들토끼, 산토끼. ~**haubitze**, die ↑~geschütz. ~**hauptmann**, der 〈Pl.-leute〉 〔역사적〕 용병대장. ~**heer**, das 야전군, 실전 부대. ~**herr**, der 《고어》 총사령관. ~**herrnblick**, der (장수의) 냉엄하고 매서운 눈초리. ~**herrnkunst**, die 〈Pl. 없음〉 전략, 전술. ~**herrnmiene**, die (사령관의) 근엄한 표정. ~**herrnstab**, der 《옛》 (사령관) 지휘봉. ~**herrnwürde**, die 총사령관의 위엄[지위]. ~**heuschrecke**, die ↑Heuschrecke. ~**hockey**, das 야외 하키 경기(반대: Hallenhockey). ~**huhn**, das 1. Rebhuhn. 2. 자고류(鷓鴣類). ~**hüter**, der 전담 관리인. ~**jäger**, der 〔군〕 헌병. ~**jägertruppe**, die 〈Pl. 없음〉 헌병대. ~**kaplan**, der 《옛》 가톨릭 종군 신부. ~**korb**, der 〔농구〕 (프리드로가 아닌) 야투(野投)를 통한 골인. ~**küche**, die 야외 급식용 가마솥, 군대 이동 취사장. ~**kurat**, der 《österr.·고어》 가톨릭 종군 신부. ~**lager**, das 《구제》 야영. ~**lazarett**, das 〔군〕 야전

병원. ~lerche, die 들종달새. ~mark, die 논밭의 경계. ~marschall, der 《구데》 a) 〈Pl. 없음〉 원수(元帥)(계급). b) 원수(元帥)의 계급을 가진 장군. ~marschmäßig 〈Adj.〉 완전 무장의: f. antreten 완전 무장으로 출두하다. ~maß, das 경작지 면적 측량의 단위. ~mäßig 〈Adj.〉 밭에서 이루어진: -er Gemüsebau 밭을 이용한 채소 재배. ~maus, die 들쥐. ~mauser, der 《schweiz.》 들쥐잡이(덫을 놓아 들쥐를 잡는 사람). ~messe, die 야전 미사. ~messer, der 《고어》 ↑Landmesser. ~meßgerät, das 토지 측량 기구. ~mohn, der ↑-Klatschmohn. ~musikant, der 《schweiz.》 군악대원. ~mütze, die 《옛》 군모. ~polizei, die 1. 경작지 관할 경찰. 2. 《군》 전투 지역 경찰. ~post, die 군사 우편. ~postbrief, der 군사 우편 편지. ~postkarte, die 군사 우편 엽서. ~postnummer, die 군사 우편 번호: von der anderen F. sein 《군》 호모다. ~postpäckchen, das 군사 우편 소포. ~postsendung, die 군사 우편물. ~poststelle, die 야전 우편국. ~posten, der 《군》 보초. ~prediger, der 《고어》 ↑Militärgeistlicher. ~rain, der 밭의 경계 녹대(綠帶). ~rose, die 《장미과》 찔레, 덩굴장미. ~rute, die 《옛》 길이의 단위(5m). ~saison, die 〖스포츠〗 야외 경기 시즌. ~salat, der 들상치. ~schädling, der 농작물을 해치는 동물. ~scher[-젅r], der; -s, -e 1. 《옛》 군의관. 2. 《구동독》 군의관 조수. ~scherer, der ↑~scher (1). ~scheune, die 곡물창고(밭에 세워진). ~schlacht, die 《고어》 야전(野戰). ~schlange, die 《군》 (15-17세기에 사용된 포신이 긴) 야포. ~schmiede, die 《군》 (포병 병참 소속의) 야전 수리반. ~schütz, der ↑Flurhüter. ~spat, der 장석(長石). ~spatoid [-spatoit], das [griech. -oeidēs = ähnlich] 유사 장석(類似長石). ~sperling, der 들참새. ~spiel, das 〖스포츠〗 1. 〈Pl. 없음〉 필드 경기. 2. 옥외 경기(반대: Hallenspiel). ~spieler, der 경기장에서 뛰는 선수(골키퍼는 제외). ~staffelei, die 야외용 화가(畫架)[이즐]. ~stärke, die 〖물리〗 자장력. ~stecher, der 쌍안경(Fernglas): etw. durch den F. beobachten 무엇을 쌍안경으로 관찰하다. ~stein, der 1. 밭판에 그대로 있는) 자연석. 2. 〈Pl.〉 밭에 널린 돌멩이. ~steinmauer, die 자연석으로 만든 벽, 돌담. ~stellung, die 《군》 야전 진지. ~stern, der 〖천문〗 미리내별, 은하수에 속하는 일반 별. ~stock, der 〈Pl. -stöcke〉 ↑Jagdstock. ~stück, das 논밭뙈기. ~studie, die ↑~forschung. ~stuhl, der 《옥외용》 접는 의자. ~telefon, der 《군》 야전용 전화. ~theorie, die 〖언어〗 밭[장]이론. ~tor, das 《구기》 장거리 슛(프리 킥이나 페널티 킥이 아닌). ~überlegen 〈Adj.〉 〖스포츠〗 경기에 우세한(↑~beherrschend 참조). ~überlegenheit, die ↑~überlegen의 명사형(반대: ~unterlegenheit). ~übung, die 《군》 Manöver. ~ulme, die 야생 느릅나무. ~unterlegenheit, die 경기의 열세(반대: ~überlegenheit). ~versuch, der 현장 실험. ~verweis, der (반칙으로 인한) 선수 퇴장. ~vorteil, der 〖스포츠〗 미들필드에서의 우세. ~wache, die 《군·고어》 초소. ~wächter, der ↑Flurhüter. ~webel [fe·ve:bl], der; -s, - 1. 상사(1918년까지), 하사. 2. 《지역적·농》 맥주(잔의 큰) 거품. 3. 《통용어·펌》 기가 드센 여자, 말괄량이. ~webelton, (펌) 명령조. ~weg, der 들길. ~weibel, der 《schweiz.》 ↑~webel. ~zeichen, das 《군·역사적》 군기(Fahne). ~zeitung, die 야전 신문(전원에 투입된 군대를 위한). ~zug, der Pl. 1. 《군》 출정(出征), 전쟁. 2. 대대적인 행사, 캠페인: einen F. gegen den Alkoholismus starten 알코올 중독 퇴치를 위한 대대적인 캠페인을 시작하다.

~Felderspringen, das; -s 사방치기(어린이 놀이). Felderwirtschaft, die 〖농업〗 삼포식 농법(三圃式 農法).
Feld-Wald-und-Wiesen- 〈연결 부호와 함께 쓰이며, 통용어, 대개 폄〉 ~Ansprache, die 상투적[의례적]인 인사말[식사]. ~Arzt, der 벌무신통한 의사. ~Erkältung, die 가벼운 감기. ~Patient, der 병세가 분명한 환자. ~Philosophie, die 개똥 철학. ~Predigt, die 상투적[의례적]인 설교. ~Thema, das 평범한 주제.
felg-, Felg- [ˈfɛlk-] 〈¹Felge 2〉: ~abflanken 〈h/s; 부정법과 과거분사에서만〉 (철봉 등에서) 대차륜 동작하고 몸을 펴서 착지하다. ~abgrätschen 〈h/s; 부정법과 과거분사에서만〉 (철봉 등에서) 두 다리 피고 역회전하여 서다. ~abhechten 〈h/s; 부정법과 과거분사에서만〉 (철봉 등에서) 두 다리 모으고 역회전하다. ~abschwung, der 수평 반회전 착지. ~aufschwung, der (철봉 등에서) 역회전 오르기. ~überschwung, der (철봉 등에서) 수평 회전. ~umschwung, der ↑Felge (2).
¹Felge [ˈfɛlɡə], die; -n 1. 바퀴테(Radkranz): die F. ist beschädigt 바퀴테가 손상되었다. 2. 〖기계체조〗 대차륜.
²Felge [-], die; -n 〈지역적〉 휴경지, 휴한지. ¹felgen [ˈfɛlɡn] 〈h〉 바퀴테를 두르다. ²felgen [-] 〈h〉 〈지역적〉 땅을 갈아 짓히다.
Felgen- 〈¹Felge 1〉: ~bremse, die 〖기술〗 바퀴 제동기, 바퀴의 브레이크. ~hauer, der 《고어》 달구지 목수, 수레 목수(Wagenhauer). ~kranz, der ↑Radkranz.
Feliden [feˈliːdn̩] 〈Pl.〉 〖lat. fēlēs, fēlis〗 〖동물〗 고양이과(科).
Fell [fɛl], das; -(e)s, -e a) 털가죽, 모피: dem Hasen das F. abziehen 토끼의 털가죽을 벗기다; jmdm. das F. über die Ohren ziehen 《경》 누구에게 바가지 씌우다, 누구를 속이다; sein F. zu Markte tragen 위험을 무릅쓰고 누구를 위해 힘쓰다(↑Haut 참조). b) α) (가공하기 전의) 원피: -e gerben 원피를 무두질하다; 〖성구〗 jmdm. sind die [alle] -e weg-(davon)geschwommen 《통용어》 모든 희망이 산산이 흩어졌다. β) 〈Pl. 없음〉 가죽: eine Mütze aus weichem [weißem] F. 부드러운[흰] 가죽으로 만든 모자. c) 〈경〉 인간의 피부: nur noch F. und Knochen sein 피골이 상접하다(↑Haut 참조); jmdm. [jmdn.] juckt das F. 〈경〉 얻어 터지고 싶어서 근질거리는 모양이다; nur sein eigenes F. anhaben 《통용어·농》 발가 벗었다; ein dickes F. bekommen(kriegen) 《통용어》 비난 따위에 둔감하다; sich ein dickes F. anschaffen 《통용어》 뱃심을 두둑히 정하고 세상만사에 더 이상 속 썩히지 않다; jmdm. das F. gerben(versohlen) 《경》 누구를 늘씬하게 패주다; das F. versaufen 《경》 장례식을 치르고 먹자판을 벌이다.
fell-, Fell- (Fell b): ~bekleidet 〈Adj.〉 unsere -en Vorfahren 우리들의 벌거숭이 조상들. ~boot, das 가죽배, 카약. ~eisen, das ↑Felleisen. ~handel, der 모피 장사. ~händler, der 모피 장수. ~jacke, die 모피 상의. ~kleidung, die 모피 옷. ~mütze, die 모피 모자. ~schuh, der 모피 구두. ~stiefel, der 〈대개 Pl.〉 모피 장화.
Fellache [fɛˈlaxə], der; -n, -n 〈대개 Pl.〉 [arab. fallāḥ] 중동 지역의 농경 주민. Fellachin, die ↑Fellache. Fellache의 여성형. fellachisch 〈Adj.〉 농경 주민의. Fellah [fɛˈlaː], der; -s, -s ↑Fellache.
Fellatio [fɛˈlaːtsio], die; -, -s [성교육] 펠라티오, 구강 성교(↑Cunnilingus 참조). fellationieren [fɛlatsioˈniːrən] 〈h〉 구강 성교로써 상대를 만족시키다. Fellatrix [fɛˈlaːtrɪks], die; ...trizen [fɛlaˈtriːtsn̩; lat. fellātrīx] 구강 성교를 해 주는 여자.
Felleisen [ˈfɛlaizn̩], das; -s, - [frz. valise < ital.

fellieren [fɛˈliːrən] ⟨h⟩ [lat. fellāre]. ↑**fellationieren**.

Fellow [ˈfɛloʊ], der; -s, -s [engl. fellow] **1.** 영국에서 **a)** 학료(學寮)(대학과 학생 자치체)의 회원, 동료 교수, 학우. **b)** 연구 장학금의 수혜자. **c)** 학회의 회원. **2.** 미국에서는 상급학기의 학생. **Fellowship** [ˈfɛloʊʃɪp], die; -s [engl. fellowship] **1.** ↑Fellow의 신분. **2.** 영국이나 미국의 대학에서 학위를 취득한 학생을 위한 연구 장학금.

Fellow-traveller [ˈfɛloʊtrævələ], der; -s, -(s) [engl. fellow travel(l)er] **a)** 당적을 지니지 않은 채로 (공산주의) 정치적 이념을 따르는 사람. **b)** 말단 당원.

Felonie [feloˈniː], die; -n [...iːən; frz. félonie] (역사적) 봉건 영주에 대한 불충, 배반, 배반.

¹**Fels** [fɛls], der (격변화 없음) 바위: beim Graben auf F. stoßen 땅을 파다가 암반에 부딪히다. ²**Fels** [-], der; -en, -e (아어) ↑Felsen: er stand da wie ein F. 그는 거기 암석처럼 (꼼짝도 않고) 서 있었다.

fels-, Fels- (↑felsen-, Felsen-도 참조): ∼**absturz**, der ↑∼sturz. ∼**bild**, das 〈대개 Pl.〉 (암벽에 새긴 선사시대의) 벽화. ∼**biwak**, der [등산] 바위 안에서의 야영. ∼**block**, der 〈Pl. -blöcke〉 바위 덩어리, 석괴. ∼**brocken**, der 바위 조각, 암석의 파편. ∼**flanke**, die [등산] 암벽의 측면. ∼**gehen**, das; -s [등산] ↑∼**klettern**. ∼**geher**, der ↑∼**kletterer**. ∼**geröll**, das 〈Pl. 없음〉 암석 부스러기. ∼**gestein**, das 〈Pl. 없음〉 ↑Fels (1). ∼**gipfel**, der 암석의 정상. ∼**grat**, der 바위의 등성이. ∼**gravierung**, die 바위에 새긴 조각(글씨). ∼**grund**, der 암반. ∼**haken**, der [등산] 바위 갈고리(바위의 틈새에 끼워 넣어 철주로서 그 고리에 추락 방지용 자일을 고정시킴). ∼**klettern**, das; -s 암벽 등반. ∼**kuppe**, die 암벽 정상. ∼**malerei**, die ↑∼**bild**. ∼**masse**, die 〈대개 Pl.〉 바위 덩어리, 암괴. ∼**massiv**, das 괴상암(塊狀岩). ∼**nadel**, die 침상암(針狀岩). ∼**nase**, die 바위의 돌출부. ∼**nische**, die 바위의 움푹 패인 곳. ∼**platte**, die 바위의 반반한 면. ∼**relief**, das 바위에 새긴 양각. ∼**riegel**, der 빙설벽을 가로지른 바위. ∼**riß**, der [등산] 바위의 틈새. ∼**ritze**, die 바위의 틈새. ∼**rücken**, der 바위로된 산등성이. ∼**schlucht**, die 바위로 된 협곡. ∼**spalt**, der 바위틈. ∼**spalte**, die 바위틈. ∼**spitze**, die 바위 꼭대기. ∼**sturz**, der **a)** 낙석(落石). **b)** 바위에서 떨어져 나간 자리, 급경사의 암벽. ∼**trümmer** 〈Pl.〉 부서진 암석의 퇴적. ∼**vorsprung**, der 암석의 돌출부. ∼**wand** die 암벽. ∼**zacke**, die 바위의 모서리, 암각(岩角). ∼**zeichnung**, die ↑∼**bild**.

Felsen [ˈfɛlzn̩], der; -s, - 바위, 암석: auf einen F. klettern 바위에 기어오르다.

felsen-, Felsen- (↑fels-, Fels-도 참조): ∼**abgrund**, der 바위 낭떠러지. ∼**bein**, der [해부] 측두골추체(側頭骨錐體). ∼**birne**, die 관목의 일종. ∼**bucht**, die 암석만(岩石灣). ∼**bunker**, der 바위 속에 뚫은 든든한 방공호. ∼**dom**, der [시어] 바위 동굴. ∼**eiland**, das (아어) 돌섬. ∼**fest** 〈Adj.〉 요지부동의, 굳센, 철석 같은: -er Meinung(Überzeugung) sein, daß ... ...라는 요지부동의 생각(신념)이다. ∼**galerie**, die ↑Galerie (6). ∼**gebirge**, das 암석 투성이의 산맥. ∼**grab**, das 암굴 무덤. ∼**grotte**, die ↑∼**höhle**. ∼**höhle**, die 동굴, 암혈. ∼**insel**, die 바위섬. ∼**kegel**, der 뾰족한 바위 기둥. ∼**keller**, der 바위에 굴을 파서 만든 지하실(맥주, 포도주, 얼음 등등을 보관하기 위한). ∼**kessel**, der 바위 분지(盆地). ∼**kette**, die 암석의 연봉(連峰). ∼**kirche**, die 동굴 교회. ∼**klippe**, die 절벽. ∼**kluft**, die 바위의 갈라진 틈. ∼**kuppe**, die 암석 봉우리, 바위로 된 산정(山頂). ∼**küste**, die 암석 해안. ∼**mauer**, die [경마] 장애물 벽(나무 상자를 쌓아 만들었으나 암석처럼 칠해 놓은 것). ∼**meer**, das 너덜겅(산등성이나 산비탈에 있는 수많은 바위), 암해. ∼**nest**, das 암벽 위의 은신처, 오새. ∼**riff**, das 암초군. ∼**schlucht**, die 바위의 협곡. ∼**schroffen**, die (시적) 절벽. ∼**spitze**, die 바위 꼭대기. ∼**tal**, das 바위 계곡. **tempel**, der 동굴 사원. ∼**tor**, das [지리] 바위문(바위 속에 뚫려 있는 좁은 통로). ∼**ufer**, der 바위가 많은 강(바닷)가. ∼**vorsprung**, der 바위의 돌출부. ∼**wand**, die 암벽.

felsig [ˈfɛlzɪç] 〈Adj.〉 **a)** 바위의, 바위가 많은: eine -e Landschaft 바위가 많은 지역. **b)** 바위로 된. **Felsit** [fɛlˈziːt, (또한) ...zɪt], der; -s, -e 규장암(珪長岩).

Feluke [feˈluːkə], die; -n (옛) **a)** 쌍폭 삼각 돛배(돛대 2개에 삼각돛 1개의 지중해 연안 항해선). **b)** (갤레션(船) 모양의) 소형 전함.

Feme [ˈfeːmə], die; -n **1.** (역사적)(14~15세기 베스트 팔렌과 북독에서 특히 무거운 범행을 논죄하기 위한) 특별 재판. **2.** 비밀 재판(특히 정적이나 배반자의 암살을 결정함). **Femegericht**, **Femgericht**, das ↑**Feme** (1, 2).

Femel [ˈfeːml̩], **Fimmel** [ˈfɪm], der; -s [lat. fēmella] [농업] 삼의 수그루. **Femelbetrieb**, der [femeln] (수령이 다른 나무들의) 혼성영림(混成營林). **Femelhanf**, der ↑**Femel**. **femeln** ⟨h⟩ 성숙한 삼의 수그루를 미리 뽑다.

Femmord, der; -(e)s, -e 비밀 재판에 의거한 (정치적) 암살. **Femgericht**, **Femegericht**, das ↑**Feme** (1, 2).

feminieren [femiˈniːrən] ⟨s⟩ [의학·동물] (남성을 수술로) 여성으로 만들다. **Feminierung**, die; -en ↑**feminieren**의 명사형. **feminin** [femiˈniːn] 〈Adj.〉 [lat. fēminīnus] **1. a)** (아어) 여성의, 여성 같은: -e Züge aufweisen 여성적인 특징을 나타내다. **b)** (드물게) 여성적인 것을 강조하는: ein -es Parfüm 여성 취향적인 향수. **c)** (폄) (남자가) 남자답지 못한, 유약한, 계집애 같은: ein -er Mann(Typ) 계집애 같은 남자(유형). **2.** [언어] 여성의: ein -es Substantiv 여성 명사. **Femininum** [ˈfeːmininʊm, (또한) femiˈniːnʊm], das; -s, ...na [lat. genus fēminīnum] [언어] **a)** 여성 명사. **b)** 〈Pl. 없음〉 (준교어) 명사의 여성: F. dient nicht nur zur Bezeichnung von Lebewesen 명사의 여성은 생물의 표시에만 국한되어 사용되지는 않는다. **Feminisation** [feminizaˈtsi̯oːn], die; -en ↑**Feminisierung**. **feminisieren** [feminiˈziːrən] ⟨h⟩ (남자를) 여자로 만들다, 여성화하다. **Feminisierung**, die; -en ↑**feminisieren**의 명사형. **Feminismus** [femiˈnɪsmʊs], der; -, ...men **1.** 〈Pl. 없음〉 여권신장론(女權伸張論), 여성 해방 운동. **2.** [의학·동물] (남성의) 여성적 특성, 여성화. **Feminist** [femiˈnɪst], der; -en, -en 〈대개 Pl.〉 여권신장론자, 여성해방주의자. **Feministin**, die; -nen ↑**Feminist**의 여성형. **feministisch** 〈Adj.〉 **1.** 여권신장론적인, 여성해방주의적인. **2.** 여성적인.

femisch [ˈfeːmɪʃ] 〈Adj.〉 [lat. *ferrum*과 *Magnesium*의 조어] [광물] 철과 마그네슘 함량이 풍부한.

Femme fatale [famfaˈtal], die; -s -s [famfaˈtal; frz. femme fatale] (고어, 그러나 아직도 교양어에서는 농) 치명적인 여자(요부(妖婦)).

femoral [femoˈraːl] 〈Adj.〉 [lat. femur(반대: femoris) = Oberschenkel] [의학] 대퇴부의, 넓적다리의.

Femtofarad, das [schwed. femton] [물리] 천조(千兆) 분의 1 패러드(기호: fF).

Fench [fɛnç], der; -(e)s, -e, **Fennich** [ˈfɛnɪç], der; -s, -e (독일산의) 조, 수수 따위.

Fenchel [ˈfɛnçl̩], der; -s 회향(茴香)(과일은 약용, 향신료 등에 쓰임).

Fenchel-: ∼**gemüse**, das 회향 야채. ∼**honig**, der 회향꿀(꿀에다 회향열매의 기름을 탄 기침약). ∼**knolle**, die (식용의) 회향 줄기. ~öl, das (회향 열매에서 짠) 회향유. ~sirup, der 회향 시럽(기침 완화제로 쓰임). ~tee, der 회향차.

Fendant [fɑ̃'dɑ̃ː], der; -s [frz. fendant] (스위스 Wallis 주의) 백포도주.

Fender ['fɛndɐ], der; -s, - [engl. fender] [해양] 방현물(防舷物).

Fenek: ↑Fennek.

Fenn [fɛn], das; -(e)s, -e ⟨niederd.⟩ 늪, 소택지.

Fennek, Fenek ['fɛnɛk], der; -s, -s / -e. [arab. fanak] 들녀우(북아프리카와 아라비아 사막에서 서식).

Fennich: ↑Fench.

Fennoskandia [fɛnoˈskandia], ...dien; -(s) 스칸디나비아 제국. **fennoskạndisch** ⟨Adj.⟩ 스칸디나비아 제국의.

Fenster ['fɛnstɐ], das; -s, - **1. a)** 창, 창문: ein Fenster zur Straße 거리 쪽으로 나 있는 창; das F. geht auf die Straße hinaus 창문이 거리 쪽으로 나 있다; aus dem F. sehen 창 밖으로 보다; bei den Nachbarn lagen alle in den -n 이웃 사람들은 모두 창틀에 팔을 고이고서 밖을 내다보고 있었다; [전의] ein Briefumschlag mit F. 창 봉투; **aus dem[zum] F. hinausreden(-sprechen)** 쇠귀에 경읽다. 2) 나팔 불다; **weg vom F. sein** (통용어) 관심권에서 사라지다. **b)** 유리창: das F. ist blind geworden 유리창이 흐려서 볼 수가 없다; das F. öffnen [schließen] 유리창을 열다[닫다]; ein F. zur Welt 세계에 대한 문호. 2. 《통용어》↑Schaufenster의 약칭.

fẹnster-, Fẹnster-: ~angel, die: quietschende [verrostete] -n 찌꺽거리는[녹슨] 창 경첩. ~**artig** ⟨Adj.⟩ 창문 같은. ~**ausschnitt**, der 《아어》창에서 보이는 바깥 세상. ~**band**, das ⟨Pl. -bänder⟩ [건축] 창문 경첩. ~**bank**, die ⟨Pl. -bänke⟩ **1.** 창턱. **2.** 창가의 의자. ~**bekrönung**, die [건축] 창문 장식. ~**blatt**, das ↑Monstera. ~**bogen** der [건축] 창 상부의 아치형. ~**bord**, das 《지역적》 ↑~bank (1). ~**brett**, das ↑~bank (1). ~**brief(umschlag)**, der 창 봉투. ~**brüstung**, die 창 아래의 벽. ~**ecke**, die 창가 구석. ~**einfassung**, die 창틀. ~**flügel**, der (여닫이) 창문짝. ~**front**, die 창문쪽. ~**futter**, das 창문짝 자리. ~**gesims**, das ↑~sims. ~**gips**, der 창문 깁스(깁스 붕대에 상처 치료 등의 목적으로 구멍이 뚫어져 있음). ~**gitter**, das 창살. ~**glas**, das **a)** ⟨Pl. 없음⟩ 창문 유리. **b)** ⟨Pl. -gläser⟩ 도수 없는 안경알. ~**griff**, der 창문 손잡이. ~**haken**, der 창문 고리: den F. einhängen 창문고리를 달다. ~**höhle**, die 《아어》(창틀도 유리도 없는) 빈 창. ~**kitt**, der 창유리 떡밥(퍼티). ~**klappe**, die (창문 위쪽의) 바람문. ~**kreuz**, das 십자 창살. ~**laden**, der ⟨Pl. -läden⟩ (드물게) -laden) 창의 덧문. ~**laibung**, die 《또한》 ~**leibung**, die 창의 안쪽 벽면. ~**leder**, das 창닦는 가죽. ~**loch**, das ↑~öffnung. ~**los** ⟨Adj.⟩ 창문이 없는. ~**luke**, die 작은 창문 벽감. ~**mantel**, der (방한용) 창문 커튼. ~**nische**, die 창문 벽감. ~**öffnung**, die 창문영. ~**pfosten**, der 창의 문설주. ~**platz**, der 창가 좌석. ~**putzer**, der 창문 청소부. ~**quadrat**, das ↑~ausschnitt. ~**rahmen**, der **a)** 창의 바깥틀. **b)** 창틀: eine Reihe von -n 나란히 나 있는 창문. ~**riegel**, der 창의 걸쇠. ~**ritze**, die 창틈: die -n verkitten 창틈을 메우다. ~**rose**, die 《건축》원화창(圓花窓). ~**scheibe**, die 창유리. ~**schnalle**, die 《österr.》 ↑~griff. ~**sims**, der / das 창문의 문지방. ~**sitz**, der ↑~platz. ~**spiegel** 《österr.》 ↑~rahmen (a). ~**stock**, der ⟨Pl. -stöcke⟩ 《österr.》 ↑~rahmen. ~**stuhl**, der ↑~platz. ~**sturz**, der **1.** 창밖으로 떨어짐. **2.** 문미(門楣). ~**tisch**, der 창가의 탁자. ~**tritt**, der 창 발받침.

~**tür**, die (땅바닥까지 닿는) 대형 유리창문. ~**verband**, der [의학] 개공(開孔) 붕대(상처의 치료를 위한 구멍이 뚫어져 있음). ~**verkleidung**, die 창테두리. ~**verschluß**, der 창문 자물쇠. ~**vorhang**, der 창문 커튼. ~**wand**, die **1.** 창문벽. **2.** 《드물게》 ↑~front. ~**wirbel**, der 《지역적》 ↑~griff. ~**zarge**, die [토목] 창틀.

Fensterl ['fɛnstɐl], das; -s, - [등산] 산등에 난 창문형상의 구멍. **fensterln** ['fɛnstɐln] ⟨h⟩ ⟨südd., österr.⟩ 밤 장하다. **fẹnstern** ⟨h⟩ (통용어) (창밖으로) 내던지다. **-fenstrig** [-fɛnstrɪç] 《(다음의 복합어로, 예컨대)》 zweifenstrig 창문이 두 개 난.

Fenz [fɛnts]; -en [engl. fence] 울타리, 목책(특히 독일계 미국인이 사용하는 말). **fẹnzen** ['fɛntsn̩] ⟨h⟩ 울타리를 두르다, 목책을 치다.

Feralien [feˈraːliən] ⟨Pl.⟩ [lat. feralia] (고대 로마의) 최종 장례일.

Ferge ['fɛrgə], der; -n, -n (시어·고어) ↑나룻배) 사공. **fẹrggen** ['fɛrgn̩] ⟨h⟩ ⟨schweiz.⟩ (일을) 처리하다, (화물을) 발송하다. **Fẹrgger**, der; -s, - 운송업자.

Feria ['feːria], die; ...iae [...iɛ; mlat. feria] 평일(가톨릭 예배식에서). **ferial** [feˈriaːl] ⟨Adj.⟩ [mlat. ferialis] ⟨österr.⟩ 휴가에 속하는; 자유로운(frei).

Ferial- ⟨österr.⟩: ~**arbeit**, die ↑Ferienarbeit. ~**kolonie**, die ↑Ferienkolonie. ~**kurs**, der ↑Ferienkurs. ~**praktikant**, der 하계휴가에 근무하는 견습생[실습생]. ~**tag**, der ↑Ferientag. ~**zeit**, die ↑Ferienzeit.

Ferien ['feːriən] ⟨Pl.⟩ [lat. feriae] **a)** 방학, 휴무, 휴가, 휴회: die Schüler haben große F. 학생들은 여름 방학이다; das Parlament geht in die F. 의회가 휴회 기간으로 들어간다. **b)** 휴가: die F. an der See verbringen 휴가를 바닷가에서 보내다; wann wollt ihr diesmal in die F. fahren? 이번에는 언제쯤 휴가 여행을 떠날 생각인가?; F. vom Ich 속무잡사(俗務雜事)에서 벗어남, 망중한(忙中偸閒).

ferien-, Ferien-: ~**abonnement**, das ⟨schweiz.⟩ 휴가 기간 정기 승차권. ~**aktion**, die 《구동독》 방학 특활. ~**arbeit**, die **1.** 방학 기간의 아르바이트: sich durch F. Geld verdienen 방학 중에 아르바이트를 해서 돈을 벌다. **2.** 방학 숙제. ~**aufenthalt**, der **1.** 휴가지에서의 체류. **2.** 《드물게》 ↑~ort. ~**austausch** der 방학 동안의 국가간 학생 교류. ~**beginn**, der 방학이나 휴가의 시작. ~**beschäftigung**, die ↑~arbeit. ~**bild**, das 《대개 Pl.》 휴가에서 찍은 사진. ~**billet(t)**, das ⟨schweiz.⟩ 휴가 기간 정기 승차권. ~**dienst**, der ⟨Pl. 없음⟩ 《구동독》휴가 기간 근무. ~**dorf**, das 휴가촌, 휴양지. ~**ende**, das 휴가(방학)의 끝. ~**erlebnis**, das 휴가(방학) 동안의 체험. ~**fahrt**, die ↑~reise. ~**freude**, die 《대개 Pl.》 휴가(방학)의 즐거움. ~**gast**, der 휴가 손님. ~**gestaltung**, die 《구동독》 휴가짜기. ~**gruß**, der 휴가 인사(엽서에 써보낸). ~**halber** ⟨Adv.⟩ 휴가로 인하여. ~**haus**, das 《축소형》 ~**häuschen**, das 휴가를 보낼 집. ~**heim**, das 휴가 시설. ~**helfer**, der 《구동독》 방학 특활에서의 선생. ~**helferin**, der ↑~helfer의 여성형. ~**job**, der ↑~arbeit (1). ~**kammer**, die [법] 휴가 법정(법원 휴무 기간에도 사건을 취급함). ~**kind**, das 방학중에 집을 떠나 시골 같은 데서 지내는 아이. ~**kolonie**, die 일간[일해] 학교. ~**kurs(us)**, der 방학 특강. ~**lager**, das 청소년 방학 숙영지. ~**lektüre**, die 휴가용 읽을거리. ~**mäßig** ⟨Adj.⟩ 휴가에 어울리는. ~**ort**, der ⟨Pl. -orte⟩ 휴가지. ~**paradies**, das 이상적인 휴가지. ~**park**, der 휴가 공원, 휴가 단지(명소). ~**pläne** ⟨Pl.⟩ 휴가 계획: F. machen [schmieden] 휴가 계획을 짜다. ~**platz**, der

1. 휴가중 숙박처. 2. ↑~ort. **~programm**, das 휴가 프로그램: ein festes F. haben 확정된 휴가 프로그램을 갖고 있다. **~reise**, die 휴가 여행: eine F. ans Meer (ins Gebirge) machen 바다로(산으로) 휴가 여행을 하다. **~reisende'**, der/die 휴가 여행객(Urlauber(in)). **~sachen** 〈Pl.〉 [법] 휴가 중의 민사 소송. **~saison**, die ↑~zeit. **~scheck**, der (구동독) 할인(무료) 휴가 여행권. **~sonderzug**, der 휴가 특별 열차. **~spiele** 〈Pl.〉 방학놀이(방학 중에 집에 머물고 있는 아동을 위한 여러 가지 학교 행사). **~stimmung**, die 휴가(방학) 기분. **~strand**, der 휴가를 보내는 해변. **~tag**, der 휴무일. **~wanderung**, die 휴가 원족, 휴가 소풍. **~woche**, die 휴무 주일(週日). **~wohnung**, die ↑~haus. **~zeit**, die 휴가철, 휴가 시즌. **~zentrum**, das ↑~park. **~zug**, der ↑~sonderzug.

Ferkel ['fɛrk|], das; -s, -1. 돼지 새끼. 2. 〈속·욕〉 a) 지 발싸개(지저분한 몰골의 사람): ich möchte wissen, wieviel Tage das F. sich nicht gewaschen hat wie ich 이 지저분한 작자가 며칠이나 몸을 씻지 않았는지 알고나 싶다. b) 개차반, 망나니: Du F.! 너, 이 망나니야!

Ferkel-: **~kraut**, das 엉거시과(科) 식물(Hypochoeris). **~stecher**, der [통용어·폄] 엉터리 변호사. **~zucht**, die 양돈.

Ferkelei [fɛrkə'lai], die; -en (통용어·폄) 외설스런 언행, 잡스런 짓거리. **ferkeln** ['fɛrk|n] 〈h〉 **1.** (암돼지가) 새끼를 낳다. 2. 〈통용어〉 a) [폄] 외설스런 말을 하다; 잡스럽게 처신하다. b) 부주의로 더럽히다(특히 식사 중에): wer hat denn hier wieder so geferkelt? 아니, 누가 여길 또 이렇게 더럽혔나?

ferm [fɛrm; ital. fermo] 〈österr. 통용어〉 ↑**firm**.

fermamente [fɛrma'mɛntɛ] 〈Adv.〉 [ital. fermamente] [음악] 힘차게, 확신에 차서.

Ferman [fɛr'ma:n], der; -s, -e 〈türk. ferman〉 〈역사적〉 이슬람 지배자의 사면(赦免)(칙명(勅命)).

Fermate [fɛr'maːtɛ], die; -n [ital. fermata < lat. firmāre = befestigen] [음악] a) 늘임표(⌢), 정지 기호. b) 늘임표[정지 기호]가 붙은 음표. **Ferme** [fɛrm], die; -n [frz. ferme] 소작지, 농장.

Ferment [fɛr'mɛnt], das; -(e)s, -e [lat. fermentum] 〈준고어〉 효소. **Fermentation** [fɛrmɛnta'tsioːn], die; -en **1.** 발효. **2.** 발효 처리. **fermentativ** 〈Adj.〉 효소적인. **Fermentbildung**, die ↑~produktion. **~fermentgesteuert** 〈Adj.〉 효소에 의한, 효소 작용적. **fermentieren** [fɛrmɛn'tiːrən] 〈h〉 [lat. fermentāre] 발효시키다, 정제하다: Tabak f. 발효처리를 거쳐 잎담배의 맛을 순하게 하다. **Fermentmangel**, der 효소 부족, 효소 결핍. **Fermentproduktion**, die 효소 생산. **Fermentstörung**, die; -en 효소 체계 교란.

Fermion [fɛr'mioːn], das; -s, -en [이탈리아 물리학자 E. Fermi (1901-1954)에 따라] [물리] 페르미온, 페르미 입자. **Fermium** ['fɛrmiʊm], das; -s [이탈리아 물리학자 Fermi (1901-1954)에 따라] 페르뮴(방사성 원소의 하나, 기호: Fm).

fern [fɛrn; mhd. verren, ahd. ferrana] **I.** 〈Adj.〉 **1.** 먼, 멀리 떨어진: der -e Osten 극동; f. von der Heimat sein 고향으로부터 멀리 떨어져 있다; etwas von f. beobachten 무엇을 멀리 떨어져 관찰하다; **das sei f. von mir!** 당치도 않은 소리!, 그것은 생각도 못할 일이다! **2. a)** 오래 된, 먼 옛날의: -e Vergangenheit 아득한 옛날. **b)** 먼 훗날의: in fernster Zukunft 아득히 먼 미래에; der Tag ist nicht mehr f. 그날이 그리 멀지는 않다. **II.** 〈Präp.³〉 (아이) 멀리 떨어서: f. der Heimat 고향을 멀리 떠나다; f. allem Trubel leben 모든 속무잡사(俗務雜事)와 인연을 멀리한 채 살다.

fern-, Fern-: **~ab** [-'-] 〈Adv.〉 〈아이〉 먼 곳에, 멀리 떨어져서: plötzlich hörte man f. leise Hilferufe 갑자기 먼 곳에서 도움을 청하는 소리가 나지막히 들려왔다; das Haus ist f. (von der Straße) gelegen 그 집은 (길로부터) 멀리 떨어져 있다. **~amt**, das (옛) ↑~vermittlungsstelle. **~anschluß**, der **a)** [철도] 장거리 (철도) 접속. **b)** (우편) 장거리(전화) 접속. **~aufnahme**, die [사진] 원거리 촬영, 망원 사진. **~auslöser**, der [사진] 원거리 조절 셔터 개폐 장치. **~bahn**, die ↑~bahnhof, der 장거리 철도역. **~beben**, das [지질] 원거리 지진(진원지로부터 1000km 이상 떨어진 곳에서 기록되는). **~bedienen** 〈h〉 원격 조종하다. **~bedienung**, die 원격 조종. **~bereich**, der [사진] 원거리 지역(반대: Nahbereich). **~bestrahlung**, die [의학] (방사선) 원격 조사(遠隔照射)(치료 부위로부터 1m 이상 떨어진 곳에서 조사됨). **~bleiben'** 〈h〉 (아이) 불참하며, 결석하다: dem Schulunterricht f. 학교 수업에 결석하다. **~blick**, der 조망(眺望), 멀리 보이는 전망: bei klarem Wetter hat man von hier einen herrlichen F. 맑은 날씨에는 이곳으로부터 보이는 조망이 기차다. **~bomber**, der [군] 장거리 폭격기: F. vom Typ B-52 B-52형 장거리 폭격기. **~brille**, die [통용어] 근시 안경. **~dienst**, der ↑~meldedienst. **~D-Zug** 《붙임표와 함께》, der ↑~schnellzug. **~empfang** [무선] 장거리 수신. **~expreß**, der (휴가 지역으로 가는) 장거리 급행 열차. **~fahrer**, der ↑~lastfahrer의 약칭. **~fahrerschule**, die 장거리 운전 교습소. **~fahrkarte**, die 장거리 열차표. **~fahrt**, die **1.** 장거리 여행(자동차나 열차를 이용함). **2.** [스포츠] 장거리 자동차 경주. **~fotografie**, die ↑~aufnahme. **~flug**, der 장거리 비행. **~fühlen**, das; -s ↑Telepathie. **~gas**, das 원격 가스(중앙으로부터 원거리 지역에 공급되는). **~gasleitung**, die 원격 가스관. **~gasnetz**, das 원격 가스 공급망. **~gasversorgung**, die 원격 가스 공급. **~gelenkt** 〈Adj.〉 원격 조종의. **~geschoß**, das [군] 장거리 포탄. **~geschult** 〈Adj.〉 통신 교육을 받은. **~geschütz**, das [군] 장거리 포. **~gespräch**, das 장거리 통화(通話): Ortsgespräch: ein dringendes F. aus(nach) Paris 파리에서 온(파리로 가는) 긴급 장거리 통화. **~gesteuert**: ↑~gelenkt. **~glas**, das 〈Pl. -gläser〉 망원경. **~gucken** 〈h〉 〈통용어〉 텔레비전을 보다 (fernsehen). **~gucker** [-gʊkɐ], der 〈통용어〉 ↑~glas. **~halten'** 〈h〉 (아이) 가까이 못하게 하다: er hat den Kranken[alles Böse] von dem Kind ferngehalten 그는 환자[모든 나쁜 것]를 아이로부터 멀리 떼어 놓았다. **b)** (f. +sich) 멀리 하다, 피하다: von solchem Treiben halte ich mich fern 그런 짓과는 오불관언(吾不關焉)이다. **~handel**, der 장거리 무역. **~heizen** (부정법과 과거분사로만 사용) 원격 난방하다 (중앙으로부터 주변 지역에). **~heizung**, die 원격 난방. **~heizwerk**, das 원격 난방 본부. **~hgr** 〈Adv.〉 〈아이〉 멀리서부터(weither). **~hin** 〈Adv.〉 〈아이〉 멀리까지(weithin). **~kopie**, die 팩시밀리. **~kopierer**, der 팩시밀리 장치. **~kurs(us)**, der 통신 교육 과정. **~laster**, der 〈통용어〉 ↑~lastwagen. **~lastzug**. **~lastfahrer**, der 장거리 화물차 운전수. **~lastwagen**, der 장거리 화물차. **~lastzug**, der 트레일러가 달린 장거리 화물차. **~lehrgang**, der ↑~kurs(us). **~lehrinstitut**, das 통신 교육원. **~leihe**, die **1.** 장거리 대출(타지역에서 이용됨). **2.** ↑~leihverkehr. **~leihverkehr**, der 원격 대출(국내외 도서를 장거리 지역간에 대출함). **~leitung**, die **a)** 장거리 도선(導線). **b)** [군] 장거리 전화선. **~lenken** 〈h; 특히 부정법과 과거분사로 사용〉 원격 조종하다(대개는 무선으로). **~lenkung**, die (무선) 원격 조종. **~licht**, das 원거리 전조등, 하이빔.

~liegen* 〈h〉 **a)** 고려되지 않다; 밀쳐 놓아져 있다(대개 부정적 표현과 결합): dieser Gedanke lag mir fern 이 생각은 고려되지 않은 게 아니었다. **b)** 의도(관심)밖의 일이다: solche Überlegungen liegen mir fern 그런 생각은 나의 의도와는 거리가 멀다; es lag ihm fern, den Freund zu beleidigen 친구를 모욕한다는 것은 그가 생각도 못한 일이었다. **~liegend** 〈Adj.〉 멀리 떨어진. **~melde-**: ↑Fernmelde- 참조. **~messung,** die 〔기술〕 원격 측정. **~mündlich** 〈Adj.〉 ↑telefonisch. **~objektiv,** das 〔사진기의〕 망원 렌즈. **~ost**〈Art. / Pl. 없음〉 극동: er ist Korrespondent in F. 그는 극동 특파원(통신원)이다. **~östlich** 〈Adj.〉 극동 지역의. **~pendler,** der 장거리 통근자. **~punkt,** der 〔의학〕(눈의) 원점(遠點). **~rohr,** das 망원경. **~ruf,** der **1.** 장거리 전화 호출. **2.** 장거리 전화 번호. **~satz,** der 〈Pl. 없음〉 〔인쇄〕 원격 조판. **~schach,** das 통신 장기(멀리 떨어져 두면서 행마는 우편으로 중개됨). **~schaltung,** die ↑~steuerung (a). **~schnellzug,** der 〔옛〕 장거리 급행 열차. **~schreibeinrichtung,** die ↑~schreiber. **~schreiben,** das 텔렉스. **~schreiber,** der 텔렉스의 텔레프린터(송수신 겸용). **~schreibmaschine,** die ↑~schreiber. **~schreibnetz,** das ↑Fernmeldenetz. **~schreibteilnehmer,** der 텔렉스 가입자. **~schreibverkehr,** der 텔렉스 교신. **~schriftlich** 〈Adj.〉 텔렉스의. **~schule,** die 통신 교육 학교. **~schüler,** der 통신 교육 원생. **~schülerin,** die ↑~schüler의 여성형. **~schuß,** der 〔구기〕 장거리 슛. **~seh-**: ↑Fernseh- 참조. **~sehen*** 〈h〉 텔레비전을 보다: wir sahen den ganzen Abend fern 우리는 저녁 내내 텔레비전을 보았다. **~sehen,** das **-s 1.** 텔레비전: das F. als modernes Massenmedium 현대 대중 매체로서의 텔레비전. **2. a)** 텔레비전 수상기: das Fußballspiel kommt im F. (wird im F. übertragen) 축구 경기는 텔레비전에 방영(중계)된다; wir haben den ganzen Nachmittag F. geguckt 우리는 오후 내내 텔레비전을 보았다; habt ihr kein F. 너희들은 텔레비전 수상기를 갖고 있지 않나? **b)** 텔레비전 방송국: das F. brachte ein Interview mit dem Abgeordneten 텔레비전 방송국에서 국회의원과의 인터뷰를 방영했다; mein Sohn arbeitet beim F. 나의 아들은 텔레비전 방송국에서 일한다. **~seher,** der 〈통용어〉 **1.** 텔레비전 수상기: den F. einschalten 텔레비전 수상기를 켜다. **2.** 텔레비전 시청자. **~sicht,** die 원경, 먼 경치: bei klarem Wetter hat man von hier aus eine hervorragende F. 맑은 날씨에는 이곳으로부터의 멀리 보이는 경치가 빼어나다. **~sichtig** 〈Adj.〉 〔드물게〕 ↑weitsichtig (a). **~sichtigkeit,** die 〔드물게〕 ↑Weitsichtigkeit. **~sinn,** der 〔생리〕 원격 감각 기관(예컨대: 귀). **~sprech-**: ↑Fernsprech- 참조. **~sprechen*** 〈h〉 〔특히 부정법과 과거분사로 사용〕 〔드물게〕 전화하다(telefonieren). **~sprecher,** der ↑Telefon에 대한 우체국 공식 명칭. **~spruch,** der 〔드물게〕 전보(電報). **~stecher,** der 〔↑Feldstecher〕 〔통용어〕 **~glas.** **~stehen** 〈h〉 〔아이〕 아무런 관계가 없다: einer Sache〔einem Plan〕 f. 어떤 일〔계획〕에 무관하다, er steht ihr fern 그는 그녀에게 내적으로 남남이다. **~steuern** 〈h〉 특히 부정법과 과거분사로 사용〕 원격 조종하다: ein ferngesteuertes Flugabwehrsystem 원격 조종되는 방공(防空) 체계. **~steuerung,** die 〔기술〕 **a)** 원격 조종. **b)** ~lenkung. **~straße,** die 원거리 교통용 도로. **~student,** der **a)** (방송) 통신 대학생. **b)** 〔특히 구동독〕 통신대학 졸업생(반대: Direktstudent). **~studium,** das **a)** ~unterricht. **b)** 〔특히 구동독〕 (방송) 통신 대학교육(취업자도 가능한)(반대: Direktstudium). **~transport,** der 장거리 수송. **~trauen** 〈h〉 원격 결혼하다.

~trauung, die 원격 결혼(2차 세계 대전 당시 독일에서 행해진 것으로 전장에 나간 한 쪽이 빠짐). **~übermitteln** 〈h〉 (방송) 멀리로 전송(송신)하다. **~universität,** die (방송) 통신 대학교. **~unterricht,** der (방송) 통신 수업. **~verkehr,** der **1.** 장거리 교통(반대: Nahverkehr). **2.** 장거리 통화. **~verkehrsmittel,** das 장거리 교통(통화) 수단(반대: Nahverkehrsmittel). **~verkehrsstraße,** die ↑~straße. **~vermittlungsstelle,** die 〔우편〕 장거리(국제) 전화 교환대. **~waffe,** die 〈대개 Pl.〉 〔군〕 장거리 무기. **~wahl,** die 〔우편〕 장거리 직통 전화 연결. **~wärme,** die 원격 난방의 온기. **~wasserversorgung,** die 광역(장거리) 수도 공급. **~weh,** das 〔아어〕 먼 곳에의 동경. **~wettkampf,** der 〔스포츠〕 분산 경기(동일 장소가 아니라 서로 다른 여러 장소에서 시행되는 경기임). **~wirkung,** die 원격 작용. **~ziel,** das(반대: Nahziel) **1.** 장래의 목표. **2.** 원거리 목표. **~zug,** der 장거리 열차.

Fernambukholz [fεrnamˈbuk-] ↑Pernambukholz.

ferne ['fεrnə] 〈Adv.〉 〈〈아어·준고어〉〉 ↑**fern** (I): von f. ertönt ein Ruf 멀리서부터 외치는 소리가 들린다. **Ferne** [-], die, **-n 1.** 〈Pl. 없음〉 **a)** 떨어진 간격, 거리: etw. aus der F. betrachten 무엇을 떨어져서 관찰하다. **b)** 〈아어〉 먼 곳, 미지의 나라: ein Gruß aus der F. 먼 곳으로부터의 인사. **2. a)** 아득한 옛날: das Ereignis liegt schon in weiter F. 그 사건은 이미 아득한 옛날 이야기이다. **b)** 먼 훗일. **ferner** ['fεrnɐ] **I.** 〈절대적 비교급〉 〔격식독어〕 더욱 앞으로도 가능한; 그 이후에도 나타나 보이는; 그 외에 또 계속하여(weiter); der (im ferner III) 그 이외도(außerdem), 더 나아가(des weiteren). **II.** 〈Adv.〉 〈〈아어〉〉 장차(künftig), 앞으로 더욱(weiterhin). **III.** 〈Konj.〉 그 이외도(außerdem), 더 나아가(des weiteren). 〔전의〕 er rangiert unter „f. liefen" 〔통용어〕 그는 등외에 속한다, 그는 미미한 존재일 뿐이다.

Ferner [-], der, **-s,** - 〈südd., österr.〉 빙하(Gletscher).

fernerhin I. 〈Adv.〉 ↑ferner (II). **II.** 〈Konj.〉 ↑ferner (III): das hatte f. zur Folge, daß ... 그 일은 더 나아가 ...라는 결과를 낳았다. **ferners** ['fεrnəs] 〈Adv.〉 〈österr., 고어〉 ↑ferner (II, III). **Fernerstehende*,** der/die 문외한, 제삼자.

fernmelde-, Fernmelde-: **~amt,** das 전신전화국. **~anlagen** 〈Pl.〉 전신 전화 설비. **~bezirk,** der 통신지역. **~dienst,** der 통신 업무. **~einrichtung,** die 전신 전화 중계 설비. **~gebühren** 〈Pl.〉 전신 전화 요금. **~geheimnis,** das 전신 전화 통신의 비밀. **~kontonummer,** die 전신전화 구좌 번호. **~mast,** der 전신(주). **~netz,** das 전신 전화망. **~rechnung,** die 전신 전화 요금 계산. **~rechnungsstelle,** die 전신 전화 요금 계산서. **~satellit,** der 통신 위성. **~technik,** die 통신 공학. **~technisch** 〈Adj.〉 통신 공학의. **~truppe,** die 통신부대. **~turm,** der 통신탑. **~verbindung,** die 전신 전화 연결. **~verkehr,** der 전신 전화 통신. **~wesen,** das 〈Pl. 없음〉 통신 제도.

Fernseh-: **~akademie,** die 영화·텔레비전 (전문)대학. **~ansager,** der 텔레비전 아나운서. **~ansagerin,** die ↑ansager의 여성형. **~anstalt,** die 텔레비전 방송국. **~antenne,** die 텔레비전 수신 안테나. **~apparat,** der 텔레비전 수상기. **~aufnahme,** die 〈대개 Pl.〉 텔레비전 촬영. **~aufzeichnung,** die 텔레비전 방송 녹화. **~ball,** der 〔구기, 특히 축구〕 바둑돌(오각형의 검고 흰 무늬가 있는) 공, 빛도 볼. **~bild,** das 텔레비전 영상. **~diskussion,** die 텔레비전 토론. **~empfang,** der 텔레비전 수상. **~empfänger,** der 〈준고어〉 ↑~apparat. **~fassung,** die 텔레비전 방송을 위한 각색.

~**feature**, das 텔레비전 특집물. ~**film**, der 텔레비전 영화. ~**gebühren** 〈Pl.〉 텔레비전 시청료. ~**gemeinde**, die 〈Pl. 없음〉 〈종교〉 텔레비전 고정 시청자층. ~**genehmigung**, die 텔레비전 시청 인가. ~**gerät**, das ↑ ~**apparat**. ~**gewaltige**', der; -n, -n 〈농〉 텔레비전 방송국의 실력자. ~**haushalt**, der (통계상의) 텔레비전 청취 가구. ~**interview**, das 텔레비전 인터뷰. ~**journalist**, der 텔레비전 방송 기자. ~**kamera**, die 텔레비전 카메라. ~**kanal**, der ↑ Kanal (4). ~**kolleg**, das 텔레비전 강좌. ~**kommentar**, der 텔레비전 해설. ~**kommentator**, der 텔레비전 해설자. ~**konzessionär**, der 〈schweiz.〉 ↑ ~**teilnehmer**. ~**leuchte**, die 텔레비전 조명등. ~**leute** 〈Pl.〉 (통용어) 텔레비전 촬영팀. ~**lotterie**, die 텔레비전 복권. ~**muffel**, der 〈통용어·농·폄〉 텔레비전 혐오자(무관심론자). ~**oper**, die 텔레비전 오페라. ~**programm**, das 1. 텔레비전 프로그램. 2. 텔레비전 프로그램 책자. ~**regisseur**, der 텔레비전 감독. ~**reihe**, die ↑ ~**serie**. ~**reportage**, die 텔레비전 르포. ~**reporter**, der 텔레비전 기자. ~**röhre**, die 텔레비전 브라운관. ~**satellit**, der 텔레비전 통신 위성. ~**schirm**, der ↑ Bildschirm. ~**sender**, der 텔레비전 송신기, 텔레비전 방송국. ~**sendung**, die 텔레비전 방송. ~**serie**, die 텔레비전 연속물. ~**sessel**, der 텔레비전 시청용 안락의자. ~**spiel**, das 텔레비전 극(劇). ~**spot**, der (개별 프로그램 중간에 들어가는) 텔레비전 반짝 광고. ~**sprecher**, der ↑ ~**ansager**. ~**sprecherin**, die ↑ ~sprecher의 여성형. ~**station**, die 텔레비전 중계국. ~**stück**, das 〈통용어〉 텔레비전 방송극. ~**studio**, das 텔레비전 스튜디오, 텔레비전 제작실. ~**team**, das 텔레비전 작업팀. ~**techniker**, der 텔레비전 기술자, 텔레비전 전문 기사. ~**teilnehmer**, der 텔레비전 수상기 보유자, 텔레비전 시청자. ~**truhe**, die 텔레비전 캐비닛. ~**turm**, der 텔레비전 송신탑. ~**übertragung**, die 텔레비전 중계. ~**umsetzer**, der 텔레비전 중계 방송국 (난청 지역을 위한). ~**volk**, das 〈Pl. 없음〉 〈농〉 텔레비전 국민(텔레비전 시청자). ~**zimmer**, das 텔레비전 시청실. ~**zuschauer**, der 텔레비전 시청자.

Fernsprech- (↑ Telefon-에 대한 우체국 용어): ~**amt**, das 전화국. ~**anlage**, die 전화 교환대 시설. ~**ansagedienst**, der 전화 자동 응답 안내(일정한 번호를 선택하면 시간, 날씨, 주장 프로그램 등을 자동으로 알려줌). ~**anschluß**, der 전화 접속, 전화 연결. ~**apparat**, der 전화기. ~**auftragsdienst**, der 전화 위탁업무 안내. ~**auskunftsdienst**, der 전화 영업 안내(전화 번호, 전화 요금 등을 무료로 알려줌). ~**automat**, der 〈좀 달리〉 공중 전화. ~**betrieb**, der 〈Pl. 없음〉 전화 연결 업무. ~**buch**, das 전화 번호부. ~**buchverlag**, der 전화번호부 출판(사). ~**einrichtung**, die ↑ ~**anlage**. ~**gebühren** 〈Pl.〉 전화 요금. ~**geheimnis**, das 전화 통화의 비밀. ~**haube**, die 원통형 공중 전화 박스. ~**kabine**, die (건물 내의) 공중 전화실, 공중 전화 박스. ~**leitung**, die 전화선. ~**nebenstelle**, die 증설 전화기(하나의 전화기에 연결되어 사용될 수는 있으나 자체 번호는 없음). ~**netz**, das 전화망. ~**nummer**, die 전화 번호. ~**säule**, die 비상 전화(고속도로나 장거리 도로변에 설치된). ~**stelle**, die 공중 전화. ~**technik**, die 전화(설비) 기술. ~**teilnehmer**, der 전화 가입자. ~**verbindung**, die 전화 접속, 전화 연결. ~**verkehr**, der 전화 통신. ~**vermittlung**, die 전화 교환부서, 전화 교환소. ~**verzeichnis**, das 전화 번호부. ~**zelle**, die **a)** (옥외에 설치된 밀폐형의) 공중 전화실, 공중 전화 박스. **b)** ↑ ~**kabine**. ~**zentrale**, die ↑ Telefonzentrale.

feroce [fe'ro:tʃə] 〈Adv.〉 〈ital. feroce〉 【음악】 거칠게, 폭풍우같이.

Ferri- ['feri-; lat. ferrum] 《고어》 3가 철의 화합물 표시어. **Ferrit** [fɛˈriːt, (또한) ...ˈrɪt], der; -s, -e [lat. ferrum] **1.** 페라이트(순수한 철). **2.** 아철산염(亞鐵酸鹽). **Ferriantenne**, die 아철산염의 자심(磁心)이 있는 안테나. **Ferrjtkern**, der 아철산염의 자심(磁心).

ferro-, Ferro- [fero-; lat. ferrum] ~**aluminium**, das 페로알루미늄(철과 알루미늄의 합금). ~**chrom**, das 페로크롬(철과 크롬의 합금). ~**elektrizität**, die 자철전기(磁鐵電氣). ~**graph**, der; -en, -en 자성곡선(磁性曲線) 측정기. ~**legierung**, die 철합금. ~**magnetikum** [-maˈgneːtikum], das; -s, ...ka [lat. magnēticum] 자철성(磁鐵性) 물질, 강자성(强磁性) 물질. ~**magnetisch** 〈Adj.〉 **1.** 자철성의, 강자성의. **2.** 자철광에 소속하는. ~**magnetismus**, der 자철성(强磁性), 자철성(磁鐵性). ~**mangan**, das 페로 망간(철과 망간의 합금), 철망간. ~**molybdän**, das 페로몰리브덴(철과 몰리브덴의 합금), 수연강(水鉛鋼). ~**silicium**, das 페로실리시움(철과 실리시움의 합금), 규소강(硅素鋼). ~**skop** [-ˈskoːp], das; -s, -e [griech. skopeîn] 금속투시경(동물이 삼킨 금속을 확인하는 수의학의 의료 도구). ~**titan**, das 페로티타늄(철과 티타늄의 합금), 티탄철(鐵). ~**typie** [-tyˈpiː], die; -n [...iən] 철판 사진술. ~**vanadjn**, das 페로바나딘(철과 바나딘의 합금), 바나딘강(鋼). ~**vanadium**, das ↑ ~vanadin.

Ferrum ['fɛrum], das; -s [lat. ferrum] 철(기호: Fe).

Ferse ['fɛrzə], die; -n **1.** 발꿈치: jmdm. [jmdn.] auf die -n treten 누구의 뒤를 바짝 따르다; **jmdm. die -n zeigen** 《아이》 누구로부터 달아나다; **sich an jmds. -n [sich jmdm. an die -n] heften [hängen]** 누구를 끈질기게 뒤쫓아다니다(추적하다); **jmdm. auf den -n sein [sitzen]** 〈통용어〉 누구의 뒤를 바짝 따라붙다, 꽁무니에 붙어다니다; **jmdm. auf den -n folgen** 당장 누구의 뒤를 쫓다; **jmdm. auf den -n bleiben** 쉬지 않고 노상 누구 뒤를 쫓아다니다; **jmdm. auf den -n haben** 〈통용어〉 누구를 자기 뒤(추적자)로 두고 다니다. **2.** 양말의 발꿈치 부분: Strümpfe mit Löchern in den -n 발꿈치에 구멍이 난 양말. **ferseln** ['fɛrzln] 〈h〉 【축구】 (특히 österr.) 공을 발꿈치로 차다.

Fersen-: ~**abschwung**, der 【제조】 (철봉에서) 발꿈치 굴러 뛰어내리기. ~**automatik**, die 【스키】 발목 안전 자동 장치. ~**bein**, das 종골(踵骨). ~**gang**, der 【제조】 발꿈치 걷기. ~**geld**, das (다음의 용법으로만) F. geben 〈통용어·농〉 도주하다, 달아나다. ~**griff**, der 【레슬링】 발꿈치를 잡아 쓰러뜨리는 공격. ~**landung**, die 〈육상〉 발꿈치 착지. ~**schlaf**, der 〈요가〉 발꿈치가 허벅지에 닿도록 눕는 자세. ~**sitz**, der 【제조】 발꿈치가 종아리에 닿도록 무릎꿇고 앉기. ~**stoß**, der 〈축구〉 발뒤꿈치로 차기. ~**umschwung**, der 【제조】 발꿈치를 철봉에 대고 회전하기. ~**welle**, die ↑ ~umschwung.

fertig ['fɛrtɪç] 〈Adj.〉 [ahd. fartīg] **1. a)** 완성된, 다 된, 다 만들어진: ein -es Manuskript 완성된 원고, etw. f. kaufen 무엇을 완성품(기성품)으로 사다. **b)** 끝까지 다 교육을 받은, 완전한, 완전무결한, 성숙한: ein erfahrener Künstler 두루 다 통달한 예술가; er ist noch nicht f. 〈통용어〉 그는 아직 다 자라지 않았다; er wußte nicht, daß sie so f. Geige spielte 그는 그녀가 그렇게나 완전무결하게 바이올린을 연주하는 것을 모르고 있었다. **c)** 끝난, 더 할 것이 없는: er ist mit dem Essen f. 그는 식사가 끝났다; er konnte nicht f. werden, ihre Arbeit zu loben 그는 한도 끝도 없이 그녀가 일한 것을 칭찬했다; ich habe das Buch f. 〈통용어〉 나는 그 책을 다 읽었다; du bleibst daheim, (und) f.! 너는 집에 있는 거야, 더 이상 잔소리 말어!; **mit jmdm. f. sein** 〈통용어〉 누구와 사

장내다, 절연하다; **mit jmdm. f. werden**《통용어》 누구보다 세다, 누구를 마음대로 하다; **f. sein[werden]**《은폐》 오르가즘을 느끼다; **mit etw. f. werden** 무엇을 극복하다, 무엇을 잘 해내다 ↑ **fertig** 1. (만반의) 준비가 다 된; 채비를 다 차린, 준비 완료된: **er ist immer rasch f. mit seinen Antworten** 그의 대답은 언제나 척척이다; **auf die Plätze – f. – los!**《스포츠의 출발 구령》제자리에–준비–출발!; **die für den Versand -en Stücke** 발송 준비가 다 된 것들. 3.《통용어》녹초가 된, 기진맥진한; 끝장난, 망해버린: **nach dieser Reise waren wir körperlich und seelisch f.** 이 여행 뒤에 우리는 육체적으로나 정신적으로나 녹초가 되었다; **sie ist mit den Nerven f.** 그녀의 신경은 끝장이 났다; **f. sein**《통용어》 1) 어안이 벙벙하다, 매우 놀라다. 2) 지불 불능이다, 파산 상태이다. **fẹrtig-, Fẹrtig-: ~bau,** der 〈Pl. -ten〉 1. 〈Pl. 없음〉조립식 건축. 2. 조립식 건축물. **~bauweise,** die 조립식 건축 방식: **das Haus ist in F. gebaut** 그 집은 조립식 건축 방식으로 지어졌다. **~bekleidung,** die 기성복. **~bekommen*** 〈h〉《통용어》↑ **~bringen. ~bringen*** 〈h〉 1. 무엇을 해내다; 무엇을 할 수 있다: **er hat es fertiggebracht, den Familienstreit zu schlichten** 그는 가정 불화를 화해시킬 수 있었다; **ich bringe es nicht fertig, ihr die Wahrheit zu sagen** 나는 그녀에게 진실을 말할 수가 없다. 2. 끝내다: **ich bringe die Arbeit heute nicht mehr fertig** 나는 이 일을 오늘은 더 이상 끝내지 못한다. **~erstellen** 〈h〉《대개 과거분사로》《schweiz.》만들어내다[herstellen], 완성하다: **ein fertigerstelltes Denkmal** 완성된 기념물. **~erzeugnis,** das ↑ **~produkt. ~fabrikat,** das ↑ **~produkt. ~gericht,** das 인스턴트 식품, 통조림(식품). **~haus,** das 조립식 집[주택]. **~hemd,** das [섬유] 기성품 와이셔츠(반대: **Maßhemd**). **~kleidung,** die ↑ **Konfektion. ~kochen** 1. 〈s〉 익을 때까지 끓게 두다, 뜸을 들이다: **die Kartoffeln müssen noch f.** 감자는 아직 더 뜸을 들여야 한다. 2. 〈h〉 요리를 끝마치다: **sie kommt, wenn sie das Essen fertiggekocht hat** 그녀는 요리를 끝마치면 온다. **~kriegen** 〈h〉《통용어》↑ **~bringen.** **~lesen*** 〈h〉 끝까지 다 읽다. **~machen** 〈h〉 1. 《통용어》 **a)** 끝마치다, 종결하다: **eine Arbeit rechtzeitig f.** 일을 제때에 끝내다. **b)** 준비하다: **sich zum Aufbruch f.** 출발 준비를 하다; **er macht das Gepäck fertig** 그는 짐을 꾸리고 있다. 2. 《통용어》신랄하게 질책하다, 나무라다. 3. 《통용어》정신적으로 지쳐 빠지게 하다; 미치게 하다: **dieser Lärm macht mich (noch) ganz fertig!** 이 소음은 날 (더 더욱) 완전히 지쳐 빠지게 한다; **dieser Gedanke macht mich richtig fertig** 이 생각이 나를 제대로 미치게 한다. 4. 《경》 **a)** 패 조지다, 두들겨 죽이다: **sie hatten ihn total fertiggemacht** 그들은 그를 완전히 떡이 되도록 패 조졌다. **b)** 참혹히 죽이다: **noch ein Wort, und ich mach dich fertig!** 한 마디만 더하면 난 널 죽여버리겠다. 5. 《은폐》 성적으로 만족시키다, 오르가즘을 느끼게 해주다. **~menü,** das ↑ **~gericht. ~präparat,** das [약학] (조제약이 아닌) 매약(賣藥). **~produkt,** das [경제] 완성품. **~stellen** 완성하다, 끝맺다: **einen Bau[ein Manuskript] rechtzeitig f.** 건축 공사[원고]를 제때에 완성하다. **~stellung,** die 완성, 종결. **~teil,** das 조립(건축)부품. **~ware,** die ↑ **~produkt.**
Fẹrtige*, der 《österr.·고어》 오래된 포도주. **fertigen** ['fɛrtɪgn̩] 〈h〉 [mhd. vertegen = reisefertig machen]《아이》(공들여) 제작하다, 만들다: **mit der Hand [maschinell] gefertigte Waren** 손[기계]으로 만든 제품. **Fẹrtigkeit,** die; -en **a)**《주로》숙련도, 능숙도, 솜씨: **(eine) große F. im Klavierspielen haben** 피아노 연주에서 대단한 솜씨를 지니고 있다. **b)** 〈Pl.〉 지식,

능력: **für diesen Beruf braucht man spezielle -en** 이 직업에는 특수한 지식이 필요하다. **Fẹrtigung,** die 생산 과정, 제작: **die F. von Gütern** 상품 생산. **fertigungs-, Fẹrtigungs-: ~ablauf,** der 생산 공정: **den F. automatisieren** 생산[제조] 공정을 자동화하다. **~brigade,** die 《구동독》 생산 작업조. **~gang,** der 제작 과정. **~kosten** 〈Pl.〉 제작비: **die F. senken** 제작비를 내리다. **~menge,** die 생산량. **~methode,** die 제조법, 생산 방식. **~programm,** das 생산 계획, 작업 계획. **~prozeß,** der ↑ **~ablauf. ~straße,** die 생산 라인, 생산 설비. **~technik,** die 생산 공학, 생산 기술. **~technisch** 〈Adj.〉 생산 공학적인, 생산 기술적인. **~verfahren,** das ↑ **~methode. ~weise,** die ↑ **~methode. ~zeit,** die 생산 시간.
fertil [fɛr'tiːl] 〈Adj.〉 [lat. fertilis]《생물·의학》비옥한, 다산(多産)의. **Fertilität** [fɛrtili'tɛːt], die [lat. fertilitās]《생물·의학》비옥성, 다산성.
fes [fɛs], **¹Fes,** das; -, - [음악] 내림바 음(音).
²Fes [-], der; -(es), -(e) [türk. fes, Marokko의 도시 이름 Fes에 따라] 터키모(帽).
fesch [fɛʃ, 《österr.》 feʃ] 〈Adj.〉 **a)** 《österr.·통용어》 예쁜(hübsch), 멋진(flott), 스포티한: **ein -er Mann** 멋진 남자. **b)** 《österr.》 친절한, 상냥한. **Feschak** ['fɛʃak], der; -s, -s《österr.·통용어》 멋진 녀석(친구), 멋쟁이. **Feschaktum,** das; -s《österr.》 멋쟁이의 행동 [생활 방식]. **~**, 솜씨.
¹Fẹssel ['fɛsl̩], die; -n 《대개 Pl.》 (묶기 위한) 노끈(사슬), 수갑, 차꼬: **jmdm. -n anlegen** 누구에게 수갑을 채우다; **sie legten ihn in -n (아어)** 그들은 그를 묶게 했다; [전의] **sich aus den -n des Alltags befreien** 일상 생활의 속박에서 벗어나다; **sie legte ihrer Neugier keine -n an** 그녀는 자신의 호기심을 전혀 억누르지 않았다.
²Fẹssel [-], die; -n **1.** (말, 개의) 발목: **ein schwarzes Pferd mit weißen -n** 흰 발목을 가진 검은 말. **2.** 무 종아리[발목과 종아리 사이]: **ein Mädchen mit schlanken -n** 날씬한 무 종아리 처녀.
fẹssel-, Fẹssel- (**¹Fessel**): **~ballon,** der 계류 기구(반대: Freiballon). **~frei** 〈Adj.〉 《아어》 묶이지 않은, 속박없는, 자유로운. **~los** 〈Adj.〉 **1.** ↑ **frei. 2.** 규율없는, 방자한, 거리낌없는, 놓아먹인: **ein -es Treiben** 방자한 행동. **~losigkeit,** die ↑ **~los**의 명사형.
Fẹsselgelenk, das; -(e)s, -e [**²Fessel**과 관련] (말, 개의) 발목 관절.
fẹsseln ['fɛsl̩n] 〈h〉 묶다, 포박하다: **ich fesselte [feßle] ihn (an einen Pfahl)** 나는 그를 (말뚝에) 묶는다; [전의] **der Kranke war ans Bett gefesselt** 환자는 침대에 몸져 누워 있었다; **wegen der kleinen Kinder war sie ans Haus gefesselt** 꼬마들 때문에 그녀는 집에 매달려 있었다. **2.** 사로잡다, 매료하다: **das Buch[die Arbeit, der Anblick, die Frau] fesselte ihn** 그 책 [일·광경·여인]이 그를 매료했다; **ein fesselnd geschriebenes Buch** 사람의 마음을 휘어잡도록 쓰여진 책. **3.** [레슬링] **a)** 팔이나 다리를 죄어 꼼짝못하게 하다. **b)** 상대를 꼼짝못하게 하다. **4.** [군] 거짓 공격으로 적을 한 곳에 묶어두다. **fẹsselnd** ↑ **fesseln** (2) 참조. **Fẹsselung,** 《또는》 **Feßlung,** die; -en **1.** 묶기, 구속, 속박. **2.** [체스] 말이 묶인 상태.
fest [fɛst] 〈Adj.〉 **1.** 딱딱한, 고체의: **der Kranke bekommt wieder -e Nahrung** 환자는 다시 고체식을 받는다; 《의》 **meine Pläne nehmen -e Gestalt[Form(en)] an** 나의 계획은 구체적인 모습을 드러내게 된다. **2. a)** 견고한, 질긴, 단단한: **ein -es Tuch[Gewebe]** 질긴 수건[직물]; **er war sehr f. an den Muskeln** 그는 근육이 매우 단단했다; [전의] **eine -e Gesundheit haben** 튼실한 건강을 지니다; **der Betrunkene ist nicht mehr f.**

auf den Beinen 그 취한 사람은 더 이상 다리로 몸을 바로 가누지를 못한다. b) 《준고어》 안전한, 위해를 받지 않는: eine -e Stellung 〖군〗 보루를 갖춘 진지; f. gegen den Winter 겨울에도 끄떡없는. 3. a) 꼭 끼는, 밀착된; 헐겁지 않은, 팽팽한: der Hut(die Perücke) sitzt nicht f. 모자(가발)가 꼭 끼게 맞지 않는다. b) 센, 강한: du hast zu f. zugeschlagen 너는 너무 세게 가격했다; die Tür f. schließen 문을 꽉 잠그다; er schläft f. 그는 숙면한다. c) 《또한》 feste 《통용어》 단단히, 충분히, 열심히: er hat den ganzen Tag f. gearbeitet 그는 하루종일 단단히 일했다. 4. 단호한, 확고한; 힘찬: seine Stimme war f. 그의 목소리는 단호했다. 5. a) 흔들리지 않는, 미혹되지 않는, 확고부동한: er handelt nach -en Grundsätzen 그는 확고부동한 원칙에 따라 행동한다; der -en Überzeugung sein, daß … 라는 굳센 확신에 차 있다. b) 최종적인, 확정적인, 구속력이 있는: eine -e Zusage 최종적인 응낙; etw. f. vereinbaren 무엇에 대해 최종적으로 합의를 보다. 6. 고정된, 지속적인, 규칙적인: ein -es Einkommen haben 고정 수입이 있다; -e Preise 고정 가격; das Geschäft hat viele -e Kunden 그 가게는 단골이 많다; sie hat schon einen -en Freund 《통용어》 그녀는 이미 정해진 남자 친구가 있다; er ist f. angestellt 그는 상근으로 채용되어 있다; 〖전의〗 dieses Buch hat einen -en Platz in der modernen Literatur 이 책은 현대 문학에서 확고부동한 위치를 점하다.

Fest [-], das; -(e)s, -e [lat. fēstum] 1. 축제, 축연, 잔치: das F. der goldenen Hochzeit 금혼식; ein F. geben (besuchen, feiern) 축제에 참석하다(축제에 참석하다, 축제를 열다); 〖성구〗 man muß die -e feiern, wie sie fallen 물실호기(勿失好機)이라; 〖전의〗 es ist mir ein F. 《통용어‧농》 그것은 나로서는 신바람나는 일이다. 2. 교회 축일: bewegliche -e 가변축일(해에 따라 날짜가 달라지는 축일, 예컨대: 부활절); unbewegliche -e 고정축일 (해에 따라 날짜가 달라지지 않는 축일, 예컨대: 성탄절); frohes F.! 축일을 즐겁게 보내십시오!

¹**fest-, Fest-** (fest): **~angebot**, das 〖경제〗 고정 공급. **~angestellt** 〈Adj.〉 상근 고용의, 정식 채용의. **~angestellte***, der / die 상근 고용인, 정식 채용인. **~backen** 〈h〉 〖지역적〗 꽉 달라붙다, 눌어붙다: der Schnee backt an den Stiefeln fest 눈이 장화에 꽉 달라붙는다. **~bannen** 〈h〉 《아어》 마력으로 꼼짝 못하게 하다: wir blieben (wie) festgebannt stehen 우리는 귀신에 홀린 것처럼 꼼짝 않고 서 있었다. **~beißen***, sich 〈h〉 (이가 빠지지 않을 정도로) 꽉 물다, 《헤어나지 못할 정도로》 깊이 빠져들다: der Wolf biß sich an[in] seiner Beute fest 늑대가 먹이를 물고 놓지를 않았다; 〖전의〗 der junge Mann hat sich an dem Problem festgebissen 그 젊은 남자는 그 문제에 깊이 빠져 헤어 나오지를 못했다. **~besoldet** 〈Adj.〉 고정급을 받고 있는. **~besoldete***, der / die 고정급을 받는 사람. **~binden*** 〈h〉 a) 어디에 동여매다: die Hundeleine am Baum(den Strick an einem Pfosten) f. 개줄을 나무에(밧줄을 기둥에) 동여매다. b) 줄이나 끈으로 어디에 묶다: den Hund an einem(einen) Baum f. 개를 (개줄 등에 매어) 나무에 묶다. c) 리본이나 끈으로 묶어 고정시키다: die Haare mit einer Schleife f. 머리를 나비 리본으로 묶어 두다; die Mütze unter dem Kinn f. 모자를 턱 아래로 끈으로 묶어 고정하다. **~bleiben*** 〈s〉 마음을 바꾸지 않다, 굴복하지 않다: auch bei der Versuchung bleibst du f.! 비록 아무리 유혹이 크실지라도 너는 변절하면 안돼! **~drücken** 〈h〉 밀어붙이다, 압착하다. **~fahren*** 〈s〉 차 바퀴가 어디에 빠져서 나오지 못하다: das Auto ist im Schnee festgefahren 차가 눈에 빠져들어 꼼짝도 않는다; 《또한》 f. + sich》 der Lkw fuhr sich im schlammigen Gelände fest 화물차가 진흙 지대에 빠져서 요지부동이다; 〖전의〗 die Verhandlungen haben sich[sind] festgefahren 협상은 교착 상태에 빠졌다. **~fressen***, sich 〈h〉 1. 꽉 물려 멈추다: der Kolben des Motors hatte sich (im Zylinder) festgefressen 발동기의 피스톤이 (실린더 안에서) 꽉 물려 멈추었다. 2. 누구에게 달라붙어 떨어지지 않다: 〖전의〗 immer fester fraß sich der Gedanke bei mir fest 그 생각은 점점 더 세게 나에게 파고들었다. **~frieren** 〈s〉 a) 얼어붙다: die Wäsche ist über Nacht (an der Leine) festgefroren 빨래가 밤 사이에 (빨래줄에) 얼어붙었다. b) 얼어서 일정한 형태로 굳어버리다, 얼어붙다: 〖전의〗 festgefrorenes Lächeln 얼어붙은 미소. **~gefügt** 〈Adj.〉 확고부동하게 짜인, 견실하게 짜맞춘: eine -e Lebensanschauung 확고부동한 인생관. **~gegründet** 〈Adj.〉 《시어》 반석 위에 기초를 둔: ein -es (《또한》 fest gegründetes) Haus 반석 위의 집; 〖전의〗 ein -es Staatsgebäude 기반이 튼튼한 국가 조직. **~geld**, das 〖금융〗 정기 예금. **~geschnürt** 〈Adj.〉 《또한》 fest geschnürt) Schuhe 끈을 단단히 죈 구두. **~gewurzelt** ↑ **~wurzeln**. **~haken** 〈h〉 a) 갈고리를 걸어 고정시키다. b) 물려 들다, 걸려 있다: 〈대개 f. + sich〉 die Dornen hatten sich in den Strümpfen festgehakt 양말에 가시들이 박혔다; 〖전의〗 ein Gedanke hatte sich unmerklich in ihm[bei ihm] festgehakt 어떤 생각이 모르는 사이에 그에게로 파고들었다. **~halten*** 〈h〉 1. 꽉 붙들다, 붙잡고 놓지 않다: etw. mit den Händen(den Zähnen) f. 무엇을 손으로 붙잡고[이로 물고] 놓지 않다; 〖전의〗 einen Brief f. 편지를 전하지 않고 유보하다; jmdn. widerrechtlich f. 누구를 불법으로 구류하다. 2. a) 어떤 형상으로 고정시키다: ein Ereignis in einem Roman f. 어떤 사건을 소설로 형상화하다. b) 확인하다, 확정하다: diese Tatsache muß immer wieder festgehalten werden 이 사실은 언제나 다시 확인되어야 한다. 3. 〈f. + sich〉 꽉 붙잡고 버티다; etw. (달라붙어) 매달리다: ich hielt mich (mit beiden Händen) am Geländer fest 나는 (두 손으로) 난간을 잡고 버티었다; 〖전의〗 Halt dich fest, mein Alter, ich bin Geschäftsführer geworden 《통용어》 놀라시겠지만, 아버님, 제가 지배인이 되었습니다. 4. 고수하다: an einer alten Tradition f. 오랜 전통을 고수하다. **~hängen*** 〈h〉 무엇에 걸려 벗어나지 못하다: ich hing in den Dornen fest 나는 가시에 걸려 꼼짝 못하고 있었다. **~heften** 〈h〉 단단히 붙이다, 고착시키다: einen Zettel (an der Tür) f. 쪽지를 (문에) 단단히 붙이다. **~keilen** 〈h〉 쐐기로 죄어 고정시키다: 〖전의〗 zwischen den Menschenmassen festgekeilt sein 사람들 무리에 끼어 오도가도 못하다. **~klammern** 〈h〉 1. 집게로 죄어 고정시키다: die Wäsche auf der Leine f. 빨래를 빨랫줄에 집게로 죄어 고정시키다. 2. 〈f. + sich〉 부들부들 떨면서 매달리다: er klammerte sich verzweifelt an seinem Retter fest 그는 절망적으로 부들부들 떨면서 그 구조자에게 매달렸다. **~kleben** 1. 〈s〉 꽉 달라붙다: der Kaugummi ist an der Schuhsohle festgeklebt 껌이 구두창에 딱 달라붙었다. 2. 〈h〉 풀로 붙이다: er klebte das Namensschild an der Wohnungstür fest 그는 명패를 아파트문에 붙였다. **~klemmen** 1. 〈s〉 꽉 죄어 움짝달싹 못하다: das oberste Schubfach klemmt fest(ist festgeklemmt) 책상 맨 위의 서랍이 꽉 조여 움직이지 않는다. 2. 〈h〉 쐐기를 박아 고정시키다: die Tür mit einem Keil f. 쐐기를 박아 문을 고정시키다. **~klopfen** 〈h〉 두들겨 다지다: er klopfte die Erde fest 그는 흙을 두들겨 다졌다. **~knöpfen** 〈h〉 단추를 채우다. **~knoten** 〈h〉 ↑ **~binden**. **~komma**, das 〖전산〗 고정 소수점. **~kommazahlen** 〈Pl.〉 〖전산〗 고정 소수의 숫자. **~körper**, der 〖물리〗 고체.

~**körperphysik**, die 고체 물리학. ~**krallen**, sich ⟨h⟩ (동물이) 앞발로 꽉 붙잡다 매달리다: die Katze krallt sich am Vorhang fest 고양이가 앞발로 커튼에 매달린다; ihre kleinen Hände krallten sich an ihm fest 그녀의 조그만 손이 그를 꽉 움켜잡았다; sich an einem Standpunkt f. 어떤 입장을 고수하다. ~**land**, das ⟨Pl. -länder⟩ 1. 대륙, 본토: das afrikanische[griechische] F. 아프리카 대륙[희랍 본토]. 2. ⟨Pl. 없음⟩ 육지. ~**landblock**, der ⟨Pl. ...blöcke⟩ 대륙 덩어리. ~**ländisch** [-lendɪʃ] ⟨Adj.⟩ a) 대륙성의: -es Klima 대륙성 기후. b) 대륙적인: -e Sitten[Gebräuche] 대륙적인 풍습(관습). ~**landsblock**, der ↑~landblock. ~**land(s)sockel**, der 대륙붕: Ölbohrungen im F. 대륙붕에서의 석유 시추. ~**laufen***, sich ⟨h⟩ a) (또한) ⟨s⟩ (장애에 걸려) 멈추고 있다, 나아가지 못하다: das Schiff hat sich [ist] im Packeis festgelaufen 배는 유빙(流氷)에 갇히어 나아가지 못했다. b) [구기] 상대방의 방어에 걸리다. ~**legbar** [-leːkbaːɐ] ⟨Adj.⟩ 확정될 수 있는. ~**legen** ⟨h⟩ 1. 확정하다, 결정하다: etw. schriftlich[testamentarisch] f. 무엇을 문서상[유언]으로 확정하다; gesetzlich[durch Gesetz, in einem Gesetz] festgelegte Rechte 법적으로[법에 의하여, 법에서] 확정된 권리. 2. ⟨sich 또한 jmdn. 을 目的어로 하여⟩ 무엇에 대한 책임을 지게 되다, 어떤 언질을 주다: du hast dich mit diesen Äußerungen festgelegt 너는 이 말을 함으로써 그것에 대한 책임을 지게 되었다; ich habe mich auf[⟨⟨schweiz.⟩⟩ über] nichts f. lassen 나는 하등의 언질도 주지 않았다. 3. a) 묶거나 죄어서 고정시키다. b) 장기 투자하다: das Geld ist auf mehrere Jahre festgelegt 그 돈은 수 년 예정으로 장기 투자되어 있다. 4. ⟨⟨물게⟩⟩ 선박을 계류하다. ~**legung**, die; -en ↑~legen 의 명사형. ~**lesen,*** sich ⟨h⟩ ⟨⟨통용어⟩⟩ 독서에 푹 빠지다: das Buch ist so gut, daß ich mich (darin) festgelesen habe 그 책이 너무 좋아서 예정보다 더 오래 읽었다. ~**liegen*** ⟨h⟩ 1. 고정되어 있다, 나아가지 못하다: das Schiff liegt auf der Sandbank fest 배가 사주(砂洲)에 올라앉아 움직이지 않는다. 2. 결정되어 있다, 확정되어 있다: der Termin für die Unterredung liegt noch nicht fest 면담 날짜는 아직 결정되어 있지 않다. ~**lohn**, der 계약 임금; 최저 임금. ~**macheboje**, die (선박을 고정시켜 놓는) 계류부표(繫留浮標). ~**machen** ⟨h⟩ 1. 고정시키다(befestigen), 고착시키다: ein Poster mit Reißzwecken an der Wand f. 포스터를 압정으로 벽에 고정시키다; ⟨⟨전의⟩⟩ dieser Mangel läßt sich vor allem an den folgenden drei Punkten f. 이 결함은 특히 다음의 세가지 점에서 확인될 수 있다. 2. 약정하다, 약속하다: einen Termin (mit jmdm.) f. 일자를 (누구와) 약속하다; ein Geschäft f. ⟨商⟩ 거래를 체결하다. 3. [船員] (선박이) 계류(繫留)되다, 정박하다: das Schiff hatte am Kai festgemacht 배가 부두에 계류되었다. 4. [사냥] a) 찾아내어 포위하다: die Hunde haben das Wildschwein festgemacht 사냥개가 멧돼지를 찾아내어 에워쌌다. b) (너구리 따위의 굴을) 확인하다: er hat einen Marder festgemacht 그는 너구리가 있는 곳을 확인했다. ~**meter**, der/das 목재의 실질 1입방미터(반대: Raummeter) (약자: fm). ~**montieren** ⟨h⟩ 고정 조립하다: einen Wasserhahn an der Wand f. 수도꼭지를 벽에다 고정 조립하다. ~**nageln** ⟨h⟩ 1. 못질하여 고정시키다: er sitzt da wie festgenagelt 그는 거기 못박아 놓은 것처럼 앉아 있다; ⟨⟨전의⟩⟩ er hat mich in einem langen Gespräch festgenagelt ⟨⟨통용어⟩⟩ 그는 긴 얘기를 늘어놓으며 나를 꼼짝못하게 잡아두었다. 2. ⟨⟨통용어⟩⟩ 분명히 지적하다: in einem Fernsehinterview nagelte er die Widersprüche seines politischen Gegners fest 텔레비젼 인터뷰에서 그는 그의 정적의 모순들을 명시

하였다. 3. ⟨⟨통용어⟩⟩ ↑festlegen (2): ich ließ mich nicht [auf keine Aussage] f. 나는 하등의 언질도 주지 않았다. ~**nähen** ⟨h⟩ 꿰매어 고정시키다. ~**nahme** [-naːmə], die; -n 구금, 체포. ~**nehmen*** ⟨h⟩ 구금하다, 체포하다(verhaften): bei den Ausschreitungen während der Demonstration wurden fünf Teilnehmer festgenommen 시위 도중의 폭력 행위에서 다섯명의 가담자가 체포되었다. ~**offerte**, die [商] 고정 공급. ~**pinnen** ⟨h⟩ ⟨⟨nordd.⟩⟩ 압정 같은 것으로 부착시키다. ~**preis**, der [경제] 고정 가격, 공정 가격(반대: Richtpreis). ~**punkt**, der 1. (측량의) 수준점(水準點). 2. (온도의) 정점(定點)(예컨대 물의 Siedepunkt나 Gefrierpunkt). ~**rammen** ⟨h⟩ 세차게 박아넣다. ~**reden**, sich ⟨h⟩ 예정보다 더 오래 얘기하다. ~**rennen***, sich ⟨h⟩ 1. ⟨⟨통용어⟩⟩ 휘말려들어가다, 빠져서 헤어나지 못하다: du hast dich in dieser Sache festgerannt 너는 이 일에 휘말려들어간 것이다. 2. [구기] ↑~laufen (b). ~**saugen***, sich ⟨h⟩ 빨면서 달라붙다: die Zecke hatte sich an ihrer Wade festgesaugt 진드기가 그녀의 장딴지에 피를 빨면서 달라붙었다. ~**schmieden** ⟨h⟩ 붙여붙이다, 쇠를 녹여붙이다: sie war wie festgeschmiedet an ihn 그녀는 그에게 녹여 붙인 것처럼 달라붙었다. ~**schmierstoff**, der 고형감마제(固形減磨劑)(예컨대: Graphit). ~**schnallen** ⟨h⟩ 죔쇠로 고정시키다: ⟨f. + sich⟩ vor dem Start schnalle ich mich im Sitz fest 나는 출발전에 앉아서 안전벨트를 조여 고정한다. ~**schrauben** ⟨h⟩ 나사로 조여 고정하다: Kleiderhaken (an der Wand) f. 옷걸이를 (벽에다) 나사로 조여 고정시키다. ~**schreiben*** ⟨h⟩ 문서상으로 확정하다. ~**schreibung**, die; -en ↑~schreiben 의 명사형. ~**sehen***, sich ⟨h⟩ 응시하다. ~**setzen** ⟨h⟩ 1. 결정하다, 확정하다: Preise für etw. f. 어떤 것의 가격을 결정하다. 2. 체포하다, 구금하다. 3. ⟨f. + sich⟩ 침전 쌓이다, 모이다: ⟨⟨전의⟩⟩ ein Gedanke setzte sich in mir fest 한 생각이 나의 내속에서 자리를 잡아갔다. 4. ⟨⟨통용어⟩⟩ 자리잡고 살다, 정착하다: er hatte sich vor Jahren hier festgesetzt 그는 여러 해 전에 여기서 뿌리를 내렸다; der Feind hat sich im Wald festgesetzt 적이 숲속에 진지를 구축했다. ~**setzung**, die; -en 새 제정, 결정; 체포, 구금. ~**sitzen*** ⟨h⟩ 1. a) 잘 고정되어 있다: die Schrauben sitzen fest 나사는 잘 고정되어 있다. b) 달라 붙어 있다, 움직이지 않다: ⟨⟨전의⟩⟩ der Gedanke hat lange in ihm festgesessen 그 생각이 그를 오랫동안 붙잡고 놓아주지 않았다. 2. a) 오래 앉아 있다. b) (오도가도 되지 않고) 머물다, 나아가지 못하다: ⟨⟨전의⟩⟩ ich sitze mit diesem Problem fest ⟨⟨통용어⟩⟩ 나는 이 문제에 걸려 꼼짝 못하고 있다. ~**stampfen** ⟨h⟩ 밟아다지다. ~**stecken** 1. ⟨h⟩ a) 꽂아서 고정시키다: eine Blume im Knopfloch f. 꽃을 단추구멍에 꽂다. b) 핀을 꽂아서 고정시키다[den Kleidersaum f. 옷단을 핀으로 꽂아 고정시키다. 2. ⟨h⟩ (아이) 강변화하기도) 방해를 받아 나아가지 못하다: wir steckten ((아이) staken) den halben Nachmittag in einem Stau auf der Autobahn fest 우리는 오후 반나절 고속도로상에서 자동차 체증으로 묶여 있었다. ~**stehen*** ⟨h⟩ a) 확정되어 있다, 결정되어 있다: der Termin für die Prüfung steht noch nicht fest 시험 일자는 아직 확정되어 있지 않다. b) 확실할 수 있다: jmds. Meinung steht (eindeutig) fest 누구의 생각이 확실하다; feststehende Tatsachen 번복할 수 없는 사실. ~**stellbar** ⟨Adj.⟩ 1. 확정될 수 있는, 확실될 수 있다. 2. 고정 설치될 수 있는. ~**stellbremse**, die [자동차] 수동 제동 장치. ~**stellen** ⟨h⟩ 1. a) 확인하다, 인식하다: wer an dem Unfall beteiligt war, (das) können wir leicht f. 누가 사고에 관여되었는지를 우리는 쉽게 알아낼 수 있다. b) 알아채다, 인

지하다, 깨닫다: sie stellte fest, daß ihr Plan gelungen war 그녀는 계획이 성공한 것을 알아챘다. **c)** 단정하여 말하다, 단언하다, 확언하다: „Du siehst müde aus", stellte er fest "너는 피곤해 보이는구나" 라고 그는 단언했다. **2.** 고정되게 설치하다, 체포[압류]하다. ~**stellhebel**, der 고정용 손잡이, 고정용 핸들. ~**stellschraube**, die 고정용 나사, 조정용 볼트. ~**stelltaste**, die (타자기의) 대문자, 글쇠, 대문자 키. ~**stellung**, die **a)** 확인. **b)** 인지, 알게 됨. **c)** 단언, 확언. ~**stellungsbescheid**, der 과세사정(課稅查定)의 자료. ~**stellungsklage**, die [법] 확정 소송. ~**stellungsurteil**, das [법] 확정 판결. ~**stellungsverfahren**, das 확인 절차. ~**stoffrakete**, die 고체 연료 로켓. ~**treten*** ⟨h⟩ 밟아 다지다: ein festgetretener Weg 발로 다져서 난 길; 성구 das tritt sich fest! ⟨경⟩ 1) 그것이 땅에 떨어졌어도 염려할 것은 없어요 (원로하거나 안심시키는 말). 2) 염려말고 내버려 둬요! (책이나 돈지갑 등이 떨어졌을 때 농담삼아 하는 말). 3) 그것은 (마치 비온 후에 땅이 굳어지듯이) 시간이 지남에 따라 더시 좋아진다(원상으로 된다). ~**trocknen** ⟨s⟩ 건조되어 딱딱해지다, 바싹 마르다. ~**umrissen** ⟨Adj.⟩ **a)** 한계(경계)가 분명한. **b)** 세분화 된. ~**verwurzelt** ⟨Adj.⟩ 뿌리를 단단히 내린: 전의 eine -e Anschauung 신념에 선 요지부동의 견해. ~**verzinslich** ⟨Adj.⟩ [금융] 고정 이자가 붙는. ~**wachsen** ⟨s⟩ 아물어굳다, 유착하여붙다. ~**wühlen**, sich ⟨h⟩ 쑤시듯[후비듯] 파들어가 묻히다. ~**wurzeln** ⟨s⟩ 깊이 뿌리내리다: der eingepflanzte Baum ist noch nicht festgewurzelt 심은 나무가 아직 단단히 뿌리를 내리지는 않았다; 전의 festgewurzelte Traditionen 굳건히 뿌리를 내린 전통. ~**ziehen*** ⟨h⟩ 꽉 조이다: den Gurt ordentlich f. 띠를 제대로 꽉 조이다. ~**zurren** ⟨h⟩ [선원] 꽉(단단히) 매다: die Segelleine f. 돛줄을 단단히 매다.

²**fest-, Fest-** (Fest; ↑Festes-도 참조): ~**abend**, der 축제일의 밤. ~**akt**, der 축제 행사. ~**anlaß**, der ⟨⟨schweiz.⟩⟩ 축제의 개최: zu diesem F. sind alle Bürger eingeladen 이 축제의 개최에 모든 시민이 초대되었다. ~**ansprache**, die ↑~rede. ~**aufführung**, die 축제 공연[상연]. ~**bankett**, das 축제의 연회[연]. ~**batzen**, der ⟨⟨schweiz.⟩⟩ 축제 기념 주화. ~**beitrag**, der 축제 비용 기부금. ~**beleuchtung**, die 축제의 조명: 전의 wozu diese F.? (통용어·농) (쓸데없는) 조명이 왜 이리 많은가? ~**besucher**, der 축제 참가자, 경사에 참가하는 사람. ~**dekoration**, die 축제의 장식. ~**empfang**, der 성대한 영접[환영]. ~**essen**, das 성대한 향연[연회]: es ist mir ein F. (통용어·농) 그것은 나의 큰 즐거움이다. ~**freude**, die Festesfreude, die 축제의 기쁨. ~**gabe**, die ⟨⟨아어⟩⟩ 축제의 선물, 경사스러운 날의 선물. ~**gänger**, der ⟨⟨schweiz.⟩⟩ 축제 참가자. ~**gebend** ⟨Adj.⟩ ⟨⟨schweiz.⟩⟩ 축제를 준비하는: das -e Komitee 축제 준비 위원회. ~**gelage**, das (경) 너무 사치한 연회. ~**geschenk**, das ↑~gabe. ~**gewand**, das ⟨⟨아어⟩⟩ 축제 의상. ~**gottesdienst**, der 축제 예배. ~**halle**, die 연회장, 축제식장. ~**hütte**, die ⟨⟨schweiz.⟩⟩ ↑~zelt. ~**kalender**, der [가] 축일 달력. ~**kleid**, das **1.** 예복. **2.** ⟨Pl.⟩ ~kleidung. ~**kleidung**, die 축제용 의류. ~**komitee**, das 축제 조직 위원회. ~**konzert**, das 축제의 연주회. ~**mahl**, das ⟨⟨아어⟩⟩ ↑~essen. ~**ordner**, der 축제 진행인(운영자). ~**plakette**, die 축제 포스트, 축제의 광고. ~**platz**, der 축제가 열리는 곳, 잔치 마당. ~**programm**, das 축제 프로그램. ~**predigt**, die 축제의 설교, 축제 설교. ~**rede**, die 축사, 식사. ~**redner**, der 축사자, 식사를 하는 사람. ~**rübe**, die ⟨⟨경⟩⟩ (잔치 때에 파우는 굵은) 통시라. ~**saal**, der

축하회장, 대연회장. ~**schießen**, das; -s 축포쏘기. ~**schmaus**, der ⟨⟨농⟩⟩ ↑~essen. ~**schmuck**, der 축제의 장식. ~**schrift**, die 축제기념 간행물[논문집]: eine F. zum 70. Geburtstag des bekannten Dichters 유명한 시인의 고희 축하 기념 논문집. ~**sitzung**, die 축제의 회의. ~**spiel**, das **1.** 축제 기념극. **2.** ⟨Pl.⟩ 정기 기념 공연. ~**spielhaus**, das 축제 공연 극장. ~**spielstadt**, die 축제극 공연 도시: die F. Salzburg 축제극 도시 잘츠부르크. ~**stiege**, die ⟨⟨österr.⟩⟩ 축제의 장식 계단, 호화로운 계단. ~**stimmung**, die ⟨⟨아어⟩⟩ Feststimmung, die 축제의 분위기, 잔치 기분. ~**tafel**, die ⟨⟨아어⟩⟩ 향연의 식탁, 잔칫상. ~**tag**, der **1.** 축제일, 축하의 날, 경사스러운 날. **2.** ⟨Pl.⟩ 정기 축제일. ~**täglich** ⟨Adj.⟩ 축제일의, 잔칫날의: in -er Kleidung 축제일의 의복을 입고. ~**tags** ⟨Adv.⟩ 잔칫날에: f. trifft sich die ganze Familie 잔칫날에는 모든 가족이 만난다. ~**tagsfreude**, die 잔칫날의 기쁨, 환희. ~**tagskleidung**, die 예복, 축제일의 의상. ~**tagsstimmung**, die 축제일의 분위기, 잔칫날 기분. ~**tenü**, das ⟨⟨schweiz.⟩⟩ 축제의 제복. ~**umzug**, der 축제의 행렬, 축제 퍼레이드. ~**veranstaltung**, die 축제의 개최, 축제 행사. ~**versammlung**, die 축제의 모임. ~**vorstellung**, die ↑~aufführung. ~**vortrag**, der 축사, 기념 강연. ~**wiese**, die 축제가 열리는 초원 (들판). ~**woche**, die **1.** 축제 주간. **2.** ⟨Pl.⟩ 정기 축제의 주간. ~**zeit**, die 축제의 시기. ~**zelt**, das ~**zeit**, 축제 천막 (축제가 열리는 곳에 설치한). ~**zug**, der ↑~umzug.

feste ['fεstə] ↑fest (3 c).

Feste [-], der; -n ⟨Pl.⟩ **1. a)** (고유명사와 결합시 Veste 로도) 성채, 요새: Veste Coburg 코부르크 요새. **b)** 고착, 견고하게 함, (군사) 방어 진지. **2.** ⟨⟨시어⟩⟩ 하늘, 창공.

festen ['fεstn] ⟨h⟩ ⟨⟨schweiz.⟩⟩ 축제를 거행하다, 잔치를 벌이다.

Festes-: ~**freude**, die ⟨⟨아어⟩⟩ ↑Festfreude. ~**glanz**, der ⟨⟨아어⟩⟩ 축제의 광채. ~**stimmung**, die ⟨⟨아어⟩⟩ ↑Feststimmung.

festigen ['fεstɪgn] ⟨h⟩ **a)** 강화하다, 더 견고하게 하다, 안정시키다: er hat seine Stellung gefestigt 그는 자신의 위치를 굳혔다; eine gefestigte Persönlichkeit 확고부동한 인물. **b)** (f. + sich) 강해지다, 안정되다: jmds. Gesundheit festigt sich wieder 누구의 건강이 다시 탄탄해진다. **Festiger**, der; -s, - ↑Haarfestiger의 약칭. **Festigkeit**, die **1.** 견고성, 지속성: 전의 die F. eines politischen Systems 정치 체계의 안정. **2. a)** 단호함, 확고성. **b)** 불변성, 의연함. **Festigkeitslehre**, die [기술] 강성(剛性) 이론, 강도(剛度) 이론. **Festigkeitsprüfung**, die 강성(剛性) 시험, 강도(剛度) 시험. **Festigung**, die; -en 강화, 안정.

festina lente! [fεs'ti:na 'lεntə; lat.] 급할수록 천천히! (Eile mit Weile!)

Festival ['fεstival, 'fεstival], das / ⟨⟨schweiz. · 또한⟩⟩ der; -s, -s [engl. festival] **1.** (정기) 문화 행사, 축제, 축제 공연, 페스티벌: auf dem F. kam es zu Ausschreitungen 축제는 난장판이 되었다. **2.** ⟨구동독⟩ 세계 청년 대학생 축제. **Festivalbesucher**, der; -s, - 문화 행사에 참석하는 사람. **Festivalier** [fεstiva'lje:], der; -s, -s ⟨대개 Pl.⟩ 영화 축제 참가자. **Festivalveranstalter**, der; -s, - 축제 개최자. **Festivität** [fεstivi'tε:t], die; -en [lat. fēstīvitās] ⟨⟨통용어·농⟩⟩ 축제 기분, 축제. **festivo** [fεs'ti:vo] ⟨Adv.⟩ [ital. festivo] [음악] 축제의 기분으로, 장려하게.

festlich ⟨Adj.⟩ **a)** 축제의, 찬란한, 성대한: ein -es Konzert 성대한 연주회. **b)** 축제와 같은, 축제에 어울리는: der Saal ist f. geschmückt 홀은 축제나 올리는 것처럼 꾸며져 있다. **Festlichkeit**, die; -en **1.** ⟨Pl. 없음⟩

축제의 기분. **2.** 축제 행사, 축하 행사.
Feston [fɛs'tõː], das; -s, -s [frz. feston] **1.** 현화 장식(懸華裝飾)(건물, 공예, 회화 등에서 꽃, 잎, 과일 따위로 늘어뜨린 장식), 꽃줄 장식. **2.** 천[레이스]의 끝단의 꽃무늬 자수 장식. **festonieren** [fɛstoˈniːrən] 〈h〉 **1.** 꽃줄 장식을 달다. **2.** (끝단을) 꽃무늬 자수 장식으로 끝맺다. **Festonstich**, der; -(e)s, -e 끝단 자수 장식. **Festonstickerei**, die; -en 끝단 장식 자수.
festoso [fɛsˈtoːzo; ital. festoso] ↑ festivo.
Festung ['fɛstuŋ], die; -en [1: mhd. vestunge, zu: vesten, ahd. festen = befestigen] 〈예〉 **1.** 요새, 성채: die F. ist gefallen 성채는 점령되었다; eine F. belagern 요새를 공략하다. **2.** 성채 금고형.
Festungs- (Festung 1): **~anlage**, die 성채(의 시설). **~artillerie**, die 요새의 포병대, 성채의 대포. **~bau**, der 〈Pl. ...bauten〉 **1.** 성채, 요새. **2.** 〈Pl. 없음〉 성채[요새]의 건조. **3.** 〈Pl. 없음〉 요새[성채] 건축술, 축성술. **~gelände**, das 요새 지대, 성채 지형. **~graben**, der (빙 둘러 판) 요새 참호, 해자(垓字). **~haft**, die 〈예〉요새[성채] 금고형. **~kommandant**, der 요새 사령관. **~mauer**, die 요새[성채]를 둘러싼 벽. **~spiel**, das 성채고누(고누판의 "성채"를 공격하고 방어하는 놀이). **~wall**, der 성루, 누벽(壘壁).
fetal [feˈtaːl], (또한) **fötal** [føˈtaːl] 〈Adj.〉 [의학] **a)** 태아의, 태아 관련적: die -e Entwicklung 태아의 발달. **b)** 태아에 속하는: -es Gewebe 태아 조직.
Fete ['feːtə, 'fɛtə], die; -n [frz. fétiche < port. feitiço] 〈통용어·농〉 턱내기(작은 범위에서의 잔치로서), 소연(小宴): eine F. machen 한 턱내다.
Fetialen [feˈtsiːalən] 〈Pl.〉 [lat. fētiālēs] 제정사제단(祭政司祭團)(고대 로마 사제단으로 전쟁의 시작이나 평화의 체결 같은 때에 국제법상의 관계에서 종교 문화적 사안을 감리하였음).
fetieren [feˈtiːrən] 〈h〉 [frz. fêter] 〈고어〉 축제를 올려 칭송하다: jmdn. f. 상대의 식을 올려 누구를 치켜 세우다.
Fetisch ['feːtɪʃ], der; -s, -e [frz. fétiche < port. feitiço] 〈인종〉 주물(呪物), 우상, 물신(物神): einen F. verehren[anbeten] 주물[우상]을 숭배하다. **fetischisieren** [feːtɪʃiˈziːrən] 〈h〉 〈교양어〉 물신으로[절대적인 것으로] 떠받들다, 우상으로 만들다. **Fetischisierung**, die; -en 주물화, 우상화. **Fetischismus** [feːtɪˈʃɪsmʊs], der; - **1.** [인종] 주물 숭배, 물신 숭상, 우상 숭배. **2.** [심리] 대물성 성적 도착증(對物性性的倒錯症)(우상처럼 성기는 사람에게 속한 물건이 성적 흥분이나 성적 만족의 선호 대상으로 됨). **Fetischist** [feːtɪˈʃɪst], der; -en, -en **1.** [인종] 주물[우상] 숭배자. **2.** [심리] 대물성 성적 도착 환자. **fetischistisch** 〈Adj.〉 주물[우상] 숭배의, 대물성 성적 도착증의.
fett [fɛt] 〈Adj.〉 [niederd. vet] **1. a)** 지방이 많은, 기름진: -e Kost 기름진 음식; (gern) f. essen[kochen] (즐겨) 기름진 음식을 먹다[요리하다]. **b)** 지방 과다의: -es Haar 너무 기름기가 많은 머리카락. **c)** 살찐, 뚱뚱한(반대: mager): ein -es Schwein 살찐 돼지; ein -er Mann 〈폄〉 뚱보 남자; 전의 davon wirst du[wird man] nicht f. 〈통용어〉그것으로는 수입이 신통찮다, 그것은 소득이 없다. **2. a)** 비옥한, 무성한: -er Boden 비옥한 땅; 전의 〈통용어〉 -e Beute machen 톡톡히 재미를 보다. **b)** 기름이 유족한, 부유한, 풍성한: f. leben 유족하게 살다. **3.** [인쇄] 고딕체의(반대: mager), 굵은 활자의: dieses Wort muß f. gedruck werden 이 낱말은 고딕체로 인쇄되어야 한다. **4.** 〈지역적·평〉 만취한, 고주 망태가 된. **Fett** [-], das; -(e)s, -e [niederd. vet (te)] **1.** 지방, 지방질, 기름: das F. brutzelt in der Pfanne 기름이 냄비에서 지글거린다; überflüssiges F. abschöpfen[abschäumen] 여분의 기름을 건져내다[걷어내다]; das F. abschöpfen[von der Suppe schöpfen] 〈통용어〉 알짜를 챙기다; **sein F. (ab)bekommen[(ab)kriegen]** 〈통용어〉 한 짓대로 야단을 맞다, 벌을 받다; **sein F. (weg)haben** 〈통용어〉응분의 벌을 받다; **im F. sitzen[schwimmen]** 〈통용어〉 호강하며 살다. **2.** 지방질. F. ansetzen 몸이 나다; 전의 von seinem F. zehren 〈통용어〉 여축해둔 것을 까먹으며 살아가다; im eigenen F. ersticken 〈통용어〉 호사스런 생활을 망치다; im eigenen F. schmoren 〈통용어〉 자업자득의 어려움에서 헤어나지 못하고 시달리다; 속담 F. schwimmt (immer) oben 둔보는 물에 잘 뜬다[돈 있으면 다 되게 마련이다].

fętt-, Fętt-: **~ablagerung**, die [의학·생리] (체내의) 지방 축적(蓄積). **~ähnlich** 〈Adj.〉 지방과 유사한, 지방 같은. **~ansatz**, der 지방축. **~arm** 〈Adj.〉 지방 함유가 적은(반대: ~reich). **~artig** 〈Adj.〉 ↑~ähnlich. **~auge**, das 기름 방울(국 같은 뜨거운 액체의 표면에 뜨는). **~bauch**, der 〈통용어·폄〉 똥배: streck deinen F. nicht so in die Gegend! 당신 똥배를 그렇게 쑥 내밀지 말아요! **2.** 배불뚝이. **~bäuchig** [...bɔyçɪç] 〈Adj.〉 〈통용어〉 배가 나온, 배가 큰 (영양분으로서 필요한) 지방(의 양). **~brot**, das 〈지역적〉 (돼지나 거위의) 기름을 바른 빵. **~chemie**, die 지방(脂肪) 화학. **~creme**, die 지방(脂肪) 크림. **~depot**, das [의학·생리] (체내의) 지방 축적. **~dicht** 〈Adj.〉 기름이 스미지 않는. **~druck**, der [인쇄] 고딕체의 인쇄, 굵은 자체의 인쇄. **~durchwachsen** 〈Adj.〉 (살코기 따위에) 기름기가 박혀 있는. **~embolie**, die [의학] 지방전색(脂肪栓塞)(기름 방울이 혈관에 들어가서 생김). **~farbstoff**, der [화학] 유성 염료(油性染料). **~fein** 〈Adj.〉 [인쇄] 강약평행선의(두 개의 선에서). **~film**, der 얇은 지방층. **~fleck**, (또한) **~flecken**, der 기름 얼룩. **~fleckig** 〈Adj.〉 기름 얼룩이 진. **~frei** 〈Adj.〉 기름기가 없는. **~füttern** 〈h〉 (짐승을) 살찌게 먹이다. **~gans**, die 살찐 거위. **~gebäck**, das 기름에 튀긴 과자. **~gedruckt** 〈Adj.〉 fetter gedruckt, am fettesten gedruckt 고딕체[굵은 자체]로 인쇄된. **~gehalt**, der 지방 함유량: Milch mit einem F. von 3,5% 3,5% 지방이 함유된 우유. **~gerberei**, die 유유성법(油鞣成法)(고래기름과 산소를 사용하여 피혁을 부드럽게 가공하는 공정). **~geruch**, der 기름 냄새. **~geschwulst**, die [의학] 지방종(脂肪腫). **~gewebe**, das [의학·생리] 지방 조직. **~glanz**, der (번쩍이는) 기름[기] 빛. **~glänzend** 〈Adj.〉 -e Haut 기름기가 도는 피부. **~griebe**, die 지방 찌꺼기. **~haltig** 〈Adj.〉 지방을 함유한. **~hältig** 〈Adj.〉 (österr.)) ↑~haltig. **~härtung**, die 유지경화(油脂硬化). **~haushalt**, der ↑~stoffwechsel. **~henne**, die [식물] 꿩의비름(무리). **~hering**, der 기름기 많은 청어. **~herz**, das [의학] 지방심(脂肪心). **~kloß**, der 〈통용어·폄〉 똥보. **~klumpen**, der 비계덩어리. **~kohle**, die 역청탄(瀝青炭), 지방탄(脂肪炭). **~körper**, der 지방 조직(곤충의 장(腸)이나 피하(皮下)의). **~kraut**, das 식충식물(食蟲植物). **~kreide**, die 유성(油性) 분필. **~lebe**, die 〈지역적〉 호사스런 생활, 유족한 생활: F. machen 잘 먹고 잘 살다. **~leber**, die [의학] 지방간(脂肪肝). **~leibig** [...laɪbɪç] 〈Adj.〉 〈아어〉 비대한. **~leibigkeit**, die 비대. **~los** 〈Adj.〉 기름기가 없는, 무지방성(無脂肪性)의. **~löslich** 〈Adj.〉 지용성(脂溶性)의. **~marke**, die 지방권(식량 배급 카드에 지방의 양을 표시한 것). **~massen** 〈Pl.〉 기름 덩어리, 축적된 지방. **~mops**, der 〈통용어〉 땅딸보. **~näpfchen**, das (다음 용법으로만) **bei jmdm.) ins F. treten** 〈통용어·농〉 뒤스럽게 (누구의) 성질[심통]을 건드리

다. ~**pflanze**, die 다즙식물(多汁植物)(주로 건조한 지방에서). ~**polster**, das ↑~ablagerung: überflüssige F. abbauen 불필요한 피하 지방을 제거하다; 전의 die Firma besitzt ein ausreichendes F. 회사는 여유 자본을 넉넉하게 갖고 있다. ~**presse**, die [기술] 지방 추유기[주입기]. ~**puder**, der /(지역어) das [화장] 지방분(脂肪粉). ~**reich** ⟨Adj.⟩ (음식) 기름기 많은. ~**sack**, der (속어·편) 뚱뚱보. ~**salbe**, die [약] 유지연고(油脂軟膏). ~**sau**, die (비어·편) 뚱치, 돈보. ~ **säure**, die [화학] 지방산. ~**schicht**, die 지방층. ~**schminke**, die 무대 화장품. ~**schnitte**, die ↑~brot. ~**schwanzschaf**, das 면양(緬羊)의 일종(아시아와 아프리카에서 사육되며 필요하면 꼬리에 저장된 지방으로 살아가는). ~**schwein**, das [농업] 비육돈(肥肉豚)(훈제품에 특히 적합한). ~**seife**, die 유지(油脂) 비누. ~**spaltend** ⟨Adj.⟩ [화학] 지방을 분해하는. ~**spaltung**, die [화학] 지방 분해. ~**steiß**, der **1.** [인류] 지방미골(脂肪尾骨)(미골 부근에 지방이 축적되는 인종적 특징으로서의). **2.** (경) 살찐 엉덩이, 오동통한 볼기짝. ~**stift**, der **1.** 유지(油脂) 크레용(미끄러운 표면에 쓸 수 있는). **2.** 루즈청의 입술 크림. ~**stoffwechsel**, der [의학·생리] 지방 대사(脂肪代謝). ~**stuhl**, der [의학] 지방변(脂肪便)(지방산의 함유가 많은). ~**sucht**, die [의학] 지방과다증, 비만증. ~**triefend** ⟨Adj.⟩ 기름이 뚝뚝 듣는, 기름이 줄줄 흐르는. ~**tropfen**, der 기름 방울. ~**tusche**, die 유성(油性)의 투명염료. ~**vorrat**, der 축적 지방. ~**wanst**, der (비어·편) ↑~bauch (1. 2). ~**werden**, das (다음 용법으로) **das ist nicht zum F.** (통용어) 그것은 너무 적다, 그것으로는 충분치 않다. ~**wulst**, der / die 지방질 융기, 지방종(脂肪腫). ~**zelle**, die ⟨Pl.⟩ [생리] 지방 세포.
Fette ['fɛtə], die (아어) ↑**Fettheit**. **fetten** ['fɛtn] ⟨h⟩ **1.** 기름을 바르다, 기름 치다. **2. a)** 기름을 분비하다. **b)** (종이 따위가) 기름을 먹다, 빨아들이다. **Fettheit**, die 비만(함), 비대(함). **fettig** ⟨Adj.⟩ **a)** 기름진, 지방을 함유한. **b)** 기름 밴, 기름칠한, 기름으로 덮인: sich den -en Mund abwischen 기름이 번질거리는 입을 훔치다. **Fettigkeit**, die; -en **1.** ⟨Pl. 없음⟩ 기름낌, 지방 함유. **2.** (Pl.) 기름진 음식.
Fetus ['fe:tus], Fötus ['fø:tus], der; - / -ses, -se / ...ten [lat. fētus, foetus] [의학] (3개월쯤부터의) 태아.
Fetz [fɛts], der; -es, -e (süd.) 야비한 작자, 불상놈: Sie Lump! Sie F.! 이 망나니 같으니라구! 이 불상놈 같으니라구! **Fętzchen**, das; -s, - ↑**Fetzen** (1 a). **fetzeln** ['fɛtsln] ⟨h⟩ (지역어) 갈기갈기 찢다. **fetzen** ['fɛtsn] **1.** ⟨h⟩ (통용어) 갈기갈기 찢다, 쪼아뜯다: 전의 der Wind fetzte den Rauch schnell über ihre Köpfe 바람은 연기를 재빨리 그들의 머리 위로 휘날려버렸다. **2.** ⟨s⟩ [학생] 재빨리 움직여가다, 서둘러가다: er fetzte mit dem Rad um die Ecke 그는 자전거를 타고 잼싸게 모퉁이를 돌아갔다. **3. das fetzt** [청소년] 좋아. **Fetzen** [-], der; -s, - **1. a)** (축소형: ↑**Fetzchen**) 찢어진 조각: etw. in F. (zer)reißen 무엇을 갈기갈기 찢다; etw. geht in F. (통용어) 무엇이 가리가리 찢어지다; ...daß die F. fliegen 기차게[심히]. **b)** (대개 Pl.) 부분, 단편: F. eines Gesprächs 대화의 단편. **2.** (통용어·편) **a)** 싸구려 옷, 엉성한 옷. **b)** (österr.) 걸레. **c)** (österr.·통용어) 취함. **Fętzenball**, der (österr.) **1.** 헝겊공. **2.** 가장무도회. **Fętzenschädel**, der (österr.) 바보, 멍청이. **fętzig** ⟨Adj.⟩ [청소년] 기차게 좋은, 끝내주는: -e Rockmusik 기차게 좋은 로크 음악.
feucht [fɔyçt] ⟨Adj.⟩ 젖은, 축축한: -e Umschläge machen 습포(濕布)하다; den Boden f. aufwischen 바닥을 젖은 걸레로 훔쳐내다; er machte einen Sprung in das -e Element (농) 그는 물 속에 뛰어들었다; 전의 ein -er Abend (통용어·은폐) 술을 많이 마시는 저녁.
feucht-, **Feucht-**: ~**behandlung**, die 젖은 천으로 취급하기. ~**fröhlich** ⟨Adj.⟩ (통용어·농) 거나한: 전의 eine -e Stimmung 신나는 술자리 기분. ~**heiß** ⟨Adj.⟩ 무더운. ~**kalt** ⟨Adj.⟩ 냉습(冷濕)한. ~**kühl** ⟨Adj.⟩ 습하고 서늘한. ~**raumarmatur**, die [기술] 방습 전기기(防濕電氣器). ~**schutz**, der (schweiz.) 방습. ~**warm** ⟨Adj.⟩ 온습한, 축축하고 따뜻한. ~**wäsche**, die 젖은 세탁물.
Feuchte ['fɔyçtə], die (아어) 습기, 습도: Temperatur und F. messen 온도와 습도를 재다. **feuchten** ['fɔyçtn] ⟨h⟩ **1.** (시어) **a)** 적시다, 축이다. **b)** 습기를 발산하다. **c)** (f. + sich) 눈물에 젖다. **2.** [사냥] (개, 들짐승이) 오줌누다. **Feuchtigkeit** ['fɔyçtıçkaıt], die 습기, 습도. **2.** 물기(氣): etw. saugt F. auf[gibt F. ab] 무엇이 물기를 흡수[배출]하다.
feuchtigkeits-, **Feuchtigkeits-**: ~**anzeiger**, der ↑~messer. ~**aufnahme**, die 습기 수용성. ~**beständig** ⟨Adj.⟩ 항습성의, 습기에 강한. ~**creme**, die [화장] 습성(濕性) 피부 크림. ~**film**, der 수성박층(水性薄層). ~**gehalt**, der 습도: F. der Luft 공기의 습도. ~**grad**, der ↑~gehalt. ~**messer**, der [기술] 습도계. ~**niederschlag**, der 결로(結露), 이슬. ~**schutz**, der 방습(防濕). ~**regler**, der [기술] 습도 조절기.
feudal [fɔy'da:l] ⟨Adj.⟩ [lat. feudalis] **1.** 봉건적인, 봉건 제도의: **der -e Staat** 봉건국가. **2.** 귀족의: -e und bürgerliche Kreise 귀족 시민 사회. **3.** (통용어) 고상한, 귀족풍의: ein -es Restaurant 품격 있는 식당. **4.** (마르크스주의·편) 반동적인.
Feudal-: ~**absolutismus**, der 봉건 전제주의. ~**adel**, der 봉건 귀족. ~**aristokratie**, die **1. a)** ⟨Pl. 없음⟩ 봉건 귀족 제도. **b)** 봉건 귀족 국가. **2.** ~**adel**. ~**gesellschaft**, die 봉건 사회. ~**gewalt**, die 봉건 권력, 봉건 통치. ~**herr**, der 봉건 군주, 봉건 영주. ~**herrschaft**, die 봉건 통치, 봉건 지배. ~**klasse**, die 봉건 지배 계급. ~**ordnung**, die 봉건 질서, 봉건 제도. ~**staat**, der 봉건 국가. ~**sitz**, der 봉건 군주의 성. ~**system**, das 봉건 제도. ~**wesen**, das 봉건 제도. ~**zeit**, die ⟨Pl. 없음⟩ 봉건 시대.
feudalisieren [fɔydali'zi:rən] ⟨h⟩ 봉건(제도)화하다. **Feudalisierung**, die; -en ↑feudalisieren의 명사형. **Feudalismus** [fɔyda'lısmus], der **1.** 봉건 제도. **2.** 중세 유럽의 봉건 제도. **b)** 중세 유럽의 봉건 시대. **feudalistisch** ⟨Adj.⟩ 봉건 제도의: -e Gesellschaft 봉건제 사회. **Feudalität**, die 봉건성, 봉건제.
Feudel ['fɔydl], der; -s, - (nordd.) 걸레(Scheuertuch), 행주. **feudeln** ⟨h⟩ 걸레로 닦다, 행주로 훔치다: den Boden f. 걸레로 바닥을 닦다.
Feuer ['fɔyɐ], das; -s, - **1.** ⟨Pl. 없음⟩ 불: F. (mit einem Stein) schlagen (부싯돌로) 불을 붙이다; die Wunde brennt wie F. 상처가 불에 타는 것처럼 아프다; **ein Gegensatz wie F. und Wasser** 수화상극(水火相剋). **2.** 에너지원으로서의 불: die olympische F. 올림픽 성화; das F. brennt[ist ausgegangen] 불이 타고 있다[꺼졌다]; das F. (im Herd, Ofen) anzünden[(통용어) anmachen] (화덕, 난로에) 불을 피우다; jmdn. um F. bitten 누구에게 불을 청하다; 전의 das F. mit Stichelein schüren 불씨를 돋우시다[최근을 불러 일으키다]; **mit dem F. spielen** 불장난을 하다. **3.** 화재: F.! 1) 불이야! 2) (통용어·농) 조금만 더 다! 거의 다 됐어! (보물찾기나 스무고개 같은 놀이에서 해결점에 거의 다 왔을 때); F. (an ein Haus) legen (어느 집에) 불을 놓다; das F. löschen 불을 끄다; ein Dorf mit F. und

Schwert verwüsten 《아어》 마을을 살인 방화로 결단내다; 성구 **F. und Flamme sein** 《통용어》 전적으로 열광하다; **F. fangen** 1) 화재가 발생하다, 불이 붙다. 2) 무엇에 대해 열광하다. 3) 누구에게 연정을 품기 시작하다; **F. hinter etw. machen** 《통용어》 독려하여 촉진시키다; **F. unter dem Dach haben** 《통용어》 가정 불화가 있다; **jmdm. F. unter dem Hintern**[(비어) **Arsch**] **machen** 《경》 심하게 독촉하다, 볶아치다; **für jmdn. durchs F. gehen** 누구를 위해서는 불 속에라도 들어가다; **zwischen zwei F. geraten** 앞뒤로 불을 만나다, 동시에 두 가지 난관에 봉착하다. 4. 〈Pl. 없음〉 사격, 총격, 포화(砲火): F. frei! 1) 사격 시작! 2) 《통용어·농》 금연 해제!; F. geben 사격하다, 쏘다. F. einstellen 사격을 중지하다; 전의 die Partei stand von allen Seiten unter F. 당은 사방으로부터 공격을 받았다. 5. 〈선원〉 (등대 따위의) 신호 등불(↑Leuchtfeuer의 약칭). 6. 〈Pl. 없음〉 광휘, 광택, 빛, 번쩍임: ihre Augen sprühten F. 그녀의 눈은 빛을 뿜어내고 있었다. 7. 〈Pl. 없음〉 열기 (행위에서 나타나는, 격정): beim Reden in F. geraten 연설을 하면서 열기에 빠지다; dieses Pferd hat viel F. 이 말은 성질이 불같다; der Wein hat F. 이 포도주는 화끈하게 달아오르는 맛이 있다.

feuer-, Feuer- (↑Feuers-도 참조): **~alarm**, der 화재 정보. **~alarmübung**, die 소방 훈련. **~anbeter**, der 《종교》 배화교도(拜火教徒). **~anzünder**, der 1. 인화물질. 2. ↑Gasanzünder. **~artig** 〈Adj.〉 불 같은. **~atem**, der 《시어》 열정, 열광. **~ausbruch**, der 화재 발생. **~axt**, die ↑wehraxt. **~ball**, der 〔해양〕 부표등(浮標燈). **~ball**, der 1. 원자탄 폭발 중심부. 2. 《시어》 (작열하는) 불의 공, 화구(火球). **~befehl**, der 〔군〕 사격 명령, 발포 명령. **~bekämpfung**, die 진화(鎭火) 작업, 소화(消火) 작업. **~bereich**, der 〔군〕 사격 구역, 발포 지역. **~bereit** 〈Adj.〉 사격 준비가 완료된. **~bereitschaft**, die 사격 준비 완료. **~bereitung**, die 불을 피움, 불피움운동. **~berg**, der 《시어·고어》 화산. **~beschau**, die (österr.) 방화(防火) 점검. **~beständig** 〈Adj.〉 내화의, 불가연성의. **~beständigkeit**, die 내화성(耐火性), 불가연성(不可燃性). **~bestattung**, die 화장(火葬)(반대: Erdbestattung). **~bock**, der (벽난로 앞에 장작을 쌓아 두도록 설치한) 장작 선반. **~bohne**, die 강낭콩. **~bohrer**, der 〔인류〕 부싯막대(원시 시대의 마찰식 목재 발화기). **~brand**, der 《고어》 불꾸러미(불지르기 위한), 불덩이; 전의 er schleuderte den F. der Revolution in das geknechtete Volk 그는 압제를 받고 있는 민중 속으로 혁명의 불을 당겨 던졌다. **~brücke**, die 〔기술〕 용광로의 내화점토 (耐火粘土). **~buchse**, die 〔기술〕 ↑buchse (2). **~büchse**, die 1. 《고어》 총, 총기. 2. 〔기술〕 (증기기관의) 연소실. **~dorn**, der 피라칸타 가시장미. **~eifer**, der 열성, 열중, 열의. **~eimer**, der 〔구제〕 소화용(消火用) 물통. **~einstellung**, die 〔군〕 사격 중지: Befehl zur F. geben 사격 중지의 명령을 내리다. **~eisen**, das 〔고고〕 부싯 쇠. **~erzeugung**, die 불을 피움, 화력 생산. **~esse**, die (ostmd.) 굴뚝(Schornstein). **~farben** 〈Adj.〉 《아어》 ein -er Abendhimmel 붉게 불타는 석양 하늘. **~fest** 〈Adj.〉 내화(耐火)의. **~festigkeit**, die 내화성. **~flamme**, die (드물게) 불꽃, 화염. **~flüssig** 〈Adj.〉 불에 녹은. **~fresser**, der 《통용어》 ↑Schlucker. **~garbe**, die 〔군〕 ~stoß: unter tödlichen -n 치명적인 집중 포화를 받고서. 2. (불꽃놀이에서의) 불꽃 다발. **~gatter**, das 《옛》 난로의 격자 모양의 쇠살판. **~gefahr**, die 〔법〕 Feuersgefahr. **~gefährdet** 〈Adj.〉 화재 (발생)의 위험, 화재의 위험에 노출된. **~gefährlich** 〈Adj.〉 화재의 위험이 있는, 폭발성의. **~gefährlichkeit**, die 화재 위험

성. **~gefecht**, das 〔군〕 총격전. **~geist**, der 1. 〈대개 Pl.〉 불의 요정. 2. 정열가(情熱家), 열혈한(熱血漢): der junge Schiller war ein reiner F. 젊은 쉴러는 진정한 정열가였다. **~geschwindigkeit**, die 발사 속도(1분간의). **~glocke**, die 《고어》 화재의 경종. **~gott**, der 〔신화〕 불의 신(神), 화신(火神). **~haken**, der 부집게, 부젓가락. **~halle**, die (österr.) 화장장(火葬場), 화장터. **~hemmend** 〈Adj.〉 일시적 내화(耐火)의, 잠정적으로 불에 견디는. **~herd**, der 화재 지점, 화재 발원처. **~holz**, das 〈Pl. 없음〉 장작, 땔나무. **~käfer**, der 홍날개과 딱정벌레. **~kasse**, die 화재 보험금, 화재 금고. **~katastrophe**, die 화재의 대참사. **~kieke**, die (nordd.) 탕파(湯婆). **~kiste**, die 〔기술〕 기관내(氣罐內) 연소실. **~kommando**, das 〔군〕 사격 명령, 발포 구령. **~kopf**, der 성급한 사람, 불똥이. **~kraft**, die 〈Pl. 없음〉 〔군〕 (총포의) 화력(火力), 사정거리. **~kröte**, die ↑Unke. **~krücke**, die 《지역적》 ↑~haken. **~kugel**, die 크고 밝은 유성; (작열하는) 불의 공. **~kult**, der 배화(拜火), 불을 숭배하는 의식(儀式). **~lärm**, der 《고어》 ↑~alarm. **~leiter**, die 1. 화재 비상 사다리. 2. 소방용 사다리. **~lilie**, die 백합의 일종. **~linie**, die 1. 최전방. 2. ↑Schußlinie. **~loch**, das 《지역적》 불구멍(난로나 아궁이의), 화구(火口). **~lohe**, die 《시어》 높이 너울대는 불꽃, 꽃불, 불너울. **~löschanlagen** 〈Pl.〉 소방 시설. **~löschapparat**, der 소방 기구, 소화기. **~löschboot**, das 소방선(消防船). **~löscheimer**, der 소화용 물통. **~löscher**, der 소방 기구, 소화기. **~löschgerät**, das 소방 기구, 소화기. **~löschmannschaft**, die 소방대. **~löschmittel**, das 소화제(劑)(기체나 액체 상태의). **~löschteich**, der 소방용 저수 탱크, 소방 못. **~löschwesen**, das 소방 제도. **~löschzug**, der 소방차량대(消防車輛隊). **~mal**, das 얼룩점(주로 얼굴에 붉게 나타나는). **~mauer**, die ↑Brandmauer. **~meer**, das 《아어》 불바다. **~meldeanlagen** 〈Pl.〉 화재 신고 장치. **~melder**, der 화재 신고기(길 모퉁이 같은 데 설치되어 있는). **~meldung**, die 화재 신고. **~opal**, der 화단벽석(火蛋白石). **~patsche**, die 불채(소규모의 화재를 끄기 위한 간단한 소화 도구). **~pause**, die 〔군〕 일시적 사격 중지. **~police**, die ↑versicherungspolice. **~polizei**, die 소방 경찰. **~polizeilich** 〈Adj.〉 -e Vorschriften 소방 경찰의 규정. **~probe**, die 1. 가혹한 시련: die F. in der Liebe bestehen Sie mit Auszeichnung 사랑의 가혹한 시련을 당신은 훌륭하게 이겨낼 것입니다. 2. 불에 의한 신적 심판(중세에 행해졌던): die Angeklagte mußte sich einer F. unterwerfen 피소자는 불의 심판을 받지 않으면 안 되었다. **~qualle**, die 불해파리(이것이 발산하는 물질에 닿으면 불에 덴 것 같은 느낌이 듦). **~rad**, das 1. (불꽃이 돌아갈 때 생기는) 불바퀴. 2. 짚불바퀴(신년 혹은 부활에 차바퀴에 짚을 감아 불을 붙여서 계곡으로 굴러내리게 함). **~raum**, der 〔기술〕 연소실, 화실(火室). **~reiter**, der 1. 불꽃의 기사 (큰 화재시에 말을 타고 나타나 불을 끈다는 전설의 기사). 2. 화염의 기사(화재의 발생을 예고하는). **~rost**, der (난로 따위의) 격자형 쇠살판. **~rot** 〈Adj.〉 선홍색의: 전의 als ich den Jungen ansprach, wurde er f. 내가 그 젊은이에게 말을 걸자 그는 얼굴빛이 붉게 달아올랐다. **~rüpel**, der (obersächs.·농) 굴뚝 청소부. **~salamander**, der 도롱뇽의 일종. **~säule**, die 불기둥. **~schaden**, der ↑Brandschaden. **~schau**, die (österr.) ↑Brandschau. **~schaufel**, die 부삽. **~schein**, der F. der Revolution 혁명의 섬광(閃光). **~schiff**, das 등대선. **~schlucker**, der 《통용어》 불먹는 곡예사. **~schnaubend** 〈Adj.〉 《아어》 ein -es Roß 불을 뿜는 준마(전설

에서). **~schutz**, der **1. a)** 불조심, 방화(防火). **b)** 방화 시설[조치]. **2.** [군] 엄호사격: jmdm. F. geben 누구를 엄호사격해 주다. **~schutzanstrich**, der 방염(防炎) 칠. **~schutzhelm**, der 소방 헬멧. **~schutzmittel**, das 내화제(耐火劑). **~schwamm**, der 영지(靈芝), 부싯깃, 화융(火茸). **~schweif**, der 《아이》 der F. des Kometen 혜성의 화염 꼬리. **~sicher** 〈Adj.〉 **a)** 불에 견디는, 내화의. **b)** 불로부터 안전한, 불이 날 염려가 없는. **~sicherheit**, die 〈Pl. 없음〉 ↑~sicher의 명사형. **~sirene**, die 화재 경보. **~span**, der 《지역적》 성냥. **~speiend** 〈Adj.〉 ein -er Vulkan 불을 내뿜는 화산. **~spritze**, die 소방 펌프. **~sprühend** 〈Adj.〉 불꽃을 흩뿌리는, 불티를 날리는. **~star**, der 《의학》 수정체의 혼탁(더운 광선을 장기적으로 받아 생기는). **~stätte**, die 화덕, 작업 장소, 불난 자리. **~stein**, der **1.** 화톳, 화석(火石), 부싯돌: mit -en Funken schlagen 부싯돌로 불을 켜다. **2.** 라이터돌. **~steinbeil**, das 차돌 도끼. **~stelle**, die 화덕, 불을 지필 수 있는 곳, 불난 자리. **~stellung**, die 《군》 사격 진지, 포격 위치. **~stoß**, der 《군》 집중 포화(사격). **~strahl**, der 섬광: ein F. fuhr aus dem Rohr 총신에서 섬광이 나왔다. **~stuhl**, der 《청소년》 오토바이: auf einem F. herumkurven 오토바이를 타고 휘돌아다니다. **~sturm**, der 회오리 불바람, 돌개 불바람. **~taufe**, die **1.** 제1차 효능시험(效能試驗): der Dirigent hat seine F. bestanden 지휘자는 제1차 관문을 통과했다. **2.** 《군》 병사의 첫 전투, 처녀출전. **~teufel**, der 《통용어》 방화자. **~tod**, der 《아이》 소사(燒死): zum F. verurteilt werden 화형에 처해지다. **~ton**, der 내화 점토. **~topf**, der 불덩이. **~treppe**, die 《화재시의》 비상 계단: Notausgänge und eiserne -n 비상 출구와 철제 비상 계단. **~überfall**, der 《군》 기습 사격. **~urteil**, das 《역사》 불의 심판에 의거한 판결. **~verhütung**, die 불조심, 화재 예방. **~versicherung**, die 화재 보험. **~versicherungsanstalt**, die, **~versicherungsgesellschaft**, die 화재 보험 회사. **~versicherungspolice**, die 화재 보험 증권. **~versicherungsprämie**, die 화재 보험료. **~verzinkt** 〈Adj.〉 《금속》 아연도금한, 아연을 입힌. **~wache**, die **1.** ↑Brandwache. **2.** ↑~wehrzentrale. **~waffe**, die 화기, 화포류. **~walze**, die 《빛을 발하는》 바다의 피낭류(Pyrosoma). **~wanze**, die 방귀벌레의 일종(Pyrrhocoridae). **~wasser**, die 〈Pl. 없음〉 《아이》 화주, 소주. **~wechsel**, der 《군》 교전(交戰), 쌍방 총포전. **~wehr**, die **1.** 소방대: die F. alarmieren 소방대에 비상을 걸다. **2.** 《통용어》 소방 대원들: er sauste vorbei wie die F. 그는 소방대원들처럼 매우 빨리 질주해갔다. **3.** 《아동》 ↑Feuerwehrauto. **~wehrauto**, das 소방차. **~wehraxt**, die 소방 도끼 《문을 부수고 인명을 구조하기 위한》. **~wehrball**, der 소방대의 무도회. **~wehrbeil**, das ↑~wehraxt. **~wehrfahrzeug**, das ↑~wehrauto. **~wehrhauptmann**, der 자원 소방대의 대장. **~wehrhaus**, das 소방 기구 보관소. **~wehrhelm**, der 소방 헬멧. **~wehrleiter**, die 소방 고가(高架) 사다리. **~wehrmann**, der 〈Pl. -männer/-leute〉 소방 대원. **~wehrpikett**, das 《schweiz.》 소방 준비가 된 부대. **~wehrschlauch**, die 소방 호스, 소방 송수관. **~wehrspritze**, die ↑~spritze. **~wehrübung**, die 소방 훈련. **~wehrzentrale**, die 소방 본부. **~werk**, das 불꽃《놀이》: das Fest endete mit einem großen F. 축제는 거대한 불꽃놀이로써 끝났다. 《전의》 seine Rede war ein F. witziger Einfälle 그의 연설은 재기 만발의 불꽃놀이였다. **~werken** 〈h〉 《드물게》 불꽃놀이를 올리다. **~werker**, der **a)** 불꽃 제조인, 연화(煙火) 기술자. **b)** 폭약 전문가. **~werkerei** [-werkə'raɪ],

die 불꽃 제조술, 연화술(煙火術). **~werkler**, der 《schweiz.》 ↑~werker. **werkskörper**, der 꽃불 폭약 주머니(대개 마분지로 된). **~zange**, die 부젓가락, 부집게. **~zangenbowle**, die 도이어찬예불《홍포도주, 도수 높은 럼주, 과즙을 섞어 만드는 뜨거운 칵테일》. **~zauber**, der 《군·은예》 연속 사격, 맹포격. **~zeichen**, das 불빛 신호. **~zeug**, das 라이터. **~zeugbenzin**, das 라이터 기름. **~zone**, die 《군》 포화(砲火) 지역. **~zug**, der 〈대개 Pl.〉 《기술》 연도(煙道). **~zunge**, die 《아이》 날름대는 불꽃, 불혀.

feuerjo: ↑feurio. **feuern** ['fɔyərn] 〈h〉 **1.** 불지피다, 불때다, 난방하다: den Ofen f. 난로에 불을 피우다. **2.** 《군》 사격하다, 발포하다: auf ein Ziel f. 한 목표물을 겨냥하여 발포하다. **3.** 《통용어》 **a)** 내던지다, 팽개치다: das Buch 《zornig》 an die Wand f. 《화가 나서》 책을 벽에다 내던지다. **b)** 해고하다, 내쫓다: er wurde gefeuert 그는 쫓겨났다. **4.** 《통용어》 불처럼 달아오르다, 화끈거리다. **5.** jmdm. eine f. 《경》 누구의 따귀를 한 대 때리다.

Feuers- (↑feuer-, Feuer-도 참조): **~brunst**, die 《아어·고어》 큰 화재, 큰 불: mehrere Häuser wurden der F. zum Opfer gefallen 여러 집이 큰 화재의 희생이 되었다. **~gefahr**, die ↑Feuergefahr. **~not**, die 《고어》 큰불의 위난(危難).

Feuerung, die; -en **1. a)** 연소 기구. **b)** 연소통, 연소실: einen Topf über die offene F. setzen 냄비를 열린 연소실 위에 얹다. **2.** 〈Pl. 없음〉 불때기, 불지피기: die F. mit Holz ist zu teuer 나무로 난방하기는 너무 비싸다. **3.** 〈Pl. 없음〉 땔감, 연료. **Feuerungsanlage**, die 난방 장치, 연소 시설.

Feuillage [fœ'jaːʒə], die; -n [frz. feuillage] 《미술》 잎 장식. **Feuilleton** [fœja'tõː, 《또한》 'fœjətõ], das; -s, -s [frz. feuilleton] **1.** 신문의 문예《오락》란: für das F. schreiben 문예란에 기고하다. **2.** 《신문 문예물》: er ist ein Meister des -s 그는 신문 문예물의 대가이다. **3.** 《österr.》 수필.

Feuilleton-: **~redakteur**, der 문예란 편집자. **~schreiber**, der 문예란 집필자. **~seite**, die 《신문의》 문예 지면. **~stil**, der 《편》 잡문체. **~teil**, der 문예란. **feuilletonisieren** [..toni'ziːrən] 〈h〉 문예란에 맞게 고쳐쓰다. **Feuilletonismus**, der 《편》 문예 저널리즘. **Feuilletonist**, der; -en, -en 문예란 집필자. **feuilletonistisch** 〈Adj.〉 **1.** 문예《오락》란의. **2. a)** 문예란 문체의, 오락물의: ein -er Stil 오락물의 문체. **b)** 《편》 피상적인.

feurig ['fɔyrɪç] 〈Adj.〉 **1.** 《성격의》 불 같은: ein -er Südländer 정열적인 남국인; -e Gewürze 매운 양념. **2. a)** 《준고어》 이글이글 달아오르는, 불타고 있는. **b)** 《아어》 불처럼 붉은, 새빨간: ein -er Abendhimmel 불타는 저녁 노을. **c)** 《아이》 광채를 발하는: -e Diamanten 번쩍이는 금강석.

feurio! ['fɔyrjo], **feuerjo!** [fɔyɛjo] 〈Interj.〉 《고어》 불이야!

Fex [fɛks], der; -es, -e / 《südd., österr.》 dreij -es, -en 《무엇에》 미친 사람, ...광(狂), 바보.

¹Fez [feːts], der; -es ↑Fes.

²Fez [fets], der; -es 《통용어》 농담, 실없는 짓[소리].

ff = sehr fein 매우 가는, 매우 섬세한.

ff. = fortissimo 매우 세게.

ff. = folgende (Seiten) 다음 쪽들.

FF = französischer Franc 프랑스 화폐 단위: 프랑.

Fiaker ['fi̯akɐ], der; -s, - [frz. fiacre] 《österr.·준고어》 **a)** 이두 마차. **b)** 이두 마차의 마부.

Fiale ['fi̯aːlə], die; -n [건축] 고딕식의 작은 첨탑(尖塔).

fianchettieren [fi̯aŋkeˈtiːrən] 〈h〉 《장기》 피양케트로 시

작하다. **Fianchetto** [fian'keto], das; -(s), ..tti, -s [ital. fianchetto] 【장기】피앙켓토(서양 장기에서 개국하 한 방식).

fiant ['fi:ant] ↑fiat (2) 참조.

Fiasko ['fiasko], das; -s, -s [ital. fiasco] 대실패, 실책: ein F. erleben 대실패를 겪다.

fiat ['fi:at; lat. fiat] **1**. 그렇게 될지어다(있게 할지어라). **2.** 【의학】다음과 같이 조제하도록(처방 전에 쓰는 말; 약어: f.). **Fiat** [-], das; -s, -s 【고어】동의, 허락.

Fiat ['fi:at], FIAT Ⓦ = Fabbrica Italiana Automobili Torino 이탈리아의 대표적 자동차 회사명.

fiat justitia, et pereat mundus ['fi:at jus'ti:tsia et 'pe:reat mʊndʊs; lat.] (das Recht muß seinen Gang gehen, und sollte die Welt darüber zugrunde gehen) 정의는 그대로 행해져야만 한다, 비록 그로 인해 이 세상이 멸망한다고 치더라도.

¹Fibel ['fi:bl], die; -n [(많은 독본의 출처인) ↑Bibel의 왜곡형] **1.** 초학 독본(初學讀本). **2.** 입문서, 안내서.

²Fibel [-], die; -n [lat. fibula] 【예술】선사 시대 금속 바늘[핀](옷을 여미는데 사용함).

Fiber ['fi:bɐ], die; -n [lat. fibra] **1.** 【의학·생물】섬유: 전의 mit allen ~n seines Herzens an jmdm. (etw.) hängen 전적으로 누구[무엇]에 매달리다. **2.** 〈Pl. 없음〉 인조 섬유. **fibrillär** [fibrɪ'lɛːɐ̯] 〈Adj.〉【의학】근원섬유(筋原繊維)로 된. **Fibrille** [fi'brɪlə], die; -n [lat. fibra 의 축소형]【의학】근원 섬유(근육이나 신경의). **fibrillieren** [fibrɪ'liːrən] 〈h〉 펄프를 찧다(잘게 부수다). **Fibrin** [fi'bri:n], das; -s [lat. fibra] 【의학】피브린(피브리노겐에서 생성하는 혈액 단백질), 섬유소(纖維素). **Fibrinogen** [fibrino'ge:n], das; -s 【의학】피브리노겐(피브린 이전(以前) 단계로 혈장에 포함되어 있는 단백질). **fibrinös** [fibri'nø:s] 〈Adj.〉 【의학】피브린 함유의, 피브리이 많은. **Fibroin** [fibro'i:n], das; -s [lat. fibra] 천연 생사(生絲) 단백질. **Fibrolipom** [...li'po:m], das; -s, -e [lat. fibra] 【의학】결체(結締) 및 지방(脂肪) 조직의 양성(良性) 종양. **Fibrom** [fi'bro:m], das; -s, -e [lat. fibra] 【의학】결체 조직의 양성(良性) 종양. **Fibromyom** [fibromy'o:m], das; -s, -e 【의학】결체 및 근육 조직의 양성(良性) 종양. **fibrös** [fi'brø:s] 〈Adj.〉 [lat. fibra] 【의학】결체조직(結締組織)으로 구성된. **Fibrosarkom** [fibrozar'ko:m], das; -s, -e 【의학】결체 조직의 악성(惡性) 종양.

¹Fibula ['fi:bula], die, Fibuln ['fi:bʊln; lat. fibula] ↑ ²Fibel. **²Fibula** [-], die; ...lae [...lɛː lat. fibula] 【의학】비골(腓骨)(Wadenbein).

¹Fiche [fi:ʃ], die; -s [frz. fiche] **1.** 칩(카지노, 카드 놀이 등에서 돈 대신 계산되는). **2.** 【고어】야영지 구획 말뚝. **²Fiche** [-], das/der; -, -s [engl. fiche ← frz. fiche] 【문서·정보】 (마이크로) 피시(정보 정리용의 마이크로 카드와 필름 종류).

ficht [fɪçt] ↑fechten 참조.

Fichte [fɪçtə], die; -n **1. a)** 소나무. **b)** (독일) 가문비(나무). **2.** 〈Pl. 없음〉 가문비나무·소나무의 목재. **fichten** 〈Adj.〉 가문비나무로 만든: eine -e Tür 가문비나무로 만든 (대)문.

Fichten-: **~apfel**, der ↑~zapfen. **~baum**, der (독일) 가문비나무. **~bestand**, der 가문비나무 숲의 입목수(立木數). **~bohle**, die 가문비나무의 두꺼운 널빤지. **~brett**, das 가문비나무의 판자. **~dickung**, die 〈집 업〉 신생 가문비나무의 총림(叢林). **~gehölz**, das 가문비나무 숲. **~hain**, der 가문비나무 소림(小林). **~harz**, das 가문비나무 송진(松津). **~holz**, das 가문비나무 목재. **~honig**, der 가문비나무 꿀. **~kreuzschnabel**, der 잣새속의 일종. **~nadel**, die 가문비나무 침엽. **~nadelbad**, das 솔잎액 목욕(솔잎 엑기스나 솔잎 기름

을 푼 물에 목욕하는 것). **~nadelextrakt**, der 솔잎액[엑스](목욕첨가물로 쓰임). **~nadelöl**, das 솔잎 기름 (목욕 첨가물로 쓰임). **~reisig**, das 가문비나무 잔가지. **~schonung**, die 【임업】(어린) 가문비나무 보호림 구역. **~spargel**, der 【식물】수정란(水晶蘭) 비슷한 부생(腐生) 식물. **~stamm**, der 가문비나무 줄기. **~wald**, der 가문비나무 수림[숲]. **~zapfen**, der (가문비나무의) 솔방울. **~zweig**, der 가문비나무가지.

Fichu [fi'ʃy], das; -s, -s [frz. fichu] 삼각보(어깨와 가슴을 감고 등에서 묶는).

Fick [fɪk], der; -s, -s 〈비어〉 ↑Koitus, **ficken** ['fɪkn̩] 〈h〉〈비어〉 **a)** ↑koitieren: er hat mit dem Mädchen gefickt 그는 그 처녀와 씹을 했다; [성교] fick dir bloß nicht ins[aufs] Knie! 딴청부리지 말라구 ! **b)** 성교하다, 교접하다: ein Mädchen f. 어떤 처녀와 성교하다. **c)** 【청소년】↑herannehmen.

Ficke ['fɪkə], die; -n (nordd.) 호주머니.

ficker, der; -s, -《비어》색골, 호색가. **Fickerei**, die; -en〈비어〉 씹. **fickerig**, **fickrig**, **Fickerjan** ['fɪk(ə)rɪç] 〈Adj.〉 **1.** 〈지역적〉 바둥거리다. **2.** 〈비어〉 꼴린, 음탕한. **Fickfack** ['fɪkfak], der; -(e)s, -e 〈지역적〉 핑계, 구실. **fickfacker**, der; -s, -《지역적》 믿을 수 없는 사람. **fickfacke(r)n** 〈h〉 〈지역적〉 핑계를 대다, 얼버무려 넘기다. **Fickfackerei**, die; -en 속임수, 엉터리 짓. **Fickmühle**, die 〈im [mundartl. ficken = hin u. her bewegen]〉〈지역적〉 ↑Zwickmühle. **fickrig**: ↑fickerig.

Ficus ['fi:kʊs], der; -, ...ci ['fi:tsi; lat. ficus] 무화과나무(Feigenbaum)의 라틴어 표기.

Fideikommiß [fideiko'mɪs], das; ...misses, ...misse [lat. fideicommissum] 【법·옛】 (한 집안에 세습 상속되는) 가족[문중] 세습 재산. **Fideismus** [fide'ɪsmʊs], der; - [lat. fidēs] **1.** 신앙주의(신앙을 유일한 인식의 근거로 생각하여 이성보다 우선함). **2.** 신교의 신앙교의(信仰教義)(믿음의 내용보다는 믿음 그 자체가 결정적이라는 이론). **Fideist**, der; -en, -en 신앙주의자. **fideistisch** 〈Adj.〉 신앙주의의.

fidel [fi'de:l] 〈Adj.〉 [lat. fidēlis] 〈통용어〉 쾌활한, 명랑한: er ist ein -es Haus 그는 쾌활한[명랑한] 사람이다. **Fidel** ['fi:dl], die; -n 피들(현악기의 일종)(↑Fiedel). **Fidelismo** [fide'lɪsmo], der; -(s) [span. Fidelismo] 피델주의(쿠바 수상 피델 카스트로의 마르크스-레닌주의 노선에 따르는 정치 혁명 운동). **Fidelismus**, der 〈Pl. 없음〉 ↑Fidelismo. **Fidelist**, der; -en, -en [span. Fidelista] 피델주의자, 피델 카스트로 추종자.

Fidelitas [fi'de:litas], **Fidelität** [fideli'tɛːt], die [lat. fidēlitās] ↑Fidulität. **Fides** ['fi:dɛs], die [lat. fidēs] 신의(信義)(고대 로마에서 주종간의).

Fidibus ['fi:dibʊs], der; -/-ses, -/-se (준고어·농) 파이프 불붙이개, 종이노끈.

Fidschi ['fidʒi] 피지(남태평양 서부에 위치하는 섬나라). **Fidschianer** [fi'dʒiɐne], der; -s, - 피지 사람. **fidschianisch** [fi'dʒianɪʃ] 〈Adj.〉 피지(사람)의. **Fidschiinseln** (관사와 함께 복수로만) 피지.

Fidulität [fiduli'tɛːt], die; -en [lat. fidēlitās] (대학생의 비공식적인) 술자리(술판). 〈다음의 용법으로만〉 **kein Fiduz zu etw. haben** (통용어·준고어) 1) 무엇을 할 용기가 없다. 2) 무엇에 대한 흥미가 없다. **Fiduziant** [fidu'tsiant], der; -en, -en [법] (재산 관리) 신탁자(信託者). **Fiduziar** [...'tsiaːɐ̯], der; -s, -e [법] (재산관리) 수탁자(受託者). **fiduziarisch** [...'tsiaːrɪʃ] 〈Adj.〉 [lat. fidūciārius] [법] 재산 관리 수탁(자)의: -es Geschäft 재산관리 수탁 업무.

fiduzit! [fi'du:tsɪt; lat. fidūcia sit = vertraue darauf!] [대학생] 권주(勸酒)(schmollis!)에 대한 대답의 표현.

Fiduzit [-], das; - 【대학생】 fiduzit의 외침.
Fieber ['fi:bɐ]; das; -s, 〈드물게〉- [lat. febris] **1. a)** 열, 신열(38°가 넘는): hohes F. haben[bekommen] 고열이 있다; mit F. im Bett liegen 몸에 열이 있어 자리에 누워 있다. **b)** 열병. **2.** 《아어》 심취(心醉), 열광(熱狂): das F. der Spielleidenschaft hat ihn erfaßt 그는 도박벽(癖)에 사로잡혔다.

fieber-, Fieber- (Fieber 1): **~anfall**, der 발열, 열병의 발작. **~anstieg**, der 〈Pl. 없음〉 열이 오름. **~attacke**, die 심한 발열. **~baum**, der 치열목(治熱木) (열강하제 성분이 있음), 유칼립투스. **~erzeugend** 〈Adj.〉 발열성의. **~flecken** (Pl.) 열반점(熱斑點). **~frei** 〈Adj.〉 열이 없는. **~freiheit**, die 〈Pl. 없음〉 ~frei의 명사형. **~frost**, der 오한. **~glänzend** 〈Adj.〉 -e Augen 신열로 번득이는 눈. **~glühend** 〈Adj.〉 ein -es Gesicht 신열로 불덩이 같은 얼굴. **~glut**, die 《아어》 ↑~hitze. **~heiß** 〈Adj.〉 신열로 뜨거운: ein -er Gesicht 신열로 뜨거운 얼굴. **~hitze**, die 고열(열병으로 인한). **~krank** 〈Adj.〉 열병에 걸린. **~kranke***, der/ die 열병환자. **~kurve**, die (열병 환자의) 체온 곡선. **~los** 〈Adj.〉 열이 없는. **~matt** 〈Adj.〉 열에 지친, 신열로 기진맥진한. **~messer**, der 《통용어》 ↑~thermometer. **~mittel**, das 【의학】 해열제, 발열제. **~mücke**, die 학질모기(Anopheles). **~phantasie**, die 고열로 인한 환각, 열섬망(熱譫妄). **~rinde**, die 치열목피(治熱木皮), 유칼립투스 나무껍질. **~röte**, die 열반, 홍반. **~schauer**, der 오한(惡寒). **~senkend** 〈Adj.〉 -es Mittel 해열제. **~tabelle**, die 체온표. **~thermometer**, das 체온계. **~traum**, der ↑~phantasie. **~verlauf**, der 신열의 진행. **~wahn**, der ↑~phantasie. **~wirksam** 〈Adj.〉 해열 효과가 있는: -e Chinarinde 해열 효과가 있는 기나피(幾那皮).

fieberhaft 〈Adj.〉 **1.** 열성(熱性)의: eine Erkrankung 열성 발병(疾病). **2. a)** 열성적인, 조급스런. **b)** 이상하게 달아오른. **fieberig**: ↑fiebrig. **fiebern** ['fi:bɐn] 〈h〉 **1.** 열이 있다. 열이 나다: der Kranke fiebert 환자가 열이 있다. **2. a)** 매우 들떠 있다, 안절부절하다, 허둥지둥하다: die Kinder fieberten vor Aufregung 아이들은 흥분해서 들떠 있었다. **b)** 갈망하다. **fiebrig**, 《또한》 fieberig ['fi:b(ə)rɪç] 〈Adj.〉 **1. a)** 신열이 있는: das kind ist f.[sieht f. aus] 아이가 열이 있다(있어 보인다). **b)** 열을 동반하는: eine -e Erkältung 열이 나는 감기. **c)** 열이 있음을 암시하는: -e Augen 열이 있어 보이는 눈. **2.** 흥분한(무엇을 기대하여), 허둥지둥하는: in -er Eile[Aufregung] 허둥지둥 서둘러서[법석을 떨며].

Fiedel ['fi:dl], die; -n 〈↑Fidel〉 【고어・농・폄】 ↑ Geige. ↑Fidel. **Fiedelbogen**, der 《고어》 ↑ Geigenbogen: **gespannt sein wie ein F.** 《통용어》 무엇에 대해 호기심에 가득 차 있다. **fiedeln** ['fi:dln] [mhd. videlen] 《농・폄》 (엉성한 솜씨로) 바이올린을 켜다.

Fieder ['fi:dɐ], die; -n **1.** 《고어》 작은 깃털. **2.** 【식물】 작은 솜털잎. **Fiederblatt**, das 【식물】 우엽(羽葉)〔작은 잎모양 새잎으로 이루어진〕. **Fiederblättchen**, das ↑ Fieder (2). **fiederig**, fiedrig ['fi:d(ə)rɪç] 〈Adj.〉 깃(털)이 있는. **fiedern** ['fi:dɐn], sich 〈h〉 【사냥】 털갈이하다. **fiederteilig** 〈Adj.〉 ↑gefiedert (2). **Fiederung**, die; -en 깃털 나 있는 모양.

Fiedler ['fi:dlɐ], der; -s, **- a)** 《고어》 거리의 바이올린 악사. **b)** 《농・폄》 서투른 바이올린 연주가.

fiedrig: ↑fiederig.
fiel [fi:l] ↑fallen 참조.
Fieldistor ['fi:ldɪstɔr, ...tɔːɐ, 《또한》 -'--], der; -s, -en [...'tɔːrən; amerik. fieldistor, field effect transistor의 약어] 《출력 전류를 전장에 의해 제어하는》 전계 효과 트랜지스터.

Field- ['fi:ld-] 〈붙임표와 함께〉: **~research** [-rɪsɜːtʃ], das; -s [engl.-amerik. field-research] 【사회】 현장연구[조사] (면담이나 설문지에 의한). **~spaniel** [-spɛnɪəl], der; -s, -s [engl. field spaniel] 사냥용 스파니엘. **~work** [-wəːk], das; -s [engl.-amerik. fieldwork] ↑ Field-research. **~worker** [-wəːkɐ] der; -s, - [engl.-amerik. fieldworker] 【사회】 현장 면담[조사]자(시장 조사나 의견 조사에서).

fiepen ['fi:pn] 〈h〉 《의성어》 **1.** 【사냥】 《새끼 노루나 암노루의》 후림소리를 내다. **2.** 나즈막하고 높은 소리를 내다: der Hund fiepte ängstlich 개가 겁에 질려 낑낑거린다.
Fierant [fiəˈrant, fiɛˈrant], der; -en, -en [ital. fiera] (bayr., österr.) 시장상인, 물건 파는 사람.
fieren ['fiːrən] 〈h〉 [niederd. vīren] 【선원】 **a)** 밧줄을 풀어 (짐 따위를) 내리다: ein Segel f. 돛을 내리다. **b)** 밧줄을 풀다.
fiero ['fi̯eːro] 〈Adv.〉 [ital. fiero] 【음악】 오만하게, 거칠게, 격렬하게.
fies [fiːs] 〈Adj.〉 《통용어》 **1.** 구역질[혐오감]을 불러 일으키는: -es Zeug 구역질 나는 것; er sieht f. aus in seiner Ungepflegtheit 손질 안된 그의 모습에 혐오감을 일으킬 정도이다. **2.** 거슬리는, 마음에 안드는: ein -er Charakter 거슬리는 성격. **3.** 어려운, 불편한, 귀찮은: das Entwirren des Wollknäuels ist eine -e Arbeit 얽힌 털실 뭉치를 풀어내는 것은 귀찮은 일이다. **Fiesling** ['fiːslɪŋ], der; -s, -e 《폄》 역겨운 사람, 거부감 드는 사람.
Fiesta ['fi̯ɛsta], die; -s [span. fiesta] 스페인 (민속) 축제.
Fifa, FIFA ['fiːfa], die [Fédération Internationale de Football Association] 국제 축구 연맹.
fifty-fifty ['fɪftɪˈfɪftɪ; engl.-amerik. fifty-fifty] 《다음의 용법으로》 f. **machen** 《통용어》 반반으로 하다; f. **ausgehen**[**stehen**] 결정이 나지 않은 채로 끝나다[있다]: die Sache ist f. ausgegangen 그 일은 미결로 끝났다.
Figaro ['figaro, fi:...], der; -s, -s [Beaumarchais의 희곡《세빌라의 이발사》에 따라] 이발사.
Fight [faɪt], der; -s, -s [engl. fight] **1.** 격전(운동 경기에서의), 격투: ein begeisternder F. 감격적인 격전. **2.** 【권투】 권투경기. **Fighten** ['faɪtn] 〈h〉 [engl. fight] **1.** 격전을 치르다. **2.** 【권투】 치고받으며 싸우다. **Fighter** ['faɪtɐ], der; -s, - [engl. fighter] **1.** 투사. **2.** 【권투】 역전(力戰形) 권투 선수: er gilt als verbissener F. 그는 집요하게 치고받는 권투선수로 통한다.
Figur [fiˈguːɐ], die; -en [lat. figūra] **1.** 〈축소형: ↑ Figürchen〉 몸매, 자태: eine schöne F. 아름다운 몸매; auf seine F. achten 뚱뚱해지지 않으려고 음식을 절제하다; **eine (gute) F. machen** 《통용어》 어떤 (좋은) 인상을 주다; **eine gute**[**schlechte**] **F. machen** [**abgeben**] 나타나서 좋은[나쁜] 인상을 주다. **2.** 〈축소형: ↑Figürchen〉 (예술적) 형상(形象), 조상(彫像): mythologische -en 신화적 형상들. **3.** 〈축소형: ↑ Figürchen〉 (장기의) 말: eine F. zieht 말을 움직이다. **4. a)** 도형(圖形), 스케치, 도안: eine geometrische F. 기하학적 도형. **b)** 삽화, 도해: vergleiche F. 4 도해 4를 참조함(약어: Fig.). **5. a)** 인물(영향력을 지닌): er war eine wichtige F. seiner Zeit 그는 당대의 중요한 인물이었다. **b)** 〈대개 Pl.〉 『경』 사람(대개 남성): das waren die -en von vorhin 그들은 바로 앞서 나온 그 사람들이었다. **c)** 작중 인물: die -en des Dramas 드라마의 인물들; eine F. aus einem Märchen 동화에 나오는

인물. **6.** (무용에서의) 동작, 자세: eine einzelne F. (eines Tanzes) üben (무용의) 개별 동작을 연습하다. **7.** 【음악】 음형(音型). **8.** 【언어】 파격어법(破格語法), 문체 수단으로 사용되는 어법, 문채(文彩): eine rhetorische F. 수사적 어법. **Figura** [fi'gu:ra; lat. figûra, Figur.] (다음의 용법으로만) **wie F. zeigt** 〈교양어·준고어〉 보기에서 알 수 있다시피. **Figura etymologica** [-etymo'lo:gika], die; ...rae [...re] ...cae [...ke] 〈 etymologisch 〉 【수사·양식】 어원수식법(語源修飾法) (자동사가 동일 어간 명사를 목적어로 취하는 연결, 예컨대: einen Kampf kämpfen). **figural** [figu'ra:l] 〈Adj.〉 형상적인, 도형적인, 수식적인. **Figuralität** [figurali'tɛ:t], die 【예술】 도형성, 형상성, 수식성. **Figuralmusik**, die 음형악절(音型樂節) 〈중세 교회음악에서 여러 음성의 대위법적인〉. **Figurant** [figu'rant], der; -en, -en [lat. figūrāns] **a)** 〈연극·영화·고어〉 무언 단역(無言端役), 병어리 단역. **b)** 조연, 대역(代役). **Figurantendasein**, das 무언단역의 신세, 조연 신세. **Figurantin** ↑Figurant의 여성형. **Figuration** [figura'tsio:n], die; -en [lat. figūrātio] **1.** 〈교양어〉 표설화(表設化). **2.** 【예술】 **a)** 형상화, 비유적 표현. **b)** 형상 구조. **figurativ** [...'ti:f] 〈Adj.〉 [lat. figūrātīvus] 〈교양어〉 **1. a)** 형상적, 도형적: die = Darstellung einer Szene 한 장면의 형상적 표현. **b)** 조형적인, 성형적인. **2.** 〈준고어〉 비유적인: ein -er Sprachgebrauch 비유적인 언어 사용. **Figürchen** [fi'gy:ɐ̯çən], das; -s, - ↑Figur (1~3). **figuren-, Figuren-**: **~gruppe**, die 군상(群像) 〈예술 작품으로의〉. **~kapitell**, das 【건축】 조상주두(彫像柱頭) (기둥 꼭대기에 여러 상을 조각한). **~muster**, das 도형무늬. **~reich** 〈Adj.〉 형상(작중인물)이 많은, (극의) 등장인물이 풍부한. **~theater**, das 인형극. **figurieren** [figu'ri:rən] 〈h〉 [lat. figūrāre] **1.** 〈교양어〉 어떤 역을 수식하다: als Rennleiter f. 경주 선수단장을 맡아보다. **2.** 【음악】 화음을 수식하다. **Figurierung**, die; -en ↑Figuration (1). **Figurine** [figu'ri:nə], die; -n [frz. figurine] **1.** 【예술】 작은 입상(立像)[조상(彫像)]. **2.** 【예술】 〈풍경화의〉 점경인물(點景人物). **3.** 〈연극〉 의상 디자인. **figürlich** [fi'gy:ɐ̯lɪç] 〈Adj.〉 **1.** 몸매의, 자태의. **2.** 【예술】 상(像)을 나타내는. **3.** 〈준고어〉 비유적인: ein -er Wortgebrauch 비유적인 낱말의 사용. **Figurproblem**, das; -s, -e 〈대개 Pl.〉 〈통용어〉 알맞 따위를 구입할 때의 체격상의 어려움. **Fiktion** [fik'tsio:n], die -en [lat. fictio] **1.** 〈교양어〉 허구(虛構), 지어낸 것, 가공물(架空物): eine politische (literarische) F. 정치적[문학적] 허구; die F. der koreanischen Wiedervereinigung 상상 속에 존재하는 한국 재통일. **2.** 【철학】 가설(假設), 의설(擬設). **fiktional** [fiktsio'na:l] 〈Adj.〉 〈교양어〉 허구적인, 가공적인. **fiktionalisieren** [fiktsionali'zi:rən] 〈h〉 〈교양어〉 허구화하다. **Fiktionalisierung**, die 허구화: die F. der Realität 현실의 허구화. **Fiktionalismus**, der; - 【철학】 가설론, 의설론(擬設論). **fiktiv** [fɪk'ti:f] 〈Adj.〉 〈교양어〉 가정적(假定的)인, 가공적(架空的)인, 허구의: ein -er Dialog 꾸며낸 대화; etwas erweist sich als (rein) f. 무엇이 (말짱) 지어낸 것으로 밝혀진다.

Fil-à-fil [fila'fil], das; - [frz. fil-à-fil] 어두운 색과 밝은 색이 교차하는 (두 가지 색의 실로 짠) 옷감. **Filage** [fi'la:ʒə], die; -n [frz. filage] **1.** 〈방직〉 이중 견사직물. **2.** 사기도박에서 안표(眼標)의 카드를 바꿔 넣는 짓. **Filament** [fila'mɛnt], das; -s, -e [lat. filāmentum] **1.** 【식물】 화사(花絲). **2.** 〈대개 Pl.〉 【천문】 〈태양의〉 홍염(紅焰). **Filanda** [fi'landa], die; -en [ital. filanda] 〈고어〉 견사 방적 공장. **Filaria** [fi'la:ria], die; ...iae [...ie] / ...ien 〈대개 Pl.〉 [lat. fīlum] 【동물】 사

상층(絲狀蟲). **Filarienkrankheit**, die ↑Filariose, **filar il tuono** [fi'laːr il 'tuɔno; ital., filare u. t(u)ono] 【음악】 소리를 균일하게 내다〈바이올린 연주와 성악에서〉. **Filariose** [fila'rio:zə], die; -n 【의학】 사상충 질환(絲狀蟲(四角編物式) 고리바늘 뜨개질. **fil di voce** ['fil di 'vo:tʃə; ital., fil(o), di u. voce] 【음악】 가느다란 목소리로. ¹**Filet** [fi'leː], das; -s, -s [frz. filet] **1.** 【섬유】 그물천, 망상직물(網狀編物). **2.** 〈수공〉 ↑Filetarbeit. ²**Filet** [-], das; -s, -s [frz. filet] 【요리】 **a)** 필레고기〈소나 돼지의 허리 부분이나 늑골 사이의 좋은 고기〉: ein F. vom Rind 소의 허릿살 고기; F. mignon filet mi'njɔ̃(필레 석서구이, 소·돼지 그리고 새끼양이나 거세된 숫양의 고기도 포함). **b)** 생선 필레〈생선의 뼈를 발라내고 껍질을 벗긴 토막고기〉. **c)** 가금(家禽)의 가슴 고기. ³**Filet** [-], das; -es, -s [frz. filet] 【섬유】 무명방적에서 실푸는 기계 뒤에 있는 직조통.

¹**Filet-**: **~arbeit**, die 필레 레이스, 네모 뜨개질, 사각 편물(四角編物). **~deckchen**, das ↑~decke의 축소형. **~decke**, die 사각편물의 탁자(식탁)보. **~häkelei**, die 사각편물식(四角編物式) 고리바늘 뜨개질. **~handschuh**, der 사각편물 장갑. **~nadel**, die 사각편물을 바늘. **~spitze**, die 사각편물의 모서리. **~stickerei**, die 사각편물 자수.

²**Filet-**: [-]: **~braten**, der 필레 불고기. **~fleisch**, das 필레고기. **~gulasch**, das / der 필레 굴라시(소나 돼지의 허릿살 고기를 잘게 썰어 야채와 양념을 넣고 살짝 굽고 찐 스튜). **~steak**, das 필레 스테이크. **~stück**, das 필레 고기 조각. **~topf**, der 【요식업】 필레 사발요리.

Filete [fi'leːtə], die; -n [frz. filet] 【제본】 **a)** 금박 압인. **b)** (표지 및 등에 넣는) 금박 장식. **filetieren** [fileti'rən] 〈h〉 【요리】 필레 고기를 발라내다(소, 돼지, 조류 그리고 들짐승을 잡아서). **Filetiermaschine**, die 필레고기 절단기(회전 칼이 돌아가는). **Filetierer**, der 필레고기를 쓰는 사람.

Filia hospitalis ['fi:lia hɔspi'ta:lɪs], die; ...iae ...les [...iɛ ...lɛs; lat. filia hospitālis] 〈농·준고어〉 대학생 하숙집 주인의 딸.

Filial- [fi'lia:l-; lat. filiālis]: **~betrieb**, der ↑Filiale. **~gemeinde**, die 〈종교·분회당의〉 지부 교구. **~generation**, die 【발생학】 양친의 자식대(子息代). **~geschäft**, das ↑Filiale (1). **~kirche**, die 〈가톨릭의〉 공소, (신교의) 분회당. **~leiter**, der 지사장, 지사장. **~netz**, das 지점망(支店網). **~prokura**, die 【경제】 지점[지사] 업무대리권.

Filiale [fi'lia:lə], die -n **1.** 〈식물〉 연쇄점, 체인 스토어: das Geschäft hat -n in mehreren Vororten 이 상사(商社)는 변두리 여러 곳에 연쇄점을 갖고 있다. **2.** 지사(支社), 지점(支店)(은행·보험·숙박업의): die F. einer Bank 은행 지점; eine F. errichten [eröffnen] 지점을 개설하다. **Filialist** [filia'lɪst], der; -en, -en 【경제】 **1. a)** 연쇄점 업자. **b)** 지사장, 지점장. **2.** 지부교구의 사제(司祭).

Filiation [filia'tsio:n], die [lat. fīlius] **1.** 【계보】 친자관계(親子關係), 혈통 관계(의 확인): (il)legitime F. (부)적법 친자 관계, (서출)적출. **2.** 【법】 법적 친자 관계(親子關係). **3.** 【정치】 국가 재정 편성. **4.** 본부 수도원과 지부 수도원의 관계(중세 수도원 제도에서 규정된). **Filiationsnachweis**, der 친자 확인 증명.

¹**Filibuster**: ↑Flibustier. ²**Filibuster** [fili'bastɐ], das; -(s), - [engl.-amerik. filibuster] (긴 연설에 의한 소수파의) 의사 진행 방해.

filieren [fi'li:rən] 〈h〉 [frz. filer] **1.** 〈수공〉 사각편물(四角編物)을 뜨다: eine Decke [ein Netz] f. 이불[그물]을 사각편물로 뜨다. **2.** filetieren.

filigran [fili'gra:n] 〈Adj.〉 금사(金絲)[은사(銀絲)] 세공

Filigran의: -e Ornamentik 금사[은사] 장식술. **Filigran** [-], das; -s, -e [ital. filigrana] 금사(金絲)[은사(銀絲)] 세공.

Filigran- [-]: **~arbeit,** die ↑Filigran. **~glas,** das 실무늬 유리(유리 속에 격자무늬 등으로 사선(絲線)이 들어가서 무늬를 이룸). **~papier,** das (빛에 대면) 얼비치는 선이 있는 종이, 비선지(秘線紙). **~schmuck,** der 금사[은사]의 장신구.

Filipina, die; -s ↑Filipino의 여성형. **Filipino** [fili'pi:no], der; -s, -s (고대) 말레이 군도 태생의 필리핀 주민.

Filius ['fi:lius], der; -, -se [lat. filius] 《교양어·농》 청소년 나이의 아들.

Fillér ['filɛr, 'file:r], der; -(s), - [ung. fillér] 헝가리 화폐 단위(100 Filler(s) = 1 Forint).

Film [film], der; -(e)s, -e [engl. film] **1.** 박막(薄膜), (액체 표면에 덮인) 얇은 층: ein öliger F. bedeckte die Wasserfläche 기름 층이 수면을 덮고 있었다. **2.** 필름: ein hochempfindlicher F. 고감도 필름; der F. ist unterbelichtet 그 필름은 노출 부족이다; den F. entwickeln 사진을 현상하다; ich habe noch drei Bilder auf dem F. 《통용어》아직도 나는 사진 석장 찍을 필름이 남아 있다. **3. a)** 영화: einen F. (ab)drehen[machen, synchronisieren, ansehen] 영화를 촬영(완료)하다(만들다, 동시녹음하다, 보다); das Drehbuch für einen F. schreiben 영화 각본을 쓰다; in einen F. gehen《통용어》영화를 보러가다; der F. läuft schon seit vier Wochen 그 영화는 4주 전부터 상영되고 있다; 전의 Mensch, war das ein F.! 《경》참말로, 그것은 대단한 사건이었다구!; wie hin ist der Film gerissen《통용어》어떤 일을 기억해낼 수가 없다; einen F. drehen 《경》어떤 여인과 정사(情事)를 갖다. **b)** (Pl. 없음) 영화계(映畫界): der F. hat ihn mehr interessiert als das Theater 영화계가 연극계보다 그를 더욱 흥미롭게 했다; sie will zum F. gehen《통용어》그녀는 영화배우가 되려고 한다.

film-, Film-: **~abend,** der 영화 상영의 밤. **~amateur,** der 아마추어 영화인. **~apparat,** der 《통용어》 **1.** ↑~kamera. **2.** ↑~projektor. **~architekt,** der 무대 장치가. **~archiv,** das 영화 도서관; 필름 대출소. **~atelier,** das 촬영실, 스튜디오. **~aufnahme,** die 영화 촬영. **~ausrüstung,** die 영화 장비. **~autor,** der ↑Drehbuchautor. **~ball,** der 영화계(映畵界)의 무도회. **~band,** das ↑~streifen. **~begeistert** 〈Adj.〉 영화에 열중한. **~bericht,** der 영상 보고(映像報告). **~berichterstatter,** der 영상 기자(영화를 찍어 보도하는). **~besprechung,** die ↑~kritik (a). **~bild,** das **1.** 스틸 사진. **2.** 영상(映像). **3.** (선전용) 입상 사진(立像寫眞). **~branche,** die ↑~wirtschaft. **~bühne,** die 《준고어》↑Kino. **~club,** der ↑~klub. **~cutter,** der ↑Cutter. **~cutterin,** die ↑~cutter의 여성형. **~darsteller,** der 영화배우. **~debüt,** das (영화배우의) 처녀 출연, 영화계 데뷔. **~diva,** die 《준고어》유명 여배우, 인기 여배우. **~drama,** das 극영화. **~fan,** der 영화팬. **~festival,** das 영화제(映畵祭). **~festspiele** 〈Pl.〉↑~festival. **~format,** das 필름 규격. **~fritze,** der 《경》영화인(제작자, 감독 등). **~genre,** das 영화 장르. **~geschäft,** das 〈Pl. 없음〉영화 제작 업무. **~geschichtlich** 〈Adj.〉영화사적(映畵史的)인. **~gesellschaft,** die 영화 회사. **~größe,** die 《통용어》 저명한 영화 배우, 인기 영화 배우. **~groteske,** die 희극 (무언) 영화. **~handlung,** die 영화의 사건 전개, 이야기 줄거리. **~hase,** der 《통용어·농》 영화통(映畵通): er ist ein alter F. 그는 오래 된 영화통이다. **~heini,** der 《팸》↑~fritze. **~held,** der 영화 주연 배우. **~hersteller,** der 영화 제작자. **~illu-**strierte, die 영화 화보 잡지(畵報雜誌). **~industrie,** die 영화 산업. **~kamera,** die 영화 촬영용 카메라. **~karriere,** die 영화배우 경력. **~kassette,** die 【사진】필름통(차광이 되어 있고 필름이 풀려나오는 틈이 나 있음). **~kitt,** der 필름 접합제. **~klub,** der 영화 동호인 클럽. **~komiker,** der 영화 희극 배우. **~komödie,** die 희극 영화. **~komparse,** der 엑스트라. **~komponist,** der 영화 음악 작곡가. **~kopie,** die 영화 복사. **~kritik,** die **a)** 영화 비평. **b)** (Pl. 없음) 영화 평론계. **~kritiker,** der 영화 평론가. **~kulisse,** die 영화 장면의 배경(세트). **~kunst,** die 영화 예술. **~künstler,** der 《드물게》↑~schauspieler. **~leinwand,** die 영화 스크린. **~liebling,** der 《통용어》인기 배우. **~material,** das **1.** 필름 재일(材質). **2.** 필름 자료. **~montage,** die 영화 몽타즈, 화면 구성(영화에서의). **~musical,** das 뮤지컬 영화. **~musik,** die 영화 음악. **~nachwuchs,** der 신진배우. **~oper,** die 영화 오페라. **~operateur,** der 《고어》 **1.** ↑Kameramann. **2.** ↑~vorführer. **~operette,** die 영화 희가극. **~palast,** der 대형 호화 영화관. **~plakat,** das 영화 선전 벽보, 영화 선전 플래카드. **~preis,** der 영화상. **~premiere,** die 영화의 첫 상연. **~produktion,** die 영화 제작. **~produzent,** der 영화 제작자. **~programm,** das ↑Kinoprogramm. **~projekt,** das 영화 촬영 계획. **~projektor,** der 영사기. **~publikum,** das 영화 관객. **~regie,** die 영화의 감독, 영화 연출. **~regisseur,** der 영화 감독. **~reklame,** die 영화 광고. **~reportage,** die 기록 영화. **~riß,** der (다음의 용법으로) **einen F. haben**《통용어》필름이 끊어졌다, 기억이 안난다. **~rolle,** die **1.** 필름 스풀(대개 영화 필름 800m 길이를 감을 수 있음), 릴, 필름 감개. **2.** 영화 배역. **~salat,** der 〈Pl. 없음〉《은어》필름 샐러드. **~satz,** der ↑Fotosatz. **~schaffen,** das 영화 제작(예술적 요구에 부응하는). **~schaffende',** der/ die 영화 제작인(특히 그 예술적 형식에 있어서의 각본 작가, 감독, 배우). **~schauspieler,** der 영화배우. **~schauspielerin,** die ↑~schauspieler의 여성형. **~schönheit,** die; -en《통용어》매력적인 미인 여배우. **~skript,** das 영화 감독수첩. **~spule,** die 필름 감개. **~stadt,** die 영화 도시. **~star,** der 영화 스타. **~sternchen,** das 영화계의 신인 여배우. **~stoff,** der 영화 소재(素材). **~story,** die 영화 줄거리. **~streifen,** der 띠 모양의 필름. **~studio,** das 영화 촬영소, 촬영 스튜디오. **~szenarium,** das 영화 대본의 초안. **~szene,** die 영화 장면. **~tablette,** die 박막의정(薄膜錠)(먹기 좋게 박막(薄膜)을 입힌). **~technik,** die 영화 기법(技法). **~technisch**〈Adj.〉영화 기법의. **~text,** der 영화 대사(臺詞)의 본문(本文). **~theater,** das 대형영화관. **~titel,** der 영화 제목. **~tod,** der 영화에서의 죽음. **~transport,** der 필름의 이동: eine Kamera mit automatischem F. 자동적으로 필름이 이동되는 카메라. **~trick,** der 영화의 트릭 수법. **~veranstaltung,** die 영화 상영 행사. **~verleih,** der 영화 배급 회사. **~version,** die 영화를 위한 각색. **~vertrieb,** der ↑~verleih. **~vorführer,** der 영사 기사(映寫技師). **~vorführgerät,** das ↑~projektor. **~vorführraum,** der 영사실. **~vorführung,** die 영화 상영. **~vorstellung,** die 영화관에서의 영화 상영. **~vortrag,** der 영화를 곁들인 강연. **~welt,** die〈Pl. 없음〉《준고어》영화계(映畵界). **~werk,** das (고도의 예술적) 영화 작품. **~wesen,** das 영화 부문. **~wirtschaft,** die〈Pl. 없음〉영화산업. **~wissenschaft,** die 영화학(映畵學), 영화론(映畵論). **~woche,** die 영화 행사 주간. **~zeitschrift,** die 영화 잡지. **~zensur,** die 영화 검열.

Filmemacher, der; -s, - 《은어》영화 감독(각본 작가이기도 한). **Filmemacherin**, die; -nen ↑Filmemacher의 여성형. **filmen** ['fɪlmən] 〈h〉 **a)** 촬영하다: in Zeitlupe f. 고속 촬영기로 찍다. **b)** 영화 촬영용 카메라로 찍다. **c)** 영화를 찍다. **d)** 영화 배우로 활동하다.
Filmer, der; -s, - **1.** ↑Filmemacher. **2.** ↑Filmamateur. **Filmerei** [fɪlmə'raɪ], die 《폄》 **a)** 아마추어 영화가 활동. **b)** 영화 배우 활동. **filmhaft**〈Adj.〉영화와 같은. **filmisch**〈Adj.〉영화에 속하는, 영화의: etw. f. darstellen 무엇을 영화에 걸맞게 묘사하다. **filmogen** [fɪlmo'geːn]〈Adj.〉《전문어》영화 소재로 알맞은. **Filmographie** [...gra'fiː], die; -n [...iən; engl. filmography] (감독, 배우의) 영화 작품 연대표. **filmographisch**〈Adj.〉영화 작품 연대표의. **Filmothek** [fɪlmo'teːk], die; -en ↑Kinemathek.

Filo ['fiːlo], der; -s, -s [ital. filo]《펜싱》필로 공격(상대의 칼날을 따라 밀어부치likan 공격법의 하나).

Filou [fi'luː], der / 《또한 지역적》das; -s, -s [frz. filou]《폄》교활한 작자, 협잡꾼, 능구렁이: er ist ein F., vor dem du dich hüten mußt 그는 교활한 사람이야, 조심해야 돼; er ist ein schlimmer F. 그는 여자를 유혹하는 고약한 능구렁이이다.

Fils [fɪls], der; -, - 이라크 화폐 단위(1 Fils = 0,001 Dinar).

Filter ['fɪltɐ], der / das; -s, - [lat. filtrum] **1. a)** 여과제, 필터: in dieser Anlage dient Kies als F. 이 시설에서는 자갈이 여과제 역할을 한다. **b)** 여과기: die Flüssigkeit durch ein(einen) F. gießen 액체를 여과기에 부어 거르다. **2.** [광학·사진] 여광기: beim Fotografieren im Hochgebirge ein F. benutzen 고산 지대에서의 촬영시 여광기를 사용한다. **3.** ↑Filtermundstück의 약칭. **4.** [전기] 여파기. **5.** [수학] 일정한 특성을 지닌 부분 체계.

filter-, Filter-: **~anlage**, die 여과 장치. **~fein**〈Adj.〉[광고] 여과미립(濾過微粒)(커피가 매우 잘게 빻아져서 커피의 최상의 맛을 낸다는 뜻). **~glas**, das [기술] 필터 유리. **~kaffee**, der 필터 커피. **~kuchen**, der [기술] 여과되고 남은 고체 잔재물. **~material**, das 여과 물질(여과에 사용되는). **~mittel**, das [기술] 여과막(濾過膜). **~mundstück**, das 궐련의 필터. **~papier**, das 여과지(濾過紙). **~presse**, die [기술] 압착식 여과기. **~rückstand**, der ↑~kuchen. **~tuch**, das **a)**〈Pl. -tuche〉여과직물(濾過織物). **b)**〈Pl. -tücher〉여과포(濾過布): Milch durch ein F. gießen 우유를 여과포에 부어서 거르다. **~tüte**, die 여과기에 넣는 깔때기 모양의 여과지(濾過紙)(특히 커피 필터로서). **~zigarette**, die 필터 담배.
filtern ['fɪltɐn]〈h〉**1.** 거르다, 여과하다: den Kaffee f. 커피를 필터로 걸러서 끓이다. **2.** [광학·사진] 여광(濾光)하다. **Filterung**, die; -en 여과. **Filtrat** [fɪl'traːt], das; -(e)s, -e《전문어》여과된 액체. **Filtration** [filtra'tsjoːn], die; -en《전문어》여과. **filtrierbar** [fɪl'triːbaːɐ]〈Adj.〉여과될 수 있는. **filtrieren** [fɪl'triːrən]〈h〉[frz. filtrer]《특히 전문어》↑filtern.

Filtrier-: **~apparat**, der 여과기. **~papier**, das ↑Filterpapier. **~tuch**, das ↑Filtertuch.
Filtrierung, die; -en 여과.
Filüre [fi'lyːrə], die; -n [frz. filure]《고어》직물 (Gewebe).

Filz [fɪlts], der; -es, -e **1.** 펠트(양모 또는 다른 짐승의 털을 압착하여 만든 두꺼운 물질): ein Hut(Stiefel) aus F. 펠트 모자(방한화). **2. a)** 펠트 모양으로 뒤섞여 엉킨 것: die Pflanzen des Hochmoors sind zu einem dichten F. zusammengewachsen 소택지 구릉의 식물들이 촘촘하게 뒤섞이어 엉킨 채 자라나 있다. **b)**(südwestd.) 올망울(옷이나 천위에 생기는 작은 섬유의 뭉치). **3.** ↑Filzhut의 약칭. **4.**《통용어·폄》↑Bierfilz의 약칭: das Bierglas auf den F. stellen 맥주잔을 잔받침 위에 놓다. **5.**《südd.》↑Moor. **6.**《통용어·폄》**a)** 구두쇠, 노랑이: er ist ein alter F. 그는 늙다리 구두쇠이다. **b)** 시골뜨기, 촌놈: so ein grober F.! 저런 막돼먹은 촌놈 봤나! **7.**《österr.》녹지 않은 돼지 뱃살 지방.

filz-, Filz-: **~artig**〈Adj.〉펠트와 같은. **~boden**, der 펠트 바닥(양탄자 밑에 미끄러지지 않는 깔개로서 까는). **~decke**, die 펠트 덮개(특히 탁자 위에 까는). **~deckel**, der **1.** 맥주잔 받침. **2.**《통용어·폄》↑hut. **~gallen**〈Pl.〉[식물] 모형충영(毛形蟲癭). **~hut**, der 펠트 모자. **~kappe**, die ↑~hut. **~krankheit**, die〈Pl. 없음〉[식물] 포도엽농포(葡萄葉膿疱). **~latsch**, der, **~latsche**, die, **~latschen**, der《통용어》낡은 실내화. **~laus**, die **1.** 사면발이. **2.**《폄·속》추접스런 자식. **~pantoffel**, der 펠트 슬리퍼. **~pantoffelkino**, das〈Pl. 없음〉《통용어·농》안방극장. **~pappe**, die [토목] 충전용(充塡用) 마분지(바닥에 넣는). **~pariser**, der〈대개 Pl.〉《통용어, 특히 ostpreuß.》펠트 실내화. **~patschen**〈Pl.〉《österr.》펠트 실내화. **~putz**, der [토목] 펠트닦기(내벽의 모르타르를 펠트입힌 판자로써 고르게 문지르는 작업). **~rest**, der〈Pl. -reste, 《schweiz.》-resten〉펠트 조각. **~schreiber**, der 사인펜. **~schuh**, der 펠트 실내화. **~sohle**, die 구두의 펠트 바닥. **~stiefel**, der 펠트 방한화(防寒靴). **~stift**, der ↑~schreiber. **~teppich**, der 펠트 양탄자. **~unterlage**, die 펠트 깔개.

¹**filzen** ['fɪltsn̩] **1.**〈h,《드물게》s〉펠트 뭉치로 되다(특히 양모가 마찰·습기·온기의 영향을 받아): die Wolle filzt leicht beim Waschen 양모는 세탁할 때 덩어리지기 쉽다. **2. a)**〈h〉《드물게》옷가지를 좀벌레가 있나 없나 살펴보다. **b)**〈h〉《통용어》철저히 검사하다: die Reisenden[das Gepäck, die Räume] wurden gefilzt 여행자들[짐, 그 방들]은 샅샅이 검색당했다. **c)**《경》뒤져 훔치다: die beiden filzten Büroräume 도둑놈들은 사무실을 샅샅이 뒤져 훔쳤다. **3.**〈h〉《통용어》숙면하다. **4.**〈h〉《통용어》인색하게 굴다: er filzt mit jedem Pfennig 그는 동전 한푼에도 벌벌떨며 아낀다. ²**filzen** [-]〈Adj.〉펠트로 된: ~e Schuhe(Stiefel) 펠트 구두(방한화). **filzig** ['fɪltsɪç]〈Adj.〉**1. a)** 펠트 뭉치로 된: -es Haar 마구 헝클어진 머리. **b)** 펠트 표면의 모양의: die Blätter haben eine ~e Unterseite 잎새들의 뒷면에는 솜털이 나 있다. **2.**《통용어·폄》인색한, 쩨쩨한. **Filzigkeit**, die 펠트와 같음, 인색. **Filzokrat** [filtso'kraːt], der; -en, -en《조롱》족벌정치가(꾼). **Filzokratie** [filtsokra'tiː], die; -n [...iən]《조롱》족벌정치. **fizokratisch**〈Adj.〉족벌정치적.

¹**Fimmel**: ↑Femel.
²**Fimmel** ['fɪm], der; -s, -《통용어·폄》**a)** 바보 같은 열정; 병적인 편애: der hat doch einen F.! 그는 돌았다, 미쳤다. **b)** 광성(狂朋), 망상.
FINA, die [Fédération Internationale de Natation Amateur의 약어] 국제 아마추어 수영 연맹.
final [fi'naːl]〈Adj.〉[lat. finalis] **1.**《교양어》최후의, 종국의. **2.** [철학·언어] 목적의: „damit" ist eine -e Konjunktion „damit"는 목적 접속사이다. ¹**Final** [-], der; -s, -s《schweiz.》↑Finale (3). ²**Final** ['faɪnəl], das; -s, -s [engl. final] ↑Finale (3).

Final- [fi'naːl-]: **~abschluß**, der [경제] 최종 결산. **~begegnung**, die [스포츠] 결승전 (Finale (3 a)). **~gegner**, der [스포츠] 결승전의 상대편. **~produkt**, das [구동독] 최종 생산품, 완성품. **~satz**, der [언어] 목적문. **~sieg**, der [스포츠] 결승전에서의 승리. **~spiel**, das ↑Finale (3 a).

Final decay ['faɪnəl di'keɪ], das; - -s [engl. final decay, ↑Decay] (전자 음악의) 잔향(殘響) 시간.

Finale [fi'naːlə], das; -s, - / -s [ital. finale] **1.** [음악] **a)** 최종 (4) 악장: ein furioses F. 격렬한 최종 악장. **b)** 막의 종장 장면(뮤지칼의): das F. des dritten Aktes 3막의 끝장면. **2.** 《교양어》 대미(大尾), 절정의 대단원: ein großes Feuerwerk bildete das F. der Veranstaltung 거대한 불꽃놀이가 행사의 대미를 장식했다. **3.** [스포츠] **a)** 결승전(Endkampf), 마지막 회(回): das F. erreichen 결승전에 진출하다. **b)** 〈Pl. 없음〉 마지막 역주(力走), 라스트 스퍼트. **Finalis** [fi'naːlɪs], die; ...les [...leːs; lat. finalis] [음악] (중세 교회음악의 특유한) 끝음조(音調). **Finalismus** [fina'lɪsmʊs], der; - [철학] 목적론. **Finalist** [fina'lɪst], der; -en, -en [ital. finalista] [스포츠] 결승전의 출전 선수. **Finalität** [finali'tɛːt], die; -en [특히 철학] 목적성. **Financier** [finã'sjeː], der; -s, -s [frz. financier] 《교양어·준고어》 Finanzier. **Finanz** [fi'nants], die; 《은어》 **1.** 금융(Geldwesen), 재정. **2.** 금융 전문가, 재정 전문가(집합적인 뜻에서의).

finanz-, Finanz-: **~abteilung**, die 회사의 자금과, 금융 부서. **~adel**, der ↑aristokratie. **~amt**, das **a)** 세무서. **b)** 세무서 건물. **~aristokratie**, die 금융 귀족(Geldaristokratie), 부호 계급. **~ausgleich**, der 재정 조정(중앙과 지방 자치 단체간의). **~ausschuß**, der 재무 위원회, 재정 위원회. **~autonomie**, die ↑~hoheit. **~beamtin**, die ↑~beamte의 여성형. **~bedarf**, der 【경제】 금융 수요. **~behörde**, die 이재국(理財局). **~berater**, der 재정 고문. **~buchhalter**, der 재정 부기 계원. **~buchhaltung**, die 【경제】 재정 부기(기업 외적 자산 유통을 파악하는). **~budget**, das ↑~plan. **~dinge** 〈Pl.〉 자금 업무, 재정 문제. **~direktion**, die 《schweiz.》 (주(州)) 재무부. **~direktor**, der (schweiz.) (주(州)) 재무부의 장(長). **~experte**, der 금융(재정) 전문가. **~frage**, die 재정 문제. **~gebaren**, das 자금 운영, 재정 관리. **~gebarung**, die ↑~gebaren. **~genie**, das 《농》 금융 천재(이재에 특히 밝은 사람). **~gericht**, das 재정 법원(특히 세금에 대한). **~gerichtsbarkeit**, die 재정 재판권. **~geschäft**, das ↑Geldgeschäft. **~gewalt**, die 〈Pl. 없음〉 재정권(租稅勸), 재정권(財政權). **~gewaltige***, der 금융 세도자. **~größe**, die 금융계의 거물. **~gruppe**, die 금융 자본가 집단, 금융 단. **~hilfe**, die 금융 지원. **~hoheit**, die 국가 재정권(國家財政權). **~hyäne**, die 《뜀》 악덕 자본가. **~jahr**, das 회계 연도. **~kapital**, das 〈Pl. 없음〉 《공산주의》 금융 자본. **~kontrolle**, die 【경제】 재정(금융) 관리. **~kraft**, die 재정 [자금] 능력. **~kräftig** 〈Adj.〉 재정 능력이 있는 (반대: ~schwach), **~krise**, die 재정(금융) 위기. **~lage**, die 재정 상태, 자금 사정. **~magnat**, der 공공 금융 단체의 유력 인사. **~mann**, der 〈Pl. ~männer / -leute〉 자산가, 금융 자본가. **~minister**, der 재무부 장관. **~ministerium**, das 【국가】 전매권(專賣權). **~not**, die 재정난, 자금난. **~oligarchie**, die 금융 자본가 집단의 지배, 금융 단의 지배. **~organ**, das 〈대개 Pl.〉 금융 기관. **~plan**, der, **~planung**, die 재정 계획. **~politik**, die **a)** 금융 정책, 재정 정책. **b)** 【경제】 재정적 제반 조치. **~politisch** 〈Adj.〉 재정적 제반 조치의. **~referendum**, das 〈Pl. ...den / ...da〉 《schweiz.》 재정 국민 투표(재정 관련 법령을 국민 투표에 따르게 하는). **~reform**, die 금융 개혁, 재정 개혁. **~schwach** 〈Adj.〉 재정[자금] 능력이 약한(반대: ~stark). **~spritze**, die 【경제 · 은어】 금융 주사(자금난을 겪고 있는 기업이나 국가에 대한 지원으로서의). **~stark** 〈Adj.〉 ↑~kräftig. **~system**, das 금융 체계. **~technisch** 〈Adj.〉 재정 기술상의. **~vermögen**, das 【경제】 공공 자산력(公共資産力). **~verwaltung**, die 재무 행정, 세무 행정. **~wechsel**, der 【경제】 융통어음. **~welt**, die 〈Pl. 없음〉 금융계, 재계(財界). **~wesen**, das 금융 제도, 금융 조직. **~wirtschaft**, die 재정 운영 재정 관리. **~wirtschaftlich** 〈Adj.〉 재정 운영상의. **~wissenschaft**, die 재정학. **~zoll**, der 【경제】 수입 관세.

Finanzen [fi'nantsn̩] 〈Pl.〉 [frz. finance(s)] **1.** 재정부문, 금융제도. **2.** 재원(財源)(국가나 공공단체의), 세입(歲入): die F. des Staates ordnen 국고 세입을 정리하다. **3.** (통용어) 개인의 자금사정: die Mutter verwaltet die F. der Familie 집안에서 쓰이는 돈은 어머니가 관리한다. **Finanzer** [fi'nantsɐ], der; -s, - [ital. finanziere] (österr. · 통용어) 세관원. **finanziell** [finan'tsi̯ɛl, (또한) ----] 〈Adj.〉 재정(금융)상의, 돈의: -e Sorgen haben 돈 걱정이 있다; jmdn. f. unterstützen 누구를 재정 지원하다. **Finanzier** [finan'tsi̯eː], der; -s, -s [frz. financier] 자산가(資産家), 금융 후원자. **finanzierbar** [finan'tsi̯ɐbaː] 〈Adj.〉 재정 지원이 가능한. **finanzieren** [finan'tsiːrən] 〈h〉 [frz. financer] **1.** 자금(資金)을 대다: er konnte (seinen Kindern) ein Studium f. 그는 (자식들의) 대학 공부에 돈을 댈 수 있었다. **2.** [상] **a)** 외상으로 구입하다. **b)** 신용 대부를 받다, 융자를 얻다: finanzieren Sie, wo Sie kaufen! 구입처에서 신용 대부를 받으시오! **Finanzierung**, die; -en **1.** 자금 조달. **2.** 신용 대부, 융자: langfristige F. 장기 융자.

Finanzierungs-: **~abteilung**, die [상] 재무대계, 융자부. **~geschäft**, das [금융] (은행을 통한) 자금 조달 업무. **~kosten** 〈Pl.〉 융자 비용. **~mittel** 〈Pl.〉 자금 조달에 드는 자본. **~plan**, der 자금 조달 계획. **~schwierigkeiten** 〈Pl.〉 자금 조달의 어려움.

finassieren [fina'siːrən] 〈h〉 [frz. finasser] 《교양어》 책략을 쓰다, 술책을 부리다.

Finca ['fɪŋka], die; -s [span. finca] 시골 별장, 장원(莊園).

Findelhaus ['fɪndl-], das; -es, ...häuser [옛] 기아(棄兒) 육아원. **Findelkind**, das; -(e)s, ...er [법] 기아(棄兒), 내버린 아이, 주는 아이.

finden* [fɪndn̩] 〈h〉 [t; vi.] **1. a)** 발견하다, 찾아내다: der Vermißte wurde noch nicht gefunden 실종자는 아직 발견되지 않았다; die Polizei hat die Spur gefunden 경찰은 단서를 찾아냈다; so etwas findet man heute nicht mehr 그런 것은 오늘날 더는 없다; es fand sich niemand (ließ sich niemand f.), der diese Arbeit machen wollte 이 일을 하려는 사람은 찾아낼 수 없었다; **das(es) wird sich alles f.** 1) 그것은 모두 밝혀질 것이다. 2) 그것은 모두 잘 될 것이다. **b)** (f. + sich) (잃어버린 것으로 여긴 것이) 다시 나타나다: die abhanden gekommenen Gegenstände haben sich (wieder) gefunden 없어진 물건들이 (다시) 나타났다. **c)** 노력하여 얻다, 취득하다: er hat hier viele Freunde gefunden 그는 여기서 많은 친구를 얻었다; die beiden haben sich gefunden 두 사람은 서로 어울려 친구가 되었다; der Künstler hat seinen eigenen Stil gefunden 그 예술가는 자신의 독자적 스타일을 발견시켰다; ich habe mich noch nicht gefunden 나는 내 스스로의 개성을 아직 발전시키지 못하고 있었다. **d)** 숙고하여 알아내다, 생각하다: den Fehler f. 잘못을 알아내다; er fand das englische Wort für Blinddarmentzündung nicht 그는 맹장염에 대한 영어 단어가 생각나지 않았다; sie findet immer die rechten Worte 그녀는 언제나 옳은 말을 잘 안다. **2.** 눈앞에 보다, 목격하다: sie hatten das Haus leer gefunden 그들은 집이 빈 것을 목격했다; 전의 hier finde ich meinen Eindruck bestätigt 여기서 나는 나의 인상이 옳은 것으로 판명되었음을 본다. **3.** …라고 느끼다, 생각(판단)하다: etw. gut f. 무엇을 좋다고 느끼다; ich finde nichts dabei, daß sie sich so verhalten hat 나는 그녀의 그런 태도를 조금도 나쁘게 생각하지 않는다; ich finde, man sollte die Sache nicht so wichtig nehmen 나는 이 일을 그렇게 중요하게 여기지는 말아야 한다는 생각이다; wie finde ich denn das? 《통용어》 이게 도대체 어찌된 일이야?(놀람과 분노의 소리). **4.** 어떤 곳에 오다, 어디에 이르다: nach Hause f. 집에 오다; er findet meist erst spät ins Bett 그는 대개 늦게야 잠자리에 든다. **5.** 어떤 식으로 보다(겪다): Freude(Gefallen) an jmdm.(etw.) f. 누구(무엇)에게서 기쁨(호의)을 맛보다; ich weiß nicht, was sie an ihm findet 그녀가 그의 무엇을 좋아하는지 나는 모르겠다. **6.** 받다: Hilfe (Beifall) f. 도움(박수)을 받다; (대개 기능동사로서) Berücksichtigung(Verwendung) f. 고려(사용)되다. **7.** 〈f.+sich.〉〈아어〉 순응하다, 달게 받다. **8.** 〔부랑자〕 홈치다(stehlen). **Finder,** der, -s, - 습득자(拾得者): der F. erhält eine Belohnung 습득자는 보상을 받는다. **Findergeld,** das; -(e)s ↑Finderlohn. **Finderin,** die; -nen ↑Finder의 여성형. **Finderlohn,** der; -(e)s 습득자 보상(금).

Fin de siècle [fɛ̃d'sjɛkl], das; - - - [frz. fin de siècle] 세기말(사회 및 예술 전반에 걸친 퇴폐적 몰락 현상이 나타난 19세기 말엽에 대한 명칭).

findig [ˈfɪndɪç] 〈Adj.〉 민완의, 임기 응변에 능한, 상황 판단이 빠른, 기민한: er ist ein -er Kopf 그는 기민한 사람이다. **Findigkeit,** die 민완성. **Findling** [ˈfɪntlɪŋ], der; -s, -e **1.** 〔드물게〕 ↑Findelkind. **2.** 〔지질〕 표석(漂石)(↑erratischer Block). **Findlingsblock,** der 〈Pl. ...blöcke〉 ↑erratischer Block). **Findlingsstein,** der 표석(↑erratischer Block). **Finding,** die; -en 발견, 찾아냄: die F. der Wahrheit 진리를 찾아냄.

Fine [ˈfiːnə], das; -s, -s [ital. fine] 〔음악〕 악곡의 종지(終止)(↑al fine 참조).

Fines herbes [fin'zɛrb] 〈Pl.〉 [frz. fines herbes] 〔요리〕 잘게 썬 채소(버섯을 섞은). **Finesse** [fiˈnɛsə], die; -n [frz. finesse] 《교양어》 **1. a)** 〈대개 Pl.〉 책략 (Trick), 술책: er beherrscht alle -n des Schachspiels 그는 장기의 수라는 수는 다 구사한다. **b)** 노회(老獪)함(Schlauheit), 산전수전 다 겪음. **2.** 〈대개 Pl.〉 정교함, 섬세함: ein Gerät mit allen technischen und finessenreich 〈Adj.〉 교활한(schlau), 책략이 많은(trickreich). **Finette** [fi'nɛt], die [frz. finette] 안쪽이 거친 목면(木綿).

fing [fɪŋ] ↑fangen 참조.

Finger [ˈfɪŋɐ], der; -s, - **1.** 손가락: der kleine F. 새끼손가락: der F. blutet mir an der Hand 나는 손가락에 피가 난다; die F. krümmen(spreizen) 손가락을 구부리다(펴다); F. weg! 손가락 치워!; den F. auf die Lippen legen 손가락을 입술 위에 놓다(조용히 하라는 부탁의 표시로서); sich³ die F. in die Ohren stecken 손가락으로 귓구멍을 틀어막다(소음을 차단하기 위해서); die Polizisten hatten den F. am Abzug 경찰은 방아쇠에 손가락을 걸고 있었다(발포 준비가 된 상태); sie steckte mir den F. in den Hals 나는 그의 목구멍에 손가락을 쑤셔 넣었다(토하려고); einen Ring am F. tragen 반지를 손가락에 끼고 있다; man konnte die Besucher an den -n abzählen 손님은 손가락으로 셀수 있을 정도로 적었다; ich habe mir (mich) in den F. geschnitten 나는 손가락을 베었다; sie tippt mit zwei -n 그녀는 두 손가락으로 타이프를 친다; 전의 du hast die F. wund geschrieben mit Gesuchen 너는 손가락이 아프도록 많은 청원서를 냈으나 헛일이었다; das Geld zerrann ihm unter[zwischen] den -n 그에게서 돈이 손가락 사이로 빠져 나가 버렸다; 성구 das sagt mir mein kleiner F. 나는 그것이 그러하다는 확실한 예감이 든다; **jmdm.(jmdn.) jucken die F. nach etw.** 《통용어》 무엇이 갖고 싶어 손가락이 근질근질하다; **die F. davonlassen (von etw. lassen)** 《통용어》 무엇에서 손 떼다: die Sache ist zu unsicher, du solltest die F. davonlassen 그 일이 너무 불확실하니 너는 손떼고 그만 두는 게 좋겠다; **den (seinen) F. darauf haben** 《통용어》 무엇을 그의 통제 아래 두다; **keinen F. krumm machen** 《통용어》 손가락 하나라도 꼼짝하지 않다, 누구의 일을 도와주지 않는다; **klebrige F. haben** 《통용어》 도벽(盜癖)이 있다; **lange (krumme) F. machen** 《통용어》 훔치다; **keinen F. rühren** 《통용어》 누구를 돕지 않는다; **sich³ die F.(alle zehn F.) nach etw. lecken** 《통용어》 (손가락(열손가락)을 빨면서) 무엇을 갖고 싶어 안달하다; **die F. in etw.(im Spiel) haben** 《통용어》 배후에 숨어서 관여하고 있다; **den F. auf die Wunde legen** 아픈 데를 노골적으로 지적하다; **sich³ nicht gern die F. schmutzig machen** 언짢은 일을 피해 가다; **sich³ die F. verbrennen** 《통용어》 부주의하여 손해를 보다; **sich³ etw. an den (fünf/zehn) -n abzählen können** 쉽게 헤아릴 수 있다(손가락으로 셀 수 있을 정도로), 쉽게 예상할 수 있다; **eine(n) (zehn) an jedem F. haben** 《통용어·농》 애인이 많다; **jmdm. auf die F. sehen(gucken)** 누구를 문제시하여 감시하다; **jmdm. auf die F. klopfen** 《통용어》 누구를 호되게 나무라다; **sich³ etw. aus den -n saugen** 말짱 거짓말을 꾸며내다, 무엇을 날조하다; **(bei jmdm.) durch die F. sehen** (누구의) 잘못을 너그럽게 봐주다; **etw. im kleinen F. haben** 《통용어》 무엇을 훤히 알고 있다; **jmdm.(jmdn.) juckt(kribbelt) es in den -n** 《통용어》 누구의 손이 근질근질하다(특히 뺨따귀를 한 대 때리고 싶어); **jmdm. in die F. fallen (geraten)** 《통용어》 누구의 손아귀에 들어가다; **etw. in die F. bekommen(kriegen)** 우연히 무엇을 수중에 넣다; **jmdn. in die F. bekommen(kriegen)** 누구를 붙잡다, 누구를 체포하다; **sich³ in den F. schneiden** 《통용어》 (누구[무엇]과 관련하여) 완전히 오산하다, 완전히 잘못 생각하다; **etw. mit spitzen -n anfassen** 역겨워서 손가락 끝으로 잡다; **etw. mit dem kleinen F. machen** 《통용어》 무엇을 아무런 힘도 들이지 않고 가볍게 해치우다; **mit -n (mit dem F.) auf jmdn. zeigen** 《통용어》 누구를 공공연히 조롱하다(비웃다); **jmdn. um den (kleinen) F. wickeln** 《통용어》 누구를 쉽게 조종하다, 누구에게 모든 것을 받아낼 수 있다: die kleine Tochter kann den Vater um den F. wickeln 아버지는 어린 딸이 하자는 대로 다 해준다; **jmdm. unter die F. kommen(geraten)** 누구와 마주치다; 누구에게 붙잡히다(들키다); **der elfte F.** 《농·은폐》 자지(Penis). **2.** 장갑의 손가락. **3.** 〔식물〕 바나나 열매(뭉치의 낱).

finger-, Finger-: **~abdruck,** der 〈Pl. -abdrücke〉 지문(指紋): jmdm. Fingerabdrücke abnehmen 누구의 지문을 채취하다. **~abdruckverfahren,** das 지문채취법. **~alphabet,** das 손가락 문자(말을 하지 않고도 의사 소통이 가능한), 지문자(指文字). **~beere,** die ↑~beere. **~beere,** die 손가락 끝 안쪽 도톰한 부분. **~breit** 〈Adj.〉 손가락 너비의. **~breit,** der; -, - 손가락 너비: er war nicht bereit, auch nur einen F. Boden herzugeben 그는 한치의 땅도 내줄 생각이 없었다. **~breite,** die ↑~breit. **~dick** 〈Adj.〉 손가락 두께의: die Butter f. aufs Brot schmieren 버터를 손가

Fingerei 688

락 두께로 빵 위에 바르다. **~druck,** der 〈Pl. 없음〉 손가락으로 누름, 지압. **~entzündung,** die 〔의학〕 손가락 염증, 표저(瘭疽). **~farbe,** die (어린아이용의) 손가락 그림물감. **~fertig** 〈Adj.〉 손가락 놀림이 잽싼. **~fertigkeit,** die 〈Pl. 없음〉 fertig 의 명사형. **~förmig** 〈Adj.〉 〔식물〕 손가락 모양의. **~fertigkeit.** **~gelenk,** das 손가락 관절. **~gerecht** 〈Adj.〉 손가락에 맞게, 손가락 조작에 편리하도록 된. **~gicht,** die 〔의학〕 손가락 통풍(痛風). **~glied,** das 손가락 마디. **~hakeln** [-ha:kln], das; -s 손가락 걸어 당기기(알프스 지역에서 행해지는 스포츠). **~haltung,** die 손가락 자세(특히 악기 연주시의). **~handschuh,** der 손가락이 있는 장갑(반대: Fausthandschuh). **~hohlschnitt,** der 〔제본〕 (두꺼운 책의 앞쪽을) 오목하게 자른 단면. **~hut,** der 〈Pl. -hüte〉 1. 골무: einen F. auf den Finger setzen(stecken/tun) 골무를 손가락에 끼다; 〔전의〕 ein F. (voll) 아주 조금. 2. 〔식물〕 디기탈리스. **~knochen,** der, **~knöchel,** der 손가락의 가운데마다. **~kraut,** das 양지꽃 속(屬). **~kuppe,** die **~spitze.** **~lang** 〈Adj.〉 손가락 길이의. **~loch,** das ↑ Griffloch. **~lutschen,** das; -s 손가락 빨기(어린아이가). **~nagel,** der 손톱: die Fingernägel feilen 손톱을 갈아 다듬다; Fingernägel mit Trauerrändern 〈농〉 가장자리가 더러운 손톱; an den Fingernägeln kauen 손톱을 깨물다; **nicht das Schwarze unter dem(unterm)** F. 〔통용어〕 (부정의 용법으로) 전혀 아무것도; er gönnt ihm nicht das Schwarze unterm F. 그는 그에게 전혀 아무것도 베풀지 않는다. **~rechnen,** das; -s 손가락 계산법. **~reif,** der (아이) ↑ ~ring. **~ring,** der 반지. **~satz,** der 〔음악〕 운지법(運指法)(악보 위에 숫자로 씌인). **~schale,** die 손가락 세척 접시(식사때). **~schnalzen,** das; -s 손가락으로 내는 딱소리. **~schnippen,** das; -s ↑ ~schnalzen. **~schnippen,** das; -s ↑ ~schnalzen. **~spiel,** das 손가락 놀이. **~spitze,** die 손가락 끝: 〔전의〕 mir kribbelt es in den -n 〔통용어〕 나는 매우 초조하다; bis in die -n musikalisch sein 〔통용어〕 음악적이다; das muß man in den -n haben 그런 것은 감각으로 느껴야 한다. **~spitzengefühl,** das 예민한 감각. **~sprache,** die (농아(聾啞)를 위한) 수화(手話). **~spur,** die (대개 Pl.) 손가락 자국. **~tang,** der 손가락 모양의 해조류. **~übung,** die 〔음악〕 **a)** 운지법 연습. **b)** 운지법 연습곡. **~wechsel,** der 〔음악〕 (악기 연주에서) 손가락 바꾸기. **~zeig** [-tsaik], der; -s, -e 암시, 힌트: jmdm. einen F. geben 누구에게 암시를 주다.

Fingerei, die; -en 〈벙〉 손가락으로 만지작거림. **~fingerig, -fingrig** [-fiŋ(ə)rɪç] 〈다음과 같은 합성어로, 예컨대〉 schmalfing(e)rig (가느다란 손가락의). **Fingerling** ['fiŋɐlɪŋ], der; -s, -e **1.** 손가락 싸개(다친 손가락에 끼는). **2.** 장갑의 손가락(부분). **fingern** ['fiŋɐn] 〈h〉 **1. a)** 손가락으로 만지작거리다, 손가락으로 잡다: sie fingerte an den Knöpfen ihrer Jacke 그녀는 상의의 단추 들을 손가락으로 만지작거렸다; in der Tasche nach dem Schlüssel f. 주머니 속의 열쇠를 손가락으로 잡다. **b)** 손가락으로 끄집어 내다: ein Geldstück aus der Tasche f. 동전 하나를 주머니에서 손가락으로 끄집어 내다. **2.** 〈경〉 솜씨좋게 해내다: kannst du die Sache f.? 이 일에 솜씨를 발휘할 수 있겠나? **3.** 〈경〉 훔치다.

fingieren [fɪŋˈgiːrən] 〈h〉 〔lat. fingere〕 (교양어) (허구로) 꾸며내다, 지어내다: der Unfall war fingiert 그 사고는 허구였다.

-fingrig: ↑ -fingerig.

Finimeter [fini'me:tɐ], das; -s, - 〔lat. finis u. -meter〕 산소 압력계.

Finis ['fi:nɪs; lat. finis] **1.** (고어) 대미(大尾), 결미(結尾) (책 끝에 쓰는 말). **2.** (교양어) 종결, 끝: (jetzt ist aber) F.! (이제는) 끝내자! **Finish** ['fɪnɪʃ], das; -s, -s 〔engl. finish〕 **1.** 〔전문어〕 최종 공정; 끝손질. **2.** 〔스포츠〕 경기의 결정적 최종 국면; 결승전, 막판의 역주. **finishen** ['fɪnɪʃn] 〈h〉 〔경마〕 말에게 최후의 박차를 가하다. **Finisseur** [fini'søːɐ], der; -s, -e 〔frz. finisseur〕 〔경기〕 막판의 스퍼트가 강한 선수. **finit** [fi'niːt] 〈Adj.〉 〔lat. finitus〕 〔언어〕 정해진, 정(定) (반대: infinit): -e Form 정형(定形)(인칭과 수에서 정해진 동사형). **Finitismus** [fini'tɪsmʊs], der; - 〔철학〕 (세상, 인간의) 유한론. **Finitum,** das; -s, ...ta 〔언어〕 동사의 정형(定形).

Fink [fɪŋk], der; -en, -en 〈구어 ~e, -n〉 **1.** 참새과의 작은 새(되새, 피리새 따위). **2.** (고어) 학생 단체에 가입하지 않은 대학생. **Finke** ['fiŋkə], der; -n, -n (고어) ↑ Fink.

Finken ['fɪŋkn̩], der; -s, - 〔lat. ficones〕 《schweiz.》 뜻한 옥내화(屋內靴).

Finken-: **~herd,** der 〈고어〉 피리새 잡는 장치. **~napf,** der 〈통용어·농〉 매우 작은 그릇. **~schlag,** der 〈Pl. 없음〉 〔전문어〕 피리새의 지저귐. **~vogel,** der 피리새 무리에 속하는 새(학명: Fringillidae).

Finkler ['fɪŋklɐ], der; -s, - 〔↑Fink〕 (고어) 새잡는 사람.

Finn-Dingi, (또한) **Finn-Dinghi** ['fɪndɪŋgi], das; -s, -s 〔finnisches Dingi〕 〔요트〕 경주용 일인승 요트.

¹Finne ['fɪnə], die; -n **1.** 〔동물〕 촌충의 유충. **2.** 〔의학〕 여드름. **²Finne** [-], der; -n 〔niederd. vinne〕 **1.** 〔동물〕 (상어·고래의) 등지느러미. **2.** 망치꼬리, 노루발(망치의 못을 뽑는 부분): Steine mit der F. behauen 망치 꼬리로써 돌을 깎아 다듬다.

³Finne [-], der; -n, -n 핀란드 사람.

Finnen-: **~dolch,** der, **~messer,** das 단도(날이 짧고 넓고 날카로운). **~stemme,** die 〔체조〕 (평행봉의) 핀란드식 버티기.

finnig ['fɪnɪç] 〈Adj.〉 **1.** 촌충의 유충이 있는. **2.** 여드름 있는.

Finnin ['fɪnɪn], die; -nen ↑ ³Finne의 여성형. **finnisch** ['fɪnɪʃ] 〈Adj.〉 핀란드의. **Finnisch,** das; -(s), 〈정관사와 함께〉 **Finnische,** das; -n 핀란드 언어. **finnisch-ugrisch** ['fɪnɪʃ|'uːɡrɪʃ], **finnougrisch** ['fɪno...] 〈Adj.〉 〔russ. ugre (Pl.) = die Ungarn〕 〔언어〕 피노우그르 족의(핀란드 반도, 북서 시베리아 그리고 헝가리 스텝지역 사람들의 언어). **Finnland** ['fɪnlant], -s 핀란드. **Finnländer,** der; -s, - 스웨덴어를 모국어로 하는 핀란드 사람. **finnländisch** 〈Adj.〉 ↑ Finnländer의 형용사형. **Finnlandisierung** [fɪnlandi'ziːrʊŋ], die; - 〔1971년 핀란드와 구소련의 관계에 대해 CSU의장 F. J. Strauß가 언급한 말에 따라〕 핀란드식 해결(외면적으로 볼 때 구소련에 비중속적일지라도 국가에 대한 구소련의 사실상의 정치적 영향). **Finnmark,** die 〔schwed. finnmark〕 핀란드 마르크(핀란드 화폐 단위, 1 Finnmark = 100 Penni) (약어: Fmk). **finnougrisch:** ↑ finnisch-ugrisch. **Finnougrist** [fino|u'grɪst], der; -en, -en 피노우그르 어학자.

Finnwal, der; -(e)s, -e 북극큰고래, 남극큰고래.

finster ['fɪnstɐ] 〈Adj.〉 **1.** 깜깜한, 매우 어두운: die Nacht war f. und stürmisch 칠흑같이 어둡고 폭풍우가 몰아치는 밤이었다; er tappte im Finstern durch den Flur 그는 어둠 속에서 복도를 더듬어 나갔다; 〔전의〕 das -e Mittelalter 몽매(蒙昧)의 중세; es waren -e Zeiten 그것은 암담한 시절이었다; **im -n tappen** 오리무중을 헤매다: bei dem Verbrechen tappt die Polizei noch völlig im -n 그 범죄에 있어서도 경찰은 아직도 아무런 단서도 없이 헤매고 있다. **2.** 음침한, 으스스한: eine -e Gasse 음침한 골목. **3.** 혐의적은, 수상한

eine -e Gestalt begegneten ihnen 그들은 수상쩍은 사람과 마주쳤다; eine -e Angelegenheit 불투명한 일. **4.** 음울한, 적의를 풍기는: eine -e Miene 음울한 표정; jmdn. f. ansehen 누구를 적의를 품고서 노려보다. **Finsterkeit,** die 《드물게》↑Finsternis: nicht ohne F. im Blick 시선에 어두운 기운이 묻은. **Finstere** ['fɪnstərə], die 《schweiz.》↑Finsternis. **Finsterling** ['fɪnstəlɪŋ], der; -s, -e 《펌》음침한 사람, 뱃속이 시커먼 사람. **finstern** ['fɪnstən] ⟨h⟩ 《준고어》어두워지다: es finstert schon 벌써 어두컴컴해진다. **Finsternis** ['fɪnstənɪs], die; -se **1.** 암흑: die F. der Nacht 칠흑(漆黑)같이 어두운 밤; die Mächte der F. 《성서》악(惡); das Reich der Finsternis 지옥; **eine ägyptische F.** 칠야(漆夜), 흑암(黑暗)《출애굽기, 10장 21~23절에 따른》: in dem Raum herrschte eine ägyptische F. 그 공간에는 칠흑 같은 어둠이 휩싸고 있었다. **2.** [천문] 식(蝕): eine partielle F. der Sonne beobachten 부분(部分) 일식(日蝕)을 관찰하다.
Finte ['fɪntə], die; -n [ital. finta] **1.** 《교양어》핑계, 속임수: das war nur eine F. von ihm 그것은 그의 핑계에 불과했다; jmdn. durch eine F. täuschen 누구를 속임수로 속여 넘기다; sich einer F. bedienen 속이는 수법을 사용하다. **2. a)** [펜싱·권투] 위장 공격, 속임 동작. **b)** [레슬링] 속임수, 트릭, 페인트 동작. **fintenreich** ⟨Adj.⟩ 《아이》핑계를 잘 둘러대는, 속임수를 잘 쓰는. **fintieren** [fɪn'ti:rən] ⟨h⟩ 《펜싱·권투·레슬링》 페인트 전법을 구사하다.
finzelig, finzlig ['fɪnts(ə)lɪç] ⟨Adj.⟩ 《지역적》잔손질이 많이 가는, 섬세하여 어렵다: diese Stickerei ist eine überaus -e Arbeit 이 자수는 너무나 잔손질이 많이 가는 일이다.
Fiorette [fjo'rɛtə], die; -n 《대개 Pl.》[ital. fioretto], **Fioritur** [fjori'tu:ɐ̯], die; -en 《대개 Pl.》[ital. fioritura] [음악] 장식음(18세기 오페라 아리아의).
Fips [fɪps], der; -es, -e [niederd. fipsen] 《지역적》작고 눈에 띄지 않는 사람. **fipsen** ⟨h⟩ 《의성어》《통용어》손가락으로 딱 소리내다. **fipsig** ['fɪpsɪç] ⟨Adj.⟩ 《통용어》미미한, 하찮은: ein -er Kerl 보잘것 없는 녀석. **Fipsigkeit,** die 《통용어》미미함, 하찮음.
Firlefanz ['fɪrləfants], der; -es, -e 《통용어·펌》**1.** ⟨Pl. 없음⟩쓸데없는 것, 하찮은 것. **2.** ⟨Pl. 없음⟩바보 같은 짓, 허튼 소리: das ist doch alles F. 그것 모두 다 바보 같은 수작이다. **3.** 《드물게》명칭이. **Firlefanzerei,** die; -en 《통용어·펌》어리석은 짓.
firm [fɪrm] ⟨Adj.⟩ [lat. firmus] 《다음 용법으로》**in etw. f. sein** 《준고어》어떤 분야에 정통하다: er ist noch nicht sehr f. im Autofahren 그는 아직도 운전에 능숙하지 못하다.
Firma ['fɪrma], die; Firmen [ital. firma] **1. a)** 회사, 상회: eine F. gründen 회사를 창립하다; in einer großen F. arbeiten 큰 회사에서 근무하다; 성구 die F. dankt 《통용어·농》고맙지만 사양합니다: kommst du mit zum Essen? ich lade dich ein. —die F. dankt 식사하러 같이 가겠어? 나는 초대하겠어. —고맙지만 사양하겠네; **von F. Klemm(Klau) und Lange kommen** 《통용어·농》손버릇이 나쁜 것으로 알려져 있다. **b)** 《등록된》상호: das Geschäft wird unter der F. Meyer u. Co. geführt 그 업체는 Meyer u. Co.라는 상호 아래 운영된다(약어: Fa.). **2.** 《통용어·펌》패거리, 단체: das ist (mir) eine saubere F. 그것은 (나로서는) 기분나쁜 패거리이다.
Firmament [fɪrma'mɛnt], das; -(e)s [lat. firmāmentum] 《시어》하늘(Himmel), 창공(蒼空): die Sterne leuchten am F. 별들이 창공에 빛난다.
firmeln ['fɪrm(ə)ln] 《드물게》↑firmen. **Firmelung,** die 《드물게》↑Firmung. **firmen** ['fɪrmən] ⟨h⟩ [가] 견진성사를 베풀다: 50 Kinder werden in diesem Jahr in der Gemeinde gefirmt 올해 교구에서는 50명의 아이들이 견진성사를 받는다.
firmen-, Firmen-: ~aufdruck, der 상호가 찍힌 인쇄: Briefpapier mit F. 상호가 인쇄되어 있는 편지지. **~chef,** der 상회의 주인, 사장. **~eigen** ⟨Adj.⟩ 회사 소유의. **~inhaber,** der 상회의 주인. **~intern** ⟨Adj.⟩ 사내용(社內用)의, 대외비(對外秘)의: -e Abmachungen 회사의 내규(內規); diese Pläne bleiben vorerst f. 이 계획은 당분간 대외비이다. **~kopf,** der ↑~aufdruck. **~name,** der 회사 이름, 상호. **~register,** das ↑Handelsregister. **~schild,** das 회사의 간판: ein neues F. anbringen 새로운 회사의 간판을 달다. **~stempel,** der 회사의 스탬프. **~tafel,** die ↑~schild. **~verzeichnis,** das 회사(상회) 명부. **~wagen,** der 회사 소유의 자동차. **~wert,** der ⟨Pl. 없음⟩[경제] 업체의 자산 가치. **~zeichen,** das 회사 표지.
firmieren [fɪr'mi:rən] ⟨h⟩ 일정한 상호를 사용하다: das Unternehmen firmiert als Meyer & Co.[mit /unter dem Namen Meyer & Co.] 그 업체는 Meyer & Co.라는 상호를 사용한다.
Firmling ['fɪrmlɪŋ], der; -s, -e [가] 견진성사를 받는 사람. **Firmpate,** der; -n, -n [가] 견진자의 대부. **Firmpatin,** die; -nen [가] 견진자의 대모. **Firmung,** die; -en [가·종교] 견진성사: einem Kind die F. erteilen 아이에게 견진성사를 베풀다.
firn [fɪrn] ⟨Adj.⟩ [포도] (포도주가) 오래 된: ein -er Wein 오래 된 포도주. **Firn** [-], der; -(e)s **a)** 만년설, 포도주. **b)** 《österr., schweiz.》만년설이 뒤덮인 산정(山頂), 빙하.
Firn-: ~becken, das 《전문어》빙하의 눈덩이 윗 부분. **~eis,** das 만년설의 얼음층, 설빙하(雪氷河). **~feld,** das 만년설원(萬年雪原). **~grat,** der 만년설 마루등(양쪽이 깎아지르게 된). **~grenze,** die 설선(雪線)(만년설의 최저선), 설빙 한계(雪氷限界). **~korn,** das 눈알갱이, 설괴(雪塊). **~linie,** die ↑~grenze. **~mulde,** die 빙하 분지(氷河盆地). **~schnee,** der ↑Firn (a).
Firne ['fɪrnə], die; -n [포도] (포도주의) 오래 묵은 단계. **firnen** ['fɪrnən] ⟨h⟩ (특히 포도주가) 숙성하다. **Firner:** ↑Ferner. **Firnewein,** der [포도] 오래 묵은 포도주. **Firngeschmack,** der [포도] (포도주의) 묵은 맛(질의 저하로 평가되는). **firnig** ['fɪrnɪç] ⟨Adj.⟩ 만년설의.
Firnis ['fɪrnɪs], der; -ses, -se [frz. vernis] 니스. **firnissen** ⟨h⟩ 니스를 칠하다: ein Gemälde f. 그림에 니스를 칠하다.
First [fɪrst], der; -(e)s, -e 용마루: auf dem F. der Scheune sitzen Tauben 헛간의 용마루 위에 비둘기들이 앉아 있다.
First-: ~balken, der 용마루 도리, 마룻대. **~baum,** der 《österr.》↑Richtbaum. **~feier,** die 《österr.》상량식. **~höhe,** die 용마루 높이: die F. des Hauses beträgt 10 m 그 집의 용마루 높이는 10m이다. **~mahl,** das 《schweiz.》상량식 잔치. **~pfette,** die 굴도리, 최상부의 마룻대. **~ziegel,** der 용마루 기와.
first class ['fə:st 'kla:s] [engl. first-class] ⟨일등(의), 일류(의)⟩: dieses Haus(Hotel) ist f. c. 이 집(호텔)은 일등이다. **First-class-Hotel,** das 일류 호텔.
First-day-Cover ['fə:st 'deɪ 'kʌvə] der; -[s], - [engl. first-day cover, ↑Cover] [우표] 초일봉투(새로 나온 우표에 발행 초일의 소인이 찍힌 봉투)(Ersttagsbrief).
First Lady ['fə:st 'leɪdɪ], die; - - 《또한》- Ladies [engl. first lady] 국가원수의 영부인, 퍼스트 레이디.
¹fis, ¹Fis [fɪs], das; -, - [음악] 올림 바(f, F)음. **²fis:** ↑

fis-Moll. ²**Fis**: ↑Fis-Dur.
FIS, ³**Fis**, die [Fédération Intenationale de Ski의 약어] 국제 스키 연맹.
Fisch [fɪʃ], der; -(e)s, -e **1. a)** 물고기, 생선: -e zappeln im Netz 물고기들이 그물 속에서 파드닥거린다; er ist gesund(munter) wie ein F. im Wasser 그는 물에 든 고기처럼 매우 건강(팔팔)하다; -e fangen[räuchern] 생선을 잡다(훈제로 하다); fliegende -e [동물] 날치; er ist stumm wie ein F. 그는 한 마디 말도 없다; der Junge schwimmt wie ein F. 소년이 물고기처럼 헤엄을 잘 친다; [성구] die großen -e fressen die kleinen 약육 강식; **ein kalter F.** 《통용어》냉혈한, 냉담한 사람; **ein großer(ein dicker) F.** 《통용어》중요한 인물, 거물; **kleine -e** 《통용어》시시한 것, 자질구레한 것; **faule -e** 《통용어》믿기 어려운 변명, 거짓말; **ungefangene -e** 《통용어》아직 단언하기에는 이른 일들, 결정하기에는 아직도 빠른 일들; **die -e füttern** 《통용어·농》멀미로 배 위에서 토하다. **b)** 생선 요리: heute gibt es F. 오늘은 생선 요리이다; **weder F. noch Fleisch sein** 이도 저도 아니다; 올바른 것이 아니다. **2. a)** 〈Pl.〉 [점성술] 물고기 자리(2월 19일에서 3월 20일): er ist im Zeichen -e geboren 그의 생일의 별자리는 물고기자리이다. **b)** 물고기자리 아래에서 태어난 사람, 어좌생(魚座生). **3.** [인쇄] 활자 상자의 틀린 칸에 들어앉은 활자. **4.** 《통용어》액체성 음식물에 떠 있는 조그만 이물체 (異物體). **5.** [선원] ↑Fischung.

fisch-, Fisch-: **~abfall**, der 〈대개 Pl.〉 생선 쓰레기. **~adler**, der 물수리. **~ähnlich** 〈Adj.〉 물고기와 닮은. **~arm** 〈Adj.〉 물고기가 적은(반대: ~reich): -e Gewässer 물고기가 적은 바다(하천). **~artig** 〈Adj.〉 물고기와 같은. **~auge**, das **1.** 물고기의 눈, 어안(魚眼): [전의] dieser Mann hat -n 이 남자는 차가운 눈을 갖고 있다. **2.** 어안 렌즈. **~äugig** 〈Adj.〉 물고기와 같은 눈을 가진. **~band**, das [기술] 경첩의 일종. **~bandwurm**, der ↑Dibothriocephalus. **~becken**, das 양어 저수조(貯水槽). **~behälter**, der 활어조(活魚槽), 물고기통. **~bein**, das 〈Pl. 없음〉 고래 수염. **~beinstab**, der 고래 수염으로 된 심(여자 코르셋에서). **~besatz**, der ↑Besatz (2 c). **~bestand**, der 바다 [하천]의 물고기 수량. **~besteck**, das 생선 요리 식사용의 나이프와 포크. **~blase**, die **1.** 물고기의 부레. **2.** [건축] (후기 고딕 양식에서) 부레 모양의 장식. **~blasenstil**, der 〈Pl. 없음〉 [건축] 부레 장식풍. **~blut**, das 물고기의 피: [전의] F. in den Adern haben 냉혹하다. **~blütig** 〈Adj.〉 냉혹한, 냉랭한. **~braterei** [-braːtəˈraɪ], die; -en 생선(요리)집. **~bratküche**, die ↑-braterei. **~brötchen**, das 생선을 얹은 빵. **~brut**, die 물고기 새끼, 치어(稚魚). **~dampfer**, der 원양 어선. **~darre**, die [어업] **1.** 생선 건조대. **2.** 어분 제조선(魚粉製造船). **~dünger**, der 물고기로 만든 거름. **~echse**, die ↑Ichthyosaurus. **~ei**, das **1.** (Fisch)rogen. **~essen**, das ~-gericht. **~ewer**, der [어업] 고기잡이 범선(돛이 하나나 둘 달린 소형의). **~fabrik**, die 《통용어》물고기 통조림(가공) 공장. **~fabrikschiff**, das (어선단(漁船團)의) 생선 가공 모선 (加工母船). **~fang**, der 〈Pl. 없음〉 고기잡이, 어로(漁撈), 어렵(漁獵): auf F. gehen 고기잡이 가다, 출어 (出漁)하다; vom F. leben 고기잡이를 생업으로 하다. **~fangflotte**, die ↑Fischereiflotte. **~fanggebiet**, das 어로 구역(漁撈區域). **~filet**, die ↑²Filet (b). **~fleisch**, das 물고기의 살. **~flosse**, die 물고기 지느러미. **~futter**, das 물고기 먹이, 물고기 사료. **~gabel**, der, die 생선 요리 식사용의 포크. **~gang**, der [정식(定食)에서] 생선 요리의 순서. **~garn**, das ↑Fischernetz. **~gericht**, das 생선 요리. **~geruch**, der 생선 냄새. **~geschäft**, das 생선 가게. **~gift**, das 물고기의 독, 어독(魚毒). **~glas**, das 관상어 유리 수조(水槽). **~grat** [-graːt] [섬유] **1.** das 〈대개 Art. 없음〉; -s, -s ↑~grätenmuster. **2.** der; -s, -s 생선뼈 무늬의 직물 (織物), 오늬 무늬의 피륙. **~gratbindung**, die [직조] 생선뼈 무늬 짜기. **~gräte**, die **1.** [동물] 물고기 가시, 물고기 뼈. **2.** 《통용어》 생선뼈의 등뼈. **~grätenähnlich** 〈Adj.〉 물고기 등뼈 모양의. **~grätenmuster**, das [섬유] (직물의) 생선뼈 무늬, (피륙의) 오늬 무늬. **~grätenstich**, der 생선뼈 무늬의 자수. **~grätmuster**, das ↑~grätenmuster. **~gründe** 〈Pl.〉 [어업] 어장. **~guano**, der ↑~dünger. **~handel**, der 생선 거래, 생선 장사. **~händler**, der 생선 장수. **~handlung**, die ↑~geschäft. **~kalter**, der (bayr., österr., schweiz.) ↑~behälter. **~kasten**, der ↑~behälter. **~köder**, der 낚시의 미끼. **~kombinat**, das (구동독) 원양 어선단 기업. **~konserve**, die 생선 통조림. **~kunde**, die 〈Pl. 없음〉 ↑Ichthyologie: er studiert F. 그는 어류학을 공부한다. **~kundler** [-kʊntlɪç], der ↑Ichthyologe. **~kutter**, der ↑~geschäft. **~laich**, der [동물] 어란(魚卵), 곤이. **~leder**, das 어피(魚皮). **~leim**, der 물고기 부레풀, 어교(魚膠). **~leiter**, die 어제(魚梯)(물고기가 폭포, 보뚝 따위를 타고 오를 수 있도록 만든 사다리 모양의 장치) ↑~paß. **~lokal**, das ↑~restaurant. **~lupe**, die [어업] 어군(魚群) 탐지기. **~markt**, der 어시장, 생선 시장. **~maul**, das 물고기의 주둥이. **~mehl**, das 어분(魚粉)(돼지나 가금류의 사료로 사용됨). **~messer**, das 생선 요리 식사용의 나이프. **~milch**, die [동물] (물고기의) 이리, 어백(魚白). **~netz**, das ↑Fischernetz. **~otter**, der 수달. **~paß**, der 어제(魚梯). **~reich** 〈Adj.〉 물고기가 많은 (반대: ~arm). **~reichtum**, der 물고기가 풍부함. **~reiher**, der 왜가리. **~restaurant**, das 생선 요리집. **~reuse**, die [어업] 통발, 어량(魚梁). **~rogen**, der 어란(魚卵), 곤이. **~schuppe**, die 물고기 비늘. **~schuppenkrankheit**, die ↑Ichthyose. **~schwanz**, der 생선 꼬리. **~schwarm**, der 물고기 떼, 어군(魚群). **~stäbchen**, das 〈대개 Pl.〉 [요식업] 생선 네모 살점(생선의 살점을 정방형으로 조그맣게 잘라놓은 것). **~sterben**, das; -s 생선 폐사(오염된 수역에서). **~suppe**, die [요식업] 생선 수프, 생선탕. **~teich**, der 양어지(池). **~tran**, der 어유(魚油), 간유(肝油). **~treppe**, die ↑~paß. **~unkraut**, das 〈Pl. 없음〉 [어업] 잡어(雜魚). **~verarbeitend** 〈Adj.〉 -e Industrie 물고기 가공 산업. **~verarbeitungsschiff**, das ↑~fabrikschiff. **~vergiftung**, die 생선 중독. **~waid** [-vaɪt; mhd. weide], die [어업] 계획 어업(일정량의 수준이 되도록 보호하면서 물고기를 잡는). **~wanderung**, die [동물] (산란처를 찾는) 물고기의 이동. **~wasser**, das [어업] 어수역(魚水域)(일정량의 물고기가 있는). **~weg**, der **1.** ↑~paß. **2.** [동물] 물고기 이동로(移動路). **~wehr**, das 어량(魚梁). **~weib**, das **1.** 〈Pl. 없음〉 인어(人魚). **2.** (준말로) 생선 파는 여자. **~weiher**, der 낚시를 위한 양어장. **~werker**, der 생선 가공업 종사자. **~wilderei**, die 불법 어로(不法漁撈). **~wirt**, der [준말] 물고기의 보호와 각종 어로 작업에 대한 전문적 훈련을 받은. **~wirtschaft**, die 어획가공업(漁獲加工業). **~zaun**, der 활어조, 잡이 담(간만의 조수를 이용하여 연안 지역에서 물고기를 잡기 위하여 막대, 나무 잔가지 등으로 막은 장치). **~zucht**, die 양어(養魚). **~züchter**, der 양어인(養魚人). **~zug**, der **1.** [어업] 후리질, 어망끌기. **2.** 한몫잡기, 한몫벌기: er hatte einen großen F. geplant 그는 크게 한몫잡기를 계획했다.

fischeln ['fɪʃln] ⟨h⟩ 《특히 österr.》 생선 비린내가 나다: hier fischelt es abscheulich 여기는 생선 비린내가 역겹게 난다. **fischen** ['fɪʃn] **1. a)** (어구(漁具)를 사용하여) 물고기를 잡다[낚다]: mit der Angel f. 낚시로써 고기를 낚다[잡다]; er geht f. 그는 고기잡이하러 간다. **b)** (바다 속으로부터) 채취하다, 잡아내다: Perlen f. 진주를 채취하다. **2.** (통용어) **a)** 무엇으로부터 끄집어내다: (sich) ein Stück Zucker (aus der Dose) f. (먹으려고) 사탕 한 알을 (깡통에서) 끄집어내다; 전의 die Polizei hatte den Gesuchten schnell aus der Menge gefischt 경찰은 수배자(手配者)를 무리 속에서 재빨리 찾아내어 체포했다. **b)** (속에서) 찾다, 뒤적이다: sie fischte in ihrer Tasche nach dem Hausschlüssel 그녀는 그녀 가방 속에서 집 열쇠를 찾았다. **Fischer**, der; -s, - **a)** 어부. **b)** 《통용어》 낚시꾼.

Fischer-: **~barke**, die (아어) ↑~boot. **~boot**, das 낚싯거루, 낚싯배. **~dorf**, das 어촌. **~frau**, die 《또한》 Fischersfrau, die 어부의 아내. **~hafen**, der 어항(漁港). **~haus**, das 어부의 집. **~hütte**, die 어부의 오두막. **~kahn**, der 작은 어선. **~kate**, die 어부의 작은 집. **~nachen**, der 《아어》 어부의 일엽편주(一葉扁舟). **~nest**, das 《폄》 작은 어촌. **~netz**, das 고기 그물, 어망. **~ring**, der 〔가〕 어부(교황)의 반지(교황의 인장으로 성 베드로가 어망을 끄는 그림과 교황의 이름이 새겨져 있음). **~stechen**, das; -s, - 어부의 창대 해전(海戰)(어부들이 가벼운 배를 타고 선채로 상대를 창대로 밀어 물에 떨어뜨리는 민속 유희).

Fischerei [fɪʃəˈraɪ], die; 고기잡이업, 어업(漁業), 수산업: von der F. leben 고기잡이로 생계를 잇다.

Fischerei-: **~fahrzeug**, das 고기잡이 배, 어선. **~flotte**, die 어선단(漁船團). **~frevel**, der 어업법 저촉, 어업법 위반. **~gerät**, das 어구(漁具). **~gesetz**, das ↑~recht (2). **~gewässer**, das 어로 수역(漁撈水域). **~grenze**, die 【국제법】 어업 전관 수역 경계선(漁業專管水域境界線). **~hafen**, der 어항(出漁港), 어로기지항(漁業基地港). **~recht**, das **1.** 어업권, 어로권. **2.** 〈Pl. 없음〉 어업법, 어로법. **~schiff**, das 어로 선박(漁撈船舶). **~schutzboot**, das 어로 보호 지원선(支援船). **~wesen**, das 〈Pl. 없음〉 어업계(漁業界).

Fischerin, die; -nen 《드물게》 ↑Fischerfrau. **Fischersfrau**, die ↑Fischerfrau. **Fischersmann**, der; -(e)s, ...leute (고어) ↑Fischer. **fischhaft** ⟨Adj.⟩ 물고기 같은. **fischig** ['fɪʃɪç] ⟨Adj.⟩ **1.** 물고기 냄새(맛)가 나는. **2.** 물고기 눈을 생각나게 하는.

Fischung ['fɪʃʊŋ], die; [원철] **1.** 중앙 이음 갑판(휘어진 갑판 선체에 톱날모양의 끝이 물려들어가게 되어 있는 중간의 갑판 선재). **2.** 돛대 받침널(돛대를 세우기 위해 갑판을 관통하여 둥글게 판).

Fis-Dur [⟨또한⟩ '-'-], das; - 올림바 장조(기호: Fis). **Fis-Dur-Etüde**, die 올림바 장조의 연습곡. **Fis-Dur-Tonleiter**, die 올림바 장조의 음계.

Fisettholz [fi'zɛt-], das; -es 황로(黃櫨) 목재(황색 염료를 채취하는).

Fisimatenten [fizima'tɛntn̩] ⟨Pl.⟩ 《통용어》 얼렁뚱땅 넘기려는 수작; 핑계, 구실, 간계(奸計): das sind alles nur F. 그 모든 것이 얼렁뚱땅 넘기려는 수작에 불과하다; (mach) keine F.! 제발 핑계 둘러대지 말라구!

Fiskal [fɪs'kaːl], der; -s, -e [lat. fiscālis] 《역사적》 국고출납관(國庫出納官), 수세 금고장(收稅金庫長). **fiskalisch** [fɪs'kaːlɪʃ] ⟨Adj.⟩ [lat. fiscālis] 국고의, 국유의. **Fiskus** ['fɪskʊs], der; -, ...ken / -se [lat. fiscus] 국고: der F. als Empfänger der Steuern 조세 수령자로서의 국고.

fis-Moll [⟨또한⟩ '-'-], das; - 올림바 단조(기호: fis). **fis-Moll-Etüde**, die 올림바 단조의 연습곡. **fis-**

Moll-Tonleiter, die 올림바 단조의 음계.

Fisole [fiˈzoːlə], die; -n [lat. phaseolus < griech. phaséolos] 《österr.》 강낭콩.

fispelig ['fɪspəlɪç] ⟨Adj.⟩ 《지역적》 불안정한, 신경질적인, 안절부절 못하는: ein -es Kind 불안정한 아이. **fispeln** ['fɪspl̩n] ⟨h⟩ 《지역적》 불안정한 상태이다, 안절부절 못하다.

fispern ['fɪspɐn] ⟨h⟩ 《지역적》 ↑wispern.

fisselig ['fɪsəlɪç] ⟨Adj.⟩ 《지역적》 **a)** 얇은, 섬세한: bei -em Regen 가랑비에, 가랑비 올 때. **b)** 취급(사용)에 섬세하고 예민한: eine -e Arbeit 섬세하고 예민한 작업. **fisseln** ['fɪsl̩n] ⟨h; 비인칭⟩ [niederd. fi(e)sseln] 《지역적》 가랑비(가랑비)가 오다(nieseln), 가랑비가 내리다: es fisselt 가랑비[가랑비]가 오다[내리다]. **Fisselregen**, der 는개, 가랑비.

fissil [fɪ'siːl] ⟨Adj.⟩ [lat. fissilis] 《전문어》 쪼갤 수 있는, 분열성의. **Fissilität** [fɪsiliˈtɛːt], die 《전문어》 분열성. ¹**Fission** [fɪ'sioːn], die; -en [lat. fissio] 【생물】 분열(조직의). ²**Fission** [-], die; -en [engl. (nuclear) fission] [핵물리] 핵분열. **Fissur** [fɪ'suːɐ̯], die; -en [lat. fissūra] 【의학】 **1.** 갈라진 틈(피부나 점막의), 열창(裂創). **2.** 뼈의 균열(龜裂).

Fist [fɪst], der; -(e)s, -e ⟨지역적·속어⟩ 살짝 방귀, 헛방귀. **fisten** ['fɪstn̩] ⟨h⟩ ⟨지역적·속어⟩ 살짝 방귀를 뀌다.

Fistel ['fɪstl̩], die; -n [lat. fistula] **1.** 【의학】 누관(瘻管), 누공(瘻孔). **2.** 가성(假聲) (Fistelstimme). **fistelig** ['fɪstəlɪç] ⟨Adj.⟩ 쩨지는 높은 목소리의, 쇳소리의. **fisteln** ['fɪstl̩n] ⟨h⟩ 가성으로 얘기[노래]하다. **Fistelstimme**, die; -n [음악] 남자의 가성(假聲): mit F. singen 가성으로 노래하다(↑Falsett 참조). **2.** 높고 가는 남자 목소리. **Fistula** ['fɪstula], die; ...ae [...lɛ], ↑ Fistel 참조] **1.** 목동의 피리(Hirtenflöte), 목적(牧笛). **2.** 풍금의 음관(音管)(Orgelpfeife). **3.** ↑ Fistel (1).

fit [fɪt] ⟨Adj.⟩ [engl.-amerik. fit] 체력이 좋은, 몸의 상태가 좋은, 컨디션이 좋은, 건강한: f. sein[bleiben] 몸의 상태가 좋다; er hält sich f. durch tägliches körperliches Training 그는 매일 육체를 단련하여 좋은 컨디션을 유지한다.

Fitis ['fiːtɪs], der; - / -ses, -se 노랑허리솔새(휘파람새).

Fitness, Fitneß ['fɪtnɛs], die [engl.-amerik. fitness] 훌륭한 몸의 상태, 컨디션이 좋은 상태.

Fitness-, Fitneß-: **~center**, das 체육관, 헬스 센타. **~raum**, der 체력 단련 장소. **~test**, der 체력 검사. **~training**, das 체력 훈련. **~zentrum**, das ↑ ~center.

Fitsche ['fɪtʃə], die; -n 《지역적》 ↑Fischband.

fitten ['fɪtn̩] ⟨h⟩ [engl. to fit] **1.** 【기술】 적응시키다(anpassen), 알맞게 하다. **2.** 【조선】 용골을 탐사하다(심하게 휘어진 곳이나 평평하지 못한 곳을 찾기 위하여).

Fittich ['fɪtɪç], der; -(e)s, -e (시어) 날개(Flügel): die -e des Adlers 독수리의 날개; jmdn. unter seine -e nehmen (통용어·농) 누구를 거두어 돌보다.

Fitting ['fɪtɪŋ], das; -s, -s (대개 Pl.) [engl. fitting] [기술] 도관(導管)의 이음쇠, 파이프의 조인트.

Fitz [fɪts], der; -es 《지역적》 **1.** 뒤엉킨 실뭉치: die Wolle hat sich zu einem einzigen F. verwirrt 털실이 하나로 뒤엉켜 버렸다. **2.** 흥분(Aufregung), 짜증, 수고: sie hatte ihren F., mit der Arbeit fertig zu werden 그녀는 일을 끝내려고 열이 나 있었다. **Fitzbohne**, die 《rhein.》 강낭콩. **Fitzchen**, das; -s, - 《지역적》 쓸모 없는 조각, 토막. **Fitze** ['fɪtsə], die ⟨n⟩ **1.** 실타래, 감은 실 뭉치. **2.** 얽힌 잔가지, 주름. **Fitzel** ['fɪtsl̩], der (또는) das; -s, - 《지역적》 ↑Fitzchen. **Fitzelband**, das ⟨Pl. -bänder⟩ ↑Fitzfaden. **Fitzelchen**, das; -s, - 《통용어》 ↑Fitzchen. **fitzen** ['fɪtsn̩] ⟨h⟩ 《지역적》 **1.** 형

끊어지다: das Garn hat gefitzt 실이 헝클어졌다. **2.** 갈기갈기 찢다, 잘게 자르다. **3.** 작업 중에 홍분해 있다, 아무렇게나 되는 대로 해치우다. **Fitzfaden**, der; -s, ...fäden 실타래를 둘러 묶는 실.

Fiumara [fi̯u'maːra], Fiumare [...rə], die; ...re(n) [ital. fiumara] 〔지리〕 천수 하천(비온 뒤에만 수량이 많이 흐르고, 비 없는 여름철에는 물이 없는).

Five o'clock ['faɪvəˈklɔk], der, - -, - -s ↑Five o'clock tea의 약칭. **Five o'clock tea** [...'tiː], der; - -, - - -s 〔engl. five-o'clock (tea)〕 〔교양어〕 오후 (다섯 시경)의 차(Fünfuhrtee).

Fives [faɪvs], das; - 〔engl. fives〕 파이브즈(벽에다 던진 공을 상대방이 잡아야 하는 영국식 공놀이).

fix [fɪks; I, 1: lat. fixus] **I.** 〈Adj.〉 **1. a)** (확정된 액수에) 고정된, (액수가) 묶인: ein -es Gehalt 고정급; diese Preise sind f. 이 가격들은 묶여 있다. **b)** 〔österr.〕 항구적인(ständig), 지속적인(dauernd). **c)** 〔준고어〕 확정된, 불변의(unveränderlich). **2.** 〔통용어〕 **a)** 빠른(schnell), 지체없이: mach f.! 빨리 하라!; geht's nicht ein bißchen -er? 조금 더 빨리 안되나? **b)** 민첩한(flink), 명민한, 잽싼: sie ist[arbeitet] sehr f. 그녀는 매우 민첩하다[민첩하게 일한다]. **3. f. und fertig** 〔통용어·강조〕 1) 일을 완전히 다 끝냄; 준비 완료된: f. u. fertig angezogen sein 옷을 다 차려 입었다. 2) 완전히 녹초가 된, 기진맥진한(völlig erschöpft): 〔전의〕 die Firma ist pleite, und er ist f. und fertig 회사는 파산이고 그는 끝장이다; **nicht (ganz) f. sein** 〔지역적·폄〕 약간 (지능이) 모자라다. **II.** 〈Interj.〉 〔österr.〕 제기랄! **Fix** [-], der; -(es), -e 〔↑fixen (2) 참조〕.〔은어〕 약물 주사(마약 따위의).

fix-, Fix-: **~angestellte*, der/die 〔österr.〕 정식 사원. **~besoldet** 〈Adj.〉 〔schweiz.·고어〕 ↑festbesoldet. **~fertig** 〈Adj.〉 〔schweiz.〕 ↑fix und fertig (↑fix 3, 1). **~feuer**, das 〔südwestd.〕 성냥 (Streichholz). **~geschäft**, das 정기 거래, 확정구매 계약. **~kosten** (Pl.) 〔상〕 확정 가격, 고정 가격. **~punkt**, der 고정된 기준점. **~stern**, der 〔lat. fixa stella〕 〔천문〕 항성(반대: ↑Planet). **~zeit**, die 고정 근무 시간(반대: ↑Gleitzeit).

Fixa: ↑Fixum의 복수형. **Fixage** [fɪˈksaːʒə], die; -n 〔frz. fixage〕 〔사진〕 정착 처리(일광에 의해 손상되지 않게 하는). **Fixateur** [fɪksaˈtøːɐ̯], der; -s, -e 〔frz. fixateur〕 〔기술〕 **1.** 향료 정착액. **2.** 정착액 분무기. **Fixation** [fɪksa'tsi̯oːn], die; -en 〔frz. fixation〕 **1.** 〔고어〕 정착(定着), 고정. **2.** 〔심리〕 병적 고착, 고착 관념(↑fixieren 3 참조). **Fixativ** [fɪksaˈtiːf], das; -s, -e [...iːvə; frz. fixatif] 〔전문어〕 정착액[제]. **Fixator** [fɪˈksaːtɔr, (또한) ...toːɐ̯], der; -s, ...ksaˈtoːrən; latinis.] ↑Fixateur (1). **Fixe** ['fɪksə], die; -n 〔은어〕 (마약 따위의) 약물 주사기. **fixen** 〈h〉 [engl.-amerik. to fix] **1.** 〔증권〕 선매로 투기하다. **2.** 〔은어〕 (마약 따위의) 약물을 주사하다. **Fixer**, der; -s, - **1.** 〔증권〕 투기꾼. **2.** 〔은어〕 (스스로 주사를 놓는) 약물 중독자.

Fixier-: **~bad**, das 〔사진〕 정착액. **~mittel**, das ↑Fixativ. **~natron**, das 정착 소다. **~salz**, das 〔사진〕 정착 염(定着鹽).

fixierbar [fɪˈksiːɐ̯baːɐ̯] 〈Adj.〉 글로써 확정할 수 있는, 기록될 수 있는(흔히 부정적으로). **fixieren** [fɪˈksiːrən] 〈h〉 [lat. fixus] **1.** 〔교양어〕 **a)** 기록하다, 문서화하다: Beschlüsse schriftlich (in einem Protokoll) f. 결정을 문자(문서)로 기록하여 남기다. **b)** 글로써 확정하다, 규정하다: ein Recht vertraglich f. 권리를 계약상으로 확정하다. **2. a)** 〔전의〕 부분적으로는 전문어이) 고정(고착)시키다: den Aushang mit Tesafilm am Schwarzen Brett f. 포스터를 스카치 테이프로 게시판에 부착시키다; einen Knochenbruch f. 〔의학〕 골절을 고정시키다(석고 붕대 따위로). **b)** 〔역도〕 정지시키다(역기를 두 팔로 머리 위에 들어올린 채로 정지해 있는 동작): er konnte das Gewicht nicht f. 그는 역기의 무게를 지탱할 수 없었다. **c)** 〔레슬링〕 제압하다(상대가 자유롭게 움직일 수 없도록 꽉 붙잡는 동작). **3.** 〈f. + sich〉 〔심리·행태〕 (사람, 사물에) 병적으로 집착하다: an[auf] jmdn. fixiert sein[bleiben] 누구(무엇)에게 집착해[매달려] 있다. **4. a)** 응시하다: einen festen Punkt in der Ferne mit den Augen f. 허공의 한 점을 응시하다. **b)** 노려보다. **5. a)** 〔사진〕 정착 용액에 넣어서 처리하다, 정착하다: der Film wird entwickelt, gewässert u. fixiert 필름은 현상되고, 물에 담가지고, 정착된다. **b)** 〔전문어〕 정착 처리를 하다(지워지지 않도록): eine Kreidezeichnung f. 백묵화를 정착 처리하다. **c)** 〔전문어〕 (세포 조직을) 고정 처리하다(현미경 조사에 알맞도록). **Fixierung**, die; -en 고정, 고착; 확정; 정착[제]. **Fixigkeit** ['fɪksɪçkaɪt], die 〔통용어〕 신속, 기민성: bei seiner F. wird die Arbeit schnell geschafft sein 그의 신속성으로 일이 빨리 진척될 것이다. **Fixing** ['fɪksɪŋ], das; -s, -s [engl. fixing] 〔증권〕 (일일) 환율 시세: der Dollar stand zum F. auf 2,825 DM 달러 환율은 1 달러당 2.825 마르크였다. **Fixismus** [fɪˈksɪsmʊs], der; - 〔지질〕 지각이 그 하부 구조와 견고하게 연결되어 있다는 이론(반대: Mobilismus). **Fixlaudon** [fɪksˈlaʊ̯dɔn] 〈Interj.〉 [Laudon 원수에 따라] 〔österr.〕 제기랄! 빌어먹을! **Fixum** ['fɪksʊm], das; -s, Fixa 고정 봉급(수당 종류를 제외한).

Fizz [fɪs], der; -(es), -(es) 〔engl. fizz〕 피스(발포성 음료)(레몬즙과 탄산수를 포함한 알코올 칵테일): zwei F. bestellen 피스 두 잔을 주문하다.

Fjäll [fjɛl], der; -s, -s 〔schwed. fjäll〕 피엘 고원(스칸디나비아 지방의 나무가 없는 고원 지대).

Fjärd [fjɛrt], der; -(e)s, -e 〔schwed. fjärd〕 ↑Fjord.

Fjeld [fjɛlt], der; -s, -s 〔dän. fjeld〕 〔고어〕 ↑Fjäll. **Fjell** [fjɛl], der; -s 〔norw. fjell〕 ↑Fjäll.

Fjord [fjɔrt], der; -(e)s, -e 〔schwed., norw. fjord〕 피오르드(스웨덴, 노르웨이, 핀란드 해안의), 협만(峽灣). **Fjordküste**, die 피오르드 해안. **Fjordpferd**, das 피오르드 말(馬)(노르웨이의).

FKK [ɛfkaːˈkaː] (관사 없음) 〔Freikörperkultur의 약어〕 나체주의(Nudismus): sich für FKK begeistern 나체주의에 열광하다.

FKK- 〔붙임표와 함께〕: **~Anhänger**, der 나체주의자, 나체주의 신봉자. **~Gelände**, das 나체촌(村). **~Strand**, der 해변의 나체촌. **~Urlaub**, der 나체주의(를 실행하는) 휴가. **~Zeitschrift**, die 나체주의 잡지.

FKKler [...aːlɐ], der; -s, - 〔통용어〕 나체주의자, 나체주의 신봉자.

fl., Fl. = Florin의 약어, 네덜란드 금화.

Fla [fla:], die ↑Flugabwehr의 약칭; ↑Fla-Panzer, Fla-Rakete 참조.

Flab [flap], die 〈schweiz.〉 ↑Fliegerabwehr의 약칭.

flach [flax] 〈Adj.〉 **1.** 평평한: ein -es Gelände 평평한 지대, 평지; auf der -en Hand 활짝 편 손 위에; mit der -en Klinge schlagen 칼등으로 치다. **2.** 낮은: Schuhe mit -en Absätzen 굽이 낮은 구두. **3.** 얕은: der Fluß ist an dieser Stelle f. 강은 이 지점에서 수심이 얕다; f. atmen 얕은 숨을 쉬다; 〔전의〕 der Wein schmeckt f. 포도주의 맛이 밍밍하다. **4.** 〈폄〉 하찮은; 피상적인: eine -e Unterhaltung 시시한 여흥. **Flach** [-], das; -(e)s, -e 〔광〕 수심이 얕은 곳.

-flach [-], das; -(e)s, -e; -flächner [-flɛçna], der; -s, - (다음의 합성어로, 예컨대) Achtflach, Achtflächner.

flach-, Fläch-: **~bau**, der 〈Pl. -bauten〉 2층이나 3층의 집, 저층 건물. **~bauweise**, die 저층 건축 방식. **~bett**, das [전문어] 깃털 누비 이불. **~bogen**, der [건축] 수평 아치. **~brüstig** 〈Adj.〉 평평한 가슴의. **~dach**, das 평지붕: ein Bungalow mit F. 평지붕의 방갈로. **~druck**, der 〈Pl. -e〉 1. 〈Pl. 없음〉 평판 인쇄, 옵셋 인쇄. 2. 평판 인쇄물, 옵셋 인쇄물. **~drucker**, der 평판[옵셋] 인쇄 전문가. **~druckverfahren**, das ↑**~druck** (1). **~eisen**, das 1. 평평한 압연철(직사각형의 단면을 지닌). 2. 정(돌이나 나무를 다듬는데 쓰이는). **~fallen**⁺ 〈's〉〈경〉(예정된 것이) 개최되지 않다: der Ausflug fällt flach 소풍은 취소된다. **~feile**, die 평평한 줄(둥근 줄이나 삼각줄과는 다른), 평줄. **~glas**, das 평판 유리. **~hang**, der ↑Gleithang. **~kopf**, der 〈폄〉멍청이, 바보. **~köpfig** [-kœpfɪç] 〈Adj.〉 멍청한, 둔한. **~kopfnagel**, der 평대갈못(대가리가 평평한). **~kopfschraube**, die 평대갈나사. **~küste**, die [지리] 수평 해안(반대: Steilküste). **~land**, das 〈Pl. 없음〉 평지, 저지(低地). **~landbahn**, die 스피드 스케이팅 활주로(최소한 1000m 이하의). **~länder**, der; -s, - 평지의 거주민. **~landtiroler**, der 〈통용어·농·폄〉 평지 티롤인(산악 지대의 주민이 아니면서도, 그러한 듯이 차려입고 으스대는 사람). **~läufer**, der 〈육상경기〉〈경〉(장애물이 없는) 달리기 선수. **~legen** 〈h〉〈경〉 1. 〈f. + sich〉 〈잠간〉 자려고 눕다: sich nach dem Essen f. 식사 후에 잠깐 눈붙이려고 눕다. 2. 땅바닥에 뻗다(두들겨 맞아서). **~liegen**⁺ 〈h, 〈지역어〉 s〉〈경〉 병들어 눕다. **~mann**, der 〈Pl. -männer〉 1. 〈통용어·농〉 납작병(바지나 윗저고리 호주머니에 넣어갈 수 있는 화주병). 2. einen F. bauen 〈경〉 죽다(평평히 뻗는다고 해서). **~meißel**, der 납작끌. **~moor**, das [지리] 저층 습지(호수가 메워져서). **~paß**, der [축구] 낮게 깔아 패스하는 공, 낮은 공. **~paßspiel**, das [축구] 낮게 깐 패스. **~relief**, das ↑Basrelief. **~rennen**, das 《스포츠》 평지 경마, 평지 경주(장애물이 없는). **~schuß**, der [축구] 저공 슛(낮게 깔아 차는). **~stahl**, der ↑**~eisen** (1). **~strecke**, die [육상경기] 평지 트랙(장애물이 없는), 평로(平走路). **~wasser**, das 〈Pl. 없음〉 평평하고 얕은 물. **~webstuhl**, der 수평 날줄을 가진 베틀. **~wurzler** [-vʊrtslɐ], der; -s, - [식물] 뿌리가 옆으로 뻗어나는 식물(반대: Tiefwurzler). **~zange**, die 납작 집게. **~ziegel**, der 납작 기와.

Fläche ['flɛçə], die; -n 〈schweiz.〉 평평한 트랙(자전거 경기 따위에서), 평주로(平走路). Fläche [flɛçə], die; -n 1. 평지: eine F. von 100 Quadratmetern 100 평방미터의 평지. 2. 표면, 평면: ein Würfel hat sechs -n 주사위는 여섯 개의 면을 갖고 있다.

flächen-, Flächen-: **~ausdehnung**, die 평면의 넓이. **~berechnung**, die 면적의 계산. **~blitz**, der 막전(幕電)(번개가 보이지 않고 공중 일대가 환하게 밝아지는). **~brand**, der 요원의 불길. **~ertrag**, der 단위면적(일반적으로 1헥타르)당의 수확량. **~gleich** 〈Adj.〉 [수학] 면적이 같은, 합동의: die beiden Dreiecke sind f. 두 개의 삼각형은 합동이다. **~inhalt**, der [수학] 면적: den F. eines Rechtecks berechnen 사각형의 면적을 계산하다. **~maß**, das [수학] 면적 단위: Hektar, Morgen sind -e 헥타르, 모르겐은 면적 단위이다. **~nutzung**, die 평지 이용. **~nutzungsplan**, der 평지 이용 계획, 이용도. **~treu** 〈Adj.〉 (지도에서) 정적도법(正積圖法)의, 면적의 비율이 정확한. **~widmungsplan**, der 〈österr.〉 ↑**~nutzungsplan**. **~wirkung**, die 표면적(表面積)의 효과: die F. eines Tapete 벽에 거는 융단의 표면적(表面積).

flächenhaft 〈Adj.〉 1. 평지의, 평면의. 2. 막연한, 평범한. **Flächenhaftigkeit**, die ↑**flächenhaft**의 명사형. **Flachheit**, die; -en 1. 〈Pl. 없음〉 평평함: die F. des Busens 여자 가슴의 평평함. 2. 〈폄〉 **a)** 〈Pl. 없음〉 범용성(凡庸性), 아둔함, 정신적 피상성. **b)** 아둔한 소리, 피상적 언명. **flächig** 〈Adj.〉 1. 넓적한, 평평한: ein -es Gesicht 넓적한 얼굴. 2. 평면에 퍼지는. **-flächner**: ↑**-flach**.

Flachs [flaks], der; -es 1. **a)** 아마(亞麻): F. anbauen 아마를 재배하다. **b)** 아마 섬유: F. spinnen 아마 섬유를 갖다. 2. 《통용어》 우스갯소리, 희담(戱談): das war nur F. 그것은 그저 웃자고 한 것이다; ganz ohne F. 농담이 아니라 참말로; bei dem blüht der F. 그는 우스갯소리를 잘한다.

flachs-, Flachs- (Flachs 1): **~anbau**, der 〈Pl. 없음〉 아마 재배. **~bau**, der 〈Pl. 없음〉 아마 재배. **~blau** 〈Adj.〉 ↑himmelblau. **~blond** 〈Adj.〉 밝은 블론드의: -es Haar 밝은 블론드 머리. **~breche**, die 아마 분쇄기. **~darre**, die 아마 건조(장치). **~ernte**, die 아마 수확. **~farben**, **~farbig** 〈Adj.〉 담황색의, 아마빛의. **~gelb** 〈Adj.〉 담황색의, 아마빛의. **~haarig** 〈Adj.〉 밝은 블론드 머리의. **~kopf**, der 밝은 블론드 머리의 아이(사람). **~köpfig** 〈Adj.〉 밝은 블론드 머리를 한. **~raufe**, die 아마 훑는 도구(빗). **~riffel**, die 아마 훑는 도구(빗). **~röste**, die 아마의 침지(장치)(통). **~samen**, der ↑Leinsamen. **~schwinge**, die 아마를 치는 기구(막대). **~spinnerei**, die 아마 방적. **~stengel**, der 아마 줄기. **~stroh**, das 아마 짚.

Flachse ['flaksə], die; -n 〈bayr., österr.〉 ↑Flechse. **flachsen** ['flaksn̩] 〈h〉 〈통용어〉 희롱거리다, 허튼 소리로 하다: mit jmdm. f. 누구와 희롱하다; er hat nur geflachst 그는 건성으로 말했을 따름이다. **flächsen** ['flɛksn̩] 〈Adj.〉 ↑flächsern. **Flachserei** [flaksə'raɪ], die; -en 〈통용어〉 1. 〈Pl. 없음〉 허튼 소리하기, 희롱하기. 2. 희롱삼아 하는 말. **flächsern** ['flɛksɐn] 〈Adj.〉 1. 아마로 된, 아마 같은. 2. ↑flachsfarben.

¹**flacken** ['flakn̩] 〈h〉 〈드물게〉 ↑flackern: jetzt flackt die Lohe 이제 불꽃이 너울대며 타오른다.

²**flacken** [-] 〈h〉 〈südd.〉 빈둥대며 누워 있다: er flackt den ganzen Tag 그는 하루 종일 그저 누워 자빠져 있다.

Flacker-: **~feuer**, das [선원] 신호 횃불. **~lampe**, die 신호등(꺼졌다 켜졌다 하는). **~licht**, das 깜박이는 불빛. **~schein**, der ↑**-licht**.

flack(e)rig ['flak(ə)rɪç] 〈Adj.〉 불꽃이 펄럭이는. **flakkern** ['flakɐn] 〈h〉 1. **a)** 펄럭이며 타다: die Kerze flackerte 초가 펄럭거리며 타고 있었다. **b)** (전등이) 껌벅거리다: die Glühlampe flackert 전구가 껌벅거린다. 2. 불안하게 움직이다: seine Augen flackerten vor Erregung 그의 눈이 홍분으로 인하여 불안하게 떨었다.

Flacon: ↑Flakon.

Fladen ['fla:dn̩], der; -s, - 1. (남비에서 구운) 납작 과자. 2. **a)** 평평하고 넓은 것. **b)** ↑Kuhfladen의 약칭. 3. 《지역어》 큰 빵(케이크). **Fladenbrot**, das 둥글 넓적한 빵.

Flader ['fla:dɐ], der; -s, - 1. 나이테, 나뭇결, 나무의 무늬. **Fladerholz**, das (물결)무늬가 있는 목재. **Fladerschnitt**, der 나이테로 자르기(나이테가 보이도록 나무의 줄기를 세로로 자르기). **fladerig**, **fladrig** ['fla:d(ə)rɪç] 〈Adj.〉 나뭇결이 있는.

fladern ['fla:dɐn] 〈h〉 〈österr.〉 훔치다(stehlen).

Fläderung, die 목재의 물결 무늬. **Flädle**, das; -s, - 〈schwäb.〉 국에 넣는 고명(계란에 밀가루를 묻혀 갠 것을 엷게 펴서 기름에 튀긴 후 길쭉하게 자른 것). **Flädlesuppe**, die 고명을 넣고 끓인 국. **fladrig**: ↑fladerig 참조. **Fladrusche** [fla'dru:ʃə], die; -n 〈preuß., schles.〉 리본과 주름이 있는 여자용 두건(모자). **Fladuse** [fla'du:zə], die; -n [niederd. fladdern] 《niederd.》 **1.** ↑Fladrusche. **2.** 아침떨기(Schmeichelei): -n machen 아첨을 떨다.

Flagellant [flage'lant], der; -en, -en [lat. flagellāns] **1.** 편태고행자(鞭笞苦行者)(중세 고행 수도 교단의). **2.** [의학·심리] 편태 성도착자(채찍이나 몽둥이로 쳐서 성적 흥분과 만족을 구하려는 사람). **Flagellantentum**, das; -s 편태 고행. **flagellantisch** 〈Adj.〉 편태 고행자의. **Flagellantismus**, der [의학·심리] 편태 성도착증. **Flagellat**, der; -en, -en 〈대개 Pl.〉 [lat. flagellum] [생물] 편모충(鞭毛蟲). **Flagellation** [flagela'tsjoːn], die [의학·심리] 채찍 성도착. **Flagelle**: ↑Flagellum. **Flagellomanie**, die ↑Flagellantismus. **Flagellum** [fla'gɛlum], das; -s, ...llen, Flagelle [fla'gɛlə], die; -n **1.** [생물] 편모(鞭母). **2.** 편태 성도착자의 채찍.

Flageolett [flaʒoˈlɛt], das; -s, -e / -s [frz. flageolet] [음악] **1.** 플래절렛(고음의 플루트). **2.** 현악기에 의한 플루트 음. **3.** 오르간의 플루트 음전(音栓). **Flageoletton**, der ↑Flageolett (2).

Flagg-: **~leine**, die ↑Flaggenleine. **~offizier**, der 제독급 해군 장교(해당 계급의 기를 배에 달 수 있는). **~schiff**, das **1.** 기함(旗艦)(승선 제독의 기를 단). **2.** (함대의) 최대 함선: [전의] das 600-Modell ist das F. dieser Autofirma 600모델은 이 자동차 회사의 최고급형이다.

Flagge ['flagə], die; -n [engl. flag] 기(旗): die F. hissen[heißen] [선원] 기를 올리다; das Schiff fährt unter finnischer F. 그 배는 핀란드의 기를 달고 항해한다; die rote F. signalisiert einen Regelverstoß [육상경기] 붉은 기는 규칙 위반을 표시한다; **die F. streichen** 항복하다: vor diesen Argumenten mußte er die F. streichen 이 논증들 앞에서 그는 항복하지 않을 수 없었다; **F. zeigen** 견해를 분명히 밝히다; **unter falscher F. segeln** 정체를 숨기고 행동하다. **flaggen** 〈h〉 기를 게양하다: die öffentlichen Gebäude haben geflaggt 공공 건물들은 기를 내걸었다.

Flaggen-: **~alphabet**, das [해양] 깃발 신호의 자모(여러 기에 따른 알파벳). **~ehrung**, die 기례(旗禮)(경의의 표시로서 기를 올렸다가 내림). **~gala**, die 함선의 깃발 장식(경축 행사에서). **~gruß**, der 깃발 인사(선박 서로간의 인사)(게양된 기를 절반 높이로 내렸다가 다시 원 위치로 올림). **~leine**, die 기의 밧줄. **~mast**, der 깃발 돛대, 기를 올리는 마스트. **~parade**, die 국기 등의 게양식과 강하식(게양은 해뜰 때에, 강하는 해질 때에): **es ist mir eine innere F.** 《통용어·준고어》 그것으로써 나는 존경을 받고 또 즐거운 느낌이다, 나는 그것을 영광으로 생각한다. **~signal**, das 기신호(旗信號). **~stange**, die 깃대. **~stock**, der [선원] (선박의) 고물 깃대. **~tuch**, das 〈Pl. ...tuche〉 깃발 천, 깃발 원단.

flagrant [fla'grant] 〈Adj.〉 [frz. flagrant] 뚜렷한, 분명한: ein -er Verstoß 명백한 위반(↑in flagranti 참조).

Flair [flɛːɐ], das, 《드물게》der; -s [frz. flair] **1.** 멋; 분위기; 기(氣), 기운: sie hatte ein F. von Extravaganz 그녀에게는 자유분방한 분위기가 감돌고 있었다. **2.** 《schweiz.》 육감, 직감력, 후각.

Flak [flak], der, 《또한》-s 〈군〉 **1.** 고사포(Flugabwehrkanone의 약칭), 대공포(對空砲). **2.** 〈Pl. 없음〉 고사포대(隊), 대공포대.

Flak-: **~artillerie**, die ↑Flugabwehrartillerie. **~batterie**, die 고사포 중대(中隊); 고사포대(臺). **~feuer**, das 고사포 사격, 대공 사격. **~geschütz**, das 고사포 화기, 대공 화기. **~gürtel**, der 환상(環狀) 고사포 진지. **~helfer**, der 고사포대 보조원. **~helferin**, die ↑ ~helfer의 여성형. **~kreuzer**, der 대공포 순양함. **~soldat**, der 고사포병, 대공포병. **~stellung**, die 고사포 배열, 고사포 진지. **~turm**, der 고사포 탑(塔).

Flakon [fla'kõː], das 《또는》der; -s, -s [frz. flacon] 작은 유리 향수병.

Flambeau [flã'boː], der; -s, -s [frz. flambeau] **1.** 《고어》햇불. **2.** 너울 촛대(여러 개의 초를 꽂을 수 있는 높은 촛대). **Flamberg** ['flambɛrk], der; -(e)s, -e [frz. flamberge] 언월도(偃月刀)(물결과 불꽃 모양의 칼날이 있고 두 손으로 사용하는 큰 칼), 화염검(Flammenschwert). **flambieren** [flam'biːrən] 〈h〉 [frz. flamber] **1.** 음식에 알코올을 붓고 불을 붙여 내뿜다. **2.** (고어) (새, 돼지 등의) 털을 살짝 태워 없애다. **flamboyant** [flãboa'jant] 〈Adj.〉 [frz. flamboyant] 《교양어》 **1. a)** 불꽃이 이는: -e Muster 불꽃 무늬. **b)** 매우 찬란한, 눈부신 채색의. **2.** 격렬한, 정력적인. **Flamboyant** [flãboa'jãː], der; -s, -s [frz. flamboyant] 플람브와양나무(마다가스카르가 원산지인 열대 관상목의 일종). **Flamboyantstil** [flãboa'jãː-], der; -(e)s [frz. style flamboyant] 불꽃 건축 양식(후기 고딕식의).

Flame ['flaːmə], der; -n, -n 플랑드르 사람.

Flamen ['flaːmɛn], der; -, ...mines ['flaːmineːs ; lat. flāmen] 〈대개 Pl.〉 고대 로마의 사제.

Flamenco [fla'mɛŋko], der; -(s), -s [span. flamenco] **a)** 플라멩코 노래. **b)** 플라멩코 춤.

Flamenga [fla'mɛŋga], **Flamengo** [...go], Flamingo, der; -s, - [섬유] 크레이프 피륙의 일종(광택 화학 섬유의 날줄과 오글조글한 인조 섬유의 씨줄로 짠).

Flame-out ['fleɪmaʊt], der; -s, -s [engl. flameout] [항공] 엔진 정지(연료 부족 따위로 인한 비행중의).

Flamin ['flaːmɪn], **Flämin** ['flɛːmɪn], die; -nen ↑Flame의 여성형.

Flamingo [fla'mɪŋgo], der; -s, -s [span. flamenco] **1.** 플라밍고. **2.** ↑Flamenga.

flämisch ['flɛːmɪʃ] 〈Adj.〉 플랑드르의, 플랑드르 사람의. **Flämisch**, das; -(s) / 〈정관사와 함께〉 **Flämische**, das; -n 플랑드르 어어.

Flamisol [flami'zoːl], der; -s [섬유] 평직(平織) 크레이프 피륙의 일종(무광택 화학 섬유의 날줄과 오글조글한 인조 섬유의 씨줄로 짠).

Flamländer ['flaːmlɛndɐ], der ↑Flame.

Flamm-: **~kohle**, die 역청탄. **~ofen**, der [기술] 반사로(反射爐). **~punkt**, der 인화점(引火點). **~rohr**, das [기술] 화염관(火焰管).

Flämmchen ['flɛmçən], das; -s, - ↑Flamme (1. 2a) 참조. **Flamme** ['flamə], die; -n [mhd. vlamme, ahd. (축소형: Flämmchen) 불꽃, 화염, 불길: die F. züngelt 불꽃이 혀를 늘름댄다; [전의] die -n der Liebe 사랑의 불꽃; **in (hellen) -n stehen** 불길에 (활활) 타오르다; **in (Rauch und) -n aufgehen** 불타 없어지다, 소진하다: das Dorf ging in -n auf 마을은 불타 없어졌다. **2. a)** 〈축소형: Flämmchen〉 불: auf kleiner F. kochen 약한 불에 요리하다. **b)** (가스 레인지의) 불구멍: ein Gasherd mit vier -n 네 개의 불구멍이 있는 가스 레인지. **3.** 《통용어·준고어》 여자 애인, 정부(情婦). **flammen** ['flamən] 〈h〉 **1.** (아어·고어) 불꽃이 너울대며 타 오르다, 불길이 이글거리다. **2.** 《아어》 흥분되어서 달아오르다: seine Augen flammten vor Zorn 그의 눈은 분노로 이글거렸다. **flämmen** ['flɛmən] 〈h〉 [기술] 털을 살짝 태워 없애다.

flammen-, **Flammen-**: **~blume**, die ↑Phlox. **~bogen**, der 《südd., österr.》 아크, 전호(電弧), 호광(弧光). **~förmig** 〈Adj.〉 불꽃 모양의. **~meer**, das (아어) 불바다: die Stadt war ein einziges F. 도시는 온통 불바다였다. **~schwert**, das ↑Flamberg. **~tod**, der 《아어》 불에 타 죽음, 소사(燒死). **~wer-**

fer, der **1.** 〖군〗 화염방사기. **2.** 《통용어·농》 라이터(불꽃이 크게 나는). **~zeichen**, das 《아이》 불빛 신호.

flammend 〈Adj.〉 **1.** 빛을 발하는, 불꽃이 이는: f. rot werden 불꽃이 일며 붉게 되다. **2.** 열정적인, 격정적인: eine ~e Rede halten 열정어린 연설을 하다.

Flammeri ['flaməri], der; -(s), -s [engl. flummery] 플라메리 푸딩.

Flanconade: ↑Flankonade.

Flandern ['flandən], -s 플랑드르(벨기에의 지방).

Flanell [fla'nɛl], der; -s, -e [frz. flanelle < engl. flannel] 플란넬: ein Nachthemd aus F. 플란넬 잠옷.

Flanell-: **~anzug**, der 플란넬 상의(대개 회색의). **~bluse**, die 플란넬 블라우스. **~hemd**, das 플란넬 내의(셔츠). **~hose**, die 플란넬 바지. **~kostüm**, das 플란넬 의상. **~nachthemd**, das 플란넬 잠옷. **~rock**, der 플란넬 치마.

flanellen 〈Adj.〉 플란넬로 만든. **flanellig** 〈Adj.〉 플란넬과 같은.

Flaneur [fla'nø:ɐ̯], der; -s, -e [frz. flâneur] 한가롭게 거니는 사람, 산책하는 사람. **flanieren** [fla'ni:rən] 〈h/s〉 [frz. flâner] 산책하다, 산보[소요]하다: durch die belebten Geschäftsstraßen f. 활기 찬 상가를 거닐다.

Flanke ['flaŋkə], die; -n [frz. flanc] **1.** (동물의) 옆구리, 서혜부(鼠蹊部): 〖전의〗 das Motorrad fuhr dem Lastzug in die F. 오토바이는 화물 열차의 옆구리를 들이 받았다. **2.** 〖군〗 (행진 혹은 정지 상태에) 있는 부대의) 측면: die F. war ungeschützt 측면은 무방비 상태였다. **3.** 《드물게》 산비탈(40도에서 50도 사이의). **4.** 《드물게》 (건물의) 측면, 톱니바퀴의) 톱니측(側). **5.** 〖스포츠〗 **a)** 〖체조〗 가로뛰기(뻗는 몸이 평행의 봉과 나란히 되는). **b)** 〖구기〗 (윙으로부터) 센터링. **c)** 〖구기〗 좌우의 공격진. **d)** 〖구기〗 경기장의 좌우 측면: über die rechte F. spielen 우측면을 넘어서 경기 운영을 하다. **e)** 〖펜싱〗 오른쪽 옆구리의 빈틈. **flanken** ['flaŋkn̩] 〈h〉 **a)** 〖구기〗 센터링(측면에서 상대편 골문 앞으로의)하다. **b)** 가로뛰기를 하다.

Flanken-: **~angriff**, der 〖군〗 측면 공격. **~ball**, der 〖구기〗 센터링한 공. **~deckung**, die 〖군〗 측면 엄호. **~feuer**, das 〖군〗 측면 사격. **~gleitstoß**, der 〖펜싱〗 오른쪽 옆구리의 빈틈을 찌르는 공격, 허리찌르기. **~lauf**, der 〖구기〗 측면 침투(공과 함께 경기장의 측면으로 상대편 진지에 들어가서 골을 정면으로 몰고 가는 경기 운영). **~schuß**, der 측면 슛, 사이드 슛. **~schutz**, der 〖군〗 측면 보호. **~sicherung**, die ↑~deckung. **~sprung**, der 〖기계체조〗 측면 뛰기. **~wechsel**, der 〖구기〗 경기장의 다른 측면으로 패스하기.

flankieren [flaŋ'ki:rən] 〈h〉 [frz. flanquer] 좌우를 호위하다, 양쪽을 둘러싸다: der Sarg wurde von Ehrenwachen flankiert 관은 좌우의 의장 위병(儀杖衛兵)에 의하여 호위되었다. 〖전의〗 flankierende Maßnahme(n) 부가 보완 조치. **Flankonade** [...koʹnaːdə], die; -n [frz. flanconade] 〖펜싱〗 ↑Flankengleitstoß.

Flansch [flanʃ], der; -(e)s, -e 플랜지, 이음 고리: die Rohre durch -e miteinander verbinden 관을 플랜지 [이음고리]로써 서로 연결하다. **flanschen** ['flanʃn̩] 〈h〉 관이나 축에 플랜지[이음 고리]를 달다. **Flansch(en)dichtung**, die 플랜지[이음 고리]의 밀착토. **Flansch(en)verbindung**, die (관이나 축의) 플랜지[이음 고리] 연결.

Flap [flɛp], das; -s, -s [engl. flap] 〖항공〗 ↑Krüger-Klappe.

Fla-Panzer, der; -s, - 〖군〗 대공전차(對空戰車).

Flappe ['flapə], die; -n [niederd. vlabbe] (md., nordd.) (비뚤어진) 입: halt die F.! 입닥쳐!; eine F. ziehen 입을 삐죽대다, 입을 뾰로통하게 내밀다.

flappen ['flapn̩] 〈h〉 (천 조각 따위가) 바람에 펄럭이다, 나부끼다. **¹Flapper** ['flɛpɐ], der; -s, - [engl. flapper] 말괄량이, 철부지 소녀들. **²Flapper** ['flɛpɐ], der; -s, - 플라래 모자(넓고 흔들리는 챙의 숙녀 모자). **flappig** ['flapɪç] 〈Adj.〉 **1.** 펄럭거리는, 나부끼는. **2.** 《südwestd.》 ↑flapsig.

Flaps [flaps], der; -es, -e 《통용어》 버르장머리 없는 녀석, 망나니. **flapsig** ['flapsɪç] 〈Adj.〉 《통용어》 버르장머리 없는, 못된: eine -e Antwort 버릇없는 대꾸; sich f. benehmen 못되게 굴다.

Fla-Rakete, die; -n 〖군〗 대공 로켓트, 지대공 미사일.

Fläschchen ['flɛʃçən], das; -s, - ↑Flasche (1) 참조. **Flasche** ['flaʃə], die; -n **1.** (축소형: ↑Fläschchen) (瓶): eine F. entkorken (코르크) 병마개를 뽑다; dem Kind die F. geben 아이에게 우유병을 주다; Wein auf -n ziehen 포도주를 병에 가득 따르다; ein Rehkitz mit der F. großziehen 어미 젖이 없는 노루새끼를 우유병으로 키우다; **Florentiner Flasche** 플로렌스 병; einer **F. den Hals brechen** 《통용어·농》 술병을 따다; **zur F. greifen** 술꾼이 되다, 술에 의지하다. **2.** (특히) 운동을 못하는 사람; 못난(실패한) 사람: so eine F.! 이런 변변치 못한 사람이라니!

flaschen-, **Flaschen-** (Flasche 1): **~aufschrift**, die 병에 붙이는 레테르[상표]. **~batterie**, die 《통용어》 마셔 비운 수많은 병들: nach dem Fest stand in der Küche eine ganze F. 잔치 다음에 부엌에는 셀 수 없이 많은 빈 병들이 늘어서 있었다. **~baum**, der 여주, 여지(荔枝). **~beine** 〈Pl.〉 《통용어·폄》 장딴지가 굵은 다리. **~bier**, das 병맥주. **~bofist**, der 병모양 식용 버섯의 일종. **~bürste**, die 병 씻는 솔. **~etikett**, das 병에 부착된 상표[꼬리표]. **~förmig** 〈Adj.〉 병 모양의. **~garten**, der 병에 가꾼 관상 식물. **~gärung**, die 샴페인의 병내(瓶内) 발효. **~gas**, das 병 가스(강철로 만든 용기에 고압으로 처리하여 저장한). **~gestell**, das 포도주병 선반. **~glas**, das 병유리. **~grün** 〈Adj.〉 암록색의. **~hals**, der **1.** 병목. **2.** 《통용어》 **a)** 병목 현상이 일어나는 곳. **b)** 난관, 애로 사항. **~kind**, das 母 모유 대신 젖병을 빨며 자란 아이, 젖병 유아. **~korken**, der 코르크 병마개. **~kürbis**, der 호리병박. **~milch**, die **a)** 병 우유. **b)** ↑~nahrung. **~nahrung**, die 젖병으로 먹이는 유아 식품. **~öffner**, der 병따개. **~pfand**, das (되돌려받는) 공병값. **~post**, die 병 통신(밀폐된 병 속에 편지를 넣어 바다에 띄워 보내는). **~reif** 〈Adj.〉 《전문어》 병에 담아도 좋을 만큼 익은 (포도주가). **~reife**, die 입병성숙〈入瓶成熟〉(병에 넣어도 좋을 만큼 익은 상태를 말함). **~schiff**, das ↑Buddelschiff. **~ständer**, der ↑~gestell. **~stäubling**, der ↑~bofist. **~verschluß**, der 병마개. **~wein**, der 병 포도주. **~weise** 〈Adv.〉 **a)** 병에 넣은. **b)** 병 단위로. **~zug**, der 도르래(장치).

Flaschner ['flaʃnɐ], der; -s, - 《südd., schweiz.》 함석장이, 연관공(鉛管工).

Flaser ['flaːzɐ], die; -n 돌결. **flas(e)rig** ['flaːz(ə)rɪç] 〈Adj.〉 돌결의, 돌결이 있는.

Flash [flɛʃ], der; -s, -s [engl. flash] **1.** 〖영화〗 **a)** (짧은) 삽입 장면, 컷. **2.** 《은어》 약발 순간(주사한 마약 성분이 혈액과 결합하여 도취 상태에 이르는 순간).

Flat [flɛt], das; -s, -s [engl. flat] 《준고어》 《소규모》 아파트.

Flatsch [fla(ː)tʃ], der; -(e)s, -e, **Flatsche** ['fla(ː)tʃə], die; -n, **Flatschen** ['fla(ː)tʃn̩], der; -s, - 《지역적》 **a)** 바닥에 놓인 질척한 무더기: ein F. Lehm[Kot] 진흙[똥] 무더기. **b)** 덩어리. F. Fleisch 고기 한 덩어리.

Flatter ['flatɐ] 《다음 용법으로만》 **die F. machen** (경)

떠나가다, 사라지다.

Flatter-: ~aufgabe, die 〔배구〕위에서 아래로 친 평범한 서브 공. **~echse,** die ↑Flugdrache. **~flug,** der 〔나비 따위의〕훨훨 날기, 펄럭이며 날기. **~geist,** der ⟨Pl. ...geister⟩ 변덕스러운 사람. **~gras,** des 나도바이삭. **~mann,** der ⟨Pl. ...männer⟩ 〈통용어〉 1. 〔농〕 통닭구이. 2. 불안정한 사람, 신경질적인 사람. 3. ⟨Pl. 없음⟩ 불안, 흥분: **einen F. haben** 무대 위에서 떨다. **~marke,** die 〔인쇄〕 접지(摺紙) 뒤에 인쇄된 표시, 접지선(그 위치가 규칙적으로 바뀌게 되어 있어 부족한 인쇄 용지나 잘못 놓여진 인쇄 용지를 판별할 수 있게 해 준다). **~mine,** die 〈군·고어〉 지뢰. **~satz,** der 〔인쇄〕 행의 길이가 일정하지 않은 식자. **~sinn,** der ⟨Pl. 없음⟩ 〔퓀〕 변덕스러운 성품, 경박한 성격. **~tier,** das 익숙목 (翼手目), 박쥐류. **~zunge,** die 〔음악〕 혀끝 떨음, 트레몰로(관악기에서).

Flatterei [flatəˈraj], die 연속적인 펄럭임. **flatterhaft** ⟨Adj.⟩ 〔퓀〕 변덕스러운, 경박한: ihr Wesen ist für eine Freundschaft zu f. 그녀의 성품은 우정을 이루기에는 너무 변덕스럽다. **Flatterhaftigkeit,** die ↑flatterhaft의 명사형.

Flatterie [flatəˈriː], die, -n [...iːən; frz. flatterie] 〈고어〉 아첨.

flatterig, flattrig [ˈflat(ə)rɪç] ⟨Adj.⟩ **a)** ↑flatterhaft. **b)** 불안정한, 불규칙한: der Puls ist[geht] f. 맥박이 불규칙하다. **flattern** [ˈflatɐn] **1. a)** ⟨s⟩ 훨훨[펄펄] 날아가다: ein Schmetterling ist über die Wiese geflattert 나비 한 마리가 풀밭 위로 훨훨 날아갔다. **b)** ⟨h⟩ 날개를 펄럭이다. **2.** ⟨s⟩ 〔종이 따위가〕 바람을 타고 날아가다; die Blätter flatterten durch die Luft 종잇장들이 공중으로 날아갔다; 전의 eine Einladung ist mir auf den Tisch geflattert 나는 예기치 않았던 초대를 받았다. **3. a)** ⟨h⟩ 나부끼다, 펄럭이다: die Fahne flattert im Wind 기가 바람에 나부꼈다. **b)** 불안스레 떨다, 떨며 흔들리다: seine Hände flatterten nervös 그의 손이 신경질적으로 떨렸다; das Herz[der Puls] beginnt zu f. 심장[맥박]이 불규칙하게 뛰기 시작한다. **c)** 〈통용어〉 덜거덕거리다, 흔들거리다, 진동하다: die Autoräder flattern 자동차 바퀴가 흔들린다.

Flatteur [flaˈtøːɐ], der, -s, -e [frz. flatteur] 〈고어〉 아첨꾼. **flattieren** [flaˈtiːrən] ⟨h⟩ [frz. flatter] 〈준고어〉 누구에게 아첨하다: er flattiert seine[seiner] Dame 그는 그의 여자에게 아첨을 떤다.

flattrig: ↑flatterig.

Flatulenz [flatuˈlɛnts], die; -en 〔의학〕 **a)** 뱃속에 가스가 생김, 고창(鼓脹). **b)** 방귀를 뀜. **Flatus** [ˈflaːtʊs], der; - [...tuːs; lat. flātus] 〔의학〕 방귀.

Flatuse [flaˈtuːzə] ↑Fladuse.

flau [flaʊ] ⟨Adj.⟩ [niederd. flau] **a)** 약한, 기력이 없는, 나른한: eine -e Brise 약한 미풍; die Suppe ist [schmeckt] f. 〈지역적〉 국맛이 밍밍하다; das Negativ ist f. 〔사진〕 음화의 조명이 약하다. **b)** 약간 메스꺼운: ich fühle mich f. 나는 속이 메슥메슥하다. **c)** 〔상〕 거래가 기대에 못미치는, 거래가 한산한, 불황의: das Geschäft ist f. 장사가 침체되어 있다; in meinem Geldbeutel sieht es f. aus 나의 주머니 사정이 좋지 않다[돈이 많지 않다]. **flauen** [ˈflaʊən] ⟨h⟩ 〈고어〉 ↑abflauen: der Wind flaut 바람이 잔잔해진다. **Flauheit,** die 메스꺼움, 쇠약; 경기침체, 불황.

¹Flaum [flaʊm], der; -(e)s ↑Flom(en).

²Flaum [-], der; -(e)s [lat. plūma] **1.** (새의) 솜털. **2. a)** 어린아이의 솜털, 젊은 남자의 솜털 수염. **b)** 〔식물의〕 솜털 표피: der F. des Pfirsichs 복숭아의 솜털 표피.

flaum-, Flaum-: ~bart, der 〔젊은이의〕 솜털 수염. **~feder,** die ↑Daunenfeder. **~haar,** das ↑²Flaum (2 a). **~weich** ⟨Adj.⟩ 솜털처럼 부드러운: das Baby hat eine -e Haut 아기는 솜털처럼 연한 피부를 갖고 있다.

Flaumacher, der; -s, - 〈통용어·펌〉 헐뜯기 잘 하는 사람, 흑평가.

Flaumer [ˈflaʊmɐ], der; -s, - (schweiz.) ↑Mop.

flaumig [ˈflaʊmɪç] ⟨Adj.⟩ **a)** 솜털이 덮인, 솜털로 된: -es Gefieder 솜털 깃. **b)** (österr.) 솜털처럼 부드러운.

Flaus [flaʊs], der; -es, -e 〈고어〉 ↑Flausch. **Flaus-:** ↑Flausch-. **Flausch** [flaʊʃ], der; -(e)s, -e [niederd. Fluus(ch)] **1.** 부드러운 괴깔 모직물. **2.** 괴깔 모직 외투.

Flausch-: ~jacke, die 괴깔 모직 상의. **~mantel,** der 괴깔 모직 외투. **~rock,** der 괴깔 모직 치마.

flauschig [ˈflaʊʃɪç] ⟨Adj.⟩ 괴깔 모직처럼 부드러운: sie hüllte sich in einen -en Bademantel 그녀는 부드러운 괴깔 모직의 욕의에 몸을 감쌌다. **Flause** [ˈflaʊzə], die; -n 〈대개 Pl.〉 **1.** 허튼 생각, 넌센스(Unsinn): er hat nur -n im Kopf 그의 머리 속에 든 것이라고는 허튼 생각뿐이다. **2.** 핑계, 속임수: mach keine -n! 헛수작 말아!

flautando [flaʊˈtando], **flautato** [...ˈtaːto] ⟨Adv.⟩ [ital. flautando = flötend, flautato = geflötet] 〔음악〕 플루트 음색으로.

Flaute [ˈflaʊtə], die; -n **1.** 〔선원〕 무풍 상태(Windstille): wegen der F. konnten sie nicht segeln 바람이 자서 돛을 달 수 없었다. **2.** 상거래가 안되는 시기, 불황 시기: es herrscht eine allgemeine F. 전반적으로 장사가 안된다. **3.** 침체 상태, 사기 저하: eine F. trat ein 침체 국면이 들어섰다.

Flavon [flaˈvoːn], das; -s, -e [lat. flāvius] **1.** ⟨Pl. 없음⟩ 플라본 화학 결합. **2.** 플라본 색소.

Fläz [flɛːts], der; -es, -e 〈통용어·펌〉 본데 없는 사람, 촌놈(Lümmel). **fläzen** [ˈflɛːtsn̩], sich ⟨h⟩ 〈통용어·펌〉 비스듬히 누워 있다: 아무렇게나 드러눕다: gähnend fläzte er sich auf dem[das] Sofa 하품을 하면서 그는 되는대로 소파 위에 늘어졌다. **fläzig** [ˈflɛːtsɪç] ⟨Adj.⟩ 본데 없는, 막돼먹은: er benahm sich f. 그는 본데 없이 처신했다.

Flebbe [ˈfleːbə], die; -n 〔부랑자〕 **a)** 신분 증명서. **b)** 〈통용어〉 지폐(Geldschein).

Flechse [ˈflɛksə], die -n 〔동물의〕 건(腱), 심줄(Sehne): das Fleisch hat viele -n 고기가 심줄이 많다. **flechsig** [ˈflɛksɪç] ⟨Adj.⟩ 심줄의.

Flecht-: ~arbeit, die 엮어짜는 세공(細工), 꼬아서 만든 것. **~band,** das ⟨Pl. ...bänder⟩ 꼬아 만든 리본 장식. **~korb,** der 엮어짜 바구니. **~schuh,** der 가죽띠로 엮어 만든 구두. **~ware,** die ⟨대개 Pl.⟩ ↑Korbware. **~weide,** die 〔식물〕 등(藤). **~werk,** das **1.** 엮어짠 것, 꼬아서 만든 것. **2.** 〔건축〕 토벽 골조세공(格子細工). **b)** ↑~band. **3.** 섶나무 거적(경사진 면을 고정하기 위하여 섶나무로 얼기설기 짜서 엮은). **~zaun,** der 섶나무로 짠 울타리.

Flechte [ˈflɛçtə], die; -n [mhd. vlehte = Flechtwerk, Geflochtenes]. **1.** 〔아어〕 땋은 머리(Zopf), 편발(辮髮), 쪽. **2. a)** 지의(地衣). **b)** 태선(苔蘚)(피부에 나는). **flechten*** [ˈflɛçtn̩] ⟨h⟩ **a)** 엮어짜다, 꼬다, 땋다: die Haare zu einem Zopf f. 머리를 땋아 쪽을 찌다; sie flocht die Blumen zu einem Kranz 그녀는 꽃을 엮어 화환을 만들었다. **b)** 엮어서[꼬아서] 만들어내다: einen Korb f. 광주리를 엮다. **Flechter,** der; -s, - 엮어짜는 사람, 광주리 제작자.

Fleck [flɛk], der; -(e)s, -e [↑Flecken u. Fleckchen 참조]. **1.** (⟨또한⟩ Flecken) 얼룩: einen F. entfernen 얼룩을 제거하다; **mach dir nur keinen F. ins Hemd!** 〈경〉 그렇게 가장적이[거짓 떨지] 말아!; **einen F. auf der (weißen) Weste haben** 〈통용어〉 무엇인가 나쁜

짓을 하고 말았다. 2. 《(또한)》 Flecken》 전체의 색과는 다른 부위, 반점(斑點): die Katze hat einen weißen F. auf der Brust 고양이는 가슴에 흰 반점이 있다; [전의] ein weißer F. auf der Landkarte 탐사되지 아니한[전인[미답의] 지역. 3. 《(통용어)》 일정한 곳, 점(Punkt), 장소: ich stehe schon eine Stunde auf demselben F. 나는 같은 장소에 벌써 한 시간이나 서 있다; der blinde F. im Auge [의학] 맹점(盲點); der gelbe F. im Auge [의학] 눈의 황반(黃斑); **nicht vom F. kommen** 무엇의 진척을 보지 못하다; **am falschen F.** 엉뚱한 경우에; **vom F. weg** 즉석에서, 당장. 4. 《(또한) Flecken》 《지역적》 ↑Flicken. 5. 내포(內包), 식용 내장: der F. (berlin.) hat[die -e (ostmd.) haben] gut geschmeckt 내장 요리가 매우 맛있었다.

Fleck-: ~**entferner,** der ↑Fleckenentferner. ~**fieber,** das 발진티푸스; die (berlin.・펌) er ist das reinste F. 그는 참으로 번거롭고 귀찮게 구는 녀석이다. ~**schuß,** der [사냥] 명중 사격. ~**seife,** die 얼룩 빼는 비누. ~**stift,** der 얼룩 지우개. ~**typhus,** der ↑ ~fieber. ~**vieh,** das 얼룩소. ~**wasser,** das ↑ Fleckenwasser.

Fleckchen ['flɛkçən], das; -s, - 지점, 장소 (대개 "Erde"와 결합하여): ein herrliches F. (Erde) 경승지(景勝地), 명승지. **flecken** ['flɛkn] ⟨h⟩ 《지역적》 **1.** 얼룩지게 하다: Rotwein fleckt 적포도주는 얼룩지게 한다. **2.** 쉽게 더러움을 타다: Seide fleckt 비단은 더러움을 잘 탄다. **3.** 구두에 밑창(뒤축)을 깔다(대다). **4.** (일이) 진척되다: die Arbeit will heute nicht recht f. 일이 오늘은 제대로 진척되려 들지를 않는다. **Flecken** [-], der; -s, - **1.** ↑Fleck (1, 2, 4). **2. a)** 《(옛) 고을(대소 도시적 기능이 있으며 마을보다는 크고 도시보다는 작음), 읍, 군. **b)** 촌락, 마을(Dorf).

flecken-, Flecken-: ~**entferner,** der ↑ ~entfernungsmittel. ~**entfernungsmittel,** das 얼룩 빼는 약. ~**los** ⟨Adj.⟩ **a)** 얼룩이 없는. **b)** 《태도》 나무랄 데 없는, 험잡을 데가 없는: eine -e Weste haben 아무런 나쁜 짓도 하지 않았다〔죄가 없다〕. ~**losigkeit,** die 결백, 오점이 없음. ~**wasser,** das 〈Pl. -wässer〉 ↑ ~entfernungsmittel.

Fleckerl ['flɛkɐl], das; -s, -n 〈österr.〉 **a)** 작은 얼룩. **b)** 《대개 Pl.》 네모 수제비(국수 반죽으로부터 안주 또는 국에 넣을 목적으로 네모나게 떼어낸). **Fleckerlsuppe,** die 《österr.》 수제비국. **Fleckerlteppich,** der (bayr., österr.) ↑Flickenteppich. **fleckig** ['flɛkɪç] ⟨Adj.⟩ **a)** 얼룩진. **b)** 반점(斑點)이 있는. **Fleckigkeit,** die, **Fleckung,** die 오점(반점, 결점)이 있음.

Fledderer ['flɛdərɐ], der; -s, - 시체털이꾼, 저항할 수 없는 사람을 약탈하는 자. **fleddern** ['flɛdɐn] ⟨h⟩ [rotwelsch fladern] **a)** [부랑자] 저항불능의[죽어있는] 사람을 약탈하다. **b)** 《통용어》 없는 주인 없는[지키지 않는] 물건을 슬쩍 훔치다: den Schreibtisch eines Kollegen f. 아무도 없을 때 동료의 서랍을 뒤져 훔치다.

Fledermaus ['fleːdɐ-], die; ...mäuse 《동물》 박쥐. **Fledermausärmel,** der 박쥐 소매(여성 복장에서 팔이 들어가는 구멍을 매우 크게 만든). **Fledermausohren** 〈Pl.〉 《통용어》 큰 귀. **fledern** ['fleːdɐn] ⟨h⟩ 《ostmd.》 던지다(werfen).

Flederwisch, der; -(e)s, -e **1.** 깃털 총채, 깃털 먼지떨이. **2.** 《통용어》 들뜬 사람, 경솔한 사람.

Fleet [fleːt], die; -(e)s, -e [niederd. vlēt] 운항 운하(북독 연안의 도시, 특히 Hamburg의).

Flegel ['fleːgl], der; -s, - [1: lat. flagellum] **1.** 《펌》 막된 놈, 버르장머리 없는 젊은이: so ein F.! 이런 후레자식! **2.** 《드물게》 ↑Dreschflegel. **Flegelalter,** das ↑ Flegeljahre. **Flegelei** [fleːgə'laɪ], die; -en 《펌》 본데 없음, 버르장머리 없는 행위. **flegelhaft** ⟨Adj.⟩ 《펌》 아주 막돼먹은, 버르장머리 없는. **Flegelhaftigkeit,** die; -en **1.** 《Pl. 없음》 아주 막돼먹었음, 버르장머리 없음, 조야(粗野). **2.** 고약한 행동(말씨). **flegelig** ['fleːgəlɪç] ⟨Adj.⟩ ↑flegelhaft. **Flegeljahre** 〈Pl.〉 개구쟁이 시절, 장난꾸러기 시절. **flegeln** ['fleːgn], sich ⟨h⟩ 《통용어・펌》 버릇없는 태도로 앉다.

flehen ['fleːən] ⟨h⟩ **1.** 간청하다, 탄원하다: der Gefangene flehte (beim König) um Gnade 포로는 (왕에게) 자비를 간청했다; jmdn. um etw. f. 누구에게 무엇을 탄원하다. **2.** 애원하다, 간절히 빌다: zu Gott[zum Himmel] f. 신(하늘)에게 간절히 빌다. **flehentlich** ⟨Adj.⟩ 간절한, 절실(切切)한: f. um etw. bitten 간절히 무엇을 부탁하다.

flehmen ['fleːmən] ⟨h⟩ 웃입술을 쳐들다(말이 성적으로 흥분해서).

Fleier usw.: ↑Flyer usw.

Fleisch [flaɪʃ], das; -(e)s **1.** (사람・동물의) 살: durch das Loch in der Bluse war das nackte F. zu sehen 블라우스의 구멍을 통하여 맨살이 보였다; auf der Bühne wurde viel F. gezeigt 무대 위에는 몸에 걸친 것이 별로 없는 처녀들이 나타났다; **sein eigen(es) F. und Blut** 《아이》 그의 자식(들)[혈육]; **etw. geht jmdm. in F. und Blut über** 무엇이 그의 몸에 익어 자유자재로 할 수 있게 되다; **sich ins eigene F. schneiden** 자해하다, 자신에게 손해되는 짓을 하다; **vom F. fallen** 《통용어》 살이 빠지다. **2.** 《성서・아이》 육신: Der Geist ist willig, aber das F. ist schwach 마음에 뜻은 있으나 육신이 약하도다 (마태복음 26장 41절); dem F. erliegen 욕망에 지다; das Wort ward F. 말씀이 육신이 되다(하느님이 인간으로 되었다는 뜻, 요한복음 1장 14절). **3.** 《식용》 고기: sonntags gibt es F. 일요일에는 고기반찬이 있다. **4.** 과육(果肉): das weiße F. eines Pilzes 버섯의 하얀 살. **5.** 〔인쇄〕 활자형에서 인쇄되지 않는 윗부분, 여백: eine Schrift mit viel F. 여백이 많은 활자.

fleisch-, Fleisch-: ~**abfälle** 〈Pl.〉 고기 부스러기. ~**arm** ⟨Adj.⟩ 먹을 고기가 빈약한. ~**bank,** die (österr.) **a)** 《고어》 정육점. **b)** 고기 판매대. ~**bedarf,** der 고기의 수요. ~**berg,** der 《통용어》 비대한 사람. ~**beschau,** die 1. 식용육 검사. 2. 《통용어・농》 여체 감상(수영장에서처럼 옷을 적게 입는 여인들이 모인 곳에서 남자가 음흉스럽게 쳐다보는). ~**beschauer,** der 식용육 검사관. ~**brocken,** der 고기 토막: sich die F. aus der Suppe fischen 고기 토막을 국물에서 건져내다. ~**brot,** das 삶은 고기를 곁들인 빵. ~**brötchen,** das ↑ ~brot의 축소형. ~**brühe,** die 고기 수프. ~**brühwürfel,** der 각 수프(고체의 직육면체 모양인). ~**büchse,** die ↑ ~konserve. ~**einlage,** die 고기를 넣은 야채 국물. ~**einwaage,** die 순수 내용물만의 고기 무게(통조림 따위의): die F. dieser Büchse beträgt 300g 이 통조림의 고기 무게는 300g이다. ~**esser,** der 고기를 즐겨 먹는 사람, 육식가. ~**extrakt,** der 고기 엑기스. ~**fabrik,** die 《통용어》 고기 공장. ~**farbe,** die 살색, 피부색. ~**farben, ~farbig** ⟨Adj.⟩ 살색의, 피부색의. ~**faser,** die 근육 섬유. ~**fäulnis,** die 근육 부패. ~**fetzen,** der 살점, 살덩이. ~**fliege,** die 쉬파리. ~**fondue,** das [요리] 고기 퐁듀 (잘게 썬 고기를 기름에 튀겨 여러 가지 양념 소스와 함께 먹음). ~**frei** ⟨Adj.⟩ 고기 없는, 살이 없는. ~**fressend** ⟨Adj.⟩ 육식의: -e Tiere 육식 동물. ~**fresser,** der 육식 동물. ~**fülle,** die 《österr., südd.》 ↑ ~füllung. ~**füllung,** die 다진 양념고기소: eine Pastete mit F. 다진 양념고기소를 넣은 만두. ~**gang,** der 고기 요리 코스(정식의 일부분으로서).

~**genuß**, der 〈Pl. 없음〉 고기 음식을 먹음, 고기 섭취. ~**gericht**, das 고기 요리. ~**geschwulst**, die [의학] 육종(肉腫), 혹. ~**geworden** 〈Adj.〉 〈시어〉 육신으로 나타난, 화신(化身)이 된. ~**hacker**, der (österr.·통용어) 1. ↑Fleischer. 2. 거친 사람, 세련되지 못한 사람. ~**haken**, der ↑Fleischerhaken. ~**hauer**, der (österr.) ↑Fleischer. ~**hauerei**, die 정육점, 푸줏간. ~**industrie**, die 식육 산업. ~**karte**, die 식육 구입권. ~**käse**, der (südd.) 고기 파이. ~**klopfer**, der 고기를 연하게 다지는 부엌 기구. ~**klops**, der ↑~kloß. ~**kloß**, der 1. 고기 완자. 2. ↑~klumpen (2). ~**klößchen**, das: Nudelsuppe mit F. 조그만 고기 완자를 넣은 국수. ~**klotz**, der 푸줏간의 도마. ~**klumpen**, der 〈통용어〉 1. 큰 고깃 덩어리. 2. 〈멸〉 덩치 큰 뚱뚱보. ~**koch**, der 고기 요리사. ~**koloß**, der 〈통용어·멸〉 ↑~klumpen (2). ~**konserve**, die 고기 통조림. ~**konsum**, der 고기 소비: der F. ist stark gestiegen 고기 소비가 크게 늘었다. ~**kost**, die ↑~nahrung. ~**krokette**, die 〈대개 Pl.〉 고기 크로켓(고기를 다져 기름에 볶고, 쪄서 으깬 감자와 섞어서 둥글게 만들어 빵가루를 묻혀서 기름에 튀긴 것). ~**küchel** [-ky:çl], das 〈südd.〉 ↑Frikadelle. ~**laberl**, das ↑~laibchen. ~**laibchen**, das (österr.) ↑Frikadelle. ~**los** 〈Adj.〉 1. 요리에 고기를 쓰지 않은: f. kochen 고기를 쓰지 않고 요리하다. 2. 매우 야윈, 피골상접의: ein -es Gesicht 매우 마른 얼굴. ~**marke**, die ↑~karte. ~**markt**, der 고기 시장. ~**maschine**, die (österr.) ↑~wolf. ~**masse**, die 고깃 덩어리, 다진 양념 고기스. ~**mehl**, das 고기 가루 사료(飼料), 〈사료용〉 육분(肉粉). ~**messer**, das 고기를 써는 식칼. ~**nahrung**, die 육식. ~**pastete**, die 고기 파이, 고기 만두. ~**platte**, die 고기 구이판. ~**portion**, die 고기의 분량(分量): die F. war nicht sehr groß (음식에 든) 고기의 양이 매우 많지는 않았다. ~**preis**, der 고기값. ~**ration**, die 고기 분배량. ~**saft**, der a) 육수. b) 고기에 함유된 수분. ~**salat**, der 고기 샐러드. ~**schaf**, das 식용양. ~**schau**, die ((schweiz.)) ↑~beschau (1). ~**schauer**, der 육고기 검사관. ~**scheibe**, die (얇게 썬) 고기 조각. ~**schnitte**, die 고기 조각. ~**schöberl** (österr.) (네모난) 국거리 고기 양념. ~**seite**, die (제혁) 가죽 가죽의 안쪽, 살이 붙은 쪽〈반대〉 Narbenseite). ~**selcher**, der (österr.) ↑고기 훈제사. ~**sorte**, die 고기 종류. ~**soße**, die 고기 소스. ~**speise**, die 고기 요리. ~**stück**, das 고기 토막. ~**stückchen**, das 고기의 작은 고기 토막. ~**suppe**, die 고기국. ~**tag**, der 〈친근〉 육식일. ~**ton**, der [회화] 살빛의 색상, 살색. ~**topf**, der 고기 냄비: 〈전의〉 zu Mutters Fleischtöpfen zurückkehren 〈통용어〉 다시 어머니의 음식을 먹게 되다; sich nach den Fleischtöpfen Ägyptens (zurück) sehnen 옛날의 좋았던 시절을 그리워하다(출애굽기 16장 3절). ~**verarbeitend** 〈Adj.〉 고기 가공의: die -e Industrie 고기 가공 산업. ~**vergiftung**, die 식육 중독 (상한 고기를 먹은 뒤의). ~**vogel**, der (schweiz.) ↑Roulade. ~**waren** 〈Pl.〉 식육 제품, 육류 상품. ~**werdung**, die (드물게·시어) 인간의 몸을 빌림, 인신탁생(人身託生). ~**wolf**, der 고기 가는 기계: 〈전의〉 der Unteroffizier dreht die Rekruten durch den F. 〈통용어〉 하사관이 신병을 모질게 훈련시킨다. ~**wunde**, die 살에 난 상처. ~**wurst**, die 고기 순대.

Fleischer ['flaɪʃɐ], der; -s, - 도축업자(屠畜業者), 정육점 주인, 백정; zum F. einkaufen gehen 정육점에 고기 사러 가다; er hat F. gelernt (통용어) 그는 도축업을 배웠다.

Fleischer-: ~**beil**, das 도축용 도끼. ~**geselle**, der 정육점 조수. ~**haken**, der 정육 갈고리. ~**handwerk**, das 〈Pl. 없음〉 도축업. ~**hund**, der 덩치 큰 사나운 개. ~**innung**, die 도축업자 조합. ~**laden**, der 정육점, 고깃간, 푸주. ~**lehrling**, der 도축업 도제. ~**meister**, der 정육점 주인(마이스터 시험을 치른). ~**messer**, das (고기를 써는) 큰 칼. ~**palme**, die (통용어) ↑Schusterpalme. ~**zunft**, die 도축업자 조합.

Fleischerei [flaɪʃəˈraɪ], die; -en 도축업, 정육점. **Fleischerne** ['flaɪʃɐnə], das; -n (südd.) ↑Fleisch (3). **Fleischeslust**, die; ...lüste (아어) 성욕, 정욕, 색욕. **fleischig** 〈Adj.〉 살집이 좋은, 뚱뚱한: ein -es Gesicht 살찐 얼굴; eine -e Frucht 과육이 많은 과일. **Fleischigkeit**, die 살이 많음, 비만. **fleischlich** 〈Adj.〉 1. (준고어) 살의, 고기의. 2. (아어·고어) 육욕적인, 육감적인: die -en Lüste 육체적 쾌락. **Fleischlichkeit**, die ↑fleischlich의 명사형.

Fleiß [flaɪs], der; -es 1. 부지런함, 노력, 근면(반대: Faulheit): mit unermüdlichem F. 지칠줄도 모르고 부지런히; [金담] ohne F. kein Preis! 노력이 없는데 무슨 상이랴! 2. **mit F.** (준고어) 일부러, 고의로.

Fleiß-: ~**arbeit**, die a) 노력이 많이 드는 일. b) 〈멸〉 공은 들였으나 창의성이 적은 작업. ~**aufgabe**, die 근면성을 장려하기 위한 숙제. ~**bild(chen)**, das (지역적) (학생의) 노력상 그림 딱지(대개 종교화를 그린). ~**kärtchen**, das (지역적) (학생의) 노력상 딱지. ~**prüfung**, die 면학 시험. ~**punkt**, der (지역적) 노력 점수.

fleißig ['flaɪsɪç] 〈Adj.〉 a) 부지런한, 노력하는, 근면한 (반대: faul 3): viele -e Hände haben daran mitgearbeitet 그 일에는 많은 부지런한 사람들이 함께 작업했다. b) 정성(공)을 들인. c) 〈통용어〉 (어떤 활동을 유익하게) 규칙적으로, 열심히: f. trinken 술을 열심히 마신다; er ist ein -er Besucher 그는 규칙적으로 나타나는 방문자이다.

Fleiverkehr ['flaɪ-], der; -s [Flug-Eisenbahn-Verkehr의 약칭] 항공 철도 연결 화물 수송.

flektierbar [flɛkˈtiːɐbaːɐ] 〈Adj.〉 (언어) 변화시킬 수 있는. **flektieren** [flɛkˈtiːrən] 〈h〉 [lat. flectere = biegen, beugen] 〈언어〉 a) (한 낱말을) 변화시키다: ein Verb f. 동사를 변화시키다; flektierende Sprachen (언어 유형의) 변화어(반대: agglutinierende u. isolierende Sprachen). b) (한 낱말이) 변화하다: dieses Wort flektiert stark(schwach) 이 낱말은 강(약)변화한다.

flennen ['flɛnən] 〈h〉 〈통용어·멸〉 엉엉 울다. **Flennerei** [flɛnəˈraɪ], die; -en 울부짖기.

Fleppe ['flɛpə], die; -n ↑Flebbe.

fletschen ['flɛtʃn] 〈h〉 (대개 다음 용법으로) **die Zähne (mit den Zähnen) f.** (동물이) 이빨을 드러내다.

fletschern ['flɛtʃɐn] [미국의 영양 학자 H. Fletcher (1849~1919)의 이름에 따라] (전문어) 천천히 잘 씹다.

Flett [flɛt], das; -(e)s, -e (저지 작센 농가의) 거실 부엌.

Flettnerrotor ['flɛtnɐ-], der; -s, -e (독일의 기술자 A. Flettner (1885~1961)의 이름에서) 플레트너 회전자(선박의 추진 장치). **Flettnerruder**, das; -s, - (선박, 항공기의) 보조타.

Fletz [flɛts], (또한) [flɛts], das (또는) der; -es, -e (südd.) 마루.

fleucht [flɔʏçt] [3인칭 단수 fliegt (↑fliegen (1))의 고형] (대개 관용구로서 사용) alles, was da kreucht und fleucht (= kriecht und fliegt 기고 날으는) 모든 짐승들.

Fleur [flœːɐ], die; -s [frz. fleur] (교양어·고어) 최고, 장식, 광휘. **Fleuret** [flœˈrɛ], das; -s [frz. fleuret] ↑Florett. **Fleurette** [flœˈrɛt], die [섬유] 투명한 인조 비단(표면이 쪼글쪼글한). **Fleurin** [flœˈriːn], der; -s, -s 〈그라나: 30 Fleurin〉 국제 꽃 협회의 계산 단위. **Fleurist** [flœˈrɪst], der; -en, -en [frz. fleuriste] (고어) 화훼 전문가, 꽃 애호가. **Fleuron** [flœˈrõː], der; -s [frz.

fliegen

fleuron] 1. 꽃 무늬 장식(건축과 인쇄에서). **2.** ⟨Pl.⟩ [요리] 잎 모양 장식. **Fleurop** ['flɔyrɔp, 'fløːrɔp], die ⟨대개 관사 없이⟩ [**flores Europa**e의 약칭] 유럽 꽃 용역 회사.

fleußt [flɔyst] 3인칭 단수 fließt(↑fließen)의 고형.

Fleute ['flɔytə] ↑Flüte.

flexibel [flɛ'ksiːbl] ⟨Adj.; ...bler, -ste⟩ [lat. flexibilis] **1.** 굽히기 쉬운, 탄력이 있는: ein flexibles Material 굽히기 쉬운 물질. **2.** (교양어) 적응성이 있는, 유연한, 유동적인: eine flexible Haltung 유연한 태도. **3.** ↑flektierbar. **Flexibilität** [...sibili'tɛːt], die **1.** 굴곡성, 탄력성. **2.** 유연성, 적응성. **Flexiole** [flɛ'ksjoːlə], die; -n 《인공어》 연질(軟質) 포장(액체 약품을 연질 플라스틱으로 된 적하병(滴下瓶)이나 관에 넣음). **Flexion** [flɛ'ksjoːn], die; -en [lat. flexio] **1.** [언어] 어형 변화: die starke F. eines Verbs 동사의 강변화. **2.** [의학] 굽어지기, 휘어지기. **3.** ↑Flexur (2).

flexions-, Flexions-: **~endung**, die [언어] 변화 어미. **~fähig** ⟨Adj.⟩ ↑flektierbar. **~lehre**, die 어형론. **~los** ⟨Adj.⟩ 변화하지 않는.

flexivisch [flɛ'ksiːvɪʃ] ⟨Adj.⟩ 어형이 변화하는. **Flexodruck** ['flɛkso-], der; -(e)s [인쇄] 철판(凸版)(판목이 고무나 플라스틱으로 된). **Flexor** ['flɛksɔr, ...soːɐ̯], der; -s, -en [flɛ'ksoːrən; lat. flectere, ↑flektieren 참조] [의학] 굴근(屈筋). **Flexur** [flɛ'ksuːɐ̯], die; -en [lat. flexūra = Krümmung] **1.** [특히 해부] (기관의) 휘어진 부분(Biegung). **2.** [지질] 지층의 만곡.

Flibustier [fli'bʊstiɐ̯], Filibuster [fili'bʊstɐ], der; -s, - [frz. flibustier, engl. filibuster] (17세기 후반 서인도) 해적.

Flic [flik], der; -s, -s 경찰관(민속적 프랑스식 속칭).

Flicflac: ↑Flickflack.

flicht [flɪçt] ↑flechten 참조.

Flick, der; -(e)s, -e ⟨지역적⟩ ↑Flicken.

Flick-: **~arbeit**, die 깁기, 수선: -en ausführen 수선하다. **~fleck**, der ⟨통용어⟩ 깁고 때우는 헝겊 조각(↑Flicken). **~kasten**, der ↑**~korb**. **~korb**, der 반짇고리. **~lappen**, der ↑Flicken. **~schneider**, der (고어·펌) 의복 수선공. **~schuster**, der 구두 수선공. **~vers**, der (운을 맞추거나 행을 채우기 위한) 허운(虛韻). **~werk**, das ⟨Pl. 없음⟩ (폄) 대충 짜맞춘 일(작품). **~wort**, das ⟨Pl. ...wörter⟩ (내용이 없는) 허사(虛辭)(예컨대: „freilich", „wohl"). **~zeug**, das ⟨통용어⟩ 수선 도구.

flicken ['flɪkŋ̍] ⟨h⟩ **a)** 깁다, 수선하다: die Hose[den Fahrradschlauch, das Dach] f. 바지[자전거 튜브, 지붕]를 수선하다. **b)** ⟨통용어⟩ 때우다: das Loch im Strumpf f. 양말에 난 구멍을 때우다. **c)** ⟨통용어⟩ 수리하다.

Flicken [-], der; -s, - (수선용) 헝겊(가죽, 고무) 조각: einen F. ein-[auf]setzen 조각을 대다.

Flicken-: **~decke**, die 조각이불. **~kiste**, die 헝겊 상자. **~teppich**, der 조각 양탄자.

Flicker, der 수선공.

Flickerei ['flɪkəˌraɪ], die; -en 수선질, 땜질, 깁기. **Flickerin**, die; -nen 수선하는 여자.

Flickflack ['flɪkflak], der; -s, -s [frz. flicflac] [기계체조] (뒤쪽으로의) 연속 도립 공중제비.

Flieboot ['fliː-], das; -(e)s, -e [niederl. vlieboot] **1.** 소형 어선. **2.** 선재소정(船載小艇).

Flieder ['fliːdɐ], der; -s, - [1: Flieder (2)와 유사하여, 2: niederd. Fleder] **1. a)** 라일락, 자정향. **b)** 라일락 꽃가지. **2.** ⟨지역적⟩ 말오줌나무(Holunder).

flieder-, Flieder-: **~baum**, der 라일락나무. **~beere**, die ⟨지역적⟩ 말오줌나무의 열매. **~beersuppe**, die ⟨지역적⟩ 말오줌나무 열매 수프. **~blau** ⟨Adj.⟩ 라일락 푸른색의. **~blüte**, die 라일락꽃. **~busch**, der 라일락 숲. **~duft**, der 라일락 향기. **~farben**, **~farbig** ⟨Adj.⟩ 라일락과 같은 담자색의. **~strauch**, der 라일락 관목(덤불). **~tee**, der 말오줌나무의 꽃잎차.

Fliege ['fliːɡə], die; -n **1.** 파리: die -n summen[setzen sich auf das Fleisch] 파리들이 윙윙거린다[고기 위로 날아 앉는다]; eine F. verjagen[fangen] 파리 한 마리를 쫓다[잡다]; ich bin matt wie eine F. 《통용어》 나는 기진맥진이다; die Menschen starben wie die -n 사람들이 수없이 죽어갔다. 〖전의〗 ihn stört die F. [er ärgert sich über die F. an der Wand] 《통용어》 아무리 사소한 것이라도 모두 다 그의 신경을 건드렸다; **keiner F. etw. zuleide tun (können)** 파리 한 마리도 괴롭히지 않을[괴롭힐 수 없을] 정도로 심성이 착하다; **zwei -n mit einer Klappe schlagen** 《통용어》 일거양득하다; **die[eine] F. machen** 《경》 재빨리 사라지다: laß uns die F. machen 얼른 꺼지자구. **2.** 나비 넥타이. **3.** 파리 수염(윗 입술 위 혹은 아랫입술과 턱 사이의 좁고 짧게 다듬은 수염). **4.** [재봉] 삼각 자수(주름, 솔기 따위를 고정시키기 위한).

fliegen[*] ['fliːɡŋ̍] [↑fleucht, fliegend 참조]. **1.** ⟨s⟩ (자력으로) 날다: der Vogel flog auf einen Baum 새가 나무 위로 날아갔다; fliegende Fische 날치, 비어(飛魚). **2.** ⟨s⟩ (동력의 힘으로) 날다, 비행하다: das Flugzeug flog über den Wolken 비행기가 구름 위로 날았다. **3.** ⟨f. +sich; h⟩ **a)** 어떻게 날다: diese Maschine fliegt sich gut[leicht] 이 비행기는 잘[가볍게] 난다. **b)** (어떤 영향으로) 어떻게 날다: im Nebel fliegt es sich schlecht 안개 속에서는 비행하기가 나쁘다. **4.** ⟨s⟩ **a)** 항공기를 타고 날아가다: von Frankfurt nach Köln fliegt man 1 Stunde 프랑크푸르트에서 쾰른까지 비행기로 1시간 걸린다; das fliegende Personal 비행 승무원. **b)** 비행기를 타고 여행하다: in den Urlaub f. 비행기를 타고 휴가 여행을 가다. **5. a)** ⟨h/s⟩ 항공기 조종 능력이 있다, 직업이 조종사이다: ich kann[lerne] jetzt f. 나는 지금 비행기를 조종할 수 있다[조종술을 배운다]; er hat[ist] 10 000 Stunden geflogen 그는 10 000시간의 비행 기록이 있다. **b)** ⟨h⟩ 비행기를 조종하다: eine Maschine zum ersten Mal f. 비행기를 처음으로 조종하다. **c)** ⟨s⟩ 날아서 통과하다: er ist 20 000 km geflogen 그는 20 000 km를 비행하였다. **6.** ⟨h/s⟩ 비행하면서 …하다: eine Kurve [einen Looping] f. 회전 비행[곡예 비행]을 하다; [군] mehrere Einsätze f. 여러 차례 출격하다. **7.** ⟨h⟩ 항공기로 수송하다: Medikamente in das Katastrophengebiet f. 의약품을 참사 지역으로 공수하다. **8.** ⟨s⟩ (바람 따위에) 나부끼다: die Fahnen[ihre Haare] fliegen im Wind 깃발[그녀의 머리카락]이 바람에 나부낀다. **9.** ⟨h⟩ (아이) 급하게 움직이다, 몹시 떨다: ihr Puls flog 그녀의 맥박이 급히 뛰었다. **10.** ⟨s⟩ (아이) 나는 듯이 어디로 움직이다[가다]: ich flog nach Hause 나는 나는 듯이 집으로 달려갔다; die Hand flog über das Papier 종이 위로 손이 날듯이 써내려갔다; jmdm. um den Hals f. 누구의 목을 와락 껴안다; in fliegender Eile 급급(急急)하게, 매우 서둘러; 〖전의〗 ein Lächeln flog über ihr Gesicht 미소가 한순간 그녀의 얼굴을 스쳤다. **11.** ⟨s⟩ 어디로 내던져지다: ein Stein flog ins Fenster 돌이 창으로 날아들었다; die Funken flogen nur so 섬광이 마냥 흩날렸다; 《통용어》 sie prügelten sich, daß die Fetzen flogen 그들은 인정사정 볼 것없이 서로 두들겨 팼다; beim Unfall durch die Scheibe f. 사고시 창유리를 뚫고 튕겨져 나가다; Reklamebriefe fliegen bei mir sofort in den Papierkorb 선전문은 나의 경우 당장 쓰레기통으로 직행이다; 〖전의〗 ins Gefängnis[in den Bunker] f. 《통용어》 감옥에 들어가다. **12.** ⟨s⟩ 《통용어》

넘어지다: auf die Nase f. 코를 박고 넘어지다. **13.** 〈s〉 (통용어) 갑자기 쫓겨나다, 해고당하다: von der Schule [aus der Stellung] f. 학교[일자리]에서 쫓겨나다. **14.** 《경》〈s〉불합격하다: durchs Examen f. 시험에 떨어지다. **15.** 〈s〉 마음이 몹시 끌리다: er fliegt auf blonde Mädchen 그는 금발 아가씨라면 사족을 못쓰고 덤빈다.

Fliegen-: **~draht,** der 방충망. **~dreck,** der 파리똥. **~falle,** die ↑Venusfliegenfalle. **~fänger,** der **1.** 파리 잡는 끈끈이. **2.** ↑~schnäpper. **~fenster,** das 창문용 방충망. **~fischerei,** die 인조파리를 이용하는 고기잡이. **~gesumm,** das 파리의 윙윙거림. **~gewicht,** das [nach engl. flyweight] **1.** 〈Pl. 없음〉[중량경기] 플라이급. **2. a)** 플라이급 선수. **b)** (통용어) 작고 가벼운 사람. **~gewichtler** [...gəvɪçtlɐ], der; -s, - 플라이급 선수. **~gift,** das 파리약. **~gitter,** das ↑~draht. **~glocke,** die 파리막이 음식 뚜껑. **~gott,** der ↑Beelzebub. **~klappe,** die ↑~klatsche. **~klatsche,** die 파리채. **~kopf,** der [인쇄] 복자(覆字). **~larve,** die 파리의 애벌레. **~leim,** der 파리잡이 끈끈이. **~netz,** das 모기장. **~pilz,** der 광대버섯(예전에는 파리를 죽이기 위해 우유에다 이 독버섯을 넣어 끓였다). **~plage,** die 파리로 인한 피로움[귀찮음]. **~schimmel,** der 검은 반점의 백마. **~schiß,** der 《경》 ↑~dreck: [전의] reg dich bloß nicht über jeden F. auf! 사소한 것에 일일이 신경 곤두세우지 마라! **~schnäpper,** der 딱새. **~schrank,** der 방충망을 친 찬장. **~schwamm,** der ↑~pilz. **~schwarm,** der 파리떼. **~wedel,** der 깃털 파리채.

fliegend 〈Adj.〉 정처 없이 떠도는: ein -er Händler 행상인; eine -e Ambulanz 이동 야전병원; -e Bauten 이동 건물.

Flieger ['fli:gɐ], der; -s, - **1.** 비행사, 항공기 조종사. **2. a)** (통용어) 공군: er meldete sich zu den -n 그는 공군에 지원했다. **b)** 공군 졸병. **3.** 날짐승. **4.** (통용어) 비행기. **5. a)** [경마] 단거리 경주마. **b)** [사이클] 선도차 없이 달리는 단거리 경주차.

Flieger-: **~abwehr,** die 《schweiz.》방공(防空). **~abwehrkanone,** die 고사포. **~abwehrrakete,** die 대공 로켓포. **~abzeichen,** das [군] 공군 휘장. **~alarm,** der 공습 경보. **~angriff,** der 공습. **~aufnahme,** die 공중 촬영, 항공사진 촬영. **~ausrüstung,** die 공군 무장. **~bier,** das [지역적] 맥주와 레몬주로 만든 청량음료. **~bombe,** die 비행기 투하 폭탄. **~division,** die ↑Luftwaffendivision. **~einwirkung,** die 공습 피해. **~gefahr,** die 〈Pl. 없음〉공습의 위험. **~geschädigt** 〈Adj.〉 공습으로 부상당한. **~geschädigte*,** der/die 공습으로 부상당한 사람. **~geschwader,** das 비행 편대, 편대. **~horst,** der 군용 비행장, 공군 기지. **~jacke,** die 짧고 꼭 끼는 가죽 조끼. **~kappe,** die 비행사 모자, 비행모. **~karte,** die 항공지도. **~korps,** die 항공대. **~krankheit,** die 항공병(航空病). **~offizier,** der 공군 장교. **~rennen,** das **1.** [사이클 경주] 단거리 경주(선도차 없는). **2.** [경마] 단거리 경주(1400m 이내의). **~schule,** die 비행 학교. **~sicht,** die 비행사계(視界)(비행기에서 육안으로 확인할 수 있는). **~sprache,** die 조종사 전문어(隱語). **~staffel,** die [군] 비행중대. **~truppe,** die 공군 부대, 비행단(비행 편대와 기지 편대를 모두 포함한다). **~tuch,** das 비행포(飛行布)(비행기 조종사의 식별을 돕기 위해 땅위에 깔아 보자기). **~wetter,** das 비행불가 악천후. **~zulage,** die 비행 수당.

Fliegerei [fli:gə'raɪ], die (통용어) 항공(사항); 항공술, 항공계: die F. aufgeben 비행을 포기하다; sich der F. verschreiben 항공계에 투신하다. **Fliegerin,** die; -nen ↑Flieger의 여성형. **fliegerisch** 〈Adj.〉 항공 관계의, 비행의.

Flieh-: **~burg,** die 피난용 성채(선사시대나 초기 역사시대의). **~kraft,** die ↑Zentrifugalkraft. **~kraftkupplung,** die [기술] 원심력 연결(장치), 원심력 커플링.

fliehen* ['fli:ən] 〈s〉 **1.** 달아나다, 도망가다: ins Ausland f. 외국으로 피신하다; der Gefangene ist bei Nacht über die Grenze geflohen 포로는 밤 사이 국경을 넘어 달아났다; [전의] die Zeit flieht 《시어》 세월은 유수처럼 빨리 흘러간다. **2.** (아+) 피하다; 멀리하다: [전의] den Lärm der Stadt f. 도시의 소음을 멀리하다; [전의] der Schlaf flieht mich seit Tagen (아어) 며칠 이래 나는 잠을 이룰 수 없다. **fliehend** 〈Adj.〉 쑥 들어간, 뒤로 처진: eine -e Stirn 쑥 들어간 이마; sein -es Kinn chirurgisch korrigieren lassen 그의 뒤로 처진 턱을 외과적으로 교정하게 하다.

Fliese ['fli:zə], die; -n [niederd. vlīse] **a)** (벽·바닥에 쓰이는) 석판, 타일: das Bad mit -n auslegen 욕실을 타일로 내장(內裝)하다; der Fußboden war mit bunten -n belegt 바닥에는 여러 색의 타일이 깔려 있었다. **b)** ↑Teppichfliese의 약칭. **fliesen** ['fli:zn] 〈h〉 타일로써 내장하다: die Wand f. 벽에 타일을 붙이다.

Fliesen-: **~belag,** der 타일 표면층. **~(fuß)boden,** der 타일을 깐 바닥. **~leger,** der 타일공.

Fließ [fli:s], das; -es, -e 《고어》개천, 시내.

Fließ-: **~arbeit,** die 〈Pl. 없음〉일관 작업: Autos in F. herstellen 자동차를 일관 작업으로 생산하다. **~band,** das 〈Pl. -bänder〉컨베이어 벨트, 전송대(傳送帶): am F. arbeiten 컨베이어 벨트에서 일하다; am Tag rollen hier 70 Autos vom F. 매일 여기서는 70대의 자동차가 완성된다. **~bandarbeit,** die 컨베이어 벨트에서의 작업. **~bandarbeiter,** der 컨베이어 벨트 노동자. **~bandarbeiterin,** die ↑~bandarbeiter의 여성형. **~bandfertigung,** die 컨베이어 벨트에 의한 제조 기술. **~blatt,** das 압지(壓紙), 흡지. **~ei,** das ↑Windei. **~erde,** die [전문어] 유토(流土). **~fertigung,** die 일관 작업 생산. **~gewässer,** das [전문어] 유수(流水). **~grenze,** die [기술] 항복응점(伏應點). **~heck,** die (차량의) 유선형 고물(반대: Stufenheck). **~komma,** das [전자계산기의] 유동소수점. **~kommaautomatik,** die (전자 계산기의) 유동 소수 자동기능(소수점 처리를 자동으로 함). **~laut,** der ↑Liquida. **~methode,** die 일관 작업 방식. **~papier,** das ↑Löschpapier. **~pressen,** das; -s [기술] 압출법. **~satz,** der 〈Pl. 없음〉[인쇄] 동일 자형의 식자. **~straße,** die 생산 라인, 생산 설비: eine vollautomatische F. mit Robotern 로봇에 의한 완전 자동 생산 라인. **~system,** das 전송대 (傳送帶) 작업 체계. **~verfahren,** das ↑~arbeit. **~wasser,** das 〈Pl. 없음〉《관방》(방의) 수도(물).

fließbar ['fli:sba:ɐ̯] 〈Adj.〉《전문어》유동이 가능한.

fließen* ['fli:sn] 〈s〉 **1. a)** (물이) 흐르다: aus der Wunde floß Blut 상처에서 피가 흘렀다; das Zimmer hat kein fließendes Wasser 그 방은 수도가 없다; [전의] der Sekt floß in Strömen 샴페인이 물처럼 (마구) 소모되었다; es ist sehr viel Blut geflossen 수많은 사람들이 다치거나 죽었다. **b)** 강물이 흘러 어디다에 이르다: die Isar fließt in die Donau 이자르 강은 도나우 강에 유입한다; [전의] die Steuergelder flossen ins Ausland 세금이 외국으로 흘러 나갔다. **c)** 막히지 않고 움직이다: der Verkehr fließt ununterbrochen durch diese Straße 도로의 교통 소통이 막힘없이 잘된다; der elektrische Strom fließt von plus nach minus 전류가 양극에서 음극으로 흐른다; [전의] alles fließt 만물은 유전(流轉)한다. **d)** 경계(윤곽)가 분명하지 않다: die Grenzen zwischen diesen Fachgebieten sind fließend 이들 전문 영역간의

경계는 유동적이다. **2.** 액체가 대량으로 배출되다: der Wasserhahn fließt 수도꼭지에서 물이 많이 샌다. **3.** 일정한 정도로 있다: die Gelder fließen jetzt reichlicher 돈이 이제는 더욱 풍부하게 넘친다; die Nachrichten flossen spärlich 정보가 빈약하다. **4.** 거침없이 나오다: die Worte flossen aus ihrem Mund 말이 그녀의 입에서 술술 나왔다; er spricht fließend Russisch 그는 유창하게 러시아어를 말한다. **5.** 부드럽게 물결치듯 아래로 처지다: das Haar fließt weich auf die Schultern 머리카락이 부드럽게 어깨 위로 흘러내린다.

Fliffis ['flifɪs], der; -, - 【체조】 들어서 두번돌기.

Flimmer ['flɪmɐ], der; -s, - **1.** 〈Pl. 없음〉〈시어〉 가물대는 빛, 떨리는 광휘, 미광(微光): der Flimmer der Sterne 명멸하는 별빛. **2.** 〈Pl. 없음〉〈시어〉 겉만 번지르르함, 겉치레. **3.** 【생물】 섬모(纖毛). **4.** 〈고어〉↑Glimmer (1).

flimmer-, Flimmer-: ~**epithel**, das 【생물】 섬모상피(纖毛上皮). ~**frei** 〈Adj.〉〈전문어〉(사진에) 미광(微光)이 나타나지 않는. ~**härchen**, das ↑Flimmer (3). ~**kasten**, der ↑~**kiste**. ~**kiste**, die 〈농〉 **1.** 〈준고어〉 **a)** 영화관. **b)** 영사기. **2.** 텔레비전 수상기. ~**skotom**, das 【의학】 섬광암점(閃光暗點). ~**zelle**, die 섬모상피세포.

flimmerig ['flɪmərɪç] ↑ flimmrig. **flimmern** ['flɪmɐn] 〈h〉 **1.** 빛이 반짝거리다; 가물거리며 빛을 내다, 섬광을 내다: das Wasser flimmert in der Sonne 수면이 햇빛에 반짝인다; es flimmert mir vor den Augen 눈앞에 빛이 어른거려 얼씨하다; 〈전의 diese Sendung ist schon mehrmals über die Bildschirme geflimmert 〈통용어〉 이 방송은 이미 여러 번 텔레비전에 방영되었다; 〈명사화〉 das Flimmern des Herzens 【의학】 불규칙한 심장 박동. **2.** 〈지역적〉 번쩍번쩍 빛이 나게 닦다, 광채가 나게 문지르다. **flimmrig** ['flɪmrɪç] 〈Adj.〉 반짝이는, 어른거리는.

flimsig ['flɪmzɪç] 〈Adj.〉〈지역적〉 오래되어 낡아빠진, 오래 써서 닳아빠진.

Flinder ['flɪndɐ], der; -s, 〈또는〉 die; -n 〈고어〉↑ Flitter. **Flinderhaube**, die 플린다 두건(중세에서 17세기에 이르기까지 사용된 부인용 두건으로, 금이나 광채가 나는 금속편을 달아 혼례식과 같은 잔치에 사용했음).

flink [flɪŋk] 〈Adj.〉〈niederd. flink〉 잽싼, 민첩한; sie ist f. wie ein Wiesel 그녀는 족제비처럼 잽싸다; er hat ein -es Mundwerk 그는 말솜씨가 민첩하다, 그는 응구첩대(應口輒對)에 능란하다.

flink- 〈아이〉: ~**füßig** 〈Adj.〉 발빠른: sie kam f. daher 그녀는 발빠르게 이리로 왔다. ~**händig** 〈Adj.〉 손쨋: f. das Gemüse putzen 손재게 야채를 다듬다. ~**züngig** 〈Adj.〉 혀가 날렵한, (말이) 시원시원한: f. antworten 날렵하게 대답하다.

Flinkheit, die 민첩성, 기민성.

Flins [flɪns], der; -es, -e, **Flinse** ['flɪnzə], die; -n 〈지역적〉 **a)** 계란 과자. **b)** 감자로 만든 팬케이크.

Flinserl ['flɪnzɐl], das; -s, -n 〈österr.〉 **a)** ↑Flitter (1). **b)** 단시(短詩).

Flint [flɪnt], der; -(e)s, -e 〈niederl. vlint〉 〈고어〉 부싯돌. **Flinte** ['flɪntə], die; -n 엽총, 산탄총(散彈銃), 총: die F. am Riemen über die Schulter tragen 끈 달린 엽총을 어깨에 메다; 〈전의〉 der soll mir nur vor die F. kommen 〈통용어〉 그 녀석 걸리기만 해봐라, 그냥 두지 않을테다; **die F. ins Korn werfen** 〈통용어〉 용기(끈기)를 잃고 무엇을 포기하다: wegen dieser Schwierigkeit brauchst du doch nicht gleich die F. ins Korn zu werfen 너는 이런 어려움이 있다고 해서 바로 당장 낙심하여 포기할 필요는 없다.

Flinten-: ~**knall**, der 총성. ~**kugel**, die 총알. ~**lauf**, der 총신. ~**schaft**, der 총대. ~**schloß**, das 노리쇠뭉치. ~**schrot**, der 산탄. ~**schuß**, der 사격, 발사. ~**weib**, das 〈폄〉 총가진 계집.

Flintglas, das; -es [engl. flint glass] 〈광학 기계용의〉 플린트 유리, 납유리. **Flintstein**, der; -(e)s, -e ↑ Flint.

Flinz [flɪnts], der; -es, -e **1.** 능철광(菱鐵鑛). **2.** (알프스 북쪽 지역의) 사토(砂土) 침적물.

Flip [flɪp], der; -s, -s [engl. flip] **1.** 계란술. **2.** [피겨・롤러] 플립, 도약회전.

Flipflop ['flɪpflɔp], das; -s, -s [engl. flip-flop (circuit)] ↑Flipflopschaltung. **Flipflopschaltung**, die 플립플롭 전자 회로.

flippen ['flɪpn] 〈h〉↑ flippeern. **Flipper** ['flɪpɐ], der; -s, - 플립(오락기)(슬로트 머신의 일종). **flippern** ['flɪpɐn] 〈h〉〈통용어〉 플립놀이를 하다.

flirren ['flɪrən] 〈h〉〈아어〉 빛이 흔들리다, 떨리며 빛을 발하다: die Luft flirrte 공기가 떨면서 빛을 내고 있었다.

Flirt [flœrt, 〈또한〉 flɪrt], der; -s, -s **a)** (남녀간의) 희롱, 시시덕거리기: ein kleiner, harmloser F. 악의 없는 사소한 희롱. **b)** 연애 행각, 바람: einen F. mit jmdm. haben 누구와 바람피다. **flirten** ['flœrtn, 〈또한〉 'flɪrtn] 〈h〉 [engl. flirt] 희롱하다, 장난 연애를 걸다: er flirtete den ganzen Abend mit ihr 그는 저녁 내내 그녀와 시시덕거렸다. **Flirterei** [flœrtə'raɪ, 〈또한〉 flɪrtə'raɪ], die 희롱하기, 시시덕거리기.

Flitscherl ['flɪ:tʃɐl], das; -s, -n 〈österr.・통용어〉↑ Flittchen. **Flittchen** ['flɪtçən], das; -s, -n 〈통용어・폄〉 논다니, 노는 계집: auf ein F. hereinfallen 논다니에게 빠져들다.

Flitter ['flɪtɐ], der; -s, - **1.** 번쩍이는 장식품. **2.** 〈Pl. 없음〉〈폄〉 싸구려 장식품: ihr ganzer Schmuck war nur F. 그녀의 모든 장식품은 싸구려 뿐이었다.

Flitter-: ~**glanz**, der ↑Flitter (2). ~**gold**, das (금박 대용의) 놋쇠 박편(薄片). ~**kram**, der 싸구려 장식구; ↑Flitter (2). ~**staat**, der 〈Pl. 없음〉〈아이〉 번쩍이는 장식의 예복. ~**tand**, der 〈고어〉↑Flitter (2). ~**werk**, das ↑Flitter (2).

¹**flittern** ['flɪtɐn] 〈h〉〈드물게〉↑ flimmern.

²**flittern** [-] 〈h〉〈통용어・농〉 밀월중이다. **Flitterwochen** 〈Pl.〉 밀월(蜜月): in die F. fahren 밀월 여행을 하다. **Flitterwöchner** [-vœçnɐ], der; -s, - 〈통용어・농〉 밀월중의 남편.

Flitz [flɪts], der; -es, -e [niederd. flitse] **1.** 〈고어〉 화살. **2.** 〈베를린・폄〉 짜증, 심화. **Flitzbogen**, 〈지역적〉 **Flitzebogen**, der [niederd. flitsbögen] (장난감의) 활: **gespannt sein wie ein F.** 〈통용어〉 일의 결말에 대해서 매우 궁금하다. **flitzen** ['flɪtsn] 〈s〉〈통용어〉 **1.** 쏜살같이 질주하다: die Maus flitzte unters Bett 쥐가 쏜살같이 침대 밑으로 달려갔다. **2.** 벌거벗고 달리다. **Flitzer**, der; -s, - 〈통용어〉 **1.** 쾌속의 작은 자동차, 작은 쾌속정. **2.** 쾌속 주자. **3.** ↑Blitzer (1). **4.** 〈통용어〉 떠돌이 젊은이(무엇인가 피하기만 하는 선수. **5.** ↑Flitzeritis. **Flitzeritis** [flɪtsə'ri:tɪs], die 〈농〉 설사.

floaten ['floʊtn] 〈h〉 [engl. to float] 【경제】 (환율이) 변동시세로 되다. **Floating** ['floʊtɪŋ], das; -s, -s [engl. floating] 【경제】 (환율의) 변동 시세.

Flobertgewehr ['flo:bɛrt-, 〈또한〉 flo'bɛ:ɐ̯-, flo'bɛ:ɐ̯-], das; -(e)s, -e (프랑스의 무기 기술자 N. Flobert (1819~1894)의 이름에서) 〈소구경의〉 플로베르 총.

F-Loch ['ɛf-], das; -(e)s, F. -Löcher (현악기의) f 자형 공명 구멍.

flocht [flɔxt], **flöchte** ['flœçtə] ↑ flechten 참조.

Flock- ['flɔk-]: **~druck,** der ↑~print. **~print,** der; -(s) [engl. flock printing] [직물] 나사 인쇄(羅紗印刷)(풀칠한 표면에 나사를 두드려 풀어서 무늬를 내는 방법). **~seide,** die 생사(生絲)의 표면 솜털.

Flöckchen ['flœkçən], das; -s, - ↑Flocke (1) 참조.

Flocke ['flɔkə], die; -n 1. 〈축소형: ↑Flöckchen 참조〉 **a)** (양모 따위의) 털송이, 솜털 부스러기: beim Spinnen fielen -n auf den Boden 방적할 때 솜털 부스러기가 바닥에 떨어졌다. **b)** 눈송이. **c)** 거품송이. 2. 〈대개 Pl.〉 (곡물의) 박편(薄片): Hafer[Mais] zu -n verarbeiten 귀리[옥수수]를 박편처리하다. 3. (말 등의) 백반(白斑). 4. 〈Pl.〉 〈경〉 쇠푼, 돈. **flocken** ['flɔkn] 〈h〉 〈아어〉 송이모양을 짓다.

flocken-, Flocken-: **~bast,** der [전문어] 인피(靭皮) 섬유. **~blume,** die 수레국화. **~förmig** 〈Adj.〉 송이 같은, 박편(薄片)의. **~tanz,** der (Pl. 없음) ↑~wirbel. **~tuch,** das ↑Floconné. **~weise** 〈Adv.〉 털송이를 지어서, 박편으로. **~wirbel,** der 《아어》 어지럽게 나리는 눈발.

flockig ['flɔkɪç] 〈Adj.〉 양털송이 같은, 솜털 같은: -er Schaum 솜털 같은 거품. **Flockung,** die; -en ↑flocken 의 명사형. **Flockungsmittel,** das [화학] 송이를 형성시키는 매체.

Floconné [flokɔ'ne:], der; -(s), -s [frz. floconné] 플로코네(보풀이 붙은 외투용 옷감).

Flödel ['flø:dl], der; -s, - 현악기의 가장자리 장식선.

flog [flo:k], **flöge** ['flø:gə] ↑ **fliegen** 참조.

floh [flo:] ↑ **fliehen** 참조.

Floh [-], der; -(e)s, **Flöhe** ['flø:ə] **1.** 벼룩: der F. hüpft [springt] 벼룩이 뛰다; von einem F. gebissen werden 벼룩에게 물리다; Flöhe knacken 〈통용어〉 벼룩을 눌러 죽이다; 〈성구〉 lieber (einen Sack (voll)) Flöhe hüten (als diese Arbeit tun) (이 일을 하느니) 차라리 (한 자루 (가득)) 벼룩이나 지키지(= 이 일이 너무 힘들어 하고 싶지 않다); [전의] das Geschäft mit den billigen "Flöhen" 〈은어〉 벼룩이[포켓 북] 장사; **jmdm. einen F. ins Ohr setzen** 〈통용어·편〉 어떤 말을 누구에게 하여 그의 마음을 뒤흔들어 놓다; **jmd. hört die Flöhe husten[niesen]** 〈통용어·편〉 누구는 벼룩의 기침[재채기] 소리도 듣는다(= 재치있고 영리한 척하다). 2. 〈경〉 돈: keine Flöhe mehr haben 돈이 더는 없다.

Floh-: **~beißen,** das [다음 용법으로] **angenehmes F.!** 〈통용어·농〉 잘 자요. **~biß,** der 벼룩이 문 자국. **~hüpfen,** das 벼룩 놀이(여러 색의 작은 바둑알 모양의 것을 손가락으로 튀겨 잔(통) 속에 넣는 어린이 놀이). **~käfer,** der 땅벼룩의 일종(Erdfloh). **~kino,** das 〈통용어〉 교외의 작은 영화관. **~kiste,** die 〈통용어·농〉 1. 침대. 2. ↑~kino. **~kraut,** das 여뀌·망초속 따위(옛날에는 벼룩잡는 데 사용했음). **~krebs,** der 물벼룩. **~mär(i)t** [-me:r(ɪ)t], der; -s, -e(n) 〈schweiz.〉. **~markt,** der 벼룩시장. **~spiel,** das ↑~hüpfen. **~zirkus,** der 벼룩 서커스.

flöhe ['flø:ə] ↑ **fliehen.**

flöhen ['flø:ən] 〈h〉 1. 벼룩을 잡다: die Affen flöhten sich (gegenseitig) 원숭이들이 서로 벼룩을 잡아 주었다. 2. 〈통용어〉 **a)** 살살이 뒤지다, 몸수색을 하다: die Zöllner haben mich ganz schön geflöht 세관원들이 내 몸을 철저하게 뒤졌다. **b)** 사기적 수법으로 누구의 돈을 취하다: beim Pokern geflöht werden 포커판에서 사기를 당하다.

Flokati, der; -s, -s [griech. phlok(k)até] 희고 긴 털의 양탄자.

Flom(en) ['flo:m(ən)], der; -s [niederd. vlōme] 〈돼지의〉 복부 및 신장의 지방.

Flop [flɔp], der; -s, -s [engl. flop] 1. 포스버리 플롭(↑ Fosbury-Flop의 약칭), 배면뛰기. 2. **a)** 실패. **b)** 허탕친 제비.

floppen ['flɔpn] 〈h/s〉 〈육상 은어〉 배면뛰기로 높이 뛰다. **Flopspringer,** der; -s, - [육상경기] 배면뛰기(포스버리 플롭) 선수.

Floppy disk, die; - -s [engl. floppy disk] 플로피 디스크.

¹Flor [flo:ɐ̯], der; -s, -e 〈드물게 Pl.〉 [lat. flōs] 〈아어〉 1. **a)** 꽃의 만발: der Garten steht jetzt im schönsten F. 정원에는 이제 꽃이 만개하였다. **b)** 같은 종류의 수많은 꽃, 꽃더미: ein F. duftender Rosen 향기로운 장미더미; [전의] ein F. reizender Damen 매력적인 숙녀들의 한 무리. 2. 번영, 융성: die Wirtschaft kommt wieder in F. 경제가 다시 번영하다.

²Flor [-], der; -s, -e 〈드물게 Pl.〉 **Flöre** ['flø:rə; niederl. floers] 1. **a)** 사(紗), 얇고 성긴 옷감: ein festliches Kleid aus F. 사(紗)로 만든 예복. **b)** 흑사(黑紗)의 상장, (과부가 쓰는) 검은 베일. 2. (비단·양탄자의) 괴깔, 보풀.

Flor- (²Flor): **~band,** das (Pl. -bänder) ↑²Flor (1 b). **~fliege,** die 풀잠자리. **~post,** die (Pl. 없음) ↑~postpapier. **~postpapier,** das 얇은 항공용 편지지. **~strumpf,** der [섬유] 얇고 투명한 양말. **~teppich,** der 괴깔이 있는 양탄자.

¹Flora ['flo:ra], die; -, ...ren [↑²Flora의 이름에 따라] 1. [식물] (특정 지역의) 식물계, 식물군(植物群). 2. (특정 지역의) 식물지(植物誌), 식물상(植物相): eine F. von Deutschland 독일의 식물지를 출판하다. 3. 기생균(신체 기관에 자연스럽게 나타나는). **²Flora** [-], -s 고대 로마의 꽃과 봄의 여신. **floral** [flo'ra:l] 〈Adj.〉 꽃무늬가 있는.

Floreal [flore'a:l], der; -(s), -s [frz. floréal] (프랑스 혁명 달력의) 8번째의 달(4월 20일~5월 19일).

Floren- [↑¹Flora (1)] ↑²Flora: **~element,** das 식물 요소(지리적 특징에 따라 동일 집단으로 구분될 수 있는): geographisches F. 지리학적 식물 요소; genetisches F. 발생학적 식물요소(원산지는 같으나 지리적 분포는 상이함). **~gebiet,** das 식물구계(植物區系). **~geschichte,** die 식물사(植物史). **~region,** die ↑~gebiet. **~reich,** das 식물대(植物帶).

¹Florentiner [floren'ti:nɐ], der; -s, - 1. 챙이 넓은 부인용 밀짚모자, 플로렌스 밀짚 모자. 2. 플로렌스 과자(설탕, 꿀, 지방 그리고 우유를 섞어서 구워 편도나 호도를 곁들인 둥근 과자). **²Florentiner** 〈Adj.; 어미 변화 없음〉 플로렌스 (사람)의. **florentinisch** 〈Adj.〉 플로렌스의. **Florenz** 플로렌스(이탈리아의 도시).

flore pleno [flo:rə 'ple:no; lat. = mit voller Blüte] [원예] 겹식 화관엽(增植花冠葉)의, (꽃이) 만발한(약어: fl. pl.). **Flores** ['flo:re:s] 〈Pl.〉 [lat. flōrēs] 1. [약학] (약의 성분으로서의) 말린 꽃잎. 2. 중세 음악에서의 (즉흥적) 장식 가창(歌唱). **Floreszenz** [flores'tsɛnts], die; -en [lat. flōrēscēns] [식물] 1. 개화기. 2. 꽃의 만발; 화서(花序). **Florett** [flo'rɛt], das; -(e)s, -e [frz. fleuret < ital. fioretto] 1. 플러레(펜싱검의 일종). 2. 〈Pl. 없음〉 ↑Florettfechten.

Florett-: **~fechten,** das; -s [스포츠] 플러레 펜싱. **~fechter,** der 플러레 펜싱 선수. **~seide,** die [섬유] 생사 지스러기로 짠 명주.

florettieren [florɛ'ti:rən] 〈h〉 〈드물게〉 플러레 검으로 싸우다. **florid** [flo'ri:t] 〈Adj.〉 [의학] (병세가) 완전히 드러난, 급하게 진행하는. **Florida** ['flo:rida, 〈engl.〉 'flɔrɪdə], -s 1. 북미의 반도. 2. 미국의 플로리다주. **florieren** [flo'ri:rən] 〈h〉 [lat. flōrēre] 사업이 번창하다; 사업이 피다: die Wirtschaft floriert 사업이 번창한다. **Florileg** [flori'le:k], das; -s, -e, **Florilegium** [flori-

le:gium], das; -s, ...ien [...jən; lat. flōrilegus] 〈고어〉 **1.** 시가선(詩歌選), 사화집(詞華集). **2. a)** 고대 작가의 작품 선집(作品 選集). **b)** 잠언 격언집(箴言格言集). **Florin** [flo'ri:n], der; -s, -e / -s [lat. florinus] **a)** 네덜란드 금화(약어: (h)fl.). **b)** 옛날의 영국 은화(=2실링)(약어: fl., Fl.). **Florist** [flo'rɪst], der; -en, -en **1.** 식물계 학자. **2.** 화환 업자, 꽃 애호가. **Floristik**, die **1.** 식물구계학(植物區系學)(식물지리학의 한 부문). **2.** 화환 업자의 작업 영역. **Floristin**, die; -nen ↑Florist (1)의 여성형. **floristisch** 〈Adj.〉 **1.** 식물계의, 식물구계학의. **2.** 화환 업무의, 꽃(재배)의. **Floskel** ['flɔskl], die; -n [lat. flōsculus] 뜻이 없는 미사 여구; 형식적인 소리. **floskelhaft** 〈Adj.〉 뜻이 없는 미사 여구의: eine -e Ausdrucksweise 겉만 번지르르한 어법.

floß [flɔs] ↑fließen 참조. **Floß** [flɔs], das; -es, Flöße ['flø:sə] **1. a)** 떼: mit einem F. den Fluß hinabfahren 떼를 타고 강의 하류로 내려가다. **b)** 뗏목. **2.** (낚시의) 찌; 부표.

Floß-: **~boot**, das ↑Schlauchboot. **~brücke**, die 부교(浮橋). **~fahrt**, die 뗏목을 타고 가기. **~gasse**, die 경사진 수로(水路)(저수지 같은 데서 떼가 아래로 이동할 수 있도록 만든). **~haken**, der 뗏목의 삿대. **~holz**, das 뗏목으로 뛰우는 목재, 벌류(筏流) 목재.

flößbar ['flø:sba:ɐ] 〈Adj.〉 뗏목을 띄울 수 있는, 벌류(筏流)가 가능한. **Flosse** ['flɔsə], die; -n **1.** 지느러미. **2.** (잠수구의) 지느러미 발, 편. **3.** (선박의) 수평키, (비행물체의) 수직 안정판. **4.** 〈통용어·농 혹은 펌〉 **a)** 손: „Nimm deine -n von der Dame", sagte sie "그 여자로부터 손을 떼세요"라고 그녀는 말했다. **b)** 〈대개 Pl.〉 발: jmdm. auf die -n treten 누구의 발을 밟다. **flösse** ['flœsə] ↑fließen 참조. **Flössel** ['flœsl], das; -s, -[↑Flosse의 축소형]. **2.** 〈동물〉 물고기의 작은 지느러미. **Flösselaal**, der 에녹스속의 서아프리카산 육식장어(학명: *Calamoichthys calabaricus*). **Flösselhecht**, der 아프리카산 육식에녹스속(학명: *Polypteridae*). **flößen** ['flø:sn] 〈h〉 **1. a)** 벌류(筏流)하다, 뗏목을 짜서 흘려 보내다. **b)** 떼에 실어 운반하다. **2.** 떼를 타고 가다. **3.** 얘체를 조금씩 입속에 붓고 먹이다. **Flossenfüßer**, **Flossenfüßler**, der 기각류(鰭脚類)(물개 등과 같이 지느러미 형상의 발을 가진)(Robbe). **Flößer** ['flø:sɐ], der; -s, - [↑flößen 참조.] 뗏목꾼. **Flößerei** [flø:sə'raɪ], die 벌류(筏流).

Flotation [flota'tsjo:n], die; -en [engl. flo(a)tation] 〈기술·특히 제련〉 부선광(浮選鑛光), 부선(浮選). **flotativ** [flota'ti:f] 〈Adj.〉 부선법으로 선광한.

Flöte ['flø:tə], die; -n [frz. flaûte] **1.** 〈음악〉 피리, 플루트: (die/auf der) F. blasen [spielen] 피리[플루트]를 불다[연주하다]. **2.** 오르간의 플루트 음전. **3.** 길고 날씬한 (샴페인) 술잔. **4.** [카드] 같은 패의 연속: 전의 eine ganze F. von Autos stand an der Kreuzung 네거리에는 자동차의 행렬이 죽 늘어서 있었다. **5.** 〈경〉 남자의 성기(Penis). **flöten** ['flø:tn] 〈h〉 **1. a)** 〈드물게〉 피리를 불다. **b)** 피리 같은 소리를 내다: die Amsel flötete 지빠귀가 피리 소리로 울었다. **c)** 〈지역적〉 휘파람을 불다(pfeifen). **2.** 간살부리며 말하다. **3.** 〈경〉 구음(口音)하다(↑Flöte 5).

flöten-, **Flöten-**: **~artig** 〈Adj.〉 피리[플루트]와 같은. **~bläser**, der 피리[플루트]를 부는 사람. **~konzert**, das 플루트 콘서트. **~musik**, die 플루트 음악. **~register**, das 오르간의 플루트 음전. **~solo**, das 피리[플루트] 독주. **~spiel**, das 피리[플루트] 연주. **~spieler**, der 피리[플루트] 연주자. **~ton**, der 〈Pl. ...töne〉 피리[플루트]의 가락: jmdm. die Flötentöne beibringen 〈통용어〉 예의 바른 태도를 강도높게 누구를 준엄히 꾸짖다. **~uhr**, die 피리(소리가 나는) 시계.

~werk, das **1.** 플루트 음전만 갖고 있는 오르간. **2.** 오르간의 플루트 음전(의 총칭). **~würger**, der 피리 때까치(오스트레일리아 지역의).

flötengehen* 〈s〉 〈통용어〉 **a)** 잃다(verlorengehen), 없어지다: mein ganzes Geld ist dabei flötengegangen 그 바람에 나의 모든 돈이 날라갔다. **b)** 두동강이 나다.

flotieren [flo'ti:rən] 〈h〉 [engl. to float] [기술·특히 제련] 부선법(浮選法)으로 선광(選鑛)하다. **Flotigol** [floti'go:l], Flotol [flo'to:l], das; -s, -e 〈인공어〉 [제련] 부유첨가제.

Flötist [flø'tɪst], der; -en, -en [zu ↑Flöte (1)] 피리[플루트] 연주자. **Flötistin**, die; -nen Flötist의 여성형.

Flotol: ↑Flotigol.

flott [flɔt] 〈Adj.〉 [niederd. flot maken] **1.** 〈통용어〉 **a)** 재빠른(rasch), 민첩한(flink): bei der Arbeit f. vorankommen 일의 진척이 날래다; 전의 den -en Otto[die -e Minna] 〈명사화〉 einen Flotten[haben 〈경〉 설사하다. **b)** 활기 찬, 활발한: -e Musik 활발한 음악. **2.** 〈통용어〉 멋진(schick), 세련된(modisch): ein -er Hut[Mantel] 멋진 모자[외투]. **b)** 예쁜(hübsch), 매력적인(attraktiv): ein -es Mädchen 매력적인 처녀. **3.** 경박한 삶의, 속편한: ein -es Leben führen 경박한 삶을 살다; f. leben 속편하게 살다. **4.** [선원] 물에 뜰 수 있는: 전의 das Auto ist wieder f. 자동차는 다시 갈 수 있다; er ist wieder f. 그는 다시 돈이 생겼다. **Flott** [-], das; -(e)s [niederd. vlot] **1.** ↑Entenflott. **2.** ↑Floß (2). **3.** 〈지역적〉 **a)** 생크림(Sahne). **b)** 유지(乳脂)(끓인 우유의 겉에 형성되는 점막 형의).

flott- (flott (4)): **~bekommen*** 〈h〉 (차량·선박을) 다시 운행하게 할 수 있다. **~kommen*** 〈s〉 (차량, 선박이) 다시 운행할 수 있게 되다. **~kriegen** 〈h〉 〈통용어〉 ↑~bekommen. **~machen** 〈h〉 다시 운행할 수 있도록 하다: das Boot[den Kraftwagen] f. 배[차]를 다시 가게 하다. **~schleppen** 〈h〉 (좌초한 배를) 끌어 다시 물에 띄우다. **~weg** 〈Adv.〉 〈통용어〉 중단없이, 연달아.

Flotte ['flɔtə], die; -n [it. ital. flotta, frz. flotte; 2: niederd. Flott] **1. a)** (일국의) 군함[상선] 총수; (개별 단위로 된) 군함[상선]의 총수. **b)** 함대(艦隊), 선대(船隊), 선단(船團). **2.** 직물 염료액.

Flotten- (Flotte (1)): **~abkommen**, das 해군 협정. **~basis**, die 〈군〉 해군 항만 기지, 함대 항만 기지. **~chef**, der 함대 사령관. **~kommando**, das 〈군〉 함대 사령부. **~parade**, die 관함식(觀艦式). **~station**, die 군항(軍港). **~stützpunkt**, der 해외의 해군 보급 기지. **~verband**, der 공동 임무를 띤 전함 선단(戰艦船團). **~vertrag**, der ~abkommen.

Flottholz, das [어업] 부목(浮木)(어망에 달려서 뜨게 되어 있음). **flottieren** [flɔ'ti:rən] 〈h〉 [frz. flotter] **1.** [의학] 뜨다, 부유하다. **2.** 〈교양어·전문어〉 동요하다, 유동(流動)하다: flottierende Schuld [법] (국가의)단기 채무(短期債務), 유동 채무. **3.** [섬유] 실이 엉클어지다, 쏟아지다. **Flottille** [flɔ'tɪl(j)ə], die; -n [span. flotilla] **1.** 〈군〉 소형함 부대, 정대(艇隊). **2.** 어로선단(漁撈船團). **Flottillenadmiral**, der 〈군〉 해군 준장. **Flottillenfischerei**, die 어로 선단의 고기잡이.

Flotzmaul ['flɔts-], das; -(e)s, ...mäuler 소의 코밑 젖은 부분.

Flower-power ['flauəpauə], die [engl.-amerik. flower power] 플라워파워(히피족의 슬로건).

Flöz [flø:ts], das; -es, -e [광업] 광석층.

Fluat [flu'a:t], das; -(e)s, -e 〈*Fluorsilikat*의 약칭〉 [화학·토목] 건축재료의 내구성 강화제, 불화규소산염.

fluatieren [flua'ti:rən] 불화규소산염으로 처리하다.

Fluch [flu:x], der; -(e)s, Flüche ['fly:çə] **1.** (화가 나서 하는) 욕설, 상소리. **2.** 저주, 악담: die Mutter hat ihn verflucht, und endlich erfüllt sich der F. 어머니는 그를 저주했다. 그리고 마침내 그 저주는 이루어졌다; einen F. gegen jmdn. ausstoßen 누구에게 악담을 하다. **3.** ⟨Pl. 없음⟩ (저주로 인한) 재앙[벌], 불운: ein fürchterlicher F. liegt auf dem Haus 무시무시한 재앙이 그 집 위에 놓여 있다; 정규 das ist der F. der bösen Tat 그것은 악행에 따른 인과응보이다(Schiller의 Piccolomini, V, 1에 나옴).

fluch-, Fluch-: **~beladen** ⟨Adj.⟩ (아어) 저주를 받고 있는. **~wort**, das ↑Fluch (1). **~würdig** ⟨Adj.⟩ (아어) 저주를 받아 마땅한, 천벌 받을.

fluchen ['flu:xn̩] ⟨h⟩ **1. a)** (화가 나서) 욕하다, 저주하다: laut f. 고래고래 욕을 퍼붓다. **b)** (흥분하여) 누구를 몹시 헐뜯다[나무라다]: er fluchte auf[über] das Wetter [über seinen Chef] 그는 날씨 탓[그의 사장 헐뜯기]을 몹시했다. **2.** (아어) 악담하다; 누구를 저주하다. **Flucher**, der 욕쟁이, 저주하는 사람.

¹Flucht [flʊxt], die; -en **1.** ⟨Pl. 없음⟩ **a)** 도주, 도망: er wurde auf der F. erschossen 그는 도주하다가 사살되었다; 전의 die F. der schönen Sommertage 아름다운 여름날들의 빨리 지나감; die F. ergreifen 삼십육계를 놓다, 달아나다: vor dem Hund ergriff der Dieb die F. 도둑놈은 개를 보고 달아났다; **jmdn. in die F. schlagen** 누구에게 겁을 주어 달아나게 하다: die angreifenden Feinde in die F. schlagen 공격해 오는 적을 위협하여 도주하게 하다. **b)** 탈출: an seiner F. arbeiten (통용어·농) 살짝 뺑소니 칠 작정이다. **2.** 회피, 몸을 빼기: die F. nach vorn (antreten) 정면 돌파(에 나서다). **3.** [사냥] (사슴 따위의) 훌쩍 뛰기, 큰 도약: das Reh ging in hohen -en ab 노루가 껑충껑충 뛰면서 떠나갔다.

²Flucht [-], die; -en [토목] **1.** (건물이나 건물 일부의) 연속; 건축선, 일열선: die neuen Häuser müssen alle in einer F. stehen 신축 가옥은 모두 연속 선상에 도열해 있어야 한다. **2.** (아어) 한 줄로 늘어선 방들(문으로 연결되어 있음): eine F. von Gemächern 방들의 도열(堵列), 일련의 방들. **3.** (벽의) 종횡 직선상(縱橫直線狀). **4.** ⟨드물게⟩ 여유 공간: das Fenster muß mehr F. haben 창문에는 여유 공간이 더 있어야 한다.

flucht-, ¹Flucht- (¹Flucht): **~artig** ⟨Adj.⟩ 매우 서두르는, 화급(火急)한: f. das Lokal verlassen 매우 서둘러 술집을 떠나다. **~burg**, die ↑Fliehburg. **~fahrzeug**, das 도주용 차량. **~gefahr**, die 도주의 위험. **~geld**, das [경제] (외국으로의) 도피 자금. **~geschwindigkeit**, die [물리] 이탈 속도. **~helfer**, der 탈출 방조자. **~hilfe**, die 탈출 방조. **~kapital**, das (외국으로의) 도피 자본. **~plan**, der 탈출 계획. **~reaktion**, die [행태] 도피 반응. **~trieb**, der [행태] 도피 충동. **~verdacht**, der 도주 의혹. **~verdächtig** ⟨Adj.⟩ 도주의 우려가 있는. **~versuch**, der; ein mißlungener F. 실패한 탈출 시도. **~wagen**, der ↑~fahrzeug. **~weg**, der 탈출로, 도주로: jmds. F. verfolgen[nachgehen] 누구가 도망간 길을 추적하다[뒤쫓다]. **b)** 탈출로, 도주로: sich³ den F. offenhalten (자기가) 도망칠 수 있는 길을 열어놓다.

²Flucht- (²Flucht): **~linie**, die **1.** ↑Baufluchtlinie. **2.** 소실선(消失線). **~punkt**, der 소실점(消失點). **~schnur**, die [토목] 세로 삼줄(벽이나 모서리의 수직 정확도를 정하는).

fluchten ['flʊxtn̩] ⟨h⟩ [zu ↑²Flucht] [토목] **1.** 직선으로 되게 하다. **2.** 일직선상에 놓여있다: die beiden Häuser fluchten nicht 두 집이 일직선상에 놓여있지 않다.

flüchten ['flʏçtn̩] [zu ↑¹Flucht] **1. a)** ⟨s⟩ (서둘러) 달아나다; (위험을 당하여)피하다: vor den Soldaten[dem Hochwasser] f. 병정[홍수]을 피하다; über die Grenze ins Ausland f. 국경을 넘어 외국으로 달아나다. **b)** ⟨h⟩ (f. + sich) 대피하다, 안전한 곳으로 달아나다: sie flüchteten sich vor dem Gewitter in eine Hütte 그들은 악천후를 만나 오두막 안으로 대피했다. **2.** ⟨h⟩ (고어) 대피시키다.

fluchtig ['flʊxtɪç] ⟨Adj.⟩ [zu ↑²Flucht] (고어) 원근법의, 원경의.

flüchtig ['flʏçtɪç] ⟨Adj.⟩ [mhd. vlühtec, ahd. fluhtīc = fliehend, zu ↑¹Flucht] **1.** 달아나고 있는, 도피[도주]하는: der Dieb ist noch f. 도둑은 아직 달아나고 있는 중이다; **f. gehen** 《지역적》 도망치다, 달아나다 (fliehen). **2. a)** 일시적인; 스쳐가는: ein -er Blick 스쳐가는 시선; sein Blick streifte sie f. 그의 눈초리가 잠깐 그녀를 스쳤다. **b)** 피상적인, 부정확한: einen -en Eindruck von jmdm. [einer Sache] haben 누구[무엇]에 대하여 피상적인 인상을 갖다. **c)** 날림의, 후딱후딱 해치우는: eine sehr -e Arbeit 후딱후딱 해치운 일. **3.** 덧없는, 무상한: -e Augenblicke des Glücks 행복의 덧없는 순간들. **4.** [화학] 휘발성의: Alkohol ist leicht f. 알코올은 쉽게 휘발한다. **Flüchtigkeit**, die; -en **1.** ⟨Pl. 없음⟩ 일과성, 피상성, 덧없음. **2. a)** ⟨Pl. 없음⟩ 날림: die F. einer Arbeit tadeln 작업의 날림을 나무라다. **b)** 부주의로 인한 과실(失手). **3.** ⟨Pl. 없음⟩ [화학] 휘발성. **Flüchtigkeitsfehler**, der 부주의로 인한 과실[실수], 후딱후딱 해치우느라 저지른 잘못: der Aufsatz war voll von -n 논문은 부주의로 인한 오류 투성이였다. **Flüchtling** ['flʏçtlɪŋ], der; -s, -e 피난민, 난민, 망명자: er wurde als politischer F. anerkannt wurden 정치적 망명자로 인정되다; das Elend der -e nach dem Krieg 전후 피난민의 참상.

Flüchtlings-: **~ausweis**, der 난민증. **~elend**, das 피난민의 참상. **~hilfe**, die 난민 구제. **~hilfegesetz**, das 난민 구제법. **~kolonne**, die 피난민의 행렬. **~lager**, das 피난민 수용소. **~porsche**, der; -s, -s (통용어·농) 싸구려 소형차. **~schein**, der ↑~ausweis. **~schicksal**, das 피난민 신세(身世). **~strom**, der 피난민의 흐름, 수많은 난민. **~treck**, der 피난민의 행렬: der Drang nach Westen hat nicht mit dem Versiegen der -s aufgehört 서쪽으로 향하는 열망은 피난민의 행렬이 사고라들었다고 해서 그친 것은 아니었다. **~trupp**, der 피난민의 무리. **~welle**, die 피난민의 물결. **~zug**, der 피난민의 행렬(↑~treck).

Flud [flu:t], der ↑Fluid (2).

Flug [flu:k], der; -(e)s, Flüge **1.** ⟨Pl. 없음⟩ 날기, 비행, 비상(飛翔): den F. eines Vogels[eines Flugzeugs, eines Balles] beobachten 새[비행기, 공]가 나는 것을 관찰하다; **(wie) im -e** 순식간에, 매우 빠르게; die Tage vergingen (mir) wie im -e 그 날들은 순식간에 흘러갔다. **2.** 항공 여행: ein ruhiger[angenehmer] F. 평안한[쾌적한] 항공 여행; der F. zum Mond 달나라 여행; einen F. antreten[beenden] 항공 여행길에 오르다 [항공 여행을 끝내다]. **3.** [스키] 점프[도약]. **4.** [사냥] 날고 있는 새떼: ein F. Wildgänse[Tauben] 떼지어 나는 기러기들[비둘기들].

flug-, Flug-: **~abwehr**, die **1.** [군사] 대공방위(對空防衛), 방공(防空). **2.** [축구] 도약 방어 (공중으로 뛰면서 공을 막음). **~abwehrartillerie**, die 고사포대(高射砲隊). **~abwehrbataillon**, das 고사포대대(高射砲大隊). **~abwehrkanone**, die [군] 고사포. **~abwehrrakete**, die 대공 로켓포(Fla-Rakete), 지대공 미사일. **~abwehrpanzer**, der [군] 대공 장갑차(탱크) (Fla-Panzer), der 《스위스》 ↑Luftangriff. **~angst**, die 비행 공포증. **~asche**, die (연기에 섞여) 흩날리는 재. **~aufnahme**, die ↑Luftaufnahme. ~**axel**, der [피겨] 회전 도약. ~**bahn**, die 비행로, 궤도(軌道), 탄도(彈道): die F. berechnen 탄도를 계산하다. ~**ball**, der [스포츠] **a)** 공중볼, 높이 나르는 공. **b)** [정구] 발리(공이 땅에 떨어지기 전에 치는). ~**basis**, die ↑Fliegerhorst. ~**begleiter**, der 비행기의 남자 승무원. ~**begleiterin**, die ↑Stewardeß. ~**benzin**, das 비행 연료. ~**bereich**, der 항속 거리, 비행 반경. ~**bereit** ⟨Adj.⟩ 비행준비가 된: die Maschine stand f. auf dem Rollfeld 비행기는 이륙 준비를 갖추고 활주로 위에 서 있었다. ~**betrieb**, der ⟨Pl. 없음⟩ **a)** 항공 업무. **b)** 비행기의 이착륙. ~**bild**, das [동물] 비상도(飛翔圖) (새의 나는 모습을 밑에서 본 그림인데, 이로써 조류의 확인이 가능함). ~**blatt**, das 삐라, 전단(傳單): Flugblätter verteilen 전단을 뿌리다. ~**blattverteiler**, der 삐라를 나누어 주는 사람. ~**boot**, das 비행정(飛行艇). ~**brand**, der 감부기병, 흑수병(黑穗病). ~**buch**, das 비행일지. ~**bücke** [기계제조] 고공(高空)넘기. ~**datenschreiber**, der 비행 기록기, 블랙박스(자동적으로 비행의 모든 자료를 기록하는 장치). ~**dauer**, die 비행 시간: die F. beträgt 2 Stunden 비행 시간은 2시간이다. ~**dienst**, der **1.** 항공 정기 노선. **2.** 항공 안전 근무, 항공 교통 관제. ~**dienstleiter**, der 항공 안전 업무 책임자. ~**dispatcher**, der 《구동독》 ↑-dienstleiter. ~**drache**, der 날도마뱀. ~**drachen**, der ↑Drachen (4). ~**echse**, die ↑-saurier. ~**eigenschaft**, die ⟨대개 Pl.⟩ [비행기 등의] 비행 성능. ~**entfernung**, die 비행 거리. ~**erfahrung**, die (비행사의) 비행 경험: er hat große F. auf dieser Route 그는 이 노선의 비행 경험이 많다. ~**fähig** ⟨Adj.⟩ 날 수 있는, 비행 능력이 있는(반대: ~unfähig). ~**fähigkeit**, die ⟨Pl. 없음⟩ 비행 능력. ~**feld**, das ↑Rollfeld. ~**fisch**, der ↑fliegender Fisch. ~**fuchs**, der 큰박쥐속. ~**funk**, der 항공 무전. ~**gast**, der 항공 여객, 탑승객. ~**geschwindigkeit**, die 비행 속도. ~**gesellschaft**, die 항공 회사. ~**grätsche** [체조] 고공(高空) 두발 벌리기. ~**haar**, das ⟨대개 Pl.⟩ [식물] (민들레 등의 씨앗에 난) 관모. ~**hafen**, der 공항. ~**hafengelände**, das 공항 구역. ~**hafenrestaurant**, das 공항 식당. ~**hafer**, der ↑Windhafer. ~**hahn**, der 죽지성대과의 바닷물고기. ~**haut**, die [동물] 비막(飛膜). ~**höhe**, die 비행 고도. ~**hörnchen**, das 날다람쥐. ~**huhn**, das [동물] 사계(砂鷄). ~**hund**, der 큰박쥐속(열대 및 아열대에서 서식하는). ~**ingenieur**, der **a)** 항공기 제작 기사. **b)** 항공기 정비 기사. ~**kapitän**, der 기장(機長). ~**karte**, die **1.** 비행기표. **2.** ↑-schein (1). ~**kilometer** ⟨Pl.⟩ 비행 킬로미터: der Treibstoff reicht noch für 3000 F. 연료는 아직 3000킬로미터 더 비행할 수 있다. ~**körper**, der (무인) 비행물체, 로켓, 우주선. ~**lärm**, der (이착륙시의) 항공기 소음. ~**lehrer**, der 비행 교관. ~**leiter**, der 항공 관제사. ~**leitung**, die 항공 관제소. ~**linie**, die **a)** 정기 항로: auf dieser F. verkehren täglich drei Maschinen 이 정기 항로에는 매일 비행기 세 대가 취항한다. **b)** (통용어) ↑-gesellschaft. ~**loch**, das (벌통이나 비둘기집의) 출입 구멍. ~**lotse**, der ↑-leiter. ~**maschine**, die (고어) 항공기, 비행기. ~**meldegerät**, der [군] 대공 경계 근무. ~**minute**, die **a)** 1분간의 비행 시간. **b)** 분당 비행거리. ~**motor**, der 항공기 엔진. ~**netz**, das 항공망(航空網). ~**objekt**, das (고대 용법으로) **unbekanntes F.** 비행접시(약어: ↑UFO, Ufo). ~**organ**, das [생물] 비행 기관(날개와 같은). ~**parade**, die [축구] 번개같이 몸을 날려 골을 막는 키퍼의 수비. ~**passagier**, der 항공기 탑승객. ~**personal**, das 기내(機內) 승무원(반대: Bodenpersonal). ~**plan**, der 비행기 운항 시간표.

~**platz**, der 비행장. ~**post**, die ↑Luftpost. ~**preis**, der 항공료. ~**reise**, die 비행기 여행. ~**reisende***, der / die 비행기 여객. ~**richtung**, die 비행 방향. ~**rolle**, die [체조] 전진 공중제비. ~**route**, die 항로. ~**sand**, der 바람에 날리는 모래, 풍비사(風飛沙). ~**saurier**, der 익룡(翼龍). ~**schanze**, die [스키] 점프대, 비약대. ~**schein**, der **1.** 항공 탑승권. **2.** ↑Pilotenschein. ~**schiff**, das (고어) 비행선. ~**schneise**, die ↑Einflugschneise, Ausflugschneise. ~**schreiber**, der 비행기록기, 블랙박스. ~**schrift**, die ↑Flugblatt. ~**schüler**, der 비행훈련생. ~**sicherheit**, die 비행 안전. ~**sicherung**, die ↑-dienst (2). ~**sicherungsdienst**, der 항공 안전 업무. ~**simulator**, der 비행 모형 장치. ~**sport**, der 비행 스포츠. ~**staub**, der [기술] 비진(飛塵). ~**steig**, der 탑승 게이트. ~**strecke**, die 비행 구간. ~**stunde**, die **1.** 한시간의 비행시간. **2.** 비행 수업 시간: einige -n nehmen 몇시간의 비행수업을 받다. ~**tauglich** ⟨Adj.⟩ 비행 적격(飛行適格)의: für f. erklärt werden 비행 적격으로 판정받다. ~**tauglichkeit**, die 비행 적격(適格). ~**technik**, die 항공 기술. ~**technisch** ⟨Adj.⟩ 항공기술의. ~**ticket**, das ↑-schein (1). ~**touristik**, die 비행기 관광(여행). ~**tüchtig** ⟨Adj.⟩ ↑-fähig 참조. ~**unfähig** ⟨Adj.⟩ 날 수 없는, 비행 능력이 없는(반대: ~fähig). ~**verbindung**, die 항공 노선 연결. ~**verbot**, das (조종사에 대한) 비행 금지. ~**verkehr**, der 항공 운수, 항공 교통. ~**vermögen**, das 스스로 날 수 있는 능력, 비행 능력. ~**waffe**, die 《schweiz.》 ↑Luftwaffe. ~**warndienst**, der ↑-meldedienst. ~**weg**, der 항로, 비행 방향. ~**weite**, die [육상] 도약거리, 투척거리. ~**wesen**, das ⟨Pl. 없음⟩ 비행. ~**wetter**, das 비행에 적합한 날씨. ~**wetterdienst**, der 항공 기상 업무. ~**wild**, das [사냥] 엽조(獵鳥), 금(禽鳥), 산새, 들새. ~**zeit**, die (이착륙 사이의) 비행 시간, 체공(滯空) 시간. ~**zettel**, der 《österr.》 ↑-blatt. ~**zeug**, das ↑Flugzeug, Flugzeuge.

Flügel ['fly:gl], der; -s, - **1. a)** 날개: die Gans schlägt mit den -n 거위가 날개를 친다; [전의] auf den -n der Träume 꿈의 나래를 타고; **die F. hängen lassen** (통용어) 풀이 죽어 있다; **jmdm. die F. beschneiden [stutzen]** 누구의 기를 꺾다, 누구의 자유를 억압하다; **sich³ die F. verbrennen** (아어) 웅비의 계획을 실행하려다가 좌절하다; **etw. verleiht jmdm. F.** (아어) 무엇이 누구에게 용기[활기]를 주다. **b)** (신화 같은 데서 나오는) 날개와 같은 것: ein Engel mit silbernen -n 은빛 날개를 단 천사. **c)** [항공] 주익(主翼), 날개. **2. a)** (대칭물의) 좌우 측면 (가동) 부분: der rechte F. eines Altars 제단의 우익(右翼); der linke F. der Lunge 폐의 좌엽(左葉). **b)** 회전 축의 날개: die F. der Windmühle drehen sich 풍차의 날개가 돈다. **3. a)** 편성된 진용(陣容)의 외각(外角): der linke F. der Armee 군대의 좌익(左翼); über den F. angreifen [축구] 양 날개를 이용하여 공격하다. **b)** 정당내의 파벌: der linke F. der Sozialdemokraten 사회민주당원의 좌파. **4.** (몸체에 좌우로 붙은) 곁채(17~18세기 성(城)의 건축에서 이 형식이 생겼음), 익랑(翼廊): im westlichen F. des Schlosses 성의 서쪽 익랑(翼廊). **5.** 그랜드 피아노.

flügel-, Flügel-: ~**adjutant**, der (고어) 시종무관(侍從武官). ~**altar**, der 양익(兩翼) 제단. ~**ärmel**, der 통이 넓은 소매, 너럭 소매. ~**artig** ⟨Adj.⟩ 날개 모양의. ~**decke**, die ↑Deckflügel. ~**fenster**, das 좌우 양쪽 문짝을 열어 젖히는 창문. ~**haube**, die (옛) 날개 비슷 모자(19세기 부인용 모자의 일종). ~**horn**, das [음악] 코넷과 비슷한 고음의 금관악기, 신호나팔. ~**kaktus**, der 잎선인장. ~**kampf**, der ⟨대개 Pl.⟩

-flügelig

[정치] 파벌 싸움. **~kleid**, das 《옛》통됨은 소매의 소 녀복. **~lahm** (Adj.) a) 날개가 마비된, 날개가 움직이지 않는. b) 낙심한(mutlos), 기운이 없는(kraftlos), 나른한(matt). **~lahm** (Adj.) 날개가 없는. **~mann**, der (Pl. -männer / -leute) 1. a) [군] 대열의 맨 처음과 맨 끝에 서 있는 사람. b) [구기] 날개(우익이나 좌익), 윙포워드. 2. 《통용어・농》(다방이나 바에서의) 피아노 연주자. **~messer**, das 날개칼(여러 개의 칼날이 둥글게 배치되어 돌게 되어 있음). **~mutter**, die 나비 너트(양쪽으로 나비 모양의 날개가 달려 있어 볼트와 함께 손으로 조이고 푸는 데 쓰임). **~paar**, das 1. 양쪽 날개, 날개 한 쌍. 2. [구기] 양날개, 우익과 좌익. **~pferd**, das 천마(天馬), 페가수스(Pegasus). **~pumpe**, die 날개 펌프(안에 날개가 달려 공기를 이동시킴). **~rad**, das 1. [기술] 날개 바퀴(회전 날개가 달린); 프로펠러(Propeller). 2. (철도) 상징으로서의 날개 바퀴. **~roß**, das = **~pferd**. **~schlag**, der 날개짓. **~schlagend** (Adj.) 날개를 치는. **~schnecke**, die 바다고둥의 일종. **~schraube** 나비 볼트(양쪽으로 나비 모양의 날개가 달려 있어 너트에 넣어 손으로 조이고 푸는 데 수월함). **~spannweite**, die 날개폭(두 날개를 폈을 때의). **~spitze**, die 날개의 끝. **~stürmer**, der [구기] 날개 (우익이나 좌익), (축구의) 윙 포워드. **~tasche**, die a) 날개가방(두 개의 열린 칸이 밖으로 달린 여성용 핸드백). b) 날개주머니(입구가 비스듬하게 나 있는 바지 주머니). **~tür**, die 날개 대문(좌우에 열리는 것 같은).

-flügelig, (또한) **-flüglig** <-fly:g(ə)lıç> ("-날개의"의 뜻을 가진 다음의 합성어로, 예컨대) zweiflügelig 겹문이 두 개 달린.

flügeln ['fly:gln] <h> [사냥] 새의 날개를 쏘다. **flügge** ['flygə] (Adj.) a) (새 새끼가) 날 수 있을 정도로 자란: Amseln werden nach drei Wochen f. 지빠귀는 3주 일이면 날 수 있게 된다: [전의] die Kinder werden bald f. 《흔히 농》아이들은 곧 제발로 설 수 있게[독립적으로] 된다. **-flügler** <-fly:gln> ("-날개"를 가진 다음의 합성어로, 예컨대) Deckflügler 겉날개가 달린 곤충. **-flüglig**: ↑**flügelig** 참조. **flugs** [floks] (Adv.) 나는 듯이, 속히, 당장: f. kam er herbeigelaufen 그는 당장 달려왔다. **Flugzeug**, das; -(e)s, -e 항공기, 비행기: das F. startet[hebt ab, steigt (auf), kreist über der Stadt, setzt zur Landung an, landet, ist abgestürzt, ist notgelandet] 비행기가 출발한다[이륙한다, 고도를 높인다, 도시 상공을 선회한다, 착륙하기 시작한다, 착륙한다, 추락했다, 비상 착륙했다]; ein F. entführen 비행기를 납치하다.

Flugzeug-: **~absturz** 비행기 추락. **~abwehr**, die 방공(防空). **~abwehrkanone**, die ↑Flugabwehrkanone. **~angriff**, der [군] 공습. **~bau**, der (Pl. 없음) 항공기 제작. **~besatzung**, die 항공기 승무원. **~entführer**, der 항공기 납치자. **~entführung**, die 항공기 납치. **~führer**, der 항공기 조종사(Pilot). **~geschwader**, das 비행 대대. **~halle**, die 격납고. **~industrie**, die 항공 산업. **~katastrophe**, die 항공기 대참사. **~konstrukteur**, der 항공기 건조자. **~modell**, das 항공기 모형. **~mutterschiff**, das ↑**~träger**. **~park**, der 항공기 보유 총수(한 회사의). **~rumpf**, der 기체, 동체(胴體). **~schleuder**, die 항공모함의 함재기 사출기(射出機), 캐터펄트. **~tourist** 《schweiz.》비행기 여객(Flugreisender). **~träger**, der 항공모함. **~typ**, der 비행기 형(型), 기종(機種). **~unglück**, das 비행기 사고. **~wrack**, das 항공기의 잔해(殘骸).

Fluh [flu:], der (schweiz.) 암벽. **Flühvogel**, der (schweiz.) 바위종다리 무리.

fluid [flu'i:t] (Adj.) [lat. fluidus] [화학] 유동성(流動

性)의(fließend), 액체의(flüssig). **Fluid** ['flu:ıt], das; -s, -a ['flu:ida; lat. fluidus] 1. [화학] 유동성 (Flüssigkeit), 유체(流體). 2. [기술] 유체 연동장치(압력을 포함하는 유체). **Fluida**: ↑Fluid u. ↑Fluidum의 복수형. **fluidal** [flui'da:l] (Adj.) [lat. fluidus] [지질] 유동 구조의. **Fluidalstruktur, Fluidaltextur**, die [지질] 유동 구조. **Fluidics** [flu'i:dıks] (Pl.) [engl. fluidic] [기술] (유체역학적) 조정 요소(調整要素). **Fluidum** ['flu:idum] das; -s, -da [lat. fluidus] (사람이나 사물에서 발산되는) 기운, 기(氣), 분위기, 풍취(風趣): die Sängerin hat[besitzt] ein bezauberndes, künstlerisches F. 그 여가수는 고혹적(蠱惑的)인 예술적 마력(魔力)을 지니고 있다.

Fluke ['flu:kə], die; -n [engl. fluke] 고래 꼬리의 (옆으로 갈라진) 지느러미.

Fluktuation [fluktua'tsio:n], die; -en [lat. fluctuātio] 1. (교양어) 지속적인 동요(動搖), 변동: die überaus starke F. der Angestellten 직원들의 지나치게 심한 지속적 동요. 2. [의학] 체액(體液)의 요동(꿀렁꿀렁 손으로 느껴질 정도로 피하에 물이 고임). **fluktuieren** [fluktu'i:rən] <h> [lat. flūctuāre] 1. (교양어) 지속적으로 동요하다, 변동하다, 바뀌다. 2. [의학] 체액(體液)이 요동하다.

Flunder ['flundɐ], die; -n [niederd. vlundere] 넙치(가자미)류: [상구] da werden sich die -n wundern 《통용어》 그 때는 놀라서 어안이 벙벙해질 것이다; **platt sein wie eine F.** 매우 놀라다.

Flunkerei [flonkə'rai], die; -en (통용어) a) (Pl. 없음) 허풍떨기. b) 허풍스런 이야기, 허언(虛言). **Flunkerer** ['floŋkərɐ], der; -s, - (통용어) 허풍선이, 떠버리. **flunkern** ['floŋkɐn] <h> (통용어) 농조로 과장하다, 허풍을 떨다; 악의 없이 속이다.

Flunsch [flonʃ], der; -(e)s, -e 실쭉한 입, 울상이 된 입.

¹**Fluor** ['flu:ɔr], das; -s [lat. fluor] 불소(기호: F). ²**Fluor** [-], der; -s [lat. fluor] [의학] 냉, 대하(帶下). **Fluor-** (¹Fluor) **~gehalt**, der 불소함량. **~silikat**, das 불화규소산염. **~test**, der [고생물] 불소 검사(화학의 연대를 불소 함량에 따라 규정하는 화학적 처리). **~wasserstoff**, der 불화수소. **~wasserstoffsäure**, die 불화수소산(Flußsäure).

Fluorescein [fluorestse'i:n], **Fluorescin** [...'tsi:n], das; -s 형광색소(蛍光色素). **Fluoreszenz** [fluores'tsents], die; - [engl. fluorescence] 형광성.

Fluoreszenz-: **~farbe**, die 형광 색채. **~mikroskop**, das 형광 현미경. **~schirm**, der 형광판.

fluoreszieren [fluores'tsi:rən] <h> 형광을 발산하다. **Fluorid** [fluo'ri:t], das; -(e)s, -e [화학] 불소화합물, 불화수소산의 염(塩). **fluorieren** [...'ri:rən], **fluoridieren** [...ri'di:rən], **fluorisieren** [...ri'zi:rən] <h> 1. 불소를 가하다. 2. 불소를 타다: das Trinkwasser f. 식수에 불소를 타다. **Fluorit** [fluo'ri:t, (또한) -'rıt], das; -s, -e 형석(蛍石) (Flußspat). **fluorogen** [...ro'ge:n] (Adj.) 《전문어》형광성을 지닌. **Fluorometer** [...ro'me:tɐ], das; -s, - [기술] 형광 측정기. **Fluorometrie** [...rome'tri:], die [↑-metrie 참조] [기술] 형광 측정. **fluorometrisch** [...ro'me:trıʃ] (Adj.) [기술] 형광 측정의. **fluorophor** [...ro'fo:ɐ̯] (Adj.) [griech phorós tragend] ↑fluorogen 참조. **Fluorophor** [-], der; -s, -e 《전문어》형광체. **Fluorose** [...'ro:zə], die; -n [의학] 불소증(弗素症) (불소 연대의 손상).

fluppen ['flopn] niederd.] ↑flutschen (2) 참조.

¹**Flur** [flu:ɐ̯], der; -(e)s, -e [niederd. flōr; 2: engl. floor] 1. a) 복도, 낭하: ein langer (dunkler) F. (긴 어두운) 복도; der Schrank steht auf dem[im] F. 장은 복도에 있다. b) 현관(Hausflur), 문간. 2. 바닥

(Fußboden): 《다음의 합성어로만, 예컨대》 ↑Flurförderer. ²Flur [-], die, -en a) 《아이》 경(작)지, 평야: blühende -en 새싹이 돋아나는 평야; durch Feld und F. schweifen 들로 밭으로 쏘다니다. b) 구획정리가 된 논밭, 전답: die F. bereinigen 전답을 정리하다; planmäßig angelegte -en 계획적으로 구획정리된 논밭. c) 경계지워진 경작지 부분, 뙈기.

¹**Flur-** (¹Flur): **~beleuchtung**, die 복도의 조명. **~fenster**, das 복도에 난 창. **~förderer**, der 공장 구내 용품 운반차. **~förderzeug**, das ↑~förderer. **~garderobe**, die 현관 옷걸이대. **~lampe**, die 현관등. **~tür**, die 현관문.

²**Flur-** (²Flur b): **~begehung**, die 경지 시찰. **~bereinigung**, die 경지 정리. **~buch**, das 토지 대장. **~form**, die 경지 구획 방식. **~hüter**, der ↑ Feldhüter. **~karte**, die 경지 지적도. **~name**, der 경지명, 전답 이름. **~prozession**, die 〔가〕 경지 강복 시찰(성직자와 교구민이 함께 참여하여 풍작을 비는). **~schaden**, der 경작지 피해. **~schütz(er)**, der ↑ Feldhüter. **~stück**, das 필지(筆地), 뙈기. **~umgang**, der 《옛》 (풍작을 비는) 경지 순람(巡覽). **~wächter**, der ↑Feldhüter. **~zwang**, der 작물 경작 순서의 통제.

fluschen ['fluʃn̩] (nordd.) ↑flutschen (1, 2) 참조.

Fluse ['flu:zə], die; -n (nordd.) 실 지스러기, 잔털.

flusen ['flu:zn̩] (h) 실 지스러기를 내다: ein Teppich aus reiner Wolle flust 순모 양탄자는 잔 털이 인다.

flusig ['flu:zɪç] (Adj.) (nordd.) a) 실 지스러기의, 잔털이 있는. b) 피상적인, 부정확한, 남림의.

Flush [flaʃ], der (또한) das); -s, -s [engl. flush] 〔의학〕 발적(發赤).

Fluß [flus], der, Flusses, Flüsse ['flysə] 1. 〈축소형: ↑Flüßchen〉 강, 하천: der F. entspringt im Gebirge, mündet ins Meer 강은 산에서 발원하여 바다로 흘러든다; einen F. regulieren 강의 물길을 바로잡다. 〈Pl. 없음〉 흐름, 진행, 진척: der F. des Verkehrs 교통의 흐름; **im F. sein** 진행 중이다; **in F. kommen**(geraten) 진척되기 시작하다; **in F. bringen** 진척시키다. 3. 〈Pl. 없음〉 〔기술〕 (금속, 암석 등의) 유동 상태, 액상(液狀).

fluß-, Fluß-: ~aal, der 민물장어. **~ab(wärts)** [-'-(-)] 〈Adv.〉 강의 하류 쪽으로(반대: ~auf(wärts)) **~arm**, der 지류. **~auf(wärts)** [-'-(-)] 〈Adv.〉 강의 상류 쪽으로(반대: ~ab(wärts)). **~bad**, das 강변 수영장. **~barsch**, der 민물농어. **~bett**, das 〈Pl. -betten, (드물게) -bette〉 하상(河床), 강바닥. **~biegung**, die 강의 만곡부. **~böschung**, die 강 기슭(江氣슭). **~dampfer**, der 강 기선(江氣船), 강 유람선. **~delphin**, der 민물돌고래. **~delta**, das 하천 삼각주. **~diagramm**, das 〔전산〕 (작업의) 진척 상황표. **~ebene**, die 하천 평야. **~fisch**, der 담수어. **~fischerei**, die 담수어로, 천렵. **~gott**, der 〔고대 신화〕 하신(河神). **~hafen**, der ↑Binnenhafen. **~kies**, der 강바닥의 자갈. **~krebs**, der 민물게. **~landschaft**, die a) 강변 풍경, 하천 지역. b) 강변 경화. **~lauf**, der 강의 흐름. **~lotse**, der 하천, 수로 안내인. **~mittel**, das 〔기술〕 용제(溶劑), 액화제(液化劑). **~mündung**, die 하구(河口). **~niederung**, die ↑~ebene. **~pferd**, das 하마. **~quelle**, die 강의 발원. **~regulierung**, die 수로 조정, 하류(河流) 정비. **~richtung**, die 물의 흐름의 방향. **~rinne**, die 수로(水路). **~sand**, der 강 모래. **~säure**, die 불화수산. **~schiff**, das 강선(江船). **~schiffahrt**, die 하천 운송. **~schiffer**, der 강의 사공. **~seeschwalbe**, die 제비갈매기. **~spat**, der 형석(螢石)〔용제(溶劑)로 쓰인다〕.

~stahl, der 용강(溶鋼). **~tal**, das 강의 계곡, 하천 계곡. **~ufer**, das 강언덕, 하안(河岸). **~wasser**, das 〈Pl. 없음〉 강물.

Flüßchen ['flysçən], das; -s, - ↑Fluß (1)의 축소형.

flüssig ['flysɪç] 〈Adj.〉 [mhd. vlüʒʒec, ahd. fluʒʒīg, zu ↑Fluß] 1. 흐르는; 유동적인; 액상의: -e Nahrung 유동식(流動食). 2. 막힘없는: f. schreiben (sprechen) 막힘없이 쓰다(말하다); f. spielen 〔축구〕 게임의 흐름을 타면서 경기하다. 3. (돈·자본 등이) 동원될 수 있는: -e Gelder 동원 가능한 돈; ich bin im Moment nicht sehr f. 〔통용어〕 나는 지금 당장은 수중에 돈이 없다.

Flüssiggas, das 액화 가스. **Flüssigkeit**, die; -en 1. 액체: Flaschen mit verschiedenen -en 여러 가지 액체가 든 병들. 2. 〈Pl. 없음〉 유동성; 유창함.

Flüssigkeits-: ~ansammlung, die 물의 고임. **~bremse**, die 〔기술〕 수압 브레이크. **~kreislauf**, der 〔기술〕 온수 순환. **~maß**, das 액체 측량 척도. **~menge**, die 액체의 양. **~presse**, die 〔기술〕 수압기.

flüssigmachen 〈h〉 1. 동원하다, 조달하다. 2. 〈f. + sich〉 〔경〕 (눈에 드이지 않게) 가버리다; 사라지다: mach dich f.! 슬쩍 꺼지라구!

Flußverkauf ['flys-], der; -(e)s, ...verkäufe 《nordd.》 입곡판매(立穀先賣).

Flüster-: ~gewölbe, das 울림 천장(일정한 곳에서 속삭인 소리가 멀리 떨어진 곳의 특정 자리에서만 들릴 수 있게 된 둥근 천장). **~laut**, der 속삭이는 소리, 귀엣 소리. **~parole**, die 비밀 구호. **~propaganda**, die 유언비어, 유언전파. **~stimme**, die 속삭이는 목소리. **~stolle**, die 〔지역어·통용어〕 건포도를 촘촘히 박아 넣은 성 탄절의 긴 빵(아기 예수의 상징으로 굽는 이 빵에 건포도가 매우 촘촘히 박혀 있기에 속삭일도 할 수 있을 정도있다는 데서 연유). **~ton**, der 속삭이는 어조: im F. sprechen 소곤소곤 말하다. **~tüte**, die 〔통용어·농〕 메가폰. **~witz**, der 비밀 정치 재담.

Flüsterer ['flystərɐ], der; -s, - 속삭이는 사람. **flüstern** ['flystɐn] 〈h〉 a) 속삭이다, 귀엣말을 하다: sie flüsterten geheimnisvoll miteinander 둘은 몰래 속삭였다. b) 소곤거리다, 수근거리다: er flüsterte, ich solle mitkommen 그는 나더러 함께 가자고 소곤거렸다; 〔전의〕 wer hat ihm denn das geflüstert 〔통용어〕 누가 그에게 그것을 귀뜀해 주었나?; **jmdm. (et)was f.** 〔통용어〕 누구에게 단단히 훈계하다; **das kann ich dir f.** 〔통용어〕 그것을 너는 믿어도 된다.

Flut [flu:t], die; -en 1. 〈Pl. 없음〉 밀물, 만조(반대: Ebbe): die F. kommt 밀물이 된다; das Schiff lief mit der F. ein 배는 만조로 항만에 입항했다. 2. 《대개 Pl.》 〈아어〉 홍수, 범람, 파랑(波浪): viele kamen in den -en um 많은 사람이 홍수에 죽었이다; wir wollen in die kühlen -en tauchen(uns in die kühlen -en stürzen) 〔농〕 우리는 수영하러 가고자 한다; 〔전의〕 die F. des Jammers(die F. der Tränen) 비탄의 물결〔넘쳐흐르는 눈물〕; **eine F. von etw.** 무엇의 홍수〔다량〕: eine F. von Briefen erreichte ihn 편지가 홍수처럼 그에게 밀어 닥쳤다.

Flut-: ~höhe, die 조수의 높이, 고조선(高潮線). **~hafen**, der 고조항(高潮港)(만조시에만 선박이 드나들 수 있는 항구). **~katastrophe**, die 수해, 홍수의 참화. **~licht**, das 〈Pl. 없음〉 투광(投光) 조명: bei F. Fußball spielen 투광 조명으로 축구를 하다. **~lichtanlage**, die 투광 조명 장치: ein Eisstadion mit F. 투광 조명 장치가 된 빙상 경기장. **~warnung**, die 고조(高潮) 경보, 해일(波浪) 경보. **~welle**, die a) 고조시(高潮時)의 격랑(隔浪). b) 해일(海溢) 시기. **~zeit**, die 홍수가 나는 시기.

Flûte [flyt], die; -s, [flyt; 〈frz.〉 flûte] (프랑스식) 흰 막대빵. **Flûte** ['fly:tə], Fleute ['flo:tə], die; -n [frz. flûte] 세 돛대 상선(17~18세기 네덜란드식의).

fluten ['flu:tn̩] **1.** ⟨s⟩ (액어) 범람하다, 큰물지다: das Wasser flutet über die Dämme 물이 제방을 넘쳐 흐르다; [전의] (액어) Menschenmassen fluteten in den Saal 홀 안으로 사람의 무리가 몰려 들어갔다. **2.** ⟨h⟩ [선원] 잠수시키다; 가득 채워 넘치게 하다: eine Schleuse f. 갑문에 물을 가득 채우다.

flutschen ['flʊtʃn̩] [Niederd. 의 의성어] **1.** ⟨h⟩ (통용어, nordd.) 미끄러지다, 미끄러져 빠져나가다: die Seife flutschte ihm aus der Hand 비누가 그의 손에서 빠져나갔다. **2.** ⟨h⟩ (통용어) 순조롭게 진행되어 가다, 잘 진척되다: die Arbeit flutscht heute mal wieder 작업이 오늘은 다시 순조롭게 진행된다.

fluvial [flu'via:l] ⟨Adj.⟩ [lat. fluviális] **fluviatil** [fluvia'ti:l] ⟨Adj.⟩ [lat. fluviatilis] [지질] 유수작용(流水作用)의; 하천의. **fluvioglazial** [fluvio-] ⟨Adj.⟩ [지질] 빙하(氷河)의. **Fluviograph**, der; -en, -en [水文] 수위계(水位計). **Fluxion** [flʊ'ksio:n], die; -en [lat. flúxio] [의학] 충혈. **Fluxionenrechnung, Fluxionsrechnung**, die 미분 계산법.

Flyer ['flaiɐ], der; -s, - [1: engl. flyer] [기술] **1.** (방적기의) 플라이어. **2.** 플라이어에서 일하는 사람. **Flyerin**, die; -nen ↑Flyer의 여성형. **Flying Dutchman** ['flaiŋ 'dʌtʃmən], der; - -, - -men [engl. Flyiing Dutchman] 국제 규격의 2인용 요트, 경주용 요트(약어: 검은 색 FD). **Flymobil** [flaimo'bi:l], das; -s, -e [engl. flying automobile의 약칭] 비행 자동차(경비행기로서 자동차로도 쓸 수 있음). **Fly-over** [flai'lo:vɐ, 〈engl.⟩ 'flaiouvɐ], der; -s, -s [engl. fly-over] (철제) 고가 교차로.

Flysch [flɪʃ], das (österr.) der; -(e)s [schweiz. flisch] [지질] 플리슈(지향사(地向斜)에 퇴적한 지층의 일종으로서, 제3계 상부층이 극히 적은 알프스 산맥에 많음).

fm = Festmeter 목재의 실질 1입방미터.
Fm = Fermium 페르뮴.
FM = Frequenzmodulation 주파수 변조.
FMH = Foderatio Medicorum Helveticorum 스위스 의사 연합회.
Fmk = Finnmark 핀란드 마르크.

f-Moll ['ɛf-, (또한) '-'-], das 바 단조(기호: f). **f-Moll-Etüde**, die 바 단조 연습곡. **f-Moll-Tornleiter** die 바 단조의 음계.

fob [fɔp; engl. free on board의 약칭] 본선(本船) 인도: f. Hamburg 함부르크 본선 인도. **Fobklausel**, die FOB 약관.

focht [fɔxt], **föchte** ['fœçtə], ↑ fechten 참조.

Fock [fɔk], die; -en [해양] **a)** 이물 돛대의 맨 아랫돛(범선에서). **b)** [요트] 삼각돛(큰 돛의 앞에 있는). **c)** 맨 뒤의 고물 삼각돛(도 따위에서).

Fock- [해양] ~**mast**, der 이물 돛대. ~**rahe**, die [해양] 아랫돛 고정 활대. ~**schot**, die 삼각돛의 아래쪽을 펴는 밧줄, 삼각돛의 각삭(脚索). ~**segel**, das ↑Fock.

föderal [fødeˈraːl] ⟨Adj.⟩ 연방(제)의, 동맹의 ↑ der Aufbau der Bundesrepublik 독일연방공화국의 연방체적 구성. **föderalisieren** [...rali'zi:rən] ⟨h⟩ 연합화하다, 연방화하다: ein Land f. 나라를 연방화하다. **Föderalismus** [...'lɪsmʊs], der; - (반대: Zentralismus). **a)** 연방 제도. **b)** 연방주의. **Föderalist** [...'lɪst], der; -en, -en 연방주의자. **föderalistisch** ⟨Adj.⟩ 연방 제도의, 연방주의의: eine -e Verfassung 연방제 헌법. **Föderat** [føde'ra:t], der; -en, -en [lat. foederátus] (역사적) 연방 상대편, 동맹자. **Föderation** [...ra'tsjo:n], die; -en [lat. foederátio] **a)** 국가 동맹. **b)** (조직의) 연합, 연맹.

föderativ [...'ti:f] ⟨Adj.⟩ 연방(제)의, 동맹의, 연합의: eine -e Regierungsform 연방제 정부 형태. **Föderativstaat**, der ⟨Pl. -en⟩ 연방 국가. **föderieren** [...'ri:rən] ⟨h⟩ [lat. foederáre] (드물게) 연합시키다. **föderiert** ⟨Adj.⟩ 연합된, 동맹을 맺은: (과거분사의 명사화) **Föderierte*** , der ⟨대개 Pl.⟩ 연합국, 동맹 세력.

Fog [fɔk], der; -s [engl. fog] (nordd.) 짙은 안개. **Foghorn**, das (nordd.) 안개고동, 무적(霧笛).

Fogosch ['fɔgɔʃ], der; -(e)s, -e [ung. fogas.] (österr.) 농어의 일종(↑ Zander).

fohlen ['fo:lən] ⟨h⟩ (말, 당나귀가) 새끼를 낳다: die Stute hat gefohlt 암말이 새끼를 낳았다. **Fohlen** [-], das; -s, - **1.** (말, 당나귀, 낙타 따위의) 새끼. **2.** 새끼 말 가죽의 물결 무늬 모피. **3.** (스포츠 은어) 팀의 젊은 선수.

Fohlen-: ~**elf**, die (축구 은어) ↑~**mannschaft**. ~**kissen**, das 곱방석(새끼 말의 굽 집히고 있는 연골인데, 새끼가 태어난 후 며칠 만에 말라 떨어짐). ~**mannschaft**, die 《스포츠 은어》 신참 선수들의 팀, 애송이 팀.

Föhn [fø:n], der; -(e)s, -e 푄(알프스에서 내려 부는 건조한 열풍): wir haben heute F. 오늘은 푄이 분다.

Föhn-: ~**einbruch**, der 푄의 출현(出現): Mitten im Januar kam ein F. und brachte frühlingshaftes Wetter 정월 중순에 푄이 불어와서 봄 같은 날씨가 되게 했다. ~**krankheit**, die 푄 질환. ~**mauer**, die 푄 구름벽. ~**stimmung**, die 푄 기분. ~**wetter**, das 푄이 부는 날씨. ~**wind**, der 푄 바람. ~**wolke**, die 푄 구름.

föhnen ['fø:nən] ⟨h; 비인칭⟩: es föhnt 푄이 분다. **Föhnig** ['fø:nɪç] ⟨Adj.⟩ 푄이 부는: -es Wetter 푄이 부는 날씨.

Föhr, -s 북 프리슬란드 제도.
Föhre ['fø:rə], die; -n (지역적) 소나무. **föhren** ⟨Adj.⟩ (드물게) 떡갈나무 재목의. **Föhrenwald**, der 소나무 숲.

fokal [fo'ka:l] ⟨Adj.⟩ **1.** [광학] 초점의. **2.** [의학] 병소(病巢)의. **Fokaldistanz**, die [광학] 초점 거리. **Fokalinfektion**, die [의학] 병소 전염. **Fokometer** [foko'me:tɐ], das; -s, - [광학] 초점계(焦點計). **Fokus** ['fo:kʊs], der; -, -se [lat. focus] **1.** [광학] 초점. **2.** [의학] 병소(病巢). **fokussieren** [fokʊ'si:rən] **1.** [광학] **a)** 광선을 초점에 모으다. **b)** 광선이 초점에 모이다. **c)** 렌즈의 초점을 맞추다. **2.** [핵기술] 집광(集光)하다: ein Magnetfeld mit fokussierenden Eigenschaften 집광 특성이 있는 자장(磁場). **Fokussierung**, die; -en ↑ fokussieren의 명사형.

fol., Fol. = Folio; Folioblatt.

Folge ['fɔlɡə], die; -n **1.** (좋지 않은) 결과, 결말: unvermeidliche -n 피하지 못할 결과들; die zwangsläufige F. (davon) war, daß ... (그것의) 필연적인 결말은 …였다; etw. kann üble -n haben 무엇은 고약한 결과를 초래할 수 있다; die -n tragen müssen 그 책임을 져야 하며; er starb an den -n eines Unfalls 그는 사고의 후유증으로 죽었다; das Verhältnis blieb nicht ohne -n (은폐) 이 정사(情事)로부터 아무 일이 없은 것은 아니다, 즉 아이가 하나 있었다; **etw. zur F. haben** 어떤 결과를 갖다: seine Krankheit hatte eine Verzögerung der Arbeit zur F. 그의 병은 작업의 지연을 초래했다. **2.** 연속, 순서: eine F. von Bildern 일련의 그림; es kam zu einer ganzen F. von Unfällen 연이어서 사고가 일어났다; die Fortsetzung der Zeitschrift erscheint im Juni 잡지의 다음 호는 6월에 나온다; **in der (für die) F.** 장차 유사한 경우에: ich bitte dies in der F. zu beachten 장차 이와 비슷한 경우에 유념하시기 바랍니다; **einer Sache F. leisten** (격식독어) 무엇에 부응하다: einer Einladung F. leisten 초대에 응하다.

folge-, Folge-: ~**einrichtung**, die 〈대개 Pl.〉 (주택 단지 조성에 따르는) 후속 시설(학교, 유치원 등). ~**erscheinung**, die 후속 현상: eine Krankheit mit ihren -en 후유증이 있는 질환. ~**kosten** 〈Pl.〉 ↑~**lasten**. ~**lasten** 〈Pl.〉 후속적 재정 부담. ~**recht** 〈Adj.〉 《준고어》 ↑folgerichtig. ~**richtig** 〈Adj.〉 논리정연한, 시종일관의(konsequent): ein -es Vorgehen 논리정연한 행동[처리]; es ist nur f., daß ... ... 가 사리에 맞을 따름이다. ~**richtigkeit**, die 논리정연성, 수미일관성. ~**satz**, der [언어] ↑Konsekutivsatz. ~**schaden**, der [보험] 필연적인 결과로서의 손해. ~**tonhorn**, das 《österr.》 경보음(경찰차나 구급차의). ~**widrig** 〈Adj.〉 논리에 어긋나는, 수미일관하지 못한(inkonsequent): sich f. verhalten 앞뒤가 맞지 않게 처신하다. ~**widrigkeit**, die ↑~widrig의 명사형 (반대: ~richtigkeit). ~**zeit**, die 후속 시기, 후세: politische Umwälzungen (in) der F. 그 뒤의 정치적 변혁.

folgen ['fɔlgən] **1.** ⟨s⟩ **a)** 뒤따라가다, 좇아가다: jmdm. unauffällig f. 누구를 은밀하게 미행하다; der Küstenweg folgte den buchtigen Einschnitten 해안 길은 만곡(彎曲)의 후미진 곳을 따라 나 있었다. **b)** 나중에 뒤따라 오다: seine Familie folgte ihm ins Ausland 그의 가족은 얼마 후 그의 뒤를 따라 외국으로 갔다. **c)** 이해해 가면서 듣다[좇다]: wir konnten dem Redner aufmerksam gefolgt 우리는 연사의 말을 주의깊게 들었다; ich konnte seinen Gedankengängen nicht f. 나는 그의 사고 과정을 좇아갈 수 없었다; kannst du mir (geistig) f.? 《농》 내가 무슨 소리 하는지 알기나 하겠어? **d)** 누구를 따라하만; 동조하다: er ist mir nicht immer gefolgt 그는 언제나 내가 하는 대로 하지만은 않았다; in niemandem aus dem Kurs der Regierung nicht weiter f. 우리는 정부의 방향에 더 이상 동조할 수 없다. **2. a)** ⟨s⟩ 요구 따위에 순응하다: seiner inneren Stimme f. 자기 내면의 목소리에 따르다. **b)** ⟨h⟩ 복종하다: der Hund folgt (ihm) aufs Wort 개가 그의 말에 복종한다. **3.** ⟨s⟩ 뒤를 잇다, 후속하다: jmdm. im Amt f. 누구의 직위를 잇다; (die) Fortsetzung folgte in der nächsten Nummer) (다음호에) 계속; er schreibt wie folgt 그는 다음과 같이 쓰고 있다; ich muß Ihnen folgendes [das Folgende] berichten 나는 당신에게 다음과 같은 것 [다음의 사실]을 보고하지 않을 수 없다. **4.** 귀결되다: daraus [aus seinen Darlegungen] folgt, daß... 그것 [그의 설명]으로부터 결론이 나오게 되는 것은 ...이다.

folgen-, Folgen- (Folge 1): ~**los** 〈Adj.〉 아무런 결과도 없는, 성과가 없는: die Auseinandersetzungen blieben f. 논쟁은 결과가 없는 것이었다. ~**reich** 〈Adj.〉 성과가 많은, 많은 후속 결과를 초래하는: eine -e Entdeckung 큰 파장을 몰고 오는 발견. ~**schwer** 〈Adj.〉 《frz. gros de conséquences》 중차대한 결과를 야기시키는, 여파(餘波)가 심대한: das Versäumnis war f. 그 태만의 결과는 심각한 것이었다. ~**schwere**, die ↑ ~schwer의 명사형.

folgendergestalt 〈Adv.〉 《드물게》 ↑folgendermaßen.

folgendermaßen 〈Adv.〉 다음과 같이: der Unfall hat sich f. ereignet 사고가 일어난 경위는 다음과 같다.

folgenderweise 〈Adv.〉 ↑folgendermaßen.

folgern ['fɔlgɐn] ⟨h⟩ 추론하다, 결론을 내다: aus ihren Worten folgerte man, daß 그녀의 말을 듣고 사람들은 그녀가 양해한 것으로 추론하였다. **folgernd** 〈Adj.〉 《드물게 언어》 결과의(konsekutiv). **Folgerung**, die; -en 추론; 결론: eine F. aus etw. ableiten[ziehen] 무엇으로부터 결론을 도출하다.

folglich ['fɔlklɪç] 〈Adv.〉 그 결과; 따라서: ich war verreist, f. bin ich über die Angelegenheit nur ungenügend informiert 나는 여행을 떠나고 없었다, 그래서 나는 그 일에 대해서는 오직 불충분하게 들어 알고 있을 뿐이다. **folgsam** [...zaːm] 〈Adj.〉 고분고분한, 순종하는, 얌전한(artig): ein -es Kind 말 잘 듣는 아이. **Folgsamkeit**, die ↑folgsam의 명사형.

¹**Folia** [foˈliːa], die; -s / ...ien [...iːən]; span. folía) [음악] 폴리아(17세기의 스페인풍의 무곡).

²**Folia**: ↑Folium의 복수형.

Foliant [foˈliant], der; -en, -en (옛날 2절판(二折判)의) 대형 서적: ein dicker F. aus dem 16. Jh. 16세기의 대형 서적. ¹**Folie** [ˈfoːliə], die; -n [lat. folium] **1.** (금속·합성수지의) 박편(薄片): eine durchsichtige F. 투명 박편(박지); 박지(薄紙), 비닐(포장용): in F. verpackt 비닐 포장하다. **2.** 배경(무엇과 대조를 이루는). **3.** [인쇄] 책 뚜껑에 입힌 유색(有色)의 박편층(薄片層).

²**Folie** [foˈli], die; -n [...iːən; frz. folie] 《고어》 바보 짓, 미친 짓.

foliieren [foliˈiːrən] ⟨h⟩ **1.** 인쇄 전지의 쪽수를 매기다. **2.** 박지(薄紙)를 대어 댄다. **3.** 영업장부의 마주 보고 있는 양면의 쪽수를 같게 매기다.

Folien: ↑¹Folia, ¹Folie, ²Folie, Folio, Folium의 복수형.

Folinsäure: ↑Folsäure.

folio [ˈfoːlio; lat. folio] (중세 필사본의) (약어: fol.) fol. 3b 장(張) 3b에서. **Folio** [-], das; -s, Folien [ˈfoːliən] u. -s **1.** 2절판의 책 규격(기호: 2°; 약어: fol., Fol). **2.** 영업 장부의 양면.

Folio- (Folio 1): ~**ausgabe**, die 2절판으로 간행된 책. ~**band**, der 〈Pl. -bände〉 2절판의 서적. ~**blatt**, das ↑Folio (2). ~**format**, das ↑Folio (1).

Folium [ˈfoːlium], das; -s, ...ia / ...ien [...iən] 〈대개 Pl.〉 [lat. folium] [약학] 약초의 잎.

Folk [fouk], der; -s [engl. folk] ↑Folksong.

Folketing [ˈfɔlketɪŋ], das; -s [dän. folketing] **1.** (1953년까지) 덴마크의 하원. **2.** (1953년 이후) 덴마크의 국회.

Folkevise [...viːzə], die; -r 〈대개 Pl.〉 [dän. folkevise] [문예] 중세 스칸디나비아 담시(譚詩).

Folklore [fɔlkˈloːrə, 《또한》 ˈ---], die [engl. folklore] **1. a)** 민속, 민간 전승(노래, 의상, 관습 등): die Pflege der heimatlichen F. 고향 민속의 보호 육성. **b)** 민속학(↑Volkskunde). **2. a)** (민요와 무용 형식의) 민속 음악: ein Konzert mit internationaler F. 국제 민속 음악 연주회. **b)** 순수 음악에서의 민속음풍: die tschechische Musik ist reich an F. 체코 음악에는 민속적 요소가 많다. **Folklorebluse**, die 민속 블라우스. **Folklorekleid**, die 민속 의상. **Folklorist** [...loˈrɪst], der; -en, -en [zu ↑Folklore] 민속학자. **Folkloristik**, die 민속학, (특히) 민요 연구. **folkloristisch** 〈Adj.〉 **1.** 민속의, 민속 음악의: eine -e Veranstaltung 민속 행사. **2.** 민속학의: das -e Interesse ist neu erwacht 민속학적 관심이 새로이 환기되었다. **3.** 민요의, 민속음악의: seine Musik enthält -e Elemente 그의 음악은 민요적 요소를 포함하고 있다. **Folksänger** [ˈfouk-], der; -s, - 민요 가수. **Folksong** [ˈfouksɔŋ], der; -s, -s [engl. folk song] u. 〈Pl. 없음〉 (앵글로색슨 계열의 사회 비판적) 민요라, 장르로서의 민요. **b)** (앵글로 색슨 계열의 사회 비판적) 개별 민요. **Folkwang** [ˈfɔlkvaŋ], des; -s (북구 신화) 프라이야(Freyja) 여신의 거처.

Follikel [fɔˈliːkl̩], der; -s, - [lat. folliculus] [해부·의학] **1.** 선낭(腺囊)(모낭(毛囊), 소낭(小囊), 임파결절(結節) 따위). **2.** 난포(卵胞).

Follikel- (Follikel 2; [생물·의학]): ~**epithel**, das 난포상피(卵胞上皮). ~**hormon**, das 여성 호르몬. ~**sprung**, der 배란(排卵).

follikular [fɔliku'laːɐ̯], **follikulär** [...'lɛːɐ̯] ⟨Adj.⟩ [생물·의학] **1.** 선낭(난포) 모양의. **2.** 선낭(난포)의, 선낭(난포)성. **Follikulitis** [...'liːtɪs], die; ...itiden [...li'tiːdn̩] [의학] 모낭염(毛嚢炎).

Folsäure ['foːl-], **Folinsäure** [fo'liːn-], die [lat. folium] 엽산(葉酸)(비타민 B 복합체의 하나).

Folter ['fɔltɐ], die; -n **1.** 고문: die F. anwenden 고문하다; jmdn. der F. unterwerfen 누구를 고문하다. **2.** 고문 기구, 고문대: jmdn. auf die F. legen 누구를 고문대에 눕히다; **jmdn. auf die F. spannen** (말을 해주지 않아) 누구의 애간장을 태우다. **3.** 《아이》 고뇌, 고통: die F. der Langweile 고통스러운 무료함.

Folter-: ~**bank**, die ⟨Pl. -bänke⟩ 《중세》 고문대: auf der F. legte er ein Geständnis ab 고문대 위에서 그는 고백했다. ~**gerät**, das 고문 도구, 고문 기구. ~**instrument**, das ↑~gerät. ~**kammer**, die 《중세》 고문실: 전의 die -n des Dritten Reiches 고문실과도 같은 제3제국. ~**keller**, der 지하 고문실. ~**knecht**, der 《중세》 고문하는 사람, 고문리(吏). ~**methode**, die 고문 방법. ~**qual**, die **1.** 고문의 고통. **2.** 《아이》 고문과 같은 정신적 고뇌[고통]: die Wartenden erduldeten wahre -en 기다리는 사람들은 정말 고문과 같은 고통을 참아냈다. ~**werkzeug**, das 고문기구, 고문 도구.

Folterer, der; -s, - 고문하는 사람, 고문자(拷問者). **foltern** ['fɔltɐn] ⟨h⟩ **1.** 고문하다: F. 포로들을 고문하다. **2.** 《아이》 괴롭히다, 고통을 주다: die Schmerzen folterten ihn 고통이 그를 괴롭혔다. **Folterung**, die; -en 고문.

Foment [fo'mɛnt], das; -(e)s, -e [lat. fōmentum], **Fomentation** [fomɛnta'tsjoːn], die; -en [lat. fōmentātio] [의학] 더운 찜질.

Fön Ⓦ [føːn], der; -(e)s, -e 헤어 드라이어: sich mit dem F. die Haare trocknen 헤어 드라이어로써 머리를 말리다.

foncé [fõ'seː] ⟨Adj.⟩ [frz. foncé] 《고어》 《색이》 어두운. **Fond** [fõː], der; -s, -s [frz. fond] **1.** 차내 뒷 좌석: in den F. steigen 뒤쪽으로 타다; im F. sitzen 뒷 좌석에 앉다. **2. a)** 《그림·무대의》 배경. **b)** 바탕: der Stoff hat ein buntes Karomuster mit weißem F. 천은 흰 바탕에 울긋불긋한 다이아몬드 무늬가 있다. **3.** 기초, 기반. **4.** 진국, 진육수: aus dem F. eine Soße bereiten 진국으로 소스를 만들다.

Fondaco ['fɔndako], der; -s, ...chi [...ki] / -s [ital. fondaco] (중동·지중해 지역의) 상점.

Fondant [fõ'dãː], der, 《또한》 das; -s, -s [frz. fondant] **a)** (향료·염료를 첨가한) 끓인 설탕(제과용 혹은 과자의 광택용으로 쓰임). **b)** 초콜릿 설탕 과자.

Fonds [fõː], der; - [fõː(s)], - [fõːs; frz. fonds] **1. a)** 기금, 준비금: der F. des Vereins 협회의 기금; ein F. aus öffentlichen Mitteln 공공자금(公共資金)으로 된 기금; einen F. bilden 기금을 조성하다; à fonds perdu 손해볼 돈으로 치고, 내버린 돈으로 보고. **b)** (구동독) 정기 가용 자산(定期可用資産)(어느 업체의). **2.** 《아이》 (지식·경험의) 축적, 온축(蘊蓄). **3.** ⟨Pl.⟩ 《재정》 공채, 국채. **Fondsbörse**, die [재정] **1.** (고정 이자가 붙는) 유가증권의 거래소, 증권 거래소. **2.** 유가증권 거래소(상품 거래소의 반대 개념으로서). **Fondsgeschäft** das 유가증권 거래.

Fondue [fõ'dyː], der; -s, -s 《또는》 die; -s [frz. fondue] **a)** 퐁듀(치즈, 포도주, 향료 등을 섞어 끓이는 스위스 요리). **b)** 고기 퐁듀. **chinesisches F.** 중국식 퐁듀(기름 대신에 육수를 사용하는).

Fondue-: ~**gabel**, die (퐁듀용) 포크. ~**gerät**, das (알코올 버너 위에 올려놓는) 퐁듀용 냄비. ~**pfanne**, die ↑~gerät.

fönen ['føːnən] ⟨h⟩ [zu ↑ Fön] (머리를) 헤어드라이어로 말리다.

Fono...: ↑ Phono... 참조.

Fontäne [fɔn'tɛːnə], die; -n [frz. fontaine] **a)** 분수(噴水) 물줄기: aus dem Teich stieg eine hohe F. auf 못에서 높은 물줄기가 솟아오르다; das Blut spritzte wie eine kleine F. hervor 피가 조그만 분수처럼 솟구쳐나왔다. **b)** 분수(噴水)(시설). **Fontanelle** [fɔnta'nɛlə], die; -n [frz. fontanelle] [해부] 숫(숨)구멍, 정문(頂門). **fontänenartig** ⟨Adj.⟩ 분수와 같은.

Fontange [fõ'tãːʒə], die; -n [frz. fontange] 퐁탕제(17세기 말엽, 높이 치켜 올려 장신구와 댕기로 꾸민 머리 장식).

Foot [fuːt, engl.] fut], der; -, Feet [fiːt; engl. foot] 피트(= 12인치, 30.48cm) (기호: ft.). **Football** ['futbɔːl], der; -(s) [engl.-amerik. football] 미식 축구. **Footcandle** [-kændl̩], die; -s ⟨단위: 30 Footcandle⟩ [engl. footcandle] 피트 촉광(1피트 촉광 = 10.76m2s.). **Footing** ['futɪŋ], das; -s [engl. footing] [육상] 푸팅(맥박의 박동수 1분당 130회로 동일하게 유지되도록 달릴 때의 속도).

foppen ['fɔpn̩] ⟨h⟩ 누구에게 허튼 소리를 하다, 누구를 놀리다: man wollte ihn (damit) f. 사람들은 그렇게 해서 그를 놀리고자 했던 것이다: sie fühlte sich gefoppt 그녀는 놀림을 받았다는 느낌이었다. **Fopper**, das; -s, - 《가끔 경》 허튼소리하는 사람, 실없는 사람. **Fopperei** [fɔpə'raɪ], die; -en 《흔히 경》 허튼소리하기, 희롱.

Fora: ↑ Forum의 복수형.

Foramen [fo'raːmən], das; -s, - / ...mina [lat. forāmen] [의학] 구멍(Loch), 틈(Lücke). **Foraminifere** [foramini'feːrə], die; -n ⟨대개 Pl.⟩ [lat. foraminifera] [생물·고생물] 유공충(有孔蟲).

Force [fɔrs], die; -n [frz. force] 《고어》 **1.** 강함, 세기, 힘, 강제: par force 우격다짐으로, 무조건. **2. etw. ist. jmds. F.** 무엇이 누구의 강점이다: schnelles Handeln [Geistesgegenwart] ist seine F. 민첩한 행동[침착한 태도]은 그의 강점이다. **Force de frappe** [fɔrsdə'frap], die; - - - [frz. force de frappe] 프랑스 핵무장 군대. **Force majeure** [fɔrsma'ʒœːr], die; - - [frz. force majeure] 《고어》 불가항력.

Forceps: ↑ Forzeps.

forcieren [fɔr'siːrən] ⟨h⟩ [frz. force] **a)** 강행하다, 밀어붙이다; 가속화하다: die Durchführung eines Plans f. 계획의 추진을 강행하다; der Läufer forcierte das Tempo 주자는 (무리하게) 속도를 높였다; eine forcierte Durchführung 밀어붙인 강행. **b)** 《군》 난관을 돌파하다. **forciert** ⟨Adj.⟩ 《교양어》 억지의, 강요된, 부자연스러운: ein -es Lächeln 억지 웃음; -e Volkstümlichkeit 부자연스러운 민속성. **Forcierung**, die; -en 강행; 추진.

Förde ['fœːɐ̯də, 'fœrdə], die; -n [niederd. < schwed., norw. fjord] 협만(峽灣), 피오르드.

¹**Förder-** (fördern 1): ~**klasse**, die 지진아(遲進兒) 특별 학급. ~**kreis**, der 후원회. ~**kurs**, der ↑ ~unterricht. ~**kursus**, der ↑ ~kurs. ~**maßnahme**, die ↑ Förderungsmaßnahme. ~**preis**, der 장려상. ~**stufe**, die 개발학년(開發學年)(국민 학교 과정과 상급 학교 과정의 중간 과정이라는 5~6학년 과정으로서). ~**unterricht**, der 보충 수업(뒤떨어진 학생을 위한).

²**Förder-** (fördern 2, 3): ~**anlage**, die [기술] 운반 장치(컨베이어 따위의). ~**bahn**, die [기술] 구내 철도(構內鐵道), 운반 궤도(공장 내의). ~**band**, das ⟨Pl. ...bänder⟩ [기술] 반송대(搬送帶), 컨베이어 벨트. ~**brücke**, die [광업] 반송교(搬送橋)(갈탄의 노천 채굴

에서 토사(土砂)를 컨베이어 벨트에 실어 나르게 설비한 철골 구조물). ~**gefäß**, das [광업] 쇠수렁이(수갱이나 사갱에서 광석을 운반할 때 쓰이는 철제 용기). ~**gerüst**, das [광업] 권양기(捲揚機)(수갱이나 사갱의 위에 있어 광석을 실은 로프 활차가 갱 밖으로 나오면 이를 받아 방향을 바꾸어 줌). ~**korb**, der [광업] 쇠광주리(수갱이나 사갱의 광석 운반에 쓰이는), 질통. ~**leistung**, die [기술·광업] 반출량(搬出量), 채굴량. ~**maschine**, die [광업] 운반 기계. ~**schacht**, der [광업] 수갱(竪坑)(채굴물을 끌어올리는). ~**seil**, das [광업] 감아올리는 밧줄. ~**turm**, der [광업] 운반탑(갱도 바로 위에 탑 모양으로 높게 건조되어 운반 기계를 끌어올림). ~**wagen**, der [광업] 광차(鑛車). ~**werk**, das [기술] 운반 장치.

Förderer ['fœrdərə], der; -s, - 후원자: ein F. junger Künstler (der Wissenschaft) 젊은 예술가들(학문)의 후원자. **Fördererkreis**, der; -es, -e 후원자 모임, 지원단체. ↑Förderkreis. **Förderin**, die; -nen ↑Förderer의 여성형. **förderlich** ⟨Adj.⟩ 촉진적인; 유리한, 유익한: Sport wäre ihm(seiner Gesundheit) f. 스포츠는 그(그의 건강)에게 유익할 것이다. **Förderlichkeit**, die 촉진성, 유익성.

fordern ['fordən] ⟨h⟩ **1.** 요구하다: sein Recht f. 그의 권리를 요구하다; Rechenschaft von jmdm. f. 누구에게 답변(해명)을 요구하다; einen hohen Preis[für etw.] f. (무엇에 대하여) 높은 가격을 요구하다; 전의 der Körper fordert sein Recht 육체적 욕구는 강압적으로 장시간 억누를 수 없다; Das Unglück forderte drei Menschenleben 그 사고로 세 사람이 죽었다. **2.** (결투·법정에) 불러내다: jmdn. auf Pistolen f. 《옛》누구에게 권총 결투를 신청하다; er hat ihn zu (zum Duell) gefordert 그는 그에게 (결투를 하자고) 도전했다; er wurde vor Gericht gefordert 그는 법정에 소환되었다; [스포츠] er hat ihn zu einem Vergleichskampf gefordert 그는 그에게 논타이를 평가전을 신청했다. **3.** 누구에게 기량을 한껏 발휘하도록 강요하다: der Reiter muß sein Pferd jetzt f. 기수는 이제 그의 말이 최선을 다하도록 강요할 수밖에 없다.

fördern ['fœrdən] ⟨h⟩ **1.** 후원하다, 지원하다; 진흥시키다, 장려하다: er hat viele junge Künstler (unsere Arbeit) gefördert 그는 많은 젊은 예술가들(우리의 일)을 후원했다; den Handel f. 상업을 진흥시키다. **2.** [특히 광업] 캐내다, 채굴하다: Kohle(Erze) f. 석탄(광석)을 캐내다. **3.** [기술] 운송(운반)하다.

Forderung, die; -en **1. a)** 요구: seine -en sind unannehmbar 그의 요구는 들어줄 수 없다; eine F. erfüllen (geltend machen) 어떤 요구를 성취(관철)하다. **b)** 요청: eine politische sittliche F. 정치적이며 도덕적인 요청; die F. des Tages 목전의 상황이 요구하는 것, 일상사. **c)** [상] (상품 대금 따위의) 청구: die ausstehende F. beträgt 2500 DM 미결제(未決濟) 청구액은 2500 마르크이다. **2.** 《옛》도전, 결투 신청.

Förderung, die; -en **1.** 후원, 지원, 장려: die F. des Nachwuchses (der wissenschaftlichen Forschung) 후진(학문적 연구)에 대한 후원. **2.** [특히 광업] 채굴. **3.** [기술] 운반, 운송.

förderungs-, Förderungs-: ~**fähig** ⟨Adj.⟩ (국가의) 지원을 받을 요건을 갖춘. ~**maßnahme**, die (대개 Pl.) 진흥책, 지원 수단. ~**mittel** ⟨Pl.⟩ 후원 수단. ~**programm**, das 지원 계획. ~**vorkehr**, die (schweiz.) 진흥책, 지원 조치. ~**würdig** ⟨Adj.⟩ 후원 (지원)에 적합(適法)한, 장려할 만한.

Fordismus [for'dɪsmʊs], der; - [Henry Ford] [경제] 포드주의(생산의 합리화와 표준화를 추진하여 가격의 인하와 임금의 상승 효과를 노림).

Före ['føːrə], die [schwed. före, norw. fore] [스키] 스키 타기에 적합한 눈의 상태.

Forecaddie ['fɔː-], der; -s, -s [골프] 포캐디 (먼저 가서 공의 낙하 지점 등을 가리키는 캐디).

Forechecking ['fɔːtʃɛkɪŋ], das; -s, -s [engl. forechecking] [아이스하키] 포체킹(상대방의 공격을 미리 방해함).

Forehand ['fɔːhænd], die; -, -s 《또한》 der; -(s), -s [engl. forehand] (정구·탁구 등의) 포핸드(반대: Backhand).

Foreign Office ['fɔrɪn 'ɔfɪs], das; - - [engl.] 영국 외무부.

Forelle [fo'rɛlə], die; -n 송어: F. blau [요식] 포렐레 블라우(껍질이 푸르게 되는 송어 요리). **Forellenfilet**, das 송어 살코기(요리). **Forellenteich**, der 송어 양식장. **Forellenzucht**, die 송어 양식.

Foren [fo'rɛn]: ↑Forum의 복수형.

forensisch [fo'rɛnzɪʃ] ⟨Adj.⟩ [lat. forēnsis] **1.** 《고어》닳던, 능변의: eine Beredsamkeit 능란한 달변. **2.** 법정의, 재판의: -e Chemie 법 화학; -e Pädagogik (수형자에 대한) 교화 교육; -e Psychologie **1.** 범죄 심리학. **2.** 심리학적 심문술.

forfaitieren [forfɛ'tiːrən] ⟨h⟩ [zu frz. vendre à forfait] [상인] 대충 계산하여 팔다. **Forfaitierung**, die; -en ↑forfaitieren의 명사형.

Forfeit ['fɔːfit], das; -(s), -s [engl. forfeit] [상인] 위약금; 해약금.

Forint ['fɔːrɪnt], ⟨특히 österr.⟩ fo'rɪnt], der; -(s), -s, 《특히 österr.》-e [fo'rɪntə] ⟨그러나: 30 Forint⟩ [ung. forint < ital. fiorino = Gulden. zu: fiore = Blume < lat. flōs, ↑Florin] 포린트(헝가리의 화폐 단위, 1 Forint = 100 Fillér; 약어: Ft).

Forke ['fɔrkə], die; -n [niederd. forke] (nordd.) **1.** 건초 갈퀴, 비료 쇠스랑. **2.** 《옛》식사용 포크. **forkeln** ['fɔrkln] [사냥] **a)** 가지뿔로 받아 해치다. **b)** 뿔싸움을 하다: die Hirsche forkelten 수사슴들이 뿔싸움을 했다.

Forlana [for'laːna], **Forlane** [...na] 《또한》 **Furlana**, **Furlane** [fʊr...], die; -, -nen [ital. furlana] 포를라나(이탈리아의 옛 민속춤).

Forle ['fɔrlə], die; -n ⟨südd.⟩ 유럽 소나무. **Forleule**, die 솔나방의 일종.

Form [fɔrm], die; -en [lat. fōrma] **1. a)** 모양, 형태, 외형: die F. der Vase erinnert an eine Frucht 화병의 모양이 어떤 과실을 연상시킨다; der Hut hat seine F. verloren 모자가 일그러졌다; **(feste) Form(en) annehmen** 점차 (확고)한 형태를 갖게 되다; **häßliche (scharfe) -en annehmen** 흉한 (예리한) 모양으로 되어가다: der Streit nahm häßliche -en an 논쟁은 추악한 모습으로 변해 갔다; **aus der F. gehen** 《통용어·농》너무 뚱뚱해지다; in F. von 무엇의 형태를 하여: in F. von Regen oder Schnee 비나 눈의 형태로. **b)** 형식; 서술 방식: die F. dieses Gedichts ist das Sonett 이 시의 형식은 소네트이다; eine Darstellung in der F. eines Dialogs 대화체 형식의 서술. **c)** (나타나는) 모습, 양태, 방식: die -en des Deutens [des menschlichen Zusammenlebens] 해석(인간적 공동삶)의 방식; die starke F. eines Adjektivs 형용사의 강변화 형태. **d)** (사회적인) 격식, 법도, (정해진) 형식: das ist alles nur F. 그것은 모두 다 허례허식에 불과하다; die F. wahren 격식을 지키다; ein Mensch ohne -en 방정(方正)하지 못한 사람, 행실이 좋지 못한 사람; **in aller F.** 모든 형식을 갖추어, 정식으로. **2.** [스포츠] 몸의 상태, 컨디션: gut in F. sein 컨디션이 좋다: er ist in der F. seines Lebens 그는 컨디션이 최고조에 있다; allmählich wieder in F. kommen 점차 컨디션을 회복하다. **3.** 거푸집,

form-, Form- (formen-, Formen-): **~anstieg,** der [스포츠] 컨디션의 상승. **~beständig** ⟨Adj.⟩ 모양이 변하지 않는 상의. **~beständigkeit,** die ~beständig의 명사형. **~blatt,** das 서식 용지. **~eisen,** das 형강(形鋼) (예컨대: 철도의 레일). **~element,** das 형식 요소. **~fehler,** der **1.** 격식(형식)상의 실수: bei der Gerichtsverhandlung ist ein F. unterlaufen 심리(審理)에서 형식상의 실수가 있기에 말았다. **2.** (사육 동물에서 보이는) 신체 외형상의 결함. **~frage,** die 의례적인 문제: das sind alles nur -n 그 모두가 겉치레의 문제일 따름이다. **~gebend** ⟨Adj.⟩ 형태(형식)를 부여하는. **~gebung,** die; -en (예술적인) 형태 부여, 예술품의 형상화. **~gefühl,** das (예술적인) 형식 감각. **~gerecht** ⟨Adj.⟩ 격식에 맞는(반대: ~widrig). **~gestalter,** der ↑Designer. **~gestaltung,** die ↑Design. **~gewandt** ⟨Adj.⟩ 법도(法度)에 밝은: 깍듯한: eine -e Begrüßung 깍듯한 인사. **~kontrollauf,** der [육상] 컨디션을 조절하기 위한 달리기, 체력 조절 로드 워. **~krise,** die [스포츠] 컨디션 부진 상태. **~los** ⟨Adj.⟩ **1.** 모양이 없는, 무형(無形)의. **2. a)** (정해진) 형식을 갖추지 않은. **b)** 격식에 구애되지 않은, 자연스러운, 편안한: eine -e Begrüßung 자연스러운 인사. **~losigkeit,** die **1.** 무형성(無形性). **2. a)** 무형식성(無形式性): das Werk scheitert an seiner inneren F. 작품은 그 내적 무형식성이 실패하고 있다. **b)** 격식 없는 행동 양식. **~maschine,** die 주형(鑄型) 제작 기계. **~obst,** das **1.** 전정과수(剪定果樹). **2.** 전정과수의 과일. **~rein** ⟨Adj.⟩ ⟨schweiz.⟩ ↑~schön. **~sache,** die 형식적인 일, 의례적인 것, 수속: etw. ist (eine) reine F. 무엇은 순전히 형식적인 것이다; das war 주조용(鑄造用) 모래. **~schön** ⟨Adj.⟩ 모양새가 아름다운: ein -er Zinnkrug 멋있는 형태의 주석잔. **~schönheit,** die ⟨Pl. 없음⟩ 형태의 우미성. **~schwankungen** ⟨Pl.⟩ [스포츠] 컨디션의 동요. **~spielerei,** die (蔑) 비예술적 형식 유희. **~stabil** ⟨Adj.⟩ 외형이 단단한. **~stein,** der 기하학적 형태의 건축용 석재(石材). **~strenge,** die 형식의 엄격성. **~tief,** das [스포츠] 슬럼프 단계; 최악의 컨디션이 계속되는 시기. **~treu** ⟨Adj.⟩ 형식에 충실한. **~veränderung,** die 모양의 변화. **~verstoß,** der 과격, 규격 위배. **~voll** ⟨Adj.⟩ 격식에 꽉 맞추어, 규격에 따라 맞게. **~vollendet** ⟨Adj.⟩ 완벽한 격식(형식)의. **~vorschrift,** die (법률적 서식의) 양식 규정. **~widrig** ⟨Adj.⟩ 법도(격식)에 어긋나는(반대: ~gerecht): ein -es Benehmen 법도에 어긋나는 행동거지. **~wille,** der 형식 의지: in seiner Lyrik ist ein ausgeprägter F. zu erkennen 그의 서정시에서는 현저한 형식 의지를 인지할 수 있다. **~wort,** das ⟨Pl. -wörter⟩ [언어] 형식어(예컨대: 접속사, 대명사, 불변화사 따위).

formal [for'ma:l] ⟨Adj.⟩ [lat. fōrmālis] **1.** 모양의, 외형의; 형식적인, 격식을 차리는: die -e Anlage eines Dramas 희곡의 형식적인 구성; -e Logik 형식 논리(학); er hat das Problem f. (gut) gelöst 그는 이 문제를 외형상으로 (훌륭하게) 해결했다. **2.** 형식에만 따른, 건성으로: nur f. Widerstand leisten 형식적으로만 저항하다.

Formal [-] , das; -s ↑Formaldehyd의 약칭.

formal-, Formal-: **~ästhetisch** ⟨Adj.⟩ 형식 미학의. **~ausbildung,** die 군사 훈련, 제식 교련(制式敎練). **~juristisch** ⟨Adj.⟩ 형식상 합법적인. **~logisch** ⟨Adj.⟩ 형식 논리의. **~rechtlich** ⟨Adj.⟩ ↑~juristisch.

Formaldehyd ['form|aldehy:t, ⟨또한⟩ ...'hy:t], der; -s

[lat. acidum formīcum의 약칭] 포름알데히드.

Formalie [fɔr'ma:liə] , die; -n ⟨대개 Pl.⟩ [lat. fōrmālia] 형식(격식) 위주; 형식적인 것; 관례, 수속: das sind doch alles bloß unwichtige -n 그 모두는 그저 형식만 따지는 하찮은 것들에 불과하다; die notwendigen -n erledigen 필요불가결한 형식적인 것들을 해결하다.

Formalin ⓦ [ˌforma'li:n], das; -s 포르말린(방부제·독극제로 쓰이는 포름알데히드의 수용액).

formalisieren [...mali'zi:rən] ⟨h⟩ **1.** 도식화하다(공식과 그림 등으로써): eine grammatische Theorie f. 문법 이론을 도식화하다. **2.** 형식화하다; 형식(격식)을 준수하다. **3.** ⟨교양어⟩ **a)** 정식화하다. **b)** (f. + sich) ⟨드물게⟩ 정식화되다. **Formalisierung,** die; -en 형식화, 정식화.

Formalismus [...'lɪsmʊs], der; -, ...men **1. a)** ⟨Pl. 없음⟩ 형식주의, 격식주의: diese Wissenschaft droht im(in) F. zu erstarren 이 학문은 형식주의에 경직(硬直)될 위험이 있다. **b)** ⟨Pl. 없음⟩ (구둔독·편) 형식주의(예술·문학에서 이념보다는 형식에 더 큰 의미를 부여하는 주관적 예술 이론). **c)** 형식성(순전히 피상적으로 진행된 것의): ein logischer F. ⟨전문어⟩ 논리형식성. **2.** [수학] 형식주의(순수 형식 구조에 비중을 두는). **Formalist,** der; -en, -en 형식주의자. **formalistisch** ⟨Adj.⟩ 형식주의적: der -e Charakter der Rechtsprechung 판결의 형식주의적 성격. **Formalität** [...li'tɛ:t], die; -en [lat. fōrmālitās] **1. a)** 수속 절차, 형식 규정: alle nötigen -en erledigen 모든 필요한 수속 절차를 밟다. **b)** 피상적인 것, 형식상의 일: etw. ist (nur) eine F. 무엇은 (다만) 형식적으로 하는 것일 따름이다. **F.-halber** ⟨드물게⟩ 격식차리기; 점잔빼기. **formaliter** [fɔr'ma:litɐ] ⟨Adv.⟩ [lat. fōrmāliter] ⟨교양어⟩ 형식상으로.

Formamid [forma'mi:t], das; -(e)s [aus lat. acidum formīcum u. ↑Amid] 포르마미드(용매액(溶媒額)으로 사용됨).

Formans ['fɔrmans], das; -, ...nzien [fɔr'mantsiən]/...ntia [fɔr'mantsia; lat. fōrmāns] [언어] (문법적) 형성소: 형성형태소(조어론에서는 구속 형태소가 조어의 기능을 지닐 때, 예컨대: lieblich와 ...lich) (반대: Determinativ 2). **Formant** [fɔr'mant], der; -en, -en [lat. fōrmāns] **1.** [음향] 형성 음역, 포먼트(언어음의 진폭 분포에 따른). **2.** [언어] ↑Formans. **Formantia, Formanzien** ↑Formans의 복수형. **Format** [fɔr'ma:t], das; -(e)s, -e [lat. fōrmātum] **1.** (종이·책의) 치수, 크기: das F. eines Papierbogens[eines Buchs] 용지(用紙) [책]의 크기; es waren hauptsächlich kleinere -e ausgestellt 주로 조금 작은 호수(號數)의 그림들이 전시되어 있었다. **2.** ⟨Pl. 없음⟩ **a)** 뛰어난 풍모(風貌), 품격(風格); 명망(名望), 높은 등급: er hat als Sportler internationales F. 그는 운동 선수로서 국제적인 명망을 갖고 있다; er hat F. 그는 풍격이 있다; er war ein Mann großen -s 그는 대단한 명망을 지닌 사나이였다; ein Wissenschaftler von F. 일류의 학자. **b)** 특별 수준, 큰 의의: die Aufführung hatte wirklich F. 공연은 참으로 큰 의의가 있었다; ein Theater von (großstädtischem) F. 대도시 수준급의 극장. **3.** [인쇄] 포르마트, 인테르. **formatfüllend** ⟨Adj.⟩ [사진] 대사(大寫)의.

Formation [forma'tsio:n], die; -en [lat. fōrmātio] **1.** 편성(編成), 형성: die F. gesellschaftlicher Gruppen 사회 집단의 편성. **2. a)** 대형(隊形), 편대: in F. fliegen 편대를 지어 비행하다. **b)** 특수 부대, 통합 부대: die F. der Pioniere rückte wieder ab 공병 부대가 다시 출발했다. **3. a)** 연합, 연맹: die F. der Jungsozialisten 청년 사회주의자들의 연합. **b)** (사회·경제적) 조직, 구성. **4.** [지질] **a)** -기(紀) (지질 시대 구분의 단위). **b)** 지층, 누층(累層). **5.** [식물] 식물군락(植物群落)(Laubwald 활엽수림, Steppe 초원 따위).

Formations-: **~flug**, der a) 편대 비행. b) 중대[대대] 편대 비행(둘 이상의 편대가 합침). **~gruppe**, die 【지질】 지층권(地層群)(Trias (3첩기층), Jura (쥐라계) 따위). **~tanz**, der [댄스] 편성 무도(8쌍이 한조로 편성되어 4분면에 9개의 춤을 추어 우열을 겨룸).
formativ [fɔrmaˈtiːf] 〈Adj.〉 [lat. fōrmātio] 구성의, 형성적. **Formativ** [-], das; -s, -e [...iːvə] 【언어】 **1.** ↑Formans. **2.** 형성소(통사적 기능을 지닌 최소의 직선적 단위). **3.** 기호 형식(기호 내용과 대응하는). **Formatsteg**, der [...ɡə] 〈Adj.〉 **1.** 모양을 만들 수 있는, 가소성(可塑性)의: ein -es Material 가소성 물질. **2.** 가변적인: in diesem Alter sind Kinder noch f. 이 나이에서 아이들은 아직도 변할 수 있다. **Formbarkeit**, die ↑formbar의 명사형.
Forme fruste [fɔrmˈfryst], die; - - [frz. forme fruste] 【의학】 애매한 증상, 불분명한 증상; 순한 진행(병의). **Formel** [ˈfɔrml], die; -n [lat. fōrmulla] **1.** 판에 박힌 문구, 관용어, 상투어: die F. des Eides sprechen 선서의 문구를 말하다. **2.** 공식, 식: die chemische F. für Wasser ist H_2O 물에 대한 화학 공식은 H_2O이다; eine F. (für etw.) aufstellen (무엇에 대하여) 공식을 세우다. **3.** 어록(語錄), 짤막한 표현: etw. auf eine (einfache) F. bringen 무엇을 (간단한) 어록으로 말하다. **4.** [모터 스포츠] 경주용 자동차의 규격.
formel-, Formel-: **~III-Klasse** [모터 스포츠] Ⅲ의 경주용 자동차. **~I-Klasse** [-ˈains-], die [모터 스포츠] 규격 Ⅰ의 경주용 자동차. **~I-Pilot**, der [모터 스포츠] 규격 Ⅰ의 경주용 자동차를 모는 사람. **~I-Rennen**, das [모터 스포츠] 규격 Ⅰ의 경주용 자동차 경주. **~I-Wagen**, der [모터 스포츠] 규격 Ⅰ의 경주용 자동차. **~frei** 〈Adj.〉 [모터 스포츠] 규격이 없는: ein -er Rennwagen 규격이 없는 경주용 자동차. **~kram**, der 《蔑》 공식 투성이의 전문지식. **~sammlung**, die 공식집(公式集): eine mathematische F. 수학 공식집. **~sprache**, die 공식 언어(수학, 물리, 화학 등에서의 표기법): die F. der Chemie 화학의 공식 언어. **~wesen**, das 〈Pl. 없음〉 《蔑》 형식 구애, 의례, 수속: **~zeichen**, das 공식 기호(수학, 물리학, 화학 등에서). **~II-Klasse** [모터 스포츠] 규격 Ⅱ의 경주용 자동차.
formelhaft 〈Adj.〉 **1.** 판에 박힌, 상투적인. **2.** 공식화되어진. **Formelhaftigkeit**, die ↑formelhaft의 명사형. **formell** [fɔrˈmɛl] 〈Adj.〉 [frz. formel] **1. a)** 법에 의한, 규정에 따른, 공식적(公式的): jmdm. f. eine Genehmigung erteilen 누구에게 공식적으로 인가를 통보하다. **b)** 의례적인, 예절바른: ein -er Antrittsbesuch 의례적인 취임 인사차 방문. **2. a)** 외형상의, 겉의: er ist (nur) f. im Recht 그는 (다만) 외형상으로는 옳다. **b)** (개인적인 접촉을 피하여) 거리를 두는, 딱딱한: er ist immer sehr f. 그는 언제나 매우 딱딱하다. **formen** [ˈfɔrmən] 〈h〉 **1.** 모양을 만들다: Brot f. 빵을 만들다; Laute mit den Lippen f. 입술로 소리를 내다; Strümpfe f. 양말의 모양을 내다; ihre Hände sind schön geformt 그녀의 손은 아름다운 형태를 하고 있다. **2.** 형성하다(내적으로 변화시키면서): diese Erlebnisse haben ihn(seinen Charakter) geformt 이 사건이 그 (그의 성격)를 형성했다. **3.** 모양을 갖게 되다; 형태를 잇다: kristallklar formte sich die Gedanke 수정처럼 명료하게 그녀의 생각이 모양을 갖추게 되었다.
formen-, Formen- (↑form-, Form-도 참조): **~fülle**, die 형식의 다양한, **~lehre**, die **1.** [언어] 형태론; 형태소론(Morphologie). **2.** [음악] 악곡 형식론, 악식론(樂式論). **3.** [생물] 형태학(Morphologie). **~reich** 〈Adj.〉 형식이 풍부한, **~reichtum**, der ↑~reich의 명사형. **~sinn**, der 형식 감각(예술에서). **~sprache**, die 형식 언어(예술 형식에 대한 진술로서

의): die F. der Kubisten 입체파 화가들의 형식 언어. **Former**, der; -s, - 주형(鑄型) 제작자. **Formerei** [fɔrməˈrai], die; -en 주형(鑄型) 제작부(주물 공장의). **Formiat** [fɔˈmjaːt], das; -(e)s, -e [lat. acidum formicum] 【화학】 개미산의 염(塩), 개미산 에스테르. **Formicatio** [fɔrmiˈkaːtsi̯o] ↑Formikatio.
formidabel [fɔrmiˈdaːbl̩] 〈Adj.〉 [frz. formidable] **1.** 대단한; 비상한; 굉장한: eine formidable Sportlerin 대단한 여자 운동 선수. **2.** 《준고어》 무시무시한(큰 규모 때문에), 걱정되는: formidable Hindernisse bei einem Reitturnier 마술 경기에서 굉장한 장애물. **formieren** [fɔrˈmiːrən] 〈h〉 [lat. fōrmāre] **1. a)** 편성하다, 짜다: eine Mannschaft f. 팀을 편성하다. **b)** 〈f. + sich〉 편성되다, 짜여지다: der Festzug formierte sich 축제 행렬이 편성되었다. **2. a)** 조직하다. **b)** 〈f. + sich〉 조직되다: nun formierten sich auch die letzten Anhänger gegen ihn 이제는 최후의 추종자들까지도 그에 대항하여 뭉쳤다. **Formierung**, die; -en ↑formieren의 명사형. **-förmig** [-fœrmɪç] 〈Adj.〉 《다음의 합성어로, 예컨대》 eiförmig 알의 형태로, O-förmig O자의 형태로; kreisförmig 원의 형태로.
Formikarium [fɔrmiˈkaːri̯ʊm], das; -s, ...ien [...i̯ən; lat. formīca]. 【전문어】 관찰용 개미집. **Formikatio** [fɔrmiˈkaːtsi̯o], die [lat. formīcātio] 【의학】 피부 소양증, 피부 가려움증.
formlich [fɔrmlɪç] 〈Adj.〉 《드물게》 형태적인, 구성적인: eine farblich wie f. gelungene Keramikvase 색상과 형태 양면에서 성공한 자기 화병. **förmlich** [ˈfœrmlɪç] 〈Adj.〉 **1.** 법에 의거한, 형식적인; 공식적인: die Kündigung war noch nicht f. (erfolgt) 해고는 아직 공식적으로 결정된 것은 아니다. **2.** 예의 범절을 준수하는, 딱딱한: eine -e Begrüßung 예의를 갖춘 인사; bei unserer Unterhaltung war er sehr f. 우리가 애기를 주고받을 때 그는 매우 딱딱한 태도였다. **3.** 정식(正式)의; 정말의, 바로 께대의: eine -e Angst ergriff ihn 본격적인 공포가 그를 엄습했다. **Förmlichkeit**, die; -en **1.** 형식성: eine juristische F. 법률적 형식성. **2.** 〈Pl. 없음〉 자질구레한 예의 범절에 얽매임, 예법구니(禮法拘泥): alle F. beiseite lassen 번거로운 예법 절차를 모두 배제하다. **Formling** [ˈfɔrmlɪŋ], der; -s, -e 〈전문어〉 틀로 찍어 넣어서 만들어낸 물건), 모형 제작품.
Formol ⓌⓏ [ˈfɔrˈmoːl], das; -s 포르말린.
Formosa [fɔrˈmoːza, 《span.》 fɔrˈmosa, 《bras.》 fɔrˈmoza], -s ↑Taiwan의 옛날 이름.
Formular [fɔrmuˈlaːɐ̯], das; -s, -e [lat. fōrmulārius (-ium)] 서식 용지: ein F. ausfüllen 서식 용지의 빈 칸을 채우다. **formulieren** [...ˈliːrən] 〈h〉 [frz. formuler] 공식화하다, 작성하다, 간명하게 표현하다: eine Absicht f. 의도를 간명하게 표현하다. **Formulierung**, die; -en **1.** 〈Pl. 없음〉 공식화, 작성: es gab Schwierigkeiten bei der F. des Vertragstextes 계약 문안의 작성에 어려움이 있었다. **2.** 표현, 작성된 대본: einige -en wurden geändert 몇가지 표현이 바뀌었다. **Formung**, die; -en **1.** 구성 양식: die künstlerische F. einer Vase 꽃병의 예술적인 구성 양식. **2.** 〈Pl. 없음〉 형성; 교육, 도야: die F. der Persönlichkeit 인격의 형성.
Formyl [fɔrˈmyːl], das -s [lat. acidum formicum u. griech. hȳ́lē] 【화학】 의산기(蟻酸基), 포르밀.
Forne [ˈfɔrnə], die; -n 〈지역어〉 ↑Forelle.
Fornix [ˈfɔrnɪks], der; -, ...nices [...ˈniːtse:s; lat. fornix] 【의학】 볼거짐(穹窿)(기관의) 불거진 부위.
forsch [fɔrʃ] 〈Adj.〉 [niederd. fors] 무모한, 결연한; 단호한, 힘있는: ein -er Stil 힘찬 문체; er redet betont f. daher 그는 대단히 활기차게 떠들어댔다. **Forsche**, die [niederd. forse] 《통용어》 무모함; 단호성.

förscheln ['fœrʃln] ⟨h⟩ ⟪schweiz.⟫ 면밀히 탐색[연구]하다, 염탐하다. 은밀히 누구로부터 비밀을 알아내다. **forschen** ['fɔrʃn] ⟨h⟩ **a)** 탐색하다, 탐문하다, 살피다, 찾다: in jmds. Gesicht f. 누구의 얼굴을 살피다. **b)** 연구하다: er hat jahrelang auf diesem Gebiet geforscht 그는 수년간 이 분야에서 연구했다. **c)** ⟪schweiz.⟫ 탐구하다, 찾아내다. **Forscher**, der; -s, - 연구자, 학자.

Forscher-: **~arbeit**, die 연구자의 작업[저작물]. **~blick**, der 연구자의 안목: 전의 jmdn. mit (einem) F. ansehen 누구를 학자적 안목으로 관찰하다. **~drang**, der 학문적 욕구, 학구열. **~geist**, der **a)** 연구자의 정신, 학자 정신. **b)** 학구열에 불타는 사람. **~leben**, das 연구자의 생애(生涯): ein Roman über ein F. 한 연구자의 일생을 다룬 소설. **~tätigkeit**, die 연구자의 활동. **~team**, das 연구팀. **~trieb**, der ↑ ~drang.
Forscherin, die; -nen ↑Forscher의 여성형. **forscherisch** ⟨Adj.⟩ 학자적인, 연구적인: die Vielfalt der -en Zielsetzungen 연구에 있어서 목표 설정의 다양성. **forscherlich** ⟨Adj.⟩ 학자의, 연구자의.
Forschheit, die 활기참, 단호함: mit federnder F. 가볍고 경쾌하게. **Förschler** ['fœrʃlɐ], der; -s, - ⟪schweiz.⟫ 염탐자. **Forschung**, die; -en **1.** 찾아보기, 탐색, 탐문. **2. a)** 연구; 탐구. **b)** ⟨Pl. 없음⟩ 학문 연구, 연찬(研鑽).

Forschungs-: **~anstalt**, die 연구 기관. **~arbeit**, die 연구[조사] 활동. **~aufgabe**, die 연구 과제물. **~auftrag**, der 연구 위탁. **~beitrag**, der 연구 논문. **~bereich**, der ↑~gebiet. **~bericht**, der 연구 보고서. **~ergebnis**, das 연구 결과. **~gebiet**, der 연구 영역. **~gegenstand**, der 연구 대상. **~gemeinschaft**, die 연구 단체, 연구팀(Arbeitsgemeinschaft). **~institut**, das 연구소. **~labor**, das ↑~laboratorium의 약칭. **~laboratorium**, das 연구 실험실. **~methode**, die 연구 방법. **~möglichkeit**, die 연구 가능성. **~objekt**, das ↑~gegenstand. **~plan**, der 연구 계획. **~programm**, das 연구 프로그램, 연구 계획. **~rakete**, die 학술 연구용 로켓. **~reaktor**, der 연구용 원자로. **~reise**, die 탐험 여행, 답사 여행. **~reisende**°, der / die 탐험가, 답사자. **~richtung**, die 연구 방향. **~satellit**, der 학술 연구용 위성. **~schiff**, das 탐사선, 해양 연구선. **~station**, die 연구 기지(기상학 따위의). **~stätte**, die (아이) ↑~institut. **~stipendium**, das 연구 장학금. **~tätigkeit**, die 연구 활동. **~vorhaben**, das (공공 기관의) 연구 계획. **~zentrum**, das 연구 본부. **~ziel**, das 연구 목표. **~zweck**, der 연구 목적. **~zweig**, der 연구의 부분 영역, 연구 부문(研究部門).

Forst [fɔrst], der; -(e)s, -e(n) 산림 지대(육림에 의한), 산림: ein staatlicher F. 국유림.

forst-, Forst-: **~adjunkt**, der ⟪고어⟫ 산림 조수(山林助手). **~akademie**, die (옛) 임업 대학. **~amt**, das 영림서, 산림 관리소. **~anwärter**, der 산림 예비 요원(임업 전문 대학 진학 이전의 실습생). **~assessor**, der 산림관, 영림관(營林官). **~beamte**°, der 산림[영림] 공무원. **~behörde**, die 산림청. **~benutzung**, die ⟪준고어⟫ ~nutzung, 산림 영림(營林), 임업. **~betrieb**, der 영림(營林), 임업. **~betriebsbeamte**, der ↑~beamte. **~bezirk**, der 영림서의 관할 지역. **~einrichtung**, die ⟨Pl. 없음⟩ 산림 정비 정점. **~eleve**, der ⟪고어⟫ ↑~lehrling. **~fach**, das 임학 분야, 영림 분야. **~facharbeiter**, der ↑Waldfacharbeiter. **~frevel**, der 산림 훼손. **~garten**, der 임업 연구. **~gehilfe**, der 산림 조수(자격 시험을 앞두고 실습 중에 있는). **~gerecht** ⟨Adj.⟩ 산림행정에 밝은; 임업 지식이 있는. **~haus**, das 산림(감독)관의 관사. **~ingenieur**, der 임업 기사, 영림 기사.

~insekt, das ⟨대개 Pl.⟩ 산림 해충. **~kultur**, die **1.** ↑~wirtschaft. **2.** 신개간지(新開墾地). **~kunde**, die 임학, 산림학. **~kundlich** ⟨Adj.⟩ 산림학의. **~lehrling**, der 영림 실습생(임업 전문 대학 진학에 앞서 실습 과정에 있는). **~leute**: ↑~mann의 복수형. **~mann**, der ⟨Pl. -männer / -leute⟩ ↑Förster. **~meister**, der 산림 국장, 고급 산림 공무원. **~nutzung**, die 산림 이용. **~politik**, die 산림 정책. **~rat**, der (옛) 산림국장. **~recht**, das 산림법. **~rechtlich** ⟨Adj.⟩ 산림법의. **~referendar**, der 산림관 시보. **~revier**, das 조림구, 영림구. **~schaden**, der 산림 손해, 산림 훼손. **~schädling**, der 산림에 해를 주는 동식물. **~schule**, die 임업 전문 학교. **~schüler**, der 임업 전문 학교 학생. **~vergehen**, das ↑~frevel. **~verwaltung**, die 산림 행정. **~wart**, der 중급 산림 공무원. **~wesen**, das ⟨Pl. 없음⟩ 임업, 영림 제도. **~wirt**, der **1.** 임업[산림] 공무원. **2.** 산림 소유자, 임야 주인. **~wirtschaft**, die 임업, 산림 경영. **~wirtschaftlich** ⟨Adj.⟩ 산림 경영의. **~wissenschaft**, die 임학, 산림학. **~wissenschaftlich** ⟨Adj.⟩ 임학의, 산림학의: -e Gesichtspunkte 임학적 관점. **~zeichen**, das 벌채 기호(베어낼 나무의 줄기에 표시하는).

forsten ['fɔrstn] ⟨h⟩ ⟪드물게⟫ 영림하다, 조림하다: seinen Waldbesitz f. 그가 소유하고 있는 산림을 경영하다. **Förster** ['fœrstɐ], der; -s, - 산지기, 산림(감독)관. **Försterei** [fœrstəˈraɪ], die; -en 산지기의 주택(주택이 딸린). **förstlich** ⟨Adj.⟩ **a)** 산림의. **b)** 임업의: eine -e Expertenkommission 임업 전문 위원회. **Forstung**, die 영림, 조림.

Forsythie [fɔrˈzyːtsi̯ə, (또한) ...tiə], die; -n [영국의 식물 학자 W. Forsyth(1737~1804)] **1.** 개나리속(屬). **2.** ⟨Pl.⟩ 개나리 가지: -n in die Vase stellen 개나리를 꽃병에 꽂다.

fort [fɔrt] ⟨Adv.⟩ **1.** 어떤 곳에 없는; 가버린: f. mit ihm [damit]! 그 친구[그것은] 사라져 버렸으면!, 꼴도 보기 싫어!; (schnell) f.! (얼른) 꺼져버려!, 가!; die Kinder sind schon f. 아이들은 이미 떠났다; das Buch ist f. 책이 없어졌다; wann seid ihr von zu Hause f.? (통용어) 너희들이 집 떠난 게 언제냐? **2.** 잇달아; 계속하여: nur immer so f.! 그런 식으로 계속하기만 하라!; **und so f.** 따위, 등등; **in einem f.** 끊임없이, 연속하여; **f. und f.** (준고어) 연이어, 연달아: Aus dem Schornstein qualmte es f. und f. 굴뚝으로부터 연기가 연이어 솟아나왔다.

Fort [fo:ɐ̯], das; -s, -s [frz. fort] 보루, 요새: das F. sperrt den Zugang in das Tal 보루는 계곡으로 가는 통로를 막고 있다.

fort-, Fort-: **~ab** [-'-] ⟪드물게⟫ ↑~an 참조. **~an** [-'-] ⟨Adv.⟩ 지금부터, 금후, 어느 특정한 시점으로부터: sein Arzt riet ihm. f. einen Mittagsschlaf zu halten 그의 의사는 그에게 이제부터 낮잠을 한숨씩 자도록 권했다. **~begeben**°, sich ⟨h⟩ (아이) 떠나가다, 멀어져 가다: ich begab mich(aus der Stadt) fort 나는 (도시를 나와) 떠나갔다. **~bestand**, der ⟨Pl. 없음⟩ 존속, 지속: der F. der Regierung 정부의 존속. **~bestehen**° ⟨h⟩ 존속하다, 버티다: alle alten Einrichtungen bestanden fort 옛날의 시설물들은 그대로 남아 있었다. **~bewegen** ⟨h⟩ **a)** 옮기다, 이동시키다: er versuchte, den schweren Stein fortzubewegen 그는 무거운 돌을 옮기려고 했다. **b)** (f. + sich) (앞으로) 나아가다: der Kranke kann sich nur an Krücken f. 환자는 목발에 의지해서만 걸을 수 있다. **~bewegung**, die 이동, 나아감. **~bewegungsmittel**, das 이동의 수단. **~bewegungsorgan**, das 이동 기관. **~bilden** ⟨h⟩ 누구의 교육을 계속하다, 연수(研修)시키다: sich durch den Besuch einer Fachschule f. 전문 학교에 다니면서 계속 공부하다. ~bildung, die 연수, 재교육: die F. der Beamten 공무원의 연수. ~bildungskurs 《드물게》 ~bildungskursus, der 연수 교육 과정: an einem F. teilnehmen 연수 교육 과정에 참가하다. ~bildungsschule, die 1. 《고어》 보습 학교(補習學校): die F. als Vorläufer der Berufsschule 직업 학교의 전신(全身)인 보습 학교. 2. 《österr., schweiz.》 농업 직업 학교. ~blasen* ⟨h⟩ 불어 없애다, 불어날리다: Zigarettenasche (vom Tisch) f. 《책상에 있는》 담뱃재를 불어 없애다. ~bleiben* ⟨s⟩ 떠나 있다, 돌아오지 않은 상태이다: er blieb monatelang fort 그는 여러 달을 떠나 있었다. ~brausen ⟨h⟩ 《통용어》 요란스레 질주해 가다(차량이). ~bringen* ⟨h⟩ 1. 운반하다: einen Verunglückten (mit dem Unfallwagen) f. 사고를 당한 사람을 《구조차로》 병원으로 운송하다; ein Paket f. 소포를 우체국에 가져가다; die Schuhe f. 구두를 수선공에 맡기다. 2. 옮기다, 이동시키다: sie war nicht von den Schaufenstern fortzubringen 그녀는 진열창에서 떼어놓을 수가 없었다; den Ball f. 《구기 은어》 볼을 쳐내다(위험한 상황에서). ~dauer, die 지속, 계속: die F. des Kriegszustandes 전쟁 상태의 지속. ~dauern ⟨h⟩ 지속하다, 계속하다: ein fortdauernder Widerstand 지속적인 저항. ~denken* ⟨h⟩ 없는 것으로 생각하다, 염두에 두지 않다. ~drängen 밀어치우다, 밀쳐내다. ~druck, der 〈Pl. 없음〉 [인쇄] 인쇄에 부침, 상재(上梓). ~dürfen* ⟨h⟩ 떠나가도 좋다. ~eilen 《아이》 서둘러 떠나다. ~entwickeln ⟨h⟩ a) 계속 개발하다, 계속 발전시키다: ein Modell f. 모델 하나를 계속해서 개발하다. b) 〈e. + sich〉 계속 발전되다: diese Gruppen haben sich zu Parteien fortentwickelt 이 집단들은 계속 발전하여 당을 이루었다. ~entwickelung, ~entwicklung, die 지속적인 발전. ~erben, sich ⟨h⟩ 계속[상속]되다: das Armband durfte sich nur in der weiblichen Linie f. 그 팔찌는 단지 여자 쪽으로만 상속되어 내려올 다. ~existenz, die 〈Pl. 없음〉 계속적 존재(상존): die Wahl zwischen der eigenen F. und der F. anderer 자신의 존속과 타인의 존속 중의 양자택일. ~existieren ⟨h⟩ 계속 존재(상존)하다. ~fahren* 1. a) ⟨s⟩ 차로 떠나다; 출발하다: er ist um 10 Uhr fortgefahren 그는 10시 정각에 차로 떠났다. b) ⟨h⟩ 실어가다; 실어나르다: er hat den Schrank fortgefahren 그는 장(欌)을 실어갔다. 2. 〈h/s〉 (멈추었던 것을) 계속하다: in seiner Rede f. 하던 얘기를 계속하다. ~fall, der 탈락, 누락: der F. aller radikalen Parteien bei der Wahl 선거에서 모든 급진적 정당들의 탈락. ~fallen* ⟨h⟩ 탈락하다, 누락하다: demgegenüber fielen alle Bedenken fort 그것에 대한 모든 의구심이 사라졌다. ~fegen ⟨h⟩ 쓸어서내주다, 제거하다. ~finden* ⟨h⟩ 떠나가(버리)다. ~flattern ⟨s⟩ 훨훨 날아가다: der Schmetterling flatterte fort 나비가 훨훨 날아갔다. 2. 바람에 날려가(버리)다. ~fliegen* ⟨s⟩ 날아가다, 날아가 버리다. ~fließen* ⟨s⟩ 《드물게》 a) 흘러가(버리)다. b) 쉬임없이 흐르다, 유유히 흐르다. ~führen ⟨h⟩ 1. 계승(承繼)하다, 이어받다: der Sohn führte das Geschäft des Vaters fort 아들이 아버지의 사업을 이어받았다. 2. 다른 곳으로 이송(移送)하다: einen Gefangenen f. 포로를 이송(移送)하다. ~führung, die ↑~führen의 명사형. ~gang, der 〈Pl. 없음〉 1. 떠남: nach seinem F. aus dieser Stadt konnte er nirgends mehr heimisch werden 이 도시를 떠난 후로 그는 어느 곳에서도 정착할 수 없었다. 2. 진척, 진행, 계속. ~geben* ⟨h⟩ 맡기다, 내주다: etw. zur Reparatur f. 무엇을 고치라고 맡기다. ~gehen* ⟨s⟩ 1. 떠나가다, 가버리다: er ging fort, ohne sich zu verabschieden 그는 작별인사도 않고 가버렸다. 2. 계속되다, 진행되다: ihr Leben würde so f. wie bisher 그녀의 생활은 이제까지처럼 그렇게 계속되어갈 것이다. ~geschritten 〈Adj.〉 a) 선진의, 앞선: ein industriell -er Staat 산업 선진국. b) 느지막한, 후발(後發)의: ein Mann im -en Alter 지긋한 나이의 사나이; zu -er Tageszeit 느지막한 시간에. ~geschrittenenkurs, ~geschrittenenkursus, der 상급 과정, 고급반. ~gesetzt ⟨Adv.⟩ 계속되는, 끊임없이: f. den Unterricht stören 계속해서 수업을 방해하다. ~gießen* ⟨h⟩ 부어서 버리다, 쏟아버리다. ~gleiten* ⟨s⟩ 미끌어져 나가다; 미끌어져서 벗어나다: die Leiter glitt fort 사다리가 미끌어져 나갔다. ~graulen ⟨h⟩ 《통용어》 겁주어 쫓다, 막되게 굴어 쫓아버리다. ~haben* 《다음의 용법으로》 jmdn. f. wollen 누구를 내쫓으려 하다 《통용어》. ~helfen* ⟨h⟩ 1. 도와서 고비를 넘기게 해 주다: jmdm. über eine Beschämung f. 거들어서 창피한 꼴을 모면하게 해 주다. 2. ⟨f. + sich⟩ a) 어려운 고비를 넘기다, 난관을 극복하다. b) 나아가다; 전진하다. ~hin [-'-] ⟨Adv.⟩ 《준교어》 지금부터, 어떤 시점으로부터: f. fragte er sie zuerst nach ihrer Meinung 그 이후로 그는 우선 그녀의 의견부터 물어보았다. ~holen ↑~wegholen 참조. ~huschen ⟨s⟩ ↑~weghuschen 참조. ~jagen 1. a) 쫓아내다, 몰아내다: die Spatzen vom Kirschbaum f. 참새들을 벚나무에서 쫓아내다. b) 《화가 나서 당장》 내쫓다, 내몰다. 2. (말이나 차를 타고) 질풍처럼 떠나가다. ~karren ⟨h⟩ 실어나르다. ~kommen* ⟨s⟩ 1. a) 떠나다, 물러가다: machen Sie, daß Sie fortkommen! 물러가시오! b) 이송(移送)되다, 옮겨지다: der Patient kam noch am Abend fort 환자는 그날 밤에 병원으로 이송되었다. c) 없어지다, 분실되다: es ist schon wieder (jmdm.) Geld fortgekommen 또다시 (누구의) 돈이 없어졌다. 2. 나아가다, 전진하다. 3. 일에 진척을 보이다, 승진하다, 출세하다. ~kommen, das 1. 나아감, 전진. 2. a) 승진, 출세; jmds. F. hinderlich sein 누구의 출세에 장애가 되다. b) 생계: sein F. finden 호구지책을 발견하다. ~können* ⟨h⟩ 떠날 수 있다. ~kriechen ⟨s⟩ 기어서 가다. ~kriegen ⟨h⟩ ↑~bringen (2). ~lassen* ⟨h⟩ 1. 떠나게 하다, 놓아주다. 2. 사용[언급]하지 않다; 생략하다, 빠뜨리다: in einem Brief etwas aus Versehen f. 편지에서 무엇을 실수로 빠뜨리다. ~lassung, die 생략, 빠뜨림. ~laufen* ⟨s⟩ 1. 달아나다, 떠나가버리다: aus Angst vor Strafe sind die Kinder fortgelaufen 벌 받을까봐 겁이 나서 아이들이 도망갔다. 2. 연장되다, 계속되다: der Feldweg lief noch ein Stück fort 들길은 조금 더 나 있었다; ihre Erzählung lief munter fort 그녀의 이야기는 신나게 계속되었다; fortlaufend trafen neue Nachrichten ein 잇달아 새로운 소식이 들이닥였다. ~leben ⟨h⟩ 1. (기억 속에) 계속 살아남다: in seinem Werk f. 작품 속에 불후의 생명을 남기다. 2. 《준고어》 연명하다, 잔존(殘存)하다. ~legen ⟨h⟩ (몸에 지녔던 것을) 내려놓다, 치우다. ~loben ⟨h⟩ (달갑지 않은 동료 직원을 적절한 기회에) 칭찬하여 전근시키다. ~locken ⟨h⟩ 유혹해내다, 유인하다. ~luft, die (냉난방시의) 배기 가스. ~lügen* ⟨h⟩ 없다고 거짓말하다(난처한 어떤 것을): Tatsachen einfach f. 있는 사실을 간단히 없다고 하다. ~machen 1. a) ⟨h⟩ 《통용어》 (살짝) 떠나가다, 도주하다: er hat sich bald nach seiner Frau fortgemacht (은폐) 그는 부인의 곁을 떠나 곧 소문도 없이 죽어버렸다. b) ⟨경⟩ 장소를 옮기다. 2. ⟨통용어⟩ ⟨h⟩ 계속하다: mach nur so fort! 그런 식으로만 계속하라구! ~marschieren ⟨s⟩ a) 행진하여 떠나가다. b) 《반어》 뻣뻣한 자세로 떠나가다. ~müssen* ⟨h⟩ 떠나야 한다, 떠나가지 않으면 안된다: ich muß jetzt (von hier) fort 나는 이제 (여기를) 떠나야 한다; er hat schon früh fortgemußt 《은폐》 그는 이미 젊은 나이에 죽고 말았다. ~**nehmen*** ⟨h⟩ **1.** ⟨h⟩ 이탈시키다, 떼어내다: 전의 der Tod hat ihn aus unserer Mitte fortgenommen 죽음이 그를 우리들 가운데서 데려갔다. **2.** 빼앗다: einem Kind ein Spielzeug f. 아이에게서 장난감을 빼앗다. ~**packen**, sich ⟨h⟩ 《경》《떠날》 보따리를 싸다, 얼른 떠나다: pack dich fort! 보따리를 싸! ~**pflanzen** ⟨h⟩ **1. a)** ⟨f. + sich⟩ 번식{증식}하다. **b)** 생산하여 자손을 남기다, 대를 잇다: sein Geschlecht f. 그의 집안의 대를 잇다. **2. a)** ⟨f. + sich⟩ 《소리가》 퍼지다: der Ruf[das Echo, das Licht, die Heiterkeit] pflanzt sich fort 명성[메아리, 빛, 즐거움]이 퍼져 나간다. **b)** 《드물게》 전파시키다, 유포하다: den Schall [jmds. Namen, eine Lehre] f. 음향[누구의 이름, 학설]을 전파시키다. ~**pflanzung**, die 생식, 생산, 번식: eine (un)geschlechtliche F. 유성{무성} 생식. ~**pflanzungsbereitschaft**, die 생식{생산} 준비가 되어 있음. ~**pflanzungsbiologie**, die 생식 생물학, 번식 생물학. ~**pflanzungsfähig** ⟨Adj.⟩ 《반대: ~pflanzungsunfähig》 생식{번식} 능력이 있는. ~**pflanzungsfähigkeit**, die ⟨Pl. 없음⟩ 생식{번식} 능력이 있음. ~**pflanzungsgeschwindigkeit**, die 전파 속도: die F. des Lichtes 빛의 전파 속도. ~**pflanzungsorgan**, das ↑Geschlechtsorgan. ~**pflanzungsstimmung**, die ↑pflanzungsbereitschaft. ~**pflanzungstrieb**, der ↑Geschlechtstrieb. ~**pflanzungsunfähig** ⟨Adj.⟩ 《반대: ~pflanzungsfähig》 생식{번식} 능력이 없는. ~**pflanzungsvorgang**, der 생식{번식} 과정. ~**pflanzungszeit**, die 생식{번식} 기간. ~**pflanzungszyklus**, der 생식{번식} 주기. ~**räumen** ⟨h⟩ 치우다: das Geschirr [das Spielzeug] f. 그릇[장난감]을 치우다; 전의 Schwierigkeiten (Vorurteile) f. 어려움[편견]을 제거하다. ~**reisen** ⟨s⟩ 여행을 떠나다: er ist fortgereist, ohne eine Adresse zu hinterlassen 주소 하나 남기지 않고 그는 여행을 떠나버렸다. ~**reißen*** ⟨h⟩ **a)** 잡아채다, 급격히 떼어내다: das Hochwasser hat die Brücke fortgerissen 홍수가 다리를 휩쓸어갔다. **b)** 누구의 마음을 앗다, 마음을 사로잡다: sich von seinen Gefühlen f. lassen 감정에 휩쓸리다; der Pianist[sein Vortrag] riß das Publikum fort 피아니스트[그의 강연]는 청중의 넋을 빼놓았다. ~**reiten***, ⟨s⟩ 말을 타고 떠나다. ~**rennen*** ⟨s⟩《통용어》달려가다: sie rannte fort, um die Polizei zu holen 그녀는 경찰을 데려오기 위해 달려갔다. ~**rollen 1.** ⟨h⟩ 굴리어가다: Fässer f. 통들을 굴리어 옮기다. **2.** ⟨s⟩ 굴러가다: die Kugel[der Ball] ist fortgerollt 구슬[공]이 굴러갔다. ~**rücken 1.** ⟨h⟩ 밀어옮기다, 떠밀다: den Schrank f. 장을 밀어옮기다. **2.** ⟨s⟩ 밀려나가다: während der Fahrt rückten die Berge immer weiter fort 차가 달리는 사이에 산들은 점점 멀어져갔다. ~**rühren**, sich ⟨h⟩ (어느 장소로부터) 떠나다 (대개 부정으로 쓰임), 멀어지다; daß du dich nicht fortrührst! 꼼짝말고 여기 그대로 있어! ~**satz**, der 용기(突起)(조직으로부터 연장되어 나온): Fortsätze von Nervenzellen 신경세포의 돌기. ~**schaffen** ⟨h⟩ 옮기다, 치우다: alte Möbel f. 오래된 가구들을 옮기다; zunächst wurden Frauen und Kinder fortgeschafft 우선 여자와 아이들이 소개(疏開)되었다. ~**schaffung**, die 이동, 제거, 치우기. ~**scheren**, sich ⟨h⟩《통용어》얼른 떠나다, 빨리 도망치다: schert euch fort! 얼른 떠나! ~**scheuchen** ⟨h⟩ 쫓아버리다(위협적인 소리나 동작으로): Fliegen f. 파리를 쫓아버리다; 전의 trübe Gedanken f. 우울한 생각을 떨쳐버리다. ~**schicken** ⟨h⟩ **a)** 쫓아내다, 보내버리다: einen Hausierer [lästige Besucher] f. 행상인(귀찮은 방문객)을 쫓아내다; sie haben ihre Hausgehilfin fortgeschickt《통용어》그들은 시간제 가정부를 해고시켰다. **b)** 우편으로 부치다, 발송하다: er hatte den Brief bereits fortgeschickt 그는 벌써 편지를 부쳤었다. ~**schieben*** ⟨h⟩ 밀어옮기다, 밀어치우다. ~**schießen*** ⟨h⟩ ↑wegschießen 참조. ~**schleichen*** 슬쩍 빠져나가다, 남몰래 사라지다. **a)** ⟨s⟩ die Kinder sind auf leisen Sohlen fortgeschlichen 아이들은 발소리를 죽이고 살그머니 빠져나갔다. **b)** (f. + sich) der Dieb hatte sich fortgeschlichen 도둑놈은 남몰래 사라졌다. ~**schleifen* 1.** ⟨h⟩ 갈아 없애다, (줄 따위로) 쓸어 없애다. **2.** ⟨h⟩ 질질 끌고 가다. ~**schlendern** ⟨s⟩ 어슬렁어슬렁 사라지다. ~**schleppen** ⟨h⟩ 《통용어》 **1.** [힘들여] 끌고가다[끌어내다]. **2.** (f. + sich) 겨우겨우 몸을 움직여 나아가다, 근근히 운신하다: der alte Mann schleppte sich nur mühsam (an Krücken) fort 그 늙은 남자는 겨우 겨우 (목발에 의지하여) 앞으로 나아갔다; 전의 dieser Fehler schleppt sich von einer Auflage in die andere fort 이 잘못은 거듭되는 판에서도 수정되지 않고 남아 있었다; das Gespräch schleppte sich fort 대화는 힘겹게 진행되었다. ~**schleudern** ⟨h⟩ 내던지다. ~**schmeißen*** ⟨h⟩ ↑wegwerfen. ~**schnellen** ↑wegschnellen. ~**schreiben*** ⟨h⟩ **1.** (통계의 변동 사항을) 보충 기록하다: den Bevölkerungsstand f. 인구 현황의 통계치를 보충 기록하다. **2.** (부동산 과세 표준 가격을) 새로 책정하다: einen Einheitswert f. 과세 표준 가격을 새로 책정하다. **3.** 수정 추진하다: einen Stadtentwicklungsplan f. 도시 발전 계획을 수정 추진하다. ~**schreibung**, die (통계의) 보충 기록, 재책정, 수정 추진. ~**schreiten*** ⟨s⟩ 진행되다, 전진하다: die Zerstörung [Vermassung, Krankheit] schreitet fort 파괴(대중화·병)가 진행되다; das Jahr[die Zeit] ist schon ziemlich weit fortgeschritten 한 해(시간)가 벌써 상당히 지나갔다; eine fortschreitende Demokratisierung[Bürokratisierung] 진척되고 있는 민주화{관료화}. ~**schritt**, der 진보, 발전, 향상: -e der Medizin[auf dem Gebiet der Technik] 의학(기술 분야)의 진보; an den F. glauben 발전할 것이라고 믿다; etw. ist schon ein F. 무엇은 이미 하나의 발전이다; (große) -e machen (크게) 향상되다, 발전하다. ~**schrittler** [-ſrɪtlɐ], der; -s, - 진보주의자. ~**schrittlich** [-ſrɪtlɪç] ⟨Adj.⟩ 진보적인, 진취적인: eine -e Persönlichkeit 진보적인 사람; seine Ideen waren sehr f. 그의 이념은 매우 진취적이었다. **b)** 진보 지향적인, 발전을 표방하는: in besonders -es Land 특히 진보 지향적인 나라. ~**schrittlichkeit**, die 진보성, 발전성, 진취성. ~**schrittsfanatiker** ⟨경⟩ 광신적 진보주의자. ~**schrittsfeindlich** ⟨Adj.⟩ 진보에 적대적인: eine -e Einstellung 진보에 적대적인 입장. ~**schrittsfeindlichkeit**, die 진보 적대성, 발전 반대. ~**schrittsglaube**, der 진보{발전}의 신념. ~**schrittsgläubig** ⟨Adj.⟩ 진보{발전}을 신봉하는. ~**schrittsgläubigkeit**, die 진보(발전) 신봉성. ~**schrittsoptimismus**, der 진보{발전} 낙관주의. ~**schrittswille**, der 진보(발전) 의지. ~**schwelen** ⟨h⟩ 잔화(殘火)가 연기만 내며 계속 되다: der Brand schwelte noch einige Tage fort 큰 불은 며칠 더 계속하여 연기만 내며 탔다; 전의 die Krankheit(der Partisanenkampf) schwelte über Jahre fort 병(빨치산 전투)은 몇 년을 계속하여 질질 끌었다. ~**schwemmen** ⟨h⟩ 떠내려가게 하다: der Gewitterregen schwemmte die Erde fort 소나기가 토사를 휩쓸어 갔다. ~**schwimmen*** ⟨s⟩ **a)** 헤엄쳐가(버리)다. **b)** 물결에 떠내려가다: das Papier[Brett] schwimmt (auf dem Wasser) fort 종이(판자)가 물 위에 떠내려간다. ~**segeln** ⟨s⟩ **a)** 돛단배를 타고 떠나가다. **b)** 《반》 중인환시리

(衆人環視裡)에 으시대며 떠나가다. ~**sehen*** ⟨h⟩ ↑ wegsehen. ~**sehnen** ⟨h⟩ 다른 어느 곳을 그리워하다, 떠나고 싶어하다. ~**setzen** ⟨h⟩ **a)** 계속[속행]하다: eine Reise[Arbeit, den Krieg] f. 여행[일, 전쟁]을 계속하다; aussteigen und den Weg zu Fuß f. 차에서 내려 길을 걸어서 가다. **b)** ⟨f. + sich⟩ 확장[연장]되다: der Wald setzt sich bis zur Grenze fort 숲은 국경선까지 연이어 있다; das Gespräch hat sich bis in die Nacht fortgesetzt 대화는 밤까지 연장되었다. ~**setzung,** die -en **1.** 계속, 속행; 확장, 연장: die Liste fand auf einem anderen Blatt ihre F. 목록은 다른 종이 위에서 계속되었다. **2.** 연속물: ein Roman in -en 연재(連載)소설. ~**setzungsroman,** der 연재(連載)소설. ~**spinnen*** ⟨h⟩ **a)** 풀어나가다(이야기 따위를): ein Thema f. 주제를 풀어나가다. **b)** ⟨f. + sich⟩ 전개[진행]되다(이야기 따위가): das Gespräch hatte sich fortgesponnen 대화가 풀려나갔다. ~**sprengen** ⟨h⟩ ⟨아이⟩ 질주하여 가버리다: er war auf einem Rappen fortgesprengt 그는 가라말을 타고 뛰듯이 질주하여갔다. ~**springen*** ⟨s⟩ ↑ laufen (1). ~**spülen** ⟨h⟩ ⟨f.⟩ **a)** 휩쓸어가다: die Brandung hat den Ball fortgespült 부서지는 파도가 공을 휩쓸어갔다. **b)** 씻어 내다: Spuren f. 흔적을 씻어내다. ~**stehlen***, sich ⟨h⟩ 몰래 빠져나가다, 살짝 사라지다: er stahl sich leise aus der Gesellschaft(aus dem Zimmer) fort 그는 모임[방]에서 조용히 아무도 모르게 빠져나갔다. ~**stellen** ⟨h⟩ ↑ wegstellen. ~**sterben*** ⟨s⟩ 죽어 사라지다. 사거(死去)하다: **das letzte ihrer Kinder war ihr fortgestorben** 그녀의 마지막 자식도 죽어서 그녀를 떠났다. ~**stoßen*** ⟨h⟩ ↑ wegstoßen. ~**streben** ⟨h⟩ 떠나려고 애쓰다: sie hat immer von uns fortgestrebt 그녀는 언제나 우리를 떠나려고 몸부림을 쳤다. ~**streichen*** **1.** ⟨h⟩ 지워 없애다, 삭제하다: ein Wort f. 낱말 하나를 지워 없애다. **2.** ⟨s⟩ [사냥] ↑ abstreichen (4). ~**stürmen** ⟨s⟩ 황급히 떠나버리다: er stürmte ziellos fort 그는 목표도 없이 황급히 떠나버렸다. ~**stürzen** ⟨s⟩ ⟨통용어⟩ 허둥지둥 떠나다, 황황(遑遑)히 사라지다: auf die Nachricht hin ist sie gleich fortgestürzt 그 소식을 접하자 그녀는 당장에 허둥지둥 떠나버렸다. ~**tauen** ⟨s⟩ ↑ wegtauen. ~**tönen** ⟨h⟩ 계속하여 울(들)리다. ~**tragen** ⟨h⟩ 운반해 가다, 날라가다: Verwundete f. 부상자를 날라가다. ~**treiben*** **1.** ⟨h⟩ 몰아내다, 쫓아내다. **2. a)** 앞으로 몰아가다: die Strömung trieb ihn(das Boot) fort. 물의 흐름이 그(배)를 앞으로 몰아갔다. **b)** 물결에 떠가다, 표류해가다. **3.** ⟨h⟩ **a)** 계속해 나가다. **b)** 계속하다. ~**währen** ⟨h⟩ ⟨아이⟩ 존속[지속]하다. ~**während** ⟨Adj.⟩ 지속적인, 반복적인, 끊임줄 모르는: die Reden störte sie fortwährend 끊임줄 모르는 말소리가 그녀에겐 성가셨다. ~**wälzen** **1.** 굴리어가다, 굴려치우다. **2.** ⟨f. + sich⟩ 굴러가다, 천천히 나아가다. ~**waschen*** ⟨h⟩ 빨아서 없애다, 씻어내다. ~**wehen:** ↑ wegwehen. ~**wenden*** ⟨h⟩ ↑ wegwenden. ~**werfen*** ⟨h⟩ ↑ wegwerfen. ~**wirken** ⟨h⟩ 계속 영향을 끼치다: sein Beispiel[dieser Dichter] wirkt noch bis heute fort 그의 선례는[이 시인의] 오늘날까지도 여전히 영향력을 끼치고 있다. ~**wirkung,** die ↑ ~wirken의 명사형. ~**wischen** ⟨h⟩ 닦아(훔쳐) 없애다. ~**wollen*** ⟨h⟩ **a)** 떠나려 하다. **b)** 앞으로 나아가려 하다: meine Beine wollen nicht mehr so recht fort 나의 다리가 더 이상 말을 들으려 하지 않는다. ~**wuchern** ⟨h⟩ ↑ weiferwuchern 참조. ~**wünschen** ⟨h⟩ **a)** ⟨f. + sich⟩ 떠났으면 하고 바라다(마음에 들지 않는 곳을). **b)** 누가 떠나주었으면 하고 바라다: sie hat mich sicher schon oft fortgewünscht 그녀는 확실히 내가 떠나주길 이미 자주 바랬을 것이다. ~**wursteln** ⟨h⟩ ↑ weiterwursteln. ~**zahlen** ⟨h⟩ 계속적으로 지불하다. ~**zahlung,** die 계속적인 지불. ~**zaubern** ⟨h⟩ 마술로 써 쫓다, 마법으로 없애다. ~**zerren** ⟨h⟩ ↑ wegzerren. ~**zeugen** ⟨h⟩ ⟨아이⟩ 계속 영향을 끼치다, 작용하다. ~**ziehen*** **1.** 끌어내다, 끌어놓이다 ⟨h⟩: jmdm. das Kissen(unter dem Kopf) f. 누구의 (머리맡에 있는) 베개를 빼어내다; seine Hand f. 그의 손을 떼다. **2.** 이사하다, 이주하다: sie wollen demnächst von hier f. 그들은 곧 이곳에서 이사가려고 한다. ~**zug,** der ⟨드물게⟩ 이사, 이주.

forte ['fɔrtə] ⟨Adv.; più forte [pju:-], fortissimo [fɔr'tɪsimo]⟩ [ital. forte (Komp.: più forte, Sup.: fortissimo)] **1.** [음악] 포르테, 세게, 힘차게: eine Stelle f. spielen 한 곳을 세게 연주하다(약어: f; fortissimo(매우 세게, 매우 힘차게): ff]. **2.** [약학] (약성이) 세게, 강하게. **Forte** [-], das; -s, -s / ...ti [음악] 포르테의 음, 강음: das Klavier hat an dieser Stelle ein F. 그 피아노는 여기서 강음이다. **fortepiano** ⟨Adv.⟩ [음악] 포르테피아노, 세게 그리고 곧 약하게: der Einsatz war f. 도입부는 포르테피아노였다(약어: fp). **Fortepiano,** das **1.** [음악] 포르테피아노의 음. **2.** ⟨고어⟩ 피아노. **Fortes:** ↑ Fortis의 복수형. **fortes fortuna adiuvat** ['fɔrte:s fɔr'tu:na 'atjuvat; lat.] (교양어) 용감한 사람들은 행운이 도와준다. **Forti:** ↑ Forte의 복수형. **Fortifikation** [fɔrtifika'tsǐoːn], die; -en [frz. fortification] ⟨고어⟩ **a)** 축성(築城), 성채, 보루: eine neolithische F. 신석기 시대의 성채. **b)** ⟨Pl. 없음⟩ 축성술. **fortifikatorisch** [...'to:rɪʃ] ⟨Adj.⟩ **a)** 축성(성채)의: ein mittelalterlicher -er Siedlungstypus 중세의 성채식 취락 유형. **b)** 축성술의. **fortifizieren** [fɔrtifi'tsiːrən] ⟨h⟩ [lat. fortificāre] ⟨고어⟩ 견고히 하다. **Fortis** ['fɔrtɪs], die; ...tes [...te:s; lat. fortis] [음성] 센소리, 음성 기관의 세기와 긴장도가 큰 자음(예컨대: p, t, k, ß), 강음. **Fortissimi:** ↑ Fortissimo의 복수형. **fortissimo** ↑ forte 참조. ⟨명사화⟩ **Fortissimo,** das; -s, -s / ...mi ⟨음악⟩ 포르티시모의 음, 매우 센 음: im höchsten F. spielen 최강음으로 연주하다.

FORTRAN ['fɔrtran], das; -s [engl. FORTRAN, **fo**rmula **tran**slator의 약칭] [전산] 포트란(기술·계산적 프로그램 언어).

Fortuna [fɔr'tuːna] ⟨고유명사⟩ [lat. fortūna] 행운의 여신; F. war[erwies sich] ihm hold ⟨아이⟩ 행운의 여신은 그의 편이었다; F. lächelt(lacht) jmdm. ⟨아이⟩ 행운의 여신은 누구에게 미소를 짓는다; ein Kind der F. 행운아. **Fortune** [fɔr'tyːn, ⟨독어화⟩ **Fortüne** [fɔr'tyːnə) die [frz. fortune] ⟨f.⟩ 행운: keine Fortune haben 운이 없다.

Forum [ˈfoːrum], das; -s, Foren / [3: lat. forum; 1, 2: amerik. forum] **1.** ⟨Pl. Foren⟩ **a)** 공청회: vor einem F. sprechen 공청회 석상에서 발언하다; 전의 vor dem F. der Geschichte 역사의 심판 앞에서. **b)** 무엇을 하기에는 안성맞춤(인 장소): eine Zeitschrift als F. für bestimmten Fragen 일정한 문제를 다루는 데에는 안성맞춤인 잡지. **2.** ⟨Pl. Foren⟩ 공개 토론. **3.** ⟨Pl. Foren / Fora⟩ ⟨음악⟩⟨시장으로⟩ 법정으로 쓰였던 고대 로마의). **Forumsdiskussion,** die, **Forumsgespräch,** das ↑ Forum (2).

Forward ['fɔːwəd], der; -(s), -s [engl. forward] [축구] 공격수, 포워드.

forzando [fɔr'tsando] ⟨Adv.⟩ ↑ sforzando 참조. **forzato** [fɔr'tsaːto] ⟨Adv.⟩ ↑ sforzato 참조.

Forzeps, Forceps ['fɔrtsɛps] der / die; ...zipes / ...cipes [...tsi̯pe:s; lat. forceps] [의학] 분만 겸자(分娩鉗子).

Fosbury-Flop ['fɔsbəriflɔp], der; -s, -s **a)** [미국 육상

선수 R. Fosbury의 이름을 따서〉〈Pl. 없음〉 배면뛰기; im F. springen 배면뛰기하다. **b)** 배면뛰기 기법에 의한 도약.
Fose ['fo:zə], die; -n 《비어》 매춘부, 창녀, 계집.
Fossa ['fɔsa], die; ...sae [...se; lat. fossa = Graben] [해부] 구멍, 움푹하게 패인 곳.
Foße ['fo:sə], die; -n [frz. (carte) fausse] 《nordd.》 약한 카드: ich kann nicht gewinnen, ich hab' zuviel -n 나는 이길 수 없다, 약한 카드가 너무 많아서.
fossil [fɔ'si:l] 〈Adj.〉 [lat. fossilis] 태고의, 화석의(반대: rezent). 〈명사화〉 **Fossil** [-], das; -s, -ien [...liən] 화석: -ien präparieren 화석을 수집하다; lebende -ien 【생물】살아있는 화석(예컨대: 은행). **Fossilfund,** der 화석 발굴. **Fossilisation** [fɔsilizaʦio:n], die 화석화 [작용]. **fossilisieren** [...'zi:rən] 〈s〉 화석화되다.
fötal: ↑ fetal.
¹Foto [fo:to], das; -s, -s 《schweiz.》 die; -s ↑ Fotografie의 약칭. **²Foto** [-], der; -s, -s 《통용어》 ↑ Fotoapparat의 약어.
foto-, Foto-: **~album,** das 사진첩. **~amateur,** der 사진 애호가, 비직업 사진사. **~apparat,** der 사진기: den F. zücken 사진찍을 준비를 하여 찍다. **~archiv,** das 사진 자료(실). **~artikel,** der 〈대개 Pl.〉 사진 용품. **~atelier,** das 사진 작업실[아틀리에]. **~finish,** das 【스포츠】 (골인 순간의) 사진 판정. **~industrie,** die 사진 산업. **~kopie,** die (사진) 복사: von einem Aufsatz eine F. anfertigen 논문을 한 부 복사하다. **~kopieren** 〈h〉 (사진) 복사하다. **~kopierautomat,** der, **~kopierer,** der 《통용어》 **~kopiergerät,** das 복사기. **~labor,** das 사진 현상소. **~material,** das 사진 재료. **~modell,** das **1.** 사진 모델. **2.** (은폐적) Prostituierte. **~montage,** die **1.** 사진 몽타즈. **2.** 몽타즈 사진. **~objektiv,** das 사진 대물렌즈. **~optik,** die 카메라 렌즈. **~papier,** das 인화지. **~realismus,** der (현대 미국 화단의) 사진 사실주의. **~realist,** der 사진 사실주의 작가. **~reporter,** der 사진 기자. **~safari,** die 사진 촬영 사파리. **~satz,** der 【인쇄】사진 식자. **~tasche,** die 사진기 가방. **~technik,** die 사진 기술. **~technisch** 〈Adj.〉 사진 기술의. **~wettbewerb,** der 사진 경연. **~zeitschrift,** die 사진 잡지. **~zinkografie,** die ↑ Photozinkographie.
fotogen [foto'ge:n] 〈Adj.〉 [nach engl. photogenic] 사진이 잘 받는. **Fotogenität** [...geni'tɛ:t], die 사진이 잘 받음. **Fotograf** [...'gra:f], der; -en, -en 사진사, 사진 작가. **Fotografie** [...gra'fi:], die; -n [...i:ən; engl. photography] **1.** 〈Pl. 없음〉 **a)** 사진(기)술. **b)** (영화의) 촬영술. **2.** 사진: eine F. von jmdm. machen 누구의 사진을 찍다.
fotografieren [...'fi:rən] 〈h〉 **a)** 사진 촬영하다, 사진 찍다. **b)** (무엇을 사진으로) 찍다: seine Familie f. 그의 가족을 찍다. **c)** (사진으로) 제작하다: diese Aufnahme ist besonders gut fotografiert 이 사진은 특히 잘 찍었다. **d)** (f. + sich) 사진이 (잘) 받다: dieses Modell fotografiert sich gut 이 모델은 사진이 잘 받는다.
fotografisch [...'gra:fɪʃ] 〈Adj.〉 **a)** 사진의: eine f. Aufnahme 사진 촬영. **b)** 사진에 의한: etw. f. kopieren 무엇을 사진 복사하다. **Fothotek** [...'te:k], die; -en 사진 수집관, 사진 자료실. **fototrop** [...'tro:p] 〈Adj.〉 [zu griech. phōs (2격: phōtós) u. trópos (안경알이) 빛으로 변색되는.
Fötor [fø:tɔr, 《또한》 ...to:ɐ], der; -s [lat. foetor] 【의학】악취.
Fötus: ↑ Fetus.
Fotze ['fɔʦə], die; -n **1.** 《비어》보지. **2.** 《비어, 여자에 대한 욕설》(갈보)년: diese blöden -n 이 바보 같은 년

들. **3.** 《bayr., österr.·속어·팽》 **a)** 아가리. **b)** 따귀.
Fötzel ['fœʦl], der; -s 《schweiz.》 건달, 농땡이.
fotzen ['fɔʦn] 〈h〉 《bayr., österr.·통용어·비어·팽》 따귀를 때리다. **Fotzenlecker,** der; -s, - 《비어》 섭탈놈. **Fotzhobel,** der; -s, - 《bayr., österr.·통용어》 하모니카.
foudroyant [fudrɔa'jã:, ...jant] 〈Adj.〉 [frz. foudroyant] 【의학】전격상의, 급성의.
foul [faul] 〈Adj.〉 [engl. foul] 【스포츠】 반칙의, 비스포츠적인: 〈명사화〉 **Foul** [-], das; -s, -s 【스포츠】 반칙, 파울.
Foulard [fu'la:ɐ̯; frz. foulard] **1.** der; -s, -s **a)** 폴라르 (잔잔한 무늬가 있는 얇은 비단 천). **b)** 날염기. **2.** das; -s, -s 《schweiz.》(인조)견 목도리. **Foulardine** [fular'di:n], die; - 공단 세면직. **Foulé** [fu'le:], der; -(s), -s [frz. foulé] 풀레(부드럽고 괴깔이 짧은 모직).
Foulelfmeter ['faul-], der; -s, - 【축구】 페널티 킥.
foulen ['faulən] 〈h〉 【스포츠】 반칙을 범하다: der Stümer wurde hart gefoult 그 공격수는 심한 반칙을 당했다. **Foulspiel** ['faul-], das; -(e)s ↑ Foul.
Fourage: ↑ Furage.
Fourgon [fur'gõ:, 《schweiz.》 'furgõ], der; -s, -s [frz. fourgon] **1.** (고어) 짐차. **2.** 《schweiz.》 군수 화물차, 우편물차. **3.** 《österr.·고어》 영구차.
Fourier [fu'ri:ɐ̯], der; -s, -e **1.** 《österr.》 하사관(급). **2.** 《schweiz.》 **a)** 중사(계급). **b)** ↑ Rechnungsführer.
Four-letter-word ['fɔ:lɛtəwə:d], das; -s, -s [engl. four-letter word, 영어의 fuck에서] 육담, 육두문자.
Fourniture [furni'ty:ɐ̯], die; -n [...'ty:rən; frz. fourniture] **1.** 《요식업·고어》 양념, 향료. **2.** 《전문어》 장식품 제조용 부품.
Fourrure [fu'ry:ɐ̯], die [frz. fourrure, zu fourrer] 《고어》 모피제품.
Fox [fɔks], der; -(es) -e ↑ Foxterrier, ↑ Foxtrott의 약칭. **Foxhound** [-haunt], der; -s, -s [engl. foxhound u. hound] 폭스하운드(사냥개의 일종). **Foxterrier,** der; -s, - [engl. fox terrier] 폭스테리어(애완용 개의 일종). **Foxtrott** [-trɔt], der; -s, -s od. -e [engl.-amerik. fox-trot] 폭스-트롯(4/4 박자의 행진곡 풍의 춤).
Foyer [foa'je:], das; -s, -s [frz. foyer] (극장 따위의) 대기실, 휴게실, 로비.
FPÖ = Freiheitliche Partei Österreichs 오스트리아 자유당.
fr = France.
Fr = Francium.
fr. = frei.
Fr. = Franken; Frau.
Fra ['fra:] 〈Art. 없음〉 [ital.] [가] 이탈리아 수도사의 호칭.
Fracas [fra'ka], der; - [frz. fracas] (고어) 소음, 굉음.
Fracht [fraxt], die; -en [niederd. vracht] **1.** 화물, 선적물: die F. einladen(ausladen, übernehmen, umschlagen) 화물을 싣다(하역하다, 떠맡다, 옮겨싣다); etw. per F. schicken 무엇을 화물로 보낸다. **2.** 운임.
fracht-, Fracht-: **~behälter,** der ↑ Container. **~brief,** der **1.** 송장, 화물 운송장. **2.** 《통용어》 (여행 규제가 정확히 기재된) 가석방증. **~dampfer,** der 《준고어》 ↑ Frachter. **~flugzeug,** das 화물 수송기. **~frei** 〈Adj.〉 운송비 무료의, (파는 측) 운임 선납의. **~führer,** der 화물 운송업자. **~geld,** das 화물 운임, 운송비. **~gut,** das 화물. **~kahn,** der (강의) 화물선. **~kosten** (Pl.) ↑ ~geld. **~raum,** der 〈Pl. 없음〉 화물실. **~satz,** der 화물 운임(율). **~schiff,** das -

Frachter. ~schiffahrt, die 화물 해상 운송. ~sendung, die 화물 발송, 화물 탁송. ~spesen 〈Pl.〉 ↑~geld. ~stück, das 운송 화물. ~tarif, der 화물 운임율. ~übernahme, die 화물 인수. ~verkehr, der 화물 운수, ~vertrag, der 화물 운송 계약. ~zettel, der ↑~brief.

frachten〈h〉《고어》짐을 싣다[운송하다]. Frachtenausschuß, der 【경제】내륙해 수송 화물 위원회. Frachtenbahnhof, der; Frachtenstation, die (österr.) 화물역. Frachter, der; -s, - 화물선.

Frack [frak], der; -(e)s, Fräcke ['frɛkə], 《통속어》-s [engl. frock = Rock] a) 연미복(상의); 전의《통속어 · 농》ein alter F. 구식 낡은 저고리(웃옷); jmdm. den F. voll hauen 《경》누구를 두들겨 패다: **jmdm. saust der F.** 《통속어 · 농》누가 매우 겁내고 있다; **sich in den F. machen[scheißen]** 《비어》1) 과장하여 떠벌이다. 2) 매우 부지런하다. **b)** 상하연미복.

Frack-: ~hemd, das 연미복용 셔츠. ~hose, die 연미복 바지. ~sausen 《다음 용법으로만》F. haben 《통속어》두려워하다. ~schoß, der 《대개 Pl.》연미복의 뒤쪽 꼬리. ~schoßsausen: ↑ ~sausen. ~weste, die 연미복용 조끼. ~zwang, der 연미복 착용 의무: bei diesem Empfang besteht F. 이 접견에는 연미복을 반드시 착용해야 한다.

Frage ['fra:gə], die; -n 1. 질문, 문의, 조회: eine rhetorische F. 수사적 질문; eine offene F. 당장 대답할 수 없는 질문; das ist doch (gar) keine F. 그것은 의문의 여지가 없다; jmdm. [an jmdn.] eine F. stellen 누구에게 질문을 제기하다; an jmdn. eine F. richten 누구에게 문의하다; er stellte ü über -n 그는 매우 많은 질문을 했다; er wich meiner F. aus 그는 나의 질문을 피했다; auf eine F. (mit Ja oder Nein) antworten 질문에 (긍정 혹은 부정으로) 답하다; sich mit einer F. an jmdn. wenden 누구에게 문의하다; 성구 wie die F., so die Antwort 우문우답(愚問愚答). 2. 문제, 논제, 현안: eine verzwickte F. 《통속어》복잡한 문제; die soziale F. 사회적 문제; die letzten -n 〈은폐적〉종교적 (특히 죽음의) 문제; das ist (nur) eine F. der Zeit (des Geldes, der Erziehung) 그것은 (단지) 시간(금전, 교육) 문제이다; es erhebt sich die F., ob ..., ~한 문제가 제기된다; eine F. aufwerfen[anschneiden, diskutieren, klären, lösen, erledigen] 문제를 제기하다. [거론하다, 논의하다, 해명하다, 해결하다, 처리하다]; einer F. nachgehen 문제를 추구하다; 속담 Sein oder Nichtsein, das ist hier die F.(Shakespeare, Hamlet III, 1) 사느냐 죽느냐 그것이 문제이다(셰익스피어, 「햄릿 III, 1」). 3. **das ist (noch sehr) die F./das ist die große F.** 그것은 (정말) 문제이다; **das ist gar keine F.** 그것은 전혀 문제가 아니다; **außer F. sein[stehen]** 의문의 여지가 없다; **jmdn.(etw.) in F. stellen** 누구 [무엇]를 의심하다; **etw. stellt etw. in Frage** 무엇이 무엇을 위태하게 하다[불분명케하다]; **(für jmdn.[etw.]) in F. kommen** (누구[무엇]에게) 알맞다: drei Bewerber kommen für diesen Posten in F. 세 지원자가 이 자리를 위한 고려의 대상이 된다; **etw. kommt nicht in F.!** 《통속어》무엇이 있을 수 없다: daß du mitgehst, kommt nicht in F. 당신이 같이 간다는 것은 말도 안된다; **ohne F.** 의심의 여지없이.

Frage-: ~batterie, die 【여론】한 묶음의 문항. ~bogen, der 질문지: einen F. ausfüllen 질문지에 사항을 적어 넣다. ~fürwort, das ↑Interrogativpronomen. ~karte, die 질문용 엽서; 질문 카드. ~kasten, der ↑Briefkasten (c). ~liste, die ↑~bogen. ~partikel, die 【언어】의문 불변화사. ~satz, der 【문법】의문문(Interrogativsatz). ~steller [...ʃtɛlɐ], der; -s, - a) 질의자, 질문자. b) 회견자. ~stellung, die a) 질문(방식). b) (학문적, 철학적) 문제(제기). ~stunde, die (의회의) 질의 시간. ~und-Antwort-Spiel, das 문답 놀이. ~wort, das, (Pl. -wörter) ↑Interrogativpronomen. ~zeichen, das a) 물음표, 의문부: ein F. setzen 의문부를 달다; aussehen wie ein lebendiges F. 의문스럽다는 표정을 짓다; 전의 es bleiben noch einige F. 아직 의문스러운 점이 남아 있다; sein Gesicht war ein einziges F. 그의 얼굴은 의문과 경악 그대로였다; sie ist ein wandelndes F. 그녀는 끊임없이 질문한다; etw. mit einem (dicken, großen) F. versehen 무엇에 대해 (대단한) 의문을 표시하다. b) 물음표의 형상: wie ein geschissenes F. 【군】뻐딱한 자세로 서 있다.

frägeln ['frɛːgl̩n] 〈h〉(schweiz. · 방언) 슬쩍 물어보다.

fragen ['fra:gn̩] 1. a) (누구에게 무엇을) 묻다, 질문하다: jmdn. etw. f. 누구에게 무엇을 묻다; f. kostet (ja) nichts[nicht den Kopf] 마음놓고 물어볼 수 있다; uns hat man auch nicht gefragt 우리에게는 물어보지도 않았다; 성구 da fragst du mich zuviel! 《통속어》나도 몰라. b) 질문하다, 묻다: frag nicht so dumm! 그렇게 어리석은 질문은 하지 말아라!; da fragst du noch? 아직도 물어볼 것이 있냐? frag lieber nicht 《통속어》 (알고 싶지 않으니) 묻지 않는 것이 좋아; dein dauerndes Fragen ermüdet mich 〈명사화〉네 끊임없는 질문이 나를 피곤케 한다; 전의 mit den Augen f. 물어보듯이 쳐다보다. 2. a) 문의하다, 묻다, 조회하다: nach dem Weg f. 길을 묻다; ich habe ihn nach seinen Eltern gefragt 나는 그에게 그의 부모의 안부를 물었다; er fragte wegen der Höhe der Miete 그는 집세가 얼마인지를 물었다; hat jmd. nach mir gefragt? 나 찾는 사람이 있었어? b) (부정어와 함께) 돌보지 않다; der Vater fragte nicht nach den Kindern 아버지는 자식을 돌보지 않았다. ich frage den Teufel[einen Dreck] danach! 《경》나는 그 일에 전혀 개의치 않는다. 3. 요청하다, 구하다, 찾다: (jmdn.) um Rat f. (누구에게) 충고를 구하다. er hat schon an vielen Stellen nach [wegen / um] Arbeit gefragt 그는 벌써 여러 곳에서 일자리를 찾았다. 4. (f. + sich) 스스로 묻다, 숙고하다, 의문이다: das habe ich mich auch schon gefragt 그것을 벌써 심사숙고했다; ich frage mich, ob ich das tun kann was ich je tun sollte 그것을 할 수 있을지 의심스럽다; **es fragt sich** 의심스럽다. **Fragenkomplex, Fragenkreis,** der; -es, -e 복합적 문제. **Frager**, der; -s, -e 질문자, 질의자, 호기심이 많은 사람. **Fragerei** [fra:gə'rai], die; -en 《폄》성가신 질문, 질문 공세. **Fragerin**, die; -nen ↑Frager 의 여성형.

fragil [fra'gi:l] 〈Adj.〉 [lat. fragilis] 부서지기 쉬운, 연약한. Fragilität [fragili'tɛ:t], die [lat. fragilitās] 연약함, 상하기 쉬움.

fraglich ['fra:klɪç] 〈Adj.〉 1. 확실치 않은, 분명치 않은, 의심스러운: es ist noch sehr f., ob er kommt 그가 올 것인지 아직 분명치 않다. 2. 문제의, 해당되는: die -en Personen 문제의 인물들. Fraglichkeit, die; -en 불확실성. fraglos 〈Adv.〉 확실히, 의심할 나위없이. Fraglosigkeit, die 확실함, 틀림없음.

Fragment [fra'gmɛnt], das; -(e)s, -e [lat. frāgmentum] **a)** 《교양어》조각, 단편. **b)** 《교양어》미완성 작품, 토르소. **c)** 【의학】골편(骨片). **fragmentär** [fragmɛn'tɛːɐ̯] 〈Adj.〉 [frz. fragmentaire] 《드물게》 ↑fragmentarisch 참조. **fragmentarisch** [fragmɛn'ta:rɪʃ] 〈Adj.〉 《교양어》단편적인, 미완의, 불완전한. **Fragmentation** [fragmɛnta'tsio:n], die; -en 1. 【발생】분사 분열. 2. 【식물】 (분열 등에 의한) 무성 생식. **fragmentieren** [fragmɛn'tiːrən], 〈h〉 《고어》잘게 부수다.

Fragner ['fraːgnɐ], der; -s, - 《bayr., österr.・고어》일용 잡화점. **Fragnerei** [...nəˈraɪ], die; -en 《bayr., österr.・고어》작은 가게.
fragwürdig 〈Adj.〉 **a)** 의심스러운. **b)** 《평》평이 나쁜, 수상한. **c)** 《드물게》살펴볼만한. **Fragwürdigkeit**, die; -en 의심스러움, 수상함.
frais [frɛːs], **fraise** [frɛːz] 〈Adj.; 격변화 없음〉 [frz. fraise] 딸기 빛깔의. 《명사화》 Frais, **¹Fraise** [-], das; -, - die 딸기색.
²Fraise, 《독일》 Fräse ['frɛːzə], die; -n [1: frz. fraise] **1.** (15, 16세기경에 입던) 목의 주름 장식. **2.** 구레나룻.
fraisefarben 〈Adj.〉 ↑frais(e).
Fraisen [ˈfraɪzn̩] 〈Pl.〉 《bayr., österr.》 (어린아이의) 경련: **in die F. fallen** 매우 놀라다. **Fraisenanfall**, der 경련 발작.
Fraktion [frakˈtsjoːn], die; -en [1a: frz. fraction; 2: lat. frāctio] **1. a)** (의회의) 원내 교섭 단체: **eine F. bilden** (원내) 교섭 단체를 구성하다. **b)** 분파, 파벌. **c)** 《österr.》 시골 행정 구역. **2.** 《화학》 분류(分溜), 분별 증류. **fraktionell** [...tsjoˈnɛl] 〈Adj.〉 원내 교섭 단체의, 당파의. **Frakionierapparat**, der 《화학》 분별 증류기. **fraktionieren** 〈h〉 《화학》 분류하다. **fraktioniert** 〈Adj.〉 《화학》 간격을 두어, 나누어. **Fraktionierung**, die; -en **1.** 《화학》 분류. **2.** 《정치》 원내 교섭 단체 결성, 분파.
fraktions-, **Fraktions-** (Fraktion 1a, b): **~ausschuß**, der 원내 당(교섭 단체) 위원회. **~autonomie**, die 원내 교섭 단체의 자율권. **~beschluß**, der 의원 총회 의결(사항). **~bildung**, die 교섭 단체 결성, 파당. **~chef**, der 원내 총무. **~disziplin**, die 〈Pl. 없음〉 원내 교섭 단체의 규율. **~freund**, der 원내 교섭 단체의 동료. **~führer**, der ↑~chef. **~führung**, die 원내 교섭 단체의 지도(부). **~kampf**, der 파벌 싸움. **~kollege**, der 원내 당(교섭 단체) 동료. **~los** 〈Adj.〉 교섭 단체에 속하지 않은, 무소속의. **~losigkeit**, die 원내 당 지도(부). **~minderheit**, die 원내 소수파. **~mitglied**, das 당(교섭 단체) 소속 의원. **~moral**, die ↑~disziplin. **~sitzung**, die 교섭 단체 회의, 의원 총회. **~spaltung**, die 분파. **~sprecher**, der 원내(교섭 단체) 대변인. **~stärke**, die **a)** 교섭 단체 결성에 필요한 의원수. **b)** 당 (교섭 단체) 소속 의원수. **~versammlung**, die 교섭 단체 회의. **~vorsitz**, der 원내 교섭단체의 장직. **~vorsitzende**', der / die 원내 교섭단 의장. **~vorstand**, der 원내 총회. **~zwang**, der 의원 총회의 결의에 따라 표결해야 하는 의원의 의무.
Fraktur [frakˈtuːɐ̯], die -en [lat. frāctūra] **1.** 《의학》 골절. **2.** 〈Pl. 없음〉 독일식 글자체: **einen Text in F. setzen** 본문을 독일식 고딕체로 식자하다. **Fraktur (mit jmdm.) reden** 명료하게(노골적으로) 말하다. **Fraktursatz**, der 〈Pl. 없음〉 **a)** 독일체 식자. **b)** 독일체로 인쇄된 본문. **Frakturschrift**, die 독일식 문자.
Frambösie [frambøˈziː], die; -n [...iːən; zu frz. framboise] 《의학》 딸기종(腫).
Frame [freːm], der, -n [...mən], -n [...mən; engl. frame] 《기술》 (철도 차량의) 외각 골조.
Frana [ˈfraːna], die; Frane [...nə; ital. frana] 《지질》 (Apennin 산맥의) 사태.
Franc [frãː], der; -, -s [frãː] (그러나: 100 Franc) [frz. franc] 프랑(프랑스, 벨기에, 룩셈부르크 등의 화폐 단위): 1 Franc = 100 Centimes(약어: fr, Pl.: frs); französischer F.(약어: F, FF); belgischer F.(약어: bfr, Pl.: bfrs); Luxemburger F.(약어: lfr, Pl.: lfrs).
Française [frãːˈsɛːzə], die; -n [frz. danse française] 프랑세즈(6/8 박자의 프랑스 사교춤).

franchement [frãʃˈmã], 〈Adv.〉 [frz. franchment] 솔직히, 숨김없이. **¹Franchise** [frãːˈsiːzə], die; -n [frz. franchise] **1.** 《고어》자유스러움, 솔직함. **2.** 《고어》관세면제. **3.** 《보험》면책액. **²Franchise** [ˈfræntʃaɪz], das; - [engl. franchise] 《경제》 독점 판매권. **Franchising** [ˈfræntsaɪzɪŋ], das; -s ↑²Franchise.
Francium [ˈfrantsjʊm], das; -s [frz. France] 《화학》 프란슘(방사성 원소명: 기호 Fr.).
franco: ↑franko.
frank [fraŋk] 〈Adj.〉 [frz. franc] 자유로운, 솔직한, 직선적인: 《대개 다음 용법으로》 **f. und frei** 솔직하게, 숨김없이.
Frankatur [fraŋkaˈtuːɐ̯], die; -en [ital. francatura] 우편 요금 선납, 우표.
Franke ['fraŋkə], der; -n, -n **1.** 프랑크 족(서 게르만 종족). **2.** ↑¹Franken의 주민. **¹Franken** [ˈfraŋkn̩], -s 프랑켄 지역.
²Franken [-], der; -s, - (축소형: ↑Fränkli) 프랑(스위스 화폐 단위). (1 Franken = 100 Rappen); (약칭: Fr, sFr u. 《독일 은행에서》sfr, Pl.: sfrs). **Frankenstück**, das 프랑화 동전. **Frankenwein**, der 프랑켄 지방의 포도주.
Frankfurt am Main' 프랑크푸르트(암 마인). **¹Frankfurter** [ˈfraŋkfʊrtɐ], 《engl.》' [ˈfræŋkfaːtə], der; -s, - 프랑크푸르트 주민. **²Frankfurter** [ˈfraŋkfʊrtɐ], die 《대개 Pl.》 프랑크푸르트 소세지(Frankfurter Würstchen의 약칭). **frankfurtisch** [ˈfraŋkfʊrtɪʃ] 〈Adj.〉 프랑크푸르트의. **Frankfurt(Oder)¹. 1.** 프랑크푸르트(구동독의 행정 구역) **2.** (오더 강변의 도시) 프랑크푸르트.
frankieren [fraŋˈkiːrən] 〈h〉 [ital. francare] 《우편》 우표를 붙이다: **eine ungenügend frankierte Sendung** 충분하게 우표를 붙이지 않은 우편물. **Frankiermaschine**, die 우편 요금 계기. **Frankierung**, die; -en **a)** 〈Pl. 없음〉 우표를 붙임. **b)** 우편 요금 선납증. **Frankierungssatz**, der 우편 요금률. **Frankierungszwang**, der 우편 요금 선납 의무.
Fränkin [ˈfrɛŋkɪn], die; -nen ↑Franke의 여성형.
fränkisch [ˈfrɛŋkɪʃ] 〈Adj.〉 프랑켄 지방의.
Fränkler [ˈfrɛŋklɐ], der; -s, - 《schweiz.》 프랑 동전.
Fränkli [ˈfrɛŋkli], das; -s, - 《통용어, 자주 농》 ↑²Franken.
franko, franco [ˈfraŋko] 〈Adv.〉 [ital. franco] 《상인 · 준고어》 수송료 무료의, 수취인 부담의.
Frankokanadier [fraŋkokaˈnaːdiɐ̯], der 캐나다의 프랑스어 사용 주민. **frankokanadisch** 〈Adj.〉 캐나다의 프랑스어 사용 주민의.
Frankomane [fraŋkoˈmaːnə], der; -n, -n (교양어) 프랑스광. **Frankomanie** [...maˈniː], die [zu mlat. Francus = Franke; Franzose u. ↑Manie] 《교양어》 프랑스 숭배, 프랑스광. **frankonisieren** [...niːzɪrən] 〈h〉 프랑켄화하다. **Frankonisierung**, die; -en 프랑켄화.
frankophil [...ˈfiːl] 〈Adj.〉 《교양어》 프랑스인을 좋아하는, 친불(親佛)의. (반대: frankophob) **Frankophilie** [...fiˈliː], die [griech. philía] 《교양어》 프랑스애, 친불(親佛)애 (반대: Frankophobie). **frankophob** [...ˈfoːp] 〈Adj.〉 Steig. 《교양어》 프랑스를 싫어하는, 반불의(반대: frankophil). **Frankophobie** [...foˈbiː], die 《교양어》 프랑스 혐오, 반불감정(反佛感情)(반대: Frankophilie). **frankophon** [...ˈfoːn] 〈Adj.〉 [frz. francophone] 《교양어》 불어를 모국어로 하는. **Frankophone'** [...ˈfoːnə], der / die -n, -n 《교양어》 불어를 모국어로 사용하는 사람. **Frankophonie** [...foˈniː], die 《교양어》 불어 사용, 불어를 모국어로 사용함. **Frankostempel**, der; -s, - 《우편》 우편 요금 계기의 스탬프.
Frankreich [ˈfraŋkraɪç], -s 프랑스. **Franktireur**

[frāti'rɔ:ɐ̯, 《또한》frank...], der; -s, -e / 〈frz.〉 -s [frz. franc-tireur] 《옛》《프랑스의》의용병.
Fränschen ['frɛnsçən], das; -s, - ↑Franse의 축소형.
Franse ['franzə], die; -n 〈대개 Pl.; 축소형: ↑Fränschen〉[frz. frange] 술 장식, 보풀: ein Tuch mit -n 술 달린 수건; 전의 die -n hingen ihr ins Gesicht 머리칼이 그녀의 얼굴에 내려 덮였다; **in -n gehen** 《지역적, 통용어》없어지다, 해체되다. **fransen** ['franzn̩] 〈h〉 보풀다, 보풀게하다, 술을 달다: der Stoff franst leicht 그 웃감은 쉽게 보풀다. b) 〈s〉 보풀리다, 너덜거리다. **fransig** 〈Adj.〉보풀, 너덜한: **sich[3] den Mund f. reden** 《통용어》설득하느라 입만 닳다.
Franz [frants], das; - [Französisch의 약칭]《학생 은어》프랑스어(과목).
Franz- ['frants-]: **~band**, der 〈Pl. -bände〉[출판] 프랑스식 가죽장정. **~branntwein**, der 〈Pl. 없음〉프랑스 브랜디(신경통 등에 쓰이는 문지르는 약). **~brot**, das 프랑스의 작은 흰 빵. **~brötchen**, das 프랑스 몰빵. **~mann**, der 〈Pl. Franzmänner〉《통용어·준고어》프랑스인.
franzen ['frantsn̩] 〈h〉《랠리 은어》(조수로서) 경주 구간의 정확한 진행을 말해주다. **Franzer**, der; -s, - 《랠리 은어》랠리 경기의 조수.
Franziskaner [frantsɪs'ka:nɐ], der; -s, - [Franziskus von Assisi (1181 《또는》 1182-1226)의 이름에서] 프란체스코파.
Franziskaner-: **~bruder**, der 프란체스코파 수사(평신도). **~kloster**, das 프란체스코 수도원. **~mönch**, der ↑Franziskaner. **~orden**, der 〈Pl.〉 프란체스코 (탁발) 수도회(약어: OFM). **b)** 《넓은 의미의》 프란체스코파.
Franziskanerin, die; -nen 프란체스코파 수녀. **franziskanisch** 〈Adj.〉 프란체스코파의. **Franziskerl** [fran'tsɪskɐl], das; -s, -n 〈österr.·통용어·준고어〉방향 장수.
Franzose [fran'tso:zə], der; -n 〈n〉 **1.** 프랑스인(남자). **2.** 자재[명기] 스패너. **3.** 《통용어》바퀴벌레(↑Schabe).
französeln [...'tsø:zln] 〈h〉《폄》(지나치게) 프랑스를 모방하다.
franzosen-, Franzosen-: **~brot**, das 프랑스 빵, 바게트. **~feindlich** 〈Adj.〉프랑스에 적대적인. **~freundlich** 〈Adj.〉프랑스에 호의적인. **~krankheit**, die 〈Pl. 없음〉 [15세기 경 프랑스에서 유럽에 퍼졌기 때문] 매독(↑Syphilis의 옛말). **~kraut**, das 〈식물〉노랑꽃봉선화.
französieren 〈h〉 프랑스(어)화하다
französierend 〈Adj.〉 프랑스(어)화하는. **Französin** [...'tsø:zɪn], die; -nen 프랑스 여자. 《은폐적》《프랑스식 성교를 하는》 창녀. **französisch** [...'tsø:zɪʃ] 〈Adj.〉 a) 프랑스인의, 프랑스의: die -e Verfassung 프랑스 헌법; ein -es Bett 프랑스식 침대(2인용); -e Fenster 프랑스식 창문(바닥까지 내려온 창); -e Küche 프랑스식 요리; -er Kuß 《통용어》 프랑스식 키스(혀키스); -er Verkehr 《성교육》 프랑스식 성교(입으로 하는 성교); **sich (auf) f. empfehlen(verabschieden, verdrücken), (auf) f. Abschied nehmen** 《통용어》(프랑스식으로) 작별 인사 않고 몰래(슬쩍) 달아나다. b) 프랑스어의: -e Sprache 프랑스어. **Französisch** [...], das; -(s) a) 프랑스어: er spricht ein gutes F. 그는 훌륭한 프랑스어를 한다. b) 프랑스 문학(의). **Französisch** f. 그는 프랑스어를 가르친다. **Französische***, das; -n a) 〈정관사와 함께〉 프랑스어(일반): etwas aus dem[vom] -n ins Deutsche übersetzen 무엇을 프랑스어에서 독일어로 번역하다. b) 프랑스적인 것.
frappant [fra'pant] 〈Adj.〉 [frz. frappant] 《교양어》 놀라운, 기발한, 현저한, 두드러진: die Ähnlichkeit ist f. 유사성이 현저하다. [1]**Frappé** [fra'pe:], der; -s, -s [frz. drap frappé] 무늬를 새긴 직물. [2]**Frappé** [-], das; -s, -s 프라페(얼음을 띄운 술). [3]**Frappé** [-], das; -s, -s [frz. frappé] 〈발레〉 프라페(노는 발의 발끝치로 서있는 발의 발등을 가볍게 재빨리 때림). **frappieren** [fra'pi:rən] 〈h〉 [frz. frapper] 《교양어》 **1.** 놀라게 하다. 아연하게 만들다: auf frappierende Weise 놀라운 방식으로. **2.** 《전문어》 (포도주, 샴페인을) 어름에 병을 돌려 빨리 차게 하다.
Fräs- ['frɛ:s] 〈기술〉: **~dorn**, der 〈Pl. -e〉 (프레이즈 축에 연결하는) 프레이즈 돌기(부분). **~kopf**, der 프레이즈의 머리(부분). **~maschine**, die 프레이즈 반. **~spindel**, die 프레이즈 축. **~werkzeug**, das 프레이즈 도구.
Fräse ['frɛ:zə], die; -n [frz. fraise] **1.** ↑[2]Fraise. **2. a)** 프레이즈반. **b)** ↑Fräser (1). **c)** ↑Bodenfräse. **fräsen** ['frɛ:zn̩] 〈h〉 **a)** (나무, 금속을) 프레이즈로 깎다[절삭하다]: ein Werkstück f. 공작물을 깎다. **b)** 프레이즈로 만들어내다: ein Gewinde f. 프레이즈로 나선을 만들다. **c)** 〈농업〉 경운기로 땅을 갈다. **Fräser**, der; -s, - **1.** 프레이즈. **2.** 프레이즈 공.
fraß [fra:s] ↑fressen의 과거형. **Fraß** [-], der; -es, -e **1. a)** (동물의) 먹이. **b)** 《속어》형편없는 음식: **jmdm. etw. zum F. (hin-) vorwerfen** 《폄》 누구에게 무엇을 비참하게 양보하다. **2.** 갉아 먹음: diese Löcher sind deutlich F. von Motten 이 구멍들은 분명히 좀 먹은 것이다.
fräße [...] ↑fressen의 접속법 II식. **Fraßgift**, das; -(e)s, -e 먹는 살충제. **Fraßspur**, die; -en 《대개 Pl.》 갉아먹은 자국.
Frate ['fra:tə], der; -, Frati [ital. frate] 〈가〉《대개 모음 이름 앞에 붙는》 수도사의 호칭(예컨대: F. Elia, Frat' Antonio) **Frater** ['fra:tɐ], der; -s, Fratres ['fra:trɛ:s]; lat. fräter = Bruder] 〈가〉 **a)** 《사제 서품 이전의》 수사. **b)** 조수사(助修士), 수학수사(修學修士)(약어: Fr.).
Fraternisation [fraterniza'tsio:n], die; -en [frz. fraternisation] 《교양어》친교, 친목, 형제 우애: nach F. streben 화목을 도모하다. **fraternisieren** 〈h〉 [frz. fraterniser] 《교양어》 형제의 우애를 맺다, 화목하게 지내다: mit jmdm. f. 누구와 친분을 맺다. **Fraternisierung**, die ↑Fraternisation. **Fraternisierungsverbot**, das 〈군〉 (점령 지역 주민과의) 친교 금지. **Fraternität** [...ni'tɛ:t], die [lat. fräternitäs] **1.** 《교양어》 **a)** 친목. **2.** 〈가〉 수사단. **Fraternité** [...ni'te:], die [frz. fraternité] 형제 우애. **Frati**: ↑Frate의 복수형. **Fratres**: ↑Frater의 복수형. **Fratres minores** ['fra:trɛs mi'no:rɛ:s] 〈Pl.〉 [lat. frātres minores] ↑Franziskaner.
fratscheln ['fra:tʃl̩n] 〈통용어〉 ↑ausfratscheln 참조.
Fratz [frats], der; -es, -e, 〈오지 österr.〉 -en, -en 〈축소형: ↑Frötzchen〉 **1. a)** (친근, 호의적) 귀여운 녀석(처녀): ein süßer, kleiner F. 귀여운 꼬마. **b)** 〈폄, 특히 südd., österr.〉 버릇없는(여자)애, 말괄량이. **2.** 〈준고어〉↑Fratze (2 b). **Frätzchen** ['frɛtsçən], das; -s, - **a)** ↑Fratz의. **b)** ↑Fratze (2 a). **Fratze** ['fratsə], die; -n 〈축소형: ↑Frätzchen〉 **1.** 흉하게 생긴 얼굴: die scheußliche F. eines Verbrechers 범죄자의 혐오감을 주는 얼굴. 전의 die F. der Vergangenheit 과거의 혐오스러운 모습. **b)** 《통용어》호의적으로 귀엽게 생긴 얼굴, 인상: (vor jmdm.) eine F. schneiden 누구 앞에서) 인상을 쓰다; er verzog das Gesicht zu einer F. 그는 얼굴을 찌푸린 인상을 썼다. **2.** 〈경〉a) 낯짝. 이런 낯짝이 nicht aussehen! 《폄》 네 꼴을 참을 수 없다!; das Mädchen hat eine hübsche F. 《농》 그 여자애는 얼굴

이 반반한데. b) 〈낮은 가진〉 사람: bist du nicht stärker als all die dünnblütigen bleichen -n? 《편》 자네는 저 핏기없는 창백한 낯판들 보다야 강하지 않은가? **Fratzengesicht**, das ↑Fratze (1 a). **frạtzenhaft** 〈Adj.〉 상을 찌푸린. **Frạtzenhaftigkeit**, die ↑fratzenhaft의 명사형. **Frạtzenschneider**, der 인상쓰는 사람.

Frau [frau], die; -en 〈축소형: ↑Frauchen〉 **1.** 여성, 부인(반대: Mann): eine junge[verheiratete] F. 젊은[기혼의] 부인; eine F. mit Vergangenheit 과거있는 여자; er hat viele -en gehabt 그는 많은 여성 편력을 갖고 있다; eine F. nach Maß 〈통용어〉 이상적 모습의 여인; **die weise F.** 1) 〈고어〉 산파. 2) 〈통용어·은폐〉 불법으로 낙태시키는 여자; **F. Holle** 홀레부인(설화에 신앙에 나오는 인물); **F. Holle schüttelt die Betten** 《농》 눈이 오다(홀레 부인이 이불을 털면 눈이 오는 동화에서). **2.** 처, 부인(夫人)(반대: Mann): seine zukünftige(geschiedene) F. 그의 장래의[이혼한] 부인; eine F. fürs Leben 평생의 반려; (sich³) eine F. suchen 신부감을 찾다; (sich³) eine F. nehmen 아내로 맞이하다; um eine F. werben[anhalten] 구혼하다; ein Mädchen zur F. nehmen 처녀를 부인으로 맞다; jmdm. seine Tochter zur F. geben 〈아어〉 누구에게 자기의 딸을 주다; 〈전의〉 eine F. auf Zeit 〈통용어〉 시한부 부인. **3.** 여주인, 주부(主婦), 마님: die F. des Hauses 여주인; die junge F. 〈고어〉 며느리; **Unsere Liebe F.** [가] 성모(마리아). **4. a)** 《여성 호칭》 α) (이름이나 직책 따위와 함께). liebe[sehr geehrte] F. (Dr.) Müller 뮐러 여사[박사] 귀하. β) (이름없이 특정한 형용사와 함께) sehr geehrte[sehr verehrte] gnädige F., 존경하옵는 부인! **b)** 《아어》 《상대방의 친척에 대한 호칭》 Ihre F. Mutter 자당. **frau** (Indefinitpronomen) 《흔히 해학적·꼬집어 여자들도 관련될 경우》 man 대신 사용》 wenn f. ihr erstes Kind bekommt … 여자가 첫 아기를 가지게 되면…. **Fräuchen**, das; -s, - **1.** 〈몸이〉 작은 여자. **2.** 《친근한》 처. **3.** 《개의》 여주인. **4.** 《드물게·호칭》 부인.

frauen-, Frauen-: **~arbeit**, die **a)** 〈Pl. 없음〉 여성 취업. **b)** 여자들이 할 수 있는 일. **c)** 〈Pl. 없음〉 여성업. **~art**, die 〈Pl. 없음〉 여성적 방식. **~arzt**, der 산부인과 의사. **~ärztin**, die ↑~arzt의 여성형. **~ausschuß**, der 《구동독》 (공장 등의) 여성 위원회. **~bad**, das **1.** 부인병 치료에 적당한 온천장. **2.** (특히 중세의) 부인 전용탕. **~beilage**, die ↑~seite (1). **~beruf**, der 여성 직업. **~beschäftigung**, die 〈Pl. 없음〉 (전체 사원 중에서의) 여성 사원의 비율. **~bewegung**, die 〈Pl. 없음〉 여성 운동. **~brigade**, die 《구동독》 부인 작업반. **~bund**, der 《구동독》 여성동맹. **~chor**, der 여성 합창(단). **~diskus**, der [육상] 여자 원반던지기. **~doppel**, das [테니스] 여자 복식. **~einzel**, das [테니스] 여자 단식. **~emanzipation**, die 여성 해방. **~fachschule**, die 여성 직업 전문 학교. **~farn**, der 고사리의 일종(학명: *Athyrium filixfemina*). **~feind**, der ↑Weiberfeind. **~feindlich** 〈Adj.〉 여성 적대적인(반대: ~freundlich) **~förderungsplan**, der 《구동독》 여성 개발 계획. **~frage**, die 여성 문제. **~freundlich** 〈Adj.〉 친여성적인(반대: ~feindlich). **~funk**, der 여성(용) 방송. **~fußball**, der [스포츠] 여성 축구. **~gefängnis**, das 여성 감옥, 여자 교도소. **~geschlecht**, das 〈Pl. 없음〉 《통용어》 여성 편력. **~gestalt**, die **a)** 여자의 모습. **b)** 문학 작품 등의 여성상. **~gewand**, das 《아어》 여자 의상. **~gruppe**, die 여성(운동) 모임. **~gymnastik**, die 여자 체조. **~haar**, das 〈Pl. 없음〉 **1.** 여성의 모발. **2.** [식물] 공작고사리. **3.** ↑~haarfarn. **~haarfarn**, der 전류화의 일종, 고사리속. **~hand**, die 《대개 아어》 여성의 손(길). **~hasser**, der ↑Weiberfeind. **~haus**, das 여성의 집(여성 단체에서 운영하는 여성구조시설) **~heilkunde**, die ↑Gynäkologie. **~held**, der 여성들의 영웅. **~herz**, das 여심, 여자의 마음: sich auf ~en verstehen 여자를 잘 다루다; er hat schon manches F. gebrochen 그는 벌써 많은 여자를 울렸다. **~hürde**, die [육상] 여자 장애물 경기. **~jäger**, der 《통용어》 ↑Schürzenjäger. **~kenner**, der 여성을 잘 아는 이. **~kleid**, das **1.** 여자가 입은 옷. **2.** 〈오직 Pl.〉 여자들이 입는 옷. **~klinik**, die 부인과 병원[동]. **~kloster**, das 수녀원. **~kongreß**, der 여성 대회. **~krankheit**, die 〈대개 Pl.〉 부인병. **~kugel**, die [육상] 여자 투포환. **~lager**, das 여성 수용소. **~leiden**, das 부인병. **~liebling**, der 여자들의 총아. **~lohn**, der 여성 임금. **~los** 〈Adj.〉 여자가 없는. **~mann**, der ↑~held. **~mannschaft**, die [스포츠] 여성 팀. **~mantel**, der (알프스산의) 장미와 덩굴 (학명: *Alchemilla*). **~milch**, die 모유. **~mörder**, der 여성 살인자. **~orden**, der [가] 수녀단. **~partei**, die 여성 정당. **~recht**, das 〈대개 Pl.〉 여권. **~rechtlerin** [...reçtlərın], die; -nen 여권론자. **~rechtlerisch** 〈Adj.〉 여권론의. **~rock**, der 여성 스커트. **~roman**, der **1.** 여성 소설. **2.** 여성 테마 소설. **3.** 여류 작가 소설. **~sache**, die 여성에 관한 일. **~schreck**, der 〈Pl. 없음〉 (변태성욕적으로 갑자기 나타나) 여성을 놀라게 하는 자. **~schuh**, der **1.** 《드물게》 여성화. **2.** 노랑산불알꽃. **~schutz**, der (직업) 여성 보호. **~seite**, die **1.** (신문의) 여성란. **2.** (중세 때 교회 북편의) 여성석. 여성찬대(반대: Männerseite). **~speer**, der [육상] 여자 투창. **~spiegel**, der 풍령초 과 식물(학명: *legousia*). **~sport**, der 여성 스포츠. **~station**, die 《통용어》 부인 병동. **~stift**, das 《준고어》 독신(귀)부인 기숙사. **~stimme**, die 여자 음성. **~stimmrecht**, das ↑~wahlrecht. **~studium**, das 여성의 대학 교육. **~tag**, der (다음 결합으로) Internationaler F. 《구동독》 (동구권에서 3월 8일에 기념하는) 세계 여성의 날. **~tausch**, der [인류] 아내 교환(풍습). **~turnen**, das 여성(실내) 체조. **~typ**, der 전형적인 여성형. **~überschuß**, der 여성 인구 과잉. **~verband**, der 〈대개 Pl.〉 여성 단체. **~verein**, der 여성 연맹, 부인 연맹. **~wahlrecht**, das 여성 선거권. **~zeitschrift**, die 여성 잡지. **~zimmer**, das **a)** 《편》 (태만, 경솔, 방탕한) 계집. **b)** 〈고어·지역적〉 여자.

Frauenfeld ['frauənfelt] 플라우엔펠트(스위스 Thurgau 주의 수도).

frauenhaft 〈Adj.〉 여성의, 여자다운. **Frauensleute** 〈Pl.〉 [niederd. Fruenslüd] 〈고어〉 ↑Frauen. **Frauensperson**, die; -en [niederd.] 《통용어·준고어》 (미지의) 여인. **Frauentum**, das; -s 《아어》 여성림. **Fräulein** ['froylaɪn], das; -s, - 《통용어》 [auch 《österr.·고어》 die] **1. a)** (젊은) 미혼녀, 처녀, …양; ein junges F. 어떤 젊은 처녀; F. Meier 마이어 양(주소에서의 약어: Frl.). **b)** 《통용어》 (경박한) 아가씨. c) 《통용어·편·준고어》 (1945년 이후 미점령군의) 독일 애인. **2. a)** α) (이름, 직위와 함께). β) (이름없이 일정한 형용사와 함께) …양, guten Tag, F. Müller! 안녕하십니까, 뮐러양; sehr geehrtes[verehrtes] gnädiges F. 존경하옵는 귀양. **b)** 《아어》 《대화 중 상대방의 친척에 대한 호칭》 wie geht es Ihrem[Ihrer] F. Tochter? 댁의 따님은 안녕하십니까? **3.** 《통용어》 아가씨(서비스업의 여종업원): was kostet die Bluse, F.? 아가씨, 블라우스가 얼마입니까?; das F. hat uns eine Strafarbeit aufgegeben 〈지역적〉 그 여선생님이 우리에게 벌과를 내리셨다; **das F. vom Amt.** (전화) 교환양.

Fräuleinstift, das 미혼 귀(족) 부인 기숙사. **Fräuleinwunder**, das 1960년대 미국에서 일어난 독일처녀들에 대한 찬탄. **fraulich** 〈Adj.〉 여성다운, 모성적인: sich f. kleiden 여성답게 옷을 입다. **Fraulichkeit**, die; - 여성다움, 모성.

Fraunhofersche Linien 〈Pl.〉 프라운호퍼선(독일의 물리학자 Fraunhofer가 발견한, 태양 스펙트럼의 흡수 현상으로 나타나는 검은 선).

frdl. = freundlich.

Freak [fri:k], der; -s, -s [engl.-amerik. freak] **1.** 상식적인 생활로부터 벗어난 사람. **2.** 무엇에 미친 사람, 광.

frech [frɛç] 〈Adj.〉 **a)** 뻔뻔스러운, 후안무치한, 파렴치한, 무례한: das ist eine -e Lüge 그것은 파렴치한 거짓말이다; die Kinder waren wieder sehr f. 어린애들이 다시 매우 버릇이 없어졌다; jmdm. f. kommen 누구에게 무례하게 대하다; 전의 etw. mit -er Stirn behaupten 무엇을 철면피하게 주장하다; **f. wie Dreck Oskar** 〈경〉 매우 뻔뻔스러운. **b)** 대담한, 저돌적인: eine -e Karikatur 대담한 풍자; sie ist f. frisiert 그녀는 대담하게 머리를 했다. **frechäugig** 〈Adj.〉 뻔뻔스러운 눈초리의. **Frechdachs**, der 《친근·대개 농·호의적》 버릇없는 애, 뻔뻔스러운 녀석. **Frechheit**, die; -en **1.** 〈Pl. 없음〉 뻔뻔스러움, 후안무치함: er behauptete mit der ... 그는 뻔뻔스럽게도 …이라 주장했다. **2.** 뻔뻔스러운 언행: ich verbitte mir diese F.! 그런 뻔뻔스런 언행을 삼가하시오! **Frechling**, der; -s, -e 《아이》 뻔뻔스런 사람, 철면피.

Freeholder ['fri:houldə], der; -s, -s [engl. freeholder] 〈역사적〉 〈영국의〉 자유 토지 보유자.

Freesie ['fre:ziə], die; -n [독일의 의사 F. H. Th. Freese († 1876)의 이름에서] 〔식물〕 붓꽃(과).

Freetown ['fri:taun] 프리타운(Sierra Leon의 수도).

Fregatte [fre'gatə], die; -n (17세기 마스트 셋짜리) 전함; 호위함: 전의 eine aufgetakelte F. 요란하게 치장한 젊지 않은 여자. **Fregattenkapitän**, der 해군 중령. **Fregattvogel**, der 군함새(학명: Fregata aquila).

frei [fraj] 〈Adj.〉 **1. a)** 자유로운: ein -er Mann 자유로운 남자; 《역사적》 eine -e Reichsstadt 독일 제국 직속의 도시, 자유시; der Wille 자유 의지; die -en Berufe 자유업; ein -er Schriftsteller 자유 문필가; ein -er Mitarbeiter an der Zeitung 신문의 자유 기고가; ein -es Leben führen 자유로운 생활을 영위하다; etw. zur -en Verfügung haben 무엇을 임의대로 처리하다; eine -e Übersetzung 의역; das ist alles f. erfunden 그것은 모두 임의로 꾸며낸 것이다. **b)** 도움없이, 자력으로: etw. aus -er Hand zeichnen 무엇을 맨손으로 그리다; f. in der Luft schweben 자력으로 공중에 떠있다; ein Gewicht f. halten 자력으로 무게를 지탱하다; er hat f. gesprochen 그는 원고 없이 말했다. **c)** 자유분방한, 편견없는, 비인습적인: ein -es Verhältnis der -en Liebe 자유 연애의 옹호자; f. im Gespräch sein 대화에 거리낌없다; etw. f. heraussagen 무엇을 거림없이 말하다; **ich bin so f.!** 외람됩니다만! **d)** 〔화학·물리〕 유리된. **2. a)** 방해받지 않는, 침해받지 않는: ein -er Blick bis zum Horizont 지평선까지 탁트인 시야; der -e Fall 〔물리〕 (저항이 없는) 자유 낙하; -e Meinungsäußerung (검열없는) 자유의사 발표; der Zug hat -e Fahrt 기차는 역구내를 벗어났다; die Werke des Dichters sind jetzt f. geworden 그 시인의 작품은 이제 저작권이 해제되었다; ein f. stehendes Haus 독립 가옥, 독립 주택; sich f. bewegen können (감시 받지 않고) 자유로이 움직일 수 있다; sich von Vorurteilen f. machen 편견에서 벗어나다; **f. und ledig** 방해받지 않고, 거리낌 없이. **b)** 무엇으로부터 벗어난, 무엇이 없는: von chemischen Zusätzen -e Konserven 화학 첨가물이 없는 통조림. **c)** 감금되지 않는, 체포되지 않은: man hat ihn wieder auf -en Fuß gesetzt 그를 다시 석방했다; der Räuber läuft noch f. herum 그 강도는 아직 체포되지 않고 돌아다닌다. **3. a)** 열린, 탁트인, 드러난, 노출된: auf -em Feld 평원에, 광야에; unter -em Himmel 노천에서; die Straße führt auf einen -en Platz 그 길은 광장으로 나있다; ins Freie gehen (명사화) 야외로 나가다. **b)** 벗은, 노출된: das Kleid läßt Arme und Schultern f. 그 옷은 팔과 어깨를 노출시키고 있다; bitte den Oberkörper f. machen! 웃통을 벗으십시오!(진찰을 위하여). **4. a)** 비어 있는, 남이 사용하지 않는: ein -er Stuhl 비어 있는 의자; ein -er Arbeitsplatz 비어 있는 일자리; ist hier noch (etwas) f.? 여기 아직 비어 있습니까?; Zimmer f. 빈방 있음; (jmdm.) einen Platz f. machen 누구에게 좌석을 비워주다; -e Bahn dem Tüchtigen! 인재에게 길을 열어줘라! **b)** 마음대로 쓸수 있는: -e Zeit 한가한 시간; ich bin jetzt f. für dich 나는 지금 너를 위한 시간이 있다; sich einen Tag f. nehmen 하루 휴가를 갖다; das Mädchen ist noch f. 그 처녀는 아직 혼자이다; der Film ist f. für Jugendliche ab 16 Jahren 이 영화는 16세 이상 청소년 입장가이다. **5.** 무료의: der Eintritt ist f. 입장은 무료이다; wir liefern die Ware f. Haus. 우리는 상품을 집까지 무료 배달한다. **6.** 〔축구〕 방어되지 않아 자유로운: der Rechtsaußen steht frei 오른쪽 윙이 비어 있다.

frei-, Frei-, die 〔증권〕 무상주. **~antenne**, die ↑Außenantenne(반대: Zimmerantenne). **~bad**, das 옥외[야외] 수영장. **~ballon**, der ↑Ballon (1 b)(반대: Fesselballon). **~bank**, die (Pl. 드물게: -bänke) 하등육 판매소. **~bankfleisch**, das 하등육. **~base**, das 〔야구〕 (볼 넷에 의한) 무상 출루. **~bauweise**, die 〔구동물〕 야적. **~bekommen** 〈h〉 **a)** 〔통용어〕 휴가[여가]를 얻다: wir haben heute zwei Stunden freibekommen 우리는 오늘 2시간 자유 시간을 얻었다. **b)** (돈이나 관계 등을 통해 죄수나 압류된 물건 등을) 석방시키다, 되나 얻어내다: gegen eine hohe Kaution bekam man den Inhaftierten frei 많은 보석금을 내고 유치인을 석방시켰다. **~berufler** [-baru:flɐ], der; -s, - 자유업의. **~beruflich** 〈Adj.〉 자유업의. **~betrag**, der 〔세금〕 비과세액, 면세액. **~beuter** [-boytɐ], der; -s, -[mniederd. vrībüter] **a)** 〔옛〕 해적. **b)** 〔폄〕 약탈자, 다른 사람을 개의치 않고 자신의 이익만을 추구하는 사람. **~beuterausgabe**, die ↑Raubdruck. **~beuterei**, die **a)** 〔옛〕 해적 행위. **b)** 〔폄〕 약탈. **~beuterisch** 〈Adj.〉 〔옛〕 해적(질)의. **b)** 〔폄〕 약탈하는. **~bier**, das 〈Pl. 없음〉 무료 맥주. **~billett**, das 《schweiz., 그외 고어》 ↑~karte. **~bitten*** 〈h〉 누구의 석방을 요청하다. **~bleibend** 〔상〕 구속력이 없는, 가격 계약 없는: ein -es Angebot 가격 계약이 없는 공급. **~blocken** 〈h〉 〔농구〕 동료 선수의 방어수를 차단하다. **~bord**, der 〔항해〕 건현(乾舷). **~borddeck**, das 〔항해〕 건현 갑판. **~bordmarke**, die 〔항해〕 건현 표. **~boxen** 〈h〉 〔통용어〕 위기에서 구출하다: jmdn. f. 누구를 위험 상태에서 구해주다; er hat sich freigeboxt 그는 자신을 관철했다. **~brief**, der 〔역사적〕 **1.** 특별 허가증, 면제증: **kein F. für etw. sein** 제멋대로 할 특권이 없음; Liebe ist kein F. für Torheiten 사랑한다고 바보짓이 묵인되는 것은 아니다; **einen F. für etw. haben**[einen F. haben, etw. zu tun] 무엇을 할 특권을 갖다(대개 부정적으로); **jmdm. einen F. für etw. geben**[ausstellen] 누구에게 무엇을 할 전적인 자유를 부여하다; **etw. als F. für etw. ansehen**[betrachten] 무엇을 무엇에 대한 특권으로 간주하다. **2.** 노예 해방 증서. **3.** 자유 시민. **~deck**, das (주차 빌딩의)노천 옥상 주차장. **~demokrat**, der 〈대

개 Pl.〉[Mitglied der Freien Demokratischen Partei 의 약칭.] 자유 민주 당원. **~demokratisch** 〈Adj.〉 자유 민주당의. **~denker**, der [engl. freethinker] (특히 종교상의) 자유 사상가. **~denkerisch** 〈Adj.〉 자유 사상가적인. **~denkertum**, das; -s 자유 사상. **~exemplar**, das [서적·신문] 증정본, 무료견본. **~fang**, der [럭비] 상대 선수가 던진 볼을 잡음. **~fahrkarte**, die ↑**~fahrschein. ~fahrschein**, der 무임 승차권. **~fahrt**, die 무임 승차. **~fechten**, das 자유 펜싱. **~fläche**, die 공지. **~flug**, der 1. 무임 비행. 2. [스포츠] (뮌 경기에서 손을 지탱하지 않고 하는) 자유 회전. **~frau**, die 1. 〈Pl. 없음〉 남작 부인(의 작위)(호칭: Baronin). 2. 남작 부인. **~fräulein**, das 남작의 영양(칭호: Freiin). **~gabe**, die 석방, 해방, (관리, 통제) 해제; 반환, 배상: die F. eines Gefangenen 구금자의 석방; die F. der Wechselkurse durch die Bundesbank 연방 은행에 의한 환율 통제 해제. **~gänger**, der [법] (일반 직장으로 출퇴근하는) 반자유 구금수. **~geben*** 1. **a)** 석방시키다, 풀어주다: einen Gefangenen f. 구속자를 석방시키다; er hat seine Verlobte freigegeben 그는 약혼녀의 파혼 제안에 동의해 주었다; seine Firma gibt ihn nicht frei 그의 회사는 그를 놓아 주지 않는다. **b)** (억류했던 것 등을) 다시 내주다, 해제하다: die gesperrten Auslandsguthaben wurden freigegeben 동결되었던 외국 예금이 해제되었다; der Schiedsrichter gibt den Ball frei (축구) 주심이 경기를 속개시킨다. 2. 공개되다: eine Straße für den Verkehr f. 어떤 길을 일반 통행을 위해 공개되다; der Film ist für Jugendliche nicht freigegeben 그 영화는 청소년 관람 불가다; [전의] jmdn. den Weg f. 누구를 통과시키다; das große Fenster gibt den Blick auf die Berge frei 큰 창문이 산을 바라 보는 시야를 활짝 열어 놓는다. 3. 휴가를 주다. 쉬게 하다. **~gebig** [-ge:biç] 〈Adj.〉 (남에게) 잘 베푸는: jmdn. f. mit Geschenken überhäufen 누구에게 아낌이 없이 선물을 주다; [전의] sie ist reich f. mit ihren Reizen[zeigt ihre Reize f.] 그녀는 자신의 매력을 한껏 발휘한. **~gebigkeit**, die ↑**~gebig**의 명사형. **~gefecht**, das ↑**~fechten. ~gehege**, das (동물원 따위) 방목 사육 시설. **~geist**, der 〈Pl. -er〉 [frz. esprit libre] ↑**~denker. ~geisterei**, die 자유 사상. **~geistig** 〈Adj.〉 ↑**~denkerisch** 참조. **~gelände**, das 노천(전시) 부지. **~gelassene***, der / die (역사적) (노예의 신분에서) 해방된 자. **~gepäck**, das (항공 여객의) 무임(휴대) 수화물. **~gericht**, das ↑Feme (1). **~gewehr**, das [사격] 1. 50 m와 300 m 사격 경기. 2. 〈Pl. 없음〉 Freigewehr-Dreistellungskampf의 약칭. **~gewehr-Dreistellungskampf**, der ↑Dreistellungskampf. **~giebig** [-gi:biç] ↑**~gebig**의 잘못. **~graf**, der (역사적) 비밀 재판장. **~grafschaft**, die 비밀 재판장의 관할 구역. **~grenze**, die [세금] 면세점. **~gut**, das [관세] 면세 화물; 면세품. **~haben*** 〈h〉 (통용어) 쉬다: wir haben heute die 6. Stunde frei 6교시에 수업이 없다. **~hafen**, der 자유항. **~halten*** 〈h〉 1. 누구 대신 (술값을) 치르다[지불하다]. 2. **a)** 비워놓다: Einfahrt bitte f.! 진입을 위하여 비워놓으십시오! **b)** 잡아 놓다, 예약해 놓다: ich werde (dir[für dich]) einen Platz f. 나는 네 자리를 잡아두겠다; 〈f. + sich〉 kannst du dich morgen für mich f.? 너는 내일 나를 위해 시간을 낼 수 있느냐? 3. 두어 있도록 하다: der Bürgersteig ist von Schnee freizuhalten 보도 위에는 눈이 없어야 한다. **~handbibliothek**, **~handbücherei**, die 개가식 도서관. **~handel**, der [engl. free trade] 자유 무역. **~handelsgedanke**, der 자유 무역 사상. **~handelszone**, die 자유 무역 지역(구역).

~händig 〈Adj.〉 1. 도구 없이, 맨손으로: -es Zeichnen 맨손의 도안[제도], 자재화. 2. (팔, 손으로) 받치지 않고: Schießübung stehend f. 팔을 받치지 않고 서서 쏘기; f. radfahren 손을 놓고 자전거를 타다. 3. [관] 중매[경매]에 부치지 않은. **~händler**, der [engl. free trader] 자유 무역업자. **~händlerisch** 〈Adj.〉 자유 무역의. **~handzeichnen**, das 자재화(自在畵). **~heraus** 〈Adv.〉 솔직히, 터놓고, 직설적으로. **~herr**, der 1. 〈Pl. 없음〉 남작(이름 바로 뒤에 놓임. 호칭: Baron). 2. 남작(의 작위를 소유한 자). **~herrlich** 〈Adj.〉 남작(지위)의, **~herrnkrone**, die 문장 남작관(男爵冠). **~herrnstand**, der 〈Pl. 없음〉 남작 신분. **~kämpfen** 〈h〉 투쟁하여 해방시키다. **~karte**, die 무료 입장권. **~kaufen** 돈을 내고 풀려나게 하다: [전의] sich von einer Schuld f. 돈을 내고 죄책감에서 벗어나다. **~kirche**, die (국가나 교회 등으로부터 독립된 신교의) 자유 교회. **~kommen*** 〈s〉 풀려나다, 자유롭게 되다: aus dem Gefängnis freikommen. 감옥에서 석방되다. **~konzert**, das 《schweiz.》 야외 음악회. **~körperkultur**, die 〈Pl. 없음〉 나체주의(약어: FKK). ↑FKK. **~korps**, das (역사적) 의용군, 의용단. **~kreuzen**, sich 〈h〉 [선원] (해풍시) 갈지자로 방향을 바꾸며 해안에서 벗어나다. **~kugel**, die (전설상의 마에 의해 만들어진 백발백중의) 마법의 탄환. **~kuvert**, das ↑**~umschlag. ~ladebahnhof**, der [철도] (도로변이나 선로변의) 자유 적재 화물역. **~ladegleis**, das [철도] 자유 적재 선로. **~ladekai**, der 자유 적재 선창. **~land**, das 〈Pl. 없음〉 [농업·원예] 노천 재배지. **~landgemüse**, das 노천 재배 야채. **~landkultur**, die 노천 재배법(반대: Treibhauskultur). **~landpflanze**, die 1. (노천에서 월동 가능한) 재배 식물. 2. 노천 재배 식물. **~landrose**, die 노천 재배 장미. **~lassen*** 〈h〉 석방하다, 방면하다, 놓아주다: jn. gegen eine Kaution frei lassen 보석금을 받고 누구를 석방하다. **~lassung**, die; -en. 석방, 방면. **~lauf**, der [기술] (기계나 바퀴의 연동이 일시적으로 차단된) 자유 회전(장치). **~laufbremse**, die (자전거의) 자유회전 제어(장치). **~laufen***, sich 〈h〉 (축구, 헨드볼, 하키에서) 방어 선수를 따돌리다. **~lebend** 〈Adj.〉 (동물이) 야생의. **~legen** 〈h〉 노출시키다, 발굴하다: der Chirurg legte die Bauchhöhle freilegen 개복(수술)하다. **~legung**, die; -en 발굴, 노출. **~leitung**, die 지상 전선. **~lichtaufführung**, die 야외 공연. **~lichtbühne**, die ↑**~lichttheater** (a). **~lichtkino**, das ↑Autokino. **~lichtmalerei**, die 〈Pl. 없음〉 외광파 회화. **~lichtmuseum**, das 야외(민속) 박물관. **~lichttheater**, das **a)** 야외 극장, 옥외 무대. **b)** 〈Pl. 없음〉 ↑**~lichtaufführung. ~lichtveranstaltung**, die 야외[옥외] 행사. **~los**, das 1. 무료 복권. 2. 부전승 추첨. **~luftbehandlung**, die [의학] 외기 요법, 대기 요법. **~luftcafé**, das (구동독) 옥외 다방, 야외 다방. **~luftmuseum**, das 《드물게》 ↑**~lichtmuseum. ~luftschach**, das ↑Gartenschach. **~luftschule**, die 야외 학교, 임간 학교. **~luftspiel**, das 야외[옥외] 놀이. **~luftunterricht**, der 야외 수업. **~machen** 1. [우편] 우표를 붙이다: den Brief mit 70 Pfennig f. 편지에 70페니히의 우표를 붙이다. 2. (통용어) **a)** 〈f. + sich〉 시간을 내다: kannst du dich heute für mich f.? 너는 오늘 나를 위해 시간을 낼 수 있느냐? **b)** 일하지 않다, 쉬다. **~machung**, die 1. [우편] 우표 첨부. 2. (주택 따위의) 비워놓, 반환. **~machungszwang**, der 〈Pl. 없음〉 우표 첨부 의무. **~marke**, die ↑Briefmarke. **~maurer**, der [engl. free mason] 프리메이슨 회원. **~maurerei**, die 〈Pl. 없음〉 프리메이슨 운동. **~maurerisch** 〈Adj.〉 프리메이슨 (운동)의. **~maurerloge**,

freien

die 프리메이슨단. **~mut**, der 솔직: mit großem F. sprechen 아주 솔직하게 말하다. **~mütig** ⟨Adj.⟩ 솔직한. **~mütigkeit**, die 솔직함. **~nacht**, die 《schweiz.》 (술집 등의) 철야 개점. **~plastik**, die [미술] 야외 조각품. **~platz**, der 1. a) 수업료 면제 정원, b) 무료석. 2. [구기] 옥외 구장. **~pressen** ⟨h⟩ 공갈, 협박 등으로 석방시키다. **~raum**, der 1. [심리학·사회학] 자유 개발 여지. 2. [배구] 장외, 코트 밖. **~religiös** ⟨Adj.⟩ (교리 등에 얽매이지 않은) 자유 신앙의. **~saß, ~sasse**, der; -sassen, -sassen [역사적] (봉건제하) 자유농. **~schaffend** ⟨Adj.⟩ 고용되지 않은, 독자적으로 일하는. **~schar**, die 《역사적》 의용군. **~schärler** [-ʃɛrlɐ], der; -s, - [역사적] 의용병. **~schaufeln** (눈 따위를) 삽으로 치우다: [전의] wenigen gelingt es, sich freizuschaufeln und ihr eigenes Leben zu führen 자수성가하는 사람은 많지 않다. **~schießen*** ⟨h⟩ 총을 쏘며 (길을) 내다: die Gangster versuchten, sich den Weg freizuschießen 갱들은 총을 쏘아 도망칠 길을 만들려고 했다. **~schießet**, der (드물게) das 《schweiz.》 자유 사격. **~schlag**, der [특히 하키·폴로] (벌칙으로 얻은) 자유타구. **~schleppen** ⟨h⟩ [항해] (바닥에 얽힌 배를) 예인하여 뜨게하다. **~schuß**, der **a)** (유흥 사격장의) 무료 사격. **b)** [전설상의] 마탄의 사격. **~schütz(e)**, der (전설상의) 마탄의 사수. **~schwimmen***, sich ⟨h⟩ (15분간 속영하여) 수영기본 시험에 합격하다: [전의] nun mußt du dich f. 이제 너는 자립해야 한다. **~schwimmer**, der 수영 기본 시험 합격자. **~schwimmerzeugnis**, das 수영 기본 시험 합격 증서. **~setzen** ⟨h⟩ **a)** [물리·화학·의학] 유리(분리, 분출, 방출)하다: Energie f. 에너지를 방출하다. **b)** [경제] (종래의 임무에서) 벗어나게 하다: Arbeitskräfte für etw. f. 무엇을 위한 노동력을 däbüteerizi; 5000 Bergleute wurden freigesetzt (은폐적) 5000명의 광부가 해고되었다. **~setzung**, die; -en ↑~setzen의 명사형. **~singen**, sich ⟨h⟩ (긴장감에서) 벗어나 제대로 노래부르다. **~sinn**, der ⟨Pl. 없음⟩ **a)** (고어) 자유 사상, 진보적 사상. **b)** Freisinnig-demokratische Partei in der Schweiz의 약칭. **~sinnig** ⟨Adj.⟩ **a)** (고어) 자유 사상의, 사고 방식이 자유로운: f. eingestellt sein 사고 방식이 자유롭다. **b)** 스위스 자유민주당의. **~sinnige***, der / die ↑~sinnig의 사람. **~spielen** ⟨h⟩ **a)** [구기] (자신 및 동료 선수가 방해받지 않고) 자유롭게 경기하다: jmdn. f. 누구를 봉쇄되지 않고 자유롭게 경기하게 하다. **b)** ⟨f. + sich⟩ (무대에서) 자유롭게 연기(연극)하다. **~sprechen***, tr. **1. a)** [법] 무죄 판결하다, 면소하다: der Angeklagte wurde (mangels Beweises) freigesprochen 피고는 (증거 불충분)으로 무죄 판결을 받았다. **b)** (혐의를 받거나, 책임을) 면제하다: ich muß ihn von der Verantwortung für diesen Schaden f. 나는 그를 이 손해에 대한 책임에서 면제시켜야 한다. **2.** [수공] (견습공에게) 직인 (전문공)으로 명하다. **~sprechung**, die; -en [법] ↑~sprechen의 명사형. **~spruch**, der [법] 무죄 판결, 면소: auf F. erkennen 무죄 판결을 언도하다. **~staat**, der (준고어) 공화국. **~statt, ~stätte**, die; -stätten 《아어》 피난처, 은신처. **~stehen*** ⟨h⟩ **1.** (누구의) 임의에 맡겨져 있다: es steht dir frei, ob du kommen willst 당신이 올 것인지 아닌지는 당신 마음대로입니다. **2.** 비어 있다: die Wohnung hat lange freigestanden 이 집은 오래 비어 있다. eine freistehende Wohnung 비어 있는 집. **~stelle**, die ↑~platz (a). **~stellen** ⟨h⟩ **1.** (누구에게) 결정권(선택권)을 부여하다: es wurde ihm freigestellt, wie er seine Arbeit einteile 그가 어떻게 그의 일을 분배할 것인가는 그의 임의에 달렸다. **2.** (의무, 근무로부터) 자유롭게 하다: jmdn. vom Wehrdienst f. 누구의 병역 의무를 면제시키다. **~stellung**, die ↑~stellen의 명사형. **~stellungsbescheid**, der (병역)면제증. **~stempel**, der [우편] (우편 별납의)압인. **~stempeln** ⟨h⟩ (우편 별납의) 압인을 찍다. **~stempler** [-ʃtɛmplɐ], der; -s, - ↑Frankiermaschine. **~stil**, der ⟨Pl. 없음⟩ [스포츠] **a)** ↑Freistilringen의 약칭. **b)** ↑Freistilschwimmen의 약칭. **~stilringen**, das [스포츠] 자유형 레슬링. **~stilringer**, der 자유형 레슬링 선수. **~stilringkampf**, der 자유형 레슬링 경기. **~stilschwimmen**, das [스포츠] (수영의) 자유형. **~stoß**, der [축구] 자유축, 프리킥: einen F. verhängen[treten] 프리킥을 선언하다[차다]; direkter F. 직접 프리킥; indirekter F. 간접 프리킥. **~stoßspezialist**, der 프리킥 전문 선수. **~stoßtor**, das 프리킥에 의한 득점. **~stoßtrick**, der 프리킥의 트릭. **~stück**, das ↑~exemplar. **~student**, der (고어) 학생 단체에 속하지 않는 학생. **~stunde**, die 자유 시간. **~tisch**, der (준고어) 무료 식사. **~tod**, der 《은폐적》 자살. **~tor**, das [폴로] (문전에서의) 자유타. **~tragend** ⟨Adj.⟩ [건축] 받침대 없는, 기둥이 없는. **~treppe**, die [건축] (건물 외측의) 옥외 계단. **~tritt**, der [럭비] (상대방의 볼을 가로챘을 때 얻는) 자유축. **~übung**, die (대개 Pl.) [스포츠] 맨손 체조: -en machen 맨손 체조하다. **~umschlag**, der 우표가 붙어 있는 봉투. **~verkehr**, der [은행] (유가 증권의) 장외 거래, 자유 거래. **~verlad**, der 《schweiz.》 무임 화물 적재 플랫폼. **~viertel**, das [문장] 가로와 세로로 나뉘어진 사분의 일. **~wache**, die [선원] **a)** (경비의) 비번 시간. **b)** 비번 팀, 비번 패. **~weg**, ⟨Adv.⟩ (통용어) 주저하지 않고, 서슴치 않고. **~werber**, der (고어) 대리 구혼자. **~werfer**, der [농구·송구·수구] 자유투 선수. **~wild**, das 남의 지국에 무방비로 맡겨진 사람. **~willig** ⟨Adj.⟩ 자유 의지의, 자발적인, 자원의: -e Helfer 자원 봉사자; die -e Feuerwehr 자원 소방대. ⟨명사화⟩ **~willige***, der / die ↑~willig의 자원자. **~willigkeit**, die ↑~willig의 명사형. **~wurf**, der [송구·농구·수구] 자유투. **~wurflinie**, die [농구·송구] 자유투 라인. **~wurfraum**, der [농구] 자유투 구역. **~zeichen**, das ⟨Pl. 없음⟩ [통신] (전화나 텔렉스의) 착신음. **~zeichnen**, sich ⟨h⟩ [법] (계약상) 책임을 한정하다: sich von einer Haftung f. 책임에서 벗어나다. **~zeichnungsklausel**, die [법] (계약상) 유보 규정 규정. **~zeit**, die **1.** 자유 시간, 여가: seine F. im Garten verbringen 그의 여가를 정원에서 보낸다. **2.** 수련회: das Jugendamt veranstaltet -en für Schüler 청소년원은 학생들을 위한 집회를 개최한다. **~zeitanzug**, der ↑~zeitkleidung. **~zeitbekleidung**, die ↑~zeitkleidung. **~zeitbeschäftigung**, die 여가 활동. **~zeitgesellschaft**, die [사회] 여가사회. **~zeitgestaltung**, die [사회·교육] 여가 선용. **~zeithemd**, das 남방. **~zeitindustrie**, die 여가[레저] 산업. **~zeitjacke**, die 레저 상의(↑~zeitkleidung). **~zeitkleidung**, die 여가용 복장, 평상복. **~zeitkostüm**, das ↑~zeitkleidung. **~zeitsport**, der 여가용 운동, 레저 스포츠. **~zeitwert**, der 이용 가치. **~zeitzentrum**, das 레저 센터. **~zügig** [-tsy:gɪç] ⟨Adj.⟩ **1.** 마음대로 옮겨다니는. **2. a)** 규칙에 속박되지 않은, 자유로운: f. im Geldausgeben sein 돈을 잘 쓰다. **b)** (도덕적으로) 기존 관념에 얽매이지 않는: ein sehr -er Film 매우 개방적인 영화. **~zügigkeit**, die ↑~zügig의 명사형. **~zügigkeitsversorgung**, die (구 동독) (모든 은행, 우체국에서 통용되는) 자유 예금인출 제도.

Freie*, der / die (역사적) 자유 시민. ↑frei (1 a) 참조.
freien [ˈfraɪən] ⟨h⟩ [niederd. vrīen, vrigen] 《고어》 **1. a)** (누구와) 혼인하다: er dachte nicht daran, sie zu f.

그는 그녀와 결혼할 생각을 하지 않았다. **b)** 결혼하다, 혼인하다: er war zu jung, um zu f. 그는 결혼하기에는 너무 어렸다; [음담] jung gefreit, (hat) nie gereut 젊어 결혼하면 후회없다. **2.** 구혼하다. 청혼하다: er freite lange um sie 그는 오랫동안 그녀에게 구혼했다. **Freier,** der; -s, - [niederd. vrier] **a)** 〈준고어〉 구혼자, 청혼자. **b)** 〈은폐〉 〈창녀나 남창의〉 손님.
freierdings 〈Adv.〉 〈준고어〉 자발적으로.
Freierplatz, der; -es, -plätze 〈schweiz.〉 창녀나 남창이 출몰하는 곳. **Freiersfüße** 〈Pl.〉 〈다음 용법으로〉 **auf -n gehen** 〈농〉 부인감을 찾다, 곧 결혼하려하다: dein Bruder sieht neuerdings so fein aus, der geht wohl auf -n 너의 형은 요즘 매우 세련되어 보이는 것이 아마도 신부감을 찾나 보다. **Freiersmann,** der; -(e)s, ...leute ↑Freier.
Freiheit, die; -en **1.** 〈Pl. 없음〉 자유: die F. der Presse 언론〔출판〕의 자유; zur akademischen F. gehört die F. von Lehre und Forschung 학문의 자유엔 연구와 교수의 자유가 속한다; seine F. bewahren [erhalten, genießen, verlieren] 그의 자유를 지키다〔얻다, 향유하다, 상실하다〕; F., Gleichheit, Brüderlichkeit 자유, 평등, 박애〔프랑스 혁명의 구호〕; F. von Not und Furcht 곤궁과 공포로부터의 자유. **2.** 〈Pl. 없음〉〈행동의〉 자유: einem Gefangenen die F. schenken 구속자에게 자유를 부여하다; jmdm. die F. rauben [jmdn. seiner F. berauben] (아이) 누구에게서 자유를 앗아가다; der Täter hat seine F. verwirkt 범인은 스스로 자신의 자유를 상실했다; der Verhaftete ist wieder in F. 체포되었던 사람은 다시 석방되었다; durch die Explosion wurden giftige Gase in F. gesetzt 폭발로 유독가스가 유출되었다. **3.** 특권, 권리, 변칙: besondere -en genießen 특권을 누리다; dichterische F. 문학적 자유〔특권〕; **sich³ die F. nehmen, etw. zu tun** 외람되게 무슨 일을 하다; **freiheitlich** 〈Adj.〉 자유의. **freiheitliebend** 〈schweiz.〉 ↑freiheitsliebend.
freiheits-, Freiheits-: ~apostel, der 〈조롱〉 자유의 사도. **~bedürfnis,** das 자유에 대한 욕구. **~begriff,** der 자유 개념. **~beraubung,** die [법] 불법 감금. **~beschränkung,** die 자유의 제한. **~bestrebung,** die 〈대개 Pl.〉 자유에 대한 지향. **~brief,** der ↑Freibrief (2). **~dichter,** der 〔나폴레옹에 대한〕 해방 전쟁 시대의 시인, 자유 시인. **~drang,** der 〈Pl. 없음〉 자유에 대한 갈망. **~dressur,** die 〔서커스에서 줄이나 기구없이 하는〕 자유 조련. **~durst,** der 〔아이〕 자유에 대한 목마름. **~entziehung,** die 〈Pl. 없음〉 [법] 구류, 구금. **~entzug,** der [법] 금고형: jmdn. zu drei Jahren F. verurteilen 누구를 금고 3년형의 판결을 내리다. **~feindlich** 〈Adj.〉 자유를 억압하는, 자유에 위배되는: -e Erlasse [Gesetze] 자유 억압적인 법령〔법률〕. **~gedanke,** der ↑~idee. **~gedicht,** das 자유를 구가하는 시. **~gefährdend** 〈Adj.〉 자유를 침해하는. **~gefühl,** das 자유감, 해방감. **~grad,** der [물리] 자유도. **~held,** der 영웅적 자유 투사. **~idee,** die 자유 이념. **~kampf,** der 자유 투쟁. **~kämpfer,** der 자유 투사. **~krieg,** der **a)** 자유를 위한 전쟁. **b)** 〈Pl.〉〈역사적〉〔나폴레옹에 대항한 1813～15년간의〕해방 전쟁. **~liebe,** die 〈Pl. 없음〉 자유애. **~liebend** 〈Adj.〉 자유를 사랑하는. **~raum,** der 자유 기본권 영역. **~recht,** das 〈대개 Pl.〉 자유권: die -e verteidigen 자유권을 방어하다. **~sehnsucht,** die 자유에 대한 동경. **~sinn,** der 〈Pl. 없음〉 자유 사상. **~strafe,** die [법] 금고형: hohe -n wurden beantragt 높은 금고형이 구형되었다. **~streben,** das 자유에 대한 추구. **~wille,** der 〈Pl. 없음〉 자유에의 의지. **~wunsch,** der 〈Pl. 없음〉 자유에 대한 소망.

Freiin ['frajɪn], die; -nen **1.** 남작 영양 작위〔칭호: Baroneß〕. **2.** 남작의 영양. **freilich** 〈Adv.〉 **1.** 《제한적, 양보적》하지만, 반면: sie arbeitet schnell, f. nicht sehr gründlich 그녀는 일은 빨리 하지만 철저하지는 못하다; man muß f. bedenken, daß ... 물론 …을 고려해야 하지만. **2.** 〔특히 südd.〕 당연히, 물론, 그럼: Kommst du mit? — (ja) f. 너는 같이 오지? — 〔그럼〕 물론이지. **Freitag,** der; -(e)s, -e [lat. Veneris dies] 금요일: ein schwarzer F. 〔사업상〕 불길한 금요일〔1869년 9월 24일의 금요일 미국의 경제공황이 시작된 데에서〕; **der Stille F.** 그리스도 수난일〔Karfreitag〕. **Freitag-, freitägig, freitäglich, freitags:** ↑Dienstag- 등을 참조할 것.
Freitagabend 등 ↑Dienstagabend 등을 참조할 것.
Freite ['frajtə], die 〈고어〉 색시 선〔보기〕: 〔다음 용법으로〕 **auf die F. gehen** 〈지역적〉 신부감을 찾다.
Freiung, die; -en 〈드물게〉 결혼, 혼인.
fremd [frɛmt] 〈Adj.〉 **1.** 딴곳의, 타향의, 외국의: -es Volk 외국민; -e Länder 외국; -e Sprachen lernen 외국어를 배우다. **2.** 남의, 다른 사람의: man soll sich nicht in -e Angelegenheiten mischen 남의 일에 간섭해선 안된다; das ist nicht für -e Ohren bestimmt 당사자가 다른 사람이 들어선 안된다; ein Buch unter -em Namen herausgeben. 익명으로 책을 내다. **3. a)** 잘 모르는, 익숙하지 않은, 생소한: in -er Umgebung leben müssen 낯선 환경에서 살아야 한다; Verstellung ist ihr f. 그녀는 위장할 줄 모른다; warum tust du so f.? 너 왜 그렇게 어색하게 구느냐?; ich fühle mich hier f. 나는 여기가 낯설게 느껴진다; ich bin f. hier 나는 이곳 사정을 잘 모른다; sie sind einander f. geworden 그들은 서로 낯설게 되어 버렸다. **b)** 이상한, 낯선: mit seinem Bart sieht er ganz f. aus 수염을 기르니 그는 아주 낯설게 보인다.
fremd-, Fremd-: ~arbeiter, der 〈준고어〉 외국 노동자. **~artig** 〈Adj.〉 이상한, 낯선: ein -es Aussehen 낯선 외모. **~artigkeit,** die ~artig의 명사형. **~besitz,** der [법] 타주점유(他主占有). 〔예컨대: Mietwohnung; 반대: Eigenbesitz〕. **~bestäubung,** die [식물] 타화수분〔他花受粉〕. **~bestimmung,** die 〔정치·경제·사회〕 타인에 의한 결정〔반대: Selbstbestimmung〕. **~einwirkung,** die 〈Pl. 없음〉 [교통] 미지의 외부 방해요인. **~erregung,** die 〔기술〕 외부 여자〔勵磁〕, 타려〔他勵〕. **~finanzierung,** die 〔재정〕 외부 융자〔반대: Eigenfinanzierung〕. **~gehen*** 〈s〉 〈통용어〉 바람 피우다. **~genutzt** 〈Adj.〉 〔주거지〕 타인이 사용한, 임대된. 〔반대: eigengenutzt〕. **~herrschaft,** die 〈Pl. 드물게〉 〔정치〕 외국에 의한 지배〔통치〕. **~kapital,** das [경제] 〔반대: Eigenkapital〕 **1.** 타인 자본. **2.** 외부 외국 자금. **~körper,** der [의학·생물] 이물: einen F. im Auge haben 눈에 이물이 들어 있다. **2.** 환경에 맞지 않는 사람〔물건〕: in der neuen Umgebung fühle ich mich als F. 나는 이 새로운 환경에서 나는 이방인처럼 느껴진다. **~ländisch** [-lɛndɪʃ] 〈Adj.〉 외국〔산〕의, 외국적인: er sieht sehr f. aus 그는 매우 이국적으로 보인다. **~mittel** 〈Pl.〉 〔재정〕 타인 자금〔반대: Eigenmittel〕. **~reflex,** der 비교유 반사〔반대: Eigenreflex〕. **~sprache,** die 외국어〔반대: Muttersprache〕. **~sprachenkorrespondent,** der 외국어 통신원. **~sprachenkorrespondentin,** die ↑~sprachenkorrespondent의 여성형. **~sprachensatz,** der 〔인쇄〕 외국어 식자. **~sprachenunterricht,** der 외국어 수업, 외국어 교육. **~sprachig** 〈Adj.〉 **a)** 외국어를 말하는: -e Bevölkerungsteile 외국어를 말하는 주민층. **b)** 외국어로 쓰여진: -e Literatur 외국어 문학. **c)** 외국어로 행하는: -er Unterricht 외국어로 하는 수업. **~sprachlich** 〈Adj.〉 **a)** 외국어의, 외래어의: -e Wör-

ter im Deutschen 독일어 안에 있는 외래어. **b)** 외국어에 관한: **-er** Unterricht 외국어 수업. **~stämmig** ⟨Adj.⟩ 이민족의, 이종족의. **~stämmigkeit,** die 외국 혈통, 이민족 출신. **~stoff,** der ⟨대개 Pl.⟩ 이물질, 외래 물질, 불순물. **~verschulden,** das 외부(책임) 요인. **~währung,** die 〖재정〗 외국 통화, 외화. **~wort,** das ⟨Pl. -wörter⟩ 외래어: viele Fremdwörter gebrauchen 많은 외래어를 사용하다; **(für jmdn.) ein F. sein** (누구에게는) 전혀 낯설다(생소하다). **~wörterbuch,** das 외래어 사전. **~wortfrei** ⟨Adj.⟩ 외래어를 사용하지 않는: **~wortreich** ⟨Adj.⟩ 외래어가 많은.

¹**Fremde*** ['frɛmdə], der/die **a)** 이방인, 외국인, 나그네, 외지인: ein -r hat es hier schwer, heimisch zu werden 외지인이 여기서 원주민처럼 적응하는 것은 매우 어렵다. **b)** 낯선이: ein -r steht an der Tür 모르는 사람이 문간에 서있다. ²**Fremde** [-], die ⟨《아어》⟩ 외국, 타향. **fremdeln** ['frɛmdn] ⟨h⟩ 낯을 가리다, 쭈뼛거리다: Kind fremdelt 그 아이가 낯을 가린다. **fremden** ['frɛmdn] ⟨h⟩ 《schweiz. · 방언》 낯을 가리다, 쭈뼛거리다.

Fremden-: **~bett,** das **a)** 호텔 객실 침대. **b)** (손님) 침대. **~buch,** das 숙박부, 숙박계. **~feindlichkeit** die 외국인에 대한 적대감. **~frequenz,** die ⟨schweiz.⟩ 관광객 수, 방문객 수. **~führer,** der 여행 안내자, 관광 안내人. **~führerin,** die ↑**~führer**의 여성형. **~heim,** das 민박소. **~industrie,** die 관광 산업. **~legion,** die ⟨Pl. 없음⟩ (프랑스의) 외인 부대. **~legionär,** die 외인 부대원. **~liste,** die (관광지, 호텔) 숙박인 명부. **~paß,** der (대개 무국적자에게 발행하는 임시) 외국인 여권. **~pension,** die ↑Pension (2). **~polizei,** die ⟨Pl. 없음⟩ (경찰서의) 외국인 담당과, 외국인과. **~recht,** das 외국인법(↑Ausländerrecht). **~sitzung,** die 공개 카니발 모임. **~verkehr,** der 관광(업). **~verkehrsgebiet,** das 관광지. **~verkehrsverein,** der 관광협회(↑Verkehrsverein). **~zimmer,** das **a)** 여관, 여관방. **b)** 손님방.

Fremdheit, die, -en 낯섦, 서먹서먹함: **F.** gegenüber einem Menschen empfinden 어떤 사람에 대해 낯섦을 느끼다. **Fremdling,** der, -s, -e ⟨준고어 · 시어⟩ 타향인, 이방인. **Fremdtümelei** [...ty:məˈlaɪ], die 《폄》 외국 모방벽.

frenetisch [freˈneːtɪʃ] ⟨Adj.⟩ ⟨교양어⟩ 열렬한, 광란의: -er Beifall 우뢰 같은 갈채.

Frenulum ['frɛnulum], das, -s, ...la [lat. frēnum]〖해부〗**1.** 소대(小帶). **2.** 포피소대(包皮小帶).

Freon [freˈoːn], das, -s [engl. freeze] 프레온(가스), 할로젠화탄화수소.

frequent [freˈkvɛnt] ⟨Adj.⟩ [lat. frequēns] **1.** ⟨준고어⟩ 잦은, 빈번한. **2.** 〖의학〗 빨라진: der Puls ist sehr f. 맥박이 매우 빠르다. **Frequenta** [...ta], das, -(s) ⟨고 주파공학의⟩ 자기절연체. **Frequentant** [...'tant], der, -en, -en [lat. frequentāns] ⟨고어⟩ 규칙적인 방문객. **Frequentation** [...tsjoːn], die, -en [lat. frequentātio] ⟨고어⟩ 잦은 방문. **Frequentativ** [...taˈtiːf], das, -s, ...ive [...ivə], **Frequentativum** [...taˈtiːvʊm], das, -s, ...iva [lat. verbum frequentātīvum] ↑Iterativ. **frequentieren** [frekvɛnˈtiːrən] ⟨h⟩ [lat. frequentāre] 《아어》 자주 방문하다, 빈번히 왕래하다, 애용하다: sie frequentierten die kleine Weinstube am Markt 그들은 광장 옆에 있는 조그만 주막을 자주 찾는다; eine stark frequentierte Verkehrsverbindung 많이 이용되는 교통 연결. **Frequenz** [freˈkvɛnts], die, -en [lat. frequentia] **1.** 빈도, 출석율; 교통량: die F. des Elternabends 학부회의의 출석율; eine Straßenkreuzung mit starker F. 많은 교통량의 교차로. **2. a)** 〖물리〗 주파수: das Rundfunkgerät auf die F. eines Senders einstellen 라디오를 송신국의 주파수에 맞추다. **b)** 〖의학〗 (분당) 맥박 수, 심장의 박동 수.

frequenz-, Frequenz-: **~änderung,** die 〖물리〗 주파수 변경. **~band,** das ⟨Pl. -bänder⟩ 〖통신〗 주파수대(帶). **~bereich,** der 〖통신〗 주파수 범위. **~liste,** die ⟨schweiz.⟩ 출석자 명부. **~messer,** der 〖물리〗 주파수계기. **~messung,** die 〖물리〗 주파수 계측. **~modulation,** die 〖통신〗 주파수 변조. **~modulator,** der 〖통신〗 주파수 변조기. **~moduliert** ⟨Adj.⟩ 〖통신〗 주파수로 조절된. **~skala,** die 〖Einstellskala. **~weiche,** die 〖통신〗 주파수 차단기.

Freske ['frɛskə], die, -n [frz. fresque] ⟨드물게⟩ ↑¹**Fresko.** ¹**Fresko** ['frɛsko], das, -s, ...ken [ital. (pittura a) fresco] 〖미술〗 프레스코화. ²**Fresko** [-], der; -s 소모사직(梳毛絲織) 통풍이 잘되는 하복용 복지의 일종. **Freskogemälde,** das; -s, -, **Freskomalerei,** die; -en 프레스코 벽화(반대: Seccomalerei).

freß-, Freß- ['frɛs-]: **~barren,** der ⟨südd., österr.⟩ ↑Barren. **~beutel,** der **a)** 빵봉지. **b)** (말의 목에 다는) 여물주머니. **~gelage,** das 진탕 먹어치우는 연회. **~gier,** die 게걸스러움, 탐식. **~gierig** ⟨Adj.⟩ 게걸스러운. **~korb,** der 〖통용어〗 **a)** 피크닉(음식) 바구니. **b)** (특선 식품, 주류가 담긴) 선물바구니. **~lust,** die ⟨Pl. 없음⟩ ↑**~gier. ~lustig** ⟨Adj.⟩ 게걸스러운. **~napf,** der (개, 고양이 등의) 먹이 그릇. **~paket,** das 〖통용어〗 식료품 소포. **~platz,** der (짐승의) 먹이 장소. **~sack,** der **a)** (고어) (군인들의) 양식 배낭. **b)** ⟨속어⟩ 대식가, 먹보. **~schale,** die ↑**~napf. ~sucht,** die ⟨Pl. 없음⟩ 〖의학〗 다식증, 탐식증. **~süchtig** ⟨Adj.⟩ 탐식증의, 게걸스런. **~trog,** der 여물통, 구유. **~welle,** die (경) 식탐풍조(食貪風潮), 탐식기(貪食期). **~werkzeuge** ⟨Pl.⟩ 〖동물〗 (곤충의) 먹이 섭취 기관. **~zangen** ⟨Pl.⟩ 〖동물〗 (곤충의) 씹는 턱. **~zelle, ~zellen** ⟨Pl.⟩ 〖동물 · 의학〗 식(균)세포.

Fressalien [frɛˈsaːliən] ⟨Pl.⟩ ⟨통용어 · 농⟩ 식료품; 먹거리. **Fresse** ['frɛsə], die; -n ⟨속어⟩ **1.** 입, 식구통, 아가리: **eine große F. haben**(돼지 처럼) **(die F. weit aufreißen)** 허풍떨다, 떠벌리다; **(ach) du meine F.!** (놀라움의 표시) 아니, 저런!; **die F. halten** 아가리 닥치다. **2.** 얼굴, 낮짝: ich kann seine F. nicht mehr sehen 나는 그의 쌍판을 더이상 볼 수 없다; **jmdm. die F. polieren (jmdm. eins vor die F. geben)** 누구의 낯짝을 문질러주다(때리다). **fressen*** ['frɛsn̩] ⟨a, e⟩ [ahd. frezzan] **1.** (동물이) 먹다, (사람이) 게걸스레 먹다: der Hund fraß gierig 개가 허기진듯 먹었다; er frißt wie ein Scheunendrescher ⟨속어 · 폄⟩ 그는 (타작꾼처럼) 마구 먹는다; er frißt für drei 그는 3인분을 먹어치운다. **b)** (동물이) 무엇을 먹이로 취하다: Kühe fressen Gras 소들이 풀을 뜯는다; dem Vieh (etwa) zu f. geben 소에게 (무엇을) 먹이다; wer hat meine Schokolade gefressen? 누가 내 초콜릿을 다 먹어버렸지?; keine Angst, ich will dich nicht f. ⟨통용어 · 농⟩ 무서워마라, 나는 너를 잡아먹지 않을테니까; sie sah mich an, als wollte sie mich f. 그녀는 나를 잡아먹을 듯이 바라보았다; 〖전의〗 wie's kommt, (so) wird's gefressen 사물을 사실대로 받아들여야지; 〖전의〗 Kilometer f. 〖폄〗 단숨에 먼 거리를 줄이다; **etw. in sich f.** (화나 걱정을) 꾹 참다; **etw. gefressen haben** ⟨통용어⟩ 무엇을 (경신적으로) 소화했다; **jmdn. (etw.) gefressen haben** ⟨통용어⟩ 누구(무엇)을 전적으로 미워하다; **jmdn. zum Fressen gern haben** ⟨통용어⟩ 누구를 이루말할 수 없을만큼 좋아하다; **zum Fressen sein(aussehen)** ⟨통용어⟩ 깨물어 먹고 싶을 정도로 귀엽다(예쁘다). **c)** 먹어서 어떻게 되다: ihr werdet mich noch arm f. 《속어》 너희들은 먹어서 나를 거덜나게 할 것이다; das Tier hat sich satt gefressen 그 동물은 배 부르도록 먹었다. **d)** 먹어 무엇을 만들다: die Motten haben Löcher in den Pullover gefressen 좀이 먹어 스웨터에 구멍을 냈다; 전의 der Urlaub hat ein großes Loch in die Kasse gefressen 《통용어》 휴가 때문에 호주머니에 구멍이 났다. **2. a)** 먹으쓰다, 삼켜버리다: der Motor frißt viel Benzin 그 모터는 연료를 많이 소모한다. **b)** 《아어》《파괴적으로》 파먹다, 침식하다: die Sonne frißt den Schnee 햇빛이 눈을 점점 녹여버린다; der Wald wird vor der Stadt gefressen 숲이 도시에 의해 잠식당한다. **c)** 잠식하다, 만연하다, 번져지다: Rost frißt am Metall 녹이 쇠를 먹어든다; ein fressendes Geschwür 번져가는 종기. **d)** 《계속적으로》 잠식하다: die Motten fressen sich in die Wolle 좀벌레가 모직을 침식하고 있다; 전의 der Rost frißt sich weiter 녹이 점점 더 먹어들어간다. **Fressen**, das; -s 사료, 먹이: der Katze ihr F. geben 고양이에게 먹이를 주다; das F. in der Kneipe ist mies 《속어·펌》 그 식당의 음식은 형편 없다; erst kommt das F., dann kommt die Moral 첫째가 먹을 것이고 그 다음이 도덕; **ein gefundenes F. für jmdn. sein** 《통용어》 누구의 먹이나 다름없다; **sich ein F. aus etw. machen** 《통용어》 불쾌한 일을 즐거운 마음으로 처리하다. **Fresser**, der; -s, - **a)** 먹는 동물: dieses Tier ist ein geduldiger F. 이 동물은 주어진 것을 모두 먹어치운다. **b)** 《속어·펌》 대식가, 먹보, 식충이: sie hat viele F. großzuziehen 그녀는 딸린 입(어린애)이 많았다. **Fresserei** [frɛsə'raj], die; -en 《속어·펌》 **a)** 먹기잔치. **b)** 《Pl. 없음》 먹어치우기, 먹는 꼬라서니.

Frett [frɛt], das; -(e)s, -e, **Frettchen**, das; -s, - [1: niederl. fret] 《토끼 사냥용》 흰족제비.

fretten ['frɛtn̩], sich 〈h〉 《südd.·österr.·통용어》 **1.** 비벼 상처내다, 스쳐 벗겨지다: sich die Zehe f. 발가락이 스쳐 벗겨지다. **2.** 어렵게 생계를 이어가다, 애쓰다.

Fretter ['frɛtɐ], der; -s, - 《südd.·österr.·통용어》 **a)** 어렵게 사는 사람. **b)** 인색한 사람, 구두쇠. **Fretterei** [frɛtə'raj], die; -en 《österr.·통용어》 **a)** 고생살이. **b)** 끝없이 고된 일.

frettieren [frɛ'tiːrən] 〈h〉 《사냥》 《흰족제비로》 토끼 사냥을 하다.

freud-, Freud- (freude-, Freude- / freuden-, Freuden-): **~los** 〈Adj.〉 즐거움이 없는, 재미없는: ein -es Dasein 낙없는 삶. **~losigkeit**, die 즐거움이 없음: die F. ihres Lebens 그녀 생활의 무료함. **~voll** 〈Adj.〉 기쁨에 찬, 행복한.

Freude ['frɔydə], die; -n **1.** 〈Pl. 없음〉 기쁨, 즐거움: eine große(tiefe) F. 큰(깊은) 기쁨; die F. an der Natur 자연에 대한 만족; das ist keine reine F. 그것은 썩 즐거운 일은 아니다; es wird mir eine F. sein, Sie zu begleiten 당신을 동반하는 것이 저에겐 기쁨입니다; jmdm. mit etw. [eine] F. machen(bereiten) 무엇으로 누구를 기쁘게 하다; du machst mir F.! 《반어》 기쁘군(실망했어)!; jmdm. die F. verderben 《통용어》 누구의 즐거움을 망치다; seine helle F. an etw. haben 어떤 일에 그의 즐거움을 갖다; etw. aus F. an der Sache 《통용어·농》 aus Spaß an der F.] tun 무엇을 저 좋아서 하다; voll(er) F. zustimmen 아주 기뻐 동의하다; außer sich vor F. sein 기뻐 어쩔줄 모르다; vor F. an die Decke springen 《통용어》 몹시 날뛰다; 속담 geteilte F. ist doppelte F. 기쁨은 나누면 배가 된다; **Freud und Leid** 《아어》 인생의 고락; **mit -n** 기꺼이. **2.** 〈Pl.〉 즐거운 일: die -n des Sommers 여름의 즐거운 일들; herrlich und in -n leben 매우 잘 지내다.

freude-, Freude- (freud-, Freud- / freuden-, Freuden-): **~bebend** 〈Adj.〉《아어》 기뻐 떨면서. **~bringend** 〈Adj.〉 기쁨을 주는. **~bringer**, der ↑ Freudenbringer. **~leer** 〈Adj.〉 즐겁지 않은, 낙이 없는. **~los** 〈Adj.〉 ↑ freudlos. **~losigkeit**, die ↑ Freudlosigkeit. **~spender**, der ↑ Freudenspender. **~strahlend** 〈Adj.〉 기쁨에 빛나는, 희색이 만면한. **~trunken** 〈Adj.〉《아어》 기쁨에 취하여. **~voll** 〈Adj.〉 ↑ freudvoll 참조.

freuden-, Freuden- (freud-, Freud- / freude-, Freude-): **~arm** 〈Adj.〉 《반대: ~reich》: ein -es Leben führen 즐거움이 없는 생활을 하다. **~ausbruch**, der 기쁨의 탄성. **~becher**, der 《시어》 환락의 순간: den F. leeren 환락의 술잔을 마시다, 행복을 만끽하다. **~bekundung**, die 기쁨의 표현. **~botschaft**, die 기쁜 소식, 희소식. **~bringer**, der 《아어》 기쁨의 전달자: die Musik ist ein wahrer F. 음악은 진정한 기쁨의 전달자다. **~fest**, das 기쁨의 축제《향연》. **~feuer**, das 축하의 불. **~gebrüll**, **~geheul**, **~geschrei**, das 환호성. **~haus**, das ↑ Bordell. **~junge**, der 《성애》 남창. **~leer** 〈Adj.〉 ↑ freudeleer. **~los** 〈Adj.〉 ↑ freudlos. **~mädchen**, das [frz. fille de joie] 《아어·은폐》 창녀. **~mahl**, das 《아어》 축연, 향연. **~rausch**, der 환희의 도취. **~reich** 〈Adj.〉 기쁨에 찬 《반대: ~arm》. **~ruf**, der 환호, 환성. **~schimmer**, der 《아어》 일루의 기쁨, 한가닥의 환희. **~schmaus**, der 《농》 ~mahl. **~schrei**, der 환성, 환호성. **~spender**, der ↑ ~bringer. **~sprung**, der 기뻐서 덩실거림: in einem F. machen 기뻐 껑충 뛰다. **~sturm**, der 환희의 광란. **~tag**, der 기쁜 날, 즐거운 날. **~tanz**, der 《다음 용법으로》 **einen (wilden, wahren) F. (wilde, wahre) Freudentänze) aufführen(vollführen)** 환희의 춤을 추다, 기뻐 깡충 깡충 뛰다. **~taumel**, der 환희의(歡喜): in einen F. verfallen 환희에 빠지다. **~träne**, die 《대개 Pl.》 기쁨의 눈물: -n weinen(vergießen) 기쁨의 눈물을 흘리다 [쏟다].

Freudianer [frɔy'diaːnɐ], der; -s, - 프로이트 학파.

freudianisch 〈Adj.〉 프로이트 학파의. **Freudianismus** [frɔydia'nɪsmʊs], der; - 프로이트 학설, 프로이트주의.

freudig ['frɔydɪç] 〈Adj.〉 **1. a)** 기뻐하는, 기쁨에 넘치는, 즐거운: ein -es Gefühl 기쁜 감정; jmdn. f. begrüßen 누구를 기꺼이 맞이하다. **b)** 기쁨을 주는, 즐겁게 하는: eine -e Nachricht 기쁜 소식; **ein -es Ereignis** 《은폐》 경사《아기의 출생》. **2.** 《접미사》 **a)** 무엇을 좋아하는: bergfreudig 산을 좋아하는. **b)** 무엇을 잘 하는, 기꺼이 하는: reisefreudig 여행을 좋아하는. **Freudigkeit**, die ↑ freudig의 명사형. **freuen** ['frɔyən] 〈h〉 **1.** 《f. + sich》 기뻐하다, 즐거워하다: sie kann sich f. wie ein Kind 그녀는 어린애처럼 기뻐한다; ich freue mich deines Glücks 《아어》 나는 당신의 행복을 기뻐합니다; sich seines Lebens f. 자신의 삶을 즐기다; sich an (den) Blumen f. 꽃을 좋아하다; wir freuen uns auf unseren Gast(auf den Ausflug) 우리는 손님[소풍]을 고대한다; ich freue mich schon darauf, dich wiederzusehen 나는 벌써 당신과의 재회를 고대하고 있읍니다; ich freue mich für dich, daß ... 나는 당신에게 …을 기원한다; sich über seinen Erfolg f. 그의 성공을 기뻐하다; ich freue mich an dem neuen Kleid sehr 《지역적》 새옷 입으신 것이 매우 좋습니다. **2.** 누구를 기쁘게 하다: es freut mich, daß du mitkommst 네가 같이 와서 기쁘다; das freut einen denn ja auch! 《통용어·반어》 아니 도대체 그런 것을 좋아하다니! **freund** ['frɔynt] 〈Adj.; 격변화 없음〉《아어·고어》 호의

적인: jmdm. f. sein(werden, bleiben) 누구에게 호의 적이다. **Freund** [-], der; -(e)s, -e **1.** 동무, 벗, 친구: ein guter F. von mir 나의 좋은 친구; du bist mir ein schöner F.! (통용어) 자네가 나의 좋은 친구라고! (어림없는 소리); er ist mein F. gewesen! (통용어) 그는 나의 친구였어이(이젠 아니지만); sich jmdn. zum -(e) machen 누구를 친구로 삼다; was kostet das unter -en (통용어·농) 친구사이인데 뭐(더 요구하겠느냐?); [속담] -e in der Not gehn hundert(tausend) auf ein Lot 어려울 때에 친구가 없다; [전의] ein vierbeiniger F. 네발 달린 친구(특히 개); unsere gefiederten -e 우리의 깃털달린 친구(새); **F. Hein** (은폐) 죽음; **F. und Feind** 누구나, 만인(萬人)이; er war angesehen bei F. und Feind 그는 누구에게나 존경을 받았다; **dicke -e sein** (통용어) 절친한 사이이다. **2.** 애인, 연인: sie hat noch keinen F. 그녀는 아직 애인이 없다. **3. a)** 애호자: ein F. der Dichtkunst 문학 애호가; **kein F. von etw. sein** 무엇을 좋아하지 않다: ich bin kein F. von vielen Worten 나는 수다쟁이가 아니다. **b)** 지원자, 후원자: Verein der -e und Förderer des Stadttheaters 시립 극장 후원회. **c)** 동지, 당료: meine politischen -e 나의 당료. **4.** (축소형: ↑Freundchen) wie geht's, alter F.? (친밀한 호칭) 여보게 어떻게 지내나?; (mein) lieber F.! (농·위협조) 이봐!

freund-, Freund-: ~**feind**, der 친구이자 적: er betrachtet seine Kritiker als seine -e 그는 그의 비평가들을 친구이자 적으로 간주했다. ~**Feind-Denken**, ~**Feind-Schema**, das (사회) 친구냐 적이냐의 양분법적 사고 방식. ~**los** ⟨Adj.⟩ 친구·군교어) 동무없는, 외로운. ~**nachbarlich** ⟨Adj.⟩ 이웃처럼: jmdm. f. verbunden sein 누구와 친밀하게 맺어져 있다.

Freundchen ['frɔyntçən], das; -s, - ⟨Pl.: 잘 쓰이지 않음⟩ ↑Freund (4). 《농》 협박조의 호칭: warte nur, (mein) F.! 두고봐, 친구!

Freundes-: ~**dienst**, der 《아어》 우정을 베풀다. jmdm. einen F. erweisen 누구에게 우정을 베풀다. ~**gruß**, der 《아어》 우정어린 인사. ~**hand**, die 《아어》 우정의 악수: jmdm. nach einem Streit wieder die F. reichen 논쟁 후 누구에게 우정의 악수를 청하다. ~**kreis**, der 교우 범위. ~**land**, das 《아어》 우방국. ~**paar**, das 《아어》 짝. ~**pflicht**, die 《아어》 친구의 의리: jmdm. gegenüber seine F. erfüllen 누구에게 친구의 의리를 지키다. ~**tat**, die 《아어》 우정어린 행위. ~**treue**, die 《아어》 친구의 의리.

Freundin ['frɔyndɪn], die; -nen **1.** 여자친구, 여자동무. **2.** 여자애인: er hat schon eine feste F. 그는 벌써 확고한 애인이 있다. **freundlich** ⟨Adj.⟩ **1. a)** 다정한, 친절한: ein -er Empfang 온정어린 환영; ein -es Gesicht machen 상냥한 표정을 짓다; mit -en Grüßen 안녕히 (편지 말미의 인사말); sie war immer f. zu mir (고어) gegen mich) 그녀는 항상 나에게 친절했다; bitte recht f.! (사진 찍을 때) 좀 상냥하게! **b)** 쾌적한, 명랑한; -es Wetter 쾌적한 날씨; diese Farben sind besonders f. 이 색채는 매우 밝고 명랑하다; die Stimmung an der Börse ist f. 주식의 장세가 호조를 나타낸다. **c)** 우호적인, 호의적인(반대: feindlich 1 b): eine -e Haltung einnehmen (jmdm. gegenüber) 누구에게 우호적인 태도를 취하다; jmdm. f. gesinnt sein 누구를 호의적으로 생각하다. **-freundlich** (접미사) **a)** 무엇에 우호적인, 우호적인(의 뜻): regierungsfreundlich 친정부적인. **b)** 무엇에 유리한(반대: -feindlich): familien- 가정에 유리한; kinder- 어린애에 유리한; umweltfreundlich 무공해의. **freundlicherweise** ⟨Adv.⟩ 친절하게. **Freundlichkeit**, die; -en **1.** ⟨Pl. 없음⟩ **a)** 친절, 다정함: jmdm. mit überströmender F. empfangen 누구를 매우 친절하게 맞이하다. **b)** 쾌적함, 안락함: die F. des Wetters 일기의 쾌적함; die F. eines Raumes 공간의 안락함. **2.** 친절한 행동, 친절한 언동: jmdm. um eine F. bitten 누구에게 친절한 행동을 부탁하다; jmdm. -en erweisen 누구에게 호의를 보이다; jmdm. nur -en sagen 누구에게 친절한 말만 하다. **Freundschaft**, die; -en **1. a)** 우정, 우의, 친교, 호의, 친절(반대: Feindschaft): uns verbindet eine tiefe F. 깊은 우정이 우리를 맺어주고 있다; mit jmdm. F. schließen 누구와 친교를 맺다; jmdm. in F. verbunden sein 누구와 우의로 맺어있다. **b)** ⟨Pl. 없음⟩ (구동독) (자유독일 청소년단의) 인사말. **c)** (구동독) 개척단원, 개척단. **2.** (드물게) 친지. **3.** ⟨Pl. 없음⟩ (지역적) 친척. **freundschaftlich** ⟨Adj.⟩ 우정있는, 친구다운, 친절한, 정다운: er unterhielt sich f. mit mir 그는 나와 다정히 이야기했다. **Freundschaftlichkeit**, die 우의, 친분, 친절, 다정함.

Freundschafts-: ~**bande** ⟨Pl.⟩ 《아어》 우애의 유대, 우의: F. knüpfen 우의를 맺다. ~**besuch**, der (정치) 친선 방문. ~**beteuerung**, die 우정의 봉우의 맹세. ~**beweis**, der 우정의 증거. ~**bezeigung**, die 우정의 표시. ~**bund**, der 우정의 결속. ~**bündnis**, das (정치) 우호동맹, 맹약: die beiden Staaten schlossen ein F. 두 국가는 우호 동맹을 맺었다. ~**dienst**, der 우정의 봉사: jmdm. einen F. erweisen 누구에게 우의를 베풀다. ~**fahne**, die (구동독) 우정의 깃발. ~**geschenk**, das 우정의 선물. ~**kuß**, der 우정의 키스. ~**pakt**, der ↑~**vertrag**. ~**preis**, der 우정의 (싼) 가격. ~**rat**, der (구동독) 개척단 지도부. ~**ratsvorsitzende'**, der/die 개척단 단장. ~**ring**, der 우정의 반지. ~**spiel**, das (스포츠) 친선 경기. ~**treffen**, das ↑~**spiel**. ~**verhältnis**, das 우정 관계, 우호 관계. ~**vertrag**, der (정치) 우호 조약.

frevel ['fre:fl] ⟨Adj.⟩ 《시어·고어》 불법의, 파렴치한. **Frevel** [-], der; -s, - 《아어·준(고어) 모독 행위, 불법 행위: einen F. an der Menschheit begehen 인류를 모독하는 행위를 하다; es wäre ein F., den schönen Tag zu verschlafen 일기좋은 날을 헛되이 보내는 것은 죄악이다.

Frevel- 《아어》: ~**mut**, der 사악함, 방종. ~**tat**, die 방종한 행동: eine entsetzliche F. (an jmdm.) begehen (누구에게) 놀랄만큼 무도한 짓을 저지르다. ~**wort**, das 〈Pl. -worte〉 모독적인 말: ein gottloses F. aussprechen 불경한 욕을 하다.

Frevelei [fre:fə'laɪ], die; -en 《아어》 불법 행위, 범법 행위, 모독 행위, 비행. **frevelhaft** ⟨Adj.⟩ 《아어》 불법의, 무도한, 방자한, 모욕적인. **Frevelhaftigkeit**, die ↑frevelhaft의 명사형. **freveln** ['fre:fln] ⟨h⟩ 《아어·준고어》 비행을 저지르다, 죄를 범하다: gegen das Gesetz f. 법을 어기다. **freventlich** ['fre:fn̩tlɪç] ⟨Adj.⟩ 《준고어》 ↑frevelhaft. **Frevler** ['fre:flɐ], der; -s, - 《아어》 범죄자, 범법자, 무법자: ein F. gegen Gott 독신자. **Frevlerin**, die; -, -nen ↑Frevler의 여성형. **frevlerisch** ⟨Adj.⟩ ↑frevelhaft.

Frey [fraɪ], (frz.) fre] (북구 신화에서) 빛과 풍요의 신. **Freyja** (북구 신화의) 사랑과 풍요의 여신. **Freyr** ['fraɪɐ] ↑Frey.

Frhr. = Freiherr.

Fridatte [fri'datə] ⟨österr.⟩ ↑Frittate.

friderizianisch [frideri'tsiɑ:nɪʃ] ⟨Adj.⟩ 프리드리히 대왕의.

fried-, Fried- ['fri:t-]: ~**fertig** ⟨Adj.⟩ 평화적인, 온화한: ein -er Mensch (Charakter) 평화를 사랑하는 사람(성격); (명사화) selig sind die Friedfertigen 온유한 자는 복이 있나니. ~**fertigkeit**, die 평화를 사랑함, 온

유함. ~fisch, der (식물이나 조그만 동물을 먹는) 초식어(草食魚)(반대: Raubfisch). ~hof, der 묘지. ~hofsatmosphäre, die 묘지 분위기. ~hofsblume, die 묘지에 어울리는 꽃(예컨대: 수국). ~hofsgärtner, der 묘지 정원사. ~hofsgärtnerei, die 묘지 정원 관리. ~hofsjodler, der 《속·농》(사경에 달한 사람의) 힘없는 기침 소리. ~hofskapelle, die 묘지 부속 교회. ~hofsmauer, die 묘지벽. ~hofsordnung, die 묘지 규칙. ~hofsruhe, die 묘지의 정적: 전의 zur Zeit der Diktatur herrschte F. im Lande 독재시에 나라에 묘지의 정적이 감돌았다. ~hofsschänder, der 묘지 훼손자, 도굴범. ~hofsstille, die ↑~hofsruhe. ~hofstor, das 묘지문. ~hofswärter, der 묘지기기. ~hofsweg, der 묘지에 난 길. ~hofswesen, das ⟨Pl. 없음⟩ 묘지 제도. ~liebend ⟨Adj.⟩ 평화를 사랑하는. ~los ⟨Adj.⟩ 1. 《아어》 평화가 없는, 불안한. 2. 《역사적》 법의 보호 밖에 있는, 추방된. ~losigkeit, die 평화가 없음, 법의 보호외. ~voll, 《또한》 friedevoll ⟨Adj.⟩ 《아어》 평안한, 평온한: ihr Gesicht hatte einen ~en Ausdruck angenommen 그녀의 얼굴은 평안한 빛을 띠었다.

Friede ['fri:də], der; -n, -n 《아어·고어》 ↑Frieden. **frieden** ['fri:dn] ⟨h⟩ ⟨들뜸게⟩ ↑befrieden, einfrieden. **Frieden** [-], der; -s, - **1. a)** ⟨Pl. 없음⟩ 평화, 화평(반대: Krieg): F. stiften 평화를 심다; (mit dem Feind) F. schließen (적과) 화평을 맺다; F. und Freiheit leben 평화와 자유 속에 살다. **b)** ↑Friedensschluß: einen ehrenvollen F. aushandeln 명예로운 강화 조약을 담판해 내다; den F. unterzeichnen 강화 조약에 서명하다. **2.** ⟨Pl. 없음⟩ **a)** 화합, 화목; in Ruhe und F. [in F. und Freundschaft] leben 화목하게 살다; 족담 Frieden(n) ernährt, Unfriede(n) verzehrt 화합은 융성, 불화는 파멸의 근원; seinen F. mit jmdm. machen 누구와 화해하다; dem F. nicht trauen 안심되지 않다. **b)** 휴식: man hat keinen F. vor ihm 그 가 있으면 조용하지가 않다; laß mich in F.! 나를 가만히 내버려둬! **c)** 평화로움: der F. des Herzens 마음의 평화; den F. der Natur lieben 평화스러운 자연을 사랑하다. **d)** [기독교] 안식: Friede sei mit euch! 안식이 너희들과 함께 하길!; er ruhe in F.! 고이 잠드시길!; zum ewigen F. eingehen 《아어·은페》 영원한 안식을 취하다; Friede seiner Asche! 죽은자에게 안식이 깃들기를!

friedens-, Friedens-: **~abschluß**, der ↑~schluß. **~angebot**, das 평화(강화) 제의. **~apostel**, der 《조롱》 평화의 사도. **~appell**, **~aufruf**, der 평화의 호소: einen F. an die kriegführenden Nationen richten 전쟁을 주도하는 나라들에 평화의 호소를 하다. **~banner**, das 《아어》 평화의 기치. **~bedingung**, die ⟨대개 Pl.⟩ 강화 조건: günstige ~en aushandeln 유리한 강화 조건을 타결하다. **~bedürfnis**, das 평화에 대한 요구. **~bemühung**, die ⟨대개 Pl.⟩ 평화를 위한 노력. **~bereitschaft**, die 평화의 용의. **~bestrebung**, die ⟨대개 Pl.⟩ ↑~bemühung. **~beteuerung**, die ⟨대개 Pl.⟩ 평화에 대한 확언. **~bewegung**, die 평화 운동: sich einer F. anschließen 평화 운동에 가담하다. **~bote**, der 평화의 사신. **~botschaft**, die 평화의 소식: die F. verkünden 평화의 복음을 알리다. **~brecher**, der 평화 파괴자. **~bruch**, der 평화 협정 위반, 평화의 파괴(고의). **~demonstration**, die 평화를 위한 시위: an einer F. teilnehmen 평화 시위에 가담하다. **~diktat**, das 전승국이 강요하는 강화 조건. **~engel**, der 《시어》 평화의 천사. **~fahne**, die 강화기, 휴전기, 백기. **~fahrer**, der 《구동독》 평화 자전거 대회 참가 선수. **~fahrt**, die 《구동독》 (동 Berlin, Prag, Warschau 등에서 매년 개최되는) 아마추어 평화 자전거 대회. **~feind**, der 평화의 적. **~feindlich** ⟨Adj.⟩ 평화에 적대적인: eine -e Haltung einnehmen 평화 적대적 태도를 취하다. **~fest**, das 강화 기념 축제. **~forscher**, der 평화 연구 학자. **~forschung**, die 평화 연구. **~forum**, das 《구동독》 (세계) 평화 광장(논단). **~freund**, der 평화 애호자. **~fühler**, der ⟨대개 Pl.⟩ 평화의 촉수: F. ausstrecken 평화의 가능성을 탐지하다. **~fürst** [가] 평화의 주, 예수님. **~garantie**, die 평화의 보장. **~gedanke**, der 평화 사상. **~gefährdend** ⟨Adj.⟩ 평화를 위협하는. **~gespräch**, das 평화를 위한 대화. **~glocke**, die ⟨대개 Pl.⟩ 평화의 종. **~göttin** [신화] 평화의 여신. **~grenze**, die 《구동독》 평화 보장 국경선. **~hand**, die 《아어》 화해의 악수: jmdm. die F. reichen 누구에게 화해의 악수를 내밀다. **~heer**, das 평화 현역군. **~hoffnung**, die 평화의 소망(희망). **~initiative**, die **1.** 평화 제의, 평화 공세. **2.** 평화 운동. **~jahr**, das 평화시. **~kampf**, der 《구동독》 평화의 투쟁. **~kämpfer**, der 평화의 투사. **~komitee**, das 《구동독》 평화 위원회. **~konferenz**, die 평화 회의: eine F. einberufen 평화회의를 소집하다. **~kongreß**, der ↑~konferenz. **~kundgebung**, die 평화 대회: eine große F. veranstalten 대평화 대회를 개최하다. **~kurs**, der ⟨Pl. 없음⟩ 평화 노선. **~kuß**, der [가] 화목[화해]의 입맞춤. **~lager**, das ⟨Pl. 없음⟩ 평화 진영. **~liebe**, die ⟨Pl. 없음⟩ 평화에 대한 사랑. **~macht**, die 《구동독》 평화 애호국. **~manifest**, das 《구동독》 평화 선언. **~marsch**, der 《구동독》 평화 행진. **~mäßig** ⟨Adj.⟩ 평화시와 같은. **~mission**, die 평화의 사명. **~nobelpreis**, der 노벨 평화상. **~palme**, die 평화의 종려나무. **~pfeife**, die [engl. pipe of peace, Cooper의 소설 "Lederstrumpf"에서] (북미의 인디언들이 강화 체결시 돌려가며 피우던) 평화의 담뱃대: 전의 (mit jmdm.) die F. rauchen (통용어·농) 누구와 화해하다. **~pflicht**, die [노동법] (임금 협상중의) 쟁의 금지 의무. **~politik**, die 평화 정책: eine konsequente F. verfolgen [betreiben] 일관성있는 평화 정책을 추진하다. **~präliminarien** ⟨Pl.⟩ 강화 예비 협상. **~präsenzstärke**, die 상비 병력. **~preis**, der 평화상. **~propaganda**, die 《구동독》 평화 홍보. **~rat**, der 《구동독》 평화 협의회. **~reg(e)lung**, die 강화 조약상의 규정. **~richter**, der [engl. justice of the peace] **1.** (특히 영미의) 치안(중재) 판사. **2.** 《영》 중재자, 조정자. **~schluß**, der 강화(평화) 조약 체결. **~sehnsucht**, die 평화에 대한 갈망. **~sicherung**, die 평화 보장. **~stärke**, die 상비군, 평시 병력. **~stifter**, (또한) Friedensstifter, der 평화 중재자. **~störer**, (또한) Friedenstörer, der 평화(치안)교란자. **~symbol**, das 평화의 상징. **~tat**, die 《구동독》 평화에 이바지하는 행동. **~taube**, die 평화의 비둘기. **~treffen**, das 《구동독》 평화 집회. **~unterhändler**, der 평화(강화) 교섭자. **~verhandlungen** ⟨Pl.⟩ 평화 교섭, 강화 담판: mit einem Staat in F. eintreten 어떤 나라와 평화 교섭에 임하다. **~vermittler**, der 평화 중재자(조정자). **~vermittlung**, die 평화 중재(중재·조정). **~vertrag**, der 평화(강화) 조약: einen F. abschließen 평화 조약을 체결하다. **~vertraglich** ⟨Adj.⟩ 평화 조약상의. **~vorschlag**, der 평화(강화) 제의(제안): neue Friedensvorschläge unterbreiten 새로운 평화안을 제시하다. **~ware**, die 평시 상품, 평화시의 상품. **~weihnacht**, die 평(화)시의 크리스마스. **~werk**, das 평화(를 위한) 작품: ein großes F. vollenden 평화의 작품을 완성하다. **~wille**, der ⟨Pl. 없음⟩ 평화 의지: seinen -n unter Beweis stellen 평화 의지를 입증하다.

~**wirtschaft**, die 평(화)시 경제(반대: Kriegswirtschaft). ~**zeichen**, das 평화의 표지. ~**zeit**, die, ~**zeiten** 〈Pl.〉 평(화)시. ~**zustand**, der 〈Pl. 없음〉 평화 양태.

Friedenstifter: ↑Friedensstifter. **Friedenstörer**: ↑Friedensstörer. **friedevoll**: ↑friedvoll. **friedlich** ['friːtlɪç] 〈Adj.〉 **1. a)** 평화적인: einen Konflikt auf -em Wege lösen 분쟁을 평화적 방법으로 해결하다. **b)** 평화를 위한: die -e Atomforschung 평화를 위한 원자력 연구. **2. a)** 타협적인, 화해적인: ein -er Mensch [Charakter] 타협적 인간[성격]; sei f.! 싸우지 말아라!. **b)** 《아어》 평화로운, 평온한: sie schlummerte f. 그녀는 평온히 졸고 있었다; f. einschlafen 〈은폐〉 얌전하게 잠들다(살며시 죽다). **Friedlichkeit**, die ↑friedlich 의 명사형.

Friedrich Wilhelm ['friːdrɪç 'vɪlhɛlm], der; - -s, - -s 서명: er muß noch seinen F. W. d(a)runtersetzen 그는 아직 그의 서명을 그 밑에 해야 한다.

Friedrichsdor ['friːdrɪçsdoːɐ̯], der; -s, -e 프리드리히도르(프로이센의 금화).

Friedrichshafen ['friːdrɪçshaːfn̩] 프리드리히스하펜(보덴호가의 도시).

friedsam ['friːtzaːm] 〈Adj.〉 《드물게·아어》 평화를 사랑하는, 평화를 위하는. **Friedsamkeit**, die ↑friedsam 의 명사형.

frieren* ['friːrən] **1.** 〈h〉 **a)** 추위하다, 시리다: sie friert sehr leicht 그녀는 추위를 잘 탄다; an den Händen f. 손이 시리다; 상규 ich kann gar nicht so schnell zittern, wie ich friere 〈농〉 나는 추위서 몸이 벌벌 떨린다. **b)** (비인칭) 춥다: es friert mich 나는 춥다; mich friert (es) jämmerlich (an den Händen) 손이 몹시 시리다. c) (몸의 일부분이) 얼어 시리다: die Füße frieren mir 나의 발이 시리다; ihm《(지역적) ihn) fror die Nase 그의 코가 얼었다. **2. a)** 《비인칭》 〈h〉 빙점 이하로 내려가다: draußen friert es heute 오늘의 추위다; heute nacht hat es gefroren 오늘 밤에 추위가 영하로 내려갔다. **b)** 〈s〉 얼다, 얼어붙다: das Wasser friert 물이 얼다; der Boden ist hart gefroren 땅바닥이 꽁꽁 얼었다.

¹Fries [friːs], der; -es, -e [frz. frise] [건축] 프리스(띠 모양의 장식): eine Wand mit einem F. versehen 벽을 프리스로 장식하다.

²Fries [-], der; -es, -e, 《전문어》 **¹Friese** ['friːzə], die; -n [frz. frise] 【섬유】 프리즈 직(일종의 조직 나사).

²Friese [-], der; -n, -n (북해 연안의) 프리슬란트 사람.

Friesel ['friːzl̩], der 《또는》 das; -s, -n 《대개 Pl.》 [의학] 속립종(粟粒腫). **Frieselausschlag**, der 속립종 발진. **Frieselfieber**, das 속립종열.

frieseln ['friːzl̩n] 〈h〉《bayr., österr.》 오한이 나다, 소름이 끼치다.

Friesenkampf ['friːzn̩-], der; -(e)s, ...kämpfe [독일체조의 창시자 K. Fr. Friesen (1784~1814)의 이름에서] 【기계체조】 남자 5종[여자 4종]경기.

Friesennerz, der 《통용어·농》 ↑Öljacke.

Friesin, die, -nen ↑²Friese의 여성형. **friesisch** ['friːzɪʃ] 〈Adj.〉 프리슬란트(인)의. **Friesland** ['friːslant, (niederl.) ...lant] **1.** 프리슬란트(Niedersachen의 군). **2.** 프리슬란트(네덜란드 북부 지역). **Friesländer**, der; -s, - 프리슬란트 주민. **friesländisch** 〈Adj.〉 프리슬란트(인)의.

Frigen [fri'geːn], das; -s 프리겐(탄수화물로 된 냉각제 상품). **Frigg** [frɪk] 〈북구 신화에서〉 Odin의 아내. **frigid** [fri'giːt], **frigide** [...'giːdə] 〈Adj.〉 [lat. frīgidus] **1.** [의학] 〈성〉 불감증의: er ist eine Frau 불감증 여인; frigid(e) sein 불감증이다. **2.** 《아어·준고어》 냉담한, 냉정한. **Frigidaire** [frigi'dɛːɐ̯, friʒi'dɛːɐ̯], 《통용어·또한

österr. 》 fridʒi...], der; -s, -(s) [frz. frigidaire] 프리지데르(냉장고). **Frigidarium** [frigi'daːri̯ʊm], das; -s, ...ien [...i̯ən; frīgidārium] **1.** (고대 로마의) 냉수욕실. **2.** 냉재배실. **Frigidität** [frigidi'tɛːt], die 냉담, 냉정, (여성의) 불감증, 냉감증. **Frigorimeter** [frigori...], das; -s, - [lat. frīgor] 【기상】 냉각 계측기.

Frija ['friːja] ↑Frigg.

Frikadelle [frika'dɛlə], die; -n [frz. fricadelle] 프리카델레(독일식 비프스테이크). **Frikandeau** [frikan'doː], das; -s, -s [frz. fricandeau] 프리칸도(굵거나 훈제한 송아지 뒷다리의 저민 연한 고기). **Frikandelle** [...'dɛlə], die; -n **1.** 삶은(전) 고기 토막[조각]. **2.** ↑Frikadelle. **Frikassee** [frika'seː], das; -s, -s [frz. fricassée] 프리카세(잘게 썬 고기로 삶아 만든 스튜): 전의 ich mache F. aus dir! 《약간 농》 나는 자네를 늘씬하게 두들겨주겠다. **frikassieren** [...'siːrən] 〈h〉 [frz. fricasser] 프리카세를 만들다: 전의 jmdn. f. 《약간 농》 누구를 패주다.

frikativ [frika'tiːf] 〈Adj.〉 [lat. fricāre] 【음성】 마찰음의. **Frikativ** [-], der; -s, -e [...iːvə] 【음성】 마찰음. **Frikativlaut**, der ↑Frikativ. **Frikativum** [...ivʊm], das; -s, ...va 《고어》 ↑Frikativ. **Friktiograph** [frɪktsi̯oˈgraːf], der; -en, -en 마찰측정기. **Friktion** [frɪk'tsi̯oːn], die; -en [lat. frictio] **1.** [기술] 마찰: durch F. entsteht Wärme 마찰로 열이 발생한다. **2.** 【경제】 《수요, 공급상의》 마찰. **3.** 《아어》 《인격상의》 마찰, 알력. **4.** 【의학】 **a)** 비벼 바름. **b)** 손가락 끝으로 원을 그리며 하는 마사지.

friktions-, **Friktions-**: ~**antrieb**, der 【기술】 마찰구동. ~**effekt**, der 마찰 효과. ~**frei** 〈Adj.〉 마찰이 없는. ~**instrument**, das 【음악】 마찰로 소리내는 악기. ~**kalander**, der 【기술】 (종이, 직물 등을 생산하는) 압연기. ~**kupplung**, die 【기술】 마찰클러치. ~**los** 〈Adj.〉 마찰없는. ~**scheibe**, die 【기술】 마찰반(摩擦盤). ~**schleier**, der [사진] 인화지 따위에 마찰에 의해 생긴 베일. ~**spindelpresse**, die 【기술】 마찰나선 압착기.

Frimaire [fri'mɛːɐ̯], der; -(s), -s [frz. frimaire] 프리메르(프랑스 혁명력의 세번째 달, 11. 21~12. 20).

Frisbee ['frɪzbi], das; -s, -s [engl. Frisbee] 프리스비(플라스틱제 놀이용 투(척)원반).

frisch [frɪʃ] 〈Adj.〉 **1. a)** (식품이) 신선한, 싱싱한(반대: alt 4 a): -e Eier 신선한 계란. **b)** 생생한, 새로운: -e Luft 신선한 공기, 맑은 공기; -e Eindrücke 생생한 인상. **c)** 막 생긴: Bier f. vom Faß 금방 통에서 따른 맥주; Vorsicht, f. gestrichen! 칠주의!; f. gebackenes Brot 갓 구운 빵; 전의 ein f. gebackenes Ehepaar 갓 결혼한 부부. **2. a)** 새로운, 새: -e Truppen 신예 부대; 전의 -en Mut fassen 새 용기를 내다. **b)** 깨끗한: das Bett f. beziehen 침대보를 새로 갈다; sich f. machen 화장을 고치다. **c)** 《통용어》 새, 신: ein -es Blatt Papier nehmen 새 종이 한장을 쓰다. **3.** 생기발랄한: ein -es Mädchen 한창 피어오르는 처녀; er ist wieder f. und munter 《통용어》 그는 다시 명랑하고 건강하게 되었다; f., fromm, fröhlich, frei 건강, 경건, 쾌활, 자유롭게(독일체조협회의 표어); 속담 f. gewagt ist halb gewonnen 시작이 반이다. **4.** 생동감있는: -e Farben 신선한 색채. **5.** 서늘한: das Wetter ist ziemlich f. heute 날씨가 오늘은 꽤 서늘하다.

frisch-, **¹Frisch-** (frisch): ~**auf** 〈Adv.〉 《준고어》 잘해, 힘내!. ~**backen** 〈Adj.〉 갓 구운(반: altbacken 1): -es Brot 갓 구운 빵. ~**blut**, das 【의학】 갓 채혈한 피. ~**blutkonserve**, die 채혈 보존 혈액. ~**dampf**, der 새 증기. ~**ei**, das 신선한 계란. **3.** 낳은 곳 달걀. ~**fisch**, der 생계란, 날계란. ~**fisch**, der 생선, 선어. ~**fleisch**, das 날고기, 생고기. ~**fröhlich** 〈Adj.〉 명랑한, 즐거운. ~**gebak-**

²Frisch-

ken ⟨Adj.⟩ 갓 구운, 싱싱한. **~gemüse,** das 신선한 야채. **~gewicht,** das 순량. **~haltebeutel,** der [플라스틱] 식품 저장 주머니. **~haltepackung,** die 식품 저장 포장, 밀폐 포장, 진공 포장. **~käse,** der 생 치즈. **~kost,** die 신선한 재료로 요리한 음식. **~luft,** die [기술] 신선한 공기. **~luftversorgung,** die 신선한 공기 공급. **~luftzufuhr,** die 신선한 공기 유입. **~milch,** die 갓 짠 우유. **~obst,** das 신선한 과일. **~serum,** das [의학] 갓 채취한 혈청[유청, 장액]. **~wasser,** das (Pl. 없음) **1.** 생수, 신선한 물. **2.** [해양] (보일러용, 음료용의) 담수. **~wasserbehälter,** der 생수 저수탑, 생수 저수지, 생수 수조. **~wasserversorgung,** die 생수 공급. **~weg** ⟨Adv.⟩ 곧, 시원스럽게, 거리낌없이, 명랑하게. **~zelle,** die [의학] (갓 채취한) 세포: jmdm. -n einspritzen[einpflanzen] 누구에게 생생한 세포를 투입하다[이식하다]. **~zellenbehandlung, ~zellentherapie,** die [의학] 세포 주입 요법.

²**Frisch-** (frischen 1): **~eisen,** das 정련철. **~ofen,** der 정련로(精鍊爐). **~stahl,** der 선철.

Frische ['frɪʃə], die **1.** 신선함, 싱싱함: die köstliche F. eben gepflückter Beeren 방금 딴 딸기의 맛좋은 신선함. **2.** 팔팔함, 원기, 발랄함: in voller körperlicher und geistiger F. 육체적, 정신적 원기 왕성함으로; bis morgen in alter F.! ⟨통속어⟩ 내일까지 잘 있어! **3.** 청결함, 산뜻함: diese Seife schenkt F. für den ganzen Tag 이 비누는 하루종일 산뜻한 감을 준다. **4.** 건강함, 생기 넘침: die rosige F. ihres Gesichts 그녀 안색의 불그레한 건강미. **5.** 선명함, 생동감: die F. heller Farben 밝은 색의 선명함; [전의] die F. des Berichts 보도의 생생함. **6.** 상쾌함, 시원함: die belebende, anregende F. der Waldluft 숲속공기의 활력있고 자극적인 상쾌함.

frischen ⟨h⟩ **1.** [제련] 정련하다. **2.** ⟨사냥⟩ (산돼지가) 새끼를 낳다. **Frischling,** der; -s, -e **1.** [사냥] 새끼 산돼지: die Bache hat -e geworfen 암 산돼지가 새끼를 낳았다. **2.** ⟨농⟩ 신참, 애송이.

Frisé [fri'ze:], das; -s [zu frz. frisé] 견조포(絹組布), 프리즈직. **Friseur, Frisör** [fri'zøːɐ], der; -s, -e 이발사, 미용사: sich beim F. die Haare schneiden lassen 이 발소에서 머리를 깎다; zum F. gehen 이발소(미용실)에 가다.

Friseur-, Frisör-: ~geschäft, das 이발소, 미장원 (~salon, ~handwerk, das 이발술[미용술]: das F. erlernen 이발술[미용술]을 배우다. **~kittel,** der 이발사[미용사] 작업복. **~laden,** der **↑**~salon. **~meister,** der 미용기사, 이발 명인. **~salon,** Frisiersalon, der 미용원, 이발소: ein F. für Damen und Herren 신사 숙녀 공용 미용원. **~sessel,** der 이발[미용] 의자.

Friseurin, Frisörin [fri'zø:rɪn], die; -nen (특히 österr.) **↑** Friseuse의 여성형. **Friseuse, Frisöse** [fri'zø:zə], die; -n **↑** Friseur의 여성형.

Frisier-: ~creme, die ⟨드물게⟩ ~krem, die (준고형) 이 발크림, 머리크림, 포마드. **~haube,** die **1.** 갓 다듬은 머리를 보호하기 위한 망사로 된 두건. **2.** ⟨Trockenhaube. **~hocker,** der 이발소[미용실]의 걸상. **~kommode,** die **↑** ~toilette. **~kragen,** der (schweiz.) **↑** ~umhang. **~krem: ↑** ~creme. **~mantel,** der 이발용 어깨 덮개. **2.** 화장용 외투. **~salon,** der **↑** Friseursalon. **~spiegel,** der 미용 거울, 화장 거울. **~stuhl,** der 화장대 의자. **~tisch,** der, **~toilette,** der 화장대. **~umhang,** der 이발[미용]용 어깨덮개.

frisieren [fri'zi:rən] ⟨h⟩ [über niederl. friseeren < frz. friser = kräuseln, frisieren, wohl zu: frise = ²Fries] **1.** (대개 여성이) 머리를 다듬다: ich muß mich noch f. 나는 또 머리를 다듬어야겠다; du hast dein Haar[dir das Haar] sehr eigenwillg frisiert 너는 매우 독특하게 머리를 했구나. **2.** ⟨통속어⟩ **a)** 분식(粉飾)하다, 보기좋게 위장하다: eine Bilanz f. 결산을 분식하다; einen Unfallwagen f. 사고 차량을 보기 좋게 위장하다. **b)** 개조하여 성능을 높이다. **Frisör: ↑** Friseur. **Frisör-: ↑** Friseur-. **Frisörin: ↑** Friseurin. **Frisöse: ↑** Friseuse.

Frist [frɪst], die; -en **a)** 기한, 기간: die F. (für Reklamationen) ist verstrichen[überschritten] (이의) 기간이 경과했다[다 되었다]; eine F. von vier Wochen 4주간의 기한; etw. innerhalb kürzester F. erledigen 최단시일 내에 무엇을 끝마치다. **b)** (일정의) 유예[기간], 연기: der Schuldner erhielt eine weitere Woche F. 그 채무자는 또 일주일의 유예 기간을 받았다. **c)** (확정된) 시각, 시점: zu jeder F. 언제나, 어느 때나; bis zu dieser F. muß die Ware geliefert sein 이 시점까지 그 상품은 인도되어야 한다.

frist-, Frist-: ~berechnung [법] 기간 확정. **~erstreckung** (schweiz.) **↑** ~verlängerung. **~gemäß, ~gerecht** ⟨Adj.⟩ 기한내의, 기한에 맞는. **~los** ⟨Adj.⟩ 유예없이, 즉각의, 즉시의: eine -e Kündigung 즉각의 해약 통고; er wurde f. entlassen 그는 즉각 해고되었다. **~überschreitung,** die 기간 만료. **~verlängerung,** die 기일 연장. **~wechsel,** der [상] 기한부 어음.

fristen ['frɪstn̩] ⟨h⟩ **1.** 연명하다: kümmerlich sein Leben[sein Dasein] f. 근근히 생계를 이어가다; er fristet seine Existenz notdürftig mit Gelegenheitsarbeiten 그는 품팔이로 근근히 생계를 이어간다. **2.** ⟨드물게⟩ 연기하다, 유예하다.

Fristen-: ~lösung, die **↑** ~regelung. **~modell,** das 기한 규제안. **~regelung,** die 기한 조절안(임신 삼 개월 이내에만 임신 중절을 합법화한 법안).

Fristigkeit ['frɪstɪçkaɪt], die; -en [상] (자본, 예금 등의 예치) 기한, 기한 연장(기간).

Frisur [fri'zu:ɐ], die; -en **1.** 머리 모양, 헤어스타일: die F. legen 머리를 세트하다; die F. ändern 머리 모양을 바꾸다. **2.** 분식, 단장, 꾸밈. **3.** [섬유] (부인용 옷의) 주름진 가장자리 장식.

Friteuse [fri'tø:zə], die; -n 전기 튀김기, 전기 프라이팬.

Fritfliege ['frɪt-], die; -n (유충이 곡식에 해를 입히는) 작은 파리의 일종(학명: Oscinella frit).

fritieren [fri'ti:rən] ⟨h⟩ [frz. frit] 기름에 튀기다: Kartoffeln(Fisch) f. 감자(생선)을 기름에 튀기다.

Fritillaria [frɪtɪ'la:ria], die; ...ien [...iən; lat.] [식물] 왕관초(↑Kaiserkrone).

Frittate ['frɪtatə], die; -n [ital. frittata] 오믈렛의 일종.

Frittatensuppe, die (österr.) Frittate가 들어있는 소고기 수프. **Fritte** ['frɪta], die; -n [1: frz. fritte] **1.** 반쯤 녹은 유리 원료. **2.** (Pl.) ⟨지역적⟩ **fritten** ['frɪtn̩] ⟨h⟩ **1.** 가루 모양의 물질을 반쯤 가열하다. **2.** [지질] (침적암이) 용암 분출시 열에 의해 변화하다. **3.** ⟨통속어⟩ **↑** fritieren. **Fritter** ['frɪtɐ], der; -s, - ↑ Kohärer.

Frittung, die; -en [지질] 퇴적암의 용화. **Fritüre** [fri'ty:rə], die; -n [frz. friture] **1.** 튀김 기름. **2.** 튀김요리. **3. ↑** Friteuse.

Fritz [frɪts; Fritz라는 이름에서] **1.** der; -en, -en ⟨대개 폄⟩ (외국인이 특히 영국인이 일컫는) 독일인의 별명. **2. für den Alten -en** ⟨통속어⟩ 헛된, 쓸데없는, 성과없는. **-fritze,** der; -n, -n ⟨약간 폄⟩ (다음의 합성어에서, "사람"의 경멸적 뜻으로 쓰임) Immobilienfritze 부동산꾼; Meckerfritze 불평꾼; Zeitungsfritze 신문쟁이.

frivol [fri'vo:l] ⟨Adj.⟩ [frz. frivole] **a)** 경솔한, 무박한: f. mit seinem Leben spielen 경솔하게 인생을 희롱하다. **b)** 파렴치한, 뻔뻔스러운: -e Bemerkungen 무례한

말; ein -er Witz 외설스런 농담. **Frivolität** [frivoli-'tɛt], die; -en [frz. frivolité] **1.** 〈Pl. 없음〉무례함, 건방짐. **2. a)** 경박한 언행. **b)** 음담 패설, 외설. **3.** 〈Pl.〉 [수예] 배 모양의 북을 갖고 만든 레이스. **Frivolitätenarbeit**, die ↑Frivolität의 레이스 세공.

Frl. = Fräulein.

froh [fro:] 〈Adj.〉 **1. a)** 기뻐하는, 즐거운, 행복한: -e Menschen(Gesichter) 기뻐하는 사람들(얼굴들); er ist über seinen Erfolg〈(아어) seines Erfolges〉 f. 그는 그의 성공을 기뻐한다; die Worte machten(stimmten) ihn f. 그 말은 그를 즐겁게 했다. **b)** 〈통용어〉만족하는, 안심하는: ich bin f. über diese Lösung 나는 이 해결에 대하여 만족한다; er ist froh um jedes freundliche Wort 〈지역적〉 그는 모든 친절한 말을 고맙게 여긴다; seines Lebens nicht mehr f. werden 항상 새로운 걱정 근심을 갖다. **2.** 기쁘게 하는, 기쁨을 주는: eine -e Kunde 기쁜 기별.

froh-, Froh-: ~**botschaft**, die 〈Pl. 없음〉〈아어〉복음. ~**gelaunt** 〈Adj.〉 froher, am froh(e)sten (gelaunt) 기분좋은. ~**gemut** [-gəmuːt] 〈Adj.〉 즐거운 마음으로. ~**gestimmt** 〈Adj.〉 froher, am froh(e)sten gestimmt〉 기분좋은, 즐거운. ~**mut**, der 〈아어〉 즐거운 마음: voller F. in die Zukunft blicken 충만한 즐거움으로 미래를 내다보다. ~**mütig** 〈Adj.〉 쾌활한, 명랑한, 낙천적인: ein -es Wesen haben 낙천적 성질을 갖다. ~**natur**, die **a)** 〈Pl. 없음〉쾌활한 성격. **b)** er ist eine richtige F. 그는 정말 쾌활한 사람이다. ~**sinn**, der 〈Pl. 없음〉명랑, 쾌활: sich seinen F. bewahren 쾌활함을 유지하다. ~**sinnig** 〈Adj.〉〈드물게〉명랑한, 쾌활한.

Frohheit, die 〈고어〉기쁨, 쾌활함. **fröhlich** ['frø:lɪç] 〈Adj.〉 **1. a)** 기쁜, 기뻐하는, 즐거운, 명랑한: ein -er Mensch 쾌활한 사람; ein -es Gemüt besitzen 명랑한 성격을 갖다. **b)** 재미난, 유쾌한. **c)** 〈통용어〉거리낌 없이: den Wagen f. im Halteverbot parken 정차 금지 구역에 거리낌없이 주차시키다. **2.** 재미를 자아내는: -e Spiele[Tänze] 즐거운 놀이[춤]. **Fröhlichkeit**, die 쾌활함: natürliche F. ausstrahlen 자연스런 쾌활함을 발산하다; lärmende F. erfüllte den Saal 시끄러운 즐거움이 그 홀을 가득 채웠다. **frohlocken** [fro'lɔkṇ] 〈h〉〈아어〉 **1.** 남 몰래 잘 안된 것을 기뻐하다: heimlich frohlockte er über den Mißerfolg seines Kollegen 남몰래 그는 자기 동료의 실패를 기뻐했다. **2.** 〈아어〉기뻐 환호하다: frohlocket dem Herrn! 주님께 환호를! **Frohlockung**, die; -en 환희, 환성.

froissieren [froa'siːrən] 〈h〉 [frz. froisser] 〈고어〉마음을 상하게 하는, 감정을 해치다: das hat meinen Mann etwas froissiert 그것이 나의 남편을 좀 기분 나쁘게 했다.

Fromage [fro'maːʒə], der; - [frz. fromage] 치즈의 프랑스 말. **Fromage de Brie** [fromaʒdə'bri], der; - - -, -s - - [fromaʒdə'bri] ↑Briekäse.

fromm [frɔm] 〈Adj.; frommer 〈또는〉 frömmer, frommste 〈또는〉 frömmste〉 **1. a)** 신앙심이 깊은, 경건한: ein -es Leben führen 경건한 생활을 하다; er ist im Alter f. geworden 그는 늙어서 신앙심이 깊어졌다. **b)** 경건한 체하는: etwas mit -em Augenaufschlag sagen 경건한 체 눈을 뜨고 무엇을 말하다; -es Getue 경건한 체 하는 짓거리. **c)** 〈고어〉성실한. **2.** 〈동물이〉온순한: der Stier ist f. wie ein Lamm 그 황소는 양처럼 순하다.

Fromme ['frɔmə], der; -n 〈고어〉이득.

Frömmelei [frœmə'laɪ], die; -en 〈펌〉 **a)** 〈Pl. 없음〉위선, 신앙심 깊은 체 함: ihr regelmäßiger Kirchenbesuch ist reine F. 그녀가 꼬박꼬박 교회에 다니는 것은 순전히 위선이다. **b)** 위선적 언행, 신앙심 깊은 체하는 언행. **frömmeln** ['frœmḷn] 〈h〉경건한 체하다: 〈대개 현재분사〉 eine frömmelnde alte Frau 경건한 체하는 늙은 부인. **frommen** ['frɔmən] 〈h〉〈비인칭〉〈고어〉누구에게 도움이 되다, 이롭게 되다: was frommt es, zu jammern? 한탄해야 무슨 소용있는가? **Frommheit**, die ↑Frömmigkeit. **frommherzig** 〈Adj.〉〈고어〉경건한, 심념이 많은. **Frömmigkeit** ['frœmɪçkaɪt], die 깊은 신앙, 경건: von echter(tiefer) F. erfüllt sein 순수한(깊은) 신앙심으로 충만한 있다. **Frömmler** ['frœmlɐ], der; -s, - 독신자연하는 자. **Frömmlerei** [...lə'raɪ], die; -en ↑Frömmelei. **Frömmlerin**, die; -nen ↑Frömmler의 여성형. **frömmlerisch** 〈Adj.〉 믿는 체하는, 경건한 체하는. **frömmlich** 〈Adj.〉〈펌〉↑frömmlerisch. **Frömmling**, der; -s, -e 〈펌〉↑Frömmler.

Fron [fro:n], die; -en **1.** 〈역사적〉〈강제〉부역. **2.** 고역: die F. des Alltags 일상 생활의 고역.

Fron-: ~**arbeit**, die 부역, 강제 노동. ~**arbeiter**, der 부역자, 강제 노동자. ~**bauer**, der 〈역사적〉부역 농부. ~**bote**, der 〈역사적〉〈중세 때의〉법정 하인. ~**dienst**, der **1.** ↑Fron (1). **2.** (schweiz.) (마을, 조합 등을 위한) 사역. ~**feste**, die 〈역사적〉부역 영주의 성채. ~**herr**, der 〈역사적〉부역을 시키는 영주. ~**herrschaft**, die (봉건적) 부역 통치. ~**hof**, der 〈역사적〉부역 영지. ~**leichnam** [-'-ˈ-] 〈Art. 없음〉〔가〕성체 축제일. ~**leichnamsfest**, das ↑~leichnam. ~**leichnamsprozession**, die 성체 축제 행렬. ~**leichnamstag**, der ↑~leichnam. ~**vogt**, der 〈역사적〉부역 감시자, 부역관.

¹**Fronde** ['fro:ndə], die; -n 〈고어〉↑Fron.
²**Fronde** ['frõːdə], die; -n [frz. fronde] 극렬 야당, (당이나 정부내의) 반대파.

fronden ['fro:ndṇ] 〈h〉〈고어〉↑fronen 참조.

Frondeur [frõ'døːɐ̯], der; -s, -e [frz. frondeur] 야당원, 반정부 인사. **frondieren** [...'diːrən] 〈h〉 [frz. fronder] **1.** (무엇에) 강력히 반대하다, (무엇에) 날카롭게 대립하다: gegen die Vernunft f. 이성에 어긋나다. **2.** 반대자로 나서다: gegen die Regierung f. 반정부 인사로 나서다.

fronen ['fro:nən] 〈h〉 **1.** 〈역사적〉부역을 하다: dem (für den) Lehnsherrn f. 영주에게 부역하다. **2.** 〈아어〉고역을 치르다: täglich in der Fabrik schwer f. müssen 매일 공장에서 고역을 치르다.

frönen ['frø:nən] 〈h〉〈아어〉무엇에 몰두하다(빠지다): er frönt dem Alkohol 그는 술에 빠졌다. **Fröner**, der 부역자.

Front [frɔnt], die; -en [frz. front] **1. a)** [건축] 전면, 정면: die F. eines Hauses(eines Tempels) 집[성]의 전면[정면]; die vordere(hintere, rückwärtige) F. des Rathauses 시청의 전(후, 배향)면. **b)** [군] (대열의) 전열, 앞줄: die F. (der Ehrenkompanie) abschreiten [abnehmen] (의장대를) 사열하다[열병하다]; (vor jmdm., gegen jmdn.) F. machen 누구에게 경계의 자세를 취하다: F. gegen jmdn.(etw.) machen 누구 [무엇]에게 반대하다[반항하다]. **2.** [군] **a)** (최)전선, 일선, 전방: die gegnerische F. 적 전선; die F. steht (kommt in Bewegung) 전선이 정체하고 있다[이동하고 있다]; die F. verläuft entlang dem Niederrhein 전선은 라인강 하류를 따라 형성되있다; die F. war zusammengebrochen 전선은 붕괴되었다; die F. zurücknehmen 전선을 후퇴시키다; auf breiter F. angreifen 전선에 걸쳐 공격하다; zwischen den -en lagen Verwundete 두 전선 사이에 부상자들이 누워 있었다; die -en haben sich verhärtet 대립감이 더 고착

되었다; einen Kampf nach[an] zwei -en führen 양면으로 전투를 이끌어 가다; klare -en schaffen[ziehen] 대립점을 분명히 하다; in vorderster F. stehen 맨 앞장에 서다. b) 전투 지역(반대: Etappe 2): an der F. gehen 전투 지역으로 가다. 3. 투쟁 전선: eine revolutionäre F. 혁명 전선; die Nationale F. 《구동독》 인민전선 (SED 통치하의). 4. in F. 《스포츠》 선두에서: der Läufer ging gleich nach dem Start in F. 주자는 출발 하자마자 선두에 나섰다; bei Halbzeit lagen wir mit 3:0 in F. 전반전이 끝났을 때 우리는 3:0으로 앞섰다. 5. 《기상》 전선, 불연속선: eine F. kalter Luftmassen 냉 전선.

front-, Front-: ~abschnitt, der 《군》 전선의 일부: an einem bestimmten F. eingesetzt werden 어떤 전선에 배치되다. ~antrieb, der 《자동차》 전륜 구동. ~begradigung, die 《군》 전열 정비. ~bericht, der 전선으로부터의 보고[보도]. ~bewährung, die 《군》 (사병, 장도의) 전투 경력. ~breite, die 1. (건물의)전면(폭). 2. 《군》 전선의 길이. ~dienst, der 일선 근무. ~dienstfähig, ~diensttauglich 《Adj.》 전선 근무 할 수 있는. ~einsatz, der 전선 배치. ~erfahrung, die 전선 경험. ~gebiet, das 전선 지역, 전투 지역(↑ Front (2 b)). ~gewitter, das 《기상》 전선뢰. ~giebel, der 《건축》 정면 합각머리. ~kämpfer, der 전선 전투병. ~koller, der 《군》 (전선 근무 경험 병사에게 나타나는) 광적 발작. ~lader, der 1. 앞면을 통해 세탁물을 넣는 세탁기. 2. 앞에 적재 장치를 한 차량. ~lazarett, das 《군》 야전 병원. ~leitstelle, die 《군》 야전 사령부. ~linie, die 1. Front (2 a). ~motor, der 전륜 구동 엔진. ~offizier, der 일선 근무 장교. ~scheibe, die ↑Windschutzscheibe. ~schwein, das 〈속·속어〉 ↑soldat. ~seite, die 정면, 앞면: die F. des Hauses zeigt nach Norden 그 집은 북향집이다. ~soldat, der 일선 장병. ~stadt, die (정신적인) 전위 도시. ~stellung, die 1. 적대적 입장. 2. 《펜싱》 펜싱 선수가 상대방에 정면으로 서있는 자세. ~theater, das 일선 방문 극장. ~truppe, die 일선 부대. ~urlaub, der 일선으로부터의 휴가. ~urlauber, der 일선 휴가병. ~tür, die 정문, (자동차의) 정문. ~verhärtung, die 대립적 입장의 악화. ~verkürzung, die ↑~begradigung. ~verlauf, der 전선의 흐름. ~wand, die 정면벽. ~wechsel, der (정치적) 변절, 의견 변화: er hat inzwischen einen F. vorgenommen 그는 사이에 이미 변절했다. ~zahn, der 《의학》 앞니, 문치(門齒). ~zeitung, die 전선 신문. ~zone, die ↑Front (2 b).

frontal [frɔn'taːl] 《Adj.》 a) 앞면의, 정면의: ein -er Zusammenstoß 정면 충돌; der Wagen war mir f. entgegengekommen 자동차가 나의 정면으로 달려왔다. b) 정면을 향한, 정면으로: einen -en Angriff starten 정면 공격을 개시하다.

Frontal-: ~angriff, der a) (적군의) 정면 공격: einen F. abwehren 정면 공격을 방어하라. b) (야군의) 정면 공격: zum F. übergehen 정면 공격으로 넘어서다. ~durchbruch, der 《스포츠》 정면 돌파. ~feuer, das 《군》 정면 포화. ~unterricht, der 《교육》 전면 수업. ~zusammenstoß, der 정면 충돌.

Frontalität [frɔntali'tɛːt], die 《미술》 (고대 이집트나 소아시아 미술에서 보이는) 정면 화법. Frontispiz [frɔnti'spiːts], das; -es, -e [frz. frontispice] 1. 《건축》 정면 박공(膊栱). 2. 《서적》 a) (대개 동판화로 장식된) 안겉장. b) (안겉장을 장식하던) 목판(화).

Frontogenese [fronto-], die; -n 《기상》 전선의 형성. Frontolyse [fronto'lyːzə], die; -n [griech. lýsis] 《기상》 전선의 해소[소멸]. Fronton [frõtõː], das; -s, -s [frz. fronton] 《건축》 ↑Frontispiz (1).

fror [froːɐ̯], fröre ['frøːrə] ↑ frieren 참조.

Frosch [frɔʃ], der; -(e)s, Frösche ['frœʃə] 1. 《축소형: ↑Fröschchen》《동물》 개구리: die Frösche quaken im Teich 개구리들이 못에서 운다; kalt wie ein F. sein 개구리처럼 차다; sich aufblasen wie ein F. 과시하다, 뽐내다, 삐기다; 《성구》 die Arbeit ist kein F. 개구리처럼 깡충 뛰어 없어질 일이 아니다(언젠가는 해야 할 일이다); einen F. in der Kehle[im Hals] haben 《통용어》 목소리가 잠기다; sei kein F.! 《통용어》 훼방놓지 마, 빼지마! 2. ↑Froschlurch의 약칭. 3. ↑Knallfrosch의 약칭. 4. 《음악》 (현악기 활의) 조리개, 너트. 5. 《아이스하키》 수문장 장갑의 엄지와 검지를 연결하는 조리개.

Frosch-: ~auge, das 1. 개구리눈: 《전의》 sie hat richtige -n 그녀는 정말 개구리눈처럼 눈이 튀어나왔다. 2. (자동차 은어) 앞눈깔(전조등). ~biß, der 《식물》 자라풀. ~blut, das 〈Pl. 없음〉 개구리 피: 《전의》 F. haben 냉혈이다, 무감각이다. ~brut, die 개구리 알. ~geschwulst, die [Ranula < lat. ranula] 《의학》 (혀밑의) 하마종, 두꺼비종. ~goscherl [-gɔʃɐl], das; -s, -n 《österr.》 민속 의상의 깃 장식. ~hand, die 《통용어》 축축하고 차가운 손. ~hupfen, das [제조] 개구리 뜀, 개구리 도약. ~klemme, die 《기술》 철사조이개, 펜치. ~konzert, das 《농》 개구리(들의) 합창. ~kraut, das ↑~laich. ~laich, der 개구리 알. ~löffel, der 《식물》 택사과. ~lurch, der 개구리류, 무미양서류. ~mann, der 〈Pl. -männer〉 [engl. frogman] 잠수부(병). ~maul, das 1. 개구리 입: 《전의》 mach[zieh] doch kein F.! 《통용어》 (불만의 표시로) 주둥이를 내밀지 말아라!. 2. 《건축》 반원형의 천장. ~perspektive, die 앙견, 밑에서 올려봄: etw. aus der F. fotografieren 무엇을 밑에서 바라보며 사진찍다; 《전의》 dieser Spießer betrachtet alles nur aus seiner F. 《뱀》 이 편협한 사람은 모든 것을 좁은 식견에서만 관찰한다. ~schenkel, der 《요리》 개구리 뒷다리. ~teich, der 개구리 못. ~test, der 《의학》 개구리를 이용한 임신 검사법.

Fröschchen ['frœʃçən], das; -s, - ↑Frosch (1)의 축소형.

Frost [frɔst], der; -(e)s, Fröste ['frœstə] 1. 빙점하의 추위, 결빙, 동상, 동해: es herrscht strenger F. 혹독한 추위이다; der F. steckt noch im Boden 결빙이 아직 땅속에 있다; dieser Baum hat F. bekommen 이 나무는 동해를 입었다; Pflanzen vor dem F. schützen 식물을 동해로부터 보호하다; vor F. zittern 추위로 떨다. 2. 오한, 한기: der Kranke wurde von heftigem F. geschüttelt 병자는 심한 오한으로 떨었다.

frost-, Frost-: ~anfällig 《Adj.》 추위에 약한. ~anfälligkeit, die 추위에 약함. ~aufbruch, der (노면 따위의) 파손. ~beständig 《Adj.》 내한성의, 추위에 강한. ~beständigkeit, die 내한성. ~beule, die 1. 동상, 동창. 2. 〈지역적·농〉 추위를 잘 타는 사람. ~boden, der (극지나 고산의) 동토(凍土), 언땅. ~brand, der 〈Pl. 없음〉 동상. ~einbruch, der 한파의 내습. ~einwirkung, die 한파의 영향. ~empfindlich 《Adj.》 추위에 민감한. ~empfindlichkeit, die 〈Pl. 없음〉 한파에 민감함. ~fest 《Adj.》 내한성의(↑~hart 참조). ~frei 《Adj.》 엄동설한을 면한, 추위가 없는. ~gefahr, die 〈Pl. 없음〉 한파의 위험. ~gefährdet 《Adj.》 동해[해]의 위험이 있는. ~geschützt 《Adj.》 한파의 위험으로부터 보호된. ~grenze, die 《기상》 결빙 한계선. ~hart 《Adj.》 내한성의. ~härte, die 《식물》 내한성. ~kalt 《Adj.》 매우 추운, 혹한의. ~keimer [-kaimɐ], der; -s, - 《식물》 한랭 상태에서 최적으로 발아하는 식물. ~klamm 《Adj.》 냉습한, 추위 움츠

러든, 차가워 뻣뻣한. ~**klar** 〈Adj.〉차고 청명한, 춥고 맑은: eine -e Winternacht 차고 청명한 겨울밤. ~**klirrend** 〈Adj.〉매우 추운. ~**knirschend** 〈Adj.〉 ↑~klirrend 참조. ~**kost**, die 〈드물게〉냉동 식품 (Tiefkühlkost). ~**loch**, das 〔기상〕(찬 대기가 모이는) 한랭분지〔협곡〕. ~**luft**, die 찬 공기. ~**milderung**, die 추위가 풀림. ~**nacht**, die 추운 밤. ~**periode**, die 엄동기, 혹한기. ~**resistenz**, die ↑~härte. ~**salbe**, die 동상고약〔연고〕. ~**schaden**, der 동해. ~**schutz**, der 동해 방지〔조치〕. ~**schutzmittel**, das 부동액, 상해 방지제: dem Kühlwasser des Autos ein F. zusetzen 자동차의 냉각수에 부동액을 첨가하다. ~**sicher** 〈Adj.〉동해에 안전한. ~**spanner**, der 자벌레 나방과의 한족(학명: *Operophthera brumata*). ~**sprengung**, die ↑~verwitterung 참조. ~**starr** 〈Adj.〉얼어〔추워〕뻣뻣한. ~**steif** 〈Adj.; nicht adv.〉↑~starr. ~**tag**, der 〔기상〕영하의 날. ~**tiefe**, die ↑~grenze (1). ~**verschärfung**, die 혹한(酷寒). ~**verwitterung**, die 빙결 풍화 작용. ~**warndienst**, der 이상 저온 경고 업무. ~**warnung**, die 〔기상〕이상 저온 경고〔주의보〕. ~**wetter**, das 한천후(寒天候). ~**zitternd** 〈Adj.〉추위 떠는.

frö̈stelig, fröstlig [ˈfrœst(ə)lɪç] 〈Adj.〉**a)** 차가운, 냉랭한. **b)** 추위를 느끼는, 추운: mir wird so f. vor Kühle 차가워서 으쓱해진다. **frösteln** [ˈfrœstn] 〈*h*〉**a)** 추위를 느끼다, 오싹하다: ich fröst(e)le im Wind 바람맞으니 오싹해진다; 〈명사화〉mich überkam〔überlief〕 ein Frösteln 오한이 나를 엄습했다. **b)** 〈비인칭〉오한이 나다, 으슬으슬 춥다: es fröstelte mich in dem dünnen Kleid 나는 얇은 옷을 입어 오한이 난다. **frosten** [ˈfrɔstn̩] 〈*h*〉 **1.** 〔전문어〕냉동하다(↑einfrieren (2) 참조). **2.** 〈아어〉얼다, 서리가 나다; ↑frieren (2) 참조. **Froster**, der; -s, - 냉동실. **Frosterfach**, das ↑ Froster. **frostig** [ˈfrɔstɪç] 〈Adj.〉 **1.** 매우 추운, 혹한의. **2.** 냉혹한, 쌀쌀한: er wurde f. begrüßt 그는 냉랭한 대접을 받았다. **Frostigkeit**, die; -en **1.** 〈Pl. 없음〉혹한, 추위. **2. a)** 〈Pl. 없음〉냉혹함, 냉정, 쌀쌀맞음. **b)** 냉랭한 말, 쌀쌀맞은 언사. **Fröstler** [ˈfrœstlɐ], der; -s, - 추위를 잘 타는 사람. **fröstlig** ↑fröstelig. **Fröstling**, der; -s, -e ↑ Fröstler.

Frottage [frɔˈtaːʒə], die; -n [frz. frottage] **1. a)** 〈Pl. 없음〉〔미술〕프로타지 기법(Max Ernst가 1924~25년에 창안한 그래픽 기법: 각판에 종이를 압축한 후 이를 마찰하는 기법). **b)** 프로타지 그래픽. **2.** 〔의학·심리〕프로타지 (옷깃을 타인에게 자신의 성기를 마찰하여 성적 쾌감을 얻는 법).

Frotté, **Frottee** [frɔˈteː], das 〔또는〕 der; -s, -s **1.** 테리천. **2.** ↑Frottiergewebe.

Frottee-: ~**garn**, das 테리사. ~**gewebe**, das ↑ Frottee. ~**handschuh**, der 면장갑〔↑Frottierhandschuh (1)〕. ~**handtuch**, das ↑Frottierhandtuch. ~**kleid**, das **1.** 테리천. **2.** 테리천복. ~**mantel**, der **1.** 테리천으로 만든 외투. **2.** 테리천목욕 가운. ~**stoff**, der ↑Frottee. ~**tuch**, das 〈Pl. -tücher〉↑Frottierhandtuch.

Frotteur [frɔˈtøːɐ̯], der; -s, -e [frz. frotteur] **1.** 〔의학·심리〕성기를 옷 입은 타인에게 마찰하여 성적 쾌감을 얻는 자. **2.** 〈고어〉↑Bohner.

Frottier- 〔섬유〕: ~**gewebe**, das 테리직. ~**handschuh**, der **1.** 테리천의 목욕 장갑. **2.** 마찰(마사지)용 장갑. ~**handtuch**, das 테리천 타월. ~**mantel**, der 면 수영〔목욕〕가운. ~**stoff**, der ↑~gewebe. ~**tuch**, das 〈Pl. ...tücher〉↑~handtuch. ~**ware**, die 테리직물.

frottieren [frɔˈtiːrən] 〈*h*〉 [frz. frotter] **1.** (수건이나 솔로) 힘차게 문지르다, 세게 마찰하다: sie frottierte dem Kind kräftig den ganzen Körper 그녀는 아기의 전 몸을 힘차게 문질러주었다. **2.** 〈고어〉↑bohnern 참조. **Frotzelei** [frɔtsəˈlai], die; -en 〈통용어〉**1.** 〈Pl. 없음〉조롱, 놀림, 비아냥거림. **2.** 조롱하는 언행, 놀리는 말투: er mußte sich die hämischsten -en anhören 그는 고약하기 짝이 없는 갖가지 야유를 귀담아 들어야했다. **frotzeln** [ˈfrɔtsl̩n] 〈*h*〉〈통용어〉**a)** 조롱하다, 놀리다, 비아냥거리다: er wurde ständig gefrotzelt 그는 끊임없이 조롱당했다. **b)** 조롱하는 말을 하다: sie frotzelten gern über ihn〔über seine Verliebtheit〕 그들은 그〔그의 사랑〕를 비웃었다.

Froufrou [fruˈfruː], der 〔또는〕 das; - [frz. frou-frou] (1900년 경에 유행하던) 우아한 여성 속옷의 바스락 소리.

Frucht [frʊxt], die; Früchte [ˈfrʏçtə; lat. frūctus] **1. a)** 〈축소형〉↑Früchtchen 〔1〕과일, 과실, 열매: eine reife〔saftige〕 F. 익은〔즙이 많은〕열매; der Erfolg fiel ihm wie eine reife F. in den Schoß 성공이 잘 익은 과일처럼 그의 품에 떨어졌다; der Baum setzt Früchte an 〔trägt keine Früchte mehr〕 나무가 열매를 맺다〔더 이상 열매를 맺지 못한다〕; Früchte vom Baum pflücken 〔auflesen〕 나무에서 열매를 따다〔줍다〕; 〔전의〕 verbotene Früchte 금단의 과일(창세기 3장 2~6절); eine F. der Liebe 〈아어·고어〉사랑의 열매(사생아). **b)** 〈Pl. 없음〉〈지역적〉곡물, 곡식: die F. steht gut 곡식이 잘되었다; die F. einbringen 곡물을 거두어들이다; die F. auf dem Halm verkaufen 입도 선매하다. **2.** 태아: die F. im Mutterleib töten〔abtreiben〕모태의 태아를 죽이다〔낙태시키다〕. **3.** 〈아어〉〔복식, 행위의 결과〕결실: das Buch ist die F. langjähriger Arbeit 그 책은 수년간 작업의 결실이다; das sind die Früchte deines Leichtsinns 〔반어〕 그것은 자네가 경솔한 결과이다; seine Bemühungen haben reiche F. 〔Früchte〕 getragen 그의 노력은 많은 결실을 맺었다. **4.** 〔법〕경제적 결실, 수익.

frucht-, **Frucht-**: ~**ansatz**, der 열매가 열리기 시작함. ~**becher**, der **1.** 〔식물〕각두(殼斗), 각정이. **2.** 과일 아이스크림. ~**bildung**, die 결실. ~**blase**, die 〔의학〕태포(胎胞). ~**blatt**, das 심피(心皮). ~**bonbon**, der 〔또는 österr.〕 das 과일맛 알사탕. ~**bringend** 〈Adj.〉열매를 맺는, 결실을 가져오는, 유용한. ~**einwaage**, die 〔식품〕 die F. in der Dose beträgt 100 Gramm 통조림 속의 과일무게는 100g이다. ~**eis**, das 과일맛〔과일이 든〕아이스크림. ~**entsafter**, der ↑~presse. ~**ertrag**, der 과일 수확(고). ~**extrakt**, der 과일 추출물, 과일 농축물. ~**faser**, die 과일 섬유. ~**fäule**, die 〔식물〕과일 부패(썩음). ~**fleisch**, das 과육(果肉). ~**fliege**, die 광대파리(과), 초파리. ~**folge**, die 〔농업〕윤작, 돌려짓기. ~**fresser**, der 〔동물〕(열매로 섭생하는) 동물(예컨대: 곤충, 과일해충); ↑Früchtefresser. ~**geschmack**, der 과일 맛. ~**gummi**, das 과일 모양의 고무처럼 질긴 사탕과자. ~**holz**, das 과실이 달린 가지. ~**joghurt**, der 〔또는 österr.에서만〕 das 과일 요구르트. ~**kaltschale**, die 찬 과일 수프. ~**kapsel**, die 〔생물〕과일껍질. ~**kelter**, die 과즙기(↑~presse). ~**knoten**, der 〔식물〕씨방. ~**korb**, der 과일바구니(선물용, 손님용). ~**körper**, der 〔생물〕버섯의 지상 성장부. ~**kuchen**, der 〔의학〕↑Mutterkuchen. ~**land**, das 〈Pl. 없음〉 〈아어〉과일 재배지. ~**los** 〈Adj.〉 **a)** 소용없는(노력 따위). **b)** 〈드물게〉열매를 맺지 못하는, 불임의. ~**losigkeit**, die ↑~los의 명사형. ~**mark**, das 과육을 잠깐 끓여 걸쭉하게 만든 것. ~**mus**, das 과일 무스. ~**presse**, die 과일즙기. ~**reich** 〈Adj.〉(또한) früchtereich 〈Adj.〉(아어) 과일이 풍부한, 다산의. ~**saft**, der 과일즙〔주스〕. ~**saftgetränk**, das 과일주스. ~**saftlikör**, der 과일주스맛 나는 리큐르. **~salat,** der 과일 샐러드. **~säure,** die 과일산, 과산. **~schale,** die 1. 과일 껍질. 2. 과일 쟁반. **~schaumwein,** der 과일 샴페인. **~schiff,** das 과일 수송선. **~schimmel,** der [식물] ↑ ~fäule. **~schnaps,** der 과일 화주(소주). **~sekt,** der 과일 샴페인. **~stand,** der [식물] 집합과, 모임열매. **~tragend** ⟨Adj.⟩ 열매를 맺는. **~wasser,** das [의학] 양수. **~wechsel,** der, **~wechselwirtschaft,** die [농업] 교대작. **~wein,** der 과실주. **~zucker,** der 과당.

fruchtbar ['froxtbaːɐ] ⟨Adj.⟩ **1. a)** 수확이 많은, 비옥한: ein -er Regen 자우(滋雨). **b)** 다산의, 자손이 많은: er hatte sieben Kinder, ein -er Mann 그는 7명의 자식을 둔, 자손이 많은 사람이다; Mäuse sind besonders f. 쥐는 특히 번식력이 강하다; die -en Tage der Frau 여성의 수태일; 경의 ein -er Schriftsteller 다작의 작가. **2.** 유익한, 성과있는: -e Gespräche 유익한 대화; eine wissenschaftlich -e Fragestellung 학문적으로 성과있는 질문; Erkenntnisse für einen größeren Kreis f. machen 비교적 넓은 범위의 대한 인식을 유용케 하다; der -e Moment [심리·교육] 갑자기 깨닫는 순간. **Fruchtbarkeit,** die ↑ fruchtbar의 명사형. **Fruchtbarkeitskult,** der [민속] 생식력 숭배. **Fruchtbarkeitssymbol,** das [종교·민속] 생식의 상징. **Fruchtbarkeitszauber,** der ↑ Fruchtbarkeitskult. **Früchtchen** ['frʏçtçən], das; -s, - **1.** ↑ Frucht (1). **2.** ⟨통용어·별⟩ 새끼, 녀석. **Früchtebrot,** das; -(e)s, -e 마른 과일이 든 빵과자. **Früchtefresser,** der; -s, - ⟨동물⟩ 과일을 먹고 사는 동물(Fruktivore). **fruchten** ['fʀʊxtn̩] ⟨h⟩ 결실을 맺다, 쓸모가 있다, 효과 있다: der Appell hat endlich gefruchtet 그 호소는 드디어 효력을 발휘했다; alle Ermahnungen haben bei ihm nicht(s) gefruchtet (자주 부정적) 모든 경고가 그녀에겐 소용이 없었다. **Früchtenbrot,** das; -(e)s, -e⟨österr.⟩ ↑ Früchtebrot. **früchtereich:** ↑ fruchtreich 참조. **früchteschwer** ⟨Adj.⟩ 열매가 많이 열린. **fruchtig** ['fʀʊxtɪç] ⟨Adj.⟩ 햇과일 맛의, 햇과일 냄새의.

Fructose, (독어화) Fruktose [frʊk'toːzə], die [lat. frūctus]. [화학] 과당. **frugal** [fruˈɡaːl] ⟨Adj.⟩ [1: frz. frugal] **1.** ⟨생활 방식 특히 음식에 있어서⟩ 검약한, 검소한, 간소한(반대: opulent); f. leben[essen] 검소하게 살다[식사하다]. **2.** ⟨가끔 통용어⟩ 풍성한. **Frugalität** [frugaliˈtɛːt], die [frz. frugalité] ↑ frugal의 명사형.

Frugivore [frugiˈvoːrə] ↑ Fruktivore.

früh [fryː] **I.** ⟨Adj.⟩⟨반대: spät⟩ **1.** 이른, 초기의: am -en Morgen 이른 아침에; in -er(-e)ster Kindheit 초기 유년기에; die -e Neuzeit 근대 초기; es ist noch f. am Tage(noch ganz f.) 아직 이른 아침이다. **2.** 때이른, 빠른: ein -er Winter 때이른 겨울; eine -e Sorte Äpfel 조생종 사과; wir nehmen einen -eren Zug 우리는 더 이른 기차를 탄다; er kam -er als erwartet 그는 예상보다 일찍 왔다; ⟨명사화⟩ sie ist die Früheste aus dem Bett ⟨통용어⟩ 그녀는 잠자리에서 제일 먼저 일어나는 사람이다; früher oder später 조만간에; **da mußt du -er aufstehen** ⟨통용어·조롱조⟩ (나를 골탕먹이려면) 머리를 더 써야지. **II.** ⟨Adv.⟩ 아침에: heute f. 오늘 아침에; kommst du morgen f.? 너 내일 일찍(아침에) 오니?; er arbeitet von f. bis spät (in die Nacht) 그는 아침부터 (밤)늦게까지 일한다.

früh-, Früh-: ~antike, die 고대 초기. **~apfel,** der 올[이른]사과. **~auf** ⟨다음 용법으로⟩ **von f.** 유년 시절부터; der Sohn hat f. an Selbständigkeit gewöhnt 그는 유년 시절부터 자립에 익숙하다. **~aufsteher** [-aufʃteːɐ], der; -s, - 일찍 일어나는 사람. **~barock,** das ⟨또는⟩ der 초기 바로크(시대). **~beet,** das 온상. **~begabung,** die **a)** 조숙한 재능. **b)** 조숙한 재능을 가진 아이. **~behandlung,** die 조기 치료: die F. von Krebserkrankungen 암의 조기 치료. **~birne,** die 조생배. **~blühend** ⟨Adj.⟩ 일찍 꽃이 피는. **~blüher** [-blyːɐ], der; -s, - 잎보다 꽃이 먼저 피는 식물. **~christlich** ⟨Adj.⟩ 초기 기독교의. **~dämmer,** der ⟨시어⟩, **~dämmerung,** die **1.** 어스름의 시작. **2.** ↑ Morgendämmerung. **~diagnose,** die [의학] 조기 진단. **~dienst,** der 새벽 근무, 조조 당번. **~druck,** der ⟨Pl. -drucke⟩ (활판 인쇄의) 초기 인쇄본, 고판본(Inkunabel). **~dunst,** der 아침 안개. **~ehe,** die 조혼. **~entwicklung,** die 조기 발달. **~erfassung,** die 조기 파악. **~erkennung,** die 조기 발견. **~ernte,** die 조기 수확. **~form,** die **1.** 초기 형태. **2.** [스포츠] 시즌 초기의 신체 상태. **~frost,** der 이른 서리. **~gebet,** das ↑ Morgengebet. **~geburt,** die **1.** 조산. **2.** 조산아. **~gemüse,** das 조기 수확 야채. **~geschichte,** die ⟨Pl. 없음⟩ **1.** (선사 시대에 이어지는) 상고사. **2.** 초기 역사 단계: die F. des Sozialismus 초기 사회주의 운동사. **~geschichtlich** ⟨Adj.⟩ 상고사의. **~gotik,** die 초기 고딕(양식). **~gotisch** ⟨Adj.⟩ 초기 고딕의. **~gottesdienst,** der 새벽 예배. **~gymnastik,** die 아침 체조. **~herbst,** der 초가을. **~holz,** das 춘재(春材)(반대: Spätholz). **~invalid** ⟨österr. 에서만⟩, **~invalide** ⟨Adj.⟩ 조기 근무 장애의. ⟨명사화⟩ **~invalide,** der 조기 근무 장애자. **~invalidität,** die 조기 근무 장애. **~jahr,** das 연초. **~kaffee,** der ↑ Morgenkaffee. **~kapitalismus,** der 초기 자본주의. **~kapitalistisch** ⟨Adj.⟩ 초기 자본주의의. **~kartoffel,** die 올감자. **~kindlich** ⟨Adj.⟩ 유아기의. **~kirsche,** die 조생체리. **~klassik,** die 초기 고전주의. **~klassisch** ⟨Adj.⟩ 초기 고전주의의. **~konzert,** das 아침 음악회. **~kultur,** die **1.** 초기 문화. **2.** [원예] 촉성 재배. **~liberalismus,** der 초기 자유주의. **~licht,** das ⟨Pl. 없음⟩ ⟨아이⟩ ⟨아침⟩ 여명, 새벽빛. **~mahl,** das ⟨아이⟩ 아침새참(아침과 점심 사이의 식사). **~mensch,** der [인류] 원인(原人). **~messe,** die [가] 새벽 미사: zur F. gehen 새벽 미사에 가다. **~mette,** die ↑ ~messe. **~mittelalter,** das 중세 초기. **~mittelalterlich** ⟨Adj.⟩ 중세 초기의. **~mittelhochdeutsch** ⟨Adj.⟩ 초기 중고독일어의. **~morgens** [-'--] ⟨Adv.⟩ 아침 일찍: von f. bis spätabends 아침 일찍부터 저녁 늦게까지. **~nachrichten** ⟨Pl.⟩ 아침 뉴스. **~nebel,** der 새벽 안개. **~neuhochdeutsch** ⟨Adj.⟩ 초기 신고지 독일어의. **~neuhochdeutsch,** das, **~neuhochdeutsch,** die 초기 신고지 독일어. **~obst,** das 조생 과일, 철보다 이른 과일. **~periode,** die 초기. **~reif** ⟨Adj.⟩ **1.** 조숙한: ein -es Kind 조숙한 아이. **2.** 조생의: -es Obst 조생과일. **~reif,** der 아침서리: f. lag über den Wiesen 아침서리가 풀밭에 내렸다. **~reife,** die **1.** 조숙, 숙성: ein Kind von erstaunlicher geistiger F. 놀랄만치 정신적으로 조숙한 아이. **2.** 조생(早生). **~renaissance,** die 초기 문예부흥(기). **~rente,** die 조기 연금. **~rentner,** der 조기 연금 수혜자. **~romantik,** die 초기 낭만주의. **~rot,** das ⟨시어⟩ 아침놀, 서광 (Morgenrot). **~schicht,** die **a)** 새벽 근무: F. haben 새벽 근무를 하다. **b)** 새벽 교대조 근무자. **~schoppen,** der 아침술, 새벽술. **~schrift,** die 초기 저서. **~sommer,** der 초여름. **~sommertag,** der 초여름 날. **~sport,** der 아침 운동, 새벽 운동. **~stadium,** das 초기 단계. **~start,** der [스포츠] 조기 출발. **~stück,** das 아침밥, 조반(↑ Frühstück / Frühstücks-). **~symptom,** das [의학] 조기 증상. **~tragend** ⟨Adj.⟩ 조생의. **~verstorben** ⟨Adj.⟩ 요

절한, 일찍 죽은. ~**vollendet** 〈Adj.〉《아어, 은폐》일찍 원숙한. ~**warnsystem**, das 조기 경보 체제. ~**werk**, das 초기작(품). ~**zeit**, die 초기: Funde aus der F. der Antike 고대의 초기 유물. ~**zeitig** 〈Adj.〉 **a)** 이른 시점에, 조기에, 일찍: die Krankheit konnte f. entdeckt werden 병은 조기 발견이 가능했다. **b)** 보다 빠른 시기에, 너무 이른, 때아닌: ein -er Winter 때아닌 겨울. ~**zeitigkeit**, die ↑~zeitig의 명사형. ~**zug**, der 새벽열차. ~**zünder**, der 《통용어·농》이해가 빠른 사람(반대: Spätzünder). ~**zündung**, die 《반대: Spätzündung》 **1.** 〖기술〗(내연 기관의) 조기 점화. **2.**《통용어·농》신속한 이해력.
Frühchen ['fry:ҫən], das; -s, - 《친근》 조산아. **Frühe** ['fry:ə], die 《아어》 이른 시각(시기): in der nebligen F. des Tages 안개 낀 새벽에; in der ersten F. des Lebens 인생의 초기에; **in aller F.** 아침 일찍; **in der Früh** (südd., österr.) 아침에, 오전에. **früher** ['fry:ɐ; ↑früh의 비교급] **I.** 〈Adj.〉 **1.** 과거의, 지나간: in -en Zeiten 과거에, 옛날에; die -en Auflagen des Buches 그 책의 과거판. **2.** 옛, 이전의: der -e Eigentümer 옛 소유자. **II.** 〈Adv.〉 과거에, 옛날에, 이전에: er war f. Buchhändler 그는 과거에 서적상이었다; wir kennen uns von f. (her) 우리는 서로 예부터 알고 있다. **frühestens** ['fry:əstn̩s] 〈Adv.〉 일러야, 빨라야: f. am Dienstag 일러야 화요일에. **frühestmöglich** ['fry:əst-ˌmøːklɪҫ] 〈Adj.〉가능한 일찍《빨리》. **Frühjahr**, das; -s, -e 봄, 춘기. **frühjahrs** 〈Adv.〉 봄에, 봄 동안에.
Frühjahrs-: ~**anfang**, der 봄의 시작(춘분). ~**arbeit**, die 봄일. ~**beginn**, der 봄의 시작. ~**bestellung**, die 〖농업〗봄 경작. ~**blüher** [...bly:ɐ], der; -s, - (1월~5월에 꽃피는) 춘화 식물. ~**blume**, die ↑Frühlingsblume. ~**katalog**, der 봄상품 목록. ~**kleid**, das 봄옷, 춘복. ~**kollektion**, die 봄유행 견본품: der Modeschöpfer ließ seine F. vorführen 디자이너가 자신의 봄유행 견본품을 선보였다. ~**kostüm**, das 봄의상. ~**kur**, die 봄철(춘계) 요양. ~**mantel**, der 봄 외투, 스프링코트. ~**messe**, die 〖경제〗춘계 견본시. ~**mode**, die 봄의 유행(복). ~**müdigkeit**, die 봄의 나른함(피로). ~**offensive**, die 〖군〗춘기공세. ~**putz**, der 봄청소. ~**putzete**, das 〖schweiz.〗↑~putz. ~**sonne**, die ↑Frühlingssonne. ~**tagundnachtgleiche**, die 춘분.
Frühling ['fry:lɪŋ], der; -s, -e 봄: der F. kommt[《아어》naht, zieht ein] 봄이 오다; 〖전의〗im F. des Lebens stehen 《시어》인생의 봄에 있다, 청춘이다; die Wirtschaft geht einem neuen F. entgegen 《아어》경제가 호황을 맞고 있다; seinen zweiten F. erleben 《반어》제2의 청춘을 맞이하다(나이 들어 젊은 여자와 연애하다).
frühlings 〈Adv.〉 ↑frühjahrs.
Frühlings-: ~**adonisröschen**, das 복수초(학명: *Adonis vernalis*). ~**anfang**, der 춘분. ~**beginn**, der ↑~anfang. ~**blüher** [...bly:ɐ], der; -s, - 봄꽃식물. ~**blume**, die 봄꽃. ~**bote**, der 《아어》봄의 사자. ~**fest**, das 춘제, 봄의 축제. ~**fingerkraut**, das 양지꽃의 일종(학명: *Potentilla verna*). ~**frisch** 〈Adj.〉《아어》봄처럼 산뜻한. ~**gefühl**, das **a)** 봄기분, 흥분한 기분. **b)** -**e haben / bekommen** 《통용어·농》회춘하다. ~**himmel**, der 봄 하늘. ~**knotenblume**, die 수선의 일종(Märzbecher, 학명: *Leucojum vernum*). ~**lied**, das 봄 노래. ~**luft**, die 봄바람. ~**monat**, der **a)** 〈Pl. 없음〉《아어》춘삼월. **b)** 〈Pl.〉〈Pl.로만〉봄의 달(3, 4, 5월). ~**mond**, der 《시어, 고어》↑~monat (a). ~**morgen**, der 봄날 아침. ~**nacht**, der 봄날의 밤. ~**punkt**, der 〖천문〗춘분점. ~**regen**, der 봄비,

춘우. ~**rolle**, die 〖요리〗만두 모양의 중국요리. ~**sonne**, die 봄 태양. ~**sturm**, der 봄에 부는 폭풍. ~**suppe**, die 야채와 밀가루 반죽으로 만든 수프. ~**tag**, der 봄날. ~**wetter**, das 봄 날씨, 봄 일기. ~**wiese**, die 봄의 풀밭. ~**wind**, der 〈Pl. 없음〉《아어》봄바람. ~**zeit**, die 봄철.
frühlingshaft 〈Adj.〉 봄 같은, 봄기운이 감도는.
Frühstück ['fry:ʃtyk], das; -s, -e **a)** 조반, 아침식사, 아침밥: (das) F. machen[bereiten] 아침식사를 준비하다; beim F. sitzen 아침식탁에 앉다. **b)** 《통용어》아침식사 휴식. **frühstücken** 〈h〉 **a)** 아침(조반)을 하다. **b)** 아침 식사로 먹다: ein Schinkenbrot f. 햄이 든 빵을 아침으로 먹다.
Frühstücks-: ~**bar**, die 아침 식사대. ~**brett(chen)**, das 아침식사용 도마. ~**brot**, das 아침 도시락 빵. ~**büfett**, das (호텔에서의) 아침 부페. ~**ei**, das 아침용 계란. ~**fleisch**, das 아침용 육류. ~**geschirr**, das 아침식사용 식기. ~**kartell**, das 〖경제 은어〗(대개 구두로 행해진) 기업 연합. ~**korb**, der 아침식사 바구니. ~**pause**, die 아침(식사) 휴식. ~**speck**, der 아침 (식사)용 베이컨. ~**stulle**, die 《Berlin》 ↑~brot. ~**teller**, der 아침(식사)용 접시. ~**tisch**, der 아침 식탁. ~**zimmer**, das 〈Pl. 없음〉 아침식사 방.
Fruktidor [frykti'doːɐ], der; -(s), -s [frz. fructidor] (프랑스 혁명력의) 12월(8. 18~9. 19).
Fruktifikation [fruktifika'tsi̯oːn], die; -en [lat. fructificātiō] **1.** 〖고어〗이용. **2.** 〖식물〗결실. **fruktifizieren** [fruktifi'tsiːrən] 〈h〉 [lat. fructificāre] **1.** 〖고어〗무엇을 이용하다. **2.** 〖식물〗결실을 맺다. **Fruktifizierung**, die; -en ↑Fruktifikation. **Fruktivore** [frukti'voːrə], der; -n, -n 〈대개 Pl.〉 [lat. frūctus u. vorāre] 〖동물〗주로 과일을 먹고 사는 동물. **Fruktose**: ↑Fructose.

Frust [frʊst], der; -(e)s 《통용어》좌절(감), 실망.
fruste [fryst] 〈Adj.〉 [frz. fruste] 〖의학〗(증상이) 완전하지 않은, 뚜렷하지 않은.
frusten ['frʊstn̩] 〈h〉 《통용어》실망시키다, 좌절시키다.
frustran [frʊs'traːn] 〈Adj.〉 [lat. frūstrā] 실망시키는, 좌절시키는. **Frustration** [frʊstra'tsi̯oːn], die; -en [lat. frūstrātiō] 〖심리〗실망, 좌절(감), 환멸: -en am Arbeitsplatz 직장에서의 좌절감; seine -en abreagieren 좌절감을 발산시키다. **Frustrationstoleranz**, die 〖심리〗실망(좌절감, 욕구불만)의 순화(醇化). **frustratorisch** [frʊstra'toːrɪʃ] 〈Adj.〉 《드물게》기만적인, 속이는. **frustrieren** [frʊs'triːrən] 〈h〉 [lat. frūstrāre] 기대를 무너뜨리다, 실망시키다, 좌절시키다, 욕구불만을 갖게하다: das Erlebnis war frustrierend (für ihn) 그 체험은 그에게 실망스러운 것이었다; er fühlte sich frustriert 그는 좌절감을 느꼈다. **Frustrierung**, die; -en 실망, 좌절, 욕구불만, 기만.
Frutti di mare ['frʊti di 'maːrə] 〈Pl.〉 [ital. frutti di mare] 지중해 해안의 식용 해물.
F-Schlüssel, der; -s, - 낮은 음자리표, 바 음 기호.
ft. = foot.
Ft = Forint.
Fuchs [fʊks], der; -es, Füchse ['fʏksə] **1.** 〈축소형: Füschen, Füchslein〉 〖동물〗여우: F., so gilt der Balg 여우가 죽으면 그 가죽의 중요사가 된다(사람이 죽으면 유산이 문제가 된다); 〖성규〗der F. muß zum Loch heraus 사실이 규명되어야 한다; den Weg er der F. (mit dem Schwanz) gemessen (und den Schwanz dazugegeben) 길이 생각했던 것보다 훨씬 멀다; **wo sich die Füchse(wo sich F. und Hase) gute Nacht sagen** 〖농〗외따로 떨어진 곳; **die Füchse brauen** 안개가 끼다; **Füchse prellen** 뛰는

놈 위에 나는 놈. **2. a)** 여우가죽: einen Mantel mit F. besetzen 여우가죽을 외투에 달다. **b)** 모피외투. **3.** 《통용어》 여우처럼 약은 사람. **4.** 《통용어·펌》 빨강머리의 사람(옥설). **5.** 자류마(馬), 밤색말. **6.** 《동물》 멋장이(나비종류). **7.** 학우회의 준회원(제1, 2학기생), 신입생. **8.** 《고어》 금화. **9.** 연기 통로.

fuchs-, Fuchs-: ~balg, der 여우가죽. **~bau,** der 《Pl. -baue》여우굴. **~eisen,** das 여우덫. **~falle,** die ↑~eisen. **~farben** 〈Adj.〉↑~rot. **~fell,** das ↑Fuchs (1). **~gesicht,** das 《펌》여우 같은 얼굴. **~hatz,** die 《드물게》여우몰이(사냥). **~hengst,** der ↑Fuchs (5). **~höhle,** die ↑~bau. **~jagd,** die **1.** 여우사냥. **2.** (말이나 스키 등을 타고 하는) 여우몰이놀이. **~loch,** das ↑~bau. **~pelz,** der **a)** ↑Fuchs (2 a). **b)** ↑Fuchs (2 b). **~rot** 〈Adj.〉여우털처럼 붉은. **~schlau** 〈Adj.〉여우처럼 교활한, 꾀가 많은, 간사한. **~schwanz,** der **1.** 여우꼬리, **2. a)** 뚝갈톱. **b)** 비름. **c)** 비름(과) 식물. **3.** 넓고 끝이 좁은 작은 톱(한 손으로 다루는). **~schwänze(l)n** 〈h〉《고어》아첨하다. **~schwänz(l)er** [-ʃvɛnts(l)ɐ], der; -s, - 아첨꾼. **~teufelswild** 〈Adj.〉《정서적으로 격양된》화가 나서 펄펄 뛰는. **~wild** 〈Adj.〉《고어》↑teufelswild.

Füchschen ['fʏksçən], das; -s, - ↑Fuchs (1).

fuchsen ['fʊksn̩] 〈h〉《통용어》**a)** 화를 내게 하다, 성을 돋우다: seine Bemerkungen haben mich sehr gefuchst 그의 말은 나를 매우 화나게 했다. **b)** 〈f. + sich〉매우 화를 내다: über diese Niederlage hat er sich sehr gefuchst 이 패배에 대하여 그는 매우 화를 냈다.

Fuchsie ['fʊksiə], die; -n 《독일의 식물학자 L. Fuchs (1501~1566)》【식물】 후크시아(관상용 식물).

fuchsig ['fʊksɪç] 〈Adj.〉**1.** ↑fuchsrot 참조. **2.** 성급한, 격정적인. **3.** 《통용어》성난, 화난.

Fuchsin [fʊ'ksiːn], das; -s 《화학》 푹신(적색 합성 염료).

Füchsin ['fʏksɪn], die; -nen ↑Fuchs (1)의 여성형.
Füchslein [...laɪn], das; -s, - ↑Fuchs (1)의 축소형.

Fuchtel [fʊxtl̩], die; -n **1.** 《역사적》 날이 넓은 칼. **2.** 《Pl. 없음》《통용어》엄격한 규율, 통치: 《대개 전치사 unter와 함께》unter jmds. F. kommen (geraten) 누구의 지배를 받게 되다; jmdn. unter der(seiner) F. haben(halten), unter die F. nehmen 누구를 엄격히 감시하다; unter jer(jmds.) F. stehen(leben, sein) 《누구의》엄한 감시를 받다. **3.** 《österr.》바가지 잘 긁는 여자. **fuchteln** 〈h〉《통용어》무엇을 (흥분하여) 공중에서 휘두르다: mit den Händen (mit einem Stock) (vor jmds. Gesicht) f. 손(지팡이)을 (누구의 면전에서) 흔들다. **fuchtig** ['fʊxtɪç] 〈Adj.〉미친듯이 성난.

fud. = fudit.

fuddeln ['fʊdl̩n], **fudeln** ['fuːdl̩n] 〈h〉 [niederd. fuddeln]《지역적》**a)** 《펌》무엇을 칠칠치 못하게 처리하다, 서투르게 처리하다. **b)** 《카드놀이에서》속이다. **c)** 《통용어》청소하다, 소제하다.

Fuder ['fuːdɐ], das; -s, - **1. a)** 한 마차분: ein(drei) F. Heu 한[세] 마차분 건초. **b)** 수확을 적재한 마차. **c)** 《통용어》대량, 다량. **2.** (포도주의) 옛 계량 단위(1000~1800 l). **fuderweise** 〈Adv.〉《통용어》대량으로, 많이.

fudit ['fuːdɪt] 《lat. fūdit》 《주조물의 작자명 앞에》 《누구가》 주조한 (약어: fud).

Fudschijama ['fʊdʒi'jaːma], der; -s 후지야마(일본의 산).

fuffzehn ['fʊf-] 《지역적》 ↑fünfzehn. **f.'ne Fuffzehn machen** 《경》잠깐 일을 쉬다; **bei mir ist f. [jetzt ist aber f.]** 《경》나는 이제 더이상 상관없어.

fuffzig ['fʊftsɪç] 《지역적》 ↑fünfzig. **Fuffziger,** der; -s, - 《지역적》 50페니히 동전: **ein falscher F.** 《경》믿을 수 없는 사람.

Fug [fuːk], der 《다음 용법으로》 **mit F. (und Recht)** 정당하게, 마땅히, 당연히: das kann man mit F. und Recht behaupten 그것은 당연히 주장할 수 있다.

fugal [fu'gaːl] 〈Adj.〉【음악】 푸가 형식의, 푸가식의, 둔주곡식의. **fugato** [fu'gaːto] 〈Adv.〉 [ital. fugato] 【음악】 푸가식으로 작곡된. **Fugato,** das; -(s), -s /...ti 【음악】 푸가토.

¹Fuge ['fuːgə], die; -n **1.** (담벽 따위의) 이음새, 틈새: das Haus krachte schon in allen -n 그 집은 벌써 무너지려고 한다; **aus den -n gehen(geraten, sein)** 와해되다, 무너지다, 엉망진창이 되다. **2.** 【언어】 (결합된 두 부분의) 이음자리(Eisen/bahn 따위).

²Fuge [-], die; -n [lat. fuga] 【음악】 푸가, 둔주곡.

fugen ['fuːgn̩] 〈h〉 【토목】 **a)** (건축의 각 부분을) 집합(결합)하다, 이어맞추다, 짜맞추다. **b)** (담의 틈을) 메우다.

fügen ['fyːgn̩] 〈h〉 **1.** (아어) 접합(결합)하다, 짜맞추다. **2. a)** (무엇에) 연결시키다, 이어주다: das Brett in die Tür f. 판자를 문짝에 잇다. **b)** 〈f. + sich〉 연결되다, 이어지다, 맞춰지다: das Brett fügt sich genau in die entsprechende Lücke im Zaun 판자가 울타리의 빈 곳에 딱 들어맞는다. **3.** 〈f. + sich〉 무엇에 순응하다, 여건에 따르다, 누구에게 복종하다: du mußt dich ihm f. 너는 그에게 복종해야 한다; sich jmds. Wunsch [Anordnungen] nicht f. 누구의 희망(지시)에 따르지 않다. **b)** 감수하다, 무엇에 순응하다: sich in sein Schicksal f. 그의 운명으로 받아들이다. **4.** (아어) **a)** 숙명적으로 발생케 하다, 어떤 상태로 되게 하다: das Schicksal fügte es, das sein Bestens 운명이 모든 것을 잘 돌보아 주었다. **b)** 〈f. + sich〉 숙명적으로 일어나다: alles fügte sich aufs beste 모두가 좋은 결과를 맺었다. **fugenlos** 〈Adj.〉 빈틈없는, 갈라진 틈이 없는: die Tür schließt f. 문이 빈틈없이 꼭 닫힌다. **Fugen-s,** das; -, - ↑Fugenzeichen.

Fugenthema, das; -s, ...men 【음악】 푸가의 테마.

Fugenzeichen, das; -s, - 【언어】 접합 표식(예컨대: Geschichtsbuch, Zitatenschatz).

Fugette [fu'gɛta], die; -n ↑Fughetta.

fuggern ['fʊgɐn] 〈h〉 《지역적》 무역(교역)하다.

Fughetta [fu'gɛta], die; ...tten [ital. fughetta] 【음악】 소형 푸가, 푸가 소절. **fugieren** [fu'giːrən] 〈h〉 【음악】 주제를 푸가식으로 처리하다.

füglich ['fyːklɪç] 〈Adv.〉 당연히, 마땅히: nach all dem darf f. bezweifelt werden, daß ... 모든 점으로 보아 마땅히 의심스러운 점은 …. **fügsam** ['fyːkzam] 〈Adj.〉 유순한, 온순한. **Fügsamkeit,** die 유순, 온순(함). **Fügung,** die; -en **a)** 접합. **b)** 접합된 것. **Fügung,** die; -en [2: lat. cōnstructiō] **1.** 섭리, 숙명: in etw. eine göttliche, höhere F. sehen 무엇에서 신의 지고한 섭리를 보다; etw. als eine F. des Schicksals (des Zufalls, des Himmels) nehmen 무엇을 운명(우연, 하늘)의 섭리로 생각하다. **2.** 【언어】 어군: eine präpositionale F. 전치사구.

fühlbar ['fyːlbaːɐ] 〈Adj.〉 **1.** 느낄 수 있는, 알아볼 수 있는, 뚜렷한: ein -er Verlust (Unterschied) 완연한 손실 [차이]. **2.** 감측할 수 있는: der Puls war bald nicht mehr f. 맥박은 곧 더이상 느낄 수 없게 되었다. **fühlen** ['fyːlən] 〈h〉 **1.** 체감하다, 느끼다: einen Schmerz [die Wärme der Sonne] f. 고통[태양의 온기]을 체감하다; er fühlte sein Herz schlagen 그는 그의 가슴이 뛰는 것을 느꼈다; sein Kreuz f. 《통용어》 허리의 통증을 느끼다. **2.** (감정을) 느끼다: Achtung für jmdn. [Mitleid mit jmdm.] f. 누구에 대한 존경[누구에 대한 동정]을 느끼다; die Berufung zum Politiker in sich f. 정치가로서의 소명을 느끼고 있다; sie fühlen als Franzosen 그들

은 스스로 프랑스인으로 자처하고 있다; er hat sein Ende kommen f. [gefühlt] 그는 자신의 종말이 다가오고 있음을 느꼈다; ein fühlendes Herz 감정이 있는 사람. **3. a)** 더듬어[만져] 확인하다: (jmdm.) den Puls f. 〈누구의〉 맥박을 짚어보다. **b)** 더듬어 찾다: er fühlte sofort, ob seine Brieftasche noch vorhanden sei 그는 곧 그의 지갑이 있는지 없는지 더듬어서 찾았다. **4.** 〈f. + sich〉 **a)** 자신의 상태를 느끼다, 감지되다: sich krank f. 아픈 것처럼 느끼다; sich in seiner Haut nicht wohl f. 〈통용어〉 자기 처지를 기분좋게 느끼지 않다; man fühlte sich hier schon beinahe am Mittelmeer 사람들은 벌써 여기서도 지중해에 와 있다고 느꼈다; sie fühlt sich Mutter 《아이》그녀는 어머니가 될 것을 감지하고 있다. **b)** 스스로 어떻게 여기다: sich zu etw. berufen f. 무엇에 대한 소명감을 느끼고 있다; sie fühlte sich verpflichtet, ihm zu helfen 그녀는 그를 돕는 것을 의무로 생각했다. **c)** 〈통용어〉 뿌듯하게 느끼다, 자부심을 갖다. **Fühler**, der; -s, - **1.** 촉수, 더듬이: die Schnecke streckt die F. aus [zieht die F. ein] 달팽이는 촉수를 뻗는다[오므린다]; (seine/die) F. ausstrecken 〈통용어〉 조심스럽게 상황을 탐색하다. **2.** [기술] ↑Meßfühler의 약칭. **Fühl(er)lehre**, die; -n [기술] 나비 측정기, 폭 측정기. **Fühlhorn**, das; -, ..hörner 〈드물게〉↑Fühler (1). **fühllos** 〈Adj.〉 〈아어·준고어〉 **1.** 무정한, 냉정한: ein -er Mersch 무정한 사람. **2.** 무감각한: die Hand ... war eiskalt und f. 손이 얼어서 무감각해졌다. **Fühllosigkeit**, die 무정, 냉담, 무감각. **fühlsam** ['fy:lza:m] 〈Adj.〉 〈드물게〉 다정다감한, 민감한. **Fühlung**, die; -en **1.** 접촉, 관계, 연결: mit jmdm. F. auf(nehmen) [haben, halten] 누구와 관계를 맺고 있다[mit jmdm. in F. sein [kommen] 누구와 관계를 맺고 있다[맺게 되다]. **2.** 〈통용어〉 감각, 지각, 느낌. **Fühlungnahme** [-na:mə], die; -n 접촉 관계.

fuhr [fu:g] ↑fahren 참조.

fuhr-, Fuhr-: ~**betrieb**, der ↑~unternehmen. ~**geld**, das 〈고어〉 운임. ~**geschäft**, das ↑~unternehmen. ~**halter**, der 〈고어〉 ↑~unternehmer. ~**herr**, der ↑~unternehmer. ~**hof**, der ↑Fuhrpark (2). ~**knecht**, der 〈준고어〉 ↑~mann. ~**lohn**, der **a)** 마차 삯, 운임. **b)** 〈österr.·준고어〉 택시 운임. ~**mann**, der (Pl. ..leute, 드물게 ..männer) 마부. ~**mannsfluch** der 지독한 욕설. ~**park**, der **1.** (운수 회사, 군대, 관청 따위의) 차량(단). **2.** 운송업. ~**unternehmen**, das 운송업. ~**unternehmer**, der 운송업자. ~**weg**, der **1.** 〈고어〉 차도. **2.** 차량 통행 들길. ~**werk**, das **a)** 우마차. **b)** 〈österr.〉 운송차. ~**werken** 〈V.〉 **1.** 〈통용어〉 격렬한 동작을 하다, 휘젓다. **2.** 열심히 만지작거리다. **3.** 〈südd., österr.〉 (마)차를 타고 다니다. ~**werker**, der 〈österr.〉 **a)** 마부, 운전수. **b)** 운송업자. ~**werkslenker**, der 마부, 운전수. ~**wesen**, das 〈Pl. 없음〉 운송, 운수(업).

Fuhre ['fu:rə], die; -n **1.** 한 대분: eine F. Holz 목재 한 대분. **2.** 운송, 운수, 차량 통행. **führe** ['fy:rə] ↑fahren 참조. **Führe** [-], die; -n [등산] (표시된) 등산로. **führen** ['fy:rən] 〈h〉 **1. a)** 길을 안내하다, 인도하다: einen Blinden über die Straße f. 장님을 길을 건네주다; ein Kind an der Hand f. 어린애의 손을 잡고 가다; einen Hund an der Leine f. 개를 줄에 매어 끌고 가다; beim Tanzen soll der Herr (die Dame) f. 춤출 때 남자가 (여자를) 리드 해야 한다; Besucher in einem Schloß f. 방문객에게 성을 안내하다; einem Kind beim Schreiben die Hand f. 어린애의 손을 잡고 글쓰는 것을 가르쳐주다. **b)** 안내하다: jmdn. in ein Restaurant f. 누구를 식당으로 안내하다; durch das Programm f. 프로그램을 안내해 주다. **2. a)** (교육적으로)

지도하다: Schüler streng [mit fester Hand] f. 학생을 엄격하게 [손아귀에 꽉잡고] 다루다 [지도하다]. **b)** 〈f. + sich〉 처신하다, 태도를 취하다: der Schüler [Strafgefangene] hat sich gut geführt 그 학생은 [그 수감자는] 품행이 좋았다. **3. a)** 책임있게 운영하다: er hat das Restaurant zehn Jahre lang geführt 그는 그 식당을 10년간 이끌고 나갔다; die Frau führt ihrem Sohn den Haushalt 그녀는 아들의 살림을 이끌어나간다. **b)** (책임자로서) 어떤 상태로 이끌다: die Wirtschaft aus der Krise f. 경제를 위기에서 구출하다; eine Mannschaft zur Meisterschaft f. 팀을 우승으로 이끌다. **4.** 선두를 달리다, 앞서다: die Mannschaft führt 3:2 그 선수단은 3:2로 앞서고 있다; das Land führt in der Reaktortechnik 그 나라는 원자로 기술이 앞서 있다. **5.** 다루다, 조작하다: die Kamera beim Filmen ruhig f. 촬영시 카메라 동작이 안정되어 있다. **6.** (어디로) 가져 가다: das Glas an die Lippen f. 잔을 입술로 가져 가다. **7. a)** 설치하다, 짓다, 세우다: die neue Autobahn um die Stadt f. 도시 순환 고속도로를 세우다. **b)** 어디에 이르다: die Bahn führt ans Meer 선로는 해안으로 이어진다; [전의] das führt zu weit 그것은 너무 지나치다. **c)** 어떤 동기를 부여하다: was führt Sie zu mir? 어째서 당신이 나에게 왔습니까?; [전의] ein Hinweis führte die Polizei auf die Spur des Verbrechers 어떤 제보가 경찰에게 범인의 단서를 제공했다; das führt einen noch zum Wahnsinn 그것이 사람을 미치게 한다. **8. a)** [관] (차, 비행기 따위를) 운전하다. **b)** 〈österr.〉 (차로) 운반하다, 실어다 주다: ich kann Sie zum Flughafen f. 나는 당신을 비행장까지 실어다 줄 수 있습니다. **9. a)** 휴대하다, 지니다: die Flugreisenden durften nur 20 kg Gepäck mit sich f. 비행 승객은 20kg의 짐만 휴대할 수 있었다. **b)** 달고 다니다, 함유하다, 싣고 다니다: der Zug führt einen Speisewagen 이 기차는 식당차를 달고 다닌다; die Leitung führt keinen Strom 이 전선엔 전기가 흐르지 않는다. **c)** (상점에서) 취급하다: das Geschäft führt alle Marken 그 상점은 모든 상표를 취급한다. **d)** (공식적으로) 달고 있다: der Wagen führt die Nummer ... 그 차의 번호는 ...이다. **e)** (칭호를) 갖고 있다: den Doktortitel f. 박사 칭호를 갖고 있다. **10.** 진행시키다, 행사하다: Verhandlungen auf höchster Ebene f. 고위급 회담을 이끌다; Regie f. 연출하다; einen Briefwechsel f. 편지 교환을 하다; ein Leben wie im Paradies f. 천국 같은 생활을 영위하다; ein Doppelleben f. 이중 생활을 하다; mit jmdm.) eine glückliche Ehe f. 누구와 행복한 결혼 생활을 영위하다; über etw. Klage f. 무엇을 불평하다; das Kommando f. 지휘하다; den Beweis f. 증명하다. **11. a)** 작성, 기입하다: eine Liste f. 목록을 작성, 기입하다. **b)** (카드 놀이에서) 등재하다, 등록하다: jmdn. in einer Liste f. 누구를 목록에 기입하다. **12.** 결과를 갖다: alle Bemühungen führten zu nichts [zu keinem Ergebnis] 모든 노력이 수포로 돌아갔다. **führend** 〈Adj.〉 지도적인: -e Männer [Persönlichkeiten] des politischen Lebens 정치권의 지도적 인물. **fuhrenweise** 〈Adv.〉 〈드물게〉 **a)** 차량째, 차량 단위로. **b)** 〈통용어〉 대량으로. **Führer**, der; -s, - **1. a)** 지도자, 통솔자: der F. einer Bewegung (Partei) 어떤 운동 (정당)의 지도자. **b)** (관광) 안내인: etw. mit jmdm. f. besichtigen 무엇을 안내자와 함께 구경하다. **c)** 운전자. **2.** 안내서, 안내책자: ein ausführlicher F. durch München, für die Schweiz (뮌헨, 스위스)의 상세한 안내서.

führer-, Führer-: ~**ausweis**, der 〈schweiz.〉 ↑~schein. ~**befehl**, der 〈나치〉 총통(히틀러)의 명령. ~**bild**, das 〈나치〉 총통의 영정. ~**eigenschaft**, die 〈대개 Pl.〉 (특히 나치) 총통[지도자]적 품성. ~**haupt-**

Führerin

quartier, das ⟨Pl. 없음⟩ 《나치》 총통 지휘 본부. **~haus,** das (화물차, 기중기의) 운전실. **~kult,** der 지도자 숭배. **~los** ⟨Adj.⟩ **1.** 지도자 없는. **2.** 안내자 없는. **3.** 운전사 없는. **~natur,** die **a)** 지도자의 자질. **b)** ⟨Pl. 없음⟩ 통솔력. **~persönlichkeit,** die **a)** 지도자. **b)** 지도력, 통솔력. **~prinzip,** das 《나치》 총통 전권 주의. **~rede,** die 《나치》 총통의 연설. **~rolle,** die 지도자 (적) 역할. **~schein,** der 운전 면허증: ihm wurde der F. entzogen 그는 운전 면허를 취소당했다. **~scheinentzug,** der 운전 면허 취소. **~schnur,** die 지도자대를 표시하는 끈 장식. **~sitz,** der 운전석. **~stand,** der (기차, 전차 등의) 운전대. **~wetter,** das 《나치》 (총통 생일의) 쾌청한 날씨.

Führerin, die; -nen ↑Führer 의 여성형. **Führerschaft,** die; -en (드물게 Pl.) **1.** 지도, 지배, 통솔, 지휘. **2.** (집합적) 지도층, 지도부. **Führhand,** die; …hände (권투) 포 핸드. **führig** ['fy:rɪç] ⟨Adj.⟩ **1.** (사냥) (개가) 말 잘 듣는, 양순한, 잘 따르는. **2.** ↑ geführig. **Führigkeit,** die ↑führig 의 명사형. **Führring,** der; -(e)s, -e (경마서 말의) 출발 대기장 (소). **Führung,** die; -en **1.** ⟨Pl. 없음⟩ **a)** 운영, 관리, 경영: die F. eines Betriebes 기업의 경영; die F. innehaben(übernehmen, an sich reißen) 운영(권)을 갖다(인수하다, 빼앗다). **b)** (교육적) 지도: dem Kind fehlt eine feste F. 그 아이에겐 확고한 교육이 부족하다. **c)** 지도부, 경영진. **2.** 안내 관람. **3.** ⟨Pl. 없음⟩ 선도, 선두(위치): auf einem Gebiet die F. haben 어떤 분야에 선두를 지키다; die Mannschaft lag mit 3:2 in F. 그 팀은 3:2로 앞서 있다. **4.** ⟨Pl. 없음⟩ 품행, 행실: wegen guter F. wurde er vorzeitig aus dem Gefängnis entlassen 양호한 품행으로 그는 미리 감옥에서 석방되었다. **5.** ⟨Pl. 없음⟩ 조작, 놀림: die F. des Bogens beim Violinspiel 바이올린 연주에서 활의 놀림. **6.** (기술) (기계 따위의) 방향 조정 부분. **7.** ⟨Pl. 없음⟩ (관) 운전: die Berechtigung zur F. eines Kraftfahrzeugs 자동차 운전 면허. **8.** ⟨Pl. 없음⟩ (칭호 등의) 사용: die F. dieses Titels 이 명칭의 사용. **9.** ⟨Pl. 없음⟩ 기입, 기록: die F. der Geschäftsbücher (사업) 장부 기록.

führungs-, Führungs-: ~anspruch, der 지도권. **~arbeit,** die (육상) (장거리 경주에서) 선두 주행. **~aufgabe,** die 지도자의 과업: der F. nicht gewachsen sein 지도자의 소임을 감당하지 못하다. **~bein,** das (육상) **a)** (장애물 경기에서 장애물을 먼저 넘는) 선도발. **b)** (장대높이뛰기에서) 먼저 앞으로 뻗치는 발. **~gremium,** das 지도 위원회, 지도부. **~kern,** der 핵심지도부. **~kraft,** die 지도력. **~krise,** die 지도 위기. **~los** ⟨Adj.⟩ 지도자 없는. **~losigkeit,** die 지도자 없는 (의) 상태. **~macht,** die 강대국, 지도국. **~offizier,** der 지휘 장교. **~ring,** der (기술) 탄대. **~rolle,** die ↑Führerrolle. **~schicht,** die 지도층. **~schiene,** die (기술) (기계의) 방향 지시 제도. **~spitze,** die (최고) 지도층, 수뇌부. **~stab,** der **1. a)** (군대의) 총사령부. **b)** (각 병과의) 지휘부. **2.** (기업의) 수뇌부, 운영진. **~stange,** die 활봉(滑捧), 도간(導桿). **~stift,** der 조향축(樞向軸). **~stil,** der 지휘(지도) 양식. **~team,** das 지도부. **~tor,** das (스포츠) 선취 득점. **~treffer,** der ↑~tor. **~truppe,** die 선두 부대. **~wechsel,** der (정치) 지도부의 교체, 권부 교체. **~zeugnis,** das **1.** 신원 증명서. **2.** (고용주의) 인사 고과표.

Fulbe ['folbə] '풀베족(수단의 유목 지역 민족).

¹**Fulda** ['folda], die; - 풀다 강(Weser강의 원류).

²**Fulda** 풀다(시). ¹**Fuldaer** ['foldaɐ], der; -s, - 풀다 주민. **fuldisch** ⟨Adj.⟩ 풀다의.

Fulgurant [folgu'rant], der; -(s), **Fulgurante** [folgu'rantə], die [lat. fulgurāns] 한면이 광택을 발하는 공단.

Fulgurit [folgu'ri:t], ⟨(또한) …'rɪt], der; -s, -e [lat. fulgur] **1.** 섬전암, 풀구라'기트. **2.** 뇌관. **3.** 슬레이트, 석판.

Fuligo [fu'li:go], die ⟨(또한) der; -(s), …gines […gine:s; lat. fūligo] (의학) (열병환자의 입에 생기는) 흑태(黒苔).

Füll-: ~automat, der ↑~maschine. **~bleistift,** der (schweiz.) ↑Drehbleistift. **~feder,** die (südd., österr., schweiz.) ↑~federhalter. **~federhalter,** der 만년필. **~federtinte,** die 만년필용 잉크. **~gewicht,** das 정미중량, 정량. **~halter,** der ↑~federhalter. **~horn,** das [lat. cornu cōpiae] (그리스 신화에서) 풍요와 부의 상징: das F. des Glücks 행운의 풍만함. **~maschine,** die 깡통, 병 등에 내용물을 채우는 자동 기계. **~masse,** die [요리] (음식의) 속. **~material,** das ↑~masse. **~mauer,** die [토건] 속을 채운 이중담. **~mittel,** das [섬유] (종이나 직물의 감속 등을 살리는) 첨가제. **~ofen,** der (연료) 자급식 난로. **~ort,** der [광] 광석적치장. **~rätsel,** das 글자채우기 퀴즈. **~schriftverfahren,** das ⟨Pl. 없음⟩ (음반의 요철부가 음의 진폭에 맞게 조절되어 연주 시간이 연장되도록 한) 음반의 재생 기법. **~sender,** der [텔레비전] 난시청 지역의 채널 변환 보조 송신기. **~stein,** der 벽사이를 채우는 돌. **~stift,** der ↑Drehbleistift. **~stoff,** der (종이, 고무 등의 생산에 쓰이는) 첨가제. **~wort,** das ⟨Pl. …wörter⟩ [언어학·문예학] 허사.

Full dress ['fol 'drɛs], der; - - [engl. full dress] 예복.

Fülle ['fylə], die; -n **1.** ⟨Pl. 없음⟩ 대량, 다량, 많음: eine F. von Anregungen erhielt er 자극이; im Zug war heute wieder eine F.! 기차는 오늘도 만원이었다! **2.** ⟨Pl. 없음⟩ 강렬함, 다양함: die F. des Orchesterklangs 강렬한 교향학의 음량; die F. des Lebens 삶의 충만함. **3.** ⟨Pl. 없음⟩ 풍만, 비대, 비만: zur F. neigen 살찌기 시작하다. **4.** ⟨드물게 Pl.⟩ (지역적) (구운 음식 따위에 넣는) 소. **Füllen** ['fylən] ⟨h⟩ **a)** 가득 채우다: eine Flasche (mit Saft) f. 병을 (주스로) 채우다; die Veranstalter konnten das Stadion nicht f. 주최측은 운동장을 채울 수 없었다; der Saal war bis auf den letzten Platz gefüllt 홀은 마지막 자리까지 만원이었다; er hat eine gut gefüllte Brieftasche 그는 지갑이 두둑하다; die Zeit mit Erzählen von Geschichten f. 옛날이야기로 시간을 채우다. **b)** 소를 넣다: gefüllte Schokolade 속이든 초콜릿. **c)** 봉: einen Zahn f. 치아에 봉을 박다. **2.** 채워넣다: die Kartoffeln in Säcke f. 감자를 자루에 채우다. **3.** 채워지다, 차다: die Badewanne füllt sich langsam 욕조가 서서히 채워진다; das Theater hatte sich inzwischen gefüllt 극장이 그 사이에 만원이 되었다; ihre Augen füllten sich mit Tränen (아이) 그녀의 눈은 눈물로 가득 찼다. **4.** 자리를 차지하다: die Bücher füllen zwei Schränke 책들이 책장 두 개를 차지했다; [전의] seine mächtige Stimme füllte den Raum 그의 우렁찬 목소리가 그 공간을 메웠다.

Füllen [-], das; -s, - ⟨Pl. 없음⟩ ↑Fohlen.

Füller ['fylɐ], der; -s, - **1.** (통용어) ↑Füllfederhalter. **2.** 《신문·은어》 여백(을 채우는) 기사.

Full house ['fol 'haʊs], das; - -, - - [' haʊzɪz; engl. -amerik. full house] (포커에서) 풀 하우스.

füllig ['fylɪç] ⟨Adj.⟩ [niederd. vüllik] **1.** 푹신한, 뚱뚱한, 풍만한: sie ist in letzter Zeit etwas f. geworden 그녀는 최근에 좀 뚱뚱해졌다. **2.** 성량이 풍부한, 우렁찬.

Füllsel ['fylzəl], das; -s, - **1.** 단지 빈 곳을 채우는 데 쓰이는 것. **2. a)** (고기)소. **b)** (소시지의) 소.

Full Service ['fol 'sə:vɪs], der; - - [- 'sə:vɪsɪs; engl. full service] (경제) 총체적 (고객) 서비스. **Full speed** ['- 'spi:d], die; - - [engl. full speed] 전속력.

Full-time-Job ['fʊltaɪm-], der; -s, -s [engl. full-time job] 전일제 근무, 정식 직업.
Füllung, die; -en **1.** 〈드물게 Pl.〉《드물게》채움, 충전: die Füllung eines Ballons mit Gas 가스로 기구를 채움. **2. a)** [요리] (음식물에 넣는) 소, 속. **b)** (치아의) 봉. **c)** (쿠션, 베개 등의) 속: Daunen für die F. eines Oberbettes nehmen 오리털을 이불솜으로 삼다. **3.** 문틀을 채우는 널빤지, 유리 등. **4.** [시학] 운문의 박절을 이루는 억양.
fully fashioned ['fʊlɪ 'fæʃənd; 《engl.》 fully-fashioned] 본에 따라 뜬.
fulminant [fʊlmɪ'nant] 〈Adj.〉 [lat. fulmināns] 깜짝놀랄만한, 경악스러운: eine -e Persönlichkeit 탁월한 인물; er versteht es, f. zu formulieren 그는 훌륭하게 표현할 줄 안다. **Fulminat** [fʊlmi'naːt], das; -(e)s, -e 〈대개 Pl.〉 [zu: fulmen] [화학] 뇌산염.
Fumarole [fuma'roːlə], die; -n [ital. fumarola] [지질] (화산의) 분기공. **Fumé** [fy'meː], der; -(s), -s [frz. fumé] 《전문어》 **1.** (도장의) 시험 날인. **2.** 목판화의 애벌 찍기.
¹Fummel ['fʊml], der; -s, - [niederd. Fummel] 《지역적·멸》 낡은 옷, 넝마. **²Fummel** [-], die; -, -n 《österr.·욕설》 어리석은 사람. **Fummelei** [fʊmə'laɪ], die; -en 《드물게 Pl.》《통용어·멸》↑fummeln의 명사형. **fummelig** ['fʊməlɪç] 〈Adj.〉《통용어》 **1.** 귀찮은, 까다로운: diese Arbeit ist mir zu f. 이 일은 나에게 너무 성가시다. **2.** 신경쓰이는, 신경질나는, 화나는. **fummeln** ['fʊm|n] 〈h〉 [niederd. fummelen] **1.**《통용어》 **a)** 손으로 만지작거리다, 더듬다: an einer Waffe (an einem Gerät) f. 무기(기계)를 만지작거리다. **b)** 힘들여 빼다(꺼내다): das Geld aus der Westentasche f. 조끼 주머니에서 돈을 힘들여 꺼내다. **c)** 만들어내다: er fummelte mit seinen dicken Fingern die köstlichsten Salate 그는 두툼한 손가락으로 아주 맛있는 샐러드를 만들었다. **d)** 꾸물하다, 어루만지다. **2.** 《축구·은어》 공을 너무 오래 몰다. 《복합》 **Fummeltante**, die; 《경》↑Fummeltrine. **Fummeltrine**, die; 《경》 여성 동성연애자, **Fummler**, der; -s, - **1.** 《경》 만지작거리는 사람. **2.**《축구·은어》 공놀이를 좋아하는 선수.
Fund [fʊnt], der; -(e)s, -e **1.** 발견, 찾기: einen seltsamen F. machen 기이한 발견을 하다; den F. (der Geldbörse) bei der Polizei melden (돈지갑) 습득물을 경찰에 신고하다; bedeutende biologische -e machen 생물학적으로 중대한 발견을 하다. **2.** (연구를 통한) 발견, 발굴: archäologische -e 고고학적인 발굴; er lieferte seinen F. bei der Polizei ab 그는 습득물을 경찰에 가져다 주었다.
Fund-: ~**amt**, das 《특히 österr.》↑~büro. ~**büro**, das (공공) 습득물, 분실물 보관소. ~**gegenstand**, der **a)** 습득물(↑~sache). **b)** (고고학적) 발굴물. ~**geld**, das 습득물에 대한 사례금(↑~Finderlohn). ~**grube**, die 보고(寶庫): diese Gegend ist eine F. für den Sammler von Keramik 이 지역은 도자기 수집가에겐 일종의 보고이다. ~**meldung**, die 습득물 신고. ~**ort**, der 발견·습득 장소. ~**platz**, der ↑~ort. ~**recht**, das **1.** 습득물 처리 규정. **2.** 습득자의 권리. ~**sache**, die 습득물. ~**stätte**, die 발굴장, 습득지(↑~ort): -n frühgeschichtlicher Gräber 선사 시대 무덤들의 발굴장소. ~**stelle**, die **1.** ↑~ort. **2.** ↑~büro. ~**umstand**, der (대개 Pl.) ↑~ort. **2.** (교회) 재단, 기금. **fun-** 견, 발굴 환경. ~**unterschlagung**, die 〈법〉 습득물 착복, 습득물 횡령.
Funda ['fʊnda], die; ...dae ...dɛ; lat. funda] [의학] 머리의 일부를 감는 붕대.
Fundament [fʊnda'mɛnt], das; -(e)s, -e [lat. fundā-

mentum] **1. a)** (건물의) 기초, 토대: das F. des Hauses ist aus Beton 그 집의 기초는 시멘트로 되어 있다; das F. für ein Gebäude legen 건물의 기초를 놓다; das Haus steht auf einem schwachen F. 그 집은 기반이 약하다. **b)** (기계의) 대: eine Werkzeugmaschine auf die -e setzen 대 위에 공구 기계를 설치하다. **2.** (정신적) 기초, 기반: seine Untersuchungen haben ein solides wissenschaftliches F. 그의 연구는 확고한 학문적 기초를 갖고 있다; das F. zu etw. legen 무엇의 기초를 놓다; auf einem gesunden F. ruhen 건전한 기반 위에 놓여 있다; an den -en des Staates rütteln 국기를 흔들다; etw. in seinem F. erschüttern 무엇의 기반을 흔들다; etw. aus dem F. verstehen 〈고어〉 무엇을 철저하게 이해하다. **3.** [인쇄] 인쇄판형틀.
Fundament-: [토건] ~**graben**, der 기초 공사 구덩이. ~**grube**, die ↑~graben. ~**mauer**, die 기초 담. ~**pfeiler**, der 기초 기둥. ~**platte**, die 기초 지면.
fundamental [fʊndamɛn'taːl] 〈Adj.〉 [spätlat. fundāmentālis] 기초적인, 근본적인: eine -e Erkenntnis 기초적 인식; ein -er Unterschied 근본적 차이.
Fundamental-: ~**baß**, der [음악] 밑음 베이스. ~**begriff**, der ↑Grundbegriff. ~**ontologie**, die [철학] (실존주의 철학의) 기초적 존재론. ~**opposition**, die [정치] 철저한 반대. ~**philosophie**, die 원리 철학. ~**punkt**, der ↑Fixpunkt. ~**satz**, der 근본 명제, 기본 원리. ~**theologie**, die 기초 신학.
Fundamentalismus [...taˈlɪsmʊs], der; - [amerik. fundamentalism, zu engl. fundamental, ↑fundamental 참조] 근본주의(미국의 개신교에서 일어난 성서의 창세기편을 고집하는 종교 운동). **Fundamentalist** [...'lɪst], der; -en, -en 근본주의자, 근본주의 신봉자. **fundamentalistisch** 〈Adj.〉 근본주의의. **fundamentieren** [...'tiːrən] 〈h〉 **1.** 기초를 세우다: ein Gebäude f. 건물의 기초를 설치하다. **2.**《교양어》 (이론 따위의) 기반을 설정하다: eine Theorie f. 이론의 기초를 만들다. **Fundamentierung**, die; -en **1.** 기초 설치. **2.** 원리 설정. **Fundation** [fʊnda'tsi̯oːn], die; -en [lat. fundātio] **1.** (schweiz.) ↑Fundament (1 a). **b)** ↑Fundamentierung (1). **2.** (교회) 재단, 기금. **fundieren** [...'diːrən] 〈h〉 [lat. fundāre] **1. a)** (재정적으로) 보장하다, 후원하다: ein gut fundiertes (gutfundiertes) Unternehmen (대개 과거분사로) 재정이 확실한 기업; eine fundierte Schuld [재정] (부동산 등으로) 담보된 채무. **b)** 《교양어》 공고히 하다, 확고히 하다. **2.** 토대를 세우다, (정신적) 기초 위에 세우다: (대개 과거분사로) ein fundiertes Wissen 확실한 지식; eine fundierte Kritik 조리있는 비판. **3.**《고어》설립하다, 개설하다: eine Kirche f. 교회를 설립하다. 〈파생〉**Fundierung**, die ↑fundieren의 명사형.
fündig ['fʏndɪç] 〈Adj.〉 [광업·지질] 지하 자원이 풍부한: **f. werden 1.** (착굴시) 광상에 도달하다. **2.** 〈오랜 연구 끝에〉 무엇을 발견하다.
Fundus ['fʊndʊs], der; -, - [lat. fundus] **1.** (극장, 영화의) 무대 장치, 소도구. **2.** (정신적) 토대, 기초: ein reicher F. von[an] Erfahrungen 풍부한 경험의 토대. **3.** (고대 로마, 중세의) 토지, 대지. **4.** [의학] 기저, 바닥.
funebre I. [fy'ne:br] 〈Adj.〉《아어》(장례식에서처럼) 우울한, 슬픈. **II.** 《(frz.) fy'nɛbr; (ital.) 'fu:nebre, fu'ne:bre] 〈Adv.〉 [frz. funèbre] [음악] 우울하게, 슬픈듯이. **funerale** [fune'raːle] 〈Adj.〉 ↑funebre. **Funeralien** [fune'raːli̯ən] 〈Pl.〉 [lat. funeralia] 〈아어·고어〉 장례(식).
fünf [fʏnf] 〈기수〉 (숫자: 5) 다섯, 5: die f. Sinne 오관; die f. Finger einer Hand 한 손의 5 손가락; **f. gerade sein lassen** 《통용어》 까다롭게 굴지 않다. **Fünf** [-],

fünf-, Fünf-

die; -en **a)** 숫자 5. **b)** 5자 표시 카드. **c)** 《주사위의》 5눈 (점): eine F. würfeln 5점을 던지다. **d)** 《성적》 5점, 가: er hat in Mathematik eine F. geschrieben 그는 수학에서 가를 받았다; von hier aus kannst du die F. nehmen 여기서부터 너는 5번 노선을 탈 수 있다.

fünf-, Fünf-: **~akter** [-|aktɐ], der 《연극》 5막극. **~bändig** 〈Adj.〉 5권의. **~eck**, das 5각형. **~eckig** 5각의, 5각형의. **~einhalb** 5½. **~faltig, ~fältig** 〈Adj.〉 5겹의, 5중의. **~flach, ~flächner**, der 《수학》 5면체. **~frankenstück**, das 5프랑 동전. **~fränkler** [-frɛŋklɐ], der 《schweiz.》 5프랑 동전(↑frankenstück). **~füßig** 〈Adj.〉 《시학》 5운각의. **~ganggetriebe**, das 《자동차》 5단 변속 장치. **~geschossig** 〈Adj.〉 5층의. **~gliedrig** 〈Adj.〉 5부분으로 된. **~hundert** 5백. **~jahresplan**, der 《경제개발》 5개년 계획. **~jährig** 〈Adj.〉 5년의. **~jährlich** 〈Adj.〉 5년마다의. **~kampf**, der 《체육》 5종 경기. **~liber** [-'liːbɐ], der 《schweiz.·통용어》 ↑frankenstück. **~mal** 5회, 5번. **~malig** 5회의, 5번의. **~markschein**, der 5마르크 지폐. **~markstück**, das 5마르크 동전. **~meterplattform**, die 《수영》 5m 높이 다이빙대. **~meterraum**, der 《축구》↑Torraum. **~minutenbrenner**, der 《통용어·농》 긴 성냥개비(↑Dauerbrenner 2 b). **~monatig** 〈Adj.〉 5개월의. **~monatlich** 〈Adj.〉 5개월의. **~paß**, der 《건축》 5잎장식(5개의 꽃잎이 꽃 모양으로 맞물린 고딕 장식), 5판원 장식. **~pfennigstück**, das 5페니히 동전. **~prozentig** 〈Adj.〉 5퍼센트의, 5푼의. **~prozentklausel** die 5퍼센트 조항, 규정 (지역구에서 최소한 5%의 유효 득표를 받은 정당만이 의회 의석을 획득할 수 있는 규정). **~saitig** 〈Adj.〉 《음악》 5현의: -e Streichinstrumente 5현 악기. **~satzkampf**, der 《테니스》 5세트 이상의 경기. **~schiffig** 〈Adj.〉 《교회가》 본랑과 좌우 2개의 측랑으로 된. **~seitig** 〈Adj.〉 5페이지의, 5면의. **~sekundenregel**, die 《농구》 5초 반칙 룰. **~silbig** 〈Adj.〉 5음절의. **~spaltig** 〈Adj.〉 5단의. **~stellig** 〈Adj.〉 5단위의. **~stimmig** 5성의, 5부 합창의. **~sternehotel**, das 별 다섯 개짜리 호텔. **~stöckig** 〈Adj.〉 6층의, 《특히 남독에서는》 5층의. **~stündig** 〈Adj.〉 5시간의. **~stündlich** 〈Adj.〉 5시간마다의. **~tagefieber**, das 《의학》 5일열. **~tagewoche**, die 주 5일 근로제. **~tägig** 〈Adj.〉 5일간의. **~täglich** 〈Adj.〉 5일마다의. **~tausend** 5천. **~tausender**, der 5천미터급 산. **~tausendmeterlauf**, 5000-m-Lauf, der 《육상》 5000m 달리기. **~teilig** 〈Adj.〉 5부분의(↑achtteilig 참조). **~uhrtee**, der 오후 5시에 마시는 차. **~uhrvorstellung**, die 5시 상연. **~uhrzug**, der 5시 기차. **~undeinhalb** 5½. **~viertel** ['fʏnf'fɪrtl] 《분수》 5/4. **~wöchentlich** 〈Adj.〉 5주마다의. **~wöchig** 〈Adj.〉 5주의. **~zehn 15. kurze Fünfzehn machen** 《지역적》 어떤 일을 빨리 끝내다, 간단히 처리하다. **~zehnhundert** 1500. **~zehnjährig** 〈Adj.〉 15세의, 15년의. **~zimmerwohnung**, die 방 다섯개 짜리 집.

Fünfer ['fʏnfɐ], der; -s, - **1.** 《통용어》 5페니히 동전. **2.** 《통용어》 《복권 등에서》 5개 맞는 수. **3.** 《지역적》↑Fünf (a, c, d, e). **fünferlei** 5종의. **fünffache** 5배의. **Fünffache** 5배. **Fünfling** [...lɪŋ], der; -s, -e 5쌍둥이. **fünft** [fʏnft] 《다음 용법으로》 **zu f.** 다섯이서: zu f. spielen 다섯이서 경기하다. **fünft...** [-] 《서수》 《숫자: 5.》: er wurde nur er[der -e] 그는 단지 5번째가 되었을 뿐이다; 《명사화》 Karl der Fünfte 칼 5세. **fünftel** [...tl] [-]. **Fünftel** [-], der, 《schweiz.》 der; -s, - **fünftens** 5번째로.

Fun-fur ['fʌnfəː], der; -s, -s 《engl. fun fur》 값싼 모조 모피옷.

fünfzig ['fʏnftsɪç] 《기수》 《숫자: 50》 50의: er ist über f. (Jahre alt) 그는 50세가 넘었다. 《명사화》 **Fünfzig** [-], die 50.

fünfzig-, Fünfzig-: **~groschenstück**, das 《오스트리아의》 50그로셴 동전. **~jährig** 50세의, 50년의. **~kilometergehen, 50-km-Gehen**, das 《육상》 50km 경보. **~markschein**, der 50마르크 지폐. **~pfennigroman**, der 《폄》 50페니히 짜리 소설. **~pfennigstück**, das 50페니히 동전.

fünfziger ['fʏnftsɪgɐ] 50년대의, 50 대의. **Fünfziger** [-], der; -s, - **1.** 《통용어》 50페니히 동전, 50 대의 노파. **2.** 50대 남자, 50년대산 포도주. **Fünfzigerin**, die 50대 여자. **Fünfzigerjahre** 50(세)대의. **fünfzigst...** ['fʏnftsɪçst...] 《서수》 《숫자: 50.》↑fünft.

fungibel ['fʊŋɡiːbl] 〈Adj.〉 [lat. fungibilis] **1.** 《법》 대체 가능한, 교환 가능한: fungible Sachen[Waren] 대체물[대체 상품] **2.** 《교양어·폄》 《임의로》 대체 가능한. **Fungibilität** [...gibiliˈtɛːt], die **1.** 《법》 대체 가능. **2.** 《교양어·폄》 임의대체성. **fungieren** [...'giːrən] 〈h〉 [lat. fungi] 기능을 발휘하다, 임무를 갖다: als Verbindungsmann(Aufpasser) f. 연락책[감시인] 역할을 하다.

fungizid [fʊŋgiˈtsiːt] 〈Adj.〉 [zu lat. fungus / caedere] 살진균성의. **Fungizid** [-], das; -(e)s, -e 살진균제, 살진균약. **fungös** [fʊŋˈɡøːs] 〈Adj.〉 [lat. fungōsus] 《의학》 해면 모양의: -es Gewebe 해면(상) 조직. **Fungosität** [fʊŋgoziˈtɛːt], die 《의학》 《관절 따위의》 버섯 모양의 증식. **Fungus** ['fʊŋɡʊs], der; -, ...gi [lat. fungus] **1.** ↑Pilz의 라틴어 이름. **2.** 《의학》 **a)** 해면종. **b)** 《고어》 《무릎관절의》 결핵, 균상종.

Funiculus [fuˈniːkulʊs], der; -, ...li [lat. fūniculus] **1.** 《식물》 주병. **2.** 《해부》 삭, 속, 대《정삭, 탯줄 따위》. **Funikularbahn** [funikuˈlaːɐ̯-], die; -en 《고어》 강삭철도. **Funikulitis** [funikuˈliːtɪs], die; ...itiden [...i'tiːdən] 《의학》 정삭염.

Funk [fʊŋk], der; -s **1.** 《대개 관사 없음》 **a)** 무선 전신: jmdn. (etw.) über F. anfordern 누구(무엇)를 무선으로 요청하다. **b)** 무선 전신기, 무선 전신 장치: mit F. ausrüsten 무선기를 장착하다. **2.** 라디오, 무선 방송: er ist[arbeitet] beim F. 《통용어》 그는 방송국에서 일한다; sein Hörspiel wurde im F. gesendet 그의 방송극이 방송되었다.

funk-, Funk-: **~akademie**, die 《구동독》 ↑~kolleg, **~amateur**, der 아마추어 무선가. **~anlage**, die 무선방송국. **~aufklärung**, die 무선 도청 탐지. **~ausstellung**, die 통신(기기) 전시회. **~bake**, die 지향성 무전표지, 라디오 비콘. **~ball**, der 방송 무도회. **~bearbeitung**, die **1.** 방송극화. **2.** 방송 극본. **~bericht**, der 방송 보도. **~berichterstatter**, der 방송 통신원, 방송 기자. **~betrieb**, der 무선 통신(중). **~bild**, das 무선 전송 사진. **~brücke**, die 《원거리》 무선 중계. **~dichtung**, die 방송 문학. **~dienst**, der **a)** 전파관리 업무. **b)** 이동 통신 업무. **c)** 통신 업무. **~einrichtung**, die 무선 통신 시설. **~entstören** 〈h; 주로 부정형과 과거분사로》 방송 전파 장애를 차단하다. **~entstörung**, die 전파 장애 차단, 방송 소음 제거. **~erzählung**, die 방송 소설. **~fassung**, die 방송 대본. **~feature**, das 방송 특집. **~feuer**, das ↑~vake. **~gemäß** 〈Adj.〉 방송방에 맞는. **~gerät**, das 무선기. **~haus**, das 방송국. **~impuls**, der ↑~zeichen. **~kolleg**, das 방송 통신 강좌. **~kontakt**, der 무선 교신. **~korrespondent**, der 《구동독》 방송 통신원. **~linie**, die 무선 연결. **~lotterie**, die 방송 복권. **~mechaniker**, der ↑Rundfunkmechaniker. **~meldung**, die 무선 보고. **~meßgerät**, das ↑Radargerät. **~meßtechnik**, die 전파 탐지 기술. **~meßtechniker**, der ↑Radartechniker. **~navigation**, die 전파 항법. **~novelle**, die 방송 소설.

~oper, die 방송 오페라. ~ortung, die 전파 위치 탐지. ~peiler, der 방향 탐지기, 방위 측정기. ~peilung, die 방향 탐지, 방위 측정. ~reportage, die 방송 보도. ~schatten, der (방송) 전파 장애 지역. ~sendung, die ↑Rundfunksendung. ~signal, das ↑~zeichen. ~sprechgerät, das 무선 전화기. ↑sprechverbindung, die 무선 연락, 무선 통화. ~sprechverkehr, der 무선 전화 연락. ~sprechwagen, der 무선 전화 장착차. ~spruch, der 무선 통신. ~station, die 무선 전신국. ~stille, die a) 통신 두절. b) 방송 휴식 시간. ~störung, die 전파 방해. ~streife, die 무선 장비 경찰 순찰. ~streifenwagen, der 무선 장비 경찰 순시차. ~taxi, das 무선 장비 택시. ~technik, die 무선 공학. ~technisch 〈Adj.〉 무선 공학의. ~telefon, das 무선 전화. ~telegrafie, die 무선 전신. ~telegrafisch 〈Adj.〉 무선 전신의. ~telegramm, das 전보. ~trupp, der 〈군〉 무선 통신대. ~turm, der 방송탑. ~übertragung, die 방송, 전송. ~universität, die 〈구동독〉 방송 통신 대학. ~verbindung, die ↑~kontakt. ~verkehr, der 무선 통신(교신). ~wagen, der 무선 장착차. ~wagenstreife, die ↑~streife. ~weg, der 전파 통신 방법: eine Meldung auf dem F. übermitteln 무선으로 보고하다. ~wellen 〈Pl.〉 전파. ~werbung, die ↑Rundfunkwerbung. ~wesen, das 무선 통신(설비). ~wetterdienst, der 무선 기상대. ~zeichen, das 방송부호, 무선 전신 부호.

Fünkchen ['fʏŋkçən], das; -s, - ↑Funke (1)의 축소형.

Funke ['fʊŋkə], der; -ns, -n, 〈드물게〉Funken, der; -s, - 1. 〈축소형: Fünkchen〉 불꽃, 섬광: ein elektrischer Funke 전기 불꽃; die Funken sprühen 불꽃이 튀기다; die Funken austreten 불꽃을 밟아 끄다; aus einem (Feuer)-stein Funken schlagen 부싯돌로 불꽃을 내다; 전의 der Funke der Begeisterung 감격의 열기; es fehlt der zündende Funke 확 땡기는 것이 없다; der Funke sprang über (관계에) 불이 붙다; ihre Augen sprühten Funken 그녀의 눈이 (흥분해서) 불꽃을 튀겼다; ein Funke (von) Selbstvertrauen 약간의 자신감; etw. so tun, daß die Funken stieben / sprühen / fliegen 불똥이 튀게 일을 하다; (mit etw.) dem Funken ins Pulverfaß werfen 사소한 부주의로 사태를 더욱 악화시키다. 2. 〈대개 Pl.〉 퀼른 카니발에 등장하는 옛 병사 모습. **funkeln** ['fʊŋkl̩n] 〈h〉 불꽃을 내다: die Sterne(die Lichter der Stadt) funkeln in der Nacht 별(시의 불빛)이 밤에 반짝이다; Alles funkelte naß 모든 것이 젖어 번쩍였다; vor Abscheu f. 혐오감으로 눈을 번득이다; **funkelnagelneu** 〈Adj.〉 《통용어》 빤짝빤짝 새 것인. **funken** ['fʊŋkŋ̍] 〈h〉 1. 무선 전신을 보내다, 타전하다: SOS f. SOS를 타전하다. 2. 불꽃을 내다, 섬광을 발하다. 3. 《통용어》 작동하다: der Apparat funkt nicht 그 기계가 작동하지 않는다; 전의 der Laden funkt 가게가 잘 된다. 4. 《통용어》 쏘다: die feindliche Artillerie funkte pausenlos 적의 포대가 쉴 새없이 포격하였다. **es funkt** 《통용어》 1. 얻어 맞다: wenn du nicht hörst, funkt es! 만일 네가 듣지 않으면 얻어맞는다! 2. 티격거리다. 3. 알아차리다: es dauert lange, bis es bei ihm funkt 그가 깨달으려면 오래 걸린다. 4. (계획대로)성공하다. 5. 불꽃이 이는 관계가 성립하다. **Funken** [-], der ↑Funke.

funken-, Funken-: ~bildung, die 불꽃의 발생. ~büschel, das ↑~garbe. ~fänger, der (굴뚝의) 불티막이. ~flug, der 〈드물게 Pl.〉 불꽃의 확산. ~garbe, die 불꽃다발. ~induktor, der [전기] 불꽃(유도)코일. ~kammer, die 1. (난방 장치 등의) 불티막이. 2. [전기] 스파크 함. ~mariechen, das ↑Funke (2)

의 동반자 역할을 하는 무희. ~probe, die ↑Schleiffunkenprobe. ~regen, der 한꺼번에 쏟아지는 불꽃. ~sonntag, der 첫째 금식 일요일. ~spektrum, das [전기] 불꽃 분광기. ~sprühend 〈Adj.〉 불꽃튀는. ~strecke, die [전기] 불꽃 간주. ~telegrafie, die 《고어》 무선 전신. ~wurf, der 〈드물게 Pl.〉 (schweiz.) ↑~flug.

Funker ['fʊŋkɐ], der; -s, - 무전 기사, 무선 통신사.

funkisch 〈Adj.〉 방송의. **Funkie** ['fʊŋkiə], die; -n [독일의 Funck의 이름에서] 옥잠화.

Funktion [fʊŋkˈtsi̯oːn], die; -en [lat. fūnctio] 1. a) 〈pl. 없음〉 기능, 작용. b) 직책, 직분, 위위: eine leitende F. innehaben 주도적 지위를 갖고 있다; jmdm. eine F. übertragen 누구에게 어떤 직책을 주다. c) 역할, 맡은 바 기능: die -en des Gehirns 뇌의 기능; die F. der Kunst in der modernen Gesellschaft 현대 사회에서의 예술의 역할; jmdn.(etw.) außer F. setzen 누구를 활동할 수 없게 하다, 무엇을 작동 못하게 하다; außer(wieder) in F. sein 가동되지 않다(다시 가동되다). 2. [수학] 함수: eine algebraische 대수 함수; eine F. mit zwei Variablen 2개의 변수를 갖는 함수. 3. [음악] 《화성의》 기능. 4. [언어] (언어적) 기능.

funktional [...tsi̯oˈnaːl] 〈Adj.〉 기능적. **Funktional** [-], das [수학] 범함수. **funktionalisieren** [...naliˈziːrən] 〈h〉 [경제] 기능화하다. **Funktionalisierung**, die; -en [경제] 기능화. **Funktionalismus** [...lɪsmʊs], der; - 1. 기능주의(건축). 2. (심리적) 기능주의. **Funktionalist**, der; -en, -en 1. (건축) 기능주의자. 2. (심리적) 기능주의자. **funktionalistisch** 〈Adj.〉 1. (건축) 기능주의적. 2. (심리) 기능주의적. **Funktionalstil**, der; -s, -e [언어] 기능적 문체.

Funktionär [...ˈnɛːɐ], 〈schweiz.〉 **Funktionar** [...ˈnaːɐ], der; -s, -e [frz. fonctionnaire] [언어] (각종 단체의) 역원, 간부, 임원: der F. einer Gewerkschaft 노조 간부.

Funktionärs-: ~körper, der 간부단, 임원진. ~schicht, die ↑~körper. ~typ, der 간부 유형.

funktionell [fʊŋktsi̯oˈnɛl] 〈Adj.〉 [frz. fonctionnel] 1. a) 기능과 관계된: -e Gruppen [화학] 관능기. b) 효율적. c) 기능을 가진, 기능주의적: nach -en Prinzipien 기능주의 원리에 따라; die -e Musik (음악의 목적을 지향하는) 기능 음악. 2. [음악] 화성적 관계. 3. [의학] (신체 기관의) 기능과 관계된: -e Störungen 기능적 장애; -e Hormone 기능 호르몬(신체 기능에 작용하는); -e Erkrankung 기능 질환.

Funktionentheorie, die [수학] 함수론. **funktionieren** [...ˈniːrən] 〈h〉 [frz. fonctionner] 1. 작동하다, 기능을 발휘하다: die Maschine funktioniert nicht 기계가 작동하지 않는다; die Organisation funktioniert reibungslos 조직은 마찰없이 움직인다. 2. 《통용어》 잘 순응해 나가다.

funktions-, Funktions-: ~ablauf, der 작동 진행. ~aufteilung, die 역할 분담. ~bedingt 〈Adj.〉 기능적. ~bestimmt 〈Adj.〉 기능에 의한. ~einheit, die 기능 단위: eine F. bilden 기능 단위를 이루다. ~fähig 〈Adj.〉 기능을 수행할 수 있는: eine -e Organisation 기능을 발휘하는 조직. ~fähigkeit, die 기능 수행력. ~gerecht 〈Adj.〉 직무에 알맞는, 기능에 합당한. ~gleich 〈Adj.〉 같은 기능의. ~gleichung [수학] 함수방정식. ~kreis, der (동물이나 신체 기관의) 기능 반경. ~los 〈Adj.〉 기능을 발휘 못하는, 기능이 없는. ~losigkeit, die 무기능, 기능 상실. ~prüfung, die [의학] 기능 검사. ~psychologie, die 기능심리학. ~schwäche, die 〈Pl. 없음〉 die 기능약화. ~sicherheit, die 〈Pl. 없음〉 작동보장, 절대 안전. ~sicher

Funktiv

〈Adj.〉 고장이 없는, 작동이 보장된. **~störung**, die 〈대개 Pl.〉 (신체 기능의) 기능 장애. **~teilung**, die 기능 분리. **~träger**, der 기능인. **~tüchtig** 〈Adj.〉 기능이 훌륭한, 기능이 좋은. **~tüchtigkeit**, die 기능이 훌륭함. **~verb**, das [언어] 기능동사(예컨대: in Verbindung treten). **~verbgefüge**, das [언어] 기능동사구. **~wechsel**, der a) (진화 과정에서의) 기능의 전환. b) ↑~wandel.

Funktiv [fʊŋk'ti:f], das; -s, -e [...i:və; dän. funktiv] [언어] L. Hjelmslev의 주석학에서 기호 기능의 단위.

Funktor ['fʊŋktɔr, 《또한》 ...oːr], der; -s, -en [...'to:rən] 1. [철학] 다른 표현을 유발하는 논리적 기능어 (nicht, und 따위). 2. [언어] 보좌어.

fünsch [fyːnʃ] (niederd.) 화난, 홍분한.

Funsel ['fʊnzl] (드물게), **Funzel** ['fʊntsl], die; -n (통용어·멸) 침침한 불. **funz(e)lig** ['fʊnts(ə)lɪç] 〈Adj.〉 (통용어·멸) 어둠침침한, 흐릿한: eine funzlige Gaslaterne 어둠침침한 가스등. **Funzellicht**, das 침침한 불빛. **funzeln** 〈h〉 (통용어) 침침한 빛을 내다.

für [fyːɐ̯] I. 〈Präp.⁴〉 1. a) 목적, 목표, 용도를 표현: f. die Olympiade trainieren 올림픽을 위해 훈련하다; f. höhere Löhne kämpfen 임금 인상을 위해 투쟁하다; sich f. die Kinder Zeit nehmen 아이들을 위해 시간을 내다. b) 찬성을 표시(반대: gegen): er stimmte f. den Kandidaten X 그는 X 후보를 찬성한다; wir sind f. Neuerungen 우리는 개혁에 찬성이다; 〈명사화〉 das Für und Wider erwägen 이해득실을 가늠하다. 2. a) 귀속을 표현: eine Sendung f. Kinder 어린이 방송; das Buch ist f. dich 그 책은 너를 위한 것이다; ein Gedeck f. zwei Personen 2인분 식기; f. jmdn. [etw.] schwärmen 누구에게[무엇에] 정신을 잃다; f. ein Amt kandidieren 어떤 직을 지원하다; das ist f. mich (nicht) dasselbe 그것은 나에게는 똑같다[같지 않다]; diese Ermahnung gilt auch f. dich 이 경고는 너에게도 해당된다; jmdn. ganz. f. sich einnehmen 누구를 혼자 독차지하다; **f. sich** 혼자서. b) 〈통용어〉 무엇에 대한 수단의 표현(gegen): ein Medikament f. Rheuma 류머티즘 약; Bier ist gut f. den Durst 맥주는 갈증에 좋다. 3. 견해, 평가, 판단의 표현: jmdn. f. begabt halten 누구를 재능있다고 생각하다; etw. f. ungültig erklären 무엇을 무효로 선언하다. 4. 이유의 표현(wegen): f. seine Unpünktlichkeit bekannt sein 시간을 지키지 않기로 유명하다; ich freue mich f. dich 너 때문에 나는 기쁘다; er ist f. seine Tat zu drei Jahren Gefängnis verurteilt worden 그는 그의 범행 때문에 3년의 실형을 언도받았다. 5. 대리, 대체의 표현: f. jmdn. einspringen 누구 대신 뛰어들다; spricht f. die ganze Belegschaft 그는 근로자의 대표로서 말한다. 6. 대가, 보답의 표현: etw. f. einen günstigen Preis kaufen 무엇을 유리한 값으로 구입하다; er hat nicht f. umsonst sein Leben gegeben (통용어) 그는 헛되이 생명을 바치지는 않았다; **f. nichts und wieder nichts** 아무 쓸모없이, 헛되이. 7. 비교, 대비를 표시: f. sein Alter ist das Kind sehr groß 그 아이는 나이에 비해 꽤 크다; f. einen Ausländer spricht er sehr gut Deutsch 외국인치곤 그는 독일어를 매우 잘 한다. 8. a) 시간적 경과, 지속의 표현: f. die Dauer von zwanzig Minuten 20분간; f. einige Wochen verreisen 몇 주간 여행하다; f. immer 영원히, 항상; f. gewöhnlich 통례의, 보통. b) 시각, 시점의 표현: den Wagen f. Montag bestellen 월요일자로 차를 주문하다. 9. 같은 명사를 둘 결합하여 연속성의 표현: Tag f. Tag 날이면 날마다; diese Strecke fahre ich f. mein Leben gern 이 구간을 차를 달리기는 정말 좋아한다; wir haben die beiden Texte Wort f. Wort verglichen 우리는 두 원본을 단어 하나하나 대조했다. II. 〈다음 용법으로〉 was

f. (ein) 종류나 질의 표현(welch): was f. ein Kleid möchten Sie kaufen? 당신은 어떤 옷을 사시렵니까?; was f. eine Tat! 무슨 짓이냐!; aus was f. Gründen auch immer 어떤 이유에서건 간에; er hat sich neue Möbel gekauft, und was f. welche! (통용어) 그는 새 가구를 구입했는데, 어떤 건지 알아? III. 〈Adv.〉 〈다음 용법으로〉 **f. und f.** (준고어: 《für》 immer) 영원히; an jmdn. f. und f. die Erinnerung bewahren 누구를 영원히 (항상) 기억하다.

Furage [fu'ra:ʒə], die [frz. fourrage] (군·고어) a) 군량. b) 말먹이. (파생) **furagieren** [fura'ʒi:rən] 〈h〉 [frz. fourrager] (군·고어) 군량을 조달하다.

fürbaß [fyːɐ̯'bas] 〈Adv.〉 (고어, 농) 계속, 앞으로: f. schreiten 앞으로 걸어가다. **Fürbitte**, die; -n (타인을 위한) 소청, 기도: bei jmdm. F. für jmdn. einlegen 누구를 위하여 누구에게 소청하다. **fürbitten*** 〈h〉 (옛날에만 쓰임) 누구를 위하여 청원하다, 기도하다. **Fürbitter**, der; -s, -《준고어》 대리청원자. **Fürbitterin**, die; -nen 《준고어》 ↑Fürbitter의 여성형.

Furche ['fʊrçə], die; -n 1. 고랑, 도랑: (mit dem Pflug) -n (in den Boden) ziehen 〈쟁기로 땅바닥에〉 고랑을 내다: das Regenwasser in den -n ist gefroren 바퀴자국에 고인 빗물이 얼었다. 2. a) (얼굴의) 깊은 주름: -n zwischen den Brauen 양미간의 주름살; die -n auf seiner Stirn glätteten sich 그의 이마에 난 주름살이 펴졌다; [전의] -n in ihrer Seele 그녀 영혼에 진 주름살. b) 표면에 난 골: die -n einer Säule[des Gehirns] 기둥[뇌]의 주름. **furchen** 〈h〉 (아어) 1. 고랑을 파다, 고랑같은 선을 긋다. 2. a) (얼굴에) 주름살을 짓다: Stirn f. 이마에 주름살을 만들다. b) 고랑 같은 선으로 표면을 가르다: das Schiff furcht die See 그 배가 바다를 가르며 항해하다.

Furchenschmelz, der [예술] 금속에 골을 파 붉은 에나멜을 채우는 에나멜 화법. **Furchenwal**, der [동물] 큰고래과. **Furchenzieher**, der 가래. **furchig** ['fʊrçɪç] 〈Adj.〉 주름잡힌.

Furcht [fʊrçt], die a) 공포, 두려움: die F. vor dem Tode 죽음에 대한 공포; lähmende F. ergriff ihn 마비시키는 공포가 그를 사로잡았다; F. (vor etw.) haben 무엇에 대해 공포심을 갖다; aus F. vor Strafe 벌이 무서워; vor F. zittern 공포로 떨다; zwischen F. und Hoffnung schweben 두려움과 희망 사이를 떠나니다. b) (옛고어) 신에 대한 경외감, 외경. **furchtbar** 1. 무서운, 두려운, 가공스러운, 섬득한, 끔찍한: ein -es Unglück 무서운 사고; ein -er Anblick 끔찍한 광경; ein -er Mensch 《통용어》 무시무시한 (기분 나쁜) 사람; die Schmerzen sind f. 고통이 대단하다; das ist ihr f. 《통용어》 그것은 그녀에게 끔찍한 것이었다; der Verletzte sah f. aus 부상자는 끔찍스럽게 보였다. 2. 〈통용어〉 a) 끔찍하게 강한, 큰: eine -e Hitze 끔찍스러운 더위. b) 《형용사와 동사의 강조》 매우, 지나치게: das ist f. teuer [nett] 그것은 끔찍하게〔대단히〕 비싸다〔친절하다〕. **Furchtbarkeit**, die; - ein ↑furchtbar의 명사형.

fürchten ['fʏrçtn̩] 〈h〉 1. 무서워하다, 두려워하다: den Tod f. 죽음을 두려워하다; ich fürchte, du hast recht 네가 옳을지 모르겠다; er ist ein gefürchteter Richter 그는 사람들이 두려워하는 판사다; sein Zorn war gefürchtet 그가 화내는 것을 사람들은 무서워했다; 〈f. + sich〉 sich im Dunkeln f. 어두운 곳에서 무서워하다; sich vor der Prüfung f. 시험을 두려워하다; du brauchst dich nicht zu f. (너는) 두려워할 필요가 없다; 〈명사화〉 hier ist es zum Fürchten 여기는 무시무시하다; jmdn. das Fürchten lehren 누구를 겁내게 다; es war zum Fürchten langweilig geworden 《통용어》 끔찍히도 지루해졌다. 2. 염려하다, 걱정하다: für[um] jmdn. f. 누구를 염려하다; um seine Stellung f. 자리를 (잃을까) 걱정하다; für jmds. Gesundheit f. 누구의 건강을 염려하다. 3. 《준고어》 누구에게 외경심을 갖다: Gott f. 신을 두려워하다; als Kind seine Eltern f. 자식으로서 부모를 외경하다. **fürchterbar** 〈Adj.〉《농》무서운, 끔찍한. **fürchterlich** ['fyrçtɐlɪç] 〈Adj.〉 [《고형》 fürchtlich, furchtlich] 《감정적》 1. a) 가공할 만한, 끔찍스러운: ein -e Katastrophe 대참사. b) 《통용어》 지긋지긋한, 매우 불쾌한: ein -er Kerl 끔찍한 녀석. 2. 《통용어》 a) 《형용사, 동사를 강조》 매우, 지극히, 극도로: f. dumm sein 매우 어리석다: f. viel zu tun haben 매우 할 일이 많다. **furchteinflößend** 〈Adj.〉 공포감을 일으키는, 공포감을 조성하는. **furchterregend** 〈Adj.〉 두려움을 불러일으키는. **furchtgebietend** 〈Adj.〉 《드물게》 《외적으로》 공포감을 일으키는. **furchtlos** 〈Adj.〉 두려워하지 않는, 대담한, 겁없는: f. für seine Überzeugung eintreten 두려움없이 자신의 신념을 따르다. **Furchtlosigkeit**, die 두려움 없음, 대담함. **furchtsam** ['fʊrçtza:m] 〈Adj.〉 무서워하는, 겁 많은. **Furchtsamkeit**, die; -en 《드물게》 Pl.》 ↑ furchtsam의 명사형.

Furchung, die; -en 《생물》 수정란의 세포 분열, 난할.

fürder(hin) ['fyrdɐ(hɪn)] 〈Adv.〉 《준고어》 금후의, 장래의.

füreinander [fy:ɐ̯|ai'nandɐ] 〈Adv.〉 서로, 상호간에, 피차간에: keine Zeit f. haben 서로 시간이 없다; nichts mehr f. empfinden 서로 더이상 아무것도 느끼지 못하다.

Furiant ['furjant], der; -s, -s [tschech. furiant] $\frac{2}{4}$, $\frac{3}{4}$박자의 빠른 보헤미안 지방의 춤. **Furie** ['fu:riə], die; -n [lat. Furia] 1. 《로마 신화의》 복수의 여신: wie von -n gejagt (gehetzt) sein 복수의 여신에게 쫓기다; die -n des Krieges 전쟁의 공포. 2. 광폭(狂暴)한 여자: sie ist eine F. 그녀는 한부(悍婦)이다.

Furier [fu'ri:ɐ̯], der; -s, -e [frz. fourrier] 《군》《고어》 보급하사관.

furios [fu'rio:s] 〈Adj.〉 [lat. furiōsus] 《교양어·준고어》 a) 광포한, 화급한: ein -es Rededuell 열띤 언쟁. b) 《통용어》 광적인. **furioso** [...zo] 〈Adv.〉 [ital. furioso] 《음악》 열렬하게, 푸리오조. **Furioso**, das; -(s), ...si / -s 푸리오조(열정적인 일악장곡).

Furlana, Furlane. ↑ Forlana, Forlane.

fürliebnehmen' (nimmt fürlieb, nahm fürlieb, hat fürliebgenommen) 《고어》 ↑ vorliebnehmen.

fürnehm ['fy:ɐ̯ne:m] 〈Adj.〉 《고어·반어적》 ↑ vornehm.

Furnier [fʊr'ni:ɐ̯], das; -s, -e 무늬목. **furnieren** [...rən] 〈h〉 [frz. fournir] 무늬목을 입히다: Möbel f. 가구에 무늬목을 대다. **Furnierholz**, das; -es, -hölzer 무늬목 목재. **Furnierplatte**, die; -n 합판.

Furor ['fu:rɔr], der; -s [lat. furor] 《아어》 광포, 광란: **F. poeticus** [-poˈe:tikʊs] 시적 독기. **F. teutonicus** [-tɔy'to:nikʊs] 1. 게르만인의 공격 정신. 2. 독일인 특유의 광폭한 행동. **Furore** [fu'ro:rə], 〈(ital.)〉 (far) furore 《다음 용법으로》 **F. machen** 선풍을 일으키다.

fürs [fy:ɐ̯s] 〈Präp. + Art.〉 《통용어》 für das 《다음 용법으로》 f. erste 우선은.

Fürsorge, die 1. 배려, 돌봄, 보살핌: liebende, väterliche(ärztliche) F. 부친(의사)의 보살핌. 2. a) 구호, 구제 사업, 복지 사업. b) 사회 복지 기관: die Kinder wurden der F. übergeben 그 애들은 사회 복지 기관에 인도되었다. c) 《통용어》 사회 복지금, 구호금: er bekommt (monatlich 400 Mark) F. 그는 《매달 400마르크의》 구호금을 받는다.

Fürsorge-: **~amt**, das 《준고어》 ↑ Sozialamt. **~anstalt**, die 《준고어》 사회 복지 기관, 소년원. **~arzt**, der 사회 복지 기관 종사 의사. **~einrichtung**, die 사회 복지 시설. **~empfänger**, der 사회 복지 수혜자. **~erziehung**, die 감화 사업, 교도 사업: in F. kommen 감화 교육을 받다. **~heim**, das ↑ ~anstalt. **~pflicht**, die [법] (피고용자에 대한 고용자의) 복지 보호 의무. **~stelle**, die ↑ ~amt. **~tätigkeit**, die 사회 복지 활동. **~unterstützung**, die 사회 보조금. **~verband**, der 《대개 Pl.》 사회 복지 협회. **~wesen**, das 〈Pl. 없음〉 사회 복지 제도. **~zögling**, der 《준고어》 보호 교육 대상자.

fürsorgend 〈Adj.〉 보호하는, 배려하는.

Fürsorger, der; -s, - 사회 복지요원. **Fürsorgerin**, die; -nen ↑ Fürsorger의 여성형. **fürsorgerisch** 〈Adj.〉 사회 복지의. **fürsorglich** 〈Adj.〉 돌을 잘 보살피는, 배려있는. **Fürsorglichkeit**, die 사려, 배려.

Fürsprache, die; -n 대변: bei jmdm. F. für jmdn. einlegen 누구에게 누구를 대변하다; auf F. seines Onkels bekam er den Posten 아저씨 말씀 덕분에 그는 그 자리를 얻었다.

Fürsprech ['fy:ɐ̯ʃprɛç], der; -s, -e 1. 《아어》 대변인. 2. (schweiz.) 변호사, 법적 대변인. **Fürsprecher**, der; -s, - 1. ↑ Fürsprech (1): einen mächtigen F. (jmdn. als F.) haben 막강한 후견인을 갖다; F. finden (haben) 누구의 후원을 받다; ein F. der Gewalt 폭력의 대변인. 2. 변호사(↑ Fürsprech (2)). **Fürsprecherin**, die; -nen ↑ Fürsprecher의 여성형.

Fürst [fyrst], der; -en, -en a) 《중세 이후 Kaiser, König 다음의》 영주, 제후, 군주: wie ein F. leben 제후처럼 생활하다; 전의 der F. der Hölle (der F. dieser Welt) 악마; ein strahlender F. im Reiche des Gesanges 《아어》 성악의 일인자, 거장; 숙답 gehe wie zu deinem F., wenn du nicht gerufen wirst 부름을 받지 않았거든 상관에게 가지마라. b) 影響 (Herzog와 Graf의 중간 작위). c) 지배자, 군주, 영주. **Fürstbde**, der 제후급 수도원장. **Fürstbischof**, der (신성 로마 제국의) 후작급 주교. **fürsten** [fyrstn] 〈h〉 a) 후작으로 봉하다. b) 후작령(후국(侯國))으로 하다. **Fürsterzbischof**, der (신성로마 제국 시대의) 제후대주교.

Fürsten-: **~abfindung**, die 1918년 공화정 수립 후에 퇴위한 영주에 대한 보상금. **~diener**, der 《고어·폄》 영주의 심복. **~geschlecht**, das ↑ ~haus. **~gruft**, die 군주의 묘. **~haus**, das 왕가, 왕족. **~hof**, der 영주(왕후)의 궁정. **~knecht**, der ↑ ~diener. **~krone**, die 후작관. **~schloß**, das ↑ ~hof. **~schule**, die (16.17세기에) 영주가 건립한 인문학교. **~sitz**, der ↑ ~hof. **~spiegel**, der 군주의 귀감서. **~stand**, der 〈Pl. 없음〉 후작위. **~tag**, der 《역사적》 군주회의, 영주회의.

Fürstentum ['fyrstn̩tu:m], das; -s, ...tümer [...ty:mɐ] 제후국(모나코 등). **Fürstin**, die; -nen a) 제후〔후작〕부인. b) ↑ Fürst의 여성형. **Fürstinmutter**, die ↑ Fürst의 어머니. **fürstlich** ['fyrstlɪç] 〈Adj.〉 1. 영주의, 후작의. 2. 《풍요로움, 넉넉함, 행동 등에서》 군주다운: ein -es Trinkgeld 두둑한 팁; das Essen war f. 음식은 푸짐했다; nicht gerade f. leben 음색하게 생활한다. 《파생》 **Fürstlichkeit**, die; -en 군후, 후작.

Furt ['fʊrt], die; -en (건널 수 있는) 얕은 내: durch die F. waten 얕은 목으로 걸을 건너다.

Fürth ['fyrt] 퓌르트(뉘른베르크 근처의 도시).

fürtrefflich 〈Adj.〉 《고어·반어적》 ↑ vortrefflich.

Fürtuch, das; -(e)s, -tücher 《südd., schweiz.》 앞치마.

Furunkel [fu'rʊŋkl], der, 《또한》 das; -s, - [lat. fūrun-

culus] [의학] 종기, 부스럼. **Furunkulose** [...ku'lo:zə], die; -n [의학] 종기 중세, 부스럼증, 종양증.
fürwahr 〈Adv.〉 (아어·존대어) 실제로, 참으로, 정말로: f. ein Wein für Kenner! 확실히 전문가를 위한 포도주다!. **Fürwitz**, der; -es 《고어》참견하는 사람. **fürwitzig** 〈Adj.〉 (고어) ↑vorwitzig.
Fürwort, das; -(e)s, -wörter ↑Pronomen. **fürwörtlich** 〈Adj.〉 ↑pronomina.
Furz [furts], der; -es, Fürze ['fyrtsə; (의성어)] (속어) 방귀: einen F. lassen 방귀를 뀌다; 성구 aus einem traurigen Arsch fährt kein fröhlicher F. 가련한 궁둥이에선 즐거운 방귀소리가 나올 리 만무하다; 전의 daß du aus den keinen F. heraushoist 너는 아무것도 얻지 못했다; ein F. ist er gegen mich! 그는 나의 수준에 전혀 못 미친다!; mit jedem F. kommt er zu mir gelaufen 방귀가 나와도(하찮은 일로도) 그는 나에게 달려 왔다; **einen F. gefrühstückt / im Kopf haben** 제정신이 아니다; **aus einem F. einen Donnerschlag machen** 침소봉대하여 소란을 떨다; **hin und her sausen[hin und her rasen] wie ein F. auf der Gardinenstange** 잽싸게 돌아다니다.
furz-, Furz-, 〈속어〉: ~**kiste**, ~**molle**, ~**mulde**, die 침대. ~**trocken** 〈Adj.〉 《대개 폄》 바싹 마른.
furzen ['furtsn̩] 〈h〉 (속어) 방귀 뀌다. **furzig** 〈Adj.〉 (속어) 방귀의, 구린: ein -er Geruch 방귀 냄새.
Fusa ['fu:za], die; ...sae [...zɛ] / ...sen [ital. fusa] [음악] 정량기보법의 음표(쉼표). **Fusariose** [fuza'rjo:zə], die; -n [식물] 푸사륨증, 사상균증. **Fusarium** [fu'za:rium], das; -s, ...ien [...ən; lat. fūsus] [식물] 푸사륨(식물병균).
Fuschelei [fuʃə'laj], die; -en 〈fuscheln zu〉 1. 〈s〉 남몰래 혹은 재빨리 돌아다니다, 이리저리 돌아다니다. 2. 〈h〉 ↑pfuschen. 3. 〈h〉 ↑täuschen. 4. 〈h〉 (황망히 손으로 더듬으며) 찾다. **fuschen** ['fuʃn̩] / fuscheln (1~3). **fuschern** ['fuʃɐn] ↑fuscheln (1~3).
Fusel ['fu:zl], der; -s, - (잘 안쓰임) 《통용어·폄》나쁜 브랜디.
Fusel-: ~**geruch**, der 《통용어·폄》고약한 브랜디 냄새. ~**gestank**, der 《통용어·폄》 ~**öl**, das 푸젤유.
¹**fuselig** 〈Adj.〉 고약한 화주 맛[냄새]의.
²**fuselig** 〈Adj.〉 (지역적) 1. ↑fusselig. 2. 까다로운, 면밀함을 필요로 하는: eine -e Arbeit 까다로운 작업. 3. 침착치 못한, 흥분한.
¹**fuseln** ['fu:zln̩] 〈h〉 질 나쁜 화주를 마시다.
²**fuseln** [-] 〈h〉 (지역적) 1. ↑fusseln. 2. 성급하고 조잡하게 일하다. 3. 작고 읽지 못하게 글을 쓰다.
Füsilier [fyzi'liːɐ], der; -s, -e [frz. fusilier] [schweiz. 고어] 경보병의 사격수. **Füsilierbataillon**, das; -s, -e 〈schweiz. 고어〉가벼운 전투용 보병대대. **füsilieren** [...'liːrən] 〈h〉 [frz. fusiller] 즉결 총살하다. **Füsilierregiment**, das; -(e)s, -er 〈schweiz. 고어〉경보병 연대. **Füsilierung**, die; -en, **Füsillade** [fyzi'jaːdə], die; -n [frz. fusillade] 즉결심판에 의한 군인들의 대량 총살형.
Fusion [fu'zioːn], die; -en [lat. fūsio] **1.** (기업이나 조직의) 합병, 연합. **2.** (생물) 세포의 융합. **3.** (광학) (양쪽 눈에 생긴 상의) 융합. **4.** [물리] 핵융합. **fusionieren** [...joːniːrən] 〈h〉 (기업, 정당, 단체) 합병하다, 연합하다: der Verlag fusionierte mit einem größeren Unternehmen 그 출판사는 어떤 더 큰 기업과 합병했다. **Fusionierung**, die; -en 합병, 융합.
Fusions-: ~**reaktor**, der [물리] 핵 융합(원자)로. ~**verhandlung**, die 《대개 Pl.》 (기업, 정당, 단체의) 합병 교섭. ~**vertrag**, der 합병 계약.
Fuß [fuːs], der; -es, Füße ['fyːsə] / - **1.** 〈Pl. Füße〉 **a)** (축소형: ↑Füßchen) 발: ein schmaler F. 작은 발; laufen, so schnell (einen) die Füße tragen 발이 지탱할 수 있는 한 빨리 달리다; den linken[rechten] F. vorsetzen 왼발(오른발)을 앞에 놓다; ich habe mir den F. verstaucht[gebrochen] 나는 발을 삐었다[부러뜨렸다]; seine Füße versagten ihm 그의 발은 지탱할 수 없었다; Füße wie Blei haben 납덩이처럼 발이 무겁다; den F. in die Tür setzen 문 안으로 발을 디밀다; bei dem Regen konnte man keinen F. vor die Tür setzen 비 때문에 한 발자국도 문 밖으로 나갈 수 없다; keinen F. mehr über jmds. Schwelle setzen 누구네 집에 얼씬도 하지 않다; den F. vom Gas nehmen (자동차의) 가스 페달에서 발을 떼다; **leichten[beschwingten]** -es 〈아어〉가벼운 발걸음으로; **trockenen -es** (젖지 않은) 마른 발로; er hat(ist) mir mit voller Wucht auf den F. getreten 그는 힘껏 내 발을 밟았다; da tritt man sich gegenseitig auf die Füße 서로 발을 밟을 정도로 사람이 많다; jmdm. auf dem -e folgen 누구를 바짝 쫓다; mit bloßen Füßen 맨발로; mit dem F. stampfen 발을 구르다; von einem F. auf den anderen treten 한걸음 한걸음 걷다; zu F. gehen 걸어가다; gut[schlecht] zu F. sein 잘 걷다[잘 못 걷다]; jmdm. zu Füßen fallen 누구의 발 아래 엎드리다; jmdm. zu Füßen sitzen 누구의 발끝에 앉다; 성구 warme Füße — kühler Kopf 발은 따뜻이, 머리는 차게; **etw. schmeckt wie eingeschlafene Füße** 《경》싱거운 맛이다; **stehenden -es** 즉각; **(festen) F. fassen** 확고한 기반을 얻다, 자리를 잡다; **kalte Füße bekommen[kriegen]** 《통용어》어떤 계획을 포기하다; **Füße bekommen haben** 《통용어》사라져버리다, 꺼지다: mein Radiergummi hat Füße bekommen 내 지우개가 발이 달렸다; **sich³ die Füße nach etw. ablaufen(wund laufen)** 무엇때문에 발이 부르트도록 돌아다니다; **sich³ die Füße vertreten** (오래 앉아 있다) 발을 움직이다; **sich³ kalte Füße holen** 《통용어》실패하다; **jmdn. den F. auf den Nacken setzen** 〈아어〉 누구에게 자기 힘을 느끼게 하다; **auf eigenen Füßen stehen** 경제적으로 독립해 있다; **sich auf eigene Füße stellen** 경제적으로 독립하다; **auf freiem F. sein** (감옥에서 풀려나) 자유의 몸이다; **jmdn. auf freien F. setzen** 누구를 풀어주다; **auf den(seinen) letzten Füßen gehen** 〈준고어〉 다 죽어가다; **auf großen F. leben 1)** 사치스럽게 살다. **2)** (농) 신발짝이다 큰 것을 신다; **mit jmdm. auf freundschaftlichem[gespanntem] F. leben[stehen]** 누구와 친근한[긴장된] 관계에 있다; **etw. steht auf [tönernen / schwachen / schwankenden / hohlen / wackligen] Füßen** 무엇이 확고한 기반을 갖지 못하다; **auf festen Füßen stehen** (물질적으로) 확고한 기반 위에 있다; **immer (wieder) auf die Füße fallen** 매번 용케 어려움에서 벗어나다; **jmdn. auf den F.[auf die Füße] treten** 《통용어》 1) 누구를 훈계하다. 2) 누구를 독촉하다; **auf dem -e folgen** 곧이어 일어나다; **jmdn.[etw.] mit Füßen treten** 누구 [무엇]을 짓밟다; **mit dem linken F. zuerst aufgestanden sein** 《통용어》기분이 나쁘다; **mit einem F. im Grabe stehen** 죽을 지경에 이르다; **mit einem F. im Gefängnis stehen 1)** 감옥소에 갈 일을 하다. **2)** 위험한 직업을 갖다; **jmdm. vor[über] die Füße laufen** 《통용어》누구를 우연히 만나다; **jmdn. etw. vor die Füße werfen** (화가 나서) 무엇을 누구의 발치에 내던지다; **jmdn. zu Füßen liegen** 〈아어〉 누구를 존경해 마지 않다; **jmdm. etw. zu Füßen legen** 〈아어〉누구에게 무엇을 헌납하다. **b)** (südd., österr., schweiz.) ↑Bein: nimm deine Füße weg!

네 발 치워!; **die Füße unter jmds. Tisch strekken** 〈통용어〉누구에게 얻어먹고 살다; **mit beiden Füßen (fest) auf der Erde[im Leben] stehen** 〈사물을〉현실적으로 보라보다. **c)** 〈곤충의〉다리. **d)** 〈연체동물의〉발. **2.** 〈Pl. Füße〉**a)** 〈축소형: ↑Füßchen〉〈가구 따위의〉받침대, 다리. **b)** 기슭, 받침: F. des Denkmals [des Berges] 기념비대[산기슭]. **3.** 〈Pl. Füße; 축소형: ↑Füßchen〉〈양말의〉발부위. **4.** 〈Pl. Fuß〉피트(길이의 단위). **5.** 〈Pl. Füße〉↑Versfuß.

fuß-, Fuß-: **~abdruck,** der 발자국. **~abstreicher, ~abstreifer, ~abtreter,** der 〈지역적〉〈문앞의〉신발털이. **~abwehr,** die [구기] (문지기가) 발로 막기. **~angel,** die 마름쇠. **~bad,** das **1. a)** 족욕, 발목욕: ein F. nehmen 족욕을 하다. **b)** 발목욕물. **2.** 〈통용어·농〉잔에서 잔받침나 넘친 물. **~ball,** der [engl. football] **1.** 축구공: den F. ins gegnerische Tor schießen 축구공을 상대 문전에 차넣다. **2.** 〈Pl. 없음〉축구 경기: einen exzellenten F. spielen 훌륭한 축구 경기를 하다. **~ball-**: ↑Fußball-. **~ballen,** der 발 안쪽의 살[혹]. **~bank,** die 다리 올려놓는 작은 의자, 발판. **~bekleidung,** die 발을 싸는 옷가지(구두, 양말 따위). **~boden,** der 마루, 바닥. **~bodenbelag,** der 마루 바닥재(나무, 리놀륨, 양탄자 따위). **~bodenheizung,** die 온돌, 바닥난방. **~bodenleger,** der 마루놓는 목공. **~bodenmasseuse,** die 〈통용어·농〉↑Putyfram. **~bodenritze,** die 마룻틈새, 마루틈새. **~bodenwachs,** das 마루닦는 왁스. **~breit** 〈Adj.〉발길이만큼. **~breit,** der; - 발크기(폭·면적): um jeden F. Boden kämpfen 한치의 양보도 없이 싸우다; 한치 keinen F. von seiner Überzeugung abweichen 한치도 그의 확신을 버리지 않다. **~bremse,** die 발로 작동하는 제동 장치. **~brett,** das 발판. **~dienst,** der 군대의 신체 훈련. **~ende,** das 발치, 발끝치: am F. des Bettes 침대의 발치에. **~fall,** der 무릎 꿇음. **~fällig** 〈Adj.〉무릎꿇고: f. für jmdn. um Gnade bitten 무릎을 꿇고 누구에게 자비를 빌다; 전의 sich f. bei jmdm. entschuldigen 누구에게 굴욕적으로 용서를 빌다. **~fehler,** der **1.** [하키] 공을 발로 차는 반칙. **2.** [테니스] 서브할 때 라인을 밟는 반칙. **~fehlerrichter,** der [테니스] 선심. **~fessel,** die **1.** 차꼬, 족쇄. **2.** [체조] 발목을 손으로 잡음. **~folge,** die 〈승마〉[기승] 발놀림 순서. **~frei** 〈Adj.〉〈옷 따위가〉발이 드러나는. **~gänger,** der 행인, 보행자: ein Übergang für F. 횡단 보도; ich bin F. 나는 보행자다(차가 없다). **~gängerampel,** die 〈보행자가 단추를 눌러 작동시킬 수 있는〉보행자 신호등. **~gängerbrücke,** die 보행자용 육교. **~gängerfurt,** die 〈보행자〉횡단보도. **~gängerschutzweg,** der, **~gängerstreifen,** der ↑~gängerübergang. **~gängerstrom,** der 인파. **~gängertunnel,** der 보행자용 지하도. **~gängerübergang, ~gängerüberweg,** der 〈보행자〉횡단 보도. **~gängerverkehr,** der 보행자 통행. **~gängerweg,** der 보행자 전용길. **~gängerzone,** die 보행자 전용 구역. **~geher,** der 《österr.》↑~gänger. **~gelenk,** das 발목관절. **~gerecht** 〈Adj.〉〈구두 따위가〉발에 잘 맞는. **~gestell,** das 발판. **~hebel,** der 발의 디딤 지레, 페달. **~hoch** 〈Adj.〉〈방 등이〉발이 시려운, 바닥 찬. **~kalt** 〈Adj.〉(방 등이) 발이 시려운, 바닥 찬. **~käse,** der 《경》발가락 사이의 때. **~kissen,** das 앉을 때 발을 받치는 방석. **~knöchel,** der 복사뼈. **~knochen,** der 발뼈. **~krank** 〈Adj.〉발병이 난, 발이 아픈. 〈명사화〉**~kranke***, der/die 발병이 난 사람, 오래 달릴 수 없는 사람. **~kuß,** der 〈존경의 표현으로〉발에 하는 키스. **~lage,** die 〈분만시 태아의〉발의 위치. **~lahm** 〈Adj.〉〈통용어〉발이 무거운. **~landung,** die [뜀뛰기] 착지.

~lang 〈Adj.〉한 발 길이만큼의. **~lappen,** der 발싸개. **~latscher,** der 《군·경》↑Infanterist. **~läufig** 〈Adj.〉《전문어·은어》걸어갈 수 있는, 보행 거리의. **~läufigkeit,** die ↑~läufig의 명사형. **~leiden,** das 발병. **~leidend** 〈Adj.〉발병난, 발이 아픈. **~leiste,** die [건축] 장식머름. **~los** 〈Adj.〉발이 없는, 다리가 없는. **~marsch,** der 도보 행진, 행군. **~matte,** die (현관 입구의) 흙털이, 신발닦이. **~mykose,** die [의학] 무좀(~pilzerkrankung). **~nagel,** der 발톱: sich die Fußnägel schneiden 발톱을 깎다. **~note,** die 각주. **~pfad,** der 보도, 인도. **~pflege,** die 발 미용. **~pfleger,** der 발 미용사. **~pflegerin,** die ↑~pfleger의 여성형. **~pilz,** der 〈통용어〉↑pilzerkrankung의 약칭. **~pilzerkrankung,** die 무좀. **~pilzinfektion,** die ↑~pilzerkrankung. **~puder,** der 발의 땀띠 가루약. **~punkt,** der **1.** [수학] 수선의 발. **2.** Nadir. **~raste,** die (오토바이의) 발디딤판. **~reise,** die 《고어》도보 여행. **~ring,** der (새의) 다리에 달아매는 표시 고리. **~rücken,** der ↑Spann. **~sack,** der 자루 모양의 발덮개. **~schalter,** der 발로 작동하는 개폐기. **~schaltung,** die 발 작동으로 하는 개폐. **~schemel,** der ↑~bank. **~schmerz,** der 발의 통증. **~schweiß,** der 발에 나는 땀. **~sohle,** die 발바닥: jmdn. an den -n kitzeln 누구의 발바닥을 간지르다. **~soldat,** der 보병(Infanterist). **~spitze,** die 발끝: sich auf der, den davonschleichen 살금살금 도망치다. **~spray,** der / das 발에 뿌리는 스프레이. **~sprung,** der **1.** [체조] 착지로 이어지는 도약. **2.** [다이빙] 발이 먼저 물 속으로 들어가는 도약. **~spur,** die 발자국, 발자취: -en im Schnee 눈에 난 발자국. **~stapfe,** die; -n, **~stapfen,** der; -s, - (눈이나 모래 따위에 생긴) 발자국; **in jmds. Fußstapfen treten** 누구의 모범을 따르다. **~steig,** der **1.** 《고어》↑~pfad. **2.** 인도. **~stütze,** die **1.** (편평족, 선상족을 위해) 구두 속에 넣은 받침. **2.** 발판. **~tapfe** ↑~stapfe. **~tapfen** ↑~stapfen. **~taste,** die 발 페달. **~teppich,** der 〈계단 등의〉양탄자. **~tief** 〈Adj.〉발이 빠질 만큼 깊이의. **~tour,** die 《드물게》도보 여행. **~tritt,** der **1. a)** 발길질, 발로 차기: jmdm. einen F. [in den Bauch] geben 누구의 배를 발로 차다. **b)** 《뜸》푸대접: -e austellen 푸대접을 하다. **2.** 〈고어〉발걸음(소리). **~truppe,** die 보병(Infanterie). **~volk,** das **1.** ↑Infanterie. **2.** 《뜸》〈조직의〉말단: **unters F. geraten sein** 〈통용어〉도덕적으로 타락하다. **~wanderung,** die ↑~marsch. **~wanne,** die 발 목욕하는 통. **~warm** 〈Adj.〉바닥이 따뜻한. **~waschung,** die [가] 세족식. **~weg,** der **a)** 인도. **b)** 도보거리. **~wund** 〈Adj.〉발에 상처가 난. **~wurzel,** die [해부] 족근부, 발목. **~wurzelknochen,** der 《대개 Pl.》 [해부] 발목뼈, 부골. **~zehe,** die 〈통용어〉발가락(Zehe): **jmdm.[jmdn.] (kräftig) auf die ~n treten** 〈통용어〉누구의 감정을 해치다, 누구에게 압력을 가

Fußball-: **~amateur,** der (반대: ~profi) 아마추어 축구. **~anhänger,** der 축구 팬. **~braut,** die 〈통용어·농〉축구선수의 애인, 신부. **~bundesliga,** die 독일의 연방 축구 리그, 분데스리가. **~bundesligist,** der 분데스리가 참가팀. **~bundestrainer,** der 연방 축구 대표팀 트레이너. **~elf,** die ↑~mannschaft. **~fan,** der 축구 팬. **~feld,** das ↑~platz. **~freund,** der 《대개 Pl.》↑~anhänger. **~kampf,** der 축구전. **~kiste,** die 다음 용법으로) **wie aus der F.** 〈축구·은어〉출중한 묘기로. **~klub,** der ↑~verein. **~krimi,** der 〈통용어·농〉스릴있는 축구경기. **~länderspiel,** das (분절 않을시: Fußballländerspiel) 국제 축구 시합. **~landes-**

meister, der 《분철 않을시》: Fußballandesmeister) 국내 축구 선수권자. **~lehrbuch,** das 《분철 않을시》: Fußballehrbuch). **wie aus dem F.** 축구 교본에서처럼 (모범적인). **~lehrer,** der 《분철 않을시》: Fußballehrer), (자격증 있는) 축구 트레이너, 축구 교사. **~mannschaft,** die 축구선수단, 축구팀. **~match,** das 《또한》 der ↑~kampf. **~meister,** der 축구선수권자. **~meisterschaft,** die 축구 선수권 대회. **~nationalelf,** die 축구 국가 대표 선수. **~nationalmannschaft,** die 축구 국가 대표 선수단. **~oberliga,** die 《구동독》 축구 상위 리그. **~platz,** der 축구장. **~pokal,** der 1. 축구 우승배. 2. 우승배 축구 경기. **~profi,** der 직업 축구 선수, 프로 축구 선수《반대: ~amateur). **~schuh,** der 축구화: die -e an den Nagel hängen 《은어》 축구를 그만 두다. **~spiel,** das 축구 경기. **~spielen,** das 축구 경기. **~spieler,** der 축구 선수. **~sport,** der 축구. **~stadion,** das ↑~platz. **~star,** der 축구 스타. **~stiefel,** der ↑~schuh. **~team,** das ↑~mannschaft. **~tennis,** das 축구 테니스(축구 비슷한 축구 관련 경기). **~tor,** das 축구 수비문. **~toto,** das 《주 축구 시합 결과를 알아맞추는) 축구 복권. **~trainer,** der 축구 트레이너, 축구 감독. **~turnier,** das 축구 토너먼트 경기. **~verband,** der 축구 연맹. **~verein,** der 축구 협회. **~veteran,** der 왕년의 축구 선수. **~weltmeister,** der 축구 세계 선수권자. **~weltmeisterschaft** 축구 세계 선수권 대회. **~wettkampf,** der 축구 경기.

Fußballer [-balɐ], der; -s, - 《통용어》↑ Fußballspieler. **Fußballerbein,** das 《대개 Pl.》《통용어》축구 선수의(전형적인) 다리. **fußballerisch** 〈Adj.〉 축구의. **fußballern** 〈h〉 《통용어·농》 축구를 하다.

Füßchen ['fyːsçən], das; -s, - ↑ Fuß (1 a, 2 a, 3)의 축소형.

Fussel ['fʊs], die; -n 《또한》 der; -s, -(n) (옷, 천 따위의) 보풀, 잔털. **fusselig, fußlig** ['fʊs(ə)lɪç] 〈Adj.〉. 1. a) 보풀로 덮인. b) 보풀이 이는. 2. 옳이 풀린: sich³ **den Mund f. reden** 《경》입이 닳도록 타이르다[설득하다]. 3. 《통용어》 불안하고 산만한. **fusseln** ['fʊsn] 〈h〉 풀다.

fußeln ['fuːsn] 〈s〉 〈지역적〉 a) 총총 걷다. b) 빨리 가다, 서두르다. **füßeln** ['fyːsn] h1. 〈지역적〉〈h〉《책상 밑에서) 발로 더듬다. 2. 〈고어〉〈s〉↑ fußeln (b, 3). 〈h〉 발을 걷다. **fußen** ['fuːsn] 〈h〉 1. 무엇에 발판[기반]을 두다: etw. fußt auf einer Lehre 무엇이 어떤 학설에 입각한다. 2. 《고어》 발을 디디다, 발을 들여놓다. 3. 〈사냥〉(새가) 집을 짓다: der Adler fußt auf einem Stein 독수리가 돌 위에 둥지를 친다. **~füßer** [-fyːsɐ], der; -s, - [동물]《다음과 같은 합성어로, 예컨대》 Kopffüßer, Tausendfüßer. **-füßig** [-fyːsɪç] 《다음과 같은 합성어로, 예컨대》vierfüßig. **-füßler** [-fyːslɐ] ↑ ~füßer.

fußlig: ↑ fusselig 참조.

Füßling ['fyːslɪŋ], der; -s, -e (양말 따위의) 발 부분.

Fustage [fʊsˈtaːʒə], die; -n [frz. fût] 1. 용기, 포대(통, 상자, 자루 따위). 2. 용기(포장)비.

Fustanella [fʊstaˈnɛla], die; ...llen [ital. fustanella] 푸스타넬라 (오늘날 그리스의 민속 의상에 속하는 흰 주름진 짧은 남성복).

Fusti ['fʊsti] 〈Pl.〉 [ital. fusti] 1. (물품의) 파손품. 2. 파손에 의한 가격 인하.

Fustikholz ['fʊstikhɔlts], das [arab.] 색소를 얻는 열대산 목재.

Fut [fʊt, fuːt], die; -en 《비어》 보지.

Futhark ['fuːθaːrk], das; -s, -e 제일 오래된 게르만의 루네 문자 자모.

futil [fuˈtiːl] 〈Adj.〉 [lat. fūt(ilis] 무가치한, 하찮은.

Futilität [futiliˈtɛːt], die; -en [lat. fūt(t)ilitās] 무가치함, 하찮음.

futsch [fʊtʃ] 〈Adj.〉《경》 상실한, 없어진: das Geld, die Begeisterung, alles ist f. 돈, 열의, 모두가 다 사라졌다; 성구 f. ist f.(und hin ist hin) 사라진 것은 사라진것.

futschikato [fʊtʃiˈkaːto] 〈Adj.〉《가벼운 농》↑ futsch. **futschikato perdutto** [-perˈdʊto] 〈Adj.〉《경》 사라진, 없어진.

¹**Futter** ['fʊtɐ], das; -s (가축의) 먹이, 모이, 사료: F. schneiden 먹이를 갈라주다; den Hühnern F. geben 닭에게 모이를 주다; 전의 dieses F. paßt dir wohl nicht?《경》 이 음식이 네 입에 맞지 않는단 말이지?; der Lesezirkel hat ihm neues F. gebracht《통용어》 그 독서 서클은 그에게 새로운 읽을거리를 주었다; die Maschine braucht neues F.《통용어》 이 기계는 새로운 일거리를 필요로 한다; **gut im F. sein[stehen]**《통용어·농》 영양 상태가 좋다.

²**Futter** [-], das; -s, - 1. (옷·신발·가죽 제품의) 안감: ausknöpfbares[herausnehmbares] F. 단추로 벗겨낼 수 있는[떼어낼 수 있는] 안감; (neues) F. einnähen [einsetzen] (새) 안감을 대다; ein Briefumschlag mit F. 이중 편지 봉투. 2. (문, 창문의) 문얼굴. 3. (선반·드릴의) 물림쇠. 4. a) 용광로를 싸는 내화벽. b) 보일러의 연소실을 둘러싸는 단열재.

futter-, ¹Futter- (¹Futter): **~anbau,** der 〈Pl. 없음〉 사료용 식물의 재배. **~anbaufläche,** die 목초 재배지. **~automat,** der 자동 사료 공급기. **~barren,** der (österr.) ↑ ~trog. **~bau,** der 〈Pl. 없음〉↑ ~anbau. **~beutel,** der 말의 목에 매다는 여물주머니. **~boden,** der ↑ ~speicher. **~erbse,** die 사료용 완두. **~fläche,** die ↑ ~anbaufläche. **~gerste,** die 사료용 보리. **~getreide,** das 사료용 곡물. **~gras,** das 목초, 꼴. **~hafer,** der 사료용 귀리. **~haus,** das 《구동독》 1. [농업] 사료 창고. 2. ↑ ~häuschen. **~häuschen,** das (겨울철) 새 먹이상자. **~kammer,** die ↑ ~haus (1). **~kartoffel,** die 사료용 감자. **~kiste,** die 사료통. **~korn,** das 사료용 곡물. **~krippe,** die 구유, 여물통: 전의 ran an die F.!《경》 식사 시작!; **an die F. kommen[an der F. sitzen]** 먹을 거리가 많은 [짭짤한] 자리에 앉다. **~küche,** die [농업] (대개 돼지 우리에 붙어있는) 사료 준비하는 곳. **~luke,** die (친근한·농〉), 입, 식구통. **~mangel,** der 사료 부족. **~mehl,** das [농업] 곡물 가루 사료. **~mittel,** das 사료. **~napf,** der ↑ ~neid, der a) (동물의) 먹이에 대한 질투. b)《경》 다른 사람의 음식에 대한 시기. c)《경》 다른 사람의 우대[이익]에 대한 시기. **~neidisch** 〈Adj.〉↑ ~neid의 형용사형. **~paket,** das 《통용어》↑ Freßpaket. **~pflanze,** die 사료용 식물. **~platz,** der 1. (동물의) 먹이터. 2. [농업] 사료 집적장. **~ration,** die 1일분의 사료. **~raufe,** die 요나 모양의 먹이통. **~reißer,** der 《구동독》 ↑ ~zerreißer. **~roggen,** der 사료용 호밀. **~rübe,** die ↑ Runkelrübe. **~sack,** der ↑ ~beutel. **~schneidemaschine,** die 작두, 꼴 쓰는 기계. **~schüssel,** die ↑ ~napf. **~silo,** der,《또한》 das 사료 사일로. **~speicher,** der 사료 창고. **~stadel,** der (österr.) (깊은 산중의) 먹이 저장 오두막. **~stelle,** der ↑ ~platz. **~suche,** die 먹이 찾기, 모이 구하기. **~trog,** der (돼지의) 여물통. **~verwerter,** der (사료를 기름과 살코기로 변화시키는) 식용 종축(예컨대: 돼지): 전의 ein schlechter F. 많이 먹지만 살 안 찌는 사람. **~vorrat,** der 사료 저장분. **~vorratswirtschaft,** die [농업] 사료 저장 경영. **~wirtschaft,** die 《구동독·경제》 사료 재배 및 공급 경영. **~zerreißer,** der [농업] 꼴을 잘게 쓰는 기계.

²**Futter-** (²Futter): **~leder,** das (구두의) 안감 가죽. **~mauer,** die 옹벽. **~seide,** die 실크 안감. **~stoff,** der 안감. **~taft,** der 호박지 안감.
Futterage [fʊtə'ra:ʒə], die [frz. fourrage] 《통용어》 먹거리, 식량.
Futteral [fʊtə'ra:l], das; -s, -e [lat. fotrale, futrale] (물건을 집어넣는) 집, 주머니: die Brille aus dem F. ziehen 안경을 집에서 꺼내다. **Futteralkleid,** das ↑ Etuikleid.
futtern ['fʊtɐn] ⟨h⟩ 《통용어》 **1. a)** (짐승 따위가) 게걸스럽게 먹다. **b)** 먹다: nichts zu f. haben 먹을 것이 없다. **2.** 《지역적》 사료를 주다. ¹**füttern** ['fʏtɐn] ⟨h⟩ **1. a)** 사료를 주다, 먹이를 주다: die Schweine mit Kartoffeln 돼지에게 감자를 먹이다. **b)** 먹이[사료]로 주다: Hafer f. 귀리를 먹이로 주다. **2. a)** 음식을 먹여주다: einen Säugling f. 젖먹이에게 음식을 먹여 주다. **b)** 너무 많이 먹이다: jmdn. mit Kuchen f. 누구에게 케이크를 너무 많이 먹이다. **c)** 말치레하다. **3. a)** (컴퓨터에) 입력시키다: einen Computer falsch f. 컴퓨터에 잘못 입력시키다. **b)** (무엇을) 컴퓨터에 입력시키다. **c)** 《통용어》 (자판기 등에) 투입하다: einen Automaten mit Groschen f. 자판기에 동전을 넣다.
²**füttern** [-] ⟨h⟩ **1.** 안감을 대다: einen Mantel f. 코트에 안감을 대다; gefütterte Briefumschlänge 이중 봉투. **2.** 보호막을 입히다[두르다].
¹**Fütterung,** die; -en 사료주기.
²**Fütterung,** die; -en **1.** (옷의) 안감대기. **2.** ↑²Futter. **Fütterungsverfahren,** das 안감대기 방법.
Futur [fu'tu:ɐ̯], das; -s, -e [lat. (tempus) futūrum] [언어] 미래(형). **Futura,** die [인쇄] 1926년경에 개발된 기하학적인 형태의 활자체. **futurisch** ⟨Adj.⟩ [언어] 미래형의: -e Formen 미래형. **Futurismus** [futu'rɪsmʊs], der; - [ital. futurismo] 미래파, 미래주의. **Futurist,** der; -en, -en [1: ital. futurista] **1.** 미래파 예술가. **2.** ↑Futurologe. **Futuristik,** die ↑Futurologie. **futuristisch** ⟨Adj.⟩ **1.** 미래파의. **2.** 미래학의. **Futurologe** [...ro'lo:gə], der; -n, -n 미래학자. **Futurologie** [...lo'gi:], die 미래학. **futurologisch** ⟨Adj.⟩ 미래학의. **Futurum** [fu'tu:rʊm], das; -s, ...ra 《고어》 ↑ Futur. **Futurum exaktum** [-ɛ'ksaktʊm], das; - -, ...ra ...ta [lat. exigere] 미래완료(형).
Fuzel ['fu:tsl̩], der; -s, - 《österr.》 보풀, 솜털. **fuzeln** ['fu:tsl̩n] 《österr.》 **a)** 자디잔 글씨로 쓰다. **b)** 잘게 썰다.
F-Zug ['ɛf-], der; -s, F-Züge 장거리 급행열차(Fernschnellzug).

G

g, G [ge:], das; -, - **1.** 독일 자모의 일곱 번째 글자. **2.** [음악] 다 장조 음계의 다섯째 음, 솔.

Gäa ['gɛ:a], die [griech. gaîa = Erde] 【신화】 그리스의 대지의 여신.

γ, Γ: ↑Gamma.

gab [ga:p] ↑geben 참조.

g = Gramm, (österr.) Groschen.

g = Gon.

G = Geld (3), Geldkurs; Gauß; Gourde.

Ga = Gallium.

Ga = Georgia.

Gabardine ['gabardi:n, 《또한》 ...'di:n(ə)], der; -s, 《종류》 -, 《또한》 die 《종류》 - [frz. gabardine] 개버딘 천, 능직 방수 옷감.

Gabardine-: **~anzug**, der 개버딘 양복. **~bindung**, die [섬유] 능직물(綾織物). **~kostüm**, das 개버딘 의복(服裝). **~mantel**, der 개버딘 외투. **~rock**, der 개버딘 상의.

Gabbro ['gabro], der; -s [중세 Livorno 지방의 지명 Gabbro에 따라] 【지질】 반려암(斑糲岩), 흑녹색 심성암(深成岩).

Gabe [ga:bə], die; -n **1.** (아어) **a)** 하사물[품], 선물: Speise und Trank sind -n Gottes 음식은 신의 선물이다. **b)** 자선[회사, 기증]품, 기부금, 헌금: um eine G. bitten 구걸하다, 적선[기부]을 청하다. **2.** 재능, 재질, 천성: eine außergewöhnliche G. 비범한 재능; ein Mensch mit glänzenden -n 탁월한 재능의 소유자. **3.** [전문어] **a)** 《Pl. 없음》 투약. **b)** (일회분의) 투약(복용)량. **4.** (schweiz.) (복권, 사격 경기 등의) 상금[품]; 당첨, 득점.

¹gäbe ['gɛ:bə] ↑geben 참조. **²gäbe**: ↑gang 참조.

Gabel ['ga:bl], die; -n **1.** 《축소형: ↑Gäbelchen》 포크: eine dreizinkige G. 삼지 포크, 세 갈래의 포크; 【전의】 er ißt mit der fünfzinkigen G. 《통용어·농》 그는 손가락으로 먹는다; **eine gute G. schlagen** 《농》 음식을 배불리 먹다. **2.** 쇠스랑, 갈퀴: Stroh mit der G. verteilen 갈퀴로 짚을 가르다. **3. a)** (두 갈래로) 갈라지는 길. **b)** 송수화기 걸이: sie hängte den Hörer in die G. 그녀는 수화기를 걸이에 걸었다. **c)** (자전거의) 호크, 바퀴채. **d)** ↑Astgabel의 약칭. **e)** ↑Gabeldeichsel. **4.** [사냥] **a)** 두 갈래의 뿔. **b)** 뿔의 새 가지. **5.** 【장기】 상대방의 두 말에 대한 졸(卒) 한 개의 공격.

gabel-, Gabel-: **~antilope**, die ↑~bock (1). **~arbeit**, die ↑~häkelei. **~artig** 〈Adj.〉 포크 모양의, 포크처럼 생긴. **~bein**, das [동물] (새의) 차골(叉骨). **~bissen**, der 〈대개 Pl.〉 **a)** (신맛이 나는 소스를 친) 청어의 살코기 작은 조각. **b)** ↑Appetithappen. **~bock**, der **1.** (갈라진 뿔을 가진) 북미산 영양(羚羊)의 일종. **2.** [사냥꾼] 뿔이 갈라진 수노루. **~deichsel**, die 수레의 채. **~förmig** 〈Adj.〉 두 갈래의, 차상(叉狀)의, 포크 모양의. **~frühstück**, das (준고어) 특별한 날에 먹는 늦은 아침 식사. **~griff**, der [음악] (취주 악기에서) 가운데 손가락을 세우고 약지와 무명지로 소리 구멍을 막는 파지법. **~häkelei**, die [수공] 크로셰짜기. **~hirsch**, der [사냥] 뿔이 갈라진 고라니. **~huhn**, das [사냥] 자고(鷓鴣) 새끼. **~klavier**, das (옛) 현 대신 피치 포크를 가진 피아노, 아디아폰(Adiaphon). **~knochen**, der ↑~bein. **~kreuz**, das Y자형 십자가. **~mücke**, die 말라리아모기. **~schlüssel**, der 스패너, 렌치. **~schwanz**, der 나뭇늪하늘나방. **~sproß**, der [사냥] 뿔의 새 순. **~stapler** [-ʃta:plɐ], der; -s 지게차. **~staplerfahrer**, der ~stapler의 운전사. **~stütze**, die 끝이 갈라진 막대. **~weihe**, die 소리개의 일종. **~wender** [-vɛndɐ], der; -s, - 건초를 뒤집는 농기계. **~zinke**, die 포크, 갈퀴의 갈래.

Gäbelchen ['gɛ:blçən], das; -s, - ↑Gabel (1).

gabelig, gablig ['ga:b(ə)lıç] 〈Adj.〉 (드물게) 갈라진, 차상의. **gabeln** ['ga:bln] 〈h〉 **1.** (g. + sich) 두 갈래로 갈리다, 분기하다, 분파하다: die Straße[der Weg] gabelt sich an dieser Stelle 길이 이 지점에서 갈라진다; ein gegabelter Ast 두 갈래로 갈라진 나뭇가지. **2.** 갈퀴로 긁다. **3.** (드물게) **a)** 포크 질을 하다, 포크로 찌르다. **b)** 포크로 먹다. **c)** 포크로 조작하다, 포크를 쓰다. **Gabelung, Gablung**, die; -en **a)** 두 갈래로 갈라짐, 분기. **b)** 분기점.

gaben-, Gaben-: **~berechtigt** 〈Adj.〉 《schweiz., 스포츠》 (사격 경기에서) 상을 탈 만한 점수를 가진. **~bereitung**, die [가] 성찬식. **~stich**, der 《schweiz., 스포츠》 (사격 경기에서 동점인 경우) 최종 결정 라운드. **~tisch**, der 선물을 올려놓는 탁자.

Gabholz ['ga:p-], das; -es, ...hölzer 마을의 배급용 공유 장작. **Gaborone** 보츠와나의 수도, 가보로네.

Gabun [ga'bu:n], -s 가봉(아프리카의 국가 이름). **Gabuner** [ga'bu:nɐ], der; -s, - 가봉인. **gabunisch** [ga'bu:nıʃ] 〈Adj.〉 가봉(인)의.

Gabler ['ga:blɐ], der; -s, - ↑Gabelbock (2), ↑Gabelhirsch. **gablig**: ↑gabelig. **Gablung**: ↑Gabelung.

gack, gack! [gak] 〈Interj.〉 《의성어》 알을 낳은 후 암탉이 우는 소리. **Gackelei** ['gakəˈlaɪ̯], die (통용어) 킥킥거리며 수다를 떪. **gackeln** ['gakln] 〈h〉 《의성어》 **1.** (통용어) 킥킥거리며 수다를 떨다. **2.** (지역적) ↑gackern (1) 참조. **gackelig** ['gakəlıç] 〈Adj.〉《지역적》 **a)** 시끄러운 소리를 내는, 꼬꼬댁 거리는. **b)** (특히 식물이) 너무 솟아올라 뿌리가 흔들리는: ein -er Stuhl 흔들거리는 의자. **gackern** ['gakɐn] 〈h〉 《의성어》 **1.** 닭이 꼬꼬오 울다. **2.** 《통용어》 ↑gackeln (1). **gacks**: ↑gicks. **gacksen** ['gaksn̩] 〈h〉 《의성어·지역적》 **1.** ↑gackern. **2.** 삐걱거리다: die Tür[der Stuhl] gackst 문[의자]이 삐걱거리다.

gad [ga:t] 〈Adv.〉 (südwestd.) **1.** 곧(sofort). **2.** 정확히(genau).

Gaden ['ga:dn̩], der; -s, - [토건] 바질리카식 건물의 고미다락. **2.** 《고어》 **a)** 방이나 층이 하나뿐인 집. **b)** 방, 골방.

Gadget ['gædʒıt], das; -s, -s [engl. gadget] 【광고】 그만 광고물. **Gadgetbrief**, der 짧은 광고 편지.

Gadolinit [gadoli'ni:t, 《또한》 ...nıt], der; -s, -e [핀란드 화학자 J. Gadolin(1760~1850)의 이름에 따라] 가돌린 석. **Gadolinium** [gado'li:nĭum], das; -s 가돌리늄(금속성

화학 원소, 기호: Gd).
Gaffel ['gafl], die; -n [niederd. gaffel(e)] **1.** 〖선원〗 기움둥 막대. **2.** 〖지역적〗 커다란 두 갈래의 나무가닥. **Gaffel-** (Gaffel 1): **~schoner**, der 두 개의 기움둥 돛대가 있는 돛단배. **~segel**, das 기움둥. **~seil**, das 기움둥 밧줄. **~stange**, die 기움둥 막대.
gaffen ['gafn] ⟨h⟩ 〖편〗 얼빠진 양 입을 벌리고 쳐다보다. **Gaffer**, der; -s, - 〖편〗 입을 벌리고 (뚫어지게) 바라보는 사람. **Gafferei** [gafəˈraɪ], die 〖편〗 입을 벌리고 바라보는. **Gafferin**, die; -nen ↑ Gaffer의 여성형.
Gag [gɛk], der; -s, -s [engl.-amerik. gag] **a)** 〖연극·영화〗 익살, 개그. **b)** 특수 효과. **Gagtechnik**, die 개그(기)술〖기법〗.
gaga [gaga; frz. gaga 〖의성어〗] 〖드물게〗 어리석은, 노망한.
Gagat [gaˈgaːt], der; -(e)s, -e [lat. gagātēs < griech. gagátēs] 역청탄, 흑옥(黑玉), 검은 색깔의 연한 숯.
Gage, die; -n [frz. gage] **1.** ['gaːʒə] 예술가, 배우들의 급료, 수당: die Schauspieler haben schon zwei Monate keine G. erhalten 배우들은 2개월간이나 급료를 받지 못했다. **2.** [gaːʒ] 〖österr.·고어〗 장교의 봉급. **Gagist** [gaˈʒɪst], der; -en, -en 급료 대상자, 급료를 받는 사람.
Gagger ['gægɐ], der; -s, - [engl.-amerik. gagger] ↑ Gagman.
Gagliarda [galˈjardə], die; -n [ital. gagliarda < frz. gaillarde] ↑ Gaillarde의 이탈리아어.
Gagman ['gægmən], der; -(s), ...men [...mən; engl.-amerik. gagman] 〖연극·영화〗 개그맨.
gähnen ['gɛːnən] ⟨h⟩ **1.** (입을 벌리고) 하품하다: herzhaft[diskret] g. 크게〖얌전히〗 하품하다; Gähnen ist ansteckend 하품은 전염한다. **2.** (아이) 〖깊은 골짜기, 낭떠러지〗 아가리를 벌리고 있다. **Gähner**, der; -s, - 〖통용어〗 커다란 하품. **Gähnerei** [gɛːnəˈraɪ], die 〖통용어·펄〗 하품하기. **Gähnkrampf**, der; -(e)s, ... krämpfe 〖의학〗 경련성 하품.
gähstotzig ['gɛːʃtɔtsɪç] ⟨Adj.⟩ 〖schweiz.〗 매우 경사진, 가파른.
gaiement [geˈmɛ̃] ↑ gaîment.
Gaillard [gaˈjaːr], der; -s, -s [frz. gaillard] 쾌활한 사람, 익살꾼. **Gaillarde** [gaˈjardə], die; -n [frz. gaillarde] 〖음악〗 **1.** 〖구제〗 3/4 박자의 경쾌한 춤. **2.** 조곡(組曲)의 특정 악절(樂節).
Gaillardia [gaˈjardia], die; ...ien [...iən] ↑ Kokardenblume.
gaîment [geˈmɛ̃] ⟨Adv.⟩ [frz. gaîment, gaiement] 〖음악〗 경쾌한, 쾌활한.
Gake ['gaːkə], die -n 〖지역적·편〗 바보 같은 말을 하는 여자.
gaio ['gaɪo] ⟨Adv.⟩ [ital. gaio] 〖음악〗 ↑ gaîment 참조.
Gal [gal], das; -s, - [이탈리아 천문학자 Galileo Galilei(1691~1736)의 이름에 따라, Galileo의 약어] 가속을 표시하는 물리 단위(1cm/s²).
Gala [gaːla; 〖또한〗 gala], die [span. gala] **1.** 예복, 사교복: sich in G. werfen 〖통용어·농〗 나들이 옷을 차려 입다. **2.** 〖역사적〗 궁중 옷. **3.** ↑ Galavorstellung.
gala-, **Gala-**: **~abend**, der 축제의 저녁 행사. **~anzug**, der 〈Pl. 없음〉 축제복, 예복. **~aufführung**, die 축제 공연(연극, 오페라 등). **~bankett**, das ↑~diner. **~diner**, das 공식 만찬. **~dreß**, der ↑~anzug. **~empfang**, der (공식적인) 축하 영접. **~konzert**, das 축제 음악회. **~mäßig** ⟨Adj.⟩ 축제 공연다운, 축하 공연에 적합한. **~uniform**, die 축제 제복〖유니폼〗. **~veranstaltung**, die 축제 행사. **~vorstellung**, die

↑ **~aufführung**.
Galakt-: ↑ Galakto-.
galaktisch [gaˈlaktɪʃ] ⟨Adj.⟩ 〖천문〗 은하의, 은하에 속하는. **Galakto-**, 《모음 앞에서》 **Galakt-** [galakt(o)-] ('우유, 우유 같은 액체'를 뜻하는 규정어로서, 예컨대) **Galaktometer**, das; -s, - 검유기(檢乳器), 유즙(乳汁)농도계.
Galaktorrhöe [galaktɔˈrøː], die; ...öen [...øːən] 〖의학〗 유즙 자연 유출, 유즙 누설. **Galaktose** [...ˈtoːzə], die; -n 갈락토오스, 유당(乳糖)의 성분.
Galalith ⓦ [galaˈliːt, ...lɪt], das; -s 갈라리트(원료로 사용되는 딱딱한 합성수지).
Galan [gaˈlan], der; -s, -e [span. galán] **a)** 〈교양어·준고어·반어〉 특별한 예의로 여자의 선심을 끄는 남자. **b)** 〈통용어·편〉 정부(情夫), 연인.
galant [gaˈlant] ⟨Adj.⟩ [frz. galant] **a)** 〈교양어·준고어〉 (여자에 대해서 특히) 예의 바르고 선심을 끄는 (반대: ungalant): er küßte ihr g. 그는 그녀에게 정중하게 키스했다. **b)** 호색의, 정사(情事)의, 사랑의 체험에 관련된: die ~e Dichtung 로코코 문학(17세기말의 연애 시문(詩文). **Galanterie** [galantəˈriː], die; -n [...iən; frz. galanterie] 〈교양어·준고어〉 **1.** 〈Pl. 없음〉 여자에 대한 특별한 친절의 친절: mit großer G. half er den Damen aus dem Mantel 그는 그녀가 외투 벗는 것을 정중하게 도와주었다. **2.** 친절의 찬사. **Galanteriewaren** ⟨Pl.⟩ 〈고어〉 장신구. **Galanthomme** [galanˈtɔm], der; -s, -s [frz. galanthomme] 멋있고 훌륭한 남자라는 프랑스 말, 신사.
Galantine [galanˈtiːn], die; -n [frz. galantine] 〖요리〗 고기나 생선으로 만든 파이.
Galapagosinseln [gaˈla(ː)pagosɪnzl̩n] ⟨Pl.; 관사와 함께만〉 에콰도르 소속의 태평양 열도.
Galatea [galaˈteːa] 그리스의 바다 님프(여신).
Galater [ˈgaːlatɐ] ⟨Pl.⟩ 소아시아의 켈트족.
Galaterbrief, der (성서의) 갈라디아서(사도 바울이 갈라디아의 기독교인들에게 보낸 편지).
Gäle ['gɛːlə], der; -n, -n 아일랜드, 스코틀랜드의 켈트인.
Galaxie [galaˈksiː], die; -n [...iːən; lat. galaxia] 〖천문〗 **a)** 은하계. **b)** 나상성운(螺狀聖雲). **Galaxis** [gaˈlaksɪs], die; ...xien [...ˈksiːən] 〖천문〗 **a)** 〈Pl. 없음〉 은하. **b)** 〈드물게〉 ↑ Galaxie. **Galeasse** [galeˈasə], die; -n [niederd. Galeas, galjas] 〖해양·옛〗 **a)** 거대한 갈레선과 유사한 범선(11~18세기에 지중해 해전에서 사용되었음). **b)** 북해와 동해〖발트해〗 해안에서 화물선으로 사용된 범선. **Galeere** [gaˈleːrə], die; -n [ital. Gale(r)a] 갈레선〖노예선〗: er wurde auf die G. geschickt 그 사람은 갈레선을 탈 형을 받았다.
Galeeren- ⟨역사적⟩: **~sklave**, der 갈레선 노예. **~strafe**, die 갈레선 형벌. **~sträfling**, der 갈레선 죄수.
Galenik [gaˈleːnɪk], die; [고대 그리스의 의사 Galen(129~199)에 따라] 갈레노스 학설, 자연 약제 이론. **Galenikum**, das; -s, ...ka 자연 약(재)품. **galenisch** ⟨Adj.⟩ **a)** 자연 약제의, 자연 약제로 만든. **b)** 갈레노스 학설의: -e Pharmazie 갈레노스 약학, 자연 약학.
Galenit [galeˈniːt, 〖또한〗 ...nɪt], der; -s, -e ↑ Bleiglanz.
Galeone [galeˈoːnə], die; -n [ital. galeone] 〖해양·옛〗 여러 개의 대포가 있는 범선(스페인 및 포르투갈인들에 의해 전함과 상선으로 이용되었음). **Galeot** [galeˈoːt], der; -en, -en [ital. galeotto] **1.** Galeerensklave. **Galeote** [galeˈoːtə], Galiote [gaˈljoːtə], die; -n [frz. galéote] 〖해양·옛〗 북해와 동해안에서 화물선으로 사용된 범선.
Galerie [galəˈriː], die; -n [...iən; ital. galleria] **1.** 〖건

축] **a)** 교회 전면의 행랑, 복도. **b)** 성이나 궁성의 위층으로 올라가는 우회로. **c)** 농가의 바깥에 위치한 발코니 모양의 길. **2.**〖건축〗고궁의 통로, 크고 긴 공간. **3. a)** ↑ Gemäldegalerie의 약칭, 화랑. **b)** 화상업, 그림 거래. **4. a)** 홀이나 교회의 위층석. **b)**《준고어·농》극장의 맨 윗층자리, 맨 윗층의 관중: **für die G. spielen** 관중의 인기를 얻으려고 애쓰다. **5.** 동양의 양탄↑ **6.** (österr., schweiz.) 산비탈의 터널. **7.**〖역사적〗요새 방위망의 차단통로. **8.**《드물게》유리로 덮인 통로. **9.**《선원·준고어》배의 순회로. **10.**《농》일단의 유사한 물건들이나 비슷한 사람들. **11.** (österr., 준고어) 암흑가. **Galeriestadt**, die《구독문》새로운 주거용 건축 단위로서의 회랑 도시. **Galerieton**, der〈Pl. 없음〉〖예술〗유화의 흑갈색 채색[변색]. **Galeriewald**, der〖지리〗아프리카 강이나 호수가의 좁은 숲. **Galerist** [galəˈrɪst], der; -en, -en **1.** 화랑주인, 화상. **2.** (österr.·준고어) 암흑가의 두목. **Galeristin**, die; -nen ↑Galerist (1)의 여성형.
Galette [gaˈlɛtə], die; -n [frz. galette] 납작한 과자.
Galgantwurzel [galˈgant-], die; -n [lat. galanga < griech. galagga] 생강 뿌리.
Galgbrunnen [ˈgalk-], der; -s, - (schweiz.)《물통을 들어올리는 지레가 있는》두레 우물. **Galgen** [ˈgalgn̩], der; -s, - **1.** 교수대: die Verräter wurden zum Tode am G. [zum G.] verurteilt 배반자는 교수형을 선고받았다; **jmdn. an den G. bringen**《통용어》누구를 처벌하다, 누구를 교수형에 처하다; **am G. enden**《통용어》나쁜 최후를 마치다, 나쁘게 끝나다; **reif für den G. sein**《통용어》처형[처벌] 받기에 족하다. **2.** 물건을 걸어두는 고수대 모양의 기구.
Galgen-: ~frist, die 짧은(마지막) 유예 기간. **~gesicht**, das **a)**《뺨》악당 같은 얼굴 표정, 상판대기. **b)**《욕》악당 같은 상판의 사내. **~humor**, der 언짢은 상황에서 부리는 억지 유머. **~schwengel**, der **a)**《지역적·뺨·욕》무위도식자, 건달. **~strick**, der **a)**《통용어·준고어·뺨》부랑아, 뜨내기. **b)**《통용어》뻔뻔한 녀석, 철면피. **~vogel**, der **a)**《통용어·뺨》악한, 무뢰한, 깡패. **b)**《드물게》↑Galgenstrick (b).
Galiläa [galiˈlɛːə], -s 요르단 서부의 지역, 갈릴리. **Galiläer** [galiˈlɛːɐ], der; -s, - 갈릴리인. **galiläisch** [galiˈlɛːɪʃ]〈Adj.〉갈릴리의.
Galimathias [galimaˈtiːas], der (또는) das; - [frz. galimatias]《준고어·뺨》헛소리, 횡설수설.
Galion [gaˈli̯oːn], das; -s, -s [frz. galion]《구제》뱃머리. **Galione** [gaˈli̯oːnə] ↑Galeone. **Galionsfigur**, die 뱃머리 장식의 형상《대개 여자의 형상임》. **Galiote**: ↑Galeote.
Galipot [galiˈpoː], der; -s [frz. galipot]《전문어》침엽수의 송진.
Gälisch [ˈgɛːlɪʃ], das; -(s)/《정관사와 함께만》**Gälische**, das; -n 켈트어. **gälisch** [-]〈Adj.〉켈트(인)의.
Galjaß [galˈjas], die; ..jassen: ↑Galeasse. **Galjonsfigur** ↑Galionsfigur. **Galjot** [galˈjoːt], die; -en ↑Galeote.
Gall- [ˈgal-] (²**Galle**): **~apfel**, der〖식물〗몰식자(沒食子), 오배자(五倍子). **~gerbsäure**, die ↑Tannin. **~säure**, die ↑Gallussäure. **~wespe**, die〖동물〗몰식자벌(↑Eichengallwespe).
Gallat [gaˈlaːt], das; -s, -e〖화학〗몰식자산의 염분.
¹**Galle** [ˈgalə], die; -n **a)** ↑Gallenblase의 약칭: er muß an der G. operiert werden 그는 담낭 수술을 받아야 한다. **b)** 담즙, 쓸개즙: die Arznei schmeckt bitter wie G. 그 약은 몹시 쓰다; 전의 seine Worte waren voll G. 그는 아주 비꼬아서 말하였다; **jmdm. steigt[kommt] die G. hoch[schwillt die G., läuft die G. über]** 누구가 분노로 가득 차다, 누구가 화

가 나서 속이 뒤집히다; **G. verspritzen** 악의에 찬 말을 내뱉다; **jmdn. in G. bringen** 누구를 노하게 하다. ²**Galle** [-], die; -n [lat. galla] **1.**〖수의〗《특히 말의》관절의 종기. **2.**〖식물〗식물의 혹, 충영(벌레 혹).
gallebitter, gallenbitter〈Adj.〉몹시 쓴, 쓸개즙처럼 쓴. **Galle(er)brechen**, Gallen(er)brechen, das; -s〖의학〗담즙 구토.
Galléglas [gaˈleː-], das; -es, -gläser [프랑스 공예가 E. Gallé(1846~1904)에 따라] 특별한 색채 효과를 나타내는 인조 유리.
gallen [ˈgalən]〈h〉**a)**《생선 요리에서》쓸개를 떼어내다. **b)**《사냥》(짐승이) 오줌누다. **gällen** [ˈgɛlən]〈h〉↑vergällen 참조.
gallen-, Gallen- (¹Galle b): **~abführend**: ↑ ~treibend. **~anfall**, der ↑~kolik. **~bitter** ↑ gallebitter. **~blase**, die 담낭. **~blasenentzündung**, die 담낭염. **~blasengang**, der 담낭관. **~farbstoff**, der 담즙 색소. **~fett**, das ↑Cholesterin. **~fieber**, das〖수의〗담즙열. **~flüssigkeit**, die〈Pl. 없음〉¹Galle (b). **~gang**, der (대개 Pl.) 담낭관. **~gangsverschluß**, der 담낭관 폐쇄. **~gelb**, das ↑Bilirubin. **~grieß**, der 작고 많은 담석. **~kitzler**, der《농》작고 넓은 허리띠. **~kolik**, die《농》담석산통(疝痛). **~konkrement**, das ↑~grieß, der 담양 귀비속(屬) 약초. **~krebs**, der 담낭암. **~leiden**, das 담석병. **~operation**, die 담낭 수술. **~pilz**, der ↑~röhrling. **~röhrling**, der 쓴 독버섯의 일종. **~saft**, der 담낭수. **~sand**, der ↑~grieß. **~säure**, die 담즙산. **~stein**, der 담석. **~steinleiden**, das 담석병. **~tee**, der 담즙의 생성, 분비를 억제하는 차. **~treibend**〈Adj.〉담즙 배설을 촉진시키는. **~wege**〈Pl.〉담도(膽道).
Gallenwirt, der; -(e)s, -e〖식물〗충영식물.
Gallert [ˈgalɛrt, (또한) gaˈlɛrt], das; -(e)s, -e《종류》-e [lat. galatria] 갈레르트, 교질물(膠質物), 젤리.
gallert-, Gallert-: ~alge, die 담수《淡水》에 사는 푸른 해초. **~artig**〈Adj.〉교질성의. **~flechte**, die〖지의류(地衣類)〗에 속하는 담자균. **~masse**, die 교질 덩어리.
Gallerte [gaˈlɛrtə, (또한) ˈgalatə], die;《종류》-n ↑ Gallert. **gallertig** [gaˈlɛrtɪç, (또한) ˈgalatɪç]〈Adj.〉교질성의.
Gallien [ˈgali̯ən], -s 로마 시대의 프랑스 이름, 갈리아. **Gallier** [ˈgali̯ɐ], der; -s, - 갈리아 사람.
Galliarde ↑Gaillarde.
gallieren [gaˈliːrən]〈h〉〖염색〗《직물을 몰식자즙(沒食子汁)으로》물들이다.
gallig [ˈgalɪç]〈Adj.〉**1.** 담즙처럼 쓴. **2.** 기분 나쁜, 성이 난, 톡 쏘는. **Galligkeit**, die ↑gallig의 명사형.
gällig [ˈgɛlɪç]〈Adj.〉단단한, 밀질(密質)의, 순수한.
gallikanisch [galiˈkaːnɪʃ]〈Adj.〉[frz. gallican < lat. gallicānus] 갈리아주의의, 프랑스 가톨릭 교회의. **Gallikanismus** [...kaˈnɪsmʊs], der; - [frz. gallicanisme] **a)** 로마 교황에 대한 자주권을 갖는 프랑스 교회(프랑스 혁명까지). **b)** 갈리아주의, 프랑스 교회 독립주의.
Gallion: ↑Galion. **Gallionsfigur**: ↑Galionsfigur. **gallisch**〈Adj.〉갈리아의.
gallisieren [galiˈziːrən]〈h〉[독일의 화학자 L. Gall의 이름에서 유래]〖포도 재배〗《포도주 제조시》포도즙에 설탕을 섞다.
Gallium [ˈgali̯ʊm], das; -s [lat. gallus] 갈리움(은백색 화학원소, 기호: Ga).
Gallizismus [galiˈtsɪsmʊs], der; -, ...men [frz. gallicisme]〖언어〗《비프랑스어에 있어서의》프랑스식 어법[투].

Galljambus [gal-], der; -, ...ben [lat. Galliambus] 〖운율〗 불완전한 반어격 4운각구(四韻脚句)의 고대시형.

Gallomane [galo'ma:nə], der; -n, -n 프랑광, 프랑스에 심취한 사람. **Gallomanie**, die; - [lat. Gallus] 프랑스광(행위).

Gallon ['gælən], der (또는) das; -(s), -s 〖engl.(-amerik.) gallon〗 ↑Gallone. **Gallone** [ga'lo:nə], die; -n **a)** 갈론(영국의 액량 단위(4,545ℓ), 기호: gal, gall). **b)** 미국의 액량 단위(3,785ℓ, 기호: gal, Gall).

galloromanisch [galoro'ma:nɪʃ] 〈Adj.〉 갈리아(지역)로만어의.

gallophil [galo'fi:l] usw. ↑frankophil usw. **gallophob** [galo'fo:p] usw. ↑frankophob usw.

Galluschel, Galuschel [ga'luʃəl], die; -s, -n [poln. galuszka] 〈지역적〉 식용버섯(적황색으로 불규칙한 파상형의 갓이 있음).

Gallussäure ['galus-], die [lat. acidum gallicum] 몰식자 산. **Gallustinte**, die 흑색 또는 청색 잉크(제2철염과 몰식자 산으로 만듦).

Galmei [gal'maɪ, 《또한》'- -], der; -s, -e [frz. calaminee < lat. calamina < lat. cadmīa, cadmēa < griech. kadmía, kadmeía] ↑Zinkspat.

Galon [ga'lɔ̃:], der; -s, -s [frz. galon], **Galone** [ga'lo:nə], die; -n [ital. gallone < frz. galon] 〖대단〗(하인복, 제복, 야회복 등에 다는) 장식용 가는 끈. **galonieren** [galo'ni:rən] 〈h〉 [frz. galonner] **a)** 〖재단〗 장식용 끈을 달다. **b)** 〖모피업〗 길고 두터운 모피를 좁은 가죽끈으로 늘이다.

Galopp [ga'lɔp], der; -s, -e / -e [ital. galoppo < frz. galop] **1.** 〖승마〗 갤럽, 질구(疾驅): das Pferd in G. setzen 말을 질주하게 하게; im G. 〖통용어〗 매우 빨리, 조급〖성급〗하게; im G. durch die Kinderstube geritten sein 〖통용어·폄〗 가정 교육〖예의〗이 없다. **2.** 2/4 박자의 빠른 원무(圓舞).

galopp-, Galopp-: ~artig 〈Adj.〉 말처럼 달리는, 질주하는. **~(renn)bahn,** die 〖경마〗 말이 달리는 코스, 경주로. **~rennen**, das 〖경마〗 말의 질주. **~sport,** der 갤럽식 경마. **~sprung,** der **1.** 〖체조〗 공중돌기. **2.** 〖체조〗 평균대의 뛰어넘기. **~wechsel,** der 〖경마〗 갤럽에서 발의 순서를 바꾸는 일.

Galoppade [galɔ'pa:də], die; -n [frz. galopade] 〈고어〉 ↑Galopp. **Galopper** [ga'lɔpɐ], der; -s, - 〖경마〗 **a)** 경주용 말, 경마 말. **b)** 질구(疾驅)하는 말의 기수(기사). **galoppieren** [galɔ'pi:rən] [ital. galoppare < (a)frz. galoper] **a)** 〈h, 《드물게》s〉 말이 질주하다, 갤럽으로 달리다. **b)** 〈s〉 일정 거리를 갤럽으로 달리다: doch auch sein Herz galoppierte 그러나 그의 가슴〖심장〗도 뛰었다. **galoppierend** 〈Adj.〉 빨리 진행되는, 〖병세가〗 빨리 악화되는, 급격히 나빠지는.

Galosche [ga'lɔʃə], die; -n 〈대개 Pl.〉 [frz. galoche < lat. gallicula] **a)** 〈준어〉 고무덧신, 오버슈즈. **b)** 〈통용어, 폄〉 낡은 실내화.

galst(e)rig ['galstrɪç] 〈Adj.〉 〖nordd.〗 썩은 냄새가 나는, 격앙된.

¹**galt** [galt] 〈Adj.〉 〖bayr., österr., schweiz.〗 젖이 나지 않는, 일시적으로 새끼를 낳지 못하는.

²**galt** [-] ↑**gelten** 참조.

Galt [-], der; -(e)s 〖südd., schweiz.〗 암소나 염소가 젖이 나오지 않는 시기. **Galtling**, der; -s, -e 젖이 나지 않는 암소나 송아지.

gälte ['gɛltə] ↑**gelten** 참조.

Galtonie [gal'to:niə], die; -n 〖영국의 작가이자 자연과학자인 Francis Galton의 이름에서 유래〗 꽃이 길게 늘어지는 남 아프리카 지방의 백합.

Galtvieh, das; -s **a)** 가축(짐승) 새끼. **b)** 젖이 나지 않는 암소. **c)** 거세된 동물. **Galtviehhirt**, der 거세된 동물을 돌보는 목동.

Galuschel: ↑**Galluschel.**

Galvanisation [galvaniza'tsi̯o:n], die; - [frz. galvanisation] 〖의학〗 직류 전기 요법. **galvanisch** [gal'va:nɪʃ] 〈Adj.〉 직류 전기의, 갈바니 전기의. **Galvaniseur** [galvani'zø:ɐ], der; -s, -e [frz. galvanis(at)eur] 전기 도금공. **galvanisieren** [galvani'zi:rən] 〈h〉 [frz. galvaniser] 〖기술〗 갈바니 전기를 작용시키다, 전기 도금하다. **Galvanisierung**, die ↑**galvanisieren**의 명사형. **Galvanisierwerkstatt**, die 전기 도금 공장. **Galvanismus** [galva'nɪsmʊs], der; - [ital. galvanismo] 〖이탈리아의 자연과학자 Galvani의 이름에서 유래〗 직류 전기학, 갈바니 전기. **Galvano** [gal'va:no], das; -s, -s [Galvanoklischee와 Galvanoplastik의 약칭] 〖그래픽·기술〗 전기판, 전형(電型).

galvano-, Galvano- [galvano-]: **~graphie,** die [↑-graphie] 전기 제판술. **~kaustik,** die 〖의학〗 전기 소작(燒灼)법. **~kauter,** der 〖의학〗 전기 소작기. **~klischee,** das ↑~plastik (b). **~meter,** das [↑-meter] 〖기술〗 검류계. **~metrisch** 〈Adj.〉 검류계에 의한, 검류계로 잰. **~narkose,** die 전기 마취. **~plastik,** die 〈Pl. 없음〉 **a)** 전기 제판술. **b)** 전기 도금법. **~plastiker,** der 전기 도금공, 전기 제판공. **~plastisch** 〈Adj.〉 전기 도금의, 전기 제판의. **~punktur,** die 〖의학〗 전기침 제거(머리칼이나 사마귀 등을 떼냄). **~skop,** das; -s, -e [griech. skopeîn] 〖기술〗 검류기. **~stegie** [-ste'gi:], die [griech. stégein] 전기 도금. **~taxis,** die; -, ...xen [griech. táxis] 〖생물〗 전기 주성(走性). **~technik,** die 전기 도금술. **~techniker** 전기 도금공. **~technisch** 〈Adj.〉 전기 도금술의. **~therapie,** die ↑**plastik. ~typie** [-ty'pi:], die; - 〈고어〉 ↑**plastik. ~typiemetall,** das 전기 제판(도금) 금속; 납, 안티몬, 주석의 합금.

Gamander [ga'mandɐ], der; -s, - [lat. gamandrea] 개광풍속(屬)의 식물(석회질의 토양에서 자라며 약재료로 쓰임).

Gamasche [ga'maʃə], die; -n 〈대개 Pl.〉 [frz. gamache] **a)** 각반. **b)** ↑**Wickelgamasche. vor jmdm. (etw.) -n haben** 〖통용어·준고어〗 누구를 무서워하다. **Gamaschendienst**, der 〖폄〗 엄격하고 까다로운 (병영) 훈련. **Gamaschenhose**, die 아동용 각반바지.

Gamasidiose [gamazi'dio:zə], die; -n [lat. Gamasidae] (사람에게 전염되는) 새의 진드기 피부병.

Gambade [gam'ba:də], die; -n [frz. gambade] 〖교양어·고어〗 **1.** 공중제비. **2.** 변덕. **3.** 성급한 결심〖결정〗. **Gambe** ['gambə], die; -n [ital. viola da gamba] 6현금, 비올라 다 감바.

Gamben-: ~spieler, der 비올라 다 감바 연주자. **~spielerin,** die ↑~spieler의 여성형. **~stimme,** die 비올라 다 감바와 유사한 소리가 나는 풍금 음전(音栓).

Gambia ['gambi̯a, 〖engl.〗 gæmbɪə], -s 감비아(서아프리카 나라). **Gambier** ['gambi̯ɐ], der; -s, - 감비아인.

Gambir [gam'bɪɐ], der; -s 〖indon. gambir〗 캠비어 아선약(阿仙藥), 빈랑고(擯榔膏)(동남 아시아의 꼭두서니과 덩굴식물의 즙으로 만든 지혈, 수렴제 및 무두질 재료로 쓰임).

Gambist [gam'bɪst], der; -en, -en ↑**gambenspieler**.

Gambit [gam'bɪt], das; -s, -s [span. gambito] 〖서양장기〗 (졸을 미끼로 죽이는) 초짜의 수.

Gambohanf ['gambo-], der; -(e)s 아프리카나 인도 지방에서 자라는 당아욱속(식물).

Gambrinus [gam'bri:nʊs], der 맥주를 발명했다는 전설적인 왕.

Gamelan ['ga:mələn], **Gamelang** ['ga:məlaŋ], das; -s, -s 〔indon. gamelan〕 쟈바나 발리 섬의 토속 음악.
Gamelle [ga'mɛlə], die; -n 〔frz. gamelle〕 《schweiz.》 군인들의 식기.
Gamet [ga'me:t], der; -en, -en 〔griech. gamétēs〕 〖생물〗 배우자(子)(고등 생물의 난과 정자에 해당) 생식 세포. **Gametangium** [game'taŋgiʊm], das; -s, ...ien [...iən; zu griech. ággion] 배우자낭(주머니). **Gametenbildung**, die; -en 배우자의 형성. **Gametogamie** [gametoga'mi:], die [griech. gamos] 성이 다른 두 개의 배우자 결합. **Gametogengse**, die; -n 배우자 형성 과정. **Gametopathie**, die; -n [...iən; ↑-pathie] 배우자(配偶子) 눈(芽)의 병. **Gametophyt** [...'fy:t], der; -en, -en [griech. phytón] 배우체(配偶體). **Gametozyt** [-'tsy:t], der; -en, -en [griech. kýtos] 배우자 모세포, 생식모세포.

Gamin [ga'mɛ̃:], der; -s, -s [frz. gamin] 《고어》 부랑아, 뜨내기.

Gamma ['gama], das; -(s), -s [lat. gamma < griech. gámma] 그리스어 자모의 셋째 자(Γ, γ).

Gamma-: ~**astronomie**, die γ 感센트 천문학(= 뢴트겐 천문학). ~**eule**, die 감마 글자와 유사한 날개를 가진 나비류. ~**funktion**, die [수학] 감마함수. ~**globulin**, das [의학] 감마글로불린(혈장 중의 글로불린). ~**graphie**, die; -n [...iən] 감마선을 통한 비파괴 검사법. ~**quant**, γ-**Quant**, das [물리] 감마선 광자(光子). ~**spektrometer**, der 감마선 분광기. ~**spektrum**, das 감마선 스펙트럼. ~**strahlen**, γ-**Strahlen** 〈Pl.〉 [물리, 의학] 감마선(광선 치료에 사용되는 단파의 뢴트겐 선). ~**übergang**, der 감마선을 발생시키는 원자핵의 변이 과정. ~**zerfall**, der ↑-übergang.

Gammarus ['gamarʊs], der; - [lat. gammarus, cammarus] 감마루스, 옆새우속.

Gammazismus [-'tsɪsmʊs], der; - [zu ↑Gamma] g, k의 음을 j, d, t 등으로 잘못 발음하는 현상. **Gamme** ['gama], die; -n [frz. gamme] 〖음악〗 음계.

¹**Gammel** ['gam!], der; -s [Niederd.] 《통용어, 펌》 잡동사니.

²**Gammel** [-], die; -n 《통용어, 욕설》 칠칠치 못한 계집.

Gammel- (gammeln 2): ~**biene**, die 《약간 펌》↑ Gammlerin. ~**bruder**, der 《통용어, 펌》 부랑아, 뜨내기, 건달. ~**dienst**, der 〖군〗 기본 군사 훈련. ~**kluft**, die 《통용어, 펌》 a) 누더기옷. b) 《농》 헐렁한 평상복. ~**leben**, das 〈Pl. 없음〉 《통용어, 펌》 뜨내기 생활, 불규칙한 생활방식. ~**Look**, der 《붙임표와 함께》 남루한 옷차림. ~**tag**, der 《통용어, 농》 일하지 않는 날, 빈둘거리는 날.

Gammelei [gamə'laɪ], die 《통용어·펌》 빈들거리며 아무 일도 하지 않는 것. **gammelig**, **gammlig** ['gam(ə)lɪç] 〈Adj.〉 《통용어·펌》 a) 음식이 상한: das Obst ist g. geworden 과일이 상했다. b) (옷이) 남루한: g. gekleidet sein 남루한 옷을 입고 있다. **gammeln** ['gam!n] 〈h〉 1. 《통용어》 (음식이) 점차 상하다: das Brot gammelt im Vorratsraum 빵이 저장실(창고)에서 상하고 있다. 2. a) 《통용어·펌》 빈둘거리며 지내다. b) 《통용어》 태업하다, 근무하지 않고 시간을 보내다. **Gammler** ['gamlɐ], der; -s, - 《통용어, 펌》 빈둘거리는 반항적인 청소년. **Gammlerin**, die; -nen ↑Gammler의 여성형. **Gammlertreff**, der 《통용어·펌》 불량 청소년들의 거처, 소굴. **Gammlertum**, das; -s 불량 청소년들의 생태. **gammlig**: ↑gammelig.

Gamone [ga'mo:nə] 〈Pl.〉 [griech. gameĩn] 〖생물〗 접합소. **gamophob** [gamo'fo:p] 〈Adj.〉 [griech. gameĩn] 〖전문어〗 결혼 기피증의. **gamotrop** [...'tro:p] 〈Adj.〉 [griech. gameĩn] 〖식물〗 생식 기관을 보호하는.

Gampiroß ['gampi-], das; ...rosses, ...rösser 《schweiz.》 흔들 목마.

Gams [gams], der, die, das; -, -(en) 《(사냥·지역적)》 ↑ Gemse.

Gams-: ~**bart**, der (모자 장식 등에 쓰이는) 알프스영양의 털. ~**bock**, der ↑Gemsbock. ~**leder**, das ↑Gemsleder. ~**wild**, das 알프스영양.

Ganache [ga'naʃ], die [frz. Crème Ganache] 단 생크림과 초콜릿 가루로 만든 후식. **Ganachecreme**, die 가나시 크림.

Ganasche [ga'naʃə], die; -n [frz. ganache] 말의 아래턱.

Gand [gant], die; -en 《또는》 das; -s, Gänder ['gɛndɐ] 《österr., schweiz.》 쓰레기장, 쓰레기 더미.

Gandharakunst [gan'da:ra-], die [sanskr. Gandhāra] 간다라 예술.

Gandharwa [gan'da:gɐva] 〈Pl.〉 [sanskr. Gandharva] 인도교의 반신(半神).

Ganeff ['ganɛf], der; -(s), -e / -s 《österr.》 1. ↑ Ganove. 2. 《드물게 통용어·농》 사위.

Ganerbe ['ga:n-], der; -n, -n 〖법·고어〗 1. 공동 상속인. 2. 기사 계급의 상속자. 3. 공동 관리 삼림 지역의 회원. **Ganerbschaft**, die 공동 상속 재산.

ganfen ['ganfŋ] 〈h〉 [hebr.] 훔치다.

gang (다음 용법으로) **g. und gäbe sein** ['gaŋ ʊnt 'ge:bə zaɪn], 〈지역적〉 **gäng und gäbe sein** ['gɛŋ...] 습관적이다, 관습적이다: damals war die Verwandtenehe g. u. gäbe 당시에는 친척간의 결혼은 당연한 일이었다.

¹**Gang** [gaŋ], der; -(e)s, Gänge ['gɛŋə] 1. a) 걸음걸이, 발걸음: die Frau hatte einen schleppenden G. 그녀의 걸음걸이는 질질 끄는 듯했다. b) [사육] (말 따위의) 걸음걸이. 2. 보행: sie machten einen G. durch den Park 그들은 공원을 산책했다; 〖전의〗 jmdn. auf seinem letzten G. begleiten (아어, 은폐) 누구의 마지막 길[장례식]에 참가하다; **einen schweren(bitteren) G. tun(gehen)** 어려운 발걸음을 하다. 3. (기계의) 작동, 운행: die Anlage ist die ganze Nacht ohne Unterbrechung in G. 그 기계는 철야 작동된다; **in G. bringen(setzen)** 작동시키다, 돌리다; **etw. in G. halten** 무엇을 정지되지 않도록 하다; **in G. kommen** 움직이다, 작동하기 시작하다. 4. 진행, 진척: über den Ereignissen(der Geschäfte) 〖사업〗의 진행; **seinen G. gehen** 제대로 되어가다; **im Gang(e)(in G.) sein** 1) 진행(활동) 중이다: es war erst vier Uhr morgens, aber sie war schon im -e 새벽 4시인데도 그녀는 벌써 활동 중이다. 2) (비밀리에) 진행 중이다. 5. [스포츠] 라운드, 한판. 6. [기술] a) (차량 변속기의) 단: den ersten G. einlegen 《통용어》 (기아의) (제) 1 단을 넣다; in den zweiten G. schalten (제) 2단으로 바꾸다; auf langsamen G. kaufen 《통용어》 할부로 사다; **einen G. zulegen** 《통용어》 더 서두르다; **einen G. zurückschalten** 《통용어》 속도를 줄이다. b) ↑Gewindegang의 약칭. 7. a) (나무, 울타리 등으로 둘러싸인) 길: der G. einer Allee 가로수 길. b) 지하로, 갱로. c) 현관, 복도. 8. [지질] 광맥, 암맥. 9. [요리] 식사의 코스: das Festessen hatte fünf Gänge 그 연회에는 5번의 음식 코스가 있었다.

²**Gang** [-], der; -e [해양] a) (선상(船上)의) 작업조. b) (항만의) 작업조.

³**Gang** [gɛŋ], die; -s [engl.-amerik. gang] a) 범죄 조직(단), 갱, 악당. b) 청소년 폭력[테러]단. **Gangchef**, der 《통용어》 폭력단 두목.

gäng-: ↑gang 참조.

gang-, Gäng-: ~**art**, die 1. a) (사람, 짐승, 말 등의) 걸음걸이, 보행법: in eine schnellere G. verfallen 보다

빠른 걸음으로 바꾸다. b) 〖스포츠〗 경기 방법. c) 〖육상 경기〗 보행법, 보행술. 2. 〖지질〗 a) 맥석(脈石). b) 광재(鑛滓). ~**differenz**, die ↑~unterschied. ~**erz**, das 광맥 속의 광물. ~**fenster**, die ↑**gangbar**의 명사형. (기차의) 복도에 면한 창. ~**genau** 〈Adj.〉 (시계가) 정확히 맞는. ~**genauigkeit**, die ↑~genau의 명사형. ~**gestein**, das 〖지질〗 맥석(脈石). ~**gewicht**, das 시계추. ~**schaltung**, die 〖기술〗 기아 변속 장치. ~**steig**, der (südd., österr.) 보도(步道). ~**tür**, die 갱로(낭하)의 문. ~**unterschied**, der 〖물리〗 서로 겹치는 두개의 파장의 차이. ~**wasser**, das 《법, 고어》 물방아 개울의 수량. ~**werk**, das a) 시계의 기계 장치. b) 《통용어·농》 (사람의) 다리.

gangbar ['gaŋbaːɐ] 〈Adj.〉 1. 통행(보행)할 수 있는(반대: ungangbar): ein auch im Winter leicht -er Weg 겨울에도 통행하기 쉬운 길. 2. 유통하는, 관용적인, 통용하는. **Gangbarleot**, die ↑**gangbar**의 명사형. **Gängelband** ['gɛŋəl-], das; -(e)s, ...bänder (고어) (걸음마 시키기 위하여) 끄는 끈: jmdn. am G. führen(haben/halten) 누구를 마음대로 조종하다, 누구의 후견인 노릇을 하다. am G. gehen 후견인의 감독을 받다, 조종당하다. **Gängelei** [gɛŋə'laj], die; -en 《통용어》 사람을 마음대로 부리는 일. **gängeln** ['gɛŋ(ə)n] 〈h〉 《통용어·편》 사람을 마음대로 부리다, 조종하다. **Gängelung**, die ↑**gängeln**의 명사형. **Gänger** ['gɛŋɐ], der; -s, - 《드물게》 보행자, 걷는 사람. **gängig** ['gɛŋɪç] 〈Adj.〉 1. 관용적인, 통용하는, 유행하는: die -e Meinung 일반적인 의견. 2. 잘 팔리는. 3. (화폐가) 통용하는: -e Münzen 통용 주화. 4. 다시 사용할 수 있는: das Schloß wieder g. machen 자물쇠를 다시 쓸 수 있게 만들다. 5. 〖사냥〗 ↑**führig** (1) 참조. **Ganges** ['gaŋges], der; - (인도 전방의 강 이름) 갠지스 강. **Gängigkeit**, die ↑**gängig**의 명사형.

Ganglien- 〖의학〗: ~**blockade**, die 신경절(神經節) 차단. ~**blocker**, der; -s, - 신경절 차단제(劑). ~**knoten**, der ↑**Ganglion** (1). ~**leiste**, die Neuralleiste. ~**zelle**, die 신경절 세포.

Gangliom [gaŋ(g)liːom], das; -s, -e 〖해부·생리〗 신경절종(神經節腫). **Ganglion** ['gaŋ(g)lion], das; -s, ...ien [...iən] 〈대개 Pl.〉 [lat. ganglion] 〖의학〗 1. 신경절(節). 2. 결절종(結節腫). **Ganglioneurom**, das; -s, -e [zu ↑Ganglion u. ↑Neurom] 〖의학〗 신경절 신경종(神經節神經腫), 신경절 세포종(神經節腫). **Ganglionitis** [gaŋglio'niːtɪs], die; ... itiden 〖의학〗 ↑Ganglitis. **Ganglioplegikum** [...ioˈpleːgikʊm], das; -s, ...ka 〈대개 Pl.〉 [zu griech. plēgé = Stoß, Schlag] 〖의학〗 ↑Ganglienblocker. **Ganglitis** [gaŋˈgliːtɪs], Ganglionitis [gaŋglioˈniːtɪs], die; ...itiden 〖의학〗 신경절염.

Gangrän [gaŋˈgrɛːn], die; -en (또는) das; -s, -e [lat. gangraena < griech. gággraina = fressendes Geschwür] 〖의학〗 ↑Brand (5), Faulbrand. **gangränieszieren** [gaŋgrɛnɛsˈtsiːran] 〈h〉 〖의학〗 괴저(壞疽) [탈저(脫疽)]에 걸리다. **gangränös** [gaŋgrɛˈnøːs] 〈Adj.〉 〖의학〗 괴저[탈저]의.

Gangspill ['gaŋ-], das; -(e)s, -e 〖해양〗 양묘기(揚錨機).

Gangster ['gɛŋstɐ], der; -s, - [engl.-amerik. gangster] (편) 갱단원, 악당: schwerbewaffnete G. 중무장한 악당〔갱〕.

Gangster-: ~**bande**, die 갱단. ~**boß**, der 갱 두목 [보스]. ~**braut**, die 갱의 정부(애인). ~**chef**, der 갱 두목. ~**film**, der 갱 영화. ~**könig**, der 암흑가의 황제. ~**methode**, die 〈대개 Pl.〉 (편) 갱 수법. ~**stück**, das (편) 악행, 비행. ~**unwesen**, das 갱 행패.

Gangstertum, das; -s 갱의 성질, 행패.

Gangway [ˈgæŋweɪ], die; -s [engl. gangway] (배나 비행기의 승강용) 트랩, 현제(舷梯): die G. hinaufsteigen 트랩을 올라가다.

Ganoiden [ganoˈiːdn̩] 〈Pl.〉 [griech. gános] ↑Schmelzschupper 참조. **Ganoidschuppe** [ganoˈiːt-], die; -n 금빛 비늘, 경린(硬鱗). **Ganoin** [ganoˈiːn], das; -s 경린질(硬鱗質), 가노인. **Ganosis** [ˈgaːnozɪs], die; ...osen [gaˈnoːzn̩] (석고나 대리석 조각품에) 상아 색조(色調)를 주기 위한 마무리 처리.

Ganove [gaˈnoːvə], der; -n, -n [jidd. gannaw] 《통용어·편》 범죄자, 사기꾼, 깡패: einen -n dingfest machen 범인을 체포하다. **Ganovehre**, die 깡패의 명예. **Ganovensprache**, die ↑Gaunersprache. **Ganoventrick**, der 사기꾼 수법.

Gans [gans], die; Gänse [ˈgɛnzə] 〈축소형: ↑Gänschen〉 1. a) 거위: Gänse schnattern 거위들이 꽥꽥 운다. b) 거위의 암컷. c) ↑Gänsebraten. 2. 《통용어·편》 멍청한 (젊은) 여자: blöde〔dumme〕 G.! 〖욕설〗 바보 같은 년!

Gans- (südd., österr. für ↑Gänse- 참조): ~**braten**, der 거위 고기 구이. ~**leber**, die 거위 간. ~**leberpastete**, die 거위 간 파이.

Gänschen ['gɛnsçən], das; -s, - ↑Gans의 축소형.

Gänse-: ~**bauch**, der 16세기 후반 남성복의 솜을 넣은 배부분. ~**blümchen**, das a) 데이지꽃. b) 《통용어, 농》 여자, 소녀. ~**braten**, der 거위고기 구이. ~**brust**, die 〖요리〗 구운 거위의 가슴 부분. ~**distel**, die 큰방가지똥. ~**ei**, das 거위 알. ~**feder**, die 거위의 깃털. ~**fett**, das 거위의 지방. ~**fingerkraut**, das 딱지꽃의 일종. ~**fleisch**, das 거위고기. ~**füßchen**, das 《통용어》 ↑Anführungszeichen. ~**geier**, der 흑갈색 큰 날개와 꼬리깃, 거위 모양의 길고 흰 목을 가진 수리(아프리카 및 아시아 산). ~**hahn**, der (지역적) ↑Gänserich (1). ~**hals**, der 거위 목. ~**haut**, die 닭살, 소름: eine G. bekommen〔kriegen〕 소름이 돋다; jmdm. läuft eine G. über den Rücken 《통용어》 누구의 등골이 오싹하다; etw. verursacht jmdm. eine G. 《통용어》 무엇이 누구를 소름끼치게〔오싹하게〕 하다. ~**hautproduzent**, der 《통용어·농》 공포〔피기〕 영화 제작자, 공포 탐정소설 작가. ~**hautstreifen**, der 《통용어·농》 공포〔피기〕 영화. ~**hirt**, der 거위지기. ~**keule**, die 거위의 넓적다리. ~**kiel**, der (거위) 깃 펜. ~**klein**, das; -s 1. 거위의 목, 머리, 날개, 내장. 2. ↑Gänseklein (1)의 요리. ~**kraut**, das 십자화. ~**kresse**, die ↑Gänsekraut. ~**leber**, die 거위 간. ~**leberpastete**, die 거위 간 파이. ~**marsch**, der 〈Pl. 없음〉 〈대개 다음 용법으로〉 im G. 일렬종대로, 줄로. ~**marschtraining**, das 〖육상〗 2m 간격으로 한 사람씩 달리는 연습. ~**schlegel**, der (지역적) ~keule. ~**schmalz**, das 거위 굳기름[수지]. ~**stall**, der 거위 우리. ~**vogel**, der 〈대개 Pl.〉 거위, 기러기, 백조 따위의 새. ~**wein**, der 〈Pl. 없음〉 《통용어·농》

Ganser ['ganzɐ], der; -s, - (südd., österr.) ↑Gänserich. **Gänserich** ['gɛnzərɪç], der; -s, -e 1. 거위의 수컷. 2. 《농》 ↑Gänseklein. **Gansjung**, das; -s 《südd.》 ↑Gänseklein. **Gänslein**, das; -s ↑Gans의 축소형. 2. ↑Gänsefingerkraut. **Gansljunge** ['ganzl-], das; -n 《österr.》 ↑Gänseklein 참조.

Gant [gant], die; -en 1. 《schweiz.》 경매. 2. 《스위스의 Graubünden주》 파산. **Gantbuch**, das 경매 목록. **ganten** ['gantn] 〈h〉 《schweiz.》 경매하다. **Ganter** [ˈgantɐ], der; -s, - (nordd.) ↑Gänserich (1).

Gantner ['gantnɐ], der; -s, - 파산자.

Ganymed [gany'me:t, 《또한》'---], der; -s, -e 〔그 리스 신화에서 신들의 술시중을 드는 미소년의 이름에서〕《드물게》 급사, 식당 종업원.

ganz [gants] 〈Adj.〉 ↑¹,²Ganze. **1. a)** 〈단수 명사에서만 표준어〉 온전한, 전체의, 완전한: die -e Familie 온가족, 가족 전부; die -e Zeit über 시간 내내; das war nicht die -e Wahrheit 그것은 완전한 진실은 아니었다; 《통용어에서는 복수 명사와도》 die -en Kinder 모든 아이들; 《중성 지명에서는 불변화》 in g. Europa 유럽 전체에서; g. allein machen 완전히 혼자서 하다; das ist g. meine Meinung 그것은 전적으로 내 의견과 같다; sie ist g. die Mutter[《통용어》 die -e Mutter] 그녀는 어머니를 꼭 닮았다; das ist etwas g. anderes 그것은 전혀 다른 것이다; wir brauchen für die Arbeit einen -en Mann 우리는 그 일에 전력을 다 할 수 있는 사람이 필요하다; ein -er Kerl 믿을 수 있는 유능한 사람; er hat -e Arbeit geleistet 그는 일을 완벽하게 해냈다; 《반어》 er war g. Würde 그는 아주 위엄이 있었다. **b)** 〈부정 수사로〉 완전한, 나눌 수 없는: -e Zahl 정수(整數): drei -e Flaschen Wein und noch eine halbe 포도주 세 병 전부와 또 반 병; **g. und gar** 전적으로, 철저하게; **g. und gar nicht** 전혀[절대, 결코] 아니다; das gefällt mir g. u. g. nicht 그것은 전혀 내 마음에 들지 않는다; **im ganzen** 전부(합쳐서), 전체(전반)적으로; er war im g. dreimal hier 그는 모두(합쳐서) 세 번 이 곳에 왔다; im g. (gesehen) war die Sache ein Erfolg 전체적으로 보아 그 일은 성공적이었다; in großen (und) -en ↑groß 7. **2. a)** 〈형용사의 제한〉 상당히, 꽤, 어느 정도: das ist mir nicht g. unbekannt 나는 그것에 관해 좀 알고 있다. **b)** 〈형용사의 강조〉 매우, 아주: du hast g. recht 네 말은 전적으로 옳다. **3.** 〈통용어〉 꽤[상당히](많은): es dauerte eine -e Weile 시간이 꽤되었다. **4.** 〈기수와 함께〉 〈통용어〉 단지, 겨우: das Buch hat -e fünf Mark gekostet 그 책값은 꼭 5 마르크였다. **5.** 〈통용어〉 상하지 않은, 흠없는, 온전한: etw. wieder g. machen 무엇을 온전하게 복구하다.

ganz-, Ganz-: **~aufnahme,** die ↑~bild. **~band,** der 〈Pl. -bände〉 책 전체를 한가지 재료로 싼 장정. **~bild,** das 전신 사진. **~brief,** der 〔우편〕 우표가 붙은 편지 봉투. **~figur,** die 전신상. **~figurig** 〈Adj.〉 전신상의. **ganzgar** ['gantsgaːɐ̯] 〈Adj.〉 〔제혁〕 무두질을 끝낸. **~foto,** das ↑~bild. **~glastür,** die 〔토목〕 전체가 유리로 되어 있는 (출입)문. **~holz,** das ↑Vollholz. **~jahresreifen,** der 사계절 타이어. **~jährig** 〈Adj.〉 연중 무휴의, 일년내내의: das Hotel ist g. geöffnet 그 호텔은 연중무휴이다. **~körperbestrahlung,** die 〔의학〕 전신 조사(照射). **~körperzähler,** der 〔의학〕 사람의 신체에서 나오는 방사선 측정 기구. **~leder,** das 〔서적〕 완전 가죽. **~lederband,** der 〈Pl. -bände〉 〔서적〕 가죽 장정본, 총혁 장정 (總革裝幀). **~ledern** 〈Adj.〉 〔서적〕 가죽장정의. **~leinen** 〈Adj.〉 **1.** 〔섬유〕 순수 아마(亞麻)의. **2.** 〔서적〕 완전 클로드 장정의. **~leinen,** das **1.** 〔섬유〕 순수 아마포(布). **2.** 〔서적〕 die Ausgabe ist in G. lieferbar 그 판은 완전 클로드 장정본으로 구입할 수 있다. **~leinenband,** der 〈Pl. -bände〉 완전 클로드 장정본. **~massage,** die 전신 마사지. **~metallbauweise,** die 주로 금속 재료를 사용하는 제작 방식(특히 비행기 제작). **~packung,** die 전신을 둘러싸는 포전법(찜질 붕대)(치료를 위해). **~papierband,** der 〈Pl. -bände〉 〔서적〕 종이 장정본. **~porträt,** das 전신(초상)화. **~randig** 〈Adj.〉 〔식물〕 잎의 가장자리가 매끄러운, 전연(全緣)의. **~sache,** die 〔우편·우표〕 도장 적힌 우표가 있는 엽서나 봉투. **~satzmethode,** die 〈Pl. 없음〉 〔교육〕 전체 문장을 기초로 하는 독서(학습)법. **~schluß,** der 〔음악〕 완전 종지. **~seiden** 〈Adj.〉 《드물게》↑reinseiden. **~seitig** 〈Adj.〉 전면의. **~stoff,** der 〔제지〕 제지 원료. **~stoffholländer,** der ↑Holländer (4). **~tägig** 〈Adj.〉 전일의, 온종일의. **~tagsarbeit, ~tagsbeschäftigung,** die 〈Pl. 없음〉 전일 근무. **~tagsschule,** die 전일(제) 학교. **~tagsunterricht,** der 전일제 수업. **~ton,** der 〈Pl. -töne〉 〔음악〕 온음, 전음. **~tonleiter,** die 〔음악〕 온음계. **~wollen** 〈Adj.〉 《드물게》↑reinwollen. **~wortmethode,** die 〈Pl. 없음〉 〔교육〕 전체의 단어에서 출발하는 읽기 학습 방법. **~wortsystem,** das 〈Pl. 없음〉 〔교육〕 ↑~wortmethode. **~zahlig** 〈Adj.〉 〔수학〕 전부 숫자로 된. **~zahligkeit,** die ↑~zahlig의 명사형. **~zeug,** das ↑~stoff.

¹Ganze ['gantsə], der; -n, -n 〔대학생이〕 한 잔 가득 채운 맥주: **jmdm. einen -n vorkommen** 누구를 위해 축배를 들다. **²Ganze** [-], das; -n **1.** 전체: etw. als -es betrachten 무엇을 전체(적인 통일성으)로 관찰하다. **2.** 전부, 모든 일: **aufs G. gehen** 《통용어》 단호히[직접적으로] 뛰어들다[해결하다], 철저하게 하다; **es geht ums G.** 전체가 문제되다, 전체의 사활이 달려있다. **Gänze** ['gɛntsə] 〈다음 용법으로만〉 **in seiner[ihrer] G.** 〈아어〉 전체적으로, 전체적인 면에서. **zur G.** 〈österr.〉 전적으로, 몽땅. **Ganzheit,** die; -en 온전함, 전체성, 통일성: etw. in seiner G. erfassen 무엇을 전체로서 파악하다. **ganzheitlich** 〈Adj.〉 전체적인. **Ganzheitlichkeit,** die ↑ganzheitlich의 명사형.

Ganzheits-: **~begriff,** der 전체성의 개념. **~betrachtung,** die 〈Pl. 없음〉 전체적 관찰. **~erziehung,** die 전체성(의) 교육. **~medizin,** die 〈Pl. 없음〉 환자를 육체 및 정신적인 상태에서 파악하여 치료하는 의학 분야(↑Psychosomatik). **~methode,** die ↑Ganzsatzmethode, Ganzwortmethode. **~psychologie,** die 전체 심리학(모든 심리 현상의 전체적 관찰을 원칙으로 삼는 심리학 분야). **Ganzheitstheorie,** die 〔철학〕 부분과 전체의 관계 이론. **~unterricht,** der ↑ganzheitlicher Unterricht.

Ganzleinen in G. 〔서적〕 《완전》 클로드 장정본.
gänzlich ['gɛntslɪç] 〈Adj.〉 〈강조〉 완전히, 전부, 전혀, 전연.
Ganzstahlwagen, der 〔철도〕 강철판으로만 차체를 만든 기차.

¹gar [gaːɐ̯] 〈Adj.〉 **1.** 완전히 익은, 삶아진, 구워진. **2.** 〔농업〕 〔농토가〕 경작하기에 좋은, 비옥한(반대: ungar). **3.** (südd., österr.·통용어) 다 써버린, 소모한.
²gar [-] 〈Adv.〉 **1.** 〈부정의 강조〉 굉장히, 전혀, 몹시; g. nicht(s) 전혀(아무것도) 아니다. **2. a)** (zu와 so와 결합하여) die Sache ist g. zu kompliziert 그 일은 너무(나) 복잡하다. **b)** (준교어) 대단히, 매우. **c)** 더욱이, 게다가, …까지도: **ich glaube g.!** 그럴 수가 있어! (어떤 사람의 행동에 대해 분노할 때 쓰는 외침의 감탄사). **d)** … 까지도〔↑erst (3) 참조〕.

gar-, Gar-: **~brand,** der 도자기를 마지막 굽는 일. **~gekocht** 〈Adj.〉 푹삶은. **~koch,** der ↑~küche. **~küche,** die **1.** 대중 음식점. **2.** 〔요식업〕 대중 음식점이나 구내 식당의 주방. **~zeit,** die 〔요리〕 음식이 익는 시간.

Gär- [-gɛːɐ̯-] 〈↑gärungs-, Gärungs (5) 참조〉: **~faß,** das 발효통. **~futter,** das 〔농업〕 발효 사료. **~gut,** das ↑Maische. **~mittel,** das 효소, 발효 물질. **~prozeß,** der 발효 과정. **~spund,** der (발효할 때 생기는 탄산가스를 막기 위한) 발효 마개. **~stoff,** der 효소, 발효 물질. **~temperatur,** die 발효 온도.

Garage [gaˈraːʒə, 〈österr.〉 gaˈraːʃ], die; -n 〔frz. ga-

rage] 1. (자동차) 차고. **2.** 《드물게》 ↑Autowerkstatt.

Garagen- (Garage 1): **~besitzer,** der 차고 주인. **~einfahrt,** die 차고 진입. **~fahrzeug,** das ↑~wagen. **~tor,** das 차고의 (정)문. **~wagen,** der 차고에 넣어두는 차(바깥에 세워두는 차보다 덜 상함).

garagieren [gara'ʒi:rən] ⟨h⟩ (österr., schweiz.) 차고 안에 넣다. **Garagist** [gara'ʒist], der; **-en, -en** 《schweiz.》 자동차 정비소의 주인.

Garamond [gara'mõ:], die; - [프랑스의 인쇄자인 C. Garamond (1480~1561)에 따라] 현대화시킨 라틴 인쇄체, 가라몽 활자(의 모사).

Garant [ga'rant], der; **-en, -en** [frz. garant] 보증인. **Garantie** [garan'ti:], die; **-n** [...iən; frz. garantie] **1. a)** 보증, 보장: ich glaube, er kommt heute, aber ohne G. 《통용어》 그가 오늘 오리라고 생각하지만 확실한 것은 모른다; wenn du dich nicht beeilst, kommst du unter G. zu spät 《통용어》 서두르지 않으면 너는 늦을 것이다. **b)** (상) (한정된 기간내의 결손을 고쳐주는) 보증(서), 보증 기간: die G. auf(für) das Gerät ist abgelaufen 그 기계(기구)에 대한 보증 기간은 지났다; die Uhr hat ein Jahr G. 그 시계의 보증 기간은 1년이다. **2. a)** 《자주 Pl.》 (특정한 일에 관계되는) 의무적인 보장(증). **b)** (금융) 보증금, 담보.

Garantie-: ~anspruch, der 보증 요구. **~bezeichnung,** die (품질) 보증 표시(포도주병 등에). **~erklärung,** die 보증 서약(선언)(서). **~frist,** die 보증 기간. **~geschäft,** das 보증 은행점. **~lohn,** der (특히 음식업에서의) 최저 보장 임금. **~schein,** der 보증서. **~zeit,** die 보증(유효) 기간.

garantieren [garan'ti:rən] ⟨h⟩ [frz. garantir] **a)** 보증하다: ich garantiere dir, das wird eine großartige Sache 《통용어》 그것은 멋있을 것이라고 나는 보증한다. **b)** 보장하다, 확실하게 하다: die Verfassung garantiert die Rechte der Bürger 헌법은 시민의 권리를 보장해준다. **c)** 책임지다: wir garantieren für die Qualität der Ware 우리는 그 상품의 질을 책임진다.. **garantiert** [garan'ti:rt] ⟨Adv.⟩ 《통용어》 확실히, 틀림없이.

Garaus [ga:ʔaus], der **1.** (다음용법으로) jmdm. den G. machen 《통용어·농》 누구를 죽이다, 살해하다. **2.** der; -, - 달걀 모양의 꽃잎과 푸른 잎을 가진 풀.

¹Garbe [garba], die; **-n 1.** (추수시의) 곡식의 단, 볏단: 전의 eine G. von Sonnenstrahlen brach durch die Wolken (아이) 한 줄기 햇빛이 구름 사이로 나왔다. **2.** 집속탄도(集束彈道).

²Garbe [-], die; -n ↑Schafgarbe.

Garben- (¹Garbe): **~band,** das (Pl. ...bänder) 곡식단을 매는 끈. **~bindemaschine,** die 곡식단을 묶어주는 농기구(벌초기에 연결되어 있음). **~binder,** der ↑ **~bindemaschine. ~bündel,** das ↑¹Garbe (1). **~schiefer,** der (광물) 결정편암(結晶片岩), 석판.

Garçon [gar'sõ:], der; **-s, -s** [frz. garçon] **1.** (교양어·준어) 보이, 급사. **2.** (고어) 총각, 독신 남자. **Garçonne** [gar'sɔn], die; -n [frz. garçonne] **1.** (교양어·고어) 독신녀. **2.** ⟨Pl. 없음⟩ (1925년과 1950년의) 사내애들 같은 복장. **Garçonnière** [garso'niɛːr], die; -n [frz. garçonnière] 《österr.》 방한 칸짜리 아파트.

Gardasee, der; -s 북이탈리아의 호수.

Garde [gardə], die; -n [frz. garde] **1. a)** (군·구제) 정예병, 선발대. **b)** 동료의 무리: er gehört zu der alten G. in diesem Betrieb 그는 이 기업체의 고참 멤버에 속한다; **noch von(noch einer. von) der alten G.** sein 옛날의 훌륭한 사고 방식을 가진 사람이다. **3.** ↑Fastnachtsgarde의 약칭.

Garde-: ~dukorps [gard(ə)dy'kɔːɐ̯], das; - [frz. garde du corps] **1.** 군주의 근위(친위)병. **2.** 《구제》 Potsdam에 주둔중인 근위 기병대. **~korps,** das 정예 부대, 선발 부대. **~manger** [gard(ə)mã'ʒeː], der; -s, -s [frz. garde-manger] **1.** (요식) 찬요리를 만드는 요리사. **2.** (고어) 식품장(찬장), 음식 저장실. **~maß,** die ⟨Pl. 없음⟩ (농) 당당한 체구. **~offizier,** der 근위장교. **~regiment,** das 근위대. **~soldat,** der 근위군(병).

Gardenie [gar'de:niə], die; -n (스코틀랜드 식물학자 A. Garden(1730[?]~1791)의 이름에서) (식물) 치자나무.

Gardenparty ['gaːdnˈpaːtɪ], die; ...ies [engl. garden party] ↑Gartenparty.

Garderobe [gardə'roːbə], die; -n [frz. garde-robe] **1.** ⟨Pl. 없음⟩ 입고 있는(또는 소유한) 겉옷 전체: für diesen festlichen Anlaß fehlt ihr die passende G. 그녀에게는 이러한 축제에 어울리는 복장이 없다; er besitzt wenig G. 그는 별로 옷이 없다; wir haben nicht für die G. der Gäste 우리들은 손님들의 옷을 책임지지 않습니다. **2. a)** ↑Flurgarderobe의 약칭: Hut und Mantel an die G. hängen 모자와 외투를 옷걸이에 걸다. **b)** 의상실, 옷장. **3.** 옷 보관소(극장 등의): die Mäntel an der G. abgeben 보관소에 외투를 맡기다; die G. kostet 50 Pfennig 보관료는 50페니히이다.

Garderobe-, Garderoben-: ~frau, die 옷 보관소 종업원. **~haken,** der (벽 등에 박아놓은) 옷걸이(못). **~marke,** die 옷 보관표. **~schrank,** der 옷장. **~spiegel,** der 옷장(의상실) 거울. **~ständer,** der 외투걸이.

Garderobier [gardəro'bi̯eː], der; -s, -s (연극) 의상 담당자. **Garderobiere** [...'bi̯eːrə], die; -n **1.** ↑Garderobier의 여성형. **2.** (준교어) ↑Garderobenfrau. **gardez!** [gar'deː; frz.] (체스에서) (퀸이 위태하니) 지키시오, 장군.

Gardine [gar'diːnə], die; -n [lat. cortina] (대개 밝고 투명한 직물로 된) 커튼, 침대 휘장, (중앙에서 갈라지는) 막(극장의): -n aufmachen[zuziehen] 커튼을 열다[닫다]; **hinter schwedischen -n** 《통용어·농》 감옥에서, 철창에 갇힌; er hat drei Jahre hinter schwedischen -n gesessen[zugebracht] 그는 3년간의 철창 신세를 졌다.

Gardinen-: ~bett, das 휘장이 달린 천개(天蓋) 침대. **~feuer,** das (군) 탄막 포화(사격). **~leiste,** die 커튼 살대. **~predigt,** die [entspr. niederl. gordijnpreek, engl. curtain lecture] 《통용어·농》 침실 설교(귀가가 늦은 남편을 아내가 잠자리에서 꾸짖는 말), 훈계. **~ring,** der 커튼(휘장)의 고리. **~röllchen,** das 막의 도르래. **~schnur,** die 커튼(휘장)의 끈. **~spanner,** der 커튼(을 팽팽하게 하는) 심. **~stange,** die **a)** 커튼을 매다는 살대. **b)** 커튼을 여닫는 막대. **c)** (창의 일부를 가리는) 창유리 커튼 고정 살대. **~stoff,** der 커튼 감.

Gardisette ⓦ [gardi'zɛt], die 가르디젯트(커튼 천으로 쓰이는 합성섬유).

Gardist [gar'dist], der; -en, -en 근위병, 위병.

Gare ['gaːrə], die **1.** (요리) 익은[먹을 수 있는] 상태. **2.** (농업) ⟨Pl. 없음⟩ Bodengare. **garen** ['gaːrən] ⟨h⟩ (요리) **a)** 완전히 익히다. **b)** 완전히 익다. **c)** (제련) 정련하다.

Gäre ['gɛːrə], die 발효, 효모, (포도주의) 향취(芳臭).

gären ['gɛːrən] **1. a)** ⟨h/s⟩ 발효하다, 끓다, (반죽이) 부풀다: der Teig gärte(gor) 반죽이 부풀었다; der Wein hat[ist] gegoren 《드물게》 hat/ist gegärt 포도주가 발효했다; gegorener Saft 상한 쥬스. **b)** 《비유로》 익다. **2.** ⟨h⟩ 격앙하다, 흥분하다. 또는 끓다: der Haß(Wut) gärt in ihm 그의 가슴 속은 증오로 들끓고 있다; im Volk, in der Menge gärt es 민심이 들끓고 있다.

gargarisieren [gargari'ziːrən] ⟨h⟩ [lat. gargarizare <

griech. gargarízein] [의학] (의성어) 소리내어 목을 세척하다. **Gargarisma** [garga'rısma], das; -s, -ta [lat. gargarizare < griech. gargárisma] [의학] 목[인후] 세척제.

Gargel ['gargl], der; -s, - [lat. gargila < griech. gargaréōn] [수공·기술] 통 양끝의 가장자리.

gärig ['gɛːrıç] ⟨Adj.⟩ 〈드물게·고어〉 끓고 있는, 발효가 끝나지 않은.

Garigue, Garrigue [ga'rig], die; -s [lat. garrica] (남프랑스의) 황야, 소택지.

Garmond [gar'mõː], der, ⟨Pl. 없음⟩ [프랑스 인각사(印刻師) C. Garamond(1480~1561)의 이름에서] ⟨südd., österr.⟩ ↑³Korpus.

Garn [garn], das; -(e)s, -e **1. a)** 실, 방사(紡絲), 연사(撚絲): G. ab-[auf] spulen (얼레에서) 실을 풀다[(얼레에) 실을 감다]. G. spinnen 실을 잣다. **b)** [해양] 타르칠을 한 꼰실(돛을 꿰매는). **c)** [선원] 그럴듯하게 꾸며낸 이야기: (대개 다음 용법으로) **(s)ein G. spinnen** 이야기를 늘어놓다, 허풍을 떨다. **2.** [사냥·어업] 그물, 덫, 함정: jmdm. ins G. gehen 누구의 덫[함정]에 걸리다[빠지다]; jmdm. ins G. locken 누구를 함정으로 유인하다.

Garn-: ~**fischer** 그물로 고기를 잡는 어부. ~**knäuel**, der/das 실꾸리. ~**numerierung**, die [섬유] 실 분류 번호. ~**nummer**, die ↑~numerierung. ~**reuse**, die [어업] ↑Garn 2. ~**rolle**, die 실패, 얼레. ~**spule**, die 북, 방추, 실패. ~**stärke**, die 실의 굵기. ~**strähne**, die 실타래, 타래실.

Garnasch [gar'naʃ], der; -s, -en [lat. gaunacum < griech. kaunákē] [고어] 넓은 반소매의 상의(14세기 남자들이 착용하였다.

Garnele [gar'neːlə], die; -n 유럽산의 작은 새우.

Garnelen-: ~**fänger**, der **a)** ↑~fischer. **b)** 새우잡이 어선. ~**fischer**, der 새우잡이 어부. ~**korb**, der ↑~reuse. ~**kurre**, die 주로 북해에서 사용되는 새우잡이 지예망(地曳網). ~**reuse**, die 새우잡이 바구니.

garni [gar'niː] ↑Hotel Garni.

Garnichts, der (또는) das; -, -e (폄) 무용지물.

Garnier [gar'niːɐ̯], das; -s [조선] 화물선의 내부 표장(表裝). **garnieren** [gar'niːrən] ⟨h⟩ **1. a)** 장식하다: einen Tisch mit Blumen g. 식탁을 꽃으로 장식하다. **b)** [요식업] 양념을 하다: Salat mit einer würzigen Soße g. 샐러드에 소스 양념을 치다; eine Torte g. 케이크에 (생크림으로) 장식을 하다. **2.** [조선] 내부 표장을 하다.

Garnierit [garniə'riːt], (또한) ~**rıt**] der; -s, -e [프랑스 지리학자 J. Garnier(1839~1904)에 따라] 연초록의 니켈광(鑛).

Garniermasse, die; -n, **Garnierspritze**, die; -n [요식업] 양념덩어리, 양념의 양. **Garnierung**, die; -en **1.** 장식하기, 가장자리를 감치기. **2. a)** 양념, 고명. **b)** [조선] ↑Garnier.

Garnison [garni'zoːn], die; -en [frz. garnison] **1.** 위수(衛戍)지, 점령군 주둔지: in G. liegen 점령지에 주둔하다. **2.** 점령군(의 총칭): eine Stadt mit einer G. belegen 어떤 도시를 점령하다. **garnisonieren** [...zoˈ niːrən] ⟨h⟩ (군사·준군어) **a)** 주둔하고 있다. **b)** 점령(수, 주둔)하다.

garnison(s)-, Garnison(s)-: ~**kirche**, die 위수 교회. ~**lazarett**, das 위수 병원. ~**pfarrer**, der 위수(지의) 목사. ~**stadt**, die 위수 도시. ~**verwendungsfähig** ⟨Adj.⟩ [군] 위수 근무의 능력이 있는(약어: g. v., gv).

Garnitur [garni'tuːɐ̯], die; -en [frz. garniture] **1. a)** 도구(장비) 일체: eine G. für den Schreibtisch 책상 장비 일체; eine G. Knöpfe 단추 한벌. **b)** 복장 일체, 군장: eine G. für festliche Anlässe 축제 예복 일체. **c)**

(통용어) 어떤 집단의 대표: die erste G. einer Mannschaft 제1군 팀. **2. a)** (옷)장식, 장식 부속품: die -en aufnähen 장식을 달다. **b)** [요식] 음식의 첨가물. **3.** [기술] (기계의) 장비 일체. **b)** 쇠장식 전체. **c)** ⟨농·은폐적⟩ (남자의) 생식기 부분.

Garotte [ga'rɔtə] usw. ↑Garrotte usw.

Garrigue: ↑Garigue.

Garrotte [ga'rɔtə], die; -n [span. garrote = Knüppel, Knebel, Würgschraube] 교형틀. **garrottieren** [garɔˈtiːrən] ⟨h⟩ 교형들로 처형하다.

garstig ['garstɪç] ⟨Adj.⟩ **1.** 불친절한, 뻔뻔스러운, 버릇없는: sei nicht so g. (gegen deine Eltern)! (네 부모님에 대해서) 그렇게 버릇없이 굴지마라!. **2.** 혐오감을 일으키는, 추악한: ein -er Zwerg 추악한 난쟁이. **3.** ⟨드물게⟩ 역겨운, 성가신: ein -er Geruch 역겨운 냄새. **Garstigkeit**, die; -en **1.** ⟨Pl. 없음⟩ 싫음, 불쾌함, 뻔뻔스러움. **2.** 뻔뻔스러운 행동, 말.

Gart [gart], die; -en [frz. garde] 농가 병영.

Gärtchen ['gɛrtçən], das; -s, - ↑Garten의 축소형. **gärteln** ['gɛrtln] ⟨h⟩ ⟨südd.⟩ 취미로 정원을 가꾸다. **Garten** ['gartn], der; -s, Gärten ['gɛrtn] (축소형: ↑Gärtchen) 뜰, 정원: ein verwilderter [blühender] G. 황폐한(꽃피는) 정원; einen G. umgraben [pflegen] 정원을 파헤치다(손질하다); [성구] das ist nicht in seinem G. gewachsen 그것은 그가 한 일이 아니다; **botanischer G.** 식물원; **zoologischer G.** 동물원; **hängende Gärten** 산비탈에 테라스 모양으로 만들어진 고대의 정원; **englischer G.** 영국식 정원[공원]. **der G. Eden** 에덴 동산; **quer durch den G.** ⟨통용어⟩ **1.** (농) (스프 등에) 여러 가지의 야채가 섞여 있는. **2.** ⟨자주 조롱⟩ 잡탕의.

garten-, Garten-: ~**amt**, das 공원·녹지 담당 관서. ~**anlage**, die 정원 녹지. ~**arbeit**, die 정원일. ~**architekt**, der 조경사. ~**bank**, die 정원용 벤치. ~**bau**, der ⟨Pl. 없음⟩ 조원술. ~**bauarchitekt**, der ↑~architekt. ~**bauausstellung**, die 원예 전시. ~**baubetrieb**, der 원예업. ~**bauerzeugnis**, das 원예품. ~**bauingenieur**, der 원예사, 조경사. ~**baulich** ⟨Adj.⟩ 원예의. ~**bauschule**, die 원예 학교. ~**bautechniker**, der 조경 설계사. ~**beet**, das 화단. ~**besitzer**, der 정원주. ~**blume**, die 정원 재배 꽃. ~**bohne**, die ↑Buschbohne, Stangenbohne. ~**erbse**, die 완두. ~**erdbeere**, die **1.** 딸기식물. **2.** 딸기. ~**erde**, die 배양토. ~**fest**, das 정원에서의 (여름)축제, 가든파티. ~**form**, die 정원 재배 형태. ~**freund**, der 취미 원예가. ~**frucht**, die 정원 재배 과실[열매]. ~**gemüse**, das 정원재배의 야채. ~**gerät**, das **1.** 원예기구. **2.** 원예 장비. ~**gestaltung**, die 정원 가꾸기. ~**gewächs**, das 원예 식물. ~**grundstück**, das 정원용지. ~**hag**, der ⟨schweiz.⟩ 정원 울타리. ~**haus**, das **1.** ⟨축소형: ↑~häuschen⟩ 정자, 정각. **2.** ⟨통용어⟩ 정원이 있는 뒷채. ~**häuschen**, das; -s, - ↑~haus (1). ~**hecke**, die 정원 울타리. ~**himbeere**, die **1.** 정원 재배의 나무딸기 식물. **2.** 나무딸기(열매). ~**kalender**, der 원예 달력. ~**kolonie**, die 정원 집단지. ~**kräuter** ⟨Pl.⟩ 정원 재배 채소류. ~**kresse**, die 큰다닥냉이. ~**kultur**, die 원예. ~**kunst**, die 원예술. ~**land**, das ⟨Pl. 없음⟩ 정원용 땅. ~**laube**, die 정자, 정각. ~**laubkäfer**, der 정원에서 나뭇잎을 갉아먹는 딱정벌레의 일종. ~**laubvogel**, der ↑Gelbspötter. ~**lokal**, das 옥외 술집. ~**mauer**, die 정원의 담. ~**meister**, der 特 (특히 관청의) 감독직 정원사. ~**messer**, das ↑¹Hippe (1). ~**möbel** ⟨대개 Pl.⟩ 정원용 가구. ~**party** ⟨s⟩ ↑~fest. ~**pflanze**, die 원예 식물. ~**pflege**, die 정원 손질. ~**pforte**, die ↑~tür.

~plastik, die 정원(용) 조각품. ~portal, das ↑~tür. ~pumpe, die 정원용 펌프. ~restaurant, das ↑~lokal. ~saal, der 정원으로 나가는 홀. ~salat, der 화분 모양의 잎이 있는 샐러드 채소류. ~sänger, der ↑Gelbspötter. ~schach, das 야외 장기(판). ~schädling, der 원예 식물 해충. ~schau, die 원예[조경] 전시회. ~schere, die ↑Baumschere. ~schierling, der ↑Hundspetersilie. ~schirm, der 정원용 양산. ~schläfer, der 산쥐과에 속하는 작은 반묘동물. ~schlauch, der 정원용 물뿌리개 호스. ~schnur, die 원예 일에 사용되는 끈. ~seite, die 정원이 있는 뒷볕(후면). ~spötter, der ↑Gelbspötter. ~spritze, die 정원용 물뿌리개. ~stadt, die 전원도시. ~stuhl, der 옥외 정원용 의자. ~theater, das 옥외[노천] 극장. ~tisch, der 정원용 탁자. ~tor, das 정원 입구. ~tür, die 정원 문. ~unkraut, das 정원의 잡초. ~weg, der 정원의 길. ~wirtschaft, die 1. ↑~lokal. 2. 《드물게》 ↑~bau. ~zaine, die 《schweiz》 과일이나 채소의 바구니. ~zaun, der 1. 정원 울타리. 2. 《승마》 정원 울타리 모양의 장애물. ~zimmer, das 정원이 내다 보이는 방. ~zwerg, der 1. 정원 장식용 난쟁이 상. 2. 《경·욕》 a) 보잘것 없는 사람. b) (난쟁이처럼) 늙은이. ~zwiebel, die ↑Zwiebel.

Gärtler ['gertlr], der; -s, - 《südd.》 취미로 정원을 가꾸는 사람. **Gärtner** ['gertnr], der; -s, - 정원사, 원예가: sie ist ein leidenschaftlicher G. 그녀는 정원 가꾸기에 매우 열심이다.

Gärtner-: ~bursche, der 원예 견습생. **~frau**, die 《드물게》 ↑Gärtnersfrau. **~gehilfe**, der 원예 조수. **~haus**, das 정원사 집. **~konstruktion**, die [수학] 정원사 작도(연필로 하나의 타원 작도로 연필로서 빳빳한 실이 미끄러짐). **~meister**, der 기능장 시험에 합격한 정원사, 수정원사. **~schopf**, der 《schweiz》 정원사의 정원 유구함.

Gärtnerei [gertnə'rai], die; -en 1. 정원 재배업[원예업], 양수원(養樹園). 2. 《Pl. 없음》《통용어》정원 재배 및 원예가꾸기, 원예, 조원. **Gärtnereibetrieb**, der 정원 재배 기업[경영]. **Gärtnerin**, die; -nen ↑Gärtner의 여성형. **Gärtnerinart** (다음 용법으로) **nach G.** [요리] 여러가지 야채를 섞어 요리한. **gärtnerisch** 〈Adj.〉 정원 재배업의, 원예업의: sich g. betätigen 정원 재배업[원예업]에 종사하다. **gärtnern** 〈h〉 취미로 정원일을 하다. **Gärtnersfrau**, die 정원사 부인.

Garung, die; -en [게련] 정련.
Gärung, die; -en 1. 발효, 비등: alkoholische G. 알코올 발효. 2. 격양, 흥분, 소요: geistige G. 정신적 흥분.

gärungs-, Gärungs-: 〈↑Gär-도 참조〉: **~alkohol**, der 발효 알코올. **~chemie**, die 발효 화학. **~dyspepsie**, die [의학] 음식물의 발효로 인한 소화 불량. **~erregend** 〈Adj.〉 발효를 일으키는: -e Bakterien 발효(세)균. **~erreger**, der 발효 효소. **~fähig** 〈Adj.〉 발효시킬 수 있는. **~fähigkeit**, die 〈Pl. 없음〉 ↑~fähig의 것임. **~hemmend** 〈Adj.〉 발효를 억제하는. **~mikrobiologie**, die 발효 세균학. **~mittel**, das ↑Gärmittel. **~pilz**, der ↑~erreger. **~produkt**, das 발효 제품. **~prozeß**, der ↑Gärprozeß. **~stoff**, der ↑Gärstoff. **~verfahren**, das 발효법. **~vorgang**, der 발효 과정.

Garungszeit, die; -en [게련] 정련 시간.
¹Gas [ga:s], das; -es, -e 1. 가스, 기체: giftiges [brennbares, explosives, flüssiges G.] 독[가연성·폭발성·액체] 가스. 2. a) 연료 가스: mit G. kochen 가스로 요리하다; jmdm. das G. abdrehen 〈경〉 1) 교살하다, 죽이다. 2) 파산[파멸]시키다. b) 《통용어》 가스레인지, 가스곤로, 가스불꽃: den Kochtopf aufs G. stellen 요리 냄비를 가스레인지에 올려놓다; auf G. kochen 가스레인지로 끓이다[요리하다]. 3. a) 혼합기체: G. wegnehmen 《운전》 자동차의 속력을 줄이다; **G. geben** 《통용어》 발걸음을 재촉하다, 속력을 내다, 서두르다; **kein G. im Ballon haben** 《청소년·경》정신적으로 모자라다. b) 《통용어》 액셀러레이터, 가스 장치, 가스 페달: **das G. bedienen** 가속 장치를 사용하다. 4. 〈군〉 독가스, 전쟁 가스: mit G. angreifen. 독가스로 공격하다. 5. ↑Gaskammer. 6. **G. haben** 1) 〈경〉 취하다. 2) 《통용어》 운이 좋다. **²Gas** [-], der 《지역적》 ↑Gasableser. **³Gas** [-], die 《지역적》 ↑Gasanstalt.

gas-, Gas-: **~ableser**, der 가스 검침원. **~absaugung**, die [광업] 위험한 갱내 가스의 흡인(특수 장치를 사용함). **~absorbierend** 〈Adj.〉《전문어》가스를 흡수하는. **~absorption**, die 가스 흡수. **~abzug**, der 1. 가스 배출. 2. 가스 배출기[장치]. **~abzugsrohr**, das 가스 배출관. **~alarm**, der [특히 군] 독가스(경계)경보. **~analyse**, die 화학적인 가스 분석. **~angriff**, der 독가스 공격. **~anlage**, die 가스 시설[설비]. **~anschluß**, der 《가스 공급망에의》가스 접속. **~anstalt**, die 가스 공사(공장). **~anzünder**, der 가스 점화기. **~arbeiter**, der 가스 공장[제작소]의 노동자. **~artig** 〈Adj.〉 가스 모양의, 가스 같은. **~äther**, der [고어] 석유 에테르, 가솔린. **~aufkohlen**, das; -s [기술] 가스에 의한 탄소 화합(탄화, 침탄). **~aufzehrung**, die ↑~absorption. **~ausbruch**, der 1. [광업] 가스 분출. 2. [지질] 화산의 가스 폭발. **~austausch**, der 1. [생물] 가스(기체) 교환. 2. [의학] 페에서의 산소와 이산화탄소의 교환. **~austritt**, der 《전문어》 가스 방출(분출). **~automat**, der 자동 가스미터, 가스 자동 공급 장치. **~backofen**, der 가스 오븐. **~bad**, das [의학] 가스 상자 속에서의 건조 목욕(심장병, 피부병 등의 치료에 이용됨). **~badeofen**, der 가스 온수기. **~bauch**, der [의학] 가스가 찬 배. **~behälter**, der 가스 저장 탱크. **~beheizt** 〈Adj.〉 가스 난방의. **~beleuchtung**, die 가스등 조명. **~benzol**, das 《가스에서 얻어진》 천연 벤젠. **~beraterin**, die 가스공사나 가스 기구업체의 여자에너지 자문가(상담역). **~beschaffenheit**, die 가스 상태. **~beschuß**, der 가스탄의 발사(사격). **~beton**, der [토건] 다공질(多孔質) 콘크리트. **~betrieb**, der [기술] 가스에 의한 기계 작동, 가스 구동. **~bildend** 〈Adj.〉 가스화시키는, 기포화하는. **~bildung**, die 가스화(化), 기체(기포)화. **~blase**, die 기포(氣泡). **~blau**, das 가스 청색, 베르린 청(靑). **~bleiche**, die [기술] 염소가스 표백. **~boiler**, der 가스 난방 보일러. **~bombe**, die 가스(함유) 폭탄. **~brand**, der [의학] 가스탈저(脫疽). **~branderreger**, der [의학] 가스 탈저 병원체. **~brenner**, der 가스 버너. **~brust**, die 《공기》 찬 가슴(↑Pneumothorax). **~bügeleisen**, das 가스(로 데우는) 다리미. **~chromatographie**, die [화학] 가스 분리법. **~detektor**, der ↑~spürgerät. **~dicht** 〈Adj.〉 가스가 새지 않는. **~dichte**, die 《전문어》 가스 농도. **~druck**, der 가스 압력. **~druckregler**, der [기술] 가스압력 조정기. **~druckzünder**, der 가스 점화기(↑~druckzündung). **~druckzündung**, die (고압가스(에)의 한) 점화. 2. 고압가스에 의해 작동되는 점화장치. **~durchlässig** 〈Adj.〉 가스가 새는. **~durchlässigkeit**, die ↑durchlässigkeit의 명사형. **~düse**, die 가스의 노즐(가스 분사관). **~dynamik**, die [물리] 기체 역학. **~dynamomaschine**, die [기술] 가스 발전기. **~einschluß**, der 기공, 기포. **~einzüger**, der 《schweiz.》 ↑~ableser. **~embolie**, die [의학] 공기 전색증(栓塞症). **~entartung**, die [물리] 가스변질(저온 및 높은 농도에

의). ~entladung, die [물리] 기체 방전. ~entladungslampe, die [기술] 가스 방전등. ~entladungsröhre, die [물리·화학] 가스 방전관. ~entweichung, die 가스 누출. ~entwicklung, die 가스 제조; 가스화(化). ~entwicklungsapparat, der ↑ ~generator. ~eruption, die [지질] (화산의) 가스 분출[폭발]. ~erzeugend ⟨Adj.⟩ 가스를 생산[제조]하는. ~erzeuger, der 1. ↑~generator. 2. 가스 생산[제조]업. ~erzeugung, die 가스 생산. ~exhaustor, der [기술] 가스 통풍[배출]기. ~explosion, die 가스 폭발. ~fabrik, die 가스 공장. ~federung, die 차량의 가스 충격 흡수 장치. ~feld, das 개굴(開掘)된 천연가스 매장지. ~fernleitung, die 원거리 가스관. ~fernversorgung, die 원거리 가스공급. ~fernzünder, der 원격 가스점화기. ~fernzündung, die [기술] 1. (고압 가스에 의한) 원격 점화. 2. 원격 가스 점화 장치. ~fest ⟨Adj.⟩ 가스 저항력이 있는, 가스를 견딜 수 있는[막을 수 있는]. ~feuerung, die 가스 연소 장치, 가스 난방. ~feuerzeug, das 가스라이터. ~fitter [-fitɐ], der ⟨nordd.⟩ ↑~installateur. ~flamme, die 가스 불꽃. ~flammkohle, die [전문어·광] 가스가 많이 들어 있는 석탄. ~flasche, die 금속 가스통. ~form, die 가스 형태, 기체. ~förmig ⟨Adj.⟩ 가스 형태의, 기체의. ~fuß, der [은어] 자동차 가속장치[액셀러레이터]를 밟는 (오른쪽)발. ~gangrän, die (또는) das ↑~brand. ~gebührenerheber, der [관] 가스료 징수자[인]. ~gefüllt ⟨Adj.⟩ 가스가 (가득) 찬. ~gehalt, der 가스 함유. ~gekühlt ⟨Adj.⟩ 혼합 가스로 냉각된. ~gemenge, das 혼합가스. ~gemisch, das 가스 혼합[화합]물. ~generator, der [기술] ↑Generator (2). ~gerät, das 가스 기구. ~geruch, der 가스 냄새. ~geschoß, das 독가스탄. ~gesetz, das 가스에 관한 물리 법칙. ~gestalt, die ↑~form. ~gestänge, das 가스 공급의 조절을 위한 막대 모양의 기계 장치. ~gewinnung, die 가스 획득. ~glühlicht, das (백열) 가스 등불. ~granate, die 가스 유탄(榴彈). ~griff, der ↑~hebel. ~hahn, der (가스 기구의) 가스 조절 마개 (꼭지): den G. aufdrehen (통용어·완곡) 가스를 틀어 자살하다; jmdm. den G. abdrehen 누구를 목졸라 죽이다. ~haltig ⟨Adj.⟩ 가스가 들어 있는. ~hebel, der 가스 페달(벤트, 엑셀러레이터): auf den G. treten 가스 페달을 밟다. ~hebelbein, das ↑~fuß. ~heizofen, der ↑~ofen. ~heizung, die 가스 난방(장치). ~herd, der 가스레인지. ~herstellung, die 가스 생산[제조]. ~hülle, die 가스층. ~installateur, der 가스 기구(관) 시공자[설비자]. ~ion, das [물리] 가스 이온. ~kammer, die a) (독)가스실. b) [학생·농] 흡연(수업)실. ~kampf, der 독가스(화학)전(戰). ~kampfstoff, der [군] 전쟁용 독가스. ~kandelaber, der 가스등. ~kappe, die 석유 매장지 위에 축적된 천연가스 층. ~kessel, der 가스 탱크. ~kette, die 기체 전지(氣體電池). ~klempner, der ↑~installateur. ~kocher, der 가스 버너. ~kohle, die [전문어·광] 가스 함유 석탄. ~koks, der 코크스(석탄에서 가스가 생산될 때 부산물로 생김). ~konstante, die [물리] 기체 정수 (氣體定數). ~kraftmaschine, die [전문어] ↑~maschine. ~krank ⟨Adj.⟩ 가스 중독의. ~kranke~, der / die 가스 중독 환자. ~krieg, der 독가스전, 화학전. ~küche, die (schweiz.) 가스레인지가 설치된 주방. ~lagerung, die [전문어] 식물성 음식물의 산소를 적게 하고 탄산가스가 많은 상태에서의 냉동 저장. ~lampe, die 가스 램프. ~laterne, die 가스 가로등. ~leitung, die 가스관. ~leitungsrohr, das 가스관. ~licht, das 1. 가스 조명 (빛). 2. 가스 램프의 불꽃. ~Luft-Gemisch, das [기술] 가스와 공기의 혼합물(내연 기관에서의). ~mann, der (통용어) ↑~ableser. ~maschine, die 가스로 작동되는 내연 기관, 가스 모터. ~maske, die 가스 마스크, 방독면. ~messer, der ↑~zähler. ~meter, das 가스 유디오미터의 유리관. ~meßröhre, die [화학] 공중산소 측정기, 유디오미터. ~mine, die [군] 독가스. ~molekül, das 가스 분자. ~motor, der 가스 모터. ~narkose, die 가스 마취. ~nebel, der [천문] 가스 성운(星雲). ~ödem, das [의학] 가스 수종(水腫). ~ofen, der 가스난로. ~öl, das 가스 경유. ~patrone, die 독(최루)가스탄(창). ~pedal, das 가스 페달, 액셀러레이터. ~phlegmone, die [의학] 가스 봉소염(蜂巢炎). ~pistole, die 가스 총. ~probe, die 1. (전문어) (독) 가스 검사. 2. 일정한 양의 시험용 가스. ~prüfer, der [기술] 혼합 가스 분석기. ~quelle, die [지질] 천연 가스 정(井). ~raum, der 1. [항공] 기구(氣球)의 가스실. 2. [의학] 가스 치료실. ~rechnung, die [기술] 가스 계산서. ~regler, der [기술] 가스 조절기. ~reich ⟨Adj.⟩ 가스를 많이 함유한, 가스가 풍부한. ~reiniger, der [기술] 가스 제거기. ~reinigung, die [기술] 가스 제거. ~reinigungsanlage, die 가스 제거 장치. ~rohr, das 가스관. ~rohrbruch, der 가스관 파열. ~rohrnetz, das 가스관 망. ~rohrschlüssel, der 가스관 열쇠. ~ruß, der 천연가스 연소시 생기는 가늘고 순수한 그을음[검댕](인쇄소나 고무공장에서 사용됨). ~schießen, das ⟨Pl. 없음⟩ [군] 가스탄 사격. ~schlauch, der 가스관과 가스기구를 연결시키는 호스. ~schleuse, die (방공호의) 독(화학)가스 차단실. ~schmelzschweißung, die [기술] 가스 용접. ~schutz, der 가스 방어. ~schutzgerät, das 독가스 방어기, 방독기. ~schutzmaske, die 가스 마스크, 방독면. ~schutzraum, der 가스 방어실. ~schwaden, der 가스 연무. ~schweif, der 가스로 구성된 살별의 꼬리. ~schweißbrenner, der 가스 용접기. ~schweißung, die ↑~schmelzschweißung. ~selbst(an)zünder, der 가스 기구의 자동 점화 장치. ~sicher ⟨Adj.⟩ (독)가스 방어의. ~sicherung, die (가스 기구의) 가스 유출 차단 장치. ~spannung, die [물리·기술] 가스압. ~spürgerät, das 가스 탐지기. ~strahl, der 가스 분사. ~strumpf, der 가스등 심지. ~suchgerät, die ↑~spürgerät. ~tanker, der (액화)가스 수송선. ~technik, die 가스 제조, 취급, 사용에 관한 기술. ~techniker, der 가스 기술자[기사]. ~technisch ⟨Adj.⟩ 가스 기술의. ~theorie, die 1. 다음 용법으로: kinetische G. [물리] 기체 분자운동론. ~therme, die 가스 온수기. ~thermometer, das 기체 온도계. ~tod, der 독가스에 의한 사망. ~tote*, der 독가스 사망자. ~tritt, der ⟨드물게⟩ ↑~pedal. ~trocknung, die [기술] 가스 건조. ~turbine, die 가스 터빈. ~turbinenschiff, das 가스 터빈 선박. ~überfall, der ↑~angriff. ~uhr, die ↑~zähler. ~uhrableser, der ↑~ableser. ~ventil, das 가스 배출판. ~verbrauch, der 가스 사용. ~verdichtung, die [기술·물리] 가스 압축(농축). ~verflüssigung, die [기술·물리] 가스 액화. ~vergiftet ⟨Adj.⟩ 가스 중독의. ~vergiftung, die 가스 중독. ~verseuchung, die 가스 오염. ~versorgung, die 가스 공급. ~versorgungsnetz, das 가스 공급망. ~waage, die [기술] 가스 농도 측정기. ~wascher, ~wäscher, der ↑~reiniger. ~waschflasche, die [기술] ↑~wascher. ~wasser, das [화학] 가스액. ~wasserheizer, der 가스 온수기. ~wechsel, der ↑~austausch. ~werfer, der [군] 가스탄 발사기. ~werk, das 가스 공장. ~wirtschaft, die 가스 경제. ~wolke, die 가스 구름. ~zähler, der 가스 계량기: den Stand des -s ablesen 가스계량기의 눈금을 읽다. ~zelle, die 【항공】 비행선의 가스실. ~zentrifuge, die 【기술】 기체 원심분리기. ~zufuhr, die 가스 공급. ~zuleitungsrohr, das 가스 도관(導管). ~zünder, der ↑~anzünder, ~selbst(an)zünder.

Gasel [ga'ze:l], das; -s, -e, Gasele [...lə], die; -n [arab. ğazal] 【문학】 가젤(아랍권의 시형식).

gaseln ['ga:zl̩n] 〈h〉〈schweiz.〉↑ gasen (1).

gasen ['ga:zn̩] 1. 〈비인칭〉〈h〉 가스냄새가 나다. 2. 〈h〉 〈경〉 방귀뀌다. 3. 〈s〉〈통용어〉 속력을 내다. 4. 〈h〉 〈전문어〉 가스를 내뿜다. Gaserer ['ga:zərɐ], der; -s, - 《wiener.》 ↑Gasableser. gasieren [ga'zi:rən] 〈h〉 [frz. gazer] 【섬유】 (실끝을) 가스 처리하다. gasifizieren [gazifi'tsi:rən] 〈h〉 가스 작동을 준비시키다.

gasig ['ga:zɪç] 〈Adj.〉 가스 모양의, 기체의: -er Qualm 가스 모양의 연기, 김.

Gaskonade [gasko'na:də], die; -n [frz. gasconnade] 《고어》 허풍, 호언장담, 과장.

Gasolin [gazo'li:n], das; -s [engl. gas u. lat. oleum] 가솔린, 휘발유. Gasometer [gazo'me:tɐ], der; -s, - [frz. gazomètre] 《준고어》 대형 가스 탱크.

Gaspeldorn ['gasp-], der; -(e)s, -e 가시금작나무.

gaßaus ['gasʔaus] 《다음 용법으로》 g., gaßein 거리마다, 골목마다.

Gäßchen ['gɛsçən], das; -s, - ↑Gasse의 축소형.

Gasse ['gasə], die; -n 1. 〈축소형〉 ↑Gäßchen〉 골목, 좁은 길: er wohnt in einer abgelegenen G. 그는 변두리 골목에 살고 있다; auf allen -n hören 〈펌〉 어디서나 전의 (für jmdn.) eine G. bilden (…위해서) 두 줄로 서다; jmdm., einer G. durch die Menge bahnen 많은 사람 사이를 헤치고 나가다. 2. 골목의 주민: er brachte die ganze G. in Aufruhr 그는 골목 주민 전부를 혼란에 빠뜨렸다. 3. 《österr.》 거리(건물 내부와 대조적으로): das Zimmer liegt an der G. 그방은 길가에 면해 있다; über die G. (verkaufen) 길거리에서 《팔다》. 4. 【경】 〈식자실의〉 작업 통로. 5. 【인쇄】 편에 걸친 중간 여백. 6. 【볼링】 핀 사이의 통로. 7. 【축구】 〈빠져나갈 수 있는〉 통로. 8. 【럭비】 라인아웃. Gasselinie ['gasə-], die; -n 【럭비】 라인 으뜸 터치. gasseln ['gasl̩n], gässeln ['gɛsl̩n] 〈h〉 〈bayr.-österr.〉 밤에 여자(애인)의 방이 있는 창문으로 기어오르다.

gassen-, Gassen-: ~bube 《지역적》 ~bub, der / ~junge, der 《지역적·준고어》 한길가 동네. ~dreck, der 《경》 frech wie G. 매우 뻔뻔스러운, 파렴치한, 철면피. ~einwurf, der 【럭비】 라인아웃 공 던지기. ~gespan, der 【인쇄】 식자장 작업장의 동료. ~hauer, der 《통용어》 〈거리에서 불리워지는〉 속된 유행가(노래). ~hauerisch 〈Adj.〉 저속한 유행가풍〈식〉의. ~junge, der 《펌》 골목대장, 부랑아. ~kehrer, der 《지역적》 거리 청소부. ~kinder 〈Pl.〉 ↑~junge. ~laden, der 《österr.》 길가 상점. ~laufen, das 《군·옛》 사람 통로 사이로 지나면서 매를 맞는 형벌. ~läufer, der 1. 《지역적》↑Pflastertreter. 2. 《군·옛》↑Spießrutenläufer. ~lied, das ↑~hauer. ~lokal, das 《österr.》 길가 음식점. ~mensch, das 《지역적·펌》 거리의 여자, 매춘부. ~schank, der / ~schenke, die 《österr.》 노상 술집. ~seitig 〈Adj.〉 《österr.》 거리쪽의. ~treter, der 《지역적》 ↑Pflastertreter. ~wechsel, der 【볼링】 볼링공의 절반은 왼쪽으로, 절반은 오른쪽으로 던지는 시합. ~witz, der 저속한 농담. ~wohnung, die 《österr.》 길가집. ~wort, das 〈Pl. …wörter〉 저속한 통용어. ~wurf, der 【독일식 볼링】 볼링공을 왼쪽, 혹은 오른쪽 통로로 던짐. ~zimmer, das 《österr.》 길가에 면한 방.

Gassi ['gasi] 《다음 용법으로》 G. gehen 《통용어》 개를 데리고 거리로 나가다.

Gäßlein ['gɛslaɪn], das; -s, - ↑Gasse의 축소형.

¹Gast [gast], der; -(e)s, Gäste ['gɛstə] 1. 손님, 내객, 방문객: ein gerngesehener G. 환영받는 손님; Gäste einladen[empfangen] 손님을 초대하다[영접하다]; jmdn. als G. mitbringen 누구를 손님으로 데려가다; 성구 Sie sind mein G. [seien Sie bitte mein G., betrachten Sie sich als mein G.] 제가 내지요; der Frühling ist ein willkommener G. 봄은 반가운 손님이다. 《반어》 Einbrecher und andere ungebetene Gäste 주택 침입자와 다른 불청객; bei jmdm. zu G. sein 누구의 집에 손님으로 와있다; jmdn. zu G. haben 누구를 손님으로 모시고 있다; jmdn. zu Gast(e) laden[bitten] 〈아어〉 누구를 〈식사〉손님으로 초대하다[청하다]; dasitzen wie der steinerne G. 어떤 모임〈자리〉에 말없이 앉아 있다. 2. a) 음식점 손님: die letzten Gäste verließen das Lokal 마지막 손님들이 음식점을 나갔다. b) 숙박객: im Hilton wohnen viele ausländische Gäste 힐튼 호텔에는 많은 외국인 숙박객들이 묵고 있다; wir nehmen noch Gäste auf 우리는 아직 손님을 받는다. 3. a) 방문객: wir waren nur Gäste in dieser Stadt 우리는 이 도시에 〈잠시 머무는〉 방문객일 뿐이었다; als G. am Unterricht teilnehmen 청강생으로 수업을 듣다; sie wurden als Gäste (der Regierung) willkommen geheißen 그들은 〈정부측의〉 손님〈내빈〉으로 환영을 받았다. b) 초청 배우〈연주자〉, 객연배우: berühmte Künstler sind in diesem Theater als Gäste aufgetreten 유명한 배우들이 이 극장에 손님으로 특별 출연하였다; eine Aufführung mit prominenten Gästen 저명한 객연배우들이 출연하는 공연. c) 【스포츠】 원정 온 선수〈팀〉, 홈그라운드가 아닌 선수〈팀〉. 4. 〈펌어적 부가어와 함께〉 《통용어, nordd.》 녀석, 놈: ein seltsamer G. 이상한 녀석. ²Gast [-], der; -(e)s, -en, 《드물게》 Gäste ['gɛstə] 【선원】 …담당 선원: Signalgast 신호수.

gast-, Gast- (↑Gäste-도 참조): ~arbeiter, der 1. 외국인 노동자: die italienischen G. in Deutschland 독일에 체류하는 이탈리아 노동자. 2. 《농》 a) 임시 동업자. b) 자주 결석하는 직장 동료. ~arbeitergetto, das 《통용어》 외국인 노동자들의 거주지역. ~arbeiterheim, das 외국인 노동자 기숙사. ~arbeiterin, die 1. ↑~arbeiter의 여성형. 2. 《통용어·농》 a) 타지역에서 온 매춘부. b) 외국 매춘부. c) 외국인 노동자들을 상대하는 매춘부. ~bett, das 손님용 침대. ~bitter, der 《고어》 대연회. ~dirigat, das 《통용어》 지휘자의 객연. ~dirigent, der 오케스트라의 객연 지휘자. ~dozent, der 〈대학〉 객원 강사. ~dozentin, die ↑~dozent의 여성형. ~frei 〈Adj.〉 손님 대접이 융승한〈융숭한〉: eine -e Familie 손님 대접이 융숭한 가정. ~freiheit, die 〈Pl. 없음〉 손님 접대가 후함〈융숭함〉. ~freund, der 《고어》 1. 〈손님을 접대하는〉 주인. 2. 객, 손님. 3. 《역사적》 체재국의 법적 보호를 받는 외국인 여행객, 객인(客人). ~freundlich 〈Adj.〉 손님을 친절하게 대접하는: ein -es Haus 손님을 후대하는 집. ~freundlichkeit, die 〈Pl. 없음〉↑~freundschaft. ~freundschaft, die 〈Pl. 없음〉 손님을 후대하여 대접함, 손님의 환대: jmds. G. genießen 누구의 후한 손님 대접을 즐기다; jmdm. G. gewähren 누구에게 후한 손님 대접을 하다; ich bedanke mich für Ihre G. 당신의 후한 대접에 감사를 드립니다. ~geber, der 1. 주인, 초대자: ein aufmerksamer G. 세심하고 친절한 초대자. 2. 【스포츠】 홈팀. ~geberin, die ↑~geber의 여성형. ~geberisch 〈Adj.〉 초대자〈로서〉의. ~geschenk, das 1. 손님의 선물: ein G. mitbringen[überreichen] 선물을 가져오다[건네주다]. 2. 〈드물게〉 주인이 손님에게 주는 선물. ~gewerbe, das 《österr., schweiz.》 요식 및 숙박업. ~gewerblich 〈Adj.〉 《österr.

schweiz.》요식[숙박]업의. ~**gewerbeschule**, die 요식 및 숙박업 종사자 학교. ~**haus**, das 음식점, 여관, 숙식업소. ~**hausschild**, das 식당 간판(안내판). ~**herr**, der (고어) ↑~geber (1). ~**hof**, der (시골의 식당이 딸린) 여관. ~**hofbesitzer**, der 시골 여관 주인. ~**hörer**, der (대학의) 청강생. ~**hörerin**, die ↑~hörer의 여성형. ~**konzert**, das 초청 연주회. ~**land**, das 〈Pl. -länder〉 체재국, 초청국: die Behörden des -es behandeln ihn mit Mißtrauen 체재국의 행정 당국은 그를 불신하고 있다. ~**mahl**, das 〈Pl. -mähler/-e〉 (아이) 향응, 손님과 함께 하는 식사. ~**mannschaft**, die [스포츠] 원정 온 팀(반대: Heimmannschaft). ~**ordnung**, die 숙박 접대 준수 사항. ~**pflanze**, die [식물] 기생식물(반대: Wirtspflanze). ~**prediger**, der 초대[내방] 설교자. ~**professor**, der 객원 교수. ~**prostitution**, die [인종] 손님 대접으로 자신의 아내를 손님에게 시침(侍寢)들게 하는 행위. ~**recht**, das 1. (역사적) a) 손님으로서의 권리: das G. mißbrauchen 손님[외국인 체류자]의 권리를 남용하다. b) (어느 도시에서의) 체류권. 2. (외국인의) 체류권. ~**redner**, der 초청 연사. ~**regisseur**, der 객원 감독. ~**rolle**, die 객원 배우의 역: [농] sie gab in unserem Betrieb nur eine (kurze) G. 그녀는 우리 회사에서 잠깐 일했을 뿐이다. ~**schüler**, der (고등학교의) 청강생. ~**spiel**, das 1. 객연 배우의 출연: ein G. ankündigen[absagen] 객연배우 출연을 통고하다[거절하다]. 2. [스포츠 은어] 원정 경기(반대: Heimspiel). ~**spielaustausch**, der 해외 교환경기. ~**spielreise**, die 객연 원정. ~**spieltruppe**, die 객연 공연단. ~**stätte**, die 음식점, 식당, 여관 겸업 식당. ~**stättenbetrieb**, der 음식 ·여관업(소), 숙식업(소). ~**stättengesetz**, das 〈Pl. 없음〉 숙식업법. ~**stättengewerbe**, das 음식 ·여관업. ~**stättenleiter**, der 숙식업소 주인(관리자). ~**stättenordnung**, die 숙식업소 규정. ~**status**, der [체재자]로서의 법적 지위. ~**stube**, die (음식점의)방. ~**tier**, das [동물] 기생동물(반대: Wirtstier). ~**verein**, der 원정 온(팀의 소속) 협회. ~**volk**, das [인종] 1. 이주민(족). 2. 선진 이웃 종족에 의해 보호를 받거나 착취당하는 종족. ~**vorlesung**, die [대학] 객원(교수의) 강의. ~**vorstellung**, die ↑~spiel. ~**vortrag**, der 초청 강연. ~**weise** 〈Adv.〉 방문객[손님]으로서. ~**wirt**, der 음식점[여관] 주인. ~**wirtschaft**, die 음식점, 검소한 여관. ~**wort**, das 〈Pl. -wörter〉 [언어] 친숙해진 외래어. ~**zimmer**, das 1. a) 손님이 거처하는 방. b) (여관, 호텔의) 객실. 2. ↑~stube.

Gäste- (↑gast-, Gast-도 참조〉 ~**bett**, das 손님(용) 침대. ~**buch**, das a) 방명록. b) 숙박부. ~**handtuch**, das 손님용 수건. ~**haus**, das 객사, 영빈관. ~**heim**, das 손님 숙박을 위한 시설. ~**kreis**, der 일단의 손님(방문객)들. ~**toilette**, die 손님용 화장실. ~**zimmer**, das 1. a) 손님들의 거처 방. b) (대개 Pl.〉 (여관의) 객실. 2. (호텔, 여관 등의) 숙박 손님들의 휴게실.

gasten ['gastn̩] 〈h〉 (드물게 schweiz.》 1. 손님으로 받아들이다, 숙박시키다. 2. (손님에게) 음식을 접대하다, 시중들다. **Gasterei** [gastə'rai], die; -en 향연, 향응(饗應), 연회. **gastieren** [gas'tiːrən] 〈h〉 1. 객연 배우로 등장하다: die Sängerin gastiert in London 그 여가수는 런던에서 객연 공연을 하다. 2. [스포츠] 상대팀의 지역에서 경기를 하다, 원정 경기를 하다: am Freitag gastieren die Berliner in Frankfurt 금요일에 베를린 팀이 프랑크푸르트에서 원정 경기를 한다. **gastlich** ['gastlɪç] 〈Adj.〉 손님을 후대하는, 손님에게 친절한: ein -es Haus 손님을 후대하는 집. **Gastlichkeit**, die ↑gast-

lich의 명사형.

Gastr...: ↑gastro..., Gastro... 참조. **Gasträa** [gas'treːa], die; ...äen [griech. gastraïa] [동물] 장조동물(腸粗動物)〈동물 발생 초기에 있었다고 하는 가설상의 생물). **Gasträatheorie**, die 모든 다세포 동물의 기원은 장조동물이라고 하는 이론(독일의 동물학자이며 자연철학자인 E. Haeckel(1834~1919)이 주창했음). **gastral** [gas'traːl] 〈Adj.〉 [의학] 위장의, 소화기의. **Gastralgie** [gastral'giː], die; -n [...iːən] [의학] 위경련, 위통. **Gastrektasie** [gastrεkta'ziː], die; -n [...iːən] [의학] 위확장. **Gastrektomie** [gastrεkto'miː], die; -n [...iːən] [의학] 위절제(胃切除)(위를 모두 절제하는 수술). **gastrisch** ['gastrɪʃ] 〈Adj.〉 [의학] 위장의, 위장에서 오는. **Gastritis** [gas'triːtɪs], die; ...tiden [의학] 위점막염(粘膜炎), 위카타르. **gastro...**, **Gastro...**, 〈모음 앞에서 때때로〉 Gastr... [gastr(o)...; griech. gastḗr = Bauch, Magen] 〈magen-, Magen-을 뜻하는 규정어〉. **gastroduodenal** 〈Adj.〉 위 및 십이지장의. **Gastroenteritis**, die; ...itiden 위 및 소장(小腸)의 점막염. **Gastroenterokolitis**, die ...itiden (위에서 소장에 이르기까지의)전 소화기 염증. **Gastroenterologe**, der; -n, -n 위 및 장기 질환 전문의. **gastrogen** [...geːn] 〈Adj.〉 위(胃)에서 연유하는. **gastrointestinal** 〈Adj.〉 위(胃) 및 장(腸)의. **Gastrokamera**, die; -s 위(촬영) 카메라. **Gastrolith** [...'liːt, 《또한》...lɪt], der; -s/-en, -e(n) ↑Bezoar. **Gastromalazie**, die; -n [...iːən] 가스트로말라치아(사망 후 위의 자동 소화로 인한 위연화). **Gastromegalie** [...megaˈliː], die; -n [...iːən] 비정상적 위확장. **Gastronom** [...'noːm], der; -en, -en [frz. gastronome] 조리사(調理師), 요정 주인. **Gastronomie** [...noˈmiː], die; - [frz. gastronomie] 1. 요식업. 2. 조리법. **gastronomisch** [...'noːmɪʃ] 〈Adj.〉 1. 요식업의. 2. 조리법의. **Gastropathie** [...paˈtiː], die; -n [...iːən] 위 질환, 위장병. **Gastropode** [...'poːdə], der; -n, -n 〈대개 Pl.〉 [동물] 복족류(腹足類). **Gastroptose**, die; -n (선천성)위하수(胃下垂). **Gastrose** [gas'troːzə], die; -n (준고어) 염증을 일으키지 않는 위의 기능적, 기능적 변화. **Gastroskop** [...'skoːp], das; -s, -e 위 내시경(胃內視鏡). **Gastroskopie** [...skoˈpiː], die; -n [...iːən] 내시경 검사. **gastroskopieren** [...'piː...] [의학] 내시경 검사하다. **Gastrosoph** [...'zoːf], der; -en, -en 식도락가. **Gastrosophie** [...zoˈfiː], die; - [zu griech. sophía = Weisheit] 식도락술. **gastrosophisch** [...'zoːfɪʃ] 〈Adj.〉 식도락의. **Gastrospasmus**, der; -, ...men 위경련. **Gastrostomie** [...stoˈmiː], die; -n [...iːən] 위루(胃瘻) 조성(설치)(수술). **Gastrozöl** [...'tsøːl], das; -s, -e ↑Urdarm. **Gastrula** ['gastrula], die; - [동물] (다세포 동물의 생성단계에서 두 개의 세포층으로 구성된 잔 모양의) 원장배(原腸胚), 낭배(囊胚). **Gastrulation** [gastrulaˈtsjoːn], die; -en [동물] 원장배(낭배) 형성.

Gastung ['gastʊŋ], die; -en 1. (schweiz.》 a) 손님 숙박. b) 손님의 음식 시중(접대). 2. 《역사》(중세의 법에 따른) 국왕 및 국왕관리의 무상숙박 및 접대.

Gat: ↑Gatt.

Gate [geit], das; -s, -s [engl. gate] [물리] 전자전류 조정을 위한 특수전극, 게이트. **Gatefold** [geitfould], das; -s, -s [engl. gate fold] [인쇄] 책이나 잡지의 접어 넣은 종이면.

Gate(hose) ['gatə-], die; -n 〈ostösterr. ·통용어〉 팬티.

gätlich ['gεtlɪç] 〈Adj.〉 (고어 ·지역적) 적당한, 어울리는.

Gatt, Gat [gat], das; -(e)s, -en/-s [선원] 1. a) 돛의 구멍. b) ↑Speigatt의 약칭. 2. ↑Hellegatt의 약칭.

GATT [gat, 《engl.》 gæt], das; -s [General Agreement on Tariffs and Trade] (1947년 체결된) 관세 무역 일반 협정, 가트.

Gatte ['gatə], der; -n, -n **1.** 《아어》 배우자, 남편: wie geht es Ihrem -n? 당신 남편 안녕하십니까? **2.** 〈Pl.〉《준고어》부부: beide -n stammen aus München 두 부부는 뮌헨 사람들이다. **gatten** ['gatn], sich 〈h〉《시어》짝을 이루다, 결합되다: zwei Eigenschaften, die sich gatten 서로 짝을 이루는 두 개의 특성.

Gatten-: **~liebe**, die 《아어》부부애. **~mord**, der 《법·아어》배우자 살해. **~pflicht**, die 《아어》남편[부부]의 의무. **~treue**, die 《아어》부부간의 충실[정절]. **~wahl**, die **1.** 《아어》결혼 상대자의 선택. **2.** 【식물】교배 대상의 선정.

Gatter ['gatɐ], das; -s, - **1. a)** 울타리, 격자, 목책, 창살. **b)** 격자【목책】 **c)** 【경마】격자막이 장애물. **2.** 【사냥】엽구(獵區). **3.** 【기술】**a)** (제재용) 기계톱, 톱날톱, 틀톱의 틀. **b)** 기계톱, 틀톱. **4.** 【기술】방적기의 실패받침. **5.** 【전자】게이트 회로.

Gatter-: **~pforte**, die ↑~tor. **~säge**, die 【기술】기계톱(제재용), 틀톱. **~schaltung**, die 【전자】게이트 회로. **~tor**, das **1.** 엽구에 들어가는 문. **2.** 격자[목책]문. **~tür**, die ↑~tor.

Gatterich ['gatərɪç], der; -s, -e 《통용어·농》남편.

gattern ['gatn] 〈h〉《지역적》…에 울타리를 두르다, 울타리(목책) 안으로 가두다[집어넣다].

gattieren [ga'ti:rən] 〈h〉 **1.** 【섬유】혼방(混紡)하다. **2.** 【제련】혼합(混合)하다. **Gattierung**, die; -en ↑ gattieren의 명사형. **Gattierungswaage, Gattierwaage**, die 혼방(混紡) 재 측정기 저울.

Gattin ['gatɪn], die; -nen [↑Gatte (1)의 여성형] 《아어》부인, 아내. **Gattung** ['gatʊŋ] die; -en **1. a)** 종류, 종속, 장르: -en der bildenden Kunst sind Baukunst, Plastik, Malerei 미술의 장르는 건축(예술), 조각, 회화이다; die schöne Literatur gliedert sich in den drei -en Lyrik, Epik und Dramatik 순수 문학은 서정 문학, 서사 문학, 극문학의 세 장르로 구분된다. **b)** ↑ Waffengattung의 약칭. **2.** 【생물】속(屬)(종(種)의 상위 개념): diese G. von Tieren ist ausgestorben 이 짐승의 속은 사멸했다.

gattungs-, Gattungs-: **~bastard**, der 【생물】 종간(屬間) 잡종. **~begriff**, der 류개념, 종속개념. **~bezeichnung**, die 《전문어》종(種) 및 속(屬)의 표시. **~fremd** 〈Adj. nicht adv.〉 다른 종(種)[속(屬)]에 속하는. **~gleich** 〈Adj. nicht adv.〉 동일한 속에 속하는. **~kauf**, der 【법】종류 구매(반대: Spezieskauf). **~lage**, die 【포도】 종(屬)의 경계를 넘는 포도원의 위치. **~malerei**, die 풍속화(風俗畵), 장르화. **~mäßig** 〈Adj.〉 종류[속]에 따른, 장르적인. **~name**, der **1.** 종류[속]의 이름. **2.** 【언어】 종속 명사, 보통 명사(반대: Eigenname). **~poesie**, die 【문예학】 장르 문학(특히 서정 문학, 서사 문학, 극문학). **~poetik**, die 【문예학】 장르 시학. **~schuld**, die 【법】 종류 채권[채무](반대: Spezieschuld). **~zahlwort**, das 〈Pl. ...wörter〉 【언어】 종수(種數)(dreierlei, mancherlei 등).

Gau [gau], der, 《지역적》das; -(e)s, -e **1.** 《역사적》 일정한 구역, 가우(게르만 민족의 행정구), 지방, 지구[현, 군]: die Untergruppen germanischer Stämme siedelten in -en 게르만 족의 부족들은 가우로 나누어 정주[이주]하였다. **2.** 【나치】(당의 관할 영역으로의) 대관구(大管區). **Gäu** [gɔy], der, -(e)s, -e ↑Gau의 병용형 **1.** 《österr., schweiz.》 ↑Gau (1). **2.** 《österr.》 특수 관할 지역: jmdm. ins G. kommen 《österr., schweiz.》 (누구의) 영역[구역]을 침범하다. **3.** 《schweiz.》 지방, 시골: das G. hinauf und hinab (지방, 시골의) 방방곡곡에, 도처에; im ganzen G. 멀리까지, 주변 일대에; ins G. gehen 어떤 여자[소녀]의 뒤[꽁무니]를 쫓아다니다.

Gau-: **~fürst**, der 《역사적》 가우의 영주. **~gericht**, das 《역사적》 가우의 재판소. **~graf**, der 《역사적》 가우의 태수(백작). **~kirche**, die 《역사적》 가우의 교회. **~könig**, der 《역사》 가우의 왕. **~leiter**, der 【나치】 대관구(大管區)의 장(長). (대)관구(大管區) 지도관. **~leitung**, die 【나치】 대관구 지도[지휘]. **~liga**, die 【나치·스포츠】 (대)관구 리그. **~meister**, der 【나치·스포츠】 (대)관구경기의 우승자, 우승 팀. **~staat**, der 《역사적》 종족 국가(도시 국가와 대립하는 공동체). **~weise** 〈Adv.〉 지방 행정 구역(현, 군)에 따라.

Gaube ['gaubə], **Gaupe** ['gaupə], die; -n ↑Dachgaube.

Gauch [gaux], der; -(e)s, -e / **Gäuche** ['gɔyçə] 《의성어》((고어)) **1.** 뻐꾸기. **2.** 바보, 멍청이. **Gauchblume**, die 패랭이꽃과의 일종. 꽃황새냉이. **Gauchheil**, der; -(e)s, -e 앵초과의 일년초, 꿀풀.

Gauchismus [goˈʃɪsʊs], der; - [frz. gauchisme] 좌익 과격주의, 극좌 모험주의. **Gauchist** [goˈʃɪst], der; -en, -en [frz. gauchiste] 좌익 과격[극좌 모험]주의자. **gauchistisch** 〈Adj.〉 좌익 과격[극좌 모험]주의의.

Gaucho ['gautʃo], der; -(s), -s [span. gaucho] 남미 대초원의 목동[목축자].

Gaudeamus [gaudeˈaːmus], das; - [노래의 첫 구절에 따라 Gaudeamus igitur... = freuen wir uns also] 잘 알려진 옛 학생 노래[권주가]. **Gaudee** [gauˈdeː], die; -n 《österr.·통용어·펌》즐거움, 향락, 오락. **Gaudi** ['gaudi], das; -s 《bayr., österr.》die 《통용어》즐거움, 재미, 기쁨: wir haben eine große G. 우리는 아주 즐거워하고 있다. **Gaudibursch**, der 《bayr.》 삶을 즐기는 사람, 익살꾼.

Gaudieb [gau-], der; -(e)s, -e 《nordd.·고어》사기꾼, 악당.

Gaudium ['gaudiʊm], das; -s [lat. gaudium] 재미, 즐거움, 희열, 오락. **Gaudiwurm**, der; -(e)s, -würmer 《통용어·농》사육제 행렬.

Gäuer ['gɔyɐ], der; -s, - 《schweiz.》 현(군)의 주민.

Gaufe(l) ['gaufə, ...fl], die; -n 《schweiz.》 **1.** 오목하게 오므린 손바닥, **2.** 일정한 양[두 손바닥에 가득 찰 정도].

Gaufrage [goˈfraːʒə], die; -n [frz. gaufrage] 【섬유】 종이 직물에 눌러서 무늬를 박는 일. **Gaufré** [goˈfreː], das; -(s), -s 【섬유】 눌러서 무늬를 넣은 직물. **gaufrieren** [goˈfriːrən] 〈h〉 [frz. gaufrer] 【섬유】 직물·상자에 무늬를 박다, 날염하다. **Gaufrierkalander**, der 【섬유】 종이나 직물에 무늬를 박는 기계, 날염기.

Gauge [geidʒ], das; - [engl. gauge] (편물의) 게이지(코의 수를 재서 제품을 고르게 다듬는 자)(약어: gg).

Gaukel- ['gaukl-] 《아어》: **~bild**, das (환상적) 상, 환영, 환상. **~kunst**, die 마술이나 요술, 눈 속임수. **~spiel**, das 《펌》 요술(마술)부리기, 눈속임, 기만. **~spieler**, der (드물게) ↑Gaukler 참조. **~werk**, das 〈Pl. 없음〉《준고어》 요술, 마술, 눈속임.

Gaukelei [gaukəˈlai], die; -en 《아어》 **a)** 요술, 현혹, 기만. **b)** 장난질, 익살극. **gaukelhaft** 〈Adj.〉 《아어·펌》 ↑ gauklerisch. **gaukeln** ['gaukln] **1.** 〈s〉《시어》흔들거리며 떠다니다, 어른거리다, 나풀거리다: der Schmetterling gaukelt von Blüte zu Blüte 나비가 꽃에서 꽃으로 하늘하늘 날아다닌다; [전의] umnebelnd gaukelten die Gegenstände vor meinen Augen 내 얼굴 앞에서 사물들이 희미하게 어른거렸다. **2.** 〈h〉《s·아어·아어》 …을 현혹시키다, 기만하다. **b)** 《고어》 요술이나 마술을 부리다. **Gaukler** ['gauklɐ], der; -s, - **1. a)** 《고어·아

Gaukler- 764

어》곡예사, 마술쟁이. **b)** 《아어》요술쟁이. **2.** 검은다리 회색두루미.
Gaukler-: **~blume**, die 미플루스, 물퍼리아재비속. **~bude**, die 요술대《실》. **~kunst**, die 요술, 기술(奇術). **~spiel**, das 요술[마술]기술. **~trick**, der 요술쟁이의 트릭, 술책. **~truppe**, die 요술쟁이 일행[단].
Gauklerei [gauklə'rai], die; -en **a)** 《고어》요술부리기, 기술(奇術). **b)** 《아어·뜀》속임수. **gauklerhaft** 〈Adj.〉요술쟁이의, 요술쟁이 같은. **Gauklerin**, die; -nen ↑ Gaukler의 여성형. **gauklerisch** 〈Adj.〉《아어·뜀》요술의, 속임수의, 사기적.
gauksen ['gauksṇ] 〈h〉 《ostmd.》소리치다, 구슬프게 울다.
Gaul [gaul], der; -(e)s, Gäule ['gɔylə] 〈축소형: ↑ Gäulchen〉 **1.** 《뜀》형편없는 말(馬). **2.** 《지역적·고어》말: 속담 einem geschenkten G. schaut[sieht] man nicht ins Maul 받은 선물에 만족해야야 한다; etw. wirft einen G.[den stärksten G.] um 《통용어》너무 과하다, 참을[견딜] 수가 없다; jmdm. zureden wie einem lahmen G. 《통용어》누구에게 간곡하게[절박하게] 권유하다; jmdm. geht der G. durch 누가 자제력을 잃다, 화를 내기 시작하다; **den G. beim Schwanz aufzäumen** 일을 거꾸로 하다, 본말(本末)을 전도하다, 전후를 그르치다. **Gäulchen** ['gɔylçən], das; -s, - 《드물게》↑ Gaul의 축소형.
Gaullismus [go'lɪsmʊs], der; - [frz. gaullisme] 드골주의. **Gaullist** [go'lɪst], der; -en, -en [frz. gaulliste] 드골주의자. **gaullistisch** [go'lɪstɪʃ] 〈Adj.〉 **a)** 드골주의의[적]. **b)** 드골주의를 신봉하는: eine -e Einstellung 드골주의를 신봉하는 견해.
Gaultheria [gol'te:ria], die; ...ien [...iən] 캐나다의 식물학자 J. F. Gaultier(1708~1756)에 따라 골테리아속의 상록관목, 진달래과. **Gaultheriaöl**, der; -(e)s, -e 골테리아 기름(약제로 사용됨).
gaumen ['gaumən] 〈h〉《schweiz.》 **1.** 보살피다: das Haus und die Kinder g. 집과 아이들을 돌보다. **2.** 지키다, 보유하다, 유지하다.
Gaumen [-], der; -s, - **1.** 구개, 입천장, 구강: mein G. ist ganz trocken 내 입안(구강)은 아주 건조하다. **2.** 《대개 아어》미각 기관, 미각: einen feinen G. haben 미식가이다; etw. kitzelt den G. 무엇이 식욕을 돋구다; etw. schmeichelt dem G. 무엇이 맛이 아주 좋다; etw. ist etw. für jmds. G. 무엇이 누구에게 아주 맛이 있다.
Gaumen-: **~bein**, das [해부] 구개뼈[골]. **~bogen**, der [해부] 구개궁(弓). **~freude**, die 《대개 Pl.》《아어》구미를 돋구는 음식. **~kitzel**, der **a)** 《아어》구미를 돋굼[돋구는 음식]. **b)** 《농·온레》Fellatio. **~knochen**, der [해부] 구개뼈. **~laut**, der 구개음. **~lust**, die 《Pl. 없음》《드물게》식도락. **~mandel**, die [해부] 편도선. **~platte**, die [치과]매기구, 의치가상(義齒假床). **~R**, das 《붙임표와 함께》↑ Zäpfchen-R. **~reiz**, der 《드물게 Pl.》 ↑ kitzel (a). **~segel**, das [해부·음성] 연구개(구개의 뒷부분). **~segellaut**, der ↑ Velar. **~spalte**, die [의학] 구개[개] 파열(선천성 기형). **~tonsille**, die [해부] ↑ mandel. **~vergnügen**, das 《아어》↑ freude. **~zäpfchen**, das 목젖.
Gaumer ['gaumɐ], **Gäumer** ['gɔymɐ], der; -s, - 《schweiz.》감시인, 수호[감독]자.
gaumig ['gaumɪç] 〈Adj.〉연구개의: -e Laute 연구개음.
Gaumschule ['gaum-], die; -n 《schweiz.》보육원, 유아 학교.
Gauner ['gaunɐ], der; -s, - 《뜀》 **1.** 사기꾼, 악당, 도둑. **2.** 《통용어》교활한 사람.

gauner-, **Gauner-**: **~bande**, die 사기단. **~clique**, die 사기꾼 도당. **~komödie**, die [연극] 악당(이 등장하는) 희극. **~sprache**, die 부랑자어, 악당어, 도둑어. **~sprachlich** 〈Adj.〉부랑자어의. **~streich**, der 사기(행위), 협잡, 기만. **~stück**, das 사기짓, 협잡, 기만. **~trick**, der 사기. **~wort**, das 〈Pl. -wörter〉 ↑ ~sprache. **~zinken**, der 사기꾼·악당·도둑들의 비밀 암호(문이나 벽외).
Gaunerei [gaunə'rai], die; -en 사기, 기만.
gaunerhaft 〈Adj.〉사기꾼 같은, 사기의. **gaunerisch** 〈Adj.〉사기꾼의, 사기적인. **gaunern** ['gaunɐn] 〈h〉사기치다, 협잡하다. **Gaunertum**, das; -s 사기꾼성, 사기꾼 세계.
Gaupe: ↑ Gaube.
Gaur ['gauɐ], der; -s, -(s) [Hindi] 인도의 야생 소.
Gauß [gaus], das; -, - [독일 수학자이며 물리학자인 C. F. Gauß(1775~1855)에서] [물리] 가우스(기호: G, Gs).
Gautsch-: **~brett**, das [인쇄] 압판(壓板). **~brief**, der [인쇄] (식자공, 인쇄공 등의) 견습 수료증. **~fest**, das [인쇄] (식자공 등의) 견습 수료(회)식. **~presse**, die [인쇄] (종이) 압착기. **~walze**, die ↑ ~presse.
¹**Gautsche** ['gautʃə], die; -n [인쇄] ↑ Gautschpresse.
²**Gautsche** [-], die; -n 《südwestd.》↑ Schaukel.
¹**gautschen** ['gautʃn] 〈h〉 **1.** [인쇄] (종이를) 압착시키다. **2.** [인쇄] (식자공, 인쇄공의) 견습 수료 의식을 거행하다 (물통 속이나 젖은 해면 위에 앉혀놓고 물을 부음).
²**gautschen** [-] 〈h〉《südwestd.》흔들다: mit dem Stuhl g. 의자를 흔들다.
Gautscher ['gautʃɐ], der; -s, - [인쇄] 압착공.
Gäuwagen, der; -s, - 《bayr.》란다우식 마차와 비슷한 마차.
Gavial [ga'via:l], der; -s, -e [Hindi] 인도악어.
Gavotte [ga'vɔt(ə)], die; -n [...tən; frz. gavotte] **a)** 가보트 춤. **b)** [음악] 느린 춤 후의 삽입곡. **Gawein** [ga'vain] 아더왕 전설의 인물.
gay [gei] 〈Adj.〉 [engl. gay] 《은어》동성애의.
Gay [gei], der; -(s), -s 《은어》동성연애자.
Gayal [ga'ia:l, ga'ja:l], der; -s, -s [Hindi] 쉽사리 길들일 수 있는 인도 야생 소.
Gaze ['ga:zə], die; -n [frz. gaze] 가제, 붕대지: etw. mit G. bespannen ...을 가제로 팽팽히 매다.
Gaze-: **~bausch**, der 가제 뭉치. **~binde**, die 가제 붕대. **~fenster**, das 망으로 된 창문. **~heftung**, die [제본] 실[첫사]매기 후 꽃천에 붙이기. **~schleier**, der 가제(천의 모양의) 면사포. **~streifen**, der 가제 띠. **~tupfer**, der ↑ ~bausch. **~vorhang**, der 가제식 천으로 된 커튼.
Gazelle [ga'tsɛlə], die; -n [ital. gazzella] 가젤영양(아프리카의 초원이나 황야에 사는 영양). **Gazellenherde**, die 가젤 떼.
Gazette [ga'tsɛtə, 《또한》ga'zɛtə], die; -n [frz. gazette = Zeitung] 《고어·뜀》신문.
Gazi: ↑ Ghasi.
Gazpacho [gas'patʃo], der; -(s), -s [span. gazpacho] [요리] 가스파쵸(스페인의 야채 냉수프). **b)** 계란케이크 조각의 음식으로 빵 사이에 끼워 먹음.
GBl. = Gesetzblatt.
Gd = Gadolinium.
Gdánsk [pol. gdãisk] 그다니스크.
Gde. = Gourde.
G-Dur ['ge:-, 《또한》'-'-'], das; - 사 장조(기호: G). **G-Dur-Etüde**, die 사 장조 연습곡. **G-Dur-Tonleiter**, die 사 장조 음계.
Ge = Geranium.
geachtet [gə'|axtət] 〈Adj.〉존경을 받는: ein -er Name

Gebein

존경받는 이름.
Geächtete' [gəˈɛçtətə], der / die; -n, -n 추방[파문]당한자.
Geächz(e) [gəˈɛçts(ə)], das; …zes 《자주 퍰》(계속적인) 신음(소리).
Geäder [gəˈɛːdɐ], das; -s - 혈관, 맥관, 맥상(脈狀). **geädert**, **geadert**: ↑ädern, adern 참조.
Geäfter [gəˈɛftɐ], das; -s, - 〈사냥〉(개 따위의) 며느리발톱, 새끼발톱.
Gealber [gəˈalbɐ], das; -s, **Gealbere** [..bərə], das; -s 《잘 쓰이지 않음》《통용어·퍰》못난 짓거리.
Geantiklinale [geʹa...] ↑Geoantiklinale.
geartet [gəˈaːɐ̯tət] 〈Adj.〉 **a)** …성질의: besonders -e Krankheitsursachen 특수한 성질의 병원(병의 원인). **b)** …기질의: seine Kinder sind gut g. 그의 아이들은 좋은 기질이다. **Geartetheit**, die 기질, 성질.
Geäse [gəˈɛːzə], das; -s, - 〈사냥〉 **1.** (짐승의) 주둥이. **2.** (짐승이 먹는) 목초, 풀.
Geäst [gəˈɛst], das; -(e)s [↑Ast의 집합형] 나뭇가지(전체).
¹geb. = geboren(기호: *).
²geb. = geborene.
Gebabbel [gəˈbab], das; -s 《지역적·자주 퍰》끊임없이 서투른 말로 재잘거림, 끊임없는 허튼 소리, (이해할 수 없는, 바보 같은) 지껄임.
Gebäck [gəˈbɛk], das; -(e)s, 《종류》-e 구워 만든 과자류.
Gebäck-: ~**dose**, die 과자통. ~**form**, die 과자(를 굽는) 형. ~**schale**, die 과자를 내놓는 접시. ~**stück**, das 낱개의 과자. ~**zange**, die 과자를 집는 집게.
gebacken [gəˈbakn̩] ↑backen 참조. **Gebackene**, das; -n 구운 음식. **gebändert**: ↑bändern 《사》 참조.
Gebalge, das; -s 〈퍰〉끊임없는 싸움[드잡이], 때리며 싸우기.
Gebälk [gəˈbɛlk], das; -(e)s, -e 〈드물게 Pl.〉 **1.** 각재, 들보, 도리, 구재(構材)(층사이, 지붕, 건물 등의): sie wurden von einstürzendem G. und umfallenden Wänden erschlagen 그들은 굴러 떨어지는 각재들과 넘어지는 벽에 깔려 죽었다; 〈성귀〉 es knistert (kracht) in G. 기존 질서[공동체, 사회]가 위협을 받고 있다. **2.** [고대 건축] 원주(圓柱) 위의 횡재(橫材). **Gebälkträger**, der 남자의 형상으로 된 받침 기둥.
gebalkt [gəˈbalkt] 〈Adj.〉 [문장] 각재의, 각재가 있는.
Geballer [gəˈbalə], das; -s, **Gebaliere** [...lərə], das; -s 《통용어·퍰》(끊임없는) 소음, 떠들음.
Gebände [gəˈbɛndə], Gebende, das; -s 중세 여인들이 얼굴에 장식으로 두른 넓은 아마띠.
gebar [gəˈbaːɐ̯] ↑gebären 참조.
gebär-, **Gebär-**: ~**fähig** 〈Adj.〉 출산 능력이 있는. ~**freudig** 〈Adj.〉 출산력(생식력)이 강한, 즐겨 출산하는: sie hat ein -es Becken 그녀는 출산력이 강한 골반을 가지고 있다. ~**klinik**, die 〈österr.〉 산부인과 병원, (조)산원. ~**maschine**, die 〈퍰〉 아이를 잘 낳는 여자. ~**mutter**, die; ~**mütter** 〈드물게 Pl.〉 자궁. ~**muttermund**, der ↑Muttermund. ~**muttersenkung**, die 자궁 하강. ~**mutterspiegel**, die 〔의학〕 자궁 내시경. ~**muttervorfall**, der ↑Hysteroptose. ~**stuhl**, der 〈옛〉 분만에 사용되는 의자 모양의 기구.
Gebärde [gəˈbɛːɐ̯də], die; -n **1.** 동작, 몸짓: sich durch -n verständigen 몸짓으로 의사소통한다. **2.** 〈아어〉 표현, 표정, 제스추어; G. des Wahnsinns 광기의 표현.
gebärden [gəˈbɛːɐ̯dn̩], sich 〈h〉 행동하다, 동작하다: sich wie toll g. 미친 듯 같은 행동을 한다.
gebärden-, **Gebärden-**: ~**reich** 〈Adj.〉: g. sprechen 풍부한 몸짓으로 말하다. ~**spiel**, das 몸짓거리, 표

정. ~**sprache**, die 동작[몸짓, 제스처]에 의한 의사 소통, 동작 언어.
gebaren [gəˈbaːrən], sich 〈h〉 〈고어·퍰〉 행동하다, 동작하다, 거동하다. **Gebaren** [-], das; -s 〈퍰〉 유별난 행동, 거동, 몸짓, 태도: ein weltmännisches G. haben 사교적 행동거지를 하다.
gebären' [gəˈbɛːrən] 낳다, 분만하다: die Frau gebärt 《준고어》 (gebiert) ihres erstes Kind 그 여자는 첫 아이를 낳는다; geboren werden 태어나다 (반대: sterben); Max Schwarz, geboren 1845, gestorben 1917 막스 슈바르츠, 1845년 태생, 1917년 사망; Frau Marie Berger geb. Schröder 슈뢰더라는 친정 성의 마리 베르거 부인; ein geborener Berliner 베를린 토박이; er ist der geborene (ein geborener) Kaufmann 그는 타고난 장사꾼이다; 〔전의〕 Haß gebiert neuen Haß 《아이》 증오는 또 다른 증오를 낳는다; **zu etw. geboren sein** 무엇에 대한 선천적인 재능을 갖고 있다. **Gebärerin** [gəˈbɛːrərɪn], die; -nen 〈아어·반어〉 산모, 낳아준 여자〔생모〕.
Gebarme [gəˈbarmə], das; -s 《nordd.·퍰》 끊임없는 탄식, 슬퍼함.
gebärtet [gəˈbɛːɐ̯tət] 〈Adj.〉 〔동·식물〕 수염이 있는.
Gebarung [gəˈbaːrʊŋ], die; -en 〈Pl. 없음〉 〈아어〉 동작, 행동, 몸짓. **2.** 〈österr.〉 부기, 회계, 재정적인 업무 집행: einen Einblick in die G. einer Firma gewähren 어떤 회사의 업무 집행(상태)를 일람하다〔살펴보다〕; die G. vorlegen 사업 보고서를 제출하다.
Gebarungs- 〈österr.; Gebarung 2〉: ~**bericht**, der 사업 보고서. ~**jahr**, das 사업〔회계〕 연도. ~**kontrolle**, die 부기〔회계〕 감사〔통제〕. ~**(über)prüfung**, die 부기〔회계〕 검사〔조사〕. ~**überschuß**, der 초과 업무 집행, 결산 잔액.
Gebäu [gəˈbɔy], das; -(e)s, -e 〈고어〉 건물.
gebauchkitzelt, **gebauchpinselt**, **gebauchstreichelt**: 《다음 용법으로》 **sich g. fühlen** 〈통용어·농〉 대단히 만족해 하다, 득의만면해하다, 의기양양하게 느끼다. **gebaucht**: ↑bauchen 참조.
Gebäude [gəˈbɔydə], das; -s, - **1. a)** 〈대개 건축물, 건물〉: ein öffentliches G. 공공 건물. **b)** 구조, 구성, 구성된 전체: das G. einer Wissenschaft 어떤 학문의 체계〔구성〕. **2.** 〈옛〉 갱도, 탄갱, 광갱. **3.** 〔사냥·말사육〕 체형(體型), 체격, 몸뚱이.
Gebäude-: ~**block**, der 〈Pl. -blöcke/-blocks〉 건물 구역. ~**flügel**, der 건물(의) 날개. ~**komplex**, der 건물 집단(군). ~**reiniger**, der 건물 청소부. ~**reinigung**, die **1.** 건물 청소〔관리〕. **2.** 건물 관리업. ~**schaden**, der 건물 손상〔파손〕. ~**teil**, der 건물(의) 부분〔일부〕. ~**trakt**, der 건물의 측면 부분. ~**versicherung**, die 건물 보험. ~**verwalter**, der 건물 관리인.
Gebäulichkeit [gəˈbɔylɪçkaɪt], die; -en 〈대개 Pl.〉 〈südd., schweiz.〉 건물, 건조물.
gebaut 〔본래는 ↑bauen의 과거분사형〕 〈다음 용법으로〉 **g. sein** 특정 체형을 지니다, 어떤 체격을 갖고 있다: ein gut gebauter Sportler 훌륭한 체격의 운동 선수; **so wie jmd. g. ist** 1) 〈통용어〉 누구가 지닌 체격대로〔체형에 맞게〕. 2) 〈통용어·농〉 누구가 지닌 소질대로〔생겨 먹은 대로〕.
gebe-, **Gebe-**: ~**freudig** 〈Adj.〉 즐겨〔아낌없이〕 주는, 아끼지 않는, 인색하지 않은, 관대한. ~**freudigkeit**, die ~freudig의 명사형. ~**laune**, die 〈Pl. 없음〉 ↑Geberlaune.
Gebein [gəˈbaɪn], das; -(e)s, -e **1.** 〈고어〉 사지, 전신: ein Schreck fuhr ihm durchs〔ins〕 G. 〔in die -e〕 그는 깜짝 놀랐다, 전율이 그의 전신에 감돌았다. **2.** 〈Pl.〉 《아어》 해골, 유골: die -e eines Toten 사자의 유골.

Gebelfer [gə'bɛlfɐ], das; -s 《통용어·폄》 (계속적인) 짖어댐(개의), 부르짖음, 꾸짖음.
Gebell [gə'bɛl], das; -(e)s (계속적인) 짖어댐(개의), 고함침, 부르짖음; 울부짖는 짖어댐. **Gebelle** [gə'bɛlə], das; -s 《통용어·폄》 (계속적인) 불쾌한 짖어댐.
geben* ['ge:bn̩] (h) **1. a)** 주다, 내주다, 넘겨주다, 제공하다: einem Kranken das Essen g. 환자에게 식사를 갖다주다; sich³ eine Quittung. g. lassen 영수증을 발급받다; jmdm. (zur Begrüßung) die Hand g. 누구와 (인사하기 위해) 악수하다; jmdm. Feuer g. 누구에게 담배불을 붙여주다; (jmdm.) etw. auf Kredit g. 《누구에게》 무엇을 외상(신용)으로 주다; eine Ware billig g. 《지역어》 어떤 상품을 싸게 팔다; wer gibt Karten? 누가 카드를 돌릴 차례냐?; [성구] wenn man ihm den kleinen Finger gibt, will er gleich die ganze Hand 그는 즉시 모든 것을 다 가지려고 한다; geben Sie mir bitte Herrn Meier 마이어르 씨와 전화를 연결시켜 주십시오; ich gäbe viel darum, wenn ich das wüßte 나는 그것을 참 알고 싶었는데, 내가 그것을 알았으면 참 좋았을 텐데; **was gibst du, was hast du** 《통용어》 아주 (성)급하게, 가능한 한 빨리. **b)** 선사하다, 기부(회사)하다, 양도하다: gibst du ihm etwas zum Geburtstag? 그의 생일에 무엇을 선사하니?; sie gibt gern 그녀는 인색하지(아끼지) 않다, 잘 준다; 法 법률을 공포하다; [속담] Geben ist seliger denn Nehmen 주는 것이 받는 것보다 복이 있다(사도행전 20장 35절). **2.** (특별한 목적을 위해) 넘겨주다, 맡기다, 위탁하다: jmdn. jmdm. als Begleiter [zur Begleitung] g. 누구를 누구와 동반하게 하다; das Auto zur Reparatur [in die Werkstatt] g. 자동차를 수리(선)하기 위해 [공장에] 갖다주다 [맡기다]; den Aufsatz in Druck [zum Druck] g. 논문을 인쇄시키다, 출판(간행)하다. **3. a)** 넣다, 놓다, 세우다: Zucker an [über] die Mehlspeise g. 설탕을 밀가루 음식에 쳐다 [밀가루 음식 위에 뿌리다]; eine Decke auf den Tisch g. 《지역어》 식탁보를 식탁 위에 깔다. **b)** [구기] 내주다, 넘겨 주다: den Ball in die Mitte g. 볼(공)을 중앙으로 주다 [던지다]. **4. a)** 제공하다, 허가하다, 승낙하다: jmdm. eine Chance g. 누구에게 기회를 주다; die Ärzte geben dem Kranken nur noch ein paar Wochen 의사들은 그 환자가 수 주 밖에는 살지 못하리라고 생각하고 있다; (den Kunden) Kredit g. (단골 손님들에게) 외상을 주다; jmdm. das a g. [음악] 누구에게 a 음에서 시작하게 하다; (jmdm.) Unterricht g. 누구를 가르치다, 교수하다; er hat (mir) keine Aufklärung darüber gegeben 그는 (나에게) 거기(그것)에 관해 아무런 설명[해명]을 하지 않았다; (jmdm.) Bescheid g. 누구에게 회답하다 [알리다]; sie hat ihm ihr Jawort gegeben 그녀는 그의 청혼에 동의하였다; (jmdm.) einen Auftrag g. 누구에게 위임하다; Gesetze g. 법률을 공포하다; der Schiedsrichter gibt ein Tor [einen Freistoß] [스포츠] 심판은 골 [프리킥]을 선언한다 [결정한다]; jmdm. einen Verweis g. 누구를 비난(질책)하다, 꾸짖다; jmdm. einen Kuß g. 누구에게 키스하다, 입맞추다; **es jmdm. g.** 《통용어》 1) 누구에게 충분히 의견을 이야기하다, 누구를 때리다, 나타나다; **gut gegeben!** 《통용어》 잘 대답했다! 멋인다!; **gib (es) ihm!** 《통용어》 그를 때려라! **b)** 수여하다, 주다, 중개하다, 보고하다, 전하다; jmdm. Mut g. 누구에게 용기를 불어넣다; seinen Worten Nachdruck g. 그의 말을 강조하다 [역설하다]. **5.** 가져오다, 만들어내다, 선사하다, 마련하다, 야기하다: die Kuh gibt viel Milch 암소에서는 우유가 나온다; etw. gibt Spaß 《통용어》 무엇이 재미있다. **6.** (주인 측으로서) 준비하다, 개최하다, 베풀다: ein Fest g. 축제를 개최하다. **7. a)** (개최하여) 공연하다: was wird heute im Theater gegeben? 오늘 극장에서는 무슨 공연이 있느냐, 오늘 어떤 연극이 상연됩니까?. **b)** (역을) 하다, 구연하다: eine Rolle des Stückes g. 작품의 어떤 역을 하다. **8.** 되다, 이루어지다, 생기다: zwei mal zwei gibt vier 2 곱하기 2는 4이다; das gibt keinen Sinn 그것은 아무 의미가 없다; was wird das g.? 어떻게 될 것인가? **9.** 표현하다, 말하다, 내놓다: keinen Laut von sich g. 아무런 소리도 내지 않다; er konnte es nicht so recht von sich 《통용어》 그는 제대로 표현할 수가 없었다. **10.** 《통용어》 토하다, 구토하다. **11.** 무엇에 가치를 두다, 의미를 부여하다, 중요시 여기다: nichts auf eine Behauptung g. 어떤 주장을 개의치 않다. **12.** (g. + sich) 어떤 행동(동작)을 하다: sich gelassen g. 침착한 행동을 하다; sich als Experte g. 전문가처럼 행동을 하다. **13.** (g. + sich) 약해져서 그치다, 멎다, 가라앉다, 식다: die Schmerzen werden sich g. 통증은 가라앉을 것이다. **14.** (g. + sich) 《드물게》 상태에 있다, 나타나다, 생기다. **15.** (비인칭) 있다, 존재하다: es gibt einen Gott 신은 존재한다; das gibt es ja gar nicht 그런 것은 전혀 존재하지 않는다(있을 수 없다); das, so etwas gibt es (bei mir) nicht 그런 것은 (나에게는) 문제되지 않는다, (나하고는) 상관없다; was gibt es (denn) da? 《통용어》 (도대체) 무슨 일입니까?; was gibt es Neues? 무슨 새로운 소식이 있습니까?; es gab viel zu tun 할 일이 많았다, **da gibt's nichts** 《통용어》 그것은 어떻게 (반대)할 수가 없다. **16.** (비인칭) 제공되다, 나오다, 주어지다: was gibt es heute im Theater [im Fernsehen]? 오늘 연극(텔레비전) 프로그램이 무엇입니까?. **17.** (비인칭) 오다, 나타나다, 생기다: es gibt (노라) Regen (곧) 비가 올 것이다; ich glaube, es gibt noch ein Unglück 또 불행한 일이 [불상사가] 일어날 것 같다; wenn du nicht ruhig bist, gibt's was 《통용어》 네가 가만히 있지 않으면 무슨 좋지 않은 일이 일어날 것이다.
Gebende [gə'bɛndə] ↑Gebände.
gebenedeit, Gebenedeite: ↑benedeien 참조.
Geber ['ge:bɐ], der; -s, - **1.** (고어) 주는 사람, 선사하는 사람: einen fröhlichen G. hat Gott lieb 하느님은 즐겨 주는 자를 사랑한다(고린도후서 9장 7절). **2.** (전신) 발신기. **3.** [기술] 픽업(소리나 빛을 전파로 바꾸는 장치).
Geber-: **~land**, das (Pl. -länder) 《전문어》 수여국, 양도국, 발행국. **~laune**, die 《Pl. 없음》 인색하지 않은 (관대한) 마음, 인색하지 않은 (관대한) 마음. **~sprache**, die [언어] (외래어의) 원어.
Gebet [gə'be:t], das; -(e)s, -e **a)** 기도, 빌기: um Hilfe 도움의 기도; sein G. verrichten 기도를 하다; jmdn. in sein G. einschließen 누구를 위해 기도하다. **b)** 기도의 말, 기도문: ein G. sprechen 《통용어》 기도의 말을 하다, 기도문을 외우다 [읽다]; das G. des Herrn (야어) 주기도문, 천주경; **Ewiges G.** [가] 상시(常時) 성체 예배(부활절 전주의 40시간의 금식 관습에서 나옴); **jmdn. ins G. nehmen** 《통용어》 누구를 심하게 힐문하다, 질책하다, 누구의 해명을 요구하다, 누구의 양심에 호소하다.
Gebet- (↑Gebets-도 참조.) **~buch**, das **1.** 기도서. **2.** 《통용어·농》 (des Teufels Gebetbuch의 약칭) 카드. **3.** (랠리 스포츠 은어) 랠리 구간과 경주 방식에 관한 비망록. **~läuten**, das 《österr.》 ↑Angeluszläuten. **~sammlung**, die 기도(문) 선집[집록].
gebeten [gə'be:tn̩] ↑bitten 참조.
Gebets- (↑Gebet-도 참조.) **~formel**, die 기도의 형식(정식(定式)), 상투적 문구. **~mantel**, der [유태교] 기도할 때 걸치는 외투(망토). **~mühle**, die [티베트의 라마교도가 기도할 때 사용하는] 회전용 기구: [전의] sie ist eine richtige G. 《폄》 그녀의 말은 수다스러우나 단조롭다. **~nische**, die [회교] 기도벽감(壁嵌)(메카를 향한

사원 벽의 입구 맞은 편에 놓여 있는 작은 벽감으로 기도시에 얼굴을 그리로 돌림). **~riemen,** der [유대교] 성구함(구약성서의 문구를 기록한 양피지를 넣은 작은 가죽상자로 아침기도시에 몸에 지님). **~stätte,** die 기도(처)소. **~teppich,** der [회교] 회교도가 기도시에 무릎을 꿇는 조그만 융단(양탄자). **~übung,** die 기도 연습. **~versammlung** die (공동의) 기도 집회. **~wache,** die (schweiz.・가) 상시 성체 예배(Ewiges ↑Gebet).
Gebettel [gəˈbɛtl], das; -s 《편》 1. 끊임없는 구걸. 2. 집요하고 계속적인 간청, 졸라 댐.
gebeut [gəˈbɔyt] gebietet의 고어(↑gebieten 참조).
gebiert [gəˈbiːɐt] ↑gebären 참조.
Gebiet [gəˈbiːt], das; -(e)s, -e 1. 지역, 지대, 영지: besetztes G. 점령 지역; das ist städtisches G. 거기는 시 관할 구역이다. 2. (전문) 분야, 방면, 영역: auf wirtschaftlichem G. 경제 분야에서; auf seinem G. Fachmann sein 자신의 분야에서 전문가이다. **gebieten** [gəˈbiːtn] ⟨h⟩ 《아어》 1. a) 명령하다, 요구하다, 촉구하다: jmdm. g., etw. zu tun 누구에게 무엇을 하라고 명령하다. b) 긴급하게 요구하다, 강요하다: etw. gebietet besondere Vorsicht 무엇을 특별히 조심해야 한다; es ist Vorsicht geboten 조심해야 한다, 조심성이 요구된다. 2. a) 지배하다, 통제하다, 장악하다: über ein großes Land g. 대국(大國)을 지배하다. b) 강요하다, 억누르다: über seine Leidenschaften g. 자기의 정욕을 억제하다. c) 무엇을 처리하다, 조처하다, 마음대로 하다: über eine kräftige Stimme g. 힘찬 목소리를 갖다(사용하다). **Gebieter,** der; -s, - (고어) 명령자, 지배자, 통치자, 군주: mein Herr und G.! 저의 군주이시여! **Gebieterin,** die; -nen ↑Gebieter의 여성형. **gebieterisch** ⟨Adj.⟩ (아어) 명령적인, 강제적인, 독재적인: etw. g. fordern 명령조로 요구하다; [전의] eine -e Notwendigkeit 어쩔 수 없는 필요성. **gebietlich** ⟨Adj.⟩ 분야(영역)별의, 분야의: -e Unterschiede 영역별 차이.
gebiets-, Gebiets-: ~abgrenzung, die 영토 경계 설정(구획). **~anspruch,** der 영토 요구. **~erweiterung,** die 1. (국가의) 영토 확장. 2. 전문 분야의 확대. **~erwerbung,** die 영토 취득(획득). **~hoheit,** die 영토 주권(主權). **~körperschaft,** die [법] 지방 자치 단체(특히 Gemeinde, Landkreis 따위). **~krankenkasse,** die (österr.) (오스트리아의 각 연방 주의) 지역 의료 보험. **~reform,** die 영토(지역) 재편성(개혁). **~teil,** der 영토 [지역]의 부분(일부). **~verband,** der 지역 동맹. **~vergrößerung,** die 영토 확대. **~weise** ⟨Adv.⟩ 영토(지역)에 따라, 지역적으로: g. vorgehen 지역적으로 조치를 취하다. **~zuwachs,** der 영토 증대.
Gebildbrot [gəˈbɪlt-], das; -(e)s, -e [민속] (축제일의) 특수한 모양으로 구운 빵과자.
Gebilde [gəˈbɪldə], das; -s, - 형성물, 형상(체), 구성물: ein symmetrisches G. 대칭적 형상(체); [전의] ein G. der Phantasie 환(상)상의 (형)상. **gebildet** ⟨Adj.⟩ 교양있는, 교육을 받은: ein -er Mensch 교양 있는(교육받은) 사람; akademisch g. sein 학문적 교육을 받다. **Gebildete*,** der/die 교양 있는(교육받은) 사람.
Gebimmel [gəˈbɪml], das; -s 《통속어》 (계속적인) 벨의 울림.
Gebinde [gəˈbɪndə], das; -s, - 1. 묶음 전체, 다발: ein G. aus Blumen und Zweigen 한 다발의 꽃과 가지. 2. 일정한 양의 물레실. 3. [토건] a) 지붕틀(트러스, 도리 받침대. b) 지붕기와의 열. 4. (österr.) (큰) 통(액체의 단위). 5. [요식] 생선 내장.
Gebirge [gəˈbɪrɡə], das; -s, - 1. a) 산, 산맥, 산악, 고지: ein vulkanisches G. 화산맥; [전의] ein G. von Akten 서류 더미. b) 산간(산악) 지방. 2. [지질] 암석.

3. [광] 암석층. **gebirgig** [...gɪç] ⟨Adj.⟩ 산간(산악)의, 산골의: eine -e Landschaft 산간(악) 지역(풍경). **Gebirgigkeit,** die ↑gebirgig의 명사형. **Gebirgler** [...rkl̩ə], der; -s, - 산간 주민, 산골 사람.
gebirgs-, Gebirgs-: ~art, die [광・지질] 암석의 종류(형태), 암석류. **~artillerie,** die 산악 포병대. **~ausläufer,** der (산악의) 지맥. **~bach,** der 산골의 시내. **~bahn,** die 고산(등산) 철도. **~bauer,** der 산골 농부. **~bewohner,** der 산간 주민, 산골 사람. **~bildung,** die [지질] 조산(造山) 운동(작용). **~blume,** die 산악 지방의 꽃. **~dorf,** das 산간 마을. **~druck,** der [광・지질] 암석 압력. **~faltung,** die [지질] **~bildung. ~grat,** der 산등. **~jäger,** der 1. [산악병. 2. (Pl.) 산악 (투입) 보병 부대. **~jägerbataillon,** das 산악 (투입) 보병 대대. **~kamm,** der 산등, 산마루. **~kessel,** der (산악으로 둘러싸인) 분지. **~kette,** die 산맥, 연산(連山). **~klima,** das 산악 기후. **~knoten,** der [지리] 산맥 교차 지역. **~krieg,** der 산악전(戰). **~kunde,** die [지리・지질] 산악학(學). **~kundig** ⟨Adj.⟩ 산악에 통달하고 있는. **~kurort,** der 산악 요양지. **~lage,** die 산악 속의 위치: ein Kurort in G. 산악 속의 요양지. **~land,** das ⟨Pl. ...länder⟩ 산악이 많은 나라(땅). **~landschaft,** die 산악의 풍경, 산악 지대. **~luft,** die ⟨Pl. 없음⟩ 산의 공기. **~massiv,** das 산괴(山塊). **~panorama,** die 산의 파노라마. **~paß,** der 문 준령의 고갯길, 재. **~pflanze,** die 고산 식물. **~pionier,** der 1. [군] 산악병. 2. ⟨Pl.⟩ 산악 공병 부대. **~rücken,** der 산등(마루). **~schlag,** der [광・지질] 낙반(落盤). **~schlucht,** die (산간) 협곡. **~see,** der 산간 호수. **~stock,** der ⟨Pl. ...stöcke⟩ ↑Gebirgsmassiv. **~straße,** die 산악로(路). **~tal,** das 산간 계곡, 협곡. **~truppe,** die [군] 산악 부대. **~volk,** das 산지의 주민, 산악 민족. **~wand,** die 산의 암벽(절벽). **~wanderung,** die 산악 (도보) 여행. **~weg,** der 산길. **~zug,** der 산맥.
Gebiß [gəˈbɪs], das; ...isses, ...isse 1. 이, 치아: ein kräftiges(gesundes) G. haben 튼튼한(건강한) 치아 [이]를 갖고 있다; das bleibende G. 영구치(永久齒). 2. 의치, 틀니. 3. 재갈.
Gebiß-: ~abdruck, der [의학] 치아 압형(押型), 치형 (齒型). **~anomalie,** die [의학] 비정상 치아형. **~klempner,** der 《편》 치과 의사. **~regulierung,** die 치아 교정.
gebissen [gəˈbɪsn̩] ↑beißen 참조.
Geblaff [gəˈblaf], das; -(e)s, Geblaffe [...], das; -s 《통용어・편》 계속 짖어댐, 계속하는 욕지거리.
Geblase [gəˈblaːzə], das; -s 《통용어・편》 계속 불어댐.
Gebläse [gəˈblɛːzə], das; -s, - [기술] 1. a) 송풍기, 풀무. b) (농사에 사용하는) 풍구. 2. (은어) 용융 버너.
Gebläse-: ~kühlung, die 송풍 냉각, 공냉(空冷). **~motor,** der 송풍 엔진. **~ofen,** der 용광로. **~wind,** der 송풍기 바람.
geblasen [gəˈblaːzn̩] ↑blasen 참조.
geblendet: ↑blenden 참조. **Geblendetsein,** das; -s 매혹된 상태.
geblichen [gəˈblɪçn̩] ↑bleichen 참조.
Geblinzel [gəˈblɪnts̩l], das; -s (계속) 깜박거리는 눈짓.
Geblödel [gəˈbløːdl̩], das; -s 《통용어・편》 계속적인 바보 소리.
Geblök [gəˈbløːk], das; -(e)s (소나 양의) 반복된 울음소리. **Geblöke** [...ə], das; -s 《통용어・편》계속적인 울음소리.
geblumt [gəˈbluːmt] (österr.) ↑geblümt. **geblümt** [gəˈblyːmt] ⟨Adj.⟩ 1. 꽃무늬의, 꽃무늬가 있는: ein -es

Kleid 꽃무늬가 있는 옷. **2.** (특히 13세기 독일 문학의 문체) 미사여구의: -er Stil 미사여구 문체.

Geblüt [gə'bly:t], das; -(e)s **1.** 《고어》 (집합적으로) 피: der Gedanke brachte sein G. in Wallung 그 생각이 그를 흥분시켰다. **2. a)** 《드물게》 (육체적, 정신적) 상태: ein innerer Widerstreit verdarb ihm das G. 내적인 갈등이 그의 심신(상태)을 해쳤다(괴로하게 만들었다). **b)** 《아어》 천성, 소질, 본성 전체: er war ein Polemiker von G. 그는 천성적인 논쟁가였다. **c)** 《아어》 혈통, 가문, 혈족: eine Dame von fürstlichem[edlem] G. 군주(귀족) 가문의 여(부)인.

gebogen [gə'bo:gn̩] **1.** ↑biegen 참조. **2.** 〈Adj.〉 구부러진, 만곡된, 휜: eine -e Nase 구부러진 코, 매부리코.

gebogt [gə'bo:kt] 〈Adj.〉 ↑ausgebogt (↑ausbogen) 참조.

Gebolze [gə'bɔltsə], das; -s 《통어·편》 (축구의) 반칙이 잦은 게임.

geboren [gə'bo:rən] ↑gebären의 과거분사. **Geborenzeichen**, das; -s, - 〈생년월일 앞의〉'출생'표시 기호 (*).

geborgen [gə'bɔrgn̩]: **1.** ↑bergen의 과거분사. **2.** 〈Adj.〉 안전한, 보호된: an einem Ort g. sein 어떤 장소에서 보호받고 있다; sich g. fühlen 안전하게 느끼다. **Geborgenheit**, die geborgen의 명사형: in häuslicher G. 가정의 보호 속에.

geborsten [gə'bɔrstn̩] ↑bersten의 과거분사.

Gebot [gə'bo:t], das; -(e)s, -e **1. a)** (도덕적·종교적) 법칙, 명령, 계명: ein göttliches(sittliches) G. 신의(윤리적) 법칙(계명); ein G. halten 계명(명령)을 지키다; das G. der Nächstenliebe[der Höflichkeit] beachten 이웃 사랑(예의)의 규율(계명)을 지키다(준수하다); die Zehn -e 십계명; das elfte G. (통어·농·은폐) 열한번째 계명(들키거나 붙잡히지 말라는) **b)** (법적인, 공적인) 지시, 규정(반대: Verbot): G. für Fußgänger [교통] 보행자를 위한 지시(표시). **2.** 《아어》 **a)** 명령: ein G. erlassen 명령을 발하다. **b) zu Gebot(e) stehen** 누구의 뜻대로 되다, 사용할 수 있다. **3.** 요구, 필요(성). **4.** [상] 부르는(공급의) 값. **¹geboten** [gə'bo:tn̩] ↑ bieten 참조. **²geboten** [-] ↑gebieten 참조. **Gebotsschild**, das 《Pl. ...er》 [교통] 지시 표시판(반대: Verbotsschild). **Gebotszeichen**, das (교통) 지시 표시(반대: Verbotszeichen).

Gebr. = Gebrüder.

Gebrabbel [gə'brabl̩], das; -s《통어·편》 (끊임없는) 중얼댐.

Gebräch [gə'brɛ:ç], das; -(e)s, -e **1.** [사냥] 멧돼지 코로 파헤쳐진 땅바닥 (의). **2.** (또한) **Gebräche** [-ə], das; -s, - [광] 쉽게 부서지는 암석.

gebracht [gə'braxt] ↑bringen 참조.

Gebräme [gə'brɛ:mə], das; -s, - 《고어》 옷의 장식 (하기).

gebrandmarkt: ↑brandmarken 참조.

gebrannt [gə'brant] ↑brennen 참조.

gebraten [gə'bra:tn̩] ↑braten 참조. **Gebratene**, das; -n 구운 요리, 불고기.

Gebräu [gə'brɔy], das; -(e)s, -e 《편》 양조한 것; 합성주.

Gebrauch, der; -(e)s, Gebräuche **1.** 《Pl. 없음》 사용, 이용, 적용: (Flasche) vor G. gut schütteln! (병을) 사용 전에 잘 흔들 것!; sparsam im G. sein 근검절약하다; **von etw. G. machen** (시급한 경우에) 사용하다, 활용하다: von seinem Recht G. machen 그의 권리를 활용하다. **etw. kommt außer G.** 무엇이 쓰지 [사용하지] 않게 되다; **außer G. setzen** (격식적으로) 사용하기를 그만두다; **in G. nehmen** 사용(이용)하기 시작하다; **in[im] G. haben** 사용하다, 이용하다: ein Werkzeug schon lange im G. haben 도[용]구를 이미 오래 사용하다; **in[im] G. sein** 사용되다, 이용되다. **2.** 〈대개 Pl.〉 관습, 관례, 습관.

gebrauchen 〈h〉 **1.** 사용하다, 이용하다, 적용하다: jmd. ist zu nichts zu g. 《통어》 누구는 아무 쓸모가 없다; seine Gewalt[eine List] g. 자기의 폭력을 사용하다[술책을 쓰다]; derbe Worte g. 야비한[거친] 말을 쓰다; ein gebrauchter Kinderwagen 중고 유모차; ein Auto gebraucht kaufen 중고차를 사다. **2.** 《통어· nordd.》 필요로 하다: ich könnte einen Mantel g. 외투가 한벌 있으면 좋겠는데.

gebräuchlich [gə'brɔyçlɪç] 〈Adj.〉 행해지는, 통용되는, 관습의, 보통의, 재래의: ein -es Verfahren 통용 방식. **Gebräuchlichkeit**, die ↑gebräuchlich의 명사형.

gebrauchs-, **Gebrauchs-**: ~**anleitung** die ↑ ~anweisung. ~**anmaßung**, die [법] 불법(무단) 사용, 도용(盜用). ~**anweisung**, die 사용 설명서: die G. lesen 사용 설명서를 읽다. ~**artikel**, der 일용품. ~**ausführung**, die [기술] 기본 사양 (의 공산품). ~**diebstahl**, der 도용(盜用). ~**entwendung**, die 절취, 도둑질, 횡령 (↑~diebstahl). ~**fähig** 〈Adj.〉 사용할 수 있는. ~**fahrzeug**, das 일상용 차량. ~**fertig** 〈Adj. nicht adv.〉 사용 준비(가 완료)된: ein -es Erzeugnis 사용 준비가 된 제품. ~**gegenstand**, der 일용품. ~**geschirr**, das 일용[상] 식기. ~**graphik**, die 상업[실용] 그래픽(디자인). ~**graphiker**, der 상업 디자이너. ~**graphikerin**, die ↑~graphiker의 여성형. ~**gut**, das 〈대개 Pl.〉 일용품, 소비재. ~**literatur**, die (특정 목적을 위한) 실용 문학 (유행가사, 광고문, 정치 선전문, 현시 등등): im Seminar entzündete sich eine heftige Debatte über die Frage, was G. sei 세미나에서 실용 문학이 무엇이냐는 문제에 대해 격렬한 토론이 벌어졌다. ~**möbel**, das 〈대개 Pl.〉 실용 음악(영화 음악, 무도곡, 합창곡, 학교 음악 등등). ~**muster**, das [법] 실용 신안 의장(新案意匠). ~**musterschutz**, der [법] 실용 신안 보호. ~**porzellan**, das 실용 자기(도기). ~**prosa**, die (특정 목적을 위한) 실용 산문. ~**tüchtig** 〈Adj.〉 (광고) 일상 생활에 십분 사용할 수 있는. ~**tüchtigkeit**, die ↑~tüchtig의 명사형. ~**verlust**, der [의학] 사용 능력의 지속적인 상실. ~**vorschrift**, die 사용 규정, 사용법. ~**ware**, die 일용(상)품, 소비재. ~**werber**, der [경제] (신 윈도 및 박 람회의) 상품 진열사. ~**wert**, der **1.** 사용 가치. **2.** 실제적 가치, 실용성. ~**zweck**, der **1.** 사용 목적. **2.** 〈Pl.〉 실제 사용 목적.

Gebraucht- [상·직중어]: ~**fahrzeug**, das 중고 차량. ~**möbel**, das 〈대개 Pl.〉 중고 가구. ~**wagen**, der 중고차. ~**wagengeschäft**, das 중고차 상점(가게). ~**wagenhandel**, der 중고차 매매. ~**wagenhändler**, der 중고차 판매상. ~**wagenhandlung**, die 중고차 상점(가게). ~**wagenmarkt**, der 중고차 시장. ~**wagenschau**, die 중고차 전시. ~**ware**, die 중고품. ~**warengeschäft**, das 중고품 상점. ~**warenhandlung**, die 중고품 상점. ~**warenladen**, der 중고품 가게.

Gebraus [gə'braus], das; -es 《시어》 ↑Gebrause.

Gebrause [...auzə], das; -s (끊임없는) 소리, 포효, 포림: das G. des Verkehrs 끊임없는 차소리.

Gebrech [gə'brɛç], das; -(e)s, -e **1.** [사냥] (땅바닥을 파헤치는) 멧돼지의 코. **2.** (또한) **Gebreche** [-ə], das; -s, - [광] ↑Gebräch (2).

gebrechen* 〈h〉 《아어》 무엇이 없다, 부족하다: 〈비인칭〉 jmdm. gebricht es an Geld 누구에게 돈이 없다.

Gebrechen, das; -s, - 《(아이) (육체적, 건강상의) 결함, 불구, 허약, 노쇠, 질병: ein schweres körperliches [geistiges] G. haben 심한 육체적[정신적] 결함이 있다. **gebrechlich** 〈Adj.〉 **1.** (허)약한, 결함 있는, 노쇠한: ein -er Greis 허약한[노쇠한] 노인. **2.** 《드물게》가냘픈, 상하기 쉬운. **Gebrechlichkeit**, die ↑gebrechlich의 명사형.

Gebreit [gə'brait], das; -(e)s, -e, **Gebreite** [-ə], das; -s, - 《고어》들판, 밭.

Gebresten [gə'brɛstn̩], das; -s, - (schweiz. · 고어) ↑ Gebrechen, **gebresthaft** 〈Adj.〉 《고어》 ↑ gebrechlich.

gebrochen [gə'brɔxn̩] **1.** ↑brechen 참조. **2.** 〈Adj.〉 구부러진, 꺾어진: eine -e Linie 꺾인 선; 지그재그[갈 지자] 선. **3.** 〈Adj.〉 《음악》 (화음이) 분산되는: ein -er Dreiklang 분산 3화음. **4.** 〈Adj.〉 **a)** 굴절에 의해 약해진 [희미해진]. **b)** (특히 색채가) 혼합되어 희미한: -e Farben 혼합색 (반대: reine Farben). **5.** 삶의 의욕을 완전히 상실한. **6.** 원만하지 못한, 불편한: ein -es Verhältnis zu etw. haben 무엇과의 관계가 원만하지 않다. **7.** 〈Adj.〉 (외국어가) 서투른, 엉터리의: g. Englisch sprechen 서투른 영어를 하다. **Gebrochenheit**, die ↑gebrochen의 명사형.

Gebröckel [gə'brœkl̩], das; -s **1.** (지속적인) 파쇄, 부서짐. **2.** 파괴[분쇄]된 것, 깨어진 조각, 파편.

Gebrodel [gə'broːdl̩], das; -s **1.** (지속적인) 비등, 분출. **2.** 부글부글 끓는[분출하는] 것[액체].

Gebrüder 〈Pl.〉 **1.** 《고어》 (한 가정의) 형제 전체. **2.** 《상》 회사를 공동으로 운영하는 형제(약어: Gebr.): Gebr. Kornfeld 코른펠트 형제 상회.

Gebrüll [gə'brʏl], das; -(e)s (반복적인) 울부짖음, 으르렁댐, 포효: das G. der Rinder 소들의 울부짖음. **Gebrülle** [-ə], das; -s 《통용어·편》 울음없는 울부짖음, 포효.

Gebrumm [gə'brʊm], das; -(e)s (반복적인) 으르렁댐, 윙윙거림, 울림. **Gebrumme** [-ə], das; -s 《통용어·편》 ↑Gebrumm. **Gebrummel** [gə'brʊml̩], das; -s 《통용어·편》 (끓임없는) 낮은 울부짖음, 중얼거림.

gebuchtet [gə'bʊxtət] 〈Adj.〉 만(궁형(弓形))을 이룬: eine -e Küste 만을 이룬 해안.

Gebück [gə'bʏk], das; -(e)s, -e 《옛》 엮은 울타리.

gebuckelt [gə'bʊkl̩t] 〈Adj.〉 **a)** 가운데가 볼록 튀어나온. **b)** 혹 모양으로 굽은.

gebügelt ↑ bügeln 참조.

Gebühr [gə'byːɐ̯], die; -en **1.** 요금, 사용료, 수수료: eine G. erheben[bezahlen] 사용료를 징수하다[지불하다]. **2. nach G.** 적절하게, 알맞게: seine Arbeit wird nach G. bezahlt 그의 일은 적절한 보수를 받는다[대가를 치르게 된다]. **über G.** 과다하게, 심하게, 지나치게. **gebühren** [gə'byːrən] 〈h〉 (아이) **1.** 누구(무엇)에게 마땅히 돌아가다: seiner Leistung gebührt Anerkennung 그의 업적은 인정받을 만하다. **2.** (g. + sich) 알맞다, 어울리다, 적당하다.

gebühren-, Gebühren-: **~ansage,** die [전화] (시외 전화의) 통화료 고지. **~anzeiger,** der [전화] 통화료 표시기. **~befreiung,** die 요금 면제. **~begünstigt** 〈Adj.〉 《우편》 요금(송료)이 덜 드는. **~einheit,** die [전화] 통화료 단위. **~erhöhung,** die 사용료[수수료] 인상. **~erlaß,** der 사용료[수수료] 면제. **~ermäßigung,** die 사용료[수수료] 할인. **~erstattung,** die 사용료[수수료] 배상[반환]. **~frei** 〈Adj.〉 사용료 [수수료]가 없는, 무료의. **~freiheit,** die 〈Pl. 없음〉 ↑ frei의 명사형. **~marke,** die 수입 인지(증지). **~ordnung,** die 사용료(수수료, 요금) 규정. **~pflichtig** 〈Adj.〉 사용료[수수료] 지불 의무가 있는: er erhielt von dem Polizisten eine -e Verwarnung 그는 경찰로

부터 벌금 스티커를 받았다; -e Dienstsache [우편] 수신자가 우편료를 지불해야 하는 관공서의 통지서. **~rückerstattung,** die 사용료[수수료] 반환. **~satz,** der 요금 [수수료]률. **~senkung,** die 사용료[수수료] 인하. **~staffel,** die 사용료[수수료] 등급(단계). **~steigerung,** die 사용료[수수료] 인상. **~stempel,** der 수수료 지불인(印). **~tafel,** die 요금표. **~vorschuß,** der 사용료[수수료] 선불, 선금. **~zähler,** der 통화료[사용료] 계산기. **~zuschlag,** der 추가 사용료[수수료].

gebührend 〈Adj.〉 상응하는, 적당한, 알맞는: g. loben 적당하게 칭찬하다. **gebührendermaßen, gebührenderweise** 〈Adv.〉 적당하게, 알맞게, 타당하게. **gebührlich** 〈Adj.〉 《고어》 ↑gebührend. **Gebührnis** [gə'byːɐ̯nɪs], die; -se 《격식독어》 사용료, 수수료.

gebumfiedelt [gə'bʊmfiːdl̩t] 《(다음 용법으로) **sich g. fühlen** 《통용어 · 농》 우쭐하게 느끼다.

Gebumse [gə'bʊmzə], das; -s 《통용어 · 편》 지속적으로 나는 둔탁한 소리.

gebumsfiedelt 〈Adj.〉 ↑ gebumfiedelt.

Gebund [gə'bʊnt], das; -(e)s, -e (그러나 30 Gebund) 《지역적》 다발, 묶음, 단. **gebündelt:** ↑bündeln 참조. **gebunden** [gə'bʊndn̩] ↑ binden 참조. **Gebundenheit,** die 묶여 있음, 구속.

Geburt [gə'buːɐ̯t], die; -en **1. a)** 분만, 출산: eine leichte[schwere] G. 순산[난산]; [전의] das war eine schwere G. 《통용어》 그것은 어려운 일이었다. **b)** 탄생, 출생: von G. (an) 태어날 때부터. **2.** 혈통, 가문, 출신: von niedriger[hoher] G. sein 지체 낮은[높은] 가문 출신이다: er ist von G. Schweizer 그는 출신이 스위스인이다. **3.** 《드물게 아어·편》 산물, 소산, 피조물, 생물: [전의] eine G. der Phantasie 환[상]상의 산물.

geburten-, Geburten- [인구 정책·통계] 〈↑Geburts-도 참조〉: **~abnahme,** die 출산율 감소. **~beschränkung,** die 산아 제한. **~buch,** das 출생 등록부. **~einschränkung,** die ↑~beschränkung. **~freudig** 〈Adj.〉 높은 출산율의. **~freudigkeit,** die 〈Pl. 없음〉 ↑~freudig의 명사형. **~häufigkeit,** die ↑ Natalität. **~kontrolle,** die 〈Pl. 없음〉 산아 제한. **~rate,** die 출생(산)률. **~reg(e)lung,** die 〈Pl. 없음〉 산아 조절. **~rückgang,** der 출생[산] 감소. **~schwach** 〈Adj.〉 출생율이 낮은: ein -er Jahrgang 출산율이 낮은 연도. **~stark** 〈Adj.〉 출생율이 높은. **~statistik,** die 출생 통계. **~überschuß,** der 출생 [산]과잉. **~zahl,** die ↑~ziffer. **~ziffer,** die 천 명에 대한 연간 출생 수. **~zuwachs,** der 출생 수의 증가.

gebürtig [gə'byrtɪç] 〈Adj.〉 출생의, 태생의(출생지와 관련하여 사용됨): aus Berlin g. sein 베를린 태생이다. **geburtlich** 〈Adj.〉 [의학] 출생과 관계된, 타고난, 선천성의: -e Hirnschädigungen 선천성 뇌손상.

Geburts- 〈↑geburten-, Geburten-도 참조〉: **~adel,** der [Erbadel](반대: Verdienstadel). **~akt,** der [의학] ↑ ~vorgang. **~anzeige,** die **1.** 출생 공고[고시]. **2.** 출생 신고. **~datum,** das 생년월일. **~einleitung,** die 유도 분만. **~fehler,** der 선천적인 결함[결점]: [전의] ein G. unserer Demokratie 우리 민주주의의 고질적 병폐. **~geschwulst,** die 분만시 생기는 신체의 종양. **~gewicht,** das 출생시의 몸무게(체중). **~haus,** das 생가, 태어난 집. **~helfer,** der 산과의. **~helferin,** die 조산원. **~hilfe,** die 〈Pl. 없음〉 **1.** 전문적인 출산 보조[조산]. **2.** 산과학, 산과술. **~jahr,** das 생년, 태어난 해. **~jahrgang,** der 같은 해에 태어난 동갑내기 동년도. **~lage,** die [의학] 자궁내의 태아 위치. **~land,** das 〈Pl. ...länder〉 출생국, 태어난 나라. **~mal,** das 〈Pl. ...male〉 Muttermal. **~nachweis,** der 출생증서. **~name,** der 출생시의 성, 친정(친가)의 성.

~ort, der 출생지. ~recht, das 생득권. ~register, das 《고어, schweiz.》↑Geburtenbuch. ~schein, der ↑~urkunde. ~stadt, die 출생 도시. ~stätte, die (아이) 출생지. ~stunde, die 출생 시간[시각]. ~tag, der 1. 생일. ~stunde. zum G. gratulieren 누구의 생일을 축하하다; herzliche Glückwünsche zum G.! 생일을 진심으로 축하합니다! . 2. 【관】출생일(자). ~tagsfeier, die 생일 잔치[파티]. ~tagsgeschenk, das 생일 선물. ~tagsgruß, der 생일 인사. ~tagskind, das 《농》생일을 맞는(축하 받는) 사람. ~tagskuchen, der 생일 케이크. ~tagsständchen, das 생일 음악[소야곡]. ~tagstisch, der 1. 생일 선물 탁자[식탁]. 2. 생일 잔치상. ~tagstorte, die 생일 축하 케이크. ~tagsüberraschung, die (뜻밖의) 생일 선물. ~trauma, die (산모나 신생아의) 분만시 정신적 육체적 손상. ~urkunde, die 출생 증명서. ~verlauf, der 〈Pl. 없음〉 출산[분만] 경과[경로]. ~vorgang, der 〈Pl. 없음〉 출산[분만] 과정[행위]. ~wehen 〈Pl.〉 출산[분만] 진통. ~zange, die 분만[산과] 겸자(鉗子).

Gebüsch [gə'byʃ], das; -(e)s, -e 덤불, 수풀, 숲, 관목 숲; ein ausgedehntes[dichtes] G. 광대한[우거진] 숲.

geck [gɛk] ↑jeck. **Geck**, der; -en, -en [niederd. geck]1. (엑) 허영되고 심하게 유행되인 옷을 입은 남자. 2. 《지역적·고어》 바보, 멍청이. **geckenhaft** 〈Adj.〉 유별나게 차려 입은, 쪽 빼입은. **Geckenhaftigkeit**, die ↑geckenhaft의 명사형. **Geckerei** [gɛkəˈraɪ], die -en 1. 〈Pl. 없음〉 (엑) 허영에 찬 행위, 너무 멋부리는 태도. 2. (엑·준고어) 못남, 어리석음, 바보짓. **geckig** ['gɛkɪç] (드물게).

Gecko ['gɛko], der; -s, -s / -nen [gɛˈkoːnən]; niederl. gekko (또는) engl. gecko, gekko (의성어, 철저한 후음(喉音)에 따라)] 도마뱀붙이.

gedacht [gəˈdaxt] 1. a) ↑denken 참조. b) ↑gedenken 참조. 2. **gedacht sein** 정해져 있다, 계획되어 있다, 생각되어 있다: das ist nur als Notlösung g. 그것은 단지 긴급 대책으로 계획된 것이다. **Gedächtnis** [gəˈdɛçtnɪs], das; -ses, -se 1. 회상, 기억, 기억력: sein G. reicht weit zurück 그의 기억력은 먼 과거에까지 거슬러 올라간다; ein gutes[schlechtes] G. haben 기억력이 좋다[나쁘다]; etw. dem G. (fest) einprägen 무엇을 (잘) 기억하다; sein Name ist meinem G. entfallen 나는 그의 이름을 잊어버렸다; aus dem G. zitieren 기억에 의해[외우고] 인용하다; etw. in G. behalten 무엇을 기억해두다[잊지 않다]; **ein G. wie ein Sieb haben** (통용어) 아주 잘 잊어버린다; **jmdn. aufs G. hauen** (경) 누구의 머리를 때리다. 2. 기념, 추억, 회상, 기념물: dem Verstorbenen ein ehrenvolles G. bewahren 고인에 대한 영예로운[존경하는] 추억을 갖고 있다; zum G. an die Katastrophe ein Denkmal errichten 파국에 대한 기념비를 세우다. 3. 《schweiz.》 기념(축), 기념(추도) 예배.

gedächtnis-, Gedächtnis- (↑Gedenk- 참조): ~**auffrischung**, die 기억력 회상[재생]. ~**ausfall**, der 기억 상실, 망각. ~**ausstellung**, die ↑Gedenkausstellung. ~**belastung**, die 기억(력) 장애. ~**brücke**, die 기억나게 하는 (우연한) 상황[계기]. ~**feier**, die ↑Gedenkfeier. ~**gottesdienst**, der 추모[추도] 예배. ~**hilfe**, die 기억의 보조 수단, 기억용 메모[비망], 기억술. ~**inhalt**, der 기억 내용. ~**kapelle**, die 기념 교회. ~**konzert**, das 기념 음악회. ~**kraft**, die ↑Erinnerungsvermögen. ~**kunst**, die 기억술. ~**künstler**, der 기억술을 하는 사람. ~**leistung**, die 기억력 행사. ~**lücke**, die 기억의 공백 부분. ~**mäßig** 〈Adj.〉 기억력에 의한(따른). ~**messe**, die 추모[추도] 미사. ~**protokoll**, das 기억(력)에 의해 작성된 회의록.

~**rede**, die ↑Gedenkrede. ~**schulung**, die 기억력 훈련. ~**schwach** 〈Adj.〉 기억력이 약한. ~**schwäche**, die 〈Pl. 없음〉 [의학·심리] 건망증, 기억력 감퇴, 기억력 박약. ~**schwund**, der 기억 상실. ~**störung**, die [의학·심리] 기억(력) 장애. ~**stütze**, die ↑~hilfe. ~**training**, das 기억력 훈련. ~**verlust**, der 〈Pl. 없음〉 [의학·심리] 기억(력) 상실. ~**vers**, der ↑Denkvers.

gedackt [gəˈdakt] 〈Adj.〉 [음악] (오르간 파이프 위를) 뚜껑으로 덮은.

gedämpft: ↑dämpfen 참조. **Gedämpftheit**, die (소리의) 약함[죽임].

Gedanke [gəˈdaŋkə], der; -ns, -n (드물게) **Gedanken**, der; -s, -. **1. a)** 생각, 사상, 사고, 상념: ein Gedanke ging mir durch den Kopf 어떤 생각이 나의 머리 속을 지나(스쳤)갔다; einen Gedanken fassen 어떤 생각을 품다(가지다); auf einen Gedanken kommen 어떤 생각이 나다(생각에 도달하다); seinen Gedanken nachhängen 자기 생각에 빠지다, 숙고하다, 명상하다; jmdn. auf andere Gedanken bringen 누구의 주의를 환기시키다, 누구의 생각을 돌리다; (ganz) in Gedanken verloren[versunken] sein (아주) 깊은 생각에 잠기다; das habe ich in Gedanken getan 나는 무심코[그 생각 없이] 했다; 【참고】 Gedanken sind (zoll)frei 사상[생각]은 자유다, 누구도 남의 생각을 규제할 수 없다; **(jmds.) Gedanken lesen** (누구의) 생각을 알아내다(추측해 내다); **sich³ Gedanken (über jmdn.(etw.) / wegen jmds.(wegen einer Sache)) machen** 누구(무엇)를 걱정하다, 근심하다; **sich³ über etw. Gedanken machen** 무엇에 관해서 (오랫동안) 숙고하다. **b)** 〈Pl. 없음〉 무엇에 대한 생각: der bloße Gedanke (daran) macht ihn wütend (그것에 대한) 생각만 해도 그는 분노가 치민다; **kein Gedanke (daran)!** (통용어) 절대(당도) 안된다. **2.** 〈Pl.〉 의견, 견해: sie tauschten ihre Gedanken (über das Buch) aus 그들은 (그 책에 관해) 자기들의 의견을 교환하였다; einen Gedanken in die Tat umsetzen 생각[계획]을 실현하다[행동으로 옮기다]; **sich mit dem Gedanken tragen** 무엇을 계획하다, 의도하다; **mit dem Gedanken spielen** 무엇을 하려고 생각하다. **3.** 착상, 계획, 의도. **4.** 개념, 이념, 사상: der Gedanke der Freiheit 자유의 이념. **5. (um) einen Gedanken** (지역적) 약간, 조금.

gedanken-, Gedanken-: ~**ablauf**, der 생각[사상]의 과정[흐름]. ~**akrobatik**, die (반어) 사고의 묘예. ~**arbeit**, die 〈Pl. 없음〉 두뇌 노동. ~**arm** 〈Adj. ...ärmer, ...ärmste〉 (독창적) 사상이 빈곤한. ~**armut**, die (독창적) 사상의 빈곤. ~**assoziation**, die [심리] 생각[사상]의 연상. ~**austausch**, der 의견 교환. ~**blitz**, der 《통용어·농》 순간적인 착상. ~**ding**, das [철학] 단순한 생각[사상]. ~**experiment**, das (무엇의 증명을 위하여) 머리 속의 실험. ~**faden** der 생각[사상의] 연속[연계]. ~**flucht**, die [심리] 의상분일(意想奔逸)(증). ~**flug**, der 생각[사상]의 비약[비상]. ~**folge**, die 〈Pl. 없음〉 생각[사상]의 연속[순서, 차례]. ~**freiheit**, die 〈Pl. 없음〉 생각[사상]의 자유. ~**führung**, die (체계적인) 사상의 전개[수행]. ~**fülle**, die 사상의 풍부(함). ~**gang**, der (연관적인) 사상의 연계[연계, 체계], 사고. ~**gebäude**, das 사고[사상] 체계: das G. der Hegelschen Philosophie 헤겔 철학의 사고 체계. ~**gehalt**, der (본질적인) 사상의 내용. ~**gut**, das (현존하는) 전체의 사상(특히 세계관이나 문화의). ~**inhalt**, der 사상[사고]의 내용. ~**kette**, die 사상[사고]의 연속[연계]. ~**komplex**, der 복합적 사상. ~**kraft**, die (활발한) 사고력. ~**kreis**, der 사고의 범위. ~**lauf**, der ↑~gang. ~**leer** 〈Adj.〉 1. 사고가 공

Gedrücktheit

허한(빈), 생각이 빈약한. **2.** 생각이 없는, 멍청한, 방심한. **~leere,** die ↑~leer의 명사형. **~lesen,** das; -s **1.** ↑Telepathie. **2.** (남의) 생각을 알아 맞힘. **~leser,** der 독심술(讀心術)자, 남의 생각을 알아 맞히는 사람. **~los** 〈Adj.〉 **1.** 생각이 없는, 사고하지 않는, 경솔한. **2.** 멍한, 넋을 잃은, 정신나간. **~losigkeit,** die; -en **1. a)** 〈Pl. 없음〉 생각이 없음, 사고하지 않음. **b)** 사고하지 않는 행위, 행동. **2. a)** 〈Pl. 없음〉 부주의, 멍함, 넋을 잃음. **b)** 멍한(정신나간) 행위, 행동. **~lyrik,** die 〈문예학〉 사상〔명상〕시. **~reich** 〈Adj.〉 (독창적) 사상이 풍부한. **~reichtum,** der 〈Pl. 없음〉 (독창적) 사상의 풍부함. **~reihe,** die 사상 체계의 〔논리적〕 전개〔발전〕. **~richtung,** die 사고〔생각〕의 방향. **~schluß,** der 사상〔사고〕의 〔논리적〕 결론. **~schnell** 〈Adj.〉 생각처럼 빠른, 순식간의, 홀연의. **~schnelle,** die 〈Pl. 없음〉 ~schnell의 명사형. **~schritt,** der 사상 체계의 부분〔중간〕 단계. **~schwer** 〈Adj.〉 〈아어〉 **a)** (중요한) 생각으로 가득 찬. **b)** 근심스러운, 풀이 죽은, 기가 꺾인. **~spiel,** das 사상의 유희, 사고의 실험적 발생. **~splitter,** der ↑Aphorismus. **~sprung,** der 사상의 도약〔비약〕. **~strich,** der 횡선, 대시, 줄표(-). **~tiefe,** die 〈Pl. 없음〉 사상의 심오함, 심오한 사상. **~übertragung,** die **1.** 사상의 전달 (시도). **2.** 《통용어》 이심전심. **~verbindung,** die **1.** 사상의 결속〔연결, 결합〕. **2.** 사상〔생각〕의 연상. **~verknüpfung** die ↑~verbindung. **~verloren,** verloren 〈Adj.〉 깊은 생각에 잠긴, 생각에 골몰한: g. vor sich hinstarren 생각에 잠긴 채〔잠겨〕 앞을 응시하다. **~verlorenheit,** **~versunkenheit,** die ~verloren, ~versunken의 명사형. **~voll** 〈Adj.〉 **1.** 생각이 많은. **2.** 《드물게》 생각〔사상〕이 풍부한. **~vorbehalt,** der 〔법〕 심중〔의중〕 유보〔留保〕. **~welt,** die 사상 세계, 정신계. **~zusammenhang,** der 사상적 연관〔관련〕(성).

gedanklich [gə'daŋklɪç] 〈Adj.〉 사상적인, 정신의: in keinem -en Zusammenhang stehen 사상적 관련성이 없다.

Gedärm [gə'dɛrm], das; -(e)s, -e, 《드물게》 **Gedärme** [-ə], das; -s, - 장, 내장: ein Rumoren im Gedärm [in den Gedärmen] spüren 장에서 시끄러운 소리가 들리다.

Gedeck [gə'dɛk], das; -(e)s, -e **1.** 식기 한 벌: drei -e auflegen 식기 세 벌을 놓다. **2. a)** (음식의) 정식: ein G. bestellen 정식을 주문하다. **b)** (바나 주점 등에서의) 기본. **c)** 〈berlin.〉 한 잔〔컵〕의 음료.

gedeckt [gə'dɛkt] **1.** ↑decken 참조. **2.** 〈Adj.〉 (색깔이) 흐린, 연해진, 바랜: -e Farben 바랜 색.

gedeftet [gə'dɛftət] 〈Adj.〉 〈öster.·통용어〉 사기〔의기〕가 죽은, 낙담한, 풀이 죽은.

Gedeih [gə'daɪ] (다음 용법으로) **auf G. und Verderb** 싫건 좋건, 무조건. **gedeihen*** [gə'daɪən] 〈s〉 **a)** 번영(번성)하다, 무성하다, 성장하다: ein paar Fichtenbäumchen, die nicht g. wollten 잘 자랄 것 같지 않았던 몇 그루의 독일 가문비나무. **b)** 잘되다, 번창하다: sein neues Werk gedeiht 그의 새 작품은 잘 진척되고 있다; 〈명사화〉 jmdm., einer Angelegenheit gutes Gedeihen wünschen 누구의 어떤 일이 잘 되기를 빌다. **gedeihlich** [gə'daɪlɪç] 〈Adj.〉 〈아어〉 유익한, 유용한: eine -e Wirkung (Entwicklung, Zusammenarbeit) 유익한 효과(발전, 공동 작업). **Gedeihlichkeit,** die ↑gedeihlich의 명사형.

Gedenk- (↑denk-, Denk-; gedächtnis-, Gedächtnis- 참조.): **~ausgabe,** die 〔우표〕 기념 우표 (발행). **~ausstellung,** die 추모〔기념〕 전람회. **~feier,** die 위령〔추모·기념〕제. **~gottesdienst,** der ↑Gedächtnisgottesdienst. **~jahr,** das 기념〔추모〕의 해. **~kon-** zert, das 기념〔추모〕 음악회. **~marke,** die 〔우표〕 기념 우표. **~medaille,** die 기념 메달. **~minute,** die 묵념. **~münze,** die 기념 주화. **~rede,** die 기념〔추모〕 연설. **~säule,** die 기념주(柱). **~sendung,** die 개념 방송. **~stätte,** die 기념 장소, 추모지. **~stein,** der 기념비의 돌. **~stunde,** die 기념〔추모〕 시간. **~tafel,** die 기념 편액(篇額). **~tag,** der 기념〔추모〕일.

gedenken* 〈s〉 **1.** (아어) **a)** 추모하다: eines Toten g. 고인을 추모하다. **b)** 《드물게》 회상하다. **2.** …할 터이다, 의도하다, 계획하다: etw. zu tun g. 무엇을 할 생각이다. **Gedenken** [-], das; -s 기념, 기억, 회상: Worte des -s 기념사.

Gedenkmein [gə'dɛŋkəmaɪn] 물망초와 비슷한 식물(학명: Omphalodes verna).

gedeucht [gə'cɔʏçt] 〈고어〉 ↑gedünkt.

Gedicht [gə'dɪçt], das; -(e)s, -e 시, 운문, 시가: ein lyrisches〔episches, dramatisches〕 G. 서정〔서사, 극〕시; -e vorlesen〔verfassen / 《통용어》 machen〕 시를 낭송하다〔짓다〕; **etw. ist ein G.!** 〈통용어〉 무엇이 아주 훌륭하다, 멋있다, 좋다!; **(und) noch ein G.!** 〈약간 농〉 똑같은 것이 또 있구나!

Gedicht-: **~band,** der 〈Pl. -bände〉 시집. **~form,** die 시형(式). **~interpretation,** die 시 해석. **~sammlung,** die 시 모음(집). **~zyklus,** der 연작시.

gediegen [gə'di:gn] 〈Adj.〉 **1.** 잡것이 섞이지 않은, 순수한: -es Gold 순금. **2. a)** 견실한, 세밀한: die Verarbeitung ist sehr g. 가공이 매우 견실하다. **b)** 확실한, 건실한: er ist ein -er Charakter 그는 건실한 인물이다. **3.** 《통용어》 **a)** 이상한, 우스운: das ist g.! 웃기는 일이다! **b)** 놀라운, 기이한, 희귀한, 특이한. **Gediegenheit,** die ↑gediegen의 명사형.

gedieh [gə'di:], **gediehen** [gə'di:ən] ↑gedeihen 참조.

gedient [gə'di:nt] **1.** ↑dienen 참조. **2.** 〈Adj.〉 병역〔복역〕을 마친, 제대한: ein -er Soldat 제대 군인.

Gedingarbeit, die: ↑Gedingearbeit.

Gedinge [gə'dɪŋə], das; -s, - 〔광〕 계약, 약정 조건, 청부, 청부 계약; 임차한 것, 세낸 것; 실적에 따른 보수〔임금〕; im G. arbeiten 청부〔도급〕 일을 하다.

Gedinge-: **~abschluß,** der 도급 계약. **~arbeit,** die 청부 일, 품삯 일. **~arbeiter,** der 도급 노동자, 품삯 일꾼. **~lohn,** der 청부〔도급〕 임금. **~splitting,** das 도급 임금 분배.

Gedonner [gə'dɔnɐ], das; -s 《끊임없는》 우뢰 소리.

Gedöns [gə'døns], das; -es 《지역적》 **a)** 바쁜 동작, 부산, 야단법석. **b)** 쓸데없는 물건.

gedoppelt [gə'dɔp|t] **1.** ↑doppeln 참조. **2.** 〈Adj.〉 (고어) (ver)doppelt 참조.

Gedränge [gə'drɛŋə], das; -s **1.** (여러 사람이 밀고 밀리고 하여) 붐빔, 밀치락 달치락함: ein G. verursachen 〔스포츠〕 혼전을 일으키다〔야기하다〕. **2.** (밀려드는) 군중, 서로 미는 무리: des -s wegen langsam fahren 밀려드는 군중 때문에 천천히 운전하다; sich einen Weg durch das G. bahnen 군중을 헤치며 나아가다. **3.** 〔럭비〕 스크럼. **4. ins G. kommen〔geraten〕** 궁지에 빠지다: mit etw. ins G. kommen 무엇으로 궁지에 빠지다. **Gedrängel** [gə'drɛŋ|], das; -s 〈통용어〉 ↑Gedränge (1, 2). **gedrängt** [gə'drɛŋt] **1.** ↑drängen 참조. **2.** 〈Adj.〉 〈통용어〉 빽빽한, 간명한, 간결한: ein -er Satz 간결한 문장. **Gedrängtheit,** die ↑gedrängt의 명사형.

Gedröhn [gə'drø:n], das; -(e)s, 〈통용어〉 **Gedröhne** [-ə], das; -s 《끊임없는》 울림, 명동, 진동.

gedroschen [gə'drɔʃṇ] ↑dreschen 참조.

gedrückt [gə'drʏkt] ↑drücken 참조. **Gedrücktheit,**

die 의기소침.

gedrungen [gə'drʊŋən] **1.** ↑dringen 참조. **2.** ⟨Adj.⟩ 땅딸막한; 약간 굵은(살찐), 두툼한 듯한: eine -e Gestalt 땅딸막한 체구. **Gedrungenheit**, die ↑gedrungen의 명사형.

Gedudel [gə'du:dl], das; -s 《통속어·폄》단조로운 음악, 졸렬한 연주.

Geduld [gə'dʊlt], die 인내, 참을성; 관용, 용서, 참음; 끈기, 견딤: die G. verlieren 인내심을 잃다, 참지 못하다; keine G. (zu etw.) haben (무엇을) 참지 못하다, (무엇에 대해) 인내심이 없다; etw. mit[in] G. (er)tragen 무엇을 인내로 견디다[참다]; jmdn. um G. bitten 누구에게 참아주기를 청하다[부탁하다]; 성구 mit G. und Spucke fängt man eine Mucke (경)참으면 많은 것을 얻을 수 있다; **jmdm. reißt die G.** …가 참지 못하고 화를 내다; **sich in G. fassen** 참다, 견디다. **gedulden**, sich ⟨h⟩ 인내하다, 참다, 참고 기다리다: gedulde dich (noch)! (좀) 참아라! **geduldet**: ↑dulden 참조. **gedulden** 참조. **Geduldsfaden**, der (schweiz.) ↑Geduldsfaden. **geduldig** [gə'dʊldɪç] ⟨Adj.⟩ 인내하는, 참을성이 강한, 참고 기다리는, 너그러운: ein -er Zuhörer 참을성 있는 청중; g. mit jmdm. sein 누구에게 너그럽게 대하다.

Gedulds-: **~arbeit**, die 인내를 요하는 일. **~faden**, der 《다음 용법으로》**jmdm. reißt der G.** 《통속어》 누가 인내심을 잃다. **~probe**, die 인내의 시험, 인내에 대한 과도한 요구: etw. stellt jmdn. auf eine harte G. 무엇이 누구의 인내를 시험하다. **~spiel**, Geduldsspiel, das 《특별한 인내와 집중력을 요하는》놀이(예컨대: 오관 떼기).

gedungen [gə'dʊŋən] ↑dingen 참조.

gedunsen [gə'dʊnzn] ⟨Adj.⟩ ↑aufgedunsen. **Gedunsenheit**, die 팽창, 부기(浮氣).

Gedünstete [gə'dʏnstətə], das; -n (österr.) 찐[스튜로 한] 고기[야채].

gedurft [gə'dʊrft] ↑dürfen 참조.

geehrt: ↑ehren 참조. **Geehrte*** [gə'e:ɐ̯tə], das 《상·고어》 귀한(貴翰): wir danken für Ihr -es vom 3. September 9월 3일자 귀한에 감사드립니다.

geeignet [gə'aɪgnət] **1.** ↑eignen의 과거분사. **2.** ⟨Adj.⟩ 적합한, 유용한: ein (zu diesem Zweck) -es Mittel (이 목적에) 적합한 방법; er ist zum Lehrer g. 그는 교사로(서) 적합하다; **geeignetenorts** ⟨Adv.⟩《관·고어》적당한 곳[부서]에서. **Geeignetheit**, die 적합성, 유용성.

geeist ↑eisen 참조.

Geer [ge:ɐ̯], die; -en, **Geerde** ['ge:ɐ̯də], die -n (niederl. geer(de)) 기음돛대에 매는 밧줄.

Geest [ge:st], die (북독 해안 지대의) 고지, 불모지. **Geestland**, das ⟨Pl. 없음⟩ ↑Geest.

gef. = gefallen (↑fallen 4 a 참조)(기호: ×).

Gefabel [gə'fa:bl], das; -s 《폄》끊임없는 지껄임, 허튼 소리.

Gefach [gə'fax], das; -(e)s, -e [토건] 각재에 의해 나누어진 구획(칸막이). **2.** -(e)s, -e / Gefächer (장이나 서가의) 칸, 서랍.

gefächert **1.** ↑¹fächern 참조. **2.** ↑²fächern 참조.

gefacht **1.** ↑fachen 참조. **2.** ⟨Adj.⟩ [토건] 구획된, 칸막이로 나누어진.

Gefackel [gə'fakl], das; -s 《통속어·폄》 (끊임없는) 망설임, 주저함; kein (langes) G. machen (오래) 망설이지 않다.

Gefahr [gə'fa:ɐ̯], die -en 위험, 위난, 위해: die -en des Verkehrs 교통의 위험; (eine) G. droht 위험이 닥쳐온다; sich einer G. aussetzen 위험에 몸을 드러내다; in G.

kommen[geraten] 위험에 빠지다; jmdn. in G. bringen 누구를 위태롭게 하다; der Kranke ist außer G. 환자는 더 이상 위독하지는 않다; es hat keine G.《지역적》 아무런 위험이 없다; gegen alle -en versichert sein 전(全) 재해 보험에 들어 있다; mit[unter] G. seines Lebens 그의 목숨(생명)을 걸고; **G. laufen** 위험하다, 위험에 빠지다; **auf eigene G.** 자신의 책임하에; etw. auf Rechnung u. G. des Empfängers liefern [상] 무엇을 수취인의 비용 부담과 책임하에 인도하다.

gefahr-, Gefahr- (↑gefahren-, Gefahren- 참조): **~bringend** ⟨Adj.⟩ 위험을 초래하는, 위험스러운. **~drohend** ⟨Adj.⟩ 위험이 다가오는(닥쳐오는). **~los** ⟨Adj.⟩위험이 없는, 안전한. **~losigkeit**, die ↑~los 의 명사형. **~stelle**, die [관] ↑Gefahrenstelle. **~signal**, das ↑Gefahrensignal. **~voll** ⟨Adj.⟩ 위험으로 가득 찬, 위험한: ein -er Augenblick 위험천만한 순간.

gefährden [gə'fɛ:ɐ̯dn̩] ⟨h⟩ 위험하게 하다, 위태롭게 하다: jmds. Leben g. 누구의 생명을 위태롭게 하다; gefährdete Jugendliche 위험에 처한 청소년들. **Gefährdetenfürsorge**, die 불량 청소년 대책. **Gefährdung**, die -en 위태롭게 함, 위험화. **Gefährdungshaftung**, die 위험 책임.

Gefahre [gə'fa:rə], das; -s 《통속어·폄》 무절제(부주의)한 운전.

gefahren-, Gefahren- (↑gefahr-, Gefahr-도 참조): **~abwehr** die 위험 방어, 안보. **~bereich**, der 위험 지구[영역]. **~gebiet**, das 위험 지역[지대]. **~gemeinschaft**, die [보·법] 재난 보험 조합(공동체). **~grenze**, die 위험 한계[수위]. **~herd** 의 der 위험의 진원지. **~moment**, das 위험 요인. **~punkt**, der **1.** ↑~stelle. **2.** ↑~grenze. **~quelle**, die 위험의 근원(원인). **~signal**, das 위험 신호. **~stelle**, die 위험 지점. **~symbol**, das 국제 위험물 표시 그림(기호). **~trächtig** ⟨Adj.⟩《아어》 위험을 내포하고 있는. **~umwittert** ⟨Adj.⟩《아어》 위험으로 가득 찬. **~zone**, die ↑~gebiet. **~zulage**, die 위험 수당.

gefährlich [gə'fɛ:ɐ̯lɪç] ⟨Adj.⟩ **a)** 위험한, 위태로운: eine -e Situation 위험한 상황; eine -e Krankheit 중병; das ist (alles) nicht so g. 《통속어》 그것은 괜찮다 (상관없다). **b)** 조심(주의)해야 할, 중대한: das ist ein -er Verbrecher 그 사람은 조심해야 할 범법자이다. **Gefährlichkeit**, die 위험성.

Gefährt [gə'fɛ:ɐ̯t], das; -(e)s, -e 《아어》 탈 것, 차.

Gefährte [gə'fɛ:ɐ̯tə], der; -n, -n 《아어》 반려, 동반자, 친구: ein treuer G. seiner Jugend 그의 청년 시절의 성실한 벗; einen neuen -n finden 새(로운) 반려를 발견하다. **Gefährtin**, die; -nen ↑Gefährte의 여성형.

Gefäll- [gə'fɛl-] (↑Gefälle-도 참조). **~höhe**, die: die G. eines Wasserfalls 폭포의 낙하 높이. **~strecke**, Gefällstrecke, die (도로나 철로의) 하강 지구. **~stufe**, Gefällsstufe, die [지리] **1.** 경사 지면의 단층. **2.** 인공 폭포 계단.

Gefälle [gə'fɛlə], das; -s, - [↑Fall] **1.** 경사도, 경사, 사면(斜面): ein G. von 10% 10%의 경사; **ein gutes G. haben** 《통속어·은폐·농》 많이 마실 수 있다, 대주객이다. **2.** 낙차, 차이: geistiges (materielles) G. 정신적(물질적) 차이; das soziale G. 사회적 신분의 차이. **3.** 《schweiz.》 기호, 경향: ein G. zum Faschismus haben 파시즘의 경향을 지니고 있다.

Gefälle- (↑Gefäll-도 참조; 《전문어》): **~messer**, der 경사(측정)계. **~strecke**, die ↑Gefällstrecke. **~stufe**, die ↑Gefällsstufe.

¹gefallen* [gə'falən] ⟨h⟩ **1.** 누구의 마음에 들다 (jmdm.): das Bild gefällt mir 그 그림은 내 마음에 들

다; es gefällt ihm, andere zu ärgern 그는 다른 사람을 골려 주는 것을 좋아한다. 2. 〈g. + sich〉《뽐》우쭐대다, 과시하다: du gefällst dir in starken Ausdrücken 너는 심한 표현을 하면서 우쭐대고 있다. 3. sich³ etw. g. lassen 《통용어》수락하다, 견디다, 감수하다: du läßt dir immer alles g. 너는 언제나 모든 일을 견딘다; diesen Vorschlag lasse ich mir g. 이 제안은 쓸 만하다 [나는 이 제안을 기쁘게 생각한다]; das lasse ich mir g. 그것 참 잘 됐구나!
²**gefallen** [-] **1.** ↑fallen 참조. **2.** ↑¹gefallen 참조.
¹**Gefallen** [-], der; -s, - 호의, 친절, 후의: jmdm. einen großen G. tun 누구에게 큰 호의를 베풀다; tu mir (einen) G. 한 가지 도와주. ²**Gefallen** [-], das; -s 마음에 듦, 기쁨, 즐거움, 만족감: G. erregen(erwecken) 만족감(기쁨)을 일으키다; etw. mit G. betrachten 무엇을 기쁜 마음으로 관찰하다; bei jmdm. G. finden 누구의 마음에 들다; **an jmdm.(etw.) (sein) G. haben(finden)** 누구[무엇]가 누구의 마음에 들다; **nach G.** 《아어》좋을 대로; **jmdm. etw. zu G. tun** 누구를 즐겁게 하기 위해 무엇을 하다; **jmdm. zu G. reden** 《준고어》누가 좋아할 말을 하다.
Gefallene' der; -n, -n 전사자, 전몰 장병: die -n ehren 전사자들에게 경의를 표하다.
Gefallenen-: **~denkmal**, das 전몰 장병 기념비. **~ehrung**, die 전몰 장병에게 경의를 표함. **~friedhof**, der 전몰 용사 묘지. **~gedenkfeier**, die 전몰 용사 위령제. **~liste**, die 전사자 명단.
gefällig 〈Adj.〉 **1.** 호의적인, 친절한: jmdm. g. sein 누구에게 친절히 대하다; jmdm. g. erweisen [zeigen] (누구에게) 친절을 베풀다. **2.** 마음을 끄는, 호감을 불러일으키는: ein -es Äußeres 호감이 가는 외모; sich g. kleiden 마음에 들게 옷을 입다. **3.** 《특히 공손하고 반어적 질문에서》바라는, 뜻에 맞는: wir gehen um 8 Uhr, wenn's g. ist 좋으시다면 8시에 가겠습니다; (eine) Zigarette g.? 담배(한 대) 피우시겠습니까? **4.** **da(hier) ist (et) was g.** 《통용어》무슨 일이 일어났구나, 큰일이구나. **gefälligerweise** 〈Adv.〉호의로. **Gefälligkeit**, die; **-en 1. a)** 호의, 친절: jmdm. eine G. erweisen 누구에게 호의를 베풀다. **b)** 〈Pl. 없음〉호의를 베풀 용의, 사심없음: etw. aus reiner G. tun 무엇을 순수한 호의에서 하다. **c)** 〈Pl. 없음〉호감이 가는 모양.
gefälligkeits-, Gefälligkeits-: **~akzept**, das ↑ **~wechsel**. **~attest**, das 호의에 의한 (허위) 진단서. **~halber** 〈Adv.〉호의상. **~stempel**, der 《우편·우표》(수집가용) 기념 소인. **~stempelung**, die ↑**~stempel**. **~wechsel**, der 《금융》융통어음.
gefälligst [gəˈfɛliçst] 〈Adv.〉 **1.** 《통용어》《불쾌감의 표시》좀: warten Sie g., bis man Sie ruft 이름을 부를 때까지 좀 기다리세요; halt g. deinen Mund! 입 좀 다물어라! **2.** 《고어》제발, 부탁입니다만: wollen Sie g. zur Kenntnis nehmen, daß … … 사실을 좀 받아들이시겠습니까? **Gefallsucht** [gəˈfal-], die 《뽐》인기 영합, 아양. **gefallsüchtig** 〈Adj.〉《뽐》인기를 끌려고 하는, 아양 떠는.
Gefältel [gəˈfɛltl], das; -s 여러 개의 작은 주름. **gefältelt**: ↑fälteln 참조.
gefangen [gəˈfaŋən] ↑fangen 참조.
gefangen-, Gefangen-: **~gabe**, die 《드물게》항복. **~halten*** 〈h〉**1.** 감금하다, 억류하다. **2.** 사로잡다, 옭아매다, 제압하다: die Aufgabe hielt ihn gefangen 그 과제는 그를 꼼짝 못하게 하였다. **~haltung**, die 감금의 명사형. **~haus**, das 《österr.·특히 관》↑Gefangenenhaus. **~nahme**, die 포로로 만듦, 체포. **~nehmen*** 〈h〉 **1.** 포로로 만들다: er wurde von den Russen gefangengenommen 그는 러시아[소련]인들의 포로가 되었다. **2.** 사로잡다: jmds. Aufmerksamkeit g. 누구의 주의를 사로잡다. **~nehmung**, die; -en 포로로 잡음, 사로잡음. **~setzen** 〈h〉《아어·준고어》감금[구금]하다. **~sitzen*** 〈h〉《고어》감옥살이를 하다.
Gefangene' [gəˈfaŋənə], der / die **1.** 〈대개 der〉전쟁 포로: G. austauschen(freilassen) 포로를 교환하다(석방하다). **2.** 죄수: ein politischer -r 정치범; 《전의》sie wurde zum -n ihrer Wünsche 그녀는 자신의 희망의 포로가 되었다.
Gefangenen-: **~anstalt**, die 《고어》형무소. **~aufseher**, der 간수, 교도관. **~austausch**, die 《전쟁》포로 교환. **~auto**, das 죄수 호송차. **~baracke**, die 포로 임시 막사. **~befreiung**, die 【법】탈옥 방조. **~fürsorge**, die 죄수 갱생 보호. **~haus**, das 《österr.》감옥. **~lager**, das 포로 수용소. **~meuterei**, die 죄수 폭동(반란). **~mißhandlung**, die 죄수 학대. **~psychose**, die 죄수 정신병(정신 이상). **~seelsorge**, die 교도 사목회(司牧職). **~transport**, der 죄수 호송. **~wagen**, die ↑**~auto**. **~wärter**, der 《고어》간수, 교도관, 옥리.
Gefangenschaft, die; **-en 1.** (포로로) 갇힌(구금된) 상태: in G. geraten 포로가 되다, 구류되다; 《성서적》die Babylonische G. der Juden (기원전 597～587년) 유대인들의 바빌론으로의 강제 납치. **2.** (짐승의) 포획된 상태.
gefänglich [gəˈfɛŋlɪç] 〈Adj.〉《관·고어, 특히 다음 용법으로》: jmdn. g. abführen(einziehen) 누구를 투옥(구류)하다. **Gefängnis** [gəˈfɛŋnɪs], das; -ses, -se **1.** 형무소, 교도소, 감옥: aus dem G. ausbrechen 탈옥하다; jmdn. ins G. werfen 《아어》누구를 투옥하다, 구금[감금]하다. **2.** 징역(금고, 구류)형: zu 2 Jahren G. verurteilt werden 2년간의 징역(형)에 처해지다; er wurde mit G. bestraft 그는 구금형을 받았다.
Gefängnis-: **~abteilung**, die 감방. **~arzt**, der 형무[교도소]의(사). **~aufseher**, der 간수, 교도관. **~beamte**, der 형무소 관리, 교도관. **~direktor**, der 형무[교도]소장. **~gebäude**, das 형무[교도]소 건물. **~geistliche**, der 형무[교도]소(담당) 성직자. **~haft**, die 구류, 금고. **~hof**, der 교도[형무]소 뜰. **~insasse**, der 죄수. **~insassin**, die ↑**~insasse**의 여성형. **~kleidung**, die 죄수복. **~kluft**, die 《통용어》↑**~kleidung**. **~krankenhaus**, das 교도소 병원. **~leitung**, die 교도[형무]소 관리(인). **~mauer**, die 교도[형무]소의 벽. **~ordnung**, die 교도[형무]소 관리 내규. **~personal**, das 교도[형무]소 직원. **~pfarrer**, der ↑**~geistliche**. **~psychose**, die 교도[형무]소 정신병(정신 이상). **~revolte**, die 교도[형무]소 난동(폭동, 반란). **~schließer**, der 교도소 수위(문지기). **~strafe**, die 자유형, 징역형. **~tor**, das 교도[형무]소 (정)문. **~urteil**, das 징역 판결(선고). **~verwaltung**, die 교도[형무]소 행정(운영). **~wärter**, der 간수, 교도관. **~wesen**, das 〈Pl. 없음〉형무[교도]소 제도. **~zelle**, die 감방.
Gefasel [gəˈfaːzl], das; -s 《통용어, 뽐》끊임없는 헛소리.
Gefaser [gəˈfaːzɐ], das; -s **a)** 《뽐》(끊임없는) 실(섬유)로 만듦. **b)** 많은 실(섬유). **gefasert**: ↑fasern 참조.
Gefäß [gəˈfɛːs], das; -es, -e **1. a)** 그릇, 병, 통: 《전의》die Sprache als G. der Gedanken betrachten 언어를 사상의 그릇으로 보다. **b)** 【펜싱】검[칼]의 손가드. **2. a)** 【의학】혈관이나 임파관. **b)** 【식물】맥관(脈管).
gefäß-, Gefäß-: **~chirurgie**, die 【의학】혈관 외과. **~entzündung**, die 【의학】혈관 염증. **~erweiternd** 〈Adj.〉혈관 확장의: -e Medikamente 혈관 확

gefäßt

장 약(재). **~erweiterung**, die [의학] 혈관 확장. **~förderung**, die 〚광〛 통에 의한 석탄 채굴. **~krampf**, der [의학] 혈관 경련. **~krankheit**, die [의학] 1. 혈관 질환. 2. 〈드물게〉 혈관에 나타나는 병[종기, 폐쇄 등]. **~leiden**, das [의학] ↑ **~krankheit**. **~muskulatur**, die [의학] 혈관 근육. **~nerv**, der (대개 Pl.) [의학] 혈관 신경. **~netz**, das 혈관 총(叢). **~pflanze**, die [식물] 맥관식물. **~system**, das ↑ Blutgefäßsystem. **~verengend** 〈Adj.〉 [의학] 혈관을 수축시키는. **~verengung**, die 혈관 수축. **~verkalkung**, die 혈관 경화. **~verschluß**, der 혈관 폐쇄. **~verstopfung**, die ↑ Blutgefäßverstopfung. **~wand**, die [의학] 혈관 벽. **~wandverkalkung**, die [의학] 혈관 벽 경화.

gefaßt [gəˈfast] 1. ↑ fassen의 과거분사. 2. 〈Adj.〉 태연한, 냉정한, 침착한: einen ~en Eindruck machen 냉정한 인상을 주다[하다]. 3. **auf etw. g. sein** 무엇을 각오[체념]하고 있다: **sich auf etw. g. machen** [어떤 불쾌한 것을] 각오[고려]하다. **Gefaßtheit**, die ↑ gefaßt의 명사형.

Gefauch, das; -s, **Gefauche** [gəˈfaʊx(ə)], das; -s (끊임없이) 어르렁거리는 소리, (고양이 따위가) 쉿하는 소리.

Gefecht [gəˈfɛçt], das; -(e)s, -e 1. **a)** 전투, 교전, 격투; 전의 ein hitziges G. 열전[격전] 싸움, 언쟁; jmdn. **außer G. setzen** 1) 누구로 하여금 전투력을 잃게 하다. 2) 무력화하다. 3) 효력없이 하다; **etw. ins G. führen** [해군] 〈아어〉 무엇을 논쟁점으로 제시하다[이용하다]; **klar zum G.** 전투 준비가 (완료)된. **b)** [스포츠] 격전, 시합. 2. [펜싱] 두 펜싱 선수간의 시합.

gefechts-, Gefechts- [군]: **~abschnitt**, der 교전 지역의 한 부분, 전투 구역. **~aufklärung**, die 적진 탐사[정찰]. **~auftrag**, der 전투 지시[위임]. **~ausbildung**, die 전투 훈련[연습]. **~befehl**, der 전투 명령. **~beladung**, die ↑ Grundbeladung. **~bereich**, der 전투 지역. **~bereit** 〈Adj.〉 전투 준비가 된. **~bereitschaft**, die 전투 준비. **~berührung**, die (전투에 있어서의) 적(군)과의 접촉. **~bewegung**, die 전투 중의 부대 이동. **~drill**, die 실전적 전투 훈련. **~einheit**, die 전투 단위. **~fähig** 〈Adj.〉 전투 능력이 있는. **~fahrzeug**, das 전투 차량. **~feld**, das 싸움터. **~gebiet**, das 전투 지(구)역. **~gewicht**, das 전투 장갑 차량의 총중량(승무원·장비를 포함한). **~handlung**, die 전투 행위[행동]. **~haube**, die [군] ↑ ~hut. **~hut**, der 전투 철모, 헬멧. **~klar** 〈Adj.〉 [해군] ~bereit. **~kopf**, der (로켓, 어뢰 따위의) 탄두. **~ladung**, die 전투 발사[사격] 장탄[장전]. **~lage**, die 전황, 전투 상황. **~lärm**, der 전투 소음. **~linie**, die 1. 최전선. 2. [펜싱] 펜싱 선수의 시합선. **~mäßig** 〈Adj.〉 실전의, 전투 같은. **~mast**, der 전함의 탑 모양의 마스트. **~ordnung**, die 전투 진형[대형]. **~pause**, die 전투 중지. **~rolle**, die 해전에 있어서의 승무원의 역할. **~scheibe**, die 전투 훈련에 있어서의 적의 표상[모형]. **~stand**, der 전투 지휘소[사령부]. **~stärke**, die 전투 병력. **~tätigkeit**, die (Pl. 없음) 전투 행위. **~turm**, der (전차·함정의) 포탑. **~übung**, die 전투 [실전] 훈련. **~zettel**, der [펜싱] 펜싱 시합의 성적 기록표. **~ziel**, das 전투 훈련의 가상 목표. **~zone**, die 전투 지구.

gefedert: ↑ federn 참조.

Gefege [gəˈfeːgə], das; -s [사냥] 사슴뿔의 표피, 녹용.

gefehlt [gəˈfeːlt] 1. ↑ fehlen 참조(특히 4). 2. 〈Adj.〉 (schweiz.) 잘못된, 실패한: ein -es Werk 실패작.

Gefeilsch, -s, **Gefeilsche** [gəˈfaɪlʃ(ə)], das; -s (끊임없이) 값을 깎음.

gefeit: ↑ feien 참조.

Gefels [gəˈfɛls], das; -es 〈아어〉 암석, 바위.

gefenstert 1. ↑ fenstern 참조. 2. 〈Adj.〉 창 모양의 구멍이나 틈이 있는: -e Löffel 산과 겸자(鉗子).

gefertigt [gəˈfɛrtɪçt] 1. ↑ fertigen 참조. **Gefertigte'**, der/die 〈상·고어〉 서명자[인].

gefestet [gəˈfɛstət] 〈Adj.〉 〈고어〉 튼튼한, 저항력 있는, 안전한: sein nach langer Krankheit noch nicht genug -er Körper 오랜 병고 후 아직 완전히 튼튼하지 못한 신체.

gefestigt [gəˈfɛstɪçt] 1. ↑ festigen 참조. 2. 〈Adj.〉 굳은, 강한, 탄탄한: eine sehr -e Tradition 매우 탄탄한 전통. **b)** 곧은, 확고한, 부동의: ideologisch -e Mitglieder der Partei 이데올로기가 확고한 당원.

Geficke [gəˈfɪkə], das; -s 〈비어〉 (잦은) 성교.

Gefiedel [gəˈfiːdl], das; -s, **Gefiedele** [...dələ], das; -s 〈통용어·폄〉 (계속하여) 바이올린을 켬.

Gefieder [gəˈfiːdɐ], das; -s, - 1. (새의) 깃털 전체, 깃털옷: buntes G. 울긋불긋한 깃털. 2. 〈고어〉 화살 살대의 깃털.

Gefieder-: **~milbe**, die 새의 깃털에 서식하는 진드기. **~putzen**, das; -s 새깃의 다듬기[가지런히 함]. **~wechsel**, der ↑ Mauser. **~zeichnung**, die 깃털 무늬.

gefiedert 〈Adj.〉 1. **a)** 깃털이 있는. **b)** 화살대 끝에 깃털이 있는. 2. [식물] 우상(羽狀)의. **Gefiederung**, die [동물] 깃털의 형상.

Gefilde [gəˈfɪldə], das; -s, - 〈대개 Pl.〉 〈아어〉 들(판), 지역, 광야: die G. der Seilgen [그리스 신화] 극락, 낙원, 엘리지움; [전의] die G. der Diplomatie 외교 분야.

gefingert [gəˈfɪŋɐt] 1. ↑ fingern 참조. 2. 〈Adj.〉 [식물] (잎줄기의 끝에) 방사형 지엽(枝葉)이 있는.

gefinkelt [gəˈfɪŋklt] 〈Adj.〉 〈österr.〉 교활한, 노련한: ein -er Gauner 교활한 사기꾼.

Gefion [ˈgeːfjɔn] 북방의 처녀 여신.

gefitzt [gəˈfɪtst] 〈Adj.〉 〈schweiz.〉 노련한, 교활한, 약아빠진.

gefl. = gefällig (1), gefälligst (2).

Geflacker [gəˈflakɐ], das; -s, **Geflackere** [...kərə], das; -s (끊임없는) 깜박거림.

geflammt [gəˈflamt] 1. ↑ flammen 참조. 2. 〈Adj.〉 **a)** 불꽃 무늬의. **b)** [체재] 화염 모양의 나무 무늬가 있는. **c)** [문장] S모양으로 굽은 끝에 휘어 갈라진.

geflappt [gəˈflapt] 1. ↑ flappen 참조. 2. 〈Adj.〉 〈지역적·경〉 편협한, 고지식한; 약간 돈.

Geflatter [gəˈflatɐ], das; -s, **Geflattere** [...tərə], das; -s (연달아) 날개를 폄[퍼덕거림]: das Gurren und G. der Tauben 비둘기가 울며 날개를 폄.

Geflecht [gəˈflɛçt], das; -(e)s, -e **a)** 편물, 그물 세공(품), 엮어 짠 물건: ein G. aus Stroh herstellen 짚으로 세공품을 만들다. **b)** 엮어 짠 물건, 촘촘한 그물, 얽힘, 분규: ein wirres G. 뒤엉킨 혼란[분규]; das G. der Nerven(Adern) [의학] 신경(혈관)총(叢).

gefleckt [gəˈflɛkt] 1. ↑ flecken 참조. 2. 〈Adj.〉 무늬 (점, 얼룩)가 있는: ein -er Hund 점박이개.

Geflehe [gəˈfleːə], das; -s 〈폄〉 (끊임없는) 간청, 탄원.

Geflenne [gəˈflɛnə], das; -s 〈통용어·폄〉 (끊임없는) 흐느낌.

Geflimmer [gəˈflɪmɐ], das; -s, **Geflimmere** [...mərə], das; -s (끊임없는) 반짝거림.

Geflissenheit [gəˈflɪsnhaɪt], die ↑ Beflissenheit. **geflissentlich** [gəˈflɪsntlɪç] 〈Adj.〉 1. 고의적인, 의도적인, 일부러: sich hinter -er Geschäftigkeit verbergen 일부러 일을 많은 것[처럼 행동하다; jmdn. [etw.] g. übersehen 누구[무엇]을 고의(적)으로 묵과[무시]하다. 2. 〈관·고어〉 친절한, 호의 있는: zur -en

Kenntnisnahme 친절히 알려드리기 위해.
Geflitz, das; -es, **Geflitze** [gə'flɪts(ə)], das; -s 《통용어》 《끊임없는》 서두름.
geflochten [gə'flɔxtn̩] ↑flechten 참조.
Geflock [gə'flɔk], das; -(e)s, -e 《아이》 부스러기 같은 작은 물체[형상]. **geflockt** [gə'flɔkt] 1. ↑flocken 참조. 2. ⟨Adj.⟩ 부스러기 물건으로 만들어진.
geflogen [gə'flo:gn̩] ↑fliegen 참조.
geflohen [gə'flo:ən] ↑fliehen 참조.
geflossen [gə'flɔsn̩] ↑fließen 참조.
Gefluche [gə'flu:xə], das; -s 《통용어·폄》《끊임없는》 저주.
Gefluder [gə'flu:dɐ], das; -s, - 《광》 통, 홈통, 도랑.
Geflügel [gə'fly:gl̩], das; -s **1.** 집에서 기르는 날짐승, 가금: G. züchten 가금을 사육하다. **2.** 가금의 고기: G. essen. 새 고기를 먹다.
Geflügel-: ~aufzucht, die 가금의 사육. **~ausstellung**, die 가금 전시. **~cholera**, die 가금 콜레라. **~creme**, die 【요리】끓여서 잘게 썬 날짐승 고기(여러 가지 양념이 들어 있음). **~cremesuppe**, die 잘게 썬 날짐승 고기 스프. **~diphtherie**, die ↑Pips. **~farm**, die 가금 사육장. **~fleisch**, das 날짐승 고기. **~halter**, der 가금 사육자. **~haltung**, die 가금 사육. **~händler**, der 가금 상인. **~handlung**, die 가금 매매. **~hof**, der 작은 가금 사육장. **~käfig**, der 가금 우리. **~klein**, das 【요리】 날짐승의 내장. **~kraftbrühe**, die 가금의 육즙. **~krankheit**, die 날짐승병. **~leber**, die 가금의 간. **~leberwurst**, die 가금의 간 소시지. **~markt**, der 가금의 시장. **~mast**, die 가금 사료. **~pest**, die 가금의 페스트. **~pocken**, die ↑Pips. **~räude**, die ↑~skabies. **~salat**, der 가금 고기 샐러드. **~schau**, die ↑~ausstellung. **~schere**, die 가금 고기 자르는 가위. **~skabies**, die 가금의 옴(병). **~zucht**, die 가금 사육. **~züchter**, der 가금 사육가.
geflügelt [gə'fly:gl̩t] ⟨Adj.⟩ **1.** 《생물》 날개 달린. **2.** 【사냥】 날개를 쏘아 맞힌.
Geflunker [gə'flʊŋkɐ], das; -s, **Geflunkere** [...kərə], das; -s 《통용어》 끊임없이 반짝반짝함, 호언(장담), 허풍.
Geflüster [gə'flʏstɐ], das; -s 끊임없이 속삭이기, 속삭임.
gefluxt [gə'flʊkst] ⟨Adj.⟩ [engl. flux] 【화학】 융제(融劑)를 사용한.
gefochten [gə'fɔxtn̩] ↑fechten 참조.
Gefolge [gə'fɔlgə], das; -s, - **1. a)** 종자(從者), 수행원: jmds. G. bilden 누구를 수행하다, 누구의 종자 노릇을 하다; in jmds. G. sein 누구의 수행원이다, 누구를 수행하고 있다. **b)** 장례 행렬. **2. im G.** 《격식독어》 결과로서: die preußischen Landtagswahlen hatten eine starke nationalsozialistische Mandatszahl im G. 프러시아 국회의원 선거는 국가사회주의자들의 다수의석을 초래했다[가져왔다]. **Gefolgschaft** [gə'fɔlkʃaft], die; -en **1.** ⟨Pl. 없음⟩ 복종, 추종: jmdm. G. leisten 누구를 충실히 모시다, 모시고 따라다니다. **2.** 《역사적》 **a)** ⟨Pl. 없음⟩ (게르만인에 있어서) 귀족과 왕간의 충성관계. **b)** 충성의 관계로 맺어진 시종. **3.** 추종자, 신봉자. **4.** (나치) **a)** ↑Belegschaft (a). **b)** 히틀러 청년단의 하위 집단. **Gefolgschaftsangehörige**, der / die 히틀러 청년 단원. **Gefolgschaftsführer**, der 청년단 조장. **Gefolgschaftsmitglied**, das 청년단 조원. **Gefolgschaftsraum**, der 《österr.》 광산(공장) 노동자 체재[거주]지[실].
Gefolgs- (Gefolge 1 a) 《역사적》: **~herr**, der 영주, 군주, (수행원)의 장. **~leute** Pl. ↑~mann: **~mann**, der ⟨Pl. ...männer / ...leute⟩ 시종, 종자.

gefolgt: ↑folgen (1 a) 참조.
geformt: ↑formen 참조. **Geformtheit**, die 끝이 잡혀 있음.
Gefrage [gə'fra:gə], das; -s 《폄》 끊임없이 질문(함).
gefragt [gə'fra:kt] **1.** ↑fragen 참조. **2.** ⟨Adj.⟩ 수요가 있는: ein -er Künstler 인기있는 예술가; **g. sein [werden]** 수요가 있다(있게 되다): dieser Artikel ist sehr stark g. 이 상품은 수요가 매우 많다.
gefräßig [gə'frɛ:sɪç] ⟨Adj.⟩ 《폄》 탐식(욕)하는, 대식의: ein -er Mensch 대식가; sei nicht so g.! (너무) 먹는데 욕심부리지 마라! **Gefräßigkeit**, die ↑gefräßig의 명사형.
Gefreite [gə'fraɪtə], der; -n, -n 상등병, 병장: zum -n befördert werden 상등병으로 승진되다.
gefressen [gə'frɛːn] ↑fressen 참조.
Gefrett [gə'frɛt] das; -s 《südd., österr.·통용어》 불쾌한 일, 두통거리.
gefreut [gə'frɔʏt] **1.** ↑freuen 참조. **2.** ⟨Adj.⟩ 《schweiz.》 기쁜, 환영받는, 즐거운(반대: ungefreut).
gefrier-, **Gefrier-: ~anlage**, die 냉동 시설[설비]. **~apparat**, der 냉동 장치, 제빙기. **~behandlung**, die 【의학】 냉동 요법, 저온 치료. **~chirurgie**, die ↑Kältechirurgie. **~fach**, das (냉장고의) 냉동실. **~fleisch**, das 냉동육(肉). **~fleischorden**, der 【군】 냉동육 훈장(세계 제 2 차 대전 중 소련 지역 참전으로 수여됨, 조소적인 표현). **~gemüse**, das 냉동 야채. **~getrocknet** ↑~trocknen 참조. **~gut**, das 냉동식품. **~kette**, die 【경제】 냉동식품의 저장 및 수송 체계. **~maschine**, die ↑Kältemaschine. **~obst**, das 냉동 과일. **~punkt**, der 빙점: die Temperatur sinkt auf den G. 기온이 빙점으로 내려간다. **~raum**, der 식료품 냉동실. **~salz**, das 【기술】 초산 암모늄(동결제). **~schaden**, der 한해. **~schiff**, das 냉동선. **~schnitt**, der 【의학】 냉동 절제(술). **~schnittverfahren**, das 냉동 절제 처리. **~schrank**, der 냉동고. **~schutzmittel**, das ↑Frostschutzmittel. **~temperatur**, die ↑~punkt. **~trocknen** ⟨h⟩ 냉동 건조시키다. **~trocknung**, die 냉동 건조. **~truhe**, die 아이스박스. **~tunnel**, der 냉동 터널. **~verfahren**, das 냉동(처리)법. **~ware**, die ↑~gut.
gefrieren* ⟨s⟩ **1.** 응결하다, 얼(얼게)다: das Wasser gefriert (zu Eis) 물이 (얼음으로) 언다; ein gefrorener Flußlauf 얼어붙은 강줄기(하류); 《전의》 das Lächeln gefror auf seinen Lippen 《아이》 미소가 그의 입술에서 굳어버렸다. **2.** 《드물게》 냉동화하다[시키다].
Gefrieß [gə'fri:s], das; -es, -er 《südd., österr.·폄》 굴, 시각.
gefroren [gə'fro:rən] **1.** ↑frieren 참조. **2.** ↑gefrieren 참조. **Gefror(e)ne**, das; -n 《südd., österr.》 아이스크림, 얼은 음식. **Gefrornis** [gə'fro:ɐ̯nɪs], die 【지질】 영구 동토(永久凍土): Gebiete dauernder G. 영구 동토 지역.
Gefrotzel [gə'frɔtsl̩], das; -s 《통용어》 《끊임없는》 놀림, 조롱함.
gefuchst [gə'fʊkst] **1.** ↑fuchsen 참조. **2.** ⟨Adj.⟩ 《통용어·드물게》 ↑ausgefuchst.
Gefuchtel [gə'fʊxtl̩], das; -s, **Gefuchtele** [...tələ], das; -s 《잘 쓰이지 않음》 《통용어·폄》 (위협조로) 주먹(막대기) 흔들기.
Gefüge [gə'fy:gə], das; -s, - [↑fügen] **1.** 구조물, 접합부: das G. der Balken 각목(角木) 구조물. **2.** 구조, 조직: ein syntaktisches G. 문장 구조; das wirtschaftliche G. eines Staates 한 국가의 경제적 구조. **Gefügekunde**, die 암석(광물) 구조학. **Gefügeuntersuchung**, die (암석) 구조 연구. **gefügig** [gə'fy:gɪç]

〈Adj.〉 〈웜〉 따르는, 부응하는, 순종하는: ein -er Mensch 순종적인 사람; (sich³) jmdn. g. machen 누구를 복종하게 하다. **Gefügigkeit**, die 순종성, 순응성.

Gefühl [gə'fy:l], das; -s, -e **1.** 감각, 지각, -e 감. des Schmerzes in der Magengegend 위장 부근의 고통감; kein G. mehr in den Fingern haben 손가락에 더 이상 감각이 없다; dem G. nach ist es Holz 촉감으로 보아 그것은 목재이다. **2.** 느낌, 감정: ein beglückendes G. 행복감; ein heißes G. der Dankbarkeit überkommt jmdn. 뜨거운 감사의 정이 누구를 사로잡다; ein G. wie Weihnachten 〈통용어·농〉 안락한 감정; ein G. der Liebe empfinden 사랑의 감정을 느끼다; das G. der Überlegenheit haben 우월감을 갖다; seine -e unterdrücken(beherrschen) 자기의 감정을 억누르다(지배하다); zärtliche -e für jmdn. hegen 〈아어〉 누구를 매우 좋아하다; kein G. haben 인정이 없다, 마음이 차다; seinen -en freien Lauf lassen 느낌을 거침없이 표현하다; ein Film mit viel G. 〈반어〉 감상적인 영화; **mit gemischten -en** 착잡한 감정으로; **das höchste der -e** 〈통용어〉 가능한 최고의 성과: ein Gewinn von 80 Mark wäre das höchste der -e 80 마르크의 이익이라면 최고의 성과라 할 수 있다. **3.** 〈Pl. 없음〉 **a)** (감정적) 인상, (감정적) 의견, 예감: er hatte das sichere G. 그에게는 확실한 육감이 있었다; **etw. im G. haben** 무엇을 본능적(직관적)으로 알다. **b)** 감각, 감수성: viel musikalisches G. 풍부한 음악적 감수성; etw. mit G. vortragen 무엇을 감정을 넣어 낭독[연주]하다; etw. nach G. und Wellenschlag tun 무엇을 잘 검토해보지 않고 행하다.

gefühl-, Gefühl- (↑gefühls-, Gefühls-도 참조): **~erfüllt** 〈Adj.〉 감정으로 충만한. **~los** 〈Adj.〉 **1.** 감각(촉각)이 없는, 무감각의: seine Hände wurden bei der Kälte g. 그의 손은 추위 때문에 감각을 잃었다. **2. a)** 마음이 찬, 냉정한: jmdn. g. behandeln 누구를 냉정하게 다루다. **b)** 감정(느낌)이 없는: der Kunst g. gegenüberstehen 예술을 감정없이 대하다. **~losigkeit**, die; -en **1.** 〈Pl. 없음〉 **a)** 감각(촉각)이 없음. **b)** 느낌(감정)의 결여. **2.** 냉담한 행동. **~voll** 〈Adj.〉 **a)** 감정이 깊은, 다감한: ein -er Mensch 다감한 사람. **b)** 〈웜〉 감정이 (너무) 많은: ein Gedicht g. vortragen 시 한 편을 넘치는 감정으로 낭독하다.

gefühlig 〈Adj.〉 〈드물게·웜〉 감수성[감정]이 많은, 예민한, 감정적인. **Gefühligkeit**, die ↑gefühlig의 명사형.

gefühls-, Gefühls- (↑gefühl-, Gefühl-도 참조): **~aktiv** 〈Adj.〉 촉감이 좋은. **~anwandlung**, die 감정의 엄습(발작). **~arm** 〈Adj.〉 감정이 적은(빈약한). **~armut**, die 감정의 빈곤. **~aufwallung**, die 감정의 비등. **~ausbruch**, der 감정의 폭발. **~ausdruck**, der 〈Pl. 없음〉 **1.** 감정의 표현. **2.** 감정적인 표현. **~äußerung**, die 감정의 표현(말이나 행동으로). **~bedingt** 〈Adj.〉 감정에 의한. **~bestimmt** 〈Adj.〉 감정으로 규정된. **~bestimmtheit**, die **~**bestimmt의 명사형. **~betont** 〈Adj.〉 감정을 강조하는. **~betontheit**, die ↑~betont의 명사형. **~dinge** 〈Pl.〉 감정에 관한 문제. **~durchklungen** 〈Adj.〉 〈아어〉 감정으로 꽉찬(사로잡힌). **~duselei** [...du:zə'lai], die 〈통용어·웜〉 감상벽. **~dus(e)lig** 〈Adj.〉 〈통용어·웜〉 감상적인. **~eindruck**, der 감정상의 인상. **~erguß**, der 감정의 분출. **~gehalt**, der 감정의 내용(물). **~inhalt**, der **1.** 감정의 내용. **2.** 감정에 의해 중재된 의식 내용. **~kalt** 〈Adj.〉 **1.** 냉정한, 쌀쌀한. **2.** 불감증의. **~kälte**, die ↑~kalt의 명사형. **~lage**, die 감정 상태. **~leben**, das 〈Pl. 없음〉 감정 생활. **~leere**, die 감정의 공허. **~mäßig** 〈Adj.〉 **1.** 감정에 의존하는, 감정에 따르는, 감정적인. **2.** 감정상, 감정의: etw. wirkt sich g. verschieden aus 무엇이 감정상으로는 다르게 나타난다. **~mensch**, der 감성적 인간(반대: Verstandesmensch). **~nerv**, der 감정 신경. **~qualität**, die 감정의 질. **~reaktion**, die 감정적 반응. **~regung**, die 흥분, 동요. **~roh** 〈Adj.〉 거친 감정의, 무정한. **~roheit**, die ↑~roh의 명사형. **~sache**, die 〈대개 다음 용법으로〉 **etw. ist (reine) G.** 무엇은 순전히 감정상의 문제이다. **~schwelgerei**, die 〈약간 웜〉 (끊임없는) 감정의 도취. **~selig** 〈Adj.〉 감정에 빠진. **~seligkeit**, die ↑~selig의 명사형. **~sinn**, der 〈Pl. 없음〉 감각(특히 촉각). **~skala**, die (심리) 감정의 스칼라. **~stark** 〈Adj.〉 감정이 강한. **~stau**, der (심리) 감정 적체. **~tiefe**, die 〈아어〉 감정의 깊이. **~tube**, die 〈다음 용법으로〉 **auf die G. drücken** 〈경〉 동정심에 호소하다. **~überschwang**, der 감정의 충일(고양). **~wallung**, die 감정의 비등. **~wärme**, die 따뜻한 감정. **~welt**, die 감정(의) 세계. **~wert**, der **1.** 감정적 가치(의의). **2.** ↑~qualität. **3.** (언어) 말의 감정적(정서적) 가치. **~wirkung**, die 감정의 작용.

gefühlshaft 〈Adj.〉 감정적인, 감정의. **gefühlt**: ↑ fühlen 참조.

geführig [gə'fy:rɪç] 〈Adj.〉 〈지역적〉 스키타기에 알맞은. **Geführigkeit**, die ↑geführig의 명사형.

Gefummel [gə'fuml], das; -s, **Gefumm(e)le** [...m(ə)lə], das; -s 〈통용어·웜〉 (끊임없이) 이리저리 뛰어다님.

gefunden [gə'fundn̩] ↑finden 참조.

Gefunkel [gə'fuŋkl], das; -s (불꽃의) 반짝반짝, 번쩍번쩍.

gefurcht [gə'furçt] **1.** ↑furchen 참조. **2.** 〈Adj.〉 고랑(홈, 주름)이 있는: ein (von Alter) -es Antlitz (나이가 들어) 주름진 얼굴.

gefüttert: ↑²füttern 참조.

gebabelt: ↑gabeln 참조.

Gegackel [gə'gak], das; -s, **Gegackele** [...kələ], das; -s 〈통용어·웜〉 꼬꼬댁꼬꼬, 꽥꽥(닭이나 거위가 울어대는 소리). **Gegacker** [gə'gakɐ], das; -s 〈웜〉 **1.** ↑꼬꼬댁꼬꼬, 꽥꽥(닭이나 거위가 울어대는 소리). 〈전의〉 immer dieses G., wenn er mit einer anderen gesehen wird 그가 다른 여자를 데리고 다니는 것이 보일 때면 항상 말이 많다. **2.** 〈통용어〉 낄낄 웃는 소리(특히 여자의).

gegangen [gə'gaŋən] ↑gehen 참조.

gegeben [gə'ge:bn̩] **1.** ↑geben 참조. **2.** 〈Adj.〉 **a)** 주어진, 현존하는, 존재하는: im -en Fall **1)** 이 경우에는. **2)** 만일의 경우에는, 경우에 따라서는; unter den -en Umständen 주어진 상태(상황하)에서는; 〔수학〕 eine -e Größe 임의의 수. **b)** 알맞는, 적당한, 옳은: das ist das -e 그것은 최상의 것이다; zu -er Zeit 적절한 시간에. **gegebenenfalls** 〈Adv.〉 필요한 경우에는, 경우에 따라서는(약어: ggf.). **Gegebenheit**, die; -en 〈대개 Pl.〉 사실, 소여(所與), 상태, 여건: die -en des menschlichen Körpers berücksichtigen 사람의 신체적 상태를 고려하다.

Gegeifer, das; -s 〈웜〉 (끊임없이) 침을 흘림, 몹시 욕함.

gegen ['ge:gn̩] **I.** 〈Präp.⁴〉 **1.** 〈장소〉 **a)** 향하여, 쪽으로, 면하여: sich g. die Wand drehen 벽 쪽으로 몸을 돌리다. **b)** …에 반해서(거슬러서): g. den Wind rudern 바람을 거슬러 노를 젓다. 〈충돌을 나타냄〉: Regen klatscht g. die Fenster 비가 창문에 후드득 후드득 부딪친다; g. die Tür schlagen 문을 두드리다. **2. a)** …에 대항(거역)하는: der Kampf g. Krankheit u. Armut 질병과 빈곤(과의) 투쟁; g. etw. protestieren 무엇에 반대하여 항의하다; ein Mittel g. Husten 기침약. **b)** …에

거슬리는[위배되는, 반해서]: g. alle Vernunft 모든 이성에 반해서; g. seinen Willen 그의 의지에 반해서. **c)** 누구와 (맞서), 누구를 적으로 하여: g. jmdn. spielen 누구와 맞서서 경기하다; g. jmdn. heiraten 《농》·《농》 누구와 결혼하다. **3.** 《준고어》 …에 대해서[에게]: höflich [freundlich] g. jmdn. sein 누구에게 예의가 바르다[친절하다]. **4.** 경에, 무렵에: ich komme g. Abend 저녁 무렵에 가겠다. **5.** …에 비(교)하여: g. ihn ist er sehr klein 그에 비해 그는 매우 작다. **6.** …의 대가로, …과 교환하여: die Ware g. Bezahlung liefern 현금 지불로 상품을 인도하다. **II.** ⟨Adv.⟩ 대략, 약: es waren g. 100 Leute anwesend 대략 100명 정도의 사람이 출석했다.

gegen-, Gegen-: ~aktion, die 반대(대응)행위, 반동. **~angebot**, das 반대 제안, 카운터 오퍼. **~angriff**, der **1.** [군] 반격, 역습: 전의 der Diskussionspartner ging zum G. über 토론의 상대편은 반격으로 넘어갔다. **2.** 《스포츠》 역습. **~ansicht**, die 반대[다른] 견해 [의견]: zu etw. eine G. äußern 무엇에 대해 반대 의견을 표명하다. **~antrag**, der 반대 제의[제안]. **~anzeige**, die ↑Kontraindikation. **~argument**, das 반론: -e vorbringen 반론을 펴다. **~argumentation**, die 반대 논증. **~bahn**, die **a)** 같은 노선의 반대 방향의 전차. **b)** ↑**~fahrbahn**. **~bedingung**, die 대응 조건. **~befehl**, der 반대[취소] 명령: einen G. geben 반대 명령을 하다. **~behauptung**, die 반대 주장: eine G. zu etw. aufstellen 무엇에 대해 반대 주장을 하다. **~beispiel**, das 반대의 예. **~beschuldigung**, die 맞고소. **~bestrebung**, die 《대개 Pl.》 반대[반격] 행동. **~besuch**, der 답례 방문: ich habe ihm einen G. abgestattet 나는 그에게 답례 방문을 하였다. **~bewegung**, die **1.** 반대 운동, 반동. **2.** 《음악》 **a)** (멜로디의) 전위. **b)** 반(反) 진행. **~beweis**, der 반증: den G. führen 반증하다. **~bild**, das 반대 되는[상응하는] 그림 [사진]. **~bitte**, die 부탁하는 사람에게 역으로 하는 부탁(청). **~brassen** ⟨h⟩ [해양] 반대로 아딧줄을 당기다. **~buchung**, die 대차대조식 부기, 전기입(轉記入). **~darstellung**, die **1.** 반박하는 글[기사]. **2.** 반대 진술. **~demonstration**, die (어떤 데모에 대한) 반대 데모. **~dienst**, der 보답: jmdm. einen G. erweisen 누구에게 보답하다. **~dreier**, der (피겨스케이트의) 더블 드리이. **~druck**, der 《Pl. 없음》 **a)** 반대 압력, 역압(逆壓). **b)** 반대로[응답해서] 누르는 힘. **c)** …로 향한 압력. **~druckparade**, die 《펜싱》 ↑Oppositionsparade. **~einander**, ↑gegeneinander. **~erklärung**, die 반대 선언(성명, 설명). **~fahrbahn**, die 반대편 차선(도). **~farbe**, die 보색, 반대색, 대비색. **~farbig** ⟨Adj.⟩ 반대색[보색]의. **~feuer**, das 역(逆)화. **~forderung**, die **a)** 반대 요구. **b)** 채무자의 채권자에 대한 채권. **~frage**, die 반문: eine Frage mit einer G. beantworten 질문을 반문으로 답하다. **~füßler**, der 《고어》 ↑Antipode (1). **~gabe**, die 《아이》 답례 (로 주는) 선물. **~gerade**, die [육상] 백 스트레치. 출발점 반대편의 직선 코스. **~geschenk**, das 답례(로 주는) 선물. **~geschlechtlich** ⟨Adj.⟩ 다른[반대] 성(性)의. **~gewalt**, die 보복 폭력, 역폭력. **~gewicht**, das 평형추, 평형, 균형: 전의 seine Strenge bildet das notwendige G. zu ihrer Nachgiebigkeit 그의 엄격함은 그녀의 관대함에 꼭 필요한 균형을 이루고 있다. **~gift**, das 해독제: bei Infektionen bildet der Körper selbst -e gegen die Gifte des Virus aus 감염시에는 신체 자체가 바이러스의 독에 대해 해독제를 형성한다. **~griff**, der [스포츠] (레슬링에서) 방어하기 위한 잡기. **~grund**, der 반대 이유(동기). **~gruß**, der 《고어·아어》 답례: er beantwortete meinen Gruß mit einem freundlichen G. 그는 내 인사에 친절하게 답(례)하였다.

~halten* ⟨h⟩ (nordd. 통용어) ↑dagegenhalten. **~ideologie**, die 반대 이데올로기. **~indikation**, die ↑Kontraindikation. **~induktion**, die 상호 유도. **~kaiser**, der (합법적인 황제에 맞서다) 비합법적 황제. **~kandidat**, der 경쟁 후보(자). **~kandidatur**, die 경쟁 입후보. **~kathete**, die [기하] 직각삼각형의 예각 맞은편 변. **~klage**, die [법] 반(反)소(反訴), 맞소송. **~kläger**, der [법] 반소자(反訴者). **~klassisch** ⟨Adj.⟩ [예술] 고전주의에 반대되는, 반고전주의의(적). **~kompliment**, das 답례 인사. **~konditionierung**, die [교육·심리] 역(逆) 조건반사 학습. **~könig**, der (합법적인 왕에 맞서서) 비합법적 왕. **~konzept**, das 대응 계획[처방]. **~kraft**, die **a)** 저항력, 반대의 힘: 전의 gegen die Regierung sind neue Gegenkräfte erstarkt 정부에 대항하는 새로운 저항 세력들이 강화되었다. **b)** 중화력, 대응력. **~kreisen**, das [체조] 양팔을 각각 반대 방향으로 돌리기. **~kultur**, die [사회] 반(反) 문화. **~kulturell** ⟨Adj.⟩ 반 문화의, 반 문화적인. **~kurs**, der 반대(방향의) 코스, 역코스. **~läufig** ⟨Adj.⟩ 반대[역] 방향의, 거꾸로의: 전의 eine -e Entwicklung hat eingesetzt 반대 방향으로의 발전이 시작되었다. **~leistung**, die 반대 급부, 보상, 보답: als G. verlangt er unsere Hilfe 그는 반대 급부로 우리의 도움을 요구하고 있다. **~lenken** ⟨h⟩ 핸들을 잠깐 반대 방향으로 돌리다. **~lesen*** ⟨h⟩ 검토하며 읽다: das Manuskript ist fünfmal gegengelesen worden 그 원고는 다섯번이나 검토되며 읽혀졌다. **~licht**, das ⟨Pl. 없음⟩ [사진] 역광(선): diese bei[im] G. gemachte Fotografie ist besonders reizvoll 역광으로 찍은 이 사진은 특히 매력적이다. **~lichtaufnahme**, die [사진] 역광(선) 촬영. **~lichtblende**, die ↑Sonnenblende. **~liebe**, die (다음 용법으로) **G. finden, auf G. stoßen** 1) 찬동[지지]을 얻다. 2) 《드물게》 사랑하는 사람의 사랑을 받다. **~lösung**, die 어떤 해결과 반대되는 해결(책). **~macht**, die **a)** 적대(對)세력. **b)** 중화(대응)세력. **~maßnahme**, die 대(응)책. **~meinung**, die 반대 의견: eine G. zu etw. äußern 무엇에 대한 반대의견을 말하다. **~mittel**, das 해독제, 치료제: 전의 das wäre ein gutes G. gegen ihren Eigensinn 그것은 그녀의 고집을 고치는 좋은 약일 것이다. **~mutter**, die ↑Kontermutter. **~offensive**, die 반격, 역습. **~papst**, der (합법적인 교황에 맞서서) 비합법적 교황. **~part**, der; -(e)s, -e (경기나 시합에서의) 상대방 [적수]. **~partei**, die **1.** 반대 그룹: die G. ergreifen (자신의 입장을 포기하고) 반대편에 동조하다. **2.** 반대당 [편], 적 팀, 상대편: er ist überraschend zur G. übergetreten 그는 놀랍게도 반대당으로 넘어갔다. **~phase**, die (전기의) 역류(逆流). **~phasig** [-faːzɪç] ⟨Adj.⟩ 역류의. **~plan**, der 《구 동독》 중앙 정부의 목표를 달성하기 위한 각 기업체들의 계획. **~pol**, der 반대극 (極): 전의 sie ist in jeder Hinsicht sein G. 그녀는 모든 점에서 그와는 상극이다. **~position**, die 반대 위치 [지위]. **~probe**, die **1.** (계산, 주장, 명제 등을) 뒤집어서 하는 검증, 검산하기 위한 역산. **2.** 거수[기립] 표결의 결과를 질문의 순서를 바꾸어서 검증하는 방법. **~propaganda**, die 역선전. **~reaktion**, die 역반응, 반작용. **~rechnung**, die 역계산, 채무자가 채권자에게 제시하는 계산 (액). **~rede**, die **1.** (아이) 응답, 말대꾸. **2.** 반대, 항변, 이의. **~reformation**, die ⟨역사적⟩ [독일 사학자 L.V. Ranke가 처음 사용했음] 반종교 개혁. **~regierung**, die 현 정부에 대항하는 (임시) 정부: im Exil wurde eine G. gebildet 망명지에서 임시 정부가 수립되었다. **~revolution**, die 반혁명. **~revolutionär** ⟨Adj.⟩ 반혁명적. **~rhythmus**, der 반리듬. **~richtung**, die 반대 방향. **~ruder**, das [항공] **a)** (방향타

를 움직이는 힘을 줄이는) 보조 방향타. **b)** (일정한 비행 자세를 유지시켜 주는) 보조 방향타. **~ruf,** der 대답의 외침, 응수. **~rufen*** ⟨h⟩ 응답 전화를 하다. **~satz,** der **1.** 극도의 차이, 대립, 반대: diese beiden Ansichten stehen in einem scharfen G. zueinander 이 양자의 견해는 서로 날카로운 대립을 보이고 있다; **im G. zu** ···와는 달리[대조적으로, 반대로]: im G. zu ihm ist sie recht klein 그와는 대조적으로 그녀는 꽤 작다. **2.** 반대되는 사람[것, 성격, 말 등등]: der G. von „warm" ist „kalt" "warm"의 반대어는 "kalt"이다; 성규 Gegensätze ziehen sich an 반대 성격의 소유자들은 서로 호감을 갖는다. **3.** 모순: er steht im G. zu seiner Partei 그는 자기의 당과 견해를 달리하고 있다. **4.** ⟨Pl.⟩ 견해[의견] 차이: Gegensätze überbrücken[abbauen] 견해 차이를 조정하다[없애다]. **5.** 【음악】 (한 푸가의 주제에 대한) 대위법, 대부주제. **~sätzlich** [-zɛtslɪç] ⟨Adj.⟩ 반대의, 대립적인, 모순된: seine Leistung wurde sehr g. beurteilt 그의 업적은 정반대(방향)로 평가되었다. **~sätzlichkeit,** die 대립성, 모순성. **~satzpaar,** das 대립적인(상반된) 쌍. **~satzwort,** das ⟨Pl. -wörter⟩ 【언어】 반대말(반대: Synonym). **~scheinziehung,** die (복권에서) 당첨된 뽑기. **~schlag,** der **1.** (맞)받아치기, 반격. **2.** 보복조치. **~schock,** der 【심리】 충격을 없애기 위한 (충격 요법의) 다른 충격. **~schwiegereltern** ⟨Pl.⟩ 【지역적】 자식의 시부모[장인, 장모]. **~schwiegermutter,** die (【지역적】 자식의 장모[시어머니]). **~schwiegervater,** der (【지역적】 자식의 장인[시아버지]). **~seite,** die **1.** 맞은 편, 반대측. **2.** ↑~partei (2). **~seitig** ⟨Adj.⟩ **a)** 서로의, 상호의: in -er Abhängigkeit stehen 상호 예속되어 있다. **b)** 쌍방(간)의: -e Abmachungen 쌍방(간)의 협약[약정]. **~seitigkeit,** die ↑~seitig의 명사형: ihre Freindschaft beruht auf G. 그들은 서로 적개심을 가지고 있다. **~serum,** das ↑Antiserum. **~sinn,** der 《다음 용법으로》 im G. 반대 의미로[방향으로]. **~sinnig** ⟨Adj.⟩ 《전문어》 반대 의미[방향]의. **~spannung,** die 【전기・기계】 반대 전압[압력]. **~spiel,** das **1.** 《스포츠・드물게》 (2회의 경기 가운데) 두번째 경기. **2.** ⟨고어⟩ ↑~teil. **~spieler,** der **1. a)** 상대방, 적수, 경쟁자: er ist sein offener G. 그는 그의 공개적인 적대자이다. **b)** 【스포츠】 상대 팀의 한 선수를 전담해서 수비하는 선수. **c)** 【연극】 주인공에 맞서는 인물. **2.** 대응력. **~spionage,** die 방첩(防諜). **~sprechanlage,** die 상호 통화기. **~sprechen** ⟨h⟩ 동시에 송수신하다. **~sprechverkehr,** der 동시 송수신. **~stand,** der ↑Gegenstand. **~ständig** ⟨Adj.⟩【식물】 대청의. **~standpunkt,** der 대립적인(반대) 입장. **~steuern** ⟨h⟩ ~lenken. **~stimme,** die **1. a)** 반대표: der Antrag wurde mit vier -n angenommen 그 제안은 4표의 반대로 수락되었다. **b)** 반대 의견. **2.** 【음악】 대성음(對聲音). **~stimmig** ⟨Adj.⟩ 대성음의. **~stoff,** der 해독제. **~stoß,** der **1.** 맞받아[되]찌르기. **2.** 【군】 반격, 역습. **~strategie,** die 대응 전술. **~strom,** der 역류(逆流). **~stromig** -ʃtro:mɪç], **~strömig** -ʃtrø:mɪç], **~stromkühlung,** die 역류 냉각. **~stromprinzip,** das **a)** 역류 원칙, 역류 처리 방식. **b)** 색층 분석의 혼합[화합]물 분리법. **~strömung,** die **1.** 역류. **2.** 반대되는 경향(발전, 추이, 의견): eine heftige G. gegen die neue Politik setzte ein 새로운 정책에 대한 강한 반대 의견이 대두되었다. **~stück,** das **1.** 짝이 되는 나머지 (것). **2.** ↑~teil. **~teil,** das **1.** 반대되는 것, 반대(말): „alt" ist das G. von „jung" "alt"는 "jung" 의 반대말이다; die Stimmung schlug ins G. um 분위기가 완전히 뒤바뀌었다; ich bin nicht nervös, (ganz) im G. 나는 초조하지 않다, 그와는 (정)반대이다. **2.** 《통용어・농》 ↑Gesäß.

~teilig ⟨Adj.⟩ 반대의: er ist -er Ansicht 그는 반대 견해를 갖고 있다. **~treffer,** der 【스포츠】 상대 팀에 대한 득점[골]. **~ufer,** das 대안(對岸). **~unterschrift,** die 연서(連署), 부서(副署). **~verkehr,** der 반대 방향의 차량(교통)(량): auf den G. achten 마주 오는 차들에 주의하다. **2.** 양쪽 방향으로의 진행. **~vormund,** der 【법】 후견 감독인. **~vorschlag,** der (대개 Pl.) ⟨준고어⟩ 이의, 항의. **~vorstellung,** die (대개 Pl.) ⟨준고어⟩ 이의, 항의. **~vorwurf,** der (비난에 대한) 맞비난. **~wand,** die 맞은[반대]편의 벽. **~wehr,** die ⟨Pl. 없음⟩ ⟨자기⟩ 방어, 자위, 저항: heftige G. leisten 격렬하게 저항하다. **~weisung,** die ↑~befehl. **~wende,** die 원을 세번 그리기[피겨 스케이트의 규정 종목]. **~wert,** der 동가(물), 상응하는 가격. **~wind,** der 맞바람, 역풍. **~wirkung,** die 반작용, 반대의(대립적인) 효능[영향]: eine G. ausüben 반작용을 하다. **~wohner** [-wo:nɐ], der; -s, - ⟨고어⟩ ↑Antipode (1). **~wort,** das ⟨Pl. -wörter⟩ ↑~satzwort. **2.** ⟨Pl. -worte⟩ 《지역적》 대답, 답변. **~wurftechnik,** die 【유도】 집어던지기 위한 잠기에서 벗어나는 기술. **~zeichnen** ⟨h⟩ 연서[부서]하다: ich zeichne diesen Brief nicht gegen 나는 이 편지에 연서하지 않겠다. **~zeichner,** der; -s, - 연서[부서]자. **~zeichnung,** die 연서, 부서. **~zeuge,** der **1.** (어떤 말이나 주장의) 반대 증인. **2.** (소송에 있어서의) 대응측 증인. **~zug,** der **1.** (장기에서) 상대편의 수, 대응수: 전의 das war ein kluger politischer G. 그것은 현명한 정치적 대응책이었다. **2.** (같은 노선의) 역방향의 열차. **3.** 역습.

Gegend ['geːɡnt], die -en **a)** 지방, 지역: eine einsame G. 쓸쓸한 지역. **b)** 주위, 부근, 근처. **c)** 거주[주택]지, 구역. **d)** 신체의 부위. **e)** 방향: er zeigte in die G., aus der das Geräusch gekommen war 그는 그 소음이 들려오는 쪽을 가리켰다. **f)** 누구의 주위[주변] 지역: soll ich vielleicht den schweren Koffer durch die G. tragen? 《경》 내가 이 무거운 가방을 이러저리 갖고 다녀야 합니까?; er brüllt immer in der G. (he)rum 《경》 그는 아무데서나 까닭없이 고함을 질러댄다; 전의 die ganze G. spricht von dem Ereignis 그 지역 사람 모두가 그 사건에 관해 이야기하고 있다; **in der G. um** 《경》 대략, 약, 무렵: es war in der G. um Ostern 부활절 무렵이었다; der Preis liegt in der G. um 30 Mark 가격은 대략 30마르크 정도이다; **die G. unsicher machen** 《통용어》 **1.** 행패를 부리다. **2.** 《농》 술집을 전전하다.

gegeneinander [geːɡənaɪˈnandɐ] ⟨Adv.⟩ 맞상대하여, 맞서서, 서로서로: g. kämpfen 맞서 싸우다; man hat die beiden Frauen g. ausgetauscht 그 두 부인을 맞바꾸었다; die Gebiete wurden g. abgegrenzt 그 구역들은 경계가 그어졌다; ⟨명사화⟩ das ständige Gegeneinander von Regierung und Opposition 정부와 야당의 끊임없는 대립.

gegeneinander-: **~drücken** ⟨h⟩ 맞대고 누르다. **~halten*** ⟨h⟩ **a)** 맞대다. **b)** 비교하기 위해 맞대보다. **c)** 서로 견주어 보다: verschiedene Vorschläge g. 여러 제안들을 서로 비교하다. **~hetzen** ⟨h⟩ 양측을 서로 부추기다. **~laufen*** ⟨s⟩ **a)** 서로 마주보고 걸어[달려]오다. **b)** 서로 맞서(있)다, 서로 대립되다: die Meinungen darüber laufen völlig gegeneinander 그것에 대한 견해는 서로 완전히 대립된다. **~prallen** ⟨s⟩ 맞부딪치다. **~pressen** ⟨h⟩ 맞대고 누르다. **~schlagen*** ⟨h⟩ 맞부딪치다. **~setzen** ⟨h⟩ 구분하다: die unterschiedlichen Auffassungen müssen klar und deutlich gegeneinandergesetzt werden 서로 다른 견해들은 명백하게 구분 되어야 한다. **~stehen*** ⟨h⟩ **a)** 서로 적대하다. **b)** (말, 주장이) 서로 어긋나다, 모순되다. **~stellen** ⟨h⟩ **a)** 서로 맞

세우다. **b)** ↑~halten (c). ~**stoßen*** **1.** ⟨h⟩ 맞부딪치다: die Gläser g. 술잔을 맞부딪치다. **2.** ⟨s⟩ 충돌하다.
Gegenstand, der; -(e)s, Gegenstände [-ʃtɛndə] **1.** 물체, 물건, 사물: Gegenstände des täglichen Bedarfs 일상용품. **2.** ⟨Pl. 없음⟩ **a)** 테마, 주제, 요지: der Autor hat eine schwierige philosophische Frage zum G. seiner Untersuchung gemacht 저자는 어려운 철학 문제를 연구의 주제로 삼았다; wir sind vom G. abgekommen 우리는 주제에서 벗어났다. **b)** (행동, 사상, 감정의) 객체, 대상, 표적: zum G. heftiger Kritik werden 신랄한 비판의 대상이 되다; sie war der G. allgemeiner Bewunderung 그녀는 일반적인 찬탄의 대상이었다. **3.** (österr.) 학과, 과목. **gegenständlich** ['ge:gn̩ʃtɛntlɪç] ⟨Adj.⟩ 대상의, 사물의, 물(物)적인, 객관적인, 구체적인, 구상의: ein -es Hauptwort 구체 명사; -e Kunst 구상미술(반대: abstrakte Kunst). **Gegenständlichkeit**, die 대상성, 구체성, 객관성.
gegenstands-, Gegenstands-: ~**bereich**, der 테마(주제)의 범위(영역). ~**bezogen** ⟨Adj.⟩ 테마에 관련된(입각한): eine knappe, -e Diskussion 주제와 관련된 간결한 토론. ~**gebiet**, das 주제 영역(범위). ~**los** ⟨Adj.⟩ **1. a)** 불필요한, 쓸데없는. **b)** 근거(이유)없는: -e Verdächtigungen 근거없는 혐의. **2.** 비구상적, 추상적: g. malen 비구상적으로 그리다. ~**losigkeit**, die 대상이 없음, 비구상성, 추상성. ~**satz**, der ↑Subjektsatz. ~**weite**, die [사진] 촬영 거리.
gegenüber [ge:gn̩'y:bɐ] **I.** ⟨Präp.³⟩ **1.** (장소적: 정면으로 마주보고 있는 상태) 마주보고, 맞은 편에: g. dem Rathaus dem Rathaus g.) steht die Kirche 시청 맞은 [건너]편에 교회가 있다. **2.** (사람이나 사물에 대한 관계를 나타냄) 누구에게, …에 대해(관해)(서): er ist ihr g. besonders höflich 그는 그녀에게 특히 예의바르다; er ist g. allen Reformen[allen Reformen g.] sehr zurückhaltend 그는 모든 개혁에 대해 매우 소극적이다. **3.** (비교를 나타냄) …에 비하여: g. dem vergangenen Jahr verdient er mehr 그는 작년에 비해 더 많은 수입을 올리고 있다. **II.** ⟨Adv.⟩ 맞은(건너)편에: seine Eltern wohnen schräg g. 그의 부모는 비스듬한 건너편에 산다. **Gegenüber** [-], das; -s, - **1.** (frz. vis à vis의) 맞은편[건너편] 사람: mein G. bei Tisch war äußerst gesprächig 식탁의 내 맞은편 사람은 매우 수다스러웠다. **2.** 맞은편 집에 사는 사람. **3.** ⟨아어·드물게⟩ 파트너, 상대(역). **4.** ⟨Pl. 없음⟩ 상대성.
gegenüber-, Gegenüber-: ~**liegen*** ⟨h⟩ 맞은편에 놓여 있다: auf der gegenüberliegenden Seite 맞은편에; die Truppen lagen sich lange gegenüber 부대들은 오랫동안 서로 대치하였다. ~**sehen***, sich ⟨h⟩ …의 앞에 있다, 마주보고 있다: [전의] wir sehen uns schwierigen Problemen gegenüber 우리는 어려운 문제들에 직면하였다. ~**setzen** ⟨h⟩ …의 맞은편에 앉히다: möchtest du dich mir g. ? 내 맞은편에 앉고 싶으니? ~**sitzen*** ⟨h⟩ 누구와 마주보고 앉(아 있)다. ~**stehen*** ⟨h⟩ **1. a)** 누구와 마주보고 서(있)다. **b)** (g. + sich) [대립]하다: hier stehen sich verschiedene Auffassungen gegenüber 다른 견해들이 여기서 서로 대립하고 있다. **c)** (g. + sich) [스포츠] 맞서 싸우다(경기하다, 대적하다). **2. a)** 무엇에 대결하여(맞서다), 무엇에 봉착하다: großen Schwierigkeiten g. 커다란 어려움에 봉착하다. **b)** …에 대해 어떤 견해를 갖다: er steht dem Plan skeptisch gegenüber 그는 그 계획에 회의적인 견해를 갖고 있다. ~**stellen** ⟨h⟩ 누구와 대질시키다. **2.** 대조하다, 서로 비교하다: die verschiedenen Fassungen eines Werkes eigleichen) g. 한 작품의 다른 판본들을 (서로) 비교하다. **3.** 대립시키다, 맞세우다. ~**stellung**, die ↑~stellen의 명사형. ~**treten*** ⟨s⟩ **1.** 누구 앞에 나서다, 마주하다: er fürchtete sich, ihm nach diesem Vorfall gegenüberzutreten 그는 이 사건 이후로 그와 마주하는 것을 두려워 하였다. **2.** 맞서다, 대처하다, 누구 [무엇]에 대해 어떤 태도를 취하다: seinem Schicksal (einer Gefahr) mutig g. 자기 운명(위험)에 용감히 대처하다.
Gegenwart ['ge:gvart], die **1.** 현시점, 지금, 현재, 현대: in der G. leben 현재에 살다; bis in die jüngste G. (hinein) nachwirken 현재에까지도 영향을 미치다. **2.** ↑Präsens. **3.** 지금 이(그) 자리에 있음, 출석, 출석: seine G. ist hier nicht erwünscht 그가 지금 여기 있는 것을 사람들이 바라지 않는다; er sagte es in meiner G. 그는 그것을 내가 있는 자리에서 말했다. **gegenwärtig** ['ge:gvertɪç, - - '- -] ⟨Adj.⟩ **1.** 지금 이 순간(시간)의, 지금의, 현재의: unsere Beziehungen sind g. sehr schlecht 우리 관계는 지금 매우 나쁘다. **2. a)** ⟨nur präd.⟩ 매우 가까운, 느낄 수 있는, 현존하는, 그 자리에 있는: etw. g. haben 《아어》 무엇을 정확히 기억할 수 있다; jmdm. g. sein 누구의 기억에 남아 있다; sich³ etw. g. halten 《아어》 무엇을 염두에 두다. **b)** (준말어) 출(참)석하고 있는, 이곳에 있는: die hier -en Besucher 이 자리에 참석한 방문객들; (명사화) die hier Gegenwärtigen 출석한 사람들. **Gegenwärtigkeit** [(또한) - - '- - -], die ⟨드물게⟩ **1.** 출석하고 있음, 현재 있음. **2.** 현대(대)성. **3.** 또렷한 정신.
gegenwarts-, Gegenwarts- (Gegenwart 1): ~**bezogen** ⟨Adj.⟩ 현재(현대)와 관련된. ~**bezogenheit**, die 현재(현대)와의 관련성. ~**fern** ⟨Adj.⟩ 시대에 뒤떨어진, 현대와 동떨어진, die ⟨Pl. 없음⟩ ~**fern**의 명사형. ~**film**, der 현대 영화. ~**form**, die 현대형. ~**frage**, die 현대의 문제, 현안. ~**fremd** ⟨Adj.⟩ 현재(현대)성이 결여된, 비현대적. ~**geschehen**, das 현재의 사건. ~**kunde**, die (초등 학교나 전문 학교의) 사회(과목). ~**kundlich** [...kʊntlɪç] ⟨Adj.⟩ (일반) 사회 과목의. ~**literatur**, die 현대 문학. ~**nah(e)** ⟨Adj.⟩ 현재(현대)의, 현대(시대) 감각에 맞는, 시사적인: ein gegenwartsnaher Dokumentarfilm 시사적인 기록 영화. ~**nähe**, die ↑~nahe의 명사형. ~**problem**, das ↑~frage. ~**roman**, der 현대 소설. ~**schaffen**, das 현대의 창작. ~**sprache**, die 현대어. ~**stück**, das 현대극(작품).
gegessen [gə'gɛsn̩] ↑essen 참조.
gegiebelt [gə'gi:blt] ⟨Adj.⟩ 합각머리(박공(駁栱)]가 있는.
Gegirr, das; -s, **Gegirre** [gə'gɪr(ə)], das; -s (비둘기의) 구구하고 울어대는 소리: [전의] ich kann ihr sentimentales G. nicht mehr hören 나는 그녀의 감상적인 얘기를 더 이상 못 듣겠다.
geglichen [gə'glɪçn̩] ↑gleichen 참조.
geglitten [gə'glɪtn̩] ↑gleiten 참조.
Geglitzer [gə'glɪtsɐ], das; -s, **Geglitzere** [...tsərə], das; -s ⟨잘 쓰이지 않음⟩ (반복적으로) 반짝거림, 깜박거림.
geglommen [gə'glɔmən] ↑glimmen 참조.
Geglucks [gə'glʊks], das; -es, **Gegluckse** ['gə'glʊks(ə)], das; -s (물이 반복적으로) 쿨렁쿨렁(가르륵) 대는 소리.
geglückt: ↑glücken 참조.
Gegner ['ge:gnɐ], der; -s, - [niederd. gēgenēre] **a)** 반대자, 경쟁자, 적대자, 적: er ist ein entschiedener G. der Todesstrafe 그는 사형제도의 확고한 반대자이다; einen politischen G. ausschalten 정적을 따돌리다. **b)** [스포츠] 경쟁자, 상대(적)팀: der G. war für uns viel zu stark 상대 팀은 우리에게는 너무 강했다. **c)** 적(군), 적의 부대: der G. greift auf breiter Front an 적

군은 폭 넓은 전선에서 공격한다. **Gegnerin**, die; -nen ↑Gegner의 여성형. **gegnerisch** 〈Adj. nur attr.〉 **a)** 상대의, 적의, 적대적인, 반대하는: die -en Behauptungen 적의 주장. **b)** [스포츠] 상대(적)팀의, 경쟁자의: den -en Angriff abwehren 상대 팀의 공격을 막아내다. **c)** 적(군)의. **Gegnerschaft**, die; -en **1.** 적개심, 적대 관계, 반대하는 생각[태도]: zwischen ihnen bestand eine erbitterte G. 그들간에는 심한 적대 관계가 존재하고 있었다. **2.** 〈Pl. 없음〉〈드물게〉적[반대자] 전체.

gegolten [gə'gɔltn̩] ↑gelten 참조.
gegoren [gə'go:rən] ↑gären 참조.
gegossen [gə'gɔsn̩] ↑gießen 참조.
gegriffen [gə'grɪfn̩] ↑greifen 참조.
Gegrinse [gə'grɪnzə], das; -s 〈폄〉(지속적으로) 입을 비죽이며 웃는 (비)웃음.
Gegröl, das; -(e)s, **Geröle** [gə'grø:lə], das; -s 〈통용어·폄〉지속적인 고함소리.
Gegrübel [gə'gry:bl̩], das; -s, **Gegrübele** [...bələ], das; -s 〈잘 쓰이지 않음〉〈폄〉(끊임없이) 골똘히 생각함, 숙고함.
gegr. = gegründet.
gegründet: ↑ gründen 참조 (약어: gegr.).
Gegrunz, das; -es, **Gegrunze** [gə'grʊnts(ə)], das; -s 〈폄〉(지속적으로) 꿀꿀대는 소리, 웅얼거리는 소리.
gegürtet: ↑gürten 참조.
geh-, Geh-: ~**bahn**, die 〈지역적〉보도, 인도. ~**behindert** 〈Adj.〉보행에 지장이 있는, 걷기가 곤란한. ~**behinderung**, die 보행 장애. ~**bewegung**, die 보행[걷는] 동작. ~**fähig** 〈Adj.〉걸을(보행할) 수 있는. ~**fähigkeit**, die 〈Pl. 없음〉↑~fähig의 명사형. ~**falte**, die **1.** [의상] 걸을 때 펼쳐지는 스커트(치마)의 주름. **2.** (보행시 생기는) 구두[신발]의 주름. ~**fehler**, der 보행 결함. ~**gips**, der 보행 깁스. ~**pause**, die 〈육상〉달리기 훈련 중간의 휴식. ~**pelz**, der 《의상·고어》안감과 깃 모피로 된 남자 외투. ~**rock**, der 《의상·고어》프록코트. ~**steig**, der 인도, 보도. ~**strecke**, die [육상] 경보 거리(코스). ~**verband**, der 다리나 발에 대는 깁스[붕대], 보행 붕대. ~**versuch**, der 〈대개 Pl.〉걸음걸이 연습, 걸음마: das kleine Kind macht gerade seine ersten ~e 어린 아기가 막 걸음마를 시작한다. ~**weg**, der **1.** 인도, 보도. **2.** (차가 못 다니는) 보행자를 위한 길. ~**weise**, die 걸음걸이. ~**werk**, das **a)** 시계의 톱니바퀴[태엽] 장치. **b)** ↑~**werkzeuge**! ~**werkzeuge** 〈Pl.〉〈통용어·농〉(두)다리. ~**wettbewerb**, der [스포츠] 경보. ~**zeit**, die 일정한 거리를 걷는데 걸리는 시간, 보행 시간.
Gehabe [gə'ha:bə], das; -s **1.** 〈폄〉억지로 꾸민 부자연스러운[거드름 빼는] 태도[행동]. **2.** 〈드물게〉거동, 태도. **gehaben**, sich 〈h〉 **1.** 《다음 용법으로》gehab dich wohl!, gehabt euch wohl!, gehaben Sie sich wohl! 《고어·농》안녕, 잘 가거라(있거라), 안녕히 가십시오[계십시오]! **2.** 《österr.》행동[처신]하다. 〈명사화〉**Gehaben**, das; -s **1.** 행동, 태도, 거동. **2.** 〈드물게〉↑Gehabe (1). **gehabt. 1.** ↑haben 참조. **2.** 〈Adj.〉《통용어》이미 있었던, 기존의: wie g. mußten wir wieder stundenlang warten 언제나 그랬듯이 우리는 또 다시 몇 시간이고 기다려야 했다.
Gehackte [gə'haktə], das; -n ↑Hackfleisch: ein halbes Pfund -es 〈잘게〉다진 고기 반 파운드.
Gehader [gə'ha:dɐ], das; -s 〈아어·폄〉지속적인 싸움.
¹**Gehalt** [gə'halt], der; -(e)s, -e **1.** 〈사상적〉내용, 〈정신적·이념적〉가치, 본질: der religiöse G. eines Werkes 작품의 종교적 내용; G. und Gestalt einer Dichtung 문학(작품)의 내용과 형식. **2.** 함량, 순도: dieser Schnaps hat einen hohen G. an Alkohol 이 화주는 (알코올) 도수가 높다; diese Nahrungsmittel haben wenig G. 이 식품은 영양가가 별로 없다.
²**Gehalt** [-], das 《österr.》der; -(e)s, **Gehälter** [gə'hɛltɐ] (관리나 사무직원의) 봉급, 급료, 월급: die Gehälter werden erhöht 봉급이 인상된다; wie hoch ist Ihr G.? 당신의 봉급은 얼마나 됩니까?; er hat [bezieht] 2800 DM G.[ein G. von 2800 DM] 그는 2,800 마르크의 봉급을 받는다.
gehalt-, Gehalt- (¹Gehalt): ~**arm** 〈Adj.〉함량(농도, 영양가)이 적은. ~**los** 〈Adj.〉함량(농도, 영양분)이 없는; 전의 ein ~es Werk 내용[가치]이 없는 작품. ~**losigkeit**, die ↑~los의 명사형. ~**mäßig** 〈Adj.〉내용적인, 내용의. ~**reich** 〈Adj.〉↑~voll. ~**voll** 〈Adj.〉함량(농도, 영양가)이 풍부한: -e Speisen 영양가 있는 음식; 전의 dieses Buch ist besonders g. 이 책은 특히 사상적 내용이 풍부하다.
gehalten [gə'haltn̩] 〈Adj.〉 **1.** 《다음 용법으로》**zu etw. g., sein** (아어) 무엇을 (행)할 의무가 있다: wir sind g., Stillschweigen zu bewahren 우리는 침묵을 지킬 의무가 있다. **2.** (아어·준고어) 절도있는, 조심스러운, 신중한, 침착한: -es Auftreten 절도있는 행동. ~**haltenheit**, die ↑gehalten의 명사형. **gehaltlich** 〈Adj.〉〈통용어〉보수(봉급)의: eine -e Aufbesserung 봉급 인상.
Gehalts- (²Gehalt): ~**abrechnung**, die **1.** 급료(봉급) 계산(서). **2.** 경리과. ~**abzug**, der 급료에서의 공제. ~**anspruch**, der 봉급을 받을 권리, 봉급 청구권. **2.** (대개 Pl.) 일정액의 봉급을 달라는 요구. ~**anweisung**, die **1.** 봉급 송금. **2.** 봉급 송금 신청서. ~**aufbesserung**, die 봉급 개선[인상]. ~**auszahlung**, die 봉급 지불. ~**bescheinigung**, die 급여 증명서. ~**empfänger**, der 봉급생활자. ~**erhöhung**, die 봉급 인상. ~**gruppe**, die 호봉. ~**forderung**, die ↑~anspruch (2). ~**konto**, das 봉급 지급 구좌(통장). ~**kürzung**, die 감봉. ~**nachzahlung**, die 봉급의 추후 지불. ~**ordnung**, die 급료(봉급) 규정. ~**pfändung**, die (채권자 측의) 급료(봉급)의 (부분적) 차압. ~**streifen**, der 급여 계산 명세서. ~**stufe**, die 호봉, 급료의 등급: in eine höhere G. vorrücken 높은 호봉으로 오르다. ~**tarif**, der 봉급액, 급여. ~**tarifverhandlung**, die 급여 협상. ~**tarifvertrag**, der 급여 (협상) 계약. ~**vorrückung**, die 《österr.》(공무원의) 봉급 인상. ~**vorschuß**, der 봉급 가불. ~**wunsch**, der 희망 급여액. ~**zahlung**, die 봉급 지급. ~**zulage**, die 수당.
Gehämmer [gə'hɛmɐ], das; -s, **Gehämmere** [...mərə], das; -s 〈폄〉(끊임없는) 망치질.
Gehampel [gə'hampl̩], das; -s 〈통용어·폄〉(끊임없이) 손발을 움직임.
gehandikapt: ↑handikapen 참조.
Gehänge [gə'hɛŋə], das; -s, - **1.** (위에서 아래로 내려뜨린 물건(장식), 걸려있는 것, 귀걸이: ihre Ohren hat sie mit glitzernden -n geschmückt 그녀는 귀를 번쩍이는 귀걸이로 장식하였다. **2.** 거는[매다는] 램프. **3. a)** (비어) 남자의 성기. **b)** 《경·농》여자의 유방. **4.** [사냥] (총의) 어깨에 매는 띠, 검대. **5.** [사냥] 사냥개의 아래로 처진 귀. **6.** [기술] 현가 장치(懸架裝置). **7.** [수리] (물의 흐름을 막아 침전물의 침전을 돕는) 나뭇잎 장치. **8. a)** 《österr.》 산비탈. **b)** [광] 가파른 광맥(층).
gehangen [gə'haŋən] ↑¹hängen 참조. **Gehängte**' [gə'hɛŋtə], der / die 교수형에 처해진 사람.
Gehänsel [gə'hɛnzl̩], das; -s, **Gehänsele** [...zələ],

das; -s 〈평〉 (끊임없는) 놀림.

geharnischt [gə'harnɪʃt] 〈Adj.〉 **1. a)** 격렬한 말을 하는, 노한, 흥분한: ein -er Protest 격한 항의. **b)** 〈통용어·드물게〉 대단히 많은, 엄청난. **2.** 갑옷 입은, 무장한.

gehässig [gə'hɛsɪç] 〈Adj.〉 〈평〉 악의가 있는, 악질적인, 증오심[적개심]에 찬, 야비한: ein -er Mensch 악의에 찬 인간; jdmdn. in -em Ton antworten 누구에게 악의적인 어투로 대답하다. **Gehässigkeit**, die, -en **1.** ↑gehässig의 명사형. **2.** 악의에 찬[야비한] 말.

Gehaste [gə'hastə], das -s 〈끊임없는〉 서두름, 재촉, 몰아침.

gehauen [gə'hauən] ↑hauen 참조.

Gehäuse [gə'hɔyzə], das; -s, - **1.** (보호용) 덮개, 싸개, 그릇, 틀, 껍질, 케이스: das G. einer Uhr 시계의 케이스; die Schnecke ist in ihrem G. 달팽이가 껍데기 속에 들어 있다. **2.** ↑Kerngehäuse(과심)의 약칭: das G. aus dem Apfel herausschneiden 사과의 과심(果心)을 도려내다. **3.** (고어) 집, 거처. **4.** 〈스포츠 은어〉 골문: neben das G. schießen 골대 옆으로 볼을 차다.

gehaut [gə'haut] 〈Adj.〉 **a)** 〈österr.·통용어〉 노회한, 교활한, 약은. **b)** 〈지역적·경〉 (특히 남자가) 섹스의 경험이 많은.

Geheck [gə'hɛk], das; -(e)s, -e 〈사냥〉 **1.** (특히 여우, 늑대의) 새끼. **2.** 오리의 부화(새끼).

Gehege [gə'he:gə], das; -s, - **1.** [사냥] (울타리가 쳐진) 사냥터: jdmdn. ins G. kommen[geraten] 누구의 계획 등을 방해[간섭]하다. **2.** (동물원의) 사육장, 우리: das G. der Affen 원숭이 우리; 〈전의〉 das G. seiner Zähne 《교양어·농》 입.

geheim [gə'haɪm] 〈Adj.〉 **a)** 비밀의, 내밀의, 은밀한, 감추어진: seine -sten Gedanken 그의 가장 은밀한 생각; im -en Auftrag 비밀 임무를 받아서; -e Wahl 비밀[무기명] 투표; **im -en 1)** 비밀리에, 남모르게: ganz im -en wurde das Fest vorbereitet 그 잔치는 아주 비밀리에 준비되었다. **2)** 마음 속으로, 내밀[은밀]히. **b)** 속을 알 수 없는, 보이지 않는, 신비로운: -e Kräfte besitzen 신비한 힘을 소유하다.

geheim-, Geheim-: **~abkommen**, das 비밀 협정. **~agent**, der 비밀 정보원, 밀정. **~akte**, die 〈대개 Pl.〉 기밀 문서. **~ansprache**, die 비밀 연설. **~archiv**, das 기밀 문서실. **~auftrag**, der 비밀 임무. **~befehl**, der 비밀 명령[지령]. **~bericht**, der 비밀 보고(서). **~bote**, der 밀사. **~bulle**, der 〈평〉 **a)** 비밀 경찰(관). **b)** 형사. **~bund**, der 비밀 단체[조직]. **~bündelei** [gəhaimbyndə'lai], die (준고어) 비밀 단체[조직]의 결성, 비밀 단체 조직원으로서의 활동. **~bündler** [-byntlɐ], der; -s, - 비밀 단체의 조직원, 비밀 결사원. **~dienst**, der (비밀) 정보 기관: der politische[militärische] G. 정치[군사] 정보 기관. **~dienstler** [-di:nstlɐ], der; -s, - 〈통용어〉 (비밀) 정보기관원. **~dienstlich** 〈Adj.〉 정보 기관의, 을 대상으로 정보 기관에 근무하는. **~diplomatie**, die **a)** 외교. **b)** 외교의 비밀유지. **~dokument**, das 비밀[기밀] 문서[서류]. **~fach**, das 비밀 설합[금고]. **~favorit**, der 〈스포츠〉 다크호스. **~fonds**, der 기밀비, 비자금. **~gang**, der 비밀 지하 통로. **~halten** (h) 비밀로 하다, 감추다: man hält den Ort der Verhandlungen streng geheim 협상 장소가 극비에 붙여진다. **~haltung**, die 〈Pl. 없음〉 비밀 지키기[유지]: zur absoluten G. verpflichtet sein 절대적으로 비밀을 지켜야 한다. **~haltungspflicht**, die 비밀 준수 의무. **~instruktion**, die 비밀 지(훈)령. **~kamera**, die 비밀 카메라. **~konferenz**, die 비밀 회의. **~konto**, das 비밀 구좌. **~kontrolle**, die 비밀 조사(단속). **~kult**, der ↑-ritus. **~kurier**, der 비밀 급사(급파원).

~lehre, die 비밀 교의. **~material**, das 비밀 자료. **~mittel**, das (옛) 비약(秘藥), 영약, 특효약: 〈전의〉 ich kenne ein G. gegen Frühjahrsmüdigkeit 나는 춘곤증에 대한 특효약을 알고 있다. **~nummer**, die **1.** 〈전화 번호부에 없는〉 비밀 전화 번호. **2.** (통장, 자물쇠 등의) 비밀 번호. **~organisation**, die 비밀 조직. **~polizei**, die 비밀 경찰. **~polizist**, der 비밀경찰관. **~rat**, der 〈Pl.: -räte〉 [이전의 geheimer Regierungsrat 등의 약칭] 추밀 고문관. **~ratsecken** 〈Pl.〉 〈통용어〉 (관자놀이 위쪽의) 대머리. **~ratskäse**, der (약간의 작은 구멍과 매끄러운 껍질이 있는) 황색의 부드러운 치즈. **~ratstitel**, der 추밀 고문관의 칭호. **~ratswinkel** 〈Pl.〉 (드물게) ↑-ratsecken. **~rezept**, das **1.** 비밀 요리법[비방]: der Koch verrät sein G. nicht 요리사는 자기의 비밀 요리법을 가르쳐주지 않는다. **2.** 비법. **~ritus**, der 종교적인 비밀 단체의 제식(의식). **~sache**, die 비밀 사건[일]. **~schrift**, die 암호문(서): eine G. entschlüsseln 암호문을 풀다. **~sender**, der 비합법적 라디오 방송국. **~sitzung**, die 비밀 회의. **~sprache**, die 은어. **~strategie**, die 비밀 전술. **~text**, der 비밀[암호] 텍스트. **~tinte**, die 비밀 잉크. **~tip**, der **1.** 전문가들이 장래가 촉망된다고 인정하는 사람, 다크 호스. **2.** (전문가의) 은밀한 암시, 귀띔: von einem Börsenfachmann einen G. bekommen 증권 전문가에게 은밀한 암시를 얻다. **~treppe**, die (성의) 비밀 계단. **~tuer** [-tu:ɐ], der; -s, - ↑Geheimnistuer. **~tuerei** [gəhaimtu:ə'rai], die ↑Geheimnistuerei. **~tuerisch** [-tu:ərɪʃ] 〈Adj.〉 ↑geheimnistuerisch 참동하다, 비밀인 체하다. **~tun*** 〈통용어·평〉 숨길 비밀이 있는 것처럼 행동하다, 비밀인 체하다. **~tür**, die 비밀 문. **~verfügung**, die 비밀 지령. **~verhandlung**, die 비밀 교섭[협상, 상담, 거래, 담판]. **~versteck**, das 비밀 장소. **~vertrag**, der 비밀 계약[조약]. **~waffe**, die 〈군〉 비밀 무기[병기]: mit dem Einsatz von -n drohen 비밀무기를 투입하겠다고 위협하다. **~wissenschaft**, die 자연의 신비로운 특성과 힘에 대한 이론, 비술(秘術), 비학(秘學). **~zeichen**, das 비밀 기호[표시], 암호.

Geheime (경) **1.** der; -n, -n **a)** 비밀 경찰관. **b)** 형사. **2.** die; -n, -n 통제받지 않는 매춘부.

Geheimnis [gə'haɪmnɪs], das; -ses, -se [lat. mysterium에 해당하는 말로 Martin Luther(1483~1546)가 처음 사용함] **1. a)** 비밀, 기밀: sie haben keine -se voreinander 그들은 서로 비밀이 없다; er hat militärische -se verraten 그는 군사 기밀을 폭로하였다; jmdn. in ein G. einweihen 누구에게 비밀을 털어놓다; das ist das ganze G. 그것이 이 일에 관해 말할 수 있는 전부이다; **ein offenes[(드물게) öffentliches] G.** 공공연한 비밀: es ist ein offenes G., daß der Bundeskanzler zurücktreten will 연방 수상이 물러나려 한다는 사실은 공공연한 비밀이다; **ein süßes G. haben** (친근) 아이를 배다. **b)** 비밀, 비술, 전문가만이 아는 것. **2.** 신비, 미지(의 것), 불가사의, 오의(奧義): das G. des Lebens [des Glaubens] 생명[믿음]의 신비.

geheimnis-, Geheimnis-: **~krämer**, der ↑-tuer. **~krämerei**, die ↑-tuerei. **~träger**, der 〈전문어〉 (군사적·정치적) 기밀취급자. **~tuer** [-tu:ɐ], der; -s, - 〈통용어·평〉 숨길 비밀이 있는 것처럼 행동하는 사람, 비밀주의자. **~tuerei** [-tu:ə'rai], die 〈통용어·평〉 비밀을 숨기려는 것 같은 행동(태도), 비밀주의. **~tuerisch** [-tu:ərɪʃ] 〈Adj.〉 〈통용어·평〉 숨길 비밀이 있는 것처럼 행동하는. **~umwittert**, **~umwoben** 〈Adj.〉 (아어) 비밀[신비]로 (둘러)싸인. **~verrat**, der [법] (군사적, 공적, 직업적) 기밀 누설. **~voll** 〈Adj.〉 **a)** 신비스러운, 불가사의한, 비밀의: eine -e Kraft scheint von ihr auszugehen 신비스러운 힘이 그녀에게

Geheisch [gə'haiʃ], das; -(e)s 《고어》 요구, 요청.

Geheiß [gə'hais], das; -es 《아어》 지시, 분부, 구두 명령: 《다음 용법으로》 **auf jmds. G.** 누구의 지시에 따라: er tat es auf G. seines Vorgesetzten 그는 상관의 지시에 따라 그렇게 했다. **geheißen**: ↑¹heißen 참조.

gehemmt 〈Adj.〉 **1.** ↑hemmen 참조. **2.** 억눌린, 거북한, 부자연스러운: einen -en Eindruck machen 거북스러운 인상을 주다. **Gehemmtheit**, die ↑gehemmt의 명사형.

gehen ['ge:ən], **1.** 〈s〉 걷다, 걸어가다: barfuß (südwärts) g. 맨발(남쪽)로 걷다; über die Straße g. 길을 건너다; [성구] wer langsam geht, kommt auch zum Ziel 천천히 걷는 사람도 목적지에 도달한다; **wo jmd. geht u. steht** 언제나, 어디에서나: er trägt diesen Hut, wo er geht und steht 그는 언제나 이 모자를 쓴다; **wie jmd. geht u. steht** 그 옷차림 그대로, 즉시. **2.** 〈s〉 (일정한 거리를) 걸어가다: ich bin den Weg in einer Stunde gegangen 나는 그 길을 1시간내에 걸어갔다; Wege g. 제 갈 길을 가다, 독립하다. **3.** (g. + müde) **a)** 〈h〉 걸어서 어떤 상태가 되다: ich habe mich müde gegangen 나는 걷기에 지쳐버렸다. **b)** 〈h〉 걸어서 신체의 일부가 어떻게 되다. **c)** 〈s〉 (비인칭) 걷기가 …하다: auf diesem Feldweg geht es sich schlecht 이 들(판)길은 걷기가 나쁘다. **4. a)** 〈s〉 (특정한 목적을 가지고) …로 가다, …하러 가다: schwimmen (einkaufen) g. 수영하러 (쇼핑하러) 가다; zu (ins) Bett g. 잠자리에 들다; zur (in die) Kirche g. 예배드리러 교회에 가다; an die Luft g. 신선한 공기를 마시러 밖에 나가다; an die Arbeit g. 일을 시작하다; in Deckung g. 엄폐물을 찾다; in Urlaub g. 휴가가다; das Manuskript geht in Druck 원고가 인쇄에 넘겨진다; er geht auf die 60 그는 60세가 가까워진다; **in sich g.** (자신의 행동에 대해) 생각에 잠기다, 성찰하다. **b)** 〈s〉 (규칙적으로) 다니다: er geht noch zur Schule 그는 아직 학교에 다닌다; [전의] er ist durch eine harte Schule gegangen 그는 엄한 교육을 받았다, 어려운 삶을 살았다. **c)** 〈s〉 (특정한 분야에서) 직업 활동을 하게 되다: in die Politik g. 정계에 투신하다; ins Kloster g. 수도(승려)가 되다; zum Theater (zum Film) g. 연극(영화)배우가 되다. **d)** 〈s〉 (지역적) 무엇으로 일하(기 시작하)다. **5.** 〈h〉 《통용어》 일정한 옷차림을 하다: er geht immer gut gekleidet 그는 항상 옷을 잘 입는다; in Schwarz (Zivil) g. 검은 옷(사복) 차림이다. **6.** (어떤 장소를)떠나가다, 출발하다: er ist grußlos gegangen 그는 인사도 없이 가버렸다; gehen wir? 출발할까요?; er hat gekündigt u. will nächsten Monat g. 그는 사표를 냈고 다음달 직장을 그만 두려 한다; der Minister mußte g. 그 장관은 물러나야 했다; der Direktor wurde gegangen 《통용어·농》 소장은 쫓겨났다; er ist von uns gegangen 《은폐》 그가 죽었다; [전의] der Zug geht um 12.22 Uhr 기차는 12시 22분에 출발한다; **jmdn. lieber g. als kommen sehen** 누가 오는 것보다 가는 것이 반갑다, 누구를 좋아하지 않는다; **geh!** [gehts (südd., österr.)] 1) (고무(격려)의 표현) 자, 어서! 2) (의심의 표현) 뭐라고, 글쎄! **geh [gehen Sie, (südd., österr.) gehts] mir doch mit ...** 《통용어》 (거절, 불쾌감의 표현) …을 그만두어라(두시오); **etw. mit sich g. heißen (lassen)** 《통용어》 무엇을 훔치다. **7.** 《통용어》 **a)** 무엇을 만지다, 손대다: jemand muß an meinen Schreibtisch gegangen sein 누가 내 책상을 건드렸음에 틀림없다. **b)** 〈s〉 말과 손을 대다, 덤비다: ich habe gemerkt, daß du an mein Geld gegangen bist 나는 네가 내 돈을 몰래 가져갔다는 것을 알았다. **8.** 〈s〉 《통용어》 누구와 사귀다: er geht schon zwei Jahre mit dem Mädchen 그는 벌써 2년 동안 그 여자와 사귀고 있다. **9. a)** 〈s〉 움직이다, 작동하다: die Maschine geht 이 기계는 작동하고 있다 (가동중이다); er erwachte, weil die Klinge ging 그는 초인종이 울려서 깨어났다; es geht ein kalter Wind 찬 바람이 불고 있다; [전의] seine Heldentat ging durch alle Zeitungen 그의 영웅적 행동은 모든 신문에 보도되었다; es geht die Sage, daß … …라는 전설이 말해진다; **einen g. lassen** 《속어》 방귀뀌다; **sich g. lassen** 흥분하다, 자제력을 잃다. **b)** ↑aufgehen (4) 참조. **10. a)** 〈s〉 (비인칭으로도) 되다, 가능하다: das geht nicht 그것은 안된다; leider geht es nicht anders 미안하지만 다르게는 안된다. **b)** 〈s〉 《통용어》 그런대로 참을만하다 (참을 만하다): der Mantel muß diesen Winter noch g. 그 외투로 겨울도 지내야 한다; das geht zu weit 그건 너무 지나치다. **11.** 〈s〉 발전하다, 이루어지다, 진행되다: es geht alles nach Wunsch 모든 일이 소원대로 이루어진다; alles geht drunter und drüber 모든 것이 뒤죽박죽 혼란스럽다; [전의] wie geht die erste Strophe? 제1연이 어떻게 되더라; **vor sich g.** 일어나다, 벌어지다, 발생하다: was geht hier vor sich? 여기 무슨 일이 있는가? **12.** 팔리다: das Produkt geht überall 그 제품은 어디에서나 팔린다. **13. a)** 들어가다: der Schrank geht nicht durch die Tür 그 장은 문으로 들어가지 않는다. **b)** 〈s〉 (수, 량 등이) 무엇이 포함되다: von diesen Äpfeln gehen vier auf ein Pfund 이 사과는 4개가 한 파운드가 된다. **c)** 〈s〉 분배되다, 나누어지다. **14. a)** 〈s〉 …에까지 달하다, 미치다: das Wasser ging mir bis an den Hals 물이 내 목까지 온다; [전의] seine Sparsamkeit geht bis zum Geiz 그의 검약은 인색할 정도다; das geht über seine Kräfte 그것은 그의 능력 범위를 벗어난다; seine Familie geht ihm über alles 그에게는 가족이 가장 귀중하다. **b)** (길이) 어떤 방향으로 나 (뻗어) 있다: die Straße geht durch den Wald 길이 숲 속으로 나 있다; wohin geht die Reise? 어디로 여행가니? **c)** …을 향하다: der Blick geht auf den Altar 시선이 제단을 향해 있다; der Regen geht durch die Schuhe 빗방울이 구두 속으로 들어온다; das geht gegen meine Prinzipien 그것은 내 원칙에 어긋난다; die Rechnung geht auf mich 《통용어》 값은 내가 지불하겠다; diese Musik geht ins Ohr 이 음악은 특히 심금을 울린다; das geht mir ans Gemüt 그것은 내 마음에 와 닿는다. **d)** 〈s〉 …을 따르다(기준으로 삼다): es kann nicht immer alles nach dir g. 모든 것이 항상 네 뜻대로 될 수는 없다. **15.** (비인칭) **a)** 〈s〉 …한 상태에 있다, 지내다: wie geht es dir? 너 어떻게 지내니?; [전의] wie geht es mit deinem Prozeß? 네 재판은 어떻게 되어가니? **b)** 무엇이 문제되다(중요하다), 무엇에 관한 것이다: worum geht es hier? 여기에서 무엇이 문제가 되는가?; es geht mir darum, ihn zu überzeugen 나는 그를 설득시키고 싶다. **Gehen** [-], das; -s **1.** (걸어)감, 걸음, 보행. **2.** [육상] 경보.

Gehenk [gə'hɛŋk], das; -(e)s, -e 《드물게》 ↑Gehänge.
gehenkelt [gə'hɛŋk|t] 〈Adj.〉 손잡이(꼭지)가 달린.
Gehenkte* [gə'hɛŋktə], der / die 교수형에 처해진 사람.
gehenlassen* 〈h〉 **1.** 《통용어》 **a)** 내버려두다, 아버지다: laß den Hund gehen! 개를 내버려 두어라! **b)** (손에서) 놓다. **2.** ⟨g. + sich⟩ 흥분하다, 자제력을 잃다: du hast dich gestern abend ziemlich gehenlassen 《드물게》 gehengelassen) 너는 어제 저녁 상당히 흥분했었다.
Gehenna [ge'hɛna], die [lat. gehenna < griech. géenna < hebr. ge(ven)hinnom] 지옥.
Geher ['ge:ɐ], der; -s, - **1. a)** [육상] 경보 선수. **b)** 산을 잘 타는 사람. **2.** 〈Pl.〉 [청소년] 발, 다리. **Gehermei-**

ster, der 경보 챔피언.

Gehetz, das; -es, **Gehetze** [gəˈhɛts(ə)], das; -s 《통용어·평》 1. (지속적으로) 허겁지겁 쫓김[몰림], 허둥댐, 몹시 분주함. 2. (끊임없는) 선동, 사주.

geheuer [gəˈhɔyɐ] ⟨Adj.⟩ 《다음 용법으로》 **nicht (ganz) g.** 1) 으시시한, 섬뜩한: der dunkle Wald war mir nicht ganz g. 어두운 숲이 내게는 으시시하였다. 2) 마음이 편하지 않은. 3) 의심스러운, 수상쩍은: irgend etwas kommt mir an dieser Sache nicht g. vor 이 일의 무엇인가가 내게는 수상쩍게 보인다.

Geheul [gəˈhɔyl], das; -(e)s 1. (지속적으로) 울부짖는[포효하는] 소리. 2. 《또한》 **Geheule** [gəˈhɔylə] das; -s 《통용어·평》 (끊임없는) 울음[울부짖음] (소리).

gehießen (지역적·통용어) ↑heißen 참조.

Gehilfe [gəˈhɪlfə], der; -n, -n 1. (도제 교육을 마치고 시험에 합격한) 견습 사원[점원, 사무원]. 2. (아이·준고어) 조수, 보조자: sein Bruder war ihm beim Bau des Hauses ein guter G. 그가 그 집을 짓는데 그의 동생이 좋은 조수였다. 3. [법] 공범(자). **Gehilfenbrief**, der 도제 교육 수료증. **Gehilfenprüfung**, die 도제 교육 수료 시험. **Gehilfenschaft**, die (schweiz. 법) ↑Beihilfe (2). **Gehilfin**, die ↑Gehilfe의 여성 명사.

Gehirn [gəˈhɪrn], das; -(e)s, -e 1. 뇌, 뇌수: der Bau des menschlichen -s 사람 뇌의 조직. 2. 《통용어》두뇌, 오성, 지력: ich zermartere mir das G. 나는 골머리를 썩히고 있다. 3. 《지역적》 ↑Hirn (1 b).

Gehirn- (↑hirn-, Hirn-도 참조.) ~**akrobat**, der 《통용어·농》지식(성)인, 인텔리. ~**akrobatik**, die 《통용어·농》**a)** 매우 심한 정신적 노력: ohne G. ist dieser Satz nicht zu verstehen 골치를 썩히지[머리를 굴리지] 않고는 이 문장을 이해할 수 없다. **b)** 복잡한 사고 방식[과정, 체계]. ~**anhang**, der [의학] ↑Hypophyse. 뇌하수체. **anhangsdrüse**, die [의학] ↑Hypophyse. 뇌하수체선(腺). ~**blutung**, die [의학] 뇌출혈. ~**bruch**, der [의학] 뇌탈장, 뇌헤르니아. ~**chirurgie**, die 뇌외과(학). ~**entzündung**, die [의학] 뇌염. ~**erschütterung**, die [의학] 뇌진탕. ~**erweichung**, die [의학] 뇌연화(증). ~**funktion**, die 뇌기능. ~**geschwulst**, die 뇌종양. ~**haut**, die 뇌막. ~**hautentzündung**, die 뇌막염. ~**kasten**, der 《농》두뇌, 머리, 오성. ~**krankheit**, die 뇌질환. ~**mantel**, der [의학] ↑Großhirnrinde. ~**masse**, die ~substanz. ~**operation**, die 뇌수술. ~**quetschung**, die [의학] 뇌좌상(腦挫傷). ~**rinde**, der ↑Hirnrinde. ~**sand**, der [의학] 뇌사(腦砂). ~**sandgeschwulst**, die 뇌사 종양. ~**schädigung**, die 뇌장애. ~**schale**, die [의학] 두개(頭蓋). ~**schenkel**, der ↑Hirnschenkel. ~**schlag**, der [의학] 뇌졸중(腦卒中). ~**schmalz**, das 《농》두뇌의 힘, 지혜. ~**schwund**, der [의학] 뇌위축. ~**stamm**, der 뇌간(腦幹). ~**substanz**, die 뇌를 구성하는 물질. ~**tätigkeit**, die ⟨Pl. 없음⟩ 뇌활동. ~**trust**, der ↑Brain-Trust. ~**tumor**, der 뇌종양. ~**ventrikel**, der [의학] 뇌실(腦室). ~**verletzung**, die 뇌손상. ~**wäsche**, die 뇌 세뇌: die Kriegsgefangenen wurden einer G. unterzogen 전쟁 포로들은 세뇌 과정을 거쳤다. ~**windung**, die ↑Hirnwindung. ~**zelle**, die 뇌세포.

gehirnlich ⟨Adj.⟩ 뇌의.

gehl [geːl] ⟨Adj.⟩ (지역적) ↑gelb. **Gehlchen** [ˈgeːlçən], das; -s, - (지역적) 살구버섯.

gehoben [gəˈhoːbn̩] 1. ↑heben 참조. 2. ⟨Adj.⟩ **a)** 지위[신분]가 높은, 높은 자리의: er ist Beamter des -en Dienstes 그는 고급 공무원이다. **b)** 값(比)이 높은, 고상한: Artikel des -en Bedarfs 사치품. **c)** 고상한, 장중한: eine -e Ausdrucksweise 고상한 표현법. **d)** 장엄한, 비범한: sich in -er Stimmung befinden 즐거운 기분이다. **Gehobenheit**, die ↑gehoben의 명사형.

Gehöft [gəˈhøːft, 《또한》 gəˈhœft], das; -(e)s, -e 농가: das G. lag auf einem kleinen Hügel 농가는 조그만 언덕 위에 있었다.

geholfen [gəˈhɔlfn̩] ↑helfen 참조.

Geholper [gəˈhɔlpɐ], das; -s **Geholpere** [...pərə], das; -s 《통용어》 (지속적으로) 비틀거림, 덜거덕거림.

Geholz, das; -es, **Geholze** [gəˈhɔlts(ə)], das; -s 《축구·통용어》더티 플레이.

Gehölz [gəˈhœlts], das; -es, -e 1. 작은 숲, 수풀, 덤불. 2. ⟨Pl.⟩ 수목(樹木).

Gehoppel [gəˈhɔpl̩], das; -s, **Gehoppele** [...ələ], das; -s (지속적으로) 깡충깡충 뜀.

Gehops [gəˈhɔps], das; -es, **Gehopse** [gəˈhɔpsə], das; -s 《통용어·평》 (지속적으로) 깡충깡충 뜀.

Gehör [gəˈhøːɐ̯], das; -(e)s 청각, 청력: das G. verlieren 청각을 상실하다; nach dem G. singen 듣고서 악보없이 노래하다; absolutes G. [음악] 절대 음감; **(kein) G. finden** 들어주다(들어주지 않다); **jmdm. [einer Sache] (kein) G. schenken** 누구[무엇]에게 귀를 기울이다(기울이지 않다); **sich³ G. verschaffen** 자신의 말을 경청하게 하다; **um G. bitten** 경청해줄 것을 부탁하다; **zu G. bringen** 《아어》 (시를) 낭독하다, (음악을) 연주하다; **zu G. kommen** 《아어》 (시가) 낭송되다, (음악이) 연주되다; **jmdm. zu G. kommen** 누구의 귀에 들리다.

gehör-, Gehör-: ~**bildung**, die [음악] 음감 교육[훈련]. ~**fehler**, der [의학] ↑Hörfehler. ~**gang**, der [의학] 이도(耳道). ~**gebrechliche***, der / die (schweiz) ↑Schwerhörige. ~**geschädigt** ⟨Adj.⟩ 청각장애가 있는. ~**knöchelchen** ⟨Pl.⟩ [의학] 이소골(耳小骨). ~**los** ⟨Adj.⟩ 듣지 못하는, 귀먹은. ~**lose***, der / die 귀머거리, 청각 장애자. ~**losenschule**, die 농아(聾啞) 학교. ~**losigkeit**, die 듣지 못함, 귀먹음. ~**nerv**, der ⟨Pl. 없음⟩ [의학] 청신경. ~**organ**, das 청각기(관). ~**reiz**, der 청각자극. ~**schaden**, der 청각 장애. ~**sinn**, der ⟨Pl. 없음⟩ 청각, 관습어). ↑Gehör.

gehorchen [gəˈhɔrçn̩] ⟨h⟩ 1. 복종[순종]하다: jmdm. blind g. 누구에게 맹목적으로 순종하다; der Hund gehorcht mir aufs Wort 개는 나에게는 즉각 내 명령에 복종한다. 2. 누구[무엇]에 따르다[순응하다]: Stimme gehorchte ihm nicht ganz 그의 목소리가 제대로 말을 듣지 않았다; das Auto gehorcht mir 자동차는 내 맘대로 조종된다.

Gehöre [gəˈhøːrə] ⟨Pl.⟩ 《사냥》 짐승의 귀.

gehören [gəˈhøːrən] ⟨h⟩ 1. 누구의 소유(물)이다: das Buch gehört mir 그 책은 내 것이다; ihr Herz gehört einem andern 그녀는 다른 사람을 사랑한다; dieser Tag gehört der Familie 오늘은 가족의 날이다. 2. 단체의 구성원[일원]이다, …에 속하다: er gehört schon ganz zu unserer Familie 그는 이미 우리 가족의 일원이다. 3. (어떤 장소에) 어울리다, 맞맞다: das Fahrrad gehört nicht in die Wohnung 자전거는 집안에 들여놓을 것이 아니다; die Kinder gehören um sieben Uhr ins Bett 아이들은 7시에 자야 한다. 4. 무엇이 필요하다[전제 조건이다]: dazu gehört nicht viel 거기에는 특별한 것이 필요한다. 5. **(g. + sich)** (예의, 관습에) 들어맞다, 알맞다, 마땅(당연)하다, 어울리다: es gehört sich, Älteren den Sitzplatz zu überlassen 노인들에게 좌석을 양보하는 것은 당연한 일이다; benimm dich, wie es sich gehört! 예의에 맞게 행동해라! 6. (südd.) 누구에게 적합[당연]하다: der gehört eingesperrt! 《통용어》 그를 감옥에 넣어야 마땅하다. **gehörig** [gəˈhøːrɪç] ⟨Adj.⟩ 1. **a)** 합당한, 알맞는, 적절한: jmdm. den -en Respekt erweisen 누구에게 적절한 존경을 표시하다; er hat sich nicht g. entschuldigt 그는 정식으로 사과하지 않았다; wir ruhten uns bis zum Mittag g. aus 우리는 정오까지 충분한 휴식을 취하였다. b) 《통용어》 적지않은, 상당한; eine -e Portion essen 많은 양을 먹다; er hat ihn g. ausgeschimpft 그는 그를 매우 심하게 욕했다. 2. 《다음 용법으로》 jmdm. g. sein 《아어》 누구의 소유이다; zu etw. g. 무엇에 속하는; 〈명사화〉 das Auto ist etwas zum täglichen Leben Gehöriges 자동차는 일상 생활에 꼭 필요한 것이다; 〈전치사구와 함께〉 nicht in diesen Zusammenhang -e Fragen 이 맥락과 관계없는 질문들.

Gehörn [gəˈhœrn], das; -(e)s, -e 1. 《짐승의》 뿔: das G. der Ziegen 염소의 뿔. 2. 《사냥》 숫노루의 뿔.
gehörnt 〈Adj.〉 1. 뿔있는[달린]. 2. ↑hörnen (2) 참조. **Gehörnte*, der 1. 아내가 외간 남자와 간통한 남편. 2. 《Pl. 없음》 《은폐적》 악마.

gehorsam [gəˈhoːrzam] 〈Adj.〉 a) 복종[순종]하는: er war seinen Anordnungen jederzeit g. 《아어》 그는 그의 지시에 항상 순종하였다; -ster Diener! 《고어》 경구(敬具), 돈수배(편지를 끝맺는 상투어 또는 인사할 때의 상투어); danke -st 《고어》 대단히 고맙습니다. b) 《아이가》 순종하는, 공손한, 말 잘 듣는: er war seinem Vater g. 그는 아버지의 말을 잘 들었다. **Gehorsam** [-], der; -s 복종, 순종, 충성: G. gegenüber Vorgesetzten 상사에 대한 복종; jmdm. den G. aufsagen 《아이》 누구에게 더 이상 복종하지 않다. **Gehorsamkeit**, die 복종[순종]하는 태도).

gehorsams-, Gehorsams-: ~pflicht, die 《Pl. 없음》 《군》 복종 의무. ~pflichtig 〈Adj.〉 복종할 의무가 있는. ~verweigerung, die 《Pl. 없음》 《군》 항명.

¹**Gehre** [ˈgeːrə], die; -n [기술] ↑Gehrung. ²**Gehre**, die –n, **Gehren** [ˈgeːrən], der; -s, - a) 저고리[옷] 자락. b) 쐐기(모양의) 물건). c) 쐐기 모양의 밭이랑. **gehren** [-] 《수공》 비스듬히 자르다. **Gehrung**, die; -en 《수공·기술》 a) 사접(斜接)면. b) 이음(철)판. **Gehrungssäge**, die 비스듬히 자르는 톱.

Gehudel [gəˈhuːdl], das; -s, **Gehudele** [...dələ], das; -s 《통용어·펌》 날림일, 엉터리로 한 일.
Gehupe [gəˈhuːpə], die; -s (지속적인) 경적울림(소리).
Gehüpf, das; -(e)s, **Gehüpfe** [gəˈhypf(ə)], das; -s 1. a) (끊임없는) 깡충거림. b) 《통용어·펌》 《발레》춤: sie fanden das G. für ausgesprochen langweilig 그들은 《발레》 춤이 매우 지루하다고 생각하였다. 2. 《통용어·펌》 발레.
Gehuste [gəˈhuːstə], das; -s 《펌》 (끊임없는) 기침(소리): sein G. hat aufgehört 그의 《끊임없는》 기침이 그쳤다.
Gehutsch [gəˈhʊtʃ], das; -(e)s 〈지역적〉 하찮게 없는 것, 열등한 것.

Gei [gai], die; -en [niederl. gei] 《선원》 1. 용충줄, 돛줄. 2. 기중기의 팔이나 대붓을 옆으로 움직이도록 고정시키는 밧줄. **geien** [ˈgaiən] 〈h〉 ↑aufgeien 참조.

Geier [ˈgaiɐ], der; -s, - 1. 독수리: der G. kreist über dem verendenden Zebra 독수리가 죽어가는 얼룩말 위를 맴돌고 있다; **hol' dich(hol's) der G.** 《통용어·은폐》 꺼져[죽어]버려(저주의 표현); **(das) weiß der G.** 《통용어·은폐》 그 따위것 알게 뭐야(놀람의 표현). 2. 《펌》 남자, 놈팡이. **Geiersnase**, die 매부리코.

Geifer [ˈgaifɐ], der; -s 1. 침. 2. 《아어·펌》 증오[분노]의 말: seine Gegner gossen Haß und G. über ihn aus 그의 적들은 그에게 증오와 분노의 말을 퍼부었다. **Geiferer**, der; -s, - 욕설을 퍼붓는 사람, 독설가. **geifern** [ˈgaifɐn] 〈h〉 1. 침을 흘리다. 2. 《아어·펌》 증오[분노]의 말을 내뱉다: er geiferte gegen seine Feinde 그는 적들을 향해 분노의 말을 내뱉었다.

Geige [ˈgaigə], die; -n 바이올린: er möchte das Stück auf seiner neuen G. spielen 그는 그 곡을 새 바이올린으로 연주하고 싶어 한다; **die erste G. spielen** 《통용어》 주도적 역할을 하다; **die zweite G. spielen** 《통용어》 부수적 역할을 하다; **nach jmds. G. tanzen** 《통용어》 누구의 장단에 춤추다. **geigen** [ˈgaigən] 〈h〉 1. 《통용어》 a) 바이올린을 켜다. b) 어떤 곡을 바이올린으로 연주하다: einen Walzer g. 왈츠곡을 바이올린으로 켜다; **es jmdm. g.** 《통용어》 누구에게 기탄없이 의견을 말하다. 2. (곤충이) 높은 소리를 내다, 앵앵거리다. 3. 《비어》 성교하다. 4. 《선원》 돛단배가 뒤에서 부는 강한 바람으로 동치다.

Geigen-: ~bau, der 〈Pl. 없음〉 바이올린 제조 ~bauer, der; -s, - 바이올린 제조자. ~bogen, der ↑Bogen (5). ~hals, der 바이올린의 목. ~harz, das 바이올린의 활에 바르는 송진, 로진. ~kasten, der 1. 바이올린 케이스. 2. 《대개 Pl.》 《농》 멋없는(장화). ~lauf, der 《대개 Pl.》 [음악] 바이올린 현을 연속적으로 잡는 동작. ~saite, die 바이올린의 현[줄]. ~spiel, das 바이올린 연주. ~spieler, der 《준구어》 ↑Geiger. ~stunde, die 바이올린 교습[레슨]시간. ~virtuose, der 바이올린 명연주자.

Geiger [ˈgaigɐ], der; -s, - 바이올린 주자: erster G. 제 1 바이올린 주자. **Geigerin**, die; -nen ↑Geiger의 여성형. **geigerisch** 〈Adj.〉 바이올린 연주의: -es Talent haben 바이올린 연주 재능이 있다.

Geigerrohr, das; -(e)s, -e 《고어》 ↑Geigerzähler. **Geigerzähler**, der; -s, - [독일 물리학자 H. Geiger (1882~1945)의 이름에 따라] [물리] 가이거(계수)관(방사선 측정기).

geil [gail] 〈Adj.〉 1. 호색의, 색을 밝히는, 성적으로 흥분된: er ist g. wie ein Bock 그는 색골이다; er war g. auf sie 그는 그녀에게 정욕을 품었다; 《전의》 er ist g. nach Ruhm 그는 명성을 탐하고 있다. 2. 《농업》 a) (식물이) 무성한, 우거진: das Unkraut schießt g. empor 잡초가 무성하게 솟아오른다. b) (땅이) 기름진, 비옥한. c) 《드물게》 (감정 등이) 과잉의, 지나친. **Geile**, die, –n 1. 《사냥》 짐승의 고환. 2. 《Pl. 없음》 《고어》 ↑Geilheit (1 a). **geilen** [ˈgailən] 〈h〉 1. 색을 밝히다, 음탕하다, 욕정을 품다. 2. 《고어》 (식물이) 무성하게 자라다, 우거지다. **Geilheit**, die, –en 1. a) 《Pl. 없음》 욕색, 정욕, 호색, 색정. b) 색정적(음탕한) 생각, 느낌. 2. 《농업》 《Pl. 없음》 (식물이) 무성함, 우거짐. **Geiltrieb**, der; -(e)s, -e 번식욕.

Gein [gaˈiːn], das; -s [griech. ge] 1. [발의] 흑갈색 흙. 2. [식물] 뱀무 뿌리에서 얻은 배당체(配糖體).

Geisa [ˈgaizaʲ] ↑Geison의 복수형.

Geisel [ˈgaizɭ], die; -n 《드물게》 der; -s, - 인질, 볼모: jmdn. als (zur) G. nehmen 누구를 인질로 잡다.

Geisel-: ~befreiung, die 인질 석방[해방]. ~drama, das 인질극. ~erschießung, die 인질 사살. ~gangster, der 《펌》 ↑~nehmer. ~mord, der 인질 살해. ~nahme, die 인질로 잡음. ~nehmer, der 인질 유괴범.

Geiser [ˈgaizɐ] ↑Geysir의 독일어화.

Geisha [ˈgeːʃa, 《또한》 ˈgaiʃa], die; -s 〈engl. geisha < jap. gei-sha〉 일본 기생, 게이샤.

Geison [ˈgaizɔn], das; -s, -s / Geisa [griech. geīson] (고대 신전의) 처마 돌림띠.

Geiß [ˈgais], die; -en 《축소형》 ↑Geißlein) 1. 《südd., österr., schweiz., westmd.》 암염소. 2. 《사냥》 (영양, 사슴, 노루의) 암컷.

Geiß-: ~bart, der 1. 《Pl. 없음》 [식물] 눈개승마, 왜죽팝나무속(屬). 2. 《österr.》 긴 뾰족수염. ~blatt, das 《Pl. 없음》 1. [식물] 인동덩굴. 2. ↑Jelängerjelieber. ~blattgewächs, das 《대개 Pl.》 [식물] 인동덩굴 식

물. ~bock, der 《südd., österr., schweiz》 숫산양. ~fuß, der 1. 〈Pl. 없음〉 [식물] 왜방풍. 2. 장도리, 배척. 3. 조각용 삼각끌. 4. [치과] 이뿌리 뽑는 기구. ~hirt, der 염소치기 [목동]. ~kitz, das [사냥] 〈영양, 사슴류의〉 새끼암컷.

Geißel ['gaisl], die, -n 1. a) 〈운명의〉 징벌, 화, 재앙: der Krieg ist eine G. der Menschheit 전쟁은 인류의 재앙이다. b) 〈지역적〉 채찍: er treibt das Pferd mit der G. an 그는 채찍으로 말을 몬다. c) 〈옛〉 채찍. 2. [생물] 편모(鞭毛). **geißeln** ['gaisln] 〈h〉 1. a) 심하게 비난하다, 탄핵하다. b) 괴롭히다, 시련을 주다: die Seuche geißelt das Volk 국민은 전염병에 시달린다. 2. a) 〈고어·지역적〉 채찍질하다. b) 〈옛〉 채찍으로 징벌하다: der Gefangene wurde gegeißelt 죄수는 채찍질 당했다. c) (g. + sich) 〈종교〉 〈고행으로〉 제몸에 채찍질하다. **Geißelbruder**, der; -s, ↑Flagellant. **Geißeltierchen**, das; -s, - 〈대개 Pl.〉 편모충(鞭毛蟲). **Geißellung**, 《드물게》 Geißlung, die, -en 채찍질〈함〉, 비난〈탄핵〉〈함〉.

Geißlein ['gaislain], das; -s, - ↑Geiß.

Geißler ['gaislɐ], der; -s, - ↑Flagellant. **Geißlung**: ↑Geißellung.

¹Geist [gaist], der; -(e)s, -e 1. 〈Pl. 없음〉 a) 정신, 오성, 사고력, 마음, 숨, 생명력, 영혼: einen schöpferischen G. haben 창조적 정신을 갖다; die Errungenschaften der menschlichen -es; 인간 정신의 업적. 성구 der Geist ist willig, aber das Fleisch ist schwach 뜻은 있으나 육신이 약하다; **den(seinen) G. aufgeben** 《고어·아어·통용어·농》숨을 거두다; **den [seinen] G. aushauchen** 《아어·은폐적》숨을 거두다; jm. auf den G. gehen 《통용어》누구의 신경을 건드리다, 누구를 성가시게 하다; **im Geist(e)** 정신적으로, 마음속으로. im G. sind wir bei euch 우리는 정신적으로 너희들과 함께 있다. b) 명민, 총명, 재능, 재기: eine Unterhaltung voller G. und Witz 재기넘친 대화; ein Mann von G. 명민한 사람. 2. 〈Pl. 없음〉 성향, 기질, 풍조, 정신: der G. der Zeit 시대 정신; wir handeln im G. des Verstorbenen 우리는 고인의 뜻을 헤아려 행동한다; wes -es Kind er ist 그가 진정 어떤 정신[생각]을 갖고 있는 사람인지. 3. 주정(酒精), 과일주. **²Geist** [-], der; -(e)s, -er **1. a)** 〈정신[성향]의 소유자〉: großer G. 위대한 인물; die führenden -er unserer Zeit 우리 시대의 (정신적) 지도자들이; 성구 hier scheiden sich die -er 여기에서 의견들이 갈라진다; große -er stört das nicht 《통용어·농》그것은 나 같은 위대한 인물에게 지장을 주지 못한다. **b)** 전형적 인물, ···된 특징의 소유자: das Kind ist wirklich ein unruhiger G. 그 아이는 정말 불안한 성품의 소유자이다; **ein dienstbarer G.** 《통용어·농》머슴, 하인, 사환. 2. a) 초자연적 존재, 영, 정령: der Heilige G. [기독교] 성령; der böse G. 악마, 악령; der G. der Finsternis 《아어》악마; jmdm. als Heiliger G. erscheinen [jmdm. den Heiligen G. schicken] [학생어·농] 밤중에 잠자고 있는 사람을 때려주기 위해 번장하고 찾아가다. **b)** 〈축소형〉 ↑Geistchen〉 영, 유령, 망령, 귀신, 혼백: ihm erschien der G. des Toten 그에게 사자의 망령이 나타났다; du siehst ja aus wie ein G. 너는 유령처럼 창백해 보인다; **von allen guten -ern verlassen sein** 《통용어》아주 어리석은 짓을 하다.

geist-, Geist- (대개 ¹Geist 1; ↑geistes-, Geistes-도 참조): **~bildend** 〈Adj.〉 정신을 수양(함양, 교육)하는: eine -e Lektüre 정신을 함양하는 독서. **~feindlich** 〈Adj.〉 정신적인 것[정신의 자유]을 적대시하는. **~feindlichkeit**, die 〈Pl. 없음〉 ↑feindlich의 명사형. **~getragen** 〈Adj.〉 정신을 담은, 정신이 깃들어 있

는. **~los** 〈Adj.〉 정신[독자적 생각]이 없는, 어리석은, 무지한: ein -es Gespräch 내용없는 진부한 대화. **~losigkeit**, die, -en 1. 〈Pl. 없음〉 ↑-los의 명사형. 2. 내용없는 (어리석은) 발언. **~reich** 〈Adj.〉 정신(생각)이 풍부한, 재기발랄한, 기지가 넘치는, 명민한: ein -er Autor 재기발랄한 작가; jetzt machst du aber ein sehr -es Gesicht 《통용어·농》너 지금 아주 바보같은 표정을 하고 있구나. **~reichelei** [-raiçɐˈlai], die, -en 〈팸〉 1. 〈Pl. 없음〉 억지재치, 재치부림. 2. 재치(기지)를 뽐내려고 하는 말. **~reicheln** 〈h〉 〈팸〉 억지로 재치[재간]를 부리다. **~sprühend** 〈Adj.〉 기지(재기) 넘치는. **~tötend** 〈Adj.〉 매우 단조로운, 지루한. **~voll** 〈Adj.〉 정신성이 풍부한, 사상적 깊이와 독창성이 있는: ein -es Buch 사상적 깊이가 있는 책.

Geistchen ['gaistçən], das; -s, - 1. ↑²Geist (2 b) 참조. 2. ↑Federmotte 2).

geister-, Geister- (²Geist 2 b): **~bahn**, die 유령 열차. **~beschwörer**, der 유령[귀신]을 불러내거나 쫓을 수 있는 사람, 강령사(降靈師). **~beschwörung**, die 유령 호출, 강령술, 귀신 쫓기. **~bild**, das [텔레비전] 〈윤곽이 여러개로 겹쳐서 나타나는〉 이상 중복 화면. **~bleich** 〈Adj.〉 유령처럼 창백한. **~erscheinung**, die 유령(귀신)이 나타남, 환영, 헤깨비. **~fahrer**, der 차선의 지정 방향과는 반대 방향으로 차를 모는 운전자. **~geschichte**, die 귀신[유령] 이야기. **~glaube**, der 정령(精靈) 숭배, 귀신을 믿음. **~hand**, die 〈다음 용법으로〉 **wie von [durch] G.** 보이지 않는 손(힘)에 의해 움직이는 것처럼. **~mannschaft**, die 〈스포츠 은어〉 다음 시즌에 하위 리그로 탈락이 확정된 팀. **~reich**, das 〈Pl. 없음〉 영계(靈界), 귀신(유령)의 세계[나라]. **~schreiber**, der ↑Ghostwriter의 독일어화, 유령 작가, 대작자(代作者). **~seher**, der 유령(영계)을 보는 능력을 가진 사람. **~spiel**, das 〈스포츠 은어〉 다음 시즌에 하위 리그로 탈락이 확정된 팀의 경기. **~stadt**, die 유령의 도시. **~stimme**, die 유령(귀신)의 〈목〉소리. **~stunde**, die 〈농〉 자정 시간. **~zug**, der 《은어》빈 열차. **~welt**, die 〈Pl. 없음〉 ↑~reich.

geisterhaft 〈Adj.〉 유령(귀신, 허깨비) 같은: die Bäume sahen im Mondlicht g. aus 나무들이 달빛을 받아 유령처럼 보였다. **geistern** ['gaistɐn] **a)** 〈s〉 유령처럼 돌아다니다: Lichter geisterten über die Insel 불빛이 섬 위로 어른거린다. **b)** 〈h〉 〈특정한 장소에서〉 유령처럼 움직이다. 전의 diese Idee geistert immer noch in ihren Köpfen 이 생각이 아직도 그들의 뇌리에 어른거린다.

geistes-, Geistes- (¹Geist 1; ↑geist-, Geist-도 참조): **~abwesend** 〈Adj.〉 얼빠진, 멍한, 방심한. **~abwesenheit**, die 방심(상태). **~akrobat**, der 〈반어〉 정신의 광대[곡예사]. **~anlage**, die 지능, 지력. **~anstrengung**, die 정신적 노력, 고심. **~arbeit**, die [두뇌] 노동. **~arbeiter**, der 정신[두뇌] 노동자. **~arm** 〈Adj.〉 정신[지능]이 빈약한, 머리가 둔한. **~armut**, die 정신적[지적] 빈곤. **~art**, die 기질, (정신)성향. **~bildung**, die 지적 교양, 정신 교육[수양]. **~blitz**, der 《통용어》돌연한 착상, 탁월한 생각, 멋있게 표현된 생각: ein genialer G. 천재적 착상. **~flug**, der ↑Gedankenflug. **~freiheit**, die ↑Gedankenfreiheit. **~fürst**, der 〈아어〉 위대한 사상가, 천재. **~gaben** 〈Pl.〉 지적 재능. **~gegenwart**, die 침착, 냉정, 뜻밖의 상황에서 신속하고 올바르게 대응하는 능력: die G. bewahren 침착을 유지하다. **~gegenwärtig** 〈Adj.〉 침착한, 냉정한. **~geschichte**, die 정신(사상)사. **~geschichtlich** 〈Adj.〉 정신사적. **~gestört** 〈Adj.〉 정신(기능)장애의. **~gestörte***, der / die 〈Adj.〉 정신이상자. **~gestörtheit**, die 정신 장애. **~größe**, die 1. 〈Pl. 없음〉 정신력, 탁월한 지적 능력. 2. 천재, 탁월한 정신력

[지적 능력] 소유자. ~**haltung**, die 정신자세, 정신적 견해. ~**heroe**, ~**heros**, der ↑~größe (2), ↑~riese. ~**kraft**, die 정신력. ~**krank** 〈Adj.〉 정신병에 걸린, ~**kranke**', der / die 정신병자. ~**krankheit**, die 정신병. ~**leben**, das 정신 생활, 정신 분야의 일. ~**produkt**, das 정신의 산물[소산]. ~**richtung**, die 정신 사조. ~**riese**, der ↑größe (2). ~**schaffen**, das 정신 활동, 정신 노동. ~**schaffende**', der / die 정신 분야에서 활동하는 사람, 정신[두뇌] 노동자. ~**schärfe**, die 명민한 사고력, 날카로운 두뇌. ~**schwach** 〈Adj.〉 정신 박약의, 저능한. ~**schwäche**, die 〈Pl. 없음〉 정신 박약, 저능. ~**stärke**, die 강인한 정신(력). ~**störung**, die 정신 장애. ~**strömung**, die 정신 사조. ~**tat**, die 중요한 정신적 업적[성과]. ~**tätigkeit**, die 정신 활동. ~**trägheit**, die 우둔(함), 지둔(함). ~**verfassung**, die 정신[심리] 상태. ~**verwandt** 〈Adj.〉 정신[기질, 생각]이 유사한. ~**verwandte**', der / die 정신[기질, 생각]이 유사한 사람. ~**verwandtschaft**, die 정신[기질, 생각]의 비슷함. ~**verwirrung**, die 정신 착란: an G. leiden 정신 착란을 앓다. ~**welt**, die 〈아어〉 1. 정신[사상]계. 2. 정신[두뇌] 노동자의 전부. ~**wissenschaften** 〈Pl.〉 정신 과학(반대: Naturwissenschaften). ~**wissenschaftler**, der 정신 과학자. ~**wissenschaftlich** 〈Adj.〉 정신 과학의. ~**zustand**, der 〈Pl. 없음〉 정신 상태.

geistig ['gaɪstɪç] 〈Adj.〉 1. a) 정신의, 정신적, 심적, 지적: -e und körperliche Arbeit 정신적, 육체적 노동; -e Freiheit 정신의 자유; er war der -e Vater dieses Plans 그는 이 계획의 정신적인 아버지였다; ე. träge 정신적으로 태만한; jmdm. g. verbunden sein 누구와 정신적으로 연결되어있다. b) 이지적, 사고력[분별력] 있는. 2. 관념적, 영적: -e Wesen wie Gottheiten und Dämonen 신성 및 마성(魔性) 같은 관념적 존재. 3. 알코올을 함유한: -e Getränke 알코올 음료. **Geistigkeit**, die ↑ geistig의 명사형. **geistlich** ['gaɪstlɪç] 〈Adj.〉 종교적, 교회의, 성직(자)의: -e Lieder 찬송가, 성가; -es Gewand 성직자의 의복; ein -er Herr 성직자, 목사; der -e Stand 성직자 계급; jmdm. g. beistehen 누구를 종교적으로 돕다. **Geistliche**', der 성직자, 목사, 사제: der Kranke verlangte nach einem -n 환자는 성직자를 원하였다. **Geistlichkeit**, die 성직자 전체.

Geitau, das; -(e)s, -e ↑ Gei.

Geiz [gaɪts], der; -es, -e 1. 〈Pl. 없음〉〈폄〉 인색, 지나친 절약: von krankhaftem G. besessen sein 병적일 정도로 인색하다. 2. 〔농업・포도〕 곁가지, 겉눈.

Geiz-: ~**hals**, der 〈폄〉 구두쇠, 수전노. ~**hammel**, der 〈폄〉 ↑~hals. ~**knochen**, der 〈폄〉 ↑~hals. ~**kragen**, der 〈통용어・폄〉 ↑~hals. ~**trieb**, der ↑Geiz (2).

geizen ['gaɪtsn̩] 〈h〉 1. 인색하다, 지나치게 절약하다[아끼다]: 〔전의〕 mit jeder Minute g. 촌음을 아끼다; sie geizt nicht mit ihren Reizen 〈반어〉 그녀는 자신의 매력을 마음껏 드러내 보인다. 2. 〈아・고어〉 탐하다, 열망[갈망]하다: nach Ruhm g. 명예를 탐하다. 3. ↑ ausgeizen. **geizig** ['gaɪtsɪç] 〈Adj.〉 인색한, 지나치게 절약하는[아끼는]: ein -er Mensch 인색한 사람[인간]. **Geizige**', der / die 구두쇠, 수전노.

Gejammer [gəˈjamɐ], das; -s, **Gejammere** [...ərə], das; -s 〈폄〉〈끊임없는〉 탄식, 비탄: hör endlich mit deinem G. auf! 네 앓는 소리를 이제 좀 그쳐라!

Gejauchze [gəˈjaʊxtsə], das; -s 〈통용어〉〈끊임없는〉 환호, 환성.

Gejaul, das; -(e)s, -e, **Gejaule** [gəˈjaʊl(ə)], das; -s 〈폄〉 구슬프게 욺; das G. eines Hundes 개의 구슬픈 울음 소리.

Gejodel [gəˈjoːdl̩], das; -s 〈끊임없는〉 요들노래 소리.

Gejohl, das; -(e)s, **Gejohle** [gəˈjoːl(ə)], das; -s 〈폄〉〈끊임없는〉 외침, 포효, 부르짖음.

gekannt [gəˈkant] ↑ kennen 참조.

Gekeif, das; -(e)s, **Gekeife** [geˈkaɪf(ə)], das; -s 〈통용어・폄〉〈끊임없는〉 욕지거리.

Gekeuch, das; -(e)s, **Gekeuche** [gəˈkɔʏç(ə)], das; -s 〈끊임없는〉 숨을 헐떡거림.

Gekicher [gəˈkɪçɐ], das; -s 낄낄거림, 시시덕거림.

gekielt [gəˈkiːlt] 〈Adj.〉〔식물・동물〕〈배〉의 용골(龍骨) 모양의.

gekiest: ↑¹kiesen 참조.

Gekläff, das; -(e)s, **Gekläffe** [gəˈklɛf(ə)], das; -s 〈폄〉〈끊임없이〉 짖어댐: das wütende G. der Hunde 개들이 사납게 짖어대는 소리.

Geklapper [gəˈklapɐ], das; -s 〈끊임없이〉 달가닥거림: 〔전의〕 seine Worte waren nichts als leeres G. 그의 말은 공허한 지껄임에 지나지 않았다.

Geklatsch, das; -(e)s, **Geklatsche** [gəˈklatʃ(ə)], das; -s 〈폄〉 1. 끊임없는 박수 소리. 2. 〈통용어〉〈다른 사람에 대해〉 재잘거림, 지껄임: mit deinem G. machst du dir nur viele Feinde 네가 다른 사람들에 대해 그렇게 지껄이면 적만 만들 뿐이다.

Geklaue [gəˈklaʊə], das; -s 〈통용어〉〈끊임없는〉 훔침, 도둑질.

gekleidet: ↑ kleiden 참조.

Geklimper [gəˈklɪmpɐ], das; -s, **Geklimpere** [...ərə], das; -s 악기를 서투르게 연주하는 소리: das ist doch keine Musik, das ist G.! 그것은 음악이 아니라 뻥뻥거리는 소리일 뿐이다!

Geklingel [gəˈklɪŋl̩], **Gekling(e)le** [...ŋ(ə)lə], das; -s 〈폄〉 〈끊임없이〉 전화기 따위가 지속적으로 울리는 소리: das durchdringende G. des Telefons 날카로운 전화 벨 소리.

Geklirr, das; -(e)s, **Geklirre** [gəˈklɪr(ə)], das; -s 〈끊임없이〉 달가닥[덜컹]거리는 소리: 〔전의〕 er ließ das G. ihrer Worte über sich ergehen 그는 그녀의 잔소리를 묵묵히 들어 넘겼다.

geklommen [gəˈklɔmən] ↑ klimmen 참조.

Geklopf, das; -(e)s, **Geklopfe** [gəˈklɔpf(ə)], das; -s 〈폄〉〈끊임없이〉 두드림, 노크함.

Geklüft, das; -(e)s, **Geklüfte** [gəˈklʏft(ə)], das; -s, - 〔시어〕 절벽, 갈라진 암석, 단애: er stieg empor durch wildes G. 그는 험한 절벽을 기어 올라왔다.

geklungen [gəˈklʊŋən] ↑ klingen 참조.

Geknall, das; -(e)s, **Geknalle** [gəˈknal(ə)], das; -s 〈통용어・폄〉〈끊임없는〉 따다닥[탁탁]거림, 연속적인 총성[폭음].

Geknatter [gəˈknatɐ], das; -s 〈폄〉〈연속적으로〉 따다닥거림: das G. der Motorräder 오토바이들의 타당거리는 소리.

geknickt 1. ↑ knicken 참조. 2. 〈Adj.〉〈통용어〉 풀이 죽은, 사기가 떨어진, 기가 꺾인.

gekniffen [gəˈknɪfn̩] ↑ kneifen 참조. **geknippen** [gəˈknɪpn̩] ↑ kneipen 참조.

Geknirsch, das; -(e)s, **Geknirsche** [gəˈknɪrʃ(ə)], das; -s 〈폄〉〈끊임없이〉 뻐걱거림[부드득거림].

Geknister [gəˈknɪstɐ], das; -s 〈폄〉〈끊임없이〉 바스락거림.

geknüppelt [gəˈknʏpl̩t] 〈Adj.〉《다음 용법으로만》 **geknüppelt voll** 〈통용어〉 터질 정도로 가득 찬.

Gekodder [gəˈkɔdɐ], das; -s, **Gekodd(e)re** [gəˈkɔd(ə)rə], das; -s 〈폄〉 a) 뻔뻔스러운[무례한] 말: das G. seiner Journalistenschnauze stieß die Zuhörer ab 그 기자의 뻔뻔스러운

[무례한] 언사가 청중들에게 반감을 주었다. **gekoddert**: ↑koddern 참조.

gekommen [gəˈkɔmən] ↑kommen 참조.

gekonnt [gəˈkɔnt] 〈Adj.〉 능란한, 숙련된, 훌륭한, 탁월한: sein Spiel war g. 그의 연주는 훌륭하였다. **Gekonntheit**, die 능란함, 숙련됨.

geköpert [gəˈkøːpɐt] 〈Adj.〉 【섬유】 능직(綾織)의.

gekoren [gəˈkoːrən] ↑küren, kiesen 참조.

gekörnt [gəˈkœrnt]: ↑körnen 참조.

Gekotz, das; -es, **Gekotze** [gəˈkɔts(ə)], das; -s 〈속어·편〉 **a)** 끊임없는 구역질, 트림. **b)** 건방진[뻔뻔스러운] 말투. **gekotzt**: ↑kotzen 참조.

Gekrabbel [gəˈkrab-], das; -s 〈끊임없이〉 꼼지락[버둥]거림.

Gekrächz [gəˈkrɛçts], das; -es, **Gekrächze** [gəˈkrɛçts(ə)], das; -s 〈끊임없이〉 까옥까옥 울어댐, [신 목소리로] 지절임: das G. eines Raben 까마귀가 까옥까옥 울어대는 소리.

Gekrakel [gəˈkraːkl], **Gekrak(e)le** [...k(ə)lə], das; -s 〈통용어·편〉 서투르게[휘갈겨] 쓴 글씨, 졸필, 악필: dies G. kann doch kein Mensch lesen! 이런 악필은 아무도 읽을 수 없다!

gekränkt 〈Adj.〉 마음 상한, 마음에 상처를 입은, 모욕당한, 괴로운. **Gekränktheit**, die; -en **1.** 〈Pl. 없음〉 마음 상한[모욕당한] 상태, 심적 괴로움: seine G. amüsierte sie 그의 심적 괴로움이 그녀를 즐겁게 하였다. **2.** 마음 상한 느낌, 모욕감.

Gekrätz [gəˈkrɛts], das; -es 【기술】 쇠부스러기, 광재(鑛滓). **Gekratze** [gəˈkratsə], das; -s 〈편〉 〈끊임없이〉 긁어[할퀴어]댐.

Gekrauche [gəˈkrauxə], das; -s 〈끊임없이〉 기어다님.

Gekräusel [gəˈkrɔyzl], das; -s 〈아어〉 **a)** 〈끊임없이〉 잔물결의 임, 주름잡힘, 곱슬곱슬하게 함: das G. der Wellen 잘게 이는 물결. **b)** 주름잡힌[곱슬곱슬한] 것: das G. ist dicht und fest 주름잡힌 천은 촘촘하고 견고하다. **gekräuselt**: ↑kräuseln 참조.

Gekreisch, das; -(e)s, **Gekreische** [gəˈkraiʃ(ə)], das; -s 〈끊임없이〉 날카롭게 울어[외쳐]댐, 끽끽댐; [전의] die Straßenbahn biegt mit lautem G. um die Kurve 전차가 날카로운 소리를 내며 모퉁이를 돈다.

Gekreuzigte, der **1.** 십자가에 못박힌 자. **2.** 【기독교】 그리스도.

gekrischen [gəˈkrɪʃn] ↑kreischen 참조.

Gekritzel [gəˈkrɪtsl], **Gekritzele** [...tsələ], das; -s 〈편〉 작은 글씨로 끄적여 놓은 것.

gekrochen [gəˈkrɔxn] ↑kriechen 참조.

gekröpft: ↑kröpfen 참조.

Gekröse [gəˈkrøːzə], das; -s, **- 1. a)** 【해부】 장간막(腸間膜). **b)** 내장, 장. **2.** 【요리】 (특히 송아지의) 내장.

gekündigt: 해약 통고된(↑kündigen 참조). **Gekündigte**, der / die 해고[해약] 통고 받은 자.

gekünstelt [gəˈkʏnstlt] 〈Adj.〉〈편〉 부자연스러운, 인위[작위]적인, 꾸민: -e Freundlichkeit 꾸민 친절; sie lachte etwas g. 그녀는 좀 부자연스럽게 웃었다.

Geküsse [gəˈkʏsə], das; -s 〈편〉 끊임없는 키스(입맞춤).

Gel [geːl], das; -s, -e [↑Gelatine의 약칭] 【화학】 겔, 교화체(膠化體).

Gelabber [gəˈlabɐ], das; -s 〈nordd.·편〉 싱거운[미지근한] 음료.

Gelaber [gəˈlaːbɐ], das; -s, **Gelabere** [...bərə], das 〈md.·편〉 천박한 (바보 같은) 지껄임(수다): hör dir das G. an! 저 바보 같은 수다를 들어봐!

Gelache [gəˈlaxə], das; -s 〈편〉 〈끊임없이〉 웃어댐: laß dein dummes G.‚ mir ist sehr ernst zumute 바보 같은 웃음을 그쳐라, 나는 매우 심각하다. **gelacht**: ↑lachen 참조. **Gelächter** [gəˈlɛçtɐ], das; -s, - (큰) 웃음. **1.** (연속적인) 큰 웃음(소리), 폭소, 홍소: dröhnendes G. 진동하는 웃음 소리; in G. ausbrechen 폭소를 터뜨리다; **homerisches G.** 홍소(哄笑), 가가대소. **2.** 《아어·준고어》 웃음거리: jmdn. (sich) zum G. (der Leute) machen 누구를 (사람들의) 웃음거리로 만들다(웃음거리가 되다).

gelackmeiert [gəˈlakmaiɐt] 〈Adj. nur präd〉 《농》 속은, 사기당한: sich g. fühlen 속은 기분이다.

gelackt: ↑lacken 참조.

geladen [gəˈlaːdn] **1.** ↑laden 참조. **2. g. sein** 《경》 격분하다, 노하다: auf jmdn. [etw.] g. sein 누구(무엇)에 대해 격분하다. **Geladenheit**, die 격분함, 노함, 화냄.

Gelage [gəˈlaːgə], das; -s, **-** [niederrhein. Gelag, Gelach] (떠들썩한) 연회, 주연, 술자리: ein wüstes G. fand statt 무질서한 술판이 벌어졌다.

Geläger [gəˈlɛːgɐ], das; -s, **-** [포도] (포도주 발효 후의) 침전물, 앙금.

gelähmt: 마비된, 불구의. **Gelähmte**, der / die (전신 또는 신체 일부가) 마비된 사람, 불구자. **Gelähmtheit**, die (정신적) 마비, 무감각: seelische G. 정신의 마비.

gelahrt [gəˈlaːɐ̯t] 〈Adj.〉《고어·반어》학식있는, 교양이 높은. **Gelahrtheit**, die 〈고어·반어〉 박식, 유식.

Gelände, das; -s, **- a)** (자연 그대로의) 땅, 지역, 지대, 지형: das G. steigt an 지형이 위로 경사지다; auf freiem G. 야외에서; Abfälle lagen wild im G. verstreut 쓰레기가 바깥 어디에나 어지럽게 널려 있었다. [군] G. verlieren 작전 지역을 빼앗기다. **b)** (구획 정리가 된 특정한) 토지, 부지: ein G. für eine Fabrik erwerben 공장 부지를 구입하다.

gelände-, **Gelände-**: **~aufnahme**, die 【지리】 지형 측량, 항공 사진 촬영. **~darstellung**, die [지리] (지도의) 지형 묘사. **~dienst**, der 〈Pl. 없음〉 【군】 작전 지역 내의 근무(훈련). **~fahrt**, die 길이 없는 지역을 차로 달림. **~fahrzeug**, das 길이 없는 지역을 다닐 수 있는 차. **~fläche**, die 지대(토지)의 표면. **~gängig** 〈Adj.〉(차량이) 길이 없는 지역의 주행에 적합한. **~gängigkeit**, die ~gängig의 명사형. **~klima**, das 지형의 영향을 받는 날씨, 지형성 국지 기상. **~klimatologie**, die 지형성 국지 기상학. **~lauf**, der [육상경기] 단교 경주(斷郊競走), 크로스 컨트리 경주. **~marsch**, der 단교 행군(斷郊行軍), (군사 훈련으로서의) 야외 산간 지방 행군. **~ritt**, der **a)** 야외에서의 승마 연습. **b)** [승마] 크로스 컨트리 기마 경주. **~spiel**, das 오리엔터어링, 오엘(OL). **~sport**, der 야외 스포츠. **~taufe**, die 【군】 작전 지역의 명명(命名). **~übung**, die 【군】 야외 훈련. **~verstärkung**, die 【군】 **a)** 지형 지물을 이용한 장애물 구축. **b)** 지형 지물을 이용한 은폐물 구축. **~wagen**, der ↑~fahrzeug.

Geländer [gəˈlɛndɐ], das; -s, **-** 난간, 보호책: die Kinder rutschten das G. hinunter 아이들이 난간을 타고 미끄러져 내려갔다; sich am G. festhalten 난간을 꽉 붙들다. **geländert** [gəˈlɛndɐt] 〈Adj.〉 난간이 있는.

gelang [gəˈlaŋ], **gelänge** [gəˈlɛŋə] ↑gelingen 참조.

gelangen 〈s〉 **1.** (대개 문어적) 도달하다, 다다르다, 도착하다: nach Hause [ans Ziel] g. 집(목표)에 도달하다; der Brief ist nicht in meine Hände gelangt 편지는 내 손에 들어오지 않았다; etwas gelangt an die Öffentlichkeit 무엇이 사람들에게 알려지다. **2.** (schweiz.) 누구(무엇)에 호소하다: er will mit dieser Angelegenheit an die Öffentlichkeit g. 그는 (이 일을) 여론에 호소하려 한다. **3. a)** 바라던 상태에 이르다: zur Ruhe g. 조용해지다, 안정되다; ich bin zu der Erkenntnis gelangt, daß... 나는 …하다는 인식에 도달했다. **b)** 〈수동을 나타내는 기능 동사〉 …하게 되다: zum

Abschluß g. 완료(완성)되다; zum Einsatz g. 투입되다; zur Verteilung g. 분배되다.
gelangweilt: ↑langweilen 참조. **Gelangweiltheit**, die 지루함.
gelappt [gə'lapt] 〈Adj.〉 [식물] (나뭇잎이) 갈라진.
Gelärm, das; -s, **Gelärme** [gə'lɛrm(ə)], das; -s 《팽》 (끊임없는) 소음, 떠들썩함.
Gelasma [ge'lasma], das; -s, -ta / ...men [griech. gélasma] [의학] 경련성 웃음.
Gelaß [gə'las], das; Gelasses, Gelasse 《아어》 협소한 (지하실) 방(공간): er wurde in ein dunkles G. gesperrt 그는 어두운 지하실 방에 갇혔다.
gelassen [gə'lasn̩] **1.** ↑lassen 참조. **2.** 〈Adj.〉 태연한, 침착한, 냉정한, 의젓한: mit -er Miene 안색을 변하지 않고; etwas g. hinnehmen 무엇을 태연히 받아들이다. **Gelassenheit**, die 태연함, 평정, 침착.
Geläster [gə'lɛstɐ], das; -s 《팽》 (끊임없는) 혐구, 중상, 비방.
Gelatine [ʒela'ti:nə], die [lat. gelatina] 젤라틴, 아교. **gelatineartig** 〈Adj.〉 젤라틴 같은, 젤라틴 형태의. **Gelatinekapsel**, die 젤라틴 캡슐. **gelatinieren** [ʒelati'niːrən] **a)** 〈s〉 젤라틴이 (교질화)되다. **b)** 〈h〉 용액을 젤라틴화시키다. **gelatinös** [...'nøːs] 〈Adj.〉 [frz. gélatineux] 젤라틴 형태의.
Geläuf [gə'lɔyf], das; -(e)s, -e **1.** [사냥] (조류의) 흔적, 족적(足跡). **2.** [스포츠] **a)** 경마장의 땅바닥. **b)** 경기장의 땅바닥, 그라운드. **3.** 〈농〉 ↑Gelaufe. **Gelaufe** [gə'laufə], das; -s 《끊임없는》 달림, 동분서주. **gelaufen** [gə'laufn̩] **1.** laufen 참조. **geläufig** 〈Adj.〉 **1.** 잘 알려진, 친숙한, 일반적인: -e Ausdrücke 사람 입에 자주 오르내리는 표현. **2.** 유창한, 능숙한: in -em Französisch 유창한 프랑스어로; **3.** Klavier spielen 바이마노를 능숙하게 연주하다. **Geläufigkeit**, die **1.** 잘 알려져 있음, 일반적임, 친숙함. **2.** 능숙함, 완전함. **Geläufigkeitsübung**, die [음악] 숙련 연습.
gelaunt [gə'launt] 《다음 용법으로》 **1. g. sein** …한 기분이다: wie ist er g.? 그 사람 기분이 어때?; ein gut-er [gutgelaunter] Chef 기분이 좋은 상태에 있는 상븐. **2. zu etw. g. sein** 《준고어》 …할 기분이 나다: wozu bist du g.? 무엇을 하고 싶은 기분이니?
Gelaut [gə'laut], das; -(e)s, -e **1.** ↑Geläute (2). **Geläut** [gə'lɔyt], das; -(e)s, -e **1.** (화음을 이루는) 교회의 종: die Gemeinde sammelte für ein neues G. 그 교구는 새 종을 봉헌하기 위해 돈을 모았다. **2.** 《Pl. 없음》 ↑Geläute (1) 참조. **Geläute**, das; -s **1.** 연속적으로 울리는 소리. **2.** [사냥] 사냥개의 짖어대는 소리.
gelb [gɛlp] 〈Adj.〉 노란, 황색의: von vielen Rauchen -e Finger bekommen 담배를 많이 피워 손가락이 노래지다; die Blätter werden schon g. 나뭇잎들이 벌써 노랗게 단풍이 든다; -e Rüben 《südd.》 당근; die -e Rasse 황인종; etw. ist das Gelbe vom Ei 《통용어》 무엇이 최고(최선책)이다. **Gelb** [-], das; -s, -/《통용어》-s 황색, 노랑(물감), 황색 신호: bei G. ist die Kreuzung zu räumen 노란 불일 때는 교차로를 빠져나가야 한다.
gelb-, Gelb-: **~aal**, der 민물뱀장어. **~bauchunke**, die 배에 노란 점이 있는 유럽산 두꺼비. **~beere**, die ↑Kreuzdornbeere. **~bleierz**, das ↑Wulfenit. **~braun** 〈Adj.〉 황갈색의: -e Haut haben 황갈색 피부를 갖다. **~buch**, das [정치] 황서(黃書: 표지나 장정이 황색의 프랑스의 외교 공보 문서). **~dolde**, die 황색 꽃이 피는 산형과 식물. **~ei**, das 〈지역적・준고어〉 달걀의 노른자위. **~erde**, die 황토. **~fieber**, das 〈Pl. 없음〉 [의학] 황열병(黃熱病). **~fiebermücke**, die 황열병 모기. **~fievervirus**, das 황열병 바이러스. **~filter**, der, 《전문어에서는 대개》 das [사진] 황색 필터. **~fleckenkrankheit**, die 잎에 반점이 생기는 자두나무의 병. **~gießer**, der [niederd. geelgeter] 《준고어》 황동 주조업자, 놋쇠업자. **~grün** 〈Adj.〉 황록색의. **~grünfilter**, der, 《전문어에서는 대개》 das 황록색 필터. **~guß**, der [금속] 황동 주조. **~holz**, das **1.** ↑Fisettholz. **2.** 황목(黃木). **~holzrinde**, die ↑Faulbaumrinde. **~horn**, der 무환자나무 관목. **~klee**, der ↑Hopfenklee. **~körper**, der [해부・의학] (난소의) 황체. **~körperhormon**, das (난소의) 황체 호르몬. **~kreuz**, das 〈Pl. 없음〉 [Gelbkreuzgas의 약칭; 용기의 황십자 표시에 따라] (특히 일차대전 때 사용되었던) 화학무기. **~licht**, das 〈Pl. 없음〉 [교통] (신호등의) 노란 불, 황색 신호. **~randkäfer**, der 윗부분에 노란 테두리가 있는 물방개. **~reizker**, der ↑Grünling (1). **~rost**, der (곡물의) 깜부기병. **~rot** 〈Adj.〉 주황색의, 오렌지색의. **~rübe**, die 《südd.》 ↑Mohrrübe. **~schnabel**, der 〈통용어・고어〉 (햇)병아리, 풋내기. **~schwämmchen**, der, **~schwammerl**, das 《지역적》 ↑Pfifferling. **~seiden** 〈Adj.〉 노란(황색) 비단의. **~spötter**, der 아랫부분이 황색, 윗부분이 회녹색이며 다른 새들의 울음 소리를 잘 흉내내는 새. **~stern**, der ↑Goldstern. **~sucht**, die 〈Pl. 없음〉 [의학] 황달. **~süchtig** 〈Adj.〉 황달의, 피부가 누렇게 뜬. **~veigelein**, das [südd.] ↑Veilchen의 병용형 〈südd.〉 향꽃무. **~weiderich**, der ↑Gilbweiderich. **~wurst**, die 노란 (훈제) 장 소시지. **~wurz**, die ↑Schellkraut. **~wurz**, die 삼황, 울금.
¹Gelbe* ['gɛlbə], der / die 노란둥이(황인종에 대한 폄어), 황색인. **²Gelbe*** [-], der 《속어》 누런 가래(침). **³Gelbe*** [-], das; -n 황색, 노랑. **gelblich** 〈Adj.〉 누런 빛을 띤, 누르스름한: das Papier ist schon g. geworden 종이가 벌써 누렇게 바랬다. **gelblichgrün** 〈Adj.〉 황록색의. **gelblichweiß** 〈Adj.〉 황백색의.
Gelcoat ['gɛlkoːt], 〈engl.〉 ['dʒelkoʊt], das; -s [engl. gel coat] 보트 외벽의 표면층.
Geld [gɛlt], das; -es, -er **1.** 《Pl. 없음》 돈, 화폐: bares G. 현금; großes G. 큰돈, 지폐; kleines G. 동전, 잔돈; G. abheben 예금을 찾다; G. fälschen 화폐를 위조하다; das ist sein G. wert 그것은 그만한 값어치가 있다; G. scheffeln 《통용어》 떼돈을 벌다; etw. für teures G. erwerben 무엇을 비싼 돈을 주고 사다; mit G. nicht umgehen können 돈을 낭비하다; leichtes G. 쉽게 벌 수 있는 돈; schmutziges G. 부정한 방법으로 얻은 돈; heißes G. 1) 핫머니. 2) 강탈한 것이라 빨리 처분해야 하는 돈; G. flüssigmachen (유가증권 등을 팔아) 현금을 마련하다; G. arbeiten lassen 자금을 굴리다; der Traum vom großen G. 부에 대한 꿈; 정구에 kommt G. zu G. 부자와 부자가 결혼한다; 속담에 stinkt nicht 돈에는 냄새가 없다(차이가 없다); G. regiert die Welt 세상만사가 돈에 달려있다; G. und Gut (아이) 전 재산; **hier liegt das G. auf der Straße** 여기에서는 쉽게 재산을 모을 수 있다; jmdm. rinnt das G. durch die Finger 누구가 돈을 마구 쓰다; (**das große**) **G. machen** 돈을 (많이) 벌다, 치부하다; **sein G. unter die Leute bringen** 《통용어》돈을 빨리 써버리다; **sein G. durch die Gurgel jagen** 《통용어》 술로 재산을 탕진하다; **jmdm. das G. aus der Tasche ziehen** 《통용어》 1) 누구가 돈을 쓰도록 만들다. 2) 누구에게 바가지 씌우다; **G. wie Heu haben(im G. schwimmen)** 《통용어》 매우 부유하다; **sein G. (mit beiden Händen) auf die Straße werfen[zum Fenster hinauswerfen, zum Schornstein hinausjagen]** 《통용어》 돈을 무모하게 낭비하다; **nicht für G. und gute Worte** 《통용어》 어떤 경우라도[

떤 일이 있어도) …하지 않는다; **zu G. kommen** 부자가 되다; **etw. zu G. machen** 무엇을 팔다. **2.** 〈대개 Pl.〉 (특정한 곳에서 나온 특정한 목적을 위한 많은 액수의) 돈, 자금: öffentliche (er) 공금; über das nötige G. [die nötigen -er] verfügen 필요한 자금을 확보하고 있다. **3.** [증권] ↑Geldkurs의 약칭.

geld-, Geld-: ~**adel**, der ↑Finanzaristokratie. ~**angelegenheit**, die 〈대개 Pl.〉 금전[돈] 문제[관계]. ~**anlage**, die 투자 대상: Grundstücke sind eine sichere G. 토지는 안전한 투자 대상이다. ~**aristokratie**, die ↑Finanzaristokratie. ~**aufwand**, der (필수적인 생활비 이상의) 경비 지출. ~**automat**, der 현금 자동 인출기. ~**beihilfe**, die 〈대개 Pl.〉 금전 지원. ~**betrag**, der (약간의) 돈, 금액. ~**beutel**, der **a)** (südd.) 돈 주머니, (돈)지갑: er ist noch vom G. des Vaters abhängig 그는 아직도 아버지의 경제적 도움을 받 [전의] 으며 산다. für etw. tief in den G. greifen (통용어) 무엇을 위해 많은 돈을 지출하다; einen kleinen (großen) G. haben (통용어) 부유(가난)하다; **auf dem**[**auf seinem**] **G. sitzen** (통용어·폄) 인색하다. ~**bombe**, die [금융] 돈을 담아 은행 마감 시간 후 지정 투입구에 집어넣는 금속통. ~**börse**, die (아이) (가죽) 돈지갑. ~**briefträger**, der (통용어) 현금[등기 우편물] 배달부. ~**büchse**, die (준고어) 저금통. ~**bündel**, das 돈다발. ~**buße**, die 벌금, 과태료. ~**entschädigung**, die 현금 배상(변상). ~**entwertung**, die ↑Inflation. ~**ersatz**, der ↑surrogat. ~**erwerb**, der **1.** 돈벌이: auf G. aussein 돈벌이를 목표하고 있다. **2.** 돈을 벌려는 직업 활동. ~**forderung**, die 금전 청구, 채권, (받을) 빚: eine G. an(gegen) jmdn. haben 누구에게 받을 빚이 있다. ~**frage**, die 금전(상의) 문제: ob wir verreisen können, das ist eine G. 우리의 여행 여부는 돈 문제이다. ~**geber**, der 자금 제공자, 출자자, 물주. ~**geschäft**, das 〈대개 Pl.〉 금융업, 금전 거래. ~**geschenk**, das 현금 증여(선사). ~**gier**, die (폄) 금전욕. ~**gierig** 〈Adj.〉(폄) 금전을 탐하는. ~**gründe** 〈Pl.〉 (다음 용법으로) **aus -n** 돈 때문에. ~**gürtel**, der ~**katze**. ~**hahn**, der (대개 다음 용법으로) (**jmdm.**) **den G. ab-**(**zu**)**drehen** (통용어) (누구에게) 더 이상 돈을 주지 않다. ~**heirat**, die 돈[금전] 목적의 결혼. ~**herrschaft**, die 금권 통치. ~**institut**, das 〈대개 Pl.〉 금융 기관. ~**kapital**, das [경제] 현금 및 유가증권 자본. ~**kassette**, die 금고, 돈궤. ~**katze**, die (옛날) 돈주머니. ~**klemme**, die (통용어) 재정[자금]난, 돈이 궁한 상태. ~**knappheit**, die 금융[통화] 박. ~**kurs**, der [증권] 환율. ~**leistung**, die 〈대개 Pl.〉 [관] 화폐 급수, 현금 지불. ~**mangel**, der 〈Pl. 없음〉 자금 부족[결핍]. ~**mann**, der 〈Pl. -leute〉 전주, 자본가. ~**markt**, der [경제] 화폐[금융] 시장. ~**menge**, die ↑~umlauf. ~**mittel** 〈Pl.〉 자금, 재원: seine G. sind erschöpft 그의 자금이 떨어졌다. ~**not**, die 자금 부족(궁핍), 자금난: in G. sein 자금이 궁핍하다. ~**politik**, die 금융(화폐·통화) 정책. ~**polster**, das 비축한 돈. ~**prämie**, die 상금, 보상금, 장려금. ~**preis**, der 상금. ~**quelle**, die 재원, 자금원. ~**rolle**, die [금융] 포장경화(硬貨), 동전말이. ~**sache**, die ↑~angelegenheit: in ~ n hört der Gemütlichkeit auf 정감(情感)은 돈 문제에 이르러서는 멈춘다. ~**sack**, der **1. a)** (고어) 돈자루: **auf seinem G. sitzen** (통용어·폄) **b)** 현금 수송용 자루. **2.** (통용어·폄) 매우 부유하나 인색한 사람, 노랭이, 수전노. ~**säckel**, der 《지역적》 ↑~sack (1 의). ~**schein**, der 지폐. ~**schneider**, der 《통용어》 지나치게 이윤만 생각하는 상인, 바가지 씌우는[폭리를 취하는] 상인. ~**schneiderei**, die 《통용어》 바가지 씌우 기. ~**schöpfung**, die [재정] (국가나 금융 기관을 통한 추가적인) 화폐[자금] 조달. ~**schrank**, der 금고. ~**schrankknacker**, der 《통용어》 금고털이. ~**schuld**, die (진) 빚, 금전 채무, 부채, 빚. ~**schwemme**, die 《통용어》 갑작스런 부, 돈이 남아도는 상태. ~**schwierigkeiten** 〈Pl.〉 자금[재정]난. ~**sorgen** 〈Pl.〉 돈 걱정. ~**sorte**, die [금융] 가치의 (외국) 화폐. ~**spende**, die 현금 기부, 기부금(반대: Sachspende). ~**spritze**, die (경제 은어) (기업이나 산업분야에 대한) 자금 지원(수혈). ~**strafe**, die 벌금(형), 과료. ~**stück**, das 주화, 동전. ~**summe**, die 금액, 액수. ~**surrogat**, das [전문어] **a)** 환, 어음, 수표(화폐 대용 증권). **b)** ↑Notgeld. ~**tasche**, die 돈지갑, 돈주머니. ~**umlauf**, der 통화량. ~**umtausch**, der 화폐 교환, 환전. ~**verkehr**, der 〈Pl. 없음〉 (한 나라 안에서나 국가간의) 화폐 유통. ~**verlegenheit**, die (은폐적) (일시적) 자금난. ~**verleiher**, der 대금(사채)업자. ~**verlust**, der 금전상의 손실. ~**verschwendung**, die 금전 낭비. ~**wechsel**, der ↑~umtausch. ~**wert** 〈Adj.〉 [금융] 화폐[통화] 가치의. ~**wert**, der **a)** 금전적 가치, 값진 [전문어]: die alte Truhe hat einen hohen G. 이 오래된 궤짝은 상당한 금전적 가치가 있다. **b)** (국가의) 화폐[통화] 가치. ~**wertstabilität**, die 화폐 가치의 안정. ~**wesen**, das 〈Pl. 없음〉 화폐 제도, 재정, 금융. ~**wirtschaft**, die 화폐 경제. ~**zahlung**, die 현금 지급(불). ~**zirkulation**, die ↑~umlauf. ~**zusteller**, der (우체국의) 현금 취급인. ~**zuwendung**, die 〈대개 Pl.〉 (정기적인) 현금 지원.

Geldeswert, der; -(e)s 현금과 같은 가치를 가지는 물건, 귀중품, 귀금속: mit[für] Geld und G. 현금과 현금 가치가 있는 것으로. **geldig** ['gɛldɪç] 〈Adj.〉 (bayr., österr.) 부유한, 돈이 많은. **geldlich** 〈Adj.〉 돈의, 금전상의: -e Schwierigkeiten 금전상의 애로.

geleckt [gə'lɛkt] **1.** ¹lecken 참조. **2.** 〈Adj.〉(대개 다음 용법으로) **wie g. aussehen** (통용어·농) **1)** 아주 말쑥하게[청결하게] 보이다. **2)** 아주 단정한 옷차림을 하다. **Gelecktheit**, die 말쑥한(산뜻한) 외모.[옷차림].

Gelee [ʒe'le:, (또한) ʒo'le:], der (또는) das; -s, -s [frz. gelée] **a)** (과즙의) 젤리. **b)** (고기즙, 어즙의) 젤리. **c)** 젤리로 만든 단 음식.

Gelege [gə'le:gə], das; -s, - (새나 파충류의) 한배의 알(전체). **Gelegestärke**, die 《전문어》 한배에 깐 알의 숫자.

gelegen [gə'le:gn] **1.** ↑liegen 참조. **2.** 〈Adj.〉(시기가) 적당한, 형편에 알맞은, 때에 맞는: zu -er Stunde 적절한 시간에, 적시에. **Gelegenheit**, die; -en **1.** 기회, 호기: dazu bietet sich bald (eine) G. 그럴 기회가 곧 주어질 것이다; jmdm. (die) G. geben, etw. zu tun 누구에게 무엇을 할 기회를 주다; die G. nutzen 기회를 이용하다; bei der nächsten G. 다음 기회[번]에; bei G. 기회가 있으면, 형편 보아서; [종급] **G. macht Diebe** 견물생심이다, 기회가 도둑을 만든다; **die G. beim Schopf(e) fassen**[**ergreifen, packen, nehmen**] 좋은 기회를 놓치지 않고 (움켜)잡다. **2.** (P1.), 계기: nur zu festlichen -en wird der Saal benutzt 홀은 축제 때에만 사용된다; bei G. seines Besuches (격식독어) 그의 방문을 계기로. **3.** [광고] (유리한) 할인 판매. **4.** 《은폐》 화장실.

Gelegenheits-: ~**arbeit**, die 임시로 하는 일. ~**arbeiter**, der 임시 노동자[근로자]. ~**bildung**, die [언어] 즉석 조어. ~**dichter**, der 특정한 기회에 작품을 쓰는 시인, 즉흥(경조) 시인. ~**dichtung**, die 특정한 기회에 쓰이는 작품[시]. ~**gedicht**, das (계획에 없다가 값이 싸서 즉석에서 결정된) 즉흥 구매. **b)** 즉흥 구매품. ~**rau-**

cher, der 담배를 가끔 피우는 사람.
gelegentlich [gə'le:gntliç] I. 〈Adj.〉 **a)** 때(기회, 형편)가 적절한: diese Sachen sollen g. verkauft werden 이 물건들은 적당한 기회에 팔 예정이다. **b)** 가끔의, 때때로의, 이따금의: -e Niederschläge 가끔 내리는 비(눈). II. 〈Präp.[2]〉 (격식독어) …의 기회(계기)에[로]: g. seines Besuches wurde vereinbart, daß… 그의 방문을 계기로 …이 합의되었다.
gelehrig [gə'le:rɪç] 〈Adj.〉 잘 깨우치는, 잘 알아듣는, 이해[눈치]가 빠른, 영리한: ein -er Schüler 이해가 빠른 학생. **Gelehrigkeit**, die ↑gelehrig의 명사형. **gelehrsam** 〈Adj.〉 **1.** ↑gehrig: ein -es Tier 영리한 짐승. **2.** 《고어》 유식[박식]한, 학문이 깊은. **Gelehrsamkeit**, die (아어) 박학다식, 높은 학식. **gelehrt** 〈Adj.〉 **a)** 배움[학식]이 있는, 박학다식한: ein -es Haus (통용어·농) 박식한 사람. **b)** 학술[학문]적인, 학술[학문]상의: -e Angriffe gegen eine Theorie 어떤 이론에 대한 학문적 공박; der -e Apparat eines Buches 책의 주석 및 참고문헌 목록. **c)** (편) 현학적인: er drückt sich immer so g. aus 그는 언제나 그처럼 현학적인 표현을 쓴다. **Gelehrte***, der / die 〈전문〉학자: 생각 darüber streiten sich die -n[sind sich die -n noch nicht einig] 그것은 전문학자들 사이에도 의견이 엇갈리는 문제이다. **Gelehrtentum**, das; -s 학자 정신[근성, 기질].
Gelehrten-: ~**dasein**, das 학자(로서)의 삶[생활]. ~**familie**, die 학자 가문. ~**kopf**, der 학자적 두뇌. ~**streit**, der 학술 논쟁. ~**stube**, die 학자의 서재: 전의 das kommt aus der G., nicht aus der Praxis 그것은 실제[현실]와는 너무 동떨어진 것이다. ~**welt**, die 〈Pl. 없음〉 학계.
Gelehrtheit, die 박식, 풍부한 지식.
Geleier [gə'laɪɐ], das; -s **a)** (끊임없는) 탄주, 연주. **b)** 단조로운 연주(낭송).
Geleise [gə'laɪzə], das; -s, - 〈österr.·아어〉 ↑ Gleis.
Geleit [gə'laɪt], das; -(e)s, -e 〈아어〉 동행, 수행, 안내, 호위: im G. des Präsidenten 회장(의장)의 안내로; freies[sicheres] G. 〈역사적·법〉 자유 통행권, 치외법권의 보호; jmdm. das G. geben 〈아어〉 누구가 (공식적으로) 수행하다; jmdm. das letzte G. geben (아어·완폐) 누구의 장례식에 참석하다; zum G. (책의) 권두어, 머릿말, 서문. **b)** 수행원, 호위자. **Geleite**, das; -s, - 〈고어〉 ↑ Geleit.
Geleit-: ~**boot**, das 소형 호위함. ~**schiff**, das 호위함. ~**schutz**, der (군사적) 호위, 호송: jmdm. G. geben 누구를 호위하다. ~**wort**, das 서언, 서문, 머리말. ~**zug**, der (군) 호송 선단.
geleiten 〈h〉 (아어) 수행하다, 안내, 호위)하다: er geleitete den Gast zur Tür 그는 손님을 문까지 바래다 주었다.
gelenk [gə'lɛŋk] 〈Adj.〉 〈고어〉 유연한, 굽히기 쉬운.
Gelenk, das; -(e)s, -e **a)** 관절: die -e krachen 관절이 부러지다; im Alter bekommt man steife -e 나이를 먹으면 관절이 굳어진다. **b)** (기계) 링크(이음쇠), das G. muß geölt werden 이음쇠에 기름을 쳐야 한다.
Gelenk- (österr. 〈대개〉 Gelenks-): ~**empyem**, das 관절농(膿)증. ~**entzündung**, die (의학) Arthritis. ~**fahrzeug**, das 연결식 차량. ~**gicht**, die Gicht. ~**kapsel**, die (해부) 관절포(包). ~**knorpel**, der 관절 연골. ~**kopf**, der 관절 골두(骨頭). ~**kugel**, die (해부) 관절화(髁). ~**maus**, die (의학) 관절서(鼠). ~**obus**, ~**omnibus**, der 연결식 버스(↑ ~**fahrzeug**). ~**pfanne**, die (해부·의학) 관절와(窩). ~**plastik**, die (의학) 인공 관절. ~**puppe**, die (↑ Gliederpuppe. ~**rheumatismus**, der (의학) 관절

류머티즘. ~**schmerz**, der (의학) 관절통. ~**schmiere**, die (해부) 관절 활액(滑液). ~**straßenbahn**, die 연결식 전차. ~**versteifung**, die (의학) 관절 강직(경직(硬着)). ~**wagen**, der ↑ ~**fahrzeug**. ~**wassersucht**, die (의학) 관절 수종(水腫). ~**welle**, die (자동차) 자재 전동축(自在傳動軸), 카르단축. ~**zug**, der (교통) 연결식 열차.
gelenkig 〈Adj.〉 **a)** 몸(놀림)이 유연한(가벼운): er sprang g. über den Zaun 그는 유연하게 울타리를 뛰어 넘었다. **b)** (기계) 링크(이음쇠)가 있는, 움직이도록 연결된. **Gelenkigkeit**, die ↑ gelenkig의 명사형.
Gelenks- (österr.) ↑ Gelenk- 참조.
gelernt [gə'lernt] 〈Adj.〉 직업 교육(훈련)을 받은: sie ist -e Verkäuferin 그녀는 직업 교육을 받은 판매원이다.
gelesen [gə'le:zṇ] ↑ lesen 참조.
Geleucht [gə'lɔʏçt(e)], das; -s **1.** (아어) 불이 비침, 특별한 불빛. **2.** 갱내용 등, 안전등.
Gelichter [gə'lɪçtɐ], das; -s 〈준고어·편〉 불량배.
geliebt: ↑ lieben 참조. **¹Geliebte***, der **1. a)** (유부녀의) 정부, 내연의 남자: einen -n haben 정부가 있다. **b)** (준고어) 남자 애인(연인): ihr -r ist viel jünger als sie 그녀의 애인은 그녀보다 훨씬 젊다. **2.** (아어·고어) 남자 애인에 대한 호칭. **²Geliebte*** [-], die, **1. a)** (유부남의) 정부(情婦): nach der Scheidung hat er seine langjährige G. geheiratet 이혼한 후 그는 오랫동안 사귄 정부와 결혼하였다. **b)** (준고어) 여자 애인(연인): er wohnt mit seiner -n zusammen 그는 애인과 동거하고 있다. **2.** (아어·고어) 여자 애인에 대한 호칭.
geliefert 1. ↑ liefern 참조. **2. g. sein** (경) 몰락한, 끝장난, 구할 수 없는, 죽은: jetzt bist du g. 이제 너는 끝장이다.
geliehen [gə'li:ən] ↑ leihen 참조.
gelieren [ʒe'li:rən, 〈또한〉 ʒə'li:rən] 〈h〉 [frz. geler] 젤리처럼 엉기다[굳다]: Beeren gelieren besonders gut 딸기류는 특히 젤리처럼 잘 굳는다. **Geliermittel**, das (요리) 젤리화(化) 촉진제(젤라틴 등). **Gelierzucker**, der 젤리화 촉진제가 첨가된 설탕.
Gelifraktion [gelifrak'tsio:n], die, -en [lat. gelū (gelum, gelus) u. ↑ Fraktion] (지질) (인공어) ↑ Frostverwitterung.
gelind(e) 〈Adj.〉 **1.** (아어·준고어) **a)** 부드러운, 온화한: gelindes Klima 온화한 기후. **b)** 약한: ein gelinder Regen 보슬비, 가랑비; etw. bei gelindem Feuer braten 무엇을 약한 불에 굽다. **c)** 경미한, 관대한, 너그러운: mit einer gelinden Strafe davonkommen 관대한 벌로써 면제되다. **d)** 조심스러운, 가벼운. **2.** 〈adv. nur: gelinde〉 (말하다는 동사나 그에 해당되는 명사와 결합하여) 완곡한, 조심스런, 부드러운: das ist nur ein gelinder Ausdruck dafür 그것이 완곡한 표현에 불과하다; das ist, gelinde gesagt, nicht sehr geschickt von ihm 완곡하게 말해도 그가 그 일을 세련되지 처리하지 못했어. **3.** (통용어) 억누를 수 없는: da packte ihn gelinde Wut 억누를 수 없는 분노가 그를 엄습하였다.
gelingen [gə'lɪŋən] 〈s〉 잘되다, 성공하다, 성취되다(↑ gelungen 참조): das Werk gelingt 작품이 잘된다; das ist (ihm) gut gelungen (그는) 그것을 잘 만들었다; es gelang mir nicht, ihn zum Mitkommen zu überreden 나는 그가 같이 가도록 설득하지 못했다; (흔히 과거분사로) eine gelungene Überraschung 성사된 놀라운 일(사건); die Aufführung war sehr gelungen 공연은 대단히 성공적이었다. **Gelingen**, das; -s 잘 이루어짐, 성공: auf ein gutes G. 성공을 위해.
Gelispel [gə'lɪspḷ], das; -s (아어·고어·편) (끊임없는) 속삭임, 중얼거림, 재잘거림. **gelispelt**: ↑ lispeln 참조.

gelitten [gə'lɪtn̩] ↑leiden 참조.

¹gell [gɛl] 〈Adj.〉《아어》《소리가》 큰, 날카로운, 찢길 듯한: das Lachen wurde immer -er 웃음소리가 점점 더 커졌다.

²gell? [-] 《감탄》 (südd.) ↑²**gelt? gelle?** ['gɛlə] 《감탄》 (md.) ↑²gelt?

gellen ['gɛlən] 〈h〉 **a)** 날카롭게 울리다, 쩨지다 소리를 내다: seine Stimme gellte mir in den Ohren 그의 목소리가 내 귀에 쩽쩽 울렸다. **b)** 《소리가》 울려 퍼지다, 진동하다: sie schrie, daß das ganze Haus gellte 그녀는 온 집안이 진동하도록 고함을 질렀다.

geloben 〈h〉 《아어》 **a)** 굳게 약속하다, 서약(선서, 맹세)하다: einander(sich)(gegenseitig) Treue g. 서로 충성을 맹세하다; er gelobte, sie nie zu verlassen 그는 그녀를 결코 떠나지 않기로 굳게 약속하였다. **b)** (g. +sich) 굳게 작정(결심, 다짐)하다: ich habe mir gelobt, ein anderer Mensch zu werden 나는 다른 사람이 되기로 굳게 다짐했다. **Gelöbnis** [gə'lø:pnɪs], das; -ses, -se 《아어》 굳은 약속, 서약, 맹세. **Gelöbnisfeier**, die 《병사들의》 선서(서약)식.

Gelock [gə'lɔk], das; -(e)s 《아어》 고수머리.

Geloder [gə'lo:dɐ], das; -s 밝게 달아(타)오름.

gelogen [gə'lo:gn̩] ↑lügen 참조.

gelöst [gə'lø:st] **1.** ↑lösen 참조. **2.** 〈Adj.〉 긴장이 풀린, 느긋한, 근심 걱정이 없는: eine -e Stimmung 긴장이 풀린 느긋한 기분. **Gelöstheit**, die 긴장이 풀린 상태.

Gelse ['gɛlzə], die; -n (österr.) 모기.

Gelsenkirchen [gɛlzn̩'kɪrçn̩] 젤젠키르헨(독일의 도시). **¹Gelsenkirchener**, der; -s, - 젤젠키르헨인. **²Gelsenkirchener** 〈Adj.; 격변화 없음〉 **G. Barock** 《농》 바로크 장식의 신형 가구.

¹gelt 〈Adj.〉 【사냥·《지역적》 농업】 새끼를 낳지 못하는, 결실을 맺지 못하는: das Tier ist in diesem Jahr g. 그 짐승은 금년에 새끼를 낳지 못했다.

²gelt? [-] 《감탄》 (südd., österr.·통용어) 그렇지 않아요?

Gelte ['gɛltə], die; -n **a)** 《지역적》《물》통. **b)** (südd.) 우유(젖) 짜는 통.

gelten* ['gɛltn̩] 〈h〉 **1.** 유효하다, 통용되다: die Fahrkarte gilt zwei Monate 차표는 2개월간 유효하다; das gilt nicht! 그것은 규칙에 어긋난다(게임, 놀이 속에서); nach geltendem Recht 현행법에 따라; etw. [jmdn.] (nicht) g. lassen 무엇(누구)를 인정하다(인정하지 않다): diesen Einwand lasse ich nicht g. 이 이의를 나는 인정하지 않겠다. **2.** 《특정한》 가치(값어치)가 있다, 값이 …이다: diese Münze gilt nicht viel 이 주화는 별로 값어치가 없다; es gilt ihm gleich, ob… …이든 아니든 그에게는 상관이 없다. **3.** 간주되다, 여겨지다: als ein (überzeugter) Sozialist g. 확고한 사회주의자로 간주되다; das gilt als sicher 그것은 확실한 것으로 간주된다. **4. a)** 누구(무엇)에게 해당되다(향하다): der Beifall galt den Schauspielern 박수갈채는 배우들을 향한 것이었다. **b)** 《아어》 누구(무엇)에 쏠리다(향하다): mein Interesse gilt diesem Problem 나의 관심은 이 문제에 쏠려 있다. **5.** 〈비인칭〉 **a)** 무엇이 중요(필요)하다, …해야 한다: es gilt einen Versuch 시도해볼 필요가 있다; dieses Ziel gilt es zu erreichen 이 목표는 달성되어야 한다. **b)** 《아어》 무엇이 문제이다(걸려 있다): es gilt seine Ehre 그의 명예가 걸려 있다. **geltend** 《다음 용법으로》 **etw. g. machen** 무엇을 주장(관철)하다, 유효하게 쓰다, 시행하다: seine Wünsche (Forderungen) g. machen 그의 소원(요구 조건)을 관철시키다; **sich g. machen** 무엇이 작용하다, 나타나다: die Mißstimmung hat sich in Unruhen g. gemacht 불만이 동요로 나타났다. **Geltendmachung** ['gɛltn̩tmaxʊŋ], die 《격식독어》 주장, 관철, 시행, 행사.

Geltier, das; -(e)s, -e 【사냥】 (그 해에 새끼를 낳지 않은) 짐승의 암컷.

Geltung, die **1.** 가치(가 있음), 효력, 적용됨, 통용됨: G. haben 해당(적용)되다, in G. sein(bleiben) 유효하다. **2.** 세력, 영향력, 효능, 효력: ein Mann von G. 영향력 있는 남자; jmdm. [sich¹, einer Sache] G. verschaffen 누구(자신, 무엇)에게 권위를 부여하여 존중되게 하다; **an G. verlieren** 신망(중요성)을 잃다; **zur G. bringen** 효과적으로(유리하게) 행사하다, 관철(주장)하다: seine Ansichten immer wieder zur G. bringen 자신의 견해를 계속해서 타당한 것으로 주장하다; **zur G. kommen** 가치가 나타나다, 효과를 발휘하다, 유리하게 작용하다.

geltungs-, Geltungs-: **~bedürfnis**, das 〈Pl. 없음〉 존경받고 싶은 욕구, 자기 현시(顯示)욕, 권세욕. **~bedürftig** 〈Adj.〉 자기를 내세우는. **~bereich**, der 적용 범위(구역). **~dauer**, die 유효 기간: ein Mietvertrag mit zehnjähriger G. 유효 기간 10년의 임대 계약. **~drang**, der ↑~bedürfnis. **~streben**, das ↑~bedürfnis. **~sucht**, die 〈Pl. 없음〉 지나친(병적인) 자아현시욕. **~süchtig** 〈Adj.〉 지나친 자아현시증의. **~trieb**, der 자기 현시 충동. **~wille**, der 존경받고 싶은 의지, 자기 현시 욕구.

Geltvieh, das; -(e)s 《지역적》 ↑Galtvieh.

Gelübde [gə'lʏpdə], das; -s, - 《아어》《신 앞에서의》 서약, 선서, 맹세, 기원, 서원(誓願): ein G. tun 서약하다; sein G. halten(brechen) 서약을 지키다(깨뜨리다); die ewigen G. ablegen 【가】 수도서원을 하다; an ein G. gebunden sein 서약에 묶여 있다.

Gelump, das; -(e)s, **Gelumpe** [gə'lʊmp(ə)], das; -s **1.** 《욕어·폄》 허접쓰레기, 잡동사니. **2.** 《폄》 쓸모없는 인간, 인간 쓰레기.

Gelünge [gə'lʏŋə], das; -s ↑²Geräusch.

gelungen [gə'lʊŋən] **1.** ↑gelingen 참조. **2.** 〈Adj.〉《통용어》 기묘한, 우스꽝스러운: das ist eine -e Idee 그것은 기발한 생각이다; du siehst in deinem Faschingskostüm einfach g. aus 사육제 복장을 한 네 모습이 정말 우스꽝스럽다.

Gelüst, das; -(e)s, -e, **Gelüste** [gə'lʏst(ə)], das; -s, - 《아어》《강렬한》 욕망, 욕구, 충동, 정욕: sexuelle Gelüste 성욕; ein G. auf etw. haben 무엇에 대한 강한 욕망을 가지다. **gelüsten** [gə'lʏstn̩] 《아어》 〈h〉 《비인칭》 《아어》 강한 욕구를 느끼다, 갈망하다, 탐내다: mich gelüstet (es) nach frischem Obst 나는 신선한 과일을 먹고 싶다. **Gelüsten** [-], das; -s 《고어》 ↑Gelüst.

gelüstig 〈Adj.〉 《지역적·아어》 갈망하는, 탐하는, 음탕한: mit -en Blicken 음탕한 눈(빛)으로; sie ist g. auf Schokolade 그녀는 초콜릿을 매우 먹고 싶어한다.

Gelze ['gɛltsə], die; -n 거세한 암퇘지. **gelzen** 〈h〉 《농업·고어·지역적》 《돼지를》 거세하다.

GEMA ['ge:ma], die 음악 저작권협회.

gemach [gə'ma(:)x] 〈Adv.〉 《고풍》 천천히, 서두르지 않고, 유유히: nur g.! 서두르지 말고 천천히! **Gemach** [gə'ma(:)x], das; -(e)s, **Gemächer** [gə'mɛ(:)çɐ] / 《고형》 -e 《아어》 방, 거실: sich in seine Gemächer zurückziehen 자기 방으로 가다, 잠자리에 들다. **gemächlich** [gə'mɛ(:)çlɪç] 〈Adj.〉 **a)** 여유있는, 유유한, 서두르지 않는: -en Schrittes daherkommen 여유 있는 발걸음으로 오다; in einem Tempo war g. 그의 속도는 완만하다. **b)** 쾌적한, 아늑한: ein -es Leben führen 쾌적한 삶을 누리다. **Gemächlichkeit**, die 여유있음, 유유함, 완만함. **gemachsam** [gə'ma(:)xza:m] 〈Adj.〉 《아어·준고어》 ↑gemächlich (a) 참조.

gemacht 1. ↑machen 참조. **2. ein gemachter**

¹Gemächt

Mann sein 《통용어》 성공한[출세한] 사람이다; **zu [für] etw. gemacht sein** 《통용어》 무엇을 위해 만들어지다.

¹Gemächt, das; -(e)s, -e, **¹Gemächte** [gə'mɛçt(ə)], das; -s, - 《고어·농》 (남성의) 성기, 생식기.

²Gemächt, das; -(e)s, -e, **²Gemächte** [-], das; -s, - 《고어·농》 **a)** 피조물. **b)** 《폄》 (서툴게) 만들어진 것(물건), 졸작.

¹Gemahl [gə'maːl], der; -s, -e 《아어》 남편, 부군, 주인[바깥] 《G. der Herzogin 공작부인의 남편; bitte grüßen Sie Ihren Herrn G.! 댁의 주인양반께 안부 전해 주십시오! **²Gemahl** [-], das; -(e)s, -e 《고어·시어》 처, 부인, 아내.

gemahlen: ↑ mahlen 참조.

Gemahlin, die, -nen ↑ ¹Gemahl의 여성형: die G. des Erzherzogs 대공의 부인; empfehlen Sie mich bitte Ihrer Frau G. 당신의 부인에게 제 인사를 전해주십시오.

gemahnen 〈h〉 **a)** 《아어》 회상[상기]시키다: der Ehrenfriedhof gemahnt (uns) an die Opfer des Krieges 영묘(靈廟)는 (우리에게) 전몰장병을 상기시킨다. **b)** 생각나게 하다, 연상시키다: es besteht aus an Schnee gemahnenden Nadeln 그것은 눈을 연상시키는 바늘로 되어 있다.

Gemälde [gə'mɛːldə], das; -s, - 그림, 회화, 유화: ein zeitgenössisches G. 동시대의 그림; ein G. von Rubens 루벤스의 그림; 〈전의〉 der Roman bringt ein breit ausgeführtes G. des bürgerlichen Lebens um die Jahrhundertwende 그 소설은 세기 전환기의 시민 생활을 광범하게 묘사한 것이다.

Gemälde-: ~ausstellung, die 그림[회화] 전시[전람]회. **~galerie**, die **a)** 미술관, 화랑. **b)** (개인적으로 수집한) 회화, 그림. **~konservator**, der 그림 보존 전문가. **~restaurator**, der 그림 복원 전문가. **~sammlung**, die 그림 수집.

Gemansche [gə'manʃə], das; -s 《통용어·폄》 (지속적으로) 휘저음.

Gemarchen [gə'marçn] 〈Pl.〉 (schweiz.) 마을의 지역.

Gemarchung, die; -en (schweiz.) **1.** 경계. **2.** 경계 지어진 지역. **Gemarkung** [gə'markʊŋ], die; -en 마을의 전지역, 공유 농지: dieses Waldstück gehört zur G. Neustadt 이 숲은 노이슈타트 구역에 속한다. **Gemarkungsgrenze**, die 지역(구역) 경계.

gemasert: ↑ masern 참조.

gemäß [gə'mɛːs] **I.** 〈Präp.³〉 무엇에 따라서(맞게, 의거하여): seinem Wunsch g. 그의 소원에 따라(맞게); alter Sitte g. 구(옛) 관습에 따라; g. Artikel 1 des Grundgesetzes 기본법 제1조에 의거하여. **II.** 〈Adj.〉 《다음 용법으로》 jmdm.[einer Sache] g. sein 누구(무엇)에 적합하다, 상응하다, 일치하다: das ist ihrem Geschmack g. 그것은 그녀의 취미에 맞는다; das unstete Leben war ihm nicht mehr g. 불안정한 생활은 그에게 더 이상 맞지 않았다; eine seinen Fähigkeiten -e Stellung 그의 능력에 알맞는 자리. **Gemäß** [-], das; -es, -e 《고어·농》 (일정한 양을 담는) 그릇, 통, 척도. **-gemäß** 《다음의 복합어로, 예컨대》 befehlsgemäß 명령에 따라; programmgemäß 순서에 따라. **Gemäßheit**, die 《드물게》 적합, 상응, 일치. **gemäßigt** 〈Adj.〉 **1.** ↑ mäßigen 참조. **2. a)** 온건한, 과격하지 않은: der -e Flügel der Partei 당의 온건파. **b)** 적당한, 중용의, 중도의: -er Optimismus 중도의 낙천주의.

Gemäuer [gə'mɔyɐ], das; -s, - 《아어》 (낡은) 외벽, 폐벽, 폐허: ein fensterloses G. 창문없는 벽.

Gemaule [gə'maʊlə], das; -s 《끊임없이》 입을 삐죽거림, 투덜거림.

Gemauschel [gə'maʊʃl̩], das; -s 《통용어·폄》 분명하지 않은 언행.

Gemecker [gə'mɛkɐ], das; -s, **Gemeckere** [gə'mɛkərə], das; -s **1.** (양, 염소 따위가) 울어대는 소리. **2.** 《폄》 빈정대는 웃음: bei jeder Gelegenheit brach sie in albernes G. aus 그녀는 기회가 있을 때마다 빈정대는 웃음을 터뜨렸다. **3.** 《통용어·폄》 《계속적인》 흠[트집]잡기: dein ständiges G. geht mir auf die Nerven 너의 끊임없는 트집잡기가 내 신경에 거슬린다.

gemein [gə'maɪn] 〈Adj.〉 **1. a)** 조악한, 야비한, 상스러운: -e Menschen 야비한 인간들. **b)** 《누구의 행동과 관련하여》 몹시 나쁜, 악의있는, 비열한: -e Gesinnung 비열한 생각. **c)** 몹시 뻔뻔스러운, 파렴치한: -e Lüge 몹시 뻔뻔스러운 거짓말. **d)** 천한, 상스러운, 추잡한: gemeine Witze 상스러운 농담. **2.** 《통용어》 **a)** 불쾌한, 기분 나쁜, 화가 나는: ich gewinne nie im Lotto, das ist einfach g. 나는 한번도 복권에 당첨된 적이 없다. 그것은 화가 나는 일이다. **b)** 《형용사 및 동사의 강조》 매우, 대단히: draußen ist es g. kalt 밖은 매우 춥다. **3.** 보통의, 일상의, 평범한: der -e Mann 《고어》 보통 사람, 평민; er ist -er Soldat 그는 무등병이다. **4.** 《준고어》 일반적인, 공통의, 공공의: -es Recht (중세 이래의) 보통법: -e Figuren 《문장》 문장의 동·식물 따위의 그림; **etw. mit jmdm.[etw.] g. haben** 누구(무엇)와 무엇을 공유하다: das hat wenig mit dem Traum g., den ich diese Nacht träumte 그것은 내가 간 밤에 꾼 꿈과 별 관계가 없다; **sich mit jmdm. g. machen** 사회적으로 신분이 낮은 사람과 우정 관계를 맺다; **jmdm.[einer Sache] g. sein** 《아어》 누구(무엇)에 공통되다, 함께 속하다; allen, die hier zusammengekommen waren, war die Liebe zur Musik g. 이곳에 모인 사람들 모두에게는 음악에 대한 사랑이 공통점이다.

gemein-, Gemein-: (↑ allgemein-, Allgemein-도 참조): **~besitz**, der 공동 재산: der Grund und Boden war G. der Bauern 대지는 농부들의 공유지였다. **~deutsch** 〈Adj.〉 독일인 공유(통)의. **~eigentum**, das [정치·경제] 공동 재산. **~faßlich** 〈Adj.〉 ↑ -verständlich. **~frei** 〈Adj.〉 **a)** 《역사적》 공민권. **b)** [출판] 판권 시효가 끝난, 자유롭게 복제할 수 있는. **~gefährlich** 〈Adj.〉 공안(공익)을 해칠 우려가 있는. **~gefährlichkeit**, die ~gefährlich의 명사형. **~geist**, der 〈Pl. 없음〉 (engl. public spirit) 공공심, 협동 정신. **~gültig** 〈Adj.〉 ↑ allgemeingültig. **~gültigkeit**, die ↑ Allgemeingültigkeit. **~gut**, das 〈Pl. 없음〉 《아어》 공(공동)재산: 〈전의〉 dieser Schlager ist längst zum G. geworden 이 유행가는 진작에 모든 사람들의 애창곡이 되었다. **~hin** 〈Adv.〉 일반적으로, 대개, 보통: das geht schneller als g. angenommen wird 그것은 일반적으로 생각하는 것보다 더 빨리 진행된다. **~kosten** 〈Pl.〉 [경제] 공통 경비, 간접 경비. **~nutz**, der 〈Pl. 없음〉 (公益) 《속담》 (특히 나의) G. (geht) vor Eigennutz 공익이 사익(私益)에 우선한다. **~nützig** [-nʏtsɪç] 〈Adj.〉 **a)** 공익의, 공익을 위한: -e Taten 공익을 위한 행동. **b)** [세무] 공익의, 사회에 기여하는. **~nützigkeit**, die 공익성. **~platz**, der [engl. commonplace] 《폄》 상투어, 판에 박힌 말: der Redner bewegte sich nur in Gemeinplätzen 연사는 진부한 상투어들만을 구사하였다. **~plätzig** [-plɛtsɪç] 〈Adj.〉 상투적인 언사를 쓰는. **~plätzigkeit**, die ~plätzig의 명사형. **~schuldner**, der [법] 파산(채무)자. **~sinn**, der 〈Pl. 없음〉 공공심, 협동 정신, 상식. **~sprache**, die [언어] 공통어, 표준어. **~verständlich** 〈Adj.〉 누구나 이해할 수 있는, 평이한: ein -es Buch 평이한 (내용의) 책. **~verständlichkeit**, die 평이함. **~werk**, das 《schweiz.》 (공동체를 위한) 무상 근로 봉사.

~wesen, das 공공 단체, 공동체 국가, 공공 조직. **~wille**, der [정치] 다수[전체]의 의지, 여론: Diktaturen versuchen einen möglichst einheitlichen -n zu erreichen 독재정치는 가능한 한 통일된 여론을 형성하려 한다. **~wirtschaft**, die 공경제. **~wirtschaftlich** ⟨Adj.⟩ 공경제의: -e Aufgaben 공경제의 과제. **~wohl**, das [engl. commonweal] 공공 복리[복지], 공익: diese Einrichtung dient dem G. 이 시설은 공익을 위한 것이다.

Gemeinde [gəˈmaində], die, -n **1. a)** 최소 행정 단위 (시, 읍, 면에 해당), 지방: die G. hat 5000 Einwohner 그 지역은 주민이 5000명이다; auf die[zur] G. gehen (통용어) 지방관청에 가다. **b)** 교구(敎區): eine christliche [jüdische] G. 기독교[유대교] 교구. **2. a)** 지역 주민: die G. wählt einen neuen Bürgermeister 지역 주민은 새 면장을 선출한다. **b)** 교구민, 교회 신도. **3. a)** 예배에 참석한 신도들: die G. sang einen Choral 예배에 참석한 신도들은 찬송가를 불렀다. **b)** 동호인, 동일한 관심을 갖는 사람들의 집단: die G. seiner Anhänger wird immer größer 그의 추종자 집단은 점점 불어난다. **4.** 《schweiz.》 (투표권을 가진) 주민 총회.

gemeinde-, Gemeinde- (Gemeinde 1): **~abgaben** ⟨Pl.⟩ 지방세. **~ammann**, der 《schweiz.》 지방 단체장. **b)** 집달리, 집행관. **~amt**, das 지방 관서. **~bau**, der (Pl. -ten) 《österr.》 지방 자치 단체 소유의 공영 주택. **~beamte**, der (읍, 면의) 지방 공무원. **~behörde**, die 지방 행정관청(당국). **~beschluß**, der 지방 의회의 결정(사항). **~bezirk**, der **a)** 지방(행정) 구역. **b)** 《österr.》 구(區) (관할) 구역. **~bote**, der 지방 청사의 사환. **~bürgerrecht**, das 주민권. **~diakon**, der (개신교의) 교구 사회 봉사원. **~diakonin**, die ↑ diakon의 여성형. **~diener**, der (고어) 작은 지방 청사의 사환. **~direktor**, der 지방 행정청의 장. **~eigen** ⟨Adj.⟩ 지방 자치 단체 소유의. **~eigentum**, das 지방 자치 단체 재산. **~finanzreform**, die 지방 자치 단체의 재정 개혁. **~flur**, die 지방 자치 단체 소유의 녹지. **~fraktion**, die ↑ Fraktion (1 c). **~glied**, das (대개 Pl.) 지방 주민, 교구의 신도. **~gut**, das ↑ ~flur. **~haus**, das 교구 사무실 및 집회소. **~helfer**, der ↑ ~diakon의 고형. **~helferin**, die ↑ ~helfer의 여성형. **~kindergarten**, der **a)** 지방 자치 단체 직영의 유치(아)원. **~kirchenrat**, der ↑ Presbyterium. **~mitglied**, das ↑ ~glied. **~ordnung**, die 지방 조례. **~pflege**, die 교구의 후생 복지 사업. **~pflegestation**, die 교구 간호원실. **~präsident**, der 《schweiz.》 시장. **~rat**, der **1.** 지방 의회. **2.** 지방 의회 의원. **~rätin**, die ↑ ~rat의 여성형. **~rodel**, der 《schweiz.》 읍[면]의 재산 목록[기록 문서]. **~saal**, der 주민[교구]회관. **~schwester**, die 교구 간호사. **~spital**, das 《österr.》 지방 자치 단체 직영 병원. **~steuer**, die (대개 Pl.) 지방세. **~väter** ⟨Pl.⟩ (통용어·농) 지방 의회 의원. **~verband**, der 작은 지방 자치 단체들의 행정 연합. **~verwaltung**, die 지방 자치 단체법. **~versammlung**, die **a)** (특히 스위스의) 주민 총회. **b)** (연례) 교구 총회. **~vertretung**, die 지방 의회. **~verwaltung**, die 지방 행정. **~vollzugsausschuß**, 지방 행정 집행 위원회. **~vorstand**, der **1.** 지방 단체장. **2.** 지방 단체장. **~vorsteher**, der ↑ vorstand (2). **~wahl**, die ↑ Kommunalwahl. **~zentrum**, das (지방의) 주민 회관, 교구 회관.

gemeindlich [gəˈmaintlɪç] ⟨Adj.⟩ 지역의. ¹**Gemeine**, die; -n (고어·지역적) ↑ Gemeinde. ²**Gemeine**, der; -n, -n (인쇄) ↑ Minuskel.

Gemeinheit, die **a)** ⟨Pl. 없음⟩ 비열[비열, 야비]함: etwas aus G. tun[sagen] 비열하게 무엇을 행[말]하다. **b)** 비열한 짓[행동, 말]: eine bodenlose G. 매우 야비한 것; eine G. begehen[verüben] 야비한 짓을 저지르다. **c)** (통용어) 불쾌한 행동[상황].

gemeiniglich [gəˈmaɪnɪklɪç] ⟨Adv.⟩ (아어·준고어) 일반적으로, 대개, 보통. **gemeinsam** [gəˈmaɪnzaːm] ⟨Adj.⟩ **1. a)** 공동의, 공통의, 공유의: -e Interessen 공통의 관심사[이해 관계]; das Grundstück gehörte ihnen g. 그 토지는 그들의 공동 소유이다; größter -er Teiler u. kleinstes -es Vielfaches [수학] 최대공약수와 최소공배수. **b)** ⟨nur präd.⟩ 일치하는: die Liebe zur Musik war ihnen g. 음악에 대한 사랑은 그들의 공통점이었다. **2.** 함께의, 함께하는: etw. in -er Arbeit fertigstellen 무엇을 공동작업으로 완성하다; g. ins Theater gehen 함께 극장에 가다. **Gemeinsamkeit**, die; -en **1.** 공통점: zwischen diesen beiden Völkern gibt es viele -en 이 두 민족에는 많은 공통점이 있다. **2.** ⟨Pl. 없음⟩ 일치, 단결, 공동, 유대: in trauter G. handeln 일치 단결하여 행동하다. **Gemeinschaft**, die; -en **1.** ⟨Pl. 없음⟩ 관계, 결속, 유대, 공동 생활[작업]: die eheliche G. 혼인관계; mit jmdm. G. haben 누구와 관계가 있다; **in G. mit** …와 공동으로. **2.** 공동체, 공동 사회: die G. der Heiligen 기독교 신도 전부, 기독교 성인 전부; einer G. beitreten 공동체에 가입하다; aus der G. ausgeschlossen werden 공동체에서 제외되다. **3.** 국가 연합(동맹): die Europäische G. 유럽 공동체. **gemeinschaftlich** ⟨Adj.⟩ **1.** 공동의, 공유의: das Gut gehörte ihnen g. 그 재산은 그들 공동의 것이었다. **2.** 공동[연대]의: -e Anstrengungen 공동의 노력.

gemeinschafts-, Gemeinschafts-: ~anlage, die 공동 전산 시설. **~anschluß**, der (전화의) 공동 가입선. **~antenne**, die 공동 안테나. **~arbeit**, die **a)** ⟨Pl. 없음⟩ 공동작업, 협업: diese Aufgabe wurde in G. erledig 이 과업은 공동 작업으로 해결되었다. **b)** 공동 작품. **~aufgabe**, die **a)** 공동 과제[과업]. **b)** 주정부와 연방 정부의 공동 과업: -n, wie z. B. die Errichtung von Hochschulen 예를 들어 대학 설립과 같은 주정부와 연방 정부의 공동과업. **~beichte**, die 집단 고해. **~besitz**, der ⟨Pl. 없음⟩ 공동 소유(물), 공유. **~bildend** ⟨Adj.⟩ 공동체 형성의, 연대감을 조성시키는: das Zusammenleben in Jugendheimen wirkt g. 유스호스텔에서의 공동 생활은 연대감을 조성시키는 데 도움을 준다. **~bildung**, die 공동체 형성, 연대감 조성. **~dienlich** ⟨Adj.⟩ 공동(단)체에 유익한. **~ehe**, die ↑ Gruppenehe 군혼(群婚). **~erziehung**, die [집단] 교육. **b)** 남녀 공학. **~gefühl**, die ⟨Pl. 없음⟩ 협동심, 연대감. **~geist**, der ⟨Pl. 없음⟩ 협동 정신, 공공심, 사회[단체] 의식: er hat keinen G. 그는 공공심이 없다. **~grab**, das 여러 사람을 함께 매장한 무덤. **~haft**, die 집단 감금[구류]. **~haus**, das 남성의 집. **~küche**, die **a)** (공장, 병원 등의) 구내 식당. **b)** 공동 부엌. **~kunde**, die ⟨Pl. 없음⟩ 사회(생활) 과목. **~leben**, das ⟨Pl. 없음⟩ 공동(단)체 생활. **~leistung**, die 공동 업적. **~produktion**, die **a)** 공동 제작, 합작: das Flugzeug wurde in britischfranzösischer G. hergestellt 그 비행기는 영불 합작이다. **b)** 공동 작품, 합작품. **~raum**, der (기숙사 등의) 오락실, 휴게실. **~schule**, die 종파 혼합 학교. **~sendung**, die [방송·텔레비전] 여러 방송국이 공동 제작한 프로. **~sinn**, der ⟨Pl. 없음⟩ ↑ ~geist. **~verpflegung**, die 집단[단체] 급식. **~werbung**, die (한 산업 분야의) 집단 광고. **~zelle**, die 집단 감방. **~zentrum**, das 공동 문화 센터.

Gemenge [gəˈmɛŋə], das; -s, - **1.** 혼합(물): ein G. aus den verschiedensten Zutaten 여러 가지 원료의 혼합물. **2.** 혼잡, 뒤범벅: ein G. von Sprachen[Farben] 여러 언어[색채]의 혼합. **3.** [농업] 혼작, 혼합재배. **4.**

《고어》격투, 드잡이: mit jmdm. ins Gemenge kommen [geraten] 《드물게》 누구와 맞붙어 싸우다.
Gemẹng(e)lage, die 〔농업〕 (한 지주의) 산재(散在) 농지. **Gemẹngesaat**, die 혼작, 혼합 파종. **Gemẹngsel** [gəˈmɛŋəl], das; -s, - 혼합(물), 뒤범벅.
gemẹssen [gəˈmɛsn] 1. ↑messen 참조. 2. 〈Adj.〉 a) 침착한, 의젓한, 의연한, 품위(위엄)있는: -en Schritts trat er zu mir 그는 침착한 걸음걸이로 나에게 다가왔다. b) 《준고어》 태연한, 신중한. c) 《고어》 정확(적확)한: -e Befehle 정확한 명령. d) 《nur attr.》 적당한, 적절한: jmdm. in -em Abstand folgen 적당한 거리를 두고 누구를 따르다. **Gemẹssenheit**, die gemessen의 명사형.
Gemẹtzel [gəˈmɛtsl], das; -s, - 《별》 도살, 살육, 대량학살: es war ein entsetzliches G. 그것은 끔찍한 살육이었다.
Geminata [gemiˈnaːta], die; -ten [lat. geminatus] 〔언어〕 (두 음절로 나누어지는) 이중자음. **Gemination** [geminaˈtsjoːn], die; -en [lat. geminatio] 1. 〔언어〕 자음 중첩. 2. 한 문장 안에서의) 동어(군) 반복. **geminieren** [gemiˈniːrən], 〈h〉 [lat. geminare] 〔언어〕 자음이나 단어를 중첩시키다.
gemiedẹn [gəˈmiːdn] ↑meiden 참조.
Gemisch [gəˈmɪʃ], das; -(e)s, -e 1. 혼합물, 화합물: ein G. aus Gips, Sand und Kalk 석고, 모래, 석회의 혼합물; 〔전의〕 sich in einem G. aus Deutsch und Englisch verständlich zu machen suchen 독일어와 영어를 섞어 써 의사를 전달하려고 하다; ein G. aus Angst u. Hoffnung 불안과 희망의 교차. 2. 〔자동차〕 a) 휘발유와 공기의 혼합물. b) 벤젠과 오일의 혼합물. **gemischt** [gəˈmɪʃt] 1. ↑mischen 참조. 2. 〈Adj.〉 a) 혼합된, 뒤섞인, 잡다한: -er Chor 혼성합창(단); das Publikum war g. 청중은 여러 계층의 사람들로 구성되어 있었다. b) 《별》 좋지 않은, 저속한, 점잖지 못한: eine auf dem Fest ging es ziemlich g. zu 잔치가 꽤 점잖지 못하게 진행되었다; jetzt wird es g. 이제 농담이 야하게 되는군.
gemischt-, Gemischt-: **~sprachig** 〈Adj.〉 여러 언어를 사용하는: die Bevölkerung in diesem Grenzland ist g. 이 접경지방 주민은 여러 나라 말을 사용한다. **~warenhandlung**, die 《준고어》 (모든 생필품을 취급하는 시골의) 잡화점. **~wirtschaftlich** 〈Adj.〉 공사 공동 경영의, 반관반민의: Elektrizitätsgesellschaften sind meist -e Betriebe 전력회사들은 대개 반관 반민의 기업이다.
gemittelt [gəˈmɪtlt] 〈Adj.〉 평준화된, 평균치의: -e Messungen 평균치의 측정.
Gemme [ˈgɛmə], die; -n [ital. gemma] 1. 〔장식이 새겨진〕 보석. 2. 《대개 Pl.》 〔생물〕 균아(菌芽), 무성아(無性芽). **Gemmologe**, der; -n, -n 보석 감정사. **Gemmologie**, die 보석학. **Gemmologin**, die ↑Gemmologe의 여성형. **gemmologisch** 〈Adj.〉 보석학의: einen Stein g. untersuchen 돌을 보석학적으로 검사하다.
gemọcht [gəˈmɔxt] ↑mögen 참조.
gemọlken [gəˈmɔlkn] ↑melken 참조.
gemọppelt [gəˈmɔplt] ↑doppelt.
Gemọtze [gəˈmɔtsə], das; -s 《경》 험담, 비난.
gems-, Gems- [ˈgɛms]: **~bart**, der ↑Gamsbart. **~bock**, der 영양의 수컷. **~farben** 〈Adj.〉 황갈색의. **~geiß**, die 영양의 암컷. **~gelb** ↑~farben. **~jäger**, der 영양 사냥꾼. **~leder**, das 〈Pl. 없음〉 영양 가죽.
Gemse [ˈgɛmzə], die; -n 영양: er klettert wie eine G. 그는 영양처럼 민첩하게 기어오른다. **Gemsenjäger**, der 영양 사냥꾼.
Gemuffel [gəˈmʊfl], das; -s 《끊임없는》 불평, 투덜거림.

Gemunkel [gəˈmʊŋkl], das; -s 《끊임없는》 속닥거림, 쑥덕공론.
gemünzt: ↑münzen (2) 참조.
Gemurmel [gəˈmʊrml], das; -s 《끊임없는》 중얼거림.
Gemurre [gəˈmʊrə], das; -s 《끊임없는》 우르르(주르륵) 울림, 투덜거림.
Gemüse [gəˈmyːzə], das; -s, - 1. 야채, 푸성귀: G. anbauen(putzen) 야채를 재배하다(씻다); Fleisch mit Kartoffeln und G. 감자와 야채를 곁들인 고기(요리); junges G. 《통용어》 풋내기들, 미숙한 청소년들. 2. 야채찌게(요리). 3. 〔농〕 a) 꽃(다발). b) 《rhein., hess.》 주밭에 든 과일.
Gemüse- (Gemüse 1): **~anbau**, der 〈Pl. 없음〉 채소재배. **~anbaubetrieb**, der 채소재배업. **~art**, die 채소류. **~bau**, der 〈Pl. 없음〉 ↑~anbau. **~beet**, das 채소 모종판(모판). **~beilage**, die 육류 음식에 곁들인 야채. **~brühe**, die 야채를 끓일 때 나오는 즙. **~eintopf**, der 야채 찌개. **~ernte**, die 채소 수확. **~erzeugung**, die 〈Pl. 없음〉 채소 생산. **~feld**, das 채소밭. **~frau**, die 《통용어》 (시장·노점에서) 야채 파는 아주머니(여자). **~fritze**, der 《통용어·별》 채소 장수(남자). **~garten**, der 채원, 남새밭: 〔전의〕 quer durch den G. 《통용어》 모든 것이 마구 뒤범벅이 되어, 모든 것에 조금씩; sie hat sich einen richtigen G. gekauft 《농》 그녀는 조화로 장식된 모자를 샀다. **~gericht**, das (드물게) 야채 요리. **~geschäft**, das ↑~laden. **~händler**, der 채소 장수. **~händlerin**, die ~händler의 여성형. **~handlung**, die ↑~laden 참조. **~kohl**, der 〔농업〕 양배추. **~konserve**, die 《대개 Pl.》 야채 통조림. **~laden**, der 채소 가게. **~mann**, der 《통용어》 (시장·노상에서) 채소 파는 남자(아저씨), 야채 장수. **~markt**, der 청과물 시장. **~paprika**, der (순하고 달콤한) 고추. **~pflanze**, die 채소 식물. **~platte**, die 야채(쟁반)요리. **~saft**, der 야채주스(즙). **~salat**, der 야채 샐러드. **~sorte**, die 야채 종류. **~suppe**, die 야채 수프. **~wasser**, das 〈Pl. 없음〉 야채 끓인 물. **~zubereitung**, die 야채 조리(법). **~zucht**, die 채소 재배.
gemüßigt [gəˈmyːsɪçt] 《고어》 ↑bemüßigt.
gemüßt [gəˈmʏst] ↑müssen 참조.
gemụstert: ↑mustern 참조.
Gemüt [gəˈmyːt], das; -(e)s, -er 1. 마음, 심정, 심성, 정서, 기질, 기분: ein sanftes(trauriges) G. 부드러운(슬픈) 심성; das G. eines Künstlers(Gelehrten) 예술가(학자) 기질; du hast vielleicht ein sonniges (kindliches) G.! 《반어》 너 정말 순진하구나!; **ein G. haben wie ein Fleischerhund** 《통용어》 비정하다, 목석같다; **ein G. haben wie ein Veilchen** 《통용어》 (berlin.), **ein G. haben wie ein Schaukelpferd** 《통용어》 무사태평하다, 순진하다. 2. 감수성, 감정: diese Frau hat viel G. 이 여인은 감수성이 풍부하다; 〔전의〕 mir gaben sie wohl zuviel fürs G. 그들은 나를 취하게 만들었다; **jmdm. aufs G. schlagen** 누구의 기를 꺾다(의기소침하게 만들다); **jmdm. nach dem -e sprechen** 누구와 의기투합하다; **sich³ etw. zu -e führen** 1. 무엇을 마음에 새기다. 2. 무엇을 즐기며 먹(마시)다. 3. 《자주 Pl.》 어떠한 마음(심성)의 인간: er ist ein heiteres(offenes) G. 그는 쾌활한 성격의 사람이다.
gemüthaft 〈Adj.〉 감성적: ein -er Mensch 감성적인 사람.
gemütlich 〈Adj.〉 a) 기분좋은, 아늑한, 안락한, 정취가 풍부한: eine -e Wohnung 아늑한 집; mach es dir g.! 편하게 해(편히 앉아 등의 뜻). b) 편안한, 부담없는: jetzt beginnt der -e Teil der Veranstaltung 이제 행사의 즐거운 부분이 시작된다; sich g. unterhalten 서로

부담[격의]없이 대화하다. c) 상냥한, 친절한. d) 안락한, 여유있는, 느긋한: g. spazierengehen 유유하게 산책하다. **Gemütlichkeit**, die a) 아늑[안락, 쾌적, 느긋]한 분위기: die alte G. stellte sich wieder her 옛날의 안락함이 다시 찾아왔다. b) 부담없이 즐거움, 자연스러움. c) 차분함, 느긋함, 여유있음: ich werde diese Arbeit in aller G. in Angriff nehmen 나는 이 일을 매우 느긋한 마음으로 착수할 것이다; **da hört (sich) doch die G. auf**! (통용어) 그것은 너무 심하다; **in aller G.** 느긋하게: er trank in aller G. sein Bier aus 그는 아주 느긋하게 맥주를 다 마셨다.

gemüts-, Gemüts-: **~anlage**, die 기질, 성정(性情). **~arm** 〈Adj.〉 감정 무딘, 인정없는, 박정한. **~armut**, die ~arm의 명사형. **~art**, die 기질, 성정: ein Mensch von stiller G. 조용한 기질[성품]의 사람. **~athlet**, der 《통용어》 a) 《농》 신경이 무딘 사람, 태평한 사람. b)《반》 무정[비정]한 사람. **~bewegung**, die 감정의 움직임, 감동, 흥분: sie zeigte keine G. 그녀는 마음의 동요를 보이지 않았다. **~fetzen**, der《폄》감상적인 연극(영화). **~kalt**〈Adj.〉마음씨가 차가운, 냉정한. **~krank**〈Adj.〉[의학·심리] 정서 불안의, 조울증의, 정신병의. **~kranke**°, der / die 정신질환자. **~krankheit**, die 정신병. **~krüppel**, der a) (폄) 무뚝뚝한 사람. b) (농) (감정이 없는) 이지적 인간, 냉혈한. **~lage**, die (현재의) 마음상태, 기분. **~leiden**, das ↑krankheit. **~mäßig**〈Adv.〉감정적으로. **~mensch**, der 《통용어》 a) 태연자약한 사람, 느긋한 성격의 호인. b) 《반어·폄》 (어려움을 생각하지 않고 남에게 불가능한 일을 맡기는) 무감각한 사람. **~regung**, die ↑bewegung. **~ruhe**, die (내면의) 평정, 냉정, 침착: er bewahrt immer seine G. 그는 냉정을 잃는 법이 없다; **in aller G.** 《통용어》 매우 태연자약하게: der Zug war schon eingefahren, doch er trank noch in aller G. sein Bier aus 기차가 이미 도착했는데도, 그는 태연하게 맥주까지 다 비웠다. **~stimmung**, die ↑lage. **~tiefe**, die 《Pl. 없음》 마음의 깊은 곳, 깊은 마음 속. **~verfassung**, die ↑lage. **~wert**, der 심정의 가치, 정서[감정]적 가치. **~zustand**, der ↑lage.

gemütvoll〈Adj.〉정감(감수성, 인정)이 풍부한, 마음씨가 부드러운: jmdn. g. ansehen 누구를 인정어린 눈으로 바라보다.

gen [gen] 〈Präp.⁴〉〈고어·성서적·시어〉…을 향하여.

gen. = genannt.

-gen [...'geːn] griech. -genés 〈명사, 형용사의 후철〉 발생의, 생산하는, 제공하는, 발생된(예: Androgen, autogen 등).

Gen [geːn], das, -s, -e [덴마크 식물학자 W. Johannsen (1857~1927)에 의해 사용됨, griech. génos] [생물] 유전(인)자.

Gen. = Genitiv; Genossenschaft.

genannt [gə'nant] ↑nennen 참조.

genant [ʒe'nant]〈Adj.〉[frz. gênant] a) 〈준고어〉 성가신, 불쾌한, 번거로운, 성가신, 거북한: es war (ihm) etwas g., daß er nicht entsprechend gekleidet war 그가 옷을 어울리지 않게 입은 것이 좀 거북하였다. b) 〈지역적〉 불안한, 수줍은: er stand etwas g. abseits in einer Ecke 그는 좀 불안하여 한 쪽 구석에 떨어져 서 있었다.

genas [gə'naːs] ↑genesen 참조.

genäschig [gə'nɛʃɪç]〈Adj.〉군것질[주전부리]을 좋아하는: ein -es Kind 군것질을 좋아하는 아이. **Genäschigkeit**, die genäschig의 명사형.

genäse [gə'nɛːzə]: ↑genesen 참조.

Genäsel [gə'nɛːzl], das; -s 연속적으로 내는 콧소리[비음].

genau [gə'nau] **I.** 〈Adj.〉 **a)** 딱 들어맞는, 일치하는, 정확한: eine -e Waage 정확한 저울; er kam g. um acht Uhr 그는 8시 정각에 왔다; die Länge stimmte auf. den Millimeter g. 길이는 밀리미터까지 정확히 맞았다; die Schuhe passen g. 구두가 꼭 맞는다; Genaues [Genaueres] weiß ich nicht 나는 보다 상세한 것은 모른다. **b)** 엄밀한, 상세한, 세심한, 철저한, 꼼꼼한: -e Kenntnis 철저한 지식; er ist in allem sehr g. 그는 매사에 아주 꼼꼼하다; sie hat den Vorgang g. geschildert 그녀는 그 과정을 상세하게 서술하였다; die Vorschriften müssen aufs genau(e)ste beachtet werden 규정들은 아주 철저하게 지켜져야 한다; **es mit etw. (nicht so) g. nehmen** 무엇을 지키는데 엄격하다[엄격하지 않다]. **c)** 인색한, 절약하는, 검약하는: sie ist eine -e Frau 그녀는 절약하는 여자이다. **II.**〈Adv.〉바로 꼭, 딱: das reicht g. für zwei Personen 그것은 꼭 두 사람분이다; g. das wollte ich sagen 바로 그것을 나는 말하려 하였다; (g.,) g.! 맞다, 바로 그것이다. **genaugenommen**〈Adv.〉엄밀히[상세하게] 말하자면. **Genauigkeit**, die **a)** 정확성, 면밀(함), 정밀: die G. einer Waage 저울의 정확[정밀]성. **b)** 엄밀성, 상세함, 세심함: etw. mit großer G. berichten 무엇을 매우 상세하게 보고하다. **c)** 인색함, 검약성. **genauso**〈Adv.〉 (아주) 똑같이: das Wetter ist heute g. schlecht wie gestern 오늘 날씨는 어제와 똑같이 나쁘다; ich habe beide Sorten probiert, diese schmeckt g. 나는 두 가지 종류를 다 시식해 보았는데 이것도 똑같이 맛이 있다.

genauso-: **~gut**, **~häufig**, **~lang(e)**, **~oft**, **~viel**, **~weit**, **~wenig** ↑ebensogut, ↑ebensohäufig 등.

Gendarm [ʒan'darm, (또한) ʒã'...], der; -en, -en [frz. gendarme] 〈österr.·민중어〉 지방 경관, (기마)헌병, 근위 기병. **Gendarmerie** [ʒandarmə'riː, (österr.) ʒã'd...], die, -n [...iːən; frz. gendarmerie] 〈österr.〉 지방 경찰(대), 지방 경찰 5서.

Gendarmerie-: **~beamter**, der 지방 경찰관. **~inspektor**, der 지방 경찰서 총경. **~kaserne**, die 지방 경찰서 병영. **~offizier**, der 지방 경찰서 고급 경찰관. **~posten**, der 지방 경찰 주재소. **~station**, die 지방 경찰 본서.

¹Gene [ʒeːn, (또한) 'ʒeːn, 'ʒɛːnə], die [frz. gêne] (고어) 압박, 불쾌함, 불편함.

²Gene ['geːnə] ↑Gen의 복수형.

Genealoge [genea'loːgə], der; -n, -n [lat. genealogus < griech. genealógos] 계보 학자. **Genealogie** [genealo'giː], die -n [...iːən; 2: lat genealógia < griech. genealogía] **1.**〈Pl. 없음〉계보학: die theoretische G. befaßt sich mit der Erforschung von der Gesetzmäßigkeit genealogischer Zusammenhänge 이론 계보학은 계보학적 관련의 법칙성을 연구하는 분야이다. **2.** (가족, 가문, 가문 등의) 계보도, 족보: die G. eines Adelsgeschlechts 귀족 가문의 계보도. **genealogisch**〈Adi.〉계보학(상)의: -e Studien 계보학적 연구.

genehm [gə'neːm]〈Adj.〉〈다음 용법으로〉 **jmdm. g. sein** (아이) 누구에게 적합하다[누구의 형편에 좋다]; 〈부가어적으로도〉 ist das ein Ihnen -er Termin? 그것은 당신의 형편에 좋은[맞는] 기간입니까? **genehmigen** (h) **1.** (공식의) 인가(허가)하다, 동의하다: die Baubehörde hat den Anbau genehmigt 건설(부) 당국은 개간을 인가하였다. **2.** (g. + sich) (통용어·농)…을 이룩하다[이루다], 허락하다: **sich³ einen g.** 《통용어·농》 (맥주, 소주 등을) 한잔 마시다[하다]. **Genehmigung**, die; -en (a) 인가, 동의, 재가(허가); die G. zur Ausreise erteilen 해외여행을 허가하다. **b)** 재가[인가] 서류: eine G. vorlegen 인가 서류를 제출하다. **Genehmi-**

gungspflicht, die 〈Pl. 없음〉 [법·관] 인가(재가)를 받을 의무. **genehmigungspflichtig** 〈Adj.〉 인가를 받을 의무가 있는.

geneigt 〈Adj.〉 [↑neigen 참조] 1. 《다음 용법으로》 zu etw. g. sein(sich zu etw. g. zeigen) 무엇을 할 의향(용의)이 있다. 2. 《다음 용법으로》 jmdm.[einer Sache] g. sein (아이) 누구(무엇)에게 호의가 있다, 누구(무엇)가 좋다; jmdm. ein -es Ohr leihen 누구의 말에 기꺼이 귀를 기울이다; -er Leser 친애하는 독자 여러분 (저자의 의례적인 옛 인사말). **Geneigtheit**, die 1. 의향, 용의. 2. 호의, 호감.

Genera: ↑ Genus의 복수형.

General [genəˈraːl], der; -s, -e / ...räle [...rɛːlə; 1: frz. général; 2 a: lat. generālis (abbās)] 1. a) 〈Pl. 없음〉 장성급, 대장급. b) (이 계급의 장교)(육군의) 장군, 장성, 대장: die Pläne des kommandierenden -s Meier 마이어 총사령관(군단장)의 (작전) 계획. 2. a) (가톨릭 수도회의) 총회장. b) (구세군의) 총사령관.

general-, **¹General-** [lat. generālis] ('총·우두머리'의 뜻): **~absolution**, die [가] 1. 완전 사면. **~amnestie**, die [법] 일반 사면, 대사면. **~angriff**, der 총공격. **~attacke**, die ↑~angriff. **~aussperrung**, die 총(전면) 직장 폐쇄. **~baß**, der [ital. basso generale] [음악] (특히 17, 18세기의) 통주주음(通奏低音). **~baßinstrument**, das (특히 오르간, 쳄발로 등) 통주주 악기. **~beichte**, die [lat. cōnfessio generālis] [가] 총고백, 총고해. **~bevollmächtigte**, der [법·경제·정치] 총대리인, 전권 위원장, 전권사절(대사). **~bundesanwalt**, der 연방 검찰총장. **~debatte**, die 전체 토론. **~direktion**, die 총 이사회, 중앙위원회. **~direktor**, der a) 〈Pl. 없음〉 총지배인 (총장, 총재) 역. b) 총지배인, 총장, 총재. **~gouvernement**, das 1. 대 행정 구역, (식민지) 총독관구. 2. 태수(지사)직. **~gouverneur**, der (대행정 구역의) 지사, (식민지) 총독. **~handel**, der [경제] 총 교역. **~inspektion**, die 총 검열(감독). **~intendant**, der 극장 총감독(총지배인). **~kapitel**, das [가] (수도회의) 총회. **~klausel**, die [법] 일반 조항. **~kongregation**, die [가] 교회 총회. **~konsul**, der 총 영사. **~konsulat**, das a) 〈Pl. 없음〉 총 영사직. b) 총 영사관(저). **~linie**, die 전체 [일반] 노선. **~musikdirektor**, der a) 〈Pl. 없음〉 음악 총 감독직. b) 음악 총 감독. **~nenner**, der 공통분모. **~obere**, der [가] 수도 원장. **~pardon**, der a) [고어] ↑~amnestie. b) 전체 사면. **~pause**, die [음악] 총휴지(休止). **~prävention**, die [법] (범죄의) 일반 예방. **~präventiv** 〈Adj.〉 (범죄를) 일반 예방하는. **~probe**, die 1. 최후의 무대 연습, 총 연습. 2. [스포츠] (본 시합 이전의) 총 연습. **~prokurator**, der [가] 교황청의 교단 대리인. **~repräsentant**, der (österr.) 총 대리. **~resident**, der (역사적) (예전 프랑스 보호령 모로코와 튀니지의) 프랑스 최고 대리인. **~sekretär**, der 사무총장, 총서기. **~sekretariat**, das a) 〈Pl. 없음〉 사무총장실. b) 사무총장직. **~staaten** 〈Pl.〉 1. 네덜란드 의회. 2. (역사적) (15세기에 통일된) 네덜란드 지방 의회. 3. (역사적) 네덜란드 북부 7주 주의회 총회(1593~1795). **~staatsanwalt** [----'--], der [검찰청의, 검찰총장. **~stände** 〈Pl.〉 (귀족, 성직자, 시민의) 3부회(↑États généraux). **~streik**, der 총(동맹) 파업. **~superintendent**, der [신교] 관구총감독. **~synode**, die 1. (개신교의) 총종교회의, 전체 교회 총회. 2. [고어] (로마 가톨릭 교회의) 일반 공회의(公會議). **~überholen** [기술] 총 점검 수리하다: seinen Wagen g. lassen 그의 자동차에 대한 총 점검 수리를 맡기다. **~überholung**, die 총 점검 수리. **~versammlung**, die (주주) 총회. **~vertreter**, der 총 대리인. **~vertretung**, die 총대리. **~vertrieb**, der 전매, 독점, 총대리. **~vikar**, der [가] (상임) 주교 총대리. **~vikariat**, das [가] 주교 교구 (행정)당국. **~vollmacht**, die [법·경제·정치] 포괄 대리권, 전권 위임.

²General- ([군] ↑ Generals-도 참조). **~admiral**, der 1. (독일의) 해군 대장. 2. 〈Pl. 없음〉 (17, 18세기의) 가장 나이 많은 해군 제독의 칭호. **~arzt**, der 의무감. **~feldmarschall** [---'---], der 육군 원수. **~inspekteur**, der 감찰감, 연방군 통합 막료장. **~kommando**, das (군단) 총사령부. **~leutnant**, der a) 〈Pl. 없음〉 육군 중장직(계급). b) 육군 중장. **~major**, der a) 〈Pl.없음〉 육군 소장직(계급). b) 육군 소장. **~oberst**, der a) 〈Pl. 없음〉 육군대장직. b) 육군 대장. **~quartiermeister**, der 1. (옛) (최고 지휘관 [장군]의) 선임 부관, 참모 본부원. 2. (세계 제2차 대전시 전방 부대의) 보급 국장. **~stab**, der 참모부. **~stäbler** [-ʃtɛːplɐ], der (은어) ↑~stabsoffizier. **~stabschef**, der 참모 총장. **~stabskarte**, die (옛) (특히 전 독일 제국의) 상세 지도, 참모부 지도. **~stabsoffizier**, der 참모 본부(소속)장교, 참모부원.

Generalat [genəraˈlaːt], das; -(e)s, -e 1. (교양어) 장군(장성, 대장)직. 2. [가] a) 수도 회장직(분). b) 수도 회장 관저. **Generale** [genəˈraːlə], das; -s, ...lien [liən] 〈또한〉 ...lia [lia; lat. generale] (교양어) 일반 원리, 일반 조항, 통칙, 보편 사항. **Generalin**, die; -nen 육군 대장의 부인. **Generalisation** [genəralizaˈtsi̯oːn], die; -en (드물게) ↑Generalisierung. **generalisieren** [genəraliˈziːrən] 〈h〉 [frz. généraliser] (교양어) 일반화(보편화)하다. **generalisiert** [의학] (피부병 등이) 전신에 퍼진. **Generalisierung**, die; -en (교양어) 일반화(보편화)하다. **Generalissimus** [genəraˈlɪsimʊs], der; -, ...mi / ...musse [ital. generalissimo] [군] (최고) 사령관, 총 지휘관. **Generalist** [genəraˈlɪst], der; -en, -en 다방면에 관심을 가진 사람, 만능가, 만능 선수. **Generalität** [genəraliˈtɛːt], die; -en [1: lat. generālitās]. 1. (고어) 일반(보편)성, 전체성. 2. [군] (한 국가의) 장군(장성) 전체. **generaliter** [genəˈraːlitɐ] 〈Adv.〉 [lat. generāliter] (교양어·준고어) 일반적으로, 전체적으로 (보아서).

Generals- (↑²General-도 참조). **~rang**, der 장군(장성) 계급. **~streifen** 〈Pl.〉 장성(제복 바지의 붉은) 선장(線章). **~uniform**, die 장군(장성) 제복(유니폼). **~zügel** 〈Pl.〉 (군·은어) 안장(위의) 가죽끈.

Generation [genəraˈtsi̯oːn], die; -en [lat. generātio] 1. a) (조부모, 부모, 자식, 손자 등의) 각 (세) 대, 제너레이션: in diesem Haus wohnen drei -en 이 집에는 3대가 살고 있다. b) (생물) 동일한 번식기에 속하는 동(식)물, 세대. 2. [사회] 동년배 사람: die junge G. 청소년; die G. nach dem Krieg 전후 세대(의 사람들). 3. (한 인간의) 1(한 代)의 생의 기간: es wird noch -en dauern 아직 몇(세)대가 더 걸릴 것이다.

generationen-, Generationen-: **~konflikt**, der (드물게) ↑Generationskonflikt. **~lang** 〈Adj.〉 몇 세대에 걸치는. **~mäßig** 〈Adj.〉 ↑generationsmäßig. **~problem**, das (드물게) ↑Generationsproblem. **~wechsel**, der (드물게) ↑Generationswechsel (1).

generations-, Generations-: **~konflikt**, der 세대(간)의 갈등. **~lang** 〈Adj.〉 ↑generationenlang. **~mäßig** 〈Adj.〉 세대적인, 세대에 관계되는: die allein schon g. sich ergebenden Probleme 세대적으로만 발생하는 문제들. **~problem**, das 세대의 문제. **~unterschied**, der 세대 차이. **~wechsel**, der 1. 세대 교체. 2. [생물] 세대 교번.

generativ [genərə'ti:f] ⟨Adj.⟩ [1: lat. generātīvus, 2: engl.-amerik. generative] **1.** 【생물】생식의, 생산의, 생산의. **2.** 【언어】생성의, 문장의 생성이 관계되는: -e [Transformations]grammatik 생성[변형]문법; in der Grammatikforschung der letzten Zeit spielt die -e Grammatik[Transformationsgrammatik] eine besondere Rolle 최근의 문법 연구에 있어서는 생성문법[변형문법]이 중요한 역할을 한다. **Generativität** [...tivi'tɛ:t], die 번식력, 생식력. **Generator** [genəˈraːtor, (또한) ...toːɐ, -en [...raˈtoːrən; lat. generātor] **1.** 발전기. **2.** 가스 발생로. **Generatorgas**, das 발생로 가스. **generell** [genəˈrɛl] ⟨Adj.⟩ [lat. generālis] 아주 일반적인, 보편적인, 기본적인: das ist ein generelles Problem 그것은 아주 일반적인 문제이다; die Mißstände müssen g. beseitigt werden 폐해는 근본적으로 제거되어야 한다. **generieren** [genəˈriːrən] ⟨h⟩ [1: lat. generāre; 2: engl.-amerik. to generate] **1.** 《교양어》산출하다, 생산하다. **2.** 【언어】(언어 표현에 있어 문법적인 규칙 체계에 맞게) 생성하다 [형성하다]. **Generierung**, die 一산출, 생산, 생성. **generisch** [geˈneːrɪʃ] ⟨Adj.⟩ [lat. genus] 《전문어·드물게》종속[종류]에 관계되는, 종속적인. **generös** [genəˈrøːs, (또한) ...] ⟨Adj.⟩ [frz. généreux] 《아어》고결한, 고상한, 대범한, 관대한, 도량《아량》이 넓은: -es Verhalten 관대한 태도; er zeigte sich sehr g. 그는 매우 아량있게 보였다. **Generosität** [genərozi'tɛ:t, (또한) ʒe...], die; -en [frz. générosité] 《아어》대범함, 고상함, 관대함, 아량함.

Genese [geˈneːzə], die; -n [lat. genesis < griech. génesis] 【의학·생물·지질】(발전사적인) 발생, 생성, 원천, 기원: die G. einer Krankheit[eines Kunstwerkes] 질병의 발생[작품의 생성].

genesen* [gəˈneːzn] ⟨s⟩ **1.** 《아어》낫다, 건강이 회복되다, 다시 힘이 생기다, 쾌유하다: nach langer Krankheit g. 오랜 병후에 쾌유하다. **2.** 《아어·시어》분만하다, 낳다. **Genesende***, der / die 회복기의 환자.

Genesis ['genezɪs], die 《드물게》↑Genese.

Genesung, die; -en 《아어》(병의) 완쾌, 쾌유, 치유, 회복: auf G. hoffen 완쾌[쾌유]를 희망하다.

Genesungs-: **~heim**, das 요양소[원]. **~kompanie**, die 《군》야전 병원에서 퇴원한 군인이 요양하면서 근무하는 부대. **~kur**, die 완쾌[쾌유] 요양. **~prozeß**, der 회복 과정. **~urlaub**, der 《군》(장병의) 병가(病暇).

Genetik [geˈneːtɪk], die [griech. génesis] 【생물】발생학, 유전학, 원종학: allgemeine[biochemische] G. 일반[생화학적] 유전학. **Genetiker**, der; -s, - 유전학자. **genetisch** ⟨Adj.⟩ 【생물】 **a)** (생물의) 발생에 관계되는, 발전사적: die -e Verwandtschaft von Lebewesen 생물의 발생(학)적 친화성(연관성). **b)** 유전학의, 유전(학)적: -e Experimente 유전학적 실험.

Genetiv ['geːnetif, (또한) 'gen..., geneˈtiːf] 《드물게》↑Genitiv.

Genette [ʒəˈnɛt(ə), ʒeˈn...], die; -s / -n [frz. genette] 사향고양이의 일종(아프리카의 초원이나 남 프랑스에 사는 담비 모양의 짐승으로 노란 모피를 가공하여 사용함).

Genéve [ʒəˈnɛːv] ↑Genf의 프랑스어, 제네바.

Genever [ʒeˈneːvɐ, (또한) ʒəˈn..., geˈn...], der; -s, - [niederl. genever] 네덜란드 화주(火酒)[진 브랜디].

Genezareth [geˈnetsaret] 게네사렛.

Genf ['gɛnf] 제네바《스위스의 주이며 도시》. **¹Genfer** ['gɛnfɐ], der; -s, - 제네바 인. **²Genfer** ⟨Adj.⟩ 《격변화 없음》제네바의. **genferisch** ['gɛnfərɪʃ] ⟨Adj.⟩ 제네바(인)의.

genial [geˈniaːl] ⟨Adj.⟩ [↑genialisch에서] 독창적, 탁한, 천재적: ein -er Künstler 천재적 예술가; er hat das Problem g. gelöst 그는 그 문제를 독창적으로 해결하였다. **genialisch** ⟨Adj.⟩ **a)** 비범한, 천재다운: ein -es Talent 비범한[천재다운] 재능. **b)** 독보적인, 특출한, 탁월한: sich g. gebärden 특출하게 행동하다. **Genialität** [genjaliˈtɛːt], die 독창성, 천재적 재능, 독창력: die G. eines Erfinders 발명가의 독창성.

Genick [gəˈnɪk], das; -(e)s, -e 목의 뒷부분, 목덜미: er schob den Hut ins G. 그는 목 깊숙이 모자를 눌러썼다; du wirst dir noch das G. brechen! (네) 목뼈가 부러지겠다!; jmdm.[einer Sache] das G. brechen 《통용어》누구[무엇]를 파멸로 이끌다[망하게 하다]; jmdm. im G. sitzen 《통용어》누구에게 어떤 일을 빨리 끝내도록 종용하다.

Genick-: **~fang**, der 【사냥】(사냥칼로 상처난 짐승의) 목덜미 찌르기. **~fänger**, der 【사냥】(짐승의 목덜미를 찔러 죽이는) 쌍날 사냥칼. **~hebel**, der 【레슬링】목덜미 누르기. **~schlag**, der 목덜미 강타, 후두부 편치. **~schuß**, der (방벅었는 사람의) 목덜미 사격. **~schußbremse**, die 《농》(남자의) 목덜미 아래로 내려뜨려진 머리칼. **~stand**, der 【체조】↑Nackenstand. **~starre**, die 【의학】경부강직(頸部强直), 뇌척수막염. **~waage**, die 【체조】↑Nackenwaage. **~zug**, der 【레슬링】목덜미쥐기(누르기).

¹Genie [ʒeˈniː], das; -s, -s [frz. génie] **1.** ⟨Pl. 없음⟩탁월한 독창적 재능[정신력], 천재: der Regisseur von G. 천재적 (재능의) 연출가[영화 감독]. **2.** 천재(적 인간): er ist nicht gerade ein G. auf diesem Gebiet 《반어》그는 이 분야에 대해 아무것도 모른다. **²Genie** [-], die, -s [frz. génie] 《schweiz.·통용어》↑Genietruppe.

¹Genie-(**¹Genie**): **~periode**, die ↑**~zeit**. **~streich**, der 독창적 행위, 탁월한 업적, 《반어·쑴》수완, 기행(奇行). **~zeit**, die 【문예학】천재 시대(질풍노도[슈트룸 운트 드랑] 시기의 별칭).

²Genie- (**²Genie**): **~offizier**, der 《schweiz.》공병(대) 장교. **~truppe**, die 《schweiz.》《스위스 군대의 부대 명칭》공병대. **~wesen**, das 《schweiz》군사 공학, 공병학.

Genien: ↑Genius의 복수형.

genieren [ʒeˈniːrən] ⟨h⟩ [frz. (se) gêner] **1.** ⟨g. + sich⟩당황하다, 난처해 하다, 부끄러워하다: ich genierte mich nicht, ihm die Wahrheit zu sagen 나는 그에게 진실을 말하는 데 주저하지 않았다. **2.** 《준교어》괴롭히다, 성가시게 하다, 성가시다: meine Gegenwart geniert Sie nicht beim Essen? 제가 있어서 식사하시는 데 방해되지 않습니까? **Genierer** [ʒeˈniːrɐ], der; -s, - 《österr.·통용어》수줍음, 부끄러움. **genierlich** ⟨Adj.⟩ 《통용어》 **a)** 성가시게 하는, 방해하는, 괴로운: der -e Geruch eines anderen Mannes 다른(외간) 남자의 역겨운 냄새(체취). **b)** 부끄러운, 수줍은: er ist ein etwas -er Mensch 그는 좀 수줍음을 타는 사람이다.

Geniese [gəˈniːzə], das; -s 끊임없는 재채기.

genießbar [gəˈniːsbaːɐ] ⟨Adj.⟩ 먹고 마실 수 있는, 즐길 수 있는: das Fleisch ist nicht mehr g. 그 고기는 더 이상 먹을 수 없다; 전의 der Chef ist heute wieder mal nicht g. 《통용어》보스(상관)는 오늘도 또 저기압이다. **Genießbarkeit**, die ↑genießbar의 명사형.

genießen* [gəˈniːsn] ⟨h⟩ **1.** (식사, 음료를) 먹다, 마시다, 소비하다: das Fleisch kann man ohne Schaden g. 그 육류(고기)는 먹어도 괜찮다; 전의 sie ist heute nicht [nur mit Vorsicht] zu g. 《통용어》그녀는 오늘 매우 조심스레 대해야 한다(기분이 나쁘다). **2.** 즐기다, 향유하다, 누리다: seinen Urlaub(das Leben) in vollen Zügen g. 그의 휴가(생)를 만끽하다. **3.** (유리하도록) 받다, 경험하다: eine gründliche Ausbildung g. 철저한 교육을

받다; jmds. Achtung g. 누구의 존경을 받다. **Genießer**, der; -s, - 즐기는[향유하는] 사람, 향락주의자: ein stiller G. sein 조용히 향유하는 사람이다. **genießerisch** ⟨Adj.⟩ 향유하는, 향락적인: ein -er Mund 미식가의 입맛.

Genisa, Geniza [geˈniːza], die; -s [hebr. gĕnîzạh] 유태인 교회 문서실[고물 보관소].

Genist [gəˈnɪst], das; -(e)s -e 〈준고어〉 **1.** (밀짚, 나뭇잎, 덤불 등이 뒤섞인 두터운) 둥지, 총림, 수풀. **2.** 〈고어〉 ↑ Nest.

Genista [geˈnɪsta], die ↑ Ginster의 라틴어.

genital [geniˈtaːl] ⟨Adj.⟩ [lat. genitālis] [의학] 생식기의: -e Phase [정신분석] 성기기(性器期). **Genitalapparat,** der [의학] (남성) 생식기[성기]. **Genitalbereich,** der 생식기 부위. **Genitale,** das; -s, ...lien [...li̯ən] 〈대개 Pl.〉 lat. (membrum) genitāle] [의학] (남성 및 여성의) 생식기, 음부. **genitalisch** ⟨Adj.⟩ 성기[생식기]에 관련되는, 성기의. **Genitalorgan,** das ↑ Genitale. **Genitaltuberkulose,** die [의학] 생식기[성기] 결핵.

Genitiv [ˈgeːnitiːf, 〈또한〉 gen..., geniˈtiːf], der; -s, -e [...iːvə; lat. (cāsus) genitīvus] [언어] **1.** 2격, 소유격(약어: Gen.): die Präposition „jenseits" regiert den G. "jenseits"라는 전치사는 2격을 지배한다. **2.** 2격[소유격]의 단어. **Genitivattribut,** das [언어] 2격(명사)부가어(예컨대: der Hut meines Vaters). **genitivisch** [ˈgeːnitiːvɪʃ, 〈또한〉 gen..., geniˈtiːvɪʃ] ⟨Adj.⟩ [언어] 2격[소유격]의. **Genitivkompositum,** das [언어] 규정어가 2격 명사형인 합성어. **Genitivobjekt,** das [언어] 2격[소유격] 목적어. **Genitivus** [geniˈtiːvʊs, 〈또한〉 ˈgen...], der; -, ...vi [언어], ↑ Genitiv의 라틴어형: G. definitivus [- definiˈtiːvʊs, 〈또한〉 ˈdeː...] 〈또는〉 explicativus [-eksplikaˈtiːvʊs, ˈɛks...] 규정[설명]의 속격[2격](예컨대: das Vergehen des *Diebstahls*[Diebstahl = Vergehen]); G. objectivus [- ɔpjɛkˈtiːvʊs, 〈또한〉 ˈɔp...] 목적어적 속격(예컨대: der Entdecker *des Atoms*[er entdeckte das Atom]); G. partitivus [- partiˈtiːvʊs, 〈또한〉 ˈpar...] 부분의 속격(예컨대: die Hälfte *seines Vermögens*); G. possessivus [- pɔsɛˈsiːvʊs, 〈또한〉 ˈpɔs...] 소유의 속격(예컨대: das Haus *des Vaters*); G. qualitatis [- kvaliˈtaːtɪs] 성질의 속격(예컨대: ein Mann *mittleren Alters*); G. subjectivus [- zupjɛkˈtiːvʊs, 〈또한〉 ˈzup...] 주어적 속격(예컨대: die Ankunft *des Zuges* (der Zug kommt an)).

Genius [ˈgeːnɪ̯ʊs], der; -, ...ien [...i̯ən; lat. genius] **1.** (특히 고대 로마에서 인간, 사회, 지역을 수호하는) 정령, 수호신: **G. loci** [- ˈloːtsi] 〈교양어〉 지역[장소]의 수호신; **G. morbi** [- ˈmɔrbi] [의학] (질)병의 증상; **G. epidemicus** [- epiˈdeːmikʊs] [의학] 유행병의 주된 특징[증상]. **2.** (대개 Pl.) [예술] (로마 신화의) 날개달린 신의 상. **3.** 〈아이 한〉 **a)** 〈Pl. 없음〉 (인간 최고의) 창조적 정신, 창조력: der G. dieses Komponisten 이 작곡가의 창조적 정신. **b)** (최고의) 창조적 인간: Bach, der große musikalische G. des Barock 바로크 시대의 위대한 음악적 창조성의 화신 바흐.

Geniza: ↑ Genisa.

Genmutation, die; -en 〈생물〉 유전자 돌연변이.

gennematisch [geneˈmaːtɪʃ], **gennemisch** [ɡeˈneːmɪʃ] ⟨Adj.⟩ [griech. génnēma] [언어] (언어 음성의) 음향(효과)적.

geno-, Geno- [geno-; griech. génos]: **~spezifisch** ⟨Adj.⟩ 〈생물〉 유전질 특징의, 유전 특징적. **~typisch** ⟨Adj.⟩ 〈생물〉 유전인자의(적), 유전자형의. **~typ** [〈또한〉 '— — —], der; -s, -en, **~typus,** der; -, ...pen [생물] 〈생물의〉 유전자 전체, 유전자형.

Genökologie, die 유전학과 생태학의 관련성에 관한 이론, 유전 생태학.

Genom [geˈnoːm], das; -s, -e [griech. génos] [생물] 게놈, 총유전인자.

genommen [gəˈnɔmən] ↑ nehmen 참조.

Genommutation, die; -en 게놈의 돌연변이.

genoppt [gəˈnɔpt] ⟨Adj.⟩ (피륙 표면에) 작은 마디[꺼풀] 가 있는.

Genörgel [gəˈnœrgl̩], das; -s 〈폄〉 (끊임 없는) 투덜거림, 불평함, 헐뜯기.

genoß [gəˈnɔs] ↑ genießen 참조.

Genosse [gəˈnɔsə], der; -n, -n **1.** 〈준고어〉 동무, 동료, 동반자: sie suchten noch einen G. für die Reise 그들은 또한명의 여행 친구(동반자)를 찾았다. **2.** (좌익 정당의) 당원, 동무, 동지: alte -n der SPD 사회민주당의 옛 동지[당원]; der Antrag des -n (Müller) wurde angenommen (뮐러) 동지의 제안은 인정[수락]되었습니다. **3.** (경제·준고어) 동업[협동] 조합 회원, 조합원. **genösse** [gəˈnœsə], **genossen** [gəˈnɔsn̩] ↑ genießen 참조. **Genossengemeinde,** die ⟨schweiz⟩ ↑ Genossenschaft. **Genossenschaft,** die; -en 동업[협동] 조합: eine bäuerliche G. gründen 농업 협동 조합을 결성하다. **Genossenschafter, Genossenschaftler,** der; -s, - (협동) 조합원. **genossenschaftlich** ⟨Adj.⟩ (협동) 조합의: ein -er Betrieb 협동 조합의 사업.

Genossenschafts-: ~anteil, der 협동 조합 재산 비 담. **~bank,** die 〈Pl. ...banken〉 협동 조합 은행. **~bauer,** der 〈Pl. ...bauern〉 〔구 동독〕 농업 협동 조합원[농민] (반대: Einzelbauer). **~betrieb,** der 협동 조합 사업. **~mitglied,** das 협동 조합 회원. **~versammlung,** die 협동 조합(집)회. **~wesen,** das 협동 조합 제도.

Genossin, die; -nen ↑ Genosse (1,2)의 여성형. **Genoßsame** [gəˈnɔsaːmə], die; -n ⟨schweiz⟩ **1.** ↑ Genossenschaft. **2.** 지방 자치 구역. **Genova** [ˈdʒɛːnova] ↑ Genua의 이탈리아어, 제노바.

Genozid [...ˈtsiːt], der, 〈또한〉 das; -(e)s, -e / -ien [...iːdi̯ən; ↑ geno-, Geno- u. lat. caedere] 〈교양어〉 (국가·종족·종교적) 집단 살인[학살].

Genre [ˈʒãːrə], das; -s, -s [frz. genre] (예술의) 종속, 종류, 장르: das literarische G. der Erzählung 산문이라는 문학장르; **jmd. ist nicht jmds. G.** 〈통용어〉 누구는 누구에(게) 맞지 않는다. **Genrebild,** das 풍속화. **genrehaft** ⟨Adj.⟩ 풍속화(풍)의. **Genremalerei,** die ⟨Pl. 없음⟩ [frz. peinture de genre] 풍속화(법).

Gens [gɛns], die; Gentes [ˈgɛnteːs; lat. gēns] (고대 로마의) 씨족 (여러 가족) 집단.

¹**Gent** [gent] 겐트(벨기움의 도시).

²**Gent** [dʒɛnt], der; -s, -s [engl. gent] 〈반어〉 멋쟁이, 맵시내는 사람, (유행하는 옷을 입은) 세련된 남자. **Gentes:** ↑ Gens의 복수형. **gentil** [ʒãˈtiːl, ʒaˈtiːl] ⟨Adj.⟩ [frz. gentil] 〈고어〉 친절한, 상냥한, 착한, 사랑스러운. **Gentilen** [gɛnˈtiːli̯ən] ⟨Pl.⟩ [lat. gentīles] (고대 로마의) 씨족 집단 주민. **Gentilhomme** [ʒãtiˈjɔm], der; -s, -s [frz. gentilhomme] 신사, 귀인.

Gentleman [ˈdʒɛntl̩mən], der; -s, ...men [...mən], engl. gentleman] 신사, 인격있는 남자, 젠틀맨. **gentlemanlike** [...laik] ⟨Adj.⟩ [engl. gentlemanlike] 신사다운, 품위있는, 매우 예의바른, 고귀한. **Gentleman's,** 〈또는〉 **Gentlemen's Agreement** [ˈdʒɛntl̩mənz əˈgriːmənt], das; —, — s [engl. gentleman's (Pl.: gentlemen's) agreement] 〈교양어〉 (특히 외교상의) 신사 협정. **Gentry** [ˈdʒɛntri], die [engl.

gentry] (영국에서) 귀족 다음가는 사회 계급, 신사 사회.

¹**Genua** ['ge:nua] 제노바(북이탈리아 도시명). **Genuese** [ge'nyezə], der; -n, -n 제노바 남자(사람). **Genueser** [ge'nyezɐ] 〈Adj.〉 제노바(의). **Genuesin** [ge'nyezɪn], die; -nen 제노바 여자. **Genuesisch** [ge'nyezɪʃ] 〈Adj.〉 제노바(인)의.

²**Genua**, die [1927년 제노바의 요트레이스에 처음 등장한 데서 연유] [선원] (주 돛대 위에 걸치는) 앞 돛대. **Genuakord, Genuasamt**, der; -(e)s [이탈리아 도시 Genua에 따라] (내구성 바지, 재킷, 가구 시트 제조로 쓰한) 제노바 코르덴(빌로드).

genug [gə'nu:k] 〈Adv.〉 **a)** 넉넉한, 충분한, 족한: hast du g. Geld dabei? 너 지금 돈을 충분히 가지고 있니?; nicht g. damit, daß er seine Aufgaben erledigte, half er auch noch anderen 그는 자기 숙제(과제)를 해야 함에도 불구하고 다른 사람들을 도와주기까지 했다; sie konnte sich nicht g. darin tun, das Buch zu loben 그녀는 그 책을 칭찬하는 데 여념이 없다(입이 닳도록 그 책을 칭찬하였다); jetzt habe ich aber g.! 이젠 나도 더이상 참을수 없어!; sich³ selbst g. sein 다른 사람의 도움을 필요로 하지 않는다. **b)** (형용사 뒤에 위치하여 특별한 정도를 나타냄) 충분한, 넉넉한, 족한: der Schrank ist groß g. 그 장의 크기는 충분하다; dazu ist er jetzt alt g. 그 일을 하기에 그의 연령은 이제 적당하다; das alles ist schlimm g. 그것은 문제가 많다[매우 상태가 나쁘다]. **Genüge** [gə'ny:gə] (다음 다음 용법으로) jmdm. [einer Sache] G. tun [leisten] (아어) 누구를 만족시키다, 무엇에 적합하다; G. (an etw.) finden [haben] (아어·준고어) 만족하다; jmdm. [einer Sache] geschieht G. 누구의 요구가 이루어지다[무엇이 충분히 고려되다]; zur G. 충분히, 넉넉히.

genügen 〈h〉 **1.** 충분하다, 넉넉하다: der Platz genügt für unsere Zwecke 그 자리는 우리의 목적을 위해서는 충분하다[족하다]; hast du genügend Geld dabei? 너 지금 돈을 넉넉히 갖고 있니?; seine Leistungen wurden mit „genügend" beurteilt (교어) 그의 학업 성적 평가는 '적당함'('미')이었다. **2.** 무엇에 적합하다, 무엇을 충족시키다 다: er konnte den Anforderungen nicht g. 그는 그 요구를 충족시키지 못하였다. **genugsam** [gə'nu:kza:m] 〈Adv.〉 (아어) 충분한, 족한, 넉넉한. **genügsam** [gə'ny:kza:m] 〈Adj.〉 자족하는, 겸손한, 온화한, 분수를 아는: ein -er Mensch 자족하는[분수를 아는] 사람; im Essen und Trinken ist er sehr g. 그는 식사와 음주를 매우 자제한다. **Genügsamkeit**, die 자족함, 분수앎, 겸손함. **genugtun*** 〈h〉 [lat. satisfacere] (준고어) 무엇에 적합하다, 누구에게 만족을 주다[누구를 만족시키다]: sie war eifrig bemüht, seinen Fragen genugzutun 그녀는 그 남자의 질문에 만족스러운 대답을 하려고 매우 노력하였다; keiner hätte ihm g. können 누구도 그를 만족시키지는 못하였을 것이다; sich³ nicht g. können, etwas zu tun 무엇에 만족할 줄을 모른다, 무엇을 하는 데 같이 없다. **Genugtuung** [-tu:ʊŋ], die; -en [lat. satisfactio] **1.** 내적 만족: das ist mir eine große G. 그것은 나에게는 참으로 만족스러운 일이다. **2.** (아어) (잘못된 일에 대한) 변상[배상], 명예 회복: der Beleidigte verlangte G. 모욕을 당한 사람은 명예 회복을 요구하였다.

genuin [genu'i:n] 〈Adj.〉 [lat. genuīnus] **1.** (교양어) 진정의, 진짜의, 순수한: ein so g. künstlerisches Werk 그처럼 진정한 예술 작품. **2.** (의학) 생래성(生來性)의, 유전적인: -e Krankheiten 유전병. **Genus** ['genʊs], das; -, Genera ['genera; lat. genus] **1.** (교양어·준고어) 종속, 종(屬). **2.** (문법) [문법상의] 성(性) (남성, 여성, 중성). **Genusbezeichnung**, die (문법적) 성 표시. **Genuskauf**, der [법] ↑Gattungskauf.

Genuschel [gə'nʊʃl], das; -s (폄) (끊임 없이) 우물우물 말함.

Genuß [gə'nʊs], der; Genusses, Genüsse [gə'nʏsə] **1.** 〈Pl. 없음〉 (식사, 음료의) 먹음, 마심: übermäßiger G. von Alkohol ist schädlich 과도한 알코올 복용(음주)은 건강을 해친다; er ist nach dem G. dieser Pilze erkrankt 그는 이 버섯을 먹은 후 병에 걸렸다. **2.** (의식적으로 느끼는) 즐김, 누림, 향유, 유쾌, 즐거움: der Kaffee ist ein G. 커피는 즐길 만하다(기호품이다); diese Musik ist ein großer G. 이 음악은 큰 기쁨을 준다; **in den G. von etw. kommen** 무엇의 혜택을 받다, 무엇을 얻다.

genuß-, Genuß-: **~fähig** 〈Adj.〉 즐길[향락할] 수 있는. **~freudig** 〈Adj.〉 (즐겨) 향유할 수 있는, 혜택(특혜)을 받을 수 있는. **~gift**, das [관] 건강을 해치는 기호품, 기호 독물: Nikotin ist ein weitverbreitetes G. 니코틴은 널리 퍼져있는 기호 독물이다. **~mensch**, der 향락주의자, 방탕아. **~mittel**, das 기호품. **~mittelindustrie**, die 기호품 산업. **~reich** 〈Adj.〉 향락에 찬, 많은 즐거움을 주는. **~specht**, der (österr.) ↑Genießer. **~sucht**, die 〈Pl. 없음〉 (폄) 향락욕. **~süchtig** 〈Adj.〉 향락을 추구하는[좋아하는], 향락욕의. **~voll** 〈Adj.〉 **a)** 커다란(많은) 향락을 주는, 향락적인. **b)** 매우 즐기는, 아주 유쾌한: -es Schmatzen 입맛을 다시며 즐기기.

genüßlich [gə'nʏslɪç] 〈Adj.〉 매우 즐기는, 향락하는, 만끽하는: sich g. im Sessel zurücklehnen 의자에 뒤로 기대어 즐기다. **Genüßling** [gə'nʏslɪŋ], der; -s, -e (준고어) ↑Genußmensch.

Genus verbi, das; - -, Genera - [언어] 동사의 태(態).

geo..., Geo... [geo-, (강조) 'ge:o-; griech. geō-] 〈땅, 지구의 뜻의 규정어로〉 (예컨대: Geographie). **geoantiklinal** [(또한) 'ge:o...] 〈Adj.〉 [지질] 지배사(地背斜)의. **Geoantiklinale** [(또한) 'ge:o...], Geantiklinale, die; -n [지질] 지배사(地背斜). **Geobiologie** [(또한) 'ge:o...], die 지구 생물학(생물의 지리학적 전파[번식]에 관한 학문). **Geobiont** [...'bi̯ont], der; -en, -en [griech. bión] 토양에 사는 유기물, 토양 미생물. **Geobotanik** [(또한) 'ge:o...], die 지구 식물학, 식물 지리학. **geobotanisch** [(또한) 'ge:o...] 〈Adj.〉 지구 식물학(식물 지리학)의. **Geochemie** [(또한) 'ge:o...], die 지구 화학. **geochemisch** [(또한) 'ge:o...] 〈Adj.〉 지구화학의. **Geochronologie** [(또한) 'ge:o...], die ↑Geosynklinale. **Geodynamik** [(또한) 'ge:o...], die 지구역학. **Geofraktur** [(또한) 'ge:o...], die; -en [지질] (지구사에서 반복적으로 갈라지는) 옛 지각역. **Geogenese** [(또한) 'ge:o...], die, Geogenie, Geogonie [...'go:ni:], die [griech. geneḗ] 지구 발생학, 지구 형성론. **Geognosie** [...'gno:zi:], die [griech. gnôsis] (고어) ↑Geologie. **Geognost** [...'gnost], der; -en, -en [spätgriech. gnṓstēs] (고어) ↑Geologe. **geognostisch** [(또한) 'ge:o...] 〈Adj.〉 (고어) geologisch. **Geogonie** [...'go:ni:], die [griech. goneía] ↑Geogenese. **Geograph**, der; -en, -en [lat. geōgraphus < griech. geōgráphos] 지리학자. **Geographie**, die [lat. geōgraphia < griech. geōgraphie] 지리학: er studiert G. 그는 지리학을 공부한다 [지리학과에 다닌다]. **Geographielehrer**, der 지리 (학) 교사[선생]. **Geographiestunde**, die 지리(학) (수업)시간. **Geographieunterricht**, der 지리학 (과목) 수업. **geographisch** ⟨Adj.⟩ **a)** 지리학의: -e Untersuchungen 지리학 연구; eine -e Karte 500,000 : 1 이 하척도의 지도. **b)** 지역(위치·기후)에 관계되는, 지역의: eine g. sehr günstig gelegene Stadt 지역적으로 매우 유리한 위치의 도시. **c)** 지표[지점]에 관계되는. **Geoid** [geo'i:t], das; -(e)s [지구물리] 지오이드(물리학적으로 정의한 지구의 기본형). **Geoisotherme** [((또한)) 'ge:o...], die; -n [지구물리] 지구 등온선(等溫線). **geokarp** [...'karp] ⟨Adj.⟩ [식물] (식물 열매가) 지하에서 무르익는, 지하 난숙의. **Geokarpie** [...kar'pi:], die [griech. karpós] [식물] 지하 난숙, 지하에서 열매 맺힘. **Geokorona** [((또한)) 'ge:o...], die [지구물리] (1000~20,000 km 상공의) 지구의 수소 가스층. **geokrat** [...'kra:t] ↑geokratisch. **geokratisch** [...'kra:tɪʃ] ⟨Adj.⟩ [griech. krátos] [지질] (대륙보다 바다의 넓이가 더 컸던) 지구(주)기에 관계되는, 지구주기의. **Geologe**, der; -n, -n 지질학자. **Geologenhammer**, der [지질] 지질 탐사용 망치. **Geologie**, die 지질학. **geologisch** ⟨Adj.⟩ 지질학의: die -e Untersuchung eines Geländes 어떤 지역의 지질학적 연구. **Geomantie** [...man'ti:], die [griech. manteía] (특히 중국인이나 아랍인들의) 모래점(占), 흙점(占). **Geomantik** [...'mantɪk], die ↑Geomantie. **Geomedizin** [((또한)) 'ge:o...], die 환경(풍토) 의학, 질병 지리학. **Geometer**, der; -s, - [lat. geometres = griech. geōmétrēs] **1.** ↑Geodät. **2.** ⟨준고어⟩ 측량기사, 기하학자. **Geometrie**, die [lat. geōmetria < griech. geōmetría] analytische G. 해석기하학. **geometrisch** ⟨Adj.⟩ [lat. geōmetricus < griech. geōmetrikós] **a)** 기하학의: -e Grundbegriffe 기하학의 기본 개념. **b)** 기하학(형상)의: ein -es Muster 기하형 무늬. **Geomorphologe** [((또한)) 'ge:o...], der; -n, -n 지형학자. **Geomorphologie** [((또한)) 'ge:o...], die 지형학. **geomorphologisch** [((또한)) 'ge:o...] ⟨Adj.⟩ 지형학의. **Geonym** [geo'ny:m], das; -s, -e [griech. gē u. ónyma] ⟨전문어⟩ 지명을 암시하는 가명(예컨대: Stendhal). **Geoökonomie** [((또한)) 'ge:o...], die 지리 상품[경제]학. **geopathisch** [((또한)) 'ge:o...] ⟨Adj.⟩ [의학] 풍토병의. **Geophage** [...'fa:gə], der / die; -n, -n [griech. phageîn] **a)** [인종] 토식(土食) 인종. **b)** [의학] 토식증 환자. **Geophagie** [...fa'gi:], die [griech. phageîn] [인종] 토식 풍습. **b)** [의학] 토식증. **Geophon** [...'fo:n], das; -s, -e [지구물리] 지오폰(지구 물리학 연구기기). **Geophysik** [((또한)) 'ge:o...], die 지구 물리학. **geophysikalisch** [((또한)) 'ge:o...] ⟨Adj.⟩ 지구 물리학의. **Geophysiker** [((또한)) 'ge:o...], der; -s, - 지구 물리학자. **Geophyt** [...'fy:t], der; -en, -en ⟨대개 Pl.⟩ [griech. phytón] [식물] 지중(地中) 식물. **Geoplastik** [((또한)) 'ge:o...], die; -en 지표의 입체 모형, 지표 형태론. **Geopolitik** [((또한)) 'ge:o...], die 地政學(지정학), 지리정치학. **geopolitisch** [((또한)) 'ge:o...] ⟨Adj.⟩ **a)** 지정학의. **b)** 지리정치적, 공간정치적. **Geopsychologie** [((또한)) 'ge:o...], die 풍토심리학.

geordnet: ↑ordnen 참조.

Georgetown ['dʒɔːcdʒtaun] 조지타운(가이아나의 수도 이름).

Georgette, die; -s (또는) der; -s, -s ↑Crêpe Georgette.

Georgia ['dʒɔːdʒə]; -s 조지아(미국의 연방).

Georgien [ge'ɔrgiən], -s 코카서스. **Georgier** [ge-'ɔrgiɐ], der; -s, - 코가서스인. **georgisch** ⟨Adj.⟩ 코가서스의. **Georgisch**, das; -(s), ⟨정관사와 함께⟩ **Georgische**, das; -n 코가서스어.

Georgine [ge:ɔr'gi:nə], die; -n [러시아의 인종학자 I.I. Georgi(1729~1802)에 따라] ↑Dahlie.

Geosphäre [((또한)) 'ge:o...], die 《전문어》 (지구의) 암석권, 지각. **geostationär** [((또한)) 'ge:o...] ⟨Adj.⟩ 《전문어》 지구에서 보아 같은 점에 머무는[정지하고 있는]. **Geosutur** [((또한)) 'ge:o...], die; -en ↑Geofraktur. **geosynklinal** [((또한)) 'ge:o...] ⟨Adj.⟩ [지질] 지향사 (地向斜)의. **Geosynklinale** [((또한)) 'ge:o...], die; -n [지질] 지향사. **Geosynkline** [((또한)) 'ge:o...], die; -n ↑Geosynklinale. **Geotaxis** [((또한)) 'ge:o...], die; ...taxen [생물] 주지성(走地性). **Geotechnik** [((또한)) 'ge:o...], die ↑Ingenieurgeologie. **Geotektonik** [((또한)) 'ge:o...], die 지각(地殼) 구조학, 구조지질학. **geotektonisch** [((또한)) 'ge:o...] ⟨Adj.⟩ 지각구조학의. **Geotherapie** [((또한)) 'ge:o...], die [의학] 기후치료법. **geothermal** [((또한)) 'ge:o...] ⟨Adj.⟩ 지열(地熱)의. **Geothermik**, die 지열학. **geothermisch** ⟨Adj.⟩ 지열(학)의: -e Energie 지열 에네르기. **Geothermometer** [((또한)) 'ge:o...], das; -s, - 지열 [지질 온도]계. **geotrop** [...'tro:p] ⟨Adj.⟩ [griech. tropē] [식물] 굴지성(屈地性)의. **Geotropismus** [((또한)) 'ge:o...], der; - [griech. tropē] [식물] 중력 굴성(屈性), 굴지성, 향지성. **Geotroposkop** [...tropo-'sko:p], das; -s, -e [griech. tropē u. griech. skopeîn] ↑Gyroskop. **Geotumor**, der; -s, -en ↑Geoantiklinale. **Geowissenschaft** [((또한)) 'ge:o...], die; -en ⟨대개 Pl.⟩ 지구 과학. **Geozentrik** [((또한)) 'ge:o...], die 지구를 중심점으로 관찰하는 우주 체계, 지구 중심설. **geozentrisch** [((또한)) 'ge:o...] ⟨Adj.⟩ ⟨전문⟩ **1.** 지구를 중심점으로 관찰하는, 지구 중심의(반대: heliozentrisch): das -e Weltsystem des Aristoteles 아리스토텔레스의 지구 중심적[천동설에 입각한] 우주체계. **2.** 지심(地心)의. **Geozoologie** [((또한)) 'ge:o...], die 지구 동물학(동물의 지리적 번식에 관한 학문). **geozoologisch** [((또한)) 'ge:o...] ⟨Adj.⟩ 지구 동물학의. **geozyklisch** [((또한)) 'ge:o...] ⟨Adj.⟩ [천문] 지구 공전(公轉)의.

Gepäck [gə'pɛk], das; -(e)s **a)** ⟨수⟩하물: das G. zum Bahnhof bringen 수하물을 역으로 운반하다; ⟨전의⟩ der Minister hatte keine neuen Vorschläge im G. 장관은 새로운 제안을 가져오지 않았다. **b)** [군] (휴대용) 장구, 배낭, 행장: ein Marsch mit leichtem G. 가벼운 장비의 행군.

Gepäck- ⟨österr. 〔또한〕Gepäcks-⟩: **~abfertigung**, die **1.** ⟨Pl. 없음⟩ 수하물 발(탁)송. **2.** 수하물 발송소. **~ablage**, die 수하물 보관 선반, 수하물 보관함. **~annahme**, die **1.** ⟨Pl. 없음⟩ 수하물 접수. **2.** 수하물 접수처. **~aufbewahrung**, die **1.** ⟨Pl. 없음⟩ 수하물 예치[보관]. **2.** 수하물 예치소. **~aufbewahrungsschein**, der 수하물 예치증(명서). **~aufgabe**, die **1.** ⟨Pl. 없음⟩ 수하물 탁송. **2.** 수하물 탁송처. **~ausgabe**, die **1.** ⟨Pl. 없음⟩ 수하물 인도. **2.** 수하물 인도처. **~auslieferung**, die ↑~ausgabe. **~bahnsteig**, der 수하물용 플랫폼. **~beförderung**, die 수하물 운송(운수). **~beförderungsgebühr**, die 수하물 운송료. **~brücke**, die 수하물 운송용 트레일러(부속차). **~fracht**, die 수하물 운임. **~giebel**, der (구둣주) ↑Apsis(2). **~karren**, der 수하물 짐수레. **~kontrolle**, die (세관의) 수하물 검열[검사]. **~marder**, der (통용어) 수하물 도둑. **~marsch**, der [군] (군인들의) 무장(훈련) 행군. **~netz**, das (객차 안의 짐싣는) 그물 선반. **~rampe**, die 수하물 이동 트랩. **~schalter**, der 수하물접수[요금

취급) 창구. **~schein**, der 수하물표[수송 증명서]. **~schließfach**, das 수하물 보관함. **~spinne**, die 수하물 갈고리망. **~stück**, das (트렁크, 가방, 소포 등 낱낱의) 수하물. **~träger**, der 1. 수하물 운반인. 2. (자전거 뒷자리의) 짐판. **~versicherung**, die 수하물 보험. **~wagen**, der (여객열차의) 수하물 운송차(량).

Gepard ['ge:part], der; -s, -e [frz. guépard] 치타(아프리카 초원에 사는 고양이 모양의 맹수).

geperlt [gə'pɛrlt] 〈Adj.〉 (드물게) 진주가 박힌(있는).

gepfeffert [gə'pfɛfɐt] 〈Adj.〉 [↑pfeffern 참조] 《통용어》 1. (요구된 금액이) 과도한, 터무니 없이 비싼: -e Mieten 너무 비싼 방값[월세]. 2. a) 엄한, 심한, 가차없는: die Fragen der Prüfung waren ziemlich g. 시험의 질문은 상당히 어려웠다. b) 야비한, 비꼬는, 애매한: er erzählt gern -e Witze 그는 야비한 위트를 말하기 좋아한다.

Gepfeife [gə'pfaɪfə], das; -s 《통용어・폄》 (끊임없는) 휘파람불기, 피리불기. **gepfiffen** [gə'pfɪfn] ↑pfeifen 참조.

gepflegt [gə'pfle:kt] 〈Adj.〉 [↑pflegen 참조] a) 잘 손질된, 세련된: der Park ist immer sehr g. 그 정원은 항상 잘 손질되어 있다. b) 쾌적한, 유쾌한: eine -e Atmosphäre 쾌적한 분위기. c) 연마된, 세련된, 교양을 갖춘: eine sehr -e Ausdrucksweise 매우 교양[품위] 있는 말씨[어투]. **Gepflegtheit**, die 세련됨, 쾌적함.

gepflogen [gə'pflo:gŋ] ↑pflegen 참조. **Gepflogenheit**, die; -en (아이) 관습, 관례.

Gepiepe [gə'pi:pə], das; -s 《통용어・폄》 (끊임없이) 삐악삐악(찍찍)음.

Gepiepse, das; -s 《통용어・폄》 (끊임없이) 삐악삐악(찍찍)음.

Geplänkel [gə'plɛŋkl], das; -s, - 1. 《군・준고어》 가벼운(소규모) 전투. 2. 사소한 언쟁, 말다툼.

Geplapper [gə'plapɐ], das; -s 《통용어・폄》 끊임없는 수다, 요설: das G. des Kindes 어린아이의 끊임없는 지껄임.

Geplärr, das; -(e)s, **Geplärre** [gə'plɛr(ə)], das; -s 《통용어・폄》 (끊임없는) 고함소리, 울부짖음.

Geplätscher [gə'plɛtʃɐ], das; -s (끊임없이) 철렁 소리를 냄: 전의 das G. ihrer Unterhaltung langweilte mich 무모하게 계속되는 그들의 잡담이 나에게는 지루하였다. **geplättet** [gə'plɛtat] 〈Adj.〉 《경》 당황한, 놀란, 말문이 막힌: Mensch, da bin ich aber g.! 이봐, 정말 놀라운 일인데!

Geplauder [gə'plaʊdɐ], das; -s (아이) (끊임없는) 지껄여 댐, 잡담, 한담: das sanfte G. der drei war herrlich 그 세명의 부드러운 한담은 멋이 있었다.

Gepolter [gə'pɔltɐ], das; -s 1. (끊임없는) 우렁우렁 울림, 시끄러운 소리: sie rannten mit G. die Treppe hinunter 그들은 시끄러운 소리를 울리며 계단을 뛰어 내려왔다. 2. 큰 소리의 욕지거리: die Kinder fürchteten sich etwas vor dem G. des Großvaters 아이들은 할아버지가 큰 소리로 야단치는 것을 꽤 무서워하고 있었다.

Gepräge [gə'prɛ:gə], das; -s, - 1. [주전] 《동전[주화]이나 메달의》 각인(刻印): das unversehrte G. einer alten Münze 옛날 동전[주화]의 손상되지 않은 각인. 2. 〈Pl. 없음〉 (아이) 특징적 외형, 특질, 특징: das äußere G. einer Stadt 도시의 외형적 특징.

Geprahle [gə'pra:lə], das; -s 《폄》 (끊임없는) 호언장담, 허세, 허풍: sein ständiges G. war die Ursache dafür, daß er keine Freunde hatte 끊임없는 허풍 때문에 그에게는 친구가 없었다.

Gepränge [gə'prɛŋə], das; -s (아이) 화려한 남비, 화려함, 허식: der Dichter wurde mit festlichem G. zu Grabe getragen 그 시인의 장례는 매우 장엄하고 화려하게 치루어졌다.

Geprassel [gə'prasl], das; -s (끊임없이) 울리는 소리[소음], 폭음: das G. des Regens 비가 후두둑 내리는 소리.

gepriesen [gə'pri:zn] ↑preisen 참조.

gepunktet [gə'pʊŋktət] 〈Adj.〉 a) 얼룩점 무늬의. b) 점이 찍힌(있는).

Gequake [gə'kva:kə], das; -s 《통용어・폄》 듣기 싫은 (개구리 등의) 울음소리. **Gequäke** [gə'kvɛ:kə], das; -s 《통용어・폄》 (끊임없는) 꽥꽥(찍찍)소리: das G. eines Transistorradios 트랜지스터 라디오의 (끊임없는) 찍찍 소리.

gequält [gə'kvɛ:lt] ↑quälen 참조.

Gequassel [gə'kvasl], das; -s 《통용어・폄》 (끊임없는) 쓸데없는 수다, 불필요한 지껄임(잡담).

Gequatsche [gə'kvatʃə], das; -s 《통용어・폄》 (끊임없는) 지껄임, 쓸데없는 수다: sein ewiges G. ging ihr auf die Nerven 그의 끝없는 수다가 그녀의 신경을 건드렸다.

Gequengel [gə'kvɛŋl], **Gequeng(e)lle** [...ŋ(ə)lə], das; -s 《통용어・폄》 대개 아이들의 (끊임없는) 불평, 을먹이는 투덜거림: hört endlich auf mit eurem G.! 불평을 그만 해!

Gequieke [gə'kvi:kə], das; -s 《통용어・폄》 찍찍(꿀꿀)거림.

Gequietsche [gə'kvi:tʃə], das; -s 《통용어・폄》 깡깡(찌그덕)거림: das G. einer Tür (끊임없는) 문의 끼(삐)걱 소리.

gequollen [gə'kvɔlən] ↑quellen 참조.

Ger, der; -(e)s, -e (게르만민족의) 투창.

Gera ['ge:ra] 1. 구동독의 도시. 2. 구동독의 구역. 3. 게라의 구역(관구).

gerad-, **Gerad-** 《통용어》 grad-, Grad- (²gerade I 1, 2): **~flügler**, der; -s, - ↑Orthoptere. **~läufig** 〈Adj.〉 (드물게) 똑바로 달리는[나가는], 직선 방향의. **~linig** [...li:nɪç] 〈Adj.〉 직선의, 똑바른: die Strecke verläuft g. 그 지대(구역)는 일직선으로 나간다: 전의 ein -er Nachkomme 직계 자손. **~linigkeit**, die 직선성: 전의 die G. seines Denkens 그의 사고의 올바름. **~sinnig** 〈Adj.〉 솔직한, 정직한. **~sinnigkeit**, die 솔직함, 정직함.

¹**gerade** [gə'ra:də] 〈Adj.〉 【수학】 둘로 나뉘는, 짝수의(반대: ungerade): der eine Fahrstuhl hält in allen -n, der andere in allen ungeraden Stockwerken 엘리베이터 한 대는 홀수 층, 또 다른 한 대는 짝수 층에 선다.

²**gerade** [-], **grade** ['gra:də] **I.** 〈Adj.〉 1. 곧은, 반듯한, 직선의: in -r Richtung 똑바로, 직선 방향으로; 전의 er stammt in -r Linie von ...ab 그는 …의 직계 자손이다. b) 자연스러운 방향의, 순응하는, 비뚤어지지 않은: er hat eine g. Haltung 그는 꼿꼿한(의연한) 자세를 취하고 있다. 2. 솔직한, 정직한, 똑바른: ein -r Mensch 솔직한 인간. 3. 정확한, 바로 그: das g. Gegenteil behaupten 정반대를 주장하다. **II.** 〈Adv.〉 1. a) (시간적) 바로 지금, 바로 막, 때마침: ich komme g. (erst) zurück 나 지금 막[방금에서야 (막)] 돌아왔네; als er ankam, war sie g. gegangen 그가 도착하였을 때는 그녀가 떠나간 직후였다. b) 《통용어》 빨리, 어서: bring doch g. (mal) das Buch herüber! 이봐, 하필: warum g. ich? 왜 하필 나야? c) 직접, 바로: er wohnt g. um die Ecke 그는 바로 그 모서리[모퉁이]에 살고 있다. d) 겨우, 가까스로, 빠듯이: das Geld reicht g. (aus) für ... 돈이 …하기에 빠듯하다; wir kamen g. (noch) rechtzeitig an 우리는 겨우 제 시간에 도착했다. 2. (강화 및 확인) a) 바로: g. vor einer Woche hat das Fest stattgefunden 바로 한 주 전에 축제가 있었다. b) 하필: warum g. ich? 왜 하필 나야? c) 특별히: g. Kinder brauchen Bewegung

Gerade

특히 아이들에게 운동이 필요하다; **nicht g.** 결코(정말, 반드시) …은 아니다. **d)** 《통용어》 이제, 비로소: jetzt (tue ich es) g. 이제 비로소 (그 일을 하게되는 구나)! **Gerade** [-], die; -n **1.** [기하] 직선: vier (-n) 4개의 직선. **2.** 〔육상〕 (경기장의) 직선 코스: die Läufer spurten die G. herunter 주자들은 직선 코스를 내달았다. **3.** 〔권투〕 (전면에의) 직선 공격(스트레이트): die rechte G. 우측 직선 공격(라이트 스트레이트).

gerade-, Gerade-, 《통용어》 grade-, Grade-: **~aus** [---'-] 〈Adv.〉 똑바로, 직선(방향)으로: [전의] sie ist immer sehr g. 그녀는 언제나 매우 솔직하다(곧다). **~ausfahrt** [---'-], die 직진 드라이브, 직선 활주. **~ausflug** [---'-], der 직선 비행. **~empfänger**, der 직선회로 수신기. **~biegen*** 〈h〉 **a)** (굽은 곳을) 바로(곧게) 펴다: einen Draht g. 철사를 바로 펴다. **b)** 《통용어》 정돈하다, 조용하다, 바로잡다. **~halten*** 〈h〉 기울지 않게(수평으로) 잡다: du mußt den Teller g. 너는 접시를 기울지않게 잡아야 한다. **b)** 똑바로 하다(유지하다): den Kopf g. 머리를 바로하다[꼿꼿이 하다]. **c)** (g. +sich) 곧은(똑바른) 자세를 취하다. **~halter**, der 척추교정(용) 판, 새우등 교정기. **~heraus** [---'-] 〈Adv.〉 《통용어》 솔직히, 터놓고, 노골적으로: um es g. zu sagen 솔직히 말하자면. **~hin** [---'-] 〈Adv.〉 경솔하게, 아무 생각없이. **~klopfen** 〈h〉 (굽은 것을) 두드려 바로 하다[펴다]. **~legen** 〈h〉 똑바로 놓다, 정돈하다. **~machen** 〈h〉 《통용어》 똑바로 하다, 일으켜 세우다. **~richten** 〈h〉 바로 놓다, 곧추 세우다. **~rollen**, das 〔후프 체조〕 (후프를) 앞뒤로 굴리다. **~sitzen*** 〈h〉 똑바로(곧게) 앉다, 정리하다. **~so** 〈Adv.〉 아주 똑같이: er macht es g. wie ((schweiz.)) als) ich 그는 나와 똑같이 그것을 한다. **~sogut** 〈Adv.〉 똑같이 좋게. **~soviel** 〈Indefinitpr.〉 꼭 그만큼의. **~stehen*** 〈h〉 **1.** 꼿꼿이 서 있다, 직립하다: er konnte nicht mehr g. 〔은폐〕 그는 취했다. **2.** 무엇(누구)에 대해 책임을 지다, 보증하다: für die Folgen g. 결과에 대해 책임지다. **~stellen** 〈h〉 곧바로 세우다(놓다), 정돈하다. **~wegs** 〈Adv.〉 **a)** 직행으로, 곧바로, 직접, 단도직입적으로. **~zu** 〈Adv.〉 **1.** (강조의 표현) 직접, 심지어, 바로: ich habe ihn g. angefleht 나는 그에게 바로(직접) 간청했다. **2.** [---'-] 〔지역적〕 솔직히, 노골적으로: du darfst ihn nicht so g. fragen 너는 그에게 그처럼 노골적으로 물어보아서는 안된다.

Geradenläufer [gə'ra:dnlɔyfɐ], der; -s, - 〔육상〕 직선 코스 주자. **geradenwegs** [gə'ra:dnve:ks], 《통용어》 gradenwegs ['gra:dnve:ks] 〈Adv.〉 ↑geradewegs 참조.

gerädert [gə'rɛ:dɐt] 〈Adj.〉 《통용어》 지친, 느슨한, 피로한: nach dem langen Marsch waren wir (wie) g. 오랜 행군 끝에 우리는 녹초가 된 것이나 다름없었다.

geradeswegs [gə'ra:dəsve:ks] 〈Adv.〉 《(schweiz.)》 ↑ geradewegs 참조. **Gradheit** [gə'ra:thaɪt], 《통용어》 Gradheit ['gra:thaɪt], die 솔직함, 곧음, 직선적임.

Geraffel [gə'rafl], Graffel ['grafl], das; -s 《österr.·통용어》 ↑ Gerümpel.

gerammelt [gə'ram]t] (다음 용법으로) **g. voll** 《통용어》 (참을 수 없도록 사람들로) 가득 찬, 빽빽한: das Lokal war g. voll 주점은 사람들로 꽉찼다.

Gerangel [gə'raŋl], das; -s 《통용어》 **a)** (끊임없는) 격투, 싸움: das G. der Kinder auf dem Schulhof 교정에서의 아이들의 싸움. **b)** (특정한 지위를 얻기 위한) 심한 투쟁.

Geranie [ge'ra:niə], die; -n **1.** ↑ Pelargonie의 원예명. **2.** ↑ Storchschnabel. **Geraniol** [gera'nio:l], das; -s [Geranium과 Alkohol의 약칭] (향료나 향수 제조에 사용되는) 정유(精油) 알코올. **Geranium** [ge'ra:niʊm], das; -s, …ien […iən; lat. geranion < griech. geránion] ↑ Storchschnabel. **Geraniumöl**, das 제라늄 유(油).

Gerank(e) [gə'raŋk(ə)], das; -s (아어) (감긴) 덩굴.

gerannt [gə'rant] ↑ rennen 참조.

Gerant [ʒe'rant], der; -en, -en [frz. gérant] 《schweiz.》 **1.** 업무 집행자, 간사, 총무. **2.** (신문, 잡지의) 발행[편집]인.

Geraschel [gə'raʃl], das; -s 《통용어·팜》 (끊임없는) 바스락[버석] 소리냄: das G. von Papier 종이가 바스락거리는 소리.

Gerassel [gə'rasl], das; -s 《통용어·팜》 딸가닥딸가닥(딸랑딸랑) 소리냄: er schreckte vom G. des Weckers hoch 그는 괘종시계의 따르릉 소리를 듣고 몹시 놀랐다.

Gerät [gə'rɛ:t], das; -(e)s, -e **1. a)** 도구, 기구, 집기, 기재, 기계: elektrische -e 전기 기구; stell bitte das G. ab! 라디오(텔레비전)을 좀 꺼라! **b)** 기계 제조 기구: an den -n turnen 기계 체조를 하다. **2.** 《Pl. 없음》 도구(기구)(전체), 장비, 비품: der Maler hält sein G. in Ordnung 화가는 자기 화구를 정돈한다.

Gerät-: **~sicherung**, die [체조] 체조 기구 안전 검사. **~turnen**, das ↑ Geräteturnen. **~turner**, der ↑ Geräteturner.

Geräte-: **~boxen**, das 기구 복싱(훈련). **~haus**, das 소방 기구 보관소, 기구 (운동, 체조) 기구 보관실. **~schuppen**, der 작업 기구 보관 창고, 도구(넣는) 광. **~stecker**, der 전기 기구 플러그. **~turnen**, das 기계체조. **~turner**, der 기계체조 선수. **~turnmatte**, die 기계체조 매트리스. **~übung**, die 기계체조 연습. **~wart**, der 체조 기구 책임자.

¹geraten* 〈s〉 **1. a)** (우연히 …에) 빠지다, 들어가다: in eine unbekannte Gegend g. 미지의 지역으로 들어서다; 《통용어》 wie bist du denn an diesen Kerl geraten? 어떻게(해서) 이 사람을 만났니(알게 되었니)?; der Hund geriet unter das Auto 개가 자동차에 치었다. **b)** (특정한 상태(상황)에) 이르다, 도달하다: in Schulden g. 빚을 지다; er ist in eine gefährliche Situation geraten 그는 위험한 상황에 빠져들었다(봉착하였다); die Forschung geriet in Mißkredit 그 연구는 신뢰(신용)을 잃었다; in Vergessenheit g. 잊혀지다, 망각에 빠지다; in Rückstand g. 뒤처지다; in Aufruhr g. 반항하다, 봉기하다; in Gefangenschaft g. 포로가 되다; in Verlust g. 〔격식 독어〕 분실[상실]하다; in Streit g. 싸우게 되다, 싸우기 시작하다; außer sich g. 이성을 잃다. **2. a)** 성공하다, …결과가 되다, 잘되다: seine Kinder geraten 그의 아이들은 잘 자란다. **b)** (잘) 만들어지다, …하게 제조되다: das Essen ist gut geraten 음식은 잘 만들어졌다. **3.** (부모, 조부모의 한 쪽을) 닮다: er gerät nach dem Vater 그는 아버지쪽을 닮았다.

²geraten [-] 〈Adj.〉 ↑ raten 참조] 권할 만한, 현명한, 상책인: es schien (mir) g., zunächst einmal zu warten 우선은 기다려보는 것이 상책인 것 같았다.

Geratewohl [gəra:tə'vo:l] 《다음 용법으로》 **aufs G.** 《통용어》 운(명)을 하늘에 맡기고, 되어가는 대로.

Gerätschaften [gə'rɛ:tʃaftn] 〈Pl.〉 가구(류), (가정)용구(류), 기구: die G. aufräumen 살림 도구를 치우다.

Geratter [gə'ratɐ], das; -s 《통용어·팜》 (끊임없는) 덜거덕(덜컹덜컹) 소리: das G. der Räder 바퀴가 덜거덕거리는 소리.

Geräucherte [gə'rɔyçətə], das; -n 훈제(燻製) 고기.

Geraufe [gə'raʊfə], das; -s 《통용어·팜》 (끊임없는) 쥐어뜯음, 난투.

geraum [gə'raʊm] 〈Adj.〉 〔아어〕 (시간적으로) 오랜, 상당한: vor -er Zeit 오랜[상당한] 시간 전에. **Geräum-**

de [gə'rɔymdə], das; -s, - 벌목된 삼림, 숲속의 개간지[공지]. **geräumig** [gə'rɔymɪç] ⟨Adj.⟩ 광활한, 넓은: der Schrank ist sehr g. 장은 매우 넓다. **Geräumigkeit**, die 광활함, 넓음.

Geraun(e) [gə'raun], das; ..nes (끊임없는) 중얼거림, 속삭임, 투덜거림: das G. im Saal verstummte, als er zu reden anfing 그가 말하기 시작하자 홀안의 웅성거림은 그쳤다.

Geraunz(e) [gə'raunts(ə)], das; ...zes 《österr., südd.·평》 불평함, 투덜거림, 흠잡기.

¹Geräusch [gə'rɔyʃ], das; -(e)s, -e 소음, 잡음: ein leises G. 낮은 소음; er vernahm ein seltsames G. 그는 이상한 소리를 들었다; [전의] mit viel G. etw. tun (반어) 떠들썩하게 무엇을 하다.

²Geräusch [-], des; -(e)s 《사슴 등의》 내장.

geräusch-, Geräusch- (¹Geräusch): **~archiv**, das 효과음 수집실. **~arm** ⟨Adj.⟩ 소음이 적은. **~dämmung**, die ↑Dämmung. **~dämpfung**, die 소음 억제, 방음 장치. **~empfindlich** ⟨Adj.⟩ 잡음[소음]에 민감한. **~empfindlichkeit**, die ↑~empfindlich의 명사형. **~kulisse**, die 1. 후면[배경]에서 (의식하지 못하게) 들리는 잡음[소음]. 2. 음향 효과, 효과음. **~los** ⟨Adj.⟩ a) 소음[잡음]이 없는, 조용한. b) (통용어) 조용히, 시끄럽지 않게, 말없이. **~losigkeit**, die 소음 없음, 조용함. **~maschine**, die 소음[음향 효과] 제조기. **~messer**, der [기술] 소음 측정기. **~minderung**, die 소음 약화. **~mine**, die 《군》 소음 폭발기제. **~pegel**, der (측정된) 소음의 강도, 잡음 레벨. **~voll** ⟨Adj.⟩ 소음이 많은, 떠들썩한.

Gerausche [gə'rauʃə], das; -s (끊임없는) 쏴쏴[잘깍] 소리, 살랑거림: das G. der alten Bäume 고목이 살랑거리는 소리.

Geräusper [gə'rɔyspɐ], das; -s 《평》 (끊임없는) 헛기침함.

Gerb- ['gɛrp-] (gerben): **~extrakt**, das 무두질 엑스(추출물). **~holz**, das 무두질 재료 나무(목재). **~mittel**, das 무두질약(재료), 제혁 용재. **~rinde**, die 무두질용 수피(樹皮). **~säure**, die 탄닌산, 무두질 식물원료. **~stoff**, der 무두질 원료.

gerben ['gɛrbn] ⟨h⟩ (동물 가죽, 표피를) 무두질하다, 제혁하다: die Haut eines Tieres g. 동물(짐승) 가죽을 무두질하다. **Gerber** ['gɛrbɐ], der; -s, - 무두장이, 제혁공.

Gerber-: **~beize**, die ↑¹Beize (1 c). **~handwerk**, das 제혁 수공업. **~lohe**, die 식물성 무두질약, 타닌 수피. **~meister**, der 제혁 기능장. **~wolle**, die [제혁] 도살한 양가죽에서 나온 털[모피], 무두질 털.

Gerbera ['gɛrbəra], die; -(s) (독일 의사이며 자연과학자인 T. Gerber(†1743)에 따라) [식물] (가지과 짧은 꽃으로 키운) 데이지류 꽃, 거베라.

Gerberei [gɛrbə'rai], die; -en 1. 제혁(수공)업. 2. ⟨Pl. 없음⟩ 무두질, 제혁. **Gerbung** ['gɛrbʊŋ], die; -en 무두질, 제혁.

gerbulieren [gɛrbu'liːrən] ⟨h⟩ [ital. garbellare] 《상고어》 (건조한 상품에서) 더러운 것(불순품)을 골라내다. **Gerbulur** [gɛrbu'luːɐ], die; -en 《상》 1. (고어) (건조한 상품에서) 골라낸 더러운 것(불순품). 2. (건조한 상품의) 불순품으로 인한 결손(할인).

Gerbelte [gə'rbltə], der; -n 《österr.》 하나씩 딴 포도로 만든 술, 순량의 포도주.

gerecht [gə'rɛçt] ⟨Adj.⟩ 1. 정의의, 공정(평)한, 올바른: ein -er Anspruch auf das Erbe 합법적 유산 요구; er war g. gegen alle 그는 누구에게나 공평(정)하였다. 2. 정당한, 당연한: ein -er Zorn 당연한 분노; jmdm. [einer Sache] g. werden 누구(무엇)을 정당하게 평가하다. 3. (…한 요구[일]에) 적합한, 족한, 상응한, 알맞은, 적당한: einer Sache g. werden 무엇을 해내다[이루다], 무엇(요구)에 따르다. 4. [성서] **a)** (인간이) 신에게 순종하는, 경건한, 의로운, 죄사함을 받는: so man von Herzen glaubt, so wird man g. 사람이 마음으로 믿어 의에 이른다(로마서 10장 10절). **b)** (신이) 인간의 죄를 사하는, 자비로운, 은사의: der -e Gott 자비[정의]로우신 하느님. **-gerecht** 《준접미사》 …에 알맞는, 적합한: menschengerechte Arbeitsbedingungen 인간다운(사람이 할 수 있는) 노동 조건. **gerechterweise** [gə'rɛçtɐvaizə] ⟨Adv.⟩ 공평(정)한 입장에서. **gerechtfertigt** [gə'rɛçtfɛrtɪçt] ⟨Adj.⟩ 정당한, 올바른. **Gerechtigkeit** [gə'rɛçtɪçkait], die 1. **a)** 정의, 정당, 공평: die soziale G. 사회 정의; jmdm. G. verschaffen[⟨아어⟩ widerfahren lassen] 누구에 대해서 공평한[정당한] 조치를 취하다; um der G. willen 정의를 위해[정의 때문에]. **b)** 정당한(당연한) 일: **ausgleichende G.** 보상의 정의, 부당한 결정의 청산. 2. **a)** 〈아어〉 법, 사직, 사법: einen Verbrecher den Händen der G. übergeben 범인을 사적 당국[법관]의 손에 넘기다. **b)** [신화] 정의의 여신 (저울, 검, 돈을 들고 있는 모습으로 상징됨). 3. [기독교] (인간의 권리에 대한) 신의 사은. 4. (고어) 정당화, 정당성, 합법성: die G. einer Forderung 요구의 정당성. 5. (고어) 권리, 특권(↑Gerechtsame).

gerechtigkeits-, Gerechtigkeits- (Gerechtigkeit 1): **~fanatiker**, der 정의의 광신자(열광자). **~fimmel**, der (통용어·평) 정의의 열광. **~gefühl**, das 정의감. **~liebe**, die 정의애(愛), (확실한) 정의감. **~liebend** ⟨Adj.⟩ 정의를 사랑하는, (확실한) 정의감이 있는. **~sinn** = ~gefühl.

Gerechtsame [gə'rɛçtzaːmə], die; -n 1. (법·고어) 우선권, 특권. 2. 《드물게 schweiz.》 법원 관할구.

Gerede [gə'reːdə], das; -s 1. (통용어) (불필요하고 무의미한) 지껄임, 수다, 잡담: leeres G. 공허한(어리석은) 수다(잡담); er konnte das G. nicht mehr mit anhören 그는 그 수다를 더이상 들을 수가 없었다. 2. 소문, 평판, 악평: es hat viel G. gegeben 많은 소문이 돌았다; **jmdn. ins G. bringen** 누구의 악평을 내다, 흠을 잡다; **ins G. kommen(geraten)** 소문이 나다, 악평의 대상이 되다, 좋지않게 입에 오르내리다. 3. ⟨schweiz.⟩ 대화.

geregelt [gə'reːglt] ⟨Adj.⟩ [↑regeln 참조] 규칙적인, 정돈된: einer -en Arbeit nachgehen 규칙적인 일(업무)을 수행하다.

gereichen [gə'raiçn] ⟨h⟩ (아어) …이 되다(zu나 특정 명사와 결합되어서만 사용됨): diese Tat gereicht ihm zur Ehre 이 행동은 그에게 명예로운 일이다.

gereift [gə'raift] ⟨Adj.⟩ [↑reifen] (성품이) 성숙된, 고양된, 인품있는: er ist eine -e Persönlichkeit 그는 성품이 고귀한 인물이다. **Gereiftheit**, die 성품이 성숙됨, 인품있음.

Gereime [gə'raimə], das; -s 《평》 **a)** 운(韻)맞추기, 시짓기. **b)** 졸렬한 시구.

gereimelt [gə'raimlt] ⟨Adj.⟩ [mhd. rieme = Band] [사냥] (수영양 뿔) 띠가 있는.

gereizt [gə'raitst] ⟨Adj.⟩ [↑reizen (1)] (신경이 예민하여) 성이 난, 자극된, 과민한: in -er Laune sein 흥분된 기분이다; der Chef war den ganzen Tag über g. 사장(주인)은 온종일 화가 나 있었다. **Gereiztheit**, die 성이 남, 자극됨, 과민함: sich in einem Zustand nervöser G. befinden 신경질적인 기분(상태에) 있다.

Gerenne [gə'rɛnə], das; -s 《통용어·평》 (끊임없는) 달림, 이리저리 서두름: das G. auf dem Schulhof 교정에서 이리저리 달림.

gereuen [gə'rɔyən] (아어·준고어) 누구에게 후회의 감정을 일으키다, 후회하게 하다, 유감스레 생각하다: deine

Worte werden dich noch g.! 너는 이 말을 후회하게 될 것이다!

Gerfalke, der; -n, -n (북부 지방의) 큰 매(백갈색 얼룩의 깃털을 가짐).

Geriater [ge'riaːtɐ], der; -s, - 노인병 의사. **Geriatrie** [geria'triː], die [griech. gérōn u. iatreía] (↑Altersheilkunde) 노인(의)학, 노인병학. **Geriatrikum** [ge'riaːtrikum], das; -s, ..ka [griech. gérōn u. iatreía] 노인병 치료약. **geriatrisch** [ge'riaːtrɪʃ] 〈Adj.〉 노인(의)학의: eine -e Klinik 노인(의학) 병원.

¹Gericht [gə'rɪçt], das; -(e)s, -e **1. a)** 법원, 법정, 재판소: das zuständige G. 관할 법원; jmdn. dem G. übergeben 누구를 사직 당국에 넘기다; ein ordentliches G. 민법 및 형법 재판소; einen Angeklagten dem G. vorführen 피고에게 소송을 제기하다; vor G. stehen 법정에 서다, 고소(고발)되다. **b)** 법관, 판사, 재판관: Hohes G.! (인사말) 고귀하신 판사님! **c)** 법원건물[청사]: das G. war von Polizisten umstellt 법원 건물[청사]는 경찰에 의해 둘러싸였다. **2.** 〈Pl. 없음〉 재판, 심판, 판결: **das Jüngste [Letzte] G.** 〈종교〉 최후의 심판; **mit jmdm. (hart [scharf]) ins G. gehen** 1) 누구를 (신랄하게) 비난하다. 2) 누구를 (심하게) 벌주다; **über jmdn. G. halten [zu G. sitzen]** 《아어》 1) 판결에서 피고를 심리하다. 2) (특정한 조치를 내리기 위해) 누구의 행동을 판결하다.

²Gericht [-], das; -(e)s, -e (조리된) 음식, 요리: ein G. zubereiten 음식[요리]을 조리하다[준비하다].

gerichtet [gə'rɪçtət]〈Adj.〉[↑richten 참조] 특정한 목표를 향한, 방향을 잡은, 마음(의향)을 품은. **Gerichtetheit**, die 방향을 잡음, 의향 있음.

gerichtlich〈Adj.〉**1.** 법원의, 재판의, 법률상의: -e Zuständigkeit 법원의 관할; -e Polizei (schweiz.) 사법 경찰. **2.** 법원[재판]에 의해 이루어진, 사법적, 합법적: -e Untersuchungen (사)법적 조사; jmdn. g. verfolgen (belangen) 누구에게 소송을 제기하다, 고소하다; jmdn. g. für tot erklären lassen 누구를 법원의 재판에 의해 사형으로 선고하다.

gerichts-, Gerichts- 〈-¹Gericht〉: **~akte**, die 〈대개 Pl.〉 재판 기록 서류. **~arzt**, der 재판의, 법정(원) 자문 의사. **~ärztlich**〈Adj.〉**a)** 재판의의, 법정 자문 의사의. **b)** 재판의가 수행한. **~assessor**, der 사법관 시보. **~beamter**, der 사법관(리), 법관. **~behörde**, die 재판소, 사법 당국. **~berichterstatter**, der 법원 출입 기자. **~berichterstattung**, die 법원 기사. **~beschluß**, der 법원 결정[판결]. **~bezirk**, der 법원 관할구. **~bote**, der (古어) 재판소 집행리, 하급 직원. **~diener**, der 법원 정리(廷吏). **~dolmetscher**, der 법원 통역관. **~entscheid**, der 법원 결정. **~entscheidung**, die 법원 결정, 판결. **~ferien**〈Pl.〉(하기) 휴정 기간. **~gebäude**, das 법원 건물[청사]. **~gebühren**〈Pl.〉재판 수수료. **~herr**, der (역사적) 재판권 소유자. **~hof**, der **1.** (상급심) 법정, 법원. **2.** (옛) (여러 재판관이 있는) 합의 법정. **~hoheit**〈Pl. 없음〉재판 고권, 사법권. **~kanzlei**, die 법원 서기과. **~kasse**, die 재판 비용[소송비] 납부처, 법원 회계과. **~kosten**〈Pl.〉재판 비용, 소송비. **~kritik**, die 《구동독》(타국이나 타기관에 대한) 재판 비판. **~kundig**〈Adj.〉↑notorisch 참조. **~medizin**, die 법의학. **~mediziner**, der 법의학자. **~medizinisch**〈Adj.〉**a)** 법의학의, 법 의학적(의). **~notorisch**〈Adj.〉[법] 법원 공증의, 법원에 의해 공식적으로 인증된: seine Straftaten sind g. 그의 범법 행위는 법원에서 인증[공증]된 것이다. **~ort**, der 법원 장소[위치]. **~präsident**, der 재판장. **~praxis**, die 재판 실습. **~referendar**, der 사법 연수생. **~saal**, der 법정, 재판 심리가 열리는 큰 홀. **~schreiber**, der (스위스 법의) 법원 서기(관). **~sprache**, die 법정[재판] 용어. **~stand**, der [법] 재판 관할지, 재판적(籍): der G. einer Person ist in der Regel ihr Wohnort 재판 관할지는 일반적으로 당사자의 거주지이다. **~tafel**, die 법원 게시판. **~tag**, der 개정〔공판, 재판〕일. **~termin**, der 재판〔공판〕일〔정〕. **~urteil**, das 법원 판결. **~verfahren**, das 재판 절차: ein G. einleiten 재판 절차를 시작하다. **~verfassung**, die 법원 조직. **~verfassungsgesetz**, das 법원 조직법. **~verhandlung**, die 법원(의) 심리, 공판. **~verwaltung**, die **1.** 사법 행정. **2.** (판결에 속하지 않는) 법원의 행정 업무. **~verwertbar**〈Adj.〉[법] 사법적 조치를 취해야 할. **~vollzieher**, der 집달리: der G. hat die Möbel gepfändet 집달리가 가구를 압류하였다. **~vorsitzende'**, der 재판장. **~weg**, der (사)법적 방법[경로]: er drohte, auf dem G. vorzugehen 그는 그 일에 사법적으로 대응하겠다고 [소송을 제기하겠다고] 위협하였다. **~weibel**, der 《schweiz.》 ↑~diener. **~wesen**, das〈Pl. 없음〉사법 제도.

Gerichtsame [gə'rɪçtsaːmə], die, -n 《schweiz.· 古어》↑Gerichtsbezirk.

Gerichtsbarkeit [gə'rɪçtsbaːɐ̯kajt], die, -en **1.**〈Pl. 없음〉재판권. **2.**〈Pl.〉〈전문어〉판결[재판]권 행사.

gerieben [gə'riːbn] **1.** ↑reiben 참조. **2.**〈Adj.〉〈통용어〉닳고 단, 교활한, 약삭빠른: ein -er Geschäftemacher 수완이 좋은 사업가. **Griebenheit**, die ↑ gerieben의 명사형.

geriehen [gə'riːən] ↑reihen 참조.

gerieren [gə'riːrən], sich 〈r〉[lat. se gerere (pro)] 《교양어》...안 체 행동하[처신]하다.

Gerieseł [gə'riːzl], das; -s (끊임없이) 졸졸 흐름, 뚝뚝 떨어짐(물방울이).

gering [gə'rɪŋ] **1. a)** (수량 등이) 적은, 소량의, 경미한: eine -e Menge[Anzahl] 소량[소수]; der Abstand wird immer -er 간격이 점점 좁혀진다; **ein -es** 《古어》 약간, 조금; **um ein -es** 《古어》 1) 얼마 안되는 돈으로. 2) 약간, 조금. 3) 거의, 하마터면. **b)** (정도, 범위 등이) 적은, 미세한, 사소한, 근소한, 보잘 것 없는: eine -e Abweichung aufweisen 근소한 차이를 보이다; das ist meine -ste Sorge 나는 그것이 별로 걱정되지 않는다; er hatte nicht die geringste Lust 그는 전혀 기분이 나지 않았다; die Sache ist von -em Wert 그 물건은 거의 값어치가 없다; er bekam nur ein -es Entgelt 그는 미미한 보상을 받았을 뿐이다; Chancen waren g. 별 가망이 없었다; die Qualität um ein -es erhöhen 《아어》〔품〕질을 약간 높이다; er ist auch im Geringsten genau 그는 아주 사소한 데 까지도 정확하다; **nicht das geringste** 전혀 …이 아니다: er hat nicht das G. davon gewußt 그는 그 일에 관해서 조금도 알지 못했다; **nicht im geringsten** 조금도[전혀] …이 아니다: du störst nicht im g. 너는 전혀 방해가 되지 않는다. **2.** (아어) 미천한, 낮은 신분의: er ist von -er Herkunft 그는 미천한 태생이다. **3.** (古어) **kein Geringerer als ...** 다른 사람이 아닌 바로. **3.**〈아어·드물게〉품질이 낮은, 조악한, 하찮은: eine -e Qualität 저질품. **4.**【사냥】(짐승이) 작은, 어린.

gering-, Gering-: **~achten**〈h〉**1.** 얕보다, 경시하다: sein Leben[eine Gefahr] g. 자기 목숨[위험]을 경시하다. **2.** 경멸하다, 업신여기다. **~achtung**, die 얕봄, 경멸, 경시. **~fügig** [-fyːgɪç]〈Adj.〉별 것이 아닌, 하찮은, 중요하지 않은, 미미한, 경미한: -e Verletzungen 경미한 부상. **~fügigkeit**, die; -en **1.** 〈Pl. 없음〉~fügig의 성질. **2.** 하찮은 〔것〕일: solche -en kann man außer Betracht lassen 그런 사소한 일은 제쳐놓아도 된다. **~gradig** [-graːdɪç]〈Adj.〉(드

물게》 경미한[사소한] (정도의). **~haltig** ⟨Adj.⟩ 《광물》 함유량이 적은. **~schätzen** ⟨h⟩ ↑~achten. **~schätzig** [-fɛtsɪç] ⟨Adj.⟩ 얕보는, 경멸적인: eine -e Handbewegung 경멸적인 손짓. **~schätzigkeit**, die 얕봄, 경멸. **~schätzung**, die ⟨Pl. 없음⟩ 얕봄, 경멸(함): sie betrachtete ihn voller G. 그녀는 경멸에 차서 그를 보았다. **~wertig** ⟨Adj.⟩ 《드물게》 가치가 별로 없는, 저가의.

geringelt [gəˈrɪŋ]t] **1.** ↑ringeln 참조. **2.** ⟨Adj.⟩ 고리모양의. **3.** 횡선이 있는, 횡선(모양)의: er trägt gern -e Söckchen 그는 횡선 무늬의 양말을 즐겨 신는다.

Geringigkeit [gəˈrɪŋɪçkaɪt], die 《드물게 고어》 적음, 사소함, 미미함. **geringstenfalls** ⟨Adv.⟩ 《아어》 적어도, 최소한: er bekommt g. die Hälfte der Summe ersetzt 그는 최소한 그 금액의 절반을 보상받는다. **geringstmöglich** ⟨Adj.⟩ 가능한 한 적은.

gerinnbar [gəˈrɪnbaːɐ̯] ⟨Adj.⟩ gerinnungsfähig. **Gerinnbarkeit**, die ↑Gerinnungsfähigkeit.

Gerinne [gəˈrɪnə], das; -s, - 《준고어》 작은 수로, 도랑, 홈통. **gerinnen*** [gəˈrɪnən] ⟨s⟩ (액체가) 응고하다. 엉기다 [응결]하다: die Milch gerinnt beim Kochen 우유는 끓이면 응고한다; 전의 bei diesem Anblick gerann mir das Blut in den Adern 이것을 보자 나는 혈관의 피가 굳을 정도로 놀랐다. **Gerinnsel** [gəˈrɪnzl], das; -s, - **1.** 《준고어》 흐르는 소량의 물, 실개천. **2.** 응혈(凝血), 혈전(血栓). **Gerinnung**, die; -en 《드물게 Pl.》 응고[됨]. **gerinnungs-, Gerinnungs-** 〔의학〕 **~eiweiß**, das 응고 흰자위〔단백질〕. **~fähig** ⟨Adj.⟩ 응고성의. **~fähigkeit**, die ↑Gerinnbarkeit. **~faktor**, der 응고인자. **~fördernd** ⟨Adj.⟩ 응고를 촉진시키는. **~hemmend** ⟨Adj.⟩ 응고를 억제하는.

Gerippe [gəˈrɪpə], das; -s, - 신체의 골격, 뼈대, 해골: das G. eines Pferdes 말의 뼈대; er läuft herum wie ein wandelndes G. 《통용어》 그는 몹시 아픈 것처럼 보인다; 전의 das G. eines Aufsatzes 논문의 골격. **gerippt** [gəˈrɪpt] ⟨Adj.⟩ 늑골 모양의 줄 (무늬)가 있는.

Geriß [gəˈrɪs], das; ...isses 《österr.》 쟁탈: sie hatte ein großes G. 그녀는 선망의 표적이었다. **gerissen** [gəˈrɪsn] **1.** ↑reißen 참조. **2.** ⟨Adj.⟩ 《통용어》 교활한, 약아빠진, 닳고닳은: ein -er Geschäftsmann 약아빠진 사업가; er kam sich sehr g. vor 그는 자신이 매우 약삭빠르다고 생각되었다. **Gerissenheit**, die ↑gerissen의 명사형.

geritzt [gəˈrɪtst] **1.** ↑ritzen 참조. **2.** 《다음 용법으로》 **(die Sache) ist geritzt** 《경》 (무엇이) 합의[약속]되다, 의논한 대로 처리되다.

Germ [gɛrm], der; -(e)s, (또한) die 《südd., österr.》 이스트, 효모. **Germknödel**, der 효모 경단. **Germkrapfen**, der 효모 도너츠. **Germteig**, der ↑Hefeteig.

¹Germane [gerˈmaːnə], der; -n, -n 〔역사적〕 게르만인 [사람]: 전의 sein Freund war ein blonder G. 《농》 그의 친구는 푸른 눈을 한 금발의 키 큰 사람이었다.

²Germane [-] ⟨Pl.⟩ 게르마늄(Germanium)의 수소 화합물. **Germanentum**, das; -s 게르만인의 본질 및 문화, 게르만 정신. **Germania** [...nia], die 독일 제국을 상징하는 여신상. **Germanien** [...niən] 〔고유명사, Pl. 없음〕 〔역사적〕 로마 제국 시대의 독일 국명. **Germanin**, die; -nen ↑Germane의 여성형. **Germanin** W₂ [gɛrma'niːn], das; -s 〔약〕 수면병 약. **germanisch** ⟨Adj.⟩ 게르만(인[민족])의: die -en Völker 게르만 민족들; die -en Sprachen 게르만어. **germanisieren** [germaniˈziːrən] 〔h〕 ↑eindeutschen. **Germanisierung**, die 게르만[독일]화. **Germanismus** [germaˈnɪsmʊs], der; -, ...men 〔언어〕 **1.** 독일어의 특성. **2.** 독일어(로부터의) 차용. **Germanist** [germaˈnɪst], der; -en, -en **1.** 독어독문학자: Jacob Grimm hat den Namen „Germanist" 1846 geschaffen 야콥 그림이 1846년에 "독어독문학자"라는 이름을 만들어냈다. **2.** 《고어》 독일 및 게르만 법 분야의 법학자, 게르마니스트. **Germanistik**, die 독어독문학. **Germanistin**, die; -nen ↑Germanist (1)의 여성형. **germanistisch** ⟨Adj.⟩ 독어독문학의: eine -e Fachzeitschrift 독어독문학 전문 잡지. **Germanium** [gerˈmaːniʊm], das; -s [lat. Germānia] 게르마늄(희유 금속 원소명, 기호: Ge). **germanophil** [...moˈfiːl] ⟨Adj.⟩ [griech. phileĩn] 친독일적(반대: germanophob). **Germanophile** [...liː], die [griech. philía] 친독일성(반대: Germanophobie). **germanophob** [...'foːp] ⟨Adj.⟩ [zu griech. phobeĩn = fürchten] 반독일적, 독일을 싫어 [혐오]하는. **Germanophobie**, die 반독일성, 독일 혐오(恐怖)증. **germanotyp** [...ˈtyːp] ⟨Adj.⟩ 〔지질〕 중부 독일 특유의 산맥 형성 유형의.

Germer ['gɛrmɐ, 〔frz.〕 ʒɛrˈmɛːr], der; -s, - 박새.

Germinal [ʒɛrmiˈnal], der; -(s), -s [frz. germinal] (프랑스 혁명력의) 제 7 월(3.21/22~4.19/20).

germinal [gɛrmiˈnaːl] ⟨Adj.⟩ [lat. germen] 〔식물〕 배종(胚種)의, 생식 세포의. **Germinaldrüsen** ⟨Pl.⟩ 〔생물〕 배종선(胚種線), 생식선. **Germinalien** [gɛrmiˈnaːliən] ⟨Pl.⟩ ↑Germinaldrüsen. **Germination** [gɛrminaˈtsi̯oːn], die -en [lat. germinatio] 〔식물〕 식물의 발아〔맹아〕기. **germinativ** [...ˈtiːf] ⟨Adj.⟩ 〔식물〕 배종의, 발아〔맹아〕의.

gern 《드물게》 **gerne** [ˈgɛrn(ə)], ⟨Adv.⟩; lieber, am liebsten) **1.** 즐겨, 기꺼이, 쾌히: sie spielt g. Klavier 그녀는 피아노 치기를 즐겨한다; er ist immer g. gesehen 그는 언제나 환영이다; „Danke schön!" – „Gern geschehen!" 고맙습니다! 천만에요!; „Kommst du mit?" – „(Ja,) g.!" 함께 갈래? – (그래) 좋아!; sie hat[sieht] es g., wenn ... ~하다면 그녀는 좋아한다; so etwas habe ich g.! 《통용어·반어》 그런 것은 내 맘에 전혀 들지 않는다; sie hatten sich (sehr) g. 그들은 서로 (아주) 좋아했다; **der kann [du kannst o. ä.] mich g. haben!** 《통용어·반어》 나는 그 녀석 [과 상관하고 싶지 않다! **2. a)** 기꺼이, 혼쾌히(동의의 표현): das glaube ich dir g. 나는 네 말을 기꺼이 믿어. **b)** 정말, 바라건대(소망의 표현): ich wüßte g., was daraus geworden ist 그 일이 어떻게 되었는지 알았으면 좋겠다. **c)** 소망을 공손(하)게 나타내는 표현): ich hätte g. ein Kilo Trauben 포도 1 kg 주십시오. **3. a)** 보통, 일반적으로: er geht g. früh schlafen 그는 보통 일찍 잠을 잔다. **b)** 《통용어》 쉽사리, 빨리: im Sommer wird die Milch g. sauer. 여름에는 우유가 빨리 상한다.

Gernegroß, der; -, -e 《통용어·농》 뽐내고[빼기고] 싶어하는 사람, 젠체하는 사람, 허풍선이. **Gerneklug**, der; -, -e 《통용어·농》 똑똑한 체하는 사람. **gerngesehen** ⟨Adj.⟩ 환영받는, 인기있는.

Geröchel [gəˈrœçl], das; -s (끊임없이) 꼬르륵거림.

gerochen [gəˈrɔxn] **1.** ↑riechen 참조. **2.** ↑rächen 참조.

Geroderma [geroˈdɛrma], das; -s, -ta [griech. gérōn u. dérma] 〔의학〕 ↑Altershaut, **Gerohygiene**, die 노인 위생학.

Geröll, das; -(e)s, -e (또한) **Gerölle** [gəˈrœl(ə)], das; -s, - 〈산비탈이나 하천 바닥의 둥근〔자갈〕더미. **Geröll-: ~brocken**, der 자갈. **~halde**, die 산비탈, 암설사면(岩屑斜面). **~masse**, die 자갈더미. **~schicht**, die 자갈층. **~schutt**, die 자갈더미. **~wüste**, die 자갈땅.

Gerölle: ↑Geröll.

geronnen [gə'rɔnən] ↑rinnen 참조.
Geront [ge'rɔnt], der; -en, -en [griech. gérōn (2격: gérontos)] (스파르타의) 원로, 원로원 회원. **Gerontokratie** [gerontokra'ti:], die, -n [...i:ən; griech. gérōn (2격: gérontos) u. kratein] 〔역사·인종〕 장로(長老)〔원로〕 정치. **Gerontologe**, der; -n, -n 〔의학〕노인학자. **Gerontologie**, die ↑Altersforschung.
Geröstete* [gə'rø:stətə, gə'rœstətə] 〈Pl.〉 (südd., österr.) 튀긴 감자.
Gerste ['gɛrstə], die; 〈종류〉 -n **a)** 〔식물〕 보리. **b)** 보리 낟알, 보리쌀. **Gerstel** ['gɛrstl], das; -s, - (n) **1.** (österr.) **a)** 보리쌀. **b)** (Pl. 없음) 〈수프에 넣는〉 국수. **2.** 〈Pl. 없음〉 (südd., österr.·농) 돈. **Gerstelsuppe**, die 보리수프.
Gersten- (Gerste): ~**bier**, das 보리맥주. ~**brand**, der (Pl. 없음) 〔식물〕보리의 흑수병(黑穗病), 깜부기병. ~**brot**, das 보리빵. ~**feld**, das 보리밭: **mit einem Auge ins G., mit dem anderen in den Kleeacker schauen** 《통용어·농》 심한 사팔뜨기이다. ~**graupe**, die 〈거칠게〉 빻은 보리쌀. ~**grütze**, die **a)** (거칠게) 빻은 보리쌀. **b)** 보리죽〔요리〕. ~**halm**, der 보리줄기. ~**hartbrand**, der ↑~brand. ~**kaffee**, der 보리〔맥아〕 커피. ~**korn**, das (Pl. ...körner) **1.** 보리 낟알. **2.** 다래끼. ~**kornhandtuch**, das (Pl. ...tücher) 거친 천으로 짠 수건. ~**malz**, das 〔맥주 양조용〕 보리 엿기름(맥아). ~**mehl**, das 보릿가루. ~**saft**, der 〈농〉 맥주. ~**schrot**, der 〈또는〉 das 쪃은 보리. ~**suppe**, die 보리 수프. ~**zucker**, der 엿기름〔맥아〕설탕, 맥아당.
Gerte ['gɛrtə], die -n 가늘고 나긋나긋한 막대기, 회초리: **er schlug ihm mit der G. ins Gesicht** 그는 회초리로 그의 얼굴을 때렸다. **gertenschlank** 〈Adj.〉 매우 날씬한〔호리호리한〕: **ein -es Mädchen** 매우 날씬한 소녀. **gertig** ['gɛrtiç] 〈Adj.〉 〈드물게〉 잘 휘어지는, 나긋나긋한.
Geruch [gə'rʊx], der; -(e)s, Gerüche [gə'rʏçə] **1. a)** 냄새, 향기: **ein süßiger G.** 달콤한 냄새; **die Mülltonnen verbreiten einen unangenehmen G.** 대형 쓰레기통에서 역겨운 악취가 번진다. **b)** (Pl. 없음) 후각(嗅覺): **der Hund hat einen feinen G.** 개는 코가 발달해 있다. **2.** (Pl. 없음) 〈아어〉 **unter einem infamen G. leiden** 수치스러운 악평에 시달리다; **im G. stehen** ...라는 평이 나 있다; **er steht im G., radikalen Kreisen anzugehören.** 그는 급진파에 속한다는 평이 나 있다.
geruch-, Geruch- (Geruch 1): ~**frei** 〈Adj.〉 geruchsfrei. ~**los** 〈Adj.〉 냄새없는, 무취의. ~**losigkeit**, die 무취, 냄새 없음. ~**tilgend** 〈Adj.〉 악취를 제거하는: **ein -es Mittel** 탈취제.
geruchs-, Geruchs- (Geruch 1): ~**belästigung**, die 악취(로 인한) 고통. ~**bindend** 〈Adj.〉 악취를 막는 〔제거하는〕. ~**empfindlich** 〈Adj.〉 냄새에 민감한. ~**empfindung**, die **a)** 냄새. **b)** (Pl. 없음) 후각. ~**filter**, der 악취제거 필터. ~**frei** 〈Adj.〉 ↑geruchlos. ~**nerv**, der 〈嗅〉신경. ~**organ**, das 후각(嗅官), 후각기(嗅覺器). ~**sinn**, der (Pl. 없음) 후각. ~**stoff**, der 〈대개 Pl.〉 후각에 작용하는 〈증기, 가스 형태의〉 물질. ~**störung**, die 후각 장애. ~**vermögen**, das 후각(능)력. ~**verschluß**, der 방취관(防臭管).
Gerücht [gə'rʏçt], das; -(e)s, -e [niederd. gerüchte] 소문, 풍문: **ein hartnäckiges G.** 끈질긴 소문 **b)**reiten sich aus 소문이 퍼진다; **etw. stellt sich als bloßes G. heraus** 무엇이 단순한 소문으로 판명되다; **von jmdm. geht das G., daß ...** 누구에 관해 ...라는 소문이 있다; **-en zufolge soll er alles gestanden haben** 풍문에 의하면 그가 모든 것을 털어놓았다고 한다.

Gerüchte-: ~**küche**, die 《통용어·평》 소문 진원지. ~**macher**, der 《평》 소문을 퍼뜨리는 사람. ~**macherei** [-maxərai], die, -en 《평》 소문 퍼뜨리기.
gerüchteweise 〈Adv.〉 소문으로, 소문에 의하면: **etw. g. vernehmen** 무엇을 소문으로 듣다.
Geruckel [gə'rʊkl], das; -s 〈통용어·평〉 (끊임없이) 혼들거림.
Gerufe [gə'ru:fə], das; -s 《평》 (끊임없이) 불러댐.
gerufen [gə'ru:fn] ↑rufen 참조.
geruhen [gə'ru:ən] 〈h〉 〈아어·준고어·반어〉 황송하게도 ...을 하시다: **seine Majestät haben geruht, den Botschafter zu empfangen** 폐하께서는 황공하옵게도 대사를 접견하셨습니다.
geruhig 〈Adj.〉 〈고어〉 ↑ruhig: **ein -es Leben führen** 조용한 삶을 살다.
geruhsam [gə'ru:za:m] 〈Adj.〉 조용하고 쾌적한: **einen -en Abend verbringen** 조용하고 쾌적한 저녁을 보내다. **Geruhsamkeit**, die ↑geruhsam의 명사형.
Gerümpel [gə'rʏmpl], das; -s 《평》 (끊임없이) 덜커덩거림. **Gerümpel** [gə'rʏmpl], das; -s 《평》 쓸모없는 낡은 물건, 잡동사니: **rostiges G.** 녹슨 잡동사니.
Gerundium [ge'rʊndiʊm], das; -s, ...ien [...iən; lat. gerundum] (Pl. 없음) 〔격변화의〕 동명사. **gerundiv** [gerʊn'di:f] 〈Adj.〉 〔언어〕 ↑gerundivisch. **Gerundiv** [-], das; -s, -e [...və; lat. modus gerundīvus = 언어] 미래분사. **gerundivisch** 〈Adj.〉 〔언어〕 미래분사의. **Gerundivum** [gerʊn'di:vʊm], das; -s, ...va 〔언어·고어〕 ↑Gerundiv.
gerungen [gə'rʊŋən] ↑ringen 참조.
Gerusia [geru'zi:a], **Gerusie** [geru'zi:], die [griech. gerousía] (고대 그리스의) 원로원.
Gerüst [gə'rʏst], das; -(e)s, -e (건축 작업을 위한) 구조물, 비계, 뼈대: **-e aus Leichtmetall** 경금속 비계; **ein G. aufbauen** 비계를 세우다; 〔전의〕 **das logische G. einer Lehre** 어떤 이론의 논리적 골격〔기초 사상〕. **Gerüstbau**, der 〈Pl. 없음〉 비계 설치. **Gerüstbauer**, der; -s, - 비계 설치공. **Gerüsten** [gə'rʏstn], das; -s (schweiz.) 비계 설치. **Gerüster** [gə'rʏstə], der; -s, - (österr.) ↑Gerüstbauer.
Gerüttel [gə'rʏtl], das; -s (끊임없는) 흔들림, 진동. **gerüttelt** [gə'rʏtlt] 〈다음 용법으로〉 **g. voll** 〈준고어〉 끝까지 가득찬, 꽉찬, 초만원인.
Gervais ⓦ [sɛr'vɛ:], der; - [...'vɛ:(s)], - [...'vɛs] [프랑스 제조회사 및 그 설립자 Ch. Gervais(1830~1892)에 따라] 〈빵에 바를 수 있게 만든〉 크림 치즈.
ges, Ges [gɛs], das; -, - [음악] (반음) 내림사 음(↑G (2)), 내림사 조(調).
Gesabber [gə'zabɐ], das; -s **1.** (끊임없는) 침흘림, 지껄임. **2.** 《경》 수다.
Gesäge [gə'zɛ:gə], das; -s 《통용어·평》 (끊임없이) 톱질함: 〔전의〕 **sein G. hat mich lange Zeit wach gehalten** 〔경〕 그의 코고는 소리는 오랫동안 나를 잠들지 못하게 했다. **gesägt** 〈Adj.〉 〔생물〕 잎이 톱니 모양의.
Gesalbte* [gə'zalptə], der/die 〈종교·역사적〉 제왕, 교황, 사제, 구세주, 그리스도.
gesalzen [gə'zaltsn] **1.** salzen 참조. **2.** 〈Adj.〉 〈경〉 **a)** 〈가격, 계산서 등이〉 매우 높은: **eine -e Rechnung** 고액의 계산서. **b)** 거칠은, 세련되지 못한. **c)** 불친절한, 무례한: **ein -er Brief** 무례한 편지. **Gesalzene** [gə'zaltsənə], das; -n 소금에 절인 살코기.
gesammelt 1. ↑sammeln 참조. **2.** 〈Adj.〉 정신을 집중시킨.
gesamt [gə'zamt] 〈Adj.〉 전체의, 총체의, 모든: **die -e Bevölkerung** 전 주(국)민, 총인구; **er hat sein -es**

Vermögen verloren 그는 전 재산을 잃었다; im -en waren etwa 100 Personen anwesend 《준고어》 전부 합쳐서[총] 약 100명 가량의 사람들이 참석하였다. **Gesamt** [-], das; -s 《드물게》 전체, 총량, 전부.

gesamt-, Gesamt-: **~ansicht,** die 전경(全景)(반대: Teilansicht). **~aspekt,** der 전체적 견해[양상](반대: Teilaspekt). **~auflage,** die [인쇄] 한 책의 전체 발행 부수. **~ausgabe,** die [인쇄] 전집. **~betrag,** der 총액, 총계. **~bild,** das 전체의 그림[사진], 전경(全景): das G. einer Krankheit 어떤 병의 전 증상. **~darstellung,** die 전체[전반]적 서술[기술]: die G. eines Problems 어떤 문제의 전반적 서술. **~deutsch** 〈Adj.〉 전독(全獨)의, 독일 전체의: eine ~Mannschaft [스포츠] 독일 대표 팀. **~deutschland,** das 전체 독일. **~eindruck** 전체적인 인상. **~einkommen,** das 총수입[소득]. **~erbe,** der 전 재산 총상속인, 단독 상속인. **~ergebnis,** das 전체[종합] 결과[득점](반대: Einzel-, Teilergebnis). **~erscheinung,** die 전체 현상. **~ertrag,** der 총수익[소득, 수확](반대: Teilertrag). **~fläche,** die 총면적. **~gesellschaft,** die [사회] ↑ Gesellschaft (1). **~gesellschaftlich** 〈Adj.〉 사회 전체의. **~gewicht,** das 총중량: das zulässige G. [자동차] 자동차 자체의 무게와 화물의 무게를 합친 총중량. **~gewinn,** der 총이익. **~hochschule,** die 종합대학교. **~interesse,** das (한 민족이나 집단의) 공동이해, 전체의 이해[관심](반대: Einzel-, Teilinteresse). **~kapital,** das 총자본. **~katalog,** der 총목록, 전체 카다로그. **~klassement,** das [스포츠] 전체의 순위. **~kunstwerk,** das 1. (오페라에서) 문학, 음악, 무용, 조형 예술의 종합 예술: Richard Wagner entwickelte die Idee des ~ 리하르트 바그너는 종합 예술의 이념을 발전시켰다. 2. 예술 매체의 임의적 통합. **~lage,** die 전반적 상황: die politische und militärische G. 전반적인 정치·군사 상황. **~note,** die 총[평]점. **~produktion,** die 총생산(량). **~schaden,** der 전손(全損), 손해 총액. **~schau,** die 전체적 개요, 개관, 대비(표). **~schuldner** 〈Pl.〉 [법] 연대 채무자. **~schule,** die (실업 학교나 인문계 중·고등학교의) 통합[종합]학교. **~sieg,** der [스포츠] 종합 우승. **~sieger,** der 종합 우승자[팀]. **~stärke,** die 총력, 전체 병력: die G. eines Heeres 군대의 총병력. **~strafe,** die [법] 총괄[병합형](刑). **~summe,** die ↑ ~betrag. **~umsatz,** der 총 매상고[매출액]. **~unterricht,** der [교육] 통합(과목) 수업. **~vertrag,** der [경제] 총연합회. **~volumen,** das [경제] 총규모. **~werk,** das (한 예술가의) 전 작품:das musikalische G. Beethovens 베토벤의 전 음악 작품. **~wert,** der 총 가격, 총액. **~wertung,** die 총[전체] 평가(사정). **~wirkung,** die (한 나라의) 전체(적) 효과. **~wirtschaft,** die 종합 경제. **~wirtschaftlich** 〈Adj.〉 종합 경제적인: das ~e Wachstum 종합 경제적 성장. **~zahl,** die 총수, 총계. **~zusammenhang,** der 전체적인 맥락(관련).

gesamthaft (schweiz., westösterr.) **1.** 〈Adj.〉 전체의. **2.** 〈Adv.〉 전부, 합쳐서, 총: g. waren es 30 Teilnehmer 총 30명이 참석하였다. **Gesamtheit** die **1.** 전체, 총체, 총괄: die G. der Arbeiter 노동자 전체; **in seiner G.** 전부, 총, 합쳐서: die Abgeordneten vertreten das Volk in seiner G. 국회의원은 국민 전체를 대표한다. **2.** ↑ Allgemeinheit (2): zum Wohle der G. tun 사회 전체의 복지를 위해 무엇을 행하다.

gesandt [gə'zant] ↑ senden 참조. **Gesandte*** [gə'zantə], der (대사급 아래의) 외교 사절, 공사: der päpstliche G. 교황청 공사. **Gesandtenposten,** der 공사 직[지위]. **Gesandtin,** die; -nen ↑ Gesandte의 여성형. **Gesandtschaft,** die; -en 1. 외교 대표부, 공사관. 2. 공사관(건물). **gesandtschaftlich** 〈Adj.〉 외교대표부의, 공사(관)의. **Gesandtschaftsgebäude,** das 외교 대표부 건물(청사), 공사관. **Gesandtschaftsrat,** der 〈Pl. ...räte〉 공사관 참사관.

Gesang [gə'zaŋ], der; -(e)s, Gesänge [gə'zɛŋə] 1. 〈Pl. 없음〉 **a)** 노래하(부르)기, 가창(歌唱): jmds. G. (auf der Mandoline) begleiten 누구의 노래를 (만돌린으로) 연주하다; sie zogen mit [《준고어》 unter] G. durch die Straßen 그들은 노래에 맞추어 거리를 행군하였다; sie will G. studieren 그녀는 성악을 공부하려 한다; [전의] [시어] der G. des Windes 바람의 노랫소리. **b)** (짐승의) 울음소리: der G. der Vögel 새들의 노랫[울음]소리. **2.** 노래, 가곡, 가요: geistliche Gesänge 성가(聖歌); Gregorianischer Gesang 가톨릭 교회의 (무반주) 제식가. **3. a)** 〈Pl. 없음〉 [시어·고어] 시작(詩作), 시예술, 시가. **b)** [문학적] 시가의 장, 서사시의 단락: der letzte G. von Homers „Ilias" 호머의 „일리아드"의 마지막 장[절].

gesang-, Gesang- (südd., österr.) ↑ Gesangs-도 참조: **~artig,** 노래(가곡)같은 (형식의), 가요풍의. **~buch,** das 찬송가 책[집]: **das falsche G. haben** (통용어·농) 1) 관이나 상사가 좋아하지 않는 종파에 속해 출세에 지장이 있다. 2) 지배적인 정당이나 정치 세력과는 다른 정치관을 가지고 있어 출세에 지장이 있다. **~buchvers,** der 찬송가 구절. **~lehrer,** der 성악교사. **~lehrerin,** die ↑ ~lehrer의 여성형. **~schule,** die 성악 교수법, 가창법: dieser Tenor kommt aus der italienischen G. 이 테너 가수는 이탈리아식 창법을 갖고 있다. **~stimme,** die ↑ Gesangsstimme. **~stück,** das 성악곡, 가곡. **~unterricht,** der 성악 수업(교습). **~verein,** der 합창단, 합창 클럽: **mein lieber Herr G.!** (경) 맙소사, 아, 저런! (놀람, 찬탄, 실망을 표현하는 감탄사).

gesänglich 〈Adj.〉 1. 노래의, 가창의, 성악의: über jmds. -e Fähigkeiten streiten 누구의 노래 솜씨에 대해 다투다. 2. ~stimmen의, 음률이 좋은.

Gesangs- (↑ gesang-, Gesang-도 참조): **~buch,** das (österr.) ↑ Gesangbuch. **~kunst,** die (가)창법. **~lehrer,** der ↑ Gesanglehrer. **~lehrerin,** die ↑ Gesanglehrerin. **~pädagoge,** der ↑ Gesanglehrer. **~pädagogik,** die ↑ Gesangunterricht. **~pädagogin,** die ↑ Gesanglehrerin. **~schule,** die ↑ Gesangschule. **~solist,** der 독창 가수. **~solistin,** die ↑ ~solist의 여성형. **~stimme,** die ↑ Singstimme (b). **~stück,** das ↑ Gesangstück. **~stunde,** die ↑ Gesangstunde. **~text,** der 노래 가사. **~unterricht,** der ↑ Gesangunterricht. **~verein,** der (österr.) ↑ Gesangverein.

Gesäß [gə'zɛːs], das; -es, -e 엉덩이, 궁둥이, 둔부: ein üppiges G. 풍만한 궁둥이.

Gesäß-: ~backe, die (대개 Pl.) 엉덩이의 둥그런 부분. **~falte,** die 엉덩이와 허벅지 사이의 주름. **~furche,** die [의학] ↑~flate. **~knochen,** der 좌골(座骨). **~muskel,** der (대개 Pl.) 엉덩이 근육. **~spalte,** die 엉덩이 (사이의) 금. **~tasche,** die 바지 뒷주머니. **~weite,** die 엉덩이 둘레.

gesättigt [gə'zɛtɪçt] **1.** ↑ sättigen 참조. **2.** 〈Adj.〉 [화학] 포화 상태의.

Gesätz [gə'zɛts], das; -es, -e (↑ Gesetz) [문학적] 작장 가요의 시련(詩聯). **Gesätzlein** [gə'zɛtslaɪn], das; -s, - (südd.) [문학] 시련, 시련, 단구.

Gesaufe [gə'zaufə], das; -s 《통용어·폄》 (끊임없이) 술을 마심, 폭음.

Gesäuge [gə'zɔygə], das; -s 【사냥】 (포유동물의) 유선 (乳腺), 젖꼭지.

Gesause [gə'zauzə], das; -s (끊임없이) 쏴쏴[웡웡]대는 소리.

Gesäusel [gə'zɔyzl], das; -s (끊임없이) 바스락거리는[살랑대는] 소리.

gesch. = geschieden(기호: ∞).

Geschabsel [gə'ʃaːpsl], das; -s 긁어 떼어낸 것(조각).

Geschacher [gə'ʃaxɐ], das; -s 《통용어・멸》 (끊임없이) 에누리하기, 폭리를 취함.

Geschädigte* [gə'ʃεːdɪçtə], der / die **1.** 피해자, 손상자. **2.** 《schweiz.・법》 부상자.

geschaffen [gə'ʃafn] ↑**schaffen** 참조. **geschafft** [gə'ʃaft] ↑**schaffen** 참조. **Geschäft** [gə'ʃεft], das; -(e)s, -e **1. a)** 상업, 영업, 사업, 장사, 거래: das ist ein solides G. 그것은 건실한 사업이다; mit jmdm. ein G. abschließen 누구와 사업계약을 체결하다; dunkle -e treiben 부정한 사업을 하다; aus einem G. aussteigen 《통용어》 어떤 사업에서 손을 떼다; in -en reisen [unterwegs sein] 상용 여행을 하다; mit jmdm. ins G. kommen 누구와 거래를 트다; 〖성구〗 G. ist G. 장사는 장사다, 사업은 사업이다; **das G. mit der Angst** (목적 달성을 위한) 공포 분위기 조성. **b)** 〈Pl. 없음〉 상거래, 판매: das G. belebt sich 판매가 잘 된다. **c)** 〈Pl. 없음〉 (영업행위의) 이익, 이윤: diese Unternehmung war für ihn (k)ein G. 이 사업은 우리에게는 성공이었다[실패였다]; sie macht dabei ein G. von zehn Prozent 그녀는 거기에서 10%의 이윤을 얻고 있다. **2. a)** 회사, 상사: ein G. führen[leiten] 회사를 경영하다; morgen gehe ich nicht ins G. 《통용어》 나는 내일 회사에 출근하지 않겠다. **b)** 상점, 가게: die -e schließen um 18³⁰ Uhr 상점들은 오후 6시 30분에 문을 닫는다; sie steht von morgens bis abends im G. 그녀는 아침부터 저녁까지 물건을 판다. **3.** 일, 볼일, 용건, 용무: ein nützliches G. 유용한 일; er versteht sein G. 그는 자신의 일을 잘 처리한다; sein großes[kleines] G. erledigen[verrichten, machen] 《통용어・은폐》 대변[소변]을 보다; das Kind verrichtet auf dem Töpfchen sitzend still sein großes G. 아이가 요강에 앉아서 조용히 대변을 본다. **Geschäftchen** [gə'ʃεftçən] 《다음 용법으로》 **G. erledigen[machen, verrichten]** 《친근・은폐》 용변을 보다.

geschäfte-, Geschäfte-: **~halber** [...halbɐ] 〈Adv.〉 사업차, 사업 용무로: er ist g. nach Rom geflogen 그는 사업차 비행기를 타고 로마로 갔다. **~macher**, der 《멸》 이윤 추구자, 돈만 벌려는 사람: er ist ein übler G. 그는 돈만 벌려는 좋지않은 사람이다. **~macherei** [...maxə'raɪ], die 《멸》 이윤 추구, 돈벌이, 폭리행위.

geschäftig [gə'ʃεftɪç] 〈Adj.〉 열심히 일하는, 바쁜, 분주한: in den Kaufhäusern herrschte -es Treiben 백화점 안은 바쁘게 돌아가고 있었다; -e Kellner nehmen die Bestellungen auf 부지런한 웨이터들이 주문을 받고 있다. **Geschäftigkeit**, die 열심히 일함, 부지런히[바쁘게] 움직임: mit hektischer G. 정신없이[매우] 바쁘게. **Geschäftlhuber** [gə'ʃaftl huːbɐ], der; -s, - [aus Geschäftl = Geschäftchen u. Huber] 《südd., österr.・멸》 바쁜 체하는 사람, 공연히 일거리를 만드는 사람. **Geschäftlhuberei** [gə'ʃaftlhuːbə'raɪ], die 지나칠 정도로 바쁘게 움직임, 매우 바쁜 체함. **geschäftlich** [gə'ʃεftlɪç] 〈Adj.〉 **a)** 업무[사업, 거래]상의(반대: privat): eine -e Verabredung 사업상의 약속; den -en Teil einer Unterredung abschließen 회담의 사업에 관한 부분을 끝내다; Geschäftliche erledigen wir später 업무

상의 일은 나중에 해결합시다. **b)** 비개인적인, 공적인, 형식적인, 사무적인: etwas in -em Ton sagen 무엇을 사무적인 어조로 말하다.

geschäfts-, Geschäfts-: **~ablauf**, der 사업의 경과[진행]. **~abschluß**, der 사업 계약[거래] 체결, 사업상의 합의: einen G. tätigen 사업 계약을 체결하다. **~anteil**, der 사업 지분[출자]지분, 기업에서의 영업지분증서. **~aufgabe**, die 폐업, 폐점. **~auflösung**, die ↑~aufgabe. **~aufsicht**, die 〈Pl. 없음〉 【법】 법정 관리. **~auslage**, die (상점의) 진열 상품. **~auto**, das 회사 차. **~bank**, die 〖은행〗 신용 은행. **~bedingungen** 〈Pl.〉 거래 조건: die allgemeinen G. 일반적인 거래 조건. **~beginn**, der 개점, 업무 개시(반대: ~schluß). **~bereich**, der 업무 범위: Minister ohne G. 무임소 장관. **~bericht**, der 영업[결산] 보고. **~besitzer**, der ↑~inhaber. **~betrieb**, der **1.** ↑ Geschäft (2 a). **2.** 〈Pl. 없음〉 영업(활동). **~beziehung**, die 〈대개 Pl.〉 사업상의 관계, 거래 관계: in -en mit jmdm. stehen 누구와 거래 관계를 맺고 있다. **~brief**, der 상용 편지. **~buch**, das 〈대개 Pl.〉 영업 장부: Einsicht in die Geschäftsbücher nehmen 영업 장부를 열람하다. **~eröffnung**, das 개업, 개점. **~fähig** 〈Adj.〉 【법】 행위[처분] 능력이 있는: 전의 nicht (mehr) g. sein 《통용어・농》 술에 취해 제 정신이 아니다. **~fähigkeit** die 〈Pl. 없음〉 행위 능력. **~frau**, die 여성 실업인, 상점의 여주인. **~freund**, der 사업상의 친구, 거래선, 사업 동료. **~führend** 〈Adj.〉 **a)** 업무를 집행(관장)하는. **b)** 책임을 진, 직무를 맡은, 현직의: der -e Vorsitzende der Schriftstellervereinigung 작가 협회의 현직[실행] 의장; die -e Regierung (사퇴하고 난 후 새 내각이 들어설 때까지 일을 보는) 과도[잠정] 내각. **~führer**, der **1.** 지배인. **2.** 업무 집행자, 총무, 사무국 총무: parlamentarischer G. 〖정치〗 정당의 원내 총무. **~führung**, die 〈Pl. 없음〉 **1.** 업무 집행, 경영. **2.** 기업의 임원(경영)진. **~gang**, der 〈Pl. 없음〉 **1.** 영업 경과, 경영 상황. **2.** 사무 속속. **3.** 업무상의 외출: einen G. machen müssen 볼일 보러 나가야 하다. **~gebaren**, das 영업 방침[태도]. **~gebarung**, die 《österr.》 ↑~führung (1). **~geheimnis**, das 업무[사업]상 비밀. **~geist**, der 〈Pl. 없음〉 사업 감각, 상재(商才), 상인 기질. **~gründung**, die 회사 창립, 창업. **~haus**, das **1.** 큰 상점, 회사, 상사. **2.** 상가(상업용) 건물. **~herr**, der 《schweiz.》 ↑~mann. **~inhaber**, der 회사의 경영주. **~inhaberin**, die ↑~inhaber의 여성형. **~interesse**, das 〈대개 Pl.〉 사업상의 이해: das G. ist vorrangig 사업상의 이해가 우선이다. **~jahr**, das 사업[업무, 영업] 연도: im G. 1978 사업연도 1978년에. **~jubiläum**, das 창업 기념일: das 75 jährige G. feiern 회사 창립 75주년을 축하하다. **~kapital**, das 운영 자본. **~karte**, die 회사 용명. **~kette**, die ↑ Ladenkette. **~korrespondenz**, die 사업상의[상용] 서신 교환. **~kosten** 〈Pl.〉 《다음 용법으로》 **auf G.** 회사 경비로: auf G. reisen 회사 경비로 여행하다. **~kreise** 〈Pl.〉 (실)업계. **~kunde**, der ↑ ¹Kunde (1). **~kundig** 〈Adj.〉 장사(업무)에 밝은, 실무 경험이 많은. **~lage**, die **1.** 경영 상태: die G. dieses Unternehmens hat sich gebessert 이 기업(회사)의 경영 상태는 호전되었다. **2.** 상점의 위치. **~leben**, das 실업(경영) 생활, 실업(사업)계: sich aus dem G. zurückziehen 사업에서 은퇴하다. **~leitung**, die ↑~führung (2). **~leute** ~mann의 복수형. **~liste**, die 《schweiz.》 Tagesordnung. **~mann**, der 〈Pl. ...leute, 《드물게》...männer〉 [frz. homme d'affaires] 사업가, 실업(사업)가. **~mäßig** 〈Adj.〉 **a)** 영업상의, 사무적인, 객관적인. **b)** 공적인, 사무적인, 쌀쌀한: er hielt die

Ansprache in -em Ton 그는 사무적인 어조로 인사말을 하였다. **~methode, die** 〈대개 Pl.〉 영업[사업] 방법. **~ordnung, die** 국회법, (관청의) 직무 규정, (정당의) 강령, 정관. **~ordnungsbestimmung, die** ↑~ordnung의 규정. **~ordnungsvorschrift, die** ↑~ordnung의 조항. **~papier, das** 〈대개 Pl.〉 1. 업무용 서류. 2. [우편] (요금이 할인되는) 업무용 우편물. **~partner, der** 공동 경영자, 동업자. **~politik, die** 경영[영업] 방침. **~politisch** 〈Adj.〉 경영 방침(상)의. **~raum, der** 〈대개 Pl.〉 영업소, 사무실, 점포. **~reise, die** 상업[업무] 여행, 출장: eine G. machen 출장가다. **~reklame, die** 가게의 광고. **~rückgang, der** 영업 실적[매출액]의 감소. **~schädigend** 〈Adj.〉 회사에 손해를 입히는. **~schädigung, die** ↑~schädigend의 명사형. **~schluß, der** 폐점, 업무[영업] 종료. **~sinn, der** 〈Pl. 없음〉 ↑~geist. **~sitz, der** 회사[점포]의 위치. **~stelle, die a)** 영업소, 사무소: die G. des ADAC in München ADAC 뮌헨 사무소. **b)** [법] (법원의) 문서 취급소, 서기과. **~straße, die** 상(점)가. **~stunden** 〈Pl.〉 ~zeit: etwas außerhalb der G. erledigen 무엇을 업무 시간 외에 처리하다. **~tätigkeit, die** 영업(활동). **~träger, der** [frz. chargé d'affaires] 대리 공사. **~tüchtig** 〈Adj.〉 **a)** 사업 수완이 있는: seine Frau ist sehr g. 그의 부인은 매우 사업 수완이 있다. **b)** 《廣》 이재에 밝은, 아주 약삭빠른. **~tüchtigkeit, die** ↑~tüchtig의 명사형. **~übergabe, die** (구매자나 상속인에게) 사업체를 넘김, 사업 양도. **~übernahme, die** (구매자나 상속인이) 사업체를 물려받음, 사업 인수. **~unfähig** 〈Adj.〉 [법] 행위[처리] 능력이 없는. **~unfähigkeit, die** ↑~unfähig의 명사형. **~verbindung, die** 거래 관계: in G. mit einer Firma stehen 어떤 회사와 거래 관계에 있다. **~verkehr, der** 1. 상거래, 통상, 교역. 2. 《드물게》 ↑Berufsverkehr. **~viertel, das** 상업 지구, 상점가. **~vorfall, der** 〈대개 Pl.〉 《商》 거래. **~vorgang, der** 영업 장부에 기재한 거래. **~wagen, der** 업무용 차량, 회사차. **~welt, die** 〈Pl. 없음〉 1. 상인 전체, 실업계. 2. 실업[경영] 생활. **~wert, der** ↑Firmenwert. **~zeichen, das** ↑Firmenzeichen. **~zeit, die** 영업 시간. **~zentrum, das** ↑~viertel 참조. **~zimmer, das** 사무실. **~zweig, der** 지점, 출장소, 업종.

geschah [gəˈʃaː] ↑geschehen 참조.

Geschäker [gəˈʃɛkɐ], **das**; -s 《廣》 (끊임없이) 농담(희롱)하기, 시시덕거리기.

geschamig [gəˈʃaːmɪç], **geschämig** [gəˈʃɛːmɪç], **gschamig** [ˈkʃaːmɪç], **gschämig** [ˈkʃɛːmɪç] 〈Adj.〉 《bayr., österr.》 수줍은, 부끄러워하는, 의기소침한.

Gescharre [gəˈʃarə], **das**; -s 《廣》 (끊임없이) 할퀴, 긁음, 문지름.

geschaßt: ↑schassen 참조.

Geschaukel [gəˈʃaʊkl], **das**; -s 《廣》 (끊임없이) 흔들거림, 그네를 타고 오락가락 함.

gescheckt [gəˈʃɛkt] 〈Adj.〉 얼룩진, 반점이 있는: eine -e Kuh 얼룩소; g. mit braunen Kringeln 갈색 고리 모양의 반점이 있는.

geschehen* [gəˈʃeːən] 〈s〉 1. **a)** 일어나다, 생기다, 발생하다: ein Unglück ist geschehen 불행한 일(기적)이 일어났다, es geschah, daß … …이란 일 발생했다; wenn du nicht aufpaßt, wird noch etwas g. 《통용어》 네가 조심하지 않으면 어떤 후일 일어 날 것이다; so geschehen am 12. Juni 1866 1866년 6월 12일 발생[작성, 발행]; geschehen ist geschehen 한 번 일어난 일은 돌이킬 수 없다, 엎지른 물은 다시 담을 수 없다; das Geschehene geschehen sein lassen 일어난 일을 기정 사실화하다. **b)** 행하여지다, 시행되다: das Verbrechen geschah aus Eifersucht 그 범죄는 질투 때문에 일어났다; in dieser Sache muß etwas g.! 이 일과 관련하여 무엇인가 해야 된다!; was geschieht mit den alten Zeitungen? 낡은 신문들을 어떻게 할까? „Danke schön!" – „Gern geschehen!" 고맙습니다 – 천만에요; er ließ es g., daß der Angeklagte schuldlos verurteilt wurde 그는 피고가 죄없이 유죄 판결을 받도록 방임하였다. **c)** (누구에게) 일어나다, 조우하다, 닥치다: jmdm. geschieht ein Unrecht 누구에게 부당한 일이 일어나다; es wird ihnen nichts mehr geschehen 그들에게는 더 이상 아무 일도 없을 것이다; das geschieht ihm ganz recht 그가 그렇게 된 것은 매우 당연한 일이다. 2. **es ist um jmdn. [etw.] geschehen** 1) 누구 (무엇)가 끝장[파멸]이다, 가망이 없다: wenn dieser Skandal an die Öffentlichkeit dringt, ist es um ihn geschehen 이 스캔들이 일반에 공개되면 그는 끝장이다. 2) 누구가 희망없는 사랑에 빠지다. **Geschehen** [-], **das**; -s, - 《아이》 1. 일어난 일, 사건: ein unerwartetes [dramatisches] G. 예기치않은[극적인] 사건. 2. 사건 경과[진행]: das weltpolitische G. 세계 정치의 동향. **-geschehen, das**; -s “(사건의) 경과, 과정” 등의 의미를 가진 복합명사의 기본어 (다른 명사화 결합함, 예컨대: Vereins~, Unfall~, Tatgeschehen~). **Geschehnis** [gəˈʃeːnɪs], **das**; -ses, -se 《아이》 일어난 일, 사건, 과정: die -se während der Revolution 혁명 중에 일어난 사건들.

Gescheide [gəˈʃaɪdə], **das**; -s, - [사냥] 짐승의 위와 장 [내장].

Geschein [gəˈʃaɪn], **das**; -(e)s, -e [식물] 포도의 화서(花序)[꽃차례].

gescheit [gəˈʃaɪt] 〈Adj.〉 **a)** 영리한, 똑똑한, 재치있는: er fing die Sache g. an 그는 그 일을 재치있게 시작하였다; aus seinen Aussagen werde ich nicht g. 나는 그의 말을 알아듣지 못하겠다. **b)** 영특한, 분별있는: das Buch ist amüsant und g. 그 책은 재미있으면서도 내용이 좋다. **c)** 《통용어》 이성[합리]적인, 분별있는: sei doch g. und tu, was man dir geraten hat! 잘 생각해서 사람들이 충고한 대로 해라; er hat den ganzen Tag über nichts Gescheites gemacht 그는 온종일 쓸모있는 일만 하였다. **Gescheitheit, die** ↑gescheit의 명사형.

Geschenk [gəˈʃɛŋk], **das**; -(e)s, -e 선물, 증여물, 기증물: er machte ihr den Ring zum G. 그는 그녀에게 반지를 선사하였다; ein G. aussuchen [kaufen] 선물을 고르다[사다]; -e verteilen 선물을 분배하다; [속담] kleine -e erhalten die Freundschaft 조그만 선물[정표]이 우정을 유지시켜 준다; **etw. ist ein G. des Himmels** 무엇이 (예기치않게 행운이나 도움을 가져다 주는) 하늘의 선물이다.

geschenk-, Geschenk- 《österr.》 geschenks-, Geschenks-: **~artikel, der** 선물용품. **~packung, die** 멋진 포장, 멋지게 포장된 선물용품. **~paket, das** 선물 꾸러미, 선물이 들어 있는 소포. **~papier, das** 선물 포장지. **~sendung, die** [관] 선물 소포: G. – keine Handelsware 선물 소포 – 비 상품 (외국으로 보내는 소포가 상품이 아님을 증명하는 표시). **~weise** 〈Adv.〉 《격식적어》 선물로(서): jmdm. etw. g. überlassen 누구에게 무엇을 선물로 주다. **~e** 〈Pl.〉 《대개 다음 용법으로》 **zu -en [für -e]** 선물로: diese Gegenstände sind besonders zu -n geeignet 이 물건들은 특히 선물로 적합하다.

Geschepper [gəˈʃɛpɐ], **das**; -s 《통용어·廣》 (끊임없이) 달그락[달그락] 거림.

geschert [gəˈʃeːɐt], **gschert** [kʃeːɐt] 〈Adj.〉 《südd., österr.·경》 어리석은, 바보 같은, 촌스러운. **Gescherte*** [gəˈʃeːɐtə], **Gscherte*** [ˈkʃeːɐtə], **der** 《südd.,

österr.·〈경〉우둔한 사람, 바보, 시골뜨기.
Geschichte [gə'ʃɪçtə], die; -n **1. a)** 역사: die deutsche G. 독일 역사; die G. der antifaschistischen Widerstandsbewegungen 반파시스트 저항 운동의 역사; man kann das Rad der G. nicht zurückdrehen 역사의 수레바퀴를 되돌릴 수 없다; seine Taten gingen in die G. ein (아이) 그의 행동들은 역사적 의미가 있었다; **G. machen** (인류의 발전을 위해) 어떤 결정적인 일을 (행)하다. **b)** (역사)학: er hat in G. gute Noten 그는 역사 과목에서 좋은 성적을 받았다. **Alte G.** 고대사; **Mittlere G.** 중세사; **Neue G.** 근대사. **c)** 역사에 관한 학술적 서술, 역사책: eine G. des Dreißigjährigen Krieges schreiben 30년 전쟁사를 쓰다. **2.** 사건의 서술, 이야기; (옛날) 이야기, 설화: eine spannende[wahre] G. 흥미진진한[진실한] 이야기[설화]; jetzt ist die G. zu Ende 이제 이야기는 끝났다; eine G. zum besten geben 이야기를 들려주다. **3.** 《통용어》(성가스러운, 불쾌한) 일, 사건: das sind alte -n 그것은 새로운 일이 아니다; mach keine -n! 어리석은 짓 하지마라, 빠지 마라; du brauchst mir die ganze G. nicht noch mal zu erzählen 너는 그 모든 것을 또다시 내게 얘기할 필요는 없다; die ganze G. kostet 50 Mark 모두 합해서 50 마르크이다; er hat eine böse G. mit den Nieren 그는 신장병에 걸려 있다. **Geschichtenbuch**, das 이야기 책. **Geschichtenerzähler**, der 이야기꾼. **geschichtlich** 〈Adj.〉 **a)** 역사적(인): den -en Hintergrund klären 역사적 배경을 밝히다; zu -er Zeit 역사 시대에. **b)** 사실(史實)적인. **c)** ↑historisch (c): ein Vertrag von -er Bedeutung 역사적 의미를 갖는 계약. **Geschichtlichkeit**, die 역사성, 사실성.
geschichts-, Geschichts- (Geschichte 1): **~atlas**, der 역사 지도. **~auffassung**, die 사관(史觀). **~betrachtung**, die 역사 관찰[연구]. **~bewußtsein**, das 역사 의식. **~bild**, das **1.** 역사의 상, (역사)관. **2.** ↑Historienbild. **~buch**, das 역사 교과서, 역사책. **~darstellung**, die 역사 서술[기술]. **~deutung**, die 역사 해석. **~drama**, das 사극. **~epoche**, die 역사의 시대. **~fälschung**, die 역사의 왜곡. **~forscher**, der 역사 연구가, 사학자. **~forschung**, die 역사 연구. **~kalender**, der 역사 일지, 역사력. **~kenner**, der 역사(전문)가, 역사에 밝은 사람. **~klitterung**, die [1582년에 출판된 J. Fischart의 저서명에서] 역사의 왜곡. **~lehrer**, der 역사 교사. **~los** 〈Adj.〉 역사와 무관한, 역사 의식이 없는. **~lüge**, die 거짓 역사. **~maler**, der ↑Historienmaler. **~malerei**, die ↑Historienmalerei. **~philosophie**, die 역사 철학. **~philosophisch** 〈Adj.〉 역사 철학의[적]. **~professor**, der **a)** (bayr., österr.) '교수' 직위의 역사(과목) 교사. **b)** 《통용어》역사학 교수. **~schreiber**, der (고어) 역사 기록[편찬]자, 역사가. **~schreibung**, die (대학의) 역사 공부[연구]. **~studium**, das (대학의) 역사 공부[연구]. **~stunde**, die 역사(과목) 시간. **~unterricht**, der ↑~stunde. **~werk**, das 사서. **~wissenschaft**, die (역사)학. **~wissenschaftler**, der (역사)학자. **~zahl**, die 역사적 사건의 발생 연대.
¹**Geschick** [gə'ʃɪk], das; -(e)s, -e **a)** (아이) 운명, 숙명: ein böses[glückliches] G. 악[행운]: ihn traf ein schweres G. 재난이 그에게 닥쳤다. **b)** 〈대개 Pl.〉 정치·경제적 상황, 발전, 생활 여건: die -e der Stadt lagen in seinen Händen 그 도시의 사정은 그의 손에 달려 있었다. ²**Geschick** [-], das; -(e)s **a)** 능란한[숙련된] 솜씨(재주, 수완): diplomatisches G. 외교적 수완; sie hat G. zu[für] Handarbeiten 그녀는 손재주가 있다; sie hat G., mit Kindern umzugehen 그녀는 애들을 잘 다룬다. **b)** 〈지역적〉 정돈된 상태, 질서. **Geschick-**

lichkeit, die 능숙함, 능숙한[숙련된] 솜씨〈재주, 수완〉: eine erstaunliche G. an den Tag legen 놀라운 솜씨를 발휘하다; etw. mit großer G. ausführen 무엇을 아주 능숙하게 (수)행하다.
Geschicklichkeits-: **~fahren**, das [모터스포츠·경마] 장애물 경주. **~prüfung**, die [모터스포츠] 기능 경기[테스트]. **~spiel**, das 숙련도(기능) 경기. **~turnier**, das ↑~prüfung. **~übung**, die 숙련도 연습. **~wettbewerb**, der 기능 경기[시합].
geschickt [gə'ʃɪkt] 〈Adj.〉 **1. a)** 교묘한, 능란한, 숙련된, 솜씨있는: der kleine Junge ist sehr g. 저 꼬마아이는 매우 솜씨가 있다; sie ist g. in praktischen Dingen 그녀는 실제적인 일에 능숙하다. **b)** 재치있는, 영리한, 민활한, 외교적인: -e Fragen stellen 사려 깊은 질문을 하다; sich g. verteidigen 재치있게 자신을 방어하다. **2.** (südd.) **a)** 실용적인, 쓸모있는. **b)** 적합한, 알맞은: ein -er Zeitpunkt 적절한 시점. **Geschicktheit**, die ↑geschickt의 명사형.
Geschiebe [gə'ʃiːbə], das; -s, - **1.** 《Pl. 없음》《통용어》자꾸 밀어댐. **2.** [지질] 표석(漂石), 환석(丸石). **Geschiebelehm**, der [지질] 표석 점토. **Geschiebemergel**, der [지질] 표석이회암.
geschieden [gə'ʃiːdn] ↑scheiden 참조. **Geschiedene***, der / die 이혼한 남자, 여자: ich habe gestern meine G. getroffen 《통용어》나는 어제 이혼한 아내를 만났다.
geschienen [gə'ʃiːnən] ↑scheinen 참조.
Geschieße [gə'ʃiːsə], das; -s 《통용어·폄》연속적으로 총을 쏘아댐.
Geschimpfe [gə'ʃɪmpfə], das; -s 《통용어》(끊임없이) 욕하기, 꾸짖기.
Geschirr [gə'ʃɪr], das; -(e)s, -e **1. a)** 그릇, 식기: unzerbrechliches[feuerfestes] G. 깨어지지 않는[불에 견디는] 그릇; ein bemaltes Geschirr für 12 Personen 12인용 장식 식기 한 세트. **b)** 《Pl. 없음》(요리, 식사용) 그릇과 도구 일체: das gebrauchte G. abwaschen 사용한 그릇을 설거지하다. **c)** (고어) 통, 병, 용기. **2.** 짐승을 수레에 매는 가죽끈류, 마구(馬具): dem Pferd das G. anlegen 말을 마차에 매다. **in G. gehen** 말이 마차에 매여 있다; **sich ins G. legen** 1) (말이) 힘차게 끌기 시작하다. 2) 열심히 일하다(에쓰다); **aus dem G. schlagen(treten)** 1) 퇴화(타락)하다. 2) 배신하다.
Geschirr-: **~aufzug**, der 그릇용 엘리베이터. **~macher**, der **1.** 마구(안장) 제조인. **2.** (지역적) 도공(陶工). **~schrank**, der 그릇장, 찬장. **~spülen**, das 설거지. **~spüler**, der 《통용어》↑~spülmaschine. **~spülmaschine**, die 식기 세척기. **~tuch**, das 〈Pl. -tücher〉 그릇닦는 수건.
Geschiß [gə'ʃɪs], das; ...isses 〈속어〉 불쾌한 반응, 야단법석: er macht um jede Kleinigkeit großes G. 그는 사소한 일이라도 매번 역정을 많이 낸다. **geschissen** [gə'ʃɪsn] ↑scheißen 참조.
Geschlabber [gə'ʃlabɐ], das; -s 《통용어》**a)** 《폄》(끊임없이) 쩝쩝 소리내며 핥기. **b)** 물컹한 덩어리. **c)** 부드럽게 흐르는 것, 치렁치렁한 것. **d)** 묽은 음식[음료].
geschlafen [gə'ʃlaːfn] ↑schlafen 참조.
geschlagen [gə'ʃlaːgn] ↑schlagen 참조.
Geschlecht [gə'ʃlɛçt], das; -(e)s, -er **1. a)** 〈Pl. 없음〉 성(性), 성별: ein Kind männlichen -s 남아. **b)** 남성과 여성으로 구분되는 양성, 성: das andere G. 이성(異性), 연성; der Kampf der -er 남성 대 여성의 투쟁; **das starke G.** 《통용어·농》남성, 남자; **das schwache [zarte, schöne] G.** 《통용어·농》여성, 여자; **das dritte G.** 《통용어》동성연애자. **2.** 《Pl. 없음》 ↑Geschlechtsteil의 약칭. **3. a)** 종(種), 종족, 종류: das

menschliche G. 인류. **b)** 세대: die kommenden -er 다음 세대(후대)의 사람들. **c)** 가족, 씨족, 혈족, 가문: er entstammt einem adligen G. 그는 귀족 가문 출신이다. **4.** [언어] ↑Genus.

Geschlẹchter- (↑geschlechts-, Geschlechts-도 참조): **~buch**, das 족보. **~folge**, die 혈통, 가계. **~kunde**, die ↑Genealogie. **~rolle**, die ↑Geschlechtsrolle. **~trennung**, die (교육 등에 있어서의) 성별 분리(구분).

geschlẹchtlich ⟨Adj.⟩ **a)** 성(性)의: -e Fortpflanzung 유성 생식(有性生殖). **b)** 성적인: -e Anziehung [Beziehung, Freiheit] 성적 매력[관계, 자유]; mit jmdm. g. verkehren 누구와 성관계를 가지다. **Geschlẹchtlichkeit**, die (한 인간의) 애정과 성 분야에 있어서의 감정과 행태.

geschlẹchts-, Geschlẹchts- (↑Geschlechter-도 참조): **~akt**, der ↑Koitus. **~apparat**, der (전문어) 성기, 생식기 (전체). **~bestimmung**, die **a)** [생물] (유기체의) 성의 결정. **b)** 개체의 성의 결정. **~betätigung**, die (드물게) 성 행위. **~beziehung**, die 성관계. **~chromosom**, das [생물] 성 염색체. **~drüse**, die 생식선(腺). **~erziehung**, die 성 교육. **~folge**, die (드물게) ↑Geschlechterfolge. **~gebunden** ⟨Adj.⟩ 성과 결부된. **~genosse**, der (전문어) 성이 같은 사람, 동성인. **~hormon**, das 성 호르몬. **~krank** ⟨Adj.⟩ 성병의, 성병에 걸린. **~krankheit**, die 성병. **~leben**, das (드물게) 성 생활, 성 행위: das G. der Affen beobachten 원숭이의 성 생활을 관찰하다. **~leiden**, das ↑krankheit. **~los** ⟨Adj.⟩ 무성(無性)의, 성이 없는: [전의] man betrachtete sie als -es Wesen 사람들은 그녀를 성이 없는 여자라고 여겼다. **~losigkeit**, die 무성, 성이 없음. **~lust**, die ↑Libido. **~merkmal**, das (대개 Pl.) 성별 특징, 성징(性徵): primäre -e 1차 성징(생식기); sekundäre -e 2차 성징(체형, 모발 등등). **~moral**, die (전문어) 성도덕(↑Sexualmoral). **~neutral** ⟨Adj.⟩ 중성의. **~organ**, das 성기, 생식기: innere -e 내생식기; äußere -e 외생식기. **~partner**, der ↑Sexualpartner. **~produkt**, das 난자, 정자. **~register**, das 족보. **~reif** ⟨Adj.⟩ 성적으로 성숙된, 생식 능력이 있는. **~reife**, die 성적 성숙, 사춘기. **~rolle**, die [사회] 성별에 따른 (사회적) 역할. **~spezifisch** ⟨Adj.⟩ 한쪽 성의 특징을 지닌. **~teil**, das/der (대개 Pl.) [lat. pars genitālis] 외음부, 성기. **~trieb**, der 성욕, 성적 충동. **~umwandlung**, die 성전환. **~unterschied**, der 남성과 여성의 구별[차이]. **~verirrung**, die (폄) 성도착(倒錯). **~verkehr**, der [완] 성교, 교접: G. haben 성교하다. **~wort**, das ⟨Pl. ...wörter⟩ [언어] Artikel (4). **~zelle**, die ↑Gamet.

Geschlẹck, das; -(e)s, **Geschlẹcke** [gə'ʃlɛk(ə)], -s ⟨통용어⟩ **a)** (폄) (끊임없이) 핥음, 핥아먹기. **b)** 단 것, 과자, 사탕.

Geschleif, das; -(e)s, **Geschleife** [gə'ʃlaɪf(ə)], -s [사냥] (짐승의) 굴의 입구.

Geschleik [gə'ʃlaɪk], das; -s ⟨schweiz.⟩ ↑Geschleif.

Geschẹppe [gə'ʃlɛpə], das; -s [사냥] (사냥꾼이 올가미에 매어) 끌고다니는 미끼.

geschlịchen [gə'ʃlɪçn] ↑schleichen 참조.
geschliffen [gə'ʃlɪfn] **I.** ↑[1,2]schleifen 참조. ⟨Adj.⟩ **a)** 세련된, 갈고 닦인, (외부 형태가) 흠없이 완전한, 퇴고된: er schreibt einen -en Stil 그는 세련된 문체의 글을 쓴다. **b)** (표현이) 날카로운, 예리한: sie hat eine -e Zunge 그녀는 입이 날카롭다. **Geschlịffenheit**, die; -en ↑geschliffen의 명사형.

¹Geschling, das; -(e)s, -e (가축의) 내장.

²Geschling [-], das; -(e)s, -e 서로 뒤얽힌 것.
geschlịssen [gə'ʃlɪsn] ↑schleißen.
geschlọffen [gə'ʃlɔfn] ↑schliefen 참조.
geschlọssen [gə'ʃlɔsn] **1.** ↑schließen 참조. **2.** ⟨Adj.⟩ **a)** 공동의, 예외없는: g. gegen einen Antrag stimmen 어떤 제안에 대해 일치하여 부표를 던지다. **b)** 밀착된, 딱 붙어 있는, 밀집된: eine -e Ortschaft 인가가 밀집된 지역(동네). **c)** 완결(완성)된, 잘 짜여진, 그 자체로 통일체를 이루는: eine (in sich) -e Persönlichkeit 완성된 인격; Frankfurt erwies sich als eine -e Mannschaft 프랑크푸르트 팀은 잘 짜여진 팀으로 판명되었다. **3.** ⟨Adj.⟩ [언어] **a)** 폐음의. **b)** (음절이) 자음으로 끝나는. **Geschlọssenheit**, die ↑geschlossen의 명사형: die organisatorische G. einer Partei 정당의 조직상의 통일성.

Geschlọtter [gə'ʃlɔtɐ], das; -s ⟨통용어·폄⟩ (끊임없이) 덜덜 떪, (옷이) 하늘[펄럭]거림.

Geschluchz, das; -es, **Geschluchze** [gə'ʃlʊxts(ə)], das; -s ⟨통용어·폄⟩ 흐느낌.

Geschlụ̈rfe [gə'ʃlʏrfə], das; -s ⟨통용어·폄⟩ (끊임없이) 훌쩍훌쩍 들어마심.

geschlụngen [gə'ʃlʊŋən] ↑schlingen 참조.
Geschmạck [gə'ʃmak], der; -(e)s, **Geschmäcke** [gə'ʃmɛkə] ⟨통용어·농⟩ **Geschmäcker** [gə'ʃmɛkɐ] **1.** 맛, 풍미: ein süßer G. 달콤한 맛; einen schlechten G. im Munde haben 입안이 쓰다. **2.** ⟨Pl. 없음⟩ 미각: wegen eines Schnupfens keinen G. haben 코감기에 걸려 맛을 모른다. **3. a)** 미적 판단(감식)력, 미적 감각: ein feiner G. 섬세한 미적 감각; er hat keinen G. 그는 미적 감각이 없다; seine Wohnung mit viel G. einrichten 집을 아취(풍치)있게 꾸미다. **b)** (아이) (시대적) 취향: nach neustem G. 최신의 취향에 따라. **c)** (대상물 등의) 미적 특성: ein Schmuckstück von verfeinertem G. 세련된 아름다움을 지닌 장신구. **4.** 기호, 취미, 취향, 미에 대한 주관적 판단: das ist nicht mein [nach meinem] G. 그것은 내 취향이 아니다; sie hat mit dem Geschenk genau seinen G. getroffen 그녀의 선물은 그의 기호에 잘 맞았다; [성구] über G. läßt sich nicht streiten ⟨통용어·농⟩ die Geschmäcker sind verschieden 취미란 각양각색이다, 누구나 제멋에 산다; **an etw. G. finden** 무엇이 마음에 든다, 좋다; **an etw. G. gewinnen(einer Sache G. abgewinnen, auf den G. kommen)** 무엇의 좋은 면을 점차 발견하다, 무엇을 좋아하게 되다. **5.** (아이) 예절: gegen den (guten) G. verstoßen 예의 범절에 어긋나다. **6.** ⟨schweiz.⟩ ↑Geruch (1).

geschmạck-, Geschmạck- ⟨geschmacks-, Geschmacks-⟩: **~bildend** ↑geschmacksbildend 참조. **~los** ⟨Adj.⟩ **a)** 맛이 없는, 무미의: das Essen ist völlig g. 그 음식은 맛이 하나도 없다. **b)** 미적 감각이 없는, 아름답지 못한, 멋없는: g. gekleidet sein 미적 감각 없는 옷차림을 하고 있다. **c)** 상스러운, 속된: ein -er Witz 상스러운 재담. **~losigkeit**, die; -en **a)** ⟨Pl. 없음⟩ 멋없음. **b)** 상스러운 언행. **~sache** ↑Geschmackssache. **~sinn**, der ↑Geschmackssinn. **~voll** ⟨Adj.⟩ 미적 감각[멋, 아취, 품위] 있는: eine -e Tapete 아취있는 벽지.

geschmạckig ⟨Adj.⟩ ⟨österr.·통용어⟩ **a)** 양념이 잘 된, 맛있는. **b)** 상냥한, 호감이 가는, 우아한. **Geschmạckigkeit**, die ↑geschmackig의 명사형. **geschmạcklerisch** [gə'ʃmɛklərɪʃ] ⟨Adj.⟩ (폄) 지나치게 예술성을 추구하는, 미적 감각이 아주 까다로운. **geschmạcklich** ⟨Adj.⟩ **a)** 맛의, 맛에 관한: die Milch ist g. einwandfrei 그 우유는 맛에 관한 문제가 없다. **b)** 미적감각의[에 관한]: ein g. hervorragender Ent-

wurf 미적으로 뛰어난 설계.
geschmacks-, Geschmacks- (geschmack-, Geschmack-): ~**bildend**, geschmackbildend 〈Adj.〉 미적 감각을 기르는. ~**bildung**, die 〈Pl. 없음〉 미적 감각의 형성. ~**empfindung**, die 미각, 심미감. ~**frage**, die 미적 감각(판단)의 문제. ~**knospe**, die 〖생물·의학〗(혀의) 미뢰(味雷). ~**muster**, das 〖법〗(상품의) 등록의장(意匠), 디자인. ~**nerv**, der 〖의학〗 미각 신경. ~**neutral** 〈Adj.〉 특별한 맛이 없는, 무미의. ~**organ**, das 미각 기관. ~**probe**, die (음식물의) 시식, 시음, 맛보기: eine G. vornehmen 시식하다. ~**richtung**, die **a)** (음식의) 서로 다른 맛. **b)** (사람의) 입맛, 취향, 기호: dieser Wein ist genau meine G. 이 포도주가 내 입맛에 딱 맞는다. **c)** (일반적) 미적 기준의 방향, (시대적) 취향. ~**sache**, Geschmackssache, die 취향(기호)의 문제: 《대개 다음 용법으로》 **das ist G.** 그것은 취향의 문제이다. ~**sinn**, Geschmackssinn, der 〈Pl. 없음〉 (생물의) 미각(능력), 미감. ~**sinnesorgan**, das 미각 기관. ~**stoff**, der 조미료. ~**störung**, die (잠정적) 미각 장애. ~**test**, der (음식물의) 시식, 시음, 맛보기. ~**verirrung**, die 〖펌〗 미적 감각의 결핍, 보편적 미적 취향에서 벗어남, 아주 보기 흉한 것. ~**wandel**, der 미각(취향)의 변화.
Geschmatze [gəˈʃmatsə], das; -s 〈통용어·펌〉 (끊임없이) 쩝쩝 소리내며 먹음.
Geschmause [gəˈʃmaʊzə], das; -s 〈통용어〉 (맛난) 음식을 (즐기며) 먹기.
Geschmeichel [gəˈʃmaɪçl̩], das; -s 〈통용어·펌〉 (끊임없이) 아첨[아부]하기.
Geschmeide [gəˈʃmaɪdə], das; -s, - 〈아어〉 값진〈귀중한〉 장신구[패물]: glitzerndes G. 반짝거리는 장신구.
geschmeidig [gəˈʃmaɪdɪç] 〈Adj.〉 **1.** 부드럽고 매끈한, 나긋나긋한: -es Leder 부드러운 가죽; die Haut mit Öl g. halten 기름으로 피부를 부드럽고 매끄럽게 보존하다. **2.** (사지가) 유연한, 날렵한: ein -er Körper 유연한 신체. **3.** (h) 적응력(융통성) 있는, (언행에) 세련된: sich in schwierigen Situationen g. verhalten 어려운 상황에 유연하게 대처하다. **geschmeidigen** [gəˈʃmaɪdɪɡn̩] (h) 〈아어·고어〉 부드럽게[유연하게] 만들다. **Geschmeidigkeit**, die 부드러움, 유연함: mit katzenhafter G. 고양이처럼 유연하게.
Geschmeiß [gəˈʃmaɪs], das; -es **1.** (징그러운) 해충[벌레]과 알, 구더기. **2.** 구더기 같은 사람, 인간 폐물. **3.** 〖사냥〗 맹조(猛鳥)의 똥.
Geschmetter [gəˈʃmɛtɐ], das; -s 〈통용어〉 (끊임없이) 내던짐, 내팽개침, (연속되는) 높은 소리.
Geschmier [gəˈʃmiːɐ̯], das; -(e)s, **Geschmiere** [...rə], das; -s 〈통용어·펌〉 **a)** 번득번득[끈적끈적]한 것. **b)** 알아볼 수 없이 휘갈겨 쓴 것, 악필. **c)** 졸작: er wagt es, dieses G. auch noch drucken zu lassen 그는 이 졸작도 출판해 보려고 한다.
geschmissen [gəˈʃmɪsn̩] ↑schmeißen 참조.
geschmolzen [gəˈʃmɔltsn̩] ↑schmelzen 참조.
Geschmorte [gəˈʃmoːɐ̯tə], das; -n 〈통용어〉 찐고기, 스튜.
Geschmunzel [gəˈʃmʊntsl̩], das; -s 〈통용어〉 빙긋이 웃기.
Geschmus [gəˈʃmuːs], das; -es, **Geschmuse** [gəˈʃmuːzə], das; -s 〈통용어·펌〉 애무하기.
geschmützt [gəˈʃmʏtst] ↑schmutzen 참조.
Geschnäbel [gəˈʃnɛːbl̩], das; -s 〈통용어〉 (끊임없이) 부리를 맞대기, 입맞추기. **geschnäbelt** 〈Adj.〉 새의 부리처럼 구부러진, (윗쪽으로) 뾰족하게 튀어나온.
Geschnarch [gəˈʃnarç], das; -(e)s, **Geschnarche** [gəˈʃnarçə], das; -s 〈통용어·펌〉 (연속되는) 코고는 소리.

Geschnatter [gəˈʃnatɐ], das; -s 〈통용어〉 **a)** (끊임없이) 꽥꽥 울어대는 소리. **b)** 〖펌〗(여자들이 뒤죽박죽으로) 떠들어[재잘]대는 소리.
Geschnaube [gəˈʃnaʊbə], das; -s 〈연속적으로〉 헐떡거리는 소리.
Geschnetzelte [gəˈʃnɛtsl̩tə], das; -n 〈지역적〉 얇게 썰어 군 고기[음식].
geschniegelt: ↑schniegeln 참조.
geschnitten [gəˈʃnɪtn̩] ↑schneiden 참조.
geschnoben [gəˈʃnoːbn̩] ↑schnauben 참조.
Geschnörkel [gəˈʃnœrkl̩], das; -s 〈통용어·펌〉 (요란한) 당초(唐草)무늬 장식.
Geschnüffel [gəˈʃnʏfl̩], das; -s 〈통용어·펌〉 〈끊임없이〉 코를 쿵쿵거림, 냄새맡음.
geschoben [gəˈʃoːbn̩] ↑schieben 참조.
geschollen [gəˈʃɔln̩] ↑schallen 참조.
gescholten [gəˈʃɔltn̩] ↑schelten 참조.
geschönt: ↑schönen 참조.
Geschöpf [gəˈʃœpf], das; -(e)s, -e **1.** 피조물, 생물: G. Gottes 신의 피조물. **2.** 인간, 사람: sie ist ein reizendes G. 그녀는 매력적인 여자이다. **3.** (문학 작품의) 인물, (예술적) 형상, 산물, 소산: die -e seiner Phantasie 그의 상상력에서 창조된 인물들. **geschöpflich** 〈Adj.〉 〈아어·고어〉 (신에 의해) 창조된. **Geschöpflichkeit**, die ↑geschöpflich의 명사형.
geschoren [gəˈʃoːrən] ↑¹scheren 참조.
Geschoß [gəˈʃɔs, 〈südd., österr.〉 gəˈʃoːs], das; Geschosses, Geschosse, 〈südd., österr.〉 Geschoßes, Geschoße **1.** (발사된) 탄환, 총알, 포탄: das G. explodiert(trifft ins Ziel) 포탄이 폭발(명중)하다; 〖전의〗 dieses G. konnte der Torhüter nicht halten 〖축구〗 골키퍼는 이 강슛을 막을 수 없었다. **2.** (건물의) 층: im obersten G. wohnen 맨 위층에 살다.
Geschoß- (Geschoß 1): ~**bahn**, die 탄도(彈道). ~**garbe**, die ¹Garbe (2). ~**hagel**, der 포탄[탄환] 세례. ~**hülse**, die 탄피. ~**mantel**, der 탄환의 외피.
geschossen [gəˈʃɔsn̩] ↑schießen 참조. **-geschossig** [-gəʃɔsɪç] 〈다음의 합성어로, 예컨대〉 eingeschossig 1층의.
geschraubt [gəˈʃraʊpt] 〈Adj.〉 〈통용어·펌〉 부자연스런, 억지로 꾸민: ein -er Stil 부자연스러운 문체. **Geschraubtheit**, die ↑geschraubt의 명사형.
Geschrei [gəˈʃraɪ], das; -s **a)** 〖펌〗 (연속적으로) 울부짖는[고함치는] 소리, 비명: das G. der Kinder 아이들의 울부짖는 소리; ein G. erheben 비명을 지르다. **b)** 〈통용어〉 지속적이고 큰 비탄[한탄]의 소리, 법석, 소란: es gab ein riesiges G. wegen dieser Sache 이 일로 큰 소동이 있었다; 〖속담〗 viel G. und wenig Wolle (실속없는) 헛소동. **c)** (지역적) 수다, 잡담, 입방아: jmdn. ins G. bringen 누구를 입방아에 올리다.
Geschreibe [gəˈʃraɪbə], das; -s 〈통용어·펌〉 (끊임없이) 쓰기, 씀. **Geschreibsel** [gəˈʃraɪpsl̩], das; -s 〈통용어·펌〉 쓰여진 것, 졸렬한 작품. **geschrieben** [gəˈʃriːbn̩] ↑schreiben 참조.
geschrie(e)n [gəˈʃriː(ə)n] ↑schreien 참조.
Geschrill [gəˈʃrɪl], das; -s 〈통용어〉 (지속적으로) 찢어지는[날카로운] 소리를 냄: das G. des Telefons 날카로운 전화벨 소리.
geschritten [gəˈʃrɪtn̩] ↑schreiten 참조.
geschult [gəˈʃʊlt] ↑schulen 참조.
geschunden [gəˈʃʊndn̩] ↑schinden 참조.
Geschüttel [gəˈʃʏtl̩], das; -s 〈통용어〉 (끊임없이) 흔들어댐.
Geschütz [gəˈʃʏts], das; -es, -e 대포, 화포: -e auffahren 포문을 열다; **grobes(schweres)** G. auf-

fahren〈통용어〉누구를 날카롭게 공박하다.
Geschütz-: **~bedienung**, die〔군〕포병. **~bettung**, die ↑Bettung. **~donner**, der 포성. **~feuer**, das 포화. **~rohr**, das 포신. **~stand**, der〔군〕포좌 (砲座), 포상(砲床). **~stellung**, die ↑~stand. **~turm**, der〔군〕(탱크, 군함의) 포탑(砲塔).
geschützt [gə'ʃʏtst] **1.** ↑schützen 참조. **2.**〈Adj.〉천연기념물로 보호되는: -e Pflanzen[Tiere] 천연기념물로 보호되는 식물[동물].
Geschwader [gə'ʃvaːdɐ], das; -s, - **1.** (규모가 큰) 함대, (전투기) 편대. **2.**《펌》**Geschwaderkommandeur**, der 함대사령관, 편대장.
Geschwafel [gə'ʃvaːfl], das; -s〈통용어·펌〉(끊임없이) 쓸데없이 지껄임, 중언부언하기.
geschwänzt [gə'ʃvɛntst] **1.** ↑schwänzen 참조. **2.**〈Adj.〉꼬리 달린: eine -e Peitsche 꼬리달린 채찍.
Geschwätz [gə'ʃvɛts], das; **-es a)** 수다, 쓸데없는 잔말: leeres G. 내용없는 수다; ich kann das G. nicht mehr mit anhören 나는 그 수다를 더 이상 들을 수 없다; was kümmert[schert] mich mein G. von gestern〈통용어〉나는 방금 종전의 생각을 바꾸었다. **b)** 험담, 허튼소리, 소문: das G. der Leute 세간의 험담. **Geschwatze** [gə'ʃvatsə],〈지역적〉**Geschwätze** [gə'ʃvɛtsə], das; -s〈통용어·펌〉(끊임없이) 수다떨기.
geschwätzig〈Adj.〉《펌》수다스러운, 말이 많은: eine -e alte Frau 수다스러운 노파. **Geschwätzigkeit**, die 요설, 다변, 수다스러움.
geschweift [gə'ʃvaɪft]〈Adj.〉**1.** (긴) 꼬리 달린: -e Stern der Bethlehem 베들레헴 상공의 혜성(彗星). **2.** 구부러지게 만든: -e Tischbeine 구부러지게 만든 책상다리.
geschweige [gə'ʃvaɪɡə]〈Konj.〉《부정이나 제한적인 표현 다음에만, 자주 denn과 결합하여》하물며: er hat nicht einmal Geld zum Leben, g. (denn) für ein Auto 그는 살아갈 돈도 없는데 하물며 자동차를 살 돈이 있겠는가.
geschwind [gə'ʃvɪnt]〈Adj.〉〈지역적〉재빠른, 민첩한: -en Schrittes verließ er den Raum 그는 빠른 걸음으로 방을 나갔다; g. wie der Wind 바람처럼 빨리. **Geschwindigkeit**, die; -en **a)**〔물리〕속도, 속력: die G. messen 속도를 재다. **b)** 빠르기, 속도: eine große[hohe] G. 고속; die G. steigern[verlangsamen, beschränken] 속도를 높이다[늦추다, 제한하다]; er fuhr mit überhöhter G. 그는 과속으로 운전했다; mit affenartiger G.〈통용어〉매우 빨리.
Geschwindigkeits-〔교통·자동차〕**~abfall**, der 감속, 속도가 떨어짐. **~begrenzung**, die ↑~beschränkung. **~beschränkung**, die 속도 제한: G. in geschlossenen Ortschaften[auf der Auto-bahn] 주거 밀집 지역[고속도로]에서의 속도 제한. **~kontrolle**, die 속도 위반 (차량) 단속. **~messer**, der ↑Tachometer. **~überschreitung**, die 제한속도 초과, 과속. **~zunahme**, die 가속.
Geschwindmarsch, der; -(e)s, -märsche (준고어) ↑Eilmarsch. **Geschwindschritt**, der; -(e)s, -e 〈준고어〉↑Eilschritt.
Geschwirr [gə'ʃvɪr], das; -s 어지럽게 날아다님.
Geschwister [gə'ʃvɪstɐ], das; -s, - **1.** 〈Pl.〉형제자매: die G. sehen sich alle ähnlich 형제자매는 모두 서로 닮아보인다. **2.**《생물·심리학·schweiz.》형, 동생, 누이, 언니.
geschwister-, Geschwister-: **~kind**, das 〔고어·지역적〕**a)** 조카, 조카딸. **b)** 종형제, 종자매, 사촌. **~los**〈Adj.〉형제자매가 없는, 외동의. **~liebe**, die **1.** 형제자매[동기]간의 사랑(우애). **2.** 오누이[동기]간의 근친상간 관계. **~paar**, das 오누이. **~teil**, der 형제자매 중의 한 사람.
geschwisterlich〈Adj.〉형제자매의, 우애하는: etw. g. teilen 무엇을 형제자매처럼 사이좋게 나누다.
geschwollen [gə'ʃvɔlən] **1.** ↑¹schwellen 참조. **2.** 〈Adj.〉《펌》과장된, 허세부리는, 허풍떠는, 자만하는, 뽐내는: eine -e Ausdrucksweise 과장된 표현 방식; sein Deutsch ist g. 그의 독일어는 과장되어 있다.
geschwommen [gə'ʃvɔmən] ↑schwimmen 참조.
geschworen [gə'ʃvoːrən] **1.** ↑schwören 참조. **2.** 〈Adj.〉《대개 다음 용법으로》**ein -er Feind[Gegner] von etw. sein** (아이) 무엇을 단호하게 배격[거부]하다. **Geschworen***, (österr. · 관) **Geschworne***, der / die **1.**〔고어〕배심원, 배심관. **2. a)** (오스트리아에서 중죄인이나 정치범을 다루는 법관이 아닌) 배심 판사. **b)** (영국 등에서 독립적으로 피고를 판결하는 법관이 아닌) 배심 판사.
Geschworenen-: **~bank**, die **a)** (법정의) 배심원석. **b)** 전 배심원. **~gericht**, das; **1.** 〔고어〕↑Schwurgericht. **2.** (österr) Geschworenengericht (오스트리아의 중죄인이나 정치범을 다루는) 배심 법원. **~liste**, die 배심원(후보) 명단.
Geschworne ↑Geschworene.
Geschwulst [gə'ʃvʊlst], die, Geschwülste [gə'ʃvʏlstə] **1.** 종양: eine bösartige G. 악성 종양; Geschwülste operieren[operativ entfernen] 종양을 수술하다[수술로 제거하다]. **2.**〔의학〕종창, 붓기, 혹.
geschwulst-, Geschwulst-: **~artig**〈Adj.〉종양 같은[모양의]. **~bildung**, die 종양 형성. **~knoten**, der 종양 결절(結節). **~krankheit**, die 종양(질)병.
geschwunden [gə'ʃvʊndən] ↑schwinden 참조.
geschwungen [gə'ʃvʊŋən] **1.** ↑schwingen 참조. **2.** 〈Adj.〉활 모양의, 구부러진: sie hat -e Augenbrauen 그녀의 눈썹은 활(반달) 모양이다.
Geschwür [gə'ʃvyːɐ], das; -s, -e 궤양, 농종(膿腫): ein eitriges G. 화농성 궤양; ein G. aufschneiden 궤양을 절개하다. **geschwürartig**〈Adj.〉궤양 같은. **Geschwürbildung**, die 궤양 형성, 궤양화. **geschwürig** 〈Adj.〉궤양(성)의, 화농성으로 곪은.
Ges-Dur《또한》'-ǀ-', das, - 내림사 장조(기호 ↑Ges). **Ges-Dur-Etüde** die 내림사 장조 연습곡.
gesegnet: ↑segnen 참조.
Geseich [gə'zaɪç], das; -s《경》수다, 잠답.
Geseier [gə'zaɪɐ], **Geseire**, das; -s, **Geseires** [gə-'zaɪrə(s)], das; < jidd. gesera〈통용어〉불필요한 수다, 한탄: ich kann dieses Geseire über ihre Krankheiten nicht mehr hören 나는 그녀의 병에 대해 한탄하는 소리를 더 이상 들을 수 없다.
Geselchte [gə'zɛlçtə], das; -n〔südd., österr.〕훈제 (한) 고기: er ißt gern -s 그는 훈제한 고기를 즐겨 먹는다.
Gesell [gə'zɛl], der; -(e)s, -en, -en〔옛〕방랑하는 장인(匠人), 대학생. **Geselle** [gə'zɛlə], der; -n, -n **1.** 기능사, 직인: ein tüchtiger G. 유능한 기능사; einen -n einstellen [entlassen] 기능사를 고용[해고]하다. **2.**《펌》젊은이, 놈, 녀석: ein wilder[lustiger] G. 거친[쾌활한] 젊은이. **3.**〔드물게〕친구, 동료. **gesellen**, sich 〈h〉**1.** 누구와 함께 하다, 어울리다, 한 패가 되다: auf dem Heimweg gesellte ich mich zu ihr 귀로에서 나는 그녀에게 붙었다. **2.** 무엇에 덧붙여지다, 첨가되다: zu den beruflichen Mißerfolgen gesellten sich noch familiäre Schwierigkeiten 직장의 실패에 가정의 재난이 겹쳤다.
Gesellen- (Geselle 1): **~brief**, der 기능사 시험 합격 증. **~prüfung**, die (견습기간을 마치고 치르는) 기능사

시험. ~**stück**, das 기능사 시험의 실기 시험을 위해 제작한 작품. ~**zeit**, die 기능사 시기(기간).

gesellig [gə'zɛlɪç] 〈Adj.〉 **1. a)** 사교적인, 사람들과 잘 사귀[어울리]는, 붙임성 좋은: er war nie ein -er Typ 그는 사교적인 타입의 사람이 결코 아니었다. **b)** 〈생물〉 모여 살기를 좋아하는, 군거성(群居性)의. **2.** 사교의, 친교의, 모여서 (여흥을) 즐기는: ein -er Abend 여럿이 모여서 즐기는 저녁; g. bei einem Glas Wein sitzen 포도주를 마시며 즐거운 시간을 보내다. **Geselligkeit**, die; -en **1.** (Pl. 없음) 〈다른 사람과의〉 부담없는 사귐, 교제, 사교. **2.** 즐기기 위한 야회[모임]. **Gesellschaft**, die; -en **1.** 사회: die bürgerliche[sozialistische] G. 시민〔사회주의〕사회; die G. verändern wollen 사회를 변혁하려고 하다. **2. a)** 함께 함, 어울림, 동반, 교제: er sucht ihre G. 그는 그녀와 함께 있고 싶어 한다; jmds. G. meiden 누구와의 교제를 피하다; **jmdm. G. leisten** 누구의 말상대[동무]가 되어주다; **sich in guter G. befinden** 〈농〉유명인이나 모범이 될 만한 사람이 저지를 실수를 범하다; **zur G.** 덩달아서, 보조를 맞추어 함께: zur G. eine Zigarette (mit)rauchen[ein Bier (mit)trinken] 덩달아서 함께 담배를 피우다[맥주를 마시다]. **b)** 사교적인 회합, 모임, 파티: eine geschlossene G. 특정인들만의 모임; G. geben 연회를 베풀다. **c)** (사교적으로) 한자리에 모인 사람들, 일행, 초대된 손님들: ich will von der ganzen G. nichts mehr wissen (통용어) 나는 여기 모인 이 모든 사람들을 더 이상 아랑곳하고 싶지 않다. **3.** 상류사회〔계급, 층〕사교계: jmdn. in die G. einführen 누구를 상류 사회로 인도하다. **4. a)** 단체, 협회, 조합: eine wissenschaftliche G. 학술 단체, 학회; die G. Jesu 〔가〕예수회(교단). **b)** 〔경제〕회사, 조합: G. mit beschränkter Haftung 〔경제〕유한〔책임〕회사(약어: GmbH). **Gesellschafter**, der; -s, - **1.** 사교가: ein amüsanter[glänzender] G. 유쾌한[뛰어난] 사교가. **2.** 사업 참여자, 동업자: ein stiller G. (이익 배당에만 참여하는) 남성 파트너, 호스트. **Gesellschafterin**, die; -nen **1.** 상류층 인사의 말상대를 해주는 여성: sie ist kein Dienstmädchen, sondern die G. der alten Dame 그녀는 하녀가 아니라 노파에게 말상대를 해주는 여인이다. **2.** † Gesellschefter의 여성형. **3.** (은폐적) (성행위) 여성 파트너. **gesellschaftlich** 〈Adj.〉 **1.** 사회의, 사회적인, 사교적인: die -en Verhältnisse; 사회(적) 관계(정세); **2.** 상류 사회의, 상류층의: -e Bildung 상류 사회[상류층]의 교양. **3. a)** 〈nur attr.〉(마르크스주의) 공동 사회의, 공동체적. **b)** 〈구동독〉사회에 유용한, 공익의.

gesellschafts-, Gesellschafts-: ~**abend**, der (사교상의) 저녁 모임, 야회, 사교회. ~**aufbau**, der 사회 구성. ~**anzug**, der 예복, 사교복. ~**bild**, das 사회상, 사회관. ~**dame**, die 〔고어〕† Gesellschafterin (1). ~**fähig** 〈Adj.〉상류 사회〔사교계〕의 규범에 맞는: nach diesem Skandal ist sie nicht mehr g. 이 스캔들을 보면 그녀는 상류 사회의 여인이 아니다. ~**fahrt**, die ↑~reise. ~**feindlich** 〈Adj.〉(기존) 사회 질서를 적대시하는. ~**form**, die 사회(구성) 형태. ~**formation**, die 〔마르크스주의〕사회의 물질적, 이데올로기적 관계 전체, 사회 구성체. ~**inseln** 〔Pl.〕남태평양 열도, 타히티 군도의 별명. ~**kapital**, das 〔경제〕회사 자본. ~**klasse**, die 사회 계급. ~**klatsch**, der 사교계의 소문(스캔들). ~**kleidung**, die 야회〔사교〕복. ~**kritik**, die 사회 비판. ~**kritisch** 〈Adj.〉사회비판적. ~**lehre**, die **a)** 사회 과목. **b)** 사회학. ~**löwe**, der (통용어, 폄) ↑ Salonlöwe. ~**ordnung**, die 사회(구성)질서. ~**politik**, die ↑Sozialpolitik. ~**politisch** 〈Adj.〉사회 정치(정책)적. ~**raum**, der 〔대개 Pl.〕사교실, 응접실. ~**reise**, die 단체 여행. ~**roman**, der 사회 소설. ~**schicht**, die 사회 계층. ~**spiel**, das 단체[사교] 유희. ~**steuer**, [세무] **Gesellschaftsteuer**, die 〔경제〕회사(설립)세. ~**struktur**, die 사회 구조. ~**stück**, das **1.** 사회극. **2.** 사회 풍속도. ~**system**, das 사회(구성) 체계. ~**tanz**, der 사교춤. ~**vertrag**, der 〔1762년에 출판된, 프랑스 작가이며 문화철학자인 J. J. Rousseau(1712~1778)의 국가철학 저술의 이름에 따라〕**1.** 〔국가 철학〕사회 계약 **2.** 정관(定款), 조합 계약. ~**verändernd** 〈Adj.〉(기존) 사회를 변화시키는. ~**veränderung**, die 사회 변화. ~**wissenschaft**, die **1.** (Pl.) 사회 과학. **2.** (대개 Pl.) 사회 생활을 다루는 학문 (전체). **3.** 〔구동독〕 사회주의의 기초를 다루는 학과목. ~**wissenschaftlich** 〈Adj.〉 기초 사회 과학의.

Gesenk [gəˈzɛŋk], das; -(e)s, -e **1.** 단(鍛)형(鍛造型). **2.** 〔광〕갱정(坑井), 갱저(坑底). **Gesenke** [gəˈzɛŋkə], das; -s, - (드물게) 움푹한 땅, 분지. **Gesenkschmied**, der 단형 작업 대장장이. **Gesenkschmiede** die 단형(작업) 대장간. **Gesenkpresse**, die 단형 프레스.

gesessen [gəˈzɛsn̩] ↑ sitzen 참조.

Gesetz [gəˈzɛts], das; -es, -e **1.** 규정, 법률, 법규, 법령: ein strenges G. 엄격한 법률; ein G. tritt in Kraft 법률이 시행되다; gegen die -e verstoßen 법을 어기다, 범법하다; durch die Maschen des -es schlüpfen 법망을 피하다[빠져나가다]; mit dem G. in Konflikt geraten 법에 저촉되는 일을 저지르다; im G. nachschlagen 법조문[법전]을 찾아보다; vor dem G. sind alle gleich 법 앞에서는 만인이 평등하다. **2.** (질서) 원칙, 법칙, 정률(律): das G. von Angebot u. Nachfrage 수요, 공급의 원칙[법칙]; **das G. der Serie** 연속계기의 법칙. **das G. des Handelns** 행동 준칙. **3.** 확고한 규칙, 노선, 기본 방침: ein ungeschriebenes G. 불문율; das Wohl des Volkes ist ihm oberstes G. 국민복지가 그의 최고의 (기본) 방침이다; 〔성구〕das ist ein G. von Medem und Persern 그것은 파기할 수 없는 법칙[확고한 규칙]이다.

gesetz-, Gesetz- (↑ gesetzes-, Gesetzes-도 참조): ~**blatt**, das 법률(또는 규정의) 공보, 관보. ~**buch**, das (대)법전, 법령(집): das Bürgerliche G. 민법(법)전 (약어: BGB). ~**entwurf**, der (국회에 상정된) 법안. ~**geber**, der 법률 공포 기관, 입법 기관. ~**geberisch** 입법의. ~**gebung**, die 입법, **gebungshoheit**, die 입법 권한. ~**gebungsverfahren**, das 입법 조치, 법 제정 절차. ~**kundig** ↑ gesetzeskundig. ~**los** 〈Adj.〉무법의, 법률을 무시하는 ~e Zustände 무법 상태. ~**losigkeit**, die (Pl. 없음) **a)** 무법. **b)** 법의 무시. ~**mäßig** 〈Adj.〉 **1. a)** 법을 준수하는, 적법의, 법적인. **b)** (드물게) 정상적인. **2.** (합)법적인, 법의: der -e Besitzer 법적 소유자. ~**mäßigkeit**, die 적법성, 규칙성, 합법성. ~**sammlung**, die ↑ Gesetzessammlung. ~**widrig** 〈Adj.〉범(위)법의. ~**widrigkeit**, die ↑~widrig의 명사형.

gesetzes-, Gesetzes- (↑ gesetz-, Gesetz-도 참조): ~**brecher**, der 법률 위반자, 범법자. ~**hüter**, der (반어) 경찰. ~**kraft**, die 법의 효력, 법적 타당(유효)성. ~**kundig** 〈Adj.〉법에 정통한, 법을 잘 아는. ~**novelle**, die 현행법의 개정, 보조 법규. ~**sammlung**, die 법령집, 법령전서. ~**sprache**, die 법률(작성)용어. ~**tafel**, die (대개 Pl.) 법률 기록판, 법률 고시판. ~**text**, der 법조문(의 내용). ~**treu** 〈Adj.〉 준법의. ~**treue**, die 준법성. ~**übertretung**, die 위법, 범법. ~**vorlage**, die 법안. ~**werk**, das 관련법 전체.

gesetzlich 〈Adj.〉 법의, 법적인, 법률상의, 적법의, 합법

적인: ein -er Feiertag 법정 공휴일; die Eltern sind die -en Vertreter des Kindes 부모는 자식의 법적 대리인이다. **Gesetzlichkeit,** die 1. 적(합)법성, 원칙, 법칙. 2. 법적 상태.

gesetzt [gə'zɛtst] 1. ↑setzen 참조. 2. 〈Adj.〉 분별있는, 태연한, 침착한: für seine Jugend wirkt er sehr g. 젊은 나이에 비해 그는 매우 분별있게 행동한다. **Gesetztheit,** die 분별있음, 태연함.

Geseufze [gə'zɔyftsə], das; -s 《굽임없는》 한숨.

ges. gesch. = gesetzlich geschützt 법적으로 보호된.

¹**Gesicht** [gə'zɪçt], das; -(e)s, -er 1. a) 얼굴, 안면, 면전: sein G. lief vor Wut rot an 그의 얼굴은 분노로 벌개졌다; jmdm. ins G. sehen[starren] 누구를 똑바로 보다[직시하다]; sich eine [Zigarette] ins G. stecken 《통용어》 담배에 불을 붙이다; er strahlte über das ganze G. 《통용어》 그의 얼굴은 온통 기쁨으로 가득 찼다; **sein wahres G. zeigen** 그의 본성을 드러내다; jmdm. wie aus dem G. geschnitten sein 누구와 매우 닮다(흡사하다); **das Essen fällt jmdm. aus dem G.** 《통용어·농》 누구가 음식을 토하다; etw. ist ein Schlag ins G. 무엇은 심한 아픔[괴로움]이다; jmdm. ins G. lachen 누구를 비웃으며 쳐다보다; jmdm. ins G. lügen 누구를 공공연하게 《뻔뻔스레》 속이다; jmdm. etw. ins G. sagen 누구에게 거침없이 어떤 불쾌한 말을 하다; jmdm. nicht ins G. sehen [blicken] können 누구에 대해 양심의 가책을 느끼다; jmdm. (mit dem Arsch) ins G. springen 《통용어》 누구에 대해 매우 분노하다; den Tatsachen ins G. sehen 어떤 상황에 대해 현실적으로 대처하다; mit dem G. in die Butter fallen 불우한 [불쾌한] 상황을 절도있게 견디다, 불우한 재난을 면하다; jmdm. einen Spiegel vors G. halten 누구에게 누구에 대해 예를 들어 밝히다; **zu Gesicht(e) stehen** 누구에게 맞다[어울리다]. b) 사람, 인물: ein neues G. 새 얼굴. c) 《드물게》 《대상의》 전면[면전] 2. 《얼굴》 표정: ihr G. ist immer fröhlich 그녀의 표정은 언제나 즐겁다; ein hippokratisches G. 《의학》 중환자[죽어가는 사람]의 표정. ein anderes G. aufsetzen machen 안색이 달라지다, 표정이 《환하게》 바뀌다; das G. wahren [retten] 면목[체면]을 유지하다; das G. verlieren 명성[면목]을 잃다; ein G. machen wie drei[sieben, acht, vierzehn] Tage Regenwetter 매우 불평스레 쳐다보다, 역겨운 표정을 짓다; ein G. machen, als ob ihm die Petersilie verhagelt sei 당황한 표정을 짓다; ein langes G. (lange -er) machen 실망한 표정을 하다, 침울한 얼굴을 하다; ein G. ziehen [machen] 불쾌한 표정을 하다; **-er schneiden [ziehen]** 불쾌한 표정을 짓다, **etw. steht jmdm. im G. geschrieben** ...한 감정이 표정에 역력히 나타나 있다. 3. 《특징적》 외모, 외적 형상: das G. einer Epoche prägen 한 시기의 《외적》 특징을 규정하다; dieses Land hat viele -er 이 나라는 여러 다른 면모를 지니고 있다; ein G. haben 제대로의 외모를 갖추다; ein anderes G. bekommen 다른 면모[모습으로] 나타나다, 양상이 변하다. 4. 〈Pl. 없음〉 《아어·준고어》 시력, 시각: sie hat das G. verloren 그녀는 눈이 멀었다; **das Zweite G.** 미래를 진단[예지] 할 수 있는 능력, 천리안; **aus dem G. verlieren** 보이지 않다, 시야에서 사라지다; **ins G. fallen[springen]** 매우 명백하게 보이게 되다; **zu G. bekommen** 알아보다; **jmdm. zu G. kommen** 《격식독어》 누구에 의해 보여[알려]지다. ²**Gesicht** [-], das; -(e)s, -e 환영.

Gesichtel, das; -s, -(n) 《외어 통용어》 예쁘고 부드러운 얼굴.

gesichts-, Gesichts- (¹Gesicht): **~ausdruck,** der 얼굴 표정: am G. läßt sich oft die Stimmung erkennen 얼굴표정에서 자주 기분을 읽을 수《알》 있다. **~bildung,** die 얼굴의 외형적 특징, 용모, 안면 형성. **~creme,** die 얼굴에 바르는 크림. **~erker,** der 《통용어·농》 코. **~farbe,** die 얼굴색, 안색. **~feld,** das 1. 시야, 시계. 2. 《광학》 《광학 기구로 볼 수 있는》 원형의 범위. **~hälfte,** die 얼굴의 절반《반쪽 얼굴》. **~haut,** die 얼굴 피부. **~kontrolle,** die 《술집으로의》 얼굴《외모》 검사. **~krebs,** der 《의학》 얼굴 피부암. **~kreis,** der 1.《준고어》 시계, 시야: 〈전의〉 ich habe ihn ganz aus dem [aus meinem] G. verloren 나는 그에 관해 더이상 아무것도 모른다. 2.《고어》 ↑Horizont. 3. 정신적 지평 [안목]: seinen G. durch Reisen erweitern 여행을 통해 그의 정신적 안목[지평]을 넓히다. **~lage,** die 《의학》 안(면)위(位). **~lähmung,** die 안면 마비. **~los** 〈Adj.〉 a) 얼굴을 알아볼 수 없는. b) 《사람의》 특징이 없는. **~maske,** die 1. 안면 마스크, 가면. 2. a) ↑Atemmaske. b) ↑Mundschutz. 3. 얼굴에 바르는 화장용 약제. 4. 《아이스하키》 골키퍼의 얼굴 마스크. **~massage,** die 얼굴《화장》 맛사지. **~milch,** die 얼굴에 바르는 밀크 로숀. **~muskel,** der 안면[얼굴] 근육. **~nerv,** der 안면 신경. **~packung,** die 미안용《美顔用》 《화장법》. **~partie,** die 얼굴 부분《부위》. **~pflege,** die 얼굴 손질. **~plastik,** die 《의학》 얼굴 성형. **~puder,** der 얼굴용 화장분. **~punkt,** der 관점, 시점, 견지. **~rose,** die 《의학》 안면 단독《丹毒》. **~röte,** die 얼굴의 붉어짐, 홍안. **~schädel,** der 《해부》 관자놀이의 앞 부분. **~schnitt,** der 용모, 이목 구비. **~sinn,** der 〈Pl. 없음〉 시각, 시력. **~täuschung,** die 눈의 착각, 착시《錯視》. **~verlust,** der 체면[면목] 상실. **~wasser,** das 얼굴 손질을 위한 화장수, 스킨 로숀. **~winkel,** der a) 시각. b) ↑punkt: etw. unter einem zu engen G. beurteilen 무엇을 너무 좁은 관점에서 평가《판단》하다. **~zug,** der 《대개 Pl.》 얼굴 모습《윤곽》《평소의》 얼굴 표정.

Gesims [gə'zɪms], das; -es, -e 벽에 둘러진 주름 장식, 《추녀》 돌림띠.

Gesinde [gə'zɪndə], das; -s, - 《고어》 《농가에서의》 하인, 고용인. **Gesindel** [gə'zɪndl], das; -s 《축소형: ↑Gesinde》 《폄》 불량배. **Gesindeordnung,** die 고용인 고용법. **Gesindestube,** die 하인방.

Gesinge [gə'zɪŋə], das; -s 《통용어·폄》 《굽임없는》 노래 《창가》.

gesinnt [gə'zɪnt] 〈Adj.〉 방법상황어와 함께 ...한 마음[생각]의: ich bin anders g. als du 나는 너와 생각이 다르다; jmdm. (gegen jmdn.) g. sein 누구에 대해 어떤 생각을 갖고 있다: jmdm. freundlich[übel] g. sein 누구에게 호의《악의》를 품다.

Gesinnung, die; -en 생각, 신조, 심정, 성향, 주의, 의견: ich kenne seine politische G. nicht 나는 그의 정치적인 성향[신조]을 모르겠다.

gesinnungs-, Gesinnungs-: **~freund,** der ↑~genosse. **~genosse,** der 동지. **~los** 《폄》 〈Adj.〉 도덕[윤리]적인 원칙이 없는, 절도없는, 무정견의. **~losigkeit,** die ↑~los의 명사형. **~lump,** der 《통용어·폄》 지조없는 사람. **~lumperei,** die 지조없는 짓《행동》. **~schnüffelei,** die 《폄》 성향《성분》 조사. **~täter,** der 확신범. **~treu** 〈Adj.〉 절조있는, 신조가 확실한. **~treue,** die ↑~treu의 명사형. **~wandel,** der 《정치적》 변절 《변심》. **~wechsel,** der ↑~wandel.

gesittet [gə'zɪtət] 〈Adj.〉 a) 예의바른, 품위있는, 교양있는: ein -es Benehmen 품위있는 행동. b) 문명화된, 개화된, 교양있는. **Gesittung,** die 《아이의》 예의바름, 교양있는 행동.

Gesitze [gə'zɪtsə], das; -s 《통용어·폄》 오랜 앉음: von

dem ewigen G. wird man ganz kreuzlahm 죽치고 앉아 있어 완전히 허리를 펴지 못하게 되다.
Gesocks [gəˈzɔks], das; - 《편》 천민, 부랑아, 무뢰한.
Gesöff [gəˈzœf], das; -(e)s, -e 《편》 맛없는(값싼) 음료〔술〕: ein übles G. 좋지않은 저질 음료. **gesoffen** [gəˈzɔfn̩] ↑ saufen 참조.
gesogen [gəˈzoːgn̩] ↑ saugen 참조.
gesondert [gəˈzɔndɐt] 〈Adj.〉 …에서 분리된, 별도의, 별개의: -e Abrechnungen 별도 청산〔공제〕.
gesonnen [gəˈzɔnən] 〈Adj.〉 **1. zu etw. g. sein** …을 할 생각이 있다〔작정이다〕: ich bin nicht g., meinen Plan aufzugeben 나는 내 계획을 포기할 생각이 없다. **2.** ↑ gesinnt의 잘못된 형태.
gesotten [gəˈzɔtn̩] ↑ sieden 참조. **Gesottene**, das; -n 《지역적》 삶은〔찐〕 고기: heute gibt es -s mit Kartoffeln 오늘 저녁에는 감자를 곁들인 삶은 고기이다.
¹**Gespan** [gəˈʃpaːn], der; -(e)s / -en, -e(n) 《고어·지역적·인쇄》 동료, 조수.
²**Gespan** [-], der; -(e)s, -e [ung. ispán < slaw. župan = Burggraf] 《역사적》 헝가리 행정관리〔지사〕. **Gespanschaft**, die; -en 《고어》 헝가리의 지사 통치(관구).
Gespänge [gəˈʃpɛŋə], das; -s 고리쇠, 꺾쇠 (↑ Spangenwerk).
Gespänlein [gəˈʃpɛnlaɪn], das; -s, -《schweiz.》 《같은 또래의》 놀이 친구.
Gespann [gəˈʃpan], das; -(e)s, -e **1. a)** 수레에 맨 마소: ein G. Pferde 마차 한 대를 끄는 말. **b)** 《마소가 끄는》 마차. **2.** 한 패〔쌍〕의 사람: diese beiden sind ja ein merkwürdiges G. 이 두 사람은 정말 희한한 한 패이다. **3.** 《schweiz.》 윗가지 판대기.
gespannt [gəˈʃpant] 〈Adj.〉 **1.** 기대에 부푼, 호기심에 가득 찬: -e Erwartung 호기심에 가득 찬 기대; ich bin g., ob es ihr gelingt 그녀에게 그것을 할 수 있는지 흥미진진하다; **g. sein wie ein Regenschirm〔wie ein Flitz(e)bogen〕**《통용어》어떤 일의 시작에 대해 매우 호기심을 갖고 있다. **2.** 잠재적인 알력〔자극〕이 있는, 긴장된: die Lage〔Atmosphäre〕ist g. 상황〔분위기〕는 긴장되어 있다. **Gespanntheit**, die **1.** 호기심에 가득 참; 기대에 부푼; 주의〔관심〕. **2.** 긴장됨; 자극성.
Gespärre [gəˈʃpɛrə], das; -s 《토건》 한 쌍의 서까래, 지붕틀.
gespaßig [gəˈʃpaːsɪç], 《또한》**gspaßig** [ˈkʃpaːsɪç] 〈Adj.〉《bayr., österr.》 재미있는, 유쾌한.
Gespenst [gəˈʃpɛnst], das; -(e)s, -er **1.** 유령, 요괴, 허깨비: im alten Schloß geht ein G. um 낡은 성에는 유령이 돌아다닌다; du siehst aus wie ein G. 너는 매우 창백해 보인다; **-er sehen** 허깨비를 보다; 쓸데없는 걱정을 하다. **2.**《아이》 급박한 위험.
Gespenster- (Gespenst 1): **~furcht**, die 유령에 대한 공포. **~geschichte**, die 무시무시한 《사건》 이야기, 괴담. **~glaube(n)**, der 유령이 있다는 확신〔믿음〕. **~reich**, das 유령의 나라, 허깨비 세계. **~schiff**, das 유령선. **~stunde**, die 밤 12시와 1시 사이, 축시〔丑時〕.
gespensterhaft 〈Adj.〉 유령 같은, 무시무시한. **gespenstern** [gəˈʃpɛnstɐn] 〈*h*〉 《a》 유령이 나타나다, 무시무시하다: der tote Graf soll wieder im Schloß gespenstert haben 죽은 백작이 다시 성에 유령으로 나타났다고 한다. **b)** 유령처럼 움직이다. **gespenstig**, **gespenstisch** 〈Adj.〉 무시무시한, 섬뜩한, 유령의: -es Aussehen 섬뜩한〔창백한〕 외모.
gesperbert [gəˈʃpɛrbɐt] 〈Adj.〉《사냥》 새매 모양의.
Gesperre [gəˈʃpɛrə], das; -s, - **1.** 〔기술〕 고정〔제동, 차단〕 장치, 멈춤쇠. **2.** 〔사냥〕 한패 새끼.

gespie(e)n [gəˈʃpiː(ə)n] ↑ speien 참조.
¹**Gespiele** [gəˈʃpiːlə], das; -s 《통용어·편》 《끊임없이》 노는 것〔유희〕. ²**Gespiele** [-], der; -n, -n 《아이·준고어》 **1.** 놀이친구, 자주 만나 함께 노는 어린시절의 친구(또래). **2.** 《편》 ↑¹Geliebte(1 a). **Gespielin**, die; -nen **1.** ↑²Gespiele의 여성형. **2.** 《편》 ↑¹Geliebte (1 a).
Gespinst [gəˈʃpɪnst], das; -(e)s, -e **a)** 짠 물건, 부드러운 직물, 방적물: ein feines G 섬세한 직물. **b)** 〔섬유〕 긴 실. **Gespinstfaser**, die; 방사〔紡絲〕, 방적 섬유. **Gespinstpflanze**, die 방적 섬유를 내는 식물.
gesplissen [gəˈʃplɪsn̩] ↑ spleißen 참조.
gesponnen [gəˈʃpɔnən] ↑ spinnen 참조.
¹**Gespons** [gəˈʃpɔns] das; -es, e 《고어·농》 신랑, 남편. ²**Gespons** [-], das; -es, -e 《고어·농》 신부, 부인.
gesponsert: ↑ sponsern 참조.
gesport [gəˈʃpɔrnt] **1.** ↑ spornen 참조. **2.** gestiefelt und g. sein 만반의 준비가 되어 있는.
Gespött [gəˈʃpœt], das; -(e)s 조롱, 조소: sein G. mit jmdm. treiben 누구를 조롱〔우롱〕하다; **jmdn. zum G. machen** 누구를 조소의 대상으로 삼다, 누구를 웃음거리로 만들다; **zum G. werden** 조소〔조롱〕를 받다, 웃음거리가 되다. **Gespöttel**, das; -s ↑ Spötteln.
Gespräch [gəˈʃprɛːç], das; -(e)s, -e **1.** 담화, 대화, 회화: das G. auf etw. bringen …로 대화〔말〕를 돌리다; ein G. führen〔beginnen〕 대화를 이끌다〔시작하다〕; ein G. unter vier Augen 두 사람만의 긴밀한 대화; sich an einem G. beteiligen 대화에 참여하다; laß dich nicht auf〔in〕 ein G. mit ihm ein! 그 사람과는 대화를 하지 마라! **mit jmdm. ins G. kommen** 누구와 담화〔이야기〕하다; **mit jmdm. im G. bleiben** 누구와 접촉하다; **im G. sein** 담합의 대상이다. 의제〔화제〕이다. **2.** 통화: ein G. nach Paris anmelden 파리 통화를 신청하다; ein G. mit London führen 런던에 있는 사람과 통화하다. **3.** 《통용어》 대화의 대상, 화제: die Affäre wurde G. 〔wurde zum G.〕 der ganzen Stadt 그 사건은 도시 전체의 화제가 되었다. **gesprächig** 〈Adj.〉 말하기 좋아하는, 수다스러운, 다변의: du bist heute aber nicht sehr g. 너는 오늘은 별로 말이 없구나. **Gesprächigkeit**, die 말하기 좋아함, 수다스러움.
gesprächs-, **Gesprächs-**: **~bereit** 〈Adj.〉 대화할 용의가 있는. **~bereitschaft**, die ↑ ~bereit의 명사형. **~dauer**, die 통화 시간. **~einheit**, die 〔Gebühreneinheit〕. **~fetzen**, der 《내용이 어긋나는》 대화의 한 부분〔토막〕. **~form**, die 《Pl. 없음》 담화 형식〔형태〕, 대화체. **~gebühr**, die 통화료. **~gegenstand**, der 화제, 의제. **~kreis**, der 《공통의 대화를 나누는》 일단의 무리, 대화 그룹. **~leiter**, der 토론 사회자. **~partikel**, die 〔언어〕 대화에서 사용되는 의미없는 말(이, 아하 등), 무의미한 대화어. **~partner**, der 대화 파트너〔상대역〕, 말상대. **~pause**, die 대화 《중》 휴식 《시간》. **~psychotherapie**, die ↑ ~therapie. **~stoff**, der 대화 소재〔주제〕. **~teilnehmer**, der 대화 참여자. **~thema**, das 대화 주제, 의제, 화제. **~therapie**, die 〔심리〕 대화 정신 요법. **~weise** 〈Adv.〉 대화〔말〕로, 담화 중에. **~zähler**, der 〔전화〕 통화도수계. **~zeit**, die; 통화 시간(↑ ~dauer). **~zeitmesser**, der 〔전화〕 통화 시간 기록계.
gespreizt [gəˈʃpraɪtst] 〈Adj.〉 《편》 《표현이》 장식되고 부자연스러운, 과시적, 꾸며댄 듯한, 과장된: -er Stil 과시적 문체; seine Ausdrucksweise ist g. 그의 표현 방식은 과장되어 있다〔꾸민 듯하다〕. **Gespreiztheit**, die ↑ gespreizt의 명사형.
¹**Gesprenge** [gəˈʃprɛŋə], das; -s, - **1.**《Pl. 없음》《통용어》《끊임 없는》 폭파, 잦은 폭발. **2.** 〔건축〕 후기 고딕식 교회 제단의 목각 장식. **3.** 〔광〕 단층〔斷層〕. ²**Gespren-**

ge [-], das; -s, - 【토견】 트러스[버팀틀]가 있는 지붕뼈대나 벽.

gesprenkelt [gəˈʃprɛŋkļt] 〈Adj.〉 반점[얼룩]이 있는: -es Gefieder 반점[얼룩] 깃털.

Gespritzte [gəˈʃprɪtstə], der; -n, -n **a)** 《bayr., österr.》 소다수를 넣은 포도주. **b)** 《맥아 맥주나 카페인 함유음료와 섞은》 순맥주.

gesprochen [gəˈʃprɔxņ] ↑ sprechen 참조.

gesprossen [gəˈʃprɔsņ] ↑ sprießen 참조.

Gesprudel [gəˈʃpruːdl̩], das; -s **a)** 솟아[뿜어] 나옴, 분출. **b)** 《끊임없는》 튐[튀김, 날림]. **2.** 매우 가느다란 비[눈].

gesprungen [gəˈʃprʊŋən] ↑ springen 참조.

Gespür [gəˈʃpyːɐ̯], das; -s 육감, 직감력: ein feines G. für etw. haben 무엇에 대한 섬세한 육감을 갖고 있다.

Gest [gɛst], der; -(e)s / die 〈niederd.〉 ↑ Hefe.

Gestade [gəˈʃtaːdə], das; -s, - 《시어》 물가, 해안: die G. des Mittelmeers 지중해 해안.

gestaffelt: ↑ staffeln 참조.

Gestagen [gɛstaˈgeːn], das; -s, -e 〈대개 Pl.〉 임신에 필요한 여성 생식선 호르몬.

Gestalt [gəˈʃtalt], die, -en **1.** 외형, 자태, 모습: der Teufel in (der) G. der Schlange 뱀의 모습을 한 악마. **2.** 잘 알 수 없는 인물: eine dunkle G. kam näher 어두운 형체가 다가왔다. **3. a)** 《중요한》 인물: er gehört zu den großen -en der Geschichte 그는 역사의 위대한 인물에 속한다. **b)** 《등장》 인물: die zentrale G. eines Romans 소설의 중심 인물. **4.** 형태[형상]: in schwermütigen Liedern G. gewordene Melancholie 우울한 가곡에서 형상화된 멜랑콜리(우수); **G. annehmen (gewinnen)** 점차 형태를 드러내다, 《계획이》 구체화되다; **einer Sache G. geben[verleihen]** …에 형태를 부여하다, …을 명백히[실제화]하다; **in G.** …의 형태로, …으로: 《격식독어》 Unterstützung in G. von Nahrungsmitteln 식료품 형태의 지원[지원]; 《신교》 das Abendmahl in beiderlei G. 빵과 포도주의 성찬; **sich in seiner wahren G. zeigen** 있는 그대로 보여 주다, 정체를 나타내다.

gestalt-, Gestalt-: ~los 〈Adj.〉 형태가 없는, 불분명한, 실체가 없는, 추상적인. **~losigkeit**, die ↑ ~los의 명사형. **~psychologie**, die 형태 심리학. **~wandel**, der 《의학》 《매 성장기의》 체격변화. **~wechsel**, der ↑ ~wandel.

gestaltbar 〈Adj.〉 형태를 이룰 수 있는, 조형 가능한: ein -er Raum 조형 가능한 공간.

gestalten [gəˈʃtaltņ] 〈h〉 **1.** 형상[형성]하다, 조형하다. ein Thema dichterisch g. 주제를 문학적으로 형상화[구성]하다; eine Wohnung nach seinem Geschmack g. 집을 기호에 맞게 꾸미다[설비하다]. **2.** (g. + sich) 형상화되다. …한 모양이 되다, 전개[발전]되다: der Abstieg gestaltete sich weit schwieriger als der Aufstieg 내리막길은 오르막길보다 훨씬 어렵게 만들어져 있었다.

Gestaltenfülle, die 많은 인물. **gestaltenreich** 〈Adj.〉 인물이 많이 나오는, 천태만상의. **Gestalter**, der; -s, - 형성자, 조형자, 창조자. **Gestalterin**, die Gestalter의 여성형. **gestalterisch** 〈Adj.〉 형성적, 조형적, 예술적: seine -en Fähigkeiten 그의 조형[예술]적 능력. **gestalthaft** 〈Adj.〉 형[형태]이 있는. **gestaltlich** 〈Adj.〉 형상[형태]의. **Gestaltung**, die; -en **1. a)** 형성(화), 꾸밈: die G. des Unterrichts 수업의 구성. **b)** 형상[형성] 방식, 이루어진 상태. **2.** 형성된 것, 형성물.

Gestaltungs-: ~element, das 형성[구성] 요소. **~form**, die 형성 형태[형식]. **~kraft**, die 형상력, 조형력. **~prinzip**, das 형성[구성] 원칙.

Gestammel [gəˈʃtam]], das; -s **a)** 《끊임없는》 더듬거림, 중얼거림. **b)** 더듬거리는 말, 문장: unverständliches G. 알아들을 수 없는 더듬거림[더듬말].

Gestampf, das; Gestampfe [gəˈʃtampf(ə)], das; 《끊임없는》 두드림, 찧어 부숨, 발을 구름.

Gestände [gəˈʃtɛndə], das; -s, - 【사냥】 **1.** 《맹조의》 보금자리(↑ Horst (1)). **2.** ↑ Ständer (2).

gestanden [gəˈʃtandņ] **1.** ↑ stehen의 과거분사. **2.** 〈Adj.〉 경험이 많은, 어떤 분야에 정통한: ein -er Mann 경험이 많은[노련한] 남자. **3. -e Milch** 《지역적》 산유(酸乳), 발효유, 응유(凝乳).

geständig [gəˈʃtɛndɪç] 〈Adj.〉 《죄를》 자백한, 《잘못을》 인정한: der Verhaftete war g. 죄수는 죄를 자백하였다. **Geständnis** […ntnɪs], das; -ses, -es 《재판소나 경찰에서의》 자백, 인정: ein erzwungenes G. 강요된 자백; sein G. widerrufen 그의 자백을 취소하다; jmdm. ein G. abnötigen 누구에게서 자백을 강요하다.

Gestänge [gəˈʃtɛŋə], das; -s, - **1.** 짜맞춘 막대, 목책: das G. eines Bettes 침대의 받침막대. **2.** 【기술】 《막대나 레버 등으로 만들어진》 조정기, 지렛. **3.** 【광】 《갱(坑)의》 궤도.

Gestank [gəˈʃtaŋk], der; -(e)s 《악》 악취. **Gestänker** [gəˈʃtɛŋkɐ], das; -s 《통용어》 줄곧 말썽을 일으키기.

Gestapo [gɛˈstaːpo], die [**Ge**heime **Sta**atspo**li**zei의 약칭] 《나치의》 국가 비밀 경찰, 게슈타포: die G. arbeitete unabhängig von Justiz und Verwaltung 게슈타포는 사법과 행정의 구애를 받지 않고 활동하였다. **Gestapokeller**, der 게슈타포 지하실《구금 및 심문실》. **Gestapomethoden** 〈Pl.〉 《폄》 비인간적인 테러 방식, 게슈타포 방식.

gestärkt: ↑ stärken 참조.

gestatten [gəˈʃtatņ] 〈h〉 **1.** 승락[허가]하다: jmdm. g., die Bibliothek zu benutzen 누구에게 도서관을 사용하도록 허가하다. **2.** 《아이》 …을 할 수 있다, …을 할 자유를 갖는: wenn ich mir die Frage g. darf … 질문을 해도 괜찮다면, 실례지만 질문을[한마디] 하겠습니다. **3. a)** 전제로 《…을》 허락하다: wenn die Umstände es gestatten … 사정이 허락한다면. **b)** 가능하게 하다: seine große Belesenheit gestattet es ihm, sich über die verschiedensten Probleme zu äußern 그는 매우 박식하기 때문에 여러 상이한 문제들에 관해 언급할 수 있다.

Geste [ˈɡɛstə, 《또한》ˈgeːstə], die, -n [lat. gestus] **1.** 몸짓, 손짓: seine Rede durch eindringliche -n unterstützen 그의 연설을 강력한 몸짓[손짓]으로 뒷받침하다. **2.** 《…을 간접적으로 나타내는》 동작이나 의사 표시, 제스처: das Angebot war nur eine G. 그 제안은 제스처에 불과했다.

Gesteck [gəˈʃtɛk], das; -(e)s, -e **1.** 꽃꽂이. **2.** 《bayr., österr.》 《깃털 모양의》 모자 장식.

gesteckt [gəˈʃtɛkt] 《다음 용법으로》 **g. voll** 《통용어》 꽉 찬, 만원의.

Gestehe [gəˈʃteːə], das; -s 《통용어·폄》 《장시간의》 서있음: von dem ewigen g. tun mir die Füße weh 한없이 서 있어서 내 발이 아프다.

gestehen [gəˈʃteːən] 〈h〉 **a)** 승인[용인]하다, 자백[고백]하다: die Tat[das Verbrechen, den Mord] g. 범행 [범죄, 살인]을 자백하다. **b)** 솔직히[터놓고] 말하다: die Wahrheit g. 진실을 솔직히 말하다[토로하다]; offen gestanden, ich habe keine rechte Lust dazu 솔직히 말하자면 나는 그것을 하고 싶은 생각이 없다. **Gestehungskosten** 〈Pl.〉 【경제】 생산비, 원가: die G. durch Massenabsatz senken 대량 판매로 생산비를 절감하다.

Gestein [gəˈʃtain], das; -(e)s, -e **1.** 암석, 암괴, 광석. **2.**

↑Fels (1). brüchiges G. 깨지기 쉬운 바위.
gesteins-, Gesteins-: ~**ader**, die 암석 광맥. ~**art**, die 암석 종류. ~**bildend** 〈Adj.〉 암석을 형성하는. ~**bildung**, die 암석 형성. ~**block**, der 〈Pl. ...blöcke〉 (커다란) 암석 덩어리. ~**bohrer**, der 암석 뚫는 기계, 착암기. ~**bohrmaschine**, die 착암기. ~**brocken**, der 암석 파편, 암석 파편(조각, 부스러기). ~**faser**, die 암석 파편[조각, 부스러기]. ~**formation**, die 암석 형태[형성]. ~**kunde**, die 암석학. ~**masse**, die 암석 덩어리. ~**pflanze**, die 암석의 얇은 지층에 자라는 식물. ~**probe**, die 암석 견본[표본]. ~**schicht**, 〈österr.〉 ~**schichte**, die 암(석)층. ~**schichtung**, die 암석층이 이루어짐. ~**scholle**, die 〔지질〕 암석 지각[지괴(地塊)]. ~**sprengstoff**, der 〖광〗 암석 폭약(물). ~**strecke**, die 〖광〗 암석 통로. ~**trümmer**, die 〈Pl.〉 〔지질〕 암석 파편.

Gestell [gəˈʃtɛl], das; -(e)s, -e 1. (물건을 놓는) 대(臺), 버팀목, 스탠드: die Flaschen liegen auf einem G. 병들이 스탠드[버팀대] 위에 놓여있다. 2. 받침[버팀]대: das G. des Bettes ist aus Messing 침대의 받침대는 놋쇠로 되어있다; 〔전의〕 zieh dein G. ein! 〈경〉 발을 치워라! 3. 〈경〉 마른 몸매의 사람. 4. 〈사냥〉 벌채된 길 모양의 숲, 숲길. 5. 〈통용어〉 ↑Brillengestell의 약칭.
Gestellung, die, -en 1. (군대의) 출두, 소집, 응소. 2. 〔관〕 대기. **Gestellungsbefehl**, der 〔옛〕 출두[소집] 명령.
gestelzt: ↑stelzen 참조.
gestern ['gɛstɐn] 〈Adv.〉 1. 어제: g. vor einer Woche 일주 전 어제; die Zeitung ist von g. 그 신문은 어제판이다. 2. 옛, 이전, 과거: die Welt von g. 이전[과거]의 세상(세계). [nicht] von g. sein 〈통용어〉 구식[옛 것]이다(아니다).
Gestichel [gəˈʃtɪçl̩], das; -s 〈통용어·폄〉 (끊임없는) 비꼬기, 빈정대기.
gestiefelt [gəˈʃtiːfl̩t] 〈Adj.〉 장화를 신은: **g. und gespornt** 〈통용어·농〉 준비가 끝남, 만반의 준비가 된, 출발 준비가 된.
gestiegen [gəˈʃtiːgn̩]: ↑steigen 참조.
gestielt [gəˈʃtiːlt] 〈Adj.〉 〔전문어〕 줄기[꽃자루]가 있는, 손자루가 있는: -e Blätter 줄기[꽃자루]있는 잎.
Gestik ['gɛstɪk], die (전체의) 제스처, 손짓, 몸짓에 의한 표시: jmdn. an seiner G. erkennen 누구를 그의 제스처에서 알아보다. **Gestikulation** [gɛstikulaˈtsi̯oːn], die, -en [lat. gesticulātio] (자신을 표현하기 위한 전체의) 손짓의 동작. **gestikulieren** [...liːrən] ⟨h⟩ [lat. gesticulāri] 손짓으로 강한 동작을 하다.
gestimmt [gəˈʃtɪmt]: ↑stimmen 참조. **Gestimmtheit**, die, -en (초래된) 상태의 기분[분위기].
Gestion [gɛsˈti̯oːn], die; -en [lat. gestio] 〈드물게〉 업무(집행), 관리, 행정. **Gestionsbericht**, der 〈österr.〉 〔관〕 ↑Geschäftsbericht.
Gestirn [gəˈʃtɪrn], das; -(e)s, -e 천체, 성신, 성좌: den Gang der -e verfolgen 천체(성신)의 진로를 추적하다; aus den -en das Schicksal lesen 성좌에서 운명을 읽다; **jmds. G. geht auf** (아이) 누구가 알려지다, 유명하게 되다. **gestirnt** [gəˈʃtɪrnt], 〈Adj.〉 (아이) 별이 있는[많은]: der -e Himmel 별이 반짝이는 하늘.
gestisch ['gɛstɪʃ] 〈Adj.〉 제스처의, 제스처를 사용하는: ohne -e Übertreibung 제스처의 과장이 없이.
gestoben [gəˈʃtoːbn̩]: ↑stieben 참조.
Gestöber [gəˈʃtøːbɐ], das; -s 흩날림, 눈보라: ins G. hinaustreten 눈보라 속으로 들어서다.
gestochen [gəˈʃtɔxn̩] 1. ↑stechen 참조. 2. 〈Adj.〉 매우 조심스러운, 세밀한, 정확한: eine -e Handschrift 정확한 육필[자필](원고): die Kamera liefert g. scharfe Bilder 그 카메라는 매우 정밀한 사진을 찍는다.
gestohlen [gəˈʃtoːlən]: ↑stehlen 참조.
Gestöhn, das; -(e)s, **Gestöhne** [gəˈʃtøːn(ə)], das; -s 〈통용어〉 (지속적) 신음(함).
Gestolper [gəˈʃtɔlpɐ], das; -s 〈폄〉 (지속적) 비틀거림.
gestopft: ↑stopfen 참조.
Gestör [gəˈʃtøːɐ̯], das; -(e)s, -e 〈지역적·준고어〉 뗏목의 통나무(연결).
gestorben [gəˈʃtɔrbn̩]: ↑steben 참조.
gestört [gəˈʃtøːɐ̯t] 1. ↑stören 참조. 2. 〈Adj.〉 방해받은, 원하는대로 되지 않은, 불화의: Kinder aus -en Ehen 결손 가정에서 태어난 아이들. 3. **geistig g.** 정신적 결함의[이상의 있는]: jmdn. für geistig g. halten 누구를 정신 장애가 있다고 간주하다.
gestoßen [gəˈʃtoːsn̩]: ↑stoßen 참조.
Gestotter [gəˈʃtɔtɐ], das; -s 〈통용어·폄〉 (지속적) 더듬거림, 말의 더듬이: hör auf mit deinem G.! 말을 좀 그만 더듬거려라!
Gestrampel [gəˈʃtrampl̩], das; -s 〈통용어〉 (지속적) 허우적거림, 발버둥침.
Gesträuch [gəˈʃtrɔɪ̯ç], das; -(e)s, -e **a)** 무성한 관목, 덤불, 총림: kahles G. 황량한(삭막한) 관목숲. **b)** 관목숲, 관목가지: dürres G. verbrennen 마른 관목가지를 태우다.
gestreckt: ↑strecken 참조.
gestreift [gəˈʃtraɪ̯ft] 〈Adj.〉 줄무늬가 있는: das Fell des Zebras ist g. 얼룩말의 표면에는 줄무늬가 있다; sie zieht sich gern g. an 〈통용어〉 그녀는 줄무늬 옷을 좋아한다.
Gestreite [gəˈʃtraɪ̯tə], das; -s 〈폄〉 (끊임없는 작은) 싸움, 언쟁.
gestreng [gəˈʃtrɛŋ] 〈Adj.〉 〈고풍〉 (매우 엄격하게 무서운.
gestrichen [gəˈʃtrɪçn̩]: ↑streichen 참조.
Gestreu [gəˈʃtrɔɪ̯], das; -(e)s 짚, (잔가지) 뿌리기.
Gestrick [gəˈʃtrɪk], das; -(e)s, -e 〔전문어〕 짠[뜨게질한] 것[물건], 편물.
gestrig [gəˈʃtrɪç] 〈Adj.〉 1. (부가어로만) 어제의: unser -es Gespräch 어제 우리의 대화; 〈명사화〉 unser Gestriges 〈상·고어〉 우리의 어제(날짜) 서한. 2. 유행이 지난, 보수적인, 옛: jmdn. als g. abtun 누구를 구식이라고 치부하다; 〈명사화〉 die ewig Gestrigen 영원한 옛 사람[물건]들.
Geström [gəˈʃtrøːm], das; -(e)s ↑Strömung.
gestromt [gəˈʃtroːmt] 〈Adj.〉 〈고형〉 (개나 고양이의 표피에) 횡선(줄)무늬가 있는: eine -e Dogge 횡선 줄무늬가 있는 불독[맹견].
Gestrüpp [gəˈʃtrʏp], das; -(e)s, -e 우거진 관목(숲), 덤불: etw. ins G. werfen 무엇을 관목(숲) 속으로 던지다; 〔전의〕 das G. der Barthaare 많은 구렛나루 털.
Gestübe [gəˈʃtyːbə], das; -s 〔제련〕 분탄(粉炭)과 점토의 혼합물, 소회(素灰).
Gestüber [gəˈʃtyːbɐ], das; -s 〈사냥〉 야생조류의 똥.
gestückt 1. ↑stücken의 과거분사. 2. 〈Adj.〉 〔문장〕 여러 색깔의 장기판 모양의.
Gestühl [gəˈʃtyːl], das; -(e)s, -e (늘어선) 의자, 좌석 (전부): das G. im Theater 극장 안의 좌석.
gestümmelt 1. ↑stümmeln 참조. 2. 〈Adj.〉 〔문장〕 몸의 일부분이 없는: -e Adler 발톱과 주둥이가 없는 독수리.
Gestümper [gəˈʃtʏmpɐ], das; -s 〈통용어·폄〉 서툰 솜씨로 함: jmds. G. auf dem Klavier nicht länger mit anhören können 누구의 서툰 피아노 솜씨를 더 이상 함께 들을 수 없다.
gestunken [gəˈʃtʊŋkn̩]: ↑stinken 참조.

Gestürm [gə'ʃtʏrm], das; -(e)s 《schweiz.·방언》흥분된[떠들썩한] 잡담, 소란: nach der Preisverteilung gab es ein großes G. 상을 나누어준 후 커다란 소란이 있었다.

gestürzt 1. ↑stürzen 참조. **2.** 〈Adj.〉 [문장] 아래로 향한, 거꾸로 선, 뒤집어진: eine -e Krone 거꾸로 된 왕관 (문장).

Gestus ['gɛstʊs], der; - **a)** ↑Gestik. **b)** 표정, 태도, 거동: der dramatische G. der Verdischen Musik 베르디 음악의 극적 표현.

Gestüt [gə'ʃty:t], das; -(e)s, -e **1.** 말 사육장, 양마장(養馬場), 말 사육업: wir machen Ferien auf einem G. 우리는 말 사육장에서 휴가를 보낸다. **2.** 말 사육장의 말 전부, 종마(種馬)의 떼. **3.** 마종(馬種)의 특징. **Gestüthengst**, der 종마(사육장 말)의 수컷. **Gestütpferd**, das ↑Gestüthengst. **Gestütbuch**, das; -(e)s, -bücher ↑Stutbuch.

Gestüts-: ~**brand**, der 종마(사육말)(표시) 낙인(뒷 목덜미나 목에 있음). ~**hengst**, der 종마(사육말) 수컷. ~**herr**, der (준)의 말 사육장(양마장) 주인. ~**meister**, der 말 사육장 관리인, 양마장 마부. ~**pferd**, das 종마, 사육장 말.

gestylt [gə'stajlt] ↑stylen의 과거분사.

Gesuch [gə'zu:x], das; -(e)s, -e 청원, 신청(서), 지원, 서: ein G. um Gewährung einer Beihilfe 보조금이 가 신청서; ein G. einreichen 신청서를 제출한다. **Gesuchsteller** [-ʃtɛlɐ], der 《관·고어》↑Antragsteller. **gesucht** [gə'zu:xt] **1.** ↑suchen 참조. **2.** 〈Adj.〉 **a)** 부자연스런, (지나쳐서) 가식적인, 인위적인: ein -er Briefstil 인위(가식)적인 편지문체. **b)** 몹시 탐내는, 구원의 대상이 되는, 수요가 많은: er war der -este Junggeselle der Stadt 그는 그 도시에서 가장 탐내는 청년이었다. **Gesuchtheit**, die ↑gesucht의 명사형.

Gesudel [gə'zu:dl], das; -s 《쾸》 **a)** 《끊임없이》 섞어 휘저음, 더럽힘, 마구 칠하기. **b)** 너절한(서투른) 글, 솜씨.

Gesülze [gə'zʏltsə], das; -s 《지역적·경》 쓸데없는 잡담.

Gesumm [gə'zʊm], das; -(e)s 《끊임없는》 윙윙거림: das G. der Bienen 벌들의 윙윙거리는 소리. **Gesumme** [gə'zʊmə], das; -s 《통용어·쾸》 《끊임없는》 윙윙거림, 윙윙거리는 소리.

Gesums [gə'zʊms], das; -es 《통용어》 불필요한 잡담, 불평: er macht immer viel G. um alles 그는 언제나 만사에 불평을 늘어놓는다.

gesund [gə'zʊnt] 〈Adj.〉 **1. a)** 건강한, 병이 없는(반대: krank), -e Zähne 건강한 치아; du bist wohl nicht [ganz] g. 《통용어》 너는 아마도 제정신이 아닌 것 같아; der Arzt hat ihn g. geschrieben 의사는 그에게 근무능력을 증명하였다(다시 일할 수 있다고 진단하였다); einen -en Appetit haben 왕성한 식욕을 갖다; ein -er Obstbaum 건강한 과일 나무; [성구] aber sonst bist du g.? 《통용어》 너 좀 돌았구나! 는 die Firma ist g. 그 회사는 경제적으로 튼튼한[건실]하다. **b)** er hat eine -e Farbe 그는 건강한 혈색을 갖고 있다. **2.** 건강을 촉진하는, 건강에 좋은: eine -e Luft 건강에 좋은 공기, [전의] diese Strafe ist ganz g. für dich 이 벌은 너에게 교훈[치유법]이 될 것이다. **3.** (인간적 판단이) 정당한, 이성적인, 정의의: ein -er Ehrgeiz 정당한 명예욕; ein -es Prinzip 바른(정당한) 원칙; diese Preise sind nicht g. 이 가격은 합당하지 못하다. **4.** [사냥] 적중하지 못한, 맞지않아 피를 흘리지 않는.

gesund-, **Gesund-**: ~**beten** 〈h〉 《누구의 병을》 기도로 치유하다. ~**beter**, der 기도 치료자. ~**beterei**, die 《쾸》기도 치료. ~**brunnen**, der 《아이》 건강하게 하는 것, 건강법: tägliche Gymnastik ist für sie ein G. 매일의 맨손 체조는 그녀의 건강법이다. ~**erhaltung**, die 건강 유지. ~**machen** sich 〈h〉 《통용어》 장사로 돈을 벌다, 주머니 사정이 좋아지다: er dachte sich bei unserem Handel gesundzumachen 그는 우리 장사에서 돈이 벌릴 것으로 생각하였다. ~**schrumpfen** 《통용어》 기업의 생산을 제한[감량]하다: eine Firma g. 회사의 생산을 감량하다. ~**schrumpfung**, die ~schrumpfen의 명사형. ~**stoßen**°, sich 〈h〉 《통용어》 ↑~machen: du willst dich wohl auf unsere Kosten g.? 너는 우리 비용으로(우리를 대가로) 돈을 벌려 하니?

Gesunde° [gə'zʊndə], der / die 건강한 사람, 건강인(반대: Kranke): zu den -n gehören 건강인에 속하다.

gesunden [gə'zʊndn] 《아이》 **1.** 〈s〉 〈h〉 《다시》 건강하다, 완쾌되다: in diesem Klima gesunden die Patienten verhältnismäßig rasch 이 기후에서는 환자들이 비교적 빨리 완쾌된다. **b)** 다시 좋아지다, 복구되다, 이전 상태로 되돌아가다: seine Regierung ließ das Land g. 그의 정부는 나라를 복구하였다. **2.** 〈h〉 복구되어 좋은 상태에 이르다. **Gesundheit**, die 건강, 건강 상태, 건강에 좋음: die G. der Gewebe und Zellen 조직과 세포의 건강[온전]함: etw. ruiniert die G. [schadet der G.] 무엇이 건강을 해친다: auf jmds. G. trinken 누구의 건강을 위해 건배하다: bei guter G. sein 건강이 좋다; über seine G. klagen 건강 상태에 대해 하소연하다; G. und (ein) langes Leben! 건강과 긴 수명을 가지십시오! **gesundheitlich** 〈Adj.〉 **a)** 건강(상)의, 건강에 관한. **b)** 건강에 도움이 되는[유용한].

gesundheits-, **Gesundheits-**: ~**amt**, das (국가)보건 위생국. ~**apostel**, der 《조롱》 철저한 건강 관리자, 보신주의자. ~**attest**, das 건강 진단[증명]서. ~**behörde**, die (대개 Pl.) 공공 위생국(당)국, 위생국. ~**dienst**, der 공중 위생 업무. ~**fanatiker**, der ↑~apostel. ~**fördernd** 〈Adj.〉 건강을 촉진하는. ~**fürsorge**, die (국가적인) 건강 후생(의료)(복지). ~**gefährdend** 〈Adj.〉 건강에 위험한, 건강을 위협하는. ~**gefährdung**, die 건강위험(악화). ~**halber** 〈Adv.〉 건강상, 건강을 고려하여: g. zurücktreten 건강상 이유로 물러서다. ~**lehre**, die (Pl. 없음) ↑Hygiene (1). ~**pflege**, die 건강[위생]관리, 섭생. ~**politik**, die 보건(건강) 정책. ~**politisch** 〈Adj.〉 보건[건강] 정책의. ~**polizei**, die 위생 경찰. ~**rücksichten** 〈Pl.〉 건강의 고려: aus G. auf eine Kandidatur verzichten 건강상 이유로 입후보를 포기하다. ~**schaden**, der 건강 손상. ~**schädigend** 〈Adj.〉 건강을 손상시키는, 건강에 해로운. ~**schädlich** 〈Adj.〉 건강을 손상시키는, 건강에 해로운. ~**schutz**, der 건강 보호[관리]책. ~**wesen**, das 공공 위생(제도), 국민 보건[시설]. ~**zeugnis**, das 건강 진단[증명]서. ~**zustand**, der 건강 상태: jmds. G. überwachen 누구의 건강 상태를 지켜보다.

Gesundung, die 《아이》 **1.** (다시) 건강해짐, 완쾌함, 회복. **2. a)** 복구됨, 다시 좋아짐: die G. der Wirtschaft 경제의 복구. **b)** 복구되어 좋은 상태에의 이름: ein Gesetz zur G. des Steinkohlenbergbaus 탄광업(채광)의 복구를 위한 법규.

gesungen [gə'zʊŋən] ↑singen 참조.
gesunken [gə'zʊŋkn] ↑sinken 참조.
Gesurr, das; -(e)s, **Gesurre** [gə'zʊr(ə)], das; -s 《통용어》 윙윙거림, 윙윙소리.
get. = getauft (기호: ≃).
Getäfel [gə'tɛ:fl], das; -s 벽판장, 판벽, 널빤지.
Getäfer [gə'tɛ:fɐ], das; -s 《schweiz.》 ↑Getäfel.
getan [gə'ta:n] ↑tun 참조.
Getändel [gə'tɛndl], das; -s 《쾸》 (끊임없이) 장난함, 농

Getast 락함: das G. der Kellnerin mit einigen Herren mißfiel ihm 여종업원과 몇명의 남자와의 희롱담은 그의 마음에 들지않았다.

Getast [gəˈtast], das; -(e)s 《드물게》 만짐, 더듬거림, 촉각.

Getaumel [gəˈtaʊml], das; -s (끊임없는) 비틀거림.

Gethsemane [getˈseːmanɛ], 《초교파적》 Gethsemani 겟세마네, 예루살렘 감람산 동산(예수 그리스도 체포 장소).

Gethsemani [getˈseːmaniː] ↑Gethsemane.

Getier [gəˈtiːɐ̯], das; -(e)s **a)** (전체적인) 동물, 짐승, 짐승류: allerlei jagdbares G. 사냥할 수 있는 모든 짐승류. **b)** 개별적 동물(특히 곤충): was ist denn das für ein G. an der Wand? 벽에 있는 것은 무슨 벌레입니까?

getigert [gəˈtiːɡɐt] 〈Adj.〉 **a)** 여러 무늬(점)가 있는, 얼룩진: -e Doggen 얼룩의 불독. **b)** (표범처럼 검은) 횡선이 있는, 줄무늬의: eine -e Katze (표범 같은) 줄무늬의 고양이.

getitelt [gəˈtɪtlt] 〈Adj.〉《schweiz.》 부제가 있는.

Getobe [gəˈtoːbə], das; -s 《통용어·폄》 (끊임없는) 미쳐 날뜀, 광란함, 시끄럽게 이리저리 배회함.

Getön, das; -(e)s, **Getöne** [gəˈtøːn(ə)], das; -s **a)** (계속적인) 울림: das feine Getön der Telegrafenstangen 전주의 가늘게 윙윙거리는 소리. **b)** 《통용어·폄》(전체하는) 잡담[수다].

Getose [gəˈtoːzə], das; -s (지속적인) 노호함, 울부짖음, 포효. **Getöse** [gəˈtøːzə], das; -s 노호하는[울부짖는] 소리[소음]: das G. der Wellen 파도가 노호하는 소리.

getragen [gəˈtraːɡŋ̍] **1.** ↑tragen 참조. **2.** 〈Adj.〉 신중한, 근엄한, 의식적인: eine -e Melodie 장중한 멜로디; mit -er Stimme sprechen 신중한 목소리로 말하다. **Getragenheit**, die ↑getragen의 명사형.

Geträller [gəˈtrɛlɐ], das; -s (끊임없는) 곡조를 (콧)노래 부름.

Getrampel [gəˈtrampl̩], das; -s 《통용어》(끊임없는) 발을 구름, 발을 굴러 소리냄: jmdm. mit G. applaudieren 누구에게 발을 구르며 박수갈채를 보내다.

Getränk [gəˈtrɛŋk], das; -(e)s, -e 마실 것, 음료: -e reichen(anbieten) 음료를 제공하다(권하다).

Getränke-: **~automat**, der 음료 자판기. **~karte**, die (여관, 음식점 등의) 음료카드. **~steuer**, die 주(류)세.

Getrappel [gəˈtrapl̩], das; -s 총총걸음으로 걸음, 총총걸음으로 걷는 소리.

Getratsch, das; -(e)s, **Getratsche** [gəˈtraːtʃ(ə)], das; -s 《통용어·폄》 떠벌림, 지껄임, 험담: nicht in das allgemeine Getratsche über jmdn. einstimmen 누구에 관한 일반의 험담에 찬동(동조)하지 않다.

getrauen [gəˈtraʊən], sich 〈h〉 무엇을 감히 하다: ich getraue mich[mir] nicht, das zu tun 나는 감히 그것을 할 용기가 없다.

Geträufel [gəˈtrɔʏfl̩], das; -s **a)** (끊임없이) 방울져 떨어짐. **b)** 방울져 떨어지는 물, 떨어지는 물방울.

Getreibe [gəˈtraɪbə], das; -s **a)** 《폄》 (끊임없는) 몰이, 쫓음, 움직임. **b)** (빨리 움직이는) 사람이나 짐승의 혼잡한 군중 무리.

Getreide [gəˈtraɪdə], das; -s, - 곡물, 곡식, 곡류: das G. steht dieses Jahr gut 금년에는 곡식이 잘 자란다(풍작이다): G. anbauen[ernten] 곡식을 재배(수확)하다. flüssiges G. 《통용어·농》 곡주.

Getreide-: **~ablieferung**, die 곡식(곡물) 인도. **~anbau**, der 〈Pl. 없음〉 곡물 재배. **~art**, die 곡물의 종류. **~ausfuhr**, die 곡물 수출. **~aussaat**, die 곡물 파종. **~bau**, der 〈Pl. 없음〉 ↑~anbau. **~binder**, der 《준고어》 ↑Mähbinder. **~boden**, der **1.** 곡식 재배 토양(경작지), 곡창. **2.** ↑~silo. **~börse**, die 곡물 거래소. **~einfuhr**, die 곡물 수입. **~ernte**, die 곡물 수확. **~ertrag**, der 곡물 수익(소득). **~feld** das 전답. **~frachter**, der 곡물 화물선, 곡물 운송인. **~garbe**, die 곡식 단. **~halm**, der 곡식 줄기. **~handel**, der 곡식 장사(거래), 곡물상회. **~kammer**, die 곡창 지대. **~keim**, der 곡식 눈(배아). **~korn**, das 곡식의 열매와 씨, 곡립(穀粒). **~land**, das **1.** 곡물 재배(생산)지, 곡창지대. **2.** 〈Pl. 없음〉 전답. **~motte**, die 곡식좀나방. **~mühle**, die 맷돌, (곡식) 제분소, 제분기. **~preis**, der 곡물 가격. **~prober** [-proːbɐ], der 《농업》 곡물 검량기. **~produkt**, das 곡물 제품. **~rohrsänger**, der 《드물게》 ↑Sumpfrohrsänger. **~schädling**, der 곡물 해충. **~schnitt**, der 곡물 벌초. **~silo**, der/das 곡식 창고, 곡물 사일로. **~sorte**, die 곡물 종류. **~speicher**, der ↑~silo. **~vollerntekombine**, die 《구동독》 곡물 완전 수확 콤바인. **~vorrat**, der 곡식 저장. **~wirtschaft**, die 곡물재배 농업.

getrennt: ↑trennen 참조.

getrennt-, **Getrennt-**: **~geschlechtig** 〈Adj.〉 《식물》 자웅이화(雌雄異花)의: -e Blüten 자웅이화의 꽃. **~geschlechtigkeit**, die **1.** 《식물》 자웅이화. **2.** 《동물》 (한 종류의 다른 개체에서) 남성과 여성 생식 세포 형성. **~schreibung**, die (복합된) 두 단어를 따로 띄어쓰기.

getreu [gəˈtrɔʏ] 〈Adj.〉 **1.** (아어) 성실한, 정직한, 충성스러운. **2.** (주어진 사실에) 정확히 일치하는, 꼭 맞는: einen Text möglichst g. übertragen 어떤 텍스트를 가능한 한 (원문) 그대로(정확히) 번역하다. 〈명사화〉 **Getreue***, der 성실한 벗, 추종자, 심복, 신하: zwei seiner -n hatte er verloren 그는 자기 추종자들 중 두 사람을 잃었다. **getreulich** 〈Adj.〉 (아어) **1.** 충실한, 충성하는: der Hund lief ihm g. nach 개는 그를 충실하게 좇아갔다. **2.** (주어진 일을) 정확히 지키는: den Sinn seiner Worte habe ich g. wiedergegeben 나는 그의 말의 의미를 정확히 재현하였다.

Getriebe [gəˈtriːbə], das; -s, - **1.** 전동장치, 기어, 톱니바퀴: ein automatisches G. 자동기어, 《전의》 das G. einer Massengesellschaft 대중 사회의 기구. **2.** (생동하는) 움직임, 분망, 활동성. **3.** 《광》 (횡갱(橫坑) 붕괴를 막기 위한) 지주, 버팀목.

Getriebe- (Getriebe 1): **~bremse**, die 기아(전동 장치) 브레이크. **~gehäuse**, das 기아(의 작동 부분이 들어 있는 탄탄한) 집(케이스). **~lehre**, die 《물리》 운동(운전)학. **~öl**, das 기아 오일. **~schaden**, der 기아 손상(고장).

getrieben [...bn̩] **1.** ↑treiben 참조. **2.** 〈Adj.〉 《제조》 몸체를 많이 숙인, 민첩한 동작의. **Getriebenheit**, die ↑getrieben의 명사형, 마음의 불안: diese Handlungen zeugen von seiner unheilvollen G. 이 행동은 그의 고칠 수 없는(심한) 마음의 불안을 증명하고 있다.

Getriller [gəˈtrɪlɐ], das; -s (끊임없는) 전음을 냄, 전음으로 지저귐: das G. der Lerchen 종달새가 전음으로 지저귀는 소리.

Getrippel [gəˈtrɪpl̩], das; -s 총총걸음: das G. der Kinder 어린아이들의 총총걸음.

getrocknet: ↑trocknen 참조.

getroffen [gəˈtrɔfn̩] ↑treffen 참조.

getrogen [gəˈtroːɡn̩] ↑trügen 참조.

Getrommel [gəˈtrɔml̩], das; -s 《통용어》 (끊임없는) 북을 침, 북을 두들김: eine Äußerung des Professors in der Vorlesung mit G. kommentieren 강의에서 한 교수의 말에 책상을 두들기며 동조하다.

getrost [gəˈtroːst] 〈Adj.〉 **1.** 신뢰(확신)에 가득 찬, 자신

있는, 기운 찬: -en Mutes sein 의연한 용기를 지니다; sei g.! 기운을 내라, 안심해라! **2.** 안심하는, 침착한, 태연한: man darf g. behaupten, daß … 라고 마음놓고 주장해도 좋다. **getrösten** [gəˈtrœstn], sich ⟨h⟩ **1.** 《아어》 무엇을 신뢰하다, 믿다: sich der himmlischen Gnade und Barmherzigkeit g. 하늘(천상)의 은총과 자비를 믿다. **2.** 《고어》 ↑trösten 참조. **Getrostheit,** die 신뢰에 가득 참, 안심(함), 태연.

getrunken [gəˈtrʊŋkŋ] ↑trinken 참조.

Getto [ˈgeto], das; -s, -s [ital. ghetto] **a)** 〈차단된〉 유태인 거주 지역, 유태인가(街). **b)** 이탈할 수 없는 (일정한) 정신적 영역. **gettoisieren, ghettoisieren** [getoi…] ⟨h⟩ 《교양어·퍾》 〈누구를〉 고립시키다, 멀리하다. **Gettoisierung, Ghettoisierung,** die; -en 《교양어·퍾》 ↑gettoisieren, ghettoisieren의 명사형.

Getu [gəˈtuː], das; -s **a)** ↑Getue의 드문 형. **b)** 《지역적》 겉으로 바쁜 체함, 바쁜 일. **Getue** [gəˈtuːə], das; -s 《통용어·퍾》 과장된 행동(동작), 젠체함: er macht ein (großes) G. 그는 (매우) 젠체한다(뽐낸다).

Getümmel [gəˈtʏml], das; -s, - 혼잡, 소동: das G. des Festes 축제의 혼잡(소동).

getüpfelt: ↑tüpfeln 참조.

getupft: ↑tupfen 참조.

getürkt: ↑türken 참조.

Getuschel [gəˈtʊʃl], das; -s 《통용어》 (끊임없는) 속삭임, 밀담: unter dem G. der Nachbarn 이웃 사람들의 속삭임 속에서.

geübt [gəˈyːpt] **1.** ↑üben 참조. **2.** ⟨Adj.⟩ 숙련(숙달)된, 정통한: sie war im Reden nicht sehr g. 그녀는 언변이 능숙하지 못하였다. **Geübtheit,** die; -en ↑geübt의 명사형.

Geuse [ˈgɔyzə], der; -n, -n 〈대개 Pl.〉 [niederl. geus ‹ frz. guex = Bettler] 16세기 스페인에 대항하는 네덜란드 자유 투사의 추종자.

Gevatter [gəˈfatɐ], der; -s, -(고형) -n, -n **1.** 《고어》 대부: jmdn. zu G. bitten 누구를 대부로 청하다. **bei etw. G. stehen** 《농》 누구의 대부가 되다. **2.** 《준교어·농》 친지, 잘 아는 사람. 《아어·고어》 G. Tod 사신(死神). **Gevatterin,** die, -nen ↑Gevatter의 여성형. **gevatterlich** ⟨Adj.⟩ 친지의, 친밀한, 잘 아는. **Gevatterschaft,** die, -en 《고어》 대부가 됨, 대부. **Gevattersmann,** der; -es, …leute 《고어》 ↑Gevatter.

Gevier [gəˈfiːɐ], das; -(e)s, -e 《광》 4각형의, 수갱 구축용 재목. **Geviert** [gəˈfiːɐt], das; -(e)s, -e 4각형, 4각의 공간(자리): ein G. von Baracken 사각의 바라크. **gevierteilt** ⟨Adj.⟩ 4등분된. **Geviertmeter,** der/ das ↑Quadrameter의 드문 형. **Geviertschein,** der 【천문】 구상(矩象)(↑Quadratur 참조).

Gevögel [gəˈføːgl], das; -s **1.** 여러 종류의 새, 조류(鳥類): Käfige mit allerlei G. 온갖 새들이 있는 새장. **2.** 《비어》 (끊임없는) 성교(교접). **gewachst:** ↑²wachsen 참조.

Gewächs [gəˈvɛks], das; -es, -e **1. a)** (일반적인) 식물: seltene(tropische, unbekannte) -e 희귀(열매, 미지) 식물. **b)** 특종 재배식물, 포도주류: dieser Wein ist ein G. aus dem Jahrgang 1957 이 포도주는 1957년도 산(작품)이다. **3.** 《경》 (특정한) 인간형. **gewachsen** [gəˈvaksn] **1.** ↑wachsen 참조. **2. jmdm.(einer Sache) g. sein** 《…에》 맞서다, 상대가 되다, 《…의》 과제를 해결하다: seinem Gegner g. sein 자기 적수에 맞서다. **Gewächshaus,** das; -es, -häuser 온실. **Gewächshauspflanze,** die ↑²외래 재배 식물.

Gewackel [gəˈvakl], **Gewack(e)le** [gəˈvak(ə)lə], das; -s 《통용어·퍾》 (끊임없는) 흔들거림, 진동, 동요.

Gewaff [gəˈvaf], das; -(e)s 《사냥》 **1.** 멧돼지의 송곳니, 무기. **2.** 《드물게》 ↑Fang (2 c). **Gewaffen** [gəˈvafn̩], das; -s 《시어》 (일반적인) 무기, 무구(武具).

gewagt [gəˈvaːkt] **1.** ↑wagen 참조. **2.** ⟨Adj.⟩ **a)** 매우 과감한, 모험적인, 위험한: diese Farbe ist für mich wohl zu g. 이 색깔은 나에게는 너무 과한 것 같다. **b)** 지나치게 자유로운, 위험한: ein -er Witz (정도가) 지나친 위트. **Gewagtheit,** die; -en 과감함, 위험함.

gewählt [gəˈvɛːlt] **1.** ↑wählen 참조. **2.** ⟨Adj.⟩ 보통이 아닌, 세련된, 점잖은, 상품의: seine Umgangsformen sind g. 그의 예의 범절은 세련되어 있다; sich immer sehr g. ausdrücken 언제나 매우 고상하게 (마음을) 표현하다. **Gewähltheit,** die; -en ↑gewählt의 명사형: die G. seiner Ausdrucksweise 그의 표현 방식의 세련됨.

gewahr [gəˈvaːɐ] 《다음 용법으로》 **jmdn. (etw.) (jmds., einer Sache) g. werden** 1) 누구(무엇)를 〈보고 들어〉 알게 되다(지각하다); ein Geräusch g. werden 소음을 듣게 되다. 2) 무엇의 의미를 알아채다(인식하다).

Gewähr [gəˈvɛːɐ], die 안전, 보증, 보장, 담보: darin liegt schon eine gewisse G. 여기에 이미 어떠한 보장이 있다; für etw. G. leisten 무엇을 보장(보증)하다; die Angabe der Lottozahlen erfolgt ohne G. 복권(당첨) 번호는 보장이 없음. **gewährbar** ⟨Adj.⟩ 보증(보장)할 수 있는.

gewahren [gəˈvaːrən] ⟨h⟩ 《아어》 **1.** 보고 알다, 알아채다: in der Ferne eine Gestalt g. 멀리서 형체를 알아보다. **2.** 인지(인식)하다: jmds. Veränderung g. 누구의 변화를 인식하다(알아채다).

gewähren [gəˈvɛːrən] ⟨h⟩ **1. a)** (아량 있게) 주다, 베풀다, 허락(승인)하다: einem Flüchtling Asyl(Unterkunft) g. 피난민에게 수용소(숙소)를 제공하다; auf diese Preise gewähren wir Ihnen 5% Rabatt 이 가격에는 당신에게 5%의 할인이 돌아갑니다. **b)** 〈어떤 요구에〉 부응하다, (요구를) 들어주다: jmdm. eine Bitte g. 누구의 청을 들어주다. **c)** (…을) 가져다 주다: die Musik gewährte ihm Trost 음악은 그에게 위로를 주었다. **2.** jmdn. g. lassen 누구를 내버려두다. **gewährleisten** ⟨h⟩ 보증(보장)하다: alles tun, um die Sicherheit des Lebens zu g. 생명의 안전을 보장하기 위한 전력을 다하다. **Gewährleistung,** die; -en **1.** 보장(증)(↑gewährleisten의 명사형). **2.** ↑Mängelhaftung. **Gewährleistungsanspruch,** der 보장(담보)의 요구. **¹Gewahrsam** [gəˈvaːɐzam], der; -s **1.** 보호, 감독, 감시: etw. in (sicheren) G. bringen(geben, nehmen) 무엇을 (안전하게) 보호(감독)하다. **2.** 감금, 유치, 구류: jmdn. in (polizeilichem) G. halten 누구를 (경찰에) 감금(구치)하다; sich in G. befinden 구치(구류) 상태에 있다. **²Gewahrsam** [-], das; -s, -e 《고어》 감옥, 형무소.

Gewährsmann, der; -(e)s, …männer/…leute 증인, 보증인. **Gewährsperson,** die, -en 《드물게》 ↑Gewährsmann. **Gewährträger,** der - 【금융】 저축 금고(은행) 설립 협회(단체). **Gewährung,** die; -en 아량있게 줌, 베풂, 허락함.

gewalmt: ↑walmen 참조.

Gewalt [gəˈvalt], die, -en **1.** 힘, 권력, 권능: G. über Leben und Tod haben 생사의 권능을 갖다; sie stehen vollkommen in(unter) seiner G. 그들은 완전히 그의 권력(지배) 하에 있다; 【전의】 die G. über sein Fahrzeug verlieren 자기 차(량)의 운전을 제어(조종)할 능력을 잃다. **sich(etw.) in der G. haben** 자신(무엇)을 제어(통제)하다: er hat sich wieder in der G. 그는 다시 제정신을 찾고 있다. **2.** ⟨Pl. 없음⟩ **a)** (불법의) 강제력, 폭

력: G. leiden müssen 폭력을 감수해야 하다; **sich³ G. antun (müssen)** (무엇을) 자제하다, 신중히 행하다; **einer Sache G. antun** 무엇을 자신의 생각에 맞도록 바꾸다, 왜곡하다: der Wahrheit G. antun 진실을 왜곡하다; **mit(aller) G.** 어떤 경우라도 반드시, 기필코. b) 물리적 힘: bei etw. G. anwenden 무엇에 물리적인 힘[력]을 사용하다; die Tür ließ sich nur mit G. öffnen 문은 완력으로[억지로] 열렸다; **einer weiblichen Person G. antun** 《아어·온폐》 여자를 능욕하다. 3. 《아어》 원초적인 힘, 위력: die G. des Sturms 폭풍의 위력; [전의] die G. der Leidenschaft 정열의 강한 힘; **höhere G.** 초자연적인 힘.
gewalt-, Gewalt-: **~akt**, der 폭행, 폭력 행위. **~androhung**, die 폭력의 협박. **~anwendung**, die 폭력 행사(사용). **~einwirkung**, die 힘[폭력]의 영향(작용). **~familie**, die 폭력 《사용》 가정, 구타 가정. **~friede** 《고형·아어》, **~frieden**, der 강요되는 평화, 강권[힘]에 의한 평화. **~haber**, der 《드물게》 권력자, 지배자. **~herrschaft**, die 전제(정치), 압제(압정). **~herrscher**, der 전제 군주, 압제자. **~kur**, die 《통용어》 강제[과감한] 치료법: eine G. auf sich nehmen 강제 치료법을 취하다[받다]. **~leistung**, die 《신체애》 강요된 힘, 힘의 긴장. **~los** 〈Adj.〉 힘[폭력]을 사용하지 않는, 비폭력의: eine -e Änderung des politischen Systems 정치 제도의 비폭력적 변화. **~marsch**, der 강행군. **~maßnahme**, die 강제 조치, 강압 수단. **~mensch**, der 폭력자, 난폭한 사람. **~mittel**, das 폭력 수단. **~nature**, die ↑**~mensch**. **~schuß**, der [스포츠] (장거리에서 쏘는) 매우 세찬 골슛, 강슛. **~streich**, der 강한 힘의 행사, 강습. **~tat**, die 폭행, 흉행, 범법 행위. zu -en neigen 폭력 행위로 기울다. **~täter**, der 폭력 행위자, 폭력범. **~tätig** 〈Adj.〉 폭력적인, 난폭한. **~tätigkeit**, die; -en 1. 〈Pl. 없음〉 폭력성, 폭력 행위. 2. ↑~tat. **~verbrechen**, das 폭력 범죄. **~verbrecher**, der 폭력범(죄자). **~verzicht**, der 군사력[무력행사], 포기 《협정》. **~verzichtsabkommen**, das 무력 불행사 협정.
Gewaltenteilung, die 삼권 분립: das demokratische Prinzip der G. 삼권분립의 민주주의 원칙. **Gewaltentrennung**, die ↑Gewaltenteilung. **gewaltig** [gə'valtɪç] 〈Adj.〉 1. 권력[권능] 있는, 힘이 있는: Angst und Neid als die -sten Triebkräfte 가장 강한 충동력으로서의 공포와 질투. 2. a) 강력한, 거대한, 어마어마한. b) 심한, 놀라운, 대단한: -e Anstrengungen unternehmen 대단한[굉장한] 노력을 경주하다. c) 《형용사 및 동사의 강조》 《통용어》 매우, 대단히, 심하게: hier ist es g. kühl 이곳은 무지하게 선선하다. **gewältigen** [gə'vɛltɪgn̩] 〈h〉 《광》 장애물을 제거하다. **Gewaltigkeit**, die 막강함, 거대함, 힘[권능]이 있음, 강력함. **gewaltsam** [gə'valtza:m] 〈Adj.〉 폭력적인, 강제하는, 압제하는: eine -e Einigung 강제 통합; g. die Tür öffnen 억지[강제]로 문을 열다. **Gewaltsamkeit**, die, -en 폭력성, 강제성.
Gewand [gə'vant], das; -(e)s, Gewänder [gə'vɛndɐ] 《아어》 예복, 의상, 의복, 복장: das geistliche G. (성직자의 가운, 승의(僧衣)); liturgische Gewänder (기독교 예배시) 예식 복장; [전의] das Buch erscheint in neuem G. 그 책은 새로운 장정으로 출판된다.
Gewand-: **~haus**, das [eigtl. = Tuchhalle] (중세 대도시에 있었던 포목 조합의 회관) 피륙 진열소[직물 판매소]. **~laus**, die 《österr·경》 불쾌하고 뻔뻔스러운 사람. **~meister**, der (연극, 영화, 텔레비전 등의) 의상 책임자[주임]. **~statue**, die 【예술】 의복을 걸친 인물 조상[입상]. **~studie**, die 【예술】 옷이나 주름의 도안[그림본].

Gewände [gə'vɛndə], das; -s, - [건축·예술] 1. (창, 문 등의) 문설주. 2. 《österr.》 암벽. **Gewändefigur**, die [건축·예술] (로마네스크 및 고딕 양식의) 문설주 조각(형상). **Gewändeportal**, das [건축·예술] 문설주 (조각의) 정문.
gewanden [gə'vandn̩] 〈h〉 《아어·고어·농》 옷을 입히다: ein Kind festlich g. 어린 아이에게 정장을 입히다. 〈지금도 아직 과거분사로〉 **gewandet** 옷을 입은: hellblau g. sein 연푸른색 옷을 입고 있다.
gewandt [gə'vant] 1. ↑ wenden 참조. 2. 〈Adj.〉 세련된, 숙련(숙달)된, 기민한: ein -er Tänzer 능숙한 댄서; das Pferd sprang g. über das Hindernis 말은 기민하게 장애물을 뛰어넘었다. **Gewandtheit**, die 세련됨, 숙련됨, 노련함: sie verfügte über eine erstaunliche G. 그녀는 놀랄 만한 기민성을 지니고 있었다.
Gewandung, die; -en 1. 《아어·österr.·südd.》 (특정한 목적의) 의복, 복장: in festlicher[nächtlicher] G. erscheinen 축제[야회]복을 입고 나타나다. 2. [예술] 옷이나 주름의 표현, 드레이퍼리.
gewann [gə'van] ↑**gewinnen** 참조.
Gewann, das; -(e)s, -e 《드물게》 **Gewanne** [gə'vanə], das; -n, -n 《südd.》 개방 경작 지구(開放耕作地區), 대상 경지(帶狀耕地). **Gewannflur**, die 개방 경작 지구[지대].
Gewarte [gə'vartə], das; -s 《통용어·폄》 오랜 기다림.
gewärtig [gə'vɛːrtɪç] 《다음 용법으로》 **einer Sache g. sein** 어떤 새로운 것[불쾌한 것]을 기다리다[준비하다]: einer neuen Überraschung g. sein 새로운 놀라움을 예기[각오]하다. **gewärtigen** [gə'vɛːrtɪgn̩] 〈h〉 《아어》 1. a) 각오하다, 기대하다: von jmdm. nichts zu g. haben 누구로부터 기대할 것이 아무것도 없다. b) 무엇을 기다리다, 약속하다. 2. (대개 müssen 과 결합하여) (어떤 불쾌한 일) 각오[감수]하다: eine Strafe zu g. haben 형벌을 감수해야 한다; 〈g. + sich〉 무엇을 예기[각오]하다. **Gewärtigung**: ↑wachen 참조.
Gewäsch [gə'vɛʃ], das; -(e)s 《통용어·폄》 공허한 잡담: hör auf mit diesem G.! 그런 헛소리를 집어치워라!
Gewässer [gə'vɛsɐ], das; -s, - 수역(강, 호수, 해양 등의 총칭), 하천, 바다: die fließenden G. Nordeuropas 북유럽의 하천.
Gewässer-: **~kunde**, die 수리학(水理學), 하천학. **~name**, der 하천[호수, 바다] 이름. **~wart**, der (낚시 협회에서) 물의 상태를 감시하는 사람.
Gewebe [gə'veːbə], das; -s, - 1. 직물, 편물, 천: ein feines G. 섬세한 직물[편물]; [전의] sich im G. seiner Lügen verstricken 자신의 거짓말 올가미에 휘말려 들어가다. 2. [의학·생물] 조직: G. verpflanzen 조직을 이식하다.
Gewebe- (↑Gewebs-도 참조.): **~bank**, die 〈Pl. -banken〉 조직 은행, 조직 저장소. **~brand**, der [의학] 조직 탈저(脫疽)[사멸]. **~breite**, die [섬유] 직물 폭. **~flüssigkeit**, die ↑Gewebsflüssigkeit. **~hormon**, das ↑Gewebshormon. **~kultur**, die (시험관 내에서의) 조직 배양. **~lehre**, die 조직학(↑Histologie). **~probe**, die 조직 표본. **~schicht**, die [식물] 조직층. **~therapie**, die 조직 치료. **~züchtung**, die ↑~kultur.
Gewebs- (↑Gewebe-도 참조.): die 임파관에 흐르는 무색 또는 연황색의 액체, 임파액. **~hormon**, das 조직 호르몬. **~nekrose**, die 조직 회사(壞死), 조직 회저(壞疽). **~rest**, der 조직 찌꺼기[잔여물]. **~strang**, der 조직 연결줄(궤적). **~teil**, das[der] 조직 부분(일부). **~tod**, der 〈Pl. 없음〉 ↑Nekrose 참조. **~transplantation**, die 조직 이식. **~übertragung**,

die ↑Transplantation. **~verpflanzung**, die ↑ Transplantation. **~wucherung**, die 조직 군살[혹]. **~zelle**, die 조직 세포. **~zerfall**, der 조직 와해[붕괴]. **~zerreißung**, die 조직 파열.

geweckt [gə'vɛkt] **1.** ↑ wecken 참조. **2.** ⟨Adj.⟩ ↑ aufgeweckt. **Gewęcktheit**, die ↑ Aufgewecktheit.

Gewehr [gə'veːɐ̯], das; -(e)s, -e **1.** (긴 총신의) 총, 소총: das G. laden 총을 장전하다; er zielte mit dem G. auf ihn 그는 총으로 그를 겨냥하였다; G. ab! 세워 총!; 설규 ran an die -e! ⟨통용어⟩ 자 시작합시다! (어떤 결심을 한 후 쓰는 말); haben ein G.! ⟨통용어·농⟩ 그것은 유감스럽지만 안되겠다; **G. bei Fuß** (필요하면 관여하기 위해) 주의깊게 지켜보며. **2.** [사냥] (멧돼지의) 송곳니.

Gewęhr- (Gewehr 1): **~abzug**, der 총의 방아쇠. **~auflage**, die 총가(銃架), 사격시의 총받침. **~feuer**, das ⟨Pl. 없음⟩ 총화(銃火), ⟨일제⟩ 사격. **~gabel**, die ⟨옛⟩ ⟨사격시⟩ 총 받침 갈고리 대(포크 모양임). **~granate**, die 총 유탄. **~griff**, der ⟨대개 Pl.⟩ 총 조작법, 집총 공격. **~kolben**, der (총의) 개머리판. **~kugel**, die (소)총탄. **~lauf**, der 총신: den G. reinigen 총신을 닦다. **~mündung**, die 총구. **~pyramide**, die 걸어 총, 교차시켜 놓음. **~riemen**, der 총을 걸치는 혁대 띠, 총의 멜빵. **~salve**, die 소총 일제사격. **~schaft**, der 총상(銃床). **~schloß**, das 총의 노리쇠 뭉치. **~schrank**, der ⟨사냥⟩ 총 보관[진열]장. **~schuß**, der 총(사)격, 소총탄.

Geweih [gə'vaɪ], das; -(e)s, -e (수사슴, 순노루 등의)의 뿔: ein starkes[verzweigtes] G. 강한[가지 난] 뿔; jmdm. ein G. aufsetzen 누구의 얼굴에 먹칠을 하다.

Geweih-: **~ende**, das [사냥] (어린) 사슴뿔의 돋. **~farn**, der (사슴뿔처럼 가지난 잎을 가진) 고란초류, (열대산의) 양치류. **~schaufel**, die [사냥] 사슴뿔의 펴진 부분. **~spitze**, die ↑~ende. **~stange**, die [사냥] 사슴뿔의 대.

¹geweiht [gə'vaɪt] ↑weihen 참조.
²geweiht [-] [사냥] 가지뿔이 있는.

Geweine [gə'vaɪnə], das; -s ⟨통용어·폄⟩ 끊임없는 울음.

gewęllt: ↑wellen 참조.

Gewende [gə'vɛndə], das; -s **1.** ⟨지역적·준고어⟩ 밭 [전답] 경계, 두렁. **2.** ⟨옛⟩ (경작면적 단위로서의) 밭매기, 경지(耕地).

Gewerbe [gə'vɛrbə], das; -s, - **1.** 영업적인 직업 활동, 생업, ⟨경⟩ 영업: ein schmutziges[schmutziges] G. 정당한[더러운] 영업; ein G. ausüben[betreiben] 영업 행위를 하다; **das horizontale**[⟨드물게⟩ **ambulante**) G. ⟨통용어·농⟩ 매춘[매음]. **2)** 기업 전체: **die älteste G. der Welt** (은폐·농) 매춘[매음]; **sich³ ein G. machen** ⟨통용어⟩ (어떤 구실로서) …와 (가까이 하는) 접촉을 (시도)하다. **2.** ⟨Pl. 없음⟩ 상업적인[의], 상업(행위): Handwerk und G. fördern 수공업과 중소 기업을 촉진하다. **3.** ⟨축소형: ↑Gewerblein⟩⟪schweiz.⟫ 농가, 농장.

Gewęrbe-: **~amt**, das ↑~aufsichtsamt의 약칭. **~arzt**, der 사업소 보건의. **~aufsicht**, die (국가의) 영업 감찰[감독]. **~aufsichtsamt**, das 영업감찰 [당]국. **~berechtigung**, die (österr.) 영업권[인가]. **~betrieb**, der 영업(경영). **~fleiß**, der 산업[기업]의 생산성. **~freiheit**, die 영업(행사) 권리. **~gebiet**, das 영업 지역(구역). **~hygiene**, die 영업[노동] 위생. **~inspektor**, der 영업 감찰관(리). **~krankheit**, die ↑Berufskrankheit. **~lehrer**, der 실업 학교 교사. **~lehrerin**, die ↑~lehrer의 여성형. **~ordnung**, die 영업 규례, 영업[상공] 조례. **~polizei**, die 영업 감독 경찰. **~recht**, das ⟨Pl. 없음⟩ 영업 법규, 공업법. **~schein**, der 영업 허가증(명서), 영업 감찰. **~schule**, die (영업·기술적 직업 훈련을 위한) 실업 학교. **~steuer**, die 영업세. **~tätigkeit**, die 영업 행위. **~treibend** ⟨Adj.⟩ 영업(을 운영)하는. **~treibende'**, der/die 영업 경영자, 자영업자. **~verein**, der 영업 조합[협회], 상공업 조합. **~zulassung**, die (국가적인) 영업(행위) 허가. **~zweig**, der 영업 부문.

Gewerblein [gə'vɛrplaɪn], das; -s, - ↑Gewerbe (3)의 축소형. **gewęrblich** [gə'vɛrplɪç] ⟨Adj.⟩ 영업[기업]의, 산업의: -e Tätigkeit 영업 활동.

gewerbsmäßig ⟨Adj.⟩ 영업[직업]적인, 영업에 맞는: ein -er Einbrecher 직업적인 강도(도둑): einen Handel g. betreiben 영업적인 장사(상행위)를 하다. **Gewerbsunzucht**, die [법] (불법적인) 매음.

Gewęrk [gə'vɛrk], das; -(e)s, -e ⟨고어⟩ **1.** 영업, 수공업. **2.** ⟨지역적⟩ 기계[톱니] 장치. **Gewęrke** [gə'vɛrkə], der; -n, -n ⟨고어⟩ **1.** 노동 조합 지분 소유자(주주). **2.** 광산 조합원. **Gewęrkschaft**, die; -en **1.** 노동 조합: freie 자유 노조; die G. fordert höhere Löhne 노조는 임금 인상을 요구한다; einer G. beitreten [angehören] 노조에 가입하다[속하다]. **2.** (자본 사회의) 광산 기업 형태, 공동 광산 회사. **Gewęrkschafter** (österr.), **Gewęrkschaftler**, der; -s, - 노동 조합원. **Gewęrkschafterin, Gewęrkschaftlerin**, die ↑Gewerkschafter, ↑Gewerkschaftler의 여성형. **gewęrkschaftlich** ⟨Adj.⟩ 노동 조합의: -e Verbände 노동 조합 연맹.

Gewęrkschafts- (Gewerkschaft 1): **~apparat**, der 노동 조합 기구. **~arbeit**, die ⟨Pl. 없음⟩ 노동 조합 업무[일]. **~bank**, die; -, -en ⟨옛⟩ 노동 조합 금고. **~bewegung**, die ⟨Pl. 없음⟩ 노동 조합 운동. **~boß**, der ⟨통용어·폄⟩ 노조 (단체)장. **~bund**, der 노동 조합 연맹. **~führer**, der 노동 조합 지도자, 노동 조합(지도위원회) 위원장. **~führung**, die **1.** 노동 조합 지도위원회. **2.** ⟨Pl. 없음⟩ 노동 조합 지도. **~funktionär**, der 노동 조합 임원. **~gruppe**, die 노동 조합의 단체(소단위 그룹). **~haus**, das 노동 조합 사무소. **~journalist**, der 노동 조합(기관지) 기자. **~kongreß**, der 노동 조합(원) 회의. **~mitglied**, das 노동조합원. **~presse**, die ⟨Pl. 없음⟩ 노동조합 기관지. **~sekretär**, der 노동 조합 공식 임원. **~sekretärin**, die ↑~sekretär의 여성형. **~sitzung**, die ↑~versammlung. **~tag**, der ↑~kongreß. **~union**, die ↑~bund. **~verband**, der ↑~bund. **~versammlung**, die 노동 조합 집회. **~vertreter**, der 노동 조합 대표. **~vorsitzende'**, der / die 노동 조합 의장.

Gewęrkverein, der; -s, -e (예전의) 노동 조합(조직).

Gewese [gə've:zə], das; -s ⟨통용어·폄⟩ **1.** 현저한 거동, 행동: **G. (von etw., sich) machen** 요란스럽게 떠들다, 크게 자랑하다. **2.** ⟨niederd.⟩ ↑Anwesen.

gewesen [gə've:zn̩] **1.** ↑¹sein 참조. **2.** ⟨Adj. nur attr.⟩ ⟨bes. österr.⟩ 이(예)전의: die -e Schauspielerin R. 왕년의 여배우 R씨. **Gewesene'**, das; -n 지나간 [과거의] 것.

gewichen [gə'vɪçn̩] ↑weichen 참조.

gewichst [gə'vɪkst] **1.** ↑wichsen의 과거분사. **2.** ⟨Adj.⟩ **a)** ⟨고어⟩ 요란하게 꾸민, 치장한. **b)** ⟨통용어⟩ 영리한, 교활한.

¹Gewicht [gə'vɪçt], das; -(e)s, -e **1.** ⟨Pl. 없음⟩ **a)** 무게, 중량, 무거운 짐, 체중: die zulässige G. (가) 중량; sein G. halten 체중(중량)을 유지하다; der Koffer hat sein G. 트렁크는 꽤 무겁다. **b)** [물리] (물체의) 내리누르는 힘, 중력. **2.** 일정한 중량의 물체, 단위, 추, 분동(分銅): mehrere -e auf die Waage legen 여러 개의 추를 저울에 올려놓다. **3.** ⟨Pl. 없음⟩ 중요함, 중요한 의

미: dieses Land bekommt immer mehr G. 이 나라는 점차 중요한 의미를 갖는다; einer Sache kein G. beilegen[beimessen] 무엇을 중시하지 않다; sein ganzes G. in die Waagschale werfen (…을 이루기 위해) 전력을 다하다; auf etw. G. legen (…을) 중요하게 생각하다, (…에) 가치를 두다; nicht ins G. fallen 중요하지 않다, 절대적 의미가 없다. 4. 가중치.
²**Gewicht** [-], das; -(e)s, -er [사냥] ↑Gehörn (2).
Gewicht- (¹Gewicht): **~heben**, das; -s 역도, 역기. **~heber**, der 중량경기[역도, 역기] 선수. **~training**, das ↑Krafttraining.
gewichten [gəˈvɪçtn̩] ⟨h⟩ 1. [통계] 빈도에 의해 평균치를 결정하다, 중요도를 판정하다. 2. (…의) 의미[중요함]를 결정[확정]하다, (…에) 중점을 두다: diese Pläne gilt es nun (neu) zu g. 이 계획에 새로운 의미를 부여할 필요가 있다. **gewichtig** [gəˈvɪçtɪç] ⟨Adj.⟩ 1. (준고어) 무거운, 육중한: sie ist ziemlich g. (농) 그녀는 꽤 뚱뚱하다. 2. 의미있는, 중요[중대]한: -er ist hier die Frage, ob … (반어) …인가 아닌가 하는 문제가 여기에서는 더 중요하다. **Gewichtigkeit**, die 중요함, 중대함: G. der Fragen 질문의 중요성[중대함].
gewichts-, Gewichts- (¹Gewicht): **~abnahme**, die 체중 감소(반대: ~zunahme). **~analyse**, die 중량 분석. **~angabe**, die 중량 표시. **~ausgleich**, der 중량 평형[조정]. **~bestimmung**, die 중량 확인[결정]. **~einheit**, die 중량 단위. **~klasse**, die [스포츠] 체급. **~kontrolle**, die 체중 정기 검사. **~los** ⟨Adj.⟩ 1. 중량이 없는, 무겁지 않은. 2. 의미가 없는, 중요하지 않은. **~norm**, die 인가 중량. **~prozent**, das (혼합물 속의) 물질 중량의 백분율. **~satz**, der 한 벌의 추(동). **~stein**, der ↑¹Gewicht (2). **~toleranz**, die (정규) 중량의 (인가) 오차. **~verlagerung**, die 1. 체중 전위(이동). 2. 중대성[중점]의 이동[전이]. **~verlust**, der 중량 손실(감소). **~verschiebung**, die 중요성[중점] 변위. **~zoll**, der 종량 관세(從量關稅). **~zunahme**, die 체중 증가(반대: ~abnahme).
Gewichtung, die; -en 1. [통계] 빈도에 의한 평균치 결정. 2. 중요성 결정, 중점 확정.
gewieft [gəˈviːft] ⟨Adj.⟩ (통용어) 교활한, 간교한, 노련한: ein -er Bursche 교활한 놈[녀석]. **Gewieftheit**, die ↑gewieft의 명사형.
gewiegt [gəˈviːkt] 1. ↑²wiegen의 과거분사. 2. ⟨Adj.⟩ (통용어) 노련한, 숙달된, 교활한: ein -er Kriminalkommissar 노련한 형사 반장; der Bursche ist ganz schön g. 그 녀석은 매우 노련한[교활]하다.
Gewieher [gəˈviːɐ], das; -s 1. 끊임없는 웃음[홍소함]. 2. (경) 큰[떠들썩한] 웃음.
gewiesen [gəˈviːzn̩] ↑weisen 참조.
gewillkürt [gəˈvɪlkyːɐt] ⟨Adj.⟩ [법] 당사자간의 합의에 따른, 임의의: ein -er Erbe 합의에 의한 상속인.
gewillt [gəˈvɪlt] ⟨Adj.⟩ (다음 용법으로) **(nicht) g. sein, etw. zu tun** …을 할 용의(의향) 이[가] 있는[없는]: er ist nicht g., ohne weiteres nachzugeben 그는 그대로 양보할 생각이 없다. **Gewilltheit**, die 의향(용의)이 있음.
Gewimmel [gəˈvɪml], das; -s a) 혼잡, 붐빔, 군집: auf dem Platz entstand (herrschte) ein G. 광장은 혼잡하였다. b) (혼잡한) 군중.
Gewimmer [gəˈvɪmɐ], das; -s 끊임없는 울어댐[신음]: das G. des Kranken 환자의 신음 소리.
Gewinde [gəˈvɪndə], das; -s, - 1. 나선(螺旋) 홈, 나사의 산, 코일: ein G. schneiden 나선형 홈을 깎다[파다]. 2. (준고어) 꽃, 나뭇잎 등의) 화관김[엮힘], 꽃줄 장식, 화환.
Gewinde- (Gewinde 1): **~bohrer**, der 나선형 홈 깎는 기계[기구], 암나사를 만드는 공구. **~bolzen**, der 나선형 홈을 만드는 송곳. **~fräsen**, das; -s 나선형 홈 깎기[절단하기] (↑~schneiden). **~fräsmaschine**, die 나선형 홈 절단기. **~gang**, der 나선형 홈의 간격. **~schleifen**, das; -s 나선형 홈 닦기[갈기]. **~schneiden**, das; -s 나선형 홈[나사] 만들기[파기]. **~schneider**, der [기술] 나선형 홈 제조 공구. **~stift**, der 나선형 홈의 나사.
Gewinkel [gəˈvɪŋkl], das; -s, - [↑Winkel의 집합형] 모서리진 곳, 모퉁이. **gewinkelt** [...klt] 1. ↑winkeln의 과거분사. 2. ⟨Adj.⟩ (전문어) 모서리지게 생긴, 모나게[각지게] 깎은.
Gewinn [gəˈvɪn], der; -(e)s, -e 1. (물질적) 이득, 소득, 이익, 이윤(반대: Verlust) b): das Geschäft wirft kaum (einen) G. ab 그 장사(사업)는 거의 이익이 없다; am G. beteiligt sein 이득(이익)[분배]에 참여하다. 2. a) (경기, 놀이 등의) 상금, 상품: die -e einer Tombola 추첨[제비]의 상품[당첨]; im Lotto einen G. haben (통용어) [machen] 복권에서 상금[상품]을 얻다, 복권에 당첨되다. b) 상금이 걸려 있는 제비, 당첨: die -e auslosen 제비로 결정하다[당첨되다]. 3. ⟨Pl. 없음⟩ 실제적인 이득, 벌이: einen G. von etw. haben 무엇을으로 취하다, 무엇에서 도움을 받다; ein Buch mit (großem) G. lesen 책을 읽어 얻은 것이 많다.
gewinn-, Gewinn-: **~abführung**, die 이익 지불. **~abführungsvertrag**, der ⟨Pl. 없음⟩ [경제] 이익 지불 계약. **~anteil**, der 이익배당(금). **~ausschüttung**, die 이익 배당(금) 지불[지출]. **~beteiligung**, die (근로자의 이익 분배. **~bringend** ⟨Adj.⟩ 1. (고도의) 이익을 가져다 주는: ein -es Geschäft[Unternehmen] 수익성 있는 사업[기업]. 2. 유익한[방식의]: eine -e Gestaltung der Freizeit 유익한 여가 이용. **~chance**, die a) 승리[승부] 기회[찬스]. b) (이익) 추구의 기회. **~erwartung**, die 이익 기대. **~klasse**, die 당첨[배당] 등급. **~liste**, die 복권 당첨자 목록[일람표]. **~los**, das 당첨(된) 제비. **~marge**, die [경제] ↑~spanne. **~maximierung**, die [경제] ↑~streben. (기업의) 이윤 추구. **~mitnahme**, die; -en [증권] 이윤 추구 자세, 투자 심리. **~nummer**, die (복권의) 당첨 번호. **~quote**, die 전체 이익의 배당금. **~reich** ⟨Adj.⟩ 이익이 많은, 유익한(↑~bringend). **~satz**, der [구기] 승리 세트. **~spanne**, die 판매 차익[수익]. **~streben**, das; -s (기업의 최대한) 이윤 추구, 이익을 탐내는 마음, 이욕, 이익 추구심. **~sucht**, die 이익을 탐내는 마음, 이욕, 이익 추구심. **~süchtig** ⟨Adj.⟩ 이윤을 추구하는, 욕심많은. **~trächtig** ⟨Adj.⟩ 이익을 기대하게 하는. **~und-Verlust-Rechnung**, die [경제] 손익 계산서. **~verwendung**, die 기업의 이익(금) 사용. **~vortrag**, der [경제] 전기 이월금. **~zahl**, die (대개 Pl.) 복권 당첨 번호 숫자: die Bekanntgabe der -en im Fernsehen 텔레비전의 복권 당첨 번호 공고.
gewinnen* [gəˈvɪnən] ⟨h⟩ 1. a) (싸움 경기, 논쟁 등에서) 이기다, 유리하게 결정되다: den Krieg[eine Schlacht] g. 전쟁[전투]에서 이기다; ein Fußballspiel (mit) 2 : 1 g. 축구시합을 2 : 1로 이기다; **es (nicht) über sich g., etw. zu tun** (아어·준고어) …할 것을 극복하다[극복하지 못하다], …을 (못)해내다. b) 승리하다, 승리자가 되다: wer nicht wagt, der nicht gewinnt (감)행하지 않는 자는 승리하지 못한다. 2. a) (경기, 놀이 등의) [상품]을 얻다: einen Pokal g. 우승패를 타다; 5000 Mark in der Lotterie g. 복권에서 5,000마르크를 타다. b) 상금을 가져오다, 당첨되다. 3. a) (노력해서) 얻다, 벌다: seine entschlossene Haltung hat ihm viele Sympathien gewonnen 그의 단호한 태도는 많은 공감을 가져왔다[불러 일으켰다]; den Ein-

druck g. daß … …라는 인상을 받다; es gewinnt den Anschein, als ob … …인 것처럼 보인다. **b)** (아이)(어떤 공간적인 목표에) 도달하다: das Ufer zu g. versuchen 강안에 도달하려고 노력하다. **c)** 누구를 …하도록 하다; jmdn. als Kunden g. 누구를 단골로 얻다. **4. a)** 유리하게 변화되다, 좋아지다: sie hat in letzter Zeit gewonnen 그녀는 최근 (형편이) 좋아졌다. **b)** 획득하다, 쟁취하다: an Sicherheit g. 안전을 획득하다, 안전하게 되다. **5. a)** 채굴하다(파내다): Kohle g. 석탄을 채굴하다. **b)** 제조하다, 만들다: der Saft wird aus reifen Früchten gewonnen 쥬스는 순수한 과일(열매)에서 만들어진다. **gewinnend** 〈Adj.〉 남의 마음을 끄는, 매력적인: seine Art war sehr g. 그의 태도는 매우 매력적이었다. **Gewinner, der;** -s, - **1.** 이기는 사람, 승(리)자: der G. eines sportlichen Wettkampfs 스포츠 경기(시합)의 승자, 수상자. **2.** 상금[상품]을 타는 사람: der G. der Bronzemedaille 동메달을 탄 사람, 동메달리스트. **Gewinnerin, die;** -nen ↑Gewinner의 여성형. **Gewinnerstraße, die** 〈스포츠, 은어〉 auf der G. liegen 승리의 가도를 달리다. **Gewinnung, die;** -en **a)** 지하 자원의 채굴(채광): die G. von Kohle 석탄 채굴. **b)** 〈자연작물에서의〉 만듦, 제조.

Gewinsel [gə'vɪnzl], **das;** -s 〈뿐〉 **1.** 끊임없는 흐느낌, 신음함: das G. des Hundes 개의 킹킹거림. **2.** 무례한 호소, 탄원, 간청.

Gewinst [gə'vɪnst], **der;** -(e)s, -e [niederd. gewinst] 〈준고어〉 이익, 소득, 이득.

Gewirbel [gə'vɪrb|], **das;** -s 〈끊임없는〉 선회함, 소용돌이침, 빙빙 돎: im G. der Schneeflocken 눈송이의 휘날림 속에서.

Gewirk, das; -(e)s, -e, **Gewirke, das;** -s, - [gə'vɪrk(ə)] **1.** 〈섬유〉 (기계로) 짠 직물들. **2.** 〈생물〉 벌집(의 내방). **Gewirkst, Gewirkst, das;** -s 〈österr.·통용어〉 까다로운(복잡한) 일.

Gewirr, das; -(e)s, **Gewirre** [gə'vɪr(ə)], **das;** -s **1.** 뒤엉킨 (실)뭉치: ein dichtes G. von Drähten 꽉 뒤엉킨 철사. **2.** 얽힘, 혼란, 혼잡, 분규: der Kirchturm ragte aus dem G. von Häusern heraus 교회탑은 밀집된 집들 위로 솟아 있었다; im G. der Träume 뒤엉킨(혼란한) 꿈 속에서.

Gewisper [gə'vɪspɐ], **das;** -s 〈끊임없는〉 살랑거림, 바스락 거림: auf den Gängen hörte man G. 통로에서 소근대는 말소리가 계속 들렸다.

gewiß [gə'vɪs] **I.** 〈Adj.〉 **1.** 〈nur attr.〉 **a)** 어떤, 모(某): ein gewisser Herr Krause 크라우제라는 남자; ein gewisser Ort[gewisses Örtchen] 《친근·은폐》 화장실; in einer gewissen Beziehung mit jmdm. übereinstimmen 누구와 그 어떤 관계에서는 일치하다. **b)** 어느 정도의: eine gewisse Ähnlichkeit 어느 정도의 (약간의) 유사성; bis zu einem gewissen Grade 어느 정도까지는. **2.** 〈nicht adv.〉 확실한, 정해진, 확신하는: jmds. Unterstützung[seines Erfolges] g. sein können 누구의 뒷받침[그의 성공]을 확신할 수 있다. **II.** 〈Adv.〉 확실히, 틀림없이: du hast dich g. darüber gefreut 너는 확실히 그것을 기뻐했을 것이다; aber g. (doch)! 정말 그렇구나 !

Gewissen [gə'vɪsn̩], **das;** -s, - 양심, 선악의 의식: das menschliche G. 인간의 양심; sein schlechtes G. stand ihm im Gesicht geschrieben 그의 양심의 가책이 그의 얼굴에 나타났다; bei diesen Maßnahmen regte sich sein G. 이 조치(조처)에 대해서 그는 양심의 가책이 일어났다; kein G. haben 인정 사정 없다; ein reines G. haben 양심의 가책이 없다, 죄책감을 느끼지 않다; ich hatte schon ein schlechtes G., dir nicht geschrieben zu haben 너에게 편지쓰지 않은 것이 마음에 걸렸다; gegen sein G. handeln 자기 양심에 반해 행동하다; seine Angaben nach bestem Wissen und G. machen 양심껏 양심 있게 진술하다; **sich³ kein G. aus etw. machen** 양심의 동요없이 어떤 나쁜 일을 하다; **jmdn. auf dem G. haben** 누구의 죽음(파멸)에 책임이 있다; **etw. auf dem G. haben** 무엇에 대한 책임이 있다; **jmdm. ins G. reden** 누구의 양심에 호소하다. **gewissenhaft** 〈Adj.〉 양심적인, 성실한, 책임질 수 있는: eine -e Untersuchung 면밀한(책임있는) 조사(검사); etw. g. prüfen[erledigen] 무엇을 양심적으로(책임있게) 검사(해결)하다. **Gewissenhaftigkeit, die** 양심성, 성실성, 조심성: sie nahm mit größter G. ihre Medizin 그녀는 아주 꼼꼼하게 약을 복용하였다. **gewissenlos** 〈Adj.〉 양심이 없는, 선악의 느낌이 없는: ein -er Abenteurer 양심[분별]없는 모험가. **Gewissenlosigkeit, die;** -en **1.** 〈Pl. 없음〉 양심이 없음, 불성실함. **2.** 양심없는 행위.

Gewissens-: ~angst, die 양심의(가책으로 인한) 공포 [불안]. **~bedenken** 〈Pl.〉《드물게》 ↑skrupel. **~biß, der** 〈대개 Pl.〉 양심의 고통(가책), 죄의식, 회한: Gewissensbisse haben[spüren, empfinden] 자책감을 느끼다. **~ehe, die** 비합법적인 결혼(생활), 동거생활. **~entscheidung, die** 양심의 결정. **~erforschung, die** (가톨릭 신자의 고해 이전의) 양심 구명. **~frage, die** 양심의 문제. **~freiheit, die** 〈Pl. 없음〉 양심의 자유: die G. respektieren 양심의 자유를 존중하다. **~gründe** 〈Pl.〉 양심의 근거(동기). **~kampf, der** 양심의 싸움 (투쟁). **~konflikt, der** 양심의 갈등: in einen G. geraten 양심의 갈등에 빠지다. **~not, die** 양심의 고통. **~pauke, die** 《통용어》 양심의 질책(↑Standpauke). **~pein, der** ↑qual. **~qual** 참조. die 양심의 고통(고뇌). **~ruhe, die** 양심의 평정. **~skrupel, der** 〈대개 Pl.〉 양심의 찔림(가책). **~wurm, der** 〈Pl. 없음〉《통용·농》 양심의 가책. **~zwang, der** 〈Pl. 없음〉 양심에 반하는 외부 압박(압력).

gewissermaßen 〈Adv.〉 어느 의미에서, 어떤 정도로, 말하자면: das tat ihrer Würde keinen Abbruch, sondern erhöhte sie noch g. 그것은 그녀의 품위를 손상시킨 것이 아니라 어느 정도 높여 주었다. **Gewißheit, die;** -en **1.** 〈Pl. 없음〉 확실한 감정(지식), 확신: die G., auf dem rechten Wege zu sein 올바른 길을 걸어간다는 확신; etw. mit innerster G. spüren 무엇을 마음속으로 확실하게 느끼다. **2.** 의심할 여지가 없는 것, 확실한 일, 확실성: mindestens eine G. hat diese politische Begegnung gebracht 이 정치적 만남에는 최소한 어떤 확실성[확실한 것]이 전제되었다. **gewißlich** 〈Adv.〉 《아이·준고어》 확실히, 틀림없이, 꼭: das ist g. wahr 그것은 의심할 여지없이[틀림없이] 진실이다.

Gewitter [gə'vɪtɐ], **das;** -s, - (번개·천둥을 동반하는) 거친 날씨, 악천후, 뇌우(雷雨): ein G. zieht (her) auf [ist im Anzug] 뇌우가 다가온다; 〈전의〉 man mußte warten, bis sich das häusliche G. ausgetobt hatte 가정의 싸움이 가라앉을 때까지 기다려야만 했다.

gewitter-, Gewitter-: ~ecke, die 소나기(뇌우)가 내리는 지역. **~fliege, die** 무더운 늦여름 저녁에 날아다니는 (작은) 곤충. **~front, die** 뇌우의 전선. **~guß, der** 《통용어》 짧은 폭우. **~herd, der** 〈기상〉 뇌우[소나기] 발생지점. **~himmel, der** 뇌우[소나기] 하늘. **~kragen, der** 〈기상〉 (하늘 배경과 대조되는) 진회색 먹구름. **~luft, die** (소나기가 내리기 전의) 무더운 공기. **~neigung, die** 〈Pl. 없음〉 소나기 기운. **~regen, der** 강한 비. **~schauer, der** ↑~regen. **~schwül** 〈Adj.〉 소나기가 내릴 것처럼 무더운. **~schwüle, die** 소나기 무더위. **~stimmung, die** 소

나기(가 내릴 것) 같은 분위기(기운). ~**sturm**, der 소나기 폭풍(우). ~**wand**, die 소나기 구름(의 두터운) 충. ~**wolke**, die 소나기 구름. ~**ziege**, die 《쪔·욕》심술궂은 악녀.

gewịttern: ↑gewittrig. **gewịttern** [gə'vɪtɐn] ⟨*h*⟩ 〈비인칭〉천둥[번개]치다, 소나기가 내리다[퍼붓다]: es begann zu regnen und zu g. 비가 내리고 천둥 번개가 치기 시작하였다. **gewịttrig**, 《드물게》**gewịtterig** [...t(ə)rɪç] ⟨Adj.⟩ **a)** 뇌우[소나기]가 올 것 같은, 무더운: ein gewittriger Augustabend 뇌우[소나기]가 올 것 같은[무더운] 8월 저녁. **b)** 뇌우[소나기] 같은.

Gewịtzel [gə'vɪtsl], das; -s 《끊임없는》 익살부림, 빈정거림, 농담조. **gewịtzigt** [gə'vɪtsɪçt] ⟨Adj.⟩ **a)** (대개 präd.) (경험으로) 영리해진, 약아빠진: ich bin [war] durch diesen Schaden g. 나는 이 손해의 덕분으로 약아졌다. **b)** ↑gewitzt의 드문 형. **gewịtzt** [gə'vɪtst] ⟨Adj.⟩ 능란한, 교활한: ein -er Junge [Geschäftsmann] 교활한 청년[장사꾼]. **Gewịtztheit**, die ↑ gewitzt의 명사형.

GewO: ↑Gewerbeordnung.

gewọben [gə'vo:bn̩] ↑weben 참조.

Gewọge [gə'vo:gə], das; -s 《끊임없는》 파도침, 물결이임, 요동.

gewọgen [gə'vo:gn̩] **1.** ↑¹Wiegen의 과거분사. **2.** ⟨Adj.⟩ 《아어》 호의를 가진, 친절한: er war [blieb, zeigte sich] ihm stets g. 그는 언제나 그에게 호의를 가지고 있었다. **Gewọgenheit**, die 호의를 가짐, 친절함, 호의적 태도.

gewöhnen [gə'vø:nən] ⟨*h*⟩ **a)** …에 길들이다, 친숙[익숙]하게 하다: du mußt die Kinder an Ordnung g. 너는 아이들이 질서를 익히도록 해야 한다. **b)** (g. +sich) …에 익숙[친숙]해지다, 길들다: ich habe mich langsam an seine Eigenarten gewöhnt 나는 차차 그의 독특한 태도에 익숙해졌다; sie ist von Kindheit an gewöhnt, unabhängig zu leben 그녀는 어린 시절부터 혼자 사는 데 익숙해 있다. **Gewọhnheit**, die; -en 습관, 관습, 버릇, 벽: seine -en ändern 자기 습관을 바꾸다; das ist ihm schon zur (festen) G. geworden 그것은 이미 그의 (확고한) 습관이 되어버렸다.

gewọhnheits-, Gewọhnheits-: ~**gemäß** ⟨Adj.⟩ 습관(관습)적인, 습관적으로: er schloß g. die Haustür ab und schob den Schlüssel unter die Matte 그는 습관적으로 집 문을 닫고 열쇠를 매트 아래로 밀어넣었다. ~**mäßig** ⟨Adj.⟩ 습관에 따른, 습관에서 나오는: -e Verrichtungen 습관적인 일. ~**mäßigkeit**, die 습관(관습)적임, 습관(상습)성. ~**mensch**, der 습관에 따라 행동하는 사람, 습관의 노예. ~**parade**, der 【펜싱】 습관적 방어. ~**recht**, das 【법】 관습법. ~**rechtlich** ⟨Adj.⟩ 관습법의: -e Prinzipien 관습법(상)의 원칙. ~**sache**, die 관습(습관)적인 일. ~**tier**, das 《농》↑~mensch. 【성구】der Mensch ist ein G. 인간은 습관적 동물이다. ~**trinker**, der 습관성 음주가. ~**verbrecher**, der 【법】 상습범.

gewọ̈hnlich [gə'vø:nlɪç] ⟨Adj.⟩ **1.** ⟨nur attr.⟩ 보통의, 일상의, 평범한: ein -er Wochentag (주의) 평일; im -en Leben 일상 생활에서. **2.** (nicht präd.) 익숙한, 평소의, 통례의: er kam zur -en Zeit (Stunde) 그는 평소의 시간에 왔다; es endete wie g. 평상시대로 (평소처럼) 끝났다. **3.** 범속한, 저열한, 저속한: er war ihr zu g. 그는 그녀에게 너무 비열하였다; er benahm sich recht g. 그는 상당히 저속하게 행동하였다. **Gewọ̈hnlichkeit**, die 평범성, 일상성, 보통임, 통례성. **gewọhnt** [gə'vo:nt] ⟨Adj.⟩ ⟨nur attr.⟩ 익숙해져 있는, 익숙한, 관례의: etw. in -er Weise erledigen 무엇을 여느 때와 같은 방식으로 해결하다. **b)** etw. g. sein 무엇이 버릇[습관]으로 되어 있다, 무엇에 익숙해 있다: er war g. früh aufzustehen 그는 일찍 일어나는 것이 습관이었다; sie ist harte Arbeit g. 그녀는 어려운 일 [노동]에 익숙해 있다. **gewöhnt** ⟨*h*⟩ 참조. **gewọhntermaßen** ⟨Adv.⟩ 습관(관습)대로, 평소처럼: er verließ g. um 8 Uhr das Haus 그는 평소(여느때)처럼 8시에 집을 나갔다. **Gewọ̈hnung**, die 습관(관습)됨, 익숙해지기: die G. an Narkotika 마취제(최면제)에 익숙해짐.

Gewölbe [gə'vœlbə], das; -s, - **1.** 둥근 천장(의 석조 건축물), 둥근 아치: 【전의】das G. eines Schädels 두개(골). **2.** 둥근 천장의 공간: ein dunkles G. 어두운 반원 천장.

Gewọ̈lbe- (Gewölbe 1; 【건축】): ~**bogen**, der 둥근 천장의 아치. ~**fläche**, die 둥근 천장의 표면. ~**laibung**, die 둥근 천장의 안쪽 아랫 부분(하면 내부). ~**pfeiler**, der 둥근 천장을 받치는 기둥, 홍예기둥. ~**rücken**, der 둥근 천장의 윗쪽 바깥 부분(상부 외면).

gewọ̈lbt [gə'vœlpt] ↑wölben 참조.

Gewọ̈lk [gə'vœlk], das; -(e)s 모여있는 구름, 구름 집단, 적운.

Gewọ̈lle [gə'vœlə], das; -s, - 【동물·사냥】 (부엉이나 매김이 게워낸 소화되지 않은 음식물 찌꺼기(털, 깃, 생선비늘 등).

gewọllt [gə'vɔlt] ↑wollen 참조.

gewönne [gə'vœnə], **gewonnen** [gə'vɔnən] ↑gewinnen 참조.

geworben [gə'vɔrbn̩] ↑werben 참조.

geworden [gə'vɔrdn̩] ↑werden 참조.

geworfen [gə'vɔrfn̩] ↑werfen 참조.

gewrungen [gə'vrʊŋən] ↑wringen 참조.

Gewụ̈hl [gə'vy:l], das; -(e)s **1.** 《쪔》 《끊임없는》 뒤적임. **2.** 혼잡, 혼란, 소란: es herrschte im fürchterliches G. 끔찍한 소란이 일어났다; sich ins G. stürzen 혼란[소란] 속으로 떨어지다[빠지다].

gewunden [gə'vʊndn̩] ↑winden 참조.

gewund(e)rig, gwund(e)rig [gə'vʊnd(ə)rɪç, 'gvʊn...] ⟨Adj.⟩ 〖schweiz.〗 호기심에 가득 찬.

gewunken [gə'vʊŋkn̩] ↑winken 참조.

¹**gewụ̈rfelt** [gə'vʏrflt] ⟨Adj.⟩ 4각 (주사위, 바둑판) 무늬의: ein -er Bettüberzug 4각 무늬의 침대 시트.

²**gewụ̈rfelt** [-] ⟨Adj.⟩ 《지역적》 교활한, 영리한: ein -er Bursche 교활한 녀석.

Gewụ̈rge [gə'vʏrgə], das; -s **1.** 오랫동안의(심한) 목조르기, 구토: nach qualvollem G. kam der verschluckte Knopf wieder zum Vorschein 괴롭게(힘들게) 토하자 삼킨 단추가 다시 나왔다. **2.** 《지역적》 힘들고 쓸데없는 일[노동]: das war kein Fußballspiel, sondern ein entsetzliches G. 그것은 축구 경기가 아니라 심한 노동이었다.

Gewụ̈rm [gə'vʏrm], das; -(e)s, -e [↑Wurm의 집합명사] 《쪔》많은 벌레, 벌레류.

Gewụ̈rz [gə'vʏrts], das; -es, -e [↑Wurz의 집합명사] 양념, 향료, 조미료.

Gewụ̈rz-: ~**essig**, der 양념 식초 (↑Kräuteressig). ~**extrakt**, der 양념(향료) 엑스. ~**gurke**, die 식초에 절인 오이, 오이 피클. ~**kraut**, das 향료용 약초, 양념 식물. ~**kuchen**, der 향료(꿀, 호두, 건포도) 넣은 과자. ~**mischung**, die 혼합 향료. ~**mühle**, die **a)** 향료(양념) 믹서[분쇄기]. **b)** 향료 분쇄공장(방앗간). ~**nelke**, die 정향(丁香), 〔향료로 쓰이는〕 정향나무 꽃봉오리. ~**nelkenbaum**, der 정향나무. ~**paprika**, der 향료(양념)용 둥근 고추. ~**pflanze**, die 향료 식물. ~**ständer**, der 향료[양념]통 (보관)대. ~**traminer**, der **a)** (Pl. 없음) (분홍빛의 잘 익은 포도가 달린) 포도덩굴류. **b)** (위의 포도로 만든) 백 포도주. ~**tunke**, die 양

념(향료) 소스. **~wein,** der 방향 포도주(↑Würzwein).
gewürzig [gə'vʏrtsɪç] 〈Adj.〉 향료맛의, 맛이 강한, 양념의: die Soße schmeckt g. 그 소스는 양념 맛이 난다.
Gewusel [gə'vuːzl], das; -s 〈지역적〉 심한 혼잡, 붐빔, 소란: das G. auf einem Marktplatz 장터의 붐빔.
gewußt [gə'vʊst] ↑wissen 참조.
Gewutzelte [gə'vʊtsltə], die; -n 《bayr., österr., 통용어》 순수 만 담배.
Geysir ['gajzɪr], der; -s, -re 《독어화》 Geiser ['gajzɐ], der; -s, - [isländ. geysir] 간헐온천(間歇溫泉).
gez. = gezeichnet(↑zeichnen (3 a) 참조).
gezackt: ↑zacken 참조.
gezähe [gə'tsɛːə], das; -s, - 〈광〉 (광부나 제련공의) 도구류.
gezähnt: ↑zahnen 참조. **gezähnt**: ↑zähnen 참조.
Gezänk [gə'tseŋk], das; -(e)s, 《또한》 **Gezanke** [gə'tsaŋkə], das; -s 〈폄〉 〈끊임없는〉 (말)다툼, 싸움: hört endlich auf mit eurem ewigen Gezanke! 너희들의 끝없는 싸움질을 그만두어!
Gezappel ['gə'tsapl], das; -s 《통용어·폄》 〈끊임없는〉 버둥거림, 허우적거림: das hilflose G. eines Käfers, der auf dem Rücken liegt 뒤로 자빠진 딱정벌레의 무모한 (발의) 버둥거림.
Gezauder [gə'tsaʊdɐ], das; -s 《통용어·폄》 〈계속적인〉 주저함, 머뭇거림.
gezeichnet: ↑zeichnen 참조.
Gezeiten [gə'tsajtn] 〈Pl.〉 〈조수 때의〉 간만(干滿), 밀물과 썰물.
Gezeiten- 《해양》: **~atlas,** der 간만(표시) 지도. **~kraftwerk,** das 조력(潮力) 발전소. **~stand,** der 간만 상태(표시). **~strom,** der 조류. **~tafel,** die 간만표(↑Tidenkalender). **~wechsel,** der 간만 변화.
Gezelt [gə'tsɛlt], das; -(e)s, -e 《시어·고어》 텐트, 천막: das seidene G. des Herrschers 군주(통치자)의 비단 천막.
Gezerre [gə'tsɛrə], das; -s 〈폄〉 〈끊임없는〉 잡아당김, 질질 끎: 〈전의〉 das G. um die Erbschaft stieß ihn ab 유산을 둘러싼 질질 끎는 싸움이 그에게 혐오감을 불러 일으켰다.
Gezeter [gə'tseːtɐ], das; -s 〈폄〉 〈끊임없는〉 고함(비명) 지름, 호통침, 욕지거리함.
Geziefer [gə'tsiːfɐ], das; -s **1.** 《준고어》 ↑Ungeziefer. **2.** 〈지역적〉 농부의 가축(류), 작은 가축.
geziehen [gə'tsiːən] ↑zeihen 참조.
gezielt [gə'tsiːlt] 〈Adj.〉 일정한 목표를 향한(목적을 지닌), 특정한 영향을 행사하는: -e Fragen(Maßnahmen) 특정한 질문(조처).
geziemen [gə'tsiːmən] 〈h〉 《아어·준고어》 **1.** 적합(적당)하다, 알맞다, 상응하다: es geziemt dir nicht, danach zu fragen 그것을 물어보는 것은 너에게 어울리지 않는다. **2.** (g. + sich) 마땅(당연)하다, 어울리다.
geziemend 〈Adj.〉 《아어》 적합(적당)한, 상응하는, 품위에 맞는: etw. in -er Weise sagen 무엇을 걸맞게(품위에 어울리게) 말하다.
Geziere [gə'tsiːrə], das; -s 〈폄〉 〈끊임없는〉 겉치레, 허식, 꾸며댄(젠체 하는) 행동.
geziert [gə'tsiːrt] 〈Adj.〉 〈폄〉 자연스럽지 못한, 꾸며댄, …인 체한: eine -e Sprechweise 꾸며댄 어투; sie gibt sich entsetzlich g. 그녀는 매우 부자연스럽게 행동한다. **Geziertheit,** die ↑geziert의 명사형.
Gezirp, das; -(e)s, **Gezirpe** [gə'tsɪrp(ə)], das; -s 〈폄〉 《매미, 귀뚜라미 따위가 끊임없이》 찌륵찌륵 욺.
Gezisch, das; -es, **Gezische** [gə'tsɪʃ(ə)], das; -s 〈폄〉 〈끊임없이〉 쉿쉿 소리 냄, 쉬쉬하며 야유함. **Gezi-**

schel [...ʃl], das; -s 〈폄〉 〈끊임없이〉 속삭임, 귓속말 함; sie tat, als bemerkte sie das G. der Nachbarinnen nicht 그녀는 이웃 여인들의 속삭임을 못 들은척 행동했다.
gezogen [gə'tsoːgn] ↑ziehen 참조. **Gezücht** [gə-'tsʏçt], das; -(e)s, -e 〈↑Zucht의 집합형〉 비열한 인간, 놈, 녀석, 도당.
Gezumpel [gə'tsʊmpl], das; -s 〈지역적〉 뼈, 고기 찌꺼기.
Gezüngel [gə'tsʏŋl], das; -s 〈끊임없는〉 혀의 날름거림 (뱀 따위의): 〈전의〉 er schaute in das G. der Flammen 그는 날름거리는 불꽃 속을 들여다 보았다.
Gezweig [gə'tsvajk], das; -(e)s 〈↑Zweig의 집합명사〉 《아어》 (모든) 나뭇가지, 가지.
Gezwinker [gə'tsvɪŋkɐ], das; -s 〈끊임없는〉 눈의 깜박거림, 실룩실룩 움직임.
Gezwitscher [gə'tsvɪtʃɐ], das; -s 〈끊임없는〉 지저귐.
gezwungen [gə'tsvʊŋən] 〈Adj.〉 자연스럽지 못한, 꾸며댄, 강제(강압)적인: sie lachte etwas g. 그녀는 약간 부자연스럽게 웃었다. **gezwungenermaßen** 〈Adv.〉 강제(강압)적으로, 무리하게, 억지로: den Rest des Heimwegs legten sie g. zu Fuß zurück 그들은 어쩔 수 없이 도보의 귀로를 갈 수밖에 없었다. **Gezwungenheit,** die 자연스럽지 못함, 강제됨(↑gezwungen의 명사형): die G. seines Benehmens war störend 억지로 꾸며댄 그의 행동이 거슬렸다.
GG = Grundgesetz.
ggf. = gegebenenfalls.
g.g.T., ggT = größter gemeinsamer Teiler 【수학】 최대공약수, ↑gemeinsam (1 a) 참조.
Ghana [ga:na, 《engl.》 'ga:nə] -s 가나(아프리카 국가).
Ghanaer [ga:naɐ], der; -s 가나 인. **ghanaisch** ['ga:naɪʃ] 〈Adj.〉 가나 (인)의.
Gfrett [kfrɛt] ↑Gfrett.
Grieß [kfriːs] ↑Gefrieß.
Ghasel, Ghasele [...] ↑Gasel, Gasele.
Ghasi ['gazi, 'xazi], **Gazi** ['gazi], der; - [arab. ġāzī, türk. gazi = Kriegsheld] 터키 군인의 존칭.
Ghetto: ↑Getto.
Ghibeline: ↑Gibelline.
Ghibli ['gibli], die; -en 《준고어》 (구두끈을) 가죽 매듭으로 매기.
Ghostword ['goʊstwəːd], das; -s, -s [engl. ghost word] 《교양어》 오류(오기, 오식, 오독)에서 생겨난 말, 유령어. **Ghostwriter** ['...rajtɐ], der; -s, - [engl.-amerik. ghost-writer] 《교양어》 유명 인사를 대신해서 쓴 작가, 대필가.
G. I., GI ['dʒiː.aɪ], der; -(s), -(s) [amerik. G. I., GI] 《통용어》 미국 군인.
Giaur ['gjaʊɐ], der; -s, -s [türk. gjaur, gjawr] 비 회교도, 불신자(不信者).
gib: [giːp] ↑geben 참조.
Gibbon ['gɪbɔn], der; -s, -s [frz. gibbon] 〈꼬리없는〉 긴팔원숭이.
Gibelline, Ghibelline [gibɛ'liːnə], der; -n, -n [ital. ghibellino] 〈역사적〉 기벨린 당원(중세 이탈리아의 호엔슈타우펜 황제 당원).
Gibli, Ghibli ['gibli], der; - [ital. ghibli] 《북 아프리카, 특히 리비아 해안의》 모래 먼지 바람.
Gibraltar [gi'braltar, gibral'ta:r 《engl.》 dʒɪ'brɔːltɐ, 《span.》 xiβral'tar] 지브롤터. **Gibraltarer,** der 지브롤터 사람. **gibraltarisch** 〈Adj.〉 지브롤터의.
gibst [giːpst], **gibt** [giːpt] ↑geben 참조.
¹Gicht [gɪçt], die; -en 【제련】 **1. a)** 용광로의 투입구. **b)** 용광로의 투입구 윗부분. **2.** 급광(량)(給鑛(量)).

²**Gicht** [-], die 통풍(痛風), 요산성(尿酸性) 관절염.
gicht-, Gicht- 〈²Gicht〉: **~anfall**, der 통풍발작(痛風發作). **~beere**, die 《지역적》막까치밥나무의 열매. **~brüchig** 〈Adj.〉《준고어》통풍을 앓는, 통풍으로 반신불수가 된. **~brüchige°**, der/die 통풍 환자. **~fieber**, das 통풍열. **~händchen**, das《다음 용법으로만》**G. machen**《통용어》구걸하려고 손을 내밀다. **~knoten**, der 통풍 결절. **~krank** 〈Adj.〉통풍을 앓는. **~krumm** 〈Adj.〉통풍을 앓아 굽은: -e Hände 통풍으로 굽은 손.
Gichtbühne, die; -n [제련] 용광로 위 투입구 높이에 설치한 작업대. **Gichtgas**, das; -es, -e [제련] 용광로 가스.
gichtig, gichtisch 〈Adj.〉통풍을 앓는, 통풍에 걸린: der alte Diener ging langsam und steif, als sei er gichtisch 그 늙은 시종은 마치 통풍에 걸린듯 느리고 뻣뻣하게 걸어갔다.
Gickel [gɪkl], der; s, - 《의성어·지역적》수탉: er stolziert umher wie ein G. im Hühnerhof 그 녀석은 닭장의 수탉처럼 의기양양하게 돌아다닌다.
gickeln ['gɪkln], **gickern** ['gɪkən] 〈h〉《의성어·지역적》낄낄대고 웃다: die Mädchen stießen sich heimlich an, tuschelten u. gickelten 소녀들은 남몰래 서로 쿡쿡 찌르고, 쑥덕거리고 낄낄대며 웃었다.
gicks [gɪks] 《다음 용법으로만》weder **g. noch gacks wissen**(**sagen, verstehen**)《통용어》어리석다, 아무 것도 모른다, 전혀 이해 못한다; **g. und gacks**《통용어》어중이 떠중이, 세상사람 모두; das weiß g. und gacks 그것은 세상이 다 안다. **gicksen** ['gɪksn̩] 〈h〉《지역적》1. 꽥꽥 소리를 내다: er gickste manchmal beim Sprechen 그는 말할 때면 가끔 빽빽 소리를 낸다. 2. 뾰족한 것으로 쿡 찌르다: er hat ihn(ihm) mit dem Stock in die Seite gegickst 그가 지팡이로 그의 옆구리를 콕콕 찔렀다.
Giebel ['giːbl], der; -s, - 1. 합각 머리 벽. 2. [건축] 합각 머리, 박공(牔栱), 박풍(牔風). 3.《통용어》코.
Giebel- (Giebel 1, 2): **~balken**, der 마룻대. **~dach**, das 합각 머리 지붕, 박공 지붕. **~fassade**, die 합각 머리 앞 너비, 박공 전면(前面). **~feld**, das 합각 머리의 삼각 벽면. **~fenster**, das 합각 머리에 낸 창, 박공창. **~haus**, das 합각 머리 벽면이 길 쪽으로 나 있는 집, 뱃집. **~seite**, die 합각 머리가 있는 쪽. **~spitze**, die 합각 머리 끝. **~stube**, die ↑ **~zimmer**. **~wand**, die 합각 머리를 포함한 벽면. **~zimmer**, das 다락방.
gieb(e)lig [giːb(ə)lɪç] 〈Adj.〉합각 머리 모양의, 박공형의: eine Kleinstadt mit engen Gassen und grauen, giebeligen Häusern 좁은 골목과 잿빛 박공집들이 있는 작은 도시.
Giekbaum ['giːk-], der; -(e)s, ...bäume [선원] 고물 돛대의 삼각돛의 하부를 펼치고 있는 긴 돛대, -s, -s 《고어》후장(後檣) 삼각돛, 기움돛. ↑ **Gaffelsegel**.
Gieksegel, das, -s, - 《고어》후장(後檣) 삼각돛, 기움돛. ↑ **Gaffelsegel**.
Giemen ['giːmən], der; -s, - 《südd.》빙하의 균열, 땅의 갈라진 틈.
Gien [giːn], das; -s, -e [niederl. gijn] 고패, 고도르래, 녹로, 확력(擴力) 장치, 기중(起重) 장치. **Gienblock**, der 〈Pl. -blöcke〉겹도르래 장치, 겹도르래의 도르래. ¹**gienen** ['giːnən] 〈h〉[선원] 겹도르래로 끌어올리다.
²**gienen** [-] 〈h〉《südd.》↑ **gähnen**.
giepen ['giːpn̩] 〈h〉[niederd., niederl. gijpen] 《선원·준고어》↑ **schiften**.
Gieper° ['giːpɐ], der; -s 《nordd.》 욕망, 식욕, 탐욕: er konnte seinen G. kaum unterdrücken 그는 그의 갈망을 거의 누를 수 없었다; er hatte einen ungeheuren G. auf etwas Saures 그는 무엇인가 신 것을 먹고 싶어 죽겠

다. **giepern** 〈h〉《nordd.》갑자기 무엇을 몹시 먹고 싶어하다, 갈(열)망하다: die Kinder gieperten bereits nach dem knusprigen Gänsebraten 어린이들은 벌써 잘 구어진 거위 고기를 막 먹고 싶어 했다. **gieprig** ['giːprɪç] 〈Adj.〉《nordd.》갈(열)망하는: er griff g. nach den angebotenen Kuchen 그는 내놓은 과자를 게걸스럽게 집었다.
Gier [giːɐ̯], die; [mhd. gir(e), ahd. girī; ↑ **gierig** 참조] 욕망, 열망; (한정없는) 탐욕: eine wilde G. stieg in ihm hoch 거친 욕망이 그의 마음 속에서 솟구쳤다; er war von unersättlicher G. nach Macht und Geld besessen 그는 권력과 돈에 대한 만족줄 모르는 욕망에 사로잡혀 있었다. ¹**gieren** ['giːrən], 〈h〉《아어》무엇을 지나치게 탐내다.
²**gieren** [-] 〈h〉[niederl. gieren] [선원] 편주(偏走)하다, 항해중 뱃머리를 좌우로 흔들다: das Boot giert und will nicht auf Kurs bleiben 보트는 침로(針路)에서 벗어나 편주하려 한다. **Gierfähre**, die 밧줄 나룻배.
gierig ['giːrɪç] 〈Adj.〉탐욕스러운, 열망(갈망)하고 있는, 정욕적인: mit -en Händen nach etw. greifen 탐욕스럽게 무엇을 잡으려고 손을 내밀다; sie war ganz g. nach Obst 그녀는 과일을 몹시 탐냈다. **Gierigkeit**, die 《드물게》↑ **Gier**.
Giersch [giːɐ̯ʃ], der; -(e)s 《지역적》**a)** 왜방풍(미나리과)(↑ **Geißfuß** (1)). **b)** 흰색 또는 붉은 색 산형화(繖形花)가 피는 흔한 잡초.
Gieß- [giːs-]: **~bach**, der 《산의》급류, 계류, 분류. **~bad**, das ↑ **Guß** (2 a). **~bett**, das [제련] (용광로 앞에 설치된) 모래 주형(鑄型). **~form**, der [기술] 주형(鑄型), 거푸집. **~grube**, die [주물] 주갱(鑄坑). **~harz**, das [기술] 응고성(凝固性) 액체 합성수지. **~kanne**, die 1. 물 뿌리개. 2.《통용어·농》남성 성기, 남근: **sich³ die G. verbiegen**《농》(남자로부터) 성병에 전염되다. **~kannenprinzip**, das 〈Pl. 없음〉무차별 원칙: das G. führt oft zu Ungerechtigkeiten 무차별 원칙은 종종 불공정하게 된다. **~kelle**, die [주물] 주(鑄物)용 국자. **~kran**, der [주물] 주물 기중기. **~löffel**, der [주물] ↑ **~kelle**. **~maschine**, die [주물] 주물 기계. **~ofen**, der 주로(鑄爐). **~pfanne**, die [주물] 주물 운반용 그릇(주물 기중기의 부분). **~verfahren**, das [주물] 주형(鑄型)뜨기. **~wagen**, der [주물] 주물 그릇 운반차. **~zettel**, der [인쇄] (주조될) 활자표시 카드.
gießen° ['giːsn̩] 〈h〉1. a) 붓다, (물을) 끼얹다, 따르다: Kaffee in die Tassen 커피를 잔에 따르다; [전의]《시어》der Mond goß sein Licht über die Felder 달빛이 들판위로 쏟아져 내리고 있었다. b) (g. + sich) 뿌려지다: aus(mit) dieser Kanne gießt es sich nicht gut 이 주전자로는 물을 붓기 어렵다. c) (물을) 엎지르다. 2. 물뿌리개로 물을 주다: die Blumen(die Gemüsebeete) g. 꽃(채소밭)에 물을 주다. 3. 《비인칭》《통용어》비가 몹시 오다: es goß in Strömen 비가 억수같이 퍼 부었다. 4. a) 거푸집에 부어 넣다, 주조(鑄造)하다: in diesem Werk wurde früher nur Eisen gegossen 예전에 이 공장에서는 쇠만 주조되었다. b) 주조(鑄造)하다: Glocken g. 종(鐘)을 주조하다. **Gießer** ['giːsɐ], der; -s, - 주조공, 주물공. **Gießerei** [giːsəˈraɪ], die, -en 1. 〈Pl. 없음〉 a) 주물 기술, 주조술. b) 주물공업, 주조공업. 2. 주물 공장, 주조소. **Gießereiarbeiter**, der 주물공, 주조공. **Gießereibetrieb**, der 주물 공장. **Gießereitechnik**, die 주물술, 주조술.
Gießen ['giːsən] 기센(독일의 헤센 주 란(Lahn) 강변의 도시 이름). **Gießener** [ˈgiːsənɐ], der; -s, - 기센 사람.
Gift [gɪft], das; -(e)s, -e 독(毒): G. nehmen (의도적으로) 독을 마시다(먹다); das Messer schneidet wie G.

《통용어》칼이 매우 잘 든다; **blondes G.** 《통용어·농》 섹시한 금발 미인; **G. für jmdn.[etw] sein** 누구[무엇]에 매우 해롭다; **sein G. verspritzen** 《통용어》 악의에 찬 말을 하다: Gelegenheit genug, um Ihr Gift zu verspritzen und jemand zur Weißglut zu bringen 악의에 찬 말을 해서 누군가를 화나게 할 기회는 충분하다; **G. und Galle speien[spucken]** 몹시 격분하다; **auf etw. G. nehmen können** 《통용어》무엇을 전적으로 믿을 수 있다.

gift-, Gift-: ~ampulle, die 치명적인 독이 든 앰플. **~becher,** der 《구제》독배(毒杯). **~blatt,** das 《학생·지역》↑~zettel. **~drüse,** die 《동물》독선(毒腺). **~ei,** das (까마귀 등 해로운 새를 잡기 위해 만든) 황인황(黃燐丸). **~empfindlichkeit,** die 독(毒)에 대한 민감성. **~festigkeit,** die 내독성(耐毒性), 면역. **~frei** 〈Adj.〉독이 없는, 해가 없는: die Farben sind g. 이 물감들은 독이 없다. **~gas,** das 독가스. **~getreide,** das 독을 묻힌 곡식알(검붉은 색으로 표시를 하며 쥐잡는 데 쓰임). **~grün,** das 청록색의. **~haltig,** 《österr.》**~hältig** 〈Adj.〉독을 지닌. **~kröte,** die 《통용어·펌》악의에 찬 사람. **~küche,** die **1.** 《농》화학 실험실. **2.** 《펌》유언비어의 산실, 음모의 산실. **~mischer,** der **1.** 《통용어》독을 섞는 사람, 독살자. **2.** 《농》약제사. **~mischerin,** die ↑~mischer의 여성형. **~mord,** der 독살. **~mörder,** der 독살자(범인). **~mörderin,** die ↑~mörder의 여성형. **~müll,** der 유독성[산업] 폐기물. **~nudel,** die **1.** 《통용어·농》굴련, 여송연. **2.** ↑~kröte. **~pfeil,** der 독화살. **~pflanze,** die 유독 식물. **~pilz,** der 독버섯. **~schlange,** die 독사. **~schrank,** der **1.** (약국·병원의) 극약 보관장. **2.** 《통용어》금서(禁書) 보관장. **~spritze,** die 주사기. **~stäbchen,** das 《농》담배, 궐련. **~stachel,** der 《동물》(곤충·생선의) 독침. **~stengel,** der 《농》↑~stäbchen. **~stoff,** der 독소(毒素). **~tier,** das 《생물》유독 동물. **~trank,** der (아이) 마시는) 독약, 독배. **~weizen,** der 독을 묻힌 밀알. **~zahn,** der 〔동물〕독이빨: **jmdm. die Giftzähne ausbrechen[ziehen]** 《통용어》악의에 찬 말을 강력히 비난하다. **~zettel,** der 《학생·지역적》성적표. **~zwerg,** der 《통용어·펌》악한(특히 작은 체구를 짖궂은 행동으로 보상하려는 인간의 대한 모욕적 명칭).

giften ['gɪftn̩] 〈h〉 [zu ↑ Gift] 《통용어》 **1. a)** 몹시 화나게 만들다. **b)** (g. + sich) 몹시 화를 내다: als ich davon hörte, giftete ich mich mächtig 내가 그것을 들었을 때 나는 굉장히 화가 났다. **2.** 악의에 찬 말로 모욕을 하다.

giftig ['gɪftɪç] 〈Adj.〉 **1.** 독이 있는: die Abgase sind g. 배기가스는 유독하다. **2.** 《통용어》악의에 찬, 원한에 품은: mit ~em Spott[Lächeln] sagen 악의에 찬 조소[미소]를 띄고 말하다. **3.** (색이) 눈부신, 야한, 요란스러운: die Kirchenkuppel war g. grün angestrichen 그 교회의 둥근 지붕은 야한 초록색으로 칠해져 있었다. **4.** 《스포츠 은어》악착스런. **Giftigkeit,** die 독성(毒性).

¹**Gig** [gɪk], das; -s, -s [engl. gig] 《준구어》경쾌한 1 두 륜 마차. ²**Gig** [-], die [-] 《드물게》das; -s, -s [engl. gig] **1.** 〔선원〕(선장[함장]용) 경(輕)보트. **2.** 〔조정〕(연습용) 작은 보트, 경쾌한 경주용 보트.

³**Gig** [gɪk], das; -s, -s [engl.-amerik. gig] **1.** (재즈 연주가의 1회) 출연. **2.** 재즈 연주회.

Giga... [giga...; griech. gígas] 〔물리〕'10억배'를 뜻하는 규정어로서, 예컨대) **Gigahertz,** das 10억 헤르츠(기호: GHz). **Gigameter,** das 10억 미터(기호: Gm).

gigampfen ['giːgampfn̩] 〈h〉 [alemann. gampfen, gampen] 《schweiz.》흔들리다. **Gigampferei,** die 《schweiz.》기회주의 정치.

Gigant [gi'gant], der; -en, -en [1: lat. gigās < griech. gígas] **1.** 《아이》거인. **2.** 능력이나 권력이 남보다 뛰어난 사람; 크기나 영향, 힘 등이 거대한 사물: der Konzern ist ein G. auf dem Weltmarkt 콘체른은 세계 시장의 거인이다. **gigantesk** [gigan'tɛsk] 〈Adj.〉 [frz. gigantesque < ital. gigantesco] 《교양어》엄청나게 큰, 지나친. **Giganthropus** [gi'gantropʊs], der; -, ...pi [griech. gígas u. ánthrōpos] 〔고생〕원시인의 형태. **gigantisch** 〈Adj.〉 [griech. gigantikós] **a)** 거대한, 장엄한. **b)** 놀라운, 강력한, 엄청난, 비상한. **Gigantismus** [gigan'tɪsmʊs], der; - **1.** 〔의학〕거대증(症), 거대(巨態)(반대: Nanismus). **2.** 《교양어》거대 취향(巨大趣向). **Gigantographie** [giganto...], die; [griech. gígas] 〔인쇄〕확대 인쇄술. **Gigantomachie** [...maˈxiː], die; [griech. gígas] 〔예술·그리스 신화〕제우스 신에 대한 거인족의 싸움. **Gigantomanie,** die [griech. gígas] 《교양어》거대광(巨大狂). **gigantomanisch** 〈Adj.〉 《교양어》거대광적인.

Gigerl ['giːgɐl], 《또한》'gɪ...], der; 《또한》das; -s, -n 〔의성어〕《südd., österr.·통용어》멋쟁이, 맵시꾼. **gigerlhaft** 〈Adj.〉 《südd., österr.·통용어》멋 부리는, 맵시내는, 잘 차리는. **Gigerltum,** das; -s 《österr.》맵시내기, 멋내기.

Gigolo ['ʒiːgolo, 《또한》 'ʒɪg...], der; -s, -s [frz. gigolo] **1.** ↑ Eintänzer. **2.** 《통용어·대개 펌》제비족, 기둥서방, 호스트.

Gigots [ʒi'goː] 〈Pl.〉 [frz. gigot] 〔의상〕(특히 16, 19세기에 유행한 여인복의) 위쪽이 넓은 몽둥이 모양의 소매.

Gigue [ʒiːk], die; -n ['ʒiːɡn̩; frz. gigue < engl. jig] **a)** (옛날의) 경쾌한 영국풍 무도곡의 일종(3박자). **b)** 조곡(組曲)의 악장(樂章) 이름.

giksen ['gɪksn̩] ↑gicksen (2).

Gilatier ['hiːlə-], das; -(e)s, -e [Arizona의 Gila강 이름에 따라] (북아메리카의 황무지에 서식하는) 검붉은 반점을 지닌 갑각류(甲殼類).

gilben ['gɪlbn̩] 〈h〉 〔시어〕황색으로 되다, 노랗게 변하다. **Gilbweiderich** ['gɪlp-], der; -s, -e 〔식물〕(습지에서 자라는) 키큰황색부처꽃속(屬).

Gilde ['gɪldə], die; -n [niederd. gilde] **1.** 〔역사〕(중세의 상인 또는 수공업자들의) 조합, 길드. **2.** (같은 관심, 이해 또는 사정이 있는 사람들의) 협회, 동호회. **Gildehaus,** das 길드 집회소. **Gildemeister,** der 조합장. **Gildenhalle,** die 조합 회관. **Gildenschaft,** die; -en 길드의 전체 조합원. **Gildensozialismus,** der (20세기초 영국에서 발생한) 길드[조합] 사회주의. **Gildenwappen,** das ↑ Zunftwappen.

Gilet [ʒi'leː], das; -s, -s [frz. gilet arab. (algerisch) ğalīka türk. yelek] 《österr. 준구어·schweiz.》 조끼.

Gilgamesch ['gɪlgamɛʃ], der; -es, - 수메르 신화에 나오는 영웅이.

Gilka 〈W2〉 ['gɪlka], der; -s, -s 카룸의 열매로 빚은 화주(火酒).

Gilling ['gɪlɪŋ], die; -s [niederl. gilling] 〔선원〕 **a)** 고물의 돌출부. **b)** 활대돛의 만입부(彎入部). **Gillung** ['gɪlʊŋ], die; -en ↑ Gilling.

giltig ['gɪltɪç] 〔고어·österr. 통용어〕↑gültig.

Gimmick ['gɪmɪk], der; 《또한》das; -s, -s [engl.-amerik. gimmick] 〔광고〕(눈을 끌기 위한 선전 광고용) 고안(考案).

Gimpe ['gɪmpə], die; -n 〔재단〕장식용의 끈, 식서(飾緖). **Gimpenhäkelei,** die ↑ Gabelhäkelei.

Gimpel ['gɪmpl̩], der; -s, - **1. a)** 피리새. **b)** 《민속적》↑ Dompfaff. **2.** 《통용어·펌》명청이, 아둔패기.

Gin [dʒɪn], der; -s, 《종류》-s [engl. gin, geneva의 약칭 < älter niederl. genever] 진(술): er trinkt G. gerne pur 그는 진을 스트레이트로 마시기를 즐긴다; G. ist eine beliebte Grundlage für Mixgetränke 진은 사랑 받는 칵테일의 기본 음료이다; einen doppelten G. bestellen 진을 곱빼기로 시키다. **Gin-Fizz** ['dʒɪnfɪs], der; -, - [↑Fizz] (진, 소다수, 레몬, 설탕 등을 섞어 만든) 칵테일의 종류: er bestellte zwei G. 그는 진피즈 두 잔을 시켰다.

ging [gɪŋ] ↑gehen 참조.

Gingan ['gɪŋgan], **Gingham** ['gɪŋəm], der; -s, -s [engl. gingham < malai. ginggang] 깅감(줄무늬 또는 바둑판 무늬가 있는 면포 또는 린네르).

Ginger ['dʒɪndʒə], der; -s, - [engl. ginger] ↑Ingwer. **Ginger-ale** [-eɪl], das 청량 음료의 일종. **Gingerbeer** [-bɪə], das ↑Ingwerbier.

Gingivitis [gɪŋgiˈviːtɪs], die; ...tiden [...ˈviːktiːdn; lat. gingīva] [의학] 치은염(齒齦炎).

Gingko ['gɪŋko], **Ginkgo** ['gɪŋkjo], der; -s, -s [jap. ginkyo] 은행(銀杏)나무.

Ginseng ['gɪnzɛŋ, (또는) 'ʒ...], der; -s, -s [chin. jēn-shēn], 인삼(蔘). **Ginsengwurzel**, die 인삼뿌리.

Ginster ['gɪnstɐ], der; -s, - [mhd. ginster, genster, ahd. genster, geneste < lat. genista] **a)** 금작화속 (屬). **b)** ↑Besenginster. **Ginsterkatze**, die ↑Genette.

giocoso [dʒoˈkoːzo; (ital.)] giocoso] [음악] 경쾌하게, 익살스럽게, 장난스럽게.

¹Gipfel ['gɪpfl̩], der; -s, - **1. a)** 산봉우리: steile (bewaldete, vom Schnee bedeckte) G. 가파른(숲으로 덮인, 눈 덮인) 산봉우리; der G. lag im Nebel 산봉우리는 안개 속에 묻혀 있었다; einen (bezwingen) 정상(頂上)에 오르다[정상을 정복하다]; den G. erreichen 산봉우리에 다다르다. **b)** (준고어·지역적) 나무 꼭대기, 우듬지. **2.** 정점(頂點), 절정(絶頂), 극치(極致): der G. des Glücks (der Geschmacklosigkeit) 행복(몰취미)의 절정; das ist (doch) der G.! (통용어) 그것은 (정말) 괘씸하다! **3.** ↑Gipfelkonferenz, ↑Gipfeltreffen.

²Gipfel [-], der; -s, - (schweiz.) **a)** 작고 길쭉한 흰 빵. **b)** 뿔 모양의 빵.

Gipfel-: ~**buch**, das [등산] 정상 등반 기념 앨범(산봉우리의 피난처에 보관하는 책으로 누구나 등반일자를 기념으로 적어 넣을 수 있음). ~**dürre**, die [의학] 초고사병(梢枯死病). ~**feuer**, das 산정(山頂) 화재. ~**konferenz**, die 정상(頂上)[수뇌] 회담. ~**kreuz**, das [등산] 산꼭대기의 십자가. ~**leistung**, die 최고의 업적. ~**punkt**, der **1.** 탄도(彈道) 또는 비행궤도(飛行軌道)의 정점(頂點). **2.** 최고 수준, 극치, 절정. ~**treffen**, das ↑konferenz.

-**gipf(e)lig** [-gɪpf(ə)lɪç] 《다음의 복합어로, 예컨대》 zweigipf(e)lig 두개의 정점[첨단]을 가진.

gipflig (Adj.) ↑gipfelig 참조.

gipfeln ['gɪpfl̩n] ⟨h⟩ 무엇의 정점[극]에 다다르다: seine Ansprache gipfelte in der Forderung nach mehr Demokratie 그의 인사말은 민주주의를 더 요구함으로써 정점에 이르렀다.

Gips [gɪps], der; -es, (Arten) -e [lat. gypsum < griech. gýpsos] **1. a)** 석고. **b)** 풀회: der G. bindet schnell ab 석고는 빨리 굳는다; eine Büste aus G. 석고 흉상(石膏胸像). **2.** Gipsverband의 약칭: den G. abnehmen[erneuern] 깁스를 풀다[새 것으로 갈다]; den rechten Arm in G. haben 오른팔에 깁스를 대고 있다.

Gips-: ~**abdruck**, der 석고 모형(대상을 직접 석고로 뜬 것). ~**abguß**, der 석고 모형. ~**bein**, das (통용어) 깁스를 댄 다리. ~**bett**, das [의학] 깁스 침대(환자가 누울 때 척추 부분을 안정시키기 위해 환자의 신체에 맞게 제작함). ~**binde**, die [의학] 석고 붕대. ~**brei**, der 풀회, 석고 반죽. ~**büste**, die 석고 반신상(半身像). ~**diele**, die [건축] 풀회 마루. ~**figur**, die 석고상(像), der [석고형(型)](석고로 만든 거든). ~**kopf**, der **1.** 《드물게》 석고 두상(頭像). **2.** 《통용어·폄》 바보, 얼간이. ~**korsett**, das [의학] 깁스 코르셋(척추 질환자 따위가 환부의 고정 안정을 위하여 대는 기구). ~**krawatte**, die [의학] 목 깁스. ~**maske**, die 석고면(데드마스크 따위의). ~**mehl**, das 석고 가루. modell, das ↑~abguß. ~**platte**, die [건축] ↑~diele. ~**säge**, die [의학] 깁스 절단용 톱. ~**verband**, der 석고 붕대, 깁스: jmdm. einen G. anlegen [den G. abnehmen] 누구에게[로부터] 깁스를 대다[깁스를 떼다].

gipsen ['gɪpsn̩] ⟨h⟩ **1.** 석고[풀회]를 바르다: eine Decke g. 천정에 석고를 바르다; der Arzt hat den gebrochenen Arm sofort gegipst (통용어) 의사가 부러진 팔에 즉시 깁스를 댔다. **2.** (포도에서 짜낸 즙(汁)을) 소(消) 석회로 처리하다(신맛을 줄이고 빛깔과 투명도를 높이기 위하여): das Gipsen des Weines ist in Deutschland verboten 독일에서는 포도주의 소석회 처리가 금지되어 있다. **Gipser** ['gɪpsɐ], der; -s, - 석고 세공인. **gipsern** ['gɪpsɐn], ⟨Adj.⟩ 석고(製)의.

Gipüre [giˈpyːrə], die; -n [frz. guipure] 일종의 레이스 세공, (엷은) 레이스.

Giraffe [giˈrafə], die; -n [ital. giraffa] 기린(麒麟).

Giralgeld [ʒiˈraːl-], das; -(e)s, -er [금융] 장부상의 돈, 대체금(對替金).

Girandola [dʒiˈrandola], **Girandole** [ʒiranˈdoːlə, ʒira...], die; ...len [frz. girandole < ital. girandola] **1. a)** (불꽃놀이에서) 부채꼴 또는 원형으로 솟아오르는 불덩어리. **b)** 회전 불꽃. **2.** (바로크 시대의) 여러 갈래의 가지 달린 촛대.

Girant [ʒiˈrant], der; -en, -en [ital. girante] [금융] (어음) 배서인(背書人), 양도인(讓度人).

Girardihut [ʒirardi-], der; -(e)s, ...hüte (유행) (20세기 초에 유행한) 챙이 곧고 납작한 신사모(帽).

Girat [ʒiˈrat], der; -en, -en, **Giratar** [ʒiraˈtaːɐ̯], der; -s, -e [ital. giratario] [금융] (어음) 피배서인(被背書人), 양수인(讓受人). **gierbar** [ʒiˈriːbaːɐ̯] ⟨Adj.⟩ [금융] 양도 가능한, 뒷보증[배서] 가능한. **girieren** [ʒiˈriːrən] ⟨h⟩ [ital. girare] [금융] 배서[양도]하다: einen Scheck [einen Wechsel] g. 수표[어음]에 배서하다.

Girl [gøːɐ̯l, gœrl], das; -s, -s [engl. girl] **1.** (통용어·흔히 농) 처녀. **2.** 댄서, 무용수, 무희.

Girlande [gɪrˈlandə], die; -n [frz. guirlande < ital. ghirlanda] 꽃장식, 화환.

Girlitz ['gɪrlɪts], der; -es, -e (의성어) 방울새 무리의 명금(鳴禽).

Giro [ˈʒiːro], das; -s, -s, österr. (또한) Giri [ital. giro] [금융] **1.** (현금 또는 유가증권의) 대체, 지로: der Betrag wird durch G. weitergeleitet [überwiesen] 그 금액은 지로로 송금된다. **2.** (어음 등의) 배서.

Giro- [-] [금융] ~**bank**, die 대체[지로] 은행. ~**geschäft**, das 대체[지로] 업무. ~**kasse**, die ↑~bank. ~**konto**, das 대체[지로]구좌. ~**scheck**, der 대체[지로] 수표. ~**verkehr**, der 대체[지로] 거래.

Girondisten [ʒirõˈdɪstn̩] ⟨Pl.⟩ [zu frz. la Gironde] (역사적) 지롱드 당원(프랑스 혁명 당시의 온건 공화 당원).

girren ['gɪrən] ⟨h⟩ (의성어) **1.** (새, 특히 비둘기가) 구구하고 울다. **2.** 키들거리며 웃다(女).

¹gis, ²Gis [gɪs], das; -, - [음악] 올림 사음. **²gis**: ↑ gis-Moll. **²Gis** ↑Gis-Dur.

gischen ['gɪʃŋ] 〈고어〉 ↑gischten. **Gischt** [gɪʃt], der; -(e)s, -e 《또한》 die; -en 〈드물게 Pl.〉 끓어오르는 물, 물거품. **gischten** ['gɪʃtn] 〈h〉 〈아어〉 거품이 일다.
Gis-Dur [《또한》 '-'-'], das; - 올림사 장조(기호: Gis). **Gis-Dur-Etüde**, die 올림사 장조 연습곡. **Gis-Dur-Tonleiter**, die 올림사 장조 음계. **gis-Moll** [《또한》 '-'-'], das; - 〈음조·곡조〉 올림사 단조(기호: gis). **gis-Moll-Etüde**, die 올림사 단조 연습곡. **gis-Moll-Tonleiter**, die 올림사 단조 음계.
Gise ['gi:zə] 기자(이집트의 도시).
gissen ['gɪsŋ] 〈s〉 【선원·항공】 (배 또는 비행기의) 위치를 측정하다.
Gitana [xi'ta:na, (span.) xi'tana], die [span. gitana] (캐스터네츠의 반주에 맞추어 추는) 격렬한 집시 춤의 일종.
Gitarre [gi'tarə], die; -n [span. guitarra] 기타: einen Sänger auf der G. begleiten 기타로 가수의 노래에 반주를 해주다; zur G. singen 기타로 맞추어 노래하다. **Gitarrenspiel**, das 기타 연주. **Gitarrenspieler**, der 기타 연주자. **Gitarrenverstärker**, der 기타 음 증폭장치. **Gitarrist** [gita'rɪst], der; -en, -en 〈직업〉 기타 연주자. **Gitarristin**, die; -nen ↑Gitarrist의 여성형.
Gitter ['gɪtɐ], das; -s, - **1.** 창살, 격자, 울타리: die G. eines Käfigs 우리의 창살; **hinter G.[-n]** 〈통용어〉 감옥 안: jmdn. hinter G. bringen 누구를 감옥으로 보내다. **2.** 【수학·화학】 회절격자, 결정격자. **3. a)** [특히 수학] 격자. **b)** ↑Gitternetz. **4.** [전기] 차폐(叉蔽) 격자, 그리드.
gitter-, **Gitter-**: ~**artig** 〈Adj.〉 격자 모양의. ~**bett**, das (어린애용의) 격자 침대. ~**fenster**, das 격자창: die G. des Gefängnisses 감옥의 창살. ~**leinen**, das ~stoff. ~**leiter**, die [체조] 격자 사다리. ~**mast**, der [기술] 격자형 마스트(고압전류용, 군함용). ~**netz**, das [지도] (지도상에 그은) 바둑 눈금. ~**rost**, der [的 격자 받침살대(굴이나 지하실 창 위에 덮어 지나다닐 수 있게 함). ~**schlange**, die ↑Netzschlange. ~**spannung**, die [전기] 격자 전압. ~**stab**, der 격자막대기. ~**ställchen**, das 작은 격자 우리. ~**stein**, der 〈Pl.; ~ziegel. ~**stoff**, der [섬유] 자수용 캔버스. ~**strom**, der [전기] 격자 전류. ~**struktur**, die [물리] (결정의) 격자 구조. ~**tüll**, die [섬유] (커튼용의) 그물 무늬 튈(망사). ~**tür**, die 격자문. ~**werk**, das 〈Pl. 없음〉 **a)** 격자 세공. **b)** 격자물. ~**zaun**, der 격자울타리. ~**ziegel**, der [토목] 격자구멍 벽돌.
gittern ['gɪten] 〈h〉 〈드물게〉 격자를 설치하다.
giusto ['dʒusto] 〈Adv.〉 [ital. giusto] 【음악】 지우스토, 정확하게, 정확하게: allegro g. 적당히 빠르게.
Givrine [ʒi'vrin], -(s) [zu frz. givre] (부인용 외투에 쓰는) 흠 줄진 팔목 천.
Glabella [gla'bɛla], die; ...llen [nlat.] [인류] 양미간.
Glace [frz. glace] **1.** [glas], die; -s (glas] **a)** (음식에 입히는) 설탕옷. **b)** 고기젤리. **2.** ['glasə], die; -n 《schweiz.》 아이스크림.
Glacé [gla'se:], der; -(s), -s [frz. glacé] **1.** 윤이 나는 견사. **2.** 〈Pl.〉 ↑Glacéhandschuhe.
Glacé-: ~**gerbung**, die (부드러운 가죽 장갑을 만들기 위한) 무두질. ~**handschuh**, der [frz. gants glacés (Pl.)] 윤이 나는 가죽 장갑: jmdn.[etw.] **mit -en anfassen** 〈통용어〉 누구를 정중하게 대접하다(무엇을 조심스럽게 다루다). ~**leder**, das 어린 양이나 염소의 가죽이 죽으로 된 부드럽고 윤이 나는 가죽.
glacieren [gla'si:rən] 〈h〉 [frz. glacer] **1.** 〈고어〉 얼게 하다. **2.** [요리] 고기젤리를 끼얹다(입히다). **3.** 〈Adj.〉 ↑glasieren 참조. **Glacis** [gla'si:], das; -, [gla'si:(s)], - [gla'si:s; frz. glacis] [군사] **a)** (보루의) 경사면(斜堤).

b) (요새 앞에 설치한) 엄호되지 않는 지대. **c)** (요새 바깥쪽 흉벽의 경사진) 차폐(遮蔽).
Gladiator [gla'dia:toɐ̯], 《또한》 ...to:ɐ̯], der; -s, -en [gladia'to:rən; lat. gladiator] (고대 로마의) 검투사. **Gladiatorenkampf**, der 검투사의 결투. **Gladiole** [gla'dio:lə], die; -n [lat. gladiolus] 글라디올러스.
glagolitisch [glago'li:tɪʃ] 〈Adj.〉 고대 교회 슬라브어(語)의. **Glagoliza** [gla'golitsa], die [serbokroat. glagoljica] 고대 교회 슬라브 문자.
Glamour ['glɛmɐ], der 《또는》 das; -s [engl.-amerik. glamour] 매혹적인 아름다움; 세련된 차림. **Glamourgirl**, das [engl.-amerik. glamour girl] 글래머걸, 매혹적인 여자, 미녀, 모델: ein berühmtes G. des Musikfilms 음악 영화의 유명한 배우. **glamouros** 〈Adj.〉 매혹적인 차림의.
Glans [glans], die; Glandes ['glandeːs; lat. glāns (2격: glandis)] [의학] ↑Eichel (2).
Glanz [glants], der; -es **a)** 광채, 빛남, 광택; 윤: der seidige G. ihrer Haare 그 여자 머리칼의 비단 같은 광택: seinen G. verlieren 그의 빛을 잃다; sie war von überirdischen G. des goldenen Kreuzes geblendet 그녀는 황금빛 십자가의 초자연적인 광채에 눈이 부셨다; 〈성구〉 welcher G. in meiner Hütte! 이 누추한 곳에 웬 영광인지! 〈기대하지 않은 방문객에 대한 반어(反語)적인 사말〉. **b)** 미(관), 장관(壯觀), 장려; 영광, 훌륭함: ein hohler (trügerischer) G. 공허한[거짓] 미관; Stimme hat G. verloren 그의 음성은 윤기를 잃어 버렸다; ein Fest mit großem G. feiern 화려하게 축제를 올리다; etw. kommt zu neuem G. 무엇이 새로이 각광을 받다; **mit G.** 〈통용어〉 아주 훌륭하게, 뛰어나게, 우수하게: er hat die Schwierigkeit mit G. gemeistert 그는 그 난관을 훌륭하게 극복했다. **G. und Gloria** 사회적 존경과 칭찬: nach G. und Gloria streben 사회적 존경과 칭찬을 얻으려고 애쓰다; **mit G. und Gloria** 《통용어·반어》 사람들의 주목을 끄는: er ist in der Prüfung mit G. und Gloria durchgefallen 그는 그 시험에서 떨어져 세상의 주목을 끌었다.
glanz-, **Glanz-**: ~**abzug**, der [사진] 광택 인화. ~**appretur**, die [섬유] 마무리, 윤[광택]내기. ~**auge**, das [의학] **1.** 휘안(輝眼)(바제도병의 초기 징후). **2.** ↑Pfauenauge. ~**blech**, das [기술] (유황산과 초석(硝石)산의 혼합물을 사용하는) 구리 및 구리 합금의 광택 처리. ~**bügeln**, das; -s 〈옛〉 (풀먹인 흰 빨래의) 광택내기 다림질. ~**bürste**, die 광택을 내는 솔. ~**erfüllt** 〈Adj.〉 〈아어〉 광채로 가득한. ~**form**, die 〈통용어〉 최상의 컨디션. ~**haut**, die [의학] 새 살. ~**idee**, die 〈통용어〉 훌륭한[비상한, 뛰어난] 생각. ~**kohle**, die 무연탄. ~**leistung**, die 뛰어난 성적[기록], 혁혁한 업적. ~**licht**, das 〈Pl. -er〉 **a)** 매끄러운 물체에서 비치는 반사광. **b)** [미술] (회화에서 작은 반점을 사용한) 광택 묘사: **einer Sache -er aufsetzen** 어떤 것을 다른 것을 통하여 효과적으로 나타내다: er setzte seinem Artikel noch ein paar -er auf 그는 그 글에 몇 가지 광채를 보탰다. ~**los** 〈Adj.〉 광택[윤기]이 없는, 흐릿한, 침침한: ihr Haar war[wirkte] g. 그녀의 머리칼에 윤기가 없었다[없어졌다]. ~**losigkeit**, die 무광택. ~**nummer**, die 하일라이트 레퍼토리. ~**papier**, das 광택지: Christbaumschmuck aus G. 금, 은박지로 만든 크리스마스 트리 장식. ~**parade**, die [스포츠] 골키퍼의 선방(善防). ~**periode**, die ↑~zeit. ~**polieren**, das; -s 문질러 광택내기. ~**politur**, die 광택약. ~**punkt**, der 하일라이트. ~**rolle**, die 〈통용어〉 der Mephisto war eine der -n Gründgens 메피스토는 그륀트겐스의 걸작역 가운데 하나였다. ~**ruß**, der (굴뚝 벽에 생긴) 광택

검댕이. ~schleifen, das; -s [기술] 광택내기 연마. ~stück, das a) 걸작, 명작; 최고 성적[기록, 업적]. b) 보석, 진주, 보옥, 보물: dieser seltene Stein ist das G. seiner Sammlung 이 희귀한 돌은 그의 수집품 가운데 보물이다. ~tat, die ↑~leistung. ~voll 〈Adj.〉 a) 광택이 나는, 훌륭한, 혁혁한: ein Examen g. bestehen 훌륭한 성적으로 시험에 합격하다. b) 장려(壯麗)한, 화려한, 호화로운. ~zeit, die 전성기.

glänzen ['glɛntsn̩] 〈h〉 a) 빛나다, 번쩍거리다: ihre Augen glänzen feucht 그녀의 두 눈이 (눈물에) 젖어 빛나고 있다; der Boden glänzt von Sauberkeit 바닥이 번쩍거릴 정도로 깨끗하다. b) 눈에 띄다, 감탄을 자아내다, 뛰어나다: durch Wissen(Talent) g. 지식(재능)으로 감탄을 자아내다; bei jeder Gelegenheit versucht sie zu g. 그녀는 기회 있을 때마다 눈에 띄려고 한다; er glänzte besonders beim Weitsprung 그는 특히 넓이뛰기에 뛰어났다; durch Abwesenheit g. 결석이다. glänzend 〈Adj.〉《통용어》훌륭한, 굉장한, 뛰어난: ein -er Einfall 굉장한 착상; sie kommen g. miteinander aus 그들은 서로 아주 의좋게 지내고 있다; es geht ihr g. 그녀는 아주 잘 지내고 있다. glänzendschwarz 〈Adj.〉 검게 윤이 나는.

¹Glarner ['glarnɐ], der 글라루스 사람. ²Glarner 〈Adj.: 격변화 없음〉 glarnerisch ['glarnarɪʃ] 글라루스의.

Glarus ['glɑːrʊs] 글라루스(스위스의 주(州)와 도시).

¹Glas ['glɑːs], das; -es, Gläser ['glɛːzɐ] 《용량표시》- 1. 〈Pl. 없음〉 유리: G. (zer)bricht leicht 유리는 쉽게 깨어진다; ein Bild unter[hinter] G. setzen 그림을 유리판에 대다; [성구] du bist nicht aus G.!《통용어》너는 내 시야를 가리고 있다! 2. a)《축소형: ↑Gläschen》유리잔, 글라스, 컵: das G. füllen [austrinken] 잔을 채우다[비우다]; zwei G. Wein 《양의 단위로서 Pl. 없음》두 잔의 포도주; sie nippte am G. 그녀는 조금씩 마셨다; den Erfolg mit einem G. (Wein) begießen 한 잔의 술로 성공을 축하하다; ein G. über den Durst trinken, zu tief ins G. gucken [schauen]《통용어·농》과음하다. b)《축소형》유리그릇, 유리관:《축소형: ↑Gläschen》venezianisches G. schmückt das Regal 베네치아 풍의 유리잔이 선반을 장식하고 있다. c) 《아어》 안경갑: er trägt dicke[dunkle] Gläser 그는 두꺼운[검은] 안경을 끼고 있다; seine Gläser aufsetzen 안경을 쓰다. d) 망원경, 오페라 글라스의 약칭. ²Glas [-], das; -es, -en [niederl. glas 예전에는 배위에서 쓰던, 30분을 잴 수 있는 모래 시계를 가리켰음] [선원] 30분: die Wachzeit von je vier Stunden ist in acht -en eingeteilt 4시간씩의 보초 시간은 8회의 30분 점종(點鐘)으로 나뉘어 있다.

glas-, Glas- (¹Glas): ~aal, der 투명한 뱀장어 새끼(유충형). ~apparatebläser, der 의학용 유리 기구 및 용기 제조인. ~arbeit, die 유리 제조; 유리 제품. ~artig 〈Adj.〉 유리 모양의. ~auge, das (유리로 만든) 의안(義眼). ~ballon, der 둥근 유리병(산류(酸類)용). ~batist, der 투명하고 고급 삼베. ~bau, der (Pl. -ten) 유리벽 또는 유리 지붕을 얹은 건물. ~baustein, der 《대개 Pl.》 유리 벽돌. ~bedeckung, die ↑~dach. ~behälter, die 유리 용기. ~bläserei [-blɛːzə'raɪ], die; -en 1. 〈Pl. 없음〉 유리 가공. 2. 유리 가공 공장. ~bläserpfeife, die 유리 부는 관. ~bläserstar, der [의학] (지나친 열복사에 의한) 눈동자 흐림[직업병]. ~bohrer, der 유리 천공기. ~bord, das 유리판. ~brillant, der 유리로 만든 모조 보석. ~bruch, der 유리 조각. ~bruchversicherung, die

↑~versicherung. ~dach, das 유리 지붕. ~fabrik, die 유리 공장. ~fabrikation, die 유리 제조. ~faden, der 유리실. ~faser, die 《대개 Pl.》 유리 섬유. ~faseroptik, die ↑유리 섬유 광학. 2. 유리 섬유 광학 시설[기구]. ~faserpapier, das 여과용 유리 섬유 지(紙). ~faserverstärkt 〈Adj.〉 유리 섬유로 심을 넣음. ~fassade, die 유리 벽면. ~fenster, das ↑Fensterscheibe. ~fiber, die ↑~faser. ~fiberstab, der [육상] (장대높이뛰기용) 유리 섬유 장대. ~flasche, die 유리 병, 플라스크. ~flügler, der 흰무늬날개무늬 방. ~fluß, der 모조보석용 유리 용괴(溶塊). ~form, die (내화유리로 만든) 빵(과자) (제조)틀[형]. ~garn, das 유리 케이블. ~gedeckt 〈Adj.〉 유리로 덮은. ~gefäß, das 유리 그릇. ~gemälde, das 유리 그림. ~geschirr, das 유리 기구, 유리 제품. ~gespinst, das (털실 모양의) 유리 섬유. ~gewebe, das 유리 섬유 직물. ~glocke, die a) 유리 종. b) (치즈 따위를 덮어두는 종 모양의) 유리: jmdn. in Watte packen und eine G. darüberstülpen《통용어·반어적》 누구를 지나치게 보호하다. ~graveur, der 유리판 조각사. ~gravierung, die 유리판 조각. ~griff der 유리의 핸들; 유리를 부품리는 쇠. ~harfe, die ↑~klavier. ~hafenprobe, die (공명(共鳴)판 위에 늘어 놓은 유리 종을 손으로 건드려 부드러운 소리를 내도록한 악기. 한 손으로 3개의 음을 연주할 수 있음). ~harmonika, die 유리 하모니카(큰 유리 종 안에 작은 유리 종들을 크기에 따라 차례로 넣은 다음, 수평축에 고정시켜서 추를 이용하여 돌려가며 젖은 손으로 건드리면 피리 비슷한 소리가 나도록 한 악기). ~hart 〈Adj.〉 a) ['-ˈ-] 유리처럼 딱딱한. b) ['-ˈ-] [스포츠] 심한[격렬한]: ein -er Schuß 강슛. ~haus, das 온실: [속담] wer (selbst) im G. sitzt, soll nicht mit Steinen werfen 스스로 온실 안에 있는 사람은 돌을 던질 수는 없다(자기와 똑같은 결점을 가진 남을 비난해서는 안된다). ~hell 〈Adj.〉 유리처럼 투명한: der Tautropfen schimmerte g. 이슬방울이 유리처럼 투명하게 빛났다. ~herstellung, die 유리 제조. ~hütte, die 유리 제조소[공장]. ~industrie, die 유리 공업. ~kasten, der a) 유리 상자. b) 《통용어》 유리벽을 두른 공간(수위실 등). ~kinn, das 《권투용어》 약한 턱: der Herausforderer hat ein G. 도전자는 턱이 약하다. ~kirsche, die ↑Amarelle. ~klar 〈Adj.〉 1. ['--] 유리처럼 맑은[투명한]: die -e Gebirgsluft 유리처럼 맑은 산 공기. 2. ['-ˈ-] 매우 분명한. ~knopf, der 유리 단추. ~kolben, der 플라스크. ~kollektor, der (전문어) 유리 병 통조림. ~kopf, der 경철광(鏡鐵鑛), 콩팥 모양의 철광. ~körper, der [의학] (안구의) 수정체. ~körpertrübung, die 수정체 혼탁[이상]. ~kugel, die (장식용) 유리공, (둥근) 전구의 갓, (램프의) 둥피, 구. ~kuppel, die 둥근, 유리 지붕. ~lot, das (낮은 온도에서 녹는) 용접용 유리. ~maler, der [직업명] 화공(畫工). ~malerei, die 유리 채색법, 유리 그림. ~masse, die ↑~schmelze. ~mehl, das ↑~pulver. ~mosaik, das 유리 모자이크. ~nudel, die 《대개 Pl.》 (쌀가루로 만든) 가는 국수, 당면. ~palast, der (반어) 유리 성(城)(궁전) (전면이 유리로 된 큰 유리창이 많은 건물). ~papier, das 사포(砂布), 사지(砂紙). ~perle, die 유리 구슬, 염주 구슬, 모조 진주. ~plastik, die 유리 조각(품). ~platte, die 유리판. ~pulver, das 유리 가루. ~rahmen, der 1. 유리 테. 2. 유리 액자. ~reiniger, der 유리 청소제[기]. b) 유리 청소부. ~rohr, das 유리 관, 유리 통. ~röhrchen, das (알약 보관용) 작은 유리 통. ~röhre, die 유리 파이프. ~schale, die 유리 접시. ~scheibe, die 유리창, 창유리. ~scherbe, die 유리 파편, 유리 조각. ~schirm, der 유리로 된 전등갓.

~schleifer, der a) 유리 세공인. b) 《광학 기구를 만드는》 유리 연마공. ~schleiferei, die 유리 연마, 유리 연마업, 유리 연마공장. ~schliff, der a) 유리 조각(彫刻), 유리 연마. b) 갈고 닦는 ~schmelze, die 유리 용해(물). ~schmuck, der 유리 장식품, 유리 장신구. ~schneider, der 유리 칼, 유리 자르는 기구. ~schnitt, der 유리 절단. ~schrank, der 유리 찬장, 유리 그릇 찬장. ~schüssel, die 유리 접시, 유리 대접. ~sorte, die 유리 종류. ~spiel, das 《음악》 유리 악기. ~splitter, der 유리 파편, 유리 조각. ~staub, der ↑~pulver. ~stein, der ↑~baustein. ~stöpsel, der 유리 마개. ~stück, das 유리 조각, 유리 파편. ~sturz, der 《südd., österr., schweiz.》 ↑~glocke (b): den Käse unter den G. stellen 치즈를 유리 뚜껑 아래에 놓다. ~tisch, der 유리 탁자, 유리 책상. ~tür, die 유리문. ~überdachung, die 유리 지붕. ~veranda, die 유리 베란다. ~verpackung, die 저장용 유리 용기. ~versicherung, die (파손시를 대비한) 유리 보험. ~vitrine, die 유리 진열장. ~wand, die 유리벽. ~ware, die 《대개 Pl.》 유리 제품. ~watte, die 유리 면(綿). ~weise 〈Adv.〉컵으로, 컵에 한 잔씩: Wein wird häufig g.verkauft 포도주는 흔히 한 잔씩 판다. ~weizen, der ↑Hartweizen. ~werk, das a) ↑~fabrik. b) 《고어》 유리 제품. ~werker, der 《직업명》 유리 제조인. ~wolle, die (털실 모양의) 유리 섬유, 솜. ~ziegel, der 유리 벽돌. ~zylinder, der 유리 원통(圓筒).

Gläschen [ˈglɛːçən], das; -s, - 작은 잔(↑¹Glas (2 a, b)): etw. mit einem G. begießen《통용어》무엇에 한잔 붓다(술을 마시며 축하하다). ¹glasen [ˈglaːzn], 〈h〉 《드물게》 (액자에) 유리를 끼우다. ²glasen [-], 〈h〉 《선원》 점종(點鐘)을 울리다. Glaser, der; -s, - 유리공, 창유리 제조인: 〈속어〉 ist[war] dein Vater G.? 《통용어·농》 너의 아버지가 유리 끼우는 사람이냐[이었느냐](내 앞을 가로 막으면 볼 수 없지 않은가)?

Glaser-: ~diamant, der 유리 자르는 다이아몬드. ~handwerk, das 유리장이의 일. ~kitt, der 《창》 유리를 고착시키는 접합제. ~meister, der 유리가게의 주인.

Gläser-: ~bord, das 유리 그릇 선반. ~klang, der 《아어》 (건배할 때의) 컵이 부딪치는 소리. ~tasserl, das 《österr. · 통용어》 유리 잔 받침. ~tuch, das 유리 닦이 천.

Glaserei [glaːzəˈraɪ], die; -en a) 유리 가게, 유리 세공(장), 유리 공장: in einer G. arbeiten 유리 공장에서 일하다. b) ↑Glaserhandwerk. (Pl. 없음) 유리 가게[직공]의 일: die G. erlernen 유리 일을 익히다. gläsern [ˈglɛːzɐn] 〈Adj.〉 1. 유리로 된[만든]. 2. 유리 같은, 꼼짝 않는, 투명한. glasieren [glaˈziːrən] 〈h〉 a) 에나멜(니스)을 바르다, 윤이 나게 하다: Wände waren hier von farbig glasierten Ziegeln 여기의 벽은 다채롭게 니스가 칠해진 벽돌로 구성되었다. b) 《요리》 음식(과자)에 당의(糖衣)를 입히다. glasig [ˈglaːzɪç] 〈Adj.〉 1. 무표정한, 유리 처럼 침착한 《꺼풀 없는, 무표정한》 눈초리. 2. a) 유리 같은, 유리질(質)의: Speck mit Zwiebeln anbraten, bis alles g. ist 모든 것이 유리빛이 될 때까지 비계를 양파와 함께 볶으시오. b) 차갑게 반짝이는.

Glast [glast], der; -(e)s 《südd., schweiz. · 시어》 광택. glastig 〈Adj.〉 《südd., schweiz., · 시어》 광채(광택)이 나는.

Glasur [glaˈzuːɐ̯], die; -en [Glas u.-ur] a) (도자기의) 광택면; 에나멜, 니스, 잿물. b) 《요리》 음식(과자)의 당의(糖衣), 아이싱(설탕 입힌 것).

glatt [glat] 〈Adj.〉《통용어》glätter, glätteste) 1. a) 울퉁불퉁하지 않은, 매끄러운: sich im ~en Wasser spiegeln 매끄러운 물 속에 자기의 모습을 비추어 보다; g. rechts stricken (무늬없이) 평직으로 짜다; -e Haut (주름살이 없는) 매끄러운 피부; 전의 ein -er Stil 매끄러운 [유려한] 문체; er schrieb eine -e Eins 《통용어》 그는 (확실한) 최고 성적을 받았다; die Rechnung ging g. auf 계산은 매끄럽게[정확하게] 맞아 떨어졌다. b) 미끄러운: es ist heute g. draußen 오늘 바깥은 미끄럽다; die Fische waren so g., daß er sie nicht festhalten konnte 그가 꽉 잡을 수 없을 만큼 물고기들은 미끄러웠다. 2. 순조로운, 원활한, 원만한: ein -er Landung 순탄한 착륙; ein -er Bruch 《의학》 순조로운 탈장(脫腸); die Sache geht g. vonstatten 일이 순조롭게 진행된다. 3. 《통용어》 분명한, 숨김없는: das ist eine -e Lüge 그것은 분명한 거짓말이다; sie konnten ihre Gegner g. schlagen 그들은 적을 확실하게[훨씬 앞서서] 물리칠 수 있었다; er sagte es ihm g. ins Gesicht 그는 그것을 그에게 솔직하게 말했다; das haut mich g. um 《경》 그것은 나를 당황하게 한다. 4. 지나치게 능숙한, 지나치게 공손한, 아첨하는: ein -er Diplomat 능숙한 외교관.

glätt-, Glätt-: ~bügeln 〈h〉 매끄럽게 다리미질하다: einen zerknitterten Rock g. 구겨진 치마[저고리]를 매끄럽게 다리다. ~decker, der 〈전원〉 (상갑판 구조물이 없는) 천창(天窓) 요트. ~eis, das 평활(平滑)한 얼음, 빙판(길): auf dem G. ausrutschen 얼음판길 위에서 미끄러지다; bei G. sollte man vorsichtig fahren 길이 얼었을 때에는 조심스럽게 차를 몰고 가야 한다; jmdn. aufs G. führen 누구를 궁지에 빠뜨리다[누구를 속임수에 걸다]; aufs G. geraten 궁지에 빠지다. ~eisbildung, die 얼음판길 형성. ~eisgefahr, die 얼음판길의 위험: in den Nachrichten wurde vor G. gewarnt 뉴스에서 얼음판길의 위험을 경고했다. ~gehen* 〈s〉 순조롭게 진행되다: ich freue mich, daß die Fahrt glattgegangen ist 여행이 순조롭게 진행되어서 나는 기쁘다. ~hafer, der (사료용) 귀리의 일종. ~hobeln 〈h〉 대패질을 해서 매끈매끈하게 만들다. ~kämmen 〈h〉 가지런히 빗질하다: das Haar g. 머리를 가지런히 빗다. ~legen 〈h〉 (주름이 지지 않도록) 평평하게 두다. ~machen 〈h〉 1. 매끄럽게 하다, 고르다. 2. 《통용어》 (밀린 계산서를) 지불하다, 청산하다. ~polieren 〈h〉 매끄럽게 닦다, 반드럽게 다듬다. ~randig 〈Adj.〉 가장자리가 매끄러운. 《식물》 전변(全邊)의, 전연(全緣)의. ~rasieren 〈h〉 매끄럽게 면도질하다. ~rühren (덩어리가 생기지 않을 때까지) 저어 풀다: Mehl in Milch g. 밀가루를 우유에 저어 풀다. ~schleifen* 〈h〉 매끈매끈하게 갈다(닦다): Kieselsteine werden durch das Aneinanderreiben im bewegten Wasser glattgeschliffen 자갈들은 거센 물 속에서 서로 부딪쳐 매끈매끈하게 갈린다. ~schneien* 〈h〉 똑바로[평평하게] 쌓이다. ~stellen 〈h〉 1. 《상·금융》 청산하다: die Buchung g. 부기를 청산하다. 2. 일상 업무를 처리하다. ~stellung, die 차감(差感) 계산, 청산. ~streichen* 〈h〉 평평하게[매끄럽게] 하다, (머리 따위를) 쓰다듬어 붙이다: zerknülltes Papier g. 구겨진 종이를 쓰다듬어 펴다. ~strich, der 《토건》 모르타르 겉칠 표면. ~walze, die (도로를 고르게 하는) 압연기. ~walzen 〈h〉 압연기로 땅을 고르다: den Schotter g. (길에 깔기 위한) 자갈을 고르게 하다. ~wandig 〈Adj.〉 매끄러운 벽을 지닌. ~weg 〈Adv.〉 《통용어》 간단하게, 딱 잘라, 솔직하게: eine Sache g. ablehnen 어떤 일을 딱 잘라서 거절하다. ~ziehen 〈h〉 잡아 늘여서(당겨서) 평평하게 하다. ~züngig [-tsʏŋɪç] 〈Adj.〉 《아어·폄》 유창한, 구변이 좋은, 알랑거리는. ~züngigkeit, die 유창함, 구변이 좋음, 알랑거림.

Glätt-: ~eisen, das 《schweiz.》 ↑Bügeleisen. ~presse, die 《드물게》 ↑Kalander. ~stahl, der 《지역적》 ↑Bügeleisen.

Glätte ['glɛtə], die **1. a)** 매끈매끈함, 평활, 광택: die G. des Spiegels 거울의 매끈한 표면. **b)** 미끄러움: die G. des Eises 얼음의 미끄러움. **2.** 《편》 아첨, 교언(巧言), 감언(甘言); 유려(流麗), 유창. **glätten** ['glɛtn̩] ⟨h⟩ **1. a)** 미끄럽게 하다; 갈다, 닦다; 광을 내다: Falten des Kleides g. 옷의 주름을 펴다; 〔전의〕 jmds. Zorn g. 누구의 노여움을 풀어주다. **b)** ⟨g. + sich⟩ 잔잔해지다: nach dem Sturm beginnt das Meer sich zu g. 폭풍 뒤에 바다는 다시 잔잔해지기 시작한다; 〔전의〕 die Wogen der Erregung haben sich geglättet 흥분의 물결은 잔잔해졌다. **2.** (schweiz.) 다리미질하다. **glatterdings** ['glatɐdɪŋs] ⟨Adv.⟩ 거리낌없이, 사양 않고, 딱 잘라, 솔직하게. **Glätterin** ['glɛtərɪn], die (schweiz.) 다리미질하는 여자. **Glättung** ['glɛtʊŋ], die; -en 매끄럽게 하기(되기). **Glattheit**, die ↑Glätte. **Glattigkeit**, die; -en 〈지역적〉 ↑Glätte 참조.

Glatze ['glatsə], die; -n 머리의 벗어진 곳, 대머리: eine G. bekommen(haben) 대머리가 되다: sich (eine) G. schneiden lassen 〔통속어〕 머리를 짧게 깎다. **Glatzkopf**, der; -(e)s, ..köpfe **a)** 대머리. **b)** 〔통속어〕 대머리를 가진 사람: 〔전의〕 der Wagen hat vorn links einen G. 그 차의 왼쪽 앞바퀴가 다 닳았다. **glatzköpfig** ⟨Adj.⟩ 대머리의. **Glatzköpfigkeit**, die 대머리임.

Glaube ['glaʊbə], der; -ns (드물게 ↑Glauben) **1.** 믿음, 신용, 신뢰; 신념: in vielen Menschen lebt der G. an das Gute 많은 사람들은 선(善)을 믿고 있다; jmdm. -n schenken 누구를 믿다; man muß ihm den -n lassen 그의 믿음을 허락하면 안된다; von diesem -n ist er nicht abzubringen 그의 이러한 신념은 꺾을 수가 없다; G. und Schönheit 《나치》 믿음과 아름다움(독일 처녀의 분과로서 18~21세의 처녀들의 생활 교육을 담당함); 〔성구〕 der G. versetzt Berge [kann Berge versetzen] 완전한 믿음은 산도 옮긴다[옮길 수 있다](고린도전서 13장 2절); **den -n an jmdn. [etw.] verlieren** 누구[무엇]에 대한 신뢰를 잃다; **sich in dem -n wiegen, daß** ... ⟨아어⟩ ···라는 그릇된 견해를 갖다; **im guten [in gutem] -n** 선의(善意)로서. **2. a)** 종교적 신념: in festem G. bestimmte sein Leben 굳은 신앙이 그의 인생을 결정했다; seinen -n (an Gott) nie verlieren (신의 존재에 대한) 그의 신앙을 결코 잃지 않는; von echtem -n erfüllt sein 진정한 신앙심으로 가득 차다. **b)** 신앙, 신조; 종교, 종(宗)(파): der christliche G. 기독교; seinen -n bekennen 자신의 신앙을 고백하다; für seinen -n kämpfen 자신의 종교를 위하여 투쟁하다. **glauben** ⟨h⟩ **1. a)** 믿다, 어떤 견해를 지니다: glaubst du, daß er kommt? 너는 그가 오리라고 생각하니?; **ich glaube gar** 〔통속어〕 그런가, 그럴까 (놀람, 의혹, 거부의 표현); **jmdn. [etw.] g. machen wollen** 누구로 하여금 무엇을 믿게 하다. **b)** 잘못 여기다: sich allein g. 혼자라고 여기다; ich glaubte mich im Recht 나는 내가 옳다고 여겼다. **2. a)** 옳다고 믿다: etw. sicher g. 무엇을 확실하다고 믿다; man muß nicht alles g., was in der Zeitung steht 신문에 난 것이라고 모두 다 믿을 필요는 없다; sie glaubt jedes seiner Worte [glaubt ihm jedes Wort] 그녀는 그의 말이라면 다 믿고 듣는다; du glaubst nicht, wie ich mich freue! 내가 얼마나 기뻐하는지 너는 믿지 않을거야!; 〔성구〕 wer's glaubt, wird selig [und wer's nicht glaubt, kommt auch in den Himmel] 〔통속어 · 농〕 나는 결코 믿지 않는다; **das ist doch kaum [nicht] zu g.** 그것은 믿지 못할 일이다. **b)** 누구[무엇]을 신용하다: ich glaube an ihn 나는 그를 신뢰한다; an das Gute g. 선(善)을 믿다; an sich selbst g. 자신을 믿다. **3. a)** 굳은 신앙을 지니다: zu g. beginnen 신앙을 갖기 시작하다. **b)** 누구[무엇]의 존재를 확신하다: an Gott g. 신의 존재를 확신하다; **dran g. müssen 1)** 〔경〕 죽다. **2)** 〔통용어〕 재수 없는 일에 걸리다, 차례가 되다. **Glauben**, der; -s (드물게) ↑ Glaube: G. in der Welt 세계의 신앙(책 제목).

glaubens-, Glaubens-: **~artikel**, der 신조, 신앙 개조(箇條). **~bekenntnis**, das **a)** 신앙 고백. **b)** 〈Pl. 없음〉 신앙(信經): am Sonntag betet sie immer das G. 그녀는 일요일마다 신경(信經)을 외운다. **c)** 확신, (열정적으로 주장하는) 세계관: ein politisches G. 정치적 신조. **~bruder**, der 교우(教友). **~dinge** ⟨Pl.⟩ 신앙의 문제: 《대개 다음의 형태로》 in -n war er sehr doktrinär 그는 신앙의 문제에 있어서는 몹시 편협했다. **~eifer**, der 열광적인 신앙. **~fest** ⟨Adj.⟩ 믿음이 굳은. **~festigkeit**, die 굳은 신앙. **~frage**, die 신앙 문제. **~freiheit**, die 신앙의 자유. **~gemeinschaft**, die 신앙 공동체. **~genosse**, der 교우. **b)** 〈통속〉 정치적 신념을 함께 하는 사람): er sah in ihm eine Art -n 그는 그를 일종의 동지로 간주했다. **~kampf**, der 종교 투쟁. **~kraft**, die **a)** 신앙의 힘. **b)** 신앙에서의 설득력. **~krieg**, der 종교 전쟁. **~lehre**, die 교의(론), 교리. **~los** ⟨Adj.⟩ 신앙 없는, 신념이 없는. **~lose***, der / die 신앙이 없는 사람. **~sache**, die 믿느냐 안 믿느냐의 문제: die Auferstehung ist reine G. 부활은 전적으로 믿음에 관한 일이다. **~satz**, der **a)** 교리, 교의, 신조. **b)** 고정 관념. **~spaltung**, die 종파 분열. **~stark** ⟨Adj.⟩ 믿음이 굳은. **~stärke**, die 신앙의 힘. **~streit**, der 종교 논쟁. **~verschieden** ⟨Adj.⟩ 〔관〕 신앙이 다른: Regelung der Kirchensteuer bei -n Eheleuten 신앙이 다른 부부에 대한 교회세 규정. **~verwandt** ⟨Adj.⟩ 신앙이 비슷한. **~voll** ⟨Adj.⟩ 〈아어〉 믿음이 두터운. **~wahrheit**, die **a)** 교리상의 진리. **b)** 개별적인 교리의 진리 내용. **~wechsel**, der 개종 (改宗). **~zeuge**, der 신앙의 증인: Märtyrer als -n 신앙의 증인으로서의 순교자. **~zweifel**, der 신앙상의 의심. **~zwist**, der ↑ -streit.

Glaubersalz ['glaʊbɐ-], das; -es 〔화학〕 [17세기 독일 화학자 글라우버(1604~1670)의 이름에서] 글라우버염, 황산 나트륨, 망초(芒硝).

glaubhaft ['glaʊphaft] ⟨Adj.⟩ 믿을 만한, 분명한, 확실한: ein -er Bericht 확실한 보고; die Ausrede wird dadurch nicht -er 그것으로써 그 변명이 더 신용받게 되지는 않는다; ein g. gemachtes Alibi 납득이 가도록 조작된 부재 증명(알리바이). **glaubhafterweise** ⟨Adv.⟩ 믿을 만하게. **Glaubhaftigkeit**, die 믿어야 할 성, 확실성: ich bezweifle die G. dieser Aussage 나는 이 진술의 확실성을 의심한다. **Glaubhaftmachung**, die 〔법〕 소명(疏明). **gläubig** ['glɔʏbɪç] ⟨Adj.⟩ **a)** 신앙을 가진, 믿음이 두터운, 종교적인: ein gläubiger Christ 독실한 기독교인; er ist zutiefst g. 그는 신앙심이 매우 깊다. **b)** 무조건 어떤 사람[일]에 몸을 바치는; er hat -e Anhänger um sich gesammelt 그는 헌신적인 추종자들을 자기 주위에 모이게 했다. **-gläubig** (준접미사) jugend(neu)gläubig 젊음[이상]을 믿는. **Gläubige***, der/die 신자: die -n versammelten sich in der Kirche 신자들이 교회에 모였다. **Gläubiger**, der; -s, - [lat. creditor] 채권자: von seinen -n bedrängt werden 채권자로부터 독촉을 받다.

Gläubiger-: **~anspruch**, der 〔경제〕 채권자의 요구, 채권자의 청구권, 채권자의 권리. **~ausschuß**, der 〔경제〕 채권위원회. **~versammlung**, die 〔경제〕 (파산) 채권자 회의. **~verzug**, der 〔법〕 채권의 연기, 채권의 지체.

Gläubigerin, die; -nen ↑Gläubiger의 여성형. **Gläubigkeit**, die **a)** 믿음이 깊음, 경건: ihre starke G. half diesen Flüchtlingen das harte Los zu ertragen 그녀의 강한 믿음이 이 피난민들로 하여금 가혹한 운명을 견디어내도록 도와주었다. **b)** 믿음이 깊은 신뢰, 경건한 신뢰(신임): mit kritikloser G. hielt sie alles Gedruckte für wahr 무비판적인 신뢰를 가지고 그녀는 인쇄된 것은 모두 진실이라고 여겼다. **-gläubigkeit** ↑ -gläubig의 명사형. **glaublich** ⟨Adj.⟩ (다음의 용법으로) es[das] ist kaum g. 그것은 정말 같지 않다. **glaubwürdig** ⟨Adj.⟩ 믿을 만한, 신용할 만한, 확실한: eine -e Entschuldigung 신용할 만한 사과; wie er g. versicherte 그가 믿을 만큼 보증하는 것처럼. **Glaubwürdigkeit**, die 믿을 만함, 신빙성: die G. des Zeugen bezweifeln 증인의 신뢰성을 의심하다.

Glaukom [glau'ko:m], das; -s, -e [griech. glaúkōma] 〖의학〗 녹내장. **Glaukonit** [glauko'niːt, (또한) ...nɪt], der; -s, -e [griech. glaukós] 해록석(海綠石). **Glaukonitsand**, der; -(e)s 〖지질〗 대륙붕(帶陸棚)의 침전물.

Gläve ['glɛːfə] ↑ Gleve.

glazial [gla'tsiaːl] ⟨Adj.⟩ [lat. glaciālis] 얼음의, 빙원(氷原)의, 빙하(시대)의: -e Ablagerungen [Schichten] 빙하층. **Glazial** [-], das; -s, -e 〖지질〗 빙하 시대: ein steter Wechsel zwischen -en und Interglazialen 빙하 시대와 간빙기(間氷期)의 끊임없는 교체.

Glazial-: **~erosion**, die 〖지질〗 빙하의 침식(작용). **~fauna**, die 빙하 시대의 동물상(動物相)(군(群)). **~flora**, die 빙하 시대의 식물상(植物相)(구계(區系)). **~kosmogonie**, die 〖지질〗 대 빙하설, 세계 빙하설. **~landschaft**, die 빙하 시대. **~relikte** ⟨Pl.⟩ 빙하 시대의 유물(동·식물군). **~see**, der 〖지질〗 빙하로 덮인 호수, 빙하가 녹아서 생긴 호수. **~zeit**, die ↑ Glazial.

glaziär [gla'tsiɛːɐ] ⟨Adj.⟩ [frz. glaciaire] 빙하의 작용에 의해 생긴. **glazigen** [glatsi'geːn] ⟨Adj.⟩ 〖지질〗 빙하 얼음에 의해서 생긴. **Glaziologe** [glatsio'loːgə], der; -n, -n 빙하 학자. **Glaziologie** [...loˈgiː], die 빙하학(學). **glaziologisch** ⟨Adj.⟩ 빙하학의.

Gleditschie [gle'dɪtʃiə], die; -n [독일 식물학자 J. G. Gleditsch(1714~1786)의 이름에서] 글레디치나무(아카시아의 일종).

Glee [gliː], der; -s, -s [engl. glee] 글리 송(대개 남성 3부, 또는 4부 합창을 위한 17~19세기 영국의 음악).

Glefe: ↑ Gleve.

Gleiboden ['glai-], der; -s, ...böden [russ. glei] 〖지질〗 습기있고 광물을 함유한.

gleich [glaiç] **I.** ⟨Adj.⟩ **1. a)** 같은, 동일한, 한 가지의, 동등한: das -e Ziel haben 같은 목표를 가지다; -er Lohn für -e Arbeit 같은 일에 대한 같은 보수; die -en Gesichter wie gestern 날마다 같은 얼굴들[사람들]; zur -en Zeit 동시에; -e Dreiecke 합동(合同) 삼각형들; das -e gilt auch für dich 너에게도 똑같은 것이 해당된다; das kommt auf das -e[aufs -e] hinaus 그것은 결국 똑같다. **b)** 꼭 닮은, 아주 비슷한: sie hat die -e Figur wie ihre Schwester 그녀는 그녀의 언니와 꼭 닮은 모습이다; 〖성구〗 alle Menschen sind g., nur einige sind -er 모든 인간들은 비슷하다, 그러나 몇몇 인간들은 더욱 닮았다; er ist immer der -e geblieben 그는 언제나 같(원됨)이나 견해가 바뀌지 않았다); 〖성구〗 Gleiches mit Gleichem vergelten 이에는 이로, 눈에는 눈으로 앙갚음을 하다; 〖속담〗 g. und g. gesellt sich gern 끼리끼리 어울린다, 유유상종(類類相從). **2.** ⟨Prap³.의 역할로⟩ (아어) 닮은, ...처럼: sie hüpfte g. einem Ball 그녀는 공처럼 뛰어올랐다. **3. jmdm. g. sein** (통용어) 누구에게나 상관없다[마찬가지이다]: es ist mir völlig g., was du dazu sagst 네가 뭐라고 말하던 나한테는 전혀 상관없다; ganz g., ob ... ...이든 아니든 전혀 상관없다. **4.** 변함이 없는, 한결 같은: mit immer -er Freundlichkeit 언제나 한결 같은 친절[호의]로; **etw. ins -e bringen** (아어) 무엇을 정돈하다, 무엇을 해결하다, 무엇을 고르게 하다. **II.** ⟨Adv.⟩ **1. a)** 곧, 바로, 즉시: ich komme g. 나는 곧 간다(온다); g. nach dem Essen gingen sie weg 그들은 식사를 끝내고 바로 떠났다. **b)** 바로 곁에: der Gemüsestand ist am Eingang 야채가게는 바로 입구에 있다; g. hinterm Haus beginnt der Wald 집 바로 뒤에 숲이 시작된다. **2.** (대개 숫자와 함께 쓰여) 단번에, 즉각: g. zwei Paar Schuhe kaufen 한번에 두 켤레의 구두를 사다. **3.** 《수사적 질문에 별뜻 없이 쓰이는 허사(虛辭)로서》 그런데, 다만: wie hieß er g.? 그의 이름이 뭐라고 하더라?; was hat er doch g. gesagt? 그가 그런데 뭐라고 말했지? **4.** (대개 접속사와 함께 인용의 뜻으로) (아어) ...라고는 해도: ob er g. unschuldig war, nahm er doch die Strafe auf sich 비록 그에게 죄는 없었지만, 그는 벌을 받아들였다.

gleich-, Gleich-: **~achten** ⟨h⟩ (드물게 아어) 똑같이 존중하다. **~alt(e)rig** [-alt(ə)rɪç] ⟨Adj.⟩ 같은 나이의: die beiden waren g. 그 두 사람은 나이가 같았다, (명사화) sie hatte mit vierzehn schon viel mehr erfahren als andere Gleichaltrige 그녀는 이미 열네 살 때에 나이가 같은 다른 애들보다 훨씬 많은 경험을 했다. **~armig** ⟨Adj.⟩ 〖기계〗 팔의 길이가 같은. **~artig** ⟨Adj.⟩ 같은 종류의, 동질의; 매우 비슷한(반대: andersartig): zwei -e Krankheitsfälle 같은 종류의 두 질병. **~artigkeit**, die ⟨Pl. 없음⟩ 같은 종류, 동종(同種). **~auf** [-'-, 《또한》 '-'-] 〖스포츠〗 같은 수준의, 같은 순위의: g. liegen 동일한 수준에 있다. **~bedeutend** ⟨Adj.⟩ 같은 뜻의, 동등한, 동격의, 대등한. **~behandlung**, die ⟨Pl. 없음⟩ 동등한(평등한) 취급. **~berechtigt** ⟨Adj.⟩ 권리가 같은: Frauen müssen auch in der Politik g. sein mit den Männern 여성들은 정치에서도 남성들과 동등한 권리를 가져야 한다; (명사화) alle Freien als politisch Gleichberechtigte 정치적 동등권자로서의 모든 자유인. **~berechtigung**, die ⟨Pl. 없음⟩ 동등한(평등한) 권리: die G. aller Menschen, Völker und Rassen 모든 인간과 민족과 종족의 평등한 권리. **~bleiben** ⟨s⟩ **a)** 변함 없다, 마찬가지다: der Preis für diesen Artikel ist seit zehn Jahren gleichgeblieben 이 상품의 가격은 10년 전부터 변함이 없었다. **b)** (g. + sich) 변하지 않다, 여전하다: du bist dir in deinem Wesen immer gleichgeblieben 너는 본질적으로 언제나 변함이 없었다. **~denkend** ⟨Adj.⟩ ↑~gesinnt. **~druckturbine**, die ↑ Aktionsturbine. **~erbig** ⟨Adj.⟩ 〖생물〗 순(純)접합의, 동형 접합의: ein Stamm von g. roten Blüten wurde gezüchtet 동형접합의 붉은 꽃잎 달린 수목이 배양되었다. **~falls** ⟨Adv.⟩ 마찬가지로, 같게, 또, 게다가: danke g.! 고맙습니다, 저도요! **~farbig** ⟨Adj.⟩ 색이 같은. **~flügler**, der ↑ Pflanzensauger. **~förmig** ⟨Adj.⟩ 언제나 같은 방식의, 같은 모양의, 단조로운: sein Leben ist immer -er geworden 그의 생활은 점점 더 단조로워졌다. **~förmigkeit**, die ↑~förmig의 명사형. **~geartet** ⟨Adj.⟩ 동종(同種)의, 동질의, 동성의. **~gelagert** ⟨Adj.⟩ 형편[사정]이 같은. **~geschlechtig** ⟨Adj.⟩ 성(性)이 같은, 성이 같은: einiige Zwillinge sind immer g. 일란성 쌍둥이는 언제나 성(性)이 같다. **~geschlechtlich** ⟨Adj.⟩ 동성적인, 동성애의: -e Liebe 동성 연애. **2.** ↑~geschlechtig. **~geschlechtlichkeit**, die 동성애, 동성 성욕. **~gesinnt** ⟨Adj.⟩ 의견이 같은, 뜻이 같은(同志의), 마음이 같은. **~gestimmt** ⟨Adj.⟩ 같은 기분의: -e Seelen 기분이 같은 사람들, (명사화) die ⟨Pl. 없음⟩ 기분이 같음:

~gewicht, das 〈Pl. 없음〉 1. a) 평형, 균형: das G. halten 평형을 유지하다; sie verlor das G. und stützte 그녀는 균형을 잃고 넘어졌다; aus dem G. kommen 평형을 잃다, 평형이 잡힘, 조화, 안정, 의연: das G. der Kräfte 힘의 균형; Sicherung des ökologischen -s 생태계 균형의 확보. 2. 마음의 평형[안정, 조화]: sein G. bewahren 그의 (마음의) 평형을 유지하다; sich nicht aus dem G. bringen lassen 마음의 균형[안정]을 잃지 않다; jmdn. um sein inneres G. bringen 누구의 마음의 균형[안정]을 빼앗다. ~gewichtig 〈Adj.〉 균형 잡힌: Angebot und Nachfrage sollten g. wachsen 공급과 수요는 균형있게 증가되어야 한다. ~gewichtsempfinden, ~gewichtsgefühl, das 균형[평형] 감각. ~gewichtslage, die 균형[평형] 상태. ~gewichtsorgan, das [생물·의학] 평형 기관. ~gewichtssinn, der ↑~gewichtsgefühl. ~gewichtsstörung, die 평형 장해, 불균형: Trunkenheit äußert sich besonders in -en 취기는 특히 몸의 불균형으로 나타난다. ~gewichtsteil, der [체조] 평형 운동 부분: bei den -en am Schwebebalken zeigte sie Unsicherheiten 평균대 위에서의 평형 운동 부분에서 그녀는 불안정했다. ~gewichtsübung, die [스포츠] 평형 운동. ~gewichtszustand, der ↑~gewichtslage: ein G. zwischen Ost und West 동·서간의 균형 상태. ~giltig 〈Adj.〉 [고어·österr.] ↑~gültig. ~gültig 〈Adj.〉 1. 무관심한, 냉담한, 개의치 않는: ein -es Gesicht machen 냉담한 얼굴을 하다; sich g. gegen jmdn. benehmen 누구에게 무관심하게 행동하다. 2. 상관이 없는, 차별이 없는, 중요하지 않은: über -e Dinge sprechen 중요하지 않은 것에 대해서 말하다; sie ist ihm nicht g. 《아어·은폐》 그녀는 그에게 중요하다(그는 그녀를 사랑하고 있다). ~gültigkeit, die 무관심, 냉담, 중요하지 않음: ihre G. geht mir auf die Nerven 그녀의 무관심은 나의 신경을 건드린다. ~klang, der 화음, 일치, 조화: im G. 조화를 이루어, 일치되어; [전의] G. der Seelen 마음의 일치. ~kommen* 〈s〉 a) 누구[무엇]와 같다, 일치하다: eine Versetzung, die einer Beförderung gleichkam 영전. b) 필적하다, 견줄 만하다: niemand kommt ihm an Schnelligkeit gleich 빠르기에서는 아무도 그와 견주지 못한다. ~lauf, der 〈Pl. 없음〉 [기술] 같은 행정(行程): der G. muß präzise gesteuert werden 행정(行程)은 정확하게 조종되어야 한다; Uhren im G. halten 시계들을 일정하게 맞추다. ~laufend 〈Adj.〉 같은 방식으로, 같은 시간에 진행하는; 평행하는: g.mit dem Bau einer neuen Fabrikhalle soll auch ein Verwaltungsgebäude errichtet werden 새로운 공장 건물의 건축과 병행하여 행정 건물도 세워져야 한다. ~läufig 〈Adj.〉 [기술] 동시 작동의. ~läufigkeit, die [기술] 동시 작동. ~lautend 〈Adj.〉 a) 동음(同音)의: -e Wörter 동음이의어(同音異義語). b) 동음이의의: der Aufruf wurde g. überall verbreitet 그 구호는 같은 소리로 도처에 퍼졌다. ~machen 〈h〉 같게 하다; 평평하게 하다. ~macher, der [俚] 평등주의자(무조건 사회적 평등만을 주장하는 사람). ~macherei, die; -en [俚] 평등[무차별]주의: Gleichheit vor dem Gesetz ist etwas anderes als G. 법 앞의 평등은 무차별과는 다른 것이다. ~macherisch 〈Adj.〉 [俚] 평등[무차별주의]의: seine -en Theorien waren wirklichkeitsfremd 그의 무차별주의적 이론들은 현실과는 거리가 멀다. ~maß, das 〈Pl. 없음〉 a) 균형, 균제(均齊): das G. ihrer Züge 그들의 특징들의 균형. b) (진행 또는 운동의) 균형, 통일: das ewige G. der Arbeit 《俚》 노동의 영원한 단조로움. ~mäßig 〈Adj.〉 균형 잡힌, 대칭이 된: 한결같은, 똑같은: -e Schritte 한결같은 걸음걸이. ~mä-

ßigkeit, die 균형[균제]가 잡힌, 규칙적임: eine Bewegung von großer G. 대단히 규칙적인 운동. ~mittig 〈Adj.〉 동심(同心)의, 중심이 같은. ~mut, der (준고어·지역적) 태연, 침착: unerschütterlicher G. 확고한 태연함; mit gespieltem G. 위장된 태연함으로. ~mütig 〈Adj.〉 태연한, 침착한, 냉정한: ein -es Gesicht hätte den langen Zug 태연한 얼굴. ~mütigkeit, die 태연함, 무관심함. ~namig [-na:mɪç] 〈Adj.〉 a) 동명(동성)의: ein Film nach dem -en Roman von … (누구의) 같은 제목을 가진 소설을 따른 영화. b) [수학] 같은 분모의: um Brüche addieren zu können, muß man sie g. machen 분수를 더하기 위해서는 통분해야 한다. c) [물리] 극이 같은. ~namigkeit, die; -en a) 동명(同名)[동성(同姓)]. b) 공통분모. c) 동극(同極). ~ordnen 〈h〉 같은 서열[등급]에 놓다. ~ordnung, die 같은 서열, 같은 등급. ~rangig [-raŋɪç] 〈Adj.〉 동급이 같은, 같은 서열의: -e Stellungen an verschiedenen Behörden 여러 관청의 등급[계급]이 같은 관직; die beiden Straßen sind g. 그 두 길은 같은 선행권(先行權)을 갖는다. ~rangigkeit, die; -en 동급[계급]이 같음. ~richten [전기] (교류를 직류로) 정류(整流)하다. ~richter, der [전기] 정류기. ~richterröhre, die [전기] 정류관(管). ~richtung, die 〈Pl. 없음〉 [전기] 정류. ~schalten 〈h〉 〈나치〉 a) 통제하다, 〈나치〉 무조건 통합하다, 획일화하다: Parteien und Vereine wurden gleichgeschaltet 정당과 단체들이 획일화되었다. b) (g. + sich) 시류에 편승하다. ~schaltung, die 획일화, 〈나치〉 획일적 통합(제): dieser Klub war der G. zum Opfer gefallen 이 클럽은 획일적 통합의 희생이 되었다. ~schenk(e)lig 〈Adj.〉 [수학] 2등변의. ~schritt, der 〈Pl. 없음〉 (군대의) 동보(同步) 행진: der G. einer großen Kolonne kann eine Brücke in Schwingungen versetzen 커다란 대열의 동보행진은 다리를 뒤흔들리게 할 수 있다; im G. marsch! [군] 발맞춰 가!. ~sehen* 〈h〉 …처럼 보이다, …을 닮다: sie sieht ihrer Mutter gleich 그녀는 어머니를 닮았다. etw. sieht jmdm. gleich 《통용어》 무엇이 누구에게 보통이다[어울린다]: er hat verschlafen und den Zug verpaßt? Das sieht ihm mal wieder gleich! 그는 늦잠을 자서 기차를 놓쳤다? 그것은 그에게는 보통이다; etw. (nichts) gleichsehen [지역적·südd.] 이목을 끌다(끌지 못하다): Ihre Kleidung sieht nichts g. 그녀의 옷은 이목을 끌지 못한다. ~seitig 〈Adj.〉 [수학] 등변의: diese Pyramide scheint genau g. zu sein 이 피라미드는 정확히 등변인 것 같다. ~seitigkeit, die [수학] 등변: bei G. sind auch die Winkel gleich 등변에서는 각도도 같다. ~setzen 〈h〉 a) 동일시하다: Gebiete, in denen der Traum das Geschehene und das Kommende einander gleichsetzt 일어난 일과 닥쳐올 일을 꿈이 서로 동일시하는 영역; der Handarbeiter ist dem Kopfarbeiter gleichzusetzen 육체노동자는 정신노동자와 대등하게 대우를 받아야 한다. ~setzung, die a) 동일시(同一視): die G. von fortschrittlichen und sozialistischen Ideen 진보적 이념과 사회주의적 이념의 동일시. b) 동등취급: die G. der Arbeiter mit den Vertretern der Intelligenz 노동자와 지식인 대표의 동등취급. ~setzungsakkusativ, der [언어] 동등 목적격(대격(對格)). ~setzungsglied, das [문법] 대등 성분. ~setzungsnominativ, der [언어] 대등 주격. ~setzungssatz, der [문법] 대등 부문(副文). ~silbig 〈Adj.〉 동일 음절(수)의. ~sinnig 〈Adj.〉 [학문] 동일 의미의, 같은 종류의. ~stand, der 〈Pl. 없음〉 a) [스포츠] 동점, 듀스(테니스 따위의): er konnte durch einen Treffer kurz vor dem Abpfiff dem G. herstellen 그는 경기 종료 신호 직전의 슛으로 동점을 만들 수

있었다. b) [정치] 세력 균형; 균형: der nukleare G. der beiden Weltmächte 양대 강대국의 핵 균형. **~stehen*** ⟨h⟩ 누구[무엇]와 동등하다: er steht im Rang einem Oberregierungsrat gleich 그는 부이사관과 직위가 동등하다. **~stellen** ⟨h⟩ 대등하게[동격으로] 하다; 동렬에 놓다, 대립시키다: man wollte die Arbeiter der verschiedenen Zweige gehaltlich g. 여러 부문의 노동자들에게 동등한 봉급을 주려고 했다. **~stellung**, die 대등하게 함, 동렬에 놓음, 대립시킴. **~stimmig** ⟨Adj.⟩ 같은 소리의; 일치[화합]하고 있는. **~strom**, der 직류(반대: Wechselstrom). **~stromgenerator**, der 직류 발전기. **~strommaschine**, die 직류 전기(電機). **~takt**, der ⟨Pl. 없음⟩ 같은[고른] 박자: die Uhren schlagen im G. 시계들이 똑같은 박자로 가고 있다. **~tritt**, der ↑~schritt. **~tun***, ⟨h⟩ 《다음의 용법으로》 **es jmdm. g.** 1) 누구를 모방하다. 2) ~와 필적하다, ~와 겨루다: er hat es ihm an Schnelligkeit (im Trinken) gleichgetan 그는 빠르기에서[마시기에서] 그와 겨뤘다. **~viel** [-'-, '--] ⟨Adv.⟩ 매한가지로, 어쨌든, 어떻든: ich gehe weg, g. wohin 나는 떠나겠다, 어디로든지. **~wertig** ⟨Adj.⟩ 가치가 같은, 뜻이 같은, 등가(等價)의: -e Gegner 맞수들. **~wertigkeit**, die 등가(等價), 등치. **~wie** ⟨Konj.⟩ **a)** 〔아〕마치…같이. **b)** …처럼. **~wink(e)lig** ⟨Adj.⟩ 등각(等角)의, 동각(同角)의: die Lamellen sind g. angeordnet 얇은 금속 판자들이 등각으로 배열되었다. **~wohl** [-'-, '--] **1.** ⟨Adv.⟩ 그럼에도 불구하고, 그렇지만: es wird g. nötig sein, die Angaben noch einmal zu überprüfen 그럼에도 불구하고 그 진술을 다시 한번 검사해 보는 것은 필요할 것이다. **2.** ⟨Konj.⟩ 《드물게 지역적》 …에도 불구하고, …일 망정. **~zeitig** ⟨Adj.⟩ **1.** 동시의, 동시에 일어나는, 동시대의: für den 1. April war die -e Uraufführung der neuen Oper in Hamburg und München angesetzt 새로운 오페라의 함부르크와 뮌헨에서의 동시 초연 일자는 4월 1일자로 정해졌다. **2.** 《드물게》 또한, 동시에. **~zeitigkeit**, die 동시에 일어남, 동시성, 동시대임. **~ziehen*** ⟨h⟩ [스포츠] 따라잡다; 동점이 되다, 같은 성적[수준]이 되다: im Lebensstandard mit anderen Ländern g. 생활 수준에서 다른 나라들을 따라갔다. **~ziehung**, die 《드물게》 동점이 됨, 같은 수준이 됨, 따라잡음.

Gleiche ['glaɪçə], die; -n **1. in die G. bringen** 《드물게》 무엇을 정리[해결, 처리]하다: vielleicht kann dieser Fachmann unsere Finanzen wieder in die G. bringen 아마 이 전문가는 우리의 재정을 다시 정리할 수 있을 것이다. **2.** 《österr.》 상량식(上樑式), ↑Dachgleiche. **gleichen** ['glaɪçn̩] ⟨h⟩ 닮다, 비슷하다, 누구[무엇]와 같은 특징이 공통되다: die Brüder gleichen sich sehr 형제들은 서로 매우 닮았다.

gleichen-, **Gleichen-**: **~feier**, die 《österr.》 ↑ Gleiche (2). **~orts** ⟨Adv.⟩ 《schweiz.》 같은 장소에서. **~tags** ⟨Adv.⟩ 《특히 schweiz.》 같은 날에.

-gleichen 《다음의 합성어로, 예컨대》 dergleichen, deinesgleichen, sondergleichen.

gleicher-: **~gestalt** ⟨Adv.⟩ 〔아어·고어〕 ↑ ~maßen. **~maßen** ⟨Adv.⟩ 같게, 같은 정도로. **~weise** ⟨Adv.⟩ 같은 방식으로, 같게, 꼭같이: Herrscher und Beherrschte müssen g. der Rechtsordnung unterworfen sein 지배자와 피지배자는 꼭 같이 법질서에 복종해야 한다.

Gleichheit, die; -en **a)** 유사(점): die G. der Ansichten und Meinungen 견해와 의견의 유사성; ihre Aussagen waren von erstaunlicher G. 그들의 진술은 놀라울 정도로 유사했다. **b)** ⟨Pl. 없음⟩ 동등, 평등; 무차별: die G. aller vor dem Gesetz 법 앞에서의 만인의 평등.

Gleichheits-: **~grundsatz**, der, **~prinzip**, das, **~satz**, der 평등 원칙. **~zeichen**, das 등식 부호(=).

Gleichnis ['glaɪçnɪs], das; -ses, -se 비유, 우화, 비교: das G. vom verlorenen Sohn 탕아(蕩兒)의 비유; ich möchte es in einem G. ausdrücken [durch ein G. erläutern] 나는 그것을 비유로써 표현하고[설명하고] 싶다. **gleichnishaft** ⟨Adj.⟩ 비유적으로: das ist hier nur g. gesagt worden 그것은 여기에서 오직 비유로 말한 것이다. **Gleichnishaftigkeit**, die 비유적임. **gleichnisweise** ⟨Adv.⟩ 비유적으로, 우의(寓意)적으로.

gleichsam ['glaɪçzaːm] ⟨Adv.⟩ 〔아어〕말하자면, 마치: der Brief ist g. eine Anklage 그 편지는 말하자면 하나의 고발이다.

Gleichung ['glaɪçʊŋ], die; -en 방정식: eine G. mit einer Unbekannten 1차 방정식; quadratische -en 2차 방정식; homogene G. [수학] 동일(同一) 방정식; inhomogene G. [수학] 다원(多元) 방정식; eine G. aufstellen 방정식을 세우다; [전의] er wollte seine Ideale in die Praxis umsetzen, aber die G. ging nicht auf 그는 그의 이상을 실천에 옮기려고 했으나, 그 뜻이 이루어지지는 못했다.

Gleis [glaɪs], das; -es, -e **a)** 궤도, 레일, 선로: Überschreiten der -e verboten 선로 횡단 금지; der Zug läuft auf G. 5 ein 기차가 5번 승강장으로 들어온다; die Räder sind aus dem G. gesprungen 바퀴들이 궤도 밖으로 튀어나갔다; [전의] auf[in] ein falsches G. geraten 그릇된 길로 빠지다; **jmdn. auf ein totes G. schieben** 누구를 오지로 보내어 잊혀진 존재로 하다; der Parteisekretär wurde mit diesem Posten auf ein totes G. geschoben 그 당(黨)서기는 이 지위와 함께 세력이 꺾였다; **aus dem G. kommen** 탈선하다, 상도(常道)를 벗어나다, 길을 잃다; **aus dem G. bringen [werfen]** 상도(常道)를 벗어나게 하다; **im G. sein** 정돈[해결]되어 있다, 잘 되어 있다; **wieder ins (rechte) G. kommen** 다시 질서를 회복하다; **wieder ins [rechte] G. bringen** 다시 정돈[해결]하다; **sich in ausgefahrenen -en bewegen** 구태의연하게 행동하다. **b)** 《드물게》 한 개의 철길: er lief zwischen den -n entlang, von Schwelle zu Schwelle tretend 그는 침목을 하나하나 밟으면서 철길 사이로 달려 갔다.

gleis-, **Gleis-**: **~anlage**, die 궤도(선로) 시설. **~anschluß**, der 레일 인입선(引入線), 측선(側線). **~arbeiten** ⟨Pl.⟩ 선로 (보수) 작업. **~bau**, der ⟨Pl. -bauten⟩ 궤도 건설. **~bauer**, der 《직업명》 선로공(線路工). **~bett**, das 〔쇄석(碎石)으로 쌓아올린〕 궤도의 토대 〔도상(道床)〕. **~bettung**, die ↑ Bettung. **~bremse**, die [철도] 선로 제동기[장치]. **~dreieck**, die [철도] 삼각선(三角線) (교차점). **~kette**, die [기술] 무한궤도. **~kettenfahrzeug**, das 무한 궤도차. **~körper**, der (선로와 노반(路盤)을 포함한) 궤도. **~los** ⟨Adj.⟩ 무 궤도의. **~meßfahrzeug**, das [철도] 선로 측정차. **~sperre**, die [철도] 선로 차단 장치. **~verlegung**, die 선로 부설(敷設). **~waage**, die [철도] 궤도 계중대(計重臺). **~wechsel**, der **a)** [광업] 대피선(待避線). **b)** 교차선. **~werker**, der 《직업명》 선로공.

-gleisig [-glaɪzɪç] 《다음의 합성어로, 예컨대》 eingleisig, zweigleisig 단선(單線), 복선(複線).

Gleisner ['glaɪsnɐ], der; -s, - 〔고어〕 위선자; 표리가 있는 사람: ein Lügner, ein G. 거짓말쟁이에다 위선자. **Gleisnerei**, die 〔아어·준고어〕 위선. **gleisnerisch** ⟨Adj.⟩ 〔아어·준고어〕 위선적인: mit -er Freundlichkeit 위선적인 친절[호의]로.

Gleiße ['glaɪsə], die; -n 〔지역적〕 ↑ Hundspetersilie. **gleißen*** ⟨h⟩ 《시어》 번쩍거리다, 강한 빛을 내다: fal-

gleit-, Gleit-

sche Brillanten gleißen an ihren Ohren 가짜 다이아 몬드가 그녀의 귀에서 번쩍거린다; gleißendes Licht 번쩍거리는 빛.

gleit-, Gleit- ['glaɪt-]: **~bahn**, die [항공] 활공로(滑空路). **~bein**, das [육상] (투포환 투척시) 체중이 실리지 않는 다리. **~boot**, das 수상 활주 보트. **~fläche**, die 미끄럼면. **~flug**, der 공중 활주, 활공: im G. niedergehen[landen] 활강(滑降)하다(공중 활주하여 착륙하다]. **~flugzeug**, das ↑Segelflugzeug. **~geschwindigkeit**, die (배의) 유수(流水) 속도. **~hang**, der 〖지리〗 활주사면(斜面) (반대: Prallhang). **~klausel**, die (임대료나 봉급의 지불에 관한 계약의) 시가(時價) 조정 조항. **~kufe**, die [조종사어] 비행기의 활목(滑木). **~lager**, das [기술] 평축(平軸)받이. **~laut**, der [언어학] ↑Übergangslaut. **~mittel**, das **1.** [의학] **a)** 윤활제. **b)** 변연화제(便軟化劑). **2.** [기술] 윤활제, 감마제(減磨劑). **~schiene**, die 미끄럼 레일; (스케이트의) 날(직접 얼음에 닿는 부분). **~schutz**, der [자동차] 미끄럼 방지 (장치): Schneeketten sind der sicherste G. 스노 체인은 가장 확실한 미끄럼 방지 장치이다. **~sicher** 〈Adj.〉 미끄럼지지 않는, 미끄럼 막이를 댄: die Gehwege müssen g. gestreut werden 보도(步道)는 미끄럼지지 않도록 (모래 따위를) 뿌려놓아야 한다. **~sichtbrille**, die ↑~sichtglas. **~sichtglas**, das [안경광학] 원근겸용 안경알. **~stoß**, der [펜싱] Filo. **~wachs**, das [스키] (스키의) 활강용 왁스(반대: Steigwachs 등반용 왁스). **~winkel**, der (글라이더의) 착륙 각도. **~zeit**, die **a)** (탄력 근무 시간제의) 출퇴근 시간대(帶). **b)** (탄력 근무시간제의) 초과근무[부족] 근무 시간: mir fehlen noch 3 Stunden G. 나는 아직 부족 근무 시간이 3시간이나 된다. **c)** [통용어] ↑gleitende Arbeitszeit. **~zeiturlaub**, der 초과 근무 휴가.

gleiten¹ ['glaɪtn̩] **1.** 〈s〉 **a)** 활주(강)하다(얼음 위, 물 위, 공중 따위를): die Möwen gleiten im Wind 갈매기들이 바람결에 미끄러지듯 날고 있다; das Flugzeug glitt sanft zu Boden 비행기가 미끄러지듯 부드럽게 땅 위에 내렸다. **b)** 미끄러지다: die Segelboote gleiten über das Wasser 범선들이 물 위로 미끄러져 간다; 전의 seine Blicke glitten über ihren Körper 그의 눈길이 그녀의 몸을 더듬었다. **c)** (아래로) 미끄러지다: aus dem Sattel g. 말의 안장에서 미끄러지다; die Decke war von ihren Füßen geglitten 담요가 그녀의 발 아래로 미끄러져 내렸다. **d)** (드물게) 미끄러지다. **2.** [통용어] 〈h〉 (탄력 근무 시간제에서) 출퇴근 시간을 자유로 선택하다.

gleitend ['glaɪtn̩t] 미끄러지는, 유동하는; 슬라이딩 제(制)의: -e Arbeitswoche 탄력 근무 요일제; -e Arbeitszeit 탄력 근무시간제; -e Lohnskala 물가 연동 임금제. **Gleiter**, der; -s, - [engl.-amerik. glider] [조종사어] 글라이더 (↑Gleitflugzeug).

Glencheck ['glɛntʃɛk], der; -(s), -s [engl. glen check] **a)** 체크 무늬. **b)** 체크 무늬 천. **c)** 체크 무늬 옷. **Glencheckanzug**, der 체크 무늬 양복. **Glencheckmantel**, der 체크 무늬 외투.

Gletscher ['glɛtʃɐ], der; -s, - [lat. glaciārium] 빙하, 얼음에 덮인 산: der G. kalbt 얼음덩어리가 (빙하로부터) 떨어져나간다.

gletscher-, Gletscher-: **~abfluß**, der ↑~bach. **~artig** 〈Adj.〉 빙하 같은. **~bach**, der 빙하 계류. **~brand**, der 빙하 반사열에 의한 화상(火傷). **~brille**, die 빙하 등반용 보안경. **~eis**, das 빙하 얼음. **~fahrt**, die ↑tour. **~fall**, der ↑~sturz. **~feld**, das 빙하의 표면. **~floh**, der 원시 곤충류의 일종. **~forschung**, die 빙하 연구. **~gebiet**, das 빙하 지역. **~kunde**, die ↑Glaziologie. **~milch**, die [지질] 빙하수. **~mühle**, die [지질] 빙하 구혈(甌穴). **~nelke**, die 카네이숀

의 일종. **~schliff**, der [지질] 빙하에 닳은 바윗돌. **~spalte**, die 빙하의 균열: in eine G. stürzen 빙하의 틈 속으로 빠지다. **~sturz**, der 빙하의 붕괴. **~tisch**, der [지질] 빙하 탁(卓). **~topf**, der [지질] 빙하구혈의 웅덩이. **~tor**, das [지질] 빙하구, 빙하문. **~tour**, die 빙하 등반. **~wasser**, das 빙하수. **~zunge**, die [지질] 빙하설(舌)(빙하의 선단(先端)).

Gleve ['gleːfə], die; -n **1.** 칼창(중세의 무기). **2.** 중세 기사군의 최소 단위 부대. **3.** [문장] 문장(紋章)에 쓰이는 백합꽃 상반두.

Glia ['gliːa], die [griech. glía] ↑Neuroglia. **Gliadin** [gliaˈdiːn], das [생물] 글리아딘(호밀 및 밀에 함유된 ↑Prolamin의 일종).

Glibber ['glɪbɐ], der; -s [nordd.] 젤리, 끈적거리는 물질. **glibbern** 〈h〉 [niederl. glibberen] (nordd.) 미끌미끌하다: der Boden glibbert unter meinen Füßen 내 발 밑의 바닥이 미끌미끌하다. **glibberig** 〈Adj.〉 [niederl. glibberig] (nordd.) 매끈매끈한, 미끄러운. **Glibberpudding**, der (nordd.·농) 젤리 푸딩.

glich [glɪç] **gleichen** 참조.

Glider ['glaɪdɐ], der; -s, - [engl. glider] 글라이더.

Glied [gliːt], das; -(e)s, -er **1. a)** (수족 따위 신체의) 부분, 지(肢): nun aller -er weh tun 나의 온 몸이 쑤시다: vor Kälte kein G. rühren können 추위에 꼼짝도 할 수 없다. **b)** [해부] 관절. **2.** 남근, 페니스. **3.** (사슬의) 고리. **4.** (전체의) 부분, 일원, 구성원: ein nützliches G. der Gesellschaft 사회의 유용한 부분(일원). **5. a)** 열 (列): aus dem G. treten 대열에서 벗어나다; im G. stehen 열을 지어 서다. **b)** (아어·문어) 세대; er konnte seine Vorfahren bis ins zehnte G. zurückverfolgen 그는 그의 조상을 10대(代)까지 거슬러 추적할 수 있었다.

glied-, Glied-: **~kirche**, die 지(支) 교회. **~maße**, die 사지, 손발(↑Gliedmaße). **~satz**, der [언어] 부문장, 성분 문장(반대: Hauptsatz): einen G. mit Komma abtrennen 한 개의 부문을 쉼표로 분리하다. **~staat**, der 연방 국가를 구성하는 하나하나의 주. **~weise** 〈Adv.〉 관절을 이루어, 대오를 이루어, 마디마디, 고리마다.

glieder-, Glieder- ['gliːdɐ-]: **~armband**, das 고리 (사슬)팔찌. **~bau**, der 〈Pl. 없음〉 사지(四肢)의 구조. **~füßer**, der [동물] 절족(節足) 동물. **~kaktus**, der 공작선인장. **~kette**, die 링 체인. **~lahm** 〈Adj.〉 지체 (肢體) 마비성의, 사지가 마비된. **~maßstab**, der (schweiz.) ↑~meter, der (schweiz.) ↑Zollstock. **~puppe**, die 손발이 움직이는 인형, 꼭둑각시, 자동인형. **~reißen**, das [통용어] ↑~schmerz. **~satz**, der [언어] (periode) 순환문(循環文), 쌍대문(雙對文). **~schmerz**, der 관절통, 류머티즘성 동통. **~schwere**, die 팔다리가 노곤한 피로감. **~sucht**, die 〈Pl. 없음〉 (schweiz.) 관절염, 류머티즘. **~tier**, das 체절(體節)[관절] 동물. **~wurm**, der ↑Ringelwurm. **~zucken**, das 관절 경련. **~zug**, der (관절) 열차(列車).

gliedern ['gliːdɐn] 〈h〉 **a)** (체계를 세워서) 정리[분류, 조직]하다: einen Aufsatz g. 논문의 목차를 작성하다. **b)** (g. + sich) 부분으로 나뉘다. **Gliederung**, die; -en **1. a)** 체계적 분류, 정리, 구성되는 것: sich um eine übersichtliche G. bemühen 일목요연한 구성이 되도록 힘쓰다. **b)** 편성, 배열, 구분(분할), 목차: die gesellschaftliche G. eines Volkes 민족의 사회적 구성. **2.** (나치) 무리, 집단, 그룹: die Partei und ihre -en 정당과 그 구성 집단들. **Gliederungsprinzip**, das 편성 원칙. **Gliedmaße** ['gliːtmaːsə], die; -n 〈대개 Pl.〉 ↑Glied (1 a): die vorderen[hinteren] -n des Hundes

개의 앞(뒷)발.

-gliedrig [-gli:drɪç] 《다음의 합성어로, 예컨대》 fein-gliedrig 섬세한 체격.

Glima ['gli:ma], die [isländ. glíma] 아이슬란드의 전통 레슬링.

Glimm- (↑Glimmer도 참조): **~entladung**, die 【전기】 백열 방전(放電), 글로우 방전. **~lampe**, die 【전기】 백열(전)등. **~licht**, das 【전기】 훈광(暈光). **~raupe**, (또한) Glimmerraupe, die (niederd.) ↑ Leuchtkäfer. **~stengel**, der 《통용어·농》 궐련, 담배. (또한) Glimmerwurm, der (niederd.) ↑ Leuchtkäfer. **~strom**, der 【전기】 방전류(放電流). **~wurm**,

glimmen* ['glɪmən] 희미하게 빛나다, (불꽃이 일지 않고) 타다: unter der Asche glimmt noch das Feuer 잿속에 아직도 불이 (타고) 있다; eine letzte Hoffnung glomm noch in ihr 그녀의 마음 속에는 아직도 희망이 불타고 있었다.

Glimmer ['glɪmɐ], der; -s, - 1. 운모. 2. 미광(微光), 박광(薄光).

Glimmer- (glimm-): **~raupe**, die (niederd.) ↑ Leuchtkäfer. **~schiefer**, der 운모 편암. **~wurm** (또한) glimmwurm, der (niederd.) ↑ Leuchtkäfer.

glimm(e)rig ['glɪm(ə)rɪç] 〈Adj.〉 《준고어》 1. 반짝이는. 2. 운모를 포함한, 운모 같은. **glimmern** ['glɪmɐn] 〈h〉 어렴풋이 빛나다, 반짝이다.

¹Glimpf [glɪmpf], der; -(e)s, -e 〈schweiz.〉 바늘.

²Glimpf [-], der; -(e)s 《다음 용법으로》 **mit G.** (아어 · 고어) 체면(위신)을 잃지 않고: wir sind mit G. davongekommen 우리는 체면을 잃지 않고 그곳을 떠나왔다(그것에서 벗어났다). **glimpflich** 〈Adj.〉 1. 무사히, 손해가 없는: er ist mit G. davongekommen 그는 무사히 그곳을 벗어났다. 2. 관대한, 절도 있는, 온건한; die Strafe war recht g. 그 형벌은 정말 관대했다. **Glimpflichkeit**, die ↑glimpflich의 명사형.

Glioblastom [glio-], das; -s, -e [griech. glía] 【의학】 악성 신경교종(神經膠腫). **Gliom** [gli:om], das; -s, -e / -a [griech. glía] 【의학】 신경교종(神經膠腫). **Gliosarkom** [glio-], das; -s, -e [griech. glía] 【의학·고어】 ↑ Glioblastom.

Glissade [glɪ'saːdə], die; -n [frz. glissado] 【발레】 활보(滑步). **Glissando** [glɪ'sando] 〈Adv.〉 [ital. glissando] 【음악】 활주(滑奏)로. **Glissando** [-], das; -s, -s / ...di 【음악】 글리산도, 활주(滑奏).

Glissonschlinge ['glɪsn-], die; -n [영국 해부학자 F. Glisson(1597~1677)에서] 【의학】 글리슨 유시(輪匙) (Glisson이 고안한 척추 교정 장치).

Glitschbahn ['glɪtʃ-], die; -n 【Glitsche, die; -n (방언)】 활빙로(滑氷路), 스케이트장(場). **glitschen** ['glɪtʃn] 〈s〉 1. 《통용어》 미끄러지다: die Seife ist mir aus der Hand geglitscht 비누가 내 손에서 미끄러져 나갔다. 2. 〈h/s〉 《지역적》 썰매를 타다: die Kinder haben den ganzen Nachmittag geglitscht 어린이들은 오후 내내 얼음지치기를 했다; sie sind über den gefrorenen See geglitscht 그들은 얼어붙은 호수 건너편으로 미끄러져 갔다. **glitsch(e)rig** ['glɪtʃ(ə)rɪç] 〈Adj.〉 《드물게 glitschig 대신》 **glitschig** 〈Adj.〉 《통용어》 1. 미끄러운, 반들반들한, 미끈미끈한: die Wege sind vom Regen aufgeweicht und g. 비가 와서 길이 질척거리고 미끄럽다. 2. 《지역적》 빵, 케이크 따위가》 설구워진: der Kuchen ist innen noch g. 케이크의 속은 아직 익지 않았다.

Glitt [glɪt], der; -(e)s, -e 《통용어·농》 탄력 근무제 노동 시간.

Glitzer ['glɪtsɐ], der; -s, - 《고어》 반짝반짝하는 빛, 반짝반짝하는 것. **glitz(e)rig** 〈Adj.〉 《통용어》 반짝반짝 빛나는, 불꽃이 튀는. **glitzern** ['glɪtsɐn] 〈h〉 반짝거리다, 불꽃이 튀다, (별이) 깜박거리다: der Schnee glitzert in der Sonne 눈이 햇빛에 반짝반짝 빛난다. **Glitzersachen**, die 〈Pl.〉 《통용어》 보석, 장신구.

global [glo'ba:l] 〈Adj.〉 1. 지구 표면의, 지구 표면에 관한, 전세계적인: etw. hat -e Auswirkungen 무엇이 전세계적인 영향을 갖는다. 2. a) 전체적인, 전반적인: ein -es Wissen haben 포괄적 지식을 소유하다. b) 대략의, 대체적인.

Global-: **~abkommen**, das 포괄적 협정(↑~vereinbarung). **~steuerung**, die 【경제】 경제(균형) 종합 조정. **~strahlung**, die 【기상】 직사 태양광과 산란태양광의 총화. **~strategie**, die 세계 전략. **~summe**, die (대략의) 총계. **~urteil**, das ↑Pauschalurteil. **~vereinbarung**, die 포괄적 합의(세부 사항은 확정하지 않음). **~vertrag**, der 포괄적 계약.

Globen: ↑ Globus의 복수형.

Globetrotter ['gloːbətrɔtɐ, 'gloːptrɔtɐ, ⟨engl.⟩ 'gloubtrɔtə], der; -s, - [engl. globe-trotter] 세계 관광객, 세계 여행자.

Globigerine [globige'ri:nə], die; -n 〈대개 Pl.〉 [lat. globus] 푸줄리나, 방추충(紡錘蟲)(해산(海產)의 원생(原生)동물). **Globigerinenschlamm**, der; -(e)s, -e / ...schlämme 푸줄리나 침니(沈泥)(깊은 바다밑에 쌓인 방추충 껍질의 퇴적물).

Globin [glo'bi:n], das; -s 【의학·생물】 글로빈(혈색소의 단백질 성분). **Globoid** [globo'iːt], das; -s, -e 1. 〈대개 Pl〉 【생물】 글로보이드. 2. 『기하』 곡면(曲面). **Globularia** [globu'la:rja], die; ...ien ↑Kugelblume. **Globuli** ↑Globulus의 복수형. **Globulin** [globu'liːn], das; -s, -e 【의학·생물】 글로불린(혈장(血漿)의 단백질). **Globulus** ['gloːbulʊs], der; -, ...li 【약학】 환약(丸藥). **Globus** ['gloːbʊs], der; - / ...busses, ...ben / -se [lat. globus] 1. a) 지구의(儀), 천체의(儀). b) 구(球), 지구. 2. 【경】 (크고 둥근) 머리: zieh mal deinen G. ein! 네 대갈통 좀 치워라!

Glochidium [glɔ'xiːdjʊm], das; -s, ...ien [...jən; zu griech. gloːchís] 글로키듐.

Glock [glɔk; ↑Glocke] 《지역적》 《정시(正時) 또는 30분을 나타내는 시각 표시와 결합하여》 정각(正刻): G. halb zwei verließ Onkel Johann das Haus 정각 1시 30분에 요한 아저씨가 집을 떠났다. **Glöckchen** ['glœkçən], das; -s, - ↑Glocke 참조. **Glocke** ['glɔkə], die; -n 1. (축소형: ↑Glöckchen) a) 종; (은)방울: die G. schlägt acht (Uhr) 종시계가 8시를 치고 있다; eine G. gießen 종을 주조(鑄造)하다; **etw. an die große G. hängen** 《통용어》 (사적(私的)인 일(비밀) 따위를) 공표하다(떠벌리다); **wissen, was die G. geschlagen hat** 《통용어》 (불길한 일 따위가 닥쳐옴을) 이미 잘 알고 있다; der Junge weiß, was die G. geschlagen hat, wenn er zu spät nach Hause kommt 소년은 집에 늦게 돌아올 경우에 무슨 일이 기다리고 있는지를 잘 알고 있다; **die G. läuten hören, aber nicht wissen, wo sie hängt** 《통용어》 무엇을 수박 겉핥기로 알고 있다. b) 《준고어》 벨: die G. schrillte 벨이 울렸다. 2. 종(방울) 모양의 것: die Form der Narzisse 수선화의 꽃잎(축소형: ↑Glöckchen). 3. a) ↑Bowler. b) 종 모양의 부인 모자. 4. (모자가 달린) 앞이 터진 원형 외투. 5. 둥근 (유리) 뚜껑(버터 따위를 덮는): sie legen den Käse unter die G. 그녀는 치즈를 유리 뚜껑으로 덮는다. 6. 【펜싱】 칼자루 앞에 달린 보호링.

glocken-, Glocken-: **~apfel**, der (종 모양의 파란) 사과. **~balken**, der 종을 달아 매는 도리. **~blume**, die 【식물】 풍경초, 초롱꽃. **~blumengewächs**, das

[식물] 초롱꽃 식물. **~boje**, die 타종부표(打鐘浮標). **~bronze**, die 종동(鐘銅)(동과 주석의 합금). **~form**, die 〈Pl. 없음〉 종형(鐘形), 종모양. **~förmig** 〈Adj.〉 종 모양의. **~geläut(e)**, das 〈Pl. 없음〉 종소리. **~gießer**, der 종을 주조하는 사람. **~gießerei** [-----|-], die 주종(鑄鐘) 공장; 주종술(術). **~guß**, der 〈Pl. 없음〉 종의 주조, 주종. **~gut**, das 〈Pl. 없음〉 ↑~speise. **~heide**, die [식물] 에리카, 진달래과 에리카속의 각종 관목. **~hell** 〈Adj.〉 아주 맑은, 종소리처럼 맑은: ihre Stimme klingt g. 그녀의 목소리는 종소리처럼 밝게 울린다. **~helm**, der 종의 꼭지. **~hose**, die [통어] 나팔 바지. **~klang**, der 종의 음향. **~klar** 〈Adj.〉 밝고 맑게 울리는. **~klöppel**, der 종의 추. **~läuten**, das; -s 종소리. **~mantel**, der 1. 종의 주형(鑄型) 부분(주물이 들어가는). 2. ↑Glocke (4). **~putzen**, das; -s 〈지역적〉Klingelputzen. **~rebe**, die 덩굴 식물의 일종(학명: *Cobaea*). **~rein** 〈Adj.〉 아주 밝게 울리는. **~rock**, der (종 모양의) 아래 자락이 넓은 스커트. **~schlag**, der 타종(소리)(시간을 알리기 위한): der G. der Kirchturmuhr 시계의 타종(소리); mit dem[auf den] G. 〈통어〉 매우 정확한 시각에; er betritt jeden Morgen mit dem G. das Büro 그는 매일 아침 매우 정확한 시각에 사무실에 들어온다. **~schwengel**, der 종(방울)의 추. **~seil**, das ↑ **~strang**. **~speise**, die 주종 합금. **~spiel**, das 1. (교회 따위의) 종악(鐘樂): von dem alten Turm herab ertönte ein hübsches G. 낡은 탑으로부터 아름다운 종악이 울려 내려왔다. 2. 철금(鐵琴), 편종(編鐘). **~strang**, der ↑~seil. **~stube**, die 종루(鐘樓). **~stuhl**, der 종가(鐘架); 종루. **~ton**, der 종소리. **~treffer**, der [펜싱] 칼자루의 둥근테를 침(점수에 들어가지 않음). **~turm**, der 종탑, 종루. **~weihe**, die [가] 헌종식(獻鐘式). **~zeichen**, das 종(벨, 초인종)의 신호: auf ein G. hin nahmen die Theaterbesucher wieder ihre Plätze ein 종소리가 울리자 극장의 관람객들은 다시 자리에 앉았다. **~zug**, der 초인종의 줄.

glockig ['glɔkɪç] 〈Adj.〉 종형(鐘形)의: ein g. geschnittener Rock 종형으로 재단한 치마. **Glöckner** ['glœknɐ], der; -s, - 〈고어〉 (교회의) 종지기.

¹Gloria ['gloːria], das; -s (또는) die [lat. glōria] (반어) 영광, 영예 (b.). **²Gloria** [-], das; -s, -s [frz. glōria (미사곡의 일종): das große G. ("Ehre sei Gott in der Höhe") 대영광송(천주(天主)께 영광을); das kleine G. ("Ehre sei dem Vater") 소영광송(성부에게 영광을). **³Gloria** [-], der; -s (또는) der; -s, -s [frz. gloria] [요식] 브랜디를 탄 달고 진한 커피. **⁴Gloria** [-], die ↑Gloriaseide. **Gloriaseide**, die 견모(絹毛)[견면(絹綿)] 교직(交織)천. **Glorie** ['gloːriə], die; -n [lat. glōria] 1. (아어) 영광, 영예; (신의) 영광, 영화. 2. 《아어》 후광(後光), 광륜(光輪). 3. 그림자 광륜. **Glorienschein**, der; -(e)s, -e 후광, 광륜. **Gloriette** [glo'riɛtə], die; -n [frz. gloriette] (정원[庭園]안의) 정자(亭子). **Glorifikation** [glorifika'tsioːn], die; -en [lat. glōrificātio] 영광을 베풂, 찬미. **glorifizieren** [...i'tsiːrən] 〈h〉 [lat. glōrificāre] 찬미하다, 찬양하다. **Glorifizierung**, die; -en 칭찬함, 찬미함. **Gloriole** [glo'rioːlə], die; -n [lat. gloriola] 후광, 광륜. **glorios** [glo'rioːs] 〈Adj.〉 [lat. glōriōsus] 〈대개 반어〉 영광스러운, 찬란한: die Zeit der -er Gründerjahre 영광스러운 창업기. **glorreich** ['gloːɐ̯-] 〈Adj.〉 영광스러운, 찬란한.

glosen ['gloːzn] 〈h〉 〈지역적·시어〉 반짝반짝 빛나다. **Glossar** [glɔ'saːɐ̯], das; -s, -e [lat. glōssārium < griech. glōssárion] 1. 주해집. 2. 단어 설명(부록). **Glossarium** [glɔsaːrium], das; -s, ...ien [...i̯ən]; ↑

Glossar. 《고어》↑**Glossar. Glossator** [...'aːtɔr, 〈또한〉 ...toː]; der; -s, ...oren [glɔsa'toːrən; lat. glossator] (특히 법률 텍스트의) 주해자. **Glosse** ['glɔsə, 《전문어》 'gloːsə], die; -n [lat. glōssa < griech. glōssa] 1. a) 비꿈, 혹평. b) (시사 문제에 대한) 촌평. 2. [언어·문예학] (옛 문헌에 나타내는) 방주(傍註): die G. steht am Rand 가장자리에 방주가 있다. 3. [운율] 주석시(註釋詩), 글로세(스페인의 서정시형). **Glossem** [glɔ'seːm], das; -s, -e [언어] [덴마크 언어학자 Louis Hjelmslev가 제창한 코펜하겐 학파의 이론에서] 언어 형식소. **Glossematik** [glɔse'maːtɪk], die [engl. glossematics] [언어] 어의론(語義論), 언리학(言理學). **Glossematist** [...ma'tɪst], der; -en, -en [언어] 어의론자. **Glossenschreiber**, der; -s, - 주해자. **glossieren** [glɔ'siːrən] 〈h〉 [lat. glossari] 1. a) 혹평하다, 비꼬다. b) (짤막한) 해설을 달다: er glossiert in unserer Zeitung die Tagesereignisse 그는 우리의 신문에 매일 일어나는 사건에 대한 해설기사를 쓴다. 2. [언어·문예학] 주해(방주)를 달다. **Glossograph** [glɔso...], der; -en, -en 주해자. **Glossographie**, die [언어] 주해. **Glossolalie** ['glɔsola!aːlə], Glottolalie [glɔto...], der / die [심리] 방언자(方言者)(성령을 받은 신자가 황홀 상태에서 하는 내용 불명의 말을 하는 사람). **Glossolalie** [glɔsola'liː], Glottolalie [glɔto...], die [심리] 언어의 특사(特賜), 방언을 함.

glosten ['glɔstn] 〈h〉 〈고어〉 반짝반짝 빛나다. **glottal** [glɔ'taːl] 〈Adj.〉 [음성] 목청소리의. **Glottal** [glɔ'taːl], der; -s, -e [음성] 목청소리. **Glottis** ['glɔtɪs], die; ...ides [...ideːs; griech. glōttís] a) (발성기로서의) 성문(聲門). b) (해부학적 신체 부분으로서의) 성문(聲門). **Glottisschlag**, der; -(e)s, -schläge [음성] 성문 폐쇄음. **Glottochronologie** [glɔto-] der [griech. glōtta] [언어] 언어 연대학(年代學)(친족어 상호간의 관계를 연구하는 통시적 언어학의 한 분야). **Glottogonie** [glɔtogoːni̯], die [언어] 언어기원론(起源論). **glottogonisch** 〈Adj.〉 [언어·순고어] 언어 기원론의: eine -e Interpretation 언어기원론적 해석. **Glottolalie** [심리] 방언자(方言者) (↑Glossolale). **Glottolalie** [종교] 언어의 특사(特賜) (↑Glossolalie).

glotz-, Glotz-: **~auge**, das 1. 〈대개 Pl.〉 〈경·편〉 눈부리, (놀라서) 부릅뜬 눈매: er bekam -n 그는 놀란 눈을 했다. 2. [의학] 안구 돌출(眼球突出). **~äugig** 〈Adj.〉 〈경·편〉 〈Adj.〉 [의학] 안구 돌출의: er starrte g. vor sich hin 그는 눈을 휘둥그레 뜨고 앞을 바라보았다. **~kasten**, der 〈경〉, **~kiste**, die 〈경〉, 텔레비전 수상기, 바보 상자. **~kopf**, der 〈경·편〉 눈딱부리 얼굴.

Glotze ['glɔtsə], die; -n 〈경〉 텔레비전 수상기, 바보 상자. **glotzen** 〈h〉 1. 〈편〉 놀란 눈으로 명청하게 바라보다: er glotzte verständnislos auf das Papier 그는 아무것도 모르고 명청한 눈으로 서류를 바라보았다. 2. 〈경〉 텔레비전을 보다. **Glotzer** 〈Pl.〉 〈경〉 눈. **Glotzophon** [glɔtso'foːn], das; -s, -e 〈경·농〉 바보 상자, 텔레비전 수상기.

Gloxinie [glɔ'ksiːni̯ə], die; -n [식물] 1. 글록시니아(남아메리카 열대 지방에 서식하는 종형 또는 파이프형 꽃잎을 가진 식물). 2. 글록시니아(브라질 남부 지역산 나팔꽃의 일종).

Glubschauge: ↑Glupsauge. **glubschen**: ↑glupschen 참조.

gluck! [glʊk] 〈Interj.〉 1. (암탉의) 꼬꼬 소리. 2. 꿀꺽꿀꺽, 꼴깍꼴깍, 꿀럭꿀럭: 성문 g., g., weg war er 꿀꺽 꿀꺽하더니 그는 사라졌다(누가 망하거나 물 속으로 들어가는 모습을 보고 농담조로 하는 말); g., g. machen 〈통용어·농〉 (병으로) 들이키다.

Glück [glʏk], das; -(e)s, -e **1.** 〈Pl. 없음〉 행운, 요행, 다행〉(반대: Pech): großes(unverdientes) G. 대단한(엉뚱한) 행운; (es ist) ein G., daß dir das noch eingefallen ist 너한테 그런 생각이 떠 오른것만해도 다행이다; er hat G. gehabt, daß ihm nichts passiert ist 그가 무사한 것은 그의 요행이었다; bei dem Unfall hatten wir noch einmal G. im Unglück 그 사고에서 우리는 다시 한번 불행중 다행을 겪었다; er hat viel G. bei Frauen 그는 염복이 많다; ich wünsche dir für die Prüfung[zu dem Unternehmen] viel G. 네가 시험[사업]에 성공하기를 빈다; 성규 G. muß der Mensch haben! 운이 좋아야 해! mehr G. als Verstand haben 지능보다 행운을 더 많이 가지다(예상외로 일이 잘 된 경우에 하는 말); noch nichts von seinem G. wissen 《반어》 자기의 행운에 대해서 아직 아무것도 모르다(무슨 불길한 일이 기다리고 있는지 아직 모르다); **sein G. versuchen(probieren)** 성공을 피하다; **sein G. machen** 행운을 잡다; mit einer Idee sein G. machen 생각 하나로 행운을 잡다; **auf gut G.** 운을 하늘에 맡기고, 되어가는 대로: wir werden es auf gut G. versuchen müssen 우리는 그 일을 운에 맡기고 해 봐야 한다; **von G. sagen(reden) können** 행운이라고 말할 수 있다; du kannst von G. sagen, daß du eine Arbeit gefunden hast 네가 일자리를 찾았으니 행운이라고 말할 수 있다; **zum G.** 다행히도; **zu jmds. Glück** (누구에게) 다행스럽게도: zu meinem G. hat mich niemand gesehen 다행스럽게도 아무도 나를 보지 않았다; **G. ab!** 무사하시기를! (조종사의 인사말); **G. auf!** 무사하시기를! (광부의 인사말); **G. zu!** 〈고어〉 축하합니다, 안녕하시기를 빕니다, 성공을 빕니다. **2.** 〈Pl. 없음〉 운수, 운명, 운명의 여신: er ist ein Kind[ein Liebling] des -s 그는 행운의 총아(寵兒)이다(그는 언제나 행운을 갖는다); er ist ein Stiefkind des -s 그는 행운의 미붓자식이다(그는 복이 없다). **3.** a) 〈Pl. 없음〉 행복, 기쁨, 행복감, 쾌적: das G. des jungen Paares[der ersten Ehejahre] 젊은 부부[신혼 초년]의 행복; ich will deinem G. nicht im Wege stehen 나는 너의 행복을 가로막지 않겠다; 성규 du hast[das hat] mir gerade noch zu meinem G. gefehlt 〈반어〉 네[그 일]가 나한테는 거북하다; 속담 G. und Glas, wie leicht bricht das 행복과 유리는 깨지기 쉽다; jeder ist seines -es Schmied 누구나 자기 행복은 자기가 만든다. b) 행복한 상황, 행복한 사건[체험].

glück-, Glück-: ~ab [-'-], das; -s 무사비행(조종사의 인사). **~auf** [-'-], das; -s 무사를! (갱부의 인사). **~bringend** 〈Adj.〉 행운을 가져다 주는. **~los** 〈Adj.〉 행운이 없는, 복이 없는. **~sache**, die 《다음 용법으로》 etw. ist G. 무엇은 운에 달렸다. **~selig** [-'--] 〈Adj.〉 다복한, 기쁨이 넘치는, 행복에 겨운. **~seligkeit**, die; -en **1.** 〈Pl. 없음〉 행복이 넘침. **2.** 경사. **~strahlend** 〈Adj.〉 《아이》 행복에 겨운. **~verheißend** 〈Adj.〉 《아이》 행복을 기약하는. **~versprechend** 〈Adj.〉 행복을 약속하는. **~wunsch**, der 축하: jmdm. die herzlichsten Glückwünsche aussprechen[übermitteln, senden] 누구에게 진심으로 축하의 말을 하다[보내다]; herzlichen G.zum Geburtstag! 생일 축하! **~wunschadresse**, die 《공식적인》 축하문. **~wunschbrief**, der 축하 편지. **~wunschkarte**, die 축하 엽서[카드]. **~wunschschreiben**, das 축하 편지. **~wunschtelegramm**, das 축하 전보. **~zu** [-'-], das; - 〈고어〉 무사하시기를! (인사말).

Glucke ['glʊkə], die; -n **1.** 알을 품고 있는 암탉: 전의 ich gefalle mir gar nicht in der Rolle der ängstlichen G. 알을 품는 불안한 암탉의 역할이 마음에 들지 않는다. **2.** 배벌레나방과(科). **glucken** ['glʊkn̩] 〈h〉 《의성어》 **1. a)** 《암탉이》 알을 품다. **b)** 《암탉이 병아리를 부르기 위해》 꼬꼬하다. **2.** 《통용어》 꼼짝 않고 앉아 있다.

glücken ['glʏkn̩] 〈s〉 잘되다, 성공하다(반대: mißglücken): der Plan ist geglückt 계획이 성공했다.

gluckern ['glʊkɐn] **1.** 〈h〉 꿀럭꿀럭 소리를 내다: der Wein gluckert im Faß 술통 속의 포도주가 꿀럭거린다. **2.** 〈s〉 꾸르륵 소리를 내며 흐르다: das Wasser gluckerte durch die Leitung 물이 꾸르륵 소리를 내며 파이프를 통해 흘렀다.

glückhaft ['glʏkhaft] 〈Adj.〉 《아이》 **a)** 요행스러운. **b)** 행복한. **Glückhaftigkeit**, die 행복스러움.

Gluckhenne, die; -n ↑Glucke (1).

glücklich ['glʏklɪç] **I.** 〈Adj.〉 **1. a)** 운이 좋은, 성공한: die Mannschaft kam zu einem -en Sieg 그 팀은 운좋게 승리를 얻었다. **b)** 이로운, 유리한: der Zeitpunkt war nicht gerade g. gewählt 시기가 별로 적절하게 선택되지 못했다. **2.** 행복한, 기뻐하는, 즐거운. **II.** 〈Adv.〉 마침내, 이제야: jetzt haben wir es g. doch noch geschafft 우리는 이제 마침내 그 일을 해 냈다. **glücklicherweise** 〈Adv.〉 운좋게도, 다행히도: es war g. noch nicht so spät 다행히도 아직 너무 늦지 않았다.

Glücks-: ~automat, der ↑Spielautomat. **~bote**, der 행운의 사자. **~botschaft**, die 희소식, 복음. **~bringer**, der 마스코트, 행운을 가져다 주는 사람. **~bude**, die 사행 판매장. **~fall**, der 요행, 행운, 우연. **~fee**, die 《농》 행운의 요정. **~gefühl**, das 행복감. **~göttin**, die 행운의 여신. **~güter** 〈Pl.〉 《아이》 재(財), 부(富). **~hafen**, der 《österr.》 ↑-topf. **~haube**, die 대망막(大網膜)(아이가 날 때 간혹 머리에 쓰고 있는 양막(羊膜)의 일부분, 옛날에는 이것을 행운의 모자라고 길조로 여겼음): **mit der G. geboren sein** 《준고어》 행운의 모자를 쓰고 태어나다. **~haut**, die 《드물게》 ↑-haube. **~jäger**, der 행운의 사냥꾼. **~käfer**, der ↑Marienkäfer의 속칭. **~kind**, das 행운아. **~klee**, der 네잎 클로버. **~linie**, die (손금에서의) 행운선. **~männchen**, das ↑Alraune. **~pfennig**, der 행운의 돈. **~pilz**, der 《통용어》 행운아. **~rad**, das **1.** 회전식 추첨기, 룰레트. **2.** 운명의 여신의 수레바퀴: Fortuna dreht das G. 운명의 여신이 운명의 수레바퀴를 돌린다. **~ritter**, der 《폄》 행운을 찾는 사람, 모험가. **~sache**, die ↑Glückssache. **~schmiede**, die 《농용·농》 행운의 대장간(혼인 신고를 접수하는 호적 사무소를 가리킴). **~schuß**, der [축구] 행운의 골. **~schwein(chen)**, das 행운의 돼지(행운을 가져다 주는 돼지의 모형). **~spiel**, das 노름, 도박: ein verbotenes G. 금지된 노름. **~spieler**, der 노름꾼, 도박꾼. **~stern**, der 행운의 별: unter einem G. geboren sein 행운의 별자리를 타고 태어나다. **~strähne**, die 행운의 연속(반대: Pechsträhne): von einer G. erfaßt werden 계속 행운을 잡다. **~tag**, der 길일. **~topf**, der **1.** 제비항아리(제비뽑기). **2.** 제비뽑기. **~treffer**, der 요행. **~umstand**, der 행운의 경우. **~zahl**, die 행운의 숫자. **~zufall**, der 요행.

glucksen ['glʊksn̩] 〈h〉 《의성어》 **1.** ↑gluckern (1). **2.** 굴룩소리를 내다: sie gluckste vor Lachen 그녀는 웃음[즐거움]을 참느라고 꺽꺽하였다. **Gluckser** ['glʊksɐ], der; -s, - (alemann.) 딸국질.

Glucose [glu'ko:zə], die [griech. glykýs] [화학] 포도당. **Glucoside** [gluko'zi:də] 〈Pl.〉 [화학] 배당체(配糖體).

Glufe ['glu:fə], die; -n 《südd.》 ↑Stecknadel.

glüh-, Glüh-: ~birne, die 전구(電球). **~draht**, der 열선(熱線). **~faden**, der 필라멘트. **~farbe**, die 불꽃색, 적황색(赤黄色). **~frischen** 〈h〉 [제련] 불린 쇠

glühen 842

를 본래대로 환원시키다. **~frischen**, das; -s 불린 쇠를 본래대로 환원시키기. **~heiß** ⟨Adj.⟩ 〈드물게〉 작열하는, 백열의(↑glühendheiß): eine -e Schüssel 뜨겁게 달아오른 그릇. **~hitze**, die 〈드물게〉 백열(↑Gluthitze). **~kerze**, die 점화전(點火栓), 예열(스파크) 플러그. **~kopfmotor**, der [기계] 소옥(燒玉) 기관, 세미-디젤 기관. **~lampe**, die 《전문어》 백열등. **~licht**, das ⟨Pl. -er⟩ 백열광. **~ofen**, der [기계] 달구는 노(爐); 대장간의 도가니, 난로. **~strumpf**, der 백열 맨틀. **~wein**, der 설탕이나 꿀과 향료를 넣어서 데운 적(赤) 포도주. **~würmchen**, das 《통용어》 ↑Leuchtkäfer.

glühen ['gly:ən] ⟨h⟩ 1. a) 백열(작열, 적열)하다; (등불 따위가) 휘황하게 빛을 내다: die Zigaretten glühten in der Dunkelheit 담뱃불이 어둠 속에서 타고 있었다: [전의] ihr Gesicht glühte vor Begeisterung 그녀의 얼굴은 감격으로 달아 올랐다; heute ist es glühend heiß 오늘은 날씨가 너무 뜨겁다. b) 백열(작열, 적열)시키다; (쇠)백열을 불리다, (유리 따위를) 달구다, (달구어 서서히 식히다, (술을) 데우다: Eisen g. 쇠를 불리다. 2. 《아이》 (감정이) 열을 띠다, 열중하다: er glühte in Leidenschaft 그는 열정으로 달아올랐다; glühende Liebe 열렬한 사랑; ein glühender Verehrer〔Gegner〕 열렬한 숭배자〔적〕. **glühendheiß** ⟨Adj.⟩ 몹시 뜨거운. **glühendrot** ⟨Adj.⟩ glutrot. **Glüherei** [gly:ə'rai], die; -en 〈주물 공장의〉 열처리실.

Glukose: ↑Glucose. **Glukoside**: ↑Glucoside. **Glukosurie** [glukozu'ri:], die; -n [...i:ən] [의학] 당뇨.

Glumpert ['glʊmpɐt] ↑Klumpert.

Glumse ['glʊmzə], die [poln. glomz(d)a] 《지역적》 응유(凝乳).

glupen ['glu:pŋ] ⟨h⟩ 《nordd.》 ↑glupschen. **glupsch** [glʊpʃ] ⟨Adj.⟩ 《nordd.》 엿보는 듯한, 음험한, 언짢은 (눈초리로): er hat ihn g. angesehen 그는 그를 언짢은 눈으로 바라 보았다. **Glupschauge**, das; -s, -n 〈대개 Pl.〉 《nordd.》 딱부리 눈: -n bekommen〔machen〕 눈에 기색을 갖고 보다. **glupschen** ['glʊpʃn] ⟨h⟩ 《nordd.》 뛰어나온 눈으로 들여다 보다; 훔쳐 보다, 엿보다.

Glut [glu:t], die; -en 1. 백열, 작열, 적열(赤熱), 열화, 잉걸불: [전의] die G. des Abendhimmels 저녁하늘의 타는 노을; die sengende G. der Sonne 태양의 타는 듯한 열기; die G. ihrer Wangen 그녀의 뺨위의 붉은 빛〔홍조〕. 2. 열정, 격정: G. der Liebe〔des Hasses〕 사랑〔증오〕의 열정.

glut-, Glut-: **~äugig** ⟨Adj.⟩ 이글이글 타는 눈의, 열정 적인 눈의. **~ball**, der 《시어》 태양. **~hauch**, der 뜨거운 숨결. **~heiß** ⟨Adj.⟩ 몹시 뜨거운. **~hitze**, die 작열하는(찌는) 더위. **~rot** ⟨Adj.⟩ 타는 듯이 빨간: sie wurde g. vor Scham 그녀는 부끄러워 새빨개졌다. **~röte**, die 불의 홍조: G. stieg ihr ins Gesicht 그녀의 얼굴이 빨갛게 달아올랐다. **~töter**, der 〔담배 따위를 눌러(비벼) 끄기 위한〕 불끄는 도구. **~voll** ⟨Adj⟩ 열기로 가득 찬. **~wind**, der 열풍.

Glutamat [gluta'ma:t], das; -(e)s, -e 1. 《전문어》 〈Pl. 없음〉 글루타민산염. 2. 〈대개 Pl.〉 [화학] 글루타민산 중성염. **Glutamin** [gluta'mi:n], das; -s, -e [화학] 글루타민. **Glutaminsäure**, die; -n [화학] 글루타민산(酸). **Gluten** [glu'te:n], das; -s [lat. glūten] ↑Kleber (2). **Glutin** [glu'ti:n], das; -s [lat. glūtinum] 젤라틴, 아교.

Glycerid [glytse'ri:t], das; -s, -e [화학] 글리세린의 에스테르. **Glycerin**: ↑Glycerin. **Glycin** [gly'tsi:n], das; -s 1. ↑Glylokoll. 2. Ⓦ 현상액. **Glykämie** [glykɛ'mi:], die [griech. glykýs u. haîma] [의학] 당

혈증(糖血症). **Glykogen** [glyko'ge:n], das; -s [의학·생물] 글리코겐, 동물성〔간장〕 전분. **Glykogenose** [...ge'no:zə], die; -n [의학] 글리코겐 과다증. **Glykokoll** [...'kɔl], das; -s [griech. glykýs u. kólla] [화학] 아미노 초산. **Glykol** [gly'ko:l], das; -s, -e [griech. glykýs u. ↑Alkohol] 글리콜. **Glykolsäure**, die [화학] 글리코산. **Glykolyse**, die; -n 포도당.

Glykoneus [glyko'ne:ʊs], der; -, ...een [...ən; lat. Glycōnium (metrum), 그리스 시인 Glykon의 이름에서] [운율] 〈그리스 라틴 문학의〉 8음절 시행.

Glykose [gly'ko:zə], die [griech. glykýs] ↑Glucose. **Glykosid** [glyko'zi:t], das; -(e)s, -e 〈대개 Pl.〉 [화학] 배당체(配糖體). **Glykosurie** [glykozu'ri:], die; -n [griech. oûron] [의학] 당뇨.

Glyphe ['gly:fə], die; -n [griech. glyphē̂] ↑Glypte. **Glyphik** ['gly:fik], die [griech. glyphikḗ (téchnē)] ↑Glyptik. **Glyphographie** ['glyfo...] ↑Glyptographie. **Glypte** ['glyptə], die; -n [griech. glyptós] 자른 돌, 조각(彫刻) 돌. **Glyptik** ['glyptɪk], die [griech. glyptikḗ (téchnē)] 1. Steinschneidekunst. 2. 조석술(彫石術), 조감술(彫嵌術). **Glyptographie** [glypto...], die 조각 도해. **Glyptothek** [...'te:k], die; -en [griech. thḗkē] 조각 미술관.

Glysantin Ⓦ [glyzan'ti:n], das; -s 《인공어》 자동차의 부동제(不凍劑).

Glyzerid: ↑Glycerid. **Glyzerin**, 《화학 전문어》 Glycerin [glytse'ri:n], das; -s [frz. glycérine] 프랑스 화학자 M.E. Chevreul(1786-1889)에 의하여 《전문어》 글리세린.

Glyzerin-: **~salbe**, die 글리세린 연고. **~seife**, die 글리세린 비누. **~träne**, die [영화·텔레비전] 글리세린으로 분장한 눈물.

Glyzine, Glyzinie [gly'tsi:n(i)ə], die; -n [griech. glykýs] 글리신(아메리카의 일종).

GM = Gigameter 10 억 미터.

G-man ['dʒi:mæn], der; -(s), G-men ['dʒi:mɛn]; engl.-amerik. g-man, government **man**의 약칭] 미국 연방수사국의 특수 요원.

GmbH = Gesellschaft mit beschränkter Haftung 유한 (책임) 회사.

GMD = Generalmusikdirektor, der 음악 총감독.

g-Moll ['ge:-, (또한) '-'-], das; - [음악] 내림사 단조. **g-Moll-Etüde**, die 내림사 단조 연습곡. **g-Moll-Tonleiter**, die [음악] 내림사 단조 음계.

Gnade ['gna:də], die; -n 1. a) 은혜, 애고(愛顧), 총애, 보호; 자비, 인자, 호의, 친절; 동정, 연민: die G. des Königs erlangen 왕의 총애를 받다; [전의] die G. des Augenblicks 순간의 총애; **die G. haben** 〈반어〉 은혜를 베풀다; **vor jmdm. [vor jmds. Augen]** G. **finden** 누구의 인정을 받다; **auf G. und〔oder〕 Ungnade** 무조건, 조건없이; **aus G. (und Barmherzigkeit)** 순전히 동정해서: er wollte nicht aus G. und Barmherzigkeit geduldet sein 그는 순전히 동정으로 용서 받고자 하지 않았다; **in -n** 호의로(써): jmdn. in -n entlassen 누구를 호의로(써) 풀어 주다; **bei jmdm. in (hohen) -n stehen** 《아이》 누구의 높은 인정을 받다; **von jmds. -n** 누구의 덕택으로. b) 《종교》 신의 가호〔은총〕: das ist kein Verdienst, sondern eine G. des Himmels 그것은 공로가 아니라 신의 은총이다; **von Gottes -n** 《역사적》 신의 은총으로. 2. 사면(赦免), 은사(恩赦), 특사: der Gefangene bat〔flehte〕 um G. 그 죄수가 특사를 간청했다; **G. vor〔für〕 Recht ergehen lassen** 관대하게 처리하다, 은혜를 베풀다. 3. **Euer, Ihro, Ihre Gnaden** 〔낡은 칭호, 호칭〕 각하, 전하, 예하(猊下). **gnaden** 은혜〔자비〕를 베풀

다: 《대개 다음의 용법으로》 **gnade mir[dir] Gott!** 슬프다, 아아 내[네] 신세야! : wenn er jetzt nicht gleich kommt, dann gnade ihm Gott! 지금 곧 그가 오지 않으면 가만두지 않을 거다.

gnaden-, Gnaden-: ~**akt**, der 자비스러운 행위, 은전(恩典), 은사(恩赦): auf Grund eines -s wurde der Häftling vorzeitig entlassen 그 죄수는 특사로 만기 전에 풀려 나왔다. ~**beweis**, der 은총(恩寵)(을 베풂). ~**bezeigung**, die 은총(恩寵)(을 베풂). ~**bild**, das 【가】 성화상(聖畫像), 성모상(영험이 뚜렷한). ~**brot**, das 《Pl. 없음》 시미(施米): einem Pferd das G. gewähren (일 못하는) 말(馬)을 죽을 때까지 돌봐주다. ~**erlaß**, der ↑Amnestie. ~**erweis**, der 은혜[자비](를 베풂). ~**frist**, die 은혜, 유예, 유예 기간. ~**gehalt**, das 《준고어》 ↑~brot. ~**gesuch**, das 사면(감형)원: ein G. beim Präsidenten einreichen 대통령에게 사면원을 제출하다. ~**hochzeit**, die 결혼 70 주년. ~**instanz**, die 【법】 사면 재판소. ~**kraut**, das 【식물】 등에풀속(屬)의 일종(현삼과). ~**lohn**, der 《준고어》 ↑~brot. ~**los** 〈Adj.〉 **a)** 무자비의 [전의] die Sonne brannte g. auf uns herab 뜨거운 태양이 우리를 향해 사정없이 내리쬐고 있었다. **b)** 감명되지 않은. ~**losigkeit**, die 무자비함, 무감형. ~**ort**, der 【가】 Wallfahrtsort. ~**reich** 〈Adj.〉 《아어》 은총이 두터운, 자비심이 많은. ~**schuß**, der 안락 사살: der Hirsch erhielt den G. 그 노루는 자비의 일격을 받았다; [전의] die Veränderungen auf dem Markt gaben diesem Unternehmen den G. 시장(市場)의 변화가 그 기업을 망하게 했다. ~**tod**, der 《아어》 안락사. ~**verheißung**, die 【기독교】 은총(속죄)의 약속. ~**voll** 〈Adj.〉 [lat. grātia plena] 《아어》 은총이 두터운, 자비심이 많은. ~**weg**, der **a)** (사면원에 의한) 사면: dem Häftling blieb nur noch der G. offen 그 죄수에게는 오로지 사면원에 의한 사면의 가능성만이 열려 있을 뿐이다. **b)** 사면 절차: ein Teil der Strafe wurde ihm auf dem G. erlassen 형(刑)의 일부가 사면절차에 의해 감면되었다. ~**weise** 〈Adv.〉 자비로, 은혜로.

gnädig ['gnɛːdɪç] 〈Adj.〉 **1.** 《반어》 자비로운, 관대한; 호의있는, 친절한: sei doch so g., mir zu helfen! 제발 나 좀 도와줘!; sehr geehrte -e Frau (공손한 호칭) 매우 존경하옵는 부인; -er Herr 《준고어》 나리, 대감, 전하, 각하; ich danke Ihnen, meine Gnädige [Gnädigste] 《준고어》 마나님, 감사합니다. **2.** 관대한, 인정많은: machen Sie es g. mit mir 《농》 좀 봐주세요. **3.** 《준고어》 자비로운, 가엾게 여기는.

Gnagi ['gnaːgi], das; -s 〈schweiz.〉 소금에 절인 돼지고기(머리, 다리, 꼬리 등).

Gnatz [gnats], der; -es, -e 〈지역적〉 **1.** 부스럼 딱지, 옴. **2.** 까다로운 [신경질적인] 사람, 불평가. **gnatzen** ['gnatsn̩] 〈h〉 〈지역적〉 기분이 언짢다; 투덜거리다; 입씨름하다. **gnatzig** ['gnatsɪç] 〈Adj.〉 〈지역적〉 기분이 언짢은, 불평하는.

Gneis [gnaɪs], der; -es, -e 편마암(片麻岩). **gneisig** 〈Adj.〉 편마암의, 편마암 질(質)의.

gneißen ['gnaɪsn̩] 〈h〉 〈österr.〉 인지하다, 깨닫다.

gniedelig ['gniːdəlɪç] 〈Adj.〉 〈지역적〉 긁는 소리를 내는 (현악기 연주가 미숙해서).

Gnitte [ˈgnɪtə], **Gnitze** [ˈgnɪtsə], die; -n 〈norddt.〉 모기 따위의 일종, 작은 모기.

Gnocchi [ˈnjɔki] 〈Pl.〉 [ital. gnocco] 【요리】 굵은 설탕 또는 밀가루 경단(베샤멜 소스를 쳐서 치즈와 함께 구워냄).

Gnom [gnoːm], der; -en, -en **a)** 땅의 정령(精靈)(땅 속의 보배를 지킨다는) **b)** 《통용어》 난쟁이.

Gnome [ˈgnoːmə], die; -n [lat. gnōmē] 【문예학】 격언, 금언, 경구(警句).

gnomenhaft 〈Adj.〉 땅의 정령(精靈) 같은; 난쟁이의, 난쟁이 같은; 보기 흉한, 꼴 사나운.

Gnomiker [ˈgnoːmikɐ], der; -s, - [griech. gnōmikós] 【문예학】 잠언시인(箴言詩人). **gnomisch** 〈Adj.〉 【문예학】 잠언의, 금언의: -es Präsens [언어학] 금언 [격언]적 현재형. **Gnomologie** [...] 〈f〉 n.ːɪən griech. gnōmología] 【문예학】 금언[격언]집(集). **gnomologisch** 〈Adj.〉 【문예학】 금언[격언] 모음의.

Gnomon [ˈgnoːmɔn], der; -s, -e [gnoːmoːnə; griech. gnṓmōn] 해시계, 해시계의 바늘.

Gnoseologie [gnozeolo'giː], die 【종교】 인식론. **gnoseologisch** 〈Adj.〉 【종교】 인식론의. **Gnosis** [ˈgnoːzɪs], die [griech. gnṓsis] 【종교】 (신의) 인식, 영지(靈知), 신비적 직관(直觀). **Gnostik** [ˈgnɔstɪk], die [griech. gnōstikós] 【고어】 그노시스파(派)(설). **Gnostiker**, der; -s, - 【종교】 그노시스파(派)의 사람. **gnostisch** 〈Adj.〉 【종교】 그노시스파의. **Gnostizismus** [gnɔsti'tsɪsmʊs], der; - 【종교】 **1.** 그노시스설. **2.** 고대(古代) 후기의 통합주의 종교 운동과 그 단체.

Gnotobiologie [gnoto-], die [griech. gnotós u. ↑ Biologie] 무균 사육 미생물학.

Gnu [gnuː], das; -s, -s [hottentott. ngu] 뉴(남아프리카산 영양의 일종).

Go [goː], das; - [jap. go] 바둑.

Goal [goːl], das; -s, -s [engl. goal (österr., schweiz. · 준고어)] 골, 득점.

Goal-: ~**getter** [-gɛtɐ], der; -s, - 【스포츠】 골 게터. ~**keeper** [-kiːpɐ], der; -s, - [engl. goal-keeper] 【스포츠】 (특히 österr., schweiz.》 골 키퍼. ~**mann**, der; -(e)s, -männer [드물게 스포츠] 골 키퍼.

Gobelet [gobaˈleː, (frz.) gɔˈblɛ], der; -s, -s [frz. gobelet] 고블레 술잔.

Gobelin [gobaˈlɛ̃ː, (frz.) gɔˈblɛ̃], der; -s, -s 고블랭직(織)(벽걸이 따위에 사용됨).

Gobelin-: ~**malerei**, die 고블랭 회화(繪畫). ~**stich**, der 고블랭 바늘 찌르기. ~**stickerei**, die 고블랭 자수(刺繡).

Gobi [ˈgoːbi], die 고비 사막(아시아 내륙의 사막).

Go-cart: ↑Go-Kart.

Gobi [ˈgoːbi], die 고비 사막(아시아 내륙의).

Gockel [ˈgɔkl̩], der; -s, - 《südd. · 통용어 · 농》 수탉: er stolziert wie ein G. über die Straße 그는 수탉처럼 뽐내며 길을 걸어간다. **Gockelhahn**, der ↑Gockel.

Göd [gøːd], der; -en, -en (bayr., österr. · 통용어》 대부(代父).

¹**Gode** [ˈgoːdə], der; -n, -n [anord. goði = Priester] 《역사적》 (고대 이슬란트와 스칸디나비아의) 성직자.

²**Gode** [-] ↑¹,²Gote 참조. **God(e)l** [ˈgoːdl̩] 《südd., österr. · 방언》 대모(代母).

Godemiché [goːdmiˈʃeː], der; -, -s [frz. godemiché] 《교양어》 인공 남성 성기, 각종.

Goder [ˈgoːdɐ], der; -s, - 《österr. · 통용어》 이중턱. **Goderl** [ˈgoːdɐl], das; -s, -n 《다음 용법으로만》 **jmdm. das G. kratzen** 《österr. · 통용어》 누구에게 아첨하다.

Godet [gɔˈdɛ], das; -s, -s [frz. godet] 【재봉】 쐐기 모양으로 박아넣은 옷감.

Godl [ˈgoːd(e)l].

Goetheana [gøtəˈaːna] 〈Pl.〉 괴테의 작품, 괴테에 관한 저작물.

Gof [goːf], der/das (또는) -s, -en 〈schweiz.〉 아이(버릇 없는). **Gofenpack**, das 놈 아이.

Go-go-: [ˈgoːgoː] amerik. go-go] 고고춤. ~**Boy**, der

남자 무용수. ~**Girl**, das 여자 무용수. ~**Show**, die 고고쇼. ~**Stil**, der 《Pl. 없음》 고고춤 양식.

Goi ['goːi], der; -(s), Gojim ['goːjim, goːjiːm; hebr. gôy] (유태인의 본) 비유태인.

Go-in [goːˈlin], das; -s, -s [engl. to go in] 시위대의 무단 진입.

Gojim: ↑ Goi의 복수형.

Goiserer ['gɔyzərə], der; -s, - 《대개 Pl.》《österr.》 [원산지인 오스트리아의 도시 Bad Goisern에 따라] 못이 박힌 무거운 등산화.

Go-Kart ['goːkart], der; -(s), -s [amerik. go-kart] 1. 작은 경주용 자동차. 2. 어린이용 핸들이 달린 사륜 자전거.

gokeln ['goːkl̩n] 〈h〉 《ostmd.》 불장난을 하다, 등불을 부주의하게 다루다.

Golatsche [goˈlatʃə] ↑ Kolatsche.

gold [gɔlt] 〈Adj.〉《österr.》 우유를 많이 넣은.

Gold [-], das; -(e)s 1. 금, 황금(기호: Au): Gold in Barren 금괴(金塊), 금덩이; die Währung ist durch G. gedeckt 화폐는 금으로 보증된다; einen Edelstein in G. fassen 보석에 금장식을 입히다; 속담 es ist nicht alles G., was glänzt 빛나는 것이라고 모두 금은 아니다; **treu wie G. sein** 매우 충실하다. 을편단심이다. **2. a)** 금화: 전의 im G. schwimmen 금화 속을 헤엄치다(매우 부유하다); **G. in der Kehle haben** 매우 아름다운 목소리를 가지다; **etw. ist nicht mit G. zu bezahlen(aufzuwiegen)** 무엇이 매우 귀중하다. **b)** 금제품: von G. und Silber speisen 금·은 식기로 식사하다; olympisches G. 올림픽 금메달. **3. a)** 돈, 재산, 보배: flüssiges G. 석유; schwarzes G. 석탄. **b)** 금빛: das seidige G. ihres Haares 그녀 머리의 비단 같은 금빛.

gold-, Gold-: ~**ader**, die 금광맥. ~**after**, der 등이 노란 흰 나비의 일종. ~**ähnlich** 〈Adj.〉 금 같은, 금 비슷한. ~**amalgam**, das 금아말감(수은과 금의 합금). ~**ammer**, die 멧새속의 일종. ~**amsel**, die ↑ Pirol 참조. ~**arbeit**, die 금세공. ~**artig** 〈Adj.〉 금 같은, 금빛의. ~**auflage**, die 금장(다른 금속 위에 씌운). ~**ausbeute**, die 금 산출량. ~**barren**, der 금괴. ~**barsch**, der ↑ Rotbarsch. ~**beryll**, der 황금빛 물이 든 녹주석, 녹주옥. ~**bestand**, der 정금(正金) 보유고(화폐 발행 은행의). ~**bestickt** 〈Adj.〉 금실 수를 놓은. ~**betreßt** 〈Adj.〉 금몰을 단. ~**blättchen**, das 금박. ~**blech**, das 금박: 치과(齒科)의 금판(金板). ~**blond** 〈Adj.〉 **a)** 금갈색의, 금발의. **b)** 금발머리의. ~**borte**, die 금몰. ~**brasse**, die, ~**brassen**, der 금 잉어. ~**braun** 〈Adj.〉 금갈색의, 밤색의. ~**broiler**, der 《구 동독》 구운 통닭. ~**brokat**, der 금란(金襴). ~**bronze**, die 금도금의 청동. ~**buchstabe**, der 금문자. ~**deckung**, die 정화(正貨)준비. ~**devisen** 〈Pl.〉, ~**dollar**, der (순수 금본위 통화제도 이후의) 미국의 공식 화폐 단위. ~**doublé**, das ↑ dublee. ~**draht**, der 금철사, 금선(金線). ~**drossel**, die ↑ Pirol에 대한 속칭. ~**druck**, der [금화 같은 인쇄. ~**dublee**, das 값싼 금속의 금장. ~**durchwirkt** 〈Adj.〉 금실을 짜넣은, 금란(金襴)을 짜넣은. ~**echt** 〈Adj.〉《통용어》 정말 믿을 만한. ~**esel**, der [금화를 낳는 그림 동화 속의 당나귀에서] 《통용어》 화수분, 자꾸 써도 줄지 않는 재물. ~**faden**, der 금실, 금줄. ~**farben**, ~**farbig** 〈Adj.〉 금빛의. ~**fasan**, der **1.** 금계(金鷄)(중국산 꿩): 전의 mein G. nannte er sie zärtlich 《애칭》 그는 다정하게 그녀를 나의 금계라고 불렀다. **2.** 《나치·통용어·폄》 민족 사회주의 독일 노동당의 고참 간부. ~**feder**, die 금펜. ~**feld**, das 금광상(金鑛床). ~**fieber**, das ~**rausch**. ~**finger**, der 《드뭄게》 ↑ Ringfinger.

~**fisch**, der **1.** 금붕어. **2.** 《통용어·농》 돈 많은 상속자. ~**fischglas**, das 어항. ~**flieder**, der ↑ Forsythie. ~**fliege**, die 금파리속(屬). ~**folie**, die 금박. ~**fuchs**, der **1.** 밝은 은갈색 털을 가진 여우. **2.** 전마류(金紫駒馬). **3.** 《준고어》 금화(金貨). ~**führend** 〈Adj.〉↑-haltig. ~**füllung**, die 금박 충전, 보철용 금. ~**fund**, der 금발굴. ~**gefaßt** 〈Adj.〉 금테의: eine -e Brille 금테 안경. ~**gehalt**, der 금 함유량. ~**gelb** 〈Adj.〉 《황》 금빛의. ~**gelockt** 〈Adj.〉 《아이》 금빛 고수머리의. ~**gerändert** 〈Adj.〉 금테를 두른. ~**gewicht**, das ↑ Karat. ~**gewinnung**, die 금의 추출, (하천 모래에서의) 사금의 선광. ~**gier**, die 황금욕(欲), 배금(拜金). ~**gierig** 〈Adj.〉 황금을 탐내는, 배금의. ~**glanz**, der 금의 광택(광휘). ~**glänzend** 〈Adj.〉 금빛 찬란한. ~**glas**, das 《미술》 금박을 넣은 유리. ~**gräber**, der 금채굴자. ~**grube**, die **1.** 금광, 금갱. **2.** 《통용어》 수익이 좋은 사업(집, 가게); 보고(寶庫): er hat aus dem alten Laden eine G. gemacht 그는 작은 가게를 노다지로 만들었다. ~**grün** 〈Adj.〉 금 초록빛의. ~**grund**, der 《미술》 (비잔틴 풍의 모자이크 따위의) 금빛 바탕: der G. russischer Ikonen 러시아 성화(聖畫)의 금빛 바탕. ~**haar**, das **1.** 《아이》 금발. **2.** 역역속(屬), 미나리아재비의 일종. ~**haarig** 〈Adj.〉 《아이》 금발의. ~**hähnchen**, das 상모솔새속(屬). ~**haltig**, (österr.) ~**hältig** 〈Adj.〉 금을 함유한. ~**hamster**, der 황금빛 털의 햄스터. ~**handel**, der 금괴 거래. ~**hell** 〈Adj.〉 《아이》 금빛으로 빛나는. ~**hortung**, die 금괴의 (불법) 축재. ~**hungrig** 〈Adj.〉 금을 탐내는. ~**junge**, der 《아이》 총아(寵兒). **2.** 《스포츠》 금메달 수상자. ~**käfer**, der **1.** 꽃무지, 《애칭》 귀염둥이. **2.** 《통용어》 돈이 많은 처녀. ~**käferschuh**, der 《역사적》 꽃무지 구두(1900년경 애용되던, 가죽 위에 금빛 니스를 입힌 여자 구두). ~**kehlchen**, das; -s, - 《통용어·반어》 돈 많이 버는 가수. ~**kette**, die 금사슬. ~**kind**, das **1.** 《학생》 학급에서 일등하는 아이. **2.** 《통용어·애칭》 귀여운 자식, 귀염둥이. ~**klausel**, die 《경제》 금약관(金約款). ~**klumpen**, der 금괴, 금덩어리. ~**knopf**, der 《대개 Pl.》 금단추. ~**krone**, die **1.** 금관. **2.** 《치과》 금치관(金齒冠). **3.** 금화. ~**kurs**, der 《증권》 금시세. ~**küste**, die 〈Pl. 없음〉 황금 해안(기니아 만(灣)의 해안). ~**lack**, der 금빛 니스. ~**lager**, das, ~**lagerstätte**, die 금 광상(鑛床). ~**land**, das 산금국. ~**laufkäfer**, der ↑-schmied (2). ~**leder**, das 《부두용의》 금칠한 가죽. ~**legierung**, die 금 합금. ~**leiste** die 금색 돌림띠. ~**lockig** 〈Adj.; nicht adv.〉 《아이》 ↑-gelockt. ~**macher**, der ↑ Alchimist. ~**macherei** [-maxəˈrai], die 《폄》 ↑ Alchimie. ~**macherkunst**, die ↑ Alchimie. ~**mädchen**, das 여자 금메달리스트. ~**makrele**, die 금빛 고등어. ~**mark**, die (im Gegensatz zur Mark 1차 세계대전 이후 통화 팽창에 쓰임). ~**markt**, der 《경제》 금 시장. ~**medaille**, die 금메달. ~**medaillengewinner**, der 금메달 수상자. ~**medaillengewinnerin**, die ↑-medaillengewinner의 여성형. ~**mine**, die 금광산. ~**mull**, der; -(e)s, -e 금두더지(남아프리카에 서식). ~**mundstück**, das 금 물부리(궐련의). ~**münze**, die 금화. ~**nessel**, die 꿀풀과, 단 황의(잉어과의 일종). ~**orfe**, die 단 황의(잉어과의 일종). ~**papier**, das 금종이. ~**parität**, die 《경제》 금평가; 금평준(환시세의). ~**parmäne**, die 금골든페어메인(사과의 품종). ~**plattierung**, die 금입히기, 금도금. ~**plombe**, die 《치과》 치강(齒腔)에 보철된 금. ~**pool**, der 《경제》 유럽 금값 조정 위원회. ~**preis**, der 금값. ~**probe**, die 시금(試金)(금 함유량 검사). ~**punkt**, der 《경제》 금 수송점(輸送點), 정화(正貨) 수

송점. ~**rahmen**, der 금테, 금의 액자테. ~**rand**, der (안경, 찻잔 따위의) 금테. ~**rausch**, der 황금열, 골드러시. ~**raute**, die ↑~rute. ~**regen**, der 1. 나도싸리(콩과). 2. a) 꽃불(의 일종). b) 《기대치 않던》 많은 부(富). ~**reichtum**, der 금재산. ~**reif**, der 《아이》 ↑~ring. ~**renette**, die 사과의 품종. ~**reserve**, die 정화(正貨) 준비. ~**richtig** 〈Adj.〉 《통용어》 최적의: deine Entscheidung war g. 너의 결정은 가장 알맞았다. ~**ring**, der 금반지. ~**röhrling**, der 그물버섯 속(屬). ~**röschen**, das ↑Kerrie. ~**rute**, die 미역취. ~**sand**, der 금이 들어 있는 모래. ~**schatz**, der 1. 황금 보화. 2. 《애칭》 귀여운이. ~**schläger**, der 금박(金箔) 제조인. ~**schmied**, der 1. 금세공사. 2. 딱정벌레 속. ~**schmiedearbeit**, die 금세공(품). ~**schmiedehandwerk**, das 금세공(품). ~**schmiedekunst**, die 《Pl. 없음》 금세공술. ~**schmuck**, der 금장신구. ~**schnitt**, der (책의 재단면의) 금박칠. ~**schnur**, die 금실줄, 금실끈. ~**schrift**, die 금문자. ~**sohn**, der 《통용어·애칭》 귀염둥이 아들, 총아(寵兒). ~**spitze**, die 금실 레이스; 금몰. ~**standard**, der 《경제》 금본위(本位). ~**staub**, der 금가루, 사금. ~**stern**, der 중무릇(백합과 식물). ~**stickerei**, die 금실로 놓은 자수. ~**stück**, das 《옛》 금화. ~**sucher**, der 금을 찾는 사람. ~**ton**, der 금색조(色調). ~**topas**, der 황강옥(黃鋼玉). ~**tresse**, die 금몰. ~**tropfen** 〈Pl.〉 금을 함유하고 있는 생약(심장질환에 좋은). ~**überzug**, der 금도금. ~**uhr**, die 금시계. ~**umrändert** ~**umrandet** 〈Adj.〉 ↑~gerändert. ~**vorkommen**, das 금의 산출. ~**vorrat**, der 정화(正貨) 준비(고). ~**waage**, die 황금 저울(보석의 무게를 다는 데 쓰임): alles[jedes] Wort auf die G. legen 《통용어》 1) 모든 말을 곧이곧대로 도다. 2) 깊이 생각하며 말을 신중히 골라 쓰다. ~**währung**, die 《경제》 금본위 통화 제도. ~**waren** 〈Pl.〉 금제품. ~**wäsche**, die 금의 세광. ~**wäscher**, der 금광부(洗鑛夫). ~**wäscherei**, die 금 세광소. ~**wasser**, das 리쾨르의 일종. ~**wert**, der 〈Pl. 없음〉 금가(金價). ~**zahn**, der 《통용어》 금니.
golden ['gɔldn] 〈Adj.〉 1. 금의, 금으로 된. 2. 《시어》 금빛의, 금빛 찬연한. 3. 호화로운, 아름다운, 훌륭한, 유쾌한: -en Zeiten entgegengehen 《반어》 황금 시대를 맞이하다; er hat einen -en Humor 그는 명랑한 유머가 있다. **Golden Delicious** ['gouldən di'liʃəs] der; - -, - - [engl. golden delicious] 델리셔스(사과의 품종). **Golden Twenties** ['gouldən 'twɛntiz] 〈Pl.〉 [engl. golden twenties] 황금의 20대. **goldig** ['gɔldɪç] 〈Adj.〉 1. 《통용어》 a) 매우 아름다운, 더없이 사랑스러운, 귀여운. b) 《지역적》 정말 친절한, 유쾌한: daß du uns beim Umzug helfen willst, finde ich g. 네가 우리의 이사를 도우려고 하는 것은 정말 친절한 일이라고 생각한다. 2. 《드물게》 금빛으로 빛나는.
Golem ['go:lɛm], der; -s [hebr. golem] 유태교 전설의 점토로 만들어진 벙어리 인형(강력한 힘을 보유하여 박해받는 유태인을 구제한다는).
¹**Golf** [gɔlf], der; -(e)s, -e [ital. golfo] 만(灣), 내해(內海).
²**Golf** [-], das; -s [engl. golf] 《스포츠》 골프: G. spielen 골프를 치다.
Golf- (²Golf): ~**ball**, der 골프공. ~**ballaufen**, das; -s 《육상》 골프공 던져 달리기(연습). ~**hose**, die 골프용 바지. ~**mütze**, die 골프용 모자. ~**platz**, der 골프장. ~**pro** [-pro], der; -s, -s 《↑Profi의 약칭》 《통용어》 프로골프 선수. ~**schlag**, der 《육상》 해머 던지기 시작 동작. ~**schläger**, der 골프채. ~**schuh**, der 골프용 구두. ~**schuß**, der 《아이스하키》 포핸드 스트로크. ~**spiel**, das ↑²Golf. ~**spieler**, der 골프 선수.

~**tasche**, die 골프채 가방. ~**turnier**, das 골프 시합. **Golfer** ['gɔlfɐ], der; -s, - [engl.-amerik. golfer] ↑Golfspieler. **Golferin**, die; -nen ↑Golfer의 여성형.
Golfstrom, der 멕시코만 난류.
Golgatha ['gɔlgata], **Golgota** ['gɔlgota], das; -(s) [lat. golgotha < griech. golgothā; Jerusalem 근교의 그리스도가 십자가에 못박힌 곳의 이름을 따서] 《아어》 큰 고통.
Goliard [go'liart], **Goliarde** [...rdə], der; ...den, die den [frz. goliard] 13 세기 프랑스의 반교회파의 방랑 수도승.
Goliath ['go:liat], der; -s, -s [hebr. Golyat; 사무엘 상 17장에 나오는 David에게 죽은 블레셋 족(族)의 거인의 이름을 따서] 거인. **Goliathfrosch**, der 초대형 개구리.
Golilla [go'lɪlja], die; -s [span. golilla] 《구제》 (레이스 깃 아래에 받친) 작고 둥근 줄무늬 무명 깃.
Göller ['gœlɐ], der; -s, - [lat. collārium] 《schweiz.》 (넓은) 칼라, (의복의) 목부분. **Göllerkette**, die 《schweiz.》 목걸이.
gölte ['gœltə] ↑gelten 참조.
Gomorrha, **Gomorra** [go'mɔra] 《종교》 사해(死海) 북방 평원에 있던 전설적인 도시 이름(퇴폐의 도시; 창세기 13장 19절).
gon = Gon.
Gon [gɔn], das; -s, -e 〈5 Gon〉 [griech. gōnía] 《측지학》 곤(직각의 100분의 1).
Gonade [go'na:də], die; -n 《생물·의학》 생식선, 성선(性腺)(↑Keimdrüse). **gonadotrop** [...nado'tro:p] 〈Adj.〉 《생물·의학》 배종선(胚種腺)에 영향을 주는.
Gonagra ['go:nagra], das; -s 《의학》 무릎 통풍(痛風).
Gonarthritis [gonar'tri:tɪs], die; ...itiden [...ri'ti:dn; griech. góny] 《의학》 무릎 관절염.
Gondel ['gɔndl], die; -n [ital. gondola] 1. 곤돌라(베니스의 작은 배). 2. 기구, 비행선 따위에 부착된 선실 또는 바구니(사람과 짐을 싣기 위한). 3. ↑Ampel (3). 4. 《지역적》 의자. 5. (백화점의) 판매대.
Gondel-: ~**bahn**, die a) ↑Seilbahn. b) 《schweiz.》 (제설) 리프트(스키장 따위; 걸상 모양). ~**fahrt**, die 곤돌라 타기. ~**führer**, der ↑Gondoliere.
gondeln ['gɔndln] 〈s〉 《통용어》 a) 곤돌라를 타고[저어] 가다, (일반적으로) 배로 돌아 다니다. b) 배로 유람 가다. **Gondoletta** [...do'lɛta], die; -s [ital. gondoletta] (공원 호수 같은 곳의) 지붕 달린 작은 보트. **Gondoliera** [gɔndo'lje:ra], die; ...ren [ital. gondoliera] 이탈리아 어부의 노래(8 분의 6 또는 8 분의 12 박자). **Gondoliere** [...'lje:rə], der; -s, ...ri [ital. gondoliere] 곤돌라의 뱃사공.
Gonfaloniere [gɔnfalo'nje:ra], der; -s, ...ri [ital. gonfaloniere] 《중세 이탈리아》 도시국가의 수장(首長).
Gong [gɔŋ], der/das; -s, -s [angloind. gong] 징, 공: der G. ertönt[schlägt] (zum Mittagessen) (점심시간을 알리는) 공[징]이 울린다. **gongen** ['gɔŋən] 〈h〉 공[징]을 울리다.
Gongorismus [gɔŋgo'rɪsmʊs], der; - [span. gongorismo] 공고리즘(스페인 시인 Góngora(1561~1627)의 이름을 딴 17세기 스페인의 문학 양식의 하나). **Gongorist**, der; -en, -en 공고리즘파 시인, 작가.
Gongruf, der; -(e)s, -e 공[징] 신호. **Gongschlag**, der; -(e)s, -schläge 공[징]을 치기.
Goniometer [gonjo'me:tɐ], das; -s, - [zu griech. gōnía] 측각기(測角器), 각도계(角度計); 방위계. **Goniometrie**, die 각도 측정, 측각술(術). **goniometrisch** 〈Adj.〉 측각술의.
gönnen ['gœnən] 〈h〉 1. 부러워하지 않다, 기꺼이 주다[허락하다]: gönnst du mir nicht das kleine Vergnügen? 너는 나의 그 작은 즐거움에도 샘내기냐?; das

Gönner 846

sei dir gegönnt 그것을 너에게 허락하마; diesen Reinfall[diese Blamage] gönne ich ihnen 《반어》 나는 그들이 사기[수치]를 당해서 참 고소하다. **2.** 베풀다: jmdm.[sich] etw. Gutes[eine Pause / einige Tage Ruhe und Erholung] g. 누구[자신]에게 어떤 좋은 것[휴식/몇일 간의 안정과 휴식]을 베풀다; er gönnt ihr kein gutes Wort 그는 그녀에게 다정한 말 한마디도 해주지 않는다; sie gönnte ihm keinen Blick 그녀는 그에게 눈길 한 번 건네주지 않았다. **Gönner** ['gœnɐ], der; -s, - 후원자, 보호자, 후견인, 패트런; 은인. **gönnerhaft** ⟨Adj.⟩ 《편》 패트런의 티를 내는, 생색내는, 거만한: er klopfte ihm g. auf die Schulter 그는 거만하게 그의 어깨를 쳤다. **Gönnerhaftigkeit**, die 보호자인 체하는 태도. **Gönnerin**, die; -nen ↑Gönner의 여성형. **gönnerisch** ⟨Adj.⟩ 《드물게》 ↑gönnerhaft 참조. **Gönnermiene**, die 《편》 보호자(은인)인 체하는 표정. **Gönnerschaft** die **1.** 보호, 후원, 후견. **2.** 후원자들: die ganze G. des Künstlers saß im Saal 그 예술가의 모든 후원자들이 홀에 앉아 있었다.

Gonochorismus [gonoko'rɪsmʊs], der; - [zu griech. gonḗ u. chōrismós] 《생물》 동물의 자웅이체(異體). **Gonochorist** [...'rɪst], der; -en, -en 《대개 Pl.》 《생물》 자웅이체의 동물. **Gonokokkus** [gono'kɔkʊs], der; -, ...kken [griech. gonḗ u. ↑Kokke] 임균(淋菌). **Gonorrhö, Gonorrhöe** [gono'rø:], die; ...döen [...ø:ən; griech. gonórrhoia] 임질. **gonorrhoisch** [...'ro:ɪʃ] ⟨Adj.⟩ 임질의.

good bye! ['gud 'baɪ; engl. good bye] 《영어 인사법》 굿 바이.

Goodwill ['gʊdwɪl], der; -s [engl. goodwill] **a)** 영업 신용권, 권리금. **b)** 《가게·장사의》 신용. **c)** 호의, 친절. **Goodwill-:** ~**besuch**, der 친선 방문. ~**reise**, die 친선 방문(여행). ~**tour**, die ↑~reise.

Gopak ['go:pak], der; -s, -s [russ. gopak] 《우크라이나와 백러시아의》 빠른 박자의 춤.

Göpel ['gø:pl], der; -s, - 권양기(捲揚機). **Göpelwerk**, das ↑Göpel.

gor [go:ɐ] ↑gären 참조.

Gör [gøːɐ], das; -(e)s, -en [niederd. gor] (nordd.) 《편》 **1.** 작은 아이: er hat sechs -en zu versorgen 그는 여섯 명의 어린 아이들을 돌봐야 한다. **2.** ↑Göre (2).

Gording ['gordɪŋ], die; -s [niederl. gording] 《선원》 돛을 서로 묶는 밧줄.

gordisch ⟨Adj.⟩ ↑Knoten 참조.

Göre ['gøːrə], die; -n [↑Gör] (nordd.) 《편》 **1.** 《대개 Pl.》 《작은》 아이. **2.** (되바라진) 계집애.

Gorgogesicht ['gɔrgo-], das; -(e)s, -er ↑Gorgonenhaupt (1). **Gorgonenhaupt** [gɔr'go:nən-], das; -(e)s, ...häupter **1.** [그리스 전설에 나오는 괴물 '고르고'에서] 고르고의 머리(뱀머리와 석화(石化)된 눈을 가진): 《전의》 das G. des Krieges 《아이》 전쟁의 섬뜩한 광경. **2.** 거미불가사리.

Gorgonzola [gɔrgɔn'tsoːla], der; -s, -s 《북 이탈리아의 도시 이름에서 딴》 치즈의 일종.

Gorilla [go'rɪla], der; -s, -s [engl. gorilla] **1.** 고릴라. **2.** 《통용어》 **a)** 《험상궂게 생긴》 호위관(兵). **b)** 깡패의 일원.

Gosch: ↑Gosche. **Gösch** [gœʃ], die; -en [niederl. geus(je)] 《선원》 **a)** 《경축일에 항구에 다는》 네모진 작은 국기, 함수(선수)기(艦首[船首]旗). **b)** 《함수기의 일부로서》 깃대의 다른 색상의 상단부.

Gosch(e) ['gɔʃ(ə)], **Goschen** ['gɔʃn], die; Goschen (südd., österr.) 《편》 입. **eine große[freche] G. haben** 《지역적·속》 허풍을 치다[뻔뻔스럽다]; **die G.**

halten 입을 다물다. **Goscherl** ['gɔʃɐl], das; -s, -(n) **1.** (bayr., österr.) 《친근》 ↑Gosche. **2.** (österr.·경) 귀여운 소녀. **3.** (österr.) 《Froschgoscherl의 약칭. **goschert** ['gɔʃɐt] ⟨Adj.⟩ (österr.·경) 뻔뻔스런.

Göschflagge, die; -n ↑Gösch (a).

Gose ['goːzə], die; -n 《강 이름에서 유래》 라이프치히 지역 맥주명. **Goseflasche**, die 고제 맥주병. **Gosenglas**, das 고제 맥주잔.

Go-show [goʊ'ʃoʊ], der; -s, -s [engl.-amerik. go-show] 《항공 운어》 항공표를 예약하지 않고 공항에서 비행기 좌석을 구하려는 사람, 라스트 미니트 항공 여객.

Goslar ['gɔslar] 독일 북쪽의 도시.

Go-slow [goʊ'sloʊ], der/das; -s, -s [engl. go-slow] 사보타지, 태업(怠業).

Gospel ['gɔspl], das 《또는》 der; -s, -s [engl. gospel] ↑Gospelsong, **Gospelsänger**, der; -s, -, **Gospelsinger** [...sɪŋɐ], der; -s, -(s) 흑인 영가 가수. **Gospelsong**, der; -s, -s [engl. gospel song] 흑인 영가(靈歌)(영가와 재즈의 요소를 포함).

Gospodar [gɔspo'daːɐ; russ. gospodar] ↑Hospodar.

Gospodin [gɔspo'diːn, (russ.) gaspa'din], der; -s, ...da [russ. gospodin] (이름과 함께 남자를 부를 때 쓰는 러시아어의 호칭) ...씨, ...선생.

goß [gɔs] ↑gießen 참조.

Gosse ['gɔsə], die; -n [md. gosse, niederd. gote] **1.** 하수구, 배수구. **2.** 《편》 밑바닥 사회, 빈민굴: jmdn. aus der G. auflesen[ziehen] 《통용어》 누구를 타락의 구렁텅이에서 구출하다; **jmdn.[jmds.] Namen durch die G. ziehen[schleifen]** 누구의 이름을 더럽히다.

gösse ['gœsə] ↑gießen.

Gössel ['gœsl], das; -s, -(n) (nordd.) 거위 새끼.

Gossenjargon, der; -s, -s 빈민굴 은어, 속된 표현. **Gossensprache**, die ↑Gossenjargon.

Göte ['gøːtə], die; 《또한》 ¹**Gote** ['goːtə], der; -n, -n 《지역적》 대부(代父). ²**Gote** [-], die; -n 《지역적》 대모(代母). ³**Gote**, der; -n, -n 고트 사람(게르만 민족의 한 종족).

Gotha ['goːta], der; - 《출판지 Gotha의 이름에서》 유럽 귀족의 족보.

Gotik ['goːtɪk], die 《↑gotisch 참조》 (12세기 중엽부터 15세기 말까지의 유럽의) 고딕 양식. **gotisch** ⟨Adj.⟩ [1: lat. gothicus; 2: frz. gothique, engl. gothic] **1.** 고트 (인)의. **2. a)** 고딕 양식의: -e Dome 고딕 성당; die -e Schrift(Minuskel) 고딕 문자[소문자]. **b)** 고딕 양식에 특징적인. **Gotisch**, das; -(s) **1.** 고트어. **2.** 고딕체. **Gotische**, das, -n **a)** 《정관사와 함께》 고트어. **b)** 고딕식 특징. **Gotizismus** [goti'tsɪsmʊs], der; -, ...men **1.** [언어학] 비 고트어에 전이되어 나타나는 고트어의 현상. **2.** [예술] 고딕 양식의 모방.

Gotlandium [gɔt'landiʊm], das; -(s) 《스웨덴의 섬 Gotland에서》 [지절] 실루리아기(紀)(↑Silur의 옛말).

Gott [gɔt], der; -es / 《드물게 성구에서》 -s, Götter ['gœtɐ] **1.** 《Pl. 없음》 부가어와 함께 쓰일 때 이외에는 관사없이》 신(神), 조물주, 천주(天主): G., der Allmächtige 전능하신 신; das walte G.! 1) 신의 뜻대로 이루어지리라! 2) 《통용어》 괜찮을 거야(격려하는 말). G. mit uns! (프로이센 왕들의 모토) 신께서 우리와 함께!; G. sei Lob und Dank! 아 고마워라, 아휴 됐다, 참 다행이다!; wie es G. gefällt 신의 뜻대로; -es Sohn 하나님의 아들 그리스도; die Mutter -es 성모 마리아; die Toten sind bei G. 고인(故人)들은 하느님께 가 있다; hier ruht in Gott ... 여기 하느님의 품안에 ...가 쉬고 있다(묘비명); zu G. beten 《아이》 애원하다; 《숙담》 was G. tut, das ist wohlgetan 하나님께서 하시는 일이니 잘 될 것이다(바로

크 교회음악의 가사 첫구절); was G. zusammengefügt hat, das soll der Mensch nicht scheiden 하나님께서 짝지어 주신 것을 사람이 갈라 놓아서는 안된다(마태복음 19장 6절); **(großer(allmächtiger/guter) mein) G. (im Himmel)!, o[ach] (du lieber) mein) G.!** 아아, 원, 이런, 아이고, 야단났는데; **(ach) G,...** 이제, 그런데, 자(문장 첫머리에 심사숙고의 표현으로); **grüß (dich, euch, Sie) G.!** 《지역적》 안녕하십니까; **G. zum Gruß!** 《고어》 안녕하십니까; **behüt' dich G.!** 《südd.》 안녕히 가[계]세요; **G. behüte (bewahre) / da sei G. vor!** 맙소사, 그런 일이 없기를, 딱 질색이다, 당치도 않다; **G. steh' mir(uns) bei!** 아이고머니, 이거 야단났네, 아뿔싸; **wollte(gebe) G., daß ...** ⋯이기를 바란다; **G. soll mich strafen, wenn (nicht)...** ⋯은 참말이(아니)다; **gnade dir G.!** 《통용어》 너 두고 봐라!; **weiß G.** 정말로, 확실히, 누구나 알고 있듯이; **G. weiß** 《통용어》 아무도 모른다, 확실치 않다; **G. verdamm' mich** 《속어》 빌어먹을, 제기랄; **so G. will** 《통용어》 별일 없다면; **jmdn. hat G. im Zorn erschaffen** 누구라면 진절머리가 난다; **wie G. jmdn. geschaffen hat** 《농》 벌거숭이로; **G. hab' ihn selig** 그는 이제 고인이 되었지만; **leben wie G. in Frankreich** 《통용어》 풍족하게 살다; **jmds G. sein** 누구의 우상이다; **helf' G.!** (재채기를 하는 사람에게 해 주는 말); **G. und die Welt** 모든 것, 모든 사람; **den lieben G. einen guten Mann sein lassen** 《통용어》 아무 걱정없이 시간을 보내다; **daß G. erbarm'** 《통용어》 가엾을[불쌍할] 정도로 나쁜; **G. sei Dank!** 《통용어》 아하 다행이다; **G. sei's getrommelt und gepfiffen!** 《통용어·농》 야아 이젠 됐다; **G. sei's geklagt!** 《통용어》 유감스럽게도, 안됐지만; **G. befohlen!** 《아어·준고어》 (헤어질 때 하는 인사); **dem lieben G. den Tag stehlen** 《통용어》 시간을 허랑없이 보내다; **um -es willen** 1) 저런, 아이고. 2) 제발; **in -es Namen** 《통용어》 소원대로; **leider -es** 《통용어》 유감스럽게도, 슬프게도, 안됐지만; **seinen Frieden mit G. machen** 하나님의 뜻대로 죽음을 맞다; **jmd. ist (wohl) ganz und gar von G. verlassen!** 《통용어》 될대로 되라!; **jmdn.(etw.) zu seinem G. machen** 누구[무엇]를 우상으로 받들다. **2.** 《다신교(多神教)에서》 숭배의 대상, 최고의 존재, 지배자(인격화된 자연이나 윤리적인 힘도): **ein junger G.** 젊은 신선됨 (초인적인 아름다움과 절대적인 민첩함으로); **das wissen die Götter** 《통용어》 그것은 아주 불확실하다; **Götter in Weiß** 《팸》 주임 의사.

gott-, Gott- (↑götter-, Götter-; gottes-, Gottesgotts-, Gotts-도 참조): ~**ähnlich** 〈Adj.〉 신과 같은, 거룩한. ~**ähnlichkeit**, die 신과 같음, 거룩함. ~**begnadet** 〈Adj.〉 《감정》 신의 은총을 받은, 타고난(재능 따위); 천부이 풍부한(예술가 따위). ~**behüte** [−'−−−] 〈Adv.〉 《österr.》 당치도 않다, 딱 질색이야. ~**bewahre** [−−−'−] 〈Adv.〉 결코, 절대로. ~**erbarmen** 《다음의 용법으로》 **zum G.** 《통용어》 1) 가련하게, 가엾게. 2) 형편없이 나쁘게(악기 연주 따위와 관련하여). ~**ergeben** 〈Adj.〉 독실한, 경건한. ~**ergebenheit**, die 독실, 경건. ~**ferne**, die 신의 부재(不在). ~**froh** 〈Adj.〉 《schweiz.》 아주 즐거운. ~**gefällig** 〈Adj.〉 (아어) 신의 뜻에 맞는. ~**gefälligkeit**, die 신의 뜻에 맞음. ~**gegeben** 〈Adj.〉 불가피한, 신으로부터 보내어진. ~**gesandt** 〈Adj.〉 (아어·준고어) 신으로부터 보내어진. ~**geweiht** 〈Adj.〉 신에게 바쳐진; 신성한. ~**gewollt** 〈Adj.〉 신의 뜻에 따른. ~**gewolltheit** [-gavɔlthaɪt], die 신의 뜻에 따름. ~**gläubig** 〈Adj.〉 **1.** (고어) 독실한, 경건한. **2.** (나치) (어느 종교에는 속하지 않고) 신을 믿는. ~**gläubigkeit**, die

~**königtum**, das 〈Pl. 없음〉 왕권 신수설[제도]. ~**lob** ↑~**gläubig**의 명사형. [−'−] 〈Adv.〉 [ahd. gotsi lob] 고맙게도, 고마워라, 황송해라: **wir hatten g. immer schönes Wetter** 감사하게도 고맙게도 언제나 좋은 날씨를 맞았다. ~**los** 〈Adj.〉 **a)** 패덕적인, 타락한, 사악한. **b)** 신을 부인하는, 신앙이 없는, 무신론의. **Gottlose'**, der/die 무신론자. ~**losigkeit**, die **1.** 패덕, 신모독. **2.** 무신(無神), 신부정(否定). ~**mensch**, der 〈Pl. 없음〉 신인(神人)(그리스도). ~**seibeiuns** [−−'−−, '−−−−], der 《미화》 악마. ~**selig** [−'−−], 《또한》 '−−−〉 〈Adj.〉 《준고어》 신에 귀의한, 경건한. ~**seligkeit** [−'−−−−, 《또한》 '−−−−〉 《준고어》 ~**selig**의 명사형. ~**suche**, die 구신(求神). ~**sucher**, der 구신자(求神者). ~**vater** [−'−−], der 〈Pl. 없음; 대개 관사없음〉 아버지이신 하나님. ~**verdammich!** (감탄사) 《속어》 빌어먹을, 제기랄, 오라질. ~**verdammt** 〈Adj.〉 《속어》 저주받은, 터무니없는: **du mit deinem -en Gerede!** 야, 이 터무니 없는 떠버리야! ~**verfluch** 〈Adj.〉 ~**verdammt**. ~**vergessen** 〈Adj.〉 **1.** 신을 잊은, 불경(不敬)한, 무도한. **2.** 《통용어》 ↑~**verlassen** 참조. ~**verlassen** 〈Adj.〉 **1.** 《통용어》 비참한, 황량한. **2.** 신에게 버림받은. **3.** 이성이 없는 것 같은. ~**verlassenheit**, die 신에게 버림받은 느낌. ~**vertrauen**, das 신앙. ~**voll** 〈Adj.〉 **1.** 《통용어》 익살맞은, 매우 웃기는. **2.** 훌륭한, 굉장한. ~**wesen**, das 신, 신과 같은 존재.
Gottchen ['gɔtçən], das; -s, - [1: ↑**Gott** (1)의 축소형; 2: ↑**Gotte**의 축소형] **1. (ach) G.!** (감탄·놀람을 나타낼 때의) 저런, 아이구. **2.** 《schweiz.》 대자(대녀).
Gotte ['gɔta], die; -n 《schweiz.》 ↑²**Gote**. **gottenfroh** 〈Adj.〉 《드물게 schweiz.》 ↑**gottfroh** 참조.
Gottenkind, das; -(e)s, -er 《schweiz.》 대모(代母)의 대자[대녀](세례를 받은 아이).

götter-, Götter- (↑**gott-, Gott-**; **gottes-, Gottes**gotts-, Gotts-도 참조): ~**baum**, der 가죽나무. ~**berg**, der ↑**Olymp**. ~**bild**, das **1.** 신상, 우상. **2.** 성스러운 자태, 아주 아름다운 초상. ~**blume**, die [griech. dōdekatheón = Zwölfgötterblume] 미나리아재빗과의 한 속. ~**bote**, der (고대 그리스 신화의) 신의 사절(예컨대: Hermes, der Bote des Zeus). ~**dämmerung**, die 〈Pl. 없음〉 《북구 신화》 신들의 황혼(새시대의 시작 전 신들과 세계의 멸망). ~**funke(n)**, der 《시어》 신들의 불꽃. ~**gabe**, die 《시어》 신들의 선물, 타고난 재주. ~**gatte**, der 《통용어·농》 남편. ~**geschenk**, das ↑~**gabe**. ~**geschlecht**, das 신족(神族). ~**gestalt**, die **1.** ↑**Gott** (2). **2.** ↑~**statue**. ~**gleich** 〈Adj.〉 신같은, 거룩한. ~**kind**, das ↑~**liebling**. ~**liebling**, der 행운아. ~**mahl**, das 《농》 최고급 향연. ~**maske**, die (이교도적) 신의 가면. ~**pflaume**, die [griech. Diòs pyrós] ↑**Dattelpflaume** (1, 2). ~**sage**, die **a)** 《특정한》 신화. **b)** 신(들)에 관한 전설. ~**speise**, die **1. a)** 〈Pl. 없음〉 ↑**Ambrosia** (1). **b)** 《농》 맛있는 음식. **2.** (젤라틴과 향료 또는 과일즙을 섞어 만든) 디저트. ~**spruch**, der 신의 심판, 신의 예언. ~**trank**, der 〈Pl. 없음〉 ↑**Nektar** (1). **b)** 《농》 맛좋은 음료. ~**vater**, der (신화에서) 최고의 신.

gottes-, Gottes- (↑**gott-, Gott-**; **götter-, Götter**gotts-, Gotts-도 참조): ~**acker**, der 《지역적·아어》 묘지. ~**anbeterin**, die 사마귀과(科). ~**begriff**, der 신에 관한 개념. ~**beweis**, der 신이 존재한다는 증명. ~**braut**, die (아어·드물게) 신(그리스도)의 신부(수녀, 동정녀 마리아, 교회, 영혼 따위에 대해서). ~**dienst**, der 예배(식), 제식(祭式), 미사 성례(聖禮): **einen G. abhalten[besuchen]** 예배를 올리다[예배에 참석하다]. ~**dienstbesucher**, der 예배 참석자. ~**dienstlich**

⟨Adj.⟩ 예배식의, 제식의, 미사성제의. **~dienstordnung**, die 제식[예배] 순서. **~ebenbildlichkeit**, die 인간의 신성(神性). **~eiferer**, der 열성적인 신앙인. **~erfahrung**, die 신에 관한 체험. **~erkenntnis**, die ⟨Pl.없음⟩ 신의 존재와 본질에 대한 인식 능력. **~ferne**, die ⟨Pl. 없음⟩ ↑Gottferne. **~friede**, der [lat. pax dei] 신의 휴전(중세시대 어느 기간 중 교회가 명한 전투행위 정지). **~furcht**, die [lat. timor dei] 경신(敬神), 경건. **~fürchtig** ⟨Adj.⟩ 신을 공경하는, 경건한. **~gabe**, die 놀라운 재능. **~gebärerin**, die ⟨Pl. 없음⟩ [lat. dei genetrix] ↑~mutter. **~gelahrtheit**, **~gelehrtheit**, die ⟨고어⟩ 신학. **~gelehrte'**, der ⟨고어⟩ 신학자. **~gericht**, das a) 신이 주관하시는 재판. b) ↑~urteil. **~geschenk**, das 신의 선물. **~glaube**, der 신앙. **~gnade**, die 신의 은총. **~gnadentum**, das; -s ⟨역사적⟩ 왕권 신수설. **~haus**, das ⟨아어⟩ 교회, 성당, 예배당. **~kind**, das ⟨드물게⟩ 신의 아들, 인간. **~kindschaft**, die 신의 아들로서의 인간의 지위[본성]. **~knecht**, der ⟨구약성서에서⟩ 1. 믿음이 두터운 이스라엘인. 2. 여호와 신께 선택받은 자. 3. 메시아, 구세주. **~lamm**, das ⟨Pl. 없음⟩ [lat. agnus dei] 하느님의 어린 양, 그리스도. **~lästerer**, der 독신자(瀆神者). **~lästerlich** ⟨Adj.⟩ 신에게 불경한. **~lästerung**, die 독신(瀆神). **~leugner**, der 무신론자. **~leugnerisch** ⟨Adj.⟩ 무신론의. **~leugnung**, die 무신론. **~lohn**, der ⟨Pl. 없음⟩ 신의 보상, 천국에서의 보상: um (einen) G. 무보수로, 공짜로. **~mann**, der ⟨Pl. ...männer⟩ ⟨아어·농⟩ 성직자. **~mutter**, die ⟨Pl. 없음⟩ 성모 마리아. **~segen**, der ⟨Pl. 없음⟩ ⟨드물게⟩ 신의 선물. **~sohn**, der ⟨Pl. 없음⟩ 하느님의 아들, 그리스도. **~sohnschaft**, die 하느님의 아들임. **~staat**, der [lat. civitas dei] ⟨지상에서 실현되는⟩ 신국(神國)[하느님의 나라]. **~streiter**, der 1. ⟨드물게⟩ 신앙 논쟁자. 2. ⟨고어⟩ 기독교 신앙의 전사, (십자군의) 기사. **~tag**, der ⟨드물게 시어⟩ 일요일. **~tisch**, der ⟨드물게⟩ 성찬상; 제단. **~urteil**, das ⟨역사적⟩ 신명(神明) 재판(중세에 불의 심판 또는 결투 따위를 통하여 그 결과를 신의 뜻으로 삼은 재판): 전에 die Dorfbewohner sahen in dem Einsturz der Brücke ein G. 마을 주민들은 그 다리가 무너진 것을 신이 내린 벌이라고 보았다. **~verehrung**, die 경신(敬神). **~volk**, das ⟨Pl. 없음⟩ ⟨아어⟩ 그리스도교인 공동체. **~wort**, das ⟨Pl. 없음⟩ 성서, 하느님의 말씀. **~wunder**, das ⟨아어⟩ 신의 기적.

gotthaft ⟨Adj.⟩ ⟨드물게⟩ 신과 같은.

Gotthardchinese ['gɔthartçinezə], der; -n, -n ⟨schweiz·폄⟩ 이탈리아인 (노동자).

Gottheit, die; -en 1. ⟨Pl. 없음⟩ 정관사와 함께인 ⟨아어⟩ 신, 조물주. 2. ⟨이교도의⟩ 신, 여신: heidnische -en 이교도의 신들. 3. ⟨Pl. 없음⟩ ⟨아어⟩ 신성(神性), 신격(神格).

Götti ['gœti], der; -s, - ⟨schweiz.⟩ 대부(代父).

Göttibub, der ⟨schweiz.⟩ 대자(代子). **gottigkeit** ['gɔtɪçkajt] ⟨Adv.⟩ ⟨österr·고어⟩ 어느 정도, 말하자면, 정말로. **Gottikind**, das; -(e)s, -er ⟨schweiz.⟩ 대부의 대자[대녀]. **Göttin**, die; -nen ↑Gott (2)의 여성형.

Göttingen ['gœtɪŋən] 괴팅겐(독일 Leine 강가의 도시). **¹Göttinger** ['gœtɪŋɐ], der 괴팅겐 사람. **²Göttinger** [-] ⟨Adj.: 격변화 없음⟩ 괴팅겐의.

göttlich ['gœtlɪç] ⟨Adj.⟩ **1. a)** 신의, 신과 같은: nach -em und menschlichem Recht 신과 인간의 정의에 따라서. **b)** 신을 향한, 신과 관련한. **2. a)** ⟨이교(異敎)의⟩ 신의. **b)** ⟨이교(異敎)의⟩ 신에 어울리는: in diesem Land genießen bestimmte Tiere -e Verehrung 이 나라에서는 어떤 동물들은 신에게나 어울리는 존경을 받고 있다. **3. a)** 신[여신]과 같은. **b)** ⟨농⟩ 이 세상일 같지 않은, 굉

장한. **Göttlichkeit**, die ↑göttlich의 명사형; 신성(神性).

gotts-, Gotts- ⟨gott-, Gott-; götter-, Götter-; gottes-, Gottes-도 참조⟩ ⟨강조⟩ **~erbärmlich** ⟨Adj.⟩ ⟨경⟩ 1. 아주 불쌍한, 가엾은. 2. **a)** 엄청나게 큰[강한]: eine -e Hitze 굉장한 더위. **b)** ⟨형용사, 동사의 뜻을 강조⟩ 매우, 굉장히. **~jämmerlich** ⟨Adj.⟩ ↑~erbärmlich 참조. **~öberste'** [...'ø:bəstə], der ⟨österr·준고어·반어⟩ 높으신 양반, 귀하신 어른. **~verdori** [...feɐ̯ˈdoːri] ⟨Interj.⟩ [niederd. Gott verdomi] ⟨nordd·속어⟩ 빌어먹을, 제기랄.

Götz [gœts] ⟨다음 용법으로⟩ **G. von Berlichingen** [- fɔn ˈbɛrlɪçɪŋən] ⟨경·은폐⟩ 궁둥이나 핥아라!(↑ Götzzitat 참조).

Götze ['gœtsə], der; -n, -n **1.** 우상, 거짓 신: -n anbeten 우상을 섬기다. **2.** ⟨아어·폄⟩ ⟨무비판적⟩ 숭배·애호의 대상.

Götzen-: **~altar**, der 우상을 위한 제단. **~anbeter**, der **1.** 우상 숭배자. **2.** ⟨아어·폄⟩ ~를 무엇(무엇)을 우상으로 떠받드는 사람. **~bild**, das 우상(偶像). **~diener**, der **1.** ↑~anbeter (1). **2.** ⟨아어·폄⟩ ↑~anbeter (2). **~dienerisch** ⟨Adj.⟩ 우상 숭배의. **~dienst**, der ⟨Pl. 없음⟩ **1.** 우상 숭배. **2.** ⟨아어·폄⟩ 맹목적 경배[애호]. **~glaube**, der 우상 신앙. **~priester**, der 우상을 섬기는 성직자. **~verehrung**, die ⟨Pl. 없음⟩ 우상 숭배, 맹목적 경배[애호].

götzenhaft ⟨Adj.⟩ 우상과 같은. **Götzentum**, das; -s ↑Götzenglaube.

Götzzitat [...] das; -(e)s [Goethe의 „Götz von Berlichingen" 괴츠 인용("er kann mich im Arsch lecken")(모욕적인 말, 욕설).

Gouache ⟨österr·전문어에서는 그대로⟩, die; -n, **Guasch** [gua(ʃ)ʃ], die; -en [frz. gouache] **1.** ⟨Pl. 없음⟩ 고무(과슈) 수채화법. **2.** 과슈 수채화 그림.

Gouachemalerei, die 과슈 수채화.

Gouda ['gauda], der; -s, -s, **Goudakäse**, der; -s, - [네덜란드의 도시 Gouda에서] 과우다 치즈.

Goudron [guˈdrõː], der / das; -s [frz. goudron] 타르.

Goulasch, der: ↑Gulasch.

Gourde [gurd], der; -, -s [gurd] ⟨그러나: 30 Gourde⟩ [frz. gourde] 하이티의 화폐 단위(1구르드=100 상팀) (약어: Gde., G).

Gourmand [gʊrˈmãː], der; -s, -s [frz. gourmand] 대식가. **Gourmandise** [gʊrmãˈdiːzə], die [frz. gourmandise] 특별히 맛있는 음식, 별식. **Gourmet** [gʊrˈmɛ, ...ˈmeː], der; -s, -s [frz. gourmet] 미식가.

Gout [guː], der; -s, -s [frz. goût] ⟨교양어·준고어⟩ 기호(嗜好), 취미: chacun à son goût 각자의 취미대로. **goutieren** [guˈtiːrən] ⟨h⟩ [frz. goûter] ⟨교양어⟩ 즐기다, 마음에 들어 하다: exotische Musik es interessanten Reiz g. 이국적인 음악을 흥미있는 자극으로 즐기다.

Gouvernante [guvɛrˈnantə], die; -n [frz. gouvernante] **a)** ⟨고어⟩ 여자 가정교사(입주하고 있는). **b)** 훈계하기 좋아하는 노처녀 같은 여자: ich bin alt genug und brauche keine G. mehr 나는 충분히 나이 들어서 사사건건 간섭하는 가정교사가 필요없다. **gouvernantenhaft** ⟨Adj.⟩ 훈계하기 좋아하는, 사사건건 간섭하는. **Gouvernantenkleid**, das; -(e)s, -er 여자 가정교사 복장(검은색의). **Gouvernement** [guvɛrnəˈmãː], das; -s, -s [frz. gouvernement] **a)** (행)정부, (총독에 의한) 통치. **b)** (점령지의) 행정 구역. **gouvernemental** [...aˈtaːl] ⟨Adj.⟩ ⟨schweiz.⟩ 친정부적인, 정부의. **Gouverneur** [guvɛrˈnøːɐ̯], der; -s, -e [frz. gouverneur] **a)** 지사(知事). **b)** (식민지 따위의) 총독. **c)** (요새

의) 사령관. **d)** 《미국의》주지사.

GPU [ge:pe:'|u:], die 〈구소련의 gossudarstwennoje polititscheskoje uprawlenije〉 구소련 국가 비밀 경찰 (1934년까지의 명칭). **GPU-Keller**, der; -s, - 구소련 국가 비밀 경찰의 구금[취조]실.

Gr. = Greenwich; ²Gros.
Gr.-2° = Großfolio 전지 2절판(의 책).
Gr.-8° = Großoktav 대 8절판.
Gr.-4° = Großquart 대 4절판(折判).

Graaf-Follikel ['gra:f-, (niederl.) x'ra:f-], der; -s, - [네덜란드 해부학자 R. de Graaf에 따라] 《생물·의학》 난소의 소수포(小水胞).

Grab [gra:p], das; -(e)s, Gräber ['grɛ:bɐ] 〈축소형: ↑Gräbchen〉 **a)** 묘혈(墓穴), 무덤: ein G. graben, [(zu)schaufeln] 무덤을 파다(삽으로 메우다). **b)** 묘, 무덤: einen Kranz auf jmds. G. legen 누구의 무덤에 꽃다발을 놓다; 전의 G. seiner Träume 그의 소망의 무덤; 성구 jmd. würde sich im Grab(e) herumdrehen, wenn er wüßte, ... 《통용어》 그가 …을 알았더라면 무덤 속에서 돌아누웠을 것이다; **das Heilige G.** 성묘(聖墓) (예루살렘에 있는 그리스도의); **das G. des Unbekannten Soldaten** 무명용사의 묘; **verschwiegen wie ein[das] G. sein** 《통용어》 입이 아주 무겁다; **ein feuchtes[nasses] G. finden**; **sein G. in den Wellen finden** 《아어》 익사하다; **ein frühes G. finden** 《아어》 요절하다; **sich³ sein G. schaufeln[graben]** 스스로 (제) 무덤을 파다, 자신의 종말을 재촉하다; **mit einem Fuß[Bein] im -e** [《아어》] **am Rande des -es] stehen** 무덤에 한 발을 들여놓고 있다, 빈사 상태에 있다; **jmdn. an den Rand des -es bringen** 《아어》 누구를 거의 죽음에 이르게 하다; **jmdn. ins G. bringen** 1) 누구를 죽음에 이르게 하다, 죽이다. 2) 누구를 절망시키다; **ins G. sinken** 《아어》 죽다; **jmdm. ins G. folgen** 《아어》 누구의 뒤를 따라 죽다; **etw. mit ins G. nehmen** 《아어》 죽을 때까지 비밀을 지키다; **bis ins[ans] G.** 《아어》 죽음에 이르기까지; **bis über das G. hinaus** 《아어》 영원히; **jmdn. zu -e tragen** 《아어》 누구의 장례를 치르다; **etw. zu -e tragen** 《아어》 무엇을 완전히 버리다[포기하다].

grab-, ¹Grab- (Grab; ↑Gräber-; grabes-, Grabes-도 참조.): **~beigabe**, die 〖고고〗 부장품(副葬品). **~denkmal**, das 묘석, 묘비. **~einfassung**, die 묘의 울타리. **~fund**, der 무덤에서의 발굴품. **~geläut(e)**, das 장례식의 종(소리). **~geleit**, das 《아어》 장례 동행 (인). **~gesang**, der 만가(輓歌). **~gewölbe**, das 묘혈(墓穴)(일족의) 지하 납골소. **~hügel**, der 봉분. **~inschrift**, die 묘비명. **~kammer**, die ↑~gewölbe. **~kapelle**, die 장례식 악대(樂隊). **~kirche** ↑~lege. **~kreuz**, das 무덤의 십자가. **~lege**, die; -n (전문어) 묘지(墓所)(왕족 또는 귀족 가문의 매장을 위해 교회 안에 따로 마련한). **~legung**, die; -en **1.** (Pl. 없음) 〖기독교〗 그리스도의 장례. **2.** 그리스도의 장례를 묘사한 미술. **~licht**, das (Pl. -er) 묘 앞에 켜놓은 촛불 [등불]. **~lied**, das ↑~gesang. **~mal**, das (Pl. -mäler, 《아어》 -e) 묘석, 묘비: **das G. des Unbekannten Soldaten** 무명용사의 묘. **~monument**, das ↑~mal. **~nische**, die 납골소의 벽감(壁龕)(관을 안치해놓는). **~pflege**, die 묘지관리[돌보기]. **~platte**, die 묘 위를 덮는 대리석[청동]판. **2.** 묘석판(묘의 내(외) 벽에 박아 넣은). **~predigt**, die (장례식때 무덤 앞에서의) 설교. **~rede**, die 조사(弔辭). **~schänder**, der 무덤을 파헤치는 자. **~schänderisch** 〈Adj.〉 무덤을 파헤치는. **~schändung**, die 무덤 파헤치기, 도굴(盜掘). **~schmuck**, der 무덤장식(꽃, 식물 따위).

~schrift, die ↑~inschrift. **~spruch**, der 비문(碑文). **~stätte**, die 묘지. **~stein**, der 묘석. **~stele**, die ↑Stele. **~stelle**, die 묘소, 매장지. **~tuch**, das 수의(壽衣). **~urne**, die 납골(納骨) 항아리. **~vase**, die 묘지용 꽃병(묘의 흙에 박을 수 있는).

²Grab- [-] (graben 1, 3; ↑Grabe-도 참조.): **~gabel**, die (긴 갈래의 이가 있는) 쇠스랑. **~land**, das ↑Grabeland. **~meißel**, der (석판 조각용) 끌. **~schaufel**, die 작은 삽. **~scheit**, das (지역적) 삽. **~stichel**, der 동(목)판 조각용의 끌, 조각칼. **~stock**, der 고대의 땅파는 막대기(삽의 옛날 형태). **~tier**, das [동물] 두더지 종류. **~werkzeug**, das 땅파는 연장. **~wespe**, die 나나니벌과(科).

Grabbelei [grabə'laj], die; -en 《통용어·특히 nordd.》 더듬기. **grabbeln** ['grabn̩] 〈h〉 《통용어·특히 nordd.》 **a)** (손으로) 더듬어 찾다: in der Aktentasche (nach etw.) g. 서류가방 안에서 (무엇인가를) 더듬어 찾다. **b)** 더듬어 (손으로) 꺼내다. **Grabbelsack**, der; -(e)s, ...säcke 《통용어》 (산타 클로스의) 선물 주머니. **Grabbeltisch**, der; -(e)s, -e 《통용어》 판매대(대개 의류 따위를 손님이 골라 찾도록 내놓은).

Grabben ['grabn̩] 〈Pl.〉 (nordd.) 바보 같은 착상, 어리석은 생각.

Gräbchen ['grɛpçən], das; -s, - ↑Grab.

Grabe- (graben 1; ↑²Grab-도 참조.): **~gabel**, die ↑Grabgabel. **~maschine**, die 굴착기(掘鑿機), 굴착기 ↑Bagger의 옛말. **~tier**, das ↑Grabtier.

graben¹ ['gra:bn̩] 〈h〉 **1. a)** 파다: er grub so lange, bis er auf Fels stieß 그는 바위에 부딪칠 때까지 오래 팠다. **b)** 파서 만들다: ein Loch g. 구멍을 파서 만들다; 전의 das Alter hat tiefe Furchen in sein Gesicht gegraben 나이가 그의 얼굴에 깊은 주름을 파 놓았다. **2. a)** 캐다, 무엇을 찾아 파다. **b)** 캐다, 채굴[발굴]하다: 전의 er grub[seine Hände gruben] mancherlei Gegenstände aus der Schublade 《통용어·농》 그[그의 손]는 여러 가지 물건들을 서랍에서 이리저리 찾아 꺼냈다. **3.** 《아어》 새기다: eine Inschrift in Kupfer g. 동판에 명(銘)을 새기다; 전의 die Katastrophe hat mir diesen Namen für immer ins Gedächtnis gegraben 그 파국이 이 이름을 내 기억 속에 영원히 새겨놓았다. **4.** 《아어》 **a)** 박다: sie grub ihre Zähne in den Apfel 사과를 깨물었다. **b)** 〈g. + sich〉 파고 들다: ihre Fingernägel gruben sich in seinen Arm 그녀의 손톱이 그의 팔 속으로 파고 들었다; 전의 etw. gräbt sich in jmds. Gedächtnis 무엇이 누구의 기억에 새겨지다. **Graben** [-], der; -s, Gräben ['grɛbn̩] **1.** 도랑: Gräben (zur Bewässerung) anlegen (배수를 위해) 도랑을 파다; einen G. nehmen [특히 스포츠] (달리기, 승마 따위에서) 도랑을 넘다. **2. a)** 참호. **b)** 해자(垓子), 성 둘레의 호(壕). **3.** 〖지질〗 지구(地溝), 해구(海溝), 열곡(裂谷).

Graben- **~bagger**, der 도랑파기 기계. **~bord**, das (schweiz.) ↑~böschung. **~böschung**, die 호(壕)의 경사[사면]. **~bruch**, der 〖지질〗 지구(地溝). **~kampf**, der 참호전. **~krieg**, der 참호전. **~linie**, die 참호(설치)선. **~rand**, der 참호의 가장자리. **~senke**, die 구상(溝狀) 단층. **~sohle**, die 참호 바닥. **~sprung**, der (육상) (장애물경주의) 도랑 뛰어넘기. **~wand**, die 참호벽.

¹Gräber: ↑Grab의 복수형. **²Gräber** ['grɛbɐ], der; -s, - (드물게) ↑Grabstichel.

Gräber- (¹Gräber; ↑grab-, ¹Grab-; grabes-, Grabes-도 참조.): **~feld**, das 무덤이 많은 들판. **~fund**, der (대개 Pl.) 무덤에서의 발굴물. **~straße**, die 묘 사이의 길.

grabes-, Grabes- (↑grab-, ¹Grab-; Gräber-도 참

조): ~dunkel, das 《아어》 무덤 같은 어두움. ~kalt 〈Adj.〉《아어》으스스하게 추운. ~kälte, die 《아어》(무덤 속처럼) 으스스한 추위. ~luft, die 〈Pl. 없음〉《아어》기분 나쁘게 음습한 공기. ~nacht, die 〈Pl. 없음〉《시어》↑~dunkel. ~rand, der 《다음 용법으로》 am G. 《아어》 죽음 직전. ~ruhe, die (무덤 속처럼) 깊은 《영원한》 휴식. ~stille, die 묘지 속의 정적. ~stimme, die 〈Pl. 없음〉《아어》 음산한 소리.

grabschen ['grapʃn] 〈h〉 ↑grapschen.

gräb(s)t [grɛːp(s)t] ↑graben 참조. Grabung ['graːbuŋ], die; -en 〔특히 고고〕 발굴. Grabungsfund, der 발굴물. Grabungskampagne, die ↑Kampagne (3).

Gracht [graxt], die; -en (네덜란드의) 운하, 수로.

Gracioso [gra'sjoːzo], der; -s, -s [span. gracioso] 〔문예학〕 스페인 바로크 연극의 희극적 인물.

grad. = graduiert.

grad [graːt] 〔통용어〕 ↑²gerade (특히 II.) 참조.

Grad [-], der; -(e)s, -e 〈그러나 30 Grad〉 [lat. gradus] 1. a) 정도: der G. der Feuchtigkeit(Helligkeit, Härte, Reife) 습(명, 강, 성숙)도; den G. der Konzentration einer Flüssigkeit feststellen 〔화학〕 어떤 액체의 농축도를 측정하다; Verbrennungen ersten -es 〔의학〕 1도 화상; ein Verwandter zweiten -es 2촌; in hohem(in höchstem, im höchsten) -e 아주; in gewissem(nur in geringem) -e 일정한(아주 작은) 정도로; diese Farbe ist (um) einen G. [um einige -e] dunkler 《아어》이 색은 저 색보다 1도(몇 도) 더 어둡다; diese Schrift ist im keinen G. größer als jene 〔인쇄〕이 글자는 저 글자보다 1포인트 더 크다. b) 학위: den akademischen G. eines Doktors der Philosophie erwerben 철학 박사 학위를 받다. 2. 〔수학〕 차(次): eine Gleichung zweiten -es 2차 방정식. 2. (온)도: 20 G. Celsius 섭씨 20도; 80 G. Fahrenheit 화씨 80도; 40 G. Fieber haben 40도의 열이 있다. 3. (기호: °) a) (각)도: der Winkel hat genau 30 G. [30°] 이 각은 정확하게 30도이다; sich um hundertachtzig G. drehen 상반되다 방향으로 돌아서다. b) 〔지리·천문〕 위도, 경도: der Ort liegt auf dem 51. G. nördlicher Breite, auf dem 15. G. westlicher Länge 그 곳은 북위 51도, 서경 15도에 있다.

¹grad-, Grad- (Grad): ~abteilung, die 〔특히 지리〕인접한 두 개의 위도, 경도로 둘러싸인 부분. ~bogen, der 1. 〔수학〕, 측각기(測角器). 2. 〔총기의〕가늠자 눈금. ~einteilung, die 눈금(도수) 구분. ~feld, das ↑~abteilung. ~gold, das 〈schweiz.·흔히 농〉〔장교의〕계급장. ~kreis, der 〔수학〕눈금 새긴 원. ~mäßig 〈Adj.〉 정도에 따른. ~messer, der 척도. ~messung, die 1. 〔기술〕각도 측정. 2. 〔측량〕곡선 측정(특히 위선과 경선의). ~netz, das 〔특히 지리〕 지구의(地球儀)상의 경위도선. ~skala, die 눈금. ~stock, der 〔선원·구제〕 ↑Jakobsstab. ~strich, der 눈금줄, 도수선(度數線). ~unterschied, der 정도의 차이. ~weise 〈Adv.〉 단계적으로: sich g. verändern 단계적으로 변하다; eine g. Veränderung 단계적 변화.

²grad-, Grad- 1. ↑gerad-, Gerad- 참조. 2. ↑gerade-, Gerade- 참조.

gradatim [gra'daːtɪm] 〈Adv.〉 [lat. gradātim] 〔고어〕단계적으로, 차차로. Gradation [grada'tsjoːn], die; -en [lat. gradātio] 1. 〔전문어〕단계, 등급. 2. 〔수사〕점층법.

grade, Grade ['graːdə] ↑¹,²gerade, Gerade 참조.

grade-, Grade- [-]: ↑gerade-, Gerade- 참조.

Gradel, Gradl ['graːdl], das; -s, - 〈südd., österr.〉 1. (작업복이나 푸대자루용) 마대천. 2. 자갈, 굵은 모래.

gradenwegs, gradewegs, gradeswegs 똑바로 (↑geradenwegs 참조). Gradheit 〔수학〕짝수(임)(↑Geradheit).

Gradient [gra'djent], der; -en, -en [lat. gradiēns] 〔전문어〕 구배(勾配), 물매, 기울기. Gradiente [gra'djentə], die; -(e)s, -e 〔기상〕 경도풍(傾度風). Gradientwind, der; -(e)s, -e 〔기상〕 경도풍(傾度風).

Gradier-: ~eisen, das 톱날달린 조각칼. ~haus, das 가조법 제염소(架鹽法 製鹽所). ~waage, die 염수(鹽水) 비중계. ~werk, das 증발 농축 설비; 제염소; 냉각탑.

gradieren [gra'diːrən] 〈h〉 1. a) 〔교양어〕 도를 높이다. b) (증발하여) 농축시키다; 짙게 하다. 2. 등급을 매기다, 등급으로 나누다. 3. 〔전문어〕 눈금(도수)을 매기다. Gradierung, die; -en 농축, 가조법(架鹽法). -gradig [-graːdɪç], 〈österr.·등급 표시에〉 -grädig [-grɛːdɪç] 《다음의 합성어로, 예컨대》 dreigradig(3 gradig), 〈österr.〉 dreigrädig(3 grädig) 3급의. Grädigkeit, die; -en 〔화학〕농도.

Gradl: ↑Gradel.

gradual [gra'duaːl] 〈Adj.〉 [lat. gradualis] 〔교양어·드물게〕 순서가 있는, 등급의. Graduale [-ə], das; -s, ...lien [...ljən; lat. graduale] 〔종교〕 1. (가톨릭 미사에서) 층계송(層階誦). 2. 노래가 있는 미사전례서. Gradual-: ~lied, das (기독교 예배에서) 독서 사이의 찬송가. ~psalm, der 〔종교〕 ↑Graduale (1). ~system, das 〔법〕 상속 순위.

Graduation [gradua'tsjoːn], die; -en [frz. graduation] 〔전문어〕 눈금(도수)매김. graduell [gra'duɛl] 〈Adj.〉 [frz. graduel] 1. 등급이 있는. 2. 점차의, 차차의. graduieren [gra'duiːrən] 〈h〉 [lat. graduāre] 1. 〔대학〕 a) 학위를 주다, 대학을 졸업시키다. b) 〈드물게〉학위를 수여하다. 2. 〔전문어〕 a) 등급을 매기다. b) 눈금(도수)을 매기다. graduiert [-'iːrt] 〈Adj.〉 1. 학위를 소지한. 2. 전문대학 졸업장을 소지한. Graduierte*, der/die 학위 취득자, 대학 졸업자. Graduierung, die; -en 학위 취득, 학위 수여.

Graecum ['grɛːkʊm], das; -s [lat. Graecum] 그리스어 (추가) 시험.

Graf [graːf], der; -en, -en [lat. graphio] 1. 〔역사적〕 태수(옛날 Gau의 장관으로 재판관도 겸함). 2. a) 〈Pl. 없음〉 백작(후작과 남작 사이의): G. Koks(von der Gasanstalt) 〈경·농〉 고상한 의상을 입은 남자; G. Rotz (von der Backe) 〈경·평〉 거만한 남자. b) 백작의 칭호를 가진 남자, 백작. grafen ['graːfn] 〈h〉 〈드물게〉 백작의 신분으로 올려주다.

Grafen-: ~bank, die 〔역사적〕 (구 독일제국(1806년까지) 의회의 의석과 표결권을 가진) 백작들의 단체. ~familie, die 백작 가문. ~geschlecht, das 백작의 문벌. ~krone, die 백작의 관. ~stand, der 1. 백작의 신분. 2. (한 제국의) 전체 백작. ~titel, der 백작의 칭호. ~würde, die 백작의 신분.

Graffel: ↑Geraffel. Graffelwerk, das (bayr., österr.·통용어) 가치없는 물건.

Graffiato [gra'fjaːto], Sgraffiato [sg...], der; -s, ...ti [ital. graffiato] 그라피아토(도기(陶器)에 색을 입혀 긁어 새겨 넣은 기법). Graffito [gra'fiːto], der (또는) das; -(s), ...ti [ital. graffito]. 1. (고대 벽화의) 각명(刻銘). 2. 모자이크 타일에 여러 색으로 그린 인각 장식.

Grafik (독어화) ↑Graphik. Grafiker (독어화) ↑Graphiker.

Gräfin [grɛːfɪn], die; -nen 1. 백작 부인. 2. 백작 칭호를 소지한 부인. 3. 백작의 부인(영애(令愛)). Gräfinwitwe, die 과부 백작 부인.

grafisch: ↑graphisch. **Grafismus:** ↑Graphismus.
gräflich ['grɛːflɪç] 〈Adj.〉 **1.** 백작의. **2.** 백작 같은. **Grafschaft,** die -en **1.** 백작령(領). **2.** (특히 영국의) 행정·사법 관할구역.
Grafothek: ↑Graphothek.
Grafschafts- (zu Grafschaft 2): **~bezirk,** der 행정, 사법 관할 구역. **~gericht,** das 《영국의》 도(道) 재판소. **~hauptstadt,** die 《영국의》 도청 소재지. **~rat,** der 《영국의》 도의회(道議會).
Grahambrot ['graːham-], das; -(e)s, -e 겨 또는 밀기울이 든 밀가루로 만든 빵. **Grahammehl,** das; -(e)s 그레엄 밀가루.
¹Grain [grɛɪn], der; -s, -(s) [frz., engl. grain] 그레인(금, 은, 다이아몬드, 진주의 무게를 다는 옛날 단위; 최저 형량(衡量) : 0.064g)(↑**Gran, Grän**). **²Grain** [grɛː], das; -s, -s [frz. grain] 무명 옷감. **grainieren** [grɛˈ-niːrən] 〈h〉 [frz. grainer] 《전문어》 종이 한쪽면을 거칠게 하다.
gräko-lateinisch ['grɛːkolaˈtaɪnɪʃ] 〈Adj.〉 그리스, 라틴어의. **Gräkomanie** [greko...], die 그리스 심취(숭배). **Gräkum:** ↑Graecum.
Gral [graːl], der; -(e)s [frz. graal] 성배(聖杯)(그리스도가 최후의 만찬에 쓰고, 후에 십자가 위의 그리스도의 마지막 피를 받은 잔), 성석.
Grals-: **~burg,** die 성배(聖杯)의 성(城). **~hüter,** der 성배 수호자. **~ritter,** der 성배(수호의) 기사(騎士). **~roman,** der 성배 소설. **~sage,** die 그럴 전설. **~suche,** die 성배 찾기.
gram [graːm] 〈Adj.〉 《다음 용법으로》 **jmdm. g. sein (bleiben / werden)** 《통용어》 누구를 원망하고 있다 (싫어하게 되다). **Gram** [-], der; -(e)s 《아어》 원망, 비탄, 심통, 상심; 회한; 혐오: vor[aus] G. über einen Verlust sterben 손실에 상심한 나머지 죽다.
¹gram-, Gram- (아어): **~entstellt** 〈Adj.〉 원망으로 일그러진. **~erfüllt** 〈Adj.〉 원망에 찬. **~falte,** die 상심의 주름. **~furche,** die 상심(원망)으로 패인 골(이마의). **~gebeugt** 〈Adj.〉 상심한, 애타하는, 슬픔에 잠긴. **~gefurcht** 〈Adj.〉 고뇌로 깊은 주름이 생긴. **~versunken** 〈Adj.〉 《시어》 원한에 잠긴. **~voll** 〈Adj.〉 원망이 가득한. **~zerfurcht** 〈Adj.〉 상심으로 주름이 많이 잡힌.
²gram-, Gram- [gram-; 덴마크의 세균학자 H. C. J. Gram(1853~1938)의 이름을 따라] 《세균》: **~Färbung,** die 세균 염색(법). **~fest** 〈Adj.〉 ↑~positiv. **~frei** 〈Adj.〉 ~negativ. **~negativ** 〈Adj.〉 세균 음성(陰性)(반응)의. **~positiv** 〈Adj.〉 세균 양성(陽性)(반응)의.
grämeln ['grɛːm]n] 〈[↑grämen의 반복 조어] 《md., niederd.》 뚱해 있다, 언짢아하다, 화를 잘 내다. **grämen** ['grɛːmən] 〈h〉 〈아어〉 **1.** 원통하게 하다, 몹시 슬프게(괴롭게) 하다. **2.** (g. + sich) 무엇을 한탄하다, 몹시 슬퍼(괴로워)하다: sich über jmdn. g. 누구에 대해서 몹시 괴로워하다; sie hatte sich zu Tode gegrämt 그녀는 번민하여 죽었다.
Gramineen [gramiˈneːən] 〈Pl.〉 [lat. grāmen] 〔식물〕 화본(禾本)과의 식물.
grämlich ['grɛːmlɪç] 〈Adj.〉 〈아어〉 까다로운, 언짢은. **Grämlichkeit,** die 《아어》 ↑grämlich의 명사형.
Gramm [gram], das; -s, -e 〈2 Gramm〉 [frz. gramme] 그램(기호: g). **-gramm** [-], das; -(e)s, -e [griech. grámma] 《다음의 복합어로, 예컨대》 Autogramm 자필, 친필(유명인사 등의), Barogramm (자동 기압계로 측정된) 기압 기록.
Gramm- 〔화학·물리〕: **~äquivalent,** das 그램 당량(當量). **~atom,** das 그램 원자(원소의 양의 단위).

~gewicht, das 그램 표시 무게. **~kalorie,** die 《구제》 칼로리. **~molekül** (비분리시: Grammolekül), das 그램 분자.
Grammatik [graˈmatɪk], die; -en [lat. (ars) grammatica < griech. grammatikḗ (téchnē)] **1.** 문법: die historische[vergleichende, generative] G. 역사(비교, 생성) 문법; 전의 die G. des kompositorischen Verfahrens 《교양어》 작곡 방식의 규칙체계. **2.** 문법책, 문전(文典): 전의 das Werk soll eine G. der bildenden Künste sein 《교양어》 이 책은 미술의 규범서라고 한다. **3. a)** 〔철학·논리〕 (형식언어의 언어적) 구조. **b) logische G.** (형식어와 학술어의) 논리분석론. **Grammatikalisation** [...tikalɪzaˈtsjoːn], die; -en 〔언어〕 문법화(文法化)(고유 의미를 지닌 낱말이 문법 요소화하는 현상). **grammatikalisch** [...ˈkaːlɪʃ] 〈Adj.〉 [lat. grammaticālis] ↑grammatisch (1). **grammatikalisieren** [...ikaliˈziːrən] 〈수동형으로〉 〔언어〕 문법화되다. **Grammatikalisierung,** die; -en ↑Grammatikalisation. **Grammatikalität** [...ˈtɛːt], die 〔언어〕 문법 (적합)성. **Grammatiker,** der; -s, - [lat. grammaticus < griech. grammatikós] 문법학자. **Grammatikregel,** die; -n 문법 규칙. **Grammatiktheorie,** die; -n 문법 이론. **grammatisch** 〈Adj.〉 **1.** 문법(상)의. **2.** 문법에 맞는(반대: ungrammatisch). **Grammatizität** [...itsiˈtɛːt], die 〔언어〕 문법성.
Grammel ['gram]], die; -n **1.** 《bayr., österr.》 지방(脂肪)의 찌꺼기; 포진(疱疹). **2.** 《österr.·통용어》 창녀, 매춘부. **Grammelschmalz,** das 굳기름.
-grammig [-gramɪç] 〈전문어〉 《다음의 합성어로, 예컨대》 fünfziggrammig (50 grammig) 50그램 무게를 가진.
Grammo ['gramo], das, 《schweiz.》 der; -s, -s 《schweiz.·통용어》 ↑Grammophon의 약칭.
Grammol [graˈmoːl], das; -s, -e ↑Grammolekül.
Grammophon Ⓦ [gramoˈfoːn], das, 《schweiz.》 der; -s, -e 〔구제〕 축음기: Sie spielten ununterbrochen auf dem G. 《통용어》 그들은 쉬지 않고 축음기만 들어댔다.
Grammophon- 〈옛〉: **~anschluß,** der 플레이어 픽업. **~kasten,** der 축음기 상자. **~musik,** die 축음기 음악. **~nadel,** die 축음기 바늘. **~platte,** die 축음기 판, 음반. **~trichter,** der 《옛》 축음기 확성기.
Grammy (Award) ['græm ɪ(əˈwɔːd)], der; -s, -s [engl.-amerik. grammy] (1958년에 제정된) 미국의 음반상 Grammy상.
Gramolata [gramoˈlaːta], die; -s [ital. gramolata] (이탈리아식) 청량음료의 일종(과일즙, 과일, 깎은 얼음을 섞은 레몬쥬스).
Gran [graːn], das; -(e)s, -e 〈20 Gran〉 《옛》 **1.** 그란(극미한 약량(藥量)의 단위: 대개 약 65mg); 전의 er hat bei der Kur kein G. zugenommen 그는 요양을 하고도 전혀 몸무게가 늘지 않았다. **2.** 《대개》 **Grän** [grɛːn], das; -(e)s, -e 〈20 Grän〉 그랜(귀금속, 보석류의 무게 단위: 보석의 경우 4분의 1 캐럿, 금의 경우 12분의 1캐럿).
Grana ['graːna] 〈Pl.〉 [lat. grānum] 〔식물〕 색소 인자.
Granada [graˈnaːda, 《span.》 graˈnaða] 그라나다(스페인의 도시와 주(州)).
Granadille 〔식물〕 시계초의 열매(↑Grenadille).
Granalien [graˈnaːliən] 〈Pl.〉 《전문어》 《용암 같은 흐름이 물 속에 흘러들어갈 때 생기는) 알갱이 모양(과립상)의 형성물.
¹Granat [graˈnaːt], der; -(e)s, -e [fläm. grenat] 유럽산의 작은 새우.
²Granat [-], der; -(e)s, -e, 《österr.》 -en, -en [lat.

¹**granat-, ¹Granat-**

gr**a**nātus] **1** 석류석(石榴石). **2** 《österr.·통용어》 사기 도박꾼.

¹**granat-, ¹Granat-** (²Granat 1): **~brosche,** die 석류석 브로치. **~farben** 〈Adj.〉 석류석빛의. **~haltig** 〈Adj.〉 석류석을 함유한. **~kette,** die 석류석 목걸이. **~rot** 〈Adj.〉 암홍색의, 석류석빛의. **~schmuck,** der 석류석 장신구. **~stein,** der 석류석(石).

²**granat-, ²Granat-** (고어 Granat = Granatapfel (baum)): **~apfel,** der 석류 열매. **~apfelbaum,** der 석류나무. **~baum,** der ↑~apfelbaum. **~farben, ~rot** 〈Adj.〉 암홍색의, 석류빛의.

³**Granat-** (Granate 1): **~einschlag,** der 수류탄 착탄 (着彈)(지점). **~feuer,** das 수류탄 사격. **~füllung,** die [무기] 수류탄 장전(裝彈). **~hagel,** der ↑Granatenhagel. **~hülse,** die [무기] 수류탄 껍데기. **~kopf,** der [무기] 수류탄 뇌관. **~loch,** das 유탄 구멍. **~mantel,** der ↑~hülse 참조. **~splitter,** der 유탄(榴彈) 파편. **~treffer,** der 유탄(榴彈) 명중[타격]. **~trichter,** der (지면에) 유탄으로 우묵 파인 자국. **~werfer,** der (보병용) 유탄 발사기. **~werferbatterie,** die 유탄 발사기 포대. **~werferfeuer,** das 유탄 발사기 사격.

Granate [gra'na:tə], die; -n **1.** 유탄(榴彈), 수류탄. **2.** 《스포츠 은어》 강속. **Granatenhagel,** der 우박처럼 쏟아지는 유탄. **granatenvoll** 〈Adj.〉《통용어》완전히 술취한. **granatig** [gra'na:tɪç] 〈Adj.〉《지역적》강한, 큰: es war g. kalt 몹시 추웠다.

¹**Grand** [grant], der; -(e)s (niederd.) 자갈.

²**Grand** [-], der; -(e)s, -e (bayr., österr.) (돌로 만든) 물먹이통, 수조.

³**Grand** [grã:; (또한) graŋ], der; -s, -s [frz. grand jeu] (스카트 카드놀이에서의) 그랑(짝크만이 으뜸패인 승부): G. Hand 그랑핸드(추가패를 사용할 수 없는 그랑). **Grande** ['grandə], der; -n, -n [span. grande] (옛) 대공(大公)(스페인의 최고 귀족).

Grandel ['grandḷ], **Gräne** [grɛːnə], 《österr.》 **Grane** ['gra:nə], die; -n 〔사냥〕 사슴의 윗송곳니.

Grandeur [grã'dœ:ɐ̯], die [frz. grandeur] 《교양어》위엄, 위용. **Grandezza** [gran'dɛtsa], die [ital. grandezza] 고귀(존엄)한 태도. **Grandhotel** ['grã:-], das; -s, -s [frz. grand hôtel] 고급 호화 호텔. **grandig** [g'randɪç] 〈Adj.〉《지역적》큰, 웅대한. **grandios** [gran'dio:s] 〈Adj.〉 [ital. grandioso] 웅대한, 장엄한, 광대한; 장려한; 압도적인. **Grandiosität** [...iozi'tɛ:t], die 위용, 장관(壯觀). **grandioso** [gran'djo:zo] 〈Adv.〉 [ital. grandioso] [음악] 장엄하게, 숭고하게. **Grand lit** [grã'li:], das; - -, -s -s [grã'li:; frz. grand lit] 2인용 침대. **Grand mal** [grã mal], das; - - [frz. grand mal] [의학] 간질 발작. **Grand Old Lady** ['grænd 'oʊld -], die; - - -s, 《또한》...dies [engl. grand old lady] 여성원로. **Grand Old Man** [--'mæn], der; - - -, - - Men [-- 'mɛn; engl. grand old man, eigtl. = großer alter Mann] (남성)원로. **Grand ouvert** [grã: u've:ɐ̯, - u'vɛ:ɐ̯], der; - -(s) [- u've:ɐ̯(s), - u'vɛ:ɐ̯(s)], - -s [- u've:ɐ̯s, - u'vɛ:ɐ̯s; frz.] 〔카드〕 그랑우베르 (자기 패를 펼쳐보여야하는 그랑). **Grand Prix** [grã'pri:], der; - -, [- pri:(s)], - - [- pri:s; frz. Grand Prix] 〔스포츠〕 대상(大賞), 그랑 프리. **Grandseigneur** [grãsɛn'jœ:ɐ̯], der; -s, -s / -e [frz. grand seigneur] 《교양어》귀족, 귀인. **Grand-Tourisme-Rennen** [grãtu'rism...], das; -s, - [frz. grand tourisme] GT 자동차 경주(약칭: ↑GT-Rennen). **Grand-Tourisme-Wagen** [grãtu'rism...], der; -s, - [자동차] **1.** 경주용 자동차. **2.** (공인 자동차 경주의 등급에 맞게) 개조된 경주용 자동차(약칭: ↑GT-Wagen).

Grane, Gräne: ↑Grandel.

granieren [gra'ni:rən] 〈h〉 [lat. grānum] 《전문어》 **1.** (동판화용) 동판을 오톨도톨하게 하다. **2.** ↑grainieren 참조. **3.** ↑granulieren (1). **Granierstahl,** der 동판화 제작용 칼. **Granit** [gra'ni:t, ...nɪt], der; -s, -e 화강암: bei jmdm. auf G. beißen 누구를 도저히 당해낼(감당할) 수 없다.

granit-, Granit-: ~artig 〈Adj.〉 화강암 같은. **~bildung,** die 화강암 형성. **~block,** der 〈Pl. -blöcke〉 화강암 덩어리. **~bruch,** der ↑~steinbruch. **~fels(en),** der 화강암벽. **~formation,** die [지질] 화강암 지층. **~gebirge,** das 화강암 산맥. **~gestein,** das 화강암석. **~haltig** 〈Adj.〉 화강암을 함유하는. **~massiv,** das 괴상(塊狀) 화강암. **~porphyr,** der [광물] 화강암반암(花崗斑岩). **~quader,** der / die 화강암의 조각돌. **~steinbruch,** der 화강암 채석장.

Granita [gra'nita], die; -s [ital. granita] ↑Gramolata.

graniten [(또한) ...'nɪtn] 〈Adj.〉 **1.** 화강암의. **2.** 《아어》화강암 같이 단단한: 〔전의〕 ein Charakter von -er Härte 굽힐 수 없이 강한 성격. **Granitisation** [granitiza'tsjo:n], die; -en [지질] 화강암 생성. **granitisch** [(또한) ...'nɪtɪʃ] 〈Adj.〉 [지질·광물] 화강암에 속하는, 화강암 같은. **Granitisierung,** die; -en ↑Granitisation. **Granitit** [grani'ti:t, ...tɪt], der; -s, -e 화강암의 일종.

Granne ['granə], die; -n **1.** 까끄라기. **2.** (동물 모피의) 강모(剛毛)(특히 돼지의); (동물의) 수염.

grannen-, Grannen-: ~haar, das ↑Granne (2). **~hafer,** der [식물] 잠자리피. **~los** 〈Adj.〉 강모가 없는. **~tragend** 〈Adj.〉 [식물] 강모가 있는.

grannig ['granɪç] 〈Adj.〉 [식물] 강모를 지닌, 까끌까끌한.

Granny Smith ['græni 'smiθ], der; - -, - - 그래니스미스(사과의 한 품종).

Granodiorit [granodio'ri:t, 《또한》...rɪt], der; -s, -e [lat. grānum] [지질] 규산(硅酸)을 많이 함유한 심성암(深成岩).

Grans [grans], der; -es, **Gränse, Gransen** ['granzṇ], der; -s, - 《alemann.》 뱃머리, 이물.

Grant [grant], der; -s (bayr., österr·통용어) 기분이 언짢음, 불만. **grantein** ['grantḷn] 〈h〉 (südd.) 기분이 짬짬하다, 언짢게 말하다. **grantig** 〈Adj.〉《südd., österr.·통용어》기분이 언짢은, 성미가 까다로운. **Grantigkeit,** der [...tɪç...]. **Grantler** [...tlɐ], der; -s, - . **Grantlhuber** [...tḷhu:bɐ], der; -s, - 《bayr., österr.·통용어》늘 기분이 언짢은 사람, 불평꾼.

Granula: ↑Granulum의 복수형. **granulär** [granu'lɛ:ɐ̯] 〈Adj.〉 [lat. grānulum] [화학·생물·의학] 낱알 모양의, 입상(粒狀)의. **Granularatrophie,** die; -n [의학] (특히 신장(腎臟)의) 과립상(顆粒狀) 위축. **Granulat** [...'la:t], das; -(e)s, -e 《전문어》잘게 부순 물질. **Granulation** [...la'tsjo:n], die; -en 〔전문어〕 **1.** 낱알 (모양)으로 만들기[함]. **2.** 입상(粒狀) 표면 구조. **Granulationsgewebe,** das 〔의학〕 육아(肉芽) 조직. **Granulen** [...'nu:lən] 〈Pl.〉 〔천문〕 (태양 구면(球面)의) 입상(粒狀) 구조. **granulieren** [granu'li:rən] 〈h〉 **1.** 〔전문어〕 〈h〉 (금속 따위의 표면을) 낱알 모양으로 하다. **2.** 〔의학〕 〈s/h〉 낱 알 (모양으)로 되다(만들다). **Granulierung,** die; -en **1.** 낱알(으로) 되기(만들기). **2.** (드물게) 입상 표면 구조. **Granulit** [...'li:t, (또한) ...lɪt], der; -s, -e [광물] 백립암(白粒岩). **granuljtisch** [(또한) ...'lɪtɪʃ] 〈Adj.〉 백립암의. **Granulom** [...'lo:m], das; -s, -e [의학] 육아종(肉芽腫). **Granulomatose** [...loma'to:zə], die [의학] 육아종증(肉芽

症). **Granulometrie** [...meˈtriː], die 입도분석(粒度分析). **granulös** [...ˈløːs] ⟨Adj.⟩ [frz. granuleux] 〖의학〗 낟알 모양의, 입상(粒狀)의, 낟알이 있는. **Granulozyt** [granuloˈtsyːt], der; -en, -en 〈대개 Pl.〉 〖의학〗 과립백혈구. **Granulum** [ˈgraːnulum], das; -s, ...la [lat. grānulum] **1.** 〖약학〗 과립형 알약. **2.** 〖생물·의학〗 세포질의 과립 구조. **3.** (육아(肉芽)조직 속의) 조직마디.

Grapefruit [ˈgreːpfruːt, ⟨engl.⟩ ˈgreɪp...], die; -, -s [engl. grapefruit] 그레이프프루트. **Grapefruitbaum**, der 그레이프프루트 나무. **Grapefruitsaft**, der 그레이프프루트 주스.

¹**Graph** [graːf], der; -en, -en [griech. gráphein] [수학·자연과학] 그래프. ²**Graph** [-], das; -s, -e [언어] 문자(뜻을 지니지 않는 문자의 최소 단위). **-graph** [-], der; -en, -en [다음의 복합어로, 예컨대] Autograph, Barograph. **Graphem** [graˈfeːm], das; -s, -e [griech. gráphēma] [언어] 문자소(文字素). **Graphematik** [grafeˈmaːtik], die ↑Graphemik. **graphematisch** ⟨Adj.⟩ [언어] 문자소론의. **Graphemik** [graˈfeːmɪk], die [engl.-amerik. graphemics] [언어] 문자소론(論). **graphemisch** ⟨Adj.⟩ [언어] 문자소론의. **Grapheologie** [grafeoloˈgiː], die [zu griech. graphē] **1.** 문자학(文字學). **2.** ↑Graphemik. **grapheologisch** ⟨Adj.⟩ 문자학의. **Graphie** [graˈfiː], die; -n [...iːən; zu griech. graphḗ, gráphein] [언어] 쓰기, 서법. **-graphie**, die; -n [...iːən] [다음의 복합어로, 예컨대] Geographie, Röntgenographie. **Graphik** [ˈgraːfɪk], die (독어화) Grafik [-], die; -en [griech. graphikḗ(technē)] **1.** 〈Pl. 없음〉 그래픽 (예술). **2.** 〈Pl. 없음〉 그래픽 창작(물). **3.** 그래픽 작품. **Graphiker**, den (독어화) Grafiker, der; -s, - 그래픽 화가. **Graphikerin**, (독어화) Grafikerin, die; -nen ↑Graphiker의 여성형. **graphisch** [ˈgraːfɪʃ], (독어화) **grafisch** ⟨Adj.⟩ **1.** 그래픽의: er ist -er Zeichner bei einem Verlag 그는 출판사의 삽화가이다. **2.** 그래픽의: -es Rechnen [수학] 그래픽 계산. **3.** [특히 언어학] (문자) 기호의. **Graphismus** [graˈfɪsmus], (독어화) **Grafismus** [-], der; -, ...men [미술] 그래픽 구성요소. **Graphit** [graˈfiːt, (또한) ...fit], der; -s, -e [zu griech. gráphein] 흑연.

graphit-, Graphit-: **~artig** ⟨Adj.⟩ 흑연 같은, 흑연질의. **~elektrode**, die [기술] 흑연 전극(電極). **~farben** ⟨Adj.⟩, **~grau** ⟨Adj.⟩ 흑연색의. **~haltig** ⟨Adj.⟩ 흑연이 함유된. **~mine**, die 흑연심. **~stab**, der [기술] (전극 따위에 쓰는) 탄소봉. **~stift**, der 연필. **~tiegel**, der [주물] 흑연 도가니. **~zeichnung**, die [미술] 연필화.

graphitieren [grafiˈtiːrən] ⟨h⟩ [기술] 흑연을 입히다. **graphitisch** [(또한) ...ˈfɪtɪʃ] ⟨Adj.⟩ [광물] **1.** 흑연의, 흑연을 함유한. **2.** 흑연의 같은.

grapho-, Grapho- [grafo-; zu griech. gráphein]: **Graphologe**, der; -n, -n 필적 학자(감정가). **Graphologie**, die 필적(감정)학. **Graphologin**, die; -nen ↑Graphologe의 여성형. **graphologisch** ⟨Adj.⟩ 필적(감정)학의. **Graphomanie**, die (교양어·폄) 필기광(筆記狂). **Graphospasmus**, der; -, ...men [의학] 필기 경련, 서경. **Graphostatik**, die [토목] 도식 정력학(圖式靜力學). **Graphotek** [...ˈteːk], die; -en 현대 미술품의 그래픽 원판을 빌려주는 진열실. **Graphotherapie**, die [심리] (경험, 꿈 등의) 기록을 통한 치료(법).

Grappa [ˈgrapa], die [ital. grappa] 그라파(이탈리아산 포도주의 일종).

grapschen [ˈgrapʃn̩] ⟨h⟩ ⟨통용어⟩ **a)** 낚아채다. **b)** 꽉 붙잡다. **grapsen** [ˈgrapsn̩] ⟨h⟩ **a)** ⟨nordd.⟩ ↑grapschen. **b)** ⟨österr.·통용어⟩ 훔치다.

Graptolith [grapto'liːt, 〈또한〉 ...lɪt], der; -s / -en, -en (대개 Pl.) [zu griech. graptós] 필석(筆石)(강장(腔腸)동물에 속하는 화석 동물).

Gras [graːs], das; -es, Gräser [ˈgrɛːzɐ] **1.** (축소형: ↑Gräschen) 풀, 목초. **2.** 〈Pl. 없음〉 화본과(禾本科) 식물: G. mähen[schneiden] 풀을 베다; der Hang ist mit G. bewachsen 언덕이 풀에 덮여 있다; 성구 wo der hinhaut, da wächst kein G. mehr 〈통용어〉 저 사람이 치며 달려드는 곳엔 풀도 나지 않는다; **das G. wachsen hören** 〈통용어·조롱〉 지레짐작하다; **das G. von unten besehen**[**betrachten, wachsen hören**] (**können**) 〈경·농〉 죽어있다, 무덤 속에 있다; **über etw. wächst G.** 〈통용어〉 무엇이 벌써 오래 전에 잊혀지다; **ins G. beißen** 〈경〉 죽다.

gras-, Gras-: **~affe**, der (경·폄) 풋내기. **~ährchen**, das 작은 소수상화(小穗狀花). **~ähre**, die 소수상화. **~anger**, der 초지(草地), 녹지. **~art**, die 풀의 종류. **~artig** ⟨Adj.⟩ 풀 같은, 풀 종류의. **~bahn**, die [스포츠] 잔디밭 코스. **~bahnrennen**, das [스포츠] 잔디밭 코스 오토바이 경주. **~baum**, der 나리과(科)의 상록 관목(오스트레일리아 산(産)). **~bedeckt** ⟨Adj.⟩ 풀에 덮인. **~bestand**, der 초지재고. **~bewachsen** ⟨Adj.⟩ 풀이 무성하게 자란. **~blatt**, das (대개 Pl.) [식물] 풀잎. **~blätt(e)rig** ⟨Adj.⟩ 풀잎 같은. **~blüte**, die 풀의 꽃. **~boden**, der 초지. **~brand**, der 풀밭 화재. **~bündel**, das 풀다발(묶음). **~büschel**, das 풀덤불. **~butter**, die [농업] 풀을 먹는 암소의 젖으로 만든 버터. **~decke**, die 잔디. **~ebene**, die 초원. **~eule**, die 나방의 일종(학명: *Charaeas graminis*). **~feldbau**, der (Pl. 없음) [농업] ↑~wirtschaft. **~fläche**, die 풀밭. **~fleck**, der **1.** 초지. **2.** 풀에 의한 얼룩. **~flecken**, der ↑~fleck (2). **~flur**, die 〈아어〉 초원, 목초지. **~förmig** ⟨Adj.⟩ [식물] 풀 같은. **~fressend** ⟨Adj.⟩; nicht adv. [동물] 초식(草食)의. **~fresser**, der [동물] 초식 동물. **~frosch**, der 북도송장개구리. **~futter**, das 목초(牧草). **~fütterung**, die 목초 사육. **~garten**, der 초지 과수원. **~grün** ⟨Adj.⟩ 풀빛(깔)의. **~halm**, der 풀의 줄기. **~hecht**, der [사냥] (늦봄·초여름의) 풀밭 먹고 산 수사슴. **~hirsch**, der [사냥] 곤돌메기의 새끼(에속스과). **~hüpfer**, der 〈통용어〉 메뚜기의 일종(학명: *Chorthippus longicornis*). **~land**, das (Pl. 없음) [목]초지. **~lauch**, der ↑Schnittlauch. **~leinen**, das 모시. **~lilie**, die 나리과의 일종. **~mahd**, die (지역적) 풀베기. **~mäher**, der ↑~mähmaschine. **~mähmaschine**, die 제초기. **~motte**, die ↑~zünsler. **~mücke**, die 종달새의 일종(학명: *Sylvia*). **~nelke**, die 아르메리아. **~pfad**, der 풀밭길. **~pferd**, der (축소형) **~pferdchen**, das 〈통용어〉 메뚜기. **~pflanze**, die 화본과(禾本科) 식물. **~platz**, der 풀밭. **~rain**, der 풀두둑(두렁). **~reich** ⟨Adj.⟩ 풀이 무성한. **~samen**, der 풀의 씨. **~schere**, die 풀베는 가위. **~schnitt**, der 풀베기. **~sichel**, die 풀베는 낫. **~ski**, der 풀밭 스키. **~skifahrer**, der 풀밭 스키 타는 사람. **~skirennen**, das 풀밭 스키 경주. **~spitze**, die 풀의 끝부분. **~stengel**, der [식물] 풀줄기. **~steppe**, die [지리] 대초원(시베리아 따위의). **~stück**, das (지역적) 작은 풀밭. **~teppich**, der (아어) 융단 같은 풀밭. **~topf**, der 방동사니과(科). **~überwachsen** ⟨Adj.⟩ 풀에 뒤덮인. **~überwuchert** ⟨Adj.⟩ 풀이 우거진. **~weg**, der 풀밭길. **~weide**, die 목초지. **~wirtschaft**, die [농업] 목지 농경. **~wuchs**, der (Pl. 없음) 풀의 생장. **~wurzel**, die **1.** 풀뿌리. **2.** ↑

Gräschen ['grɛːsçən], das; -s, - ↑Gras (1) 참조.
Grasel ['graːzl], der; -s, -(n) (österr. 특히 wiener. · südöst. 구어) 사기꾼, 부랑자.
grasen ['graːzn] ⟨h⟩ **1. a)** (짐승이) 풀을 먹다. **b)** 《통용어》 (뒤적이며) 찾다: nach einem Zitat g. 인용구를 찾아 헤매다. **2.** 《지역적 · 특히 schweiz.》 풀을 베다.
Graser, der; -s, - [사냥] (사슴 따위의) 혀. **Gräser** ↑ Gras의 복수형. **Gräserchen** ['grɛːzɐçən] ↑ Gräschen의 복수형. **grasig** ⟨Adj.⟩ **1.** 풀 같은. **2.** 풀이 자란.
Grass [graːs], das; - ⟨engl. grass⟩ 《은어 · 은폐》 마리화나.
grassieren [graˈsiːrən] ⟨h⟩ ⟨lat. grassāri⟩ (병이) 만연하다, 유행하다.
gräßlich ['grɛsliç] ⟨Adj.⟩ 《감정》 **1.** 무서운, 소름이 끼치는; 잔혹한: die Wunde sah g. aus 그 상처는 끔찍해 보였다. **2.** 《통용어》 **a)** 기분 나쁜, 싫은. **b)** 심한. **c)** 《형용사와 동사의 뜻을 강조》 매우, 몹시: ich war g. müde 나는 몹시 피곤했다; wir haben uns dort g. gelangweilt 우리는 그곳에서 매우 심심했다. **Gräßlichkeit**, die; -en **1.** ⟨Pl. 없음⟩ 무서운 방법, 소름끼치는 것. **2.** 포악한 표현[짓], 참사(慘事). **Grassode** ['graszoːdə], die ⟨nordd.⟩ 떠낸 잔디 밭의 흙.
Grat [graːt], der; -(e)s, -e **1.** 산마루, 산등. **2.** [토목 · 건축] **a)** 지붕의 당마루. **b)** 궁륭(穹隆). **3.** 《특히 기술 · 수공》 주물 이음매, 개탕, 턱손(접합해야 할). **4.** [섬유] 봉합선.
Grat-; **~gewölbe**, das ↑Kreuzgratgewölbe. **~hobel**, der 《수공》 개탕[홈]대패. **~leiste**, die [목공] (홈에 맞는) 소란(小欄)테, 살(楔). **~tier**, das [사냥] (대개 혼자 알프스 꼭대기에 살고 있는) 늙은 알프스 영양. **~turm**, der 산마루 위의 바위. **~wanderung**, die 산마루 타기. **~wandler**, der 모험가(위험을 무릅쓰는 정치인 따위). **~ziegel**, der ↑Firstziegel.
Gräte ['grɛːtə], die; -n **1.** 물고기의 가시: **-n im Gesicht haben** 《경 · 농》 면도를 하지 않았다. **2.** 《경》 뼈: **nur noch in den -n hängen** 기진맥진해 있다.
gräten-, Gräten-: **~fisch**, der ↑Knochenfisch. **~los** ⟨Adj.⟩ 가시[경골(硬骨)] 없는. **~muster**, das 『Fischgrätenmuster. **~schritt**, der (스키 타는 사람의) 개각등고(開脚登高), 헤링본 스텝.
Gratias ['graːtsias], das; -, - [가] (수도원에서의) 식후의 감사의 기도. **Gratifikation** [...ia'tsi̯oːn], die; -en ⟨lat. grātificātio⟩ 증여품, 시여물(施與物); 사례, 보상; 보너스, 수당, 팁. **gratifizieren** [...i'tsiːrən] ⟨h⟩ ⟨lat. grātificāri⟩ (사례[보상]하다; 팁을 주다.
grätig ['grɛːtiç] ⟨Adj.⟩ **1.** 가시가 많은(물고기 따위가). **2.** 《통용어》 격하기 쉬운, 성마른.
Gräting ['grɛːtiŋ], die; -en, -e / -s ⟨engl. grating⟩ [선원] (보트 바닥에 깐) 격자 모양의 바닥 널.
gratinieren [grati'niːrən] ⟨h⟩ ⟨frz. gratiner⟩ [요식업] 겉껍질이 갈색이 되도록 구워내다.
gratis ['graːtis] ⟨Adv.⟩ [lat grātīs] 무료로, 거저: Eintritt g.! 무료 입장!; das kannst du g. bekommen 너는 그걸 공짜로 얻을 수 있다; **g. und franko** 《통용어 · 강조》 아주 거저.
Gratis-: **~aktie**, die ↑Freiaktie. **~anzeiger**, der 《schweiz.》 무료 광고지. **~beilage**, die [신문] (신문 · 잡지의) 부록. **~exemplar**, das 증정본, 무료 부록. **~fahrt**, die 무료 승차[선]. **~gabe**, die 감사의 선물. **~leistung**, die 무료 서비스. **~muster**, das 무료 견본. **~probe**, die 무료 견본. **~prospekt**, der 무료 팜플렛. **~vorstellung**, die 무료 공연[연구]. **~zugabe**, die 경품. **~zustellung**, die 무료 배달.

Quecke의 땅속줄기. **~zünsler**, der (주로 초원에서 사는) 머루, 명충(螟蟲).
grätsch-, Grätsch- [특히 체조]: **~abschwung**, der 두 다리 벌려 뛰어내리기. **~aufschwung**, der 두 다리 벌려 뛰어오르기. **~beinig** ⟨Adj.⟩ 두 발을 버틴(벌린). **~schritt**, der 두 다리 벌려 걷기. **~sitz**, der 두 다리 벌려 앉기. **~sprung**, der 두 다리 벌려 뛰기. **~stand**, der ⟨Pl. 없음⟩ 두 다리 벌려 서기. **~stellung**, die 두 다리 벌린 자세, 개각(開脚) 자세. **~stoß**, der [수영] 평영(平泳)에서 다리 차는 법.
Grätsche ['grɛːtʃə], die; -n [체조] **1.** 두 다리 벌려 오르기. **2.** 두 다리 벌린 자세. **grätschen** ['grɛːtʃn] **1.** ⟨h⟩ 뻗은 다리를 옆으로 벌리다, 두 다리를 동시에 벌리다. **2.** ⟨s⟩ 두 다리를 벌리고 걷다(뛰다).
Gratulant [gratu'lant], der; -en, -en [lat. grātulāns] 하객. **Gratulantin**, die; -nen ↑Gratulant의 여성형.
Gratulation [...ula'tsi̯oːn], die; -en [lat. grātulātio] **1.** 축하, 축사.
Gratulations-: **~besuch**, der 축하의 방문. **~brief**, der 축하의 편지. **~cour**, die 축하식. **~karte**, die 축하 카드. **~schreiben**, das 축하장(祝賀狀).
gratulieren [gratu'liːrən] ⟨h⟩ [lat. grātulāri] 축하(의 말을) 하다: jmdm. herzlich zum Geburtstag [zur Verlobung] g. 누구의 생일[약혼]을 진심으로 축하하다; **sich³ g. können** 《통용어》 무엇을 기뻐할 수 있다: du kannst dir g., daß du mit heiler Haut davongekommen bist 네가 다친 데 없이 그곳을 빠져나온 것을 기뻐할 만하다.
Grätzel ['grɛtsl], das; -s, -(n) (österr. · 통용어) 거주 구역의 일부.
grau [grau] ⟨Adj.⟩ **1.** 잿빛의, 회색의: er hat schon -e Haare 그는 벌써 머리털이 세었다; -es Brot 호밀과 밀가루를 섞어 만든 빵; die -e Substanz [의학] (뇌수와 척추의 신경세포가 많은 부분) 회색 물질; er ist ganz g. geworden 그는 머리가 하얗게 세었다; er wurde g. im Gesicht 그는 얼굴이 창백해졌다. **2.** 회색의(합법적은 아니지만 그렇다고 금지되지도 않은). **3.** 절망적인, 암담한; 단조로운: eine -e Zukunft erwartet sie 암담한 미래가 그녀[들]를 기다린다; **alles g. in g. sehen (malen)** 모든 것을 비관적으로 판단[묘사]하다. **4.** (시간적으로) 먼, 아득한: das liegt noch in -er Zukunft 그것은 아직 먼 미래의 일이다. **Grau** [-], das; -s, - 《통용어: -s》 **1.** 회색. **2.** 쓸쓸함, 암담함. **3.** 불확실: im G. der Vorzeit entschwunden sein 아득한 옛날에 사라지다.
grau-, Grau-: **~ammer**, die 회색 멧새. **~äugig** ⟨Adj.⟩ 회색 눈의. **~bär**, der ↑Grislybär. **~bart**, der **1.** 《드물게》 회색 수염. **2.** 《통용어》 수염이 흰 사람, 노인. **~bärtig** ⟨Adj.⟩ 수염이 흰. **~behaart** ⟨Adj.⟩ 털이 흰. **~blau** ⟨Adj.⟩ 회청색의. **~braun** ⟨Adj.⟩ 암갈색의. **~brot**, das 《지역적》 호밀과 밀가루를 섞어 만든 빵. **~buch**, das [외교] 회색문서(벨기에, 덴마크 또는 일본 정부가 특정한 경우에 발행하는 기록집). **~erde**, die [지리 · 농업] 회색흙. **~erle**, die 회색오리나무. **~farben** ⟨Adj.⟩ 회색의. **~färbung**, die 회색 염색; 회색 색조. **~fäule**, die 과일 등에 생기는 회색 반점. **~fischer**, der (아프리카 산의) 회색물총새. **~fuchs**, der (북아메리카 산의) 회색여우. **~gans**, die 야생 거위. **~getigert** ⟨Adj.⟩ 회색 호반(虎斑)의. **~gießerei**, die [기술] 회선철(灰銑鐵). **~grün** ⟨Adj.⟩ 회록색의. **~guß**, der [기술] 회선철(灰銑鐵). **~haarig** ⟨Adj.⟩ 백발의. **~hörnchen**, das (특히 북아메리카 동부 산의) 회색다람쥐(의 일종). **~in-Grau-Malerei**, die ↑Grisaille. **~kappe**, die ↑Birkenröhrling. **~kardinal**, der 백발의 추기경. **~kopf**, der 《통용어》 **1.** 백발머리. **2.** 백발머리인 사람. **~köpfig** ⟨Adj.⟩ 백발(머리)의. **~männchen**, das (특히 독일 북부와 중부 지방의 전설에 나오는) 키작은 유령. **~mehl**, das 호밀가루. **~me-**

liert ⟨Adj.⟩ 백발이 섞인, 반백의. **~papagei**, der ⟨중앙·서아프리카 산의⟩ 회색앵무새. **~scheckig** ⟨Adj.⟩ 회색 얼룩이 있는. **~schimmel**, der 1. 회색말. 2. 회색 곰팡이. **~schleier**, der 흐린 잿빛으로의 변색. **~schnäpper**, der 회색딱새(의 일종). **~schwarz** ⟨Adj.⟩ 흑회색의. **~specht**, der (목과 머리가 회색인) 청딱다구리속의 일종. **~spießglanz**, der ↑Antimonglanz. **~strahler**, der [물리] 회색체. **~strähnig** ⟨Adj.⟩ 회색다발(타래)의. **~tier**, das ⟨통용어·농⟩ **a)** 당나귀. **b)** 노새. **~ton**, der 회색조(灰色調), 회색상(灰色相). **~wacke**, die 경사암(硬砂岩). **~wal**, der (북태평양의 흰 반점이 있는) 수염고래. **~weiß** ⟨Adj.⟩ 백회색의, 밝은 회색의. **~werk**, das (Pl. 없음) 시베리아 다람쥐의 모피. **~wert**, der 회색 광도(光度). **~wollen** ⟨Adj.⟩ 회색 털실의. **~wurst**, die ↑Dauerwurst. **~zone**, die 회색 지대, (특히 합법과 불법 사이의) 수상한 영역.

Graubünden [grauˈbʏndn̩] 그라우뷘덴(스위스 동부의 주(州)). **Graubündner** [grauˈbʏndnɐ], der; -s, - 그라우뷘덴 사람. **graubündnerisch** [grauˈbʏndnərɪʃ] ⟨Adj.⟩ 그라우뷘덴의.

Grauchen [ˈgrauçən], das; -s, - ⟨통용어·농⟩ (작은) 당나귀. **Gräue** [ˈgrɔʏə], die ⟨드물게⟩ 1. 회색, 잿빛. 2. 쓸쓸함, 암담함. **¹grauen** [ˈgrauən] ⟨h⟩ 1. (아이) 날이 새다, 땅거미가 지다: es begann gerade zu g., als sie das Haus verließen 그들이 집을 떠날 때 날이 밝기 시작했다. 2. ⟨드물게⟩ 회색(백발)이 되다, 나이 들다.

²grauen [-] ⟨h; 비인칭⟩ 무엇이 무섭다, 섬뜩하다: mir [(또는 mich)] graut, wenn ich an morgen denke 내일을 생각하면 무섭다; es graut mir heute schon vor der Prüfung 나는 오늘 벌써 시험이 두렵다; sich vor einer Begegnung g. 만남을 두려워하다. **Grauen**, das; -s, - 1. ⟨Pl. 없음⟩ 공포, 전율; 혐오: ein G. ergreift[überläuft] jmdn. 전율을 누구를 사로잡다[덮치다]; ein G. vor einer Gefahr empfinden 어떤 위험 앞에 공포를 느끼다. 2. 무서운 사건, 도깨비, 요괴. **grauenerregend** ⟨Adj.⟩ 공포를 일으키는. **grauenhaft** [ˈgrauənhaft] ⟨Adj.⟩ 1. 무서운, 오싹하는, 전율을 일으키는: die Verwüstungen waren g. 그 피해는 끔찍했다. 2. ⟨통용어⟩ 몹시 기분 나쁜, 혐오할: ich habe einen -en Schnupfen 나는 지독한 코감기에 걸렸다. **grauenvoll** ⟨Adj.⟩ 1. ↑grauenhaft (1) 참조. 2. ⟨통용어⟩ ↑grauenhaft (2) 참조. **graulen** [ˈgraulən] ⟨h⟩ ⟨통용어⟩ 1. (g. + sich) 무엇이 무서워 공포[혐오]를 느끼다: sich vor der Dunkelheit g. 어둠 앞에서 공포를 느끼다; er graulte sich, wenn er an morgen dachte 그는 내일을 생각할 때면 공포를 느꼈다; vor diesem Menschen grault (es) mir 나는 이 사람 앞에서 혐오를 느낀다. 2. 마구 내쫓다, 몰아내다: jmdn. aus dem Haus g. 누구를 집 밖으로 마구 내쫓다; **¹graulich** [ˈgraulɪç] ⟨Adj.⟩ 무서운, 오싹하는 것 같은.

²graulich [-], **gräulich** [ˈgrɔʏlɪç] ⟨Adj.⟩ 잿빛의.

Gräupchen [ˈgrɔʏpçən], das; -s, - ↑Graupe (1) 참조. **Graupe** [ˈgraupə], die; -n ⟨대개 Pl.⟩ 1. ⟨축소형: ↑Gräupchen⟩ **a)** (찧은) 곡식의 낱알, 보리 낱알, (찧은) 귀리: **(große) -n im Kopf haben** ⟨통용어·조롱⟩ ((große) Rosinen im Kopf haben) 터무니없는 야망[대망]을 품다. **b)** ⟨Pl.⟩ 보리(귀리) 죽. 2. [광] 부순 광석. 3. [섬유] 엉클어진 실뭉치. **Graupel** [...pl̩], die; -n ⟨대개 Pl.⟩ 알갱이가 작은 싸락눈.

graupel-, Graupel-: **~artig** ⟨Adj.⟩ 싸락눈 같은. **~regen**, der 싸락눈 비. **~schauer**, der 싸락눈 소나기. **~wetter**, die 싸락눈이 오는 날씨.

graup(e)lig [...p(ə)lɪç] ⟨Adj.⟩ 싸락눈 같은. **graupeln** [...pln̩] ⟨h; 비인칭⟩ 싸락눈이 내리다.

Graupen-: **~brei**, der ⟨곡식⟩ 낱알가루 죽. **~gericht**, das ⟨곡식⟩ 낱알가루 음식. **~mühle**, die 정곡기(精穀機), 맷돌. **~schleim**, der 오트밀 죽. **~suppe**, die 보리 미음(수프).

grauplig ↑graup(e)lig.

graus [graus] ⟨Adj.⟩ ⟨고어⟩ 무서운, 오싹하는. **¹Graus** [-], der; -es 1. ⟨고어⟩ **a)** 공포, 경악. **b)** 전율시키는 사건. 2. ⟨다음의 용법으로⟩ **es ist (schon) ein G.** (mit jmdm. [mit etw.]) ⟨통용어·농⟩ 누구[무엇]는 끔찍하다.

²Graus [-], der; -es ⟨고어⟩ 쇄석(碎石), 자갈.

grausam [ˈgrauzaːm] ⟨Adj.⟩ 1. 잔혹한, 잔인한: **eine -e Lust, andere zu quälen** 다른 사람을 괴롭히려는 잔인한 욕망; **sich g. rächen** 잔인하게 복수하다. 2. 무서운, 지독한: **eine -e Enttäuschung** 지독한 실망. 3. ⟨통용어⟩ **a)** 참을(견딜) 수 없는: **Der Pianist hat dreimal danebengehauen, es war g.!** 그 피아니스트는 세 번 잘 못 된 반을 눌렀는데, 그것은 참을 수 없었다. **b)** ⟨동사와 형용사의 뜻을 강조⟩ 못견디게, 매우, 지나치게: **sich g. langweilen** 못견디게 지루해하다. **Grausamkeit**, die; -en 1. 무자비, 몰인정, 잔인: **die G. eines Menschen anprangern** 인간의 잔인성을 고발하다. 2. 무정[잔인]한 행동. **grausen** [ˈgrauzn̩] ⟨h; 비인칭⟩ 전율을 느끼다: **vor diesem Menschen graust (es) mir** 이 사람 앞에서 나는 전율을 느낀다; **bei diesem Gedanken hat ihm [ihn] oft gegraust** 그는 자주 이 생각에 무서워 소름이 끼쳤다; **Grausen**, das; -s 공포의 전율; 심한 혐오: **da packte ihn das kalte G.** 그 때 차가운 전율이 그를 덮쳤다; **da kann man das große G. kriegen** ⟨통용어·과장⟩ 크게 전율을 느낄 만하다. **grausenhaft** ⟨Adj.⟩ ⟨드물게⟩ 무서운, 오싹하는. **grausenvoll** ⟨Adj.⟩ ⟨드물게⟩ 무서운, 소름끼치는. **grausig** [ˈgrauzɪç] ⟨Adj.⟩ 1. 소름끼치는, 오싹하는: **schon der Gedanke ist g.** 생각만해도 소름이 끼친다. 2. ⟨통용어⟩ **a)** 고통스러운, 참을 수 없는, 지독한: **ich habe einen -en Hunger** 나는 지독하게 배고프다. **b)** ⟨동사와 형용사의 뜻을 강조하여⟩ 몹시, 못참도록: **der Vortrag war g. langweilig** 그 강연은 몹시 지루했다. **Grausigkeit**, die; -en 1. ⟨Pl. 없음⟩ 지독함, 잔인함. 2. 잔인한 행동, 소름끼치는 사건. **grauslich** [ˈgrauslɪç] ⟨Adj.⟩ ⟨bayr., österr.·통용어⟩ 오싹해지는.

Gravamen [graˈvaːmən], das; -s, ...mina ⟨대개 Pl.⟩ [lat. gravāmen] [법] 항소, 항고, 이의. **Gravation** [gravaˈtsioːn], der; -en [lat. gravātio] [고어] 부담(무거운 짐)을 지우기; 성가신(귀찮은) 일. **grave** [ˈgraːvə] ⟨Adv.⟩ [ital. grave] [음악] 느리게, 장중하게, 진중하게. **Grave** [-], das; -s, -s 그라베 표시가 되어 있는 악곡(의 일부).

Gravensteiner [ˈgraːvn̩ʃtaɪ̯nɐ], der; -s, - [덴마크의 도시 Gravenstein의 이름에서] 그랜슈타인 사과.

Gravettien [gravɛˈtjɛː], das; -(s) [프랑스의 동굴 La Gravette에서] [인류] 초기 구석기 시대.

Graveur [graˈvøːɐ̯], der; -s, -e [frz. graveur] 동판(석판) 조각사, 인판사(印版師). **Graveurarbeit**, die 조각술(彫刻). **Graveurin** [...øːrɪn], die; -nen ↑Graveur의 여성형.

gravid [graˈviːt], ⟨드물게⟩ **gravide** [...iːdə] ⟨Adj.⟩ [lat. gravidus] [의학] 임신한. **Gravida** [ˈgraːvida], die; ...dae [...de; lat. gravida] [의학] 임신부. **Gravidität** [graviditɛːt], die; -en [lat. graviditās] [의학] 임신.

Gravier-: **~anstalt**, die 조각소(彫刻所). **~arbeit**, die 1. 조각(彫刻). 2. **a)** 조각된 문자(장식). **b)** 무늬(문자)이나 글자가 새겨진 것. **~kunst**, die 조각(彫刻)술(術). **~maschine**, die 조각(彫刻)기(機). **~nadel**, die 조각

gravieren 용 바늘(금속용). **~stichel**, der 조각용 끌. **~werkzeug**, das 조각용 연장.
gravieren [gra'vi:rən] [frz. graver] 1. (금속, 돌, 나무 따위에 문자, 장식을) 새겨넣다, 판각(版刻)하다, 조각하다. 2. 조각 장식을 하다: auch die Messer und Gabeln waren graviert 또한 칼과 나이프도 조각 장식이 되어 있었다. **gravierend** 〈Adj.〉〈교양어〉 무거운, 중대한, 심한: ein -er Unterschied [Fehler] 중대한 차이(실수).
Gravierung, die; -en 1. 조각. 2. 조각된 것, 조각된 글자[장식].
Gravimeter [gravi'me:tɐ], das; -s, - [물리] 중력계.
Gravimetrie, die 1. [물리] 중력 측정. 2. [화학] 비중 측정. **gravimetrisch** 〈Adj.〉 비중계의, 비중계에 의한. **Gravis** ['gra:vis], der; -, - [lat. gravis] [언어] 억음 악센트, 악상그라브(예컨대: à). **Gravisphäre** [gravi...], die; -n [물리·천문] 중력권(圈). **Gravität** [...'tɛ:t], die [lat. gravitās] (고어) 엄숙함, 장중(莊重), 위엄. **Gravitation** [gravita'tsio:n], die [frz. gravitation] [물리·천문] 중력: die G. der Erde[des Mondes] 지구(달)의 중력.
Gravitations-: **~differentiation**, die [지질] (용암이 굳어질 때의) 중력에 의한 결정(結晶)의 상위(相違).
~energie, die 중력 에너지. **~feld**, das 중력장(場).
~gesetz, das [뉴톤의] 중력[만유인력]의 법칙. **~konstante**, die 중력[만유인력] 정수(定數). **~kraft**, die 중력(의 힘). **~welle**, die 중력파. **~wirkung**, die 중력 작용.
gravitätisch 〈Adj.〉 무게 있는, 엄숙한, 장중한, 위엄 있는: mit -er Miene 엄숙한 표정으로. **gravitieren** [gravi'ti:rən] 〈h〉 [frz. graviter] 1. [물리·천문] 인력에 의해 어떤 방향으로 끌리다. 2. (교양어) …의 경향이 있다, …로 향하다. **Graviton** ['gra:vitɔn], das; -s, -en [gravi'to:nən; lat. gravitās] [물리] 중력장의 소립자.
Gravur [gra'vu:ɐ], die; -en 각인된 글자[장식]. **Gravüre** [-...] die; -n [frz. gravure] 1. 각인된 글자[장식]. 2. 동판(畵), 강(鋼)판(畵), 목판(畵).
Graz [gra:ts] 그라츠(오스트리아의 도시 이름). ¹**Grazer** ['gra:tsɐ] 그라츠 사람. ²**Grazer** [-] 〈Adj.: 격변화 없음〉 그라츠의.
Grazie ['gra:tsiə], die; -n [1: lat. grātia 2: lat. Grātiae] 1. 〈Pl. 없음〉 전아(典雅), 단려[端麗], 단아, 고상함, 애교: sich mit (natürlicher) G. bewegen (자연스러운) 우아함을 지니고 움직이다; 전의 sich mit G. aus der Affäre ziehen (농) 그 사건에서 재치있게 빠져나오다. 2. 〈Pl.〉 a) 우미(優美)를 상징하는 로마의 세 여신(女神). 성구 die -n haben nicht an ihrer[ihrer] Wiege gestanden (농·은폐) 그(너)는 아름답지 않다. b) (농) 우아한 젊은 녀.
grazil [gra'tsi:l] 〈Adj.〉 [frz. gracile] 가냘픈, 날씬한, 나긋나긋한: eine -e Figur haben 몸매가 날씬하다. **Grazilität** [gratsili'tɛ:t], die [frz. gracilité] 가냘픔, 날씬함, 가냘픈 모습[형태].
graziös [gra'tsiø:s] 〈Adj.〉 [frz. gracieux] 우아한, 전아한, 단아한: eine -e Bewegung[Haltung] 우아한 동작[태도]. **grazioso** [...io:zo] 〈Adv.〉 [ital. grazioso] [음악] 우아하게. **Grazioso** [-], das; -s, -s / ...si 그라치오조(우미한 악장(樂章)).
gräzisieren [grɛtsi'zi:rən] 〈h〉 [lat. graecissāre] 1. 그리스화(化)하다. 2. 고대 그리스어를 모방하다. **Gräzisierung**, die; -en 그리스화(化). **Gräzismus** [grɛ'tsismʊs], der; -, ...men (특히 라틴어의) 그리스식 어법[語法], 그리스어의 표현. **Gräzist**, der; -en, -en 고대 그리스어 학자. **Gräzistik**, die 고대 그리스어 문학. **Gräzität** [grɛtsi'tɛ:t], die [lat. graecitās] 〈교양어〉 고대 그리스어[문화]의 본질, 정신.

Greenhorn ['gri:nhɔ:n], das; -s, -s [engl. greenhorn] 신참자(新參者), 햇병아리, 애송이.
Greenwich ['grɪnɪdʒ, ...ɪtʃ] 런던 교외 템즈강가의 자치구 (자오선의 기점(起點)(약어: Gr.)). **Greenwicher** ['grɪnɪdʒɐ, ...ɪtʃɐ] 〈Adj.: 격변화 없음〉 그리니치의.
Greenwicher Zeit ['grɪnɪdʒɐ, ...ɪtʃɐ '-], die [런던의 도시 구역 Greenwich에서] 그리니치 시(時).
Gregarinen [grega'ri:nən] 〈Pl.〉 [lat. gregārius] [동물] 그레가리넨(무척추 동물 체내에 기생하는 단세포 기생충).
Grége [gre:ʒ], die [frz. (soie) grége] (연사하지 않은) 생사(生絲). **Grégeseide**, die 생사로 짠 비단.
Gregorianik [grego'ria:nɪk], die [교황 Gregor I.] 1. 그레고리우스 성가 형식. 2. 그레고리우스 성가학. **Gregorianisch** [grego'ria:nɪʃ] 그레고리우스 성가(聖歌)(↑Gesang (2) 참조); 그레고리우스력(曆)(1582년 교황 Gregor 13세가 제정)(↑Kalender (2) 참조). **gregorianisieren** [gregoriani'zi:rən] 〈h〉 그레고리우스 성가풍으로 작곡하다. **Gregorsmesse** ['gre:gɔrs-], die [미술] 그레고리우스 미사화(畵)(제단 앞에 무릎 꿇은 교황 그레고리우스 1세에게 그리스도가 현신했다는 전설을 내용으로 중세 후기에 그려진 그림).
Greif [graɪf], der; -(e)s / -en, -e(n) 1. 독수리의 머리와 날개를 갖고 사자의 몸을 한 괴수(怪獸). 2. ↑Greifvogel.
Greif- (greifen): **~arm**, der [기술] 집게 팔. **~bagger**, der 집게 굴삭기. **~bewegung**, die (젖먹이의) 움켜 쥐려는 동작. **~fuß**, der [동물] (갑각류의) 집게발. **~reflex**, der (특히 젖먹이의 손바닥을 건드릴 때 일어나는) 반사적으로 주먹을 쥐는 동작. **~vogel**, der 맹금(猛禽). **~zange**, die 펜치, 집게, 불집게. **~zirkel**, der 캘리퍼스, 만각기(彎脚器).
greifbar ['graɪfba:ɐ] 〈Adj.〉 1. 잡을[붙들] 수 있는: alles, was g. war, nahm sie mit 그녀는 손에 닿는 것은 모두 가져 갔다; 전의 der Termin ist in -e Nähe gerückt 기한이 아주 가까이 다가 왔다. 2. 손에 넣을 수 있는, 사용 할 수 있는: die Ware ist im Moment nicht g. 이 상품은 지금 이 순간 재고가 없다. 3. a) 구체적인: -e Ergebnisse 구체적인 결과. b) 명료한: hier bieten sich -e Vorteile 여기에는 분명한 장점이 있다. **Greife** ['graɪfə], die; -n (청소년) 손. **greifen*** ['graɪfn̩] 〈h〉 1. 잡다, 쥐다: 전의 ein Windstoß griff seinen Hut 바람이 그의 모자를 채 갔다; **zum Greifen nah(e)** 아주 가까운: die Berge waren am Abend zum G. nah 저녁에는 그 산들이 아주 가까이 보였다. 2. 붙잡다, 체포하다: den werde ich mir mal g. (통용어) 그 사람을 한번 나무라겠다. 3. (아이) 손에 쥐다(무엇을 하려고): immer wieder zur Zigarette g. 계속해서 담배를 피우다; abends greift er gerne zu einem Buch 그는 저녁에는 즐겨 책을 잡는다; zur Feder g. 펜을 잡다, 집필하다; 전의 zu einer fragwürdigen Methode g. 문제가 있는 방법을 사용하다. 4. a) 누구(무엇)을 잡으려고 손을 내밀다(뻗다): in die Tasche g. 주머니에 손을 넣다; **hinter sich g. müssen** (구기(球技) 은어) 공을 놓치다(골 키퍼가), 골을 허용하다; **um sich g.** 퍼지다, 번지다: das Feuer griff um sich 화재가 번진다. b) (무엇을 건드리려고) 손을 뻗다: er griff sich an die Stirn 그는 손으로 이마를 짚었다(이해가 안 간다는 표시로); 전의 diese öffentlichen Beschimpfungen greifen an seine Ehre (아이) 이 공개적인 욕설이 그의 명예를 훼손했다. 5. 악기를 연주하다: einen Akkord auf der Gitarre g. 기타의 화음을 짚다. 6. [기술] 잘 들러 있다, 꼭 붙어 있다: der Anker greift fest [선원] 닻이 (해저에) 단단히 내려져 있다. 7. 어림잡다, 책정하다: diese Zahl hast du[ist] zu niedrig gegriffen 수를 너무 적게 책정했다.

Greifer ['graifɐ], der; -s, - **1.** [기술] 《포크레인 따위의》 준설 집게. **2.** 《경·펌》 순정.

Greifswald ['graifsvalt] 그라이프스발트《구 동독의 도시》. **¹Greifswalder** ['graifsvaldɐ] 그라이프스 발트 사람. **²Greifswalder** [-] 〈Adj.; 격변화 없음〉 그라이프스발트의.

greinen ['grainən] 〈h〉《통용어·펌》 **1.** 흐느껴 울다. **2.** 짤짤 짜다.

greis [grais] 〈Adj.〉《아이》 나이 많은, 고령의: sein -er Vater 그의 연로하신 아버지. **Greis** [-], der; -es, -e 고령의 노인.

Greisen-: ~**alter**, das 고령. ~**hand**, die 《아이》 고령 노인의 손. ~**haupt**, das **1.** 《아이》 고령 노인의 머리. **2.** [식물] 흰털 선인장의 일종. ~**krankheit**, die ↑ Alterskrankheit. ~**paar**, das 고령의 노부부. ~**stimme**, die 고령 노인의 가늘고 쉰 목소리.

greisenhaft ['graizṇhaft] 〈Adj.〉 고령 노인 같은, 고령 노인의, 노쇠한. **Greisenhaftigkeit**, die ↑greisenhaft의 명사형. **Greisin**, die; -nen ↑Greis의 여성형.

Greisler usw.: ↑Greißler usw..

greislich ['graislɪç] 〈Adj.〉《südd., österr·통용어》↑ grauslich 참조.

Greißler, Greisler ['graislɐ], der; -s, - / **Gräusler** 《österr.》《식료품》소매상, 구멍가게 주인. **Greißlerei**, Greislerei [graislə'rai], die; -en 《ostösterr.》식료품 소매 상점. **Greißlerin**, Greislerin, die; -nen 《ostösterr.》↑Greißler의 여성형.

grell [grɛl] 〈Adj.〉 **1. a)** 눈부신, 《빛이》 번쩍이는: die -e Sonne 눈부신 해《햇빛》. **b)** 《색깔이》 야한, 난한, 환한, 화려한: ein -es Rot 야한 빨간색; ein -er Gegensatz 날카로운 대조. **2.** 《소리가》 날카로운, 새된 목소리의, 귀청이 떨어질 듯한: ein -er Schreie 날카로운 울부짖음.

grell- (grell 1): ~**beleuchtet** 〈Adj.〉 환하게 조명한. ~**bunt** 〈Adj.〉 화려하게 울긋불긋한. ~**farbig** 〈Adj.〉 야한 색의. ~**rot** 〈Adj.〉 새빨간. ~**weiß** 〈Adj.〉 눈부시게 흰.

Grelle ['grɛlə], die **1. a)** 눈부시게 밝은 빛: die G. der Neonröhre schmerzte in den Augen 네온 등의 눈부신 빛에 눈이 아팠다. **b)** 《색깔의》 강렬한 광도(光度). **2.** 《소리의》 날카로움. **Grellheit**, die ↑Grelle.

Grelots [grə'lo:] 〈Pl.〉 [frz. grelot] 깃 장식 매듭 홈에.

Gremium ['gre:miʊm], das; -s, ...ien [...iən]; at. gremium] 〈전문〉 위원회, 협의회.

Grenada [(engl.) grə'neidə], -s 카리브해(海)의 섬나라.

Grenadier [grena'di:ɐ], der; -s, -e [frz. grenadier] 보병. **Grenadille** [grena'diljə], **Granadille** [grana'diljə], die; -n [frz. grenadille] 시계초의 열매.

Grenadin [grena'dɛ̃], das; -s, -s [frz. grenadin] 그르나댕《고기와 베이컨을 버터로 구운 요리의 일종》.

¹Grenadine [grena'di:nə], die [frz. grenadine] 사과 주스의 일종.

²Grenadine [-], die [스페인의 도시 Granade에서] 그레나다직(織)《견(絹), 모(毛) 따위를 얇고 성기게 짠 옷감》.

Grendel: ↑Grindel.

grenz-, **Grenz-**: ~**abfertigung**, die 〈관세〉 통관 수속. ~**bach**, der 경계 하천. ~**bahnhof**, der 국경역(驛). ~**ball**, der [구기] 공을 상대편 코트 바깥으로 멀리 던지기 시합하는 6인조 게임. ~**baum**, der 〈경계 수(樹)〉. **2.** ↑Schlagbaum. ~**beamte**, der 국경 근무 경찰관〈세관원〉. ~**befestigung**, die 〈대개 Pl.〉《군》국경 요새. ~**begehung**, die 국경 시찰. ~**belastung**, die [기술] 한계 하중(荷重). ~**bereich**, der **1.** 〈Pl. 없음〉 국경 지역. **2.** 한계 영역, 한계치: die Geschwindigkeit von 180 km/h liegt bei diesem Wagen bereits im G. 시속 180km는 이미 이 차의 한계 속도이다. ~**berichtigung**, die 국경〔경계〕 수정(修正). ~**betrieb**, der 【경제】 한계 기업〈생산限만 겨우 건지는〉. ~**bevölkerung**, die 국경 지대의 전체 주민〔인구〕. ~**bewohner**, der 국경 지대 거주자. ~**bezirk**, der 국경의 관세 행정 구역. ~**dorf**, das 국경의 마을. ~**durchbruch**, der 국경돌파, 불법 월경(越境). ~**fall**, der **1.** 모호한 경우. **2.** 특수 경우. ~**finanzer**, der 《österr.·드믈게》↑ Finanzer. ~**fluß**, der 국경을 이루는 강. ~**formalitäten** 〈Pl.〉 국경 통과 절차〈여권·세관 검사 등〉. ~**frage**, die ↑~problem. ~**gänger**, der 국경 왕래자, 월경자. ~**gebiet**, das **1.** 변경, 국경지방: die Kontrolle in den -en wurde verstärkt 국경지방에서의 통제가 강화되었다. **2.** 경계 영역〈인접 학문 사이의〉. ~**gewässer**, das 국경 하천. ~**graben**, der 국경 참호. ~**haus**, das 국경 초소. ~**jäger**, der 《구폐》↑~posten. ~**karte**, die 국경 왕래 증명서. ~**konflikt**, der 국경 분쟁. ~**kontrolle**, die **1.** 국경〈세관〉 검사. **2.** 국경〈세관〉 검사원. ~**kontrollpunkt**, der ↑Kontrollpunkt. ~**land**, das 〈Pl. 《드믈게》-länder〉 ↑~gebiet (1). ~**lehre**, die 〔공학〕 제품의 한계치를 측정하는 공구, 한계 게이지. ~**linie**, die **1.** 〈군고어〉 국경〔경계〕선. **2.** [구기] 터치라인. ~**mark**, die 〈역사적〉 ~gebiet (1), ~land. ~**maß**, das 한계 용량. ~**mauer**, die 국경벽(壁). ~**mann**, der ↑Landmesser. ~**mündig** 〈Adj.〉《구 동독 통용어》국경을 넘을〔구 서독으로 갈〕 자격이 있는: als Rentner ist er g. 그는 연금수혜자로서 국경을 넘을 자격이 있다. ~**nah** 〈Adj.〉 국경에 가까운. ~**nutzen**, der 【경제】 한계 효용. ~**nutzenschule**, die 【경제】 한계 효용 학파. ~**ort**, der 국경 근처의 마을. ~**polizei**, die 《구 동독》 국경 경찰. ~**polizist**, der 국경 경찰관. ~**posten**, der 국경〔경계〕 초병. ~**preis**, der 한계 가격, 지불할 수 있는 최고 가격. ~**problem**, das **1.** 국경 문제. **2.** 《둘 이상의 분야 사이의》 경계 문제. ~**punkt**, der 극한점, 한계점. ~**rain**, der 《경계 짓는》 발두렁. ~**reg(e)lung**, die 국경 조정. ~**schutz**, der **1.** 국경 수비. **2.** 《통용어》↑Bundesgrenzschutz. ~**schützer**, der 《대개 Pl.》《통용어》국경 수비대원. ~**sicherung**, die ↑~schutz (1). ~**situation**, die 한계 상황. ~**soldat**, der 국경 수비군. ~**sperre**, die 국경 폐쇄. ~**stadt**, die 국경 도시. ~**station**, die ↑~bahnhof. ~**stein**, der 경계석(石), 경계표(標). ~**strahlen**, die 〈Pl.〉 [의학] 피부병 치료에 쓰이는 연성(軟性) 뢴트겐선. ~**streitigkeit**, die 《대개 Pl.》 경계 싸움, 국경 분쟁. ~**truppe**, die 《대개 Pl.》《구 동독·군》국경 수비군. ~**übergang**, der **1.** 국경 통과. **2.** 국경 검문소. ~**überschreitend** 〈Adj.〉 〈전문〉 국경 통과의. ~**übertritt**, der ↑~übergang (1). ~**verkehr**, der 국경 왕래 교통. ~**verlauf**, der 국경이 뻗어 있는 방향. ~**verletzung**, die 국경 침범. ~**vertrag**, der 국경 조정 협약. ~**wache**, die **1.** ↑ ~posten. **2.** ↑~schutz (1). ~**wacht**, die 《schweiz.》 국경 감시 초소(哨所). ~**wächter**, der ↑ ~posten. ~**wall**, der 국경 수비 누벽(壘壁). ~**wert**, der **1.** 한계치. **2.** [수학] 극한치. ~**wissenschaft**, die 경계 학문〈인접 학문 사이의〉. ~**wissenschaftlich** 경계 학문적. ~**zeichen**, das 경계〔국경〕 표시. ~**ziehung**, die 〈Pl. 없음〉 경계짓기. ~**zwischenfall**, der 《정치적 분쟁을 일으키는》 국경의 돌발사건.

Grenze ['grɛntsə], die; -n **1. a)** 국경〈선〉: die G. war gesperrt 《통용어》국경이 폐쇄되었다; die G. verletzen 국경을 침범하다; er ist über die grüne G. gegangen 《통용어》그는 불법으로 국경을 넘어 갔다. **b)** 경계선: die G. des Grundstücks verläuft unterhalb des

Waldstücks 그 토지의 경계선은 숲 아래 쪽으로 뻗쳐 있다. c) (추상적인) 경계: des G. zwischen Kirche und weltlicher Ordnung 교회와 세속 질서 사이의 경계; die -n zwischen Kunst u. Kitsch sind fließend 예술과 저속품 사이의 경계는 유동적이다. 2. 〈대개 Pl.〉 한계, 제한: sein Ehrgeiz kannte keine -n 그의 명예욕은 끝을 몰랐다; die Entwicklung stößt an technische -n 그 발전은 기술적 한계에 부딪히게 된다; **sich in -n halten** 분수를 지키다. **grenzen** ['grɛntsn̩] 〈h〉 무엇과 인접하다: [전의] das grenzt fast an Erpressung 그것은 거의 협박에 가깝다. **grenzenlos** 〈Adj.〉 1. 경계[한계]가 없는, 막대한. 2. a) 무(제)한의, 조건 없는. b) 터무니없는, 과도한(대가·요구 따위가). **Grenzenlosigkeit**, die 광대 무변성, 무한성. **Grenzer** ['grɛntsɐ], der; -s, - (통용어) 1. 국경 지역 거주자. 2. 국경 수비대원, 국경 초병.
Gretchenfrage ['gre:tçən-], die („Nun sag, wie hast du's mit der Religion?", Goethe, Faust I, 3415] (아이) (Gretchen이 Faust에게 묻는 것과 같은) 난처한 질문. **Gretchenfrisur**, die; -en (그레첸처럼) 길게 땋은 머리 모양.
Greube ['grɔybə], die; -n 《schweiz.》 ↑Griebe.
Greubenwurst, die 돼지 지방(脂肪) 찌꺼기로 만든 순대.
Greuel ['grɔyəl], der; -s, - [↑²grauen] (아이) a) 공포, 전율: jmdm. **ein G. sein** 누구에게 딱 질색이다; eigentlich ist mir der Kerl ein G. 나는 원래 저 녀석만 보면 진저리가 쳐진다. b) 〈대개 Pl.〉 흉행, 만행, 잔학한 짓.
Greuel-: ~**geschichte**, die ↑~märchen. ~**hetze**, die (특히 나치 시대부터) 혐오감을 불러 일으키는 선동. ~**märchen**, das 혐오감을 불러 일으키는 낭설, 잔학한 이야기. ~**meldung**, die 흉행[참사]에 관한 보도. ~**nachricht**, die 흉행[참사]에 관한 보도. ~**propaganda**, die (특히 나치 시대부터) 적정(敵政)에 대한 흑색선전. ~**tat**, die 만행, 잔학한 행위.
greulich ['grɔylɪç] 〈Adj.〉 1. 소름이 끼치는: ein -es Verbrechen 소름이 끼치는 범죄. 2. (통용어) a) 불쾌한, 극악한. b) 〈형용사와 동사의 뜻을 강조하여〉 엄청나게, 참을 수 없게, 몹시: dieser Mensch fällt mir g. auf die Nerven 이 인간은 나의 신경을 몹시 건드린다.
Greyerzer ['graiɛtsɐ], der; -s, - Greyerzer Käse (스위스 그라이어츠산(産) 치즈의) 약칭.
Greyhound ['grehaʊnd], der; -(s), -s [engl. greyhound] 그레이하운드(영국산 사냥개의 일종).
Griblette [gri'blɛtə], die; -n [frz. griblette] 《준구어》 그을린 작은 고기 조각.
Griebe ['gri:bə], die; -n 1. 〈대개 Pl.〉 a) 지방(脂肪)의 찌꺼기. b) 주사위 모양의 지방 덩어리. 2. 〈지역적〉 (입술에 나는) 포진(疱疹).
Grieben-: ~**fett**, das 찌꺼기가 있는 지방(脂肪)[수지(獸脂)]. ~**schmalz**, das 지방 찌꺼기를 포함한 굳기름. ~**wurst**, die 지방 찌꺼기로 만든 순대.
Griebs [gri:ps], der; -es, -e 〈지역적〉 1. 과심(果心). 2. jmdm. **am G. packen** 《지역적》 누구의 목덜미[후두(喉頭)]를 움켜 쥐다.
Grieche ['gri:çə], der; -n, -n 그리스 사람(남자). **Griechenland** ['gri:çənlant], das; -s 그리스, 희랍. **Griechentum** ['gri:çəntu:m], das; -s ↑Hellenismus. **Griechin** ['gri:çɪn], die; -nen 그리스 여자. **griechisch** ['gri:çɪʃ] 〈Adj.〉 [lat. Graecus < griech. Graikós] 그리스(어·인)의; 그리스 풍의: ein -er Tempel (고대) 그리스 사원; die -e Tragödie (고대) 그리스 비극.
griechisch- (붙임표와 함께): ~**katholisch** 〈Adj.〉 그리스 귀일(歸一) 교회의(로마 가톨릭 교회에 귀의한). ~**orthodox** 〈Adj.〉 그리스 정교의(로마 가톨릭 교회로부터 분리한). ~**römisch** 〈Adj.〉. 1. [레슬링] 그레코로망 식(式)의. 2. ↑~katholisch. ~**uniert** 〈Adj.〉 ↑~katholisch.
Griefe ['gri:fə], die; -n (md.) ↑Griebe.
griemeln ['gri:m|n] 〈h〉 《westmd.》 심술궂게 혼자 속으로 웃다.
Grien [gri:n], das; -s (alemann.) 자갈.
grienen ['gri:nən] 〈h〉 [↑greinen] (nordd.) 히죽히죽 (이를 드러내고) 웃다.
gries [gri:s] 〈Adj.〉 〈지역적 · 준고어〉 회색의; 백발의.
Grieselfieber ['gri:z|-], das; -s (nordd.) 오한, 온몸이 떨림. **grieseln** ['gri:z|n] 〈h〉 [grausen, gruseln] (niederd.) 〈추〉 (추위, 공포, 역겨움 따위로) 전율하다.
Griesgram ['gri:sgra:m], der; -(e)s, -e 《俚》 불평가, 까다로운 사람. **griesgrämig** ['gri:sgrɛ:mɪç] 〈Adj.〉 성을 잘 내는, 까다로운.
Grieß [gri:s], der; -es, -〈종류〉-e 거칠게 간 곡물(보리, 옥수수 따위): sie rührt den G. in die Milch ein 그녀는 거칠게 간 곡물을 우유에 넣고 젓는다; [전의] in G. zerfallen 가루가 되다.
Grieß-: ~**brei**, der 거칠게 간 곡물죽. ~**kloß**, der, 〈축소형〉 ~**klößchen**, das 〈대개 Pl.〉 거칠게 간 곡물로 만든 경단. ~**koch**, das 《österr., südd.》 ↑~brei. ~**nockerl**, das 〈대개 Pl.〉 거칠게 간 곡물로 만든 작은 경단(수프에 넣는 알맹이). ~**pudding**, der 거칠게 간 곡물로 만든 푸딩. ~**schmarren**, der 《österr.》 거칠게 간 곡물로 만든 단 음식. ~**suppe**, die 거칠게 간 곡물 수프. ~**zucker**, der 《österr.》 ↑Kristallzucker.
grießeln ['gri:s|n] 〈h〉 1. 거친 낟알을 이루다. 2. 〈비인칭〉 (작은 알갱이로) 방울져 떨어지다, 듣다: es fängt an zu g. 싸락눈이 오기 시작한다. **grießig** ['gri:sɪç] 〈Adj.〉 낟알 모양의: -er sand 알갱이 모래. **Grießig** [-], das; -es 꿀벌의 똥.
Grieve: ↑James Grieve.
griff [grɪf] ↑greifen 참조. **Griff** [-], der; -es, -e 1. a) (붙)잡음, 쥠, 파악: er hielt sie mit eisernem G. fest 그는 그녀를 강철 같은 손으로 꽉 붙잡았다; [전의] sie haben das Volk in den -en eines Sicherheitsdienstes gesehen 그들은 국민이 보안 기관의 손에 붙잡혀 있는 것을 보았다; **der G. zu etw.** 《은페》 향정신성 물질 같은 것에 손대기; **mit jmdm. [etw.] einen guten (glücklichen) G. getan haben** 누구[무엇]를 잘 선택했다; **einen glücklichen G. haben** 맵감다, 대성공하다; **einen G. in die(Laden) kasse tun** 《은폐》 돈을 훔치다; **mit -en und Kniffen** 간계와 술수로. b) 쥐는[잡는] 법, 다루는[취급]법: die Soldaten übten ihre -e am Gewehr 군인들이 무기 조작법을 연습했다; der Ringer wandte zur Verteidigung einige verbotene -e an 그 레슬링 선수는 방어하기 위하여 몇 가지 금지된 클린치를 범했다; **-e kloppen(klopfen)** 《드물게》 《군》 총 조작법을 연습하다; **etw. im G. haben** 1) 무엇을 다룰 줄 알고 있다. 2) 무엇을 통제(제어)하다; **etw. in den G. bekommen**〖(통용어) **kriegen**〗 (곤란한 문제 따위를) 제어할 수 있게 되다. 2. (손, 서랍 따위의) 손잡이; (칼의) 자루: der G. des Spazierstocks ist aus Holz 그 지팡이의 손잡이는 나무로 되어 있다. 3. [직조] (옷감의) 감촉. 4. 〈대개 Pl.〉 [사냥] (맹금의) 발톱.
griff-, Griff-: ~**bereit** 〈Adj.〉 곧 손에 쥘 수 있는, 즉시 사용할 수 있는 데 있는. ~**brett**, das (현악기의) 핑거 보드, 지판(脂板); (피아노의) 건반. ~**fest** (비분리시): griffest 〈Adj.〉 (나이프 따위의) 자루가 고정된(접힐 되어 있지 않은). ~**günstig** 〈Adj.〉 쥐기[잡기]좋은, 다루기 쉬운. ~**loch**, das (관악기의) 지공(指孔). ~**los** 〈Adj.〉 1. 자루[손잡이]가 없는. 2. 걸칠 데 없는. 3. [체

조] 《기구 따위에》 손대지 않는, 손을 잡지 않은. ~nah 〈Adj.〉 손 가까이의. ~nähe, die 손 가까운 거리. ~schrift, die 【음악】 《악기 연주를 위해 음표 외에 기록 되는》 운지(運脂) 지시 문자. ~tabelle, die 운지표(運脂標). ~technik, die 〖레슬링〗 클린치 기술. ~wechsel, der 【체조】 손 바꾸기. ~weite, die 손 가까이, 손 닿는 거리.

Griffel ['grɪfl], der; -s, - [lat. graphium < griech. grapheîon, graphíon] 1. 석판용 석필. 2. 【식물】 화주(花柱), 암술대. 3. 《대개 Pl.》 〖경〗 손가락: nimm deine (dreckigen) G. da weg! 네 (더러운) 손가락 치워!

griffel-, Griffel-: ~bürste, die 【식물】 암술대에 난 솜털. ~förmig 〈Adj.〉 석필 모양의. ~fortsatz, der 【해부】 석필 모양의 골기(骨起)〖골단(骨端)〗. ~kasten, der 〈경〉【말】 석필깎기(연마구). 2. 《지역적·준고어》 꼬치꼬치 캐는 사람. ~spitzig 〈Adj.〉 《지역적·준고어》 꼬치꼬치 캐는, 지나치게 트집 잡는.

griffig ['grɪfɪç] 〈Adj.〉 1. 다루기 쉬운: das Lenkrad dieses Wagentyps ist äußerst g. 이 자동차형의 핸들은 다루기가 아주 좋다. 〖전의〗 er hat immer einen -en Ausdruck 그의 표현은 표현력이 아주 좋다. 2. a) 쥐기 좋은. b) 미끄럽지 않은. 3. 《천 따위 의》 감촉이 좋은. 4. 《österr.》《밀가루의》 곡식알이 거친. **Griffigkeit**, die; -s, ↑griffig의 명사형.

Griffon [grɪ'fõ:], der; -s, -s [frz. griffon] 그리펀(사냥 개의 일종).

grignardieren [grɪnjar'di:rən] 〈h〉 [프랑스 화학자 V. Grignard(1871~1935)에 따라] 【화학】 유기 물질을 합성 하다.

Grill [grɪl], der; -s, -e [engl. grill] 1. a) 석쇠 달린 석 덕, 그릴: am Wochenende bauen wir einen G. im Freien 주말이면 우리는 야외에 석쇠를 건다. b) 석쇠, 적 쇠. 2. ↑Kühlergrill의 약칭(라디에이터그릴).

Grill-: ~**gerät**, das 그릴용 기구. ~**gericht**, das 그릴 요리. ~**party**, die 그릴 파티. ~**platz**, der 《야외에 설 치한》 그릴 장소. ~**restaurant**, das 그릴 전문 음식점. ~**room** [..ru:m], der; -s, -s [engl. grillroom] 《호텔 의》 그릴(룸), 그릴 식당. ~**wiese**, die 그릴이 설치된 풀 밭.

Grillade [gri'ja:də], die; -n [frz. grillade] 석쇠로 구운 고기(생선) 따위.

Grille ['grɪlə], die; -n [lat. grillus] 1. 귀뚜라미. 2. a) 기발한 생각(着想), 기상(奇想), 변덕: er hat nichts als -n im Kopf 그의 머리 속에는 기발한 생각만 들어 있다. b) 시름, 근심, 우울, 기우(杞憂): -n fangen 《준고어》 시름에 잠기다. jmdm. die -n vertreiben (austreiben) 《준고어》 누구의 시름을 쫓아주다.

grillen ['grɪlən] 〈h〉 [engl. grill] 석쇠로 굽다, 그릴하다: 〖전의〗 sich in der Sonne g. lassen 햇볕에 그을리다.

grillen-, Grillen- (Grille 2 b): ~**fänger**, der 변덕 쟁이, 망상가; 이상한 사람. ~**fängerei** [...fɛŋə'raj], die 변덕, 망상, 우울한 기분, 잔걱정하기. ~**fängerisch** [...fɛŋərɪʃ] 〈Adj.〉 ↑grillenhaft.

grillenhaft 〈Adj.〉 변덕스러운, 이상스런, 망상적인, 색 다른, 우울한. **Grillenhaftigkeit**, die ↑grillenhaft의 명사형. **grillig** ['grɪlɪç] 〈Adj.〉 변덕스러운, 우울한. **Grilligkeit**, die ↑grillig의 명사형.

Grimasse [gri'masə], die; -n [frz. grimace] 찡그린 얼 굴. **Grimassenschneider**, der 걸핏하면 얼굴을 찡그 리는 사람. **grimassieren** [grima'si:rən] 〈h〉 [frz. grimacer] 상을 찌푸리다, 얼굴을 찡그리다.

grimm [grɪm] 〈Adj.〉 《고어》 ↑grimmig 참조. **Grimm** [-], der; -(e)s 《아어·준고어》 분노, 원한.

Grimmdarm, der; -(e)s, ...därme 결장(結腸).

¹**grimmen** ['grɪmən] 〈h〉 《고어》 화를 내게 하다.
²**grimmen** [-] 〈h〉 《대개 비인칭》 《고어》 격통(激痛)을 일으키다.

grimmig ['grɪmɪç] 〈Adj.〉 1. 격노한, 격분한. 2. 격렬한, 무서운, 지독한. **Grimmigkeit**, die ↑Grimm.

Grind [grɪnt], der; -(e)s, -e 1. a) 비듬(특히 병적인); 두 부백선(頭部白癬)(가축 따위의). b) 부스럼 딱지. 2. 【식물】 일종의 기생 식물; 새삼(식물의 진균성(眞菌性) 질 병). 3. 【사냥】 《사슴 따위의》 머리.

Grindel [grɪndl], **Grendel** [grɛndl], der; -s, - 《지역 적》 a) 쟁기의 성에, 쟁기 자루. b) 차단기(특히 국경통로 소 따위의).

grindig ['grɪndɪç] 〈Adj.〉 비듬이 많은, 두부백선(頭部白 癬)의, 옴의, 부스럼 딱지로 덮인.

Grindwal, der; -(e)s, -e 거두(巨頭)고래(돌고래 아과 (亞科)).

Gringo ['grɪŋgo], der; -s, -s [span. gringo] 〖펌〗 그링 고(남아메리카의 비 라틴계, 특히 영[미]국인에 대한 경멸 적 호칭).

Grinsel ['grɪnzl], das; -s, -(n) 《österr.》 가늠자 구멍(총 의).

grinsen ['grɪnzn] 〈h〉 입을 비죽이며 웃다, 히죽히죽 웃다 (비웃으며): er grinst über das ganze Gesicht 그는 얼 굴 전체에 비웃음을 지었다.

Griper ['gri:pɐ], der; -s, - [niederd. gripen] 【선원】 그 리퍼(네 갈래의 작은 닻).

grippal [grɪ'pa:l] 〈Adj.〉 【의학】 유행성 감기의. **Grippe** ['grɪpə], die; -n [frz. grippe] a) 《민속적》 유행성 감기. b) 【의학】 ↑Virusgrippe 참조.

grippe-, Grippe-: ~**anfall**, der 유행성 감기 발병. ~**artig** 〈Adj.〉 유행성 감기 같은. ~**epidemie**, die 유 행성 감기 전염병. ~**impfung**, die 유행성 감기 예방주 사. ~**kranke*****, der / die 유행성 감기 환자. ~**pneumonie**, die 【의학】 《유행성 감기에 의한》 폐렴. ~**tote*****, der / die 유행성 감기 사망자. ~**virus**, der 유 행성 감기 바이러스. ~**welle**, die 유행성 감기 유행.

grippös [grɪ'pøːs] 〈Adj.〉 유행성 감기의.

Grips [grɪps], der; -es, -e [nordd./md.] 이해력: genügend G. für etw. (im Kopf) haben 무엇에 대한 충 분한 이해력을 (머리에) 갖고 있다.

Grisaille [gri'za:j], die; -n [frz. grisaille] 1. 【회화】 a) 《Pl. 없음》 회색의 단색화법(單色畫法). b) 위 화법에 의한 회화(繪畫). **Grisette** [gri'zɛtə], die; -n [frz. grisette] a) 《옛 파리의》 a) 《회색옷을 입은》 파리의 재봉사. b) 바람기 있는 젊은 여자.

Grislybär, **Grizzlybär** ['grɪsli-], der; -en -en [engl. grizzly(bear) 북아메리카산(産)의 큰 곰. **Grison** ['gri:zõ:], der; -s, -s [frz. grison] 그리종(중앙 및 남아 메리카산(産)의 담배).

Griß: ↑Geriß.

Grit [grɪt], der; -es, -e [지질] a) 굵은 모래. b) 사암(砂 岩).

Grizzlybär: ↑Grislybär.

grob [gro:p] 〈Adj.〉 1. 《반대: fein 1 a》 a) 거친, 조잡한, 조제(粗製)의. b) 굵은《반대: fein c》: der Kaffee ist g. gemahlen 이 커피는 굵게 갈았다. 〖전의〗: er hat -e Gesichtszüge〖Hände〗그는 거친 얼굴〖손〗을 갖고 있다. 2. 대강의, 대략의: etwas in -en Umrissen〖Zügen〗wiedergeben 무엇을 대략적으로 묘사하다. 3. a) 중요 한, 중대한, 현저한, 명백한: er hat die Vorschriften g. mißachtet 그는 명백히 규정을 어겼다; aus dem Gröbsten heraussein《통용어》최악의 상태를 벗어나 있다. b) 격렬한, 거친: -e See 거친 바다《파도가 센》. 4. 《펌》a) 본데없는, 버릇없는, 무례한, 뻔뻔스러운: jmdm. g. kommen《통용어》누구에게 버릇없이 굴다.

grob-, Grob-: b) 조야한, 난폭한, 우악스러운, 막된.

grob-, Grob-: **~ansprache,** die 〔군〕 대략적인 특징으로 목표물의 정위치를 알리는 일(반대: Feinansprache). **~blech,** das 두꺼운 함석(두께 5mm 이상)(반대: Feinblech). **~einstellung,** die (기계, 기구 따위의) 대강의 조정(반대: Feineinstellung). **~faserig** 〈Adj.〉 섬유가 거친. **~feile,** die 거친 줄. **~gemahlen** 〈Adj.〉 거칠게 빻은(갈). **~gesponnen** 〈Adj.〉 성기게 짠. **~gestreift** 〈Adj.〉 거칠쩌 줄쳐진. **~jährig** 〈Adj.〉.〈전문어〉나이테가 두꺼운. **~keramik,** die 〈Pl. 없음〉 조제(粗製)의 도자기(반대: Feinkeramik). **~keramisch** 〈Adj.〉 조제(粗製)된 도자기의. **~klotzig** 〈Adj.〉 버릇없는, 무례한. **~knochig** 〈Adj.〉 몸의 뼈대가 굵은. **~korn,** das 〈Pl. 없음〉(반대: Feinkorn) 1. 〔사격〕 가늠쇠 끝이 너무 올라가는 조준법. 2. 〔사진·금속〕 (사진 건판의) 굵은 입자(粒子). **~körnig** 〈Adj.〉 1. 큰 낟알의. **-er Sand** 굵은 모래. 2. 〔사진〕 (사진 건판의) 입자가 굵은. 3. 〔금속〕 조립(粗立)의, 표면이 거친[조잡한]. **~körnigkeit,** die 조립성(粗粒性)(반대: Feinkörnigkeit). **~maschig** 〈Adj.〉 (그물·편물의) 코가 굵은. **~maschigkeit,** die 올이 성김. **~narbig** 〈Adj.〉 (가죽의) 표면이 거친. **~schlächtig** [-ʃlɛçtɪç] 〈Adj.〉〈雅〉조야한, 허술한, 조잡한. **~schlächtigkeit** [-ʃlɛçtɪçkaɪt], die 〈雅〉 **~schlächtig**의 명사형. **~schmied,** der 〈고어〉 대장장이, 철공. **~schnitt,** der 거칠게 자른 담배(반대: Feinschnitt 1). **~struktur,** die(반대: Feinstruktur). 1. 거친 구조, 거시구조. 2. 수정체(水晶體) 구조. **~zeug,** das 〉Kroppzeug 참조.

Gröbe ['grø:bə], die 〈드물게〉 거칠음. **gröber**: ↑**grob**의 비교급

Grobheit, die; -en 1. 〈Pl. 없음〉 조잡, 조악(粗惡), 허술함, 거칠고 큼: er ist bekannt für seine(wegen seiner) G. 그는 조잡하기로 유명하다. 2. 버릇없는 언행, 상스러움, 뻔뻔스러움: jmdm. -en ins Gesicht sagen 〈통용어〉 누구에게 상스러운 말을 퍼붓다. 3.〈드물게〉 거친 바탕(옷감 따위).

Grobian ['groːbia:n], der; -(e)s, -e 〔俚〕 세련되지 않은 무뢰한: dieser G. hat mir fast den Arm gebrochen 이 무지막지한 이가 하마터면 내 팔을 부러뜨릴 뻔했다. **grobianisch** 〈Adj.〉 버릇없는, 야비한: **-e Dichtung** 그로비안 문학(15, 6세기에 특히 식탁에서의 거친 태도를 풍자적으로 그린 문학). **Grobianismus** [grobia'nɪsmʊs], der; - 〔문예학〕 그로비안주의. **gröblich** ['grøːplɪç] 〈Adj.〉 1. 〈아이〉 거칠게, 조야한 방식으로: jmdn. g. beleidigen 누구를 심하게 모욕주다. 2. 〈고어〉 조금 거친.

Gröbst: ↑**grob**의 최상급.

Grödeln ['grøːdḷn] 〈Pl.〉 〔등산〕 아이젠.

Groden ['groːdḷn], der; -s, - 〈niederd.〉 (북해안의) 제방 밖에 충적되어 생긴 〔풀이 난〕 땅.

Gröfaz ['grø:fats], der; - **größter Feldherr aller Zeiten** (모든 시대의 가장 위대한 야전 사령관)의 반어적 약자.

Grog [grɔk], der; -s, -s [engl. grog] 그로크주(酒)(럼주에 더운 설탕물을 혼합한 것). **groggy** ['grɔgi] 〈Adj.〉 [engl. groggy] 1. 〔권투〕 마구 얻어 맞어 휘청거리는, 그로기의: der Boxer hing g. in den Seilen 그 권투 선수는 그로기 상태로 링에 매달려 있었다. 2.〈통용어〉 피로하여 녹초가 된: wir sind von dieser Tour total g. zurückgekehrt 우리는 이 여행에서 완전히 녹초가 되어 돌아왔다.

grölen ['grø:lən] 〈h〉 〈통용어·俚〉 **a)** 거칠고 큰 목소리로 마구 외치다. **b)** 큰 소리로 마구 노래하다〈소리지르다〉. **Grölerei** [grøːlə'raɪ], die; -en 〔俚〕 마구 떠드는 〈노래〉소리.

grolieresk [groljeˈrɛsk] 〈Adj.〉 【제본】 그로울리어식(式) 장정(裝幀)의(금채색을 입힌 모로코 가죽이나 송아지 가죽의).

Groll [grɔl], der; -(e)s 〈아어〉 원한, 유한(遺恨), 원망, 앙심; 증오; 집념: einen G. auf jmdn. haben [gegen jmdn. hegen] 〈아어〉 누구에게 원한을 품다, 앙심을 품다; sie sagte das alles ohne G. 그녀는 그 모든 것을 아무 원한 없이 말했다. **grollen** ['grɔlən] 〈h〉〈아어〉 1. 화내다, 불평하다, 원망하다: 〔전의〕 어떤 Schicksal [über eine Entwicklung] g. 운명[어떤 사태 발전]을 원망하다. 2. 먼 데서 천둥이 울린다.

Grönland ['grøːnlant] 그린랜드. **¹Grönländer** ['grøːnlɛndɐ], der; -s, - 그린랜드 사람. **²Grönländer** [-], der; -s, - 〈고어〉 카약. **Grönlandfahrer,** der; -s, - 고래잡이꾼, 포경선. **grönländisch** ['grø:nlɛndɪʃ] 〈Adj.〉 그린랜드의. **Grönlandwal,** der; -(e)s, -e 북극 고래(참고래속의 일종).

Groom [gru:m], der; -s, -s [engl. groom] 1. 〈고어〉 젊은 하인, 종, 시동. 2. 마부.

Grooving ['gru:vɪŋ], das; -(s) [engl. grooving] 【도로건설】 (고속도로, 활주로 따위에) 홈을 파기.

Groppe ['grɔpə], die; -n [lat. corabus] 〔동물〕 둑중개(민물고기의 일종).

¹Gros [groː], das; - [groː(s)], -[groːs] [frz. gros] (어떤 집단 구성원의) 대부분. **²Gros** [grɔs], das; -ses, -se [niederl. gros] 그로스(12 다스)(약어: Gr.).

Groschen ['grɔʃṇ], der; -s, - [lat. (denarius) grossus] 1. 오스트리아의 화폐 단위(1/100 Schilling; 약어: g.). 2. 〈통용어〉 **a)** 10페니히 화폐(동전): 〔성구〕 das ist allerhand für'n G. 〈통용어〉 나는 그것은 생각도 못했을 것이다(너무나 사소하여); 〔전의〕 dafür gebe ich keinen G. 그 대가로 나는 아무것도 주지 않아; die Vorstellung war keinen G. wert 〈통용어〉 그 공연은 한 푼의 값어치도 없었다; **der G. fällt (bei jmdm.)** 〈통용어〉 누가 마침내 무엇인가 이해한다: jetzt ist auch bei ihm der G. gefallen! 이제서야 그도 마침내 무엇인가 이해했다!; **der G. fällt bei jmdm. pfennigweise** 〈통용어〉 누구는 머리가 잘 안돌아간다; **nicht bei G. sein** 〈경〉잘 이해 못한다. **b)** 〈Pl.〉〈농〉 (소액의) 돈, 금전: seine (paar) G. zusammenhalten 그 몇 푼 안되는 돈을 함께 모아두다. 3. 〔역사적〕 옛 독일의 작은 은화(구 1/24 Taler).

groschen-, Groschen-: **~blatt,** das 〔俚〕 싸구려 신문, 대중지(大衆紙). **~grab,** das 〔농〕 **a)** 돈만 잡아먹는 기계(장난감, 주차시계 따위). **b)** 납벼물. **~heft,** das 〔俚〕 (통속 대중에 실린) 싸구려 인쇄물. **~roman,** der 〔俚〕 통속(대중)소설. **~weise** 〈Adv.〉 **a)** 동전 한 닢씩: sie zählte das Geld g. auf den Tisch 그녀는 돈을 한푼 한푼 세며 책상 위에 올려놓았다. **b)** 〈통용어〉 조금씩.

groß [groːs] 〈Adj.〉 1. **a)** 큰, 넓은(반대: klein): Kleider in **-en** Größen 큰 치수의 옷; Frankfurt ist eine -e Stadt 프랑크푸르트는 대도시이다; **-e** Geschäftsstraßen 큰〔넓은〕 상가(商街); auf **-er** Flamme kochen 큰〔센〕불 위에서 끓이다; den **-en** Zeiger um einige Minuten vorrücken 큰 바늘(분침(分針))을 몇 분 앞당겨 놓다; sein **-es** Geschäft machen (müssen) 대변을 보다(봐야 한다); ein Wort g. schreiben 단어를 대문자로 적다; **g. und breit** 상세히, 자세히: **-e** mach dir doch schon g. und breit erzählt! 그것은 내가 벌써 너한테 세세히 이야기해 주지 않았니! **b)** ⋯의 크기[길이, 높이, 넓이, 수, 양]의: der Mann ist mindestens 2 Meter g. 그 남자는 적어도 키가 2미터는 된다; diese Bluse ist mir zwei Nummern zu g. 이 브라우스는 나한테 두 치수만큼 더 크다. 2. **a)** 더 많은 나이의(반대: klein): sein

-er Bruder 그의 형. **b)** 성장한, 성인이 된: in diesem Haus mit diesen Grundsätzen bin ich g. geworden 나는 이 집안에서 이러한 원칙과 함께 성장했다; **g. und klein** 어른도 아이도, 누구라도; **g.** und klein hatte sich zu dem Schauspiel eingefunden 너나 할 것 없이 다 그 연극에 구경왔다. **3.** 긴 시간의, 오래 걸리는(반대: klein): eine -e Rede halten 긴 연설을 하다. **4.** 〈nicht adv.〉 많은, 다수의, 다량의: er hat ein -es Vermögen 그는 재산이 많다; der größere Teil des gestohlenen Geldes wurde gefunden 도난당한 돈의 대부분이 발견되었다. **5.** 심한, 격렬한, 대단한: einen -en Irrtum begehen 큰 잘못을 저지르다; in -er Eile sein 대단히 바쁘다: er war ihre -e Liebe 그는 그녀가 가장 사랑한 남자였다. **6. a)** 중요한, 중대한: das war der größte Tag(die größte Chance) seines Lebens 그것은 그의 생애의 가장 중요한 날[기회]이었다. **b)** 뽐내는, 오스대는, 허풍떠는, 화려한, 성대한: sie führt ein -es Haus 그녀는 호화로운 살림을 하고 있다; er spielt den -en Herrn 〈반어〉 그는 젠체한다. **c)** 〈Adv.〉〈통용어〉특별히, 돈을 많이 들여서, 거창하게: das Jubiläum wurde g. gefeiert 그 기념(축)제는 거창하게 치러졌다. **d)** 유능한, 중요한, 유명한: er ist der größte Sohn unserer Stadt 그는 우리 시(市) 출신의 가장 위대한[자랑스런] 사람이다. **7.** 주된, 본질적인, 주요한: den -en Zusammenhang erkennen 본질적인 연관을 인식하다; **im -en (und) ganzen** 대체적으로, 일반적으로: im -en (und) ganzen hast du keine Fehler gemacht 대체적으로 너는 틀리지 않았다. **8.** 〈아이〉 고결한, 고상한, 사실이 있는: sie ist eine -e Seele 그녀는 고결한 사람이다. **9.** 〈통용어〉 **a)** 굉장한, 놀라울 만한: das finde ich[das ist] (ganz) g.! 그것 아주 놀랍구나! **b)** 오만한, 거만한: er redet immer so g. daher 그는 언제나 거만하게 말한다. **10.** 〈통용어〉 매우, 특별히: wir haben nicht g. darauf geachtet 우리는 별로 그것에 신경쓰지 않았다.

groß-, Groß-: **~abnehmer**, der 대량 구매자(購買者). **~admiral**, der 《군·역사적》해군대장. **~agrarier**, der 〈준어〉 ↑ ~grundbesitzer. **~aktion**, die 대규모 활동. **~aktionär**, der 〔경제〕 대주주(株). **~alarm**, der 대경보. **~almosenier**, der 《역사적》 프랑스 궁정의 최고 성직자. **~angelegt** 〈Adj.〉대규모의. **~angriff**, der 〔군〕 대공격, 대습격. **~anlaß**, der (schweiz.) ↑ ~veranstaltung. **~artig** 〈Adj.〉 대규모의, 광대한, 웅대한, 성대한; 우수한, 훌륭한; 숭고한: daß du gekommen bist, ist wirklich g.! 네가 왔다는 것은 정말 훌륭하다. **~artigkeit**, die 웅대함; 훌륭함. **~aufnahme**, die **a)** 〔사진〕 ↑ Nahaufnahme. **b)** 〔영화〕 클로즈업, **~auftrag**, der 〔경제〕대량 주문. **~äugig** 〈Adj.〉 눈이 큰. **~bank**, die (Pl. -banken) 〔금융〕 대은행. **~bauer**, der 대농(大農). **~bäuerlich** 〈Adj.〉 대농의. **~baum**, der 〔선원〕 고물돛의 자락을 펴는 살. **~bauplatz**, der 대규모 건축 부지(현장). **~baustelle**, die 대규모 건축 현장(공사장). **~beben**, das 〔지질〕 대지진. **~behälter**, der ↑ Container. **~betrieb**, der **a)** 대기업. **b)** (100 ha 이상의) 대규모 영농(營農). **~bezüger**, der (schweiz.) ↑ ~abnehmer. **~bild**, das **a)** 〔사진〕 대형사진. **b)** 대형 텔레비전. **~bildkamera**, die 〔사진〕 대형 사진기. **~blätt(e)rig** 〈Adj.〉 큰 잎의. **~blumig** 〈Adj.〉 큰 꽃의. **~blütig** 〈Adj.〉 큰 꽃의. **~bourgeoisie**, die (마르크스주의) 대부르조아, 대작취자. **~brand**, der 대화재, 큰 불. **~britannien** ['briːtanjən] 대(大)브리튼(Ireland를 제외하고 England, Wales, Schottland를 포함), 영국. **~britannisch** ['briːtaniʃ] 대 브리튼의. **~buchhandel**, der 서적 도매상. **~buchstabe**, der 대문자. **~bürger**, der 《고어》중상류층 시민. **~bürgerlich** 〈Adj.〉 중상류층 시민의. **~bürgertum**, das 중상류층 시민 계급. **~denkend** 〈Adj.〉〈아이〉고결한; 도량이 넓은. **~deutsch** 〈Adj.〉 **a)** 〈역사적〉 대독일의(19세기의 독일과 오스트리아의 합병을 통한 독일제국을 지향하는). **b)** 〈나치〉 대독일제국의(대독일제국의 영도하에 중부 유럽에 거주하는 모든 독일인의 국가적 통합을 지향하는). **~deutsche**, der/die 대독일(제국) 추종자. **~druckbuch**, das 큰활자책(시각장애자를 위해 만든). **~einkauf**, der 대량 구입. **~einsatz**, der 대출동. **~elterlich** 〈Adj.〉조부모의. **~eltern** 〈Pl.〉조부모. **~elternteil**, der (친가 또는 외가의) 조부모 가운데 어느 한쪽. **~enkel**, der 증손자. **~enkelin**, die 증손녀. **~erzeuger**, der 대량 생산자. **~fahndung**, die 대수배(手配). **~familie**, die 〔사회〕 (반대: Kleinfamilie) **a)** 〈역사〉 대가족(여러 세대(世代)의 직계-방계 친족으로 구성된). **b)** 대가족(여러 소가족이 합친). **~feuer**, das ↑ ~brand. **~figurig** [-figuːrɪç] 〈Adj.〉 모양이 큰. **~flächenwirtschaft**, die 대단위 면적 경작. **~flächig** 〈Adj.〉 면적이 넓은. **~flughafen**, der 국제 비행장. **~flugzeug**, das ↑ ~raumflugzeug. **~folio**, das 〔서적〕 전지 2절판(의 책)(약자: Gr.-2°). **~format**, das 큰 사이즈, 대형. **~formatig** [-formaːtɪç] 〈Adj.〉 큰 사이즈의, 대형의. **~fresse**, die 〈속어〉 ↑ ~maul. **~fruchtig** 〈Adj.〉 큰 열매를 맺는. **~fürst**, der 〈역사적〉 **1.** 대공(大公)(러시아 황족의 칭호, 특히 태자의). **2.** 핀란드, 리타우엔, 폴란드, 지벤뷔르겐의 지배자 (칭호). **~fürstin**, die ↑ ~fürst의 여성형. **~fürstlich** 〈Adj.〉 대공(大公)의. **~füttern** (h) 〈통용어〉 ↑ ~ziehen. **~garage**, die 대형 차고. **~gemeinde**, die 광역 지방 자치구. **~gemustert** 〈Adj.〉 큰 무늬의. **~gerät**, das 대형 도구(기구). **~gewachsen** 〈Adj.〉 키가 큰. **~glockner** ['groːsgloknɐ, - - - -], der; -s 오스트리아의 최고봉(峯). **~grundbesitz**, der **a)** 대소유지, 대농장. **b)** 대지주(의 총칭). **~grundbesitzer**, der 대지주. **~handel**, der 도매, 도매상. **~handelskontor**, das 《구동독》 도매상 대리점. **~handelspreis**, der 도매 가격(반대: Einzelhandelspreis). **~handelsunternehmung**, die 도매업. **~handelsverband**, der 도매상 협회(반대: Einzelhandelsverband). **~händler**, der 도매 상인(반대: Einzelhändler). **~handlung**, die 큰 상점, 도매상. **~herzig** 〈Adj.〉〈아이〉 관용의, 고결한. **~herzigkeit**, die 〈아이〉 관용, 고결. **~herzog**, der [ital. gran duca] 〈역사적〉 (독일의) 대공(大公). **~herzogin**, die ↑ ~herzog의 여성형. **~herzoglich** 〈Adj.〉 (독일) 대공의. **~herzogtum**, das 〈역사적〉 대공국. **~hirn**, das 〔해부〕 대뇌(大腦). **~hirnrinde**, die 대뇌피질(皮質). **~hundert**, das 〈고어〉 (옛날 수량 단위) 120개. **~industrie**, die **a)** 대규모 산업체. **b)** 〈Pl. 없음〉 대규모 산업. **~industrielle**, der 대기업가(家). **~inquisitor**, der 〈역사적〉 스페인 최고 종교 재판장. **~jährig** 〈Adj.〉〈준어〉 성년(成年)의. **~jährigkeit**, die 성년. **~kalib(e)rig** [...kaliːbəʀɪç] 〈Adj.〉 대구경(大口徑)의(반대: kleinkalib(e)rig): ein -es Geschütz 대구경포. **~kampftag**, der 〔군〕 일대 격전의 날: 〔전의〕 heute habe ich einen G. hinter mir 《통용어》 나는 오늘 고된 하루를 보냈다. **~kapital**, das 〔경제〕 대자본. **b)** 대자본가, **~kapitalismus**, der 대자본주의, 금권주의. **~kapitalist**, der 대자본주의자, 금권주의자. **~kapitalistisch** 〈Adj.〉 대자본주의의, 금권주의의. **~kariert** 〈Adj.〉 **1.** 큰 체크 무늬의(반대: kleinkariert). **2.** 《통용어》 거만한, 불손한. **~katze**, die 〈대개 Pl.〉 [동

물] 큰고양이과(科). ~**kaufmann**, der **1.** ↑Grossist. **2.** 대상(大商). ~**kind**, das 《schweiz.》 손자, 손녀. ~**klima**, das [기상] 광역(廣域) 기후. ~**knecht**, der (구제) 《농장의》 큰 머슴. ~**konzern**, der 대콘체른. ~**kopfete** [-kɔpfətə]《bayr., österr.》, ~**kopferte** [-kɔpfɛtə; ↑Kopf 참조] der; -n, -n 《통용어·퉹》 a) 저명 인사. b) 지성인. ~**köpfig** 〈Adj.〉 큰 머리의. ~**kophta**, der 〈역사적〉 이집트의 비밀결사 [프리메이슨]의 우두머리. ~**kotz** [-kɔts], der; -e [jidd. großkozen] 〈통용어·퉹〉 뽐내는 사람, 허풍선이. ~**kotzig** [-kɔtsɪç] 〈Adj.〉 《경·퉹》 뽐내는, 허풍선이의. ~**kotzigkeit**, die 허퉹. ~**kraftwerk**, das 대단위 발전소. ~**kredit**, der 초과 여신(반대: Kleinkredit). ~**kreis**, der [기하] 대원(大圓). ~**kreuz**, das 대십자 훈장. ~**küche**, die 대형 주방. ~**kundgebung**, die 대규모 시위. ~**lautsprecher**, der 대형[고성능] 스피커. ~**loge**, die 비밀 결사[프리메이슨] 연맹. ~**machen**, sich 〈h〉《통용어》뽐내다, 허풍떨다. ~**macht**, die 〈Adj.〉 《아이 고어》 (큰) 권력(세력) 있는. **2.** 《준고어》 매우 큰: -e Bäume 거목. ~**mächtigkeit**, die ↑mächtig의 명사형. ~**machtpolitik**, die 열강 정책. ~**machtstellung**, die 강대국 지위. ~**magd**, die 《구제》 《농가의》 우두머리 하녀. ~**mama**, die 《친근》 ↑~mutter 참조. ~**mannssucht**, die 《퉹》 과대망상증: seine G. kennt keine Grenzen 그의 과대망상증은 끝이 없다. ~**mannssüchtig** 〈Adj. nicht adv.〉 《퉹》 과대망상증의. ~**markt**, der 도매 시장. ~**markthalle**, die 상설 도매 시장(의 건물). ~**maschig** 〈Adj.〉 그물눈이 큰. ~**maßstäbig** ↑~maßstäblich. ~**maßstäblich** 《드물게》 ~maßstäbig [-ma:ʃtɛːbɪç] 〈Adj.〉 큰 기준의. ~**mast**, der [선원] 메인 마스트. ~**maul**, das 《통용어·퉹》 허풍떠는 사람, 허풍선이. ~**mäulig** [-mɔylɪç] 〈Adj.〉 《통용어·퉹》 허풍떠는. ~**mäuligkeit**, die 《통용어·퉹》 허퉹. ~**mehrheitlich** 〈Adj.〉 《schweiz.》 절대 다수의, 과반수 이상의. ~**meister**, der **1.** 〈역사적〉 기사(騎士) 단장, 기사 수도회(修道會) 총회장. **2.** 비밀 결사 프리메이슨 지부장. **3.** 독일 체스 챔피언. ~**mogul**, der 〈역사적〉 무갈 대제(大帝)(인도의 무갈 제국(帝國)의 황제). ~**mufti**, der 〈역사적〉 (오스만 제국(帝國) 지방 행정 수도의) 최고 법승. ~**mut**, der 관용, 아량, 고결, 고매(高邁). ~**mütig** 〈Adj.〉 아량 있는; 고결한. ~**mütigkeit**, die 아량있음; 고결함. ~**mutter**, die **1.** 조모: 성인 das kannst du deiner G. erzählen! 그것은 모두 정말이 아니다! **2.** 《통용어》 노파, 할머니. ~**mutterblatt**, das 《통용어》 (카드놀이에서) 으뜸패. ~**mütterlich** 〈Adj.〉 **a)** 조모의, 할머니의. **b)** 할머니 같은, 노파다운. ~**mutterskat**, der 《통용어》 ↑ ~mutterblatt 참조. ~**neffe**, der 조카(조카딸)의 아들, 종손. ~**nichte**, die 조카(조카딸)의 딸, 종손녀. ~**offensive**, die 〈군〉 대공격. ~**oktav**, das [서적] 大 8 절판(약어: Gr.-8°). ~**onkel**, der **1.** 종조부모의 남자 형제. **2.** 종조부. ~**packung**, die ↑Multipack, ~**papa**, der 《친근》 ↑ ~vater. ~**plastik**, die 〔미술〕 대형 조각품(반대: Kleinplastik). ~**porig** 〈Adj.〉 털구멍이 큰. ~**produktion**, die 대량 생산. ~**produzent**, der 대량 생산자. ~**projekt**, das 대형 프로젝트. ~**putz**, der ↑Hausputz. ~**quart**, das [서적] 大 4 절판(약자: Gr.-4°). ~**rat**, der 《schweiz.》 (스위스의) 주의회 의원(議員). ~**rätlich** 〈Adj.〉 《schweiz.》 주의회의. ~**ratsdebatte**, die 주의회 토론. ~**ratspräsident**, der 주의회 의장. ~**ratssitzung**, die 주의회 회의. ~**raum**, der **1.** 큰 공간, 광역(廣域). **2.** ~**raumbüro**, das 대형 사무소. ~**raumflugzeug**, das 점보 비행기. ~**räumig** 〈Adj.〉 **1.** 큰 공간

의, 광역의. **2.** 넓은 공간의. ~**räumigkeit**, die 큰[넓은] 공간. ~**raumwagen**, der **1.** 두세 개의 차량을 연결한 전차. **2. a)** 칸막이가 없는 열차의 객실. **b)** 화물 차량. ~**raumwirtschaft**, die 광역 경제. ~**razzia**, die 일제 단속[수색]. ~**reinemachen**, das 《통용어》 대청소. ~**satz**, der [언어] ↑Gliedersatz. ~**schanze**, die [스키] 대형 도약대, 대 점프대. ~**schiffahrtsweg**, der 대운하. ~**schirm**, der 대형 화면. ~**schnauze**, die 《경》 허풍선이. ~**schnauzig** [-ʃnaʊtsɪç] 〈Adj.〉 《경》 허풍선이의. ~**schot**, die [선원] 큰 범각색(帆脚索). ~**schreiben*** 〈h〉《대개 다음 용법으로》 **großgeschrieben werden** 《통용어》 **1)** 중요한 역할을 하다. ~**schreibung**, die 첫글자를 대문자로 쓰기(반대: Kleinschreibung). ~**segel**, das 〔선원〕 **a)** 주범(主帆). **b)** 보트의 돛. ~**sender**, der [무선] (100 kW 이상의) 강력 무선 송신기. ~**serie**, die Fertigung in -n 대량 생산. ~**siegelbewahrer**, der **1.** ↑Siegelbewahrer. **2.** ↑Lordsiegelbewahrer. ~**spiel**, das 〔카드〕《드물게》↑Grand. ~**sprecher**, der 《퉹》 허풍선이. ~**sprecherei** [-ʃpreçəˈraɪ], die; -en 《퉹》 **1.** 〈Pl. 없음〉 허퉹. **2.** 호언 장담. ~**sprecherin**, die ↑ ~sprecher의 여성형. ~**sprecherisch** [-ʃpreçərɪʃ] 〈Adj.〉《퉹》허풍떠는. ~**spurig** 〈Adj.〉《퉹》**a)** 오만한, 거만한. **b)** 과장된. ~**spurigkeit**, die 오만, 불손. ~**stadt**, die 대도시. ~**stadtbevölkerung**, die 대도시 주민. ~**städter**, der 대도시인. ~**stadtgewühl**, das 대도시의 혼잡. ~**städtisch** 〈Adj.〉 대도시의. ~**stadtkind**, das **1.** 대도시에서 자란 어린이. **2.** 대도시인. ~**stadtlärm**, der 대도시의 소음. ~**stadtleben**, das 대도시의 생활. ~**stadtluft**, die **1.** 대도시의 오염된 공기. **2.** 《통용어》 대도시의 분위기. ~**stadtmensch**, der 대도시인. ~**stadtpflanze**, die 《통용어·반어·퉹》 ↑~stadtkind. ~**stadtpflaster**, das 대도시(적 분위기). ~**stadttrummel**, der 《퉹》 대도시의 소란. ~**stadtsumpf**, der 《퉹》 대도시의 늪. ~**stadtverkehr**, der 대도시의 교통. ~**steingrab**, das [고] ↑Megalithgrab. ~**steingräberleute** 〈Pl.〉 [고] 거석(巨石) 문화인. ~**tante**, die **1.** 조부모의 여자 형제, 대고모. **2.** 종조부의 아내, 종조모. ~**tat**, die 대업, 위업, 숭고한 행위. ~**technik**, die 중기계를 사용하는 기술. ~**technisch** 〈Adj.〉 ↑ ~technik의 형용사형. ~**teil**, der **a)** 주요부. **b)** 대다수. ~**teils** 〈Adj.〉 대부분, 대다수. ~**tönend** 〈Adj.〉《아이 고어》 중요한 것처럼 들리는, 과장된, 허풍떠는. ~**tuer** [-tu:ɐ], der; -s, - 《퉹》 거드름 피우는 사람, 허풍선이. ~**tuerei** [-tu:əraɪ] 〈Adj.〉《퉹》 뽐내기, 허풍떨기. ~**tuerisch** [-tu:ərɪʃ] 〈Adj.〉《퉹》 뽐내는, 허풍떠는. ~**tun*** 〈h〉《퉹》 자랑하다, 뽐내다, 허풍떨다, 거드름 피우다: (g. + sich.) er tut sich groß mit seinen Reisen 그는 여행한 것을 자랑한다. ~**türke**, der 〈역사적〉 오스만 제국의 술탄. ~**unternehmen**, das 〔경제〕 대기업. ~**unternehmer**, der 〔경제〕 대기업가. ~**vater**, der **1.** 조부, 할아버지: sein G. mütterlicherseits 그의 외조부; 성인 als der G. die Großmutter nahm 《농》 옛날 옛적에. **2.** 노인. ~**väterlich** 〈Adj.〉 **a)** 노인의. **b)** 노인 같은: er hat bereits -e Gewohnheiten 그는 벌써 노인의 습관을 가지고 있다. ~**vatersessel**, der 《통용어》 (몸이 파묻히는) 큰 안락의자. ~**vaterstuhl**, der 《통용어》 ↑~vatersessel. ~**vateruhr**, die 《통용어》 오래 된 스탠드 시계(바닥에 세워두는). ~**veranstaltung**, die 대규모 행사. ~**verband**, der 〔군〕 여러 병과의 연합부대. ~**verbraucher**, der 대량 소비자(병원, 구내 식당 따위): 전의 wenn ich Schnupfen habe, bin ich G. von Papiertaschentüchern 《농》 나는 코감기에 걸리기만 하

면 휴지를 많이 소비한다. ~verbrecher, der 《드물게》 ↑Schwerverbrecher. ~verdienen ⟨h⟩ 《schweiz.》 돈을 많이 벌다. ~verdiener, der 고소득자. ~versandhaus, das 대형 통신 판매 전문점. ~versuch, der 큰 시도. ~vieh, das 큰 가축(소, 말)《반대: Kleinvieh》. ~vieheinheit, die [농업] 큰 가축 단위 (생체중 500kg)《약어: GV, GVE》. ~volumig [-volu:mɪç] ⟨Adj.⟩ 《통용어》용적이 큰, 부피가 큰. ~warnanlage, die 대형 경보 장치. ~wesir, der 《역사적》《회교국 특히 옛 터키 제국의》재상. ~wetterlage, die [기상] 광역(廣域) 기상 상황. ~wild, das 큰 야수(野獸), 맹수. ~wildjagd, die 맹수 사냥. ~wildjäger, der 맹수 사냥꾼. ~wirtschaft, die 대규모 경제. ~wirtschaftlich ⟨Adj.⟩ 대규모 경제의. ~wörterbuch, das 대사전(大辭典). ~wuchs, der 〖의학〗 과대증《반대: Kleinwuchs》. ~wüchsig ⟨Adj.⟩ 과대증의《반대: kleinwüchsig》. ~würdenträger, der 고위 고관인 사람, 대관(大官). ~ziehen* ⟨h⟩ 육성하다; (아이를) 양육하다; (동물을) 사육하다: ~züigig ⟨Adj.⟩ 1. 아량이 있는. 2. a) 인색하지 않은, 돈 잘 쓰는: [전의] sie ging mit ihrer Zeit zu g. um 그녀는 시간을 너무 낭비한다. b) 인색하지 않은: ein -es Trinkgeld 듬뿍 주는 팁. 3. 대규모의, 대형의: -e Bauten 대형 건축물. ~züigigkeit, die ↑~züigig의 명사형.

Größe ['grø:sə], die; -n 1. a) 크기, 면적, 부피: ein Mann mittlerer G. 중키의 남자; etwas in natürlicher G. darstellen 무엇을 실물의 크기로 나타내다. b) 수량: die G. eines Volkes 한 국민의 수. c) 신장, 키: die G. eines Kindes 어린이의 키. d) 치수[사이즈], 치수: Kleider in G. 38. 사이즈 38의 옷. 2. a) 〖물리〗양: eine gegebene[unbekannte] G. 기지[미지]의 량[수]. b) 〖천문〗 ↑Größenklasse (2): ein Stern erster G. 1등성. 3. a) 중대성, 위대성: die geschichtliche G. dieses Herrschers 이 통치자의 역사적 위대성. b) 고귀, 숭고, 고결: die g. eine Gesinnung 그의 신념의 숭고함. 4. 거물, 대가, 명사, 위인: die geistigen -n einer Epoche 한 시대의 정신적 위인들; 《농》 er ist eine unbekannte G. 그는 미지의 인물이다.
größen-, Größen-: ~klasse, die 1. 등급: Eier der G. 2 2등급 계란. 2. [천문] 광도(光度). ~ordnung, die 1. 차원, 범위, 규모: kosmische -en 우주적 차원. 2. [물리·수학] 수열. ~unterschied, der 크기의 차이. ~verhältnis, das 1. 크기 비율[비례]: ein Modell der mittelalterlichen Burganlage im G. 1 zu 100 중세 성곽의 한 모델; [전의] du mußt seine Reaktion im richtigen G. sehen 너는 그의 반응을 올바른 척도로 판단해야만 한다. 2. 크기의 균형[조화]: das Bild entspricht nicht den tatsächlichen -sen 그 그림은 실제의 크기와 일치하지 않는다. ~wahn, der 《뜀》 과대 망상. ~wahnsinn, der ↑~wahn. ~wahnsinnig ⟨Adj.⟩ 과대 망상의.
größenteils ⟨Adv.⟩ 대부분은, 대개는. größer ['grø:sɐ] ↑groß의 비교급. größer(e)nteils ⟨Adv.⟩ 태반은, 주로는: das Publikum besteht g. aus Abonnenten 그 관객은 대개 예약자들이다.
Grossesse nerveuse [grosɛsnɛr'vø:z], die; - -, -s -s [-], [frz. grossesse nerveuse] 〖의학〗상상 임신.
Grossist [grɔ'sɪst], der; -en, -en [zu frz. gros] [상] 도매 상인. Grosshandel ['grɔso-], der; -s [zu ital. in grosso] 《상》도매상[거래]《↑Großhandel》. grosso mode ['grɔso 'mo:do; spätlat.] 《교양어》대체적으로 말하면, 대체로[일반적으로].

größte ['grø:stə] ↑groß의 최상급. größtenteils ⟨Adv.⟩ 대부분, 거의, 주로: diese Erfolge gehen g. auf seine Verdienste zurück 이번 성공은 주로 그의 공로에 기인한다. Größtmaß, das 1. 허용 최대치. 2. 최대분: ein G. an Geduld und Ausdauer 극도의 인내와 끈기. größtmöglich ⟨Adj.⟩ 최대한의: -e Sicherheit 최대한의 안전.
Grossular [grɔsu'la:ɐ], der; -s, -e [lat. grossularia] 칼륨, 알루미늄, 석류석, 회반(灰礬) 석류석.
Grosz [grɔʃ], der; -, -e [poln. grosz] 폴란드 화폐의 최소단위(100 Grosze = 1 Zloty).
grotesk [gro'tɛsk] ⟨Adj.⟩ [frz. grotesque] 그로테스크한, 기괴적, 이상한, 우스꽝스러운, 익살맞은: eine -e Situation 그로테스크한 상황; seine Behauptung war einfach g. 그의 주장은 그야말로 우스꽝스러웠다. Grotesk [-], die; Groteskschriften [인쇄·문헌] 그로테스크체. Groteske [gro'tɛskə], die; -n 1. [예술] 그로테스크 무늬(사람, 동물, 초록 따위를 배합한 당초(唐草) 무늬). 2. [예술·문예] 그로테스크 풍(風): eine G. schreiben 그로테스크 풍의 작품을 쓰다. 3. 그로테스크 풍의 춤. groteskerweise ⟨Adv.⟩ 기괴하게도, 야릇하게도.
Grotesk-: ~film, der 그로테스크 풍의 영화. ~schrift, die ↑Grotesk. ~tanz, der ↑Groteske (3).
Grotte ['grɔtə], die; -n [ital. grotta] (흔히 르네상스나 바로크식 정원의 인공) 동굴.
grotten-, Grotten-:~bau, der 〈Pl. -ten〉 인공 동굴 건축. ~olm, der 올름. ~werk, das 인공 동굴 장식.
Grotto ['grɔto], das; -s, ...ti, (또한) -s 지방의 포도 주점.
¹Grotzen ['grɔtsn̩], der; -s, - 1. 《방언》 (사과 따위의) 과심, 속. 2. 《지역적》 침엽수의 우듬지 잔가지.
²Grotzen [-], der; -s, - [모피] 어두운 빛의 모피의 등 부분.
Groundhostess ['graunt-], die; -en [engl.-amerik. groundhostess] (항공사의) 지상 근무 호스티스.
Groupie [gru'pi], das; -s, -s [engl. groupie] (은어) a) (극성스러운) 여성 팬. b) 기성 사회 밖의 조직이나 그룹에 속하는 소녀.
Growl [graul], das; -s [eng. growl] [재즈] (트럼펫 등의) 그르렁 대는 낮은음 내기.
grub [gru:p] ↑graben 참조.
grubben ↑grubben 참조. Grubber ['grʊbɐ], der; -s, - [engl. grubber] 교토기(Kultivator). grubbern ['grʊbɐn], grubben ['grʊbn̩] ⟨h⟩ a) 교토기로 작업하다: die Bauern grubbern und pflügen 농부들은 교토기(경작기)와 쟁기로 작업한다. b) (밭을) 갈다: er grubbert den Acker 그는 밭을 간다.
Grübchen ['gry:pçən], das; -s, - ⟨↑Grube의 축소형⟩ (턱, 뺨의) 보조개: ein Mädchen mit G. [in den Wangen] (뺨에) 보조개가 있는 소녀. grübe ['gry:bə] ↑graben 참조. Grube ['gru:bə], die; -n 1. 구덩이, 굴: eine tiefe G. ausheben[ausschachten] 구덩이를 깊이 파다; 〈속담〉 wer andern eine G. gräbt, fällt selbst hinein 남잡이가 제잡이. 2. 《고어》(파놓은) 무덤: den Sarg in die G. hinabsenken 하관하다; in die[zur] G. fahren (아이·고어·경·반어) 죽다. 3. [광] a) 갱(도), 광산: in die G. einfahren 입갱(入坑)하다; er arbeitet in der G. 그는 광산에서 일한다. b) 갱부. 4. 《드물게》 옴폭하게 들어간 곳.
Grübelei [gry:bə'laɪ], die; -en 골똘함. grübeln ['gry:b(ə)ln] ⟨h⟩ 골똘히 생각하다, 골머리를 앓다: er hat tagelang über dieses[über diesem Problem] gegrübelt 그는 며칠을 계속하여 이 문제에 관해 골똘히 생각했

다.
Gruben-: ~anteil, der 광산지분. ~arbeit, die 〖광〗갱내 작업. ~arbeiter, der 갱부, 광부. ~ausbau, der 〈Pl. 없음〉 〖광〗갱내 지보(支保)공사. ~bahn, die 갱내 운반용 궤도. ~bau, der 〈Pl. -e〉 〖광〗갱내 시설〖구조물〗. ~besitzer, der 광산주. ~betrieb, der 〖광〗갱도 시설. ~bewetterung, die 〖광〗갱내 통풍. ~bild, das 〖광〗갱내도(면). ~brand, der 갱내 화재. ~explosion, die 갱내 폭발. ~fahren, das 입갱(入坑). ~feld, das 〖광〗광구(鑛區)공사. ~förderung, die 채광, 갱내 반출. ~gas, das 〖광〗갱내 가스. ~gebäude, das 〖광〗갱내 시설〖구조물〗. ~gezähe, das 〖광〗갱부용 기구. ~handtuch, das ↑ ~tuch. ~holz, das 〖광〗갱목(坑木). ~katastrophe, die 갱내의 대참사. ~lampe, die 갱내용 안전등. ~licht, das 〈Pl. -er〉 〖광〗↑ ~lampe. ~pilz, der 갱목 따위에 피는 버섯. ~schmelz, der 〖예술〗 ↑ Furchenschmelz. ~tuch, das 푸르고 흰 주사위 무늬가 있는 면수건. ~unglück, das ↑ ~katastrophe. ~wagen, der ↑ Förderwagen. ~wasser, das 갱내의 물. ~wehr, die 〖광〗갱내 사고 처리반. ~zimmerung, die 〖광〗 a) 〈갱도의〉 목조 구축, 갱내지보〈공사〉. b) 갱목 가설(架設).
Grübler ['gry:blɐ], der; -s, - 지나치게 골똘히 생각하는 사람. **Grüblerin,** die; -nen ↑ Grübler의 여성형. **grüblerisch** 〈Adj.〉 ↑ Grübler의 형용사형.
Grude ['gru:də], die -n **1.** 〈드물게 Pl.〉 갈탄 코크스. **2.** 〈통용어〉 ↑ Grudeherd, Grudeofen의 약칭.
Grude-: ~herd, der 〈옛〉 갈탄 코크스용 화덕〖난로〗. ~koks, der ↑ Grude (1) 참조. ~ofen, der ↑ ~herd.
grüezi ['gry:ɛtsi] 〈Adv.〉 [(Gott) gruezi-i = (Gott) grüße Euch] 스위스의 인사말.
Gruft [gruft], die; -e ['gryftə] 〈아어〉 **a)** 천정이 둥근 지하 납골실. **b)** 〈파 놓은〉 무덤: den Sarg in die G. hinablassen 하관하다.
grummeln ['grʊmļn] 〈h〉 〈지역적〉 우르릉 거리다: man hörte den Donner jetzt etwas näher g. 천둥이 이제 좀 더 가까이에서 우르릉거리는 소리가 들렸다. **2.** 웅얼거리다.
Grummet ['grʊmət], das; -s, 〈또한〉 Grumt [grʊmt], das; -(e)s 재생초, 두벤째 벤 건초: das G. mähen 두벤째로 건초를 베다〖만들다〗. **Grummeternte,** die 두벤째 건초 수확. **Grummetmahd,** die 〈지역적〉 ↑ Grummeternte.
Grumpen ['grʊmpn̩] 〈Pl.〉 담배 수확시 남는 부스러기 담뱃잎.
Grumt: ↑ Grummet.
grün [gry:n] 〈Adj.〉 **1.** 녹색의, 초록의; -e Wiesen 푸른 들; -er Salat 야채 샐러드; -e Weihnachten 눈이 내리지 않는 성탄절; die Ampel ist grün 〈통용어〉 푸른 신호등이다; jmdn. g. und blau 〖g. und gelb〗 schlagen 〈통용어〉 누구를 사정없이 때리다; sich g. und blau 〖g. und gelb〗 ärgern 〈통용어〉 몹시 분노하다; jmdm. wird es g. und blau〖g. und gelb〗 vor den Augen 〈통용어〉 눈앞이 어찔어찔해지다, 암담해지다. **2. a)** 설익은: -e Äpfel 익지않은 사과. **b)** 싱싱〖신선〗한; -e Ware 신선한 야채, 청과. **c)** 날것인: -e Heringe 싱싱한 청어. **3.** 〈흔히 뼘〉 서툰, 풋나기의: manchmal wird er zu g. 〈지역적〉 가끔 그는 너무 건방지다. **4.** jmdm. nicht g. sein 〈통용어〉 누구에게 호의를 갖지 않다, 누구를 싫어하다. 〈명사화〉 **Grün** [-], das; -s, -, 〈통용어〉 -s **1.** 녹색, 초록빛: die Ampel zeigt G. 푸른 신호등이 켜졌다; sie erschien ganz in G. 그 여자는 옷을 온통 초록색으로 입고 나타났다. **(das ist)** dasselbe in G. 〈통용어〉 초록 동색〈그것이 그것

이다〉. **2.** 〈Pl. 없음〉 새싹, 새잎, 새풀: das erste zarte G. des Frühlings 봄의 첫 여린 새싹. **3.** 〖골프〗 그린. **4.** 〈Art. 없음〉 〖카드〗 독일 카드의 색〈스페이드 패〉: G. sticht 스페이드 카드가 이기다; er hat G. (aus) gespielt 그에겐 낼 스페이드 카드가 더이상 없다.
grün-, Grün-: ~alge, die 〈대개 Pl.〉 녹색 조류. ~anlage, die 녹지 시설. ~äugig 〈Adj.〉 푸른 눈의. ~beere, die 〈지역적〉 ↑ Stachelbeere. ~belaubt 〈Adj.〉 푸른잎으로 덮인. ~bewachsen 〈Adj.〉 울창한: -e Hügel 푸른 나뭇잎으로 덮인 언덕. ~blätl(e)rig 〈Adj.〉 잎이 푸른. ~blau 〈Adj.〉 녹청색의. ~blind 〈Adj.〉 녹색맹의. ~blindheit, die 녹색맹. ~buch, das 〖외교〗 녹서(이탈리아 정부가 의회에 제출하는 보고서, ↑ Blaubuch). ~donnerstag, der 성목요일〈부활절 전의 목요일〉. ~düngung, die 〖농업〗녹비를 줌, 풋거름 줌. ~eisenerz, das 철황석, 녹철광. ~färbung, die 녹색으로 착색〖염색〗함. ~fäule, die **1.** 〖농업〗과일이 너무 익어서 생기는 부패. **2.** 〖임업〗나뭇가지에 생기는 녹색의 부란. ~filter, der 〈전문어에서는 das〉 〖사진〗녹색필터. ~fink, der 녹색의 방울새 일종〈학명: Carduelis chrolis〉 ~fläche, die **a)** 녹지. **b)** 〈종종 Pl.〉 녹지대. ~futter, das 〖농업〗청초(靑草) 사료: ~gelb 〈Adj.〉 황록색의. ~gestreift 〈Adj.〉 녹색으로 쳐진. ~gürtel, der 그린벨트: G. schaffen 그린벨트를 조성하다. ~holzfraktur, die 〖의학〗아동골절〈뼈에 아교질이 많아 골절이 되어도 골막이 완전히 파손되지 않는 어린이나 젊은이의 골절 경우〉. ~horn, das 〈Pl. hörner〉 신출내기 풋나기〈↑ Greenhorn이 독일어화한 것〉. ~kariert 〈Adj.〉 ~er Stoff 녹색 바둑판무늬의 옷감. ~kern, der 익지 않은 채 수확해서 말려 탈곡한 수프용 밀. ~kernmehl, das 〈위로 만든〉 밀가루. ~kernmehlsuppe, die 〈위로 만든〉 수프. ~kohl, der 모란채. ~kram, der 〈통용어ㆍ지역적〉 채소〈야채〉류 따위. ~kramladen, der 〈지역적〉 채소 가게. ~kreuz, das 〈Pl. 없음〉 녹십자〈특히 일차대전 때 사용된 독가스〉. ~kreuzgas, das ↑ Grünkreuz. ~land, das 〈Pl. 없음〉 〖농업〗목지, 초지. ~landwirtschaft, die 〖농업〗초지 농업. ~lilie, die 나리의 일종〈학명: Chlorophytum comosum〉. ~mais, der 〖농업〗익지 않은 채로 옥수수〈주로 가축 사료로 쓰임〉. ~pflanze, die ↑ Blattgewächs. ~pflücke, die 〖농ㆍ원예〗익는 종류의 과일을 익기 전에 따는 일. ~rock, der 〈농〉, **a)** 삼림관. **b)** 사냥꾼. ~sand, der ↑ Glaukonitsand. ~schnabel, der 〈흔히 ~er〉 풋내기, 풋나기. ~span, der; -(e)s 녹청(綠靑). ~specht, der 〖동물〗청딱다구리. ~stein, der 녹석(綠石)〈Diabas〉. ~stich, der 〖사진〗초록빛 변색. ~stichig 〈Adj.〉 초록빛으로 변색된: -e Farbfotos 초록빛으로 변색된 컬러 사진들. ~stift, der 녹색심이 든 연필. ~streifen, der 〈차도의〉 녹색 〈분리〉대. ~zeug, das 〈통용어〉 **1. a)** 〈약초로 만든〉 양념, 향신료: du mußt noch etwas mehr G. an den Salat tun 너는 샐러드에 양념용 약초를 좀 더 쳐야 되겠다. **b)** 샐러드와 야채: an manchen Tagen ißt sie nur G., um abzunehmen 살을 빼기 위해서 그 여자는 자주 야채만을 먹는다. **2.** 풋나기: das G. will auch schon mitreden 어린녀석이 벌써 말참견을 하려고 한다.
Grund [grʊnt], der; -(e)s, Gründe ['gryndə] **1.** 〈Pl. 없음〉 **a)** 토지, 땅, 지면: das Haus wurde bis auf den G. abgerissen 그집은 밑바닥까지〈완전히〉헐렸다; den G. zu etw. legen 무엇의 기초를 세우다; sich in G. u. Boden schämen 매우 부끄러워하다; jmdn. in G. und Boden reden 1) 〈토론에서〉 누구의 주장을 철저히 반박하다. 2) 누구의 말문을 막다; etw. G. und Boden wirtschaften 무엇을 경제적으로 완전히 파멸

시키다; **von G. auf[aus]** 근본적으로, 철저히. **b)** 《준고어·지역적》 땅, 흙, 토양: der G. ist zu schwer für diese Pflanzen 그 이 식물에게는 지나치게 비옥하다. **c)** 《특히 österr.》 토지 소유, 대지: **G. und Boden** 소유지, 부동산, 땅. **2.** 《아어, 준고어》 저지, 골짜기. **3.** 〈Pl. 없음〉 **a)** 물의 바닥: ein Schiff in den G. bohren 《아어》 배를 침몰시키다; [전의] im -e seines Herzens(seiner Seele) 《아어》 그의 가슴(마음)속 깊이; **einer Sache auf den G. gehen** 어떤 일의 실태를 규명하려 하다; **einer Sache auf den G. kommen** 어떤 일의 동기 등을 규명하다; **im -e (genommen)** 근본적으로. **b)** 《아어》 (그릇 따위의) 밑바닥: ein Glas bis auf den G. leeren 잔을 완전히 비우다. **4.** 〈Pl. 없음〉 바탕, 배경: der G. der Tapete ist gelb 그 벽지의 바탕색은 노랑이다. **5.** 원인, 이유, 근거, 동기, 까닭: was hat er als G. angegeben? 그는 무엇을 이유로 내세웠는가?; der G. für das Versagen der Bremsen 브레이크가 말을 듣지 않은데 대한 원인; er tat es aus dem einfachen G., weil …그는 …한 단순한 이유에서 그 일을 했다; **auf G.,** 《또한》 **aufgrund** 무엇을 근거로서; **aus diesem kühlen -e** 《통용어》 영락없이 이 때문에.

grund-, Grund-: ~**ablaß,** der [기술] (댐 등의) 바닥 배수로. ~**akkord,** der [음악] 기본 화음. ~**angelei,** die [어업] **a)** 기본 낚시. **b)** 봉돌 낚시. ~**anschauung,** die 근본 사상, 기본 견해. ~**ansicht,** die 근본적 견해 ~**anständig** 〈Adj.〉 매우 행실이 바른. ~**anstrich,** der 초벌칠, 바탕칠. ~**ausbildung,** die 《드물게 Pl.》 [군] 기초 훈련. ~**ausstattung,** die 기본 장비: das Ersatzrad gehört zur G. eines Autos 예비 타이어는 자동차의 기본 장비에 속한다. ~**baß,** der [음악] **1.** 기본 저음. **2.** ↑Fundamentalbaß. ~**bau,** der [토목] **1.** 〈Pl. 없음〉 기초 공사. **2.** 〈Pl. -ten〉 (건축물의) 기초(부분). ~**baustein,** der ↑Elementarteilchen. ~**bedeutung,** die **1.** 기본 의미. **2.** 〈언어학〉 (한 단어의) 본뜻, 원뜻. ~**bedingung,** die 기본 조건. ~**bedürfnis,** das 기본 욕구. ~**begriff,** der **1.** 기본 개념. **2.** 《대개 Pl.》 기초 개념, 기본 전제. ~**beladung,** die 《군》 기본 군장. der **a)** 토지 소유. **b)** 소유지, 토지. **c)** 지주(계층). ~**besitzer,** der 토지 소유자, 지주. ~**bestandteil,** der 주요 구성 요소, 주성분. ~**betrag,** der [연금] 기본 기여액. ~**bindung,** die [직조] 평직(平織). ~**birne,** die 《〈지역적〉》 감자. ~**blatt,** das [식물] 총엽(層葉). ~**brief,** der 《〈역사적〉》 부동산 소유권 문서. ~**buch,** das [관·법] 토지 등 기부, 토지 대장. ~**buchamt,** das 토지 등기소. ~**bucheintrag,** der, ~**bucheintragung,** die 토지 등기. ~**charakter,** der 기본 특성[성질]. ~**deutsch,** das [언어학] 기본[기초] 독일어. ~**ehrlich** 〈Adj.〉 참으로 정직한. ~**eigenschaft,** die ↑~charakter. ~**eigentum,** das ↑~besitz (a). ~**eigentümer,** der ↑~besitzer. ~**einheit,** die **1.** [물리] 기본 단위: Sekunde, Meter, Kilogramm sind -en 초, 미터, 킬로그램은 기본 단위들이다. **2.** ↑~organisation. ~**einstellung,** die 기본 입장(생각). ~**eis,** das 강바닥의 얼음, 저빙(底氷). ~**element,** das 기본 요소. ~**erfahrung,** die 근본적인 경험. ~**erkenntnis,** die 기본 인식. ~**erwerb,** der [법] 토지 취득. ~**erwerbssteuer, ~erwerbsteuer,** die [세무] 토지 취득세. ~**farbe,** die **1.** [회화·인쇄] 원색: Rot, Blau und Gelb sind -n 빨강, 파랑, 노랑은 원색이다. **2.** 바탕색. ~**fehler,** der 기본적 결함(오류). ~**festen** (Pl.) 《다음 용법으로》 **an den G. von etw. rütteln** 무엇의 근거(토대)를 뒤흔들다; **etw. in seinen G.(bis in seine G.) erschüttern** 무엇을 그 기반까지 흔들게 하다. ~**flä-** **che,** die 밑면, 저면: die G. eines Raumes ausmessen 공간의 바닥 면적을 측량하다. ~**form,** die **1. a)** 기본 형식: die G. der Fuge 둔주곡의 기본 형식. **b)** 기본형, 원형: alle diese Tänze haben sich aus drei -en entwickelt 모든 이런 춤들은 세 가지 기본형으로부터 발전했다. **2.** [언어학] 기본 문형. **3.** [언어학] 부정형(↑Infinitiv). ~**frage,** die 본질적인 질문[문제]. ~**freiheiten** 〈Pl.〉 기본(권에 입각한) 자유. ~**funktion,** die 《주》 기능. ~**gebirge,** das [지질] (산의) 원성암(原成岩)층. ~**gebühr,** die 기본요금: die -en für Strom und Gas 전기·가스의 기본 요금. ~**gedanke,** der 근본 사상, 주지(主旨). ¹~**gehalt,** der 기본 내용. ²~**gehalt,** das [gəˈʃɛlt] 〈Adj.〉 기본의 영리한. ~**geschirr,** das [선원어] 정박 장비. ~**gesetz,** das **1.** 기본 법칙, 원칙: ein philosophisches G. 철학의 근본 법칙. **2. a)** 《예》 (헌법학적) 근본법. **b)** 구서독의 기본법[헌법]. ~**gesetzänderung,** die 기본법 개정. ~**größe,** die [수학·물리] 기본수, 기본량. ~**gütig** 〈Adj.〉 매우 호의적인, 선량한. ~**haltung,** die **1.** 기본 태도, 기본 입장, 기본 자세. **2.** (내적인) 근본 자세. ~**häßlich** 〈Adj.〉 지독히 보기싫은, 매우 추한. ~**herr,** der 《〈역사적〉》 지주(地主), 〈특〉. ~**herrlichkeit,** die 《〈역사적〉》 (봉건제하의) 영주권(領主權). ~**herrschaft,** die 《〈역사적〉》 **a)** 〈Pl. 없음〉 장원제, 토지 영주제. **b)** 영주[지주]권. ~**herrschaftlich** 〈Adj.〉 장원 제도의, 영주가 통치하는. ~**holde*,** der 《〈역사적〉》 영지(領地)에 예속된 농민, 농노(農奴). ~**idee,** die ↑~gedanke. ~**industrie,** die ↑~stoffindustrie. ~**irrtum,** der 근본적 오류. ~**kapital,** das [경제] 주식 자본, 창업[창립] 자금. ~**karte,** die [지리] 기본 지형도. ~**kategorie,** die 기본 범주. ~**kenntnis,** die 《대개 Pl.》 기본[기초] 지식: eine G. der Grammatik 문법적 기초 지식. ~**konzeption,** die 기본 구상: die G. (der Aufführung) einer Oper 오페라 (상연)의 기본 구상. ~**kurs,** der 기본 교과 과정. ~**lage,** die 기초, 토대, 기반, 근거: die geistigen, theoretischen, gesellschaftlichen, gesetzlichen -n 정신적, 이론적, 사회적, 법률적 토대; du hast genug tüchtig, damit du eine gute G. hast 《통용어》 (술을 견디어 낼 수 있도록) 뱃속이 든든하도록 우선 충분히 먹어라; etw. auf eine neue G. stellen 무엇을 새로운 토대 위에 설정하다. ~**lagenforschung,** die 〈학문의〉 기초 연구: die mathematische G. 수학의 기초 연구. ~**lasten** 〈Pl.〉 **1.** (지주의) 토지 부담(금). **2.** 《〈역사적〉》 (중세 농노가 영주에게 바치던) 세금과 노역(勞役). ~**lebensmittel,** das 《대개 Pl.》 ~nahrungsmittel. ~**legend** 〈Adj.〉 **a)** 기초의, 근본적인: ein -er Unterschied 근본적인 차이. **b)** 〈Adj.와 Verb의 강조 가능〉 완전히, 근본적으로, 대단히: die Verhältnisse haben sich inzwischen g. geändert 상황이 그 동안 완전히 변했다. ~**legung,** die 기초를 닦음, 설립: die G. einer demokratischen Ordnung 민주 질서의 기초 공사. ~**lehre,** die 기초 학설[이론]. ~**linie,** die **1.** [수학] 저선(底線), 밑변: die G. angeben 저선을 재다. **2.** [스포츠] (테니스·배구에서의) 엔드라인. **3.** ↑~zug. ~**linienduell,** das 《테니스》 엔드라인 접전(공을 서로 상대편 엔드라인으로 쳐 보냄). ~**linienspiel,** das ↑~linienduell. ~**lohn,** der 기본 임금. ~**los** 〈Adj.〉 **1.** 밑(바닥)이 없는: die -en Wege 질퍽한 길. **2.** 근거 없는, 이유 없는: ein -er Verdacht; ihr G. gegen ihn 그에 대한 그녀의 근거 없는 혐의; dem Mißtrauen war ganz g. 너의 불신은 전혀 터무니없었다. ~**losigkeit,** die 사실 무근, 근거 없음: die G. eines Verdachtes 혐의의 근거 없음. ~**mauer,** die (건물의) 기초벽. ~**mittel** 〈Pl.〉 《구 동독》 ↑Anlagevermögen. ~**moräne,** die [지질] 저빙퇴석, 저퇴석. ~**motiv,** das 근본 동기. ~**nahrungsmittel,** das 기

본 식료품, 기본 식량, 주식(主食): Brot, Kartoffeln, Reis als G. 주식인 빵, 감자, 쌀. **~netz**, das [어업] 트롤망, 저인망. **~norm**, die (대개 Pl.) 기본 규격. **~ordnung**, die 기본 질서: die politische G. eines Staates 한 국가의 정치적 기본 조직(체도). **~organ**, das [식물] (뿌리, 줄기, 잎 등의) 기본 기관. **~organisation**, die 기본 조직, 기본 기구. **~pfahl**, der [건축] 기초 말뚝. **~pfandrecht**, das [법·금융] 토지 담보물권, 토지질권, 토지 저당권. **~pfeiler**, der 지주(支柱), 버팀목. 전의 die G. einer Wissenschaft in der Buchhandlung 학문의 본질적 요소. **~platte**, die [공업] 저판(底板), 기판(基板), [건축] 토대 [전기] 접지판(接地板). **~position**, die 기본 자세, 기본 입장. **~prinzip**, das 기본 원칙, 근본 원리. **~problem**, das 근본 문제. **~quelle**, die 원천. **~rechenart**, **~rechnungsart**, die 기본 계산법 (가감승제). **~recht**, das (대개 Pl.) 기본권. **~rechtlich** ⟨Adj.⟩ 기본권의. **~regel**, die 기본 규칙: die -n eines Spiels 경기(기본) 규칙. **~rente**, die 1. [경제] 지대(地代), 토지 수입. 2. [연금] (전쟁 피해보상 연금 대상의) 기본[최저] 연금. **~riß**, der 1. [수학] 평면도. 2. [토목] 수평단면도. 3. a) 개요, 스케치: G. zur Geschichte der deutschen Dichtung 독일 문학사 개관. b) 요강, 개설(서): ein knapper G. der deutschen Grammatik 독일어 문법의 간결한 요강(要綱). **~satz**, der a) (행동이나 사고의) 원칙: er ist ein Mann mit [von] Grundsätzen 그는 원칙을 중시하는 사람이다. b) 기본 원칙, 원리: demokratische, rechtsstaatliche Grundsätze 민주주의적, 법치 국가적 원리. **~satzdebatte**, die 원칙 논쟁. **~satzdiskussion**, die ↑~satzdebatte. **~satzentscheidung**, die 원칙 결정. **~satzerklärung**, die 원칙 선언. **~satzfrage**, die 원칙상의 문제. **~sätzlich** [-zetslıç] ⟨Adj.⟩ 1. 원칙상의, 근본적인, 기본적인: ein -er Unterschied 근본적인 차이; er hat sich dazu g. geäußert 그는 그것에 대해 원칙적인 의사 표명을 했다. 2. a) 《일반적》 원칙으로서, 예외없는: etw. g. ablehnen 무엇을 원칙적으로 부정하다; er raucht und trinkt g. nicht (nie) 그는 본래 담배도 피우지 않고 술도 마시지 않는다. b) [법] 원칙적으로, 대체로. **~sätzlichkeit**, die 원칙(성), 근본(성). **~satzprogramm**, das 기본 계획, 기본 강령. **~satzreferat**, das 기초 보고, 기조보고[연설]: ein G. halten 기조 연설을 하다. **~satzurteil**, das [법]. ein G. fällen 결정적 판결을 내리다. **~säule**, die ↑~pfeiler. **~schein**, der [독일 인명구조 협회의] 수영증. **~schlag**, der [음악] 비트, 울림, 박(拍)[템포의 단위]. **~schlecht** ⟨Adj.⟩ a) (품질 등이) 아주 열등한, 형편없는. b) 매우 나쁜, 아주 불리한. c) (도덕적)으로 대단히 그릇된, 매우 불량한. **~schleppnetz**, das ↑~netz. **~schnelligkeit**, die [스포츠] 기본 속력(일정한 거리를 속도 늦춤없이 빨리 달릴 수 있는 능력). **~Grundschoß**, der [법·금융] 지조(地租). **~schrift**, die [인쇄] 기본 활자. **~schuld**, die [법·금융] 토지 채무, 지채(地債). **~schule**, die (독일의) 기초 학교(국민 학교 4년 과정). **~schüler**, der 기초 학생. **~schullehrer**, der 기초 학교 교사. **~see**, die [선원] 얕은 바다에서 이는 큰 물결. **~solid(e)** ⟨Adj.⟩ 대단히 견고한: ein -er Typ 매우 건실한 형(型). **~sprache**, die [언어학] 근원어, 조어(祖語), (공통) 기어(基語): Latein ist die G. der romanischen Sprachen 라틴어는 로만어의 조어이다. **~ständig** ⟨Adj.⟩ 잎이 기저(基底)의. **~stein**, der 주춧돌, 초석(礎石): **der G. zu etw. sein** 무엇을 위한 초석이 되다; **den G. zu etw. legen** 무엇의 초석을 놓다, 기초를 세우다. **~steinlegung**, die 기공식. **~stellung**, die 1. [스포츠] (특히 체조에서의) 기본 자세: nach dem Sprung sofort wieder die G. einneh-

men 도약 후에는 곧바로 기본 자세를 취한다. 2. [음악] (화음의) 기본 위치. 3. [서양장기] (말들의) 기본 위치. **~steuer**, die [세무] 토지세, 지조(地租). **~stimme**, die [음악] 기본 저음. **~stimmung**, die 기본 정조, 지배적 분위기: es herrschte eine fröhliche, optimistische G. 즐겁고 낙관적인 분위기가 지배적이었다. **~stock**, der 본 근간, 밑천. **~stoff**, der 1. [화학] 원소(元素). 2. 원료. **~stoffindustrie**, die 원료 산업, 원료 공업. **~stück**, das 토지: mit -en spekulieren 토지로 투기하다. **~stücksbesitzer**, der 토지 소유자. **~stückseigentümer**, der 토지 소유자. **~stücksmakler**, der 부동산 브로커, 부동산 중개업자. **~stücksnachbar**, der 토지를 맞대고 있는 이웃. **~stückspreis**, der, 부동산가(價). **~stücksspekulation**, die ↑Bodenspekulation. **~stücksverzeichnis**, das 토지대장: ein amtliches G. 관청의 토지대장. **~studium**, das (특정 전문 분야의) 기초 과정(부분): in der Medizin wird das G. durch Zwischenprüfungen abgeschlossen 의학의 기초 과정은 중간 시험으로 마무리된다. **~stufe**, die 1. [교육] 기초 과정(단계). 2. ↑Positiv. **~substanz**, die 기질(基質), 원료. **~tarif**, der ↑~gebühr. **~tatsache**, die 기본 사실. **~taxe**, die ↑~gebühr. **~tendenz**, die 기본적인 경향. **~tenor**, der ↑tendenz. **~text**, der 원본, 원전, 원문, 본문: die Bibel aus dem G. übersetzen 성경을 원전에서 번역하다. **~thema**, das 기본 주제. **~these**, die 기본 명제. **~ton**, der 1. [음악] a) 밑음, 근음(根音). b) (음계의) 기본음. 2. [음향] 바탕음. 3. 기본 색조, 바탕색: der dunkle, grünliche G. einer Tapete. 벽걸이 양탄자의 암록빛 바탕색. 4. ↑~stimmung: es herrschte im optimistischer G. in der Versammlung 그 회합에서는 낙관적인 분위기가 지배적이었다. **~tugend**, die ↑Kardinaltugend. **~übel**, das 근본적인 악, 화근. **~umsatz**, der [의학] 기초 대사. **~verkehrt**, ⟨Adj.⟩ 완전히 잘못된. **~vermögen**, das 고정 재산. **~verschieden** ⟨Adj.⟩ 근본적으로 다른, 완전히 다른. **~voraussetzung**, die 근본적인 전제 조건. **~wahrheit**, die 근본진리. **~wasser**, das ⟨Pl. 드물게 -wasser⟩ 지하수. **~wasserabsenkung**, die [지하 건축] 지하 수위 하향(공사). **~wasserkunde**, die ↑Hydrogeologie. **~wasserspiegel**, der 지하 수위(地下水位): der G. fällt (steigt) 지하수위가 내려가다 [올라가다]. **~wasserstand**, der ↑~wasserspiegel. **~wehrdienst**, der [군] 기본 병역 복무. **~wert**, der ⟨대개 Pl.⟩ 기본 가치(윤리 영역에서). **~wissen**, das 기본 지식. **~wissenschaft**, die 기초 학문[과학]. **~wort**, das ⟨Pl. -wörter⟩ [언어학] (복합어의). 기초어(基礎語), 기간어. **~wortschatz**, der [언어학] 기본 어휘. **~zahl**, die 1. ↑Kardinalzahl. 2. ↑Basis (3 c). **~zins**, der [역사적] 지대(地代), 차지료(借地料). **~zug**, der 기본적 특징(특색, 특질). **~zustand** [물리] 기저 상태(基底狀態).

Grundel ['grʊndl], **Gründel** ['grʏndl], die, -n; (또한) der; -s, - 15센티미터 가량의 잉어과의 물고기(학명: *Gobio fluviatilis*). **gründeln** ['grʏndln] ⟨h⟩ (오리 따위가) 물밑의 먹이를 찾다. **gründen** ['grʏndn] ⟨h⟩ 1. 기초를 세우다, 창설하다: eine Partei (ein Unternehmen) g. 정당(기업)을 창설하다; 2. a) 근거로 삼다: er gründete seine Hoffnung auf ihre Aussage 그는 자신의 희망의 근거를 그녀의 진술에 두었다. b) 무엇에 기초하다: solche Parolen gründen auf der Scheinwahrheit 그러한 슬로건들은 거짓 진리에 기초하고 있다. c) ⟨g. + sich⟩ (무엇에) 근거하다, 기인하다. **Gründer**, der; -s, - 설립자, 창시자: der G. eines Verlags [einer Stadt] 어떤 출판사[도시]의 창설자. **Gründerjahre**

⟨Pl.⟩ 창업 시대(1871년 이후 독일의 경제 호황기).
Gründerzeit, die ⟨Pl. 없음⟩ ↑**Gründerjahre.**
Grundier-: **~anstrich,** der 초벌칠, 바탕칠. **~farbe,** die 애벌칠(칠에 알맞은) 색. **~lack,** der ↑**~farbe.** **~schicht,** die ↑**~farbe.**
grundieren [grʊnˈdiːrən] ⟨h⟩ 애벌[바탕]칠을 하다. **Grundierung,** die; -en **1.** 바탕칠(하기). **2.** 초벌칠(층). **gründlich** [ˈɡrʏntlɪç] ⟨Adj.⟩ **a)** 철저한, 꼼꼼한: er ist ein sehr -er Mensch 그는 대단히 철저한 사람이다; -e Kenntnisse 완벽한 지식. **b)** ⟨통용어, 동사의 강조⟩ 대단히, 엄청나게, 철저히: da hast du dich aber g. getäuscht 거기서 너는 완전히 속았다. **Gründlichkeit,** die 철저함, 정확함: er forderte etwas mehr G. 그는 좀더 철저할 것을 요구했다. **Gründling** [ˈɡrʏntlɪŋ], der; -s, -e 물 밑바닥에 사는 잉어과의 물고기(학명: Gobio fluviatilis). **Gründung,** die; -en **1.** 설립, 기초를 닦음, 창립: die G. einer Partei 정당의 창설. **2.** 〔토목〕 **a)** ↑**Grundbau** (1). **b)** ↑**Grundbau** (2).
Gründungs-: **~bank,** die 〔...banken〕 〔경제〕 창업(지원) 은행. **~feier,** die 창립 축하회. **~fest,** das ↑**~feier. ~finanzierung,** die 〔경제〕 기업 창설시의 재정 대책. **~jahr,** das 창립 연도. **~kapital,** das 〔경제〕 창업 자본. **~rektor,** der (대학 설립에 참여한) 대학의 초대 총장. **~tag,** der 창립일. **~versammlung,** die 〔경제〕 (자본주들의) 창립 총회. **~zeremonie,** die ↑**~feier.**
¹**Grüne,** das; -n **1.** 초록색, 녹색: die Farbe des Mantels spielt ins G. 그 외투는 초록빛을 띠고 있다. **2.** ⟨대개 관사 없이⟩ ⟨통용어⟩ **a)** 녹색 화초(장식용): du kannst noch ein wenig -s zu den Blumen binden 너는 그 꽃다발에 녹색 화초를 약간 더 곁들이는게 좋겠다. **b)** 생야채(샐러드). **c)** 샐러드, 수프의 양념용 야채. **d)** 청초(靑草) 사료. **3. im Grünen(ins Grüne)** 교외에: sie wohnen draußen im G. 그들은 교외에 산다. ²**Grüne*,** der; -n, -n [1. 제복의 색깔에 따라, 2. 지폐의 색깔에 따라]. **1.** ⟨통용어⟩ 경찰관. **2.** 〔경〕 20 마르크 지폐. **3.** ⟨속어⟩ ↑**Gelbe.** ³**Grüne,** die 〔고어·시어〕 초록색, 초록빛 외관: die G. der Wälder 숲들의 초록빛. ⁴**Grüne*,** der / die ⟨대개 Pl.⟩ 녹색당원. **grünen** ⟨h⟩ ⟨아어⟩ 푸른싹을 내다, 푸르게 되다: grünende Felder 프르러지고 있는 들판들; 〔전의〕 die Liebe, Hoffnung begann wieder zu g. 사랑, 희망이 다시 돋아나기 시작했다. **grünlich** ⟨Adj.⟩ (약간) 초록빛이 도는. **Grünling** [ˈɡryːnlɪŋ], der; -s, -e **1.** ↑**Grünfink. 2.** ↑**Grünfink. 3.** 통풍시켜 말려, 아직 굽지 않은 벽돌. **4.** ⟨통용어⟩ 미숙한 사람, 풋내기. **Grünrotblindheit,** die 적록 색맹.
grunzen [ˈɡrʊntsn̩] ⟨h⟩ ⟨의성어⟩ **1.** (돼지, 곰 따위가) 꿀꿀거리다: die Schweine grunzten und quiekten 돼지들이 꿀꿀대고 꽥꽥거렸다. **2.** ⟨통용어⟩ 불분명하면서 투덜거리는 투로 말하다. **Grunzochse,** der ↑**Jak.**
Grüppchen [ˈɡrʏpçən], das; -s, - ↑¹**Gruppe** (1 a)의 축소형. **Grupp** [ɡrʊp], der; -s, -s [frz. group] 〔화폐〕 (은행의) 송금 행낭. ¹**Gruppe** [ˈɡrʊpə], die; -n [frz. groupe] **1. a)** ⟨축소형: ↑**Grüppchen**⟩ 무리, 떼: eine G. Jugendlicher 일단의 청소년들; der Lehrer bildete n zu fünf Schülern 선생님은 학생들을 다섯명씩 소그룹으로 묶었다. **b)** 공통 특성에 의해 이루어진 분류: die G. der starken Verben 강변화동사군(群). **2.** 그룹, 서클, 집단, 모임: er gehörte einer G. literarisch interessierter Menschen an 그는 문학에 관심있는 사람들로 이루어진 모임에 소속되어 있다. **3.** 〔스포츠〕 조(組), 군(群). **4.** 〔군〕 분대: mehrere -n bilden einen Zug 여러 분대가 모여 하나의 소대를 형성한다. **5.** 〔지질〕 계(界)(연대층의 구분으로 순서된 최대 단위).

²**Gruppe** [-], **Grüppe** [ˈɡrʏpə], die; -n ⟨지역적⟩ **1.** 고랑, 배수로. **2.** (축사의) 배설구, 하수구. **grüppeln** [ˈɡrʏpl̩n], **gruppen** [ˈɡrʊpn̩] ⟨h⟩ 고랑[배수구]을 내다.
gruppen-, Gruppen- (¹**Gruppe**): **~abend,** der 밤 모임. **~akkord,** der 〔경제〕 집단 성과급(작업). **~arbeit,** die 〔Pl. 없음〕 **1.** 집단 공동 작업. **2.** 〔교육〕 그룹 작업. **~aufnahme,** die 단체 사진(촬영). **~bewußt** ⟨Adj.⟩ 〔사회심리〕 집단 의식을 갖는. **~bewußtsein,** das 〔사회심리〕 집단의식. **~bild,** das ↑**~aufnahme. ~bildung,** die 집단 형성, 결사: die freie G. in der demokratischen Gesellschaft 민주 사회에서의 결사의 자유. **~dynamik,** die [amerik. group dynamics] 〔사회심리〕 집단 역학(力學). **~dynamisch** ⟨Adj.⟩ 〔사회심리〕 집단 역학적의. -es Training 집단 역학 훈련. **~egoismus,** der 집단이기주의. **~ehe,** die ⟨인종⟩ 집단혼인, 군혼(群婚). **~einteilung,** die 집단으로 나눔. **~foto,** das ↑**~aufnahme. ~führer,** der **a)** 〔군〕 분대장, **b)** 〔경제〕 분과 위원장, 조장. **~gymnastik,** die 〔스포츠〕 집단 체조. **~interesse,** das ⟨대개 Pl.⟩ 집단이익. **~leben,** das 〔Pl. 없음〕 집단(사회) 생활. **~leiter,** der 조장, 집단 지도자. **~leitung,** die 집단 지도. **~mitglied,** das 집단 구성원. **~nachmittag,** der (구 동독) (조직의) 오후 집회. **~pädagogik,** die 집단 교육학. **~pionierleiter,** der (구 동독) 집단 개척 지도자. **~posten,** der (공동 책임을 맡은) 집단 부서. **~prämie,** die 〔경제〕 (성과급 작업에서의) 단체 수당. **~prüfung,** die 단체(집단) 시험. **~psychologie,** die 집단 심리학. **~psychotherapie,** die [amerik. group psychotherapy] 〔의학〕 **~rat,** der (구 동독) 집단 평의회. **~ratsvorsitzende,** der / die (구 동독) 위의 의장. **~reise,** die 〔관광〕 단체 여행(반대: Einzelreise). **~sex,** der [amerik. group sex] 그룹 섹스. **~sieg,** der 〔스포츠〕 조(組) 우승. **~sieger,** der 〔스포츠〕 조 우승 팀. **~spezifisch** ⟨Adj.⟩ 그룹 특유의. **~spiel,** das 〔스포츠〕 조 경기. **~sprache,** die 〔언어학〕 집단어. **~start,** der 〔스포츠〕 (자동차·오토바이 경주에서) 동시 출발. **~test,** der ↑**~prüfung. ~therapeutisch** ⟨Adj.⟩ 집단 요법의. -e Behandlung 집단 요법적 치료. **~therapie,** die [amerik. group therapy] **1.** 〔의학〕 집단 요법(반대: Einzeltherapie). **2.** 〔심리〕 집단 심리 요법, 회합. **~training,** das 〔스포츠〕 집단 훈련. **~turnen,** das ↑**~unterricht,** der **1.** 집단 교습, 집단 수업. **2.** 〔교육〕 그룹별 교육〔강의〕. **~versammlung,** die 단체 모임, 회합. **~versicherung,** die 〔보험〕 단체 보험. **~vorsitzende,** der / die 단체의장. **~weise** ⟨Adv.⟩ 그룹〔집단〕별로, (무리별로) 떼를 지어: die Schüler verließen g. das Gebäude 학생들은 그룹별로 나뉘어 그 건물을 떠났다; ⟨드물게⟩ das -e Antreten 집단별 집합.
gruppieren ⟨h⟩ **a)** 떼[무리]를 짓다, 한데 모으다, 배열하다: Kinder in einem Halbkreis g. 어린이들을 반원형으로 무리짓다; sie gruppierte Stühle um den Tisch 그녀는 의자들을 책상 주위에 배열했다. **b)** ⟨g. + sich⟩ 한데 모이다: sich zu einem Kreis g. 원을 그리며 한데 모이다. **Gruppierung,** die; -en **1. a)** 떼지음, 분류: die Tendenz zur G. von Einzelteilen zu je einem geschlossenen Ganzen 개별 부분들이 각기 하나의 완결된 전체로 집단화 하는 경향. **b)** 배열, 배치, 편제(編制). **2.** (정치적, 사회적) 집단, 무리.
Grus [ɡruːs], der; -es, -e **1.** 〔지질〕 (풍화 작용에 의한) 쇄설(碎屑). **2.** 가루석탄, 분탄(粉炭). **grusartig** ⟨Adj.⟩ ↑**Grus**의 형용사형: -e Kohle 분탄.
Grüsch [ɡrʏʃ], das; -(s) ⟨schweiz.⟩ 겨, 밀기울.
Gruschel [ˈɡrʊʃl̩], die; -n [mlat. groselarius] ⟨지역적⟩ ↑**Stachelbeere.**

¹**Grusel** ['gru:zl], der; -s 《드물게》 오싹한 느낌, 공포, 두려움.
²**Grusel** [-], der; -s 《지역적》 자갈, 거친 모래와 작은 돌.
Grusel-: **~effekt**, der 등골이 오싹하게 만드는 효과. **~film**, der 공포 영화. **~geschichte**, die a) 무서운 이야기, 공포감을 주는 이야기. b) ↑Schauergeschichte. **~märchen**, das ↑~geschichte.
gruselig, (또한) gruslig ['gru:z(ə)lɪç]〈Adj.〉무서운, 기분 나쁜: eine -e Geschichte 무서운 이야기; es war ziemlich g. 그것은 상당히 무서웠다. **gruseln** ['gru:zln] 〈h〉 a) 《비인칭》 소름끼치는 공포를 느끼다, 몸서리(가) 나다: in der Dunkelheit gruselte (es) ihr[sie] 그녀는 어둠 속에서 공포로 떨고 있었다; es hat mir[mich] vor diesem Anblick gegruselt 이 광경에 나는 몸서리가 났다. b) 〈g. + sich〉 공포에 떨다: ich gruselte mich ein wenig (vor der Dunkelheit) 나는 (어둠에 대해) 약간 두려움을 느끼고 있었다. **Grusical** ['gru:zikl], das; -s 《농》 공포 영화.
grusig ['gru:zɪç]〈Adj.〉가루석탄 같은, 돌가루 같은.
Gruskohle, die ↑Grus (2).
gruslig: ↑gruselig 참조.
Grusinien 그루지아. **Grusinier** [gru'zi:niɐ], der; -s, - 그루지아 사람. **grusinisch** [gru'zi:nɪʃ]〈Adj.〉그루지아의. **Grusinisch**, das; -(s) u. 《정관사와 함께만》 **Grusinische**, das, -n 그루지아어(語). **Grusinische SSR** 구 소련의 연방공화국.
Gruß [gru:s], der; -es, Grüße ['gry:sə] 1. 인사(말), 절: mit militärischem G. 군대식 경례; einen G. entbieten 안부를 전하다; auf jmds. G. nicht danken 누구의 인사에 답례하지 않다; er reichte ihm die Hand zum G. 그는 그를 반기려고 손을 내밀었다; **der Deutsche G.** 나치식 경례(오른손을 드는); **der Englische G.** 가톨릭의 성모송, 아베마리아, 천사 축사. 2. 안부, 인사: jmdm. herzliche[freundliche] Grüße senden 누구에게 진심어린[친절한] 안부 인사를 전하다; jmdm. Grüße ausrichten[bestellen, überbringen, übermitteln, schicken] 누구에게 안부를 전하다; sagen Sie ihm herzliche Grüße von mir 그에게 진정으로 내 인사를 전해주시오; viele[herzliche, liebe] Grüße Euer..., freundliche Grüße Ihr..., mit freundlichem G. 당신이 맺음말의 인사로) 많은(진정한, 정다운) 인사를 전하며, 너(당신)의 ..., 성규(schönen) G. vom Getriebe, der Gang ist drin 《농》 인사하네, 기어가 붙어있다는 군(변속기를 잘못 작동했을 때 나는 소음을 빗대어).
gruß-, Gruß-: **~adresse**, die 《공식적인》 인사, 서한, 경축사: eine G. an jmdn.[an einen Kongreß] richten 누구[어떤 회의]에게 공식적인 인사말을 전하다. **~ansprache**, die 인사말. **~bekanntschaft**, die 인사만 하는 사이. **~botschaft**, die ↑~formel. **~formel**, die 인사의 형식(격식). **~los**〈Adj.〉 인사말 없이: er ging g. weg (an ihnen vorbei) 그는 인사도 없이 (그들을 지나쳐) 가 버렸다. **~ordnung**, der 《군》 경례의 의무(상관에 대한). **~pflicht**, die 《군》 경례의 의무(상관에 대한). **~schreiben**, das 경축서한. **~telegramm**, das 경축전보. **~wort**, das 〈Pl. -worte〉 a) ↑~adresse. b) 식사(式辭), 인사말.
Grüß-: **~august**, der 《경·농·펌》 (호텔·음식점의) 영접책, 접객책. **~fuß** (다음 용법으로만) mit jmd. **auf dem G. stehen** 《통용어》 누구와 인사하고 지내는 사이이다. **~heini**, der 《경·펌》 ↑~august. **~maxe**, der 《경·농·펌》 ↑~august.
grüßen ['gry:sn] 〈h〉. 인사하다: höflich g. 정중하게 인사하다; von ferne g. 멀리서 인사하다; sie grüßen sich[《아어》einander] nicht mehr 그들은 이젠 서로 인사하지 않는다; 〈g. + sich〉 grüßt du dich mit ihm? 《통용어》 너는 그와 인사하고 지내는 사이냐?; **grüß dich!** 《통용어》 안녕! 2. 《누구에게》 안부를 전하다: grüße deine Eltern herzlich (vielmals) (von mir) 너의 부모님께 《나의》 진정한(많은) 인사를 전해드려라; 전의 die Glocken der Stadt grüßten ihn schon von ferne 《아어》 도시의 종소리가 멀리서부터 그에게 인사를 했다.
Grütz-: **~beutel**, der ↑Balggeschwulst. **~brei**, der 오트밀, 걸쭉한 죽. **~futter**, das 재분된 사료곡 곡식. **~kopf**, der 《통용어》 a) 《통용어·펌》 ↑Dummkopf. b) 《통용어》 오성: streng deinen G. ruhig mal an 대갈통을 잘 굴려봐. **~mühle**, die 방아. **~suppe**, die ↑~brei. **~wurst**, die 거칠게 빻은 곡식이 든 소시지.
Grütze ['grʏtsə], die; 《종류》-n 1.〈드물게 Pl.〉 a) 거칠게 빻은 곡식: die G. mit Milch ansetzen 거칠게 빻은 곡식 가루를 우유에 타다. b) ↑Grützbrei: **rote G.** 과일《Pl. 없음》《통용어》이해력, 지혜: dazu braucht man nicht viel G. 그런데는 많은 지혜가 필요없다.
Grutzen ['grʊtsn], der; -s, - [↑¹Grotzen의 병용형] 《지역적》 1. (특히 사과의) 과심(果心). 2. 《농·펌》 꼬마 녀석, 애송이.
Gruyère(käse) [gry'jɛːr(-)], der; -s 《스위스의 지명 Gruyère에서》↑Greyerzer(Käse).
G-Saite ['ge:-], die; -n (현악기의) G선(線).
Gschaftlhuber siv.: ↑Geschaftlhuber usw.
gschamig: ↑geschamig. **gschämig**: ↑geschämig.
gschert: ↑geschert. **Gscherte**: ↑Gescherte.
Gschlader [kʃla:dɐ], das; -s 《österr.·통용어·펌》은 커피.
G-Schlüssel ['ge:-], der; -s, - 사(G)음(音) 기호 [높은 음자리표] (↑Violinschlüssel).
Gschnas [kʃna:s], das; -s, - 〈드물게 Pl.〉《österr. 통용어》 1. ↑Gschnasfest. 2. 《지역적》 가치없는 것. **Gschnasfest**, das; -(e)s, -e 《österr.》 《예술가》 가장무도회 (특히 빈에서): er ist auf allen -en zu finden 그는 가장무도회마다 나타난다.
gschupft [kʃʊpft]〈Adj.〉《österr., schweiz.·통용어》 터무니없는, 거친, 도에 넘치는: sie ist ein wenig g., aber ganz sympathisch 그 여자는 도가 약간 지나치긴 하지만 상당히 정이 간다.
Gschwuf [kʃvuf], der; -s, -e 《österr.·통용어》 멋쟁이, 속물, 정부(情夫).
Gspaß [kʃpa:s], der; -, - 《bayr., österr.·통용어》 익살, 농담: das war ein G.! 그건 농담이었어! **gspaßig** ↑gespaßig.
Gspaßlaberln [-la:bɐln]〈Pl.〉《österr.·경》 젖가슴, 품속.
Gspusi ['kʃpu:zi], das; -s, -s [ital. sposa, sposo] (südd., österr.·통용어) 1. 연애 관계, 정사(情事): die haben ein G. miteinander 그들은 함께 정사(情事)를 가졌다. 2. 애인, 정부(情婦), 소중한 사람: er trifft sich abends mit seinem G. 그는 매일 저녁 그의 애인을 만난다.
Gstaad [kʃta:t], 크슈타트(베른 지방 알프스에 위치한 스위스의 동계 스포츠·휴양 도시).
Gstanz(e)l [kʃtantsl], das; -s, -n [ital. stanza] 《bayr., österr.·통용어》 크슈탄츨(종종 외설적인 내용인 대중적 4행시, 혹은 풍자적인 노래): zu fortgeschrittener Stunde sangen die Hochzeitsgäste ein G. nach dem andern 결혼식 하객들은 시간이 무릇가 한 사람씩 돌아가며 계속해서 크슈탄츨을 불렀다.
Gstätten ['kʃtɛtn], die 《ostösterr.·통용어》 작고 경사

지고 돌로 뒤덮인 초원.
GT-Rennen [geːˈteː-], das; -s, - ↑Grand-Tourisme-Rennen의 약칭. **GT-Wagen** [-], der; -s, - ↑Grand-Tourisme-Wagen의 약칭.
Guajak- [ɡuaˈjak, span. guayaco]: **~baum**, der 유창목(木). **~harz**, das ⟨Pl. 없음⟩ 유창목의 진. **~holz**, das ⟨Pl. 없음⟩ 유창목의 목재. **~probe**, die 〖의학〗 유창목 검사(유창목분에서 추출한 팅크의 도움으로 소변 혹은 위액을 검사함).
Guajakol [...jaˈkoːl], das; -s (향기가 있는) 소독용 알코올.
Guajavabaum [ɡuaˈjaːva-], der; -(e)s, ...bäume [span. guyaba] 반석류(열대·아열대의 관목). **Guajave** [...və], die; -n 위의 열매(젤리·잼의 원료가 됨).
Guanako [ɡuaˈnako], das, (고형) der; -s, -s [span. guanaco] 야생 라마(남미 산악 지대에 사는 낙타의 일종).
Guanidin [ɡuaniˈdiːn], das; -s 구아닌의 산화물(인공지, 의약품, 염료 생산에 쓰이는. **Guanin** [ɡuaˈniːn], das; -s 구아닌(핵단백질의 분해 산물).
Guano [ˈɡuaːno], der; -s [span. guano] 분화석(糞化石), (비료용으로 쓰이는) 새똥.
Guarani [ɡuaˈraːni], ⟪공식 표기⟫ Guar**a**ni, der; -, - 파라과이의 화폐 단위(1 Guarani = 100 Céntimos)(기호: G).
Guardia civil [-siˈvɪl], die; - (span.) 스페인 경찰.
Guardian [ɡuaˈrdiaːn], der; -s, -e [ital. guardiano] (프란치스코 및 카푸친파의) 수도원장.
Guarneri [ɡuarˈneːri], die; -s 17~18세기에 명공(名工) 과르네리 집안이 만든 바이올린.
¹Guatemala [ɡuateˈmaːla, (span.) ɡuateˈmala], -s (중앙아메리카의 국가) 과테말라. **²Guatemala**, 과테말라 (¹Guatemala의) 수도. **Guatemalteke** [ɡuatemalˈteːkə], der; -n, -n. 과테말라 인. **guatemaltekisch** [ɡuatemalˈteːkɪʃ] ⟨Adj.⟩ 과테말라의. **Guayana** [ɡuaˈjaːna, (span.) ɡuaˈjana], -s 남미의 북부에 위치한 지역명 가이애너(↑Guyana).
Guasch, die ↑Gouache.
Guck, Gucke [ˈɡʊk(ə)], die; ...cken (südd.) 종이봉지(특히 원추형).
Guck-: **~auge**, das ⟨친근⟩ 어린이의 눈. **~fenster**, das 조그만 창, 엿보는 창, 창구. **~indieluft**, der ⟨통어⟩ 매 길조심을 안하는 사람, 얼뜨기. **~indiewelt**, der ⟨통어⟩ 호기심 많은 아이, 풋내기, 애송이. **~kasten**, der a) 요지경. b) ⟨통어⟩ ↑Fernseher. **~kastenbühne**, die 요지경 무대. **~loch**, das 엿보는 구멍 (창): ein G. in die Tür bohren 문에 엿보는 구멍을 뚫다.
gucken [ˈɡʊkn̩] ⟨h⟩ ⟨통어⟩ a) 들여다보다, 엿(바라)보다, 살피다: guck mal, was ich hier habe! 내가 여기 가지고 있는 걸 한번 봐!; laß mich mal g.! 좀 보여주려무나!; ⟨정의⟩ die Illustrierte guckte (ein Stück) aus der Koffertasche 잡지가 가방 밖으로 (약간) 빠져 나왔다. b) 응시하다. 바라보다: da guckte er dumm, als er das hörte 그는 그 이야기를 듣자 무슨 소리인지 모르고 멍하니 바라보았다. c) 텔레비전 프로를 보다(시청하다).
Gucker, der; -s, - ⟨지역적·통어⟩ a) 조그만 망원경, 오페라글라스. b) 호기심 많은 사람, 엿보는 사람. c) ⟨Pl.⟩ 눈. **Guckerei**, die ⟨통어⟩ 성가시게 계속 주시함.
Guckerschecken [-ʃɛkn̩] ⟨Pl.⟩ [Gucker = Kuckuck u. Schecken = Flecken] (österr.) 주근깨. **guckerscheckert** [...kɐt] ⟨Adj.⟩ (österr.) 주근깨가 있는.
Gucki [ˈɡʊki], der; -s, -s **1.** ⟨카드·고어⟩ (스카트놀이에서 가지고 있는 나쁜 카드 두 장을 내고 덮여 있는 카드 두 장을 집는) 트럼프 패 바꾸기. **2.** 〖사진〗 (슬라이드용) 확대경.

Güdelmontag [ˈɡyːdl̩-], der; -s, -e (schweiz.) 사육제 직전의 월요일(신나게 허물없이 떠드는 날).
Guelfe [ˈɡuɛlfə, (또한) ˈɡɛlfə], der; -n, -n [ital. guelfo] 〖역사적〗 교황당원(중세 이탈리아에서 독일 황제파에 대항한 교황 옹호파).
¹Guerilla [ɡeˈrɪlja], die, -s [frz. guérilla] **a)** 게릴라전, 유격전. **b)** 유격대, 별동대. **²Guerilla** [-], der; -s, -s ⟨대개 Pl.⟩ (준고어) 게릴라병, 유격대원, 별동(別動) 대원.
Guerilla- (¹¹Guerilla): **~führer**, der 게릴라대장, 유격대장. **~kampf**, der ↑~krieg. **~kämpfer**, der 게릴라병, 유격대원. **~krieg**, der ↑¹Guerilla (a).
Guerillera [...jɛːra], die; -s ↑Guerillero의 여성형. **Guerillero** [...ˈjɛːro], der; -s, -s [frz. guérillero] (중남미의) 지하 저항 운동가(남자 게릴라대원).
Gufel [ˈɡʊfl̩], das; -s, Güfel 〖등산〗 암벽이나 절벽에서 솟아나온 동굴.
Gugel [ˈɡuːɡl̩], die; -n [lat. cuculla] (중세의) 어깨가 덮이는 남자모자. **Gugelhopf** [-hɔpf], (schweiz.) **Gugelhupf** [-hʊpf], (südd., österr., schweiz.) der; -(e)s, -e 뾰족한 모자 모양의 카스텔라(↑Napfkuchen).
Güggel [ˈɡʏɡl̩], der; -s, - (schweiz.) 수탉. **güggelhaft** ⟨Adj.⟩ (schweiz.) 성미 급한, 분방한, 방종한, 주책없이 떠들어대는. **Güggeli** [ˈɡʏɡəli], das; -s, - (schweiz.) 통닭구이.
Guide [(frz.) ɡid, (engl.) ɡaɪd], der; -s, -s [frz., engl. guide] **1.** 여행 안내자, 가이드. **2.** 여행 안내서.
Guidonische Hand [ɡuiˈdoːnɪʃə-], die [이탈리아 음악 이론가 Guido von Arezzo(980~1050경)에 따라] 〖음악〗 (왼손의 위치를 표시하여 음계법을 설명하는) 구이도의 손.
Guilloche [ɡiˈjɔʃ, ɡɪlˈjɔʃ], die, -n [frz. guilloche] **1.** (지폐 따위의) 물결무늬, 어자문(魚子紋). **2.** 위의 무늬를 새기는 도구. **Guillocheur** [...ˈʃøːɐ̯], der; -s, -e [frz. guillocheur] 위의 무늬를 새기는 직공. **guillochieren** [...ˈʃiːrən] ⟨h⟩ [frz. guillocher] 물결 무늬로 꾸미다: Banknoten g. 지폐에 물결 무늬를 새기다(놓다).
Guillotine [ɡijoˈtiːnə, ɡɪljoˈtiːnə], die, -n [프랑스의 의사 Guillotin(1738~1814)이 1789년에 발명한 단두대, 길로틴: jmdm. auf die G. bringen 누구를 교수형에 처하게 하다(단두대로 데려가다). **guillotinieren** [...tiˈniːrən] ⟨h⟩ [frz. guillotiner] 단두대에서 목을 자르다: sie wurden in der Französischen Revolution guillotiniert 그들은 프랑스 대혁명 때 단두대에서 처형되었다.
¹Guinea [ɡiˈneːa, (span.) ɡiˈnea], -s 기니(서아프리카에 있는 국명).
Guinea [ɡinɪ], die; -s, **Guinee** [ɡiˈneː(ə), [...eːən; engl. guinea. frz. Guinée] **a)** 기니 금화(金貨), 옛날 영국의 금화명. **b)** 21 실링에 해당하는 옛 영국의 계산 단위.
Guipurespitze [ɡiˈpyːɐ̯-], die, -n 올이 굵은 레이스.
Gulasch [ˈɡula̩ʃ], das/der; -(e)s, -e/-s [ung. gulyáshús] 굴라쉬(후추를 친 쇠고기 스튜): ungarisches G. 헝가리식 굴라쉬.
Gulasch-: **~kanone**, die (군·농) 야전 취사차(炊事車). **~kommunismus**, der ⟨펌⟩ (굴라쉬 먹듯 만족을 메꾸는) 굴라쉬 공산주의. **~suppe**, die 굴라쉬 수프.
Gulden [ˈɡʊldn̩], der; -s, - **1.** 〖역사적〗 굴덴(14~19c까지의 독일 금화명). **2.** 현재 네덜란드의 화폐 단위(1 Gulden = 100 cents); 약어: hfl = Hollands Florijn 네덜란드의 플로린(화폐 단위)(↑Florin). **gülden** [ˈɡʏldn̩] ⟨Adj.⟩ (↑golden의 고형) 〖시어, 그 외는 대개 반어〗 금의, 금으로 만든, 금빛의. **güldisch** [ˈɡʏldɪʃ] ⟨Adj.⟩

Güldischsilber

[광] 금을 함유한: ~-es Gestein 금을 함유한 암석[광석].
Güldischsilber, das 금을 함유한 은광.
Gülle ['gylə], die 《südwestd., schweiz.》 액비(液肥), 똥거름, 물거름. **güllen** ['gylən] 〈h〉 《südwestd., schweiz.》 물거름을 주다. **Gülle(n)faß**, das 《südwestd., schweiz.》 물거름통, 구정물통. **Gülle(n)rohr**, das 《südwestd., schweiz.》 물거름관.
Gulli: ↑Gully.
Gully ['guli], der, 《드물게》 das; -s, -s [engl. gully] 하수구, 배구(排水)구멍(길의 하수를 땅 밑 하수도로 떨구는 쇠살 뚜껑을 한 구멍): einen verstopften G. vom Schlamm befreien 진흙으로 막힌 하수구를 뚫다.
Gullyplatte, die 하수구 덮개, 하수구 뚜껑.
Gült(e) ['gylt(ə)], die; ...ten **1.** 《고어》**a)** 토지 세입, 지대(地代), 소작료, 지체(地債). **b)** 지대를 내는 부동산. **2.** 《schweiz.》 특정 토지 저당권. **Gültbrief**, der 《schweiz.》 채무[차용]증서, 채권. **gültig** ['gyltɪç] 〈Adj.〉 **a)** 가치 있는, 유효한, 합법의, 통용되는: ein -er Ausweis 유효한 증명서; der Fahrplan ist ab 1. Oktober g. 이 기차 시간표는 10월1일부터 시행된다. **b)** 구속력[타당성]이 있는. eine -e Maxime 구속력이 있는 격률[금언]. **c)** 타당한, 정당한: ein Problem g. formulieren 어떤 문제를 정당하게 표현하다. **Gültigkeit**, die **a)** 적[합]법, 유효, 효력, 통용: dieser Vertrag hatte keine G. 이 계약은 효력이 없었다. **b)** 타당성: seine Prinzipien können allgemeine G. beanspruchen; 그의 원칙들은 보편타당성을 주장할 수 있다. **c)** 구속력, 정당성: es geht um die objektive G. der Darstellung 그것은 진술의 객관적 구속력에 관한 문제다. **Gültigkeitsdauer**, die 유효[통용] 기간. ~**erklärung**, die 유효 선언.
Gulyas: ↑Gulasch의 오스트리아식 표기. **Gulyás**: ↑Gulasch의 헝가리식 표기.
Gumma ['guma], das; -s, -ta / Gummen [lat. gummi] [의학] (매독 제 3 기의) 구마 종(腫).
Gummer ['gumɐ], der; -s, -n [lat. cucumer, cucumis] 《지역적》 조그만 샐러드용 오이.
Gummi ['gumi; lat. gummi(s), cummi(s) < griech. kómmi] **1.** der / das; -s, -s 나무의 진, 수지(樹脂), 고무: Stiefel aus G. 고무로 만든 장화. **2.** das / der; -s, -(s) **a)** ↑Gummiharz의 약칭 **b)** 〈Pl. 없음〉↑Gummiarabikum의 약칭 **3.** der; -s, -s ↑Radiergummi의 약칭. **4.** das; -s, -s ↑Gummiband의 약칭. **5.** das; -s, -s 《경》↑Präservativ의 약칭 „zieh zwei -s übereinander", sagt sie, als sie auf dem Bett liegt 침대에 누워 그녀는 "콘돔은 이중으로 하라"고 말했다.
gummi-, **Gummi-**: ~**absatz**, der (구두의) 고무 뒤축. ~**adler**, der 《통용어 · 농》질긴 통닭구이. ~**anzug**, der 고무로 된 방독(防毒衣). ~**arabikum** [gumi|a'raːbikum], das; -s [lat. arabicus] 아라비아 고무. ~**artig** 〈Adj.〉고무 모양의, 고무 같은 성질의: dieser Stoff läßt sich g. dehnen 이 원료는 고무처럼 늘어난다. ~**ball**, der 고무공. ~**band**, das 〈Pl. -bänder〉고무줄, 고무띠. ~**bär**, der 고무로 된 인형. ~**bärchen**, das **1.** ↑~bär의 축소형. **2.** (쫄깃쫄깃한) 고무 곰사탕. ~**baum**, der **1.** 고무나무(↑Kautschukbaum). **2.** (관상용) 고무나무. ~**begriff**, der 《통용어》모호한 개념. ~**bein**, das 《다음 용법으로》 ~ **haben(bekommen)** 《통용어》1) (병 따위로) 잘 걸을 수 없다. 2) 큰 걱정이 있다. ~**belag**, der 고무덮개. ~**bereift** 〈Adj.〉 고무타이어가 부착된: -e Räder 고무타이어를 끼운 바퀴. ~**bereifung**, die (고무) 타이어를 끼우는 일. ~**bonbon**, das 고무 같은 질감의 사탕과자류. ~**dichtung**, die 고무 패킹. ~**druck**, der 〈Pl. 없음〉《경》Flexodruck. ~**elastikum** [gumi|e'lastikum], das; -s ↑

Kautschuk. ~**feder**, die 고무제의 완충기. ~**floß**, das; 고무 뗏목(부표). ~**fluß**, der 〈Pl. 없음〉 이상수지 (異狀樹脂) 분비증. ~**galosche**, die ↑Galosche. ~**geschwulst**, die ↑Gumma. ~**glocke**, die 말발굽을 감싼 고무 보호 커버. ~**gutt**, das; -s [malai. getah = Gummi] 자황(雌黃), 갬보즈(황색 그림 물감).
~**handschuh**, der 고무장갑. ~**harz**, das 고무수지.
~**haut**, die [의학] ↑Faltenhaut. ~**höschen**, das ↑Windelhöschen. ~**hose**, die 고무로 된 바지.
~**kissen**, das 고무베개. ~**knie**, der 〈Pl.〉《통용어》지나치게 긴장을 하거나 약해져서 떨리는 무릎: er riß sich hoch, aber er sank wieder in den -n ein 그는 벌떡 일어났지만 무릎이 흔들려 도로 주저앉았다. ~**knüppel**, der 단단한 고무로 만든 곤봉: die Polizei ging mit -n gegen die Demonstranten vor 경찰은 고무곤봉으로 시위자들에 대처했다. ~**knüttel**, der 《드물게》↑~knüppel. ~**lack**, der ↑Schellack. ~**linse**, die 초점가변 렌즈, 줌렌즈. ~**lösung**, die 고무접착제, 고무액. ~**löwe**, der 《괌》종이호랑이, 실속 없는 위협.
~**lutscher**, der (친근) 고무처럼 쫄깃쫄깃한 사탕.
~**manschette**, die 고무제올테(억압대), 고무누름고리.
~**mantel**, der (방수되는) 고무 입힌 외투. ~**paragraph**, der 《통용어》이현령비현령식 법규[조항].
~**puppe**, die **1.** 고무인형. **2.** 고무처럼 쫄깃쫄깃한 인형 사탕. ~**rad**, das 고무타이어를 끼운 바퀴. ~**radler**, der 《österr. · 통용어》**a)** 고무바퀴가 달린 2륜의 손수레. **b)** (고어) 고무바퀴가 달린 (품위 있는) 마차. ~**reifen**, der 고무바퀴, 고무타이어. ~**ring**, der **a)** (패킹 · 틈막이용) 고무링. **b)** (던지는 놀이용) 고무고리. **c)** (밀봉용) 베크 유리고리. **d)** 고리 모양의 고무 패킹. ~**sauger**, der 고무젖꼭지. ~**scheibe**, die 고무판. ~**schlauch**, der 고무튜브(호스). ~**schuh**, der **a)** ↑überschuh 참조. **b)** 고무신. ~**schürze**, die 고무 앞치마.
~**schutz**, der ↑Präservativ. ~**sohle**, die: Stiefel mit -n 고무창을 댄 장화. ~**stiefel**, der 고무장화.
~**strumpf**, der 신축성 있는 스타킹(긴양말). ~**tier**, das **a)** 고무동물. **b)** (바람을 넣을 수 있는) 고무제 장난감 동물. ~**überschuh**, der 고무로 만든 덧신. ~**überzug**, der ↑Präservativ. ~**unterlage**, die 고무로 된 받침판(다리), 고무매트. ~**waren** 〈Pl.〉고무 제품.
~**zelle**, die (광포한 중세의 요양소 환자를 위한) 고무벽으로 된 방. ~**zug**, der a) 고무제품용 고무포(布). **b)** 고무줄, 고무띠.
gummieren [gu'miːrən] 〈h〉**a)** (고무) 접착제를 입히다 [바르다]: Briefmarken g. 우표에 고무풀을 칠하다. **b)** [섬유] (인조 합성 물질을 첨가해) 섬유를 방수 처리하다.
Gummierung, die; -en **1.** 고무(접착제)를 바름. **2.** 고무를 입힌 면. **gummös** [gu'møːs] 〈Adj.〉 [의학] 구마양이 생기는: -e Geschwülste 구마종양. **Gummose** [gu'moːzə], die; -n ↑Gummifluß.
Gumpe ['gumpə], die; -n, **Gumpen**, der -s, **1.** 《südd., schweiz.》 웅덩이, 수렁. **2.** 【광】 세광조(洗鑛槽).
Gun [gan] das / der; -s, -s[engl.-amerik. gun] 《은어》주사기.
Gundelrebe ['gund(ə)l-], die; -n 적설초(積雪草). **Gundermann** ['gundɐ-], der; -(e)s 적설초(積雪草).
gunksen ['guŋksn] 〈h〉 《ostmd.》 (팔로) 찌르다, 밀다, 치다: er hat ihn gegunkst 그는 그를 밀었다.
Gunman ['ganman], der; -s, Gunmen [-mən] engl.-amerik. gunman] 무장강도.
Günsel ['gynzl], der; -s, - [lat. consolida] 금란초속 (屬), 조개나물속(꿀풀과).
Gunst [gunst], die **a)** 호의, 총애, 친절, 편에, 은혜: die G. der Wähler 선거권자의 지지; in jmds. G. (bei

jmdm. in G.] stehen 누구의 총애를 받고 있다; nach g. ((지역적) nach G. und Gabe(n)] urteilen 편파적으로 판정하다; [전의] die G. des Schicksals 유리한 운명. b) 호의의 표시, 유익, 유리, 장점, 허가, 인정: jmdm. eine G. zuteil werden lassen 누구에게 유익이 되게 하다; (아어) einer G. teilhaftig werden 유리해지다(이득을 보다); zu jmds. -en 누구를 위하여(누구에게 유리하게).

Gunst-: ~beweis, der, ~bezeigung, die 총애의 표시, 호의의 표시. ~gewerblerin [-gəvɛrplərɪn], die; -nen (농) 매춘부.

günstig ['gʏnstɪç] 〈Adj.〉 a) 유리한, 유망한, 길조의: eine -e Gelegenheit 호기(好機), 좋은 기회; im -en Augenblick kommen 형편이 좋은 시기에 오다; etw. in -em Licht darstellen 무엇의 (형편이) 좋은 면만을 기술하다; das Wetter war g. 날씨가 유리했다(좋았다); etw. zu -en Bedingungen kaufen 무엇을 값싸게 사다. b) 호의 있는, 친절한, 너그러운: (고어) der -e Leser möge diese Mängel entschuldigen 아량 있는 독자라면 이러한 결함을 용서해주길 바란다; die Nachricht wurde g. aufgenommen; 그 소식은 호의적으로 접수되었다. günstig(st)enfalls 〈Adv.〉 기껏해야, 어쨌든, 결국. Günstling ['gʏnstlɪŋ], der; -s, -e [frz. favori] (폄) 총아, 총애를 받는자, 추종자, 빌붙는 사람: fürstliche -e 군주의 총애를 받는 자들. Günstlingsregierung, die 측근 정치, 정실(情實) 정치. Günstlingswirtschaft, die (폄) 측근 정치, 정실인사 (人事): die G. war weit verbreitet 정실 인사가 널리 확산되어 있었다.

Gupf [gʊpf], der; -(e)s, Güpfe ['gʏpfə] (österr.) -e (südd., österr., schweiz.) a) 꼭대기, 정점. b) (그릇이나 가장자리 위로) 우뚝 솟은 부분: der G. eines Eis 아이스크림의 뾰족한 윗부분; auf der Tasse Kaffee einen G. mit Obers machen 커피 표면을 크림으로 덮다.

Guppy ['gʊpi], der; -s, -s [engl. guppy; 19세기 대영박물관에 첫 표본을 보낸, Trinidad에 살고 있던 성직자 R. J. L. Guppy의 이름에 따라] 구피(미국의 따뜻한 지방에 사는 수족관용 작은 양어).

Gur [guːɐ], die (광) 바위틈에 물의 작용으로 괸 진흙 모양의 침전물, 이토(泥土).

Gurde ['gʊrdə], die; -n [frz. gourde] (옛) 가죽으로 된 순례자용 (군인용) 물병(통).

Gurgel ['gʊrg], die; -n a) 목: jmdm. an die G. springen (fahren) 누구의 목에(목을) 달려들다(조르려고 하다); die Hände um jmds. G. pressen 두손으로 누구의 목을 조르다; jmdm. die G. zuschnüren (zudrücken, abdrehen, zudrehen) (경) 누구를 경제적으로 파멸시키다. b) 목구멍, 후두(부), 기관지, 식도: schließlich hat man sich die G. gespült und die Zähne geputzt 마지막으로 사람들은 목구멍을 씻어내고 이를 닦았다; sich³ die G. schmieren (ölen) (경·농) 목추기다(술마시다); etw. durch die G. jagen (통용어) 술로 무엇을 탕진하다. gurgeln ['gʊrgl̩n] 〈h〉 1. (소리내어) 양치질하다, 목을 가셔내다(고롱고롱 울리다); er mußte dreimal täglich g. 그는 날마다 세 번씩 양치질해야만 했다. (통용어) 한잔하다. 2. a) (양치질할 때 같은) 고롱고롱거리는 (골골거리는) 소리를 내다: es gurgelte die ganze Nacht (비가 와서) 밤새도록 골골거리는 소리가 났다. b) 고로롱거리면서 움직여가다: draußen gurgelte ein Flugzeug in weißblauen Wolken 밖에서는 비행기 한 대가 연푸른 구름 속에서 우르렁거리면서 날아갔다. c) 고롱고롱 (고로롱) 거리는 듯이 말하다. Gurgelmittel, das 함수제, 양치제. Gurgelwasser, das; -s ...wässer a) ↑Gurgelmittel. b) ↑ Mundwasser.

Gürkchen ['gʏrkçən], das; -s, - ↑ Gurke. Gurke ['gʊrkə], die; -n [poln. ogórek < griech. ágouros] 1. a) (식물) 오이(식물). b) 오이: saure -n 초에 절인 오이. 2. a) (경·농) 코, 넙적코: ich hatte ein fürterlich geschwollene G. 나는 지독하게 부어오른 넙적코를 가지고 있었다. b) (속) 자지, 좆 3. (대개 Pl.) (경) 다 해진 구두, 낡은 신발: mit diesen -n kannst du eigentlich nicht mehr gehen 너는 이런 낡은 신을 신고는 더이상 걸어갈 수가 없다. 4. (폄) 질이 나빠 잘 안 팔리는 의류: für diese G. wollte sie 120 Mark 이런 형편없는 옷값으로 그녀는 120 마르크을 요구했다. 5. (폄) (낡은) 자동차: der fährt eine ganz müde G. 그는 아주 느림보 고물 자동차를 몬다. 6. (농) (우시장, 장바구러기): das ist dir eine G. 너보기엔 익살맞은 사람이지. gurken ['gʊrkn̩] 〈h/s〉 (경) 1. 어디론가 (타고) 가다: nach Hause g. 집으로 가다. 2. (자동차·오토바이로) 누구를 어디론가 태워가다.

gurken-, Gurken-: ~ähnlich 〈Adj.〉 eine -e Form 오이와 비슷한 형태. ~artig 〈Adj.〉 ein -er Geschmack 오이류의 맛. ~förmig 〈Adj.〉 오이같이 생긴. ~gewürz, das 오이저장을 위한 양념(서양자초, 겨자). ~glas, das (Pl. ...gläser) 오이용 살균저장용기 (베크 유리병). ~hachel, die (österr.) ↑~hobel. ~hobel, der 오이 써는 도구. ~kern, der 오이씨. ~kraut, das (Pl. 없음). 1. ↑Borretsch. 2. ↑Dill. ~salat, der 오이 샐러드. ~schale, die 1. 오이껍질. 2. (Pl.) (군) 하사관의 몰(짠 끈).

Gurkha ['gʊrka], der; -(s), -(s) [anglo-ind. gurkha] 인도 및 영국군에서의 네팔 출신 정예병, 구르카인(兵).

gurren ['gʊrən] 〈h〉 (의성어) 1. (비둘기가) 구구 울다: um ihn herum gurrten die Tauben 그의 주위를 에워싸고 비둘기들이 구구 울었다. 2. a) 비둘기 소리와 비슷하게 들리다. b) 꾸르륵거리는 소리로 말하다.

Gurt [gʊrt], der; -(e)s, -e / (지역적·전문어) -en, Gurte, die; -n (schweiz.) 1. a) (폭넓은) 띠, 끈: sich im Auto mit einem G. anschnallen 자동차에서 안전벨트를 착용하다. b) (유니폼의 폭넓은) 허리띠: um jedem G. legen 허리띠를 매다. c) ↑Patronengurt의 약칭 2. [건축] (목골주의) 가름대 [들보], 벽에 두른 장식 돌림띠, 장식 홍예문: die Hausfront war durch -e gegliedert 집의 정면이 장식 돌림띠로 분할되어 있다. 3. [기술] 플랜지, 불쑥 나온 테두리, (트러스의) 수평현.

Gurt-: ~band, das (Pl. -bänder) 장식띠, 허리띠. ~bett, das 끈 드리운 침상, 매달아놓은 침대. ~bogen, der [건축] (장식) 홍예문, 횡단 아치. ~gesims, das [건축] (벽에 두른 장식) 돌림띠, 선돌림. ~gewölbe, das [건축] 장식 홍예문에 있는 둥근 천장. ~muffel, der (통용어) 운전 중 안전벨트를 매지 않는 자.

Gürtel ['gʏrt], der; -s, - 1. (폭좁은) 띠, 장식띠, 허리띠: den G. umbinden 허리띠를 매다; den G. enger schnallen (통용어) (필요·욕구억제의 뜻으로) 허리띠를 졸라매다. 2. 대(帶), 지대, 구역: ein G. von Gärten und Parks zieht sich rings um die Stadt 정원과 공원지대가 도시를 둘러싸고 있다. 3. 레이디얼 타이어의 방사부.

gürtel-, Gürtel-: ~artig 〈Adj.〉 띠 같은, 띠 모양의, 대상(帶狀)의. ~echse, die 띠도마뱀. ~flechte, die ↑~rose. ~förmig 〈Adj.〉 띠 모양의. ~linie, die ↑Taille: Schläge unter die G. sind verboten [권투] 허리 아래를 치는 것은 금지되어 있다; ein Schlag unter die G. (통용어) 1) 공정하지 못한 행동. 2) 수준 이하의 행동. b) (은어) 자동차에서 창문이 시작되는 허리선. ~linse, die [광학] 띠렌즈(항해 때 사용하는 통 모양의 렌즈). ~los 〈Adj.〉 ein -es Kleid 허리띠

가 없는 옷. ~**reifen**, der 레이디얼 타이어. ~**rose**, die [의학] 대상포진(帶狀疱疹). ~**schnalle**, die 띠의 죔쇠, 버클. ~**tasche**, die 허리띠에 연결하는 작은 지갑. ~**tier**, das 아르마딜로(屬).

gurten ['gʊrtn̩] 〈h〉 **1.** 탄띠에 (탄약을) 집어넣다. **2. a)** 안장을 띠로 고정시키다. **b)** (자동차나 비행기에서) 안전 벨트를 매다. **gürten** ['gʏrtn̩] 〈h〉 **1.** 띠로 감다, 띠를 죄다: der Mantel war sportlich gegürtet 외투는 스포티하게 띠로 둘러쳐져 있었다. **2.** (동물의 안장을) 띠로 고정시키다. **Gürtler** ['gʏrtlɐ], der; -s, - 허리띠 제조인.

Guru ['guru], der; -s, -s [Hindi guru < sanskr. gurúh] (힌두교에 있어서의) 종교적 스승, 도사.

Gusche ['gʊʃə], die; -n 〈md.〉↑**Gosche**: das Kind hat eine süße G. 그 아이는 예쁜 입을 가지고 있다.

Gusla ['gʊsla], die; -s / …len 〈또한〉 Gusle ['gʊslə], die; -/-n [serbokroat. gusle] 남 슬라브인이 사용하는 한 줄로 된 라우테 모양의 현악기(구슬라). **Guslar** [gus'laːɐ] der; -en, -en [serbokroat. guslar] 구슬라 악기에 맞춰 노래하는 사람, 구슬라 연주자. **Gusli** ['gʊsli], die; -s [russ. gusli] 줄이 5개 내지 32개 달린 러시아의 악기.

Guß [gʊs] der; Gusses, Güsse [gʏsə] **1. a)** 주조: es war eine Glocke aus gutem G. 그것은 주조가 잘 된 종이었다; **(wie) aus einem G.** 동형(同型)의, 완전한, 혼연일체의. **b)** 주물: ein G. aus Eisen 철의 주물. **2. a)** 유출된 액체: ein eiskalter G. klatschte ihm in den Nacken 얼음처럼 차가운 액체가 그의 목덜미를 흠뻑적셨다. **b)** 〈통용어〉 억수(↑Regenguß): sie wurden von einem heftigen G. überrascht 그는 억수같이 쏟아지는 비를 만났다. **3.** 당의(糖衣) (↑Schokoladenguß, Zuckerguß).

guß-, Guß-: ~**arbeit**, die 주조, 주물, ~**asphalt**, der 아스팔트 포장 재료. ~**bad**, der ↑Guß (2 a). ~**beton**, der 콘크리트용 혼합물. ~**bruch**, der [주물] 주조시에 생기는 폐물(재사용될 수 있음). ~**eisen**, das 주철. ~**eisern** 〈Adj.〉 주철(제)의. ~**erzeugnis**, das 주물. ~**fehler**, der 주조시에 생긴 실수(결함). ~**form**, die 거푸집, 주형. ~**glas**, das 주조에 의해 생산된 판유리. ~**mauerwerk**, das [건축] 고대 로마에서 사용된 벽 공사. ~**modell**, das [주물] 거푸집, 주형. ~**naht**, die [주물] 주물 이음매. ~**putzer**, der [주물] 주물 연마공. ~**putzerei**, die [주물] 주물 연마 부서. ~**regen**, der 억수, 소나기. ~**rohling**, der [주물] 가공되지 않은 주물. ~**stahl**, der 주강(鑄鋼). ~**stück**, das [주물] 주물. ~**teil**, das [주물] 주물부품.

güst [gʏst] 〈Adj.〉 [niederd. guste] [nordd.] 둘치의, 새끼를 낳지 못하는, 젖이 나오지 않는(암소 따위).

Güster ['gʏstɐ], der; -s, - 호수나 큰 강에 사는 잉어.

gustieren [gʊsˈtiːrən] 〈h〉 [ital. gustare] **1.** ↑**goutieren** 참조. **2.** 〈österr.〉 맛보다, 시식하다.

Gustin Ⓦ [gʊs'tiː], das; -s 〈인공어〉 옥수수 전분.

gustiös [gʊs'tjø:s] 〈Adj.〉 〈österr.〉 맛있는, 식욕을 자극하는. **Gusto** ['gʊsto], der; -s, -s [ital. gusto] **1.** 기호, 취미, 욕망, 욕구. **2.** 식욕. **Gustomenscherl** [-menʃl̩], das; -s, -(n) 〈österr.·경〉 예쁜 소녀. **Gustometer**, das; -s, - [의학] 미각 검사기. **Gustometrie**, die [의학] 미각 검사. **Gustostückerl** [-ʃtʏkl̩], das; -s, -(n) 〈österr. 통용어〉 특히 우수한 작품, 걸작.

gut [guːt] 〈Adj.; besser, beste〉 **1. a)** 좋은, 선량한, 충실한, 경건한(반대: schlecht): -e Qualität 좋은 품질; ein -er Wein 좋은 포도주; ein -es Buch 양서(良書); bei bester Gesundheit sein 건강 상태가 최상이다; ein -es Gedächtnis haben 기억력이 좋다; also g. 좋아! (확인이나 동의의 형식으로); schon g. 그만하면 됐어;

sein Aufsatz wurde mit (der Note) „gut" bewertet 그의 작문은 "우"(의 점수)를 받았다; er spielt besser Klavier als die andern 그는 다른 사람들보다 피아노를 더 잘 친다; der Anzug sitzt g. 그 양복은 잘 맞는다(어울린다); etwas Gutes kochen 맛있는 것을 요리하다. **es g. sein lassen** 〈통용어〉 무엇을 좋다고 해두다, 어떤 일을 해결된 것으로 여기다. **b)** 우수한, 능률이 좋은, 능력있는: ein -er Arbeiter 우수한 노동자; er ist in der Schule sehr g. 그의 학교 성적은 매우 우수하다. **c)** 유익한, 효과적인, (약이) 듣는: der Tee ist g. gegen[für] Husten 차는 기침에 유익하다. **d)** 유리한, 적합한, 적절한: eine -e Gelegenheit 유리한 기회(戶機); heute ist -es Wetter zum Angeln 오늘은 낚시하기에 적합한 날씨다; das hast du g. gesagt 네 표현이 적절했어(네 말이 맞았어) **es g. treffen[haben]** (어떤 일에) 운이 좋다; **für etw. g. sein** 〈통용어〉 기대에 부응하다. 무엇을 할 준비가 되어 있다; **g. daran tun** 올바로 행동하다. **2.** 기분좋은, 유쾌한, 결과가 좋은: eine -e Nachricht 희소식; (wir wünschen Ihnen ein) -es neues Jahr! 근하신년!; mir ist nicht g. 나는 기분이 좋지 않다(역겹거나 어지러울 때); hier ist g. sein[leben] 〈아어〉 여기는 머무르고 싶은 곳이다[살고 싶은 곳이다]; g. gelaunt sein 기분이 좋다; die Bücher gehen g. 책들이 잘 팔린다; das Lokal geht g. 술집은 장사가 잘 된다; die Kinder haben es g. zu Hause 그 아이들은 유복하게 자란다; du bist g. dran [재미] 〈통용어〉 너는 행복하다; jmdm. alles Gute wünschen 누구에게 행운을 빌다; es hat alles sein Gutes 모든 것은 좋은 (측)면을 갖고 있다; das ist denn doch des Guten zuviel (반어) 그건 너무 지나치군!; **bei jmdm. g. angeschrieben sein** 〈통용어〉 누구에게 좋은 평을 받다. **3. a)** 충분(확실)한, 풍성한: eine -e Ernte 풍작(豊作); ein ganzes Jahr 풍년; mit -em Appetit essen 맛있게 먹다; das hat noch -e Weile 그건 급하지 않다, 서두를 것 없다. **b)** 좋이, 넉넉한: eine -e Stunde 좋이 한 시간; der Kaufmann hat g. gewogen 저 상인은 저울을 잘 달아주었다; **g. und gern** 〈통용어〉 충분히, 넉넉; **so gut wie** 〈통용어〉 …와 같은. **4. a)** 착한, 허물없는, 예의바른: ein Mädchen aus -em Hause 양가집 규수; sich g. benehmen 소행이 훌륭하다. **b)** 착한, 선량한(반대: böse 1 a): ein -er Mensch 선인(善人); eine -e Tat 선행; ein -es Herz haben 마음씨가 착하다(곱다); Gutes mit Bösem vergelten 선을 악으로 갚다(은혜를 원수로 갚다); jenseits von Gut und Böse sein (반어, 특히 여성의 경우) 갱년기(폐경기)에 있다. 성생활을 하지 않다; **im -ten wie im bösen** 좋든 나쁘든, 좋으나 궂으나. **5.** 친절한, 호의적인, 친한: jmdm. g. sein 누구에게 호의를 갖고 있다, 누구를 사랑하고 있다; die beiden sind wieder g. miteinander(einander wieder g.) 〈친근〉 두 사람은 다시 화해했다; er meint es g. mit dir 그는 너를 좋게 생각한다. **im -en** 평화적으로, 호의로, 온건히. **6.** 특별한 (명절이나 예식 때 입는 옷 따위): dieses Kleid lasse ich mir für g. 나는 이 옷을 특별할 때 입을 것으로 보관해둔다. **7.** 쉬운, 용이한: die Mine schreibt sich g. 이 연필(볼펜) 심은 쉽게 쓰여진다; dieser Artikel ließ sich nicht g. verkaufen 이 상품은 쉽사리 팔리지 않았다. **Gut** [-], das; -(e)s, Güter ['gyːtɐ] **1.** 재보, 재산(정신적, 물질적): ererbtes G. 유산; geistige, irdische Güter 정신적 자산; liegende[unbewegliche] Güter 토지, 부동산; 성귀 Gesundheit ist das höchste G. 건강은 최고의 자산이다; 속담 unrecht G. gedeihet nicht[tut selten gut] 부정한 돈은 오래가지 못한다. **2.** 토지, 소유지, 전지; 장원: nach seinem Ausscheiden aus der Politik zog er sich auf seine Güter zurück 그는 정계에서 은퇴한 후 그의 농장으로 돌아갔다. **3.** 화물, 수송 상품: Güter aufgeben 화물을 탁

송하다. **4. a)** 《고어》 재료, 원료. **b)** [선원] 삭구, 삭구 장비; stehendes G. 돛대를 고정시키는 밧줄.

gut-, Gut-: ~achten ⟨h⟩ 감정하다, 판정하다. **~achten,** das; -s, - 〔전문가의〕 판정, 평가, 감정, 의견. **~achter,** der; -s, - 전문적인 감정인, 평가(추천)인. **~achterlich** ⟨Adj.⟩ 감정인의, 감정가에 의한. **~achtlich** ⟨Adj.⟩ 감정형식의, 감정으로서의: etw. g. prüfen 무엇을 전문적 감정을 통해서 검토하다. **~artig** ⟨Adj.⟩ **1.** 온순한, 양순한(아이, 동물 등이). **2.** 〔의학〕 양성(良性)의: der Tumor stellte sich als g. heraus 그 종양은 양성(良性)으로 판명되었다. **~artigkeit,** die **1.** 온순, 양순, 선한 성품. **2.** 〔의학〕 양성(良性). **~ausgebaut** ⟨Adj.⟩ 잘 짜여진: eine -e Organisation 잘 짜여진 조직. **~aussehend** ⟨Adj.⟩ 외모가 훌륭한. **~beleumdet** ⟨Adj.⟩ 평이 좋은. **~betucht** ⟨Adj.⟩ 《통용어》 유복한, 재산이 많은. **~bezahlt** ⟨Adj.⟩ 대우가 좋은. **~bringen*** ⟨h⟩ 〔상〕 ↑~schreiben. **~bürgerlich** ⟨Adj.⟩ 시민 계급에 전형적인, 견실한, 양가(良家)의, 점잖은, 중류 가정의. **~dotiert** ⟨Adj.⟩ 대우[보수]가 좋은. **~dünken,** das; -s 판단, 의견, 생각: nach (seinem) G. mit jmdm. (etw.) verfahren 누구(무엇)를 그의 마음대로 대하다〔처리하다〕. **~edel,** der; -s 〔식물〕 맛 좋은 청포도의 일종(고급 품종). **~finden,** das; -s ⟨schweiz.⟩ ↑~dünken. **~fundiert** ⟨Adj.⟩ eine -e Ausbildung 기초가〕튼튼한〔확실한〕 교육. **~gehen*** ⟨s⟩ ⟨a⟩ 〔비인칭〕 건강하다: es ist ihm in seinem ganzen Leben gutgegangen 그는 평생 동안 건강했다. **b)** 일이 잘 진행되다: Die Arbeit ging überraschend gut 그 일은 놀랄만큼 잘 진행되었다. **~gehend** ⟨Adj.⟩ ein -er Betrieb 사업이 잘 되는 기업. **~gekleidet** ⟨Adj.⟩ 옷을 잘 차려입은. **~gelaunt** ⟨Adj.⟩ 기분 좋은. **~gelungen** ⟨Adj.⟩ 잘 된, 성공한. **~gemeint** ⟨Adj.⟩ 호의적인. **~gepflegt** ⟨Adj.⟩ 알뜰하게 잘 돌보아진〔가꾸어진〕. **~gesinnt** ⟨Adj.⟩ a) wohlgesinnt. **b)** 고결한, 정직한. **~gesinnte*,** der / die 고결한 자. **~gewicht,** das; -(e)s 〔상〕 덤, 덧붙이. **~gläubig** ⟨Adj.⟩ 선의의, 사람을 의심치 않는. **~gläubigkeit,** die ↑~gläubig의 명사형. **~haben*** ⟨h⟩ 누구에게 꾸어 준 돈이 있다. **~haben,** das; -s, - **a)** 받을 돈, 예금액: er hat noch ein großes, G. auf der Bank 그는 아직도 은행에 큰 예금액을 갖고 있다. **b)** 〔부기〕 대(貸). **~heißen*** ⟨h⟩ 시인하다, 인정하다; 비준하다, 재가하다: er konnte diese skrupellosen Methoden niemals g. 그는 이 파렴치한 방법들을 결코 인정할 수 없었다. **~heißung,** die; -en 시인, 인정, 비준. **~heit,** die 착함, 덕. **~herzig** ⟨Adj.⟩ 선량한, 마음씨 고운, 동정심이 많은. **~herzigkeit,** die ↑~herzig의 명사형. **~leuthaus.** ↑Gutleuthaus. **~machen** ⟨h⟩ **1. a)** 실을 보상하다, 개선하다: er hat viel an ihr gutzumachen 그는 그녀에게 많은 보상을 해야 한다(그녀에게 부당한 짓을 많이 했다). **b)** 보답하다: Sie haben mir so oft geholfen, ich weiß gar nicht, wie ich das g. soll 저를 자주 도와주셨습니다, 어떻게 보답해야 좋을지 모르겠습니다. **2.** 이익을 올리다. 흑자를 보다: er hat bei dem Geschäft 50 Mark gutgemacht 그는 그 장사를 해서 50 마르크를 벌었다. **~mütig** ⟨Adj.⟩ 선량한, 온순한, 친절한. **~mütigkeit,** die 선량, 친절, 온순. **~nachbarlich** ⟨Adj.⟩ 이웃과 사이가 좋은, 선린(善隣)의: -e Beziehungen 선린 관계. **~punkt,** der 〔체조〕 추가 점수. **~sage,** die 〔드물게〕 보증. **~sagen** ⟨h⟩ 보증하다: für einen Bekannten g. 한 친지를 보증하다. **~schein,** der 상품권, 교환권: jmdm. einen G. (im Wert von 100 DM) schenken 누구에게 (100 DM 상당의) 상품권을 선물한다. **~scheinheft,** das 상품권(상품 수표) 묶음. **~schreiben*** ⟨h⟩ 누구의 대변에 기입한

다: der überschüssige Betrag wird Ihrem Konto gutgeschrieben 초과액은 당신 구좌의 대변에 기입된다. **~schrift,** die **a)** 대변(貸邊)〈반대: Lastschrift〉: eine hohe G. auf seinem Konto haben 그의 구좌는 대변의 수치가 높다. **b)** 대변 증명(확인)서. **~situiert** ⟨Adj.⟩ 유복한, 부유한. **~sitzend** ⟨Adj.⟩ **a)** 몸에 맞는, 어울리는. **b)** 《통용어》 명중하는(목표물을). **~sprechen*** ⟨h⟩ 《지역적》 ↑~sagen. **~stehen*** ⟨h⟩ 《지역적》 보증하다. **~tat,** die 〔드물게〕 선행, 자선 행위. **~tätig** ⟨Adj.⟩ 〔고어〕 선행의, 착한 일을 하는. **~templer,** der; -s, - [engl. Good Templar] **a)** 국제 금주(禁酒)협회원. **b)** 금주론자. **~templerorden,** der; -s - 국제 금주 협회(1852년 New York에 창설, 약어: I.O.G.T.). **~tun*** **1.** 효력이 있다. 이롭다: seine Worte taten mir gut 그의 말은 나에게 유익했다. **2.** 《지역적》 온순하다, 말을 잘 듣다: der Schüler tat auch im Internat nicht gut 그 학생은 기숙사에서도 말을 잘 듣지 않았다. **~unterrichtet** ⟨Adj.⟩ 정확히 알고 있는. **~verdienend** ⟨Adj.⟩ 벌이가 좋은, 수입이 좋은. **~willig** ⟨Adj.⟩ **1.** 호의적인, 친절한; 자발적인: etw. g. hergeben 무엇을 자발적으로 내어놓다. **2.** 선의의: -e Leute hielten ihn für einen Gottverwandten 선의의 사람들은 그를 신과 유사한 사람으로 여겼다. **~willigkeit,** die 호의, 친절, 선의; 자발적임.

Gütchen ['gy:tçən] 《다음 용법으로》 sich³ **an etw. ein G. tun** 《통용어·농》 무엇을 충분히 맛보다〔향유하다〕.

Güte ['gy:tə], die **1.** 친절, 돈독, 호의; 자비, 동정; 관용: seine G. gegen uns kannte keine Grenzen 우리에 대한 그의 친절은 끝이 없었다; hätten Sie die G. mir zu helfen? 저를 좀 도와주실 수 있을까요?; **(ach) du meine [liebe] G.!** 《경, 놀람의 소리》 아야!, 저런!, 이런!; **(du) meine G.!** 《경, 다른 사람이 어떤 것을 인정하지 않으려는 사실에 대한 경탄의 소리》 그것도 몰라, 저런, 참. **2.** 품질, 우량품: in dieser G. bekam man den Kuchen nur in einer bestimmten Konditorei 이런 우수한 케이크는 특정한 제과점에서만 구입할 수 있었다.

güte-, Güte-: ~grad, der ↑~klasse. **~klasse,** die 품질의 등급. **~kontrolle,** die 품질 검사. **~termin,** der 〔법〕 ↑~verfahren. **~triefend** ⟨Adj.⟩ 《반어》 친절이 넘치는 지경인. **~verfahren,** das 〔법〕 (기소전의) 화해 절차(수속). **~verhandlung,** die 〔법〕 화해 심리. **~vorschrift,** die 품질 관리 규정. **~zeichen,** das 품질(검사필)의 표지(마크).

Gutenachtgruß, der; -es, ...grüße 〔취침 전의〕 편히 쉬라는 인사. **Gutenachtkuß,** der; ...kusses, ...küsse 취침전의 인사 때 하는 키스. **Gutenachtlied,** das 자장가. **Gutenmorgengruß,** der; -es, ...grüße 아침 인사.

güter-, Güter-: ~abfertigung, die **a)** 〔역, 우체국 등의〕 화물의 접수와 발송. **b)** 〔역, 우체국 등의〕 화물 취급소. **~angebot,** das ↑Warenangebot. **~austausch,** der (국가간의) 화물 교환. **~bahnhof,** der 화물역. **~expedition,** die ↑~abfertigung. **~fernverkehr** [gy:tɐˈfɛrn...], der 장거리 (특히 외국으로의) 화물 운송. **~gemeinschaft,** die 재산의 공유(특히 부부간의)〈반대: ~trennung〉. **~hafen,** der 화물용 항구. **~halle,** die ↑~schuppen. **~nahverkehr** [gy:tɐˈnaː...], der 근거리 화물 운송. **~produktion,** die 상품 생산. **~recht,** das 〈Pl. 없음〉 〔법〕 (부부 관계의) 재산법. **~rechtlich** ⟨Adj.⟩ 〔법〕 재산법상의, 재산법에 의한. **~schiffahrt,** die 화물 선박에 의한 화물 수송. **~schuppen,** der 〔철도〕 화물 창고. **~speicher,** der ↑~schuppen. **~stand,** der 〔법〕 (부부간의) 재산 분배 규정. **~tarif,** der 화물 운송 요금표. **~transport,** der 화물

운송. ~**trennung**, die 【법】(부부간의) 재산 분리, 별산제(別産制) (반대: ↑~gemeinschaft). ~**umschlag**, der 화물을 옮겨 싣기. ~**verkehr**, der 화물 운송(운수). ~**wagen**, der 【철도】화(물)차. ~**zug**, der 【철도】화물 열차.

gütig ['gy:tıç] 〈Adj.〉 온화한, 선량한; 친절한, 호의적인; 관대한, 자비로운: zu g.! (받어) 원, 고맙기도!: sich g. gegen jmdn. zeigen 누구에게 친절하다. **Gütigkeit**, die 《드물게》 온화, 선량; 친절, 호의; 관대, 자비.

gütlich ['gy:tlıç] 〈Adj.〉 호의적인, 화해적인: einen Streit g. beilegen 싸움을 화해적으로 끝내다; **sich³ an etw. g. tun** 무엇을 즐겨 먹다.

Gutleuthaus [guːt'lɔythaus], das; -es, ...häuser [주거지 외곽에 위치한 나환자촌의 미화적 표현] (südd.) 구빈원(救貧院).

Guts- (Gut 2): ~**besitzer**, der 토지 소유자, 지주, 영주. ~**haus**, das 농장 부속 주택, 농가. ~**herr**, der 농장주, 지주, 봉건 영주. ~**herrin**, die ↑~herr의 여성형. ~**herrschaft**, die 농장주(영주) 일가, 지주 및 그의 가족, (옛) 농장 영주제. ~**hof**, der (대)농장; 장원, 농가의 뜰. ~**inspektor**, der 영농 기술자. ~**verwalter**, der 농장(토지) 관리인.

Gutsch [guʧ], der; -(e)s, Gütsche ['gyʧə] 《schweiz.》 호우, 소나기.

Gutsel [gu'ʦl], das; -s, - [Guts(= Gutes)의 축소형]《지역적》봉봉(과자). **Gutsle** ['guːʦlə], das; -s, - (südd.) 특히 크리스마스 때 먹는 과자(쿠키).

Guttapercha [guta'pɛrʧa], die; - / das; -(s) [malai. getah = Gummi, percha = Baum] 구타페르카(말라야산의 적철과 식물의 수액을 건조시킨 물질, 고무질로서 절연체, 치과 충전제, 골프공 따위의 재료로 쓰임). **Guttaperchapapier**, das 구타페르카로 만든 종이.

Guttation [guta'ʦioːn], die; -en [lat. gutta] 【식물】(식물 표면의) 배수(排水)[일액(溢液)].

Gutti ['guti], das; -s ↑Gummigutt.

guttieren [gu'tiːrən] [lat. gutta] 〈h〉【식물】 수분을 배출하다(분비하다). **Guttiole** ⓦ₂ [gu'tioːlə], die; -n 물약병.

guttural [gutu'raːl] 〈Adj.〉 [lat. guttur] **a)** 후음(喉音)의. **b)** 〈언어·준고어〉후두(喉頭)에서 발한. ein ~er Laut 후두음(喉頭音). **Guttural** [-], der; -s, -e 〈언어·준고어〉후음(喉音), 구개음(예컨대: [k], [g]). **Gutturallaut**, der ↑Guttural.

Guyana [gu'jaːna], -s 남미의 북부에 있는 국가 가이아나 (↑Guayana). **Guyaner**, der; -s, - 가이아나 사람, 가이아나에 사는 주민. **guyanisch** 〈Adj.〉 가이아나의.

Guyot [gyi'joː], der; -s, -s [미국 지리·지질학자 A. H. Guyot(1807~1884)에 따라] 【지질】기요(해상(海床)으로부터 솟은 정상이 밋밋한 사화산).

Gwirkst [gvırkst], das; -s 《österr.·통용어》 ↑Gewirkst.

gwund(e)rig ↑gewund(e)rig.

Gymkhana [gym'kaːna], das; -s, -s [engl. gymnasium = Sporthalle, Hindi gend-khana = Tennisplatz] (특히 육상, 마술, 자동차 경기자들을 위한) 기능경기. **Gymnaestrada** [gymnes'traːda], die; -s [1951년 네덜란드인 H. Sommer에 의해서 창시됨] 4년에 한번씩 다른 나라에서 개최되는 체조 대회. **gymnasial** [gymna-'ziaːl] 〈Adj.〉 김나지움(Gymnasium)의, 김나지움에 속하는: der -e Deutschunterricht 김나지움에서의 독어 교육.

Gymnasial-: ~**bildung**, die 김나지움에서 받은 교육. ~**direktor**, der 김나지움의 교장. ~**direktorin**, die 김나지움의 여교장. ~**klasse**, die 김나지움의 교실, 학급. ~**lehrer**, der 김나지움의 교사. ~**leitung**, die 김나지움의 관리(운영). ~**professor**, der (österr.) 김나지움의 교사. ~**studium**, das (österr.) 김나지움 시절.

Gymnasiarch [gymna'ziarç], der; -en, -en [griech. gymnasiarchos] (옛) 김나지움의 교장. **Gymnasiast** [...'ziast], der; -en, -en 김나지움의 학생. **Gymnasiastin**, die, -nen 김나지움의 여학생. **Gymnasium** [gym'naːzɪum], das; -s, ...ien [...ɪən; lat. gymnasium < griech. gymnásion] **1.** 김나지움(국민학교와 대학교를 연결하는 9년제 중·고등학교): aufs G. gehen 김나지움에 (올라)가다. **2.** (고대 그리스) 체조장, (청년) 체육도장. **Gymnast** [...'nast], der; -en, -en [1: griech. gymnastḗs] **1.** (고대 그리스) 투기자(鬪技者)를 훈련시키는 사람, 체육교사. **2.** ↑Heilgymnast, Krankengymnast. **Gymnastik** [...'nastık], die [griech. gymnastikḗ (téchnē)] 체조: G. treiben(machen) 체조하다.

Gymnastik-: ~**lehrer**, der 체조 교사. ~**lehrerin**, die 체조 여교사. ~**saal**, der 체육관. ~**schule**, die 체조 학교. ~**unterricht**, der 체조 수업.

Gymnastiker, der; -s, - 체조 선수, 체육 교사. **Gymnastikerin**, die; -nen ↑Gymnastiker의 여성형. **Gymnastin**, die; -nen ↑Gymnast (2)의 여성형. **gymnastisch** 〈Adj.〉 체조(체육)의: das Training war rein g. 훈련(트레이닝)은 순전히 체조에 관한 것이었다. **gymnastizieren** [...sti'ʦiːrən] 〈h〉【승마】말을 체계적으로 조련시키다. **Gymnastizierung**, die 체계적인 조련. **Gymnosophist** [gymno-], der; -en, -en [griech. gymnosophistes] (그리스 문헌에 등장하는) 인도의 벌거벗은 수도자(고행자). **Gymnosperme** [gymno'spermə], die; -n 【식물】나자(裸子)식물.

Gynäkeion [gynɛ'kajon], das; -s, ...ien [griech. gynaikeíion] 고대 그리스의 부인방, 규방(閨房). **Gynäkokratie** [...kokra'tiː], die; -, ...i:ən; griech. gynaikokratía] (교양어·드물게) 모권(제도)(↑Matriarchat). **Gynäkologe** [...ko'loːgə], der; -n, -n [griech. gynḗ] 【의학】 부인과 의사, 부인과 전문의. **Gynäkologie** [...giː], die 【의학】부인과 의학, 산부인과. **gynäkologisch** 〈Adj.〉【의학】부인과 의학의, 산부인과의. **Gynäkomastie** [...mas'tiː], die; -n [...iːən; griech. mastós] 【의학】 (남성의) 여성화 유방. **Gynäkophobie**, die 【심리】여자 공포(증). **Gynander** [gy'nandɐ], der; -s, - [griech. gýnandros] 【생물】자웅 모자이크(감합체), 반음양체(半陰陽體). **Gynandrie** [...'driː], die; -n (드물게) ↑Gynandrismus [...'drısmus], der; -, ...men **1.** 【생물】자웅모자이크(감합체) 현상. **2.** (남성의) 반음양(半陰陽)현상(여컨대: 남녀추니). **Gynandromorphismus** [...drɔmor'fısmus], der; -, ...men **1.** 【생물】자웅동체(雌雄同體)(모자이크) 현상. **2.** 【의학】 ↑Gynandrie (2) 참조. **Gynanthropos** [gy'nantropɔs], der; -, ...thropen [...'troːpn]/ ...poi [gy'nantropɔy; griech. ánthrōpos] 【고어】 반음양자, 여성가성반음양자. **Gynäzeum** [gynɛ'ʦeːum], das; -s, ...zeen [...eːən; lat. gynaecēum < griech. gynaikeîon **1.** ↑Gynäkeion. **2.** 【식물】《총칭》암술, 꽃의 자성(雌性) 기관. **Gynogenese** [gyno-], die; -n 【생물】 처녀생식, 자성발생. **gynogenetisch** 〈Adj.〉 【생물】 Gynogenese의 형용사형.

Gyrobus [gy'roː-], der; -ses, -se [griech. gýros] 자이로버스(플라이휠로 발전된 전기로 움직이는 버스). **gyromagnetisch** [gyro-] 〈Adj.〉 【물리】 회전 자기(磁氣)의. **Gyrometer**, das; -s, - 회전 속도 측정기, 회전계. **Gyroskop** [...'skoːp], das; -s, -e [griech. skopeîn] 자이로스코프, 회전의(儀). **Gyrovage** [...'vaːgə], der; -n, -en [lat. gyrovagus] (수도원을) 방황하는 수도사(修道士).

Gyttja ['gytja], die; ...jen [schwed. gyttja] 【지질】이토층(泥土層).

H

h, H [ha], das; -, - **1.** 독일 자모의 여덟째 자. **2.** [음악] 나 음, 장음계의 제7음; 나 조(調)(대문자는 장조, 소문자는 단조).

h 플랑크 상수를 지정하는 기호.

h = Hekto 헥토(백(百)의 뜻의 연결형); hora 시(時), 시간(時間), 8 h = 8시간, 8시;《높이 표기시》 8^h = 8 Uhr(시); h-Moll 나 단조(短調), 나 음(音).

H = H-Dur 나 장조(長調); Henry (전도계수의 단위) 헨리; 수소.

ha = Hektar(e) 헥타르(면적의 단위).

Ha = Hahnium 화학 기호 하니움.

h.a. = huius anni 금년의, hoc anno 금년에.

ha! [ha(:)] 〈Interj.〉 **1.** 하! 원! 저런!(기쁨[놀람, 공포, 조소, 불만]을 나타내는 감탄사): ha, da kommt sie ja schon! 아니, 그녀가 벌써 오다니! **2.**《의기 양양한 외침》 하!: Ha, jetzt sollen sie nur kommen, die Haifische 하! 요 상어녀석들, 올테면 오라지!

hä! [he(:)] 〈Interj.〉《경》↑he (3).

Haag, Den [de:n 'ha:k, (niederl.) den 'ha:x] 네덜란드의 실질상의 수도 헤이그. **Haag**, der; -s 헤이그. ↑Den Haag: im[in] H. 헤이그에서; (↑'s-Gravenhage.)

¹Haager ['ha:gɐ] der; -s, - 헤이그 사람. **²Haager** 〈Adj.; 격변화 없음〉 헤이그의.

Haar [ha:ɐ̯] das; -(e)s, -e **1.**〈축소형: ↑Härchen〉 털, 머리털, 머리카락: (sich: die -e schneiden lassen 이발하다, 조발하다; 《속담》krause e, krauser Sinn 고수머리인 사람은 고집이 세다; lange -e, kurzer Verstand 소견 없는 여자의 마음[믿지 못할 여자의 마음]; mehr Schulden haben als -e auf den Kopf《통용어》매우 많은 빚을 지고 있다; sich³ (vor Wut, Verzweiflung) die -e (aus)raufen《통용어》매우 분노[절망]하다, 화가 나서 어쩔 줄을 모르다; **jmdm. stehen die -e zu Berge(sträuben sich die -e)**《통용어》무서워서 머리털이 곤두선다, 무서워서 소름이 끼친다; **ein H. in der Suppe(in etw.) finden**《통용어》흠사가 나다, 옥에 티다; **kein gutes H. an jmdm.(etw.) lassen**《통용어》누구[무엇]을 혹평하다; **jmdm. die -e vom Kopf fressen**《통용어·농》1) 다른 사람의 비용으로 포식하다. 2) 거의 싫증이 날 수가 없다; **-e auf den Zähnen haben** (대부분 여인이) 우악살스럽다, 깐깐하다 거세다; **-e lassen (müssen)**《통용어》드러나지 않은 목적을 위해서 희생을 치르다, 무엇을 관철시키는 데는 희생이 따르기 마련이다; **sich³ über[wegen,**《드물게》**um] etw. keine grauen -e wachsen lassen**《통용어》불필요하게 걱정하지 않다, 조금도 마음을 성급히 호트리지 않다; **jmdm. kein H.[niemandem ein H.] krümmen (können)**《통용어》누구를 조금도 해치지 않다, 누구를 성가시게 굴지 않다; **an einem H. hängen**《통용어》위험 천만이다, 백척 간두에 처해 있다, 위기 일발이다; **etw. an[bei] den -en herbeiziehen**《통용어》어떤 일에 억지를 쓰다, 견강 부회하다; **auf ein H.[aufs H.]**《통용어》정확히, 세밀하게; **sich in die -e fahren(geraten, kriegen)**《통용어》서로 (머리털을 꺼두르고) 싸움질하다; **sich in den -en liegen**《통용어》격투이다; **um ein H.**《통용어》1) 하마터면, 거의. 2) 조금, 약간; **nicht (um) ein H.[(um) kein H.]**《통용어》조금도 …하지 않다; **ums H.** (↑um ein Haar (1)). **2.**〈Pl. 없음〉《총칭》 털: das H. sitzt gut 머리(모양새)가 잘 어울린다. **b)** (대부분의 포유 동물에 있어서) 털, 가죽: der Katze sträubte sich das H. 고양이의 털이 곤두섰다. **3.**〈대개 Pl.〉[식물] 모용(毛茸), 관모(冠毛), 깃털.

haar-, Haar-: **~ähnlich**〈Adj.〉털과 비슷한, 털 모양의. **~ansatz**, der **1.** (머리 주변 특히 이마에) 머리털이 자라기 시작하는 부분. **2.** 모간(毛幹). **~artig**〈Adj.〉털 종류의, 털과 같은 성질의. **~ausfall**, der 탈모(脫毛), 탈모증. **~balg**, der〈Pl. -bälge〉모낭. **~band**, das〈Pl. -bänder〉댕기, 머리끈. **~besen**, der〈Interj.〉. **~beutel**, der 털 (18세기 남자용) 모대(毛袋), 모대 가발. **~beuteltracht**, die 모대 달린 옷. **~boden**, der ↑ Kopfhaut. **~breit**〈Adv.〉몹시 촘촘하면, 몹시 가깝게. **~breit**〈다음 용법으로〉**nicht (um) ein[(um) kein) H.** 조금도 (전혀) …하지 않다. **~bürste**, die **1.** 머리 빗는 솔. **2.** (특히 남성의 경우) 짧게 깎은 머리. **~büschel**, das 한 줌 (뜨개진) 머리털, (모자 또는 동물의 머리에 있는) 장식 털. **~creme**, die 포마드 머릿기름, 헤어크림. **~decke**, die **1.** 모피. **~dünn**〈Adj.〉머리털처럼 가느다란, 매우 얇은. **~dutt**, der〈지역적〉↑Dutt. **~eisen**, das〈전문어〉무둣대. **~entferner**, der; -s, - 탈모제(脫毛劑). **~ersatz**, der 가발, 머리다리. **~farbe**, die **1.** 머리색. **2.** 머리 염색약, 염모제(染毛劑). **~färbemittel**, das 머리 염색약, 염모제. **~fein**〈Adj.〉털처럼 가느다란, 섬세한, 부드러운. **~festiger**, der 헤어크림. **~filz**, der **1.** 모전 (毛氈). **2.** 엉클어진 머리. **~franse**, die; -n〈대개 Pl.〉머리숱. **~frisur**, die ↑Frisur. **~garn**, die《양》 모와 소·염소털의 혼방사. **~garnteppich**, der [섬유] 동물털로 만든 양탄자. **~gefäß**, das〈대개 Pl.〉[의학] ↑Kapillare (1). **~genau**〈Adj.〉《통용어》매우 정확한, 딱 들어맞는. **~glanz**, der 머리의 광채. **~gurke**, die [식물] 호박과의 넝쿨식물. **~kamm**, der《드물게》↑Einsteckkamm. **~klammer**, die 머리핀. **~kleid**, das (아이) ↑Fell (a). **~klein**〈Adj.〉세밀한, 아주 정확한. **~klemme**, die ↑~klammer. **~knoten**, der ↑Knoten (1 b). **~kosmetik**, die 머리 미용. **~krankheit**, die 털 많은 사람. **~kranz**, der (남자의) 정수리 가장자리의 화환 모양의 머리털. **b)** 머리 둘레에 둥그렇게 땋은 머리(편발). **~krone**, die **1.** 조그만 왕관 모양으로 땋은 머리. **2.**《드물게》머리 꼭대기, 수리의 두발. **~künstler**, der〈농〉이발사, 미용사. **~lack**, der 헤어 스프레이. **~lineal**, das 강철자(尺). **~locke**, die 고수머리. **~los**〈Adj.〉털 없는, 대머리의. **~losigkeit**, die 털 없음, 대머리. **~mark**, das [생물] 모수질(毛髓質). **~masche**, die (österr.) 머리 리본. **~mensch**, der 털 많은 사람. **~mode**, die 유행하는 머리 모양. **~mörtel**, der〈전문어〉(동물의 털이 엉켜붙지 않게 바르는) 모르타르. **~nadel**, die **a)** U자 모양의 고정핀. **b)** 장식용 머리핀. **~nadelkurve**, die (U자 머리핀 모양의) 급커브 길. **~nadeltor**, das [스키] (회전 활강 경기의) 헤어핀 기문(旗門). **~netz**, das 머리

그물. ~öl, das 머릿기름. ~pfeil, der 화살 모양의 장식용 머리핀. ~pflege, die 머리 손질, 이발. ~pflegemittel, das 머리 손질용 제품. ~pinsel, der 모필, 모필. ~pomade, die †Pomade. ~pracht, die 《농》아름다운 (긴)머리. ~puder, der/《또한 통용어》das a) 《옛》(가발에 화장용으로 뿌리던) 분(粉). b) ↑Trockenschampon. ~raubwild, das 《사냥》 포유동물에 속하는 야수(맹수). ~riß, der (그릇 따위의) 깨진 금. ~röhrchen, das 〖물리〗↑Kapillare (2). ~schaf, das 〖농업〗 고기와 우유를 얻기 위해서 집에서 기르는 양. ~scharf 〈Adj.〉 1. 매우 가까운. 2. 매우 정확한. ~schere, die 이발용 가위. ~schleife, die 머리 리본. ~schmuck, der 머리 장식(품). ~schnecke, die 귀 윗쪽에 나선 모양으로 땋은 머리. ~schneidemaschine, die 이발기. ~schneider, der 《준고어》남자 이발사. ~schnitt, der 이발, 헤어 스타일. ~schopf, der a) 머리술. b) 《드물게》↑~strähne. ~schwund, der 탈모(脫毛). ~seite, die 1. 〖섬유〗 천의 표면. 2. 〖제혁〗 가죽의 표면, 가죽의 두툴두툴한 면. ~sieb, das 가는 철망으로 만든 체. ~spalter, der 《폄》꼬치꼬치 캐는 사람, 생트집 잡는 사람. ~spalterei, die 《폄》꼬치꼬치 캐는 것, 생트집, 문자에 구애받음. ~spalterisch 〈Adj.〉꼬치꼬치 캐는, 옹졸한. ~spange, die 딴 머리를 고정시키는 장식용 핀, 비녀. ~spitze, die 머리칼의 끝. ~spitzenkatarrh, der 《농》과음한 다음 날 뒷머리가 땡기는 것 같은 통증. ~spray, der/das 헤어 스프레이. ~stern, der 〖천문〗 〖동물〗 갯나리; 〖천문〗 혜성(彗星). ~stilist, der ↑Hair-Stylist. ~stoppel, die 《대개 Pl.》 빳빳한(까칫까칫한) 수염. ~strähne, die 머리카락의 묶음(다발), 땋은 머리. ~strang, der 1. 털로 꼰 끈, 길게 땋은 머리. 2. 〖식물〗 바다나물속. ~sträubend 〈Adj.〉 a) 머리털이 곤두서는, 무서운, 소름 끼치는. b) 분노(거부, 불쾌감)를 야기시키는, 믿을 수 없는. ~strich, der 1. (펜 따위로 긋는) 가는 선. 2. (특히 동물의 경우) 털이 자라는 방향. ~teil, das 자신의 머리와 가발을 꼬아 이은 부분. ~tinktur, die 머리 물감. ~tolle, die 《통용어》 결발(結髮). b) 이마에 내리뜨린 앞머리. ~tracht, die 《준고어》 (특정한 시대와 특정한 사회 계층의 있어서) 헤어 스타일. ~trockner, der 헤어 드라이어. ~truhe, die 〖부랑저〗 짐(籠). ~turm, der 높이 치켜올린 긴 머리. ~wäsche, die 세발(洗髮). ~waschmittel, das 세발제(劑), 머리 샴푸. ~wasser, das 조발(整髮)용 향수. ~wechsel, der (특히 포유 동물의 경우) 털바꿈(갈이). ~werk, das 《드물게》모든 털, 모피. ~wickel, der ↑Lockenwickler. ~wild, das 〖사냥〗 (모피를 갖고 있는 모든) 야수. ~wirbel, der (머리의) 가마, 선모. ~wuchs, der 1. 모발의 성장. 2. 머리털, 두발. ~wuchsmittel, das 모발 성장 촉진제. ~wurzel, die 모근(毛根). ~zwiebel, die 모구(毛球)(모근의 맨 아래부분).

haaren ['ha:rən] (sich) 〈h〉 털이 빠지다, 털바꿈을 하다: der Hund haart (sich) 개가 털갈이한다. **Haaresbreite** 《다음 용법으로》 um H.) 간신히. **haarig** ['ha:rɪç] 〈Adj.〉 1. 털이 많이 난, 털 투성이의. 2. 《드물게》 털로 만들어진. 3. 까다로운.

Haarlem ['ha:rləm, (niederl.-) 'ha:rlɛm] 네덜란드의 도시 하렘. ¹**Haarlemer** ['ha:rləmɐ], der; -s, - 하렘 사람. ²**Haarlemer** 〈Adj.; 격변화 없음〉 하렘의.

Haarling ['ha:rlɪŋ], der; -s, -e 〖동물〗 〖새〗털의 이.

Hab [ha:p] 《다음 용법으로》 H. und Gut 《아이》 전 재산.

Habachtstellung f ↑Habachtstellung.

Habanera [haba'neːra], die; -s [span. (danza) habanera] 하바네라(2/4 박자의 쿠바의 무용).

Habanerfayence [ha'ba:nə-], die; -n 《대개 Pl.》 17, 18세기 쿠바의 하바나인들에 의해 제조된 민속적인 도자기.

Häbchen 《다음 용법으로》 H. und Bäbchen (H.-Bäbchen) (ostmd.) 전 재산, 소유물.

Habdala [hapda'la:], die; -s [hebr. havdalah] 〖유태교〗 (안식일, 축일 끝날 때) 하느님을 찬양하는 기도.

Habe ['ha:bə], die 《아이》 재산, 소유물: fahrende H. 《법·고어·아직도》 동산(動産); liegende H. 《법·고어》 부동산.

Habeaskorpusakte [ha:beas'korpʊs-], die habeās corpus] (1679년에 공포된 영국의) 인신 보호법 [보호령].

habelos 〈Adj.〉 《아이·드물게》 재산이 없는, 빈털털이의.

habemus Papam [ha'be:mʊs 'pa:pam] 《lat.》= wir haben einen Papst》 교황이 선출되었음을 알리는 외침 《교황청 베드로 성당 발코니에서》.

haben* ['ha:bn] 〈h〉 I. 1. a) 소유하다, 보유하다: wir haben's ja! 《농 또는 반어》 우리도 있어! (어떤 일을 할 수 있을 만큼 충분한 돈을 갖고 있다); 〖성구〗 《농 또는 반어》 wer hat, der hat(was man hat, das hat man) (비록 충분치 못하더라도) 가진 것이 없는 것보다 낫다; haben Sie Familie? 기혼이신가요? b) 가지다, 마음대로 할 수 있다: ihr habt Erfahrung auf diesem Gebiet 너희들은 이 분야에 경험이 있어. c) 소유하다, 내보이다: ein gutes Gedächtnis h. 기억력이 좋다. 《통용어로》 느끼다, 감득하다, 빠지다: Hunger(Durst) h. 배고프다(목이 마르다); was hast du denn? 어디가 아프냐? 왠 일이냐?; 《통용어》 er hat es auf der Brust 그는 가슴이 아프다; ich habe kalt (지역적) 나는 춥다; **dich hat's wohl!** 《통용어》 너 미친 모양이군!. 2. a) (추상명사와 결합하여 누구에게 무엇이 있음을 나타낸다): er hat Schuld an dem Unfall 그 사고의 책임은 그에게 있다. b) 《형용사+"es"와 결합하여 누구가 처한 상태, 상황을 성격 짓는다》: er hat es eilig 《통용어》 그는 급하다; wir haben es warm in der Wohnung 《통용어》 우리 집은 따뜻하다. c) (zu 부정법과 결합하여 동사에 지칭된 것이 누구에 의해 일정량 존재함을 나타낸다): nichts zu essen h. 먹을 것이 없다; viel zu tun h. 할 일이 많다; sie haben genug zu leben 그들은 아직도 살 이 있잖하다. d) 《부정법 및 장소 지시어와 결합하여 무엇이 누구의 소유로 맡겨져 있음을 나타낸다》: seine Kleider im Schrank hängen h. 그는 옷들을 옷장에 걸어놓고 있다. 3. (zu 부정법과 결합하여) a) 어떤 특정한 것을 꼭 행해야만 한다: wir haben noch eine Stunde zu fahren 우리는 아직도 1시간을 더 타고가야만 한다. b) 《부정의 경우》… 할 권리가 없다, …할 필요가 없다: du hast das nicht zu sagen hier 너는 그것을 말할 필요가 없다; er hat hier nichts zu befehlen 그는 여기서 아무것도 명령할 권리가 없다. 4. (무엇이, 어떤 사정이) 존재하다, 있다: wir haben Ferien 방학이다; heute habe ich keine Schule 오늘은 수업이 없다; wir haben Sonntag, den 1. Juni 6월 1일, 일요일이다. 5. 어떤 수량으로 구성되어 있다: ein Kilo hat 1000 Gramm 1 킬로그램은 1000그람이다. 6. 받다, 얻다, 갖다: kann ich mal das Handtuch h.? 이 손수건을 가져도 될까요?; haben Sie Dank! 《아이》 감사합니다!; 〖성구〗 wie hätten Sie es [Sie's](denn) gern? 어떤 대접을 받고 싶은가요?; **da (jetzt) hast du's / da(jetzt) haben wir's / habt ihr's!** 《농 또는 폄》 그것 보렴, 어렵군!; **zu h. sein** 1) 구입할 수 있다. 2) 《통용어·폄》 (여자들의 경우) 쉽게 잠자리를 같이할 수 있다; **(noch[wider]) zu h. sein** 결혼 상태로 매물에 오를 수 있다 (아이〗. **für etw. zu h. sein** 1) 무엇을 위해 사람을 끌어들이다. 2) 아주 좋아하다. 7. 《통용어》 배우다(학교에서 교과목으로): wir haben im

Habutai

Gymnasium Latein und Griechisch 우리는 김나지움에서 라틴어와 그리스어를 배운다. **8.** 《통용어》이용하다, 사용하다, 입다(유행 따위와 관련하여): man hat jetzt wieder längere Röcke 이제 다시 긴 스커트를 입는다. **9.** 《통용어》잡아서(발견해서) 갖고 있다: die Polizei hat den Ausbrecher 경찰이 그 범인을 체포했다; ich hab's! (jetzt hab' ich's) 《통용어》 이제 알았어. **10.** 《경》여자와 동침하다. **11.** (비인칭) (südd., österr.) 존재하다, 나타나다, 주다: heute hat's draußen 30° im Schatten 오늘 옥외 그늘 온도가 30°다. **12.** ⟨h. + sich⟩ **a)** 《통용어·평》 어떤 일에 지나치게 흥분하다, 소란 피우다: hab dich nicht so! 그런 태도를 취하지 말라. **b)** 《통용어》 싸우다, 언쟁하다: die haben sich neulich wieder gehabt! 그들은 다시 싸운 모양이군! **13.** ⟨h. + sich; 비인칭⟩ 《경》해결되다, 끝나다: gib mir 50 Mark dafür, und die Sache hat sich 나에게 50 마르크만 주면 일은 해결된 거야; hat sich was 《통용어》말도 안된다, 있을 수 없는 일이다. **14.** 《전치사와 결합하여》die werden schon merken, was sie **an** ihm h. 그들은 그가 얼마나 유익한 존재인가를 알아차릴 것이다; das hat er so **an** sich 《통용어》그것은 그의 습관이다; das hat nichts **auf** sich 그것은 아무 의미도 없다; was hat es damit **auf** sich? 그것은 무슨 뜻인가?; er hatte seinen Sohn **bei** sich 그의 아들이 그를 동반했다; ich habe kein Geld **bei** mir 나는 수중에 돈이 없다; der Plan hat einiges **für** sich 그 계획은 몇 가지 이점을 갖고 있다; ich habe nichts **gegen** ihn 나는 그에게 유감이 없다; er hatte etwas **gegen** dieses Vorhaben 그는 이 계획에 동의하지 않았다; er hat die Prüfung **hinter** sich 그는 시험을 끝냈다; etw. hat es **in** sich 《통용어》무엇이 밖으로 보이지 않는 특징을 지니다; er hat etwas **mit** dem Mädchen 그는 그 아가씨와 관계를 맺고 있다; er hat viel **von** seiner Mutter 그는 어머니를 많이 닮았다; er hat eine schwere Prüfung **vor** sich 그는 어려운 시험을 목전에 두고 있다. **II.** 《과거 분사와 결합하여 완료 동사로》: Gott hat die Welt geschaffen 하느님이 이 세상을 창조하셨다. **Haben** [-], das; -s [es soll haben의 약칭] **1.** 〔상〕 받을 것, 소유물; 대변(貸邊)(반대: Soll): Soll und H. 대차(貸借), 지출과 수입. **2.** 〔금융〕 복식부기에 있어서의 계정의 오른쪽.

Haben-: **~posten**, der 〔상〕 대변(총액(항목)). **~seite**, die 〔상〕 부기에 있어서의 대변(측). **~zins**, der, **~zinsen**〈Pl.〉 〔금융〕 예금 이자.

Habenichts, der; -(es), -e 〔평〕 빈털터리, 무일푼.

habent sua fata libelli ['haːbɛnt 'zuːa 'faːta li'bɛli, (lat.)] 《교양어》책들도 운명이 있다.

Haber ['haːbɐ], der; -s (südd., österr., schweiz.) ↑ Hafer.

Haber-Bosch-Verfahren, das 〔독일 화학자 F. Haber와 C. Bosch에 따라〕 〔화학〕 하버-보쉬 암모니아 제조법.

Haberer, der; -s, - (österr.·통용어) **1.** 존경〔숭배〕자, 신봉자, 사모(연모)자. **2.** 친구, 동료, 술친구.

Haberfeldtreiben, das; -s, - [= Ziegenfelltreiben] 바이에른과 티롤 지방의 농민간에 있는 일종의 사형(私刑).

Habergeiß, die; -en **1.** 《지역적·통용어》메추리, 도요새. **2.** (südd.) 유령. **3.** (südd.) 마지막으로 곡물을 수확한 농부의 지붕에 세워 놓는 짚으로 만든 허수아비. **4.** (alemann.) 《왕잠자리》 팽이.

Habersack, der; -(e)s, -säcke 《고어》 **a)** ↑ Hafersack. **b)** 배낭.

Habgier, die 《평》 탐욕, 물욕. **habgierig** ⟨Adj.⟩ 《평》 탐욕스러운.

habhaft ⟨Adj.⟩ **1.** 《다음 용법으로》 jmds.〔einer Sache〕 h. werden **1)** 《아이》 누구〔무엇〕을 붙잡다〔찾아내다〕. **2)** 무엇을 획득하다, 전유하다. **2.** 《지역적》 음식이 물리는, 기름진: die Mahlzeit war h. 식사가 기름졌다.

Habicht ['haːbɪçt], der; -s, -e **1.** 〔동물〕 매, 보라매. **2.** ↑ Hühnerhabicht.

Habichts-: **~adler**, der 〔동물〕 매와 비슷한 독수리. **~auge**, das 《아이》 매처럼 날카로운 눈. **~fang**, der 매잡이, 매덫. **~gesicht**, das 〔드물게〕 매를 연상시키는 얼굴. **~korb**, der 〔사냥〕 매잡는 바구니. **~kraut**, das [lat. hieräcium < griech. hierákion] 〔식물〕 조팝나물속. **~nase**, die 매부리코. **~pilz**, der 《매의 날개를 연상시키는》 하얀 색의 식용 버섯의 일종. **~schwamm**, der ↑~pilz.

habil [haˈbiːl] ⟨Adj.⟩ [lat. habilis] 《교양어·고어》 교묘한, 능력 있는, 노련한. **habil.**: ↑ habilitatus: er ist Dr. phil. habil. 그는 철학 박사이며 교수 자격을 갖고 있다. **Habilitand** [habiliˈtant], der; -en, -en [lat. habilitandus] 교수 자격 취득 지원자. **Habilitation** [habilitaˈtsjoːn], die; -en [lat. habilitatio] 교수 자격 취득(수여). **Habilitationsschrift**, die 교수 자격 취득 논문(저서). **habilitatus** [habiliˈtaːtʊs; lat. habilitatus] 교수 자격을 취득한(약어: habil.). **habilitieren** [habiliˈtiːrən] ⟨h⟩ [lat. habilitare] **a)** 《또한》 h. +sich〉 교수 자격을 취득하다: in München, bei Professor N. N. h. 뮌헨에서 모교수의 지도하에 교수 자격을 취득하다. **b)** 교수 자격을 부여하다. **¹Habit** [haˈbiːt, 《또한》 haˈbɪt; 《österr.》 ˈhabɪt], der/das; -s, -e [frz. habit] **a)** 《평·반어》특정한 기회 또는 환경에 어울리는 의상, 복장: Herren in seriösem H. 유별나게 차려 입은 신사들. **b)** 관복, 수도복. **²Habit** [ˈhæbɪt], das/der; -s, -s [engl. habit] 〔심리〕 습관, 버릇, 습성. **Habitat** [habiˈtaːt], das; -s, -e [1: lat. habitātio, 2: engl. habitat] **1. a)** 《생물》 동물 또는 식물의 산지(產地), 서식지, 자생지. **b)** 원시인의 거주지. **2. a)** 체류지, 거주지. **b)** 수중 작업원들이 머물 수 있는 캡슐 모양의 수중 정거장. **habitualisieren** [habitualiˈziːrən] ⟨h⟩ 〔심리·사회〕 습관화 되다(시키다), 길들이다. **Habitualisierung**, die; -en 습관화, 길들이기. **Habituation** [habituaˈtsjoːn], die; -en [engl. habituation] 〔심리〕 익힘. **b)** 《교양어》마약의 습관(상용)화.

Habitué [(h)abiˈtyːe:], der; -s, -s [frz. habitué] (österr.) 단골 손님. **habituell** [habiˈtuɛl] ⟨Adj.⟩ [frz. habituel] **1.** 습관적인. **2.** 〔심리〕 상습적인, 습성화된. **Habitus** [ˈhaːbitʊs], der; - [lat. habitus] **1. a)** 용모, 외모. **b)** 자세: seinem geistigen H. nach gehörte er unzweifelhaft zur Linken 정신적인 자세로 보아 그는 틀림없이 좌익이었다. **c)** 거동, 태도. **2.** 《의학》 (병의) 소인(素因). **3.** 《생물》 체질, 외형, 외관.

hablich ['haːplɪç] ⟨Adj.⟩ **1.** 《고어》 **a)** 재산에 관계되는. **b)** 익숙한, 유능한. **2.** (schweiz.) 부유한, 유복한: das Dorf ist sehr h. 그 마을은 부촌이다; ein -er Bau 당당한 건물.

Haboob [haˈbuːb] ↑ Habub.

Habschaft ['haːpʃaft], die; -en 《고어》 재산, 소유물. **Habseligkeit**, die; -en 《대개 Pl.》 자질구레한 소유물: auf der Flucht konnten sie nur ein paar -en mitnehmen 그들은 도주하면서 자질구레한 몇 가지 물건들만을 갖고 갈 수 있었다. **Habsucht**, die 《평》 탐욕, 병적인 소유욕. **habsüchtig** ⟨Adj.⟩ 《평》 탐욕스러운.

Habtachtstellung, die; -en 〔군사 구령: „habt acht!"에 따라〕(österr.) 차렷 자세.

Habub [haˈbuːp], der; -(s) [arab. habūb] 이집트와 수단에서 보통 북쪽에서 불어오는 모래 또는 먼지를 휩쓰는 뜨거운 폭풍.

Habutai [habuˈtaj], der; -(s), -s [jap. habutai] ↑

Japanseide.
Háček ['ha:tʃɛk], 《독어화》 Hatschek ['hatʃɛk], das; -s, -s [tschech. háček] (특히 슬라브어에 있어서 치찰음 또는 유성 마찰음을 나타내는) 발음 구별 부호(예컨대: tschech. č [tʃ], ž [ʒ]).

hach! [hax] 《Interj.》 하! 허! (기쁨, 열광, 조소적 승리감의 표현).

Haché [(h)a'ʃe:] ↑Haschee.

¹Hachel ['haxl], die; -n **a)** [식물] 까끄라기. **b)** 가시, 바

²Hachel [-], das; -s, -, (또한) die; -n (österr.) 부엌에서 쓰는 도구(빵·오이·호박 따위를 깎을 때). **hacheln** ⟨h⟩ (오이, 호박 따위를) 깎다.

Hachi-Dan ['hatʃidaːn], der; -, - [jap. hachi-dan] [무술] (무도의) 8단: im H. trägt man einen rotweißen Gürtel 8단에서는 적백색의 띠를 두른다.

Hachse ['haksǝ], die; -n **a)** (송아지와 돼지의) 무릎 관절. **b)** (통용어·농) (사람의) 다리: paß auf, sonst brichst du dir die -n! 조심해, 그렇지 않으면 다리가 부러져.

¹Hack [hɛk, 《engl.》hæk], der; -(s), -s [engl. hackney의 약칭] (경주용·사냥용·군용 말과 구별하여) 승마용 말.

²Hack [hak], das; -s 《통용어·nordd.》 저민 고기.

Hack-: ~**abstand,** der 모이를 쪼아 먹는 간격. ~**bank,** die 도마. ~**bau,** der (Pl. 없음) [농업] 괭이로 밭을 일구는 일. ~**beil,** das 푸줏간에서 뼈를 자르는 데 쓰는 칼(도끼). ~**block,** der ⟨Pl. ...blöcke⟩ ↑~**klotz.** ~**braten,** der [요리] 저민 고기로 만든 길쭉한 빵 모양의 요리, 하크브라텐. ~**brett,** das **1.** 작은 도마. **2.** [음악] 덜시머. ~**fleisch,** das 저민 고기: **aus jmdm. H. machen** (통용어·군사 협박으로) 누구를 마구 때리다. ~**frucht** die (대개 Pl.) 괭이(호미)질로 재배하는 야채(캐비지, 감자, 고구마 따위). ~**klotz,** der 도마, 모탕. ~**maschine,** die **1.** [농업] 잡초를 제거하기 위해 흙을 바수는 기계, 경운기. **2.** (목섬 유판이나 펄프를 만들기 위해) 목재를 잘게 부수는 기계. ~**messer,** das **a)** (도끼, 톱 따위의) 날. **b)** ↑Buschmesser. ~**ordnung,** die (조류, 특히 닭의 공동 생활에 있어서의) 서열(序列). ~**pflug,** der ↑~maschine (1). ~**silber,** das 중세 때 화폐로 사용되던 은 조각. ~**steak,** das 스테이크 모양의 저며서 군 고기[스테이크]. ~**stock,** der 《지역적》 ↑~klotz. ~**stück,** das 《지역적》 ↑~braten. ~**waldwirtschaft,** die 《전문어》임간 농경(林間農耕)[농업] (임업과 농업에 동시에 이용할 수 있는 경작 형태).

¹Hacke ['hakǝ], die; -n **1.** 괭이, 곡괭이, 갈퀴, 가래: mit einer H. den Boden bearbeiten 괭이 하나로 땅을 경작하다. **2.** [농업] 괭이로 밭을 가는 일: bestimmte Knollenfrüchte erfordern während des Wachstums mehrere -n 특종 식용 구조 작물은 성장기에 여러 번의 김매기를 요한다. **3.** (österr.) 도끼.

²Hacke [-], die; -n (드물게) Hacken ['hakn], der; -s, - [niederd. hakke] **a)** 《지역적》 Hacken ['hakn] (발) 뒤축: er tritt mir auf die Hacken 그는 내 발뒤꿈치를 밟았다; **sich an jmds. Hacken[sich jmdm. an die Hacken] hängen[heften]** 누구를 졸졸 쫓아다니다; **jmdm.** **(dicht) auf den Hacken sein[bleiben, sitzen]** 1) 누구의 뒤를 바짝 쫓다. 2) (엄격면에서) 누구를 따라잡다; **jmdm. nicht von den Hacken gehen** 누구에게 무엇을 끈덕지게 조르다. **b)** 《지역적》 (발·구두의) 뒤축: die Hacken zusammenschlagen[zusammennehmen, zusammenknallen] (군·준고어) (발뒤축을 부딪치며) 차렷 자세를 취하다; **sich³ die Hacken nach etw. ablaufen[abrennen]** 무슨 일을 하려고 애쓰다, 분주하게 돌아다니다; **die Hacken voll haben** **[einen im Hacken haben]** 《nordd.》 (술에) 취하다. **c)** 《지역적》 (양말의) 뒤축: ein Loch in der Hacke [im Hacken] haben 양말 뒤축에 구멍이 나다.

Hacke-: ~**beil,** das 《지역적》 ↑Hackbeil. ~**brett,** das 《지역적》 ↑Hackbrett (1). ~**peter,** der; -s 《nordd.》 **a)** ↑Hackfleisch. **b)** [요리] 육회.

hacken ['hakn] ⟨h⟩ **1. a)** 괭이로 일하다: [전의] auf dem Klavier h. 피아노를 마구 두들기다. **b)** 괭이로 흙을 고르다, 흙을 부드럽게 부수다. **2. a)** 도끼로 빠개다: Holz h. 나무(장작)를 빠개다. **b)** 쪼아 구멍을 뚫다: er hat mit dem Absatz ein Loch ins Eis gehackt 그는 구두 뒤축으로 빙판에 구멍을 뚫었다. **c)** 괭이질을 하다가 누구의 어디를 다치게 하다: ich habe ihm ins Bein gehackt 나는 괭이질을 하다 그의 다리를 다치게 했다. **3.** 저미다, 썰다. **4.** (새가 부리로) 쪼다: das Huhn hackt ihr[sie] in die Hand 닭이 그녀의 손등을 쫀다. **5.** (스포츠 은어) 거칠게(제멋대로) 플레이하다, 반칙을 범하다. **6.** ↑hakkern.

Hacken: ↑²Hacke.

Hacken-: ~**Ballen-Drehung,** die [육상] 해머를 던질 때 선회하는 다리의 발움직임. ~**dorn,** der [육상] 운동화의 스파이크. ~**schuh,** der 《통용어》뾰쪽구두, 하이힐. ~**trick,** der [축구] 발뒤꿈치로 볼을 놀리는 트릭.

Hacker ['hakɐ], der; -s, - **1.** 《지역적》 포도밭의 흙을 바수는 노동자. **2.** (스포츠 은어) 난폭한 선수. **Häcker** ['hɛkɐ], der; -s, - 《지역적》 ↑Hacker (1). **Häckerle** ['hɛkɐlǝ], das; -s [요리] 자반 비웃. **Häckerling** ['hɛkɐlɪŋ], der; -s, - 《준고어》 여물(가축용). **hackern** ['hakɐn], (sich) ⟨s/h⟩ (ostmd.) (우유가) 응고하다, 분리시키다. **Häcksel** ['hɛksl], der, (또한) das; -s 잘게 썬 여물: **H. im Kopf haben** 《준고어》매우 어리석다.

Häcksel- [농업] ~**drescher,** der 타작기와 작두를 겸한 기계. ~**maschine,** die 작두. ~**mist,** der 퇴비. ~**stroh,** das 잘게 썬 짚.

Häckseler ↑Häcksler. **häckseln** ⟨h⟩ (건초, 짚 따위를) 썰다. **Häcksler,** der; -s, - ↑Häckselmaschine.

Haddock ['hɛdɔk], der; -(s), -s [engl. haddock] [요리] 차게 훈제된 대구의 일종.

¹Hader ['ha:dɐ], der; -s (아어) **a)** 반목, 불화, 싸움: der alte H. flammte wieder auf 해묵은 반목이 다시 불붙었다. **b)** 분쟁, 반항.

²Hader [-], **a)** der; -s, -n (österr., südd.) 누더기, 넝마, 못쓰는 천(헝겊) 조각; 깡패, 부랑자. **b)** der; -s, - (ostmd.) 걸레.

¹Haderer ['ha:dǝrɐ], der; -s, - [사냥] 멧돼지 수컷의 송곳니.

²Haderer [-], der; -s, - (고어) 넝마주이.

haderig ['ha:dǝrɪç], **häderig** ['hɛ:dǝrɪç] ⟨Adj.⟩ (alemann.) 싸우기 좋아하는, 심술궂은. **Haderkatze,** die; -n (준고어) 싸우기 좋아하는 여자: [속담] Armut ist eine H. 가난이 병이다.

Haderlump, der; -en, -en (österr.·폄) 부랑자, 타락한 인간.

hadern ['ha:dɐn] ⟨h⟩ (아어) **a)** 언쟁하다, 다투다, 싸우다: sie hat ihn reden und reden lassen, ohne zu h. 그녀는 싸우지 않고 그가 계속 지껄이도록 내버려두었다. **b)** 불만을 품고 반항하다, 원망하다: mit dem Schicksal h. 운명을 원망하다.

Hadern [-], der; -s, - ↑²Hader.

hadern-, Hadern- (²Hader a): ~**haltig** ⟨Adj.⟩ 《전문어》 (종이를 생산할 때) 원료에 넝마가 들어 있는. ~**krankheit,** die [의학] (넝마·가죽 따위를 다루는 사람들이 흔히 걸리는) 비장병(脾臟病), 탄저병, 비탈저. ~**papier,** das 《전문어》 펄프가 섞이지 않은 종이, 넝마로 만든 종이.

으로 tschech. halama》《österr.·평》명칭이, 바보.
Hades ['ha:dɛs], der; - [griech. Haídēs, Aídēs, 그리스 저승신에 따라] **[그리스 신화]** 황천, 저승, 명부(冥府): **jmdn. in den H. schicken** 《시어·고어》누구를 황천길로 보내다.
Hadrer ['haːdrɐ] ↑ ¹**Haderer. hadrig** ['haːdrɪç], **hädrig** ['hɛːdrɪç] haderig, häderig.
Hadsch [hatʃ], der; - [arab. ḥaǧǧ] 회교의 메카 순례.
Hadschi ['haːdʒi], der; -s, -s [arab. ḥāǧǧī] **1.** 회교의 메카 순례자를 일컫는 존칭. **2.** 기독교의 예루살렘 순례자.
Haemanthus [hɛ'mantʊs], der; -, ...thi [griech. haîma u. ánthos] 양파과 식물의 일종.
Haemoccult-Test ⓦ [hɛmɔ'kʊlt-], der; -(e)s -e [griech. haîma u. lat. occultus] **[의학]** (혈액 테스트에 의한) 장암의 조기 발견법.
¹**Hafen** ['haːfn̩], der; -s, Häfen ['hɛːfn̩; niederd. haven̩] 항구: **ein Schiff läuft den H. an** [aus dem H. aus] 배가 기항하다[출항하다]; **den H. der Ehe ansteuern** 《농》결혼하려고 하다; **im sicheren H. sein** 안정된 생활을 하다; **in den H. der Ehe einlaufen [im H. der Ehe landen]** 《농》마침내 총각 신세를 면하고 ²**Hafen** [-], der; -s, - **a)** 《südd., schweiz., österr.》 큰 토기, 큰 단지, 항아리. **b)** 《nordd.》 크고 높은 유리병. **c)** 《기술》 유리를 녹이기 위해서 사용되는 도가니.
¹**Häfen** ['hɛːfn̩] ↑ ¹Hafen의 복수형. ²**Häfen** ['hɛːfn̩], der; -s, - 《österr.》 **1.** ↑ ²Hafen (a). **2.** 《통용어》감옥. **Häfenbruder**, der 《경》전과자, 죄수.
Hafen- (¹Hafen): **~abgabe**, die (대개 Pl.) 입항세[료], 정박세[료]. **~amt**, das 항만청. **~anlagen** (Pl.) **1.** 항만 시설. **2.** 항구로 편입된 지역. **~arbeiter**, der 부두 노동자. **~arzt**, der 검역의(檢疫醫). **~aufsicht**, die 항만 경비대. **~ausfahrt**, die 출항. **~bahn**, die 임항 철도(臨港鐵道). **~bahnhof**, der 임항 철도역. **~bassin**, das ↑ ~becken. **~bau**, der 《Pl. -ten》 축항(築港), 항구 건설. **~becken**, das 내항. **~behörde**, die 항만청. **~blockade**, die 항만 봉쇄. **~bucht**, die 피난항. **~café**, das (항구 구역 내에 있는) 작은 카페. **~damm**, der ↑ ~mole. **~einfahrt**, die 기항, 입항. **~eingang**, der (항구로 들어가는) 입구. **~feuer**, das (입항 통로를 가리키는) 등부표(燈浮標). **~funk**, der (항구와 선박 간의 무선 연락(통신)). **~gasse**, die 항구 근처의 좁은 골목길. **~gebühr**, die ↑ ~abgabe. **~gelände**, das 선창가. **~geld**, das ↑ ~abgabe. **~gesundheitsbehörde**, die 항만 검역소. **~handbuch**, das 항구 안내용 책자, 항구 가이드 북. **~kai**, der 부두, 빠져 나감. **~kapitän**, der 항만 소장. **~kneipe**, die 부두 술집, 항구 선술집. **~kommandant**, der 군항장. **~kran**, der (부두의) 크레인, 기중기. **~lotse**, der 수로 안내인. **~meister**, der (작은 항구의) 항만 소장. **~mole**, die 방파제. **~papiere** (Pl.) (항만청에서 발행하는 입·출항에 관한) 제반서류. **~plan**, der 항만 시설(설계)도. **~polizei**, die 항만(해양) 경찰. **~rundfahrt**, die 항 항구 (관광) 순회(유람). **~schenke**, die ↑ ~kneipe. **~schiffahrt**, die 항구 항행(巡航). **~schiffer**, der (큰 항구에서 여러 종류의 배를 조종할 수 있는 자격을 가진) 항해사. **~schlepper**, der 예인선(曳引船). **~schleuse**, die 수문(水門), 갑문(閘門). **~stadt**, die 항구 도시. **~umschlag**, der (항구의) 물동량. **~verwaltung**, die 항만 관리(관할). **~viertel**, das 항구 지역(구역). **~wache**, die ↑ ~aufsicht. **~wasser**, das (대부분 심히 오염된) 내항의 물. **~zoll**, der 항만 세관.
Hafer ['haːfɐ], der; -s, (전문어로) **a)** 귀리, 메귀리. **b)** 귀리 열매: **jmdn. sticht der H.** 《통용어》누구가 오만

불손하다; **H. haben** 《지역적·농》술취하다.
Hafer-: **~brand**, der 《Pl. 없음》**[식물]** 감부기병에 의해 귀리에 생긴 검은 점. **~brei**, der 귀리죽, 오트밀. **~brot**, das 귀리빵. **~feld**, das 귀리밭. **~flocken** (Pl.) (눈송이 모양으로 누른) 귀리의 낟알. **~flockenbrei**, der ↑ ~brei. **~gebäck**, das 구운 귀리 과자. **~grieß**, der 납작 귀리. **~grütze**, die **a)** 납작 귀리. **b)** 귀리죽. **~hartbrand**, der ↑ ~brand. **~kakao**, der 귀리 코코아. **~korn**, das 《Pl. -körner》 귀리의 낟알(열매). **~mark**, das 납작 귀리, (아주 가늘게 가공된) 귀리의 낟알. **~mehl**, das 귀리 가루, 오트밀. **~motor**, der 《통용어·농》 말(馬). **~müdigkeit**, die [농업] (같은 밭에 계속 귀리를 재배함으로써 생기는) 귀리의 흉작. **~pflanze**, die 귀리. **~pflaume**, die 서양 자두의 일종. **~sack**, der (말의 목에 걸어놓은) 먹이 자루. **~schlehe**, die ↑ ~pflaume. **~schleim**, der 귀리죽. **~schrot**, der/das (다듬은) 귀리의 낟알. **~stich**, der (말이 귀리를 너무 많이 먹어 생기는) 산통(疝痛). **~stroh**, das (타작된 귀리의) 짚. **~strohbad**, das 귀리짚을 삶은 물로 하는 목욕(류머티즘 등에 좋다). **~suppe**, die 귀리죽, 오트밀의 수프. **~wurz**, die (잎이 귀리처럼 생겼으며 뿌리가 채소로 사용되는) 선모(腺毛).
Haferl ['haːfɐl], **Häferl** ['hɛːfɐl], das; -s, -(n) 《österr.·통용어》 **a)** 찻잔. **b)** 요강. **Haferllandung**, die (스키점프 은어) 스키점프시 상체를 앞으로 숙이고 무릎을 굽혀 살짝 내려앉는 착륙. **Haferlschuh**, der 《österr.》하벨 구두(스포츠화).
Haff [haf], das; -(e)s, -s /-e [niederd. haf] 해안호(湖). **Haffküste**, die 해안호들이 연이어진 해안.
Hafis ['haːfɪs], der; - [arab. ḥāfiẓ] 코란을 암기하고 있는 사람에 대한 경칭.
Haflinger ['haːflɪŋɐ], der; -s, - [메란 근교 남부 티롤의 마을 Hafling(ital. Avelengo)의 이름에 따라] 산악 지대의 작달막한 말(馬), 조랑말. **Haflingergestüt**, das 조랑말 목장, 양마소(養馬所). **Hafner** ['haːfnɐ], [또한] **Häfner** ['hɛːfnɐ], der; -s, - 《südd., österr., schweiz.》 도공(陶工), (도기) 난로공. **Hafnerei** die; -en 도자기 제조업(술), 도기(난로)공장. **Hafnerkeramik**, die (연유약을 바른 도자기).
Hafnium ['ha(ː)fniʊm], das; -s [이 원소의 발견을 예언한 물리학자 N. Bohr(1885~1962)의 거주지 Kopenhagen의 라틴명 Hafnia에 따라서] **[화학]** 하프늄(원소 기호: Hf).
¹**Haft** (haft), die **1.** 구류, 구금, 감옥: **aus der H. entfliehen** 탈옥하다; 전의 **aus der ewigen H. des Grabes gibt es kein Entfliehen** 영원한 무덤의 감옥에서 빠져나갈 길은 없다; **jmdn. in Haft nehmen** 누구를 구치하다. **2.** 구류형, 금고형, 자유형: **er wurde zu lebenslänglicher H. verurteilt** 그는 종신 금고형의 언도를 받았다.
²**Haft** [-], der; -(e)s, -e(n) 《고어》고리, 비탈못, 쥠쇠.
¹**haft-, Haft-** (¹Haft): **~anordnung**, die 체포(구속) 명령. **~anstalt**, die 교도소, 감옥. **~aussetzung**, die [법] 잠정적인 구속 중지. **~befehl**, der [법] 구인장, 구속 영장. **~beschwerde**, die [법] 구속 적부 심사. **~dauer**, die 형기. **~entlassene'**, der [법] 구류에서 석방(보석)된 이. **~entlassung**, die 석방, 보석, 출옥. **~entschädigung**, die [법] (불법 구류에 대한) 보상. **~erleichterung**, die 감형(減刑). **~erstehungsunfähigkeit**, die 《schweiz.》 ↑ ~unfähigkeit. **~fähig** 〈Adj.〉 구류를 감당할 능력이 있는(반대: ~unfähig). **~fähigkeit**, die 《Pl. 없음》 [법] 구류 감당 능력. **~grund**, der [법] 체포(구금) 이유. **~komplex**, der ↑ ~psychose. **~prüfung**, die [법] 구속 적부 심사(適否審査). **~prüfungsverfahren**, das [법] 구속

사(適否審查). ~**prüfungsverfahren**, das [법] 구속 적부 심사 절차. ~**psychose**, die 구금(성) 정신병. ~**reaktion**, die 구금 반응. ~**richter**, der 구속 영장을 심사하는 판사. ~**strafe**, die (법·고어) 구류[금고]형. ~**überprüfung**, die ↑~prüfung. ~**unfähig** ⟨Adj.⟩ [법] 구류를 감당할 능력이 없는. ~**unfähigkeit**, die ↑~unfähig의 명사형. ~**unterbrechung**, die [법] ↑~aussetzung. ~**urlaub**, der [법] 복역중 휴가. ~**verschärfung**, die 구류 강화. ~**verschonung**, die [법] 불구속. ~**zeit**, die 형기.

²**haft-, Haft-** (¹haften): ~**creme**, die ↑~salbe. ~**etikett**, das 접착 상표, 접착 레테르. ⟨Adj.⟩ 접착력이 있는. ~**fähigkeit**, die ⟨Pl. 없음⟩ 접착력. ~**frist**, die 보증 기간. ~**glas**, das ⟨대개 Pl.⟩ 콘택트렌즈. ~**grenze**, die 접착력의 한계. ~**haar**, das ⟨대개 Pl.⟩(곤충의 다리에 붙어 있는) 접착 기관. ~**linse**, die ↑~glas. ~**organ**, das ⟨대개 Pl.⟩(식물과 동물의) 접착 기관. ~**reibung**, die [물리] 접착 마찰. ~**reibungskraft**, die 접착 마찰력. ~**reibungsziffer**, die 접착 마찰력을 표시하는 숫자. ~**reifen**, der 접착력이 좋은 타이어. ~**salbe**, die [약학] 접착 연고. ~**schale**, die ⟨대개 Pl.⟩ ↑~glas. ~**schicht**, die 접착(표)면, 접착층. ~**schmiere**, die 윤활유, 그리스. ~**spannung**, die [물리] (액체와 고체의 접촉면에 상이한 분자 인력 때문에 생기는) 부착력. ~**vermögen**, das ⟨Pl. 없음⟩ ↑~fähigkeit. ~**wirkung**, die 접착 작용. ~**zeher**, der 도마뱀.

³**haft-, Haft-** (²haften): ~**pflicht**, die 배상 의무. ~**pflichtig** ⟨Adj.⟩ 배상 의무가 있는. ~**pflichtversichert** ⟨Adj.⟩ 책임 보험에 가입한. ~**pflichtversicherung**, die 책임 보험. ~**summe**, die [금융] 보증 금액.

Haftara [hafta'ra:], die, ...roth [hebr. haftạrāh] [유태교] 예언서의 낭독(안식일이나 축일에 파라샤의 낭독 직후에 읽음).

haftbar ['haftba:ɐ̯] ⟨Adj.⟩ ⟨다음 용법으로⟩ **jmdn. für etw. h. machen** [법] 누구에게 배상 책임을 지우다: **er kann für den Unfall nicht h. gemacht werden** 그는 그 사고에 대해 배상 책임을 질 수 없다. **für etw. h. sein** [법] ~에 대해 배상 책임이 있다. **Haftbarkeit**, die 배상 책임 ↑**Ersatzpflicht**. **Haftbarmachung**, die [법] 책임을 지우다.

Haftel ['haftl] ⟨südd., österr.⟩, das ['heftl] ⟨thüring., obersächs.⟩, das; -s, - 혹과 멈춤쇠, 고리, 걸쇠: **ein H. annähen** 고리를 달다. **Haftelmacher**, **Heftelmacher**, der; -s, - 혹과 멈춤쇠 생산자, 고리[걸쇠] 제조인: **aufpassen wie ein H.** ⟨지역적⟩ 매우 조심하다. **häfteln**, hefteln ['heftln] ⟨h⟩ ⟨지역적⟩ 고리로 채우다, 걸쇠로 고정시키다. ¹**haften** ['haftṇ] ⟨h⟩ **a)** 달라 붙다, 부착하다: **die Pflaster haftete nicht auf der feuchten Haut** 그 반창고는 물기 있는 피부에는 붙지 않았다. **b)** 달라붙어 떨어지지 않다: 전의 **ein Makel haftet an ihm** 그는 한가지 오점을 지니고 있다; **bei ihm haftet nichts** ⟨통용어⟩ 그는 모든 것을 곧 잊어버린다. **c)**(자동차의 바퀴가 도로면에) 붙다. ²**haften** [-] ⟨h⟩ **a)** 보증하다, 손상에 대해 배상 책임을 지다: **die Transportfirma haftet für Beschädigungen** 운수회사가 손상에 대해서 배상 책임을 진다. **b)** [법·경제] (손실에 대해) 책임지다, 보증하다: **beschränkt[unbeschränkt] mit seinem Vermögen h.** 자기 재산으로써 유한[무한] 책임을 지다. **c)** 보증서다: **er haftet (mir) dafür, daß sich keine Zwischenfälle ereignen** 그는 소동이 일어나지 않을 것을 (나에게) 보장한다. **haftenbleiben** ⟨s⟩ **1.** 달라붙어 있다: **große Erdklumpen waren an den Schuhen haftengeblieben** 큰 흙덩이가 구두에 달라붙어

있었다; 전의 **die traurigen Ereignisse waren ihm lange im Gedächtnis haftengeblieben** ⟨아어⟩ 그 슬픈 사건들이 오랫동안 그의 기억에 남아 있었다. **2.** ⟨통용어⟩ 기억에 남아 있다: **von den Vorlesungen ist nicht viel haftengeblieben** 강의에서 기억에 남는 것이 별로 없다. **Häftling** ['heftliŋ], der; -s, -e 죄수, 수감자. **Häftlingshilfe**, die 정치범 및 그 가족들에 대한 지원. **Häftlingskleidung**, die 죄수복.

¹**Haftung** ['haftʊŋ], die; -en **1.** 손해 배상 의무: **ein Hundebesitzer trägt die H. für Schäden, die sein Tier verursacht** 개 소유주는 그 개가 야기시킬 수 있는 손해에 대해 배상 의무를 진다. **2.** 책임, 대리 책임: **Gesellschaft mit beschränkter H.** 유한 책임 회사(약어: G.m.b.H.).

Haftungs- (²Haftung): ~**ausschluß**, der [법] 책임 해제, 면책. ~**bescheid**, der [세무] (납세의무자에게 납세하라는 세무서의) 납세 결정. ~**beschränkung**, die [세무·법] 책임 제한.

Hag [ha:k], der; -(e)s, -e / ⟨schweiz.⟩ Häge ['hɛ:gə] ⟨시어·준고어·schweiz.⟩ **a)** 생울타리. **b)** (울타리를 두른) 숲.

Hagana [haga'na:], die [hebr. hāgānā] (이스라엘 군대의 전신) 하가나.

hage-, Hage-: ~**buche**, die ↑**Hainbuche**. ~**butte**, die; -n **a)** 들장미의 열매. **b)** 들장미. ~**buttenmarmelade**, die 들장미의 열매로 만든 잼. ~**buttenmus**, das ↑~buttenmarmelade. ~**buttentee**, der 들장미의 열매를 말려 만든 차(茶). ~**buttenwein**, der 들장미의 열매로 담근 술. ~**dorn**, der ⟨Pl. -e⟩ † Weißdorn. ~**stolz**, der; -es, -e ⟨고어⟩ 골수 독신주의자, 노총각.

Hagel ['ha:gl], der; -s, - ⟨드물게⟩ **1.** 싸라기 눈, 우박. **2.** 몹시 퍼붓는 것: **ein H. von Geschossen** 빗발치는 듯한 총탄. **3.** [사냥] 산탄(霰彈).

hagel-, Hagel-: ~**bö**, die (우박을 동반하는) 돌풍. ~**dicht** ⟨Adj.⟩ ⟨드물게⟩ 빗발치는, 싸라기눈처럼 막 내리는: **die Schläge fallen h.** 타격이 빗발친다. ~**dürr** ⟨Adj.⟩ 깡마른: **ein -er Kerl** 앙상한 사람. ~**feier**, die [가] (곡식을 우박으로부터 보호해달라는) 간구 미사와 전답 행렬. ~**geschmack**, der (우박맞은 포도밭에 생기는) 포도주의 불쾌한 맛. ~**korn**, das **1.** 싸라기눈(우박)의 낱알. **2.** [의학] 다래끼. ~**neu** ⟨Adj.⟩ ⟨지역적⟩ 아주 새로운. ~**schaden**, der 우박 피해. ~**schauer**, der 잠시 퍼붓는 우박. ~**schießen**, das (예전에 특히 알프스 지역에서 우박 피해를 막으려고 우박 구름이라고 생각되는 구름을 향해) 대포 따위를 마구 쏘기, 우박 사격. ~**schlag**, der 우박의 피해를 입힐 정도의 심한 우박: **die gesamte Ernte wurde durch H. vernichtet** 수확은 심한 우박으로 전부 수포로 돌아갔다. ~**schloße**, die ⟨지역적⟩ ↑~korn. ~**schnur**, die ⟨대개 Pl.⟩ [동물] (새 알 속의) 알끈. ~**sturm**, der 우박과 함께 몰아치는 폭풍. ~**versicherung**, die 우박 피해 보험. ~**wetter**, das 우박이 내리는 궂은 날씨: **ein H. prasselte auf uns herab** 우박을 몰고 온 궂은 날씨가 우리들을 덮쳤다. ~**zucker**, der 과자에 뿌리는 낱알이 굵은 설탕.

hageln ['ha:gln] ⟨h⟩ **1.** ⟨비인칭⟩ 우박이 내린다: **es hagelt Taubeneier** ⟨통용어⟩ 비둘기 알만한 우박이 내린다. **2.** ⟨또한 비인칭⟩ 우박처럼 내린다: 전의 **es hagelt Proteste** 빗발치는 듯한 항의가 잇달아 일어난다.

hager ['ha:gɐ] ⟨Adj.⟩ 마른, 수척한: **ein -es Gesicht** 깡마른 얼굴.

Häger ['hɛ:gɐ], **Heger** ['he:gɐ], der; -s, - ⟨지역적·고어⟩ (특히 강 어구의) 사주(砂洲), 여울.

Hagerkeit, die 마른 상태, 수척함, 여윔. **hagern** ⟨s⟩

(드믈게) 마르다, 수척해지다: ihre Beine waren auf die Knochen gehagert 그녀의 다리는 뼈가 드러날 정도로 말랐다.

Hagestolz: ↑hage-, Hage- 참조.

Haggada [haga:da], die; ...doth [hebr. haggadah] 하가다(탈무드의 교훈적 얘기).

Hagiograph [hagio'graːf], der; -en, -en [griech. hágios] 《교양어》 성인전의 저자. **Hagiographa** [ha'gio:grafa], **Hagiographen** [hagio'graːfn] 〈Pl.〉 [griech. hagiógrapha] 〖종교〗 구약성경 제3부의 그리스 명칭. **Hagiographie** [hagiogra'fi:], die; -n [...iːən] 《교양어》 성인전, 성자의 언행록, 성인전 연구. **hagiographisch** 〈Adj.〉 《교양어》 성인전의. **Hagiolatrie** [...la'tri:], die; -n [...iːən; griech. latreía] 《교양어》 성인 숭배. **Hagiologie**, die 《교양어·준고어》 ↑ Hagiographie. **hagiologisch** 〈Adj.〉 ↑ hagiographisch. **Hagionym** [...'nyːm], das; -s, -e [griech. ónyma] 《교양어》 (성인의 이름을 딴) 가명, 익명.

haha! [ha'ha(ː)], **hahaha!** [haha'ha(ː)] 〈Interj.〉 하하! 하하하! (웃음소리의 의성어).

Häher [ˈhɛːɐ], der; -s, - 〖동물〗 어치(및 어치속의 조류).

Hahn [haːn], der; -(e)s, Hähne [ˈhɛːnə] / 〈전문어·지역적〉 -en 1. 〈축소형: ↑Hähnchen〉 a) 〈Pl. Hähne〉 수탉, 장닭: er stolziert umher wie ein H. (auf dem Mist) 그는 득의만만하다, 의기양양하다; 〖성구〗 wenn der H. Eier legt 〈농〉 수탉이 알을 낳을 때[불가능을 나타냄]: wann wird er mit dieser Arbeit wohl fertig werden? Wenn der H. Eier legt 그는 언제 이 일을 끝마칠까? 결코 못 마칠 거야; 〖속담〗 ein guter H. wird selten fett 훌륭한 장닭이 살찌는 일은 드물다; **der gallische[welsche] H.** 프랑스의 상징; **H. im Korb sein** 《통용어》 여자들에 둘러싸여 있다, 사람들의 총애를 받다[인기가 있다]; **nach jmdm.[etw.] kräht kein H.** 《통용어》 누구에게[무엇에] 관심을 갖지 않다; **von etw. so viel verstehen wie der H. vom Eierlegen** 《통용어》 무엇에 관해서 아무것도 모르다; **jmdm. den roten H. aufs Dach setzen** 〈고어〉 누구의 집을 불지르다; **vom H. betrampelt (beflattert) sein** 《경》 제 정신이 아니다. b) 〈Pl. -en〉 〈사냥〉 (들소·산토끼·느시·꿩의) 수컷. 2. 〈Pl. Hähne〉 바람개비, 풍향기. 3. 〈Pl. Hähne, 〈지역적·전문어〉 -en〉 마개, 콕, 꼭지: Wasser aus dem H. laufen lassen 수도꼭지에서 물이 흐르게 하다. 4. 〈Pl. Hähne〉 (총의) 공이치기: den H. spannen 공이치기를 당기다[세우다].

Hähnchen [ˈhɛːnçən], das; -s, - ↑Hahn (1).

Hahnebalken [ˈhaːnə-], der; -s, - 《지역적》 ↑Hahnenbalken.

Hahnebampel [ˈhaːnəbampl̩], der; -s, - 《지역적·욕》 서투른 인간, 얼빈 사람.

Hahnen- (Hahn 1): ~**balken**, der ["이 홰에 밤이면 장닭이 앉는다"는 데에서] 〖토목〗 도리(서까래를 얹는). ~**feder**, die 닭의 깃털[꼬리털]. ~**fuß**, der 미나리아재비과 식물. ~**fußgewächs**, das 미나리아재비과 식물. ~**kamm**, der 1. (닭의) 볏, 벼슬. 2. 《통용어》 비름 따위와 같이 닭의 볏과 비슷한 여러 가지 식물을 일컫는 명칭. 3. 〖식물〗 ↑Haartolle (a). ~**kampf**, der 1. 닭싸움 (특히 스페인, 멕시코 등). 2. 〖맨손 체조〗 두 사람이 한 다리는 올려놓은 발로만 평형을 겨루는 닭싸움놀이. ~**küken**, das 병아리. ~**ruf**, der ↑~schrei. ~**schrei**, der 새벽의 닭울음, 계명(鷄鳴): beim [mit] dem ersten H. aufstehen 첫닭이 울면 일어난다. ~**schwanz**, der (닭의) 꼬리깃. ~**sporn**, der (수탉의) 며느리발톱. ~**tritt**, der 1. 달걀노른자 위의 눈, 배반(胚盤). 2. 〈Pl. 없음〉 〖수의〗 ↑~trittmuster. 3. (말의) 절뚝거리는 걸음, 파행증(跛行症). ~**trittmuster**, das 〖섬유〗 닭의 발자국을 연상시키는 모양의 능형 무늬.

Hahnepot [ˈhaːnəpoːt], der / das; -s, -en 《드믈게》 die; -en 【선원】 끝이 두 세 갈래로 나뉘어지는 밧줄[닻줄].

Hahnium [ˈhaːnium], das; -s 〖핵 분열의 발견자 Otto Hahn(1879–1968)에 따른 미국식 명칭〗 〖물리〗 하니움(초우라늄)(원소 기호: Ha).

Hahnrei [ˈhaːnraj], der; -s, -e [niederd. hanerei] 《아어·준고어》 간부(姦婦)의 서방[남편]: sie hat ihn zum H. gemacht 그녀는 그의 눈을 피해 간통했다.

Hai [haj], der; -(e)s, -e [niederl. haai] 1. 상어. 2. 《통용어·폄》 이익에 눈 먼 사기(기)업가.

Haiduck: ↑Heiducke.

Haifisch, der; -(e)s, -e ↑Hai.

Haifisch-: ~**flosse**, die 상어의 지느러미. ~**flossensuppe**, die 상어 지느러미 수프. ~**gebiß**, das 《통용어·폄》 예리한 치아[치열]. ~**haut**, die 〖섬유〗 상어의 피부와 비슷한 무늬의 인조견사. ~**kragen**, der [벌어진 상어 주둥이와 비슷한데서] 〖의상〗 (넓게 퍼지고 끝이 뾰족한) 샤쓰의 상어깃. ~**kragenhemd**, das 상어깃 샤쓰. ~**leder**, das 상어 가죽(양산 및 지팡이의 손잡이에 쓰임).

Haik [hajk], das 《또는》 der; -(s), -s [arab. ḥāik] 아라비아 사람이 머리에서 몸에 걸쳐 두르는 천.

Haikai [ˈhajkaj], **Haiku** [ˈhajku], **Hokku** [ˈhɔku], das; -(s), -s [jap. hai-kai, hai-ku] 하이쿠(17개의 음절을 가진 일본의 삼행시).

Hain [hajn], der; -(e)s, -e 《시어·고어》 작은 숲, 임원(林苑): ein sonniger H. 햇빛이 잘 드는 숲.

hain-, Hain-: ~**artig** 〈Adj.〉 작은 숲과 비슷하게 만들어진. ~**blume**, die 네모풀과 꽃. ~**buche**, die 〖울타리로 많이 쓰이며 줄기와 잎이 너도밤나무와 비슷한데서〗 〖식물〗 서양소사나무, (북미산) 서나무속의 식물.

Hair-Stylist [ˈhɛːɐstajlist], der; -en, -en [engl. hair u. stylist] 헤어 스타일리스트(최신 유행과 개성을 추구하는 미용사).

Haiti [ha'iːti], -s 아이티(서인도 제도 중의 국가). **Haitianer** [hai'tiaːnɐ], der; -s, - 아이티 사람, **haitianisch** [hai'tiaːnɪʃ] 〈Adj.〉 아이티의. **Haitienne** [(h)ai'tjɛn], die [frz. haitienne, Haiti 섬에 따라] 물결 모양의 홈 줄이 있는 비단 또는 면의 인조견. **Haitier** [ha'iːtiɐ], der; -s, - 아이티 사람. **haitisch** [ha'iːtɪʃ] 〈Adj.〉 아이티의.

Hajime [ˈhadʒime] 《관사 없음》 〖무술〗 〖심판어〗 경기 시작 명령.

Hakama [ˈhakama] 《관사 없음》 〖무술〗 주름잡힌 도복(운동복).

Häkchen [ˈhɛːkçən], das; -s, - a) 작은 고리; ↑Haken (1)의 축소형; 〖속담〗 was ein H. werden will, krümmt sich beizeiten 될성 싶은 나무는 떡잎부터 알아본다. b) 발음 구별 부호(예컨대: Háček), 약어 부호('), 프랑스어의 c자 밑의 부호(ç), 인용 부호(„ ").

Häkel- (häkeln 1): ~**arbeit**, die 코바늘 뜨개질. ~**decke**, die 코바늘 뜨개질로 만든 식탁보. ~**garn**, das 코바늘 뜨개질용의 실. ~**haken**, der 《지역적》 ↑~**nadel**. ~**Look**, der (하이픈과 함께) 코바늘 뜨개질 한 것 같은 인상을 주는 옷(감) 무늬[모양]. ~**muster**, das a) 뜨개질[편물] 표본. b) 코바늘 뜨개질(편물) 교본. ~**nadel**, die (편물·자수용) 코바늘. ~**spitze**, die 망사 모양의 천처럼 코바늘로 뜨는 작업.

Hakelei [haːkəˈlaj], die; -en 《스포츠 은어》 (발이나 스틱으로) 발을 걸다: kleine -en hinter dem Rücken des Schiedsrichters 심판 몰래 살짝 발을 거는 짓들.

Häkelei [hɛːkəˈlaj], die; -en 1. ↑Häkelarbeit. 2. 《통용어》 악의 없는 언쟁[다툼]. 3. 《스포츠 은어》 ↑

Hakelei. **hakeln** ['ha:kǝln] 〈h〉 **1.** 《지역적》 코바늘로 뜨개질하다. **2.** 〖스포츠〗 **a)** 〖축구·아이스하키〗 ↑haken (4). **b)** 〖럭비〗공을 발꿈치로 차다. **c)** 〖레슬링〗 상대방의 다리를 감아 공격을 봉쇄하다. **3.** 〖사냥〗《영양(羚羊)이》 뿔로 공격하다. **Hakeln**, das; -s ↑hakeln (1〜3)의 명사형. **häkeln** ['hɛ:kǝln] 〈h〉 **1. a)** 《뜨개질용》 코바늘로 만들다. **b)** 코바늘로 뜨개질[자수]하다: [전의]《農》er häkelt schon wieder an einem neuen Roman 〖農〗그는 이미 다시 새로운 소설을 쓰고 있다. **2.** 〈h. + sich〉《지역적》(악의 없이) 언쟁하다, 놀리다, 비꼬다: häkelt euch doch nicht ständig! 제발 비꼬지 마라! **3.**《축구·아이스하키, 특히 südd.》 ↑haken (4). **4.**《드물게》(가시 따위가)무엇에 달라붙다: an seinen Kleidern häkelten dornige Ranken 그의 옷에 가시 덩굴이 달라붙었다. **haken** ['ha:kǝn] 〈h〉 **1.** (못, 갈고리로) 고정시키다, 걸다. **2.** 갈고리 모양으로 걸어놓다[걸치다], 꼽다: den Daumen in die Westentasche einhaken 엄지를 조끼 주머니에 꼽다. **3.** 걸려 있다, 걸려서 움직이지 않다: [전의] es hakt 〖통용어〗일이 진척되지 않다. **4.**〖스포츠〗 **a)** 스틱으로 걸다, 공격을 방해하다. 《명사화》Haken gilt als Foul 스틱으로 거는 것은 반칙으로 통한다. **b)**〖축구〗뒤에서 발을 걸다, 차징하다. **Haken** [-], der; -s, - **1.**《축소형: ↑Häkchen》 **a)** 갈고랑이, 옷걸이, 멈춤쇠; 꺽쇠: kein Fisch geht an den H. 고기가 한 마리도 낚시바늘에 걸려들지 않는다; den Mantel an[auf] einen H. hängen 외투를 옷걸이에 걸다; **einen H. schlagen** (토끼 등이) 급히 방향을 바꾸다; **(ein Fahrzeug) auf den H. nehmen** (자동차를) 끌고 가다(견인차가); **mit H. und Ösen**〖통용어·스포츠용어〗수단 방법을 가리지 않고, 반칙을 많이 범하며: im Abstiegskampf wurde mit H. und Ösen gespielt 탈락 경기에서는 온갖 반칙을 범해가면서 싸웠다. **b)** 갈고리 모양의 표시. **2.**《통용어》숨겨진 어려움, 난점(관), 지장: da liegt[sitzt] der H. 거기에 난점이 있다; der H. einer[an einer] Sache 어떤 일의 난점. **3.** [권투] 후크: er wurde von einem linken H. getroffen 그는 왼쪽 후크를 맞았다. **4.** [사냥] **a)** 수사슴의 엄니. **b)** 《Pl.》(암켐돼지의) 엄니.

haken-, **Haken-**: **~aufgabe**, die 〖배구〗 오버헤드 서브. **~bein**, das (사람 손의 돌기가 갈고리 모양을 한 데서) 구상골(鉤狀骨). **~bolzen**, der (갈고랑이 모양의) 볼트. **~büchse**, die (옛) 휴대용 화기(火器), 화승총. **~förmig** 〈Adj.〉 갈고리 모양의, 굽은. **~gurt**, der (갈고리가 달린 소방수용) 혁대. **~kreuz**, das **a)** 갈고리 모양의 십자(卐), 하켄크로이츠. **b)** 나치스의 갈고리 십자 휘장: -e an eine Wand schmieren 하켄크로이츠를 벽에다 마구 그리다. **~kreuzfahne**, **~kreuzflagge**, die 나치스의 갈고리 십자 휘장이 그려진 기(旗). **~kreuzler** [...krɔytslɐ], der; -s, - (聘·고어) 나치스의 신봉자. **~leiter**, die (끝에 고리가 달린) 소방용 사다리. **~nadel**, die [섬유] (끝이 굽은) 편물용 바늘. **~nase**, die 매부리코. **~nasig** 〈Adj.〉 매부리코의. **~paß**, der 〖농구〗 훅 패스. **~pflug**, der 원시적인 쟁기. **~schlagen**, das; -s 〖사냥〗(토끼의) 급방향전환. **~schlüssel**, der 결쇠, 후크 스패너(자동차 수리용). **~schnabel**, der (새의) 갈고리 모양의 부리. **~schütze**, der 차총병(叉銃兵), 화승총병(포수). **~stange**, die (옛) (휴대용 화기를 얹는) 갈고리형 받침대. **~wurf**, der 〖농구〗(팔을 옆으로 뻗어 머리 위로 던지는) 슛. **~wurm**, der 구두충(鉤頭虫). **~wurmkrankheit**, die 구두충 병. **~zange**, die (대장간) 갈고리 모양의 집게.

hakig ['ha:kɪç] 〈Adj.〉 갈고리 모양의.

Hakim [ha'ki:m], der; -s, -e [arab. ḥakīm] 《근동 지역》 **1.** 의사. **2.** 학자, 현인.

Häklein, das; -s, - ↑Haken의 축소형.

Hakler ['ha:klɐ], der; -s, - 〖럭비〗 (스크럼을 짤 때) 첫 줄의 중간을 차지하는 선수.

Halacha [hala'xa:], die; ...choth [hebr. hălāḳāh] 〖유태교〗 (성경을 바탕으로 한 구속력 있는) 율법서의 해석.

halachisch 〈Adj.〉 율법서의 해석에 따르는[관계되는].

Halali [hala'li:], das; -s, -(s) [frz. halali] 〖사냥〗 **a)** 몰이 사냥을 할 때 외치는 소리. **b)** 사냥이 끝났음을 알리는 신호. **c)** 사냥의 끝: zum H. blasen 사냥이 끝남을 (각적으로) 알리다.

halb [halp] 〈Adj.〉 분수 (숫자로: 1/2) **1.** 절반의, 2분의 1의: eine -e Stunde 반시간; das -e Hundert 50; ein -es Dutzend 반 다스(6개); alle -e(n) Stunden(alle -e Stunde) 반 시간마다; es ist h. eins 12시 반이다; **h. ... h.** 반은 ... 반은 ..., 일부는 ... 일부는 ...: h. Kunst, h. Wissenschaft 반은 예술이고 반은 과학이다; **(mit jmdm.) h. und h. (halbe-halbe) machen**《통용어》누구와 이익 또는 손실을 반분하다. **2. a)** 불완전한, 부분적인: -e Maßnahmen 어중간한 조치; das Fleisch ist erst h. gar 고기는 이제야 반쯤 익었다. 《명사화》 **nichts Halbes und nichts Ganzes (sein)** 이것도 아니고 저것도 아니다, 불충분하다. **b)** 감소된, 약화된, 힘이 준: einen -en Blick auf etw. werfen 무엇을 슬쩍 쳐다보다; das ist h. so schlimm 아주 나쁜 것은 아니다. **3.** 거의, 다름없는: er ist -er Mediziner 그는 의학도나 다름없다; der Alte ist h. blind 그 노인은 눈이 거의 멀었다; **h. und h.** (통용어) 거의, 거지반: du gehörst schon h. und h. dazu. 너는 이미 거기에 소속된거나 마찬가지다.

halbe-halbe: ↑halb (1).

halb-, **Halb-**: **~affe**, der 의후유목(擬猴亞目), 원원류(原猿類). **~affix**, das 〖언어〗 반(準)접사(독립된 단어로 느껴지는 조어 수단으로서의 접두사 또는 접미사) 대: steinreich). **~amtlich** 〈Adj.〉 〖정치·통신〗 반관적(半官的)인, 공적으로 확인되지 않은(정보 따위): eine -e Nachricht 반 비공식 소식. **~automat**, der 반자동기. **~automatik**, die 반자동 장치. **~automatisch** 〈Adj.〉 반자동의. **~batzig** [-batsɪç] 〈Adj.〉 (schweiz.) 불충분한, 미진한; 내키지 않은. **~bekleidet** 〈Adj.〉 불완전한 복장의, 반라의: -e Mädchen 반라의 아가씨들. **~bildung**, die (聘) 피상적인 교양, 얼치기 교양, 수박 겉핥기. **~bitter** 〈Adj.〉 (초콜릿이) 달콤하면서도 쌉쓸한, 쌉쌀한. **~blind** 〈Adj.〉 반맹(半盲)의, 거의 눈이 어두운. **~blut**, das **a)** 트기(특히 말의), 잡종. **b)** 혼혈아. **~blütige'** [-bly:tɪgǝ], der / die ↑~blut (b). **~bogen**, der 궁형, 반원형. **~bruder**, der 부모의 한쪽만 같은 형제, 이복 형제. **~bürtig** [-bʏrtɪç] 〈Adj.〉 〖계보〗 배다른, 부모중 한쪽만 같은. **~damast**, der 교직단자(交織緞子) (면실을 섞어 짠 단자). **~deckung**, die 〖연금〗 월납입 총회수의 50 % 안 불 상태: es fehlen noch 5 Monatsbeiträge zur H. 연금의 50 % 완불 회수에 이르려면 5개월을 더 부어야 한다. **~dunkel** 〈Adj.〉 어스름한. **~dunkel**, das 어스름, 박명(薄明). **~edelstein**, der 《고어》 ↑Schmuckstein. **~erblindet**: ↑~blind. **~erfroren** 〈Adj.〉 거의(반쯤) 얼어죽은, 얼어서 거의 마비된. **~erstickt** 〈Adj.〉 거의 질식한, 거의 숨이 막힌. **~erwachsen** 〈Adj.〉 거의 성인이 된. **~erzeugnis**, das ↑~fabrikat. **~esel**, der (아시아가 원산지의) 당나귀. **~fabrikat**, das 〖경제〗 반제품. **~fertig** 〈Adj.〉 반제품의. **~fertigfabrikat**, das ↑~fabrikat. **~fertigware**, die 반제품. **~fest** 〈Adj.〉 **a)** 〖물리〗 반고체의, 아교질의. **b)** 쉽게 용해될 수 있는. **~fett** 〈Adj.〉 〖인쇄〗 **a)** 반고딕체 활자의. **b)** (치즈의) 건량상태에서 20% 이상의 지방분을 함유하고 있는. **~figur**, die 〖예술〗 반신상(半身像). **~figurenbild**, das 반신상 그림. **~finale**, das

[스포츠] 준결승. ~**fliegengewicht**, das [중량경기] a) ⟨Pl. 없음⟩ 하프 플라이급(級). b) 하프 플라이급 선수. ~**fliegengewichtler**, der; -s, - 하프 플라이급 선수. ~**flügler**, der 《드물게》 ↑ Schnabelkerf. ~**format**, das [사진] 18×24mm 크기의 사진판. ~**franz**, das [서적] 가죽 장정, 배혁(背革)장정, 반(半)혁철. ~**franzband**, der 반(半)혁철로 제본된 책. ~**gans**, die [동물] (거위처럼 앞켓과 수컷이 같은 색을 가진) 오리속의 대표. ~**gar** ⟨Adj.⟩ [요리] 반숙의, 설익은, 설구운. ~**gebildet** ⟨Adj.⟩ 얼치기 교양의. ~**gebildete***, der / die ⟨명⟩ 얼치기 교양인, 사이비 교양인. ~**gefror(e)ne***, das 아이스크림. ~**geschoß**, das [건축] 중이층(1층과 2층 사이의 낮은 중간층). ~**geschwister** ⟨Pl.⟩ 부모중 한쪽만 같은(이복) 형제 자매. ~**geviert**, das [인쇄] n 자 폭의 공목(空木), 반각(半刻)의 인테르. ~**gewalkt** ⟨Adj.⟩ 《통용어》 의심스러운, 불투명한, 애매한, 불길한, 악평있는. ~**gott**, der [lat. semideus, griech. hēmítheos] 1. [신화] 반신(半神), 신인(神人): die griechischen Halbgötter 그리스의 신인들. 2. 《비》 영향력 있는 권력자[재산가]: **Halbgötter in Weiß** 《통용어·반어》 (병원의) 수석 의사. ~**herzig** ⟨Adj.⟩ 내키지 않는, 자의 반 타의 반의: eine -e Antwort 내키지 않는 대답. ~**herzigkeit**, die 내키지 않음, 자의 반 타의 반. ~**hoch** ⟨Adj.⟩ [스포츠] 반(중간) 높이의. ~**idiot**, der 《통용어·폄》 반병신, 반편이: das soll ich glauben? Ich bin doch kein H.! 그걸 믿으라고? 나는 반편이가 아니야! ~**insel**, die 반도(半島). ~**jahr**, das a) 반년(半年). b) 반년 단위의 기간, 학기. ~**jahresbilanz**, die 반년 결산. ~**jahreskurs**, der 반년 기간의 [학과] 과정. ~**jahreszeugnis**, das (한 학기) 성적 증명서. ~**jährig** ⟨Adj.⟩ 1. 반년이 지난, 반년된. 2. 반년간의. ~**jährlich** ⟨Adj.⟩ 반년마다의. ~**jahrsausweis**, der (österr.·통용어) ↑ jahreszeugnis. ~**jahrskurs**, der ↑ ~jahreskurs. ~**jude**, der (부모중의 한 사람 유대인의) 반유대인. ~**jüdisch** ⟨Adj.⟩ 반유대인의. ~**kanton**, der [3개의 스위스 주(州)에서 독립된 행정 단위와 고유한 이름을 갖고 있는] 주(州)의 반쪽(예컨대: Basel-Stadt, Basel-Land(schaft). ~**kettenfahrzeug**, das [군] 야전용 체인자동차. ~**kolonial** ⟨Adj.⟩ 《공산주의》 반식민지의(외적으로는 독립국가이나 경제적으로는 예속되어 있는). ~**konsonant**, der 반자음. ~**kreis**, der 반원(半圓). ~**kreisförmig** ⟨Adj.⟩ 반원형의. ~**kugel**, die 반구(半球): die nördliche [südliche] H. 북[남]반구. ~**kugelförmig**, ~**kug(e)lig** ⟨Adj.⟩ 반구형의. ~**kuppel**, die [건축] 반원형 지붕. ~**lang** ⟨Adj.⟩ 중간 길이의: (nun) mach (aber, mal) h.! 《통용어》 그렇게 거스르지 마, 그렇게 과장하지 마. ~**laut** ⟨Adv.⟩ 낮은 목소리의. ~**leder**, das [서적] 반혁철, 배혁철. ~**lederband**, der 반혁철의 도서. ~**leer** ⟨Adj.⟩ 반쯤 비어 있는. ~**leinen** [선어] 면포교직(綿布交織)의, 반마(半麻)의. ~**leinen**, das 1. 반마직물(半麻織物). 2. [서적] 반마철(半麻綴), 반로드 장정(철). ~**leinenband**, der 반마 직물로 만든 바지. ~**leinenhose**, die 반마직물로 만든 바지. ~**leinhose**, die (schweiz.) ↑ ~leinenhose. ~**leinwand**, die ~leinen (1). ~**leiter**, der [전기] 반도체. ~**leitertechnik**, die 반도체 기술[공학]. ~**licht**, das 어스름, 희미한 빛, 박명. ~**link**... [-'-] ⟨Adj.⟩ [축구] 레프트이너의. ~**linke*** [-'--] ⟨Adj.⟩ [축구] 레프트이너. ¹~**links** [-'-] ⟨Adv.⟩ [축구] 레프트하프의 위치로: h. spielen 레프트하프로 뛰다. ²~**links** [-'-], der; -, - ↑ ~linke. ~**lustig** ⟨Adj.⟩ (österr.) 《통용어》 우울 둔한, 갈무하지 못한. ~**mast** ⟨Adv.⟩ [engl. halfmast] (조의의 표시로) 반기(半旗로). ~**matt** ⟨Adj.⟩ [사진] 반(半) 광택의. ~**mensch**, der

↑ Affenmensch. ~**messer**, der [수학] 반경, 지름. ~**metall**, das [화학] 반금속. ~**meterdick** ⟨Adj.⟩ 반미터 두께(폭)의. ~**militärisch** ⟨Adj.⟩ 반(半)군대식의: eine -e Organisation 반군대식 조직. ~**monatsschrift**, die 월 2회 발간하는 잡지. ~**mond**, der 1. ⟨Pl. 없음⟩ 반달. 2. 반달형의 물건: der türkische H. 이슬람의 기장(旗章). ~**mondförmig** ⟨Adj.⟩ 반달모양의. ~**nackt** ⟨Adj.⟩ 반나(체)의. ~**nelson**, der [레슬링] 하프넬슨(목누르기의 일종). ~**offen** ⟨Adj.⟩ 1. 반쯤 열린: eine -e Rose 반쯤 핀 장미. 2. [경·상] 완전히 유폐되지 않은, 조건부로 외출이 허용되는. b) 완전금식이 아닌. ~**offiziell** ⟨Adj.⟩ 반공식적(半公式的)인, 반관(半官)의. ~**part** ⟨Adv.⟩ 반으로(반씩) 나누어: 《대부분 다음 용법으로》 (mit jmdm.) h. machen 《통용어》 [누구와] 절반씩 나눠 갖다. ~**pension**, die ⟨Pl. 없음⟩ (아침 식사를 포함하여 두끼만을 제공하는) 하숙. ~**präfix**, das [언어] 반(준)접두사(예컨대: stein reich). ~**recht**... [-'-] ⟨Adj.⟩ [축구] 라이트하프의. ~**rechte*** [-'--], der [축구] 라이트하프(의 선수). ¹~**rechts** [-'-] ⟨Adv.⟩ [축구] 라이트하프로. ²~**rechts** [-'-], der; -, - ↑ ~rechte. ~**reif** ⟨Adj.⟩ (과일 따위가) 설익은. ~**reim**, der [시작] Assonanz. ~**roh** ⟨Adj.⟩ (고기 따위가) 덜익은. ~**rund** ⟨Adj.⟩ 반원형의. ~**rund**, das 반원형. ~**säule**, die [예술] (반은 벽 안으로 들어갔고 반은 벽에서 나온) 원주(圓柱). ~**schatten**, der a) [광학·천문] 반음영(半陰影), 부분일[월]식(반대: Kernschatten). b) (반투명체를 통한) 엷은 그림자. ~**scheid** [-ʃait], die [지역적] 반, 반분(半分). ~**scheidig** [-ʃaidiç] ⟨Adj.⟩ 반분의, 절반의. ~**schlächtig** [-ʃlɛçtiç] ⟨Adj.⟩ 《아어·준고어》 분명하지 않은, 불완전한. ~**schlaf**, der 가면(假眠), 비몽사몽: 전의 das habe ich im H. getan 나는 무의식중에 그일을 저질렀다. ~**schleier**, der 얼굴을 반만 가리는 면사포. ~**schlummer**, der (아어) ↑ ~schlaf. ~**schluß**, der [음악] 반종지. ~**schranke**, die [철도] (도로를 반만 차단하는) 차단기. ~**schuh**, der 단화. ~**schuhtourist**, der 《폄》 (장비를 갖추지 않은) 풋내기 산행자. ~**schur**, die [농업] 중을을 반년마다 깎음. ~**schürig** [-ʃyːrɪç] ⟨Adj.⟩ 《고어》 불완전한, 품질이 좋지 못한. ~**schürze**, die 짧은 앞치마. ~**schwergewicht**, das [중량경기] 1. ⟨Pl. 없음⟩ 라이트 헤비급. 2. ↑ ~schwergewichtler. ~**schwergewichtler** [...ɔvɪçtlɐ], der; -s, - 라이트헤비급 선수. ~**schwester**, die (부모의 한쪽이 다른) 자매. ~**seide**, die 면견교직물(綿絹交織物). ~**seiden** ⟨Adj.⟩ 1. 반견(半絹)의. 2. 《통용어·폄》 a) (외모나 태도가) 부드러운, 남자답지 못한, 동성애적 성향이 있는. b) 단정하지 못한, 추잡한. ~**seidene***, der 《통용어》 동성 연애자. ~**seidengewebe**, das 반견(半絹)직물. ~**seitenblindheit**, die ↑ Hemianop(s)ie. ~**seitenlähmung**, die ↑ Hemiplegie. ~**seitig** ⟨Adj.⟩ a) [의학] (육체의 양쪽 중) 한쪽[편]만의, 반신(半身)의: er ist h. gelähmt 그는 반신불수다. b) 반 페이지의. ~**soldat**, der (군·폄) 군인답지 않은 병사. ~**staatlich** ⟨Adj.⟩ 《구둥독》 반국영의. ~**stark** ⟨Adj.⟩ 《통용어·폄》 불량 청소년에 속하는. ~**starke***, der 《통용어·폄》 불량 청소년, 반항아. ~**stiefel**, der 반장화, 편상화(編上靴). ~**stock**, der; -(e)s, Halbstockwerke ⟨österr.⟩ (1층과 2층 사이에 있는 나지막한) 중간층. ~**stock(s)** ⟨Adv.⟩ [전원] ↑ ~mast. ~**stoff**, der [전문어] (제지(製紙)의 원료) 중간제품. ~**strauch**, der [식물] 반관목, 아저목(亞低木). ~**strumpf**, der (장딴지까지만 올라오는) 양말. ~**stündig** ⟨Adj.⟩ 반시간 걸리는. ~**stündlich** ⟨Adj.⟩ 반시간마다의. ~**stürmer**, der [축구] 링커. ~**suffix**, das [언어] (합성어에서 접미사로 전환되는 과

⟨Adj.⟩ 《포도주 따위가》 단맛과 쌉살한 맛의 중간쯤되는. **~tägig** ⟨Adj.⟩ 반나절의, 반나절 걸리는. **~täglich** ⟨Adj.⟩ 반나절마다의. **~tags** ⟨Adv.⟩ 반나절 동안. **~tagsarbeit, ~tagsbeschäftigung,** die 《Pl. 없음》 반나절 근무, 반일(半日)근무. **~tagskraft,** die 반나절만 근무하는 인력(근로자). **~tagsschule,** die 오전 수업만 하는 학교. **~taucher,** der 《해저 탐사를 위해 인공적으로 마련한》 수중 기지. **~taxabonnement,** das 《schweiz.》 《기차표의》 반액 정기승차권. **~teil,** das / der 《드물게》 절반, 반분(半分), 반 《Pl. 없음》. **~töne) 1.** 〖음악〗 반음. **2.** 〖미술〗 명암(明暗) 사이의 중간 채색. **~tot** ⟨Adj.⟩ 반죽음의, 기진맥진한. **~totale,** die 〖영화〗 근접 초점 맞추기, 근접 촬영. **~trauer,** die 반상복(半喪服)(을 입는 기간). **~trocken** ⟨Adj.⟩ 《특히 포도주의》 약간 쌉쌀한 맛의. **~verdaut** ⟨Adj.⟩ 완전히 소화되지 않은. **~verhungert** ⟨Adj.⟩ 굶어서 죽을 지경이 된. **~vers,** der ↑Hemistichion. **~vewelkt** ⟨Adj.⟩ 거의 시든. **~vokal,** der 〖언어〗 반모음(예컨대: Nation에서의 i). **~voll** ⟨Adj.⟩ 반쯤 채워진. **~vollendet** ⟨Adj.⟩ 미완성의. **~wach** ⟨Adj.⟩ 아직도 덜 깨어난, 비몽사몽의. **~wahrheit,** die 반진실(半眞實)(의 진술). **~waise,** die 《편모 또는 편부 슬하의》 미성년자, 반고아. **~ware,** die ↑~fabrikat. **~wege** ['halp've:gə] 《지역적》 ↑~wegs. **~wegs** ['halp've:ks] ⟨Adv.⟩ **1.** 《준고어》 중도에서, 중간에서: jmdm. h. entgegenkommen 누구를 길 중간에서 맞이하다. **2.** 어느정도, 상당히: das Essen war h. gut 음식맛이 괜찮았다. **~welt,** die ⟨Pl. 없음⟩ [frz. demimonde] 화류계. **~weltdame,** die 화류계 여성. **~weltergewicht,** das ⟨Pl. 없음⟩ 〖권투〗 주니어 웰터급. **~weltergewichtler,** der; -s, - 주니어 웰터급 선수. **~wertszeit** [-ve:ɐ̯ts-], die 〖물리〗 《방사능의》 반감기(半減期). **~wissen,** das 《겸》 얼치기 학식, 똑똑히 알지 못함. **~wolle,** die 혼방모직물. **~wollen** ⟨Adj.⟩ 모혼방의, 반모직의. **~wüchsig** [-vy:ksɪç] ⟨Adj.⟩ 충분히 자라지 못한, 나이 어린. **~wüchsige¹** [...ɪgə], der / die 미성년자, 청소년. **~zart** ⟨Adj.⟩ 《청소년》 애띤, 소녀 같은. **~zeit,** die 〖스포츠〗 **1.** 《경기 시간의》 전(후)반. **2.** 전반이 끝난후의 휴식 시간: bei H. stand es unentschieden 전반전이 끝났을 때에 경기는 무승부의 상태였다. **~zeitpfiff,** der 〖축구〗 하프타임을 알리는 심판의 호각 소리. **~zeug,** das ↑~fabrikat.

Halbe⁵ ['halbə], der / die / das 《통용어》 《맥주 따위》 반 리터, 반 조끼: er hat schon 3 H. getrunken 그는 벌써 반 리터 맥주 석 잔을 마셨다. **-halben** [-'halbn̩] 〖대명사와 합성하여 부사로 쓰이고, 발음 조합상 (e)t를 삽입〗 …때문에, …에 관하여: allenthalben 도처에; meinethalben 나에 대해서, 나 때문에. **¹halber** ['halbə] ⟨Adv.⟩ 《지역적》 ↑halb. **²halber** [-] 〈Präp.²(후치)〉 《아어 · 준고어》 …때문에, …을 위하여: dringender Geschäfte h. verreisen 긴급한 업무로 여행을 떠나다.

Halbheit, die; -en 《겸》 어중간함, 불완전함, 불충분함, 절반, 고식적 행위: das sind doch nur ~en! 이것은 아직 완전히 해결된 것이 아니냐? **halbieren** [hal'bi:rən] ⟨h⟩ 양분하다, 2등분하다, 절반으로 나누다: es ist immer besser, zu h. als durch drei zu teilen 3등분하는 것 보다는 둘로 나누는 것이 언제나 나은 법이다. **Halbierung,** die; -en 양분, 2등분.

Halde ['haldə], die; -n **1.** ⟨아〉 산비탈, 언덕. **2.** 〖광〗 돌조각(광재(鑛滓))의 더미. **b)** 갱구저탄(坑口貯炭), 팔리지 않은 재고상품: 〖전의〗 -n unverkaufter Ware 팔리지 않은 상품의 엄청난 재고; auf H. 저장되어 있는, 체류되어 있는: eine große Zahl von auf H. befindlichen Wagen 재고로 남아있는 엄청난 수효의 자동차.

Haléř ['halɛːrʃ], der; -, - 《단; 2 Haléře, 10 Haléřů》 [tschech. halér] 체코의 화폐 단위(¹/₁₀₀ Krone).

half [half] ↑helfen 참조.

Half [haːf], der; -s, -s [engl. half] 《österr.》 《구기 · 준고어》 중위(中衛), 하프백.

Half- ['haːf-; engl. = halb]: **~Back,** der 《하이픈과 함께》 [engl. halfback] 《schweiz.》 ↑Half. **~court** ['haːfkɔːt], der; -s, -s [engl. court] 〖테니스〗 반코트 《테니스 경기장의 네트 쪽 부분》. **~penny** ['heɪpnɪ], der; -(s), -s 《영국의》 반페니(짜리) 동전. **~reihe,** die 《österr.》 〖축구〗 하프라인. **~Time** ['haːftaɪm], die; -s 《하이픈과 함께》 [engl. half time] 〖스포츠〗 하프타임. **~volley(ball),** der 〖탁구〗 하프 발리《탁구대에 공이 막 튀어오를 때의 치기》.

Halfagras ['halfa-] ↑Alfagras.

Hälfte ['hɛlftə], die; -n [niederd. helfte] **a)** 절반, 반절: (die) Kinder zahlen die H. 어린이는 반액(半額)입니다; in der ersten H. des vorigen Jahrhunderts 지난 세기의 첫 50년 동안에; (gut) die H. ist gelogen 절반 이상이 거짓이다(대부분은 거짓말이다); **meine bessere H.** 《통용어 · 농》 내 아내; 《드물게》 내 남편; **meine schönere H.** 《통용어 · 농》 내 아내; **die H. abstreichen (müssen(können))** 다 믿을 수는 없다. **b)** 《통용어》 둘로 나누어진 부분 중의 하나: die gute H. 반 이상. **hälften** ['hɛlftn̩] ⟨h⟩ 《드물게》 양분하다, 절반으로 나누다.

¹Halfter ['halftɐ], der 《또는》 das; -s, - 《고어》 die; -n 고삐, 굴레.

²Halfter [-], die; -n 《또한》 das; -s, - 《말 안장 양쪽에 있는》 권총집: die Pistole langsam zog ich die Pistole aus der H. 나는 아주 천천히 권총집에서 권총을 뺐다. **halftern** ['halftɐn] ⟨h⟩ ↑anhalftern. **Halfterriemen,** der 고삐끈.

hälftig ['hɛlftɪç] ⟨Adj.⟩ 반의, 절반의. **Hälftung,** die; -en 반분(半分), 양분(兩分).

Halid [ha'liːt], das; -(e)s, -e [griech. háls] ↑Halogenid. **Halisterese** (halistə'reːzə), die [griech. háls u. stérēsis] 〖의학〗 《호르몬 장애 또는 비타민 결핍으로 생기는》 연골화(軟骨化). **Halit** [ha'liːt, ...lɪt], das; -s, -e **a)** 암염(岩鹽). **b)** 염석(鹽石).

halkyonisch [hal'kyoːnɪʃ] ⟨Adj.⟩ ↑alkyonisch.

Hall [hal], der; -(e)s, -e **a)** 《아어》 《점점 작아지는》 울림: der H. der Schritte in der Nacht 한밤중의 발자국 소리. **b)** 반향(反響), 메아리: 〖전의〗 die Feier blieb ohne inneren H. 그 축제는 내적인 공감을 얻지 못했다.

¹Halle ['halə] 할레 **1.** 구동독 잘레(Saale) 강변의 도시 이름. **2.** 구동독의 행정 구역 이름. **3.** 할레 지구에 있는 도시 및 군. **4.** 베스트 팔렌의 도시 이름.

²Halle [-], die; -n **1.** 공회당, 강당, 홀: diese H. hat die vorgeschriebenen Maße für internationale Wettkämpfe 이 실내 수영장은 국제 경기를 위한 규정 규격을 갖추고 있다; der Zug verläßt die H. 기차가 플랫폼을 떠난다. **2.** 《공공 건물 등의》 현관, (호텔)의 로비.

Halleffekt, der; -(e)s, -e 《전자 음악에 있어서의》 음향 효과.

Hallel [ha'leːl], das; -s [hebr. hallel = preise!] 《유태교》 《축제 때 부르는 유태인의》 찬송가. **halleluja!** [hale'luːja], ⟨Interj.⟩ [lat. hallelūiā, allelūiā < hebr. hăllĕlū-yāh = preiset Jahwe!] 할렐루야(신을 찬미하는 외침). **Halleluja,** das; -s, -s **a)** 여호아를 찬송하는 노래. **b)** 여호아를 찬송하는 악곡. **Hallelujablick,** der 《통용어 · 반어》 경건한 시선. **Hallelujamädchen,** das 《통용어 · 농》 구세군의 여자관.

hallen ['halən] ⟨h⟩ **a)** 울리다: ein Schuß hallt durch

die Nacht 한방의 총성이 밤을 뚫고 울린다. **b)** 반향(反響)하다, 메아리치다: seine Schritte hallten im Dom 그의 발자국소리가 대성당 안에 메아리쳤다; 《또한 비인칭》 es hallte gewaltig zwischen den hohen Wänden 높은 벽 사이에 메아리소리가 크게 일었다. **c)** 음향으로 가득 차다.

hallen-, Hallen- [↑²Halle]: **~artig** 〈Adj.〉 홀[회당]식의[으로 지어진]. **~bad**, das 실내 수영장. **~baden** 〈h〉 실내 수영장에서 수영하다. **~bau**, der 〈Pl. -ten〉 홀 양식의 건물. **~fußball**, der 실내 축구. **~handball**, der 실내 핸드볼. **~hockey**, das 실내 하키. **~kirche**, die 좌·우랑의 높이가 중랑(中廊)과 같고, 한 지붕으로 덮여 있는 교회당. **~schwimmbad**, das ↑~bad. **~spiel**, das 【스포츠】 실내 경기. **~sport**, der 실내 스포츠. **~tennis**, das 실내 테니스. **~turnier**, das 실내 경기(테니스, 승마 따위의).

Hallenser [ha'lɛnzɐ], der; -s, - ↑¹Halle (1~3)의 주민. **Haller** [ha'lɐ], der; - ↑¹Halle (4)의 주민. **hallesch** [ha'ləʃ] 〈Adj.〉 ↑¹Halle (1~3)의 형용사형.

hallig [halıç] 〈Adj.〉 《드물게》 소리가 울리는, 반향이 있는.

Hallig [-], die; -en [niederd. Halig] 만조(滿潮) 때 물에 잠기는 작은 섬(특히 북해의). **Halligleute** 〈Pl.〉 Hallig의 섬에 사는 주민.

Hallimasch ['halimaʃ], der; -(e)s, -e 식용 버섯의 일종 (Honigpilz).

hallisch [halıʃ] 〈Adj.〉 ↑¹Halle (1~3)의 형용사형.

Halljahr, das; -(e)s, -e 〈성서〉 (50년에 한 번 있는 유태의) 안식년, 축년(祝年) (Jubeljahr)(3. Mose 25 참조).

hallo! 〈Interj.〉 [3: engl. hallo] **1.** [halo] (남을 부를 때) 어이, 여보시오: h., ist da jemand? 여보세요, 거기 누구 있어요?; **h.!** (전화 통화가 중단되었을 때) 여보세요! **2.** [ha'lo:] 《기쁜 놀라움의 표현》 야, 어이: h., da seid ihr ja!; 야, 너희들 거기 있구나! **3.** [ha'lo:] 《통용어·청소년》 안녕! (만났을 때의 인사말). **Hallo** [ha'lo:], das; -s, -s **a)** 《기쁨 때 크게 외치는 소리》 야!, 와!: lautes H. empfing ihn 기뻐서 와! 하는 소리가 그를 맞이했다. **b)** 《또한》 der; -s, -s 《지역적》 센세이션, 법석, 소동.

Hallodri [ha'lo:dri], der; -s, -(s) [↑Allotria] 《bayr., österr.》 《통용어·폄》 논다니, 난봉꾼: in seiner Jugend war er ein H. 젊은 시절 그는 믿을 수 없는 인간 종의 하나였다.

Hallore [ha'lo:rə], der; -n, -n 〈대개 Pl.〉 할레의 암염갱부(岩塩坑夫).

Hallstattkultur ['halʃtat-], die [오스트리아의 Hallstatt에서 발굴된 유적에서] 【고고】 고대 철기 시대 중부유럽의 문화. **Hallstattzeit**, die [고고] 고대 철기 시대 (기원전 약 700~450년)의 초기. **hallstattzeitlich** 〈Adj.〉 ↑Hallstattzeit의 시대에서 유래하는.

Halluzinant [halutsi'nant], der; -en, -en 《전문어》 환각증 환자. **Halluzination** [halutsina'tsjo:n], die; -en [lat. (h)al(l)ūcinātio] 환각(幻覺): akustische -en 환청(幻聽), **halluzinativ** [...a'ti:f; engl. hallucinative], **halluzinatorisch** [...a'to:rıʃ] 〈Adj.〉 《전문어》 환각에 의한. **halluzinieren** 〈h〉 [lat. (h)al(l)ūcinārī < griech. alýein] 《전문어》 환각을 일으키다: **Halluzinierende Geisteskranke** 환각 증세의 정신병 환자들이다. **b)** 무엇을 환각으로 받아들이다. **halluzinogen** [...no'ge:n] 〈Adj.〉 《전문어》 《의학》 환각을 일으키는. **Halluzinogen** [-], das; -s, -e [의학] 환각제.

hallwege ['halvə:gə] 《berlin.》 ↑halbwege: **nu mach mal h.!** 《통용어》 그렇게 과장하지 마!

¹Halm [halm], der; -(e)s, -e 《풀 따위의》 줄기, 짚: die -e biegen sich im Wind 바람에 줄기들이 휘어진다;

das Getreide auf dem H. verkaufen 입도선매(立稻先賣)하다.

²Halm [-], der; -(e)s, -e 〈지역적·전문어〉 **a)** ↑²Helm (1). **b)** 포크의 자루 부분.

halm-, Halm- (¹Halm): **~fliege**, die 마디충《곡식의 줄기를 갉아먹는 해충》. **~frucht**, die 〈대개 Pl.〉 화곡류 (禾穀類). **~tragend** 〈Adj.〉 《식물 따위가》 줄기가 있는.

Halma ['halma], das; -s [griech. hálma = Sprung] 판(板)놀이[장기]의 일종.

Hälmchen ['halmçən], das; -s, - ↑Halm의 축소형.

halmyrogen [halmyro'ge:n] 〈Adj.〉 [griech. halmyrós = salzig] [지질] 바닷물이 침전으로 생긴. **Halmyrolyse**, die [↑Lyse] [지질] 《바닷물의 영향으로 인한》 해저 암석의 풍화.

Halo ['ha:lo], der; -(s), -s / **Halonen** [ha'lo:nən] lat. halo = Hof um Sonne od. Mond < griech. hálōs = runde Tenne] **1.** 【물리】 무리, 광환(光環): ein H. um die Sonne 해무리. **2.** [의학] **a)** 눈자위. **b)** 무사마귀. **Haloeffekt** [(또한) 'heılou-], der; -(e)s, -e 【심리】 선입관. **Haloerscheinung**, die; -en 무리가 나타나는 현상. **haloniert** [halo'ni:ɐt] 〈Adj.〉 【의학】 주위에 무사마귀가 생긴, 테두리(輪)가 생긴.

halo-, Halo- [halo-: griech. háls = Salz]: **halobiont** [...'bjont] 〈Adj.〉 《생물》 염분이 많은 곳에서 서식하는. **Halobiont** [-], der; -en, -en 〈생물〉 염생(塩生)동·식물. **halogen** 〈Adj.〉 〈화학〉 염분을 이루는, 조염성(造塩性)의. **Halogen**, das; -s, -e [화학] 할로겐, 조염원소(塩素, 염소, 취소, 옥소, 아스탓 등 5원소의 총칭). **Halogenid** [haloge'ni:t], das; -(e)s, -e [화학] 할로겐염, 할로겐 화합물. **Halogenidsalz**, das 할로겐염. **halogenieren** [...ge'ni:rən] 〈h〉 《화학》 할로겐화(化)하다. **Halogenlampe**, die; -n (극소량의 할로겐이 함유된 가스로 켜는) 할로겐 램프. **Halogenscheinwerfer**, der; -s, - 《자동차의》 할로겐 전조등(前照灯). **Halogenwasserstoff**, der; -(e)s, -e 〈대개 Pl.〉 【화학】 《수소 원자의 전부 또는 일부가 할로겐으로 보충된》 할로겐화 탄화수소. **Halogenwasserstoffsäure**, die; -n 〈대개 Pl.〉 [화학] 할로겐수소산(할로겐과 수소로 구성되어 있는 산, 예컨대: 염산 따위). **Haloid** [halo'i:t], das; -(e)s, -e ↑Halogenid. **Haloidsalz**, das ↑Halogenidsalz. **Halometer**, das; -s, - 소금의 용해 농도 측정기. **halophil** [...'fi:l] 〈Adj.〉 ↑halobiont. **Halophyt** [...'fy:t], der; -en, -en 【식물】 염생(塩生)식물. **Halotherme**, die; -n 염분이 함유된 쌤물.

¹Hals [hals], der; -es, Hälse ['halzə] **1.** 〈축소형: ↑Hälschen〉 목: ein magerer H. mit einem starken Adamsapfel 목젖이 튀어나온 깡마른 목; einem Tier den H. umdrehen 동물의 목을 비틀어 죽이다; er läuft immer mit bloßem H. 그는 늘 목을 드러내고(넥타이를 매지 않고) 다닌다; jmdm. um den H. fallen 누구의 목을 부둥켜 안다; [성구] da steh' ich nun mit meinem gewaschenen H. 《통용어》 《셋기 싫은 목의 때까지 씻었으나 손님은 오지 않아》 바보짓을 하고 명청하게 서 있다; **H. über Kopf** 《통용어》 황급히, 부랴부랴: sie haben H. über Kopf das Land verlassen 그들은 부랴부랴 그 나라를 떠났다; **sich³ nach jmdm. [etw.] den H. verrenken** 호기심에 차서(기대에 부풀어) 누구[무엇]를 바라보려고 목을 길게 빼다; **einen langen H. machen** 《통용어》 목을 빼어 올리고 넘겨다 보다; **jmdm. den H. abschneiden [umdrehen, brechen]** 《통용어》 누구를 《경제적으로》 결딴내다; **etw. kostet jmdn. [jmdm.] den H.** 《통용어》 무엇이 누구의 파멸의 원인이 되다; **sich³ die Schwindsucht [die Pest] an den Hals ärgern** 《통용어》 원한

이 골수에 사무쳐 병이 되다; jmdn.[etw.] am H. haben 《통용어》 누구(무엇)에게 시달림을 받고 있다; sich jmdn. an den H. werfen 《통용어》 누구에게 끈질기게 달라붙다; jmdn. jmdn. auf den H. schicken(hetzen) 《통용어》 누구를 누구에게 보내버리다: er hat den Betrüger erkannt und ihm die Polizei auf den H. gehetzt 그는 그 사기꾼을 알아보고 경찰에 고발했다; sich³ jmdn.[etw.] auf den H. laden 《통용어》 누구(무엇)를 떠맡아 귀찮게 되다; barfuß bis an den(bis zum) H. 《통용어 · 농》 벌거숭이로, 알몸뚱이로; bis über den H. 《통용어》 완전히; sich um den(um seinen) H. reden 《통용어》 설화(舌禍)를 입다, 경솔한 말 때문에 화를 입다; jmdm. mit etw. vom Hals(e) bleiben 《통용어》 누구를 무슨 일로 괴롭히지 않다; sich³ jmdn.[etw.] vom Hals(e) halten 《통용어》 누구(무엇)를 멀리하다; sich³ jmdn. [etw.] vom Hals(e) schaffen 《통용어》 성가신 존재[일]를 털어버리다. 2. 인후(咽喉), 목구멍, 성대: mein H. tut mir weh 내 목이 아프다; jmdm. den H. zudrücken 《통용어》 누구를 목졸라 죽이다; aus dem H. riechen 《속어》 입에서 악취가 나다; er hat es im H. 《통용어》 그는 목이 아프다; 전의 sein Geld durch den H. jagen 술을 많이 마신다; den H. nicht voll (genug) kriegen (können) 《통용어》 물릴 줄 모르다, 욕심이 끝이 없다; aus vollem Hals(e) 매우 큰 소리로, 목청껏; etw. in den falschen(unrechten, verkehrten) H. bekommen 《통용어》 터무니 없는 오산(오해)을 하다; etw. hängt(wächst) jmdm. zum Halse heraus 《통용어》 무엇에 진저리가 나다. 3. a) 병 모가지: eine Weißweinflasche mit langem H. 목이 긴 백포도주병; einer Flasche den H. brechen 《통용어》 한 병을 《마시려고》 따다. b) 《현악기의》 중간 부분(줄감개와 공명상자 사이의). c) 《의학》 뼈의 좁아지는 접합부. d) 《건축》 《그리스식 원주》 주두(柱頭) 바로 밑부분, 주신(柱身)의 윗부분. 4. 《사냥》 사냥개의 짖음. ²Hals [-], der; -es, -en 《선원》 a) 돛의 하얀 모서리. b) 돛의 하얀 모서리를 앞으로 당기는 밧줄.

hals-, Hals- (¹Hals 1, 2): ~abschneider, der 《통용어 · 폄》 고리대금업자, 모리배, 사기꾼. ~abschneiderisch 〈Adj.〉 모리배적인, 고리대금의. ~ader, die ↑ ~schlagader. ~ansatz, der 어깨와 목 사이의 부분. ~ausschnitt, der (옷의) 팬 목 부분. ~band, das (Pl. -bänder) a) (개 따위의) 목걸이: dem Hund ein H. anlegen 개에게 목걸이를 채우다. b) 《준고어》 널따란 고급 목걸이. c) (목에 감고 다니는) 빌로도 리본. ~berge [-bɛrgə], die; -n [was den Hals birgt] 《중세》 a) 옛 갑옷의 경갑(頸甲). b) 쇠사슬로 만든 갑옷. ~berger [-bɛrgɐ], der; -s, - (목을 움추려 감출 수 있는) 거북. ~binde, die a) 《옛》 (제복의) 목깃받침. b) 《고어》 넥타이. ~bräune, die 《준고어》 ↑ Bräune (2). ~brecherisch [-brɛçərɪʃ] 〈Adj.〉 목숨을 건, 모험적인, 대담한: 전의 Einzelfallstudien zur Grundlage praktischer Maßnahmen zu machen, ist h. 개별적인 연구를 실제 조치의 기반으로 삼는 일은 위험하다. ~bündchen, das (의복 상의 목 부분의) 좁은 스탠드 칼라. ~eisen, das 《중세》 (죄수의 목에 씌우는) 칼. ~entzündung, die 《의학》 인후염. ~fern 〈Adj.〉 (칼라가) 목을 죄지 않는, 느슨한. ~fistel, die 《의학》 목의 누관(瘻管). ~gericht, das (중세의) 중죄(重罪) 형사 재판(권). ~gerichtsordnung, die (중세의) 중죄(重罪) 형사 재판 규정. ~kette, die 사슬 모양의 목걸이. ~kragen, der a) 옷깃, 칼라: jn. am H. packen 누구를 붙잡다(체포하다). b) (상처를 핥지 못하도록 동물의 목에 거는) 넓고 뻣뻣한 코르셋. ~krause, die 옷깃의 주름 장식. b) (새의 숫놈의 목에) 많이 난 깃털. ~länge, die [경 마] 말의 목만큼의 길이. ~los 〈Adj.〉 목이 없는 [매우 짧은]. ~muskel, der 목 근육. ~nah 〈Adj.〉 (칼라 따위가) 목에 바짝 조이는. ~Nasen-Ohren-Arzt, der (하이픈과 함께) 《의학》 이비인후과 전문의 (약어: HNO-Arzt). ~partie, die 목 부분(부위). ~schlagader, die 목 동맥. ~schleife, die (부인용 옷에서) 목 매는 리본, 옷깃 장식. ~schmerz, der (대개 Pl.) 후통(咽喉痛): ~en haben 《군 · 준군어》 훈장을 목에 걸고 싶어하다. ~schmuck, der 목 장식, 목걸이. ~starr 〈Adj.〉 《드물게》 ↑ ~starre. ~starre, die 《드물게》 ↑ Genickstarre. ~starrig [-ʃtarɪç] 〈Adj.〉 《폄》 뻣뻣한, 고집 센, 완강한. ~starrigkeit, die 《폄》 고집이 셈, 완강함. ~stück, das (소 · 양 등의) 목 부분의 고기. ~tuch, das (Pl. -tücher) 목도리, 숄. ~und Beinbruch (하이픈과 함께): ↑ Beinbruch 참조. ~weh, das (Pl. 없음) 《통용어》 ↑ ~schmerz. ~weite, die 목둘레의 길이, 목 치수. ~wender [-vɛndɐ], der; -s, - (긴 목을 등짝지 밑으로 비스듬히 집어넣을 수 있는) 거북. ~wickel, der 《의학》 목 찜질용 붕대. ~wirbel, der 《해부》 경추(頸椎). ~wirbelbruch, der 《의학》 경추골절(頸椎骨折).

Hälschen ['hɛlsçən], das; -s, - ↑ ¹Hals (1)의 축소형. Halse ['halzə], die ↑ 《선원》 (역풍(逆風)을 이용하여 전진할 수 있도록) 돛을 돌려 배의 침로를 바꾸는 것. ¹halsen ['halzn̩] 〈h〉 《드물게》 껴안다, …의 목을 부둥켜 안다. ²halsen [-], 〈h〉 《선원》 돛을 돌려 침로를 바꾸다. Halsentau, das; -(e)s, -e ↑²Hals (b). -halsig [-halzɪç] (다음의 합성어로, 예컨대) kurzhalsig 목이 짧음. Halsung ['halzʊŋ], die; -en 《사냥》 (사냥개의) 목걸이.

¹halt [halt] 〈Adv.〉 《südd., österr., schweiz.》 (이미 기정 사실로 되어버려) 어떨 수 없이, 정말 또 그렇게: dagegen kann man h. nichts machen 그 일에 대해서는 정말 아무런 대책도 강구할 수 없다.

²halt! [-] 〈Interj.〉 정지! 중지!: h.! Wer da? 정지! 누구야? (군대에서 보초병이 외치는 소리).

Halt, der; -(e)s, -e 1. (Pl. 없음) 받침; 붙잡을 것, 의거할 곳, 발판, 지주, 근거: einen H.[nach einem festen H] suchen 하나의 발판을 [든든한 발판을] 찾다; 전의 sie ist sein moralischer H. 그녀는 그의 도덕적 지주다; jeden H. verlieren 근거를 상실하다, 비틀거리다. 2. 정지, 중지: ohne H. ans Ziel fahren 중지하지 않고 목적지까지 (차를 타고) 가다; jmdm.[einer Sache] H. gebieten (아이) 1) 누구(무엇)를 정지시키다. 2) (해로운 것의) 확산을 방지하다. 3. 《schweiz.》 용량, 면적.

halt-, Halt (↑Halte-도 참조): ~los 〈Adj.〉 1. 줏대가 없는, 불안정한: diese junge Frau ist völlig h. 그 젊은 여자는 완전히 절제를 잃은 사람이다. 2. 근거없는, 근거가 박약한: wer wird sich um solch -en Klatsch kümmern! 누가 그런 근거없는 헛소리에 신경쓰랴! 3. 《드물게》(등산로 따위가) 손(발) 붙일 데 없이 미끄러운. ~losigkeit, die 1. 줏대없음, 불안정, 무절제, 방탕성. 2. 근거박약, 허황함. ~machen 〈h〉 정지하다, 정차하다: vor jmdm.[etw.] nicht h. 누구(무엇)라도 두려워하지[예외로 취급하지] 않는다; vor nichts (u. niemandem) h. 어떤 행동도 주저없이 하다(아무도 거리끼지 않고 가차없이 행동하다). ~regel, die (크리켓 따위에서) 공이 정지하거나 경기가 중단되었을 때 선수도 정지하여야 된다는 규칙. ~schild, das 《옛》 ↑ Stoppschild. ~signal, das ↑ Haltesignal. ~verbot, das 《관》 ↑ Halteverbot.

haltbar ['haltbaːɐ̯] 〈Adj.〉 1. a) (음식물 따위가) 오래 가는, 쉽게 상하지 않는. b) 견고한, 저항력이 있는: -e Stoffe 질긴 천. 2. a) 근거있는, 확실한: diese Theorie ist bestimmt nicht h. 이 이론은 틀림없이 오래가지 못

할 것이다. **b)** 《드물게》 방어할 수 있는, 지킬 수 있는: unter diesen Umständen ist die Festung nicht h. 이런 사정 하에서는 이 요새는 방어할 수 없다. **c)** 견지할 수 있는, 버틸 수 있는: sein erster Platz in diesem Wettkampf ist wohl kaum h. 이 경기에서 그의 1위 자리는 아마 지켜질 수 없을 것이다. **d)** 〔구기〕 《키퍼가》 잡을 수 있는, 잡을 수 있도록 《잘못》 찬: dieser Ball war h. 이 공은 잡을 수 있는 것이었다. **Háltbarkeit,** die 쉽게 상하지 않음, 견고성, 확실성, 근거, 방어 가능. **Háltbarkeitsdauer,** die 보존 가능 기간.

Halte ['haltə], die, -n **1.** 〔체조〕 몸을 특정한 자세로 몇 동안 유지하는 동작. **2.** 《통용어》 정류장.

Hálte- (↑halt-, Halt- 참조): **~ball,** der 〔동구〕 **a)** 《경기 개시, 재개 때》 심판이 던져올리는 공, 점프볼. **b)** 한 선수가 규정 시간 이상 갖고 있던 공. **~bogen,** der 〔음악〕 《두 개의 음표를 동일음계로 연결하는》 이음표, 붙임 호선(弧線). **~bucht,** die 〔교통〕 《버스 따위가 차선 오른쪽에 정지할 수 있도록 만들어 놓은》 정차 구역. **~griff,** der **1.** 《버스, 전차 따위의》 승객용 손잡이. **2.** 〔무도〕 《상대방을 제압하기 위한》 붙잡음. ~ gurt, der ↑Sicherheitsgurt. **~kind,** das 《준고어》 양아(養兒), 맡아서 기르는 아이. **~kraft,** die 〔물리〕 하켄을 버텨주는 힘. **~leine,** die 버팀 밧줄(끈). **~linie,** die 〔교통〕 《신호등 앞의》 정지선. **~platz,** der **a)** 택시 정류장. **b)** 《드물게》 주차장. **~punkt,** der **1.** 〔철도〕 간이 정차장. **2.** 〔사격〕 조준점. **~riemen,** der 《자동차, 버스, 전차 따위의》 끈으로 된 손잡이. **~schwung,** der 〔스키〕 빙 돌며 서기(정지하기). **~seil,** das 지지삭(支持索), 버팀 일. **~signal,** das 정지 신호. **~stange,** die **a)** 《의지할 수 있는》 막대기, 지주(支柱). **b)** 버팀목, 폐, 지주(支柱). **~stelle,** die 《공공 교통 수단의》 정류장. **~stelleninsel,** die 정류장으로 쓰이는 도로상의 안전 지대. **~tau,** das ↑~leine. **~technik,** die 〔무도〕 《상대방을 제압하기 위해》 붙잡는 기술. **~teil,** das ↑Halte (1). **~trosse,** die 《큰 배를 고정시키는》 단단한 밧줄. **~verbot,** das **1.** 〔교통〕 **a)** 정차 금지. **b)** 정차 금지 구역. **2.** 《특정한 동물에 대한》 가축으로서의 사육 금지. **~verbotsschild,** das 정차 금지 표지. **~vorrichtung,** die 고착(固着) 장치, 고정대(固定臺). **~zeichen,** das **1.** ↑~signal. **2.** 〔음악〕 페르마타, 늘임표, 정지 기호.

hálten* ['haltṇ] (h) **1. a)** 붙잡다, 꽉 잡다: das Seil an einem Ende h. 밧줄의 끝을 붙잡다; würden Sie bitte einen Augenblick meinen Schirm h.? 잠깐 저의 우산을 들어줄 수 있습니까?; haltet den Dieb! 저 도둑놈 잡아라!; ein Kind an[bei] der Hand h. 아이의 손을 잡다; er hielt den Draht mit einer Zange 그는 전선을 펜치로 잡고 있었다; **sich nicht h. lassen[nicht zu h. sein]** 유지[견지]될 수 없다: diese These läßt sich nicht h.[ist nicht zu h.] 이 명제는 견지될 수 없다; **an sich h.** 억누르다, 삼가다, 자제하다: sie hielt an sich, so gern sie auch geweint hätte, 그녀는 울고 싶었지만 참았다. **b)** 유지하다, 받치다, 고정시키다: das Regal wird von zwei Haken gehalten 그 선반은 두 개의 못으로 고정되어 있다. **2. a)** 《움직인 자세로》 그대로 유지하다: den Arm ausgestreckt[den Kopf gesenkt] h. 팔을 뻗친 채[고개를 숙인 채] 그대로 있다. **b)** 〈h. + sich〉 《일정한 자세를》 그대로 있다: sie hält sich sehr aufrecht 그녀는 매우 꼿꼿한 자세를 유지하고 있다. **c)** 〈h. + sich〉 《특정한 위치·자세에》 고수하다: sie konnte sich an der abschüssigen Stelle nicht mehr halten und rutschte ab 그녀는 경사가 심한 곳에 있을 수 없어 미끄러졌다. **3.** 〔구기〕 **a)** 《골키퍼가》 공을》 잡다, 막아 내다: er hat den Elfmeter gehalten 그는 페널티 킥을 막아냈다. **b)** 《골키퍼로서》 수비하다: der junge Torhüter hielt wieder großartig 그 젊은 골키퍼는 다시금 멋있는 수비를 했다. **4.** 정지시키다, 《가지 못하도록》 붙잡다: du kannst gehen, es hält dich niemand 너는 갈 수 있다, 아무도 너를 붙잡지 않으니까 말이다. **5.** 정체시키다, 막다: der Teich hält das Wasser 연못은 물이 흐르지 못하게 막고 있다; sie konnte das Wasser nicht mehr h. 그녀는 소변을 더 이상 참을 수가 없었다. **6. a)** 〔군〕 방어하다, 사수하다: die Soldaten hielten die Festung 군인들은 그 요새를 방어했다. **b)** 간수하다, 유지하다: er wird seinen Laden nicht mehr lange h. können 그는 상점을 더 오래 유지할 수 없을 것이다. **c)** 《어떤 지위를》 계속 견지하다: er hält den Weltrekord im Brustschwimmen 그는 평영에서 세계 기록을 갖고 있다. **7.** 〈h. + sich〉 **a)** 버티다, 견지하다, 자기 주장을 하다: er hat sich gegen alle Voraussagen im Betrieb gehalten 그는 온갖 예측과는 달리 회사 내에서의 자기 지위를 유지해나갔다; 전의 das Stück konnte sich lange auf dem Spielplan h. 그 연극 작품은 오랫동안 공연될 수 있었다. **b)** 관철하다, 《난관을》 극복하다: du hast dich in der Prüfung gut gehalten 너는 시험을 잘 치뤄냈다. **8. a)** 지속하다, 유지하다: den gleichen Kurs h. 동일한 진로를 유지하다; der Kranke muß Diät h. 그 환자는 식이요법을 지속해야 한다. **b)** 《일정한 내적 상태를》 유지하다. 유지하다: Freundschaft (mit jmdm.) h. 《누구와의》 우정을 지키다; ihr müßt jetzt Ruhe h. 《통용어》 너희들은 이제 조용히 하고 있어야 한다. **c)** 《약속 따위를》 지키다: einen Vertrag h. 계약(조건)을 지키다; 전의 der Film hielt nicht, was er versprach 그 영화는 기대에 어긋났다. **d)** 〈h. + sich〉 《…에 따라》 행동하다, 《…에 따르다[an etw.⁴〉: du mußt dich an dein Versprechen h. 너는 약속한 대로 행동해야 한다; er hat sich bei der Verfilmung (eng) an das Buch gehalten 그는 그 책을 영화화함에 있어서 원본을 충실히 따랐다. **9.** 〈h. + sich〉 **a)** 누구에게 의지하다, 매달리다: wenn du in diesem Punkt etwas erreichen willst, mußt du dich an den Direktor h. 이 점에 있어서 무엇인가 성취하려면, 너는 책임자에게 매달리지 않으면 안된다. **b)** 《…와 가까이 지내다: still hielt der Hund sich zu mir 《준고어》 그 개는 조용히 내 곁에 있었다. **10.** 중시하다, 존중하다(auf etw.⁴): streng auf Ordnung h. 엄격하게 질서를 지키다; er ist jemand, der auf Sauberkeit hält 그는 청결을 중시하는 사람이다: **auf sich h.** 자신의 체면[명예, 이미지]에 신경을 쓰다: wer ein bißchen auf sich hält, kann sich in der Kaschemme nicht sehen lassen 자신의 체면을 조금이라도 생각하는 사람이라면, 그런 하급 술집에 모습을 나타낼 수 없을 것이다. **11. a)** 누구의 편이다, 누구를 지지하다: auch in der größten Bedrängnis hat er zu mir gehalten 큰 곤경 속에서도 그는 나를 지지했다. **b)** 《막연한 목적어 es를 동반하여》 누구에게 공감을 지니다, 누구의 편이다: er hält es mehr mit seiner Mutter 그는 엄마를 더 좋아한다; man erzählt sich, daß sie es mit ihrem Chef hält 《통용어》 그녀가 사장과 친한 관계라는 쑥덕공론이다. **12. a)** 〈h. + sich〉 《어떤 장소에》 계속 차지하다: er hielt sich immer an ihrer Seite 그는 언제나 그녀 곁을 떠나지 않았다; das Flugzeug hielt sich auf einer Höhe von 8,000 m 비행기는 8,000m의 고도를 유지했다. **b)** 〈h. + sich〉 《특정한 방향으로 접어들어》 계속 가다: wenn du an dem Punkt angekommen bist, hältst du dich am besten immer links 그 지점에 도착하면, 계속 좌로 가는 것이 가장 좋다. **c)** 〔선원〕 진로를 잡다, …를 향해서 조종하다: der Dampfer hielt auf die Küste 그 기선은 해안 쪽으로 방향을 잡았다. **13.** 겨냥하다《겨냥해 조준하다》: auf einen Hasen h. 토끼를 겨냥하다. **14. a)** 사육하다, 기르다: willst du dir wirklich einen Hund h.?

너 정말 개를 기를 생각이니?; [전의] sie können sich kein Auto h. 그들은 자가용 자동차를 가질 수 없는 처지다. **b)** 《신문, 잡지 등을》 정기 구독하다: er hält mehrere Zeitungen 그는 몇 가지 신문을 구독한다. **15.** 양육하다, 다루다: seine Kinder streng h. 자녀들을 엄격히 키우다; er wurde bei ihnen gehalten wie der eigene Sohn 그는 그들의 집에서 친 아들처럼 길러졌다; die Pflanzen waren immer sehr sauber und tadellos gehalten 그 식물들은 항상 깨끗하고 나무랄 데 없이 가꾸어졌다. **16. a)** …이라 여기다, 간주하다: jmdn. für ehrlich h. 누구를 정직하다고 여기다; er wurde für tot gehalten 그는 사망한 것으로 간주되었다; ich habe dich immer für meinen Freund gehalten 나는 너를 항상 나의 친구라고 생각해 왔다. **b)** 평가하다: von jmdm. nicht viel h. 누구를 대단치 않게 여기다; was hältst du davon 거기에 대해서 어떻게 생각하니? **c)** 《막연한 목적어 es와 함께》 누구(무엇)를 《특정한 방법으로》 다루다[대하다], 어떤 행동을 취하다: wie hältst du es mit der Steuererklärung? 소득세 신고를 어쩔 작정이니? **17.** 행하다, 수행하다: eine Vorlesung(eine Ansprache) h. 강의(연설)을 하다; Rat h. 《아이》 의논하다, 협의하다; er muß heute Wache h. 그는 오늘 보초를 서야 한다. **18. a)** 지속되다, 유지되다: die Rosen halten sicher noch zwei Tage 장미꽃들은 틀림없이 이틀은 더 피어 있을 것이다; ob das Wetter wohl halten wird? 이런 날씨가 앞으로 계속될지?; 〈대개 h. + sich〉 diese Waren halten sich 이 상품들은 쉽게 변질되지 않는다; sie hat sich gut gehalten 《통용어》 그녀는 나이에 비해 젊어 보인다. **b)** 오래 가다, 질기다: die Schuhe halten lange 이 구두는 오래 신을 수 있다; ob die Farbe wohl h. wird? 색이 바래지 않을런지?; das Seil hat nicht gehalten 밧줄이 견디지 못하고 끊어졌다; [전의] ihre Freundschaft hielt nicht lange 그들의 우정은 오래 가지 않았다. **19. a)** 《…한 채로 유지시키다(두다): die Tür verschlossen h. 문을 닫은 채 놔두다; die Speisen frisch h. 음식을 신선하게 간직하다; die Augen geschlossen h. 눈을 감고 있다; Sie müssen viel Sport treiben, die halt jung h. 많은 운동을 하셔야 합니다, 그러면 젊음을 유지합니다. **b)** …으로 장치(작성)하다: den einen der beiden Räume wollen wir ganz in Dunkel h. 두 방 중의 하나를 완전히 어둡게 장치하기로 합시다; seine Ansprache war in knappen Worten gehalten 그의 연설은 간결한 말로 작성되었다. **20.** 정지하다, 머물다, 정차하다: der Schnellzug hält hier nicht 급행열차는 이곳에 서지 않는다; halt! Wer da? [군] 《보초의 외침》 정지! 누구냐?; [전의] halt (mal) 《통용어》 잠깐만!

Halter [ˈhaltɐ], der; -s, - **1. a)** 걸쇠, 《옷, 수건, 신문》걸이, 쇠갈고랑이. **b)** 손잡이, 자루. **c)** 《통용어》 ↑Füllfederhalter의 약칭. **d)** 《통용어》 ↑Strumpfhalter, Sockenhalter의 약칭. **e)** 《통용어》 ↑Büstenhalter의 약칭. **2. a)** ↑Fahrzeughalter의 약칭. **b)** ↑Tierhalter의 약칭: H. von Hunden haben eine Steuer zu entrichten 개를 기르는 사람들은 세금을 내야 한다. **3.** 《österr.》 목자(牧者), 마부. **Halterbub**, der, **Halterbübl** [-byːbl], das; -s, - 《österr.》 목동.

Haltere [halˈteːrə], die; -n 《대개 Pl.》 [lat. halteres < griech. haltēres] **1.** [동물] 평균곤(平均棍) 《곤충의 뒷날개가 퇴화된 평형 기관》. **2.** 《고대 그리스의》 아령, 《근육 단련용의》 철제 곤봉(棍棒).

Halterin, die; -nen: ↑Halter (2, 3)의 여성형. **haltern** [ˈhaltɐn] 〈h〉 《고정 장치로》 고정시키다. **Halterung**, die 《고정(부착) 장치에 예컨대》 자동차 지붕 위의 스키운반 장치》, 《안전띠의》 집. **-haltig** [-haltɪç], 《österr.》 **-hältig** [-hɛltɪç] 《다음의 합성어로, 예컨대》 bleihaltig 납을 함유한. **haltig** 〈Adj.〉 [광] 광석을 함유하고 있는. **Haltung**, die; -en **1. a)** 자세: die H. durch gymnastische Übungen korrigieren 체조를 통해서 자세를 교정하다; dem Turner wurden wegen schlechter H. Punkte abgezogen 그 체조 선수는 자세가 나빠서 감점을 당했다; H. annehmen [군] 차려 자세를 취하다. **b)** 몸가짐, 자세: eine respektlose H. 갈보는 자세. **2. a)** 마음씨, 정신적 자세: eine sittliche (geistige, religiöse, politische, liberale, progressive, konservative) H. 윤리적(종교적, 정치적, 자유주의적, 진보적, 보수적) 자세; eine fortschrittliche H. zu einer Frage einnehmen 어떤 문제에 대해서 진보적 자세를 취하다. **b)** 처신, 태도: eine mutige(entschlossene) H. zeigen 용기있는(결연한) 자세를 보여주다; sie war beispielhaft(vorbildlich) in ihrer H. 그녀의 품행은 모범적이었다. **c)** 〈Pl. 없음〉 침착성: die H. verlieren(wiedergewinnen) 침착성을 잃다(찾다). **3.** 《집에서》 동물을 기르기: die H. von Zuchtvieh 가축의 사육.

Haltungs-: **~fehler**, der **1.** [의학] 《병의 원인이 되는》 자세 결함. **2.** [스포츠] 규정 자세 위반. **~mängel** 〈Pl.〉 ↑~fehler. **~note**, die [스포츠] 자세 평점. **~schaden**, der [의학] 《골격의 병적 변화를 초래하는》 자세 결함. **~übung**, die 바른 자세를 견지하기 위한 근육 보강 체조.

Halunke [haˈlʊŋkə], der; -n, -n **a)** 악한, 무뢰한, 사기꾼. **b)** 《농》 건달, 개구쟁이. **Halunkengalerie**, die 《경》 극장의 값싼 앞 좌석. **Halunkenstreich**, der 무뢰한의 불쾌한 행위.

Halwa [halˈva], das; -(s) [arab. ḥalwā] 《설탕, 깨, 해바라기 씨 등을 섞어 만든》 감미 식품.

Häm [heːm], das; -s [griech. haíma] [의학·생물] 헤모 그로빈 내의 색소. **häm-, Häm-**: ↑hämo-, Hämo-.

Hamada: ↑Hammada.

Hamadan [hamaˈdaːn, (pers.) hæmæˈdɑːn], der; -(s), -s [Iran의 도시 이름으로] 하마단 양탄자.

Hämagglutination [hemaglutinaˈtsi̯oːn], die; -en [↑Häm u. ↑Agglutination] [의학] 혈구응집(血球凝集). **Hämagglutinin** […ˈniːn], das; -s, -e [의학] 혈구응집소(血球凝集素). **Hämagogum** [hemaˈgoːgʊm], das; -s, …ga [griech. haíma u. agōgós] [의학] 출혈(촉진)제.

Hamam [haˈmam], der; -(s), -s [türk. hamam] 터키식의 목욕.

Hamamelis [hamaˈmeːlɪs], die [griech. hamamēlís = Mispel] ↑Zaubernuß.

Ham and eggs [ˈhæm ənd ˈɛgz] 〈Pl.〉 [engl. ham and eggs] 계란후라이를 곁들인 햄.

Hämangiom [hemanˈgi̯oːm], das; -s, -e [griech. haíma u. aggeíon] [의학] 혈관종(血管腫). **Hämarthrose** [hemarˈtroːzə], die; -n [의학] 관절혈종(關節血腫).

hämat-, Hämat-: ↑hämato-, Hämato- 참조. **Hämatemesis** [hemaˈteːmezɪs], die [griech. haíma = Blut u. émesis = Erbrechen] [의학] Blutbrechen. **Hämat(h)idrose** [...t(h)iˈdroːzə], die; -n ↑Häm(h)idrose. **Hämatin** [...ˈtiːn], das; -s [의학] 헤마틴 《철분 함유 헤모글로빈 색소》. **Hämatinon** [...tiˈnoːn], das; -s [griech. haimátinos] [미술] 《고대에 자주 이용되었던 검붉고 투명한》 색유리. **Hämatit** [...ˈtiːt, (또한) ...tɪt], der; -s, -e [lat. haematītēs < griech. haimatítēs (líthos) = blutiger Stein] [지질] 적철광, 혈석(血石).

hämato-, Hämato-, 《모음앞에서》 hämat-, Hämat- [hemat(o)-] 〈Blut(피)를 뜻하는 규정어로서, 예컨대》

hämatogen, Hämatogramm, Hämaturie. Hämatoblast [...'blast], der; -en, -en 《대개 Pl.》 [griech. blastós = Sproß, Trieb] 【의학】 ↑Hämoblast. **hämatogen** 〈Adj.〉 【의학】 **1.** 혈행성(血行性)의. **2.** 조혈(造血)의. **Hämatogramm**, das; -s, -e 【의학】 ↑Hämogramm. **Hämatokritwert**, der; -(e)s, -e 【의학】 혈구용적치. **Hämatologe**, der; -n, -n 【의학】 혈액학자, 혈액 전문 의사. **Hämatologie**, die 〈학〉 혈액학. **hämatologisch** 〈Adj.〉 【의학】 혈액학의 [에 관한]. **Hämatom** [hɛmaˈtoːm], das; -s, -e 【의학】 혈종(血腫). **Hämatophobie**, die; -n […iən] 【심리】 피 공포증. **Hämatopoese** [...poˈeːzə], die 【의학】 조혈, 적혈구의 생성. **hämatopoetisch** 〈Adj.〉 【의학】 혈액을 생성하는, 조혈의. **Hämatorrhö, Hämatorrhöe** [...toˈrøː], die; ...öen [...øːən] 【의학】 ↑Blutsturz (a). **Hämatoxikose**, die; -n 【의학】 ↑Hämotoxikose. **Hämatoxylin** [...ksyˈliːn], das; -s 헤마톡실린(남미산의 식물 색소의 일종). **Hämatozoon** [...ˈtsoːɔn], das; -s. ...**zoen** 《대개 Pl.》 [griech. zõon = Lebewesen; Tier] 〈동물이나 사람의 피에 기생하는〉 혈액 기생충. **Hämatozyt** [...ˈtsyːt], der; -en, -en 《대개 Pl.》 [...iən] 【의학】 ↑Hämozyt. **Hämaturie** [...tuˈriː], die; -n [...iən] griech. oũron = Harn] 【의학】 혈뇨(血尿).

Hamburg [ˈhambʊrk, 《engl.》 ˈhæmbəːg] 〈독일 엘베 강 변의〉 함브르크 [주]. **¹Hamburger** [ˈhambʊrɡɐ], der; -s, - 함브르크 시민(주민). **²Hamburger** [《engl.》 ˈhæmbəːgə, ˈhambʊrɡɐ], der / 《드물게》 das; -s, - 〈영어식 발음에서〉 -s [Hamburger Steak의 약칭] **1.** 햄버거, 햄버거식 비프스테이크. **2.** 햄버거가 든 샌드위치. **³Hamburger** 〈Adj.; 격변화 없음〉 함브르크의: der H. Hafen 함브르크 항. **hamburgern** [ˈhambʊrɡɐn] 〈h〉 함부르크 사투리로 말하다. **hamburgisch** [ˈhambʊrɡɪʃ] 〈Adj.〉 함브르크의[에 관한].

Häme [ˈhɛːmə], die 악의, 원한, 심술.

Hameln [ˈhaːməln] 하멜른(베저 강변의 도시). **¹Hameler**, der, -s, -s 《드물게》 하멜른의 주민. **²Hameler** 〈Adj.; 격변화 없음〉 《드물게》 하멜른의. **¹Hamelner**, der, -s, - 하멜른의 주민. **²Hamelner** 〈Adj.; 격변화 없음〉 하멜른의. **Hamelnisch** 〈Adj.〉 하멜른의, 하멜른에 속한.

Hamen [ˈhaːmən], der; -s, - [lat. hāmus] 〈지역적〉 **1. a)** 큰 그물. **b)** (손잡이가 달린) 작은 그물. **2.** 《드물게》 (금속제의) 낚시(바늘). **3.** 〈지역적〉 멍에, 말의 목걸이줄.

Häm(h)idrose [hɛm(h)iˈdroːzə], **Häm(h)idrosis** [hɛm(h)iˈdroːzɪs], die; [griech. haīma u. ↑Hidrose] 【의학】 피땀. **Hämiglobin**, das; -s ↑Methämoglobin. **Hämin** [hɛˈmiːn], das; -s, -e 【화학·의학】 포르피린의 3가 철착염(三價鐵錯鹽) (피의 감정 등에 이용되는).

hämisch [ˈhɛːmɪʃ] 〈Adj.〉 음흉한, 악의 있는, 심술궂은: seine Bemerkungen waren ziemlich h. 그의 발언은 매우 악의적이었다. h. grinsen 음흉하게 이를 드러내고 웃다.

Hamit [haˈmiːt], der; -en, -en 하무인, 하무족(북아프리카의 프랑스어를 사용하는 여러 부족)의 사람. **hamitisch** [haˈmiːtɪʃ] 〈Adj.〉 하무인에 해당되는, 하무인의.

Hämling [ˈhɛmlɪŋ], der; -s, -e [↑Hammel] 《드물게》 거세(去勢)된 사람, 내시.

Hammada, Hamada [haˈmaːda], die; -s [arab. hammāda = die Unfruchtbare] 【지리】 사하라의 돌 사막.

Hammam [haˈmaːm], der; -(s), -s [arab. ḥammām] (중동 지방의) 목욕탕 (↑Hamam 참조).

Hämmchen [ˈhɛmçən], das; -s, - ↑Hamme의 축소형. **Hamme** [ˈhamə], die; -n 〈축소형〉 ↑Hämmchen 〈지역적·준고어〉 (도살된 동물의) 허벅지, 허벅지고기. **Hammel** [ˈhaml], der; -s, - / 《드물게》 **Hämmel** [ˈhɛml] **1. a)** 거세된 숫양: sich wie die Hammel abtransportieren lassen 《통용어》 반항하지 않고 고분고분하게 끌려가다; 《성구》 um (wieder) auf besagten H. zu kommen (다시) 본론으로 돌아가면. **b)** 〈Pl. 없음〉 ↑Hammelfleisch, ~braten의 약칭. **2.** 《비어》 어리석은 (단순한, 교양없는) 인간.

Hammel-: ~**bein**《다음 용법으로》 jmdm. die -e langziehen 《통용어》 누구를 엄하게 꾸짖다, 누구에게 의견을 말하다; jmdm. bein -en kommen (kriegen) 《통용어》 1) 누구의 발을 잡다. 2) 누구에게 책임을 묻다. ~**braten**, der 구운 양고기. ~**fleisch**, das 양고기. ~**herde**, die (경·뭡) 어중이 떠중이. ~**keule**, die 양의 허벅지 고기. ~**sprung**, der 【의원】 마치 선도(先導) 양에 따라 움직이는 양떼처럼 원내 총무의 지시에 따라 일시불란하게 움직이므로 〈의회〉 의원들이 일단 총퇴장한 다음, 찬성, 반대, 기권을 표시한 3개의 문을 통해 다시 들어옴으로써 의사를 결정하는 투표 방법.

Hammer [ˈhamɐ], der; -s, Hämmer [ˈhɛmɐ] **1.** 〈축소형: ↑Hämmerchen〉 망치, 쇠망치, 해머: mit einem stumpfen H. den Putz von der Wand klopfen 둔중한 해머로 벽을 두드려 페인트층을 부스러트리다; H. und Zirkel im Ährenkranz 이삭의 다발 안에 들어있는 망치와 콤파스(구 동독에서 농부, 노동자 및 지식인의 연대성을 나타내는 상징); H. und Sichel 공산주의에서 노동자와 농민의 연대성을 나타내는 상징; **das ist ein H.!**《통용어》1) 굉장한 일이야! 2) 전대미문이야[엄청난 일이야, 파렴치한 일이야]! ; unter den H. kommen 경매에 부쳐지다: sein Vermögen wird unter den H. kommen 그의 재산은 경매될 것이다; etw. unter den H. bringen 무엇을 경매하다. **2.** 【기술】 **a)** 망치 모양의 공작 기계. **b)** 《통용어》 ↑Hammerwerk의 약칭. **3.** 〈축소형: ↑Hämmerchen〉 【음악】 (피아노의) 해머. **4.** 【의학】 추골(槌骨). **5.** 【육상】 투해머. **6. a)**〈Pl. 없음〉《축구 은어》 공을 강하게 차는 힘. **b)** 《구기 은어》 특히 강한 슛. **7.** 《통용어》 중대한 실수: in seinem Diktat waren einige dicke Hämmer (drin) 그의 받아쓰기에는 몇 가지 중대한 실수가 있었다; **einen H. haben**《통용어》약간 돌았다, 미쳤다. **8.** 《속어》 음경(Penis).

hammer-, Hammer-: ~**fisch**, der 《고어》 ↑~hai. ~**förmig** 〈Adj.〉 해머 모양의. ~**griff**, der **a)** 【육상】 투해머의 손잡이. **b)** 【테니스】 ↑Kontinentalgriff. ~**griffhaltung**, die 【육상】 투해머에 있어서 손잡이를 잡는 자세. ~**grundstück**, das (직접 도로에 면하지 않은) 막다른 골목 끝의 대지(垈地). ~**hai**, der 귀상어의 일종. ~**klavier**, das 《고어》↑Klavier. ~**kopf**, der **a)** 망치의 대가리. **b)** 【육상】 투 해머의 금속 대가리 부분. ~**kopf** (b). ~**kopf** (b). ~**kugel**, die 【육상】 ↑~kopf (b). ~**lock**, der; -(s), -s [engl. lock] 【레슬링】 상대방의 팔을 등 위에 올려놓고 앞으로 비틀기. ~**lockwende**, die 【레슬링】 해머 록으로의 전환. ~**mechanik**, die 해머 피아노의 역학. ~**mühle**, die 돌을 잘게 부수는 기계, 쇠방아. ~**muschel**, die 【동물】 인도양에서 나는 해머 모양의 조개. ~**schlag**, der **1. a)** 망치질. **b)** 【기술】 (대장간에서 달군 쇠를 망치질할 때 생기는) 쇠똥, 쇠부스러기. **2.** 【스포츠】 **a)** 【권투】 상대방의 머리나 목을 때리는 파울. **b)** 【파우스트 볼】 주먹의 얇은 바깥면으로 공을 침. **c)** 【제조】 몸무게를 왼쪽 다리에 두고, 등을 약간 뒤로 젖혀, 두 주먹을 높이 들어 앞으로 스윙하는 제조. **3.** 【섬유】 (망치질한 양 철처럼 보이는) 견직물, 명주. ~**schlagwerk**, das 【기술】 쇠방앗, 잘게 부수는 도구. ~**schmied**, der 《고어》 해머를 만드는 대장장이. ~**schmiede**, die 《고어》 ↑~werk. ~**stiel**, der 해머의 자루. ~**werfen**, das 〈육상〉 투해머. ~**werfer**, der 【육상】 투해머 선수. ~**werk**, das 《고어》 대장간. ~**wurf**, der 【육상】 **a)**

〈Pl. 없음〉 투해머. b) 해머의 투척: er siegte mit einem H. von über 75m 그는 투해머에서 75m 이상을 던져 우승했다. ~wurfring, der 해머를 던지는 지름 2,134m의 원형. ~zehe, die [의학] (가운데 마디 및 끝마디가 아래로) 휘어진 발가락.

hämmerbar ['hɛmba:ɐ̯] 〈Adj.〉 망치로 때려서 늘일 수 있는 전성(展性)이 있는. **Hämmerbarkeit**, die 망치로 때려서 늘일 수 있는 성질, 전성(展性). **Hämmerchen** ['hɛmeçən], das; -s, - ↑Hammer (1, 3)의 축소형. **Hämmerlein** ['hɛmɐlain], das; -s, - (고어) 요괴 (Kobold), 악령, 악마: Meister H. (고어) 악마, 형리(刑吏). **Hämmerling** ['hɛmɐlɪŋ], der; -s, -e (고어) ↑Hämmerlein. **hämmern** ['hɛmɐn] 〈h〉 **1. a)** 망치질하다, 망치로 치다[때리다]: wir hörten ihn im Keller h. 우리는 그가 지하실에서 망치질하는 소리를 들었다. **b)** 망치질하여 가공하다 [전의] die Kunst, Worte so fein zu h., daß sie wie unsichtbare Strahlen in Herzen drangen 눈에 보이지 않는 광선처럼 마음 속으로 파고들 정도로 섬세하게 말을 다듬는 기술. **c)** 망치질하여 가공 생산하다: Kupfergefäße h. 망치질하여 놋그릇을 만들다. **2.** (짧은 간격으로) 무엇을 때리다: (mit den Fäusten) an die Wand h. (두 주먹으로) 벽을 치다; man hört einen Specht h. 딱따구리가 나무를 쪼는 소리가 들린다. **3.** (심장, 맥박 등이) 격렬하게[빨리] 뛰다: der Puls des Sprinters hämmerte 단거리 선수의 맥박이 격렬하게 뛴다; ihr Herz hämmerte bis in den Hals (hinein) 그녀의 심장이 몹시 뛰었다. **4.** 《통용어》 망치질 소리와 비슷한 소음을 내다: die Schreibmaschine hämmerte im Nebenraum 옆 방에서 타자 치는 소리가 요란했다. **5.** 《통용어》 **a)** 큰 소리로 서툴게 (피아노를) 연주하다. **b)** (천천히, 서툴게) 타자하다: er spannte einen Bogen ein und hämmerte in ein paar Worte darauf 그는 타자지를 끼워넣어 그 위에 몇 마디를 서투르게 타자했다. **6.** (반복적인 암시나 상기를 통해서) 누구에게 깊은 인상을 심어 주다: er hämmert dem Leser diese eine Aufgabe unaufhörlich ins Gewissen 그는 이 한가지 과제를 끊임없이 독자의 양심에 깊이 부각시킨다. **7.** 《축구 은어》 강슛을 날리다: einen Ball ins Tor h. 강슛을 날려 골인시키다.

Hammondorgel ['hæmənd-], die; -n [미국의 발명가 L. Hammond(1895~1973)] 해먼드 오르간(주로 통속음악의 연주에 쓰이는 전자오르간의 일종).

hämo-, Hämo-, (모음 앞에서는) häm-, Häm- [hɛm(o)-: griech, haîma] 《Blut(피)를 뜻하는 규정어로서, 예컨대》 ↑hämodynamisch. **Hämoblast** [...'blast], der; -en, -en 〈대개 Pl.〉 [의학] 골수의 조혈세포. **Hämodialyse**, die; -n [의학] 혈액 투석(透析). **Hämodynamik**, die [의학] 혈행(血行)역학, 혈액 순환. **hämodynamisch** 〈Adj.〉 [의학] 혈행 역학적의[에 관한]. **Hämodynamometer**, das; -s, - [의학] 혈압측정기. **Hämoglobin**, das; -s [의학] 헤모글로빈, 혈색소. **Hämoglobinurie** [...nu'ri:], die; -n [...iən] [의학] 헤모글로빈뇨증(尿症). **Hämogramm**, das; -s, -e [의학] 혈액상(혈액 중의 각종 혈구의 비율을 숫자로 나타내고 이것을 그래프 곡선으로 묘사한 도표). **Hämolymphe**, die; -n [생물] 무척추 동물의 모든 세포, 조직, 기관을 둘러싸고 있는 체액(體液). **Hämolyse**, die; -n 〈대개 Pl.〉 [의학] 용혈(溶血). **Hämolysin**, das; -s, -e [의학] 용혈소(溶血素). **hämolytisch** 〈Adj.〉 [의학] 용혈을 야기시키는, 용혈과 결부된. **Hämopathie**, die; -n [...iən] [의학] 혈액병, 혈액조성기관에 생기는 병. **Hämophilie** [...fi'li:], die; -n [...iən] [의학] 혈우병(血友病). **Hämorrhagie** [hɛmɔra'gi:], die; -n [...iən] [의학] 출혈. **hämorrhagisch** [hɛmɔ'ra:gɪʃ] 〈Adj.〉 출혈의 원인이 되는, 출혈과 관계되는. **hämorrhoidal** [hɛmɔrɔi'da:l] 〈Adj.〉 치질의, 치질로 인한. **Hämorrhoidalleiden**, das, **Hämorrhoide** [hɛmɔrɔ'i:də], die; -n 〈대개 Pl.〉 [lat. haemorrhoides (Pl.) < griech. haimorrhoídes (Pl.)] [의학] 치질. **Hämorrhoidenschaukel**, die 《통용어·농》 낡아서 덜커덩거리는 자전거 《오토바이, 자동차》. **Hämospasie** [...spa'zi:], die [의학] 흡각(吸角)에 의한 사혈(瀉血). **Hämostase**, die; -n [의학] **1.** 지혈. **2.** 출혈 억제[방지]. **hämostatisch** 〈Adj.〉 ~styptisch. **Hämostyptikum**, das; -s, ...ka [의학] 지혈제. **hämostyptisch** [...'stʏptɪʃ] 〈Adj.〉 [의학] 지혈시키는. **Hämotherapie**, die; -n ↑Eigenbluttherapie. **Hämotoxikose**, die; -n [의학] 혈액독(毒)에 의해 야기되는 혈액세포[골수]의 손상. **Hämotoxin**, das; -s, -e 〈대개 Pl.〉 [의학] 혈액독(血液毒). **Hämozyt** [...'tsy:t], der; -en, -en 〈대개 Pl.〉 [의학] 혈구(血球).

Hampelei [hampə'lai], die 《통용어·펌》 지속적으로 손발을 떠는 동작: diese H. mußt du dir abgewöhnen 너는 그렇게 손발을 떠는 습관을 버려야 한다. **Hampelmann** ['hampl-], der; -(e)s, ...männer [↑hampeln] **1. a)** 꼭두각시: er läßt den H. allerlei Kunststücke ausführen 그는 꼭두각시로 하여금 온갖 재주를 부리게 했다. **b)** 《통용어·펌》 의지가 약한 사람, 괴뢰: dieser H. plappert nur nach, was der Chef sagt 이 꼭두각시 같은 놈은 사장이 하는 얘기를 그대로 종알거릴 따름이다; jmdn. zu einem[seinem] H. machen[einen H. aus jmdm. machen] 누구를 예속시키다《자기의 꼭두각시로 만들다》: willst du etwa einen H. aus mir machen! 나를 꼭두각시로 만들려는군! **2. a)** 〔핸드볼〕 골키퍼의 방어 동작. **b)** [체조] 팔다리 운동의 하나. **hampeln** ['hampl̩n] 〈h〉 《통용어》 손발을 떨다, 불안하게 움직이다: hör auf (bei Tisch) zu h.! (식사하면서) 손발 좀 떨지말아라!

Hamster ['hamstɐ], der; -s, - [mhd. hamastra, ahd. hamustro, aslaw. chomĕstorb] 햄스터(볼주머니가 있는 쥐의 일종).

¹**Hamster-** (hamstern): **~fahrt**, die (식료품 따위를 매점하기 위해) 시골로 달려감, 싼 물건을 사러 감. **~kauf**, der (생필품의) 매점매석. **~preis**, der 지나치게 비싼 가격. **~tasche**, die 《통용어》 매점 구매용의 큰 가방. **~ware**, die 매점 상품, 매점해서 쌓아놓은 생필품.

²**Hamster-** (Hamster): **~backe**, die, **~bäckchen**, das 《친근》 포동포동한 뺨. **~bau**, der 〈Pl. -e〉 햄스터의 굴.

Hamsterer, der; -s, - 《통용어》 매점꾼, 사 모으는 사람. **Hamstererin**, die; -nen ↑Hamsterer의 여성형. **hamstern** ['hamstɐn] 〈h〉 **a)** 매점하다, 사 모으다: als bekannt wurde, daß Tabak u. Alkoholika teurer werden sollten, fingen die Menschen an zu h. 담배와 술값이 인상된다는 사실이 알려지자, 사람들은 매점하기 시작했다. **b)** 농촌으로 가서 필요 이상의 식료품을 구입하다.

Hand [hant], die; Hände ['hɛndə] / - **1.** (축소형: ↑Händchen) 손, 손바닥: eine beringte H. 반지 낀 손; die Tür stand zwei H[Hände] breit offen 문은 두 손바닥 넓이만큼 열려 있었다; keine H. frei haben 두 손 모두 무엇을 들고 있었다; die Hände falten 두 손을 모으다, 합장하다; verzweifelt die Hände ringen 절망적에 두 손을 비비다; jmdm. die H. geben[reichen, drücken, schütteln] 악수하다; Hände hoch(oder ich schieße)! 손들어(그렇지 않으면 쏜다)!; es war so dunkel, daß man die H. nicht vor den Augen sehen konnte 앞의 손이 보이지 않을 정도로 어두웠다; jmdm. die H. zur Versöhnung reichen 《아어》 화

의 뜻을 표시하다; nimm dem Kind das Messer aus der H. 그 아이의 손에서 칼을 빼앗아라!; sie legte ihre Arbeit aus der H. 그녀는 하던 일을 잠시 멈추었으; jmdn. bei der H. nehmen 누구의 손을 잡다, 인도하다; sie klatschten in die Hände 그들은 박수를 쳤다; die Kinder gingen H. in H. 아이들이 손을 맞잡고 걸어갔다; jmdm. etw. in die H. drücken 누구에게 무엇을 위임하다[떠넘기다]; das Kleid ist ganz von H. genäht 그 옷은 수공품이다; 성구 H. aufs Herz! 정직하게 말해!; nicht in die hohle H.! 결코 아니다!; besser als in die hohle H. geschissen (속어) 아무것도 없는 것보다 낫다; 속담 eine H. wäscht die andere 가는 정 오는 정; die öffentliche H.[die öffentlichen Hände] 공공 재산의 관리자로서의 국가; die tote Hand [법] 양도·상속 불능의 재산을 소유한 단체, 양도 불능의 소유권; jmds. rechte H. 누구의 오른팔(측근); jmdm. rutscht die Hand aus (통용어) 신경질적이다, 걸핏하면 따귀를 때리려고 손이 나간다; jmdm. sind die Hände[Hände u. Füße] gebunden 손[손발]이 묶여 있다(행동 반경이 좁다); freie H. haben 자유재로 행하다, 자유재량권을 가지다; H. und Fuß haben 사려깊다, 그만한 근거를 지니고 있다; (bei etw. selbst mit) H. anlegen (어떤 일을 자발적으로) 도와주다; die(seine) H. aufhalten [hinhalten] (통용어) 팁을 받기 위해 손을 내밀다, 팁에 민감하다; jmds. H. ausschlagen 누구의 청혼을 거절하다; keine H. rühren (통용어) 손가락 하나 까딱 않다, 수수방관하다; ohne eine H. zu rühren (통용어) 누구를 도와주지 않고; H. an sich legen (아어) 자살하다; H. an jmdn. legen (아어·드물게) 누구에게 손찌검하다, 누구를 죽이다; (die) letzte H. an etw. legen 무엇을 마무리짓다; jmdm. die H. (zum Bund) fürs Leben reichen (아어) 누구와 결혼하다; sich((아이) einander) die H. reichen können 하는 짓이 서로 비슷하다, 한통속이다; jmdm. die Hände schmieren(versilbern) (통용어) 누구를 매수하다; alle[beide] Hände voll zu tun haben (통용어) 매우 바쁘다, 할 일이 많다; sich³ die H. für jmdn.[etw.] abhacken[abschlagen] lassen (통용어·강조) 누구[무엇]을 전적으로 신임하다; jmdm. auf etw. die H. geben 누구에게 무엇을 확약하다; die Hände in den Schoß legen 1) 쉬다. 2) 수수방관하다; die(seine) H. auf etw. halten (통용어) 무엇을 절약하다; die H. auf der Tasche halten (통용어) 돈을 아끼다, 인색하다; die(seine) H. auf etw. legen (아어) 무엇을 소유하다; bei etw. die[seine] H.[seine Hände] (mit) im Spiel haben 어떤 일에 은밀히 참여하다; überall seine H.[seine Hände] im Spiel haben 도처에 끼어들어 영향력을 행사하다; seine Hände in Unschuld waschen (아어) 죄가 없다고[어떤 일에 참여하지 않았다고] 발뺌하다; für jmdn.[etw.] die[seine] H. ins Feuer legen 누구[무엇]를 절대적으로 보증하다; die Hände überm Kopf zusammenschlagen (통용어) 매우 놀라다; die[seine] H. über jmdn. halten (아어) 누구를 도와주다; jmdm. die Hände unter die Füße breiten (아어) 누구에게 가능한 모든 부담을 덜어 주다; die(seine) H. von jmdm. abziehen (아어) 누구로부터 손을 떼다, 지원을 중단하다; zwei linke Hände haben (통용어) 손재주가 없다; eine lockere[lose] H. haben 걸핏하면 남의 뺨을 친다; eine milde [offene] H. haben 주기를 좋아하다, 관후하다; eine glückliche H. bei etw. haben 무엇에 특별한 재능을 지니다, 본능적으로 옳게 행동하다; eine grüne H. haben 식물의 지배에 능통하다; eine hohle H. haben 매수할 수 있다; klebrige Hände haben (통용어) 도벽이 있다; schmutzige Hände haben (아어) 불법적인 일에 말려들다, 죄를 저지르다; linker H. [rechter H.] (아/자의) 왼쪽[오른쪽]에; schlanker H. (드물게) 경솔하게; an H., (오늘날에는 흔히) anhand ⟨Präp.²⟩ …의 도움으로; jmdm. etw. an die H. geben 누구에게 무엇을 넘겨 주다; jmdm. (bei etw.) an die H. gehen 누구의 (무슨) 일을 도와 주다; jmdm. an der H. haben (통용어) 누구를 알다, 누구와 교분이 있다; sich³ an beiden Händen abzählen(abfingern) können (통용어) 무엇을 훤히 알다[내다 보다]; auf eigene H. 독자적으로, 자신의 책임하에; (klar) auf der H. liegen (통용어) 분명하다, 명약관화하다; jmdn. auf Händen tragen 누구를 떠받들며 버릇없이 키우다; aus der H. 근거 서류를 보지 않고서, 정확한 검토도 없이; aus erster H. 1) 첫번째 소유자로부터. 2) 확실한 정보원(源)으로부터; aus zweiter H. 1) 중고(中古)의, 새 것이 아닌: alles, was er an Möbeln besitzt, hat er aus zweiter H 그가 갖고 있는 가구는 모두 중고품을 산 것이다. 2) 두번째 소유주로부터. 3) (정보, 소식 따위가) 여럿의 입을 거친; aus(von) privater H. 개인에게서; jmdm. aus der H. fressen (통용어) 누구에게 완전히 굴종하는 처지이다; etw. aus der H. geben 1) 무엇을 포기하다, 넘겨 주다. 2) 사직하다; (aus der) H. spielen [스카트] (숨겨진 카드를 이용하지 않고) 자기 손에 든 카드로만 큰 승부를 겨루다; jmdm. etw. aus der H. nehmen 누구로부터 무엇을 빼앗다; etw. bei der H. haben 1) 무엇이 수중에 있다. 2) 무엇을 예비하고 있다; (mit etw.) schnell [rasch] bei der H. sein (통용어) (발언, 반응이) 성급하다, 촉빠르다; durch jmds. H.[Hände] gehen 누구의 손을 거치다: wieviel Patienten sind in all den Jahren durch seine Hände gegangen? 그 많은 세월 동안 얼마나 많은 환자들이 그의 손을 거쳐갔던가?; schon [bereits] durch viele Hände gegangen sein 이미 자주 주인[소유자]이 바뀌었다; hinter vorgehaltener H. 몰래, 비공식적으로; H. in H. arbeiten 협동해서 작업하다; mit etw. H. in H. gehen (여러 과정, 특성 등이) 함께 나타나다, 병발해서 나타나다; in die Hände spucken (통용어) 머뭇거리지 않고 당차게 일을 착수하다; jmdm.(einer Sache) in die Hände arbeiten 본의 아니게 누구[무엇]를 도와 주다: durch sein Verhalten hat er den Gangstern in die Hände gearbeitet 그의 행동은 본의 아니게 갱들을 도와 주는 결과를 초래했다; jmdm.[etw.] in die H.[in die Hände] bekommen(kriegen) 누구[무엇]을 손아귀에 넣다; jmdm. in die H.[in die Hände] kommen 우연히 누구의 눈에 띄다; jmdm. in die Hände fallen 1) 누구의 소유가 되다. 2) 누구의 손아귀에 빠져들다; jmdn.[etw.] in jmds. H. geben (아어) 누구[무엇]을 다른 사람에게 위임(인도)하다; etw. in der H. haben (필요, 요구를 관철할) 근거를 가지고 있다; jmdn. in der H. haben 누구를 조종할 수 있다, 누구를 완전히 믿는다; in Händen halten 무엇을 마음대로 할 수 있다, 무엇에 대한 재량권을 지니고 있다; etw. in jmds. H.[Hände] legen (아어) (신뢰하여) 누구에게 무엇을 맡기다; in jmds. H. liegen(stehen) (아어) 누구의 권한(책임)하에 맡겨진 몸이다; etw. in die H. nehmen 책임 따위를 떠맡다, 무엇에 착수하다; in jmds. H. sein 누구의 손아귀 안에 들어있다; in festen Händen sein (통용어) 확고한 친구를 지니고 있다, 결속을 위해 더이상 자유롭지 않다; in guten (sicheren) Händen sein 확실한 보호 아래 있다, 안전한 곳에 있다; jmdm. etw. in die H.[in die Hände] spielen 우연을 가장하고 남에게 중요한 그 무엇

을 슬쩍[넘겨]주다; **jmdm. etw. in die H. versprechen** 누구에게 무엇을 확약하다; **in jmds. H. [Hände] übergehen** 누구의 소유로 넘어가다; **mit Händen zu greifen sein** 명약관화하다; **sich mit Händen und Füßen gegen jmdn. [etw.] sträuben [wehren]** 《통용어》 1) 누구[무엇]에게 격렬히 반항하다. 2) 무엇에 완강히 거역하다; **etw. mit geschmatzten Händen annehmen** 《통용어》 무엇을 기꺼이 받다; **mit leeren Händen** 1) 빈 손으로, 선물을 휴대하지 않고. 2) 별 성과[소득] 없이; **mit leichter H.** 쉽사리, 힘들이지 않고; **etw. mit der linken H. machen [erledigen]** 《통용어》 무엇을 쉽게[힘들이지 않고] 처리하다; **mit starker [fester] H.** 강력하게, 엄격하게; **mit vollen Händen** 아낌없이, 풍족하게, 후하게; **um jmds. H. anhalten [bitten]** 《아어·준고어》 구혼하다; **um jmds. H. bitten** 《아어·준고어》 누구의 딸과 결혼하기 위해 그 양친의 허락을 구하다; **etw. unter den Händen haben** 무엇을 두고 작업하고 있다; **jmdm. unter den Händen zerrinnen** 누구의 손을 통해 당진되다; **von jmds. H** 누구의 행동을 통해서, 누구의 손에 의해서; **jmdm. in bestimmter Weise von der H. gehen** (일, 활동 따위가) 누구에 의해 특정한 방식으로 해결되다; **etw. von langer H. vorbereiten** 무엇을 오랫동안 면밀히 꾸미다[획책하다]; **etw. von der H. weisen** 무엇을 퇴짝놓다, 거절하다; **sich nicht von der H. weisen lassen [nicht von der H. zu weisen sein]** (부정할 수 없을 정도로) 분명하다; **von der H. in den Mund leben** 그날 그날 근근히 입에 풀칠하며 살아가다; **von H. zu H. gehen** 자주 소유주를 바꾸다; **zur linken H. [zur rechten H.]** 왼쪽[오른쪽]으로; **zu treuen Händen** 세심한 취급을 위해, 잘 취급하도록; **etw. zur H. haben** 무엇을 예비하고 있다; **zur H. sein** 활용가능하다, 준비되어 있다; **jmdm. zur H. gehen** 누구의 일을 도와 주다; **zu Händen** (편지의 수취인이 공공기관일 경우, 그 담당자를 밝혀) …의 앞으로: **zu Händen (von) Herrn Müller** ((드물게) des Herrn Müller) 뮐러씨에게. 2. 〈Pl. 없음〉 (준고어) ↑**Handschrift**의 약칭. 3. 〈Pl. 없음〉 [승마] ↑Vorhand, Mittelhand, Hinterhand의 약칭. 4. [축구] 핸들링. 5. (권투 은어) 타격, 명중 편치.

hand-, Hand-: **~abwehr, die** 1. [구기] 골키퍼가 손으로 막아내는 방어. 2. (권투) 손으로 상대방의 타격을 막아내는 수비. **~abzug, der** 1. (인쇄) 수새 인쇄기로 뽑아낸 시쇄(試刷), 교정쇄. 2. [사진] 손으로 뽑아낸 인화 (印畫). **~akte, die** (들고 다닐 수 있는) 서류철. **~änderung, die** 《schweiz.》 토지 소유주의 변동. **~änderungsanzeige, die** 소유주 변동 공고[신고]. **~änderungsgebühr, die** 소유주 변동 신고 수수료, 등기 이전료. **~änderungssteuer, die** 등기이전세(稅). **~antrieb, der** 수동기(手動機). **~apparat, der** 1. [전화] 송수화기. 2. 학문 연구에 직접 이용되는 일련의 참고 서적들. **~arbeit, die** 1. 〈Pl. 없음〉 **a)** 손 노동(반대: Kopfarbeit). **b)** 수공(手工). 2. 수공품, 수공예품(반대: Maschinenarbeit). 3. 뜨개질, 편물, 자수. 4. 〈Pl. 없음〉 《통용어》 ↑**arbeitsunterricht**의 약칭. **~arbeiten** ⟨h⟩ 뜨개질[수예]하다 (↑**handgearbeitet** 참조). **~arbeiter, der** 손 노동자, 육체 노동자(반대: Kopfarbeiter). **~arbeitsgarn, das** (뜨개질, 자수용) 실. **~arbeitsgeschäft, das** 편물점, 수예점. **~arbeitsheft, das** 수예[편물] 교본. **~arbeitskorb, der** 수예[편물]용 바구니. **~arbeitslehrerin, die** 뜨개질[편물]을 가르치는 여선생. **~arbeitsstunde, die** 뜨개질[편물] 수업 시간. **~arbeitsunterricht, der** 뜨개질[편물] 수업. **~atlas, der** 휴대용 소형 지도. **~auf, das**; -s -

[럭비] 자기 진영에서의 공놀기, 핸드 업. **~aufheben, das**; -s 거수(찬성하는 표시로써): **eine Abstimmung durch H.** 거수에 의한 투표. **~auflegen, das**; **~auflegung, die** (종교) 안수(按手). **~ausgabe, die** (서적) 휴대용 축소판, 콘사이스판. **~bad, das** (의학) (치료법으로서) (찬)물 속에 손 담그기. **~ball, der** 1. 〈Pl. 없음〉 핸드볼, 송구. 2. 핸드볼용 공. **~ballen, der** 손바닥의 살찐 부분. **~baller** [-balɐ], der; -s, - 《통용어》 ↑Handballspieler. **~ballerisch** 〈Adj.〉 핸드볼의, 핸드볼에 관계되는. **~ballmannschaft, die** 핸드볼 팀. **~ballspiel, das** 핸드볼 경기. **~ballspieler, der** 핸드볼 선수. **~ballturnier, das** 핸드볼 경기(토너먼트). **~becken, das** 세수 대야. **~bedient** 〈Adj.〉 수동(식)의. **~bedienung, die** 〈Pl. 없음〉 수동(조작). **~bell, das** 작은 손도끼. **~besen, der** 청소용 비. **~betrieb, der** 〈Pl. 없음〉 1. 수동(장치). 2.《경·농》 수공 행위. **~betrieben** 〈Adj.〉 수동(식)의: **eine -e Mühle** 손방아. **~betrieblich** 〈Adj.〉 수동(식)의, 수공 작업의. **~beuger, der** [해부] 손의 굴근(屈筋). **~bewegung, die** 1. 손 운동. 2. 손짓: **mit einer H. forderte er mich auf, Platz zu nehmen** 그는 손짓으로 나에게 앉으라고 권했다. **~bibliothek, die** 1. (특정 연구에 필요하여 자주 볼 수 있도록 한곳에 모아둔) 상당한 수량의 참고 도서. 2. 도서관의 참고열람실에 진열된 참고 도서. **~bohrer, der** 작은 송곳. **~brause, die** (샤워실의) 샤워, 물뿌리개. **~breit** 〈Adj.〉 손 너비의. **~breit, die**; 손 너비. **~breite, die** 손 너비. **~bremse, die** (자동차의) 사이드 브레이크, 수동 브레이크. **~buch, das** 편람, 교본, 안내서. **~bürste, die** 손솔. **~chirurgie, die** 손의 부상을 치료하는 외과학의 한 분야. **~creme, die** (손에 바르는) 크림. **~deutung, die** ↑Chirologie (1). **~dressiert** 〈Adj.〉 (österr.) 일정한 음식과 관련하여 손으로 장식한. **~druck, der** 1. 〈Pl. 없음〉 (화가 자신이 수동식 인쇄기로 찍은) 판화. 2. 〈Pl. -drucks〉 수동식으로 무늬를 찍은 직물. **~elfmeter, der** [축구] 핸들링에 의한 패널티 킥. **~empfindlichkeit, die** 〈Pl. 없음〉 [기술] (손을 가까이 댔을 때의) 고주파 방해 감응도. **~eule, die** (nordd.) ↑**~besen**. **~exemplar, das** [도서] 저자 보존(개인 사용)용 책. **~fäustel, der** 석공용의 정(해머). **~feger, der** ↑**~besen**. **herumlaufen wie ein wild gewordener H.** (berlin.·경) 1) 봉두난발로 돌아다니다. 2) 흥분해서 돌아다니다. **~fehler, der** [하키] (키퍼가) 공을 손으로 막다가 범한 실수. **~feile, die** 작은 줄. **~fertigkeit, die** 〈Pl. 없음〉 손재주. **~fessel, die** ↑**~schelle**. **~fest** 〈Adj.〉 1. 완력이 있는, (체구가) 탄탄한. 2. (음식이) 자양이 풍부한, 걸쭉한. 3. 명백한, 증대한. **~feste, die**; -n (중세) (특권을 부여하는) 증서, 왕의 친서(親書). **~feuerlöscher, der** (휴대용 수동식) 소화기. **~feuerwaffe, die** (휴대용) 화기(火器). **~fläche, die** 손 바닥. **~flügler, der** ↑Flattertier. **~förmig** 〈Adj.〉 손 모양의. **~furche, die** (대개 Pl.) ↑**~linie**. **~galopp, der** [경마] (느리고 여유있는) 갤럽, 질주(疾驅). **~gas, das** [자동차] 1. 손으로 조작하는 가속기. 2. 손으로 조작하는 가속기에 의해 기관으로 유입되는 가스(연료). **~gearbeitet** 〈Adj.〉 수제의, 손 세공의. **~gebrauch, der** 〈Pl. 없음〉 상용(常用), 일용. **~gebunden** 〈Adj.〉 손으로 철한[제본한]. **~gefertigt** ≈ **~gearbeitet**. **~geformt** 〈Adj.〉 손으로 만든. **~geklöppelt** 〈Adj.〉 손으로 뜬[짠]. **~geknöpft** 〈Adj.〉 손으로 짠. **~geld, das** 1. (옛) 계약금. 2. (계약이 끝날 때 지불하는) 계약금, 착수금. **~gelenk, das** 손목, 손목관절: **ein lockeres [loses] H. haben** 《통용어》 걸핏하면 때리려고 주먹질을 하는 경향이 있다; **H. mal Pi** (↑aus dem H.); **aus dem H. (heraus)** (통

용어]) 1) 손쉽게, 즉흥적으로, 즉각적으로. 2) 쉽사리, 어렵지 않게: **etw. aus dem H. schütteln** 〈통용어〉 무엇을 쉽사리 해내다[처리하다]. **~gemalt** 〈Adj.〉 손으로 그린[색칠한]. **~gemein** 〈다음 용법으로〉 **(miteinander) h. werden** 서로 격투를 벌이다. **~gemenge, das 1.** 격투, 혼전. **2.** 〔군〕 접전, 근접전. **~genäht** 〈Adj.〉 손바느질을 한. **~gepäck, das** 휴대용 짐. **~gepäckaufbewahrung, die** ↑ Gepäckaufbewahrung. **~gerät, das 1.** 수공용 도구[기구]. **2.** 〔체조〕 체조 용구: zu den -en gehören Keule 곤봉은 휴대용 체조용구에 속한다. **~gerecht 1.** 〈Adj.〉 《준고어》 잡기에 편한. **2.** 〈Adv.〉 손쉽게, 손에 쉽게 닿도록. **~gesäumt** 〈Adj.〉 손으로 가장자리를 감친[장식한]. **~geschicklichkeit, die** 〈Pl. 없음〉 손재주, 솜씨. **~geschliffen** 〈Adj.〉 손으로 연마한. **~geschmiedet** 〈Adj.〉 〔쇠를 달구어〕 손으로 만든. **~geschöpft** 〈Adj.〉 〔제지〕 손으로 떠서 만든. **~geschrieben** 〈Adj.〉 손으로 쓴. **~gesetzt** 〈Adj.〉 손으로 식자한(植字). **~gesponnen** 〈Adj.〉 손으로 자은[방적한]. **~gesteuert** 〈Adj.〉 손으로 조종되는, 수동식의. **~gestickt** 〈Adj.〉 손으로 수놓은. **~gestrickt** 〈Adj.〉 손으로 짠: 〔전의〕 《법》 er versucht, alles mit seiner -en Philosophie zu erklären 그는 모든 것을 그 자신의 소박한 철학으로 설명하려고 한다. **~gewebt** 〈Adj.〉 손으로 짠. **~geweih, das** ↑ **krone. ~glocke, die** 손으로 치는 작은 종. **~granate, die** 〔군〕 수류탄. **~greiflich** 〈Adj.〉 **1.** 분명한, 구체적으로 이해할 수 있는, 명백한: jmdm. etw. h. vor Augen führen 누구에게 무엇을 분명히 설명하다. **2.** 서로 치고 받을 정도로: sie haben sich h. auseinandergesetzt 그들은 서로 맞잡고 싸움을 했다. **~greiflichkeit, die 1.** 명백, 뚜렷함. **2.** 〈대개 Pl.〉 싸움, 격투. **~griff, der 1.** 손질, 다루는 법, 취급 방법, 비결: 〔전의〕 der Schaden war mit einem H. behoben 그 고장은 한번의 손질로 고쳐졌다; ich habe noch ein paar -e zu tun 나는 아직도 몇 가지 처리할 일이 남아있다. **2.** 손잡이, 자루, 핸들. **~groß** 〈Adj.〉 손바닥 크기만한. **~habbar** 〈Adj.〉 조작할 수 있는. **~habbarkeit, die** 조작 가능성. **~habe, die, -n 1.** 개입 계기(가능성), 구실. **2.** 〈드물게〉 손잡이, 핸들. **~haben** 〈h〉 **1.** 조작하다, 다루다. **2.** 손에 넣다, 집행하다. **~habung, die** 손 조작, 조종; 적용, 관리, 집행. **~haltung, die** 손 자세. **~harmonika, die** 손풍금, 아코디언. **~hebel, der** 수동 지렛대[레버]. **~hoch** 〈Adj.〉 손 너비만큼 높은. **~innenfläche, die** ↑ **innere*, das** 〈드물게〉 손바닥. **~kamera, die** (손에 들고 찍는) 카메라. **~kante, die** 손 모서리. **~kantenhieb, ~kantenschlag, der** (태권도 등에서) 손 모서리를 치기(때리기). **~karre, die**, **~karren, der** 손수레. **~käse, der** 〔지역적〕 손으로 둥글 납작하게 만든 치즈: **Handkäs' mit Musik** 〔지역적〕 손으로 둥글납작하게 만든 치즈(식초, 기름, 옥파, 후추 등으로 만든 소스를 쳐서 먹는). **~kehrum** 〈Adj.〉 〈schweiz.〉 갑자기, 뜻밖에. **~kehrum** 〈다음 용법으로만〉 **im H.** 〈schweiz.〉 잠깐 사이에, 순식간에. **~klein** 〈Adj.〉 손에 알맞도록(다루기 쉽도록) 자그마한. **~knochen, der** 손뼈. **~koffer, der** 손가방: **jmdm. zum H. schlagen** 〈통용어〉 (특히 협박으로) 누구를 때려주다. **~koloriert** 〈Adj.〉 손으로 색칠한. **~kommunion, die** 〔가〕 성체를 손에 놓아 주는 성찬 예식. **~korb, der** 손가방, 바구니. **~krause, die** 소매 끝의 주름 장식. **~kreis, der** 〔체조〕 두 손으로 그리는 원. **~kreisen, das**; **-s** 〔체조〕 두 손으로 그리는 동작. **~krone, die** 〔사냥〕 손 모양의 뿔. **~kurbel, die** 손으로 돌리는 크랭크. **~kuß, der** (귀부인의) 손등에 하는 키스: **etw. mit H. (an) nehmen[tun]** 무엇을 기꺼이 받아들이다[행하다]; **zum**

H. kommen 〈österr.〉 1) 무엇에 착수금[계약금]을 걸다. 2) 누구[무엇]를 보충하다. **b)** 신자가 신부나 교황의 손등 또는 반지에 하는 키스. **~lampe, die** 손전등. **~lang** 〈Adj.〉 손 길이의. **~langer:** ↑ Handlanger. **~laterne, die** 손에 들고 다니는 등불. **~lauf, der** 층계참의 손잡이. **~leiste, die** (층계 따위의) 손잡이(살대). **~lesekunst, die** 〈Pl. 없음〉 ↑ Chirologie (1). **~leserin, die; -en** 손금보는 여자. **~leuchte, die** ↑ **~lampe. ~lexikon, das** 중형(백과)사전. **~linie, die** 손금. **~liniendeutung, die** 〈Pl. 없음〉 손금 보기[읽기], 수상술. **~loch, das** 기계에 난 작은 크기의 구멍 (수리 따위를 위한). **~longe, die** 〔기계체조〕 추락 방지 안전벨트. **~malerei, die 1.** 〈Pl. 없음〉 손으로 그림[칠하기]. **2.** 손으로 그린 그림: das Muster auf dem Porzellan ist H. 이 도자기의 무늬는 손으로 직접 그린 것이다. **~mehr, das; -s** 〈schweiz.〉 거수로 확인된 다수. **~melchter, die** 〈schweiz.〉 휴대용 우유통. **~mixer, der** 손잡이가 달린 전동식 믹서. **~mühle, die** 손 절구. **~orgel, die** 〈schweiz.〉 **1.** 손풍금(핸들을 손으로 돌려 연주하는). **2.** 아코디언. **~orgeln** 〈h〉 〈schweiz.〉 손풍금을 연주하다, 아코디언을 켜다. **~papier, das** ↑ Büttenpapier. **~pferd, das** (쌍두 마차의) 오른쪽 말. **~pflege, die** 〈Pl. 없음〉 손화장, 손톱손질. **~pflücke, die** 〔전문어〕 손으로 따기, 손으로 수확하기. **~presse, die** 수체인쇄기(手體印刷機), 수동인쇄기. **~pressendruck, der 1.** 〈Pl. 없음〉 수체인쇄술. **2.** 〈Pl. -drucke〉 수체인쇄기로 찍어낸 인쇄물. **~pumpe, die** 손 동작 펌프. **~puppe, die** 손가락 인형(몸통에 끼워서 놀리는). **~puppenbühne, die** 손가락 인형극 무대. **~puppenspiel, das** 손가락 인형극. **~puppentheater, das** 손가락 인형극 상연 극장. **~ramme, die** 〔토건〕 달구, 땅을 다지는 막대. **~reichung, die 1.** 원조, 조력(助力): (jmdm.) eine H. machen 누구의 일을 거들다. **2. a)** 조언(助言), 권고. **b)** 방침, 기준. **~riß, der** 〔측량〕 토지측량용 지도, 지적부. **~rücken, der** 손등. **~sack, der** 〔전문어〕 벙어리 장갑, 자루 모양의 장갑. **~säge, die** 손으로 켜는 톱. **~satz, der** 〈Pl. 없음〉 〔인쇄〕 **a)** 손으로 집는 식자술(植字術). **b)** 손으로 식자한 인쇄물. **~satzzeile, die** 손으로 식자한 조판의 행(行). **~schaufel, die** (손잡이가 짧은) 소형삽. **~schelle, die** 〈대개 Pl.〉 수갑: jmdm. -n anlegen 누구에게 수갑을 채우다. **~scheu** 〈Adj.〉 〔사냥〕 (사냥개가) 때리는 것이 무서워 머뭇거리는. **~schlag, der 1.** 〈드물게〉 손으로 침[때림]: jmdm. einen H. versetzen (누구를) 손으로 한대 먹이다; **keinen H. tun** 〈통용어〉 손가락 하나 까딱하지 않다. **2.** 악수(인사, 계약 및 약속을 확인하는 몸짓): jmdm. mit H. begrüßen 누구를 악수로 맞이하다. **~schreiben, das a)** (고위층, 고관의) 친서. **b)** 〔준고어〕 추천장, 소개장. **~schrift, die 1.** 필적: seine H. ist schwer zu entziffern 그의 필적은 해독하기[알아보기] 어렵다; **eine gute[kräftige] H. haben[schreiben]** 〈통용어〉 거칠게 때리다. **2.** 필체, 작품: das Werk trägt[verrät] die H. des Künstlers 그 작품은 그 예술가의 작품을 드러내준다. **3.** 수서본, 필사본: eine wertvolle alte H. 옛날의 귀중한 필사본(약어: Hs., 〈Pl.〉 Hss.). **~schriftenabteilung, die** (도서관의) 수서본 관리부서. **~schriftendeuter, der** 〈드물게〉 ↑ Graphologe. **~schriftendeutung, die** ↑ Graphologie. **~schriftendruck, der** 〔Pl. ...drucke〕 〔인쇄〕 수서본의 복사. **~schriftenkunde, die** 유럽 문헌학(↑ Paläographie). **~schriftenkundige*, der** 고서 유럽 문헌학자. **~schriftenprobe, die** 필적 견본[표본]. **~schriftleser, der** 〔전산〕 (육필 원고를 읽어내는) 자동 해독기. **~schriftlich** 〈Adj.〉 **1.** 자필의, 손으로 직접 쓴: eine -e Bewerbung 자필의 지원서. **2.** 필사

본으로 전해내려오는. **~schriftprobe,** die 《schweiz.》↑~schriftenprobe. **~schuh,** der 장갑: ein Paar -e 한 컬레의 장갑; jmdm. **den H. hinwerfen[vor die Füße werfen, ins Gesicht schleudern/werfen]** 《누구에게》 싸움을 걸다, 도전하다; **den H. aufnehmen[aufheben]** 도전을 받아드리다; **jmdn. mit -en anfassen** 신중하게 취급하다. **~schuhehe,** die 〔법〕 (당사자의 출석없이 행하는) 형식적 결혼. **~schuhfach,** das (자동차 운전석 오른쪽의) 서랍. **~schuhgröße,** die 장갑의 사이즈[크기]. **~schuhkasten,** der **1. a)** ↑~schuhfach. **b)** (현관의) 장갑 두는 곳. **2.** 방사선 물질 취급함. **~schuhleder,** das 장갑 제조용 가죽. **~schuhmacher,** der 장갑 제조공. **~schuhnummer,** die ↑~schuhgröße: **etw. ist jmds. H.** 《통용어》 무엇이 누구에게 맞다 [누구의 마음에 들다]. **~schutz,** der 〈Pl. -schutze.〉 **1.** 〈Pl. 없음〉 (작업, 스포츠에서의) 손의 보호. **2.** 손의 보호를 위한 장비 (특수 장갑 따위). **~schutzriemen,** der 〔기계 제조〕 (손바닥을 보호하기 위해 손목에서부터 갑는) 가죽띠. **~schweiß,** der 손바닥에 나는 땀. **~schwinge,** die 〈대개 Pl.〉 새의 날개 중의 큰 깃. **~segel,** das 〔빙상요트〕 (빙상요트 선수가 손에 들고 조작하는) 돛. **~setzer,** der 〔인쇄〕 식자공. **~signiert** 〈Adj.〉 (예술가, 저자가) 자필로 서명한. **~skizze,** die 스케치, 대강의 소묘. **~spiegel,** der 손거울. **~spiel,** das 〔축구〕 핸들링. **~stand,** der 〔기계제조〕 물구나무서기. **~standbarren,** der 〔기계제조〕 물구나무서기용 작은 평행봉. **~standbrücke,** die 〔체조〕 (손바닥과 발이 꿈치로 몸을 받치고) 등 안으로 굽혀서기. **~standdrehung,** die 〔기계제조〕 물구나무서서 한발로 몸돌리기. **~standgehen,** das 〔맨손체조〕 물구나무서서 전진하기. **~standkippe,** die 〔기계제조〕 물구나무섰다가 허리 차오르기. **~standsprung,** der 〔기계제조〕 팔짚고 넘어뛰기. **~standüberschlag,** der 〔기계제조〕 팔짚고 뛰어넘어 바로서기. **~stäuber** [-ʃtɔybɐ], der; -s, - 〈지역적〉↑ ~feger. **~stein,** der 〔지역적·준고어〕↑Ausguß (1 a). **~steuerung,** die **a)** 〈Pl. 없음〉 수동 제어[조종]. **b)** 수동 제어[조종] 장치. **~stickerei,** die 손으로 놓은 자수. **~stock,** der 〈nordd.〉 손지팡이. 산책용 지팡이. **~stoppen** 〈h〉 **1.** 〔육상경기〕 스톱워치로 기록을 재다. **2.** 〔하키〕 손으로 볼을 막아내다. **~stopper,** der 〔하키〕 골키퍼. **~streich,** der 〔군〕 기습, 급습: die Festung war in einem[im] H. besetzt worden 요새가 기습적으로 점령당했다. **~strickapparat,** der 수동편직기. **~stück,** das 〔지리〕 광석 표본(약 8×11cm 크기). **~tasche,** die 핸드백: eine H. für den Abend 야회용 핸드백; **~teller,** der 손바닥. **~tellerbreit** 〈Adj.〉 손바닥 넓이의. **~tellergroß** 〈Adj.〉 손바닥 크기의: eine -e Wunde 손바닥 크기의 상처. **~tennis,** das ↑ ²Indiaca. **~trommel,** die (손으로 치는) 작은 북. **~tuch,** das **1.** 수건: ein frisches[gebrauchtes] H. 새[쓰던] 수건; **ewiges H.** 1) 《통용어·농》 회전식 걸이에 감긴 수건. 2) 오랫동안 빨지않고 사용하고 있는 수건; **schmales H.** 《통용어·농》 매우 깡마른 사람; **das H. werfen[schmeißen]** 1) 〔권투〕 기권하다. 2) 《통용어》 포기하다. **2. a)** 《통용어》 길이에 비해 폭이 매우 좁은 공간. **b)** 길면서 폭이 매우 좁은 토지. **~tuchautomat,** der (주로 공공건물, 레스토랑의) 수건 자동[무인] 공급장치. **~tuchdrell,** der 삼베로 된 수건용 천직물. **~tuchgestell,** das 사용중인 수건을 얹어두는 선반. **~tuchhalter,** der 수건 걸이대. **~tuchrolle,** die 수건말이 뭉치. **~tuchschmal** 〈Adj.〉 수건처럼 길쭉한. **~tuchständer,** der ↑~tuchgestell. **~tuchstoff,** der 수건 제조용 직물. **~umdrehen** 《다음 용법으로만》 im H. 《놀랄 만큼》 재빨리, 힘들이지 않고: die Arbeit war im H. erledigt 그 일은 순식간에 해결되었다. **~verkauf,** der 〈Pl. 없음〉 (처방전의 요구없는) 의약품 판매. **~verlesen** 〈Adj.〉 손으로 수확한, 정수(精粹)의. **~vermittlung,** die 〔우편〕 (전화에 있어) 수동 연결. **~voll,** die **a)** 한 줌: ein paar H. Erde 한줌의 땅. **b)** 적은 수효의, 몇몇 되지 않는: eine H. Demonstranten 적은 수효의 시위자들. **~waffe,** die 휴대 용무기. **~wagen,** der 손수레. **~warm** 〈Adj.〉 (손을 담가 기분이 좋을 만큼) 미지근한, 미온의: etw. h. waschen 무엇을 미지근한 물로 빨다. **~wäsche,** die 〈반대: Maschinenwäsche〉 **1.** 손빨래. **2.** 〈Pl. 없음〉 손빨래감. **~weber,** der 수직 기술자, 수직 공원(手織工員). **~weberei,** die **1.** 〈Pl. 없음〉 수직(手織). **2.** 수직 제품(手織製品). **~weberin,** die 수직 여공. **~webstuhl,** der 수직기(手織機). **~wechsel,** der 《경제》 (부동산) 소유주 변경[교체]. **~weiser,** der (드뭅게) ↑Leitfaden. **~werk,** das ↑ Handwerk. **~winde,** die 수동식의 작은 물레, 수동원치. **~wischer,** der 〈schweiz.〉 ↑~besen. **~wörterbuch,** das 중형(中型)사전, ↑~lexikon. **~wurzel,** die 손목끝, 손의 시작 부위. **~wurzelknochen,** der 〈대개 Pl.〉 손목끝 뼈, 수근골(手根骨). **~zahm** 〈Adj.〉 (사람과 공동 생활을 할만큼) 잘 길든. **~zeichen,** das **1. a)** 수신호. **b)** (표결에 있어서의) 거수. **2.** (문자를 쓸 줄 모르는 사람의) 서명 대신의 표시. **3.** 〔음악〕 손의 위치를 통한 음의 표현. **4.** ↑Hausmarke (1). **~zeichnung,** die **1.** 자필 소묘[素描]. **2.** 제도기의 도움없이 그린 스케치. **~zeit,** die 〔육상〕 스톱워치로 계속한 경기 기록. **~zeitnahme,** die 〔육상〕 스톱워치를 통한 기록 계측. **~zettel,** der 전단, 광고지.

Händchen ['hɛntçən], das; -s, - ↑Hand (1)의 축소형: **H. halten** 《통용어·농》 손에 손을 잡고 사랑을 나누다; **für etw. ein H. haben** 《통용어》 무엇에 특히 재능이 있다, 무엇에 솜씨가 있다. **Händchenhalten,** das 《통용어·농》 (연인끼리) 손을 맞잡음. **händchenhaltend** 〈Adj.〉 《통용어·농》 손을 붙잡은 채의. **Hände-**↑Hand의 복수형.

hände-, Hände-: **~abtrockner,** der; -s, - ↑ ~trockner. **~druck,** der 〈Pl. -drücke〉 악수(환영과 작별의 표시): sich mit einem stummen H. verabschieden 말없이 악수를 나누고 헤어지다. **~handtuch,** das 손수건. **~klatschen,** das; -s 박수(기쁨, 동의의 표시). **~paar,** das (일체로 본) 양손. **~ringen,** das; -s 〔고어〕 (절망, 고뇌를 나타내는) 손의 주름. **~ringend** 〈Adj.〉 **a)** 절망에 찬, 탄원하는, 애원하는: sie baten h. um Hilfe 그들은 애원하며 도움을 청했다. **b)** 《통용어》 다급한: wir suchen h. eine Aushilfskraft 보조 인력을 급히 구합니다. **~schütteln,** das; -s: 반복적인(굳은) 악수. **~trockner,** der (주로 공공 화장실에 설치된) (씻은 손의) 건조기. **~waschen,** das; -s 손씻기, 세수.

¹Handel ['hand(ə)l], der; -s [↑handeln] **1.** 상업, 상업계: die Verbände von H. und Industrie 상공인 협회. **2. a)** 상품의 매매(賣買), 거래: der H. mit Waffen wurde untersagt: 무기 매매가 금지되었다. **b)** 상거래, 무역: der internationale H. 국제 무역; wir be-treiben mit diesen Ländern keinen H. 우리는 이들 나라들과는 거래가 없다; das Buch ist im H. 이 책은 시판 중이다; **H. und Wandel** 〔준고어〕 상업, 실업. 상점: er hat[betreibt] in der Vorstadt einen kleinen H. mit Gebrauchtwagen 그는 변두리에서 조그만 중고 자동차 상회를 가지고 [경영하고] 있다; 〔접〕 in der H. noch so klein, er bringt doch mehr als Arbeit ein 가게는 그렇게 작아도 막벌이 보다는 낫다. **3.** 상담(商談), 매매계약: ein vorteilhafter[günstiger] H. 유리한 상

답; einen H. mit jmdm. (ab)schließen 누구와 거래를 맺다; sich auf(in) einen H. einlassen 거래에 합의하다; **mit jmdm. in den H. kommen** 누구와 상거래를 맺다, 어떤 거래에 합의하다. **²Handel** [-], der; -s, Händel ['hɛndl] 《대개 Pl.》 [¹Handel] (아이) 불화, 송사(訟事), 소송(訴訟): Händel mit jmdm. haben 누구와 싸움[다툼]을 벌이다. **handeln** ['handln] ⟨h⟩ **1. a)** 〔상〕 판매하다, 상점을 운영하다: die Firma handelt (en gros, en detail) in Getreide 그 상사(商社)는 (도매로, 소매로) 곡물을 판매한다. **b)** 누구와 상거래를 하다: mit ausländischen Firmen h. 외국 상사와 무역 거래를 하다. **2.** 팔다, 매각하다: dieses Papier wird nicht an der Börse gehandelt 이 채권은 증권거래소에서 매매되지 않는다. **3.** 가격을 깎다, 흥정하다: er versucht immer zu h. 그는 항상 흥정하려 든다; er läßt nicht mit sich h. 그는 흥정에 응하지 않는다. **4. a)** 행동하다, 행동에 옮기다, 실행하다: auf Befehl h. 명령에 따라 행동하다; ⟨명사화⟩ rasches Handeln ist jetzt notwendig 재빠른 행동이 지금 필요하다. **b)** (특정한 방식으로) 행위하다, 처리하다: in Wirklichkeit handelt der Mensch aber vorwiegend nach seiner Neigung und von Zufällen getrieben 그러나 실제에 있어서 사람은 자신의 취향에 따라서 그리고 우연에 이끌리어 주로 행위한다. **c)** 태도를 취하다: als Freund an jmdm. [gegen jmdn.] h. 누구에 대해서 친구로서의 태도를 취하다. **5. a)** (아이 〔자세히〕) 다루다, 언급하다: er handelt in seinem Buch über seine Erlebnisse auf der Flucht 그는 자신의 저서에서 망명에서의 체험을 다루고[서술하고] 있다. **b)** (저서의 주제로서) 다루다: das Buch handelt von der[über die] Entdeckung Amerikas 이 책은 미국 대륙의 발견을 주제로 다루고 있다. **6.** ⟨h. + sich⟩ (비인칭) **a)** 문제이다, 중요하다: es kann sich nur noch um Sekunden h., bis … …할 때까지는 단지 몇 초이냐가 문제이다. **b)** 무엇이 긴요하다, 중요하다: es handelt sich darum, möglichst wirksam zu helfen 가능한 유효적절하게 돕는 것이 중요하다.

handels-, Handels- (¹Handel): **~abkommen**, das (국가간의) 통상 협정. **~agent**, der (상업) ↑ **~vertreter**. **~akademie**, die(österr.) (5년제의) 고등 상업 학교, 경제 전문 대학. **~akademiker**, der (österr., 통용어) ↑ ~akademie의 졸업생. **~artikel**, der ↑ **~ware**. **~attaché**, der (대사관의) 상무관. **~austausch**, der (국가간의) 무역 거래. **~bank**, die 상업은행. **~beschränkung**, die (국가간의) 무역 제한(조치), 수입 제한(조치). **~betrieb**, der 상사(商社). **~betriebslehre**, die ⟨Pl. 없음⟩ (상업) 경영학. **~bevollmächtigte**', der / die ↑ **Handlungsbevollmächtigte**. **~beziehungen** ⟨Pl.⟩ (국가간의) 무역 거래 관계. **~bilanz**, die **1.** (회사에 있어) 영업 결산. **2.** 무역 수지(의 차액): aktive H. 수취 계정, 흑자; passive H. 지급 계정, 적자. **~blockade**, die, **~boykott**, der 무역 거부. **~brauch**, der 거래관행, 상관습. **~brief**, der 〔상〕 상업 신문[상용 서신]. **~buch**, das 〔상〕 영업장부, 거래대장, ↑ **Geschäftsbuch**. **~dampfer**, der (준고어) 화물선. **~delegation**, die 통상 사절단. **~dünger**, der 화학비료(금비(金肥)). **~einig**, **~eins** (다음 용법으로) h. werden(sein) 거래 계약이 성립하다, 값이 결정되다. **~embargo**, das (특정한 국가에 대한) 무역 금지. **~fach**, das ⟨Pl. 없음⟩ 상업 부문. **~fachpacker**, der 상업 상품 포장 전문가. **~fachwirt**, der 상업 전문가. **~fähig** ⟨Adj.⟩ 판매에 적합한. **~firma**, die ↑ ~betrieb. **~flagge**, die (상선의 국적을 표시하는) 상선기(旗). **~flotte**, die 상업상대 (商船隊). **~freiheit**, die ⟨Pl. 없음⟩ **1.** 자유무역(통상). **2.** 《드물게》 ↑ **Handlungsfreiheit**. **~gängig** ⟨Adj.⟩ ↑ **~fähig**. **~gärtner**, der (전문어) (판매를 목적으로 한) 원예식물 재배업자. **~gärtnerei**, die 《전문어》 원예식물 재배업. **~gebrauch**, der ↑ **~brauch**. **~gehilfe**, der ↑ **Handlungsgehilfe**. **~geist**, der ⟨Pl. 없음⟩ ↑ **Geschäftsgeist**. **~geographie**, die 상업지리(地理). **~gericht**, das 상사(商事) 재판소. **~gerichtlich** ⟨Adj.⟩ 상사 재판상의. **~geschäft**, das **1.** (도·소매의) 상사, 상점. **2.** 상업, 상행위. **~gesellschaft**, die 상사(商社): Offene H. 합명회사(合名會社)(약어: OHG). **~gesetz**, das 상업(商法). **~gesetzbuch**, das ⟨Pl. 없음⟩ 상법전(典)(약자: HGB). **~gesetzgebung**, die (상법의) 입법. **~gewerbe**, das 상업. **~gewicht**, das 〔상〕 상형(常衡). **~gewohnheit**, die ↑ **~brauch**. **~größe**, die (통상적 상거래의) 표준 용적. **~gut**, das 《대개 Pl.》 상품. **~hafen**, der 무역항. **~haus**, das 《준고어》 (대규모의, 대를 이어 경영하는) 상점, 상사. **~hemmnis**, das 〔경제〕 무역 장애, 무역 장벽(관세, 환율 조작 등). **~herr**, der (고어) 점포 주인, 호상. **~hochschule**, die (옛) ↑ **Wirtschaftshochschule**. **~jude**, der (고어) 유태 상인: 〔전의〕 ein richtiger H. 《준고어·폄》 항상 흥정하려는 사람. **~kammer**, die 상업(공)회의소. **~kapital**, das 상업 자본. **~karawane**, die 대상(隊商). **~kauf**, der 〔상〕 상사가 개입된 매매. **~kette**, die 〔상〕. 판매로(생산자에서 소비자에 이르는). **2.** 도소매상 연합. **~klasse**, die 〔상〕 (농수산물의) 상품 등급: Äpfel der H. I 일등급의 사과. **~kompanie**, die (역사적) (17~18세기 시장 독점권을 지닌 식민지 상대의) 무역 상사. **~kontor**, das (특히 한자동맹 시대의) 해외 지점. **~korrespondenz**, die 상업 통신. **~krieg**, der ↑ **Wirtschaftskrieg**. **~lehrer**, der 상업 교사. **~lehrling**, der (준고어) 상업 수습생, 점원. **~macht**, die 무역 대국. **~makler**, **~mäkler**, der 〔법〕 상업 중개인, 거간. **~mann**, der ⟨Pl. ...leute⟩ (드물게) ...männer⟩ (고어) 상인. **~marine**, die ↑ **~flotte**. **~marke**, die 〔상〕 상표. **~maß**, das (상품의) 표준 척도[용량]. **~mäßig** ⟨Adj.⟩ 상업(상)의, 팔리는, 팔 수 있는. **~matura**, die (österr.) ↑ ~akademie의 졸업 자격 취득 시험. **~messe**, die 상업 전시회, 박람회. **~metropole**, die 상업 중심지. **~minister**, der 상무장관. **~ministerium**, das 상무성. **~mißbrauch**, der 〔상〕 상관습 위반. **~mission**, die 무역 대표부. **~monopol**, das (상업) 독점. **~münze**, die (옛) (화폐의 지불 목적) 화폐. **~name**, der ↑ **Firma** (1 b). **~nation**, die 상업 국민. **~netz**, das 상업(거래)망. **~niederlassung**, die (상사의) 영업소, 대리점, 대리점. **~objekt**, das 교역물, 무역 상품. **~organ**, das 《구동독》 상업 기구. **~organisation**, die **1.** 상업 조합, 무역 기구. **2.** ⟨Pl. 없음⟩ 《구 동독》 국영 백화점(약어: HO). **~packung**, die 〔상〕 규격(표준) 포장. **~papier**, das 《증권》 상업 증권. **~partner**, der 무역 상대국. **~platz**, der 상업(중심)지. **~politik**, die 무역 정책. **~politisch** ⟨Adj.⟩ 무역 정책(상)의. **~präferenz**, die 《대개 Pl.》 무역 특혜. **~privileg**, das 《대개 Pl.》 《옛》(개인, 상사, 국가에 주어지는) 상업(무역) 특권. **~recht**, das 상법; 상업(경영)권. **~rechtlich** ⟨Adj.⟩ 상법(상)의. **~register**, das 상업 등기. **~reisende'**, der / die ↑ **~vertreter**. **~richter**, der (명예직) 상사(商事) 배석판사. **~sache**, die 《대개 Pl.》 상사(商事) 소송 사건. **~schiff**, das 상선. **~schiffahrt**, die 해운. **~schranke**, die 《대개 Pl.》 무역 제한. **~schule**, die 상업(전문) 학교. **~schüler**, der 상업(전문) 학교 교사. **~schullehrer**, der 상업(전문) 학교 교사. **~spanne**, die 〔상〕 매매 차액, 가격차. **~sperre**, die ↑ **~embargo**. **~sprache**, die 국제 상

Händelsucht 896

용어(商用語). **~staat,** der 상업국가, 무역국. **~stadt,** die 상업 도시. **~stand** (Pl. 없음) 상인 계급, 실업계. **~straße,** die《역사적》무역로(貿易路), 통상로. **~teil,** der《고어》(신문)의 상업란. **~üblich**〈Adj.〉상관습상의. **~unternehmen,** das 상업적 기업(企業). **~usance,** die《대개 Pl.》↑**~brauch. ~verbindung,** die《대개 Pl.》통상 관계, 거래 관계. **~vereinbarung,** die《대개 Pl.》통상 협약. **~verkehr,** der〈Pl. 없음〉교역(交易), 상거래. **~vertrag,** der 통상 조약, 상사(商事) 계약. **~vertreter,** der 대리상, 대리점. **~vertretung,** die **1.** ↑~mission. **2.** 통상 대표부. **~volk,** das 상업 국민. **~volumen,** das [경제] (일정기간 동안의) 무역 총액, 교역량. **~ware,** die 상품. **~weg,** der **1.** 통상로, 상도(商道). **2.** 유통 경로. **~wert,** der [상] 상업적 가치, 거래 시세. **~zeitung,** die《드물게》상업 신문. **~zentrum,** das ↑~metropole. **~zweig,** der 상업 부문.
Händelsucht, die 〈아어·준고어〉싸움을 좋아함, 소송벽, 논쟁벽, **händelsüchtig**〈Adj.〉〈아어·준고어〉싸움을 좋아하는. **Händelsüchtigkeit,** die 〈아어·준고어〉싸움을 좋아함, 논쟁벽(Händelsucht).
handeltreibend〈Adj.〉상업을 주로 하는, 거래하고 있는. **Handeltreibende*,** der / die 상인.
handhabbar ['hantha:pba:ɐ]〈Adj.〉조종할 수 있는. **Handhabbarkeit,** die 조정할 수 있음. **Handhabe,** die; -n **1.** 동기, 구실, 논거: jmdm. eine H. für ein Einschreiten geben 누구에게 간섭의 구실을 주다. **2.**《드물게》↑ **Handgriff:** [성구] ich mache an einen Mehlsack [지역적] [무얼하고 있느냐 라는 호기심에 对한 엉뚱한 대답으로 쓰임] 나는 밀가루부대를 다루고 있어. **handhaben**〈h〉**1.** (도구, 악기 따위를) 다루다, 조종하다, 취급하다, 연주하다: dieses Gerät ist leicht[einfach] zu h. 이 기기(機器)는 다루기가 쉽다; sie lernte auch Klavier spielen und die Mandoline h. 그녀는 피아노 연주와 만도린 켜는 것을 배웠다. **2.** (법률 따위를) 다스리다, 집행하다, 관리하다. **Handhabung,** die; -en 취급, 조정, 사용, 관장, 집행, 관리.
Handicap ↑ Handikap. **handicapen:** ↑handikapen. **handicapieren** [he'ndikepi:rən]〈h〉〈schweiz.〉↑ handikapen.
-händig [-hɛndɪç]《다음의 합성어로, 예컨대》eigenhändig 제손으로; vierhändig 네개의 손으로.
Handikap ['hɛndikɛp], das; -s, -s [engl. handicap] **1.** 불리한 조건: etw. ist für jmdm. ein schweres H. 무엇은 누구에게 대단히 불리한 조건이니다. **2.** (특히 배드민턴, 골프, 폴로경기, 경마에서의) 핸디캡. **handikapen** ['hɛndikɛpn̩]〈h〉[engl. to handicap] 핸디캡을 주다: der Verein war durch das Ausfallen einiger Spieler gehandikapt 그 운동 클럽은 몇몇 선수가 빠짐으로써 불리했다. **Handikapper** ['hɛndikɛpɐ], der; -s, - [engl. handicapper] [요트·승마] 핸드캡 사정인(査定人). **Handikapspiel,** das [스포츠] (약한 선수에게 선취점을 부여하고 실시하는) 접어주기 경기.
händisch ['hɛndɪʃ]〈Adj.〉〈österr.·통용어〉손의, 수공의: eine Arbeit h. ausführen 손으로 작업하다.
Handlanger ['hantlaŋɐ], der; -s, - **1. a)** (건축에서의) 미숙한 인부, 잡역부, 막일꾼: er arbeitet als H. auf dem Bau 그는 건축장에서 막일꾼으로 일하고 있다. **b)**《폄》하수인: er betrachtet ihn als seinen H. 그는 그 사람을 자기의 하수인으로 생각하고 있다. **2.**《폄》앞잡이; 형리(刑吏), 포리(捕吏): er wurde ein H. der Unterdrücker 그는 압제자의 조력자가 되었다. **Handlangerarbeit,** die《대개 Pl.》《폄》잡일, 보조 작업, 막일. **Handlangerdienst,** der《대개 Pl.》《폄》보조 근무 [역]: jmdm. -e leisten 누구에게 조력하다. **handlan-**

gern ['hantlaŋɐn]〈h〉《통용어·농》막일을 하다, 일손을 거들다.
Händler ['hɛndlɐ], der; -s, - (소매) 상인: ein ambulanter(fliegender) H. 행상(行商), 노점(상); die Engländer sind eine „Nation von -n"《폄》영국인들은 "행상 국민"이다(장사만 생각하는 사람들이라 라는 뜻이로).
Händler-: ~boot, das (정박 중인 선박에 일용품을 파는) 소형 상인선(商人船). **~geschäft,** das [증권] (증권 취급을 인가받은 거래인 간의) 증권 거래. **~netz,** das [상] 판매망. **~viertel,** das ↑ Geschäftsviertel. **~volk,** das《폄·드물게》**1.** 상업 국민. **2.** 상인계(商人界), 상업계(商業界). **Händlerin,** die; -nen ↑ Händler의 여성형. **händlerisch**〈Adj.〉상인(기질)의.
handlich ['hantlıç]〈Adj.〉**1.** 다루기 쉬운(반대: unhandlich); 편리한, 손에 알맞는: das Buch hat ein -es Format 이 책은 편리한 크기의 책이다; das Gerät ist nicht sehr h. 이 기구는 다루기가 썩 쉽지 않다. **2.**〈schweiz.〉**a)** 기민한, 민활한. **b)** 건강한, 힘센, 활발한. **c)** 손으로. **Handlichkeit,** die 편리함. 다루기 쉬움.
Handling ['hɛndlɪŋ], das; -s engl. handling] 조작(操作), 처리, 운용.
Handlung ['hantluŋ], die; -en **1.** 행위, 행동, 동작; 행실: eine unverantwortliche H. 무책임한 행동; kriegerische -en 전투, 군사 행동; seine H. rechtfertigen 자신의 행동(태도)을 변호하다. **2.** (희곡, 소설 등에서의) 내용의 전개, 플롯, 줄거리, 사건의 진행: die Einheit der H. im Drama 드라마에서의 플롯의 통일; [전의] Ort der H. war in Steinbruch in der Nähe des Städtchens 사건의 현장은 그 작은 도시 근처에 있는 채석장이었다. **3.**〈준고어〉상점: er betreibt eine kleine H. 그는 작은 상점을 경영하고 있다.
handlungs-, Handlungs-: ~ablauf, der (소설 등에서의) 줄거리의 경과·전개. **~agent,** der〈준고어〉↑ Handelsvertreter. **~arm**〈Adj.〉줄거리가 빈약한(반대: ~reich). **~art,** die [언어] ↑ Aktionsart. **~bevollmächtigte*,** der / die 업무 대리인(業務代理人). **~fähig**〈Adj.〉(반대: ~unfähig) **1.** 행위 능력이 있는: die Regierung ist nicht mehr h. 정부는 이미 행동 능력이 없다. **2.** [법] 법적 권리행사의 능력이 있는. **~fähigkeit,** die〈Pl. 없음〉행위 능력, 권리 행사의 능력(반대: ~unfähigkeit). **~freiheit,** die〈Pl. 없음〉행동의 자유, 자유재량권: er verlangte volle H. 그는 완전한 자유재량권을 요청했다. **~gehilfe,** der [상] 상점 종업원, 점원. **~lehrling,** der [상] 견습 점원. **~reich**〈Adj.〉줄거리가 풍부한(반대: ~arm): eine -e Erzählung 줄거리가 풍부한 소설(이야기). **~reisende*,** der / die (옛날) **a)** 출장 점원. **b)** ↑ Handelsvertreter. **~satz,** der [언어] 4격 목적어를 가진 문장(행위의 문장). **~schema,** das 작품 줄거리의 도식(체계). **~spielraum,** der 자유 재량권의 여지. **~unfähig**〈Adj.〉행위의 능력이 없는(반대: ~fähig). **~unfähigkeit,** die 행위 불능(반대: ~fähigkeit). **~verb,** das [언어](4격 목적어를 가지는) 행위의 동사. **~verlauf,** der ↑~ablauf. **~vollmacht,** die 상업 대치권. **~weise,** die 행위 방법, 다루는 법; 절차.
Handout ['hɛndaʊt], das; -s, -s [engl. handout] (학회, 연구 발표회에서의) 배포 자료, 인쇄물.
Hands [hɛnts], das; -, - [engl. hands] [축구]〈österr.〉↑Handspiel, Hand (4).
handsam ['hantsa:m]〈Adj.〉〈지역적〉**1. a)** ↑handlich. **b)** 실행하기 쉬운. **2.** 재치있는, 유능한. **3.** 붙임성 있는, 사교에 어려움이 없는.

Handschar [han'dʒaːɐ], **Kandschar** [k...], der; -s, -e 《옛》(아라비아의) 굽은 칼, 반월도(半月刀).
Handwerk, das; -s, -e **1. a)** 수공업, 손(으로 하는) 일, 수공예: ein holzverarbeitendes H. 목공예; ein H. ausüben [(er)lernen] 손일을 익히다; 《속담》 H. hat goldenen Boden 예(藝)가 몸을 도와준다; Klappern gehört zum H. 선전도 장사의 하나이다. **b)** 직업, 생업, 장사: sein H. beherrschen[kennen] 자신의 직업에 통달하다; **sein H. verstehen** 자신의 직업에 정통하고 있다; jmdm. das H. legen 누구의 장사를 그만두게 하다; **jmdm. ins H. pfuschen** 누구의 분야에 손을 대다, 누구의 장사를 그대로 모방하다. **2.** 〈Pl. 없음〉 장인(匠人) 조합, 동업 조합. **Handwerkelei**, die; -en 《통용어·蔑》서투른 손일[수공]. **handwerkeln** 〈h〉 《농》 손일을 서툴게 하다, 서툴게 수공하다. **Handwerker**, der; -s, - 수공업자, 수공 장인, 직공, 세공업자: 〔전의〕 er ist ein guter H. 그는 뛰어난 손재주꾼이다(예술 작업에서 기교적 완벽성을 가지고 있다는 뜻).
Handwerker- (↑handwerks-, Handwerks-도 참조): **~genossenschaft**, die 수공업자 협동 조합. **~stand**, der 〈Pl. 없음〉 수공업자 계급, 수공업자 계층. **~zunft**, die 《고어》 《중세의》 동업조합.
Handwerkerschaft, die 《집합적으로》 수공업자.
handwerklich 〈Adj.〉 손일[수공업]의; 직업(상)의, 본직의, 전문의: die Möbel sind h. hervorragend gearbeitet 이 가구들은 세공이 뛰어나다.
handwerks-, Handwerks- (↑Handwerker-도 참조): **~beruf**, der 수공업적인 직업. **~betrieb**, der 수공업 경영. **~bursche**, der **1.** 〈고어〉 편력중의 직인(職人) (장인(匠人)이 못된 떠돌이). **2.** 〈지역적·준고어〉 걸인, 구걸하는 방랑자. **~fleiß**, der 수공업 직인의 근면. **~geselle**, der 수공업의 직인(도제와 장인 사이의). **~kammer**, die 수공업자 회의소. **~kunst**, die 〈Pl. 없음〉 수공예 예술. **~lehre**, die (수공업 직업에서의) 견습. **~mann**, der 〈Pl. ...leute〉 〈고어〉 ↑Handwerker. **~mäßig** 〈Adj.〉 손일[수공업]의 (↑handwerklich). **~meister**, der 직인의 우두머리. **~rolle**, die 수공업자 명부. **~zeug**, das 〈Pl. 없음〉 수공업자의 도구(공구), 장인의 연장: er trägt sein H. in einer Tasche bei sich 그는 주머니에 공구를 지니고 다닌다. **~zunft**, die 《고어》 ↑Handwerkerzunft. **~zweig**, der 수공업의 분야.
Handyman ['hɛndimən], der; -s, ...men [..mən]; engl. handyman] 《드물게》 수공업에 소질이 있는 사람.
hanebüchen ['haːnəby:çn̩] 〈Adj.〉 《아어·준고어》 버틸 없는, 조야한, 터무니 없는, 비상한; 소름끼치는, 무서운: -e Lügen 새빨간 거짓말; das ist ja h. 그것은 정말 터무니없는 일이다.
Hanf [hanf], der; -(e)s **1.** 삼, 대마(大麻) (wie der Vogel) im H. sitzen 즐거운 한때를 보내다. **2.** 삼(실). **3.** 삼씨.
Hanf-: **~(an)bau**, der 〈Pl. 없음〉 삼 재배. **~breche**, die 【농업】 삼껍질을 벗기는 도구. **~darre**, die 【농업】 삼건조 가마, 삼건조. **~ernte**, die 삼수확. **~faden**, der 삼(으로 짠) 실. **~faser**, die 삼(으로 짠 가는) 실, 베실. **~feld**, das 삼밭. **~garn**, das ↑~faden. **~korn**, das ↑~samen. **~kuchen**, der 대마유 찌꺼기 ↑~öl. **~öl**, das 대마유(大麻油). **~pflanze**, die 삼. **~röste**, die **a)** ↑Röste (2 a). **b)** ↑~darre. **~samen**, der 삼씨. **~schnur**, die 삼실로 만든 끈[줄]. **~schwinge**, die 삼 치는 기구. **~seil**, das 삼줄, 삼으로 꼰 바, 삼노. **~stengel**, der 삼나무의 줄기. **~strick**, der ↑~seil.
hanfen ['hanfn̩], **hänfen** ['hɛnfn̩] 〈Adj.〉 삼의, 삼으로 만든.

Hänfling ['hɛnflɪŋ], der; -s, -e **1.** 홍방울새, 되새. **2.** 《蔑》마르고 허약한 사람.
Hang [haŋ], der; -(e)s, Hänge **1.** 경사, 비탈, 산중턱, 언덕: das Dorf liegt am H. 그 마을은 산비탈에 위치하고 있다. **2.** 〈Pl. 없음〉 (강한) 경향, 성벽, 성향; 소질; 편애, 애착: den H. haben, etw. zu tun 무엇을 하는 경향이 있다; ein H. zum Nichtstum 무위도식의 경향(성향). **3.** 【체조】 (팔 혹은 발로) 매달리기.
hang-, Hang-: **~abfahrt**, die 【스키】 산비탈에서의 출발[활강]. **~ab(wärts)** [-'-(-)] 〈Adv.〉 비탈 아래쪽으로. **~aufwind**, der 산비탈의 상승 기류. **~brücke**, die 경사진 언덕에 가설된 교량. **~fahrt**, die 【스키】 ↑~abfahrt. **~kehre**, die 【체조】 매달려 반바퀴 돌리기. **~kippe**, die 【체조】 ↑Schwebekippe. **~lage**, die (토지, 집의) 구배진 위치. **~segeln**, das 【스포츠】 언덕에서부터의 활공. **~stand**, der 【체조】 딛고 매달리기. **~start**, der (경사진 곳에서) 글라이더의 출발. **~täter**, der 【법】 우범자. **~waage**, die 【체조】 매달린 채의 평형유지 동작. **~wechsel**, der 【체조】 (한쪽에서 다른 쪽으로의) 바뀌 매달리기. **~wind**, der 윗쪽으로 부는 바람, 산중턱의 상승 기류.
Hangar ['haŋgaːɐ, 《또한》 -'-], der; -s, -s [frz. hangar] 격납고, 차고; (수확물·농기구 따위를 위한) 지붕만 있는 광.
Hänge-: **~arsche**, der 《비어》 처진 엉덩이. **~backe**, die 〈대개 Pl.〉 처진 뺨. **~bahn**, die 공중케이블. **~balken**, der 【건축】 매단 도리. **~bank**, die 【광】 (수직 갱의) 갱 입구. **~bauch**, der **a)** 아래로 축 늘어진 배. **b)** (가축의) 늘어나 처진 배. **~bauchschwein**, das 축 처진 배를 한 돼지. **~baum**, der 가지가 늘어진 나무. **~birke**, die 가늘고 긴 가지의 자작나무. **~boden**, der **a)** 낯달려서 매단 다락. **b)** 천정과 다락사이에 생긴 공간. **~brücke**, die 매단 다리, 허궁다리, 조교(吊橋), 현수교. **~brust**, die 늘어진 유방. **~buche**, die ↑~birke. **~busen**, der 가늘고 긴 가지의 늘어뜨린~. **~dach**, das 날개 지붕 차양. **~gerüst**, das 비계(飛階), 매단 발판. **~gleiter**, der 앉을 데가 없어 사람이 매달려 나는 글라이더. **~gurt**, der (부상하여서 서 있을 수 없는 말 따위의 짐승을 고정시켜 주는) 허리띠. **~kleid**, das (품이 넓은) 일자형 유아복. **~kommission**, die (미술 전람회의) 입선 심사 위원회. **~lampe**, die 매다는 등[램프]. **~leuchte**, die ↑~lampe. **~lippe**, die 늘어진 아랫입술. **~matte**, die [niederl. hangmat] 매다는 침대, 달아매는 그물 침대. **~möbel**, das 달아 매 쓰는 가구. **~nelke**, die (줄기가 약해 꽃봉오리가 늘어지는) 패랭이꽃 종류. **~ohr**, das 늘어진 귀. **~partie**, die 【장기】 승부가 나지 않은 채 일시 중단된 한판 장기. **~pflanze**, die 꽃[잎]이 늘어지는 관상용 식물. **~pulver**, das (군·농) ↑Hängolin. **~reck**, das 【스포츠】 ↑Schaukelreck. **~säule**, die 【건축】 동자 기둥. **~schloß**, das ↑Vorhängeschloß. **~schrank**, der 달아 매 사용하는 장. **~schulter**, die (대개 Pl.) (나쁜 자세에서) 앞으로 내민 어깨. **~stellung**, die 【장기】 ↑~partie. **~strebe**, die 【건축】 (대중을 바치고 있는) 비스듬히 들보. **~tal**, das 【지리】 하천의 합류점에 높이 달린듯한 갈래진 작은 골짜기, 현곡(縣谷). **~titte**, die 〈대개 Pl.〉 《비어》 ↑~brust. **~ulme**, die 긴 가지의 늘어나무. **~weide**, die 수양버들. **~werk**, das 【건축】 왕대공 지붕틀, 트러스 구형(構桁). **~zeug**, das **1.** 【광】 각도 측정기. **2.** ↑~gurt.
hangeln ['haŋn̩] 〈s/h〉 [↑hängen] 【스포츠】 손을 바꾸며 매달린 채 건너가다: am Tau h. 밧줄에 매달려 건너가다; 〈h. + sich〉 매달려 움직이다. **hangen*** 〈h〉 〈schweiz., 기타 고어〉 ↑¹hängen: mit H. und Bangen 《아어》 몹시 걱정하여, 우려하여 (본래는

Langen(= Sehnen) u. Bangen): jmds. Rückkehr mit H. und Bangen erwarten 누구의 귀환을 초조하게 기다리고 있다. ¹**hängen*** ['hɛŋən] ⟨h⟩ **1. a)** 걸려 있다, 드리워져 있다: die Wäsche hängt auf dem Trockenboden 빨래가 건조실에 걸려 있다; der Mörder soll h. 살인자는 교수형 처해야 한다; (주어를 바꾸어) der Schrank hängt voller Kleider 옷장에는 한가득 옷들이 걸려 있다; alles, was drum und dran hängt 《통용어》 그것에 속하는 일체; das hängt mir zu hoch 《통용어》 나는 그것을 이해하지 못하겠다; 전의 die Nachbarn hingen aus dem Fenstern 이웃들은 창 밖으로 몸을 내밀고 있었다. **b)** (동물) 매달려 있다: der Bergsteiger hing an einem Felsen 등반객이 바위에 매달려 있었다. **c)** 붙들어 매달리다: jmdm. am Hals h. 누구의 목에 매달리다. **d)** 붙들어 매어 있다: das Boot hängt am Auto 보트가 차에 매달려 있다. **2. a)** 느르뜨려져 있다, 흘러내려 있다: die Haare hingen ihm ins Gesicht 머리카락이 그의 얼굴에 흘러 내려져 있었다; der Anzug hing ihm am Leib 양복이 그의 몸에는 너무 컸다; mit hängenden Schultern 축 늘어진 어깨를 하고. **b)** 한쪽으로 기울어 있다: die Wand(der Wagen) hängt nach rechts 벽(차)이 오른쪽으로 기울어져 있다. **3.** (아어) 떠 있다, 끼여있다: feuchte Nebel hängen über der Stadt 축축한 안개가 도시 위에 떠 있다. **4. a)** 고착되어 있다, 묻어 있다: 전의 ihre Blicke[Augen] hingen an ihm 그녀의 눈길은 그를 계속 붙들어매어 있었다(그녀는 그를 계속 주시했다). **b)** 붙어 있다. **c)** 《통용어》 움직이지 않다, 정체하다; 현안으로 남겨져 있다, 결말이 나지 않다: der Prozeß hing noch 소송이 결말을 보지 못하고 있다, 계류 중이다. **d)** 《통용어》 진척되지 않다. (성적 등이) 부진하다, 처지다. **e)** 《통용어》 (한 곳에) 체류하다, 늘어붙어 있다: der Kerl hängt jeden Abend in der Kneipe 그 녀석은 매일 저녁 술집에 붙어 앉아 있다. **f) bei jmdm. h.** 《통용어》 1) 누구로부터 무시당하다. 2) 누구에게 빚을 지다. **5.** (일의 결과가) 누구에게 달려 있다: der weitere Verlauf der Verhandlungen hängt an ihm 교섭의 금후 진척은 그에게 달려 있다; wo(ran) hängt es denn? 도대체 잘 안되는 이유가 어디에 있는가?. **6.** 집착하다, 의존하다: er hängt sehr an seiner Mutter 그는 자기 어머니에게 크게 의존하고 있다. **7.** 《통용어·지역적》 ²hängen: die Mutter hat die Wäsche auf die Leine gehangen 어머니가 빨래를 빨랫줄에 널어 놓았다. ²**hängen** [-] ⟨h⟩ [↑¹hängen] **1. a)** (누구를, 무엇을) 걸다, 고정시키다: das Bild an die Wand h. 그림을 벽에 걸다; die Fahne aus dem Fenster h. 깃발을 창 밖에 내걸다; du hängst dir alles Geld auf den Leib 《통용어》 너는 재산을 옷치레에 탕진하는구나. ⟨h. + sich⟩ 매달리다: 전의 sich ans Telefon h. [an die Strippe] h. 《통용어》 오래도록 전화를 걸다, 오래 전화통에 매달려 있다. **c)** ⟨h. + sich⟩ 매달리다. **d)** (차량 따위에) 연결하다, 부착시키다: den Wohnwagen ans Auto h. 캠핑카를 차에 연결시키다. **2.** 내려뜨리다, 느려 뜨리다, 떨구다: er hängte den Kopf 그는 머리를 떨구었다, 슬퍼했다; die Blumen hängten die Köpfe 꽃들이 시들기 시작했다. **3.** ⟨h. + sich⟩ **a)** 달라 붙다, 엉겨붙다: der Lehm hängte sich an die Schuhe 아교가 신발에 엉겨붙었다. **b)** 바짝 뒤쫓다, 추적하다: der Detektiv hängte sich an den Dieb 형사는 절도범을 바짝 추적했다. **c)** 끼여들다, 참견하다: häng dich nicht in meine Angelegenheiten! 나의 일에 쓸데없이 끼여들지 말거나! **4.** ⟨h. + sich⟩ 집착하다, 연연해하다: sich ans Leben h. 생명에 연연해하다. **5. a)** 목을 매다, 교수형에 처하다: (명사화) jmdm. zum Tod durch Hängen verurteilen 누구를 교수형에 취하

도록 판결을 내리다; **mit Hängen und Würgen** 고심 참담하여, 가까스로. **b)** ⟨h. + sich⟩ 목을 매어 죽다. **hangenbleiben*** ⟨s⟩ [↑hangen] 《schweiz.·기타 고어》 ↑hängenbleiben. **hängenbleiben*** ⟨h⟩ [↑¹hängen] 《통용어》 **1. a)** (방해물에) 걸리다, 걸려 나가지 못하다: an einem Nagel h. (옷자락 등이) 못에 걸리다; 전의 die Angriffe blieben im Mittelfeld hängen [스포츠] 공격수들이 미드필드에서 돌파하지 못하고 있었다(상대의 수비를 뚫지 못했다). **b)** 머물다, 미적거리다, 정체되어 있다, 현안이 되고 있다: bei jeder Einzelheit h. 세세한 것에 미적거리다. **c)** 《통용어》 유급(낙제)하다. **2.** 고착되다, 붙어 있다: 달라붙어 있다, 떨어지지 않다 (klebenbleiben): 전의 es bleibt mal wieder alles an mir hängen 모든 게 다시 나에게 달려 있다(내가 모든 것을 해결해야 한다); von dem eben gehörten Vortrag ist nicht viel hängengeblieben 방금 들은 강연에서 남은 게 별로 없다; der Verdacht ist an ihm hängengeblieben 그에 대한 의심은 떨쳐지지 않는다. **Hangende*** ['haŋəndə], das; -n [18(광)] 상반(上盤), 천반(天盤) (반대: Liegende). **hängenlassen*** ⟨h⟩ **1.** 매달린(드리워진) 채로 두다. **2.** 《통용어》 미결인 채 남겨두다, 중지(포기)하다, 버리다. **3.** ⟨h. + sich⟩ 의기소침하다: laß dich nicht (so) hängen! (그렇게) 의기소침을 말게! **Hanger*** ['haŋɐ], der; -s, - [18(선원)] (늘어진) 짧은 밧줄, 단삭(短索). **Hänger** ['hɛŋɐ], der; -s, - **1. a)** (숙녀의) 품넓은 웃옷. **b)** ↑Hängekleid. **2.** 《통용어》 (다른 차에) 연결된 차량, 트레일러. **Hangerl** ['haŋəl], das; -s, -(n) 《österr.》 **1.** (어린아이의) 턱받이. **2.** 웨이터의) 냅킨. **hängig** ['hɛŋɪç] ⟨Adj.⟩ **1.** 《schweiz.》 계류 중인, 미결의: der Prozeß ist h. 재판은 계류 중이다. **2.** 《전문어》 급경사의, 험한. **3.** 《지역적》 (잠이 덜깨서) 마음이 내키지 않는. **Hängolin** [hɛŋo'li:n], das; -s 《군·농》 성욕 감퇴제.

Hang-over [hɛŋ'ouvɐ], der; -s [engl. hangover] 《통용어》 숙취(宿醉).

Hangul ['haŋgʊl], der; -s, -s [engl. hangul] 카슈미르에 사는 붉은 사슴.

Hanke ['haŋkə], die; -n [승부] (말의) 대퇴부, 후퇴부.

Hannemann ['hanəman] 《다음 용법으로》 H., geh du voran! 자네가 앞장서게나! (곤란한 일을 다른 사람이 먼저 하도록 요구할 때).

Hänneschentheater ['hɛnəsçən-], das; -s Johannes의 약칭인 Hannes의 축소형] 막대에 꼭각시를 묶어들고 벌이는 라인 지방의 특유한 꼭각시극.

Hannibal ad (대개 잘못으로: ante) **portas!** ['hanibal at('anta) 'pɔrtaːs; lat. = Hannibal an(vor) den Toren] 《교양어·농》 위험이 다가오고 있다.

Hannover [ha'noːfɐ] 하노버(독일 니더 작센 주의 수도). ¹**Hannoveraner** [hanovə'raːnɐ], der; -s, - **1.** 하노버 시민, 주민. **2.** 크고 튼튼한 온혈종 말(馬). ²**Hannoveraner** ⟨Adj.⟩; 격변화 없음 하노버의. **hannoverisch** [ha'noːfərɪʃ] ⟨Adj.⟩ 하노버의, 하노버에 속한. **hannöverisch** [ha'nøːfərɪʃ] ⟨Adj.⟩ 하노버의, 하노버에 속한. **hannoversch** [ha'noːfɐʃ] ⟨Adj.⟩ 하노버의, 하노버에 속한. **hannöversch** [ha'nøːfɐʃ] ⟨Adj.⟩ 하노버의, 하노버에 속한.

ha no: ↑ha (1).

Hanoi [ha'nɔy, 'hanɔy] 하노이(베트남의 수도).

Hans [hans], der; -, Hänse ['hɛnzə] 《축소형: ↑Hänschen》 [Johannes의 약칭인 Hans에 따라] 《민속》 남자, 사내: H. im Glück 하는 일마다 성공을 거두는 사람, 행운아; H. Langohr 바보, 미련한 놈; H. Liederlich 방탕아; 성구 ich will H. heißen, wenn ... …라면 나를 바보라고 좋다; 속담 jeder H. findet seine Grete 남자는 누구나 자신에게 알맞은 아내를 찾아내는 법이다;

[속담] was Hänschen nicht lernt, lernt H. nimmermehr 어릴때 배우지 않은 것은 어른이 되어서도 제대로 배우지 못한다.

Hans-: ~**dampf** [(또한)' ——], der; -(e)s, -e 허풍쟁이: **H. in allen Gassen** 참견쟁이. ~**narr** [(또한)'——], der, 바보. ~**wurst** [(또한)'——], der; -(e)s, -e / 〈농〉-würste **1.** (18세기 독일극에서의) 어릿광대역. **2.** 바보. ~**wursterei**, die ↑~wurstiade (2). ~**wurstiade** [-vʊrs'tjaːdə], die; -n **1.** 어릿광대극. **2.** 익살, 바보짓.

Hansaplast Ⓦ [hanza'plast], das; -(e)s 반창고.

Hänschen ['hɛnsçə], das; -s, - ↑Hans의 축소형.

Hanse ['hanzə], die 《역사적》 한자 동맹.

hạnse-, Hạnse-; ~**bund**, der ↑Hanse. ~**kogge**, die 한자 동맹 도시 상인의 대형 선박. ~**stadt**, die [niederd. hansestat] **a)** 《역사적》 한자 동맹시. **b)** 북독의 Bremen, Lübeck, Hamburg시 가운데의 어느 한 도시. ~**städtisch** 〈Adj.〉 한자 동맹 도시의.

Hanseat [hanze'aːt], der; -en, -en **1.** 《역사적》 한자 동맹의 주민 또는 상인. **2.** 한자 동맹 도시의 시민.

Hanseatengeist, der 한자 동맹의 정신. **hanseatisch** 〈Adj.〉 **1.** 한자 동맹의. **2. a)** 한자 동맹(도시)의, 한자 동맹 도시 시민의. **b)** (한자 동맹 시민처럼) 냉정하고 침착한.

Hansel ['hanzl], der; -s, -(n) [Hans의 애칭] [지역적·펌] 무능하여 믿을 수 없는 사람.

Hänselbank: ↑Heinzelbank.

Hänselei [hɛnzə'lai], die; -en 조롱, 우롱. **hänseln** ['hɛnzln] 〈h〉 조롱당하다.

hansisch ['hanzɪʃ] 〈Adj.〉 **a)** 《역사적》 한자에 속한. **b)** 한자 동맹 도시의.

Hansom ['hænsəm], der; -s, -s 〈영국의 건축가 J. A. Hansom(1803~1882)에서〉 핸섬(말 한필이 끄는 이륜마차).

Hantel ['hantl], die; -n [niederd. hantel] **1.** 〈체조〉 아령(啞鈴). **2.** 〈역도〉 역기.

Hantel-: ~**gewicht**, das 〈역도〉 역기의 중량. ~**gymnastik**, die 아령 체조. ~**training**, das 아령 연습.

hanteln ['hantln] 〈h〉 아령 체조를 하다.

hantieren [han'tiːrən] 〈h〉 **a)** (손을 사용하여) 일하다, 분주하다, 바삐 움직이다. 떠돌다, 장사하다: die Mutter hantierte in der Küche 어머니는 부엌에서 분주하게 일하고 있었다. **b)** 쓰다, 취급하다, 조종하다, 처리하다: mit einem Messer h. 칼을 다루다. **Hantierung**, die; -en 취급, 사용, 처리; 일, 장사, 영업.

hantig ['hantɪç] 〈Adj.〉 (österr., bayr.) **a)** 쓴, 씁쓸한; 날카로운, 격렬한: es schmeckt h. 맛이 씁쓸하다. **b)** 불친절한, 불쾌한, 무뚝뚝한; 호전적인.

Hapaxlegomenon [hapaksle'goːmenɔn], das; -s, ...mena [griech. hápax legómenon] 〔문예〕 〈고문서에서〉 단 1회의 사용 예가 있는 낱말.

haperig ['haːpərɪç] 〈Adj.〉 〔nordd.·준구어〕 주저하는, 머뭇거리는, (말 따위의) 띄엄띄엄한; 곤란한, 뒤섞인, 울퉁불퉁한, 조잡한. **hapern** ['haːpɐn] 〈h〉 〈비인칭〉 [niederd. haperen] **a)** (일시적으로) 부족하다, 결핍되다: am Geld haperte es 돈이 궁했다. **b)** 정체하다, 우물쭈물하다, 진행되지 않다: in Latein hapert es bei ihm 그는 라틴어에 약하다.

Haphalgesie [hafalge'ziː], die [griech. haphḗ u. álgēsis] 〔의학〕 접촉과잉통증(피부의).

haplodont [haplo'dɔnt] 〈Adj.〉 [griech. háploos u. odoús] 〔생물〕 (하등 척추동물의 치아에서) 치근이 없는, 원추체인. **Haplodont** [-], der; -en, -en 〔생물〕 (단순) 원추체의 치아. **Haplographie**, die; -n [...iːən]

《전문어》 (필기 혹은 인쇄에 있어서) 중자탈오(重字脫誤) 〈예컨대: herausgegeben이 herausgeben으로 잘못 쓰여진 경우〉 〈반대: Dittographie〉. **haploid** [haploˈiːt] 〈Adj.〉 [griech. haploeidés] 〔생물〕 단일 유전질의〈반대: diploid〉. **haplokaulisch** [haplo'kauliʃ] 〈Adj.〉 [griech. kaulós] 〔생물〕 단정(單頂) 꽃차례의, 한 꽃대에 단 한개의 꽃이 피는. **Haplologie**, die; -n [...iːən] 〔언어〕 중음(重音) 생략〈예컨대: Zaubererin 대신 Zauberin으로, Adaptation 대신 Adaption으로 표시하는 경우〉. **Haplont** [ha'plɔnt], der; -en, -en [griech. ōn] 〔생물〕 반수염색체 생물. **Haplophase**, die 〔생물〕 세포 분열에 있어서 반수개체 염색체만이 규칙적으로 등장하는 단계. **haplostemon** [haploste'moːn] 〈Adj.〉 [griech. stēmōn] 〔식물〕 오로지 한 가지 혈장만을 나타내는.

Häppchen ['hɛpçən], das; -s, - **1.** ↑Happen의 축소형. **2.** 전채(前菜). **happen** ['hapn] 〈h〉 [niederd. ·준구어] (음식물을) 한입 베어 물다, 한모금 마시다. **Happen** [-], der; -s, - 〈축소형: ↑Häppchen〉 〔통용어〕 소량의 음식, 한입(의 음식물): er hat noch keinen H. gegessen 그는 여태 아무 것도 먹지 않았다; das ist ein fetter H. 그것은 짭짤한 벌이다.

Happening ['hɛpəniŋ], das; -s, -s [engl. happening] 해프닝〈깜짝 놀라게 하는 방법으로 관객에게 작품을 제시해 보이는 현대의 전위 예술에서의 표현법〉. **Happenist** [hɛpə'nɪst], der; -en, -en 해프닝을 해 보이는 예술가.

happig ['hapɪç] 〈Adj.〉 **1.** 《준구어》 탐욕스러운: h. nach etw. sein 무엇을 갈〔열〕망하다. **2.** 도가 지나친, 너무 심한, 지독한: dieser Laden hat -e Preise 이 상점은 가격이 터무니없다.

happy ['hɛpi] 〈Adj.〉 [engl. happy] 《통용어》 너무 즐거워하는, 기뻐서 정신을 못차리는.

Happy-End, (österr.·또한) Happyend ['hɛpi'ɛnt], das; -(s), -s [engl. happy end] (예상치 못한) 행복한 결말, 해피엔드: der Film endete mit einem H. 그 영화는 해피엔드로 끝났다. **happyenden** ['hɛpi'ɛndn] 〈h〉 《통용어》 (주로 현재형 혹은 부정법으로) 해피엔드로 끝나다.

haprig ['haːprɪç] ↑haperig.

Hapten [hap'teːn], das; -s, -e 〈대개 Pl.〉 [griech. háptein] 〔의학〕 합텐, 부착소(附着素)〈항체와의 결합력을 지닌 일종의 항원 물질〉. **Haptere** [hap'teːrə], die; -n 〈대개 Pl.〉 [griech. háptein] 〔식물〕 해초, 태선(苔蘚) 및 이끼류의 접(고)착 기관. **Haptik** ['haptɪk], die 〔심리〕 촉각학(피부 감각에 대해 연구하는 심리학의 일부〉. **haptisch** ['haptɪʃ] 〈Adj.〉 〔심리〕 촉각학의. **Haptonastie** [haptonas'tiː], die; -n [...iːən] 〔식물〕 접촉감성〈예컨대 육식식물에서 나뭇잎 가장자리가 말려드는 현상〉. **Haptotropismus**, der; -, ...men [griech. trópos] 〔식물〕 접촉굴성(屈性)〈예컨대: 덩굴식물의 지주와의 밀착 현상〉.

har! [haːɐ̯] 〈Interj.〉 〈지역적〉 이랴, 왼쪽으로!〈말을 부릴 때 외치는 소리〉.

Harakiri [hara'kiːri], das; -s, -s [jap. harakiri] 할복자살: H. machen〔begehen〕 할복 자살하다.

Haram ['haːram], der; -s, -s [arab. haram] 〔이슬람 지역에서의〕 성역(聖域).

harangieren [haraŋ'giːrən] 〈h〉 [frz. haranguer] 《고어》 **1. a)** 장광설(長廣舌)을 늘어놓다. **b)** 〈누구에 대고〉 지루하게 긴 연설을 늘어놓다. **2.** 연설하다, 식사(式辭)하다.

Haraß ['haras], der; Harasses, Harasse [frz. harasse] 《전문어》 (유리·도자기 따위를 포장하는) 포장 상자.

harb [harp] 〈Adj.〉 〔bayr., österr.〕 **1.** 감정이 상한, 노한: jmdm. h. sein 누구에게 화를 내다. **2.** 멋진, 분위

기에 어울리는.
Härchen ['hɛːɐ̯çən] ↑Haar의 축소형.
Hardangerarbeit ['hardaŋɐ-], die; -en 〖노르웨이의 지명 Hardanger에 따라〗단색의 그물눈 자수 세공. **Hardangerfiedel**, die; -n 노르웨이식 바이올린. **Hardangerstoff**, der; -(e)s, -e 단색 그물눈 세공용 천.
Hard cover ['hɑːd 'kʌvə], das; - -s, - -s 〖engl. hard cover〗〖서적〗두꺼운 표지(반대: Paperback). **Hardcover-Einband**, der 〖서적〗양장본. **Hard Drink**, der; - -s, - -s 〖engl.-amerik. hard drink〗고농도 알코올의 음료(술). **Hard drug** ['hɑːd 'drʌg], die; - -s 《은어》 마약.
Harde ['hardə], die; -n [niederd. harde]《역사적》(여러 마을로 이루어지는 Schleswig-Holstein 지역에서의) 행정 구역(郡).
Hard edge ['hɑːd 'ɛdʒ], die 〖engl.-amerik. hard-edge〗(뚜렷한 스케치, 기하학적 구성과 대조적 색채 사용이 특징인) 현대 추상 미술 양식의 하나.
Hardesvogt, der; -(e)s, ...vögte 《역사적》행정 구역 ↑Harde의 장(長).
Hard Rock ['hɑːd 'rɔk], der; -(s) (단순한 리듬과 높은 음정을 특징으로 하는) 록 뮤직의 한 양식. **Hard selling** ['hɑːd 'sɛlɪŋ], das; - - 〖engl.-amerik. hard selling〗〖경제〗강매(强賣). **Hard stuff** ['hɑːd 'staf], der; - -s 〖engl.-amerik. hardstuff〗(은어) (헤로인, LSD 등) 강한 마약. **Hardtop** ['hɑːdtɔp], das 〖또는〗 der; -s, -s 〖engl. hardtop〗 1. (자동차, 스포츠카에서) 떼어낼 수 있는 덮개. 2. 떼어낼 수 있는 덮개를 가진 스포츠카. **Hardware** ['hɑːdwɛə], die; - [?] 《컴퓨터》(컴퓨터 따위의 변동 불가한) 기계 부분[하드 웨어](반대: Software).
Harem ['haːrɛm], der; -s, -s [türk. harem] 1. (터키의) 여자 방, 규방. 2. a) 한 남편에 딸린 부인들. b) 규방 부인(총칭). c) 《통용어・농》한 남자를 에워싸고 있는 여인들.
Harems-: ~**dame**, die 규방 부인. ~**wächter**, der 규방을 지키는 거세된 남자.
hären ['hɛːrən]〈Adj.〉털로 만든(짠).
Häresiarch [hɛrɛzi'arç], der; -en, -en [lat. haeresiarchēs < griech. hairesiárchēs] 이교 창설자. **Häresie** [...'ziː], die; -n [...iːən] lat. haeresis < griech. haíresis] 1. 〖가〗(정통 교리로부터 이탈한) 이단(異端), 이교, 사교(邪敎). 2. 《교양어》자유 사상, 자유 신앙주의. **Häretiker** [hɛ'reːtikɐ], der; -s, - [lat. haereticus < griech. hairetikós] 1. 〖가〗이단자, 이교자. 2. 《교양어》자유사상가, 자유신앙주의자. **häretisch** [hɛ'reːtɪʃ] 〈Adj.〉 1. 〖가〗이단(자)의, 이교(자)의. 2. 《교양어》자유 사상의, 자유 신앙의.
Harfe ['harfə], die; -n 1. 하프: die [auf der] H. spielen 하프를 켜다. 2. 《지역적》(하프 모양의) 곡식 건조대(기).
harfen ['harfŋ]〈아어〉하프를 켜다.
Harfen-: ~**klang**, der 하프 음(音). ~**spiel**, das 하프 연주. ~**spieler**, der 하프 연주자. ~**spielerin**, die ↑~spieler의 여성형.
Harfenist [harfə'nɪst], der; -en, -en (직업적인) 하프 연주자. **Harfenistin**, die; -nen ↑Harfenist의 여성형.
Harfner ['harfnɐ], der; -s, - 〈고어〉 하프 연주자.
Harfnerin, die; -nen 〈고어〉↑Harfner의 여성형.
Haridschan ['haːrɪdʒan], **Harijan** ['haːrijan], der; -s, -s 〖engl. harijan〗(인도 해방 운동가 Gandhi가 말한) 카스트에 속하지 않은 인도인. ↑Paria 참조.
Harke ['harkə], die; -n 《지역적》 1. 갈퀴: das Beet mit der H. glätten 묘판을 갈퀴로 고르다. **jmdm. zeigen, was eine H. ist**《경》 누구에게 명백히 의견을 말해주다, 누구를 명확하게 가르쳐 주다. 2. 《통용어・농》

머리빗(Kamm). **harken** ['harkŋ]〈h〉《지역적》 1. a) 갈퀴를 사용하여 고르다. b) (낙엽 등을) 갈퀴로 치우다[청소하다]. c) (무엇을) 갈퀴로 제거하다. d) 갈퀴로 모으다, 긁어 쌓다. 2. 《통용어・농》빗질하다.
Harlekin ['harlekiːn], der; -s, -e [frz. arlequin] 1. 어릿광대. 2. ↑Stachelbeerspanner. **Harlekinade** [harleki'naːdə], die; -n [frz. arlequinade] ↑Hanswurstiade. **harlekinisch** 〈Adj.〉 어릿광대의.
Harm [harm], der; -(e)s 《아어・준고어》비통, 비탄, 비분, 고통, 원한, 해, 모욕, 무례.
Harmattan [harma'taːn], der; -s (북서부 아프리카의) 열사풍(熱砂風).
härmen ['hɛrmən]〈h〉 a) 〈h. + sich〉(아이) 비탄하다, 괴로워하다: sich zu Tode h. 죽도록 슬퍼하다. b) 《준고어》슬프게 하다, 비탄하게 하다. **harmlos**〈Adj.〉 1. 위험하지 않은: eine -e Verletzung 심하지 않은 부상; dieses Schlafmittel ist ganz h. 이 수면제는 전혀 해롭지 않다(부작용이 없다). 2. a) 악의 없는, 순진한, 정직한, 천진한: ein -er Witz 악의 없는 농담; sie ist ein -es Geschöpf 그녀는 순진한 성품의 사람이다. b) 무해한, 사람좋은, 겸허한. **Harmlosigkeit**, die; -en 1. 《Pl. 없음》 위험하지 않음, 무해. 2. 무해한[악의 없는] 행위(태도).
Harmonie [harmo'niː], die; -n [...iːən] lat. harmonia < griech. harmonía] 1. a) 〖음악〗화음(和音), 화성(和聲): die H. eines Dreiklangs 삼화음의 화성. b) 화성(調和): die H. der Farben 색채의 조화. 2. 일치, 화합, 융화: die seelische H. zwischen zwei Menschen 두 사람 사이의 정신적 일치.
Harmonie-: ~**gesetz**, das 화성 법칙. ~**lehre**, die a) 〈Pl. 없음〉화성학(和聲學). b) 화성 이론. ~**musik**, die 1. 취주악. 2. ↑~orchester. ~**orchester**, das 취주악단.
harmonieren [harmo'niːrən]〈h〉 1. a) 화음[화성]이 되다(반대: disharmonieren 1 a). b) 조화를 이루다, 화합하다, 융합하다, 어울리다: der Hut harmoniert gut mit der Handtasche 그 모자는 핸드백과 잘 어울린다. 2. 사이좋게 지내다(반대: disharmonieren 2): die Eheleute harmonieren gut miteinander 그 부부는 사이가 좋다. **Harmonik** [har'moːnɪk], die [lat. harmonicē < griech. harmonikē] 〖음악〗화성학, 화음론. **Harmonika** [har'moːnika], die; -s / ..ken 하모니카, 손풍금.
Harmonika-: ~**balg**, der (손풍금의) 송풍기. ~**bett**, das (손풍금처럼) 접혀지는 침대. ~**hose**, die 《통용어・농》가로 주름을 낸 긴 바지. ~**instrument**, das 하모니카, 손풍금 등의 악기. ~**spieler**, der 하모니카[손풍금] 연주자. ~**spielerin**, die ↑~spieler의 여성형. ~**tür**, die 접어 밀게된 문(Falttür).
harmonikal [harmoni'kaːl]〈Adj.〉〖음악〗화성 법칙을 따른. **Harmoniker** [har'moːnikɐ], der; -s, - [griech. harmonikós] 고대 그리스의 음악 이론가. **harmonisch**〈Adj.〉 [lat. harmonicus < griech. harmonikós] 1. a) 〖음악〗화성 법칙에 들어맞는, 화음을 지닌, 조화된(반대: dishormonisch 1 a): eine Melodie klingt h. 어떤 멜로디가 화음을 낸다; -e Teilung 〖수학〗조화분해. b) 조화를 이루는, 어울리는(반대: disharmonisch 1): ein -er Wein 분위기에 어울리는 포도주. 2. 화합하는, 일치하는, 화기애애한(반대: disharmonisch 2): die Sitzung verlief sein h. 회의는 매우 원만하게 진행되었다. **Harmonische***, die; -n, -n 〖물리〗조화진동. **harmonisieren** [harmoni'ziːrən]〈h〉 [frz. harmoniser] 1. 〖음악〗조화음을 가하다, 화음시키다, 선율에 반주를 가하다. 2. 일치[조화]시키다: harmonisierte Steuern 〖경제〗조화 세제(稅制). Har-

monisierung, die; -en 1. 조화시킴, 화합, 일치. 2. [경제] (경제 정책의) 조정. **Harmonium** [har'mo:niʊm], das; -s, ...ien [...iən] 하모늄(풍금의 일종). **Harmonogramm** [harmono'gram], das; -s, -e [경제] (상호의존적 작업 과정의) 연관그래프.

Harn [harn], der; -(e)s, -e 〈생리·의학〉 오줌, 소변.
harn-, Harn-: ~**abgang**, der 배뇨(排尿), 이뇨(利尿). ~**blase**, die 방광. ~**blutung**, die [의학] Hämaturie. ~**drang**, der 오줌소태. ~**entleerung**, die 배뇨, 이뇨. ~**fistel** (남자용) 배뇨통. ~**grieß**, der [의학] ↑~sand. ~**leiter**, der [의학] 수뇨관(輸尿管). ~**organ**, das 〈대개 Pl.〉 [의학] 비뇨기(泌尿器). ~**röhre**, die [의학] 요도. ~**ruhr**, die [의학] 다뇨증. ~**sand**, der 〈Pl. 없음〉 [의학] 요사(尿沙), 석림(石淋). ~**säure**, die 요산. ~**sperre**, die [의학] 배뇨불능. ~**stauung**, die [의학] 배뇨 장애. ~**stein**, der [의학] 요석, 요결석, 요산석. ~**stoff**, der [의학·화학] 요소(尿素). ~**strahl**, der 요광(尿光). ~**treibend** 〈Adj.〉 이뇨성(利尿性)의: Kaffee wirk h. 커피는 이뇨 작용을 한다. ~**urämie**, die [의학] ↑Urämie. ~**verhaltung**, die [의학] 요폐(尿閉), 요정체(尿停滯). ~**wege** 〈Pl.〉 [의학] 요로계 (尿路系)(신장, 요관, 방광 등 요도의 총칭). ~**zucker**, der [의학] 요당(尿糖). ~**zwang**, der [의학] (통증을 동반하는) 배뇨욕, 요밀력(尿淋塞).

harnen ['harnən] 〈h〉 〈드물게〉 오줌을 누다, 소변을 보다.
Harnisch ['harnɪʃ], der; -s, -e [frz. harnais] 갑옷, 투구: in H. sein 화를 내고 있다, 분노하다; jmdn. in H. bringen 누구를 화나게 하다; in H. geraten〈((드물게)) kommen〉 화나게 되다, 화를 내기에 이르다.

Harpagon ['harpagɔn], 《frz.》 arpa'gɔ̃], der; -s, -s [Molière의 희극 "Der Geizige"의 주인공에 따라] 《교양어·고어》 수전노(守錢奴).

Harpune [har'pu:nə], die; -n [frz. harpon] 1. (포경용의) 작살. 2. [섬유] 방추머리(紡錘). **Harpunenschütz**, das 포경포(捕鯨砲). **Harpunenkanone**, die ↑~geschütz. **Harpunier** [harpu'ni:ɐ], der; -s, -e [niederl. harpoenier] 작살 사수, 작살을 던지는 사람.
harpunieren [harpu'ni:rən] 〈h〉 [niederl. harpoeneren] 포경포를 쏘다, 작살을 던지다. **Harpunierer**, der; -s, - ↑Harpunier.

Harpyie [har'py:jə], die; -n [lat. Harpȳia < griech. Hárpyia] 1. 〈대개 Pl.〉 [신화] 얼굴과 몸은 여자이나 날개와 발톱을 가진 욕심꾸러기 괴물. 2. (열대 아메리카의) 큰수리의 일종.

harren ['harən] 〈h〉 〈아어〉 고대하다, 기다리다: wir harrten seiner 우리는 그를 학수고대하고 있었다; 〖전의〗 neue Aufgaben harren seiner 새로운 과제들이 그를 기다리고 있다; diese Angelegenheit harrt der Erledigung 이 문제는 해결되어야 한다.

Harris-Tweed ['hærɪstwiːd], der; -s [engl. Harris Tweed Ⓦ] (스코틀랜드 Harris 섬에서 나오는) 손으로 짠 스코치 천.

harsch [harʃ] 〈Adj.〉 [niederd. harsk] 1. a) 《드물게》 거친, 얼음 같은. b) (눈에 뒤덮여) 얼어붙은. 2. 〈아이〉 불친절한, 무뚝뚝한: sich h. über etw. äußern 무엇에 대해 무뚝뚝하게 말하다. **Harsch** [-], der; -(e)s 얼어붙은 딱딱한 눈. **harschen** ['harʃn] 〈h〉 단단히 얼어붙다, 단단해지다, 딱지가 앉다, 아물다. **harschig** 〈Adj.〉 단단히 얼어붙은. **Harschschnee**, der; -s ↑Harsch.

Harst [harst], der; -(e)s, -e 《schweiz》 (옛 스위스의) 군대, 전위(前衛).

hart I. 〈Adj.〉 härter, härteste〉 1. a) 굳은, 딱딱한, 단단한, 견고한(반대: weich): -es Brot 딱딱한(굳은) 빵; ein Knochen 경골(硬骨); eine -e Matratze 속을 조금만 채 위 얇은 매트리스; -e Eier 삶아서 딱딱해진 계란; die Kartoffeln sind noch h. 감자가 아직 덜 삶겼다. b) (통화가) 안정된: eine -e Währung 안정된 통화(通貨), 경화(硬貨). c) (물이) 석회를 함유한, 경질의(반대: weich); -es Wasser 경수(硬水). d) 강한, 힘센, 끈덕진: h. im Nehmen sein 맷집이 좋다: der Boxer ist h. im Nehmen 그 권투선수는 맷집이 좋다. 2. 힘든, 괴로운, 곤란한; -e Arbeit 힘든 작업; der Tod seiner Frau war ein -er Schlag für ihn 부인의 죽음은 그에게 견디기 어려운 충격이었다; es kommt mich h. an, ihr das zu sagen 너에게 이 말을 하는 것은 나에게 있어서 괴로운 일이다. 3. 무정한, 가혹한, 엄한: ein -es Urteil 엄한 판결; mit -en Mundwinkeln 찡그린 입으로; ein -es Herz haben 무정하다; jmdn. h. anfassen 누구를 매우 가혹하게 다루다. 4. a) 강한, 지독한: ein -er Winter 엄동설한; ein -es Französisch sprechen 강한 악센트를 준(유려(流麗)하지 않은) 프랑스 말을 하다; ein -er Konsonant 무성자음(無聲子音); -e Drogen (습관성이) 강한 마약. b) 격렬한, 세찬, 거센: eine -e Auseinandersetzung 격렬한 논쟁; h. aneinandergeraten 격렬하게 다투다; jmdn. h. am Arm packen 누구의 팔목을 세차게 붙들다; es geht h. auf h. 결론이 막바지에 이르다. **II.** 〈Adv.〉 가깝게, 바짝: das Haus liegt h. an der Straße 그 집은 도로에 인접해 있다; h. an der Grenze des Erlaubten 용납되어 있는 것의 한계에 달하다; h. am Wind segeln 〈해사〉 마주 부는 바람을 거슬러 항해하다. h. auf etw. zuhalten 〈해사〉 무엇을 향하여 똑바로 나아가다; h. vor dem Einschlafen 잠들기 직전에.

hart-, Hart-: ~**bedrängt** 〈Adj.〉; härter, am härtesten bedrängt〉 심한 공격을 당한. ~**beton**, der 강화 콘크리트. ~**blättrig** 〈Adj.〉 [식물] 경엽(硬葉)의: eine -e Pflanze 경엽식물(가시식물 등 늘 푸른 식물을 일컬음). ~**blei**, das 경질연(硬質鉛). ~**bofist**, ~**bovist**, der ↑Kartoffelbofist. ~**brand**, der 〈Pl. 없음〉 ↑Gerstenhartbrand, ↑Haferhartbrand의 약칭. ~**brandziegel**, der ↑Vormauerziegel의 옛말. ~**faser**, die (열대 식물에서 추출한) 인조 섬유, 경질섬유. ~**faserplatte**, die 하드보드. ~**fett**, das 고체 유지(油脂). ~**futter**, das 《준고어》 곡물사료. ~**gebrannt** 〈Adj.〉 구워서 딱딱하게 한. ~**gefroren** 〈Adj.〉 꽁꽁 얼어붙은. ~**gekocht** 〈Adj.〉 1. 삶아서 딱딱하게 한(반대: weichgekocht). 2. ↑hartgesotten (2). ~**geld**, das 〈Pl. 없음〉 경화(硬貨). ~**gesotten** 〈Adj.〉 1. (지역적) ↑hartgekocht (1). 2. a) 완고한, 가혹한; ein -er Manager 완고한 경영자. b) 일깨울 수 없는, 고집스러운. ~**gestein**, das 경질석(硬質石). ~**glas**, das 경질 유리. ~**gummi**, der 〈또는〉 das 경화고무, 에보나이트. ~**guß**, der 경화주철. ~**herzig** 〈Adj.〉 냉정한, 냉혹한: ein -er Mensch 비정한 인간. ~**herzigkeit**, die; -en 냉혹(함), 비정(함). ~**heu**, das 고추나물속. ~**holz**, das 경재(硬材)(반대: Weichholz). ~**hörig** 〈Adj.〉 1. 《고어》 ↑schwerhörig. 2. 못들은 체 하는, 반응이 없는. ~**hörigkeit**, die 난청, 마이동풍(馬耳東風). ~**käse**, der 경질의 치즈(반대: Weichkäse). ~**kerngranate**, die 〖군〗 폭약없이 충격으로만 파괴하는 유탄. ~**köpfig** 〈Adj.〉 1. 완고한, 아둔한. b) 잘 알아듣지 못하는, 이해력이 부족한. ~**köpfigkeit**, die 아둔함, 완고함. ~**laubgewächs**, das 경엽(硬葉樹). ~**leibig** [-laibɪç] 〈Adj.〉 《준고어》 변비증의. 2. 욕심이 많은, 인색한. ~**leibigkeit**, die 변비증. ~**lot**, das 〖금속〗 경질 납땜. ~**löten** 〈h〉 경질 납땜하다(반대: weichlöten). ~**löten**, das -s 경질 납땜. ~**mann**, der 〈Pl. -männer〉 《농》 (신사용의 둥근) 중산(中山)모. ~**mäulig** [-mɔylɪç] 〈Adj.〉 (말의) 부리기

Harte 902

어려운, 고집셈. ~**mäuligkeit**, die ↑~mäulig의 명사형. ~**melkig** [-mɛlkɪç] ⟨Adj.⟩ 젖을 잘 내지않는. ~**melkigkeit**, die ↑~melkig의 명사형. ~**metall**, das 경질 합금, 초경질 합금. ~**monat**, ~**mond**, der 《고어》1월(또한 11월, 12월). ~**näckig** [-nɛkɪç] ⟨Adj.⟩ **a)** 고집이 센, 완강한: sich h. weigern 완강하게 거부하다. **b)** 끈질긴, 집요한, 부단한: ein -er Lügner 집요한 거짓말쟁이; h. fragen 집요하게 질문하다. **c)** (병세가) 잘 낫지 않는, 오래가는: eine -e Erkältung 잘 낫지 않는 감기. ~**näckigkeit**, die ↑~näckig의 명사형. ~**packung**, die 딱딱한 담배갑. ~**papier**, das 〔합성수지와 종이를 접착해서 만든〕 경지(硬紙). ~**pappe**, die 두터운 마분지. ~**platz**, der 〔스포츠〕 표면이 다져진 코트 (특히 테니스 코트), 하드 코트. ~**porzellan**, das 고열 처리된 도자기. ~**riegel**, der 층층나무과. ~**rindig** ⟨Adj.⟩ 딱딱한 표피의. ~**säufer**, der 《경》(술을) 퍼마시는 사람. ~**schädel**, der 《통용어》↑**Dickschädel**. ~**schäd(e)lig** ⟨Adj.⟩ 《통용어》↑**dickschädelig**. ~**schalig** [-ʃaːlɪç] ⟨Adj.⟩ 알갱이가 단단한, 단단한 알갱이를 가진. ~**spiritus**, der 고체 주정(알코올). ~**umkämpft** ⟨Adj.⟩ 공략하기 어려운: ein -es Fort 공략이 어려운 성채(城砦). ~**ware**, die [engl. hardware] 〔전문어〕 가사 도구, 살림 도구. ~**weizen**, der 참밀. ~**weizengrieß**, der 거칠게 빻은 참밀. ~**wurst**, die 딱딱한 소시지, 살라미(Salami).

Harte [ˈhartə], der; -n, -n 《통용어》 소주 (한 잔).

Härte [ˈhɛrtə], die; -n **1. a)** 단단함, 경도(硬度), 강도(强度): die H. des Holzes 목재 경도. **b)** 안정성: die H. der deutschen Mark 독일 마르크의 안정성. **c)** (수질에서의) 경도(硬度). **d)** 저항(력), 거치름, 불굴의 정신: den Spielern fehlt noch die nötige H. 선수들에게는 아직도 필요한 투지가 부족하다. **2.** 어려움, 난관: die H. des Schicksals ertragen 운명의 난관을 견디어 내다. **3.** 엄격함, 비정함, 냉혹함: die H. des Gesetzes zu spüren bekommen 법의 엄격함을 느끼게 되다. **4. a)** (색채·소리 따위의) 강도: die H. der Farben 색채의 강도. **b)** 격렬함, 날카로움, 중압감: englische H. 〔스포츠〕 전력 투입; **das ist die H!** 《청소년》 엄청난 일이야! 전대미문의 일이야!

Härte- (Härte, härten): ~**ausgleich**, der 재해〔피해〕 보상. ~**fall**, der **a)** (법규의 엄격한 준수 따위로 인해 생기는) 선의의 피해. **b)** 《통용어》 선의의 피해자. ~**fonds**, der 구호 기금. ~**grad**, der 경도(硬度). ~**mittel**, das (금속의) 경화제(硬化劑). ~**ofen**, der (금속의 경화를 위한) 예열로(豫熱爐). ~**paragraph**, der 〔법〕 세금 감면 조항. ~**prüfung**, die 경도 시험. ~**skala**, die 경도. ~**stufe**, die 경도(硬度). ~**verfahren** 〔기술〕 금속 경화법.

Hartebeest [ˈhartəbeːst], das; -s, -e / -er 영양(羚羊).

härten [ˈhɛrtn̩] ⟨h⟩ **a)** 단단하게 만들다, 경화시키다, (강철 따위를) 불리다, 단련하다: Stahl h 강철을 불리다. **b)** 굳어지다, 딱딱해지다. **c)** (h. + sich) 〔드물게〕 단단해지다, 저항력을 갖추다, 단련되다: sich durch Sport h. 스포츠를 통해서 단련되다. **Härter** [ˈhɛrtɐ], der; -s, - 경화제. **Härterei** [hɛrtəˈraɪ], die; -en (강철의 경화 단계에서의) 담금질 부서. **Härtling** [ˈhɛrtlɪŋ], der; -s, -e **1.** 〔지리〕 (단단한 바위로서 침식을 면한) 구릉. **2.** 덜 익은 포도(↑**Herling**).

Hartschier [harˈtʃiːɐ̯], der; -s, -e [ital. arciere] 《역사적》 근위병, 친위병.

Hartung [ˈhartʊŋ], der; -s, -e 〔고어〕 1월.

Härtung [ˈhɛrtʊŋ], die; -en 경화, 굳히기, (강철을) 벼림.

Haruspex [haˈrʊspɛks], der; -, -e / Haruspizes [haˈrʊspɪtseːs; lat. haruspex] (고대 로마인들 사이에서 제물로 바친 짐승의 내장을 보고 신의 뜻을 점치는) 점술가.

Haruspizium [haruˈspiːtsjʊm], das; -s, ...ien [...jən; lat. haruspicium] (제물의 내장을 보고 신의 뜻을 점치는) 점술, 예언.

¹Harz [haːɐ̯ts], das; -es, -e 수교(樹膠), 수지(樹脂), 송진: es riecht nach H. 수지의 냄새가 난다; die Tannenzweige sind klebrig von H. 전나무 가지들은 송진으로 끈적거리다. **²Harz** [-], der; -es 하르츠산맥(독일의 중부에 있는 산맥).

harz-, **Harz-**: ~**artig** ⟨Adj.⟩ 수지(송진) 모양의. ~**bildung**, die 수지의 형성. ~**geruch**, der 수지의 냄새, 수지향(樹脂香). ~**öl**, das 수지유(樹脂油). ~**säure**, die 수지산(樹脂酸). ~**seife**, die 《대개 Pl.》 수지비누.

harzen [ˈhaːɐ̯tsn̩] ⟨h⟩ **1.** (나무가) 진을 내다. **2.** [임업] 수지를 채취하다, 수지를 내도록 나무에 상처를 내다. **3.** 수지를 바르다. **4.** 〔schweiz.〕 난항을 겪다, 지지부진하다: es harzt mit dem Bau der Autobahn 고속도로의 건설이 지지부진하다.

Harzer [ˈhaːɐ̯tsɐ], der; -s, - 하르츠산지 주민, 하르츠 산(産) 치즈. **Harzer Käse**, der; - -s, - - 하르츠 산(産)의 치즈. **Harzer Roller**, der; -s, - - **1.** 카나리아 (새). **2.** 둥글게 포장된 하르츠 산의 치즈.

harzig [ˈhaːɐ̯tsɪç] ⟨Adj.⟩ **1.** 수지 모양의, 수지질(樹脂質)의: -es Holz 수지를 함유한 목재; -e Hände (수지가 묻어) 끈적거리는 손. **2.** 〔schweiz.〕 **a)** 어려운, 지지부진한. **b)** 완만한, 지연되는, 느릿느릿한.

Hasard [haˈzart], das; -s [frz. (jeu de) hasard] ↑**Hasardspiel**: ~**spielen** ⟨주로 다음 용법으로만 씀⟩ H. spielen 도박하다, 도박에 운을 걸다, 경솔하게 행동하다. **Hasardeur** [hazarˈdøːɐ̯], der; -s, -e [frz. hasardeur] 《폄》 노름꾼. **Hasardeuse** [...ˈdøːzə], die; -n 1 Hasardeur의 여성형. **hasardieren** [hazarˈdiːrən] ⟨h⟩ [frz. hasarder] 〔교양어·준고어〕 노름(도박, 모험)하다. **Hasardspiel**, das; -(e)s, -e **a)** 도박, 노름. **b)** 모험, 승부. **Hasardspieler**, der 도박사, 노름꾼.

Hasch [haʃ], das; -s 《통용어》 ↑**Haschisch**의 약자: H. rauchen 대마초를 피우다.

Haschee [haˈʃeː], das; -s, -s [frz. (viande) hachée] 〔요리〕 다진고기(요리).

Haschemann [ˈhaʃə-], der; -(e)s (md.) ↑**Fangen**.

¹haschen [ˈhaʃn̩] ⟨h⟩ 〔준고어〕 **1.** 날쌔게 붙잡다: Schwalben haschen die Insekten im Flug 제비들은 날고 있는 곤충들을 낚아챈다. **2.** 무엇을 붙잡으려고 하다, 무엇을 얻으려고 노력하다〔애쓰다〕: nach einer Fliege h. 파리 한 마리를 잡으려고 하다; 〔전의〕 nach Ruhm h. 명성을 얻으려고 노력하다. **²haschen** [-] ⟨h⟩ 《통용어》 대마초를 피우다.

Haschen [-], das; -s [↑¹**haschen**] 《지역적》 ↑**Fangen**: die Kinder spielten H. 아이들이 술래잡기 놀이를 했다.

Häschen [ˈhɛːsçən], das; -s, - ↑**Hase**의 축소형.

¹Hascher [ˈhaʃɐ], der; -s - 〈österr.·통용어〉 가련한 사람(↑**Hascherl**).

²Hascher [-], der; -s, - 《통용어》 대마초 흡연자.

Häscher [ˈhɛʃɐ], der; -s, - 〈대개 Pl.〉 (아이·고어) (못살게 뒤쫓는) 추적자: die H. sind hinter ihm her ihr eigenes Blut 추적자들이 그의 뒤를 밟고 있다. **Hascherl** [ˈhaʃɐl], das; -s, -n (südd., österr.·통용어) 가련한 사람, 불쌍한 아이 (↑**Hascher**).

haschieren [haˈʃiːrən] ⟨h⟩ [frz. hacher] (고기를) 잘 다지다.

Haschisch [ˈhaʃɪʃ], das; 《또한》 der; -(s) [arab. ḥašīš] 대마초(환각제): H. rauchen 대마초를 피우다. **Haschischrauch**, der 대마초 흡연. **Haschischrau-**

cher, der 대마초 흡연자. **Haschischzigarette**, die 대마초 담배. **Haschjoint**, der 《은어》 말아 피우는 대마초 담배.

Haschmich [ˈhaʃmɪç], der 《다음 용법으로》 **einen H. haben** 《통용어》 제 정신이 아니다.

Hase [ˈhaːzə], der; -n, -n 《축소형: ↑Häschen》 **1. a)** 토끼: der ist furchtsam wie ein H. 그는 토끼처럼 겁먹고 있다; **ein alter H. sein** 《통용어》 노련한 전문가이다; **kein heuriger H. sein** 《통용어》 풋내기가 아니다, 애숭이가 아니다; **falscher H.** ↑Hackbraten; **da liegt der H. im Pfeffer** 《통용어》 바로 그 곳에 어려운 점이 다, 문제는 거기에 있다; **sehen[wissen], wie der H. läuft** 《통용어》 일이 되어간을 관망하다, 사태를 알다; **den -n laufen lassen** 《통용어》 많은 돈을 지출하다, 과용하다; **einen -n machen** [부랑자] 도망치다. **b)** 수토끼. **c)** 토끼 요리, 토끼 구이. **2.** 《지역적》 ↑Kaninchen.

¹Hasel [ˈhaːzl̩], der; -s, - 은빛황어.

²Hasel [-], die; -en 개암나무.

hasel-, Hasel-: ~busch, der ↑~(nuß)strauch. **~huhn**, das 들꿩. **~kätzchen**, das 개암나무 꽃. **~maus**, die 작은 설치류(齧齒類)의 쥐(일종의 쥐). **~nuß**, die **1.** ↑~nußstrauch. **2.** 개암나무의 열매. **~nußbohrer**, der 노린탈바구미. **~nußgewächs**, das 개암나무속의 식물. **~nußgroß**〈Adj.〉 개암나무 열매만한, 개암나무 크기의. **~nußkern**, der 개암나무 열매의 핵과(核果). **~nußkranz**, der 개암나무 열매를 돌려맞은 과자. **~nußkrokante**, die 《대개 Pl.》 개암나무 열매를 넣은 당혜과(糖菓果). **~nußöl**, das 개암나무(속의 나무). **~rute**, die 개암나무 가지로 만든 회초리. **~strauch**, der ↑~nußstrauch. **~wurz**, die 서양깨족도리풀.

Haselant [hazəˈlant], der; -en, -en 《고어》 재담꾼, 익살꾼. **haselieren** [...ˈliːrən] 〈h〉《고어》 희롱하다, 소동을 벌이다, 난리를 치다, 까불다.

hasen-, Hasen-: ~artig〈Adj.〉 토끼와 같은, 토끼처럼 생긴. **~auge**, das [의학] (근육 장애로 인해 완전히 감아지지 않는). **~balg**, der 토끼가죽. **~bofist**, (또한) **~bovist**, der 《하얗고, 들배 모양의 식용》 버섯. **~braten**, der 토끼구이. **~brot**, das《통용어》 (여행이나 일터에서 먹고도 싸주었으나) 먹지 않고 남긴 빵. **~fell**, das 토끼모피. **~furcht**, die《통용어》 겁, 무서워 함. **~fuß**, der《통용어·조롱·폄》 소심한 자, 겁쟁이: Hans H. 《농》 겁쟁이. **~füßig**〈Adj.〉 겁이 많은, 소심한. **~hacke**, die 《수의》 (말이나 소에서의) 비절후종(飛節後腫). **~herz**, das ↑~fuß. **~herzig**〈Adj.〉 ~füßig. **~jagd**, die 토끼 사냥, 일망타진. **~junge**, das n《österr.》 ↑ **~klein**. **~kammer**, die [사냥] 토끼사냥 구역. **~klage**, die [사냥] 토끼 죽을을 흉내내는 악기. **~klein**, das; -s 토끼의 내장. **~maus**, die 친칠라(다람쥐과). **~ohr**, das **1.** 산형과(繖形花) 꽃자리에 속하는 꽃(송이), 자금우(紫金牛)과. **2.** 귀모양의 식용《통용법으로》 das H. ergreifen 서둘러 달아나다, 도망치다. **~pest**, die [의학] 야도병(사람에게도 전염됨). **~pfeffer**, der [요리] 토끼 내장 요리. **~quäke**, die ↑ **~klage**. **~rein**〈Adj.〉(사냥개가) 토끼 따위는 거들떠 보지도 않는, 명령 없이는 움직이지 않는: **nicht ganz h.** 의문스러운, (윤리적·정치적으로) 완전무결하지 않는. **~scharte**, die (토끼입술에서 유래하여) 언청이: Das Kind hat eine H. 그 소년은 언청이다. **~schartig**〈Adj.〉 언청이의.

Häsin [ˈhɛːzɪn], die; -nen ↑Hase의 여성형.

Häsitation [heːzitaˈtsioːn], die [frz. hésitation]《고어》 망설임, 주저, 말더듬기. **häsitieren** [...ˈtiːrən]〈h〉[frz. hésiter]《고어》 망설이다. 말을 더듬다.

Haslinger [ˈhaːslɪŋɐ], der; -s, - 《österr.·통용어》 개암나무로 만든 매.

Haspe [ˈhaspə], die; -n 경첩[돌쩌귀]의 축. **Haspel** [ˈhaspl̩], die; -n / 《드물게》 der; -s, - [기술] **a)** 권양기(捲揚機), 감아올리는[내는] 기계. **b)** [섬유] 물레, 실감는 틀. **c)** [광] 윈치, 권양기. **d)** [제혁] 물레바퀴에 피혁을 담아 돌리는 염색기. **e)** 탈곡기의 회전통.

Haspel-: ~garn, das 물레에 감긴 실. **~kreuz**, das 회전(식) 문. **~rad**, das 물레바퀴. **~spule**, die (방적에서) 실패, 실꾸리.

Haspelei [haspəˈlai], die; -en 《폄》 연달아감기, 빠른 말로 지껄이기, 성급한 일 처리. **haspeln** [ˈhaspl̩n]〈h〉**1.** 물레로 감다, 감아올리다: Garn h. 실을 물레로 감다. **2.**《통용어》**a)** 성급하게 지껄이다. **b)** 성급하게 일하다.

hasplig [ˈhasplɪç]〈Adj.〉《통용어》(말, 행동, 움직임에서) 서두르는, 성급한: sie macht einen -en Eindruck 그녀는 성급해 하는 인상을 준다.

Haß [has], der; Hasses 증오, 혐오, 거부감, 미움: blinder H. 맹목적인 혐오; H. auf[gegen] jmdn. empfinden 누구에 대해서 혐오(증오)를 느끼다; sich den H. der Kollegen zuziehen 동료들의 미움을 사다; einen H. auf jmdn. haben 《통용어》 누구에 대해서 몹시 화를 내다; er tat es aus H. 그는 증오심 때문에 그 일을 저질렀다.

haß-, Haß-: ~ausbruch, der 증오심의 분출[토로]. **~erfüllt**〈Adj.〉 증오에 가득 찬. **~gefühl**, das 증오감. **~gesang**, der 《폄》 끊임없는 증오(의 표출). **~liebe**, die (사랑과 증오의) 일치하지 않은 감정의 결합: mit einer Art H. an jmdm. hängen 사랑과 증오가 얽힌 감정으로 누구에게 집착하다. **~tirade**, die 《폄》 증오심에 찬 장광설: Hitlers -n gegen die Juden 히틀러의 유대인을 향한 증오의 장광설. **~verzerrt**〈Adj.〉 증오심으로 일그러진.

hassen [ˈhasn̩]〈h〉**1. a)** 미워하다, 증오심을 가지다, 혐오하다: seine Feinde h. 자신의 적을 증오하다; jmdn. heimlich h. 누구를 은근히 증오하다;《명사화》jmdn. das Hassen lehren 누구에게 증오를 가르쳐주다. **b)**(퇴색된) 싫어하다, 거부감을 가지다, 불쾌하게 여기다: sie hatte es, laut zu sprechen 그녀는 큰 소리로 말하는 것을 싫어했다; das hasse ich auf den Tod《통용어》wie die Pest 나는 그것을 철저히 싫어한다. **2.** [사냥] (맹금이) 습격하여 떨어뜨리다. **hassenswert**〈Adj.〉 증오할 만한, 미워할 만한. **Hasser**, der; -s, - 미워하는 사람, 원수. **hässig** [ˈhɛsɪç]〈Adj.〉《schweiz.》 툭하면 화를 내는, 투덜거리는. **häßlich** [ˈhɛslɪç]〈Adj.〉**1.** 추한, 흉한, 못생긴, 모양없는: ein -es Gesicht 못생긴 얼굴; h. wie Teufel 악마같이 흉한; [성구] Ärger macht h. 화를 내는 사람은 추해 보인다. **2. a)** 나쁜, 더러운, 야비한: das war sehr h. von dir 자네는 매우 야비했다. **b)** 불쾌한, 싫은: -es Wetter 불쾌한 날씨. **Häßlichkeit**, die; -en **1.**〈Pl. 없음〉**a)** 추함, 흉함, 싫음. **b)** 혐오감이 되는 근성. **2.**《드물게》불쾌한 행동[말].

hast [hast] ↑haben 참조.

Hast [-], die 서두름, 성급(함), 조급, 총망: mit rasender H. 몹시 서둘러; ohne H. [voller H.] fortgehen 서둘지 않고[황급히] 떠나다; [성구] nur keine jüdische H.! 서둘지 마라!

haste [ˈhastə], *hast du du*의 약칭 《다음 용법으로》 **(was) h. was kannste**《통용어》잽싸게; **h. was, biste was**《통용어》부자는 존경도 받는다.

hasten [ˈhastn̩]〈s〉[niederd. hasten]《아어》서두르다, 서둘러 가다: sie hasteten zum Bahnhof 그들은 서둘러 역으로 갔다. **hastig** [ˈhastɪç]〈Adj.〉서두르는, 성급한, 황망한: -e Schritte 서둘러가는 발걸음; er stürzte h.

ein Glas Wasser hinunter 그는 서두르다가 물 한 컵을 쏟았다. **Hastigkeit,** die 성급함, 급히 서두름.
hat [hat] ↑haben 참조.
Hatschek: ↑Háček.
Hätschelei [hɛːtʃəˈlaɪ], die; -en 《평》 (계속적인) 애무, 어리광피우기. **Hätschelkind,** das; -(e)s, -er 《평》 **1.** 응석꾸러기, 응석을 떠는 아이. **2.** 인기를 독차지하는 사람. **hätscheln** [ˈhɛːtʃln] 〈h〉 **1.** 애무하다, 어르다: sie hätschelte den kleinen Hund 그녀는 강아지를 쓰다듬었다. **2.** 《평》 우대하다, 우대를 약속받다. **3.** 《평》 집착하다, 애착을 가지다. **hatschen** [ˈhaːtʃn] 〈s〉 (bayr., österr.·통용어) **a)** 아장아장 걷다, 건달처럼 걷다, 거닐다, 만보(漫步)하다. **b)** 절뚝거리다. **c)** 힘들게 행진하다. **Hatscher,** der; -s, - (österr.·통용어) **1.** 《대개 Pl.》 닳아빠진 구두. **2.** 힘든 행진, 강행군. **hatschert** 〈Adj.〉 (österr.·통용어) 절뚝거리는, 목적인. **hatschi!** [haˈtʃiː, 〈또한〉 ˈhatʃi] 〈Interj.〉 《통용어》 엣취(재채기 소리).
hatte [ˈhatə], **hätte** [ˈhɛtə] ↑haben 참조.
Hat-Trick, Hattrick [ˈhætˌtrɪk], der; -s, -s [engl. hat trick] **a)** 《축구》 혼자서 3점 얻는 일. **b)** 《스포츠》 3연승, 3관왕.
Hatz [hats], die; -en [↑hetzen] **1. a)** 《사냥》 몰이사냥 (사냥개를 데리고 하는). **b)** 추적, 포위. **2.** 《통용어, 특히 bayr.》 야단법석.
Hątz- (Hatz 1): **~band,** das 〈Pl. -bänder〉 사냥개의 목걸이. **~hund,** der (몰이에 사용되는) 사냥개. **~laut,** der 사냥개의 짖는 소리. **~leine,** die (사냥개의 목걸이에 맨) 개줄, 끈. **~riemen,** der ↑~leine. **~rüde,** der ↑~hund.
hatzi! [ˈhaˈtsiː, ˈhatsi] ↑hatschi.
Hau [hau], der; -(e)s, -e **1.** 《임업·고어》 벌채(구역), 벌목(구역). **2.** 《경》 내려치기, 베기: **einen H. (mit der Wichsbürste) haben** 약간 모자란 사람이다, 정상이 아니다.
Hau-: **~bank,** die (지역적) **1.** 슬레이트 지붕 공사에 쓰이는 절단대(切斷臺). **2.** ↑Hackklotz. **~barg,¹ ~berg** ↑Hauberg. **²~berg,** der (rhein.·특히 Siegerland) 밭과 산림이 교차되는 산비탈. **~degen,** der 노련한 검사(劍士). **~hechel,** die ↑Hauhechel. **~klotz,** der ↑Hackklotz 〔평〕 er ist ein H. 그는 무감각한 사람이다. **~meister,** der 산림 관리 구역장. **~messer,** das ↑Buschmesser. **~stein,** der (벽의 장식용으로) 다듬어진 자연석. **~werk,** das ↑Haufwerk.
haubar [ˈhauˌbaːɐ] 〈Adj.〉 (임업) 벌채할 수 있는.
Hauberg [ˈhauˌbɛʁk], 〈또한〉 Hauberg, der; -(e)s, -e. 건초 창고.
Haubarkeitsalter, das (임업) 벌채 수령(樹齡).
Häubchen [ˈhɔypçən], das; -s, - ↑Haube의 축소형.
Haube [ˈhaubə], die; -n **1. a)** 《축소형》 ↑Häubchen) 두건, 모자, (수영)모자: eine H. tragen 두건을 두르다; 〔전의〕 die Berge haben weiße -n aufgesetzt 산들이 하얀 눈을 뒤집어썼다; **unter die H. kommen** (통용어·농) 결혼하다: die jüngste Tochter ist nun auch unter die H. gekommen 막내딸마저 이제 막 결혼했다, **unter die H. sein** (통용어·농) 결혼해 있다; **jmdn. unter die Haube bringen** (통용어·농) 누구를 결혼시키다. **b)** (südd., österr.) (털)모자. **c)** (역사적) 투구, 철모. **2.** ↑ 13911 [자동차] 보네트: viel Kraft unter der H. haben 강력한 모터를 가지고 있다. **b)** ↑Trockenhaube의 약칭. **c)** ↑13911 [동물] 볏, 머리깃. **d)** 보온 뚜껑, 보온 덮개: den Kaffee unter der H. warm halten 커피를 보온용기 아래 따뜻하게 보존하다.
Hauben-: **~band,** das 〈Pl. ...bänder〉 모자(두건) 끈. **~lerche,** die 볏을 가진 종달새. **~meise,** die 높고 뾰족한 볏을 한 박새. **~stock,** der 〈Pl. ...stöcke〉 《옛》 모자걸이, 두건걸이 (두건·모자의 형태 보존을 위한 틀). **~taucher,** der 볏을 가진 물새.
Hauberg [ˈhauˌbɛʁk] ↑Hauberg.
Haubitze [hauˈbɪtsə], die; -n [tschech. houfnice] 〔군〕 유탄포(대): **voll wie eine H.** 《속어》 잔뜩 취한, 만취한.
Hauch [haux], der; -(e)s, -e 《아어·종교 시어》 **1. a)** 숨, 입김, 호흡: der letzte H. eines Sterbenden 죽어가는 자의 마지막 숨결. **b)** 가벼운 바람결, 미풍: kein H. war zu spüren 바람 한 점 느낄 수 없었다. **c)** (느낄듯 말 듯한 옅은) 향기, 냄새: ein H. von Weihrauch 유향(乳香)의 은은한 내음새. **2.** 엷은 막, 흐림, 그늘(거울 따위의): einen H. Rouge auftragen 엷게 루즈를 바르다. **3. a)** 분위기, 기품. **b)** 기색, 기미: der H. eines Lächelns 미소를 머금은 듯한 기색.
hauch-, Hauch-: **~artig** 〈Adj.〉 숨결처럼 섬세한, 숨결처럼 엷은. **~dünn** 〈Adj.〉 매우 엷은: 〔전의〕 ein -er Sieg 간발의 차이를 둔 승리. **~fein** 〈Adj.〉 매우 미세한. **~laut,** der 〔음성〕 기음(氣音) (예컨대: h음). **~zart** 〈Adj.〉 매우 섬세한.
hauchen [ˈhauxn̩] 〈h〉 **1. a)** (입을 벌리고) 숨을 내쉬다: gegen die Fensterscheiben h. 유리창에 대고 입김을 불다. **b)** 입김을 불어 무엇이 일어나게 하다, 불어넣다; jmdm. einen Kuß auf die Stirn h. (아이) 이마에 가볍게 키스하다. **2.** (비밀, 속에든 말을) 속삭이다: jmdm. etw. ins Ohr h. 누구의 귀에 대고 무엇을 속삭이다.
Haue [ˈhauə], die; -n **1.** (südd., österr.) 곡괭이. **2.** (친근) 타격, 두들김. **hauen**[*] [ˈhauən] **1.** 〈h; haute / 《드물게》 hieb〉《통용어》 **a)** 때리다: er hat den Jungen immer wieder gehauen 그는 소년을 계속해서 때렸다. **b)** 가격하다, 후려치다: jmdm. eine h. 누구의 따귀를 한 대 치다. **c)** (신체의 일부를) 때리다: jmdm. freundschaftlich auf die Schulter h. 누구의 어깨를 다 정하게 치다; ich haute ihm ins Gesicht 나는 그의 얼굴을 때렸다. **d)** (무엇으로) 누구를 때리다: einem Schüler das Heft um die Ohren h. 노트로 한 학생의 따귀를 때리다. **2.** 〈h; hieb 《통용어》 haute〉 (무기 따위로) 공격을 가하다: mit dem Schwert h. 칼로 치다; **das ist gehauen wie gestochen** (통용어) 이판사판이다, 이렇게 하나 저렇게 하나 마찬가지이다; **da gibt es Hauen und Stechen** 《드물게》 치고박기가 시작되다, 논쟁이 일어나다. **3.** 《통용어》 〈h; haute〉 해서 무엇이 되게 하다: jmdn. zu Brei h. 누구를 때려 녹초가 되게 하다; 〔전의〕 das haut mich noch mal in einundzwanzig Stücke 그것이 나를 자포자기에 이르게 하다. **4.** 〈h; haute〉 **a)** 《통용어》 (도구를 써서) 때려박다: einen Nagel in die Wand(einen Pflock in die Erde) h. 벽에 못을(또는 말뚝을) 때려박다. **b)** 때려 (누구에게 혹은 무엇에 무엇이) 생기게 하다, 형태를 갖추게 하다: Stufen in den Fels h. 바위를 깎아 계단을 만들다; ein Loch ins Eis h. 때려 얼음에 구멍을 내다; er hatte ihm ein Loch in den Kopf gehauen 그 남자는 그의 머리를 때려 구멍을 내었다; eine aus(in) Stein gehauene Figur 돌로 〔에〕 조각해 만든 석상. **5.** 〈h; haute / 《드물게》 hieb〉 (무엇을) 치다: ärgerlich haute sie (mit dem Stock) an die Wand 화가 나서 그녀는 (막대로) 벽을 쳤다; mit der Faust auf den Tisch h. 주먹으로 책상을 내리치다; auf die Tasten h. (칠 줄도 모르면서) 피아노 건반을 내리치다. **b)** 《드물게》 〈s; haute〉 (무엇에) 부딪히다: sie ist mit dem Kopf an die Schrankecke gehauen 그녀는 장롱 모서리에 머리를 부딪혔다. **c)** 〈s; haute〉 (무엇 위에) 떨어지다: das Flugzeug haute in den Acker 비행기가 밭에 떨어졌다. **6.** 《경》 〈h; haute〉

(성급하게) 던지다, 내동댕이치다, 던져넣다: er haut die Schuhe in die Ecke 그는 신발을 구석에 내동댕이친다; 《또한》h. + sich〉 ich haute mich auf das Sofa 나는 낡은 소파에 털썩 앉았다. **7.**《지역적》〈h; haute〉쓰러뜨리다, (나무 따위를). 베다. **8.**《지역적》〈h; haute〉(손도끼 등으로) 잘게 빠개다, 패다: Holz h. 장작을 패다. **9.**《지역적》〈h; haute〉(풀·돌을) 베다. **10.**[광]〈h; haute〉(광석을) 파내다. **Hauer,** der; -s, - **1.**[광]갱부. **2.**[사냥] 멧돼지의 엄니. **3.**《südd., österr.》포도원 일꾼, 포도 따는 사람, 포도 재배자. **Häuer** ['hɔyɐ], der; -s, - 《특히 österr.》↑Hauer (1). **Hauerchen,** das; -s, - [↑Hauer (2)의 축소형]《대개 Pl.》《친근》어린아이의 이빨. **Hauerei,** die; -en 《통용어·폄》드잡이, 격투, 싸움(질). **Hauerwein,** der《österr.》양조장 포도주.

Häufchen ['hɔyfçən], das; -s, - [↑Haufen (1, 3a)의 축소형] 작은 더미[무리]: ein H. Asche 한 움큼의 재; **dastehen[aussehen] wie ein H. Unglück**《통용어》풀이 죽어(초라하게) 서있다[보인다]; **nur noch ein H. Unglück[Elend] sein**《통용어》(나이, 병 때문에) 완전히 쇠진된 상태이다. **Haufe** ['haufə], der; -ns, -n 〈sw. V.〉 ↑Haufen (특히 3). **häufeln** ['hɔyfln] 〈h〉 **1.** [농업·원예] 복토하다, 흙을 쌓아 덮다[북돋우다]. **2.** 작은 더미로 쌓아 올리다. **Häufelpflug,** der [농업] 복토용 쟁기[보습]. **Haufen** ['haufn], der; -s, - **1.**《축소형: ↑Häufchen》더미, 쌓아 올린 것, 덩어리, 무더기: ein großer H. Sand 커다란 모래 더미; sie kehrte [legte, warf] alles auf einen H. 그녀는 모든 것을 차곡차곡 쌓았다; Brennholz in [zu] H. stapeln 장작을 무더기로 쌓아올리다; einen H. machen《통용어·완곡》대변을 보다; **etw. über den H. werfen**《통용어》무너뜨리다, 허사가 되게 하다: das Wetter hat alle unsere Ausflugspläne über den H. geworfen 날씨가 우리들의 소풍 계획을 모두 무너뜨리고 말았다; **über den H. rennen[fahren/reiten]**《통용어》달려가서 넘어뜨리다; **über den H. schießen[knallen]**《통용어》쏘아 떨어뜨리다. **2.**《통용어》다수, 다량: das ist ein H. Arbeit 그것은 많은 일이다; das kostet einen H. Geld 그것은 많은 돈이 든다. **3. a)**《축소형: Häufchen》무리, 떼: dichte H. von Flüchtlingen 피난민 무리; **in hellen H. kommen** 떼를 지어서. **b)** (우연히 모여 한 떼가 된 것으로 보이는) 떼거리, 단체, 집단: in einen üblen H. hineingeraten 범죄 단체에 휩쓸리다; zum großen H. gehören《평균》하는. **c)**《軍》결사대, 무리의 병사, 소규모 부대: ein verlorener H. 결사대; zu seinem H. zurückkehren 자대(自隊)로 귀환하다; **zum alten H. fahren**《고어·완곡》죽다. **haufen-, Haufen-:** ~**dorf,** das 가옥들이 집단을 이루고 있는 마을 (외길에 연하여 있지 않는). ~**weise**〈Adv.〉《통용어》떼를 지어서, 무리를 이루어; 쌓여, 많이: er hat h. Geld 그는 돈을 많이 가지고 있다. ~**wolke,** die ↑Kumulus.

häufen ['hɔyfn] 〈h〉 **1.** 쌓아올리다, 무더기를 만들다; 모으다, 수집하다; 붇다: das Essen auf den Teller h. 접시에 음식을 가득히 담다; [전의] Ehre auf jmdn. h. 누구에게 존경심을 듬뿍 주다; der Schicht über Schicht gehäufte Irrtum 층층이 누적된 오류. **2.** 〈h. + sich〉 쌓이다, 모이다; 붇다, 늘다, 괴다: die Abfälle häufen sich 쓰레기가 쌓인다, 거듭된다, 잦은: ein -er Fehler 거듭되는 오류; er kam h. zu spät 그는 번번히 지각했다. **Häufigkeit,** die; -en 빈도. **Häufigkeitszahl, Häufigkeitsziffer,** die 빈도수. **Häuflein,** das; -s, - [↑Häufchen. **Häufung,** die; -en **1.** 집적, 쌓기; 무더기, 더미: H. von landwirtschaftlichen Vorräten 비축 농산물 더미. **2.** 퇴적, 누적, 반복: eine H. von Konflikten 갈등의 누적. **Haufwerk, Hauwerk,** das; -s [광] 원광의 퇴적, 퇴적물.

Hauhechel ['hau-], die; -n 토끼풀과 비슷한 콩과 식물.
Häunel ['hɔyn], das; -s, -n《österr.》작은 곡괭이.
häuneln ['hɔynln] 〈h〉《österr.》작은 곡괭이로 갈다.

Haupt [haupt], das; -es, Häupter **1.** 《아어》머리, 목: sein H. neigen 머리를 숙이다; sein H. verhüllen 머리를 감싸다; er schüttelte sein weises[graues, greises] H.《통용어·농》그는 거부감[의아함]을 표했다; bloßen [entblößten] -es 모자를 쓰지 않은 채, 맨머리로; erhobenen -es 머리를 쳐들고, 고개를 빳빳이 하고; [성구] vor einem grauen -e sollst du aufstehen 늙은이 앞에서는 자리에서 일어나야 한다; [전의] die schneebedeckten Häupter der Berge 눈 덮인 산꼭대기들; **ein bemoostes H.**《대학생·준고어》만학도 (벌써 많은 학기 동안을 공부하고 있는 학생); **ein gekröntes H.**《아어》군주, 지배자; **an H. und Gliedern** 전적으로, 어떤 견지에서 보더라도, 완전히; **jmdn. aufs H. schlagen**《아어》누구를 완전히 패하게 만들다, 완전히 제압하다; **zu Häupten**《아어》머리맡에, 머리끝에. **2.**《아어》우두머리, 수령, 두목; 지도자[지배자]: das H. einer Familie 가장. **3.** 도끼날의 끝, 호미의 끝.

haupt-, Haupt-: ~**abnehmer,** der 주고객. ~**abschnitt,** der 주요 부문; 가장 중요한 시기. ~**abteilung,** die 중요 부서. ~**abteilungsleiter,** der 중요 부 서장. ~**achse,** die 주축(主軸). ~**akteur,** der 주연 배우, 주역. ~**aktion,** die ↑Haupt- und Staatsaktion. ~**aktionär,** der 대주주. ~**akzent,** der [음성] 가장 강한 악센트, 제 1 강세; [전의] auf etw. den H. legen 무엇을 가장 중요한 것으로 생각하다. ~**altar,** der 본제단(本祭壇). ~**amtlich**〈Adj.〉~**en(常任)**, 전담의: die Stellung ist h. 그 직위는 상임직이다. ~**angeklagte,** der / die [법] 주피고자. ~**anliegen,** das 주관심사. ~**anschluß,** der (전화에 있어) 직통접속선, 대표전화. ~**anstrengung,** die 중점적인 힘(노력)의 투입. ~**arbeit,** die 주논문, 주저(主著), 중요한 일. ~**argument,** das 주요 논점(쟁점). ~**attraktion,** die 매력의 중점. ~**aufgabe,** die 주요 과제, 주임무. ~**augenmerk,** das 특별한 주의, 주목: sein H. auf etw. richten 무엇에 주목(주의)하다. ~**bahn,** die 간선. ~**bahnhof,** der 본역(약이): Hbf.). ~**bedeutung,** die [언어] 한 낱말의 중심적 의의. ~**bedingung,** die 절대적 조건. ~**begriff,** der 주요 개념, 기본 개념. ~**belastungszeuge,** der [법] (피고에게 불리한) 결정적 증언. ~**beruf,** der 본업(本業), 본직. ~**beruflich** 〈Adj.〉 본업(상)의, 본직(상)의. ~**beschäftigung,** die 주업무. ~**bestandteil,** der 주성분. ~**bootsmann,** der 《Pl. -leute》[해군] 해군 상사. ~**bot(t),** das《schweiz.》↑Bot. ~**buch,** das [상] 원장(元帳), 원부. ~**buchhalter,** der [상] 경리주임. ~**bühne,** die [연극] 본무대. ~**darsteller,** der [연극·영화] 주연, 주연배우. ~**darstellerin,** die ↑~darsteller의 여성형. ~**deck,** das 정갑판. ~**dispatcher,** der《구동독》↑Dispatcher (b). ~**eigenschaft,** die 주특징. ~**eingang,** der 정문, 출입구. ~**einnahmequelle,** die 주수입원, 주요 재원. ~**einwand,** der 결정적 반대. ~**erbe,** der 제 1 상속인, 일반 상속인. ~**ergebnis,** das 중요 결과. ~**erzeugnis,** das 주(요)산품. ~**etappe,** die 중요 단계. ~**fach,** das **1.** 주전공. **2.** 중요 (교)과목. ~**faktor,** der 주요 인자(因子). ~**farbe,** die 원색, 주요색. ~**fehler,** der 주(主)된 결점, 중대한 오류. ~**feind,** der 주요 적(敵). ~**feld,** das [스포츠] (중·장거리 경주에서 중간쯤에) 주자집단. ²**feld,** der; -s, -s 《軍》↑feldwebel의 약칭.

~feldwebel, der 〖군〗 a) 상사(上士). b) 상사의 직책. 혹은 그 직위의 소지자. ~figur, die 중심 인물, 주인공. ~film, der 본영화. ~forderung, die 주된 요구. ~form, die 주요 형식. ~frage, die 주요 문제, 주(主)된 문제. ~funktion, die 주요 기능. ~gang, der 1. 중심 복도, 중앙 복도. 2. ↑~gericht. ~gasleitung, die 본 가스관. ~gebäude, das a) (집단 건물에서의) 본관. b) 본부(건물). ~gedanke, der 근본 사상, 주제. ~gefahr, die 중요 위험. ~gefahrenherd, der 위험의 진원지. ~gefreite*, der 〖군〗 병장(兵長). ~gegenstand, der 주요 대상, 주제목, 중심 테마. ~gericht, das (여러 차례 나오는 식사에서의) 중심 식단, 주요 음식. ~geschäft, das 본점, 본사. ~geschäftsstraße, die 상업 중심가, 중심 상점가. ~geschäftszeit, die (상점 등이) 특히 붐비는 시간. ~gesprächsthema, das 대화의 주제. ~getreideart, die 〈대개 Pl.〉 주곡(밀, 보리, 쌀 등). ~gewicht, das 강조점, 중점. ~gewinn, der 1등상, 1등 당첨. ~gewinner, der 1등 당첨자. ~gläubiger, der 정(正) 채권자. ~gleis, das 〖철도〗 본선(대기 선로가 아닌). ~gottesdienst, der 본미사, 본예배. ~grund, der 근본 이유, 주된 이유. ~haar, das 〈Pl. 없음〉 (아이) 두발, 머리카락(전체). ~hafen, der 중심 항구. ~hahn, der 1. (수도, 가스 등의 관에서) 큰 꼭지, 주된 꼭지. 2. a) 〖군〗 가장 힘센 수탉. b) 〖통용어·군〗중요인물》대장, 수령, 우두머리. ~harst, der 〖schweiz.〗 최대전위(부대). ~haus, das ↑~gebäude. ~hindernis, das 주된 방해물, 주요 장애. ~inhalt, der 주요 내용, 주지(主旨). ~interesse, das 주요 관심(사). ~kampf, der 〖권투〗 중심 경기, 본경기. ~kämpfer, der a)본경기 출전자. b) 주(主)투우사 (소를 죽이는). ~kampflinie, die 〖군〗 ↑Front (2 a). ~kapitel, das (책, 논문 따위의) 가장 중요한 장(章). ~kasse, die 중앙 금고. ~katalog, der (도서관의) 중앙 도서 목록. ~kennzeichen, das ↑~merkmal. ~kennziffer, die 〖구 동독〗 중요 수치. ~kerl, der 〖통용어·농·군고어〗 두목, 수령. ~kontingent, das 주요 분담액. ~last, die 주요 부담. ~lehrer, der 〖군고어〗 교장 대리, 수석 교사. ~leitung, die 본선, 본관(本管). ~leute ↑~mann의 복수형. ~macher, der 〖통용어〗 장(長), 우두머리. ~macht, die 〈Pl. 없음〉 〖군고어〗 주력(부대), 대강국. ~mahlzeit, die 주된 식사, 정찬. ~mangel, der 1. 주요한 결함. 2. 〖법〗 주요 하자(瑕疵). ~mann, der 〈Pl. -leute〉 1. a) 중대장, 대위. b) 중대장 직책의 수행자. 2. 〖역사적〗 (패거리·용병부대의)장, 단장. ~masse, die 대다수, 대부분. ~matador, der 〖통용어〗 주창자, 주도자. ~merkmal, das 주요특징, 특색. ~mieter, der (주택 소유주와 직접 계약을 체결한) 주된 차주(借主). ~motiv, das 1. (예술작품의) 주요 형식 요소, 주요 대상. 2. 주요 동기. ~nahrung, die 주(主)식(食), 주요 식량. ~nenner, der 〖수학〗 공통분모. ~person, die (문학작품에서의) 주인공, 주역; 주요(중심) 인물: er fühlte sich immer als H. 그는 자신을 언제나 주인공처럼 여겼다. ~portal, das ↑~eingang. ~post, die ~postamt, das 중앙우체국. ~preis, der 일등상. ~probe, die a) ↑Generalprobe. b) 총연습, 일반시연(試演). ~problem, das 주된 문제. ~produkt, das ↑~erzeugnis. ~punkt, der 주안점, 요지. ~quartier, das 〖군〗 사령부, 본영(本營). ~quelle, die 본원, 근원. ~raum, der (건물 내의) 가장 크고 주된 공간[방, 홀]. ~rechnungsart, die ↑Grundrechenart, 주연산. ~redner, der 주 연사, 주 강연자. ~referat, das 주 규칙. ~reichtum, der 주요 자원. ~reisezeit, die 여행 최적기[성수기]. ~rolle, die 주역: die H. spielen 주역을 하다; 〖전의〗 die H. (in [bei] etw.) spielen (무슨 일에서) 중심 인물이 되다, 주역을 하다; die [eine] H. spielen 중요하다, 의미가 있다. ~runde, die 〖축구〗 본선. ~sache, die 주요한 일, 중심사항, 요점, 본건: Geld war für ihn die H. 돈이 그에게 있어서는 주요한 사항이었다; H., du bist gesund 《통용어》중요한 것은 네가 건강하다는 거야; in der《드물게》zur) H. 대체적으로 보아서, 통틀어 말하자면. ~sächlich 《(또한) -'--》 I. 〈Adv.〉 주로, 특히, 무엇보다도: seine Tätigkeit beschränkt sich h. auf das Parlament 그의 활동은 주로 의회에 국한되어 있다. II. 〈Adj.〉 주요한 것이: die -ste Frage 가장 중요한 문제. ~saison, die 성수기, (여행) 성수기: in der H. war kein Zimmer mehr frei 성수기에는 비어 있는 방이 없었다. ~satz, der 1. 〖언어〗 주문장, 주절(반대: Gliedsatz, Nebensatz). 2. 주명제, 주법칙. 3. 〖음악〗 주제. ~schalter, der 주개폐기 主開閉器). ~scharführer, der 〖나치〗 비밀 경찰, 친위대의 하위 계급. ~schiff, das 〖건축〗 (교회의) 중앙 통로, 중랑(中廊). ~schlag, der 결정적 타격, 결정타. ~schlagader, die 대동맥(大動脈). ~schluß, der 〖전기〗 직렬접속(直列接續). ~schlußmaschine, die 직렬접속기. ~schlüssel, der (한 집의) 모든 자물쇠에 맞는 열쇠, 마스터 키. ~schriftleiter, der 〖군고어〗 편집장. ~schulabschluß, der (의무 교육 후기 과정, 국민학교 9학년의) 졸업(자격). ~schuld, die 주된 죄과, 주된 책임, 주채무(主債務): ihn trifft die H. 주된 책임은 그에게 있다. ~schuldige*, der / die 주범, 정범. ~schuldner, der a) 주 채무자. b) 〖법〗 (보증에서) 원채무자, 정 채무자. ~schule, die (Grundschule 수료후 Gymnasium이나 Realschule에 진학하지 않는 학생이 다니게 되는 5~9학년의 의무 교육) 후기 과정, 본과정. ~schüler, der 본과정(↑~schule)의 학생. ~schullehrer, der 본과정의 교사. ~schwein, das 〖사냥〗 (최소한 7년이 된) 멧돼지. ~schwierigkeit, die 주된 난점, 주요 난제. ~segel, das 〈대개 Pl.〉 〖선원〗 중심 돛, 주범(主帆). ~seminar, das 〖대학〗 주(主)세미나(예비 세미나 논문에 합격한 상급반을 위한). ~sicherung, die 〖전기〗 본 두꺼비집, 메인퓨즈. ~signal, das 〖철도〗 주 신호기. ~sorge, die 가장 걱정. ~spaß, der 〖통용어〗 절묘한 익살. ~stadt, die a) (한 국가의) 수도: Amsterdam ist die H. der Niederlande 암스텔담은 네덜란드의 중심 도시이다. b) (한 나라의 정부가 위치한) 수도(首都). ~städter, der 수도의 주민. ~städterin, die ↑~städter의 여성형. ~städtisch 〈Adj.〉 수도의. ~stärke, die (개인적인) 특기, 주력(主力). ~stoßrichtung, die 주공격선, 주돌파선. ~strafe, die 〖법〗 주형(主刑)(체형, 벌금형, 소년형의 3개 형을 칭함) (반대: Nebenstrafe). ~strang, der 〖기술〗 중심 코드. ~straße, die a) 간선 도로, 큰거리. b) 도시가 번잡한 도로. ~strecke, die 〖철도〗 (이어서) 간선(구간). ~stück, das a) ↑~abschnitt. b) 〖종교〗 (신교에서) 루터 교리 문답서 5장 가운데의 하나. ~sturmführer, der 〖나치〗 비밀 경찰, 친위대의 중간 계급. ~stütze, die 주된 지주(근거), 주된 생업. ~sünde, die 〖가〗 일곱 개 큰 죄악 중의 하나. ~tätigkeit, die 주(요)활동, 본업, 주 주요 부분, 대부분. ~tenor, der 주(요)내용, 주문(主文). ~thema, das (대화, 논문, 문학 및 음악 작품 등에서의) 주테마. ~titel, der 1. (논문, 저서의) 표제, 본제(本題) (반대: Untertitel). 2. 〖법〗 주(主)권리명. ~ton, der 1. 〈Pl. -töne〉 〖음악〗 주조음(主調音). 2. 〈Pl. 없음〉 ↑~akzent. ~tor, das ↑~eingang. ~treffer, der ↑~gewinn. ~treppe, die 본계단, 앞계단. ~tugend, die 기본 도덕. ~typ(us), der 〈대개 Pl.〉 주요 유형. ~übel, das 특히 회피해야 할 폐덕. **und Staatsak-**

Haus

tion 〈하이픈과 함께〉, die 역사적 대사건의 장(場): 《다음 용법으로》 eine Haupt-und Staatsaktion aus etw. machen 별것도 아닌 것을 과장하다, 지나치게 중요하게 받아들여 소동을 벌이다. ~**unterschied**, der 주요 차이. ~**ursache**, die 주요 원인, 주인(主因). ~**verantwortliche'**, der / die 주책임자. ~**verantwortung**, die 〈Pl. 없음〉 근본책임, 주책임. ~**verband(s)platz**, der 【군】응급 구호소, 기초 치료소. ~**verdiener**, der (부부 혹은 가족 중) 가계 주도자, 주벌이꾼. ~**verdienst**, das 주 수입원, 주벌이. ~**verfahren**, das 【법】(형사 소송의) 주 심리. ~**verhandlung** die 【법】공판. ~**verkehr**, der 주요 교통. ~**verkehrsstraße**, die 간선 도로. ~**verkehrszeit**, die 출퇴근 시간, 러시 아워. ~**verlesen**, das; -s, - 【군】〔schweiz〕〔저녁〕 점호: beim H. fehlen 점호에 빠지다. ~**versammlung**, die 〔경제〕 (주주)총회, 주 주총회에 모인 주주단. ~**verteidiger**, der 【법】 수석 변호인. ~**verwaltung**, die 중앙 관리 본부. ~**vorstand**, der 수석 이사. ~**wache**, die 중앙 경찰 본서, 경비 본부. ~**wachtmeister**, der **a)** ↑Polizeihauptwachtmeister의 약칭. **b)** 〔옛〕 포병대에서의 상사직위 및 상사계급을 가진 자. ~**weg**, der (공원 따위에서의) 주통로. ~**werk**, das **1.** 주저(主著), 주요 작품, 걸작, 대작. **2.** 〔음악〕 〔올겐의〕 주건반. **3.** 본사 공장. ~**wert**, der 주요 가치. ~**widerstand**, der 주 저항. ~**wirkung**, die 주영향, 주작용. ~**wohnsitz**, der 주(主)거주지. ~**wort**, die 〈Pl. -wörter〉 【언어】 명사(名詞). ~**wörterei**, die 《평》명사가 지나치게 빈번히 등장하는 언사(문체), 명사과다의 문체. ~**wörtlich**〈Adj.〉 명사의. ~**zeuge**, der 【법】주요 증인. ~**ziel**, das 주목표. ~**zollamt**, das 중앙 세관. ~**zug**, der **1.** 주요 열차, 간선 열차 **2.** 〈대개 Pl.〉 특징, 특색, 특색: etwas in den Hauptzügen darstellen 무엇을 대충 표현하다, 약술(略述)하다. ~**zweck**, der 주목적. ~**zweig**, der 주분야, 주요 집단.

Häuptel ['hoyptl], das; -s, -(n) 〔südd., österr.〕 야채의 결구(結球); 알뿌리, 구근(球根). **Häuptelsalat**, der 〔südd., österr.〕 ↑Kopfsalat. **Haupter**, der; -s, - 〈준고어〉 (대수롭하게) ုi 안내인, 파일럿. **Hauptesläge**, die (주로 다음 용법으로) um H. 〈아이〉 머리 하나의 길이만큼: jmdn. um H. überragen 누구에 비해 머리 길이만큼 키가 크다. **Häuptling** 〔고어〕**a)** 〈미개 민족의〉 추장, 족장 **2.** 〔반어·편〕 괴수, 수령, 지도자, 주동자. **häuptlings** 〈Adv.〉〔고어〕**a)** 거꾸로: h. die Treppe hinunterstürzen 꼬꾸라지듯 계단을 급히 내려가다. **b)** 머리 앞에, (배 따위의) 고물에.

hau ruck! ['hau'rʊk] 〈Interj.〉 (물건을 들어올리며 힘을 모으는 소리로써) 어영차! **Hauruck** [haʊ'rʊk], das; -s, -s 힘쓰기(모으기): 〔전의〕 Mit H. geht hier nichts mehr 여기서는 아무것도 되지 않는다. **Hauruckfußball**, der 〈Pl. 없음〉《스포츠 은어》 (아무런 기술도 없이) 몸으로 때우는 축구.

Haus [haus], das; -es, Häuser ['hɔyzɐ] **1. a)** 〈축소형: ↑Häuschen〉 집, 주택, 살림집: baufällige Häuser 쓰러질 듯한 주택들; ein H. bauen 집을 짓다; ein H. mieten 집을 세내다; ein eigenes H. haben(besitzen) 자기집을 가지고 있다; H. an H. (nebeneinander) wohnen 서로 이웃에 살다; jmdn. aus dem Haus(e) jagen 누구를 집 밖으로 쫓아내다; 〔전의〕 das irdische H. 〈아어〉 인간의 육신; das letzte H. 〈아어〉 관(棺); ein enges (stilles) H. 〈시어〉 무덤; **H. und Hof**: er hat H. und Hof verspielt 그는 도박으로 전재산을 탕진했다; **Häuser auf jmdn. bauen** 누구를 매우 신뢰하다: **(jmdm.) ins H. stehen** 〈누구〉 면전에 와 있다, 임(臨)박해 있다: eine Neuerung steht (ihm) ins H. 개혁이 그 사람 앞에 임박해 있다. **b)** 〔특수한 목적에 따라 지은〕 건물(호텔, 여인숙, 극장, 사옥 따위): das große, kleine H. des Theaters war bis an den letzten Platz ausverkauft 오페라 하우스도 극장도 입장권이 완전히 매진되었다; H. Meeresblick 바다가 보이는 호텔; H. der Jugend 청소년의 전당; das H. Gottes [des Herrn] 〈아어〉 예배당, 교회; das Weiße H. in Washington 워싱턴의 백악관; ein öffentliches H. 《은폐》 유곽; der Chef ist zur Zeit nicht im Heu(e) ist 장은 지금 회사 내에 없다. H. 〔상〕 추가적인 운반 비 없음, 무료 배달임; das H. auf den Kopf stellen 《통용어》 집안을 발칵 뒤집다; außer Haus(e) essen 외식하다; nach Haus(e) gehen 귀가하다; Er bringt rund 1000 Mark nach Haus(e) 그는 약 1000 마르크의 실질 수입이 있다; der Bettler ging von H. zu H. 그 거지는 집집마다 돌았다; einige Zeit von -e fortbleiben 잠시 집[고향]을 떠나있다; an diesem Abend war er zu Haus(e) 이날 저녁 그는 집에 있었다; er fühlt sich schon ganz (wie) zu Haus(e) 그는 벌써 아주 〔제집처럼〕 스스럼이 없다; komm du nur nach Haus(e) 집구석에 들어오기만 해봐라!; einen Brief nach Haus(e) schicken 가족에게 편지를 띄우다; nach einer langen Reise kehrte er gerne wieder nach Haus(e) zurück 오랜〔긴〕 여행 끝에 그는 다시 기쁜 마음으로 귀국(향)했다; der Reichstag wurde nach Haus(e) geschickt 〈통용어〉 제국의회는 해산되었다; sie wohnt noch zu Haus(e) 그녀는 아직 양친의 집에서 살고 있다; Peter war übrigens in Berlin zu Hause 페터는 베를린에서 살았다; ich bin für niemanden zu Haus(e) 나는 누구에게나 면회사절이다; der Verein spielt am Samstag zu Haus(e) 《스포츠 은어》 그 팀은 토요일 본거지에서 경기를 펼친다; **das H. hüten** 무슨 일이 있어도 집에 있[어야 한]다; **jmdm. das H. einrennen (einlaufen)** 《통용어》 누구를 자주 방문하여 귀찮게 하다, 무슨 일 때문에 자주 방문하다; **jmdm. ins H. schneien (geschneit kommen)** 〈통용어〉 예고없이 누구를 방문하다, 누구 앞에 불현듯 나타나다; **auf einem bestimmten Gebiet (in etw.) zu -e sein** 〈통용어〉 어떤 분야에 정통해 있다; **mit etw. zu -e bleiben** 〈통용어〉 누구에게 등을 보이지 고해바치지 않다; **das H. war vollzählig versammelt** 전거주자들이 빠짐없이 모였다. **b)** 구성원, 일족, 일가: das Hohe H. 〔국회, 의회; die beiden Häuser des Parlaments 상하의원(上下議院); er hatte alle Geschäftsfreunde seines -es geladen 그는 자기 회사 사람들을 모두 초대했었다. **c)** 〈아어〉 가족, 가정: der Herr des -es 주인; die Dame des -es 여주인; sie kommt aus einem anständigen H. 그녀는 양가(良家) 출신이다; er ist nicht mehr Herr im eigenen H. 그는 이제 더이상 집안에서 발언권이 없다; er verkehrt in den ersten Häusern der Stadt 그는 그 도시의 최상류 가정에 드나드는 사람이다; herzliche Grüße [mit den besten Grüßen] von H. zu H. (편지의 끝에) 가족 일동 드림; **von Haus(e) aus** 1) 선천적으로, 물려받은: von H. aus ist er sehr begütert 그는 윗대로부터 매우 유복한 사람이다. 2) 처음부터: er war von Hause aus Arzt 그는 처음부터 의사였다. 3) 본래, 원래. **d)** 가사, 살림, 가정(家政): jmdm. das H. besorgen 누구의 가사를 걱정해 주다; ein großes H. führen 큰 살림을 꾸려가다, 손님을 잘 대접하다; meine Eltern machten ein ziemliches H. 나의 부모는 손님을 자주 불렀다; **H. und Herd** 가정; **sein(das) H. bestellen** 〈아어〉 (긴 여행, 죽기 전) 가사를 정리하다, 유언장을 만들다. **3.** 왕조, 왕족: ein Angehöriger des -es Hannover 하노버왕족의 권속;

sie stammt vom königlichen(kaiserlichen) -e ab 그녀는 왕족 출신이다. **4.** 《통용어·농》 사람, 놈, 녀석: er ist ein gelehrtes H. 그는 유식한 놈이다; er ist ein tolles H. 그는 엉뚱한 녀석이다; wie geht's, altes H.? 이봐, 어떻게 지내? **5.** [점성] 궁(宮), 수(宿).

haus-, Haus-: ~**altar**, der 가정 제단. ~**andacht,** die 가정 예배, 기도. ~**angestellte*,** die 가정부, 하녀. ~**anschluß**, der **1.** 《수도, 전기, 가스 등의》 옥내 배선. **2.** 구내 전화 배선. ~**antenne**, die 공동 안테나. ~**anzug**, der 《집에서 입는》 평상복. ~**apotheke**, die 가정 상비약 상자. ~**arbeit**, die **1.** 가사. **2.** 가정 학습, 숙제 《반대: Klassenarbeit》. ~**arbeitstag**, der 《옛》《직업여성들에게 주어지는 유급의》 가사 휴일. ~**arrest**, der 자택 연금: er steht unter H. 그는 자택 연금을 당하고 있다. ~**artikel**, der 자사 제품(自社製品). ~**arznei**, die 《고어》 ↑**mittel**. ~**arzt**, der a) 주치의(主治醫), 가정의. b) 지정의, 지역 전담의. ~**aufgabe**, die 숙제. ~**aufgabenüberwachung**, die 숙제 검사. ~**aufsatz**, der 숙제로 준 작문《반대: Klassenaufsatz》. ~**backen** 〈Adj.〉 **1.** 《고어》 집에서 구운, 수제(手製)의. **2.** 평범[무미]한, 활기 없는. ~**ball**, der 옥내 무도회. ~**bank**, die 〈Pl. -banken〉 주거래 은행. ~**bar**, die a) 술 따위를 보관하는 특별한 가구 혹은 칸. b) 집에 설치한 규모가 작은 바, 하우스 바. c) 하우스 바에 보관된 술 따위의 음료·안주. ~**bedarf**, der ↑~**gebrauch**. ~**berg** der a) 《통용어》 《도시 근교의 자주 오르는》 근처의 산. b) 《스포츠 은어》 스키 선수의 거주지에서 멀지 않아 잦은 연습으로 낯익은 산. ~**besetzer**, der 《대개 Pl.》가옥의 불법 점거자. ~**besetzung**, die 가옥의 불법 점거《주로 폐가의 불법 점거》. ~**besitzer**, der 가옥 소유자, 집주인. ~**besitzerin**, die ↑~**besitzer**의 여성형. ~**besorger**, der 〈österr.〉↑~**meister**. ~**besorgerin**, die 〈österr.〉↑~**besorger**의 여성형. ~**besorgerposten**, der 〈österr.〉↑~**besorgerstelle**. ~**besorgerstelle**, die 〈österr.〉주택 관리인의 직책, 수위직. ~**besuch**, der 가정 방문, 의사의 왕진. ~**bewohner**, der 거주자, 집에 세든 사람. ~**bibliothek**, die 가정 도서실, 개인 장서. ~**block**, der 〈Pl. -blöcke / -s〉《드물게》↑**Häuserblock**. ~**bock**, der 하늘소과의 곤충. ~**boot**, das 수상(水上) 주택, 살림집으로 쓰이는 배. ~**brand**, der 《Pl. 없음》가정용 연료. ~**brandkohle**, die 가정 연료용의 석탄. ~**brandversorgung**, die 가정용 연료의 조달. ~**brauch**, der 《드물게》 가풍(家風), 가정용. ~**briefkasten**, der **1** Briefkasten (b). ~**brunnen**, der 개인집에 딸린 샘《우물》. ~**buch**, das **1.** 가정 도서. **2.**《고어》가계부. **3.**《구동독》거주자 등록부, 가옥대장. ~**bursche**, der 사환, 급사, 심부름꾼. ~**dach**, das, 家上. ~**dame**, die 《상류 가정에서 가사를 총괄하는》 여집사. ~**detektiv**, der 《백화점에 고용되어 상품 도난을 감시하는》 경비원. ~**diener**, der 《귀족·상류 가정에서 비교적 단순한 일을 처리하는》 사용인. ~**drachen**, der 《통용어·폄》사나운[심술궂은] 아내[여자]. ~**durchsuchung**, die 〈österr.〉↑~**suchung**. ~**ecke**, die 집의 모퉁이. ~**ehre**, die **1.**《고어》가문의 명예. **2.** 《고어·농》《집안의 명예를 지키는》 주부, 아내. ~**eigen** 〈Adj.〉《호텔·회사, 집의》 전속된: ein ~er Kindergarten 부속 유치원. ~**eigentümer**, der ↑~**besitzer**. ~**eigentümerin**, die ↑~**eigentümer**의 여성형. ~**einfahrt**, die a) 〈österr.〉↑**eingang**. b) 《건물의》 입구. ~**fassade**, die 건물의 전면(前面). ~**flagge**, die 【해양】사기(社旗). ~**flur**, der 현관. ~**frau**, die a) 주부, 여주인. b) 〈südd., österr.〉셋집 여주인. ~**frauenart**, die 《주로 다음 용법으로》 nach[auf] H. 가정 주부식(式)으로. ~**frauenbrigade**, die 《구동독》 《별도 직업 없는》 주부 자원봉사대. ~**frauen-**

nachmittag, der 《특히 구동독》 가정 주부를 위한 오후의 문화 행사. ~**frauenpflicht**, die 《대개 Pl.》주부의 몫, 의무. ~**frauentugend**, die 가정 주부의 덕목. ~**fraulich** 〈Adj.〉가정 주부의. ~**fraulichkeit**, die 가정주부다움. ~**freund**, der **1.** 가정의 친구, 가정에 자유롭게 출입하는 친구. **2.**《농·은어》기혼녀의 애인, 정부(情夫). ~**friede(n)**, der 가정[입주자]의 평화. ~**friedensbruch**, der 【법】 주거 침입(죄). ~**front**, die ↑~**fassade**. ~**fundament**, das 건물의 기초. ~**gang**, der 〈südd., österr., schweiz.〉↑~**flur**. ~**gans**, die 집거위 《↑Gans》. ~**garten**, der 집의 정원. ~**gast**, der [요식업] 숙박객. ~**gebrauch**, der 가정용, 자가사용: 전의 seine Kenntnisse reichen für den H. 그의 지식은 일상 생활을 하기에 불편이 없다. ~**gehilfin**, die 가정부. ~**geist**, der **1.** 가정의 수호신, 집의 요정. **2.** 《농》가정의 충복《충성스러운 하녀》. ~**geld**, das **1.** 부양 가족 급부금《피보험자가 병으로 입원한 기간 중 가족에게 지불되는 보험금》. ~**gemacht** 〈Adj.〉 수제(手製)의, 국산의. ~**gemeinschaft**, die **1.** 가족 공동체, 가정, 가족, 집. **2.** 《구동독》 한 건물에 거주하는 자들의 조합. ~**gemeinschaftsleitung**, die 《구동독》건물 거주자 조합장. ~**genosse**, der 동거인. ~**genossenschaft**, die 《준고어》↑~**gemeinschaft** (1). ~**gerät**, das 《준고어》 살림살이, 가구, 집기. ~**geschneidert** 〈Adj.〉↑~**selbstgeschneidert**. ~**gesetz**, das 《옛》 가법(家法), 가헌(家憲). ~**gesinde**, das 《옛》 종복. ~**gewerbetreibende*,** der 【법】 가내 공업자. ~**glocke**, die **1.** 《집의》 대문에 달린 종[방울]. **2.** 현관의 초인종. ~**gott**, der 《대개 Pl.》가정의 수호신, 가신(家神). ~**grille**, die ↑**Heimchen**. ~**halle**, die 《드물게》《저택의》 현관. ~**halt**, der **1.** 가정[가족]살림, 가계(家計): ein H. mit fünf Personen 다섯 식구의 가계; der H. kostet viel Geld 살림에는 많은 돈이 든다; einen mustergültigen H. führen 모범적인 가정을 위해나가다; einen H. gründen 살림을 차리다. **2.** 식구, 가족, 가정, 세대: die meisten -e beziehen eine Tageszeitung 대부분의 가정은 하나씩의 일간지를 구독하고 있다; in diesem H. möchte ich nicht leben 이런 집구석에서는 살고 싶은 생각이 없다. **3.**《경제》《한 나라, 도시의》 재정, 예산: der öffentliche H. 공공 재정; den H. für das kommende Jahr aufstellen 내년도의 예산을 편성하다. ~**halt-**: ↑**haushalt(s)-, Haushalt(s)-**. ~**halten*** 〈h〉 **1.** 절약해서 쓰다, 《시간 따위를》잘 배분하다: mit dem Wirtschaftsgeld h. 생계자금을 절약해서 쓰다; er hielt mit seinen Kräften nicht haus 그는 자신의 체력을 아끼지 않는다《한꺼번에 힘을 다 써 버린다》; sie hat mit der Zeit, die ihr zur Verfügung stand, nicht hausgehalten 그녀는 그녀에게 주어진 시간을 잘 배분하지 않았다. **2.** 《고어》살림을 맡아 보다, 한 집안을 꾸려 나가다. 숙담 mit vielem hält man haus, mit wenigem kommt man aus 있으면 아끼게 되고, 없으면 헤프다. ~**halter**, ~**hälter** [-həltɐ], der; -s, - 《고어》 **1. a)** 가사 관리인, 집사. **b)** 세대주. **2.** 절약가. ~**hälterin**, die 가정부, 가사관리인, 집사. ~**hälterisch** 〈Adj.〉 절약할 줄 아는, 검소한, 살림을 잘 꾸리는: eine -e Frau 살림을 절약한[검소한] 주부; mit etw. h. umgehen 무엇을 절약하다. ~**halts-**: ↑**haushalt(s)-, Haushalt(s)-**. ~**haltung**, die **1.** ↑**Haushalt** (1, 2), 집안. **2.** 절약. ~**haltungsartikel**, der 《대개 Pl.》↑**Haushaltsartikel**. ~**haltungsbuch**, das 가계부. ~**haltungskosten**《Pl.》가계비. ~**haltungsschule**, die 가정《家政》학교. ~**haltungsvorstand**, der 호주, 세대주. ~**haltwaren**〈Pl.〉↑**Haushaltsartikel**. ~**Haus-Verkehr**《하이픈과 함께》, der 《발송자의 집에서부터 수령자의 집까지 배달해 주

는 화물취급) 직접 탁송 배달, 호구수송. ~herr, der 1. 세대주, 호주. 2. [법] 가옥주, 가옥 소유자. 3. 《드물게》 지적적 인물. 4. 《südd., österr.》 집주인, 가옥의 차주(借主). 5. 《스포츠 용어》 본거지에서 경기를 치르는 팀. ~herrin, die ↑~herr (1, 4)의 여성형(↑~frau (b)). ~hilfe, die 《드물게》 ↑Haushaltshilfe. ~hoch 〈Adj.〉《강조》매우 높은: haushohe Flammen 드높이 치솟은 불꽃; 전의 ein haushoher Sieg 큰 차이의 승리, 명백한 승리; den Gegner h. schlagen 《스포츠》 상대를 대파하다; jmdm. h. überlegen sein 누구를 월등하게 능가하다. ~hofmeister, der 《옛》 집사, 청지기. ~huhn, das ↑Huhn (1 a). ~hund, der ↑Hund (1). ~industrie, die ↑Heimindustrie. ~inschrift, die 건물 입구 위에 새겨 놓은 명문(銘文). ~intern 〈Adj.〉 (가정, 기업, 호텔 등의) 내부적인, 그 내부에만 해당되는. ~jacke, die 가정에서 편히 입는 상의. ~joppe, die ↑~jacke. ~jurist, der (회사, 은행 등의) 법률 고문, 고문 변호사, 전속 변호사. ~kalender, der 가정용 달력(금언, 이야기, 사진 등이 곁들인 매주 모양의 달력). ¹~kapelle, die (성, 병원 등에 딸린) 부속 교회. ²~kapelle, die a) (바, 카페 등의) 전속 악단. b) 《옛》 궁정 악단. ~kaplan, der 부속 교회의 사제(司祭). ~katze, die ↑Katze. ~kittel, der 가사용 가운. ~kleid, das ↑~anzug. ~knecht, der 《고어》 하인 [머슴]. ~knochen, die 《통용어·농》. ~türschlüssel. ~konzert, die 가족 분위기의 음악회. ~korrektor, der 《서적》 초벌 교정자. ~korrektur, die 《서적》 초교(初校). ~kreuz, das 《통용어》 악뗄, 공처(↑~drache). ~lehrer, der 가정교사. ~lehrerin, die ↑~lehrer의 여성형. ~leute 〈Pl.〉 1. 《지역적》 집을 세 놓으면서 그곳에 사는 부부. 2. 《schweiz., 준고어》 세든 사람. 3. 《드물게》 한 건물의 주민들. 4. 건물 관리인 부부. ~macherart, die 《다음 용법으로》 nach H. 손수만든 것 같은. ~macherkost, die ↑~mannskost. ~macherleinen, die 《섬유》 (가는 발로 짠) 아마직물. ~macherwurst, die (상점 등에서) 직접 만든 소세지. ~macht, die 1. (역사적) 제후의 영토[권력]. 2. (조직체에서의) 개인적 세력, 권력. ~mädchen, die ↑~angestellte, ↑~gehilfin. ~magd, die 《준고어》 하녀. ~makler, der ↑Häusermakler. ~mann, der 1. 《준고어》 건물 관리인. 2. 가사를 돌보는 남자. ~mannskost, die 간편한 영양식(품). ~mantel, der 집안에서 입는 외투형의 가운. ~märchen, das 가정동화. ~marke, die a) (상표 등의) 표지, 표장(標章). b) (소매상의) 간판 상품, 대표 상품. 2 《통용어》 a) 애호 식품. b) (잔으로 파는 상표를 부치지 않은 포도주. ~mauer, die 주택의 외벽, 주택의 벽. ~maus, die 집쥐. ~meier, der 《역사적》 (프랑켄 특히 멜로빙 왕조에서의) 궁내성 장관. ~meister, der 1. 건물 관리인. 2. 《schweiz.》 ↑~besitzer. ~meisterin, die ↑~meister의 여성형. ~metzg, die 《schweiz.》 자가 도살. ~metzgete, die 《schweiz.》 1. 도살일(屠殺日), 도살일의 성찬(신선한 고기의). 2. 도살돼(자가 도살용의). ~miete, die 주택 임대. ~mitteilung, die 1. 사내 정보지. 2. 〈대개 Pl.〉《경제》 사보(社報). ~mittel, das 가정 처방, 비방. ~musik, die 가정 음악. ~mutter, die 1. 주부. 2. 《옛》 주부. 2. (기숙사 따위의) 여사감. 3. 《동물》나방의 일종(뒷날개에 줄무늬가 있는). ~mütterchen, das 《통용어·농·폄》 집안일만 좋아하는 처녀. ~name, der 《준고어》 가문의 명칭. ~nummer, die 1. 번지. 2. 《육상 경기 용어》 예선(온 힘을 쏟지 않는). ~orden, der 왕가의 가문(家紋), 가장(家章), 휘장. ~österr.》 세든 사람, 임차인. ~perle, die 《농》 믿을 만한 가정부. ~personal, das ↑~gesinde. ~pflege,

die 1. [관] 가정(家政) 지원(가계를 이끌 식구가 없을 때의 보조금). 2. 자가 요양. ~pflegerin, die 자가 요양 간호사, 자가 요양 간병인. ~plage, die 《통용어》 ~kreuz. ~platz, der 1. 《지역적》 (총계 및의) 계단실의 공간. 2. 《스포츠 용어》 전용구장. ~postille, die 《옛》 가정용 설교집. ~putz, der 가정 대청소. ~rat, der 가재 도구. ~ratversicherung, die [보험] 가재 손해 보험. ~recht, das [법] 가옥[건물]의 불가침권: von seinem H. Gebrauch machen 주택 불가침권을 이용하다, 내쫓다. ~rind, die 가사용우(牛). ~rock, der 《드물게》 ↑~jacke. ~ruine, die 가옥의 폐허. ~sammlung, die 가정 방문 모금. ~schaf, das 자가 사육의 산양(山羊). ~schanze, die 《스포츠 용어》 자가용 이용하는 점프대(스키선수가). ~schild, das 《옛》 문패. ¹~schlachten 〈h; 부정법 또는 과거분사로서만 사용〉《드물게》자가도살하다. ²~schlachten 〈Adj.〉 《드물게》 손수 만든, 자가 생산된. ~schlachtung, die 자가 도축[도살]. ~schlüssel, der 현관[대문]열쇠. ~schneiderin, die 출장 재단사(여). ~schuh, der 실내화. ~schwamm, der 눈물버섯(목재부식균). ~schwein, das 집돼지. ~segen, der 《옛》 (집의 벽이나 문 위에 쓴) 가내 축복문: bei jmdm. hängt der H. schief 《통용어·농》 부부싸움으로 집안 분위기가 싸늘하다. ~spruch, der ↑~inschrift. ~stand, der (아이) a) 세대, 가정(家庭): (mit jmdm.) einen Hausstand gründen (누구와) 가정을 이루다. b) 살림, 가정살이. ~strecke, die 《스포츠 용어》 거주지 근처의 상용주로(徒路). ~suchung, die 가택 수색. ~taube, die ↑~taufe. ~taufe, die 사적인 세례. ~technik, die 건물내에 시설된 기술 장비, 옥내 기술 장비. ~tee, der 가정 비방으로 쓰이는 차(茶). ~telefon, das 옥내 전화, 구내 전화. ~tenn, das 《schweiz.》 가옥에 딸린 헛간. ~tier, das 가축, 가금: -e halten 가축을 기르다. ~tochter, die 가족 대우의 하녀. ~tor, das 대문. ~trauung, die 자택집에서 행하는 혼례. ~treppe, die 현관 계단. ~trunk, der 《전문어》 1. a) 찌꺼기 포도주(자가 음료용). b) 찌꺼기 포도주 양조의 브랜디. 2. 양조장 근무자용으로 만든 맥주. ~tür, die 대문, 출입문: 전의 den Odenwald (direkt) vor der H. haben 오덴발트의(바로) 근처에 살다. ~türschlüssel, der 출입문 열쇠. ~tyrann, der 《통용어》 가정의 폭군. ~übung, die ↑~aufgabe. ~unterricht, der 가정 교습, 가정 수업. ~urne, die (신석기 시대의) 작은집 모양의 유골 단지. ~wart, der 《지역적》 1. 건물 관리인. 2. (어떤 시설의) 장(長) 관리자. ~väterlich 〈Adj.〉 가부장적인. ~verbot, das 건물 출입 금지 지시. ~versammlung, die 《구동독》 아파트 세입자 대회의. ~verstand, der 상식. ~vertrauensmann, der 〈Pl. ...leute / 《드물게》 ...männer〉 《구동독》 거주자 대표. ~verwalter, der 건물 관리인. ~verwaltung, die a) 건물의 관리. b) 건물관리 사무소: mit diesem Problem müssen Sie sich an die H. wenden 이 문제는 건물 관리 사무소에 문의해보셔야 합니다. ~wand, die 건물의 외벽. ~wart, der 《지역적》 ↑~meister. ~wartin, die 《schweiz.》 ↑~wart의 여성형. ~wesen, das 〈Pl. 없음〉 《준고어》 집안 일의 일체, 살림. ~wirt, der 1. 《준고어》 건물주인, 집주인. 2. 《지역적》 집주인. ~wirtin, die ↑~wirt (1)의 여성형. ~wirtschaft, die 1. a) 가정(家政), 가계(計). b) 《드물게》 ↑halt. 2. [경제] 가정경제. 3. 《구동독》 (협동 농장 농부의) 재산(토지, 가축, 주택 따위). ~wirtschafterin, die 가정부. ~wirtschaftlich 〈Adj.〉 가정[가계]의, 가정 경제의. ~wirtschaftsgehilfin, die 《고어》 가정부. ~wirtschaftslehrerin, die 가정학 교사, 가정 과목 교사. ~wirtschaftsleiterin, die (대규모 농가, 양로원, 기숙

사 등에서) 수석 가정부. **~wirtschaftsmeisterin,** die 가사 관리인 양성 교사. **~wirtschaftsschule,** die 가정 경제학교. **~wurfsendung,** die 가정배달(의) 광고. **~wurz,** die 돌나무류의 잠초[학명: *Sempervivum tectorum*]. **~zeichen,** das ↑~marke. **~zelt,** das (가옥 모양의) 대형 천막. **~ziege,** die 집염양. **~zierde,** die (고어·농》 ↑Ehefrau. **~zins,** der (südd.. schweiz.》 집세.

Häuschen ['hɔysçən], das; -s, - / Häuserchen **1.** ↑ Haus (1 a)의 축소형: **(ganz[rein]) aus dem H. geraten[fahren]** 《통용어》 제정신을 잃다; **(ganz [rein]) aus dem H. sein** 《통용어》 어쩔줄 모르다, (열중한 나머지) 제정신을 잃고 있다; **jmdn. aus dem H. bringen** 《통용어》 누구를 어쩔줄 모르게 하다, 제정 신을 잃게 하다. **2.** 《지역적, 친근》 실외 화장실, 변소: aufs H. gehen 변소에 가다. **hausen** ['hauzņ] 〈*h*〉 **1. a)** 《통용어·펌》《좋지 못한 주거 환경 가운데》 생활하다, 살 다: in einer Baracke h. 판자집[오두막집]에서 살다. **b)** 《펌》 침거하다, 숨어살다: auf abgelegenen Burgen hausten Raubritter 외딴 성에는 도둑기사들이 숨어살고 있었다. **c)** 《통용어·펌》 거주하다, 머물다, 체류하다: wir leben jetzt in einer gemütlichen, kleinen Dachwohnung 우리는 지금 분위기가 있는 작은 지붕밑 방에서 살고 있다. **2.** 《통용어·펌》 난폭하게 굴다, 소란을 부리다, (폭풍우가) 휩쓸다, 날뛰다: das Unwetter hat in verschiedenen Gegenden gehaust 폭풍우가 여러 지역을 휩쓸어갔다; Soldaten hatten in den Dörfern schrecklich gehaust 군인들이 마을들을 무섭게 돌아다녔 다. **3.** 《schweiz.》 살림을 잘하다, 절약하다, 알뜰하게 지내다: du haust nicht im geringsten 너는 조금도 아끼 지 않는다.

Hausen [-], der; -s, - 철갑상어. **Hausenblase,** die 철 갑상어의 부레(많은 콜라겐 성분이 들어 있어 포도주의 색 을 맑게 하거나 아교 따위를 만드는 데 쓰임).

Hauser ['hauze], der; -s, - (bayr., österr.》 가정 관리 인, 집사. **Häuser:** ↑Haus의 복수형.

Häuser-: ~block, der 〈Pl. -blöcke / -s〉 (네 개의 가 로(街路)에 둘러싸인 한 구역 안의) 가옥군(群). **~flucht,** die ↑~reihe. **~front,** die 도열한 건물의 전면(前面). **~gruppe,** die ↑~block. **~kampf,** der 《군》 (어떤 지역의) 집을 에워싼 전투. **~komplex,** der ↑~block. **~makler,** der 주택 중개소. **~meer,** das 빽빽이 들어선 집들. **~reihe,** die 늘어선 집들, 도열 한 건물(가옥). **~ruinen** 〈Pl.〉 가옥(건물)들의 폐허. **~viertel,** die 집들이 빽빽이 들어선 구역, 주택구. **~wand,** die ↑Hauswand. **~zeile,** die ↑reihe.

Häuserchen: ↑Häuschen의 복수형. **Hauserin** ['hauzərin], **Häuserin** ['hɔyzərin], die; -nen 《bayr., österr.》 ↑Hauser의 여성형. **Haushalt** usw. ↑haus-, Haus- 참조.

haushalt(s)-, Haushalt(s)-: ~artikel, der 〈대개 Pl.〉 가정용품. **~auflösung,** die 가계 해체, 세대 해체. **~ausgleich,** der 〔행정〕 세입·세출의 균형. **~ausschuß,** der 〔행정〕 예산 위원회. **~buch,** das ↑Haushaltungsbuch. **~budget,** das 예산. **~debatte,** die 〔행정〕 예산 심의. **~defizit,** das 〔행정〕 재정 적자. **~experte,** der 〔행정〕 예산 전문가. **~fehlbetrag,** der ↑~defizit. **~frage,** die 가계 문제, 살림 문 제, 재정 문제. **~führung,** die 가계 운영, 재정 운영. **~geld,** das 가계비. **~gerät,** das 가정용 (전기) 기구. **~gesetz,** das 〔행정〕 예산 회계 법규. **~hilfe,** die 파출부. **~jahr,** das **1.** 〔행정〕 회계 연도. **2.** 가사 실습 기간. **~kasse,** die 〈Pl. 없음〉 가계용 예비비. **b)** 가계 보관 함. **~maschine,** die 가정용 (전기) 기구. **~mäßig** 〈Adj.〉 ↑etatmäßig. **~mittel** 〈Pl.〉 재정 자금. **~ordnung,** die 〔행정〕 회계 규칙, 예산 규칙. **~pakkung,** die 덕용(德用) 포장. **~periode,** die ↑~jahr (1). **~plan,** der 〔행정〕 예산안. **~planung,** die〔: 예 산안 작성. **~politik,** die 〔행정〕 재정 정책. **~politisch** 〈Adj.〉 재정 정책(상)의. **~portion,** die 덕용 분 량. **~posten,** der 예산(가계) 항목. **~recht,** das 〔행 정〕 재정법. **~rechtlich** 〈Adj.〉 재정법(상)의. **~schule,** die ↑Haushaltungsschule. **~sicherungsgesetz,** das 〔행정〕 예산안 보호법. **~summe,** die (항목별) 예산액. **~tag,** der 〔구동독〕 ↑Hausarbeitstag. **~üblich** 〈Adj.〉 살림살이에 걸맞은. **~volumen,** das 재정 규모. **~vorstand,** der ↑Haushaltungsvorstand. **~waage,** die 가정용 저울. **~wäsche,** die 가정용 린네르 제품(시트·테이블 크로 스, 수건 등). **~wesen,** das 〈Pl. 없음〉 〔행정〕 재정 사 항.

Haushaltung usw. ↑haus-, Haus- 참조.

hausieren [hau'zi:rən] 〈*h*〉 행상(行商)하다, 호별 방문 판 매하다: mit bunten Tüchern h. (gehen) 갖가지 직물 을 가지고 행상하다; 〔전의〕 mit etw. h. (gehen) 《통용 어·펌》 무엇을 이곳저곳에 이야기하며 다니다; 《명사화》 Betteln und Hausieren verboten! 구걸 및 행상 금지! **Hausierer,** der; -s, - 행상인, 호별 방문 판매인(세일즈 맨). **Hausiergewerbeschein,** der 행상 허가증. **Hausierhandel,** der 행상. **Häusler** ['hɔyslɐ], der; -s, - 《옛》 전답을 소유하지 못하고 집만 가진 농부. **hauslich** ['hauslɪç] 〈Adj.〉《schweiz.》 검소한, 절약하 는. **häuslich** ['hɔyslɪç] 〈Adj.〉 **1. a)** 집안의, 가정의: -e Arbeiten 집안일; wie sind deine -en Verhältnisse? 자네의 가정 사정은 어떤가? **b)** 자택에서의: durch -e Pflege wurde er rasch gesund 자택 요양을 통해서 그는 급속하게 회복되었다; am -en Herd 제 집에서. **2. a)** 집에 있기를 좋아하는, 외출을 즐기지 않는: sie ist sehr h. 그녀는 즐겨 집에 들어박혀 있다; **sich (bei jmdm., irgendwo) h. niederlassen (einrichten)** (누구 집에, 어떤 장소에서) 집처럼 장기간 머물 채비를 하다. **b)** 살림을 잘하는, 알뜰한, 검소한:ein -es Mädchen 살 림을 잘하는 여자. **Häuslichkeit,** die **1.** 집에 있기를 좋 아함, 가정적임. **2.** 살림살이를 잘함, 검약.

Hausmannit [hausma'ni:t, 《또한》 ...nɪt], der; -s 〔독일 광물학자 J.F.L. Hausmann(1782~1859)의 이름에서〕 〔지질〕 흑망간광(鑛).

¹Haussa ['hausa], **¹Hausa,** der; -(s), -(s) 북아프리카(수 단)의 흑인족. **²Haussa** [-], **²Hausa,** das, - 하우사족의 언어.

Hausse ['ho:s(ə), o:s], die; -n 〔frz. hausse〕 **1.** 〔경제〕 호황(好況), 경기 상승. **2.** 〔증권〕 증권 시세의 상승(반 대: Baisse). **3.** 〔음악〕 ↑Frosch (4). **Haussespekulation,** die 〔증권〕 (시세 상승을 예측한) 증권 투기. **Haussier** [(h)o'sje:], der; -s, -s 〔frz. haussier〕 〔증 권〕 (시세 상승을 예측한) 증권투기자(반대: Baissier). **haussieren** [(h)o'si:rən] 〈*s*〉 〔frz. hausser〕 (증권 시세 가) 강세를 보이다, 시세가 상승하다.

Haustorium [haus'to:rjʊm], das; -s, ...ien [...jən; lat. haustor] 〈대개 Pl.〉 〔식물〕 **1.** 식물기생충의 흡입관. **2.** 배낭에서 흡입 기관으로 변한 세포.

Hausung, die; -en 《고어》 ↑Wohnung.

Haut [haut], die; Häute ['hɔytə] **1. a)** 살갗, 피부, 표 피: eine trockene Haut 건조성 피부; seine H. ist sehr empfindlich 그의 피부는 매우 민감하다; die H. schält sich 피부가 벗겨지다; die H. gegen Sonnenbrand einölen 그을음에 대비해 피부에 기름을 바르다; ich habe mir die H. verbrannt 나는 피부에 화상을 입 었다; viel Haut zeigen 《통용어·농》 (여성의 경우에) 신체를 많이 노출시키다; die knusprig gebratene H.

der Gans mag er besonders gern 딱딱하게 구운 거위 껍질을 그는 특히 좋아한다; die Jacke auf der bloßen H. tragen 맨살에 직접 재킷을 입다; wir waren alle durchnäßt bis auf die H. 우리들은 모두 속속들이(함빡) 젖었다. [속담] aus fremder H.(aus anderer Leute H.) ist gut(leicht) Riemen schneiden 남의 돈쓰기는 식은 죽 먹기 보다 쉽다; nur[bloß] noch H. und Knochen sein(nur / bloß noch aus H. und Knochen bestehen) 피골이 상접하다, 매우 마르다; die H. versaufen 시체를 생각하고 나서 한잔하다; jmdm. die H. gerben 누구를 구타하다; seine H. zu Markte tragen 1) 《통용어》 《남을 위해》 큰 모험을 하다, 위험을 무릅쓰고 어려운 일을 하다. 2) 《통용어·농》 매음(賣淫)하다. β) 콜걸, 스트립 댄서로 일하다; jmdm. die H. abziehen(über die Ohren ziehen) 누구를 기만하다, 속이다; seine H. so teuer wie möglich(möglichst teuer) verkaufen 《통용어》 전력을 다해 방어하다; sich seiner H. wehren 《통용어》 필사적으로 저항하다; aus der H. fahren 흥분 때문에 어쩌할 바를 모르다; er fährt sich leicht aus der H. 그는 쉽사리 분노하는 사람이다; nicht aus seiner H. (heraus)können 《통용어》 나쁜 성미(버릇)을 버리지 못하다; sich³ etw. nicht aus den H. schneiden können (무엇을 할) 자금(돈)이 없다, 자금을 조달할 수 없다; sich in seiner H. wohl fühlen 《통용어》 자신의 처지에 만족하다; jmdm. ist wohl in seiner H. 《통용어》 누구는 자신의 처지에 만족하고 있다; nicht in jmds. H. stecken mögen 《통용어》 누구의 입장에 서고 싶지 않다; in keiner guten(gesunden) H. stecken 《통용어》 건강하지 않다, 잔병을 앓는다; mit heiler H. davonkommen 《통용어》 무사하게(걸려들지 않고) 모면하다; mit H. und Haar(en) 《통용어》 완전히, 무조건, 남김없이: sie ist ihm mit H. und Haar(en) verfallen 그녀는 그 남자에게 홀딱 반했다; jmdm. unter die H. gehen(dringen) 《통용어》 누구를 자극하다, 감동을 유발하다; der Film geht unter die H. 그 영화는 감동을 자아낸다. b) (짐승의) 모피, 가죽: auf der faulen H. liegen 《통용어》 빈둥거리며 지내고 있다; sich auf die faule H. legen 《통용어》 빈둥빈둥 세월을 허송하다. 2. 〈축소형〉↑Häutchen) a) 껍질, 외피: die Zwiebel hat sieben Häute 양파는 일곱 겹의 껍질을 가지고 있다; die Wurst mit der H. essen 소시지를 껍질 째 먹다. b) (액체의 표면에 생긴) 수막, 엷은 막: auf dem Wasser schwimmt eine H. aus Öl 물 위에는 기름의 엷은 막이 떠돌고 있다. 3. (Pl. 없음) 덮어쓰우는 것, 바깥쪽, 외판(外板): ein Schiff mit einer silbern glänzenden H. 번쩍거리는 은색 외판을 한 선박. 4. (긍정적 특성을 나타내는 형용사와 함께) (친근) 사람, 녀석: eine ehrliche H. sein 정직한 사람이다.

haut-, Haut- (Haut 1 a): **~abschürfung**, die 찰과상(擦過傷). **~artig** 〈Adj.〉 피부와 같은. **~arzt**, der 피부과 의사. **~atmung**, die [의학·동물] 피부 호흡. **~atrophie**, die [의학] 피부 수축(위축). **~ausdünstung**, die 피부 발한(發汗). **~ausschlag**, der ↑Ausschlag (1). **~bakterie**, die [의학] 피부 기생의 박테리아. **~bank**, die (Pl. -banken) (이식용 피부의) 피부 은행. **~blüte**, die ↑Effloreszenz (1). **~bräune**, die ↑Bräune (1). **~creme**, die 피부크림. **~drüse**, die 피부선(腺)(피부에서 발생하는 땀, 냄새, 지방 등). **~durchblutung**, die 피부의 혈액 순환. **~eng** 〈Adj.〉 몸에 딱 달라붙는: -e Jeans 몸에 딱 달라붙는 진. **~entzündung**, die 피부염. **~erkrankung**, die ↑-krankheit. **~falte**, die (피부의) 주름살. **~farbe**, die 피부색. **~farn**, der 〈대개 Pl.〉 양치(羊齒)〈식물〉. **~fetzen**, der 닳아버린 피부. **~flechte**, die ↑Flechte (3). **~flügler**, der [동물] (개미, 벌, 파리 등과 같이) 두 개의 투명 날개를 양쪽에 가진 곤충, 막시류(膜翅類). **~freundlich** 〈Adj.〉 피부(의 감촉)에 좋은: ein -es Reinigungsmittel 피부에 좋은(피부를 보호하는) 세제. **~gefäß**, das 피부 혈관. **~gelee**, der (또는 das 수용성(水溶性) 피부 크림. **~gewebe**, das 피부 세포 조직. **~grieß**, der [의학] 속립종(粟粒腫), 속립결절(結節). **~jucken**, das; -s 피부 가려움(증). **~klammer**, die [의학] 피부 접착제(수술 후 봉합 대신 쓰임), 봉합 클립. **~klinik**, die 피부과 병원. **~kontakt**, der 피부(를 통한) 접촉(특히 신생아와 산모와의 접촉). **~krankheit**, die 피부병. **~kratzer**, der 긁힌 피부 상처. **~krebs**, der 피부암. **~lappen**, der 처진 살(피부): die H. am Kopf mancher Vögel 볏(새들의 머리에 달려 있는 피부의 변형), 계관. **~leiden**, das ↑-krankheit. **~leisten** [Pl.] 피부 문양(태)(지문·족문을 일컬음). **~malerei**, die (미개인들의) 피부 채색. **~milbe**, die 피부에 기생하는 진드기. **~nah** 〈Adj.〉 1. 피하(皮下)의. 2. 《스포츠 은어》 밀착한. 3. 《통용어》 직접 감정에 호소하는, 감각적인: die -en Szenen eines Films 영화의 감각적 장면. **~nährend** 〈Adj.〉 피부 영양을 주는: eine -e Creme 피부 영양 크림. **~öl**, das 피부 오일. **~panzer**, der ↑Chitinpanzer. **~pflege**, die 피부 손질. **~pflegemittel**, das 피부 보호제. **~pilz**, der 피부 사상(絲狀)균. **~pilzerkrankung**, die 피부 사상균에 의한 피부병. **~plastik**, die ↑Dermatoplastik. **~reaktion**, die 피부 반응. **~reflex**, der [의학] 1. 피부 반사. 2. 피부 반사에 일어나는 피부 반응. **~reiz**, der 피부 자극. **~reizmittel**, das [의학] 피부 자극제. **~reizung**, die 1. 피부에 대한 자극. 2. 피부 자극으로 일어나는 피부 반응. **~rötung**, die (염증, 화상에 의한) 피부 홍반. **~sack**, der (주로 눈아래 생긴) 늘어진 피부. **~salbe**, die 피부용 연고. **~schere**, die (손톱 아래의 굳은 피부를 잘라내는) 피부 미용 가위. **~schicht**, die 피부층. **~schonend** 〈Adj.〉 ↑-freundlich. **~schrift**, die ↑Dermographie. **~schuppe**, die 피부 표피 박편, 인설(鱗屑), 비듬. **~schwund**, der ↑-atrophie. **~sehen**, das; -s 피부로 색깔 등을 구분하는 능력. **~sinn**, der 〈대개〉 피부 감각. **~sinnesorgan**, das 〈대개 Pl.〉 피부 감각 기관. **~spezialist**, der ↑-arzt. **~stelle**, die 피부 부위. **~stück**, das 피부 조각. **~sympathisch** 〈Adj.〉 ↑-freundlich. **~talg**, der [의학] 피지(皮脂). **~temperatur**, die 피부 온도. **~transplantation**, die [의학] 피부 이식. **~tuberkulose**, die 피부 결핵. **~typ**, der 피부 유형: empfindlicher H. 민감한 피부(유형); das Make-up muß nach dem H. ausgewählt werden 화장(메이크업)은 피부 유형에 따라 선택해야 한다. **~überempfindlichkeit**, die 피부 과민(증). **~überpflanzung**, die ↑-transplantation. **~übertragung**, die ↑-transplantation. **~verjüngend** 〈Adj.〉 피부를 젊게 만드는. **~verletzung**, die ↑-wunde. **~verpflanzung**, die ↑-transplantation. **~verträglich** 〈Adj.〉 ↑-freundlich. **~wolf**, der 1. 낭창(狼瘡) (피부 결핵의 일종). 2. 피부 염증. **~wunde**, die 피부 상처.

Häutchen ['hoytçən], das; -s, - a) ↑Haut (2)의 축소형. b) 피막(皮膜).

Haute Coiffure [(h)o:tkoaˈfyːɐ], die [frz. haute coiffure] (특히 파리와 로마에서의) 최고급 첨단 미용술: ein Meister der H. C. 최고급 미용사. **Haute Couture** [(h)o:tkuˈtyːɐ], die [frz. haute couture] (상류 계급을 위한) 최고급의 첨단 의상점: sie trägt vorwiegend Modelle der H. C. 그녀는 최고급 첨단 의상실의 의상

주로 입는다. **Haute Couturier** [(h)o:tkuty'rie:], der; - -s, - -s (특히 파리와 로마의) 최고급 첨단 의상 디자이너. **Hautefinance** [(h)o:tfi'nã:s], die [frz. haute finance] ↑Hochfinanz. **Hautelisse** [(h)o:tl'lɪs], die; -n [frz. haute lice] 수직(竪織)(벽지·고브랭 등의 직물). **Hautelissestuhl**, der 수직기(竪織機). **Hautelisseweberei**, die 수직기로 짠 직물.

häuten ['hoytn] ⟨h⟩ **1.** 가죽[껍질]을 벗기다: Rinder h. 소의 가죽을 벗기다; einen Hasen mit einem Messer h. 칼로 토끼 가죽을 벗기다. **2.** ⟨ h. + sich⟩ 허물을 벗다, (껍질이) 벗겨지다: Schlangen häuten sich 뱀들이 허물을 벗는다.

Hautevolee [(h)o:tvo'le:], die [frz. des gens) de haute volée] ⟨농·편⟩ 최상류 사회, (명사들의) 사교계. **Hautgout** [o'gu:], der; -s [frz. haut-goût] (사냥하여 잡은 짐승을 오래 매달아 둠으로써 나는) 고기의 탁 쏘는 맛.

hautig ['hautiç] ⟨Adj.⟩ **1.** 《드물게》 주름진 피부의. **2.** 《지역적》 (고기에) 껍질과 힘살이 붙은. **häutig** ['hoytiç] ⟨Adj.⟩ **1.** 표피질의, 박피의, 피부 모양의. **2.** ↑hautig (2).

Haut mal [o'mal], das; - [frz. haut mal] ↑Grand mal. **Hautrelief** ['(h)o:-], das; -s, -s/-e [frz. hautrelief] ↑Hochrelief. **Haut-Sauternes** [oso'tɛrn], der; - [프랑스 서남 지역의 도시 Sauternes에서] (프랑스 보르도의) 백포도주.

Häutung, die; -en **a)** 껍질[가죽] 벗기기. **b)** 껍질[허물] 벗기, 탈피(脱皮): die H. einer Schlange 뱀의 허물벗기.

¹**Havanna** [ha'vana] 하바나(쿠바의 수도). ²**Havanna** [-], die; -(s) (쿠바의 수도 Havanna에서) **1.** ⟨Pl. 없음⟩ (주로 여연송을 싸는) 엽연초. **2.** 쿠바산의 여송연. **Havannatabak**, der ↑²Havanna (1). **Havannazigarre**, die ↑²Havanna (2).

Havarie [hava'ri:], die; -n [...i:ən; niederl. averij, frz. avari < ital. avaria < arab. 'awār = Fehler, Schaden] **1.** 〖항공·항해〗 **a)** 선박·항공기의 사고[조난]: zu einer H. kommen 사고[조난]를 당하다. **b)** 조난으로 인한 손상[파손]: das Schiff lag mit schwerer H. im Hafen 선박이 크게 파손되어 항구에 정박하고 있다. **2.** (대형 기계 설비의) 손상, 파손: die Behebung einer H. in einem Kraftwerk 발전소에서의 고장의 제거. **3.** ⟨österr.⟩ **a)** 자동차 사고: der Fahrer des Wagens hat sich bei der H. nicht verletzt 그 자동차의 운전자는 자동차 사고에서 부상을 입지 않았다. **b)** (자동차 사고로 인한) 손상, 파손: das Auto wurde mit schwerer H. abgeschleppt 자동차는 심한 파손 때문에 견인되어 갔다. **havarieren** ⟨h⟩ **1.** 〖항공·항해〗 사고로 손상[파손]을 입다: Fünf Schiffe havarierten auf dem Rhein 다섯 척의 선박이 라인 강에서 사고를 당해 파손되었다. **2.** ⟨österr.⟩ 자동차 사고를 내다: ein Lastwagen havarierte auf der Landstraße 한 대의 화물 자동차가 국도에서 사고를 냈다. **Havarist** [hava'rɪst], der; -en, -en 〖항해〗 **1.** 해손(海損)을 입은 선박. **2.** 해손 선박주.

Havel ['hafl] ⟨tschech.⟩ 'havel], die 하벨 강(엘베 강의 지류).

Havelock ['ha:vəlɔk], der; -s, - [영국의 장군 Henry Havelock(1795~1857)경에서] 〖고어〗 인버네스(소매 대신 어깨망토를 단 남자용 긴 외투).

have, pia anima [ha:ve 'pi:a 'a:nima; lat.] 환영한다, 믿음 깊은 영혼이여! (묘비에 써 넣은 문구의 일종).

Haverei [havə'raɪ], die; -en [niederl. averij] 《준고어》 ↑Havarie (1).

Hawaii [ha'vaɪi, die. (engl.) həˈwaiː] 하와이, 미국의 연방주 가운데 하나. **Hawaiianer**, der; -s, - 하와이 주민.

Hawaiigitarre [ha'vaɪi-], die; -n 하와이언 기타. **Hawaii-Inseln**, ⟨Pl.⟩ 하와이 군도. **hawaiisch** [ha'vaɪɪʃ] ⟨Adj.⟩ 하와이의, 하와이에 속하는.

Hawthorne-Effekt ['hɔːθoːn-], der; -(e)s [시카고에 있는 Hawthorne 공장 이름에서] 〖사회·심리〗 호쏜 효과(실험 참여가 피실험자 및 실험 결과에 미칠 수 있는 영향).

Haxe, die; -n ⟨südd.⟩ ↑Hachse.

Hazienda [ha'tsjɛnda], die; -s/...den [span. hacienda] (중남미의) 대규모 농장(↑Fazenda 참조). **Haziendero** [hatsjɛnˈdeːro], der; -s, -s 대규모 농장의 소유주.

Hb = Hämoglobin.

HB = Brinellhärte.

Hbf. = Hauptbahnhof.

H-Bombe ['haː-], die; -n [수소의 화학기호 H에서] ↑Wasserstoffbombe.

h.c. = honoris causa.

H-Dur ['haː-, 《또한》'-ˈ-], das; - 나 장조(長調)(기호: H). **H-Dur-Etüde**, die 나 장조 연습곡. **H-Dur-Tonleiter**, die 나 장조 음계.

He = Helium.

he! [heː] ⟨Interj.⟩ 《통용어》 **1.** (사람의 주의를 끌기 위해 부르는 소리) 어이, 여보세요: he, was macht ihr denn da? 어이, 도대체 거기서 뭣들 하고 있는 거야? **2.** (놀라움, 화냄, 거부의 표현) 어, 아이구머니, 야: he, was soll denn das! 어, 도대체 어떻게 된 일이야! **3.** (물음: 대답을 재촉하는 뜻에서 덧붙이는 소리) 엉, 응? (물음: wo kommt ihr denn jetzt her, he? 너희들 도대체 어디서 오는 길이냐, 응?

Headline ['hɛdlaɪn], die; -s [engl. headline] (신문·광고 등의) 표제, 페이지의 상단.

Hearing ['hɪərɪŋ], das; -(s), -s [engl.-amerik. hearing] 〖정치〗 공청회, 청문회.

Heautoskopie [heautoskoˈpiː], die [griech. heautós = selbst u. skopein = betrachten] 〖의학·심리〗 생령(生靈), 망상, 분신 망상.

Heavisideschicht ['hɛvisaɪd-], die [영국의 물리학자 O. Heaviside(1850~1925)에서] 〖물리〗 E 층, 헤비사이드 층(지상 약 90~140 km 사이에 있는 전리층).

Heavy metal ['hɛvi 'mɛtl], das; - -(s) [engl. = Schwermetall] 중(重)금속. **Heavy Rock** ['hɛvi-], der; - -(s) [engl.] ↑Hard Rock.

Hebamme ['heːpˌamə, 《또한》 heːˈbamə], die; -n 조산원(助產員), 산파. **Hebammentasche**, die 불룩하고 끈이 긴 가죽배낭.

Hebdomadar [hɛpdomaˈdaːr], der; -s, -e, **Hebdomadarius** [...'daːrius], der; -, ...ien [...iən; lat. hebdomadarius] 〖가〗 주번 수도사.

¹**Hebe** ['heːbə, ...beː], 헤베 여신(희랍 신화에서 청춘의 여신). ²**Hebe** ['heːbə], die; -n [↑¹Hebe 여신의 이름에서] 〖교양어·농〗 바의 여종업원.

Hebe-: **~arm**, der ↑~baum. **~balken**, der ↑~baum. **~baum**, der 지렛대. **~bock**, der 〖기술〗 잭, 삭각 기중기(주로 자동차를 들어 올리는데 씀). **~bühne**, die 〖기술〗 (자동차를 들어 올리는) 리프트. **~figur**, die 〖스케이팅〗 복식 스케이팅에서 남성 파트너가 여성 파트너를 머리 위로 치켜 올리며 지치는 기술. **~griff**, der 〖레슬링〗 역기(逆技). **~kran**, der 승강 기중기. **~mittel**, das ↑~zeug. **~prahm**, der 선박을 들어 올리기 위해서 사용하는 평저선(平底船). **~satz**, der 〖세무〗 (토지·영업세의) 세율. **~schiff**, das ↑Bergungsdampfer. **~schmaus**, der 상량식. **~stange**, die ↑~baum. **~werk**, das ↑Schiffshebewerk의 약칭. **~zeug**, das 〖기술〗 매달아 올리는 장치, 호이스트.

Hebel ['heːbl], der; -s, - **1. a)** 〖물리〗 지레: ein

einarmiger(zweiarmiger) H. 일원(一元)(이원)지레. b) 지레의 역할을 하는 간단한 도구; 동기, 자극, 실마리: **ökonomischer H.** 《구 동독》경제 촉진책; **(irgendwo) den H. ansetzen** 《통용어》일에 착수하다; **alle H. in Bewegung setzen** 《통용어》모든 수단을 사용하다; **am H. sitzen** 권력을 잡고 있다, 결정권을 가지고 있다; **an längeren H. sitzen** 상대보다 우월한[좋은] 지위에 있다: So einfach ist das nicht, jetzt sitzen wir mal am längeren H. 일이 그렇게 간단치는 않다, 이제는 우리가 우세한 위치에 있지. 2. (기계, 기기의 개폐) 레버, 손잡이: einen H. bedienen(betätigen) 레버를 사용하다. 3. ↑Hebelgriff (2).

Hebel-: **~arm,** der [물리] 지레의 자루: **am längeren H. sitzen** 상대보다 우월한[좋은] 지위에 있다. **~druck,** der ⟨Pl. -drücke⟩ 지레의 작동. **~gesetz,** das ⟨Pl. 없음⟩ [물리] 지레 법칙. **~griff,** der **1.** [레슬링] 관절 공격기(技). **2.** [유도] 팔돌리기 공격. **~kraft,** die 지레의 작용력.

hebeln ['he:bḷn] ⟨h⟩ (드물게) (지레를 사용하여) 들어올리다(들어서 운반하다). **heben**ˑ ['he:bṇ] ⟨h⟩ **1. a)** 들어올리다, 올리다, 쳐들다: der Dirigent hob den Taktstock 지휘자가 지휘봉을 치켜 올렸다; er hob sein Glas und trank auf ihr Wohl 그는 자기 술잔을 들고 그녀의 건강을 위해 건배했다; er hat einen neuen Rekord gehoben 그는 역도에서 신기록을 세웠다; er hat früher auch gehoben 그는 한때 역도 선수이기도 했다; sie hob den Blick zu ihm 《아어》그녀는 그를 쳐다보았다; er hob seine Stimme 《아어》그는 더 큰 목소리로 말했다; **einen h.** 《통용어》한잔하다: wenn wir heben noch einen 자, 우리 한잔 더 하지; **jmdn. hebt es** 《통용어》구역질이 나다. **b)** 들어내다, 들어올리다: sie hob das Kind aus dem Wagen 그녀는 아이를 들어 마차에서 내렸다; eine Tür aus den Angeln h. 문을 돌쩌귀에서 떼어내다. ⟨h. + sich⟩ 무거운 것을 들다가 무엇을 당하게[갖게] 되다: du hast dir einen Bruch gehoben 그는 무거운 것을 들다가 탈장(脫腸)을 했다. **2.** ⟨h. + sich⟩ 《아어》몸을 일으키다: Witt hob sich aus dem Sitz 비트는 자리에서 일어났다. **b)** 들리다, 올라가다: der Vorhang hob sich immer wieder unter dem tosenden Beifall 요란한 박수 갈채 속에 막이 여러 차례 반복해서 올라갔다. **c)** 《아어》솟아오르다, 상승하다, 오르다: das Flugzeug hob sich in die Luft 비행기가 공중으로 날아올랐다; der Nebel hebt sich allmählich 안개가 서서히 걷히고 있다. **d)** 《아어》치솟다. **3.** 발굴하다, 인양하다: ein gesunkenes Schiff h. 침몰한 선박을 인양하다. **4. a)** 촉진시키다, 고양시키다, 개선하다, 증진시키다: den Wohlstand eines Landes h. 한 나라의 복지를 증진시키다; der dunkle Hintergrund hebt die Farben 어두운 배경이 채색을 돋보이게 해준다. **b)** ⟨h. + sich⟩ 고양되다, 촉진되다: der Wohlstand hat sich in letzter Zeit sehr gehoben 최근에 복지 상태는 매우 나아졌다. **5.** 《지역적》 **a)** 붙잡다: er hat den abwärts rollenden Wagen nicht mehr h. 그는 아래로 굴러가는 차를 더 이상 붙잡을 수가 없었다. **b)** ⟨h. + sich⟩ 지탱하다, 붙잡아 의지하다: du kannst dich an mir h. 자 너를 붙잡을 수 있네. **6.** 《지역적》들어 내다; das Seil muß dick sein, sonst hebt es nicht 밧줄은 굵어야 한다, 그렇지 않으면 견디어 내지 못한다. **7.** 《지역적》 ↑einziehen (8 a): Steuern[Gebühren] h. 세금[요금]을 징수하다. **8.** ⟨h. + sich⟩ 《준고어》 상쇄되다, 상쇄되어 영(零)이 되다. **9.** ⟨h. + sich⟩ 《시어》 시작하다, 일다: draußen hob sich der Sturm 밖에서는 폭풍이 일었다[불기 시작했다].

Hebephrenie [hebefre'ni:], die; -n [...i:ən] [griech. hébē = Jugend u. phrḗn = Geist] [심리·의학] 사춘기의 정신 착란.

Heber ['he:bɐ], der; -s, - **1.** ↑Hebeblock: ein mechanischer(hydraulischer) H. 수동식[수압식] 잭. **2.** [전문어, 특히 화학] 사이펀. **3.** ↑Gewichttheber의 약칭. **-hebig** [-he:bɪç] ⟨다음과 같은 합성어로, 예컨대⟩ sechshebig 6각 강음의.

Hebräer [he'brɛ:ɐ], der; -s, - (구약성서에서) 히브리인. **Hebräerbrief,** der; -(e)s 히브리서(서한 형식으로된 신약성서). **Hebraicum** [he'bra:ikʊm], das; -s [lat. Hebraicus = hebräisch < griech. Hebraïkós] (신학생의) 히브리어 시험. **Hebraika** [...ka] ⟨Pl.⟩ [서적] 히브리학 서적. **hebräisch** [he'brɛ:ɪʃ] ⟨Adj.⟩ 히브리인의. **Hebräisch,** das; -(s) **a)** ↑Hebräische. **b)** 히브리어 문자. **Hebräische**ˑ, das; -n (정관사와 함께만) 히브리어(語). **Hebraismus** [hebra'ɪsmʊs], der; -s, ...men (신약성서의 희랍어에 나타나는 바와 같은) 히브리어의 어법(語法). **Hebraist** [hebra'ɪst], der; -en, -en 히브리(어) 학자. **Hebraistik,** die 히브리어(문학) 연구, 히브리학. **hebraistisch** ⟨Adj.⟩ 히브리어(문학) 연구의, 히브리학의.

Hebriden [he'bri:dṇ] ⟨관사하고만; Pl.⟩ 헤브리디스 군도.

Hebung, die; -en [↑heben] **1.** 인양, 발굴: Probleme bei der H. des Schiffes (침몰한) 선박 인양에서의 문제들. **2.** ⟨Pl. 없음⟩ 고양, 향상, 높임, 개선: durch H. von Produktivität 생산성을 높임으로써. **3.** [지질] 융기(반대: Senkung). **4.** [운율] 강세음(强勢音)(반대: Senkung).

Hechel ['hɛçḷ], die; -n [농업] 삼(아마, 마)을 훑는 빗[기구]: **jmdn. (etw.) durch die Hechel ziehen** 《준고어》누구[무엇]를 혹평하다(헐뜯다). **↑durchhecheln** (2). **Hechelei** [hɛçə'lai], die; -en 《통용어·폄》험담, 혹평: die -en der Nachbarinnen sind unerträglich 이웃 여인네들의 험담은 참을 수가 없다. **Hechelmaschine,** die; -n 삼(아마·마)을 훑어 실을 내는 기계. **¹hecheln** ['hɛçḷn] ⟨h⟩ **1.** 삼(아마, 마)을 훑다. **2.** 《통용어·폄》 **a)** 헐뜯다, 비난하다, 혹평하다 《자동사》: man hechelte viel über ihn 사람들은 그를 심하게 헐뜯었다. **b)** 《준고어》헐뜯다, 혹평하다 《타동사》.

²hecheln [-] ⟨h⟩ 《의성어》 (특히 개가) 헉헉거리며 숨쉬다, 헐떡거리다.

Hechse ['hɛksə] ↑Hachse.

Hecht [hɛçt], der; -(e)s, -e **1.** 에속스(등이 진한 올리브색이고 배쪽이 하얀, 날카로운 이를 가진 민물고기) (학명: *Esox lucius*), 가물치: einen H. angeln 에속스(가물치)를 낚다; **der H. im Karpfenteich sein** 《통용어》지루한 분위기에 소요를 불러 일으키다, 고루한 주변 환경 가운데 전위적 역할을 하다. **2.** 《통용어》(감탄을 자아내게 하는) 사내, 녀석: Ein ganz toller H. 아주 근사한 사나이. **3.** ↑Hechtsprung의 약칭. **4.** 《경》 (실내의) 자욱하게 낀 담배연기.

hecht-, Hecht-: **~blau** ⟨Adj.⟩ 청회색의(blaugrau), **~grau** ⟨Adj.⟩ 청회색의. **~rolle,** die [체조] 전방회전(前方回轉). **~salto,** der [체조] 공중회전, 도약. **~sprung,** der **1.** [특히 체조] 몸뻗쳐 뛰어오르기. **2.** [수영] 몸을 쭉 모양 뻗고 뻗쳐서 하는 다이빙. **~suppe,** die 《다음 용법으로만》 es zieht wie H. 《통용어》문바람[통풍]이 세다.

hechten ['hɛçtṇ] ⟨h⟩ **a)** [체조·수영] 몸뻗쳐 다이빙하다: er hechtet besonders elegant 그는 특별히 멋지게 몸을 뻗쳐 다이빙한다. **b)** 몸을 뻗쳐 뛰어오르다: der Torwart hechtete nach dem Ball 골키퍼는 볼을 향해 몸을 날렸다.

¹Heck [hɛk], das; -(e)s, -e / -s [niederd. heck] **a)** 선미(船尾), 고물. **b)** 비행기의 후미(後尾). **c)** 자동차의 뒷부

분: der Motor sitzt im H. 엔진이 자동차의 뒷쪽에 장착되어 있다(리어 엔진 식이다). ²**Heck** [-], das; -(e)s, -e (nordd.) **1.** 울타리를 친 땅, 농장, 목초지. **2.** 농장의 출입문.

hęck-, Hęck- (¹Heck): **~anker,** der 〖선원〗 선미의 닻. **~antrieb,** der 〖자동차의〗 후륜 추진[구동]〖장치〗. **~fänger,** der 〖선원〗 저인망 어선. **~fenster,** das 자동차의 뒷창. **~flagge,** die 〖선원〗 선미기(船尾旗). **~flosse,** die 〈대개 Pl.〉 〖자동차의〗 후미 돌출부, 테일 핀. **klappe,** die (승용차) 트렁크의 덮개 문. **~lastig** [-lastɪç]〈Adj.〉뒷쪽이 무게로 가라앉은: ein -es Auto 뒤가 가라앉은 자동차. **~lastigkeit,** die 뒤가 가라앉음. **~laterne,** die 선미등(신호용 등반). **~motor,** der 뒤쪽에 장착한 엔진, 리어 엔진. **~motorwagen,** der 리어 엔진식 자동차. **~pfennig.** ↑ Heckpfennig. **~raddampfer,** der 선미 외륜(外輪) 기선. **~scheibe,** die 뒷창의 유리. **~starter,** der 〖항공〗 수직 이륙기(↑Senkrechtstarter). **~trawler,** der ↑ **~fänger.** **~tür,** die **1.** 화물차의 후미 문. **2.**〖드물게〗↑klappe. **~welle,** die 〖선원〗 선미파(船尾波).

¹**Hecke** ['hɛkə], die; -n **a)** 〈대개 Pl.〉 송림, 덤불. **b)** 생울타리: eine H. um das Grundstück anlegen (anpflanzen) 대지(垈地) 주위에 생울타리를 치다[심다].

²**Hecke** [-], die; -n 〖고어〗 **1. a)** 번식기(繁殖期), 부화기: das Weibchen verläßt das Nest nicht während der H. 부화기에는 암컷이 둥지를 떠나지 않는다. **b)** 번식지, 부화장. **2.** 〈새, 작은 포유동물에서〉 한 배 새끼.

hęcken ['hɛkṇ] 〈h〉 〖지역적·고어〗 한 배에 많은 새끼를 낳다〖부화시키다〗.

Hęcken- (¹Hecke): **~landschaft,** die 바람막이로 구획마다 울타리를 친 경작지[목초지]. **~rose,** die 가시들장미. **~schere,** die (생울타리용) 전지 가위. **~schütze,** der 〖군〗 (매복) 저격자, 게릴라 병.

Hęckicht ['hɛkɪçt], das; -s, -e 〖드물게〗 관목의 숲, 덤불. **hęckig** ['hɛkɪç] 〈Adj.〉 〖드물게〗 **a)** 총림의, 관목의. **b)** 관목[총림]이 있는.

Hęckmeck ['hɛkmɛk], der; -s 〖통용어·편〗 불필요한 사족(녹석), 부질없는 수다: mach nicht sovie H. und komme jetzt 그렇게 쓸데없는 말 그만하고 어서 오너라.

Hęckpfennig, der; -s, -e 〖농〗 종잣돈, 영복전(迎福錢) (민간 미신에서 돈을 생기게 한다고 언제나 지갑에 넣고 다니는 잔돈).

heda! ['he:da] 〈Interj.〉 〖준고어〗 (다른 사람의 관심을 끌기 위해 부르는 소리) 여보세요!, 이봐! : h., wohin mit der Gitarre? 여보세요, 기타를 들고 어디 가시오?

Hede ['he:də], die; -n 삼을 훑을 때 나온 찌꺼기. **heden** ['he:dṇ] 〈Adj.〉 (niederd.) 삼찌꺼기로 된.

Hederich ['he:dərɪç], der; -s, -e 〖식물〗 적설초(積雪草), 개구리자리.

Hędgegeschäft ['hɛdʒ-], das; -(e)s, -e 〖경제〗 가격 변동 담보 거래, 연계 매매.

Hedonik [he'do:nɪk], die [griech. hēdonikós = zum Vergnügen gehörend] ↑Hedonismus. **Hedoniker** [he'do:nikɐ], der; -s, -↑Hedonist. **Hedonismus** [hedo'nɪsmʊs], der; -〖철학〗 쾌락설, 쾌락주의. **Hedonist** [hedo'nɪst], der; -en, -en **1.** 〖철학〗 쾌락설 신봉자. **2.** 〖교양어〗 쾌락주의자. **hedonistisch** 〈Adj.〉 **1.** 〖철학〗 쾌락설의, 쾌락주의적인. **2.** 〖교양어〗 쾌락주의자의, 쾌락 추구의.

Hedschra ['hɛdʒra], die [arab. hiǧra = Auswanderung] 성천(聖遷), 이슬람교의 기원(Mohammed가 Mekka에서 Medina로 옮긴 서기 622년을 기원 제 1년으로 함).

Heer [he:ɐ̯], das; -(e)s, -e **1. a)** 군, 군대: das stehende H. 상비군(常備軍). **b)** 지상군, 육군. **2.** 무리, 떼, 다수: ein H. von Arbeitern 한 무리의 노동자들.

Heer- (↑Heeres-도 참조): **~bann,** der 〖역사적〗 **a)** (국왕의) 총동원령, 동원 명령(권). **b)** 동원된 군대. **c)** 총동원에 복응하는 대가로 지불하는 벌금. **~fahrt,** die (중세의) 군의 출정(出征). **~führer,** der 군사령관. **~haufe(n),** der 〖고어〗 (무장한) 병사의 무리. **~lager,** das ↑Feldlager. **~säule,** die (아어) 장사진을 이룬 행군 대열. **~schar,** die 〈대개 Pl.〉 〖고어〗 군대, 무리: 전의 auf die Anzeige hin meldeten sich ganze -en von Bewerbern 그 광고를 보고 많은 후보자들이 지원했다; die himmlischen -en 〖성서〗 천사들. **~schau,** die 〖준고어〗 열병(閱兵). **~straße,** die 〖고어〗 군용 도로. **~wesen,** das 군제(軍制), 군사(軍事), 병무(兵務). **~zug,** der **1.** (대열을 지어 이동 중인) 군대. **2.** ↑Feldzug (1).

Heeres- (↑Heer-도 참조): **~bericht,** der 〖군〗 (사령부의) 전황 보고(戰況報告). **~bestand,** der 〈대개 Pl.〉 군수 비축품. **~dienst,** der 〈Pl. 없음〉 군복무, 병역. **~dienstvorschrift,** die 〖군〗 복무 규약(약어: H-DV). **~flieger,** der 〖군〗 **1.** 육군 비행단의 병사. **2.** 〈Pl. 없음〉 (부대의 병력 물자의 수송을 맡고 있는, 전투 지원대 소속의) 육군 비행단. **~flugabwehrtruppe,** die 〖군〗 (저공 비행기를 공격하는) 지상 방공(防空) 부대. **~gruppe,** die 〖군〗 군집단(수개 Armee의 집합체). **~gut,** das 〈Pl. 없음〉 군수품. **~leitung,** die 〖군〗 군사령부. **~lieferant,** der 〖군〗 군납업자. **~reform,** die 군 개혁. **~säule,** die 〖군〗↑Heersäule. **~verwaltung,** die 〖군〗 군수품 관리국, 군수 참모부. **~zug,** der 〖드물게〗 ↑Heerzug.

Hefe ['he:fə], die; (종류)-n **1.** 효모(酵母), 이스트: Kuchen mit H. backen 이스트를 넣어 케이크를 굽다; 전의 die kleine Partei ist die H. für die Verwirklichung der Reformen 그 소수 정당은 개혁을 실천하는 데 원동력이다. **2.** 〖아어·편〗 쓸모없는 계층, 찌꺼기, (인간) 쓰레기.

Hefe-, 〖고어·지역적〗 **Hefen-: ~brot,** das 이스트를 넣어 구운 빵. **~gebäck,** das 이스트를 넣어 구운 과자〖비스킷〗. **~kloß,** der 이스트를 넣어 찐 경단, 만두: **aufgehen wie ein H.** 〖통용어·농〗 살이 찌다, 뚱뚱해지다: sie ist in letzter Zeit aufgegangen wie ein H. 그녀는 최근에 (갑자기) 뚱뚱해졌다. **~kranz,** der 이스트를 넣어 구운 둥근 케이크. **~kuchen,** der 이스트를 넣어 구운 케이크. **~kur,** die 효모 치료(장의 활동을 원활하게 하기 위해 비타민 B를 넣은 효모 알약을 복용하는 치료법). **~pilz,** der 효모균. **~stück,** das **1.** (케이크 반죽 및 빵 반죽에 사용하는) 효모분 반죽. **2.** 효모 떡[과자]. **~stückchen,** das 효모 떡[과자]. **~teig,** der 효모를 넣은 케이크〖빵〗 반죽. **~zopf,** der 땋은 머리 모양의 케이크, 파이크.

hefig ['he:fɪç]〈Adj.〉효모가 들어 있는, 효모를 넣은, 효모의 냄새[맛]가 있는: der Teig schmeckt etwas h. 이 반죽은 약간 효모의 맛이 난다.

Hefnerkerze ['he:fnɐ-], die, [↑heften (4b)] (독일 전기 공학자 F. von Hefner-Alteneck(1845~1904)의 이름에서) 〖물리〗 〖고어〗 헤프너 촉광(밝기의 단위)(약어: HK).

¹**Heft** [hɛft], das; -(e)s, -e 〈아어〉 손잡이, 자루: **das H. ergreifen (in die Hand nehmen)** 〈아어〉 지배권을 장악하다; **das H. in der Hand haben(behalten)** 〈아어〉 권력[지배권]을 쥐고 있다, 칼자루를 쥐고 있다; **das H. aus der Hand geben** 〈아어〉 지배권을 내놓다; **jmdm. das H. aus der Hand nehmen [winden]** 〈아어〉 누구로부터 권력[지배권]을 빼앗다.

²**Heft** [-], das; -(e)s, -e [↑heften (4b)] **a)** 공책, 노트: etw. in ein H. eintragen 노트에 무엇을 적어놓다. **b)** (잡지 따위의) 호, 권, 분책: das Werk erscheint in

einzelnen -en 이 작품은 분책으로 발행된다. **c)** 소책자, 팜프렛: ein H. Gedichte 소시집(小詩集).

Heft- (heften): **~faden,** der ↑~gern. **~garn,** das 가봉용(假縫用) 실, 가철용(假綴用) 실. **~klammer,** die **1.** 클립, 스테이플. **2.** ↑Büroklammer. **~maschine,** die 책을 철하는 기계. **~pflaster** das 반창고: ein H. (auf die Wunde) auflegen 반창고를 (상처 위에) 붙이다. **~stich,** der [재봉] 가봉(假縫). **~zwecke,** die ↑Reißzwecke. **~zwirn,** der ↑~garn.

Heftchen ['hεftçən]. das; -s, - **1.** ⟨↑²Heft (a, c)의 소형⟩ 얇은 공책. **2.** (얕) 싸구려 소설, 오락 잡지(가제본한 탐정 소설, 포르노 등). **3.** (증명서, 우표 등을 넣는) 공책 모양의 서류철.

Heftel, die: ↑Haftel.

heften ['hεftņ] ⟨h⟩ **1.** 부착시키다, 붙이다, 묶다: 전의 den Sieg an seine Fahnen h. (아어) 승리하다. **2.** (아어) **a)** 응시하다, 똑바로 바라보다, 눈을 떼지 않다: er heftete seine Augen fest auf sie 그는 그녀를 응시하고 있었다. **b)** ⟨h. + sich⟩ 응시하다, 놓치지 않다: sein Blick heftete sich auf ihn [auf sein Gesicht] 그의 눈길은 그를[그의 얼굴을] 놓치지 않았다. **3.** ⟨h. + sich⟩ (아어) (생각 속에서) 연결되다: keine Legende wird sich an seinen Namen h. 어떤 전설도 그의 이름과 결부되지 않을 것이다. **4. a)** [재봉] 가봉하다. **b)** [제본] 가제본하다, (팜프렛 등을) 철하다: das Buch[die Broschüre] ist nur geheftet 그 책[팜프렛]은 (정식 제본된 것이 아니라) 단지 가제본되어 있다. **Hefter** ['hεftɐ], der; -s, - 서류철.

heftig ['hεftıç] ⟨Adj.⟩ **1.** 격렬한, 맹렬[강렬]한, 열연한: ein -er Sturm 강한 폭풍; eine -e Leidenschaft 격정; -e Kämpfe 격렬한 전투; es regnet[schneit] h. 호우가 [폭설이] 내리다; sie haben sich h. gestritten 그들은 심하게 다투었다. **2.** 격정적인, 다혈질의: er ist ein sehr -er Mensch 그는 매우 격정적인 인물이다. **Heftigkeit,** die; -en **1.** ⟨Pl. 없음⟩ 격렬함, 격정, 강렬함: die Kämpfe nahmen an H. zu 전투는 격렬함을 더해 갔다. **2. a)** 격렬한 성품, 격정, 과격함: seine H. war ihr nicht neu 그의 과격성은 그녀에게 새로운 것이 아니었다. **b)** 《드물게》 격렬(과격)한 발언[행위].

Hege ['he:gə], die ⟨Pl. 없음⟩ [임업·사냥] (산림, 야생 동물, 물고기의) 보호, 육성: diese Baumart bedarf ganz besonders der H. 이 수종(樹種)은 아주 특별하게 보호가 요청된다.

Hege- [임업·사냥]: **~maßnahme,** die (산림·야생 동물의) 보호(육성)책. **~meister,** der 밀렵 감시인. **~ring,** der 공동 금렵구. **~wald,** der 보호 삼림. **~zeit,** die ↑Schonzeit.

Hegelianer [he:ge'lia:nɐ], der; -s, - [독일 철학자 G. W. F. Hegel(1770~1831)에서] 헤겔파. **hegelianisch** ⟨Adj.⟩ 헤겔파의, 헤겔 철학의. **Hegelianismus** [he:golia'nısmus], der; - 헤겔주의. **hegelsch** ['he:gl̩ʃ] ⟨Adj.⟩ 헤겔식의, 헤겔 철학의: einen -en Standpunkt vertreten 헤겔 철학적 입장을 대변하다.

hegemonial [hegemo'nia:l] ⟨Adj.⟩ 주도권(패권)을 쥐고 있는, 주도권(패권) 지향적인, 패권주의적인.

Hegemonial-: **~anspruch,** der (국가의) 주도권 요구, 패권 요구: die ↑~staat. **~staat,** der 패권 국가.

Hegemonie [hegemo'ni:], die; -n ['...i:ən]; griech. hēgemōnía] **1.** (국가의) 주도권, 패권, 헤게모니. **2** (정치, 경제적) 우월성(지배적 지위). **hegemonisch** [...'mo:nıʃ] ⟨Adj.⟩ 주도권을 쥐고 있는, 주도적인.

hegen ['he:gn̩] ⟨h⟩ **1. a)** [임업·사냥] (동물·식물을) 보호하다, 육성하다: der Förster hegt den Wald [das Wild] 삼림 감시원은 숲[야생 동물]을 보호한다. **b)** (아어) 돌보다, 애호하다: **h. und pflegen** 각별한 애정을 가지고 돌보다, 양육하다: sie haben ihn gehegt und gepflegt wie ihren Sohn 그들은 그를 친아들처럼 애정을 쏟아 양육했다. **2.** (교어) 마음 속에 품다: eine Abneigung[ein Mißtrauen] gegen jmdn. h. 누구에 대해 혐오감[불신]을 품다. **¹Heger,** der; -s, - ↑Wildheger 의 약칭.

²Heger: ↑Häger.

Hegumenos [he'gu:menɔs], der; -, ...oi ['...ɔy; griech. hēgoúmenos = Vorsteher] 정교 수도원 원장.

Hehl [he:l] ⟨다음 용법으로만⟩ **kein(keinen) H. aus etw. machen** 무엇을 비밀로 하지 않다, 숨기지 않다: er machte aus seiner Abneigung kein(en) H. 그는 자신의 혐오감을 숨기지 않았다. **hehlen** ['he:lən] ⟨h⟩ **1.** (고어) 감추다, 숨기다, 은폐하다. **2.** 장물을 은닉하다. **Hehler,** der; -s, - 장물 은닉[구매]자, 장물아비: 속담 der H. ist nicht schlimmer als der Stehler 장물아비는 도둑보다 더 나쁘다. **Hehlerei** [he:lə'raj], die; -en [법] 장물 취득(행위): sich der forgesetzten H. schuldig machen 계속적인 장물 취득 행위를 범하다. **Hehlerin,** die; -nen ↑Hehler의 여성형.

hehr [he:ɐ̯] ⟨Adj.⟩ (아어) 숭고한, 거룩한: ein -er Anblick [Augenblick] 엄숙한 광경(순간); -e Ideale haben 숭고한 이상을 품다. **Hehre, Hehrheit,** die (아어·고어) 숭고함, 엄숙함.

hei! [haj] ⟨Interj.⟩ (놀라움과 환희의 기분을 나타내는 소리) 야, 어마: wie, wie der Wind ins Gesicht bläst! 야, 바람이 얼굴에 불어오고 있구나!

heia ['haja] ⟨다음 용법으로만⟩ **h. machen** 【아동】 (주로 청하는 말로서) 자다, 잠자리에 들다: wir wollen jetzt h. machen 자 이제 우리 잠자리에 들자고. **Heia,** die; -(s) ⟨아동⟩ (어린아이가 일정한 시간에 가는) 잠자리: jetzt aber ab in die H.! 자 이제는 자거라! **Heiabett,** das; -(e)s, -en ⟨아동⟩ ↑Heia. **heiapopeia** ⟨Interj.⟩ ⟨아동⟩ ↑eiapopeia. **heida!** [haj'da:, 'hajda] ⟨Interj.⟩ ↑hei.

¹Heide ['hajdə], der; -n, -n 이교도(異敎徒), 비기독교도, 이방인, 무신론자; (얕) 방자한 녀석: die -n bekehren 이교도를 개종시키다.

²Heide [-], die; -n **1.** 황야, 광야, 들: die grüne H. 푸른 황야; ...daß die H. wackelt (경) 혹독하게, 매우 격렬하게: wenn du wieder nicht hörst, bekommst du Prügel, daß die H. wackelt 다시 듣지 않으면 호되게 매를 맞을 거야. **2.** ⟨Pl. 없음⟩ ↑Heidekraut.

Heide- (↑Heide 1): **~boden,** der 독일 서북쪽의 황야. **~brand,** der 황야의 화재. **~brot,** das [지역적] 독일 서북쪽 황야 지역에서 구운 빵[팜프브레드]. **~fläche,** die 황야, 허허 벌판. **~garten,** der 황야에 식물로 꾸민 정원. **~gebiet,** das 황야 지역. **~honig,** der 황야 지역에서 나는 꿀. **~korn,** das ⟨Pl. 없음⟩ ↑Buchweizen. **~kraut,** das **a)** [식물] 히드, 에리카(erica)속: das H. blüht meist im August 히드는 주로 8월에 꽃이 핀다. **b)** 히드의 가지: H. in die Vase stellen 히드의 가지를 화병에 꽂다. **~krautgewächs,** das ⟨대개 Pl.⟩ 에리카속의 야생식물, 히드. **~land,** das ⟨Pl. 없음⟩ 황야, 황지. **~landschaft,** die 황야로 이루어진 풍경. **~lerche,** die (황야, 소나무 숲에 자라는) 패랭이꽃과의 식물. **~röschen,** das, Heidenröschen, das 들장미. **~rose,** die ↑~röschen.

Heidelbeere ['hajd-], die; -n **1.** 월귤나무: in die -n gehen ⟨통용어⟩ 월귤나무 열매를 따러가다. **2.** 월귤나무의 열매. **Heidelbeerkraut** ⟨Pl. 없음⟩ 월귤나무 관목.

Heidelberg ['hajdl̩bεrk] (독일의) 하이델베르크(시).

Heiden ['haidn̩], der; -s 《österr.·고어》 메밀(Buchweizen).

¹**heiden-, ¹Heiden-** (¹Heide): ~**christ**, der 이방인 기독교도 《원시 기독교에서 그리스도 교도가 된 비유태계의 이방인》. ~**christentum**, das 이방인 기독교도 소속. ~**christlich** 〈Adj.〉 이방 기독교도의. ~**mission**, die (이교도에 대한) 전도, 포교. ~**tempel**, der (이교도의) 우상을 모신 사당.

²**heiden-, ²Heiden-** (¹Heide): ~**angst**, der《Pl. 없음》《통용어》공포, 큰 두려움: vor einer Prüfung ein H. haben 시험을 아주 두려워하다. ~**arbeit**, die《Pl. 없음》《통용어》몹시 힘든 일(작업). ~**geld**, das《Pl. 없음》엄청난 금액(돈): er hat bei diesem Geschäft ein H. verdient 그는 이 사업으로 엄청난 돈을 벌었다. ~**krach**, der〈Pl. 없음〉《통용어》 1. ↑~lärm. 2. 떠들썩하고 격렬한 다툼. ~**lärm**, der 큰소음, 대소동(大騷動). ~**mäßig**〈Adj.〉엄청난, 매우 많은: sie haben daran h. Geld verdient 그들은 그일로 떼돈을 벌었다. ~**mühe**, die《Pl. 없음》《통용어》엄청난 노력. ~**respekt**, der《통용어》경외감, 크나큰 존경심. ~**schreck**, der〈Pl. 없음〉《통용어》경악(驚愕), 깜짝 놀램: einen H. bekommen 경악하다. ~**spaß**, der〈Pl. 없음〉《통용어》대단한 즐거움, 환희. ~**spektakel**, der《통용어》↑~lärm. ~**stunk**, der《경》↑~krach (2).

Heidenröschen: ↑Heideröschen.

Heidentum ['haidn̩tuːm], das; -s a) 이교, 이교도적인 특성. b) 이교도, 이교 세계.

heidi! [hai̯'diː]〈Interj.〉[↑hei의 강조형] 와!, 신난다!: **h. gehen** 1) 갑자기 사라지다, 없어지다: mein Portemonnaie ist h. gegangen 내 돈지갑이 갑자기 없어졌다. 2) 《hai̯di》《österr.》《아동》잠자리에 들다, 자다: **h. sein** (아이) 잠이 들었다, 사라지다: mein Regenschirm ist h. 내 우산이 없어졌다. 2) 쓸모없이 되다: das Messer ist h. 이 칼은 쓸모가 없다.

Heidin ['haidn̩], die; -nen ↑¹Heide의 여성형.

Heidjer ['haidjɐ], der; -s, -《민속학》(르네브르크) 황야의 거주자.

heidnisch ['haidnɪʃ]〈Adj.〉이교(도)의, 이교(도)적인: ein -er Brauch 이교도의 풍습; -e Kunst 이교도 예술.

Heidschnucke, die; -n (르네브르크) 황야의 양(羊).

Heiduck [hai̯'dʊk], der; -en, -en [1: ung. hajduk, Pl. von: hajdú = Fußsoldat] **1.** 《역사적》 15~16세기 헝가리의 용병. **2.** (18세기 이후) 오스트리아~헝가리의 (귀족) 호위병. **3.** (대개 Pl.)《지역적·농》 개구쟁이: das sind vielleicht -en! 이녀석들 개구장이들 같구먼!

Heiermann ['hai̯ɐ-], der; -(e)s, ...männer《경》 5마르크 화폐.

heikel ['haikl̩]〈Adj.〉 **1.** 어려운, 다루기 힘든: ein heikles Thema(Problem) 다루기 어려운 주제(문제). **2.**《지역적》까다로운, 심하게 가리는: er ist in diesen Dingen (in diesem Punkt) sehr h. 그는 이러한 일(이 점)에 있어 매우 까다롭다. **heiklig** ['hai̯klɪç]〈Adj.〉↑heikel.

heil [hai̯l]〈Adj.〉**a)** 무사한, 건전한, 상하지 않은: -e Glieder haben 성한 사지(四肢)를 가지고 있다; er hat den Unfall h. überstanden 그는 사고를 무사히 넘겼다. **b)** 회복된, 치유된, 나은: das Knie (die Wunde) ist inzwischen h. 무릎(상처)이 그 사이에 나았다. **c)** 훼손되지 않은, 깨어지지 않은, 온전한: das Glas war noch h. 유리컵은 아직 상한(깨진)데가 없었다; eine Jacke(Aktentasche) h. machen (아동) 윗옷(가방)을 수리(선)하다. **Heil** [-], das; -s **a)** 행운, 안녕, 행복, 무사함: sein H. in der Entsagung (Zukunft, Vergangenheit) suchen 그의 행복을 체념 (미래, 과거) 속에서 찾다; bei jmdm. (mit etw.) sein H. versuchen 누구에게서(무엇으로) 행운(성공)을 시도하다; **H. in der Flucht suchen** 탈출하다, 도주하다. **b)**《종교》행운(福), (영원한) 행복, 축복: das ewige H. 명복, 영생의 행복; das H. seiner Seele 그의 영혼의 축복(극락왕생).

heil-, Heil-: ~**anästhesie**, die《의학》(국부적인) 마취. ~**anstalt**, die **a)** 요양소, (중독자의) 치료 시설: eine H. für Tuberkulosekranke(Alkoholiker) 결핵(알코올 중독자) 요양소. **b)**《의학》정신 병원. ~**anzeige**, die《의학》적응(증) (반대: Gegenanzeige, Kontraindikation). ~**bad**, das **1.** 온천지, 광천지. **2.** 치료를 위한 목욕. ~**behandlung**, die 치료(행위). ~**behelf**, der《österr.》치료제, 약. ~**bringend**〈Adj.〉**1.** 영원한 축복을 가져다 주는. **2.** 치료 효과가 있는. ~**bringer**, der《종교》구제자, 구세주. ~**brunnen**, der《고어》Gesundbrunnen. ~**butt**, der 핼리버트(북양에서 잡히는 큰 넙치). ~**diener**, der《고어》외과의(外科醫) 조수. ~**effekt**, der (약품의) 치료 효과, 효험. ~**erde**, die 치료용 흙 (치료·미용효과가 있는 젤점흙). ~**erfolg**, der 치료 효과. ~**erziehung**, die (정신박약아, 장애자를 위한) 치료 교육. ~**faktor**, der 치료 요소. ~**fasten**, das (의사의 처방에 의한) 단식(斷食), 단식 요법. **fieber**, das《의학》치료열 (치료를 목적으로 하여 인위적으로 발생시키는 고열). ~**fleisch**, das 잘 아무는 살 (근육): gutes H. haben 치료 효과가 좋은(잘 아무는) 살을 가지다. ~**froh**〈Adj.〉대단히 기쁜, 안도하는, 반가운: sie waren h., entkommen zu sein 그들은 (어려움을) 벗어나 무한히 기뻐했다. ~**fürsorge**, die (무료) 치료 봉사. ~**gehilfe**, der (준의사) 치료 보조원, 물리치료 조수. ~**gymnast**, der ↑Krankengymnast. ~**gymnastik**, die ↑Krankengymnastik. ~**gymnastin**, die ↑Krankengymnastin. ~**haut**, die《Pl. 없음》잘 아무는 피부. ~**klima**, das 건강(요양)에 좋은 기후. ~**klimatisch**〈Adj.〉건강(요양)에 좋은 기후의. ~**kraft**, die 치유력, 약효. ~**kräftig**〈Adj.〉치유력을 지닌, 약효가 있는: -e Quellen 광천(鑛泉), 온천. ~**kraut**, das ↑~pflanze. ~**kunde**, die《Pl. 없음》의학, 의술. ~**kundig**〈Adj.〉의술에 밝은. ~**kundige**, der / die 용한(병을 잘 보는) 의술인. ~**kundlich**〈Adj.〉의술의, 의술에 관련된. ~**kunst**, die 의술. ~**los**〈Adj.〉**1.** 구제할 길 없는, 심각한, 수습할 길 없는, 감당할 길 없는: eine -e Unordnung(Verwirrung) 수습할 수 없는 무질서(혼란). **2.** (준의어) 불길한. ~**magnetismus**, der 동물 자기(磁氣) 최면술(Mesmerismus). ~**massage**, die 치료 목적의 마사지. ~**methode**, die 치료법. ~**mittel**, das 치료제, 의약품: chemische (natürliche) H. 화학(천연) 의약품(치료제); 전의 das magische H. 마법적 치료제(사랑, 연애). ~**nahrung**, die (특히 어린아이의) 치료식(食). ~**pädagoge**, der (장애자, 정신박약아) 치료 교사. ~**pädagogik**, die (장애자, 정신박약아) 치료 교육(학). ~**pädagogin**, die ↑~pädagoge의 여성형. ~**pädagogisch**〈Adj.〉치료 교육(학)의. ~**pädagogium**, das 치료 교육소, 치료 시설. ~**pflanze**, die 약용 식물, 약초. ~**praktiker**, der (의료 행위의 허가를 얻은) 치료사. ~**prozeß**, der ↑Heilungsprozeß. ~**quelle**, die 광천, 요양 온천. ~**ruf**, der (많은 사람들이 누구를 향해 외치는) 만세소리. ~**salbe**, die 연고(軟膏). ~**schlaf**, der《의학》수면요법. ~**schlamm**, der 치료 (미용) 효과가 있는 진흙. ~**serum**, das《의학》면역(항) 혈청. ~**stätte**, die (결핵 등 만성 전염병 치료를 위한) 전문 요양소. ~**verfahren**, das 치료 요법. ~**voll**〈Adj.〉《고어》유익한, (의한) 특별 치료(요법). ~**wirksam**〈Adj.〉↑~kräftig. ~**wirkung**, die 치

료 효과. ~zweck 《다음 용법으로》 zu -en 치료의 목적으로.
Heiland ['haɪlant], der; -(e)s, -e **1.** 《Pl. 없음》 구세주 《예수 그리스도》: unser Herr und H. 우리 주 예수 그리스도. **2.** 《아어》 구원자, 구제자. **heilbar** ['haɪlbaːʁ] 〈Adj.〉 치료가 가능한: eine -e Krankheit 치료가 가능한 질병. **Heilbarkeit**, die 치료 가능성.
heilen ['haɪlən] **1.** 〈h〉 **a)** 치료하다: jmdn. von seiner Krankheit h. 누구를 질병으로부터 치료하다(낫게 하다). **b)** 《병·상처 따위를》치료해서 없애다: den Krebs [ein Leiden, eine Lähmung] h. 암[통증·마비증세]를 치료하여 제거하다; vorbeugen ist besser als h. 치료보다는 예방이 낫다, [전의] die Zeit heilt Wunden 시간이 약이다(시간이 지나면 상처는 아문다). **c)** 믿음·악덕으로부터 해방시키다, 깨어나게 하다: jmdn. vom Trinken h. 누구를 술마시는 버릇으로부터 벗어나게 하다; davon bin ich für immer geheilt 《통용어》 그런 쓰라린 경험으로 인해서 나는 똑똑해졌다(다시는 그런 일을 하지 않을 것이다). **2.** 〈s〉 낫다, 회복하다: die Wunde heilt 상처가 낫는다. **Heiler**, der; -s, - 《아어》 《다른 사람을 치료해 주는》 치료사, 교정자, 구세자. **heilig** ['haɪlɪç] **I.** 〈Adj.〉 **1. a)** 거룩한, 신성한, 성스러운: die Heilige Dreifaltigkeit 〈성자, 성부, 성신의〉 성 삼위일체(聖三位一體); der Heilige(↑Apostolische) Stuhl 〈로마 교황의〉 성좌, 성직, 교황좌. **b)** 성령으로 가득 찬, 성령의: das -e Abendmahl 성찬식, 성만찬; -e Gesänge 성가; die Heilige Allianz 신성동맹(神聖同盟) 《1815년 러시아·오스트리아·프러시아 사이에 맺은 동맹》. **c)** 《준고어》 매우 경건한, 믿음이 강한: er war ein -r Mann 그는 신앙심이 두터운 사람이었다. **d)** 범하기 어려운, 신성한: die -en Stätten 성지《예수의 생애에서 의미를 가지는 장소》; die -e Woche 성주일, 수난주(受難週) 《부활절 전 1주간》(Karwoche). **2.** 《아어》 엄숙한, 경외로운: eine -e Entschlossenheit 엄숙한 결단; ihnen ist nichts h. 그들은 안하무인이다, 그들에게 경외로운 것은 아무 것도 없다; etw. h. [《대개는》 hoch und h.] versprechen (geloben, versichern, (be)schwören) 무엇을 선서하다, 맹세하다: er hat es mir hoch und h. versprochen 그는 그것을 나에게 엄숙히 맹세했다. **3.** 《통용어》 《좋지 않은 것에 대해》 극도의, 대단한: davor habe ich einen -en Respekt 그것은 나로서는 정말 하기 싫다. **II.** 〈Adv.〉 《지역적》 진정코, 참으로: ich habe h. nichts damit zu tun 나는 그 일과 정말 아무런 관련도 없다.
Heilig-, Heilig-: **~abend** [- - '- -], der 크리스마스 이브(Heiliger ↑Abend). **~halten*** 〈h〉 신성하게 받들다, 〈안식일 등을〉 지키다. **~mäßig** 〈Adj.〉 성인같은, 성자다운. **~sprechen*** 〈h〉 《가》 성인 명부에 올리다, 성인임을 선언하다. **~sprechung**, die; -en 《가》 시성(諡聖), 성인의 열에 들어가기, 시성식.
Heilige* ['haɪlɪɡə], der / die; -n, -n **a)** 《가》 성인, 성녀: Augustinus ist ein -r 아우구스티누스는 성인이다. **b)** 《통용어》 매우 경건한 《덕망있는》 사람: das ist ein sonderbarer[komischer] -r 《통용어·반어》 저 친구는 기이한 인물이야. **Heiligedreikönigstag**, der; -(e)s, -e ↑Dreikönigstag 《공현 축일》 《격변화의 예: ein kalter Heilige(r)dreikönigstag; am Vorabend des Heilige(n)dreikönigstag(e)s; am Heilige(n)dreikönigstag; die Heilige(n)dreikönigstage》. **heiligen** ['haɪlɪɡən] 〈h〉 《아어》 **a)** 하나님에 귀의함으로써 세속을 벗어나게 하다. **b)** 신성하게 하다. **2.** †heiligehalten: geheiligt werde dein Name 당신의 이름을 거룩하게 하시고[당신의 이름이 신성하게 숭배되게 하소서]; das ist eine geheiligte Tradition 그것은 성스럽게 받들어 온 전통이다. **3.** 정당화시키다: [성구] der Zweck heiligt die Mittel 목적이 수단을 정당화시켜 준다 《좋은 목적은 어떤 수단도 용납한다》.
Heiligen- (Heilige a): **~bild**, das 성자[녀] 《화(畵)》. **~fest**, das 성자[녀]의 축일. **~figur**, die 성자[녀] 조각상. **~kult**, der ↑~verehrung. **~leben**, das [lat. vita sanctorum] 성자[녀]의 생애[일생기]. **~legende**, die 성담(聖譚). **~schein**, der 《그리스도, 성인의 머리 주위에 있는》 후광(後光) [전의] jmdn. mit einem H. umgeben 누구를 우상시 하다《실제보다 낫게 구현하다》. **~schrein**, der 성유물(聖遺物) 상자. **~verehrung**, die 성인 숭배.
Heiligkeit, die **1. a)** 성스런 존재: die H. Gottes 성신; Seine H. 《제 3자에 대해 교황을 일컬을 때 붙는 호칭》 성하(聖下); Eure H. 《교황 앞에서 교황을 부를 때 붙이는 칭호》 성하. **b)** 신성함: die H. der Ehe 결혼의 신성함. **c)** 《준고어》 매우 경건한 본성. **2.** 《아어》 불가침성: die H. seines Zorns 그의 분노의 불가침성. **Heiligtum**, das; -s, ...tümer **1.** 성역(聖域), 신성한 《침범할 수 없는》 장소, 성전: antike(römische, christliche) Heiligtümer 고대 《로마, 기독교》의 성전들; [전의] vor dem italienischen H. spielten sich turbulente Szenen ab 《축구 용어》 이탈리아 팀의 골문 앞에서 혼전이 거듭되었다. **2.** 불가침적인 것《불가침성의 가치 등》. **Heiligung**, die; -en 《아어》 신성화, 신성시(視), 정당화.
Heils-: **~armee**, die 〈Pl. 없음〉 구세군(救世軍). **~armist** [...|armɪst], der; -en, -en 구세군의 군인. **~botschaft**, die 〈Pl. 없음〉 구세의 복음(福音), 반가운 소식의 전파. **~bringer**, der 《종교》 신, 신적인 인물. **~erwartung**, die 구세에의 기대. **~geschichte**, die 〈Pl. 없음〉 《신학》 구세의 역사. **~lehre**, die 《종교》 구원의 교의, 《그리스도》 구원론. **~notwendigkeit**, die 《가》 구원에 이르기 위한 필연적임, 필연적 역사(役事). **~ordnung**, die 〈Pl. 없음〉 구세의 질서. **~plan**, der 〈Pl. 없음〉 《하나님에 의한》 구세의 계획. **~soldat**, der ↑~armist. **~spiegel**, der 《중세》 구세사에 대한 교양서. **~tat**, die 구세 행위: die Geburt Christi als H. Gottes 하나님의 구세 행위로서의 그리스도의 탄생. **~wille**, der 《신학》 인간의 구제를 위한 신의 의지.
heilsam ['haɪzaːm] 〈Adj.〉 **1.** 유익한, 약이 되는: -e Worte 유익한 말; eine -e Ermahnung(Lehre, Strafe) 유익한 경고[교훈, 벌]. **2.** 《준고어》 치료에 효험이 있는. **Heilsamkeit**, die 유익함, **Heilung**, die; -en **1.** 치료: die H. der Kranken 병자의 치료. **2.** 《병의》 치유《병이 나음》. **3.** 《영적인》 해방, 구제, 벗어나게 함.
Heilungs-: **~methode**, die 《드물게》 ↑Heilmethode. **~möglichkeit**, die 치료 가능성. **~prozeß**, der 치유 과정. **~verlauf**, der ↑~prozeß. **~vorgang**, der ↑~prozeß.
heim [haɪm] 〈Adv.〉 집으로, 고향으로. **Heim** [-], das; -(e)s, -e **1.** 집, 자택: ein eigenes[behagliches, stilles, trautes] H. 자기[쾌적한, 조용한, 편안한] 집; in ein neues H. einziehen 새 집으로 이사하다. **2. a)** 소년·노인·병자들을 돕기 위한 공공 수용 시설《양로원, 보육원, 요양원, 소년 보호소, 기숙사 등》, 홈: ein H. für Obdachlose 《이재민, 피난민 등을 위한》집없는 사람들을 위한 숙박 시설; in ein H. kommen [eingewiesen werden] 수용시설에 들어가다[인도되다]. **b)** 요양 시설: die Kinder wurden in ein H. des DRK verschickt 어린아이들은 독일 적십자의 휴양 시설로 보내졌다. **c)** α) 수용 시설·숙박 시설이 있는 건물: das H. ist abgebrannt 수용소《합숙소》건물이 불에 탔다. β) 《클럽, 협회》집회소: ein neues H. errichten(bauen) 새로운 집회소를 건립하다.

¹**heim-, Heim-** (heim): **~begeben**, sich 〈h〉 귀가 〔귀향, 귀국〕 하다. **~begleiten** 〈h〉 (누구를) 집으로 바래다 주다. **~bringen**〈h〉 **a)** ↑~begleiten. **b)** 집〔고향, 고국〕으로 가져가다. **~dürfen**〈h〉 귀가해도 되다: der Patient durfte noch nicht heim 그 환자는 아직 귀가 해서는〔퇴원해서는〕 안되었다. **~fahren**〈s〉(차나, 선박 등을 타고) 귀향하다: wir müssen bald h. 우리는 곧 귀향하지 않으면 안된다. **~fahrt**, die (차나 선박 등을 타고 하는) 귀가, 귀향, 귀국: die H. antreten 귀향〔가〕길에 오르다. **~fall**, der 〈Pl. 없음〉(소유재산의) 귀속. **~fallen**〈s〉(원 소유자, 국가에) 귀속되다. **~finden**〈h〉 귀가〔향〕의 길을 찾(아 내)다. **~fliegen**〈s〉(비행기로) 귀향하다. **~führen**〈h〉 **1. a)**(도움이 필요한 자를) 집으로 데려다 주다, 집까지 동반하다: Kinder aus dem Kindergarten h. 유치원에서 집으로 어린아이들을 데려다 주다. **b)**《아어·고어》(여자와) 결혼하다, (여자를) 부인으로 맞이하다: er führte sie als seine Frau〔Gattin〕heim 그는 그녀를 자기의 부인으로 맞아들였다. **2.** 귀향하게 하다. **~führung**, die 집까지의 동반, 집까지의 배웅. **~gang**, der 《아어·은폐》(기독교적 표현) 죽음, 사망: der H. der Mutter 어머니의 사망. **~geben**〈h〉(지역적으로) 되돌려주다, 보복하다. **~gegangen**: ↑~gehen 참조. **~gegang(e)ne**, der / die; -n, -n《아어·은폐》사자(死者), 세상을 떠난 이. **~gehen**〈s〉 **a)** 집으로 가다: wir müssen jetzt endlich h. 우리는 이제 정말 집으로 가야만 한다. **b)**《아어·은폐》죽다: er ist im hohen Alter von 80 Jahren heimgegangen 그는 80세의 나이로 세상을 떠났다. **c)**(비인칭) 집으로 가다, 귀가하다: jetzt geht's heim 이제 집으로 가자. **~geigen**〈h〉《경》↑~leuchten (2). **~holen**〈h〉 집으로 데려오다: jmdn. aus dem Krankenhaus h. 누구를 병원에서부터 집으로 데려오다. **~kehr**, die 귀가, 귀국. **~kehren**〈s〉 귀가하다, 귀향하다: von der Arbeit〔vom Feld〕h. 일터〔들〕로부터 귀가하다. **~kehrer**, der; -s, - 귀향〔국〕자. **~kehrerschiff**, das 귀향병〔자〕들을 태운 선박. **~kehrertransport**, der 귀향병 수송. **~kommen**〈s〉 귀가하다, 귀향하다: er wird bald h. 그는 곧 귀가한다. **~können**〈h〉(귀가) 길에 오를 수 있다. **~kunft**, die (아어) 귀향, 귀국. **~laufen**〈s〉집으로 〔달려〕가다. **~leuchten**〈h〉 **1.**(준고어) 등불을 켜 귀가 길을 동반하다. **2.**《경》누구를 비난하면서 거절하다. **~müssen**〈h〉귀가해야만 하다. **~nehmen**〈h〉 집으로 가져가다: die Urlauber haben Wein mit heimgenommen 휴가객들이 집으로 돌아갈 때 포도주를 가져갔다. **~reise**, die 귀향〔귀국〕여행: die H. antreten 귀향〔귀국〕길에 오르다. **~reisen**〈s〉 귀향하다, 고향으로 돌아오다. **~schicken**〈h〉 집으로 돌려 보내다. **~suchen**〈h〉 **1.**(나쁜 생각을 먹고) 찾아들다, 출몰하다, 습격하다: Einbrecher suchten das Lager heim 강도들이 창고를 습격했다. **2.** 찾아와 괴롭히다, 고통을 주다, 엄습하다: Träume〔Erinnerungen, Vorahnungen〕 suchten jmdn. heim 꿈〔회상, 예감〕들이 누구를 괴롭혔다. **~suchung**, die; -en **1.** 시련, 재난, 불행, 천벌: sie hatten viele -en zu ertragen 그들은 많은 시련을 견디지 않으면 안되었다. **2.**〔기독교〕 엘리자베스의 집에서 잉태한 마리아와 엘리자베스의 만남: das Fest der H. Mariä 〔가〕 마리아 강림 축일(원래는 7월 2일, 현재 5월 31일). **3.** (südd.) 가택 수사(Haussuchung). **~trauen**, sich 〈h〉 집의 가족들에게 돌아갈 용기를 내다. **~wärts** [-verts]〈Adv.〉집〔고향〕으로 향하여. **~weg**, der 귀로: sich auf dem H. machen 귀로에 오르다; auf dem H. 집으로 가는 도중. **~wollen**〈h〉 귀로에 오르려 하다. **~zahlen**〈h〉 보복하다: in [mit] gleicher Münze (doppelt) h. 이에는 이로 갚다 (갑절로 갚다). **b)**《준고어》(은혜로) 갚다. **~ziehen**

a)〈s〉집으로 가다. **b)** (비인칭) 〈h〉 집〔고향〕에 가고 싶은 생각이 들게 하다: es zog mich〔ihn〕 heim 나는〔그는〕 집〔고향〕에 가고 싶은 생각이 들었다. **~zu**〈Adv.〉(통용어) 귀가 길에: h. war das Wetter besser 귀가 길에 날씨는 좋아졌다. **~zünden**〈h〉((schweiz.))↑~leuchten (2).

²**heim-, Heim-** (Heim). **~abend**, der (양로원, 소년원, 요양원 등의) 원(院) 내(기숙사 내) 저녁 환담 모임. **~arbeit**, die **a)** 가내 수공업, 가내 부업. **b)** 가내 공업 제품. **~arbeiter**, der 가내 노동자. **~arbeiterin**, die ↑~arbeiter의 여성형. **~base**, das 〔engl.-amerik. home base〕 〔야구〕 홈베이스. **~bilanz**, die 〔구기〕 득실 관계. **~bürge**, der 〔고어〕 면장, 이장. **~bürgin**, die (md.) 여자 읍장이. **~computer**, der 퍼스널 컴퓨터, 가정용 컴퓨터. **~decke**, die 장식을 단(수놓은) 이불. **~eigen**〈Adj.〉홈 소속의, 수용〔보호〕시설 소속의. **~einweisung**, die 수용〔보호〕 시설로 들어가게 함. **~elf**, die 〔축구〕 홈팀. **~erfolg**, der 〔구기〕 ↑~sieg, **~erzieher**, der 수용 보호 시설의 교사. **~erzieherin**, die ↑~erzieher의 여성형. **~erziehung**, die (고아·장애자 아동·청소년에 대한) 보호 시설내의 교육. **~geschädigt**〈Adj.〉(공공 수용〔보호〕시설에 오래 수용된 탓으로) 정신상 결함이 있는. **~industrie**, die 가내 공업. **~kind**, das 공공 수용〔보호〕시설에서 자란 아동. **~kino**, das **a)**〔농〕가정용 영사기. **b)**〔통용어·농〕 텔레비전. **~leiter** 수용〔보호〕시설 관리책임자, 기숙사 관리책임자. **~leiterin**, die ↑~leiter의 여성형. **~leitung**, die 수용〔보호〕시설의 관리부, 기숙사 관리부. **~mannschaft**, die 〔구기〕 홈팀 (반대: Gastmannschaft). **~mutter**, die (가족적 구조를 가진) 수용 시설의 여성 관리인. **~niederlage**, die 〔구기〕 홈 경기에서의 패배 (반대: ~sieg). **~niere**, die 인공 신장(腎臟). **~nimbus**, der 〔구기〕 홈 경기에서 승패(勝敗)의 기록으로 얻은 선수단의 영광. **~ordnung**, die 수용〔보호〕시설 규정, 기숙사 규정. **~orgel**, die 가정용 오르간. **~personal**, das 수용〔보호〕시설의 종업원. **~platz**, der 수용〔보호〕시설의 수용 가능 자리(수). **~punkt**, der 〔구기〕홈 경기에서 선 득점. **~recht**, das 〈Pl. 없음〉 〔구기〕 연고지에서 경기할 수 있는 권리. **~rekord**, der 〔구기〕 홈 경기에서 세운 기록. **~sauna** (전), die 가정용(의) 사우나. **~schwach**〈Adj.〉 〔구기〕 홈 경기에서 약한 (반대: ~stark): eine -e Elf 홈 경기에 약한 축구 팀. **~schwäche**, die 〈Pl. 없음〉 〔구기〕 홈 경기에서 약한 팀의 연승(연패) (반대: ~stärke). **~serie**, die 〔구기〕 홈 경기에서의 연승(연패). **~sieg**, der 〔구기〕 연고지에서 거둔 승리(반대: ~niederlage). **~siphon**, der (가정용의) 소다수 제조 사이펀. **~sonne**, die (가정용의) 자외선등(燈). **~spiel**, das 〔구기〕 연고지경기(반대: Gastspiel). **~spielstark**〈Adj.〉 〔구기〕 ↑~stark. **~stark**〈Adj.〉 〔구기〕 연고지경기에 강한(반대: ~schwach). **~stärke**, die 〈Pl. 없음〉 〔구기〕 연고지 경기에서의 우세(반대: ~schwäche). **~statt**, die (아어) 정착지. **~stätte**, die ↑~statt: jmdm. eine H. bieten 누구에게 정착지를 제공하다. **2.** (전쟁 피해자, 실향민 등의) 정착(주거)지, 정착 농장. **~super**, der 〔구동〕 (구동어) 소다수 제조 사이펀. **~textilien**〈Pl.〉 실내 장식용의 직물 (양탄자, 책상보 등). **~tier**, das 가정에서 기를 수 있는 동물. **~trainer**, der ↑Hometrainer. **~volkshochschule**, die 기숙사 형태의 시민 학교(성인 대학). **~vorteil**, der 〈Pl. 없음〉 〔구기〕 연고지 경기에서의 이득. **~weh**, das 향수(鄕愁), 향수병: (nach jmdm. [einem Ort]) H. haben〔bekommen〕 (누구를 향해〔어떤 곳을 향해〕) 향수를 앓다; an〔unter〕H. leiden 향수로 괴로워하다. **~wehkrank**〈Adj.〉 향수로 병든: ein -es Kind 그리움으로 병든 아이. **~wehr**, die 향토 방위군

(1918~1936년 오스트리아 농민, 시민의 자위대).
~**werken** 〈대개 부정사와 현재분사로 사용〉 가내 노동자로 일하다, 가내 노동하다: viel Geld sparen durch Heimwerken 가내 노동으로 많은 돈을 저축하다.
~**werker**, der 가내 공업 종사자. ~**wesen**, das 《schweiz.》 토지, 가산: ein stattliches H. 적지않은 가산. ~**zögling**, der 수용[보호]시설의 유아.
Heimarmene [haimar'me:nə, 〈교양어〉'...ne], die [griech. heimarménē] 【그리스 철학】 숙명, 운명.
Heimat ['haimat], die; -en a) 고향: München ist seine H. 뮌헨은 그의 고향이다; Wien ist meine zweite H. 빈은 나의 제 2 의 고향이다(그곳에서 태어나지는 않았지만, 그곳이 나의 고향처럼 여겨진다); sie folgte ihm in seine Heimat 그녀는 그를 따라 그의 고향으로 갔다(결혼하여 그의 고향으로 거처를 옮겼다). b) 원산지, 발상지, 근원지: Deutschland gilt als die H. des Buchdrucks 독일은 서적 인쇄의 발상지로 평가된다.
heimat-, Heimat-: ~**abend**, der 고향의 밤, 향토 축제의 밤. ~**berechtigt** 〈Adj.〉 a) †wohnberechtigt. b) 《schweiz.》 시민권이 있는. ~**berechtigung**, ↑Wohnberechtigung. ~**blatt**, das ↑~zeitung. ~**dichter**, der 향토 시인(작가). ~**dichtung**, die 향토 문학. ~**erde**, die 고향의 땅. ~**fest**, das 향토 축전(축제). ~**film**, der 향토 영화. ~**forscher**, der 향토 연구가. ~**forschung**, die 향토 연구. ~**freund**, der 향토 연구 동호인, 향토 애호가. ~**front**, die 〈특히 나치〉 후방 전선(戰線). ~**gefühl**, das 향토 감정. ~**genössig** [-gənœsıç] 〈Adj.〉 《schweiz.》 ↑ ~berechtigt (b). ~**geschichte**, die 향토사(鄕土史). ~**hafen**, der 선적항(船籍港), 모항(母港). ~**kalender**, der 향토 달력. ~**kunde**, die 〈Pl. 없음〉 향토지(鄕土誌), 향토 연구. ~**kundler**, der ↑~forscher. ~**kundlich** 〈Adj.〉 향토지의, 향토연구에 관련된. ~**kunst**, die 〈Pl. 없음〉 향토 예술. ~**land**, das 〈Pl. -länder〉 1. 고국(故國), 모국(母國). 2. ↑Homeland. ~**lied**, das 〈Pl. 없음〉 (고향을 노래하는) 향토가. ~**los** 〈Adj.〉 고향을 잃은, 유랑(流浪)의, 무국적의, 실향의: 전의 als Schicksal des geistig -en Menschen 정신적 실향인의 운명으로서. ~**lose**`*`, der 고향 잃은 자, 무국적자, 실향민. ~**losigkeit**, die 고향 상실, 실향. ~**museum**, das 향토 박물관. ~**ort**, der a) 출생지, 고향. b) ↑~hafen. ~**pflege**, die 향토 문화의 보존(보호). ~**presse**, die ↑~zeitung. ~**prinzip**, das 〈Pl. 없음〉 《schweiz.》 속인주의(屬人主義). ~**recht**, das 거주권: eine Art H. erwerben 일종의 거주권을 취득하다. ~**schein**, der 《schweiz., österr.》 〈옛〉 거주권 증명서. ~**schriftsteller**, der 향토 작가. ~**schuß**, der 【군】 (치료를 위해) 본국 송환이 필요한 총상. ~**schutztruppe**, die 〈Pl. 없음〉 향토 방위대. ~**sprache**, die 토착어, 본국 모국어, (국적 보유의) 본국. ~**stadt**, die 출생 도시, 고향 (도시). ~**tag**, der ↑~fest. ~**treffen**, das (실향민들의) 망향적 모임. ~**verbunden** 〈Adj.〉 고향에 결부된. ~**verteidigung**, die 〈Pl. 없음〉 조국 방위. ~**vertrieben** 〈Adj.〉 (1945년 이후 동구 지역으로부터) 쫓겨난, 피난해 온. ~**vertriebene**`*`, der 그 고향으로부터 추방된 자, 피난민. ~**verwurzelt** 〈Adj.〉 토착화된, 고향에 뿌리를 내린. ~**zeitung**, die 향토 [지방] 신문: für die H. schreiben 향토지(鄕土誌)에 기고하다.
heimatlich 〈Adj.〉 a) 고향에 있는: die -en Berge 고향의 산들. b) 고향을 생각나게 하는, 그고립게 만드는: alles mutet mich h. an 모든 것이 나로 하여금 고향을 그립게 한다. **Heimchen** ['haimçən], das; -s, - 1. 귀뚜라미. 2. 〈통용어·폄〉 아무일도 하지 않는 필요없는 여자: seine Frau ist ein richtiges H. 그의 부인

은 정말 쓸데없는 여자이다; H. am Herd(e) 부엌데기 (가사에만 만족한 여자). **heimelig** ['haiməlıç] 〈Adj.〉 제집처럼 안락한, 친숙한, 허물없는: ein -es Wohnzimmer 안락한 거실. **Heimeligkeit**, die 안락함, 편안함, 친숙함, 허물없음. **Heimen** ['haimən], das; -s, - 《schweiz.》 농가, 농장. **Heimet** ['haimət], das; -s, -e 《또는》 die; -en 《schweiz.》 〈농가의〉 농지, **heimisch** 〈Adj.〉 a) 고향의, 본(거)지의, 국내의: die -e Bevölkerung 본(거)지 주민; diese Tiere sind in Asien h. 이 동물들은 아시아에 본거지[서식지]를 두고 있다. b) 고향 같은, 친숙한, 허물없는: zwei bis drei Tage Abwesenheit vom -en Herd 2~3일간의 집비우기(집을 떠남). c) 〈다음 용법으로〉 **irgendwo h. sein [werden, sich fühlen]** 어떤 곳에서 편안함[친숙함]을 느끼다; 전의 in einem Fach h. sein 〈드물게〉 어떤 전공분야에 정통하다. **heimlich** 〈Adj.〉 1. 은밀한, 비밀의, 내밀의: -es Mißtrauen 은밀한 불신; er war von dem -en Ehrgeiz beseelt, Künstler zu werden 그는 예술가가 되리라는 공명심에 은밀히 설레고 있었다; der Verhandlungen sind h. 협상은 은밀한 것이다; h. auf die Uhr sehen 남 눈치채지 않게 시계를 보다; sich h. mit jmdm. treffen 남몰래 누구를 만나다; **h., still und leise** 《통용어》 소리없이, 눈치채지 않게. 2. 《österr.》 친숙한, 편안한, 제집 같은(heimelig).
heim`|`**~feiß** [-fais] 〈Adj.〉 《schweiz.》 (재산·능력 등을) 숨기는, 위선적인. ~**tuer** [-tu:ɐ], der; -s, - 〈폄〉 비밀이 있는 척하는 사람, 넌지시 암시하는 사람. ~**tuerei** [-tu:a'rai], die; -en 〈폄〉 비밀이 있는 척함. ~**tun**`*` 〈h〉 〈폄〉 숨기고 있는 듯해 보이다, 혼자서만 알고 있는 척하다: sie tat immer heimlich mit ihren Verabredungen 그녀는 언제나 약속을 숨기고 있는 듯 했
heimlicherweise 〈Adv.〉 〈드물게〉 비밀스럽게, 은밀하게. **Heimlichkeit**, die; -en 1. 〈대개 Pl.〉 비밀, 기밀, 숨김: verbotene -en 금지된 비밀; eine -en haben 누구와 비밀을 함께 하다. 2. 숨김: **in aller H.** 극도로 은밀하게, 아무도 눈치채지 못하게.
Heimtücke, die [haimliche(= heimliche) Dück (또는) hemische(= hämische) Dück에서] 음험, 악의, 교활, 위선, 유인: jmds. H. fürchten 누구의 교활함을 두려워하다; 전의 Furcht vor der unberechenbaren H. des Fiebers 예측할 수 없는 신열(身熱)의 잠행에 대한 두려움. **Heimtücker**, der; -s, - 교활한 사람, 위선자. **heimtückisch** 〈Adj.〉 교활한, 비열한, 악의에 찬; jmdn. h. ermorden 누구를 비열하게 살해하다; 전의 eine -e Krankheit 잠행성 질환.
Hein: ↑Freund (1).
heinesch 〈Adj.〉 ↑heinisch.
Heini ['haini], der; -s, -s [Heinrich의 애칭형 Heini에 따라] 《통용어·욕》 우둔한(단순한, 무능한) 남자: so ein doofer H.! 정말 지겨운 얼간이군!
heinisch ['hainıʃ], **heinesch** [...nəʃ] 〈Adj.〉 [독일 시인 H. Heine(1797~1856)의 이름을 따라] 하이네풍(風)의.
Heinrich ['hainrıç] 〈다음 용법으로〉 **den flotten H. haben** 〈경〉 설사하다; **den müden H. spielen**(auf müden H. machen) 《통용어》 게으름을 피우다.
heint [haint] 〈Adj.〉 〈통용어〉 [diese Nacht의 약칭] 〈지역적〉 1. 오늘 밤. 2. 오늘.
Heinz [haints], der; -en, -en `¹`**Heinze** [-ə], der; -n, -n [독(臺)가 사람의 형상과 비슷하여 본어의 Heinz(= Heinrich)의 이름을 따라] 1. 건초대, 풀을 말리는 걸게막대. 2. 탈기기(脫靴器)(Stiefelknecht) `²`**Heinze** [-], die; -n 《schweiz.》 ↑Heinz (1). **Heinzelbank** ['haints(ə)-], die; ...bänke 《österr.》 〈목재를 다루는〉 작업대. **Heinzelmännchen**, das; -s, - 〈대개 Pl.〉 (민속

heiopopeio!

신앙에서 사람이 없는 사이에 집안일을 대신 해놓는다는 소요정(小妖精), 가신(家神): jetzt brauchten wir die H., die alles wieder saubermachen 우리는 모든 것을 다시 깨끗이 청소해 주는 소요정(같은 사람)이 필요했다.

heiopopeio! [hajopo'pajo] ⟨Interj.⟩ ↑ ciapopeia.

Heirat ['hajraːt], die; -en 결혼, 혼인: eine späte H. 만혼(晚婚); eine H. (mit jmdm.) eingehen (누구와) 결혼하다; eine H. aus Liebe 연애 결혼; eine H. zwischen Blutsverwandten 근친 결혼; 전의 die gerade bekanntgewordene H. zwischen beiden Firmen 방금 알려진 바 있는 두 회사간의 합병. **heiraten** [-ŋ] ⟨h⟩ a) 결혼하다: jung h. 젊은 나이에 결혼하다; zum zweiten Mal h. 재혼(再婚)하다; sie mußten h. 《통용어·은폐》 그들은 아이가 생겨 결혼해야 했다. b) 누구와 결혼(혼인)하다: die Tochter seines Nachbarn h. 이웃집 딸과 결혼하다; vom Fleck weg h. 그 자리 즉석에서 결혼하다; er hat Geld geheiratet 《통용어》 그는 돈많은 처녀와 결혼했다. c) 결혼하여 어떤 곳에 살게되다, 어디로 시집을 가다: sie hat nach Amerika geheiratet 그녀는 미국으로 시집을 갔다.

heirats-, Heirats-: **~absicht**, die ⟨대개 Pl.⟩ 결혼의 사(意思). **~alter**, das a) 결혼 연령: das durchschnittliche H. ist gesunken 평균 결혼 연령이 낮아졌다. b) 결혼 적령기, 법정 혼인 연령. **~annonce**, die 구혼 광고. **~antrag**, der 청혼(請婚), 구혼: sie hat schon mehrere Heiratsanträge bekommen 그녀는 벌써 여러 차례의 구혼을 받았다. **~anzeige**, die 1. 결혼 공고, 결혼 통지(청첩장). 2. ↑ ~annonce. **~buch**, das: ↑ ~register. **~büro**, das: ↑ ~institut. **~erlaubnis**, die (특히 군인의 경우) 결혼 허가. **~fähig** ⟨Adj.⟩ 결혼 능력이 있는[적령기의]: sie ist jetzt im -en Alter 그녀는 이제 결혼할 나이다. **~fähigkeit**, die ⟨Pl. 없음⟩ Ehemündigkeit; **~freudig** ⟨Adj.⟩ ~lustig. **~gedanke**, der ⟨대개 Pl.⟩ ↑ ~absicht. **~gesuch**, das 결혼 허가원(許可願). **~gut**, das ⟨Pl. 없음⟩ (österr.·고어) 결혼 지참금[물], 혼수. **~institut**, das 결혼 소개소. **~kandidat**, der 《농》 a) (결혼식을 앞둔) 결혼자, 사위감. b) 결혼 상대자. **~kontrakt**, der 결혼 계약. **~lustig** ⟨Adj.⟩ 《농》 결혼하려는 생각을 가진. **~markt**, der 《농》 a) ⟨Pl. 없음⟩ (신문·잡지의) 구혼 광고란. b) 혼기의 젊은 남녀들의 집회(합동 선보기). **~plan**, der ⟨대개 Pl.⟩ ↑ ~absicht. **~schwindel**, der 결혼 사기. **~schwindler**, der 결혼 사기꾼: sie war einem H. zum Opfer gefallen 그녀는 어떤 결혼 사기꾼의 제물이 되었다. **~urkunde**, die 결혼 증명서. **~urlaub**, der (특히 군대의) 결혼 휴가. **~vermittler**, der 결혼 중매인. **~vermittlung**, die 결혼 중매. **~versprechen**, das 결혼 약속. **~wunsch**, der 청혼.

heisa! ['hajza, 'hajsa], **heißa!** ['hajsa] ⟨Interj.⟩ ↑ hei u. sa ▸ Ruf zum Heranlocken des Jagdhundes] (고어) (기쁨·격려의 표현) 자!: h., jetzt geht's los! 자, 이제 시작해 보세!

heischen ['hajʃn] ⟨h⟩ a) (아이) (강제적으로) 요청하다, 요구하다: etw. heischt Beifall 무엇이 박수를 강요하다; ein Aufmerksamkeit heischender Blick 주목을 요청하는 눈길. b) ⟨아이·준고어⟩ 무엇을 간청하다: Hilfe h. 도움을 간청하다.

heiser ['hajzɐ] ⟨Adj.⟩ 목쉰, 목소리가 잠긴, 쉰 목소리의: sie sprach h. 그녀는 쉰 목소리로 말했다; du hast dich h. geschrien 너는 소리를 질러 목이 쉬었다[목이 쉬도록 소리를 질렀다]; er hat sich die Kehle h. geredet 그는 누구를 설득시키려고 목이 쉬도록 애썼다; 전의 die heiseren Tuten aus dem Hafen 항구의 쉰 듯한 뱃고동 소리.

Heiserkeit, die; -en 목이 쉼, 목 잠김: ein Mittel gegen Husten und H. 기침과 목 잠김 치료제.

heiß [hajs] ⟨Adj.⟩ **1.** 뜨거운, 더운(반대: kalt): die -en Länder 열대지역 국가들; -e Würstchen 끓는 물에 삶아낸 소시지; ihm ist [wird] h. 그가 땀을 흘리기 시작한다; das Kind ist ganz h. 《친근》 어린아이에게 열이 있다; ein Paar Heiße 《통용어》 두 개의 따뜻한 소시지 전의 dich haben sie wohl (als Kind) zu h. gebadet! 《농》 너는 아직 이성을 잃었어 !; **sich h. reden** 말을 계속하여 흥분 상태에 빠지다; **es überläuft jmdn. h. und kalt[es läuft jmdm. h. und kalt den Rücken hinunter]** 공포심에 몸이 오싹하다[간담이 서늘해지다]; **nicht h. und nicht kalt[weder h. noch kalt] sein** 이것도 저것도 아니다[만족스럽지 못하다]. **2. a)** 격렬한, 열띤: eine -e Debatte 격렬한 논쟁. **b)** 열렬한, 열정적인: -e Liebe 열렬한 사랑[열애]; ihr -ester Wunsch ist eine Puppe 그녀의 가장 열렬한 소망은 인형이다; -en Dank 《통용어》 더할 나위 없는 고마움[최고의 감사]; h. und innig 진실로, 정말(sehr, von Herzen). **3.** 흥분하다는, 선정적인, 선동적인: -e Musik 선정적인 음악. **4. a)** (아이) 위험한, 위태로운, 절박한: die Grenze gilt immer noch als h. 국경은 아직도 여전히 위태로운 것으로 보인다. **b)** (핵물리) 고도의 방사능 물질을 지닌: eine -e Zelle (원자력 발전소의) 방사능 물질 보관소, 원자로; -e Chemie 핵화학. **5.** 《통용어》 유망한, 기대를 모으는: eine -e Favoritin 인기마(人氣馬). **6.** 《통용어》 〈스포츠 카가〉 매우 빠른. **7. a)** 《농》 (개나 고양이 따위가) 발정한. **b)** 〈경〉 성적 흥분을 자아내는.

heiß-, Heiß-: **~behandlung**, die [의학] 뜨거운 증기 치료, 열기요법. **~blütig** ⟨Adj.⟩ 정열적인, 혈기왕성한: sie hat einen -en Spanier geheiratet 그녀는 정열적인 스페인 남자와 결혼했다. **~blütigkeit**, die 정열, 혈기왕성. **~dampf**, der 고열증기. **~dampfmaschine**, die 고열 증기 기관. **~erfleht** ⟨Adj.⟩ 탄원하는. **~ersehnt** ⟨Adj.⟩ 열망하는. **~geliebt** ⟨Adj.⟩ 열애하는. **~getränk**, das [요리] 뜨거운 음료. **~hunger**, der 강렬한 식욕, 병적인 식욕, 갈망, 탐욕: einen H. nach etw. haben 무엇을 향한 탐욕을 가지다[무엇을 탐욕하다]. **~hungrig** ⟨Adj.⟩ 강한 식욕을 가진, 탐욕스러운. **~laufen*** ⟨s⟩ [기술] 과열하다: der Motor ist heißgelaufen 엔진이 과열했다; 《또한》 h. + sich die Achsen haben sich heißgelaufen 차축이 과열되었다; 전의 Lorenz ließ die Kontrahenten nicht h. 로렌츠는 논쟁의 상대방들을 너무 흥분시키지 않았다. **~leiter**, der [전기] 더어 미스터. **~luft**, die 열기, 열풍. **~luftbad**, das 열기욕(熱氣浴). **~luftbehandlung**, die 열기 치료. **~luftdampfbad**, das (러시아·로마식의) 건습욕. **~luftdusche**, die (헤어드라이어와 같은 것으로서 의료·기술에 사용되는) 전기 열풍기. **~luftheizung**, die 열기[열풍] 난방. **~luftherd**, der 열풍 조리기, 열풍 레인지. **~lufttrockner**, der ↑ ~luftdusche. **~mangel**, die 증기 다리미, (세탁의) 주름펴는 기계. **~mist**, der ↑ Edelmist (1). **~sporn**, der [engl. hotspur] 화를 잘 내는 사람, 열혈한(熱血漢). **~spornig** ⟨Adj.⟩ (드물게) 화를 잘 내는, 성급한. **~umkämpft** ⟨Adj.⟩ (승리, 진지를 얻기 위해) 격전을 벌인. **~umstritten** ⟨Adj.⟩ 격렬하게 다툰, 격론의. **~wasser**, das 《특히 기술》 온수. **~wasserapparat**, der ↑ ~wasserbereiter. **~wasserbereiter**, der (전기 또는 가스를 사용하는) 온수기, 급탕기(Boiler). **~wasserspeicher**, der 온수조(槽). **~welle**, die 파마한 머리결.

heiße, heißassa: ↑ heisa.

¹**heißen** [hajsn] ⟨h⟩ **1.** 불리우다, …라는 이름이다: der Junge heißt Peter Müller 그 청년(의 이름)은 페터 뮐러이다; wie heißt du? 이름이 무엇인가?; wie heißt die

Firma 그 회사 이름[명칭]이 무엇인가?; er heißt nach seinem Großvater 그는 할아버지와 같은 이름을 가지고 있다; [성구] so wahr ich …heiße 《통용어》(내가 …이라는 이름인 것과 마찬가지로) 진실로; wenn es sich so verhält, heiße ich Hans / Emil o.ä.〔will ich Hans / Emil o.ä. h.〕《통용어》사정은 결코 그렇지 않다. **2. a)** 《준고어》이름을 부여하다, 부르다: sie haben das Kind (nach seinem Vater) Wilhelm geheißen 그들은 어린 아이를 (아버지 이름을 따서) 빌헬름이라고 불렀다. **b)** 《아어》…라고 칭하다, …라 하다: er hieß ihn seinen Freund 그는 그 사람을 자기의 친구라고 했다; jmdn. dumm h. 누구를 멍청하다고 하다. **3.** 《아어》명하다, 분부하다: er hieß mich stehenbleiben 그는 나에게 서 있으라고 명했다; er hieß den Kutscher das Tier antreiben 그는 마부로 하여금 그 짐승을 몰게 했다(몰도록 분부했다). **4.** (똑같은 내용을) 의미하다, 뜻하다, 나타내다: "guten Abend" heißt auf französisch "bon soir" 독어 guten Abend(안녕하세요: 저녁 인사)는 프랑스어로 bon soir이다; er weiß, was es heißt, Verantwortung zu tragen 그는 책임을 진다는 것이 무엇을 뜻하는지 알고 있다; das will (nicht) viel h. 그것은 대단히 중요하다(중요하지 않다); was heißt hier: morgen? das wird sofort gemacht 내일이 뭐야? 그 일은 즉시 해치우는 거야; das heißt 《앞서 말한 것을 해명하거나 제약할 때》다시 말해, 즉(약자: d.h.): ich komme morgen, das heißt, nur wenn es nicht regnet 내일 가겠다, 다시 말해 비가 오지 않는다면 말이다. **5.** …이라는 내용이다, …라고 말한다[쓰여 있다], 《문·구·단어 로서》 …이다: der Titel des Romans heißt „Krieg und Frieden" 이 소설의 제목은 전쟁과 평화이다; sein Motto hieß: arbeiten und nicht verzweifeln 그의 좌우명은 일하라 그리고 좌절하지 말라이다. **6.** 《아어·준고어》《비인칭》**a)** …라는 소문이다, …라고도 하다: es heißt, er sei ins Ausland gegangen 그는 외국으로 나갔다고들 한다; nun hieß es plötzlich, dies alles sei "illegal" 갑자기 모든 것은 불법이라는 얘기가 나돌았다. **b)** 쓰여져 있다: in seinem Brief hatte es geheißen, er wolle zurückkommen 그의 편지에는 그가 돌아오겠다고 쓰여져 있었다. **7.** 《비인칭》《아어》…하는 것이 필요하다, 해야 한다: da heißt es aufgepaßt〔aufpassen〕주의할 필요가 있다.

²**heißen** [-]〈h〉hissen.

Heister ['haistɐ], der; -s, - **1.** [원예어] 묘목. **2.**《지역적》너도밤나무(Buche).

heiter ['haitɐ]〈Adj.〉**1.** 명랑한, 쾌활한, 밝은, 가벼운: ein -es Gesicht 쾌활한 얼굴(표정); sie hat ein -es Gemüt 그녀는 명랑한 성품을 가지고 있다; [전의] auch die Sache hat auch eine -e Seite 그 일은 마음을 밝게 해주는 측면도 가지고 있다; ein -er Roman (심적 부담을 주지 않는) 가벼운 소설; ein heller, -er Raum 밝고 화사한 공간(장소); [성구] das ist ja h.![kann ja h. werden!]《통용어·반어》야, 이거 큰일났군! [큰일나겠는데!]; Junge, Junge, jetzt wird's h. 여보게, 여보게, 무슨 일이 일어날 것 같아[소동이 벌어질 것 같아]. **2.** (기후·날씨에 관련해서) 맑은, 쾌청한: -es Wetter 쾌청한 날씨; gegen Mittag wurde es〔wurde der Himmel〕h. 정오경에 날은 [하늘은] 개었다 [구름이 걷혔다]. **Heitere**, die《schweiz. 통용어》↑Heiterkeit. **Heiterkeit**, die **1. a)** 명랑, 쾌활, 기분 좋음: eine leise, beglückende innere H. 잔잔한, 행복을 자아내는 내면적인 쾌활; [전의] die schimmernde H. 우아함, 아름다움. **b)** 명랑한 분위기, 큰 웃음: eine lärmende H. 떠들썩한 웃음소리. **2.** 晴明: dieser Herbst war von einer stetigen H. 이번 가을은 항상 쾌청한 날씨였다. **Heiterkeitsausbruch**, der 웃음을 터뜨림, 폭소가

seine Bemerkung hatte einen großen H. zur Folge 그의 발언이 커다란 폭소를 일으켰다. **Heiterkeitserfolg**, der 폭소를 자아냄: mit seiner Bemerkung hatte er den größten H. des Abends 그의 발언은 그날 저녁 폭소를 자아내게 만들었다.

Heiti ['haiti], das; -(s), -s [nord. heiti = Name, Benennung] [문예학] 완곡대칭법(고대 북구 문학에서 단순한 관련 명칭을 통해서 개념을 비유적으로 둘러 말하는 법, 예컨대는 말(馬)(Roß) 대신 경주자(Renner)를 쓰는 따위)[↑Kenning 참조].

Heiz-. ~**anlage**, die (중앙) 난방 장치[시설]. ~**apparat**, der ↑~gerät. ~**decke**, die 전기담요. ~**effekt**, der 열효과. ~**element**, das [전기] 발열체(發熱體). ~**fläche**, die (난방기구의) 발열판, 열을 내는 표면. ~**gas**, das 공업 연료가스. ~**gerät**, das (보조용의) 난방 기구. ~**keller**, der 《통용어》난방시설 장치용(보일러)실. ~**kessel**, der 난방용 보일러. ~**kissen**, das 전기 방석. ~**körper**, der **a)** 난방용 방열기(放熱器)(라디에이터), 방열체: den H. abdrehen 라디에이터의 조절기를 돌려 잠그다. **b)** ↑element. ~**kosten** 〈Pl.〉난방비, 연료비. ~**kostenbeihilfe**, die (저소득층에 대한) 난방비 보조. ~**kostenpauschale**, die (셋집의) 난방비 예치금. ~**kraft**, die 화력, 열력, 열효과. ~**kraftwerk**, das 화력발전소, (지역 난방을 위한) 대형 난방시설. ~**leiter**, der [전기] 열도체. ~**lüfter**, der 전기 온풍기, 온풍 난방기. ~**material**, das 연료(석탄, 코크스, 나무, 유류 등). ~**matte**, die ↑~decke. ~**ofen**, der (전기 및 가스식의) 이동식 난방 기구, (전기)·가스스토브. ~**öl**, das 난방용 유류. ~**periode**, die (1년 중) 난방(이 필요한) 기간. ~**platte**, die **1.** (전기식의) 조리용 열판(熱板). **2.** (전기식의) 보온용 열판. ~**rohr**, das 스팀[온수] 파이프, 난방관. ~**schlange**, die 방열(放熱) 코일. ~**sonne**, die 반사식 전기 스토브. ~**spirale**, die 방열 필라멘트. ~**stoff**, der ↑~material. ~**strahler**, der 순간 발열기. ~**stube**, die 난방 스토브. ~**strom**, der 난방용 전류, 필라멘트 전류. ~**vorrichtung**, die 난방 장치. ~**werk**, das ↑Fernheizwerk. ~**wert**, der 발열량(發熱量), 칼로리량: der H. von Braunkohle beträgt 2000kcal 갈탄의 발열량은 2000 킬로칼로리에 달한다. ~**zeit**, die ↑~periode.

heizbar ['haitsbaːɐ]〈Adj.〉난방할 수 있는, 난방 장치가 되어 있는: das Zimmer war nicht h. 그 방은 난방 장치[시설]이 되어 있지 않았다. **Heizbarkeit**, die 난방 가능성. **heizen** ['haitsn̩]〈h〉**1. a)** (스토브에) 불을 지피다, 난방장치를 가동하다: ab Oktober wird geheizt 10월부터 난방 장치는 가동된다; [전의] man friert bei diesem Hundewetter und sollte wenigstens innerlich ein bißchen h.《농》이런 나쁜 날씨에는 꽁꽁 얼기 마련이다, 그러면 적어도 한잔의 술로서 속을 데워야 한다. **b)** 따뜻하게 하다, 난방하다: ein Zimmer h. 방을 따뜻하게 만들다; der Saal läßt sich nicht h. 그 홀은 난방이 잘 되지 않는다. **c)** 가열해서 뜨겁게 하다, 불을 때다: den Backofen (mit Holz) h. 빵 굽는 가마를 (장작을 때서) 가열시키다. **2. a)** 연소시키다: Holz h. 장작을 때다. **b)** (어떤 연료를 사용해서) 따뜻하게 하다, 난방하다: elektrisch〔mit Kohlen〕h. 전기로〔석탄을 때서〕난방하다. **3.** (+ sich) 따뜻해지다, 난방하다: das Zimmer heizt sich schlecht 그 방은 난방이 잘 되지 않는다. **Heizer**, der; -s, - 화부, 난방 기사. **Heizung**, die; -en **1.** (중앙) 난방 장치 (Zentralheizung), 난방기: eine elektrische H. 전기난방기. **b)** 《통용어》Heizkörper 가열기, 난방: Miete mit H. 난방비를 포함한 집세.

Heizungs-. ~**anlage**, die ↑Heizanlage. ~**keller**, der ↑Heizkeller. ~**material**, das《schweiz.》↑

Hekate Heizmaterial. **~monteur,** der 난방 장치 설비사. **~rohr,** das ↑Heizrohr. **~tank,** der 난방 유류 탱크. **~technik,** die 난방 설비 기술.

Hekate [he:katə] 헤카테 여신(그리스 신화에서 밤과 지하 세계의 여신).

Hekatombe [heka'tɔmbə], die; -n [lat. hecatombē < griech. hekatómbē] 〈대개 Pl.〉《교양어》 다수의 희생 (자), 대손실: dem Erdbeben fielen -n von Menschen zum Opfer 지진으로 수많은 희생자들이 발생했다. **hekt-, Hekt-:** ↑hekto-, Hekto- 참조. **Hektar** ['hɛkta:ɐ̯, -'-], das /〈schweiz.〉der; -s, -e 〈그러나: 10 -〉 [frz. hectare = 100 Ar] 헥타르(면적의 단위): 6 H. Ackerboden 6 헥타르의 농지(기호: ha). **Hektare** ['hɛkta:rə], die; -n 〈schweiz.〉 ↑Hektar. **Hektarertrag,** der 〈대개 Pl.〉 [농업] 헥타르 당 수확.

Hektik ['hɛktɪk], die 분망함, 분주함, 서두름: die H. des Großstadtverkehrs 대도시 교통의 분망함. **hektisch** ['hɛktɪʃ] 〈Adj.〉 [2 : lat. hecticus < griech. hektikós] **1.** 성급한, 분망한, 흥분한, 바쁜, 산만한: ein -es Tempo 성급한 속도; der Beginn des Winterschlußverkaufs war h. 겨울 바겐세일의 시작은 성급한 것이었다. **2.** [의학]《준교어》결핵의, 소모성의: -es Fieber 소모성(결핵성) 신열(身熱); [전의] Bier oder Wein hatte diese Gesichter h. gerötet 맥주 혹은 포도주가 이 얼굴들을 뜨겁게 달아오르게 했다.

hekto-, Hekto-,〈모음 앞에서〉hekt-, Hekt- ['hɛkt(o)-; frz. hect(o)-] 〈다수(百)를 뜻하는 규정어로서, 예컨대〉Hektoliter, Hektar. **Hektogramm,** das; -s, -e 〈그러나: 5 H.〉[frz. hectogramme] 헥토그램(100그램 단위) (기호: hg). **Hektograph,** der; -en, -en《준교어》젤라틴판 복사기(등사기). **Hektographie,** die; -n [...iːən] **1.** ↑Pl. 없음《준교어》젤라틴판 복사. **2.** 젤라틴 복사기에 의한 복사물. **hektographieren** [...gra'fiːrən] 〈h〉(젤라틴판으로) 복사해내다, 複寫하다: Flugblätter[Dokumente] h. 전단[문서]을 복사하다[찍어내다]. **Hektoliter** [...'litɐ, 〈또한〉'- - - -], der 〈schweiz.〉/ das; -s, - [frz. hectolitre] 핵토리터(100리터 단위)(기호: hl). **Hektometer** [〈또한〉'- - - -], der 〈schweiz.〉/ das; -s, - [frz. hectomètre] 헥토미터(100미터 단위)(기호: hm).

Hektor ['hɛkto:ɐ̯; 자주 사용된 개 이름 Hektor에 따라] **1.**《다음 용법으로》**rangehen wie H. an die Buletten**《지역적·경》1) 어떤 계획을 강하게 실천하다. 2) 목표 지향적이다. **2.** [18(그리스 신화) 트로야의 영웅.

Hektoster [(또한)'- - - -], der; -s, -e /-s〈그러나: 3 H.〉 [frz. hectostére] (특히 목재에서) 100입방미터(기호: hs). **Hektowatt** [(또한)'- - - -], das; -s, - 100 왓트 단위.

Hekuba ['he:kuba; 그리스 신화에서 Priamos 왕의 부인이며 Hektor의 어머니]《다음 용법으로》**jmdm. H. sein[werden]**《교양어·드물게》누구의 관심은〈더이상〉끌지 못하다, 시큰둥해지다, 아무래도 좋다.

Hel [hɛl], die 〈대개 관사 없이〉(게르만 신화의) 하계(下界), 명부(Unterwelt).

Helanca ⓌⓏ [he'laŋka], das; - 《인공어》 신축성이 뛰어난 나이론사(絲).

helau! [he'lau]〈Interj.〉(마인쯔 지역 사육제에서의 외침소리) 야! 만세! (hurra!).

Held [hɛlt], der; -en, -en **1. a)** [신화] (신화, 전설상의) 영웅, 전설의 영웅: die ~en der germanischen Sage 게르만 전설의 영웅들. **b)** (어려운 과제를 해낸) 영웅, 용사: die von den schweren Bergungsarbeiten Heimkehrenden wurden als -en gefeiert 어려운 발굴 작업에서 귀향한 자들은 영웅으로 찬미되었다. **c)** (전쟁에서의 용감성으로 모범이 되는) (전쟁) 영웅, 용사: namenlose -en des Weltkrieges 세계 대전의 무명 용사들; unsere gefallenen -en 우리들의 전몰 장병들; du bist mir (ja) ein rechter[netter, schöner] H.!《농·반어》자네가 한 일은 그렇게 특별히 내세울 것이 못돼!; spiel doch nicht immer den -en! 《농·조롱》 아무것도 걸릴 게 없다는 듯이 그렇게 행동하지 말게!; [성구] die -en sind müde (geworden)《농·조롱》기고만장한 자들이 체념에 빠지다[지치다] (독일인을 지칭한 프랑스 영화의 제목 "Les héros sont fatigués", 1955에서부터); **kein H. in etw. sein**《통용어·농 혹은 조롱》무엇에 능하지 못하다; **der H. des Tages[des Abends] sein** 그날의[그날 밤의] 주목을 한몸에 받다. **2.**《구동독》 어떤 분야에서 뛰어난 업적을 쌓은자: **H. der Arbeit**《구동독》 노동 영웅(명예 칭호, 그 칭호를 받은 자). **3.** (문학 작품에서) 남자주인공: der tragische H. 비극적 주인공; das Stück hat einen negativen -en [문예] 그 연극은 한 사람의 부정적인 주인공(사전에 수동적인 주인공)을 포함하고 있다; dieser Schauspieler spielt heute den jugendlichen -en《고어》이 배우는 오늘 젊은 주인공 역을 한다.

Heldbock, der; -(e)s, -böcke 하늘소(Eichenbock).

helden-, Helden- ['hɛldn̩-]: **~bariton,** der **1.** (바그너의 오페라 주인공 역에 알맞은) 바리톤 음성. **2.** 바리톤 음성의 성악가. **~brust,** die《농·반어》(자긍심이 넘치는) 사나이의 가슴. **~darsteller,** der [연극] 주인공 역의 연기자. **~dichtung,** die《중세의》 영웅 문학[서사 문학]. **~epos,** das [문예] (중세의) 영웅서사시. **~friedhof,** der 전몰장병의 묘지. **~gedenktag,** der (나치) 1,2차 대전의 전몰자 추념일, 현충일. **~gedicht,** das ↑~lied. **~gesang,** der ↑~lied. **~gestalt,** die 영웅, 영웅서사시의 주인공. **~grab,** das (나치) 전사자묘. **~greifer,** der ↑~klau. **~haltung,** die [요가] 양반다리로 앉기. **~keller,** der (군) 벙커, 방공호. **~klau,** der (군) 징병심사원. **~lied,** das [문예학] (주로 민족 대이동 시의 영웅을 다루고 있는) 영웅(서사)시(시연을 갖추고 두운법을 사용하고 있음). **~mut,** der 영웅적 용맹[기백]. **~mütig** 〈Adj.〉영웅적인, 용감한: eine -e Tat 영웅적 행동. **~pose,** die (펌) (짐짓 꾸민) 영웅적 자세. **~rolle,** die [연극] (연극·오페라 등의) 주인공 역할. **~sage,** die [문예학] 영웅 전설. **~stück,** das 《대개 반어》↑~tat. **~tat,** die 영웅적 행위: wahre -en 진짜 영웅적 행위; was du dir da geleistet hast, war keine H.《조롱》자네가 행한 일은 그다지 대단한 일이 아니었네. **~tenor,** der **1.** (바그너의 오페라 주인공 역에 알맞은) 테너 음성. **2.** 테너 음성의 성악가. **~tod,** der《아어》전사(戰死): ihr Sohn ist in Rußland den H. gestorben 그녀의 아들은 러시아에서 전사했다. **~verehrung,** die 영웅 숭배. **~zeitalter,** das ↑Heroenzeit.

heldenhaft〈Adj.〉영웅적인, 용감한: ein -er Kampf 영웅적 투쟁; ein -er Entschluß 용감한[과감한] 결단. **Heldentum,** das; -s 영웅적 정신, 영웅적 태도: wahres H. 참된 영웅적 태도; unsagbares H. unserer Soldaten 우리 병사들의 필설로 다 할 수 없는 용감성.

Helder ['hɛldɐ], der / das -s, - [niederd. helden] 아직 둑을 쌓지 않은 소택지(沼澤地).

Heldin ['hɛldɪn], die; -nen **1.**《아어·드물게》여장부, 여걸. **2.** (소설 등 문학 작품의) 여주인공. **heldisch** ['hɛldɪʃ]〈Adj.〉《아어》**1.** 영웅의, 영웅적인: die -e Frühzeit eines Volkes 민족의 영웅적 초기 시대. **2.** ↑heldenhaft.

Heldspeer, der; -(e)s, -e [그의 형과 함께 투창을 개발한 육상 선수 F. Held(1927)의 이름을 따라] [육상] 투창용 창(槍). **Heldzigarre,** die [육상]《은어》↑Heldspeer.

Helfe ['hɛlfə], die; -n 【직조】 베틀의 종사(綜絲), 잉아.
helfen* ['hɛlfn] ⟨h⟩ **1.** 누구를 돕다, 조력하다, 원조하다: kann ich dir h.? 내가 너를 도울 수 있을까?; (jmdm.) auf dem Feld bei((schweiz.) an) der Arbeit h. 누구의 들일을 돕다; sie hat ihm suchen helfen(geholfen) 그녀는 그가 찾는 일을 도와주었다; jmdm. in den Mantel(über die Straße) h. 누가 외투를 입는 것(길을 건너는 것)을 도와주다(거들다); dem Armen h. 가난한 사람들을 지원하다; dem Kranken war nicht mehr zu h. 그 환자는 더 이상 손을 쓸 수 없었다(구조 불능이었다); ich wußte mir nicht mehr zu h. 나는 더 이상 어떻게 해볼 방법이 없었다; er weiß sich immer zu h. 그는 언제나 어려운 경지를 헤쳐나간다; ich werde(will) dir h. (Seiten aus den Büchern herauszureißen!) (통용어) (다시 한번 책장을 찢어 봐라) 그냥 두지 않을 테다 줄테다) (말썽부리는 아이에게 위협의 표현); ich kann mir nicht h. 나는 말하지 않을 수 없다. **2.** 도움이 되다, 유용하다, 효과가 있다: die Zeit wird dir h., den Schmerz zu überwinden 시간은 고통을 극복하는 데 있어 너에게 도움이 될 것이다; ein Mittel, das rasch bei(gegen) Kopfschmerzen hilft 두통에 신속히 효과가 있는 약품; (비유징) es hat uns viel geholfen, daß ... …하는 것이 우리에게는 많은 도움이 되었다; es hilft nichts, wir müssen jetzt anfangen mit einer anderen Methode 다른 방법이 없다, 우리는 다른 방법으로 시작하지 않으면 안된다. **Helfer** ['hɛlfɐ], der; -s, - 돕는 사람, 원조자, 공범자, 보조수단, 보조원: er war für uns ein H. in der Not 그는 우리들에게 곤란할 때 도움을 주는 사람이었다; 전의 die Waschmaschine ist ein unentbehrlicher H. im Haushalt 세탁기는 살림에서 없어서는 안 될 보조원(수단)이었다. **Helfergriff**, der 【체조】 보조 손잡이. **Helferin**, die; -nen ↑ Helfer의 여성형. **Helfershelfer**, der; -s, - (폄) (부당한, 위법적인 일에 있어) 가담자, 공범자(Mittäter). **helfgott!** ⟨Interj.⟩ (südd., österr.・준고어) 하느님 아버지! (누가 재채기를 할 때 악귀가 튀어나오거나 들어간다는 미신에서 신의 가호를 소망하는 감탄사).
Helge ['hɛlgə], die; -n, **¹Helgen** ['hɛlgn̩], der; -s, - [niedered. helgen] ↑ Helling.
²Helgen [-], der; -s, - (schweiz.) 작은 그림, 사진, (성도) 상(像). **Helgenbuch**, das 그림책(Bilderbuch).
Helgoland ['hɛlgolant] ○ 헬고란트 섬(북독 대서양만에 위치). **¹Helgoländer** ['hɛlgolɛndɐ], der; -s, - 헬고란트 섬의 주민. **²Helgoländer** ⟨Adj.⟩ 격변화 없음) 헬고란트 섬의. **helgoländisch** ['hɛlgolɛndɪʃ] ⟨Adj.⟩ 헬고란트 섬의, 헬고란트 섬에 속한.
heliakisch [he'lia:kɪʃ], **heliisch** ['he:liɪʃ] ⟨Adj.⟩ [griech. hēliakós] 태양의, 태양에 관한. **Helianthus** [he'liantʊs], der; -, ...then [lat. helianthus < griech. hēliánthes] 【식물】 해바라기(Sonnenblume). **Heliar** Ⓦ₂ [he'lia:ɐ̯], das; -s, -e 〈인공어〉 【사진】 헬리아 카메라의 복합렌즈).
Helikes ['he:likɛs] ⟨Pl.⟩ [lat. helices < griech. hélikes] 【예술】 (코린트 식의 기둥 머리에 연해 있는) 나선형 엽주(葉柱). **¹Helikon** ['he:likon], das; -s, -s [griech. hélix] (군악대에 쓰이는) 커다란 관악기, 헬리스튜바. **²Helikon** [-], der; -s 〈s〉 헬리콘 산맥(그리스 뵈오티엔 지방에 위치). **Helikopter** [heli'kɔptɐ], der; - [engl. helicopter] 헬리콥터(Hubschrauber).
helio-, Helio- ['he:lio-; griech. hḗlios ⟨Sonne(태양)을 뜻하는 규정어로서, 예컨대) heliozentrisch, Heliogravüre. **Heliobiologie** die 일광생물학(일조의 생물에 대한 영향을 다루는 생물학의 분야). **Heliodor** [...'do:ɐ̯], der; -s, -e [griech. dōron] (서남 아프리카산의) 녹주석(綠柱石)의 일종. **Heliograph**, der **1.** 【천문】 태

양사진기. **2.** 【통신】 일광 반사 신호기. **Heliographie**, die **1.** 【인쇄】 니에프식 사진석판법(石版法). **2.** 【통신】 일광 반사 신호법. **heliographisch** ⟨Adj.⟩ **1.** 태양 사진기의, 일광 반사 신호기의. **2.** 일광 반사 신호법의, 사진석판법의. **Heliogravüre**, die; -n 【인쇄】 **1.** ⟨Pl. 없음⟩ 사진 요판술(凹版術), 그라비아. **2.** 사진 요판술에 의한 인쇄. **heliophil** [...'fi:l] ⟨Adj.⟩ [griech. phileīn] 【생물】 일광을 좋아하는, 향일성의(반대: heliophob). **heliophob** [...'fo:p] ⟨Adj.⟩ [griech. phobeīn] 【생물】 일광을 싫어하는, 배일성의(반대: heliophil). **Helios** ['he:liɔs] 그리스의 태양신. **Heliosis** [he'lio:zɪs], die 【의학】 **1.** ↑ Sonnenstich. **2.** ↑ Hitzschlag. **Helioskop** [...'sko:p], das; -s, -e [griech. skopeīn] 【천문】 태양경(太陽鏡) 【태양 관측용 망원경】. **Heliostat** [...'sta:t], der; -(e)s / -en, -en [griech. statós] 【천문】 헬리오스타트, 일광 반사경. **Heliotherapie**, die 【의학】 일광요법. **heliotrop** [...'tro:p] ⟨Adj.⟩ **1.** 헬리오트로프 (꽃무리)색 (엷은 자주빛)의. **2.** ↑ heliotropisch. **¹Heliotrop** [-], das; -s, -e [lat. hēliotropium < griech. hēliotrópion] **1.** 헬리오트로프, 양꽃마리(Sonnenwende). **2.** ⟨Pl. 없음⟩ 엷은 자주빛. **3.** 《옛》 일광 반사기, (측량에 쓰이는) 회광기(回光機). **²Heliotrop** [-], der; -s, -e 혈옥수(血玉髓)(보석), 혈석(血石). **Heliotropin** [...tro'pi:n], das; -s 헬리오트로핀(헬리오트로프의 향기를 지닌 무색 결정체, 향료 및 약용). **heliotropisch** ⟨Adj.⟩ 【식물】 【고어】 ↑ phototropisch. **Heliotropismus**, der; - 【식물】 (고어) 향일성(向日性)(↑ Phototropismus). **heliozentrisch** ⟨Adj.⟩ 태양 중심의(반대: geozentrisch): -es Weltsystem (코페르니쿠스에 의해 제기되) 태양 중심의 우주 체계. **Heliozoon** [...'tso:ɔn], das; -s, ...zoen ⟨대개 Pl.⟩ [...'tso:ən; griech. zōon] 【동물】 태양충(원생동물의 일종)(Sonnentierchen).
Heliport [heli'pɔrt], der; -s, -s [engl. heliport, helicopter u. airport의 약칭] 헬리콥터 착륙장.
helisch: ↑ heliakisch.
Heli-Skiing ['he:liski:ɪŋ, ...ʃi:ɪŋ], das; -(s) [engl. helicopter u. skiing의 약칭] 헬리콥터가 주자를 출발선으로 이동시키는 스키.
Helium ['he:liʊm], das; -s [griech. hḗlios] 헬리움(희(希) 가스류 원소)(기호: He).
Helix ['he:liks], die; Helices [he'litse:s; griech. hélix] 【화학】 나선형 분자 구조.
helkogen [hɛlko'ge:n] ⟨Adj.⟩ [griech. hélkos] 【의학】 **a)** 궤양으로 인한. **b)** 궤양으로 전저되는.
hell [hɛl] ⟨Adj.⟩ **1. a)** 밝은, 빛이 풍부한(반대: dunkel 1 a); in dem Raum war es nicht sehr h. 그 공간은 그렇게 밝지 않았다(조명이 충분치 않았다); draußen wird es schon h. 밖은 벌써 동터오고 있다(여명이 찾아들다); (명사화) aus dem Schatten ins Helle treten 그늘에서부터 빛이 비치는 곳으로 나서다. **b)** (분위기와 관련해서) 밝은, 해맑은, 태양으로 가득 찬, 개인: -es Wetter 밝은 날씨; nach dem Gewitter wurde der Himmel wieder h. 천둥 번개가 친 후 하늘은 다시금 개었다; die Tat geschah am -en Tag(e) (통용어) 범행은 중인환시 (衆人環視)리(대낮)에 벌어졌다; 전의 eine -ere Zukunft 밝은 미래. **c)** 빛나는, 밝은, 흰한 -e Glühbirne 밝은 백열전구; die Lampe ist mir zu h. 그 등은 나에게 너무 밝다. **2.** (색채에서) 짙지 않은, 백색이 가미된, 엷은, 밝은 색의(반대: dunkel 2): -e Farben 엷은 색채들, 밝은 색체들; sie hat sehr -e Haut 그녀는 밝은 색 피부를 가지고 있다; das -e Rot steht ihr gut 엷은 붉은 색이 그녀에게 어울린다; -e Haare 엷은 색 머리털; -es Bier 《남맥주에 견주어》 노란(엷은) 색의 맥주; der Stoff ist beim Waschen -er geworden 그 직물은 빨아서 색이

hell-, Hell-

바랬다. **3.** 《음이》 낭랑한, 명랑하게 울리는, 탁하지 않은《반대: dunkel 3》: ein -er Ton 낭랑한[고음의] 음조; das Lachen klingt h. durch die Stille 웃음소리가 정적을 뚫고 낭랑하게 울려 온다. **4. a)** 영리한, 재치있는, 총명한: er ist ein -er Junge(ein -er Kopf) 그는 영리한 젊은이(재치있는 사람, 재사)이다; sie ist -er als die anderen 그녀는 다른 사람들보다 한층 총명하다. **b)** 의식이 밝은, 옳게 생각하는: Geistesgestörte haben oft zwischendurch -e Augenblicke 정신 장애자들에게도 때때로 의식이 명료한 순간이 있다. **5.** 《통용어》 절대적인, 완전한, 큰: das ist ja der -e Wahnsinn 그것은 정말 완전히 미친 짓이다; die Interessenten kamen in -en Haufen(Scharen) 관심을 가진 자들이 떼지어왔다; sie hatten ihre -e Freude an dem Kind 그녀는 그 아이에 대해서 엄청난 기쁨을 느끼고 있었다; daran wirst du deine -e Freude haben! 《반어》 네가 그것이 정말 이 무엇인지 알게 될거다! 진정, 참으로: (von einer Sache) h. begeistert sein 《무슨 일에》 진정 감격하다.

hell-, Hell-: **~auf** ⟨Adv.⟩ 매우, 대단히: er lachte h., als er von der Geschichte hörte 그는 그 이야기를 듣고 매우 큰 소리로 웃었다. **~äugig** ⟨Adj.⟩ 맑은 눈동자의(반대: dunkeläugig). **~blau** ⟨Adj.⟩ 담청색의, 물빛의(반대: dunkelblau). **~blond** ⟨Adj.⟩ (반대: dunkelblond) **a)** 연한 브론드의. **b)** 밝은 금발의. **~braun** ⟨Adj.⟩ 담갈색의, 엷은 밤색의(반대: dunkelbraun). **~dunkel** ⟨Adj.⟩ [회화] 《드물게》 밝고 어두운 색이 교차하는, 명암의. **~dunkel**, das [frz. clair-obscur] **a)** [회화] 명암법(Clair-obscur). **b)** (특히 회화에서) 명암, 밝은 색조와 어두운 색조의 교차. **~Dunkel-Adap(ta)tion**, die [생리] 《눈의》 명암 적응. **~dunkelmalerei**, die ⟨Pl. 없음⟩ 명암 교차의 회화 표현술. **~dunkelschnitt**, der [그래픽] 두 개의 원판을 사용해 만든 목판 그래픽. **~erleuchtet** ⟨Adj.⟩ (건물 따위에) 불을 밝게 컨, 불이 휘황찬란한. **~farben**, **~farbig** ⟨Adj.⟩ 밝은 색깔의(반대: dunkelfarben). **~gekleidet** ⟨Adj.⟩ 밝은 색의 옷을 입은(반대: dunkelgekleidet). **~gelb** ⟨Adj.⟩ 담황색의(반대: dunkelgelb). **~gestreift** ⟨Adj.⟩ 밝은 색의 줄무늬를 놓은. **~glänzend** ⟨Adj.⟩ 광채가 빛나는, 찬연한. **~grau** ⟨Adj.⟩ 엷은 회색의(반대: dunkelgrau). **~grün** ⟨Adj.⟩ 엷은 녹색의(반대: dunkelgrün). **~grundig** ⟨Adj.⟩ 엷은 바탕색의. **~haarig** ⟨Adj.⟩ 금발의(반대: dunkelhaarig). **~häutig** ⟨Adj.⟩ 맑은 피부의(반대: dunkelhäutig). **~hörig** ⟨Adj.⟩ **1.** 《고어》 귀가 밝은: er ist sehr h. 그는 귀가 매우 밝다; h. werden 갑자기 경청하다, 주목하다, 귀를 기울이다; jmdn. h. machen 누구의 주목을 끌다. **2.** 방음이 잘 되지 않은, 소리가 통하는: die Wände sind sehr h. 이 벽들은 소리가 잘 통한다[방음이 잘 되지 않다]. **~hörigkeit**, die 예리한 청각, 소리가 잘 들림. **~klingend** ⟨Adj.⟩ 고음을 내는. **~leuchtend** 《비분철시》: hellleuchtend ⟨Adj.⟩ 강한 빛의, 명도가 높은. **~licht** 《비분철시》 ⟨Adj.⟩ 《드물게》 밝은, 환한. **b)** 《다음 용법으로》 es ist -er Tag 한낮이다; am《(드물게》 beim》 -en Tag 《생각하지도 않은》 대낮에, 백주에. **~lila** ⟨비분철시⟩: hellila》 ⟨Adj.⟩ 엷은 자주색의. **~lodernd** 《비분철시》: hellolodernd》 《불길이》 활활 타오르는. **~rot** ⟨Adj.⟩ 담홍색의(반대: dunkelrot). **~sehen** 《부정형으로만 사용》 투시하다, 미래를 내다보다: man sagt, er könne h. 사람들은 그가 천리안을 가지고 있다고 말한다; ich kann doch nicht h! 《반어》 내가 그걸 어찌 안단 말인가?; du kannst wohl h.? 《통용어》 당신 자네는 속마음을 읽을 줄 알는가? **~seher**, der [frz. clairvoyant] 《대개 반어》 천리안을 가진 사람, 예언자: ich weiß es nicht, bin ich vielleicht ein H.? 나는 모르겠어, 내가 천리안을 가진 사람인가? **~seherei** [-zeːəˈraj], die 《볌》 투시, 예언, 천리안. **~seherin**, die ↑~seher의 여성형. **~seherisch** ⟨Adj.⟩ **1.** 천리안의, 투시력을 지닌, 투시의. **2.** ↑~sichtig. **~sicht**, die 《아이》 ↑~sichtigkeit. **~sichtig** ⟨Adj.⟩ **a)** 형안(炯眼)의, 눈이 매서운. **b)** 멀리 내다볼 줄 아는, 예견하는. **~sichtigkeit**, die 형안, 날카로운 눈, 예견하는 능력. **~strahlend** ⟨Adj.⟩ ↑~leuchtend. **~strom**, der [전기] 순간 전류. **~wach** ⟨Adj.⟩ **a)** 완전히 깨어 있는, 머리가 맑은, 의식이 초롱초롱한. **b)** 《통용어》 민첩한. **~werden**, das; -s 동터옴, 여명(Morgendämmerung)(반대: Dunkelwerden).

Helladikum [hɛˈlaːdikʊm], das; -s [griech. Hellás] 《그리스 본토의》 청동기 문명. **helladisch** ⟨Adj.⟩ 청동기 문명의.

Hellas [ˈhɛlas], Hellas' 《고대의》 그리스.

helle [ˈhɛlə] ⟨Adv.⟩ 《지역적·특히 berlin.》 눈치빠른, 총명한, 명민한: aber wir waren h. 그러나 우리는 약았다; [성구] Mensch, sei h., bleib Junggeselle! 여보게, 똑똑하게 굴려면 결혼하지 말게(총각으로 있게나)! **¹Helle** [-], die 《아이》 밝음, 밝은 빛: rötliche H. steht am Horizont 붉게 타오르는 밝은 빛이 지평선에 있다(보인다). **²Helle** [-], das; -n (한 잔의) 담황색의 보통 맥주: ein kleines -s trinken 작은 잔의 보통 맥주를 마시다.

Hellebarde [hɛləˈbardə], die; -n [mhd. helm u. barte] (찌르고 칠 수 있는 도끼 모양의) 중세 무기, 도끼칼. **Hellebardier** [hɛlabarˈdiːr], der; -s, -e 도끼칼로 무장한 병사. **Hellebardist** [hɛlabarˈdɪst], der; -en, -en 도끼칼로 무장한 용병.

Hellegatt, Hellegat, das; -s, -en/-s [niederd. hell u. gatt] (선박에서) 갑판 밑의 창고, 선구(船具)실.

hellen [ˈhɛlən], sich ⟨h⟩ 《시어·드물게》 **a)** 밝아오다. **b)** (날씨가) 개다.

Hellene [hɛˈleːnə], der; -n, -n 그리스 인. **Hellenentum**, das; -s 그리스 인의 본질, 그리스 인의 문화. **Hellenin**, die; -nen ↑Hellene의 여성형. **hellenisch** [hɛˈleːnɪʃ] ⟨Adj.⟩ [griech. Hellás] 고대 그리스의. **hellenisieren** [hɛleniˈziːrən] ⟨h⟩ [griech. hellēnízein] 그리스화하다, 그리스의 언어·문화를 본뜨다. **Hellenismus** [...ˈnɪsmʊs], der; - [1 b: 독일 역사가인 J. G. Droysen(1808~1884)에 의해 명명] **1. a)** 그리스 문화(정신). **b)** 헬레니즘(알렉산더 대왕에서 로마 황제 시기까지의 후기 고전 문명 시대) (그리스와 동방 문화의 융합). **2.** 헬레니즘시기의 후기 고전적 그리스 언어. **Hellenist** [hɛleˈnɪst], der; -en, -en **1.** 후기 그리스 문화 연구자. **2.** 그리스어를 말하고 헬레니즘을 선호하는 사람(고대 후기의 유대인). **Hellenistik**, die 고대 그리스의 문명을 다루는 학문, 고대 그리스학. **hellenistisch** ⟨Adj.⟩ 헬레니즘의, 헬레니즘에 관한. **Hellenophilie** [hɛlenofiˈliː], die [griech. philía] 헬레니즘 애호.

Heller [ˈhɛlɐ], der; -s, - [Haller pfenninc의 약칭; 첫 동전 주조지인 옛 제국 도시 (Baden-Wurttemberg의 Schwäbisch Hall)에 따라] 옛 독일의 동전 이름(1/2 페니히에 해당): keinen(nicht einen roten, lumpigen, blutigen) H. wert sein 《통용어》 전혀 가치가 없다; keinen (roten, lumpigen) H. (mehr) haben(besitzen) 《통용어》 동전 한 푼 없다, 빈털털이이다; keinen (roten) H. für jmdn. [etw.] geben 《통용어》 누구에게(무엇에 대해) 기회가 없다, 앞날이 비관적이다; bis auf den letzten H.[auf H. und Pfennig] 《통용어》 한 푼도 남김없이.

hellerlicht ⟨Adj.⟩ (berlin.) ↑hellicht.

Hellespont [hɛlɛsˈpɔnt], der; -(e)s 헬레스폰트(고대와 중세에서 ↑Dardanellen의 명칭).

Hellgatt, Hellgat: ↑Hellegatt.
Helligen: ↑Helling의 복수형.
Helligkeit ['helıçkaıt], die; -en **1.** 〈Pl. 없음〉 밝음, 광명(반대: Dunkelheit a): die blendende H. des Tages 낮의 눈부신 광명. **2. a)** 〈Pl. 없음〉 광도, 밝기: die H. einer Glühbirne 백열 전구의 광도. **b)** 〔천문〕 (밝기에 따른) 등급〔광력〕.
Helligkeits-: **~abnahme,** die 광도의 감소. **~grad,** der (빛의) 광도, (색의) 명도. **~katalog,** der 〔광도에 따른〕 별의 등급 목록. **~regler,** der 〔전기〕 광도 조절기.
Helling ['helıŋ], die; -en / **Helligen,** 〈또한〉 der; -s, -e [niederd. hellinge, heldinge] 〔조선〕 조선대(造船臺), 진수대.
¹Helm [hεlm], der; -(e)s, -e **1.** 〈중세〉 투구. **2. a)** (↑Stahlhelm의 약칭) 철모. **b)** (↑Schutzhelm의 약칭) 안전모, 헬멧: der H. des Grubenarbeiters 갱부의 안전모. **c)** (↑Sturzhelm의 약칭)(자동차 경주자, 오토바이 운전자의) 안전 헬멧. **3.** 〔건축〕 반구천정(半球天井), 투구 모양의 지붕. **4.** 〔기술〕 〔굴뚝 꼭대기의〕 덮개.
²Helm [-], der; -(e)s, -e **1.** (도기, 해머의) 손잡이(자루). **2.** 《드물게》 (배의) 키 손잡이.
helm-, Helm-, (¹Helm): **~busch,** der 투구의 깃털 장식. **~dach,** das 〔건축〕 ↑¹Helm (3). **~decke,** die 투구의 문장두건(紋章頭巾). **~fenster,** das ↑~gitter. **~förmig** 〈Adj.〉 투구 모양의. **~gitter,** das 투구 전면의 (얼굴 보호를 위한) 창살, (투구의) 면갑(面甲). **~glocke,** die 투구의 머리부분(종 모양의). **~kleinod,** das ↑~zier. **~krone,** die 〔문장〕 투구 상층부의 수관(樹冠). **~schau,** die 〔기사의 마상 시합에의 참가 자격을 확인하는〕 문장 검사. **~schmied,** der 〔중세〕 투구 제조인. **~schmuck,** der ↑~zier. **~spitze,** die 투구의 끝머리창. **~sturz,** der ↑~gitter. **~stutz,** der ↑~busch. **~zeichen,** das ↑~zier. **~zier,** die 투구의 장식.
Helminthagogum [hεlmınta'go:gum], das; -s, ...ga [griech. agōgós] 〔의학〕 기생충약. **Helminthe** [hεl'mıntə], die; -n 〈대개 Pl.〉 [griech. hélmi(n)s] (장내의) 기생충. **Helminthiasis** [hεlmın'ti:azıs], die; ..thiasen [...'ti:azņ] 〔의학〕 기생충 감염, 기생충병. **Helminthologie** [hεlmıntolo'gi:], die 〔의학〕 기생충학. **Helminthose** [hεlmın'to:zə], die; -n 〔의학〕 = Helminthiasis.
Helodea: ↑Elodea. **Helodes** [he'lo:dεs], die [griech. helódēs] 〔의학〕 〈드물게〉 말라리아. **Helophyt** [helo'fy:t], der; -en, -en [griech. hélos u. phytón] 〔식물〕 소택지(沼澤池) 식물(Sumpfpflanze).
Helot [he'lo:t], der; -en, -en / **Helote** [he'lo:tə], der; -n, -n [griech. heilótēs] 고대 스파르타의 노예(農奴): 전의 der spanische Helot 〈교양어〉 스페인의 피압착자〔피압박자〕. **Helotentum,** das; -s 고대 스파르타의 농노제(노예 제도). **Helotismus** [helo'tısmus], der; - 〔생물〕 공생(共生)(Symbiose).
Helsinki ['helzıŋki, 《finn.》 'hεlsıŋki] 헬싱키(핀란드의 수도).
Helvetien [hεl've:tsiən], -s ↑Schweiz의 라틴어식 이름. **Helvetier** [hεl've:tiɐ], der; -s, - 켈트족으로서 스위스로 이주한 족속명. **Helvetika** [hεl've:tika] 〈Pl.〉 [lat. Helveticus] 〔서적〕 스위스에 대한 저서. **helvetisch** [hεl've:tıʃ] 〈Adj.〉 Helvetien의. **Helvetismus** [hεlve'tısmus], der; -, ..men [lat. Helvētius] 【언어】 스위스 어법(語法)(스위스 특유의 관용어법).
hem! [hεm, hm!] 〈Interj.〉 (↑hm!). -en **1.** (헛기침 소리).
He-man ['hi:mεn], der; -(s), He-men [...mən]; engl.-amerik. he-man] 남성적인(매력적인) 남자.

Hemd [hεmt], das; -(e)s, -en **1.** (↑Oberhemd의 약칭) (남자용의) 셔츠: er trug sein H. über der Brust geöffnet 그는 가슴 단추를 연 채 셔츠를 입고 있었다; er wechselte die Meinung so oft wie sein H. 《통용어·폄》 그는 셔츠를 갈아입듯(자주) 의견을 바꾼다; tritt dir nichts aufs H.! 〈통용어·농〉 셔츠 밟으라! (너무 짧은 것을 자랑으로 두고 하는 말); ich gehe im H. 그는 맨셔츠 바람이다; die blauen -en der FDJ 《구동독》 자유 독일 청년단의 단원복 셔츠; ich bin aus Wien geflohen vor der Brutalität brauner -en -n ich (갈색 셔츠 제복을 입은) 나치 당원의 잔인성을 피해 비엔나로부터 도주했다. 성구 das H. ist (liegt) mir näher als der Rock 팔이 안으로 굽지 밖으로는 굽지 않는다. **2.** (↑Unterhemd의 약칭) 속옷, 내의(의 것): wir waren naß bis aufs H. 우리는 속옷까지 몽땅 젖었다(완전히 젖었다). 성구 mach dir nicht (mach dir bloß keinen) Bonbon ins H.! 〈경〉 그런 이상한 짓 하지마!; das zieht einem (ja) das H. aus 끝장이군(무슨 일을 놀랍거 혹은 불가능하게 느끼면서 하는 말). **3.** 《다음 용법으로》 **ein halbes H.** 〈경〉 잘난 체하는 젊은이; **kein (ganzes) H. (mehr) auf dem [am] Leib haben** [tragen] 〈통용어〉 가난해지다, 완전히 망하다; **das letzte [sein letztes] H. hergeben [sich³ bis aufs letzte (sein letztes)] H. vom Leib reißen/ sich³ bis aufs letzte) H. ausziehen** 〈통용어〉 가지고 있는 모든 것을 다 바치다 [내놓다]; **jmdm. das H. über den Kopf ziehen** 〈통용어〉 누구로부터 모든 것을 다 빼앗아 가다 [누구를 가난하게 만들다]; **sich³ das H. ausziehen lassen** 〈통용어〉 이용할 대로 다 이용하도록 내버려두다; **jmdn. bis aufs H. ausziehen (ausplündern)** 〈통용어〉 누구를 약탈하다 [누구의 거의 모든 것을 빼앗다]; **alles bis aufs H. verlieren** 〈통용어〉 가진 모든 것을 잃다; **jmdm. (eine Delle) ins H. treten** (위협·경) 1) 누구를 엄하게 꾸짖다. 2) 누구에게 울화통을 터뜨리다.
hemd-, Hemd- (↑Hemden-도 참조): **~ärmel,** der 《österr.》 ↑Hemdsärmel. **~ärmelig** 〈Adj.〉 《österr.》 ↑hemdsärmelig. **~artig** 〈Adj.〉 셔츠 형태의. **~bluse,** die (셔츠형으로 재단한) 여성용 브라우스. **~blusenkleid,** das 상의 부분을 셔츠형으로 만든 여성(정장) 복. **~brust,** die (예복 셔츠의) 딱딱한 가슴 부분. **~hose,** die (준고어) (바지와 내의가 덧대어진) 여성 및 아동용 내의. **~jacke,** die 셔츠형의 재킷. **~kleid,** das 셔츠형의 품넓은 윗저고리(Hänger). **~knopf,** der 셔츠용 단추. **~kragen,** der 셔츠의 깃. **~zipfel,** der 〈통용어〉 바지에 집어넣는 셔츠의 아랫 부분.
Hemdchen, das; -s, - **1.** 아동용 셔츠. **2.** 부드러운 천으로 만든 여성용.
Hemden- (↑hemd-, Hemd-도 참조): **~geschäft,** das 셔츠 전문점. **~knopf,** der ↑Hemdknopf. **~kragen,** der ↑Hemdkragen. **~matz,** der (친근·농) (셔츠만 걸치고 다니는) 어린아이. **~stoff,** der 셔츠감. **~zipfel,** der ↑Hemdzipfel.
Hemdsärmel ['hεmts-], der; -s, - 〈대개 Pl.〉 셔츠 소매: **in -n** 〈통용어〉 셔츠만 걸친 채, 웃저고리를 벗은 채. **hemdsärmelig** ['hεmts|εrməlıç] 〈Adj.〉 **1.** 셔츠만 걸친, 웃 저고리를 벗은. **2.** 〈통용어〉 헐렁한, 자유로운, 강요받지 않은, 억지가 없는: seine -e Art spricht die einfachen Leute an 그의 자연스러운 기질은 소박한 사람들을 기쁘게 한다. (자유로운, 자연스런) 성미(천성). **hemdsärmeligkeit,** die 헐거운(자유스러운, 억지가 없는, 자연스런) 성미(천성).
Hemeralopie [hemeralo'pi:], die [griech. hēmeral, alaós u. óps] 〔의학〕 야맹증(Nachtblindheit).
Hemerophyt [...'fy:t], der; -en, -en [griech. hémeros u. phytón] 〔식물〕 관상 식물.

hemi-, Hemi- [hemi-; griech. hēmi-] 〈halb (절반)를 뜻하는 규정어로, 예컨대〉 hemizyklisch, Hemisphäre. **Hemialgie** [...|al'gi:], die; -n [...i:ən; griech. álgos] 〖의학〗 편두통(Migräne). **Hemianop(s)ie** [...|an|o'pi:, ...|an|o'psi:], die; -n [...i:ən; griech. a(n)- u. ōps] 〖의학〗 반맹증(半盲症). **Hemiedrie** [...|e'dri:], die [griech. hédron] 〖광물〗〈결정의〉반면상(半面像). **Hemiepes** [...|e'pe:s], der; -, - [griech. hēmiepés] 〖운율〗〈불완전한〉반육운각(半六韻脚). **Hemikranie** [...kra'ni:], die; -n [...i:ən; griech. hēmikranía] ↑ Hemialgie. **Hemimetabolen** [...meta'bo:lən] 〈Pl.〉〖생물〗불완전 변태[반변태]의 곤충. **Hemimetabolie**, die 불완전[반] 변태(애벌레 단계들이 유충에서 성충이 되는 변태). **hemimorph** [...'mɔrf] 〈Adj.〉 [griech. morphḗ] 〖광물〗〈수정과 같은 것의〉이극상(異極像)의. **Hemiole** [he'mio:lə], die; -n [griech. hēmíolos] 〖음악〗 **1.** (정량 다성부 악보에서) 흰 표시 부분과 2 : 3의 관계를 알리는 검은 막대 음표. **2.** 헤미오라(2회의 3박자 소악절에서 3회의 2박자 소악절로의 전환). **Hemiop(s)ie** [...|o'pi:, ...o'psi:], die; -n [...i:ən; griech. ṓps] ↑ Hemianop(s)ie. **Hemiparese**, die; -n 〖의학〗 경증 반신불수. **Hemiplegie** [...ple'gi:], die; -n [griech. plēgḗ] 〖의학〗 반신불수. **Hemiplegiker** [...'ple:gikɐ], der; -s, - 〖의학〗 반신불수환자. **Hemiplegische*** [...'ple:gɪʃə], der / die 〖의학〗 ↑ Hemiplegiker. **Hemiptere** [...p'te:rə], die; -n 〈대개 Pl.〉 [griech. ptéryx] 〖동물〗 Schnabelkerf, Halbflügler. **Hemispasmus**, der; -, ...men 〖의학〗 반신경련. **Hemisphäre**, die; -n [lat. hēmisphaerium < griech. hēmisphaírion] **1.** 〖교양어〗〈지구의〉반구(半球), 반부(半部): die nördliche H. 〖드물게〗북반구. die östliche und die westliche H. 구세계와 신세계. 〖전의〗 dieses Land gehört zur östlichen[westlichen] H. 이 나라는 동구 진영(공산주의 체제)[서구 진영(자본주의 체제)]에 속한다. **2.** (천체의) 반구. **3.** 〖의학〗 좌우대(左右對)뇌, 뇌반구. **hemisphärisch** 〈Adj.〉 반구의. **Hemistichion** [...'stɪçiɔn; griech. hēmistíchion] 〖운율〗 (고대 그리스) 시의 반구(半句), 반행(半行). **Hemistichium** [...'stɪçiʊm; lat. hēmistichium < griech. hēmistíchion], das; -s, ...ien [...iən] ↑ Hemistichion. **Hemitonie** [hemito'ni:], die; -n [...i:ən] 〖의학〗 근육 긴장의 빠른 변화를 동반하는 반신경련. **Hemizellulose**, die; -n 셀룰로오스(와 함께 나타나는) 탄수화물. **hemizyklisch** (또한) 〈Adj.〉 **1.** 반원형(半圓形)의, 반원의. **2.** 〖식물〗 꽃잎과 리에서) 반윤생(半輪生)의.

Hemlocktanne ['hɛmlɔk-], die; -n [engl. hemlock] 헴록(미나리과의 월년초), 미국 솔송나무.

Hemm-: **~kette**, die 제동체인, 브레이크 체인. **~klotz**, der ↑ Bremsklotz. **~schuh**, der **1. a)** (기술) (열차의 정렬에 쓰이는) 바퀴멈춤 장치. **b)** 브레이크, 제동기. **c)** 바퀴 멈춤판(板). **2.** 〈대개 Sg.〉 방해물. **~schwelle**, die 〖특히 심리〗 (주로 폐쇄적·부정적인) 윤리적 억제. 〖기준〗. **~stoff**, der 〖화학〗 (화학 반응의) 억제 물질, 저해 물질. **~werk**, das 〖기술〗 **1.** 제동장치. **2.** ↑ Hemmung (3).

Hemme ['hɛmə], die; -n 〈고어〉 브레이크, 제동 장치. **hemmen** ['hɛmən] 〈h〉 **1. a)** 제동을 걸다, 정지시키다, 멈추게 하다: der Lauf des Flusses wird durch eine Staumauer gehemmt 강물의 흐름이 댐으로 인해서 막힌다. **b)** 저지하다, (성공적으로) 저항하다: sie konnten den feindlichen Siegeszug h. 그들은 적군의 승승장구를 저지할 수 있었다. **2. a)** (발전, 진행을) 지체시키다, 저해하다, 억제하다: den Fortschritt der Wirtschaft h. 경제의 발전을 저해하다. **b)** (누구를) 방해하다, (누구에 대해) 장애가 되다. **Hemmnis** ['hɛmnɪs], das; -ses, -se 장애(물), 방해(물): seinem Plan standen einige -se im Weg 그의 계획에 대해 몇몇의 장애가 있었다. **Hemmung**, die; -en **1.** 저해, 억제: eine H. des Wachstums 성장의 저해. **2. a)** 망설임, 가책: eine moralische H. 도덕적 가책; er kennt[hat] keine -en, so zu handeln 그는 그렇게 행동함에 하등 망설이지 않는다. **b)** 〈Pl.〉 심리적 압박: er ist ein Mensch voller -en 그는 대단히 소심한 사람이다; jmdm. seine -en nehmen 누구로부터 그의 심리적 압박을 덜어주다. **3.** (시계에서) 톱니바퀴의 순간적 제동 장치(일정한 간격을 유지하기 위한 것임).

hemmungs-, Hemmungs-: **~bildung**, die ↑ ~mißbildung. **~los** 〈Adj.〉 억제[자제]력이 없는, 정적인: ein -er Mensch 자제력이 없는 사람; h. schreien 자제력을 잃고 소리치다. **~losigkeit**, die 자제력을 잃은 태도. **~mißbildung**, die 〖의학〗 성장 정지[장애]로 인한 기형(奇形), 발육 부전. **~nerven** 〈Pl.〉 〖의학〗 억제 신경. **~reaktion**, die 〖의학〗 항원·항체 반응의 억제를 위한 혈청학적 처치.

Henade [he'na:də], die; -n [griech. hén] 〖철학〗 단일성, 단자(Monade). **Hendekagon** [hɛndeka'go:n], das; -s, -e [griech. héndeka u. gōnía] 11각(형) (Elfeck). **Hendekasyllabus** [hɛndeka'zylabʊs], der; -, ...syllaben / ...syllabi [griech. hendekasýllabos] 〖운율〗 11음절의 시(詩行).

Hendiadyoin [hɛndiady'ɔyn], **Hendiadys** [hɛndia'dys], das; -, - [lat. hendiadyoin, hendiadys < griech. hén diá dyoín] 〖양식〗 **1.** 2개의 동의(同意) 명사(동사)의 강조적 병렬(예컨대: bitten und flehen). **2.** (고대(Antike)에서 즐겨 쓰는 것으로) 부가어 구조의 und-병렬 구조(예컨대: die Masse der hohen Berge 대신 die Masse und die hohen Berge).

Hending ['hɛndɪŋ], die; -ar [isländ. hending] 〖운율〗 북구 음유문학에서의 각운(脚韻).

Hendl ['hɛndl], das; -s, -n [↑ Henne의 축소형] 〈bayr., österr.〉 **a)** 영계. **b)** 통닭구이. **Hendlessen**, das 〈österr.〉 통닭구이 식사.

Hengst [hɛŋst], der; -(e)s, -e **a)** 수말(馬). **b)** (조랑말, 낙타 등 단제 동물의) 수컷.

Hengst-: **~depot**, das 〖농업〗 (국영의) 종마 공탁소(種馬共託所). **~fohlen**, das 수망아지. **~füllen**, das ↑ ~fohlen.

Henkel ['hɛŋkl], der; -s, - **a)** (항아리, 냄비 등 그릇의) 손잡이: der H. der Tasse ist abgebrochen 이 찻잔의 손잡이가 떨어져나갔다. **b)** 〈지역적〉 옷의 걸개: der H. an meiner grünen Jacke ist abgerissen 내 초록색 재킷의 걸개가 떨어져나갔다.

henkel-, Henkel-: **~becher**, der 손잡이가 달린 잔. **~glas**, das 손잡이가 달린 컵(잔, 술잔). **~kanne**, die 손잡이가 달린 주전자. **~korb**, der 손잡이가 달린 바구니. **~kreuz**, das 위쪽 끝에 손잡이가 달린 십자가. **~krug**, der 손잡이가 달린 단지, 조끼. **~los** 〈Adj.〉 손잡이가 없는. **~mann**, der 〖통용어〗 뜨거운 음식이 들어 있는 큰 그릇. **~tasse**, die 손잡이가 달린 찻잔: **die große H.** 〖통용어·농〗 요강. **~topf**, der 양쪽에 손잡이가 달린 단지.

henkeln ['hɛŋkln] 〈h〉 〈드물게〉 **a)** 손잡이를 잡고 나르다. **b)** ↑ einhenkeln.

henken ['hɛŋkn] 〈h〉 〈준고어〉 교수형에 처하다: der Mörder wurde verurteilt und gehenkt 그 살인자는 심판을 받고 교수형에 처해졌다. **Henker** ['hɛŋkɐ], der; -s, - 교수형리(教首刑吏), 사형 집행인: jmdn. H. überliefern 누구를 사형 집행인에게 넘겨주다; 〖다음의 용법 및 저주에서 Teufel 대신 Henker〗

사용) sich³ den H. um etw. scheren(den H. nach etw. fragen) 《속어》 무엇에 대해 전혀 개의하지 않다; **zum H. gehen**(sich zum H. scheren) 자취를 감추다, 사라지다; **hol's der H.!**(hol' mich der H.! / weiß der H. / beim(zum) H.!) (저주하는 말로서) 제기랄, 망할놈의 것.

Henker-: ~**beil**, das 목베는 칼, 단두용 도끼. ~**block**, der 단두대. ~**hand**, die ↑Henkershand.

Henkers-: ~**beil**, das ↑Henkerbeil. ~**block**, der ↑Henkerblock. ~**frist**, die 사형 집행유예. ~**hand**, die (다음과 같은 용법으로) durch(von) H. 《아어》 교수형으로: durch(von) H. sterben 교수형에 처해지다. ~**knecht**, der 교수형리(사형 집행인)의 조수. ~**mahl**, das 《아어》 ~**mahlzeit**, die **1.** 《옛》 처형 전의 마지막 식사(사형수 스스로 선택할 수 있는). **2.** 《농》 이별(고별)식사.

Henna ['hɛna], die 《또는》 das; -(s) [arab. hinnā'] 헤나 염료(헤나의 잎이나 줄기에서 채취한 붉은 빛이 되는 황금색 염료, 특히 머리카락의 염색에 쓰임). **Henna-strauch**, der; -(e)s, -sträucher 헤나, 부처꽃속(屬).

Henne ['hɛna], die; -n **a)** 암탉. **b)** (꿩 등 순계류(鶉鷄類)의) 암컷. **Hennegatt, Hennegat**, das; -(e)s, -en/-s [niederl. hennegatt] 《해양》 노를 끼우는 구멍, 타공(舵孔).

Hennin [ɛˈnɛ̃], der, 《또한》 das; -s, -s [frz. hennin] (15세기까지 여인들이 쓰고 다닌) 원추형 모자.

Henotheismus [henoteˈɪsmus], der; - [griech. hén u. theós] 《종교》 단일신교(單一神敎). **henotheistisch** ⟨Adj.⟩ 단일신교의.

Henri-deux-Stil [ɑ̃ʁiˈdø-], der; -(e)s [frz. Henri i deux] 앙리 2세와 그 후계자의 통치기간(1547~89) 중의 프랑스 미술 부흥 제2양식 시대(樣式時代). **Henri-quatre** [ɑ̃ʁiˈkatʁ], der; -(s) [...tr], -s [...tr] (프랑스의 앙리 4세를 본뜬) 뾰족한 수염.

Henry ['hɛnri], das; -, - [미국 물리학자 J. Henry(1797 ~1887)의 이름을 따서] 《물리》 헨리(전기의 자기유도계수(自己誘導係數)의 단위)(기호: H).

Heortologie [heɔrtologiː], die [griech. heortḗ] 교회축제학(教會祝祭學). **Heortologium** [...oːloˈgiʊm], das; -s, ...ien [...iən] griech. heortológion] 교회축제 달력.

Hepar ['heːpar], das; -s, Hepata [lat. hēpar < griech. hḗpar] 《의학》 간(肝). **Heparin** [hepaˈriːn], das; -s 《의학》 혈액응고 억제제(간으로부터 추출), 헤파린. **Heparprobe**, die; -n 《화학》 황화(黃化) 물질의 검출. **hepat-, Hepat-**: ↑hepato-, Hepato-도 참조. **Hepatalgie** [hepatalˈgiː], die; -n [...iːən; griech. álgos] 《의학》 간장통(증). **hepatisch** [heˈpaːtɪʃ] ⟨Adj.⟩ 《의학》 간장의, 간에 관련된. **Hepatitis** [hepaˈtiːtɪs], die; ...itiden 《의학》 간염(肝炎). **hepato-, Hepato-**, (모음 앞에서) **hepat-, Hepat-** [hepat(o)-; griech. hḗpar] 〈간(Leber)을 뜻하는 규정어로서, 예컨대〉 hepatogen, Hepatopathie, Hepatalgie. **hepatogen** ⟨Adj.⟩ 《의학》 **1.** 간에서 형성된. **2.** 간(肝性)의, 간의 질병에서 유래된. **Hepatographie**, die; -n [...iən] 《의학》 간 렌트겐(사진). **Hepatolith** [...lɪt, ...lɪt], der; -s/ -en, -e(n) ↑Leberstein. **Hepatologe** [...ˈloːgə], der; -n, -n 《의학》 간(장) 전문의(사). **Hepatologie** [...loˈgiː], die 《의학》. **Hepatopathie** [...paˈtiː], die; -n 《의학》 간장병(Leberleiden). **Hepatose** [hepaˈtoːzə], die; -n 《의학》 간경변. **Hepatotoxämie**, die; -n [...iən] 《의학》 간성 패혈증.

Hephaistos [heˈfaɪstɔs], **Hephäst** [heˈfɛst], **Hephästus** [heˈfɛstʊs] 헤파이스토스(그리스의 불과 대장장이의 신).

Hephthemimeres [hɛftemiˈmeːrɛs], die [griech. hephthēmimerḗs] (고대 운율에서) 육운각 시행 중 4번째 음절 전반(前半)에서의 휴지(↑Penthemimeres, Trithemimeres 참조).

Heptachord [hɛptaˈkɔrt], der 《또는》 das; -(e)s, -e [lat. heptachordus < griech. heptáchordos] 《음악》 7도 음정, 7음 음계. **Heptagon** [hɛptaˈgoːn], das; -s, -e [griech. heptágōnos] 7각형. **Heptameter** [hɛpˈtaːmetɐ], der; -s, - [lat. heptameter] 《운율》 7음각의 시행, 7보격. **Heptan** [hɛpˈtaːn], das; -s [griech. heptá] 《화학》 헵탄. **Heptateuch** [hɛptaˈtɔʏç], der; -s [lat. heptateuchus < griech. heptáteuchos] 구약성서의 처음 7편(↑Pentateuch 참조). **Heptatonik** [hɛptaˈtoːnɪk], die [griech. heptátonos] 《음악》 7음 음계 체제. **Heptode** [hɛpˈtoːdə], die; -n [griech. heptá] 《물리》 7극 전관. **Heptosen** [hɛpˈtoːzən] ⟨Pl.⟩ [griech. heptá] 《생화학》 (7개 산소원자의 분자식을 가진) 단순 당분(糖分).

her [heːr] ⟨Adv.⟩ **1.** (말하고 있는 사람쪽으로의 움직임, 전달의 요청을 나타냄) 이쪽으로, 이곳으로(반대: hin IV, 1 b): h. zu mir!: 나에게로 오라!; Bier h.! 이쪽으로 맥주를 가져다 주게! 돈을 내놔!; h. damit! 그것을 이리 줘! **2.** (시간적으로 지금부터 과거의 특정한 시점으로 거슬러 가리킬 때): die letzten Tage h. war es schr kalt 지난 며칠 내내 날이 매우 추웠다. **3.** 《전치사 von의 강조로서》 von ... h. **a)** (어디에서)부터; er grüßte vom Nachbartisch h. 그는 옆식탁에서부터 인사를 보냈다. **b)** (언제로부터) vom früher h. 옛부터; das bin ich von meiner Kindheit h. gewöhnt 나는 나의 소년 시절부터 내내 그것에 습관이 되어 있다. **c)** (어떤) 점(측면)에서 (보아): von der Problematik h. erstklassig durchdacht 이 문제성의 측면에서 최고 수준으로 숙고되다.

her-, Her-: ~**bekommen*** ⟨h⟩ 얻다, 구하다, 얻다: wo soll ich das denn h.? 도대체 어디서 내가 그걸 구해오란 말인가? **b)** 누구를 데려오다: ich will mal sehen, ob ich ihn h. kann 내가 그를 데려올 수 있는지 두고 보아야 하겠다. ~**bemühen** ⟨h⟩ 《아어》 **1.** (말하는 이의 쪽으로) 일부러 오게 하다: darf ich Sie einmal h.? 당신을 한 번 오시라고 해도 실례가 되지 않을까요? **2.** ⟨h. + sich⟩ (말한 이의 쪽으로) 일부러 오다: ich danke Ihnen, daß Sie sich bemüht haben 당신께서 일부러 찾아주셔서 감사합니다. ~**beordern** ⟨h⟩ 호출하다, 소환하다, 출두시키다. ~**bestellen** ⟨h⟩ 불러오게 하다, 오도록 요청하다. ~**beten** ⟨h⟩ ↑herunterbeten. ~**bitten*** ⟨h⟩ 오도록 청하다, 초청하다. ~**blicken** ⟨h⟩ 이쪽을 바라보다. ~**bringen*** ⟨h⟩ 누구(무엇)을 데려오다, 가져오다. ~**dürfen*** ⟨h⟩ **1.** 와도 좋다(되다). **2.** 가져와도 되다. ~**eilen** ⟨h⟩ 이쪽으로 서둘러 오다. ~**fahren*** **1.** ⟨s⟩ 차를 타고 오다. **2.** ⟨h⟩ 차를 몰아오다, 차를 가져오다. ~**fahrt**, die 차를 타고 옴, 여행해 옴. ~**fallen*** ⟨s⟩ **1.** 습격하다, 기습하다, 달려들다, 덤벼들다: brutal über jmdn. h. 잔인하게 누구를 덮치다; 〈전의〉 mit Vorwürfen über jmdn. h. 누구에 대해 예상치 못한 격렬한 질책을 퍼붓다. **2.** 성급하게 마구 먹기 시작하다: über das Frühstück h. 아침식사를 게걸스럽게 먹기 시작한다. ~**finden*** ⟨h⟩ 오는 길을 찾다(발견하다). ~**fliegen*** ⟨s⟩ 비행기를 타고 오다. ~**führen** ⟨h⟩ **1.** 누구를 데리고 오다. **2.** 누구를 오도록 하다(원인, 동기): was führt dich her? 무엇 때문에 너는 여기에 왔는가? 〔여기에 온 이유가 무엇인가?〕 **3.** 이곳으로 향하다, 뻗쳐 있다: der Weg führt direkt her 길은 곧장 이곳으로 나 있다. ~**gabe**, die 《드물게》 내줌, 양도, 교부. ~**gang**, der (사건의) 진행 과정: er konnte sich an den H.

(der Ereignisse) nicht mehr genau erinnern 그는 사건의 진행 과정을 더이상 자세히 기억해낼 수 없었다. **~geben*** ⟨h⟩ **1. a)** 양도하다, 내놓다: etw. ungern h. 무엇을 마지못해 내놓다; viele Mütter mußten im Krieg ihre Söhne h. 《은폐》많은 어머니들이 전쟁에 자신의 아들을 잃었있다; sie gibt alles (ihr Letztes) her 그녀는 매우 희생적이다(모든 것을 다 내준다는 의미에서). **b)** 건네 주다: gib mir bitte mal das Buch her! 그 책 좀 건네주게! **2.** 내맡기다, 걸다: für diese fragwürdige Sache gibt er sich [seinen Namen] nicht her 이렇게 수상쩍은 일에 그는 자신[자기 이름]을 걸지 않는다. **3.** 온 힘을 기울이다. 전력을 다해 시도하다: eine Frau muß im Beruf einiges h. 여성은 직업에서 어느 정도 전력을 다 기울여야 한다; er lief, was seine Beine hergeben 그는 할 수 있는 한 빨리 달렸다. **4.** 수확을 내다, 성과를 거두다, 내용이 알차다: das Thema gibt viel her 그 주제는 내용이 알차다. **~gebracht** ⟨Adj.⟩ 전통적인, 관례적인, 습관적인. **~gebrachtermaßen** ⟨Adv.⟩ 전통상, 습관상, 관례상으로. **~gehen*** ⟨s⟩ **1.** (앞, 뒤 혹은 곁에 서서) 누구와 함께가다, 누구를 동반하여 h. 누구의 곁에 나란히 가다. **2.** 《südd., österr.》↑**~kommen** (1): geh her zu mir! 나한테로 오너라! **3.** 《묻지 않은 짓》 어리둥절한 일을 행하다. **4.** 《비인칭》《통용어》 일어나다, 진행되다, 경과하다: auf der Party ging es hoch her 파티에서 (사람들은) 신이 났있다; bei der Diskussion wird es heiß h. 격렬하게 토론은 진행될 것이다; **es geht über jmdn. her** 《통용어》 누가 격렬하게 비난을 받다; **es geht über etw. her** 《통용어》 무엇을 너무 많이 소모하다. **~gehören** ⟨h⟩ (언급된) 무엇에 해당하다. **~gelaufen** ⟨Adj.⟩ 출신이 불분명한, 떠돌이의: ein -er Habenichts 무일푼의 떠돌이. **~gelaufene** der / die Nichts 누구. **~haben*** ⟨h⟩ (누구로부터, 어디로부터) 얻다, 얻어지니다, (소식 따위를) 듣게 되다: wer weiß, wo er das Geld herhat 그가 그 돈을 어디에서 얻었는지 누가 아는가; wo hat das Kind der Begabung her? 그 아이는 그런 재능을 누구한테서 물려받았는가? **~halten*** ⟨h⟩ **1.** (말하는 사람의 쪽으로) 내밀어주다, 건네주다: kannst du bitte deinen Teller h.? 네 접시를 좀 건네줄 수 있겠니? **2.** 감수하다, 무엇의 결과를 책임지다, (뜻에 거슬려) 어떤 역할을 하다: er muß für die anderen h. 그는 다른 사람들의 짐을 떠맡을 수 밖에 없다; er mußte wieder h. 그는 다시금 모든 조롱(웃음거리)의 대상이 되었다. **~holen** ⟨h⟩ 누구를 데리고 오다, 무엇을 가지고 [들고] 오다: den Arzt. h. 의사를 데리고 오다; **weit hergeholt** 명백하지 않은, 사리에 맞지 않은. **~hören** ⟨h⟩ 귀를 기울이다, 경청하다: alle mal h.! 모두 잘 들어봐요! **~jagen*.** ⟨h⟩ **a)** 이쪽으로 몰아오다: er hat den Hund hergejagt 그는 개를 이쪽으로 몰아왔다. **b)** 바짝 뒤쫓다, 바짝 따라가다: ich habe ihn vor mir hergejagt 나는 뒤를 바짝 쫓아 따라갔다. **2.** ⟨s⟩ 누구를 추적하다, 따라잡다, (오랫동안 무엇을) 찾아다니다: 《전외》hinter dem roten Mond jagen sie her 그들은 붉은 달을 오랫동안 찾아다녔다[추구해왔다]. **~kommen*** ⟨s⟩ **1.** 이쪽으로 (오다): komm bitte mal her! 여기 한번 오게나! **2.** 유래하다, 기인하다, 전통을 이어받다: Prévost kommt vom empfindsamen Roman des 17. Jahrhunderts her 《소설》Prévost는 17세기의 감상적 소설로부터 유래한 것이다[감상적 소설의 전통을 이어받고 있다]. **3.** 출처를 가지다: du fragst nicht, wo der Schnaps herkommt 너는 그 술이 어디서 너는지 묻지 않는다. **~kommen,** das; -s **1.** 관례, 인습. **2.** 혈통, 가문, 출신: Leute von bürgerlichem H. 시민계급 출신의 사람들. **~kömmlich** ⟨Adj.⟩ 전통적인, 관례적인, 인습적인. **~kömmlicherweise** ⟨Adv.⟩ 전래적으로, 관례적으로, 인습적으로. **~kriegen** ⟨h⟩ **1.** ↑ **~bekommen. 2.** 《nordd.》 손에 들다: krieg doch mal die neue Tasche her! 새 지갑을 손에 한번 들어보아라! **~kunft** [...kunft], die; ...künfte **1.** 출신(성분), 태생: er ist nach seiner H. Franzose 그는 그 태생으로 보아 프랑스인이다. **2.** 출처, 원산(지): die H. des Wortes ist unklar 이 낱말의 어원은 불분명하다; diese Waren sind englischer H. 이 상품들은 영국산이다. **~kunftsangabe,** die 원산(생산)지 표기. **~kunftsbezeichnung** die ↑ **~kunftsangabe. ~kunftsland,** das ⟨Pl. ...länder⟩ 생산국, 수입 대상국. **~kunftsort,** der 원산(생산) 지. **~kunftszeichen,** das 원산지 표시. **~langen** ⟨h⟩ **1.** 《통용어》 이쪽으로 건네주다: lang mir mal bitte die Zeitung her! 신문 좀 내게 건네주게! **2.** 《지역적》↑ **~reichen** (2): die Leine langt grad her 이 밧줄의 길이가 마침 넉넉하다. **~lassen**' ⟨h⟩ 이쪽으로 보내다, 가게 하다. **~laufen*** ⟨s⟩ **1.** 이쪽으로 달려오다. **2.** 누구와 함께 달리다, 동반하여 달리다: neben jmdm. h. 누구의 곁에서 함께 달리다. **~legen** ⟨h⟩ 《통용어》 이쪽으로 가까이 갖다놓다. **~leiern** ⟨h⟩ 《드물게》↑**herunterleiern. ~leihen*** ⟨h⟩ 《통용어》 빌려주다, (반환을 조건으로) 내놓다: sie wollte den Plattenspieler nicht gern h. 그녀는 전축을 선뜻 빌려주지 않으려 했다. **~leiten** ⟨h⟩ **1.** 끌어내다, 갖다붙이다: Ansprüche aus seiner Stellung h. 자신의 입장으로 부터 요구를 이끌어내다. **b)** 도출하다, 추론하다: eine Formel h. 하나의 공식을 도출해내다. **2.** 소급시키다, 근원을 찾다: ein Wort aus dem Griechischen h. 그리스어에서 어떤 낱말의 근원을 찾다. **b)** ⟨h. + sich⟩ (무엇에서) 유래하다, 유래하다: das Wort „Fenster" leitet sich vom lateinischen „fenestra" her 단어 Fenster는 라틴어 fenestra에서 유래하고 있다. **~locken** ⟨h⟩ 유인하다. **~machen** ⟨h⟩ **1.** ⟨h. + sich⟩ **a)** 열중하기 시작하다, 덤벼들다, (덤벼들어) 시작하다: er machte sich sofort über das Buch her 그는 즉시 그 책에 열중하기 시작했다; die Kinder machten sich über das Obst her 어린아이들이 과일에 덤벼들어 먹기 시작했다. **b)** ↑**~fallen** (1): sich über den Redner h. 그 연설자에게 (말로써) 공격을 퍼붓다. **2. viel [wenig, nichts] h.** (외적인 차림새 등으로) 많은 [별, 아무런] 인상을 주다[주지 않다]; **viel [wenig, nichts] von jmdm. [etw.] h.** 누구[무엇]을 무척이나 [별로, 전혀] 치켜세우다[치켜세우지 않다]. **~müssen*** ⟨h⟩ 장만[마련]되어야 한다: es muß ein neuer Kühlschrank her 새로운 냉장고가 마련되어야 한다; da muß eine neue Ordnung her 새로운 질서가 있어야 한다 [우리는 새로운 질서가 필요하다]. **~nehmen*** ⟨h⟩ **1. a)** (가져오다, 조달하다: wo soll ich das h.? 그걸 어디서 조달한단 말인가?; 《성귀》 wo h. und nicht stehlen? 훔치지 않고 무슨 방법이 있는가? **b)** 《지역적》 취하다 (nehmen). **2.** 《지역적》 (심리적·육체적으로) 압박을 가하다, 꼼짝 못하게 하다: die Krankheit hat ihn sehr h. 질병이 그를 심하게 압박했다. **3.** 《지역적》 **a)** 야단치다, 심하게 닦다: ich muß das Kind mal h., es ist so ungezogen 나는 그 아이를 정말 야단처야만 하겠다, 그렇게 버르장 머리가 없이 말이다. **b)** 때려주다, 구타하다: da habe er den jungen Mann wirklich wüst hergenommen 그때 그는 그 젊은이를 정말 거칠게 때려주었다고 한다. **~plappern** ⟨h⟩ 《생각없이》 마구 지껄이다. **~reichen** ⟨h⟩ **1.** 이쪽으로 건네주다. **2.** 《지역적》 (무엇에) 닿는 길이이다: wird die Schnur h.? 끈이 닿을까? **~reise,** die 이쪽으로 여행; 돌아옴, 귀려(歸旅). **~richten** ⟨h⟩ **1. a)** 정리[정돈]하다: ein Zimmer für den Gast h. 손님을 위해 방을 정돈하다. **b)** 수리하다, (재)정비하다: er hat das alte Haus wieder hergerichtet 그는 오래된 집을 다시 수리했다. **2.** ⟨h. +

sich》《지역적》《외모를》단장하다, 꾸미다, 차리다: wie hast du dich denn hergerichtet? 도대체 어떻게 그렇게 차려입었어? **~richtung,** die 정리, 정돈. **~rücken** ⟨s⟩ 이쪽으로 가까이 오다. **~rufen*** ⟨h⟩ 불러들이다, 불러오다. **~rühren** ⟨h⟩ 기인하다, (일이) 일어나다: die Narben rühren von einer Kriegsverletzung her 흉터들은 전쟁 부상 때문에 생긴 것이다. **~sagen** ⟨h⟩ **a)** 줄 줄 읊어대다, 감동없이 암송하다. **b)** 건성으로 말하다. **~schaffen** ⟨h⟩ 이쪽으로 나르다, 가져오다. **~schauen** ⟨h⟩《지역적》이쪽으로 바라보다: er schaute mißmutig zu uns her 그는 불만스럽게 우리쪽을 바라보았다; **(da) schau her!** 《통용어》이것 봐라! [누가 생각이나 한 일이겠는가!] **~schenken** ⟨h⟩ (쉽사리) 주어버리다, 선뜻 선물로 주다. **~schicken** ⟨h⟩ 누구[무엇]을 이쪽으로 보내다. **~schieben*** ⟨h⟩ **a)** 이쪽으로 밀다. **b)** 뒤에서 밀다: er schob den Kinderwagen vor sich her 그녀는 유모차를 밀었다. **~schleichen*** **a)** ⟨s⟩ 이쪽으로 살금살금 다가오다: er ist vorsichtig hergeschlichen 그는 조심스럽게 살금살금 다가왔다. **b)** ⟨h. + sich⟩《살금살금 다가오다. **c)** ⟨s⟩ 살금살금 뒤쫓아가다. **~schleppen** ⟨h⟩ 이쪽으로 끌어오다. **~schreiben*** ⟨h⟩ **1.** 이곳으로 (편지를) 쓰다. **2.** ⟨h. + sich⟩ (아이) 무엇에 근원을 가지고 있다, 무엇으로부터 유래하다: Gags, die sich meist von angelsächsischen Mustern herschreiben 앵글로색슨적인 표본에 주로 유래하고 있는 재치있는 착상[개그]. **~sehen*** ⟨h⟩ 이쪽을 보다. **~sehnen** ⟨h⟩ **a)** ⟨h. + sich⟩ 이쪽으로 오기를 바라다. **b)** 누구가 오기를 바라다. **~sein*** ⟨s⟩ **a)** (시간적으로) 거슬러가다, …전의 일이다: das ist schon einen Monat her 그일은 벌써 한달 전의 일이다; lang, lang ist das Jahr her 오래고 오랜 일이다. **b)** (태생지, 거주지와 관련해서) 태어난 곳이다, 유래한 것이다, 이곳으로 온 출발지이다: wo bist du her? 너는 어디 출신인가?; **es ist nicht weit her mit jmdm.**[**etw.**]《통용어》누구[무엇]의 부족함을 알게 되다; **hinter jmdm. h.**《통용어》**1)** 누구를 추적하다, 이 뒤따라 나다, …의 출신이다. 2) (성적인 관심에서) 누구를 차지하려 애쓰다; **hinter etw. h.** 무엇을 탐하다. **~setzen** ⟨h⟩ **1.** 무엇을 이쪽으로 갖다 놓다: ich werde Ihnen eine Flasche Wein h. 제가 당신에게 포도주 한 병을 갖다 놓겠습니다. **2. a)** 누구를 이쪽으로 갖다 앉히다: du kannst das Kind gerne h. 너는 아이를 이쪽으로 갖다 앉혀도 좋다. **b)** ⟨h. + sich⟩ 이쪽에 와 앉다: setz dich her 이쪽에 와 앉아라! **3. hinter jmdm. h.** 누구를 성큼성큼 따라가다, 추적하다. **~stammen** ⟨h⟩ **1.** 무엇[어디]에서 유래하다, 태어 나다, …의 출신이다: wo stammen Sie her? 당신은 어디 출신이십니까? **2.** ↑**~kommen** (2): wo sein Vermögen herstammt, weiß man nicht genau 그의 재산의 출처가 어디인지 사람들은 자세히 모른다. **~stellen** ⟨h⟩ **1.** 생산하다, 제조하다: etw. maschinell[von Hand] h. 무엇을 기계를 통해[손으로] 생산하다; im Ausland hergestellte Produkte 외국에서 생산된 제품들. **2. a)** (노력끝에) 이룩하다, 조성하다, 형성하다: (telefonisch) eine Verbindung h. (전화로) 연결하다; eine Verbindung zwischen der Insel und dem Festland h. 섬과 육지를 연결시키다. **b)** ⟨h. + sich⟩ 형성되다, 이룩되다. **3.** 복구하다, 재건하다: das Ziel wurde erreicht, der Friede hergestellt 목적은 달성되었다, 평화가 복구된 것이다. **4.** 이쪽으로 돌리다[위치시키다]. **~steller,** der; -s, - **1.** 생산자, 제조자. **2.** [서적] 인쇄 제본 담당자. **~stellerbetrieb,** der 생산(기)업체. **~stellerfirma,** die ↑~stellerbetrieb. **~stellermarke,** die ↑Warenzeichen. **~stellerwerk,** das ↑~stellerbetrieb. **~stellung,** die 생산, 제조. **2.** 형성, 조성, 수립: die H. diplomatischer Beziehungen 외교 관계의 수립. **3.** 복구, 재건: die Arbeiten zur H. des Altbaus 구건물의 재건 작업. **4.** (출판사의) 인쇄제본 부서. **~stellungsarbeiten** ⟨Pl.⟩ 생산 작업: die H. nehmen mehrere Tage in Anspruch 그 생산[복구] 작업은 수일이 소요된다. **~stellungsart,** die 생산 형태. **~stellungskosten** ⟨Pl.⟩ 생산비, 생산 원가. **~stellungsland,** das ⟨Pl. …länder⟩ 생산국, 원산지. **~stellungspreis,** der {둘째} ↑~stellungskosten. **~stellungsprozeß,** der 생산 과정. **~stellungs-verfahren,** das 생산 방법. **~stolpern** ⟨s⟩《통용어》(누구와 함께) 비틀거리며 가다. **~stürzen** ⟨s⟩ **1.** 갑자기 서둘러 누구에게 달려가다. **2.** 서둘러 이쪽으로 달려오다: auf diese Nachricht hin ist sie sogleich hergestürzt 이 소식을 듣고 그녀는 즉시 서둘러 달려왔다. **~tragen*** ⟨h⟩ **1.** 무엇을 이쪽으로 가져오다. **2.** (누구와 함께) 들고 가다: das Paket neben ihm h. 그와 나란히 소포를 들고 함께 가다. **~treiben*** ⟨h⟩ **1.** 이쪽으로 몰고 오다. **2.** 누구를 앞세워 몰다. **~wärts** ⟨Adv.⟩ 이쪽으로(반대: hinwärts). **~weg,** der 이쪽으로 오는 길, 귀로. **~werfen*** ⟨h⟩ 이쪽으로 던지다. **~winken** ⟨h⟩ **1.** 이쪽으로 눈짓을 해보이다. **2.** 누구에게 눈짓을 하다: ich habe gesehen, wie er hergewinkt hat 나는 그가 눈짓을 하는 것을 보았다. **~wollen*** ⟨h⟩ 이쪽으로 오고자 한다: ich habe schon gestern hergewollt 나는 벌써 어제 여기로 오려고 했다. **~zaubern** ⟨h⟩ 마술을 걸다, 마술을 걸어 생기게 하다: denkst du, ich kann das Geld h.? 너는 내가 마술을 써서 돈을 마련할 수 있다고 생각하느냐?; [전의] was hast du nur alles hergezaubert 무슨 수로 이렇게 다 해 놓았어, 놀라운데! **~zeigen** ⟨h⟩《통용어》**1.** 보여주다: zeig doch bitte mal deine Tasche her! 제발 너의 지갑 한번 보여줘! **2.** 이쪽으로 가리키다, 지시하다. **~ziehen*** **1.** ⟨h⟩《통용어》끌어당기다: sich den Stuhl h. 의자를 제앞으로 끌어당기다. **b)** 끌고 가다: er zog einen Handwagen hinter sich her 그는 손수레를 끌고 갔다; [전의] das Flugzeug zieht einen weißen Kondensstreifen hinter sich her 비행기가 하얀 비행 운(雲)을 뒤에 끌며 날아간다. **2.** ⟨s⟩ 함께 행진(행군)해 가다: vor den Fackelträgern zog eine Musikkapelle her 횃불을 든 사람들 앞에는 악대가 행진하고 있었다. **3.** ⟨s⟩ 이쪽으로 이사하다: sie sind vor ein paar Jahren hergezogen 그들은 몇년 전에 이곳으로 이사해왔다. **4.** ⟨h / s⟩《통용어》헐뜯다, 험담하다: die Nachbarn zogen in übler Weise über das Mädchen her 이웃들은 사악한 게도 그 처녀에 대해 험담을 해댔다.

herab [he'rap] ⟨Adv.⟩ **a)** 아래로, 아래쪽으로(herunter) (반대: hinauf): h. mit euch! 너희들도 내려오너라!; von den Bergen h. bis ins Tal war das Land mit Schnee bedeckt 산에서부터 계곡에 이르기까지 대지는 눈에 뒤덮여 있었다. **b)** 위쪽에서부터 아래로, 순서에 따라 아래로: **von oben h.** 거만하게, 멸시하면서.

herab-, Herab- (↑hinab-, hinunter-, herunter- 참조): **~baumeln** ⟨h⟩ ↑herunterbaumeln. **~beugen** ⟨h⟩《아이》아래로 구부리다, 숙이다: den Kopf(sich) h. 고개[몸]를 아래로 구부리다. **~blicken** ⟨h⟩《아이》**1.** ↑herunterblicken. **2.** (우쭐한 기분으로) 내려다보다. **~brennen*** 《아이》**1.** ⟨h⟩ ↑herunterbrennen (1): die Sonne brennt auf die öde Steppe herab 태양이 쓸쓸한 초원 위에 뜨겁게 내리쬔다. **2.** ⟨s⟩ herunterbrennen (2): das Feuer im Ofen ging aus, die Lampe brannte herab 난로의 불길도 꺼졌다, 램프의 불도 꺼졌다. **~drücken** ⟨h⟩《아이》↑herunterdrücken. **~eilen** ⟨s⟩《아이》아래로 서둘러오다. **~fahren*** ⟨h⟩《아이》↑herunterfahren. **~fallen*** ⟨s⟩《아이》**a)** 떨어지다: Tropfen fallen herab 물방울이 떨어진다; er wurde durch herabfallende Gesteinsbrocken verletzt 그는 떨어지는 바위 덩이에 부상을 당했다. **b)** 떨어져내리다: 전의 Finsternis〔Nacht〕fällt auf die Stadt herab《시어》어두움〔밤〕이 도시 위에 떨어져내린다〔갑자기 덮이기 시작한다〕. **~flehen** 〈h〉《아어》하늘로부터의 축복을 빌다: die Mutter flehte Gottes Segen auf ihr Kind herab 어머니는 하늘로부터 신의 축복을 그녀의 아이에게 내리기를 빌었다. **~fließen*** 〈s〉《아어》흘러내리다. **~führen** 〈h〉《아어》↑herunterführen. **~gekommen** 〈Adj.〉《드물게》영락한, 몰락한. **~gießen*** 〈h〉《아어》↑heruntergießen. **~gleiten*** 〈s〉《아어》↑heruntergleiten. **~hageln** 〈s〉우박처럼 쏟아지다: Beschimpfungen hagelten auf ihn herab 그에게 욕설이 우박처럼 쏟아졌다. **~hängen*** 〈h〉 **1.** 매달려 있다, 매달리다: eine Lampe hängt von der Decke herab 등 하나가 천정에서부터 아래로 매달려 있다; 전의 die Wolken hängen tief herab 짙은 구름이 끼어 있다. **2.** (아래로) 처지다, 늘어지다: er stand mit herabhängenden Schultern vor uns 그는 축 처진 어깨를 하고 우리 앞에 서 있었다. **~helfen*** 〈h〉《아어》↑herunterhelfen. **~holen** 〈h〉《아어》↑herunterholen (1). **~klettern** 〈s〉《아어》↑herunterklettern. **~kommen*** 〈s〉《아어》이쪽으로 내려오다. **~lassen*** 〈h〉 **1.** 내리다, 내려뜨리다: das Gitter h. 셔터를 내리다; einen Korb an einem Seil h. 밧줄에 맨 바구니를 내려뜨리다. **2.** (h. + sich) **a)** 《아어·드물게》(정신적으로 고귀한 위치의 사람이 그렇지 못한) 누구의 입장이 되다, 누구의 편이 되다: Jesus läßt sich herab zu diesem armen Zweifler 예수는 이 불쌍한 의심하는 자의 편이 된다. **b)** 《반어·준의》(사회적으로 높은 위치의 사람이) 아랫사람들과 어울리다: der Fürst ließ sich gnädig zu seinen Leuten herab 영주는 자비롭게 그의 신하들과 어울렸다. **c)** 《드물게》자신을 낮추다, 품위에 못 미치는 일을 하다: ich fand, daß wir uns nicht so weit h. sollten 나는 우리가 지나치게 우리 자신을 낮추어서는 안된다는 사실을 알았다. **d)** 《반어》친절을 베풀 기분이 들다: wirst du dich noch h., meine Frage zu beantworten? 그래도 자네가 내 물음에 대답할 기분이 들까? **~lassend** 〈Adj.〉교만한, 생각해 주는 듯한, 무례한: ein -er Gruß 교만한 인사; er war sehr h. zu uns 그는 우리들에게 매우 무례했다. **~lassung**, die 교만한〔무례한〕태도. **~laufen*** 〈s〉 **1.** 뛰어내려오다: ich sah ihn die Straße h. 나는 그가 길을 뛰어내려오는 것을 보았다. **2.** ↑fließen: seine Tränen liefen lautlos die Backen herab 그의 눈물이 소리없이 뺨에 흘러내렸다. **~mindern** 〈h〉 **a)** 줄이다; (속도 따위를) 낮추다: die Geschwindigkeit h. 속도를 줄이다; 전의 jmds. Hoffnungen h. 누구의 기대를 약화시키다. **b)** 과소평가하다: ihre Fähigkeiten wurden herabgemindert 그들의 능력이 과소평가되었다. **~minderung**, die 감축, 과소평가. **~regnen** 〈s〉 비처럼 쏟아져내리다: dicke Tropfen regneten herab 굵은 물방울이 비처럼 쏟아져내렸다; 전의 eine Flut von Schimpfwörtern regnet auf sie herab 욕설의 홍수가 그들에게 쏟아져내린다. **~reichen** 〈h〉《아어》↑herunterreichen. **~rieseln** 〈s〉《아어》아래로 졸졸 흐르다. **~rinnen*** 〈s〉《아어》흘러내리다. **~rollen** 〈s〉《아어》↑herunterrollen. **~rufen*** 〈h〉《아어》 **1.** ↑herunterrufen. **2.** 《드물게》↑flehen. **~sausen** 〈s〉《아어》↑heruntersausen. **~schaffen** 〈h〉《아어》↑herunterschaffen. **~schauen** 〈h〉《아어》↑herunterblicken (1, 2). **~schicken** 〈h〉《아어》↑herunterschicken. **~schießen*** 〈h〉《아어》↑herunterschießen. **~schlagen* 1.** 〈h〉《아어》쳐서 떨어뜨리다. **2.** 〈s〉《아어》↑fallen (a). **~schrauben** 〈h〉《드물게》↑herunterschrauben. **~schweben** 〈s〉《아어》(공중에서부터) 둥둥 떠내려오다. **~schwingen***, sich 〈h〉훌쩍 뛰어내리다. **~sehen*** 〈h〉↑heruntersehen. **~senken**, sich 〈h〉 **1.** 아래로 가라앉다, 내려앉다: 전의 Dunkelheit〔die Nacht〕senkt sich leise über die Stadt herab《아어·시어》어두움〔밤〕이 조용히 도시 위에 내려앉는다〔어두워지기 시작한다〕. **2.** 《아어》(산이나 언덕이) 낮은 경사로 뻗쳐 있다: die Straße senkt sich in sanften Windungen ins Tal herab 도로는 부드러운 곡선을 이루면서 계곡 아래로 완만하게 뻗쳐 있다. **~setzen*** 〈h〉 **1.** 인하하다, 할인하다: den Preis h. 가격을 낮추다; die Waren wurden (im Preis) stark herabgesetzt 상품의 가격이 대폭 인하되었다〔대폭할인된 가격으로 팔렸다〕. **2.** (가치, 의미를) 과소평가하다: jmds. Verdienste h. 누구의 공로를 과소평가하다. **~setzung**, die 인하, 할인, 과소 평가. **~sinken*** 〈s〉 **1.** ↑heruntersinken. **2.** 타락하다: du bist zu einem ekelhaften Materialisten herabgesunken 자네는 구역질 나는 유물론자로 타락해버렸군. **~spielen** 〈h〉↑herunterspielen. **~springen*** 〈s〉↑herunterspringen. **~steigen*** 〈s〉《아어》↑heruntersteigen. **~stimmen** 〈h〉 기를 꺾다, 사기를 저해하다. **~stoßen***《아어》 **1.** 〈h〉↑herunterstoßen: der Mörder hat sie vom Kliff herabgestoßen 살인자는 그녀를 낭떠러지에서 밀어 떨어뜨렸다. **2.** 〈s〉 떨어지듯 내려앉다, 급강하하다: der Raubvogel stieß plötzlich auf das Feld herab 맹금이 갑자기 들판 위로 불쑥 내려앉았다. **~strömen** 〈s〉 강을 이루어 흘러내리다. **~stürzen 1.** 〈s〉 쏟아지듯 떨어지다: Felsbrocken stürzten herab 바위 덩어리들이 쏟아져 떨어졌다. **2.** (h. + sich) 〈h〉 떨어지다, 추락하다. **~tropfen** 〈s〉 ↑heruntertropfen. **~würdigen** 〈h〉 누구를 경시하다, 비방하다, 누구의 체면을 더럽히다. **~würdigung**, die 경멸, 비방. **~ziehen*** 〈h〉《아어》 **1.** 아래로 잡아당기다: die Mundwinkel h. (거부적·경멸하는 듯한 표정으로서) 입가를 옆으로 당기다. **2.** 누구를 타락시키다.

Heraion [heˈraiɔn], Heräon [heˈrɛːɔn], das; -s, -s〔griech Heraion〕헤라 여신의 신전.

Herakles [ˈheːrakles] 헤라클레스(그리스 신화에서 반신이자 영웅). **Heraklide** [heraˈkliːdə], der; -n, -n 헤라클레스의 후손.

Herakliteer [herakliˈteːr], der; -s, - 고대 그리스 철학자 헤라크리트(약 기원전 550∼480)의 제자(추종자).

Heraklith ⓦ [heraˈklit],《또한》...klɪt], der; -s《인공어》경량 건축용 판재료.

Heraldik [heˈraldik], die; 문장학, (fr. science) héraldique) 문장학(紋章學)(Wappenkunde). **Heraldiker**, der; -s, - 문장 연구가(Wappenforscher). **heraldisch** [heˈraldɪʃ]〈Adj.〉문장학의.

heran [hɛˈran]〈Adv.〉이쪽 곁으로, 가까이로: nur h., ihr zwei! 자, 너희 둘 이쪽으로 오너라!;〈전치사 an의 강조로〉es standen nur ein paar Häuser bis an das Wasser h. 이 물가까지는 단지 몇 채의 집들만이 서 있었다.

heran-, Heran-: ~arbeiten 〈h〉 (이쪽으로) 접근하려고 애쓰다. **~bilden** 〈h〉 **1.** (특별한 목적을 위해) 양성하다, 훈련시키다: die Firma bildet Fachkräfte selbst heran 그 회사는 전문 인력을 자체적으로 양성한다. **2.** (h. + sich) 양성되다, 수련하다: ein Talent bildet sich heran 재능은 양성되는 것이다. **~bildung**, die 양성, 훈련, 수련. **~blühen** 〈h〉《schweiz.》↑wachsen (a). **~branden** 〈s〉 (파도 따위가) 부서지듯 (이쪽으로) 가까이 오다. **~brausen** 〈s〉 곁으로〔이쪽으로〕 돌진해오다. **~brechen** 〈s〉 **1.** ↑branden. **2.** 《schweiz.》 ↑anbrechen (3). **~bringen*** 〈h〉 (이쪽으로) 가져오다, 접근시키다. **2.** (어떤 일에) 접근시키다, 숙달시키다: man sollte die jungen Menschen vorsichtig an diese Probleme h. 이러한 문제들에 대해서는 젊은이들을 조심스럽게 접근시켜야 할 것이다. ~**drängen** ⟨h⟩ 가까이로 밀치다. ~**dürfen'** ⟨h⟩ 《통용어》 이쪽으로 와도 좋다. ~**eilen** ⟨s⟩ 서둘러 다가오다. ~**entwickeln** ⟨h⟩ 무엇을 점차 발전시키다. ~**fahren'** ⟨h⟩ (차를 타고) 이쪽으로 오다. ~**führen** ⟨h⟩ 1. **a)** (누구를) 가까이 데려오다. **b)** (무엇을) 가까이 갖다대다: die Lupe an die Augen h. 확대경을 눈에 갖다대다. **c)** 가까이에 이르다: der Weg führt nahe an die Bucht heran 그 길은 포구(浦口)가까이로 뻗어 있다. 2. 누구로 하여금 (지식·학문에) 관심을 갖도록 하다. ~**gehen'** ⟨s⟩ 1. 다가가다. 2. 시작하다, 착수하다: mutig an eine schwierige Aufgabe h. 용기를 내어 어려운 과제에 착수하다. ~**gleiten'** ⟨s⟩ 미끄러져 다가오다. ~**heulen** ⟨s⟩ 소리치며 다가오다: ein heranheulender Krankenwagen 비상경적을 울리며 다가오는 응급차. ~**holen** ⟨h⟩ 이쪽으로 가까이 가져오다. ~**kämpfen**, sich ⟨h⟩ 싸워 접근하다. ~**kommen'** ⟨s⟩ 1. **a)** 접근해 오다: ich beobachtete, wie er langsam herankam 나는 그가 서서히 접근해 오는 것을 관찰하고 있었다; **etw. an sich h. lassen** 《통용어》 서둘지 않고 기다리다. **b)** 접근해 가다. 2. (시간, 때가) 다가오다, 때가 되다: nun wird Weihnachten bald h. 이제 곧 크리스마스가 다가온다. 3. **a)** (닿기 어려운 무엇을) 손대다, 손에 넣다, 도달하다: er kommt an sein Geld nicht heran 그는 자신의 돈을 손대지 않는다(예금통장에 그대로 놓아둔다]; [전의] an ihn ist nicht heranzukommen 1) 그는 가까이 하기 어려운 사람이다(지위 때문에). 2) 그는 폐쇄적인 사람이다(성격). **b)** (무엇의) 한계(선)에 다가서다, 도달하다: Er hat in der Sekunde wie er an Berts Europarekord herangekommen [스포츠] 그는 베르트의 유럽 기록에 1초 차로 다가섰다(상대와의 차이를 축소시켰다). ~**können'** ⟨h⟩ 다가갈 수[올 수] 있다. ~**kriechen'** ⟨s⟩ 기어서 다가오다. ~**lassen'** ⟨h⟩ 1. 다가서게 하다, 접근하게 하다: an diesen Fall läßt er keinen heran 그는 이 사건에 아무도 접근하는 것을 용납하지 않는다; **jmdn. nicht(niemanden, keinen) an sich h.** 아무에게도 접근할 여지를 주지 않다. 2. 《경·드물게》 누구와의 성교를 허락하다. ~**locken** ⟨h⟩ 이쪽으로 유인하다. ~**machen**, sich ⟨h⟩ 《통용어》 1. (무엇을 망설임 끝에) 착수하다, 공략하다. 2. 마구 접근하다, 접근하다: er hat sich an den Chef herangemacht 그는 지배인에게 (스스럼없이) 다가갔다. ~**müssen'** ⟨h⟩ 《통용어》 (일, 과제를) 떠맡아야만 한다: schon als Kind mußte ich im Haushalt heran 벌써 어린아이 때부터 나는 가정 일을 돌봐야 했다(가사의 일부를 떠맡아야만 했다). ~**nahen** ⟨s⟩ 1. 《고어·드물게》 다가오다: ich sah die Bewaffneten h. 나는 무기를 든 사람들이 다가오는 것을 보았다. 2. 《통용어》 ↑**kommen** (2): der herannahende Abend 다가오는 저녁. ~**nehmen'** ⟨h⟩ 일을 떠맡기다, 과제를 부여하다. ~**pfeifen'** 1. ⟨h⟩ 휘파람 소리를 내며 다가오다, 휘파람 소리를 부르다. 2. ⟨h⟩ 휘파람을 불어 오라고 신호하다, 휘파람 소리를 부르다: er pfiff den Hund heran 그는 휘파람을 불어 개를 불렀다. ~**pirschen**, sich ⟨h⟩ 살금살금 기어오다, 몰래 접근하다. ~**reichen** ⟨h⟩ 1. 무엇에 도달하다, 닿다: das Kind kann noch nicht an das Regal h. 어린아이는 아직 선반에 닿지 못한다. 2. 같은 수준에 이르다. 3. 《지역적》 무엇에 충분하다, 넉넉하다: diese Schnur reicht nicht heran 이 끈은 (길이가) 충분하지 않다. ~**reifen** ⟨s⟩ **a)** 성숙하다, 익어가다: Getreide reifen heran 곡식이 익어간다. **b)** 성장하다, 커나가다, 성장하다: er reifte zum großen Künstler heran 그는 위대한 예술가로 성장해 나갔다. [전의] einen Entschluß h. lassen 어떤 결단을 도모하다. ~**rollen** ⟨s⟩ 굴러 다가오다. ~**rücken** ⟨h⟩ 다가오게 하다, 당기다, 당겨놓다. **b)** ⟨s⟩ (바싹) 다가가다: dicht an jmdn. h. 누구 곁으로 바싹 다가가다. ~**rufen'** ⟨h⟩ 누구를 불러 오게하다. ~**schaffen** ⟨h⟩ 이 쪽으로 날라오다, 공급하다. ~**schieben'** 1. ⟨h⟩ **a)** 무엇을 가까이 넣다, 밀다. **b)** (h. + sich) 밀려오다: langsam schiebt sich ein Demonstrationszug vom Markt her heran 시위대가 시장터에서부터 서서히 밀려온다. 2. ⟨s⟩ 《경》 천천히[꿈뜨게] 다가오다. ~**schleichen'** **a)** ⟨s⟩ 몰래 다가오다. **b)** (h. + sich) 몰래 다가오다. ~**schlendern** ⟨s⟩ 빈들빈들 걸어오다. ~**schleppen** ⟨h⟩ **a)** 질질 끌듯 끌어오다. **b)** (h. + sich) 질질 끌듯 걸어오다. ~**sein'** ⟨s⟩ 《통용어》 다가와 있다: er ist bis auf einen halben Meter heran 그는 50센티미터까지 다가와 있다. ~**sprengen** ⟨s⟩ 말을 타고 다가오다, 펄적펄적 뛰어오다. ~**stehen'** ⟨s⟩ 《österr.》 도래하다, 면전에 와 있다, 절박해 있다. ~**stürmen** ⟨s⟩ 밀어닥치다. ~**tasten**, sich 1. 더듬어 나가다, 더듬어오다: ich tastete mich in der Dunkelheit an die Leiter heran 나는 어둠 속에서 더듬어 사다리로 갔다. 2. 신중하게 조사하다, 더듬어 나가다: sich an ein Geheimnis h. 비밀을 더듬어나가다. ~**tragen'** ⟨h⟩ 1. 운반해 오다. 2. (청원 등을) 제기하다, 제시하다: an die Regierung herangetragene Wünsche 정부에 제기된 청원들. ~**trauen**, sich ⟨h⟩ 《통용어》 [전의] sich nicht an eine Sache h. 어떤 일을 착수할 용기가 없다. ~**treten'** ⟨s⟩ 1. **a)** 다가오다, 접근하다: der Arzt trat näher an das Bett des Kranken heran 의사는 환자의 침대로 더 가까이 다가왔다. **b)** (문제·일이) 발생하다: Probleme treten an jmdn. heran 누구에게 문제가 발생하다. 2. 의뢰하다, 조르다: mit Bitten an das Komitee h. 위원회에 청원하다. ~**wachsen'** ⟨s⟩ 성숙하다, 성장하다: das Mädchen ist zur Frau herangewachsen 그 소녀는 부인으로 성숙했다. [전의] ringsumher wuchsen Konkurrenten heran 사방에서 경쟁자들이 서서히 생겨났다. **b)** 어른이 되다. ~**wachsende** der / die **a)** (성장하고 있는) 청소년. **b)** [법] 범죄시를 기준으로 18세 이상 21세 미만의 청소년. ~**wagen**, sich ⟨h⟩ 감히 접근하다, 접근할 엄두를 내다: [전의] er hat sich an dieses heikle Problem nicht herangewagt 그는 이러한 미묘한 문제에 감히 접근할 엄두를 내지 않았다[문제를 다루려고 감히 시도하지 않았다]. ~**winken** ⟨h⟩ (누구를) 눈짓으로 부르다. ~**wollen'** ⟨h⟩ 《통용어》 접근하려고 하다, 다가오려 하다. ~**ziehen'** 1. ⟨h⟩ **a)** 가까이 끌어당기다: den Sessel (näher an den Tisch) h. 의자를 (탁자로 더 가까이) 끌어당기다. **b)** ⟨s⟩ (천천히) 계속 다가오다: [전의] das Gewitter ist von Westen herangezogen 뇌우가 서쪽에서부터 서서히 다가왔다. 2. ⟨h⟩ **a)** 키우다, 재배하다: man hat diese tropischen Pflanzen sorgsam herangezogen 사람들은 이 열대식물을 조심스럽게 키웠다. **b)** 양성하다, 육성하다. 3. ⟨h⟩ **a)** 의견을 듣다, 판단을 내리게 하다: zur Klärung dieser Frage wurden Sachverständige herangezogen 이 문제의 해명을 위해서 권위자의 의견이 청취되었다. **b)** 동원하다: ausländische Arbeitskräfte h. 외국인 노동력을 동원하다. 4. ⟨h⟩ 원용하다, 근거하다: etw. zum Vergleich h. 무엇을 비교가능한 것으로 인용하다. ~**ziehung**, die 재배, 양성, 동원, 원용.

Heräon: ↑Heraion.

Herat [he'ra:t], der; -(s), -s [Afghanistan의 도시 Herat에 따라] 헤라트 양탄자(장미꽃 장식무늬, 별, 꽃잎 등의 기하학적 무늬를 촘촘히 수놓아 만든 붉은 바탕색의 양탄자).

Heratmuster [he'ra:ti-], das; -s, - 헤라트 카페트 무늬 양식.

herauf [he'rauf] ⟨Adv.⟩ (반대: hinunter) 1. 이 위로, 위쪽으로, 이쪽으로 올라와서: ⟨전치사 von을 강조⟩ vom Tal h. 골짜기에서 이 위쪽으로. 2. 《통용어》 남부 지방에서 북부 지방으로(북쪽에서 보아서): sie hat von Bayern h. nach Norddeutschland geheiratet 그녀는 바이에른 지방에서 북부 독일로 시집왔다.

herauf-, Herauf- (↑hinauf-, rauf-, hoch-, empor-도 참조): **~arbeiten**, sich ⟨h⟩ **1.** 힘들여 올라오다. **2.** ↑hocharbeiten: er hat sich in die Spitze des Unternehmens heraufgearbeitet 그는 노력하여 그 기업에서 최고의 자리로 올랐다. **~befördern** ⟨h⟩ 위로 나르다, (화자보다 낮은 자리에서 높은 자리로) 승진(진급)시키다. **~bemühen** ⟨h⟩ **1.** 일부러 올라오게 하다: darf ich Sie noch einmal auf die Bühne h.? 다시 한번 무대 위로 올라와 주시겠습니까? **2.** ⟨h + sich⟩ 일부러(힘들여) 위로 올라오다. **~beschwören** ⟨h⟩ **1.** 야기시키다, 불러일으키다(곤란하거나 위험한 상황을): eine Gefahr h. 위험을 불러일으키다. **2.** (과거의 일을) 되살아나게 하다, 상기시키다: die Freuden der Jugend h. 젊은 시절 기뻤던 일들의 기억을 되살아나게 하다; er beschwor die Schrecken des Krieges herauf 그는 전쟁의 공포를 생생하게 환기시켰다. **~bitten*** ⟨h⟩ (위로) 올라오라고 청하다. **~bringen*** ⟨h⟩ **1. a)** (위로) 가지고 오다, 올려오다: sie hat mir das Päckchen heraufgebracht 그녀가 소포를 내게로 가지고 올라왔다. **b)** 누구를 데리고 올라오다. **2.** (누구를) 집으로 끌어들이다: sie durfte ihre Freundin nicht mit h. 그녀는 여자 친구를 집안으로 데리고 들어와서는 안되었다. **~dämmern** ⟨s⟩ 동이 트다, 서서히 밝아오다: 전의 eine neue Zeit dämmert herauf 새 시대가 밝아온다. **~dringen*** ⟨s⟩ 밀려 올라오다: ein betäubender Duft drang zu mir herauf 정신을 몽롱하게 하는 향기가 내게로 밀려 올라왔다. **~dürfen*** ⟨h⟩ **1.** (통용어) 올라와도 좋다. **2.** 집안으로 (데리고) 들어와도 좋다. **~eilen** ⟨s⟩ 서둘러 올라오다. **~fahren*** ⟨s⟩ **1.** (차를 타고) 오르다, 올라오다: den Berg(zur Burg) h. 차를 타고 산을(성으로) 올라오다. **2.** ⟨h⟩ 위로 운반하다, 차에 태워 올라오다: den Wagen den Berg h. 승용차를 산 위로 올라오게 하다. **~führen** ⟨h⟩ **1.** 위로 안내하다: bitte führe die Gäste herauf 손님들을 위로 안내해서 올라오다. **2.** 준비하다, 전개(발단)시키다: ein neues Zeitalter h. 새로운 시대를 열다. **~heben*** ⟨h⟩ 들어올리다. **~holen** ⟨h⟩ 위로 가져 오다. **~klettern** ⟨s⟩ 짚고(기어) 올라오다. **~kommen*** ⟨s⟩ **1. a)** 올라오다, 오르다: die Treppe h. 계단을 올라오다. **b)** 위에 다다르다: wie willst du denn hier h.? 너 대체 여기까지 어떻게 올라오려고 하니? **2. a)** 위로 운반되다: vom Tal kommt das Geläute der Glocken herauf 골짜기에서 종소리가 울려 올라온다. **b)** 뜨다, 떠오르다: die Sonne kommt herauf 해가 떠오른다. **c)** 임박하다, 다가오다: eine heraufkommende Hochwassergefahr 닥쳐오는 홍수의 위험. **~können*** ⟨h⟩ (통용어) 위로 올라 올 수 있다. **~kriechen*** ⟨s⟩ 기어올라오다. **~kunft**, die (아어) 대두, 등장. **~lassen*** ⟨h⟩ (통용어) 올라오게 하다. **~laufen*** ⟨s⟩ 뛰어 올라오다. **~müssen*** ⟨h⟩ (통용어) 올라와야 하다. **~nehmen*** ⟨h⟩ 위로 가져오다. **~reichen** ⟨h⟩ **1.** 위로 건네주다: er reichte den Eimer aus dem Graben herauf 그는 양동이를 구덩이에서 들어올려 건네주었다. **2.** (통용어) 위에 이르다(다다르다): die Leiter reicht bis zum Balkon herauf 사다리가 발코니에까지 닿는다. **~reißen*** ⟨s⟩ 위로 뛰어 올라오다. **~rufen*** ⟨h⟩ **1.** 위를 향해 소리치다(부르다). **2.** 환기(상기)시키다. **~schaffen** ⟨h⟩ 위로 올리다(운반하다). **~schallen** ⟨h⟩ 울려 올라오다. **~schauen** ⟨h⟩ ↑~sehen. **~schicken** ⟨h⟩ 위로 보내오다. **~schießen* 1.** ⟨h⟩ **a)** 쏘아올리다(올려오다). **b)** 쏘아 올려보내(오)다. **2.** ⟨s⟩ **a)** (통용어) 급히 뛰어올라오다: sie kam zu mir heraufgeschossen 그녀는 총알처럼 나에게 달려 올라왔다. **3.** ⟨s⟩ (드물게) (힘차게)

돋아(자라)나다, 발아하다. **~sehen*** ⟨h⟩ 올려다 보다. **~setzen** ⟨h⟩ (값 등을) 올리다: die Preise[Zinsen] h. 가격(이자)를 올리다. **~setzung**, die 인상, 높임, 승격. **~sollen*** ⟨h⟩ (통용어) 위로 올라와야 하다. **~singen*** ⟨s⟩ **a)** (펄쩍) 뛰어오르다. **b)** (통용어) ↑~eilen. **~steigen*** ⟨s⟩ **1. a)** (기어·걸어) 올라오다: den Berg h. 산을 타고 올라오다. 전의 Nebelwolken steigen vom Tal herauf 안개 구름이 골짜기에서 피어오른다. **b)** (기억 등이) 떠오르다. **2.** (아어) 시작되다, 발단하다: eine neue Zeit steigt herauf 새 시대가 떠오른다. **~stürzen** ⟨s⟩ 위로 치달아, 허겁지겁 뛰어올라오다. **~tönen** ⟨s⟩ 울려 올라오다. **~tragen*** ⟨h⟩ 위로 나르다 (올려온다). **~wollen*** ⟨h⟩ 위로 올라오고 싶어하다. **~ziehen* 1. a)** ⟨h⟩ 끌어올리다, 올려당기다. **b)** ⟨s⟩ (지평선에) 나타나다, 서서히 다가오다: ein Unwetter zieht herauf 폭풍이 다가온다; 전의 ein heraufziehendes Unheil[Schicksal] 서서히 다가오는 재앙(운명). **2.** ⟨s⟩ 위층(쪽)으로 이사하다. **3.** ⟨s⟩ (아어) ↑~steigen (2).

heraus [hɛ'raʊs] ⟨Adv.⟩ (이쪽) 밖(바깥)으로, 무엇(내부)에서 외부로(반대: hinein): h. damit(mit dem Geld)! 그것(돈) 이리 내놔!; h. aus dem Bett[aus den Federn] (통용어) 기상!, 일어나!; (전치사 a의 강조로) aus dem Stand h. einen Überschlag machen 제자리에서 공중제비하다.

heraus-, Heraus- (↑hinaus-, raus-도 참조): **~abstrahieren** ⟨h⟩ 추상(개념)화 해 (드러)내다(강조하다). **~arbeiten** ⟨h⟩ **1. a)** (일부를) 두드러지게 만들다, 만들어내다. **b)** (요점을) 두드러지게(뚜렷하게) 하다, 강조하다: Unterschiede h. 차이점들을 부각시키다. **2.** ⟨h. + sich⟩ 애써 빠져나오다, 벗어나다: sich aus dem Schlamm h. 진창에서 간신히 빠져나오다. **3.** (휴가를 위해) 일을 몰아서 미리하다, 근무 시간을 미리 채우다, (뒤진 시간을) 따라잡다. **~arbeitung**, die 부각, 달성: die H. einer politischen Linie 정치 노선의 도출 [입안]. **~beißen*** ⟨h⟩ **1.** 물어 뜯어내다. **2.** ⟨h. + sich⟩ (드물게) ↑ausbeißen (1). **~bekommen*** ⟨h⟩ **1.** 끄집어내다, 빼내다: den Fleck h. 얼룩을 없애다. **2. a)** (통용어) 풀다, 이해하다. **b)** 알아내다, 탐지하다: ein Geheimnis h. 어떤 비밀을 알아내다. **3.** (돈을) 돌려받다, 거슬러받다. **~beugen**, sich ⟨h⟩ (몸을) 밖으로 굽히다, 앞으로 내밀다. **~bilden 1.** ⟨h + sich⟩ (무엇에서) 서서히 이루어지다, 생겨나다, 형성되다. **b)** 산출(생산)하다, 만들어내다, 발생(야기)시키다. **~bildung**, die 형성, 생성, 출현. **~bitten*** (누구에게) 밖으로 청해내다. **~blicken** ⟨h⟩ 밖으로(이쪽으로) 내다보다. **~bohren** ⟨h⟩ 파(뚫어)내다. **~boxen** ⟨h⟩ [축구·송구] ↑~fausten: 전의 jmdn. h. 누구를 (위기에서) 구해내다. **~brechen* 1.** ⟨h⟩ 떼어(부셔)내다: ein paar Fliesen aus der Wand h. 벽에서 타일 몇 장을 떼어내다. **2.** ⟨s⟩ (감정이) 폭발하다, 터져(튀어) 나오다: Zorn brach aus ihm heraus 그는 분노가 터져나왔다. **3.** ⟨s⟩ (드물게) ↑~schlagen (2): Flammen brachen aus den Fenstern heraus 창에서 불길이 치솟았다. **4.** ⟨h⟩ (아어) ↑~würgen (b): das ganze Essen wieder h. 먹은 것을 모두 토해내다. **~bringen*** ⟨h⟩ **1.** 들어내다, 빼내다, 밖으로 내오다. **2.** 데리고 나오다. **3.** (통용어) 제거할(없앨) 수 있다. **4. a)** 출판(간행)하다, 공연(공개)하다: das Theater hat ein neues Stück herausgebracht 그 극장은 신작(新作)을 공연했다. **b)** (상품을 시장에) 내놓다, 생산(제조)하다: ein neues Automodell h. 새 모델의 자동차를 개발하여 시장에 내놓다. **c)** 유행시키다, 널리 알리다. **5.** (통용어) 풀어 확인하다. **b)** (통용어) 알아내다, 탐지(탐문)하다: es war nichts aus ihm h. 그에게서는 아무 것도 알아낼 수 없었다. **c)** 풀다, 해결(추측)하다: das Rätsel h. 그 수수

께끼를 풀다. **6.** (소리 따위를) 내다: vor Aufregung konnte sie kein Wort h. 흥분해서 그녀는 한 마디도 말을 할 수 없었다. **~brüllen** 〈h〉 (큰 소리로) 내뱉다, 토하내다: seinen ganzen Ärger h. 고함을 질러 거침없이 분노를 쏟아내다. **~destillieren** 〈h〉 **1.** [화학] 증류시켜 추출해내다, 뽑아내다. **2.** 축약시키다. **~drehen** 〈h〉 돌려 빼내다: die Birne (aus der Fassung) h. 전구를 (소켓에서) 돌려 빼내다. [전의] 〈h. + sich〉 er hatte das Gefühl, sich glänzend herausgedreht zu haben 그는 (난처한 상황에서) 멋지게 빠져나왔다는 기분이었다. **~dringen'** 〈s〉 치달아[몰려]나오다. **~drücken** 〈h〉 **1.** (이쪽으로) 밀어내다. **2.** (신체의 일부를) 내밀다: er drückte den Bauch ein und drückte die Brust aus 그는 아랫배를 당기고 가슴을 내밀었다. **~dürfen'** 〈h〉 **1.** (이쪽으로) 나와도 좋다. **2.** 《통용어》 가지고 나와도 좋다: darf der Kinderwagen jetzt heraus auf den Balkon? 유모차를 이제 발코니로 끌고 나와도 되나요? **~eitern** 〈s〉 고름이 나오다. **~fahren'** **1. a)** 〈s〉 (탈 것이) 이쪽으로 나오다: der Zug fährt langsam aus dem Bahnhof heraus 기차가 서서히 역에서 나오고 있다. **b)** 〈s〉 (탈 것을) 타고 나오다: mit dem Fahrrad aus der Einfahrt h. 자전거를 타고 차량 출입구에서 나오다. **2. a)** 〈h〉 (탈 것을) 몰고[운전해] 나오다: das Auto aus der Garage h. 자동차를 차고에서 몰고 나오다. **b)** 〈h〉 (대개 과거분사 + kommen)(차를) 타고 나오다. **3.** 〈s〉 **a)** 《통용어》 뛰쳐[튀어] 나오다: erschrocken aus dem Bett h. 깜짝 놀라 침대에서 뛰쳐 나오다. **b)** ↑entschlüpfen (1): gerade dieses Wort mußte ihr h.! 하필이면 이 말이 그녀 입에서 튀어나오다니! **4.** [스포츠] 빨리 달려 달성하다: einen Sieg h. (자동차) 경기에서 승리를 이룩하다. **5.** [사냥] **a)** 〈s〉 ↑ausfahren (14 a). **b)** 〈h〉 ↑ausfahren (14 b). **~fallen'** 〈s〉 **1.** (밖으로) 떨어지다[떨어져 나오다], 굴러 나오다: aus dem Bett h. 침대에서 굴러 떨어지다. **2.** 쏟아져 나오다: aus den Türen herausfallendes Licht 출입문들 밖으로 내비치는 빛. **3.** 현격하게 다르다[정상에서 벗어나다]: Vorgänge, die aus aller Konvention h. 모든 인습에서 현저하게 벗어나는 사태들. **~fausten** 〈h〉 [축구·송구] 골키퍼가 (손으로) 쳐내다. **~feuern** 〈h〉 ↑rausfeuern. **~filtern** 〈h〉 **1. a)** (불순물 따위를) 여과해 내다: Trübstoffe (aus Fruchtsäften) h. (과일 주스에서) 찌끼를 걸러내다. **b)** (특정 주파수들을) 필터로 여과하다. **2.** 정선하다, 뽑아(찾아) 내다: Informationsmaterial (aus etw.) h. (무엇에서) 정보자료를 골라내다. **~finden'** 〈h〉 **1.** (출구를) 찾아내다, 밖으로 나오다: er fand aus dem Labyrinth des Parks nur schwer heraus 그는 공원의 미로에서 겨우 빠져 나왔다. 〈h. + sich〉 ich habe mich aus dem Hochhaus kaum herausgefunden 나는 그 고층 건물에서 거의 빠져 나올 수 없었다. [전의] wir werden uns aus dem Schlamassel schon h. 우리는 곧 곤경을 벗어나게 될 것이다. **2. a)** (여럿 중에서) 찾아내다, 발견하다: die gewünschten Gegenstände schnell aus einem großen Haufen h. 원하던 대상들을 커다란 더미에서 발견해 내다. **b)** (탐색하여) 알아내다, 생각해 내다, 이해하다: sie haben des Fehler herausgefunden 그들은 실수를 알아냈다. **3.** [지역적] (충분히 휴식, 숙면하고) 잠자리에서 일어나다. **~fischen** 〈h〉 《통용어》 건져[집어] 내다. **~fliegen'** **1.** 〈s〉 **a)** 날아가다, 날아가 버리다: der Vogel ist aus dem Bauer herausgeflogen 새가 새장에서 날아가 버렸다. **b)** 〈s〉 날아서 나오다: die Flugzeug ist aus den Wolken herausgeflogen 비행기가 구름을 벗어났다. **c)** 날아 나가다, (안쪽에서) 날아오다. **d)** ↑~fallen (1). **2.** 〈s〉 ↑rausfliegen. **3.** 〈h〉 ↑ausfliegen (2 c): man hat Frauen und Kinder aus dem Kessel herausgeflogen 여자와 아이들을 포위[봉쇄] 지역으로부

터 비행기로 구출되었다. **~fließen'** 〈s〉 흘러나오다. **~forderer,** der; -s, - **a)** (결투 따위의) 도전자, 반항자. **b)** [스포츠] (선수권) 도전자. **~fordern** 〈h〉 **1. a)** 싸움을 걸다, 도전[도발]하다: er forderte seinen Nebenbuhler (zum Duell) heraus 그는 연적에게 결투를 신청했다. **b)** [스포츠] (선수권 보유자에게) 도전하다. **2.** 유발[야기, 사주]하다: das Schicksal leichtfertig h. 경솔하게 자신의 운명을 시험하다; Protest[Kritik] h. 항의[비판]를 불러 일으키다. **~fordernd** 〈Adj.〉 도전적[자극적]인: ein -es Benehmen 도전적인 품행; er sah sie h. an 그는 그녀를 대담하게[유혹적으로] 쳐다보았다. **~forderung,** die **1.** 도전, 도발, 유발. **2. a)** [스포츠] (선수권의) 도전: sein Recht auf H. wurde bestätigt 그에게 도전권이 있음이 확인되었다. **b)** [스포츠] 도전, 도전 경기: sich auf die H. vorbereiten 도전 경기에 대비하다. **~forderungskampf,** der [스포츠] 도전전, 도전 경기. **~fressen'** 〈h〉 **1.** (많이 게걸스레) 감아[뜯어, 파] 먹다. **2.** 〈h. + sich〉 [경] 잘 먹어 살이 찌다: herausgefressene Parteibonzen 잘 뜯어먹어 살이 오른 당의 보스들. **~fühlen** 〈h〉 만져서 알아내다, 감지하다, 깨닫다. **~führen** 〈h〉 **1. a)** 데리고[가지고] 나오다. **b)** 구(출)해[이끌어] 내다: jmdn. aus einer Krise h. 누구를 위기에서 끌어내다. **2.** (길이) 밖으로 나 있다: der Weg führt aus dem Wald heraus 길이 숲 밖으로 나 있다. **3.** (밖으로) 인도해 나오다: sein Weg führte ihn zu uns heraus 그는 자신이 잡은 길을 따라 우리에게로 나왔다. **~futtern** 〈h〉 《통용어》 **1.** ↑ ¹auffüttern (b): die Kinder h. 아이들을 잘 먹이다. **2.** 〈h. + sich〉 ↑~fressen (2). **~füttern** 〈h〉 《통용어》 ↑ ¹auffüttern (b). **~gabe,** die 〈Pl. 없음〉 인도[引渡], 양도, 반환; 발행, 출판. **~geben'** 〈h〉 **1.** (밖으로) 내주다: er gab den Koffer durchs Fenster heraus 그는 여행가방을 창문을 통해 밖으로 내 주었다. **2. a)** 내주다, 되돌려주다, 양도[반환]하다: die Beute h. 노획물을 되돌려주다; er wollte die Schlüssel nicht h. 그는 열쇠를 내놓으려 하지 않았다. **b)** ↑ausgeben (1). **3. a)** (차액, 거스름돈을) 돌려 주다, 내주다: (jmdm.) zuwenig[zuviel] h. (누구에게) 너무 적게[너무 많이] 거슬러 주다; er gab (mir) auf 20 Mark heraus 그는 20마르크를 받고 (나에게) 거스름돈을 내주었다; können Sie h. 거스름 돈 줄 돈 있습니까? **b)** [지역적] 대꾸[답변]하다: ich habe (ihm) ganz schön herausgegeben 나는 (그에게) 아주 멋지게 응수했다. **4. a)** 발행[간행, 출판]하다: eine Zeitschrift h. 잡지를 발행하다; seine Aufsätze wurden in Buchform von einem bekannten Verlag herausgegeben 그의 논문들은 유명한 출판사에서 출판되었다. **b)** (새로운 상품을) 내놓다, 개발해 내다: Gedenkmünzen h. 기념 주화를 발행하다. **c)** (법률 따위를) 공포하다: einen Erlaß h. 법령을 공포하다. **5.** (드물게) 토해내다. **~geber,** der 발행인, 편(집)자, 편찬인. **~gehen'** 〈s〉 **1.** (밖으로) 나오다: man sah ihn aus dem Haus h. 그가 집에서 나오는[나가는] 것이 보였다; **aus sich h.** (수줍음 따위를) 극복하다, 벗어나다, 남과 잘 어울리다, 거리낌 없이 행동하다: in Gesellschaft seiner Freunde geht er eher[leichter] aus sich heraus 친구들과 함께 있으면 그는 오히려[쉽게] 속마음을 털어 놓는다. **2.** (얼룩 따위가) 빠지다, 없어지다: der Schmutz geht nicht mehr aus dem Kleid heraus 때가 이제는 옷에서 빠지지 않는다. **~gleiten'** 〈s〉 (밖으로) 미끄러져 나오다. **~graulen** 〈h〉 《통용어》 ↑rausgraulen. **~greifen'** 〈h〉 집어[골라, 뽑아] 내다: [전의] um ein Beispiel herauszugreifen 예를 하나 들자면. **~gucken** 〈h〉 ↑~blicken. **~haben'** 〈h〉 《통용어》 **1.** 빼내다, 뽑아내다, 빼낸[뽑아낸] 상태이다: den Schmutz aus der Wäsche h. 세탁물에서 얼룩을 빼내

다; die Mieter aus der Wohnung h. 세든 사람들을 집에서 내보내다. **2. a)** 알아내[냈]다, 이해하[했]다, 알고 있다: jetzt habe ich endlich heraus, wie ich die Büchse öffnen kann 이제 나는 마침내 통조림을 어떻게 열 수 있는지 알아냈다. **b)** (답을) 풀(었), 찾아내[냈]다, 해결하[했]다: das Rätsel h. 수수께끼를 풀다. **c)** 확인하[했]다: die Polizei hatte bald heraus, wer der Dieb war 경찰은 도둑이 누구인지를 곧 알아냈다. **3.** (돈을) 되돌려 받다: den vollen Preis wieder h. wollen 가격 전부를 다시 되돌려 받으려 하다. ~**halten*** ⟨h⟩ **1.** (무엇을) 내밀다, 내밀고 있다. **2.** 《통용어》 **a)** 밖에 있게 하다, 들어오지 못하게 막다. **b)** 개입하지 못하게[말려들지 않게] 멀리하다: bitte, halte du dich aus dieser Sache heraus! 제발, 이 일에 관여하지 말게! ¹~**hängen*** ⟨h⟩ 밖에 (내)걸려 있다, 늘어져 나와 있다: Fahnen hingen (aus den Fenstern) heraus 깃발들이 (창밖으로) 내걸려 있었다; [전의] die Zunge hängt ihm schon heraus von der dauernden Rennerei 《통용어》 그는 계속 뛰어다니기에 이미 녹초가 되어 혀가 축 늘어져 있다. ²~**hängen*** (밖으로) 내걸다[늘어뜨리다]: als Zeichen der Kapitulation hängten sie weiße Tücher heraus 항복의 표시로 그들은 흰 수건들을 내걸었다; [전의] den Direktor h. 《지역적》 지배인으로서의 지위를 으시대며 내보이다, 지배인 티를 내다; für meinen Geschmack hängt er sein Geld zu sehr heraus 《지역적》 내 취향으로는 그가 너무 돈 자랑을 한다. ~**hauen*** ⟨h⟩ **1. a)** 베어내다, 끊어 내다: kranke Bäume aus dem Forst h. 산림에서 병든 나무들을 베어내다. **b)** 조각해 내다, 깎아 만들다: ein Relief aus dem Marmor h. 대리석을 깎아 부조(浮彫)를 만들다. **2.** 《통용어》 혈로를 뚫다, 달려들어 구해내다: er hat ihn bei der Schlägerei herausgehauen 그는 싸움판에 뛰어들어 그를 구조해 냈다. **3.** 《통용어》 (몸으로) 싸워 얻어내다: einen besseren Lohn h. 좀더 나은 임금을 쟁취하다. ~**heben*** ⟨h⟩ **1. a)** 들어(끄)집어) 내다: das Kind aus der Wanne h. 아이를 목욕통에서 들어올리다. **b)** ⟨h. + sich⟩ (무엇을) 뚫고 나타나다, 치솟다. **2. a)** 드러내다, 눈에 띄게 하다: mit dem Pathos Unbedeutendes h. (그러한) 격정으로 아무것도 아닌 것을 두드러지게 강조하다. **b)** ⟨h. + sich⟩ 두드러지게 드러나다, 뛰어나다: das Muster hebt sich (aus dem dunklen Untergrund) gut heraus 무늬가 (어두운 바탕에서) 잘 드러나 보인다. ~**helfen*** ⟨h⟩ **a)** 나오도록 도와 주다, 부축해 나오게[내리게] 하다: jmdm. aus dem Auto h. 누구를 부축해 차에서 내리게 하다. **b)** (어려움을) 극복하도록 도와 주다: jmdm. aus seinen Schwierigkeiten h. 누가 곤경에서 빠져 나오도록 돕다. ~**holen** ⟨h⟩ **1. a)** 내오다, 가지고[데리고] 나오다: er hat die Stühle auf die Veranda herausgeholt 그는 의자들을 베란다로 내왔다. **b)** 끌어 [구해]내다: die eingeschlossenen Bergleute h. 갇힌 광부들을 구조해 내다. **2.** 《통용어》 **a)** (성능, 능력을) 얻어내다, 발휘시키다: er hat aus seiner Mannschaft alles[das Letzte] herausgeholt 그는 자기 팀의 전능력을 남김없이 발휘시켰다; mehr aus diesem Motor ist nicht herauszuholen 이 엔진에서 더 이상의 성능은 나오지 않는다. **b)** (재치 있는 협상 따위로) 달성하다: der Unterhändler konnte mehr h., als vorgesehen war 그 중개인(사절)은 예견했던 것 보다 더 많은 성과를 얻어낼 수 있었다. **3.** 《통용어》 (기민한 수법으로 돈, 이익을) 얻다, 우려내다: aus jmdm. Geld h. 누구에게서 돈을 벌다. **4.** 《통용어》 (정보, 답변 따위를) 알아[얻어] 내다: die Polizei konnte aus dem Tatverdächtigen nicht viel h. 경찰은 범죄 혐의자에게서 별로 많은 것을 알아낼 수 없었다. **5.** 《통용어》 드러내 보이다: bei dieser Aufführung wurde die Tragik des Werkes nicht genügend herausge-

holt 이 공연에서는 작품의 비극성이 충분히 표현되지[드러나지] 못했다. **6.** 《특히 스포츠》 **a)** (좋은 성적을) 얻다, 확보하다: einen Sieg h. 승리를 쟁취하다. **b)** (뒤진 성적을) 만회하다, 따라잡다: auf den letzten Metern holte der Läufer den Vorsprung seines Gegners heraus 마지막 몇 미터에서 그 주자는 적수의 우위를 따라 잡았다. **c)** (좋은 성과를) 얻다, 달성하다: gleich beim ersten Versuch holte er einen vollen Erfolg heraus 바로 첫 시도에서 그는 완벽한 성공을 거뒀다. ~**hören** ⟨h⟩ **a)** (잡다한 음(성), 말 속에서) 알아듣다, 식별하다: ihr Lachen konnte man deutlich h. 그녀의 웃음소리는 뚜렷이 알아들을 수 있었다. **b)** (누구의 말에서) 알아차리다, 간파해내다: aus jmds. Reden seine Enttäuschung h. 누구의 이야기를 들으며 그가 실망했음을 알아차리다. ~**ixen** [...ɪksn] ⟨h⟩ [수학의 미지수 기호 X에서] 《통용어》 (숙고하여) 알아(찾아) 내다. ~**katapultieren** ⟨h⟩ 캐터펄트로 쏘아 내보내다: der Pilot konnte sich mit Hilfe des Schleudersitzes aus der Maschine h. 그 조종사는 사출좌석을 이용하여 비행기에서 탈출할 수 있었다. ~**kehren** ⟨h⟩ (지위, 특성 따위를 거동으로) 밝보이다, 자랑스럽게 드러내다: den Untergebenen gegenüber den Vorgesetzten h. 부하들에게 상관의 우위를 과시하다. ~**kennen*** ⟨h⟩ (군중 속에서 특정인을) 알아보다, 식별하다. ~**kitzeln** ⟨h⟩ 《통용어》 **a)** (법망 등을 피해) 교묘[간교]하게 얻어내다. **b)** (마음 속에) 불러 일으키다. ~**klamüsern** ⟨h⟩ 《지역적》 ↑ausklamüsern. ~**klauben** ⟨h⟩ 《지역적》 (하나씩) 골라(추려)내다. ~**klettern** ⟨s⟩ 기어 나오다. ~**klingeln** ⟨h⟩ 벨을 울려 문으로 불러내다(전화를 받게 하다). ~**klingen*** ⟨h⟩ **1.** 울려 나오다. **2.** 은근히 울려나오다, 암시되다: aus seinen Worten klang ein Lob heraus 그의 말에는 은근한 찬사가 담겨 있었다. ~**klopfen** ⟨h⟩ **1.** (먼지 등을) 털어내다: den Staub aus der Kleidung h. 옷을 두드려 먼지를 털다. **2.** (문, 창문을 두드려) 불러내다: wir mußten sie mitten in der Nacht h. 우리는 한밤중에 문을 두드려 그들(그녀)를 불러내야 했다. ~**kommen*** ⟨s⟩ **1. a)** 나오다, 나타나다: aus der Tür h. 문 밖으로 나오다; [전의] tagelang nicht aus den Kleidern h. 《통용어》 여러 날 동안 옷도 벗지 못하다(잠을 제대로 자지 못하다); nach zwei Jahren soll er wieder h. 《통용어》 2년 후에야 그는 다시 나온다고(출감한다고) 한다. **b)** (뚫고) 터져나오다, 생겨나다: die ersten Frühlingsblumen kommen heraus 첫 봄꽃들이 피어나고 있다. **2. a)** (어떤 지역, 장소를) 떠나다, 벗어나다: sie ist nie aus ihrer Heimatstadt herausgekommen 그녀는 한번도 고향을 벗어난 적이 없다; du kommst viel zu wenig heraus 1) 너는 바람 쏘이러 나오는 적이 거의 없다. 2) 너는 무엇인가 얻어내고 나서는 일이 거의 없다; [전의] Rolf kam aus dem Staunen nicht heraus 롤프는 놀라움에서 헤어나지 못했다. **b)** 《통용어》 빠져나오다, 타개책을 찾아내다: wir müssen sehen, daß wir aus dieser peinlichen Situation heil h. 우리는 이 난처한 상황에서 무사히 벗어나도록 방책을 강구해야 한다. **3. a)** 《통용어》 (새 상품이 시장에) 나오다: ein neues Modell ist heute morgen herausgekommen 새 모델의 상품이 오늘 아침에 선을 보였다. **b)** (무엇의) 거래를 시작하다, (새 상품을) 내놓다: die Konkurrenz starb fast vor Neid, als wir mit dieser Neuigkeit herauskamen 우리가 이 신제품을 내놓자 경쟁자들은 부러워서 거의 죽을 지경이었다. **c)** 출판(발행, 방영)되다: ein neuer Fahrplan kommt heraus 새 운행시간표가 나온다; das Stück soll in der nächsten Saison h. 그 작품은 다음 시즌에 초연된다고 한다. **d)** 《통용어》 널리 알려지다, 성공하다: **ganz groß h.** 대대적으로(성황리에) 공연하다, 대단한 인기를 얻다. **e)** 잘(뚜렷이) 드러나다, 감지(인식)되다: die Bässe kommen nicht genügend heraus 베이스 음성이 충분히 드러나지 않는다. 4. 《통용어》 a) (특정한 방식으로) 표현되다, (…처럼) 보이다(들리다, 생각되다): der Vorwurf kam etwas zu scharf heraus 그 비난은 약간 너무 날카롭게 표현되었다. b) (무엇에 관해) 마침내 말을 하다, 입 밖에 내다, 생각을 말하다: mit einem Wunsch h. 소원을 드디어 밝히다. 5. a) 성과(해답)로 나타나다: bei den Verhandlungen ist nicht viel herausgekommen 협상에서는 신통한 성과가 없었다; was ist eigentlich noch dabei herausgekommen? 그 일에서는 도대체 어떤 성과가 나타났느냐? b) 《schweiz.》 (어떻게) 끝나다, (어떤) 결과가 되다: wie wäre es wohl herausgekommen, wenn ich dich nicht geweckt hätte? 내가 너를 깨우지 않았다면 어떻게 됐을까?; in solchen Fällen kommt es nie gut heraus 그런 경우에는 절대로 좋은 결과가 나오지 않는다. c) 《통용어》 밝혀지다, (공공연히) 알려지다: es wird wohl nie h., wer der Täter war 범인이 누구였는지는 아마 결코 밝혀지지 않을 것이다. 6. 《통용어》 a) (일정한 흐름에서) 벗어나다, (춤추면서) 박자를 놓치다: ich muß noch einmal von vorn lesen, ich bin herausgekommen 나는 처음부터 다시 읽어야겠다, 문맥의 흐름을 놓쳤으니. b) (예술적 재능, 운동 경기의 기량 따위를) 점차 잃다: wenn man nicht jeden Tag übt, kommt man allmählich ganz heraus 매일 연습하지 않으면 점차 기량을 완전히 잃게 된다. 7. 《통용어》 (카드놀이에서) 시작하다, 첫 패를 내다: wer kommt heraus? 누가 먼저 (카드를) 내겠어? 8. 《통용어》 복권에 당첨되다: die Nummer meines Loses ist wieder nicht herausgekommen 내 복권의 번호는 또 다시 헛맞이었다. ~können* 〈h〉 《통용어》 나올 수 있다. ~krabbeln 〈s〉 《통용어》 바둥거려(기어) 나오다. ~kratzen 〈h〉 긁어 가지고 나오다, 긁어오다. ~kriechen* 〈s〉 기어 나오다. ~kriegen 〈h〉 1. 《통용어》 빼내다, 끄집어내다: er kriegt die Hand nicht mehr aus der Maschine heraus 그는 기계에서 손을 이미 뺄 수 없다. 2. a) ↑~bekommen (2 a): die Mathematikaufgabe nicht h. 수학 문제의 답을 풀지 못하다. b) ↑~bekommen (2 b): er hat nie herausgekriegt, wem er die Wohltaten zu verdanken hat 그는 자신이 받은 자선이 누구의 덕인지를 결코 밝혀내지 못했다. 3. ↑~bekommen (3): lauter Markstücke h. 거스름돈으로 1 마르크 주화만을 잔뜩 받다. 4. (어떤 소리, 음성을) 낼 수 있다. ~kristallisieren 〈h〉 1. a) (화학 반응에서) 결정체를 얻다: man hat aus dieser Lösung Salze herauskristallisiert 이 용액에서 염 결정체들이 나왔다. b) 〈h. + sich〉 (화학 반응에서) 결정체로 분리되다, 결정이 생기다: diese Kristalle haben sich bei der Destillation der Lösung herauskristallisiert 이 결정체들은 용액의 증류로 생성되었다. 2. (간명하게) 요약하다: die wesentlichen Punkte aus einem Referat h. 보고서에서 본질적인 것들을 요약해 내다. 3. 〈h. + sich〉 (오랜 토론·상론 끝에) 형성되다: schließlich hatten sich zwei Meinungen herauskristallisiert 마침내 두 가지 의견이 집약되어 나타났다. 4. 〈h. + sich〉 (오랜 과정을 통해) 뚜렷이 드러나다, 구별되다: aus verschiedenen Formen kristallisiert sich ein bestimmter Typus heraus 여러가지 형태로부터 특정의 유형이 드러났다. ~lachen 〈h〉 (거칠게) 웃음을 터뜨리다. ~langen 〈h〉 《통용어》 1. 손을 내뻗다, 내주다, 밖으로 건네주다. 2. ↑~nehmen. ~lassen* 〈h〉 《통용어》 1. 나가게하다, 내보내다, 방출하다: das Kind (nicht) aus dem Haus h. 아이를 집밖으로 내보내다(내보내지 않다); Rauch durch die Nase h. 담배 연기를 코로 내뿜다; 전의 kurz bevor er ging, ließ er die große Neuigkeit heraus 그는 가기 직전에 그 큰 소식을 털어 놓았다.

2. 《통용어》 ↑weglassen. 3. 《드물게》 내어[꺼내] 놓다. ~laufen* 〈s〉 1. 뛰어나오다: man sah sie verstört aus dem Haus h. 사람들은 그녀가 정신이 혼란해진 채 집에서 뛰어 나오는 것을 보았다. 2. ↑~fließen. 3. [육상] a) (경주에서) 앞서다, 앞서 달리다: einen Vorsprung von vier Metern h. 4 미터만큼 앞서 달리다(있다). b) (경주에서) 달성하다: in einem glanzvollen Sieg h. 달리기에서 찬란한 승리를 거두다. 4. [축구] 〈골키퍼가〉 골문에서 뛰어나오다: der Torwart lief heraus und fing die Flanke ab 골키퍼가 뛰어나와 센터링된 공을 잡아냈다. ~legen 〈h〉 밖으로 내놓다, 내밀다, (상품 따위를) 진열하다. ~lesen* 〈h〉 1. a) (문서 따위를) 읽어 알아내다[알게 되다]: aus seinem Brief habe ich herausgelesen, daß er Kummer hat 그의 편지를 읽고 나는 그가 근심이 있음을 알게 되었다. b) (해석·분석에 의해) 감지(추측)해내다, 찾아내다: man hat Dinge aus dem Roman herausgelesen, die der Autor gar nicht beabsichtigt hatte 사람들은 그 소설에서 작가가 전혀 의도하지 않았던 일들을 감지해 냈다. c) (은폐·암시로) 알아채다: ich konnte die Probleme zwischen den Zeilen h. 나는 그 문제들을 행간에서 읽어낼 수 있었다. 2. 《통용어》 가려내다, 골라내다. ~locken 〈h〉 1. 꾀어내다, 유인하다: das Kaninchen aus dem Bau h. 토끼를 집에서 꾀어내다. 2. 얻어(알아)내다: ein Geheimnis aus jmdm. h. 누구에게서 비밀을 알아내다; jmdn. aus seiner Reserve h. 누구를 꼬드겨 소심함을 극복하게 하다. ~lösen 〈h〉 1. 녹여[분해 해] 내다, 제거하다. 2. (전체·연관 관계에서) 떼어내다, 분리하다: Wörter aus dem Textzusammenhang h. 단어들을 원문에서 분리시켜 고찰하다. ~lügen* 〈h〉 (곤경, 혐의 따위에서) 거짓말로 벗어나게 하다[모면하게 하다]: seinen Freund h. 거짓말로 자기 친구를 구해주다; 〈h. + sich〉 wie er sich wohl aus dieser Lage herauslügt? 그가 과연 이 상황에서 어떻게 벗어날까? ~machen 〈h〉 《통용어》 1. (어디에서) 떼어내다: die Flecken aus dem Kleid h. 옷에 묻은 얼룩들을 빼내다. 2. 〈h. + sich〉 a) 건강해지다, 회복하다: das Kind hat sich (nach der Krankheit) gut herausgemacht 그 아이는 (병을 치른 뒤에) 아주 건강해졌다[발육이 좋아졌다]. b) (경제·사회적으로) 번영(성공, 출세)하다: sie hat sich groß herausgemacht und ist Besitzerin eines Kinos geworden 그녀는 크게 성공하여 영화관 주인이 되었다. ~modellieren 〈h〉 특별한 형태로 강조하다(드러내다). ~müssen* 〈h〉 《통용어》 1. 나와야 하다. 2. (잠자리에서) 일어나야 하다: in der Woche muß ich jeden Morgen früh heraus 주 중에는 나는 매일 아침 일찍 일어나야 한다. 3. 털어 놓고 얘기되어야 하다: das mußte mal heraus 그것은 한번 얘기되어 마땅했다. ~nahme, die; -n [스포츠] 선수 교체, (선수단의) 출전 제외[금지]: die H. des verletzten Teilnehmers war unumgänglich 부상당한 참가 선수의 교체가 불가피했다. ~nehmbar 〈Adj.〉 꺼낼 수 있는, (수술로) 제거할 수 있는. ~nehmen* 〈h〉 1. (용기에서) 꺼내다, (끄)집어 내다: Wäsche aus dem Schrank h. 옷장에서 속옷을 꺼내다. 2. 《통용어》 a) (수술하여) 절단[제거]하다; 제거시키다, 없애버리다: jmdm. den Blinddarm h. 누구의 맹장을 수술로 제거하다; den ¹Gang (6) h. (자동차의) 기어를 빼다[중립 상태로 놓다]. b) (누구를) 빼내다; 제외시키다: in der 70. Minute nahm der Trainer den enttäuschenden Spieler heraus 70 분 째에 트레이너는 실망이던 그 선수를 빼냈다[교체시켰다]. 3. 《통용어》 주제넘은 짓을 하다, 뻔뻔스럽게 요구하다: er nahm sich³ Freiheiten heraus, die ihm nicht zustanden 그 는 자기 분수에 맞지 않게 제멋대로 행동했다. ~operieren 〈h〉 《통용어》 수술로 제거하다. ~pauken

⟨h⟩ [[대학생]] pauken = fechten] 《통용어》(곤경에서) 구해내다. ~**picken** ⟨h⟩ 《통용어》 쪼아내다, 쪼아내어 먹다: die Meisen pickten die Nüsse aus dem Futter heraus 박새들이 먹이에서 호두를 쪼아 먹었다; [전의] die dicksten Brocken[die Rosinen aus dem Kuchen] h. 실속만 차리다, 단물만 빨아 먹다. ~**platzen** ⟨s⟩ 《통용어》 1. 웃음보를 터뜨리다. 2. (말, 분노 따위를) 갑자기 터뜨리다, 버럭 내지르다: mit einer Frage h. 돌연히 질문을 던지다. ~**pressen** ⟨h⟩ 1. 짜내다, 밀어내다: die letzten Tropfen Flüssigkeit h. 액체의 마지막 한 방울까지 짜내다. 2. 《펌》 강요하다, 강요[강탈]해 내다: aus jmdm. ein Geständnis h. 누구로부터 강제로 자백을 얻어내다. ~**prügeln** ⟨h⟩ 《통용어》 1. 구타하여 실토를 받아내다: die Wahrheit aus jmdm. h. 누구를 때려서 진실을 실토받다. 2. 싸움을 벌여 구해내다: sie mußten ihren Freund h. 그들은 격투로 친구를 빼내을 수밖에 없었다. 3. 매질로 없애다[고쳐주다]: diese Allüren werde ich ihm h. 나는 그의 이러한 건방진 태도를 매질로 없애주겠다. ~**prusten** ⟨h⟩ 《통용어》 와아하고 웃음을 터뜨리다. ~**pumpen** ⟨h⟩ 펌프로 퍼내다. ~**putzen** ⟨h⟩ a) 요란하게 꾸미다, 성장시키다: sie putzt sich immer sehr heraus 그녀는 늘 외모를 요란하게 꾸민다; [전의] die Stadt hatte sich prächtig herausgeputzt 시내가 화려하게 치장되어 있었다. b) (특별한 계기에) 화려하게 장식하다: die Wagen für einen Umzug festlich h. 축제 행렬을 위해 차들을 화려하게 꾸미다. ~**quellen** ⟨s⟩ 1. 솟아나(오)다: [전의] eine Menschenmenge quoll aus dem Kino heraus 군중들이 극장에서 몰려 나왔다. 2. 튀어나오다: durch die Anstrengung quollen die Augen heraus 애를 쓰느라고 눈이 불거져 나왔다. ~**quetschen** ⟨h⟩ 《통용어》 ↑ ~pressen. ~**ragen** ⟨h⟩ 1. 우뚝 솟아오르다, 튀어나오다. 2. 현저하다, 탁월하다: Ereignisse von herausragender Bedeutung 특별히 중요한 사건들. ~**recken** ⟨h⟩ 《통용어》 (몸의 일부를) 앞으로 뻗치다: den Arm h. 팔을 길게 뻗다. ~**reden** ⟨h⟩ 1. (h. + sich) 《통용어》 a) 발뺌하다, 둘러대다, 변명(구실)을 늘어놓다: er versuchte sich damit herauszureden, daß … 그는 …라는 사실을 들어 변명하려 했다. b) (누구[무엇])를 구실[핑계]로 삼다: er redete sich auf das schlechte Wetter heraus 그는 불순한 날씨를 핑계삼았다. 2. 《드물게》《무의식중에》 말해버리다, 털어놓다. ~**reichen** ⟨h⟩ 1. 내어[건네] 주다: kannst du mir bitte den Koffer h.? 그 트렁크 좀 이리 내줄 수 있겠니? 2. 《통용어》(이쪽) 밖에까지 충분히 닿다: die Antennenkabel reicht nicht heraus aufs Dach 안테나 줄이 이쪽 바깥 지붕 위까지 닿지 않는다. ~**reißen*** ⟨h⟩ 1. 뜯어[찢어]내다, 뽑아내다: eine Seite (aus dem Heft) h. (공책에서) 낱장 하나를 찢어내다; ich mußte mir einen Zahn h. lassen 《통용어》 나는 이빨 하나를 뽑아야 했다. 2. (어떤 상태・습관에서) 갑자기 벗어나게 하다: durch den Umzug wurde das Kind aus seiner vertrauten Umgebung herausgerissen 이사를 하여 그 아이는 낯익은 환경으로부터 단절되었다. 3. 《통용어》 a) (곤경, 어려움에서) 구출하다: ihre Aussage hat ihn herausgerissen 그녀의 진술이 그를 구해주었다. b) (결점, 오류 따위를) 보충[보상, 보완]하다. 4. 《통용어》 지나치게 칭찬하다: der Kritiker hat den Schauspieler herausgerissen 비평가는 그 배우를 너무 치켜세웠다. ~**reiten*** ⟨s⟩ (말을) 타고 나오다. ~**rennen*** ⟨s⟩ 《통용어》 달려 나오다. ~**rücken** 1. a) ⟨h⟩ 밀어[끌어] 내다: wir haben die Stühle auf die Veranda herausgerückt 우리는 의자들을 베란다로 끌어 내놓았다. b) ⟨s⟩ (바깥쪽으로 다가오다: kannst du nicht ein Stück zu mir h.? 너 내쪽으로 조금 더 나올 수 있겠니? 2. 《통용어》 a) ⟨h⟩ (마지못해) 내주다, 내놓다: endlich

hat er das Geld herausgerückt 마침내 그는 돈을 내놓았다. b) ⟨s⟩ (오랜 주저 끝에) 꺼내다, 털어놓다, 자백하다: mit einem Geheimnis h. 비밀을 털어 놓다. ~**rufen*** ⟨h⟩ 1 이쪽 바깥을 향해 외치다[부르다]: er rief zum Fenster (zu uns) heraus, daß er gleich käme 그는 곧 오겠다고 창에 대고 (우리 쪽을 향해) 외쳤다. 2. (감정에 북받쳐 무엇을) 크게 외치다. 3. 불러내다: jmdn. aus einer Sitzung h. 누구를 회의에서 불러내다; das Publikum rief den Schauspieler (noch dreimal) heraus 관중은 그 배우를 (세번이나 더) 막 앞으로 불러내었다. ~**rutschen** ⟨s⟩ 1. 미끄러져 나오다: das Hemd war ihm aus der Hose herausgerutscht 그의 바지 밖으로 셔츠가 삐죽이 밀려나와 있었다. 2. (말이) 무심결에 나오다: die Bemerkung war ihr einfach herausgerutscht 그 말은 그냥 그녀 입에서 그저 무심결에 흘러 나온 것이었다. ~**saugen***⟨h⟩ 빨아내다. ~**schaffen** ⟨h⟩ 《통용어》 1. 밖으로 내오다, 반출하다. 2. ⟨h. + sich⟩ 《지역적》 (자신의 힘으로) 벗어나다, 빠져나오다: er hat sich mühsam aus seiner Misere herausgeschafft 그는 간신히 곤경에서 빠져나왔다. ~**schälen** 1. a) (껍질을) 벗겨내다: den eßbaren Teil der Banane h. 바나나의 먹을 수 있는 부분의 껍질을 벗겨내다; [전의] das Kind(sich) aus den nassen Kleidern h. 아이[자신]의 젖은 옷들을 벗기다(벗다). b) (껍질을) 벗겨 없애다, 제거하다: aus einem Apfel die faule Stelle h. 사과의 썩은 부분을 도려내다. 2. a) (핵심을) 가려내다, 꼬집어 내다: die religiösen Elemente dieses Romans h. 이 소설의 종교적 요소들을 가려내다. b) ⟨h. + sich⟩ 서서히 드러나다[밝혀지다]: immer deutlicher schält sich aus seinen Antworten das wahre Tatmotiv heraus 그의 답변에서 행동의 실제 동기가 점차 분명히 드러났다. c) ⟨h. + sich⟩ (무엇임이) 사정[입증]되다: dieses Problem schälte sich in der Diskussion als dringlichstes heraus 토론하는 가운데 이 문제가 가장 긴급한 것으로 증명되었다. ~**schauen** ⟨h⟩ 《지역적》 1. a) 내다보다: zum Fenster h. 창 밖을 내다보다. b) (속의 것이) 비죽이 나오다: dein Unterrock schaut heraus 네 속치마가 삐주룩이 나와 있다. 2. 《통용어》 이익이 기대되다: bei diesem Geschäft schaut nicht viel heraus 이 사업에서는 수익이 별로 기대되지 않는다. ~**schicken** ⟨h⟩ 내보내다. ~**schieben*** ⟨h⟩ (이쪽으로) 밀어내다. ~**schießen*** 1. ⟨h⟩ a) 이쪽 밖으로 쏘다: die Entführer haben aus dem Auto herausgeschossen 납치범들은 차에서 밖을 향해 총을 쏘았다. b) 쏘아 없애다: aus geschlossenen Pulks ein Flugzeug h. 밀집 편대들 가운데에서 비행기 한 대를 쏘아 떨어뜨리다. 2. ⟨s⟩ a) 급히 뛰쳐(솟아) 나오다: aus der Wunde schießt ein Blutstrahl heraus 상처에서 핏줄기가 뻗쳐 나온다. b) 《통용어》 황급히 달려 나오다: er kam plötzlich aus dem Haus herausgeschossen 그는 갑자기 집에서 뛰쳐 나왔다. 3. ⟨h⟩ 《축구》 상대팀이 어떤 결과로 이르다: die Italiener schossen eine 2:0 Führung heraus 이탈리아 선수들이 2:0의 득점으로 우세하게 되었다. ~**schauen*** ⟨h⟩ 《통용어》 ↑ ~schlagen (3). ~**schlagen*** [3: 원래, 금속 조각에서 여러 개의 주화를 타인기로 찍어내다] 1. ⟨h⟩ a) 두들겨 털어내다[제거하다]: eine Zwischenwand h. 칸막이 벽을 털어내다. b) 두들겨 만들어내다[생기게 하다]: Funken aus einem Stein h. 돌을 쳐서 불꽃이 튀게 하다. 2. ⟨s⟩ 내뿜히다, 뿜겨 나오다: Feuer schlug aus dem Dachstuhl heraus 불길이 지붕의 서까래 부분에서 뻗쳐 나왔다. 3. 《통용어》(재치있게) 얻어내다, 마련하다, 이득을 취하다: eine Menge Geld h. 큰 돈을 벌다; einen Vorteil h. 이득을 보다. ~**schleichen*** a) ⟨s⟩ 살그머니 기어[빠져] 나오다: vorsichtig aus dem Zimmer h. 조심스럽게 방에

서 빠져 나오다. b) 〈h. + sich〉 〈h〉 살며시 도망쳐[빠져] 나오다: er hat sich leise aus dem Haus herausgeschlichen 그는 조용히 (그) 집에서 빠져 나왔다. ~**schleppen** 〈h〉 **a)** 끌어내다: die schweren Sessel aus dem Raum h. 무거운 안락의자들을 방에서 끌어내다. **b)** 〈h. + sich〉 (몸을 끌고) 빠져 나오다; sich aus dem brennenden Haus h. 불붙는 집에서 겨우 빠져 나오다. ~**schleudern** 〈h〉 밖으로 내던지다, 내동댕이치다: der Vulkan schleuderte Fontänen von Asche und Steinen heraus 화산에서 재와 돌의 분천(噴泉)을 내뿜었다; 전의 Worte h. 말을 토해내다[내뱉다]. ~**schlüpfen** 〈s〉 미끄러져[빠져] 나오다: 전의 ihm ist ein unbedachtes Wort herausgeschlüpft 경솔한 말이 무심결에 그의 입에서 나왔다. ~**schmecken** 〈h〉 **a)** 미각으로[맛을 보아] 알아내다: Gewürze h. 맛을 보아 양념을 알아내다. **b)** 맛이 뛰어나다[두드러지다], 강렬한 맛을 내다: Origano und Salbei schmecken stark heraus 오레가노와 샐비어는 강한 맛을 낸다. ~**schmeißen*** 〈h〉 〈통용어〉 ↑rausschmeißen. ~**schmuggeln** 〈h〉 **a)** 몰래 빼내다, 밀수해 오다. **b)** 〈h. + sich〉 몰래 빠져 나오다. ~**schneiden*** 〈h〉 베어[잘라, 떼어] 내다. ~**schöpfen** 〈h〉 길어[떠, 퍼] 내다. ~**schrauben** 〈h〉 돌려 빼내다: die Birne aus der Fassung h. 소켓에서 전구를 돌려 빼내다. ~**schreiben*** 〈h〉 (문서의 일부를) 발췌해 베끼다: ich habe mir die wichtigsten Stellen der Rede herausgeschrieben 나는 그 연설문의 가장 중요한 부분들을 발췌해 썼다. ~**schreien*** 〈h〉 (소리를) 내지르다, 큰 소리로 외치다: seinen Schmerz h. 고통에 찬 비명을 내지르다, 아프다고 고함을 지르다. ~**schütteln** 〈h〉 흔들어 떨구다 (없애다). ~s**chütten** 〈h〉 내쏟다. ~**schwemmen** 〈h〉 ↑ausschwemmen. ~**schwindeln** 〈h〉 〈통용어〉 ↑~lügen. ~**sehen*** (이쪽으로) 내다 보다. ~**sein*** 〈통용어〉 **1. a)** (밖으로) 나와 있다. **b)** 제거[절단]되어 있다, 꺼내어져 있다: der Blinddarm (der Zahn) ist heraus 맹장이 제거되었다[이빨이 뽑혔다]. **c)** 나와[피어] 있다: die ersten Knospen sind heraus 첫 싹이 텄다, 첫 꽃봉오리들이 피었다. **2. a)** 벗어나[떨어져] 있다: endlich waren sie aus dem Trubel der Stadt heraus 마침내 그들은 도시의 번잡을 벗어나 있었다. **b)** 극복했다, 견디냈다: aus allen Zweifeln h. 모든 의혹에서 벗어났다. **3. a)** 출판[발행]되어 있다: der neue Spielplan ist noch nicht heraus 새 공연 일정표는 아직 나오지 않았다. **b)** 알려져[확정되어] 있다: es ist noch nicht heraus, ob er den Posten übernimmt 그가 그 자리를 맡을지는 아직 확실하지 않다. **4.** 말해 버리다: er war glücklich und erleichtert, als die Worte heraus waren 그 말들을 말해 버리고 나서 그는 행복했고 안심되었다. **5. fein h.** 잘 되었다, 순조로웠다(↑fein 3 b 참조). ~**sollen*** 〈h〉 밖으로 나와야 한다. ~**spielen*** 〈특히 구기〉 선전(善戦)하여 달성하다: eine leichte Feldüberlegenheit h. 선전하여 쉽게 경기장의 우위를 차지하다. ~**sprengen 1.** 〈h〉 폭파하여 떼어내다[제거하다]. **2.** 〈s〉 (준교어) 말을 타고 뛰어나오다: die Reiter sprengten aus dem Wald heraus 기수들이 숲에서 갑자기 뛰어나왔다. ~**springen*** **1. a)** (펄쩍) 뛰어나오다: aus dem Fenster h. 창에서 뛰어나오다. **b)** 깨져[떨어져] 나오다, 튕겨 나오다: aus der Fensterscheibe ist ein Eckchen herausgesprungen 창유리의 한쪽 모서리가 떨어져 나왔다; die Sicherung ist herausgesprungen 안정 장치[퓨즈]가 튕겨나왔다. **2.** 〈통용어〉 뛰어(달려) 나오다. **3.** 뛰어나오다, 돌출하다. **4.** 〈통용어〉 돈벌이가 되다: bei der Sache springt nichts heraus 그 일로는 한 푼도 안 생긴다. ~**spritzen 1.** 〈s〉 뿜겨[뿜어져] 나오다, 분출되다: das Blut spritzte heraus 피가 쏟아져 나왔다. **2.** 〈통용어〉 ↑~laufen. ~**sprudeln 1.** 〈s〉 솟

아[용솟음쳐] 나오다. **2.** 〈h〉 (말을) 급히 내쏟다[내뱉다]: er sprudelte diese Sätze (nur so) heraus 그는 이 말들을 (그저 요란하게) 내뱉을 뿐이었다. ~**staffieren** 〈h〉 〈통용어·농〉 ↑~putzen (a): sie hat das Kind herausstaffiert 그녀는 아이를 요란하게 치장했다. ~**stechen*** 〈h〉 **1.** (뾰족하게) 돌출하다. **2. a)** 돋보이다, 두드러지다: die Fichten stachen in dunklem Grün heraus 가문비나무들이 암녹색을 띠고 선명히 드러나 보였다. **b)** 돋보이게 하다, 두드러지게 하다: Neonröhren stachen dunkle Blumen heraus 네온관들이 어두운 꽃들을 분명하게 드러나 보이게 했다. **3.** [아이스 하키] ↑ausstechen (4). ~**stecken*** **1.** 〈h〉 (약변화) 내걸다, 내꽂다: eine Fahne (aus dem Fenster) h. 기를 (창밖에) 내걸다; den Kopf (zur Tür) h. 머리를 (문밖으로) 내밀다. **2.** 〈h〉 (약변화) 〈통용어〉 ↑~kehren. **3.** 〈h〉 (강변화) 튀어나오다, 돌출하다: Pricken staken aus dem Boden des Watts heraus 해변 표지(標識)들이 모래톱 바닥에 돌출해 있었다. ~**stehen*** 돋아[튀어] 나와 있다: im Schuh stehen ein Paar Nägel heraus 구두 바닥에 못이 몇 개 나와 있다. ~**steigen*** 〈s〉 (밖으로) 내려오다. ~**stellen** 〈h〉 **1.** 밖에 내(놓)다(세우다, 두다): die Gartenmöbel auf der Veranda h. 정원용 가구를 베란다에 내놓다; einen Spieler h. 선수를 불러내다(퇴장시키다). **2.** 분명히 제시하다[드러내다], 강조하다: Ansprüche (klar) h. 요구 사항들을 분명히 밝히다; eine Persönlichkeit h. 어떤 인물을 부각시키다; die Kritik stellte diesen jungen Künstler besonders heraus 비평계는 그 젊은 예술가를 특별히 돋보여세웠다. **3.** 〈h. + sich〉 밝혀지다, 판명되다, 명백해지다, 드러나다: in den Verhandlungen hat sich seine Unschuld herausgestellt 심리 과정에서 그의 무죄가 밝혀졌다; seine Angaben stellten sich als falsch heraus 그의 진술이 거짓으로 드러났다. ~**stoßen*** 〈h〉 **1.** (이쪽으로) 밀어내다, 내던지다. **2.** (말을) 내뱉다, 외치다. **3.** [사냥] (사냥개가 일단 정지하여 사냥감의 위치를 알리지 않은 채 짐승·새를) 쫓아(날려) 버리다. ~**strecken** 〈h〉 **a)** 내뻗치다, 내놓다, 내밀다: jmdm. die Zunge h. (승리감 또는 경멸의 표시로) 아무에게 혀를 내밀다. **b)** 〈h + sich〉 뻗쳐나왔다: eine Hand streckte sich heraus 손이 뻗쳐나왔다. ~**streichen*** 〈h〉 **1.** (문서의 일부를) 삭제하다: einige Sätze aus dem Manuskript h. 원고에서 몇몇 문장을 지우다. **2.** 돋보이게 하다, 강조하다, 칭찬하다: seine Verdienste h. 그의 업적을 드러내어 칭찬하다. ~**strömen** 〈s〉 **1.** 흘러나오다, 흘러나오다: Unmengen von Wasser strömten durch die Bruchstelle heraus 엄청나게 많은 물이 파손된 자리에서 흘러나왔다. **2.** 쏟아져나오다: die Besucher strömten durch die Tore heraus 방문객들이 문을 통해 쏟아져나왔다. ~**stürzen** **1.** (밖으로) 떨어지다. **2.** 허둥지둥 뛰쳐나오다: er stürzte aus dem Zimmer heraus 그는 방에서 뛰쳐나왔다. ~**suchen** 〈h〉 찾아내다, 골라내다: alle schlechten Äpfel aus den Horden h. 썩은 사과들을 저장대(臺)에서 골라내다. ~**tragen*** 〈h〉 실어내다, 들어내오다. ~**treiben*** 〈h〉 쫓아(몰아)내다, 몰고 나오다: die Pferde aus der Koppel h. 말들을 울타리에서 몰아내다. ~**trennen** 〈h〉 분리하다, 떼어내다. ~**treten*** 〈h〉 걸어나오다, (앞으로) 나서다: er sah sie aus dem Haus h. 그는 그녀가 집 밖으로 나오는 것을 보았다; 전의 aus der Zurückhaltung h. 수줍음을 극복하고, 주저하는 자세에서 벗어나다. **2.** 〈s〉 **a)** 나타나다, 드러나다: das Wasser ist schon so weit abgeflossen, daß der Untergrund heraustritt 바닥이 보일 만큼 이미 물이 흘러났다. **b)** (몸이) 부풀어 오르다, 솟아나다: vor Anstrengung trat seine Halsschlagader heraus 애를 쓰느라고 그의 경동맥이 부풀어 올랐다. **3.** [사냥] **a)**

heraußen 938

⟨s⟩ ↑austreten (3). **b)** ⟨h⟩ 〈작은 사냥거리를〉 일부러 쫓아내다[몰아내다]. **~trommeln** ⟨h⟩ 〈통용어〉 문을 두드려 불러내다: jmdn. nachts h. 밤에 문을 두드려 누구를 불러내다. **~tropfen** ⟨h⟩ 방울져 떨어지다[나오다]. **~tun*** ⟨h⟩ 〈통용어〉 〈밖으로〉 내놓다. **~wachsen** ⟨s⟩ **1.** 자라나오다: die Pflanze wächst schon unten aus dem Topf heraus 식물이 벌써 나즈막하게 화분 밖으로 자라나오고 있다; die gefärbten Haare h. lassen 염색한 머리를 〈잘라낼 수 있을 만큼〉 충분히 자라게 하다. **2.** (옷 따위가 맞지 않을 정도로) 크다, 성장하다: der Junge ist aus dem Mantel[den Schuhen] herausgewachsen 그 남자아이는 외투[구두]가 맞지 않을 만큼 컸다. **~wagen**, sich ⟨h⟩ 감히 밖으로 나오다, 감히 나서다. **~wählen** ⟨h⟩ **1.** (여럿 중에서) 골라[뽑아] 내다, 선정하다. **2.** ↑hinauswählen. **~waschen** ⟨h⟩ **a)** 씻어[세탁하여] 없애다, 씻어내다: die Flecken aus der Tischdecke h. 식탁보의 얼룩을 〈씻어〉 빼다. **b)** 〈지역적〉 〈세탁물 따위를〉 간단히 손으로 빨다: ich muß noch schnell die Unterwäsche h. 나는 얼른 내의를 빨아야 한다. **~werfen*** ⟨h⟩ **1.** 내던지다, 밖으로 던지다: bitte wirf mir das Portemonnaie aus dem Fenster heraus 창 밖으로 내 지갑 좀 던져다오; 〖전의〗 das ist doch herausgeworfenes Geld 그건 돈만 내버린거야. **2.** ↑rauswerfen: einen ungebetenen Gast h. 불청객을 쫓아내다. **~winden*** sich ⟨h⟩ 재치있게 곤경을 벗어나다. **~wirtschaften** ⟨h⟩ (수완 좋게) 이익을 내다, 장사하여 벌다: aus dem Betrieb war nicht mehr herauszuwirtschaften 그 업체에서는 더 이상 이윤을 낼 수 없었다. **~wollen*** ⟨h⟩ 〈통용어〉 밖으로 나오려고 하다: 〖전의〗 mit der Sprache (damit) nicht h. (무엇을, 무엇에 관해 소견을) 말하려 하지 않다. **~würgen** ⟨h⟩ **1.** 목을 졸라 끄집어 내다. **2.** (말을) 힘들여 내뱉다: „Limonade", würgt sie heraus "레몬 주스쥬요"라는 말을 그녀는 겨우 토해낸다. **~zerren** ⟨h⟩ 끄집어[끌어] 내다. **~ziehen* 1.** ⟨h⟩ **a)** 끌어[뽑아] 내다, 뽑다: die Schublade bis zum Anschlag h. 턱에 걸릴 때까지 서랍을 빼내다. 〈또한〉 h. + sich〉 ich zog mich aus dem Stollen ganz heraus 나는 갱도에서 완전히 빠져 나왔다; 〖전의〗 sprechen Sie! muß ich alles aus Ihnen h.? 〈통용어〉 말하시오! 내가 당신에게서 모든 것을 캐물어 알아내야 하겠소? **b)** 철수시키다, 빼내다: aus der Westfront Truppen h. 서부 전선에서 부대를 빼내다. **2.** ⟨s⟩ 나오다, 떠나다, 철수하다. **3.** ⟨h⟩ 〈책 따위에서〉 발췌하다, 뽑아내다: einige Antworten aus dem Fragebogen h. 질문지에서 몇 가지 답을 뽑아내다. **~züchten** ⟨h⟩ 길러내다, 재배[배양]해내다: eine neue Sorte[Rasse] h. 새 종자[품종]를 만들어내다.

heraußen [heˈrausn] ⟨Adv.⟩ 〈südd.; österr.〉 이(곳) 밖에(서).

herb [hɛrp] ⟨Adj.⟩ [mhd. har(e)] **1.** 떫은, 아린, 쓴: -er Wein 떫은 포도주; h. schmecken[schmecken] 떫은 냄새[맛]가 나다. **2.** 가혹한, 쓰디쓴, 혹독한: ein -er Verlust 쓰디쓴 상실; sie wurde h. enttäuscht 그녀는 쓰라린 실망을 겪었다. **3. a)** 밉쌀스러운, 퉁명스러운, 불쾌한: ein -er Zug um den Mund 입가의 모진 표정; diese Frau wirkt sehr h. 이 여자는 아주 퉁명스러운[매몰찬] 인상을 준다. **b)** (말, 태도 따위가) 신랄한, 준엄한: -e Kritik 신랄한 비판.

Herbalist [hɛrbaˈlɪst], der; -en, -en [lat. herba] 약초전문가[치료가]. **Herbar** [hɛrˈbaːɐ̯], **Herbarium** [hɛrˈbaːriʊm], das; -s, ...ien [...iən; lat. herbarium] 〈눌러 말린〉 식물 표본(집), 식물 표본실(표본관).

herbe [ˈhɛrbə] 〈고어〉 ↑herb. **Herbe** [-], die 〈아어〉 ↑ Herbheit.

herbei [hɛɐ̯ˈbai] ⟨Adv.⟩ 이쪽으로, 이리, 이곳으로: alles h.![alle Mann h.!] 모두 이쪽으로 오시오!

herbei-: ~bringen* ⟨h⟩ **1.** (이쪽으로) 가져오다, 데리고 오다. **2.** 가져다 주다, 마련[제공]하다: Indizien [Beweise] h. 상황 증거[증거]를 제공하다. **~drängen** ⟨h⟩ 밀려오다, 몰려들다: sie drängten herbei 그들은 이쪽으로 몰려왔다; 〈대개 h. + sich〉 sie drängten sich herbei 그들은 이쪽으로 몰려왔다. **~eilen** ⟨s⟩ 서둘러 오다: ein Helfer eilte herbei 구조자가 이쪽으로 서둘러 왔다. **~fahren*** ⟨s⟩ 〈차 따위를 타고〉 이쪽으로 오다. **~fliegen*** ⟨s⟩ 날아오다: der gezähmte Falke ist herbeigeflogen 길들인 매가 날아왔다. **~führen** ⟨h⟩ **1.** 《드물게》 데리고[인도하여] 오다, 이쪽으로 오게 하다: der Zufall hat mich herbeigeführt 우연이 나를 이쪽으로 오게 했다. **2.** 야기하다, 초래하다, 가져오다: eine Entscheidung h. 어떤 결정을 내리게 하다; den Untergang h. 몰락을 초래하다; der Schock führte den Tod herbei 그 충격이 죽음을 초래했다. **~holen** ⟨h⟩ 가져오다, 데려[불러] 오다. **~kommen*** ⟨h⟩ 가까이 오다, 이리로 오다. **~lassen*** ⟨h⟩ 〈자주 반어〉 마지 못해[싫어하면서] 무엇을 하다, 거드름을 피우며 무엇을 해주다: sich zur Mithilfe h. 마지 못해 가세[협력]하다; würdest du dich nun endlich h., mir den Fall zu erklären? 제발 이제 나에게 그 사건을 설명해 주겠니? **~laufen*** ⟨s⟩ 뛰어 오다. **~locken** ⟨h⟩ 꾀어내다(오다): der Köder lockt die Tiere herbei 미끼가 동물을 꾀어낸다. **~rufen*** ⟨h⟩ 불러들이다: Hilfe h. 도움을 청하다. **~schaffen** ⟨h⟩ 가져[데려]오다: jmdn. tot oder lebendig h. 누구를 죽여서든 살려서든 잡아오다. **~schleppen** ⟨h⟩ 질질 끌고 오다. **~sehnen** ⟨h⟩ 〈누엇〉이 오기를 고대하다: einen bestimmten Tag [einen geliebten Menschen] h. 특정한 날[좋아하는 사람]이 오기를 간절히 기다리다. **~strömen** ⟨s⟩ 흘러오다, 몰려(모여)오다. **~stürzen** ⟨s⟩ 허둥지둥 달려오다. **~winken** ⟨h⟩ 손짓해서 부르다(오게하다), 신호하여 불러오다. **~wünschen** ⟨h⟩ 어떤 사람[물건]이 오기를 바라다, 얻기를 원하다. **~zaubern** ⟨h⟩ 요술로(마법으로) 오게하다 (불러오다). **~ziehen*** ⟨h⟩ (이쪽으로) 끌어오다, 가져오다: er zog sich einen Stuhl herbei 그는 의자를 하나 끌어왔다. **~zitieren** ⟨h⟩ 〈누구를〉 소환하다, 불러오다.

Herberge [ˈhɛrbɛrɡə], die; -n [mhd. herberge; ahd. heriberga] **1. a)** 〈준고어〉 합숙소, 숙박소, 여인숙. **b)** Jugendherberge의 약칭. **2.** 〈고어〉 손님 접대: um H. bitten 숙식을 청하다. **herbergen** ⟨h⟩ 〈고어〉 **1.** 숙박소[여인숙]에 묵다. **2.** 묵게 하다, 숙박시키다: niemand wollte sie im Hause h. 아무도 자기 집에서 그녀를 숙박시키려 하지 않았다. **Herbergseltern** (Pl.) 유스호스텔의 관리인 부부, 여인숙의 주인 부부. **Herbergsmutter**, die; ...mütter 유스호스텔의 여주인, 여인숙의 안주인. **Herbergsvater**, der; -s, ...väter 유스호스텔의 관리인, 여인숙의 바깥 주인.

Herbheit [ˈhɛrpHait], **Herbigkeit** [ˈhɛrbɪçkait], die 떫은(쓴)맛, 떫음.

herbikol [hɛrbiˈkoːl] ⟨Adj.⟩ [lat. herba u. colere [동물] 초본 서식성의. **herbivor** [...voːɐ̯] ⟨Adj.⟩ [lat. herba u. vorāre] 초식성의. **Herbivore** [ˈvoːrə], der; -n, -n 초식 동물. **herbizid** [...ˈtsiːt] ⟨Adj.⟩ [lat. herba u. caedere] 제초(성)의. **Herbizid** [-], das; -s, -e 제초제.

Herbling [ˈhɛrplɪŋ], der; -s, -e 늦은 꽃의 설익은 열매, 늦과일.

Herbst [hɛrpst], der; -(e)s, -e [mhd. herbest; ahd. herbist] **1.** 가을: ein sonniger[〈시어〉 goldener] H. 화창한(황금빛) 가을; es wird H. 가을이 온다; im H. fällt das Laub 가을에 잎이 떨어진다; im[zum] H. eingeschult werden 가을에 〈학령의 아동이〉 학교에 들어가다; vor H. nächsten Jahres 다음 해 가을 이전에;

vor dem H. ist nicht an die Fertigstellung zu denken (금년) 가을 전에 완성은 생각할 수 없다(가망이 없다); 전의 der H. des Lebens 《시어》 인생의 만년(晚年)(조락기, 황혼기). **2.** (지역명) 포도(과일) 수확(따기): der H. hat begonnen 포도 수확이 시작됐다.

Herbst-: **~abend,** der 가을 저녁. **~anfang,** der 추분: am 23. September ist H. 9월 23일은 추분이다. **~aster,** die 가을과꽃. **~blume,** die 가을꽃. **~fäden** 〈Pl.〉↑Altweibersommer (2). **~farben** 〈Pl.〉 단풍색(황・적・갈색), **~färbung,** die 단풍 듦, 추색(秋色). **~ferien** 〈Pl.〉 가을 (농번기) 방학: während der H. helfen die Kinder bei der Weinlese 가을 방학 동안에 아이들이 가을 포도 수확을 돕는다. **~furche,** die [농업] ↑ Winterfurche. **~himmel,** der 가을 하늘: die transparenten Farben des -s 가을 하늘의 투명한 색깔들. **~kleid,** die **1.** 가을 의상, 가을 옷. **2.** [사냥] 가을(겨울) 같이 깃털. **~kollektion,** die 가을 의상 수집(콜렉숀): auf der Modenschau wurde die neue H. gezeigt 의상 발표회(패션 쇼)에서 새로운 가을 의상 모음이 발표되었다. **~kostüm,** das 가을 의상. **~laub,** die 낙엽, 단풍잎. **~manöver,** das [군] 추계 기동 훈련: das große H. der Nato 나토의 대대적인 추계 기동 훈련. **~meister,** [구기] 추계 우승 팀. **~meisterschaft,** die **a)** 추계 선수권 쟁탈전. **b)** 추계 선수권 우승. **~messe,** die [경제] 가을 박람회. **~mode,** die 가을 유행: in der neuen H. geben die Farben des Herbstlaubs den Ton an 새 가을 유행에는 단풍 색깔들이 주조를 이루고 있다. **~monat,** der **a)** 〈Pl. 없음〉 《고어》 9월. **b)** 가을의 달 (9, 10, 11월 중의 하나). **~mond,** der 〈Pl. 없음〉 《시어・고어》 ↑~monat (a). **~nebel,** der 가을 안개. **~punkt,** der [천문] 추분점. **~regen,** der 가을비. **~rübe,** die 가을 순무(↑Wasserrübe). **~sonne,** die 가을 해(햇빛). **~sturm,** der 가을의 폭풍우. **~tag,** der 가을날: kühle[neblige] -e 선선한(안개낀) 가을날들. **~Tagundnachtgleiche,** die 《붙임표와 함께》 추분. **~wind,** der 가을 바람. **~zeitlose,** die 콜히쿰(약용 식물의 일종).

herbsteln ['hɛrpstln] 〈*h*; 비인칭〉《südd., österr.》 점차 가을이 되다, 가을냄새가 나다: es fängt an zu h. 가을 기운이 돌기 시작한다. **herbsten** [hɛrpstn] 〈*h*〉 **1.** (지역명) (포도를) 수확하다. **2.** 〈비인칭〉 〈아이〉 가을이 되다: es herbstet schon 벌써 가을이 되었다. **Herbstesanfang,** der 《시어》↑Herbstanfang. **herbstlich** 〈Adj.〉 가을의, 가을 다운: das Wetter ist schon richtig h. 날씨가 벌써 제법 가을답다; das Laub färbt sich h. 나뭇잎이 가을답게 물들고 있다. **herbstlichgelb** 〈Adj.〉 가을처럼 노란: die Bäume wurden bereits im August h. 나무들이 8월에 벌써 가을처럼 누렇게 물들었다. **Herbstling** ['hɛrpstlɪŋ], der; -s, -e (지역명) **1.** 가을 실과(과실). **2.** 가을에 (뒤늦게) 난 송아지. **3.** ↑Reizker.

herbsüß 〈Adj.〉 떫고 달콤한.

Herculaneum [hɛrkuˈlaːnɛʊm], **Herculanum** [hɛrkuˈlaːnʊm] 헤르쿨라네움(베수브(Vesuv) 근교의 로마 시대의 폐허 도시). **herculanisch** 〈Adj.〉 ↑Herculanum의 형용사형.

Herd [heːrt], der; -(e)s, -e [mhd. hert, ahd. herd] **1.** (가스・전기) 레인지, 화덕, 아궁이: ein elektrischer [zweiflammiger] H. 전기(화구가 둘인) 레인지; ein H. mit vier (Koch)platten 《요리》 열판이 4개 달린 레인지; den H. heizen[anzünden] 《통용어》 anmachen 레인지를 가열하다(에)불을 붙이다); sie steht den ganzen Morgen am H. 그녀는 아침내내 레인지 앞에서 몰두하고 있다; ich habe gerade das Essen auf dem H. 《통용어》 나는 지금 막 음식을 준비하는 중이다; sie zündete [(통용어)] machte Feuer im H. an 그녀는 《가스》 레인지에 불을 붙였다; den Topf vom H. nehmen 남비를 레인지에서 들어내다. 속담 eigener H. ist Goldes wert 초가삼간도 내집이 제일이다. 정들면 고향. **2.** a) 《재해 따위의》 발생지, 근원지, 중심(지): ein H. der Unruhe 소요의 근원지. **b)** [의학] 병소(病巢). **c)** [지질] 진원지(震源地). **3.** [기술] (용광로의) 노상(爐床), 화상(火床), 화실(火室).

Herd-: **~apfel,** der (대개 Pl.) (alemann.) 감자. **~dosis,** die [의학] 병소(病巢)치료 방사량(방사선의). **~erkrankung,** die [의학] 병소 질환. **~feuer,** das 화덕의 불, 아궁이불. **~frischverfahren,** das [기술] 평로법(平爐法). **~infektion,** die [의학] Fokalinfektion. **~mulde,** die ↑Kochmulde. **~ofen,** der [기술] 평로(平爐). **~platte,** die a) 전기레인지의 열판(熱板). b) 석탄 화덕의 열판[철판]. **~reaktion,** die [의학] **1.** 병소 반응. **2.** (자극에 대한) 병소 염증 반응. **~ring,** der (석탄 화덕의) 화구(火口) 조절 고리. **~stelle,** die (석탄 화덕의) 조리 철판. **~steuer,** die (schweiz.) (세대별) 주민세.

Herdbuch ['heːrt-], das; -(e)s, ...bücher [농업] 종축(種畜)의 혈통 증명서.

Herdbuch- [농업]: **~bulle,** der 혈통 증명서가 있는 종우(種牛). **~vieh,** das 혈통 증명서에 등재된 가축, 혈통 인증 가축. **~zucht,** die (가축의) 혈통 관리 사육(축산조합 등에 의한).

Herde ['heːrdə], die; -n, -n [mhd. hert, ahd. herta] **1.** (소, 양 따위의) 가축의 떼, 짐승의 떼: eine H. Rinder 한무리의 소들; wie eine H. ängstlicher Schafe 겁많은 양때처럼; die H. ist versprengt 가축(짐승)의 떼가 흩어졌다; eine H. hüten 가축의 떼를 지키다. **2. a)** 우민(愚民), 우중, 무리: mit der H. laufen(der H. folgen) 《폄》 군중 심리에 휩싸이다. **b)** (아이) 피보호인들, 교구민.

herden-, Herden- (Herde): **~instinkt,** der ↑ **~trieb** (1, 2). **~mensch,** der 《폄》 ↑ **~tier** (2). **~tier,** das **1.** 군서(群棲)동물. **2.** 《폄》 대중에 영합하는 인간, 우중(愚衆). **~trieb,** der **1.** 군서 본능. **2.** 《폄》 (인간의) 군집(集團) 본능. **~vieh,** das 군서 가축. **~weise** 〈Adv.〉 떼를 지어서, 군서하여.

hereditär [hɛrediˈtɛːɐ̯] 〈Adj.〉 [frz. héréditaire < lat. hēreditārius] **1.** 세습의, 상속상의. **2.** 《생물・의학》 유전(성)의. **Heredität** [...ˈtɛːt], die; -en [lat. hēreditās] 〈o. Pl.〉 **1.** 세습, 상속(재산), 유산. **2.** 상속(계승) 순위. **Heredodegeneration** [heredo-], die; -en [lat. hērēs] [의학] 유전성 변성(증). **Heredopathie,** die; -n [...iːən] 유전병.

herein [hɛˈraɪn] 〈Adv.〉 [mhd. her īn] (이쪽)안으로, 내부로(반대: hinaus): immer weiter h. in den Keller drang das Wasser 물이 지하실 안으로 계속 밀려 들어 왔다; nur h.! 어서 들어오세요!; 《명사화》 auf ein Herein warten 들어오라는 말을 기다리다.

herein-, Herein- (↑ hinein-, rein-도 참조): **~bekommen*** 〈h〉 (통용어) (판매할 상품을) 입수하다, (납품)받다: neue Ware h. 새 상품을 입수하다. **~bemühen** 〈*h*〉 (정중한(애써) 들어오게 하다: darf ich Sie h.? 들어가실까요? 제가 모시고 들어가도 좋을까요? **2.** 〈h. + sich〉 들어오는 수고를 하다, 일부러 들어오다: ich danke Ihnen, daß Sie sich hereinbemüht haben 들어와 주셔서 감사합니다. **~bitten*** 〈*h*〉 청해(모셔) 들이다. **~blicken** 〈*h*〉 안을 들여다 보다. **~brechen*** 〈s〉 **1. a)** 갑자기 들이닥치다, 밀려들다, 부서져 들어오다. **b)** (물이) 퍼붓다, 쏟아지다: 전의 eine Flut von Beschimpfungen brach über den Redner herein 홍수와 같은 욕설이 그 연사에게 쏟아졌다. 2. 《아어》 a) 《누구에게》 갑자기 닥쳐오다: eine Katastrophe brach (über das Land) herein 재난이 (나라에) 들이닥쳤다. b) 갑자기 시작되다(닥치다): der Winter bricht herein 겨울이 갑자기 몰려오다. ~**bringen**⟨h⟩ **1.** 가지고 들어오다, 날라(거두어) 들이다, 들여오다: er brachte die bestellten Waren herein 그는 주문된 상품들을 운반해 들여왔다. **2.** 《통용어》 a) 메꾸다, 보충하다, 회수(벌충)하다. b) 보전(補塡)하다, 따라잡다: Zeitverluste durch höhere Geschwindigkeit. 잃어버린 시간을 속도를 높여 만회하다. ~**drängen** ⟨h⟩ 비집고 들어오다, 끼어들다: das Volk drängte herein 군중이 몰려들어왔다; ⟨h. + sich⟩ 【전의】 eine breite Rinne, die sich von der offenen See hereindrängt 탁트인 바다에서 밀려오는 넓은 물길. ~**dringen**⟨s⟩ 침입하다, 밀치고 들어오다. ~**dürfen**⟨h⟩《통용어》들어와도 좋다, 들어와도 좋다. ~**fahren**⟨h⟩ (탈 것을) 타고 들어오다. ~**fallen**⟨s⟩ **1.**《드물게》빠지다, 빠져(떨어져) 들어오다. **2.** (빛 따위가) 쏟아져 들어오다. **3.**《통용어》속다, 당하다, 손해보다, 실망하다: bei einem Kauf arg h. 상품 구입에서 속아 크게 손해보다; mit dem neuen Angestellten sind wir ganz schön hereingefallen 새로 온 고용원에게 우리는 완전히 실망했다. b) (꾐 따위에) 속아 넘어가다: auf diesen Trick (diesen Hochstapler) fallen sicher wieder viele herein 이 속임수에는 [이 고등사기꾼에게는] 또 다시 많은 사람들이 속아 넘어가게 분명하다. ~**fliegen**⟨s⟩ **1.** 날아 들어오다: ein Schmetterling ist hereingeflogen 나비 한 마리가 날아 들어왔다. **2.** ↑~fallen (3). ~**führen**⟨h⟩ (안내해) 들이다. ~**gabe, die** 【구기】센터링, 안쪽으로 보내기. ~**geben**⟨h⟩ **1.** 《들여》넣어주다. **2.** 【구기】센터링하다, 안쪽으로 보내다(패스하다): der Rechtsaußen gab den Ball gefühlvoll in die Mitte herein 우익수가 뛰어난 감각으로 공을 한가운데 안쪽으로 보냈다. ~**geschmeckte**, der / die 《특히 schwäb.》 타지출신 정착자. ~**gleiten**⟨s⟩ 미끄러져 들어오다. ~**holen**⟨h⟩ **1.** 가지고 (데리고) 들어오다. **2.** 《통용어》 a) 벌어들이다: die Firma holt zur Zeit viel Kapital herein 그 회사는 현재 많은 자본을 끌어 들이고 있다. b) ↑~bringen (2 b). ~**klettern**⟨h⟩ 안으로 기어오르다, 기어(타고) 들어오다. ~**kommen**⟨s⟩ **1.** 들어오다. **2.** 《통용어》 a) (상품이) 반입(납품)되다: die Sommerkollektion kommt bereits im März herein 여름 의상 수집품은 이미 3월에 들어온다. b) 돈이 들어오다, 수입이 생기다. c) (투자로서의) 가치가 있다. ~**können**⟨h⟩《통용어》들어올 수 있다. ~**kriechen**⟨s⟩ 기어들어오다. ~**kriegen**⟨h⟩ ↑~bekommen. ~**lassen**⟨h⟩《통용어》들어오게 하다: 【전의】 die geschlossenen Vorhänge ließen das Licht nur dämmernd herein 닫힌 커튼은 빛을 어렴풋이만 들어오게 했다. ~**laufen**⟨s⟩ 뛰어 들어오다. **2.** (물 따위가) 새어 들어오다: das Wasser lief unter der Kellertür herein 물이 지하실 문 밑으로 흘러 들어왔다. ~**legen**⟨h⟩ **1.** 이쪽으로 놓다, 안으로 넣다. **2.**《통용어》속이다, 손해를 입히다: der Vertreter hatte ihn beim Kauf des Staubsaugers hereingelegt 외무사원은 그가 진공청소기를 살 때 속였다. ~**locken**⟨h⟩ 유인해 들이다, 안으로 꾀어들이다. ~**müssen**⟨h⟩《통용어》들어와야 한다. ~**nehmen**⟨h⟩ **1.** 들여놓다, 가지고 들어오다: wir müssen noch die Stühle vom Balkon h. 우리는 아직 의자들을 발코니에서 안으로 들여놓아야 한다. **2.** (단체 따위에) 받아들이다, 수용하다, (목록에) 넣다. ~**nötigen**⟨h⟩ 들어오도록 강요하다, 억지로 들어오게 하다. ~**platzen**⟨h⟩《통용어》갑자기 뛰어들어(오다). ~**rasseln**⟨s⟩ 1. ↑~fallen (3 a). **2.** (실수 따위로) 궁지에 몰리다, 곤경에 빠지다. ~**regnen** ⟨h⟩ 비가 들이치다. ~**reichen**⟨h⟩ **1.** 이쪽 안으로 건네다: den Stuhl h. 의자를 안으로 넣어주다. **2.** 《통용어》 이 안까지 미치다(닿다): einzelne Zweige des Kirschbaums reichen in die Loggia herein 벚나무 가지 몇 개가 복도 안에까지 들어와 있다. ~**reißen**⟨h⟩ **1.** 안으로 잡아채다(끌다). **2.**《통용어》↑hineinreiten (2). ~**reiten**⟨h⟩ (말을) 타고 들어오다: durch das Tor h. 말을 타고 성문으로 들어오다. **2.** ⟨h⟩《통용어》↑hineinreiten (2). ~**rennen**⟨s⟩ 달려 들어오다. ~**riechen**⟨h⟩《통용어》↑reinriechen. ~**rufen**⟨h⟩ **1.** 이쪽 안을 향해 부르다. **2.** (기다리는 사람을) 불러들이다. ~**schaffen**⟨h⟩ 날라(운반해) 들이다. ~**schauen**⟨h⟩《지역적》 **1.** ↑~sehen (1), **2.** 잠시 들르다(둘러보다). ~**scheinen**⟨h⟩ (빛이) 비쳐 들어오다. ~**schicken**⟨h⟩ (안으로) 들여보내다: schicken Sie bitte den Kunden herein 그 손님을 안으로 들여보내 주시오. ~**schieben**⟨h⟩ a) (이쪽으로) 밀어넣다: den Servierwagen ins Zimmer h. 이동식 요리 탁자를 이쪽 방 안으로 밀어넣다(밀고 들어오다). b) ⟨h. + sich⟩ 미끄러져서(살그머니) 들어오다: er schob sich unbemerkt durch die schmale Öffnung herein 그는 눈에 띄지 않고 좁은 틈을 통해 안으로 들어왔다. ~**schleichen*** a) ⟨s⟩ 살금살금 들어오다. b) ⟨h. + sich⟩ 몰래(살그머니) (기어) 들어오다: das Kätzchen hat sich hereingeschlichen 작은 고양이가 살그머니 들어왔다. ~**schleppen**⟨h⟩ a) 질질 끌어들이다, 끌듯이 날라들이다: keuchend schleppte er die Kiste herein 헐떡이면서 그는 상자를 끌어들였다. b) ⟨h. + sich⟩ 발을 질질 끌며 들어오다, 힘들여 들어오다: mit letzter Kraft konnte er sich noch h. 마지막 힘을 다해 그는 겨우 몸을 끌고 들어올 수 있었다. ~**schlüpfen**⟨s⟩ 미끄러져 (살금살금) 들어오다. ~**schmecken**⟨h⟩《특히 schwäb.》겨우 얼마 전부터 거주하다. ~**schmuggeln**⟨h⟩ 밀입국(잠입)시키다. ~**schneien 1.** ⟨h⟩ 눈이 들이치다. **2.** ⟨s⟩《통용어》뜻밖에 (갑자기) 찾아들다(들이닥치다). ~**sehen*** ⟨h⟩ **1.** 들여다보다: durch die dichten Gardinen kann man hier nicht h. 두터운 커튼이 쳐져 여기에서는 안이 들여다보이지 않는다. **2.** ↑~schauen (2). ~**sollen**⟨h⟩《통용어》들어와야 한다. ~**spazieren**⟨s⟩《통용어》산보해 들어오다: hereinspaziert! 들어들 오시오! (유랑극단 따위의 공연을 구경하러 들어오라는 외침). ~**stecken**⟨h⟩ 들이밀다, 들이박다: den Kopf zur Tür h. 머리를 문으로 들이밀다. ~**stehlen***, sich ⟨h⟩ 몰래 들어오다. ~**steigen***⟨s⟩ 안으로 올라오다. ~**stellen**⟨h⟩ 안에 들여 놓다. ~**stoßen***⟨h⟩ (이쪽으로) 차(밀어) 넣다: die Polizisten stießen ihn durch die Tür herein 경찰관들이 문으로 그를 밀쳐 넣었다. ~**strömen**⟨s⟩ **1.** 흘러 들어오다: das Wasser strömte ungehindert herein 물이 거침없이 흘러 들어왔다. **2.** 물밀듯이 (잇달아) 들어오다. ~**stürmen**⟨s⟩ 휩쓸어 들이치다, 몰려 들어오다. ~**stürzen**⟨s⟩ **1.** (구덩이 따위에) 떨어지다, 떨어져 들어오다, 빠지다. **2.** 황급히 뛰어 들어오다: atemlos stürzte er herein 그는 숨가쁘게 달려 들어왔다. ~**tragen***⟨h⟩ 날라들이다. ~**treten***⟨s⟩ 《드물게》↑eintreten (1). ~**wagen**, sich ⟨h⟩ 감히 들어오다, 감히 들어오려 하다. ~**wehen 1.** ⟨h⟩ a) (바람이) 불어 들어오다: der Wind hat hereingeweht 바람이 불어 들어왔다. b) 불어넣다, 날려들이다: der Wind hat die Blätter hereingeweht 바람이 잎사귀들을 날려 들어오게 했다. **2.** ⟨s⟩ (바람 따위에) 날려(불려) 들어오다: Blätter sind hereingeweht 나뭇잎들이 날려 들어왔다. ~**werfen***⟨h⟩ 안으로 던지다, 던져 넣다: er hat Steine hereingeworfen 그가 이쪽 안으로 돌들을 던졌다. ~**winken**⟨h⟩ **1.** 안쪽으로 손짓(눈짓)하다: er hat im Vorbeigehen hereingewinkt 그는 지나가면서 이쪽

[안쪽]으로 손짓을 했다. 2. 누구를 손짓[눈짓]으로 들어오게 하다. ~**wollen*** ⟨h⟩ 《통용어》 들어오고 싶어하다, 들어오려고 하다. ~**zerren** ⟨h⟩ 《통용어》 안으로 잡아당기다, 끌고 들어오다. ~**ziehen*** **1.** ⟨h⟩ 안으로 끌어당기다, 끌어들이다: schnell zog er sie ins Haus herein 재빨리 그는 그녀를 집안으로 끌어들였다. **2.** ⟨h⟩ (자동차 경기에서 핸들을 돌려) 차를 커브 안쪽으로 당기다. **3.** ⟨s⟩ ↑einziehen (5): sie zogen singend ins Stadion herein 그들은 노래를 부르며 경기장 안으로 입장했다[행진해 들어왔다]. **4.** ⟨s⟩ (드물게) 입주하다, 이사해 (들어)오다. **5.** ⟨h; 비인칭⟩ (바람이) 불어 들어오다: es zieht durch die Ritzen in der Tür herein 문틈으로 바람이 (불어)들어온다.

Hereke ['hɛrɛkɛ], der; -s, -s 〔터키 지명 Hereke에서〕 헤레케 양탄자.

Herero [he're:ro, (또한) 'he:rero], der; -(s), -(s) 헤레로 사람(서남 아프리카 반투족의 일종).

herfür [hɛɐ̯'fy:ɐ̯] ⟨Adv.⟩ [mhd. her für] 《시어·고어》 앞으로, 밖으로, 나타나서(↑hervor).

Hering ['he:rɪŋ], der; -s, -e [mhd. hærinc, ahd. hārinc] **1.** 청어: grüne[gesalzene, geräucherte] -e 생선(얼간, 훈제) 청어; marinierte -e 마리나데에 담근 청어; -e wässern (얼간)청어를 물에 담가두다; er ist dünn wie ein H. 그는 바짝 말랐다; sie saßen [standen] in der Straßenbahn wie die -e 그들은 전차 속에 (굴비 두름처럼) 빽빽하게 앉아(서) 있었다. **2.** 《통용어》 키 크고 마른 남자. **3.** 천막용 말뚝.

Herings-: ~**bändiger**, der 《통용어·농》 생선장수, 식료품 장사꾼. ~**brühe**, die 《südd.》 ↑-lake. ~**fang**, der 청어잡이: auf H. gehen 청어잡이에 나가다. ~**fänger**, der 청어잡이 어선. ~**faß**, das (얼간)청어 저장통. ~**filet**, das 얇게 저민 청어[요리]. ~**fischer**, der 청어잡이 어부. ~**fischerei**, die 청어잡이. ~**hai**, der 청상아리. ~**könig**, der 달고기과, 점도미과. ~**lake**, die 청어절임 소금물. ~**logger**, der 청어잡이 돛배. ~**milch**, die 청어의 이리(정액). ~**möwe**, die 갈매기과(재갈매기와 비슷하나 등과 날개 색이 더 짙음). ~**rogen**, der 청어알. ~**salat**, der 청어 샐러드(절인 청어를 넣은). ~**schwarm**, der 청어 떼. ~**stipp**, der 마요네즈를 친 얇게 저민 청어요리. ~**tonne**, die 청어 (저장)통.

herinnen [he'rɪnən] ⟨Adv.⟩ 《südd., österr.》 여기 안에서.

Heris ['he:rɪs], der; -, - 〔이란의 지명 Heris에서〕 헤리스 양탄자.

Herkogamie [hɛrkoɡa'mi:], die [griech. hérkos u. gámos] 【식물】 자웅격리(양성화에서 자체 수정을 막기 위해 암술머리와 수꽃술이 멀리 떨어져는 현상).

Herkules ['hɛrkuləs], der; -, -se [lat. Herculēs < griech. Hēraklēs] **1.** ↑Herakles (그리스 신화에서 Zeus와 Alkmene의 아들로 괴력을 지닌 반신)의 라틴형. **2.** 헤라클레스 같은 용사, 괴력의 소유자: ein H. sein 헤라클레스 같은 장사이다. **3.** 《schweiz.》 ↑Lukas. **4.** 【천문】 (Pl. 없음) 헤라클레스 자리.

Herkules-: (복합어에서 대개 거구, 거대 규모의 뜻으로): ~**arbeit**, die [그리스 신화의 영웅 Herkules의 12 사업에 따라] 초인적 대사업, 지난한 과업. ~**keule**, die **1.** 호리병버섯의 일종. **2.** 헤라클레스봉(식용 버섯의 일종). ~**kraut**, das [lat. Heracleum] ↑Bärenklau (1).

herkulisch [hɛr'ku:lɪʃ] ⟨Adj.⟩ 《교양어》 헤라클레스의, 헤라클레스 같은, 초인적인, 괴력을 지닌: über -e Kräfte verfügen 헤라클레스 같은 괴력을 지니다.

Herling ['hɛrlɪŋ], der; -s, -e 《고어》 **a)** 덜 익은 포도. **b)** ↑Härtling (2).

Herlitze ['hɛrlɪtsə], (또한) hɛr'lɪtsə], die [ahd. harlezboum, erlizboum] ↑Kornelkirsche.

Hermandad [hɛrman'daːt, ⟨span.⟩ ɛrman'daθ], die [span. (Santa) Hermandad] **a)** 신성 우호 동맹(옛 스페인의 도시 동맹의 명칭). **b)** 《옛》《스페인의》 경찰: **die heilige H.** 《고어·반어》 경찰.

Hermaphrodismus [hɛrm|afro'dɪsmʊs], der; - [생물·의학] ↑Hermaphroditismus. **Hermaphrodit** [...'di:t], der; -en, -en [lat. hermaphrodītus < griech. hermaphródītos, 그리스 신화에서 Hermes와 Aphrodite의 아들로 남녀추니가 되었다는 Hermaphrodítos에 따라] 【생물·의학】 남녀추니, 반음양(半陰陽), 자웅동체[동주]. **hermaphrod<u>i</u>tisch** ⟨Adj.⟩ 【생물·의학】 반음양의, 자웅동체[동주]의. **Hermaphrod<u>i</u>tismus** [...dɪ'tɪsmʊs], der; - 【생물·의학】 반음양, 양성체(兩性體), 자웅동체[동주].

Herme ['hɛrmə], der; -, -n [lat. Herma, Hermēs < griech. Hermēs] 헤라메스(Hermes)신의 주상(柱像), (일반적으로) 주상.

¹**Hermel<u>i</u>n** [hɛrmə'li:n], das; -s, -e [mhd. hermelin, ahd. harmili(n) = harmo의 축소형] **1.** 어민(중에; ermine) (족제비속(屬)의 일종). **2.** ↑Hermelinkaninchen. ²**Hermel<u>i</u>n** [-], der; -s, -e [mhd. hermilin] **1.** 어민의 모피: ein Mantel aus H. 어민 모피로 만든 외투. **2.** 【문장(紋章)】 (문장, 휘장 무늬의 일종) 어민 꼬리 무늬(흰 바탕에 검은 점을 흩뜨린 모양). **Hermel<u>i</u>nkaninchen**, das; -s, - 어민 토끼 (모피용 흰토끼). **Hermel<u>i</u>nkragen**, der 어민 모피 칼라(옷깃). **Hermel<u>i</u>nspinner**, der; -s, - 〔흰 날개 빛깔이 ²Hermelin 을 닮은 데서〕【동물】 흰 나비의 일종.

Hermeneutik [hɛrmɔy̆'nɔytɪk], die [griech. hermēneutikē (téchnē)] **1.** 성서해석학, (문헌, 예술 작품의) 해석학. **2.** (실존 철학에서) 해석학, 인간 존재의 자각 방법, 해석학의. **hermeneutisch** [hɛrmɔy̆'nɔytɪʃ] ⟨Adj.⟩ (성서) 해석학의.

Hermes ['hɛrmɛs] 헤르메스(그리스 신화에서 제신(諸神)의 사자로 상업의 신, 저승 세계(Hades)에로의 동반자).

Hermetik [hɛr'me:tɪk], die [1: ↑hermetisch; 2: engl. hermetic] **1.** 《준고어》 연금술, 마술, 비법. **2.** 진공 장치. **Hermetiker**, der; -s, - **1.** (이집트, 고대 동방의) 마술신(神) 신봉자, 연금술사. **2.** 《교양어》 애매모호한 표현을 많이 쓰는 작가, (연금, 점성, 마술 따위) 술서(術書) 작가. **hermetisch** ⟨Adj.⟩ [1: lat. hermeticus; 2: 고대 이집트의 현인 Hermes Trismegistos의 술서에 따라] **1. a)** 진공·방수 처리된, 밀폐[밀봉]된: h. verschlossene Ampullen 완전히 밀폐된 앰플. **b)** (출입이) 완전 차단(봉쇄)된: ein Gebäude h. abriegeln 건물을 완전히 봉쇄하다. **2.** 《교양어》 애매모호한, 불분명한 -e Literatur 비술적(秘術的)인 문학. **hermetisieren** [hɛrmeti'zi:rən] ⟨h⟩ 진공(방수, 밀폐) 처리하다. **Hermetismus** [hɛrme'tɪsmʊs], der; - [1: ital. ermetismo; 2: frz. hermétisme] **1.** 【문예】 불확정주의, 다의(多義)주의(이탈리아 현대 서정시의 경향). **2.** 《교양어》 《현대시의》 애매모호성, 다의성.

Hermitage [ɛrmi'taːʒ], der; - [frz. (h)ermitage] 에르미타주 포도주(프랑스의 트렝레르미타주 산(産)).

hernach [hɛɐ̯'naːx] ⟨Adv.⟩ [mhd. her nāch, ahd. hera nāh] 《지역적》 **a)** 그 (직)후에, 다음에. **b)** 나중에, 이 다음에: ich komme h. noch bei dir vorbei 내가 나중에 너희 집에 들르겠다.

Hernie ['hɛrni̯ə], die; -n [lat. hernia] **1.** 《생물》 헤르니아, 탈장. **2.** 【생물】 (양배추과의) 뿌리혹병, 근류(根瘤).

hernieder [hɛɐ̯'ni:dɐ] ⟨Adv.⟩ [mhd. her nider, ahd. hera nidar] 《아어》 (이쪽) 아래로, 밑으로.

hernieder-: ~**brechen*** ⟨s⟩ ↑herabstürzen (1). ~**brennen*** ⟨h⟩ ↑herunterbrennen (1). ~**fahren*** ⟨s⟩ (탈 것을) 타고 내려오다: 전의 rund um die

Hütte fuhren Blitze hernieder 오두막집 위주로 번개가 내리쳤다. **~fallen*** ⟨s⟩ (아래로) 떨어져 내리다: warmer Regen fällt in schweren Tropfen auf uns hernieder 미지근한 비가 굵직한 방울을 이뤄 우리들 머리 위로 떨어진다. **~gehen*** ⟨s⟩ ↑niedergehen. **~hängen*** ⟨s⟩ 내리 걸리다, 늘어져 있다: 전의 der Himmel hing schwer hernieder 하늘이 무겁게 아래로 드리워져 있었다. **~prasseln** ⟨s⟩ 후두둑 떨어지다. **~schweben** ⟨s⟩ ↑herabschweben. **~senken**, sich ⟨h⟩ ↑herabsenken. **~sinken*** ⟨s⟩ ↑herabsinken. **~steigen*** ⟨s⟩ ↑heruntersteigen.

Herniotomie [hɛrnjotoˈmiː], die; -n […ːən; griech. tomḗ] 『의학』 헤르니아 절개술.

Heroa [heˈroːa] ↑Heroon 의 복수형.

heroben [heˈroːbn] ⟨Adv.⟩ 《südd., österr.》여기 위에서.

Heroe [heˈroːə], der; -n, -n [lat. heroem] 《교양어》 **1.** ↑Heros (1). **2.** 영웅, 용사. **Heroenkult**, der; -(e)s, -e, **Heroenkultus**, der 《교양어》 영웅 숭배: 전의 mit jmdm. einen H. treiben 《쭘》 누구를 영웅으로 떠받들다. **Heroentum**, das; -s 《교양어》 ↑Heldentum. **Heroenzeit**, die; -en 《교양어》 영웅 시대. **Heroide** [heroˈiːdə], die; -n (대개 Pl.) [lat. hērōides < griech. hērōídes] 『문예』 영웅 또는 여장부의 허구적인 (연애) 편지투의 시(詩). **Heroik** [heˈroːɪk], die 《교양어》 영웅적임, 장렬, 영웅적 행위. **¹Heroin**, das; -s [griech. hēróis] 헤로인(모르핀제, 마약). **²Heroin** [heroˈiːn], die; -nen [lat. hērōinē < griech. hērōínē] **1.** 《교양어》 여장부, 여걸. **2.** 『연극』 주연 여배우, 주연 여역할. **Heroine** [heroˈiːnə], die; -n [연극] 주연 여배우, 주연 여역할. **Heroinismus** [heroiˈnɪsmʊs], der; - 『의학』 헤로인 중독. **Heroinsucht**, die 『의학』 헤로인 중독. **heroinsüchtig** ⟨Adj.⟩ 헤로인 중독의[에 걸린]. **heroisch** ⟨Adj.⟩ [lat. hēroicus < griech. hērōikós] **1.** ↑heldenhaft. **2.** 장엄한, 웅대한, 숭고한: -e Landschaft 『예술』 1) (고대 신화의 주인공이 함께 묘사된) 신화적 영웅 풍경(화). 2) 장엄한 풍경 묘사; -er Vers 『문예학』 영웅 서사시 운율[시행] (특히 6각운 (Hexameter) 및 게르만어의 무운 5각운(Blankvers)). **heroisieren** [heroiˈziːrən] 《교양어》 영웅화하다, 영웅으로 찬양하다. **Heroismus** [heroˈɪsmʊs], der 《교양어》 영웅주의, 영웅적 정신[행동], 용맹, 장렬, 고결, 고매.

Herold [ˈheːrɔlt], der; -(e)s, -e [frz. héralt] **1.** (역사적) 문장관(紋章官), 의전관. **2.** **a)** (역사적) 왕후(王侯)의 전령관, 군사(軍使). **b)** (아어) 사자(使者), 포고자(布告者), 보도자.

Herolds- (1): **~amt**, das 《구제》 문장원(紋章院) (Herold의 기능과 관련하여 위계·직위·문장(紋章) 문제를 관장하던 관청). **~bild**, das 《옛》 기하학적 도형 문장 (紋章). **~kunst**, die 《Pl. 없음》 《고어》 문장학(紋章學) (↑Heraldik). **~literatur**, die 『문학』 문장(紋章) 문학 (문장 묘사 및 해당 왕후(王侯)의 찬양이 결합된 중세 문학). **~meister**, der 《구제》 문장원장(紋章院長). **~stab**, der 《옛》 전령관의 권표장(權標杖).

Heronsball [ˈheːrɔnsbal], der; -(e)s, …bälle [고대 그리스 수학자 Heron에 따라] 헤론의 기력구(氣力球).

Heroon [heˈroːɔn], das; -s, …roa [griech. hērōon] 신인(神人)(영웅) 신전의 묘비 [heːrɔs], oen [lat. hērōs < griech. hḗrōs] **1.** (그리스 신화) 신인(神人), 반신반인(半神半人). **2.** 《교양어》 영웅, 용사.

Herostrat [heroˈstraːt], der; -en 《예명》 (유명해지려고 Ephesus 의 아르테미스 신전에 B.C. 356년 불을 지른 그리스인 Herostratos 에 따라) 《교양어》 유명해지고 싶어 죄를 짓는 범죄자. **Herostratentum**, das; -s 《교양어》 범죄를 저지르면서까지 이름을 떨치려 하는 짓, 강한 공명심(명예심). **herostratisch** ⟨Adj.⟩ 헤로스트라토스와 같은, 공명심에서 범죄를 저지르는.

Herpangina [hɛrpaŋˈɡiːna], die; …nen 『의학』 포진성 (疱疹性) 구강염(앙기나). **Herpes** [ˈhɛrpes], der; -, …etes [hɛrˈpeːtes] [lat. herpēs < griech. hérpēs 『의학』 **a)** 수포(水疱), 농포(膿疱). **b)** 헤르페스, 단순성 포진(疱疹). **Herpes zoster** [- ˈtsɔstɐ], der; - - [griech. zōstḗr] 『의학』 대상(帶狀) 포진(↑Gürtelrose). **herpetiform** [hɛrpetiˈfɔrm] ⟨Adj.⟩ [lat. fōrma] 『의학』 포진상(狀)의, 헤르페스 모양의. **herpetisch** ⟨Adj.⟩ 『의학』 헤르페스(포진)의, 포진 증상의.

Herpetologie, die [griech. herpetón] 『동물』 파충류학(學).

Herr [hɛr], der; -n/《드물게》-en, -en [mhd. hḗr(re); ahd. hḗrro] **1.** (축소형: ↑Herrchen (1)) **a)** 남자, 남성, 신사(「남자」의 미칭으로서): ein junger (älterer) H. 젊은[노년] 남자(신사); ein H. mit Brille 안경을 낀 남자(분); die -en forderten die Damen zum Tanz auf 남자들이 춤을 청했다; hier gibt es alles für den -n! 여기에 남성(신사)용품은 다 있읍니다! ein besserer H. (신분이) 더 높은 분(양반); ein feiner (sauberer) H. 《반어》 엉큼한 (밉살스런) 녀석; der geistliche H. 《지역적》 성직자, 목사, 신부; bei den -en siegte die deutsche Staffel [스포츠] 남성부에서는 독일 릴레이 팀이 우승했다. Alter H. 1) 《통용어·농》 아버지: sein Alter H. 그의 부친. 2) [대학생] (학우회의) 졸업회원, 老 OB: zum Stiftungsfest kommen die Alten -en 창립 기념제에 졸업자 회원들이 온다. 3) [스포츠] (32 세 이상의) 장년(壯年) 선수, 장년 팀: die Alten -en der Borussia 보루시아 팀의 장년 선수들; **die -en der Schöpfung** 《통용어·농》 남성네들, 사내 대장부들. **b)** 신사: er spielt gern den großen -n 그는 고상하고 돈많은 신사티 내기를 좋아한다. **2. a)** (칭호 비슷한 남성 호칭으로서) α) H. Minister 장관님; H. Doktor 의사 선생님; lieber H. Müller 친애하는 뮐러씨(선생님); H. Ober, bitte eine Tasse Kaffee 종업원, 커피 한 잔 주세요. β) (이름없이, 때로는 특정 형용사와 함께) was wünschen Sie, mein H.? (was wünscht der H.) 무엇을 드릴까요?; (손님(신사님)께서는) 무얼 원하시지요?; aber meine -en, wozu diese Aufregung? 아니, 여러분, 무엇 때문에 이런 소동이지요?; **meine -en!** 《경》 (의외, 유쾌한 분노의 외침) 아니 이런!, 이럴 수가! **b)** (아이) (대화 상대자의 친척에 대한 경칭으로) 님, 선생님: Ihr H. Vater 춘부장; grüßen Sie bitte Ihren -n Gemahl 부군께 안부 전해 주십시오. **3.** (축소형: ↑ Herrchen (1)) 주인, 군주, 지배자, 소유주, 호주, 고용주: ein gütiger (strenger) H. 인자한(엄한) 주인; Jesus Christus (der H., der H. Jesus) 주 예수(그리스도); sind Sie der H. dieses Hundes? 당신이 이 개의 주인입니까? Gott der H. 주 하느님; der H. der Welt 이 세상의 주재자(= 하느님); der H. über Leben und Tod 생사(生死)를 주관하는 주(= 하느님); der junge H. 《준고어》 주인집 도련님(도령); mein H. und Meister (Gebieter) 《농》 나의 바깥 어른(서방님); er ist H. über einen großen Besitz 그는 큰 재산을 소유하고 있다; die gestrengen -en 《지역적》 빙성가(일)(水聖者(日)) (↑die Heiligen); er kehrt gerne den -n heraus 그는 주인 행세하기를 좋아한다; er duldet keinen -n über sich 그는 누구에게도 종사하려 하지 않는다; Maria, die Mutter des -n 성모[주의 어머니] 마리아; 성구 wie der H., so's Geschirr 윗물이 맑아야 아랫물도 맑다, 그 주인에 그 하인; niemand kann zwei -en dienen 한 사람이 두 주인을 섬기지 못하느니라 (마태복음 6장 21절, 누가복음 16장 13절에 따라). **sein eigener H. sein** 독립해 있다, 아무의 예속[지시]도 받을 필요가 없다; **H. der Lage (der Situation) sein [bleiben]** (위기 상황에서) 통제

권을 장악하고 있다, 상황을 장악하고 있다; **einer Sache H. werden** 무엇을 극복[제압, 지배]하다; **nicht mehr H. seiner Sinne sein** 제정신이 아니다, 자제력을 잃다; **über jmdn.[etw] H. werden** 누구[무엇]를 제압[극복]하다; **über jmdn. / etw. (sich) H. sein** 누구를/무엇을 지배[통제]하다(자제, 극기하다): er ist nicht H. über sich selbst 그는 자제하지 못하고 있다; er war plötzlich nicht mehr H. über das Auto 그는 갑자기 자동차를 더이상 뜻대로 움직일 수 없었다; **aus aller -en Ländern(n)** 《아어》 도처로부터. **4.** [기독교] 하나님, 주, 〈호칭 이외 정관사와 함께〉: den -n anrufen 신을 부르다, 주께 호소하다; liebe Brüder u. Schwestern im -n 주 안의 사랑하는 형제자매 여러분(성직자가 교구 신자·종단 수사(수녀)들에게 쓰는 호칭); er ist ein großer Jäger vor dem -n 《농》 그는 열광적인 사냥꾼이다(창세기 10 : 9에 따라). **Herrchen**, das; -s, - **1.** ↑Herr (1, 3)의 축소형. **2.** 개 주인. **3.** 《통속어·농》 젊은[어린] 남자, 도령.

herren-, Herren-: **~abend**, der 남자들의 저녁 모임. **~anzug**, der 《드물게》↑Anzug (1). **~armbanduhr**, die 남성용 손목시계. **~artikel**, der 《대개 Pl.》 신사(남성)용품. **~ausstatter**, der 신사용품 전문점. **~bad**, das 《고어》 (수영장의) 남성 전용 풀[구역]. **~bank**, die 《역사적》 (옛 독일 법정의) 귀족석. **~begleitung**, die 〈Pl. 없음〉 남성 동반: sie war in H. 그녀는 남자의 동반을 받았다(남자와 함께 있었다). **~bekanntschaft**, die (어느 여자가) 아는 남자, 남자 친구, 애인: woher wollen Sie alle ihre -en kennen?; 당신 어떻게 그녀의 모든 남자 관계를 안다는 것이죠?; **eine H. machen** 《통속어》 (젊은) 남자를 알게 되다(사귀다). **~bekleidung**, die 신사용[남성] 의류. **~besuch**, der (여자 집의) 남성 방문(객): die Vermieterin duldet keine -e 집 여주인은 (세든 여자에게) 남자가 찾아오는 것을 용납하지 않는다. **~brot**, das 《고어》 **1.** (주인용) 상등품 흰 빵. **2.** (하인들에게) 주인이 내리는 빵[음식]: H. essen müssen 고용[머슴]살이를 해야 한다. **~coiffeur**, der ↑friseur. **~dienst**, der 《고어》 (영주에 대한) 부역, 봉직, 고용살이. **~doppel**, das 《스포츠》 (테니스·탁구·배드민턴의) 남자 복식 경기. **~einzel**, das 《스포츠》 (테니스·탁구·배드민턴의) 남자 단식 경기. **~essen**, das **1.** 《고어》 미식(美食). **2.** 남자들만의 연회, 남성 회식. **~fahrer**, der 《↑Herrenfahrt 참조》 **1.** 【자동차경주】 자가(개인)출전(자동차경주)선수. **2.** [속보경마] 아마추어(속보경마) 출전자(선수). **3.** 《반어》 난폭 운전자. **~fahrrad**, das 남자용 자전거, 남자 자전거. **~fest**, das [가] 예수 행적 기념일. **~finken**, der 남자복 보온 실내화. **~friseur**, der 이발사(남성 전문의). **~gedeck**, das (바, 밤 술집 따위의) 기본 주류[메뉴] (맥주와 화주(火酒) 또는 맥주와 작은 잔의 샴페인). **~gesellschaft**, die **1.** 남자들만의 모임[연회, 집회]. **2.** 〈Pl. 없음〉 남성의 동반: sie war in H. 그 여자는 남자들의 동반을 받았다. **~handschuh**, der 남자용 장갑. **~haus**, das **1.** 영주의 저택. **2.** 《역사적》 (옛 프러시아 의회 및 옛 오스트리아 제국 의회의) 상원, 귀족원. **~hemd**, das ↑ Oberhemd. **~hof**, der 《역사적》 ↑ Fronhof. **~hose**, die 남자 바지. **~hut**, der 신사모. **~jahre** 〈Pl.〉 장년(匠人) 시절: 〈다음 용법으로〉 [속담] Lehrjahre sind keine H. 도제 시절은 장인 시절이 아니다, 배우는 동안은 겸손해야 한다. **~klasse**, die 《드물게》 지배계급. **~kleid**, das 《schweiz.》↑Anzug (1). **~kleidung**, die 남성 의류. **~kommode**, die 남자 옷장. **~konfektion**, die 신사용 기성복(점). **~leben**, das 호사스러운 생활. **~los** 〈Adj.〉 주인[임자]이 없는, 사육주(飼育主)가 없는(개 따위의). **~magazin**, das 남성 잡지. **~mangel**, der 남자 부족: in der Tanzstunde herrschte[war] permanent H. 춤 교습 시간에는 늘 남

자가 모자랐다. **~mantel**, der 신사용 외투. **~mäßig** 〈Adj.〉 《드물게》 신사다운, 주인(영주)에 상응하는, 위엄있는. **~mensch**, der (지배욕과 의지가 강한) 군주적 인간. **~mode**, die 남자(복)의 유행형. **~moral**, die [Nietzsche의 용어] [철학] 군주 도덕〈반대: Sklavenmoral〉. **~oberbekleidung**, die [상] **1.** 신사용 상의(류). **2.** ↑ oberbekleidungsindustrie. **~oberbekleidungsindustrie**, die 신사용 상의 산업. **~partie**, die **1.** 남성 (만의) 야유회. **2.** ↑ ~gesellschaft **1.** **~pilz**, der 달걀버섯(식용 버섯 가운데 최고급으로 간주됨) 《지역어》 ↑ Steinpilz. **~pulli**, der 《통속어》 남자 스웨터. **~pullover**, der 남자 스웨터. **~rad**, das 남자용 자전거. **~rasse**, die 《경》 백인종. **~recht**, das 주인의 권리, 지배권. **~reiter**, der 《승마》 (자신의 말을 타는) 남자 기수. **~sakko**, der, 《또한》 das 남성용 콤비상의 안장. **~salon**, der 남자 이발관(소). **~sattel**, der 남자용 승마 안장. **~schirm**, der 남성용 우산. **~schneider**, der 신사복 재단사. **~schneiderei**, die 신사복 재단. **~schnitt**, der 《남성》 짧아올린 단발, 쇼트 컷. **~schuh**, der 신사화. **~schwamm**, der 《지역어》 ↑ Steinpilz. **~sitz**, der **1.** 남자식 승마 자세. **2.** 귀족(영주)의 저택. **~socke**, die 《팽》 백인종. **~socken**, der 《schweiz.》 남자 양말. **~stand**, der 《역사적》 (기사로 다 높은) 귀족의 신분. **~strumpf**, der 《지역어》 남자 양말. **~taschentuch**, das 남자용 손수건. **~tier**, das 《대개 Pl.》 (원숭이 따위의) 나무 위에서 사는 포유 동물. **~toilette**, die 남자 화장실. **~torte**, die (약간의 알코올 맞이 있는) 케이크. **~trainer**, der 《schweiz.》 남자 운동복(트레이닝복). **~uhr**, die 남자 시계. **~unterwäsche**, die 남성용 속옷. **~velo**, das 《schweiz.》 남자 자전거. **~wein**, der 독한 포도주. **~welt**, die 〈Pl. 없음〉 《농》 (어떤 곳[단체]의) 모든 남성. **~weste**, die 남자 조끼. **~winker**, der 《통속어·농》 (관자놀이 옆으로 아치형으로 만들어 놓은 여자의 애교머리(카라). **~witz**, der 남자들의 비속한 익살[재담]. **~zimmer**, das 사랑방, 서재.

herrenhaft 〈Adj.〉 《드물게》 주인의, 군주의, 지배자의, 신사의. **Herrentum**, das; -s 《아어》 주인임, 군주임, 지배자임, 신사임.

Herrgott ['hergot], der; -s **1.** 《친근》 신, 하느님: der liebe H. im Himmel 하늘에 계신 하느님; 《성구》 unser H. hat einen großen Tiergarten 《통속어·농》 많은 기이한 인간들이 있다; **H. noch mal** 제기랄, 망할, 빌어먹을. **2.** 《südd., österr.》 그리스도의 십자가상(像), 신상(神像). **herrgöttlich** 〈Adj.〉 《schweiz.》 신과 같은.

Herrgotts-: **~frühe**, die 〈다음 용법으로〉 **in aller H.** 아침 일찍이, 꼭두 새벽에. **~käfer**, der 《지역어》 무당벌레. **~schnitzer**, der 《südd., österr.》 십자가상 조각사. **~tag**, der 축목(聚木) 《schweiz.》 성체(聖體) (축제)날. **~winkel**, der 《südd., österr.》 성상을 안치해 놓은 구석 (가톨릭 농가의).

Herrin ['herin], die; -nen **1.** 여주인, 주부, 여자 소유주. **2.** 《옛》 (여주인에 대한 호칭) 마님. **herrisch** 〈Adj.〉 고[위]압적인, 남을 누르려는 하는, 명령적인, 교만한, 무뚝뚝한, 당당한: eine -e Person 고압적인 사람; er forderte h. sein Recht 그는 고압적으로 자신의 권리를 요구한다.

herrje [her'je:]!, **herrjemine** [her'je:mine]! 〈Interj.〉 [Herr Jesu! 및 Herr Jesu Domine!에서] 《통속어》 《놀람, 두려움, 동정 따위를 나타내는》 아이구, 이크, 맙소사, 야단났군, 어머.

Herrlein ['herlain], das; -s, - 《시어·고어》 도령. **herrlich** 〈Adj.〉 훌륭한, 호화로운, 장려한, 탁월한, 굉장한, 절묘한, 멋진, 화창한: eine -e Aussicht 훌륭한 전망;

das ist eine -e Inszenierung 그것은 훌륭한 연출이었다; das Wetter[der Urlaub] war h. 날씨(휴가)가 훌륭했다; sie lebten h. und in Freuden 그들은 아주 멋지게 지냈다. **Herrlichkeit**, die; -en **1. a)** 〈Pl. 없음〉 훌륭함, 장려함, 영광, 장엄, 영화: die H. der Natur 자연의 웅장함; die H. wird nicht lange dauern 《반어》 화려한 시절은 오랫동안 지속되지 않을 것이다; die H. Gottes 신의 영광(존엄); ist das die ganze H. 그것이 전부냐? **b)** 《대개 Pl.》 훌륭한 것: die -en der antiken Kunst 고대 예술의 훌륭한 유물. **2.** 〈관사 없이〉《역사적》전하, 각하, 저하.

Herrnhuter ['hɛrnhuːtɐ], der; -s, - [도시명 Herrnhut 에 따라] 헤른후트파(Zinzendorf가 창립한 경건주의 일파)의 회원.

hęrrsch-, Hęrrsch-: **~begierde**, die 《드물게》지배욕, 권세욕, 야심. **~begierig** 〈Adj.〉《드물게》지배욕(권세욕)이 강한, 야심이 있는. **~sucht**, die 지배욕, 권세욕. **~süchtig** 〈Adj.〉지배욕(권세욕, 야심)에 찬, 위압적인.

Hęrrschaft, die; -en **1.** 〈Pl. 없음〉주권, 지배(권), 통치(권), 치세, 권력, 명령(권), 통제(력): eine demokratische H. 민주적 통치; der Diktator bemächtigte sich der H. über das Land 그 독재자는 나라의 통치권을 장악했다; die H. (über jmdn. [etw.]) innehaben [ausüben, an sich reißen] 〈누구[무엇]에 대한〉통치권을 가지고 있다[행사하다, 빼앗다]; sie waren unter die H. der Spanier gekommen 그들은 스페인의 지배하에 들어갔다; zur H. gelangen[kommen] 집권하다; 전의 der Fahrer verlor die H. über das Auto 운전자는 자동차를 다룰 수 없었다. **2. a)** 《Pl.》신사와 숙녀, 신사 숙녀 여러분: es sind fremde -en angekommen 낯선 신사와 숙녀들이 도착했다; meine sehr verehrten -en! 존경하는 신사 숙녀 여러분!; Alte -en 《통용어·농》부모. **b)** 《준고어》영주(주인) (및 그 가족), 고용주: die allerhöchsten -en 황제와 황후; bei einer feinen, gütigen H. dienen 훌륭하고 선량한 주인을 섬기다. **3.** 《역사적》영지(領地), 소유 영토. **4. H. (noch mal)** 《통용어》아이고, 야단났군(놀라움이나 가벼운 본듯이 아님을 나타냄). **hęrrschaftlich** 〈Adj.〉 **a)** 지체높은 주인 [영주]에 고용된. **b)** 지체 높은 신분에 걸맞은, 고상한, 화려한, 고급의.

hęrrschafts-, Hęrrschafts-: **~anspruch**, der 어떤 지역의 통치권. **~apparat**, der 통치 기구. **~bereich**, der 통치(관할) 구역, 관할권의 범위. **~form**, die 통치 형태. **~frei** 〈Adj.〉 지배받지 않는: eine -e, klassenlose Gesellschaft 지배받지 않는, 계급없는 사회. **~gebiet**, das 지배[관할] 구역, 영토. **~gewalt**, die 명령권, 통치권. **~instrument**, das 지배 통치 도구. **~los** 〈Adj.〉 지배자(통치)가 없는. **~losigkeit**, die 지배자(통치)가 없음. **~ordnung**, die [사회] 지배[통치] 질서. **~struktur**, die (대개 Pl.) 지배(통치) 구조. **~system**, das 통치(지배) 체제. **~verhältnis**, das 지배(통치) 관계.

hęrrschen ['hɛrʃn̩] 〈h〉 **1.** 지배하다, 통치하다, 군림하다, 주인행세하다; 다스리다: ein König herrscht in diesem Land(über das Volk) 왕이 이 나라(백성)을 다스린다; die herrschende Partei 집권당; 전의 auch hierzulande herrscht das Geld 이 나라에서도 돈이 모든 것을 지배하고 있다. **2.** 유행하다, 창궐하다, (어떤 분위기, 의견이) 지배하다, (어떤 상태가) 지속되다: überall herrschte Freude[große Aufregung] 도처에 기쁨(커다란 홍분)이 넘쳐났다; seit Tagen herrscht in diesem Gebiet Nebel 이 지역에는 며칠 전부터 안개가 낀다; es herrscht Schweigen 침묵이 흐른다; es herrscht Einigkeit über die Ziele 목표에 대한 합의가 이루어졌다; es herrschte eine furchtbare Kälte in diesem Winter 올 겨울에는 혹독한 추위가 맹위를 떨쳤다. **3.** 《드물게》 통치하다, 다ん다. **Hęrrscher**, der, -s, - 지배자, 주권자, 통치(권)자, 군주, 원수: H. über ein Land [ein Volk] sein 한 나라(백성)의 통치자이다; als H. einem Volk gebieten 통치자로서 백성을 다스리다.

Hęrrscher-: **~blick**, der 위압적인 눈초리, 위엄있는 안광. **~geschlecht**, das 왕실, 왕가, 왕족. **~haus**, das 왕가, 왕족, 왕실. **~kult**, der 통치자 숭배. **~natur**, die 《상》 지배자 기질의 사람. **~paar**, das 《Pl. 없음》 지배자(통치자) 기질(천성). **~paar**, das 국가원수(국왕) 부처. **~würde**, die 통치자의 위엄, 왕위.

Hęrrscherin, die; -nen 여자 통치자(군주), 여왕, 여황제. **hęrrscherlich** 〈Adj.〉 《드물게》지배자의, 지배(통치)자풍의, 건방진, 전제적인. **Hęrrschertum**, das; -s 군주국, 군주임.

Hertz [hɛrts], das; -,- [물리] [독일 물리학자 H. Hertz (1857~1894)에 따라] 헤르츠(주파수의 단위, 기호: Hz).

herüber- : **~bemühen** 〈h〉 〈아이〉 이쪽으로 오게 하다(부르다). **2.** 〈h. + sich〉 애써 이쪽으로 오다. **~bitten*** 〈h〉 이쪽으로 오도록 청하다. **~blicken** 〈h〉 이쪽으로 보다. **~bringen*** 〈h〉 이쪽으로 가져오다. **~dringen*** 〈s〉 이쪽으로 밀치고 오다. **~dürfen*** **1.** 〈h〉《통용어》이쪽으로 와도 되다. **2.** 이쪽으로 가져올 수 있다. **~fahren*** **1.** 〈s〉 (탈것으로, 탈것으로) 이쪽으로 넘어 [건너] 오다. **2.** 〈h〉 이쪽으로 실어오다. **~fliegen*** **1.** 〈s〉 이쪽으로 날아오다. **2.** 〈h〉 (이쪽으로) 공수해 오다. **~führen*** 〈h〉 **1.** 이쪽으로 인도[안내]해 오다. **2.** 이쪽으로 나다(향해) 있다. **~geben*** 〈h〉 이쪽으로 넘겨주다. **~gehen*** 〈s〉 (저기서) 이리로 가다. **~grüßen*** 〈h〉 이쪽으로 인사를 건네다. ¹**~hängen*** 〈h〉 이쪽으로 걸려[드리워져] 있다. ²**~hängen*** 〈h〉 이쪽으로 걸다. **~helfen*** 〈h〉 도와서 이쪽으로 오게 하다. **~holen*** 〈h〉 **1.** 이쪽으로 가져[데려] 오다. **2.** (다른 나라에서) 소환하다. **~klettern*** 〈s〉 이쪽으로 기어 오르다, (장애물을 넘어) 이쪽으로 오다. **~kommen*** 〈s〉 **1.** 이 쪽으로 오다. **2. a)** 들리다: kommen Sie doch mal herüber! 한번 들리시오! **b)** (다른 나라에서) 이쪽에 오다. **~können*** 〈h〉 이쪽으로 올 수 있다. **~langen** 《지역적》↑**~reichen**. **~lassen*** 〈h〉 이쪽으로 오게 하다. **~laufen*** 〈h〉 이쪽으로 (달려) 오다. **~locken** 〈h〉 이쪽으로 유혹하다, 이쪽으로 꾈다. **~müssen*** 〈h〉《통용어》이리로 와야 하다. **~reichen** 〈h〉 **1.** 이쪽으로 넘겨 주다. **2.** 이쪽에 닿다(미치다). **~retten** 〈h〉 **1.** 이쪽으로 구해[건져]내다. **2. a)** (다른 시대[분야]에서) 넘겨받다, 전에내다. **b)** 넘겨주다, 전승하다 (↑hinüberretten (2 b)): viele alte Bräuche und Sprichwörter haben sich in unser Jahrhundert herübergerettet 많은 옛 관습과 속담들이 우리 세기에 전승되었다. **~rücken** **1.** 〈h〉 끌어 당기다. **2.** 〈s〉 자리를 이쪽으로 옮기다, 이쪽으로 다가오다(앉다). **~rufen*** 〈h〉 이쪽으로 불러오다. **~schaffen** 〈h〉 이쪽으로 가져(날라) 오다. **~schallen**(*) 〈h/s〉 (소리가) 이쪽으로 울려오다. **~schauen** 〈h〉 **1.** (지역적) 이쪽으로 쳐다(바라)보다. **2.** (《통용어》) 이쪽으로 와서 [들러서] 살펴보다. **~schicken** 〈h〉 이쪽으로 보내다. **~schleichen*a)** 〈h〉 이 쪽으로 살금살금 기어오다. **b)** (h. + sich) 이쪽으로 기어오다. **~schwimmen*** 〈s〉 이쪽으로 헤엄쳐 오다. **~schwingen*** , sich 〈h〉 이쪽으로 훌쩍 뛰어(넘어) 오다. **~sehen*** 〈h〉 이쪽으로 보다. **~sollen*** 〈h〉《통용어》(저기서) 이리로 와야 하다. **~springen*** **1.** 〈s〉 이쪽으로 뛰어(넘어)오다. **2.** 《통용어》급히 뛰어오다. **~steigen*** 〈s〉 (무엇을) 넘어 이쪽으로 오다. **~stellen**

⟨h⟩ 이쪽으로 놓다. **~tönen** ⟨s⟩ ↑~schallen. **~tragen*** ⟨h⟩ 이쪽으로 가져오다. **~wachsen*** ⟨s⟩ 이쪽으로 자라다: 전의 laß mal eine Zigarette h. 《통용어·농》 담배 한 개피 주게. **~wechseln** ⟨h/s⟩ 이쪽으로 바꾸다. **~wehen 1.** ⟨h⟩ **a)** 이쪽으로 불어오다. **b)** (바람이 무엇을) 이쪽으로 날라오다. **2.** ⟨s⟩ (바람이 무슨 소리를) 실어오다. **~werfen*** ⟨h⟩ 이쪽으로 던지다. **~wollen*** ⟨h⟩ 이쪽으로 오려고 하다. **~ziehen* 1.** ⟨h⟩ **a)** 이쪽으로 끌어오다. **b)** 누구를 자기 편으로 만들다(끌어들이다). **2.** ⟨s⟩ **a)** 저쪽으로 옮기다, 이사(이주)하다. **b)** 저쪽으로 (건너)가다.

herum [hɛˈrʊm] ⟨Adv.⟩ [mhd. her umb(e)] **1.** (주위를 빙글빙글) 돌아서: einmal rechts, einmal links h. 한번은 오른쪽으로 한번은 왼쪽으로 빙빙 돌아서. **2.** ⟨전치사 um을 강조⟩ **a)** 무엇의 주위(둘레)에: um den Platz h. stehen hohe Bäume 그 광장 주위에 키 큰 나무들이 서 있다. **b)** 근처(근방)에, 주변에: er hat sich in der Gegend um München h. niedergelassen 그는 뮌헨 근처에 정착하였다. **c)** 누구의 주위(주변)에: sie registriert nicht einmal mehr, was um sie h. geschieht 그녀는 이제 자기 주변에서 일어나는 일조차도 못본 체 한다. **3.** ⟨전치사 um과 결합하여⟩ 《통용어》 약, 대충, 대강: es kostet so um 100 Mark h. 값이 대략 100마르크이든; um Weihnachten h. 크리스마스 경에; er ist um (die) 60 h. 그는 60 안팎이다.

herum-, Herum-: ~albern ⟨h⟩ 《통용어》 (계속적으로) 지각 없이 행동하다, 어리석은 짓을 하다: die Kinder haben den ganzen Tag herumgealbert 아이들이 하루 종일 못되게 굴었다. **~ärgern** ⟨h⟩ 《통용어》 계속 화를 내다. **~balgen, sich** ⟨h⟩ **1.** 계속 다투다(싸우다). **2.** 《드물게》 무엇(누구)과 씨름하다. **~basteln** ⟨h⟩ 《통용어》 오랫동안 무엇을 만지작거리며 만들다. **~bekommen*** ⟨h⟩ 《통용어》 **1.** ↑~kriegen (1). **2.** ↑~bringen (2). **~bessern** ⟨h⟩ 《통용어》 무엇을 오랫동안 개선(정정)하다. **~biegen*** ⟨h⟩ 한쪽에서 다른쪽으로 구부리다. **~biestern** ⟨s⟩ 《지역적·통용어》 헤매다, 방황하다. **~binden*** ⟨h⟩ 무엇을 무엇의 둘레에 감다, 감아 고정시키다. **~blättern** ⟨h⟩ 책장을 이리저리 넘기다. **~blicken** ⟨h⟩ 이리저리 둘러보다. **~bohren** ⟨h⟩ 《통용어》 **1.** 오랫동안 파다: in der Nase h. 코구멍을 쑤시다. **2.** 오랫동안 되풀이하여 파다(묻다). **~bosseln** ⟨h⟩ 《통용어》 오랫동안 무엇을 만들다(가다듬다). **~bringen*** ⟨h⟩ 《통용어》 **1.** ↑~kriegen (1). **2.** 가급적 빨리 시간을 보내다. 말하여 퍼뜨리다. **~brodeln** ⟨h⟩ 《외스터·통용어》 매우 느리다, 꾸무럭대다, 일에 진척이 없다. **~brüllen** ⟨h⟩ 《통용어》 오랫동안 크게 외치다, 큰소리로 누구에게 야단치다. **~bummeln** 《통용어》 **1.** ⟨s⟩ 오랫동안 돌아다니다. **2.** ⟨h⟩ 《폄》 꾸물거리다. **~deuteln** ⟨h⟩ 《통용어》 억지로 해석하다. **~doktern** ⟨h⟩ 《통용어》 **1.** (의사가 아닌 사람이) 병(부상)을 치료하려고 하다. **2.** 고치기 위해 모든 짓을 하다: er hat lange am Motor herumgedoktert 그는 모터를 고치기 위해 오랫동안 별의별 짓을 다 했다. **~dösen** ⟨h⟩ 오랫동안 (꾸벅꾸벅) 졸다. **~drehen** ⟨h⟩ **1. a)** (한 번) 회전시키다, 돌리다. **b)** ⟨h. + sich⟩ 돌다, 회전하다. **2.** 뒤집다, 몸을 다른 쪽으로 돌리다: die Matratze h. 매트리스를 뒤집다. **3.** ⟨통용어⟩ (누구의 목표를) 반대 방향으로 돌려 놓다. **4.** 《통용어》 (스위치를) 이리저리 돌리다: er dreht dauernd am Radio herum 그는 계속해서 라디오의 스위치를 이리저리 돌린다. **~drücken** ⟨h⟩ **1.** 눌러서 돌리다. **2.** ⟨h. + sich⟩ 《통용어》 회피하다: man hatte sich um eine Entscheidung herumgedrückt 결정을 내리기를 회피하였다. **3.** ⟨h. + sich⟩ 쓸 데 없이 어디(누구 곁)에 장시간 머물다: sich in Lokalen h. 술집에 죽치고 있 다. **4.** 《드물게》 ↑~drucksen. **~drucksen**

《통용어》 선뜻 말하지 않다, 말하기를 주저하다. **~erzählen** ⟨h⟩ ↑~tragen (3). **~experimentieren** ⟨h⟩ 《통용어》 무계획하게 거듭 실험하다. **~fahren*** 《통용어》 **1.** ⟨s⟩ 무엇을 타고 운행(운항)하다. **2.** ⟨h⟩ 이리저리 타고다니다, 드라이브하다. **b)** ⟨h⟩ 누구를 태우고 이곳저곳 돌아다니다: ich habe ihn in der Stadt herumgefahren 나는 그를 태우고 시내의 이곳저곳을 돌아다녔다. **3. a)** ⟨s⟩ 깜짝 놀라서 갑자기 몸을 돌리다[뒤로 돌다]. **b)** ⟨h/s⟩ 만지작거리다, 훔치다: mit der Hand im Gesicht h. 손으로 얼굴을 문지르다. **c)** ⟨s⟩ 급한 동작으로 이리저리 움직이다, 휘젓다. **~faulenzen** ⟨h⟩ 《통용어》 게으름 피우며 시간을 보내다. **~fingern** ⟨h⟩ 《통용어》 **1.** 오랫동안 만지작거리다: in der Tasche nach Zigaretten h. 담배를 찾으려고 주머니 속을 뒤적이다. **2.** (성적인 의도로) 오랫동안 손가락으로 만지다. **~flanieren** ⟨s⟩ ↑ flanieren. **~flankieren** ⟨h⟩ 《외스터·통용어》 집시처럼 떠돌아 다니다. **~flattern** ⟨h⟩ 《통용어》 **1.** 이리저리 날아다니다[바람에 날리다]. **2.** 누구[무엇] 주위에 펄럭이다. **~flegeln, sich** ⟨h⟩ 《통용어·폄》 오랫동안 흐트러진 자세로 앉아 있다. **~fliegen*** ⟨h⟩ 《통용어》 **a)** ⟨s⟩ 이리저리 날다(날아다니다, 비행하다). **b)** ⟨h⟩ (비행기에 태우고) 이곳저곳으로 데려다 주다(공수하다). **~fragen** ⟨h⟩ 《통용어》 여러사람에게 두루 묻다. **~fuchteln** ⟨h⟩ 《통용어》 휘두르다. **~führen** ⟨h⟩ **a)** 안내하며(데리고) 돌아다니다, 이곳저곳에 안내하다. **b)** 무엇을 무엇의 주위로 내다. **2. a)** (길 따위가) 무엇의 주위로 가다. **b)** (길 따위가) 무엇의 주위로 나 다. **~fuhrwerken** ⟨h⟩ 《통용어》 오랫동안 계획없이 무엇을 만지작거리다(일하다). **~fummeln** ⟨h⟩ 《통용어》 **1. a)** 계속적으로 쓰다듬다(더듬어 찾다). **b)** 오랫동안 되풀이하여 만지작거리다. **2.** 되풀이하여 애무하다. **~geben*** ⟨h⟩ 손에서 손으로 돌리다. **~gehen*** ⟨s⟩ **1.** 이쪽저쪽으로 (걸어서) 돌아다니다: im dichten Nebel sind wir im Kreis herumgegangen 우리는 짙은 안개 속에서 한 바퀴 돌아 출발점으로 되돌아 왔다. **2. a)** 한 바퀴 빙 돌다, (모임에서) 이 사람 저 사람에 돌아다니다. **b)** 회람시키다: das Foto ging herum 사진이 빙 돌아갔다. **c)** (소식 따위가) 퍼지다, 유포되다: die Neuigkeit ging in der ganzen Stadt herum 그 소식은 전 시내에 퍼졌다. **3. a)** 한 바퀴(빙) 돌(아가)다: ich ging ums Haus herum 나는 집을 한 바퀴 돌았다. **b)** (장애물을 피해) 돌아가다. **c)** 누구를 피하다, (불유쾌한 일을) 회피하다. **4.** 끝나가다, 지나가다. **~geistern** ⟨s⟩ 《통용어》 혼자서 돌아다니다: 전의 diese revolutionären Ideen geistern schon lange im Volk herum 이 혁명적 이념은 이미 오래전부터 민중들 사이에 떠돌아 다닌다. **~gondeln** ⟨s⟩ 《경》 이리저리 타고 돌아다니다. **~greifen*** ⟨h⟩ 움켜잡다, 껴안다. **~haben*** ⟨h⟩ 《통용어》 누구를 설득(포섭)하다. **~hacken** ⟨h⟩ 《통용어》 **1.** 오랫동안 이곳저곳을 곡괭이로 파다. **2.** 누구를 끊임없이 비난(비판)하다: dauernd auf jmdm. h. 계속 누구를 비난하다. **~hämmern** ⟨h⟩ 《통용어》 오랫동안 망치질하다. **~hängen*** ⟨h⟩ 《통용어》 **1.** 어지럽게 여기저기 걸려 있다. **2.** ↑rumhängen. **~hantieren** ⟨h⟩ 《통용어》 부지런히 이런저런 일을 하다. **~hetzen** ⟨h⟩ 《통용어》 **1.** 누구를 부추기다[재촉하다, 닦달하다]. **2.** ⟨s⟩ ↑~jagen (2). **~hocken** ⟨h⟩ 《통용어》 한가하게 (쪼그리고) 앉아 있다. **~horchen** ⟨h⟩ 《통용어》 이리저리 돌아다니며 많은 사람의 의견을 듣다. **~hüpfen** ⟨s⟩ **1.** 《통용어》 이리저리 뛰어다니다. **2.** 누구[무엇]의 주위를 뛰어다니다. **~huren** ⟨h⟩ 《통용어》 닥치는 대로 아무하고나 동침하다. **~irren** ⟨s⟩ (길을 잃어) 헤매다, 배회하다. **~jagen** 《통용어》 **1.** ⟨h⟩ 쫓다, 몰다, 재촉(닥달)하다. **2.** ⟨s⟩ 쏜살같은 듯이 이리저리 달리다. **~kauen** ⟨h⟩ 《폄》 오랫동안 씹다. **~klettern** ⟨s⟩ 무계획적으로 기어 오르다. **~klimpern** ⟨h⟩ 《통용어》 피아노로 이곡저곡을 치다. ~**knobeln** ⟨h⟩ 《통용어》 알아내려고[성사시키려고] 무진 애를 쓰다. ~**knutschen** ⟨h⟩ 《퍽》 오랫동안 애무하다. ~**kommandieren** ⟨h⟩ 《통용어》 이런저런 명령을 하다. ~**kommen*** ⟨s⟩ 《통용어》 **1. a)** 돌아올[갈] 수 있다. **b)** (모퉁이 따위를) 돌다, 돌아오다: sie kam gerade um die Ecke herum 그녀는 막 모퉁이를 돌아왔다. **c)** (두팔로) 껴안을 수 있다: um eine Erhöhung der Steuern werden wir nicht h. 우리는 세금 인상을 피할 수 없을 것이다. **3.** 세상을 많이 돌아다니다. **4.** 일(과)을 마칠[끝낼] 수 있다: mit der Arbeit nicht h. 일을 끝내지 못하다. **5.** 퍼지다, 알려지다, 소문나다. ~**krabbeln** ⟨s⟩ 《통용어》 이리저리 기어 다니다. ~**krakeelen** ⟨h⟩ 《통용어》 계속적으로 시끄럽게 떠들다(싸우다, 욕하다). ~**kramen** ⟨h⟩ 《통용어》 계속적으로 여기저기 뒤적이다. ~**krebsen** ⟨h⟩ 《통용어》 **a)** 별 소용 없이 안간힘을 쓰다. **b)** 건강을 되찾으려고 안간힘을 쓰다. ~**kriechen*** ⟨s⟩ 《통용어》 **1.** 이리저리 기어 다니다. **2.** 기어서 누구[무엇의 주위를 돌(아가)을 바꾸게 하다[피어내다]. **2.** 《통용어》 ↑~bringen (2). ~**kritisieren** ⟨h⟩ 《통용어》 갖가지로 비난하다. ~**kritteln** ⟨h⟩ 《통용어·퍽》 자잘한 잔소리를 늘어놓다. ~**kritzeln** ⟨h⟩ 《통용어》 아무렇게나 마구 끄적이다(그리다). ~**kurieren** ⟨h⟩ 《통용어》 오랫동안 이리저리 치료해 보다. ~**kurven** ⟨s⟩ 《통용어》 타고 돌아다니다. ~**kutschieren** 《경》 **1.** ⟨s⟩ (마차를) 타고 이리 저리 돌아다니다. **2.** ⟨h⟩ 누구를 태우고 돌아다니다. ~**laborieren** ⟨h⟩ 《통용어》 지병을 치료하려고 온갖 수단을 다 써보다. ~**langen** ⟨h⟩ 《통용어》 ↑~reichen (1, 2). ~**laufen*** ⟨s⟩ 《통용어》 **1.** ↑~gehen (1). **2.** ~gehen (3 a, b). **3.** 빙둘러 에워싸고 있다: um die Baracken läuft ein Zaun herum 막사를 두루 울타리가 쳐져 있다. **4.** (일정한 옷차림으로) 돌아다니다: wie ein Hippie h. 히피처럼 차리고 돌아다니다. ~**legen** ⟨h⟩ 《통용어》 **1.** 다른 쪽으로 (뒤집어) 놓다. **2.** 무엇 주위에 놓다. ~**liegen*** ⟨h⟩ **1.** 무엇 주위에 둥그렇게 놓여 있다. **2.** 《통용어》 **a)** 하는 일 없이 누워 있다. **b)** 아무렇게나 놓여 있다, 산재하다, 흩어져 있다: das Spielzeug lag in der Küche herum 장난감이 부엌에 널려 있었다. ~**lümmeln**, sich ⟨h⟩ 《통용어》 무례하게 굴다, 버릇없이 굴다. ~**lungern** ⟨h⟩ 《경》 어슬렁[빈둥]거리다. ~**machen** ⟨h⟩ 《경》 장시간 누구를 상대하다, 무엇에 종사하다. ~**mäkeln** ⟨h⟩ 《통용어》 계속적으로[닥치는 대로] 트집잡다. ~**maulen** ⟨h⟩ 《경》 계속적으로 뾰로통하다. ~**meckern** ⟨h⟩ 《통용어》 계속적으로[닥치는 대로] 트집잡다. ~**motzen** ⟨h⟩ 《경》 계속적으로 투덜대다(불평하다). ~**murksen** ⟨h⟩ 《통용어》 장시간 서투르게 일하다. ~**nörgeln** ⟨h⟩ 《통용어·퍽》 계속 투덜거리다(불평하다). ~**pfuschen** ⟨h⟩ 《통용어·퍽》 ↑~murksen. ~**plagen**, sich ⟨h⟩ 《통용어》 무엇으로 계속 고생하다. ~**priemen** ⟨h⟩ 《지역적》 씹는 담배를 줄곧 씹다. ~**probieren** ⟨h⟩ 《통용어》 이것저것 시험해 보다. ~**pusseln** ⟨h⟩ 《통용어》 끈기있게 무슨 일을 하다. ~**quälen**, sich ⟨h⟩ 《통용어》 이리 고통[피로움]을 겪다. ~**rasen** ⟨s⟩ 《경》 이리저리 바쁘게 돌아다니다. ~**raten*** ⟨h⟩ 《통용어》 알아맞추려고 이리저리 궁리하다. ~**rätseln** ⟨h⟩ 《통용어》 난제를 풀려고 이리저리 머리를 쓰다. ~**reden** ⟨h⟩ 《통용어》 (본론을 피하려고) 자꾸 머리를 돌리다. ~**reichen** ⟨h⟩ 《통용어》 **1.** 무엇을 한 사람씩 차례차례 돌리다: ein Tablett h. 음식쟁반을 차례차례로 돌리다. **2.** (무엇의) 무엇의 주위를 한 바퀴 돌 만큼 길다. ~**reisen** ⟨s⟩ 《통용어》 정처없이 계속 여행하다. ~**reißen*** ⟨h⟩ **1. a)** 갑자기 획 돌리다[선회시키다]: das Steuer h. 운전대를 획 돌리다. **b)** 계속 잡아당기다: der Wind riß an den Haaren herum 바람이 머리카락을 자꾸 휘날리게 했다. **2.** ⟨h. + sich⟩ 《지역적》 싸우다, 다투다. ~**reiten*** ⟨s⟩ **1. a)** 말을 타고 돌아다니다. **b)** 무엇의 주위를 말을 타고 돌다. **2.** 《경》 **a)** 한 가지 얘기를 끈질기게 되풀이하다. **b)** 같은 일로 자꾸 되풀이하여 누구를 귀찮게하다[비난하다]: nun reite doch nicht dauernd auf mir herum 자꾸 되풀이해서 나를 괴롭히지 말아라. ~**rekeln**, sich ⟨h⟩ 《통용어》 나태한 자세로[멍하니] 앉아있다. ~**rennen*** ⟨s⟩ 《통용어》 **1.** 정처없이 이리저리 뛰어다니다. **2.** (무엇의 주위를) 뛰어서 돌다. ~**rühren** ⟨h⟩ 《통용어》 계속 건드리다(젓다): [전의] in alten Wunden h. 옛상처를 건드리다. ~**rutschen** ⟨s⟩ 《통용어》 계속 이리저리 미끄러지다. ~**scharwenzeln** ⟨s⟩ 《통용어·퍽》 추종하다, 아첨하다. ~**schauen** ⟨h⟩ 《지역적》 둘러보다, 두리번거리다. ~**schicken** ⟨h⟩ 《통용어》 돌리다, 회람시키다, (사람을) 이리저리 보내다. ~**schießen*** 《통용어》 **1.** ⟨h⟩ 난사하다. **2.** ⟨s⟩ 번개처럼 빨리 몸을 돌리다(돌아서다). ~**schlagen*** ⟨h⟩ **1.** 감다, 두르다, 싸다. **2.** ⟨h. + sich⟩ **a)** 《통용어》 계속 누구와 치고받다: er schlägt sich oft mit den Nachbarsjungen herum 그는 가끔 이웃집 아이와 치고받고 싸운다. **b)** 《통용어》 계속 누구와 옥신각신[티격태격]하다. ~**schleichen*** ⟨s⟩ 《통용어》 **1.** 이러저리 기어 돌아다니다. **2.** 누구[무엇]의 주위를 기어서 돌(아가)다. ~**schleifen** ⟨h⟩ 《지역적》 ↑~schleppen (1, 2). ~**schlendern** ⟨s⟩ 《통용어》 빈둥빈둥 돌아다니다. ~**schleppen** ⟨h⟩ 《통용어》 **1.** 끌고 가지고, 데리고 돌아다니다: [전의] sie hat mich in der ganzen Stadt herumgeschleppt 그녀는 나를 전 시내로 끌고 돌아다녔다. **2. a)** (일 따위를) 끝내지 못해 골머리를 앓다: wochenlang ein Problem mit sich h. 여러 주 동안 한 문제로 골머리를 앓다. **b)** 오랫동안 (질병에) 감염되어있다. **c)** 병을 근절치 못한채 달고 다니다: eine Erkältung wochenlang mit sich h. 여러 주 동안 감기를 달고 다니다. ~**schließen*** ⟨h⟩ 《통용어》 열쇠를 자물통에 넣어 돌리다. ~**schlingen*** ⟨h⟩ 무엇으로 무엇을 감싸다, 휘감다. ~**schnellen** ⟨s⟩ 휙 방향을 바꾸다. ~**schnüffeln** ⟨h⟩ 《통용어·퍽》 냄새 맡으러[염탐하러] 돌아다니다. ~**schnuppern** ⟨h⟩ 《통용어》 코를 킁킁거리며[냄새 맡으며] 돌아다니다. ~**schreien*** ⟨h⟩ 《통용어》 **1.** 계속 큰소리로 욕하다[야단치다]. **2.** 계속 까닭없이 소리(외)치다. ~**schubsen** ⟨h⟩ 《통용어》 누구를 이리저리 밀(치)다. ~**schwänzeln** ⟨s⟩ 《통용어·퍽》 끊임없이 아부하려고 애쓰다. ~**schwärmen** ⟨s⟩ 《통용어》 떼를 지어 이리저리 돌아(날아) 다니다. ~**schwenken** 《통용어》 **1.** ⟨h⟩ **a)** 이리저리 흔들다. **b)** 다른 방향으로 획 돌리다. **2.** ⟨s⟩ 방향을 바꾸다. ~**schwirren** ⟨s⟩ 《통용어》 윙윙 소리를 내며 이리저리 날아다니다. ~**sein*** **1.** ⟨s⟩; 부정형과 분사에서만 붙여씀》 《통용어》 (시간이) 지나가다, 흐르다: es sind schon viele Stunden herum 이미 여러 시간이 지났다. **2.** (소문이) 퍼지다, 알려지다. **3.** 지속적으로 누구의 곁에 머물다. ~**setzen** ⟨h⟩ 《통용어》 **1.** ⟨h. + sich⟩ 여럿이서 빙 둘러앉다. **2.** 빙 돌려앉히다(놓다). ~**sitzen** ⟨h⟩ 《통용어》 **1.** 계속해서 빈둥빈둥 앉아있다. **2.** 무엇의 주위에 둥그렇게 앉다: um den Tisch h. 식탁 주위에 빙 돌아앉다. ~**spazieren** ⟨s⟩ 《통용어》 **a)** 이리저리 빈둥빈둥 돌아다니다(산책하다). **b)** 무엇을 빙 돌아 산보하다. ~**spielen** ⟨h⟩ 《통용어》 **1.** 계속 무엇을 가지고 놀다(장난치다): spiel nicht mit dem Besteck herum 칼과 포크를 가지고 장난치지 말아라! 악기로 이것저것을 연주해보다. ~**spionieren** ⟨h⟩ 《통용어》 살살이 정탐하다. ~**sprechen*** sich ⟨h⟩ (소문 따위가) 퍼지다, 널리 알려지다. ~**springen*** ⟨s⟩ 《통용어》 이리저리 뛰어 오르다, 뛰어 돌아다니다. ~**spritzen** ⟨h⟩ 《통용어》 (물이) 사방으로 튀다, 사방으로 뿌리다. ~**spuken** ⟨h⟩ 《통용어》 (유령 따위가) 여기저기에 나타나다. ~**stänkern** ⟨h⟩ 《통용어》 기회 있을 때마다 모략하다(숨어서 반대하다).

~**stehen**ʼ ⟨h⟩ 《통용어》 **1. a)** 빈둥빈둥 서 있다. **b)** 아무렇게나 널려있다, 나뒹굴다: der Korb steht im Zimmer herum 바구니가 방 안에 나뒹굴고 있다. **2.** 여럿이 서 무엇 주위에 빙둘러 서다. ~**stellen** ⟨h⟩ 《통용어》 주위[둘레]에 세워 놓다. ~**stieren** ⟨h⟩ 《österr. 통용어》 ↑~**stöbern**. ~**stöbern** ⟨h⟩ 《통용어》 오랫동안 샅샅이 뒤지다. ~**stochern** ⟨h⟩ 《통용어》 여기저기 쑤시다: im Essen h. (식욕이 없어서 포크로) 음식을 여기저기 뒤적거리다; 전의 in jmds. Privatleben h. 누구의 사생활을 뒤적거리다. ~**stolzieren** ⟨s⟩ 《통용어》 으시대며 여기저기 돌아다니다. ~**stoßen**ʼ ⟨h⟩ 《통용어》 이집 저집으로 내몰다. ~**streichen**ʼ ⟨s⟩ **1.** 《폄》 유랑[방랑]하다. **2.** 누구 주위를 맴돌다. ~**streifen** ⟨h⟩ 《통용어》 유랑[방랑] 하다. ~**streiten**ʼ, sich ⟨h⟩ 《통용어》 오랫동안 서로 싸우다: sie haben sich herumgestritten 그들은 오랫동안 서로 싸웠다. ~**streunen** ⟨s⟩ 《폄》 떠돌아다니다. ~**strolchen** ⟨s⟩ 《폄》 **1.** 저의를 가지고 기회를 노리며 돌아다니다. **2.** (새로운 것을 알아내려고) 밖으로 나돌다. ~**stromern** ⟨s⟩ 《폄》 **1.** 뜨내기처럼 돌아다니다. **2.** 밖으로 나돌아 다니다. ~**suchen** ⟨h⟩ 《통용어》 여기저기 찾아 헤매다. ~**sumpfen** ⟨h⟩ 《경》 아무하고나 어울려 늦도록 술판을 벌리다. ~**tänzeln** ⟨s⟩ **1.** 춤추는 걸음으로 돌아다니다. **2.** 누구[무엇]의 주위를 춤추듯이 빙글빙글 돌다. ~**tanzen** ⟨h⟩ 《통용어》 **1.** 춤추듯이 움직이다[돌아다니다]. **2.** 누구[무엇]의 주위를 돌면서 춤추다: er tanzte dauernd um sie herum 그는 지속적으로 접근하려고 그녀의 주위를 맴돌았다. ~**tappen** ⟨h⟩ 《통용어》 (어둠 속에서) 길을 찾아] 헤매다. ~**tatschen** ⟨h⟩ 《폄》 계속 여기저기 만지다: h. 《폄》 무엇을 여기저기 만지다. ~**tigern** ⟨s⟩ 《경》 (한 공간 안에서) 계속 돌아다니다. ~**toben** 《통용어》 **1.** ⟨h/s⟩ 큰 소리로 외치며 돌아다니다. **2.** ⟨h⟩ 미친듯이 날뛰다. ~**tollen** ⟨s⟩ 어린애 소리지르며 뛰어다니다. ~**tragen**ʼ ⟨h⟩ 《통용어》 **1. a)** 무엇을 어디에나 가지고 다니다. **b)** 여기저기 데리고 다니다. **2.** 마음 속에 늘 간직하다, 항상 생각하다: diese Idee trage ich schon lange mit mir herum 이 생각을 나는 이미 오랫동안 가지고 있었다. **3.** 《폄》 (말하고 싶지 않아야 할 것을) 발설하다, 퍼뜨리다. ~**trampeln** ⟨s⟩ 《통용어》 여기저기 밟고 돌아다니다: im Blumenbeet h. 꽃밭을 여기저기 밟고 돌아다니다; 전의 auf jmdm.[auf jmds. Nerven] h. 누구의 신경을 건드리다. ~**treiben**ʼ ⟨h⟩ (가축을 풀어 놓아) 돌아다니게 하다. **2.** ⟨h + sich⟩ 《통용어·폄》 떠돌아다니다, 건실하지 않은 생활을 하다: er hat seinen Arbeitsplatz gekündigt und treibt sich jetzt nur noch herum 그는 그의 직장을 사직하고 이제는 떠돌아다니고 있다. **3.** ⟨h + sich⟩ 《통용어·폄》 싸돌아다니다. ~**treiber**, der 《통용어·농》 유랑인, 방랑자. ~**treiberei**, die 《통용어·폄》 유랑, 방랑. ~**treten**ʼ ⟨h⟩ 《드물게》 함부로 밟고 돌아다니다. ~**trödeln** ⟨h⟩ 《통용어》 계속 늦장부리다, 게으름피우다. ~**trölen** ⟨h⟩ 《schweiz.·통용어》 (재판 진행을) 계속 지연시키다. ~**tummeln**, sich ⟨h⟩ 《통용어》 오랫동안 여기저기 뛰어 놀다. ~**tun**ʼ ⟨h⟩ 《südd.·통용어》 헛수고하다, 불필요한 일을 하다. ~**turnen** ⟨s⟩ **1.** 《통용어》 장난삼아 (기계)체조하다. **2.** ⟨s⟩ 기계체조하듯 (장애물)을 빠져나가다, 뛰어놀다: auf dem Dach h. 지붕 위에서 뛰어 놀다. ~**vagabundieren** ⟨s⟩ 《폄》 정처[거처] 없이 떠돌아다니다, 주거부정이다. ~**vagieren** ⟨s⟩ 《österr.·통용어》 ↑~strolchen 참조. ~**wälzen** ⟨h⟩ 《통용어》 빙글 돌리다. ~**wandern** ⟨s⟩ **1.** 《통용어》 여기저기 배회하다. **2.** ⟨s⟩ 《통용어》 걸어서 (어디를) 빙 둘러 도보여행하다: um den Berg h. 걸어서 산을 한 바퀴 돌다. ~**wenden**ʼ ⟨h⟩ 뒤엎다. ~**werfen**ʼ ⟨h⟩ **1.** 《통용어》 (여기저기로) 던져서 어질러 놓다. **2.** 휙 돌리다, 급회전시키다: ruckartig den Kopf h. 갑자기 머리를 돌리다; er warf sich schlaflos (im Bett) herum

는 잠을 자지 못하고 (침대에서) 몸을 뒤척였다. ~**werweißen** ⟨h⟩ 《schweiz. 통용어》 문제를 풀려고 이리저리 궁리하다. ~**wickeln** ⟨h⟩ 《무엇에》 휘감다. ~**wirbeln** ⟨h⟩ **1.** 《폄》 빙글빙글 돌다. **2.** ⟨s⟩ 빙글빙글 돌다. ~**wirtschaften** ⟨h⟩ 《통용어》 끊임없이 일하다. ~**wühlen** ⟨h⟩ 《통용어》 자꾸 뒤적이다. ~**wurschteln**, ~**wursteln** ⟨h⟩ 《경》 느릿느릿 일하다. ~**wuseln** ⟨h⟩ 《통용어》 계속 날렵한 동작으로 이리저리 돌아다니다. ~**zanken**, sich ⟨h⟩ 《통용어》 계속 말다툼하다. ~**zeigen** ⟨h⟩ 아무데서나 보이다. ~**zerren** ⟨h⟩ 《폄》 여기저기 끌고다니다. ~**ziehen**ʼ **1.** ⟨s⟩ 《폄》 이리저리 옮겨 다니다: mit dem Zirkus h. 서커스단과 함께 이리저리 옮겨 다니다. **2. a)** ⟨h⟩ 《통용어》 여기저기 끌고 다니다. **b)** ⟨s⟩ 열을 지어 무엇의 주위를 돌다. **3.** ⟨h. + sich⟩ ⟨h⟩ 빙 둘러싸고 있다. **4.** 《지역적》 ↑hinhalten (2 a). ~**zigeunern** ⟨s⟩ 《폄》 주거부정으로 떠돌아다니다, 떠돌이 생활을 하다.

herunten [heʼrʊntn] ⟨Adv.⟩ 《südd., österr.》 **a)** 이 아래(쪽)에. **b)** 밑으로, 아래로.

herunter [heʼrʊntɐ] ⟨Adv.⟩ **1.** (반대) 위에서 (말하는 사람을 향해) 밑으로, 아래로: h. mit euch! 너희들 이리 내려와라!; (전치사 von을 강조하여) von den Bergen h. wehte ein kalter Wind 산으로부터 아래로 찬바람이 불었다. **2.** (일정한 장소를 떠난다는 의미로) 아래로: h. vom Tisch 탁자에서 내려오라!

herunter-, **Herunter-** (↑herab-, hinunter-, hinab-도 참조): ~**bammeln** ⟨h⟩ 《경》 ↑~baumeln. ~**baumeln** ⟨h⟩ 《통용어》 대롱대롱 매달려 있다. ~**bekommen**ʼ ⟨h⟩ **1.** 누구를 밑으로 오도록 청하다. **2.** ⟨h. + sich⟩ 누구에게 내려가다. ~**beten** ⟨h⟩ 《경》 **a)** 건성으로 기도하다. **b)** ↑~leiern (1): er betete alle Mineralien herunter 그는 모든 광물 이름들을 기계적으로 암송했다. ~**beugen**, sich ⟨h⟩ 아래로 몸을 구부리다. ~**biegen**ʼ ⟨h⟩ 아래로 구부리다. ~**bitten**ʼ ⟨h⟩ 누구에게 밑으로 내려오도록 청하다. ~**blicken** ⟨h⟩ ↑~sehen. ~**brechen**ʼ ⟨s⟩ 부러져 밑으로 떨어지다. ~**bremsen** ⟨h⟩ 제동기를 밟아 속도를 줄이다. ~**brennen**ʼ **1.** ⟨h⟩ 불볕이 내려쪼이다: die Sonne brennt auf die Steppe herunter 불볕이 초원에 내려쬔다. **2.** ⟨s⟩ 다 타버리다, 전소되다: das Haus ist bis auf die Grundmauern heruntergebrannt 그 집은 기초만 남고 모두 타버렸다. ~**bringen**ʼ ⟨h⟩ **1. a)** 아래로 가져오다. **b)** 밑으로 데려오다. **2.** 《통용어》 삼키다, 마시다, 먹다. **3.** 서서히 망하게 하다. ~**bröckeln** ⟨s⟩ 《↑abbröckeln (1 a)》 부스러지다; (칠 따위가) 벗겨 내리다. ~**drücken** ⟨h⟩ **1.** 아래로 누르다. **2.** 《통용어》 **a)** 저하시키다, 낮추다, 깎아 내리다. **b)** (비용 따위를) 줄이다. ~**dürfen**ʼ ⟨h⟩ **1.** 밑으로 내려와도 되다. **2.** 아래로 가져와도 되다. ~**fahren**ʼ **1.** ⟨s⟩ (탈 것이) 내려오다, 타고 내려오다. **2.** ⟨h⟩ 탈 것으로 아래로 운반하다, 태워 놓고 아래로 몰다. **3.** (기술 온어) 계속 저하시키다. ~**fallen**ʼ ⟨s⟩ **a)** 아래로 떨어[넘어]지다: er ist die Treppe heruntergefallen 그는 계단에서 아래로 떨어졌다; mir ist etw. heruntergefallen 나에게서 무엇인가 밑으로 떨어졌다. **b)** 내려 쬐이다(비치다). ~**fliegen**ʼ ⟨통용어⟩ ↑~fallen (a). ~**fließen**ʼ ⟨s⟩ 밑으로[아래로] 흐르다. ~**führen** ⟨h⟩ 아래로 데리고 가다. ~**geben**ʼ ⟨h⟩ 《통용어》 밑으로 주다. ~**gehen**ʼ ⟨s⟩ **1.** 내려가다: sie gingen vorsichtig den Berg herunter 그들은 조심스럽게 산을 내려갔다. **2.** (길에서 어떤 방향으로) 가다: er ging die Straße herunter 그는 그 길을 내려갔다. **b)** 무엇을 치우다, (어떤 장소를) 떠나다: ihr bin ich, mit seinen Sachen vom Tisch herunterzugehen 그녀는 그에게 책상에서 그의 물건들을 모두 치우라고 부탁했다. **3.** 《통용어》 **a)** 몸을 아래로 구부

리다[숙이다]. **b)** (고도·속도를) 낮추다, (가격을) 내리다: auf dreißig Kilometer h. 시속 30 km로 속도를 낮추다; mit den Preisen h. 가격을 내리다. **4.** 내리다, 떨어지다: mein Fieber ist heruntergegangen 나의 열이 내렸다. **~gekommen** ↑~kommen (2) 참조. **~gießen*** 〈h〉 **1.** 아래로 쏟아(아 붓)다. **2.** 〈비인칭〉《통용어》 비가 억수같이 퍼붓는: es goß nur so vom Himmel herunter 비가 하늘에서 억수같이 쏟아졌다. **~gleiten*** 〈s〉 밑으로 미끄러지다. **~handeln** 〈h〉《통용어》값을 깎다. **~hängen*** 〈h〉 **1.** 아래로 매달려(드리워져) 있다: von der Decke h. 천정에 매달려 있다. **2.** 아래로 쳐져[내려뜨려져] 있다. **~haspeln** 〈h〉《통용어》 ↑abhaspeln (1, 2). **~hauen*** 〈h〉 **1.** ↑runterhauen (1): jmdm. eine[ein paar] h. 누구의 뺨따귀를 때리다. **2.** ↑runterhauen (2). **~heben*** 〈h〉 들어서 내려놓다. **~helfen*** 〈h〉《통용어》 밑으로 내려오도록 돕다. **~holen** 〈h〉 **1.** 누구를 아래로 데려오다. **2.**《통용어》(새, 비행기 따위를) 쏘아 떨어뜨리다, 격추시키다. **~kanzeln** 〈h〉《통용어》 ↑abkanzeln. **~klappen 1. a)** 〈h〉 밑으로 접다. **b)** 〈s〉 (갑자기) 아래로 움직이다[젖혀지다]. **2.** 〈h〉 (옷것 따위를) 아래로 접다(반대: aufklappen 2): den Kragen h. 옷것을 아래로 접다. **~klettern** 〈s〉 아래로 기어내려오다. **~kommen*** 〈s〉 **1.** 내려오다. **2.**《통용어》 **a)** 타락하다, 몰락하다. **b)** 망하다, 몰락하다: die Spinnerei kam unter seiner Leitung total herunter 그 방적 공장은 그가 경영하는 동안 완전히 몰락했다. **c)** (병 따위로) 쇠약해지다. **3.**《통용어》(나쁜 버릇, 상태, 성적 등에서) 벗어나다: von einer schlechten Note h. 나쁜 성적에서 벗어나다. **~können*** 〈h〉《통용어》 밑으로 내려올 수 있다. **~kratzen** 〈h〉 ↑abkratzen (1 a). **~krempeln** 〈h〉 (옷의) 접은 부분을 펴다. **~kriechen*** 〈s〉 밑으로 기어오다. **~kriegen** 〈h〉《통용어》 **1.** 아래로 가져오다. **2.** 삼킬 수 있다. **~kühlen** 〈h〉 (은어) 차게하다. **~kurbeln** 〈h〉 손잡이를 돌려 아래로 내리다. **~langen** 〈h〉《지역적·통용어》 ↑reichen (2). ↑runterhauen (1). **~lassen*** 〈h〉 **1.** 내리다, 낮추다: die Fensterscheibe im Auto h. 자동차의 창문을 내리다. **2.** 밑으로 미끄러지게 하다, 흘러내리게 하다. **3.** (반어) ↑herablassen (4). **~laufen*** 〈s〉 **1.** 밑으로[아래로] 달려가다, 달려내려가다: den Hügel h. 언덕을 달려내려가다. **2.** 밑으로 흐르다, 흘러내리다: Tränen liefen die Wangen herunter 눈물이 뺨을 타고 흘러내렸다. **~leiern** 〈h〉《경》(폄) 기계적으로 암송하다. **2.** ↑~kurbeln. **~lesen*** 〈h〉《폄》 큰 소리로 단조롭게 읽다, 빨리 막힘 없이 (줄줄) 읽어 내려가다. **~machen** 〈h〉《경》 **a)** 꾸짖다, 망신주다, 면박을 주다. **b)** 깎아내리다, 헐뜯다, 매도하다. **~müssen*** 〈h〉《통용어》 밑으로 내려와야 하다. **~nehmen*** 〈h〉 **1.** (무엇을) 아래로 내리다. **2.** 내려놓다, 치우다: kannst du bitte deine Sachen vom Tisch h.? 이 물건들을 탁자에서 치울 수 있겠니?. **~prasseln** 〈h〉《통용어》 후두둑거리며 밑으로 떨어지다. **~purzeln** 〈s〉 굴러 떨어지다. **~putzen** 〈h〉《경》 ↑~machen (a). **~rasseln** 〈h〉《통용어》 **1.** 기계적으로 단조롭게 암송하다. **2.** 사르륵하고 미끄러져 내리게 하다. **~reichen** 〈h〉《통용어》 **1.** 밑으로 건네주다. **2.** 충분히 길어 아래까지 닿다. **~reißen*** 〈h〉《통용어》 **1.** 끌어내리다. **b)** 떼어내다: ein Plakat h. 플래카드를 떼어내다. **2.**《지역적》(의복을) 입어서 해지게 하다. **3. a)**《경》 ↑abreißen (5). **b)**《통용어》 너무 빠르게 연주하다. **5.** (südd. österr.)《다음 용법으로》 **wie heruntergerissen** 빼다 박은 듯이 닮은. **~reißer**, der [레슬링] 상대를 쓰러뜨리는 잡기. **~rennen*** 〈s〉《통용어》 달려 내려오다. **~rinnen*** 〈s〉 밑으로 흐르다, 흘러 내리다. **~rollen 1.** 〈s〉 **a)** 밑으로 구르다, 굴러 내려오다. **b)**

《통용어》 굴러 떨어지다. **2.** 〈h〉《통용어》 굴러 내려가게 하다, 내리다. **~rufen*** 〈h〉《통용어》 **1.** 내려 오라고 부르다. **2.** 무엇을 밑으로 부르다. **~rutschen** 〈s〉《통용어》 아래로 내려가다[떨어지다]. **~säbeln** 〈h〉《경》 ↑absäbeln. **~sagen** 〈h〉《통용어》 ↑~leiern (1). **~schaffen** 〈h〉 아래로 내려다[운반하다]. **~schalten** 〈h〉 (자동차) 기어를 저단으로 놓다. **~schauen** 〈h〉《지역적》 ↑~blicken (1, 2). **~schicken** 〈h〉 밑으로 내려 보내다. **~schießen*** **1. a)** 아래로 (총을) 쏘다. **b)** 쏘아 밑으로 떨어뜨리다. **2.** 〈s〉 **a)** 급히 밑으로 내려오다. **b)** 《통용어》급히 달려 내려오다. **~schlagen* 1.** 처서 (때려서) 떨어뜨리다: Kastanien vom Baum h. 나무를 쳐서 밤들을 떨어뜨리다. **2.** 아래로 내리다, (옷 것 따위를) 아래로 접다. **3.** 〈s〉《지역적》(사람이) 밑으로 떨어지다. **~schleichen*** 〈h〉《통용어》 **a)** 살금살금 (기어) 내려오다. **b)** 〈h. + sich〉 살금살금 (기어) 내려오다. **~schlucken** 〈h〉 삼키다. **~schmeißen*** 〈h〉《통용어》 ↑~werfen (1~3). **~schneiden*** 〈h〉《통용어》 ↑abschneiden (1 a). **~schnurren** 〈h〉《경》 기계적으로 암송[말]하다. **~schrauben** 〈h〉 나사를 돌려 낮추다: [전의] seine Ansprüche h. 요구 사항을 낮추다. **2.** 〈h. + sich〉 (비행기 따위가) 선회하며 내려오다. **~schütteln** 〈h〉 흔들어서 떨어뜨리다. **~schütten** 〈h〉 아래로 퍼붓다(쏟다). **~schwingen* 1.** 〈h. + sich〉 〈h〉 몸을 흔들어 아래로 내려오다. **2.** 〈s〉 [스키] 흔들며 밑으로 내려오다. **~segeln** 〈s〉《통용어》 밑으로 떨어지다. **~sehen*** 〈h〉 **1.** 아래로 내려다보다. **2.** 머리에서 발끝까지 자세히 훑어보다: an jmdm. h. 누구를 머리에서 발끝까지 자세히 뜯어보다. **3.** (누구를) 깔보다, 하대하다 내려보다: auf jmdn. h. 누구를 깔보다. **~sein*** 〈s; 부정형과 분사에서만 붙여 씀〉 **1.**《통용어》(블라인드 따위가) 내려져[처져] 있다, 아래에 있다. **2.** 쇠약해져 있다: völlig mit den Nerven h. 신경이 완전히 쇠약해지다. **3.** (열 따위가) 내리다. **4.** 몰락해 있다: die Firma ist total herunter 그 회사는 완전히 몰락했다. **~setzen** 〈h〉《통용어》↑herabsetzen. **~sinken*** 〈s〉《통용어》침강하다, 침몰하다. **~sollen*** 〈h〉《통용어》 아래로 내려와야 하다. **~spielen** 〈h〉《통용어》 **1.** 감정 없이 기계적으로 연주하다. **2.** 의도적으로 대수롭지 않은 일로 왜곡하다. **~springen*** 〈s〉 **1.** (아래로) 뛰어내리다. **2.**《통용어》급하게 달려 내려오다. **~steigen*** 〈s〉 내려오다: vom Berg h. 산에서 내려오다. **~stoßen*** 〈h〉 누구를 위에서 아래로 밀(치)다. **~streifen** 〈h〉 아래로 살짝 밀다. **~stufen** 〈h〉 호봉을 낮추다. **~stürzen 1. a)** 아래로 (굴러) 떨어지다, 추락하다. **b)** 〈h. + sich〉 〈h〉 (굴러) 떨어지다, 추락하다. **2.** 《통용어》 허겁지겁 아래로 내려오다. **3.** 〈h〉 (음료수를) 벌컥벌컥 마시다. **~tragen*** 〈h〉 아래로 운반하다, 데리고[가지고] 내려오다. **~transformieren** 〈h〉 (은어) 전압을 내리다. **~tropfen** 방울져 떨어지다. **~werfen* 1.** 아래로 던지다. **2.**《통용어》떨어뜨리다. **3.** 〈h〉 ↑hinunterwerfen (2). **~wirtschaften** 〈h〉《통용어》 밑으로 내던지다, 밑으로 내팽개치다. **~wirtschaften** 〈h〉《통용어》 ↑abwirtschaften (b). **~wollen*** 〈h〉 《통용어》 (딱딱한 음식을) 억지로 삼키다(먹다). **~würgen** 〈h〉《통용어》(딱딱한 음식을) 억지로 삼키다(먹다): [전의] manches im Leben hat er h. müssen 그는 인생에서 많은 것을 감수해야 했다. **~zerren** 〈h〉 밑으로 잡아[잡아] 당기다. **2.** 아래로 잡아당기다, 잡아당겨 없애다. **~ziehen* 1.** 〈h〉 **a)** 아래로 잡아[끌어] 당기다, 끌어 내리다. **b)** (끌어) 내리다: die Hose h. 바지를 아래로 내리다. **c)** 잡아 당겨 없애다(벗다). **2.** 〈s〉 **a)** 낮은 곳으로 이사[이주]하다: [전의] sie sind vor einem Jahr von Hamburg nach München heruntergezogen 그들은 1년 전에 함부르크에서 뮌헨으로 이사했다. **b)** 아래로 내려 오다: die Musikkapelle zog die Straße herunter 악

대가 길을 따라 내려왔다. **3.** ⟨h. + sich⟩ ⟨h⟩ (길 따위가) 아래로 뻗어(나) 있다. **4.** ⟨h⟩ 누구를 타락[영락, 몰락]으로 이끌다.

hervor [hɛrˈfoːɐ̯] ⟨Adv.⟩ ⟨아어⟩ **1.** (뒤에서) 앞으로. **2.** (안에서) 밖[표면]으로: h. mit euch! 너희들 밖으로 나오너라!

hervor-, Hervor-: **~angeln** ⟨h⟩ ⟨통용어⟩ ↑~holen. **~blicken** ⟨h⟩ 내다보다. **~brechen** ⟨s⟩ ⟨아어⟩ **1.** 갑자기 (떼를 지어) 나타나다: der Tiger brach plötzlich aus dem Gebüsch hervor 호랑이가 갑자기 덤불 숲에서 나타났다. **2.** 분출하다, 표출되다. **3.** 솟아나다, 뚫고 나오다. **~bringen*** ⟨h⟩ **1.** 끄집어내다, 꺼내다. **2. a)** 산출(배출)하다, 만들어 내다, (새끼를) 낳다, (열매를) 맺다: viele Blüten h. 많은 꽃을 피우다; 전의 die Stadt hat große Musiker hervorgebracht 그 도시는 위대한 음악가들을 배출했다. **b)** (작품을) 창작[창조]하다, 짓다: der Dichter brachte bedeutende Werke hervor 그 작가는 중요한 작품들을 창조했다. **3.** (힘들게) 말하다, (악기로) 소리를 내다: er brachte kein Wort hervor 그는 아무 말도 하지 못했다. **~bringung**, -en 창품. **~drängen** ⟨h⟩ 밀고 나오다. **~dringen*** ⟨s⟩ ⟨아어⟩ 뚫고 나오다, (물 따위가) 분출하다. **~gehen*** ⟨s⟩ ⟨아어⟩ **1.** 기인하다, 유래하다; 생기다: aus der Ehe gingen drei Kinder hervor 그 결혼에서 세 아이가 태어났다. **2.** 나오다, 생기다, 발생하다. **3.** (결과적으로) 무엇이 되다, 출현하다: in einem Wettkampf siegreich h. 시합에서 승리자가 되다. **4.** 무엇으로부터 유추할 수 있다(드러나다): aus dem Brief geht hervor, daß ... 편지로부터 ...을 유추할 수 있다. **~gucken** ⟨h⟩ **1.** ⟨통용어⟩ 내다보다. **2.** (드러나[내]) 보이다. **~heben*** ⟨h⟩ 강조하다, 무엇에 역점을 두다, 두드러지게 하다. **~hebung**, die 강조. **~holen** ⟨h⟩ 끄집어내다, 꺼내다. **~kehren** ⟨h⟩ ⟨아어⟩ **1.** 공공연히 드러내 보이다, 자랑스러운 듯이 내보이다. **2.** ↑herauskehren. **~keimen** ⟨s⟩ 싹트다, 싹터 나오다. **~klauben** ⟨h⟩ ⟨지역적⟩ 하나씩 끄집어내다. **~kommen*** ⟨s⟩ (밖으로) 나오다. **~kramen** ⟨h⟩ ⟨통용어⟩ 뒤져서 찾아내 꺼내다. **~kriechen*** ⟨s⟩ 기어 나오다. **~leuchten** ⟨h⟩ 뒤[사이, 아래]에서 빛을 내다. **~locken** ⟨h⟩ **1.** 꾀어(유인해) 내다. **2.** ↑herauslocken (2). **~lugen** ⟨h⟩ ⟨지역적·시어⟩ 빠끔이 내다보다. **~quellen*** ⟨s⟩ 솟아나오다. **2.** ↑herausquellen (2). **~ragen** ⟨h⟩ **1.** 돌출하다. **2.** 빼져(불거져) 나오다. **2.** ↑herausragen (2). **~ragend** ⟨Adj.⟩ 탁월한, 발군의, 빼어난, 뛰어난: die ~sten Wissenschaftler auf diesem Gebiet 이 분야에 가장 뛰어난 학자들 가운데 한 사람; der Apparat funktioniert h. 이 기계는 작동이 훌륭하다; er hat Hervorragendes geleistet 그는 탁월한 일을 해냈다. **~rücken** ⟨h⟩ ⟨드물게⟩ 앞으로 (떠)밀다, 앞으로 나아가다. **~ruf**, der (박수갈채로) 연주자[배우]를 무대로 불러냄. **~rufen*** ⟨h⟩ **1.** 불러내다: der Pianist wurde nach jedem Stück mehrmals hervorgerufen 그 피아니스트는 한 곡이 끝날 때마다 여러 번 무대로 불려나왔다. **2.** 야기하다, 불러 일으키다, 생기게 하다: Erstaunen(Unbehagen) h. 놀라움[불쾌감]을 불러일으키다; diese Krankheit wird durch einen Virus hervorgerufen 이 질병은 바이러스에 의해 생긴다. **~schauen** ⟨h⟩ **1.** ↑~blicken. **2.** (안의 것이 바깥 것보다 길어서) 보이다. **~scheinen*** ⟨h⟩ ↑~leuchten. **~schießen*** **1.** ⟨h⟩ (총 따위를) 숨어서[뒤에서] 쏘다: hinter der Hecke h. 울타리 뒤에서 총을 쏘다. **2.** ⟨s⟩ **a)** 쏜살같이 뛰어[튀어]나오다. **b)** 갑자기 나타나다, 튀어나오다. **~schimmern** ⟨h⟩ (무엇 뒤[아래, 사이]에서) 희미한 빛을 내다. **~sehen*** ⟨h⟩ (옷 아래로) 내다보이다. **~sprießen*** ⟨s⟩ 싹터 나오다. **~springen*** ⟨s⟩ 뛰어나오다: hinter der Tür h. 문 뒤에서 뛰어나오다. **2.** 튀어 나오다, 돌출하다. **~sprudeln 1.** ⟨s⟩ ↑herausprudeln (1). **2.** ⟨h⟩ ↑herausprudeln (2). **~stechen*** ⟨h⟩ **1.** 돌출하다, 삐죽 나오다. **2.** ↑herausstechen (1), 현저하다, 확연하게 구별되다: hervorstechende Merkmale 두드러진 특징. **~stehen*** 앞으로 튀어 나오다. **~stoßen*** **1.** ⟨s⟩ ↑~treten (2 c). **2.** ↑herausstoßen (2). **~strecken** ⟨h⟩ 밖으로 내뻗다. **~strömen** ⟨s⟩ 흘러오다. **~stürzen** ⟨s⟩ 튀어나오다, 분출하다. **~suchen** ⟨h⟩ 찾아내다. **~tauchen** ⟨h⟩ (드물게) ↑auftauchen (1). **~trauen**, sich ⟨h⟩ 감히 밖으로 나오다. **~treiben*** ⟨h⟩ ↑heraustreiben. **~treten*** ⟨s⟩ **1.** 걸어나오다, 나타나다: aus dem Dunkel h. 어둠 속에서 나타나다; 전의 die Sonne trat aus den Wolken hervor (아어) 해가 구름 속에서 나타났다. **2. a)** 분명해지다, 눈에 띄게(알아볼 수 있게) 되다. **b)** 드러나다, 구별되다. **c)** 튀어나오다, 융기(돌출)하다: an den Schläfen hervortretende Adern 관자놀이에 튀어나온 혈관. **3. a)** (작품 따위를) 대중 앞에 내놓다: der junge Autor ist mit einem Roman hervorgetreten 그 젊은 작가는 소설을 발표했다. **b)** 두각을 나타내다. **~tun*** **1.** ⟨드물게⟩ 꺼내다. **2.** ⟨h. + sich⟩ **a)** 두각을 나타내다: er hat sich als Mathematiker hervorgetan 그는 수학자로서 두각을 나타냈다. **b)** 잘난 체하다, 능력을 뽐내다. **~wachsen*** ⟨s⟩ ↑herauswachsen (1). **~wagen**, sich ⟨h⟩ 과감하게 나오다. **~würgen** ⟨h⟩ ↑herauswürgen. **~zaubern** ⟨h⟩ 마법을 쓰듯이 나타나게 하다[불러내다]. **~zerren** ⟨h⟩ 끌어내다. **~ziehen*** 끌어내다, 끌어당기다.

Herz [hɛrts], das; -ens (의학 용어에서는 때때로 강변화: des Herzes, dem Herz), -en **1. a)** 심장, 염통, 가슴: das H. schlägt (regelmäßig) (klopft, pocht) 심장이 (규칙적으로) 뛴다(고동친다); ihr H. ist angegriffen (nicht ganz in Ordnung) 그녀의 심장이 상했다[정상이 아니다]; das H. wäre ihm fast zersprungen(wollte ihm zerspringen) vor Freude ⟨아어⟩ 기뻐서 그의 가슴이 거의 터질 듯했다; ihm stockte das H. vor Schreck 놀라서 그의 심장이 멈췄다; 그는 매우 깜짝 놀랐다; ein H. verpflanzen 심장을 이식하다; die Transplantation eines -ens 심장 이식; sie hat es schon seit Jahren am Herz(en)[mit dem Herz(en)] ⟨통용어⟩ 그녀는 몇 년 전부터 심장병을 앓고 있다; jmdn. ans (an sein) H. drücken ⟨아어⟩ 누구를 포옹하다; die Kugel traf ihn (mitten) ins H. 총알이 그의 심장에 맞았다; 전의 er hat schon viele Herzen gebrochen 그는 이미 많은 여자들을 울렸다; jmdm. dreht sich das H. im Leib(e) herum 누가 가슴을 졸이다[가슴 아파하다]; jmdm. blutet das H. 누가 피를 토하는 듯한 아픔을 느끼다: beim Anblick der hungernden Kinder blutete ihm das H. 굶주리는 아이들을 보자 그는 피를 토하는 듯한 아픔을 느꼈다; jmdm. lacht das H. im Leib(e) 누가 매우 기뻐하다; jmdm. rutscht (fällt) das H. in die Hose(n) ⟨통용어·농⟩ 가슴이 철렁하다, 기가 꺾이다; das(jmds.) H. höher schlagen lassen 누구를 기대에 부풀게 하다(들뜨게 하다, 흥분시키다): der Anblick ließ sein H. höher schlagen 그 광경은 그를 기대에 부풀게 했다; das H. auf dem rechten Fleck haben 합리적이고 건전한(유능하고 결단력 있는) 사람이다; das H. in die Hand(in beide Hände) nehmen 마음을 굳게 먹다, 가진 용기를 다내다; jmdn. auf H. und Nieren prüfen ⟨통용어⟩ 누구를 철저하게 시험하다; jmdn. (ein Kind) unter dem -en tragen ⟨시어⟩ 임신하고(아이를 갖고) 있다. **b)** (가축의) 염통(고기):

ein Pfund H. kaufen 염통 500g을 사다. **2.** 《아이》《속》 마음, 감정, 동정, 애정, 용기, 기력, 결의, 어떠한 마음의 소유자: ein gütiges [gutes, treues, mutiges, warmes, goldenes, edles, weiches, kaltes, hartes] H. 온화한[착한, 충직한, 용감한, 따뜻한, 진실한, 고상한, 부드러운, 차디찬, 가혹한] 마음; ihr H. ist aus Stein 그녀는 냉정[냉혹]하다; sein Schicksal rührte die -en der Menschen 그의 운명은 사람들의 마음을 감동시켰다; diese Frau hat kein H. 이 부인은 쌀쌀맞다; er hat das H. eines Löwen 그는 사자처럼 용감하다; er steht ihrem H. sehr nahe 그녀는 그에게 매우 친밀한 정을 느낀다; er nahm traurigen -ens Abschied 그는 슬픈 마음으로 작별했다; kannst du des reinen[《준고어》reines] -ens behaupten? 너는 양심에 거리낌없이 이 걸 주장할 수 있느냐?; im Grunde seines -ens 마음 속으로, 내심으로; seine Worte kamen von -en 그 말은 진심에서 나왔다; 《성구》 man kann einem Menschen nicht ins H. sehen 사람의 본심은 알 수 없다, 한 길 사람속은 모른다; 《속담》 was das H. voll ist, des geht der Mund über 마음에 가득한 것을 입으로 말하이다; ein H. und eine Seele sein 불가분의 관계[한 마음 한 뜻, 일심동체]이다; jmds. H. hängt an etw. 누가 무엇을 매우 갖고 싶어하다[무엇에 애착하다]; jmds. H. gehört einer Sache 《아이》 누구의 관심이 완전히 무엇에 쏠려 있다, 무엇에 푹 빠져 있다: sein H. gehört der Musik 그는 음악에 푹 빠져 있다; jmdm. ist [wird] das H. schwer 걱정[슬픔]으로 누구의 마음이 무거워지다[무거워지다]; alles, was das H. begehrt 하고 갖고 싶은 모든 것; nicht das H. haben, etw. zu tun 무엇을 할 용기가 없다, 감히 무엇을 하지 못하다: er hatte nicht das H., ihr die Nachricht zu überbringen 그는 그녀에게 소식을 전할 용기가 없었다; 《부정이 없이도》 komm nur her, wenn du das H. (dazu) hast 그럴 용기가 있으면 와라!; sich³ ein H. fassen 용기를 내다; sein H. an jmdn.[etw.] hängen 《아이》 누구[무엇]에 애착[집착]하다; sein H. an jmdn. verlieren 《아이》 누구에게 반하다; jmdm. sein H. schenken 《시어》 누구에게 모든 사랑을 바치다, 누구를 몹시 사랑하다; sein H. (für etw.) entdecken 《아어》 무엇에 대해 열광하다, 무엇에 대한 열정을 발견하다; ein H. für jmdn.[etw.] haben 누구[무엇]에게 호의[호감, 관심]을 갖다, 누구[무엇]을 좋아하다: er hatte schon immer ein H. für Kinder 그는 항상 아이들에게 따뜻한 관심을 가졌다; jmdm. sein H. ausschütten 누구에게 속마음을 털어놓다; jmdm. das H. schwermachen 누구를 슬프게 하다, 누구에게 심려를 끼치다; das H. auf der Zunge haben 느끼는 것을 숨김없이 토로하다, 생각을 즉시 입 밖에 내다; die(alle) -en im Sturm erobern 《아이》 재빨리 사람들의 마음을 사로잡다; seinem -en einen Stoß geben 오랜 망설임 끝에 결심하다; seinem -en Luft machen 《통용어》 불편한 마음을 확 털어놓다; leichten -ens 가벼운 마음으로; schweren -ens 무거운[내키지 않는] 마음으로: sie ließ das Kind nur schweren -ens allein reisen 그녀는 아이를 마음이 내키지 않지만 혼자 떠나 보냈다; jmdm. am -en liegen 누구에게 매우 중요하다[큰 관심사이다]: die Kinder und ihre Erziehung liegen ihm besonders am -en 아이들과 그들의 교육은 그에게 특히 중요하다; jmdm. ans H. legen 누구에게 무엇을 간절히 부탁하다[간곡히하다]; jmdm. ans H. gewachsen sein 누구에게 특히 소중하다[사랑스럽다]; etw. auf dem -en haben 무엇을 마음에 두고[소원하고] 있다: was hast du denn auf dem -en? 그래, 도대체 네가 말하고 싶은 것이 무엇이냐?; jmdm. aus dem -en gesprochen sein 누구의 의견[생각]과 같다: was du da sagst, ist mir (ganz) aus dem -en gesprochen 네 말이 내 생각과 똑같다; aus seinem -en keine Mördergrube machen 거리낌없이 솔직하게 터놓고 말하다; aus tiefstem -en 《아이》 진심으로, 매우: etw. aus tiefsten -en bedauern 무엇을 진심으로 유감스럽게 생각하다; sich in die -en (der Menschen) stehlen 《아이》 많은 사람의 호감(사랑)을 얻다; jmdn. ins(in sein) H. schließen 누구를 정말 좋아[사랑]하게 되다; jmdn. ins H. treffen 《통용어》 누구를 매우 상심시키다, 누구의 폐부를 찌르다; mit H. und Hand 《고어》 몸과 마음을 바쳐, 진심으로, 전적으로; mit halbem -en 《아이》 별 관심없이, 별로 내키지 않는 심정으로: er gab seine Zustimmung nur mit halbem -en 그는 별로 내키지 않는 심정으로 동의했다; es nicht übers H. bringen, etw. zu tun 차마 무엇을 하지 못하다: er brachte es nicht übers H., dem Kind das Spielzeug wegzunehmen 그는 그 아이에게서 차마 장난감을 뺏을 수 없었다; sich³ etw. vom -en reden 《아이》 마음속의 고민을 후련하게 털어 놓다; von -en gern 정말[아주] 기꺼이; von ganzem -en 1) 진심[진정]으로, 마음속으로부터: ich danke dir von ganzem -en für deine Hilfe 나는 네 도움을 진심으로 고맙게 생각한다. 2) 확신[소신]있게: dazu kann ich von ganzem -en ja sagen 그것에 대해서 나는 정말 확신있게 동의[긍정]할 수 있다; sich³ etw. zu -en nehmen 무엇을 명심하다[마음에 두다]. **3.** 《애칭》 (사랑하는 사람에 대한 호칭) 여보, 당신, 자기. **4. a)** 《야채, 과일의》 속, 과심(果心), 핵, 고갱이, 수(髓), 《재목의》 붉은심, 심재(心材). **b)** 《지역의》 중심, 핵심, 심장부: die Hauptstadt ist das H. des Landes 수도는 나라의 중심[심장]이다. **5.** 〈축소형: ↑Herzchen〉 심장[하트] 모양의 것: an einer Kette trug sie ein kleines H. aus Gold 목걸이로 그녀는 심장 모양의 금장식을 달고 있었다; ein H. zeichnen 심장 모양을 그리다; **Tränendes H.** 금낭화(錦囊花). **6.** 《관사 없이》 **a)** 〈Pl. 없음〉 《카드》 하트. **b)** 〈Pl. Herz〉 하트가 으뜸패가 되는 카드놀이. **c)** 〈Pl. Herz〉 하트의 카드.

-herz, das; -ens, -en 《명사 규정어와 합성하여 기본어로서 심리적 감동 상태를 나타낸다; 예컨대》 das liebende Mutterherz (= die liebende Mutter) 사랑하는 어머니.

herz-, Herz- 《↑ herzens-, Herzens-도 참조》: **~aktion, die** 심(장) 기능. **~aktionsstrom, der** 《대개 Pl.》 《의학》 심장 활동 전류. **~allerliebst** 〈Adj.〉《준고어》 매우 사랑스러운. **~allerliebste*, der / die** 《고어》 여보, 당신, 애인. **~anfall, der** 《의학》 심장 마비, 심장 발작: einem H. erliegen 심장 마비로 죽다. **~angst, die** 〈Pl. 없음〉《민속적》 협심증. **~anomalie, die** 심장 이상. **~as, das** 《카드》 하트 에이스(A). **~asthma, das** 심장 천식. **~attacke, die** ↑ anfall. **~automatismus, der** 《의학》 심장 자동성(自動性). **~bad, das** 심장 질환에 좋은 온천. **~beklemmung, die** 심의 고민(心窩苦悶), 심장 협착, 가슴을 답답하게 하는 불안. **~beschwerden** 〈Pl.〉 심장 장애. **~beutel, der** 《해부》 심낭(心囊). **~beutelentzündung, die** 《의학》 심낭염. **~bewegend** 〈Adj.〉 감동적인, 감동시키는: etwas h. erzählen 무엇을 감동적으로 이야기하다. **~binkerl** [...biŋkɐl], das; -s, -(n) 《bayr., österr. 통용어》 ↑ blatt (3). **~blatt, das 1.** 〈축소형: ↑ ~blättchen〉 《원예》 어린 잎사귀, 떡잎. **2.** 〈축소형: ↑~blättchen〉《애칭》 귀여운 아이(사람), 《대개 호칭》 아가, 애야: was willst du denn noch haben, mein H.? 아가, 또 무엇을 갖고 싶니?. **~blättchen, das** 어린 잎사귀, 떡잎. **~blättrig** 〈Adj.〉 《식물》 하트형의 잎을 가진. **~block, der** 《의학》 자극 전달 장애, 심차단(心遮

Herzeleid

~blume, die 금낭화(金囊花). ~blut, das 《다음 용법으로》 sein H. für jmdn. [etw.] hingeben 《아어》 누구[무엇]를 위해 헌신하다[몸과 마음을 바치다]; etw. mit seinem H. schreiben 《아어》 무엇을 온갖 정성을 다해[피를 말리면서] 쓰다: sie hat das Buch mit ihrem H. geschrieben 그녀는 그 책을 피를 말리면서 썼다. ~bräune, die 《민속적》 협심증(↑Angina pectoris). ~brechend 〈Adj.〉 《아어》 가슴을 미어지게 하는, 가슴을 갈가리 찢는 듯한. ~bruder, der ↑Herzensbruder. ~bube, der 《카드》 하트 잭(J). ~chirurg, der 심장 외과의. ~chirurgie, die 심장 외과. ~dame, die 《카드》 하트 퀸(Q). ~drücken 《다음 용법으로》 nicht an H. sterben 《통용어》 숨김없이 털어놓고 말하다. ~enge, die 〈Pl. 없음〉《민속적》 협심증(↑Angina pectoris). ~entzündung, die ↑Karditis. ~erfreuend 《아어》 마음으로부터 기뻐하는, 마음을 기쁘게 하는. ~erfrischend 《아어》 생기발랄한, 심신을 상쾌하게 하는: sie lachte so h., daß er mitlachen mußte 그녀가 너무나 생기발랄하게 웃어서 그도 따라 웃지 않을 수 없었다. ~ergreifend 〈Adj.〉 《아어》 마음을 사로잡는, 감동적인: sie hat ganz h. geweint 그녀는 아주 처량하게 울었다. ~erhebend 〈Adj.〉 《아어》 마음을 고무[앙양]시키는. ~erquickend 〈Adj.〉 ↑~erfrischend. ~erschütternd 〈Adj.〉 《아어》 마음을 뒤흔드는, 단장의 슬픔을 느끼게 하는. ~erweichend 〈Adj.〉 마음을 녹이는, 감동적인. ~erweiterung, die 심장 확장(擴張). ~fäule, die 떡잎 황달병. ~fehler, der 심장 결함[이상]. ~flattern, das; -s 불규칙한 심장 박동. ~flimmern, das; -s a) 불규칙적 심장 박동. b) 《의학》 심장 세동(細動). ~form, die 심장형[모양]. ~förmig 〈Adj.〉 심장[하트]형[모양]의. ~frequenz, die 《의학》 심(장) 기능. ~funktion, die 《의학》 심(장) 기능. ~funktionsstörung, die 《의학》 심(장) 기능 장애. ~gegend, die 〈Pl. 없음〉 심장부, 심장 주위: er hat Schmerzen in der H. 그는 심장부에 고통을 느낀다. ~geliebt 〈Adj.〉 《아어》 매우 사랑하는. ~geräusch, das 《의학》 《대개 Pl.》 심장 잡음. ~gespann, das 쥐오줌풀, 송장풀류. ~gewinnend 〈Adj.〉 《아어》 사람의 마음을 끄는, 애교있는, 사랑스러운: h. lachen 애교있게 웃다. ~grube, die 심와(心窩), 명치. ~hypertrophie, die 심장 비대. ~infarkt, der 《의학》 심근 경색: er ist an einem H. gestorben 그는 심근 경색으로 죽었다. ~innenhaut, die 심내막(心內膜). ~innenhautentzündung, die 심내막염. ~innig 〈Adj.〉 《준고어》 진정한, 충심의, 마음속으로부터의: das war ihr -ster Wunsch 그것이 그녀의 가장 진정한 소원이었다. ~inniglich 〈Adj.〉《준고어》↑~innig. ~insuffizienz, die 《의학》 심부전(心不全). ~jagen, das; -s ↑Tachykardie. ~Jesu-Bild, das 심장이 후광(後光)에 쌓인 예수의 성화(聖畫). ~kammer, die 《해부》 심실(心室). ~katheter, der 《의학》 심장 카테터(도관). ~katheterisierung, die, ~katheterismus [-kateterismus], der 《의학》 심장 카테터법. ~kirsche, die 하트버찌(하트형의 검붉고 단 버찌). ~klappe, die 《해부》 심장 판막. ~klappendefekt, der 《의학》 심장 판막증. ~klappenentzündung, die 《의학》 심장 판막염. ~klappenfehler, der 《의학》 심장 판막증. ~klaps, der 《통용어》 심부전증, 심장 마비. ~klopfen, das; -s 빠른 심장의 고동: sie sah den entscheidenden Stunden mit H. entgegen 그녀는 가슴을 두근거리며 결정적인 시간들을 기다렸다. ~knacks, der 《통용어》 ↑~fehler. ~kohl, der 《지역적》 ↑Wirsing. ~kollaps, der ↑~versagen. ~könig, der 《카드》 하트 킹(K). ~krampf, der 심장 경련. ~krank 〈Adj.〉 심장병을 앓고 있는.

~krankheit, die 심장병, 심장 질환. ~kranzgefäß, das 《대개 Pl.》 관상혈관. ~Kreislauf-Erkrankung, die 《의학》 심장 순환기 질환. ~kurve, die ↑Kardioide. ~land, das 《Pl. 없음》 중심국(中心國), 중심지. ~leiden, das 심장병. ~leidend 〈Adj.〉 심장병을 앓고 있는. ~liebste*, der / die ↑~allerliebste. ~los 〈Adj.〉 냉혹한, 무정한: ein -er Mensch 무정한 사람. ~losigkeit, die; -en a) 〈Pl. 없음〉 냉혹, 몰인정. b) 냉혹한 말[행동]: solche -en war er allmählich von ihr gewöhnt 그는 차차 그녀의 그런 냉혹한 말씨에 익숙해졌다. ~Lungen-Maschine, die 인공 심폐(人工心肺). ~massage, die 심장 마사지. ~mittel, das 《통용어》 강심제. ~muschel, die 유럽산 새조개. ~muskel, der 《의학》 심근. ~muskelentzündung, die 《의학》 심근염. ~muskelschwäche, die 《의학》 심근 쇠약, 심근 부전(不全). ~muskelstörung, die 《의학》 심근 장애. ~muskulatur, die 《해부》 심장근(心筋層). ~nah 〈Adj.〉 심장 바로 옆[근처]의. ~neurose, die 《의학》 심장 신경증. ~operation, die 심장 수술. ~patient, der 심장병 환자. ~periode, die 심장 박동 주기. ~punkt, der 《아어》 중심점, 핵심. ~rhythmus, der 《의학》 심장 박동 리듬[리듬]. ~rhythmusstörung, die 《의학》 심장 박동 리듬의 장애. ~schädigung, die 《의학》 심장 손상. ~scheidewand, die 《의학》 심실벽. ~schlag, der 1. a) 심장의 고동: einen H. lang 《아어》 한 순간. b) 〈Pl. 없음〉 (규칙적으로 이어지는) 심장 박동: sein H. setzte für einen Augenblick aus 그의 심장 박동이 한 순간 멈추었다 / der H. einer Großstadt 《아어》 대도시의 활기. 2. 심장 마비: einen H. erleiden 심장 마비에 걸리다. ~schlagfolge, die 규칙적인 심장 박동. ~schmerz, der 《대개 Pl.》 심장통, 심장 부위의 통증. ~schrittmacher, der 1. 《해부》 심장 조정체. 2. 《의학》 심박 조정기. ~schwäche, die ↑~insuffizienz. ~senkung, die 《의학》 심장 하함. ~spender, der 심장 기증자. ~spezialist, der 심장 전문의. ~stärkend 〈Adj.〉 심장(기능)을 강화시키는. ~stärkung, die 〈Pl. 없음〉 심장 기능 강화: für H. nahm sie eine Arznei 심장 기능을 강화하기 위하여 그녀는 약을 복용했다. ~stärkungsmittel, das ↑~mittel. ~stich, der 《대개 Pl.》 심장에 꼭꼭 쑤시는 듯한 통증. ~stillstand, der 《의학》 심장 박동 정지. ~stolpern, das; -s 심기 부정(心機不整), 멈칫했다가 빠르게 이어지는 불규칙적인 심장 박동. ~stück, das 《아어》 핵심(부), 중심(부). ~tamponade, die 《의학》 심장 탐포나데(탐폰법). ~tätigkeit, die 심장의 활동[기능]. ~tod, der 심장사. ~ton, der 《대개 Pl.》 《의학》 심음(心音). ~transplantation, die 심장 이식(수술). ~tropfen 〈Pl.〉 (물방울 형태로 복용하는) 심장약. ~verfettung, die 심지방화(心脂肪化), 심장 지방 변성(脂肪變性). ~vergrößerung, die ↑~hypertrophie. ~verpflanzung, die ↑~transplantation. ~versagen, das; -s 심부전(心不全). ~weh, das 1. 《고어》 ↑~schmerz. 2. 《아어》 큰 걱정, 큰 고통, 애탄, 비탄. ~wirksam 〈Adj.〉 심장 질환에 효험이 있는. ~zerreißend 〈Adj.〉 가슴을 에이는 듯한, 비통한: eine -e Abschiedsszene 가슴을 찢는 듯한 이별의 장면.

Herzchen ['hɛrtsçən], das; -s, - 1. 《폄》 순진한 사람, 귀가 엷은 사람. 2. 《애칭·조롱》 애인, 여보, 귀여운 아이. **Herze** ['hɛrtsə], das; -ns, -n 《시어·고어》 ↑ Herz (2).

Herzegowina [hɛrtseˈɡoːvina, 《또한》 hɛrtseɡoːviˈnaː] 헤르체고비나(유고슬라비아의 지방).

Herzeleid, das; -(e)s 《아어·준고어》 상심, 수심, 오뇌,

변민. **herzen** ['hɛrtsn̩] 〈*h*〉《고어》가슴에 껴안다, 껴안고 애무하다: sie herzte ihre Kinder 그녀는 아이들을 껴안 았다; sie herzten und küßten sich 그들은 서로 껴안고 키스했다.
herzens-, Herzens- (↑herz-, Herz-도 참조): **~angelegenheit,** die 절실한 문제, 관심사, 중대사, 연애: sie hat eine besondere Vorliebe für die -en anderer Leute 그녀는 다른 사람들의 연애에 유별난 관심을 갖고 있다. **~angst,** die 《아이》큰 걱정, 큰 두려움: in all ihrer H. wußte sie nicht, wohin sie sich wenden sollte 그녀는 매우 두려워서 어디로 향해야 좋을지 몰랐다. **~bedürfnis,** das 《다음 용법으로》jmdm. (ein) H. sein 《아이》누구에게 매우 중요하다: die Reise zu ihrer Mutter war ihr ein H. 어머니에게로 가는 것이 그녀에게는 매우 중요하였다. **~bildung,** die 〈Pl. 없음〉《아이》마음의 수양. **~brecher,** der 여자의 마음을 사로잡는 남자. **~bruder,** der 《준고어》**1.** 특히 좋아하는 형[동생, 오빠]. **2.** 친한 친구, 단짝. **~bund,** der 《아이》혈맹: einen H. schließen 혈맹을 맺다. **~dieb,** der 《준고어·농》마음을 사로잡는 사람(↑ **~brecher**). **~ergießung,** die, **~erguß,** der 《아어·준고어》장황한 심정[마음]의 토로[고백]. **~freude,** die 큰 기쁨. **~freund,** der 《아이》단짝 친구, 아주 친한 친구. **~freundin,** die ↑**~freund**의 여성형. **~grund,** der 《다음 용법으로》aus H. 충심으로, 마음속으로부터. ~ jmdn. aus H. lieben 누구를 진심으로 사랑하다. **~gut** [[또한] '-'-'-] 〈Adj.〉마음이 착한, 인정 많은, 선량한, 친절한. **~güte,** die 《아이》선의, 친절, 온정. **~junge,** der 《애칭》총애하는 사내아이. **~kind,** die 《애칭》특별히 사랑하는 아이. **~lust,** die 《다음 용법으로》nach H. 제멋대로, 하고 싶은대로, 마음껏, 마음대로: sie tafelten nach H. 그들은 마음껏 식사를 하였다. **~neigung,** die 《아이》충정어린 사랑[애정]. **~not,** die 《아이》심적 고통, 번민, 고뇌. **~qual,** die 《아이》↑**~not**. **~sache,** die ↑**~angelegenheit**: jmdm. (eine) H. sein 누구에게 절실한 문제[중대한 관심사]이다. **~trost,** der 《아이》진정어린 위로. **~verhärtung,** die 《아이》가혹함, 냉혹, 몰인정. **~wärme,** die 〈Pl. 없음〉《아이》온정. **~wunsch,** der 열망, 갈망, 염원: eine solche Reise zu machen war schon immer sein H. 그러한 여행을 한다는 것은 항상 그의 염원이다.
herzhaft 〈Adj.〉**1. a)** 《준고어》단호한, 결연한, 대담한, 용기 있는: er sah dem Gegner h. ins Auge 그는 대담하게 상대방의 눈을 응시하였다. **b)** 《강도, 크기, 양 따위가》상당한, 힘센, 억센, 힘찬: ein -er Händedruck 힘찬 악수; ein -es Lachen 호방한 웃음; einen -en Schluck nehmen 꿰 많이 쭉 들이키다; sie packten alle h. zu 그들은 모두 힘차게 달라들었다. **2.** 실속 있는, 영양가 있는, 맛있는: ein -es Frühstück 실속 있는 조반; er ißt gern etwas Herzhaftes 그는 영양가 있는 음식을 즐겨 먹는다. **Herzhaftigkeit,** die **1.** 《준고어》용기, 단호함, 대담함, 겁없음. **2.** 왕성, 억셈, 강함. **herzig** ['hɛrtsɪç] 〈Adj.〉사랑스러운, 귀여운, 애교 있는, 매혹적인: ein -es Kind 사랑스러운 아이. **herzlich** 〈Adj.〉**1. a)** 다정한, 친절한, 호의적인, 자애로운: -e Blicke 자애로운 눈길; er war sehr h. zu mir 그는 나에게 매우 호의적이었다; wir wurden h. empfangen 우리들은 따뜻한 영접을 받았다. **b)** 충심의, 진심의, 성심성의의, 마음속으로부터의, 정중한, 간절한: nun habe ich noch eine -e Bitte 간절한 청이 또 하나 있다; jmdm. h. beglückwünschen 누구를 진심으로 축하하다; sich h. bei jmdm. bedanken 누구에게 심심한 사의를 표하다; -e Grüße 정중한 인사를 드립니다; -en Dank(Glückwunsch) 정말 고맙습니다[진심축하합니다]; -es Beileid 충심으로 애도를 표합니다; 《편지의 끝》h. Dein... 너의 진실된 ...로부터. **2.** 《형용사, 동사를 강조》몹시, 아주, 매우, 무척, 정말: der Vortrag war h. langweilig 그 강연은 매우 지루했다; das ist h. wenig 정말 조금이다; h. gern! 정말 기꺼이; als er das hörte, mußte er h. lachen 그것을 들었을 때 그는 크게 웃지 않을 수 없었다. **Herzlichkeit,** die **a)** 친절, 자애, 온정, 다정. **b)** 진심, 순수함, 정직, 성실: er zweifelte an der H. ihrer Anteilnahme 그는 그녀가 보이는 관심의 순수성을 의심했다.
Herzog ['hɛrtsoːk], der; -s, Herzöge ['hɛrtsøːgə] /《드물게》-e **1. a)** 《역사적》장군, 사령관. **b)** 공국왕(公國王), 대공(大公). **2. a)** 〈Pl. 없음〉공작: der Besitz H. Meiningens 마이닝엔 공작 영지(領地). **b)** 공작 칭호 소유자: sie trat mit mehreren Herzögen Europas zusammen 그녀는 유럽의 다수의 공작들과 회동하였다. **Herzogin,** die; -nen **1.** ↑Herzog의 여성형. **2.** 공작부인, 대공비(大公妃). **Herzoginmutter,** die 〈Pl. -mütter〉대공(공국왕)의 모친. **herzoglich** 〈Adj.〉공작의; 공작 같은: die -e Familie 공작 가족. **Herzogshut,** der; -(e)s, -hüte 《역사적》《의식 때에 쓰는》공작모(帽). **Herzogswürde,** die 공작의 지위. **Herzogtum,** das; -s, -tümer [·ty:mɐ] 공작령, 대공국, 공작의 지위.
herzu [hɛrˈtsu:] 〈Adv.〉《아이》이쪽으로. **herzu-**: **~eilen** 〈*s*〉급히 다가오다. **~kommen*** 〈*s*〉이 쪽으로 오다, 다가오다. **~treten*** 〈*s*〉이쪽으로 걸어오다.
herzynisch [hɛrˈtsyːnɪʃ] 〈Adj.〉《지질》독일 중앙 산맥의(도마이논 옛 명칭).
Hesperide [hɛspeˈriːdə], die; -n [griech. Hesperídes] 《대개 Pl.》《신화》헤스페리데 헤라(Hera)의 황금 사과를 수호하는 헤스페루스(Hesperus)의 딸. **Hesperidin** [hɛspeˈriːdiːn], das; -s 《화학·의학》오렌지 껍질에 있는 배당체(配糖體). **Hesperien** [hɛsˈpeːriən] 〈Pl.〉[lat. Hesperia 〈 griech. hespéria = Westen] 《고대》서쪽나라(특히 이탈리아와 스페인). **Hesperos** ['hɛspɛrɔs], **Hesperus** ['hɛspɛrʊs], der; [lat. Hesperus, Hesperos 〈 griech. hésperos] 《그리스 신화에서》저녁별, 초저녁 명성[금성].
Hesse ['hɛsə], der; -n, -n 헤센(지방) 사람. **Hessen** ['hɛsn̩], -s 헤센(독일 서부의 연방주). **Hessenland,** das 헤센(지방). **Hessen-Nassau,** das -s 옛 프러시아의 주명(州名).
Hessian [hɛsian], das; -(s) [engl. hessian] 《포대 등에 쓰이는》조악한 마포(麻布). **Hessin,** die; -nen ↑Hesse의 여성형, 헤센(지방) 여자. **hessisch** ['hɛsɪʃ] 〈Adj.〉헤센(지방)의, 헤센 사람의.
Hestia ['hɛstja] 《고대 그리스의》화덕의 여신.
Hesychasmus [hezyˈçasmʊs], der; - [griech. hēsychē = ruhig, still] 《동방 교회의》명상 운동. **Hesychast,** der; -en, -en [griech. hēsychastés] 명상 운동 신도.
Hetäre [hɛˈtɛːrə], die; -n [griech. hetaíra] **1.** 《그리스의》고급 기생. **2.** 《교양어》창녀. **Hetärie** [hɛtɛˈriː], die; -n [...iən; griech. hetaireía] 《고대 그리스의》정치 비밀 결사 조직.
hetero ['hɛːtero, 《또한》'hɛ...] 〈Adj.〉《통용어》《반대: homo》↑heterosexuell의 약칭: dieses Mädchen ist h. 이 처녀는 이성애를 하는 유형이다. **Hetero,** der; -s, -s [↑Heterosexuelle(r)의 약칭] 《은어》이성애(異性愛)를 하는 남자. **hetero-, Hetero-,** 《모음 앞에서는 또한》 **heter-, Heter-** [hetero(-)- griech. héteros] ("다른, 이질의, 여러 가지의"를 뜻하는 규정어로서, 예컨대) **heteroblastisch** [...ˈblastɪʃ] 〈Adj.〉**1.** 《식물》다르게 생장한다. **2.** 《광물》다르게 형성된. **Heterochromie** [...kroˈmiː], die; -n [...iən; ↑Chrom] 《의학·생

물] 부동착색(不同着色); 이색(異色)[증]. **Hetero-chromoso̱m**, das; -s, -en 〖의학〗 성결장 염색체. **heterodont** [....'dɔnt] 〈Adj.〉 [griech. odoús = Zahn] 〖생물〗 이형치(異形齒)의, 이치성의. **Heterodontie** [...dɔn'tiː], die 〖생물〗 이형치아(異形齒牙). **heterodox** [...'dɔks] 〈Adj.〉 [griech. heteródoxos] 〖종교〗 비정통파의, 이단의, 이설(異說)의. **Heterodoxie** [...dɔ'ksiː], die; -n [...iən; griech. heterodoxía] 〖종교〗 비정통설, 이교, 이단, 이설. **heterofinal** 〈Adj.〉 〖철학〗 본래의 목적과 다른. **heterogametisch** [...ga'meːtɪʃ] 〈Adj.〉 〖생물〗 상이한 성의 생식 세포를 이루고 있는, 이형 배우자를 가지는. **Heterogamie**, die [griech. gámos] 〖사회〗 (출신 계급, 교육 정도, 연령, 교육 등에 있어서) 사람간의 결혼(반대: Homogamie 2). **heterogen** 〈Adj.〉 [griech. heterogeńs] 〖교양어〗 이질적인; 이종의(異種의)인; 불균일의: eine -e Gruppe 이질적 집단. **Heterogenese**, die 〖의학〗 이형(異形) 발생. **Heterogenität** [...geni'tɛːt], die 이종(異種)성, 이질(異質)성(반대: Homogenität). **Heterogonie** [...go'niː], die 〖생물〗 이상(異狀) 생식, 이태(異態) 세대 교번. **heterograd** [...'graːt] 〈Adj.〉 〖통계〗 양적인 차이에 근거한(반대: homograd): -e Methoden anwenden 양적 차이에 근거한 방법을 이용하다. **Heterogramm**, das; -s, -e 〖언어〗 다른 나라의 글자를 차용하여 자국의 언어에 사용하는 기록 방식. **heterograph** [...'graːf] 〈Adj.〉 발음은 같으나 철자가 다른. **Heterohypnose**, die 타율성 최면. **Heterokarpie** [...kar'piː], die 〖식물〗 이형 결실. **Heteroklisie** [...kli'ziː], die [griech. klísis] 〖언어〗 (명사의) 혼성(불규칙) 변화. **heteroklịtisch** 〈Adj.〉 〖언어〗 혼성(불규칙) 변화의. **Heterokliton** [hete'roːklitɔn], das; -s, ...ta [griech. heteróklitos] 〖언어〗 혼성(불규칙) 변화 명사. **heterolog** [...'loːk] 〈Adj.〉 〖의학〗 상이한, 유형이[종류가] 다른: -e Insemination 남편의 것이 아닌 정자를 사용한 인공 수정. **heteromesisch** [...'meːzɪʃ] 〈Adj.〉 〖지질〗 (암석이) 상이한 매체로 형성된(반대: isomesisch). **Heterometabolie**, die 〖생물〗 (곤충의 번데기 과정이 없는) 점진적인 변형. **heteromorph** [...'mɔrf] 〈Adj.〉 [griech. heterómorphos] 〖화학·물리·생물〗 이형(異形)의, 변태의: die h. ausgebildeten Tierformen beim Generationswechsel 세대 교번(交番)에서 다른 모습으로 형성된 동물 형태들. **Heteromorphie** [...mɔr'fiː], die, **Heteromorphismus** [...mɔr'fɪsmʊs], der; -, -1. 〖화학〗 (결정체에서 나타나는) 구조의 상치성. 2. (동일한 종류의 동물 및 식물에서) 이형(異形), 변태, 변형. **Heteromorphose** [...mɔr'foːzə], die; -n 〖생물〗 이형재생(異形再生). **heteronom** [...'noːm] 〈Adj.〉 1. 〖교양어〗 타율의(반대: autonom): ein -er Staat 속국. 2. 〖생물〗 다른 발달 법칙에 따르는(반대: homonom). **Heteronomie** [...no'miː], die [griech. nómos] 1. 〖교양어〗 타율(성). 2. 〖철학〗 (자체의 윤리 법칙과는 다른 윤리 법칙에 따르는) 타율성. 3. 〖생물〗 비동질성, 상이성(반대: Homonomie). **heteronym** [...'nyːm] 〈Adj.〉 〖언어〗 의미상 같은 어군에 속하나 어근이 다른, 의미는 같으나 다른 언어 세계에 속하는. **Heteronym**, das; -s, -e [griech. ónyma] 1. 의미상 같은 어군에 속하나 어근이 서로 다른 단어(예컨대: Schwester — Bruder). 2. 의미는 같으나 서로 다른 언어 체계에 속하는 단어(예컨대: 《dt.》 Bruder — 《frz.》 frère / 《südd.》 Samstag — (nordd.) Sonnabend). **Heteronymie** [...nyˈmiː], die 〖언어〗 1. 어근은 서로 다르지만 의미상 같은 어군에 속하는 단어의 형성. 2. 의미가 동일한 단어가 상이한 언어 체계에 상이한 형식으로 존재하는 현상. **heterophag** [...'faːk] 〈Adj.〉 〖생물〗 (반대: homophag) 1. (동물이) 초식과 육식을 다하는, 잡식의. 2. 동·식물 숙주기생(宿主寄生)의. **heterophon** [...'foːn] 〈Adj.〉 [griech. heteróphōnos = verschiedenstimmig] 1. 〖음악〗 이음(異音)의. 2. 〖언어〗 철자는 같으나 발음이 다른(예컨대: Schoß: [ʃoːs 무릎]/[sɔs 새싹]). **Heterophonie** [...fo'niː], die [griech heterophōnía = Verschiedenheit des Tones] 〖음악〗 헤테로포니(같은 주제 및 멜로디를 즉흥적으로 합창할 때 개별적 음조의 리듬의 특성으로 인해 나타나는 다음성 현상)(반대: Unisono). **Heterophorie** [...fo'riː], die 〖의학〗 사시(斜視) 경향, (피로할 때) 한쪽 눈의 초점이 맞지 않는 현상. **Heterophyllie** [...fy'liː], die 〖생물〗 이(형)엽성(異(形)葉性). **heteropisch** [hete'roːpɪʃ] 〈Adj.〉 〖지질〗 (암석이) 다른 층상(層相)에 나타나는(반대: isopisch). **Heteroplasie** [...pla'ziː], die; -n [...iən] 〖의학〗 이형 조직 형성. **Heteroplastik**, die; -en 〖의학〗 ↑Heterotransplantation. **heteroploid** [...ploˈiːt] 〈Adj.〉 〖생물〗 (세포가) 정상과 다른 염색체 수를 갖는. **heteropolar** 〈Adj.〉 〖물리〗 이극(異極)(성)의(반대: homopolar): -e Bindung 이극 분자 결합. **Heterosemie** [...ze'miː], die; -n [...iən] 〖언어〗 언어 체계가 다를 때 나타나는 동일 단어의 상이한 의미. **Heterosexualita̱t**, die 〖의학〗 이성(異性)애(반대: Homosexualität). **heterosexuell** 〈Adj.〉 이성애의, 이성의(반대: homosexuell): 〈명사화〉 der Heterosexuelle 이성을 사랑하는 남자. **Heterosis** [hete'roːzɪs], die [griech. hetérōsis = Veränderung] 〖생물〗 헤테로시스(동·식물에서 후대가 선대보다 성장면에서 월등하게 강세로 나타나는 현상). **Heterosmie** [...'osmi], die; -n [...iən] 〖의학〗 후각 장애, 이상 후각, 착후각(錯嗅覺). **Heterosom** [...'zoːm], das; -s, -en 〖생물〗 성염색체(性染色體); 〖해부〗 이질 염색체. **Heterospermie** [...ʃpɛr'miː], die 〖생물〗 이형성 정자(異形性精子). **Heterosphäre**, die 〖기상〗 대기상층권(약 100 km 높이의)(반대: Homosphäre). **Heterosporen** 〈Pl.〉 〖생물〗 이형포자(異形胞子). **Heterosporie** [...spo'riː], die 〖생물〗 이형포자(異形胞子)성. **Heterostereotyp**, der 〈또는〉 das; -s, -e(n) 〈대개 Pl.〉 〖사회〗 다른 사람이나 그 그룹에 대해 갖는 단순화되고 고정된 이미지 및 태도. **heterotherm** [...'tɛrm] 〈Adj.〉 〖생물〗 (동물이) 냉혈[변온]의. **Heterotonie** [...to'niː], die; -n [...iən] 〖의학〗 혈압변동(血壓變動). **Heterotopie** [...to'piː], die; -n [...iən] 〖의학〗 1. 이소(異所)성. 2. 그 종류에 전형적인 곳에 나타나는 조직형성. **heterotopisch** [...'toːpɪʃ] 〈Adj.〉 〖지질〗 여러 곳에 형성된(반대: isotopisch). **Heterotransplantation**, die; -en 〖의학〗 이종(異種) 이식(반대: Homotransplantation). **heterotroph** [...'troːf] 〈Adj.〉 〖생물〗 종속영양의, 유기영양의(반대: autotroph): -e Pflanzen 유기 영양 식물. **Heterotrophie** [...tro'fiː], die 〖생물〗 종속 영양, 유기 영양(반대: Autotrophie). **Heterozetesis** [...'tseːtezɪs], die 〖철학〗 잘못된 논거로 인한 잘못된 논증. **heterözisch** [hete'røːzɪʃ] 〈Adj.〉 〖식물〗 자웅이주(雌雄異株)의. **heterozygot** [...tsy'goːt] 〈Adj.〉 〖생물〗 (유전자의) 이형(異型) 접합의(반대: homozygot). **Heterozygotie** [...tsygo'tiː], die 〖생물〗 (반대: Homozygotie) 〖생물〗 (유전자의) 이형(異型) 접합체.

Hethiter [he'tiːtɐ], der; -s, - 히타이트인(BC 1700 ~1200에 소아세아에 있었던 인도게르만족의 문화 민족). **hethitisch** [he'tiːtɪʃ] 〈Adj.〉 히타이트인[어]의. **Hethitisch**, das; -(s) / (정관사와 함께만) **Hethitische**', die; -n 히타이트어(語). **Hethitologe** [hetito'loːgə], der; -n, -n 히타이트학(學) 학자. **Hethitologie** [...lo'giː], die 히타이트학. **Hetiter** ↑Hethiter.

hetitisch: ↑hethitisch.

Hetman ['hetman], der; -s, -e / -s [poln. hetman] 〈역사적〉 1. 《옛 폴란드의》 군사령관. 2. 코자크의 우두머리.

Hetz [hets], die; -en 〈österr.·통용어〉 농담, 재미: das war eine H.! 그것은 농담이었다.

Hetz- (hetzen): **~artikel**, der 〈폄〉 선동적인 기사. **~blatt**, das 〈폄〉 선동적인 신문〈잡지, 전단〉. **~halber** 〈Adj.〉〈통용어〉 재미로. **~hund**, der 사냥개. **~jagd**, die 1. 【사냥】 사냥개를 데리고 하는 사냥, 몰이사냥: eine H. veranstalten 몰이사냥회를 개최하다. 2. 화급, 조급, 선동: ich möchte diesen Tag einmal ohne H. verbringen 나는 오늘 한번 조급함이 없이 지내고 싶다. **~kampagne**, die 〈폄〉 선동 캠페인. **~meldung**, die 〈폄〉 선동 기사. **~organ**, das 〈폄〉 선동 신문. **~parole**, die 〈대개 Pl.〉〈폄〉 선동 표어. **~peitsche**, die 사냥꾼의 채찍: 전의 die H. des Fließbandes 콘베이어 벨트가 몰아치는 채찍. **~plakat**, das 선동 플래카드. **~presse**, die 〈폄〉 선동 신문〈잡지〉. **~propaganda**, die 〈폄〉 선동 캠페인. **~rede**, die 〈폄〉 선동 연설. **~schrift**, die 〈폄〉 선동 기사. **~tirade**, die 〈대개 Pl.〉〈폄〉 선동적 장광설.

Hetze ['hetsə], die; -n 1. 조급, 분주: 정신없이 쫓김: das war wieder eine große H. heute 오늘 또 다시 매우 분주하였다. 2. 〈Pl. 없음〉〈폄〉 선동, 비방, 비난: eine wilde H. gegen jmdn. betreiben 누구에 대해 거칠은 비방을 자행하다. 3. 【사냥】 ↑Hetzjagd. **hetzen** ['hetsn] 1. 〈h〉 **a)** 쫓다, 추격하다, 사냥하다, 몰다: der Hund hetzt den Hasen 개가 토끼를 쫓는다; die Polizei hetzte den Verbrecher 경찰이 범인을 뒤쫓았다; 전의 er ist ein gehetzter Mensch 그는 쉴새가 없는 인간이다. **b)** 〈동물을〉 부추겨 덤벼들게 하다, 쫓게 하다: er ließ die Wachhunde los und hetzte sie auf den Fremden 그는 경비견을 풀어서 낯선 사람을 쫓게 했다; 전의 〈폄〉 er hetzte die Polizei auf seinen Nachbarn 그는 경찰로 하여금 그의 이웃사람을 추적케 했다. 2. **a)** 〈h〉 서둘러 처리하다, 급히 하다: bei dieser Arbeit braucht niemand zu h., wir haben genügend Zeit 이 일에 아무도 서둘 필요가 없다, 우리는 충분히 시간이 있다; 〈종종 h. + sich〉 du sollst dich nicht h. 서둘지 말라. **b)** 〈s〉 황급히〈서둘러〉 가다: wir mußten sehr h., um noch rechtzeitig am Bahnhof zu sein 우리는 정시에 정거장에 도착하기 위해 매우 서둘러가야 했다. 3. 〈h〉 **a)** 〈폄〉 선동하다, 비방하다: gegen seine Kollegen h. 자기 동료에 대해 반감을 갖도록 선동하다. **b)** 선동〈사주〉하다: zum Krieg h. 전쟁을 하도록 사주하다. **Hetzer**, der; -s, - 사주자, 선동자, 교사자. **Hetzerei** [hetsə'rai], die; -en 1. 〈Pl. 없음〉 황급히 서둘기, 서두는 짓거리: diese H. am Morgen machte sie nervös 아침에 정신없이 서둘러야만 하는 이 짓거리는 그녀를 신경질나게 했다. 2. 〈통용어·폄〉 **a)** 선동; 교사, 사주. **b)** 선동적 말〈i〉하기: mit seinen -en (gegen die Regierung) versuchte er das Volk aufzuwiegeln (정부에 대한) 그의 선동적인 말로써 그는 국민들을 사주하려고 시도했다. **hetzerisch** 〈Adj.〉 선동적, 사주적, 교사적: -e Reden 선동적 연설〈말〉.

Heu [hɔy], das; -(e)s 1. 말린 풀, 짚, 꼴, 건초: H. machen 풀을 말리다; die Bauern gehen〈fahren〉 schon ins H. 〈통용어〉 농부들은 이미 건초를 하러 간다; er ist mit ihr ins H. gegangen 〈통용어〉 그는 그녀와 사랑을 나누기 위해 건초 더미 속으로 들어갔다; **sein H. im trockenen haben** 경제적으로 아무 걱정이 없다〈안정되어 있다〉. 2. 〈통용어〉 많은 돈: der hat vielleicht H.! 그는 아마 큰 돈을 갖고 있을게다! 3. 〈은·은폐〉 마리화나.

Heu-: **~asthma**, das ↑~schnupfen. **~baum**, der 건초차의 건초 위에 얹어, 건초를 고정시키는 긴 막대기. **~blume**, die 〈대개 Pl.〉 건초의 풀씨〈건초를 체로 쳐서 얻은 꽃잎, 씨앗, 건초 부스러기 등으로 이것을 민간요법으로 사용). **~blumenbad**, das 건초의 풀씨를 사용한 돌목욕(관절염·류머티즘 치료용을 위해). **~boden**, der 1. 건초를 쌓아두는 헛간 시렁. 2. 〈경·농〉〈극장의〉 제일 높은 층 관람석. **~bühne**, die 〈schweiz.〉 ↑~boden (1). **~diele**, die 〈schweiz.〉 ↑~boden (1). **~ernte**, die 건초 수확. **~feim**, der, **~feime** die, **~feimen**, der 〈nordd., md.〉 건초 더미. **~fieber**, das ↑~schnupfen. **~forke**, die 〈nordd.〉 ↑~gabel. **~fuder**, das 건초차 한 대 분의 건초. **~fuhre**, die 건초 마차). **~gabel**, die 건초용 쇠스랑: mit der H. das Heu aufladen 건초용 쇠스랑으로 건초를 싣다. **~harke**, die 〈nordd.〉 ↑~rechen. **~haufen**, der 건초더미. **~holer** [-ho:lɐ], der 〈권투 은어〉 팔을 거의 뻗쳐 휘둘러 치기(적중률이 희박). **~hüpfer**, der 〈통용어〉 ↑~schrecke. **~hütte**, die 〈지역적〉 건초용 나무시렁. **~lademaschine**, die 【농업】〈벤 건초를 차시 싣는〉 건초기. **~macher**, der 1. 건초 만드는 사람. 2. 〈권투 은어〉 ↑~holer. **~mahd**, die 건초 풀베기. **~monat**, **~mond**, der 〈고어〉 7월. **~ochs(e)**, der 〈폄〉 바보, 멍청이. **~pferd**, das ↑~schrecke. **~presse**, die 【농업】 건초 압착기. **~raufe**, die 건초를 걸어놓는 시렁. **~rechen**, der 건초를 뒤집는 쇠스랑. **~reuter** 〈österr.〉, **~reuter**, der 〈südd.〉 건초용 나무시렁. **~schnupfen**, der 【의학】 건초성 코카타르. **~schober**, der 〈südd., österr.〉 야외 건초더미. **~schreck**, der; -(e)s, -e 〈österr.〉 ↑~schrecke. **~schrecke**, die 메뚜기, 직시류. **~schreckenplage**, die 메뚜기재앙. **~schreckenschwarm**, der 메뚜기떼: die Kinder fielen wie ein H. über die Geburtstagskuchen her 아이들이 마치 메뚜기떼처럼 생일 케이크에 달려들었다. **~schwade**, die 베어 놓은 건초의 〈행〉열. **~springer**, der 〈통용어〉 ↑~schrecke. **~stadel**, der 〈südd., österr., schweiz.〉 건초 보관 창고. **~stock**, der 〈Pl. -stöcke〉 〈österr., schweiz.〉 창고에 보관된 건초. **~wagen**, der 건초차. **~wender**, der 【농업】 베어놓은 건초를 뒤집는 기계. **~wurm**, der 포도나무 애벌레(유충).

Heuchelei [hɔyçə'lai], die; -en 〈폄〉 **a)** 〈Pl. 없음〉 위선, 꾸며대기, 가식. **b)** 위선적인〈가식적〉 짓거리〈행동〉: mit solchen -en kommt er bei mir nicht weit 그의 그와 같은 위선적 행동은 나에게 통하지 않는다. **heucheln** ['hɔyçln] 〈h〉 1. 가장하다, 꾸며대다: du heuchelst doch, wenn du ihm immer recht gibst 네는 그의 말이 항상 옳다고 할 때 네 자신 가장하고 있는 것이다. 2. 없는 것을 있는 것처럼 보이게 하다: Liebe h. 사랑하지 않는데 사랑하는 것처럼하다. **Heuchler** ['hɔyçlɐ], der; -s, - 꾸며대는 사람, 위선자. **Heuchlerin**, die; -nen ↑Heuchler의 여성형. **heuchlerisch** 〈Adj.〉 **a)** 거짓의, 위선의, 속임수를 쓰는: sie hat ein -es Wesen 그녀는 어떤 위선적 본성을 지니고 있다. **b)** 가식의, 꾸민: -e Worte 가식적인 말. **Heuchlermiene**, die 위선자의 표정〈태도〉.

heuen ['hɔyən] 〈h〉 〈지역적〉 건초를 만들다; 건초를 수확하다.

heuer ['hɔyɐ] 〈Adv.〉 〈südd., österr., schweiz.〉 금년에, 올해.

¹**Heuer** [-], der; -s, - 〈지역적〉 ↑Heumacher.

²**Heuer** [-], die; -n [niederd. hüre] 〈선원〉 1. 〈선원의〉 급료, 임금: die H. zahlen 선원의 급료를 지불하다. 2. 선원 고용(계약): die H. wird auf eine bestimmte Fahrt festgelegt 이 선원 고용은 특정한 항해에 국한된다.

Heuer- [선원]: **~baas**, der 선원 중개인. **~büro**, das 선원 중개 사무소. **~vertrag**, der 선원 고용 계약.
heuern ['hɔyən] ⟨h⟩ [선원] **1.**《드물게》†anheuern: er ließ sich bei der Hochseefischerei h. 그는 원양 어업에 고용되었다. **2.**《준고어》배를 빌리다, 임대하다, 전세내다.
Heuert ['hɔyət], **¹Heuet** ['hɔyət], der; -s, -e Heumonat. **²Heuet** [-], der; -s / die 《südd., schweiz.》†Heuernte.
Heul- [-'ɔyl-] : **~affe**, der《드물게》†Brüllaffe (1). **~boje**, die **1.** [해양] 자동식 경적이 달린 부표(浮標). **2.**《통용어·폄》소리만 요란한 유행가 가수. **~laut**, der 포효음, 포효 소리. **~liese**, die《드물게》《폄》(여자) 울보. **~peter**, der《통용어·폄》(사내) 울보. **~suse**, die《통용어·폄》(여자) 울보. **~ton**, der 울부짖는 소리. **~tonne**, die ↑~boje. **~trine**, die ↑~liese.
heulen ['hɔylən] ⟨h⟩ **1. a)** (짐승이) 울부짖다; 포효하다: Wölfe heulten nachts 늑대들이 밤에 운다. **b)** 사이렌 소리를 내다: die Sirenen heulten 사이렌 소리가 울렸다. **c)**《통용어》격하게 울다: er heulte vor Wut⟨vor Freude, vor Rührung⟩ 그는 노해서 ⟨기뻐서, 감동해서⟩ 격하게 울었다; **Heulen und Zähneklappern⟨Zähneknirschen⟩**《대개 농》절망적 공포(의 표현); **zum Heulen sein**《통용어》매우 슬프다⟨비참하다⟩: wie es dort zugeht, ist wirklich zum Heulen 그곳 상황은 정말 비참하다. **Heuler** ['hɔyl], der; -s, - **1.**《통용어》윙윙거리는 요란한 소리: der Motor gab noch einen H. von sich, dann war er still 모터는 요란한 소리를 한번 내더니 그 다음 잠잠해졌다. **2.** 윙하고 요란한 소리를 내는 불꽃놀이 약. **3.**《경》멋진 것: dieser Witz ist wirklich ein H.! 이 위트는 정말 멋져!; **das ist (ja) der letzte H.!**《경》**1)** 그것 정말 멋져!(인정, 칭찬의 뜻). **2)** 도저히 믿을 수 없어!(실망의 뜻). **4.**《통용어》바다새끼표범. **Heulerei** [hɔylə'rai], die; -en **1.**《폄》울부짖기. **2.**《통용어》울부짖으며 떠들기: hör endlich auf mit deiner H.! 너 엉엉 울어대는 짓 제발 그만두어라!
heureka! ['hɔyreka] ⟨Interj.⟩ [griech. heúrēka = ich habe (es) gefunden]《교양어》나는 찾아냈어⟨알았어⟩! (어려운 문제를 풀었을 때의 외침, 아르키메데스의 고사에서).
heurig ['hɔyrıç] ⟨Adj.⟩《südd., österr., schweiz.》금년의, 올해의: die -e Ernte 금년 수확; -e Kartoffeln 햇감자. **Heurige*** ['hɔyrıgə], der; -n, -n《특히 österr.》**1. a)** 금년산《오스트리아 포도주》: er trinkt am liebsten einen -n 그는 햇포도주를 제일 좋아한다. **b)** (빈 근교의) 자영 포도원의 포도로 빚은 햇포도주 주점. **2.** (대개 Pl.) 햇감자.
Heurigen- [특히 österr.] : **~abend**, der 햇포도주 주점에서의 저녁 주연(모임). **~kapelle**, die 햇포도주 주점의 악단. **~lokal**, das 햇포도주 주점. **~sänger**, der 햇포도주 주점 가수: die deutschen Österreicher waren Walzertänzer und H. 독일 혈통의 오스트리아인들은 왈츠 춤들을 추고 햇포도주 주점에서 노래 부르는 사람들이었다.
Heuristik [hɔy'rıstık], die [griech. heurískein] (새로운 인식에 이르는) 발견적 방법(론), 발견적 교수법. **heuristisch** ⟨Adj.⟩ 발견적의, 발견적인; 발견을 돕는: das -e Prinzip 발견적 원칙.
heut [hɔyt]《통용어》†heute. **heute** ['hɔytə] ⟨Adv.⟩ **1.** 오늘, 금일: h. ist der 29. Februar 오늘 2월 29일이다; h. geschlossen 금일 휴업; h. mittag 오늘 정오; h. in acht Tagen 다음주 오늘; h. über eine Woche 다음 주 오늘; h. vor vierzehn Tagen 이주일 전; seit h. ⟨ab h., von h. an⟩ 오늘부터; **h. oder morgen**《통용어》조만간, 가까운 시일에, 오늘 내일 언제라도: das kann sich h. oder morgen schon ändern 그것은 내일 언제라도 변할 수 있다; **lieber h. als morgen**《통용어》가능한 한 즉시, 제일 좋게는 즉각: wenn er weggehen könnte, würde er sofort h. als morgen von dort weggehen 그가 떠날 수 있다면 그는 가능한 한 즉시 거기에서 떠나고 싶어할 것이다; **h. und hier**[《드물게》†hier und h.] 이제, 이순간, 즉시, 지체 없이; **von h. auf morgen** 예상 외로 빨리; 예기치 않게: die Lage kann sich von h. auf morgen ändern 상황은 예기치 않게 변할 수 있다. **2.** 오늘날, 현금, 현하: h. ist vieles anders als früher 오늘날은 많은 것이 이전과 다르다;⟨명사화⟩für ihn ist das Heute wichtiger als das Morgen 그에게는 오늘의 현재가 내일보다 더 중요하다; jmd.⟨etw.⟩**von h.** 현대적인⟨오늘날의⟩사람⟨것⟩: die Frau von h. 현대 여성; der Bauernhof von h. ist mit einem von früher nicht zu vergleichen 오늘날의 농장은 과거의 그것과 비교할 수 없다. **heutig** ['hɔytıç] ⟨Adj.⟩ **1. a)** 오늘의, 금일의: von den -en Unterrichtsstunden fallen zwei aus 오늘의 수업 시간 가운데 두 시간이 휴강된다. **b)** 오늘의: die -e Zeitung 오늘 신문; bis auf -en Tag 오늘까지 아무것도 변하지 않았다. **2. a)** 오늘날의, 현재의: der -e Stand der Technik 기술의 현재 상황⟨수준⟩; in der -en Situation 오늘날에; **b)** 현재의, 오늘날의, 현대의: die -e Jugend ⟨Generation⟩ 오늘날의 젊은이⟨세대⟩. **heutigentags** ['hɔytıgn'ta:ks, (또한) '-----] ⟨Adv.⟩《준고어》요즈음, 오늘날, 근자에: das Haus, in dem die Tat geschah, existiert noch h. 그 일이 일어났던 그 집은 오늘날까지 실재하고 있다. **heutzutage** ['hɔyttsuta:gə] ⟨Adv.⟩ 요즈음, 오늘날, 근자에: so etwas ist h. keine Ausnahme mehr 그런 것은 오늘날 더 이상 예외가 아니다.

Hevea [he'vea], die; …veae […vee] / **Heveen** [he've:ən]; 남미 인디언 언어에서 [식물] 고무나무.

hexa-, Hexa- [heksa-],《모음 앞에서는 종종》hex-, Hex- [griech. héx = sechs] 6의 뜻을 지니는 규정사로서, 예컨대) **Hexachord** […'kɔrt], der / das; -(e)s, -e [griech. hexáchordos] 6도 음정, 6현 악기. **Hexadezimalsystem**, das; -s [수학·전산] 16진법. **Hexadisch** [he'ksa:dıʃ] ⟨Adj.⟩ [수학] 6을 기초로 하는. **Hexaeder** [heksa'e:dɐ], das; -s, - [griech. hexáedron][수학] 6면체, **hexaedrisch** […'e:drıʃ] ⟨Adj.⟩ [수학] 6면체의. **Hexaemeron** […'e:mərɔn], das; -s [lat. hexaëmeron < griech. hexaëmeron] [기독교] 6일간의 천지 창조 업적. **Hexagon** [...'go:n], das; -s, -e [lat. hexagonum < griech. hexágōnon] [수학] 6각형. **hexagonal** ⟨Adj.⟩ [수학] 6각형의. **Hexagramm**, das; -s, -e 6각성형⟨角星形⟩, 다비드별, 유태인별. **hexamer** […'me:ɐ] ⟨Adj.⟩ [griech. hexamerēs] [식물] 여섯 조각의, 6개의. **Hexameter** [hɛ'ksa:metɐ], der; -s, - [lat. hexameter] [운율] 6운각의 시구. **hexametrisch** ⟨Adj.⟩ [운율] 6운각의 시구의: -e Verse 6운각의 시구. **Hexan** [hɛ'ksa:n], das; -s, -e [화학] 헥산. **hexangulär** [hɛksangu'lɛ:ɐ̯] ⟨Adj.⟩ [수학] 6각의. **hexaploid** …plo'i:t] ⟨Adj.⟩ [생물] [세포] 6가닥의 염색체를 지닌. **Hexapoden** […'po:dn̩] ⟨Pl.⟩ [동물] 곤충. **Hexastylos** [hɛk'sastylɔs], der; -, - [그리스·로마의] 전면 6주(柱) 사원. **Hexateuch** […'tɔyç], der; -s [기독교] 구약성서의 첫 6서⟨書⟩(요수아서와 모세 5경).

Hexe [hɛksə], die; -n **1.** 마녀; 여자 마술사: die Kinder wurden von einer bösen, alten H. in Vögel verwandelt 아이들이 사악하고 늙은 마녀에 의해 새들로 변했고 있는 중세의) 마녀: noch im 18. Jh. wurden Frauen als -n verbrannt 18세기까지도 여자들이 마녀로

화형당했다. 3. 《폄》 악녀, 요부(妖婦): die kleine [blonde] H. 그 작은[금발의] 요부. **hexen** ['hɛksn̩] ⟨h⟩ a) 마법을 사용하다, 마술을 부리다: das Volk glaubte, sie könne h. 민중은 그녀가 마술을 부릴 수 있다고 믿었다; ich kann doch nicht h. 《통용어》 나는 (마술을 부리듯) 그렇게 빨리 해낼 수는 없다. b) 요술을 부리다: Regen[ein Gewitter] h. 요술을 부려 비가 오게 하다 (천둥 번개가 치게 하다).

hexen-, Hexen-: ~**artig** ⟨Adj.⟩ 마녀 같은: ein -es Wesen 마녀 같은 사람. ~**besen**, der [식물] 위치스빙 (빗자루처럼 마구 잔가지가 많이 생기는 병). ~**ei**, das 1. 무정란. 2. ↑Teufelsei. ~**einmaleins**, das 마법의 곱셈. ~**fett**, das ↑~salbe. ~**haus**, das 누추한 조그만 집; 마녀의 집. ~**häuschen**, das 1. ↑~haus. 2. 조그만 집 모양으로 구워 장식한 과자. ~**jagd**, die 1. 마녀 박해(색출). 2. 《폄》 무자비한 박해: ~**kessel**, der 마녀의 남비; 대혼란, 소요: Unsere Stadt ist ein H. geworden! 우리 시는 소요의 도가니가 되었다! ~**kraut**, das [식물] 털이슬속; 석송(石松). ~**küche**, die 마녀의 부엌, 대혼란, 소란. ~**kunst**, die 마술, 마법; 요술. ~**mehl**, das 석송(石松)의 포자(胞子)로 만든 가루. ~**meister**, der 마술사, 요술쟁이. ~**milch**, die 1. [의학] 마유(魔乳)(갓난아이의 젖에서 나는 젖 같은 분비물). 2. 《통용어》 대극속(草)의 액즙. ~**prozeß**, der 《옛》 마녀 재판. ~**ring**, der 1. [식물] 균환(菌環). 2. [사냥] 노루가 발정기에 곡식밭이나 풀밭에 짓밟아낸 둥근 자리. ~**sabbat**, der 1. 마녀들의 요란한 안식일 모임(특히 발푸르기스 밤에). 2. 《교양어》 대소란. ~**salbe**, die (마녀가 떠나기 전에 바르는) 마녀의 연고. ~**schuß**, der ⟨Pl. 없음⟩ [민속적] 요통(腰痛). ~**stich** [수공] 빗살 뜸 (바느질). ~**tanz**, der ↑~sabbat (2). ~**verbrennung**, die [역사적] 마녀 화형. ~**verfolgung**, die [역사적] 마녀 박해. ~**wahn**, der 마녀 미신. ~**zwirn**, der [식물] 《기생 덩굴식물로서》 사위질빵, 새삼.

hexenhaft ⟨Adj.⟩ ↑hexenartig. **Hexer**, der; -s, -《드물게》 ↑Hexenmeister. **Hexerei** [hɛksəˈraj], die; -en 마술, 요술; 마법: das klingt ja wie H. 그것은 정말 마술처럼 들린다. **Hexerich** [ˈhɛksərɪç], der; -s, -e《드물게》 ↑Hexenmeister.

Hexis [ˈhɛksɪs], die [griech. héxis] [철학] 소유; 상태, 상황.

hexisch ⟨Adj.⟩《드물게》 마녀의: -e Künste 마녀의 요술.

Hexode [hɛˈksoːdə], die; -n [전기] 6극(진공)관. **Hexogen** [hɛksoˈgeːn], das; -s 핵소겐(고성능 폭발물). **Hexose** [heˈksoːzə], die; -n [화학] 핵소제, 육탄당(6炭糖).

Hf = Hafnium.

hfl = 홀랜드 굴덴(holländischer Gulden).

hg 백그램(Hektogramm의 약어).

Hg 수은(水銀)(Hydrargyrum의 약어).

hg., hrsg. 편집(찬)한, 출판(발행)한(herausgegeben의 약어). **Hg., Hrsg.** 편집(찬)자, 출판(발행)자 (Herausgeber의 약어).

HGB 상법서(商法書)(Handelsgesetzbuch의 약어).

Hiat [hiaːt], der; -s, -e ↑Hiatus. **Hiatus** [ˈhi̯aːtʊs], der; -, - [lat. hiātus] 1. [의학] 열공(孔). 2. [언어] a) (따로 따로 발음되는 두 낱말 사이의) 모음 중복(연속) (예컨대: "sagte er"). b) (따로따로 발음되는 한 낱말 내의 모음 중복(연속) (예컨대: "Kooperation"). 3. [지질] 하이에이터스(퇴적 휴지 기간). 4. [선사] 유물이 없는 시기.

Hiawatha [haɪaˈwɔːθə, 《또한》 hi̯aˈvaːta], der; -(s), -s [인디언 추장의 이름에서] 1920년대의 사교춤.

Hibernakel [hibɛrˈnaːkl̩], das; -s, -n ⟨대개 Pl.⟩ [lat. hibernāculum = Winterquartier] [식물] 물 밑에서 월동하는 수초의 싹. **hibernal** [hibɛrˈnaːl] ⟨Adj.⟩ [lat. hibernālis] [고어] 겨울의, 겨울다운. **Hibernation** [hibɛrnaˈtsi̯oːn], die; -en [lat. hībernātio = das Überwintern] [의학] 인공동면(법).

Hibernien [hiˈbɛrni̯ən], -s 히베르니아(옛 로마 시대의 아일랜드 이름].

Hibiskus [hiˈbɪskʊs], der; -, ...ken [lat. (h)ibīscus] [식물] 하이비스커스, 부용속의 총칭. **Hibiskustee**, der 하이비스커스 차(茶).

hic et nunc [ˈhiːk ɛt ˈnʊŋk; lat. = hier u. jetzt] 1. (교양어) 즉시, 당장. 2. [철학] 여기 그리고 지금.

hick! [hɪk] ⟨Interj.⟩ 《통용어》 딸꾹(질 소리의 의성어): ein paarmal kräftig h. machen 몇 번 크게 딸꾹질 소리를 내다; der Hick des Betrunkenen war schon von weitem zu hören 술취한 사람의 딸꾹질 소리가 벌써 멀리서 들을 수 있었다.

hickeln [ˈhɪkln̩] ⟨h⟩ 〈지역적〉 1. 절뚝거리다. 2. (한 발로) 돌차기 놀이를 하다.

Hicker [ˈhɪkɐ], der; -s, -, **Hickerchen** [...çən]; das; -s, -《친근》 딸꾹질: einen Hicker[ein Hickerchen] haben 딸꾹질하다.

Hickhack [ˈhɪkhak], das, 《또한》 der; -s, -s [engl.-amerik. hick-hack] 《통용어》 쓸데없는 논쟁; 소모성 논쟁: das innerparteiliche H. um die Verteilung der Finanzen 재정 배분을 위한 당내의 쓸모없는 논쟁.

¹**Hickory** [ˈhɪkori, 《또한》 ˈhɪkɐri], der; -s, -s / die; -s [engl.-amerik. hickory < pokahickory < indian. (Algonkin) pawcohiccora] [식물] 히코리, 페칸나무 (북미산 호두과 식물). ²**Hickory** [-], das; -s [질긴] 히코리 목재. **Hickorybaum**, der 히코리나무. **Hickoryholz**, das 히코리 목재.

hicksen [ˈhɪksn̩] ⟨h⟩ 〈지역적〉 딸꾹질하다.

hic Rhodus, hic salta! [ˈhiːk ˈroːdʊs ˈhiːk ˈzalta; lat. = hier(ist) Rhodus, hier springe!; 이솝 우화에서] 《교양어》 자! 해보아라; 자! 여기서 승단을 내려야 한다.

Hidalgo [hiˈdalgo], der; -s, -s [span. hidalgo] 1. [역사적] 스페인의 하급 귀족. 2. (과거) 멕시코의 금화.

Hidroa [hiˈdroːa] ⟨Pl.⟩ [의학] 《땀을 많이 흘려 생기는》 피부 기포. **Hidrose** [hiˈdroːzə], **Hidrosis** [...zɪs], die [1: griech. hídrōsis] [의학] 1. 발한(發汗), 땀흘림. 2. 이상 발한으로 인한 피부병. **Hidrotikum** [hiˈdroːtikʊm], das; -s, ...ka [의학] 땀분비 촉진제, 발한약. **hidrotisch** [hiˈdroːtɪʃ] ⟨Adj.⟩ [의학] 땀분비 촉진의: ein -es Mittel 땀분비 촉진제.

Hidschra [ˈhɪdʒra] ↑Hedschra.

hie [hiː] ⟨Adv.⟩ 〈다음 용법으로만〉 **h. und da** 1) 여기저기에; 산발적으로. 2) 때때로, 이따금; **h. ... h. (h. ... da)** 한편으로는 ... 다른 한편으로는: h. Tradition, da Fortschritt 한편으로는 전통, 다른 한편으로는 발전.

hie- [-] 〈자음으로 시작되는 전치사 앞에〉 〈südd., österr.〉: ~**bei** [ˈhiːˈbaj, -ˈ-] ⟨Adv.⟩ ↑hierbei. ~**durch** [ˈhiːdʊrç, -ˈ-] ⟨Adv.⟩ ↑hierdurch. ~**für** [ˈhiːfyːɐ̯, -ˈ-] ⟨Adv.⟩ ↑hierfür. ~**gegen** [ˈhiːˈgeːgn̩, -ˈ-] ⟨Adv.⟩ [고어] ↑hiergegen. ~**von** [ˈhiːfɔn, -ˈ-] ⟨Adv.⟩ ↑hiervon. ~**vor** [ˈhiːfoːɐ̯, -ˈ-] ⟨Adv.⟩ ↑hiervor.

hieb [hiːp] ↑hauen의 과거. **Hieb** [-], der; -(e)s, -e 1. a) 때림, 침, 후려침: ein kräftiger H. mit dem Stock [mit der Peitsche] 막대기[채찍]로 후려침; [성구] auf den ersten H. fällt kein Baum 한 번 쳐서 넘어지는 나무없다(큰 일은 단번에 이루어지지 않고 시간이 걸린다); [전의] einen H. einstecken 비난받다; **einen H. haben** 《경》 제 정신이 아니다; **auf einen H.** 《통용어》

숨에, 한번에: die Bäuerin trank ihr Glas auf einen H. leer 그 여자 농부는 그녀의 술잔을 한숨에 마셔 비웠다. **b)** 〈Pl.〉《통용어》구타, 매(질): -e bekommen(kriegen, beziehen) 매 맞다, 구타당하다. 2. 맞아서 생긴 상처자국; 칼맞은 상처, 창흔: er hat einen H. im Gesicht 그는 얼굴에 칼 맞은 상처 자국이 하나 있다. **3.** 《지역적·준고어》 **a)** 술 한 모금: einen mächtigen H. Bier trinken 술 한 모금 크게 죽 들이켜다. **b)** 약간 술 취함: einen H. haben 약간 술이 취하다. **4.** 《Pl. 없음》《임업》 《산림의 관리 보전을 위한》 벌체: mit dem H. beginnen 벌체를 시작하다. **5.** 《기술》 세워진 줄날.

hieb-, Hieb-: ~**art**, die ↑Hiebsart. ~**fest** 〈Adj.〉 《다음 용법으로만》 **hieb- und stichfest** 끄떡없는; 반박할 수 없는: hieb- und stichfeste Argumente 반박할 수 없는 논거. ~**reif** 〈Adj.〉 ↑hiebsreif. ~**waffe**, die 대검(大劍), 참격 병기(斬擊兵器). ~**wunde**, die 칼 맞은 상처; 절상(切傷).

Hiebsart, die 《임업》 채벌 방식. **hiebsreif** 〈Adj.〉 《임업》 채벌할 만큼 자란.

Hiefe ['hi:fə], die; -n 《südd.》 들장미의 열매. **Hiefenmark**, das 들장미열매 잼.

Hieferschwanz(e)l ['hi:fəʃvants(ə)l], das; -s, - 《österr.》 소 허리 부분의 살.

hielt [hi:lt] ↑halten의 과거.

hiemal [hie'ma:l] 〈Adj.〉 《lat. hiemālis》《고어》 겨울의, 겨울다운.

hienieden [hi:'ni:dṇ, '-'--] 〈Adv.〉 지상에서, 현세에서.

hier [hi:ɐ̯] 〈Adv.〉 **1. a)** 이곳에(서), 여기에, 여기에서 《반대: dort》: der Zettel liegt h. auf dem Tisch 쪽지가 여기 책상 위에 놓여 있다: von h. aus(von h.) bis zum Waldrand sind es noch 5 Minuten 여기에서 숲가까지 5분이다; h. steht geschrieben 여기에는 쓰여 있다; h. auf Erden 《아어》《여기》 이 세상에서, 이 땅 위에서; du h.? 《전화 통화로》너도 여기에?; h. (spricht) Franz Mayer 《전화 통화로》 여기는 프란츠 마이어입니다; er ist nicht von h. 그는 여기 출신이 아니다; 〈전의〉 er ist ein bißchen h. 《벰》《손가락으로 머리를 가리키는 동작과 함께》 그는 약간 모자라다, 멍청하다; **h. und da** [dort] 1) 여기저기에, 곳곳에. 2) 때때로, 종종; **h. und jetzt**[heute] 《아어》 바로 이 순간, 여기: du mußt dich h. und jetzt entscheiden 너는 바로 이 순간 결정을 해야 한다. **b)** 〈명사 뒤에서〉 unser Freund h. kann uns alles genau erzählen 여기(있는) 우리 친구는 우리에게 모든 것을 정확하게 이야기할 수 있다. **c)** 《화자의 몸짓 강조》: h., nimm das Buch! 여기 이 책을 가져! **d)** 《현안의 문제와 관련하여》: auf dieses Problem wollen wir h. nicht weiter eingehen 우리는 여기서 이 문제를 더 이상 거론하지 않겠다. **e)** 《방금 말한 점에 관하여》: h. muß die Kritik einsetzen 바로 이 점에 비판이 가해져야 한다. **f)** 《이 경우에는 ···의 뜻》: h. geht es um Leben und Tod 이 경우는 생사의 문제다. **g)** 《경》《강조》: unser Land haben sie verwüstet und nun noch abhauen h.! 그들은 우리 나라를 황폐화시키고 이제 도망 가겠다고! **2.** (이 시점에서의 뜻): und in der Tat ist vieles neu an der h. beginnenden Epoche 그리고 실제로 이 시점에서 시작된 시대에서 많은 것이 새롭다; **von h. an** 이 시점에서부터: von h. an wird sich einiges in meinem Leben ändern 이 시점에서부터 나의 삶에서 몇 가지가 달라질 것이다.

hier-: ~**behalten*** 〈h〉 여기 놔두다: er hat sein Gepäck bereits aufgegeben, nur einen kleinen Koffer hat er hierbehalten 그는 자신의 짐을 이미 탁송했다, 다만 작은 여행가방 하나만은 여기에 놔두었다. ~**bleiben*** 〈s〉 이곳에 머물다: willst du nicht noch ein paar Tage h.? 며칠 동안 이곳에 머물지 않겠니? ~**lassen*** 〈h〉 여기 놓다: kann ich meinen Schirm h., bis ich wiederkomme? 내가 다시 올 때까지 우산을 여기에 놓아도 될까요?. ~**sein*** 〈s〉 여기에 있다 《부정사와 분사의 경우만 붙어씀》: er ist gestern noch hiergewesen 어제까지만 해도 그는 여기에 있었다; wann soll der Zug h. 기차가 언제 도착한다고 하더냐?.

hier-, Hier-: ↑hiero-, Hiero- 참조.

hieramts ['hi:ɐ̯ʔamts, '--'-, '-'--] 〈Adv.〉 《österr.·판》 여기 당국에서, 이 관청에서: der Fall wurde h. behandelt 그 사건은 이 관청에서 다루어졌다.

hieran [(또한)'-'-] 〈Adv.〉 **1. a)** 여기 이곳에, 여기 이것에, 방금 말한 이것에: der Schiffbrüchige hatte eine Planke entdeckt und sich h. festgehalten, bis er gerettet wurde 난파자는 판대기 하나를 발견하여 구출될 때까지 여기에 꼭 매달려 있었다. **b)** 여기 이곳에(이곳으로), 여기 이것에(이것으로): er suchte sich im Kirschbaum einen starken Ast, h. lehnte er dann die Leiter und stieg hinauf 그는 벗나무에서 튼튼한 가지를 찾아서 여기 이것에 사다리를 걸치고 올라갔다. **2. a)** 방금 말한 이것(이 문제)에: sie glaubt nicht an den Erfolg unserer Sache, h. kann es nicht den geringsten Zweifel geben 그녀는 우리들의 일이 성공할 것을 믿지는다, 그러나 이 점에 있어서는 조금의 의심도 있을 수 없다. **b)** 방금 말한 이것에 〈an + 4격〉: im Anschluß h. 이것에 이어.

Hierarch [hie'rarç], der; -en, -en [griech. hierárchēs] 《고대 그리스의》 최고 성직자. **Hierarchie** [hierarçi:], die; -n [...i:ən; griech. hierarchía = Priesteramt] **1. a)** 《피라미드형의》 위계 질서, 서열, 계급 조직: eine strenge(staatliche, militärische) H. 엄격한 《국가의, 군대의》 위계질서. **b)** 어떤 계급《서열》에 속한 모든 사람, 고위층: Veränderungen in der sowjetischen H. 소련 고위 지도자의 변화. **2. a)** 《Pl. 없음》 《가》 성직 계급. **b)** 성직 계급에 속하고 있는 전성직자. **hierarchisch** 〈Adj.〉 **1.** 《피라미드형》 위계 질서의, 엄격한 계급 조직의: -e Ordnung 엄격한 계급 조직 체제. **2.** 《가》 성직 계급의; 교권 제도의. **hierarchisieren** [hierarçi:zi:rən] 〈h〉 《교양어》 위계 질서화하다. **Hierarchisierung**, die; -en 위계 질서화. **hieratisch** [hie'ra:tɪʃ] 〈Adj.〉 [lat. hierāticus < griech. hieratikós] **1.** 《교양어》 성직자(사제)의: -e Schrift 고대 이집트의 승용 성 문자(僧用聖文字). **2.** 《미술》 《고대 미술 기법에 있어서》 엄격한, 굳은: die Darstellung ist ausgesprochen h. 표현이 두드러지게 엄격하다.

hierauf [(또한)'-'-] 〈Adv.〉 **1. a)** 여기 이 위에, 방금 말한 이 위에: h. standen frühe immer ein paar Blumen 여기 이 위에 이전에는 항상 몇 송이의 꽃이 있었다. **b)** 여기 이 위에 〈auf + 4격〉: h. kann sich ja niemand mehr setzen 여기 이 위에는 정말 아무도 더 이상 앉을 수 없다. **2. a)** 방금 말한 이것에, 이 점에: das war seine Idee, und h. fußten alle seine weiteren Überlegungen 그것이 그의 생각이다, 그리고 이 점에 그의 모든 그 외의 생각들이 근거한다. **b)** 방금 말한 이것에 〔이 점에〕 〈auf + 4격〉: h. werden wir noch zu sprechen kommen 이 점에 우리는 앞으로 더 이야기하게 된다. **3. a)** 그러고나서, 그 다음에: Herr Martini lächelte; h. rieb er sich die Hände 마르티니 씨는 미소지었다, 그러고 나서 그는 손을 비볐다. **b)** 그래서, 따라서: er gewann fast jedes Spiel, h. verdoppelte er den Einsatz 그는 거의 모든 판을 이겼다, 그래서 그는 판돈을 배로 올려 걸었다. **hieraufhin** [《특별한 강조》'----] 〈Adv.〉 이것을 의지하여; 이것에 힘입어, 그 결과로서; 그러자; 이에. **hieraus** [(또한)'-'-] 〈Adv.〉 **1.**

hierbei 여기 이곳[이것]에서부터: h. ist das Geld gestohlen worden 여기 들어있던 돈을 도난당했네. **2. a)** 방금 언급한 것[사실]에서[부터]: im vergangenen Jahr hat unsere Firma schlecht abgeschnitten; h. müssen wir Konsequenzen ziehen 작년에 우리 상사는 실패했다, 이 사실에서부터 우리는 결론을 끌어내야 한다. **b)** 이 천[재료]로: h. will ich mir ein Kleid nähen 이 천으로 나는 옷 한 벌을 짓겠다. **c)** 여기 이 책[작품]에서: h. stammen die Zitate 이 인용들은 여기(이 책)에서 따온 것이다. **hierbei** [(또한)] '-'-] ⟨Adv.⟩ **1.** 여기[이것] 곁에: h. lag der Brief, den ich jetzt suche 여기 이것 곁에 내가 지금 찾고 있던 편지가 놓여 있었다. **2.** 이 때에, 이러한 동안에: h. kann man sich verletzen 이 때에 부상당할 수 있다. **3.** 이 경우에, 차제에: h. ist zu berücksichtigen[zu beachten], daß ... 차제에 …가 고려되어야[유의되어야] 한다. **hierdurch** [(또한)] '-'-] ⟨Adv.⟩ **1.** 여기를 지나: wir müssen h. gehen 우리는 여기를 지나야 한다. **2.** 이 까닭으로[때문에]. **3.** ↑hiermit (3). **hierein** [(또한)] '-'-] ⟨Adv.⟩ **1.** 여기 이 안으로: h. habe ich den Zettel bestimmt nicht gelegt! 여기 이 안으로 나는 그 쪽지를 결단코 집어넣지 않았다! **2.** 방금 말한 것[점]에는: h. willige ich niemals ein 방금 말한 이 점에 나는 결코 동의하지 않겠다. **hierfür** [(또한)] '-'-] ⟨Adv.⟩ **1.** 이 목적을 위해, 이를 위해: die h. erforderlichen Mittel 이를 위해 필요한 자금. **2.** 이것에 대해서: h. habe ich kein Interesse 이것에 대해서 나는 아무런 관심이 없다. **3.** 여기 이것에 대한 대가[보상]로: was gibst du mir h.? 너는 이것에 대한 대가로 나에게 얼마를 주겠니? **hiergegen** [(특별히 강조)] '---] ⟨Adv.⟩ **1.** 여기 이곳[이것]을 향하여: h. ist er gefahren 그는 차를 몰고 이것에 충돌했다. **2.** 이것에 (반)대하여: die h. vorgebrachten Argumente 이것에 반대해서 내놓은 논거들. **3.** 이것에 비해서: aber h. ist sein Spiel noch stümperhaft 그러나 이것에 비해서 그의 연기는 아직 서투르다. **hierher** [(특별히 강조)] '- -] ⟨Adv.⟩ 여기 이곳으로: auf dem Wege h. 여기 이곳으로 오는 도중에; 詩句 bis h. und nicht weiter 여기에까지 이고 그만, 더 이상은 안된다.

hierher- [(또한)] '-'-] : **~bemühen** ⟨h⟩ **1.** 이곳으로 오도록 공손히 청하다: du brauchst ihn nicht hierherzubemühen 너는 그를 이곳으로 오도록 공손히 청할 필요 없다. **2.** ⟨h. + sich⟩ 친절하게도 이곳으로 오다: du hättest dich nicht extra hierherzubemühen brauchen 너는 친절하게도 일부러 이곳으로 올 필요가 없었는데. **~bitten** ⟨h⟩ 이곳으로 오도록 청하다: darf ich sie h.? 제가 그녀를 이곳으로 오도록 청해도 될까요? **~blicken** ⟨h⟩ 이쪽으로 바라보다: ich weiß nicht, warum er dauernd hierherblickt 그가 계속해서 이쪽으로 바라보는 이유를 나는 모르겠다. **~bringen** ⟨h⟩ 이곳으로 가져오다: kannst du das Auto h.? 너 자동차를 이곳으로 가져올 수 있겠니? **~eilen** ⟨s⟩ 이곳으로 서둘러 오다: ich habe die Nachricht erhalten und bin sofort hierhergeeilt 나는 그 소식을 받고 즉시 이곳으로 서둘러 왔다. **~fahren** ⟨s⟩ **1.** ⟨s⟩ (차로) 이곳으로 오다: ich bin mit dem Auto[von der Stadt] hierhergefahren 나는 자동차로 [시내에서부터] 이곳으로 왔다. **2.** ⟨h⟩ (차로) 이곳으로 데리고 오다: man hat ihn sofort hierhergefahren 사람들이 그를 즉시 이쪽으로 데리고 왔다. **~fliegen** **1.** ⟨s⟩ 이곳으로 날아오다. **2. a)** ⟨s⟩ 여기 이곳으로 비행하여 오다: er ist von London direkt hierhergeflogen 그는 런던에서 곧장 이곳으로 비행하여 왔다. **b)** ⟨h⟩ 비행기로 이곳으로 수송하다[공수하다]: das Serum wurde in einer Stunde hierhergeflogen 혈청(血淸)이 한 시간 내에 이곳으로 공수되었다. **~führen** ⟨h⟩ 이곳으로 인도하다; 데리고 오다: er hat uns direkt vom Bahnhof hierhergeführt 그는 우리를 역에서부터 곧장 이곳으로 데리고 왔다. **~gehören** ⟨h⟩ **1.** 여기 이곳에 속하다: ich glaube nicht, daß dieser Stuhl hierhergehört 이 의자가 여기 소속이라고 믿지 않는다. **2.** 여기 이것과 관련하여 중요하다: was du sagst, gehört nicht hierher 네가 말한 것은 여기 이것과 관련하여 중요하지 않다. **~gehörig** ⟨Adj.⟩ **1.** 여기 이와 관련하여 중요한: nicht -e Fragen werden zu einem späteren Zeitpunkt behandelt 여기 이와 관련하여 중요하지 않은 문제는 추후에 다루어진다. **2.** 여기 이 범주에 속하는: die -en Pflanzen(Tiere) 여기 이 그룹에 속하는 식물들[동물들]. **~gelangen** ⟨s⟩ 여기 이곳에 이르다[도달하다]. **~holen** ⟨h⟩ 여기 이곳으로 모셔오다[데리고 오다]: er hat seine Eltern hierhergeholt 그는 그의 부모를 여기 이곳으로 모셔왔다. **~kommen** ⟨s⟩ 여기 이곳으로 오다: wir sind direkt vom Hotel hierhergekommen 우리는 호텔에서 직접 여기 이곳으로 왔다. **~laufen** ⟨s⟩ 여기 이곳으로 달려오다: ich bin, so rasch ich konnte, hierhergelaufen 나는 내가 할 수 있는 한 재빨리 이곳으로 달려왔다. **~legen** ⟨h⟩ 여기 이곳으로 놓다: wer hat denn den Bleistift hierhergelegt? 누가 도대체 연필을 여기 이곳에 놓았느냐? **~locken** ⟨h⟩ 여기 이곳으로 꾀어내다[유인하다]. **~nehmen** ⟨h⟩ 여기 이곳으로 데려가다. **~reisen** ⟨s⟩ 여기 이곳으로 여행하다. **~rufen** ⟨h⟩ 여기 이곳으로 부르다[오라고 지시하다]. **~schaffen** ⟨h⟩ 여기 이곳으로 가져오다: er hat sein ganzes Hab und Gut hierhergeschafft 그는 자신의 전 재산을 이쪽으로 가져왔다. **~schauen** ⟨h⟩ ↑~blicken. **~schicken** ⟨h⟩ 여기 이곳으로 보내다. **~setzen** ⟨h⟩ **1.** 여기 이곳에 놓다[두다]. **2.** ⟨h. + sich.⟩ 여기 이곳에 앉다: willst du dich nicht h.? 너 이곳에 앉지 않겠니? **~stellen** ⟨h⟩ 여기 이곳에 놓다: du kannst den Koffer ruhig h., ich passe schon auf 너는 여행가방을 걱정 말고 여기 이곳에 놓아라, 내가 지켜주마. **~tragen** ⟨h⟩ 여기 이곳으로 날라오다. **~treiben** **1.** 이쪽으로 몰다: der Wind hat ein Stück Papier hierhergetrieben 바람이 종이 한 장을 이쪽으로 몰아왔다. **2.** ⟨h⟩ 이쪽으로 밀리다: das Boot treibt kieloben hierher 보트가 뒤집혀서 이쪽으로 밀려왔다. **~wagen**, sich ⟨h⟩ 감히 여기 이곳으로 오다: nach allem, was passiert ist, wagst du dich noch hierher? 그렇게 사건이 있었는데도 감히 너는 이곳으로 온단 말이냐? **~ziehen** **1.** ⟨h⟩ 여기 이곳으로 끌어오다: er soll das Boot h. 그는 보트를 이곳으로 끌어와야 한다; 轉義 was zieht dich hierher? 너는 왜 이곳으로 오게 되었니? **2.** ⟨s⟩ 여기 이곳으로 이사하다: wann seid ihr hierhergezogen? 너희는 언제 이곳으로 이사했느냐?

hierherauf [(특별히 강조)] '---] ⟨Adv.⟩ **1.** 여기 이 위로, 여기 이곳 위로: die letzte Expedition ist ebenfalls bis h. gekommen 지난 번 탐험대도 역시 여기 이 위까지 왔었다. **2.** 이쪽 위로: h. führt ein besserer Weg 이쪽 위로 더 좋은 길이 나 있다. **hierherum** [(특별히 강조)] '---] ⟨Adv.⟩ **1.** 이쪽(방향)으로, 이 부근(근처)에: er muß h. sein Büro haben 그는 이 근처에 사무실을 가지고 있음에 틀림없다. **hierhin** [(특별히 강조)] '--] ⟨Adv.⟩ 이쪽으로: setzen wir uns doch h., hier ist es schattig 이쪽으로 앉자, 여기는 그늘이 졌다; sie schaute bald h., bald dorthin 그녀는 계속 여기저기 바라보았다. **hierhin** (앞과 함께) 이 시점까지, 여기까지: bis h. bin ich dir in deinen Plänen zu folgen bereit 여기까지 너의 계획에 따를 태세가 되어 있다.

hierhin- [(또한)] '-'-] : **~legen** ⟨h⟩ **1.** 여기 이곳[이쪽]에 놓다: du kannst die Bücher h. 너는 책들을 여기

이곳에 놓아도 된다. 2. 〈h. + sich.〉 이쪽에 눕다: du kannst dich ruhig h., hier stört dich niemand 너는 염려 말고 여기 이쪽에 누워도 된다, 여기서는 아무도 너를 방해하지 않는다. ~setzen 〈h〉 1. 여기 이곳에 놓다(두다). 2. 〈h. + sich.〉 여기 이곳에 앉다: du kannst dich nicht h., hier ist es zu schmutzig 너는 이곳에 앉을 수 없다, 여기는 너무 더럽다. ~stellen 〈h〉 1. 여기(이곳)에 놓다: den Schirm kannst du h. 우산을 너는 여기에 놓아도 된다. 2. 〈h. + sich.〉 이쪽으로 자리잡다: wenn du dich hierhinstellst, kannst du alles gut sehen 네가 이쪽으로 자리 잡으면 모든 것을 잘 볼 수 있다.
hierhinab [(특별히 강조) '---] 〈Adv.〉 이쪽 밑으로: ins Dorf geht es h. 이쪽 밑으로는 마을이 있다(이쪽 밑으로 가면 마을로 간다). **hierhinauf** [(특별히 강조) '---] 〈Adv.〉 이쪽 위로: h. führt ein schöner Spazierweg 이쪽 위로 아름다운 산책길이 나 있다. **hierhinaus** [(특별히 강조)'---] 〈Adv.〉 1. 이쪽 밖으로: zum Schloßgarten geht es h. 이쪽 밖으로는 성의 정원이 나 있다. 2. 여기 이 공간에서 밖으로: h. hat noch kein Gefangener den Weg in die Freiheit zurückgefunden 여기 밖으로는 아직 그 어떤 포로도 자유에의 길을 다시 되찾지 못했다. **hierhinein** [(특별히 강조)'---] 〈Adv.〉 1. 이쪽 안으로: zum Schloßgarten geht es h. 이 안으로 성의 정원이 있다. 2. 이 공간 안으로: wir stellen die Blumen h., das ist die richtige Vase zum Hineinstellen von ihnen 이것은 훌륭한 꽃병이다. **hierhinter** [(특별히 강조) '---] 〈Adv.〉 1. 여기 이것 뒤에서: h. sehen Sie Reste der römischen Fußbodenheizung 여기 이 뒤에서 당신은 로마시대의 바닥 난방(온돌) 잔재를 보게 됩니다. 2. 여기 이것 뒤쪽으로: er ging zum Schuppen, um sein Fahrrad h. zu stellen 그는 자신의 자전거를 여기 이것 뒤쪽에 세워두기 위해 창고로 갔다. **hierhinüber** [(특별히 강조) '---] 〈Adv.〉 여기 이것 너머로. **hierhinunter** [(특별히 강조) '---] 〈Adv.〉 1. 여기 이것 밑으로: hierhinunter ist die Eidechse geschlüpft 여기 이것 밑으로 도마뱀이 기어들어갔다. 2. 여기 이 밑에: h. führt der Weg ins Tal 이 밑에 골짜기로 가는 길이 나 있다. **hierin** [(또한) '-'-] 〈Adv.〉 1. 이 안에: rate mal, was sich h. befindet 이 안에 무엇이 있는지 한 번 알아맞추어봐! 2. 이 점에서: h. irrt er 이 점에서는 그가 잘못 생각한다. **hierinnen** [(특별히 강조) '---] 〈Adv.〉 (고어) ↑hierin. **hierlands** [...'lants, (또한) '-'-] 〈Adv.〉 이쪽으로. **hiermit** [(또한) '-'-] 〈Adv.〉 1. a) 이것으로, 이것으로써: h. kann ich nicht schreiben 이것으로는 나는 쓸 수가 없다. b) 이것에 의해서, 이것으로: das scheint mir ein guter Weg zu sein, h. wirst du dein Ziel bestimmt erreichen 이것이 나에게는 좋은 방법인 것처럼 보인다. 2. 이것을 가지고, 이것으로: h. kann ich nichts anfangen 이것으로는 나는 아무것도 할 수 없다. 3. 이와 더불어, 이와 동시에, 이것으로, 본 서(書)에 의해: h. erkläre ich die Ausstellung für eröffnet 이것으로[이 말과 더불어] 나는 전시회가 개최된 것을 선언합니다; h. wird bestätigt, daß... [관] 이에 ...을 증명한다. **hiernach** [(또한) '-'-] 〈Adv.〉 1. 이것에 일치시켜: h. kann man sich richten 이것을 표준으로 삼을 수 있다(이것에 일치시켜 자신의 방향을 설정할 수 있다). 2. 이에 따르면: ich habe den Untersuchungsbericht gelesen, h. wäre der Angeklagte schuldig 나는 조사보고서를 읽었다, 이에 따르면 피고는 유죄이리라. 3. 이것에 연관하여. **hierneben** [(또한) '-'-] 〈Adv.〉 이 가운데: 179. Personen kamen bei dem Flugzeugabsturz ums Leben, h. befanden sich auch einige Deutsche 179명이 비행기 추락 때에 목숨을 잃었다, 이 가운데 몇 명의 독일인도 있었다.

b) 이것 옆에(옆으로): h., in diese Ecke, könnte man die Kommode stellen 이것 옆 이 구석으로 장롱을 놓을 수 있을 터인데.
hiero-, Hiero- 《모음 앞에서는》hier-, Hier- [hier(o)-: griech. hierós] ("성스러운"을 뜻하는 규정어로서, 예컨대) ↑Hieronym, hierarchisch. ¹**Hierodule** [...'du:lə], der; -n, -n [lat. hierodūlus < griech. hieródoulos] (고대 그리스의) 신전에서 일하는 노예. ²**Hierodule** [-], die; -n (고대 그리스의) 신전에서 일하는 여자 노예. **Hieroglyphe** [...'gly:fə], die; -n [griech. hieroglyphiká] 1. 상형 문자: die ägyptischen -n wurden erst 1822 entziffert 고대 이집트의 상형 문자는 1822년에야 독해되었다. 2. 〈Pl.〉 (농) (악필로) 해독하기 어려운 글씨: deine -n kann ja niemand entziffern 너의 악필 글씨는 아무도 해독할 수 없다. **Hieroglyphenschrift**, die; 상형 문자의 문서. **Hieroglyphik**, die 상형 문자학. **hieroglyphisch** 〈Adj.〉 1. 상형 문자의: -e Schrift (zeichen) 상형 문자 글씨. 2. 상형 문자 같은, 수수께끼의, 판독할 수 없는 기호. **Hierogramm** [...'gram], das; -s, -e 고대 이집트의 성직자가 썼던 글자, 상형 문자. **Hierokratie** [...kra'ti:], die; -n 성직자 정치(통치). **Hieromant** [...'mant], der; -en, -en [griech. hieromántis] 제물을 보고 치는 점(占)쟁이. **Hieromantie** [...man'ti:], die 제물을 보고 치는 점(占). **Hieromonachos** [...'mo:naxos], der; -, ...choi [...xoy; griech. hieromónachos] 사제로 서품받은 승려. **Hieronym** [...'ny:m], das; -s, -e 성스러운 이름, 성명(聖名). **Hieronymie** [...ny'mi:], die a) 종교에 가입할 때 이름의 교체. b) (고대 그리스 비문에서) 개인의 이름을 종단 이름으로 대체. **Hierophant** [...'fant], der; -en, -en [lat. hierophantēs < griech. hierophántēs] (고대 그리스의) 비의(秘儀)교의 우두머리 성직자. **Hieroskopie** [...sko'pi:], die ↑Hieromantie.
hierorts [(특별히 강조) '---] 〈Adv.〉 여기 이곳에서, 이곳에: sich h. niederlassen 여기 이곳에 정주하다. **hierselbst** [(또한) -'-, (특별히 강조) '---] 〈Adv.〉 (고어) 이곳에서, 당지에서. **hierüber** [(또한) '-'-] 〈Adv.〉 1. a) 여기 이곳 위에, 여기 위쪽에. b) 여기 이곳 너머로: traust du dich h. zu springen? 너 이쪽 너머로 건너뛸 용기가 있니? 2. a) (아이) 그러는 동안, 그러는 사이에: er hatte sich ein Fernsehstück angesehen und war h. eingeschlafen 그는 한 편의 텔레비전 프로그램을 보다가 그러는 사이에 잠이 들었다. b) 이것에 대하여(관하여): h. fehlt jede Angabe 이것에 관해서는 그 어떤 언급도 없다. **hierum** [(또한) '-'-] 〈Adv.〉 1. 여기 이곳(이것) 주위에. 2. (방금 말한) 이것에 관하여: h. geht es (mir) nicht. 이것은 (내게) 중요하지 않다(문제되지 않는다).
hierunter [(특별히 강조) '---] 〈Adv.〉 1. a) 여기 이 아래에: h. ist der Schlüssel 여기 이 아래에 열쇠가 있다. b) 여기 이 아래로: h. war der Ball gerollt 여기 이 아래로 공이 굴러갔다(왔다). 2. 방금 말한 이것 하에(이것 때문에): er ist früher einmal straffällig geworden, h. hat er jetzt schwer zu leiden 그는 전에 한 번 처벌 받았다, 바로 이것 때문에 그는 지금 몹시 괴로움을 겪어야 한다. 3. a) 이 중에, 이것 가운데: 179 Personen kamen bei dem Flugzeugabsturz ums Leben, h. befanden sich auch einige Deutsche 179명이 비행기 추락 때에 목숨을 잃었다, 이 중에 몇 명의 독일인도 있었다. b) 여기에(이 중에)(속한다): in der heutigen Zeit nehmen Stoffwechselkrankheiten immer mehr zu; h. fallen z. B. Diabetes und Gicht 오늘날 신진대사 질병이 계속 증가하는; 예컨대 당뇨병과 통풍(痛風)이 여기에 속한다. **hiervon** [(또한) '-'-] 〈Adv.〉 1. 여

기 이것[이곳]에서부터: nur einige Meter h. entfernt geschah der Unfall 여기 이곳에서부터 불과 몇 미터 떨어진 곳에서 사고가 났다. **2. a)** 이것에서부터, 이것에서 [이것을 근거로]: h. lasse ich mir eine Vergrößerung machen 이 사진을 확대하게 한다. **b)** 이 점에 대해서: h. höre ich heute zum ersten Mal 이 점에 대해서 나는 오늘 처음 듣는다. **3.** 이것으로 인해: h. kommt es, daß... ...은 이것에서 연유한다. **4.** 이중에서: es waren sechzig Verunglückte, h. zwei Deutsche 60명이 사고를 당했고 이 중 두 사람이 독일인이다. **5.** 이것에서부터 [이것을 재료로]: h. werde ich mir eine Bluse nähen 이 천으로 블라우스 하나를 만들겠다. **hiervor** [(또한) '-'-] ⟨Adv.⟩ **1. a)** 여기 이곳[이것] 앞에. **b)** 여기 이 앞에: h. möchte ich doch einen Vorhang hängen 여기 이 앞에 커튼을 치고 싶다. **2.** 방금 말한 것에 대해: h. hat er großen Respekt (방금 말한) 이것에 대해 그는 크나큰 존경심을 갖는다. **hierwider** [(특별히 강조) '---] ⟨Adv.⟩ ⟨고어⟩ ↑hiergegen (1, 2). **hierzu** [(또한)'-'-] ⟨Adv.⟩ **1. a)** 이것에 대해서, 이것에는 (...가 적격이다): h. gehört ein kräftiges dunkles Bier 이것(음식 따위)에는 강한 흑맥주가 적격이다. **b)** 이 그룹에: h. gehören eine Reihe von Personen 일련의 인사들이 이 그룹에 속한다. **2.** 이를 위해: h. wünsche ich dir viel Glück 이를 위해 나는 너에게 많은 행운을 빈다. **3.** 이 점에 대해서: was ist deine Meinung h. 이 점에 대해서 너의 의견은 어떠냐? **hierzulande** [(특별히 강조) '----] ⟨Adv.⟩ 여기 이 나라에는: h. bäckt man ein ausgezeichnetes Brot 이 나라에서는 훌륭한 빵을 굽는다. **hierzwischen** [(특별히 강조)'----] ⟨Adv.⟩ **a)** 여기 이것들 사이에; 여기 이 사람들 사이에: h. ist noch Platz 이 사이에 아직 자리가 있다. **b)** 여기 이 사이에: stelle dich doch h., von hier aus siehst du alles 이 사이에 서 보아라, 여기서부터는 모든 것이 보일 것이다.

hiesig ['hi:ziç] ⟨Adj.⟩ 이곳의; 이 -e Bevölkerung besteht überwiegend aus Bauern 이곳 주민은 주로 농부로 이루어져 있다; ⟨명사화⟩ er ist kein Hiesiger 그는 현지인(원주민)이 아니다.

hieß [hi:s] ↑heißen의 과거형.

Hieve ['hi:və], die, -n ⟨전문어⟩ ⟨선적시⟩ 한번에 달아 올리는 짐. **hieven** ['hi:vən] tr. ⟨선원⟩ 끌어올리다, (짐, 닻 따위를) 감아 올리다: wir hievten sie auf den Operationstisch ⟨농⟩ 우리는 그녀를 수술대 위로 올렸다.

Hiffe ['hifə] ↑Hiefe.

Hi-Fi ['haifi, 'hai'fi, (또한) 'hai'fai] ↑High Fidelity의 약칭.

Hi-Fi- ⟨방송⟩ ~**Anlage**, die 하이파이(고충실도의) 화성기 장치. ~**Lautsprecher**, der 하이파이 확성기. ~**Schallplatte**, die 하이파이 음반. ~**Turm**, der 탑처럼 쌓아 설치한 음향기기.

Hifthorn ['hift-], das; -(e)s, ...hörner ⟨사냥⟩ 소뿔로 만든 사냥용 나팔(호각): das H. blasen 사냥용 나팔을 불다.

high [hai] ⟨Adj.⟩ ⟨engl. high⟩ ⟨은어・은폐⟩ (마약으로) 황홀경에 있는: wir waren alle echt h. 우리들 모두가 정말 황홀경에 있었다.

High- [-] : ~**ball** [-bɔ:l], der; -s, -s [engl.-amerik. highball] 하이볼(알코올・음료수). ~**board** [-bɔ:d], das; -s, -s [engl. high u. board] (서랍과 유리문이 있는) 장식장. ~**brow** [-brau] ⟨붙임표와 함께⟩ der; -s, -s [engl. high brow] (교양어・대개 농 또는 폄) 지식인. ~**Church** [-'tʃə:tʃ] ⟨붙임표와 함께⟩ die [engl. High Church] ⟨영국 국교회의⟩ 고(高)교회파. ~**Fidelity** [-fi'delitt, (또한) -...fai...] ⟨붙임표와 함께⟩ die [engl. high fidelity = Treue, genaue Wiedergabe] ⟨방송⟩ **1.** (녹음・재생의) 하이파이, 고충실도. **2.** 하이파이[고충실도] 확성기기. ~**Fidelity-Klang**, der 하이파이[고충실도] 음향. ~**jacker** ⟨붙임표와 함께⟩ ↑ Hijacker. ~**life** ['hajlaif], das; -(s) [engl. high life] 상류 사회 생활: bei uns ist heute H. ⟨통용어⟩ 오늘 우리는 마음껏 즐긴다(멋드러지게 논다). ~**light** [-lait], das; -(s), -s [engl. high light] 하이라이트, 문화 행사의 절정. ~**noon** [-'nu:n] ⟨붙임표와 함께⟩ der; -(s), -s [engl. high noon] 긴장된 분위기: H. in Bonn 본의 긴장된 분위기. ~**riser** [-raizə] ⟨붙임표와 함께⟩ der; -(s), -s [amerik. high-riser] 어린이용 자전거. ~**School** [-sku:l] ⟨붙임표와 함께⟩ die; -s [amerik. high school] 고등 학교. ~**Snobiety** [-sno'baiəti] ⟨붙임표와 함께⟩ die [engl. high snob society] 속물 상류사회. ~**Society** [-sə'saiəti] ⟨붙임표와 함께⟩ die [engl.-amerik. high society] 상류 사교계, 상류 사회(계층). ~**way** [-wei], der; -(s), -s [engl. highway] **a)** (영국의) 간선도로, 국도. **b)** (미국의) 고속도로.

hihi! [hi'hi:], **hihihi** [hihi'hi:] ⟨Interj.⟩ 히히(고소해 하는 소리, 악의에 찬 웃음): „Hihi!" lachte das Scheusal "히히"하고 그 악당은 웃었다.

Hijacker ['haidʒɛkɐ], der; -s, - [engl.-amerik. hijacker] 비행기 납치[인질]범.

Hila: ↑Hilum의 복수형.

Hilarität [hilari'tɛ:t], die [lat. hilaritās] ⟨고어⟩ 쾌활, 즐거움.

hilb [hilp] ⟨Adj.⟩ ⟨schweiz.⟩ 방풍(防風)의, 바람을 받지 않는: wir suchten uns eine -e Stelle 우리는 바람을 받지 않는 곳을 찾았다.

hilf-, Hilf- : ~**los** ⟨Adj.⟩ **a)** 도움이 필요한데 도움이 없는, 의지할 데 없는; 속수무책의: h. und verlassen sein 의지할 곳 없고 버림받다. **b)** 어찌할 바를 모르는: h. ein paar Worte stammeln 머뭇머뭇 몇 마디 말을 중얼거리다. ~**losigkeit** [...lo:ziçkait], die **a)** 속수무책, 도움이 필요하나 도움이 없는 상태: die H. eines neugeborenen Kindes 신생아의 의지할 데 없는(버려진) 상태. **b)** 서투름, 어색함. ~**reich** ⟨Adj.⟩ ⟨아어⟩ **1.** 남을 돕기 좋아하는, 자비심이 많은: jmdm. eine -e Hand entgegenstrecken 누구에게 도움의 손길을 뻗히다. **2.** 도움이 되는; 유용한: -e Hinweise 도움이 되는 지적.

Hilfe ['hilfə], die; -n **1. a)** 도움, 지원, 원조, 협력, 보조, 후원: finanzielle H. 재정적 도움[지원]; jmdm. H. leisten 누구를 도와주다; jmds. H. bedürfen 누구의 도움을 필요로 하다; mit Gottes H. (mit fremder H.) hat er es geschafft 하나님의 도움(낯선 사람의 도움)으로 그는 그것을 해냈다; jmdn. um H. bitten 누구에게 도움을 청하다; niemand kam dem Verunglückten zu H. 아무도 사고당한 남자를 도와주지 않았다; H.! 사람 살려!; jmds. Gedächtnis zu H. kommen 1) 누구에게 무엇을 기억케 하다. 2) ⟨반어⟩ 누구에게 언짢은 일을 상기시키다; **Erste H.** ⟨의사에게 가기 전⟩ 응급 조치; **mit H.)** ... ...의 도움으로: mit H. meiner Familienangehörigen werde ich es schon schaffen 나는 나의 가족의 도움으로 나는 그것을 해낼 것이다. 2) ...을 사용함에: H. von Theorien 이론을 적용하여. **b)** 재정 지원, 원조: mit staatlicher(amerikanischer) H. 국가(미국) 원조로. **c)** ⟨대개 Pl.⟩ ⟨승마⟩ 말에 가하는 명령[지시]. **2.** ↑Hilfsmittel: meine Ersparnisse sind mir eine gute H. 저축이 내게는 좋은 대책이다. **3.** 보조원.

hilfe-, Hilfe- (Hilfe ↑) ⟨hilfs-, Hilfs-도 참조⟩: ~**bedürftig** ⟨Adj.⟩ ↑hilfsbedürftig. ~**bringend** ⟨Adj.⟩ 도움을 가져다 주는: -e Truppen 지원군. ~**ersuchen**, das 지원[원조] 요청. ~**flehend** ⟨Adj.⟩ 도움을 간청하는, 지원[원조]를 간청하는: h. hob sie ihre Hände 그녀는 도와달라고 간청하며 두 손을 들었다.

~leistung, die 지원, 구조, 원조: medizinische [materielle] H. 의료[물질적] 지원. **~ruf**, der 도와[살려]달라고 외치는 소리, 구호[조난] 신호. **~rufend** ⟨Adj.⟩ 살려달라고 외치는: h. standen sie an den Fenstern des brennenden Hauses 살려달라고 외치면서 그들은 불타는 집의 창가에 서 있었다. **~schrei**, der ↑ **~ruf**. **~stellung**, die [체조] **1.** ⟨Pl. 없음⟩ 기계체조 연습시 이를 관찰하고 보조하며 위험방지를 하는 일. **2.** ↑ Hilfeleistung (1)을 하는 사람(보조원). **~suchend** ⟨Adj.⟩ 도움을 구하는: h. schaute sie sich um Hilfe을 구하면서 그녀는 주위를 돌아보았다.

hilfs-, Hilfs- (↑hilfe-, Hilfe-도 참조): **~aktion**, die 구조[구원] 활동; eine H. starten 구원 활동을 개시하다. **~arbeiter**, der 보조, 조수: jmdn. als H. einstellen 누구를 조수로 고용하다. **~arbeiterin**, die ↑ **~arbeiter**의 여성형. **~assistent**, der (대학) 연구실 보조원. **~assistentin**, die ↑ **~assistent**의 여성형. **~bedürftig** ⟨Adj.⟩ **a)** 도움을 요하는; 의지할 데 없는: die alte Frau ist h. 그 노파는 의지할 데가 없다. **b)** 빈곤한: -e Familien 원조를 필요로 하는 가정들. **~bedürftigkeit**, die 궁핍, 빈곤. **~bereit** ⟨Adv.⟩ 남을 돕기 좋아하는, 협력적인: er ist der hilfsbereiteste Mensch, den ich kenne 그는 내가 알고 있는 사람 중 가장 남을 돕기 좋아하는 사람이다. **~bereitschaft**, die 협조(심), 친절(심). **~bischof**, der [가] Weihbischof. **~bremser**, der (통용어·농) 임시 보조원. **~dienst**, der **1.** 구조 활동, 자원 봉사. **2. a)** 긴급 구조 대책 기관(본부): für die Bevölkerung des Katastrophengebiets wurde ein H. eingerichtet 재해 지구 주민을 위해 구조 대책 본부가 설치되었다. **b)** 상설 구조 봉사 기관. **~feuerwehr**, die 보조 소방대. **~fonds**, der 구제 기금: einen H. für Waisenkinder anlegen 고아를 위한 구제 기금을 설치하다. **~geistliche'**, der [신·구교] 보조 사제, 부목사. **~gelder** ⟨Pl.⟩ 보조금, 구제금: jmdm. H. zahlen 누구에게 보조금을 지불하다. **~komitee**, das 구조 활동 위원회. **~konstruktion**, die [기하] 보조 작도(作圖): eine H. zeichnen 보조 도형을 만들다. **~kraft**, die [종종 Pl.] 보조 노동력: fachliche [technische, wissenschaftliche] Hilfskräfte 전문(기술, 학문 연구) 보조원들. **~kreuzer**, der 보조 순양함. **~lehrer**, der 임시 교사, 보조 교사, 준교사. **~linie**, die [기하] 보조선. **~maßnahme**, die (종종 Pl.) 구조 조치[대책], 구조책[방법]: erste -n für die Bevölkerung des Erdbebengebiets wurden getroffen 지진 발생 지역의 주민을 돕기 위한 첫 구조 대책 조치들이 내려졌다. **~mittel**, das **a)** 보조물[기구], 구조책[방법]: technische H. 보조기구 **b)** [Pl.] 보조금, 보조 물자: H. für die Opfer der Katastrophe werden bereitgestellt 재난의 희생자들을 돕기 위한 보조금[보조 물자]이 마련되었다. **~motor**, der 보조 모터. **~organisation**, die (재해) 구조 조직. **~polizei**, die 보조 경찰. **~polizist**, der 임시[보조] 경찰관. **~prediger**, der ↑ **~geistliche**. **~programm**, das 원조 계획: ein H. für die Armen 빈민 원조 계획. **~quelle**, die ⟨대개 Pl.⟩ **a)** 참고 문헌. **b)** 자원: das Land ist reich an natürlichen -n 그 나라는 천연 자원이 풍부하다. **c)** 자금원(↑~mittel (b)): neue -n suchen(aufschließen) 새로운 자금원을 찾다(개발하다). **~richter**, der 판사보, 보조 재판관. **~ruder**, das [항공] 보조타. **~satz**, der [수학·논리] 보조정리. **~schiff**, das [군] 보조함. **~schule**, die (옛) (정신박약아를 위한) 특수 학교. **~schüler**, der (옛, 종종 폄) ↑~Schule의 학교 학생. **~schullehrer**, der ↑~Schule의 학교 교사. **~schwester**, die 보조 간호사. **~sheriff**, der 보조 보안관. **~sprache**, die ↑Welthilfssprache.

~tätigkeit, die 보조 활동, 보조일. **~trupp**, der 구조대. **~truppe**, die ⟨대개 Pl.⟩ [군] 예비군. **~verb**, das [언어] 조동사. **~weise** ⟨Adv.⟩ 대용으로, 추가로. **~werk**, das 구호[조] 사업(회): das Evangelische H. 복음 구호 사업회. **~willig** ⟨Adj.⟩ 도와주려고 하는, 협력적인: ein -er Zeuge 도와주려고 하는 증인. **~willige'**, der (2차 대전시 독일 점령지에서 현지인의) 대독 협력자(약어: Hiwi). **~willigkeit**, die 협력심, 기꺼이 도우려는 마음. **~wissenschaft**, die 보조 학문: die Numismatik ist eine H. der Geschichtswissenschaft 고전학(古錢學)은 역사학의 보조 학문이다. **~zeitwort**, das ↑~verb. **~zug**, der (사고시 구원을 위한) 응급 비상 열차.

Hili: ↑Hilus의 복수형. **Hilitis** [hi'li:tɪs], die; ...itiden [의학] 폐문염(肺門炎).

Hillbilly ['hɪlbɪlɪ], der; -s, ...billies [...bɪlɪz, (또한) ...lɪs; amerik. hillbilly] (폄) 미개지의 주민, 벽지 주민. **Hillbilly-music** [-'mju:zɪk], die **1.** 미국 남부의 민속 음악. **2.** 카우보이의 상업화된 민속 음악.

Hillebille ['hɪləbɪlə], die; -n 19세기까지(특히 하르츠 산 지역에서) 광부들이 사용하던 신호용 목판.

Hilum ['hi:lʊm], das; -s, ...la [lat. hilum] [식물] (씨앗이 자라나 붙어 있던 자리) 배꼽. **Hilus** ['hi:lʊs], der; -, ...li [해부] 문(門)(신경과 혈관이 출입하는 내면 기관 [폐, 신장, 비장 등]의 표면이 들어간 부분).

Himalaja [hi'ma:laja, (또한) hima'la:ja], der; -(s) (중앙 아시아의) 히말라야 산맥.

Himation [hi'ma:tɪɔn], das; -(s), ...ien [...ɪən; griech. himátion] 히마쵸온(고대 그리스 인이 어깨에 걸쳐 입는 일종의 4각 망토).

himbeer-, Himbeer- [Himbeere (b)]: **~artig** ⟨Adj.⟩ 나무딸기 같은, 나무딸기류의. **~eis**, das 나무딸기 아이스크림. **~farben, farbig** ⟨Adj.⟩ 나무딸기 색깔의: ein himbeerfarbener Nagellack 나무딸기색 매니큐어. **~geist**, der ⟨Pl. 없음⟩ 나무딸기 브랜디(화주). **~gelee**, das 《또한》 der 나무딸기 젤리. **~geschmack**, der 나무딸기맛: Bonbons mit H. 나무딸기맛 나는 사탕. **~käfer**, der 나무딸기 딱정벌레. **~kracherl**, das (österr.·준고어) ↑~limonade. **~limonade**, die, 나무딸기 레모네이드. **~marmelade**, die 나무딸기 잼. **~pflanze**, die ↑Himbeere (a). **~pocken** ⟨Pl.⟩ 열대 천연두. **~rot** ⟨Adj.⟩ 나무딸기색깔의, 암적(暗赤)자색의: ein -er Lippenstift 암적 자색의 립스틱. **~saft**, der 나무딸기 쥬스. **~sirup**, der 나무딸기 시럽. **~strauch**, der ↑Himbeere (a). **~zunge**, die [의약] 딸기혀(성홍열에 의한).

Himbeere ['hɪm-], die; -n **a)** 나무딸기의 나무. **b)** 나무딸기(의 열매).

Himmel ['hɪml], der; -s, - ⟨Pl.은 시어로⟩ **1.** 하늘: ein blauer(wolkenloser, klarer, bewölkter, grauer) H. 푸른(구름없는, 맑은, 구름낀, 잿빛) 하늘; der H. ist bedeckt(trübe) 하늘에 구름이 꼈다(하늘이 흐리다); der H. klärt sich auf(bezieht sich) 하늘이 맑아진다(흐려진다); soweit der H. reicht 하늘이 닿는 한(도처에); am Anfang schuf Gott H. und Erde 태초에 하나님이 천지를 창조하시니라(창세기의 첫 구절); die Sonne steht hoch am H. 해가 하늘 높이 떠 있다. das Gebäude ragt in den H. 건물이 하늘 높이 솟아 있다; unter (Gottes) freiem H. übernachten 밖[야외]에서 숙박하다 (F)(야숙하다); zwischen H. und Erde schweben 공중에 자유로이 떠다니다; [전의] der H. lacht [시어] 햇빛이 비치고 있다; er glänzt als Stern am literarischen H. 그는 문학계에 별처럼 빛난다; unter dem H. Griechenlands 《시어》 그리스에서; **H. und Erde** 감자 퓌레와 사과 퓌레에다 피 및 간 소시지로

만든 요리; **H. und Menschen** 《지역적》 매우 많은 사람들; **den H. für eine Baßgeige[einen Dudelsack] ansehen** 《지역적·통용어》 완전히 취하다; **aus heiterem H.** 《통용어》 완전히 예상 밖에, 청천벽력으로; **jmdm.[etw.] in den H. haben** 《통용어》 누구[무엇]를 과장되게 칭찬하다, 누구를 비행기 태우다; **etw. fällt nicht (einfach) vom H.** 무엇이 하늘에서 떨어지는 것이 아니다(가만 있어도 되는 것이 아니다): Fortschritte fallen nicht einfach vom H., sie müssen mühsam errungen werden 발전은 그냥 하늘에서 떨어지는 것이 아니고 애써서 획득되어야 한다. **2. a)** 천상계, 천국, 하늘나라, 극락: Vater unser im H. 《주기도문의》 하늘에 계신 우리 아버지; sie gelobte sich dem H. an 《아이》 그녀는 수녀가 되었다; **in den H. kommen** 《기독교》 천국에 가다; **im H. sein** 《은폐》 하늘나라에 있다 (죽다, 없다); 《전의》 **Sohn des -s** 《옛 중국에서의》 천자(天子), 황제; **H. und Hölle** 천국과 지옥놀이(어린이 놀이의 일종); **jmdm. hängt der H. voller Geigen** 《아이》 누가 행복에 들떠서 기쁜 마음으로 미래를 바라보다; **H. und Hölle[Erde] in Bewegung setzen** 사력을 다하다, 가능한 모든 것을 시도하다; **den H. offen sehen** 《아이》 소망이 성취되어 몹시 기뻐하다; **den H. auf Erden haben** 《아이》 더없는 행복을 누리다, 풍요로운 삶을 향유하다; **jmdm. den H. (auf Erden) versprechen** 《감정》 누구에게 더없이 편안하고 행복한 삶을 약속하다; **aus allen -n fallen[stürzen/gerissen werden]** 크게 실망하다, 환상에서 깨어나다: wenn er die Rechnung liest, wird er aus allen -n fallen 계산서를 읽으면 그는 크게 실망할 것이다; **im sieb(en)ten H. sein[sich (wie) im sieb(en)ten H. fühlen]** 《통용어》 무한한 행복을 느끼다; **etw. schreit zum H.** 무엇이 너무나 부당하다; **etw. stinkt zum H.** 《경》 무엇이 너무나 혐오스럽다. **b)** 《은폐》 하나님, 신, 운명, 신의 섭리, 천의: der H. bewahre(behüte) uns vor einem solchen Schicksalsschlag! 하나님, 그러한 비운으로부터 우리를 보호하소서!; etw. als eine Fügung des -s betrachten 무엇을 하나님의 섭리로 간주하다; **gerechter[gütiger/(ach) du lieber) H.!** 《통용어》 《놀랄때의 외침》 아이구!, 맙소사 하나님!; **weiß der H.!** 《통용어》 《확인의 외침》 결단코!; **das weiß der (liebe) H.[mag der (liebe) H. wissen]** 《통용어》 난 어찌할 바를 모르겠어, 전혀 모르겠어; **weiß der H., wer ...[wie .../wo .../wann...]** 《통용어》 누가[어떻게/어디서/언제] ... 것에 대해서는 알 수 없다; **weiß der H., wo er das aufgeschnappt hat** 어디서 그가 그것을 우연히 듣게 되었는지는 알 수 없다; **um (des) -s willen** 1) 이런, 저런 《놀라움과 방어의 표현》: um -s willen, was ist denn da passiert! 이런! 도대체 무슨 일이냐! 2) 제발, 바라건대《간청의 표현》; laß doch um -s willen die Tür nicht immer offenstehen 제발 문을 항상 열어 놓지 말아라!; 《저주》 **H. noch ein![H. noch (ein)mal!]** 제기랄, **H. noch (ein)mal!**; **H., Herrgott, Sakrament!** 아유 망할 놈의 것; **H., Arsch und Zwirn[Wolkenbruch]!** 《속어》 이 쌍놈의 것!; **H., Gesäß und Nähgarn!** 《농》 제기랄!; **H., Sack (Zement)!** 《경》 쌍놈의 것!; **H., Bomben, Element!** 《준고어》 빌어먹을!; **H., Kreuz, Donnerwetter!** 《경》 이런, 제기랄! **3.** 천개(天蓋): ein Thron mit einem kostbaren H. 화려한 천개가 있는 옥좌; ein Bett mit vier hohen Säulen, einem kleinen H. aus Chintz 네 개의 높은 기둥과 작은 수단(繡緞) 천개로 된 침대.

himmel-, Himmel- 《↑himmels-, Himmels-도 참조》 **~an** 〈Adv.〉 《시어》 하늘로, 하늘 높이. **~angst** 〈Adj.〉 《다음 용법으로만》 **jmdm. ist[wird] h.** 《감정》 누가 몹시 무서워하다: mir wird h., wenn ich daran denke, daß ... ...을 생각하면 나는 무서워 죽겠다. **~bett**, das 천개가 달린 침대. **~blau** 〈Adj.〉 하늘색의; 담청색의: -e Augen 하늘색 파란 두 눈. **~donnerwetter!** 〈Interj.〉 《대개 다음 용법으로》 **H. noch (ein)mal!** 《경·저주》 망할 놈의 것. **~fahrt**, die **1.** 《예수, 성모 마리아의》 승천: Christi (Mariä) H. 예수(마리아)의 승천. **2.** 《관사 없이》 예수 승천일[제]: zu [südd.] an] H. 예수 승천제에. **3.** 《군》 위험스런 모험, 자살적 행위. **~fahrtskommando**, das **1.** 《특히 전쟁에서》 결사적 모험 시도. **2.** 결사대. **~fahrtsnase**, die 《통용어·농》 《콧날이》 위로 굽은 코. **~fahrtstag**, der ↑Himmelfahrt (2). **~herrgott** 〈Interj.〉 《대개 다음 용법으로》 **H. noch (ein)mal!** 《경·저주》 빌어먹을!, 망할 놈의 것! **~herrgottsakra!** 〈Interj.〉 《österr., südd., 경·저주》 망할 놈의 것. **~hoch** 〈Adj.〉 《감정》 매우 높은; 하늘 같이 높은: die Berge türmen sich h. auf 산들이 하늘 높이 우뚝 솟아있다; 《전의》 den anderen h. überlegen sein 다른 사람들보다 엄청나게 뛰어나다; h. jauchzend, zu(m) Tode betrübt 극도로 기뻐했다가 다시 극도로 슬퍼하다. **~hund**, der 《속어》 개놈, 나쁜놈: dieser H. hat mein ganzes Geld geklaut 이 나쁜 놈이 내 돈 전부를 훔쳤다. **~kruzitürken!** 《욕》 망할 놈의 것. **~laudon!** [-'laudon] 〈Interj.〉 《österr.·욕》 망할 놈의 것. **~reich**, das 〈Pl. 없음〉 《기독교》 천국, 낙원, 극락, 지복: ein H. für ein kühles Bier 시원한 맥주 한 잔 주면 천국이라도 내놓겠다. **~schreiend** 〈Adj.〉 벌 받을, 잔인한, 흉악한, 부끄러워하는 할: die hygienischen Verhältnisse waren h. 위생 관계는 수치스럽기 짝이 없었다. **~stürmend** 〈Adj.〉 《아어》 하늘을 휩쓰는, 거인적인, 거대한, 한없는: seine -e Begeisterung[Liebe] 한없는 감동[사랑]. **~stürmer**, der ↑Himmelsstürmer. **~wärts** 〈Adv.〉 《↑-wärts》 《아어》 하늘을 향해서, 하늘 쪽으로: mit h. gerichtetem Blick 하늘을 향한 시선으로. **~weit** 〈Adj.〉 《통용어》 하늘처럼 먼, 요원한; 커다란: ein -er Unterschied 천양지차(天壤之差); die Geschwister sind h. voneinander verschieden 자매들은 서로서로 현격히 다르다.

himmeln ['hɪml̩n] 〈h〉 **1.** 《통용어》 황홀하게 하늘을 쳐다보다: er fing ihren himmelnden Blick auf 그는 그녀의 황홀하게 하늘을 쳐다보는 시선을 포착했다. **2.** 《지역적·속어》 죽다.

himmels-, Himmels- 《↑himmel-, Himmel-도 참조》 **~achse**, die 〈Pl. 없음〉 《천문》 지축(地軸): 주의 축(軸). **~äquator**, der 《천문》 천구(天球)의 적도. **~bahn**, die 《시어》 천체의 궤도. **~blau**, das 《시어》 푸른 빛, 하늘색. **~bläue**, die 《시어》 푸른 빛, 늘색. **~bogen**, der 〈Pl. 없음〉 《시어》 창궁(蒼穹), 하늘. **~bote**, der 《시어》 천사; 신의 사자. **~braut**, die 《시어》 수녀. **~brot**, das 〈Pl. 없음〉 《성서》 만나(Manna). **~dom**, der 《시어》 천개(天蓋), 천공(天空). **~erscheinung**, die 천계(天界)의 현상(일식, 월식 등의), 유성(流星). **~feste**, die 《시어》 천개(天蓋), 천공(天空). **~fürst**, der 《기독교》 신, 하나님. **~gabe**, die 《시어》 하늘이 준[천부(天賦)의] 재능. **~gegend**, die 《시어》 천계(天界), 천공(天空). **~gewölbe**, das 《시어》 천개(天蓋), 천공(天空). **~globus**, der 《천문》 천구의(天球儀). **~gucker**, der **1.** 《동물》 얼룩통구멍. **2.** 《통용어·농》 **a)** 점성사. **b)** 천문학자. **~karte**, die 《천문》 천구도(天球圖); 별자리표. **~komiker**, der 《조롱》 성직자. **~königin**, die 〈Pl. 없음〉 【가】 성모 마리아. **~körper**, der 【천문】 천체, 별. **~kugel**, die **1.** 《천문》 천체. **2.** 천구의(天球儀). **~kunde**, die 〈Pl. 없음〉 천문학; 천체학. **~kuppel**, die 《시어》 천공. **~kutscher**, der 《농》 비

행기 조종사. ~**labor, das** 《우주·구 동독》 스카이랩, 우주 정거장. ~**leiter, die 1.** 《Pl. 없음》 (성서의) 야곱의 사다리(땅에서 하늘에 이르는; 창세기 28장 12절). **2.** 꽃고비(↑Sperrkraut). ~**licht, das** 《시어》 하늘의 빛, 태양. ~**macht, die** 하늘의 힘, 초자연적 힘: die Liebe ist eine H. 사랑은 하나의 초자연적 힘이다. ~**mechanik, die** 《天》 《시어》 천체 역학. ~**pforte, die** 《시어》 천국의 문. ~**pol, der** 《천문》 천극(天極). ~**polizist, der** 《통용어·농》 (비행기의) 무장 수무원. ~**richtung, die** 방위: sie kamen aus allen -en 그들은 사방팔방[도처]에서 왔다. ~**rund, das** 《시어》 창궁(蒼穹), 하늘. ~**schlüsselchen, das; -s, -** 앵초(櫻草). ~**schreiber, der** 《통용어》 공중 광고를 그리는 비행기(색채 연기를 내뿜어 선전 문구를 그리는). ~**schrift, die** 《통용어》 공중의 광고 문자; 공중 광고. ~**spion, der** 《통용어》 정보위성. ~**strahlung, die** 【천문·기상】 대기권에서 흩어지는 태양 광선. ~**strich, der** 《시어》 지대, 지역, 지방. ~**stürmer, der 1.** (아어) 급진적 개혁가, 이상주의자. **2.** 《농》 우주비행사. ~**tür, die** 《시어》 천국의 문. ~**vogel, der** 부전나비과의 나비. ~**wagen, der** 《시어》 큰곰좌. ~**zeichen, das** 수대(獸帶)기호, 황도십이궁. ~**zelt, das** 《시어》 창궁(蒼穹), 하늘. ~**ziege, die 1.** 도요새. **2.** 《통용어·경멸》 신앙심이 돈독한 체 하는 여자.

himmlisch [ˈhɪmlɪʃ] 〈*Adj.*〉 **1.** (고어) 하늘의, 하늘과 같은, 천상의: das -e Licht 《시어》 태양. **2. a)** 천국의, 하늘에 있는: das -e Jerusalem 천국의 예루살렘; unser -er Vater 하늘에 계신 우리 아버지, 하나님; die -en Heerscharen 천사들; er zeigt eine -e Geduld 그는 매우 큰 인내를 보였다; (명사화) **1.** 성자. **2)** 천사들. **b)** 신의, 신적인: eine -e Fügung 신의 섭리, 하나님의 섭리. **3.** 매혹적인, 멋진, 훌륭한, 대단한, 숭고한, 신과 같은: das Wetter war (einfach) h. 날씨가 아주 놓晴다; die Schuhe sind h. bequem 《통용어》 신발이 매우 편하다.

hin [hɪn] 〈*Adv.*〉 **I.** 〈상응하는 전치사 등과 함께〉 **1.** (어떤 목표점을 향한 방향 표시) **a)** 《공간적》 …으로, …로: die Fenster liegen zur Straße h. 창문들이 거리쪽으로 나 있다; auf Frankfurt h. 프랑크푸르트쪽으로; bis zu dieser Stelle h. sind es zwanzig Meter 이 지점까지는 20m이다. **b)** 《시간적》 쯤, 경: gegen Mittag h. 정오쯤; zum Herbst (Winter) h. 가을(겨울)쯤. **2.** 《거리·범위를 표현》 **a)** 《공간적》 …에 걸쳐, …에 따라, …에 면하여: über die ganze Welt h. 전 세계에 걸쳐; vor sich h. murmeln (reden, gehen) 홀로[혼자] 중얼거리다[말하다, 가다]. **b)** 《시간적》 내내: über (durch) viele Jahre h. 많은 세월 내내. **3. nach außen hin** 겉으로(는): nach außen h. wirkte er ganz ruhig 겉으로는 그는 매우 태연하게 행동했다; **auf ... hin** 1) …를 목표로: etw. auf die Zukunft h. planen 무엇을 미래에 겨냥하여 계획하다. **2)** 무엇을 고려하여[참작하여]: jmdn. [etw.] auf etw. h. überprüfen[untersuchen] 누구[무엇]를 무엇의 측면에서 재검사(조사)하다. **3)** 무엇을 근거로, 밑바탕으로 하여: wir taten es auf seinen Rat (seine Nachricht) h. 우리는 그의 충고[소식]를 근거로 행동했다. **II.** 《분리 합성 동사에서 부사 wohin, dahin의 분리 성분으로써》 《특히 통용어》 …으로: wo gehst du h.? 너 어디로 가니? **III.** (통용어의 생략형): ist es weit bis h.? 거기까지가? **IV.** (낱말짝의 한 쪽으로서) **1. a)** 《반대: zurück》: h. und zurück 왕복: eine Fahrkarte h. und zurück 왕복 승차권을 한 장; bitte einmal Köln h. und zurück 쾰른행 왕복표 한 장. **b)** 《반대: her》 가는 쪽으로, 저리; er ist h. und den Auto gefahren 그는 자동차로 가는 쪽으로 갔다. **2. etw. langt(reicht) nicht h. und nicht her** 《통용어》 전혀 충분하지 않다; **das ist h. wie her** 《통용어》 여전하다; **h. oder her** 《통용어》 다소간, 안팎, 내외: drei Stunden h. oder her, das macht doch nichts aus 세 시간 내외 그것은 아무렇지도 않다; ... **hin, ... her,** 〈 ... 〉 《통용어》 하건 않건: Regen h., Regen her, die Arbeit muß (trotzdem) getan werden 비가 오건 오지 않건 일은 해야 한다; **h und her** 1) 이리저리: h. und her reden[beraten] 이런저런 이야기하다[조언하다]; h. und her überlegen 이리저리 숙고하다. 2) 《지역적·고어》 여기저기; 《명사화》 das Hin und Her 1) 왕래: die H. U. Her der Boten 사자(使者)가 끊임없이 오고감. 2) 설왕설래, 우왕좌왕; **h. und wieder** 때때로. **V.** ↑hinsein.

hin-, Hin- (↑ hin II): ~**arbeiten** 〈*h*〉 무엇을 목표로 노력하다; 무엇을 노리다: auf sein Examen[auf einen Krieg] h. 그의 시험[전쟁]을 목표로 노력하다. ~**bauen** 〈*h*〉 **1.** (어디에) 짓다(세우다). **2.** 〈h. + sich〉 《통용어》 떡 버티고 서다. ~**befördern** 〈*h*〉 누구한테 수송(운송). ~**begeben***, sich 〈h〉 (어디로) 가다. ~**begleiten** 〈*h*〉 (어디로) 동반하다. ~**bekommen*** 〈*h*〉 《통용어》 해내다, 끝마치다. ~**bemühen** 〈*h*〉 (아어) **1.** 누구에게 수고[폐]를 끼쳐 (어디로) 가게[오게] 하다: wir möchten Sie nicht eigens zu unserem Büro h. 몸소 우리 사무실까지 오시라는 폐를 끼쳐드리고 싶지 않습니다. **2.** 〈h. + sich〉 몸소[애써] (어디로) 가다: sich (zu jmdm.) h. 몸소 (누구에게) 가다. ~**beordern** 〈*h*〉 누구더러 어디에(누구에게) 가도록 명하다. ~**bestellen** 〈*h*〉 어디에 오게 하다: wir wurden noch einmal zu ihm hinbestellt 우리는 다시 한번 그에게 가도록 부탁받았다. ~**bewegen** 〈*h*〉 **a)** (어디로) 움직이다. **b)** 〈h. + sich〉 어디로 가다: die Menge begann sich zum Ausgang hinzubewegen 무리들이 출구(出口)로 가기 시작했다. **c)** (어떤 방향으로) 움직이다: den Bogen sanft über die Saiten h. 현악기의 활을 현 위에 부드럽게 움직이다. ~**biegen*** 〈*h*〉 **1.** (드물게) (어디로) 구부리다: den Draht geschickt h. 철사줄을 날렵하게 구부리다. **2.** 《통용어》 **a)** 해결하다; 원상복구시키다: eine Sache wieder h. 어떤 일을 다시금 원상복구시키다. **b)** 자기 뜻대로 어디로(누구에게) 교육하다: den biegen wir schon noch hin 그를 우리는 우리 뜻대로 이루어지게 교육할 수 있다. ~**bieten*** 〈*h*〉 《schweiz.》 건네주다: er bot ihm die Papiere hin 그는 그에게 서류들을 건네주었다. ~**blättern** 〈*h*〉 《통용어》 (지폐로) 지불하다: eine große Summe h. 상당한 돈을 지불하다. ~**blick, der** 《다음 용법으로》 **im**〈《드물게》**in**〉 **H. auf** 1) 무엇을 고려(참작)하여: im H. auf seine Verdienste hat man ihm das Amt des Vorsitzenden übertragen 그의 업적을 고려하여 그에게 의장직을 위임하였다. 2) 무슨 관점에서; 무엇에 연관하여: im H. auf einen kürzlich erschienenen Bericht 최근에 나온 보고와 연관해서. ~**blicken** 〈*h*〉 쳐다보다: zu[nach] jmdm. [etw.] h. 누구(무엇) 쪽을 쳐다보다. ~**brauchen** 〈*h*〉 《통용어》 갈 필요가 있다: vorläufig brauchen wir nicht mehr hin 당분간은 우리는 거기갈 필요가 더 이상 없다. ~**breiten** 〈*h*〉 **1.** 펼쳐 놓다, 펼치다: Tücher über die Leichen h. 시체들 위에 천을 펼쳐 놓다. **2.** (아어) **a)** 펼쳐 보이다. **b)** 〈h. + sich〉 펼쳐지다: er ließ den Blick über die sich hinbreitende Steppe gehen 그는 앞에 펼쳐진 초원 위로 시선을 던졌다. ~**bringen*** 〈*h*〉 **1. a)** (그곳으로) 가지고 (데리고) 가다: soll ich dich h. 내가 너를 그곳으로 보내줄까? (데려다 줄까?) **b)** 《통용어》 해내다: er bringt die Arbeit einfach nicht hin 그는 그냥 그 일을 해내지 못한다. **2.** (시간을) 보내다: er wußte nicht, wie er seine Zeit h. sollte 그는 자신의 시간을 어떻게 보내야 할지 몰랐다. ~**bügeln** 《통용어》 정상으로 하다, 정돈하다; 치료하다. ~**dämmern**

⟨s⟩ 멍청하게 세월을 보내다. ~**deichseln** ⟨h⟩ 잘 해내다, 성취하게, 깨끗이 해치우다(↑hinbiegen (2 a)). ~**denken*** ⟨h⟩ 엉뚱한 생각을 하다: wo denkst du hin! 너무[무슨] 터 무 없는 생각을 하고 있다. ~**deuten** ⟨h⟩ **1.** 누구가[무엇]를 가리키다: mit der Hand auf jmdn. h. 손으로 누구를 가리키다. **2.** 암시하다, 지적하다. **3.** 증후를 보이다: alle Anzeichen deuten auf eine akute Erkrankung hin 모든 증세를 보면 급성질환인 것 같다. ~**donnern 1.** ⟨s⟩ (쾅쾅) 큰 소리를 내며 움직이다: der Zug donnerte über die Schienen hin 기차가 철로 위로 쾅쾅 큰 소리를 울리며 갔다. **2.** 《통용어》 ⟨s⟩ (쾅 하고) 넘어지다: der Eisläufer ist zweimal hingedonnert 빙상 스케이트 주자가 두 번 쾅하고 넘어졌다. **3.** ⟨h⟩ 《통용어》 (쾅하고) 던지다: die Schultasche h. 학생가 방을 쾅하고 던지다. ~**dösen** 《통용어》 꾸벅꾸벅 졸다. ~**drängen 1. a)** 몰려들다, 쇄도하다: alles drängte zu ihm hin[zum/nach dem Eingang hin] 모든 사람들이 그에게로[입구(入口)로] 쇄도했다. **b)** 욕구 [충동]를 보이다[나타내다]: alles in ihm drängte zum Priesterberuf hin 그의 마음 속에 있는 모든 것이 성직자 직을 갈구했다. **2.** ⟨h. + sich⟩ 밀고 나가다. ~**drehen** ⟨h⟩ 《통용어》 ↑hinbiegen (2 a). ~**drücken** ⟨h⟩ **1.** 어디를 누르다: die Stelle ist angekreuzt, Sie brauchen nur Ihren Stempel hinzudrücken 그곳은 표시가 되어져 있습니다, 당신은 당신의 도장을 (그곳에) 찍기만 하면 됩니다. **2.** (지역적) 누구에게 무엇을 상기하게 하다: sie drückte ihm immer wieder seinen Seitensprung hin 그녀는 계속 그의 탈선을 상기시켰다. ~**ducken** ⟨h⟩ **1.** 구부리다; 숙이다: den Kopf h. 머리를 숙이다. **2.** ⟨h. + sich⟩ 어디로 구부리다: sich auf den Boden h. 땅바닥으로 구부리다; 【전의】 hingeduckte Holzhäuser 처진 목조 가옥들. ~**dürfen*** ⟨h⟩ 《통용어》 **1.** 가도 좋다: keiner durfte zu den Kranken hin 아무도 환자에 한테 가서는 안되었다. **2.** 놓여질 수 있다. ~**eilen** ⟨s⟩ **1.** 어디로 서둘다[서둘러 가다]: zu jmdm.[nach einem Ort] h. 누구에게[한 장소]로 서둘다. **2.** 서둘러 움직이다: über die Straße hineilende Passanten 길 위로 서둘러 가는 보행인들. **3.** (아이) **a)** 서둘러 가다: da eilt er hin 그는 서둘러 간다. **b)** 빨리 지나가다: die Zeit eilt hin 시간이 빨리 흐른다. ~**ewigen** ['hin|e:vign] ⟨h; 비인칭⟩ 죽게하다, 저승으로 데려가다: als es Frau Sagebiehl hingeewigt hatte 자게빌 부인이 죽었을 때. ~**fahren*** **1. a)** 어디로 (타고) 가다: zu seinen Eltern h. 그의 부모에게로 가다. **b)** 〈h〉 누구를 태워 가다: sie fuhren ihn (zum Revier) hin 그들은 그를 태우고 (그 지역으로) 갔다. **2.** ⟨s⟩ (교통 기관이) 움직여 가다: Züge fuhren über die Ebene hin 기차들이 평야를 지나갔다. **3.** ⟨s⟩ **a)** 떠나가다, 가다: da fährt er hin! 저기 그가 가고 있다. **b)** (준고어·은폐) 죽다. **4.** ⟨s⟩ **a)** 스쳐 지나가다, 쓰다듬다: mit der Hand glättend über die Decke h. 손으로 쓰다듬어 덮개를 편편히 하다. **b)** 재빨리 움직이다: er fuhr mit der Hand nach der Tasche h. 그는 (재빨리) 손을 주머니로 가져갔다. ~**fahrt,** die 가는 길(반대: Rückfahrt): auf[bei] der H. war genügend Platz im Zug 가는 길에는 기차에 충분히 자리가 있었다. ~**fall,** der 《schweiz.》 실효, 무효, 탈락. ~**fallen*** ⟨s⟩ **1. a)** 넘어지다; 쓰러지다: stolpern und h. 비틀거리며 넘어지다. **b)** (아이) (누구 앞에) 엎드리다: vor jmdm. h. und ihn anflehen 누구 앞에 엎드려 애원하다. **2.** 떨어지다. **3.** (드물게) 무효가 되다, (의미가) 없어지다. ~**fällig** ⟨Adj.⟩ **1.** 허약한, 쇠약한: ein -er Greis 쇠약한 노인. **2.** 실효(失效)의, 효력 (근거)이 없는. ~**fälligkeit,** die 허약함, 쇠약함, 실효. ~**fetzen** ⟨h⟩ 《경》 엉성하게 표현하다[보여주다]. ~**finden*** ⟨h⟩ **1.** (어디에 이르는) 길을 찾아내다, 다

다르다: er hat zu uns [zu unserem Haus] hingefunden 그는 우리한테(우리 집)로 왔다; 【전의】 zu Gott h. 신에게[종교에] 귀의하다. **2.** ⟨h. + sich⟩ ↑~finden (1). ~**fläzen,** sich ⟨h⟩ ↑hinflegeln. ~**flegeln,** sich ⟨h⟩ 《통용어·경》 단정치 못한 자세로 앉다. ~**fliegen*** **1.** ⟨s⟩ (어디로) 날아가다: Raketen, die zum Mond hinfliegen 달에로 날아가는 로켓들. **2.** ⟨s⟩ 날아 움직이다: der Ballon flog über das Meer hin 기구가 바다 위를 날아갔다. **3.** ⟨h⟩ (비행기로) 수송하다: Soldaten [Medikamente] zur Unfallstelle h. 군인들[의약품들]을 비행기로 (사고 지점에) 수송하다. **4.** ⟨s⟩ 재빨리 움직이다: der Ball flog über die Köpfe hin 공이 사람 머리들 위로 재빨리 날아갔다. **5.** ⟨s⟩ 재빨리 어디로 움직이다: das Pferd flog über die Steppe hin 말이 초원 위로 재빨리 달려갔다. **6.** ⟨s⟩ 《통용어》 쓰러지다, 넘어지다: er rutschte aus und flog hin 그는 미끄러져 쓰러졌다. ~**fließen*** ⟨h⟩ **1.** 흘러서 (어디로) 가다: der Lech fließt nach der[zur] Donau hin 레히 강은 도나우 강으로 흘러간다. **2.** 흘러서나가다: der Fluß fließt über die Ebene hin(an der Stadtgrenze hin) 강은 평야 위를[시 경계를 따라] 흘러간다. ~**flug,** der (반대: Rückflug) 가는 편도 비행: auf dem H. 가는 편도 비행 중에. ~**fracht,** die **1.** (반대: Rückfracht) 【경제】 가는 편도 화물. **2.** 가는 편도 화물료. ~**fristen** ⟨h⟩ 간신히 생계를 이어가다: sein Leben h. 그의 생계를 간신히 이어가다. ~**führen** ⟨h⟩ **1. a)** 누구를 어디로 데리고 가다: soll ich Sie zu Ihrem Zimmer h.? 제가 당신을 방으로 안내해야 하나요?; 【전의】 jmdn. zu Gott h. 【종교】 누구를 신앙으로 인도하다. **b)** (교육을 통해) 이끌다: die Studenten durch gründliche Anleitung zu tieferem Verständnis h. 대학생들을 철저히 지도해서 보다 깊게 이해하도록 하다. **2.** ⟨h⟩ (반대하다): alle Straßen, die zur Stadt hinführen, werden gesperrt 시내로 향하는 모든 도로들이 차단되었다; 【성구】 wo soll das h. 《통용어》 이것이 어떻게 끝날 셈인가?? **3.** ⟨h⟩ (어디를 따라) 이어지다: der Weg führt am Ufer hin 그 길은 강변을 따라 이어진다. ~**gabe,** die **1. a)** ⟨Pl. 없음⟩ 헌신, 귀의: selbstlose [religiöse] H. 사심없는 (종교적) 헌신; bedingungslose H. an Gott 신에의 무조건적인 귀의. **b)** 몰두, 탐닉: einen Kranken mit H. pflegen 환자를 헌신적으로 돌보다. **2.** 《아이·완곡》 (여자가) 몸을 허락함. **3. a)** (드물게) 줌, 교부, 인도. **b)** (아이) 양도, 포기. ~**gabefähig** ⟨Adj.⟩ 헌신 [몰두]할 수 있는. ~**gabefähigkeit,** die ⟨Pl. 없음⟩ 헌신[몰두]할 수 있음. ~**gammeln** ⟨h⟩ 《통용어》 타성에 젖어 살아가다. ~**gang,** der 《아이》 죽음. ~**geben*** ⟨h⟩ **1.** (아이) 희생하다: sein Vermögen [das Leben] h. 그의 재산[삶]을 희생하다. **2.** ⟨h. + sich⟩ **a)** 헌신하다, 전념하다: sich einer Arbeit [dem Vergnügen, dem Genuß] h. 일(재미, 향락)에 빠지다. **b)** (은폐) (성적으로) 깊은 관계를 가졌다: sie gab sich ihm hin 그녀는 그와 깊은 관계를 가졌다. **3.** 넘겨주다, 건네주다: jmdm. einen Bleistift h. 누구에게 연필 한 자루를 건네주다. ~**gebend** ⟨Adj.⟩ 헌신적인. ~**gebung,** die 헌신, 귀의. ~**gebungsvoll** ⟨Adj.⟩ 헌신(귀의)에 가득 찬, 아주 헌신적인: einen Kranken h. pflegen 환자를 헌신에 가득 차 돌보다. ~**geeignete*** ['hingə|ɐɪgtə], der/die 《통용계》 사자(死者), 망자(亡者). ~**gegeben** ⟨Adj.⟩ 헌신적인, 몰두하는: jmdm. h. zuhören 누구의 말을 몰두해 [귀담아] 듣다. ~**gegossen** ⟨Adj.⟩ 《통용어·농》 느긋한 자세로의. ~**gehaucht** ↑~hauchen 참조. ~**gehen*** ⟨s⟩ **1.** 누구[무엇]에게 가다: ungern zu jmdm. [zu einem Vortrag] h. 마지못해 누구 [강연회]에게 가다. **2. a)** 떠나가다: da geht er hin! 저기 그가 떠나가는구나! **b)** (아이) 죽다: unser bester Freund ist hingegangen 우리들의 절친한 친구가 세상을 떠났다. **c)** 가다, 지나가다, 경과하다: die Zeit(der Sommer) ging hin 시간[여름]이 가 버렸다. **3.** 스쳐 지나가다: sein Blick ging über die weite Landschaft hin 그는 그 넓은 풍경을 훑어보았다. **4.** 아쉬운대로 허용되다: dieser Aufsatz mag h. 이 논문은 아쉬운대로 통과시킬 수 있다; ich will es noch einmal h. lassen 내가 그것을 다시 한번 눈감아주겠다. ~**gehören** ⟨h⟩ 《통용어》 **1.** (어디에) 소속해 있다, 속하다. **2.** ↑hin (II): wo gehört das hin?(wohin gehört das?) 이것은 어디에 두어야 하는가(의 통용어적 표현). ~**gelangen** ⟨s⟩ 어디다 다다르다, 미치다: das Gerücht ist nach Rom[zu ihm] hingelangt 그 소문이 로마에(그에게) 까지 다다랐다. ~**geraten**' ⟨s⟩ 어디에 우연히 오다(오게 되다): er erzählte, wie er dort hingeraten war 그는 자신이 거기에 어떻게 해서 가게 되었는지에 대하여 이야기했다. ~**gerissen** ⟨Adj.⟩ 마음을 빼앗긴, 황홀한. ~**gerissenheit**, die 황홀, 도취, 몰아. ~**geschiedene**', der / die 죽은 사람, 고인. ~**gießen**' ⟨h⟩ 끼얹다, 붓다. ~**gleiten**' ⟨s⟩ **1.** 미끄러지듯이 지나가다: das Eis h. 얼음 위로 활주하다; 전의 den Blick über etw. h. lassen 무엇을 훑어보다. **2.** 《아어》 지나가다, 흘러가다: die Zeit gleitet hin 시간[세월]이 흘러간다. **3.** (준고어·아어) 미끄러져 넘어지다: auf der nassen Straße h. 젖은 길 위에 미끄러져 넘어지다. ~**gucken** ⟨h⟩ 《통용어》 똑바로 응시하다(보다). ~**haben**' ⟨h⟩ 《통용어》 ↑hin (II): wo willst du das Bild h.? 너는 그림을 어디에 걸기를 원하느냐. ~**halten**' ⟨h⟩ **1.** 내어밀(고 있)다: jmdm. die Zigaretten h. 누구에게 담배 개피를 건네다. **2. a)** 기다리게 하다, 질질끌다: die Gläubiger mit leeren Versprechungen h. 공허한 약속으로 채권자를 기다리게 하다. **b)** [특히 군] (시간을 벌기 위해) 잡아두다: den Gegner h., bis Verstärkung eintrifft 증원군이 도착할 때까지 적을 잡아두다. **3.** 《드물게》 입장을 고수하다, 굴하지 않다. ~**haltepolitik**, die 지연 정책. ~**haltetaktik**, die 지연 전략. ~**haltung**, die 지연 행위, 질질 끌기. ¹~**hängen** ⟨h⟩《통용어》 어디에 걸다(걸치다). ²~**hängen**' ⟨h⟩《통용어》 지체되다, 미결 상태로 있다: Sache lange h. lassen 어떤 사건을 오랫동안 지체시키다. ~**hauchen** ⟨h⟩ **1.** 속삭이다: ein paar Worte h. 몇 마디 말을 속삭이다. **2.** 숨을 뿜듯이 (약하게) 불을 만들어내다: ein auf die Wange hingehauchter Kuß 볼에 살짝 한 키스. ~**hauen**' **1.** ⟨h⟩ 《통용어》 어디를 치다, 때리다: mit dem Hammer h. 망치로 치다. **2.** ⟨h⟩ 《경》 a) 내던지다: seine Tasche h. 가방을 내팽개치다. **b)** 급작스럽게 내동댕이치다: seine Arbeit h. 자기 직업을 내동댕이치다. **3.** (h. + sich) 《경》 **a)** 쉬기(잠자기) 위해 눕다: sich zeitig h. 일찍감치 눕다. **b)** 땅바닥에 쓰러지다. **4.** ⟨h⟩《경》 **a)** 땅바닥에 내팽개치다: den Gegner h. 적을 땅바닥에 내팽개치다; (비인칭) im unteren Steilhang hat es mich hingehauen 밑의 급경사지에서 나는 땅바닥에 쓰러졌다. **b)** 당혹하게 하다: das hat mich hingehauen 그것이 나를 당혹하게 했다. **5.** ⟨s⟩ 쓰러지다, 넘어지다: der Länge nach h. 벌링[한일자로] 넘어지다. **6.** ⟨h⟩ 《경》 **a)** 《뭐》 급히 해치우다, 얼렁뚱땅 빨리 끝내다: einen Aufsatz in einer halben Stunde h. 작문을 반시간 내에 얼렁뚱땅 끝내다. **b)** (말을) 한[한두] 마디 던지다: eine bissige Bemerkung h. 신랄한 말 한마디를 던지다. **7.** 《지역적·경》 《h》 서둘다: er hat ganz schön hingehauen 그는 정말 매우 서둘렀다. **8.** ⟨h⟩《경》 a) 잘 되다: die Sache wird schon h. 그 일은 꼭 잘될 것입니다. **b)** 잘되어 있다, 올바르다: verbessere diesen Satz, er haut so nicht hin! 이 문장을 고쳐라, 문장이 바로되지 않았다. **c)** 성공하다, 반항이[좋다]: der neue Roman scheint hinzuhauen 새 소설이 반향이 좋은 것 같다. ~**hocken** ⟨h⟩ **1.** 쪼그리고 앉다. **2.** (südd.·친고어) 앉다. ~**horchen** ⟨h⟩《통용어》 귀기울여 듣다. ~**hören** ⟨h⟩ 경청하다. ~**huschen** ⟨s⟩ 획 스쳐 가다. ~**kauern**, sich ⟨h⟩ 응크리고 앉다. ~**kitschen** ⟨s⟩ 【통용】 ↑hinhauen (6 a). ~**klotzen** ⟨h⟩《통용어》 (크고 무거운 것 따위를) 세우다, 설치하다. ~**knallen**《통용어》 **1.** ⟨h⟩ 쾅[탕] 던지다: das Buch auf den Tisch h. 책을 책상 위에 쾅 소리내며 던지다. **2.** ⟨s⟩ 큰 소리내며 떨어지다 [넘어지다]. ~**knien 1.** ⟨s⟩ 무릎을 꿇다. **2.** ⟨h. + sich⟩ ⟨h⟩ ↑hankien (1). ~**kommen**' ⟨s⟩ **1.** 가다, 오다: kommst du auch zu der Versammlung hin? 너도 모임에 오겠니? **2.** 《통용어》 ↑hin (Ⅱ): wo kommen die Bücher hin《통용어》 책을 어디에 놓아야 하니?; wo ist meine Uhr bloß hingekommen 내 시계가 도대체 어디에 갔을까? 성구 wo kommen(kämen) wir hin, wenn ...? 만약 ···하면 도대체 어떻게 될 것인가?; wo kämen wir ohne die Gesetze hin 법이 없으면 우리는 어떻게 되지? **3.** 《통용어》 충분하다, 족하다, 꾸려질 만하다: mit den Vorräten h. 저장품이 족하다. **4.** 《통용어》 정리[정돈]되다: es wird schon alles irgendwie h. 모든 것이 어떻게든 잘될 것이다. **5.** 《통용어》 맞다: das Gewicht kommt ungefähr hin 무게가 거의 맞다. ~**können** ⟨h⟩《통용어》 갈 수 있다. ~**kriegen** ⟨h⟩《통용어》 **1.** 해내다: das hast du prima hingekriegt 너는 그것을 멋지게 해냈다. **2.** 원상복구시키다, 회복시키다: jmdn. wieder h. 누구를 다시 회복시키다. ~**kritzeln** ⟨h⟩ 끌쩍거리다: hingekritzelte Zeichen 끌쩍거린 표시. ~**kümmern** ⟨s⟩ ↑dahinkümmern. ~**kunft**, die (다음 용법으로) **in H.** ⟨österr.⟩ 미래에[의], 장래에[의]. ~**künftig** ⟨Adj.⟩ ⟨österr.⟩ 미래의, 장래의. ~**langen** ⟨h⟩ **1.** 《통용어》 《붙》잡다, (잡으로) 손을 내밀다: er langte blitzschnell hin 그는 번개처럼 재빨리 붙잡았다. **2.** 《경》 맹렬히 덤벼들다: die gegnerische Mannschaft langte ganz schön hin 《스포츠 은어》 상대 선수들은 정말 거칠게 경기했다. **3.** 《경》 쓰다, 사용하다: ausgiebig h. 흥청망청 쓰다. **4.** 《경》 a) 족하다, 충분하다: die Butter langt hin 버터가 충분하다. **b)** 그럭저럭 해나가다: mit dem Geld h. 돈이 그럭저럭 있다. ~**länglich** ⟨Adj.⟩ 충분한, 족한: diese Tatsache ist mir h. bekannt 이 사실은 나에게 충분히 알려져 있다. ~**länglichkeit**, die 충분, 충족. ~**lassen**' ⟨h⟩ 《통용어》 가게 하다: sie ließen ihn hin zu seinen Eltern hin 그들은 그를 그의 부모에 가지 못하게 했다. ~**laufen**' ⟨s⟩ **1. a)** (어디로) 달려가다: zur Unfallstelle h. 사고 지점으로 달려가다. **b)** (지역적·통용어) (어디로) 걸어가다: wir sind hingelaufen hingefahren 우리는 타고간 것이 아니라 걸어갔다. **c)** 《통용어》 (누구한테, 어디로) 달려가다: der läuft ständig zum Chef hin, um sich zu beschweren 그는 끊임없이 사장에게 달려 가서 불평을 말한다. **d)** (어디로) 뻗다: die Straßen laufen nach[zu] einem Punkt hin 도로들이 한 지점으로 모인다. **2. a)** 뛰어가다: über den Rasen h. 잔디 위를 뛰어가다. **b)** (어디로) 흐르다. **c)** 뻗다: über die Ebene hinlaufende Straßen 평야를 지나 뻗은 도로들. ~**leben** ⟨h⟩ ↑dahinleben. ~**legen** ⟨h⟩ **1. a)** (어디에) 놓다, 두다. **b)** 《통용어》 (상당 금액을) 내어놓다, 지불하다: dafür mußte er 1000 Mark h. 그 값으로 그는 1000마르크를 지불해야 했다. **c)** (손에서) 놓다: den Hörer h. 수화기를 놓다. **d)** (누구를) 눕히다: sie trugen den Verletzten an den Straßenrand und legten ihn hin 그들은 부상자를 노견으로 옮겨서 눕혔다. **e)** 《통용어》 쓰러[넘어]뜨리다: 성구 es hätte mich beinah hingelegt (놀라서) 거의 나는 뒤로 자빠질 뻔했다. **2.** ⟨h. + sich⟩ **a)** (어디에) 눕다: sich auf den Erdboden h. 땅바닥에 눕다; 성구 da legst du dich (lang) hin 놀라서 자빠질 지경이다. **b)** 자기 위해 눕다, 잠자리에 들다: sich zeitig h. 일찍이 잠자리에 들다; sich zum Sterben h. 《아어》병들어 죽다. **c)** 《통용어》 ↑~fallen (1 a), ~stürzen (1): sich lang (der Länge nach) h. 벌렁(한일자로) 쓰러지다(넘어지다). **3.**《경》능란하게 하다: eine großartige Rede(Leistung) h. 훌륭한 연설(업적)을 멋지게 해내다. **~leiten** ⟨h⟩ **1.** (어디로) 인도하다. **2.** (어디로) 이끌다, 움직이게 하다. **~lenken** ⟨h⟩ **1.** (어디로) 조종하다: den Kahn zum anderen Ufer h. 작은 배를 강 건너편으로 조종하다. **2.** (무엇을 어디로) 이끌다, 움직이게 하다: 전의 jmds. Blick [Aufmerksamkeit] auf etw. h. 누구의 시선을[주의를] 어디로 이끌다. **~locken** ⟨h⟩ (어디로) 끌다, 유혹하다, 꾀(어내)다, 유인하다: jmdn. (zu jmdm.) h. 누구를 (누구에게로) 꾀어내다, 유인하다. **~lümmeln**, sich ⟨h⟩《통용어·펌》(버릇 없게) 빈빵 눕듯이 앉다. **~machen** 《경》**1.** ⟨h⟩ 붙이다, 고착시키다, 설치(비)하다: man hatte die Tür entfernt und einen Vorhang hingemacht 문을 떼고 커튼을 달았다. **2.** ⟨h⟩ (어디에) 용변을 보다: da hat einer (ein Hund) hingemacht 저기서 누구(개)가 용변을 보았다. **3.** ⟨h⟩ (지역적) 서두르다: mach hin, wir müssen weg! 서둘러라, 우리는 떠나야 해! **4. a)** 《속어》 죽이다: er hat die Alte hingemacht 그는 노파를 죽였다. **b)** 파괴하다: alles h. 모든 것을 파괴하다. **c)** 파멸시키다, 몰락시키다. **d)** ⟨h. + sich⟩ 육체적으로 상(파멸)하다. **5.** ⟨s⟩ (어디로) 살러 가다: er lebt in der Türkei, da ist er schon vor drei Jahren hingemacht 그는 터키에서 살고 있다, 그는 벌써 3년 전에 그리로 살러 갔다. **~marsch**, der 행군[행진](의 가는 길)(반대: Rückmarsch). **~marschieren** ⟨s⟩ 행진[행군]해 가다. **~metzeln** ⟨h⟩ ↑niedermetzeln. **~mögen*** 《통용어》 가도 되다, 갔으면 하다. **~morden** 대량으로 죽이다, 학살하다. **~murmeln** ⟨h⟩ 우물우물 중얼거리다: ein paar hingemurmelte Worte 우물우물 중얼거린 몇 마디 말들. **~müssen*** ⟨h⟩《통용어》가야 한. **~nahme**, die 받아 들이기, 인수, 접수, 수용, 감수, 인종. **~nehmen*** ⟨h⟩ **1.** 감수[인수]하다, (의연히) 받아들이다, 참고 견디다: eine Beleidigung einfach h. 모욕을 그냥 감수하다; eine Niederlage h. müssen 패배를 받아들여야 한다. **2.** 《드물게》사로잡다: eine Leidenschaft, die jmdn. ganz hinnimmt 누구를 완전히 사로잡는 정열. **3.** 《통용어》 데리고 가다: den Hund (zu jmdm.) mit h. 개를 (누구한테로) 데리고 가다. **~neigen** ⟨h⟩ **1. a)** 어디로 기울이다: den Kopf zu jmdm.[zu etw.] h. 머리를 누구[무엇]에게 기울이다. **b)** ⟨h. + sich⟩ 어디로 기울이다: sich zu jmdm.[zu etw.] h. 몸을 누구[무엇]에게 기울이다. **2.** 경향이 기울다: zu der Auffassung h., daß ..., ···한 견해로 기울다. **~neigung**, die 기울기; 경향; 취미, 성벽; 편애. **~opfern** ⟨h⟩ 희생하다, 버리다. **~passen** 《통용어》 **a)** 꼭 맞다, 들어맞다. **b)** 어디에 적합하다: ich gehe nicht in das Offizierskasino, da passe ich nicht hin 나는 장교 회관에 안가겠다, 그 곳은 나에게 어울리지 않는다. **~pfeffern** ⟨h⟩《통용어》**1.** 내팽개치다, 내던지다: die Schultasche h. 학교 가방을 내팽개치다. **2.** 신랄하게 표현하다: jmdm. eine Antwort h. 누구에게 대답을 신랄하게 하다. **~pflanzen** ⟨h⟩ **1.** (어디에) 심다. **2.**《통용어》**a)** (도전적으로 어디에) 두다, 놓다. **b)** ⟨h. + sich⟩ (도전적으로 어디에) 서다: sich vor jmdn. h. 누구 앞에 도전적으로 서다. **~pfuschen** ⟨h⟩《통용어》서투르게[솜씨 없게] 만들다; 잘못 만들다. **~plappern** ⟨h⟩ 종알거리며 말하다: hingeplapperte Worte 종알거리 하는 말들. **~plumpsen** ⟨s⟩《통용어》둔중하게 쓰러지다[넘어지다]. **~purzeln** ⟨s⟩《통용어》곤두박질하여 쓰러지다. **~raffen** ⟨h⟩ ↑dahinraffen. **~reden** ⟨h⟩ ↑dahinreden. **~reiben*** 《südd.》 ⟨h⟩ 명확하게 이해시키다: jmdm. etw. h. 누구에게 무엇을 명확하게 이해시키다. **~reichen** ⟨h⟩ **1.** 건네주다, 주다: jmdm. ein Trinkgeld h. 누구에게 팁[행하돈]을 주다. **2.** 어디에 뻗다, 미치다: bis zu einem Punkt h. 한 지점까지 뻗다. **3. a)** 넉넉하다, 충분하다: seine Kenntnisse reichen (dazu) nicht hin 그의 지식은 (그것을 하기에는) 족하지 않다. **b)**《통용어》↑ausreichen (2): mit dem Geld h. 돈이 충분하다. **~reichend** ⟨Adj.⟩ 충분한: ein -es Einkommen 충분한 소득. **~reise**, die (반대: Rückreise) 가는 여행길, 가는 여행: bei[auf] der H. 가는 여행길에. **~reisen** ⟨s⟩ (어디로) 여행하다. **~reißen*** ⟨h⟩ **1.** 낚아채다, 가로채다: jmdn. zu sich h. 누구를 자신에게로 낚아채다. **2.** 마음을 빼앗다, 압도하다, 열광시키다, 황홀하게 하다, 매혹시키다: das Publikum zu Beifallsstürmen h. 청중을 열광시켜 우리 같은 박수를 치게 하다; ein hinreißender Redner 감동시키는 연설가; sie ist hinreißend schön 그녀는 매혹적으로 아름답다. **3.** 사로잡다, 이끌다: so riß ihn das Schweigen seiner Schwester zu neuen Worten hin 그런 식으로 그의 누이의 침묵은 그에게 다시 말을 하도록 이끌었다; sich von seiner Wut h. lassen 분노에 사로잡히다. **~rennen*** ⟨s⟩ 뛰어가다. **~richten** 처형하다, 죽이다, 사형을 집행하다: jmdn. durch den Strang (auf den/durch den elektrischen Stuhl, in der Gaskammer) h. 누구를 교수형으로[전기 의자로, 가스실에서] 사형에 처하다. **~richtung**, die; -en 사형 집행, 처형: eine H. vollziehen 사형을 집행하다. **~richtungsbefehl**, der 사형 집행[처형] 명령. **~richtungskommando**, das 사형 집행 소부대[분견대]. **~richtungsraum**, der 사형 집행실, 처형실. **~richtungsstätte**, die 사형 집행소, 처형소. **~rotzen** ⟨h⟩《속어》**1.** 코를 풀다, 가래를 뱉다: 전의 ein schnoddrig hingerotztes Jargonwort 전방지게 내뱉은 은어. **2. a)** 아무렇게나 놓다: sie rotzten die Kisten hin und verschwanden 그들은 상자들을 아무렇게나 놓고 사라졌다. **b)** 엉터리로 만들다[제작하다]: den Artikel hat er in fünf Minuten hingerotzt 그 기사를 그는 5분 안에 끌쩍거려 썼었다. **~rücken 1.** ⟨h⟩ 밀다; 옮기다, 이동시키다: den Stuhl (ans Fenster) h. 의자를 (창가로) 옮기다. **2.** ⟨s⟩ ···로 움직이다, 가다: er rückte zu ihr hin 그는 그녀에게로 갔다. **~sagen** ⟨h⟩ 언뜻 말하다; 생각 없이 말하다: ↑dahinsagen: 성구 das sagt man [sagt sich] so leicht hin《통용어》그렇게 말하기는 쉽지. **~sausen** ⟨s⟩ **1.**《통용어》**a)** 휙 가다. **b)** 휙(저쪽으로) 움직이다. **2.**《통용어》휙 쓰러지다. **~schaffen** ⟨h⟩ 운반하다, 날라가다: den Koffer zum Bahnhof h. 여행 가방을 역으로 운반하다. **~schauen** ⟨h⟩《지역적》↑~sehen. **~schaukeln** ⟨h⟩《경》재빨리[능숙하게] 해내다: das werden wir schon h. 그것을 우리는 틀림없이 해낼 것이다. **~scheid** [-ʃait], der; -(e)s, -e《드물게》↑~scheiden. **~scheiden*** ⟨s⟩《아어·은폐》사망하다. **~scheiden**, das; -s《아어·은폐》사망. **~scheißen*** ⟨h⟩《속어》**1.** (어디에서) 뒤보다, 똥누다: hier hat einer hingeschissen 여기서 누가 뒤보았다. **2.** ↑hin (II). 성구 wo man hinscheißt 도처에, 모든 곳에. **~schicken** ⟨h⟩ (어디에) 보내다: jmdn. (zu jmdm.) h. 누구를 (누구에게) 보내다. **~schieben*** ⟨h⟩ **1.** (어디에) 밀다. **2.** ⟨h. + sich⟩ 밀며 움직이다: sich zu jmdm. h. 누구에게 움직이다. **~schied** [-ʃiːt], der; -(e)s, -e《schweiz.》사망, 죽음. **~schielen** ⟨h⟩ 누구[무엇]을 사팔눈으로 보다: verstohlen (zu/nach jmdm., nach etw.) h. (누구를, 무엇을) 몰래 훔쳐 보다. **~schießen*** 사격하다; 돌진하다, 날듯이 달려가

다(떠나다): das Boot schoß über den See hin 배가 호수 위를 날듯이 돌진하였다. ~**schlachten** 〈h〉 학살하다, 도살하다. ~**schlagen*** 1. 〈h〉 때리다. 2. 〈s〉 《통용어》 푹 쓰러지다: lang[der Länge nach/länglang] h. 푹 쓰러지다 [성구] da schlag einer lang hin (und steh kurz wieder auf) 아니 이거 정말 놀랐는걸! ~**schleichen*** 〈s〉 (···로) 살그머니[몰래] 가다: zu jmdm. [zu einem Ort] h. 누구에게[어디로] 살그머니 가다 〈h. + sich; h〉 er hatte sich zu ihm hingeschlichen 그는 그에게 살그머니 갔다. ~**schleppen** 〈h〉 1. 질질 끌고 가다. 2. a) 〈h + sich〉 발을 질질 끌며 겨우 걷다[가다]: er schleppte sich zur Tür hin 그는 발을 질질 끌며 문으로 갔다. b) 〈h. + sich〉 (일이) 질질 끌다, 지연[지체]되다: der Prozeß schleppte sich über [durch] Jahre hin 그 소송은 수년 동안 질질 끌었다. c) (일을) 질질 끌다, 지연, 지체시키다: eine Angelegenheit h. 그 안건을 질질 오래 끌다. ~**schleudern** 〈h〉 내던지다; 내 팽개치다. ~**schludern** 〈h〉 《통용어》 날림으로 쓰다[내갈기다]: ein hingeschluderter Aufsatz 날림으로 쓴 논문. ~**schmeißen*** 〈h〉 《경》 ↑ ~werfen. ~**schmelzen*** 〈s〉 1. ↑ dahinschmelzen. 2. 《통용어·반어》 (감동해서) 녹을 정도로 좋아하다: vor Glück[Liebe] h. 행복감[사랑]에 겨워 어쩔 줄 몰라하다. ~**schmettern** 〈h〉 《통용어》 힘껏 내던지다. ~**schmieren** 1. 〈h〉 《통용어》 휘갈겨 쓰다(그리다). 2. 〈s〉 (지역적·경) 쓰러지다. ~**schreiben*** 〈h〉 1. a) (어디에) 쓰다: seinen Namen h. 그의 이름을 쓰다. b) 아무렇게나 쓰다: das ist nicht einfach hingeschrieben 그것은 그냥 쓴 것이 아니다. 2. (관청 등에) 편지를 쓰다: er hat schon zweimal hingeschrieben, aber keine Antwort bekommen 그는 이미 두 번이나 편지를 써 냈으나 아무런 답장도 받지 못했다. ~**schustern** 〈h〉 《괄》 얼렁뚱땅 만들다: einen Aufsatz h. 작문을 엉터리로 짓다. ~**schütten** 〈h〉 (어디에다) 붓다, 엎지르다. ~**schweben** 〈s〉 (어디로) 떠나다. ~**schwimmen*** 〈s〉 헤엄쳐 가다: hin- und zurückschwimmen 왕복으로 헤엄치다. ~**schwinden*** 〈s〉 ↑ dahinschwinden. ~**segeln** 〈s〉 1. 항해하다. 2. 미끄러지듯이 항해하다. 3. 《통용어》 쾅 쓰러지다, 넘어지다, 떨어지다. ~**sehen*** 〈h〉 똑바로 쳐다보다, 자세히 보다: sie kann nicht h., wenn jemand blutet 누가 피를 흘리면 그녀는 그것을 똑바로 쳐다보지 못한다. ~**sehnen**, sich 〈h〉 그리워하다: sich zu jmdm. h. 누구를 그리워하다. ~**sein*** 〈통용어》 1. a) 없어지다, 사라지다: das Geld[mein Vertrauen, der gute Ruf] ist hin 돈[나의 신뢰, 훌륭한 명성]이 사라졌다; [성구] (was) hin (ist,) ist hin 이미 없어진 것은 없어진 것이다(그러니 어쩔 수 없다). b) (파손되어) 더 이상 이용할 수 없다: die Vase ist hin 꽃병은 더 이상 이용할 수 없다. c) 지치다, 쇠잔하다: ich verstehe nicht, warum ich so hin bin 내가 왜 이렇게 지쳤는지 알 수가 없다. d) 파멸[끝장]이다: die Firma ist hin 그 회사는 끝장이다[끝났다]. e) 《경》 죽은 상태이다: der Hund ist hin 개가 죽었다; ein Schlag, und du bist hin! 한 대만 맞으면 너는 죽는다. f) 마음 혹되다, 사로 잡히다: von etw. ganz h. 무엇에 완전히 사로잡히다. 2. (차를 타고) 떠나가다: sie ist gerade hin zu ihm 그녀는 지금 막 그에게 갔다. 3. (전치사 과 등과 결합하여) 계속(지속)으로: bis zu diesem Tag dürfte es noch lange h. 오늘까지는 그것은 오랫동안 계속될 수 있었을 것이다. ~**setzen** 〈h〉 (어디에) 두다, 놓다. b) 내려 놓다: [성구] es hätte mich beinah hingesetzt 《통용어》 나는 매우 놀랐다. 2. 〈h. + sich〉 a) 자리에 앉다: setz dich hin! 앉아라!; [성구] sich h. und (Spanisch) lernen 본격적으로 (스페인어를) 공부하다. b) 《통용어》 엉덩방아를 찧다: auf dem gebohnten Parkett hat sich schon mancher hingesetzt 《통용어》 밀랍으로 닦은 마루 위에 이미 많은 사람들이 미끄러져 엉덩방아를 찧었다; [성구] ich hätte mich bald hingesetzt 《통용어》 나는 매우 놀랐다. c) 《경》 깜짝 놀라다: ich setz' mich hin! 나는 깜짝 놀란다. 3. 《드물게》관점: 《종종 다음 용법으로》 **in ... Hinsicht** ···한 고려[관계, 관점]에서: in vieler H. hatte er recht 많은 점에 있어서 그의 말이 옳았다; in H. auf ··· 과 연관해서[관련하여]. ~**sichtlich** 〈Präp.²〉 《격식독어》 ···과 관련하여: h. des Preises [der Bedingungen] wurde eine Einigung erzielt 가격[조건들]과 관련해서 합의가 이루어졌다. ~**siechen** 〈아이〉 ↑ dahinsiechen. ~**sinken*** 〈s〉 넘어지다, 쓰러지다. ~**sitzen*** 〈s〉 《schweiz., österr.》 앉다. ~**sollen*** 〈통용어》 (어디)로 가야 한다. ~**spiel**, das 《스포츠》 (2차전 중) 제 1 차전. ~**spinnen*** 〈h〉 《아이》 **a)** ↑ fortspinnen (a). **b)** 〈h. + sich〉 ↑ fortspinnen (b). ~**sprechen*** 〈h〉 그냥 (생각 없이) 말하다: ein nur so hingesprochenes Wort 생각 없이 한 말. ~**springen*** 〈s〉 《통용어》 뛰어가다, 서둘다: ich springe mal schnell hin und werde die Sachen abholen 내가 빨리 뛰어가서 물건을 가져오겠다. ~**spucken** 〈h〉 1. 침을 뱉다. 2. ↑ hin (II): [성구] wo man hinspuckt 《경》 사방에, 도처에. ~**starren** 〈h〉 응시하다: nach[zu] jmdm. h. 누구를 응시하다. 2. 뚫어지게 보다. ~**stehlen***, sich 〈h〉 몰래 가다: sich zu jmdm. h. 누구에게 몰래 가다. ~**stellen*** 1. a) 세우다, 놓다, 설치하다: **etwas h. können** 《통용어》 금전적으로 상당한 것을 감당해 낼 수 있다. **b)** 〈h. + sich〉 (어디에) 서다, 자리잡다: sich h. und warten 자리를 잡고 기다리다. 2. 내려놓다, 놓다: den Koffer h. 여행 가방을 내려놓다. 3. a) ···이라고 칭하다[주장하다, 평가하다]: eine Aussage als falsch h. 어떤 발언을 거짓이라고 하다; eine Sache so h., als sei [wäre] sie einwandfrei 어떤 사실을 아무런 문제가 없는 것처럼 내세우다. **b)** 〈h. + sich〉 ···이라고 자칭하다: sich als unschuldig h. 무죄라고 자칭하다. ~**sterben*** 〈s〉 《아이》 사망하다. ~**steuern** 1. 〈h〉 누구[무엇]를 어디로 조종하다: das Schiff (zum Ufer) h. 배를 (해변으로) 조종하다. 2. 〈s〉 **a)** 방향을 잡다, (어디로) 향해 가다: wir steuerten (mit unserem Schiff) zum Ufer hin 우리는 (배를) 해변으로 조종했다; [전의] wir steuerten zum Speisesaal hin 우리는 식당으로 발길을 향하였다. **b)** (어떤 목적을) 쫓다: auf ein Ziel h. 하나의 목적을 쫓다. ~**streben** 〈h〉 추구하다, 노력하다: auf[nach] etw. h. 무엇을 얻으려고 추구하다. ~**strecken** 〈h〉 1. (손 위를) 내밀다: jmdm. zur Begrüßung [zur Versöhnung] die Hand h. 누구에게 인사하기 위해[화해하기 위해] 손을 내밀다. 2. (쏘아·준교로) 때려 눕히다, 죽이다: einen Gegner h. 적을 때려 눕히다. 3. 〈h. + sich〉 사지를 뻗고 눕다: sich zur Ruhe h. 휴식하기 위해 사지를 뻗고 눕다. 4. 〈s〉 ↑ sich ↑↑ 쭉 뻗다: sich am Fluß h. 강으로 뻗다. ~**streichen*** 1. 〈h〉 ↑ hinfahren (4 a). 2. 〈s〉 스치듯이 지나가다: der Vogel streicht über den Wald hin 새가 숲 위를 스치듯이 날아간다. ~**streuen** 〈h〉 (어디에) 뿌리다: den Vögeln Körner h. 새들에게 낱알을 뿌려주다. ~**strömen** 〈s〉 **a)** 흘러가다: der Fluß strömt zum Meer hin 강이 바다로 흘러간다. **b)** 물밀듯이 움직이다: sie strömten in Scharen hin 그들은 떼를 지어 물밀듯이 갔다. ~**stürzen** 〈s〉 1. (땅에) 쓰러지다. 2. 몰려가다[오다], 쇄도하다: zum Ausgang h. 출구(出口)로 몰려가다. ~**tischen** 〈h〉 《schweiz.》 ↑ tischen. ~**tragen*** 〈h〉 운반해 가다: etw. zu jmdm. h. 무엇을 누구에게 운반해 가다. ~**treiben*** 1. 〈h〉 **a)** (어디로) 몰다, 몰아내다: die Strömung treibt das Wrack zum Ufer hin 조류가 난파선을 해안가로 밀려 보냈다. **b)** 몰다, 충동하다: die Sehnsucht trieb ihn zu ihr hin 그리움이 그로 하여금 그녀에게 가게 하였다. **2.** ⟨h⟩ 몰다, 몰아서 움직이게 하다: der Wind treibt die Blätter über die Straße hin 바람에 나뭇잎들이 길 위로 흩날렸다. **3.** ⟨s⟩ 밀려가다: das Floß ist langsam zum Ufer hingetrieben 뗏목이 천천히 강변으로 밀려갔다. **~treten* 1.** ⟨s⟩ 다가가다: (mit einer Frage) vor jmdm. h. (질문을 가지고) 누구에게 다가가다. **2.** (무엇을) 밟다, 발을 내딛다: fest h. 결연한 자세로 발을 내딛다. **~tritt**, der; -(e)s [고어] 죽음, 사망. **~tun*** ⟨h⟩《통용어》(↑hin (II)): wo soll ich das Buch h.? 내가 이 책을 어디에 둘까? **~tupfen** ⟨h⟩ 가볍게 두드리다, 그리다: eine Frühlingslandschaft, wie hingetupft 그려진 것 같은 봄경치. **~vegetieren** ⟨s⟩ ↑dahinvegetieren. **~wagen**, sich ⟨h⟩ 감히 가려고[오려고] 하다. **~wandern** ⟨s⟩ **1.** 도보여행하다; 걷다; 편력하다: zu der Hütte h. 오두막 산장으로 걷다. **2.** 편력하며 가다, 도보여행하다: über die Felder h. 들판을 지나 도보여행하다; [전의] die Wolken wandern am Himmel hin 구름들이 하늘에서 흘러간다. **~wärts** ⟨Adv.⟩ 그 쪽으로, 그 곳으로, 가는 길에(반대: herwärts): h. konnten wir zügig fahren 가는 길에서는 별로 막히지 않았다. **~weg**, der ⟨저 쪽으로⟩ 가는 길(반대: Rückweg): auf dem H. 가는 길에, 가는 도중에. **~weis**, der; -es, -e **1. a)** 지시, 안내, 가리킴, 암시, 지적: ein wertvoller[brauchbarer, aufschlußreicher] H. 하나의 값진 [유용한, 시사하는 바가 많은] 지적; einem H. folgen 어떤 지적[암시]에 따라 행동하다. **b) unter H. auf**… 을 지적하면서: sein Antrag wurde unter H. auf die einschlägigen gesetzlichen Bestimmungen abgelehnt 그의 제안은 해당 법규정들을 고려해서 부결되었다. **2.** 암시; 징후[조]: es gibt nicht den geringsten H. dafür, daß ein Verbrechen vorliegen könnte 이것이 범죄일지도 모른다는 사실을 가리키는 흔적은 전혀 없다. **~weisen*** ⟨h⟩ **1.** 가리키다: das Schild weist auf den Parkplatz hin 그 표지판은 주차장을 가리킨다. **2.** (무엇에) 주의를 환기시키다: er wies uns höflich [nachdrücklich, beiläufig] auf die Schwierigkeiten hin 그는 우리에게 공손하게[강조하여, 당겨서] 그 난점들을 지적했다. **3.** 암시하다: alle Umstände weisen darauf hin, daß… 모든 상황을 고려해 보면 …인 것 같다. **~weisschild**, das 표지판. **~weistafel**, die 표지판. **~weisung**, die; -en 지시, 암시, 가리킴, 표지. **~weiszeichen**, das 지시판; 표지판, 안내 표지. **~welken** ⟨s⟩ (아이) 서서히 시들다; [전의] vergrämt welkte sie hin 슬픔에 야위어 그녀는 쇠약해져 갔다. **~wenden*** ⟨h⟩ **1.** 무엇 쪽으로 방향을 돌리다: den Kopf[den Blick](zu/nach jmdm., einer Sache) h. 머리[시선]를 (누구/무엇에로) 돌리다. **2.** ⟨h. + sich⟩ **a)** 방향을 돌리다, 몸을 돌리다: sich zu(nach) jmdm. h. 누구에게 몸을 돌리다. **b)** 《통용어》누구[어느 부서]를 찾아와야 합니까? **b)** (어디로) 향하다[향해가다]: sich zum Ausgang h. 몸을 돌려 출구로 가다. **~wendung**, die; -en 돌림, 방향을 돌림. **~werfen*** ⟨h⟩ 던지다, 던져 보내다: dem Hund einen Knochen h. 개에게 뼈다귀를 던지다; [전의] einen Blick h. 시선을 던지다, 쳐다보다. **2.** ⟨h. + sich⟩ 땅에 쓰러지다, 몸을 내던지다: sich blitzschnell in den Schnee h. 번개같이 재빨리 눈속에 쓰러지다. **3. a)** 내던지다: seine Sachen achtlos[wütend] h. 그의 물건들을 아무렇게나 [분노하여] 내던지다. **b)** 《통용어》(싫어서) 포기하다, 내팽개치다: seine Arbeit[alles] h. 자기 직장[모든 것]을 내팽개치다. **c)** 약기(略記)하다, 메모하다: ein paar Zeilen h. 몇 줄 메모하다. **d)** (말, 질문 등을) 던지다: eine Frage (beiläufig) h. (곁들여) 질문을 하나 하다. **4.** 《통용어》떨어뜨리다: wirf die Tasse nicht hin 잔을 떨어뜨리지 말아라! **~wirken** ⟨h⟩ 무엇이 이루어지도록 노력하다: auf die Beseitigung von Mängeln h. 결점[잘못]이 제거되도록 노력하다. **~wollen*** ⟨h⟩《통용어》가려고 하다, (어디에) 가다. **~zählen** ⟨h⟩ 세어 내놓다: jmdm. Geldstücke h. 누구에게 돈을 세어 내놓다. **~zaubern** ⟨h⟩《통용어》무엇을 (삽시간에) 만들어내다: jmdm. ein Essen h. 누구에게 삽시간에 식사를 마련해 내놓다. **~zeichnen** ⟨h⟩ **1.** (어디에) 그리다. **2.** 얼핏 그리다. **~zeigen** ⟨h⟩ ↑deuten (1): auf jmdn[auf etw.] h. 누구[무엇]를 가리키다. **~ziehen* 1.** ⟨h⟩ **a)** 끌어당기다: die Gepäckstücke näher zu sich h. 짐덩이들을 자신에게로 더 가까이 끌어당기다. **b)** 끌다, 매혹시키다: die Heimweh zieht ihn nach Süden hin 향수가 그를 남쪽으로 이끈다; (비언칭) es zog ihn immer wieder zu ihr hin 그의 마음은 계속해서 그녀에게로 끌렸다. **c)** 향하게 하다, 이끌다: die Blicke zu sich h. 시선들을 자기에게로 끌다. **2.** ⟨s⟩ **a)** 이사하다: er kennt München nicht, aber er wird bald h. 그는 뮌헨을 모르나 그는 곧 그곳으로 이사할 것이다. **b)** 어디로 가다, 움직이다, 이동하다: die Truppen ziehen zur Grenze hin 부대들이 국경선으로 이동하다; die Vögel ziehen nach Süden hin 《시어》새들이 남쪽으로 간다(철새 등이). **3.** ⟨s⟩ 지나가다: die Truppen zogen über die Ebene hin 부대들이 평야를 지나 이동했다; Wolken zogen am Himmel hin 《시어》구름들이 하늘에서 흘러갔다. **4.** ⟨h⟩ **a)** 끌다, 질질 끌다: einen Prozeß h. 재판을 끌다. **b)** ⟨h. + sich⟩ 지연되다, 오래 끌다: die Verhandlungen zogen sich (lange, über Jahre) hin 협상이 (오랫동안, 수년 동안) 끌었다. **c)** ⟨h. + sich⟩ 뻗(히)다: sich endlos (an, über etw.) h. 한없이 뻗다. **5.** ⟨h⟩ **a)** 지체하다, 연기하다, 미루다: die Abreise bis zum Abend hinzuziehen versuchen 출발을 저녁까지 지체하기를 시도하다. **b)** ⟨h. + sich⟩ 지체[지연]되다: die Abreise zog sich bis zum Abend hin 출발이 저녁까지 지체되었다. **~zielen** ⟨h⟩ 무엇을 노리다, 목표로 삼다; 마음먹다: seine Politik zielt auf eine Änderung der bestehenden Verhältnisse hin 그의 정치는 현존하고 있는 상황들의 변화를 목표로 한다. **~zitieren** ⟨h⟩《팸》소환하다, 부르다: er wurde zum Chef hinzitiert 그는 사장에게 불려갔다. **~zögern** ⟨h⟩ **a)** ↑zieben (4 a). **b)** ⟨h. + sich⟩ ↑ziehen (4 b).

hinab [hɪ'nap] ⟨Adv.⟩ ↑hinunter.

hinab- (↑ hinunter-, herunter-, herab-도 참조): **~blicken** ⟨h⟩ ↑hinunterblicken (1): (auf) die Straße h. 저아래 길을 바라보다. **2.** 멸시하다, 얕보다: auf jmdn. h. 누구를 멸시하다 **~fallen*** ⟨s⟩ ↑hinunterfallen. **~reißen*** ⟨h⟩ 밑으로 끌어당기다(휩쓸다): der Strudel riß ihn in die Tiefe hinab 소용돌이가 그를 물 밑으로 휩쓸어 넣었다. **~sehen*** ⟨h⟩ **1.** 내려다 보다. **~senken** ⟨h⟩ **1.** 밑으로 내리다: den Sarg ins Grab h. 관을 무덤 속으로 내리다. **2.** ⟨h. + sich⟩《아이》아래로 경사지다: der Weg senkt sich (zum Fluß) hinab 길이 (강쪽으로) 경사져 있다. **~sinken*** ⟨s⟩ 가라앉다. **~steigen*** ⟨s⟩ **a)** 밑으로 내려가다: in den Keller h. 지하실로 내려가다. **b)** ⟨s⟩ 타락하다; (좋지 못한 곳에) 이르다: auf ein tiefes Niveau h. 낮은 수준으로 타락하다. **~ziehen* 1.** ⟨h⟩ 밑으로 끌어당기다. **2.** ⟨h⟩ 끌어내리다: jmdn. auf ein niedriges Niveau h. 누구를 낮은 수준으로 끌어내리다. **3.** ⟨s⟩《아이》내려가다: ins Tal[in den Süden] h. 골짜기[남쪽]로 내려가다.

Hinajana, Hinayana [hina'jaːna], das; - [sanskr. hīnayāna]《종교》《팸》소승불교.

hinan [hɪ'nan] ⟨Adv.⟩《아이》**1.** ↑hinauf: den Hügel h. 언덕 위로. **2.** 〈분리 합성 동사로 결합하여〉 ↑hinauf-.

hinauf [hi'nauf] ⟨Adv.⟩ **1. a)** (반대: hinunter, herunter) 위쪽으로; 위로: den Berg h. vordringen 산 위쪽으로 전진하다; den Fluß h. begegnete ihnen niemand 강상류 쪽으로 가면서 그들은 아무도 만나지 않았다; ⟨전치사를 강조하여⟩ zum Gipfel h. 꼭대기를 향하여, 꼭대기까지. **b)** 위에 이르기까지: vom einfachen Soldaten bis h. zum höchsten Offizier 일반 병졸에서부터 최고급 장교에 이르기까지. **2.** ⟨분리 합성 동사에서 부사 wohinauf, dahinauf의 분리 성분으로써⟩ ⟨통용어⟩ wo willst du h.? 너는 어디 위로 가려고 하니?

hinauf- (↑heraufꠓ, rauf-, hoch-, empor-도 참조》) **~arbeiten**, sich ⟨h⟩ **1.** 힘들여 올라가다: sich die Wand[sich an der Wand] h. 힘들여 (성)벽으로 올라가다. **2.** ↑hocharbeiten, sich: sich zum Abteilungsleiter h. 노력해서 부장으로 출세하다. **~befördern** ⟨h⟩ 운반해 올리다. **~begeben*,** sich ⟨h⟩ ⟨아이⟩ **1.** ↑~gehen: sich die Treppe h. 계단을 올라가다. **2.** 올라가다: sich zur dritten Etage h. 3층으로 올라가다. **~begleiten** ⟨h⟩ 동반해 올라가다: jmdm. die Treppe h. 누구를 동반해 계단을 올라가다. **~bemühen** ⟨h⟩ **1.** 애써[수고해서] 올라가도록 하다. **2.** ⟨h. + sich⟩ 애써[수고해서] 올라가다. **~bewegen** ⟨h⟩ 위로 움직이다: sich die Treppe[am Hang] h. 층계[언덕]를 올라가다. **~bitten*** ⟨h⟩ 올라오기를 청하다; der Herr Direktor läßt Sie h. 지배인님이 당신이 위로 올라오기를 청하십니다. **~blicken** ⟨h⟩ (위로) 쳐다보다: zu den Sternen h. 별들을 쳐다보다. **~bringen*** ⟨h⟩ **1. a)** 위로 올리다, 위로 보내다: jmdm. den Koffer zur dritten Etage h. 누구의 여행 가방을 3층 위로 가져오다. **b)** 동반해[모셔] 올라가다: jmdn. h. 누구를 모시고 올라가다. **2.** ⟨h. + sich⟩ (österr.) 보다 나은 지위에 오르다. **~dienen**, sich ⟨h⟩ ↑hochdienen, sich: sich (bis) zum Direktor h. 노력하여 지배인직에 오르다. **~dürfen*** ⟨통용어⟩ **1.** 올라가(와)도 되다. **2.** 올려가[와)도 되다: darf der Koffer hinauf? 여행 가방을 위로 올려 놓아도 되겠습니까? **~eilen** ⟨s⟩ 서둘러 올라가다: die Treppe h. 서둘러 층계를 올라가다. **~fahren*1.** ⟨s⟩ 위로 올라가다: mit dem Lift h. 승강기를 타고 위로 올라가다; [전의] nach Hamburg h. ⟨통용어⟩ (북쪽으로 간다는 의미에서) 함부르크로 올라가다. **2.** ⟨h⟩ (교통 수단을 사용해서) 위로 운반하다, (차 따위를) 위로 운전하다: jmdn. h. 누구를 태워서 위로 올라가다. **~fallen*** ⟨s⟩ ⟨다음 용법으로⟩ **die Treppe h.** 예상치 않게 높은 직(職)에 오르다. **~finden*,** [sich] ⟨h⟩ 위에 나타나다[모습을 보이다]: (sich) zu jmdm. h. 위에 있는 누구에게로 가다. **~fliegen*** ⟨s⟩ 날아오르다. **~führen** ⟨h⟩ 위로 인도하다. **~geben*** ⟨h⟩ 올려 보내다[주다]: jmdm. etw. h. 누구에게 무엇을 올려 보내다. **~gehen*** ⟨s⟩ **1.** 위로 가다: die Treppe h. 층계를 올라가다. **2.** 오르다: auf 1000 Meter Flughöhe h. 1000m의 비행 고도로 오르다. **3.** 위로 뻗다: die Straße geht hin den Berg hinauf 도로가 산 위로 뻗어 있다. **4.** ⟨통용어⟩ **a)** 오르다, 상승하다: die Mieten gehen hinauf 집세가 오른다. **b)** 올리다: mit dem Preis h. 가격을 올리다; in den dritten Gang h. 3단으로 올리다. **~gelangen** ⟨s⟩ 위에 다다르다. **~geleiten** ⟨h⟩ 위로 안내[수송]하다; 위로 호송하다. **~heben*** ⟨h⟩ 올리다: jmdn. h. 누구 위로 올리다; etw. (auf etw. h. 누구 [무엇]을 무엇 위로 올리다. **~helfen*** ⟨h⟩ 위로 올라가는 것을 돕다: er half ihr auf das Pferd hinauf 그는 그녀가 말 위에 올라타는 것을 도왔다. **~jagen** ⟨s⟩ 위로 질주하다: das Auto jagte die Steigung hinauf 자동차가 비탈길 위로 질주했다. **~klettern** ⟨s⟩ **1.** 높이 기어 오르다: auf den Baum h. 나무 위로 높이 기어 올라가다. **2.** ⟨통용어⟩ 오르다: die Preise klettern in schwindelnde Höhen hinauf 물가들이 천정부지로 오른다.

~kommen* ⟨s⟩ **1. a)** 올라오다[가다]: soll ich zu euch h.? 내가 너희들 있는 곳으로 올라갈까? **b)** ↑~gelangen: wie will ich auf den Baum h.! 어떻게 내가 나무 위에 오를 수 있나? **2.** 출세하다, 성공하다. **~können*** ⟨h⟩ ⟨통용어⟩ 올라갈 수 있다. **~kriechen*** ⟨s⟩ **1.** 기어오르다: die Schnecke kroch an der Mauer hinauf 달팽이가 담을 기어올랐다. **2.** 느리게 오르[올라가다]: der Zug kroch die Steigung hinauf 기차가 비탈을 느리게 올라갔다. **~kurbeln** ⟨h⟩ 크랭크[핸들]를 돌려서 위로 올리다: das Seitenfenster h. 크랭크를 돌려서 옆창문을 닫다[위로 올리다]. **~langen** ⟨통용어⟩ **1.** 위로 건네주다, 올려주다: (jmdm.) etw. h. (누구에게) 무엇을 올려 주다. **2.** 위로 뻗(닿)다: (bis) auf den Schrank h. können 옷장 위에까지 손이 자라다. **~lassen*** ⟨h⟩ 올라가[오]게 하다: jmdn. (zu jmdm.) in die Wohnung h. 누구를 (누구의) 집 안으로 올라가게 하다. **~laufen*** ⟨s⟩ (달려) 올라가다. **~legen** ⟨h⟩ 올려 놓다: den Koffer auf den Schrank h. 여행 가방을 옷장 위에 놓다. **~lenken** ⟨h⟩ 위로 이끌다, 조종하다. **~müssen*** ⟨h⟩ ⟨통용어⟩ 올라가야만 하다. **~nehmen*** ⟨h⟩ 위로 데려[가져]가다: jmdn. zu sich (in die Wohnung) h. 누구를 자기 집으로 데려 올라가다. **~rasen** ⟨s⟩ 질주해 오다: eine Steigung h. 미쳐 날뛰듯이 비탈길을 오르다. **~reichen** ⟨h⟩ **1.** 위로 건네주다. **2.** 자라다, 미치다, 도달하다: die Leiter reicht bis zum Balkon hinauf 사다리가 발코니까지 닿는다. **~reiten*** ⟨s⟩ 말을 타고 올라가다: den Berg[zur Burg] h. 말을 타고 산(성)을 올라가다. **~rennen*** ⟨s⟩ 달려[뛰어] 오르다. **~rufen*** ⟨h⟩ 위로 소리쳐 부르다. **~schaffen** ⟨h⟩ **1.** 위로 가져오다. **2.** ⟨h. + sich⟩ (schweiz.) ↑hinaufarbeiten, sich. **~schalten** (은어) (운전 등에서) 기어의 단을 높이다. **~schauen** ⟨h⟩ (지역적) 위를 바라보다. **~schicken** ⟨h⟩ 올려 보내다. **~schieben*** ⟨h⟩ **1.** 밀어 올리다. **2.** ⟨h. + sich⟩ 밀고 올라가다. **~schießen*1.** ⟨s⟩ **a)** 위로 쏘다. **b)** ⟨통용어⟩ (로켓 추진으로) 쏘아 올리다. **2.** ⟨s⟩ **a)** 치솟다, 솟아오르다: das U-Boot schoß zur Oberfläche hinauf 잠수함이 수면에 순식간에 치솟았다. **b)** ⟨통용어⟩ 재빨리 뛰어 오르다: (wie der Blitz) die Treppe h. (번개처럼) 층계를 뛰어오르다. **~schleichen*1.** ⟨s⟩ 살금살금 기어 올라가다. **2.** ⟨h. + sich⟩ 살금살금 기어 올라가다. **~schleppen** ⟨h⟩ **1.** 질질 끌고 올라가다. **2.** ⟨h. + sich⟩ 발을 질질 끌며 올라가다. **~schnellen** ⟨s⟩ 뛰어 오르다: die Preise schnellten hinauf 물가가 껑충 뛰어올랐다. **~schrauben** ⟨h⟩ **1.** 높이다, 인상하다: die Preise(Steuern, die Produktion)(um 10 Prozent) h. 물가(세금, 생산)를 (10퍼센트) 인상하다[높이다]. **2.** ⟨h. + sich⟩ 오르다, 선회하며 상승하다: das Flugzeug schraubt sich (in den Äther) hinauf 비행기가 선회하여 (하늘높이) 상승하다. **~schwingen**, sich ⟨h⟩ 뛰어 [몸을 날려] 오르다: sich aufs Pferd h. 말 위에 뛰어오르다. **~sehen*** ⟨h⟩ 위로 보다, 쳐다보다: zu einem Fenster h. 창문을 올려다보다. **~sein*** ⟨통용어⟩ (타고) 올라가 있다: weißt du, ob er hinauf ist? 그가 올라갔는지 너 알고 있니? **~setzen** ⟨h⟩ **1.** 올려 놓다. **2.** 인상하다, 높이다: eine Ware im Preis h. 상품의 가격을 인상하다. **~sollen*** ⟨h⟩ ⟨통용어⟩ 위로 올라가야 한다. **~springen*** ⟨s⟩ **1.** 위로 뛰어오르다: auf etw. h. 무엇 위로 뛰어오르다. **2.** ⟨통용어⟩ ↑~eilen: in die Wohnung im dritten Stock h. 4층의 집으로 서둘러 올라가다. **~starren** ⟨h⟩ 위로 응시하다, 위로 똑바로 쳐다 보다: zum Gipfel h. 정상을 올라보다. **2.** 솟아오르다: Leuchtkugeln steigen zum Himmel hinauf 조명탄이 하늘로

치솟아 오른다. **~steigern** ⟨h⟩ 《아이》 상승시키다, 올리다, 높이다. **~stilisieren** ⟨s⟩ ↑hochstilisieren. **~stolpern** ⟨s⟩ 비틀거리며 올라가다. **~stürzen** ⟨s⟩ 화급히 달려 올라가다: die Treppen h. 계단을 급히 달려 올라가다. **~tasten**, sich ⟨h⟩ 더듬으며 올라가다. **~tragen'** ⟨h⟩ 들어 올리다, 위로 운반하다: (jmdm.) das Gepäck in die Wohnung h. (누구의) 짐을 집안으로 운반해 주다. **~transformieren** ⟨h⟩ 【전기】 승압하다. **~treiben'** ⟨h⟩ 1. (가축을) 위로 몰다, 밀어 올리다: Vieh auf die Alm h. 가축을 고원 목장으로 몰다. 2. 위로 올라가게 하다: Heimweh trieb ihn in die Berge hinauf 향수 때문에 그는 산 속으로 갔다; 《비인칭》 es trieb ihn nach Norden hinauf 그는 북쪽으로 가고 싶은 충동을 느꼈다. 3. (값을) 올리다: die Preise h. 가격을 올리다. **~tun'** ⟨h⟩ 《통용어》 올려 놓다: den Aktenordner wieder h. 서류철을 다시 올려 놓다. **~wachsen'** ⟨s⟩ 높이 자라다: der Efeu ist schon bis zum ersten Stock hinaufgewachsen 담쟁이가 이미 2층 높이까지 자랐다. **~wagen**, sich ⟨h⟩ 감히 위로 가다. **~weisen'** ⟨h⟩ 위를 가리키다. **~werfen'** ⟨h⟩ 위로 (내)던지다, 던져 올리다: den Ball an der Mauer[auf den Balkon] h. 공을 담(발코니)에 위로 던지다. **~winden'** ⟨h⟩ 1. 《고어》 끌어올리다: den Eimer auf das Baugerüst h. 양동이를 비계위로 끌어올리다. 2. ⟨h. + sich⟩ a) 칭칭 감으며 올라가다: die Pflanze windet sich am Stamm hinauf 식물이 나무 줄기를 칭칭 감으며 올라간다. b) 꼬불거리며 올라가다: der Pfad windet sich am Hang[den Hang] hinauf 길이 꼬불거리며 언덕을 오른다. **~wollen'** ⟨h⟩ 《통용어》 위로 올라가려고 하다, 위로 올라가고 싶어 하다. **~wuchten** ⟨h⟩ ↑hochwuchten. **~zeigen** ⟨h⟩ 위를 가리키다: der Pfeil zeigt (zum Gipfel) hinauf 화살표가 (정상) 위를 가리킨다. **~ziehen'** 1. ⟨h⟩ a) 위로 끌어 올리다: einen Wagen den Berg h. 마차를 끌고 산을 오르다; ⟨h. + sich⟩ sich an einem Seil h. 밧줄[자일]에 매고 오르다. b) 위로 올라가게 하다, 위로 이끌다: das Heimweh zog ihn in die Berge hinauf 향수 때문에 그는 산 속으로 가고 싶은 생각이 났다; 《비인칭》 es zog ihn nach Norden hinauf 그는 북쪽으로 가고 싶은 생각이 났다. 2. ⟨s⟩ a) 위(위층)로 올라가다[옮기다]: in die zehnte Etage h. 10층으로 올라가다. b) 위로 이동하다, 위로 가다: die Vögel ziehen nach Norden hinauf 새들이 북쪽 지방으로 이동한다. 3. ⟨h. + sich⟩ ⟨h⟩ a) 위로 뻗다: das Gebirge zieht sich nach Norden hinauf 산맥이 북쪽으로 뻗어 있다. b) 서서히 뻗히다, 퍼지다: der Schmerz zog sich in die rechte Schulter hinauf 고통이 서서히 오른쪽 어깨 위에로 뻗쳤다.

hinaus [hi'naus] ⟨Adv.⟩ 1. 밖으로(반: herein): h. aufs Meer 바깥 바다로; den Weg h. aus der Höhle suchen 동굴에서 밖으로 나갈 길을 찾다; 《전치사의 강조 내지는 구체화》 auf ... (기간) 동안 내내: auf Monate h. planen 여러 달 동안 내내 계획하다; durch ... h. 무엇을 지나 밖으로: durch die Tür h. verschwinden 문을 지나 밖으로 사라지다; nach ... h. 어느 쪽으로: nach der Straße[nach dem Garten] h. wohnen 길쪽[정원 쪽]으로 거주하다; über ... h. 1) 무엇을 넘어서, 지나서: über diese Grenze h. war kein Vordringen mehr möglich 이 경계선을 넘어서는 그 어떤 전진도 더 이상 불가능했다. 2) 그 이후 지나서: er wird damit über Mittag h. beschäftigt sein 그는 그것으로 정오 지나서까지 바쁠 것이다. 3) 더 이상, 그밖에: er gab ihm 20 Mark über sein Gehalt h. 그는 그에게 그의 봉급 이외에 20 마르크를 더 주었다; er hat darüber hinaus nicht viel Neues zu sagen 그는 그 이상 더 새로운 이야기를 할 것이 없다; zu ... h. 밖으로: zur Tür[zum

Fenster, zur Stadt] h. 문[창, 시내] 밖으로. 2. 《분리 합성 동사의 전철로서 wo, da 등과 같이 사용》《특히 통용어》 wo läuft das hinaus? 이것이 어디로 귀결될까?

hinaus-, Hinaus- (↑heraus-, raus-도 참조): **~befördern** ⟨h⟩ 밖으로 수송(운반)하다: Vieh aus einem Gebiet h. 가축을 한 영역에서 밖으로 수송하다; 전의 jmdn. mit einem Fußtritt zur Tür h. 누구를 발로 차서 문 밖으로 내보내다. **~begeben'**, sich ⟨h⟩ 밖으로 나가다, 외출하다. **~begleiten** ⟨h⟩ 밖으로 누구를 동반하다, 바깥까지 전송하다. **~beißen'** ⟨h⟩ 물어서 밖으로 몰아내다: den Eindringling h. 침입자를 물어서 밖으로 몰아내다. **~bemühen** ⟨h⟩ 1. 애써 밖으로 나가게 하다. 2. ⟨h. + sich⟩ 애써 《몸소》 밖으로 나가다. **~beugen**, sich ⟨h⟩ 밖으로 굽이다, 내어밀다: den Kopf weit zum Fenster h. 몸[머리]를 멀리 창 밖으로 내어밀다. **~bewegen** ⟨h⟩ 1. a) 밖으로 움직이다. b) 멀리 움직이다: etw. über eine Grenze h. 무엇을 경계선 너머로 움직이다. 2. ⟨h + sich⟩ 밖으로 움직이다[나가다]. **~bitten'** ⟨h⟩ 밖으로 나올 것을 청하다: jmdn. h. 누구를 밖으로 나올 것을 청하다. **~blasen'** ⟨h⟩ 불어서 밖으로 내보내다. **~blicken** ⟨h⟩ 밖으로 내다보다: zum Fenster[aus dem Fenster] h. 창문 밖으로 내다보다. **~bringen'** ⟨h⟩ 1. 밖으로 가져[데려]가다. 2. 밖으로 누구를 동반하다. 3. 무엇 이상을 성취하다: er hat es nie über den niedersten Dienstgrad hinausgebracht 그는 최하위직을 벗어나지 못했다. **~bugsieren** ⟨h⟩ 밖으로 밀어내다. **~denken'** ⟨h⟩ 무엇 이상을[무엇을 넘어서] 생각하다: über die persönlichen Probleme h. 개인적인 문제를 넘어서서 폭넓게 생각하다. **~drängen** ⟨h⟩ 1. a) 밖으로 밀고[밀려] 나가다: die Menge drängte (aus dem Saal) hinaus 군중들이 (홀에서) 밖으로 밀고 나왔다. b) ⟨h + sich⟩ 밖으로 밀고[밀려] 나가다. 2. a) 밖으로 내몰다, 내쫓다: jmdn. aus dem Zimmer h. 누구를 방에서 내쫓다. b) 축출하다: jmdn. aus seinem Amt h. 누구를 그의 관직에서 축출하다. **~dringen'** ⟨s⟩ 밖으로 밀고[몰려] 나가다. **~drücken** ⟨h⟩ 1. 밖으로 밀어내다: jmdn. aus dem Eingang h. 누구를 출구 밖으로 밀어내다. 2. ↑~drängen (2 b). 3. ⟨h + sich⟩ 《통용어》 슬쩍 빠져 나가다: sich aus dem Zimmer h. 방에서부터 슬쩍 빠져 나가다. **~dürfen'** ⟨h⟩ 1. (밖에) 나갈 수 있다, 나가도 되다: darf ich mal h.? 화장실 갔다 와도 됩니까? (수업 중 학생이 선생님에게 말함). 2. 《통용어》 밖으로 내놔도 되다: dürfen die Balkonmöbel schon hinaus? 발코니의 가구들을 이제 밖으로 내놔도 될까요? 3. 《통용어》 a) 더 나가도 되다: über eine Markierung nicht h. 표지 밖으로 더 이상 나가서는 안 되다. b) (정도 단계를) 넘어서도 되다. **~eilen** ⟨s⟩ 밖으로 급히 나가다. **~ekeln** ⟨h⟩ 《통용어》 싫은 얼굴을 보여서 스스로 가게 하다: jmdn. (aus dem Haus) h. 누구에게 싫은 얼굴을 보여서 (집에서) 나가게 하다. **~fahren'** 1. ⟨s⟩ a) 밖으로 나가다, 발차하다: der Zug fährt aus dem Bahnhof hinaus 기차가 역 밖으로 나간다. b) 어디로 빠져 나가다, 출항하다: das Schiff fährt aus weite Meer hinaus 배가 넓은 바다를 향해 출항한다. 2. ⟨h⟩ a) (차 따위를) 밖으로 몰다[운전하다]: den Wagen aus der Garage h. 자동차를 차고에서 밖으로 빼내다. b) 밖으로 수송[운송]하다: Sand h. 모래를 밖으로 운송한다. 3. ⟨s⟩ 밖으로 나가다: der Hund fuhr aus der[zur] Hütte hinaus 개가 개집 밖으로 나갔다. 4. ⟨s⟩ 더 이상 가다: wir sind über das Signal hinausgefahren 우리는 신호를 지나갔다. **~fallen'** ⟨s⟩ 1. 밖으로 떨어지다: aus dem Fenster h. 창문 밖으로 떨어지다. 2. 밖으로 내비치다: im Fenster so verdunkeln, daß kein Lichtschein hinausfällt 창문을 너무 어둡게 하여 빛이 전혀 밖으로 내비치지 않는다. **~fenstern** ⟨h⟩ 《통용어》 ↑

~werfen (3): jmdn. h. 누구를 밖으로 내던지다. ~feuern ⟨h⟩ 1. 밖으로 내쏘다: mit einer Pistole aus dem[zum] Fenster h. 창밖으로 권총을 쏘다. 2. 《통용어》↑~weren (3). ~finden* ⟨h⟩ 밖으로 나가는 길을 찾아내다: aus einem Labyrinth h. 미로 밖으로 나가는 길을 찾아내다. ~fliegen* 1. ⟨s⟩ a) 밖으로 날아가다(새 따위가): der Vogel flog aus dem Käfig hinaus 새가 새장 밖으로 날아갔다. b) 밖으로 날다(비행하다): das Flugzeug flog aus der Gewitterwolke hinaus 비행기가 뇌우 구름 밖으로 날아갔다. c) 밖으로 날다(돌, 공 등이): der Ball flog zum Fenster hinaus 공이 창 밖으로 날아갔다. d) 《통용어》↑~fallen (1). 2. ⟨s⟩ 《통용어》날아가다, 내쫓기다, 해고 당하다: auch aus der neuen Stellung flog er hinaus 새 직장에서도 그는 해고 당했다. 3. ⟨h⟩ 비행기로 실어내다. 4. ⟨s⟩ 무엇을 넘어(지나) 날아가다: über ein Ziel h. 목표물을 지나서 날아가다. ~fließen* ⟨s⟩ 흘러 나가다. ~führen ⟨h⟩ 1. 밖으로 안내하다, 인도하다, 데려 내가다: jmdn. (aus einem Raum) (ins Freie) h. 누구를 (방에서부터) (밖으로) 데려나가다(인도하다). ein Unternehmen aus der Krise h. 기업(사업)을 위기에서부터 끌어내다. 2. etw. gut[schlecht] h. 《고어》무엇을 좋게[나쁘게] 종결 짓다. 3. a) (길이) 밖으로 나가는 길이다: der Weg führt aus dem Park hinaus 그 길은 공원에서 나가는 길이다. b) (통로로서) 밖으로 통하다(향하다): diese Tür führt in den[nach dem] Garten hinaus 이 문을 나서면 정원에 이른다. 4. a) 벗어나다(나 있다): die Bremsspur führt über die Markierung hinaus 제동자국이 교통표지선을 벗어나 있다. b) 더 나가게 하다: seine Reise führte ihn weit über dieses Gebiet hinaus 여행을 하면서 그는 이 지역을 훨씬 더 넘어서게 되었다. c) (진행 결과에) 있어서 넘다: unser Vorschlag führt weit über unsere ursprünglichen Absichten hinaus 이 제안은 우리들의 원래의 의도를 훨씬 넘어서는 것이다. ~geben* ⟨h⟩ (밖로) 내어주다: er gab ihr das Buch zum Fenster hinaus 그는 창밖에 있는 그녀에게 책을 주었다. ~gehen* ⟨s⟩ 1. a) 밖으로 나가다: in den Garten h. 정원으로 나가다. b) 송신되다: Telegramme gingen in alle Welt hinaus 전보가 온 세계에 송신되었다. c) (비인칭) 밖으로 통하다: durch diese Tür geht es hinaus 이 문은 밖으로 통해 있다. 2. 어디로 향해 있다: diese Straße geht zum Hafen hinaus 이 길은 항구 쪽으로 나 있다. 3. 어디로 향해 있다: das Fenster geht nach Westen hinaus 창문이 서쪽으로 향해 있다. 4. 벗어나다: diese Arbeit geht über meine Kräfte hinaus 이 일은 나의 힘에 부친다. ~gelangen ⟨s⟩ 1. a) 밖으로 나오다, 빠져 나오다. b) (상황을) 벗어나다. 2. 넘어서다: über die bisherigen Erkenntnisse nicht h. 지금까지의 인식을 넘어서지 못하다. ~geleiten ⟨h⟩ 《아어》밖으로 이끌다(인도하다). ~graulen ⟨h⟩ 《통용어》불친절하게 대해서 나가게 하다. ~greifen* ⟨h⟩ (범위 따위를) 넘어서다, 벗어나다. ~gucken ⟨h⟩ 《통용어》↑~blicken. ~halten* ⟨h⟩ 밖으로 내밀고 있다: die Hand zum Fenster h. 창 밖으로 손을 내밀고 있다. ¹~hängen* ⟨h⟩ 밖으로 걸려 있다: die Gardinen hingen zum Fenster hinaus 커튼이 창 밖으로 걸려 있다. ²~hängen ⟨h⟩ 밖으로 걸다: Fahnen zum Fenster h. 깃발을 창밖에 걸다. ~heben* ⟨h⟩ 1. 들어서 밖으로 내놓다: das Kind wurde zum Abteilfenster hinausgehoben 아이가 객실 창 밖으로 내놓였다. 2. (아이) a) 돋보이게 하다. b) ⟨h. + sich⟩ 능가하다, 넘어서다, 극복하다: es ist schwer, sich über seine Zeitgenossen und ihre Vorurteile hinauszuheben 동시대인들과 그들의 편견을 뛰어넘는다는 것은 어렵다. ~jagen 1. ⟨h⟩ 밖으로 쫓아내다, 몰아대다: die Großmutter jagte die Jungen hinaus 할머니가 아이들을 밖으로 쫓아냈다. b) 급히 내보내다: eine Botschaft (in den Äther) h. 소식을 급히 (전파로) 보내다. c) 급히 쏘다(발사하다): mehr als 60 Schuß in der Minute h. 1분에 60 발 이상을 발사하다. 2. ⟨s⟩ 밖으로 급히 뛰어나가다: die Kinder jagten (aus der Schule) hinaus 아이들이 (학교 밖으로) 급히 뛰어나갔다. ~katapultieren ⟨h⟩ 1. 캐터펄트로 사출(발사)하다. 2. 《은어》내쫓다. ~klettern ⟨h⟩ 기어 나가다. ~kommen* ⟨s⟩ 1. 밖으로 나오다: auf die Straße h. 거리로 나오다. 2. 벗어나다, 빠져 나가다. 3. a) 더 나아가다, 넘어서다: er war der erste, der über den 89. Breitengrad hinauskam 그는 위도 89도를 넘어선 첫 사람이었다. b) (단계, 정도를) 넘다[넘어서다]: über einen Punkt nicht h. 어떤 단계에서 더 나아가지 못하다. 4. 《통용어》↑~laufen (3). ~komplimentieren ⟨h⟩ 1. 넌지시 쫓아내다: einen lästigen Besucher hinaus. 귀찮은 방문객을 넌지시 쫓아내다. 2. 그럴듯한 구실로 쫓아내다: der Apotheker komplimentierte seinen hohen Besuch hinaus 약사는 그 높은 방문객을 그럴 듯한 구실로 쫓아냈다. ~können* ⟨h⟩ 《통용어》밖으로 나갈 수 있다. ~kriechen* ⟨s⟩ 밖으로 기어나가다. ~langen ⟨h⟩ 《통용어》 1. 밖으로 내어주다: jmdm. etw. h. 누구에게 무엇을 밖으로 내어주다. 2. 밖으로 손을 뻗치다: zum Fenster h. 창문 밖으로 손을 뻗치다. ~lassen* ⟨h⟩ 1. 밖으로 나가게 하다: die Kinder zum Spielen h. 아이들을 밖으로 나가게 하다. 2. 누구에게 출구를 열어주다: er ließ seinen Besucher hinaus 그는 방문객을 내보내었다. ~laufen* ⟨s⟩ 1. 달려나가다: zur Tür h. 문 밖으로 달려나가다. 2. 결과로서 무엇이 되다: der Plan läuft auf eine Stillegung des Zweigwerkes hinaus 그 계획은 결국 자공장의 조업 중단을 초래한다. 3. 어디에로 귀결하다: wo soll das h.? 그것은 어떻게 될 것인가? ~legen ⟨h⟩ 1. 밖에 두다(놓다). 2. ⟨h. + sich⟩ 밖으로(밖에) 나가 눕다: wir legten uns in die Sonne hinaus 우리는 밖에 나가 햇빛을 받고 누웠다. ~lehnen, sich ⟨h⟩ 밖으로 내밀다: Nicht h.! 머리를 창 밖으로 내밀지 마시오(기차 창문에 쓰인 경구 문구). ~lotsen ⟨h⟩ 1. 수로에서 밖으로 인도하다. 2. 《통용어》밖에 나가다. 3. ↑~manövrieren (2). ~machen, sich ⟨h⟩ 《통용어》(려고 애쓰다) mach dich hinaus! 밖으로 나오려고 힘써 봐. ~manövrieren ⟨h⟩ 1. (배가) 조종하여 빠져나오다[나오게 하다]: das Schiff aus dem Verband h. 배를 편대에서 빠져나오게 하다. 2. 헤쳐나오게 하다: ein Unternehmen aus Schwierigkeiten h. 기업을 어려움에서 헤쳐나오게 하다; ⟨h. + sich⟩ sich aus allen Schwierigkeiten h. 모든 어려움에서 헤쳐나오다. ~marschieren ⟨h⟩ 밖으로 행진(행군)하다. ~müssen* ⟨h⟩ 《통용어》밖으로 나와야 하다. ~nehmen* ⟨h⟩ 《대부분 mit와 결합하여》밖으로 데리고 나가다: er nahm den Hund mit in den Garten hinaus 그는 개를 정원으로 데리고 나갔다. ~pfeffern ↑ ~werfen (3). ~posaunen ⟨h⟩ 《통용어》↑ausposaunen: eine Neuigkeit (in alle Welt) h. 새 소식을 (온 세계에) 떠들썩하게 알리다. ~prügeln ⟨h⟩ 때려 밖으로 쫓아내다. ²~ragen ⟨h⟩ 1. 우뚝 솟아 있다: ein weit hinausragender Felsvorsprung 많이 나 와 있는 암벽 돌출부. 2. 누구보다 뛰어나다: jmd., der über seine Zeitgenossen hinausragt 그의 동시대인들보다 뛰어난 사람. ~reden ⟨h⟩ 1. (südd., österr., schweiz.) 핑계를 대다, 구실을 찾다. 2. 무엇에 대해 핑계를 대다: sich auf eine Krankheit h. 아프다고 핑계를 대다. ~reichen ⟨h⟩ 1. 밖으로 건네주다: jmdm. den Koffer h. 누구에게 여행 가방을 건네주다. 2. 밖에까지 뻗치다: die Schnur reicht bis zum Gartenzaun hinaus 줄이 정원 울타리 밖에까지 뻗친다. **3.** 무엇 넘어 미치다, 뻗치다: eine Zone, die über den Polarkreis hinausreicht 극권 넘어까지 미치는 영역. **~reiten*** ⟨s⟩ 말을 타고 밖으로 나가다. **~rennen*** ⟨s⟩ 밖으로 뛰어 나가다. **~retten**, sich ⟨h⟩ 밖으로 피하다[탈출하다]. **~rücken 1.** ⟨h⟩ **a)** 밀어내다, 옮직이다. **b)** 연기하다, 늦추다: die Erfüllung seiner Wünsche wurde dadurch um zwei Jahre hinausgerückt 그의 소원의 성취는 그 때문에 2년 만큼 늦추어졌다. **2.** ⟨s⟩ **a)** 밖으로 움직이다[가다]: er rückte mit seinem Stuhl auf den Gang hinaus 그는 그의 의자를 들고 복도로 나갔다. **b)** 밖으로 나가다: die Soldaten rückten zum Tor hinaus 군인들이 성문 밖으로 행진했다. **c)** 장기간 지체되다: die Aussicht auf erste Erfolge ist dadurch um zwei Jahre hinausgerückt 첫 성공에 대한 전망이 그로 인하여 2년 만큼 지체되었다. **~rufen*** ⟨h⟩ 밖으로 외치다: auf die Straße h. 길거리를 향해 외친다. **~schaffen** ⟨h⟩ 밖으로 들어내다, 운반해 나가다. **~schauen** ⟨h⟩ **1.** 《지역적》 →blicken (1, 2 a). **2.** 《아이》 ↑~blicken (2 b). **~scheren**, sich ⟨h⟩ 《속어》 밖으로 내빼다, 도망치다: scher dich hinaus! 꺼져 버려라! **~schicken** ⟨h⟩ **1.** 내보내다: die Kinder aus dem Zimmer h. 아이들을 방 밖으로 내보낸다. **2.** 보내다: Funksprüche h. 무선 통신을 보낸다. **~schieben*** ⟨h⟩ **1. a)** 밀어내다: eine Stange durch die Öffnung h. 막대기를 출구(구멍)로 밀어낸다. **b)** ⟨h. + sich⟩ 밖으로 나가다: er schob sich schnell zur Tür hinaus 그는 빨리 문 밖으로 나갔다. **2. a)** 연기시키다, 지체시키다: eine Reise um einen Monat h. 여행을 한 달만큼 연기하다. **b)** ⟨h. + sich⟩ 지체되다, 연기되다. **~schießen* 1.** ⟨h⟩ 밖으로 쏘다: zum Fenster h. 창밖으로 쏘다. **2.** ⟨s⟩ **a)** 쏜살같이 나가다: das Motorboot schoß aufs Meer hinaus 모터 보트가 바다 위를 쏜살같이 나갔다. **b)** 《통용어》 쏜살같이 뛰어나가다: wie der Blitz zur Tür h. 번개같이 문 밖으로 뛰어나가다. **3.** ⟨s⟩ 무엇 밖으로 벗어나다: das Auto ist weit über die Markierung hinausgeschossen 자동차가 교통 표지선 넘어 훨씬 벗어났다. **~schleichen* 1.** ⟨s⟩ 몰래 밖으로 나가다. **2.** ⟨h. + sich⟩ ⟨h⟩ 몰래 빠져 나가다. **~schleppen** ⟨h⟩ **1.** 밖으로 질질 끌다[끌어내다]. **2.** ⟨h. + sich⟩ 발을 질질 끌며 빠져 나가다[나오다]. **~schlüpfen** ⟨s⟩ 밖으로 빠져 나가다. **~schmeißen*** ⟨h⟩ 《통용어》 ↑~werfen (1 a, 2, 3). **~schmettern** ⟨h⟩ 목청을 다하여 노래부르다. **~schmiß, der** 《통용어》 ↑~wurf. **~schmuggeln** ⟨h⟩ **1.** 밀수출하다, 밀출국시키다, 몰래 빼내다. **2.** ⟨h. + sich⟩ 몰래 빠져 나가다. **~schreien*** ⟨h⟩ **1.** 밖으로 소리치다: zum Fenster h. 창밖으로 소리친다. **2.** 《아이》 ↑ herausschreien: seinen Schmerz h. 고통의 소리를 외친다. **~schütten** ⟨h⟩ 밖으로 쏟다. **~schwimmen*** ⟨s⟩ 헤엄쳐 나가다: schwimm nicht so weit hinaus! 그렇게 멀리까지 헤엄치지 말아라! **~sehen*** ⟨h⟩ ↑~blicken. **~sein*** ⟨s⟩ **1.** 넘어 있다: über dieses Alter ist er längst hinaus 그는 오래 전에 이 나이를 넘었다. **2.** 《통용어》 밖에 나가 있다, 출타 중이다. **~setzen** ⟨h⟩ **1. a)** 밖에 놓다, 두다. **b)** ⟨h. + sich⟩ 밖에 앉다: sich in den Garten h. 밖의 정원에 앉다. **2.** 《통용어》 ↑~werfen (3). **~sollen*** ⟨h⟩ 밖으로 나가야 한다. **~spähen** ⟨h⟩ 밖으로 내다보다[엿보다]: durch eine Ritze auf die Straße h. 틈(구멍) 사이로 길 밖을 내다본다. **~spielen** ⟨h⟩ **1.** 《아이》 《드물게·팝》 무엇처럼 보일려고 하다: sich auf den starken Mann h. 강한 사람처럼 보일려고 하다. **2.** [스포츠] 공을 외곽으로 차내다: der Verteidiger spielte den Ball auf den Flügel hinaus 수비 선수가 공을 윙쪽으로 차냈다. **~springen*** ⟨s⟩ **1.** 뛰어나가다, 튕겨나가다. **2.** 《통용어》 급히 밖으로 나가다: in

den Garten h. 정원으로 급히 나가다. **~stehen*** ⟨h⟩ 돋보이다, 뛰어나다: über etw. h. 무엇보다 뛰어나다. **~stehlen***, sich ⟨h⟩ 몰래 살그머니 빠져 나가다: sich aus dem Zimmer h. 몰래 방을 빠져 나간다. **~steigen*** ⟨s⟩ 빠져 나가다: zum Fenster h. 창문을 통해 빠져 나간다. **~stellen** ⟨h⟩ **1. a)** 밖에 내놓다: die Blumen auf den Balkon h. 꽃을 발코니에 내놓다. **b)** ⟨h. + sich⟩ 밖으로 나가다. **2.** [스포츠] (선수를) 퇴장시키다: der Schiedsrichter stellte den Verteidiger hinaus 심판이 수비 선수를 퇴장시켰다. **~stellung**, die; -en 퇴장: er gab mehrere -en 그는 여러 번 퇴장 명령을 내렸다. **~stolpern** ⟨s⟩ 비틀거리며 밖으로 나가다. **~stoßen*** ⟨h⟩ **1.** 밀어내다. **2.** 몰아내다. **~strecken** ⟨h⟩ 밖으로 내밀다, 내뻗다: den Kopf zum Fenster h. 머리를 창 밖으로 내밀다. **~strömen** ⟨s⟩ 물밀듯이 밖으로 몰려 나오다: die Menge strömte aus dem Festzelt auf den Platz hinaus 군중들이 축제 차일에서부터 광장으로 물밀듯이 몰려 나왔다. **~stürmen** ⟨s⟩ ↑~eilen, ↑~rennen. **~stürzen 1.** ⟨s⟩ 밖으로 떨어지다, 쓰러지다. **2.** ⟨h. + sich⟩ 밖으로 뛰어내리다[떨어지다]: er stürzte sich zum Fenster hinaus 그는 창 밖으로 몸을 내던졌다. **3.** ⟨s⟩ 급히 뛰어나가다: die Einbrecher stürzten zur Tür hinaus 침입자들이 문 밖으로 급히 뛰어나갔다. **~tappen** ⟨s⟩ 더듬으며 밖으로 나가다. **~tragen*** ⟨h⟩ **1.** 밖으로 가지고 가다. **2.** 멀리 내보내다, 전파하다: sein Name wurde in alle Welt hinausgetragen 그의 이름은 전 세계에 전파되었다. 벗어나게[넘어서게] 하다: der Wagen wurde nach einer Rechtskurve über die Fahrbahnmitte hinausgetragen 그 자동차는 오른쪽으로 커브를 한 후 도로 중앙 저 쪽으로 벗어났다. **~treiben* 1.** ⟨h⟩ **a)** 밖으로 몰다: das Vieh aus dem Stall h. 가축을 우리(간)에서 몰다. **b)** 떠날 것을 강요하다: jmdn. aus dem Haus h. 누구에게 집으로부터 떠날 것을 강요하다; ⟨비인칭⟩ es trieb ihn in die Welt hinaus 그는 세상 멀리 나갔다. **2.** ⟨s⟩ 강변[해변]으로 벗어 나가다: der Kahn trieb auf den See hinaus 작은 배가 호수로 나갔다. **~treten* 1.** ⟨s⟩ 밖으로 나가다: aus dem Haus h. 집 밖으로 나가다; [전의] 인생 한복판에 나서다. 세상에 나가다, 삶의 현장에 나서다. **2.** ⟨h⟩ 발로 차서 밖으로 보내다: den Ball aus dem Strafraum h. 공을 차서 페널틱 에어리어 밖으로 보낸다. **~trompeten** ⟨h⟩ 트럼펫을 불다, 트럼펫을 불어 알리다. **~tun*** ⟨h⟩ 《통용어》 밖에 내놓다: den Koffer aus dem Zimmer h. 여행 가방을 방밖에 내놓는다. **~wachsen*** ⟨s⟩ **1.** 커서 넘치다: die Pappel ist über das Hausdach hinausgewachsen 포플러 나무가 지붕셔 너머 자랐다. **2.** 성장하여 무엇에서 벗어나다: über solche Bücher ist er längst hinausgewachsen 그는 오래 전에 이러한 책을 읽을 나이를 넘어섰다. **3.** 누구를 능가하다: über seinen Lehrer h. 그의 스승을 능가하다. **~wagen**, sich ⟨h⟩ **1.** 감히 밖으로 나가다: der Flüchtling wagte sich hinaus 도주자는 감히 밖으로 나가려고 했다; [전의] sich ins Leben h. 삶의 세계로 나가다. **2.** 무엇을 넘어서려고 하다: sich über eine Abgrenzung h. 제한선을 넘어서려고 하다. **~wählen** ⟨h⟩ 투표해서 내쫓다. **~weisen*** ⟨h⟩ **1.** 추방하다, 추방 명령하다: er wurde aus der Stadt hinausgewiesen 그는 시에서부터 추방되었다. **2.** 밖을 멀리 가리키다: er wies mit der Hand aufs Meer hinaus 그는 손으로 멀리 바다를 가리켰다. **3.** 무엇을 넘어 뜻하다: das Symbol weist über sich selbst hinaus 상징은 그 스스로를 넘어 뜻한다. **~weisung**, die; -en 추방, 추방 명령. **~werfen*** ⟨h⟩ **1. a)** 밖으로 내던지다: Abfälle zum Fenster h. 쓰레기를 창 밖으로 내던지다. **b)** (불빛, 시선 따위를) 밖으로 내던지다: sie warf schnell einen Blick hinaus 그녀는 급히 밖으로 시선을

던졌다. 2. 〈h. + sich〉 밖으로 몸을 내던지다: in der Kurve warf er sich schnell hinaus 커브길에서 그는 재빨리 뛰어내렸다. 3. 《통용어》 a) 내버리다, 밖으로 내놓다: die alten Möbel h. 낡은 가구들을 밖으로 내놓다. b) 밖으로 내쫓다: der Wirt warf den Betrunkenen hinaus 주인은 주정뱅이를 밖으로 내쫓았다. c) 나가게 하다, 퇴직게 하다: jmdn. aus einem Betrieb h. 누구를 기업에서 나가게 하다. ~wollen* 〈h〉《통용어》 1. 밖으로 나가고자 하다: hoch h. (분에 넘치는) 대망을 품다; zu hoch h. 지나치게 원대한 계획을 하다. 2. 궁극적으로 의도하다, 목적하다, 꾀하다: auf einen Kompromiß h. 궁극적으로 타협을 꾀하다. ~wuchten 〈h〉《통용어》 힘껏 밖으로 움직이다:《통용어》내팽개침: jmdm. mit dem H. drohen 누구를 내팽개치겠다고 위협하다. ~ziehen* 1. 〈h〉 a) 밖으로 끌어내다: ein Flugzeug aus der Halle h. 비행기를 격납고 밖으로 끌어내다. b) 움직이게 하다, 가게 하다: das Fernweh zog ihn hinaus nach Australien 멀리 가고 싶은 그리움이 그를 오스트레일리아로 가게 했다; (인정) es zog ihn zu ihr in den Garten hinaus 그는 정원에 있는 그녀에게로 가고 싶었다. 2. 〈s〉 a) 밖으로 나가다: in die Vorstadt h. 교외로 나가다. b) 멀리 나가다, 이동해 나가다: die Truppen zogen aus der Stadt hinaus 부대들이 시내로부터 멀리 이동해 나갔다. 3. 〈s〉 밖으로 나가다: den Rauch h. lassen 연기를 밖으로 나가게 하다. 4. 〈h. + sich〉 어디 밖에까지 뻗다: die Promenade zieht sich aus der Stadt bis nach Holzdorf hinaus 그 산책로는 시내에서부터 홀츠도르프 밖에까지 뻗어 있다. 5. 〈h〉 지연시키다: die Verhandlungen h. 협상을 지연시키다. b) 〈h. + sich〉 오래 끌다[걸리다], 지연되다: der Prozeß zieht sich hinaus 재판이 오래 걸리다. 6. 〈h〉 a) 주저하다, 지체하다: die Abreise h. 여행 출발을 주저하다. b) 〈h. + sich〉 늦어지다: der Abflug zieht sich hinaus 비행 출발이 늦어지다. ~zögern 〈h〉 1. 주저하여 늦추다: seine Abreise h. 그의 출발 여행을 늦추다. 2. 〈h. + sich〉 늦어지다: der Abflug der Maschine zögerte sich hinaus 비행기의 출발이 늦어졌다. ~zögerung, die; -en 지체, 늦어짐.
Hinayana: ↑Hinajana.
Hinde ['hɪndə], die; -n 《준고어·시어》 암사슴.
Hindenburglicht ['hɪndn̩bʊrk-], das; -(e)s, -er 《옛》 (특히 2차 대전 중) 비상 조명등.
hinderlich ['hɪndɐlɪç] 〈Adj.〉 1. 방해가 되는, 거추장스런. 2. 지장이 있는, 불편한, 귀찮은: dieser Vorfall war seiner Karriere [für seine Karriere] sehr h. 이 사건이 그의 출세에 많은 지장을 가져왔다. hindern ['hɪndɐn] 〈h〉 1. a) 못하게 하다, 저지하다, 가로막다: der Polizist hinderte ihn an der Weiterfahrt 경찰관은 그의 차가 가는 것을 저지했다. b) 훼방놓다, 방해하다: jmdn. beim Arbeiten h. 누가 일하는 데 훼방놓다. 2. (고어) 방해하다, 저지하다: den Krieg h. 전쟁을 막다. Hindernis ['hɪndɐnɪs], das; -ses, -se 1. 장애, 방해, 훼방, 저지, 곤란: dieser Umstand ist kein H. für uns [für die Verwirklichung unseres Plans] 이 상황은 우리한테 [우리 계획의 실현에] 그 어떤 장애도 안된다; sich über -se hinwegsetzen 장애를 극복하다; jmdm. -se in den Weg legen 누구를 [에] 방해하다. 2. 장애(물), 어려움, 지장, 곤란: die schroffen Felsen sind [bilden] ein natürliches H. 가파른 암벽들이 천연의 장애물이다 [장애물을 이룬다]. 3. a) [경마] 장애물: ein H. nehmen 장애물을 넘다. b) [경마] 장애물. c) [골프] 장애물. d) [미니 골프] 장애물.
Hindernis-: ~bahn die [육상경기] 장애물 경주로. ~balken, der [육상경기] 장애물 들보. ~fahren, das; -s [경마] 장애물 경주. ~feuer, das (고층 건물 등의) 항공 장애등. ~kombination, die [경마] 장애물 군(群). ~lauf, der [육상경기] 장애물 경주, 허들 [레이스]. ~laufen, das; -s 《준고어》. ~läufer, der 장애물 경주 선수, 허들 선수. ~rennen, das 1. [경마] 장애물 경주. 2. 〔육상경기〕 장애물 경주 [달리기]. ~strecke, die [육상경기] 장애물 경주로. ~technik, die [육상경기] 장애물 경주 기술. ~turnen, das 장애물 체조.
Hinderung ['hɪndərʊŋ], die; -en 1. 훼방, 장애, 지장, 고장: ohne H. 하등의 장애 [지장] 없이. 2. 《준고어》 저지. Hinderungsgrund, der 장애 이유, 장애인(因): das ist für mich kein H. 그것은 나에게 장애적 이유가 아니다.
Hindi ['hɪndi], das; - 인도의 공용어, 힌두어.
Hindin ['hɪndɪn], die; -nen 《고어·시어》 암사슴 (Hirschkuh).
Hindostan [hɪndɔs'taːn, ...tan, 《또한》 '- - -] ↑Hindustan.
Hindu ['hɪndu], der; -(s), -(s) (힌두교를 믿는) 인도 사람. Hinduismus [hɪndu'ɪsmʊs], der; - 1. 힌두교. 2. (드물게) 브라만 교, 바라문 교. hinduistisch 〈Adj.〉 힌두 교(도)의. Hindukusch, der; -(s) (중앙 아시아에 있는) 힌두쿠시 산맥.
hindurch 〈Adv.〉 1. (…을) 통하여, 쭉, 내내, 처음부터 끝까지: das ganze Jahr h. 일년 내내; (전치사 durch의 강조로써) durch … h. 1) (…을) 지나여, 통하여: durch den Wald h. ist der Weg kürzer 숲을 지나가는 것이 길이 더 짧다. 2) 내내, 쭉, 처음부터 끝까지, 계속: durch all die Jahre h. 여러 해 내내. 3) …을 통하여, 지나여; 가로질러: durch die ganze Komposition h. verfolgen dieses Thema 전 작곡품 내내 이 주제가 흐르고 있다. 2. 〈분리 합성 동사에서 부사 wohindurch, dahindurch의 분리 부분으로서〉: wo willst du h.? 너는 어디를 지나가려고 하느냐?
hindurch-: ~arbeiten, sich 〈h〉 ↑durcharbeiten (5). ~drängen, sich 〈h〉 sich ↑durchdrängen. ~finden* 〈h〉 (sich) ↑durchfinden (2): durch ein Gewühl h. 혼란을 헤치고 길을 찾다; 《또한》 h. + sich〉 wie willst du dich hier h.? 너는 여기를 어떻게 뚫고 나갈 생각이냐? ~fließen* 〈s〉 어디 사이로 흘러가다, 어디 사이를 빠져 흘러가다. ~fühlen 〈s〉 ↑durchfühlen. ~gehen* 〈s〉 1. a) 어디를 통과해 지나가다: durch den Park h. 공원을 통과해 지나가다. b) 끝내다, 참다: durch viel Leid h. müssen 많은 고난을 참아야 하다. 2. a) 관통하다, 지나가다: die Kugel ging durch den Körper hindurch 총알이 몸을 관통했다. b) (사이를) 빠져 나가다: ob das Klavier durch die schmale Tür hindurchgeht? 피아노가 좁은 문 사이를 빠져 나가질런지? 3. a) 어디를 지나가다: die Straße geht durch besetztes Gebiet hindurch 도로가 점령 지구를 지나간다. b) (어느 영역에) 뻗쳐 있다: dieser Fragenkreis geht durch verschiedene Gebiete des staatlichen Lebens hindurch 이 문제권은 국가 생활의 여러 영역에 뻗쳐 있다. ~kriechen* 〈s〉 기어서 통과하다. ~müssen* 〈h〉 지나가야 하다:《또한》die Soldaten mußten durch das schwere Granatwerferfeuer hindurch 군인들은 어려운 유탄사격을 꿰뚫고 지나가야 했었다. ~schauen 〈h〉 (어디 사이로) 보다, 쳐다보다. ~schimmern 〈h〉 (어디 사이로) 반짝이다. 1. (어디 사이로) 희미하게 드러나다: durch den Nebel schimmerten vereinzelte Sterne hindurch 안개 사이로 몇몇 별들이 반짝였다. 2. (어디 사이로) 희미하게 드러나다: durch die neue Formulierung schimmern die alten Vorurteile hindurch 새로운 표현 뒤에서 오래된 선입견들이 희미하게 드러났다.

~sehen* ⟨h⟩ **1.** (어디 사이로) 보다, 쳐다보다. **2.** (어디 사이로) 뚜렷이 보이다: durch die dünne Wolkendecke sahen vereinzelte Sterne hindurch 엷은 구름층 사이로 몇몇 별들이 또렷이 보였다. **~ziehen* 1.** ⟨h⟩ 꿰다: den Faden durch das Nadelöhr h. 실을 바늘귀에 꿰다. **2.** ⟨s⟩ 통과해 가다: hindurchziehende Truppen 통과해 가는 부대들. **3.** ⟨h + sich⟩ 일관하다: dieser Gedanke zieht sich durch das ganze Buch hindurch 이 사상이 이 책 전체를 일관하고 있다. **~zwängen** ⟨h⟩ 무리하게 들이밀다: den Kopf durch etw. h. 머리를 무엇 사이에 무리하게 들이밀다; ⟨h. + sich⟩ er zwängte sich durch die Lücke hindurch 그는 무리하게 그 틈 사이로 들어갔다.

Hindustan [hɪndʊs'taːn, ⟨또한⟩ '---, ...tan], -s 북인도의 옛 이름, 인도의 별칭. **Hindustani** [hɪndʊs'taːni], das; ⟨~⟩ 인도의 옛 공용어. **hindustanisch** ⟨Adj.⟩ 힌두스타니어의.

hinein [hɪ'naɪn] ⟨Adv.⟩ **1.** (반대: heraus) 속으로, 안으로: h. (mit euch)! (너희들) 안으로 들어가! ; den Weg h. suchen 안으로 들어가는 길을 찾다; ⟨전치사들을 강조하거나 세분화하기 위해⟩ (bis) in ... h. 속 안에까지, 안까지; (mitten) in die Stadt h. 시내 (한복판)에까지; [전의] bis (tief) in die Nacht h. arbeiten 밤(중)까지 일하다; sich bis ins Herz h. schämen 매우 부끄러워하다; bis ins Innerste h. erschrecken 매우 놀라다. **2.** ⟨분리 합성 동사에서 부사 wohinein, dahinein의 분리된 부분으로서⟩ wo fährt er h.? 그는 어디로 들어가나?

hinein- (↑herein-, rein-도 참조): **~arbeiten 1.** ⟨h. + sich⟩ ⟨새로운 일(문제)에⟩ 익숙[정통]하려고 애쓰다: sich in eine Fragestellung h. 어떤 문제를 파고들다. **2.** ⟨h. + sich⟩ (힘겹게) 뚫고 들어가다: der Bohrer arbeitet sich in die Wand hinein 천공기가 힘겹게 벽에 구멍을 내고 있다. **3.** 새기어(세공해) 넣다, 삽입하다. **~bauen** ⟨h⟩ **1.** 짜[조립해] 넣다: ein Teil in einen Motor h. 한 부속품을 모터에 조립해 넣다. **2. a)** (어떤 환경·위치에) 짓다: Häuser in ein Gelände h. 집들을 단지에 짓다. **b)** (어디에) 짓다: ein Haus in den Hang h. 언덕에 집을 짓다. **~befördern** ⟨h⟩ (어디으로) 수송(운송)하다. **~begeben***, sich ⟨h⟩ 들어가다. **~beißen*** ⟨h⟩ 씹다: in den Apfel h. 사과를 씹다. **~bekommen*** ⟨h⟩ (크기가 맞아서) 집어 넣을 수 있다: den Schlüssel nicht ins Schloß h. 열쇠를 자물통에 찔러 넣을 수 없다. **~bemühen** ⟨h⟩ **1.** 들어가려고 애쓰다: würden Sie sich bitte mit mir h.? 미안하지만 저와 같이 들어가 시겠습니까? **~bewegen** ⟨h⟩ **1.** (어디로) 움직이다. **2.** ⟨h. + sich⟩ 속으로 가다. **~bitten*** ⟨h⟩ 들어가기를 청하다: er bat die beiden Besucher nicht hinein 그는 두 방문객에게 들어가기를 청하지 않았다. **~blasen** ⟨h⟩ **1.** 안으로 불다(불어 넣다). **2.** 취주악기를 불다. **3.** 거세게 안으로 불다: der Wind blies durch die Ritzen in die Scheune h. 바람이 틈을 통해 헛간으로 거세게 불어 들어왔다. **~blicken** ⟨h⟩ 안으로 쳐다(들여다)보다. **~bohren** ⟨h⟩ **1.** 무엇을 꿰뚫다: das Messer in etw. h. 칼로 무엇을 꿰뚫다. **2.** ⟨h. + sich⟩ 뚫고 들어가다. **~brennen*** ⟨h⟩ ⟨또한 bis⟩ ⟨h⟩ 속으로 타다, (불)타 들어가다. **~bringen*** ⟨h⟩ **1.** 집어 넣다, 넣다. **2.** 조처를 취하다: Ordnung in etw. h. 무엇에 질서를 이룩하다. **3.** ⟨통용어⟩ ↑bekommen. **~brocken** ⟨h⟩ **1.** 쪼각내어 넣다: Brot in die Suppe h. 빵을 쪼각내어 스프 속에 넣다. **2.** ⟨통용어⟩ 각출하다. **~bugsieren** ⟨h⟩ 어디에 끌어 들이다. **~buttern** ⟨h⟩ ⟨통용어⟩ ↑buttern (3). **~denken***, sich ⟨h⟩ 곰곰히 생각하다; in jmds. Lage h. 누구의 입장에서 생각하다. **~deuten** ⟨h⟩ (없는 의미를) 해석해 넣다: etw. in ein Gedicht h. 어떤 시 속에

무엇이 있다고 해석하다. **~donnern** ⟨h⟩ ⟨통용어⟩ 강하게 차(던져) 넣다: den Ball ins Tor h. 공을 골 속에 강하게 차넣다. **~drängen** ⟨h⟩ **1.** 밀고 들어가다: alles drängte in den Raum hinein 모든 사람들이 방 속으로 밀고 들어갔다; ⟨또: h. + sich⟩ er hat sich als letzter in den Wagen hineingedrängt 그가 마지막 사람으로 차 속으로 밀고 들어갔다; [전의] er hat sich in unsere Freundschaft hineingedrängt 그는 우리들의 친구 집단 속에 억지로 끼어들었다. **2. a)** 안으로 밀다(밀어 넣다): jmdn. in einen Raum h. 누구를 방 안으로 밀어 넣다. **b)** (어떤 상태·위치로) 몰아넣다: jmdn. in eine Rolle h. 누구가 어떤 역할을 하도록 몰아 넣다. **~dringen*** ⟨h⟩ 파고 들어가다; 뚫고 들어가다. **~drücken** ⟨h⟩ **1.** (어디에) 누르다: das Siegel in das Wachs h. 도장을 밀랍에 누르다. **2.** 쑤셔 넣다: die Kleider in den Koffer h. 옷들을 여행 가방에 쑤셔 넣다. **3.** ⟨h. + sich⟩ 파고 들어가다: sich in die überfüllte Straßenbahn h. 만원된 전차 속을 파고 들어가다. **~dürfen*** ⟨h⟩ **1.** 들어가도 된다: Kinder dürfen hier nicht hinein 아이들은 여기 들어가서는 안된다. **2.** (사물이 주어로) 들여놓아도 되다: dürfen die Sachen wieder hinein? 물건들을 다시 안으로 들여놓아도 될까요? **~eilen** ⟨h⟩ 안으로 서둘러 들어가다. **~fahren* 1. a)** ⟨s⟩ (차량 따위가) 구내로 들어가다: der Zug fährt in den Bahnhof hinein 기차가 역 구내로 들어간다. **b)** ⟨h⟩ 안에 넣다: das Auto in die Garage h. 자동차를 차고 안에 넣다. **c)** ⟨s⟩ ⟨통용어⟩ (차를) 들이박다: in jmds. Auto h. 누구의 차를 들이박다. **2.** ⟨h. + sich⟩ ⟨h⟩ [스포츠] (차를 잘 달려서) 이르다: sich in die Weltklasse h. 차를 잘 달려서 세계 정상급에 이르다. **3.** ⟨s⟩ 재빨리 쑤셔 넣다: in die Kleider h. 재빨리 옷을 입다(걸치다). **~fallen*** ⟨h⟩ **1.** 빠지다, 떨어지다: in ein Loch h. 구멍 속에 빠지다; sich ins Bett h. lassen 침대에 벌렁 눕다. **2.** (빛이) 스며 들다. **3.** ⟨통용어·드물게⟩ ↑hereinfallen (1). **~finden*** ⟨h⟩ **1.** 길을 찾아 들어가다, 들어가는 길을 찾아내다: sie fanden schließlich doch noch in den Park hinein 그들은 마침내 공원 속으로 들어가다. **2.** ⟨h. + sich⟩ **a)** 무엇에 숙달(정통)해지다; 친숙해지다: sich in seine neue Arbeit h. 새로운 일에 친숙해지다. **b)** 순응하다: sich in sein Schicksal h. 그의 운명에 순응하다. **~fliegen* 1.** ⟨s⟩ **a)** 날아 들어가다: der Vogel flog wieder in den Käfig hinein 새가 다시 새장 속으로 날아 들어갔다. **b)** 무엇 속으로 비행하다: das Flugzeug flog in die Wolkenwand hinein 비행기가 구름층 속으로 날아 들어갔다. **c)** 날아 들어가다: der Stein flog ins Zimmer hinein 돌이 날아 방 안으로 들어갔다. **2.** 속으로 날아가다. **3.** ⟨통용어⟩ ↑hereinfliegen (2), reinfliegen, hereinfallen (3). **~fließen*** ⟨s⟩ 어디 속으로 흐르다. **~fressen*** ⟨h⟩ **1.** ⟨h. + sich⟩ 파먹어 들다: in das Holz hatten sich Würmer hineingefressen 벌레들이 재목 속으로 파먹어 들어갔다. **2. in sich h.** 1) 탐욕스럽게 먹어들이다: die Tiere fraßen das Futter in sich hinein 짐승들이 먹이를 탐욕스럽게 먹어들였다. 2) ⟨속어·평⟩ (사람이) 탐욕스럽게 먹어들이다: er fraß drei Portionen in sich hinein 그는 3인분을 탐욕스럽게 먹어들였다. **3.** 마음 속에 삭이다, 억누르다, 참다: Ärger (Kummer) in sich h. 분노(근심)를 마음 속에 삭이다. **~führen** ⟨h⟩ 안으로 이끌다, 인도하다. **~füllen** ⟨h⟩ 무엇 속에 채우다. **~funken** ⟨h⟩ ⟨통용어⟩ 개입하여 방해하다: in jmds. Verhandlungen h. 누구의 협상에 끼어들어 방해하다. **~geben*** ⟨h⟩ 무엇 속에 넣다: in die Suppe eine Prise Salz h. 스프 속에 한줌의 소금을 넣다. **~geboren** ⟨Adj.⟩ (어떤 환경·상황에서) 태어난: in eine Umwelt h. sein 어떤 환경에 태어나다. **~geheimnissen** ⟨h⟩ 엉뚱한 뜻을 부

여하다, 억지로 이치를 끌어대다: in jmds. Äußerung bestimmte Absichten h. 누구의 말에 특정의 의도가 있다고 잘못 생각하다. ~**gehen*** ⟨s⟩ **1.** 들어가다: wollen wir ins Haus h.? 집 안으로 우리 들어갈까?; [전의] ins Leben h. 삶에 뛰어들다, 세상에 나가다. **2. a)** [구기] (몸으로) 밀어붙여 공격하다: der Verteidiger ist in den Stürmer hart hineingegangen 수비 선수가 포워드에게 바싹 몸으로 밀어붙여 공격했다. **b)** [권투] 접근해 들어가다: in den Gegner h. 상대방 선수에게 접근해 들어가다. **3.** (어느 만큼의 용량이) 들어가다: in die Kanne gehen zwei Liter hinein 차 주전자 용량은 2리터이다. ~**gehören** ⟨h⟩ 어디에 속하다. ~**gelangen** ⟨s⟩ 어디에 다다르다, 이르다. ~**geraten*** ⟨s⟩ 빠지다, 빠져 들다: in einen Sumpf h. 늪에 빠지다. ~**gießen*** ⟨h⟩ 어디에 (퍼)붓다: Wasser in den Trog h. 물을 함지에 퍼붓다. ~**grätschen** ⟨h⟩ **a)** [특히 축구] 태클하다: er grätschte korrekt in den Mittelstürmer hinein 센터포드에 대한 그의 태클은 파울이 아니었다. **b)** 태클하다: der Verteidiger grätschte in die Flanke hinein 수비수는 측면으로 태클했다. ~**greifen*** ⟨h⟩ 무엇을 붙잡다, 무엇에 손을 집어넣다. ~**gucken** ⟨h⟩ 《통용어》 들여다 보다. ~**halten*** ⟨h⟩ **1.** 무엇에 담그다: die Hand ins Wasser h. 손을 물 속에 담그다. **2.** (어디 한가운데에) 대다, 대어놓고 쏘다: mit der Maschinenpistole in eine Menschenmenge h. 경기관총을 군중 한가운데에 대어놓고 쏘다. ¹~**hängen*** ⟨h⟩ **1.** 무엇 속에 걸다: den Mantel in den Schrank h. 외투를 옷장 속에 걸다. **2.** ⟨h. + sich⟩ 《통용어·폄》 끼어들다, 참견하다: sich in fremde Angelegenheiten h. 남의 일에 끼어들다. ²~**hängen*** ⟨h⟩ 걸려 있다, 늘어져 있다: die Zweige der Weide hingen bis ins Wasser hinein 버드나무 가지가 물 속에까지 늘어져 있었다. ~**heben*** ⟨h⟩ 들어올려서 넣다: einen Verletzten in den Krankenwagen h. 부상자를 들어올려서 구급차에 싣다. ~**heiraten** ⟨어느 집에⟩ 시집[장가]가다: in eine Familie h. 어떤 집안으로 시집[장가]가다. ~**helfen*** ⟨h⟩ 들어가게 돕다: er half ihr in den Mantel hinein 그는 그녀가 외투를 입도록 도왔다. ~**horchen** ⟨h⟩ **1.** 무엇 속에 귀를 기울이다: ins Dunkel h. 어둠 속으로 귀를 기울이다. **2.** 《어》 깊은 내용을 이해하려고 노력하다: in den Text h. 원문의 내용을 이해하려고 노력하다. ~**interpretieren** ⟨h⟩ 《교양어》 ↑~deuten. ~**jagen** **1.** ⟨h⟩ 안쪽으로 쫓다[몰다]: sie jagte die Hühner wieder in den Stall hinein 그녀는 닭들을 다시 우리 속으로 쫓았다. **2.** ⟨s⟩ 안으로 급히 들어가다: die Kinder sind schreiend in ihr Zimmer hineingejagt 아이들이 소리를 지르며 그들의 방으로 급히 들어갔다. **3.** 《통용어》 몰아(밀어) 넣다: den Ball ins Tor h. 공을 골 안으로 밀어넣다. ~**kichern** ⟨h⟩ 낄낄 웃어대다. ~**klettern** ⟨s⟩ 기어 들어가다. ~**knien**, sich ⟨h⟩ 《통용어》 몰두하다: sich in eine Arbeit(Aufgabe) h. 어떤 일(과제)에 몰두하다. ~**kommen*** ⟨s⟩ **1.** 들어가다: kommen Sie mit hinein? 같이 들어오시겠습니까? **2. a)** 들어갈 수 있다. **b)** (일·직장에) 들어가다: er versuchte wieder in seinen alten Beruf hineinzukommen 그는 예전 일을 다시 해보려고 했다. **c)** 숙달(정통)하다: in die neue Arbeit [in die fremde Sprache] h. 새로운 일[외국어]에 숙달하다. **3.** 《통용어》 들어가다, 들어갈 자리가 있다: kommen die Schuhe auch in den Schrank hinein? 신발도 또한 장에 넣을까요? **4.** ↑~**geraten**: in jmds. Gefühle kommt Haß hinein 누구의 감정에 증오가 섞인다. ~**komplimentieren** ⟨h⟩ 정중하게 안으로 모시어 들이다. ~**können*** ⟨h⟩ 들어갈 수 있다. ~**krabbeln** ⟨s⟩ 기어 들어가다. ~**kriechen*** ⟨s⟩ 기어 들어가다: in eine Höhle h. 동굴 속으로 기어 들어가다; **jmdm. hinten**

h. 《속어·은폐》 굽실거리다. ~**kriegen** ⟨h⟩ 《통용어》 ↑~bekommen. ~**lachen** ⟨h⟩ 깔깔 웃어대다: in die Stille h. 침묵 속에 깔깔 웃어대다. ~**langen** ⟨h⟩ 《통용어》 **1.** 안으로 넣어주다[넣어주다]: er langte ihm die Post hinein 그는 그에게 우편물을 넣어 주었다. **2.** ↑~**greifen**: in den Korb h. 바구니에 손을 집어 넣다. ~**lassen*** ⟨h⟩ 들어가게 하다: niemand wurde zu dem Kranken hineingelassen 아무도 환자에게 들어갈 수 없었다. ~**laufen*** **1. a)** ⟨s⟩ 뛰어들다: ins Haus h. 집안으로 뛰어들다. b) ↑~**geraten**: in sein Verderben h. 자신의 파멸을 불러들이다. **b)** (달리는 차에) 뛰어들다, 치이다: das Kind ist in ein Auto hineingelaufen 아이가 자동차에 치었다. **c)** ⟨h. + sich⟩ 《스포츠》 잘 달려서 어떤 급[수준]에 이르다: sich in die Weltklasse h. 잘 달려서 세계 정상급에 도달하다. **2.** ⟨s⟩ 흘러들다: das Bier in sich h. lassen 맥주를 마시다. ~**leben** ⟨h⟩ 《드물게》 sich ↑einleben. ~**legen** ⟨h⟩ **1. a)** 넣다: etw. in einen Koffer h. 무엇을 여행 가방 안에 넣다. **b)** ⟨h. + sich⟩ 속으로 들어가 눕다: ohne sich auszukleiden, legte er sich ins Bett hinein 옷도 벗지않고 그는 침대 속에 몸을 눕혔다. **2. a)** (감정 따위를) 집어넣다: sein ganzes Gefühl in den Vortrag h. 그의 온 감정을 강연에 쏟다. **b)** ↑~deuten: in jmds. Worte einen bestimmten Sinn h. 누구의 말에 특정의 의미를 부여하다. **3.** 《통용어》 ↑~hereinlegen (2). ~**lesen*** ⟨h⟩ **1.** ⟨h. + sich⟩ sich ↑einlesen. **2.** ↑~deuten. ~**leuchten** ⟨h⟩ **1.** 속을 비추다: die Sonne leuchtet ins Wohnzimmer hinein 태양이 거실 안을 비춘다. **2. a)** 빛을 비추다: mit der Lampe in den hintersten Winkel h. 램프로 가장 뒤 구석까지 불빛을 비추다. **b)** 명확하게 하다, 밝히다: in eine dunkle Angelegenheit h. 애매한 사건을 밝히다. **3.** (ostmd.) 파먹다: tüchtig in den Kuchen h. 케이크의 상당한 부분을 먹다. ~**locken** ⟨h⟩ 안으로 유혹하다, 꾀다: jmdn. in etw. h. 누구를 어디(안으로) 꾀어 들이다. ~**löffeln** ⟨h⟩ 《통용어》 숟가락으로 떠서 먹다: die Suppe in sich h. 국을 숟가락으로 떠서 먹다. ~**lotsen** ⟨h⟩ **1.** 안으로 수로(水路)를 안내하다. **2.** 《통용어》 안으로 유혹하다: er ließ sich von den Mädchen h. 그는 처녀들의 유혹을 받아 안으로 들어갔다. **3.** ↑~**manövrieren** (2). ~**machen**, sich ⟨h⟩ 《통용어》 급히 들어가다, 들어가려 애쓰다: mach dich hinein! 빨리 들어가! ~**manövrieren** ⟨h⟩ **1.** 교묘하게 조종해 넣다: das Schiff in die Lücke h. 틈새로 배를 교묘하게 조종해 넣다; 《또한》 h. + sich sich in die Lücke h. 틈새로 교묘하게 들어가다. **2.** 수단을 써 무엇에 빠지게 하다: jmdn. in eine (ausweglose) Situation 누구를 어떤 (절망적인) 상황에 빠지게 하다; 《또한》 h. + sich sich in eine gute Ausgangsposition h. 좋은 출발 위치를 차지하다. ~**marschieren** ⟨s⟩ 행진(군)해 들어가다. ~**mengen** ⟨h⟩ **1.** ↑~mischen (1, 2). **2.** ⟨h. + sich⟩ 《폄》 sich ↑mischen (2). ~**mischen** ⟨h⟩ **1. a)** 섞어 넣다. **b)** ⟨h. + sich⟩ 섞이다, 혼합되다: in seine Gedanken mischte sich Trauer hinein 그의 생각에 슬픔이 뒤섞이었다. **2.** ⟨h. + sich⟩ 간섭[참견]하다: warum wollen Sie sich h.? 왜 당신은 참견하려고 하느냐? ~**müssen*** ⟨h⟩ 들어가야 하다. ~**nehmen*** ⟨h⟩ **1.** 들고[데리고, 가지고] 들어가다: den Hund mit (ins Haus) h. 개를 (집 안으로) 데리고 가다. **2.** 받아들이다: jmdm (in eine Gruppe) (mit) h. 누구를 (한 모임에) 받아들이다. ~**packen** ⟨h⟩ 싸넣다: die Sachen wieder in den Koffer h. 물건들을 다시 (여행 가방 안에) 싸넣다. ~**passen** ⟨h⟩ **1. a)** 들어갈 만하다: in den Koffer paßt nichts mehr hinein 여행가방 안에는 더 이상 아무것도 들어갈 수 없다. **b)** 어디에 맞다, 들어가다: der Schlüssel paßt nicht in das Schloß hinein 열쇠가 자물통 속

에 맞지 않는다. c) 화합하다, 어울리다, 적응하다: in eine Gemeinschaft h. 한 공동체에 적응하다. 2. 무엇을 어디 안에 맞추다: ein Brett in den Schrank h. 널판을 장 안에 맞추다. ~**pferchen** ⟨h⟩ 안에 몰아넣다. ~**pfuschen** ⟨h⟩ 간섭하다: sich von niemandem in seine Arbeit h. lassen 자기 일에 누구의 간섭도 용납하지 아니하다. ~**platzen** ⟨s⟩ 《통용어》 불쑥 들이닥치다: er platzte in die Versammlung hinein 그는 그 모임에 불쑥 들어섰다. ~**praktizieren** ⟨h⟩ 무엇을 실제로 행하다. ~**pressen** ⟨h⟩ 1. a) 안에 쑤셔 넣다: Wäsche in den Koffer h. 세탁물을 여행 가방 안에 쑤셔 넣다. b) 눌러서 새기다: ein Muster h. 눌러서 무늬를 새기다. 2. 억지로 무엇에 짜 맞추다: etw. in ein Schema h. 무엇을 억지로 도식에 짜맞추다. ~**projizieren** ⟨h⟩《교양어》어디에 투영시키다: menschliche Züge in die Natur h. 인간적 특징을 자연에 투영시키다. ~**prügeln** ⟨h⟩ 1. 때려서 안으로 몰다. 2. 때려서 가르치다: Disziplin in jmdn. h. 누구를 때려서 규율을 가르치다. ~**pumpen** ⟨h⟩ 1. 펌프질하여 안에 넣다: Wasser in einen Behälter h. 펌프질하여 물을 용기에 넣다. 2.《통용어·폄》많은 양을 넣다[투입하다]: Medikamente in jmdn. h. 누구에게 많은 용량의 약을 투약시키다. ~**quetschen** ⟨h⟩ 1. 안에 눌러 쑤셔넣다: Kleidungsstücke (in den Koffer) h. 옷가지들을 (여행 가방 안에) 눌러 쑤셔 넣다. 2. ⟨h. + sich⟩ 밀고[비집고] 들어가다. ~**ragen** ⟨h⟩ 1. 튀어나오다. 2. 어디에 뻗치다. ~**rasseln** ⟨s⟩《통용어·드물게》hereinrasseln. ~**reden** ⟨h⟩ 1. 어디에 대고 말하다: ins Leere h. 허공에 대고 말하다. 2. 끼어 들어 말하다: der Diskussionspartner sollte nicht h. 토론의 상대자는 끼어들어 말해서는 안된다. 3.《폄》끼어들다: jmdm. in eine Angelegenheit h. 누구의 일에 끼어들다. 4.《지역적》누구를 설득[훈계]하다: in jmdn. h. 누구를 설득[훈계]하다. 5. ⟨h. + sich⟩ 말하면서 어떤 상황에 이르다: sich in Wut[in Begeisterung] h. 말하며 화를 내다[열광하다]. ~**regnen** ⟨h⟩ 안 쪽으로 비가 내리다: es regnet ins Zimmer hinein 방 안으로 비가 들어오다. ~**reichen** ⟨h⟩ 1. 안으로 건네주다, 넣어주다: jmdm. die Tasche zum Fenster h. 누구에게 가방을 창문 안으로 주다. 2. 죽히 안에까지 닿다: die Schnur reicht bis in den Garten hinein 끈이 정원 안에까지 닿는다. 3. 어디에까지 이르다: die Ferien reichen in den September hinein 휴가는 9월에까지 이른다. ~**reißen*** ⟨h⟩ 잡아당겨[강제로 몰아] 넣다: er wurde in den Strudel hineingerissen 그는 소용돌이에 휘말리다. 전의 ein Volk in das Verderben h. 국민을 파멸에 몰아넣다; jmdn. h. 누구를 끌어넣다 ~**reiten*** 1. 말을 타고 들어가다. 2.《통용어》(어려운 상황에) 말려들게 하다: jmdn. (in eine schwierige Lage) h. 누구를 (어려운 상황에) 말려들게 하다; ⟨h. + sich⟩ er hat sich selbst hineingeritten 그는 스스로가 어려운 상황에 말려 들었다. ~**rennen*** ⟨s⟩ 뛰어 들어가다, 달려 들어가다. ~**retten** ⟨h⟩ 1. ⟨h. + sich⟩ a) 안으로 피하다, 피해서 들어가다: sich in den schützenden Unterstand h. 방공호 안으로 피신하다. b) [스포츠] 패배 직전에 애써 자신을 구하다: 패배 직전에 가까스로 빠져 나오다: der Herausforderer versuchte sich in den Gong hineinzuretten 도전자는 경기 종결 종소리가 날 때까지 버티려고 애썼다. 2.《위험에서》구해내다. ~**riechen*** ⟨h⟩《통용어》무엇에 익숙해지다: in eine Arbeit h. 일에 익숙해지다. ~**rufen*** ⟨h⟩ 안쪽으로 소리쳐 부르다: etw. zum Fenster h. 무엇을 창 안쪽으로 소리쳐 부르다. ~**rutschen** ⟨s⟩ 1. 안으로 밀치다. 2.《통용어》↑~schlittern (2). ~**saugen**⟨*⟩ ⟨h⟩ ↑einsaugen: die frische Luft gierig in sich h. 신선한 공기를 마음껏 들여마시다. ~**schaffen** ⟨h⟩ 운반해 들여오다. ~**schauen** ⟨h⟩ 1.《지역적》안을 바라보다, 들여다보

다. 2. 잠깐 들리다(방문하다). ~**scheinen*** ⟨h⟩ 안으로 비치다: die Sonne scheint ins Zimmer hinein 햇빛이 방 안에 비친다. ~**schicken** ⟨h⟩ 안으로 보내다. ~**schieben*** ⟨h⟩ 1. 안으로 밀어넣다. 2. ⟨h. + sich⟩ 안으로 (밀고) 들어가다. ~**schießen*** ⟨h⟩ 1. a) 안으로 쏘다[사격하다]: in einen Bunker h. 방공호 안으로 사격하다. b) 무엇 속으로 쏘다: in die Menge h. 무리 한 가운데로 쏘다. 2. ⟨s⟩ a) 매우 빨리 들어가다: das Auto schoß in die Tiefgarage hinein 자동차가 지하 주차고로 총알같이 빨리 들어갔다. b)《통용어》급히 뛰어 들어가다: sie schoß blindlings ins Zimmer hinein 그녀는 그냥 방 안으로 급히 뛰어 들어갔다. ~**schlagen*** ⟨h⟩ 1. a) 때려박다: einen Nagel in die Wand h. 못을 벽에 때려박다. b) 깨어 넣다: er nahm die Pfanne und schlug drei Eier hinein 그는 후라이팬을 집고서 계란 세 개를 깨어 넣었다. 2. 때려서[쳐서] 무엇을 생기게 하다: ein Loch in die Wand h. 벽에 구멍을 뚫다. ~**schleichen*** 1. ⟨s⟩ 살금살금 안으로 들어가다. 2. ⟨h. + sich⟩ 안으로 살금 들어가다. ~**schleppen** ⟨h⟩ 안으로 질질 끌고 들어가다. 2. ⟨h. + sich⟩ 안으로 끌듯 들어가다. ~**schlingen*** ⟨h⟩ 급히 먹다: das Essen in sich h. 음식을 급히 먹다. ~**schlittern** ⟨s⟩ 1. 안으로 미끄러지듯이 들어가다. 2.《통용어》(모르는 사이에) 서서히 빠져들다: in eine Situation h. 어떤 상황에 (서서히) 빠져들다. ~**schlüpfen** ⟨s⟩ 1. 안으로 미끄러지듯이 들어가다. 2. 스르르 걸쳐 입다: in den Mantel h. 외투를 스스로 입다; 전의 er schlüpfte schnell in die neue Rolle hinein 그는 빨리 새로운 역(役)에 젖었다. ~**schmeißen*** ⟨h⟩《통용어》↑~werfen (1, 2). ~**schmuggeln** ⟨h⟩ 1. 안으로 밀반입하다: Waffen in ein Flugzeug h. 무기를 비행기 안으로 밀반입하다. 2. ⟨h. + sich⟩ 잠입해 들어가다: er schmuggelte sich in den Festsaal hinein 그는 축제식장에 잠입해 들어갔다. ~**schneiden*** ⟨h⟩ 1. 자르다: mit der Schere in den Stoff h. 가위로 천을 자르다. 2. 잘라 무엇을 내다: ein Loch in etw. h. 무엇을 잘라 구멍을 만들다. 3. 잘라 (어디에) 넣다: Fleisch in die Suppe h. 고기를 잘라 국에 넣다. 4.《드물게》a) 자국을 드러내다: die Wagenräder schneiden in den Lehmboden hinein 마차 바퀴 자국이 점토 땅바닥에 드러낸다. b) 날카롭게 드러내다: der Fjord schneidet tief in das Festland hinein 피오르드 협만이 육지 깊이 파고 들어 있다. ~**schneien** ⟨h; 비인칭⟩ 안으로 눈이 내리다: es hat in die Vorhalle hineingeschneit 현관 안으로 눈이 내리쳤다. 2. ⟨s⟩《통용어》↑hereinschneien (2). ~**schreiben*** ⟨h⟩ 속에 써 넣다: eine Widmung in ein Buch h. 헌사를 책 속에 써 넣다. ~**schütten** ⟨h⟩ 안에 붓다: Wasser in den Trog h. 물을 함지 속에 퍼붓다. ~**sehen*** ⟨h⟩ 1. 안을 들여다보다: ein Mann sah zum Fenster hinein 한 남자가 창문 안을 들여다보았다. 2.《통용어》잠깐 누구에게[어디에] 들리다: in seine Stammkneipe h. 잠깐 그의 단골 술집에 들리다. ~**setzen** ⟨h⟩ 1. 안에 넣다, 집어 넣다: die Katze ins Körbchen h. 고양이를 작은 바구니 속에 넣다. 2. ⟨h. + sich⟩ a) 안에 앉다: sich in die Wohnung h. 집안에 앉다. b) 들어가 쌓이다: Falten und Rillen, in die sich der Staub hineingesetzt hatte 먼지가 들어가 쌓인 주름과 홈. ~**siedeln** ⟨h⟩《통용어》어디에 들어갈 것을 지시[지정]하다: in eine Wohnung Flüchtlinge h. 피난민들에게 어떤 집에 들어가 (거주하게) 하다. ~**sinken*** ⟨s⟩ 안으로 가라앉다. ~**sollen** ⟨h⟩ 안으로 들어가야 하다. ~**spähen** ⟨h⟩ 몰래 들여다보다. ~**spazieren** ⟨s⟩ 산보하여 안으로 들어가다. ~**spielen** ⟨h⟩ 1. 무엇에 작용하다: hier spielen verschiedene Gesichtspunkte hinein 여기에는 여러 가지 관점이 작용한다. 2. [스포츠] 공을 밖에서 안쪽으로 차다: der Außenläufer spielte den Ball in die Mitte hinein 외곽 선수가 공을 경기장 가운데 안쪽으로 찼다. **3.** ⟨h. + sich⟩ 좋은 경기를 하여 어디에 이르다: in die Weltklasse h. 좋은 경기를 하여 세계 정상급에 다다르다. **~sprechen*** ⟨h⟩ 무엇에 대고 말하다: ins Mikrophon h. 마이크로폰에 대고 말하다. **~springen*** ⟨s⟩ **1.** 안으로 뛰어들어가다: durch das Fenster h. 창문을 통해 안으로 뛰어들어가다. **2.** 《통용어》 급히[잠깐] 들어가다. **~stechen* 1.** ⟨h⟩ 안으로 찌르다. **2.** ⟨s⟩ 깊숙히 안으로 운전하다. **~stecken** ⟨h⟩ **1.** 쑤셔(끼워) 넣다, 꽂아 넣다: den Schlüssel ins Schloß h. 열쇠를 (자물쇠에) 꽂아 넣다; den Kopf zur Tür h. 《통용어》 (안을 보려고) 머리를 문 안으로 기울거리다. **2.** 《통용어》 **a)** 쑤셔 넣다: alles mögliche in den Koffer h. 온갖 것을 여행 가방 속에 쑤셔 넣다. **b)** (억지로) 집어넣다: sechs Personen in ein Zimmer h. 한 방에 여섯 사람을 집어넣다. **3.** 《통용어》 투입하다: viel Geld in ein Unternehmen h. 많은 돈을 어느 사업에 투입하다. **~stehen*** 《사냥》 (짐승의 발자취가) 어디로 뻗어 있다: die Fährte steht in die Dickung hinein 짐승의 발자취가 덤불 속으로 뻗어 있다. **~stehlen*,** sich ⟨h⟩ 살짝[슬그머니] 들어가다: sich in das Zimmer h. 방 안에 살그머니 들어가다. **~steigen*** ⟨s⟩ **1.** 안으로 타다; 승차하다: wieder ins Auto h. 다시 자동차에 오르다. **2.** 안에 오르다: in den Schornstein h. 굴뚝 안으로 올라가다. **3.** 《통용어》 (새로이) 바지를 입다: in die Hose h. 바지를 입다. **~steigern,** sich ⟨h⟩ **1.** 어떤 감정(의식)에 점점 빠져들다: sich in die Vorstellung h., daß …라는 생각에 점점 빠져들다. **2.** 무엇에 열중하여 거기에서 떠나지 못하다; sich in ein Problem h. 어떤 문제에 열중해 그 문제를 떠나지 못하다. **~stellen** ⟨h⟩ **1.** 안에 놓다, 넣다: die Flasche ins Medizinschränkchen h. 병을 약품장 안에 넣다. **2.** 어디에 제시하다: eine Behauptung in eine Diskussion h. 하나의 주장을 토론에 제시하다. **~stolpern** ⟨s⟩ 비틀거리며 들어가다: in eine Grube h. 비틀거리며 구덩이에 빠지다; 전의 in eine Affäre h. 어떤 사건에 얽혀들다. **~stopfen** ⟨h⟩ **1.** 안을 채워 넣다. **2.** 《통용어》 ↑~stecken (2). **3.** 《통용어》 과도하게 먹다(섭취하다). **~stoßen* 1.** ⟨h⟩ 찌르다, 쑤시다. **2.** 밀어 넣다: jmdn. in die Grube[ins Wasser] h. 누구를 밀어서 구덩이 안[물 속]에 빠뜨려 넣다; 전의 er hat sie in Not und Elend hineingestoßen 그는 그녀를 곤궁과 불행 속에 빠뜨렸다. **3.** 《준고어》 (악기를) 불다: das Horn nehmen und h. 호른을 잡고 서 불다. **4.** ⟨s⟩ **a)** 전진하다, 침투하다. **b)** 운전해 들어가다: in eine Lücke h., um zu parken 주차하기 위해 빈 자리로 운전해 들어가다. **c)** 갑자기 덮치다: der Habicht stieß in den Taubenschwarm hinein 매가 비둘기 떼를 갑자기 덮쳤다. **~strecken** ⟨h⟩ 안으로 뻗치다. **~strömen** ⟨s⟩ 밀려들다. **~stürmen** ⟨s⟩ 안으로 돌진하다. **~stürzen 1.** ⟨s⟩ 안으로 떨어지다: er war in eine Grube hineingestürzt 그는 구덩이 안으로 떨어졌다. **2.** ⟨h⟩ 밀어 떨어뜨리다: sie stürzten ihn ins Wasser hinein 그들은 그를 물 속에 밀어 떨어뜨렸다; 전의 jmdn. grundlos in Not und Elend h. 누구를 이유없이 이 곤궁과 불행 속으로 떨어뜨리다. **3.** ⟨h. + sich⟩ 안으로 뛰어들다; sich mutig ins Wasser h. 용감하게 물 속으로 뛰어들다; 전의 er stürzte sich wieder in die Arbeit hinein 그는 다시금 일에 뛰어들었다. **4.** ⟨s⟩ 안으로 뛰어들다: ins Haus h. 집 안으로 뛰어들다. **~tappen** ⟨s⟩ 《통용어》 **a)** 더듬어 들어가다: in ein dunkles Zimmer h. 어두운 방안으로 더듬으며 들어가다. **b)** (더듬더듬) 부주의하게 가다가 빠지다: im Dunkeln in eine Pfütze h. 어두운 데서 더듬다가 물왼 데를 디디다. 전의 in eine Falle h. 함정에 빠지다. **~tragen*** ⟨h⟩ **1.** 안으로 가져가다: Pakete ins Haus h. 소포들을 집 안으로 가져가다. **2.** 전파시키다, 퍼뜨리다: eine Botschaft in ein Land h. 소문을 나라에 퍼뜨리다. **~treiben* 1.** ⟨h⟩ **a)** 안으로 몰다: das Vieh in den Stall h. 가축을 우리 안으로 몰다. **b)** 안으로 몰아넣다: die Strömung treibt das Boot in die Bucht hinein 물흐름이 작은 배를 만(灣) 안으로 몰아넣는다. **c)** 안으로 들어가게 하다: die Unruhe trieb ihn wieder hinein 소요가 그를 다시금 안으로 들어가게 하였다. **d)** 휘말리게 하다: jmdn. in einen Konflikt h. 누구를 갈등에 휘말리게 하다. **2.** ⟨h⟩ **a)** 안에 박[치]다: einen Nagel in die Wand h. 못을 벽에 박다. **b)** 뚫다, 뚫어 만들다: einen Stollen in den Berg h. 산 속에 갱도를 만들다. **3.** ⟨s⟩ (바람, 물결에 밀려) 들어가다: das Boot treibt in die Bucht hinein 작은 배가 만으로 흘러들어간다. **~treten* 1.** ⟨s⟩ 들어가다: zu jmdm. ins Zimmer h. 누구의 방안에 들어가다. **2.** ⟨s / h⟩ 발을 들여놓다: in eine Pfütze h. 물웅덩이를 디디다; 전의 ins Leben h. 세상에 나가다. **~tun*** ⟨h⟩ **1.** 《통용어》 안에 넣다. **2.** 《동사적 의미의 명사 4격과 함께》 어떤 행동을 하다: einen Blick in etw. h. 어디 안을 들여다보다. **~versetzen** ⟨h⟩ **1.** 안으로 옮기다: sich ins Mittelalter hineinversetzt fühlen 중세에 온 것같이 느끼다. **2.** ⟨h. + sich⟩ 입장을 바꾸어서 생각하다: sich in jmdn. [in jmds. Lage] h. 누구의 처지가 되어 생각하다. **~wachsen*** ⟨s⟩ **1.** 속으로 자라다: 전의 die Berge wachsen in den Himmel hinein 산들이 하늘 높이 솟아있다. **2.** 성장하여 어떤 상태에 도달하다: im Mannesalter h. 장성하여 장년이 되다. **3.** 《통용어》 성장하여 (무엇이) 몸에 맞게 되다: in eine Hose h. 성장하여 바지가 몸에 맞게 되다. **4.** 점차 익숙해지다: in eine Gesellschaftsordnung h. 사회 질서에 점차 익숙해지다; in diese Gewißheit wuchsen sie vielmehr erst langsam hinein 《아이》 그들은 오히려 서서히 이러한 확신을 가지게 되었다. **~wagen,** sich ⟨h⟩ 대담하게[감히] 들어가다. **~wählen** 누구를 선출하여 들어가게 하다: jmdn. in eine Kommission h. 누구를 선출하여 위원회에 가게 하다. **~werfen*** ⟨h⟩ **1.** 안으로 던지다: den Ball durchs Fenster h. 공을 창문을 통해 던지다. **2.** ⟨h. + sich⟩ 뛰어들다: sich mutig ins Wasser h. 용감하게 물 속으로 뛰어들다. **3. a)** 《아이》 감금하다, 가두다: das Gefängnis, in das man ihn hineingeworfen hatte 그를 가두었던 감옥. **b)** 급히 투입하다: Truppen in das Kampfgebiet h. 부대를 전투 지역으로 급히 투입하다. **4.** (빛, 그림자 등을) 안으로 던지다: die Eiche warf ihren Schatten ins Zimmer hinein 떡갈나무가 그 그림자를 방안에까지 드리웠다. **~wirken** ⟨h⟩ 안에까지[어디까지] 영향을 끼치다. **~wollen*** ⟨h⟩ 안으로 들어 가려고 하다, 안으로 들어가고 싶어하다. **~würgen** ⟨h⟩ **1.** 억지로[급히] 삼키다: das Essen in sich h. 음식을 억지로 먹다. **2. jmdm. eine h.** 누구에게 앙갚음하다. **~zerren** ⟨h⟩ **1.** 안으로 잡아당기다. **2.** 무엇에 끌어들이다, 관여시키다: jmdn. in eine Angelegenheit h. 누구를 어떤 일에 끌어들이다. **~ziehen*** ⟨h⟩ **1.** 끌어들이다: jmdn. am Arm mit sich ins Zimmer h. 누구의 팔을 잡고 함께 방안으로 끌어들이다. **2.** ⟨s⟩ **a)** 입주하다, 이사하다. **b)** 안으로 들어가다: singend durch das Tor in die Stadt h. 노래부르면서 성문을 통해 시내 안으로 들어가다. **3.** ⟨s⟩ 들어가다, 침투하다: laß bitte die Tür zu, sonst zieht der Rauch ins Haus hinein! 문을 제발 닫아라, 그렇지 않으면 연기가 집안으로 들어온다! **4.** ⟨h⟩ (고속에서) 운전대를 돌려 어디으로 향하게(들어가게) 하다: den Wagen in die Kurve h. 운전대를 돌려 커브로 들어서도록 하다. **5.** ⟨h⟩ 무엇에 끌어들이다: 연류시키다: jmdn. in einen Skandal h. 누구를 어떤 스캔들에 연류시키다. **~zwängen** ⟨h⟩ **1.** 무리하게 안에 넣다: einige Sachen in den Koffer h. 몇 가지 물건들을 더 무리해서 여행가방 안에 넣다. **2.** ⟨h. + sich⟩ 억지로 (몸을)

비비고 들어가다: er zwängte sich in die volle Bahn h. 그는 억지로 비벼서 만원 찻간 안으로 들어갔다. **~zwingen*** ⟨h⟩ **1.** 억지로 어디에 집어넣다. **2.** 강제하다: jmdn. in eine Lebensform h. 누구에게 어떤 생활형태(자세)를 강요하다.

hinfort ⟨Adv.⟩ ⟨schweiz.·아어⟩ 이제부터, 장차, 금후, 앞으로.

hinfür, hinfürder ⟨Adv.⟩ ⟨고어⟩ ↑hinfort.

hing [hɪŋ] ↑²**hängen**의 과거.

hinggegen ⟨Konj.⟩ 이와 반대로; 그 뿐만 아니라, 다른 한편으로는, 그 대신으로: seine Frau h.(《드물게》 seine Frau) stimmte dafür 그의 부인은 이와 반대로 그것에 찬성했다; heute h. ist besseres Wetter 오늘은 반대로 보다 좋은 날씨이다.

Hinkebein ['hɪŋkə-], das; -s, -e 《통용어》 **1.** 절름거리는 사람. **2.** 절름발이. **Hinkefuß**, der; -es, ...füße 절름발이.

Hinkel ['hɪŋk], das; -s, - 《westmd.》 **1.** 병아리. **2.** 《욕》 맹꽁이: du H.! 이 맹꽁이! **Hinkelstein**, der; -(e)s, -e 입석(立石), 선돌.

hinken ['hɪŋkn] **1.** ⟨h⟩ **a)** 절뚝거리다; 한쪽 다리로 껑충껑충 뛰다: seit dem Unfall hinkt er sichtlich 그 사고가 난 이후 그는 절뚝거린다; auf dem rechten (linken) Bein h. 오른쪽(왼쪽) 다리를 절뚝거리다; ein hinkender Gang 절뚝거리는 걸음. **b)** (시구 따위가) 조화되지 않다; 불완전하다: hinkende Verse 불완전 시구. **c)** (비유 따위가) 조화되지 않다, 불완전하다; 적당하지 않다: der Vergleich [das Bild] hinkt 비유[이미지]가 적당하지 않다. **2.** ⟨s⟩ 절뚝거리며 가다: er hinkte mit verstauchtem Fuß nach Hause 그는 발을 삐어서 절뚝거려 집으로 갔다. **Hinkende***, der/die 절름발이 남자[여자]. **Hinkjambus** ['hɪŋk-], der ↑**Choliambus**. **Hinkvers**, der 〖문학〗 불완전 시구.

hinnen ['hɪnən] 《다음 용법으로》 **von h.** ⟨고어·아어⟩ 여기에서, 거기에서(반대: von dannen): von h. gehen 떠나가다.

Hinni ['hɪni], der; -s, -s 〖청소년〗 순둥이.

hintan-, Hintan- [hɪnt'an-], 《또한》 hintenan-, Hintenan- (아어; zurück-, an letzte(r) (unbedeutende(r)) Stell의 뜻》 **~bleiben*** ⟨s⟩ 뒤늦다, 열등하다: der weit hintenangebliebene Schüler 상당한 지진아. **~halten*** ⟨h⟩ 억누르다, 붙들어두다, 억제하다: die Wirkung h. 효과를 억제하다. **~haltung**, die 억누름, 억제; 유보(留保); 저제. **~setzen** ⟨h⟩ 맨 끝에 놓다, 무시(경시)하다: die eigene Person [das Vergnügen, seine Pflichten] h. 자기 자신[즐거움, 그의 의무]을 제쳐놓다[뒤로 미루다]. **~setzung**, die 제쳐놓음, 뒤로 미룸, 무시: unter H. der eigenen Interessen 자신의 이익은 제쳐놓은 채. **~stehen*** ⟨h⟩ 눈에 뜨이지 않는 곳에 있다; 경시하다, 간과되다, 무시되다: private Interessen müssen h. 사적인 이익들은 무시되어야 한다. **~stellen** ⟨h⟩ 제쳐두다, 뒤로 미루다, 무시하다: private Interessen h. 사적인 이익들을 무시하다[제쳐놓다]. **~stellung**, die 제쳐 둠, 뒤로 미룸, 무시: unter H. aller Wünsche 모든 소원들을 무시하고.

hinten ['hɪntn] ⟨Adv.⟩ (반대: vorn) 뒤에, 배후에, 안쪽에, 깊숙한 안쪽에, 후미에: jeder Wagen muß vorn und h. ein Kraftfahrzeugkennzeichen haben 모든 자동차는 앞 뒤에 차량번호판을 붙여야 한다; h. bleiben 뒤에 처지다; h. ein Geschwür haben 《은폐》 궁둥이에 종기가 나다; h. und vorn(e) nichts haben 《俚》 앞뒤 어디나 나온데가 없다(유방과 궁둥이의 왜소함을 표현); die anderen sind noch h. 《통용어》 다른 사람들은 상당히 뒤에 떨어져 있다; h. im Wald 저멀리 숲속에(서); die da h. haben es leicht, Befehle auszugeben 전선 후방에서는 명령을 하달하는 것이 쉽다; ein Buch von vorn(e) bis h. lesen 책을 처음부터 끝까지[철저하게] 읽다; jmdn. nach h. ziehen 누구를 뒤로 끌어당기다: nach h. abgehen 무대 뒤로 퇴장하다; die Zimmer gehen nach h. hinaus 방들이 뒤쪽으로 나 있다; die Verletzten nach h. bringen 부상자들을 후방으로 이송하다; jmdn. von h. überfallen [erschießen] 누구를 뒤에서 습격하다[사살하다]; etw. von vorn und h. betrachten 무엇을 모든 면에서 관찰하다; von h. anfangen 끝에서부터 시작하다; das ist vorne so h. wie hoch 《통용어·농》 전혀 상관없다; **h. und vorn(e)** 《통용어》 모든 면에서: das stimmt ja h. und vorn(e) nicht 그것은 정말 모든 면에서 맞지 않다; **weder h. noch vorn(e)** ⟨통용어⟩ 그 어떤 면에서나 ···하지 않다: das Geld reicht weder h. noch vorn(e) 돈이 어떤 면에서나 족하지 않다; **nicht (mehr) wissen, wo h. und vorn(e) ist** 《통용어》 전혀[도대체] 할 바를 모르다; 당황하다; **es jmdm. vorn(e) und h. reinstecken** 《俚》 누구에게 과다하게 선물을 안기다; **jmdm. h. hineinkriechen** 《속어》 굽실거리다; **h. nicht mehr hochkönnen** 《통용어》 1) 곤궁한 처지에 있다. 2) (기력이) 쇠진하다; **h. Augen haben** 《통용어》 재빠르게 알아차리다; 눈치가 빠르다; **h. keine Augen haben** 《통용어》 배후의 것을 볼 수 없다; **etw. h. haben** 《통용어·지역어》 저축해 둔 것이 있다, 여유가 있다; **h. bleiben** 《통용어》 뒤처지다, 뒤떨어지다, 낙오하다; **h. lassen** 《통용어》 능가하다, 뛰어넘다; **h. sein** 〖정신〗 지진 상태이다; **von h. durch die Brust (ins Auge)** 《농》 1) 빙 둘러서. 2) 몰래; **jmdm. am liebsten von h. sehen** 《통용어》 누구의 뒷등수가 더 보기 좋다(보기 싫거나 만나기 싫은 사람을 두고 하는 말); **jmdn. von h. ansehen** 《경》 누구에게 등을 돌리다; 누구에게 경멸을 보이다.

hinten-: **~dran** ⟨Adv.⟩ 《통용어》 뒤에, 배후에. **~drauf** ⟨Adv.⟩ 뒤쪽 위에: das Werkzeug findest du h. (auf dem Wagen) 공구는 (자동차의) 뒤쪽 위에 있다; jmdm. eins [ein paar] h. geben 《통용어》 누구의 엉덩이를 때리다. **~drein** ⟨Adv.⟩ 《드물게》 뒤에; 그 후에. **~heraus** ⟨Adv.⟩ 뒤쪽으로: gelegen sein (liegen) 뒤쪽[편]에 놓여 있다. **~herum** ⟨Adv.⟩ 《통용어》 **1. a)** 뒤로 돌아서: bei dem Gast kam h. 손님이 뒤로 돌아서 왔다. **b)** 《은폐》 엉덩이가 주위에: h. ein Kältegefühl verspüren 엉덩이 주위에 냉기를 느끼다. **2.** 몰래, 돌아서; 간접적으로: Waren h. bekommen (besorgen, verkaufen) 상품을 암거래하다 (마련하다, 팔다). **~hin** ⟨Adv.⟩ 뒤쪽으로, 뒤에; 뒷면에. **~nach** ⟨Adv.⟩ 《südd., österr.》 (누구, 무엇) 뒤에서, 나중에, (그) 후에. **~raus** ⟨Adv.⟩ 뒤쪽으로, 이면에[에]. **~rum** ⟨Adv.⟩ 뒤쪽으로 돌아서, 몰래, 숨어서, 돌아서. **~über** ⟨Adv.⟩ 뒤로, 뒤쪽으로, 등뒤로, 거꾸로: sich h. ins Wasser stürzen 등뒤로 물에 뛰어들다. **~vor** ⟨Adv.⟩ 《다음 용법으로》 **jmdm. ein paar h. geben** (nordd.) 누구의 엉덩이를 때리다.

hintenan- [hɪntn'an-] ↑hintan-.

hintennach-: ↑hinterher- 참조.

hintenüber- [hɪntn'y:bə-] ⟨아어⟩ ↑hintüber-: **~fallen*** ⟨s⟩ 뒤로 나자빠지다. **~kippen** ⟨s⟩ 뒤로 넘어지다. **~schlagen*** ⟨s⟩ 뒤로 넘어지다. **~sinken*** ⟨s⟩ 뒤로 넘어지다, 쓰러지다. **~stürzen** ⟨s⟩ 뒤로 거꾸러지다. **~werfen*** ⟨h⟩ 키를 넘겨 뒤쪽으로 던지다.

hinter ['hɪntə] [Präp.: mhd. hinder, ahd. hintar, urspr. = Komparativform] **I.** ⟨Präp.⟩ **1.** (반대: vor) **a)** ⟨Präp.³⟩ 뒤에, 배면에: h. dem Haus ist ein großer Garten 건물 뒤에 큰 정원이 있다; h. dem Lenkrad sitzen 운전석에 앉다, 운전하다; einer h. dem anderen gehen 차례차례로[연이어] (지나)가다; Staub h. sich aufwirbeln 뒤에서 먼지를 일으키다; h. jmdm. (her)fegen [saubermachen] 누구를 뒤따라가며 청소하다; eine große Strecke h. sich haben 상당한 거리를 지나오다; 전의 geschlossen h. jmdm stehen 누구를 한결같이 지지하다; er hat alle seine Kollegen h. sich 그는 그의 모든 동료들의 지지를 받고 있다; h. seinen großen Worten steckt nicht viel 그의 호언장담은 큰 의미가 없다; **h. ...her** 누구(무엇)의 뒤를 좇아 동일한 방향으로: h. jmdm. her zum Ufer gehen 누구의 뒤를 따라 해안으로 걸어가다; 〈대개 분리 합성 동사에서〉 h. jmdm. herlaufen[herfahren] 누구의 뒤를 추적하다; h. jmdm. hersein 누구를 뒤좇다, 추격하다. **b)** 〈Präp.[4]〉 뒤로, 배면으로: h. den Ladentisch treten 판매대 뒤로 걸어가다; das Buch ist h. das Regal gefallen 책이 서가 뒤로 떨어졌다; eine große Strecke h. sich bringen 상당한 거리를 답파하다; 전의 geschlossen h. jmdn.[h. etw.] stellen 누구(무엇)를 한결같이 지원[지지]하다; h. ein Geheimnis kommen 비밀을 간파하다. **2. a)** 〈Präp.[3]〉 (지위, 서열 따위에 있어) …보다 뒤지는 자리에, 하위의 지위에: h. jmdm. (an Begabung) zurückbleiben (재능에 있어서) 누구보다 뒤지다, 뒤떨어지다; jmdn. [etw.] (weit) h. sich lassen 좇아가서 누구[무엇]에 (훨씬) 앞서다, 누구[무엇]을 추월하다, 능가하다. **b)** 〈Präp.[4]〉 (지위, 서열 따위에 있어) …보다 뒤지는 자리로, 하위의 지위로: er ist in seinen Leistungen h. seine Vorgänger zurückgefallen 그는 능력에 있어 그의 전임자들에 뒤떨어졌다. **3.** (과거의 체험, 극복 따위와 관련하여) **a)** 〈Präp.[3]〉 etw. h. sich haben 무엇을 해내었다, 겪다; ich möchte es (möglichst bald) h. mir haben 나는 그것을(가능한 빨리) 경험하고[해치우고] 싶다. **b)** 〈Präp.[4]〉 diese Zustände reichen h. den Ersten Weltkrieg zurück 이러한 상황들은 1차 대전 전으로 소급한다. **4.** 〈Präp.[3]〉 다음에: h. uns kommt eine andere Generation 우리들 다음에는 다른 세대가 등장한다; der Zug ist zehn Minuten h. der Zeit 〈지역적〉 그 기차는 10분 연착하였다. **II.** 〈wohinter, dahinter의 분리 성분으로서〉 《통용어》: da sieht keiner h. 그 뒤쪽에는 아무도 보지 않는다. **III.** 〈Adv.〉 《ostmd., südd., österr.》 뒤로, 뒤쪽으로: h. in den Garten gehen 뒤쪽 정원으로 가다. **hinter...** [-] 〈Adj.〉 뒤에 있는(반대: vorder...); die -en Räder des Wagens 자동차의 뒷바퀴; in der -sten Reihe sitzen 맨 뒷줄에 앉다; die Hinter(st)en konnten kaum etwas sehen (맨)뒷사람들은 거의 아무것도 볼 수 없었다; **das -e Ausgelöste** 《österr.》 소의 목덜미 부분 고기; **das Hinterste zuvorderst kehren** 《통용어》 뒤죽박죽이 되게 하다》.

hinter-, Hinter-: ~**absicht**, die 숨은 의도. ~**achsantrieb**, der 《자동차의》 후축(後軸) 추진 [구동]장치. ~**achse**, die 《자동차의》 후축(後車軸). ~**ansicht**, die 배면(背面)(도), 건물의 뒷모습. ~**ausgang**, der 뒷문. ~**backe**, die 《통용어》 《짐승의》(한쪽) 볼기, 엉덩이. ~**bänkler** [...bɛŋklɐ], der; -s, - [시사的 국회 의원들은 의사당 뒷좌석에 앉는다는 생각에서 연유함] 《의회은어·폄》 시시한 국회의원. ~**bein**, das 《동물의》 뒷다리: der Hund hebt an jedem Baum das H. 그 개는 나무를 지나갈 때마다 뒷다리를 치켜든다(오줌을 누기 위해); **sich auf die -e stellen[setzen]** 《통용어》 1) 반(反)항하다, 거역하다: man wollte ihn versetzen, aber er hat sich auf die -e gestellt 그를 전근시키려고 하였지만, 그는 거역하였다. 2) 노력하다: wenn du die Prüfung bestehen willst, mußt du dich auf die -e setzen 너는 시험에 합격하려면 노력을 많이 해야겠다. ~**bleiben** 〈s〉 《드물게》 (특히 유족으로) 남다. ~**bliebene**, der / die 유가족(특히 부고장에 사용). ~**bliebenenbezüge** 〈Pl.〉 ↑~bliebenenrente. ~**bliebenenfürsorge**, die 유가족(특히 미망인이나 고아들)을 위한 연금(국가 지원금). ~**bliebenenpension**, die 《österr.》, ~**bliebenenrente**, die 유가족(특히 미망인 및 고아들)을 위한 연금(국가 지원금). ~**bliebenenversicherung**, die 유족 보험. ~**bliebenenversorgung**, die 공무원이나 군인 유가족(특히 미망인 및 고아들)에 대한 원호. [1]~**bringen**' 〈h〉 고자질하다, 밀고하다. [2]~**bringen**' 〈h〉 **1.** 《ostmd., südd., österr.·통용어》 뒤로 가지고 가다. **2.** 《ostmd.》 삼키다. ~**bringer**, der 밀고자, 고자질쟁이. ~**bringung**, die; -en 밀고, 고자질. ~**brust**, die 《동물》 《곤충의》 후흉(胸). ~**bücke**, die 《기계체조》 무릎굽혀 뒤로 돌기. ~**bug**, der 《동물》 《동물의》 오금. ~**bühne**, die 《연극》 **1.** 무대의 뒷부분. **2.** 백 스테이지(무대 뒤의 공간). ~**darm**, der 《해양》 Enddarm (2). (반대: Vor(der)darm). ~**deck**, das 《해양》 후갑판. ~**drücken** 〈h〉 《ostmd., südd., österr.·통용어》 뒤쪽으로 밀다. ~**eck(kegel)**, der; -s, - [독일식 볼링] 맨 뒤쪽에 세워진 원주. ~**eingang**, der 뒷문. ~**essen** 〈h〉 《ostmd.》 먹어치우다, 남김없이 삼키다, 억지로 먹다. ~**feld**, das 《테니스》 백 코트(서비스 라인과 센터라인 사이에 있는). ~**feldler** [...feltlɐ], der; -s, - 《미식축구》 후위수비수. ~**fessel**, die 뒷다리의 계관절(繫關節). ~**flügel**, der 《곤충》 뒷날개. ~**fotzig** [...fɔtsɪç] 〈Adj.〉 《bayr., 기타 会어》 악의 있는, 음험한, 교활한. ~**fotzigkeit**, die; -en **1.** 음험, 교활. **2.** 음험한 행동. ~**fragen** 〈h〉 (무엇의) 배경 [전제·근거]을 묻다: eine Meinung h. 어떤 의견의 근거를 묻다. ~**front**, die **1.** 건물의 뒷면, 배면(背面). **2.** 《경》 등, 배면. ~**füllen** 〈h〉 《토건》 (무엇의) 뒤쪽 빈 공간 채우기. ~**füllung**, die **1.** (무엇의) 뒤쪽(배쪽)의 빈 공간 채우기. **2.** 채우는 재료. ~**fuß**, der 뒷발. ~**gassenkegel**, der 《독일식 볼링》 맨 뒤쪽 원주(Hintereckkegel) 앞에 세워지는 나무 중의 하나. ~**gaumen**, der 《의학·음성》 연구개(軟口蓋). ~**gaumenlaut**, der 연구개음(音) (↑Velar). ~**gebäude**, das 뒷건물. ~**gedanke**, der 속셈, 내심: er tat es mit dem -n, dadurch einen Vorteil zu erlangen 그는 이득을 보려는 속셈으로 그 짓을 하였다. ~**gehbar** 〈Adj.〉 ↑~gehen의 형용사的. [1]~**gehen**' 〈h〉 **1.** 속이다, 기만하다: seinen Teilhaber bei der Abrechnung h. 최종 계산시 조합원을 속이다; er hat seine Frau hintergangen 그는 그의 아내를 배신하였다. **2.** 《드물게》 무시하다, 위반하다. **3.** 《드물게》 무엇의 원인 등을 찾다, 거슬러 올라가다. [2]~**gehen**' 〈s〉 《ostmd., südd., österr.·통용어》 뒤로[배후로] 가다. ~**gehung**, die; -en 기만, 사기. ~**geschirr**, das 말[의 꼬리 밑을 걸어 안장에 매는 혁대). ~**gestell**, das 《통용어·농》 엉덩이, 궁둥이. ~**getreide**, das ↑~korn. [1]~**gießen**' 《h》 [인쇄] (전기판, 모형 등의 이면(裏面)을) 납으로 안받침하기. [2]~**gießen**' 〈h〉 《ostmd.》 ↑hinuntergießen (2). ~**gießmetall**, das 안받침한 금속(납합금 으로 보강한). ~**glasbild** 〈h〉 ↑Hinterglasmalerei (2). ~**glied**, das 《수학》 후항(後項). ~**gliedmaße**, die (대개 Pl.) 후항배수. ~**grund**, der **1. a)** 배경, 원경(遠景): den H. bilden 배경(원경)을 형성하다(되다). **in den H. drängen[spielen]** 궁지로 몰아넣다: einen Politiker in den H. drängen 어느 정치가를 궁지로 몰다; **in den H. treten[rücken, geraten]** 후퇴하다; **in den H. halten** 소극적이다, 나서기를 싫어하다; **im H. bleiben** 뒷전에 머물다; **im H. stehen** 뒷전에 《머물러 있》다: trotz seiner Fähigkeiten steht er immer im H. 자신의 능력에도 불구하고 그는 언제나 뒷전에 머물러 있다. **b)** 부수적인 부분, 주변 영역. **2. a)** 내막, 배후 관계:

die Handlung des Theaterstücks hat einen geschichtlichen H. 이 연극의 줄거리는 역사적 사실에 의거하고 있다; **im H. haben** 《통용어》 (놀랍게도) 대비해놓고 있다, 마침 가지고 있다. **b)** 《Pl.》 무대 관계: die Hintergründe einer Tat aufdecken 범행의 배후 관계를 파헤치다. ~**grundinformation**, die 배후 관계 정보, 흑막. ~**gründig** 〈Adj.〉 의미심장한, 난해한, 수수께끼 같은, 사려깊은. ~**gründigkeit**, die; -en **1.** 〈Pl. 없음〉 의미심장(함). **2.** 의미심장한 말[표현]. ~**grundmusik**, die 배경 음악. ~**hachse**, die 《지역적》 뒷다리의 발목 관절 아랫부분. ~**haken** 〈h〉《통용어》근본을 구명하다, 정확하게 조사하다. ~**halt**, der **1.** 매복소, 잠복처: im H. lauern 잠복처서 노리고 있다; jmdn. aus dem H. beobachten 누구를 잠복처로부터 관찰하다; [전의] aus dem H. [스포츠] 기습적으로: aus dem H. (aufs Tor) schießen 기습적으로 슛하다: **im H. haben**《통용어》저축(비축)해 놓고 있다. **2.**〈Pl. 없음〉〈고어〉**a)** 자체. **b)** 뒷받침, 의지. ~**halten** 〈h〉〈고어〉(다음 용법으로) jmdm. etw. h. 누구에게 무엇을 허락하지 않다. ~**hältig** [-hɛltɪç,]〈Adj.〉음험한, 저의가 있는: ein -es Lächeln 음험한 미소. ~**hältigkeit**, die **1.** 음험함. **2.** 음험한 행동. ~**hand**, die **1.**〈카드〉**a) in der H. sein**(sitzen) **1)** 마지막으로 패를 쥐두리다. **2)** 앞선 사람들의 패를 다 읽고서 행동[말]하다; **in der H. haben** 저축(비축)해 놓고 있다. **b)**〈카드〉회, 말(末). **2.** (큰 동물의) 뒷다리: die H. des Pferdes 말의 뒷다리. ~**haupt**, das [해부] 후두부(後頭部). ~**haupt(s)bein**, das 후두골(後頭骨). ~**haupt(s)lage**, die [의학] 태아의 정상 분만 위치(후두부가 먼저 나오는). ~**haupt(s)loch**, das 〖의학〗 후두골 절개. ~**haupt(s)schädel**, der 〖해부〗 두개골의 뒷면. ~**haus**, das (직접 도로에 면하지 않은) 뒷쪽 건물. ~**hauswohnung**, die ↑Hinterhaus속의 아파트. ~**hecht**, der 〖기계체조〗 백 재크 나이프. ~**hirn**, das [해부] 후뇌(後腦). ~**hof**, der 본 건물 뒷부분으로 둘러싸인 좁은 마당(햇볕이 잘들지 않는, 나무도 없는). ~**huf**, der 뒷다리의 발굽. ~**huglhapfing** [-huːglˈhapfɪŋ]〈지어낸 지명; 관사 없음; 2격: -s〉《웃음어 · bayr.; 조롱》외딴 장소, 벽지. ~**kante**, die 뒤쪽 모서리. ~**kappe**, die 뒤의 단단한 부분의 가죽(특히 구두의). ~**kastell**, das 〈경〉엉덩이. ~**kauen** 〈h〉(ostmd.) 씹어서 삼키다. ~**kegel**, der [독일식 볼링] 마지막 줄에 있는 4개의 원주 중의 하나. ~**keule**, die [요리] 뒷다리 고기. ~**kiemer** [-kiːmɐ], der [동물] 아가미가 심장 앞에 있는 바다달팽이(달팽이과.) ~**kippen** 〈h〉(ostmd.) ↑hinunterkippen (1 b). ~**kipper**, der [자동차] 뒤쪽으로 기울일 수 있는 차체를 가진 덤프-카. ~**kopf**, der 후두부, 뒤통수: keinen H. haben 《통용어》뒤통수가 납작하다; **etw. im H. haben [behalten]**《통용어》염두에 두다, 의식하고 있다. ~**korn**, das 〈농업〉(호밀) 싸라기. ~**kuhdreckshausen** [-ˈkuːdrɛkshauʦn̩, - - - - -ˈ- -] 〈지어낸 지명; 관사 없음; 2격: -s〉《범》보잘것없는 외딴 마을, 벽지. ~**lader**, der **1.** [무기] 후장총(後裝銃). **2.**〈농〉단추가 달린 밀텨진 유아용 바지. **3.**〈농〉동성연애자. ~**lage**, die [↑²hinterlegen 1] (schweiz.) 동산저당(動産抵當), ~**land**, das〈Pl. 없음〉배후 지역, 내륙 지방, 오지(奧地): Nachschub aus dem H. an die Front bringen 보급품을 내륙 지방으로부터 전선으로 조달하다. ¹~**lassen*** 〈h〉 **1. a)** 사후(死後)에 남기다: eine Frau und vier Kinder h. 부인과 네 자녀들을 (유족으로) 남기다; die hinterlassenen Schriften eines Wissenschaftlers 학자의 유저(遺著). **b)** 유언(유산)으로 남기다: [전의] (der Nachwelt) ein bedeutendes geistiges Erbe h. (후세에) 중요한 정신적 유산을 남기다. **2. a)** (떠날 때) 내

버려두다: ein Zimmer in großer Unordnung h. 방을 난잡하게 내버려두다. **b)** (떠날 때 귀띔을 하기 위하여) 남기다: einen Zettel mit einer Nachricht h. 소식이 담긴 쪽지를 남기다; er hinterließ (auf einem Zettel), daß er bald wiederkomme 그는 (쪽지에) 곧 돌아오겠다는 말을 써 놓았다. **3.** (작용으로) 남기다: (bei jmdm.) einen guten Eindruck h. (누구에게) 좋은 인상을 남기다. ²~**lassen*** 〈h〉 (ostmd., südd., österr.·통용어) 뒤로 가는 것을 허락하다(예컨대: 카운터 뒤로). ~**lassene** der / die (schweiz.) 유족. ~**lassenschaft**, die; -en **1.** 유산: jmds. H. aufteilen 누구의 유산을 분배하다; **jmds. H. antreten 1)** 누구의 유산을 상속하다. **2)**《통용어·농》누구의 직책 [미완성 작업 등]을 떠맡다. **2.**《아이》유류품(어느 장소를 떠날 때 남긴). ~**lassung**, die [격식어] 남김: unter H. von Schulden 빚을 남긴채; unter H. eines Beschwerdebriefes abreisen 항의의 편지를 남기고 출발하다. ~**lastig** 〈Adj.〉(배, 항공기에서) 미부(尾部)가 더 무거운. ~**lauf**, der [사냥] 뒷다리. ~**laufen*** 〈h〉 [구기] 상대편 수비의 뒤쪽으로 달리다(공격하기 위해). ¹~**legen** 〈h〉 **1.** 공탁하다, 맡기다: etw. als Pfand h. 무엇을 담보로 공탁하다. **2.** (드물게) …의 밑(받침)을 대다. ²~**legen** 〈h〉 (ostmd., südd., österr.·통용어) 뒤에 두다. ~**leger**, der 공탁인. ~**legung**, die; -e 공탁: jmdn. gegen H. einer Kaution freilassen 공탁금을 걸게 한 뒤에 누구를 석방하다. ~**legungsfähig** 〈Adj.〉 [법] (채무변제용) 공탁 가치가 있는. ~**legungsgelder** 〈Pl.〉 [재정·법] 공탁금. ~**legungsschein**, der; -(e)s, -e 공탁 증서. ~**legungsstelle**, die 공탁소. ~**legungssumme**, die 〖재정·법〗 공탁 금액. ~**leib**, der (특히 곤충의) 몸의 뒷부분. ~**leibsring**, der, ~**leibssegment**, das [동물] (곤충의) 뒷몸체, (동물의) 후반신. ~**letzt…** 〈Adj.〉〈경〉allerletzt… (2). ~**linse**, die [사진] 대물렌즈의 뒤쪽 렌즈. ~**list**, die 〈Pl. 없음〉간계, 음흉함: etw. durch H. erreichen 무엇을 간계를 써서 얻다[달성하다]; wir hielten das für eine H. 우리들은 그것을 술책으로 간주했다. ~**listig** 〈Adj.〉 **1.** 교활한, 믿지 못할: jmdn. auf -e Weise betrügen 누구를 교활한 방법으로 속이다. **2. zu -en Zwecken(für -e Zwecke)**《통용어·농·은폐》밑을 씻기 위해. ~**listigkeit**, die **1.** 교활함. **2.** 교활한 행동. ~**luke**, die 뒤쪽에 나 있는 천창(天窓). ~**mann**, der 〈Pl. -männer〉 **1. a)** 뒷사람, 후속 차량: bei dem Marsch trat ihm sein H. dauernd auf die Hacken 행군할 때 뒷사람이 계속해서 그의 발뒤꿈치를 밟았다. **b)** 〈Pl.〉 〖구기 운동에서〗 수비 선수들. **2.** (은밀한) 협조[제보]자. **3.** 〈대개 Pl.〉 교사자(敎唆者): die Hintermänner des Putsches haben die 배후 조종자들. **4.** [재정] 배서인(背書人), 어음의 나중 소지인. ~**mannschaft**, die [구기] 수비 팀. ~**mauern** 〈h〉 [토건] …의 뒤쪽을 벽돌로 튼튼히 쌓다: eine Wand h. 벽의 뒤쪽을 튼튼히 쌓다. ~**mauerung**, die **1.** 뒷벽 쌓기. **2.** 뒷벽기로 보강함, 뒷벽. ~**partie**, die《통용어》신체의 뒷부분(궁둥이). ~**pausche**, die 〖기계체조〗 안마의 오른쪽 손잡이. ~**perron**, der (고어) (전차 등의) 뒷문. ~**pforte**, die 뒷문. ~**pfote**, die 뒷발. ~**pommer**, der; -n, -n 〈경〉 뒷통수(또는 맹수의) 뒷발. ~**pranke**, die (맹수의) 뒷발. ~**quartier**, das《통용어》↑Hinterviertel (1). ~**rad**, das 뒷바퀴: das linke H. des Wagens 자동차의 왼쪽 뒷바퀴. ~**radachse**, die 뒷바퀴의 축. ~**radantrieb**, der 뒷바퀴에 의한 추진, 후륜(後輪) 구동(驅動). ~**radaufhängung**, die 【자동차】뒷바퀴 걸이 장치. ~**radbremse**, die 뒷바퀴 브레이크. ~**radfahrer**, der [사이클] 앞선 주자의 뒷바퀴에 바싹 붙어 바람을 피하면서 달리는 주자. ~**radgabel**, die 뒷

바퀴가 걸리는 차축. ~**reifen**, der 뒷바퀴의 타이어. ~**rücks** [-ryks] 〈Adv.〉 〈웹〉 **1.** 배후에서, 뒤에서부터: jmdn. h. angreifen 누구를 배후에서[등 뒤에서] 공격하다; 〈전의〉 einen Politiker h. zu Fall bringen 어느 정치가를 은밀한 수법으로 몰락시키다. **2.** 〈준교어〉 몰래, 슬그머니 등 뒤에서, 음험하게: jmdn. h. verleumden 누구를 몰래 중상하다. ~**rückler** [-rykslɐ], der; -s, - 《schweiz.》 교활한[음흉한] 사람. ~**saß**, ~**sasse**, der; -sassen, -sassen, 《schweiz.》 ~**säß**, der; -sässen, -sässen **1.** 〈역사적〉 **a)** 지주에게 예속된 소농. **b)** 완전시민의 토지에 가옥을 소유하고, 부분적인 경작권만 지니고 있는 외래 시민. **c)** 《schweiz.》 〈시민권이 없는〉 이주자. **2.** 〈고어·지역적〉 소작농, 영세 농민(가옥, 정원, 약간의 경지만 소유하고 농장을 갖지 않은). ~**sassengut**, das 소농의 소유지. ~**satz**, der **1.** [문법] 귀결문, 후문장(조건문 다음에 오는 주문장). **2.** [논리] 선행조건문에 내용적으로 이미 포함된 문장. **3.** [논리] 삼단논법의 결론(結論). ~**schanze**, die 고물(船尾) 망대. ~**schenkel**, der 넓적다리의 뒷부분. ~**schiff**, das 선박의 뒷부분. 선미(船尾), 고물. ~**schinken**, der 뒷부분의 햄. ~**schlingen*** 〈h〉 《ostmd.》 삼켜버리다, 급히 먹다. ~**schlucken** 《ostmd.》 삼키다. ~**segel**, das 뒷돛. ~**seite**, die **1.** 뒷면, 배면. **2.** 《통속어》 엉덩이. ~**sinn**, der **1.** 깊은 의미. **2.** (표현되지 않은, 은밀한) 제2의 의미, 저의(底意), 두 가지 뜻. ~**sinnen***, sich 〈h〉 《südd., schweiz.·준교어》 골돌히 생각하다, 우울해지다. ~**sinnig** 〈Adj.〉 **1. a)** 의미가 깊은, 의미심장한: -er Humor 의미심장한 해학. **b)** 저의가 있는, 숨은 뜻을 지닌, 〈고어〉 우울한, 제정신이 아닌, 미친. ~**sinnigkeit**, die; -en **1.** 의미심장, 저의가 있음, 애매모호. **2.** 의미심장한 표현, 저의가 있는 표현. ~**sitz**, der 뒷부석. ~**spieler**, der **1.** 〈파우스트볼〉 공격수 뒤에 처져서 우군의 공격을 촉진시키고 상대편 공격을 방해하는 선수다. **2.** [파우스트볼] 후위. ~**spinnig** 〈Adj.〉 〈~tückisch, ~sprung, der [기계체조·고어] 〈안마의〉 두 손 짚고 세로 뛰어넘기. ~**steven**, der **1.** [선원] 선미재(船尾材). **2.** 《통속어·농》 엉덩이. ~**stich**, der 박음질 바늘. ~**stübchen**, das ↑~stube의 축소형. ~**stube**, die 〈축소형: ↑~stübchen〉 뒷방[↑~zimmer]. ~**stück**, das 뒷부분. ~**stütz**, der [기계체조] 〈안마, 평행봉의〉 한 쪽 끝에서 팔로 몸을 버틴 자세. ~**teil**, das **1.** 《통속어》 엉덩이, 신체의 뒷부분: aufs H.〔auf sein H.〕fallen 엉덩방아를 찧다; jmdm. ein paar (Schläge) aufs H. geben 누구의 엉덩이를 몇 대 때리다. **2.** 〈드물게〉〈고어에서는 〈또한〉 der〉 뒷부분. ~**treffen**, das [원래 전투시 후방에 위치한 군대, 승리시 특전이 있는 예비부대] 《다음 용어에서》 ins H. geraten(kommen) 불리한 입장에 처하다; im H. sein 불리한 입장에 있다; jmdn. ins H. bringen 누구를 불리한 입장으로 만들다. ~**treiben*** 〈h〉 방해하다, 훼방놓다: einen Plan h. 계획을 방해하다. ~**treibung**, die; -en ↑~treiben의 명사형. ~**treppe**, die 뒷계단 (뒷문으로 통하는): heimlich über die H. kommen 몰래 뒷계단을 통해 가다. ~**treppengeflüster**, das 〈웹〉 계단에서의 수다[쑥덕거림]. ~**treppenhandel**, der 〈드물게〉 암거래, 불법매매. ~**treppenliteratur**, die 저속 문학, 3류 문학. ~**treppenpolitik**, die 〈웹〉 〈앞을 못내다보는〉 권모술수 정치. ~**treppenroman**, der 〔남몰래 뒷계단에서 거래되었기 때문에〕 〈웹〉 저속한 소설, 3류 소설. ~**trinken*** 〈h〉 《ostmd.》 마구 들이마시다. ~**tückisch** 〈Adj.〉 〈지역적〉 교활하고 음흉한. ~**tücker**, der 〈지역적〉 교활하고 음흉한 자. ~**tupfingen** [-'tupfiŋən] 〈지어낸 지명: 관사 없음; 2격: -s〉 〈통용어·조롱〉 작은 외딴 장소. ~**tür**, die **1.** 뒷문: 〈전의〉 durch die H. wiederkommen 말라고 해도 계속

물고 늘어지다. **2.** 〈축소형: ↑Hintertürchen〉 벗어나는 수단: er kennt die -en der Buchführung 그는 장부에 기장하지 않는 방법을 알고 있다; **durch die (eine) H.** 간접으로, 방법하고, 불법으로: etw. durch die H. zu erreichen suchen 무엇을 불법으로 얻으려고 하다; **sich³ eine H. offenhalten** 탈구수를 마련해두다. ~**türchen**, das 《südd., österr.·통용어》 ↑~tür의 축소형. ~**türl** [-tyɐl], das; -s, -(n) ↑~tür (2)의 축소형. ~**verdeck**, das 후갑판. ~**viertel**, das **1.** 《통용어》 엉덩이. **2.** (특히 도축(屠畜)의) 엉덩이 및 넓적다리. ~**wagen**, der 4륜차의 뒷쪽. ~**wäldler** [-veltlɐ], der; -s, - [engl. backwoodsman] 《조롱》 세상과 동떨어진[시대에 뒤진] 사람. ~**wäldlerisch** 〈Adj.〉 -e Ansichten 세상 물정 모르는 사람들의 의견. ~**walzer**, der [금속] 압연기(壓延機) 뒤에서 가공 재료를 걸어올리는 일꾼. ~**wand**, die 뒷벽. ~**wärts** [-vɐrts] 〈Adv.〉 〈고어〉 뒤쪽으로, 뒤쪽에. ~**zehe**, die 〈동물〉 뒷발의 발가락. ~**zeug**, das ↑~geschirr. ¹~**ziehen*** 〈h〉 (특히 공과금을) 지불하지 않다, 횡령하다: Steuern h. 세금을 횡령하다[지불하지 않다]. ²~**ziehen*** 《ostmd., südd., österr.·통용어》 **1.** 〈h〉 뒤로 끌다. **2.** 〈s〉 (앞에서) 뒤로 이동하다: er mußte h. 그는 뒤로(예컨대 뒷방으로) 이사해야 했다. ~**zieher**, der 착복자, 횡령자. ~**ziehung**, die 착복, 횡령. ~**zimmer**, das **1.** 뒷방. **2.** (다른 객실을 통해 들어갈 수 있는) 격리된 객실. **3.** 특히 가게 뒷쪽의) 별실. ~**zungenvokal**, der [음성] 후설 모음(後舌母音). ~**zwiesel**, der [승마] 뒤쪽 안교(鞍橋).

hinterdrein 〈Adv.〉 《준교어》 ↑hinterher. **hinterdrein-** ↑hinterher-.

hintere ['hɪntərə], **¹Hintere*** [-], der / die ↑hinter…. **²Hintere*** [-], der 《통용어·드물게》 엉덩이(↑Hintern).

hintereinander 〈Adv.〉 **1.** 차례차례로: h. hinaufklettern 차례차례 기어오르다. **2.** 잇달아, 연달아: acht Stunden h. arbeiten 8시간을 연달아 일하다; die Vorträge finden h. statt 강연들이 잇달아 개최된다.

hintereinander- (hintereinander 1): ~**bringen*** 《통속어》 **1.** 〈드물게〉 연달아 가지고 오다, 차례차례 가지고 오다. **2.** 《지역적》 (서로) 화나게[싸우게] 하다. ~**fahren*** 〈s〉 차례로 달리다, 연달아 달리다. ~**gehen*** 〈s〉 〈통속어〉 차례로 가다, 연달아 가다. ~**kommen*** 〈s〉 **1.** 〈드물게〉 연달아 오다, 차례차례 오다. **2.** 《지역적》 다투다, 반목하다: die beiden sind hintereinandergekommen 그 두 사람은 싸웠다. ~**laufen*** 〈s〉 차례 차례 달리다, 연달아 달리다. ~**legen** 〈s〉 차례차례 놓다[쌓다]. ~**liegen** 〈h〉 / 《südd.》 〈s〉 차례차례 놓여 있다. ~**schalten**, die [전기] 직렬접속(直列接續)하다. ~**schaltung**, die [전기] 직렬접속. ~**schreiben*** 차례차례로 쓰다[적다]. ~**setzen** 〈h〉 차례차례로 놓다. ~**stehen*** 〈h〉 / 《südd.》 〈s〉 차례차례[연이어] 서 있다. ~**stellen** 〈h〉 차례차례로[연이어] 세우다.

hintereinanderher 〈Adv.〉 〈어디를 향하여〉 차례차례로, 잇달아. **hintereinanderweg** 〈Adv.〉 《통용어》 단숨에, 단번에: etw. h. verzehren(erledigen) 무엇을 단숨에 먹어치우다[해결하다].

Hinterglasmalerei, die; -en [미술] **1.** 〈Pl. 없음〉 유리의 이화(裏畫) 제조 기술. **2.** 유리의 이화.

hinterher 〈Adv.〉 **1.** 뒤에서, 배후에서, 뒤를 따라: sie kletterten blitzschnell hinauf, er voran, die andern h. 그들은 눈깜박할 사이에 기어올라갔다, 그가 앞장서고, 다른 사람들은 그를 뒤따라; 〈또한 3격과 함께〉 jmdm. (einer Sache) h. 누구(무엇) 뒤에서. **2.** [〈또한〉 'hɪnthɛɐ] 나중에, 그 후에(반대: vorher): was seine Worte bedeuten, stellte sich erst h. heraus 그가 한 말의 뜻은 나중에 가서야 밝혀졌다.

hinterher- (hinterher 1): **~blicken** ⟨h⟩ 누구[무엇]의 뒤쪽을 쳐다보다. **~fahren*** ⟨s⟩ 누구를 뒤따라 (차를 타고) 달리다. **~gehen*** ⟨s⟩ 누구 뒤를 따라가다. **~hinken** ⟨s⟩ **1.** 절룩거리며 누구 뒤를 따라가다. **2.** 처지다, 낙오하다: (hinter) der Entwicklung h. 발전에 뒤지다; mit seinen Zahlungen h. 지불을 이행하지 못하다. **~kleckern** ⟨s⟩ 《통용어》 **1.** 낙오하여 나중에 오다. **2.** 너무 늦어지다, 지각하다: mit der Erledigung von Aufträgen h. 주문의 처리가 늦어지다. **~kommen*** ⟨s⟩ **1.** 뒤따라가다. **2.** 나중에 나타나다: wer weiß, was hinterherkommt! 나중에 무슨 일이 생길지 누가 알겠나! **~laufen*** ⟨s⟩ **1.** 뒤따라 (달려)가다. **2.** 나중에 가다. **3.** 《통용어》누구의 꽁무니를 따라 다니다: einem Mädchen h. 어느 소녀를 좋아다니다. **~rennen*** ⟨s⟩ ↑hinterherlaufen (1, 3). **~rufen*** ⟨h⟩ 누구[무엇]의 뒤에다 대고 외치다. **~schicken** ⟨h⟩ 누구[무엇] 뒤에 보내다: jmdm. einen Boten h. 누구에게 사환을 뒤따라 보내다. **~schreien*** ⟨h⟩ 누구[무엇] 뒤에 대고 고함을 지르다. **~sein*** ⟨h⟩ 누구[무엇]의 뒤쪽을 보다. **~sein*** ⟨s⟩ 《통용어》 **1. a)** 추격하다: die Polizei war ihm hinterher 경찰이 그를 추격하였다. **b)** 애쓰다, 염두에 두다: scharf h., daß kein Fehler unterläuft 실수가 발생하지 않도록 애쓰다. **2.** 뒤지다, 낙오하다: in[mit] seinen Leistungen h. 업적에 있어 뒤지다. **~tragen*** ⟨h⟩ 누구[무엇]의 뒤를 따라 가져오다. **~werfen*** ⟨h⟩ 뒤에서 던지다.

Hinterindien, -s 인도차이나(반도)(Indochina).

hinterm ['hɪntɐm] 《통용어》 hinter dem. **hintern** ['hɪntɐn] 《통용어》 hinter den.

Hintern [-], der; -s, - 《통용어》 엉덩이: den H. zusammenkneifen 엉덩이를 죄집다; sich den H. wischen 뒤를 닦는다[씻다]; jmdm. den H. verhauen [versohlen, vollhauen] 누구의 엉덩이를 두들겨 패다; sich auf seinen H. setzen 《경》 엉덩이를 깔고 앉다; mit dem H. wackeln 엉덩이를 흔들다; 성규 ich könnte[möchte] mir[mich] in den H. beißen 《경》 나는 나 자신에게 화를 내고 있다; **sich mit etw. den H. wischen können** 《속어》 아무 가치도 없는 것을 소유하다: mit diesen Aktien kannst du dir den H. wischen 너는 이 주식으로 되나 닦으면 안성마춤이다; **den H. betrügen** 《경》 **alles an den H. hängen** 《경》 옷 사는 데 돈을 다 쓰다; **jmdm. an den H. wollen** 《경》 누구에게 나쁜 짓을 하다, 화를 끼치다; **sich auf den H. setzen** (경》 1) 열심히 공부하다[일하다]. 2) 엉덩방아를 찧다. 3) 몹시 놀라다; **jmdm. in den H. kriechen** ((드물게》 jmdm. den H. lekken] 《속어》 누구 앞에서 체신없이 알랑거리다; **jmdm.** [jmdn.] **in den H. treten** 《경》 누구를 (분발시키기 위하여) 거칠게 다루다; **jmdn. in den H. beißen** 《경》 누구를 뒤에서 습격하다; **jmdm. mit dem (nackten) H. ins Gesicht springen** 《속어》 누구에 대하여 격노하다. **Hinternbetrüger,** der 《농》 ↑Arschbetrüger.

hinterrücks: ↑hinter-, Hinter- 참조.
hinters ['hɪntɐs] 《통용어》 hinter das.
hinterst... ['hɪntɐst...] ↑hinter... 참조. **¹Hinterste** ['hɪntɐstə], das; -n ↑hinter... 참조. **²Hinterste*** [-], der / die ↑hinter... 참조. **³Hinterste*** [-], der; -n, -n 《통용어·드물게》 엉덩이.
hinterwärts: ↑hinter-, Hinter-.
hintnach [hɪnt'na:x, (또한) '--] ⟨Adv.⟩ 《österr. · 통용어》 ↑hintennach, hinterher (2).
hintüber [hɪnt'y:bɐ] ⟨Adv.⟩ ↑hintenüber. **hintüber-:** ↑hintenüber-.
hinüber [hɪ'ny:bɐ] ⟨Adv.⟩ **1.** 저쪽으로: h. mit euch! 저리 꺼져!; h. und herüber 여기저기로; 전의 ein Problem, das (bis) h. in die Philosophie reicht 철학으로까지 미치는 문제. **2.** ↑hinübersein 참조.

hinüber- (↑herüber-, rüber-도 참조): **~befördern** ⟨h⟩ 저쪽으로 운반하다. **~begeben***, sich ⟨h⟩ 저쪽으로 가다: sich zu jmdm. (in ein anderes Zimmer) h. 누구에게로(다른 방으로) 가다. **~bemühen** ⟨h⟩ **1.** 저쪽으로 가도록 하다: darf ich Sie (in den Saal) h.? 저쪽으로 (홀 안으로) 들어가실까요? **2.** (h. + sich) 저쪽으로 가다. **~beugen*** ⟨h⟩ 저쪽으로 위[너머]로 굽히다: sich den Oberkörper über die Brüstung h. 상체를 난간 너머로 굽히다. **~bitten*** ⟨h⟩ 저쪽으로[건너] 오라고 요청하다. **~blicken** ⟨h⟩ 저쪽으로 쳐다보다: zu[nach] jmdm. h. 누구 쪽을 건너다보다. **~bringen*** ⟨h⟩ 저쪽으로 넘겨주다, …을 넘어서 운반하다. **~dämmern** ⟨s⟩ **1.** (몽롱한 상태에서) 서서히 잠들다. **2.** (아이) (의식 몽롱한 상태에서) 서서히 죽다. **~dringen*** ⟨s⟩ 저쪽으로 뚫고 들어가다. **~dürfen*** ⟨h⟩ 《통용어》 **1.** (걷거나 타고) 저쪽으로 갈 수 있다, 건너가도 된다. **2.** 저편으로 운반되어도 괜찮다[운반될 수 있다]: darf der Koffer hinüber (ins andere Zimmer)? 트렁크를 (다른 방으로) 가져가도 되나요? **~eilen** ⟨s⟩ 급히 저쪽으로 가다, 급히 건너가다. **~fahren*** 1. ⟨s⟩ 저편으로 (차를 타고) 가다. 2. ⟨h⟩ 저편으로 (차를) 몰고 가다: den Wagen (auf die andere Seite) h. 자동차를 (다른 쪽으로) 몰고 가다. **~fliegen*** 1. ⟨s⟩ 저편으로 날아가다. 2. ⟨h⟩ 저편으로 (비행기로) 수송·운반하다. **~führen** ⟨h⟩ **1.** 건너편으로 안내하다: jmdn. ins Nebenzimmer h. 누구를 데리고 옆방으로 건너가다. **2.** 저쪽으로 [건너편으로] 통하다, 뻗어 있다: die Brücke führt über den Fluß (zum anderen Stadtteil) hinüber 다리는 강을 건너 저편으로 (도시의 다른 부분으로) 통한다. **3.** (동기를 나타내어) 오게 만들다. **~geben*** ⟨h⟩ 저편으로 건네주다. **~gehen*** ⟨s⟩ **1.** 저편으로 가다, 건너가다: ins Nebenzimmer h. 옆방으로 건너가다. **2.** (아이·미화) 죽다. **~gelangen*** ⟨s⟩ 건너편에 도달하다. **~geleiten** ⟨h⟩ 저쪽으로 안내[호송]하다. **~gleiten*** ⟨s⟩ 미끄러져 건너가다, 저편으로 미끄러지다; 전의 in den Schlaf h. 잠 속으로 빠져들어 가다. **~greifen*** ⟨h⟩ 저편으로 손을 내밀다 [뻗다]: über den Zaun h. 울타리 너머로 손을 내밀다; 전의 die Frage greift in die Philosophie hinüber 그 문제는 철학에까지 연관된다. **~grüßen** ⟨h⟩ 저쪽을 향해 인사하다: er grüßte zu ihr hinüber 그는 그 여자 쪽을 향해 인사를 하였다. **~gucken** ⟨h⟩ 《통용어》 ↑~blicken. **¹~hängen*** ⟨h⟩ 저쪽으로 걸려 있다: die Zweige der Weide hängen über den Bach hinüber 수양버들 가지들이 개울을 건너뜨로 늘어져 있다. **²~hängen** ⟨h⟩ 저쪽으로 걸다, 건네 걸다: das Bild an die andere Wand h. 그림을 다른 쪽 벽에다 걸다. **~heben*** ⟨h⟩ 저쪽으로 들어올리다. **~helfen*** ⟨h⟩ 누구를 도와서 넘어가게 하다: jmdm. auf die andere Seite h. 누구를 도와 반대쪽으로 넘어가게 하다; 전의 jmdm. über Schwierigkeiten h. 누구를 도와 난관을 극복하게 하다; jmdm. (ins Jenseits) h. 《반어》 1) 누가 쉽게 죽도록 도와주다. 2) (누구를) 죽이다. **~holen** ⟨h⟩ 저쪽으로 넘겨주다, (…을) 넘어서 운반해 가다. **~klettern** ⟨s⟩ 저쪽으로 기어 오르다. **~kommen*** ⟨s⟩ **1.** 건너오다. **2.** 《통용어》 (가까운 곳에 사는 사람을) 방문하다: wir kommen morgen nachmittag zu euch hinüber 우리들은 내일 오후에 너희들을 방문한다. **~können*** ⟨h⟩ 《통용어》 저쪽으로 갈 수 있다(가도 된다). **~kriechen*** ⟨s⟩ 저쪽으로 기어가다. **~langen** ⟨h⟩ 《통용어·지역적》 ↑~reichen. **~lassen*** ⟨h⟩ 저쪽으로 가게 하다, 저편으로 보내주다. **~laufen*** ⟨s⟩ 뛰어서 건너가다, 저쪽으로 달려가다. **~lehnen,** sich ⟨h⟩ …너머로 기대다. **~lenken** ⟨h⟩ 저

쪽으로 이끌다[조종하다]. ~**locken** ⟨h⟩ 저쪽으로 유혹하다. ~**lotsen** ⟨h⟩ 《통용어》 저쪽으로 안내하다. ~**müssen*** ⟨h⟩ 《통용어》 저쪽으로 가야 한다. ~**nehmen*** ⟨h⟩ 저쪽으로 가지고 가다. ~**reichen** ⟨h⟩ **1.** 저편으로 건네주다: er reichte ihr die Zeitung hinüber 그는 그 여자에게 신문을 건네주었다. **2. a)** 저쪽으로까지 미치다[닿다]: 전의 der Fragenkreis reicht in die Biologie hinüber 질문의 범위는 생물학으로까지 미친다. **b)** (길이에서) 저쪽으로까지 충분히 닿다: die Schnur reicht bis auf die andere Seite hinüber 그 줄은 반대편까지 충분히 닿는다. ~**reiten*** ⟨s⟩ 말을 타고 저쪽으로 가다, 건너가다. ~**rennen*** ⟨s⟩ 저쪽으로 달려가다. ~**retten** ⟨h⟩ **1.** 저편으로 구출해내다, 안전하게 하다: seine Habe (ins Ausland) h. 자신의 재산을 (외국으로) 반출하다. **2. a)** 보전하다, (고래의 풍습 등을) 살리다. **b)** (h. + sich) 보전되다: ein alter Brauch, der sich in die Gegenwart hinübergerettet hat 오늘날까지 보전되어온 옛 풍습. ~**rücken 1.** ⟨h⟩ 저쪽으로 움직이다, 옮기다: den Schrank weiter nach rechts h. 장농을 더 오른쪽으로 옮기다. **2.** ⟨h⟩ 움직여 자리를 저쪽으로 옮기다: mit seinem Stuhl h. 의자를 움직여 자리를 옮기다. **3.** ⟨s⟩ 저편으로 이동하다: die Truppen sind (über die Grenze) hinübergerückt 부대들은 (국경 너머로) 이동했다. ~**rufen*** ⟨h⟩ 저쪽으로 불러내다. ~**schaffen** ⟨h⟩ 저쪽으로 운반하다. ~**schallen*** ⟨h / s⟩ 저쪽적으로 울리다, 울려퍼지다. ~**schauen** ⟨h⟩ **1.** 《지역적》 ···쪽을 보다, 저쪽으로 보다: zum[nach dem] anderen Ufer h. 건너편 강가쪽을 쳐다보다. **2.** 《통용어》 ···쪽으로 건너가서 걱정해 주다: sie wollte rasch zu ihrer Nachbarin h. 그 여자는 재빨리 이웃집 여인에게 건너가 돌봐주려고 하였다. ~**schicken** ⟨h⟩ 저쪽으로 보내다. ~**schieben*** ⟨h⟩ 저쪽으로 밀다[밀치며]: jmdm. einen Zettel h. 누구에게 쪽지 하나를 건네주다. ~**schielen** ⟨h⟩ 저쪽으로 흘끔 보다, 몰래 건네보다. ~**schießen* 1.** ⟨h⟩ 저쪽으로 쏘다. **2.** ⟨s⟩ 저쪽으로 휙 움직이다: der Wagen schoß nach rechts hinüber 자동차가 오른쪽으로 휙 쏠렸다. ~**schlafen*** ⟨s⟩ ↑ ~schlummern. ~**schleichen* 1.** ⟨s⟩ 저쪽으로 살금살금 가다. **2.** (h. + sich) 저쪽으로 살금살금 건너가다. ~**schlendern** ⟨s⟩ 저쪽으로 슬슬 (할일없이) 거닐다. ~**schleppen** ⟨h⟩ **1.** 저쪽으로 끌고 가다. **2.** (h. + sich) 저쪽으로 끌려가다. ~**schleudern 1.** ⟨h⟩ 저쪽으로 집어던지다. **2.** ⟨s⟩ (궤도를 벗어나서) 저쪽으로 쏠리다. ~**schlummern** ⟨s⟩ 《아어·미화》 (편안하게) 영면(永眠)하다. ~**schwimmen*** ⟨s⟩ 저쪽으로 헤엄쳐 건너가다. ~**schwingen**, sich **1.** ⟨s⟩ 저쪽으로 날아오르다, (을) 넘어서 날아 오르다. **2.** ⟨s⟩ 저쪽으로 움직이다. ~**sehen*** ⟨h⟩ ↑~blicken. ~**sein*** ⟨s⟩ 《통용어》 **1. a)** 죽어 있다, 죽었다: der Hund ist hinüber! 그 개는 죽었다! **b)** 망해[파멸해] 있다. **c)** 못쓰게 되다. **d)** 썩어 있다, 상해 있다. **e)** 잠들어 있다, 의식을 잃고 있다. **f)** 취해 있다: nach dem zehnten Glas war er völlig hinüber 열 잔째를 마신 후 그가 완전히 취해버렸다. **g)** 감격해 있다. **2.** 저쪽으로 가버리고 있다: sie ist gerade hinüber (zu ihm) 그 여자는 방금 (그 남자에게로) 가버렸다. ~**setzen 1.** ⟨h⟩ 저쪽으로 놓다: den Kasten an die andere Wand h. 궤짝을 반대편 벽 곁에 갖다놓는다; 《또한》 h. + sich : sie setzte sich zu dem Mann h. 그 여자는 그 남자쪽에 앉았다. **2.** ⟨s⟩ 저편으로 건너가다, 뛰어넘다. ~**sollen*** ⟨h⟩ 저편으로 가야 한다, 건너가야 한다. ~**spielen** ⟨h⟩ **1.** 《스포츠》 (공 따위를) 저쪽으로 몰고 가다: den Ball zu jmdm. h. 공을 누구에게로 몰고 가다. **2.** (무엇으로) 바뀌다: das Kleid[das Blau] spielt ins Grünliche hinüber 드레스[청색]가 녹색 빛을 띠는 색깔로 변하고 있다. ~**springen*** ⟨s⟩ **1.** 뛰어넘다. **2.** 《통용어》 저쪽으로 급히 달려가다. ~**starren** ⟨h⟩ 저쪽

로 응시하다. ~**steigen*** ⟨s⟩ **1.** 저쪽으로 오르다. **2.** 《속어》 (여자와) 성교를 가지다: ich möchte nicht wissen, wie viele über die schon hinübergestiegen sind 얼마나 많은 사람들이 이미 저 여자 위에 올라갔는지 나는 알고 싶지 않다. ~**stellen** ⟨h⟩ 저쪽으로 세우다. ~**tönen** ⟨h⟩ ↑~schallen. ~**tragen*** ⟨h⟩ 저쪽으로 데리고 가다, 운반하다: einen Verletzten (auf die andere Straßenseite) h. 부상자를 (건너편 길쪽으로) 옮겨놓다. ~**transportieren** ⟨h⟩ 저쪽으로 수송하다. ~**treiben* 1.** ⟨h⟩ 저쪽으로 몰아붙이다. **2. a)** ⟨h⟩ 저쪽으로 몰아부치다: der Wind trieb die Gaswolke über den Fluß hinüber 바람이 매연을 강 너머로 몰아부쳤다. **b)** ⟨s⟩ 저쪽으로 움직이다(표류하다): der Kahn ist über den See hinübergetrieben 나룻배는 호수 저편으로 표류하였다. ~**tun*** ⟨h⟩ 《통용어》 저쪽으로 놓다(hinübersetzen). ~**wagen**, sich ⟨h⟩ (각오하고) 저쪽으로 가다. ~**wandern** ⟨s⟩ 저쪽으로 걸어가다. ~**wechseln** ⟨s / h⟩ **a)** (무엇을 지나서) 저쪽으로 들어가다, 다른 영역으로 들어가다: auf die andere Straßenseite h. 길 건너편으로 이사하다; 전의 in einen anderen Beruf h. 직업을 바꾸다, 전업(轉業)하다; zu einem anderen Thema h. 다른 주제로 옮아가다. **b)** 《사냥》 (다른 구역으로) 옮아가다. ~**werfen*** ⟨h⟩ 저쪽으로 던지다: 전의 er warf einen Blick zu ihr hinüber 그는 그 여자 쪽으로 시선을 던졌다. ~**winken** ⟨h⟩ 저쪽으로 눈짓[윙크]하다. ~**wollen*** ⟨h⟩ 《통용어》 저쪽으로 (건너)가려고 하다. ~**zeigen*** ⟨h⟩ 저쪽으로 가리키다. ~**ziehen* 1.** ⟨h⟩ 저쪽으로 끌어당기다: sie packte ihn am Ärmel und zog ihn zu sich hinüber 그녀는 그의 소매를 움켜 잡고 그를 자기쪽으로 끌어당겼다. **2.** ⟨s⟩ **a)** 저편으로 이사하다, 옮겨가다. **b)** (걷거나 타고) 저쪽으로 이동하다, 걸어가다: die Truppen zogen über den Fluß hinüber 부대들은 강을 건너 저쪽으로 이동하였다. **c)** 저쪽으로 옮아가다, 뚫고 지나가다: der Rauch zog über den Fluß[zur Siedlung] hinüber 연기가 강을 건너[동네쪽으로] 옮아갔다. **3.** (h. + sich) **a)** 저쪽으로 뻗치다: die Wiese zieht sich nach Westen bis zum Waldrand hinüber 풀밭이 서쪽으로는 숲가까지 미치고 있다. **b)** 저쪽으로 퍼지다: der Schmerz zog sich in die rechte Schulter hinüber 고통이 오른쪽 어깨로까지 퍼졌다.

hin und her: ↑hin (IV, 1).

hin- und her-, Hin- und Her- (hin- u. zurück-, Hin- u. (Zu) rück-; ↑hin u. her, ↑hin IV,1 a): ~**bewegen** ⟨h⟩ 왔다갔다하다. ~**bewegung**, die 왕복운동. ~**eilen** ⟨s⟩ 급히 왔다갔다하다. ~**fahren 1.** ⟨s⟩ 왕복운행하다: zwischen Wohnung und Arbeitsplatz hin- und herfahren 차로 집과 직장 사이를 왔다갔다하다. **2.** ⟨h⟩ (누구[무엇]을 자동차 따위로) 실어다주고 실어오다. ~**fahrt**, die 왕복 운행. ~**fliegen* 1.** ⟨s⟩ 왕복비행하다. **2.** ⟨h⟩ (누구[무엇]을 비행기로) 실어주고 실어오다. ~**gehen*** ⟨s⟩ (걸어서) 왕복하다. ~**pendeln** ⟨s⟩ 왔다갔다하다: Busse, die zwischen den beiden Stationen hin- und herpendeln 두 정거장 사이를 왔다갔다하는 버스들. ~**reise**, die 왕복 여행. ~**reisen** ⟨s⟩ 왕복 여행하다. ~**weg**, der 왕복(길).

Hinunder-, ~**fahrt**, die ↑hin IV, 1). ~**fahren**, das; -s 이리저리(정처없이) 타고 다님, 순항. ~**gerede**, das 《별》 갈피를 못잡는 이야기[수다]. ~**gezerre**, das 이리저리 잡아당김. ~**schwanken**, das; -s 이리저리 흔들림.

Hin- und Rück-: ~**fahrt**, die 왕복(차)행. ~**flug**, der 왕복 비행. ~**reise**, die 왕복 여행. ~**weg**, 왕복(길).

hinunter [hɪ'nʊntɐ] ⟨Adv.⟩ (반대: hinauf, herauf) **1. a)** (여기 위쪽에서 저기) 아래쪽으로: h. ins Tal 저 아래

hinunter-

쪽 골짜기로; den Fluß h. 강 하류로; h. mit dem Lebertran! 〈통용어〉 간유(肝油)를 꿀꺽 삼켜라!; jmdn. bis h. begleiten 누구를 저 아래까지 따라가다, 바래다주다. **b)** 아래사람에 이르기까지: vom General bis h. zum einfachen Soldaten 장군에서 졸병에 이르기까지. **2.** 〈wohinunter, dahinunter의 분리 성분으로서〉〈통용어〉 wo willst du h.? 어디로 내려가려고 하니?

hinunter- (↑herunter-, runter-, hinab-, herab-도 참조): **~befördern** 〈h〉 〈저〉 아래로 운반하다. **~begeben'**, sich 〈h〉 〈저〉 아래로 가다: sich zur ersten Etage h. 일층으로 내려가다. **~begleiten** 〈h〉 〈저〉 아래쪽으로 동반하다: jmdn. die Treppe h. 누구를 동반하여 계단을 내려가다. **~bemühen** 〈h〉 **1.** 내려가기를 요청하다. **2.** 〈h + sich〉 〈저〉 아래쪽으로 가다, 내려가다. **~beugen** 〈h〉 아래쪽으로 구부리다: sich zu jmdm. h. 누구에게로 몸을 굽히다. **~bewegen** 〈h〉 **1.** 아래쪽으로 움직이다. **2.** 〈h. + sich〉 아래쪽으로 가다: er bewegte sich ächzend die Treppe hinunter 그는 신음하면서 계단을 내려갔다. **~bitten'** 〈h〉 내려오(가)기를 요청하다: jmdn. zu sich h. lassen 누구를 자기에게 내려오게 하다. **~blicken** 〈h〉 **1.** 〈저〉 아래로 내려다보다: in die Schlucht h. 골짜기 속을 내려다보다. **2.** ↑huntersehen (3). **~bringen'** 〈h〉 **1. a)** 아래쪽으로 가지고 내려가다: die Koffer in die Hotelhalle h. 트렁크들을 호텔 로비로 가지고 내려간다. **b)** 데리고 내려가다: den Besuch h. 방문객을 모시고 내려가다. **2.** 〈통용어〉 무엇을 먹어(마셔)내다. **~drücken** 〈h〉 아래로 내리누르다. **~dürfen'** 〈h〉 〈통용어〉 **1.** (걷거나 타고) 내려가도 된다, 내려갈 수 있다. **2.** 아래로 운반되어도 된다(될 수 있다). **~eilen** 〈s〉 급히 내려가다: zum Eingang h. 입구쪽으로 급히 내려가다. **~fahren' 1.** 〈s〉 타고 내려가다: den Fluß h. 자동차를 타고 강을 따라 내려가다. **2.** 〈h〉 아래쪽으로(자동차를) 몰다, 몰고 내려가다: den Wagen (in die Tiefgarage) h. 자동차를 (지하 차고로) 몰고 내려가다. **~fallen'** 〈s〉 아래로 떨어지다: paß auf, daß du nicht hinunterfällst! 아래로 떨어지지 않도록 주의해라! **~finden'** 〈h〉 내려가는 길을 발견하다. **~fliegen'** 〈s〉 **1.** 〈저〉 아래로 날아서 내려가다. **2.** 아래로 투척되다: Steine flogen aus den Fenstern hinunter 창문으로부터 돌이 투척되었다. **3.** 〈통용어〉 ↑fallen: er stolperte und fiel (die Treppe) hinunter 그는 비틀거리면서 (계단) 아래로 굴러 떨어졌다. **~fließen'** 〈s〉 흘러내려가다. **~führen** 〈h〉 아래로 데리고(가지고)가다. **~gehen'** 〈h〉 **1.** 내려가다: in den Keller h. 지하실로 내려가다. **2.** 하강하다, 내려가다: auf 100 Meter Flughöhe h. 100m 고도로 하강(비행)하다. **3.** 〈길 따위가〉 내리막이 되어 있다: die Straße geht (bis) zum Ufer hinunter 그 길은 해안으로(까지) 내리막이 되고 있다. **~gelangen** 〈s〉 아래로 도달하다. **~geleiten** 〈h〉〈저〉 아래로 수행(호송)하다. **~gießen'** 〈h〉 **1.** 〈저〉 아래로 붓다. **2.** 급히 마셔버리다: einen Schnaps h. 소주 한 잔을 급히 마셔버리다. **~gleiten'** 〈s〉 아래로 미끌어지다, 미끌어져내리다: das Segelflugzeug gleitet hinunter 활공기(글라이더)가 미끌어지듯이 내려가고 있다. **~helfen'** 〈h〉 내려가는 것을 돕다: jmdm. die Treppe h. 누구가 계단을 내려가는 것을 도와주다. **~jagen 1.** 〈h〉 **a)** 〈저〉 아래로 추격하다: den Hund h. 개를 아래로 쫓아보내다. **b)** 〈통용어〉 아래로 몰아부치다: der Anblick jagte ihm kalte Schauer den Rücken hinunter 그 광경은 차가운 전율이 그의 등을 타고 내리게 하였다. **c)** ↑~werfen. **2.** 〈s〉 〈저〉 아래로 급히 추격하다: der Reiter jagte die Straße hinunter 말을 탄 사람은 길 아래쪽으로 추격해내려갔다. **~kippen 1. a)** 〈저〉 아래로 기울이다. **b)** 〈통용어〉 단숨에 마시다. **2.** 〈통

용어〉 〈s〉 〈저〉 아래로 떨어(넘어)지다. **~klettern** 〈s〉 감아(기어) 내려가다. **~kommen'** 〈s〉 내려오다. **~können'** 〈h〉 내려갈 수 있다, 내려가도 된다. **~kriechen'** 〈s〉 기어내려가다. **~kurbeln** 〈h〉 herunterkurbeln. **~langen** 〈h〉 〈통용어 · 지역적〉 ↑~reichen. **~lassen'** 〈h〉 내려주다, 내려가게 하다: sie ließen ihn in einem Korb (in die Grube) h. 그들은 그를 곤돌라에 태워 〈갱(坑) 속으로〉 내려가게 해주었다. **~laufen'** 〈h〉 **1.** 〈저〉 아래로 달리다. **2.** 〈h〉 아래로 흐르다: der Schweiß lief ihm am Körper hinunter 땀이 그의 몸에서 흘러내렸다. **3.** 아래쪽으로 퍼지다: ein Schauder lief ihm den Rücken hinunter 전율이 그의 등을 타고 내려 퍼졌다. **~legen** 〈h〉 아래로 놓다. **~lenken** 〈h〉 〈저〉 아래로 조종하다. **~müssen'** 〈h〉 〈통용어〉 내려가야 한다. **~nehmen'** 〈h〉 〈통용어〉 내려 가지고 가다. **~purzeln** 〈s〉〈저〉 아래로 곤두박이다. **~rasen** 〈s〉〈저〉 아래로 질주하다. **~reichen** 〈h〉 〈저〉 아래로 건네(넘겨)주다: die Kartons h. 상자들을 아래쪽으로 넘겨주다. **2. a)** 아래쪽까지 미치다: bis zum Boden h. 바닥까지 미치다(닿다). **b)** 아래쪽까지 닿을 만큼 길다. **3.** 특정의 계급까지 미치다: bis zum niedrigsten Dienstgrad h. 가장 낮은 계급에까지 미치다. **~reißen'** 〈h〉 〈저〉 아래로 잡아 채다. **~reiten'** 〈s〉 〈저〉 아래로 말을 타고 가다. **~rennen'** 〈s〉 〈저〉 달려가다, 달려내려가다. **~rieseln** 〈s〉 **1.** ↑~laufen (2). 졸졸 흐르다, 졸졸 흘러내리다. **2.** ↑~ laufen (2). **~rinnen** 〈s〉 **1.** 〈저〉 아래로 새다, 흘러내리다. **2.** ↑~laufen (2). **~rollen** 〈s〉〈h〉〈저〉 아래로 구르다, 굴러내려가다: der Stein rollte den Hang hinunter 돌이 언덕 아래로 굴러 내려갔다. **2.** 〈h〉 굴려 내리다, 〈저〉 아래로 굴리다: Fässer h. 통들을 굴러내리다. **~rufen'** 〈h〉 〈저〉 아래로 향하여 외치다. **~rutschen** 〈s〉 〈저〉 아래로 미끌어지다. **~sausen** 〈s〉 〈저 아래로〉 쏴쏴(윙윙) 소리내며 내려가다: sein Schlitten sauste den Berg hinunter 그의 썰매는 윙윙 소리내며 산을 내려갔다. **~schaffen** 〈h〉 〈저〉 아래로 운반하다: das Gepäck zum Wagen h. 짐을 자동차로 가지고 내려가다. **~schalten** 〈h〉 〈운어〉 〈자동차에서〉 저단기어로 변속하다. **~schauen** 〈h〉 **1.** 〈지역적〉 ↑~blicken. **2.** 〈아어〉 ↑heruntersehen (3). **~schicken** 〈h〉 〈저〉 아래로 보내다, 내려보내다. **~schieben'** 〈h〉 아래로 밀다. **~schießen' 1.** 〈h〉 아래쪽으로 쏘다: vom Dach des Hauses in den Garten h. 건물 지붕에서 정원으로 쏘다. **2.** 〈s〉 **a)** 질주하여 내려가다: der Wagen schoß die Böschung hinunter 자동차가 언덕아래로 질주하였다. **b)** 〈통용어〉 급히 달려내려가다: er schoß blindlings die Treppe hinunter 그는 생각해보지도 않고 계단 아래로 달려내려갔다. **~schleichen' 1.** 살금살금 걸어내려가다. **2.** 〈h. + sich〉 〈h〉 살금살금 걸어내려가다: die Einbrecher hatten sich in den Keller hinuntergeschlichen 침입자들은 지하실로 살금살금 내려갔다. **~schleppen** 〈h〉 **1.** 끌고 내려가다. **2.** 〈h. + sich〉 질질 끌면서 내려가다. **~schlingen'** 〈h〉 급히 삼키다. **~schlucken 1.** 삼키다: einen Bissen kauen und h. 한 입 씹어서 삼키다. **2.** 〈통용어〉 **a)** (비판, 비난 따위를) 감수하다: Beleidigungen h. 모욕을 참다. **b)** (격정을) 억제하다: die Tränen h. 눈물을 억누르다. **~schmeißen'** 〈경〉 〈저〉 아래로 내던지다(내동이치다). **~schütten** 〈h〉 **1.** 〈저〉 아래로 붓다. **2.** 급히 마시다. **~schwingen'** 〈h〉 **1. a)** 아래쪽으로 몸을 날리다. **2.** 〈h〉 〈스키〉 몸을 날려 하강하다: am Hang h. 몸을 흔들어 비탈을 따라 하강하다. **~sehen'** 〈h〉 ↑~blicken. **~sein'** 〈h〉 〈통용어〉 내려가버리다. **~sollen'** 〈h〉 내려가야 한다. **~springen'** 〈s〉 **1.** 뛰어내리다. **2.** 〈통용어〉 급히 (달려) 내려가다: die Treppe h. 급히 계단을 내려가다.

~spülen ⟨h⟩ 1. 씻어 내리다. 2. 《통용어》↑ ~gießen (2). 3. 《통용어》(음료수와 함께) 삼키다: 전의 seinen Ärger mit einem Schnaps h. 자신의 분노를 화주로 달래다. ~steigen* ⟨s⟩ 내려가다. ~stolpern ⟨s⟩ 비틀거리면서 내려가다: die Treppe h. 비틀거리면서 계단을 내려가다. ~stoßen* 1. ⟨h⟩ 아래로 떠밀다. 2. ⟨s⟩ 《맹금이 먹이의 방향으로》급강하하다: der Habicht sichtet das Rebhuhn und stößt blitzschnell hinunter 매가 반시(半翅)를 발견하고 번개처럼 급강하한다. ~stürzen 1.a) ⟨s⟩ 추락하다: stolpern und die Treppe h. 비틀거리다가 계단 아래로 추락하다. b) ⟨h. + sich⟩ ⟨h⟩ (저) 아래로 몸을 던지다: sich von der Aussichtsplattform h. 전망대에서 몸을 던지다. 2. ⟨s⟩ 《통용어》급히 (달려)내려가다: die Treppe h. 급히 계단 아래로 내려가다. 3. ⟨h⟩ a) 아래로 쓰러뜨리다, 넘어지게 하다: jmdn. (in den Abgrund) h. 누구를 (절벽 아래로) 밀어뜨리다. b) ↑ ~gießen (2), ~schütten (2). ~tauchen 1. ⟨s⟩ 잠수하여 가라앉다[내려가다]: auf den Grund h. 밑바닥으로 잠수하여 내려가다. 2. ⟨h⟩ 물 밑으로 가라 앉히다. ~tragen* ⟨h⟩ 가지고 내려가다: jmdm.) das Gepäck zum Eingang h. (누구의) 짐을 입구로 가지고 내려가다. ~transformieren ⟨h⟩ 〖전기〗(변압기를 써서) 강압(降壓)시키다. ~treiben* 1. ⟨h⟩ 아래로 몰다: die Herde (von der Alm ins Tal) h. 가축무리를 (고원목장으로부터 골짜기로) 몰아내리다. 2. ⟨s⟩ 아래쪽으로 표류하다: den Fluß h. 강하류로 떠내려가다. ~trinken* ⟨h⟩ 《통용어》↑ ~gießen (2). ~wagen, sich ⟨h⟩ 각오하고 내려가다. ~werfen* ⟨h⟩ (저) 아래로 내던지다: einen Blick h. 시선을 아래쪽으로 보내다. ~wollen* ⟨h⟩ 《통용어》내려가려고 마음 먹다. ~würgen ⟨h⟩ (대체로 딱딱한 것을) 애써서 먹다: das trockene Brot h. 마른 빵을 삼키다. ~zeigen ⟨h⟩ 아래로 가리키다. ~ziehen* 1. ⟨h⟩ (저) 아래로 끌어당기다. 2. ⟨s⟩ a) 아래쪽으로 옮겨가다: in das Parterre h. 일층으로 이사하다. b) 아래쪽으로 (끊임없이) 이동하다: die Bewohner zogen zum Fluß hinunter 주민들은 강 하류쪽으로 이동하였다. 3. ⟨h. + sich⟩ ⟨h⟩ (저) 아래까지 미치다(닿다): die Wiese zieht sich bis zum See hinunter 풀밭이 호수까지 닿는다.

hinwärts: ↑hin- 참조. **hinweg** [hin'vɛk] ⟨ Adv.⟩ 《아어》그쪽으로, 그곳으로: h. mit Unfreiheit und Unterdrückung! 부자유와 억압은 사라져라!；《전치사 über》를 강조하여》über ... h. 1) …을 넘어서(über ...hinüber): jmdn. über die Zeitung h. beobachten 누구를 신문 너머로 관찰하다. 2) (특정의 시간이) 지나서(동안): Planung über lange Zeiträume h. 상당 한 기간을 거친 계획.

hinweg-: ~**begeben***, sich ⟨h⟩ 《아어》떠나다, 출발하다. ~**blicken** ⟨h⟩ 1. ↑~sehen (1). 2. 《아어》↑ ~sehen (3). ~**brausen** ⟨s⟩ 윙윙거리면서 지나가다: der Wind braust über die Baumwipfel hinweg 바람이 쏴쏴 소리를 내면서 나무꼭대기 위를 지나간다. ~**bewegen**, sich ⟨h⟩ (누구/무엇)를 지나서서 저편으로 가버리다. ~**bringen*** ⟨h⟩ 극복하다: 《아어》jmdn. über Schwierigkeiten h. 누구로 하여금 어려움을 극복하게 하다. ~**denken*** ⟨h⟩ 《아어》↑ wegdenken. ~**eilen** ⟨s⟩ 《아어》서둘러 (떠나)버리다. ~**fegen** ⟨h⟩ … 위를 휙 스치고 지나가다: das Flugzeug ist über ihre Köpfe hinweggefegt 비행기가 그들의 머리 위를 휙 스치고 날아갔다. 2. 《아어》h. 제거하다, 소탕하다: die Revolution fegte die Regierung hinweg 혁명이 정부를 무너뜨렸다. ~**gehen*** ⟨s⟩ 1. 소홀히 여기다, 간과하다: sie ging über seine Anspielung lächelnd h. 그 여자는 그의 풍자를 미소를 지으면서 넘어갔다. 2. 누구[무엇]를 지나서서) 저편으로 가버리다. ~**heben**, sich

⟨h⟩ 《대개 명령형에서》《고어》떠나다, 물러가다: hebe dich hinweg, Satan! 물러가라, 사탄아! ~**helfen*** ⟨h⟩ 벗어날 수 있도록 도와주다: jmdm. über ein Hindernis h. 누구를 극복할 수 있게 누구를 도와주다. ~**hören** ⟨h⟩ 흘려듣다: über einen Einwurf h. 이의(이론)를 묵살하다. ~**kommen*** ⟨s⟩ a) 극복하다: über Notzeiten h. 비상 시기를 극복하다. b) 벗어나다, 이기다: er ist über den Verlust nicht hinweggekommen 그는 손실을 견뎌내지 못했다. c) 무시해버리다, 문제삼지 않다. ~**können*** ⟨h⟩ 《통용어》↑ ~kommen (a, b). ~**lesen*** ⟨h⟩ 《독서시》빠뜨리고 읽다: über etw. h. 무엇을 빠뜨린 채 넘어가다. ~**mogeln**, sich ⟨h⟩ 《통용어》속임수를 써서 면하다. ~**raffen** ⟨h⟩ 《아어》↑ dahinraffen. ~**räumen** ⟨h⟩ 제거하다, 치우다. ~**rauschen** ⟨s⟩ ↑ ~brausen, ~fegen. ~**reden** ⟨h⟩ 1. (중요한 것을) 빠뜨리고 말하다, 말하지 않고 넘어가다: über die Tatsachen h. 사실을 말하지 않고 넘어가다. 2. 《아어》말로써 없애버리다. ~**retten** ⟨h⟩ 위험을 물리치고 구출해내다. ~**schauen** ⟨h⟩ 《지역적》↑ ~sehen. ~**schreiten*** ⟨s⟩ 《아어》지나쳐가다. ~**sehen*** ⟨h⟩ 1. 넘겨다보다: über die Köpfe der Zuschauer h. 관람객들의 머리 위로 넘겨다볼 수 있다. 2. 누구(무엇)를 못본 척하다: beim Empfang sah der Autor über den Kritiker hinweg 리셉션 때 그 작가는 비평가를 못본 척하였다. 3. 무시하다: über kleinere Mängel großzügig h. 자질구레한 결함들을 관대하게 보아넘기다. ~**sein*** ⟨s⟩ 《통용어》(무엇을) 넘어서(벗어나, 지나쳐) 있다. ~**setzen** 1. ⟨h/s⟩ 넘어가다: das Pferd setzte über die Hürde hinweg 말이 장애물을 뛰어넘었다. 2. ⟨h. + sich⟩ ⟨h⟩ (무엇을) 무시하다: sich über das Gerede der Leute h. 사람들의 수다에 관심을 갖지 않다. ~**springen*** ⟨s⟩ 뛰어넘다. ~**spülen** ⟨h⟩ 씻어내다. ~**täuschen** ⟨h⟩ 속여서 알지 못하게 하다: jmdm. über die wirkliche Lage h. 누구를 속여 실제 사정을 모르게 하다; sich darüber h. lassen, daß … 속아서 …을 알지 못하다. ~**tragen*** ⟨h⟩ 《아어》↑ wegtragen. ~**trösten** ⟨h⟩ (위로의 말로) …에게 … 을 잊게 만들다 (jmdm. über etwas): sich über etw. h. 자신을 위로하여 무엇을 잊다. ~**tun*** ⟨h⟩ 《아어》제거하다.

hinwieder [hin'vi:dɐ], **hinwiederum** [hin'vi:dərʊm], ⟨ Adv.⟩ 《준고어》다시, 이와 반대로.

Hinz [hints] ⟨h⟩ 《다음 용법으로》 **H. und Kunz** 《통용어·폄》이사람 저사람(jedermann), 어중이 떠중이(옛날에 중고(中古)독어에서 빈번히 사용되었던 남자 이름 Hinz (Heinrich의 약칭)와 Kunz(Konrad의 약칭)에서): bald wußte es H. und Kunz 곧 세상 사람 모두가 그 사실을 알았다; **von H. zu Kunz** 《통용어·폄》모든 사람들에게, 사방으로(überallhin): von H. zu Kunz laufen, um etw. zu bekommen 무엇을 얻기 위하여 사방으로 뛰어다니다.

hinzu [hin'tsu:] ⟨ Adv.⟩ 《대개 합성 동사에서》게다가, 그 밖에, 덧붙여서: wir hoffen, daß es noch ein paar Mark h. gibt 그 외에 또 몇 마르크가 남아 있기를 우리는 바란다.

hinzu-, Hinzu-: ~**addieren** ⟨h⟩ 덧붙여 계산하다. ~**bekommen*** ⟨h⟩ 추가로 얻다, 덧붙여서 받다. ~**denken*** ⟨h⟩ 덧붙여서 생각하다: den Garten mußt du dir zu dem Haus h. 《농》정원은 건물에 덧붙여서 생각해야(셈해야) 하네. ~**dichten** ⟨h⟩ 1. 덧붙여 창작하다: Verse (zu einem Epos) h. (서사시에) 몇 행을 덧붙여 쓰다. 2. 상상해서 덧붙이다: (zu einem Sachverhalt) h. (어떤 사실에) 거짓말을 덧붙이다. ~**eilen** ⟨s⟩ 빠지지 않기 위하여 서둘러 가다. ~**erfinden*** ⟨h⟩ 《아어》고안하다, 없는 말을 지어내다. ~**erwerben*** ⟨h⟩ 추가로 취득하다. ~**finden***, sich ⟨h⟩ 《드물게》합류(참가)

하다. ~**fügen** ⟨h⟩ **1.** 부가[추가]하다, 첨부[첨가]하다: der Suppe etwas Salz h. 국에 약간의 소금을 더 치다; dem Buch einen Anhang h. 책에 부록을 첨부하다. **2.** 부언(附言)하다, 첨언하다: haben Sie (dem) noch etwas hinzuzufügen? (그것에다) 또 부언할 것이 있습니까? ~**fügung**, die; -en **1.** 추가, 부가, 첨부, 첨가. **2. a)**⟪드물게⟫ 첨가물, 부가물(附加物). **b)** 부언, 보충, 보유(補遺): die elfte Strophe ist eine spätere H. 제11연(聯)은 나중에 보유(補遺)한 것이다. ~**geben*** ⟨h⟩ **1.** ↑dazugeben. **2.** ↑hineingeben, hineinmischen: Salz h. 소금을 (섞어)넣다. ~**gehören** ⟨h⟩ ↑dazugehören. ~**gesellen**, sich ⟨h⟩ sich ↑dazugesellen: sich bald jmdm. h. 곧 누구와 한패가 되다. ~**gewinnen*** ⟨h⟩ 추가로 획득하다. ~**kaufen** ⟨h⟩ 추가로 사다: etw. zu etw. h. 무엇을 무엇에다 덧붙여 사다; ~**kommen*** ⟨s⟩ **1.** (사건의 현장에) 와 있다, 참석해 있다: er kam zufällig hinzu, als Diebe in den Laden einbrachen 도둑들이 가게 안으로 침입하였을 때, 그는 우연히 거기에 와 있었다. **2. a)** 참석하기 위하여 오다: dort warteten Hunderte, und immer mehr Menschen kamen hinzu 거기에는 수많은 사람들이 기다리고 있었고, 점점 더 많은 사람들이 도착했다. **b)** 가입하다: eine Arbeitsgruppe, zu der dann noch einige interessierte Kollegen hinzukamen 그리고 또 몇몇 관심을 가진 동료들이 더 가입한 작업반. **3.** 추가되다, 겹치다: zu der Grippe kam noch eine Lungenentzündung hinzu 독감에 폐렴이 겹쳤다. ~**laufen** ⟨s⟩ (아이) 참석하기 위하여 달려가다. ~**legen** ⟨h⟩ 추가하다, 부가(첨가)하다. ~**lernen** ⟨h⟩ 덧붙여 배우다. ~**nehmen*** ⟨h⟩ 보태다, 포함해서 생각하다: zur besseren Veranschaulichung sollte man noch Beispiele aus anderen Bereichen h. 보다 나은 설명을 위하여 다른 영역들로부터도 실례를 덧붙여야 했다. ~**rechnen** ⟨h⟩ 가산하다, 합산하다, 계산에 넣다. ~**rechnung**, die 가산, 합산: unter H. von etw. 무엇을 포함하여. ~**schreiben*** ⟨h⟩ 덧붙여 쓰다, 첨서(添書)하다. ~**setzen** ⟨h⟩ **1.** ↑dazusetzen: sich zu jmdm. h. (이미 앉아 있는 사람들의 틈에 들어가) 누구 곁에 끼어앉다. **2.** 부가(附記)하다 (=↑hinzufügen 2). ~**stellen** ⟨h⟩ ↑setzen (1). ~**stoßen*** ⟨s⟩ 누구에 합치다, 한 패가 되다: ein Neuer war (zu der Gruppe) hinzugestoßen 새로운 사람이 (그 그룹에) 가입했었다. ~**stürzen** ⟨s⟩ ↑eilen. ~**treten*** ⟨s⟩ **1.** 참석하기 위하여 들어가다: zu den anderen h. 다른 사람들과 합류하다. **2.** ↑hinzukommen: wenn keine Komplikationen hinzutreten 합병증만 추가되지 않는다면. ~**tun*** ⟨h⟩ ⟪통용어⟫ 덧붙이다: etw. (zu etw.) h. (무엇을) 무엇에 부가하다. ~**tun**, das ↑Dazutun. ~**verdienen** ⟨h⟩ 추가로 벌다. ~**wählen** ⟨h⟩ 추가로 선출하다: zu den fünf Ausschußmitgliedern wurden noch zwei hinzugewählt 5명의 위원회 멤버에다 또 2명이 추가 선출되었다. ~**wollen*** ⟨h⟩ ⟪통용어⟫ 참석하기 위하여 가려고 마음 먹다. ~**zahlen** ⟨h⟩ 추가 지불하다. ~**zählen** ⟨h⟩ 가산하다, 산입하다, 합산하다. ~**ziehen*** ⟨h⟩ 입회시키다, 누구에게 조언을 구하다: in schwierigen Fällen einen Sachverständigen h. 난처한 경우에 전문가에게 조언을 구하다. ~**ziehung**, die ↑ziehen의 명사형.

Hiobs- ['hi:ɔps-; 수난을 당해야 했던 구약성서의 욥에서 (욥1장14~19절)]: ~**botschaft**, die 비보(Unglücksbotschaft), 흉보(凶報)(Schreckensnachricht): eine H. erhalten 흉보를 받다. ~**geduld**, die 욥의(같은) 인내. ~**nachricht**, die ⟪드물게⟫ ↑~botschaft. ~**post**, die ⟪준고어⟫ ↑~botschaft.

hipp-, Hipp- ⟨↑ ↑hippo-, Hippo- 참조. **Hipparch** [hɪ'parç], der; -en, -en [griech. hipparchos] 고대 그리스의 기병대장. **Hipparion** [hɪ'paːriɔn], das; -s, ...ien [..iən; griech. hippárion] 말(馬)의 전신(前身), 원시말(Urpferd).

¹**Hippe** ['hipə], die; -n **1.** 날이 굽은 원예용 칼. **2.** ⟪비유⟫ (죽음의 상징으로서의) 큰 낫.

²**Hippe** [-], die; -n ⟨지역적⟩ (따뜻할 때 국수방미로 밀어 만든) 둥글고 납작한 과자.

³**Hippe** [-], die; -n **1.** 염소(Ziege). **2.** ⟪폄⟫ 싸우기를 좋아하는 못생긴 여자.

hipp, hipp, hurra! ['hɪp'hɪphʊ'ra:] ⟨Interj.⟩ ⟨engl. hip⟩ [⟨조정⟩ 스포츠]⟨누구를 찬미[격려]하는⟩ 외침, 만세 소리: Hipp, hipp, hurra! 만세! **Hipphipphurra** [hɪphɪphʊ'ra:], das; -s, -s ⟨조정⟩경기시 사용하는 환호성, 만세 소리.

Hippiatrie [hɪpia'tri:], die [griech. hippiatr(e)ía], **Hippiatrik** [hɪ'pi̯aːtrɪk], die; 마(馬)의학[술](Pferdeheilkunde).

Hippie ['hɪpi], der; -s, -s [amerik. hippie] 히피(족): ein langhaariger, blumengeschmückter H. 꽃으로 장식한 장발의 히피. **Hippie-Look**, der 히피 복장[차림]: er trägt H. 그는 히피풍의 옷을 입고 있다.

hippo-, Hippo-, ⟪모음 앞에서는⟫ hipp-, Hipp- [hɪp(o)-; griech. híppos] ⟨말(Pferd)을 뜻하는 규정어로서, 예컨대: hippologisch, Hippotamus, Hippiatrik⟩ **Hippocampus** [...'kampʊs], der; -, ...pi [2: lat. hippocampus ⟨ griech. hippókampos] **1.** ⟨↑ Ammonshorn (1). **2.** [동물] ↑Seepferdchen. **Hippodrom** [...'droːm], der / das; -s, -e [lat. hippodromos ⟨ griech. hippódromos] **1.** (고대 그리스의) 전차경주장, 전차(경마차) 경주장. **2.** (대목장 등에 설치된) 곡마장(Reitbahn). **Hippogryph** [...'gryːf], der; -s / -en, -(en) [frz. hippogrife ⟨ ital. ippogrifo, 이탈리아의 르네상스 시인들 L. Ariosto(1474~1533)와 M. M. Boiardo(1440경~1494)에 의해 최초로 형상화 되었음] 독수리의 머리와 말의 몸을 가진 날개달린 전설의 동물; (근대 시인들에 와서는) 날개달린 천마(天馬), 페가수스 (Pegasus). **Hippokamp** [...'kamp], der; -en, -en [↑ Hippocampus (2)] 물고기의 꼬리를 가진 고대 전설의 해마(海馬). **Hippokampus**: ↑Hippocampus (1).

Hippokratiker [hipo'kraːtikɐ], der; -s, - 고대 그리스의 의사 Hippokrates(B.C 460경~370경)와 그 학파의 신봉자. **hippokratisch** [hipo'kraːtɪʃ] ⟨Adj.⟩ 히포크라테스학파의.

Hippokrene [hipo'kreːnə], die [griech. 신화] ⟨페가수스의 발굽자국으로 생겼다고 하는⟩ 고대 그리스의 전설의 샘, 시신(詩神)의 샘. **Hippologe**, der; -n, -n 마학자(馬學者). **Hippologie**, die 마학(馬學). **hippologisch** ⟨Adj.⟩ 마학의. **Hippomanes** [hɪ'poːmaneːs], das; -, - [lat. hippomanēs ⟨ griech. hippomanēs] 신생마(新生馬)의 이마의 황색 물질, (고대 사람들이 처음 제로 이용한) 암말의 질(膣) 속에서 나오는 점액. **Hippomanie** [hɪpoma'niː], die 애마광(愛馬狂).

Hipponakteus [hɪponak'teːus], der; -, ...teen [...'teːən; lat. Hipponaktēus, 기원전 6세기 그리스의 시인 Hipponax류의] [음율] 에올리아 서정시의 운율(대체로 9개의 장음과 단음으로 구성된).

Hippopotamus [hipo'pɔtamʊs], der; -, - [lat. hippopotamus ⟨ griech. hippopótamos] [동물] 하마. **Hippotherapie**, die [의학] 마의학(馬醫學) 치료법. **Hippurit** [hipu'riːt], der; -en, -en [griech. hippouris(2격: hippouridos)] 사멸해버린 백악기의 조개. **Hippursäure** [hɪ'puːɐ-], die [griech. híppos = Pferd u. oûron = Harn] 마뇨산(馬尿酸) [초식 동물의 신진 대사물인 유기산의 일종). **Hippus**, der [lat., griech. híppos] [의학] 동공변동, 홍채막진전(紅菜膜震

顱).
Hipster ['hɪpstɐ], der; -(s), - [engl.-amerik. hipster] 1. 재즈 음악가, 재즈 팬. 2. 《은어》 현대적인 것에 달통한 사람.
Hiragana [hira'ga:na], das; -(s) / die 《jap. hira-gana》 히라가나(일본어 알파벳).
Hirn [hɪrn], das; -(e)s, -e 1. a) 《드물게》 ↑Gehirn (1): das menschliche H. 인간의 뇌. b) 《음식으로 이용되는 도살 동물의》 머릿골: frisches H. 신선한 골. 2. 《통용어》 두뇌, 머리(사고 능력의 장소로서): sein H. anstrengen 머리를 쓰다; sich das H. zermartern 골치를 썩히다; welchem H. ist denn das entsprungen 그것은 도대체 누구 머리에서 나왔느냐?
hirn-, Hirn- (↑Gehirn-도 참조): **~akrobat**, der 《통용어 · 농》 ↑Gehirnakrobat. **~akrobatik**, die 《통용어 · 농》 ↑Gehirnakrobatik. **~anhang**, der, **~anhangsdrüse**, die ↑Gehirnanhang. **~arbeit**, die 《통용어》 머리를 쓰는 일, 정신 노동. **~auflauf**, der 《요리》 송아지 골을 넣어서 만든 수플레 요리. **~blutung**, die 《의학》 ↑Gehirnblutung. **~bohrer**, der 《의학》 (개두용(開頭用)의) 톱. **~brütig** 〈Adj.〉 공상에 사로잡힌. **~erschütterung**, die 《schweiz.》 ↑Gehirnerschütterung. **~erweichung**, die 뇌연화증(腦軟化症). **~geschädigt** 〈Adj.〉 《의학》 뇌를 다친. **~geschädigte***, der / die 뇌를 다친 사람. **~gespinst**, die 《멸》 망상, 환영(幻影): etw. für ein H. halten 무엇을 망상이라고 여기다. **~gewebe**, der ~gespinst. **~haut**, die 《의학》 뇌막. **~hautentzündung**, die 《의학》 뇌막염. **~holz**, das 나이테가 보이게 자른 목재. **~kammer**, die 《의학》 Gehirnventrikel. **~kasten**, der 《농》 머릿속: H. will nicht in meinen H. 나는 그것을 내 골통 속에 간직할 마음이 없다. **~krank** 〈Adj.〉 뇌병의. **~los** 〈Adj.〉 《멸》 두뇌가 없는, 저능의: -er Blödsinn 완전히 어리석은 짓. **~losigkeit**, die ↑~los의 명사형. **~mark**, das 《의학》 뇌수. **~masse**, die 《의학》 ↑Gehirnsubstanz. **~mensch**, der 이지적인 사람. **~nerv**, der 《의학》 뇌신경. **~pfanne**, die 《의학》 ↑~schädel. **~schale**, die 《의학》 뇌 피질(腦皮質). **~rissig** 〈Adj.〉 《지역적·österr. · 멸》 《화가 날 정도로》 어리석은, 미친: ein -er Vorschlag 어리석은 제의; eine -e Person 《드물게》 미친 것 같은 사람. **~rissigkeit**, die ↑~rissig의 명사형. **~sausen** (다음 표현에서) **H. haben** (bayr. · 궤) 《정신이》 약간 돌았다, 엉뚱한(바보 같은) 생각을 하다: du hast wohl H. 너는 정신이 돈 것 같구나. **~schädel**, der, **~schale**, die 《해부학》 두개(頭蓋). **~schenkel**, der 《의학》 소뇌와 뇌교(腦橋) 사이의 신경 섬유속(束). **~schlag**, der ↑Gehirnschlag. **~schmalz**, das 《농》 ↑Gehirnschmalz. **~seite**, die 엇비스듬하게 잘린 나뭇결. **~stamm**, der 《의학》 ↑Gehirnstamm. **~strombild**, das 《의학》 ↑Elektroenzephalogramm, **~syphilis**, die 뇌매독. **~tumor**, der 《의학》 뇌종양. **~verbrannt** 〈Adj.〉 《frz. cerveau brûlé》《멸》 어처구니 없는, 어리석은: 《드물게》 ein -er Kerl 바보 같은 녀석. **~verbranntheit**, die; -en ↑~verbrannt의 명사형. **~verletzt** 〈Adj.〉 뇌에 손상을 입은. **~verletzte***, der / die 뇌에 손상을 입은 사람. **~verletzung**, die 뇌손상. **~verrückt** 〈Adj.〉 《口》↑~verbrannt. **~wäsche**, die ↑Gehirnwäsche. **~windung**, die 《의학》 뇌피의 나선형 융기. **~wurst**, die 돼지의 골을 넣은 순대. **~wut**, die 1. 《의학》 뇌염. 2. 광란. **~wütig** 〈Adj.〉 미쳐 날뛰는. **~zelle**, die 《의학》 ↑Gehirnzelle. **~zentren** 〈Pl.〉 《의학》 뇌중추(腦中樞).

Hirni, der; -s, -s 《통용어 · 멸》 멍청이, 바보, 저능아.
Hirsch [hɪrʃ], der; -(e)s, -e 1. a) 사슴. b) ↑Rothirsch의 약칭. c) 수사슴. 2. (berlin. · 경) 매우 능한 사람, 능력가, 전문가. 3. 《남자를 욕하는 말》 du hast mich an der Nase herumgeführt, du H. 네놈이 나를 놀렸어(속였어), 멍청한 놈아. 4. 《농》 배신당한 남편. 5. 《농》 자전거(Fahrrad), 오토바이(Motorrad), 모페드(Moped).
hirsch-, Hirsch- (Hirsch 1): **~antilope**, die 아프리카 영양(羚羊). **~art**, die 사슴류(類). **~artig** 〈Adj.〉 사슴 같은, 사슴류의. **~bock**, der 수사슴. **~brunft**, die 《사냥》 사슴의 교미기. **~brunst**, die ↑~brunft. **~dorn**, der 《식물》 갈매나무. **~eber**, der 《동물》 산돼지과의 일종. **~fährte**, die 사슴의 발자국. **~fänger**, der 《사냥》 (총에 맞은 사슴을 죽일 때 쓰이는) 좁고 긴 양쪽 끝날을 가진 엽도(獵刀). **~farbe**, die 엷은 황갈색. **~garten**, der 사슴 사육장. **~gerecht** 〈Adj.〉 《사냥》 사슴 보호 및 사냥에 익숙한: ein -er Jäger 사슴 보호 및 사냥에 익숙한 사냥꾼. **~geweih**, das 사슴의 뿔. **~hatz**, die ↑~jagd. **~haut**, die 녹(鹿)비. **~horn**, das (단추, 칼의 손잡이 등을 위한) 사슴뿔. **~hornknopf**, der 《식물》 단추가 달린 것 같은. **~hornsalz**, das 녹각염(鹿角鹽), 탄산암모늄. **~hund**, der 사슴 사냥개. **~jagd**, die 사슴 사냥. **~käfer**, der 하늘가재. **~kalb**, das 어린 수사슴. **~keule**, die 《요리》 사슴의 허벅지살. **~kolbensumach**, der ↑Essigbaum. **~kuh**, die 암사슴. **~lager**, das 사슴의 은신처. **~lauf**, der 사슴의 발. **~leder**, das (부드러운) 사슴 가죽. **~ledern** 〈Adj.〉 사슴 가죽의. **~lederne**, die; -n (österr. · 통용어) 사슴 가죽으로 만든 고유 복장의 바지. **~losung**, die 사슴의 똥. **~park**, der ↑~garten. **~rücken**, der 《요리》 사슴의 등심요리. **~rudel**, das 사슴 떼. **~ruf**, der 사슴의 울음소리. **~schröter**, der ↑~käfer. **~schweiß**, der 《사냥》 사슴의 피. **~sprung**, der 1. (말의) 높은 도약(Kapriole). 2. 험하게 생긴 바위에 대한 명칭(고유명사로도 쓰임). **~steak**, das 《요리》 사슴등심 스테이크. **~trüffel**, die 남부에 많이 있고 돼지에게 먹이는 버섯의 일종. **~ziemer**, der 사슴의 등밀살. **~zunge**, die [잎의 윤곽이 혀처럼 생긴 데서] 분리되지 않은 긴 잎을 가진 양치(羊齒).

Hirse ['hɪrzə], die; 《종류》-n a) 기장. b) 《곡식 낟알로서의》기장.
Hirse-: **~bier**, der 기장으로 양조한 맥주. **~brei**, der 기장죽. **~brein**, der (österr.) ↑Brein. **~fieber**, das 속립진병(粟粒疹病). **~förmig** 〈Adj.〉 좁쌀 모양의. **~grau** 〈Adj.〉 좁쌀처럼 드문. **~grütze**, die 맷돌에 탄 기장. **~korn**, das (Pl. -körner) 기장의 낟알. **~mehl**, das 기장 가루. **~pflanze**, die ↑Hirse (a). **~pilz**, der 좁쌀처럼 노란 색에서 연유] ↑Sandpilz.
Hirsutismus [hɪrzu'tɪsmʊs], der; - [lat. hirsūtus] 《의학》 (특히 여성의) 다모(多毛)(증).
Hirt [hɪrt], der; -en, -en 1. 《준고어 · 아어》 가축떼를 보호하는 사람, 목동, 목자(牧者): der H. weidet die Schafe 목동이 양들을 방목하고 있다. [전의] der H. der Gemeinde (아어) 교구장, 마을의 성직자. 2. 《지역적 · 통용어 · 멸》 남자.
Hirte ['hɪrtə], der; -n, -n 《준고어 · 아어》↑Hirt: **der Gute H.** 선한 목자(그리스도)(신약복음 10장 11절).
hirten ['hɪrtn̩], 〈h〉 (schweiz.) 가축을 치다.
Hirten-: **~amt**, das 《가》 사제[목자]의 직. **~brief**, der 《가》 주교의 교서. **~dichter**, der 《문예》 목가 작가·시인. **~dichtung**, die 《문예》 목가 문학(Bukolik), 전원 문학. **~feuer**, das 목동의 신호불. **~flöte**, die 목동의 피리, 목적(牧笛). **~gedicht**, das 목가, 전원시.

~gott, der 【고대신화】 목양신, 판(Pan). ~haus, das 목자(목동)의 음막. ~hund, der 목견(牧犬). ~junge, der 목동. ~knabe, der 《시어》↑~junge. ~kultur, die 〖인류〗 유목 문화. ~leben, das 목민(牧人) 생활, 목가적 생활. ~lied, das 목가. ~mädchen, das 양치는 소녀. ~pfeife, die ↑~flöte. ~rohr, das ↑~flöte. ~spiel, das (성탄(聖誕)을 주제로 하는 종교극의 한 형식) 전원극, 목가극. ~stab, der [lat. virga pastoris] 1. 《아어》 목자[목동]의 지팡이. 2. 〖가〗 주교의 권장(權杖). 3. (주로 길섶에서 자라며 자주색 꽃을 피우는 꽃) 산토끼꽃. ~stamm, der ↑~volk. ~stand, der 목동의 신분(상태). ~tasche, die (목자용의) 어깨에 메는 가방. ~täschel[-tɛʃl], ~täschelkraut, das 냉이. ~volk, das 유목민.

Hírtin, die; -nen 〖준고어·드물게〗 목녀(牧女), 양치는 여자(↑Hirt의 여성형). hírtlich 〈Adj.〉 양치는 사람의, 목자다운, 전원(풍)의.

Hirudín [hiru'di:n], das; -(s) [lat. hirūdo] 〖의학〗 히루딘(혈액 응고를 저지시키는 성분).

his, His [hɪs], das; -, - 〖음악〗 올림 나음, 비 샤프 (B-sharp).

Hispanidád [hispani'dat, 〈span.〉 ispani'ðað], die [span. hispanidad] ↑Hispanität. Hispánien [his-'pa:niən]; -s 〈역사적〉 스페인. hispánisch [his'pa:nɪʃ] 〈Adj.〉 Hispanien의 형용사형. hispanisíeren [hispani'zi:rən] 〈h〉 스페인사람들의 언어(풍속, 생활 습관)에 동화하다, 스페인화하다. Hispanísmus [...'nɪsmʊs], der; -, ...men 〖언어〗 스페인어 특유의 특징을 비(非) 스페인어로 번역하기. Hispaníst, der; -en, -en 스페인어 문학자. Hispanístik, die 스페인어 문학(↑Romanistik의 부분 영역). Hispanität [hispani'tɛ:t], die 공통문화를 바탕으로 한 스페인어 사용 민족들의 동질 감정(공속(共屬) 감정) (Spaniertum). Hispanomoréske [hispanomo'rɛskə], die; -n 〖예술〗 (13~16세기 사이에 무어 인(人) 도공(陶工)들에 의해 생산된) 이슬람 양식의 마졸리카 도기(陶器)(황금칠을 한).

híssen ['hɪsn] 〈h〉 [niederd.; 의성어] (기, 돛 따위를) 마스트에 끌어 올리다, 게양하다: die Flagge h. 기를 게양하다; die Matrosen hißten das Vorsegel 선원들이 앞돛대의 돛을 올렸다. Híßtau, das (기, 돛 따위를 감아올렸다 내렸다 하는) 밧줄.

hist! (Interj.) 1. 저라(마부가 말을 모는 소리)! (반대: hott). 2. 《드물게》 ↑vorwärts!, ↑bst!.

Histamín [hista'mi:n], das; -s [↑Histidin u. ↑Amin의 약칭] 〖의학〗 히스타민. Histidín [hɪsti'di:n], das; -s [griech. histíon] 〖의학〗 히스티딘(염기성(鹽基性)의 아미노산), histioíd [hɪstio'i:t], (auch) histoíd [hɪsto'i:t] 〈Adj.〉 [griech. -oeidés] 〖의학〗 조직 비슷한, 조직 모양의.

histo-, Histo- [hɪsto-; griech. histós] 〈조직(gewebe-, Gewebe-)을 뜻하는 규정어로서〉: Histochemíe, die 조직화학. histochémisch 〈Adj.〉 조직화학의. histogén 〈Adj.〉 〖의학〗 조직에서 유래한[생긴]. Histogenése, die 〖생물·의학〗 조직 형성, 조직 발생(론). histogenétisch 〈Adj.〉 〖의학〗 ↑Histogenese의 형용사형. Histográmm [hɪsto'gram], das; -s, -e 〖통계〗 도수분포도. histoíd: ↑histioid. Histológe, der; -n, -n 〖의학〗 조직학자. Histologíe, die 〖의학〗 조직학. histológisch 〈Adj.〉 〖의학〗 ↑Histologie의 형용사형. Histolýse, die 〖의학〗 a) 조직 분해. b) 〖생물〗 조직 용해. Históne [hɪs'to:nə] 〈Pl.〉 〖생물〗 히스톤(염기성 단백질의 일종). Histopathologíe, die 〖생물·의학〗 조직병리학. Historadiographíe, die -n [...ɪən] X선 조직 촬영.

Histomát, HISTOMAT [histo'ma(:)t], der: historischer Materialismus(역사적 유물론)의 약칭(↑Materialismus 2).

Histörchen [hɪs'tø:ɐ̯çən] das; -s, - [↑Historie의 축소형] 짧은 (우스운) 이야기, 일화. Historíe [hɪs'to:riə], die; -n [lat. historia < griech. historía] 1. 〈Pl. 없음〉 〖교양어·준고어〗 역사. 2. 〈Pl. 없음〉 〖고어〗 사학. 3. 《고어》 (모험적인, 지어낸) 이야기.

Historien-: ~bibel, die 이야기 성경. ~bild, das 역사화(畫). ~maler, der 역사화가. ~malerei, die (장르로서의) 역사화. ~stück, das 사극(史劇).

Histórik [hɪs'to:rɪk], die a) 사학(Geschichtswissenschaft). b) 역사학 방법론. Históriker [hɪs'to:rɪkɐ], der; -s, - [lat. historicus < griech. historikós] 사학자. Historiográph [hɪstorio'graːf], der; -en, -en [lat. historiographus < griech. historiográphos] 《교양어》 역사기술가, 사료(史料) 편찬자. Historiographíe [hɪstoriogra'fi:], die 《교양어》 역사 기술, 사료 편찬. histórisch [hɪs'to:rɪʃ] 〈Adj.〉 a) 역사적인, 역사(상)의, 과거 사실에 의거한: der Sprachwissenschaft 역사 언어학. b) ↑geschichtlich a). c) 중요한, 역사적으로 중요한: das war ein -er Augenblick 그것은 중대한 역사적 순간이었다. historisíeren [hɪstori'zi:rən] 〈h〉 《교양어》 (어떤 논제 따위에서) 역사성을 (지나치게) 강조하다, 역사적으로 이해[묘사]하다: die historisierende Malerei des 19. Jahrhunderts 역사성을 강조하는 19세기의 미술. Historísmus [hɪsto'rɪsmʊs], der; -, ...men 1. 〈Pl. 없음〉 과거를 독자적인 척도로서 측정하는 역사 이해. 2. 〈Pl. 없음〉 (모든 현상을 그것의 역사적 조건들로부터 설명하고 이해하려고 하는 19세기의 고찰) 역사주의. 3. 《교양어》 역사성의 과대 평가, 사실(史實) 중시. 4. ↑Eklektizismus (2). Historíst [hɪsto'rɪst], der; -en, -en 역사주의자. historístisch 〈Adj.〉 역사주의적인. Historizísmus [hɪstori'tsɪsmʊs], der; -, ...men ↑Historismus (3). Historizitä́t [hɪstoritsi'tɛ:t], die 《교양어》 역사의식, 역사적 깊이[중요성], 역사성.

Histrióne [hɪstri'o:nə], der; -n, -n [lat. histrio] 《교양어》 (고대 로마의) 배우.

Hit [hɪt], der; -(s), -s [engl.-amerik. hit] 1. 《통용어》 히트곡[송]: der Schlager wurde zum H. 그 유행가는 히트곡이 되었다. 2. 《통용어》 성공, 히트, 대인기: das Theaterstück wurde ein H. 그 연극 작품은 대성공을 거두었다. 3. 《은어》 (마약주사의) 일회분: die Polizei fand bei ihm mehrere -s 경찰은 그 남자 집에서 여러 회 분량의 마약을 발견하였다.

hitchhiken ['hɪtʃhaɪkn] 〈h〉 [amerik. to hitchhike] 《드물게》 ↑trampen. Hitchhiker ['hɪtʃhaɪkɐ], der; -s, - 《드물게》 ↑Tramper.

Hitler- ['hɪtlɐ-; A. Hitler (1889~1945)에 따라]: ~ära, die ↑~zeit. ~bärtchen, das 《통용어》 히틀러 콧수염(윗입술과 코 사이의 수염). ~bewegung, die 히틀러 운동, 나치즘 운동. ~bild, das 히틀러상(像), 히틀러의 모습. ~faschismus, der 히틀러의 국가 사회주의. ~gruß, der 히틀러 경례(나치식의 경례). ~Jugend, die (붙임표와 함께) 나치 청년단. ~junge, der 나치 청년단의 남자 단원. ~mädel, das 나치 청년단의 여자 단원. ~reich, das 〈Pl. 없음〉 제3제국, 히틀러 제국. ~tolle, die (히틀러의 헤어 스타일에서) 이마 아래로 비스듬하게 흘러내리는 머리카락. ~zeit, die 나치 치세 기간(시대).

Hitlerei [hɪtlə'raɪ], die 〈폄·준고어〉 히틀러의 지배와 관계있는 모든 것, 나치의 지배 기간. Hitlerísmus [hɪtlə'rɪsmʊs], der; - 〈폄·준고어〉 히틀러주의, 독일 국가사회주의.

Hítliste, die; -n 히트곡의 리스트: auf Platz 1 der H. stehen 히트곡들의 1위 곡이다. Hítparade, die;

-n 히트퍼레이드, 히트곡의 인기 순서 방송 프로그램.
Hitsche ['hɪtʃə], die; -n [Hütsche, ↑²Hutsche] 《지역적·ostmd.》 **1.** 발판. **2.** 어린이용 썰매.
hịtz, Hịtz-: ~**kopf**, der 쉽게 흥분하는 사람, 조급한 사람: er ist ein H., man muß ihm einiges nachsehen 그는 열혈한(熱血漢)이니까 약간(다소) 관대히 보아 주지 않으면 안된다. ~**köpfig** 〈Adj.〉 흥분하기 쉬운, 과격한, 성급한. ~**köpfigkeit**, die ↑~köpfig의 명사형. ~**pickel**, der 〈대개 Pl.〉 ↑~pocke. ~**pocke**, die 〈대개 Pl.〉 ↑Friesel. ~**schlag**, der 일사병, 열사병.
Hịtze ['hɪtsə], die; 〈전문어〉-n **1.** 열, 열기〈반대: Kälte〉 1): tropische H. 열대의 열기; bei der H. kann man nicht arbeiten 이렇게 더울 때는 일할 수가 없다; den Kuchen bei mäßiger [mittlerer] H. backen 과자를 적당한 온도로 굽다; nach[während] der großen H. 대단한 열파가 지난 후[중에]. **2.** 〈신체의〉 열: eine aufsteigende H. 치솟는 열; **fliegende H.** [의학] (특히 갱년기의) 간헐열(間歇熱): sie leidet unter fliegender H. 그 여자는 간헐열을 앓고 있다. **3.** 격정, 분격: jmdn. in H. bringen 누구를 격노하게 하다; er hatte sich in H. geredet 그는 이야기 도중에 점차 흥분했다: **in der H. des Gefechts** 전투가 한창일 때에, 흥분하여, 걱정 중에. **4.** (암캐, 암코양이의) 교미기, 교미욕.
hịtze-, Hịtze-: ~**abweisend** 〈Adj.〉 열을 막아주는 [좇는]. ~**ausschlag**, der [의학] ↑Friesel. ~**beständig** 〈Adj.〉 내열(耐熱)의. ~**beständigkeit**, die 내열성. ~**bläschen**, das [의학] ↑Friesel. ~**blatte**, die [의학] ↑Friesel. ~**blatterig** 〈Adj.〉 습진성의, 땀띠 같은. ~**einwirkung**, die 열의 작용(영향). ~**empfindlich** 〈Adj.〉 열에 민감한: ein -er Kunststoff 열에 민감한 합성수지; seine Frau ist sehr h. 그의 부인은 더위에 민감하다. ~**entwicklung**, die 열[더위]의 진행. ~**ferien** 〈Pl.〉 더위로 인한 휴가(방학). ~**frei** 〈Adj.〉 더위 때문에 (학교, 작업 따위) 쉬는: wir haben heute h. 우리들은 오늘 더위 때문에 쉬고 있다. ~**frei**, das; - 〈대개 관사 없음〉 폭서시 휴무. ~**gewohnt** 〈Adj.〉 더위에 익숙한. ~**grad**, der 열도(열도). ~**(grad)messer**, der 열도계. ~**(grad)messung**, die 열도 측정. ~**kollaps**, der [의학] ↑Hitzschlag. ~**periode**, die **1.** 폭서기(暴暑期) während der letzten H. gab es viele Gewitter 지난 폭서기 중에는 소나기가 많이 왔다. **2.** (암캐 암코양이) 교미 기간. ~**schild**, der [engl.-amerik. heat shield] [미국의 전자 재입시 생기는 고온을 완화시키는 우주 로켓의] 내열 방호판. ~**wallung**, die 돌발적인 신열. ~**welle**, die 폭서기(↑ ~periode 1), 열파(熱波): die H. ist vorbei 폭서기는 지났다.
hịtzig ['hɪtsɪç] 〈Adj.〉 **1. a)** 격하기 쉬운, 조급한: ein -er Mensch 성급한 사람. **b)** (방종스러울 정도로) 정열적인, 격정적인: h. Blut 정열적인 기질; die Ungarn sind ein -es Volk 헝가리인들은 정열적인 민족이다. **c)** 흥분한, 열정적인: eine -e Debatte 흥분한 토론; h. seinen Standpunkt verteidigen 자신의 입장을 강력히 변호하다. **2.** [고어] 뜨거운, 신열이 있는: ein -es Rot färbte ihre Wangen 뜨거운 홍조가 그녀의 뺨을 물들였다. **3.** (암캐 암코양이) 암내를 내는, 발정한. **4.** [농업] (땅에 통풍이 잘 되어) 생장에 적합한: -e Böden (통풍이 잘 되어) 생장에 적합한 땅[토양]. **Hịtzigkeit**, die ↑hitzig [1]의 명사형.
Hiwi ['hiːvi], der; -s, -s [**Hi**lfs**wi**lliger의 약칭] 《통용어》 **1.** ↑Hilfswillige. **2.** 《은어》 대학의 조교. **3.** 《통용어·폄》 보조 근무자.
HK = Hefnerkerze.
hl = Hektoliter.
hl. = heilig. **hll.** = heilige 〈Pl.〉.
hm = Hektometer.
h.m. = huius mensis 이 달의(dieses Monats).
hm! [hm] 〈Interj.〉 **1.** (헛기침하는 소리; 흠, 에헴. **2.** (마지못해 승낙하는 소리) "Kommst du mit?" "Hm"! 너도 함께 오니? 응! **3.** (염려나 꺼림칙함, 당혹을 나타내는 소리) Hm, das ist eine schwierige Frage 흠, 그것은 어려운 문제이다. **4.** (미심쩍은 놀라움을 나타내는 소리) "Ich habe im Lotto gewonnen." "Hm?" "복권에 당첨되었어요." "그래?" **5.** (비난을 나타내는 소리) Hm, hm, das ist ja sehr bedenklich 으흠, 으흠, 그것은 정말 예사로운 일이 아니다.
H-Milch ['haː-], die [haltbare Milch의 약칭] 장기 보존 우유.
h-Moll ['haːmɔl, 〈또한〉'-ˈ-], das ㄴ 단조(기호: h). **h-Moll-Etüde**, die ㄴ 단조 연습곡. **h-Moll-Tonleiter**, die ㄴ 단조 음계.
HNO- [haːʔɛnˈoː-; **H**als-**N**asen-**O**hren-의 약칭] [붙임표와 함께]: ~**Arzt**, der 이비인후과 의사. ~**ärztlich** 〈Adj.〉 ↑~Arzt의 형용사형: ein -es Gutachten 이비인후과 의사의 감정. ~**Station**, die 종합병원의 이비인후과 병동.
ho! [hoː] 〈Interj.〉 (놀라움 혹은 반어를 나타내는 소리) ho, was machst du denn da! 아니, 너 도대체 여기서 무얼 하니!
Ho [화학] ↑Holmium.
HO [haːˈoː], die 《구동독》 ↑Handelsorganisation (2)의 약칭: in der HO einkaufen 국영 판매점에서 구입하다.
hob [hoːp] ↑heben 참조.
Hobbock ['hɔbɔk], der; -s, -s [영국의 염료 회사인 Hubbuck에서, 처음에는 염료의 명칭이었다가 염료 운반 용기의 명칭으로 전용되었음] 《전문어》 염료 운반 용기(容器).
Hobby ['hɔbi], das; -s, -s 《드물게》…ies [engl. hobby] 취미: seine -s sind Briefmarkensammeln und Musizieren 그의 취미는 우표 수집과 연주이다; ein H. haben 취미를 가지다. **Hobbygärtner**, der 아마추어 원예가, 원예가 취미인 사람. **Hobbyist**, der; -en, -en 취미 생활자. **Hobbykeller**, der 취미 생활용 지하실(의 방). **Hobbykoch**, der 요리가 취미인 사람. **Hobbyraum**, der 취미 생활용 방[공간].
Hobel ['hoːbl], der; -s, - **1.** 대패: den H. ansetzen 대패를 갖다대다; Bretter mit dem H. bearbeiten 널빤지를 대패로 깎다. **2.** (오이, 무우 등을 깎는) 주방용 채칼. **3.** [광] 호벨(잘라진 면의 탄층을 깎아내는 채탄기계).
Hobel-: ~**bank**, die 〈Pl.-bänke〉 (대패질할 때의) 작업대. ~**eisen**, das ↑~messer. ~**maschine**, die 평삭선반(平削旋盤). ~**messer**, das 대팻날. ~**span**, der 〈대개 Pl.〉 대팻밥.
hobeln ['hoːbl̩n] 〈h〉 **1. a)** 대패질을 하다: der Tischler hobelt und sägt 목공(木工)이 대패질을 하고 톱질을 한다. **b)** 대패로 반반하게 하다. **c)** 대패질을 하여 만들어내다: Riefen und Dellen h. 대패질을 하여 홈을 만들어내다. **2.** 채칼로 작고 얇게 썰다: Gurken h. 채칼로 오이를 얇게 썰다. **3.** 《속어》 **a)** 성교하다. **b)** 여자와 성행위를 끝마치다. **Hobler** ['hoːbl̩r], der; -s, - 평삭 선반 숙련공.
Hoboe [hoˈboːə], die 〈고어〉 ↑Oboe. **Hoboist**, der [고어] ↑Oboist.
hoc anno ['hoːkˈano; lat.] 〈상·고어〉 금년에, 올해에(약어: h.a.).
hoc est ['hɔk ˈɛst; lat.] 《교양어·고어》 즉(das ist)(약어: h.e.).
hoch [hoːx] **I.** 〈Adj. höher, höchste〉 **1. a)** 높은(반대: niedrig): ein hoher Turm 높은 탑; h. aufragen 높이 솟아 있다. **b)** (지상으로부터) 높이 떠 있는: hohe Wol-

ken 높이 뜬 구름; das Flugzeug fliegt h. 비행기가 높이 날고 있다; jmdm. [für jmdn.] zu h. sein 1) 《통용어》 누구에 의하여(정확하게) 이해되지 못하다. 2) 《반어》《다른 사람의 행동 혹은 행동이》 너무나: was du da machst, ist mir zu h. 네가 지금 하는 짓은 나로서는 이해할 수가 없다. c) 《높이에 있어서 평균치나 비교치를 초월하여서》 ein in hoher Raum (Tisch) 천정이 높은 방(키가 높은 책상); sie trägt hohe Absätze 그 여자는 굽이 높은 구두를 신고 다닌다; hohe Schuhe 1) 복사뼈 위로까지 닿는 구두. 2) 《südd.》 굽이 높은 구두; ein Mann von hohem Wuchs 《아이》 키가 큰 남자. d) 비교적 높이, (훨씬) 위로, (훨씬) 위로까지: sie hob die Arme h. über den Kopf 그녀는 팔을 머리 위로 높이 치켜올렸다; die Blasen steigen immer höher (비누) 거품들이 점점 위로 올라가고 있다; 전의 nach Hamburg h. 북쪽으로, 위쪽으로. e) 《도량(度量)의 단위 뒤에 쓰여서》 …의 높이로: ein 1800 Meter hoher Berg 1800m 높이의 산; der Schnee liegt einen Meter h. 눈이 1m 높이로 쌓여 있다. 2. a) 수나 양적으로 많은, 비싼(viel)(반대: niedrig); hohe Mieten 비싼 임대료, hoch versichert sein 고액 보험에 가입되어 있다; h. spielen 많은 돈을 걸고 도박하다; zu h. gegriffen sein (수적 혹은 양적으로) 지나치게 높게 사정(査定)되어 있다, wenn es h. kommt 《통용어》 많을 때에는. b) 《생각했던 것보다 높은 수치를 나타낼 때》: hohes Fieber 높은 열; er fuhr mit zu hoher Geschwindigkeit 그는 지나치게 빠른 속력으로 차를 몰았다. 3. a) 한창인: es ist hoher Sommer 한여름이다. b) 시간적으로 많이 진척되어버린: ein hohes Alter erreichen 고령(高齡)에 이르다; in hoher Achtziger 《통용어》 80세를 훨씬 지난 사람; es ist höchste Zeit aufzubrechen, wenn wir den Zug noch erreichen wollen 우리들이 아직도 기차를 타려고 한다면 지금이야말로 출발해야 할 시간이다. 4. 서열 상(신분상) 높은: ein Angehöriger des hohen Adels 《지위가 높은》 귀족의 일족; ein hoher Beamter 고관; eine Sache auf höchster Ebene beraten 어떤 사실을 최고위층급에서 협의하다; etw. h. und heilig versprechen (versichern) 무엇을 엄숙하게 약속(확인)하다; h. hinauswollen 《통용어》 높은 (사회적) 위치에 도달하려고 애쓰다; zu h. hinauswollen 《통용어》 지나치게 원대한 계획을 하다. 5. a) 《질적으로 많은》 높은, 대단한: ein hoher Lebensstandard 높은 생활 수준; ein hohes Maß an Verantwortung erfordern 대단한 책임(감)을 요구하다. b) 《부사와 동사를 강조하여》 매우(sehr): der junge Musiker ist h. begabt 그 젊은 음악가는 매우 재능이 있다. 6. 《음향과 관련하여》 고음의: eine hohe Stimme 높은 목소리. 7. 《수학》 제곱수의: zwei h. drei 2의 3승(2^3). II. 《Adv.》《흔히 명령 또는 생략법으로》 위(쪽)으로: hoch, Albert, wenn du dich erst hinlegst, kannst du nie mehr weiter 일어나, 알버트, 일단 드러누우면, 넌 더이상 갈 수가 없어. Hoch [-], das; -s, -s 1. 만세(소리), 축배(의 말): auf den Jubilar wurde ein dreifaches H. ausgebracht 주빈을 위하여 세 번 축배의 소리를 외쳤다. 2. 〔기상〕 고기압권 (반대: Tief): ein H. liegt über Mitteleuropa 중부 유럽 상공에 고기압권이 머물러 있다.

hoch-, Hoch- 《↑hinauf, heraus-, rauf-, empor- 참조》. ~achtbar 〈Adj.〉《드물게》 매우 존경할 만한. ~achten 〈h〉 《아어》 존경(존중)하다: ich habe den Gelehrten immer hochgeachtet 나는 그 학자를 항상 존경하였다. ~achtend 〈Adv.〉《고어》 ↑achtungsvoll. ~achtung, die 존경(존중) Achtung), 중시(Wertschätzung): größte H. vor jmdm. haben 누구에 대하여 대단한 존경심을 가지다; mit vorzüglicher H. 경의를 표하면서, 경구(敬具) (편지 따위의 맺음말).

~achtungsvoll 〈Adv.〉《주로 격식을 차리는 서한의 끝에》 경의를 표하면서(mit Hochachtung), 경구(敬具). ~adel, der 《집합적인 뜻의》 귀족(계급): er entstammt dem europäischen H. 그는 유럽치이다. ~adelig, ~adlig 〈Adj.〉《드물게》 귀족 계급의. ~aktuell 〈Adj.〉 극히 현실성을 띠는, 매우 시급한: ein modisch -es Modell 최신 유행 모델. ~alpin 〈Adj.〉 1. 알프스 고산 지역의, 고산의: eine -e Landschaft 고산 풍경. 2. 알프스 고산 지역에 있는. 3. 고산성(性)의: eine -e Ausrüstung 고산 장비. ~altar, der 대제단(大祭壇), 중앙 제단. ~amt, das 〔가〕 대미사. ~angesehen 〈Adj.〉《아어》 매우 명망 있는, 매우 저명한. ~anständig 〈Adj.〉 매우 점잖은, 매우 품위 있는: das war h. von ihm 그는 매우 품위 있었다. ~antenne, die 옥상 안테나. ~arbeiten, sich 〈h〉 보다 높은 (직업적인) 위치에 다다르다. ~aristokratie, die ↑~adel. ~aristokratisch 〈Adj.〉 ↑~adelig, ~adlig. ~ätzung, die 〔인쇄〕 철판(凸判) 인쇄에서 사용되는 판목(版木)의 부각(腐刻), 부식 철판(凸版) 제조. ~auf 〈Adv.〉《시어》 높이, 드높이. ~auflösend 〈Adj.〉《광학·사진》 용해력이 높은. ~bahn, die 《도시 내외》 고가 철도. ~ball, der 〔스포츠〕 ↑ Schiedsrichterball. ~barock, das/der 바로크의 전성기. ~barren, der 〔스포츠〕 계단식 고가(高架) 평행봉. ~bau, der; -(e)s, -ten 1. (Pl. 없음) 지상 건축(반대: Tiefbau): im H. tätig sein 지상 (구조물) 건축회사에 재직하다. 2. 《전문어》 지상 건축물. ~bauingenieur, der 지상 건축 기사. ~beansprucht 〈Adj.〉《전문어》 대단히 수요가 많은. ~bedeutend 〈Adj.〉: ein -er Mann 매우 중요한 인물. ~bedeutsam 〈Adj.〉 매우 의미심장한, 대단히 중요한. ~befriedigt 〈Adj.〉 매우 만족한. ~begabt 〈Adj.〉 매우 재능이 있는, 재질이 풍부한. ~beglückt 〈Adj.〉 매우 행복한, 매우 기뻐하는. ~behälter, der 《전문어》 고가(高架) 물탱크. ~beinig 〈Adj.〉 a) 《신체 균형상 눈에 띄게》 긴 다리를 가진: ein -er Vogel [Hund] 다리가 긴 새(개). b) 《가구 등에서》 긴 다리가 진, 고각(高脚)의: ein -es Tischchen 다리가 긴 소형 책상. c) 《윤어》《특수 차량에서》 차체와 지면 사이의 간격이 긴. ~bejahrt 〈Adj.〉《아어》《대부분 사람의 경우》 고령의, 매우 나이 든. ~bekommen* 〈h〉 ↑bringen (2, 3, 6); einen [keinen (mehr)] h. 《경·온계》 발기(勃起)하다(하지 않다). ~beladen 〈Adj.〉 《짐을》 가득 실은. ~bepackt 〈Adj.〉 ↑~beladen. ~berühmt 〈Adj.〉 저명한. ~besteuert 〈Adj.〉《전문어》 과중한 세금이 부과된, 고액 납세의. ~betagt 〈Adj.〉《주로 사람에게 사용》 고령의, 매우 나이가 든: ein -er Gelehrter 노학자; h. sterben 매우 나이가 들어서 죽다. ~betrieb, der (Pl. 없음) 《통용어》 호황(好況), 대활동, 대활기: vor den Feiertagen herrscht in den Geschäften H. 상점은 축제일 전에 붐빈다; wir haben heute H. 우리들은 오늘 할 일이 많다. ~bezahlt 〈Adj.〉 보수를 매우 많이 받는. ~biegen* 〈h〉 1. 위쪽으로 구부리다: das Drahtende h. 철사끝을 위쪽으로 구부리다. 2. 〈h. + sich〉 윗쪽으로 튀어나올 정도로 모양이 바뀌다: Schuhe mit hochgebogenen Spitzen 같이 위쪽으로 튀어나온 구두. ~bild, das ↑Relief. ~binden* 〈h〉 묶어(엮어) 올리다: herabhängende Zweige h. 늘어진 가지들을 묶어(엮어) 올리다. ~blatt, das 〔식물〕 소포(小苞). ~blicken 〈h〉 올려다보다(aufblicken). ~blond 〈Adj.〉 매우 연한 금발의(sehr hellblond). ~blüte, die (Pl. 없음) 전성기: eine wirtschaftliche H. erleben 경제적인 전성기를 맞다. ~bocken 〈h〉 〔기술〕 1. aufbocken. ~bootsmann, der 〔광〕 Oberbootsmann. ~brechen* 〈h〉 〔광〕 (아래쪽으로부터) 위쪽으로 채광하다. ~bringen* 〈h〉 1. a) 위로 올

hoch-, Hoch-

리다. b) 《통용어》 (함께) 집으로 데리고 (들어)가다. 2. a) 육성하다, 사육하다(auf[groß]ziehen). b) 건강하게 만들다: den Kranken (wieder) h. 환자를 (다시) 건강하게 만들다; das Geschäft wieder h. 사업을 다시 소생시키다. 3. 《통용어》 화나게 하다(aufbringen). 4. 《은폐》 발기(勃起)시키다: einen(keinen (mehr)) h. 《은폐》 발기하다(발기하지 않다). ~**brisant** 〈Adj.〉 폭발력이 매우 강한. ~**brüstig** 〈Adj.〉 《드물게》 ↑~busig. ~**bunker**, der 지상 벙커(폭격에 안전한). ~**burg**, die 아성(牙城), 중심지: Münster ist eine katholische H. 뮌스터는 가톨릭의 중심지다. ~**busig** 〈Adj.〉 젖가슴이 불룩한. ~**decker**, der 〔항공〕 〔주익(主翼)이〕 동체 위에 있는 비행기; 고익단엽기(高翼單葉機). ~**dekoriert** 〈Adj.〉 수많은 훈장을 수여받은. ~**deutsch** 〈Adj.〉 **a)** 표준 독일어의: h. sprechen 표준 독일어로 말하다; auf h. 표준 독일어로. **b)** 고지 독일어의(반대: niederdeutsch). ~**deutsch**, das 표준 독일어, 고지 독일어. ~**deutsche**, das 《정관사와 함께만》 표준 독일어, 고지 독일어. ~**dienen**, sich 〈h〉 서서히 출세(승진)하다(hocharbeiten). ~**dotiert** 〈Adj.〉 ↑~bezahlt. ~**drehen** 〈h〉 **a)** (회전 장치를 이용하여) (감아) 돌려서 올리다: die Seitenfenster des Autos h. 자동차 측면 유리창을 돌려서 올리다. **b)** 《통용어》 모터의 회전수를 증대시키다. ¹~**druck**, der 〈Pl. 없음〉 **1.** 〔물리〕 〔액체와 가스의〕 고압. **2.** 〔의학〕 ↑Bluthochdruck의 약칭. **3.** 〔기상〕 고기압. **4.** 몹시 바쁨(Betriebsamkeit), 지급(至急)(Eile): mit(unter) H. 《통용어》 대단히 급하게, 매우 서둘러서. ²~**druck**, der **1.** 〈Pl. 없음〉 철판(凸版) 인쇄. **2.** 〈Pl. -e〉 철판식 인쇄(작품). ~**druckapparat**, der ↑Druckapparat. ~**druckdampfmaschine**, die 고압증기기관. ~**drücken** 〈h〉 밀어올리다. ~**druckgebiet**, das 〔기상〕 고기압권, 고기압 지역. ~**druckkrankheit**, die 〔의학〕 고혈압(질환)(Hypertonie). ~**druckverfahren**, das 철판(凸版) 인쇄 처리(방법). ~**druckwetter**, das 〔기상〕 고기압 기후(날씨). ~**druckzone**, die ↑~druckgebiet. ~**dürfen**' 〈h〉 《통용어》 ↑hinaufdürfen. ~**ebene**, die 고원. ~**elegant** 〈Adj.〉 매우 (대단히) 우아한. ~**empfindlich** 〈Adj.〉 (공구·공업 재료 따위가) 매우 민감한, 예민한: -e Instrumente 매우 예민한 기기. ~**entwickelt** 〈Adj.〉 고도로 발달된: ein -es Industrieland 선진 공업국가. ~**entzückt** 〈Adj.〉 몹시 황홀한. ~**erfreut** 〈Adj.〉 매우 기뻐하는. ~**erhoben** 〈Adj.〉 몹시 위쪽으로 치켜진: mit -en Armen 팔을 치켜들고, mit h. Haupte: sie ging sie davon mit h. Haupte 〈드물게〉 das Haupt h. tragen 그녀는 그곳을 떠났다(자신에 가득차 앞만 보면서). ~**explosiv** 〈Adj.〉 폭발성이 매우 강한. ~**fahren**' **1.** 《통용어》 **a)** 〈s〉 타고 올라가다(hinauffahren): mit dem Fahrstuhl in den vierten Stock h. 승강기를 타고 5층으로 올라가다. **b)** 〈h〉 (탈 것을 이용하여) 높은 지대로 운반하다: das Gepäck zur Skihütte h. 짐을 스키 산장으로 운반하다. **2.** 《통용어》 **a)** 〈s〉 (화자의 입장에서 볼 때) 북쪽 지역으로 가다(차를 타고), 올라가다: ich fahre heute nach Hamburg hoch 나는 오늘 함부르크로 올라간다. **b)** 〈h〉 (차량으로) 북쪽 지역으로 운반하다, (누구에게) 데리고 올라가다: ich muß meine Mutter nach Hamburg h. 나는 나의 어머니를 함부르크로 모시고 올라가야 한다. **3.** 〈s〉 **a)** 놀라서 벌떡 일어나다: er fuhr aus dem Schlaf hoch 그는 잠에서 깨어 벌떡 일어났다. **b)** 갑자기 화를 내다, 분개하다(aufbringen). ~**fahrend** 〈Adj.〉 거만한(arrogant, überheblich). ~**fein** 〈Adj.〉 《품질과 관련하여》 매우 정교한(세련된), 제1급의. ~**fest** 〈Adj.〉 《전문어》 매우 견고한. ~**feudal** 〈Adj.〉 《종종 반어》 매우 고상한, 고귀한. ~**finanz**, die 금융 자본가, 금융계, 금융 수뇌부(집합적 명칭). ~**fläche**, die ↑~ebene.

~**fliegen**' 〈s〉 **a)** 날아 오르다. **b)** 허공으로 내팽개쳐지다. ~**fliegend** 〈Adj.〉 큰 포부를 품은, 원대한, 야심있는(ehrgeizig). ~**florig** 〈Adj.〉 〔섬유〕 보풀(괴깔)이 긴: ein -er Teppich 보풀이 긴 양탄자(바닥). ~**flut**, die **1.** 만조(滿潮). **2.** 과도한 공급, 공급 과잉(Überangebot). ~**form**, die (특히 스포츠 맨과 관련하여) 컨디션의 가장 좋은 상태: er hat seine H. erreicht 그는 베스트 컨디션에 도달했다. ~**format**, das **a)** (그림, 서류, 사진 등의) 가로보다 세로가 더 큰 치수, 세로 사이즈. **b)** 위의 그림, 서류, 사진 따위. ~**frequent** 〈Adj.〉 〔물리〕 고주파의. ~**frequenz**, die 〔물리〕 고주파. ~**frequenzgleichrichter**, der 〔전기〕 고주파 교류(交流)에 이용되는 정류기(整流機). ~**frequenzstrom**, der 〔전기〕 고주파 전류. ~**frequenztechnik**, die 〔전기〕 고주파 기술. ~**frisur**, die 묶어올린(높이 세운) 머리형, 업 스타일. ~**garage**, die 고층(다층) 주차장(반대: Tiefgarage). ~**geachtet** 〈Adj.〉 대단히 존경받는. ~**gebet**, das 〔가〕 ↑Kanon (5). ~**gebildet** 〈Adj.〉 교양이 높은, 세련된. ~**gebirge**, das 높은 산, 고산 지대: im H. Urlaub machen 높은 산 속에서 휴가를 지내다. ~**gebirgsflora**, die 고산 식물상(相). ~**gebirgslandschaft**, die 고산 지방(풍경). ~**gebirgspflanze**, die 고산 식물. ~**gebirgsstraße**, die 고산 도로. ~**gebirgstour**, die 고산 (지대) 여행(등반, 스키 여행 따위). ~**geboren** 〈Adj.〉 (준고어) 상류 출신의, 귀족 출신의: -e Herrschaften 상류 가문 출신들; Euer(Eure) Hochgeboren (호칭으로서) 각하. ~**geehrt** 〈Adj.〉 매우 존경하는. ~**gefühl**, das 고조된 감정, 감격, 열광, 환희: im H. des Sieges 승리의 환희(감격) 속에서. ~**gegürtet** 〈Adj.〉 허리띠(벨트)가 높이 달린. ~**gehen**' 〈s〉 **1. a)** 오르다: die Schranke geht hoch 차단기가 오르다; [전의] die Preise gehen hoch 가격이 높이 오르고 있다. **b)** 《통용어》 올라가다(반대: hinuntergehen). **c)** 《통용어》 폭발하다(explodieren): die Attentäter ließen das Botschaftsgebäude h. 《경》 암살범들은 대사관 건물을 폭발시켰다. **2.** 《통용어》 분개하다, 격분하다: als niemand seine Anordnungen befolgte, ging er hoch 아무도 그의 지시를 따르지 않자 그는 화를 내었다. **3.** 《통용어》 적발되다: die Bande ist hochgegangen 그 패거리들은 적발되었다. ~**geistig** 〈Adj.〉 지적 수준이 매우 높은. ~**gelahrt** 〈Adj.〉 〈농〉 ~gelehrt. ~**gelegen** 〈Adj.〉 높은 곳에 있는. ~**gelehrt** 〈Adj.〉 박식한, 학식이 높은. ~**gemut** [-gəmu:t] 〈Adj.〉 〈아어〉 원기발랄한, 의기양양한, 낙천적인. ~**genuß**, der (다음 용법으로) ein H. sein 특히 큰 기쁨(쾌락)이다: im Sommer kann ein Glas Wasser im H. sein 여름에는 물 한 잔이 큰 기쁨이다. ~**gericht**, das 《중세》 **1.** 중죄 재판(소). **2.** 처형장(Hinrichtungsstätte). ~**geschätzt** 〈Adj.〉 매우 존중된, 높이 평가되는. ~**geschlossen** 〈Adj.〉 (옷이) 머리 가까이까지 여미는(덮는, 옷의) 깃을 깊이 파지 않은: sie kam h. 그 여자는 목까지 가리운 옷을 입고 왔다. ~**gesinnt** 〈Adj.〉 고상한, 고결(고매)한. ~**gespannt** 〈Adj.〉 **1.** 〔전기〕 고압의. **2.** 〔기술〕 고압 상태의. **3.** 매우 긴장한, 과도한: -e Erwartungen haben(hegen) 너무 큰 기대를 가지다(품다). ~**gesteckt** 〈Adj.〉 ↑~fliegend: sich -e Ziele setzen 원대한 목표를 세우다. ~**gestellt** 〈Adj.〉 고위층의. ~**gestimmt** 〈Adj.〉 〈아어〉 의기양양한, 장중한, 들뜬, 쾌활한. ~**gestochen** 〈Adj.〉 (글씨·펌 등) 매우 섬세하고 반듯한, 알기 어려운, 어색한: er schreibt ziemlich h. 그는 매우 알아보기 어렵게 (글씨를) 쓴다. **b)** 자만한, 우쭐한(eingebildet). ~**gewachsen** 〈Adj.〉 (키가) 높이 자란: er ist schlank und h. 그는 날씬하고 키가 크다. ~**gezüchtet**: ↑~züchten 참조. ~**giftig** 〈Adj.〉 독

성이 강한. ~glanz, der 고도의 광택: etw. auf H. bringen 무엇을 철저하게 (깨끗이) 닦다. ~glanzabzug, der 【사진】 고광택 인화지를 사용한 인화. ~glänzend 〈Adj.〉매우 빛나는. ~glanzfolie, die 고광택 납지(蠟紙)〔온종이〕. ~glanzpapier, das 고광택 인화지. ~glanzpolieren 〈h〉《전문어》고광택을 내다. ~gotik, die 고딕의 전성기. ~gradig 〈Adj.〉 고도의, 매우, 극도로(äußerst); er war h. erregt 그는 극도로 흥분해 있었다. ~gucken 〈h〉《통용어》↑aufgucken. ~hackig 〈Adj.〉 (구두의) 뒷굽이 높은: die Stiefel sind zu h. 그 장화는 뒷굽이 너무 높다. ~halte, die 【체조】 한 팔 혹은 두 팔을 수직으로 위로 뻗는 몸가짐. ~halten* 〈h〉 1. 높이 쳐들고 있다: der Sieger hielt den Pokal hoch 승리자는 우승배를 높이 쳐들었다. 2. (아이) 존경하다, 높이 평가하다, 소중히 간직하다: alte Traditionen h. 옛 전통을 지켜나가다. ~haus, das 고층 건물〔빌딩〕. ~hausapartment, das 고층 아파트. ~heben* 〈h〉 높이(치켜)올리다, 들어올리다. ~herrschaftlich 〈Adj.〉 신분이 매우 높은, 고귀한: ein ~es Haus 명문. ~herzig 〈Adj.〉 《아어》 대범한(großmutig), 고귀한(edel): h. verzichtete er auf Bezahlung 대범하게도 그는 보수를 포기하였다. ~herzigkeit, die ↑~herzig의 명사형. ~hieven 〈h〉 끌어올리다. ~holen 〈h〉《통용어》↑heraufholen: ein paar Flaschen Wein aus dem Keller h. 포도주 몇 병을 지하실로부터 올려오다. ~hopsen 〈s〉《통용어》↑~hüpfen, ~springen. ~hüpfen 〈s〉 뛰어 오르다, 높이 뛰다. ~industrialisiert 〈Adj.〉 고도 산업화〔공업화〕된. ~intelligent 〈Adj.〉 매우 지성적인. ~interessant 〈Adj.〉 매우 재미있는. ~jagd, die 큰 짐승의 사냥 (hohe ↑Jagd (1 a))(반대: Niederjagd). ~jagen 〈h〉 1. (짐승을) 몰아내다(aufjagen): 〔전의〕jmdn. aus dem Schlaf h. 누구의 안면(安眠)을 방해하다. 2. 〈은어〉 (모터의) 회전수를 갑자기 높이다. ~jubeln 〈h〉 《통용어》 극구 칭찬하여 세상에 널리 알리다. ~kämmen 〈h〉 (긴 머리를) 빗어올리다(aufkämmen). ~kant 〈Adv.〉 1. 세로의(로): die Bücher h. (ins Regal) stellen 책들을 세로로 〔서가에〕 세우다. 2. jmdn. h. hinauswerfen (hinausschmeißen, hinausfeuern, rausschmeißen) 《경》 누구를 〔거칠게〕 내쫓다; h. hinausfliegen 〔rausfliegen〕《경》(거칠게) 내쫓기다. ~kantig 〈Adj.〉 ↑~kant (2). ~kapitalismus, der 전성기의 자본주의. ~kapitalistisch 〈Adj.〉 ↑~kapitalismus의 형용사. ~karätig [-kaˈreːtɪç] 〈Adj.〉 1. a) (보석의) 캐럿 단위가 높은. b) (합금의) 보석 함량이 높은. 2. 《통용어》(대개 사람과 관련하여) 우수한, 권위있는: Ein Team ~er Experten 권위있는 전문가 팀. ~kirche, die †High-Church. ~klappbar 〈Adj.〉 위로 젖혀지는, 걷어올릴 수 있는. ~klappen 〈h〉 위로 젖히다〔걷어올리다〕. ~klettern 〈s〉《통용어》 높이 기어오르다. ~kommen 〈h〉《통용어》 1. a) 올라오다(heraufkommen): ein Mann kam die Straße hoch 한 남자가 길을 따라 올라왔다(관찰자쪽으로). b) 일어나다(aufstehen). c) 위쪽으로 오르다, 떠오르다(auftauchen): er tauchte, kam aber sofort wieder hoch 그는 잠수하였지만 곧 다시 떠올랐다. 2. 건강해지다. 3. 승진하다, 출세하다: er war in seiner Firma hochgekommen 그는 회사에서 승진하였다. 4. a) (구역질 등으로) 토출되다: das Essen kam ihm hoch 그는 음식을 토했다; 〔전의〕wenn ich so etwas höre, kommt mir die Galle hoch 나는 그런 말을 들으면, 매우 화가 난다〔거부감을, 구역질을 느낀다〕. b) 떠오르다(의식 속으로): eine Erinnerung kam in ihm hoch 어떤 추억이 그에게 떠올랐다. ~konjunktur, die 【경제】 호경기: in Zeiten der H. steigen die Investitionen 호경기일 때는 투자가 증가한다. ~können* 〈h〉《통용어》 몸을 일으킬 수 있다: hinten nicht mehr h. 《통용어》1) 경제적으로 어려운 상황이다, 경제적 난국에 처해 있다. 2) 기진맥진해 있다, 능서가 힘이 없다. ~konzentriert 〈Adj.〉 매우 진한, 농도가 짙은, 고도로 농축된: eine ~e Säure 농도가 매우 짙은 산(酸). ~kraxeln 〈s〉《통용어》 ↑~klettern. ~krempeln 〈h〉 ↑aufkrempeln: mit hochgekrempelten Ärmeln 소매를 걷어부치고. ~kriechen* 〈s〉《통용어》 기어올라가다. ~kriegen 〈h〉《통용어》 ↑~bringen (2, 3, 6): keinen (mehr)〔einen〕 h. 《경·은폐》(성기가) 발기(勃起)하지 않다〔발기하다〕. ~kultiviert 〈Adj.〉 매우 세련된, 매우 교양 있는. ~kultur, die 고도 문화. ~kurbeln 〈h〉《통용어》 돌려서 올리다: das Autofenster h. 자동차 유리창을 돌려서 올리다. ~land, das 〈Pl. -länder/-lande〉 고원 지대. ~länder, der 고원 지대 주민. ~ländisch 〈Adj.〉 고원 지대의. ~langen 〈h〉《지역적》위쪽으로 손을 뻗치다. ~laufen* 〈h〉《통용어》달려 올라가다(hinauf laufen). ~lautung, die 【언어】 규범 발음. ~leben 《다음 용법으로》 jmd.〔etw.〕 lebe hoch 누구〔무엇〕 만세: der Sieger lebe hoch! 승리자 만세!; die Freiheit lebe hoch 자유여 영원하라〔자유만세!〕; jmdn.〔etw.〕 h. lassen 누구의 건강을 축복하여(무엇을 축하하여) 건배하다: sie ließen den Jubilar h. 그들은 주빈의 건강을 축복하여 건배했다. ~legen 〈h〉 a) (신체 부위를) 높은 곳에 두다: die Beine〔den Kopf〕 h. 다리〔머리〕를 높이 하다〔두다〕. b) 《통용어》 올려놓다(hinauflegen). ~lehnig 〈Adj.〉 등받이가 높은. ~leistung, die 고성능. ~leistungsmotor, der 고성능 엔진. ~leistungssport, der 고도의 능력을 요하는 경기. ~leistungstraining, das 【스포츠】 고도의 성과를 가능케 만드는 체계적 훈련. ~liegend 〈Adj.〉 높은 곳에 위치한, 솟아 있는. ~löblich 〈Adj.〉《고어·조롱》매우 존경할 만한. ~mechanisiert 〈Adj.〉 고도로 기계화된. ~meister, der 《역사적》 기사단의 우두머리. ~mittelalter, das 중세 전성기. ~mittelalterlich 〈Adj.〉 ↑~mittelalter의 형용사. ~modern 〈Adj.〉 최신(식)의, 첨단적인. ~modisch 〈Adj.〉 최신 유행의. ~mögend 〈Adj.〉《고어·조롱》영향력 있는, 명망 있는. ~molekular 〈Adj.〉 【화학】 고분자의. ~moor, das 【지리】 (강우로 생긴) 소택지. ~müssen* 〈h〉《통용어》 잠자리에서 일어나야 한다. ~mut, der 【편】 교만, 오만, 거만, 자부: voll H. auf jmdn. herabsehen 오만에 가득차 누구를 내려다보다(경멸하다); 〔속담〕H. kommt vor dem Fall 잘난척 하는 것은 오래 못간다. ~mütig 〈Adj.〉 교만한, 건방진, 불손한: er ist(wirkt) h. 그는 건방지다. ~mütigkeit, die ↑~mütig의 명사형. ~mutsteufel, der 오만(이란 놈, 녀석)(Hochmut의 의인화): in ihm steckt der H. 그의 가슴 속에는 오만이 도사리고 있다〔그는 매우 교만하다〕. ~näsig [-neːzɪç] 〈Adj.〉《편》 콧대 높은, 방자한. ~näsigkeit, die ↑~näsig의 명사형. ~nebel, der 높게 낀 안개, 층운. ~nehmen* 〈h〉 1. a) (높이) 쳐들고 있다: die Schleppe h. 옷자락을 쳐들고 있다. b) 바닥으로부터 집어올리다: sie nahm das Kind h. 그녀는 어린애를 안아올렸다(팔에다). c) 〈지역적〉함께 들어〔집어〕올리다. 2. 《통용어》a) 누구를 (재미있게) 놀리다. b) 속여서 돈을 빼앗다, 속이다(übervorteilen). 3. 〈은어〉체포하다(verhaften). ~nobel 〈Adj.〉 ↑~vornehm. ~notpeinlich [(또한)'-'-'--] 〈Adj.〉《고어·농》 매우 엄격한. ~ofen, der 【기술】 용광로. ~ofengas, das 【제련】 ↑Gichtgas. ~ofenschlacke, die (제련시 용광로 속에 남는) 쇠똥, 광재(鑛滓). ~offiziell 〈Adj.〉 대단히 격식을 갖춘, 매우 공식적인. ~öfner, der 용광로 인부. ~ohmig [-oːmɪç], 〈Adj.〉 【전기】 저항이 높은, 고저항(高抵抗)의.

~päppeln ⟨h⟩ 《통용어》조심스럽게 보살펴서 양육하다, 다시 건강하게 만들다: sie hat das kränkliche Kind wieder hochgepäppelt 그녀는 병약한 아이를 다시 건강하게 만들었다. ~parterre, das (일층과 이층 사이의) 중이층. ~peitschen ⟨h⟩ 《드물게》↑aufpeitschen. ~plateau, das ↑~ebene. ~politisch ⟨Adj.⟩ 정치적 의미가 큰. ~preisen˙ ⟨h⟩ (아이·드물게) 찬미하다 (lobpreisen). ~pressen ⟨h⟩ 위쪽으로 압착하다. ~produktiv ⟨Adj.⟩ 매우 생산적인. ~prozentig ⟨Adj.⟩ 비율이 높은: etwas Hochprozentiges trinken 도수가 높은 술을 마시다. ~pumpen ⟨h⟩ 펌프로 퍼올리다. ~putschen ⟨h⟩ ↑aufputschen. ~qualifiziert ⟨Adj.⟩ 고도의 자격이 있는, 고도로 숙달된. ~rad, das 앞바퀴가 매우 크고 뒷바퀴는 작은 구형 자전거. ~rädrig ⟨Adj.⟩ 바퀴가 큰, 큰바퀴가 달린. ~raffen ⟨h⟩ 걷어올리다. ~ragen ⟨h⟩ 솟아오르다. ~rangig ⟨Adj.⟩ 급수가 높은, 등급이 높은. ~ranken ⟨h⟩ 뻗어 올라가다, 기어오르다: wilder Wein rankt sich an der Mauer hoch 야생 포도가 벽을 타고 기어오른다. ~rappeln, sich ⟨h⟩ ↑aufrappeln. ~rechnen ⟨h⟩ 《통계》(컴퓨터 등의 부분 수치로부터) 전체 최종 수치를 산출하다. ~rechnung, die [통계] ↑~rechnen의 명사형, (특히 선거시) 예측 최종 득표수 산출. ~reck, der [체조] 높은 철봉, 하이바. ~recken ⟨h⟩ ↑aufrecken. ~reichen ⟨h⟩ 위쪽으로 내밀어주다: kannst du mir den Hammer h.? 나에게 망치를 올려줄 수 있니? ~reißen˙ ⟨h⟩ 번쩍 들어올리다: zwischendurch riß der Lebenswille ihn wieder hoch 가끔 생에 대한 의지가 그로 하여금 다시 원기를 되찾게 했다. ~relief, das [미술] 고부조(高浮彫), 양각(Hautrelief). ~religion, die 《전문어》고도 문화의 종교. ~renaissance, die 르네상스 (의) 전성기. ~rennen˙ ⟨s⟩ ↑~laufen. ~reservoir, das ↑~behälter. ~richten, sich ↑aufrichten (1). ~ring, der [복싱] 높은 위치에 가설한 링. ~rippe, die [요리] 소의 등심. ~romanik, die 낭만주의(의) 전성기. ~rot ⟨Adj.⟩ (특정의 신체 부위가) 매우 충혈된, 홍조를 띤, 진홍빛의: mit -en Ohren 귀가 빨개져서. ~rückig [-rykɪç] ⟨Adj.⟩ 《동물》(등이) 등이 아치형인. ~ruf, der 《축하하는 소리, 만세소리》만세성, 호성. ~rutschen ⟨s⟩ 《통용어》끌려올라가다: der Unterrock rutscht hoch 속치마가 끌려올라간다. ~saison, die a) ↑Hauptsaison. b) 대호황의 시기, 수요가 쇄도하는 시기: in der Weihnachtszeit haben die Geschäfte H. 크리스마스 때에는 상점들이 대호황의 시기를 가진다(만난다). ~schalten ⟨h⟩ 고단 기어로 바꾸다 [접속하다]. ~schätzen ⟨h⟩ (아이) 높이 평가하다, 존경하다: das ist ein Mensch, den ich hochschätze 그 분은 내가 높이 평가하는 사람이다. ~schätzung, die ↑~schätzen의 명사형. ~schauen ⟨h⟩ 올려다보다(aufschauen 1). ~schaukeln ⟨h⟩ 1. 무엇에 중요성을 부여하다, 대단한 것처럼 떠벌리다: ein Problem h. 어떤 문제를 대단한 양 떠벌리다. 2. ⟨h. + sich⟩ 더 감정적 흥분에 빠지다: die beiden Kontrahenten schaukelten sich gegenseitig hoch 두 당사자들은 서로 점점 더 격한 감정에 빠져들었다. ~schein, der 《다음 용법으로》keinen H. haben (schweiz.) 모르겠다. ~scheuchen ⟨h⟩ ↑aufscheuchen. ~schichten ⟨h⟩ 《드물게》↑aufschichten. ~schicken ⟨h⟩ 《통용어》올려보내다. ~schieben ⟨h⟩ 밀어올리다. ~schießen˙ ⟨h⟩ 1. ↑aufschießen (1). 2. ↑aufschießen (2). 3. 《통용어》재빨리 올라가다: er schoß die Treppe hoch 그는 계단을 재빨리 올라갔다. ~schlagen˙ ⟨h⟩ 위로 젖히다: den Mantelkragen h. 외투깃을 세우다. 2. a) ↑aufbranden. b) ↑aufschlagen (11). ~schleichen˙ ⟨h⟩ 《통용어》(살금살금) 기어오르다: 《(또한) h. + sich⟩ ich schlich mich die Treppe hoch 나는 계단을 기어올라갔다. ~schleudern ⟨h⟩ ↑aufschleudern. ~schnellen ⟨h⟩ 튕겨(뛰어)오르다(aufschnellen (a), aufspringen): sie schnellte von ihrem Stuhl hoch 그녀는 의자에서 벌떡 일어났다. ~schrank, der 《전문어》 (거의) 천정까지 닿는 (옷)장. ~schrauben ⟨h⟩ 1. 나사를 돌려 (키를) 높이다. 2. a) (가격 따위를) 높이다. b) 점점 커지게 하다, 점점 늘리다: hochgeschraubte Erwartungen 점점 커진 기대. 3. ⟨h. + sich⟩ 나선식으로 상승하다. ¹~schrecken˙ ⟨h⟩ ↑¹aufschrecken. ²~schrecken˙(˙) ⟨s⟩ (준고어) ↑²aufschrecken. ~schulabschluß, der 대학 졸업 증서. ~schulabsolvent, der 대학 졸업자. ~schulausbildung, die 대학 교육. ~schulbildung, die 대학에서 받은 교육. ~schuldidaktik, die 대학의 교수법. ~schule, die 대학(교)에의: Universität, Fachhochschule, Musikhochschule 따위). ~schulgesetz, das 대학법(령). ~schulgruppe, die (대학에서의) 정치적 집단. ~schullehrer, der 대학교원. ~schullehrerin, die ↑~schullehrer의 여성형. ~schulpolitik, die 대학 정책. ~schulreform, die 대학(의 편제 및 행정) 개혁. ~schulreife, die 대학 입학 자격. ~schulstudium, das 대학 공부. ~schulwesen, das 대학 제도. ~schüler, der 대학생. ~schulterig, ~schultrig [-ʃʊlt(ə)rɪç] ⟨Adj.⟩ 어깨가 딱 벌어진. ~schürzen ⟨h⟩ ↑~nehmen (1 a). ~schwanger ⟨Adj.⟩ 만삭의, 해산달이 가까운. ~schwingen˙ ⟨h⟩ a) 번쩍 들어올리다. b) ⟨h. + sich⟩ 훌쩍 뛰어오르다: ich schwang mich auf das Pferd hoch 나는 말에 훌쩍 뛰어올라탔다. ~see, die ⟨Pl. 없음⟩ 대양, 공해. ~seeangelei, die (근해가 아닌) 외해 낚시. ~seeangeln, das 외해 낚시질. ~seefischer, der 원양 어부. ~seefischerei, die 원양 어업. ~seeflotte, die 원양 선단[함대]. ~seejacht, die 원양 요트. ~seekutter, der 원양 범선(돛대가 하나인). ~seeschiff, das 원양 선박. ~seeschiffahrt, die 원양 선박 운항. ~seetüchtig ⟨Adj.⟩ 원양 운항이 가능한. ~segel, das [선원] 위쪽 끝이 뾰죽한 삼각형의 돛. ~sehen˙ ⟨h⟩ 《통용어》쳐다보다(aufsehen 1). ~seil, das 공중에 팽팽히 쳐진 광대용 밧줄. ~seilakrobat, der (공중) 줄타기 곡예사. ~seilakt, der 줄타기(의 곡예). ~seilartist, der ↑~akrobat. ~sein˙ ⟨s⟩ 일어나 있다, 깨어 있다: als erster h. 제일 먼저 기상하다. ~selig ⟨Adj.⟩ (고어) (지체 높거나 명망 있는 고인을) 부를 때: der -e Herr Pfarrer 고인이 된 목사님; (명사화) der Hochselige (고어) 고인(故人). ~sinn, der ⟨드물게⟩ 대범, 고결, 고귀(함). ~sinnig ⟨Adj.⟩ (드물게) ↑~sinn의 형용사형. ~sitz, der [사냥] 나무(말뚝) 위의 망보는 자리(Kanzel 5). ~sollen˙ ⟨통용어⟩ ↑hinaufsollen (1). ~sommer, der 한여름, 성하(盛夏). ~sommerlich ⟨Adj.⟩ 한여름 같은. ~spannung, die 1. [전기] 고(전)압(1000 볼트 이상의): Vorsicht H.! 고(전)압 주의! 2. ⟨Pl. 없음⟩ a) 고도의 긴장, 기대(Erwartung): das Publikum war in H. 청중은 몹시 긴장하고 있었다. b) 매우 긴장된[위기적인] 상황, 긴장된 분위기. ~spannungsleitung, die 고압(전)선. ~spannungsmast, der 고압선 전주. ~spannungstechnik, die ⟨Pl. 없음⟩ 고압 기술. ~spezialisiert ⟨Adj.⟩ 고도로 전문화된. ~spielen ⟨h⟩ (무엇의 의미를) 과대평가하다, 공공연하게 문제시[중요시] 하다: die Affäre h. 사건에 (필요 이상의) 관심을 쏠리게 만들다. ~sprache, die [언어] ↑Standardsprache. ~sprachlich ⟨Adj.⟩ [언어] 표준어의. ~springen˙ ⟨s⟩ 1. a) 훌쩍(벌떡) 뛰어오르다(aufspringen 1): er sprang vor Freude(Entsetzen) vom Stuhl hoch 그는 기쁜[놀란] 나머지 의자에서 벌떡 일어났다. b) 누구에

게 [무엇쪽으로] 뛰어오르다: der Hund sprang an mir hoch 그 개가 나에게 뛰어올랐다. c) 뛰어올라서 높은 곳에 다다르다. 2. [스포츠] 높이뛰기를 하다. ~springer, der [스포츠] 높이뛰기 선수. ~springerin, die ↑~springer의 여성형. ~sprung, der [스포츠] a) 〈Pl. 없음〉 높이뛰기(육상경기 종목으로서): er ist sehr gut im H. 그는 매우 훌륭한 높이뛰기 선수이다. b) 높이뛰기(개별적인 동작으로서): ein H. über zwei Meter 2 미터를 넘는 높이뛰기. ~sprunganlage, die [스포츠] 높이뛰기 시설. ~sprungtechnik, die [스포츠] 높이뛰기 기술. ~spülen 〈h〉 꼭대기[표면]까지 씻다. ~stamm, der [원예] (관목이나 줄기가 짧은 식물에 특수 재배 형식을 적용하여 성공한) 긴 가지, 고수간(高樹幹): diese Rosensorte gibt es auch als H. 이 장미 종류는 줄기가 긴 것도 있다. ~stämmig 〈Adj.〉 (수목의) 줄기가 긴. ~stand, der [사냥] ↑~sitz. ~stapelei [-ʃtaːpəˈlaɪ], die; -en 1. 고등사기. 2. 허풍, 과장: seine H. geht mir auf die Nerven 그의 허풍이 귀찮아졌다 [나를 괴롭힌다]. ¹~stapeln 〈h〉 1. 상대방의 허점을 악용하다, 고등 사기를 하다. 2. 허풍을 치다(반대: tiefstapeln). ²~stapeln 〈h〉 [드물게] ↑aufstapeln. ~stapler [-ʃtaːplɐ], der 1. 고등 사기꾼. 2. 허풍쟁이 (Aufschneider)(반대: Tiefstapler). ~staplerisch 〈Adj.〉 ↑~stapler의 형용사. ~start, der [육상] 직립 (直立) 출발. ~stecken 〈h〉 (머리·바지 따위를) 위로 올려서[접어서] 핀으로 고정시키다: sie trug das Haar hochgesteckt 그녀는 머리를 빗어 들어올리고 다닌다. ~stehen* 〈h〉 위로 향해 있다, 똑바로[높게] 서 있다: seine Haare standen hoch auf 그의 머리카락은 거꾸로 서 있다. ~stehend 〈Adj.〉 1. 높은 (사회적) 지위를 지닌, 높은 (정신적) 수준을 지닌: ein geistig -er Mensch 매우 교양 있는 사람. 2. (은어) 양질의, 선진 기술의. ~steigen* 〈s〉 1. 올라가다. 2. (수직) 상승하다: Leuchtraketen stiegen h. 조명탄들이 올라갔다. 3. (감정이) 일다, 싹트다, 생기다: Angst[Verzweiflung, Wut] steigt in jmdm. hoch 불안이[절망이, 분노가] 누구에게 일고 있다. ~stellen 〈h〉 1. 보다 높은 곳에 세우다[두다]: die Stühle auf den Tisch h. 의자들을 책상 위에 올려 놓다; [수학] hochgestellte Zahlen 지수(指數). 2. 수직으로 세우다, 위로 젖히다(hochklappen). ~stemmen 〈h〉 1. 위로 떠받치다, 들어올리다: eine Kiste h. 상자를 들어올리다. 2. (몸을 받쳐서 서서히 일으키다): 《또한》 h. + sich) ich stemme mich mühsam hoch 나는 몸을 일으키기가 힘들다. ~stickerei, die a) 〈Pl. 없음〉 백색 자수 (기술). b) 백색 자수 제품. ~stielig 〈Adj.〉 (용기와 관련) 자루[손잡이]가 긴: -e Sektgläser 손잡이 부분이 긴 샴페인 잔들. ~stift, das (역사적) (대)주교의 직[교구](Erz)bistum, (대)주교 교구의 사제회의. ~stilisieren 〈h〉 [편] 지나친 가치나 중요성을 부여하다, 과대평가하다: ein Durchschnittsbuch zu einem Kunstwerk h. 평균[보통] 작품을 예술 작품으로 과대평가하다. ~stimmung, die 매우 유쾌한 분위기[기분]. ~stirnig [-ʃtɪrnɪç] 〈Adj.〉 (드물게) 이마가 긴[높은]. ~straße, die 고가도로. ~streben 〈s〉 1. (아이) ↑aufstreben (1). 2. 오르려고(향상하려고) 애쓰다 (↑aufstreben (2)): ein hochstrebender Geist 대망을 품고 있는[출세욕에 불타는] 사람. ~strecke, die [역도] 팔을 뻗어서 역기를 머리 위에 받치고 있는 자세. ~strecken 〈h〉 위로 뻗다, 뻗어올리다. ~streifen 〈h〉 걷어올리다. ~stülpen 〈h〉 위로 젖히다[뒤집다]. ~tal, das 고지(高地)의 골짜기. ~temperaturreaktor, der [핵] 고온(高溫) 원자로, 고온 가스 냉각로. ~ton, der 〈Pl. -töne〉 [음성] 최강음(最強音), 고음. ~tönend 〈Adj.〉 ↑~trabend. ~tonig [-toːnɪç] 〈Adj.〉 [음성] 고음의, 최강음의.

~tour, die 1. ↑Hochgebirgstour. 2. auf -en laufen[arbeiten] 1) 최대 출력으로 회전[작동]하다. 2) 최대의 능률을 발휘하다; auf -en bringen 1) 최대 출력을 내다. 2) 작업 능률을 최대로 발휘하기 위해 독려하다. ~tourig [-tuːrɪç] 〈Adj.〉 [기계] 고속 회전의: -e Maschinen 고속 회전 기계. ~tourist, der 등산가. ~touristik, die 등산. ~trabend 〈Adj.〉 (편) (서면 혹은 구두 표현 등에서) 공허한 페이소스를 지닌, 과장된, 외람된: -e Worte 공허한 페이소스를 가진 말들. ~tragen* 〈h〉 (통용어) 들어올리다, 위쪽으로 운반하다(hinauftragen). ~treiben* 〈h〉 1. (통용어) 밀어올리다, 위로 몰다(hinauftreiben): die Kühe (auf die Alm) h. 소들을 (고원 목장으로) 몰아올리다. 2. (값을) 심하게 인상하다[올리다]. ~türmen 〈h〉 ↑auftürmen (a, b). ~ufer, das [지리] (침식 작용으로 생긴) 가파른 해안. ~verdient 〈Adj.〉 공로가 많은; 매우 당연한. ~verehrt 〈Adj.〉 (옛 호칭에서만 최상급 사용: hochverehrtest) 매우 존경하는(sehr verehrt). ~verrat, der [법] 대역죄, 국가 반역죄: H. begehen 국가 반역죄를 범하다; des -s[wegen -s] angeklagt sein 국가 반역죄로 기소당하다. ~verräter, der 대역죄인, 국가 반역자. ~verräterisch 〈Adj.〉 ↑~verräter의 형용사. ~verschuldet 〈Adj.〉 고액의 부채를 진. ~verzinslich 〈Adj.〉 [금융] 고금리의, 이자가 높은: -e Wertpapiere 이자 수입이 높은 유가증권. ~vornehm 〈Adj.〉 매우 고상한, 품위있는: ein -es Hotel 매우 품위 있는 호텔. ~wachsen* 〈s〉 높이 자라다. ~wald, der 1. (소관목·잡초가 적은) 고목림(高木林). 2. [임업] 교목림(喬木林). ~wasser, das 〈Pl. -wasser〉 1. 만조(바다의). 2. 홍수: das H. hat großen Schaden verursacht 홍수로 인해 큰 손실이 야기되었다; H haben (통용어·농) 너무 짧은 바지를 입고 있다. ~wassergefahr, die 홍수 위험. ~wasserhose(n), die (농) 너무 짧은 바지. ~wasserkatastrophe, die 홍수의 재앙. ~wasserschaden, der 홍수 피해, 수해. ~webstuhl, der 날실(經絲)북이 수직으로 된 베틀. ~weide, die ↑Alm. ~weitsprung, der [경마] 장애물 뛰어넘기. ~werfen* 〈h〉 위로 집어던지다, 던져올리다. ~wertig 〈Adj.〉 양질의, 영양가가 높은. ~wertigkeit, die ↑~wertig의 명사형. ~wichtig 〈Adj.〉 매우 중요한. ~wild, das [사냥] 고급사냥감(예컨대: 고라니, 사슴 따위). ~willkommen 〈Adj.〉 크게 환영받는, 매우 바람직한. ~winden* 〈h〉 1. 원치로 감아올리다. 2. 〈h. + sich〉 감겨올라가다. ~wirbeln ↑aufwirbeln. ~wirksam 〈Adj.〉 매우 효과적인. ~wohlgeboren 〈Adj.〉 《고어》 ↑hochgeboren: Euer Hochwohlgeboren (호칭으로) 각하, 귀하; Seiner(Ihrer) Hochwohlgeboren (서신 등에서) 각하, 귀하. ~wölben 〈h〉 a) 위쪽으로 휘게 하다. b) (h. + sich) sich ↑aufwölben: der Deckel der Konservendose hat sich hochgewölbt 통조림깡통의 뚜껑이 불룩해졌다. ~wollen* 〈h〉 (통용어) a) 일어서려고[나려고] 하다. b) 올라가려고 하다. ~wuchs, der [의학] 과대 성장(발육). ~wüchsig 〈Adj.〉 (식물이) 높이 자란. ~wuchten 〈h〉 (통용어) (힘들여) 들어 올리다. ~würden 〈관사 없음〉; -s 신·구교 고위 성직자에 대한 (옛) 호칭·Euer [Eure] H.! 님, 예하! ~würdig 〈Adj.〉 (준고어) ↑~würden의 형용사형, 존경해 마지 않는: der Herr Pfarrer 목사님[신부님]. ~wurf, der [스포츠] 1. a) ↑Schiedsrichterball. b) [농구] 점프 패스. 2. [크리켓] 주자(走者)가 경계선을 넘을 때 수비선수가 공을 던져올리기[올리는 동작]. ~zahl, die [수학] ↑Exponent (2 a). ~zeit, die (아어) 절정기, 전성기(Blütezeit)(비교: ↑Hochzeit). ~ziehen* 〈h〉 a) (견인 장치를 이용하여) 끌어올리다, 높이 올리다: er zog die Hose hoch 그는 바지를 끌어 올렸다; 전의 es gibt Menschen, die sich an Skandalen hochziehen (남의) 추문을 듣고 즐거워하는 사람들이 있다. b) 치켜올리다: die Brauen(die Schultern) h. 눈썹[어깨]을 치켜 올리다. c) (은어) 급상승시키다: der Pilot zog das Flugzeug hoch 조종사는 비행기를 급상승시켰다. d) 《은어》 짓다(bauen), (벽을) 쌓다(mauern): er ließ in kurzer Zeit das Gebäude h. 그는 짧은 기간에 건물을 짓게 하였다. e) 〈s〉 발생하다(aufkommen), 다가오다, 나타나다(aufziehen): ein Gewitter zieht hoch 소나기가 다가오다. ~ziel, das 〔드물게〕 높은[원대한] 목표. ~zinspolitik, die 〔경제·은행〕 고금리 정책. ~zivilisiert 〈Adj.〉 고도로 문명이 발달한. ~zucht, die 〔농업〕 고소득 식용 식물(가축)의 재배(사육), 육종(育種). ~züchten, 〈h〉 1. 〔농업〕 품종을 개량하다, 육종하다: 전의 ein hochgezüchteter Motor 《종종 경》 성능은 우수하나 매우 민감한 엔진. 2. 지나치게 〔해가 될 정도로〕 발전시키다. ~zucken 〈h〉 떨면서 올라가다: die Flammen zuckten hoch 불꽃들이 세차게 타올랐다. ~zwirbeln 〈h〉 (콧수염을) 꼬아올리다.

Hochepot [ɔʃ'po], das; -, -s 〔요리〕 (주로 (양)고기, 여러 종류의 채소 및 감자로 만든) 잡탕 수프.

Hochheimer ['hoːxhaɪmɐ], der; -s (마인 강 하류 호흐하임 지방산(産) 호흐하이머 포도주.

Ho-Chi-Minh-Stadt [hotʃɪ'minː-] (베트남의) 호지명시(市)(옛 사이공).

höchlich ['høːçlɪç] 〈Adv.〉 《준고어·아어》 대단히, 매우: ich bin -st erstaunt, daß ... 나는 ...에 대하여 매우 놀랐다. **höchst** [høːçst] 〈Adv.〉 매우, 지나치게, 극단적으로(sehr, überaus, äußerst). **höchst...** [-] 〈Adj.〉 ↑hoch (1a, b; 2a, b; 3b; 4; 5)의 최상급.

höchst-, Höchst- ~alter, das 상한 연령: das H. zum Eintritt in diese Firma ist 45 이 회사에 입사할 수 있는 상한 연령은 45세이다. ~**arbeitszeit**, die (허용된) 최장 노동 시간. ~**begabt**: ↑hochbegabt. ~**belastung**, die 최대 하중(荷重), 최대 적재량. ~**besteuert**: ↑hochbesteuert. ~**betrag**, der 최고(금)액: der steuerfreie H. 면세 최고(금)액. ~**bezahlt**: ↑hochbezahlt. ~**bietende'**, der / die (경매인) 최고액 입찰인. ~**dauer**, die 최대 지속 시간. ~**dekoriert**: ↑hochdekoriert. ~**derselbe**, ~**dieselbe** 〔지시대명사〕 〔고어〕 (고위층 인사에게 사용) ↑derselbe, dieselbe. ~**dosis**, die 1회분 최대 복용량. ~**dotiert**: ↑hochdotiert. ~**druck**, der 〔기술〕 (1000м 이상의) 초고압. ~**eigen** 〈Adj.〉 《준고어·농》 자신의, 친히. ~**entwickelt**: ↑hochentwickelt. ~**ertrag**, der 최대수익. ~**fall**, der 〔다음 용법으로〕 im H. 최고의, 가장 유리한 경우: dafür bekommst du im H. 100 DM 그 대가로 너는 기껏해야 100마르크를 받는다. ~**form**, die 〔특히 스포츠〕 최고 컨디션: der Spieler war in H. 그 선수는 최고의 컨디션에 있었다. ~**frequenz**, die 〔물리〕 초고주파(超高周波). ~**frequenztechnik**, die 〈Pl. 없음〉 초고주파(기술)술. ~**gebot**, das (경매시) 최고 가격 제시, 최고 입찰(낙찰)가. ~**gelegen**: ↑hochgelegen. ~**geschwindigkeit**, die (자동차) 최고 속도: die Landstraßen beträgt die der H. 100 km/h 지방도로상에서의 최고 속도는 시속 100km이다. ~**gestellt**: ↑hochgestellt. ~**gewicht**, das (허용된) 최대 중량. ~**gewinn**, der 최고 이익. ~**grenze**, die 최대 한도(한계). ~**kurs**, der 〔금융〕 상한가. ~**leistung**, die 최고(생산) 능력, 최고 성능, 최대 출력, 최고 기록. ~**lohn**, der 최고 임금. ~**marke**, die 《스포츠 은어》 ↑-leistung. ~**maß**, das 최고도, 맥시멈: diese Arbeit erfordert ein H. an Geschicklichkeit 이 작업은 최고도의 숙련을 요한다.

~**möglich** 〈Adj.〉 최대한으로 가능한: der -e Gewinn 가능한 최고 이익. ~**note**, die 〔특히 체조〕 최고 평점. ~**persönlich** 〈Adj.〉 몸소, 친히: der Minister h. überreichte die Urkunde 장관이 몸소 증서를 수교하였다. ~**preis**, der 최고가. ~**richterlich** 〈Adj.〉 최고법원(대법원)의 판결에 의한: ein -e Entscheidung 대법원의 결정. ~**satz**, der 최고율. ~**selbst** 〈Pron.: 격변화 없음〉 《준고어·농》 ↑~persönlich. ~**spannung**, die 〔전기〕 최대 전압(100킬로볼트 이상의). ~**stand**, der 최고 수준. ~**stehend**: ↑hochstehend. ~**strafe**, die 최고형. ~**stufe**, die 〔언어〕 최상급(Superlativ). ~**temperatur**, die 최고기온. ~**verbrauch**, der 최대소비(량). ~**wahrscheinlich** 〈Adj.〉 아주 그럴싸한, 극히 있을 법한, 십중팔구까지는: h. hat er es getan 틀림없이 그 자가 그 짓을 했을 것이다. ~**wert**, der 최고가(치). ~**zahl**, die 최대수(치). ~**zahlverfahren**, das 〔Pl. 없음〕 ↑d'Hondtsches System. ~**zulässig** 〈Adj.〉 최대로 허용되는: das -e Gesamtgewicht 허용 최대 총중량.

höchstenfalls ['høːçstn-] 〈Adv.〉 기껏해야(höchstens). **höchstens** 〈Adv.〉 **a)** 기껏해야, 고작해야: es waren h. 200 Personen anwesend 기껏해야 200명 정도 참석했다. **b)** ...을 제외하고(außer), ...가 아니면(es sei denn): er geht nicht aus, h. gelegentlich ins Kino 그는 때때로 영화관으로 가는 것을 제외하고 외출하지 않는다.

Hochzeit ['hɔxtsaɪt], die -en 1. 결혼식, 결혼: die H. ausrichten 결혼식을 거행(개최)하다; H. feiern(halten, machen) 결혼식을 올리다. **grüne H**. 결혼식 날, 결혼일; **papierene H**. 지(紙)혼식(결혼 1주년); **kupferne H**. 동(銅)혼식(결혼 7주년); **hölzerne H**. 목(木)혼식(결혼 10주년); **silberne H**. 은(銀)혼식(결혼 25주년); **goldene H**. 금(金)혼식(결혼 50주년); **diamantene H**. 다이아몬드혼식(결혼 60주년); **eiserne H**. 철(鐵)혼식(결혼 65주년); **steinerne H**. 석(石)혼식(결혼 70주년); **nicht auf zwei -en tanzen können** (통용어) 두 가지 행사(사업)에 동시에 참가할 수는 없다; **auf allen -en tanzen** (통용어) 모든 일에 다 끼다(끼려고 하다); **auf der falschen H. tanzen** (통용어) 결정을 잘못 내리다; **auf einer fremden H. tanzen** (통용어) 관련도 없는 일에 개입(간섭)하다. 2. 〔인쇄〕 복자(복행) (활자나 행이 중복된 오식). **hochzeiten** ['hɔxtsaɪtn] 〈h〉 〔드물게〕 결혼식을 올리다, 결혼하다(heiraten). **Hochzeiter**, der; -s, - (지역적) 신랑(Bräutigam). **Hochzeiterin**, die; -nen (지역적) 신부(Braut). **hochzeitlich** 〈Adj.〉 결혼(식)의, 혼례의, 축제의 (feierlich).

Hochzeits- (Hochzeit 1): ~**anzeige**, die (신문 등에서 알리는) 결혼 광고. ~**bild**, das 결혼 사진. ~**brauch**, der 〔고어〕 결혼 안내의. ~**brauch**, der 결혼 풍습. ~**essen**, das (결혼) 피로연. ~**feier**, die 결혼식. ~**fest**, das (아어) 결혼식. ~**flug**, der 〔동물〕 (여왕벌〔개미〕 등의) 교미를 위한 비상〔날기〕. ~**foto**, das ↑~**bild**. ~**gabe**, die (아어) ↑~**geschenk**. ~**gast**, der 결혼식의 하례객. ~**gedicht**, das 결혼 축시(축가). ~**geschenk**, das 결혼 선물. ~**gesellschaft**, die 결혼 파티, 결혼식에 모인 사람들. ~**haus**, das 결혼식을 거행하는 집. ~**kleid**, das 1. 웨딩 드레스, 혼례복. 2. 〔동물〕 혼인색(교미기에 동물의 몸에 나타나는 뚜렷한 빛깔). ~**kuchen**, der 결혼 케이크. ~**kutsche**, die 결혼 예용 마차. ~**mahl**, das (아어) ↑~**essen**. ~**nacht**, die (결혼) 첫날밤. ~**paar**, das 신랑신부. ~**reise**, die 신혼 여행. ~**schmaus**, der 《준고어》 ↑~**essen**. ~**strauß**, der 신부용 꽃다발(Brautbukett). ~**tafel**, die 결혼식의 축연(祝宴). **~tag,** der **a)** 결혼일. **b)** 결혼 기념일: seinen H. vergessen 자신의 결혼 기념일을 잊다. **~zug,** der 결혼 하객 행렬.

Hock [hɔk], **Höck** [hœk], der; -s, Höcke 《schweiz.》 사교적인 모임; kommst du auch morgen zum H.? 너도 내일 모임에 오니?

Hock- (²Hocke, hocken 4): **~sitz,** der [체조] 쪼그려 앉기. **~sprung,** der **1.** [육상] 넓이[높이]뛰기를 시작하는 자세, 쪼그려 뛰기. **2.** [체조] 모은 다리를 가슴에 붙이고 뛰기. **~stand,** der [체조] 무릎굽히기 자세(무릎을 가슴에 대고 발바닥은 땅에 붙인). **~stellung,** die ↑ ²Hocke (1). **~stütz,** der [체조] 무릎을 모아 굽히고 두 손으로 땅을 짚어 자세를 유지하는 연습. **~wende, die** [체조] 두 다리를 가슴에 붙인 상태로 회전하기.

¹**Hocke** ['hɔkə], die; -n 《nordd.》 **1.** (곡식을 말리기 위해) 쌓아둠; 낟가리(Puppe). **2.** ↑Hucke (2).

²**Hocke** [-], die; -n **1.** 무릎굽히기: in der H. sitzen 쪼그려 자세로 앉다; in die H. gehen 쪼그려 앉아 걷다. **2.** [체조] 뛰어서 두 다리를 가슴에 붙이어넘는 연습: eine H. über den Kasten machen 두 다리를 모아 상자 위를 뛰어넘다. **hocken** ['hɔkn̩] [niederd. hucken] **1. a)** 〈h /〈südd.〉 s〉 쪼그리고 앉다, 웅크리고 앉다: eine Arbeit in hockender Stellung ausführen 쪼그리고 앉은 자세로 작업을 수행하다. **b)** 〈h. + sich〉 〈h〉 (특정의 장소에) 쪼그리고 앉다: sie hockten sich ums Feuer 그들은 불 주위에 쪼그리고 앉았다. **c)** 〈통용어〉 〈h /〈südd.〉 s〉 다리를 끌어당기고 웅크리고 앉다: die Hühner hocken auf der Stange 닭들이 장대 위에 웅크리고 앉다. **2.** 〈südd.〉 〈s〉 (특정의 장소에) 앉다: [전의] der Kaufmann ist auf seiner Ware h. geblieben 그 상인은 상품을 전혀 팔지 못했다. **b)** 〈h. + sich〉 〈h〉 …에 앉다: komm, hock dich zu mir 이리와 내 옆에 앉아라. **3.** 〈통용어〉 〈h /〈südd.〉 s〉 장시간 앉아 있다, 머물다: den ganzen Abend in der Kneipe h. 저녁 내내 술집에 머물다. **4.** [체조] 〈s〉 (다리를) 옹크리고 뛰어오르다[내리다]: über das Pferd h. 말 위로 뛰어오르다. **hockenbleiben*** 〈s〉 〈지역적〉 유급[낙제]하다. **Hocker,** der; -s, - **1.** (팔걸이와 등받이가 없는) 보조의자. **2.** 〈지역적〉 동일 장소에서 장시간 앉아 있는 사람. **3.** [고고] 쪼그리고 앉은 채 매장된 시체. **Hockergrab,** das [고고] (↑Hocker 3이 매장된 선사 시대의 묘) 굴장묘(屈葬墓).

Höcker ['hœkɐ], der; -s, - **1.** (낙타의) 육봉(肉峰), 혹. **2. a)** 〈통용어〉 곱사등. **b)** (피부의) 돌기, 융기. **c)** 언덕(Hügel).

höcker-, Höcker-: ~artig 〈Adj.〉 혹 같은, 혹 종류의. **~gans,** die 부리 위에 혹이 달린 거위. **~nase,** die 혹이 달린 코. **~schwan,** der 부리 위에 검정혹이 달린 백조.

höckerig, höckrig ['hœk(ə)rɪç] 〈Adj.〉 구상(丘狀)으로 융기한, 혹 모양의, 곱사등이의(bucklig), 울퉁불퉁한(uneben): -es Gelände 울퉁불퉁한 땅.

Hockey ['hɔki, 《또한》 'hɔkɛ], das; -s [engl. hockey] 하키: H. spielen 하키 시합을 하다.

Hockey-: ~ball, der 하키 경기용 공. **~feld,** das 하키 경기장. **~schläger,** der 하키용 스틱, 타구봉. **~spiel,** das 하키 경기. **~spieler,** der 하키 선수. **~stock,** der ↑~schläger.

höckrig: ↑höckerig.

hoc loco ['hoːk'loːko; lat.] 《교양어・고어》 여기에(an diesem Ort)(약어: h. l.)

Hode ['hoːdə], der; -n, -n / die; -n ↑Hoden.

Hodegetik [hode'geːtɪk], die [griech. hodēgētikós] **1.** 《학문・고어》 연구 입문서. **2.** 《교육・고어》 성격 지도법(교수법(Didaktik)과는 다른). **Hodegetria** [hode'geːtria], die; …trien [...triən] griech. hodegétria]《예술》오른손으로 아기를 가리키면서 왼팔에 아기 예수를 안고 있는 성모상.

Hoden ['hoːdn̩], der; -s, - 불알, 고환(睾丸).

Hoden- [의학]: **~bruch,** der 음낭 헤르니아. **~entzündung,** die 고환염(睾丸炎). **~hochstand,** der ↑Kryptorchismus. **~krebs,** der 고환암. **~sack,** der 음낭(Skrotum).

Hodograph [hodo'graːf], der; -en, -en [1: griech. hodós; 2: 아일랜드의 수학자・물리학자 W. F. Hamilton (1805-1865)이 처음으로 사용] [물리] **1.** 호도 그래프(곡선운동속도 측정계). **2.** 호도 그래프(속도의 크기 및 방향을 나타내주는 곡선). **Hodometer,** das; -s, - [griech. hodómetros] 노정계(路程計) (Wegmesser), 보측기(步測器) (Schrittzähler).

Hödr ['hœːdɐ], **Hödur** ['hœːdʊr] [게르만 신화] Wodan의 눈먼 아들.

Hodscha ['hɔdʒa], der; -(s), -s [türk. hoca] 오스만 터키의 성직자.

Hödur: ↑Hödr.

Hof [hoːf], der; -(e)s, Höfe ['høːfə] 〈축소형: ↑Höfchen〉둘러싸인 장소, 안마당, 뜰, 앞뜰, 울안: die Kinder spielen auf dem[im] H. 아이들은 안마당에서 놀고 있다; die Fenster gehen alle auf den H. 창문은 모두 안마당쪽으로 나 있다. **2.** 〈축소형: ↑Höfchen〉 농가, 농장(Bauernhof), (소규모) 농지: einen H. erben (bewirtschaften, verpachten) 농장을 상속받다[경영하다, 소작하다]. **3. a)** (영주의) 저택, 궁전, 궁정, 왕실, 왕성(王城): am H. verkehren 궁정에 출입하다. **b)** 〈Pl. 없음〉 영주의 수행원에 속하는 사람들, 조신(朝臣)(Hofstaat), 궁신, 궁내관: der ganze H. war versammelt 조신 전체가 모였다. **c)** jmdm. [einem Mädchen, einer Frau] den H. machen 《준고어・아직도 농》 누구 [어떤 소녀, 어떤 부인]의 비위를 맞추다. **4.** ↑Aureole (3).

hof-, Hof-: ~adel, der 《역사적》 궁정 출입 귀족. **~amt,** das 《역사적》 (세습되는) 궁정 관직. **~bäckerei,** die ↑~konditorei. **~ball,** der 궁중 무도회. **~besitzer,** der 농장주, 농가(農地) 소유자. **~charge,** die 궁정 고위 관직자. **~dame,** die (궁정의) 여관(女官), 궁녀, 시녀(Ehrendame). **~dichter,** der 《옛》 궁정 시인, 어용시인(桂冠). **~dienst,** der 궁정 봉사이(奉事) (봉공(奉公), 봉직(奉職)). **~erbe,** der 세습 농장 상속인. **~etikette,** die 궁정 예법. **~fähig** 〈Adj.〉 입궐 자격을 갖다. **~fähigkeit,** die 〈Pl. 없음〉 ↑~fähig의 명사형. **~fenster,** das 뜰을 향한 창. **~gang,** der (교도소 등의 안뜰에서 감시하에 실시되는) 운동 (운동) [산책]. **~gänger,** der 《준고어》 농장의 날품팔이꾼[일일고용인](Tagelöhner). **~garten,** der 《드물게》 왕궁 부속 정원(Schloßgarten), 궁정 정원. **~gebäude,** das 마당을 지나서 들어갈 수 있는 건물, 뒷채(Hinterhaus). **~gericht,** das 《역사적》 (국왕 또는 영주에게 소속되는) 고급 재판소. **~halt,** der 《고어》 왕실 예산[재정]. **~halten*** 〈h〉 (영주가 신하들을 거느리고) 도성(都城) 생활을 하다 (residieren): der König hat im Sommer auf dem Lande hofgehalten 왕은 여름에 지방에서 정사를 돌보았다; [전의] im hinteren Raum halten drei Nutten hof 뒷방에 창녀 3명 살았다. **~haltung,** die 궁정 생활, 호화 생활(↑~halten의 명사형). **~herr,** der 농장주. **~hund,** der (특히 휴가 중에) 집 지키는 개, 번견(番犬). **~kamarilla,** die 왕실 간신배(군주 측근의). **~kammer,** die 《역사적》 궁정 재산 관리처. **~kanzlei,** die 《역사적》 궁중 사무국, 궁내부, (특정 지역을 관할하던 오스트리아의) 중앙 관청. **~kirche,** die 《역사적》 궁정 교

Höflichkeit

회. ~**knicks**, der 〈궁정에서 부인이〉 무릎을 굽히며 하는 절. ~**konditorei**, die 궁정 납품 제과점. ~**kriegsrat**, der 〈Pl. 없음〉《역사적》(1848년까지의) 오스트리아 최고 군정(軍政) 당국. ~**lager**, das 《역사적》군주의 임시 체류(지), ~**leben**, das 궁정 생활. ~**leute** 〈Pl.〉《준고어》**1.** 농장 고용인(가족이 딸린). **2.** ↑Hofmann 의 복수형. ~**lieferant**, der 〈고어〉궁중 납품업자. ~**loge**, die 〈고어〉군주와 그 수행원을 위한 극장의 칸막이 좌석, 로열 복스. ~**macher**, der 〈고어〉(여자의) 비위를 잘 맞추는 사람(Charmeur). ~**mann**, der 〈Pl.-leute〉〈고어〉↑Höfling. ~**männisch**〈Adj.〉〈고어〉조신(궁신)다운, 궁정풍의, 우아한, 지나치게 정중한, 추종하는(höfisch). ~**marschall**, der 의전관(儀典官) 시종장. ~**meister**, der 〈고어〉**a)** 궁내 교육·의전 담당관. **b)** (귀족·상류 가정의) 가정교사. ~**meisterlich**〈Adj.〉〈고어〉↑~meister의 형용사형. ~**meistern**〈h〉(주제넘·편) 후견(비호)하다(bevormunden), 훈계하다(tadeln), 가정교사 노릇을 하다. ~**narr**, der 《역사적》궁정의 익살광대. ~**pause**, die (학교의) 쉬는 시간 [휴식 시간]. ~**poet**, der ↑~dichter. ~**prediger**, der 궁정 설교사. ~**rat**, der **1.**《준고어·österr.》공적이 있는 고위 관리에게 수여하는 명예 칭호, 추밀 고문(관). **2.**《통용어·농》(동작이 느리고 까다롭게 구는) 관료적인 인간. ~**rätlich**〈Adj.〉《준고어·편》느린(langsam), 까다로운(umständlich), 관료적인(bürokratisch). ~**ratsecken**〈Pl.〉↑Geheimratsecken. ~**raum**, der 뜰, 안마당(지붕도 있고 경제적 가치를 가지는). ~**reite** [-rajtə], die; -n 《südd., schweiz.》《준고어》(건물, 마당 및 가축(農畜)가 딸린, 담으로 둘러싸인) 농장. ~**sänger**, der **1.**《역사적》궁정 가수, 궁정 시인. **2.**《통용어·농》떠돌이 악사, 각설이. ~**schauspieler**, der 〈고어〉궁정 극장 배우. ~**schranze**, die 〈드물게〉der (대개 Pl.)《역사적》간신(奸臣). ~**staat**, der 〈Pl. 없음〉영주의 수행원[측근]. ~**statt**, die; -en / -stätten 《schweiz.》(부속 건물을 포함한) 농장, 농장 소유지. ~**stelle**, die 소규모 농장 ~**theater**, das 궁정 극장. ~**tor**, das (차량 출입도 가능한) 안마당으로 통하는 대문. ~**trauer**, die 궁중상(宮中喪): **H. haben**《통용어·농》손톱에 때가 끼어 있다. ~**tür**, die 안마당으로 통하는 문(사람이 드나드는). ~**zeremoniell**, das 궁정 예식[의식, 의례]. ~**zimmer**, das 안마당쪽으로 있는 방. ~**zwerg**, der 궁정의 난쟁이 익살꾼.

Höfchen ['hœfçən], das; -s, - ↑Hof (1, 2)의 축소형.
höfeln ['hœfln]〈h〉《schweiz.》비위를 맞추다(schmeicheln). 아첨하다(schöntun).

Hoffart ['hofart], die〈아어·준고어·편〉교만, 허영, 자부심. **hoffärtig** ['hofɛrtɪç]〈Adj.〉《아어·준고어·편》↑Hoffart의 형용사형: **ein ~es Wesen zur Schau tragen** 교만한 기질을 과시하다. **Hoffärtigkeit**, die; -en《아어·준고어·편》**a)** 〈Pl. 없음〉오만함, 오만한 태도. **b)** 오만한 행위[생각].

hoffen ['hɔfn]〈h〉**a)** 희망하다, 기대를 걸다: **sie hofften dort eine Nachricht zu finden** 그들은 거기서 소식을 얻을 수 있으리라고 기대했다; **ich hoffe, es stimmt** 나는 그 말이 틀림없다고 생각한다; **ich hoffe nicht, daß das dein Ernst ist** 그것이 너의 진심이라고 생각하지 않는다; **es steht zu h., daß ...**...은 생각[기대]해 볼 수 있다; **ich will nicht h., daß du etwas davon wegnimmst**《약간 위협하는 어조》그것을 좀 가져갈 생각일랑 말아라; **da ist[da gibt es] nichts mehr zu h.** 그것은 절망적이다, 어쩔 도리가 없다; 성귀 **hoffen wir das Beste (lieber Leser)!** 잘 되기를 함께 빌어봅시다 (독자들이여)! **b)** 누구(무엇)에게 희망을 걸다, 누구(무엇)를 신뢰하다: **auf Gott h.** 신을 믿고 의지하다; **er hoffte auf baldige Genesung** 그는 조속한 회복을 바랐다: **mehr kann man nicht h.** 더이상 기대할 수는 없다. **c)** 기대를 걸다, 희망에 차 있다: **man kann immer h.** 희망이야 언제든지 할 수 있다; 〈명사화〉**zwischen Hoffen und Bangen schweben** 희망과 불안 사이를 헤매다; 속담 **der Mensch hofft, solange er lebt** 인간은 살고 있는 한 희망에 차 있다[희망을 버리지 않는다]. **hoffentlich** ['hɔfntlɪç]〈Adv.〉바라건대, 아마, 희망컨대: **h. hast du recht** 네[너의 행동]이 옳았으면 좋겠으며; „**Kannst du das?**" - „**Hoffentlich!**" 그것을 할 수 있겠니? - 되겠지!(미심쩍은 질문에 대한 대답으로서). -**höffig**〈-hœfɪç〉《광업》유망한, 풍부한: **erzhöffig** 【광】석유매장이 풍부한, 광석 매장이 풍부한. **höfflich** ['hœflɪç]〈Adj.〉【광】수익(收益)이 많은, 유망한.

Hoffmannstropfen ['hɔfmans-]〈Pl.〉[독일의 화학자·의사인 F. Hoffmann(1660~1742)의 이름을 따서] 호프만 액(液)(알코올과 에테르로 조제한 흥분제).

Hoffnung ['hɔfnʊŋ], die; -en **1. a)**〈Pl. 없음〉믿음, 신뢰, 확신, 희망: **eine zaghafte[vage, trügerische] H.** 불안한[막연한, 헛된] 믿음; **H. aufgeben** 믿음[희망]을 버리다; **ohne H. [voller H.] sein** 희망이 없다[희망에 차 있다]. **b)** 희망, 기대, 가망: **viele -en ruhen auf ihm** 그는 장래가 유망하다; **-en an jmdn. [etw] knüpfen** 누구에게[무엇에] 기대를 걸다; **jmdm. -(en) machen** 누구에게 희망을 불러일으켜준다; **sich der H. hingeben, daß ...** ...을 희망하다; **er wiegt sich in der H., daß ...** 그는 ...희망에 잠겨 있다; **der junge Künstler berechtigt zu den größten -en** 그 젊은 화가의 장래는 매우 유망하다; **guter H. [in (der) H.] sein**〈아어·준고어·은폐〉임신 중이다; **in die H. kommen**〈고어·은폐〉임신하다(schwanger werden). **2.** 유망주 (사람을 지칭): **unsere olympische H.** 우리들의 올림픽 유망주.

hoffnungs-, Hoffnungs-: ~**freudig**〈Adj.〉〈아어〉기대[희망]에 가득 찬, 확정적인(bestimmt). ~**froh**〈Adj.〉↑~freudig. ~**funke(n)**, der〈Pl. 없음〉〈아어〉희망의 불꽃. ~**lauf**, der [스포츠] 패자 부활 경기. ~**los**〈Adj.〉**1. a)** 희망이 없는, 절망적. **b)** 가망이 없는: **der Zustand des Kranken scheint h. (zu sein)** 환자의 상태는 가망이 없는 것 같다. **2.**〈형용사와 동사를 강조하여〉매우(sehr), 완전히(völlig): **dies Modell ist h. veraltet** 이 모델은 완전히 구식이다. ~**losigkeit**, die ↑~los의 명사형. ~**reich**〈Adj.〉〈아어〉희망에 넘치는. ~**runde**, die (본선 진출이 걸린) 예선 경기. ~**schimmer**, der〈아어〉희망의 빛. ~**strahl**, der〈아어〉희망의 서광. ~**voll**〈Adj.〉**a)** 희망에 찬, 기대[신뢰]하고 있는(zuversichtlich). **b)** 가망있는, 유망.

hofieren [hoˈfiːrən]〈h〉《준고어》아첨하다, 비위를 맞추다, 정성껏 모시다: **einen Gast [Künstler] h.** 손님[예술가]의 비위를 맞추다.

höfisch ['høːfɪʃ]〈Adj.〉**a)** 궁정 생활(예)과 일치하는, 예의 있는(gesittet), 고상한(vornehm), 교양있는(gebildet): **-e Manieren** 교양있는(바른) 몸가짐; **sich h. benehmen** 고상하게 행동하다. **b)** 【문예】궁정의(중세 중반 기사 사회의 문화와 정신적 특징을 지닌): **-e Dichtung** 궁정 문학. **höflich** ['høːflɪç]〈Adj.〉공손한, 정중한〈반대〉: **unhöflich**〉: **in -em Ton mit jmdm. reden** 정중[공손]한 어조로 누구와 이야기하다; **wir bitten h., das Versehen zu entschuldigen** 실수[과오]를 용서해주시기를 우리들은 정중하게 요청합니다. **Höflichkeit**, die; -en **1.**〈Pl. 없음〉정중함[예의 바른] 행동, 친절(상냥)(한 태도)(Zuvorkommenheit)〈반대: **Unhöflichkeit**〉: **er ließ es nicht an H. fehlen** 그는 예의도 없지 않았다; 성귀 **da(rüber) schweigt des**

Sängers H. 예의 있는 사람은 그런데 대해서 말하지 않는 법이다. 2. 〈대개 Pl.〉 의례적인 말, (겉)치레로 하는 말: -en austauschen 의례적인 말을 교환하다.

höflichkeits-, Höflichkeits-: ~**besuch**, der 의례적인 방문, 예방: jmdm. einen H. abstatten [geben] 누구를 예방하다. ~**bezeigung**, die ↑Höflichkeit (2). ~**floskel**, die 예의상의 미사여구, 인사의 말. ~**formel**, die ↑~floskel. ~**gemüse**, das 〈약간 조롱〉 손님이 가져온 꽃다발. ~**halber** 〈Adv.〉 예의상. ~**phrase**, die ↑~floskel.

Höfling ['hø:fliŋ], der; -s, -e 〈대개 Pl.〉 **a)** 조관(朝官), 궁신(宮臣). **b)** 〈경〉 간신(Hofschranze), (간사한) 아첨꾼.

Höft [hø:ft], das; -(e)s, -e [niederd. hövet, hovet] **a)** 갑(岬), 곶, 해안의 돌출부(Ufervorsprung). **b)** 방파제 모서리. **c)** 〈짧은〉 방파제.

högen ['hø:gn] 〈h〉 [niederd. hogen] 《대개》 h. + sich〉 기뻐하다(sich freuen).

HO-Geschäft ['ha:|'o:-], das; -(e)s, -e 〈구동독〉 국영 기업의 판매소, 상점.

hohe... ['ho:ə..] ↑hoch 참조.

Höhe ['hø:ə], die; -n 1. **a)** 높이: der Turm hat eine H. von 100 Metern 그 탑의 높이는 100m이다; Länge, Breite und H. bestimmen 길이, 넓이 및 높이를 결정하다; der Lange erhob sich zu seiner ganzen H. 그 키큰 녀석이 벌떡 일어섰다; **das ist ja die H.!** 〈통용어〉 그것은 믿을 수가 없다, 파렴치한 것이다. **b)** 고도, 해발(海拔): rasch (an) H. gewinnen 급상승하다; die Baumgrenze liegt etwa bei 2000m H. 숲은 해발 약 2000m까지 있다. **c)** 〈전치사 in과 결합하여〉 (위쪽 방향을 표시): etw. in die H. heben 무엇을 들어 올리다 (hochheben); 〈전의〉 die Preise gehen in die H. 가격이 오르고 있다; er hat das Geschäft (wieder) in die H. gebracht 그는 사업을 (다시) 일으켜세웠다; **in die H. gehen** 〈통용어〉 화를 내다, 분노하다. 2. **a)** 작은 산, 언덕, 고지(Hügel). 〈전의〉 die -n und Tiefen des Lebens 인생의 기복. **b)** 정점, 꼭대기(Gipfelpunkt): er ist auf der H. seiner Jahre 그는 한창 나이에 있다. **(nicht) auf der H. sein** 〈통용어〉 건강하(지 못하)다, 컨디션이 좋(지 못하)다; **auf der H. (der Zeit) sein [bleiben]** 시대에 뒤떨어지지 않다, 최신 정보를 알고 있다. 3. **a)** (높이의) 정도, (돈의) 액수 (눈금 등으로 표시되는) 계수: ein Beitrag in H. von 20 DM 20마르크의 금액에 해당하는 기부금. **b)** (상당한) 수준, (높은) 정도: der Nutzen entspricht nicht der H. des Aufwands 이익이 경비 수준에 맞지 않는다. 4. **a)** [수학] (삼각형의) 높이: die H. einzeichnen [berechnen] 높이를 기입(산출)하다. **b)** [천문] 고도, 앙각. **c)** [전문어] 〈주로 전치사 auf와 결합하여〉 위도(緯度): sie fuhren auf gleicher H. 그들은 동일 위도에서 항해했다.

Hoheit ['ho:hajt], die; -en 1. 〈Pl. 없음〉 주권, 통치권 (Souveränität), 국권: unter die H. eines Staates stehen [unter die H. stellen] 어느 국가의 주권하에 놓이다(놓다, 두다). 2. **a)** 영주(군주) 신분의 사람, 영주(군주)의 가족, 통치자: die -en weilen zu einem Besuch im Nachbarland 영주(군주) 일행은 방문차 이웃나라에 머물고 있다. **b)** 영주(군주)의 호칭: Eure (Königliche) H. 전하, 폐하. 3. 〈Pl. 없음〉 〈아어〉 품위(Würde), 고상(Erhabenheit): sie antwortete mit herablassender H. 그 여자는 겸손하지만 품위 있게 대답하였다.

hoheitlich 〈Adj.〉 1. 주(국)권으로부터의, 군주의, 통치권자의. 2. 《드물게》 군주다운, 고귀한, 품위 있는.

hoheits-, Hoheits-: ~**abzeichen**, das ↑~adler (b). ~**adler**, der 국장(國章)의 독수리(예컨대: 독일기의). ~**akt**, der 통치 행위. ~**bereich**, der 1. ↑~gcbict. 2. 주권 관할 영역. ~**gebiet**, das (영해 포함하는) 영토, 통치권(統治圈). ~**gewalt**, die 주권, 국권, 통치권(統治權). ~**gewässer**, das 〈대개 Pl.〉 영해, 내수(內水). ~**recht**, das 〈대개 Pl.〉 국가 주권, ~**träger**, der (나치) 고위 당지도급 인사. ~**voll** 〈Adj.〉 (아이) 존엄한, 숭고한, 장중한. ~**zeichen**, das **a)** 국가 주권을 상징하는 표지(標識) (국기·국새·국경표지 따위). **b)** (국가 따위의 표시된) 문장(紋章).

Hohelied, das; Hohenlied(e)s [솔로몬이 썼다고 구전되는 사랑과 결혼의 노래집을 포함하는 구약성서 중의 한편 (lat. Canticum canticarum)] 〈아어〉 〈상징적인〉 찬가, 아가서 (구약성서 중의).

höhen ['hø:ən] 〈h〉 [회화] (빛깔을) 두드러지게 하다, 뚜렷하게 하다.

höhen-, Höhen-: ~**angabe**, die 고도 보고. ~**angst**, die 〈Pl. 없음〉 [의학·물리학] 고소(高所) 공포(증). ~**differenz**, die ↑~unterschied. ~**flosse**, die [항공] 승강타(舵)의 고정된 부분. ~**flug**, der [항공] 고공(高空) 비행. ~**gleich** 〈Adj.〉 [교통] 고도가 같은, (항공)(恒)설선(雪線). ~**grenze**, die 삼림 한계선, (항恒)설선(雪線). ~**klima**, das 고산 기후. ~**krankheit**, die [의학] 고지병(高地病), 고산병(高山病). ~**kurort**, der 고지 요양지. ~**lage**, die 해발 (拔), 고도(高度), 고지: mit Radar die H. eines Flugzeugs ermitteln 레이다로 항공기의 고도를 알아[탐지해]내다. ~**leitwerk**, das [항공] 승강타(舵). ~**linie**, die [지리] (지도의) 등고선(等高線). ~**luft**, die 〈Pl. 없음〉 (산소가 부족한) 고산 공기(대기). ~**luftkurort**, der ↑~kurort. ~**marke**, die 고도표(高度標), (수면의) 수준점(水準點). ~**messer**, der 고도계(高度計), 측고기(測高器). ~**messung**, die [측지학] 고도측정, 측고법. ~**rausch**, der [의학] 고산병 증세로 나타나는 몽롱한 상태: dort oben fühlte er sich vom H. beflügelt 산꼭대기에서 그는 몽롱한 상태에 사로잡힌 기분이었다. ~**rekord**, der 고도 기록(高度記錄). ~**rücken**, der [지리] 산등성이, 연산(連山). ~**ruder**, der [항공] 승강타(舵)(의 동작부분). ~**schreiber**, der [항공] (측고기의 수치 기록 장치) 자기 고도계(自記高度計). ~**schwindel**, der ↑~krankheit. ~**sonne**, die 1. [기상] 고산의 태양 조사(照射). 2. 〈W2〉 [의학] **a)** (자외선을 방사하는) 석영등(石英燈)(Quarzlampe). **b)** 석영등 조사(治療). ~**steuer**, das [항공] 승강타기(舵機). ~**strahlung**, die [물리] 우주선(線). ~**training**, das [스포츠] 고지 훈련. ~**unterschied**, der 고도 차 (이). ~**vieh**, das [농업] 고산 가축. ~**wanderung**, die 고지 산행(山行). ~**weg**, der 산등성이 길. ~**wind**, der 산악풍(高山風), 상층 기류. ~**winkel**, der [수학] 앙각(仰角). ~**zug**, der [지리] 산맥, 구릉대(丘陵帶).

Hohenastheimer [ho:ən'|asthajmɐ], der; -s 《통용어·농》 ↑Apfelwein.

Hohepriester, der; Hohenpriesters, Hohenpriester 《성서》 (예루살렘의) 대제사장, 대사제(大司祭). **Hohepriesteramt**, das; -(e)s, -ämter 《또한》 Hohenpriesteramtes, Hohenpriesterämter ↑Hohepriester 의 직(위).

hohepriesterlich 〈Adj.〉 대제사장의, 대사제의.

Höhepunkt, der; -es, -e 최고점, 절정, 정상, 클라이맥스: er hat d. H. des Lebens überschritten 그는 인생의 절정기를 지났다; die Krise treibt ihrem H. zu 위기가 절정으로 치닫고 있다.

höher ['hø:ɐ] ↑hoch의 비교급.

höher-, Höher-: ~**begabt**: ↑hochbegabt. ~**besteuert**: ↑hochbesteuert. ~**bezahlt**: ↑hochbezahlt. ~**dekoriert**: ↑hochdekoriert. ~**dotiert**: ↑hochdotiert. ~**entwickelt**: ↑hochentwickelt.

~entwicklung: die 발달, 발전. ~gelegen: ↑hochgelegen. ~gestellt: ↑hochgestellt. ~gruppieren 〈h〉 ↑~stufen. ~gruppierung, die; -en 승진(급)시키기. ~rangig 〈Adj.〉 더 높은 등급(급수)의. ~schrauben 〈h〉 높이다, 끌어올리다. ~stehend: ↑hochstehend. ~stufe, die [언어] ↑Komparativ. ~stufen 〈h〉 승진[급]시키다. ~stufung, die ~stufen의 명사형. ~versicherung, die [보험] 증가 보험료 보험(추가불입을 통해 법정연금 지불액을 인상시키는 보험).

höhererseits 〈Adv.〉 더 높은 곳으로부터, 상급 관청으로부터.

hohl [ho:l] 〈Adj.〉 **1.** 속이 빈(leer), 공동(空洞)의, 내용물이 없는: die Nuß ist h. 그 호두는 알맹이가 없다. **2.** 우묵한, 움푹 들어간(패인): Wasser mit der -en Hand schöpfen 우묵하게 오무린 손바닥으로 물을 뜨다; -e Wangen 움푹 들어간 볼. **3.** 맑지 않은(목소리), 탁하고 낮게 들리는: er hustete h. 그는 탁한 소리를 내며 기침을 했다. **4.** (퓡) 공허한, 헛된, 내용이 없는: -e Phrasen 공허한 상투어들.

hohl-, Hohl-: ~**äugig** 〈Adj.〉 눈이 움푹 들어간(영양실조 등으로 인해). ~**ball**, der [구기] 바람을 넣어 사용하는 공(축구공 따위). ~**blockstein**, der [토건] 공동(空洞) 블로크. ~**brüstig** 〈Adj.〉 가슴이 움푹 들어간. ~**eisen**, das [수공, 특히 목공] 둥근 끌. ~**fläche**, die 오목면. ~**form**, die [주물] 공동(空洞)을 채워서 만들어내는 주물틀. ~**fuß**, der [의학] 오목발(반대: Plattfuß). ~**glas**, das [전문어] 유리용기(容器) [그릇] (의 총칭) (반대: Tafelglas). ~**glasfeinschleifer**, der (포도주잔, 화병 등) 유리그릇 세공업자. ~**hand**, die [의학·해부] ↑Handteller. ~**hippe**, die 가늘게 말은 웨이퍼(과자따위). ~**kehle**, die **1.** [토건·목공] 요선(凹線), 홈(기둥, 가구 따위의). **2.** [지질] (바람, 물 등에 의해 생긴) 바위의(씻겨 파인) 홈. ~**klinge**, die 가운데가 팬 칼날. ~**kopf**, der (퓡) 바보, 얼간이. ~**köpfig** 〈Adj.〉 우둔한, 명청한. ~**körper**, der 속이 빈 물체, 중공체(中空體). ~**kreuz**, das [의학] (특히 요추(腰椎)부위 앞쪽으로 심하게 휘어 있는) 척추 전만(前灣). ~**kugel**, die 공탄(空彈), 중공구(中空球). ~**leiste**, die ~kehle. ~**leiter**, der [전기] 도파관(導波管). ~**maß**, das **a)** 체적 측정 단위의 총칭: Liter und Kubikmeter sind -e 리터와 입방미터는 체적 측정 단위이다. **b)** (눈금이 새겨진) 액체 등의 양을 재는 그릇(통). ~**meißel**, der 둥근 끌. ~**münze**, die ↑Brakteat (3). ~**muskel**, der [의학] 공동(空洞)을 가진 근육(심장 따위). ~**nadel**, die [의학] (주사·채혈용) 바늘, 삽관(插管)(Kanüle). ~**nagel**, der [의학] 손[발]톱이 뜨는 병. ~**naht**, die [공예] 꿰메어 깊지게, 공그르기. ~**organ**, das [의학] 공동(空洞)을 가진 신체 기관(장기). ~**pfanne**, die S형 홈이 파인 기와, 둥근 기와. ~**raum**, der 공동(空洞). ~**raumversiegelung**, die [자동차] 차체 내부의 공동(空洞)을 부식 방지제로 코팅하기. ~**rohrleiter**, der ↑~leiter. ~**rücken**, der ↑~kreuz. ~**saum**, der [공예] 공그르기, 감침질, 듬서 박기. ~**schleifen*** 〈h〉 [수공·기술] 가운데가 패게[오목하게] 갈다(연마하다). ~**schliff**, der (칼날을) 오목하게 갈아 날을 세우기. ~**sonde**, die [의학] 공동이 파인 소식자(消息子)(외과용). ~**spiegel**, der [광학] 오목 거울. ~**stein**, der [토건] (콘크리트, 유리, 벽돌 따위로 만든) 공동(空洞) 블록. ~**taube**, die 청회색의 비둘기. ~**tier**, das [동물] 강장(腔腸)동물. ~**vene**, die [해부·의학] 대정맥. ~**wangig** 〈Adj.〉 빰이 움푹 들어간. ~**warze**, die [의학] 속으로 들어간 젖꼭지(여자의). ~**weg**, der 깊고 좁은 오목한 길, 협곡; 애로(隘路). ~**welle**, die [기술] 중공축(中空軸), 속이 빈 축. ~**zahn**, der 섬광대수염(백·황·자색 꽃이 피는 꽃).

대수염 비슷한 꿀풀과 식물). ~**ziegel**, der [토건] (단열 효과를 내는) 속이 빈 벽돌, 물결 모양의 기와.

Höhle ['hø:lə], die; -n **1. a)** 동굴, 동혈, 구덩이, 허방: der Berg hat unterirdische -n 그 산에는 지하동굴들이 있다. **b)** (짐승들이 사는) 굴, 집: **sich in die H. des Löwen begeben[wagen] (in die H. des Löwen gehen)** 《농》 사자굴 속을 들어가다(무섭고 싫은 사람을 일 때문에 과감히 방문하다는 뜻으로). **2. a)** 《퓡》 누추한 [초라한] 집. **b)** 《통용어》 (편안함을 느끼는 자기 방이란 뜻에서) 아지트.

höhlen ['hø:lən] 〈h〉 **a)** 《드물게》 파내다(aushöhlen), 우묵하게 하다, 후벼내다: das Wasser hatte die Steine gehöhlt 돌이 물에 패였다; [속담] steter Tropfen höhlt den Stein 작은 물방울 떨어지는 바위도 후벼낸다. **b)** 〈h. + sich〉 패이다, 깊어지다.

höhlen-, Höhlen-: ~**artig** 〈Adj.〉 동굴[굴속] 같은. ~**bär**, der 〈 Pl. -en 〉 (빙하 시대의) 굴 속 곰. ~**bewohner**, der **a)** 혈거(穴居) 주민(Troglodyt). **b)** 동굴에 서식하는 동물. ~**brüter**, der 구덩이나 나무 구멍에 살며 새끼를 치는 새. ~**eingang**, der 동굴 입구. ~**forscher**, der 동굴 탐사자[가]. ~**forschung**, die 동굴 탐사. ~**gewässer**, das 동굴(속) 호수. ~**kirche**, die 동굴 교회. ~**kunde**, die 동굴학. ~**löwe**, der (사멸한, 특히 덩치가 큰) 동굴 사자. ~**malerei**, die 동굴 벽화. ~**mensch**, der ↑~bewohner (a). ~**tempel**, der 동굴 사원. ~**tier**, das [동물] 혈거(血居) 동물. ~**zeichnung**, die 동굴 (벽의) 그림(↑Felsbild).

Hohlheit, die **a)** 속이 빔, 오목[움푹]함. **b)** 《퓡》공허, 천박, 내용이 없음. **Höhlung** ['hø:lʊŋ], die; -en **1.** (Pl. 없음) 오목[움푹]하게 파내기. **2.** 오목[움푹]하게 파낸 자리, 파내려 가기, 들어갈 수 있는 굴: sich in eine H. ducken 몸을 숙여 오목한 곳으로 들어가다.

Hohn [ho:n], der; -(e)s 경멸, 조소: er erntete nur Spott und H. 그는 조롱과 경멸만 샀다; **etw. [das, es] ist der reine[reinste, der blanke] H.** 무엇[그것]은 매우 몰상식한[어리석은] 짓이다.

hohn-, Hohn-: ~**gelächter**, das 비웃음[조소]: unter dem H. der Nachbarn 이웃 사람들의 비웃음 하에(을 사면서). ~**geschrei**, das 야유. ~**lächeln** 〈h〉 비웃다, 조소[냉소]하다: er hohnlächelte[lächelte hohn] 그는 비웃었다; hohnlächelnd wandte sie sich ab 그녀는 비웃으면서 외면하였다. ~**lachen** 〈h〉 **1.** 비웃다, 고소해하다, 조소하다: er hohnlachte[lachte hohn] über dieses törichte Gerede 그는 이 어리석은 이야기에 대해 비웃었다. **2.** 《아어》 역행하다, 배반하다 (zuwiderlaufen); 모욕[조소]하다. ~**sprechen*** 〈h〉 반대하다, 모순되다. ~**triefend** 〈Adj.〉 조소로 가득 찬. ~**voll** 〈Adj.〉 《아어》 조소에 가득 찬, 비웃는, 모욕적인.

höhnen ['hø:nən] 〈h〉 **1.** 《아어》 빈정거리다, 빈정대는 말을 하다: sie klagte und höhnte abwechselnd 그녀는 탄식하다가(하기도 하고) 빈정거리(거리)기도 했다. **2.** 조소[경멸]하다, 비웃다(verspotten, verhöhnen): seine Gegner h. 자신의 적들을 경멸하다. **höhnisch** ['hø:nɪʃ] 〈Adj.〉 비웃는, 경멸하는, 모욕적인.

hoho! [ho'ho:] 〈Interj.〉 《통용어: 놀라움과 거절[거부]의 외침》 허허, 이런, 홈: h., das wollen wir doch mal sehen! 허허, 그것 한번 봅시다 그려!

Höhung ['hø:ʊŋ], die; -en [회화] 뚜렷하게 하기, (색깔을) 두드러지게 하기.

hoi! [hɔy] 〈Interj.〉 **a)** (기쁜 놀라움의 외침): h, das schmeckt aber gut! 아, 이거 정말 맛있는데! **b)** (분노를 나타내는 외침): h., kannst du nicht aufpassen! 제기랄, 너 조심 못하겠니!

höken ['hø:kŋ] 《드물게》 ↑hökern. **Höker** ['hø:kɐ], der; -s, - 《고어》 소매상인(Kleinhändler), 노점 상인. **Hökerei**, die 《고어》 소매상[노점상] 행위. **Hökerfrau**, die 《고어》 여자 시장 상인(Marktfrau), 여자 노점 상인(Höker). **Hökerin**, die; -nen ↑Höker의 여성형.

hökern ['hø:kɐn] 〈h〉 소매[노점]상을 벌이다. **Hökerweib**, das 《고어》 ↑Hökerfrau.

Hoketus: ↑Hoquetus.

Hokku: ↑Haikai.

Hokuspokus [ho:kʊs'po:kʊs], der; - [engl. hocuspocus] **1.** 《관사없이》 주문(Zauberwort), 마술사가 외우는 문구(Beschwörungsformel): der Taschenspieler sagte H., und die Karte war wieder da 요술쟁이가 주문을 외었더니 카드가 다시 나왔다; **H. Fidibus (dreimal schwarzer Kater)** 《농담조의 주문(呪文)》 수리 수리 마수리(따위); **H. verschwindibus!** 어떤 사물을 사라지게 할 때 말하는 농담식 주문(呪文) 문구. **2.** 사기(Gaukelei), 마술(Zauber), 눈속임(Trick), 요술(Zauberkunststück). **3. a)** 불필요한 장신구[장식품]. **b)** 못된 장난, 비행(Unfug), 넌센스(Unsinn), 장난: allerlei H. treiben 온갖 못된 짓을 하다.

Holarktis [hɔl'arktɪs, der [griech. hólos u. Arktis] [지리] 전(全)북극권(동·식물 분포상의). **holarktisch** 〈Adj.〉 전(全) 북극권의.

hold [hɔlt] 〈Adj.〉 **1.** 《시어·준고어》 우아한(anmutig), 귀여운(lieblich), 애교 있는: das -e Mädchen 귀여운 소녀; h. lächeln 애교 있는 미소를 띄우다. **2.** jmdm. **(einer Sache) h. sein** 누구(무엇)를 좋아하다; 《고어》 sie war ihm schon immer h. gewesen 그 여자는 벌써부터 그 남자를 사랑하고 있었다.

Holder ['hɔldɐ], der; -s, - 《süd(west)d.》 ↑Holunder.

Holder-, **Holler-** 《지역적》 **~baum**, der ↑Holunder. **~busch**, der ↑Holunderbusch. **~stock**, der ↑Holunderstrauch. **~straube**, die 《대개 Pl.》 《südd.》 《동물성》 굳기름을 바른 빵. **~strauch**, der ↑Holunderstrauch.

Holding ['hoʊldɪŋ], die; -s ↑Holdinggesellschaft의 약칭. **Holdinggesellschaft**, die; -en [engl. holding company] 【경제】 홀딩 컴퍼니, 지주(持株) 회사.

holdrio! ['hɔldrio (또한) ...holdri:o] 〈Interj.〉 《특히 산악 지대에서》 목동들의 환호성. **¹Holdrio** [-], das; -s, -s ↑holdrio의 명사형, 요들 소리(Jodler). **²Holdrio** ['hɔldrio], der; -(s), -(s) 경박한 인간, 쉽게 사는 사람.

holdselig 〈Adj.〉 《시어·준고어》 우아한(anmutig), 매력적인(liebreizend), 애교가 넘치는. **Holdseligkeit**, die 《시어》 우아(Anmut), 매력(매력)(Liebreiz).

Hole [hoʊl], das; -s, -s [engl. hole] 【골프】 홀, 구멍(Loch).

holen ['ho:lən] 〈h〉 **1. a)** 가져오다, 이쪽으로 나르다(herbeischaffen): Kartoffeln (aus dem Keller) h. 감자를 (지하실에서) 가져오다[날라오다]; Brot (vom Bäcker) h. 빵을 (빵집에서) 사오다; ein Kleid aus dem Schrank h. 드레스를 옷장에서 꺼내다; jmdm. [für jmdn.] einen Stuhl h. 누구에게 의자를 가져다 주다; **bei jmdm. ist nicht viel[nichts (mehr)] zu h.** 누구에게 가진 것이 많이 않아서[없어서] 압류할 수 있는 것이 많지 않다[없다]. **b)** 누구를 불러 오다: die Polizei h. 경찰을 불러 오다. **c)** 가지러 가다, 데려가다: er wurde zum Militär geholt 그는 군에 소집되었다; Er muß stündlich damit rechnen, daß man ihn h. kommt 그는 체포당할 것을 언제라도 예상해야 한다 [전의] der Tod hat sie geholt 〈은폐〉 그녀는 죽었다. **2.** 〈h. + sich〉 얻다, 받다, 청구하다: sich Anregungen h. 자극

을 받[얻]다. **3.** 《통용어》 획득하다(gewinnen), 취득하다(erwerben): einen Preis[eine Medaille] h. 상[메달]을 획득하다; 《또한》 h. + sich) morgen mußt du dir den Meistertitel h. 너는 내일 참피온 타이틀을 획득해야 한다. **4.** 〈h. + sich〉 《통용어》 입다, 당하다, 불러들이다: sich einen Schnupfen[die Grippe] h. 코감기 [유행성 감기]에 걸리다; die Angst, daß ich mir was geholt habe 《은폐》 내가 성병에 감염되었다는 불안. **5.** [선원] (밧줄로) 끌어당기다[내리다]. **6.** 《지역적》 사(들이): ich muß mir einen neuen Mantel h. 나는 새 외투 한 벌을 사 입어야 한다.

Holismus [ho'lɪsmʊs], der; - [griech. hólos] 【철학】 전체론.

Holk: ↑Hulk.

holla ['hɔla] 〈Interj.〉 《놀랄 때와 의아스러울 때 외치는 소리》: h., das hätte ich nicht erwartet! 어렵쇼, 나는 그걸 기대하지 않았는데!

Holland ['hɔlant, (niederl.) 'hɔlant, (engl.) 'hɔlənd], -s **1.** 네덜란드의 주(州) 이름. **2.** 《통용어》 네덜란드. **¹Holländer** ['hɔləndɐ], der; -s, - **1.** 네덜란드 사람. **2.** ↑Holländer Käse(네덜란드산 치즈)의 약칭. **3.** (어린이용) 네바퀴 자전거. **4.** 집토끼. **5.** 【기술】 제지 원료 분쇄기. **6.** 【체조】 3/4 회전하여 공중제비를 넘는 착지법. **7. den H. machen** 《통용어》 달아나다, 도망하다(옛 네덜란드 용병과 관련); **losgehen[durchgehen] wie ein H.** 《지역적》 재치있게 곤경을 벗어나다. **8.** 도망하다. **²Holländer** 〈Adj.; 격변화 없음〉 네덜란드의. **Holländerei** [hɔləndə'raɪ], die; -en [네덜란드 특유의 낙농업에서 연유함] 《지역적·고어》 목축농업, 낙농(Molkerei). **Holländermühle**, die; -n ↑Holländer (5). **holländern 1.** [제본] 〈h〉 가제본하다, 제책(製册)하다. **2.** 《고어》 《h/s》 등에서 팔을 끼고 스케이트를 타면서 원을 그리다, 네덜란드 식으로 스케이트를 타다. **holländisch** ['hɔləndɪʃ] 〈Adj.〉 네덜란드(사람·말)의. **Holländisch**, das; -(s) 네덜란드어(語). **Holländische'**, das; -n 〈정관사와 함께만〉 네덜란드어.

Holle ['hɔlə], die; -n [niederd. hulle, hülle] [사냥] (새의) 볏, 관모(冠毛).

Hölle ['hœlə], die; -n **1. a)** 〈Pl. 없음〉 【종교】 지옥, 악마의 나라: in die H. kommen [zur H. fahren] 저주받다, 지옥으로 가다; 《속담》 der Weg zur H. ist mit guten Vorsätzen gepflastert 좋은 의도도 실행이 따르지 못하면 파멸을 가져오기 쉽다; **jmdn. zur H. wünschen** (아이) 누구가 저주하다; **zur H. mit jmdm. [etw.]** (없어졌으면 좋겠다고 저주할 때 쓰는 표현): zur H. mit den Verrätern! 배신자들은 꺼져라(돼져라)! **b)** 괴로운 장소(상황): 무시무시한 것, 참을 수 없는 것: **die grüne H.** 원시림, 처녀림; **die H. ist los** 《통용어》 1) 야단 법석이다, 참을 수 없이 시끄럽다. 2) 고약한 날씨[폭풍우]가 엄습하였다. 3) 적의 포사격이 시작되었다; **die H. auf Erden haben** 지옥 같은 생활을 하다; **jmdm. das Leben zur H. machen** 누구를 못살게 굴다; **jmdm. die H. heiß machen** 《통용어》 1) (위협하여) 불안하게 하다, 괴롭히다. 2) 부탁하여 속이다. **2.** 《지역적》 (옛 농가의) 난로와 벽 사이의 공간[장소] (장의자가 놓이는).

¹Höllen- (Hölle 1): **~braten**, der (옛 속어·욕) 흉악한 인간, 비인간. **~brut**, die 《Pl. 없음》 《속어·욕》 악마, 악당. **~fahrt**, die 【신화·기독교】 지옥에 떨어짐, 지옥 순례: Christi H. 그리스도의 지옥 순례. **~feuer**, das 지옥의 업화(業火). **~fürst**, der 〈Pl. 없음〉 악마 (Teufel, Luzifer), 마왕. **~hund**, der 【신화】 지옥을 지키는 개(Zerberus). **~maschine**, die [frz. machine infernale] 《준고어》 (범죄용의) 폭발물, 시한폭탄. **~stein**, der [lat. lapis infernalis] **a)** (유(肉) 혹 조직을

부식시키거나 지혈제로 사용되는) 질산은. **b)** 질산은 막대 [조각]. **~steinstift,** der 질산은 막대. **~strafe,** die 【종교】 저주의 형벌, 지옥의 형벌.

²Höllen- (또한 기본어의 강조로써) 《경・강조》 매우 큰 (sehr groß), 몹시 강한(überaus stark), 격심한 (heftig): **~angst,** die 심한 공포. **~brand,** der 심한 갈증(숨을 마시고 싶을 때의). **~durst,** der 심한 갈증. **~glut,** die 격정; 이글거리는 열화. **~hitze,** die 심한 더위. **~lärm,** der 지옥 같은 소란, 야단 법석. **~pein,** die 지옥 같은 고통. **~qual,** die 지옥 같은 고통. **~schmerz,** der 지옥 같은 고통. **~spaß,** der 대단한 (큰) 재미. **~spektakel,** der ↑**~lärm.** **~tempo,** das 굉장한 속력.

Holler ['hɔlɐ], der; -s, - 《süd(west)d., österr.》 ↑ Holunder.

Holler-: ↑Holder-: **~baum** usw. ↑Holunderbaum usw.

Hollerith- [hɔlǝ'rɪt, (또한) '―--; 독일계 미국인 발명가 H. Hollerith (1860–1929)에 따라] **~karte,** die 천공(편치) 카드(컴퓨터용의). **~maschine,** die 펀치 카드 기계. **~verfahren,** das (Pl. 없음) 펀치 카드(를 사용한 컴퓨터) 처리. **hollerithieren** [hɔlǝri'tiːrǝn] 〈h〉 펀치 카드에 올리다[입력하다].

Hollerkoch, das; -s 《bayr., österr.》 《야생》 라일락 열매 잼(Holundermus). **Hollerröster,** der; -s 《österr.》 《야생》 라일락 열매 콤포트[잼].

höllisch ['hœlɪʃ] 〈Adj.〉 **1. a)** 지옥 같은, 지옥의: -e Qualen leiden 지옥 같은 고통을 겪다. **b)** 무서운, 지독한, 잔악한, 끔찍스러운: ein -er Krieg 무서운 전쟁. **2.** 《통용어・강조》 보통이 아닌, 대단한, 심한; 몹시, 대단히, 심히: jmdm. (ein) -es Vergnügen bereiten 누구에게 큰 만족을 주다, 대단히 만족시키다; vor jmdm. -en Respekt haben 누구를 매우 존경하다.

Hollywood ['hɔlɪwʊd] 할리우드(미국의 영화 도시). **Hollywoodschaukel** die; -n [미국 영화 도시 이름에 따라] 《정원에 매달아 두는 안락한》 흔들이가 장의자.

¹Holm [hɔlm], der; -(e)s, -e **1. a)** 《체조》 《고저》 평행봉대. **b)** 사닥다리의 세로대. **c)** 《계단》 난간의 손잡이 부분. **2. a)** 《항공》 날개 뼈대의 가로 방향의 주요 부재(部材), 날개보. **b)** 《토건》 가름대, 들보. **3. a)** 《조정》 상앗대[노] 부분. **b)** ↑²Helm [1].

²Holm [-], der; -(e)s, -e [niederd. holm] (nordd.) **1.** 작은 섬, 소도. **2.** 《드물게》 조선소(Schiffwerft), 도크(Schwimmdock).

Holmengasse ['hɔlmǝn-], **Holmgasse,** die; -n 【체조】 평행봉 대 사이의 공간.

Holmgang [-], -(e)s, -gänge [북방 게르만 민족 전설에 나오는] 고도(孤島)의 결투.

Holmium ['hɔlmium], das; -s [Stockholm의 라틴어화된 이름은 Holmia에 따라] 홀미윰(기호: Ho).

holo-, Holo-, (모음 앞에서는 또한 hol-, Hol-[holo-, hɔl-; griech. hólos 〈ganz 혹은 völlig를 뜻하는 규정어로서, 예컨대) holographisch, Hologramm, holoedrisch, holarktisch. **Holocaust** [hɔlo'kaust, (engl.) 'hɔlǝkɔːst], der; -(s), -(s) [engl. holocaust] 대학살(특히 나치스에 의한 유럽 유태민족의). **holoeder** [hɔlo'eːdɐ], der; -s, - [griech. hédra] 완면상(完面像) (결정면(結晶面)이 완벽하게 발달된). **holoedrisch** [holo'eːdrɪʃ] 〈Adj.〉 완면상의(vollflächig). **Hologramm,** das; -s, -e 【물리】 홀로그램, 레이저 사진. **Holographie,** die 【물리】 홀로그래피, 레이저 사진술. **holographisch** 〈Adj.〉 **1.** 《도서관・법》 《완전히》 자필로 쓴, 자필(직필)의. **2.** 【물리】 홀로그래피 기술(원리)[레이저 사진술]에 의한: eine -e Aufnahme 【물리】 홀로그래피[레이저 사진] 촬영. **holokrin** [holo'kriːn] 〈Adj.〉 [griech. krínein = scheiden, trennen] 【생물・의학】 전분비성(全分泌性)의(반대: merokrin). **holokristallin** 〈Adj.〉 완전 결정(完全結晶)의. **Holometabolen** 〈Pl.〉 【생물】 완전 변태류(곤충). **Holometabolie,** die 【생물】 완전 변태. **Holoparasit,** der; -en, -en 【식물】 완전 기생 식물(Vollschmarotzer). **holophrastisch** [holo'frastɪʃ] 〈Adj.〉 [griech. phrastikós = zum Reden gehörend] 【언어】 **a)** 한 단어 문장의, (문장의) 한 단어로 구성되는(예컨대: Komm!; Feuer!). **b)** (언어 유형의 하나로서) 고립어의(예컨대: 에스키모어의 경우). **Holosiderit,** der; -es, -e 완전 니켈 운석. **Holotypus,** der; -, ...pen 【동물】 완모식 표본(完模式標本), 완전 표본(생물체 전체가 보존된 화석을 모방한). **holozän** [holo'tsɛːn] 〈Adj.〉 [frz. holocène] 【지질】 완세(完新世)의. **Holozän** [-], das; -s [frz. holocène] 【지질】 완신세(完新世).

holperig: ↑holprig. **holpern** ['hɔlpɐn] **1. a)** 〈h〉 덜커덕 거리며 가다(움직이다): der Karren ist durch die Straßen gepoltert 수레가 덜커덕거리며 길을 지나갔다. **b)** 〈h〉 비틀거리다, 흔들(거)리다: die Räder stießen und holperten auf dem unebenen Weg 울퉁불퉁한 길을 만나 바퀴가 흔들렸다. **2.** 《드물게》 〈h〉 비틀거리며 걸어가다. **3.** 〈h〉 더듬거리며 읽다(말하다): er holpert (beim Lesen) noch ein wenig 그는 (책을 읽을 때) 아직도 약간 더듬거린다; 전의 seine Verse holpern 그의 시는 리듬이 맞지 않는다. **holprig,** 《또한》 holperig ['hɔlp(ǝ)rɪç] 〈Adj.〉 **1.** 울퉁불퉁한, 평탄하지 않은: eine -e Fahrbahn 울퉁불퉁한 차도. **2.** 더듬거리는, 유창하지 못한, 리듬이 맞지 않는: in einem Englisch 유창하지 못한 [더듬거리는] 영어로. **Holprigkeit,** 《또한》 Holperigkeit, die ↑holprig의 명사형.

Holschuld ['hoːl-], die; -en 【법】 추심채무(推尋債務) (반대: Bringschuld).

Holsteiner ['hɔlʃtainɐ], der; -s, - 홀스타인 말(승마용).

Holster ['hɔlstɐ], das; -s, - [engl. holster] **1.** 가죽 권총집. **2.** 【사냥】 엽낭, 사냥포대(Jagdtasche).

holterdipolter [hɔltɐdi'pɔltɐ] 〈Adv.〉 《통용어・의성어》 허둥지둥, 후다닥(Hals über Kopf).

holüber! [hoːl'|yːbɐ] 〈Interj.〉 (사공에게 고함치는 소리) 여보시오(건네주시오)!

Holunder [ho'lʊndɐ], der; -s, - **1.** 라일락. **2.** (Pl. 없음) ↑Holdunderbeere의 약칭.

Holunder-: **~baum,** der 라일락나무. **~beere,** die 라일락 열매. **~beersuppe,** die 라일락 열매 수프. **~blüte,** die 라일락꽃. **~busch,** der 라일락 숲. **~mark,** das 라일락의 속[목수(木髓)]. **~saft,** der 라일락 열매 주스. **~strauch,** der 라일락 수풀. **~suppe,** die 라일락 열매 수프. **~tee,** der 라일락 꽃으로 끓인 차.

Holz [hɔlts], das; -es, Hölzer ['hœltsɐ] / - **1.** (Pl. 없음) (수목 및 관목의 줄기나 가지의 단단한 부분) 목재, 목. 나무: H. brennt schlecht 이 나무는 잘 타지 않는다; H. spalten[sägen] 나무를 쪼개다[켜다]; Möbel (Gegenstände) aus H. 목재가구(나무로 만든 물건); die Wände mit H. verkleiden 벽에 나무를 대다; der Baum ist zu sehr ins H. geschossen 이 나무는 (꽃은 피지 않지만) 가지가 무성하다; 전의 und aus dem grünen -e! 풋내기가 필 안다고!; **dastehen wie ein Stück H.** 장승처럼 서 있다. **H. auf sich hacken lassen** 꾹 참고 견디다, 참을성이 있다. **H. in den Wald tragen** 무의미한[쓸데없는] 일[수고]을 하다. **kein hartes H. bohren[das H. bohren, wo es am dünnsten ist]** 너무 쉽게 생각한다, 크게 노력하지 않다. **viel H.** 《통용어》 대량(eine große Menge): 50 Mark für das Buch ist viel H. 그 책값이 50마르크이면 비싸다. **(viel) H. vor der Hütte**

[vor dem Haus/vor der Tür/vor der Herberge] haben 《통용어·농》 유방이 크다, 터질듯한 유방을 가지고 있다; H. sägen[schneiden] 《통용어》 코를 크게 골다; nicht aus H. sein 1) 목석이 아니다. 2) 그렇게 감정이 없지 않다(역시 감정은 있다). 2. 목재품, 목재종류: aus dem H. sein, aus dem man ... macht …직책[임무]에 적합한(능력을 소유한) 인물[재목]이다; er ist aus dem H., aus dem man Minister macht 그는 장관감이다; aus dem gleichen[aus anderem] H. (geschnitzt) sein 성격이 같은[다른] 사람이다; aus hartem[feinem, gröberem] H. (geschnitzt) sein 정신과 육체가 천성적으로 강인하다[섬세하다, 거칠다]. 3. a) 〈Pl. Hölzer, 축소형: †Hölzchen〉 목재품, 나무로 된 부분[물건]: der Stürmer traf zweimal dasselbe Holz 그 공격수는 두번씩 똑같은 골대 부분을 맞혔다; den Ball mit dem H. schlagen (테니스, 배드민턴에서) 라켓의 나무 부분으로 공을 치다(에 공이 맞다). b) 〈Pl.〉 〖볼링〗 핀: zwei H. stehen noch aljnck 두 개의 핀이 서 있다; gut H.! 잘했어! 〖볼링 경기자들의 인사말〗. c) 〈Pl. 없음〉 〖음악〗 목관 악기의 총칭. 4. 〈Pl. 없음〉 《준고어·지역적·사냥》 숲(Wald): ins H. fahren 숲속으로 차를 몰다[가다].

holz-, Holz-: ~abfuhr, die (벌목된) 목재 수송.
~abfuhrweg, der 목재 수송로. ~absatz, der (구두의) 나무로 된 뒷축. ~apfel, der a) 야생 능금. b) †~apfelbaum의 약칭. ~apfelbaum, der 야생 능금 나무. ~arbeiter, der ↑~fäller. ~arm 〈Adj.〉 a) 나무가 많지 않은. b) 나무를 적게 사용한. ~art, die 목재[나무]의 종류: einheimische ~en 국내산 목재류. ~asche, die 나무가 탄 재. ~auge, das 《다음 용법으로》 〖농〗 조심해! H. sei wachsam! 〖농〗 산림 이용권, 벌목권. ~bank, die 〈Pl. -bänke〉 a) 나무 벤치. b) 목재 더미. ~baracke, die 목조 바라크. ~bau, der 1. 〈Pl. 없음〉 목조 건축. 2. 〈Pl. -ten〉 목조 건축물. ~bearbeitung, die 목재 가공, 목재의 공작. ~bearbeitungsmaschine, die 목공 기계. ~bedarf, der 목재 수요. ~beige, die [↑²Beige] (südd.·schweiz.) ↑~stoß. ~bein, das 나무다리, 목재 의족. ~beize, die ↑Beize (1 a). ~beton, der 시멘트, 톱밥 대팻밥 등을 섞어서 만든 콘크리트. ~bett, das 목침대. ~biene, die 호박벌. ~bildhauer, der 목판(목각) 조각가. ~bildhauerei, die 목판 조각, 목각. ~birne, die 야생 서양배. ~bläser, 〖음악〗 목관 악기 연주자. ~blasinstrument, das 〖음악〗 목관 악기. ~blasinstrumentenmacher, die 목관 악기 제조인. ~block, der 〈Pl. -blöcke〉 통나무. ~bock, der 1. 모탕, 목가(木架)(Bock). 2. (개·사람의 피를 빨아먹는) 진드기. 3. 하늘소. ~boden, der 1. 마룻바닥. 2. 〖임업〗 식림에 적합한 땅, 식[조]림지. ~bohle, die 나무 널빤지. ~bohrer, der 1. 목공용 드릴(송곳). 2. 나무 좀벌레. 3. †Borkenkäfer. ~borkkäfer, der (기둥이나 가구를 해치는) 나무 좀벌레. ~bottich, der 나무(로 만든) 통. ~brandmalerei, die (나무에 인두로 그리는) 낙화(烙畵), 인두 그림[↑Brandmalerei). ~brandtechnik, die 낙화(기)술. ~brett, das (건축용 목재로 쓰이는) 나무 널빤지. ~brettchen, das (식탁 위에 놓는) 나무 받침판. ~brücke, die 나무다리, 목교(木橋). ~brüter, der ↑Borkenkäfer. ~bude, die 목조 노점. ~bündel, das 나뭇단(묶음). ~dach, das 목조 지붕. ~darre, die 《전문어》 목재 건조 시설. ~decke, die 목조 천장. ~destillation, die 《전문어》 목재 탄화(증류), 숯굽기. ~dieb, der 〖산림·목장〗 도둑. ~diebstahl, der 〖산림·목장〗 절취, 삼림 도적. ~diele, die 1. 긴 나무 널빤지. 2. 나무로 된 마룻바닥, (특히) 마룻바닥 널빤지. 2. 나무로 된 마룻바닥(Holzfußboden). ~draht, der 《전문어》 (성냥개비용

이나 바구니 등을 엮을 때 쓰이는) 가는 나무개비, 목사(木絲). ~dübel, der 나무못. ~eimer, der 나무 바께쓰. ~einschlag, der †Einschlag (3). ~ersatzstoff, der 대용 목재. ~essig, der (목재 증류시 생기는) 목초산(木醋酸). ~fachschule, die 임업 전문 학교. ~fäller, der 벌목꾼, 나무꾼. ~faser, die (목재질 섬유, 섬유소, 셀룰로스. ~faserplatte, die (건축 자재로 쓰이는) 나무 섬유판. ~fäule, die (균류에 의한) 목재의 부식. ~feile, die 목재 가공에 쓰이는 줄. ~felge, die 목재 바퀴테. ~feuer, das 나뭇불, 장작불. ~fiber, die 아교와 톱밥을 섞어 만든 딱딱한 고무 같은 물질. ~figur, die 나무(로 만든) 상(像). ~floß, das 뗏목. ~flößerei, die 뗏목 방류. ~frei 《준고어》 목질 섬유가 섞이지 않은(반대: holzhaltig). ~frevel, der 《준고어》 도벌(Holzdiebstahl). ~fuhre, die 목재 수(운)송. ~furnier, das 나무 베니어. ~fußboden, der 나무로 된 마룻바닥. ~galerie, die 목조 회랑(回廊), 목조 복도. ~gas, das (목재를 증기로 찔 때 생기는) 가스. ~gasgenerator, der 나무가스용 발전기. ~geist, der 목정(木精), 메틸알코올. ~geländer, das 나무로 만든 난간(손잡이). ~gerecht 〈Adj.〉 《고어》 †forstgerecht. ~gerechtigkeit, die 《옛》 산림 이용권, 벌목권. ~gerüst, das 목재 비계(발판). ~geschnitzt 〈Adj.〉 목조(木彫)한(된). ~gestell, das 모탕(Holzbock), 버팀목. ~getäfelt 〈Adj.〉 나무판을 댄. ~gewächs, das [식물] 간목(가지, 줄기를 치더라도 존속하는 식물). ~gewehr, das 목총, 나무총. ~gewinde, das 나무 나사. ~hacker, der 1. 특히 österr.》 †~fäller. 2. 《축구 은어》 거친 선수, 정정당당하지 않은 선수. ~haltig 〈Adj.〉 목질 섬유가 섞인(반대: holzfrei). ~hammer, der 나무 망치: eins mit dem H. abgekriegt haben (약간 폄) 제정신이 아니다, 머리가 좀 이상하다. ~hammermethode, die 거친(거칠게 다루는) 방법. ~hammernarkose, die 《경》 얻어맞고 명해짐. ~hammerpolitik, die 《폄》 독재[강권] 정치[정책](무지막지하게 밀어 붙이는). ~handel, der 재목상. ~hauer, der 《지역적》 †~fäller. ~haufen, der 재목[장작] 더미. ~haus, das 목조 가옥(건물). ~hütte, die 목조 오두막집. ~industrie, die 목재 공업. ~käfig, der 나무로 만든 우리(새장). ~kasten, der 나무 상자. ~keil, der 나무 쐐기. ~kirche, die 목조 교회(당). ~kiste, die 나무 상자(Kasten 보다 큰). ~kitt, der 나무의 틈을 메우는 시멘트(접착재). ~klammer, die 나무로 만든 집게(빨래를 말릴 때 쓰는). ~klasse, die 1. (옛) (객차의 좌석이 나무로 된) 3등. 2. 《전문어》 목재 수송 화물 열차(의 등급). ~kloben, der 통나무. ~klotz, der 통나무. ~knebel, der 횡목, 나무 빗장. ~knecht, der 《옛》 †~fäller. ~koffer, der 나무로 만든 트렁크. ~kohle, die 목탄, 숯. ~kohlengrill, der 숯을 사용하는 석쇠. ~konstruktion, die 목재 구조(물). ~kopf, der 1. 나무로 조각한 머리. 2. 《약간 폄》 이해가 느린 사람, 아둔한 사람. ~korb, der 장작통, 땔감 광주리. ~kreuz, das 나무 십자가. ~lack, der 목재용 니스. ~lager, das 재목 하치장, 저목장(貯木場); 나무 침대. ~latsch(en), der, ~latsche, die 《통용어》 〈대개 Pl.〉 나무 샌들(Holzsandale), 나막신(Holzpantoffel). ~leim, der 목재 접착용 아교. ~leiste, die 나무(로 만든) 쇠시리(테두리 장식). ~lieferant, der 나무 재목(재목) 조달자(공급자). ~löffel, der 나무 스푼[숟가락]. ~malerei, die 목판화. ~markt, der 재목 시장. ~maserung, die 목재의 무늬(넣기). ~maske, die 나무로 만든 가면. ~maß, das 목재의 용적(단위). ~mehl, das 톱밥. ~meßanweisung, die 원목 측량 및 선별 규정. ~meßkunde, die 목재 측량술. ~nagel, der 나무 못(Holzstift). ~öl, das (방수 니스로 사용되는) 오동(나무 열매)기름. ~opal, der 목단 백석(木蛋白石). ~paneel, das 목재 벽판(壁板). ~pantine, die 《(지역적)》 나막신. ~pantoffel, der 나무 샌들, 나막신. ~papier, das 목질 섬유(펄프)로 제조한 종이. ~pappe, die 목재 펄프로 만든 판지(板紙). ~perle, die 나무로 깎아 만든 진주(모양의 것). ~pfeife, die 나무의 파이프. ~pflanze, die ↑~gewächs. ~pflaster, das 나무 말뚝을 박아 포장한 도로. ~pflock, der (작은) 나무 말뚝, 나무 쐐기, 나무못. ~pilz, der (나무를 썩게 하는) 담자균(擔子菌). ~planke, die (두껍고 긴) 나무 판자. ~plastik, die a) 나무 조각(품). b) 〈Pl. 없음〉 나무 조각(기)술(Holzschnitzkunst). ~platte, die (목판 인쇄용) 판자. ~platz, der 목재 하치장, 나무 원목 가격. ~pritsche, die 나무 침대. ~puppe, die 나무 인형. ~rahmen, der 목재 명자. ~raspel, die 목재 가공용 줄. ~rechen, der 나무로 만든 갈퀴. ~recht, das 《옛·법》 ↑~gerechtigkeit. ~reichtum, der 〈Pl. 없음〉 삼림이 풍부함. ~reifen, die 나무바퀴테, 통만드는 널빤지. ~riese, die 《südd., österr.》 ↑~rutsche. ~rost, der 나무로 만든 살대(석쇠 모양의). ~rutsche, die 목재 활송로(滑送路). ~sandale, die 바닥이 나무로 된 샌들. ~sarg, der 나무관. ~schädling, der 나무 해충, 나무 기생 동(식)물. ~schaff, das 《südd., österr.》 (큰) 나무통. ~schale, die 넓적한 목기(음식을 담는). ~scheit, das 나무토막(조각). ~schemel, der (등받이가 없는) 나무 의자. ~schimmel, der ↑~faule. ~schindel, die (건물 외벽이나 지붕에 쓰이는) 얇은 나무 널빤지. ~schlag, der 1. 벌목, 벌채. 2. 채벌지, 벌채지. ~schläger, der 나무로 만든 골프채. ~schliff, der 《전문어》 목재 펄프. ~schliffrei: ↑~frei. ~schneidekunst, die 〈Pl. 없음〉 목판 조각술(Xylographie). ~schneider, die (Xylograph). ~schnitt, der 1. 〈Pl. 없음〉 목판 조각. 2. 목판, 목판 인쇄. ~schnittartig 〈Adj.〉 《교양어》 (표현 따위가) 거친(grob), 섬세하지 않은. ~schnitzer, der 목판 조각가. ~schnitzerei, die 1. 〈Pl. 없음〉 목조(木彫). 2. 목조품. ~schopf, der 나무숲. ~schraube, die 목재용 금속 나사, 목재 나사. ~schuh, der (대개 Pl.) a) 나무신(전체가 나무인). b) 바닥이 나무로 된 신. ~schuppen, der a) 목재로 지은 창고. b) 장작 창고. ~schutz, der (해충, 기상의 영향, 산불, 수해 따위에 대비한) 목재 보호 조처. ~schutzmittel, das 목재 보호제(劑). ~schwamm, der ↑Hausschwamm. ~ski, der 목재 스키. ~skulptur, die 나무 조각(술). ~sohle, die 나무로 된 구두창. ~span, der a) (얇고 작은) 나무 막대기, 판자 조각. b) (대개 Pl.) 대팻밥. ~spanplatte, die [토건] 대 팻밥과 접착제를 압축시켜 만든 널빤지. ~spielwaren 〈Pl.〉 나무로 만든 장난감(총칭적으로). ~spielzeug, das 나무로 만든 어린이용 장난감. ~spiritus, der 《Pl. -se》 [화학] 목당(木糖)에서 추출한 알코올. ~splitter, der 나무조각(토막), 목편(木片). ~stab, der 재목 창고. ~stadel, der (bayr., österr.) ↑~schuppen. ~stange, die 나무 막대기. ~stapel, der 장작(재목) 더미. ~stempel, der 나무 지주(支柱), 버팀목. ~stich, der 1. 목판, 목판 조각(술). 2. 목판화, 목판 인쇄. ~stiege, die 나무 층계(계단). ~stiel, der 나무로 된 손잡이(자루). ~stift, der ↑~nagel. ~stock, der 1. 나무 지팡이. 2. [그래피] (목판 인쇄용) 판목. ~stoff, der a) ↑~schliff. b) ↑Lignin. ~stoß, der (불을 피우기 위해 쌓은) 장작더미. ~stück, das 나무 조각. ~stuhl, der 나무의 자. ~tafel, die 나무 판자. ~täfelung, die 치장용 판자, 판벽용 널빤지(↑Paneel 참조). ~täfer, das(schweiz.) ↑Täfer.

~tapete, die (벽지 대신 쓰이는) 얇은 베니어, 판목 벽지. ~taxe, die 목재 공정 가격. ~techniker, der 목(재)공예가. ~teer, der 목(나무) 타르. ~teller, der 나무 쟁반(접시). ~tisch, der 나무 식탁. ~treppe, die 나무 계단. ~tribüne, die 나무로 만든 연단(演壇) (관람석). ~trockenanlage, die ↑~darre. ~trog, der (장방형의 큰) 나무통. ~tür, die 나무 문. ~turm, der 나무탑. ~verarbeitend 〈Adj.〉 목재 가공의. ~verarbeitung, die 목재 가공. ~verband, der, ~verbindung, die [토건] 목재의 접합(부), 구재(構材). ~verbrauch, der 목재 소비(량). ~vered(e)lung, ~vergütung, die 〈Pl. 없음〉 《전문어》 목재의 상품가치 개량. ~verkleidet 〈Adj.〉 치장용 판자를 댄, 판벽용 널빤지를 댄. ~verkleidung, die 치장용 판자(를 붙이기), 판벽용 널빤지(를 대기). ~verkohlung, die ↑~destillation. ~verschalung, die 나무판자 대기. ~verschlag, der 나무 선반, 나무벽. ~verzuckerung, die [화학] 목당화(木糖化), 목당 처리. ~vorrat, der 목재 예비 재목, 재목 재고. ~wanne, die (타원형의) 나무통. ~waren 《Pl.》 목제품. ~weg, der 《다음 용법으로》 auf dem H. sein[sich auf dem H. befinden] 길을 잘못 들고 있다, 오류(사도(邪道))에 빠져 있다. ~welle, die (schweiz.) ↑~bündel. ~wespe, die 나무벌. ~wirt, der 목재 가공 전문가. ~wirtin, die ↑~wirt의 여성형. ~wirtschaft, die 제재업, 목재업. ~wirtschaftlich 〈Adj.〉 ~wirtschaft의 형용사형. ~wolle, die 〈Pl. 없음〉 얇고 가느다란 대팻밥. ~wurm, der 1. 《민간》 나무를 갉아 먹는 곤충류. 2. 《통용어·농》 소목장이(Tischler), 대목(목수)(Zimmermann). ~zange, die 나무 집게. ~zaun, der 나무 울타리. ~zuber, der 나무 물통. ~zucker, der ↑Xylose. ~zünder, der 《전문어》 성냥(개비)(Streichholz).

Hölzchen ['hœltsçən], das; -s - 1. ↑Holz (2 a, 3 a) 축소명: **vom H. aufs Stöckchen kommen** (대화 중에) 쓸데없는 이야기를 하여 실제 주제에서 벗어나다, 장황하게 떠벌리다. 2. 성냥개비. **hölzeln** ['hœltsln] 〈h/s〉 (süddostösterr.·통용어) 속삭이다(lispeln). **holzen** [ˈhɔltsn] 1. 〈준고어〉 〈h〉 벌목하다, 나무를 베다. 2. a) 《특히 축구 은어》 〈h〉 차징하다, 반칙을 범하다. b) 《준고어》 구타하다(prügeln). 3. 《사냥》 〈h/s〉 ↑aufbaumen. **Holzer**, der; -s, - 1. 《südd., österr., schweiz.》·준고어》 벌목꾼, 나무꾼. 2. 《특히 축구 은어》 정정당당하지 못한(거친) 선수. **Holzerei** [hɔltsəˈraɪ], die; -en a) 《특히 축구 은어》 정정당당하지 못한[거친] 게임. b) 격투, 난투(Prügelei). **hölzern** ['hœltsən] 〈Adj.〉 1. 나무로 된, 나무[조]의: -e Kochlöffel 요리용 나무 숟가락. 2. 어설픈, 서투른, 무뚝뚝한: seine Bewegungen sind h. 그의 동작은 어설프다. **holzig** 〈Adj.〉 (식물, 열매 등이) 목질화(木質化)되어 버린, 목질의, 나무와 같은. **Holzung**, die; -en 1. 벌목, 벌채: eine H. vornehmen 벌목[채]하다. 2. 《준고어》 삼림(Baumbestand), 수목(Gehölz). **Holzungsrecht**, das ↑Holzgerechtigkeit.

hom-, Hom-: ↑homo-, Homo. **Homatropin** [homatroˈpiːn], das; -s [griech. hómos = gleich, gemeinsam] [의학] 호마트로핀(아트로핀과 화학적 성분이 유사함).

Homburg ['hɔmbʊʁk], der; -s, -s [Bad Homburg 방문시 영국왕 Eduard 7세가 쓴 모자로부터] 펠트 신사모, 홈부르크 모자.

Home- ['hoʊm-; engl. hoʊm]: ~**base**, das [engl.amerik. home base] [야구] 홈 베이스(본루). (↑Heimbase). ~**computer**, der 가정용 컴퓨터(Heimcomputer). ~**fighter**, der; -s - [engl.amerik. home fighter] [복싱] a) (다른 곳에서 보다) 홈링에서 잘 싸우는 선수. b) 홈링에서 싸우는 선수. ~land [-lænd], das; -(s), -s 《대개 Pl.》 [engl. homeland] 남아 연방공화국의 지정 흑인 주거 지역. ~plate [-pleɪt], das; -(s), -s [engl.-amerik. home plate] [야구] ↑base. ~rule [-ruːl], die [engl. home rule] (아일랜드 민족당의 정치 슬로건) 자치(自治). ~run [-rʌn], der; -s, -s [engl.-amerik. home run] [야구] 홈런. ~spun [-spʌn], der; -s, -s [engl. homespun] 1. 홈스펀사(絲) (손으로 짠 것처럼 울퉁불퉁한 수직물[手織物]). 2. 홈스펀(홈스펀사로 짠 양복감): der in einen grauen H. gekleidete Mann 회색 홈스펀 옷을 입은 남자. ~trainer, der 가정용 체육 기구.

Homeride [home'riːdə], der; -n, -n [고대 그리스 시인 Homer의 이름에 따라] 호메로스 파의 시인. **homerisch** [ho'meːrɪʃ] 〈Adj.〉 [호머(풍)의: ~es Gelächter 박장대소, 홍소(↑Gelächter 1). **Homerismus** [home'rɪsmʊs], der; -, ...men 호메로스풍의 표현[양식].

Homilet [homi'leːt], der; -en, -en [lat. homileta < griech. homilētḗs] a) 설교학자. b) 설교사(Prediger). **Homiletik** [...tɪk], die [griech. homilētikḗ(téchnē)] 설교학(기독교 신학의 한 분야). **homiletisch** 〈Adj.〉 [griech. homilētikós = gesellig] ↑Homiletik의 형용사형. **Homiliar** [...'liaːɐ̯], das; -s, -e 《드물게·구형》 **Homiliarium** [...'liaːriʊm], das; -s, ...ien [...i̯ən]; lat. homiliare u. homiliarius] (교회 역년 순으로 정리된 중세기의) 설교집. **Homilie** [...'liː], die; -n [...i̯ən; lat. homilía < griech. homilía] (성서 해석 형식의) 설교.

Homines: ↑¹Homo의 복수형. **Hominid** [homi'niːt], der; -en, -en, 《종종》 **Hominide** [...iːdə], der; -n, -n [lat. homo = Mensch] [생물] (과거와 현재에 걸친) 인류의 총칭. **Hominisation** [...iza'tsi̯oːn], die [lat. homo] [생물] 인간 발전 단계(Menschwerdung). **hominisieren** [...'ziːrən] 〈h〉 [생물] 인간으로 발전시키다.

Hommage [ɔ'maːʒ], die; -n [frz. hommage] 《교양어》 존경, 경의; 헌정(행사, 작품, 공연 따위): H. à Mozart 모짜르트에 대한 헌정 공연; **Homme de lettres** [ɔmdə'letr], der; - -, -s - - [-]; frz. homme de lettres] 《교양어》 문인(Literat).

homo ['homo] 〈Adj.〉 《통용어》 ↑homosexuell의 약칭 (반대: hetero).

¹Homo ['hoːmo], der; -, ...mines [...miːneːs; lat. homo] [생물] 인간.

²Homo [-], der; -s, -s 《통용어》 ↑Homosexuelle의 약칭.

homo-, Homo-, 《모음 앞에서는 때때로》 hom-, Hom- [hom(o)-; griech. homós] ("같은, 동종의, 상응하는"을 뜻하는 규정어로서, 예컨대》 homogen, Homoerotik, Homonym; 《비교》 ↑homöo-, Homöou. ↑homöo-, Homöo- 참조》.

Homöarkton [homø'arktɔn], das; -s, ...ta [griech. homoióarktos = gleich(artig) anfangend] [수사] 동음첩어법(예컨대: Mädchen, mähen...).

Homochronie [homokro'niː], die; -, ...ien; griech. homóchronos = gleichzeitig] [지리·기상·해양》 동시 다발 현상(예컨대: 여러 지역에서 동시에 나타나는 홍수 현상).

homodont [...'dɔnt] 〈Adj.〉 [griech. odoús] [생물] 같은 모양의 치아의, 동치성의(반대: heterodont).

Homo erectus [-e'rɛktʊs], der; - - [lat. erectus] [인류] 직립원인(直立原人), 호모 에렉투스.

Homoerotik, die 《교양어》 동성 연애. **Homoerotiker**, der; -s, - 《교양어》 동성 연애자. **homoerotisch** 〈Adj.〉 《교양어》 동성 연애의. **Homoerotismus**, der 《교양어》 ↑Homosexualität.

Homo faber [- 'faːbɐ], der; - - [lat. faber] 《교양어》 자연을 극복하기 위하여 도구를 생산할 수 있는 능력을 지닌 인간, 호모파베르.

Homogamie, die [griech. homógamos = zusammen verheiratet] 1. [식물] 양성화(兩性花), 자웅동주(雌雄同株). 2. [사회] 동일한 신분끼리의 결혼(반대: Heterogamie).

homogen 〈Adj.〉 [griech. homogenés = von gleichem Geschlecht] 《교양어》 동질적인, 동종의(반대: heterogen): eine -e Gruppe (구성원이) 동질적인 단체. **homogenisieren** [...ni'ziːrən] 〈h〉 [화학] 입자를 분해시켜 서로 혼합하지 않는 액체를 혼합하다(예컨대: 지방질과 물), 균질화하다. 2. [금속] 균질성을 유지하도록 금속을 불리다. 3. 《교양어》 동질화하다. **Homogenisierung**, die; -en 1. [화학] ↑homogenisieren (1)의 명사형. 2. [금속] ↑homogenisieren (2)의 명사형. 3. 《교양어》〈Pl. 없음〉 ↑homogenisieren (3)의 명사형. **Homogenität** [...i'tɛːt], die 《교양어》 동질성, 동종(반대: Heterogenität): soziale H. 사회적 동질성.

homograd [...'graːt] 〈Adj.〉 [통계] 질적인 차이에 초점을 둔(맞춘)(반대: heterograd).

Homogramm, 《종종》 **Homograph**, das; -s, -e [언어] 동음이의어(同形異義語) (모양은 같지만 발음과 의미가 틀린 단어, 예컨대: Ténor 와 Tenór).

homo homini lupus [- 'hoːmini'luːpʊs; 《lat.》 영국 철학자 Th. Hobbes(1588-1679)의 국가 이론의 기본 전제] 인간에게 가장 위험스러운 적은 인간이다.

homoio-, Homoio- [homɔy̯o-; griech. homoîos = ähnlich, gleichartig] [고어] ↑homöo-, Homöo-.

homolog [...'loːk] 〈Adj.〉 [griech. homólogos = übereinstimmend] 1. [생물] 계통발생학적으로 일치하는, 상동(相同)의: Flossen und Flügel der Wirbeltiere sind -e Organe 척추동물의 지느러미와 날개는 상동 기관이다. 2. [수학] 상응하는, 일치하는, 동일의: -e Stücke 상응접[면, 각]. 3. [화학] 동족(同族)의: -e Elemente 동족 원소; eine -e Reihe 동족 계열. **Homologation**, die; -en [모터스포츠] ↑homologieren (1)의 명사형. **Homologie**, die; -n [...i̯ən; griech. homología = Übereinstimmung] 1. [생물] a) 상동(相同), (기관의) 계통발생학적 일치. b) 본능과 행동 양식의 일치. 2. [수학] (점, 각도 등의) 상응(Entsprechung). 3. [철학] (스토아 철학의) 행동의 이(본)성의 일치. **homologieren** [...'giːrən] 〈h〉 1. [스포츠] (시리즈로 생산되는 자동차 혹은 그 부품들을) 자동차 경주용 급수 구분을 위한 국제 인가 리스트에 올려 놓다(받아 들이다). 2. [스키] (스키 구간을) 국제 스키 협회의 규정에 따라 설계[시설]하다. **Homologierung**, die; -en ↑homologieren의 명사형.

Homo ludens [- 'luːdɛns], der; - - [lat. lūdēns] 《교양어》 호모 루덴스, 유희자로서의 인간.

homomorph [...'mɔrf] 〈Adj.〉 [griech. morphḗ] [수학] 준동형(準同形)의. **Homomorphismus** [...'fɪsmʊs], der; -, ...men [수학] 준동형(準同形).

homonom [...'noːm] 〈Adj.〉 [griech. homónomos = gleichgesetzlich] [동물] (배추벌레 따위의 몸통이 좌우) 동형의(반대: heteronom 2). **Homonomie** [...no'miː], die [동물] (몸통이 좌우) 동형(임) (반대: Heteronomie 3).

Homo novus [- 'noːvʊs], der; - - [lat. novus] 《교양어·준고어》 초심자(Neuling); 급격히 승진[성장]한 사람(Emporkömmling).

homonym [...'nyːm] 〈Adj.〉 [lat. homōnymus <

griech. homónymos = gleichnamig] [언어] 동음동형이의어(同音同形異意語)의. **Homonym**, das; -s, -e **1.** [언어] 동음동형이의어(同音同形異意語) (Homograph 와는 달리 글자의 모양과 발음이 똑같다) (예컨대: 날개라는 뜻의 Flügel과 피아노라는 뜻의 Flügel). **2.** [문예] (고전 작가의 이름을 모방한) 동명 아호 (예컨대: Cassandra = William Neil Connor). **Homonymie** [...'mi:], die [griech. homōnymía = Gleichnamigkeit] [언어] 동음동형이의(同音同形異意). **homonymisch** ⟨Adj.⟩ [언어] [고형] ↑homonym.

homöo-, Homöo-, (모음 앞에서는 또한) **homö-, Homö-** [homö(o)-; griech. homoîos의 라틴어화] ("비슷한, 동종의"를 뜻하는 규정어로서, 예컨대> homöopatisch, Homöonym.

Homo oeconomicus [-øko'nɔ:mikʊs], der; - - [lat. oeconomicus] 《교양어》 호모 외코노미쿠스, 경제 추구형 인간.

Homöomerien [homøome'ri:ən] ⟨Pl.⟩ [griech. homoioméraia] [철학] 동종(同種)의, 질적으로 흡사한 부분으로 정의된 원(元)요소 (고대 그리스의 Anaxagoras 철학에 있어서).

homöomorph [...'mɔrf] ⟨Adj.⟩ [griech. homoiómorphos] [의학·화학] 형식과 구조가 같은, 동형의 (gleichgestaltig).

Homönym [...'ny:m], das; -s, -e [언어] **1.** 발음이 유사한 단어 혹은 동음의 이름 (예컨대: Schmied와 Schmidt). **2.** 동일 대상을 가리키나 감각 가치는 상이한 부분적인 동의어 (예컨대: Haupt와 Kopf).

Homöopath [...'pa:t], der; -en, -en [griech. homoiopathēs = in ähnlichem Zustand] 유사[동종]요법 (반대: Allopath). **Homöopathie**, die [griech. homoiopathēs = in ähnlichem Zustand] 유사[동종]요법 (반대: Allopath). **homöopathisch** ⟨Adj.⟩ 유사치료의: -e Mittel 유사 치료제; ein Medikament in -en Dosen einnehmen 극소량의 약을 복용하다.

Homöoplastik, Homoplastik, die; -en ↑Homotransplantation.

homöopolar ⟨Adj.⟩ [물리] 동종의 전기가 충전된 (반대: heteropolar).

Homöoprophoron [...'prɔ:fɔrɔn], das; -s, ..ra [griech. homoiopróphoron = gleich (An)lautendes] [수사] 두운법 (↑Alliteration)의 고대 그리스어 명칭.

Homöoptoton [homø'ɔptɔtɔn], das; -s, ..ta [griech. homoióptōtos = im gleichen Kasus stehend] [수사] 뒤따르는 단어와 격어미가 일치하는 수사어 (예컨대: omnibus viribus).

Homöosmie [homøɔs'mi:], die [griech. ōsmós] [생물] 주위의 침투압에 맞서 내부의 침투압을 항상적으로 유지하는 세포(기관, 생명체)의 능력.

Homöostase [...'sta:zə], die; -n, **Homöostasie** [...sta'zi:], die; -n [...iən], **Homöostasis** [...'sta:zɪs], die; ..sen [의학] 신체의 생리적 기능의 밸런스 (균형) [혈압, 체온, 혈액의 pH가(價) 등의 밸런스]. **Homöostat** [...'sta:t], der; -en, -en [griech. statós = feststehend] [인공 두뇌] 주위(환경)에 맞서 안정 상태에 있을 수 있는 (기술적) 시스템. **homöostatisch** ⟨Adj.⟩ [의학] ↑Homöostat의 형용사형.

Homöoteleuton [...'te:lɔytɔn], das; -s, ..ta [griech. homoiotéleuton] [수사] 연달아 나오는 단어 혹은 단어군(群)의 어미가 동음(同音)임을 나타내는 수사어 (예컨대: trau, schau).

homöotherm [...'tɛrm] ⟨Adj.⟩ [griech. thermós] [동물] 온혈(温血)의 (warmblütig), 항온성의: Vögel (Säugetiere) sind h. 새들[포유류]은 온혈[항온성] 동물이다. **Homöothermie** [...tɛr'mi:], die [griech. thérmē] [동물] ↑homöotherm의 명사형 (Warmblü-tigkeit).

homophag [homo'fa:k] ⟨Adj.⟩ [griech. pageîn] [생물] (반대: heterophag) **a)** 같은 먹이만을 섭취하는 (동물의 경우). **b)** 숙주(宿主) 기관에만 기식(寄食)하는 (기생충의 경우).

homophil [...'fi:l] ⟨Adj.⟩ [griech. phileîn] 《교양어》 동성 연애를 하는. **Homophilie** [...'fi:l], die [griech. philía = Liebe, Zuneigung] 《교양어》 동성 연애 (관계).

homophob ⟨Adj.⟩ [griech. phobeîn] 《교양어》 동성 연애를 혐오하는. **Homophobie**, die ⟨Pl. 없음⟩ 《교양어》 동성 연애 혐오.

homophon ⟨Adj.⟩ [griech. homóphōnos = gleichklingend, übereinstimmend] **1.** [음악] 단음적의 (주선율에 비해 타 선율이 반주의 역할을 하는) (반대: polyphon). **2.** [언어] 동음(同音)의 (gleichlautend). **Homophon**, das; -s, -e [언어] 철자는 틀리나 동음인 단어 (예컨대: Lehre와 Leere). **Homophonie** [...fo'ni:], die [griech. homophōnía = Gleichklang] [음악] 단성(單聲) 음악 (악곡) (반대: Polyphonie). **homophonisch** ⟨Adj.⟩ [고형] ↑homophon (1, 2).

Homoplastik, die; -en ↑Homotransplantation.

homorgan [homɔr'ga:n] ⟨Adj.⟩ [언어] 동일한 조음(調音) 장소에서 형성된 (예컨대: b, p). **Homorganität** [...gani'tɛ:t], die [언어] 후속음(으로)의 동화 (예컨대: mhd. inbiȝ와 nhd. 의 Imbiß).

Homo sapiens [...-'za:pɪɛns], der; - - [lat. sapiēns] [인류] 호모 사피엔스, 인간(의 학명): Intelligenz gilt als eine Art Markenzeichen des H. s. 지성은 인간 특징의 한 종류로 간주된다.

Homoseiste [...'zaɪstə], die; -n [griech. seistós] (대개 Pl.) (지도 제작상) 지진 발생시 동시 진동 장소를 연결하는 선.

Homosexualität, die 동성(연)애, 동성 성욕 (반대: Heterosexualität), **homosexuell** ⟨Adj.⟩ 동성애의, 동성 연애를 하는 (반대: heterosexuell): sie ist h. (veranlagt) 그녀는 동성(연)애를 할 여자다. **Homosexuelle*****, der; -n, -n 동성(연)애의 기질을 지닌 남자, 동성 연애자: die Gruppe der -n 동성연애를 하는 남자들의 단체.

Homosphäre, die [기상] 동질권 (지상 90km까지의) (반대: Heterosphäre).

Homotransplantation, die; -en [의학] 동일 조직을 이용하는 이식 수술 (반대: Heterotransplantation).

Homotropie [...tro'pi:], die [griech. trópos] [전문어] 동성(同性)애 성향.

homozentrisch ⟨Adj.⟩ [수학] (속선(束線)이) 한 점으로부터 방사하는 (한 점에서 모이는), 같은 중심을 가진, 동심(同心)의.

homozygot [...tsy'go:t] ⟨Adj.⟩ [생물] 동형[동질] 접합의, 호모 접합의 (반대: heterozygot). **Homozygotie** [...go'ti:], die [생물] 동형[동질] 접합체, 호모 접합체 (반대: Heterozygotie).

Homunkulus [ho'mʊnkulʊs], der; -, -se / ...li [lat. homunculus = Menschlein] [연금술 개념에 의한] 인조 인간 (Goethe의 Faust에 등장).

Honan ['ho:nan], der; -s, -e, **Honanseide**, die; -n [중국의 Honan 지방에 따라] 중국의 하남(河南)산 견직물.

Honduraner [hɔndu'ra:nɐ], der; -s, - 온두라스 사람. **honduranisch** [hɔndu'ra:nɪʃ] ⟨Adj.⟩ 온두라스(사람)의. **Honduras** [hɔn'du:ras, ⟨span.⟩ ɔn'duras, ⟨engl.⟩ hɔn'djʊərəs] 온두라스.

honen ['ho:nən] ⟨h⟩ [engl. hone] 결이 곱게 갈다; 숫돌로 갈다, 줄질을 하다.

honett [hɔˈnɛt] 〈Adj.〉 [frz. honnête] 〈아어〉 존경할 만한; 정직한, 예의바른, 근엄한; 단정한, 품위 있는: nach Ansicht seines Vorgesetzten ist er ein -er Mann 그의 윗사람들 의견에 따르면 그는 예의바른 사람이다.

Honey [ˈhʌnɪ], der; -(s), -s [engl. honey] 〈애칭〉 〈애인, 배우자, 자식들을 이름 대신 부를 때, 예컨대〉여보, 당신, 애(야), ↑Schätzchen, Liebling, Süße(r). **Honeymoon** [...muːn], der; -s, -s [engl. honeymoon] 《농》 밀월(蜜月), 신혼 기간(Flitterwochen).

Hongkong [ˈhɔŋkɔŋ] 홍콩.

Honiara 솔로몬 왕국의 수도.

Honig [ˈhoːnɪç], der; -s, -e 〈벌〉꿀; 단맛: H. schleudern 꿀을 벌집으로부터 걸러내다; türkischer H. 꿀, 설탕, 젤라틴, 단백거품, 편도, 호도 등으로 만든 사탕; **jmdm. H. um den Mund (ums Maul 〈또한〉 um den Bart) schmieren** 《통용어》누구에게 감언 이설로 아첨하다.

honig-, Honig-: **~ameise**, die ↑topfameise. **~anzeiger**, der (아프리카 및 남아메리카 숲에 서식하는) 봉랍(Bienenwachs)을 먹고 사는 딱다구리과의 새. **~biene**, die 꿀벌. **~brot**, das 꿀을 바른 빵. **~dachs**, der 작은 동물, 조류, 물고기와 더불어 꿀을 먹고 사는 담비(Marder)(특히 서남아시아 및 인도의 황무지에서 서식). **~drüse**, die 〈대개 Pl.〉 밀선(蜜腺). **~farben** 〈Adj.〉 벌꿀 색깔의. **~fresser**, der 부리가 길고 화밀(花蜜)을 빨아 먹기에 적합한 혀를 가진 몸집이 큰 새(특히 오스트레일리아에 서식). **~gelb** 〈Adj.〉 벌꿀 색의(honigfarben). **~glas**, das 꿀을 보관하는 작은 글라스. **~gras**, das 꿀풀. **~kuchen**, der 꿀과 향료를 섞은 케이크. **~kuchenpferd** 《다음 용법으로》 **lachen (grinsen 〈또한〉 strahlen) wie ein H.** 《통용어·농》 매우 기뻐서 함박 웃음을 짓다. **~lecken**, das 《다음 용법으로》 **etw. ist kein H.** 《통용어》 그것은 간단히(간편히) 되는 일은 아니다. **~melone**, die (달콤한 노랑속) 꿀참외. **~monat**, 〈고어〉 **~mond**, der [engl. honeymoon] 《농》 밀월(Flitterwochen), 허니문. **~rede**, die 〈고어〉 감언 이설: er hat's ihm abgelistet mit -n 그는 감언 이설로 그에게서 그것을 사취했다. **~schlecken**, das ↑~lecken. **~schleuder**, die 꿀을 걸러내는 원심분리기, 꿀벌 여과기. **~seim**, das 〈고어〉 정제되지 않은 꿀, 생청(生淸): **seine Worte (Reden) waren süß wie H.** 《아어》그의 말[연설]은 매우 듣기가 좋았다 [달콤하게 들렸다]. **~süß** 〈Adj.〉 매우 달콤한, 꿀같이 단(zuckersüß): 〈전의〉 Gerald starrte seine Mutter fassungslos an, aber sie fuhr h. fort 〈반어〉게랄드는 당황하여 어머니를 응시했으나, 그녀는 호들갑을 떨면서 계속했다. **~tau**, der (식물의 잎·줄기에서 분비되는 끈끈한) 단물. **~topf**, der (돌로 만든 옛) 꿀단지. **~topfameise**, die 저장 목적으로 동료개미를 화밀(花蜜) 및 기타 단 액체로 채워서 소위 꿀단지처럼 부풀리게 하는 개미(특히 멕시코와 남아프리카에 서식). **~wabe**, die 꿀이 가득 찬 밀랍벌집. **~wein**, der 발효한 꿀로 만든 포도주 종류; 밀주(密酒) (Met).

honi [〈또한〉 honni, honny] **soit qui mal y pense** [ˈɔnisɔakimaliˈpãːs; 〈frz.-engl.〉] 나쁜 생각을 하는 자는 여기서 언짢은[불쾌한] 일을 만날[가질] 것이다.

Honmaschine, die; -n 실린더의 안쪽면을 세공하는 기계 (↑honen 참조).

Honneur [(h)ɔˈnøːɐ̯], der; -s, -s [frz. honneur] **1. a)** 〈고어〉존경, 경의(例): der Butler erwies dem Prinzen die -s bis hinunter in den Flur 집사는 존경하는 마음으로 가득 차서 왕자를 아랫층 현관까지 안내하였다. **b) die -s machen** 《교양어·준고어》(리셉션 등에서) 손님을 영접하고 소개하다. **2.** 〈Pl.〉 【볼링】 가운데 줄의 판을 쓰러 뜨리기. **3.** 〈Pl.〉【카드】(휘스트 게임 및 브리지 게임에서) 최고 카드. **honorabel** [honoˈraːbl] 〈Adj.〉 [frz. honorable] 《고어》 명예로운, 존경할 만한, 훌륭한. **Honorant** [...rant], der; -en, -en [ital. onorante] 【은행】어음 인수자. **Honorar** [...ˈraːɐ̯], das; -s, -e [lat. honōrārium = Ehrensold] (자유직 종사자가 학문적 혹은 예술적 업적에 대한 대가로 받는) 보수, 사례: für etw. ein niedriges (angemessenes) H. zahlen (fordern, erhalten) 무엇에 대하여 낮은[적당한] 사례금을 지불하다 [요구하다, 받다]. **Honorarforderung**, die 사례비[보수] 청구(서). **Honorarprofessor**, der 명예 교수(다른 직업에 종사하면서 대학에서 사례금을 받고 강의하는 교수)(약어: Hon.-Prof.). **Honorat** [...ˈraːt], der; -en, -en [ital. onorato] 〈은행〉어음수령[취]인. **Honoratioren** [...raˈtsi̯oːrən] 〈Pl.〉 [lat. honōrātior = geehrt] (그 지방의) 명망이 높은 시민들, 신분, 지위가 높은 사람들, 지방 명사.

Honoratioren-: **~demokratie**, die (특히 19세기의) 지식인들과 재산가들에 의한 민주정치, **~partei**, die (특히 19세기 독일에서) 지식인들과 재산가들에 의해 영도된 정당. **~schwäbisch**, das 특히 Stuttgart에서 사용되는 방언 색채가 덜한 슈바벤 사투리.

honorieren [...ˈriːrən] 〈h〉 [frz. honorer] **1. a)** 사례(보수)를 지불하다, 사례하다: eine Arbeitsleistung (mit einem angemessenen Lohn) h. (적당한 보수로) 작업에 대해 사례하다. **b)** 작업에 대한 사례금을 누구에게 지불하다: einen Anwalt h. 변호사에게 사례비를 지불하다. **2. a)** 인정하다(anerkennen), 보수를 주다(belohnen): eine Leistung mit einer Auszeichnung [mit dem ersten Preis] h. 훈장[일등상]을 주어 업적을 인정하다. **b)** 누구에게 경의를 표하다. **3.** 【은행】 (어음을) 인수[지불]하다. **Honorierung**, die; -en ↑honorieren의 명사형. **honorig** [hoˈnoːrɪç] 〈Adj.〉 [lat. honor = Ehre] 〈준고어〉 **1.** 존경해 마지 않을, 예의 바른. **2.** 관대한, 너그러운(freigebig, großzügig). **Honorigkeit**, die ↑honorig의 명사형. **honoris causa** [...ɪs ˈkauza; lat. honor = Ehre u. causā = halber] 명예상, 명예를 위하여 (ehrenhalber) (약어: h.c.): Doktor honoris causa 명예 박사(약어: Dr. h.c.). **Honorität** [...riˈtɛːt], die; -en **1.** 〈Pl. 없음〉 존경할만 함, 고결함(Ehrenhaftigkeit). **2.** 명예를 지닌 사람(Ehrenperson).

¹**Honved, Honvéd** [ˈhɔnveːt], der; -s, -s [ung. honvéd] **a)** 헝가리 의용병 (1848~1867). **b)** 헝가리 국방군 (1867~1918). ²**Honved, Honvéd** [-], die **a)** 헝가리 의용병 (1848~1867). **b)** 헝가리 국방군 (1867~1918). **c)** 헝가리 육군 (1919~1945).

Hook [hʊk], der; -s, -s [engl. hook] 【골프】 einen H. schlagen [zielen] 후크를 치다. **hooked** [hʊkd] 〈Adj.〉 [engl.] 〈은어〉 마약에 중독된. **hooken** [ˈhʊkn̩] 〈h〉 [engl. to hook] 【골프】 후크를 치다. **Hooker** [ˈhʊkɐ], der; -s, -[engl. hooker] **1.** 【골프】특기가 후크인 골퍼. **2.** 【럭비】 후커. **Hookshot** [-ʃɔt], der; -s, -s [engl.-amerik. hook shot] 【농구】후크볼 던지기.

Hooligan [ˈhuːlɪɡn̩], der; -s, -s **1.** 거친 사람; 무뢰한(Rowdy). **2.** (미국, 영국, 폴란드, 구소련의) 청소년 부랑자. **Hooliganismus** [huliɡaˈnɪsmʊs], der; - [engl. hooliganism] 난폭한 행위(Rowdytum).

Hootenanny [ˈhuːtənɛni], die; -s, 〈또한〉der / das; -(s), -s [engl.-amerik. hootenanny] (즉흥적인) 민요 합창.

¹**Hop** [hɔp], der; -s, -s [engl. hop] 【육상】 3단 뛰기에서 첫번째 도약.

²**Hop** [-], das; -(s), -s [engl.-amerik. hop] 《은어》 일회분 모르핀[헤로인].

hopfen ['hɔpfn̩] ⟨h⟩ 〈전문어〉 〈맥주에〉 홉을 쓰다. **Hopfen** [-], der; -s, - 〈식물〉 〈맥주 양조에 사용하는〉 홉: H. anbauen 홉을 재배하다; **bei**《드물게》**an**》 jmdm. **ist H. und Malz verloren**《통용어》누구는 가망이 없다, 누구는 모든 노력이 헛일이다.

Hopfen-: ~**anbau**, der ↑~bau. ~**bau**, der ⟨Pl. 없음⟩ 홉 재배. ~**blatt**, das 홉〈잎으로 된〉차. ~**buche**, die 서양새우나무. ~**darre**, die 홉 건조로(爐). ~**dolde**, die 홉 열매. ~**feld**, das 홉 밭. ~**garten**, der 홉 재배원. ~**klee**, der 잔개자리(사료 및 퇴비용 식물). ~**mehltau**, der 1. 홉의 열매나 껍질에 붙은 끈적거리는 분말. 2. 홉잎 밑에 이물질을 발생시켜 잎을 마르게 하는 곰팡이. ~**stange**, die 홉의 덩굴을 받치는〈감아 매는〉버팀목: 전의 sie ist eine (richtige) H. 《통용어·농》그녀는〈진짜〉키다리이다.

Hoplit [hoˈpliːt], der; -en, -en [lat. hoplitēs = Schildträger] 〈고대 그리스의〉중무장 보병. **Hoplites** [...tes], der; -, ...ten [지질] 백악기의 지층감별 자료용 중요 화석 중의 하나로 간주되는 국석류(菊石類) 화석.

hopp! [hɔp] ⟨Interj.⟩ (높이 뛰거나, 신속히 일어나라는, 급히 행동하라는 외침): los, h.! 자, 뛰어라!; h., komm mit! 자, 함께 가자!; h., (h.), ein Glas Bier! 자, 한잔 마셔!; 《또한》⟨Adv. 로서⟩ bei ihr muß alles h. gehen 그녀는 만사를 너무 서둘러 조심성이 없다.

hoppeln ['hɔpl̩n] ⟨s⟩ (특히 토끼가) 깡충깡충 뛰다: 전의 der Wagen hoppelte über das Kopfsteinpflaster 자동차(마차)가 잡석포장도로 위를 덜거덕거리며 달리다. **Hoppelpoppel** ['hɔpl̩ˈpɔpl̩], das; -s, - 〈지역적〉1. ↑Bauernfrühstück. 2. 럼주, 계란노른자, 설탕을 뜨거운 물에 혼합하여 만든 음료. **hoppen** ['hɔpn̩] ⟨s⟩ (nordd.) ↑hüpfen. **Hopphei** 《또한》'hɔpˈhaj], der 《또한》das; -s ⟨nordd.⟩ 야단법석: für die Vorbereitung der Tagung war wieder ein großer H. 회의 준비로 또다시 야단법석이었다. **hopphopp!** ⟨Interj.⟩ ↑hopp! 의 의미를 강조하는 외침: 《또한》⟨Adv. 로서⟩: so h. ging es dann doch nicht 그러나 그렇게 빨리 되지는 않았다. **hoppla!** ['hɔpla] ⟨Interj.⟩ (발을 헛디디었을 때, 발을 밟거나 등을 밀어 넘고도 뻔뻔스러운 태도를 취할 때 사용하는 외침): h., da ist eine Stufe! 아이쿠, 여기 계단이 있네!; h., beinah wäre ich gefallen 이크, 넘어질 뻔 했다. **hoppnehmen°** ⟨h⟩ ⟨경⟩ **1.** (범인을) 체포하다: 현장에서 체포하다. **2.** 충분히 이용하다, 착취하다(ausbeuten). **hops!** [hɔps] ⟨Interj.⟩ (높이 뛰라고 요구할 때 사용하는 외침): 《또한》⟨Adv. 로서⟩: die Brötchen waren h. verkauft 《통용어》빵은 순식간에 팔렸다; **h. sein** ⟨경⟩ 1) (a) 없어졌다, 사라졌다(verlorengegangen sein). (b) 돈을 갈라졌다(entzweigegangen sein). 2) 《무슨 일로》죽었다(umgekommen sein). **Hops** [-], der; -es, -e 도약, 깡충 뛰어 오르기. **hopsa!** ['hɔpsa], **hopsala!** [...ala], **hopsasa!** [...asa] ⟨Interj.⟩ (아동) 높이 뛰라고 요구하거나, 어린이를 번쩍 들어 올릴 때 사용하는 외침. **Hopsdohle**, die; -n ⟨약간 멸⟩ 발레리나(Ballettänzerin). **Hopse** ['hɔpsə], die; -n ⟨지역적⟩ **a)** ⟨Pl. 없음⟩ 천국과 지옥(어린이 극에서). **b)** Hopse 놀이를 나타내기 위해 땅 위에 표시된 영역. **hopsen** ['hɔpsn̩] **1.** 《통용어》⟨s⟩ 껑충껑충 뛰다(hüpfen); 뛰어서 돌아다니다: der Ball hopst bis an die Decke 공이 천정에까지 뛰어 오른다; das kleine Auto hopste die Straße entlang 작은 소형차가 덜거덕거리며 도로를 따라 달렸다; **das gehopst wie gesprungen** 《통용어》그것은 마찬가지이다(↑hupfen). **2.** ⟨경⟩ ⟨h⟩ 누구와 성교하다. **Hopser** ['hɔpsɐ], der; -s, - **1. a)** 《통용어》도약, 깡충뛰어 오르기: (vor Freude) einen H. machen (기뻐서) 깡충깡충 뛰어 오르다. **b)** ⟨무용⟩ 도약. **2.** 《통용어》 홉서(템포가 빠른 무도 이름). **Hopserei** [hɔpsəˈraj],

die; -en 《통용어·멸》껑충껑충 뛰며 돌아다니기. **hopsgehen°** ⟨s⟩ ⟨경⟩ **1.** (무슨 일로) 죽다(umkommen). **2. a)** 없어지다, 분실되다(verlorengehen). **b)** 돌로 갈라지다(entzweigehen). **3.** 현장에서 체포되다. **hopsnehmen°** ⟨h⟩ ⟨경⟩ 현장에서 체포하다.

Hoquetus [hoˈkwetʊs], **Hoketus** [hoˈkeːtʊs], der; - [lat. hoquetus] [음악] 호케투스, 호켓(중세의 다성(多聲) 음악의 한 기법].

hör-, Hör-: ~**apparat**, der (건전지로 가동되는 전기 음향) 리시버. ~**bereich**, der 가청(可聽) 범위, 청취(수신) 가능 지역. ~**bericht**, der 〈고어〉↑Funkreportage. ~**beteiligung**, die (일정한 수의) 방송 청취(율). ~**bild**, das 녹음 구성. ~**börse**, die 수신기가 달린 안경. ~**bücherei**, die 맹인용 도서관. ~**fähigkeit**, die 청취 능력. ~**fehler**, der **1.** 잘못듣기, 오청(誤聽). **2.** 《통용어·언폐》난청(Schwerhörigkeit), 청각 장해. ~**folge**, die 연속 방송프로(라디오의). ~**frequenz**, die 《드물게》↑Tonfrequenz. ~**funk**, der 라디오 방송(텔레비전 방송과 구별하여). ~**funkgenehmigung**, die (라디오) 청취료 납부 면제인가. ~**gerät**, das 보청기. ~**geräteakustiker**, der 보청기 제작(수리)공. ~**geschädigt** ⟨Adj.⟩ 청력 장해를 받고 있는. ~**grenze**, die 가청(可聽) 범위의 한계. ~**hilfe**, die ↑~gerät. ~**meßgerät**, das 청력계(聽力計)(Audiometer). ~**muschel**, die 전화 수화기의 귀에 대는 부분(반대: Sprechmuschel). ~**nerv**, der ↑Gehörnerv. ~**organ**, das ↑Gehörorgan. ~**rohr**, das **1.** 청진기. **2.** (깔때기 모양의 구식) 보청기. ~**saal**, der **1.** (대학의) 강의실. **2.** ⟨Pl. 없음⟩ 강의실의 청중(집합명사): der H. amüsierte sich 청중은 즐거워했다. ~**schärfe**, die 청력(聽力). ~**schwelle**, die [음악] 최소가청치(可聽値). ~**spiel**, das **1. a)** ⟨Pl. 없음⟩ 방송극(장르 명칭), 라디오 드라마. **b)** 방송 극본. **2.** ↑Hörspielabteilung의 약칭. ~**spielabteilung**, die 방송극 제작부. ~**sturz**, der [의학] 청력(聽力) 저하. ~**szene**, die ↑~spiel (1 b). ~**vermögen**, das ⟨Pl. 없음⟩ 청력(聽力). ~**weite**, die 청취(가청)거리: in H. bleiben 목소리가 미치는 범위 안에 머물다.

¹**Hora** [ˈhoːra], die; Horen 〈대개 Pl.〉 [lat. hōra, = Zeit] **a)** 성무(聖務)일과 (가톨릭 교회의). **b)** 시도(時禱) (교회의).

²**Hora** [-], die; -s [rumän. horă] **1.** 호라(루마니아의 느린 원무(圓舞). **2.** 호라의 무도회.

Horarium [hoˈraːriʊm], das; -s, ...ien [...i̯ən; lat. hōra] 속인(俗人)용 기도서, 시도서(時禱書)(Stundenbuch).

hörbar [ˈhøːɐ̯baːɐ̯] ⟨Adj.⟩ 청취할 수 있는; 이해(납득)할 수 있는: auf dem Flur wurden Schritte h. 복도에서 발자국소리가 났다; h. durch die Nase atmen 시끄럽게 코로 숨을 쉬다; in ihrer Stimme wurde das Hinterhältige h. 그녀의 목소리에는 비밀스러운 데가 역력했다. **Hörbarkeit**, die ↑hörbar의 명사형, 청도(聽度).

horchen [ˈhɔrçn̩] ⟨h⟩ **1. a)** 엿듣다: an der Tür [nach draußen] h. 문에서(바깥쪽을 향해) 엿듣다; 전의 in sein Inneres h. 그의 마음 속을 몰래 엿듣다. **b)** 귀를 기울이다, 경청하다: auf die Anweisungen aus dem Lautsprecher h. 스피커에서 나오는 지시를 경청하다. **2.** 〈지역적〉누구의 말을 듣다, 따르다: auf ihn mußt du nicht h. 너는 그 사람 말을 따를 필요가 없다. **Horcher**, der; -s, ...innen [...ɪnən] lat. hōra] 도청자: 전의 der H. an der Wand hört seine eigne Schand! 벽에 귀를 대고 엿듣는 자는 자기 흉보는 소리를 듣는다! **Horcherin**, die; -nen ↑Horcher의 여성형. **Horchgerät**, das 음파탐지기(군사용의). **Horchposten**, der **1.** [군] 매복[정찰] 초소. **2.**《농》염탐 장소.

¹**Horde** ['hɔrdə], die; -n **a)** (과일, 채소 등을 담기 위해 왕골 등 가는 가지로) 엮어 짠 상자(바구니). **b)** (감자 저장용의) 엮어 짠 시렁.
²**Horde** [-], die; -n **1.** 《종종 평》집단(Menge), 무리, 떼 (Schar): bewaffnete -n 무장한 집단; eine H. von Kindern 한 떼의 아이들; 전의 die Fliegen saßen da ganzen -n da auf den Tellern 파리들이 떼를 지어 접시들 위에 앉아 있었다. **2.** 【인종】유목민의 무리.
Hordein [hɔrde'i:n], das; -s [lat. hordeum = Gerste] 【생화학】호르데인(보리에 함유된 단백질). **Hordenin** [...'ni:n], das; -s 호르데닌(심장 흥분제로 사용되는 알칼로이드).
Hore ['ho:rə], die; -n ↑¹Hora.
¹**Horen** ['ho:rən] 〈Pl.〉 [lat. Hōrae < griech. Hōrai] 계절과 질서의 여신들. ²**Horen:** ↑Hora (1)의 복수형.
hören ['hø:rən] 〈h〉 **1. a)** 들리다: gut(schwer) h. 귀가 밝다(어둡다); **jmdm. vergeht Hören und Sehen** 〈통용어〉실신(기절)하다. **b)** (소리를) 듣다, (들려서) 들다; die Glocken läuten h. 종소리를 듣다; jmdm. schon von weitem h. 벌써 멀리서부터 누구의 소리를 듣다; ich habe ihn kommen h.(gehört) 나는 그가 오는 소리를 들었다; ich habe sagen h. daß ... 나는 ...는 우연히[소문으로] 들었다; 성구 man höre und staune 지금 하는 말을 믿을 수가 없다; **hör mal(hören Sie mal)**〈통용어〉 1) (강력하게 요청할 때 사용하는 상투어) 이봐; hör mal, du mußt etwas sorgfältiger mit dem Buch umgehen 이봐, 자네는 좀더 신중하게 책을 다루어야 하네. 2) (항의할 때 사용하는 상투어) 이것 보세요: hören Sie mal, wie können Sie so etwas behaupten! 이것 보세요, 어떻게 그런 주장을 할 수 있나요!; **hört, hört!** (회의중 자신의 불만을 나타내어 다른 사람이 발언하는 도중에 지르는 소리) 들어 보세요, 들어 보시라니까요! **2. a)** 경청하다: bei jmdm. (Vorlesungen) h. 누구의 강의를 듣다; der Priester hört die Beichte 신부가 참회를 받고 있다; Rundfunk(Radio) h. 라디오를 듣다; ausländische Sender h. 외국 방송을 청취하다; 〈명사화〉 beim Hören der Musik 그 음악을 들을 때; **etw. läßt sich h.** 무엇은 들을 만하다, 그럴듯하다. **b)** (판단을 내리기 위해) 들어보(주)다: man muß (zu diesem Problem) beide Parteien h. (이 문제에 대해서는) 양쪽 말을 들어 보아야 한다. **3. a)** 주의깊게 듣다: er hörte auf die Glockenschläge 그는 종소리에 귀를 기울였다. **b)** (누구의 말을) 듣다, 따르다: auf jmds. Rat h. 누구의 충고를 듣다[따르다]; alles hörte auf mein Kommando! 모두는 내 명령을 따르라! (특히 군대에서 다른 사람 대신 지휘권을 행사할 때 사용); das Kind hört auf den Namen Monika 그 아이는 모니카라고 부르면 따른다(이름이 모니카이다). **c)** 〈통용어〉(아이가 어른 말에) 복(순)종하다: der Junge will absolut nicht h. 그 소년은 전혀 순종하려고 하지 않는다; 속담 wer nicht h. will, muß fühlen 말을 듣지 않는 사람은 따끔한 맛을 보아야 한다. **4.** 들어서 알다, 말해주는 것을 듣다: nur Gutes über jmdn. h. 누구에 관해서 좋은 소리만 듣다; lange nichts von jmdm. gehört haben 오랫동안 누구의 소식을 듣지 못하다; er wollte nichts davon gehört haben 그는 그것에 관해 들어 아는 바가 없다고 주장했다; **etwas(nichts) von sich h. lassen** 소식을 전하다[하지 않다]; ich lasse mal wieder von mir h. 다시 한번 소식을 전하지; **(noch) von jmdm. h.** 1) 누구의 소식을 듣다: Sie hören (in den nächsten Tagen) von uns 당신은 (며칠 안에) 우리 소식을 들을 것입니다. 2) 누구의 결정[결론]을 듣다; **etwas von jmdm. zu h. bekommen(kriegen)** 〈통용어〉누구로부터 꾸지람을 듣다. **5.** 알다, 인식[식별]하다 (erkennen)ʃ: am Schritt hörte er, daß es sein Freund war 발자국 소리로 그는 그가 그의 친구라는 것을 알았다. **Hörensagen**, das; -s 들어서 앎, 전문(傳聞), 소(풍)문: auf bloßes H. vertrauen 단순한 소문을 믿다; 〈대개 다음 용법으로〉 **vom H.** 남의 얘기를 듣고[소문으로]: etw. nur vom H. kennen(wissen) 무엇을 소문으로만 들어서 알고 있다. **hörenswert** 〈Adj.〉 들을 만한(가치가 있는). **Hörer**, der; -s, - **1. a)** 방청자, 청강자(Zuhörer). **b)** 청취자: verehrte H.! 존경하는 청취자[애청자] 여러분! **c)** (대학의) 청강생: er ließ sich an der Universität als H. einschreiben 그는 대학에 청강생으로 등록했다. **2.** (전화기의) 수화기, 수신기: den H. abnehmen(auflegen, einhängen) 수화기를 내려놓 [올려 놓다, 걸어 놓다].
Hörer-: ~**brief**, der 청취자 편지(방송국에 보내는). ~**kreis**, der 청취자층. ~**post**, die ↑~**briefe**. ~**wunsch**, der (프로그램과 관련된) 청취자의 희망. ~**zuschrift**, die ↑~**brief**.
Hörerin, die; -nen ↑Hörer(1 a, b)의 여성형. **Hörerschaft**, die 〈대개 전체 방청자(청취자)〉. **hörig** ['hø:rɪç] 〈Adj.〉 **1.** 〈대개 다음 용법으로〉 **jmdm.(einer Sache) h. sein**: 누구(무슨 일)에게 예속되어 있다; er ist ihr (sexuell) h. 그는 그 여자(섹스)의 노예이다; eine dem Mann e Frau 남편에게 꼼짝 못하는 부인. **2.** 《역사적》지주에게 예속된. **Hörige*** ['hø:rɪgə], der; -n, -n 《역사적》농노(農奴), 노예, 예속자. **Hörigkeit**, die; -en **1.** 예속(됨), 예속 상태: ideologische H. 이데올로기적 예속. **2.** 〈Pl. 없음〉 《역사적》 농노[노예] 상태.
Horizont [hori'tsɔnt], der; -(e)s, -e [lat. horizōn = begrenzend(er Kreis)] **1.** 지평선, 수평선: am westlichen(südlichen) H. 서(남)쪽 수평선에; 전의 neue -e taten sich vor ihr auf 새로운 영역들이 그 여자 앞에 열렸다(나타났다); seine Untersuchungen eröffnen neue -e 그의 연구는 새로운 지평[영역]을 연다. **2.** (정신적인) 시야, (지식 및 이해 능력의) 범위: einen engen (kleinen) H. haben 시야가 좁다; das geht über seinen H. 그것은 그가 이해하기에는 힘겹다. **3.** ↑Rundhorizont. **4.** 【지질】지평층(地平層). **horizontal** [...'ta:l] 〈Adj.〉 [lat. horizontalis] 수평의 (waagrecht) 〈반대〉: vertikal; eine -e Lage [Achse] 수평 상태[축]; die -e Lebensweise(Daseinsform) 《농》 수평 상태에 의해 누워있는 생활법. **Horizontale**, die; -n /《전문어로는 관사 없이 대개》 -(zwei -n) **1.** 수평의 선, 수평 상태, 평면〈반대: Vertikale〉: sich in die H. begeben 눕다, 잠자리에 들다. **2.** 《농》 매춘부 (Prostituierte).
Horizontal-: ~**frequenz**, die 【기술】수평 주파(수). ~**intensität**, die 【물리】(지자계(地磁界)의) 수평 강도, 수평 자력(磁力). ~**konzern**, der 【경제】 동일 계열의 기업 연합[콘체른]〈반대: Vertikalkonzern〉. ~**pendel**, das 수평 진자(振子), 수평 흔들이. ~**verschiebung**, die 【지질】수평 단층〈반대: Vertikalverschiebung〉.
horizontieren [horitsɔn'ti:rən] 〈h〉 **1.** 【지질】**a)** 지평층(↑Horizont 4)의 높이를 측정하다. **b)** (지층 감별의 자료가 되는 화석 등을 이용하여) 지평층 생성 시대의 등급을 매기다. **2.** [측지] 측지(測地)용 계기의 축을 수평으로 가져가다. **3.** 【군】**a)** (대포, 측정기기) 수평으로 조준하다. **b)** (이동 차량 위의 대포 혹은 측정기기를) 수평으로 로 유지하다. **Horizontlinie**, die ↑Horizont.
hormisch ['hɔrmɪʃ] 〈Adj.〉 [↑Hormon] 【심리】본능적인, 충동적인: -e Psychologie 충동 심리학. **Hormon** [hɔr'mo:n], das; -s, -e [griech. hormán = in Bewegung setzen, antreiben] 호르몬.
Hormon-: ~**behandlung**, die 호르몬 치료[처치]. ~**drüse**, die 내분비선. ~**forschung**, die 호르몬 연

구. ~haushalt, der (체내의) 호르몬 조절. ~implantation, die 호르몬 이식. ~mangel, der 호르몬 결핍. ~präparat, das 호르몬 제(劑). ~produktion, die 호르몬 형성. ~spiegel, der 혈액의 호르몬 함량. ~spritze, die 호르몬제 주입(주사). ~therapie, die ↑~behandlung.

hormonal [...'na:l], (또한) **hormonell** [...'nɛl] ⟨Adj.⟩ 호르몬의; 호르몬에 의한: eine ~e Krebsbekämpfung 호르몬에 의한 암 퇴치.

Horn [hɔrn], das; -(e)s, Hörner / -e **1.** ⟨Pl. Hörner; 축소형: ↑Hörnchen⟩ (짐승의 머리에 난) 뿔: spitze [gebogene] Hörner 뾰족한(구부러진) 뿔; [전의] das H. an der Stirn (넘어졌을 때 생긴) 이마의 혹; schon als Kind hatte er am Hinterkopf ein H. (통용어) 그는 아이 적에 그는 뒤통수에 혹이 있었다; jmdm. **Hörner aufsetzen** ⟪통용어⟫ (아내가 간통하여) 남편을 배신하다; sich[3] die Hörner ablaufen(abstoßen) ⟪통용어⟫ 따끔한 맛을 보고야 깨닫다, 뼈저리게 느끼다, 정신차리다; jmdm. **die Hörner zeigen** ⟪통용어⟫ 누구에게 거세게 항거하다. **2.** ⟨Pl. Hörner⟩ ⟪드물게⟫ 각질(角質): ein Kamm aus irischem H. 아일랜드산 뿔로 만든 빗. **3.** ⟨Pl. Hörner⟩ **a)** 호른, 각적(角笛): **ins gleiche H. stoßen(tuten, blasen)** (통용어) 누구와 의견을 같이 하다, 한통속이 되다. **b)** ↑Waldhorn. **c)** (자동차의) 클랙션.

horn-, Horn- (↑Hörner-도 참조): ~**antenne**, die (고주파수에 사용되는) 깔대기[나팔] 모양의 안테나. ~**artig** ⟨Adj.⟩ 뿔 모양의, 각질의. ~**blatt**, das (뿔 모양의로 분기된 잎을 가진) 수초. ~**blende**, die 뿔의 색깔에 연유된 각섬석(角閃石). ~**brille**, die 뿔테 안경. ~**drechsler**, der 뿔 세공 기술자. ~**dumm** ⟨Adj.⟩ (경) (뿔난 짐승처럼 우둔하다는 의미로) 매우 어리석은. ~**fels**, der 〖지질〗흑각암(黑角岩), 각석(角石). ~**fessel**, die 〖사냥〗엽적(獵笛)을 둘러메는 끈. ~**förmig** ⟨Adj.⟩ 뿔 모양의. ~**geschwulst**, die ↑Keratom. ~**hai**, der ↑Stierkopfhai. ~**haut**, die 1. (세포가 죽어서 경화된) 각피질, 굳은살: sich die H. an den Füßen abschneiden 발에 생긴 굳은살을 도려내다. **2.** die 〖해부〗~**hautentzündung**, die 각막 혼탁. ~**hautübertragung**, die 각막 이식. ~**hautverletzung**, die 각막 상. ~**hecht**, der (몸체가 길고 뾰족한 이와 뿔 모양의 뒤를 가진) 육식어의 일종. ~**kamm**, der 뿔 빗. ~**klee**, der (뿔 모양의 콩과 열매를 맺는) 벌노랑이. ~**kneifer**, der 뿔테 코안경. ~**kraut**, das (패랭이꽃과에 속하는) 점나도나물. ~**mehl**, das 각분(角粉) (비료로 쓰이는). ~**ochs(e)**, der (속어·종종 욕) 멍청한 인간. ~**schicht**, die ↑~haut (1). ~**signal**, das 각적(경적) 신호. ~**späne** (Pl.) (비료로 쓰이는) 뿔 부스러기. ~**stoß**, der 각적(호른)을 불기(짧게). ~**strahler**, der; -s, - **1.** 나팔형 방사기(放射器). **2.** ↑~antenne. ~**tier**, das 유각수(有角獸), 뿔달린 짐승. ~**träger**, der 1. ~tier. ~**vieh**, das **1.** ⟨Pl. 없음⟩ ↑~tiere. **2.** ⟨Pl. Hornviecher⟩ (속어) 멍청이, 바보; 느림보. ~**viper**, die (북아프리카 사막에 사는) 살무사과의 뱀, 각사(角蛇). ~**zelle**, die 각질(角質) 세포. ~**zellenwucherung** 각질세포층.

Hornback ['hɔːnbæk], das (또는) der; -s, -s [engl. horn back] 혼백(물결무늬가 선명하여 고급 가죽제품에 쓰이는 악어의 등가죽).

Hornberger ['hɔrnbɛrɡɐ] ⟨다음 용법으로⟩ **etw. geht aus wie das H. Schießen** 어떤 것이 헛수고로 끝난다 (↑schießen 참조).

Hörnchen ['hœrnçən], das; -s, - **1.** ↑Horn (1)의 축소형. **2.** 뿔 모양으로 구부러진 빵(퍼프-페이스트나 효모 넣은 반죽으로 만듬). **3.** ⟨대개 Pl.⟩ ↑Hörnchennudel, **4.** 다람쥐류. **Hörnchennudel**, die; -n ⟨대개 Pl.⟩ 뿔 모양(Hörnchen 1)의 스파게티. **Hörndlbauer** ['hœrndl-], der; -n / ⟪드물게⟫ -s, -n (österr.) 목축업자.

Horneburger ['hɔrnəbʊrɡɐ], der; -s, - [Niedersachsen의 Horneburg 지명에 따라] 호르네부르크 사과(제빵 및 요리용의 초록색 사과).

hörnen ['hœrnən] ⟨Adj.⟩ (고어) ↑hörnern. **hörnen** ['hœrnən] ⟨h⟩ **1.** 뿔을 달고 있다. **2.** ⟪통용어·농⟫ (아내가 간통하여) 남편을 배신하다: er wurde gehörnt 그는 아내에 의해 배신당했다.

Hörner- ['hœrnɐ-] (↑horn-, Horn-도 참조): ~**ableiter**, der 뿔 모양의[V자형] 과전압 방지 전선. ~**blitzableiter**, der 뿔 모양의[V자형] 피뢰침. ~**haube**, die (15세기 부인용의) 2개의 원추형의 모자 (Hennin의 변형). ~**klang**, der 호른[각적]의 음향. ~**schall**, der ↑~klang. ~**schlitten**, der 활목(滑木)이 뿔처럼 돌출한 썰매.

hörnern ['hœrnɐn] ⟨Adj.⟩ 각질(角質)의, 각製(角製)의; 뿔같이 단단한, 각화(角化)된. **hornig** ['hɔrnɪç] ⟨Adj.⟩ 뿔 모양의, 각질의, 뿔이 있는.

Hornisse [hɔr'nɪsə], die; -n 말벌속(대형의 ↑Wespe).

Hornissen-: ~**nest**, das 말벌집. ~**schwarm**, der 말벌무리(떼). ~**schwärmer**, der 작은 나비의 일종(후반신이 말벌처럼 노랗고 검정색이며 날개는 투명함). ~**stich**, der 말벌에 쏘인 상처.

Hornist [hɔr'nɪst], der; -en, -en 호른 연주자.

Hornito [hɔr'niːto], der; -s, -s [span. hornito, 19세기 초 독일의 자연과학자, 지리학자였던 Alexander von Humboldt(1769~1859)에 의해 도입된 개념] 〖지질〗호르니토(용암 분출구에 형성된 원추형의 궁륭).

Hörnling ['hœrnlɪŋ], der; -s, -e ⟨다음 용법으로⟩ **Klebriger H.** 싸리버섯류.

Hornpipe ['hɔnpaɪp], die; -s [engl. hornpipe] **1.** 호른 파이프(취주악기의 일종). **2.** (3/2 박자 혹은 4/4 박자로 추는 영국의 경쾌한 무용) 혼른파이프 무용(곡).

Hornsche ['hɔrnsçə], die (ostmd.) [slaw.] 황폐한 작은 집(건물).

Hornung ['hɔrnʊŋ], des; -s, -e (고어) 2월(Februar).

Hornuß ['hɔrnuːs], der; -es, -e (schweiz.) (아이스하키의 퍽과 유사한 딱딱한 고무로 만든) 호르누스 공: **den H. (sicher) treffen** 핵심을 파악하다, 급소를 찌르다. **hornußen** ['hɔrnuːsn] ⟨h⟩ (schweiz.) 호르누스 경기를 하다.

Hornzie ['hɔrntsiə] ↑Hornsche.

Horolog [horo'loːk], das; -s, -e ↑Horologion (1). **Horologion** [...ɔːɡiɔn], das; -s, ...ien [...iən]; griech. hōrológion] **1.** (물시계, 해시계, 모래시계 등) 시계, 측시기(測時器). **2.** (그리스 정교의) 성무일과서(聖務日課書). **Horologium** [...iʊm], das; -s, ...ien [...iən; lat. horologium] ↑Horologion (1, 2).

Horopter [ho'rɔptɐ], der; -s, - , **Horopterkreis**, der; -es [griech. hóros u. optēr] 〖의학〗호롭터, 단시궤적(單眼軌跡).

Horoskop [horo'skoːp], das; -s, -e [lat. hōroscopīum < griech. hōroskopeîon] 〖천문〗 **a)** (점성술용의) 천궁도(天宮圖), 12궁도, 호로스코프: jmdm. das H. stellen (천궁도를 만들어) 누구의 별점을 치다. **b)** 점성(占星), (성좌에 근거한) 예언. **horoskopieren** [...ko'piːrən] ⟨h⟩ 별점을 치다. **horoskopisch** ⟨Adj.⟩ 천궁도의, 점성술의, 별점의.

horrend [hɔ'rɛnt] ⟨Adj.⟩ [lat. horrendus] **1.** ⟪감정⟫ 터무니 없는, 지독한, 대단한: eine ~e Dummheit 어마한 바보짓; zwanzig Mark? das ist ja h.! 20 마르크라고? 그것은 너무 비싸다. **2.** (고어) 무시무시한, 소름끼치는.

horribel [hɔˈriːbl] ⟨Adj.⟩ [frz. horrible < lat. horribilis] 《교양어·고어》 1. 무서운, 소름끼치는. 2. ↑ horrend (1). **horribile dictu** [...bile ˈdɪktu; lat. = schrecklich zu sagen] 《교양어》 실로 말하기가 무섭습니다. **Horribilität** [hɔribiliˈtɛːt], die; -en 《교양어·고어》 ↑horribel의 명사형.

horrido! [hɔriˈdoː] ⟨Interj.⟩ [사냥개 몰이꾼이 발사 신호를 외칠 때 ho, Rüd, ho라고 소리치는 데서 유래하여] **a)** [사냥] (사냥꾼이 축배를 들 때 외치는 소리) 건배！ **b)** 《농》 (승리의 기쁨을 표시하거나 용기를 북돋아주기 위해 지르는 소리) 만세！ **Horrido** [-], das; -s, -s 건배(만세)의 소리.

Horror [ˈhɔrɔr, 《또한》 horːoɐ̯] der; -s [lat. horror] 전율, 공포, 혐오, 반감; vor etw. (vor bestimmten Leuten) haben 무엇(특정의 사람들)은 딱 질색이다, 무섭다.

Horror-: **~film**, der 공포 영화. **~geschichte**, die 공포(괴기) 소설. **~literatur**, die 공포(괴기) 문학. **~streifen**, der 《통용어》 ↑~film. **~trip**, der 《은어》 환각제 복용에 의한 공포감을 동반한 도취, 베드 트립 (Bad Trip).

Horror vacui [- ˈvaːkui], der; - - [lat. die Angst vor dem Leeren] (아리스토텔레스 물리학에 근거한 자연의) 진공혐기(眞空嫌忌).

Hörsamkeit [ˈhøːɐ̯zaːmkait], die; [engl. audibility] [음향] 음향 효과.

hors concours [ɔrkõˈkuːr; frz. hors concours] 《교양어》 심사가 면제된, 심사와 특별의, 경쟁 밖의.

Horsd'oeuvre [ɔrˈdœːvr], das; -s [-], -s [-] [frz. horsd'oeuvre] 오르되브르, 전채(前菜) (식욕을 돕기 위해 식사 전에 내는 채소).

Horse [hɔːs], das; - [engl.-amerik. horse] 《은어》 헤로인(Heroin). **Horsepower** [ˈhɔːspauə], die [engl. horsepower] 마력(馬力) (= 745.7와트)(약어: h.p.)(↑ Pferdestärke).

Horst [hɔrst], der; -(e)s, -e **1.** 맹금(猛禽)의 보금자리(높은 곳에 위치한). **2.** ↑Fliegerhorst. **3.** [임업] 관목(숲) (수종, 나이, 성장이 주위의 숲과는 다른). **4.** [식물] 덤불. **5.** [지질] 지루(地壘). **horsten** [ˈhɔrstn̩] ⟨h⟩ 보금자리를 만들다, 둥우리를 짓다.

Hort [hɔrt], der; -(e)s, -e **1.** 《시어》 재보(財寶); der H. der Nibelungen 니벨룽엔의 보물. **2.** 《아어》 **a)** 피난처, 안전한 장소, 보호하는 기관(사람): die Kirche sollte u. H. der Bedrängten und Verfolgten sein 교회는 핍박받는 자들과 박해받는 자들의 피난처이어야 한다. **b)** 본고장, 아성. **3.** ↑Kinderhort.

Hortativ [hɔrtaˈtiːf, 《또한》 ˈhɔr...], der; -s, -e [...iːvə; lat. hortativus] 하타티브 (↑Adhortativ).

horten [ˈhɔrtn̩] ⟨h⟩ **a)** 축적(비축)하다: Geld h. 돈을 모아두다. **b)** (특정의 목적으로) 모으다, 수집하다: einzelne Bestellungen für eine Sammelbestellung h. 단체 주문을 위해 개별 주문을 모으다.

Hortensie [hɔrˈtɛnziə], die; -n [발견자인 프랑스 식물학자 Commerson(1727–1773)의 여행 동반자 Hortense Lepaute의 이름을 딴 듯] [식물] 수국.

Hortikultur [hɔrti-], die [lat. hortus = Garten] 《전문어》 원예(Gartenbau).

Hortleiterin, die; -nen (직장 관계로 부모들이 돌볼 수 없는, 취학 의무가 있는 학생들을 위한) 아동 보육원 원장.

Hortnerin [ˈhɔrtnərin], die; -nen 아동 보육원 보모[여교사].

Hortung [ˈhɔrtʊŋ], die; -en 모으기, 축적, 수집.

ho ruck! [hoː ˈrʊk] ↑hau ruck!.

hosanna [hoˈzana] ↑hosianna.

Höschen [ˈhøːsçən], das; -s, - **1.** ↑Hose (1)의 축소형. **heiße H.** 《통용어·농》 ↑Hot pants. **2.** (부인용) 슬립, 팬츠. **3.** [동물] 꿀벌의 뒷다리에 묻은 꽃가루 뭉치.

Hose [ˈhoːzə], die; -n **1.** 《축소형: ↑Höschen》 **a)** 《종 복수형으로 사용되면서도 단수의 의미》 바지: ein Paar neue -n 한 벌의 새 바지; das Kind hat die[seine] H. vollgemacht(hat in die H. / -n gemacht) 그 아이는 바지에 오줌을 쌌다; in kurzen -n herumlaufen 짧은 바지를 입고 돌아다니다; [전의] -n runter! [카드] 까라! (카드를 보이라고 할 때); das kannst du einem erzählen, der die H. mit der Kneifzange anzieht [zumacht] 《통용어》 그것은 전부 새빨간 거짓말이다, 그 말은 믿을 수가 없다("바지를 펜치로 입는 사람에게나 그런 말을 해라"라는 뜻에서); **jmdm. geht die H. mit Grundeis** (↑Arsch) 누구는 벌벌 떨고 있다(매우 무서워하고 있다); **jmds. -n sind voll** 누가 겁에 질려 있다; **(zu Hause(daheim)) die -n anhaben** 《통용어》 (집에서) 여자가 실권을 쥐다; **die -n runterlassen** 《경》 좋지 않은 상황에서 정체(색깔)를 드러내다; **die H. [-n] (gestrichen) voll haben** 《경》 겁에 질려 있다; **die -n voll kriegen** 《친근》 볼기를 얻어맞다; **jmdm.(einem Kind) die -n strammziehen [spannen]** 《친근》 누구(아이)의 볼기를 때리다; **eine tote H. sein** (↑Arsch1) 실패하다, 뜻을 이루지 못하다; **die -n auf halbmast tragen** 《통용어·농》 단이 짧아서 다리가 나온 바지를 입고 있다; **die H. über der [die] Tonne gebügelt [getrocknet] haben** 《통용어·농》 O자형 다리를 하고 있다; **sich auf die -n setzen** 《친근》 (주로 학생에 대한 요구로서) 열심히 공부하다; **nicht aus der H. kommen können** 《통용어》 변비증을 가지고 있다, 변비 증세로 괴로워하다; **in die -n gehen** 《경》 실패하다; **(vor Angst) in die H. [-n] machen** 《경》 안절부절 못하다, 겁나거나 감히 하지 못하다; **mit jmdm. in die -n müssen** 《schweiz.》 누구와 싸움으로 결판내게 되다; **in die -n steigen** 《schweiz.》 (스위스식 레슬링을 할 때) 싸울 준비를 끝내다. **b)** (특히 여자와 어린이용의) 팬츠, 드로즈, 슬립: Hemd u. H. aus Baumwolle 면으로 만든 셔츠와 드로즈. **2.** ⟨Pl.⟩ [동물] (특히 말 엉덩이쪽에 형성된) 대퇴부 근육. **3.** [동물] (독수리, 매 등 맹금의) 다리 깃털.

Hosen-: **~anzug**, der (부인과 어린이용의) 긴바지와 바지에 딸린 상의 한 벌, 판탈롱 슈트. **~aufschlag**, der (바지의) 접어 젖힌 아랫단. **~band**, das ⟨Pl. ...bänder⟩ 반바지 가랑이 끝을 졸라매는 끈. **~bandorden**, der 《영국의》 가터 훈장. **~bein**, das 바지의 가랑이 부분: die -e hochkrempeln 바지 가랑이를 걷어올리다. **~boden**, der 바지의 엉덩이 판: den H. voll kriegen 볼기를 얻어맞다; jmdm.(einem Kind) den H. strammziehen(versohlen) 누구(아이)의 볼기를 때리다; sich auf den H. setzen 열심히 배우다(공부하다). **~boje**, die [해양] 바지형의 구명 기구. **~bügel**, der ↑~spanner. **~bund**, der 바지의 허리띠. **~kacker**, der 《속》 **1.** 겁쟁이. **2.** 《욕》 늦깎이. **~kerl**, der 《경》 음경, 남근(Penis). **~klammer**, der 바지 가랑이를 붙들어매는 클립(자전거를 탈 때 따위에 쓰임). **~klappe**, die 개구멍 바지의 터놓은 부분(아이들 바지의). **~knie**, das (입어서 불룩 튀어나온) 바지의 무릎 부분. **~knopf**, der 바지의 단추: [전의] du kriegst dafür keinen H. mehr 《통용어》 너는 그 대가로 한 푼도 받지 못한다; er kümmert sich um jeden H. 《통용어》 그는 쓸데없이 모든 사소한 일을 걱정한다. **~laden**, der **1.** ⟨Pl. ...läden / ⟨드물게⟩ -⟩ 바지 가게. **2.** ⟨Pl. -⟩ 《통용어》 ↑~stall. **~latz**, der **1.** (어린이 바지, 선원의 바지, 민속바지 등의) 앞가슴 덮개. **2.** 〈지역적〉 ↑~schlitz. **~lupf**, der 《schweiz.》 레슬링의 일

종. ~matz, der 《친근·농》(처음으로 바지를 입을 만큼 자란) 소년, 사내아이. ~naht, die 바지의 솔기: die Hände an die H. legen (두 손을 솔기 부분에 대고) 차려 자세를 취하다. ~rock, der (여자용) 치마 바지. ~rolle, die [연극] a) (여배우의) 남자 역. b) 남장여인 역. ~sack, der 《지역적》 ↑ ~tasche. ~scheißer, der 《속》 ↑ ~kacker. ~schlitz, der (남자용 바지의) 앞 타짐. ~spanner, der 바지 걸이. ~stall, der 《통용어·농》 ↑ ~schlitz. ~tasche, die 바지 주머니: die Hände in den ~n haben (in die ~n stecken) 두 손을 바지 주머니에 넣고 있다 (집어넣다); etw. wie seine H. kennen 《통용어》 무엇을 정확하게 알고 있다; etw. aus der linken H. bezahlen 《통용어》 큰 돈을 어렵잖게 지불할 능력이 있다. ~topper [...təpɐ], der; -s, - [engl. to top = in beste (Paß)form bringen] 《전문어》 ↑ Dämpfpuppe. ~träger, der (대개 Pl.) 바지 멜빵. ~tür, die 《통용어·농》 ↑ ~schlitz. ~umschlag, der ↑ ~aufschlag.

hosianna! [ho'ziana] 〈Interj.〉 [lat. hosanna < griech. hōsanná] 《기독교》 호산나 (하나님과 예수님을 찬미하는 감탄사): h. singen 호산나를 외치다, 하나님과 예수를 찬미하다. **Hosianna**, das; -s, -s 호산나 (하나님과 예수를 찬미하는 말): ein H. rufen (singen) 호산나를 외치다, 하나님과 예수를 찬미하다. **Hosiannaruf**, der 《종종 반어》 소리높이 외치는 의례적 갈채.

Hospital [hɔspi'taːl], das; -s, -e / ...täler [...'tɛːlɐ; lat. hospitale] 1. (대규모는 아닌) 병원. 2. 《고어》 병약자 요양소, 양로원. **hospitalisieren** [...tali'ziːrən] 〈h〉 《관》 입원시키다 (병원 혹은 요양소 등에). **Hospitalisierung**, die; -en 입원 (지시). **Hospitalismus** [...'lismʊs], der; - 1. 《심리·의학》 호스피탈리즘 병원병 (병원 혹은 요양소 생활에서 생긴 심리적 장애 증상). 2. [심리·교육] 호스피탈리즘, 탁아소병 (탁아소 체류로 인해 생기는 발육장애 증상). 3. [의학] 호스피탈리즘, 병원 감염 (입원중 다른 환자 혹은 의료 요원으로부터의). **Hospitalismusschaden**, der 《심리·의학》 (아동에게 나타나는) 호스피탈리즘으로 인한 질환. **Hospitalit**, der; -en, -en 《고어》 입원 환자. **Hospitalität** [...liˈtɛːt], die; [lat. hospitālitās] 《고어》 환대, 후대, 친절. **Hospitaliter** [...'liːtɐ], der; -s, - (병원에서 봉사하는) 자선 종교 단체원, 수도회 회원. **Hospitalschiff**, das; -(e)s, -e 《준고어》 병원선 (Lazarettschiff). **Hospitant** [...'tant], der; -en, -en [↑hospitieren] 1. 《교양어》 청강생. 2. [의회] 계파소속은 없지만 객원 (客員)으로서 특정 계파에 동조하는 의원, 무소속 의원. **Hospitanz** [...'tants], die [회의] 무소속 의원의 신분[자격]. **Hospitation** [...ta'tsio:n], die 《교양어》 청강. **Hospitesse** [...'tɛsə], die; -n [↑Hospital u. ↑Hosteß의 인공어] 호스피테스 (간호사 자격을 가진 사회 문제 상담 요원). **hospitieren** [...'tiːrən] 〈h〉 [lat. hospitāri] 1. 청강하다: bei einem Professor (in einer Unterrichtsstunde) h. 어느 교수에게 (어느 강의에) 청강하다. 2. (드물게) 불청객 (客)으로 참여하다. **Hospiz** [hɔs'piːts], das; -es, -e [lat. hospitium] 1. 순례자 숙박소 (수도원에 딸린). 2. (기독교 정신으로 운영되는) 호텔, 여관.

Hospodar [hɔspoˈdaːɐ̯], Gospodar, der; -s/-en, -e(n) [rumän. hospodar < ukrain. gospodar] 《역사》 루마니아 및 슬라보니아 몬테네그로 지방을 통치한 슬라브 영주의 칭호 혹은 그 칭호를 가진 사람.

Hostess, 《또한》 **Hosteß** [hɔsˈtɛs, 《또한》 '--], die; ...tessen [engl. hostess] 1. 호스테스 (박람회, 여행사, 호텔 등에 종사하는). 2. 호스테스 (항공사에 종사하는). 3. 《은폐》 창녀 (신문광고를 통하는).

Hostie [ˈhɔstiə], die; -n [lat. hostia] 《기독교》 성체 (聖體) (그리스도의 육체를 상징하는 성찬용 떡).

Hostien-: ~**behälter**, der 성합, 성체를 담는 그릇. ~**kelch**, der 성배 (聖杯). ~**schrein**, der a) 성골 상자 [관]. b) ↑Tabernakel.

hostil [hɔsˈtiːl] 〈Adj.〉 [lat. hostīlis] 《교양어》 적 대시하는. **Hostilität** [hɔstiliˈtɛːt], die; -en [lat. hostīlitās] 《교양어·고어》 적대시, 적의, 적대 행위.

Hot [hɔt], der; -s, -s [engl.-amerik. hot] Hot Jazz의 약칭.

Hotchpotch [ˈhɔtʃpɔtʃ], das; -, -es [...iz] ↑Hochepot.

Hot dog ['hɔt 'dɔk], das/der; - -s, - -s [amerik. hot dog] 핫도그.

Hotel [hoˈtɛl], das; -s, -s [frz. hôtel] 호텔: in einem H. übernachten 호텔에서 숙박하다 [묵다]; ein schwimmendes H. 호화 여객선.

Hotel-: ~**angestellte***, der / die 호텔 종업원. ~**bar**, die 호텔 바. ~**bau**, der 〈Pl. -bauten〉 호텔의 건물. ~**besitzer**, der 호텔 소유자 [주인]. ~**betrieb**, der 1. ↑Hotel. 2. 〈Pl. 없음〉 호텔 운영: der H. ruht im Winter 그 호텔은 겨울에 휴업한다. ~**bett**, das a) 호텔 침대. b) 숙박 설비: in diesem Ort gibt es wenig -en 이 지역에는 숙박 시설이 거의 없다. ~**boy**, der 호텔 보이. ~**detektiv**, der 호텔 경비원. ~**dieb**, der 호텔 도둑. ~**diener**, der 《고어》 호텔 고용인. ~**direktor**, der 호텔 지배인. ~**fach**, das 〈Pl. 없음〉 ↑ ~gewerbe. ~**fachschule**, die 호텔 전문 학교. ~**führer**, der ↑ ~verzeichnis. ~**gast**, der 호텔 손님. ~**geschirr**, das 호텔 집기. ~**gewerbe**, das 호텔업. ~**halle**, die 호텔 로비. ~**kaufmann**, der 호텔업 자격 취득 상인. ~**kette**, die [경제] 호텔 체인. ~**koch**, der 호텔 요리사. ~**kosten** 〈Pl.〉 호텔 비용. ~**küche**, die a) 호텔 주방. b) 〈Pl. 없음〉 호텔 음식 [요리]. ~**leitung**, die ↑ ~direktor. ~**nachweis**, der ↑ ~verzeichnis. ~**palast**, der 호화 호텔, 일급 호텔. ~**pension**, die 소 규모 호텔, 저급 호텔. ~**personal**, das 호텔 종사원. ~**portier**, der 호텔 문지기 [수위]. ~**porzellan**, das 호텔용 사기그릇 (고급이 아닌). ~**rechnung**, die 호텔 계산서. ~**restaurant**, das 호텔 레스토랑. ~**schiff**, das 호화 여객선. ~**service**, der 호텔 서비스. ~**silber**, das 은도금 식탁용 날붙이. ~**stadt**, die 《범》 a) 단 시일 내에 대규모 호텔 및 유사 시설들이 운집한 관광 광지. b) 대규모 호텔 및 유사 시설들이 운집한 관광 중심 지. ~**verzeichnis**, das 호텔 일람표. ~**zimmer**, das 호텔 방.

Hotel garni [- garˈniː], das; - -, -s, -s [- -; frz. hôtel garni] 아침 식사만 제공하는 호텔. **Hotelier** [hoteˈlieː], der; -s, -s [frz. hôtelier] 호텔 주인, 호텔업자. **Hotellerie** [hotelə'riː], die [frz. hôtellerie] 호텔업.

Hot Jazz ['hɔt 'dʒæz], der; - - [engl.-amerik. hot jazz] [음악] 핫 재즈. **Hot money** ['-ˈmʌni], das; - - [engl.-amerik. hot money] [경제] 핫 머니 (≈heißes Geld). **Hot pants** ['-ˈpɛnts] 〈Pl.〉 [engl. hot pants; 1971년 영국의 여류 유행창조자인 Mary Quant에 의해 창작되었음] 핫 팬츠.

hott! [hɔt] 〈Interj.〉 (수레를 끄는 짐승에게 외치는 소리) 앞으로! 오른쪽으로! (반대: hüst!; **einmal h. und einmal har sagen** 《통용어》 견해 [생각]를 수시로 바꾸다, 조령모개하다.

Hotte [ˈhɔtə], die; -n 〈südwestd.·포도 재배〉 등에 지는 통, 짊어지는 광주리.

Hottegaul, der; -s, ...gäule, **Hottehü**, das; -s, -s [아동] 말 (馬).

hotten [ˈhɔtn̩] 〈h〉 《통용어》 재즈 음악에 맞추어 매우 율동적인 동작으로 춤추다.

Hottentotte [hɔtn̩ˈtɔtə], der; -n, -n 호텐토트 사람 [족]

(남아프리카의 혼혈 미개 민족). **hottentottisch** [hɔtn̩'tɔtɪʃ] 〈Adj.〉 호텐토트 사람[말]의.
Hottepferdchen, das; -s, - 〖아동〗 말(馬).
Hotter ['hɔtɐ], der; -s, - (österr. · 방언) 논밭의 경계.
Hotto ['hoto], das; -s, -s 〖아동〗 말(馬).
Houppelande [u'plã:d], die; -s [...ã:d; frz. houppelande] 〖유행〗 우프랑드(14세기말 프랑스 부르군트 복장에 유행한 종 모양으로 생긴 긴 남자 상의).
Hourdi [ur'di], der; -s, -s [frz. hourdi] 〖토목〗 우르디 (흙으로 구워 만든, 속이 빈 블록판(지붕에 사용)).
Hovawart ['ho:favart], der; -s, -e (다리는 갈색이며 몸통은 검정색인 셰퍼드 크기의 집 지키는 개) 호파바르트.
Hovercraft ['hɔ:vɐkra:ft], das; -s, -s [engl. Hovercraft] 호버크라프트(고압 공기를 밑으로 분출하여 기체를 띠울려 달리게 하는 차 또는 선박 따위)(Luftkissenfahrzeug).
Howea ['ho:vea], die; ...een [...'ve:ən; 오스트레일리아의 Lord-Howe섬 이름에서] 호베아, 관상용 종려수.
h. p. (옛) HP = horsepower(1Horsepower).
HR = Hessischer Rundfunk 헤센 방송국.
hrsg. = herausgegeben; **Hrsg.** = Herausgeber.
hs = Hektoster.
Hs. = Handschrift; **Hss.** = Handschriften.
HTL = höhere technische Lehranstalt 스위스와 오스트리아의 공업 전문 학교.
hu! [hu:] 〈Interj.〉 **1.** (공포를 나타내는 소리) '어이쿠', '후유' 따위. **2.** (혐오를 나타내는 소리) '퇴' 따위. **3.** (추위를 나타내는 소리) '엇', '아유' 따위. **4.** (누구를 놀래키려는 소리) '쉬' 따위.
hü! [hy:] 〈Interj.〉 (수레를 끄는 짐승에게 외치는 소리) 이랴! 서!: **einmal hü und einmal hott sagen!** 〖통용어〗 어떻게 해야 할 지를 모르다, 의견을 수시로 바꾸다.
Hub [hu:p], der; -(e)s, Hübe ['hy:bə] 〖기술〗 **1.** (끌어 올리기): **in einem H. faßt der Bagger 2 Kubikmeter Erdreich** 포크 레인은 한 번에 2㎥의 흙을 떠올린다. **2.** 피스톤의 1왕복.
Hub- 〖기술〗: **~brücke**, die 도개교(跳開橋), 승개교(昇開橋)(배가 통과할 수 있도록 드는 교량). **~höhe**, die 밀어[끌어]올리는 높이, 양고(揚高). **~insel**, die 해안의 물이 얕은 곳에 설치한 석유 개발용 해상 시설(인공섬). **~karren**, der 1~stapler. **~raum**, der 피스톤 배출량(행정(行程) 공간), 피스톤이 작동하는 기통(실린더)의 공간(용적): **ein Auto(Motor) mit 1600 cm³ H.** 기통 용적 1600 cc인 자동차(모터). **~raumsteuer**, die 기통 용적에 따른 자동차세. **~roller**, der 1~stapler. **~schrauber**, der 헬리콥터. **~stapler**, der 지게차, 포크 리프트. **~volumen**, das 1~raum.
Hubbel, der; -s, - (지역적) **a)** 평탄하지 않음, 울퉁불퉁함, **b)** 언덕. **hubbelig** 〈Adj.〉 (지역적) 평탄하지 않은, 언덕진.
Hube ['hu:bə], die; -n (지역적) 1Hufe.
Hubel ['hu:bl̩], der; (또한) **Hübel** ['hy:bl̩], der; -s, - (고어 · 지역적) **a)** 평탄하지 않은 땅, 요철. **b)** 언덕. **hubelig** 〈Adj.〉 (지역적) **a)** 평탄하지 않은. **b)** 언덕진.
hüben ['hy:bn̩] 〈Adv. „drüben"과 대립적으로만 사용됨〉 hie와 ü²üben의 합성어] 이쪽(편)에: h. und [wie] drüben 이쪽(편)에도 저쪽(편)에도, 이쪽(편) 저쪽(편) 모두; 전의 **h. u. [wie] drüben gab es große Verluste** 양쪽 정당에 큰 손실이 있었다.
Huber ['hu:bɐ], der; -s, - (지역적) 1Hufner.
Hubertusjagd [hu'bɛrtus-], die; -en [사냥꾼의 수호성 Lüttich의 주교 Hubert (7./8. Jh.)에서] [사냥] 전통적으로 후베르트의 날(11월 3일)에 거행되는 사냥. **Hubertusmantel**, der; -s, ...mäntel 《österr.》 초록색 로덴으로 만든 목까지 가리는 외투, 후베르트 외투.
hübig ['hy:bɪç] 〈Adj. „drübig"와 대립적으로만 사용됨〉 《통용어》 이쪽에 있는, 이곳의: -es und drübiges Wetter 이곳과 그곳의 날씨.
Hübner ['hy:bnɐ], der; -s, - (지역적) 1Hüfner.
hübsch [hypʃ] 〈Adj.〉 **1. a)** 예쁜, 귀여운, 애교 있는, 매력적인: **ein -es Gesicht** 예쁜 얼굴; **sich h. anziehen** 예쁘게 옷을 입다. **b)** 마음에 드는, 인상이 좋은; **die Gegend ist sehr h.** 이 부근은 매우 마음에 든다. **c)** 아름답게 들리는, 아름다운: **eine -e Melodie** 아름다운 선율. **2.** 《통용어》 **a)** 꽤 큰, 적지 않은, 상당한: **ein -es Sümmchen** 상당한 액수. **b)** 〈형용사와 동사를 강조하여〉 매우, 상당히: **der Koffer ist h. schwer** 트렁크가 매우 무겁다. **3.** 《통용어》 훌륭하게, 나무랄 데 없이, 생각했던 대로: **sie spielt ganz h. Klavier** 그녀는 피아노를 훌륭하게 친다. **4.** 《통용어 · 반어》 괘씸한, 마음에 안드는, 기분 나쁜: **das ist ja eine -e Geschichte** 그것이야말로 기분 나쁜 이야기이다. **Hübschheit**, die 《드물게》 아름다움, 예쁨. **Hübschling** ['hypʃlɪŋ], der; -s, -e 《통용어 · 폄》 기생오래비 같은 사내, 미모의 우쭐대는 남자.
huch! [hux] 〈Interj.〉 **1.** ((꾸민) 놀라움, 혐오 등을 나타내는 소리) 와, 야: **h., eine Schlange!** 와, 뱀이다. **2.** (불쾌한 감정을 나타내는 소리) 아유, 어: **h., wie kalt ist es hier!** 아유, 여기는 정말 춥구나.
Huchen ['hu:xn̩], der; -s - 다뉴브 강에서 산출되는 연어의 일종.
Hucke ['hʊkə], die; (지역적) **1.** 1Hocke (1). **2.** 짊어진 짐: **jmdm. die H. voll hauen** 《통용어》 누구를 호되게 때리다; **jmdm. die H. voll lügen** 《통용어》 누구를 실컷 속이다; **sich³ die H. voll lachen** 《통용어》 무엇에 대해 실컷 깔깔대고 웃다; **die H. voll kriegen** 《통용어》 호되게 두들겨맞다; **sich³ die H. voll saufen** 《경》 (술에) 취하다.
Huckel ['hʊkl̩] 1Hubel.
hucken ['hʊkn̩] 〈지역적〉 **a)** (등에) 짊어지다: **jmdm. [sich] etw. auf den Rücken h.** 누구의 등에 무엇을 짊어지우다[무엇을 짊어지다]. **b)** 짊어지고 운반하다: **einen schweren Sack h.** 무거운 자루를 져나르다.
huckepack ['hʊkəpak] 〈Adv.〉 [niederd. huckeback] 《다음 용법으로》 **jmdn.(etw.) h. tragen** 《통용어》 (등에) 누구(무엇)를 업다(짊어지다); **jmdn.(etw.) h. nehmen** 《통용어》 누구를 업어(무엇을 짊어지고) 나르다; **(bei(mit) jmdm.) h. machen** 《통용어》 (누구에게) 업히다. **Huckepackverkehr**, der; -s 〖철도〗 (기차의 특수 차량을 이용한) 자동차 운송. **Huckepackwaggon**, der; -s, -s 자동차 운송용 차량(자동차 적재용 무개화차).
Hude ['hu:də], die; -n (지역적) 방목지, 목장.
Hudel ['hu:dl̩], der; -, -(n) (고어 · 지역적) **1.** 천조각, 넝마, (재단하고 남은) 지스러기. **2.** 건달, 불량자. **Hudelei** [hu:də'lai], die; -en (지역적) **1.** 《Pl. 없음》 질질 끄는 태만한 작업 방법. **2.** 날림일. **3.** 성가심, 번거로움: **mit etw. viel H. haben** 무엇 때문에 매우 번거로워(성가셔)하다. **4.** 1Lobhudelei. **Hudeler**, Hudler ['hu:d(ə)lɐ], der; -s, - 《지역적》 일을 날림으로 하는 사람. **hudelig**, hudlig ['hu:d(ə)lɪç] 〈Adj.〉 (지역적) 태만한, 세심하지 못한. **hudeln** ['hu:dl̩n] 〈h〉 [1Hudel] (지역적) **1.** 날림으로 일하다, 게으름을 부리다, 빈둥거리다: **die Handwerker haben gehudelt** 공원들은 날림일을 하였다; 전의 **nur nicht h.** 덤비지 말고 천천히 하라. **2.** 괴롭히다, 꾸짖다.
hudern ['hu:dɐn] 〈h〉 〈지역적 · 전문어〉 **a)** (닭이) 병아리를 품다. **b)** (새들이) 모래 목욕을 하다, 토욕(土浴)하다: **der Vogel hudert (sich)** 새가 모래 목욕을 한다.
Hudler: 1Hudeler. **hudlig**: 1hudelig.

Hudri-Wudri ['huːdriːˈvuːdriː], der; -s, -s 《österr.・통용어》 정서가 불안한 사람.

Huerta ['uɛrta], die; -s [span. huerta] 우에르타(스페인의 동남쪽 건조 지역에 있는 인공 관개에 의한 채소 및 과일 재배지).

huf ! [huːf] **hüf !** [hyːf] 〈Interj.〉《지역적》(마부가 말에게 외치는 소리) 뒤로! 돌아와! (zurück).

Huf [-], der; -(e)s, -e **1.** 발굽(가운데 발가락이 없거나 혼적만). **2.** ↑Pferdehuf의 약칭: dem Pferd die -e beschlagen 말에 편자를 박다; mit den -en stampfen 말굽으로 땅을 차다.

huf-, Huf-: **~beschlag**, der **1.** 〈Pl. 없음〉(말에) 편자를 박기. **2.** 말편자. **~beschlagschmied**, der 편자 대장장이. **~eisen**, das 편자, 말편자: das Pferd hat ein H. verloren 말이 편자 한 쪽을 잃어버렸다; ein H. als Glücksbringer über die Tür hängen 마스코트로 말편자를 문 위에 걸다. **~eisenform**, die〈Pl. 없음〉말굽 모양, 마제(馬蹄)형: die Tische in H. aufstellen 테이블을 말편자형으로 배치하다. **~eisenförmig** 〈Adj.〉말굽 모양의, 마제(馬蹄)형의. **~eisenklee**, der [말발굽 모양의 마디에 따라] 말발굽 모양의 협과(莢果) 식물. **~eisenmagnet**, der 말굽 자석, 편자 모양의 자석. **~eisenniere**, die 〔의학〕 마제신(馬蹄腎)(신장 기형의 일종). **~geklapper**, das 말굽 소리. **~getrappel**, das ↑~geklapper. **~lattich**, der [말발굽 모양의 잎에 따라 붙여진 이름] 머위. **~nagel**, der 말편자 박는 못. **~schlag**, der **1.** 말굽 소리, 말굽의 울림: sie hörten von ferne den H. der Pferde 그들은 먼곳으로부터 말굽 소리를 들었다. **2.** 말발굽으로 차기; er wurde durch einen H. verletzt 그는 말발굽에 채여서 부상당했다. **3.** 〔승마〕(경마장의 말이 달리는 길) 경마로. **~schlagfigur**, die 〔승마〕 곡예 승마의 피겨. **~schmied**, der ↑~beschlagschmied. **~schmiede**, die 편자(제작) 대장간. **~tier**, das 〔동물〕 유제(有蹄) 동물.

Hufe, die; -n (중세기에 한 농가에 적절한) 농지 단위(7~15 헥타르).

hufen ['huːfn] 《또한》 **hüfen** ['hyːfn] 〈h〉《지역적》(말, 소 따위가) 뒷걸음질 치다.

Hufendorf, das (길을 따라 가옥이 양쪽 혹은 한쪽으로 줄을 지어 서 있고 농경지가 가옥 뒤에 붙어 있는 마을) 가촌(街村).

Hüffe ['hyfə] usw. ↑Hiefe usw.

Hufner ['huːfnɐ] **Hüfner** ['hyːfnɐ], der; -s, - 〔고어〕 ↑Hufe의 농지를 소유한 농민.

hüft, Hüft- ['hyft-] : **~bein**, das 〔해부〕 좌골, 무명골. **~betont**〈Adj.〉(옷의 재단 방법이나 모양을 통해) 허리 부위가 강조된. **~einsatz**, der 〔육상〕 경보(競步)에서 허리의 독특한 움직임. **~eng**〈Adj.〉(의복의) 허리가 꼭 끼는(몸에 꼭 맞는). **~flacon**, der [드물게](허리 주머니에 넣을 수 있는) 납작한 술병(화주병). **~gelenk**, das 〔해부〕 비구(髀臼)관절, 고(股)관절. **~gelenkentzündung**, die〈Pl. 없음〉비구(고)관절염. **~gelenkluxation**, die 〔의학〕 비구(고)관절 탈구(탈골). **~gelenkpfanne**, die 〔해부〕 비구(고)관절와(窩). **~gürtel**, der [벨트, 거터(벨트). **~halter**, der ↑~gürtel. **~hoch** 〈Adj.〉 허리 높이의: h. unter Wasser stehen 허리까지 잠겨서 물 속에 있다. **~höhe**, die 〈Pl. 없음〉 허리 높이. **~horn**, das ↑Hifthorn. **~hose**, die 엉덩이에만 달라붙는 바지(허리가 엉덩이에 걸쳐 있는). **~knochen**, der ↑~bein. **~lahm** 〈Adj.〉 고(股)(비구)관절을 삔, 허리를 못쓰는, 절름발이의. **~lang** 〈Adj.〉 (상의가) 허리까지 내려오는. **~leiden**, das 요통(腰痛). **~nerv**, der ↑Ischiasnerv. **~pfanne**, die ↑~gelenkpfanne. **~rock**, der 허리에 얹히는 치마(스커트).

~schmerz, der 《대개 Pl.》 요통, 좌골 신경통, 고(股)관절통. **~schwung**, der **1.** 〈Pl. 없음〉(여자) 허리 곡선. **2.** 〔체조〕 수평봉(철봉)에서 다리를 앞뒤로 흔들기(수직으로 매달린 채). **3.** 〔레슬링〕 상대의 한쪽 팔을 봉쇄하고 그의 목을 휘감아 상체를 옆으로 재치면서 상대를 자기 허리 위로 끌어당기는 공격. **~umfang**, der ↑ **~weite**. **~umschwung**, der **1.** 〔체조〕 ↑Felge (2). **2.** 〔송구〕 한쪽으로 잡은 공을 신속히 몸을 회전하여 다른 쪽에서 양손으로 던지기. **~verrenkung**, die 비구(고)관절 탈구. **~wackler**, der (육상 은어) 허리(허프)를 심하게 흔드는(움직이는) 경보(競步) 선수. **~weh**, das 《고어・드물게》↑Ischias. **~weite**, die 〔재단〕 허리폭. **~wurf**, der [레슬링] 상대의 허리를 이용하여 쓰러뜨리는 공격 방법.

Hüfte ['hyftə], die; -n **1.** 허리(부분), 히프: sich beim Gehen in den -n wiegen 걸을 때 허리(엉덩이)를 흔들다; **aus der Hüfte geschossen(gefeuert)** 《통용어》 철저한 준비없이. **2.** 〈Pl. 없음〉 〔요리〕 (특히 소의) 허리살. **Hüftengürtel**, der 《schweiz.》 ↑Hüftgürtel. **Hüftenhalter**, der 《schweiz.》 ↑Hüfthalter.

Hügel ['hyːɡl], der; -s, - **1.** 언덕, 작은 산, 구릉: einen H. besteigen 언덕을 올라가다; er schwärmte von den Hügeln seiner Geliebten [전의](시어・미화) 그는 애인의 젖가슴에 대해 감격해서 말했다. **2.** 〔시어〕 ↑ Grabhügel의 약칭. **3.** 다수, 대량.

hügel-, Hügel-: **~ab** [-ˈ-] 〈Adv.〉(아이) 언덕 아래 쪽으로, 언덕 아래로(반대: hüglan). **~auf**, **~an** [-ˈ-] 〈Adv.〉(아이) 언덕 위쪽으로, 언덕 위로(반대: hügelab). **~auf** [-ˈ-] 〈Adv.〉(아이) ↑hügelan. **~gelände**, das 구릉 지대. **~grab**, das 〔고고〕 (선사시대의) 구릉묘지. **~gräberkultur**, die 〔고고〕 (청동기 중부 유럽의) 구릉묘지 문화. **~haus**, das (평지에 건축한) 계단식 아파트(연립 주택). **~kette**, die 구릉맥(丘陵脈). **~land**, das 〈Pl. -länder〉 구릉지(地). **~landschaft**, die 구릉이 많은 풍경. **~reich** 〈Adj.〉 구릉이 많은. **~stadt**, die 구릉 위에 건설된 도시. **~zug**, der ↑~kette.

hügelig, **hüglig** ['hyːɡ(ə)lɪç] 〈Adj.〉 구릉의, 구릉이 많은.

Hugenotte [huɡəˈnɔtə], der; -n, -n [frz. Huguenot] **1.** 프랑스 칼빈주의 추종자, 위그노파 사람. **2.** 프랑스를 탈출한 칼빈파의 후예, 위그노파 후예. **hugenottisch** [huɡəˈnɔtɪʃ] 〈Adj.〉 ↑Hugenotte의 형용사형.

Hughestelegraf ['hjuːɡz-], der; -en, -en [영국의 물리학자 D. E. Hughes(1831~1900)의 이름을 따서] 문자 수신 전신.

hüglig: ↑hügelig.

Hugo ['huːɡo], der; -s, -s 《통용어》 **1.** 담배꽁초. **2. das walte H.** 《통용어》 그렇고 말고!

huh!: ↑hu!

hüh!: ↑hü!

Huhn [huːn], das; -(e)s, Hühner ['hyːnɐ] **1. a)** 〈축소형: ↑Hühnchen〉 닭(암탉, 수탉의 구별없이): Hühner halten 닭을 기르다(치다); sie saßen da wie die Hühner auf der Stange (농) 그들은 나란히 바싹 붙어 앉아 있었다; wie ein kopfloses H. 《통용어》 흥분하여, 어찌할 바를 몰라; [성구] da lachen (ja) die Hühner《통용어》 바보 같은 소리 하지마(너무나 어처구니 없어 명청한 닭까지 웃겠다는 말); [속담] ein blindes H. findet auch einmal ein Korn 능력이 없는 사람이라도 한 번은 성공하는 법이다(주로 자기자신을 두고 농담조로 하는 말); **nach jmdm. (etw.) kräht kein H. und kein Hahn** 《통용어》 아무도 누구에게(무엇에) 관심을 갖지 않는(말; **aussehen, als hätten einem die Hühner das Brot weggefressen** 《통용어》 어처구니 없다는 듯한 표정을

Hühnchen 짓다, 놀라 어안이 벙벙해서 바라보다; **mit den Hühnern aufstehen[zu Bett gehen / schlafen gehen]** 《농》 습관적으로 매우 일찍 일어나다[잠자리에 들다]. **b)** ↑**Henne**: gekochtes [gebratenes] H. 《요리》 찐(구운) 닭; **das H., das goldene Eier legt, schlachten** 황금 알을 낳는 닭을 잡다, 제 복(福)을 마다 하다. **2.** 《사냥》 ↑Rebhuhn의 약칭. **3.** 《통용어》 인간, 사람(주로 욕을 할 때 사용): **so ein verdrehtes [dummes] H.!** 저런 미친 [바보 같은] 녀석!

Hühnchen ['hy:nçən], das; -s, - ↑**Huhn (1 a)**의 축소형: 전의 was macht denn unser krankes H.? 《친구》 우리 꼬마 환자는 도대체 무얼 하고 있나?; **mit jmdm. (noch) ein H. zu rupfen haben** 《통용어》 누구와 해결할 일이 있다, 누구와 결말지어야 할 이야기가 있다.

hühner-, Hühner-: **~artig** 〈Adj.〉 닭과 비슷한, 가금(家禽)의, 순계류(鶉鷄類)의. **~auge,** das 티눈: **im H. entfernen lassen** 티눈을 제거하다; **jmdm. auf die -n treten** 《통용어》 1) 누구의 아픈 데를 찌르다, 누구의 감정을 해치다. 2) 누구에게 아직 이행하지 아니한 것을 상기시키다. **~augenpflaster,** das 티눈 빼는 고약. **~beigel,** das; -s, -(n) 《österr.》 잡은 닭의 허벅다리 고기 혹은 ↑**bein,** das. **~blind** 〈Adj.〉 《지역적·농》 야맹증의, 밤중이 어두운. **~brühe,** die 닭고기 스프. **~brust, die 1.** 《의학》 새가슴. **2.** 《통용어》 (특히 남자의) 여윈 가슴, 민가슴. **~brüstig** [...brystɪç] 〈Adj.〉 민가슴의. **~dieb,** der **1.** 닭도둑. **2.** 《경·농》 닭을 가져다주는 남자, 말썽꾼. **~dreck,** der 《통용어·편》 닭똥. **~dung,** der 닭똥, 계분, 비료. **~ei,** das 달걀, 계란. **~eigroß** 〈Adj.〉 달걀 크기의, 계란만한. **~eiweiß,** das 계란(달걀)의 흰자위. **~farm,** die 양계장. **~feder,** die 닭털. **~fleisch,** die 닭고기. **~frikassee,** das 치킨 프리커시(닭고기의 얇은 조각을 프라이로 하거나 스튜로 한 요리). **~futter,** das 닭모이, 닭의 사료. **~gegacker,** das 닭의 꼬꼬댁 소리(울음소리). **~habicht,** der 닭고기 참매. **~halter,** der 양계업자. **~haltung,** die 양계[업]. **~haus,** das ↑**stall. ~haut,** die 《österr., schweiz.》 ↑**Gänsehaut. ~hof,** der 양계장. **~hofspsychologie,** die ↑**Hackordnung. ~hund,** der ↑**Vorstehhund. ~jagd,** die 자고 사냥. **~junge,** das; -n, -n 《österr.》 ↑**~klein,** die 닭의 내장 요리. **~laus,** die 닭(털 속에 사는). **~leber,** die 닭 간. **~leiter, die 1.** 닭이 둥우리에 올라가는 사다리. **2.** 《농》 좁고 가파른 계단. **~magen,** der 닭똥집. **~mist,** der ↑**~dung. ~pastete,** die 치킨 파이. **~pest,** der 《수의》 닭페스트(흑사병). **~rasse,** die 닭품종. **~salat,** der 닭고기 샐러드. **~scheiße,** die 《속어》 ↑**~dreck. ~schenkel,** der 《드물게》 ↑**~schlegel. ~schlegel,** der 닭다리(잡은 닭의). **~stall,** der 닭우리. **~steige,** die 《südd., österr.》 **1.** ↑**~leiter. 2.** (수송용) 닭장. **~stiege,** die ↑**~leiter. ~suppe,** die ↑**~brühe. ~treppe,** die ↑**~leiter. ~vogel,** der 《대개 Pl.》 순계류(鶉鷄類)(메추라기 등), **~volk,** das Pl. nur, 군계(群鶏). **~zucht,** die **1.** 〈Pl. 없음〉 양계. **2.** 양계업. **~züchter,** der 양계 업자.

huhu! 〈Interj.〉 **1.** ['hu:hu] 《통용어》 아아!, 이봐(돌아와 있거나 멀리 떨어진 사람을 부를 때). **2.** [hu'hu:] **a)** 아유 (갑작스레 추위를 느낄 때의 표현): **h., wie kalt!** 아유, 춥기도 해라. **b)** (누구를 놀래게 하거나 자기 자신의 두려움을 농담으로 표현할 때) 어이쿠!: **h., hier spukt's!** 어이쿠, 여기 무시무시한데!

hui! [huj] 〈Interj.〉 **a)** (재빨리 바람 지나가는 소리) 휙, 쉭!: **h., wie der Wagen vorbei** 자동차가 휙 지나가버렸다; 《명사화》 **im Hui (in einem Hui)** 《통용어》 매우 빨리: **im H. war er fertig** 그는 순식간에 끝내버렸다. **b)** ↑**holi**.

huius anni ['hu:jus 'ani; lat.] 《관·상·고어》 올해에, 금년에 (약어: h.a.): **am 1. Januar h. a.** 금년 1월 1일에. **huius mensis** ['- 'mɛnzɪs; lat.] 《관·상·고어》 이 달에, 금월에 (약어: h.m.): **am 1. h. m.** 금월 1일에.

Huk [huk], die [niederl. hoek] 【선원】 곶, 갑(岬), 좁고 길쭉한 반도.

Huka ['hu:ka], die; -s [arab. huqqa] 후카, 물 파이프(인도의).

Hukboot ['huk-], das; -(e)s, -e [niederl. hoekboot] ↑**Huker**의 선재정(船載艇), 범선에 딸린 보트. **Huker** ['hukɐ], der; -s, - [niederl. hoeker] 원양 어업용 대형 범선.

Hula ['hu:la], die; -s / der; -s, -s [hawaiisch hula(-hula)] 훌라, 하와이 원주민의 춤. **Hula-Hopp** ['-hɔp], 《통용어》 **Hula-Hopp,** der / das; -s, -s [amerik. Hula-Hoop] **a)** 훌라후프. **b)** 〈Pl. 없음〉 훌라후프 체조. **Hula-Hoop-Reifen,** der ↑**Hula-Hoop (a).**

Huld [hult], die 《아어·준고어·반어》 친절, 호의(표시).

Hulda ['hulda] die; -s [여자 이름 Hulda에서] 《편》 애인, 동반자, 반려자(여성으로서). **huldigen** ['huldɪgn̩] 〈h.〉 **1.** 《구례》 신하로서 섬기다, 충성을 맹세하다: **dem König h.** 왕에게 충성을 맹세하다. **2.** 《아어·준고어》 누구에게 경의를 표하다(친절을 다하다): **das Publikum huldigte dem greisen Künstler mit nicht endenwollendem Beifall** 청중은 끝없는 박수로 노(老) 예술가에게 경의를 표했다. **3.** 《아어·종종 반어》 무엇을 신봉하다, 무엇에 열중하다: **einer Anschauung h.** 어떤 견해를 신봉하다; **er huldigt dem Alkohol** 그는 즐겨 알코올을 마신다. **Huldigung,** die; -en **1.** 《구례》 충성의 맹세. **2.** 경의, 존경: **eine H. entgegennehmen [darbringen]** 경의를 받아들이다(표시하다). **Huldigungsgedicht,** das 《고어》 경모의 시, 헌시. **Huldin,** die; -nen 《고어·농》 우아한 여인, 소녀. **huldreich** 〈Adj.〉 《아어·준고어·대개 반어》 자비로운, 호의적인. **huldvoll** 〈Adj.〉 《아어·준고어·대개 반어》 은혜[자애]가 넘치는.

hülfe ['hylfə] ↑**helfen** 참조. **Hülfe** [-], die 《고어》 ↑**Hilfe. hülfsbereit** 〈Adj.〉 《고어》 ↑**hilfsbereit.**

Hulk [hulk], **Holk** [hɔlk], die; -e(n) / der; -(e)s, -e(n) [lat. holcas < griech. holkás] 【해양】 폐선(廃船), 고선(庫船)(창고, 작업장 등으로 쓰이는).

Hüll- ['hyl-]: **~blatt,** das 《대개 Pl.》 【식물】 총포엽(総苞葉). **~kelch,** der 【식물】 총포(總苞). **~kurve,** die 【수학】 Enveloppe. **~wort,** das 〈Pl. ...wörter〉 【언어】 완곡어(법)(Euphemismus).

Hulle ['hulə], die; -n (중세기의 여인용) 머릿수건(머리카락을 감추기 위한). **Hülle** ['hylə], die; -n **1. a)** 덮개, 싸개, 외피, 포피(包被): **eine durchsichtige H. über etw. breiten** 무엇 위에 투명한 덮개를 덮다; **die H. von etw. entfernen [abstreifen]** 무엇으로부터 껍질을 제거하다(벗겨내다). **b)** 주머니, (칼, 안경 따위의) 집, 지갑: **eine H. für einen Ausweis** 신분증 지갑; **den Brief in die H. stecken** 편지를 봉투에 넣다; **die fleischliche [leibliche / irdische] H.** 《시어》 (인간의) 육체; **die H. ehelichen** 《아어·농》 오로지 미모나 재산 때문에 어떤 여자와 결혼하다; **die sterbliche H.** 《아어·미화》 (인간의) 시체. **2. a)** 《통용어·농》 피복(被服), 옷: **seine [die] -n abstreifen (fallen lassen)** 옷을 벗다, 발가벗다; **sich aus seinen -n schälen** 옷을 벗다, 발가벗다. **b) in H. und Fülle**((아어)) **die H. und Fülle** 대량으로, 풍부하게. **3.** 《식물》 ↑**Hüllkelch. hüllen** ['hylən] 〈h.〉 《아어》 싸다, 덮다: **das Kind in eine Decke h.** 아이를 포대기에 싸다; **Blumen in Cellophanpapier h.** 셀로판 종이로 꽃을 싸다. **b)** 씌우다 (보호하기 위해):

(jmdm. [sich]) ein Tuch um die Schultern h. 수건을 (누구의[자신의]) 어깨에 두르다. **hüllenlos** ⟨Adj.⟩ **1.** 덮개가 없는, 노출된. **2.** 《농》 옷을 입지 않는, 벌거숭이의.

Hülschen ['hʏlsçən], das; -s, - ↑Hülse의 축소형.
Hülse ['hʏlzə], die; -n 《축소형: ↑Hülschen》 **1.** 함, 통, 케이스, (칼)집 etc. H. für einen Bleistift 연필통. **2.** 〔식물〕 깍지, 껍질, 껍데기. **hülsen** ⟨h⟩ 《드물게》 ↑enthülsen.
Hülsen-: ~**frucht**, die ⟨대개 Pl.⟩ **1.** 깍지 있는 열매(완두, 콩 따위의 콩과 식물), 협과(莢果). **2.** 콩과의 식물. ~**früchter**, 《종종》 ~**früchtler** [...frʏçt(l)ɐ], der; -s - 〔식물〕 콩과의 식물(Leguminose).
hum! [hm] 〔고어〕 ↑hm!.
human [hu'maːn] ⟨Adj.⟩ [lat. hūmānus] **1.** 《교양어》 **a)** 인간다운, 인간성을 존중하는, 인도적인(반대: inhuman): die Gefangenen h. behandeln 포로를 인도적으로 취급하다. **b)** 인정이 있는, 친절한. **2.** 〔의학〕 인간의, 사람의: im -en Bereich vorkommende Krankheitserreger 사람에게 나타나는 병원균(체).
human-, Human-(human 2): ~**biologe**, der 인체〔인류〕생물학자. ~**biologie**, die 인체〔인류〕생물학(인간 학에서 말하는). ~**biologisch** ⟨Adj.⟩ 인체〔인류〕생물학의. ~**genetik**, die 인체 유전학. ~**genetiker**, der 인체 유전학자. ~**genetisch** ⟨Adj.⟩ 인체〔인류〕유전학의. ~**medizin**, die ⟨Pl. 없음⟩ 인체〔인간〕의학(수의학의 상대적 개념). ~**mediziner**, der 인체〔인간〕의학자. ~**medizinisch** ⟨Adj.⟩ 인체〔인간〕의학의. ~**ökologe**, der 인간〔인류〕 생태학자. ~**ökologie**, die 인간〔인류〕생태학. ~**ökologisch** ⟨Adj.⟩ 인간〔인류〕생태학의. ~**psychologe**, der 인간 심리학자. ~**psychologie**, die 인간 심리학(동물 심리학의 상대 개념). ~**psychologisch** ⟨Adj.⟩ 인간 심리학의. ~**versuch**, der 〔의학〕 인체 실험. ~**wissenschaft**, die 인문학과 〔예컨대 Anthropologie, Soziologie, Psychologie).
Human counter ['hjuːmən 'kaʊntɐ], der; - -s, - -(s) [engl. human counter] 《전문어》 휴먼 카운터(인간의 육체에 의해 수용되었다가 방사능 측정용 기구〕.
Human engineering [- ɛndʒɪ'nɪərɪŋ], das; - [engl. human engineering] 인간 공학(인간이 조작하는 기계 장치류를 작업 환경을 인간의 능력에 맞추어 조정하기 위한 시도). **Humaniora** [huma'njoːra] ⟨Pl.⟩ [lat. (studia) humaniora] 《교양어·고어》 교양의 기초로서, 교과목 및 시험과목으로서 고대 그리스·로마어의 고전언어 및 문학 공부. **humanisieren** [...ni'ziːrən] ⟨h⟩ 인간화하다, 인간답게 하다, 교화하다. **Humanisierung**, die ↑humanisieren의 명사형. **Humanismus** [...'nɪsmʊs], der; - **1.** 《교양어》 (고대 그리스·로마의 교육 이상에 근거한) 인문주의, 인간(중심)주의, 인도주의, 휴머니즘: ein echter, wahrer H. offenbart sich in den Schriften des Dichters 진정한, 참된 인문주의는 시인의 작품 속에 나타난다. **2.** (13세기～16세기 유럽에 있었던 문화 사조로서의) 인문주의, 인본주의. **Humanist** [...'nɪst], der; -en, -en [ital. umanista] **1.** 인도주의자, 휴머니스트. 인문주의자, 인본주의자. **3.** 《준고어》 인문 교육을 받은 자, 그리스·로마어를 배운 사람. **Humanistin**, die; -nen ↑Humanist의 여성형. **humanistisch** ⟨Adj.⟩ **1.** 《교양어》 인도주의적: seine Bücher sind von -em Geist erfüllt 그의 저서들은 인도주의적 정신으로 가득 차 있다. **2.** 인문(본)주의의 (사조): die -en Gelehrten 인문주의를 대표했던 학자들. **3.** 고대어(그리스·로마어)의: ein -es Gymnasium 인문계 고등학교 [김나지움] (그리스·로마어를 가르치는); er ist h. gebildet 그는 고대어 교육을 받은 사람이다. **humanitär** [...ni'tɛːɐ̯] ⟨Adj.⟩ [frz. humanitaire < lat. hūmā-

nitās] 《교양어》 인도주의의, 박애주의의, 인정이 있는: eine -e Organisation 인도주의적 기구(조직). **Humanitarismus** [...ta'rɪsmʊs], der; - [frz. humanitarisme] 《교양어》 (비현실적인) 인도주의 정신, 인류애주의 신념. **Humanitas** [hu'maːnitas], die; [lat. hūmānitās] 《교양어》 인간애, 인류애. **Humanität** [humani'tɛːt], die; [lat. hūmānitās] 《교양어》 인간성, 휴머니티, 인도, 인간애, 박애: im Namen der H. handeln 휴머니티의 이름으로 행동하다.
Humanitäts-: ~**apostel**, der 《반어》 인문주의 사도 (使徒) (과장되고 현실에 상응하지 않는 방식으로 인문주의 이상실현을 역설하는 사람). ~**denken**, das; -s 인도주의(박애) 사상. ~**duselei** [...duːzəlaɪ], die; -en 〔↑duseln〕 《폄》 감상적 인도주의. ~**ideal**, das 인도주의 (에 근거한) 이상.
Human Relations ['hjuːmən rɪ'leɪʃənz] ⟨Pl.⟩ [engl. human relations] 인간 관계(론), 휴먼 릴레이션.
Humbug ['hʊmbʊk], der; -s [engl. humbug] 《통용어·폄》 **a)** 사기, 거짓, 속임수. **b)** 거짓말, 허풍, 공치사.
Humerale [humeˈraːlə], das; -s, ...lien [...li̯ən] [lat. humerāle = Schultertuch] 〔가〕 신부가 미사 제복 안에 입는 흰색 견포(肩布).
humid [hu'miːt], 〔또한〕 **humide** [...iːdə] ⟨Adj.⟩ [frz. humid] 〔지리〕 습성의, 습기가 많은, 비(눈)가 잦은. **Humidität** [humidi'tɛːt], die [frz. humidité] 〔지리〕 습성(濕性), 습도.
Humifikation [humifika'tsi̯oːn], die 〔생물〕 부식(腐蝕), 부식토화(腐蝕土化). **humifizieren** [...'tsiːrən] ⟨h⟩ 〔생물〕 부식시키다, 부식질(腐蝕質)로 만들다. **Humifizierung**, die ↑Humifikation.
humil [hu'miːl] ⟨Adj.⟩ [lat. humilis] 〔고어〕 겸허(손)한, 복종하는, 공손한. **humiliant** [humi'li̯ant] ⟨Adj.⟩ [frz. humiliant] 〔고어〕 업신여기는, 굴복시키는. **Humiliat** [...li̯aːt], der; -en, -en ⟨대개 Pl.⟩ [lat. humiliatus] (11세기～12세기 빈곤·참회 운동을 했던 북 이탈리아의 종단원(宗團員). **Humiliation** [...li̯a'tsi̯oːn], die; -en [frz. humiliation < lat. humiliātiō] 〔고어〕 비하(卑下), 모욕, 굴욕. **Humilität** [...li'tɛːt], die; [frz. humilité < lat. humilitās] 〔고어〕 겸손, 순종, 굴종.
Huminsäure [hu'miːn-], die; -n 부식산(腐植酸).
¹Hummel ['hʊml], die; -n 〔곤충〕 뒝벌: **eine wilde H.** 《농》 정열적인 처녀, 활달한 아가씨, 말괄량이; **-n im Hintern haben** (경) 1) 조용히 앉아 있지 못하다, 안절부절못하다. 2) 계속 무엇에 쫓기고 있다.
²Hummel [-] (인사말로 외치는 소리) H. H.! 함부르크 사람들이 서로 (타인)에게 만났을 때 사용하는 동요적인 인사말로서 대답은 „Mors, Mors!"
Hummel-: ~**blume**, die 〔식물〕 뒝벌꽃 (뒝벌에 의해 수정되는). ~**fliege**, die 뒝벌(과 비슷한) 파리, 등에의 일종.
Hummer ['hʊmɐ], der; -s, - (바닷)가재, 로브스터.
hummer-, Hummer-: ~**cocktail**, der 〔요리〕 가재 칵테일(소스에 토막쳐서 썰은 가재고기를 넣어 만든). ~**fleisch**, das 가재의 살. ~**krabbe**, die 대형 새우. ~**mayonnaise**, die 〔요리〕 가재 마요네즈. ~**rot** ⟨Adj.⟩ 익은 가재처럼 붉은. ~**salat**, der 〔요리〕 가재 샐러드.
¹Humor [hu'moːɐ̯], der; -s, -e [engl. humour] **1.** ⟨Pl. 없음⟩ 유머, 해학: etw. mit H. nehmen 무엇을 유머로 받아들이다; er hat keinen H. 그는 유머가 없다[씁쓸하게 발끈한다]; für seine Scherze [seine Unverschämtheiten] habe ich keinen H. (mehr) 그의 농담 (뻔뻔스러움)은 나에게 몹시 거슬린다; er hat keinen Sinn für H. 그에게는 유머에 대한 감각이 없다. **2.** 익살,

²**Humor**

유머가 있는 표현[문장]: gezeichneter H. (캐리커처 등) 그림 익살; schwarzer H. 기분 나쁜 유머, 블랙유머. **3.** 〈Pl. 없음〉기분, 좋은 기분: den H. nicht verlieren [behalten] 좋은 기분을 잃지 않고 보유하다.

²**Humor** ['hu:mɔr], der; -s, -es [hu:mo:re:s; lat. (h)ūmor]《의학·드물게》체액(體液).

¹**humor-**, ¹**Humor-** ~**los** 〈Adj.〉유머가 없는: ein -er Mensch 유머가 없는 인간. ~**losigkeit**, die ↑~los의 명사형. ~**voll** 〈Adj.〉유머가 풍부한, 익살맞은.

humoral [humo'ra:l] 〈Adj.〉[의학] **a)** 체액의, 체액과 관련된. **b)** 체액에 의해 감염된. **Humoraldiagnostik**, die 체액 조사에 의한 진단. **Humoralpathologie**, die 체액 병리학(특히 고대 그리스·로마 시대의).

Humoreske [...'rɛskə], die; -n **1.** [문예] 〈짧은〉 유머 [해학] 소설. **2.** [음악] 유모레스크(유머러스한 악곡).

humorig [hu'mo:rɪç] 〈Adj.〉 유머가 있는, 유쾌한, 재미나는: seine Erzählungen [Geschichten] sind h. 그의 이야기들은 유머가 많다. **Humorigkeit**, die ↑humorig의 명사형. **Humorist** [humo'rɪst], der; -en, -en [engl. humorist] **1.** 유머 작가, 해학소설가. **2.** 해학가; 만담가, 익살꾼. **humoristisch** 〈Adj.〉유머가 있는, 유머가 두드러진.

humos [hu'mo:s] 〈Adj.〉[토양] **a)** 부식질(腐蝕質)의, 부식토(土)의. **b)** 부식토(腐蝕土)가 많은.

Hümpel ['hʏmpḷ], der; -s, - [nordd.] 더미, 덩어리, 무더기: ein H. Steine(Erde) 한 무더기의 돌(흙).

Humpelei [hʊmpə'laɪ], die 《통용어》 다리를을 저음. **humpelig**, **humplig** ['hʊmp(ə)lɪç] 〈Adj.〉 〈지역적〉 **1.** 다리를 저는. **2.** 울퉁불퉁한, 평탄하지 못한. **humpeln** ['hʊmpḷn] [niederd.; 아마도 의성어] **a)** 〈h/s〉 다리를 절다: nach seinem Unfall hat[ist] er eine Weile gehumpelt 사고 후에 그는 한동안 다리를 절었다[절뚝거렸다]. [전의] das Geschäft humpelt 사업이 잘되지 않는다. **b)** 〈s〉절뚝거리며 걸어가다: der verletzte Hund humpelte über die Straße 부상당한 개가 절뚝거리면서 길을 건너갔다. **c)** 〈지역적〉 덜거덕거리면서 달리다.

Humpelrock, der 《유행》 (1910년경 잠시 유행한) 무릎 부분이 아주 좁은 롱 스커트.

Humpen ['hʊmpṇ], der; -s, - (뚜껑과 손잡이가 달린) 큰 술잔[조끼].

humplig: ↑humpelig.

Humus ['hu:mʊs], der; - [lat. humus = Erde, Erdboden] 부식질(腐蝕質), 부식토: der Boden ist arm [reich] an H. 이 땅은 부식질이 빈약하다[풍부하다].

humus-, **Humus-** ~**bildung**, die 〈Pl. 없음〉 부식질 화, **~boden**, der 부식토(층), 부식 지면. **~erde**, die 부식토(양). **~reich** 〈Adj.〉부식질이 풍부한.

Hund [hʊnt], der; -(e)s, -e **1. a)** 〈축소형: ↑ Hündchen, ↑Hündchen〉개, 강아지: Vorsicht, bissiger H.! 무는 개 조심!; der H. bellt[knurrt, winselt] 개가 짖다[으르렁거리다, 킹킹거리다]; sich einen H. halten 개를 기르다; -e züchten[dressieren] 개를 사육하다[훈련시키다]; die -e sind los 개들이 사슬에서 풀려 있다. [전의] weiße -e 흰 파도의 머리, 흰 물마루; [성구] da liegt der H. begraben 그것이 문제의 근원[핵심]이다; da wird der H. in der Pfanne verrückt! 《경》 그것은 도저히 이해할 수가 없다; von dem nimmt kein H. ein Stück (einen Bissen) Brot (mehr) 《통용어》모두가 그를 무시한다, 개도 그를 쳐다보지 않는다; es ist, um junge -e zu kriegen 《통용어》그것은 절망적이다, 너무하다, 견딜 수 없다; das ist unter dem (allem) H. 《통용어》그것은 아주 보잘것 없다, 이야기할 가치도 없다; [속담] -e, die (viel) bellen, beißen nicht 짖는 개는 물지 않는다; viele -e sind des Hasen Tod 중과부적(衆寡不敵)이다; den letzten beißen die -e 마지막 사람이 불리하다; **ein dicker H.!** 《통용어》**1)** 뻔뻔스러운 일. **2)** 광장한 실수; **kalter H.** 《통용어》비스킷층과 코코아층으로 된 케이크; **fliegender H.** 《준고어》↑ Flughund, Flugfuchs; **der Große H.**[**der Kleine H.**] 큰개자리[작은개자리](천문학에서); **bekannt sein wie ein bunter (scheckiger) H.** 《통용어》어디서나 알고 있다, 모르는 사람이 없다; **wie ein H. leben** 《통용어》매우 가난하게 살다, 비참한 생활을 하다; **müde sein wie ein H.** 《통용어》기진맥진한, 매우 지친; **frieren wie ein junger H.** 《통용어》추위를 몹시 타다; **wie H. und Katze leben** 《통용어》사이가 매우 나쁘다, 견원지간(犬猿之間)이다; **einen dicken H. haben** (카드 은어) 패가 잘 들다, 좋은 패를 가지고 있다; **mit etw. keinen H. hinter dem Ofen hervorlocken (können)** 《통용어》무엇으로 누구의 관심도 끌지 못하다, 무엇을 해보았자 소용이 없다; **jmdn. wie einen H. behandeln** 《통용어》누구를 푸대접하다, 누구를 인간으로 취급하지 않다; **auf den H. kommen** 《통용어》몰락하다, 쇠약해지다, 못쓰게 되다; **jmdn. auf den H. bringen** 《통용어》누구를 몰락[파멸]시키다, 영락시키다; **(ganz) auf dem H. sein** 《통용어》몰락한[망해, 파멸해] 있다; **mit allen -en gehetzt sein** 《통용어》산전수전 다 겪다, 닳고 닳았다, 세정에 아주 밝다; **vor die -e gehen** 《통용어》망하다, 영락하다; **etw. vor die -e werfen** 《통용어》무엇을 함부로 내던지다, 낭비하다. **b)** (짐승의) 수캐(Hündin과 구별하여): ist das ein H. oder eine Hündin? 그것은 수캐이냐, 암캐이냐? **2.** 《경》**a)** 인간, 남자: ich bin ein armer H. mit meinen Zweihundert monatlich 나는 월 200마르크 밖에 못받는 불쌍한 인간이다; damals war ich noch ein junger H. 그 당시 나는 아직 청년이었다; ein feiner H. **1)** 옷을 잘 입은 남자. **2)** 신뢰가 가는 남자; jmdn. für einen krummen H. ansehen 누구를 혐의가 있는(의심스러운) 사람으로 간주하다; als ich in Not war, kam mir kein H. zu Hilfe 내가 곤란했을 때 아무도 나를 도와주지 않았다. **b)** 《폄》속물, 무뢰한, 악한. **3.** [광] [독일의 자연과학자 G. Agricola(1493-1555)에 의한 명명] 광차(鑛車), 탄차: den H. mit Erz beladen 광석을 탄차에 싣다. **Hundchen** ['hʊntçən], das; -s, - 《지역적》↑Hündchen의 호칭. **Hündchen** ['hʏntçən], das; -s, - ↑Hund (1 a)의 축소형: sie hatte zwei kleine H. auf dem Schoß 그녀는 무릎에 귀여운 강아지 두 마리를 올려놓고 있었다.

¹**hunde-**, **Hunde-** [Hund 1 a, ↑hunds-, Hunds- 도 참조] ~**abteil**, das 개 전용칸(수하물차의). ~**ähnlich** 〈Adj.〉개를 닮은. ~**art**, die ↑~rasse. ~**artige** 〈Pl.〉[동물] 개과(科) (개, 늑대, 재칼, 여우 등). ~**auge**, das (대개 Pl.) 개의 눈. ~**ausstellung**, die 개전시(회). ~**bandwurm**, der 개촌충. ~**besitzer**, der 개주인[임자]. ~**biß**, der 개에게 물린 상처. ~**blick**, der 개의 표정[시선]. ~**blume**, die 민들레 (Löwenzahn). ~**deckchen**, das **1.** 개 옷(개에 감아주는). **2.** 〈농〉복사뼈까지 내려오는 각반. ~**dreck**, der 〈속〉↑~kot. ~**fänger**, der 들개(주인 없는 개)를 잡아들이는 사람. ~**floh**, der 개벼룩. ~**flöhen**, das; -s 《경》힘든 일, 귀찮은 일: das kommt gleich nach [hinter] dem H. 《경》(불만의 표현) 그것은 곤란한 일이다; es ist zum H. 《경》그것은 너무하다, 견딜 수 없다. ~**futter**, das 개의 먹이(사료). ~**gebell**, das 개짖는 소리. ~**gespann**, das 개 썰매. ~**haarling**, der 개털 속에 사는 이과(科). ~**halsband**, das 개 목걸이. ~**halter**, der [관] 개 사육. ~**hütte**, die [전의] sie leben in einer H. 《폄》그들은 누추한 집에서 산다. ~**klo(sett)**, das 개가 똥·오줌 보는 곳, 개 변소(도시 구

hündisch

역 내에 특별히 설치된). **~koje, die** 〔선원〕 (갑판 밑 층 계 옆의) 침대(머리부터 들어가야 할 정도로 작은). **~kontumaz, die** 《österr.》 (전염병을 예방하기 위한) 개의 행동거지, 개의 격리. **~koppel, die**, 개의 목걸이. **~kot, der** (아이) 개똥. **~kuchen, der** 개먹이용 딱딱한 과자류. **~leine, die** 개(목)줄. **~marke, die 1.** 개의 증명서. **2.** 《경·농》 **a)** 군번표, 인식표. **b)** (사복 경찰의 신분증명용) 인식표. **~mäßig** 〈Adj.〉《통용어》비참한: ein -es Leben führen 비참한 인생을 살다〔영위하다〕(↑hundsmäßig). **~meute, die** 개 떼. **~narr, der** 개에 미친 사람, (광적인) 애견가. **~peitsche, der** 개 길들이는 회초리. **~pflege, die** 개 가꾸기, 개 미용(美容). **~rasse, die** 개의 종류(품종). **~rennen, das** 개 경주. **~salon, die** 개 미용소. **~schau, die** ↑~ausstellung. **~scheiße, die** (비어) **~kot.** **~schlitten, der** 개(가 끄는) 썰매. **~schnauze, die** 개의 코: **kalt wie (eine) H. sein**《통용어》냉담(냉정, 냉혹)하다. **~schnäuzig** 〈Adj.〉《통용어》냉담한, 무관심한. **~schnäuzigkeit, die**《통용어》~schnäuzig의 명사형. **~schwanz, der** 개의 꼬리. **~sohn, der** (욕) 비열한(인간, 개자식. **~sperre, die** (광견병이 있을 때) 끈과 입마개 없이 개를 밖에 나오지 못하게 금한 법령. **~staupe, die** ↑ Staupe. **~steuer, die** 축견세(畜犬稅). **~streife, die** 군견(軍犬) 순찰. **~vieh, das** 《통용어·평》(개에 대해 화가 날 때나 겁이 날 때 일컫는 말). **~wache, die** 〔선원〕 야간당직(자정부터 새벽 4시까지의). **~zucht, die** 개 사육. **~zwinger, der** 개 우리.

²**hunde-**, **Hunde-**《감정적 강조》: **~arbeit, die**《통용어》고역, 천한 일. **~elend** 〈Adj.〉비참하기 짝이 없는: mir ist h. (zumute) 나는 (기분이) 비참하기 그지없다. **~kalt** 〈Adj.〉《통용어》매우 추운, 혹한의. **~kälte, die**《통용어》혹한: draußen herrscht eine H. 밖은 매우 춥다. **~müde** 〈Adj.〉《통용어》매우 지친, 기진맥진한.

³**Hunde-**《감정적 평》: **~fraß, der**《경》형편 없는 음식. **~leben, das**《통용어》비참한 생활(삶). **~loch, das**《통용어》누추한(거지 같은) 집. **~mensch, der**《통용어》박봉. **~wetter, das**《통용어》매우 나쁜 날씨, 악천후.

hundert ['hʊndɐt] **a)** 〈기수〉 백(100): von eins bis h. zählen 하나부터 백까지 세다; neunundneunzig und eins ist (macht / gibt) h. 99 더하기 1은 100이다; mehrere h. Mark 수백 마르크; in h. Meter Entfernung 100미터 거리에 (떨어진 곳에); **auf h. kommen** [sein]《통용어》몹시 화를 내다 (화가 나 있다): Achtung, der Chef ist heute auf h. 조심해라, 사장은 오늘 매우 화가 나 있다; **jmdn. auf h. bringen** 《통용어》누구를 격분시키다. **b)**《통용어》매우 많은. ¹**Hundert** [-], das; -s, -e 《부정수사 다음》- **1.** 〈Pl.〉 100(의 단위)(예컨대: 100 개, 100 명): ein halbes H. 50(오십); das H. vollmachen 백[백 개]을 채우다; fünf von H. 5 / 100, 5퍼센트(퍼센트), 약어: v.H., 기호: %, 백분율. **2.** 〈Pl.〉 약 100의 수: viele -e drängten sich herbei 수백 명이 몰려들었다; die Kosten gehen in die -e 《통용어》 비용은 수백 마르크에 달한다. ²**Hundert** [-], die; -en 100의 수.

hundert-, **Hundert-**: **~ein** 〈Adj.〉: ein Betrag von -e Mark 총액(일금) 101마르크. **~eins** 〈기수〉(숫자: 101) ↑~undeins. **~fache, die** (숫자: 100 fache) 100배. **~fältig** 〈Adj.〉 (고어) ↑hundertfach. **~fünfundsiebziger, der** (구(舊)형법 175조에서 연유)《통용어·농·은폐》동성연애자. **~fünfzigprozentig** 〈Adj.〉 (↑hundertprozentig의 강조형)《통용어》철저한, 극단의, 광신적인: 《명사화》그는 골수분자(광신자)다. **~jahrfeier, die** 〈숫자: 100-Jahr-Feier〉100 주년 기념. **~jährig** 〈Adj.〉 〈숫자: 100 jährig〉 **a)** 100 살의: 《명사화》 in unserem Dorf gibt es zwei -e 우리 마을에는 100 살 노인이 두 명 있다. **b)** 100 주년의: das -e Bestehen von etw. feiern 무엇의 100 주년(존속)을 기념하다. **~karätig** 〈Adj.〉《통용어》 (성격적으로) 결함이 없는, 절대 신임할 수 있는. **~kilometertempo, das**《통용어》시속 100km: 전의 er erledigt es im H. 《통용어》그는 그것을 눈깜짝할 사이에 처리(해결)한다. **~mal** 〈Adv.〉 **a)** (드물게) 100 번. **b)** 《통용어》매우 여러 번, 매우 빈번하게. **c)** 《통용어》아무리 …라 해도 (noch so sehr): da kannst du h. im Recht sein, sie denken nicht gut von dir 네가 아무리 옳다고 할지라도, 그들은 너를 안좋게 생각한다. **~malig** 〈Adj.〉 〈숫자: 100 malig〉 100 번의: die -e Wiederholung dieses Theaterstücks 이 연극의 100 번째 반복(공연). **~markschein, der** 〈숫자: 100-Mark-Schein〉 100 마르크짜리 지폐. **~meterhürdenlauf, der** 〈숫자: 100-m-Hürdenlauf〉 〔육상〕 100미터 장애물 경주. **~meterlauf, der** 〈숫자: 100-m-Lauf〉 〔육상〕 100 미터 경주. **~perzentig** [-petsɛntɪç] 〈Adj.〉 〔ital. per cento = von Hundert〕 《österr. 준고어》 ↑~prozentig. **~prozentig** 〈Adj.〉 **1.** 〈숫자: 100 prozentig, 100%ig〉 100 퍼센트의: h. reine Wolle 100 퍼센트 순(양모); -er Alkohol 순수한 알코올. **2.** 《통용어》 **a)** 완전한, 전적인. **b)** 확실한, 신뢰할 수 있는: eine -e Voraussage 확실한 예언(예보). **c)** 전형적인, 틀림없는: er ist ein -er Intellektueller 그는 전형적인 지식인이다. **~satz, der** 〔Prozentsatz. **~tausend a)** 〈기수〉 〈숫자: 100,000〉 십만. **b)** 약 10만: viele h. Soldaten 수십만의 병사들; 《명사화》 Hunderttausende Anhänger [von Anhängern] dieses Präsidentschaftskandidaten 이 대통령 후보에 대한 수십만 명의 지지자들. **~tausendmannheer, das** 〈군·역사〉 10만 군대 (1919년 베르사이유조약에 의거 10만 명의 직업군인으로 제한된 독일의 국방군). **~undein** ↑~ein. **~undeins** 〈기수〉 〈숫자: 101〉 ↑~eins. **~zehn** 〈기수〉 〈숫자: 110〉: **auf h. sein**《통용어》몹시 화를 내고 있다. **~zehnmeterhürdenlauf, der** 〈숫자: 110-m-Hürdenlauf〉 〔육상〕 110m 장애물 경주(남자의).

Hundertel ['hʊndɐtl], das; - 〈österr·고어〉 ↑ Hundertstel. **Hunderter** ['hʊndɐtɐ], der; -s, - **1.** 《통용어》 100마르크짜리 지폐. **2.** 〔수학〕 100(자리)의 수. **hunderterlei** 〈불변화 수사〉 《통용어》 **a)** 가지각색의, 여러 가지 종류의. **b)** 가지각색, 여러 가지 종류. **Hundertstelle, die** 〔수학〕 100자리. **hundertfach** 〈수사〉 〈숫자: 100fach〉 백 배의. **Hundertschaft, die; -en** (경찰·군대 등의 부대 단위로서) 100인 대(隊). **hundertst...** ['hʊndɐtst...] 〈서수〉 〈숫자: 100.〉 100번째의: der -e Besucher der Ausstellung 전시회의 100번째의 입장객; das erzählst du nun schon zum -en Mal《통용어》 그 말을 너는 항상 반복한다; das weiß kaum, er weiß nicht der Hundertste 그것은 거의 아무도 모른다; **vom Hundertsten ins Tausendste kommen** 이야기의 주제에서 점점 벗어나다, 밑도끝도없이 이야기하다. **Hundertstel** ['hʊndɐtstl], das; - 〈숫자: 1/00〉. **Hundertstel** [-], das / 《schweiz. 대개는》 der; -s, - [hundertste Teil의 약칭] 1/100: mit einer h. belichten 〔사진〕 노출을 1/100초로 하다. **Hundertstelsekunde, die** 1/100s. **hundertstens** 〈Adv.〉 〈숫자: 100.〉 백 번째로.

Hündin ['hʏndɪn], die; -nen 암캐: du Sohn einer H.! 〈속어·평〉 너 비열한 놈! **hündisch** ['hʏndɪʃ] 〈Adj.〉 〈경멸〉 **1.** 비굴한, 아첨떠는, 뻔뻔스러운: mit -em

Gehorsam 비굴하게 굽신거리면서. **2.** 저속한, 야비한.
Hundredweight ['hʌndrədweɪt], das; -s, -s [engl. hundredweight] (영국의 무게 단위) 112파운드 = 약 51kg(약): cwt(cent weight).

¹**hunds-, Hunds-** (↑hunde-, Hunde-도 참조): **~flechte,** die [이 식물은 광견병을 치료하는 약초로 사용되었음] 〖식물〗 지의류(地衣類)의 일종. **~fott** [...fɔt], der; -(e)s, -e / ...fötter [...fœtɐ; 원래 암캐의 음부를 나타내는 명칭(↑Fotze)] 《속·멸》 비열한 인간, 무뢰한, 악한. **~fötterei** [...fœtə'raɪ], die; -en 《속·멸》 비열한 행동, 파렴치, 비행(非行). **~föttisch** [...fœtɪʃ] 〈Adj.〉《속·멸》 비열한, 파렴치한. **~kamille,** die 카모밀라류(類). **~lattich,** der ↑Löwenzahn. **~petersilie,** die 개 파슬리, 파슬리 비슷한 미나리(科)의 유독식물(학명: Aethusa cynapium). **~rose,** die 찔레꽃. **~stern,** der 〖천문〗 천랑성(天狼星), 시리우스(Sirius). **~tage** 〈Pl.〉 한여름, 삼복(7월 24일~8월 23일까지의). **~tagshitze,** die 염서(炎暑), 폭서. **~veilchen,** das 왜종방제비꽃(씨름꽃과). **~wut,** die 〈고어〉 ↑Tollwut. **~wütig** 〈Adj.〉〈고어〉 tollwütig. **~zahn,** der **1. a)** 얼레지꽃(백합과). **b)** ↑~zahngras. **2.** 〈통용어·농〉 Eckzahn. **~zahngras,** das 〖식물〗 우산잔디, 버뮤다그라스. **~zunge,** die 〖식물〗 지치과(科)의 일종(신경통, 장(腸) 질환, 기침 등에 유효한 민간요법제임).

²**hunds-, Hunds-** 〈감정적 강조〉: **~elend:** ↑hundeelend. **~erbärmlich** 〈Adj.〉 〈통용어〉 **1. a)** 가련[측은] 하기 짝이 없는 **b)** 질이 나쁜, 좋지 않은, 형편없는. **c)** 〈평〉 비열한. **2.** 〈형용사 및 동사를 강조하여〉 매우: eine ~ Kälte 극심한 추위. **b)** 〈형용사 및 동사를 강조하여〉 매우. **~gemein** 〈Adj.〉 〈통용어〉 **1.** 〈평〉 비열한, 비굴하기 짝이 없는, 파렴치한. **2.** 〈평〉 미개한, 매우 나쁜. **3.** 매우, 몹시 심한〈강한〉. **~gemeinheit,** die 〈Pl. 없음〉 ~gemein의 명사형. **~mäßig** 〈Adj.〉 〈경〉 **a)** 매우 큰, 극심한. **b)** 〈형용사 및 동사를 강조하여〉 매우. **~miserabel** 〈Adj.〉 〈평〉 매우 비참한, 극히 나쁜 날씨: ein hundsmiserables Wetter 극히 나쁜 날씨; h. arbeiten 〈매우〉 비참하게 일하다. **~müde** 〈Adj.〉 〈통용어〉 hundemüde.

Hüne ['hy:nə], der; -n, -n [niederd. hūne] 거인, 대장부: ein H. von Mann 당당한 대장부.

Hünen- ~**bett,** das 거석총(巨石塚). ~**gestalt,** die 거인상, 거대한 체구. ~**grab,** das **a)** ↑Megalithgrab. **b)** ↑Hügelgrab. ~**kraft,** die 거인의 체력. ~**weib,** das 〈통용어·농〉 몸집이 큰 여자, 힘이 센 여자, 여장부.

hünenhaft ['hy:nənhaft] 〈Adj.〉 거인 같은, 거대한. **Hünenhaftigkeit,** die ~haft의 명사형.

Hungarika [hʊŋ'ga:rɪka] 〈Pl.〉 [lat. Hungarica] 〖출판〗 헝가리 관계 도서(문헌). **Hungaristik** [...ga'rɪstɪk], die 헝가리 어문학.

Hunger ['hʊŋɐ], der; -s **1. a)** 배고픔, 굶주림, 공복: großer H. 심한 배고픔; H. haben 배가 고프다(배고픔을 느끼다); seinen H. (mit etw.) notdürftig stillen (무엇으로) 간신히 허기를 달래다(진정시키다); an(vor) H. 《아이》 -s sterben 굶어 죽다; 〖셍구〗 guten H.! 〈통용어·농〉 많이 드세요; der H. treibt's rein (hinein) 〈통용어·농〉 배가 고프면 맛이 없어도 잘 먹는다; 〖속담〗 H. ist der beste Koch 시장이 반찬이다. **b)** 〈통용어〉 식욕: plötzlich verspürte er H. auf ein gebratenes Hühnchen 갑자기 그는 구운 닭을 먹고 싶었다. **2.** 기근: in den Nachkriegsjahren herrschte großer H. 전후 몇년간 큰 기근이 휩쓸었다. **3.** 〈아이〉 갈망, 열망: H. nach Gerechtigkeit 정의에 대한 갈망.

hunger-, Hunger-: ~**blockade,** die 식량(수입) 봉쇄. ~**blümchen,** das, ~**blume,** die 〖식물〗 꽃다지. ~**brunnen,** der ↑~quelle. ~**dasein,** das 기아 생활. ~**gefühl,** das ↑Hunger (1 a). ~**geschwächt** 〈Adj.〉 굶어서 쇠[허]약해진. ~**grube,** die 옆구리의 움푹한 부분(허기가 심할때 영양결핍이 빈약한 데서임). ~**harke,** die 〈농업·고어〉 〖이삭을 긁어 모으는〗 큰 갈퀴. ~**jahr,** das 흉년, 기근이 든 해. ~**katastrophe,** die 대기근(大饑饉). ~**krankheit,** die 기아 부종병(飢餓浮腫病). ~**künstler,** der 〈흥행 목적으로〉 오래 단식하는 사람, 단식술사, 단식 전문가. ~**kur,** die ↑Fastenkur. ~**leben,** das ↑~dasein. ~**leider,** der 〈통용어·멸〉 극빈자, 빈곤자. ~**lohn,** der 《평》 박봉: für einen H. arbeiten müssen 박봉을 받고 일해야 하다. ~**marsch,** der 식량 요구〖생필품 부족과 기근에 항의하는〗 시위. ~**ödem,** das 〖의학〗 기아 부종, 기아 수종(水腫). ~**pfote,** die 《다음 용법으로》 an den -n saugen 〈경〉 굶주리다. ~**quelle,** die 간헐천(간헐泉). ~**ration,** die 〈통용어〉 (겨우 기근을 면할 정도의) 기아 배급량. ~**rechen,** der ↑~harke. ~**streik,** der 단식 동맹 파업, 단식 스트라이크: den H. abbrechen 단식 스트라이크를 중단하다. ~**tod,** der 〈Pl. 없음〉 굶어 죽음, 아사(餓死): den H. sterben 굶어 죽다. ~**tuch,** das 〈Pl. -tücher〉 단식포(布) 〖특히 15세기와 16세기에 사순절 단식 기간중 제단 앞에 드리워졌음〗: **am H. nagen** 〈통용어·농〉 굶주림에 시달리다, 곤궁을 겪다. ~**turm,** der 〈구제〉 아사탑(餓死塔)〖죄수를 굶겨 죽이는 성내에 있는 감옥〗. ~**zeit,** die 기근 시기. ~**zustand,** der 영양 실조 상태.

hungern ['hʊŋɐn] 〈h〉 **1. a)** 굶주리다: zur Strafe haben sie das Kind h. lassen 벌로 그들은 아이를 굶겼다; eine Aktion für hungernde Kinder 밥굶는 아동들을 위한 (구호)활동. **b)** (h. + sich) 굶어서 어떤 상황에 도달하다: er hat sich zu Tode gehungert 그는 굶어 죽었다. **2.** 〈비인칭〉 〈시어〉 배가 고프다: mich hungert(es hungert mich) seit langem 오래 전부터 나는 배가 고프다. **3.** 〈아이〉 무엇에 굶주리다, (을) 갈망하다: nach Macht(Ruhm) h. 권력(명예)를 갈구하다; 〈비인칭으로도 사용〉 ihn hungerte(es hungerte ihn) nach Anerkennung 그는 인정받기를 갈망했다. **Hungersnot,** die 식량난, 기근. **hungrig** ['hʊŋrɪç] 〈Adj.〉 **1. a)** 굶주린, 배고픈: -e Kinder 굶주린 아이들. **b)** 무엇을 먹고 싶은: sie war h. nach Schokolade 그녀는 초콜릿이 먹고 싶었다. **2.** 〈아이〉 갈망하는: -e Augen haben 갈망하는 눈빛을 하다[표정을 짓다].

Hunne ['hʊnə], der; -n, -n 〈대개 Pl.〉 [lat. Hun(n)us < griech. Hoũn(n)os] **1.** 훈족(族), 흉노(凶奴). **2.** 〈드물게〉 야만인(Barbar). **hunnisch** ['hʊnɪʃ] 〈Adj.〉 ↑Hunne의 형용사형.

Hunsrück ['hʊnsryk], der; -s 훈스뤼크 산(맥). **Hunsrücker** 〈Adj.: 격변화 없음〉 Humsrück의 형용사형.

Hunt: ↑Hund (3).

Hunter ['hʌntɐ], der; -s, - [engl. hunter] **1.** 〈승마〉 (영국과 아일랜드 산)의 사냥 말. **2.** 영국 산 사냥 개.

hunzen ['hʊntsn] 〈h〉 〈고어·방언〉 욕설을 퍼붓다, 모욕하다, 학대하다.

Hup-: ~**konzert,** das 〈통용어·농〉 (여러 자동차가) 클랙슨(경적)을 함께 울리기. ~**signal,** das 클랙슨(경적) 신호. ~**ton,** der 클랙슨(경적) 소리. ~**verbot,** das 클랙슨(경적) 금지.

Hupe ['hu:pə], die; -n 〈의성어〉 〖자동차〗 경적, 클랙슨: die H. betätigen 경적을 울리다. **hupen** ['hu:pn] 〈h〉 경적(클랙슨)을 울리다: dreimal h. 세 번 경적을 울리다.

Hupensignal, das ↑Hupsignal. **Hupenton:** ↑Hupton. **Huperei** [hu:pə'raɪ], die 짜증나게 계속되는 경적 소리.

Hupf [hʊpf], der; -(e)s, -e 〈고어·지역적〉 껑충 뛰기, 도

약.
Hüpf-: ~**maus**, die (북미산) 뜀쥐앙쥐. ~**spiel**, das 아이들이 한 발로 땅 위의 말판을 뛰어서 넘는 뜀뛰기 놀이(↑ Himmel und Hölle). ~**spinne**, die ↑Springspinne.
Hupfdohle, die; -n 〈경〉 **a)** 댄서, 무희, 레뷰댄서. **b)** 스트립티스 무희. **hupfen** ['hupfn̩] 〈s〉(südd., österr., 기타 지역 고어) ↑**hüpfen**: **das ist gehupft wie gesprungen** 〈통용어〉그것은 아무래도 좋다. **hüpfen** ['hypfn̩] 〈s〉(높이) 뛰다, 껑충껑충 뛰다, 껑충껑충 뛰어다니다: 〈명사화〉 die Kinder spielen Hüpfen 아이들이 뛰기놀이를 한다(↑ Himmel und Hölle); das Herz hüpft mir vor Freude 나는 기뻐서 가슴이 뛴다; **das ist gehüpft wie gesprungen** ↑hupfen 참조.
Hupfer: ↑Hüpfer. **Hüpfer**, ((südd., österr.)) Hupfer, der; -s, - **1.** 짧은 도약, 뛰기. **2.** 〈통용어〉 껑충껑충 뛰는 사람: 전의 ein junger Hüpfer 〈군·반어〉 신참)병. **3.** ↑Grashüpfer. **Hüpferling** ['hypfɛlɪŋ], der; -s, -e 작은 가재(호수와 하천에 사는). **huppen** ['hupn̩] 〈s〉(nordd., md.) ↑hüpfen.
Hürchen ['hyːɐ̯çən], das; -s, - [↑Hure의 축소형] 〈폄〉 어린 창녀, 풋나기 창녀.
Hurde, die; -n **1.** 엮어 짠 것(방축에 대기 위한 그 물갈이). **2.** (südwestd., schweiz.) ↑¹Horde (a, b). **Hürde** ['hyrdə], die; -n **1.** 〔육상·승마〕장애물, 허들: er siegte über 110 Meter -n 그는 110미터 장애물 경주에서 승리했다; **eine H. nehmen** 난관[어려움]을 극복하다: mit dieser Prüfung hat er die letzte H. genommen 이번 시험으로 그는 최후의 난관을 극복했다. **2. a)** (특히 양을 운반하기 위해 엮어 짠) 우리. **b)** (특히 양떼를 보호하기 위해 엮어 짠 울타리를 쳐 둘판에 만든) 우리: Schafe in die H. treiben 양들을 우리 안으로 몰아 넣다. **3.** ↑¹Horde (a).
Hürden- (Hürde 1): ~**lauf**, der 〔육상〕장애물 경주, 허들 레이스. ~**läufer**, der 장애물 경주자. ~**rennen**, das 〔승마〕장애물 경주(장애물이 가볍게 움직이는). ~**sprint**, der 〔육상〕허들레이스(110m 및 200m). ~**sprinter**, der 장애물 경주자. ~**staffel**, die 〔육상〕 릴레이식 장애물 경주. ~**strecke**, die 〔육상〕 허들레이스 구간.
Hürdler ['hyrdlɐ], der; -s, - (schweiz.) ↑Hürdenläufer.
Hure ['huːrə], die; -n **a)** 〈폄, 욕〉 탕녀, 간부(姦婦): er scheint alle Frauen für -n zu halten 그는 모든 여자를 탕녀로 여기는 듯하다. **b)** 〈폄〉매춘부(Prostituierte), 창녀(Dirne 2): eine frühere H. 전에 창녀이었던 여자. **huren** ['huːrn̩] 〈h〉〈경멸조〉간통[간음]하다, 매음하다, 매춘 행위를 하다. (자주) 오입하다 : die Soldaten soffen und hurten 병사들은 술을 퍼마시고 오입질을 했다.
Huren-: ~**bock**, der 〔욕〕 오입쟁이(남자). ~**haus**, das 〈경멸조〉 창가(娼家), 유곽(Bordell). ~**kind**, das 〔인쇄〕 〔창녀의 자식이 옛날에 배척받아 격리·경멸 당하여 정상 자녀들과는 차별 대우를 받았던 사실에 연유함〕 다음 페이지의 첫술에 만나게 되는 문절(文節)의 마지막 줄 (인쇄 기술상 피해야 할). ~**lohn**, der 〈경멸조〉창녀가 받는 보수, 화대. ~**sohn**, der 〈욕〉비열한 인간 〔놈〕. ~**viertel**, das 〈경멸조〉창가(娼家)〔유곽〕지역, 사창가. ~**weibel**, der 〈옛〉용병대의 병참 감독자. ~**wirt**, der 〈경멸조〉포주, 유락〔창가〕 주인.
Hurer ['huːrɐ], der; -s, - 〈경멸조·드물게〉오입쟁이, 남창(男娼). **Hurerei** [huːrə'raɪ], die; -en 〈경멸조〉간음, 오입질, 매음: H. treiben 간음[오입질]하다. **hurerisch** 〈Adj.〉〈경멸조·드물게〉방탕(靑淫)한 (성 관계가).
Huri ['huːri], die; -s [pers. ḥūrīy < arab. ḥūr] 이슬람교의 천국에 사는 아름다운 처녀.

Hurling ['hœːɐ̯lɪŋ], das; -s [engl. hurling] 〔구기〕아일랜드식 하키, 헐링. **Hurlingschläger**, der 헐링[아일랜드식 하키〕 채〔스틱〕.
hürnen ['hyrnən]〈Adj.〉《고어》 각질(角質)의(hörnern).
Hurone [hu'roːnə], der; -n, -n 휴론족(族)(휴런호(湖) 서쪽에 사는 북아메리카 인디언). **huronisch** [hu'roːnɪʃ]〈Adj.〉휴런족의.
hurra! [hʊˈraː; (또한) 'hʊra]〈Interj.〉(감격, 갈채를 보낼 때의 외침): h., morgen beginnen die Ferien! 만세 〔와〕, 내일부터 방학이다; die Soldaten riefen h. 병사들이 만세를 외쳤다. **Hurra** [-], das; -s, -s 만세(의 외침), 환호: minutenlang schallten -s über den Platz 만세 소리가 수분 동안 광장 위로 울려 퍼졌다; mit H. stürmten die Soldaten voran 만세의 외침과 더불어 병사들은 돌격했다.
hurra-, Hurra- [-] : ~**gebrüll**, das 진동하는 만세소리. ~**geschrei**, das 만세의 외침. ~**patriot**, der 《통용어·폄》맹목적〔열광적〕애국자. ~**patriotisch**〈Adj.〉~patriot의 형용사적. ~**patriotismus**, der 맹목적〔열광적〕애국심. ~**ruf**, der 만세의 외침, 환호소리.
Hurrikan ['hʌrɪkən, (또한) 'hʊrɪkan], der; -s, -e / 〔영어 발음이〕-s [engl. hurricane] 태풍, 허리케인(특히 서인도 제도(諸島)의).
hurtig ['hʊrtɪç]〈Adj.〉(준고어·지역적) 신속한(Schnell) 민첩한(flink), 재빠른, 활발한: h. arbeiten 민첩하게 일하다; etwas h.!(h., h.!) 빨리 빨리! **Hurtigkeit**, die 신속, 민첩, 활발.
Husar [huˈzaːɐ̯], der; -en, -en [ung. huszár]《역사적》 헝가리 경기병(輕騎兵).
Husaren-: ~**oberst**, der 경기병 연대장. ~**regiment**, das 경기병 연대. ~**ritt**, der 무모한 기도(企圖). ~**streich**, der ↑~stück. ~**stück(chen)**, das 〔기습의 성격을 띤, 헝가리 경기병의 특유의 전투 방법에서 연유함〕과감한 습격, 저돌적 행위, 대담한 행동: ein H. vollbringen 대담한 행동을 하다. ~**verschluß**, der 〔형가리 경기병의 제복의 유사한 지퍼에 연유함〕 〔유행〕 헝가리 경기병 군복의 상의(上衣) 지퍼.
husch! [hʊʃ]〈Interj.〉《의성어》(거의 인지 불가능한 소리와 관련된 민첩한 동작을 특징짓을 때) 쉿, 조용히, 휙, 재빨리, 순식간에: h., war die Eidechse verschwunden 쉿, 도마뱀이 사라졌다;《또한》Adv.》das geht nicht so h., h. 그것은 《종종 強調의 의미로써》 h., hinaus mit dir!(h., h.!) 빨리빨리 물러가라(없어져 버려라); h., an die Arbeit [ins Bett!] 빨리 일을 시작해라〔잠자리에〕들어라. **Husch** [-], der; -(e)s, -e 〈통용어〉급속〔급격〕한 움직임: **im (in einem) H.** 재빨리, 순식간에, 대번에: sie hat alles im H. fertiggemacht 그녀는 모든 것을 재빨리〔대번에〕끝내었다; **auf einen H.** 잠깐, 잠시: er kam gestern auf einen H. zu uns 그는 어제 잠시 우리 집에 들렀다. **Husche** ['hʊʃə], die; -n (ostmd.) 잠시 오는 비(눈), 지나가는 비(눈), 소낙비. **Huschel** ['hʊʃl̩], die; -n〈지역적·폄〉단정치 못한〔천박한〕여자. **Huschelei** [hʊʃəˈlaɪ], die; -en 〈지역적〉난잡〔경솔〕한 행동〔모습, 솜씨 따위〕. **husch(e)lig** ['hʊʃ(ə)lɪç]〈Adj.〉〈지역적〉천박한, 성급한, 경솔한. **Husch(e)ligkeit**, die; -en ↑husch(e)lig의 명사형.
Huschelliese, die 〈지역적〉↑Huschel. **huscheln** ['hʊʃln̩] 〈h〉 **1.** 〈s〉 **2.** 〈폄〉서둘다, 날림일을 하다. **3.** 〈h. + sich〉 무엇에 싸이다, 무엇을 두르다(외투 따위를): ich huschelte mich in meinen Mantel 나는 외투로 휘감아 몸을 쌌다. **huschen** ['hʊʃn̩] 〈s〉 **a)** (소리 없이) 재빨리 사라지다: eine Eidechse huschte über den Weg 도마뱀 한 마리가 길 너머로 사

라졌다. b) 휙 스쳐가다: er sah einen Schatten über die Wand h. 그는 그림자 하나가 벽 위를 스쳐가는 것을 보았다. **huschig** ['hʊʃɪç] 〈Adj.〉《지역적》**a)** ↑husch(e)lig. **b)** 민첩하게 움직이는, 동작이 민첩한. **huschlig**: ↑husch(e)lig. **Huschligkeit**: ↑Husch(e)ligkeit.

¹Hüsing ['hy:zɪŋ], die; -en [niederd. hüsinge] 《niederd.》집(Heim), 거처, 주거(Behausung).

²Hüsing [-], die; -en [niederd. hüsinc] [선원] (3가닥으로 꼰) 타르칠을 한 밧줄.

Husky ['haski], der; -s, ...kies / -s [engl. husky] 에스키모 개(Eskimohund).

Husle ['huslə], die; -n [slaw.] 라우지츠 지방 거주 벤트족의 고풍스러운 바이올린(지금은 사용치 않음).

hussa! ['hʊsa], **hussasa!** ['hʊsasa] 〈Interj.〉 (부추기는 소리, 예컨대: 사냥을 할 때 말이나 개를) 쉿쉿. **hussen** ['hʊsn̩] 〈h〉《österr.》부추기다(hetzen), 사주하다(aufwiegeln).

Hussit [hʊˈsiːt], der; -en, -en [체코의 종교 개혁가 J. Hus(1369~1415)에 따라] 〈역사적〉 후스(Hus)파의 교도.

hüst! [hyst] 〈Interj.〉《지역적》(마부가 소나 말을 왼쪽으로 돌게 하기 위해 지르는 소리) 자라, 왼쪽으로(반대: hott).

hüsteln ['hyːstl̩n] 〈h〉 잔기침을 하다, 가벼운 기침을 하다: diskret h. 잔기침을 하여 주의시키다; mit einem Hüsteln machte er seine Frau auf den Fauxpas aufmerksam 그는 가벼운 기침을 하여 부인에게 실수에 대한 주의를 환기시켰다. **husten** ['huːstn̩] 〈h〉 **1. a)** 기침하다 (일부러 하는 기침도 포함하여): er hatte sich verschluckt und mußte fürchterlich h. 그는 사레가 들려서 기침을 심하게 하지 않을 수 없었다; jmdm. ins Gesicht h. 누구의 얼굴에다 대고 기침하다; diskret h. 의도적으로 기침하여 주의시키다(신호하다); [전의] der Motor hustet 《통용어》엔진이 말을 듣지 않는다; **auf etw. h.** 《경》무엇을 경시(무시)하다. **b)** 기침하다 (고의로 하는 기침은 포함되지 않음), 해수병(咳嗽病)을 앓고 있다: er hustet schon seit einer Woche 그는 벌써 일주일 전부터 기침을 하고 있다. **2.** 기침을 하여 토하다(뱉어내다): Blut h. 기침을 하여 피를 토하다; **jmdm. (et) was**《드물게》**eins** h. 《조롱》누구의 청 따위는 들어 줄 수 없다. **Husten** [-], der; -s, - 기침, 해수(咳嗽); chronischer h. 만성 기침; H. haben (bekommen) 기침(해수)병을 얻다.

Husten-: **~anfall**, der 해수 발작, 기침의 발작. **~bonbon**, der / das 기침을 멈추기 위한 드롭스(가래를 용해시키는 물질이 들어 있는). **~krampf**, der ↑~anfall. **~medizin**, die ↑~mittel. **~mittel**, das 기침약. **~pastille**, die ↑해수 알약[정제]. **~reflex**, der 기침(유발 자극에 대한) 반응(사). **~reiz**, der 기침(유발) 자극. **~saft**, der **sirup**, der ↑~saft. **~tee**, der 기침에 좋은 차(茶), 기관지에 좋은차 (Bronchialtee). **~tropfen** 〈Pl.〉 기침약(방울 단위로 복용하는).

Huster, der; -s, - **1.**《드물게》기침을 몹시 하는 사람. **2.** 《통용어》 한번으로 끝나는 기침.

Hustle [hasl], der; -(s), -(s) [engl. hustle] **a)** (열을 지어 추는) 허슬춤 **b)** (현대식 사교춤 폭스트롯).

Husum ['huːzʊm,《dän.》'husʊm], 슐레스비히 홀스타인 (Schleswig-Holstein) 주의 도시.

¹Hut [huːt], der; -(e)s, Hüte ['hyːtə] 〈축소형: ↑Hütchen〉 **1.** 모자: ein steifer[altmodischer] H. 중산 (中山)[구식] 모자; ein H. mit breiter Krempe 차양이 넓은 모자; den H. abnehmen[aufsetzen] 모자를 벗다[쓰다]; (tief) vor jmdm. den H. ziehen 누구 앞에서 모자를 벗다; an den H. tippen (인사를 하기 위해) 모자를 가볍게 건드리다; den H. herumgehen lassen 모자를 한 바퀴 돌리다(돈을 갹출하기 위해); in H. und Mantel 외출 준비를 갖춘; [전의] da geht einem der H. hoch《통용어》 정말 화나는 [분통터지는] 일이다, 있을 수 없는 일이다; H. ab!《통용어》탈모[모자 벗어!] (경의를 표할 때의 말); [속담] mit dem -e in der Hand kommt man durch das ganze Land 예절바른 사람은 어디 가나 환영받는다; **ein alter H.** 《통용어》 오래 전부터 알려진 사실, 새로운 사실이 아닌 것; **seinen Hut nehmen (müssen)** 《통용어》 사임하다[해야 하다], 직책에서 물러나다[물러나야 하다]; **vor jmdm. [etw.] den H. (ab) ziehen [(ab) nehmen]** 《통용어》 누구(무엇) 앞에서 모자를 벗다, 누구(무엇)에 대해 존경심을 가지다; **das kann sich³ jmd. an den H. stecken** 《통용어·팽》 그것은 누가 가져도 그만이다[좋다]; **mit etw. etwas [nichts] am H. haben** 무엇과 관계가 있다 [없다], 무엇을 염려하다[하지 않는다]; **jmdm. eins auf den H. geben** 《통용어》 누구를 질책[비난]하다; **eins auf den H. kriegen[bekommen]** 《통용어》 질책 [비난]을 받다; **etw. aus dem H. machen** 무엇을 준비없이 하다, 무엇을 즉흥적으로 행하다; **unter einen H. bringen** 《통용어》일치[조화]시키다; **unter einen H. kommen** 《통용어》일치[조화]하다. **2.** [식물] 버섯의 갓. **²Hut** [-], die 《아이》보호(Schutz), 감독(Obhut): das Kind ist bei ihr in bester H. 그 아이는 그 여자한테서 최상의 보호를 받고 있다; **auf der H. sein** 조심(경계)하고 있다: bei [vor] ihm mußte man immer auf der H. sein 그 사람은 항상 경계해야 했다.

hut-, Hut- (¹Hut): **~ablage**, die 모자선반. **~abteilung**, die 모자부(部) (백화점의). **~band**, das 모자 리본. **~fach**, das 모자선반(옷장 속의). **~feder**, die 모자의 깃털. **~form**, die 모자 모양. **2.** 모자의 본[틀] (나무로 된). **~förmig** 〈Adj.〉 모자 모양의. **~futter**, das 모자의 안감. **~geschäft**, das 모자 가게. **~größe**, die 모자의 크기. **~koffer**, der 모자 가방. **~krempe**, die 모자의 차양, 모자테. **~laden**, der 모자 가게. **~los** 〈Adj.〉 모자없이, 모자를 쓰지 않고. **~macher**, der 모자 제조인. **~macherin** [-maxərɪn], die; -nen ↑~macher의 여성형. **~mode**, die 모자의 유행. **~modell**, das 모자의 형(型)[본]. **~nadel**, die 부인용 모자의 장식핀. **~pilz**, der 들사리버섯, 버섯. **~rand**, der ↑~krempe. **~schachtel**, die 모자 상자(운반 및 보관용). **~schnur**, die ↑~band: **etw. geht (jmdm.) über die H.** 《통용어》 무엇은 (누구에게) 너무하다, 정도에 지나치다. **~ständer**, der 모자걸이. **~stumpen**, der 완성이 되지 않은 펠트모자. **~weite**, die ↑~größe. **~zucker**, der 원추형 사탕.

Hütchen ['hy:tçən], das; -s, - ↑¹Hut의 축소형.

Hüte- ['hy:tə-]: **~hund**, der 목견(牧犬) (특히 양을 지키는). **~junge**, der 목동, 양치기 소년. **~lohn**, der 가축을 지켜주고 받는 임금.

hüten ['hy:tn̩] 〈h〉 **1.** 지키다, 감시하다: einen Gegenstand sorgsam h. 어떤 대상을 주의깊게 감시하다; [전의] ein Geheimnis gewissenhaft h. 비밀을 성실하게 지키다. **2.** (가축에) 주의하다, 망보다. **3.** (h. + sich) 조심 [경계]하다: sich vor seinen Feinden h. 적들을 조심하다; hüte dich vor ihm! 그 사람을 조심(경계)해라.

¹Hüter ['hy:tɐ], der; -s, - **1.** 감시인(Wächter), 보호자, 수호자(Bewahrer): ein H. der Rechtsordnung 법 서 수호자; ein H. des Gesetzes《농》경찰관(Polizist). **2.** [스포츠] ↑Torhüter의 약칭.

²Hüter [-], der; -s, - 《지역적》↑Hutmacher.

Hüterin, die ↑¹Hüter의 여성형.

Hutgerechtigkeit, die 《고어》방목권.

¹Hutsche ['hʊtʃə], die; -n《südd., österr.·농》그네.

²**Hutsche** [-], **Hütsche** ['hʏtʃə], die; -n 《지역적》 발판.
¹**hutschen** ['hʊtʃn] ⟨h⟩ 《südd., österr.·통용어》 **1.** 《또한》 h. + sich〉 그네를 타다. **2.** 〈h. + sich〉 떠나가다, 멀어지다. **Hutschpferd,** das 《südd., österr.·통용어》 흔들이 목마: **grinsen wie ein (frisch lackiertes) H.** 《통용어·농》 불살 사납게 입을 비죽이며 웃다.
²**hutschen** [-] ⟨h⟩ 《지역적》 **a)** 미끄러지다, 기다(kriechen). **b)** 흔들리다.
Hüttchen ['hʏtçən], das; -s, - ↑**Hütte** (1)의 축소형.
Hutte ['hʊtə], die; -n 《schweiz》 등에 지는 바구니 (Hotte): **seine H. tragen** 자신의 운명을 감수하다.
Hütte ['hʏtə], die; -n **1.** (축소형: ↑Hüttchen) **a)** 대체로 방이 하나뿐인 초라한 집, 오두막, 움막: **eine H. aus Holz bauen** 나무로 오두막 집을 짓다; **die -n des Arbeiterviertels** 노동자 거주 지역의 초라한 집들; 〔성구〕 **hier laßt uns -n bauen** 《통용어》 이곳에 자리잡읍시다, 눌러앉읍시다. **b)** 스키 산장(Skihütte), 산막(山幕)(Berghütte), 등산객 산장(Wanderhütte) 《등의 약칭》. **2.** 〔선원〕 선미〔고물〕 최상 갑판. **3.** 야금〔제련〕공장, 제련〔정련〕소, 주물 공장.
¹**Hütten-** (Hütte 1): **~abend,** der 산막〔스키 산장〕 등에서의 밤의 축제, 산장의 밤. **~fest,** das ↑~abend. **~finken,** der 《schweiz.》 ↑~schuh. **~gaudi,** das /《österr.》《통용어》↑~abend. **~jagd,** die 〔사냥〕 움집을 이용한 사냥(땅을 파고 그 속에 미끼를 장치함). **~käse,** der 건조한 응유(凝乳)치즈. **~schuh,** der (원래 스키 산장에서 신는) 실내화(바닥이 부드럽고 펠트나 털실로 됨). **~werker,** der ↑~arbeiter. **~wesen,** das ⟨Pl.⟩ 야금, 용광, 제련.
hütten-, ²**Hütten-** (Hütte 3): **~arbeiter,** der 제련공, 용광부. **~betrieb,** der 제련소. **~bims,** der (용광로의) 광재(鑛滓), 용재(溶滓), 슬래그. **~fähig** ⟨Adj.⟩ 제련가능한, 제련에 적합한. **~industrie,** die 제철공업, 제련〔야금〕공업. **~ingenieur,** der 야금〔제련〕 기사. **~koks,** der 제철〔주물〕용 코크스. **~kombinat,** das 《구 동독》 제련〔야금〕공업 콤비나트. **~kunde,** die 야금학. **~mann,** der ⟨Pl. ...leute /《드물게》...männer⟩ 제련공, 용광부, 제련소 직원. **~männisch** ⟨Adj.⟩ 제련공의. **~rauch,** der 비소를 함유한 광석을 배소(焙燒)시킬 때 생기는 흰 연기, 광독연(鑛毒煙). **~werk,** das ↑Hütte (3). **~werker,** der ↑~arbeiter. **~wesen,** das ⟨Pl.⟩ 야금, 용광, 제련.
Hüttner ['hʏtnɐ], der; -s, - 〔고어〕 오두막 주인, 소농(小農).
Hüttrach ['hʏtrax], das; -s 《österr.·통용어》 비소(Arsen).
Hutung ['huːtʊŋ], die; -en 〔농업〕 저질(低質)의 목장(목초지). **Hütung,** die; -en 감독, 감시, 파수, 목축.
Hutweide, die 〔농업〕 공유(公有)의 방목지.
Hutze ['hʊtsə], die; -n 〔자동차〕(차체에 돌출한 부분들을 차폐하는) 금속판으로 된 보호판(특히 스포츠 카의).
Hutzel ['hʊtsl], die; -n 《지역적》 **1.** 마른 과일(특히 배). **2.** 피부가 쪼글쪼글한 노파. **3.** 전나무 솔방울(Tannenzapfen).
Hutzel-: **~birne,** die 마른 배. **~brot,** das 마른 과일 빵(특히 남독에서 명절 때 먹는). **~männchen,** das Heinzelmännchen. **~weib(lein),** die ↑Hutzel (2).
hutz(e)lig ['hʊts(ə)lɪç] ⟨Adj.⟩ 《통용어》 쭈글쭈글한, 마른, 시든: -es Obst 마른 과일. **hutzeln** ['hʊtsln] 〈지역적〉 **1.** 〈h〉 말리다. **2.** 〈s〉 마르다, 수축하다.
Hutzenstube ['hʊtsn-], die; -n 〈ostmd.〉 실잣는 방, 방적실(紡績室): 난로곁에 의자가 있는 잡담하기 좋은 방.
hützlig: ↑hutz(e)lig.
HwG-Mädchen [haːveːgeː-], das; -s, - **1.** 《은어》 수시로 섹스 상대를 바꾸는 여자(Mädchen mit häufig wechselndem Geschlechtsverkehr). **2.** 창녀(Prostituierte). **HwG-Person,** die; -en 《은폐》 ↑~mädchen (2). **Hyaden** ['hyaːdn̩] ⟨Pl.⟩ **1.** [그리스 신화] (별자리로 변한) Atlas 혹은 Okeanus의 딸들. **2.** 〔천문〕 황소자리의 성군(星群).
hyalin [hya'liːn] ⟨Adj.⟩ [lat. hyalinus < griech. hyálinos] 〔의학·지질〕 유리의(glasig), 유리 같은. **Hyalit** [hya'liːt, 《또한》 ...'lɪt], der; -s, -e 옥적석(玉滴石)(오팔의 일종). **Hyalitis,** die; ...itiden 〔의학〕 (안구의) 수정체카타르〔염증〕. **hyaloid** [...o'iːt] ⟨Adj.⟩ **a)** 유리 같은(glasartig). **b)** 〔의학〕 수정체의〔와 관련된〕. **Hyaloplasma,** das; -s 〔의학〕 투명질.
Hyäne ['hyɛːnə], die; -n [lat. hyaena < griech. hýaina] **1.** 하이에나(아프리카와 아시아 원산의 개 비슷한 맹수). **2.** 《통용어·폄》 파렴치한 이기주의자, 잔인하고 탐욕스러운 사람. **Hyänenhund,** der; -(e)s, -e 아프리카의 황무지에 서식하는 하이에나처럼 생긴 개.
¹**Hyazinth** [hya'tsɪnt], der; -(e)s, -e [lat. hyacinthus < griech. hyákinthos] 녹석류석(綠柘榴石)(Zirkon의 일종으로 보석임). ²**Hyazinth** [-] [그리스 신화] Apollo가 사랑한 미소년. **Hyazinthe,** die; -n **1.** 〔식물〕 히아신스. **Hyazinthenglas,** das ⟨Pl. ...gläser⟩ 겨울에 히야신스의 뿌리를 발아시키거나 꽃을 피우게 하기 위한 유리 용기(容器).
¹**hybrid** [hy'briːt] ⟨Adj.⟩ 《전문어》 잡종의, 혼종(混種)의: -e Bildungen〔Wörter〕〔언어〕 잡종의, 혼성어(다른 언어의 요소를 경합해서 만든 합성어, 예컨대: 그리스어의 auto 와 리틴어의 mobil이 결합한 Automobil); -e Züchtung 〔생물〕 잡종 재배(사육); -es Rechnensystem 〔전산〕 복합형 계산 시스템(아나로그 계산기와 계수형[전자] 계산기를 결합한 것).
²**hybrid** [-] ⟨Adj.⟩ 《교양어》 교만한, 불손한, 대담한.
Hybrid- (¹hybrid): **~antrieb,** der 〔기술〕(특히 자동차의) 복합 구동〔추진〕 장치. **~bus,** der 내연 기관과 전기 기관 겸용 버스. **~fahrzeug,** das 내연 기관과 전기 겸용 자동차. **~huhn,** das 잡종 사육한 닭. **~mais,** der 잡종 재배된 옥수수. **~motor,** der 디젤 겸용 엔진. **~rakete,** der 고체 연료 및 액체 연료 겸용 로켓. **~rechner,** der 〔전산〕(아나로그 계산기와 전자계산기를 결합한) 복합형 계산기. **~schwein,** das 잡종사육한 돼지. **~züchtung,** die 〔생물〕 **1.** 잡종사육〔재배〕. **2.** 잡종사육〔재배〕 동〔식〕물.
Hybride [hyˈbriːdə], die; -n, 《또한》 der; -n, -n [lat. hybrida] 〔생물〕 잡종. **hybridisieren** [hybridiˈziːrən] ⟨h⟩ 〔생물〕 (…을) 교배하다, (…의) 잡종을 만들다. **Hybridisierung,** die; -en 잡종 교배, 잡종 번식; 이종(異種) 혼합.
Hybris ['hyːbrɪs], die [griech. hýbris] 《교양어》 오만, 불손, 대담.
hyd-, Hyd- [hyd-], **hydato-, hydato-,** *(*모음 앞에서*)* hydat-, **Hydat-** [hydat(o)-; griech. hýdōr] ⟨Wasser 를 뜻하는 규정어로서, 예컨대: Hydarthrose, hydatogen〉 (↑hydro-, Hydro-도 참조). **Hydarthrose** [hydar'troːzə], die; -n 〔의학〕 관절 수종(水腫).
hydato-, Hydato-: ↑hyd-, Hyd-. **hydatogen** ⟨Adj.⟩ 〔지질〕 **1.** (광물질이) 수용액(水溶液)에서 생긴. **2.** (성층암(成層岩)에서) 물에서 분리되고 물과 결합한. **3.** 수화(水火)의 발열의. **hydr-, Hydr-:** ↑hydro-, Hydro- ¹**Hydra** ['hyːdra] die **1.** [그리스 신화] (머리가 아홉 개인 뱀 비슷한 괴물) 히드라. **2.** 히드라(별자리)(Wasserschlange 2). ²**Hydra** ['hyːdra], die; Hydren [lat. hydra < griech. hýdra] ↑Süßwasserpolyp. **Hydrämie** [hydrɛˈmiː], die; ...i:ən, griech. haima] 〔의학〕 수혈증(水血症). **Hydrant** [hyˈdrant], der; -en, -en [engl.-amerik hydrant] 급수전(栓), 소

화전. **Hydrargillit** [hydrargɪ'liːt], der; -s, -e [griech. árgillos] 은성석(銀星石); 수반토석(水礬土石).
Hydrargyrose [hydrargy'roːzə], die; -n [의학] 수은 중독(Quecksilbervergiftung). **Hydrargyrum** [hy-'drargyrum], das; -s [lat. hydrargyrus < griech. hydrárgyros] 수은(Quecksilber) (기호: Hg). **Hydrasystem** ['hy:dra-], das; -s [잘린 머리 대신에 다른 두개의 머리가 자라 나왔다는, 희랍의 헤라클레스 전설에 나오는 머리가 여럿 달린 물뱀, 히드라에서 연유함] ↑ Schneeballsystem. **Hydrat** [hy'draːt], das; -(e)s, -e [화학] 함수물, 수산화물. **Hydra(ta)tion** [hydra(ta)-'tsioːn], die [화학] 수화 작용. **hydratisieren** [hydrati'ziːrən] ⟨h⟩ [화학] 수화시키다. **Hydraulik** [hy'drɔulɪk], die [기술] 1. 수력학(水力學), 수리학(水理學). 2. (자동차 따위의) 수압[유압] 장치. **hydraulisch** ⟨Adj.⟩ [lat. hydraulicus < griech. hydraulikós] [기술] 수력[수압]의, 유압에 의한: ein -es Getriebe 수압식 연동 장치; die Türen öffnen und schließen sich h. 이 문들은 수압식으로 여닫힌다. **Hydraulit** [hydrau'liːt, ⟨또한⟩ ...lɪt], der; -s, -e [건축] 건축 자재의 접합 능력을 증대시켜 주는 규산 함유 첨가제. **Hydrazide** [hydra-'tsiːdə] ⟨Pl.⟩ [화학] 히드라지드. **Hydrazin** [...'tsiːn], das; -s [↑Hydrogen u. engl. azote에서 형성, 프랑스 화학자 A.L. de Lavoisier(1743~1794)가 만든 질소에 대한 명칭임] [화학] 히드라진 (미사일 추진 연료 개발과 약품 및 점착성(粘着性) 물질 생산에 이용됨); 다아미드(Diamid). **Hydria** ['hyːdria], die; ...ien [...iən; griech. hydria] 고대희랍시대의 배가 불룩한 물항아리. **Hydriatrie** [hydria'triː], die [griech. iatreía] ↑Hydropathie. **Hydrid** [hy'drɪt], das; -(e)s, -e [화학] 수소화물(水素化物). **Hydrierbenzin**, das 수소 첨가 휘발유. **hydrieren** [hy'driːrən] ⟨h⟩ [화학] 수소화시키다, 수소를 첨가하다. **Hydrierung**, die [화학] hydrieren의 명사형. **Hydrierverfahren**, das 수화(水化) 처리. **Hydrierwerk**, das 수소 첨가 공장(설비). **hydro-, Hydro-**, (모음 앞에서는 또한) **hydr-, Hydr-** [hydr(o)-; griech. hýdor] ⟨Wasser를 뜻하는 규정어로서, 예컨대: hydrodynamisch, Hydrometer, Hydrämie⟩ (↑hyd-, Hyd-도 참조): **Hydrobiologe**, der; -n, -n 수생물학자, 호소(湖沼)학자(Limnologist). **Hydrobiologie**, die 수생물학, 호소학(湖沼學)(Limnologie). **Hydrochinon** [...çi'noːn], das; -s [키난산 화시 Chinon이 생성되기 때문임, 스웨덴 화학자 J. J. Berzelius(1779~1848)에 의해 만들어진 명칭] 하이드로 퀴논 (강력한 환원제로서 특히 사진 현상약 및 소독약으로 사용됨). **Hydrocopter** [...'kɔptɐ], der; -s, - 하이드로 콥터(프로펠러로 추진되며 물과 얼음 위에서 사용됨). **Hydrocortison**: ↑Hydrokortison. **Hydrodynamik**, die [물리] 유체역학. **hydrodynamisch** ⟨Adj.⟩ [물리] 유체역학(상)의. **hydroelektrisch** ⟨Adj.⟩ 1. [물리·기술] 수력 전기의: ein -es Kraftwerk 수력발전소. 2. [의학] 전기수욕(電氣水浴)의: -e Bäder 전기수욕(電氣水浴). **hydroenergetisch** ⟨Adj.⟩ [물리·기술] 수력에 의해 추진되는; 수력을 이용한. **Hydrogen, Hydrogenium** [...geːnium], das; -s [frz. hydrogéne] [화학] 수소(Wasserstoff) (기호: H). **Hydrogenkarbonat**, das [화학] 수소 함유 탄산염. **Hydrogeologe**, der; -n, -n 수문(水文) [수리(水理)] 지질학자. **Hydrogeologie**, die 수문(水文) 지질학(수문학(Hydrologie)의 한 분야). **hydrogeologisch** ⟨Adj.⟩ 수문 지질학(상)의. **Hydrograph**, der; -en, -en 수리학자(水理學者), 수로(水路)학자. **Hydrographie**, die ↑Gewässerkunde. **hydrographisch** ⟨Adj.⟩ 수리학(상)의. **Hydrohonen**, das; -s (물과 미세한 유리 알맹이를 이용한) 금속 부품을 정교하게 연마하는 방법. **Hydrokortison**, das; -s [의학] 화농 억제 부신(副腎) 호르몬. **Hydrokultur**, die; -en [원예] 수경법(水耕法), 물재배. **Hydrologe**, der; -n, -n 수문학자(水文學者), 수리학자. **Hydrologie**, die 수문학(水文學), 수리(水理)학. **hydrologisch** ⟨Adj.⟩ 수문학(상)의. **Hydrologium** [...'loːgium], das; -s, ...ien [...iən; griech. hydrológion] (고대의) 물시계. **Hydrolyse**, die; -n [화학] 가수분해(加水分解). **hydrolytisch** ⟨Adj.⟩ 가수분해의. **Hydromanie**, die [의학] 1. 이상조갈증(異常燥渴症). 2. 익사 충동. **Hydromantie** [...man'tiː], die [griech. hydromanteía] 수증, 수면 현상에 의한 예언술 (특히 근동 지역의). **Hydromechanik**, die 유체 역학(流體力學). **hydromechanisch** ⟨Adj.⟩ 유체역학(상)의. **Hydrometallurgie**, die (영화 금속 용액을 사용하는) 습식(濕式) 제련(술). **Hydrometeore** ⟨Pl.⟩ [기상] 대기 수화 현상(예: 안개, 구름, 비, 눈, 이슬 등). **Hydrometeorologie**, die 대기 수화 현상학(기상학의 한 부분). **Hydrometer**, das; -s, - 유속계(流速計), (액체) 비중계, 부칭(浮秤). **Hydrometrie**, die 유체 비중 측정; 유속 측정. **hydrometrisch** ⟨Adj.⟩ 액체 비중계[부칭]의, 액체 비중계로 측정한. **Hydromorphe** [...mɔr'fiː], die [griech. morphé] [식물] 수생(水生) 식물기관의 형태학적 특징(수중에서 어려운 가스 교환을 촉진시키기 위해 넓어진 잎 따위). **hydronalisieren** [...naliˈziːrən] ⟨h⟩ 하이드로 날리움을 입히다. **Hydronalium** [...'naːlium], das; -s [둘째 구성 부분은 Aluminium의 약칭] 하이드로 날리움(용접 가능한 알루미늄 합금). **Hydronephrose**, die; -n [의학] 수신증(水腎症). **Hydronfarbstoff** [hy'drɔːn-], der; -(e)s, -e [나트륨과 납의 합금명칭으로서 물과 결합할 때 순수한 수소가스를 분리시키기 때문에 이러한 명칭과 결합되었음] [섬유] 면직물 염색에 이용되는 유황색소. **Hydronymie** [...ny'miː], die [griech. ónyma] 하천(강, 바다, 호수 따위의) 이름(Gewässername). **Hydropath**, der; -en, -en 수치의(水治醫). **Hydropathie**, die [의학] 수치법(水治法), 수치료법. **hydropathisch** ⟨Adj.⟩ [의학] 수치법에 의한, 수치법(상)의. **Hydroperikard**, das; -(e)s, -e, **Hydroperikardium**, das; -s, ...ien [...iən] [의학] 심낭[염통 주머니]에서의 액체 괴임. **Hydrophan** [...'faːn], der; -s, -e [griech. phanós] 투단백석(透蛋白石)(수분을 흡수하면 반투명이고 수분이 증발하면 우윳빛인 오팔). **hydrophil** [...'fiːl] ⟨Adj.⟩ [griech. phileīn] (반대: hydrophob). 1. [생물] 물(속)에 사는, 물을 좋아하는. 2. [화학·기술] 물(수분)을 빨아들이는. **Hydrophilie** [...fiˈliː], die [griech. philía] [화학·기술] (특정의 직물이) 물을 흡수하는 성질; 물을 흡수하려 함. **hydrophob** [...'foːp] ⟨Adj.⟩ [lat. hydrophobus < griech. hydrophóbos] (반대: hydrophil). 1. [생물] 물을 싫어하는; 건조한 생활 환경을 좋아하는. 2. [화학·기술] 물(수분)을 배척하는; 물에 용해되지 않는. **Hydrophobie** [griech. hydrophobía] [화학·기술] 1. [생물] 물을 피하려는 경향(특정한 동식물의). 2. [의학] 공수병, 광견병. **hydrophobieren** [...foˈbiːrən] ⟨h⟩《전문어》물을 배척(거부)하게 하다, 물을 배척하는 장치를 하다, 방수 처리하다. **Hydrophobierung**, die; -en ↑hydrohobieren의 명사형. **Hydrophobierungsmittel**, das [전문어] 방수제. **Hydrophor**, der; -s, -e [기술] (급수 시설, 소화기)에 부착된 압력 채수(採水)관. **Hydrophoren** [...'foːrən] ⟨Pl.⟩ [미술] 고대 그리스 미술의 모티브인 물 나르는 사람. **Hydrophthalmus** [hydrof'talmus], der; -, ...mi [griech. ophthalmós] [의학] (과대한 안액 응결로 인해 유아기에 나타나는) 안구(眼球) 확대(증). **Hydrophyt** [...'fyːt], der; -en, -en [griech. phytón]

[식물] 수생 식물(Wasserpflanze), 수초. **hydropisch** [hy'dro:pɪʃ] 〈Adj.〉 [의학] 수종(水腫)성의, 수종을 앓고 있는. **Hydroplan**, der; -s, -e 《전문어·드물게》 1. 수상 비행기, 비행정(艇). 2. 수상 활주 보트(Gleitboot).
hydropneumatisch 〈Adj.〉 [기술] 물과 공기(액체와 공기)의 작용에 의한, 수공(水空)의: -es Antriebssystem 물과 공기의 작용에 의한 작동 시스템. **Hydroponik** [...'po:nɪk], die [griech. pónos] 《원예》 ↑ Hydrokultur. **hydroponisch** 〈Adj.〉 [원예] 수경법 [물재배]의, 수경 재배에 의한 경작 방법. **Hydrops** ['hy:drɔps], der; -, **Hydropsie** [hydrɔ'psi:], die [griech. hýdrōs] [의학] 수종(水腫)(Wassersucht); 수증(水症). **Hydropulsator**, der; -s, -en, **Hydropulsor** [...'pʊlzor, ...zo:ɐ], der; -s, -en [...'zo:rən] [기술] 수력 물펌프. **Hydrosol**, das; -s, -e [화학] (물을 분산매로 하는 콜로이드) 하이드로 졸, 수교액(水膠液). **Hydrosphäre**, die [지질] 수권, 수계(水界)(지구의 표면에서 물이 차지하는 부분의 전체); 대기권 안의 수분. **Hydrostatik**, die [물리] 유체정역학(流體靜力學), 정수학(靜水學). **hydrostatisch** 〈Adj.〉 [물리] 유체정역학의: -es Paradoxon 정수학상의 패러독스(수압은 물기둥의 높이에 비례하고, 물기둥 안의 수량의 대소에는 무관하다는, 겉보기에 모순된 이론); -e Waage 정수(靜水) 저울(비중계). **Hydrotechnik**, die 수리(水利)공사(Wasserbau), 하천 공학, 제방 공학, 수리 건축학(工學). **hydrotechnisch** 〈Adj.〉 수리 건축학의. **hydrotherapeutisch** 〈Adj.〉 [의학] 수치법(水治法)의, 수(水)치료학의: jmdn. h. behandeln 누구를 수치료법에 의거하여 치료하다. **Hydrotherapie**, die; -n [...iən] [의학] 1. 〈Pl. 없음〉 ↑Hydropathie. 2. (목욕, 세척, 증기 등) 물을 사용한 치료, 수치료. **hydrothermal** 〈Adj.〉 [지질] 열수(熱水)의. **Hydrothorax**, der; -(es), -e [의학] 흉수(胸水)증. **Hydroxyd** [...'ksy:t], **Hydroxid**, das; -(e)s, -e 《화학 전문어》 수산화물. **hydroxydisch**, 《화학 전문어》 **hydroxidisch** 〈Adj.〉 [화학] 수산화물을 포함한. **Hydroxylamin** [...ksy:lami:n], das; -s [화학] 히드록실아민(무색 침상(針狀) 결정), 환원제. **Hydroxylgruppe**, die; -n [↑Hydrogen, ↑Oxygen u. griech. hýlē의 약칭] 《화학》수산기(水酸基)(OH-Gruppe). **Hydrozele** [...'tse:lə], die; -n [lat. hydrocēlē < griech. hydrokḗlē] [의학] 수류(水瘤), 음낭수종. **Hydrozephalus** [...'tse:falus, ...tsɛ'fa:lʊn; griech. kephalḗ] [의학] 뇌수종(Wasserkopf). **Hydrozoon**, das; -s, ...zoen (대개는 Pl.) [griech. zōon] 히드로 충류(蟲類). **Hydrozyklon**, der; -s, -e [기술] 폐수 정화 장치. **Hydrurie** [hydru'ri:], die [griech. oũron] 수뇨증(水尿症).

Hyetograph [hýeto'gra:f], der; -en, -en [griech. hyetós] 《기상·준고어》 측우계, 우량계. **Hyetographie**, die [기상] 우량학(강우량의 측정 및 분포를 다루는), 우량도(圖). **hyetographisch** 〈Adj.〉 [기상] 우량학(상)의: -e Messungen 우량학적 측정. **Hyetometer**, das; -s, -《기상·준고어》우량계.

Hygieia [hy'giaia] (그리스 신화에 등장하는) 건강의 여신.

Hygiene [hy'gieːnə], die [griech. hygieinḗ (téchnē)] 1. [의학] 위생학(Gesundheitslehre), 예방의학. 2. 섭생, 보건, 위생; 3. 청결(Sauberkeit), 위생 상태: mit der H. ist es in diesem Lokal nicht gut bestellt 이 술집은 청결상태가 좋지 않다. **Hygieneartikel**, der (위생·피부관리 등에 사용되는) 위생용품. **Hygieniker**, der; -s, -1. 위생학자. 2. 위생사. **hygienisch** 〈Adj.〉 1. 위생학(상)의, 위생학적: die Herstellung wird h. überwacht 생산은 위생(학)적으로 감독된다. 2. 청결 상태가 완벽한; 청결 규정에 부합하는; 매우 깨끗한, 식욕을 돋우는: eine -e Verpackung 청결 상태가 완벽한 포장. **hygienisieren** [...niˈziːrən], sich 〈h〉 《통용어·농》몸을 깨끗이 하다.

hygro-, Hygro- [hygro-; griech. hygrós] 〈feucht, Feuchtigkeit를 뜻하는 규정어로서, 예컨대: hygroskopisch, Hygrometer〉: **Hygrogramm**, das; -s, -e [기상] 자기(自記) 습도계의 기록. **Hygrograph**, der; -en, -en [기상] 자기(自記) 습도계. **Hygrom** [hy'gro:m], das; -s, -e [의학] 점액종(粘液腫). **Hygrometer**, das; -s, -[기상] 습도계. **Hygrometrie**, die [기상] 습도 측정. **hygrometrisch** 〈Adj.〉 습도 측정(상)의, 습도계(자기 습도계)를 이용한. **Hygromorphose**, die [griech. mórphōsis] [식물] 습하게 자라는 식물의 습한 환경에의 적응. **Hygronastie**, die [식물] 습도 변화에 의한 식물의 굴곡 운동(건조한 공기에 풀잎의 말림 따위). **hygrophil** [...'fi:l] 〈Adj.〉 [griech. philein] [식물] (특정의 식물이) 습한 곳을 좋아하는. **Hygrophilie** [...fli:], die [griech. philía] [식물] (특정의 식물이) 습한 곳을 좋아함. **Hygrophyt** [...'fy:t], der; -en, -en [griech. phytón] [식물] 습성(濕性) 식물. **Hygroskop** [...'sko:p], das; -s, -e [griech. skopein] [기상] 습도 표시기, 검습계(檢濕計). **hygroskopisch** 〈Adj.〉 [화학] 흡습성의, 조해성(潮解性)의. **Hygroskopizität** [...skopitsi'tɛ:t], die [화학] 흡습력, 흡습성. **Hygrostat** [...'sta:t], der; -(e)s / -en, -e(n) [griech. statós] 자동 습도 조절기. **Hygrotaxis**, die [griech. táxis] [생물] 물이나 습한 환경을 찾아내는 동물의 능력(예컨대: 거북).

Hyläa [hy'lɛ:a], die [griech. hýlē, 독일의 자연과학자, 지리학자인 A. V. Humboldt(1769~1859)에 의해 형성된 개념] 힐레아(아마존 저지대의 비가 많이 오는 열대 삼림 지대). **Hyle** ['hy:le], die [griech. hýlē] [철학] 소재(Stoff), 질료(Materie). **Hylemorphismus** [hyleˈmɔrfismʊs], der; - [철학] 질료형상론(質料形相論). **hylisch** ['hy:lɪʃ] 〈Adj.〉 [철학] 질료적, 물질의, 구(실)체적(körperlich), 유체의. **Hylismus** [hy'lɪsmʊs], der; - [철학] 물질 본원론(물질이 세상의 유일한 실체라는 이론). **hylotrop** [hylo'tro:p] 〈Adj.〉 [화학] 동질 이상의, **Hylotropie** [...tro'pi:], die [griech. tropḗ] [화학] 동질이상(同質異像). **Hylozoismus** [hylotsoˈɪsmʊs], der; - [griech. zōḗ] [철학] 물활론(物活論).

[1]Hymen ['hy:mən], Hymenaios, Hymenäus [그리스 신화의] 결혼의 남신(男神). **[2]Hymen** [-], das; -s, 〈또한〉 der; -s - [lat. hymēn < griech. hymḗn] [의학] 처녀막(Jungfernhäutchen). **[3]Hymen** [-], der; -s **Hymenaeus** [hyme'nɛːʊs], der; ...aei [..ɛːi; lat. Hymenaeus < griech. hyménaios] (신부에게 바치는 고대 그리스의) 결혼 축가. **Hymenaios** [hyme'naios, hy'menaios], **Hymenäus** [hyme'nɛːʊs] ↑[1]Hymen. **hymenal** [hyme'na:l] 〈Adj.〉 [의학] 처녀막의. **Hymenoptere** [hymenɔp'te:rə], die; -n (대개는 Pl.) [griech. pterón; Pl.] ↑Hautflügler.

Hymnar [hym'na:ɐ], das; -s, -e/-ien [iən], **Hymnarium** [hym'na:riʊm], das; -s, ...ien [-iən; lat. hymnarium] 《기독교》 찬송가집(Hymnensammlung). **Hymne** ['hymnə], die; -n, 《아어》 Hymnus ['hymnʊs], der; -, ...nen [lat. hymnus < griech. hýmnos] 1. (특히 고대 그리스의 신과 신들을 찬미하기 위한) 찬미가곡, 성가곡; 송가집. 2. 찬미가, 성가. 3. (문학 장르로서 송가(Ode)와 유사한) 찬가, (신, 영웅, 자연, 미덕 등을 찬미하는) 찬가: eine H. an die Nacht 밤에게 바치는 찬가; 《전의》er[seine Tat] wurde in wahren Hymnen gepriesen 그(그의 행동)는 과찬을 받았

다. **4.** ↑Nationalhymne의 약칭. **Hymnendichter**, der 송시(頌歌) 작가(Hymniker). **Hymnendichtung**, die 송시(頌歌) 문학. **Hymnik** ['hʏmnɪk], die [griech. hymnikós] 찬가 형식(종류); 찬미 문학. **Hymniker**, der; -s, - 《드물게》 찬가 작가. **hymnisch** ⟨Adj.⟩ 찬가의, 찬미가의, 성가의: -e Verse 찬가 시구.

Hymnode [hʏm'no:də], der; -n, -n [griech. hymnōdós] (고대 그리스의) 찬가 작가(시인, 가인(歌人)). **Hymnodie** [hʏmno'di:], die [griech. hymnōdía] (집합적으로) 찬(미)가, 찬가 문학. **Hymnograph**, der; -en, -en [griech. hymnográphos] (고대 그리스의) 찬[미] 작가. **Hymnologe**, der; -n, -n 찬미가(성가) 학자. **Hymnologie**, die 찬미가(성가) 학. **hymnologisch** ⟨Adj.⟩ Hymnologie의 형용사형. **Hymnus**: ↑Hymne.

Hyoscyamin, Hyoszyamin [hÿɔstsÿaˈmi:n], das; -s [griech. hyoskýamos] [화학] 히오시아민[진정제·동공(瞳孔) 확대제].

hyp-, Hyp-: ↑hypo-, Hypo-. **Hypakusis** [hypa-'ku:zɪs], die [griech. ákousis] [의학] 난청(Schwerhörigkeit), 청력 장애(반대: Hyperakusie). **Hypalgesie** [hypalgeˈzi:], die; -n [...i:ən; griech. álgēsis] [의학] 통각 둔감(증)(痛覺鈍感症)(반대: Hyperalgesie). **hypalgetisch** [...'ge:tɪʃ] ⟨Adj.⟩ [의학] 통각 둔감증의(반대: hyperalgetisch). **Hypallage** [hypaˈlage, 《또한》 hy'palage], die [lat. hypallagē < griech. hypallagḗ], [언어] **1.** 부가어적 형용사와 부가어적 2격의 (상호) 교환(예컨대: Ausdrücke der Jagd und jagdliche Ausdrücke). **2.** ↑Enallage. **3.** ↑Metonymie. **Hypästhesie** [hypɛste'zi:], die; -n [...i:ən; griech. aísthēsis] [의학] 지각(知覺) 감퇴, 감각 감퇴. **hypästhetisch** [...'te:tɪʃ] ⟨Adj.⟩ 지각(감각) 감퇴를 나타내는.

Hypäthraltempel [hypɛ'tra:l-], der; -s, - [griech. hýpaithros] 내부가 지붕이 없거나 부분적으로만 지붕을 가진 고대의 대규모 사원.

hyper-, Hyper- [hypɐ-; griech. hypér] ⟨über, übermäßig, über-hinaus⟩를 뜻하는 규정어로서, 예컨대: hypermodern, Hypertrophie) (반대: ↑hypo-, Hypo-): **Hyperacidität** [...atsidi'tɛ:t], die [lat. aciditās] [의학] 위산과다. **Hyperakusie** [...akuˈzi:], die [griech.ákousis] [의학] 청각 과민(증)(반대: Hypakusis). **Hyperalgesie** [...algeˈzi:], die; -n [...i:ən; griech. álgēsis] [의학] 통각 과민(증)(반대: ↑Hypalgesie). **hyperalgetisch** [...'ge:tɪʃ] ⟨Adj.⟩ [의학] 통각 과민증의(반대: hypalgetisch). **Hyperämie** [...ɛ'mi:], die; -n [...i:ən; griech. haĩma] [의학] 충혈(充血). **hyperämisch** [...ɛ:mɪʃ] ⟨Adj.⟩ 충혈의. **hyperämisieren** [...ɛmi'zi:rən] ⟨h⟩ [의학] 충혈시키다. **Hyperästhesie** [...ɛsteˈzi:], die; -n [...i:ən; griech. aísthēsis] [의학] 지각 과민(Überempfindlichkeit). **hyperästhetisch** [...'te:tɪʃ] [의학] 과민한, 지각 과민증의. **hyperbar** [...'ba:ɐ̯] ⟨Adj.⟩ [griech. barýs] [물리] 고(高) 비중의. **Hyperbasis** [hy'pɐrbazɪs], die; ...basen [hypɐ'ba:zən], [griech.] hypérbasis] [언어] (방언 사용자의) 과잉 교정의 표준어 형태. **Hyperbaton** [hy'pɐrbaton], das; -s, ...ta [griech. hypérbasis] lat. hyperbaton < griech. hypérbaton] [(법)(강조를 위해 어순을 바꾸는 것)(예컨대: Wenn er ins Getümmel mich von Löwenkriegern reißt). **Hyperbel** [hy'pɐrbl], die; -n [lat. hyperbolē] **1.** [수학] 쌍곡선. **2.** [언어·수사] 과장(법)(Übertreibung)(예컨대: himmelhoch od. zahlreich wie Sand am Meer). **Hyperbelfalte**, der; -n 《양어깨 뒤쪽부터 허리 부분까지》 쌍곡선 주름(특히 남자 외투의). **Hyperbelfunktion**, die [수학] 쌍곡선 함

수. **Hyperboliker** [hypɐˈboːlikɐ], der; -s, - [lat. hyperbolicus < griech. hyperbolikós] 《교양어》 과장하는 사람, 과장 표현가. **hyperbolisch** ⟨Adj.⟩ **1.** [수학] 쌍곡선의. **2.** [특히 수사] 과장적인: etw. h. hervorheben 무엇을 지나치게 강조하다. **Hyperboloid** [...boloˈiːt], das; -(e)s, -e [griech. -oeidḗs] [수학] 쌍곡면. **Hyperboreer** [hypɐboˈreːɐ], der; -s, - (그리스 신화에 나오는) 히페르보레오스 사람[극북(極北)의 상춘(常春)의 나라에 사는 사람들]. **hyperboreisch** [hypɐboˈreːɪʃ] ⟨Adj.⟩ (고어) 히페르보레오스 사람의; 북쪽 끝의, 북극의. **Hypercharakterisierung**, die; -en [언어] (어형이) 과잉 표시, 군더더기 어형(표시)(예컨대: Pfuscher 대신 Pfuscherer 따위). **Hyperchlorhydrie** [...kloːɡhyˈdriː], die [↑Hyper-, Hyper- u. Acidum hydrochloricum에서] ↑Hyperaciditāt. **Hypercholie** [...çoˈliː], die; -n [...iːən; griech. cholḗ] [의학] 담즙 과다. **hyperchrom** [...ˈkroːm] ⟨Adj.⟩ [lat. chróma] 고(高) 혈색소의(반대: hypochrom). **Hyperchromie** [...kroˈmiː], die; -n [...iːən] [의학] (반대: Hypochromie) **1.** 혈색소 증대(적혈구의). **2.** 색소 증대(피부의). **Hyperdaktylie** [...daktyˈliː], die; -n [...iːən; griech. dáktylos] [의학] 다지증(多指症)(반대: Hypodaktylie). **Hyperdulie** [...duˈliː], die [griech. hyperdouleía] [가] 성모 마리아 숭배. **Hyperemesis**, die [의학] 구토 과다(증). **Hypererĝie** [...ɛrˈgiː], die; -n [...iːən; ↑hyper u. ↑Allergie에서 칭] [의학] (항원에 대한) 체내 저항력의 과민 반응. **Hyperfragment**, das; -(e)s, -e [핵물리] 중핵자 파편. **Hyperfunktion**, die; -en [의학] 기능항진(機能亢進)(반대: Hypofunktion). **Hypergalaktie** [...galakˈtiː], die; -n [...iːən; griech. gála] [의학] 모유(母乳) 과다(분비)(반대: Hypogalaktie). **Hypergamie** [...gaˈmiː], die [griech. gámos] [사회] 신분이 낮은 자와 신분이 높은 남자와의 결혼(반대: Hypogamie). **hypergenau** ⟨Adj.⟩ 지나치게 정확한. **Hypergenitalismus** [...genitaˈlɪsmʊs], der; - [의학] 성기의 조기 발달(이차적 성징을 포함한)(반대: Hypogenitalismus). **Hyperglykämie**, die; -n [...iːən] [의학] 혈당과다, 고(高) 혈당증(반대: Hypoglykämie). **hypergolisch** [...ˈgoːlɪʃ] ⟨Adj.⟩ [↑hyper-, Hyper-, griech. érgon u. lat. oleum의 인공어] [화학] (로켓 연료 등에) 자연 발화성의, 자동 점화성의. **Hyperhedonie** [...hedoˈniː], die [griech. hēdonḗ] [심리] 최고조의 (성적) 쾌감. **Hyperhidrose**, die [의학] 발한과다 (發汗過多), 다한(多汗)(증)(반대: ↑Hyphidrose). **Hyperinvolution**, die; -en ↑Superinvolution. **hyperkataléktisch** ⟨Adj.⟩ [lat. hypercataléct(ic)us < griech. hyperkatáléktos] [운율] 약음절 과다(弱音節過多)의. **Hyperkatalexe**, die; -n [운율] 약음절 과잉행(弱音節過剩行). **Hyperkinese** [...kiˈneːze], die; -n [griech. kínēsis] [의학] 운동 과잉(항진)(증). **hyperkinetisch** ⟨Adj.⟩ [의학] 운동 과잉(증)의. **hyperkorrekt** ⟨Adj.⟩ 《편》 지나치게 정확한[꼼꼼한]: sein -es Verhalten wirkt hier lächerlich 그의 지나치게 정확한 몸가짐은 이곳에서는 웃음을 자아낸다; -e Formen(Bildungen) [언어] (방언 사용자의) 과잉 교정의 표준어 형태. **hyperkritisch** ⟨Adj.⟩ 《편》 혹평의, 혹평하는; 트집 잡는(tadelsüchtig). **Hyperkultur**, die; -en 《편》 지나친 섬세화(세련), 지나치게 세련된 문화. **Hypermeter**, der; -s, - [griech. hypérmetros] [운율] 음절 과잉 시행. **hypermetrisch** ⟨Adj.⟩ [운율] 음절 과잉행의. **Hypermetropie** [...metroˈpiː], die [griech. hypérmetros] [의학] 원시(遠視)(Weitsichtigkeit)(반대: Myopie). **hypermetropisch** [...ˈmeːtroːpɪʃ] ⟨Adj.⟩ [의학] 원시의(weitsichtig). **hyper-

modern 〈Adj.〉《굄》 지나치게 현대적인, 초현대적인: eine -e Einrichtung 초현대적 설비; sie ist immer h. gekleidet 그녀는 항상 초현대적인 차림을 하고 있다. **hypernervös** 〈Adj.〉 극도의 신경 과민을 보이는. **Hyperodontie** [...ɔdɔn'tiː], die [griech. odoús] [의학] 과잉치(齒). **Hyperon** ['hyːperɔn], das; -s, -en [hype'roːnən; engl. hyperon] [핵물리] 하이페론, 중핵자(重核子). **Hyperonym** [...o'nyːm], das; -s, -e [griech. ónyma] [언어] 상위 개념(어)(예컨대: 새, 개, 개미 등에 대하여 동물)(반대: Hyponym). **Hyperplasie** [...pla'ziː], die; -n [...iːən; griech. plásis] [의학] 과형성(過形成), 증식(增殖)(반대: Hypoplasie). **hyperplatisch** 〈Adj.〉 과형성의. **Hyperschall**, der; -(e)s [물리] 극(極)초음파(음속의 5배 이상의 속도). **Hyperschallbereich**, der 〈Pl. 없음〉 [물리] 극초음속권(Hypersonikbereich). **Hypersekretion**, die; -en ↑Supersekretion. **hypersensibel** 〈Adj.〉 지나치게 민감한, 과민성의. **hypersensibilisieren** 〈h〉 1. 감수성을 극대화하다. 2. [사진] 초고감도(超高感度)로 하다. **Hypersomie** [...zoːˈmiː], die [griech. sōma] [의학] 거대 발육, 거인증(↑Gigantismus (1))(반대: Hyposomie). **Hypersomnie** [...zɔmˈniː], die [lat. somnus] [의학] (병적인) 과대 수면증(症). **Hypersonikbereich**, der; -(e)s [engl. hypersonic] [물리] ↑Hyperschallbereich. **hypersonisch** [...ˈzoːnɪʃ] 〈Adj.〉 [engl. hynersonic] [물리] 극초음속의. **Hypertelie** [...te'liː], die [griech. télos] (동, 식물 기관의) 과대 발육(예컨대: 큰사슴 뿔의 이상(異常) 발육). **Hypertension**, die; -en [lat. tēnsio] [의학] ↑Hypertonie (1, 2)(반대: Hypotension). **Hyperthermie** [...tɛrˈmiː], die [griech. thémē] [의학] 1. (열생성과 열 발산의 불균형으로 인한) 체온 증가. 2. 고체온, 고열. **Hyperthymie** [...tyˈmiː], die; [griech. thymós] [심리] 비정상적으로 기분이 좋은 정신 상태. **Hyperthyreose** [...tyreˈoːzə], die [griech. thyreoeidḗs] [의학] 갑상선 기능 항진(증)(반대: Hypothyreoidismus, Hypothyreose). **Hypertonie** [...to'niː], die; -n [...iːən] [의학] ↑Hypotonie (1). ↑ Bluthochdruck. 2. 과도한 근육 긴장. 3. 고안압(高眼壓). **Hypertoniker** [...ˈtoːnikɐ], der; -s, - [의학] 고혈압 환자 (반대: Hypotoniker). **hypertonisch** 〈Adj.〉 고혈압의(반대: hypotonisch). **hypertroph** [...ˈtroːf] 〈Adj.〉 1. [의학] 비대의, 영양 과잉의. 2. [교양어] 과도한(übermäßig). **Hypertrophie** [...troˈfiː], die; [griech. trophḗ] 1. [의학·생물] 영양 과잉, 비대(반대: Hypotrophie). 2. 《교양어》 과도, 과잉(Übermaß). **hypertrophiert** [...ˈfiːɐ̯t] 〈Adj.〉 《교양어》 ↑ hypertroph (2). **hypertrophisch** 〈Adj.〉 ↑hypertroph. **Hyperurbanismus** [...ʊrbaˈnɪsmʊs], der; -, ...men [engl. hyperurbanism] [언어] 과잉 교정의 표준어 표현(↑hyperkorrekte Bildung). **Hypervitaminose** [...vitamiˈnoːzə], die [의학] 비타민 과잉(증) (반대: Hypovitaminose).
Hyperion [《또한》 hype'riːɔn] 그리스의 태양신(Titan); Uranos와 Gäa 사이의 아들.
Hyphärese [hyˈfɛːrezə], die; -n [griech. hyphaíresis] [언어] 단모음 탈락(他)(他)모음 앞에서).
Hyphe ['hyːfə], die [griech. hyphḗ] [생물] 균사(菌絲).
Hyphen [hy'fen], das; -(s), - [lat. hyphen < griech. hyphén] (합성어를 이어주는) 붙임표, 하이픈, 연자부호.
Hyphidrose [hyfiˈdroːzə], die [의학] 발한과소(發汗過少)(증).
hypn-, **Hypn-**: ↑hypno-, Hypno-. **hypno-**, **Hypno-** (모음 앞에서는 《또한》 hypn-, Hypn- [hyp-

n(o)-; griech. hýpnos] 〈Schlaf를 뜻하는 규정어로서, 예컨대: Hypnonarkose, Hypnalgie, hypnoid〉: **hypnagog, hynagogisch** 〈Adj.〉 [engl. hypnagogic] 《전문어》 **a)** 졸음이 오게 하는(einschläfernd). **b)** 최면의. **Hypnoanalyse**, die; -n [정신분석] 최면분석(催眠分析). **hypnoid** [hypnoˈiːt] 〈Adj.〉 [griech. -oeidḗs] 《의학·심리》 최면(수면) 상태와 흡사한. **Hypnonarkose**, die; -n [의학] 최면으로 유도된 마취. **Hypnopädie**, die [griech. paideía] 수면 학습. **hypnopädisch** [hypnoˈpɛːdɪʃ] 〈Adj.〉 ↑Hypnopädie의 형용사형. **Hypnos** ['hypnɔs] (그리스 신화에 나오는) 수면의 (남)신. **Hypnose** [hypˈnoːzə], die; -n 최면(상태): aus der H. erwachen 최면에서 깨어나다; jmdn. in H. versetzen 누구를 최면에 걸다. **Hypnosie** [hypnoˈziː], die; -n [...iːən] [의학] 1. ↑Schlafkrankheit. 2. 최면병. **Hypnotherapeut**, der; -en, -en 최면요법 의사. **Hypnotherapie**, die; -n 최면(술) 요법. **Hypnotik** [hypˈnoːtɪk], die 최면법, 최면술. **Hypnotikum**, das; -s, ...ka [griech. hypnōtikón] [의학] (Schlafmittel) 최면제(劑), 수면제. **hypnotisch** 〈Adj.〉 [lat. hypnōticus < griech. hypnōtikós] 1. **a)** 최면(술)의: eine -e Heilung 최면술에 의거한 치료. **b)** 최면을 일으키는, 최면(술)에 걸린, 졸음이 오게하는: die -e Wirkung seines Blicks 그 남자의 시선이 가지는 최면 효과. 2. 최면(술)에 의해 일어난 것 같은; 저항할 수 없는, 남의 뜻대로 움직이게 하는: allein ihre Gegenwart wirkte h. auf ihn 그 남자는 그 여자를 보기만 해도 최면(술)에 걸린 듯했다. **Hypnotiseur** [hypnotiˈzøːɐ̯], der; -s, -e [frz. hypnotiseur] 최면술사. **hypnotisieren** [...ˈziːrən] 〈h〉 [frz. hypnotiser, 1843년 영국의사 J. Braid(1795~1860)에 의해 형성된 개념] 1. 최면술을 걸다: der Arzt hypnotisierte den Kranken 의사가 환자에게 최면(술)을 걸었다. 2. 완전히 사로잡다, 주문으로 옭아매다, 저항할 수 없게 만들다: das silberne Kreuz hypnotisiert ihn für Sekunden 은십자가를 보고 그는 잠깐 동안 꼼짝달싹하지 못했다. **Hypnotismus** [...ˈtɪsmʊs], der; - [engl. hypnotisme] 1. 최면학, 최면술. 2. 《드물게》 강한 영향.

hypo-, Hypo-, 〈모음 앞에서는 《또한》 hyp-, Hyp- [hyp(o)-; griech. hypó] 〈unter, darunter를 뜻하는 규정어로서, 예컨대: hypotaktisch, Hypostase, Hypotrophie〉(반대: ↑hyper-, Hyper-): **Hypochlorit**, das; -s, -e [...ˈriːta] [화학] 차아(次亞)염소산염. **Hypochonder** [...ˈxɔndɐ], der; -s, - [frz. hypocondre] 우울증 환자, 히포콘드리 환자. **Hypochondrie** [...xɔnˈdriː], die; -n [...iːən; lat. hypochondria] [의학] 우울증, 히포콘드리. **hypochondrisch** [...ˈxɔndrɪʃ] 〈Adj.〉 [griech. hypochondriakós] 우울증의[에 빠진]: sein Verhalten hat -e Züge 그의 태도는 우울한 특징을 지니고 있다; er ist ausgesprochen h. 그는 우울증에 빠진 것이 명백하다. **hypochrom** [...ˈkroːm] 〈Adj.〉 [lat. chrōma] [의학] 저(低) 혈색소의(반대: hyperchrom). **Hypochromie** [...kroˈmiː], die; -n [...iːən] [의학] 1. [의학] ↑Hyperchromie). 2. 색소 감소(피부의) (적혈구의). **Hypodaktylie** [...daktyˈliː], die; -n [...iːən; griech. dáktylos] [의학] 지수부족(指數不足)(증)(반대: Hyperdaktylie). **Hypoderm** [...ˈdɛrm], das; -s, -e [griech. dérma] [생물] 1. 하피(下皮)(식물의 표피 아래 부분의 세포층). 2. 하피(下皮)(절지(節肢)동물의 표피 및 일부 무척추 동물의 표피 세포층). 3. 《고어》 진피(眞皮)(척추 동물의 표피 세포층). **Hypodochmius**, der; -, ...ien [...iːən] [운율] 고대 그리스 시행에서의 어떤 느낌의 하나인 도히미우스(Dochmius)의 일종(◡◡‿‿). **Hypofunktion**, die; -en [의학] 기능 저하[감퇴](반대: Hyperfunktion).

Hypogalaktie [...galak'ti:], die; -n [...iən]; griech. gála) 〔의학〕 모유(母乳) 과도(분비)(반대: Hypergalaktie). **Hypogamie** [...ga'mi:], die [griech. gamós] 〔사회〕 신분이 높은 여자와 신분이 낮은 남자와의 결혼(반대: Hypergamie). **Hypogastrium** [...'gastrium], das; -s, ...ien [...iən]; griech. gastḗr] 〔해부〕 하복부 (Unterleib). **Hypogäum** [...'gɛ:ʊm], das; -s, ...gäen [...gɛ:ən; lat. hypogēum < griech. hypógeion] (아치형 천장의) 지하공간(예컨대: 카타콤베 내부의). **Hypogenitalismus** [...genita'lısmʊs], der; - 〔의학〕 성기의 발육부진(2차적 성특징을 포함한)(반대: Hypergenitalismus). **Hypoglykämie**, die; -n [...iən] 〔의학〕 혈당 과소, 저(低)혈당증(반대: Hyperglykämie). **Hypogonadismus** [...gona'dısmʊs], der; - 〔의학〕 남성 생식선(腺) 발육부진. **Hypoidgetriebe** [hypo'it-], das; -s, - [engl. hypoid gear] 〔기술〕 회전 쌍곡면 기어(하이퍼 블로이드 기어). **hypokaustisch** ⟨Adj.⟩ 마루밑 난방(장치)의. **Hypokaustum** [...'kaʊstʊm], das; -s, ...sten [lat. hypocaustum < griech. hypókauston] 〔역사적〕 마루밑 난방(장치)(고대 로마의 중앙 난방). **Hypokinese** [...ki'ne:zə], die; -n [griech. kínēsis] 〔의학〕 (병으로 인한) 운동능력 저하. **Hypokorismus** [...ko'rısmʊs], der; -, ...men [lat. hypocorisma < griech. hypokórisma] 〔언어〕 이름을 약칭 혹은 애칭으로 바꾸어 부르기. **Hypokoristikum** [...'rıstikʊm], das; -s, ...ka [griech. hypokoristikón] 〔언어〕 애칭(Kosename)(예컨대: Friedrich 대신 Fritz). **hypokoristisch** ⟨Adj.⟩ 애칭(약칭)의. **Hypokrisie** [...kri'zi:], die; -n [...iən; frz. hypocrisie] 《교양어》 위선, 허위(Heuchelei). **hypokristallin** ⟨Adj.⟩ 〔지질〕 (암석이) 결정질과 유리질 성분으로 된. **Hypokrit** [...'krıt], der; -en, -en [frz. hypocrite] 《교양어·고어》 위선자(Heuchler). **hypokritisch** ⟨Adj.⟩ 《교양어·고어》 위선적인, 정직하지 않은(unaufrichtig). **Hypolimnion** [...'lımnion], das; -s, ...ien [...iən]; griech. limníon] 〔생물〕 (영양소와 산소가 빈약한 담수호의) 심수층(深水層). **hypologisch** ⟨Adj.⟩ 〔철학·심리〕 선(先)논리적인: -es Denken 언어 능력이 아직 없는 소아나 고등 동물들의 언어 이전의 사고(생각). **Hypomanie**, die; -n [...iən] 〔의학〕 경조병(輕躁病). **Hypomaniker** [...'ma:nikɐ], der; -s, - 〔의학〕 경조병 환자. **hypomanisch** ⟨Adj.⟩ 〔의학〕 a) 경조병의. b) 경조병을 앓는. **Hypomnesie** [hypomne'zi:], die; -n [...iən]; griech. hypómnēsis] 〔의학〕 기억 박약(Gedächtnisschwäche). **Hypomobilität** [hypo-], die ↑Hypokinese. **Hyponastie**, die; - [식물] 굴곡 운동(잎의 윗면에 비해 아랫면의 빠른 성장으로 인한). **Hyponym** [...'ny:m], das; -s, -e [griech. ónyma] 〔언어〕 하위개념(어)(Unterbegriff) (예컨대: 동물에 대해 새, 개, 개미 따위)(반대: Hyperonym). **Hyponymie** [...ny'mi:], die; -n [언어] 의미내포(內包)(Bedeutungseinschließung). **Hypophyse** [...'fy:zə], die; -n [griech. hypóphysis] 〔의학〕 뇌하수체(腦下垂體)(Hirnanhang). **Hypoplasie** [...pla'zi:], die; -n [...iən]; griech. plásis] 〔의학〕 발육 부전(發育不全)(반대: Hyperplasie). **hypoplastisch** ⟨Adj.⟩ 《교양어》 발육 부전의(반대: hyperplastisch): -es Gewebe 발육 부전 조직. **Hyporchem** [hypɔr'çem], das; -s, -en, **Hyporchema** [hy'pɔrçema], das; -s, -ta [...'çe:mata; griech., zu hyporchēma] (빠른 리듬의) 고대 그리스 합창 무곡(舞曲). **hyposom** [hypo'zo:m] ⟨Adj.⟩ 〔의학〕 왜소증(소인병)에 걸린, 난장이의. **Hyposomie** [...zo'mi:], die [griech. sōma] 〔의학〕 왜소증(矮小症), 소인병(小人病)(반대: Hypersomie). **Hypostase** [...'sta:zə], die; -n [lat. hypostasis < griech. hypóstasis] 1. 〔특히 철학〕 개념의 실체화[구체화], 본질, 실체. 2. 〔신화·종교〕 a) 위격(位格), 신성(神性)의 의인화, 실체(예컨대: die drei Personen der Trinität). b) 의인화된 신성(神性)의 본질적 특징. 3. 〔언어〕 (통사적 어형의) 독립 품사화, 품사 전화(2격 명사가 부사로 전환되는 과정)(예컨대: mittags < des Mittags). 4. 〔의학〕 혈액 침강, 침강울혈. 5. 〔발생〕 (유전자 효과의) 하위(下位). **Hypostasie** [...sta'zi:], die; -n [...iən] ↑Hypostase (4, 5). **hypostasieren** [...sta'zi:rən] ⟨h⟩ 《교양어》 실체화[구상화]하다(verdinglichen), 인격화하다(personifizieren). **Hypostasierung**, die; -en ↑Hypostase (1, 3). **hypostatisch** ⟨Adj.⟩ [1: griech. hypostatikós] 1. 《교양어》 본질의, 실체의, 구체적인. 2. 〔의학〕 (혈액) 침강성, 침강성 출혈의. 3. 〔발생〕 하위(下位)의. **Hypostylon** [hy'pɔstylon], das; -s, ...la, **Hypostylos** [...lɔs], der; -, ...loi [...iən]; griech. hypóstylon] (벽과 문은 없고) 기둥만이 지붕을 받쳐 주는(고대 그리스의) 넓은 홀(Säulenhalle), 지붕이 있는 주랑(柱廊), 주랑 신전(柱廊神殿). **Hypotaktikon** [hypo'taktıʃ], ⟨Adj.⟩ [griech. hypotaktikós] 〔언어〕 종속적인: ein -er Satz 종속문(장). **Hypotaxe**, die; -n [griech. taxis] 1. 〔언어〕 (문장의) 종속(관계)(반대: Parataxe). 2. 〔교양어〕 의지 및 행동 통제력이 떨어진 상태(최면의 중간 상태). **Hypotaxis**, die; ...xen ↑Hypotaxe (1). **Hypotension**, die; -en [lat. tēnsio] 〔의학〕 ↑Hypotonie (1, 2)(반대: Hypertension). **Hypotenuse** [...te'nu:zə], die; -n [lat. hypotēnūsa < griech. hypoteínousa] (직각 삼각형의) 빗변, 사변(斜邊). **Hypothalamus**, der; -, ...mi 〔의학〕 시상하부(視床下部). **Hypothek** [...'te:k], der; -en [lat. hypothēca < griech. hypothḗkē] 1. **a)** 〔금융〕 저당권, 저당: erste[zweite] H. 1차[2차] 저당(권). **b)** 담보 부채: er hat zwei -en auf seinem Haus 그는 집을 두 번 저당잡혔다. **c)** 저당 융자금: eine H. aufnehmen 저당 융자금을 받다; er hat sich mit dieser H. ein Haus gebaut 그는 이 저당 융자금으로 집을 지었다. 2. 짐, 부담(Bürde): ihre Ehe war von Anfang an mit einer H. belastet 그들의 결혼은 애초부터 문제가 있었다. **Hypothekar** [hypote'ka:ɐ], der; -s, -e ↑Hypothekengläubiger. **hypothekarisch** ⟨Adj.⟩ [lat. hypothēcārius] 저당(권)의. **Hypothekarkredit**, der; -(e)s, -e 〔금융〕 저당 대부.

Hypotheken- ↑Hypothek 1 a; 〔금융〕: **~bank**, die 저당 은행, 부동산 은행. **~brief**, der 저당 증권, 저당권 증서. **~gläubiger**, der 저당권자. **~pfandbrief**, der 저당 채권, 저당(담보) 증권. **~schuldner**, der 저당권 설정자, 담보 제공인. **~zins**, der (대개 Pl.) 저당[담보] 이자.

Hypothermie [hypoter'mi, die; -n [...iən]; griech. thérmē] 〔의학〕 ⟨Pl. 없음⟩ 저(低)체온(증). 2. (신진대사를 저하시키기 위한) 체온 하강 조정(표준치 이하로), 체온 저하(법). **Hypothese** [...'te:zə], die; -n [lat. hypothesis < griech. hypóthesis] 《교양어》 가정, 전제(Voraussetzung), 추측, 상정(想定)(Unterstellung): eine H. aufstellen[widerlegen] 어떤 가정을 하다(반박하다). 2. 〔학문〕 가설(Annahme). **hypothetisch** ⟨Adj.⟩ [lat. hypotheticus < griech. hypothetikós] 1. 《교양어》 가정의, 추측의; 불확실한: -e Aussagen über etw. machen 무엇에 대해 가정적인 진술을 하다. 2. 〔학문〕 가설의. **Hypothyreoidismus** [...tyreoi'dısmus], der; -, **Hypothyreose** [...tyre'o:zə], die [griech. thyreoeidḗs] 〔의학〕 갑상선 기능 저하(증)(반대: Hyperthyreoidismus = Hyperthyreose). **Hypotonie** [...to'ni:], die; -n [...iən] 〔의학〕 (반

대: Hypertonie) **1.** 저혈압. **2.** 근육 긴장 저하. **3.** 저안압(低眼壓). **Hypotoniker** [...'to:nikɐ], der; -s, - 〖의학〗 저혈압 환자(반대: Hypertoniker). **hypotonisch** 〈Adj.〉 〖의학〗 저혈압의(반대: hypertonisch). **Hypotrachelion** [...tra'xe:liɔn], das; -s, ...ien [...iən; lat. hypotrachēlium < griech. hypotrachḗlion] 기둥 머리 밑의 도리아식 기둥(부분). **Hypotrophie** [...tro'fi:], die [griech. trophḗ] **1.** 〖의학·생물〗 영양 불량, 발육 부전(반대: Hypertrophie). **2.** 〖의학〗 영양 실조(Unterernährung). **Hypovitaminose** [...vitami-'no:zə], die 〖의학〗 비타민 부족[장해](반대: Hypervitaminose). **Hypoxämie** [hypɔksɛ'mi:], die; -n [...i:ən; ↑hypo-, Hypo-, ↑Oxygen u. -ämie의 약칭] 〖의학〗 혈중 산소 감소(순환기 장애 또는 호흡 곤란으로 인한). **Hypoxie** [hypɔ'ksi:], die; -n [...i:ən; ↑hypo-, Hypo- u. ↑Oxygen의 약칭] 〖의학〗 (혈중 산소 감소로 인한 조직 내의) 산소 결핍. **Hypozentrum** [hypo-], das; -s, ...tren 〖지질〗 진원지(震源地)(Erdbebenherd). **Hypozykloide** [...tsyklo'i:də], die; -n 〖수학〗 내파선(반대: Epizykloide).
Hypsiphobie [hypsifo'bi:], die; -n [...i:ən; griech. hýpsi] 〖의학〗 고소공포(高所恐怖)(증). **Hypsometer** [hypso'me:tɐ], das; -s, - [griech. hýpsos] 〖기술·기상〗 측고계(測高計), 비등점 측정계(Siedebarometer). **Hypsothermometer**, das; -s, - 〖기술·기상〗 측고계 겸용 한도계.
Hysteralgie [hysteral'gi:], die; -n [...i:ən; griech. hystéra u. álgos] 〖의학〗 자궁통(子宮痛). **Hysterektomie**, die; -n [...i:ən] 〖의학〗 자궁 제거(절제). **Hysterese** [hyste're:zə], **Hysteresis** [hys'te:rezɪs], die [griech. hystérēsis] 〖물리〗 (자기, 전기, 탄성 따위의) 이력(履歷) 현상, 후(後)작용, 히스테리시스.
Hysterie [hyste'ri:], die; -n [...i:ən] **1.** 〖의학〗 히스테리: sie leiden beide an einer schweren H. 그들 두 사람은 중증(重症) 히스테리 환자이다. **2.** 불안, 흥분, 극단적 긴장(상태), 신경과민(Nervosität). **Hysteriker** [hys'te:rikɐ], der; -s, - 〖의학〗 히스테리 환자. **hysterisch** 〈Adj.〉 [lat. hystericus < griech. hysterikós] **1.** 〖의학〗 히스테리의: -e Anfälle 히스테리의 발작. **2.** 지나치게 긴장한, 병적으로 흥분한, 신경과민의: en -er Ordnungshüter fing an zu schießen 지나치게 긴장한 경관 한 명이 사격을 시작했다. **hysterisieren** [hysteri-'zi:rən] 〈h〉 신경과민으로 만들다. **Hysterisierung**, die; -en ↑hysterisieren의 명사형. **hysterogen** [hystero'ge:n] 〈Adj.〉 〖의학〗 **1.** 히스테리에 입각한. **2.** 히스테리를 유발시키는. **Hysterogramm**, das; -s, -e 〖의학〗 자궁의 뢴트겐 사진. **Hysterographie**, die; -n 〖의학〗 뢴트겐에 의한 자궁검사 및 기록. **hysteroid** [hystero'i:t] 〈Adj.〉 [griech. -oeidḗs] 〖의학〗 히스테리류(類)의.
Hysterologie [hysterolo'gi:], die; -n [...i:ən; griech. hysterología] ↑Hysteron-Proteron (2).
Hysteromanie [hysteroma'ni:], die; -n [...i:ən; griech. hystéra] ↑Nymphomanie.
Hysteron-Proteron ['hysterɔn'pro:terɔn], das; -s, Hystera-Protera [griech. hýsteron próteron = das Spätere (ist) das Frühere] **1.** 〖철학·논리〗 도역(倒逆) 논법(증명되어야 할 명제를 전제로 결론을 미리 내리는 허위의 논법)(Scheinbeweis). **2.** 〖수사〗 도치〖전치(轉置)〗법(예컨대: laßt uns sterben und uns mitten in die Feinde stürzen).
Hysteroptose [hysterɔp'to:zə], die; -n [griech. hystéra u. ptōsis] 〖의학〗 자궁하수(下)증, 자궁 이탈. **Hysteroskop** [...ro'sko:p], das; -e [griech. skopeīn] 〖의학〗 자궁경(鏡). **Hysteroskopie** [...sko'pi:] die; -n [...i:ən] 〖의학〗 자궁경을 이용한 자궁 진료(법). **Hysterotomie** [...to'mi:], die [griech. tomḗ] 〖의학〗 (질(膣) 혹은 복강(腹腔)으로부터) 자궁 절개.
Hz = Hertz.

I

i, I [i:, ↑a, A], das; -, - 독일 자모의 아홉번째 철자, 세번째 모음: **das Tüpfelchen[der Punkt] auf dem i** 어떤 일(사물)을 최후로 완성시켜 주는 첨가물, 화룡점정 (畵龍點睛).

i = 수학에 있어서 허수 1의 기호.

i! [-] ⟨Interj.⟩《혐오와 불쾌감을 나타내는 감탄사》이크, 에그머니, 아이고, 어머나, 뭐, 아니, 응: i, schmeckt das komisch! 아이고, 맛이 이상하다[무슨 맛이 이래]; i bewahre[i wo]!《통용어》뭐, 어림도 없다[원, 천만에 말씀]《생각조차 할 수 없는 일이다라는 뜻으로).

I = Jod.

I = 아라비아 숫자 1의 로마식 표기.

ι, I: ↑Jota.

i. = in, im (지명 표기시, 예컨대: Immenstadt i. Allgäu)

Ia = eins a (↑eins I). 【상】 제1급의(prima), 극상(極上)의.

i.A. = im Auftrag (원문이 끝난 후 서명 앞에서는 I.A.).

iah! ['iːʔaː, iˈaː] ⟨Interj.⟩ 《당나귀 울음소리를 나타내는 의성어》히힝. **iahen** ['iːaːən, iˈaːən] ⟨h⟩ (당나귀가) 히힝하고 울다.

Iambe ['imbə] usw. ↑Jambe usw.

Iatrik ['iaːtrɪk], die [의학] ↑Iatrologie. **iatrisch** ['iaːtrɪʃ] ⟨Adj.⟩ [griech. iatrikós] [의학] 의학(의술)의.

Iatrochemie [iatro-], die [griech. iatrós] 의(료) 화학(醫療)化學)(17/18 세기의). **iatrogen** ⟨Adj.⟩ [의학] 의사 때문에 일어난, 의료 행위(예컨대: 오진) 때문에 생긴. **Iatrologie**, die [griech. iatrología] [의학] 의학(Heilkunst).

I-Ausweis, der; -es, -e ↑Identitätsausweis의 약칭.

ib., ibd. = ibidem.

Iberer [iˈbeːrɐ], der; -s, - 이베리아 반도 주민. **Iberien**, -s (스페인과 포르투갈의 고대 명칭) 이베리아.

Iberis ['iːbɛrɪs], die; - [lat. (h)ibēris < griech. ibērís] ↑Schleifenblume.

iberisch [iˈbeːrɪʃ] ⟨Adj.⟩ ↑Iberien의 형용사형. **Iberoamerika** [iˈbeːro|ame,rika], -s 라틴 아메리카. **iberoamerikanisch** [iˈbeːroˌameːriˈkaːnɪʃ] ⟨Adj.⟩ ↑Iberoamerika의 형용사형. **ibero-amerikanisch** [iˈbeːro-ameriˈkaːnɪʃ] ⟨Adj.⟩ 스페인, 포르투갈, 라틴아메리카 사이에 존재하는.

ibidem [iˈbiːdɛm, 'iːbidɛm, 'ɪb...; lat. ibīdem] 같은 장소에(ebenda, ebendort), 같은 책[장, 절, 페이지]에 (약어: ib., ibd., ibid.).

Ibis ['iːbɪs], der; -ses, -se [lat. iis < griech. iis] 따오기류(類)의 새(온대, 열대산의).

Ibiza [(span.) iˈβiθa], -s 지중해의 스페인령 Balearen 군도의 섬. **Ibizenker**, der; -s, - Ibiza의 주민 **ibizenkisch** ⟨Adj.⟩ 이비차(사람)의. **Ibn** ['ɪbn] 《아랍어》 아들 (아랍인의 인명 앞에 붙이는 말). **IC** = Intercity-Zug.

ich [ɪç] ⟨Personalpron.; 1. Pers. Sg. Nom.⟩ 나, 저, 본인: ich, der ich mich immer um Ausgleich bemühe(der sich immer um Ausgleich bemüht) bin bei beiden Parteien gleichermaßen unbeliebt 늘 화해를 위해 애쓰는 나는 두 사람에게 똑같이 인기가 없다; immer ich! 언제나 내 잘못이란 말이야! 언제나 내가 해야 해!; ⟨2격⟩ meiner, 《고어》 mein: erbarm dich mein(er) 나를 불쌍히 여겨다오; er kam statt meiner 그는 내 대신 왔다; ⟨3격⟩ mir: er schlug mir auf die Schulter 그는 나의 어깨를 쳤다; **mir nichts, dir nichts** 《통용어》 거리낌 없이, 아무렇지 않게(원래 es schadet mir nichts, es schadet dir nichts 라는 두 문장의 생략형임); ⟨4격⟩ mich: laß mich in Ruhe! 나를 가만히 내버려다오(귀찮게 하지 말아다오); die Sendung war an mich adressiert 그 우편물의 수신인은 나다. 《명사화》 **Ich**, das; -(s), -s, 《드물게》 - a) 나, 저, 자아, 자기 자신: liebe Ich 소중한 자기 자신들; sein besseres Ich 그의 양심; sein Ich erforschen 그의 자아를 연구하다. b) [심리] 에고.

ich-, Ich-: ~**bewußtsein**, das 자아 의식. ~**bezogen** ⟨Adj.⟩ 자기 중심의: eine -e Denkweise 자기 중심적 사고 방식(↑egozentrisch); in. denken 자기 중심으로 사고하다. ~**bezogenheit**, die ↑~bezogen의 명사형: ein Mensch von krankhafter I. 병적인 자기 중심적 인간. ~**Erzähler**, der 1인칭 화자(敍述자). ~**Erzählung**, die 1인칭 소설. ~**form**, die ⟨Pl. 없음⟩ 1인칭 형식, 자서체(自敍體). ~**gefühl**, das 자아 감정. ~**Laut**, der 〈이〉(音) (e와 i 다음에 나오는 ch 음). ~**mensch**, der 자기 중심적 인간, 이기주의자. ~**Roman**, der ↑~erzählung. ~**sucht**, die ⟨Pl. 없음⟩《아어》이기(주의), 자기 본위, 자기 중심, 이기심 (Selbstsucht): aus I. handeln 자기 본위에서 행동하다. ~**süchtig** ⟨Adj.⟩ 《아어》 ↑selbstsüchtig.

Ichneumon [ɪçˈnɔymɔn], der 《또는 》 das; -s, -e/-s [lat. ichneumōn < griech. ichneúmōn] 이집트 몽구스, 사향삵쾡이. **Ichnogramm** [ɪçnoˈgram], das; -s, -e [griech. íchnos] [의학] 1. 발의 석고 모형(예컨대: 신발의 안창 제작용). 2. 발자국 제도(製圖) (예컨대: 보행 장애 확인용).

Ichor ['ɪçoːɐ̯], der; -s [griech. ichór] [지질] 화강암 용액(고온과 고압력으로 인한).

Ichthyo-, 《모음 앞에서》 **Ichthy-** [ɪçtˠ(o)-]; griech. ichthýs 〈Fisch를 뜻하는 규정어로서, 예컨대》 Ichthyosaurus. **Ichthyodont** [...ˈdɔnt], der; -en, -en [griech. odoús] 화석이 된 물고기의 이(액막이용 부적으로 사용되던). **Ichthyol** [ɪçtˠoːl], das; -s [aus griech. ichthýs u. lat. oleum] 이히티올 (피부병의 외용약). **Ichtyolith** [...ˈliːt], 《또한》 '-lɪt], der; -s/-en, -e(n) 물고기(의 잔해)의 화석. **Ichthyologe**, der; -n, -n 어류학자. **Ichthyologie**, die 어류학(Fischkunde). **ichthyologisch** ⟨Adj.⟩ 어류학(상)의. **Ichthyolsalbe**, die 이히티올 연고 (부스럼, 동상, 류마치스 등에 사용). **Ichthyophage** [...ˈfaːgə], der; -n, -n 《대개 Pl.》 [griech. phageîn] [인종] 물고기를 먹고 사는 사람. **Ichthyosaurier**, der; -s, -, **Ichthyosaurus** [...rʊs], der; -, ...rier 어룡(魚龍)(백악기(紀)와 첨기에 전성했던 물고기 형태의 파충류, 몸길이가 15cm)(Fischechse) **Ichthyose** [...ˈtˠoːzə], die; -n, **Ichthyosis** [...zɪs], die; ...sen [의학] 어린선(魚鱗癬)(피부병의 일종)(Fischschuppenkrankheit).

Icing ['ɑɪsɪŋ], das; -(s), -s ⟨Pl. 없음⟩ [engl.-amerik.

icing] [아이스하키] 아이싱(반칙의 원거리 슛)(Befreiungsschlag).
Ickerchen ['ɪkɐçən], das; -s, - 《지역적·친근한》 ↑ Beißerchen.
Id [iːt], das; -(s), - [arab. īd] 사순절(四旬節)의 달인 라마단(Ramadan)과 시기적으로 관계가 있는 회교도의 최고 축제.
id. = ¹idem; ²idem.
i.d. = in der (지명 표기시, 예컨대; Neumarkt i.d. Oberpfalz).
Ida [dt., 《ital.》 'iːda, 《engl.》 'aɪdə], der; - (고대) 소아시아 Kreta섬의 산맥.
Idafeld ['ɪːdafɛlt], das 〈Pl. 없음〉 [아이슬란드 신화] Odin의 일족(一族) 중의 신들의 거주지. **Idaho** ['aɪdəhoʊ], -s 미국의 연방주 아이다호.
idäisch ['ideːɪʃ] 〈Adj.〉 ↑ Ida의 형용사형.
ideal [ideˈaːl] 〈Adj.〉 [1: aus ↑idealisch; 2, 3: lat. ideālis] **1.** 이상적인, 최상의, 완전한, 모범적인: ein -er Urlaubsort 이상적인 휴가지; er war der -e Darsteller für diese Rolle 그는 이 역을 위한 이상적인 연기자이다; ein schwarzes Kleid ist i. für alle festlichen Gelegenheiten 검정색 드레스는 모든 축제 행사에 이상적이다. **2.** 관념[이념]상의, 이상의, 가공의(반대: real): der -e Staat 이상(理想) 국가; die -e Landschaft [예술] 이상 풍경(화)(고전적 건축 양식과 신화적인 첨경(添景)을 곁들인 1600년경 이탈리아에서 개발된 풍경화의 유형); eine -e Flüssigkeit [물리] 완전유체(流體), 이상유체; ein -er Sprecher [언어] ↑ ideal speaker. **3.** 정신적인(geistig), 개념적인, 형이상(形而上)의 (반대: materiell): -e und materielle Gesichtspunkte 정신적, 물질적 관점. **Ideal** [-], das; -s, -e [frz. idéal] **1.** 모범, 이상상(理想像)(반대: Wirklichkeit): ein I. an Schönheit 아름다움의 극치; in jmdm. sein I. sehen 누구에서 자신의 이상적인 상(像)을 보다; jmdn.(etw.) zu seinem I. machen [erheben] 누구(무엇)을 자신의 모범으로 삼다. **2.** 이상: ein künstlerisches I. 예술(가)적인 이상; -e hegen 이상을 품다; seinen -en treu bleiben 자신의 이상에 충실하다.
ideal-, Ideal-: ~**beispiel**, das 이상적(인) 예[보기]. ~**besetzung**, die 이상적(인)(완전한) 배역. ~**bild**, das 이상상(理想像): das I. der Demokratie entwerfen 민주주의의 이상상을 설계하다. ~**fall**, der 이상적인 상황(경우). ~**figur**, die **1.** ↑~gestalt. **2.** 이상적인 몸매(체격). ~**forderung**, die (실현이 어려운) 이상적인 요구. ~**gestalt**, die 이상적인 모습[전형]. ~**gewicht**, das 이상적인 체중. ~**konkurrenz**, die [법] ↑Tateinheit. ~**linie**, die 《스포츠》이상적인 라인(출발점과 결승점간의). ~**lösung**, die 이상적인 해결. ~**maß**, das 이상적인 척도. ~**staat**, der 이상국가. ~**typ**, der **a)** 이상형의 인간. **b)** ↑~typus (a). ~**typisch** 〈Adj.〉이상형의. ~**typus**, der **a)** 〖사회〗이상형(理想型)(=der parlamentarischen Regierungssystems 의회주의 정부 시스템의 이상형. **b)** ↑~typ (a). ~**vorstellung**, die 이상 관념(理想觀念). ~**wert**, der 이상적인 가치. ~**zustand**, der ↑~fall.
idealisch 〈Adj.〉 [urspr. = ideal (1) (또한) ideal (2)] 이상에 가까운. **idealisieren** [ideali'ziːrən] 〈/h〉 [frz. idéaliser] 이상화하다, 미화하다, 변용시키다: seine Eltern[seine Kindheit] i. 자신의 양친[유년기]을 미화하다. **Idealisierung**, die; -en 이상화, 미화: eine falsche I. der Realität 그릇된 현실 미화. **Idealismus** [...'lɪsmʊs], der; - **1.** 이상주의: jugendlicher I. 젊은 시절의 이상주의; aus blindem I. handeln 맹목적인 이상주의에서 행동하다; von I. erfüllt sein 이상주의에 충만해 있다. **2.** 관념론, 유심론(唯心論)(반대: Materialismus): der deutsche I. 독일 관념론(Kant에서부터 시작되어 Fichte, Schelling, Hegel을 거쳐 Schopenhauer와 더불어 끝나는); der subjektive I. 주관적 관념론(인식 작용을 떠나서는 어떤 존재도 있을 수 없다는 관념론의 극단적 형식); der ethische I. 윤리적 관념론(물질적 욕구의 만족이 아닌 정신적 가치가 최고의 위치에 놓이는 관념론).
Idealist [...'lɪst], der; -en, -en **1.** 이상주의자(반대: Realist): du bist ein I. 너는 이상주의자(낙천주의자)이다(인간의 선(善)을 믿는). **2.** 관념론자, 유심론자(반대: Materialist). **idealistisch** 〈Adj.〉 **1.** 이상주의적인(반대: realistisch): in -er Lehrer 이상주의적인 교사; i. gesinnt sein 이상주의적이다. **2.** 관념론적인, 유심론적인(반대: materialistisch): eine -e Denkweise 관념론적 사고 방법. **Idealität** [ideali'tɛːt], die; -en 이상성, 관념성(반대: Realität). **Ideal speaker** [aɪ'dɪəl 'spiːkɐ], der; - - [engl. ideal speaker] 이상적인 화자(Chomsky의 변형문법에서 전제로 하는 화자). **Ideation** [tsio:n], die; -en [engl. ideation = nlat. Ideatus = Idee (1) entsprechend] 〖전문어〗관념화(기하학, 운동학, 동역학의 기본 용어이다). **Idee** [i'de:], die; -n [d'eːɐn; frz. idée] **1. a)** 생각, 사고(Gedanke), 관념(Vorstellung): ihn überfiel plötzlich die I., es könnte etwas passiert sein 무슨 일이 일어났지도 모르겠다는 생각이 갑자기 그를 엄습했다; eine I. aufgreifen (entwickeln, weiterführen, verwirklichen, in die Tat umsetzen, vertreten, verfechten) 어떤 생각을 시작하다(발전시키다, 계속 밀고 나가다, 실현시키다, 행동으로 옮기다, 대변하다, 옹호하다); sich an eine I. klammern 어떤 생각에 매달리다; auf jmds. -n nicht eingehen 누구의 생각에 관계하지 않다; sich in eine I. verrennen 어떤 생각에 휩쓸려 들어가다; von einer I. nicht loskommen 어떤 생각에서 빠져나오지 못하다; **eine fixe I.** 고정 관념(Zwangsvorstellung); **eine I. 약간**(ein bißchen), 조금(ein wenig); **keine[nicht die leiseste / geringste] I. von etw. haben**(통용어) 무엇을 전혀 알지 못하다. **b)** (재치있는) 생각, 아이디어, 착상, 의견; das ist eine (gute) I.! 그것은 좋은 생각[착상]이다; ich habe eine I. 나한테 좋은 생각이 있다; er hat mich erst auf diese I. gebracht 그가 비로소 나로 하여금 이러한 생각을 하게 만들었다; **das ist eine I. von Schiller** 《통용어》그것은 좋은 생각[제안]이다. **2.** 사상, 모범, 이상(Leitbild): philosophisches 철학적 사상, der I. der Freiheit bei Schiller 쉴러에 있어서 자유의 사상; für eine I. eintreten(kämpfen) 어떤 사상을 옹호하기 위하여 싸우다; sich einer I. opfern 어떤 이상을 위해 희생하다. **3.** 〖철학〗**a)** 이념, 표상(表象), 개념. **b)** (플라톤 철학의) 원상(原像) (Urbild), 이데아. **Idée fixe** [ide'fiks], die; - -s, -s [ide'fiks; frz. idée fixe] **a)** fixe I. Idee. **b)** (여러 부분으로 구성된 음악작품에 라이트모티브 형식으로 표현되는) 기본 사상, 핵심적 주제(예컨대: Berlioz의 Symphonie fantastica). **ideell** [ide'ɛl] 〈Adj.〉 이상[관념]의, 개념적인, 정신적인(반대: materiell): -e Werte(Ziele, Bedürfnisse) 정신적인 가치(목표, 욕구); jmdn.(etw.) i. unterstützen 누구(무엇)을 정신적으로 지원하다.
ideen-, Ideen-: ~**arm** 〈Adj.〉 사상[생각]이 얕은(빈약한)(반대: ~reich). ~**armut**, die ↑~arm의 명사형(반대: ~reichtum). ~**assoziation**, die [engl. association of ideas] 관념 연합, 연상. ~**austausch**, der 사상(의견) 교환. ~**drama**, das **a)** 〈Pl. 없음〉관념극(장르 명칭). **b)** 관념극(개별 작품으로서). ~**erbe**, das 정신 유산. ~**flucht**, die 〖심리〗관념 분일(奔逸). ~**flug**, der ↑Gedankenflug. ~**fülle**, die 사상의 풍성함 ↑Gedankenfülle. ~**gebäude**, das 사상(관념) 내용. ~**geschichte**, die 〈Pl. 없

음] 정신(사상)사 (Geistesgeschichte). ~**geschichtlich** ⟨Adj.⟩ 정신(사상)사의. ~**gut**, das ⟨Pl. 없음⟩ ↑ Gedankengut. ~**kreis**, der 관념[사상] 범위. ~**lehre**, die ⟨Pl. 없음⟩ [철학] 1. 관념론, 이데아론. 2. 역사의 중심 작용력으로서의 관념의 역사 철학적 개념. ~**los** ⟨Adj.⟩ 사상[생각]이 없는, 의견이 없는. ~**losigkeit**, die ↑~los의 명사형(Einfallslosigkeit). ~**reich** ⟨Adj.⟩ 사상[이념, 착상, 상상력]이 풍부한 (반대: ~arm). ~**reichtum**, der ⟨Pl. 없음⟩ ↑~reich의 명사형(반대: ~armut). ~**verbindung**, die ↑ Gedankenverbindung. ~**welt**, die ↑ Gedankenwelt.

¹**idem** ['i:dεm; lat. idem] ⟨문헌 지시용으로⟩ 동일 저자 (derselbe)(약어: id.). ²**idem** ['Idεm; lat. idem] 동일 한 책(dasselbe)(약어: id.).

Iden ['i:dn̩] ⟨Pl.⟩ [lat. Idūs] 고대 로마 달력의 제13일 혹은 제15일(3, 5, 7, 10월은 15일, 1, 2, 4, 6, 8, 9, 11, 12월은 13일): die I. des März 3월 15일(기원전 44년 시저가 살해된 날).

Identifikation [identifika'tsjo:n], die; -en [engl., frz. identification] 1. ↑ Identifizierung (1, 2 a, b). 2. [심리] 동일화. **identifizierbar** [...i'tsi:ɡba:r] ⟨Adj.⟩ 동일함을 증명할 수 있는. **identifizieren** [...i:rən] ⟨h⟩ 1. 정확하게 재인식하다, 동일성[틀림없음]을 확인하다, 신원을 확인하다: einen Verhafteten(eine Leiche) i. 체포된 자(시체)의 신원을 확인하다; jmdn. an Hand seiner Fingerabdrücke i. 지문을 이용하여 누구의 신원을 확인하다. 2. **a)** 동일시하다(gleichsetzen). **b)** ⟨i. + sich⟩ (…과) 일치하다: der Leser kann sich mit dieser Romangestalt nicht i. 독자는 자기 자신을 이 소설의 인물과 일치시킬 수 없다. **c)** [생리] 동화하다. **Identifizierung**, die; -en 1. 동일성 확인, 신원 확인: die I. des Täters 범인이 동일인물임을 확인. 2. **a)** 동일시; die I. von geistlicher und weltlicher Macht im Mittelalter 중세의 교권과 세속권의 동일시. **b)** 일치, 동일함; die I. des Lesers mit dem Ich-Erzähler 독자와 일인칭 서술자의 일치. **c)** ↑ Identifikation (2). **identisch** [i'dεntɪʃ] ⟨Adj.⟩ ⟨격변화 없음⟩ **a)** 동일한, 같은: ein -er Reim 압운어(押韻語)가 동일한 각운(脚韻), 동어운(同語韻)(rührender Reim, 예컨대: zeigen / erzeigen); eine -e Gleichung [수학] 항등식 (恒等式); -e Zwillinge ⟨전문어⟩ 일성쌍등이; er ist i. mit dem Gesuchten 그가 바로 수배된 자이다. **b)** 동일한 의미의, 같은 뜻의. **c)** 동질의(wesensgleich), (내면적으로) 일치하는. **Identität** [...ti'tε:t], die [spätlat. identitās]: 1. **a)** 동일(성), 정체(正體)(성): jmds. I. feststellen(klären, bestreiten, bestätigen) 누구의 동일성(정체성)을 확인하다(해명하다, 부정하다, 증명하다); seine I. hinter einem Pseudonym verbergen 자신의 정체(신원)를 가명을 써서 숨기다. **b)** [심리] 자기동일성의 인식. 2. 일치, 동일, 동등(Gleichheit): die I. des Verhafteten mit dem Entführer 체포된 자와 유괴범의 동일.

Identitäts-: ~**angst**, die [심리] 자기 인식의 불안. ~**ausweis**, der (österr.) 4대국 점령 시기(1945~55)의 신분증(약어: I-Ausweis). ~**beweis**, der 신원 증명. ~**karte**, die (österr.·고어·schweiz.) 신분증 (Personal-ausweis). ~**krise**, die 자기 인식의 위기: ~**nachweis**, der **a)** 동일성 증명, 신원 증명. **b)** [판례] 동품(同品) 증명. ~**papiere** ⟨Pl.⟩ [법] 동일인 증명서류. ~**philosophie**, die 동일 철학, 동일성(說)(스피노자 및 셀링의 철학). ~**verlust**, der 자기 인식의 상실.

ideo-, Ideo- [ideo-; zu griech. idéa, ↑ Idee] ⟨Begriff, Idee, Vorstellung을 뜻하는 규정어로서, 예컨대⟩ ideographisch. Ideogramm. **Ideogramm**, das; -s, -e [↑-gramm] 표의(表意)문자, 표의 기호 (Begriffszeichen). **Ideographie**, die; -n 표의문자

[기호]로 쓴 글[저술](Begriffsschrift). **ideographisch** ⟨Adj.⟩ ↑ Ideographie의 형용사형. **ideokratisch** [...'kra:tɪʃ] ⟨Adj.⟩ 이성(理性) 개념이 지배하는. **Ideokratismus** [...kra'tɪsmʊs], der; - [griech. kra-teīn] 이성(理性) 개념의 지배. **Ideologe**, der; -n, -n [frz. idéologue] 1. 이데올로기의 대표자(주창자), 이데올로그. 2. (세상 물정에 어두운) 이론가, 공론가(空論家). **Ideologem** [...lo'ɡe:m], das; -s, -e [↑-em] 이데올로기적 형성물, 이념소(素), 표상 가치(Vorstellungswert). **Ideologie**, die; -, -n [frz. idéologie] **a)** 이데올로기, 이(이)념 형태[체계]: die I. der herrschenden Schicht 지배층의 이데올로기; eine I. vertreten 어떤 이데올로기를 대표하다. **b)** 이(이)념학: eine imperialistische(kommunistische) I. 제국주의(공산주의)(적) 이(이)념론. **c)** 공리공론(空理空論).

ideologie-, Ideologie-: ~**begriff**, der 이데올로기의 개념. ~**frei** ⟨Adj.⟩ nicht adv.⟩ 이데올로기에 얽매인. ~**gebunden** ⟨Adj.⟩ nicht adv.⟩ 이데올로기에 얽매인. ~**gebundenheit**, die ↑ ~gebumden의 명사형. ~**kritik**, die **a)** [사회] 이데올로기 비판. **b)** [언어] ⟨작품 해설에 있어서⟩ 사회적 전제(前提) 비판. **ideologisch** ⟨Adj.⟩ **a)** 이데올로기(상)의: -e Vorurteile 이데올로기(상)의 선입견; i. geschult(gefestigt) sein 이데올로기 교육을 받았다(이데올로기가 확고하다). **b)** 공리공론적인. **ideologisieren** [...loɡi'zi:rən] ⟨h⟩ …에게 이데올로기를 불어 넣다, …을 관념적으로 («론[분석]하다, …의 이데올로기 문제를 바꾸어 놓다. **Ideologisierung**, die; -, -en ↑ideologisieren의 명사형. **ideomotorisch** ⟨Adj.⟩ [심리] 의지의 작용없이(무의적으로) 수행되는. **Ideorealgesetz**, das; -es [심리] 주관적 체험 내용이 그것의 객관적 실현에 동인이 되는 현상.

idg. = indogermanisch.

id est ['ɪt 'εst; lat.] 즉(das ist, das heißt)(약어: i. e.).

idio-, Idio- [idio-; zu griech. ídios] ⟨eigen, selbst, eigentümlich, besonders 등을 뜻하는 규정어로서, 예컨대⟩ idiographisch, Idioblast. **Idioblast** [...'blast], der; -en, -e ⟨대개 Pl.⟩ [griech. blástē] [생물] 특이 세포, 이형(異型)세포. **Idiogramm**, das; -s, -e [생물] 염색체의 도표. **idiographisch** ⟨Adj.⟩ [griech. idiógraphos] [전문어] 개별예(個別例)의, 개성 기술(記述)의. **Idiokrasie** [...kra'zi:], die; -, -...i:ən; griech. idiokrasía] ↑Idiosynkrasie. **Idiolatrie**, die 자기 숭배(Selbstvergötterung). **Idiolekt** [...'lεkt], der; -(e)s, -e [engl.-amerik. idiolect] [언어] 개인어(개인의 특유한 언어 습관)(↑ Soziolekt). **idiolektal** [...'ta:l] ⟨Adj.⟩ [언어] Idiolekt의 형용사형.

Idiom [i'djo:m], das; -s, -e [frz. idiome] [언어] 1. (특정 지역 혹은 사회 계층의) 어법, 어풍(語風), 말투, 말씨. ein unverständliches I. 알아 들을 수 없는 말씨. 2. 관용어, 숙어. **Idiomatik** [...'ma:tɪk], die [언어] 1. 관용어 법론(慣用語法論). 2. **a)** 관용어 표현(모음), 숙어 전체. **b)** 관용어법론. **idiomatisch** ⟨Adj.⟩ [언어] 1. **a)** 어떤 국어[방언]에 독특한. **b)** 관용적인: eine -e Wendung 관용구, 숙어. 2. 관용어법론의. **idiomatisieren** [...'mati'zi:rən], sich ⟨h⟩ 관용어(숙어)화하다. **Idiomatisierung**, die; -en [언어] 관용어(숙어)화. **idiomorph** [...'mɔrf] ⟨Adj.⟩ [griech. idiómorphos] [광] 자형(自形)의 (독특한 결정면으로 둘러싸인). **idiopathisch** [...'pa:tɪʃ] ⟨Adj.⟩ [griech. páthos] [의학] 특발성(特發性) 질환의. **Idiophon**, das; -s, -e 체명(體鳴) 악기. **Idioplasma**, das; -s [생물] 유전질. **Idiorrhythmie** [idiorʏt'mi:], die [(n)griech. idiorrhythmía 비교적 자유로운 (그리스)정교의 형식. **idiorrhythmisch** ⟨Adj.⟩ [ngriech. idiórrhythmos < griech. idiórrhythmos 자기 (생활) 기준을 따른: -e Klöster 예배만 제외하고 수

도자의 개인 생활을 허락하는 그리스정교의 수도원. **Idiosynkrasie** [idioz‹nkra'zi:], die; -n [...i:ən; griech. idiosygkrasía) **a)** 〖의학〗특이 체질. **b)** 〖심리〗병적 혐기(嫌忌): eine I. gegen gewisse Spießertum ist dem Volk gewaltig eigen. 소물근성에 대한 병적인 혐기. **idiosynkratisch** [...'krati∫] 〈Adj.〉 **a)** 〖의학〗특이 체질의, 과민한(überempfindlich). **b)** 〖심리〗병적 혐기의.

Idiot [i'djo:t], der; -en, -en [lat. idiōta, idiōtēs < griech. idiōtēs] **1.** 백치, 정신박약자. **2.** 〖통용어·蔑〗바보(Dummkopf): jmdn. einen -en nennen 누구를 바보라고 부르다.

idioten-, Idioten-: ~**anstalt**, die 〖蔑〗정신 병원(Irrenanstalt). ~**haft** 〈Adj.〉 백치의(같은). ~**hang**, der 〈Adj.〉 〖통용어·농〗↑~hügel. ~**hügel**, der 〖통용어·농〗초심자용 스키 슬로프. ~**sicher** 〈Adj.〉 〖통용어·농〗바보라도 다룰 수 있는, 절대로 틀리는 일이 없는: eine -e Methode 절대로 확실한 방법. ~**wiese**, die 〖통용어·농〗↑~hügel.

Idiotie [idio'ti:], die; -n [...i:ən] **1.** 〖중증(重症)〗정신 박약: an schwerer(angeborener) I. leiden 중증(重症)의〖선천적인〗정신 박약증에 걸려 있다. **2.** 〖통용어·蔑〗바보 같은 행위〖언동〗(Dummheit). **Idiotikon** [i'dio:tikon], das; -s, ...ken [또는 ...ka [griech. idiōtikós] 방언 사전(Mundartwörterbuch). **Idiotin**, die; -nen ↑Idiot의 여성형. **idiotisch** 〈Adj.〉 [lat. idiōticus < griech. idiōtikós] **1.** 정신 박약의: ein -es Kind 정신 박약아. **2.** 〖통용어·蔑〗어리석은, 어처구니 없는: ein -er Film 형편없이 시시한 영화; das ist doch i.! 어처구니 없는 일이다; etw.〖sich〗i. finden 무엇〖자신〗을 어리석다고 생각하다. **Idiotismus** [idio'tismus], der; -, ...men [lat. idiōtismos < griech. idiōtismós] **1. a)** ↑Idiotie (1). **b)** 백치적인 언행. **2.** 〖언어〗관용어법, 이디엄. **idiotypisch** 〈Adj.〉 〖생물〗유전질에 의해 결정된. **Idiotypus**, der; -, ...pen 〖생물〗유전(인자)형(遺傳〖因子〗型). **Idiovariation** [idiovaritsio:n], die 〖생물〗유전자의 변화: 돌연변이(Mutation).

Ido [i'do:], das; -s [zu griech. -ídēs = die Abstimmung kennzeichnende Nachsilbe] 이도어(語)(에스페란토와 같은 세계어〖인공어〗).

Idokras [ido'kra:s, 〈Pl.〉 ido'kra:zə], der; -, -e [zu griech. idéa = Gestalt u. krãsis = Mischung, also eigtl = „Mischgestalt"] 이도크라스석(石)(수정을 만드는 녹갈색 광석).

Idol [i'do:l], das; -s, -e [lat. idōlum < griech. eídōlon] **1.** 우상과 같은 존재, 숭배 대상, 무척 사랑받는 사람: ein I. der Leinwand 은막(銀幕)〖영화계〗의 인기인(人氣人); die Jugend sah〖fand〗in ihm ihr I. 청소년들은 그 사람을 숭배 대상으로 생각했다; zum I. (einer Generation, der Nachwelt) werden. (한 세대의, 후세의) 숭배 대상이 되다. **2.** 〖미술〗우상(偶像)(Götzenbild). **Idolatrie** [ido-], die; -n [...i:ən; lat. idōlatria, idōlatreía < griech. eidōlolatreía] 〖교양어〗우상 숭배. **idolisieren** [...li'zi:rən] 〈h〉 숭배 대상으로 삼다. **Idolisierung**, die; -en ↑idiosieren의 명사형. **Idololatrie** [...lol...] ↑Idolatrie.

I-Dotz [i:'dɔts], der; -es, I-Dötze, **I-Dötzchen** [i:-dœtsçən], das; -s, - 〖rhein.〗국민 학교 일년생(Abc-Schütze, Schulanfänger).

Idschma [i'd3ma:], die [arab. igmã'] 〖회교〗신앙 문제 및 제율 문제에 있어서 학자들의 의견 일치. **Idun** [i:-dun], **Iduna** [i'du:na] 북방 신화에 나오는 영원한 청춘의 여신.

Idyll [i'dyl], das; -s, -e [lat. īdyllium < griech. eidýllion] 소박하고 평화로운 생활 정경(情景), 목가적〖전원적〗풍경: das Gemälde zeigte ein ländliches I. 그 그림은 시골의 목가적 풍경을 보인다. **Idylle** [...lə], die; -n **1.** 〖문예학〗〖전원(田園)생활을 표현한 시, 산문 문학, 회화 따위〗전원시, 목가(牧歌). **2.** ↑Idyll. **Idyllik** [...lık], die 〈교양어〉전원(시)적 성격, 전원시적. **Idylliker** [...lıkə], der; -s, - 전원 생활을 좋아하는 사람. **idyllisch** 〈Adj.〉 **a)** 전원(시)의, 목가적인; 소박한, 평화로운: eine -e Landschaft〖Gegend〗전원풍의 분위기를 지닌 지방〖지역〗. **b)** 〖문예학〗전원시〖목가〗의, 전원시〖목가〗의 특징을 지닌.

i.e. = id est 즉.

I. E., IE = Internationale Einheit 국제 단위.

i.f. = ipse fecit (= er hat (es) selbst gemacht), 자작(自作), 자필(自筆).

I-förmig 〈Adj.〉 I자(字) 모양의.

IG = Industriegewerkschaft 산업(별) 노동 조합; Interessengemeinschaft 이익 공동〖협력〗체.

Igel [i:gl], der; -s, - **1.** 고슴도치: der I. stellt die Stacheln auf〖rollt sich zusammen〗고슴도치가 가시를 세운다〖몸을 감는다〗; 〖전의〗er ist ein richtiger I. 그는 반항적이며 몸을 도사리는 사람이다. **2.** 〖농업〗경운기, 경작기. **3.** (뾰족뾰족하게 편도를 박아 놓은) 고슴도치 모양의 빵.

Igel-: ~**borste**, die ↑~stachel. ~**fisch**, der 가시복 (열대 해양에 서식하는). ~**ginster**, der 〖바늘비슷한 가시에서 연유함〗금작화의 일종(청자색 꽃을 피우는). ~**kaktus**, der 섬계선인장(멕시코산의). ~**kolben**, der 흑삼릉과의 식물(늪이나 물 속에 서식하는). ~**kopf**, der 〖통용어〗고슴도치형머리(단발(短髮)의). ~**nelke**, der (완상용의) 패랭이꽃과 (청록색의 잎에는 가시가 있고, 흰색과 장미색 꽃을 피우는, 발칸 반도가 원산지인). ~**schnitt**, der ↑Meckifrisur. ~**stachel**, der **1.** 고슴도치의 가시. **2.** 〖통용어〗(음식을 꽂을 수 있는 음식이 꽂혀 있는) 꼬챙이 음식(Partyspießchen)(파티용의). ~**stellung**, die 〖위험할 때 몸을 감는 고슴도치의 모습에서 연유함〗〖군〗사위(四圍) 방어 자세〖진지〗 (특히 포위된 부대의).

Igelit ⓌⓏ [ige'li:t, 〖또한〗...'lıt], das; -s 〖인공어〗 〖또한〗이겔리트(합성수지의 명칭).

igeln [i:gln] 〈h〉 〖농업〗경운기로 땅을 갈다.

igitt (igitt)! [i'gɪt(i'gɪt)] 〈Interj.〉 〖지역별〗 (혐오에 찬 거부감을 표현할 때, 특히 유아의 발음), 이게 뭐야람, 제기랄.

Iglu [i:glu], der 〈또는〉 das; -s, -s [eskim. ig(dl)lu] 원형의 얼음집(에스키모인의), 이글루.

Ignipunktur [ıgni...], die 〖의학〗소작기(燒灼器)를 이용한 낭종(嚢腫)〖낭포〗파괴. **Ignitron** ['ıgnitrɔn], das; -s, -e [...'tro:nə] / -s [engl. ignitron] 〖물리〗(고전압용 정류기로 사용되는) 수은증기(陰極)관.

ignoramus et ignorabimus [ɪgno'ra:mus et ɪgno'ra:bimus; lat.] 〈교양어〉우리들은 그것을 알지 못하며 앞으로도 결코 그것을 알 수 없을 것이다(wir wissen u. werden es auch nie wissen). **ignorant** [...'rant] 〈Adj.; -er -este; nicht adv.〉 [lat. ignōrāns (반대: ignōrantis)] 〖교양어·蔑〗무지한, 배우지 못한: eine -e Bemerkung 무지한 발언. **Ignorant**, der; -en, -en 〖교양어·蔑〗무지한(배우지 못한) 사람: ein arroganter (literarischer) I. 건방진 무식꾼(문학적 소양이 없는 자). **Ignorantentum**, das; -s 〖교양어·蔑〗무지〖무식〗한 언행. **Ignoranz** [...'rants], die [lat. ignōrantia] 〖교양어·蔑〗**a)** (누구 혹은 무엇과 관련한) 무지, 알지 못함 (Unwissenheit, mangelhafte Kenntnislosigkeit): seine Antwort zeugt von ziemlicher I. 그의 답변은 어지간한 무식을 나타내고 있다. **b)** 〖드물게〗무시. **ignorieren** [...'ri:rən] 〈h〉 [lat. ignōrāre] (의도적으로) 간과하다(übersehen), 무시하다(übergehen): jmds. Interessen〖einen Zusammenhang〗i. 누구의

이해 관계[관련]를 무시하다.
Iguana [i'gua:na], die; ...nen [span., port. iguana] 《남아메리카 열대 지방에 서식하는, 초승달 모양의 볏을 가진 초식성 도마뱀》이구아나.
Ihle ['i:lə], der; -n, -n 산란 후의 청어.
ihm [i:m] 〈인칭대명사 ↑er, ↑¹es (1 a)의 3격〉. **ihn** [i:n] 〈인칭대명사 ↑er의 4격〉. **ihnen** ['i:nən] 〈복수인칭대명사 ↑sie (2)의 3격〉. **Ihnen** [-] 〈존칭(단수 및 복수) ↑Sie의 3격〉.

¹ihr [i:ɐ̯] 〈단수 인칭대명사 ↑sie (1)의 3격〉 **²ihr** [-] 〈인칭대명사 2인칭 복수 1격〉 **a)** 《친척 혹은 친지(개별적으로 du 로 호칭하는), 아이들, 신(神), 부하(신하), (시적으로) 인격화된 사물과 개념 등의 복수형에 대한 호칭》 너희들, 그대들, 자네들: ihr Freunde, Gewerkschaftler 노조원 동지 여러분; Ihr Lieben 《편지의 호칭》; 〈2격〉 das ist sicher in euer aller Sinne 그것은 분명히 너희들 모두의 생각 속에 있을 것이다; 〈3격〉 wir werden euch beistehen 우리는 너희들을 지원할 것이다; 〈4격〉 wir besuchen euch bald wieder 우리는 너희들을 곧 다시 방문할 것이다; freut euch! 기뻐들 해라. **b)** 《고어》《단수형에 대한 호칭으로》너, 그대, 자네. **³ihr** [-] 〈소유대명사〉 **1.** 《여성 3인칭 단수와 관련하여 존재, 사물, 행위, 특성 등의 소속 및 출신 관계를 나타낼 때》 **a)** 《명사 앞에서》 α) ihr Kleid 그녀의 드레스; -e Enkelkinder 그녀의 손자들; ihr Flugzeug 그녀가 타려던 비행기; ich lese in -em Buch 1) 나는 그녀의 책을 들여다 본다. 2) 나는 그녀가 선물한 책을 들여다 본다. β) 《어떤 습관, 습관적인 소속감 또는 규칙적인 행위와 관련하여》: sie hat -en Bus verpaßt 그녀는 버스를 놓쳤다. **b)** 《명사없이》 das ist nicht mein Buch, sondern -s 《(아이) -es》 그것은 내 책이 아니고 그녀의 책이다. **c)** 〈명사화〉《아이》 das ist nicht meine Angelegenheit, sondern die -e 그것은 내일이 아니고 그녀의 일이다; der Ihre 그녀의 남편; die Ihren 그녀의 가족들; das Ihre 1) 그녀의 재산. 2) 그녀의 의무. **2.** 《3 인칭 복수형과 관련하여 존재, 사물, 행위, 특성 등의 소속 및 출신 관계를 나타낼 때》 **a)** 《명사 앞에서》 α) Eltern mit -en Kindern 아이들을 데리고 있는 양친. β) 《어떤 습관, 습관적인 소속감 또는 규칙적인 행위와 관련하여》: die Kinder brauchen -e geregelten Mahlzeiten 아이들은 규칙적인 식사가 필요하다. **b)** 《명사없이》 es waren nicht mehr unsere Gebiete, sondern -e 그것은 이미 우리들의 영역이 아닌, 그들의 영역이었다. **c)** 〈명사화〉《아이》 sie waren Weihnachten zu den Ihren gefahren 그들은 성탄절에 그들의 가족에게 갔었다; Hektik, Aufregungen und schlechte Ernährung taten das Ihre, seine Gesundheit zu schwächen 분주함, 흥분, 영양 부족 등이 그의 건강을 약화시키는 데 한몫[그들 몫]을 했다; sie haben das Ihre bekommen 그들은 그들의 몫을 받았다; sie haben alle das Ihre getan 그들은 모두 그들의 의무를 다했다. **3.** 〈존칭(단수 및 복수)》 Sie와 관련하여 존재, 사물, 행위, 특성 등의 소속 및 출신 관계를 나타낼 때》 **a)** 《명사 앞에서》 α) vergessen Sie Ihren Schirm nicht! 당신의 우산을 잊지 마십시오. β) 《어떤 습관, 습관적인 소속감 또는 규칙적인 행위와 관련하여》 lassen Sie heute Ihren Spaziergang ausfallen? 당신은 오늘 산보를 그만 두십니까? **b)** 《명사없이》 ich habe meinen Antrag eingereicht, Sie Ihren auch? 나는 신청서를 제출했는데, 당신도 신청서를 냈습니까? **c)** 〈명사화〉《아이》 das ist seine Angelegenheit und nicht die Ihre 그것은 그의 일이지, 당신의 일은 아닙니다; meine besten Empfehlungen an die Ihren 당신 가족에게 안부를 전합니다; kümmern Sie sich nur um das Ihre 1) 당신의 몸이나 아끼세요. 2) 당신의 일이나 염려하세요. **⁴ihr** [-] 〈복수인칭대명사 ↑sie (2)의 옛 2격〉 ihr aller Leben war in Gefahr 그들 모두의 생명이 위험에 처해 있었다. **ihrer** ['i:rɐ] 〈인칭대명사 Sie (1,2)의 2격〉《아이》man gedachte ihrer(= der Mutter) 그녀 (= 어머니) 생각을 했다; 《아이》 man gedachte ihrer (= der Vorfahren) 그들(= 조상들) 생각을 했다. **ihrerseits** 〈Adv.〉 [↑-seits] **1.** 그 여자의 편에서. **2.** 그들의 편에서. **3.** 당신(들) 편에서. **ihresgleichen** 〈Pron.; 격변화 없음〉 **1.** 그 여자 같은 사람: sie pflegt nur Kontakte mit i. 그녀는 그 여자와 같은 사람들과만 접촉하고 있다. **2.** 그들 같은 사람: Leuten wie i. ist nicht zu trauen 그들 같은 사람들은 믿을 수가 없다. **3.** 당신 같은 사람: für Ihresgleichen dürfte das eine Kleinigkeit sein 당신 같은 사람에게는 그것이 사소한 일일지도 모릅니다. **ihrethalben** 〈Adv.〉 [mhd. von iret halben, ↑-halben] 《준고어》 ↑ihretwegen. **ihretwegen** 〈Adv.〉 [spätmhd. irn wegen] **1.** 그 여자 때문에, 그 여자를 위하여. **2.** 그들 때문에, 그들을 위하여. **3.** 당신(들)을 위하여, 당신(들) 때문에: Ihretwegen habe ich mich für Ihren Sohn eingesetzt 당신 때문에 나는 당신의 아들을 위해 애를 썼습니다. **ihretwillen** 〈Adv.〉 《다음 용법으로만》 **um i.** 1) 그녀를 고려하여. 2) 그들을 고려하여. 3) 당신(들)을 고려하여: um Ihretwillen werde ich es tun 당신을 생각해서 나는 그것을 할 것이다. **ihrige** ['i:rɪɡə], der, die, das; -n, -n 〈소유대명사, 항상 정관사와 더불어〉《아이·준고어》 der, die, das ³ihre(1 c, 2 c, 3 c). **Ihro** ['i:ro] 〈Pron.; 격변화 없음〉 I. Gnaden(Majestät) 각하, 전하. **ihrzen** ['i:ɐ̯tsn̩] 〈h〉《구》 당신[그대]이라고 부르다, Ihr를 사용해서 말을 걸다.

IHS = IH(ΣΟΥ)Σ = Jesus.
I.H.S. = in hoc salus(= darin (ist) das Heil) 여기에 구원이 있다; in hoc signo (= in diesem Zeichen) 이 표시 밑에서.
i.J. = im Jahre ··년(年)에.
Ikakopflaume [i'ka:ko-], die; -n [span. (h)icaco] 《서 아프리카 및 아메리카 열대 지방에서 서식하는 장미과 식물에 열리는 맛좋은 핵과(核果)》이카코 자두.
Ikarier [i'ka:riɐ], der; -s, - [옛 그리스의 전설적인 인물 ↑Ikarus에 따라] 《고어》 곡예사. **Ikarus** [i'ka:rʊs], der; -, -se 《드물게 Pl.》 [lat. Ikarus < griech. Íkaros 그리스 전설의 인물; 아버지 Dädalus의 도움으로 밀랍으로 붙인 인공 날개를 달고 Kreta 섬을 탈출하려 했으나 너무 높이 날아 태양열에 날개의 밀랍이 녹아 바다에 추락한다] 이카루스.
Ikebana [ike'ba:na], das; -(s) [jap. ikebana] 일본 꽃꽂이.
Ikon, das -s, -e, **Ikone** [i'ko:nə], die; -n [russ. ikona] 《그리스 정교의》 성상(聖像), 성화상(聖畵像), 도상(圖像), 모상(模像), 초상: eine I. aus dem 12. Jh. 12 세기의 성화상.
Ikonen-: ~ausstellung, die 성상(聖像) 전시(회). ~maler, der 성상 화가. ~malerei, die 성상화(聖像畵). ~wand, die ↑Ikonostase.
ikonisch 〈Adj.〉 [lat. īconicus < griech. eikonikós] **1.** 성상(화)의. **2.** 〈교양어〉 비유적인(bildhaft), 구상적인, 관조적인(anschaulich): -e Definitionen [언어] 구상적(具像的)인 정의. **Ikonodule** [ikono'du:lə], der; -n, -n [griech. doûlos] 우상 숭배자(특히 성상 파괴 논쟁에 있어서) (Bilderverehrer). **Ikonodulie** [...u'li:], die [griech. douleía] 우상 숭배(Bilderverehrung). **Ikonograph**, der; -en, -en [(n)griech. eikonográphos = (Heiligenbild)maler] **1.** 초상 연구가. **2.** (석판 화가용) 성화 모사기. **Ikonographie**, die [lat. iconographia < griech. eikonographía] **1. a)** 조형미술품 연구(형식, 내용 해석 등). **b)** ↑Ikonologie. **2.** (고대

그리스, 로마의) 초상[성상]학, 초상[성상] 연구. **ikonographisch** ⟨Adj.⟩ ↑Ikonographie의 형용사형. **Ikonoklasmus** [...o'klasmʊs], der; -, ...men 성상 파괴(주의)(특히 8세기 및 9세기 비잔틴 교회의 성상 논쟁에 있어서). **Ikonoklast** [...st], der; -en, -en [mgriech. eikonoklástēs] 성상 파괴주의자. **ikonoklastisch** ⟨Adj.⟩ 성상 파괴주의의(bilderstürmerisch). **Ikonolatrie**, die 우상 숭배(Bilderanbetung). **Ikonologie**, die [griech. eikonología] (조형 미술 작품 연구에 근거한) 예술 작품의 의미 및 상징 내용에 관한 학문(Symbolkunde), 도상학(圖像學), 성상[초상]학. **Ikonometer**, das; -s, - 이코노미터(사진기의 거리 측정용 투시 파인더). **Ikonoskop** [...o'sko:p], das; -s, -e [griech. skopeĩn betrachten] 아이코노스코프(텔레비전 송상용(送像用) 진공관의 일종). **Ikonostas** [...o'staːs], der; -, -e, **Ikonostase** [...aːzə], die; -, -n [russ. ikonostas] (그리스 정교 교회의) 제단실과 교구실 사이의 성화벽(聖畫壁)(문이 3개 달린). **Ikonostasis** [...zɪs], die; -, ...sen: ↑Ikonostas.

Ikosaeder [ikoza'|eːdɐ], das; -s, - [lat. īcosahedrun < griech. eikosáedron] [수학] 20면체

ikr = isländische Krone.

IKRK = Internationales Komitee vom Roten Kreuz 국제 적십자 위원회.

ikterisch [ɪk'teːrɪʃ] ⟨Adj.⟩ 격변화 없음) [lat. ictericus < griech. ikterikós] [의학] 황달의(gelbsüchtig). **Ikterus** ['ɪkterʊs], der; - [lat. icterus < griech. íkteros] [의학] 황달(Gelbsucht).

Iktus ['ɪktʊs], der; -, - ['ɪktʊs] / Ikten [lat. ictus] 1. [운율] 강음, 양음(揚音). 2. [의학] 급발증(急發症). 3. [의학] 타격(Stoß), 충격.

il, Il- [ɪl-] ↑in-, In-.

Ilang-Ilang-Baum usw. ↑Ylang-Ylang-Baum usw.

Ilchan [ɪl'kaːn, ɪl'xaːn], der; -s [pers. il hān] 《역사적》 (13 / 14세기 페르시아의 몽고족 지배자의 칭호) 일칸.

Ilea: ↑Ileum의 복수형. **Ileen, Ilei**: ↑Ileus의 복수형. **Ileitis** [ile'iːtɪs], die; ...tiden [ile'iːtɪdṇ] [의학] 회장염(回腸炎). **Iler** [iːlɐ], der; -s, - 《전문어》빗 만드는 사람 또는 빗 만드는 데 쓰이는 깎아 내는 도구(예컨대: 칼, 줄, 강판 따위). **Ileum** ['iːleʊm], das; -s, Ilea [lat. īleum] [의학] 회장(回腸) (Krummdarm). **Ileus** ['iːleʊs], der; -, Ileen ['iːleən] / Ilei ['iːlei; lat. īleus < griech. eileós] [의학] 장폐색(腸閉塞).

Ilex ['iːlɛks], die, 《또한》der; -, - [lat. īlex] ↑Stechpalme.

ill. = illustriert.

illativ ['ɪlatiːf, 《또한》...'tiːf] ⟨Adj.⟩ 격변화 없음) [lat. illātivus](언어·고어) 연속하는, 결과를 나타내는, 추론적인(konsekutiv). 《명사화》 **Illativ** [-], der; -s, -e [...iːvə] [언어] 1. (발트어족(語族)에서) 장소의 이동을 나타내는 격(格). 2. (고어) 추론적 접속사(예컨대: deshalb). **Illatum** ['ɪla:tʊm], das; -s, ...ten /...ta (대개 Pl.) [lat. illātum] 《법·고어》결혼할 때 여자가 들여온 재산, 혼자(婚資).

illegal ['ɪl...] ⟨Adj.⟩ 격변화 없음) [lat. in =un-, nicht + lēgalis] 불법의(ungesetzlich), 위법의(gesetzwidrig), 비합법적(반대: legal): ein -e Organisation 불법 단체 [조직]; ein -er Grenzübertritt 불법월경(越境) i. arbeiten 불법적으로 노동하다(취업하다). **Illegalität** (《또한》'-----], die; -en 1. (Pl. 없음) a) 불법, 위법(성) (반대: Legalität). b) 불법 활동, 위법 상황: 2. 불법 행위. **illegitim** ⟨Adj.⟩ [lat. illēgitimus] (《교양어》) 1. a) 불법[위법]의(unrechtmäßig), 비합법적인(반대: legitim 1 a). b) 혼외(婚外)의(außerehelich), 사생

[사출(庶出)]의 (반대: legitim 1 b): ein -es Kind 사생아. 2. 부당한, 비합리적인, 비논리적인(반대: legitim 2): auf -e Art 부당하게. **Illegitimität** [(《또한》) '--–----], (《교양어》) 불법, 위법, 사생(私生), 서출(庶出), 부당. 비합리성(반대: Legitimität).

illern ['ɪlɐn(h)] 《md.》 엿보다(lugen), 망보다(spähen).

illiberal ['ɪl...] ⟨Adj.⟩ [lat. illiberālis] 1. (《교양어》) 마음이 좁은(engherzig), 편협한, 너그럽지 않은(unduldsam) (반대: liberal 1). 2. 비(非)자유주의의(반대: liberal 2). **Illiberalität** [(《또한》) '------], die 편협(반대: Liberalität).

illimitiert [ɪlimi'tiːɐ̯t, 《또한》) '- - - -] ⟨Adj.⟩ 격변화 없음) [lat. illimitātus] (《교양어》) 무한한(unbegrenzt), 무제한의(unbeschränkt).

Illinois [ɪlɪ'nɔi(z)] 일리노이(미국의 연방주).

illiquid ['ɪl...] ⟨Adj.⟩ 격변화 없음; nicht adv.) [경제] (잠정적으로) 지불 불능의(반대: liquid 2). **Illiquidität** [(《또한》) '------], die [경제] (잠정적인) 지불 불능(유동 자산 결핍으로 인한)(반대: Liquidität 1).

illiterat ['ɪlɪtaraːt] ⟨Adj.⟩ [lat. illiterātus] (《교양어》) 무학의, 교육을 받지 못한, 무지한(ungelehrt). 《명사화》 **Illiterat** [-], (《또한》) '- - - - '-], der; -en, -en (《교양어》) 문맹자, 무학자(Ungelehrter).

Illokution [ɪloku'tsi̯oːn], die; -en [언어] 비발화(非發話)(발화(發話)수반) 행위. **illokutionär** [...o'nɛːɐ̯] ⟨Adj.⟩ 《다음 용법으로》 **-er Akt**: ↑Illokution. **illokutiv** [...'tiːf] ⟨Adj.⟩ 《다음 용법으로》 **-er Akt**: ↑Illokution.

illoyal ['ɪl...] ⟨Adj.⟩ [↑in-, In- + ↑loyal] 《교양어》 **a)** 불충실한, 충성심이 없는(반대: loyal a). **b)** 계약 위반의(vertragsbrüchig), 불성실한(반대: loyal b). **c)** 악의의(übelgesinnt)(반대: loyal c). **Illoyalität** [(《또한》) '------], die 《교양어》 ↑illoyal의 명사형.

Illuminat [ɪlumi'naːt], der; -en, -en (대개 Pl.) [zu lat. illūminātus] 광명회(Illuminatenorden)의 회원. **Illuminatenorden**, der; -s [철학자 Adam Weishaupt가 1776년에 설립한 과격한 계몽주의 비밀 결사(結社)] 광명회. **Illumination** [...nɑ'tsi̯oːn], die; -en 1. a) (주로 야외의) 조명, 비추기, 투광(投光). **b)** 일루미네이션, 조명(전등) 장식. **c)** [Leuchtschrift. 2. a) [회화] 채발, 계동. 3. [예술] **a)** [예술] 채색(彩飾)(고(필)사본의). **b)** ↑Buchmalerei (2). **illuminatistisch** ⟨Adj.⟩ 비밀 단체[결사] 회원의, 광명회 회원의. **Illuminator** [...na'toːɐ̯, 《또한》)...toːɐ̯], der; -s, -en ...na'toːrən; lat. illuminator] 필사본 채색사(筆寫本彩飾師)(특히 중세의). **illuminieren** [...'niːrən] ⟨h⟩ [frz. illuminer] 1. (화려하게) 비추다, 밝게 하다: ein illuminierter Glaskasten 조명 장치가 된 유리 상자. 2. [예술] (중세의 필사본을) 채색하다, 세밀화(細密畫)(미니어처 화(畫))를 그려 넣다. 3. [교양어] ↑erhellen (2 a). **illuminiert** ⟨Adj.⟩ 《농·준고어》 술취한(alkoholisiert). **Illuminierung**, die; -en 비추기, 밝게하기, 채식[색]하기, 세밀화를 그려 넣기, 계몽[깨우치]하기.

Illusion [ɪlu'zi̯oːn], die; -en [frz. illusion] 1. 환상, 망상, 공상: wertlose[jugendliche, verlorene] -en 무가치한[청년 시절의, 잃어버린] 환상들; -en haben (zerstören) 망상을 하다(깨다); jmdm. seine -en rauben) 누구의 망상을 제거하다; sich in -en wiegen 환상에 잠기다; von -en leben 환상으로 살아가다. 2. [심리] 착각(정신 착각, 감각 이상 따위로 인한 환각 (Halluzination) 과는 구별됨). 3. [미학] 환각적 공간 표현. **illusionär** [...o'nɛːɐ̯] ⟨Adj.⟩ 1. 《교양어》 환상적인, 공상적인, 착각[공상]의. 2. = illusionistisch (1). **illusionieren** [...'niːrən] ⟨h⟩ 《교양어》 (누구의 마음 속에) 착각을 일으키다, 속여서 믿게 하다(vorgaukeln), 기만하다(täuschen): sich nicht i. lassen 속지 않다. **Illusionismus** [...'nɪsmʊs], der; - **1.** [철학] 환상주의, 미망설(迷妄說) (이 세상은 환영에 불과하다는). **2.** [예술] 착각(환각)주의. **Illusionist**, der; -en, -en [frz. illusioniste]: **1.** 《교양어》 공상가, 망상가, 환상주의자. **2.** 마술사(Zauberkünstler). **illusionịstisch** 〈Adj.〉 **1.** [예술] 환각적 공간 표현의. **2.** 《교양어》 환상주의의, 착각[망상]의.

illusions-, Illusions-: ~**bühne**, die 환상 무대(건축, 마술, 소도구 등의 수단을 동원하여 무대 장치를 생생하게 표현해 주는). ~**los** 〈Adj.〉 환상에 빠지지 않는, 냉정한: eine -e Einschätzung der Lage 상황의 냉정한 평가. i. und nüchtern seine Entschlüsse fassen 냉정하게 마음을 비운 상태로 결심을 하다. ~**losigkeit**, die 환상에 빠지지 않음, 냉정함. ~**theater**, das ↑ ~**bühne**.

illusorisch [ɪlu'zo:rɪʃ] 〈Adj.; nicht adv.〉 [unter Einfluß von frz. illusoire] **a)** 망상의, 착각의; 허위의 (trügerisch), 기만적인. **b)** 쓸데없는(zwecklos), 불필요한.

illuster ['lʊstɐ] 〈Adj.〉 [frz. illustre] 《교양어》 저명한, 고귀(고상)한: ein illustrer Gast(Kreis) 저명한 손님(저명 인사들). **Illustration** [...stra'tsio:n], die; -en [lat. illūstrātio] **1.** 도해, 삽화, 예도(例圖), 설명도: -en zu einer Novelle 노벨레에 실린 삽화. **2.** 예증(例證) (Veranschaulichung), 설명(Erläuterung): Beispiele zur I. eines Vorgangs anführen 이번 사태를 설명하기 위한 예를 들다. **illustrativ** [...a'ti:f] 〈Adj.〉 **1.** 〈nicht präd.〉 삽화(도해)에 의한. **2.** 설명[해설] 용의. **Illustrator** [...s'tra:tɔr, (또한) ...to:ɐ], der; -s, -en [a'to:rən; engl. illustrator, frz. illustrateur] 도해가, 삽화가. **illustrieren** [...s'tri:rən] 〈h〉 [frz. illustrer] **1.** 도해하다, 삽화를 집어 넣다: eine Novelle i. 노벨레에 삽화를 그려넣다; der Katalog war ausgezeichnet illustriert 그 카다로그의 삽화는 매우 훌륭했다; illustrierte Zeitschriften(Zeitungen) 삽화가 든 잡지(신문). **2.** 예증하다(veranschaulichen), 설명하다(verdeutlichen): etw. mit einem Beispiel[durch statistisches Material] i. 무엇을 예를 들어(통계 자료를 통해) 설명하다. **3.** [요리] 《무엇에》 고명을 곁들이다(garnieren). **Illustrierte**, die; -n, -n 〈zwei Illustrierte, (또한) -n〉 화보(畫報), 그림잡지(그림이 많이 든): die Geschichte (der Fall) ist sogar durch die -n gegangen 그 이야기 (그 사건)는 심지어 화보에도 났었다. **Illustrierung**, die; -en ↑illustrieren의 명사형.

illuvial [ɪlu'via:l] 〈Adj.〉 [lat. illuviēs] [지질] 집적층의. **Illuvialhorizont**, der; -(e)s [지질] 집적층(集積層).

Illyrien [ɪ'ly:riən], -s 일리리아(현재의 Dalmatien과 Albanien 지방의 옛 이름). **Illyrer** [ɪ'ly:rɐ] **Illyrier** [ɪ'y:riɐ], der; -s, - (고대) 일리리아 사람. **illyrisch** [ɪ'ly:rɪʃ] 〈Adj.〉 일리리아(풍)의. **Illyrisch**, das; -(s) 고대 일리리아어(語). **Illyrische**, das; -n ↑Illyrisch.

Illyrist [ɪly'rɪst], der; -en, -en 일리리아 학자. **Illyristik**, die 일리리아학(學).

Ilmenit [ɪlme'ni:t, (또한) ...nɪt], der; -s, -e 티탄 철광 (Titanerz).

Iltis ['ɪltɪs], der; -ses, -se **1.** 스컹크. **2.** 스컹크의 모피.

im [ɪm] 〈Präp. in + Art. dem〉 [분해 가능] 《여러 가지 용법으로》 ↑`1`in(1-3). **2.** 《분해 불가》 **a)** 《지명의 경우》 Freiburg im Breisgau 브라이스가우의 프라이부르크. **b)** 《연월 등을 표현할 때》: im Oktober 10월에; im Frühling 봄에; im Jahre 1468 1468년에. **c)** 《다음 용법으로》: im Grunde 근본적으로; im Gegenteil 반대의; im Bau sein 건축 중이다; im Original 원본으로; im Laufschritt 구보(驅步)로; im Takt singen 박자를 맞추어 노래하다; im Nu 갑자기; im Rahmen des[der] ... ...의 범위에서; im Stich lassen 돌보지 않고 내버려 두다, (위험속에) 그대로 내버려 두다; im Vergleich zu ... ...과 비교하여; im Vertrauen auf ... 을 신뢰하여(믿고). **3.** 〈동사의 부정형과 함께〉 《진행을 표시》: im Vorübergehen 지나는 길에; im Laufen rief er ... 뛰어가면서 그는 ...라고 외쳤다.

i. m. = intramuskulär.

im-, Im- [ɪm-] 〈1in-〉

Image ['ɪmɪtʃ], 《engl.》 'ɪmɪdʒ], das; -(s), -s ['ɪmɪtʃ(s), 《engl.》 'ɪmɪdʒɪz; engl. image < frz. image] 이미지, 표상, 심상(心象), 전형(典型): das I. der berufstätigen Frau 직업여성의 이미지; ein gutes I. haben 이미지가 좋다[좋은 이미지를 가지고 있다]; sein I. pflegen 자신의 이미지를 관리하다; das dient seinem I. 그것은 그의 이미지에 도움이 된다. **Imageorthikon** ['ɪmɪtʃ...], das; -s, -e / -s [engl. image orthicon] 촬상관(撮像管)의 일종. **Imagepflege**, die 〈Pl. 없음〉 이미지 관리: I. treiben 이미지 관리를 하다. **imaginabel** [imagi'na:bəl] 〈Adj.〉 [engl. imaginable < frz. imaginable] 《드물게》 상상할 수 있는(vorstellbar), 생각할 수 있는(denkbar), 생각해 낼 수 있는(erdenklich): ...die Veränderungen 상상 가능한 변화들. **imaginal** [...na:l] 〈Adj.〉 〔생물〕 성충(成蟲)의. **Imaginalstadium**, das; -s [성물] 성충 단계. **imaginär** [...'nɛ:ɐ] 〈Adj.〉 [frz. imaginaire] 《교양어》 상상상(上)의, 공상의, 가상의, 실제가 아닌: -e Einheit 〔수학〕 허수(虛數)단위 (기호: i); -e Zahlen 〔수학〕 허수(虛數). **Imagination** [imagina'tsio:n], die; -en [frz. imagination] 상상(Phantasie), 공상, 상상력(Einbildungskraft): das erfordert I. 그것은 상상력을 요구한다. **imaginativ** [...'ti:f] 〈Adj.〉 [frz. imaginatif] 《교양어》 상상(공상)에 근거한, 상상해 낸. **imaginieren** 〈h〉 [frz. imaginer] 《교양어》 상상하다, 공상하다. **Imagismus**[ɪmɪdʒ..., engl. imagism.] 사상(寫像)주의(1912년 경 영미(英美)에서 낭만주의에 대항하여 일어난 자유시(詩)운동. **Imagist**, der; -en, -en [engl.-amerik. imagist] 사상(寫像)주의자. **imagịstisch** 〈Adj.〉 [engl.-amerik. imagistic] 사상주의의. **Imago** [i'ma:go], die; ...gines [...gine:s; lat. imāgo] **1.** [심리] 무의식 중에 존재하는 다른 사람의 모습, 예컨대: 유아기의 사랑의 이미지화된 아버지 혹은 어머니. **2.** [생물] 성충(成蟲). **3.** (고대 로마 건물의 안마당에 진열된) 밀랍으로 만든 선조들의 데드마스크.

Imam [i'ma:m], der; -s, -s / -e [arab. imām] **1. a)** 〈회교 사원의〉 기도 선도자, 식승(式僧) **b.** 〈Pl. 없음〉 〔이슬람의 저명한 학자의 칭호〕 이맘. **2.** 〈Pl. 없음〉 시아파(派)의 최고 종교 지도자 (마호메트의 후계자로서의). **3.** (역사적) 예멘의 제왕의 칭호), 이맘. **Imamiten** [ima'mi:tən] 〈Pl.〉 (가장 널리 분포된) 시아파(派).

Iman [i'ma:n], das; -s [arab. īmān] 회교의 종교적 신앙.

imbezil [ɪmbe'tsi:l], **imbezill** [ɪmbe'tsɪl] 〈Adj.〉 [frz. imbécile] 〔의학〕 치우(痴愚)의. **Imbezillität** [...tsɪli'tɛ:t], die [frz. imbécillité] 〔의학〕 치우(痴愚)(중(中)정도의 정신박약).

imbibieren [ɪmbi'bi:rən] 〈h〉 [lat. imbibere] 〔식물〕 (액체의 흡수로) 부풀어 오르게 하다, 팽창시키다; 〔액체〕를 흡수하다. **Imbibition** [...bi'tsio:n], die; -en **1.** 〔식물〕 팽창(단단한 건조물이, 예컨대: 씨앗이). **2.** 〔지질〕 흡입, 흡수(암장(岩漿) 가스나 수용액(水溶液) 등이 암석으로.

Imbiß ['ɪmbɪs], der; ...isses, ...isse **1.** 가벼운 식사, 간식, 샌드위치. **2.** eine I. (ein)nehmen 가벼운 식사를 하다. **2.** ↑Imbißlokal의 약칭: wir trinken eine Cola im I. 우리들은 스낵코너(간이식당)에서 콜라를 마신다.

Imbiß-: ~**bar**, die 스낵바(가벼운 식사를 제공하는). ~**bude**, die 《통용어》스낵코너, 간이식당. ~**halle**, die 스낵코너, 간이식당. ~**lokal**, das 스낵코너, 간이식당. ~**raum**, der 스낵코너, 간이식당. ~**stand**, der 스낵코너, 간이식당(서서 먹는). ~**stube**, die ↑~bar. ~**zelt**, das 천막식당(대목장, 박람회장, 전시회장 등에 설치된 간이식당).

Imbroglio [ɪm'brɔljo], das; -s, ...gli [...lji] / -s [ital. imbroglio] [음악] 임브로글리오(상이한 종류의 박자가 동시에 울림으로써 생기는 리듬의 혼란).

Imid [i'mi:t], **Imin** [i'mi:n], das; -s, -e 《인공어》[화학] 이미트(질소 및 수소의 2가(價)원소가 결합한 화학적 결합).

Imitat, das -(e)s, -e ↑Imitation.

...imitat, Imitat... [imi'ta:t...; zu ↑Imitation] 〈Imitation을 뜻하는 기본어 혹은 규정어로서, Imitation을 Kamelhaarimitat, Leinenimitat, Imitatpelzmantel.

Imitatio Christi [imi'ta:tsɪo 'krɪsti], die [기독교] 그리스도의 모방(Nachfolge Christi) (라틴어로 된 중세 신앙서의 제목). **Imitation** [imita'tsɪo:n], die; -en [lat. imitātio] **1. a)** 《교양어》모방(Nachahmung), 흉내, 모조; die I. von Vogelstimmen 새소리의 흉내. **b)** 모조품, 인조품. **2.** [음악] 모방(작법)(어떤 음형(音形)을 다른 음부(音部)에서 반복하는 일). **imitativ** [...'ti:f] 〈Adj.〉《교양어》모방의, 흉내를 내는(nachahmend). **Imitativ** [-], das; -s, -e [...i:və] [언어] 모방동사(예컨대: büffeln = arbeiten wie ein Büffel). **Imitator** [imi'ta:tɔr, 《또한》...to:r], der; -s, -en [...'ta'to:rən; lat. imitātor] (직업상) 흉내내는 사람, 모방자. **imitatorisch** [...ta'to:rɪʃ] 〈Adj.〉《교양어》모방하는 (nachahmend), 모조의. **imiteren** [imi'ti:rən] 〈h〉 [lat. imitāri] **1.** 모방하다, 흉내내다(nachahmen), 모조하다(nachmachen), 모사(복제)하다(nachbilden): die Bewegungen eines anderen i. 다른 사람의 동작을 흉내내다; imitiertes Leder 모조(인조)가죽. **2.** [음악] (어떤 음형(音形)을 다른 음부(音部)에서) 반복하다(wiederholen).

Imker ['ɪmkɐ], der; -s, - [niederl. imker] 양봉가, 양봉업자. **Imkerei** [...kə'raɪ], die; -en **1.** 〈Pl. 없음〉양봉(養蜂)(Bienenhaltung, Bienenzucht). **2.** 양봉장(養蜂場). **imkern** 〈h〉꿀벌을 기르다, 양봉하다.

Immaculata [ɪmaku'la:ta], die; [lat. immaculata] [가] (성모마리아의 별명(異名)) 때문지 않은 성녀 마리아. **Immaculata conceptio** [-kɔn'tsɛptsɪo], die; - - [lat. conceptio] [가] (마리아가 그리스도의 어머니로서 잉태 때부터 원죄의 누명을 벗어남) 마리아의 무염 잉태.

immanent [ɪma'nɛnt] 〈Adj.〉 [lat. immanēns] **a)** 《교양어》내재하는, 내재적인, 고유의; -e Gegensätzlichkeiten 내재하는 대립성들; **einer Sache i. sein** 어떤 것에 내재하는, 깃들어 있다, 어떤 것의 본질에 속하다. **b)** [철학] (정신적인 행위가) 주체의 마음 속에서만 일어나는, 인간의 의식 영역을 초월하지 않는(반대: transzendent). **Immanenz** [...'nɛnts], die **1.** 《교양어》내재(內在), 내재성, 고유성. **2.** [철학] 한계를 초월하지 않음, 규정된 영역에 머물기. **Immanenzphilosophie**, die 내재 철학(内在哲學). **immanieren** [...'ni:rən] 〈h〉 [lat. immanēre] 내재하다(innewohnen), 포함되다(enthalten sein).

Immanuel [I'ma:nu̯eːl, 《또한》...u̯ɛl], der; -s 《대개 관사 없이》[hebr. = Gott (ist) mit uns] [유태교·기독교] 여호와에 의해 선택된 사람의 부치는 경칭(↑Gottesknecht 2).

Immaterialgüterrecht ['ɪmate'rɪa:l-], das; -(e)s, -e [법] 무형(無形) 재산권(예컨대: 저작권(Urheberrecht), 특허권(Patentrecht) 등). **Immaterialismus**

[...'rɪa'lɪsmʊs], der; - [철학] 비물질주의, 반유물론. **Immaterialität** [...li'tɛ:t, 《또한》'- - - - - - -], die [frz. immatérialité] 《교양어》비(非)물질성, 무형(無形)임. **immateriell** [ɪmate'rɪɛl, 《또한》'- - - -] 〈Adj.〉 [frz. immatériel] 《교양어》비물질적(unstofflich), 무형의(unkörperlich), 정신적인(geistig) 〈반대: materiell〉: un-körperliche Bedürfnisse 비물질적 욕구; ein -er Schaden [법] 비물질적[정신적] 손해(건강, 명예, 자유 등에 대한).

Immatrikulation [ɪmatrikula'tsɪo:n], die; -en [nach frz. immatriculation, zu ↑immatrikulieren] **1.** (대학의) 등록, 입학 허가(반대: Exmatrikulation): die I. vornehmen 대학에 등록하다. **2.** 《schweiz.》 (자동차의) 등록, 운행 인가. **Immatrikulationsfrist**, die (대학의) 등록 기간. **Immatrikulationsgebühr**, die 《구제》(대학의) 등록 수수료(Einschreib(e)gebühr). **immatrikulieren** [...'li:rən] 〈h〉 [lat. immatriculare] **1.** (반대: exmatrikulieren) **a)** (대학의) 학생 명부에 등재하다, 입학을 허가하다: die hiesige Universität immatrikuliert in diesem Wintersemester dreihundert neue Studenten 당지의 대학은 금년 겨울 학기에 300명의 신입생을 입학 허가한다. I. lassen 그는 국민 경제학과에 입학 수속을 마쳤다. **b)** 〈i. + sich〉 등록하다(대학 사무처에): ich habe mich gestern endgültig immatrikuliert 나는 어제 최종적으로 등록을 마쳤다; 〈드물게 sich 없이〉er stand vor der Entscheidung, an welcher Fakultät er i. sollte 어느 학부에 등록하야 할지 그는 결정을 내리지 못했다. **2.** 《schweiz.》 (자동차를) 등록한다. **Immatrikulierung**, die; -en **a)** ↑immatrikulieren (1 a) 의 명사형. **b)** ↑immatrikulieren (1 b)의 명사형.

immatur [ɪma'tu:r] 〈Adj.〉 [lat. immātūrus] [의학] 미(성)숙한(unreif)(조산아(早產兒)가).

Imme ['ɪmə], die; -n ["Biene"라는 뜻은 중세 후기에 와서야 비로소 복합명사적인 의미에서 벗어났다.) 《지역적·준고어·시어》벌(Biene).

immediat [ɪme'dɪa:t] 〈Adj.〉 [lat. immediātus] 직접의 (unmittelbar): 《준고어》 ein -e Behörde 국가 원수 직속 관청; etwas i. beim Präsidenten vortragen 무엇을 국가 원수에게 직접 상소하다.

Immediat- [이해·관.] ~**bericht**, der (국가 원수에게) 직접 보고. ~**eingabe**, die, ~**gesuch**, der (국가 원수에게) 직접 청원, 직소(直訴). ~**vortragsrecht**, das (장관의) 직접 상소권(上訴權).

immediatisieren [ɪmedɪa'tsi:rən] 〈h〉《역사적》제국 직속으로 만들다.

immens [ɪ'mɛns] 〈Adj.〉 [lat. immēns] 거대한, 막대한, 헤아릴 수 없는(unmeßbar), 끝없는(unendlich): -e Kosten 막대한 비용; er hat -es Glück gehabt 그는 대단히 운이 좋았다. **Immensität** [ɪmɛnzi'tɛ:t], die 《고어》↑immens의 명사형(Unmeßbarkeit, Unendlichkeit).

Immenschauer, der; -s, - 《nordd.》, **Immenstock**, der; -(e)s, ...stöcke ↑Bienenstock.

immensurabel [ɪmɛnzu'ra:bl] 〈Adj.〉 [lat. immēnsūrābilis] 《교양어》헤아릴 수 없는(unmeßbar). **Immensurabilität** [...rabili'tɛ:t], die 《교양어》↑immensurabel의 명사형(Unmeßbarkeit).

immer ['ɪmɐ] 〈Adv.〉 **1. a)** 늘, 빈번히, 줄곧(andauernd), 끊임없이, 항상(ständig, stets): sie blieb i. freundlich 그녀는 언제나 친절했다; i. und überal 언제 어디서나, i. und i. 언제까지나, 항상; mach es wie i.! 늘 하던 대로 그것을 해라; ich habe es schon i. gewußt 나는 그것을 이미 벌써부터 알고 있다; das ist i. vorbei 그것은 영원히 끝난 일이다; sie ist nicht i. [i. nicht] anzutreffen 그녀는 만날 수 없을 때가 종종 있다

[만날 수가 없다]; lebe wohl auf i. 영원히 안녕하소서. i. der Deine! 경구(敬具) (편지 끝에 사용하는 낡은 인삿말). b) 매번, 번번이(jedesmal): wenn man ihn mahnt, findet er i. eine Ausrede 그에게 경고를 할 때마다, 그는 핑계를 댄다; nicht i. ist der kürzeste Weg auch der schnellste 가장 짧은 길이 항상 가장 빠른 길이 기도 한 것은 아니다; er ist i. der Dumme 《통용어》 번번이 손해를 보는 사람은 그 남자다; i. ich! 《통용어》 번번이 내 책임이라니! 번번이 내가 해야 한다니! 2. 《i. + 비교급》점점 더(nach und nach) 더욱더: es wird i. dunkler draußen밖은 점점 어두워지고 있다; i. mehr Besucher kamen 점점 더 많은 방문객이 도착했다; die Reichen werden i. reicher und die Armen i. ärmer 부자들은 점점 부유해지고 가난한 사람들은 점점 가난해진다, 부익부 빈익빈(富益富 貧益貧). 3. 《통용어》 그때마다, 그때(jeweils): sie lagen i. zu dritt in einem Zimmer 그들은 각기 세 사람씩 한 방에 누워 있었다. 4. 《의문대명사 + i. (+ auch)》설사, 가령(auch): wir werden helfen, wo i. es nötig ist 그가 어디에서 필요하던 우리들은 도울 것이다. 5. 《상황문을 강조하여》↑ nur: er lief, so schnell er i. konnte 그는 될 수 있는대로 빨리 달렸다. 6. 《noch를 강조하여》: das Kleid ist noch i. [i. noch] modern 그 드레스는 아직도 여전히 유행에 맞다. 7. 《통용어》 《요구문장 혹은 의문문에서 감정을 강조하여》: laß ihn nur i. kommen! 어쨌든 그를 보내다오; i. langsam voran! 그렇게 조급하게 굴지만은 말아다오; was treibst du denn i.? 도대체 너 여기서 무슨 짓을 하고 있느냐?

immer-, Immer-: **~dar** [-'daːɐ̯] 〈Adv.〉《아어》 항상(immer), 언제나(jederzeit), 영원히. **~fort** 〈Adv.〉 부단히(ständig), 영구히(fortdauernd), 잇달아(immer wieder): jmdn. i. anstarren 누구를 줄곧 노려보다(응시하다). **~grün** 〈Adj.〉 상록(常綠)의. 《명사화》 **~grün**, das 송악. **~hin** 〈Adv.〉 **a)** 《한정적이지만 가치를 인정할 때》적어도(wenigstens), 어느 경우든(zumindest jedenfalls): er hat sich i. Mühe gegeben 그는 적어도 애는 썼다(노력을 했다). **b)** 《양보문》 물론(freilich), 그래도(ungeachtet dessen), 그렇지만(allerdings), 그럼에도 불구하고(trotz allem). **c)** 《주의해야 할 상황을 가리킬 적》드디어, 결국(schließlich), 아무튼(jedenfalls). **d)** 〈i. + mögen〉《아어》 좋게(wohl) auch: mag es i. sagt werden, ich komme auf alle Fälle 아무리 늦더라도 나는 반드시 온다. **~während** 〈Adj.〉 영속적인(dauernd), 지속적인, 끊임없는(anhaltend), 영원한(fortwährend): der ~e Kalender 만세력(萬歲曆). **~zu** 〈Adv.〉《통용어》 영구히(immerfort), 영속적으로(dauernd), 항상(ständig), 계속해서: die Leitung ist i. besetzt 계속(해서) 통화중이다.

Immersion [ɪmɛr'zjoːn], die; -en [lat. immersio] **1.** [물리] 《액체 속에》 담그기, 잠그기(Eintauchen). **2.** [천문] 잠입(潛入)(천체가 다른 천체의 그림자 속으로). **3.** [지질] 해진(海進). **4.** ↑Dauerbad. **Immersionstaufe** die; -n 침례(浸禮).

Immigrant [ɪmi'ɡrant], der; -en, -en [lat. immigrāns] (타국으로부터의) 이주민, 이주자(반대: Emigrant): **Immigration** [...a'tsjoːn], die; -en (타국으로부터의) 이주, 입국(반대: Emigration). **immigrieren** 〈s〉 [lat. immigrāre] (타국에서) 이주하다(einwandern)(반대: emigrieren).

imminent [ɪmi'nɛnt] 〈Adj.〉 [frz. imminent] 《준고어》 닥쳐온, 절박한, 초미(焦眉)의.

Immission [ɪmi'sjoːn], die; -en [lat. immissio] **1.** 《전문어》(대기 오염, 공해 물질, 소음, 방사선 따위가) 동·식물에 끼치는 영향(파급); 환경 오염: die Bevölkerung muß vor -en geschützt werden 환경 오염으로부터 주민을 보호해야 한다. **2.** 《고어》(어떤 관직에) 임명, 서임. **Immissionsschutz**, der 환경 오염 방지, 환경 보호(Umweltschutz).

immobil ['ɪmobiːl, 《또한》 --'-] 〈Adj.〉 [lat. immobilis] **1.** 《교양어》 움직이지 않는, 부동의(unbeweglich): bei dieser Entfernung ist man ohne Auto zu i. 이 정도의 거리에서는 자동차가 없이는 꼼짝할 수가 없다. **2.** 동원되지 않은, 평시 상태의(군대가).

Immobiliar- [ɪmobi'ljaːɐ̯-]: **~kredit**, der 부동산(보) 신용(대부). **~vermögen**, der 부동산, 토지 소유(Grundbesitz). **~versicherung**, die 부동산(건축물) 보험(Gebäudeversicherung).

Immobilie [ɪmo'biːljə], die; -n 《대개 Pl.》 [lat. immobilia(bona)] 토지, 건축물, 부동산(Liegenschaft): er hat sein Geld in -n angelegt 그는 부동산에 투자했다. **Immobilienhandel**, der 부동산 거래(매매). **Immobilienhändler**, der 부동산업자(중개인). **Immobilisation** [...biliza'tsjoːn], die; -en [의학] **a)** (관절 따위의) 고정. **b)** 불수(不隨). **immobilisieren** [...'ziːrən] 〈h〉 [의학] (관절 따위를) 고정시킨다(ruhigstellen): das Bein mit einer Schiene i. 다리를 부목(副木)으로 고정시키다. **Immobilisierung**, die; -en ↑Immobilisation. **Immobilismus** [ɪmobi'lɪsmʊs], der; - 《교양어》 무감동. **Immobilität** [...ili'tɛːt], die [frz. immobilité] 고정 상태, 정지 상태(특히 군대의).

immoralisch ['ɪmoraːlɪʃ, 《또한》 --'--] 〈Adj.〉 [lat. immoralis] 《교양어》 부도덕한, 비도덕적인(unmoralisch). **Immoralismus** [ɪmora'lɪsmʊs], der; - 《교양어》비(非)도덕주의(의식적인 도덕률의 거부). **Immoralist**, der; -en, -en 《교양어》비(非) 도덕주의자. **Immoralität** [...li'tɛːt], die 《교양어》 **a)** 부도덕, 비(非)도덕(Unmoral). **b)** 도덕률에 무관심함.

Immortalität [ɪmɔrtali'tɛːt], die [lat. immortālitās] 《교양어》불멸(不滅), 불사(不死), 불후(不朽)(Unsterblichkeit). **Immortelle** [...'tɛlə], die; -n [frz. immortelle] (밀짚처럼 건조하여 시들지 않는 오색의 두상화(頭狀花)를 피우는) 엉거시과(科).

immun [ɪ'muːn] 〈Adj.〉 [lat. immūnis] **1. a)** [의학] 면역성의: wer einmal Masern gehabt hat, ist zeitlebens dagegen i. 한번 홍역을 앓았던 사람은 일생 동안 면역성을 지닌다. 영향을 받지 않는, (내적으로) 저항력을 가진, 무감각한. **2.** [법] (외교관 혹은 국회의원 등이) 면책 특권을 지닌: der Abgeordnete ist i. 국회의원은 면책 특권을 지닌다.

immun-, Immun-: **~biologie**, die 면역 생물학. **~biologisch** 〈Adj.〉 면역 생물학의, 면역 생물학적인. **~chemie**, die 면역 화학. **~genetisch** 〈Adj.〉 [의학] 면역의 발생에 관한. **~körper**, der ↑Antikörper. **~serum**, das [의학] 면역 혈청.

immunisieren [ɪmuni'ziːrən] 〈h〉 (사람, 동물을) 면역시키다, ...에 면역성을 주다. **Immunisierung**, die; -en ↑immunisieren의 명사형. **Immunität** [...i'tɛːt], die; -en **1.** 면역(성). **2. a)** 면책 특권(국회의원 등의): den Schutz der I. genießen 면책 특권의 보호를 누리다. **b)** 치외법권(외교관의). **Immunitätsforschung**, die 면역 연구(생물학 및 의학에서), 면역학. **Immunkörper**, der; -s, - ↑Antikörper. **immunogenetisch**; immungenetisch. **Immunologe**, der; -n, -n [↑-loge] 면역학자. **Immunologie**, die [↑-logie] Immunitätsforschung. **immunologisch** 〈Adj.〉 **a)** 면역학(상)의. **b)** 면역(성)의. **Immunosuppression**: ↑Immunsuppression. **immunosuppressiv**: ↑immunsuppressiv. **Immunsuppression**, die; -en [의학] 면역 억제(예컨대: 이식(移植) 수술시). **immunsuppressiv** 〈Adj.〉 [의학] 면역을 억제하는.

Imp [Imp], der; -s, - 《bayr., österr.》벌, 꿀벌(Biene).
imp. = imprimatur.
Impact [Im'pɛkt], der; -s, -s [engl. impact] **1.** [광고] 광고 효과의 강도, 영향. **2.** [골프] 임팩트(골프채가 공을 때릴 때의 충격).
impair [ɛ'pɛ:ɐ̯] 〈Adj.〉 [frz. impair] 홀수의, 기수(奇數)의(ungerade)(반대: pair).
Impakt [Im'pakt], der; -s, -e [engl. impact] 《전문어》 운석(隕石)의 충격(Meteoriteneinschlag). **impaktiert** [...'ti:ɐ̯t] 〈Adj.〉 [lat. impactus] [의학] 꽉 눌린 [끼인](eingeklemmt), 밖으로 나오지 못하는(젖니 때문에 영구치가 혹은 담석이 담도(膽道)에서). **Impaktit** [Impak'ti:t, (또한) ...tɪt], der; -s, -e 〈전문어〉 (운석의 충격과 관련해 암장이 냉각하여 생긴) 유리질 형성.
Impala [Im'pa:la], die; -s 《südafrik.》 토착어에서] 임팔라(아프리카 산의 영양(羚羊)의 일종)(Schwarzfersenantilope).
Imparität [Impari'tɛ:t], die [frz. imparité] 《준어》 불평등, 불균형, 부동(不同)(Ungleichheit).
Impasse [ɛ̃'pas], die; -s [ɛ̃'pas; frz. impasse] 《교양어·고어》 궁지, 난국(Ausweglosigkeit), 막다른 골목(Sackgasse).
impastieren [Impas'ti:rən] 〈h〉 [ital. impastare] [회화] 물감을 두텁게 칠하다. **Impasto** [Im'pasto], das; -s, -s / ...sti [ital. impasto] [회화] 물감을 두텁게 칠하는 화법, 두텁게 칠한 물감.
Impatiens [Im'pa:tsjens], die [lat. impatiēns; 조금만 건드려도 열매가 터져 열리거나 떨어져 버리기 때문에] 봉선화속 초본(금봉화, 봉선화 따위)(Springkraut, Balsamine).
Impeachment [Im'pi:tʃmənt], das; -(s), -s [engl.-amerik. impeachment] 탄핵(영국과 미국의 고위직 관리에 대한).
Impedanz [Impe'dants], die; -en [lat. impedīre] [전기] 임피던스, 피상(皮相)저항(교류 회로의). **Impedanzrelais**, das; -, - ↑ Distanzrelais. **Impediment** [...di'mɛnt], das; -(e)s, -e [lat. impedimentum] 《법·고어》 법률적 장애(예컨대: 인척 관계로 인한 결혼 장애).
impenetrabel [Impene'tra:bl] 〈Adj.〉 [frz. impénétrable] 《고어》 꿰뚫을 수 없는(undurchdringlich).
imperativ [Impera'ti:f] 〈Adj.〉 [lat. imperātīvus] 명령적인(befehlend), 강제적인(zwingend, bindend). **Imperativ** ['----, 《또한》 ----], der; -s, -e [...i:və; lat. (modus) imperātīvus] **1.** ↑ Befehlsform. **2.** (도덕적) 명령(Gebot), 요구(Forderung): **kategorischer I.** [철학] (칸트 철학의) 정언적(定言的) 명령(반대: hypothetischer Imperativ). **imperativisch** [...'ti:vɪʃ, 《또한》 '------] 〈Adj.〉 **1.** 명령법의. **2.** 명령적인(befehlend). **Imperativsatz**, der ↑ Befehlssatz. **Imperator** [Impe'ra:tor, 《또한》 ...to:ɐ̯], der; -s, -en [...ra'to:rən; lat. imperātor] 《역사적》 **1.** (로마 시대의) 최고 사령관, 최고 지휘관(의 칭호), 원수(元帥). **2.** 황제들이 그들의 위엄을 나타내기 위해 사용한 칭호: **I. Rex** 황제 겸 국왕(통치자의 칭호, 예컨대: 빌헬름 2세가 사용함). **imperatorisch** [...ra'to:rɪʃ] 〈Adj.〉 **a)** 최고 사령관[원수]의, 황제의. **b)** 명령적인(gebieterisch). **Imperatrix** [Impe'ra:trɪks], die; ...trices [...ra'tri:tsəs; lat. imperatrix] ↑ Imperator의 여성형.
Imperfekt ['Imperfekt], das; -s, -e [lat. imperfectus] [언어] 미완료 과거(시칭), 반과거; (독일어에서는) 과거: „kam" ist I. von „kommen" kam은 kommen의 과거 시칭이다; I. 는 Präteritum 이나 I. 의 어법상으로 서술된 소설. **imperfektibel** [...'ti:bl] 〈Adj.〉 《교양어·고어》 완성할 수 없는, 형성하기 어려운(unbildsam). **Imperfektibilität** [...tibili'tɛ:t], die 《교양어·고어》 ↑imperfektibel의 명사형. **imperfektisch** [《또한》 --'--] 〈Adj.〉 [언어] 미완료 시제의, 과거(시칭)의: eine -e Erzählung 과거형 소설. **imperfektiv** ['Imperfekti:f, 《또한》 --'--] 〈Adj.〉 [언어] **1.** ¹imperfektisch. **2.** 완성되지 않은(unvollendet): -e Aktionsart [언어] (동사의) 미완료[계속] 상태(↑durative Aktionsart). **Imperfektum** [Imperˈfɛktʊm], das; -s, ...ta ↑Imperfekt.
imperforabel [Imperfo'ra:bl] 〈Adj.〉 [lat. imperforābilis] 《고어》 뚫을 수 없는(undurchbohrbar). **Imperforation** [...ra'tsjo:n], die; -en [의학] (선천적으로 신체에) 구멍이 없음.
imperial [Impe'rja:l] 〈Adj.〉 [lat. imperiālis] 《교양어》 제국의, 당당한(herrschaftlich), 황제의(kaiserlich): -e Architektur 웅장한 건축. **¹Imperial** [-], das; -(s) (의) 임페리얼 판(版)의 대형종이(57×78cm). **²Imperial** [-], der; -s, -e [russ. imperial] (옛) 러시아 금화. **³Imperial** [-], die 《인쇄·고어》 임페리얼 활자(약 4.5mm의 높이의 활자(케사르의 편지가 이 활자의 크기로 인쇄된 데서 연유함). **Imperialismus** [Imperja'lısmʊs], der; -, ...men [frz. impérialisme] **1. a)** 〈Pl. 없음〉 제국주의, 침략주의, 영토확장주의. **b)** 제정(帝政). **2.** 〈Pl. 없음〉 (마르크스의 경제 이론) (중앙 집중된 산업 및 은행 독점과 더불어 등장하는 자본주의의 말기 단계) 제국주의. **Imperialist**, der; -en, -en 《경멸》 제국주의자, 황제 지지자: das Machtstreben der -en 제국주의자들의 권력 투쟁. **imperialistisch** 〈Adj.〉 제국주의의, 제국주의자의: diese Politik ist rein i. 이 정책은 순전히 제국주의적이다. **Imperium** [Im'pe:rjʊm], das; -s, ...ien [...jən; lat. imperium] **1.** 《역사적》 (로마) 제국. **2.** 《교양어》 대국, 강국, (거대한) 지배 구역: das sowjetische I. 소련이라는 대국.
impermeabel [Imperme'a:bl], 《또한》 '----] 〈Adj.〉; nicht adv.〉 [lat. impermeabilis] [의학] 비침투성의(undurchlässig), 침투하기 어려운(undurchdringlich). **Impermeabilität** [...eabili'tɛ:t], die [의학] ↑impermeabel의 명사형(Undurchlässigkeit).
Impersonale [Impɛrzo'na:lə], das; -s, ...lia / ...lien [...ljən; lat. (verbum) impersōnāle] [언어] 비인칭동사(예컨대: 기상 상황을 나타내는 동사와 대부분).
impertinent [Imperti'nɛnt] 〈Adj.〉 [lat. impertinēns] 뻔뻔스러운(frech), 부당한, 부적당한(ungehörig), 파렴치한(unverschämt): eine -e Person 무례한 사람; i. lachen 뻔뻔스럽게 웃다. **Impertinenz** [...nts], die; -en [lat. impertinentia] **1.** 〈Pl. 없음〉 뻔뻔스러움(Frechheit), 적절치 못함(Ungehörigkeit). **2.** 뻔뻔스러운 말[행동], 부적당한 말[행].
imperzeptibel [Impertsɛp'ti:bl] 〈Adj.〉 [mlat. imperceptibilis] 《심리·드물게》 알아차릴[감지할] 수 없는 [없을 만큼의] (반대: perzeptibel).
impetiginös [Impetigi'nø:s] 〈Adj.〉 [lat. impetiginōsus] [의학] 농가진(膿痂疹)의, 딱지 앉은(borkig), 부스럼 딱지로 덮인(grindig). **Impetigo** [...'ti:go], die [lat. impetīgo] [의학] 농가진.
impetuoso [Impe'tuo:zo] 〈Adv.〉 [ital. impetuoso] [음악] 격정적으로(stürmisch), 열렬하게(ungestüm).
Impetus ['Impetʊs], der; - [lat. impetus] 《교양어》 **a)** (내면적인) 추진력(Antrieb), 충격(Anstoß), 자극(Impuls). **b)** 활기, 기세(Schwung), 격렬(Ungestüm).
impf-, Impf- ['Impf-] (impfen): **~aktion**, die 단체 접종, 일제 접종, 예방 접종. **~anstalt**, die **a)** (국립) 예방 접종 기관, 종두소(種痘所). **b)** 임파액[혈청] 제조소. **~arzt**, der (예방) 접종의, 종두의(種痘醫). **~aus-

weis, der 예방 접종 증명서. **~enzephalitis**, die 〈종두〉 예방접종 이후에 오는 뇌염. **~kalender**, der 접종 계획표(연령 등을 고려한). **~lanzette**, die ↑~messer. **~liste**, die 〈의사나 보건소가 작성한〉 접종(接種)목록. **~maßnahme**, die ~aktion. **~messer**, das 【의학】접종칼(예컨대: 종두 접종시 사용하는). **~nadel**, die 접종 바늘(침(針)). **~narbe**, die 종두 흉터(자국). **~paß**, der 예방 접종 증명서. **~pflicht**, die 접종 의무. **~pflichtig** 〈Adj.〉 접종 의무가 있는. **~pistole**, die 〈권총처럼 생긴〉 접종기(器). **~pustel**, die 종두한 자리에 생기는 부스럼(농포). **~reis**, das 【원예】수(接穗), 접지(接枝). **~schaden**, der 접종 장해. **~schadenregelung**, die 접종 장해 억제. **~schein**, der ↑~ausweis. **~schutz**, der 접종을 통한 질병 예방. **~stelle**, die 접종한 신체 부위. **~stoff**, der 임파액(Lymphe), 왁친, 두묘(痘苗). **~zeugnis**, das ↑~ausweis. **~zwang**, der 〈Pl. 없음〉 ↑~pflicht.

impfen ['impfņ] 〈h〉 [lat. imputare] **1.** 〈예방〉접종하다, 종두하다: Kinder gegen Pocken i. 어린이들에게 두창 예방접종을 하다; er muß sich vor der Reise noch i. lassen 그는 여행 전에 예방 접종을 받아야 한다; den muß ich noch i. 〈통용어〉〈할 일(말)을 하고라〉 나는 그에게 촉구하지 않을 수 없다; er ist geimpft worden 그는 의식화되었다. **2.** 【농업】〈토양에〉박테리아(함유물)를 공급하다, 〈질소분을 높이기 위해 박테리아를 공급하여〉 토양을 개량하다: den Boden i. 땅에 박테리아를 공급하다. **3.** 【생물】〈액체·고체 영양소에서 배양하기 위해〉미생물을 집어넣다. **4.** 〈비가 오도록 구름 속에〉 옥화은(沃化銀)〈탄산결정〉을 뿌리다: Wolken i. 구름에 옥화은(탄산결정)을 뿌리다. **Impfling** ['impfliŋ], der; -s, -e 접종자무자, 〈방금〉 접종을 필한자. **Impfung** ['impfuŋ], die; -en ↑impfen의 명사형: ~en vornehmen 접종하다(주사하다).

Impietät [impie'tɛ:t], die; [lat. impietās] 〈교양어·드물게〉 불경, 경건심, 신앙심 결여.

Implantat [implan'ta:t], das; -(e)s, -e [lat. in-/ plantāre] 【의학】 이식(移植) 조직. **Implantation** [...a'tsio:n], die; -en [lat. 【의학】〈조직, 피부, 치아 따위의〉 이식(移植)〉: eine I. durchführen 이식하다. **implantieren** [...'ti:rən] 〈h〉 【의학】↑einpflanzen (2): einen Herzschrittmacher i. 심장 페이스메이커를 이식하다. **Implantologie**, die 【의학】 이식술.

Implement [implə'ment], das; -(e)s, -e [lat. implēmentum] 〈교양어·고어〉 **a)** 보완, 보충(Ergänzung). **b)** 이행 수행(Erfüllung)〈계약 따위의〉.

Implikat [impli'ka:t], das; -(e)s, -e [lat. implicātus] 〈교양어〉포함되는 것, 관계(연관) 있는 것. **Implikation** [...ka'tsio:n], die; -en [lat. implicātio] **1.** 포함 (Einbeziehung), 연루. **2.** 【철학·언어】 논리적 관계〈wenn ..., dann...으로 연결되는〉. **Implikatur** [...'tu:ɐ], die; -en 〈교양어〉 ↑ Implikat. **implizieren** [...'tsi:rən] 〈h〉 [lat. implicāre] 〈교양어〉포괄하다, 〈뜻을〉포함하다, 관련[연루]되게 하다. **implizit** 〈Adj.〉 [lat. implicitus] 〈교양어·전문어〉 〈반대: explizit〉 **a)** 암시적인: -e Ableitungen 암시적 파생〈어〉〈어미가 없는 파생어〉에서, 예컨대: trinken → Trunk〉. **b)** 함축적인. **implizite** [im'pli:tsitə] 〈Adv.〉 [lat. implicitē] 〈교양어〉 포함하여, 포괄적으로, 함축성 있게〈반대: explizite〉: i. hat er zugestimmt 그는 넌지시 동의했다.

implodieren [implo'di:rən] 〈h〉[lat. in- u. plōdere] 〈전문어〉〈외부의 과중 압력으로〉파열하다, 부서지다 (einbrechen). **Implosion** [...'o'zio:n], die; -en〈전문어〉파열, 내파(內破)〈외부의 과중 압력으로 인한〉. **Implosiv**, der; -s, -e, **Implosivlaut**, der 【언어】내파음(內破音).

Impluvium [im'plu:vium], das; -s, ...ien [...iən; lat. impluvium] 〈고대 로마 건축의〉낙수받이〈가옥의 안뜰 바닥에 위치한〉.

imponderabel [impondeˈraːbl̩] 〈Adj.〉〈교양어·고어〉 계량[계측]할 수 없는(unwägbar), 계산할 수 없는 (unberechenbar). **Imponderabilien** [...raˈbiːliən] 〈Pl.〉〈교양어〉계량[계측]할 수 없는 것〈인간 감정 등〉〈반대: Ponderabilien〉. **Imponderabilität** [...biliˈtɛːt], die〈교양어〉계량[계측]할 수 없음(Unwagbarkeit), 평가 불가능(Unberechenbarkeit).

imponieren [impoˈniːrən] 〈h〉 **a)** ...에게 큰 인상[감명]을 주다, ...에게 감탄[외경(畏敬)]의 마음을 야기시키다: jmdm. durch seine Kenntnisse i. 자신의 지식으로 누구에게 큰 감명을 주다. **b)** 〈준교어〉가치가 나타나다, 대두하다, 효력이 발생하다. **imponierend** 존경심[외경심]을 야기시키는, 인상적인, 두드러진: eine -e Leistung 존경심을 불러 일으키는 업적. **Imponiergehabe(n)**, das 【행태】〈동물이 교미 직전이나 경쟁 상대에게 보이는〉위압적 행동: ein radschlagender Pfau zeigt I. 꼬리를 펼친 공작이 위압적인 행동을 보이고 있다. **Imponierstellung**, die 【행태】위압적 행동 자세〈암컷이나 경쟁 상대 앞에서의〉.

Import [imˈpɔrt], der; -(e)s, -e [engl. import] 〈반대: Export〉 **1.** 〈Pl. 없음〉수입(Einfuhr (a)): I. von Arbeitskräften 노동력의 수입; den I. (von Rohstoffen) steigern[einschränken] 〈원자재의〉수입을 증대시키다[제한하다]. **2.** 수입품(Einfuhr (b)): zollpflichtige -e 관세의 의무가 있는 수입품; die -e sollen versteuert werden 수입품은 관세를 물어야 한다.

import-, Import-: **~abhängigkeit**, die 수입 의존. **~abschluß**, der 수입 계약 체결. **~anteil**, der 수입 할당. **~artikel**, der 수입 품목. **~bedarf**, der 수입 수요. **~beschränkung**, die 수입 제한. **~bewilligung**, **~erlaubnis**, die 수입 인가. **~erschwerung**, die 수입 가중(加重). **~fähig** 〈Adj.〉 수입에 적합한. **~firma**, die 수입상〈회사〉. **~geschäft**, das **1.** ↑~firma. **2.** 수입업, 수입 무역. **~gut**, das 수입 상품. **~handel**, der 수입 무역. **~händler**, der 수입〈무역〉업자. **~kaufmann**, der 수입상(인). **~lizenz**, die 수입 면허. **~öl**, das 수입 석유. **~quote**, die 수입 할당. **~sperre**, die 〈특정 품목에 대한〉수입 금지. **~stopp**, der 수입 중지〈종결〉. **~überschuß**, der 수입 초과〈반대: Exportüberschuß〉. **~verbot**, das 수입 금지. **~vertrag**, der 수입 계약. **~ware**, die 수입 상품. **~zigarre**, die 수입 여송연〈시가〉. **~zoll**, der 수입 관세. **~zuwachs**, der 수입 증가.

important [impɔrˈtant] 〈Adj.〉 [(m)frz. important] 〈교양어·고어〉 중요[중대]한 (wichtig, bedeutsam). **Importanz** [...ˈtants], die, [frz. importance] 〈교양어·고어〉중요[중대]성(Wichtigkeit, Bedeutsamkeit).

Importe, die; -n **1.** 〈Pl.〉수입 상품〈반대: Exporten〉. **2.** 〈준교어〉수입 여송연(Importzigarre), 외제 시가. **Importeur** [impɔrˈtøːɐ], der; -s, -e 수입상(인) (Einführer), 수입 업자(Importhändler), 수입 회사(Importfirma). **importieren** [...ˈtiːrən] 〈h〉 [lat. importāre] 수입하다(einführen): 전미 die importierte Inflation 외국에서 전파된 인플레이션.

importun [impɔrˈtuːn] 〈Adj.〉 [lat. importūnus] 〈교양어〉부적당한(ungeeignet), 불편한(ungelegen).

imposant [impoˈzant] 〈Adj.〉 [frz. imposant] 이목을 끄는, 인상적인, 위엄있는, 당당한, 훌륭해 보이는, 두드러진: ein -es Bauwerk 인상적인 건축물; -es Aussehen 당당한 외모.

impossibel [impɔˈsiːbl̩] 〈Adj.〉 [frz. impossible] 〈교

양어·고어) 불가능한(unmöglich). **Impossibilität** [...sibili'tɛːt], die 《교양어·고어》 불가능성(Unmöglichkeit).

Impost [Im'pɔst], der; -(e)s [lat. imposta. impostus] 《세무·고어》 상품세, 물품세(Warensteuer).

impotent ['ɪmpotɛnt] 〈Adj.〉 [lat. impotēns] **1.** (남자가) 성교 불능의, 생식 불능의, 음위(陰痿)의. **2.** 무능력한(unfähig), 창조력이 없는(nicht schöpferisch), 쓸모없는(untüchtig). **Impotenz** [...nts], die [lat. impotentia] **1.** 생식 불능(Zeugungsunfähigkeit), 성교 불능(남자의). **2.** 무력(Unvermögen), 무능력(Unfähigkeit). **Impotenzler** [ɪmpo'tɛntslə], der; -s, - 《österr.·팽》 성교 불능자.

impr. = imprimatur.

Imprägnation [ɪmprɛgna'tsǐoːn], die; -en [lat. impraegnatio] **1.** [지질] 광염(纖染). **2.** [생물] 수태(受胎), 수정(受精)(Befruchtung). **3.** 함침(含浸), 투침(透浸)(예컨대: 목재에 방부제 주입). **imprägnieren** [...'gniːrən] 〈h〉 [spätlat. impraegnāre] (고체에 액체를) 침투시키다(방부, 방수, 내화 등의 목적으로); 방수하다: einen Anorak i. 아노락(파카)을 방수하다; feuerfest imprägnierte Wände 내화(耐火)처리한 벽. **Imprägnierung**, die; -en a) 침투, 방수: ein Mittel zur I. von Mänteln 외투 방수제. b) 방수(내화)성(상태).

impraktikabel [ɪmpraktiˈkaːbl], 《또한》 〈------〉 〈Adj.〉 [frz. impraticable] 《교양어》 실행 불가능한(undurchführbar), 쓸모 없는(nicht anwendbar).

Impresario [ɪmpreˈzaːrǐo], der; -s, -s / ...ri(en) [...rǐən]; ital. impresario 《고어》 흥행사, 매니저(연극, 연주회 등의).

Impressen: ↑Impressum 의 복수형. **Impression** [ɪmprɛˈsǐoːn], die; -en [frz. impression] 감각적 느낌(Gefühlseindruck), 감각적 인상(Sinneseindruck), 인지(Wahrnehmung): die -en einer Reise 어떤 여행의 인상; -en wieder geben(schildern) 감각적 느낌(인상)을 재현하다(묘사하다). **impressionabel** [...ǐoˈnaːbl] 〈Adj.〉 [frz. impressionable] 《교양어》 인상적인, 흥분하기 쉬운(erregbar), 민감한, 화를 잘내는(reizbar). **Impressionismus** [...ˈnɪsmʊs], der; - [frz. impressionisme] 인상주의(1900년경의 회화, 문학, 음악의 한 유파). **Impressionist**, der; -en, -en [frz. impressioniste] 인상주의(인상파)의 예술가. **impressionistisch** 〈Adj.〉 인상주의의, 인상주의의 특징을 지닌. **Impressum** [ɪmˈprɛsʊm], das; -s, ...ssen [lat. impressum] [서적] 간기(刊記). **imprimatur** [ɪmpriˈmaːtʊr; lat. imprimātur] [서적] (저자나 발행인이 마지막 교정지에 표기하는 말로서) 인쇄 허가, 교정 완료, 출판 허가(약어: impr., imp. p.). 《명사화》 **Imprimatur** [-], das; -s. 《österr.》 **Imprimatur**, die **1.** [서적] (교정 완료후 저자·발행자에 의한) 인쇄 허가, 출판 허가. **2.** [가] (주교가 내리는) 인쇄 허가. **Imprimé** [ɛpriˈmeː], der; -(s), -s [frz. imprimé] **1.** 날염(捺染)한 견직물. **2.** 《우편·국제적》 인쇄물. **imprimieren** [ɪmpriˈmiːrən] 〈h〉 [lat. imprimere] [서적] 인쇄 허가를 내리다.

Impromptu [ɛproˈtyː], das; -s, -s [frz. impromptu] 피아노 즉흥곡.

Improperien [ɪmproˈpeːrǐən] 〈Pl.〉 [lat. improperia] [가] 그리스도 수난일 기도식 때 부르는 비가(만가).

Improvisateur [ɪmprovizaˈtøːr], der; -s, -e [frz. improvisateur] 즉흥곡 연주자(피아노). **Improvisation** [...tsǐoːn], die; -en **1.** 즉석에서 하기, 즉석 처리. **2.** 즉석 연설, 즉석에서 만든 것, 즉석 창조 즉흥 작곡(연주): seine Rede war eine geschickte I. 그의 연설은 재치 있는 즉석 연설이었다; -en auf dem Klavier spielen 피아노로 즉흥곡을 연주하다. **Improvisationsgabe**, die; ~talent, das 즉석 처리 능력. **Improvisator** [...ˈzaːtɔr, 《또한》 ...toːɐ], der; -s, -en [...zaˈtoːrən]; ital. improvisatore] a) 즉석 처리할 줄 아는 사람: als geschickter I. weiß er sich immer zu helfen 재치있게 즉석에서 처리할 수 있는 능력을 가진 사람인 그는 늘 자기 힘으로 해나갈 줄을 안다. b) 즉흥 예술가. **improvisatorisch** [...zaˈtoːrɪʃ] 〈Adj.〉 즉석의, 즉흥의, 즉흥적인. **improvisieren** [...ˈziːrən] 〈h〉 [ital. Improvvisare] **1.** 준비 없이 행하다, 즉석에서 하다: eine Mahlzeit für unerwartete Gäste i. 예기치 않은 손님들을 위해 준비없이 이 음식을 만들다. **2. a)** 즉흥 연주를 하다: sie improvisierte über zwei böhmische Weihnachtslieder 그녀는 보헤미안 크리스마스 캐롤 두 곡을 즉흥 연주했다. **b)** [연극] 즉흥적으로 연기하다. **Improvisierung**, die; -en 《드물게》 ↑Improvisation.

Impuls [ɪmˈpʊls], der; -e [lat. impulsus] **1. a)** 충격, 자극: kräftige -e gehen davon aus 강력한 자극이 그것으로부터 나온다; seine Worte geben dem Gespräch einen neuen I. 그의 말이 대화에 새로운 자극을 준다. **b)** 추진력, 동인(動因), 충동: er tat es in einem plötzlichen I. 그는 갑작스러운 충동에서 그 짓을 했다. **2. a)** [전기] 전기 충격, 임펄스. **b)** [의학] 신경 자극: nervöse -e 신경 자극. **3.** [물리] **a)** 충격량(衝擊量), **b)** 역적(力積).

impuls-, Impuls- [물리·전기] ~**breite**, die 충격의 폭. ~**dauer**, die 충격(임펄스)의 지속 시간. ~**diagramm**, das 충격 계수 도표. ~**dichte**, die 충격의 농도. ~**energie**, die 충격 에너지. ~**frequenz**, die 충격 주파수. ~**generator**, der 충격 전압 발생기. ~**modulation**, die 충격 전압 조절. ~**satz**, der 운동량의 법칙, 역적(力積)의 정리(定理). ~**technik**, die [전기] 충격 기술. ~**weise** 〈Adv.〉 충격(자극)을 주어.

impulsiv [ɪmpʊlˈziːf] 〈Adj.〉 충동적인, 일시적인 감정에 끌린, 우발적인: ein -er Mensch 충동적인 사람. **Impulsivität** [...zivi'tɛːt], die 충동적인 행동, 충동성.

Imputabilität [ɪmputabiliˈtɛːt], die [lat. imputabilitas] [의학] 정신적 건강성, 책임질 수 있는 능력. **Imputation** [...ˈtsǐoːn], die; -en [lat. imputātio] **1.** [기독교] (죄의) 전가(轉嫁), 귀여(歸與). **2.** 《교양어·고어》 책임으로 돌림, 고발, 비난. **imputativ** [...aˈtiːf] 〈Adj.〉 **1.** (최가) 전가된: -e Rechtfertigung [기독교] ↑Imputation (1). **2.** 《교양어·고어》 (부당한) 비난이 담긴 [돌려진, 지워진]. **imputieren** [...ˈtiːrən] 〈h〉 [lat. imputāre] 《교양어·고어》 (부당하게) 죄(책임)를 씌우다, (무엇을) 누구의 탓으로 돌리다.

imstande, 《드물게·지역적》 **imstand** 《특정의 동사와 결합하여》 ~할 수 있는 상태에 있는: sie ist durchaus i., mit der Aufgabe fertig zu werden 그녀는 그 과제를 반드시 끝낼 수가 있다; zu nichts mehr i. sein 더 이상 아무것도 할 능력이 없다; **jmd. ist i. und** ...누가 ~짓을 할까 두렵다: er ist i. und plaudert alles aus 그가 모든 이야기를 함부로 지껄여댈까봐 두렵다.

¹**in** (Präp.$^{3/4}$) **1.** (공간적) **a)** 〈Präp.^{3}〉 α) 《어떤 공간, 폐쇄된 영역 이내에서의 존재·현존》 (반대: außerhalb I): er ist in Berlin 그는 베를린에 있다. β) 《누구 혹은 무엇이 존재하는(공간적인 구조물 안의) 자리·장소》 der Schlüssel ist in der Tasche 열쇠는 호주머니 속에 있다. γ) 《누구 혹은 무엇이 어떤 관계 속에서 발견될 때》 er ist Mitglied in einer Partei 그는 어떤 정당의 당원이다; er lebt in einer Wohngemeinschaft 그는 어떤 주거 공동체에서 살고 있다. **b)** 〈Präp.^{4}〉 《반대: aus I 1 a》 α) 《(진행중인 동작의 목표) in die Stadt fahren 시내로 가다(차를 타다). β) 《가고 있는 혹은 운반되고 있는 (공간적인 구조물 안의) 지점·장소》 ein Bonbon in den Mund stecken 사탕을 입에 넣다. γ) 《어떤 관계 속으로 누가 혹은

²in

은 무엇이 들어갈 때》 in eine Partei eintreten 정당에 입당하다; einen Prosatext in einen Sammelband aufnehmen 산문 작품을 모음 작품집에 수록하다. **2.**《시간적》**a)**〈Präp.³〉《어느 시점 혹은 시간대》α) 이내에 (innerhalb): er war in 2 Tagen mit seiner Arbeit fertig 그는 2일 이내에 자신의 연구를 끝내었다. β) 동안 (während), 진행중에: er will uns in den Ferien einmal besuchen 그는 휴가중에 한번 우리들을 방문하려고 한다; in dem Moment, als ich die Küche verlassen hatte, war die Suppe übergekocht 내가 부엌을 나가는 도중에 국이 끓어 넘쳤다. γ) 지나서: in einem Jahr hofft er sein Examen zu machen 그는 일년 후에 시험을 치고 싶어한다. **b)**〈Präp.⁴; 종종 선행하는 bis와 함께〉《시간의 연장》die Arbeiten werden sich bis in den Herbst hinziehen 작업들은 가을까지 연기될 것이다. **3.**《상황·방법》〈Präp.³〉er geht in Stiefeln 그는 장화를 신고 간다; die Decke ist in vielen Farben ausgemalt 뚜껑은 여러 가지 색깔로 칠해져 있다; der Brief war in deutsch verfaßt 그 편지는 독일어로 쓰여져 있다; er war in Schwierigkeiten 그는 난관에 봉착해 있었다. **4.**《공간적·시간적·상황적 기술과는 무관하게》**a)**〈Präp.³/⁴〉《대상과의 관계》: er ist tüchtig in seinem Beruf 그는 자기 직업을 유능하게 수행하고 있다; du hast dich in ihm getäuscht 너는 그를 잘못 평가했다. **b)**《상》〈Präp.³〉…를 가지고; 〈mit〉: er handelt in Gebrauchtwagen 그는 중고차 장사를 한다.

²**in** [-; lat. in = in]《다음과 같이 라틴어와 결합하여》예컨대 **in absentia**, in nuce.

³**in** [-; engl. in]《다음 용법으로》**in sein**《반대: out sein》《통용어》**1.** 관심의 초점에 놓이다, 인기가 있다: dieser Schlagersänger ist zur Zeit in 이 유행가 가수는 현재 인기 절정에 있다. **2.** (대단히) 유행하고 있다, 찾는 사람이 많다: Jeans sind nach wie vor in 진 바지는 언제나 대유행이다.

In = Indium.

in-, In- [-],《자음 앞에서》il-, Il-,《자음 m, p 앞에서》im-, Im-,《자음 r 앞에서》ir- Ir- [lat. in- = nicht] < un..., nicht를 뜻하는 활성적 고정전철로서, 예컨대》intolerant, illoyal, irreparabel.

in absentia [- ap'zɛntsia]【특히 법】부재 중에, 결석 중에: jmdn. in a. verurteilen 누구에게 결석 판결을 내리다.

in abstracto [- ap'strakto]《교양어》개괄적으로(보아), 개념적으로(보아)《반대: in concreto》: etw. existiert nur in a. 무엇은 개념적으로만 존재한다.

inadäquat[《또한》---'-]〈Adj.〉《교양어》불충분한, 불완전한; 부적합한 (반대: adäquat): eine -e Darstellung 어울리지 않는 표현; die Strafe war in Anbetracht der Geringfügigkeit des Vergehens i. 범죄의 경미성을 고려할 때 형량은 지나쳤다. **Inadäquatheit**, die; -en《교양어》**a)**《Pl. 없음》부적합함 (반대: Adäquatheit): die I. der Form 격에 맞지 않는 형식. **b)** 부적당한 것(맞지 않는 것): es gibt immer wieder -en in der Darstellung 어울리지 않는 표현들이 계속해서 나타난다.

inakkurat [《또한》---'-]〈Adj.〉부정확한, 태평한, 아무렇게나 하는(반대: akkurat).

inaktiv [《또한》--'-]〈Adj.〉**1.** 활동하지 않는, 활발하지 못한, 수동적인: ein -er Mensch 소극적인 인간; politisch i. sein 정치에 무관심하다. **2.** 퇴직의, 퇴역의 (반대: aktiv 3 a), 졸업한(O.B.의): ein -es Mitglied 졸업한 (O.B.) 회원: er ist jetzt i. 그는 현재 퇴직해 있다. **3.**【화학·의학】비(非)활성의, 비선광의(非旋光의), 방사능이 없는(반대: aktiv 4): eine -e Substanz 비활성 물질. **4.**【의학】비활동성의. **Inaktive**, der【대학생】

오비(O.B.) 회원. **inaktivieren**〈h〉**1.**《드물게》퇴역 (퇴직)시키다. **2.**【화학·의학】비활성화시키다: Krankheitserreger i. 병원체의 활동을 중지시키다. **Inaktivierung**, die; -en ↑ inaktivieren의 명사형. **Inaktivität** [《또한》----'-]**1.**《교양어》활발하지 못함, 소극적 태도, 수동성, 활동욕의 결여(반대: Aktivität 1). **2.**【화학·의학】불활성(不活性)(반대: Aktivität 3). **3.**【의학】비활동성.

inaktuell[《또한》---'-]〈Adj.〉《교양어》당장 중요하지 않은, 시급하지 않은, 시류(時流)에 부적합한.

inakzeptabel[《또한》----'--]〈Adj.〉《교양어》받아들일 수 없는, 승인(승락)할 수 없는(반대: akzeptabel): eine inakzeptable Forderung 받아들일 수 없는 요구. **Inakzeptabilität** [《또한》--------'-], die《교양어》↑ inakzeptabel의 명사형: die I. eines Vorschlags 받아들일 수 없는 제안.

in albis [- 'albi:s; ⟨lat.⟩]《서적·고어》장정되지 않은.

inan [i'na:n]〈Adj.〉[lat. inānis]【원자설】공허한, 허무한, 무가치한.

Inangriffnahme [...na:mə], die; -n [《합성어》in + Angriff + nehmen]《격식 독어》착수, 개시, 기공(起工).

Inanität [inani'tɛ:t], die [lat. inānitās]【원자설】공허, 무의미. **Inanition** [...i'tsio:n], die [lat. inānĭtio]【의학】쇠약, 기아, 영양 불량.

Inanspruchnahme [-na:mə], die; -n [《합성어》in + Anspruch + nehmen]**1.**《격식 독어》사용, 이용: die I. eines Kredits 신용대부의 이용. **2. a)** 요구, 청구, 권리의 주장: die starke I. der Arbeitskräfte während der Hauptsaison 성수기 동안의 노동력의 강력한 수요. **b)** 과도한 이용(사용): durch starke I. unterliegt das Material hohem Verschleiß 무리하게 사용하여 자료가 현저히 마모되고 있다.

Inappetenz [-na:mə], die【의학】욕망이 없음 (예컨대: 식욕 부진).

inartikuliert [《또한》----'-]〈Adj.〉《교양어》**1.** (발음의) 음절이 분명치 않은, 발음이 명확하지 않은. **2.** (생각 따위가) 정리되지 않은, 명료하게 표현되지 않은. **Inartikuliertheit** [《또한》-----'-] die《교양어》↑ inartikuliert의 명사형.

Inaugenscheinnahme [-na:mə], die; -n [《합성어》in + Augenschein + nehmen]《격식 독어》시험, 음미, 감정, 관찰: nach I. mehrerer Wohnungen entschieden sie sich für die erste 그들은 여러 채의 주택을 둘러본 후 첫째 집으로 결정했다.

Inauguraldissertation [in|au'gu:ra:l-], die; -en 박사학위 논문. **Inauguration** [in|augura'tsio:n], die; -en [lat. inaugurātio]《교양어》취임(식). **inaugurieren** [...'ri:rən]〈h〉[lat. inaugurāre]《교양어》**1.** 임명하다, 서임하다, 취임시키다: den neuen Präsidenten i. 신임 대통령의 취임식을 거행하다. **2.** 도입하다, 개시하다, 창조하다. **3.**《österr.》무엇의 개관(개통, 낙성)식을 거행하다: ein Gebäude i. 건물의 낙성식을 올리다. **Inaugurierung**, die; -en ↑ inaugurieren의 명사형.

Inbegriff, der; -(e)s, -e **1.** 화신, 권화(權化), 모범, 최고: der I. von einem Spießer 전형적인 속물; die Atombombe wurde zum I. des Schreckens 원자탄은 공포의 화신이 되었다; ein Glas Wein am Abend ist für ihn der I. der Gemütlichkeit 저녁때 포도주 한 잔은 그에게 최고의 즐거움이다; es gilt als I. der Überflüssigkeit 그것은 지극히 불필요한 것 같다. **2.**【특히 철학】총체, 총괄(개념), 본질, 진수(眞髓).

inbegriffen ['ɪnbəgrɪfn]〈Adj.〉(가격에) 포함된: die Miete beträgt 500 DM, die Nebenkosten i. 집세는 부대 비용을 포함하여 500마르크이다; die im Preis -e

Benutzung des Schwimmbads 가격에 포함되어 있는 수영장 이용(권).

Inbesitznahme [...na:mə], die; -n [《합성어》 in + Besitz + nehmen] (《격식 독어》 점유(占有), 점거, 점령, 소유: die I. des Landes durch die Einwanderer 이주자들에 의한 토지 점유.

Inbetriebnahme [...na:mə], die; -n [《합성어》 in + Betrieb + nehmen] (《격식 독어》 **a)** (사용) 개시, 개업, 개통, 오프닝: die I. des neuen Schwimmbads 신축 수영장의 오프닝(개통). **b)** 시동(始動), 운전 개시: bei I. der Maschine sind bestimmte Sicherheitsvorschriften zu beachten 기계를 작동시킬 때 특정의 안전 수칙들을 유의해야 한다. **Inbetriebsetzung**, die; -en [《합성어》 in + Betrieb + setzen] (《격식 독어》 **a)** 작동, 시동 (始動). **b)** 《드물게》 ↑Inbetriebnahme.

Inbild, das; -(e)s, -er 《아이》 이상(Ideal), 모범.

in blanko [상·드물게] (수표 따위가) 기입되지 않은, 공란으로 남아 있는.

in bond [- 'bɔnt; engl.] [경제] 보세 창고 입고중.

in brevi [- 'bre:vi; lat.] 《아이》 곧, 멀지 않아.

Inbrunst, die 《아이》 정열, 열정, 열심, 열؇: die I. seiner Liebe 열렬한 그의 사랑. **inbrünstig** 〈Adj.〉 《아이》 정열적인, 열정적인, 열렬한: i. auf etw. hoffen 무엇을 열렬히 희망하다; i. nach jmdm. verlangen 누구를 몹시 그리워하다.

Inch [ɪntʃ], der; -, -es [...tʃɪs] [engl. inch] 인치(길이의 단위): 2.54cm (약어: In, 기호: ″).

Inbusschlüssel ['ɪnbʊsʃlʏsl], der; -s, - [Inbus = ⓦ] [기술] 6각형 나사 [볼트] 스패너[렌치]. **Inbusschraube**, die; -n [기술] 6각형 나사[볼트].

inc. = incidit.

inc. = incorporated.

inchoativ [ɪnkoa'tiːf] 〈Adj.〉 [lat. inchoātīvus] [언어] 기동(起動)의 (예컨대: aufstehen, erblühen, erwachen 등). **Inchoativ** [-, 〈또한〉 '----], das; -s, -e [...i:və], **Inchoativum** [...'tiːvʊm], das; -s, ...va [언어] 기동 동사(起動動詞).

inchromieren [ɪnkro'miːrən] 〈h〉 [기술] 크롬을 입히다.

incidit [ɪn'tsiːdɪt; lat] [예술] 《누구의》 작(作), 화(畫) (약어: inc.).

incipit ['ɪntsɪpɪt; lat.] [문예] 《본문의》 시작(필사본·라전어 고판본(古版本) 등의 권두(卷頭)에 쓰는 말》(반대: explicit): 《명사화》 **Incipit** [-], das; -s, -s **1.** [문예학] 《본문의》 시작(중세의 수사본, 고판본 등의 권두에 표기되는 말). **2.** [음악] **a)** 가사의 첫글자를 사용한 가곡의 명칭. **b)** 악보 목차에 명기된 악곡 서두.

in concert [ɪn 'kɔnsət; engl.] [특히 광고] **a)** 공식 연주회에서. **b)** 공식 연주회에서 녹음[녹화]한.

in concreto [- kɔn'kreːto; 〈또한〉 - kɔŋ...; lat.] 《교양어》 개별적으로, 실제로 (반대: in abstracto).

Incontro [-] ↑Inkontro.

in contumaciam [- kɔntu'maːtsiam; lat.] [법] 피고 불출두로: jmdn. in c. verurteilen 누구를 출두시키지 않은 채 판결하다.

incorporated [ɪn'kɔ:pərettɪd; engl.-amerik. incorporated] (법인체로) 조직된.

in corpore [-'kɔrpore; lat.] 공동으로, 함께.

Incroyable [ɛ̃krwa'jaːbl], der; -(s), -s [...bl; frz. incroyable] (유행》 **a)** (1800년경 프랑스의 멋쟁이들이 쓰던) 두 개의 뾰족한 끝이 있는 모자. **b)** 위의 모자를 쓰는 사람.

Ind. = Indikativ.

I. N. D = in nomine Dei 신의 이름으로; in nomine Domini 주(主)의 이름으로.

indanthren [ɪndan'treːn] 〈Adj.〉 일광(日光)으로 퇴색하지 않는, 색이 바래지 않는. **Indanthren** ⓦ [-] das; -s, -e [↑Indigo와 ↑Anthrazen의 약칭; 1901년 독일 화학자 R. Bohn(1862~1922)에 의해 만들어진 말] [섬유] 일광으로 퇴색하지 않고 빨아도 색이 바래지 않는 직물용 합성색소, 인단트렌. **Indanthrenfarbe**, die, **Indanthrenfarbstoff**, der ↑Indanthren.

indebite [ɪn'deːbite] 〈Adv.〉 [lat. indēbitē] 《상·고어》 (지불이) 법적 근거 없이 잘못 행해진. **Indebitum** [...tʊm], das; -s, ...ta [lat. indēbitum] 《상·고어》 법적 근거 없이 잘못 행해진 지불.

indeciso [ɪnde'tʃiːzo] 〈Adv.〉 [ital. indeciso] [음악] 부정(不定)의, 정해지지 않은, 미정의: **indefinibel** [ɪndefi'niːbl] 〈Adj.〉 [lat. indēfinibilis] 《교양어·드물게》 정의를 내릴 수 없는. **indefinit** [(또한) '----] [lat. indēfinītus] 《특히 언어》 부정(不定)의. ein -es Pronomen 부정대명사. **Indefinitpronomen**, das; -s, - ...mina [언어] 부정(不定)대명사(예컨대: jemand, kein). **Indefinitum** [ɪndefi'niːtʊm], das; -s, ...ta [고어] ↑Indefinitpronomen.

indeklinabel [(또한) ----'--] 〈Adj.〉 [lat. indēclinābilis] [언어] 불변화의, 변화하지 않는 (반대: deklinabel). **Indeklinabile** [ɪndekli'naːbilə], das; -s, ...lia [...na:bi'liːə; lat. (nōmen) indēclīnābile] [언어] 불변화(품)사.

indelikat [(또한) ----'--] 〈Adj.〉 《교양어·드물게》 주의깊지 못한, 섬세하지 못한, 민감하지 못한, 조심스럽지 못한.

indem [구형: in dem] **I.** 〈Konj.〉 **1.** (시간적》 (동시성을 나타내는 부문장을 유도》 …(하는) 동안에 (während): i. er sprach, öffnete sich die Tür 그가 말하는 도중에 문이 열렸다. **2.** [도구적] …에 의하여, …함으로써: er hat viel Geld sparen können, i. er einen Teil der Arbeit selbst gemacht hat 그는 작업의 일부를 자신이 함으로써 많은 돈을 절약할 수 있다. **3.** [지역적·원인적] (daß와 결합하여 이유를 나타냄》 …때문에: i. daß er verreist war, konnte er nicht an der Feier teilnehmen 그는 여행을 떠나 버렸기 때문에 행사에 참여할 수가 없었다. **II.** 〈Adv.〉 《준고어》 그 동안에, 그러는 사이에: zieht euch an, ich werde i. das Frühstück vorbereiten 옷들을 입어라, 나는 그 사이에 아침식사를 준비할테니.

indemnisieren [ɪndɛmni'ziːrən] 〈h〉 [법·고어] 배상 (변상)하다, 보상하다. **Indemnität** [...'tɛːt], die [lat. indemnitās] **1.** 사후 승인(추인). **2.** 면책 특권(국회의원의).

indemonstrabel ['indemonstra:bl, 〈또한〉 ----'--] 〈Adj.〉 [특히 철학·수학] 증명(실증)할 수 없는: eine indemonstrable Hypothese 실증 불가능한 가설.

Indentgeschäft [ɪn'dɛnt-], das; -(e)s, -e [상] 매입(買入) 위탁 거래.

Independence Day [ɪndɪ'pɛndəns 'deɪ], der; - - [engl.-amerik. Independence Day] 미국의 독립기념일(7월 4일). **Independent** [ɪndepɛn'dɛnt], der; -en, -en 《대개 Pl.》 [engl. independant] 독립교회파(17세기 영국의 과격한 청교도》. **Independenz** [ɪndepɛn'dɛnts], die 《교양어》 독립.

Inder ['ɪndɐ], der; -s, - 인도 사람.

indes [ɪn'dɛs] 《드물게》 ↑indessen, **indessen** [ɪn'dɛsn] **I.** 〈Konj.〉 **1.** (시간적》 (동시성을 나타냄》 …(하는) 동안에 (während): i. er seine Arbeit fertig machte, gingen die anderen spazieren 그가 일을 끝내는 동안, 다른 사람들은 산책을 했다. **2.** (상황적》 (대비를 나타냄》 …하는 동안, …하는 데 반해: die einen gingen spazieren, i. die anderen es vorzogen zu lesen 어떤

사람들은 산책을 했는데 반해 어떤 사람들은 독서하는 쪽을 택했다. **II.** 〈Adv.〉 **1.** 《동시성을 나타냄》 그 동안에, 그 사이에: es hatte i. angefangen zu regnen 그 사이에 비가 내리기 시작했다. **2.** 《대비를 나타냄》 그럼에도 불구하고, 그러나: man machte ihm ein verlockendes Angebot, er lehnte i. alles ab 그는 유혹적인 제의를 받았음에도 불구하고 모든 것을 거절했다.

indeterminabel [ɪndetɛrmi'naːbl]; 《또한》 '------|〈Adj.〉 [lat. indeterminābilis] [특히 철학] 확정[결정]하기 어려운, 해결할 수 없는. **Indetermination** [ɪndetɛrminaˈtsi̯oːn]; 《또한》 '------|, die [lat. indeterminatio] **1.** [특히 철학] 미결정, 불확정. **2.** 《드물게 교양어》 우유부단. **indeterminiert** [《또한》'------|] 〈Adj.〉 **1.** [특히 철학] 부정(不定)의, 미정의. **2.** 《교양어·드물게》 우유부단한, 결심을 못한. **Indeterminismus**, der; - [철학] 비결정론(非決定論)《반대: Determinismus 2》.

Index ['ɪndɛks], der; - / -es, -e / …dizes […ditseːs; lat. index] **1.** 〈Pl. Indexe / Indizes〉 《책의》 색인(알파벳 순으로 된)《Register》, 인덱스. **2.** 〈Pl. Indexe〉 《가·에》 금서목록(禁書目錄): seine Werke wurden auf den I. gesetzt 그의 작품들은 금서로 지정되었다. **3.** 〈Pl. Indizes〉 [경제] 지수(指數): die I. der Lebenshaltungskosten(der Preise) ist gestiegen 생계비(물가) 지수가 상승했다. **4.** 〈Pl. Indizes〉 **a)** 《수학·물리》 지수(指數). **b)** 《사전》 어깨번호(예컨대: ¹Bauer, der; ²Bauer, das 등에서 1과 2).

Index-: **~klausel**, die [경제] 물가 연동 조항《약관》. **~lohn**, der [경제] 《물가 지수의 변동에 영향을 받는》 지수 임금. **~rente**, die 지수 연금. **~währung**, die [경제] 지수 본위(指數本位)《제(制)》. **~zahl**, **~ziffer**, die ↑Index (3, 4).

indexieren [ɪnde'ksiːrən] 〈h〉 **1.** [전문어] 색인을 달다, 색인에 싣다. **2.** [경제] 지수 방식화하다. **Indexierung**, die; -en ↑indexieren의 명사형.

indezent [《또한》--'-] 〈Adj.〉 《교양어》 부적당한, 민감하지 못한, 무례한, 야비한《반대: dezenta》: eine -e Frage 무례한 질문. **Indezenz** [《또한》--'-], die [lat. indecentia] 《교양어》 ↑indezent의 명사형《반대: Dezenz 1》.

¹Indiaca ⓌⓏ [ɪnˈdiːaka], die; -s 인디아카 볼. **²Indiaca** [-], die - 인디아카 경기.

Indian ['ɪndi̯aːn], der; -s, -e 《österr.》 칠면조(Truthahn).

Indiana [ɪnˈdi̯aːna, 《eng.》 ɪndɪˈænə], -s 인디애나《미국의 연방주》.

Indianapolis-Start [ɪndi̯ə'næpəlɪs-, 《또한》 ɪndi̯a'naːpolɪs-], der; -(e)s, -s / 《드물게》 -e [미국 도시 Indianapolis에 있는 자동차 경주 구간의 이름을 따서] [모던 스포츠] 인디애나폴리스 스타트《자동차 경주시 도움닫기 스타트를 하여 출발선 위로 달리기 전에 우선 한 바퀴를 돌아야 하는 스타트의 형태》.

Indianer [ɪnˈdi̯aːnɐ], der; -s, - [lat. Indiānus] **1.** 아메리카 인디언. **2.** 《österr.》 ↑Indianerkrapfen의 약칭. **3.** 《은어》 스파이, 간첩.

Indianer-, (Indianer↑): **~buch**, das 인디언 이야기책. **~büffel**, der 북아메리카 들소. **~falte**, die Mongolenfalte. **~frau**, die ↑Squaw. **~geheul**, das 《농》 떠들썩한 소리. **~geschichte**, die 인디언 이야기, 인디언 소설. **~häuptling**, der 인디언 추장. **~kostüm**, das 카니발용 인디언 복장. **~krapfen**, der 《österr.》 ↑Mohrenkopf. **~reservat**, das ↑reservation. **~reservation**, die 인디언을 위한 특별 유보 지역. **~roman**, der ↑~buch. **~rot** 〈Adj.〉 적갈색의. **~sommer**, der [amerik. Indian summer] 따뜻한 늦가을 날씨. **~spiel**, das 인디언놀이. **~sprache**, die 인디언 말. **~stamm**, der 인디언 부족(部族). **~tanz**, der 《농》 기뻐 어쩔줄 모름. **~zelt**, das 인디언 천막.

Indianerin, die; -nen ↑Indianer의 여성형. **indianisch** 〈Adj.〉 인디언의: die -e Kultur 인디언 문화. **Indianist** [ɪndi̯a'nɪst], der; -en, -en 인디언 언어·문화 연구가. **Indianistik**, die 인디언 언어·문화 연구, 인디언학.

Indien ['ɪndi̯ən], -s 인도.

Indienstnahme, die; -en 《격식 독어》 채용, 고용.

Indienststellung, die; -en 《격식 독어》 취역, 취항, 임용, 고용, 소집, 동원: die I. des Tankers 유조선의 취항.

indifferent [《또한》 ---'-] 〈Adj.〉 [lat. indifferēns] **1.** 《교양어》16) 무관심한, 아무래도 좋은, 냉정한: er war politisch i. 그는 정치에 관심이 없었다; jmd. ist moralisch i. 누구는 도덕적 감정이 없다; -es Gleichgewicht 중립 평형 **2.** [화학·의학] 중성의, 비활성의: eine -e Substanz 비활성 물질. **Indifferentismus** [ɪndɪfərɛn'tɪsmʊs], der; -s 《교양어》16) 무관심(주의), 불개의(不介意)주의, 신앙 무차별론. **Indifferenz** [《또한》 ---'-], die; -en [lat. indifferentia] **1.** 〈Pl. 없음〉 무관심, 무차별, 공평, 냉담: politische I. 정치적 무관심. **2.** [화학·의학] 중립(중성), 무반응, 무작용. **Indifferenzpunkt**, der 무반응점.

indigen [ɪndi'geːn] 〈Adj.〉 [lat. indigenus] 《법·고어》 토착의, 자국의. **Indigenat** […ge'naːt], das; -(e)s, -e [lat. indigenatio] 《법·고어》 **a)** 지역 법률 단체 소속. **b)** 국적.

Indigestion [ɪndigɛs'ti̯oːn, 《또한》 ----], die; -en [lat. indigestio] [의학] 소화 장애, 소화 불량.

Indignation [ɪndɪgna'tsi̯oːn], die [lat. indignātio, 《교양어·드물게》 불쾌, 분격, 혐오. **indignieren** [ɪndɪ'gniːrən] 〈h〉 [lat. indignārī] 《고어》 불쾌감을 유발시키다. **indigniert** [ɪndɪ'gniːrt] 〈Adj.〉 《교양어》 분노(격분)한: ein -er Blick 분개한 눈초리; sich i. abwenden 분개하여 돌아서다. **Indignität** [ɪndɪgni'tɛːt], die [lat. indignitās] **1.** [법] 상속권 상실. **2.** 《고어》 무자격.

Indigo ['ɪndigo], der / das; -s, 《종류》 -s [span. índigo] 인디고 남(藍).

indigo-, **Indigo-**: **~blau** 〈Adj.〉 남색의, 쪽빛의. **~blau**, das 남색, 쪽빛. **~farben** 〈Adj.〉 인디고 색의. **~farbstoff**, der 인디고 남(藍)색소. **~lit** [...'liːt, 《또한》 ...lɪt], das; -s / -en, -e(n) 인 남색 전기석(石). **~pflanze**, die [식물] 인디고쪽. **~weiß**, das 백남(白藍).

indigoid [ɪndigo'iːt] 〈Adj.〉 [화학] 인디고 남의.

Indikation [ɪndika'tsi̯oːn], die; -en [lat. indicātio] **1.** [의학] 적응, 징후《반대: kontraindikation》. **2.** [법] 임신 중절 요건: medizinische I. 의학적 임신 중절 요건; eugenische od. kindliche I. 우생학적 임신 중절 요건; ethische I. 윤리적 임신 중절 요건; soziale I. 사회적 임신 중절 요건. **Indikationsmodell**, das; -s, -e [법] 임신 중절 요건의 모델.

Indikativ [ɪndika'tiːf, 《또한》 '---], der [...i:və; 1: lat. indicātīvus] **1.** [언어] 직설법《반대: Konjunktiv》. **2.** 시그널 뮤직. **indikativisch** [...i:vɪʃ, 《또한》 ---'--] 〈Adj.〉 [언어] 직설법의.

Indikator [ɪndi'kaːtor, 《또한》 ...toːɐ̯], der; -s, -en [...ka'toːrən; lat. indicāre] **1.** [전문어] 척도, 지표: die Umsatzzahlen können als I. gelten für den Aufschwung der Konjunktur 매상률이 경기 상승의 척도로 간주될 수 있다. **2.** [화학·기술] 《반응》지시약, 지시기, 표시기, 인디케이터: chemische -en 화학 반응 지시

약(시약). **3.** [기술] 압력 지시기, 지압계(指壓計). **Indikatordiagramm**, das [기술] 계수 표시 도표(기계의 출력을 체크해 주는). **Indikatorpapier**, das 시약(試藥)용 페이퍼. **Indikatorpflanze**, die [생물] 지표종(指標種) (식물). **Indikatrix** [...'ka:trɪks], die [특히 수학·지리] 곡면 표시기.

Indiktion [ɪndɪk'tsi̯oːn], die; -en [lat. indictio] (역사적) 15년기(期)(중세의 년수 단위).

Indio ['ɪndi̯o], der; -s, -s [span. indio] Indianer의 스페인어 표기.

indirekt [(또한) ——'—] 〈Adj.〉[lat. indirectus] **1.** 《교양어》 간접의, 우회적인(반대: direkt 5): jmdm. etw. i. zu verstehen geben 누구에게 무엇을 우회적으로 말하다. **2.** (공간적인 상황에서) 간접의: der Raum hat -e Beleuchtung 이 방은 간접 조명 시설이 되어 있다.

indisch ['ɪndɪʃ] 〈Adj.〉인도(사람)의. **Indische Ozean**, der; -n, -e 인도양. **Indisch Lamm**, das; -, -(es) 난지 3, 4월 되는 페르시아 새끼양의 모피와 비슷한 모피 종류. **Indischrot** [(또한) '——'—], das 인도적(赤)(색).

indiskret [(또한) ——'—] 〈Adj.〉《교양어》무분별한, 신중하지 못한, 센스가 생긴(반대: diskret 1 b): ein -es Benehmen 신중하지 못한 행위.

Indiskretheit [(또한) ——'——], die; -en **1.** 〈Pl. 없음〉 무분별, 몰지각, 경솔: seine I. war für alle Beteiligten sehr peinlich 그의 무분별한은 모든 참석자들에게 매우 괴로운 일이었다. **2.** 무분별한 행동. **Indiskretion** [(또한) '————], die; -en [frz. indiscrétion] (반대: Diskretion) **1.** 입이 가벼움, 비밀 누설: eine bewußte I. 의식적인 실언(失言); eine I. begehen 배임(背任)행위를 범하다. **2.** [드물게] 센스가 없음.

indiskutabel [(또한) ———'—] 〈Adj.〉《교양어·편》논할 필요도 없는, 생각해 볼 가치도 없는(반대: diskutabel): eine indiskutable Forderung 논할 필요도(생각해 볼 가치도) 없는 요구.

indispensabel [(또한) ———'—] 〈Adj.〉《교양어·고어》없어서는 안되는, 불가결의, 절대 필요한.

indisponibel [(또한) ———'—] 〈Adj.〉《교양어》(반대: disponibel a) **1.** 정리(처리)할 수 없는, 고정된: indisponibles Kapital 고정 자본. **2.** [드물게] 양도[매각]할 수 없는. **indisponiert** [(또한) ———'—] 〈Adj.〉《교양어》기분이 언짢은, ...할 마음이 없는, 컨디션이 나쁜: der Sänger war i. 그 가수는 컨디션이 나빴다. **Indisponiertheit** [(또한) ——'——], die 《교양어》↑indisponiert의 명사형. **Indisposition** [(또한) ———'—], die; -en [frz. indisposition] 《교양어》불쾌함, 컨디션이 나쁨.

indisputabel [(또한) ———'——] 〈Adj.〉[lat. indisputābilis] 《교양어·드물게》다툴 여지가 없는, 논쟁의 여지가 없는(반대: disputabel).

Indisziplin [(또한) ———'—], die 《드물게》규율이 없음, 무질서. **indiszipliniert** [(또한) ———'—] 〈Adj.〉《교양어》규율이 없는, 무질서한.

Indium ['ɪndi̯um], das; -s [lat. indicum] 인듐(기호: In).

Individual-, Individual- [ɪndividu̯aːl...; lat. individualis] **~begriff**, der [철학] 개별 개념(반대: Allgemeinbegriff). **~bereich**, der [전문어] 개인 영역. **~diagnose**, die [법] 개별 진단. **~distanz**, die [동물] 개체 거리. **~ethik**, die **1.** 개인 윤리. **2.** 개인주의 윤리학. **~potenz**, die **1.** [생물] (남성의) 개인 생식 능력. **2.** [축산] 개별 번식력, 개인 번식력. ↑Spezialprävention. **~psychologie**, die 개인 심리학. **~psychologisch** 〈Adj.〉개인 심리학의. **~recht**, das 인격권. **~sphäre**, die ↑~bereich. **~verkehr**, der [관] 개인 교통.

Individualisation [ɪndividu̯aliza'tsi̯oːn], die; -en [frz. individualisation] [학문, 특히 예술] 개성이 강조된 묘사(표현). **individualisieren** [...ali'ziːrən] 〈h〉 [frz individualiser] [학문, 특히 예술] 개성(특수성)을 강조하다, 개별화하다, 개성을 부여하다, 개성(개체)화하다. **Individualisierung**, die; -en a) ↑individualisieren의 명사형. b) 개성이 강조된 묘사(표현). **Individualismus** [...a'lɪsmus], der; - [frz. individualisme] **1.** [철학] 개인주의, 개체주의. **2.** 《교양어·편》 개인주의, 이기주의. **Individualist** [...a'lɪst], der; -en, -en [frz. individualiste] **1.** 개인(개체)주의자. **2.** 《교양어·편》개인[이기]주의자: die Mannschaft besteht aus lauter -en 그 팀은 온통 개인주의자들로 구성되어 있다. **individualistisch** 〈Adj.〉**1.** 《교양어》개인(개체)주의(자)적인. **2.** 《교양어》 개인[이기]주의적인: ein -er Arbeitsstil 개인주의적 작업 방법; bei einem Vorhaben sehr i. vorgehen. 어떤 계획에 있어 매우 이기주의적인 행동을 취하다. **Individualität** [...ali'tɛːt], die; -en [frz. individualite] 《교양어》**1.** (Pl. 없음) 인격. **2.** 개성: zu verschiedene -en erzeugen häufig Konfliktstoff 지나치게 상이한 개성을 가진 사람들은 종종 갈등의 요소를 만들어낸다. **Individuation** [...a'tsi̯oːn], die; -en 〈스위스 정신분석학자 C. G. Jung(1875~1961)에 의해 만들어 짐〉[심리] 개별화, 개체화, 개성화; (자아의) 개성적 각성. **individuell** [...'du̯ɛl] 〈Adj.〉 [frz. individuel] **1. a)** 개인의, 개체의, 개인적인, 개별적인: eine -e Behandlung des Falles 사건의 개별적 취급; die Kinder werden i. unterrichtet 아동들은 개인적[개별적]으로 수업받는다. **b)** 개성적인, 독특한, 독자적인: ein -er Geschmack 독특한 취향; etw. trägt -e Züge 무엇이 독자적인 특징을 지니고 있다. **2.** 개인 소유의, 개인용의: -es Eigentum 사유 재산. **3.** 독보적, 손색없는 개인으로서의. **Individuen** [...'iːdu̯ən] ↑Individuum의 복수형. **individuieren** [...'iːrən] 〈s〉 [frz. individuer] [학문] 개별화하다, 개체화하다. **Individuierung**, die; -en ↑individuieren의 명사형. **Individuum** [ɪndi'viːdu̯um], das; -s, ...duen [lat. indivīduum] **1.** 《교양어》개인, 개체: das I. und die Gesellschaft 개인과 사회. **2.** 〈편〉놈, 녀석: ein fragwürdiges I. 수상쩍은 자식. **3.** [생물] 개체. **4.** [화학] (최소) 단위: Atome und Moleküle sind chemische Individuen 원자와 분자는 최소 화학 단위이다.

Indiz [ɪn'diːts], das; -es, -ien [...i̯ən; lat. indicium] **1.** 〈주로 Pl.〉 [법] 간접 사실, 간접 증거: das Urteil stützt sich auf -ien 그 판결은 간접 증거에 의거한다. **2.** 《교양어》 표시, 징후: die Art der Wolkenbildung ist ein sicheres I. für einen Wetterumschwung 구름의 형성 모양은 일기 급변의 확실한 징후이다. **Indizes** [...tseːs] **1.** ↑Index의 복수형. **Indizien** [...i̯ən] ↑Indiz의 복수형.

Indizien- (Indiz 1): **~beweis**, der 간접 증거, 정황(상황) 증거. **~kette**, die 일련의 간접 증거. **~prozeß**, der 간접 증거에 의거한 소송.

indizieren [ɪndiˈtsiːrən] 〈h〉 [lat. indicāre] **1.** 《교양어》 뭐 무엇을 나타내다, 무엇을 지시하다, 표시하다. **2.** [특히 의학] 《주로 과거분사 + sein》 (병의 징후가) 특별한 요법의 필요성을 나타내다, (병이) ...의 징후를 나타내다: die medikamentöse Behandlung der Krankheit ist nicht indiziert 이 질병의 징후는 약물 치료를 필요로 하지 않는다. **3. a)** [가] 금서(禁書)로 지정하다: die Bücher dieses Autors wurden von der Kirche indiziert 이 저자의 저서들은 교회에 의해 금서로 지정되었다. **b)** 배포[판매]를 금지하다. **4.** ↑indexieren. **Indizierung**, die; -en ↑indizieren의 명사형(1, 3, 4). **Indi-**

zium [ɪnditsi̯ʊm], das; -s, ...ien 《드물게》↑Indiz.
indo-, Indo- [ɪndo-; griech. Indós]: **~arier** ⟨Pl.⟩ 인도 아리안 사람. **~arisch** ⟨Adj.⟩ -e Sprachen 인도 아리안어(語). **~europäer** ⟨Pl.⟩ [engl. Indo-European] ↑~germanen (독일 이외 지역 특히 영국과 프랑스에서 사용됨). **~europäisch** ⟨Adj.⟩ ↑~germanisch. **~europäist** [-ɔyropeˈɪst], der; -en, -en ↑~germanist. **~europäistik**, die ↑~germanistik. **~germanen** ⟨Pl.⟩ 인도 게르만 사람들, 인도 게르만어족(語族)(특히 독일에서 사용됨). **~germanisch** ⟨Adj.⟩ [1823년 독일의 동양학자 H. J. Klapproth(1783~1835)에 의해 창안된 개념] 인도 게르만어(의), 인도 게르만인(人)의. **~germanische**, das 《공간적으로 서로 가장 멀리 떨어진 게르만어족의 대표 민족인 남동쪽의 인도족과 북서쪽의 게르만족의 이름을 따서》 인도 게르만어(語). **~germanist**, der; -en, -en 인도 게르만어학자. **~germanistik**, die 인도 게르만어학(語學). **~germanistin**, die ↑~germanist의 여성형. **~loge**, der; -n, -n 인도학자. **~logie**, die 인도학. **~pazifisch** ⟨Adj.⟩ 인도양 및 태평양의.
Indochina [ˈɪndoˈçiːna], -s 인도차이나, 인도지나.
Indogermane [ˈɪndogɛrˈmaːnə], der 인도 게르만(족의) 사람.
indoiranisch ⟨Adj.⟩ [언어] 아리안 말의.
Indoktrination [ɪndɔktrinaˈtsi̯oːn], die; -en 《특히 정치·편》 교화, 주입하기, 불어넣기, 고취(鼓吹): politische I. 정치적 교화; I. betreiben 교화하다. **indoktrinieren** [...ˈniːrən] ⟨h⟩ 《특히 정치·편》 교화하다, 주입하다: jmdm. ideologisch I. 누구를 이념적으로 교화하다; indoktrinierte Funktionäre 교화된 요원들. **indoktrinativ** ⟨Adj.⟩ 《교양어·편》 교화하는, 주입식의. **Indoktrinierung**, die; -en a) 교(조)화(敎(條)化) (하기). b) 주입화, 세뇌화.
Indol [ɪnˈdoːl], das; -s, -e 인돌.
indolent [ˈɪndolɛnt, (또한) ——ˈ—] ⟨Adj.⟩ [lat. indolēns] 1. 《교양어》 무관심한, 무감동의, 나태한: ein völlig -er Mensch 완전히 무감동한 인간. 2. [의학] a) 무감각한: der Kranke scheint völlig i. gegenüber seinen Schmerzen 그 환자는 자신의 고통에 대해 완전히 무감각한 것 같다. b) 무통(無痛)의. c) 고통을 야기시키지 않는. **Indolenz** [ˈɪndolɛnts, (또한) ——ˈ—], die [lat. indolentia] ↑indolent의 명사형.
Indolog(e) [ɪndoˈloːɡə, ...loːk], der; -(e)n, -(e)n 인도학자. **Indologie** [ɪndoloˈɡiː], die 인도학.
Indonesien [ɪndoˈneːzi̯ən], -s 인도네시아. **Indonesier** [ɪndoˈneːzi̯ɐ], der; -s, - 인도네시아 사람. **indonesisch** [ɪndoˈneːzɪʃ] ⟨Adj.⟩ 인도네시아 사람(말)의.
indossabel [ɪndoˈsaːbl] ⟨Adj.⟩ [은행] 배서(背書)할 수 있는, 보증할 수 있는. **Indossament** [...saˈmɛnt], das; -(e)s, -e [frz. endossement] [은행] ↑Giro (2). **Indossant** [...ˈsant], der; -en, -en [은행] ↑Girant. **Indossat** [...ˈsaːt], der; -en, -en [은행] **Indossatar** [...saˈtaːɐ], der; -s, -e [은행] ↑Girat, Giratar. **Indossent** [...ˈsɛnt], der; -en, -en [은행] ↑Indossant. **indossierbar** [...ˈsiːabaːɐ] ⟨Adj.⟩ ↑girierbar. **indossieren** [...ˈsiːrən] ⟨h⟩ [ital. indossare] [은행] ↑girieren, giroübertragen [은행]. **Indosso** [...ˈdɔso], das; -s, -s /...ssi [ital. in dosso] [은행] ↑Indossament. **Indra** [ˈɪndra] 고대 인도의 폭풍우의 신: Indras Pfeil 《시》 번개; 《詩》 인드라의 활 최고신).
in dubio [ɪn ˈduːbi̯o, (lat.)] ↑²in u. dubium] 《교양어》 의심스러운 경우에. **in dubio pro reo** [- - proː ˈreːo; lat. = im Zweifel für den Angeklagten] 《형사 소송 절차의 원칙》 의심만으로는 벌할 수 없다.
Induktanz [ɪndʊkˈtants], die; [전기] 인덕턴스, 감응계

수, 유도(誘導) 계수. **Induktion** [ɪndʊkˈtsi̯oːn], die; -en [lat. inductio] 1. [철학] 귀납(법)(반대: Deduktion): vollständige I. [수학] 완전 귀납법, 수학적 귀납법. 2. [전기] 유도(誘導), 감응. 3. [생물] 유도, 감응.
Induktions-: **~apparat**, der [전기] ↑Funkeninduktor. **~beweis**, der [전기] 귀납적 논증(증명). **~krankheit**, die [의학] 감응성 질환. **~maschine**, die [전기] 유도기(誘導機), 감응기. **~motor**, der [전기] 유도 전동기. **~ofen**, der [기술] 유도로(誘導爐), 유도식 전기로. **~schleife**, die [전기] 유도 폐회로(閉回路). **~strom**, der [전기] 유도 전류. **~zeit**, die [생물] 유도기(誘導期).
induktiv [ɪndʊkˈtiːf, (또한) ˈ—— —] ⟨Adj.⟩ [lat. inductīvus] 1. [철학] 귀납적인(반대: deduktiv): die -e Methode 귀납법. 2. [전기] 감응(유도)성(性)의: -er Widerstand 교류(交流) 내에서 자기 감응으로 생기는 저항, 유도 감응저항, 유도 리엑턴스. **Induktivität** [ɪndʊktiviˈtɛːt], die; -en [전기] 유도성 인덕턴스, 자기(自己) 유도 계수. **Induktor** [ɪnˈdʊktɔr, (또한) ...toːɐ], der; -s, -en [...ˈtoːrən; lat. inductor] [전기] ↑Induktionsapparat, Funkeninduktor.
in dulci jubilo [ɪn ˈdʊltsi ˈjuːbilo; lat. = in süßem Jubel] 《통용어》 즐거운 환호 속에서: in d. j. leben 방종하게 생활하다.
indulgent [ɪndʊlˈɡɛnt] ⟨Adj.⟩ [lat. indulgēns] 《교양어》 관대한, 후한. **Indulgenz** [ɪndʊlˈɡɛnts], die; -en [lat. indulgentia] 《교양어》 관용, 관대; 사면.
Indulin [ɪnduˈliːn], das; -s, -e ⟨대개 Pl.⟩ [화학] 인둘린.
Indult [ɪnˈdʊlt], der / das; -(e)s, -e [lat. indultum] 1. [국제법] 유예 기간. 2. [가] 특전, 은전. 3. [경제] 지불 유예(연기).
in duplo [ɪn ˈduːplo; lat.] 《고어》 2중의, 2배의, 2통 작성하여.
Induration [ɪnduraˈtsi̯oːn], die; -en [lat. induratio] [의학] 경결(硬結), 경화. **indurieren** [...ˈriːrən] ⟨s⟩ [lat. indūrāre] [의학] 경화하다.
Indus [ˈɪndʊs, (engl.) ˈɪndəs], der; - 인더스강.
Indusi [ɪnˈduːzi], die [**induktive Zugsicherung**의 약칭] [철도] 열차 자동 정지 장치.
Indusium [ɪnˈduːzi̯ʊm], das; -s, ...ien [ən; lat. indūsium] [식물] 포막(包膜), 포피(包被).
Industrial Design [ɪnˈdʌstriəl diˈzaɪn], das; - -s [engl. industrial design] [전문어] 산업 디자인.
Industrial Designer [...diˈzaɪnə], der; - -s, - - [engl. industrial designer] [전문어] 산업 디자이너.
Industrial engineer [ɪnˈdʌstriəl ɛndʒɪˈnɪə], der; -s, - - [engl.-amerik. industrial engineer] ↑Wirtschaftsingenieur. **Industrial engineering** [- ɛndʒɪˈnɪərɪŋ], das; - -s [engl.-amerik. industrial engineering] 생산 공학, 생산 관리. **industrialisieren** [ɪndʊstriali'ziːrən] ⟨h⟩ [frz. industrialiser] a) 산업(공업)화하다: die industrialisierten Länder Mittel- und Westeuropas 중서부 유럽의 공업국가들. b) …의 생산적 생산 방법을 도입하다, …을 공업적으로 발전시키다. **Industrialisierung**, die 공업(산업)화. **Industrialismus** [ɪndʊstrialɪsmʊs], der; - 공업(산업)주의. **Industrie** [ɪndʊsˈtriː], die; -n [...i̯ən; frz. industrie] a) 산업: die I. blüht 산업이 번영하다; eine moderne I. aufbauen 현대적 산업을 구축하다; die Verstaatlichung der I. 산업의 국유화; er wird später einmal in die I. gehen 《농》 그는 후일 언젠가 산업 역군이 될 것이다. b) 공업, …업, 제조업: die chemische I. 화학 공업.
industrie-, Industrie-: **~abgas**, das ⟨대개 Pl.⟩ 산

업[공업] 폐기 가스. **~abwasser**, das 《대개 Pl.》 산업 [공업] 폐수. **~aktie**, die 《대개 Pl.》 공업주(株). **~anlage**, die 산업[공업] 시설. **~arbeiter**, der 산업 노동자, 공원. **~arbeiterschaft**, die 《종집적으로》 산업 노동자, 산업 노동자 계급. **~archäologie**, die 산업 고학. **~ausstellung**, die 산업 박람회. **~bahn**, die 산업 철도. **~baron**, der 《통용어·조롱》 ↑~magnat. **~bau**, der a) 《Pl. -bauten》 공장 건물. b) 《Pl. 없음》 공장(건물) 건축. **~berater**, der 산업 고문. **~betrieb**, der 공장: ein l. mit 1000 Beschäftigten 종업원이 1000 명인 공장. **~blond** 《Adj.》《통용어·농》 블론드로 염색한. **~boß**, der 《통용어》 기업 총수, 산업계의 보스. **~design**, das 산업 디자인. **~erzeugnis**, das 공업 생산품. **~gebiet**, das 공업 지대. **~gesellschaft**, die 【사회】산업 사회. **~gewerkschaft**, die 산업별 노동조합, 산별 노조(약어: IG). **~gigant**, der 《통용어》 거대한 공장. **~gleis**, das 산업 철도의 철로. **~hafen**, der 공업 항구. **~institut**, das 산업 연구소. **~kapitän**, der 《통용어》 (큰 공장의) 공장장, 산업계의 보스. **~kaufmann**, der 산업 관리 직원. **~kombinat**, das 《구동독》 공업[산업] 콤비나트. **~konzern**, der 산업 콘체른. **~laden**, der 《구동독》 국영 기업 직영 판매소. **~land**, das ↑~staat. **~landschaft**, die 공장 지대. **~macht**, die 공업 대국. **~magnat**, der 대규모 산업 자본 소유주. **~messe**, die ↑~ausstellung. **~müll**, der 산업 쓰레기, 산업 폐기물. **~nation**, die ↑~staat: die reichen -en 부유한 공업 국가들. **~obligation**, die 《대개 Pl.》 공업 채권, 산업 채권. **~papier**, das 《대개 Pl.》 ↑~aktie. **~pflanze**, die 《대개 Pl.》 공업용 식물. **~politik**, die 산업 정책. **~produkt**, das 공업 제품: auf dieser Messe werden die neuesten -e ausgestellt 이번 박람회에는 최신 공업 제품[공업 생산품]들이 전시된다. **~produktion**, die 공업 생산. **~proletariat**, das 산업 프롤레타리아. **~revier**, das 공업 지역. **~ritter**, der 《frz. chevalier d'industrie》 《고어·농》 대실업가 ↑~schau, die ↑~ausstellung. **~soziologie**, die 산업 사회학. **~soziologisch** 《Adj.》 산업 사회학의. **~staat**, der 공업 국가: die westlichen -en 서방 공업 국가들. **~stadt**, die 공업 도시. **~unternehmen**, das 기업체. **~verband**, der 1. 공업 경영자 단체. 2. 《드물게》 ↑~gewerkschaft. **~viertel**, das 공장 지대: in einem l. wohnen 공장 지대에 살고 있다. **~werk**, das ↑~betrieb: ein gigantisches l. 거대한 공장. **~wirtschaft**, die 공업 경제. **~zeitalter**, das 산업(시)기(18세기말~19세기초를 가리킴). **~zentrum**, das 공업[산업] 중심지. **~zweig**, der 산업[공업] 부문(예컨대: 금속 가공업).

industriell [industri'ɛl] 《Adj.》《frz. industriel》 a) 산업[공업, 실업]의: -es Wachstum 공업 성장; -e Psychologie 산업 심리학; die -e Revolution 《역사적》 산업 혁명. b) 공업[산업]용의, 공업[산업]에서 생긴: Rohstoffe i. verarbeiten 원료를 공업용으로 가공하다. **Industrielle*** ['ɪn!dɛntriɛlə], der 대공업 경영인, 기업가, 실업가: prominente I. aus Düsseldorf 뒤셀도르프 출신의 저명한 실업가[기업가]. **Industrie- und Handelskammer**, die; -n 상공회의소(약어: IHK).

induzieren [indu'tsi:rən] 《frz.》【lat. indūcere】 1. 《특히 철학》 귀납시키다(반대: deduzieren): aus diesen Einzelfällen läßt sich folgendes i. 이와 같은 개별적인 경우들에서 다음이 귀납될 수 있다. 2. 【전기】 유도하다. 3. 《전문어》 야기시키다, 유발하다; 감응하다: induziertes Irresein 【의학】 감응성 정신병.

Ineditum [in'e:dɪtum]; das; -s, ..ta 【lat. inēditus】 《전문어》 미간행(未刊行)[미발표] 문서.

in effectu [ɪn eˈfɛktu; lat.] 《교양어·고어》 실제로, 정말로. **ineffektiv** [(또한) ---'-] 《Adj.》 효과[효험]가 없는, 무익한.

in effigie [ɪn eˈfiːgiə; lat.] 《교양어》 상징적으로: jmdn. in e. hinrichten 《역사적》 누구를 상징적으로 처형하다. **ineffizient** [(또한) ---'-] 《Adj.》 《전문어·교양어》 효과적이 아닌, 비능률적인, 비경제적인(반대: effizient). **Ineffizienz** [(또한) ---'-], die; -en 《전문어·교양어》 무효과, 효과가 없음, 비경제(반대: Effizienz).

inegal [(또한) ---'-] 《Adj.》 [frz. inégal] 《교양어》 불평등한.

ineinander [ɪnǀaɪˈnandɐ] 《Adv.》 1. 서로 상대방 속으로 [속에]: i. verliebt sein 서로 사랑에 빠져 있다[반해 있다]. 2. 서로 뒤섞여.

ineinander-: **~fließen*** ⟨s⟩ 합류하다, 섞이다, 흘러가서 합치다: die Farben sind ineinandergeflossen 색깔들이 서로 섞였다. **~fügen** ⟨h⟩ 1. 짜 맞추다, 서로 끼워 맞추다. 2. ⟨i. + sich⟩ 연결되다, 이어지다. **~geschachtelt** 《Adj.》 (상자 속에 서로) 차곡차곡 담겨진: -e Sätze 부결문[합결文] (많은 주문장과 부문장들로 된). **~greifen*** ⟨h⟩ 서로 맞물다, 움직이면서 연결되다, 서로 밀접한 관련을 맺다: die Zahnräder greifen ineinander 톱니바퀴가 서로 맞물고 있다; ineinandergreifende Räder 서로 맞물고 있는 톱니바퀴. **~laufen*** ⟨s⟩ 서로 섞이다: die Farben sind ineinandergelaufen 색깔들이 서로 섞였다. **~legen** ⟨h⟩ 서로 포개 놓다: sie legten ihre Hände ineinander 그들이 서로 손을 감쌌다(맞잡았다). **~montieren** ⟨h⟩ 《특히 영화》 서로 끼워 맞추다, 섞어서 조립하다. **~passen** ⟨s⟩ 서로 맞추다. **~schieben*** ⟨h⟩ 1. 끼우다, 박아넣다: die Einkaufswagen stehen ineinandergeschoben dort in der Ecke 쇼핑용 밀차가 저기 구석에 서로 끼워져 있다. 2. ⟨i. + sich⟩ 밀려서 끼다[박히다]: bei der Karambolage haben sich mehrere Autos ineinandergeschoben 충돌시 여러 대의 자동차가 서로 뒤엉켜 버렸다. **~schlingen*** ⟨h⟩ 합쳐 지도록 짜 맞추다, 맞물게 하다. **~setzen*** ⟨h⟩ 서로 포개어 놓다. **~stecken** ⟨h⟩ 서로 안으로 박아 넣다, 크기 차례대로 겹쳐 넣어 맞추다: die Einzelteile müssen ineinandergesteckt werden 부품들은 크기 차례대로 서로 맞추어 놓아야 한다.

Ineinsetzung [ɪn!aɪns-], die; -en 《아어》 똑같게 하기, 동일화.

inert [ɪ'nɛrt] 《Adj.》 【lat. iners】 《교양어》 태만한, 게으른, 관심이 없는, 관여하지 않는: in der Ecke des Hörsaals saßen ein paar -e Typen 강의실 구석에는 몇몇 관심이 없는 사람들이 앉아 있었다. **Inertialsystem** [ɪnɛr'tsia:l-], das; -s, -e 【물리】 관성계(慣性系). **Inertie** [ɪnɛr'ti:], die 【의학】 지둔(遲鈍), 관성(慣性), 활발치 못함.

inessentiell [(또한) ---'-] 《Adj.》《교양어》 본질적이 아닌, 중요하지 않은. **Inessiv** ['ɪnɛsɪf]; der; -s, -e [...i:və] 【언어】 1. 《Pl. 없음》 (핀우그리어에 있는) 존재격(格). 2. (존재격을 나타내는) 단어.

inexakt [(또한) ---'-] 《Adj.》 《교양어》 부정확한.

inexistent [(또한) ---'-] 《Adj.》 [lat. inex(s)istēns] 《교양어》 존재하지 않는. **Inexistenz** [(또한) ---'-], die 비(非)존재.

inexplosibel [(또한) ---'-] 《Adj.》 《전문어·교양어》 비폭발성의.

in extenso [ɪn ɛks'tɛnzo; lat.] 상세히, 완전히: etwas in e. beschreiben 무엇을 상세히 기술하다.

in extremis [ɪn ɛks'tre:mɪs; lat.] 【의학】 죽음이 임박한.

in facto [ɪn 'fakto; lat.] 《교양어》 실제로.

infallibel [ɪnfa'li:bəl] 《Adj.》 【lat. infallibilis】 【가】 과실[오류]이 없는, 확실한. **Infallibilist** [..libi'lɪst], der;

-en, -en [가] (교황의) 무오류성(無誤謬性) 신봉자. **Infallibilität** [...li!tɛ:t], die [가] 과오가 없음, 절대로 확실함, 무오류성(無誤謬性).

infam [ɪn'fa:m] ⟨Adj.⟩ [lat. īnfāmis] ⟨雅⟩ **1.** 불명예스러운, 모욕(중상)하는, 악명높은, 비열한, 파렴치한: eine -e Verleumdung 파렴치한 중상모략. **2.** ⟨통용어⟩ **a)** ⟨nur attr.⟩ ⟨雅⟩ -e Schmerzen 지독한 고통. **b)** ⟨형용사·동사를 강조하여⟩ 매우, 지독하게: es ist i. heiß draußen 밖은 지독하게 덥다. **Infamie** [ɪnfa'mi:], die; -n [...iən; frz. infamie] ⟨雅⟩ **1. a)** ⟨Pl. 없음⟩ 비열, 악의, 극악, 파렴치: die I. seines Vorschlags 그의 제안의 파렴치성. **b)** 위의 언행[행동]. **2.** [가] 명예 박탈. **infamieren** ⟨h⟩ ⟨古語⟩ 중상[비방]하다, 명예롭지 못하다고 선언하다.

Infant [ɪn'fant], der; -en, -en [span. infante] ⟨역사적⟩ (스페인·포르투갈의) 왕자의 칭호, 왕자. **Infanterie** ['ɪnfant(ə)ri:, (또한) ...tə'ri:, ...'tri:], die; -n [...iən] ⟨군⟩ **a)** 보병: zur I. gehen 보병으로 입대하다, 보병 부대에 입대하다. **b)** ⟨Pl. 없음⟩ 보병(집합적으로): feindliche I. liegt im Nachbardorf 적 보병들이 이웃 마을에 주둔하고 있다. **Infanterie-**; **~abteilung,** die 보병 부대. **~bataillon,** das 보병 대대. **~division,** die 보병 사단. **~offizier,** der 보병 장교. **~regiment,** das 보병 연대. **~schule,** die 보병 학교. **~stellung,** die 보병 진지. **~waffe,** die 보병 화기. **Infanterist** ['ɪnfant(ə)rɪst, (또한) ...tə'rɪst, ...'trɪst], der; -en, -en [군] 보병: zum -en ausgebildet werden 보병교육을 받다. **infanteristisch** ['ɪn..., (또한) ーー(−)'ーー] ⟨Adj.⟩ 보병의. **infantil** [ɪnfan'ti:l] ⟨Adj.⟩ **a)** ⟨貶⟩ 어린애 같은, 미숙한, 발육 부전의: ein völlig -es Geschöpf 아주 유치한 녀석; i. lächeln 어린애같이 웃다. **b)** ⟨전문어⟩ 소아(小兒)의, 어린애의: -e Anpassungsdefekte 어린아이의 적응력 결함. **infantilisieren** [...tili'zi:rən] ⟨h⟩ ⟨전문어·교양어⟩ 유치하게 만들다, 어린애로 만들다; 후견(後見)하다. **Infantilisierung,** die ⟨전문어·교양어⟩ **a)** ↑infantilisieren의 명사형. **b)** 미숙화(Infantilwerden), 소아화(小兒化). **Infantilismus** [...'lɪsmʊs], der; -, ...men [심리·의학] **1.** ⟨Pl. 없음⟩ 발육부전, 유치증(幼稚症), 소아증(小兒症). **2.** 위의 언행. **Infantilist** [...'lɪst], das; -en, -en [심리·의학] 소아[유치]증 환자. **Infantilität** [ɪnfantili'tɛ:t], die [lat. infantilitas] ⟨교양어⟩ **a)** 미숙, 유치함. **b)** 어린이다움, 천진난만함. **Infantin,** die; -nen ↑Infant의 여성형.

Infarkt [ɪn'farkt], der; -(e)s, -e [lat. infarctus] [의학] 경색(梗塞): ein I. in der Lunge 폐[肺]경색, (치명적인) I. erleiden (치명적인) 경색증에 시달리다. **Infarktpersönlichkeit,** die; -en [의학] 경색증 소질을 가진 사람. **infarzieren** [ɪnfar'tsi:rən] ⟨h⟩ [의학] 경색증을 유발시키다.

infaust [ɪn'faʊst] ⟨Adj.⟩ [lat. īnfaustus] [의학] 불리한, 불길한.

Infekt [ɪn'fɛkt], der; -(e)s, -e [의학] **1.** 전염병: -e im Bereich der oberen Luftwege 상부기도(氣道) 부분에 나타난 전염성 질환. **2.** ↑Infektion의 약칭. **Infektion** [ɪnfɛk'tsjo:n], die; -en [lat. infectio] **1.** 전염, 감염: diese I. wurde von Fliegen übertragen 이번 전염은 파리에 의해 감염되었다. **2.** ⟨통용어⟩ 염증: eine I. am Finger haben 손가락에 염증이 생기다. **3.** ⟨의학·은어⟩ ↑Infektionsabteilung: einen Patienten in die I. bringen 어떤 환자를 전염병동으로 옮기다. **Infektions-**; **~abteilung,** die 전염병동. **~erreger,** der 병원체. **~gefahr,** die 감염[전염] 위험. **~herd,** der 감염의 진원지[원천]. **~kette,** die 감염 경로: die I. verfolgen 감염 경로를 추적하다. **~krankheit,** die 전염병. **~psychose,** die [의학] 급성감염에 의한 정신이상. **~quelle,** die 감염원(源). **~träger,** der 보균자: den I. isolieren 보균자를 격리시키다. **infektiös** [ɪnfɛk'tsjø:s] ⟨Adj.⟩ [frz. infectieux] [의학] 전염(성)의: eine -e Entzündung 전염성 염증. **Infektiosität** [ɪnfɛktsiozi'tɛ:t], die ↑infektiös의 명사형.

Infel ['ɪnfl] ↑Inful.

inferior [ɪnfe'rjo:ɐ̯] ⟨Adj.⟩ [lat. īnferior] ⟨교양어⟩ **1.** 하위의, 종속된. **2. a)** 진, 굴복한(누구에게): sich i. fühlen 굴복했다고 생각하다. **b)** ⟨österr.⟩ 중위(中位)의, 보통의. **3.** 하등의, 하찮은, 열등된: ein -er Geist 열등한 사람. **Inferiorität** [ɪnferiori'tɛ:t], die ⟨교양어⟩ **1.** 종속, 하위. **2.** 무력, 약함. **3.** 하등, 열등.

infernal [ɪnfɛr'na:l] ⟨Adj.⟩ ⟨드물게⟩ ↑infernalisch. **infernalisch** [ɪnfɛr'na:lɪʃ] ⟨Adj.⟩ [lat. īnfernālis] ⟨교양어⟩ **1.** 지옥의, 악마의, 지옥을 연상케 하는, 흉악한: -e Praktiken 지옥 같은 실습; das Gelächter war i. 그 웃음소리는 악마 같았다. **2. a)** ⟨nur attr.⟩ 견디기 어려운, 참을 수 없는. **b)** ⟨형용사와 동사를 강조하여⟩ 매우, 참을 수 없을 정도로: i. stinken 지독하게 냄새[악취]를 풍기다. **Infernalität** [...nali'tɛ:t], die ⟨古語⟩ 극악무도, 흉악.

Inferno [ɪn'fɛrno], das; -s [ital. inferno] ⟨교양어⟩ **1.** 지옥, 하계(下界). **2. a)** 지옥과 같은 장소, 고통의 장소, 생지옥: durch ein I. müssen 지옥 같은 곳을 통과하여야 한다. **b)** 아비규환(阿鼻叫喚): er hat das I. der Erdbebenkatastrophe überlebt 그는 대지진의 아비규환을 극복하고 살아남았다. **c)** 생지옥과 같은 상태: ein I. durchmachen 생지옥과 같은 상태를 겪다.

infertil [ɪnfɛr'ti:l] ⟨Adj.⟩ [lat. īnfertilis] [의학] 불임(不妊)의, 불모(不毛)의. **Infertilität** [...tili'tɛ:t], die [lat. īnfertilitās] [의학] 불임, 불모.

Infight ['ɪnfaɪt], der; -(s), -s, **Infighting** ['ɪnfaɪtɪŋ], das; -(s), -s [engl. infighting] [복싱] 접근전, 인파이팅: er hatte im Infight deutliche Vorteile 그는 접근전에서 뚜렷한 득을 보았다.

Infiltrant [ɪnfɪl'trant], der; -en, -en ⟨교양어⟩ 침입자: südkoreanische Milizen griffen elf nordkoreanische -en auf 남한의 예비군들이 11명의 북한 침입자들을 체포했다. **Infiltrat** [...'tra:t], das; -(e)s, -e ⟨의학⟩ 침윤물(浸潤物). **Infiltration** [...tra'tsjo:n], die; -en **1.** ⟨전문어⟩ 침윤, 흘러들어감. **2.** 침입, 침투: kommunistische I. 공산주의의 침투. **3.** ⟨의학⟩ 침윤. **Infiltrationsanästhesie,** die; -n [...iən] [의학] 침윤마취(浸潤麻醉). **infiltrativ** [...'ti:f] ⟨Adj.⟩ **1.** ⟨교양어⟩ 침투[침입]하는. **2.** [의학] 침윤성의. **Infiltrator** [...'tra:tɔɐ̯, (또한) ...to:ɐ̯], der; -s, -en [...tra:'to:rən] ⟨교양어⟩ ↑Infiltrant. **infiltrieren** [...'tri:rən] ⟨h⟩ [frz. infiltrer] **1.** ⟨전문어⟩ **a)** 침윤하다, 스며들다. **b)** 흘려넣다, 부어넣다: einem Kranken flüssige Nahrung i. 환자에게 유동식(流動食)을 흘려넣다. **2.** 침입하다, 침투하다. **3.** [의학] 침윤하다. **Infiltrierung,** die; -en ↑infiltrieren의 명사형.

infinit [ɪnfi'nɪt, (또한) '−−−] [lat. īnfīnītus] ⟨Adj.⟩ [언어] 부정(不定)의 (반대) eine -e Form (동사의) 부정형(예컨대): erwachen). **infinitesimal** [ɪnfinitezi'ma:l] ⟨Adj.⟩ [수학] 무한소(無限小)의, 극소한, 극미한. **Infinitesimalrechnung,** die; -en [수학] 미적분. **Infinitiv** ['ɪnfiniti:f, (또한) −−−'−] [lat. (modus) īnfīnītīvus] [언어] 부정형(不定形), 부정사, 부정법: erweiterter I. 확장 부정사, 부정사구(句)(예컨대: um den Schüler zu loben). **Infinitivkonjunktion,** die [언어] 부정사 접속사(예컨대: er arbeite, *ohne zu* ermüden; die Fähigkeit *zu*

überleben). ~**satz,** der [언어] 부정사구.
Infirmität [ɪnfɪrmi'tɛːt], die [의학] 허약.
Infix [ɪn'fɪks, 《또한》'--], das; -es, -e [언어] 삽입사 (挿入辭).
infizieren [ɪnti'tsiːrən] ⟨h⟩ [lat. īnficere] [의학] **a)** 병(병원체)을 옮기다, 전염[감염]시키다: er hat mich mit seinem Schnupfenbazillus infiziert 그는 나에게 코감기균을 옮겼다; von Typhuserregern infiziertes Wasser 티푸스 병원체로 오염된 물. **b)** ⟨i. + sich⟩ 전염[감염]되다: ich habe mich im Schwimmbad (mit einem Hautpilz) infiziert 나는 수영장에서 (습진에) 감염되었다; die Wunde hat sich infiziert 상처가 곪았다.
Infizierung, die; -en 전염, 감염.
in flagranti [ɪn fla'granti; lat.] [교양어] 현행범으로: er hat seine Frau mit ihrem Liebhaber in f. ertappt 그는 정부(情夫)와 함께 있는 아내를 현장을 습격하여 붙잡았다.
inflammabel [ɪnfla'maːbl̩] ⟨Adj.⟩ [frz. inflammable] 《전문어》 가연(발화, 발염)성의. **Inflammabilität** [...mabili'tɛːt], die [frz. inflammabilité] 《전문어》 가연성. **Inflammation** [...ma'tsioːn], die; -en [lat. īnflammātio] **1.** [의학] 염증. **2.** [고어] 불, 화재. **inflammieren** [...'miːrən] ⟨h⟩ [lat. īnflammāre] [교양어] 감격시키다, 불타오르게 하다.
inflatieren [ɪnfla'tiːrən] ⟨h⟩ 《드물게》 ↑ inflationieren.
Inflation [...'tsioːn], die; -en [lat. īnflatio] **1. a)** [경제] 인플레이션, 통화 팽창(반대: Deflation): eine steigende I. 상승하고 있는 인플레이션; die I. stoppen 인플레이션을 막다. **2.** 팽창, 과잉. **inflationär** [...tsio'nɛːɐ] ⟨Adj.⟩ **a)** 인플레이션을 일으키는, 화폐 가치의 하락을 촉진하는. **b)** 인플레이션의. **inflationieren** [...'niːrən] ⟨h⟩ **1.** 화폐 가치의 하락을 촉진하다. **2.** (인플레이션으로) 가치를 절하하다. **Inflationierung,** die; -en ↑ inflationieren의 명사형. **Inflationismus** [...'nɪsmʊs], der; - 《전문어》 통화 팽창론, 인플레이션 정책. **inflationistisch** ⟨Adj.⟩ **1.** 통화 팽창론의, 인플레이션 정책의. **2.** ↑ inflationär (반대: deflationistisch).

inflations-, Inflations- (Inflation 1 a): ~**bekämpfung,** die 인플레 극복: Maßnahmen zur I. 인플레 극복 조치들. ~**gefahr,** die 인플레 위험. ~**geld,** das 인플레이션 통화. ~**geschädigt** ⟨Adj.⟩ 인플레이션의 피해를 당한. ~**gewinn,** der 인플레이션을 통한 축재[이득]. ~**hemmend** ⟨Adj.⟩ 인플레이션을 억제(저지)하는: -e Maßnahmen 인플레이션 억제 조치들. ~**jahr,** das 인플레이션 연도[해]. ~**politik,** die 인플레이션 정책. ~**rate,** die 통화 팽창률. ~**treibend** ⟨Adj.⟩ 인플레이션을 촉진하는. ~**zeit,** die 인플레이션 시대: während[in] der I. 인플레이션 시대에.

inflatorisch [ɪnfla'toːrɪʃ] ⟨Adj.⟩ **1.** ↑ inflationär (a, b). **2.** 팽창하는, 과잉의.
inflexibel [《또한》 --'---] ⟨Adj.⟩ [lat. īnflexibilis] **1.** 《드물게》 구부러지지 않는, 경직된. **2.** 《교양어》 드물게》 불굴의, 강경한, 완고한, 가차없는. **3.** [언어] 불변화의. **Inflexibile** [ɪnfle'ksiːbila], das; - ...bilia [...ksi'biːlia] [언어] 변화하지 않는 품사, 불변화 품사. **Inflexibilität** [...bili'tɛːt], die 《교양어》 **1.** 경직성, 뻣뻣함. **2.** 굽힐 수 없음, 외고집.
Infloreszenz [ɪnflɔres'tsɛnts], die; -en [식물] ↑ Blütenstand. **in floribus** [ɪn 'floːribʊs; lat.] [교양어] 전성기에, 번창하고 있는.
Influenz [ɪnflu'ɛnts], die; -en [lat. influentia] [전기] 감응, 정전유도[정전 유도]: [전기] psychische I. 심리적 영향[작용]. **Influenza** [ɪnflu'ɛntsa], die [ital. influenza] 《준고어》 유행성 감기. **Influenzelektrizität,** die 감응전기, 유도전기. **influenzieren** [ɪnfluɛn'tsiːrən] ⟨h⟩ [전기] 유도하다, 감응하다: influenzierte Ladungen 유도전하(誘導電荷). **Influenzmaschine,** die [전기] 유도[기전]기.
Info ['ɪnfo], das; -s, -s 《통용어》 ↑ Informationsblatt의 약칭.
infolge [ɪn'fɔlgə] 《사건의 결과로서》 **a)** ⟨Präp.²⟩ …의 결과로서, …때문에, …에 의하여, …에 기인하여, …에 따라서, …의 힘으로: Unfälle i. dichten Nebels 짙은 안개로 인한 사고. **b)** ⟨Adv.⟩ i. von Massenerkrankungen ist der Betrieb nicht voll arbeitsfähig 집단 발병으로 인해 공장은 완전 가동되고 있지 못하다. **infolgedessen** ⟨Adv.⟩ 그 결과로서, 그 때문에, 그런 까닭에, 따라서: er ist noch nicht lange hier; i. hat er wenig Erfahrung 그는 아직 이곳에 오래 체류하지 않았다. 그래서 그는 경험이 많지 않다.

in folio [ɪn 'foːlio; lat.] [서적] 2절판으로.
Infomobil [ɪnfomo'biːl], das; -s, -e 《통용어》 이동 안내소.
informal ⟨Adj.⟩ [engl. informal] [특히 사회] 정식이 아닌, 비공식의, 약식의, 형식[격식]을 차리지 않는.
Informalismus [ɪnfɔrma'lɪsmʊs], der; - ↑ Informel.
Informand [ɪnfɔr'mant], der; -en, -en [lat. īnfōrmandus] **a)** 정보 수용자. **b)** 정보 제공 전담 기술자. **Informant** [-], der; -en, -en **1.** 정보 제공자: -en der Regierung 정부 정보 제공자들. **2.** [언어] 정보 제공자. **Informatik** [...'maːtɪk], die 정보 과학, 전산학, 전산 정보학. **Informatiker,** der; -s, - 정보 과학자, 전산학자, 전산 정보 학자. **Information** [...ma'tsioːn], die; -en [lat. īnfōrmātio] **1.** 통보, 보도, 알림: zu Ihrer I. teilen wir Ihnen mit, daß … 참고하시라고 당신에게 …을 전달합니다. **2. a)** 정보, 통보, 자료: -en einholen (liefern) 정보를 수집(공급)하다; nähere -en erhalten Sie bei … 보다 상세한 정보는 …에(게)서 입수하실 수 있습니다. **b)** ⟨대개 Pl.⟩ 보고, 정보, 견문: -en sickern durch 정보가 누설되다; -en austauschen 정보를 교환하다; nach neuesten -en 최신 정보에 의하면. **3.** [인공 두뇌학] [부호시스템에서] 정보에 속한 특성, 전달 정보 내용. **4.** ↑ Auskunft (2): erkundigen Sie sich bei der I. 안내소에서 문의하십시오. **informationell** [...tsio'nɛl] ⟨Adj.⟩ 정보에 관한.

informations-, Informations-: ~**austausch,** der 정보 교환. ~**bank,** die ↑ Datenbank. ~**bedürfnis,** das 정보의 욕구(수요). ~**besuch,** der 《정보 수집》 방문(시찰). ~**blatt,** das 정보 안내지, 정보 팸플릿. ~**büro,** das 안내소, 정보부. ~**defizit,** das 정보 결손. ~**dienst,** der 정보 서비스: einen I. aufbauen 정보 서비스를 구축하다. ~**fluß,** der ⟨Pl. 없음⟩ 정보의 흐름. ~**flut,** die 정보의 홍수. ~**freiheit,** die ⟨Pl. 없음⟩ 정보의 자유: Informations- u. Meinungsfreiheit 정보와 의견의 자유. ~**gehalt,** der 정보의 내용. ~**gespräch,** das 정보(수집)대화[문답]. ~**hungrig** ⟨Adj.⟩ 정보에 굶주린, 정보를 갈망하는. ~**lawine,** die ↑ 정보의 공백[결함]이 있다. ~**material,** das 정보 자료. ~**mittel,** das 정보 수단. ~**quelle,** die 정보원(情報源). ~**reise,** die 정보 수집 여행. ~**stand,** der **1.** 안내소: am I. nach der zuständigen Stelle fragen 안내소에서 주무부서(主務部署)가 어디 있는지 물어보다. **2.** 정보 수준(범위). ~**stelle,** die 정보 수집 안내처. ~**tagung,** die 정보 회의. ~**theoretisch** ⟨Adj.⟩ 정보 이론의. ~**theorie,** die **1.** 정보 이론. **2.** 정보(종속)이론(심리학의 한 분야). ~**träger,** der ↑ Datenträger. ~**verarbeitung,** die [전산] 정보 처리. ~**wert,** der 정보의 가치. ~**wissenschaft,** die 정보 과학. ~**zentrum,** das

정보 센터, 안내 센터.

informativ [ɪnfɔrmaˈtiːf] 〈Adj.〉《교양어》정보를 주는, 유익한, 계몽적인: der Vortrag war wirklich i. 그 강연은 정말로 계몽적이었다. **Informator** [...ˈmaːtor, 〈또한〉...toːr], der; -s, ...oren [...maˈtoːrən] 정보 제공자, 통보자. **informatorisch** [...maˈtoːrɪʃ] 〈Adj.〉《교양어》교훈[계몽]적인, 정보를 주는, 대국(大局)을 내다보게 하는: das Gespräch hatte rein -en Charakter 그 대화는 순전히 개괄적인 성격을 띠었다.

Informel [ɛfɔrˈmɛl], das; - [frz. (art) informel] 비구상주의(非具象主義)(1950년대 미술의).

¹**informell** [ɪnfɔrˈmɛl] 〈Adj.〉《교양어・드물게》↑ informatorisch: ich komme i. zu Ihnen 나는 당신에게 물어보기 위해 왔다.

²**informell** [-] 〈Adj.〉[frz. informel] 《교양어》**a)** (공식적으로) 위임받지 않은: -e Gruppe (정식이 아닌) 뜻있는 사람들의 그룹. **b)** 비공식의: ein kurzer, -er Empfang 잠시 동안의 비공식 리셉션; die -e Kunst ↑ Informel.

informieren [ɪnfɔrˈmiːrən] 〈h〉[lat. īnfōrmāre] **a)** 가르치다, 교시하다, 통지하다, 알리다, 정보를 제공하다: jmdn. über etw. rechtzeitig i. 누구에게 무엇에 관해 적시에 알리다; er ist immer bestens informiert 그는 항상 정보를 잘 제공받고 있다. **b)** 〈i. + sich〉조회하다, 조사하다, 정보를 수집하다; ich habe mich eingehend über die Lage informiert 나는 상세히 그 상황에 관해 정보를 수집했다. **Informiertheit**, die 정보 수집 상태, 정보[견문]에 통달함. **Informierung**, die; -en 교시, 통지, 정보 제공, 알림. **Infothek** [ɪnfoˈteːk], die; -en (고속 도로 구간에 설치된) 교통 정보 기억 장치, 정보 센터.

infra-, Infra- [ɪnfra-; lat.] (하부에, 아래(unterhalb)의 뜻을 가진 고정 전철로서)(예컨대: infrarot, Infraschall). **Infragrill**, ⓦ₂ der; -s, -s 적외선 그릴. **infrakrustal** [...krʊsˈtaːl] 〈Adj.〉[지질] 지각(地殼) 밑에 있는. **Infraktion** [ɪnfrakˈt͡sjoːn], die; -en [의학] 불완전 골절. **infrarot** 〈Adj.〉적외선의: etw. i. bestrahlen 무엇에 적외선을 방사하다, 무엇을 적외선으로 투사하다. **Infrarot**, das; -s [물리] 적외선. **Infrarotbestrahlung** [(또한) −−ˈ−−−], die; -en [의학] 적외선 조사(照射). **Infrarotfilm** [(또한) −−ˈ−−], der; -(e)s, -e 적외선 필름. **Infrarotfilter**, der / 〈전문어〉das [사진] 적외선 여광기(濾光器)[필터]. **Infrarotgrill** [(또한) −−ˈ−−], der; -s, -s ↑ Infragrill. **Infrarotheizung** [(또한) −−ˈ−−−], die; -en 적외선 난방. **Infrarotlampe** [(또한) −−ˈ−−−], die; -n 적외선 램프[전등]. **Infrarotstrahl** [(또한) −−ˈ−−], der; -s, -en 〈대개 Pl.〉적외선. **Infrarotstrahler** [(또한) −−ˈ−−−], der; -s, - 적외선 방사(조사) 장치. **Infraschall**, der; -(e)s [물리] 가청 이하의 음파, 초저 주파음(超低周波音)〈반대〉Ultraschall〉. **Infrastruktur**, die; -en **1.** 하부 구조(교통망, 노동력 따위), 기초 구조, (경제) 기반. **2.** 하부 시설(군사력 유지에 필요한 시설 전반). **infrastrukturell** [(또한) −−−−ˈ−] 〈Adj.〉하부 구조의, 하부 시설의.

Infraktion [ɪnfrakˈt͡sjoːn], die; -en [lat. īnfrāctio] [의학] 불완전 골절.

Inful [ˈɪnful], die; -n [lat. infula] **1.** (고대 로마의 신관(神官)・총독이 쓴) 흰색의 머리띠, 인물. **2.** [가] ↑ Mitra. **infuliert** [ɪnfuˈliːɐ̯t] 〈Adj.〉[lat. infulare] **1.** [가] 인물을 쓸 자격이 있는, 인물을 수여하여 표창 받은. **2.** [문장(紋章)] 주교관(主敎冠)(Inful 2)을 쓴.

infundieren [ɪnfunˈdiːrən] 〈h〉[lat. īnfundere] [의학] (조직 속으로) 주입하다, 침윤하다. **Infus** [ɪnˈfuːs], das; -es, -e, 〈특히 전문어〉**Infusum** [ɪnˈfuːzʊm], das; ...sa [lat. īnfūsum] [의학] 침제(浸劑), 달인 액체. **Infusion** [ɪnfuˈzjoːn], die; -en [lat. īnfūsio] [의학] 주입(注入): der Patient bekam -en 그 환자는 주사를 맞았다. **Infusionstierchen**, das ↑ Infusorium. **Infusorienerde**, die ↑ Kieselgur, Diatomeenerde. **Infusorium** [ɪnfuˈzoːriʊm], das; -s, ...ien [...jən] 〈대개 Pl.〉[생물] 적충류(滴蟲類). **Infusum**: ↑ Infus.

Ing. = Ingenieur.

Inganghaltung, die 《격식독어》계속 운전하기, (사물의) 유지. **Ingangsetzung**, die 《격식독어》운전 개시, 운동하기, 시동걸기; 개시.

Ingebrauchnahme [...naːmə], die 《격식독어》사용하기, 이용하기.

in genere [ɪn ˈɡeːnere, 〈또한〉-ɡɛn...; lat.] 《교양어》일반적으로, 대개. **ingeneriert** [ɪnɡeneˈriːɐ̯t] 〈Adj.〉[lat. ingenerāre] [의학] 타고난.

Ingenieur [ɪnʒeˈnjøːɐ̯], der; -s, -e [frz. ingénieur] 기사, 기술자, 엔지니어: I. für Tiefbau 지하 공사 기술자; den Grad eines -s erwerben 엔지니어 자격을 획득하다 (약어: Ing.).

ingenieur-, Ingenieur-: ~**akademie**, die ↑ ~schule. ~**bau**, der **1.** 기술 건축. **2.** 〈Pl. -ten〉[기술] 기술 건축물. ~**beruf**, der 기술자 직업. ~**biologie**, die [engl. bioengineering] 생물(생체) 공학. ~**büro**, das 기술지도 사무소. ~**geologe**, der 토목 지질학자. ~**geologie**, die 토목 지질학. ~**korps**, das 기술 장교단, 공병대. ~**ökonom**, der 〈구동독〉기술 경제학자. ~**ökonomie**, die 기술 경제학. ~**schule**, die 공업 전문 학교, 기술 전문학교. ~**technisch** 〈Adj.〉엔지니어 업무의, 엔지니어 기술상의: das -e Personal 엔지니어 기술 요원. ~**wissenschaft**, die 〈대개 Pl.〉공학.

Ingenieurin [ɪnʒeˈnjøːrɪn], die -nen ↑ Ingenieur의 여성형. **ingeniös** [ɪnɡeˈnjøːs] 〈Adj.〉[frz. ingénieux] 《아어》**a)** 재간이 있는, 창조력이 있는, 발명의 재주가 있는: eine -e Begabung 독창적인 재능. **b)** 재치있는, 명민한, 요령 있는: eine Fülle -er Abwehrmaßnahmen 일련의 요령 있는 방어 조치. **Ingeniosität** [...njoziˈtɛːt], die [lat. ingeniōsitās] 《아어》**a)** 독창력. **b)** 솜씨 (있음). **Ingenium** [ɪnˈɡeːnjʊm], das; -s, ...ien [...jən; lat. ingenium] 《아어》천부의 재능, 명민: sein schauspielerisches I. 배우로서의 소질. **Ingenuität** [ɪnɡenuiˈtɛːt], die [lat. ingenuitās] **1.** 《고어》솔직(함), 공명정대(함), (태도가) 자연스러움. **2.** (고대 로마 및 중세의) 자유의 몸으로 태어남, 자유.

Ingerenz [ɪnɡeˈrɛnt͡s], die; -en [법] 위험 상태의 야기 (예컨대: 도로공사 장소의 방치 등).

Ingermannland [ˈɪŋɐmanlant], das; -(e)s 판란드만의 지명.

Ingesinde, das; -s 《고어》↑ Gesinde.

Ingesta [ɪnˈɡɛsta] 〈Pl.〉[lat. ingesta] [의학] 섭취물, 영양물. **Ingestion** [ɪnɡɛsˈtjoːn], die; -en [lat. ingestio] [의학] 음식물(영양분) 섭취.

ingezüchtet [ˈɪnɡət͡sʏçtət] 〈Adj.〉동계교배(同系交配)로 생긴.

ingleichen 〈Adv.〉《고어》똑같이, 마찬가지로, 그와 같이.

in globo [ɪn ˈɡloːbo; lat.] 《교양어》전체적으로, 총계로.

Ing.(grad.) = graduierter Ingenieure.

Ingot [ˈɪnɡɔt], der; -s, -s [engl. ingot] [금속] **1.** 잉곳, 주괴(鑄塊). **2.** (금, 은 등의) 덩어리, 괴.

Ingrainpapier [ɪnˈɡreːn-], das; -s, -e [engl. ingrain] 염색한 모사의 거친 표면으로 된 제도용지.

Ingrediens [ɪnˈɡreːdjɛns], das; -, ...nzien [...ˈɡreːdiɛntsjən] 〈대개 Pl.〉[lat. ingrediēns], **Ingredienz** [ɪnɡreˈdjɛnts], die; -en 〈대개 Pl.〉[lat. ingredientia]

a) 【특히 약학·요리】 첨가물: 전의 das Ingrediens, das das Stück tragisch machen würde, fehlt 이 연극을 비극적으로 만들 요인이 없다. **b)** 요소, 성분.
Ingremiation [ingremia'tsio:n], die; -en 【고어】 입회 허가.
Ingrespapier ['ɛ:gr-], das; -s 【프랑스의 화가 J.A.D. Ingres (1780~1867)의 이름에서 연유함】 데생·크레용 그림 용의 색도화지.
Ingreß [in'grɛs], der; ...esses, ...esse [lat. ingressum] 【고어】 진입, 입장. **Ingression** [ingrɛ'sio:n], die; -en [lat. ingressio] 【지질】 바다의 진입(육지가 침하되어).
ingressiv ['ingrɛsi:f, 《또한》——'—] 〈Adj.〉【언어】 **1.** 기동적(起動的)인(예컨대: entzunden, erblassen 같은 동사)(반대: egressiv 1). **2.** 흡입음의. **Ingressivum** [ingrɛ'si:vum], das; -s, ..va 【언어】 기동(起動)동사.
Ingrimm ['ingrim], der; -(e)s 〈아이〉 통분, 분노, 원한. **ingrimmig** 〈Adj.〉 《아이》 원한[분노, 통분]을 품고 있는: eine -e Miene 원한을 품은 표정.
in grosso [in 'grɔso; ital.] 〈고어〉 ↑en gros.
Ingroup ['ingru:p], die; -s [engl. ingroup] 【사회】 우리들 집단, 인 그룹(반대: Outgroup).
inguinal [ingui'na:l] 〈Adj.〉 [lat. inguen] 【의학】 서혜부(鼠蹊部)의.
Ingwäonen 〈Pl.〉 잉베온족(族)(북해 연안의 고대 게르만의 한 부족). **ingwäonisch** [ingvɛ'o:niʃ] 〈Adj.〉 잉그베온족의. **Ingwäonismus** [ig(g)vɛo'nismus], der; -, ...men [lat. Ingaevones] 【언어】 잉그베온족의 언어 특징(예컨대: 고대 작센 방언에 남아 있는).
Ingwer ['iŋvɐ], der; -s, - [lat. gingiber, zingiber < griech. ziggíberis] **1.** 〈Pl. 없음〉 생강. **2. a)** 〈생강(1의 뿌리). **b)** 〈Pl. 없음〉 생강 향료. **3.** 생강 리큐르 술.
Ingwer-: **~bier**, das 전저 비어. **~gebäck**, das 생강 빵. **~gewächs**, das 【식물】 생강과 식물(열대·아열대 지방에서 과실 혹은 관목으로 생강하는). **~marmelade**, die 생강 잼. **~öl**, das 생강유(油). **~stäbchen**, das 설탕에 절인 생강.
Inhaber [inha:bɐ], der; -s, - **a)** 【특히 법】 점유자, 소유자: der I. der Staatsgewalt[des Weltrekords] 국가 권력 점유자[세계 기록 보유자]. **b)** 주인, 임자(약어: Inh.): er ist I. eines Tabakwarenladens 그는 담배 가게의 주인이다. **Inhaberaktie**, die; -n 【경제】 무기명 (無記名)주식(반대: Namensaktie). **Inhaberin**, die; -nen ↑Inhaber의 여성형. **Inhaberpapier**, das; -s, -e 【경제】 무기명(無記名)증권(반대: Namenspapier, Rektapapier).
inhaftieren [inhaf'ti:rən] 〈h〉 체포하다, 구류하다, 구인(拘引)하다; jmdn. versehentlich i. 누구를 실수로 구금하다. **Inhaftierte***, der / die 복역수(服役囚), 유치인(留置人). **Inhaftierung**, die; -en 체포, 구금, 구인(拘引). **Inhaftnahme** [...na:mə], die; -n 〈격식독어〉 체포, 구류, 투옥.
Inhalation [inhala'tsio:n] die; -en [lat. inhālātio] 【의학】 흡입(吸入). **Inhalationsapparat**, der; -(e)s, -e 【의학】 흡입기. **Inhalationsgerät**, das; -(e)s, -e 【의학】 흡입기. **Inhalator** [...'la:tor, 《또한》 ...to:ɐ], der; -s, -en [la'to:rən] ↑Inhalationsapparat. **inhalieren** [...'li:rən] 〈h〉 [lat. inhālāre] **1. a)** 【의학】 흡입하다: die Morgenluft i. 그는 아침공기를 깊이 들이마셨다. **b)** 《통용어》 폐 속까지 들이마시다: (den Zigarettenrauch) tief i. (담배연기를) 깊이 폐 속까지 들이마시다. **2.** 《농》 **a)** (술을) 마시다. **b)** 섭취하다, 먹다.
Inhalt ['inhalt], der; -(e)s, -e **1. a)** 안에 든 것, 내용물:

er legte den I. seiner Hosentasche auf den Tisch 그는 바지 호주머니에 든 것을 책상 위에 내놓았다; sie warf die Flasche samt I. weg 그녀는 병을 내용물이 든 채 내던졌다. **b)** 【특히 수학】 용적, 체적, 면적: den I. eines Dreiecks berechnen 삼각형의 면적을 계산하다. **2. a)** 내용, 내포(內包): jmdm. den I. eines Films erzählen 누구에게 영화의 내용을 이야기하다; das Drama hat die Geschichte einer Familie zum I. 이 드라마는 어느 가족의 역사를 내용으로 하고 있다; der I. eines Wortes 【언어】 단어의 의미. **b)** 취지, 요지, 내용: der I. einer Maßnahme 어떤 조치의 취지; seinem Leben mit etwas einen I. geben 무엇으로 자신의 삶에 내용을 부여하다.

inhalt-: **~arm**: ↑inhaltsarm. **~bezogen**, 《드물게》 inhaltsbezogen 〈Adj.〉 【언어】 내용 중심의: -e Sprachbetrachtung 내용 중심 언어 고찰. **~gleich**: ↑inhaltsgleich. **~leer**: ↑inhaltsleer. **~los**: ↑inhaltslos. **~reich**: ↑inhaltsreich. **~schwer**: ↑inhaltsschwer. **~voll**: ↑inhaltsvoll.
inhaltlich 〈Adj.〉 내용에 관한, 내용(상)의, 내용에 따른: die -e Struktur des Dramas 그 희곡의 내용상의 구조; die Aussagen der Zeugen stimmen i. völlig überein 증인들의 진술은 내용면으로 완전히 일치한다.
inhalts-, Inhalts-: **~angabe**, die 개요, 내용 설명, 요약: das Programmbuch enthält eine kurze I. der Komödie 프로그램 책에는 희극의 짧은 내용 설명이 들어있다. **~arm**, 《드물게》 inhaltarm 〈Adj.〉 《아이》 내용이 빈약한. **~bezogen**: ↑inhaltbezogen. **~erklärung**, die (소문 우송시 적어내는) 내용 설명. **~gleich**, 《드물게》 inhaltgleich 〈Adj.〉 내용이 같은, 내용상 일치하는. **~leer**, 《드물게》 inhaltleer 〈Adj.〉 ↑~los. **~los**, 《드물게》 inhaltlos 〈Adj.〉 내용이 없는, 공허한. **~losigkeit**, die ↑~los의 명사형. **~reich**, 《드물게》 inhaltreich 〈Adj.〉 내용이 풍부한. **~schwer**, 《드물게》 inhaltschwer 〈Adj.〉 의미심장한, 내용이 중요한. **~seite**, die 【언어】 내용면(반대: Ausdrucksseite). **~übersicht**, die ↑~verzeichnis (a). **~verzeichnis**, das **a)** 목차, 목록, 색인. **b)** 내용 목록: dem Paket legte sie ein I. bei 그녀는 소포에 내용 목록을 동봉했다. **~voll**, 《드물게》 inhaltvoll 〈Adj.〉 ↑~reich.
inhärent [inhɛ'rɛnt] 〈Adj.〉 [lat. inhaerēns] 【철학·교양어】 (…에) 내재하는, 타고난, 고유의, 부착(부속)의: die Unwissenschaftlichkeit ist dieser Methode i. 비과학적 특징이 이 방법에 내재하고 있다. **Inhärenz** [...'rɛnts], die 【철학】 내재(內在), 고유성, 선천성; 부속(附屬). **inhärieren** [...'ri:rən] 〈h〉 《철학·교양어》 (…에) 부착[부속]되다, 내재하다, 타고나다.
inhibieren [inhi'bi:rən] 〈h〉 [lat. inhibēre] 【고어】 금지[제지(制止)]하다, 억제하다. **Inhibierung**, die; -en 《고어》 ↑Inhibition. **Inhibin** [...'bi:n], das; -s, -e 【의학】 인히빈. **Inhibition** [...bi'tsio:n], die; -en [lat. inhibitio] 《고어》 방해, 저지, 금지, 가처분(假處分). **Inhibitor** [in'hi:bitor, 《또한》 ...to:ɐ], der; -s, -en [...hibi'to:rən] 【화학】 억제제(劑). **inhibitorisch** 〈Adj.〉 【법·고어】 억제[방해]하는, 금지하는.
in hoc salus [in 'ho:k 'za:lus, lat.] 이 십자가 속에 구원이 있도다.
in hoc signo [in 'ho:k 'zigno; lat.] 이 표시(십자가)에 의해서 너는 승리를 얻을 것이다.
inhomogen [(《또한》———'—] 〈Adj.〉 《교양어》 이질 (異質)의. **Inhomogenität** [(《또한》'————], die 《교양어》 이질(성).
in honorem [in ho'no:rɛm, lat.] 《교양어》 경의를 표하여, (누구를) 위하여.
inhuman [(《또한》——'—] 〈Adj.〉 [lat. inhūmānus]

Inhumanität

《교양어》비인간적인, 인정이 없는, 무정한, 잔혹한(반대: human 1 a): die Gefangenen wurden i. behandelt 포로들은 비인간적인 대우를 받았다. **Inhumanität** [(또한)'-----], die; -en [lat. inhūmanitās] 1. 〈Pl. 없음〉비인간적임. 2. 비인간적 행동.

in infinitum [ɪn ɪnfi'ni:tʊm; lat.] 《교양어》↑ad infinitum. **in integrum** [ɪn 'ɪntegrʊm; lat.] 《다음 용법으로》**in i. restituieren** 〔법·고어〕원상으로 회복시키다.

Iniquität [inikvi'tɛːt], die [lat. inīquitās] 《교양어·고어》불공평, 가혹, 냉혹.

initial [ini'tsi̯aːl] 〈Adj.〉 [lat. initiālis] 《교양어》최초의, 처음의. **Initial:** ↑Initiale.

Initial-: ~buchstabe, der ↑Initiale. **~sprengstoff**, der 《대개 Pl.》기폭제(起爆劑). **~wort**, das 〔언어〕↑Akronym. **~zellen** 〈Pl.〉 〔식물〕원시세포. **~zünder**, der ↑ ~sprengstoff. **~zündung**, die 1. 기폭(起爆). 2. 착상, 원래 세운 계획.

Initiale, die; -n, (드물게) Initial, das; -s, -e 머리[첫] 글자, (처음의) 장식 글자. **Initiand** [ini'tsi̯ant], der; -en, -en [lat. initiandus] 〔전문어·교양어〕입회후보자, 비밀단체 가입후보자. **Initiant** [-], der; -en, -en 1. 《교양어》주도자. 2. 〈schweiz.〉a) 의안 제출권자, 발의권자. b) 의안 제출권한 행사자, 발의권 행사자. **Initiantin**, die; -nen ↑Initiant의 여성형. **Initiation** [initsi̯a'tsi̯oːn], die; -en 〔사회·민속〕비결[법]의 전수[비전(秘傳)], 비밀 조직 가입[입회] (원시 민족의) 성년식. **Initiationsritus**, der 《대개 Pl.》〔사회·민속〕성년식. **initiativ** [initsi̯a'tiːf] 〈Adj.〉 1. 《교양어》자발적인, 적극적인, 주도적인: in einer Sache i. werden 어떤 일에 주도권을 쥐다. 2. 〈schweiz.〉국민 발안[발의]을 준비하는.

Initiativ-: ~antrag, der 〔의회〕발의, 제안. **~begehren**, das 〔의회〕〈schweiz.〉국민 발안(發案). **~gruppe**, die 이니셔티브 그룹. **~recht**, das 〔의회〕의안 제출권.

Initiative [initsi̯a'tiːvə], die; -n [frz. initiative] 1. a) 이니시어티브, 주도(권); 발의, 창의, 자발성: die entscheidende I. in dieser Angelegenheit 이번 일에 있어서 결정적인 이니시어티브; er hat mir die I. überlassen 그는 나에게 주도권을 양도했다; etwas aus eigener I. tun 무엇을 자발적으로 행하다. b) 〈Pl. 없음〉결단력 (Entschlußkraft), 기업심[사업욕](Unternehmungsgeist): I. entfalten 결단력[기업심]을 계발하다; es ist seiner I. zu verdanken, daß... ~은 그의 결단력 덕분이다; er ist ein Mann mit I. 그는 결단력이 있는 남자이다. 2. Bürgerinitiative의 약칭. 3. 〔의회〕발의권. 4. 〈schweiz.〉국민청원. **Initiator** [ini'tsi̯aːtor, (또한)...toːr], der; -s, -en [...i̯a'toːrən; lat. initiātor] 《교양어》발기인, 발의자, 창시자, 선창자: er ist der I. des Unternehmens 그가 기업의 발기인이다. **Initiatorin**, die; -nen ↑Initiator의 여성형. **initiatorisch** 〈Adj.〉 《교양어》주도적인, 선동적인. **Initien** [i'ni:tsi̯ən] 〈Pl.〉 [lat. initia] 《교양어》초보, 기초단계. **initiieren** [initsi'iːrən] 〈h〉 [lat. initiāre] 《교양어》 1. 발의하다, 제창[발기]하다; 준비하다; 시작하다: ein Projekt i. 어떤 프로젝트를 준비한다. 2. (단체에) 가입[시키]다, (관직에) 앉히다, 입회시키다, ~에게 비법을 전수하다. **Initiierung**, die; -en ↑initiieren의 명사형.

Injektion [ɪnjɛk'tsi̯oːn], die; -en [lat. iniectio] 1. 〔의학〕주사, 주입: jmdm. eine I. geben [verabreichen] 누구에게 주사를 한 대 주다. 2. 〔의학〕충혈. 3. 〔토목〕경화제(硬化制)의 주입. 4. 〔지질〕관입(貫入). 5. 〔물리〕(소립자의) 도핑.

Injektions-: ~lösung, die 〔의학〕주사액. **~mittel**, das 주사제(注射劑). **~nadel**, die 주사 바늘: die I. in die Vene einstechen 정맥에 주사바늘을 찔러넣다. **~spritze**, die 주사기.

injektiv ['ɪnjɛkti:f, (또한) ---'-] 〈Adj.〉 〔수학〕단사(短射)(의), 단사적, 일대일의. **Injektiv**, der -s, -e, **Injektivlaut**, der 〔언어〕내파음. **Injektomane** [ɪnjɛkto'maːnə], der; -n, -n 〔심리〕병적으로 주사를 맞고 싶어하는 사람.

Injektomanie, die 주사를 맞고 싶은 병적 욕망. **Injektor** [ɪn'jɛkɔr, (또한)...toːr], der; -s, -en [...'toːrən] 〔기술〕1. 증기 분사 펌프. 2. 광산 천공시 흡입기 속으로 압력공기를 주입시키는 기계, 인젝터, 주입기. **injizieren** [ɪnji'tsiːrən] 〈h〉 [lat. inicere] 〔의학〕주(주입)하다: einem Patienten ein Heilmittel in den Arm i. 환자에게 치료제를 팔에 주사하다; der Zuckerkranke injiziert sich das Insulin selbst 당뇨병 환자는 스스로 인슐린 주사를 맞는다.

injungieren [ɪnjʊŋ'giːrən] 〈h〉 [lat. iniungere] 《교양어·고어》(에게) ~을 의무로서) 과하다, 명령[지령]하다, 엄명하다. **Injunktion** [...ŋk'tsi̯oːn], die; -en [lat. iniūnctio] 《교양어·고어》엄명, 규정, 의무 강요, 명령.

Injuriant [ɪnju'riant], der; -en, -en [lat. iniūriāns] 《교양어·고어》비방자, 명예훼손자, 중상자. **Injuriat** [...'riaːt], der; -en, -en 《교양어·고어》모욕[비방] 받은 자, 명예 훼손당한 자. **Injurie** [ɪn'juːri̯ə], die; -n [lat. iniūria] 〔법·교양어〕모욕, 비방, 명예 훼손. **Injurienklage**, die; -n 〔법〕명예 훼손에 대한 고소. **injuriieren** [ɪnju'riːrən] 〈h〉 [lat. iniūriāre] 《교양어·고어》모욕하다, 명예를[중상] 하다. **injuriös** [...riøːs] 〈Adj.〉 [lat. iniūriōsus] 《교양어·고어》비방하는, 명예를 훼손하는.

Inka ['ɪŋka], der; -(s), -(s) 잉카 사람, 잉카족, 잉카왕(족). **Inkabein** [ɪŋka-], das; -(e)s, -e, **Inkaknochen**, der; -s, - [잉카족에게 이러한 현상이 목격된 데서 연유함] 〔해부〕잉카골(骨), 두정간골(頭頂間骨).

Inkantation [ɪnkanta'tsi̯oːn], die; -en [lat. incantātio] 〔민속〕주문(呪文), 마법, 마술, 마술을 부리기.

Inkardination [ɪnkardina'tsi̯oːn], die; -en [lat. incardinatio] 〔가〕교구 입적(반대: Exkardination).

inkarnat [ɪnkar'naːt] 〈Adj.〉 [frz. incarnat] 《예술·고어》살색의. **Inkarnat** [-], das; -(e)s 〔예술〕살색. **Inkarnation** [ɪnkarna'tsi̯oːn], die; -en [lat. incarnatio] 1. 〔종교〕인간의 모습을 하고 나타남, 현현(顯現). 2. 《교양어》구체화, 체현(體現), 화신. **Inkarnatrot**, das; -s, - ↑Inkarnat. **inkarnieren** [...'niːrən], sich, auch 〈h〉 [lat. incarnāre] 《교양어》구체화되다. **inkarniert** 〈Adj.〉 1. 〔특히 종교〕인간의 모습을 취한, 육화(肉化)된. 2. 《교양어》구체화된.

Inkarzeration [ɪnkartsera'tsi̯oːn], die; -en [lat. incarcerātio] 〔의학〕감돈(嵌頓)(예컨대: 탈장[脫腸]시의). **inkarzeriert** [...'riːrt] 〈Adj.〉 [lat. incarcerātus] 〔의학〕감돈된.

Inkassant [ɪnka'sant], der; -en, -en 〈österr.〉경리원. **Inkassantin**, die; -nen ↑Inkassant의 여성형. **Inkasso** [ɪn'kaso], das; -s, -s /...si [ital. incasso] 〔은행〕징수, 회수, 수금.

inkasso-, Inkasso-: ~bevollmächtigt 〈Adj.〉 현금 회수의 위임권을 가진. **~büro**, das 대금 징수 인수업. **~verfahren**, das 대금[채권] 회수절차. **~vollmacht**, die 대금[채권] 회수권.

Inkaufnahme [...naːmə], die 《격식독어》감수, 인종, 참음.

inkl. = inklusive.

Inklination [ɪnklina'tsi̯oːn], die; -en [lat. inclīnātio] 1. 《교양어》애호, 애착, 경향. 2. 〔지리〕복각(伏角). 3.

[수학] 경사, 경각(傾角). 4. [천문] (천체 궤도의) 경사.
inklinieren [...'niːrən] ⟨h⟩ [lat. inclīnāre] 《교양어·고어》 무엇쪽으로 기울다, 무엇에 애착을 표시하다.
inkludieren [ɪnklu'diːrən] 《교양어·고어·전문어》 포함하다(반대: exkludieren). **Inklusen** [ɪn'kluːzən] ⟨Pl.⟩ [lat. inclusi] (근동의 초기 기독교, 특히 서양의 중세 기독교에서 유폐된 상황에서 기도하는) 고행 참여자. **Inklusion** [ɪnklu'zioːn], die; -en [lat. inclūsio] 《전문어》 포괄, 포함, 함유. **inklusive** [ɪnklu'ziːvə]; das; -s, -s 《교양어》 …을 포함하여, …을 넣어(반대: exklusive): der Preis i. der Transportkosten 수송비 포함 가격; für das Zimmer bezahlten wir i. Frühstück 40 DM 방값으로 우리들은 아침식사 포함하여 40마르크를 지불했다. **II.** ⟨Adj⟩ 포함하여, 넣어: die Messe ist bis zum 20. März i. geöffnet 박람회는 3월 20일에 이르기까지(20일을 포함) 열린다.
inkognito [ɪn'kaɡnito] ⟨Adv.⟩ [ital. incognito] 《교양어》 익명으로, 남의 이름으로: i. reisen 변성명하여 여행하다. **Inkognito** [-], das; -s, -s 《교양어》 익명(생활), 변명(變名): sein I. wahren 익명 생활을 유지하다.
inkohärent [((또한)) ---'--] ⟨Adj⟩ [lat. incohaerēns] 《교양어》 일관성이 없는, 통일이 없는, 지리 멸렬한(반대: kohärent). **Inkohärenz** [((또한)) ---'-], die; -en 《교양어》 비일관성, 비정합성(반대: Kohärenz).
inkohativ [ɪnkoha'tiːf] ↑inchoativ.
inkohlt [ɪn'koːlt] ⟨Adj⟩ 탄화(炭化)한, 탄소가 함유된. **Inkohlung** [ɪn'koːlʊŋ], die; [1883년 독일 지질학자 C.W. von Gümbel(1823~1898)에 의해 형성된 개념] [지질] 탄화(炭化).
Inkolat [ɪnko'laːt], das; -s, -e [lat. incolātus] ↑Indigenat.
inkommensurabel ⟨Adj⟩ [lat. incommēnsūrābilis] 《교양어》 헤아릴 수 없는, 비교할 수 없는; 저울질할 수 없는(반대: Kommensurabel): inkommensurable Größen [수학] 공약수가 없는(약분할 수 없는) 수. **Inkommensurabilität**, die 《수학·물리·교양어》 비가측성, 비교불가능, 불가량(不可量)성; 저울할 수 없음(반대: Kommensurabilität).
inkommodieren [ɪnkomo'diːrən] ⟨h⟩ [frz. incommoder] 《교양어》 **a)** 괴롭히다, 번거롭게 하다. **b)** (i. + sich) 애쓰다, 수고하다. **Inkommodität** [...di'tɛːt], die; -en [lat. incommoditās] 《교양어·고어》 불편, 성가심, 번거로움, 폐를 끼침.
inkomparabel [((또한)) ---'--] ⟨Adj⟩ [lat. incomparābilis] **a)** 《교양어·고어》 비교할 수 없는(반대: Komparabel). **b)** 《언어·고어》 비교 변화가 불가능한 (예컨대: tot). **Inkomparabile**, das; -s, ...bilia [...'biːlia] /...bilien [...'biːliən] 《언어·고어》 비교 변화가 불가능한 형용사.
inkompatibel [((또한)) ---'--] ⟨Adj⟩ 《반대: kompatibel). **1.** [의학] 배합 금기(禁忌)의. **2.** 일치(양립)하지 않는. **3.** [언어] 연결(접합) 불가능한 (예컨대: der blonde Himmel).
Inkompatibilität, die [lat. ⟨Kompatibilität⟩. **1.** [의학] 배합금기, 부적합(성). **2.** [법] 비양립성. **3.** [언어] 연결(접합) 불가성.
inkompetent [((또한)) ---'--] ⟨Adj.⟩ [lat. incompetēns] **1.** 《반대: kompetent 1》 **a)** 무능력한, 전문 지식이 없는. **b)** 《법》 권한(자격)이 없는, 관할이 다른. **2)** [지질] 구조상 변형 가능한(반대: kompetent 2). **Inkompetenz** [((또한)) ---'-], die; -en 《반대: kompetenz 1). **a)** 무능력, 전문 지식이 없음. **b)** 【법】 무자격, 관할이 다름.

inkomplett [((또한)) ---'-] ⟨Adj.⟩ [frz. incomplet] 《교양어》 불완전한; 미완성의(반대: komplett 1 a).
inkompressibel [((또한)) ---'--] ⟨Adj.⟩ [물리] 압축(농축)할 수 없는(반대: Kompressibel). **Inkompressibilität** die 【물리】 압축[농축] 불능(반대: Kompressibilität).
inkongruent [((또한)) ---'-] ⟨Adj.⟩ [lat. incongruēus] **1.** 《교양어》 일치[부합, 조응]하지 않는, 부적당한. **2.** [수학] **a)** 불합동(不合同), 부등(不等)(반대: Kongruenz 2 a). **b)** 불일치(반대: Kongruenz 2 b).
inkonsequent [((또한)) ---'-] ⟨Adj.⟩ [lat. incōnsequēns] 《교양어》 일관성이 없는, 비논리적인, 불합리한, 모순된(반대: konsequent). **Inkonsequenz** [((또한)) ---'-], die; -en [lat. incōnsequentia] 《교양어》 일관성이 없음, 모순(반대: Konsequenz).
inkonsistent [((또한)) ---'-] ⟨Adj.⟩ **a)** 불안정한, 지속하지 않는; 무정견(無定見)의(반대: konsistent 1 b): ein -es Verhalten 지조없는 행동. **b)** 《특히 논리》 모순된, 일관성이 없는(반대: konsistent 2). **Inkonsistenz** [((또한)) ---'-], die 《교양어》 불안정, 무정견(반대: Konsistenz 1 b). **b)** 《특히 논리》 모순(반대: Konsistenz 2).
inkonstant [((또한)) ---'-] ⟨Adj.⟩ [lat. incōnstāns] 《물리·교양어》 변하기 쉬운, 일정하지 않은, 불안정한(반대: komstant). **Inkonstanz** [((또한)) ---'-], die [lat. incōnstantia] 【물리·교양어】 ↑inkonstant의 명사형(반대: Konstanz).
Inkontinenz [((또한)) ---'-], die; -en [lat. incontinēns] 【의학】 (대소변의) 실금(失禁)(반대: kontinenz 2).
Inkontro [ɪn'kontro], das; -s, -s / ...ri [ital. incontro] 【펜싱】 (반칙에 의해 벌점을 가산해 주는) 이중 명중.
inkonvenabel [((또한)) ---'--] ⟨Adj.⟩ [frz. inconvenable] 《반대: Konvenabel) 《교양어·고어》 **1.** 부적당한, 불편한. **2.** 어울리지 않는, 볼품없다. **inkonvenient** ['ɪnkɔnvenient, ((또한)) ---'-] ⟨Adj.⟩ [frz. inconvénient] 《교양어·고어》 **1.** 비(非)관습적인; 어울리지 않는, 부적당한. **2.** 불편한. **Inkonvenienz** [((또한)) ---'-], die; -en [lat. incōnvenientia] 《반대: Konvenienz》 《교양어·고어》 **1.** 부적당, 어울리지 않음. **2.** 불편, 형편이 나쁨.
inkonvertibel [((또한)) ---'--] ⟨Adj.⟩ [lat. inconvertibilis] **1.** [경제] 태환할 수 없는, 교환 불가능한(반대: konvertibel). **2.** 《교양어·고어》 개심[개종]시키기 어려운; 변화하지 않는.
inkonziliant [((또한)) ---'--] ⟨Adj.⟩ 《교양어》 비사교적인; 무뚝뚝한(반대: konziliant).
inkonzinn [((또한)) ---'-] ⟨Adj.⟩ [lat. inconcinnus] **1.** [수사·양식] 균형이 잡히지 않은, (문장 구조가) 조화되지 않은(반대: konzinn 1). **2.** 《교양어》 마음을 끌지 못하는, 마음에 들지 않는(반대: konzinn 2). **Inkonzinnität**, die [lat. inconcinnitās] **1.** [수사·양식] 조화가 되지 않은(반대: Konzinnität 1). **2.** 《교양어·고어》 마음을 끌지 못함(반대: Konzinnität 2).
Inkoordination [((또한)) -----'-], die; -en [의학] (근육의) 협력 장애. **inkoordiniert** [((또한)) ----'-], ⟨Adj.⟩ 《특히 의학》 조화되지 않는.
inkorporal [ɪnkɔrpo'raːl] ⟨Adj.⟩ 【의학】 체내(體內)의. **Inkorporation** [ɪnkɔrpora'tsioːn], die; -en [lat. incorporātio]. **1.** 《특히 의학》 복용, 주입. **2.** [법] **a)** 병합, 편입. **b)** 합병. **3.** 가입, 입회. **4.** (특히 중세기 교구의) 병합(편입). **inkorporieren** [ɪnkɔrpo'riːrən] ⟨h⟩ [lat. incorporāre]. **1.** 《특히 의학》 복용하다, 체내로 가져가다: 【전의】 inkorporierende Sprachen 【언어】 접합 언어 (예컨대: 목적어를 동사 안에 수용하는 인디언 언어

들). **2.** 【법】 **a)** 병합[편입]하다(eingemeinden). **b)** 〈다 른 국가와〉 합병하다. **3.** 가입[입회]시키다. **4.** 〈교구를〉 병합[편입]하다. **Inkorporíerung**, die; -en ↑inkorporieren의 명사형.

ínkorrekt [〈또한〉ㅡㅡ'ㅡ] 〈Adj.〉 [lat. incorrēctus] **a)** 부정확한, 잘못이 있는(반대: korrekt a). **b)** 부적당한, 온당치 않은(반대: korrekt b): ihr Benehmen ist i. 그녀의 행동은 온당치 못하다. **Inkorréktheit** [〈또한〉 ㅡㅡ'ㅡㅡ], die; -en **1.** 〈Pl. 없음〉(반대: Korrektheit). **a)** 부정확. **b)** 부적당. **2. a)** 〈표현의〉 결함, 오류. **b)** 결점.

Inkraftsetzen, das; -s, **Inkraftsetzung**, die; -en 〔격식독어〕 효력을 발생시킴, 발효, 시행 (반대: Außerkraftsetzung). **Inkrafttreten**, das; -s 효력 발생, 발효: das I. einer neuen Regelung eines Vertrags 새 규정[조약]의 효력 발생.

Ínkreis, der; -es, -e 〔기하〕 내접원(內接圓).

Inkremént [ɪnkre'mɛnt], das; -(e)s, -e [lat. incrēmentum] 〔물리·수학〕 증가, 증대, 증식, 증분(增分).

Inkrét [ɪn'kreːt], das; -(e)s, -e [lat. incrētum 〔의학〕 내분비물. **Inkretión** [ɪnkre'tsi̯oːn], die; 〔의학〕 내분비. **inkretórisch** [ɪnkre'toːrɪʃ] 〈Adj.〉 〔의학〕 내분비의.

inkriminíeren [ɪnkrimi'niːrən] 〈h〉 [lat. incriminare] 〔법〕 죄를 씌우다, 고발[고소]하다. **inkriminíert** 〈Adj.〉 고발[고소]당한, 지탄의 대상이 된: der -e Zeitungsartikel 지탄의 대상이 된 신문 기사.

Inkrustatión [ɪnkrʊsta'tsi̯oːn], die; -en [lat. incrŭstātio] **1.** 〔예술〕 상감(象嵌). **2.** 〔지질〕 외각(外殼)(형성). **3.** 〔재단〕 접은 깃. **4.** ↑Inkrustíerung (2). **inkrustíeren** [...'tiːrən] 〈h〉 [lat. incrŭstāre] **1.** 〔예술〕 〈상감하여〉 장식하다. **2.** 〔지질〕 외각을 형성하다. **3.** 〔재단〕 접은 깃을 달다. **Inkrustíerung**, die; -en **1.** ↑Inkrustation (1). **2.** 〔식물〕 피각(皮殼) 형성, 외피로 덮이, 상감(象嵌).

Inkubánt [ɪnku'bant], der; -en, -en [lat. incubāns] 〔고대〕 신탁해몽가(神託解夢家). **Inkubatión** [...ba'tsi̯oːn], die; -en [lat. incubātio] **1.** 〔의학〕 잠복(기). **2.** 〔생물〕 포란(기), 부화. **3.** 〔고대인들의〕 신탁해몽(神託解夢). **Inkubatiónszeit**, die; -en 〔의학〕 잠복기. **Inkubátor** [...'baːtɔr, 〈또한〉 ...toːɐ̯], der; -s, ...to̥ren [..'toːrən] **1.** 〔의학〕 조산아 보육기, 인큐베이터. **2.** 〔의학·생물〕 세균배양기. **Ínkubus** ['ɪnkubʊs], der; -, ...kuben [..'kuːbn̩; lat. incubus] **1. a)** 〈로마 시대 민간 신앙에 나오는〉 밤의 악령(Alp). **b)** 〈중세 민간 신앙에 나오는〉 마녀와 정을 통하는 악마. **2.** 〈Pl. 없음〉 〔의학〕 ↑Alpdrücken.

ínkulant [〈또한〉ㅡㅡ'ㅡ] 〈Adj.〉〔상〕 서비스를 제공하지 않는, 지불[공급] 편의 인가를 거부하는(반대: kulant). **Ínkulanz** [〈또한〉ㅡㅡ'ㅡ], die; 〔상〕 ↑ inkulant의 명사형(반대: Kulauz).

Inkulpánt [ɪnkʊl'pant], der; -en, -en [spätlat. inculpāns] 〔법·고어〕 원고, 고소인, 고발자. **Inkulpát** [...'paːt], der; -en, -en [spätlat. inculpātus] 〔법·고어〕 피고. **inkulpíeren** [...'piːrən] 〈h〉 [lat. inculpāre] 〔법·고어〕 〈..에게〉 죄를 씌우다.

Inkunábel [ɪnku'naːbl̩], die; -n 〈대개 Pl.〉 [lat. incūnābula] 〔서적·문예학〕 (1500년 이전에 인쇄된) 고판본(古版本), 초기 간행본. **Inkunábelkunde**, die 고판본 연구, 초기간행본 연구. **Inkunablíst** [...na'blɪst], der; -en, -en 고판본[초기 간행본] 연구가.

ínkurabel [〈또한〉ㅡㅡ'ㅡㅡ] 〈Adj.〉 [lat. incūrābilis] 〔의학〕 불치의(반대: kurabel).

Inkursión [ɪnkʊr'zi̯oːn], die; -en [lat. incursio] 〔교양어·고어〕 침해, 간섭.

Inkurvatión [ɪnkʊrva'tsi̯oːn], die; -en [lat. incurvātio] 〔교양어·고어〕 만곡부.

Inlaid ['ɪnlaɪt], der; -s, -e [engl. inlaid] 여러 가지 색깔의 무늬를 짜넣은 리놀륨.

Ínland, das; -(e)s **1. a)** 자국(自國), 국내(반대: Ausland 1): die Waren sind nur für das I. bestimmt 이 상품들은 국내 수요만을 위한 것이다. **b)** 본국(반대: Ausland 2): er genießt im I. einen weniger guten Ruf 그는 본국에서 평판이 덜 좋다. **2.** 내륙: das Klima ist im I. meist milder 대체로 내륙 지방의 기후가 더 온화하다. **Ínlandeis**, das; -es 내륙빙(內陸氷). **Inländer** ['ɪnlɛndɐ], der; -s, - 내국인, 자국민. **Inländerin**, die; -nen ↑Inländer의 여성형. **Ínlandflug**, der 국내 항공. **ínländisch** ['ɪnlɛndɪʃ] 〈Adj.〉 국내의, 내국의, 국산의, 본국[지국]의: die in- und ausländische Presse 국내외 언론.

Ínlands- (Inland 1): **~absatz**, der 〔경제〕 국내 판매. **~abteilung**, die 국내부(國內部). **~geschäft**, das 국내 상업(거래). **~gespräch**, das 국내 통화. **~markt**, der 〔경제〕 국내 시장. **~paß**, der 국내 여권. **~porto**, das 국내 우편 요금. **~preis**, der 국내(판매) 가격. **~presse**, die 국내 언론.

Ínlaut, der; -(e)s, -e 〔언어〕 낱말 또는 철자의 첫음과 끝음 사이에 있는 모음 또는 자음; 중간음, 어중음(語中音). **inlautend** 〈Adj.〉 〔언어〕 중간음의, 어중음의: -es „e" in Welt „Welt"에서 어중의 „e".

Inlétt ['ɪnlɛt], das; -(e)s, -e / -s [niederd. ĭnlāt] 잇, 깃털이불.

ínliegend 〈Adj.〉 《격식독어·특히 österr.》 ↑einliegend.

in médias res [ɪn 'meːdi̯as 'reːs; lat.] 《다음 용법으로》 **in m. r. gehen[kommen]** 《교양어》 (바로) 본제(本題)로 들어가다.

in memóriam [ɪn me'moːri̯am; lat.] 《교양어》 기념으로.

inmítten I. 〈Präp.²〉 〈아어〉 ..한가운데, ...하는 중에: sie saßen i. der Kinder 그들은 아이들 한가운데에 앉아 있었다. **II.** 〈Adv.〉 〈아어〉 한가운데, 하는 중에, 둘러싸여: das Haus lag i. von Parkanlagen 건물은 공원 시설 한가운데 위치해 있었다.

Inn [ɪn], der; -s 인 강(江).

in natúra [ɪn na'tuːra; lat.] **1.** 실제로, 실제(자연)의 모습 그대로, 스스로, 몸소. **2.** 《통용어》 천연물로, 현품으로: Vergütung in n. 현품 변상.

ínne- ['ɪnə-]: **~haben** 〈h〉 **1.** 차지하고 있다, 소유하다, 관리하고 있다: die Leitung[die Führung] i. 지도부를 관장하다. **2.** 〈아어〉 장악하다, 점유하다. **~halten** 〈s〉 **1.** 그만두다, 중지하다, 중단하다: in[으(드)름에] mit seiner Arbeit i. 일을 멈추다; im Laufen i. 달리기를 멈추다. **2.** 〈아어〉 완수하다, 지키다, 따르다 (규칙 따위를); (계획 따위를) 바꾸지 않다: die Formen den nötige Distanz i. 필요한 거리를 유지하다; die Wartezeit i. 대기 시간을 지키다. **~sein** 〈s〉 《부정형 및 과거분사로만 사용됨》 〈아어〉 의식[인식]하고 있다: er wird des Verlustes bald i. 그는 곧 상실을 알게 될 것이다. **~werden** 〈s〉 의식[인식]하게 되다, 이해하다: da sein Vetter der Sachlage innegeworden war, zog er nur schweigend die Brauen zusammen 그의 사촌이 사태를 눈치채자, 그는 말없이 눈썹을 찡그릴 따름이었다. **~wohnen** 〈h〉 〈아어〉 내재하다, 깃들어 있다: auch Wahnsinn hat eine ihm innewohnende Logik 망상도 그것에 내재해 있는 논리를 가진다.

ínnen ['ɪnən] 〈Adv.〉 (반대: außen) **1.** 안쪽에, 내부에, 가운데에: der Becher ist nur i. vergoldet 그 술잔은 안쪽에만 금칠이 되어 있다; die Tür geht nach i. auf 그

문은 안쪽으로 열린다; er setzt die Füße beim Gehen nach i. 그는 안짱 다리로 걸었다; man kann die Tür nur von i. schließen 그 문은 안쪽에서만 잠글 수가 있다. **2.** (österr.) **a)** 그 내면에, 이 속에. **b)** (준고어) 안쪽에. **Innen** [-], das; - 안쪽, 내쪽, 가운데 (반대: ²Außen).

innen-, Innen-: ~angriff, der 가운데(중앙) 공격. **~anstrich,** der 내부 도장(塗裝). **~antenne,** die 실내 안테나. **~arbeiten** ⟨Pl.⟩ 내부 공사. **~architekt,** der 실내 장식가, 인테리어 디자이너. **~aufnahme,** die [영화·사진] 실내 촬영. **~ausstattung,** die **a)** 실내 장식, 내장(內裝). **b)** [재단] 안감(내장) 처리. **~bahn,** die ⟨반대: Außenbahn⟩ **a)** ⟨육상⟩ 안쪽의 주로(走路), 인사이드 트랙. **b)** ⟨수영⟩ 인사이드 레인. **~beleuchtung,** die 실내등: die I. eines Autos 자동차의 실내등. **~bezirk,** der 시내 중심구(區), 도심 구역. **~binder,** der 내부 접합제(劑). **~dienst,** der 내근, 실내 근무(작업). **~dienstlich** ⟨Adj.⟩ 내근의, 실내 근무(작업)의. **~druck,** der 내부 압력, 내압(內壓). **~durchmesser,** der 내경(內徑). **~einrichtung,** die 내부(실내) 설비. **~fläche,** die 내면. **~hand,** die [복싱] 주먹의 안쪽. **~handschlag,** der [복싱] 오픈 블로우 공격: der I. ist nicht erlaubt 오픈 블로우 공격은 금지되어 있다. **~hof,** der 안마당, 중정(中庭): ein Bungalow mit I. 안마당이 딸린 방갈로. **~kante,** die 안쪽 모서리 (반대: Außenkante). **~klüver,** der [선원] 가운데 돛. **~kurve,** die 안쪽 커브(반대: Außenkurve). **~leben,** das ⟨Pl. 없음⟩ **1.** 내면 생활. **2.** ⟨농⟩ ↑ -ausstattung: in einem Mantel mit reichem I. 안감 처리가 화려한 외투. **~leitung,** die [전기] 옥내 배선(配線), 옥내 배관(配管). **~liegend** ⟨Adj.⟩ 안쪽에 위치한(반대: außenliegend). **~minister,** der 내무장관. **~ministerium,** das 내무부. **~pfosten,** der [구기] 골포스트의 안쪽: der Ball sprang vom I. ins Tor 공이 골포스트 안쪽으로부터 골로 튀어들어갔다. **~politik,** die 국내 정책, 내정(반대: Außenpolitik). **~politisch** ⟨Adj.⟩ 국내 정책의, 내정(상)의(반대: außenpolitisch). **~raum,** der 내부(안): die Innenräume des Schlosses waren verwahrlost 성 내부 공간들은 황폐해 있었다; der I. einer Wettkampfstätte 경기장의 내부. **~rist,** der [특히 축구] 안쪽 발등(반대: Außenrist). **~rolle,** die 안으로 말린 머리형(여자의). **~seite,** die 내면, 안쪽, 내측(內側)(반대: Außenseite): die I. eines Gefäßes 그릇의 안쪽(내면). **~senator,** der 내무장관에 해당하는 도시국가의 정부 각료. **~ski,** der (회전시의) 안쪽스키(반대: Außenski). **~spann,** der ↑ -rist. **~spiegel,** der 자동차의 실내 거울, 백미러. **~stadt,** die 도심, 도시 중심부. **~sturm,** der ⟨Pl. 없음⟩ [구기] 인사이드 포워드. **~stürmer,** der [구기] 인사이드 포워드를 맡은 선수(반대: Außenstürmer). **~tasche,** die 속(안)주머니 (반대: Außentasche). **~temperatur,** die 내부온도, 실내온도, 체내 온도(반대: Außentemperatur). **~toilette,** die 옥내화장실 (반대: Außentoilette). **~trio,** das ⟨축구 은어⟩ 3명의 인사이드 포워드. **~tür,** die 건물내부문(반대: Außentür). **~wand,** die 내벽(內壁). **~welt,** die 내계(內界), 심계(心界)(반대: Außenwelt 1). **~winkel,** der [수학] 내각(內角).

inner-… ['ɪnɐ…] ⟨Adj.⟩ **1. a)** 안(쪽)의, 내부의(반대: äußer…): die -e Jackentasche 저고리(상의)의 속주머니: die -e von zwei Kreisen 두 개의 원(圓) 중 안쪽 원: die -en Organe 내부 기관(장기). **b)** [의학] 내부 기관의: die -e Blutung 내출혈; die -e Medizin 내과 (의학); ⟨명사화⟩ der Patient kommt in die Innere ⟨의학·은어⟩ 그 환자는 내과병동으로 간다. **2.** (반대:

äußer… b, c) **a)** 정신적인, 내면적인: -e Anteilnahme 내면적인 공감; das -e Bedürfnis verspüren, etw. zu tun 무엇을 하고 싶은 내면적인 욕구를 느끼다. **b)** 내재적인, 본질적인: die -e Gesetzmäßigkeit eines Ablaufs 어떤 과정에 내재하는 규칙성. **3.** 국내의, 국산의 (반대: äußer… d): der Minister für -e Angelegenheiten 내무 장관; ⟨명사화⟩ der Minister des Inner(e)n 내무 장관.

inner-: ~betrieblich ⟨Adj.⟩ 기업(공장) 내부의, 사내 (社内)의: etw. i. diskutieren 무엇을 기업 내부에서 토론하다. **~deutsch** ⟨Adj.⟩ **a)** 독일 국내의: -e Probleme 독일 국내 문제들. **b)** 구동독간의: -e Verhandlungen 구동서독간의 협상. **~dienstlich** ⟨Adj.⟩ 근무(직무) 내적인, 내근의, 사내(社內)의: -e Angelegenheiten 사내 업무. **~genossenschaftlich** ⟨Adj.⟩ 조합 내부의, 조합내적인. **~gewerkschaftlich** ⟨Adj.⟩ 노조 내부의, 노조내적인. **~kirchlich** ⟨Adj.⟩ 교회 내부의, 교회내적인. **~örtlich** ⟨Adj.⟩ 지역 내부의, 지역내적인. **~orts** ⟨Adv.⟩ (schweiz., österr. (Vorarlberg)) 지역내에: (변화하지 않는 지명과 결합하여) auf der Marktstraße i. Dornbirn 도르비른(시)의 마르크트 가(에서). **~parteilich** ⟨Adj.⟩ (정)당 내부의, (정)당내적인(반대: außerparteilich): eine -e Auseinandersetzung 당내 논쟁. **~politisch** ⟨Adj.⟩ (드물게) ↑ innenpolitisch. **~schulisch** ⟨Adj.⟩ 학교 내부의. **~sekretorisch** ⟨Adj.⟩ [의학] 내분비의: das -e System 내분비 시스템. **~sprachlich** ⟨Adj.⟩ **a)** 언어내적인(반대: außersprachlich): inner- und außersprachliche Einflüsse 언어내외적 영향들. **b)** 자국어의, 본국어의: -e Veränderungen 자국어의 변화. **~staatlich** ⟨Adj.⟩ 국가 내부의, 국내의.

Innere ['ɪnərə], das; …r(e)n **1.** 내부, 내면(內側), 안, 깊은 속: das I. eines Hauses 건물의 내부; sie drangen ins I. des Landes vor 그들은 육지 깊숙이 들어갔다. **2. a)** 내면, 마음속: mit völlig aufgewühltem -m ([구기]게 -n) 온통 산란해진 마음으로. **b)** 본질, 핵심: ins I. einer Wissenschaft eindringen 학문의 본질 속을 파고들다. **Innereien** [ɪnɐˈraɪən] ⟨Pl.⟩ 내장(간, 위, 염통, 콩팥 따위): [전의] ⟨농⟩ Motor, Getriebe und Differential sind noch kalt. Schonen Sie diese wertvollen „Innereien" 엔진, 기어, 자동 장치가 아직도 식어 있습니다. 이 귀중한 "내장들"(내부 기관)을 보호하십시오. **innerhalb I.** ⟨Präp.²⟩ (반대: außerhalb) **a)** [공간적] …안에, 내부에: i. Berlins 베를린 시내에; (단수 2격 명사가 선행하면 3격 지배전치사) i. Karls neuem Hause 칼의 새 집안에서; [전의] i. der Familie 가족(범위) 이내에서. **b)** [시간적] 이내에: i. einer Woche einen Wechsel einlösen 일주일 이내에 어음을 인수하다; ⟨2격 표시를 해주는 관사, 형용사, 수사 따위가 선행하지 않으면 3격 지배전치사⟩ i. fünf Monaten 5개월 이내에. **II.** ⟨Adv.⟩ **a)** 안에(서), 내부에서, 안쪽에서: i. (반대: außerhalb) von Berlin 베를린 시내에서. **b)** 도중에, 이내: i. von drei Jahren 3년 내에.

innerlich ⟨Adj.⟩ **1.** (드물게) 안의, 내부의(inner 1 a) (반대: äußerlich 1 a): ein Medikament zur -en Anwendung 내용(內用)약(내복(內服)약); der Baum war i. ganz und gar morsch 그 나무는 속이 완전히 썩었다. **2. a)** 내면적인, 내심의, 정신적인(반대: äußerlich 1 b): -e Verbundenheit mit einem anderen Menschen 다른 사람과의 정신적인 연계(결합); er mußte i. lachen 그는 남몰래(혼자서) 웃지 않을 수 없었다. **b)** ⟨아이⟩ 명상적인, 사변적인, 진지한, 정적인. **Innerlichkeit,** die 내향성, 내면성(靜觀性), 내(면)적인, 내적 존재. **innerst…** ⟨↑ inner의 최상급⟩ **1.** 가장 깊숙한, 최심층부의, 가장 내부의: der -e Teil

Innerste 1054

des Landes 육지의 최오지(最奥地). **2.** 가슴 속 깊은 곳의: sie handelte ihrer -en Überzeugung entsprechend 그녀는 가슴 속 깊은 곳에 자리한 본인의 확신에 따라 행동했다. **Innerste**, das; -n 가장 속 깊은 부분, 깊이 간직한 감정(사상): sein -s war ihr stets verborgen geblieben 그의 속 깊은 감정은 그 여자에게는 늘 숨겨져 있었다. **innert** ['ɪnɐt] 〈Präp.²/³〉 《schweiz., österr. (Vorarlberg)》 이내에: i. eines Jahres[einem Jahr] 1년 이내에.

Innerstadt, die 《schweiz.》 ↑Innenstadt.

Innervation [ɪnɛrvaˈtsjoːn], die; -en 《의학》 **a)** 신경 감응, 자극 전달. **b)** 신경 분포. **innervieren** [...ˈviːrən] 〈h〉 **1.** 《의학》 신경(기관)을 자극시키다, (…에) 신경을 분포시키다. **2.** 《교양어》 자극하다.

innig ['ɪnɪç] 〈Adj.〉 **1.** 진심으로부터의, 마음에 깊이 느끼는; 마음씨 고운, 애정이 깊은; 경건한: jmdm. -en Dank sagen 누구에게 진심으로 감사하다; ein -es Vergnügen bei etw. empfinden 무엇에서 대단한 즐거움[만족]을 느끼다. **2.** 밀접한, 긴밀한, 밀접한: 《종종 전문어》 diese chemischen Stoffe gehen eine -e Verbindung ein 이 화학 물질들은 불가분의 한 화합물을 형성한다. **Innigkeit**, die 마음속 깊은 감정, 진심, 진실한 애정: die I. ihrer teilnehmenden Worte 그들의 동정적인 말이 지닌 진실한 애정. **inniglich** ['ɪnɪklɪç] 〈Adj.〉 《아이》 ↑innig.

innocente [ɪnoˈtʃɛnta] 〈Adv.〉 [ital. innocente] 《음악》 겸허한, 원래의.

in nomine Dei [ɪn ˈnoːmɪne deːi; lat.] 신(神)의 이름으로(약어: I.N.D.). **in nomine Domini** [- - ˈdoːmɪni; lat.] 주(主)의 이름으로(약어: I.N.D.) 《옛 문서의 서두에 쓰인 표현》.

Innovation [ɪnovaˈtsjoːn], die; -en [lat. innovātio] **1.** 《사회》 혁신, 쇄신, 개혁. **2.** 《경제》 발전적 문제 해결책의 실현, 기술 혁신. **3.** 《식물》 이노베이션. **Innovationsproß**, der 《식물》 햇가지, 새싹. **innovativ** [...ˈtiːf] 〈Adj.〉 《특히 전문어》 혁신적인, 개혁의. **innovatorisch** [...ˈtoːrɪʃ] 〈Adj.〉 《특히 전문어》 혁신[개혁]을 꾀하는. **innovieren** [...ˈviːrən] 〈h〉 《특히 전문어》 혁신[쇄신]하다, 개혁하다.

Innsbruck ['ɪnsbrʊk] 《오스트리아》 티롤 주의 수도.

in nuce [ɪn ˈnuːtsə; lat.] 《교양어》 간결하게, 핵심만 요약하여.

Innuendo [ɪnuˈɛndo], das; -s, -s [engl. innuendo] 《교양어》 풍자, 빗대어 비꼬는 말, 빈정거리기, 암시.

Innung ['ɪnʊŋ], die; -en 조합; 《중세의》 길드, 동업 조합: die I. der Bäcker 빵 제조업자 조합; **die ganze I. blamieren** 《통용어·농》 모든 사람들을 웃음거리로 만들다.

Innungs-: ~**krankenkasse**, die 조합 의료 보험. ~**meister**, der 조합장. ~**mitglied**, das 조합원. ~**versammlung**, die 조합 집회[회의]. ~**wesen**, das 〈Pl. 없음〉 조합 조직, 조합 제도.

Innviertel, das; -s 오스트리아 알프스 지방(Inn강을 중심으로 함).

inoffensiv [(또한) ---'-] 〈Adj.〉 비공격적인, 공격적이 아닌(반대: offensiv).

inoffiziell [(또한) ---'-] 〈Adj.〉 (반대: offiziell) **1. a)** 비공식의, 사적인 근무[직무], 외적인: die Verhandlungen wurden i. geführt 회담은 비공식적으로 진행되었다. **b)** 공표되지 않은, 공식적으로 확인[인정]지 못한, 공표할 수 없는. **2.** 형식[격식]을 차리지 않은, 약식의: es war eine kleine -e Feier 격식을 차리지 않은 조촐한 잔치였다. **inoffiziös** [(또한) ---'-] 〈Adj.〉 《교양어》 공식으로 확인되지 않은: -e Pressemeldungen 미확인 신문 보도.

Inokulation, die; -en [engl. inoculation] 《의학》 **1.** 접종. **2.** 병균 감염. **3.** 병균 이식. **inokulieren** 〈h〉 [lat. inoculāre] 《의학》 **1.** 접종하다. **2.** 병균을 옮기다. **Inokulum** [ɪˈnoːkulʊm], das; -s, ...la 《생물·약학》 접종재료, 접종물.

inoperabel [(또한) ---'--] 〈Adj.〉 《의학》 수술 불가능한, 수술로 고칠 수 없는.

inopportun [(또한) ---'-] 〈Adj.〉 [lat. inopportūnus] 《교양어》 부적당한, 불편한, 계제가 나쁜(반대: opportun). **Inopportunität** [(또한) '------], die; -en [lat. inopportūnitās] 《교양어》 적당치 않음, 형편이 불리함.

in optima forma [ɪn ˈɔptima ˈfɔrma; lat.] 《드물게》 최상의 형식으로, 이론의 여지가 없는.

Inosin [inoˈziːn], das; -s, -e 《화학》 이노신 산(酸). **Inosit** [inoˈziːt, (또한) ...zɪt], der; -s, -e 《화학·약학》 이노지트, 근육당(糖). **Inositurie**, **Inosurie** [inoz(ɪt)uˈriː], die; -n [...iːən] 《의학》 이노지트 과다분비, 이노지트뇨(尿) 《당뇨의 일종》.

inoxydieren 〈h〉 《금속》 산화방지층을 입히다.

in partibus infidelium [ɪn ˈpartibus ɪnfiˈdeːlium; lat.] 《역사적》 《재차 이교도화된 지역의 가톨릭 주교 칭호에 부치는 말》 이(異)교도 지역의(약어: i.p.i.).

in pectore [ɪn ˈpɛktore; lat.] 비밀을 지켜서 (예컨대: 교황이 추기경을 임명할 때).

in perpetuum [ɪn perˈpeːtuum; lat.] 《교양어》 영구히.

in persona [ɪn perˈzoːna; lat.] 《교양어》 스스로, 자신이.

in petto [ɪn ˈpɛto; ital. (avere) in petto] 《다음 용법으로》 **etw. in p. haben** 《통용어》 무슨 (깜짝 놀랄) 일을 준비하다, 무엇을 은밀히 꾀하다, 무엇을 마음먹고 있다.

in pleno [ɪn ˈpleːno; lat.] 《교양어》 전원이 모여서, 결원이 없이.

in pontificalibus [ɪn pɔntifiˈkaːlibus; lat.] 《교양어·농》 정장을 하고; 격식을 갖추어.

in praxi [ɪn ˈpraksi; lat.] 《교양어》 실행상, 실제로(in der Praxi); 실생활에 있어, 사실상: in p. sieht so etwas ganz anders aus 이런 것은 실제로는 전혀 다르게 보인다.

in puncto [ɪn ˈpʊŋkto; lat.] …에 관하여, …의 관점에서, …에 관해서 말하자면: in p. Sauberkeit verstehen sie keinen Spaß 청결에 관해서는 그들은 매우 엄격하다; 〈격표시를 하는 관사, 소유대명사 따위가 부가되면 2격을 사용〉 in p. seines Betragens wäre noch einiges zu sagen 그의 행동에 관해서 말이 더 있을 것이다; **in p. puncti** 《농·준고어》 정조(貞操)라는 관점에서 보면.

Input ['ɪnpʊt], der / das; -s, -s [engl. input] **1.** 《경제》 투입(량) (반대: Output 1). **2.** 《전산》 **a)** 입력, 인풋. **b)** 입력[인풋] 정보(반대: Output 2). **Input-Output-Analyse** [-ˈautpʊt-], die; -n **1.** 《경제》 투입량·생산량 분석. **2.** 《전산》 인풋 정보와 아웃 풋정보의 상호관계 분석.

Inquilin [ɪnkviˈliːn], der; -en, -en 《대개 Pl.》 《동물》 기생 동물.

Inquirent [ɪnkviˈrɛnt], der; -en, -en 《교양어·고어》 심문자, 심문관, 예심 판사. **inquirieren** [...ˈriːrən] [lat. inquīrere] 〈h〉 《교양어》 조사하다, 심문하다. **Inquisit** [...ˈziːt], der; -en, -en 《고어》 피고인.

Inquisition [...tsiˈoːn], die; -en [lat. inquīsītiō] 《역사적》 **1.** 〈Pl. 없음〉 종교 재판: die I. Ketzer verfolgt jahrhundertelang hat die I. 수백년 동안 종교 재판소는 이단자들을 박해했다. **2.** 종교 재판: die grausamen -en in Spanien 스페인의 잔인한 종교 재판들. **Inquisitionsgericht**, das 《역사적》 종교 재판(소). **Inquisitionsprozeß**, der 《역사적》 종교 재판의 소송. **inquisitiv** [ɪnkviziˈtiːf] 〈Adj.〉 《교양어》 캐기 좋아하는

(nachforschend), 호기심이 많은(neugierig), 알고 싶어 하는(wißgierig). **Inquisitor** [ɪnkvi'ziːtɔr, 《또한》...toːɐ̯]. der; -s, -en [...ziːtoːrən] lat. inquisitor 《역사적》종교 재판관. **inquisitorisch** [...ziˈtoːrɪʃ] 〈Adj.〉《교양어》종교 재판관[예심판사] 같은; 가혹한.

Inquitenspital, das 《österr.》교도소 부속 병원.

I.N.R.I. = Jesus Nazarenus Rex Judaeorum 유대인의 왕 나사렛 예수.

Inro ['ɪnro], das; -s, -s [jap. in-ro] 인로(약 따위를 넣어 허리에 차는 타원형의 작은 상자; 원래 도장과 인주를 넣었던 그릇).

ins [ɪns] 《전치사 in + 3 정관사 das》: ins Haus gehen 건물 속으로 들어가다; das reicht bis ins vorige Jahrhundert 그것은 지난 세기에까지 미친다; bis ins einzelne 세부 사항에 이르기까지; eine Fahrt ins Blaue 정처없는 여행; etw. ins Leben rufen 무엇을 창조하다.

in saldo [ɪn ˈzaldo; ital.]《상·고어》나머지로서, (지불 따위가) 밀려서: in s. bleiben 빚지고 있다.

Insalivation [ɪnzaliva'tsjoːn], die; -en 《의학》(음식과) 침의 혼합, 타액(唾液)혼합.

in salvo [ɪn 'zalvo; lat.] 《고어》 안전한 상태에.

insan [ɪnˈzaːn] 〈Adj.〉 [lat. īnsānus]《의학·고어》정신병의, 정신 이상의. **Insania** [ɪnˈzaːnja], die [lat. īnsānia]《의학·고어》광기, 정신 이상.

Insasse ['ɪnzasə], der; -n, -n **a)** 승객, 동승자: die -n der Straßenbahn kamen bei dem Unfall nicht zu Schaden 전차의 승객들은 사고 때 화를 입지 않았다. **b)** 입원자, 수용자, 수감자: die -n eines Altersheims 양로원의 수용자들. **Insassenversicherung**, die 승객 보험, 동승자 보험. **Insassin** ['ɪnzasɪn], die; -nen ↑Insasse의 여성형.

insatiabel [ɪnzaˈtsiaːbl̩] 〈Adj.〉 [lat. īnsatiābilis] 《교양어》만족할 줄 모르는.

insbesond(e)re [ɪnsbəˈzɔnd(ə)rə] 〈Adv.〉 특히, 별개로, 특히따로: sie mag Blumen sehr gern, i. Rosen 그녀는 꽃을, 특히 장미를 매우 좋아한다.

inschallah [ɪnˈʃala; 《arab.》 inšāˈaˈllah] 알라 신(神)의 뜻이라면.

Inschrift ['ɪnʃrɪft], die; -en 명(銘), 제명(題名), 비문, 비명(碑銘), 각명(刻銘): die verwitterte I. auf einem Grabstein 비바람에 깎이어 황폐한 묘비의 비문; die I. in einer Höhle entziffern 동굴 속의 각명을 해독하다. **Inschriftenkunde**, die 〈Pl. 없음〉 제명학, 비문학, 금석문학(金石文學). **Inschriftensammlung**, die 제명[비명] 모음(수집) **inschriftlich** 〈Adj.〉제명[비명]의, 명문적(銘文的)인; 제명으로서: dieser Tatbestand ist i. belegt 이 사실은 제명에 의해 기록된 바 있다.

Insekt [ɪnˈzɛkt], das; -s, -en [lat. īnsectum] 곤충: ein Mittel zur Bekämpfung schädlicher -en 해충 구제제(驅除劑). **Insektarium** [ɪnsɛkˈtaːrjʊm], das; -s, ...ien [...ɪən] 곤충사육실.

insekten-, Insekten-: **~art**, die 곤충류. **~bekämpfung**, die 〈Pl. 없음〉 곤충 구제(驅除). **~bekämpfungsmittel**, das 살충제. **~blüte**, die [식물] 충매화(蟲媒花). **~forscher**, der ↑Entomologe. **~fressend** 〈Adj.〉 벌레를 먹는, 식충(食蟲)의: -e Pflanzen 식충 식물. **~fresser**, der 식충 동물[동물]: Meisen und Fledermäuse sind I. 박새와 들쥐는 식충 동물이다. **~gift**, das ↑~bekämpfungsmittel. **~haus**, das ↑Insektarium. **~kunde**, die ↑Entomologie. **~larve**, die 애벌레, 유충. **~plage**, die 충해(蟲害). **~pulver**, das 분말 살충제. **~sammlung**, die 곤충 채집. **~staat**, der 곤충 국가[사회]. **~stich**, der 곤충 자상(刺傷). **~vertilgungsmittel**, das ↑~bekämpfungsmittel.

insektivor [ɪnzɛktiˈvoːɐ̯] 〈Adj.〉《생물》↑insektenfressend. **Insektivore**ˈ, der 《동물인 경우 남성》, die 《식물인 경우 여성》《대개 Pl.》 식충 동물[식물], 식충류. **insektizid** [...ˈtsiːt] 〈Adj.〉《전문어》 살충성의. **Insektizid** [-], das; -s, -e 《전문어》《분말》 살충제. **Insektologe**, der 《드물게》 ↑Entomologe.

Insel ['ɪnzl̩], die; -n 섬, 도서, 고립된 곳: die Schiffbrüchigen konnten sich auf eine I. retten 난파자들은 어느 섬으로 피난할 수가 있었다; sie leben dort hinter den Wäldern wie auf einer I. 그들은 그 곳 숲 뒤에서 완전히 고립되어 살고 있다.

insel-, Insel-: **~artig** 〈Adj.〉섬 같은. **~bahn**, die 도서 지방의 협궤 철도. **~bahnhof**, der 1. 도서 지방의 협궤 철도역. 2. 역사(驛舍)가 주(主)선로로 에워싸인 정거장. **~berg**, der 평에 치솟아 있는 산. **~bevölkerung**, die 섬의 인구. **~bewohner**, der 섬의 주민, 섬나라 사람. **~fauna**, die 섬의 동물군(群)[동물지(誌)]. **~flora**, die 섬의 식물군(群)[식물지(誌)]. **~förmig** 〈Adj.〉 섬 모양의. **~gruppe**, die 섬들(群島). **~kette**, die 섬의 열도(列島). **~klima**, das 섬의 기후. **~land**, das ↑~staat. **~organ**, das 췌장에 축적된, 인슐린을 생산하는 세포군(群). **~reich**, das ↑~staat. **~staat**, der 섬나라. **~volk**, das 섬(나라)사람, 섬민족. **~welt**, die 다도해, 군도(群島).

Insemination [ɪnzemina'tsjoːn], die; -en《의학》《Pl. 드뭄》 1. 정자 침투, 정액 주입. 2. 인공 수정: homologe I. 남편의 정액을 이용한 인공 수정; heterologe I. 남편 아닌 사람의 정액에 의한 인공 수정. **Inseminator** [...ˈnaːtɔr, 《또한》...toːɐ̯], der; -s, -en [...naˈtoːrən]《농업》인공 수정 전문가. **inseminieren** [...ˈniːrən] [lat. īnsēmināre] 〈h〉《의학·동물·농업》인공 수정시키다.

insensibel [(또한) --'--] 〈Adj.〉《의학》무감각한, 감각이 없는, 마비된(반대: sensibel 2). **Insensibilität** [(또한) '-----], die《의학》무감각.

Inseparables [ɛsepaˈrabl̩] 〈Pl.〉 [frz. inséparables] 엥세파라블(작은 앵무새의 일종).

insequent [ˈɪnzekvɛnt, 《또한》 --'-] 〈Adj.〉《지질》(강의 흐름이) 하상의 지층 구조와 무관한.

Inserat [ɪnzeˈraːt], das; -(e)s, -e [lat. īnserat] 광고: ein I. aufgeben 광고를 싣다. **Inseratenblatt**, das ↑ Annoncenblatt. **Inseratenteil**, der ↑ Annoncenteil. **Inserent** [ɪnzeˈrɛnt], der; -en, -en 광고주, 광고자. **Inserentin**, die; -nen ↑Inserent의 여성형. **inserieren** [...ˈriːrən] 〈h〉 [lat. īnserere] **a)** 《또한》광고를 내다 [찾다·매개하다]. **b)** 광고를 통해 제공하다. **Insert** [ɪnˈzɛrt], das; -s, -s [engl. insert] 1. (신문 따위에) 끼워넣는 광고, 광고지, 삽입물. 2. [텔레비전] 삽입 자막. 3. 플라스틱(합성수지) 강화제. **Insertion** [ɪnzɛrˈtsjoːn], die; -en [engl. insertion] 1. (신문 따위에) 광고(하기), 광고 게재. 2. 《의학》**a)** (뼈에 근육 따위의) 부착(着生)(점). **b)** (태반에 탯줄의) 접착(점). 3. 《식물》 착생(점). **Insertionskosten** 〈Pl.〉 광고(게재)비용. **Insertionspreis** 광고(게재)가격.

insgeheim 〈Adv.〉 남몰래, 비밀히.

insgemein 〈Adv.〉 보통, 일반적으로; 대개; 전체로.

insgesamt 〈Adv.〉 다함께, 남김없이, 총계로, 합쳐서: ein i. positiver Eindruck 전체적으로 긍정적인 인상.

Inside ['ɪnsaid], der; -(s), -s [engl. inside (forward)] 《schweiz.》《축구》인사이드 포워드. **Insider** ['ɪnsaɪdɐ], der; -s, -s [engl. insider] 1. 내막을 잘 알고 있는 사람, 소식통. 2. 내부 사람, 회원, 부원. **Insiderin**, die; -nen ↑Insider의 여성형. **Inside-Story**, die; -s 내막이야기.

Insidien [ɪnˈziːdiən] 〈Pl.〉 [lat. īnsidiae] 《고어》추적, 추궁. **insidiös** [ɪnziˈdiø:s] 〈Adj.〉 [frz. insidieux] 《의

학] 잠행성의.
Insiegel, das; -s, - 1. 《고어》도장, 인(印), 인장, 옥새. 2. [사냥] 사슴의 발자국.
Insigne [ɪnˈzɪgnə], das; -s, ...nien [...niən] 《대개 Pl.》 [lat. īnsīgne] 표장(表章)〈예컨대: Krone, Zepter, Rittersporen〉: 전의 《아어》 Novemberanfang, leicht kühl, Insignien des Herbstes auf der Straße 11월 초, 약간 차가운 날씨, 거리에서의 가을의 상징들.
insignifikant [(또한) - - - -'-]〈Adj.〉《교양어·드물게》중요하지 않은.
Insimulation, die; -en [lat. īnsimulātio]《고어》혐의, (근거없는) 비난. **insimulieren**〈h〉[lat. īnsimulāre]《고어》혐의를 씌우다, 무고하다.
Insinuant [ɪnziˈnu̯ant], der; -en, -en《고어》**a)** 중상하는 사람. **b)** 넌지시 말하는 사람, 밀고자. **c)** 아첨자. **Insinuation** [ɪnzinu̯aˈtsi̯oːn], die; -en [lat. īnsinuātio]《고어》**1. a)** 중상, 비방. **b)** 밀고, 귓속말. **c)** 아첨. **2.** 송달, 교부. **insinuieren** [ɪnziˈnu̯iːrən]〈h〉[lat. īnsinuāre]《교양어》**1. a)** 비방하다, 중상하다. **b)** 《고어》밀고하다, 귓속말을 하다, 소문을 퍼뜨리다. **c)** 〈i. + sich〉알랑거려 환심을 사다. **2.**《고어》법원에 제출하다.
insipid [ɪnziˈpiːt], **insipide** [...ˈpiːdə]〈Adj.〉[lat. īnsipidus]《교양어》어리석은, 단순한, 활기가 없는, 무미한, 김빠진. **Insipidität** [...pidiˈtɛːt], die; -en《교양어·드물게》↑insipide의 명사형.
insistent [ɪnzɪsˈtɛnt]〈Adj.〉《교양어》고집하는, 완고한. **Insistenz** [...ˈtɛnts], die,《교양어》고집, 완강: ein Ziel mit I. verfolgen 어떤 목표를 집념으로 추구하다. **insistieren** [...ˈtiːrən]〈h〉[lat. īnsistere]《교양어》무엇을 (auf etw.) 주장[고집]하다(반대: desistieren): er hat immer wieder darauf insistiert, der Preis müsse an Hermann Hesse vergeben werden 상이 헤르만 헤세에게 수여되어야 한다고 그는 계속해서 주장했다.
in situ [ɪn ˈziːtu; lat.] **1.** 《의학》본래의 위치에, 문제의 장소에. **2.** [고고] 원래의 장소에.
inskribieren [ɪnskriˈbiːrən]〈h〉[lat. īnscrībere] 《österr.》**a)** 《대학에》등록하다, 입학 수속을 하다. **b)** 수강 신청을 하다: bei diesem Professor hat er alle Vorlesungen und Seminare inskribiert 이 교수한테 그는 모든 강의와 세미나 과목을 수강 신청했다. **Inskription** [ɪnskripˈtsi̯oːn], die; -en [lat. īnscriptio] 《österr.》**a)** (대학에) 등록. **b)** 수강 신청.
inskünftig〈Adv.〉《schweiz., 그 외 고어》미래에, 장래에, 앞으로.
insofern: I. 〈Adj.〉[ɪnˈzoːfɛrn] 이 점에 있어서, 이것에 관해서는: i. hat er sicher recht 이 점에 있어서는 분명히 그가 옳다; 〈비교문장 "als"절 앞에서〉: ...정도로(in dem Maße, wie...)〉 diese Fragen sollen nur i. berührt werden, als sie in Zusammenhang mit dem Thema stehen 이 문제들은 테마와의 관련 정도에 따라서만 취급되어야 한다. **II.** 〈Konj.〉[ɪnzoˈfɛrn] ...인 한(에 있어서는) (sofern), ...일 경우(wenn, falls): i. sie in der Lage ist, will sie dir helfen 입장이 허락하면[허락하는 한] 그녀는 너를 도우려고 할 것이다; 〈als와 결합해서도〉 der Vorschlag ist gut, i. als er niemandem schadet 아무에게도 해를 끼치지 않으면[않는 한] 그 제안은 좋다.
Insolation [ɪnzolaˈtsi̯oːn], die; -en **1.** 【기상】 일사(日射). **2.** 【의학】 일사병.
insolent [ˈɪnzolɛnt],《또한》- - -'-]〈Adj.〉[lat. īnsolēns]《교양어》외람된, 뻔뻔스러운, 파렴치한. **Insolenz** [ˈɪnzolɛnts,《또한》- - -'-], die; -en [lat. īnsolentia]《교양어》↑insolent의 명사형.
insolubel [(또한) - - -'- -] [lat. īnsolūbilis] 【화학】 용해되지 않는, 풀 수 없는, 해결할 수 없는(반대: solubel). **insolvent** [(또한) - - -'-]〈Adj.〉【특히 경제】지불 불능의(반대: solvent). **Insolvenz** [(또한) - - -'-], die; -en【특히 경제】지불 불능(반대: Solvenz).
Insomnie [ɪnzɔmˈniː], die [lat. īnsomnia] 【의학】불면증.
insonderheit [ɪnˈzɔndɐhaɪt]〈Adv.〉《아어》특히.
insoweit: I. 〈Adv.〉[ɪnˈzoːvaɪt] (↑insofern I) 이점에 있어서, 이것에 관해서는: i. muß man ihm sicher zustimmen 이 점에 있어서는 분명히 그에게 동의하지 않을 수가 없다; 〈비교 문장 "als"절 앞에서〉...정도로(in dem Maße, wie...)〉 das Urteil wird immer nur i. richtig sein, als das Individuum sich der Gruppe zur Verfügung gestellt hat 개인이 어느 정도 만큼 단체의 뜻대로 될것이냐에 따라서만이 이 판결은 공정성을 띨 것이다. **II.** 〈Konj.〉[ɪnzoˈvaɪt] ...정도로(in dem Maße, wie...), ...일 경우(wenn, sofern): man wird ihm helfen, i. es möglich ist 가능한 만큼 그는 도움을 받을 것이다; 〈"als"와 결합해서도〉 er kann unabhängig entscheiden, i. als er im Rahmen der allgemeinen Bestimmungen bleibt 일반 규정의 범주를 벗어나지 않을 경우 그는 독자적으로 결정할 수 있다.
in spe [ɪn ˈspeː; lat.] 장래의, 미래의(항상 뒤에 놓임): sein Schwiegersohn in spe 장래의 그의 사위.
Inspekteur [ɪnspɛkˈtøːɐ], der; -s, -e [frz. inspecteur] **1.** 검열단장, 수석 감독자. **2.** 감(監) (육·해·공군의 최고 감독 장교). **Inspektion** [...ˈtsi̯oːn], die; -en [lat. īnspectio] **1. a)** 검사, 검열, 시찰, 감사; 감독: eine gründliche I. vornehmen 철저한 검열[감사]을 행하다. **b)** (차량)정기 검사[점검]. **c)** 【군】검열. **2.** 감독[검사] 당국(관청).
Inspektions- (Inspektion 1 a): **~besuch**, der; 〜gang. **~fahrt**, die; 〜reise. **~gang**, der; 순회 검열. **~reise**, die; 시찰 여행, 검열 여행. **~visite**, die; ↑ 〜gang.
Inspektor [ɪnsˈpɛktoːɐ,《또한》 ...toːɐ], der; -s, -en [...toːrən; lat. īnspector] **1.** 감독관, 검열[검사]관, (중견급) 행정관, (경찰의) 경위, 감찰관: er ist I. beim Zoll 그는 세관의 검사관이다. **2.** 조사[감사] 담당자, 조사부[검사]부원. **Inspektorat** [...toːˈraːt], das; -(e)s, -e 《österr., schweiz.》↑Inspektion (2). **Inspektorin** [ɪnspɛkˈtoːrɪn], die; -nen ↑Inspektor의 여성형.
Inspiration [ɪnspiraˈtsi̯oːn], die; -en [spätlat. īnspīrātio] **1.** 《교양어》영감, 인스피레이션, 계발: künstlerische -en 예술적 영감. **2.** 《Pl. 없음》【의학】흡식, 흡입(반대: Exspiration). **inspirativ** [...ˈtiːf]〈Adj.〉《교양어》영감의, 영감을 주는. **Inspirator** [...ˈraːtoːɐ,《또한》...toːɐ], der; -s, -en [...raːtoːrən; lat. īnspirātor] 《교양어》영감을 주는 사람, 사상을 불어넣는 사람. **inspiratorisch** [...ˈtoːrɪʃ]〈Adj.〉**1.** 《교양어·드물게》↑inspirativ. **2.** 【의학】흡입의, 흡기(吸氣)의(반대: exspiratorisch). **inspirieren** [ɪnspiˈriːrən]〈h〉[lat. īnspirāre] 《교양어》자극하다, 고무하다, 격려[고취]하다: jmdn. musikalisch i. 누구에게 음악적인 자극을 주다; jmdn. zu einem Werk i. 누구로 하여금 작품을 만들도록 격려하다; diese Version der Geschichte ist zweifellos von Chrustschow inspiriert worden 이와 같은 역사 설명은 틀림없이 후루시초프의 영향을 받은 것이다. **Inspiriertheit**, die《교양어》자극받음, 고무된 상태.
Inspizient [ɪnspiˈtsi̯ɛnt], der; -en, -en [lat. īnspiciēns] **1.** [연극·텔레비전·방송] 무대 감독. **2.**《드물게》감독자. **inspizieren** [...ˈtsiːrən]〈h〉[lat. īnspicere] 관찰하다, 정사(精査)[조사]하다, 점검하다, 검열하다: in Stolp wurde der Zug von den polnischen Offizieren inspiziert 쉬툴프에서 기차는 폴란드 장교들

에 의해 세밀한 조사를 받았다.
instabil [(또한) ーー'ー] 〈Adj.〉 [lat. instabilis] (반대: stabil) **1.** [특히 물리학·기술] 밸런스를 잃은, 불안정한: ein -es Atom 불안정원자(元子). **2.** 변하기 쉬운, 동요하는, 부동(浮動)하는: der -e politische Zustand eines Landes 어느 나라의 동요하고 있는 정치 상황. **Instabilität** [(또한) '——ーー], die, -en [lat. īnstabilitās] ↑instabil의 명사형.

Installateur [instala'tøːɐ̯], der; -s, -e [↑installieren에 대한 프랑스식 조어] **1.** 시설공, 배선공, 배관공(연관공), 전기공. **2.** 《드물게》 특정 계획의 실천가(창안자). **Installation** [...'tsi̯oːn], die, -en **1. a)** 설비, 설치, 장치. **b)** 설비, 장치, 시설: ein allmählicher Abbau der zahlreichen militärischen -en der USA 미합중국의 수많은 군사 시설의 점진적 축소. **2.** 《schweiz.》· 이 외 지역은 2의》 취임, 임명, 서품. **Installationsbetrieb**, der 설비업. **installieren** [insta'liːrən] 〈h〉 [lat. īnstallāre] **1.** 설비하다, 달다, 설치하다, 내장하다, 장치하다. **2.** 《아어》 임명하다, 서임하다. **3. a)** 설립하다. 세우다: er hat seinen kleinen Laden in einem Keller installiert 그는 지하실에 작은 가게를 만들었다. **b)** 〈i. + sich〉 …에 거처를 정하다, 정착하다, 자리잡다. **Installierung**, die, -en 설치, 장치; 설립.

instand 〈Adv.〉 《특정동사와 결합하여》 잘 정리[정돈]된: er hat die Maschine wieder i. gesetzt 그는 기계를 수리[손질]하여 다시 쓸모있게 만들었다; jmdn. i. setzen, etw. Bestimmtes zu tun 누구로 하여금 어떤 특정한 일을 할 수 있게 만들다. **instandbesetzen** 〈h〉《특히 은어》빈 집, 특히 철거 대상 건물을 불법 점령하여 다시 살 수 있게 만들다. **Instandbesetzer**, der; -s, - 《특히 은어》위를 행하는 사람. **Instandbesetzung**, die, -en ↑instandbesetzen의 명사형. **Instandbesetzungstruppe**, die 《군》 병참 부대. **Instandhaltung**, die, -en 《격식 독어》 정리, 정돈, 손질, 수선. **Instandhaltungskosten** 〈Pl.〉 《특히 경제》 유지비, 보수비.

inständig 〈Adj.〉 절실한, 뼈저리게 느끼는, 긴급한: eine -e Bitte 간청; i. um etw. bitten 무엇을 간절히 요청하다[간청하다]; i. auf etw. hoffen 무엇을 강력하게 희망하다. **Inständigkeit**, die ↑inständig의 명사형.

Instandsetzung, das; -s, **instandsetzung**, die, -en 《격식 독어》회복, 수선. **Instandstellung**, die, -en 《schweiz.》 ↑Instandsetzung.

instant ['ɪnstant, (또한) 'ɪnstənt] 〈Adj.〉 [engl. instant] 즉각 용해되는, 즉석의, 곧 사용할 수 있는, 즉석 요리용의: Kaffee i. 인스턴트 커피; eine Kartoffelsuppe i. 인스턴트 감자 수프. **Instant-** [-], 《sofortlöslich를 뜻하는 규정어로서, 예컨대》 Instantgetränke, Instanthaferflocken, Instantkaffee, Instantkakao, Instantmehl, Instantmilch, Instantsuppe. **instant** [ɪn'stanːn] 〈Adj.〉 [특히 지질] 《효과가》빠른, 빨리 나타나는 《예컨대: 지표물이》. **Instantgetränk**, das 즉석[인스턴트]음료. **instantisieren** [ɪnstanti'ziːrən] 〈h〉 《전문어》 인스턴트 식품화하다. **Instantkaffee**, der 인스턴트 커피. **Instanttee**, der 인스턴트 차(茶).

Instanz [ɪn'stants], die, -en [lat. instantia] **1.** 주무 관청[기관]: sich an eine höhere I. wenden 보다 상급 기관에 문의[조회]하다. **2.** [법] 심급(審級): er hat den Prozeß in der zweiten I. gewonnen 그는 제 2심에서 소송에 승리했다. **Instanzenweg**, der 심급(審級) 순서, 심급(관청, 의회)의 절차: den I. nehmen 심급 순서를 밟다. **Instanzenzug**, der 《Pl. 없음》 [법] 상급[해당]기관 법원으로의 소송의 이행(移行).

in statu nascendi [ɪn 'staːtuː nas'tsɛndiː lat] 《교양어》 발전[생성] 과정에 포함된, 생성 단계의. **in statu quo** [- - 'kvoː; lat.] 현재의 상태에서(↑Status quo). **in statu quo ante** [- - - 'antə; (lat.)] 《교양어》 이전 상태에서(↑Status quo ante).

Instauration [ɪnstau̯ra'tsi̯oːn], die, -en [lat. īnstaurātio] 《고어》 회복, 복구, 개혁. **instaurieren** [...'riːrən] 〈h〉 [lat. īnstaurāre] 《고어》 회복[복구]하다, 개혁하다, 수리하다.

Inste ['ɪnstə], der; -n, -n ↑Instmann.
Inster ['ɪnstɐ], das; -s, - [mniederd. inster] 《niederd.》 내장.
instigieren [ɪnsti'giːrən] 〈h〉 [lat. īnstīgāre] 《교양어》 자극하다, 영향을 주다, 사주[격려]하다.
Instillation [ɪnstɪla'tsi̯oːn], die, -en [lat. īnstīllātio] [의학] 점적주입(点滴注入), 점적(법). **instillieren** [ɪnstɪ'liːrən] 〈h〉 [lat. īnstīllāre] [의학] 점적(주입)하다.

Instinkt [ɪn'stɪŋkt], der; -(e)s, -e **1.** 본능, 천성: der tierische I. 동물적 본능; das Tier läßt sich von seinem I. leiten 동물은 본능에 의해 움직인다. **2.** 《대개 Pl.》 충동, 욕정: diese Hetzrede rief die schlechtesten -e wach 이 선동 연설은 최악의 충동을 일깨웠다. **3.** 육감, 직각력, 직관: er hat den richtigen I. dafür 그는 그것에 꼭 맞는 직관을 가지고 있다.

instinkt-, Instinkt-: ~**gesteuert** 〈Adj.〉 본능에 의해 움직이는, 본능적인. ~**handlung**, die 본능적 행동. ~**los** 〈Adj.〉 직각력이 없는, 둔감한, 무신경의. ~**losigkeit**, die ↑~los의 명사형. ~**sicher** 〈Adj.〉 직각력이 두드러진. ~**sicherheit**, die (Pl. 없음) ↑~sicher의 명사형. **~verhalten**, das ↑~handlung.

instinktiv [ɪnstɪŋk'tiːf] 〈Adj.〉 [frz. instinctif] **1.** 본능적인, 직각적인: das Tier verhält sich in solchen Situationen i. ruhig 동물은 이런 상황에서는 본능적으로 조용히 행동한다. **2.** 감각적인, 감정적인, 직각적인, 무의식적인: eine rein -e Abneigung gegen jmdn. [etw.] haben 누구[무엇]에 대해 정말 자기도 모르는 혐오감을 가지다. **instinktmäßig** 〈Adj.〉 본능적인, 직각적인. **instinktuell** [...'tu̯ɛl] 〈Adj.〉 《드물게》 ↑instinktiv (1).

instituieren [ɪnstitu'iːrən] 〈h〉 [lat. īnstituere] 《교양어》 마련하다, 설치하다; 임명하다, 설립하다; 창설[창립]하다: einen Ausschuß i 위원회를 설립하다. **Institut** [...'tuːt], das; -(e)s, -e [lat. īnstitūtum] **1. a)** 학과, 연구소: ein pädagogisches I. 교육학 연구소(교육학과). **b)** 연구소 건물: er betrat das I. jeden Tag um 8 Uhr 그는 매일 8시에 연구소 건물로 들어갔다. **2.** [법] 법정 기구. **Institution** [...tu'tsi̯oːn], die, -en **1.** 공공 기관: 《전의》 sein langjähriges, unermüdliches Wirken hat diesen Lehrer in seinem Dorf zu einer I. gemacht 여러 해 동안의 지칠 줄 모르는 노력의 덕분으로 이 교사는 자기 마을에서 명망가가 되었다. **2.** 《특히 사회·인류》 사회 제도(관습): die I. der Ehe 결혼 제도. **institutionalisieren** [ɪnstitutsi̯onali'ziːrən] 《교양어》 **a)** 제도(관습)화하다. **b)** 〈i. + sich〉 제도(관습)화되다, 제도로 정착되다. **Institutionalisierung**, die; -en 《교양어》 제도화. **Institutionalismus** [...'lɪsmʊs], der; - [engl.-amerik. institutionalism] 제도학파(1900년경 미국의 Th. Veblen에 의해 창시된 국민 경제학의 한 유파). **institutionell** [...'nɛl] 〈Adj.〉 《교양어》 **1. a)** 공공 기관의. **b)** 제도상의, 제도화된, 규정의; 관례적인: Ehe und Familie sind -e Formen menschlichen Zusammenlebens 결혼과 가족은 인간 공동 생활의 제도적 형식이다. **2.** 《드물게》 연구소의: die -en Räume 연구소의 방들.

Instituts- (Institut의 합성): **~bibliothek**, die 연구소 (부속)도서관, 학과 도서관. **~bücherei**, die ↑~bibliothek. **~direktor**, der 연구소장, 학과장. **~leiter**, der 학과장, 연구소장.

Instleute: ↑Instmann의 복수형. **Instmann** ['ɪnst-], der; -(e)s, ...leute [mniederd. instman] 《옛》 농토를 소유치 않은 농업 노동자, 머슴.

instradieren [ɪnstra'diːrən] 〈h〉 [ital. instradare] **1.** 《준고어》 **a)** 《군》 행진시키다. **b)** 수송(경)로를 지정[결정]하다, (~의) 행선지를 지정하다. **2.** 《schweiz.》 《정확한》 궤도에 올리다. **Instradierung**, die; -en ↑instradieren의 명사형.

instruieren [ɪnstru'iːrən] 〈h〉 [lat. īnstruere] **a)** 알게 하다, 알리다, 지시하다: wir sind über seine weiteren Schritte instruiert worden 우리들은 그의 더 자세한 조치들에 관한 보고를 받았다. **b)** 지시하다, 가르치다: schon vor der Einladung instruiert man das Mädchen, bei welchem Gast es mit dem Servieren anzufangen hat 이미 초대하기 전에 그 소녀는 어느 손님에게서 서비스를 시작해야 할 것인지 지시를 받을 것이다. **Instrukteur** [ɪnstrʊk'tøːɐ̯], der; -s, -e [frz. instructeur] 교관, 지도원, 가르치는 사람. **Instruktion** [...'tsi̯oːn], die; -en [lat. īnstrūctio] **a)** 가르침, 지시, 교수, 지도. **b)** 훈령, 지령; -en erteilen 훈령[지령]을 내리다. **instruktiv** [...'tiːf] 〈Adj.〉 [frz. instructif] 교훈적인, 계발적인; 유익한, 지식을 주는: -e Erläuterungen 유익한[알기 쉬운] 설명; etw. i. darstellen 무엇을 알기 쉽게 표현하다. **Instruktiv** [(또한) '---], der; -s, -e [...ivə] 〈언어〉 핀우그리어족의 방법(표시)격(格). **Instruktor** [ɪn'strʊktoːɐ̯, (또한) ...toːɐ̯], der; -s, -en [...'toːrən; lat. īnstrūctor] **1.** 《고어》교사, 교육자(특히 가정 교사). **2.** 《österr.》 ↑Instrukteur.

Instrument [ɪnstru'mɛnt], das; -(e)s, -e [lat. īnstrūmentum] **1.** 계기(計器), 기구, 도구: ein I. zur Messung der Luftfeuchtigkeit 습도 측정용 계기. **2.** 《아이》 앞잠이, 도구, 수단: er hat den König zum I. seiner ehrgeizigen Pläne gemacht 그는 왕을 야심에 찬 자신의 계획의 도구로 만들었다. **3.** ↑Musikinstrument의 약칭: die -e stimmen 악기를 조율(調律)하다. **instrumental** [...mɛn'taːl] 〈Adj.〉 [frz. instrumental] **1.** 《음악》 기악의, 악기의(반대: vokal): eine -e Begleitung 악기 반주; i. musizieren 악기로 연주하다. **2.** 《교양어》 수단이 되는, 도구로 쓰이는: eine -e Konjunktion 《언어》 조격(助格) 접속사. **¹Instrumental** [-], der; -s, -e 《언어》 《슬라브어의》 조격(助格) (…으로서, …에 의하여 따위): im Deutschen ist der I. durch den Präpositionalkasus ersetzt 독일어의 조격은 전치사격(格)으로 대치되어 있다. **²Instrumental** [...tal], das; -s, -s 《engl. instrumental》 《음악》 기악곡.

Instrumental-: **~begleitung**, die 기악 반주. **~konzert**, das 기악 연주회. **~musik**, die 기악(반대: Vokalmusik). **~solist**, der 악기 독주자. **~musiker**, der ↑Instrumentalist (1). **~satz**, der **1.** 《언어》 수단을 표현하는 부문장. **2.** 《음악》 기악 악장. **~stück**, das 기악곡.

Instrumentalis [ɪnstrumɛn'taːlis], der; -, ...les [...leːs] 《언어》 ↑Instrumental. **instrumentalisieren** [...tali'ziːrən] 〈h〉 《음악》 가곡을 기악곡으로 바꾸어쓰다[편곡하다] **Instrumentalisierung**, die; -en **1.** 《Pl. 없음》 《언어》 《독일어의》 조격화(助格化) 경향(예컨대: dem Kunden Waren liefern 대신 den Kunden mit Waren beliefern을 사용한다). **2.** 가곡을 기악곡으로 편곡하기. **Instrumentalismus** [...tal'lɪsmʊs], der; - [engl.-amerik. instrumentalism] 미국의 교육학·철학자 J. Dewey(1859~1952)에 의해 형성된 개념] 《철학》 기구[도구]주의. **Instrumentalist** [...'lɪst], der; -en, -en [2: engl.-amerik. instrumentalist] **1.** 《음악》 기악 연주자 (반대: Vokalist). **2.** 《철학》 기구[도구]주의자. **instrumentarisieren** [...tari'ziːrən] 〈h〉 《교양어》 …을 수단으로 삼다. **Instrumentarisierung**, die; -en 《교양어》 ↑instrumentarisieren의 명사형. **Instrumentarium** [...'taːri̯ʊm], das; -s, ...ien [...i̯ən; lat.. īnstrumentarium] **1.** 《전문어》 도(기)구류(류); **1.** eines Arztes 의사의 사용 기구류. **2.** 《음악》 사용 악기군(群), 악기 편성(총칭): die romantische Oper verlangt ein aufwendiges I. 낭만주의 오페라는 엄청난 비용의 악기 편성을 요한다. **3.** 《교양어》 이용 수단(총칭): ein wirtschaftspolitisches I. 경제 정책 수단; das I. des Gesetzgebers 입법자의 이용 수단. **Instrumentation** [...ta'tsi̯oːn], die; -en [frz. instrumentation] 《음악》 **a)** 관현악 편곡법. **b)** 기악 편곡[편성](법). **Instrumentativ** [...'tiːf], das; -s, -e [...ivə] 《언어》 도구 동사(예컨대: hämmern = mit dem Hammer arbeiten). **Instrumentator** [...'taːtoːɐ̯, (또한) ...toːɐ̯], der; -s, -en [...ta'toːrən] 《음악》 기악편곡자. **instrumentatorisch** [...ta'toːrɪʃ] 〈Adj.〉 《음악》 관현악 편곡법의, 기악 편곡의. **instrumentell** [...'tɛl] 〈Adj.〉 《교양》 **1.** 계기(기구)의, 계기(기구)를 이용한: etw. i. untersuchen 무엇을 계기(기구)로 검사하다. **2.** ↑instrumental (2).

Instrumenten-: **~bau**, der 〈Pl. 없음〉 **1.** 악기 제작 《생산》. **2.** 악기 제작업: der Ort ist ein Zentrum des -s 그곳은 악기 제작업의 중심지이다. **~bauer**, der; -s, - ↑~macher. **~brett**, das 계기판. **~flug**, der 《항공》 계기(計器) 비행. **~kasten**, der 악기 케이스. **~kunde**, die 악기학(學)《음악학의 한 분야》. **~macher**, der 악기 제작인. **~schrank**, der ↑~kasten. **~tafel**, das ↑~brett. **~tasche**, die ↑~kasten.

instrumentieren [ɪnstrumɛn'tiːrən] 〈h〉 [frz. instrumenter] **1.** 《음악》 **a)** 기악용으로 편곡하다. **b)** 오케스트라(관현악)용으로 편곡(작곡)하다. **2.** 《전문어》《기구》…에 계기(기구)를 달다(장비하다). **3.** 《의학》 《수술하는 의사에게》 외과 기구를 건네주다. **Instrumentierung**, die; -en **1.** 《음악》 기악 편성(법), 관현악 편곡(법), 기악 편곡 (법). **2.** 《전문어》 계기(기구) 장비(장착).

Insubordination [(또한) '------], die; -en 《교양어》 불순종, 항명(抗命), 불복종, 반항, 배반.

insuffizient [(또한) ---'-] 〈Adj.〉 [lat. īnsufficiēns] 《반대: suffizient》 **1.** 《교양어》 불충분한, 부족한, 무능한. **2.** 《의학》 약화된, 모자라는: eine -e Herztätigkeit 약화된 심장 기능. **Insuffizienz** [(또한) ---'-], die; -en [lat. īnsufficientiā] **1.** 《교양어》 불충분, 무능력, 미비. **2.** 《의학》 기능약화, 부전증. **3.** 《법》 채무이행 불능성. **Insuffizienzgefühl**, das 〈대개 Pl.〉 《심리》 무력감; 열등감.

Insulaner [ɪnzu'laːnɐ], der; -s, - [lat. īnsulānus] 《고어·핌·농》 섬주민. **insular** [...'laːɐ̯] 〈Adj.〉 [lat. īnsulāris] 섬(나라)의, 섬 특유의: -e Vegetation 도서 식물. **Insularität** [...lari'tɛːt], die [지리] 섬상태, 지리적 고립(상태). **Insulin**, das; -s **1.** 췌장호르몬, 인슐린. **2.** Ⓦ 인슐린《당뇨병 약》. **Insulinmangel**, der 〈Pl. 없음〉 인슐린 결핍. **Insulinpräparat**, das [의학] 인슐린 제제(製劑). **Insulinschock**, der [의학] **1.** 인슐린 쇼크. **2.** 《인슐린을 주사하여 야기시키는》 인슐린 쇼크《충격》.

Insult [ɪn'zʊlt], der; -(e)s, -e [lat. insultus] **1.** 《교양어》 《심한》 모욕, 비방. **2.** 《의학》 발작. **Insultation** [ɪnzʊlta'tsi̯oːn], die; -en [lat. īnsultātio] 《드물게》 모욕(비방)하기, 모욕(비방). **insultieren** [ɪnzʊl'tiːrən] 〈h〉 [lat. īnsultāre] 《österr.·그 외 드물게》 《심하게》 모욕하다, 비방하다, 경멸하다. **Insultierung**, die; -en 《österr.·그 외 드물게》 모욕, 비방, 경멸.

in summa [ɪn 'zʊma], 〈Adv.〉 《교양어·준고어》 전체적으로, 다함께, 합계하여.

Insurgent [ɪnzʊrˈgɛnt], der; -en, -en [lat. īnsurgēns] 《교양어・준고어》 반란자, 모반자, 선동자. **insurgieren** [...ˈgiːrən] ⟨h⟩ [lat. insurgere] 《교양어・준고어》 1. 선동하다, 부추기다. 2. 반역(모반)을 일으키다. **Insurrektion** [...rɛkˈtsi̯oːn], die; -en [lat. īnsurrēctio] 《교양어・준고어》 반란, 민중 봉기.

in suspenso [ɪn zʊsˈpɛnzoː; lat.] 《교양어・고어》 현안(懸案)인 채, 미결 상태로.

Inszenator [ɪnstseˈnaːtɔr, (또한) ...tor], der; -s, -en 《드물게》(연극・TV・영화의) 무대 감독, 영화 감독. **inszenatorisch** [...naˈtoːrɪʃ] ⟨Adj.⟩ 연출(상)의: -es Können 연출 능력. **inszenieren** [...ˈniːrən] ⟨h⟩ 1. 각색하다, 연출하다: eine Oper i. 오페라를 연출하다. 2.《퍾》기획하다, 조직하다, 획책하다, 꾸미다, 꾀하다: einen Skandal i. 스캔들을 꾸미다. **Inszenierung**, die; -en 1. a) 각색, 연출: die I. der Komödie besorgte ein Gastregisseur 이 희곡의 연출은 객원 감독이 담당했다. b) 상영, 상연. 2.《퍾》획책, 기획, 조직.

Intabulation [ɪntabulaˈtsi̯oːn], die; -en 《고어》등기, 등록. **intabulieren** [ɪntabuˈliːrən] ⟨h⟩ [lat. intabulare] 《고어》등기(등록)하다.

Intaglio [ɪnˈtaljo], das; -s, ...ien [...jən; ital. intaglio] 음각(陰刻)의 무늬를 새긴 보석.

intakt [ɪnˈtakt] ⟨Adj.⟩ [lat. intāctus] a) 다치지 않은, 손상(피해)을 입지 않은: die Telefonverbindungen sind trotz des Sturms i. geblieben 이러한 전화 통신은 폭풍에도 불구하고 피해를 입지 않았다. b) 제기능을 발휘하는, 완전[온전]한, 건전한: unsere Wirtschaft ist völlig i. 우리 경제는 매우 건전하다. **Intaktheit**, die ↑intakt의 명사형.

Intarseur [ɪntarˈzøː], der; -s, -e ↑Intarsiator. **Intarsia** [ɪnˈtarzi̯a], Intarsie [...i̯ə], die; -, ...ien [...jən] 《대개 Pl.》[ital. intarsio] 상감(象嵌)세공. **Intarsiator** [ɪntarˈzi̯aːtɔr, (또한) ...toːr], der; -s, -en [...toːrən; ital. intarsiatore] 상감세공인. **Intarsiatur** [...zi̯aˈtuːɐ̯], die; -en [ital. intarsiatura] 《드물게》↑Intarsia. **Intarsie**: ↑Intarsia. **intarsieren** [ɪntarˈziːrən] ⟨h⟩ 상감 세공하다.

integer [ɪnˈteːgɐ] ⟨Adj.⟩ [lat. integer] 1. 결점없는, 깨끗한, 청렴한: ein integrer Politiker 청렴한[매수되지 않는] 정치인. 2.《고어》새로운, 깨끗한. **integral** [ɪnteˈgraːl] ⟨Adj.⟩ [lat. integrālis] 전체를 구성하는[데 절대로 필요한], 필수의, 절대적인; 완전한, 빠진것이 없는: ein -er Bestandteil 불가결[불가(不可)缺]한 요소. **Integral** [-], das; -s, -e 《수학》1. 적분법(積分法)의 계산 기호(기호: ∫). 2. 적분.

Integral- 《수학》: **~gleichung**, die 적분 방정식. **~helm**, der (머리와 목을 보호할 수 있는) 안전 헬멧. **~rechnung**, die 1. ⟨Pl. 없음⟩ 적분법〔학〕. 2. 적분계산. **~zeichen**, das ↑Integral (1).

Integralismus [ɪnteˈgralɪsmʊs], der; - [가] 통합주의. **Integralist**, der; -en, -en [가] 통합주의자. **Integrand** [ɪnteˈgrant], der; -en, -en [lat. integrandus] 《수학》피(被)적분함수. **Integration** [ɪntegraˈtsi̯oːn], die; -en [lat. integrātio] 1. 통합, 완성. 2. 합병, 편입. 3. 《사회》(반대: Desintegration) a) 통합. b) 통합 상태. 4. 《수학》적분법. 5. 《언어》여러 요소들의 합병(예컨대: heute < hiu + tagu = an diesem Tag, Welt < wer-alt = Menschenalter 등). 6. 《심리》인격 통합, 융화. **Integrationist** [ɪntegratsi̯oˈnɪst], der; -en, -en [engl.-amerik. integrationist] 인종 차별 폐지론자(반대: Separatist). **integrationistisch** ⟨Adj.⟩ 1. 통합〔완성, 합병, 편입〕(목적)의. 2. 인종 차별 폐지론자의(반대: separatistisch). **Integrationspsychologie**, **Integrationstypologie**, die 《심리》통합(융화)심리학,

통합유형론(E.R. Jalusch에 의해 기초된 성격론의 일종).
integrativ [ɪntegraˈtiːf] ⟨Adj.⟩ 통합하는, 완전하게 하는, 합병[편입]하는. **Integrator** [ɪnteˈgraːtɔr, (또한) ...toːr], der; -s, -en [...graˈtoːrən; lat. integrātor] 적분기(積分器), 구적기(求積器). **Integrieranlage**, die 적분계산용 전산기[계산기]. **integrierbar** ⟨Adj.⟩ 통합할 수 있는. **integrieren** [ɪnteˈgriːrən] ⟨h⟩ [lat. integrāre] 1. 통합하다, 통일하다, 완전하게 하다: Forschungsvorhaben auf europäischer Basis i. 연구계획을 유럽의 표준으로 통일하다. 2. 합병하다, 삽입하다, 흡수시키다, 편입하다: jmdn. in eine Gruppe i. 누구를 단체에 가입[편입]시키다; 《(또한) i. + sich》 sich in eine Gemeinschaft i. 공동체에 가입[편입]하다. 3. 《수학》적분하다. **integrierend** ⟨Adj.⟩ [frz. intégrant] 필수적인, 중요한, 불가결의. **Integrierer**, der ↑Analogrechner. **Integriergerät**, das ↑Integrator. **Integrierung**, die; -en ↑integrieren의 명사형. **Integrimeter** [ɪntegri-], das; -s, - 적분기. **Integrität** [...ˈtɛːt], die [lat. integritās] a) 무결(無缺), 완전; 품행 방정, 정직, 고결, 성실. b) 《법》(영토의) 불가침성.

Integument [ɪntegu'mɛnt], das; -s, -e [lat. integumentum = Decke, Überdeckung] 1. 《생물》(동물, 사람의) 외피, 피막, 표피. 2. 《식물》주피(珠皮).

Intellekt [ɪnteˈlɛkt], der; -(e)s [lat. intellēctus] 지력, 지능, 지성: einen feinen〔scharfen〕 I. haben 섬세한〔날카로운〕 지성을 가지다; seinen I. einsetzen〔anwenden〕 그의 지력을 투입(사용)하다. **intellektual** [ɪntɛlɛkˈtu̯aːl] ⟨Adj.⟩ 《드물게》 지(성)적인. **intellektualisieren** [...tu̯aliˈziːrən] ⟨h⟩ [frz. intellectualiser] 지적으로 하다, 지성을 부여하다. **Intellektualismus** [...ˈlɪsmʊs], der; - 1. 《철학》 주지주의, 주지설. 2. 주지적 태도. **intellektualistisch** ⟨Adj.⟩ 주지주의적인. **Intellektualität** [...liˈtɛːt], die 지성. **intellektuell** [...ˈtu̯ɛl] ⟨Adj.⟩ [frz. intellectuel] a) 지적인, 지능적인: die -e Entwicklung eines Kindes 어린아이의 지능 발달. b) 이지적인: ein -er Mensch 이지적인 사람, 지식인의, 지식인에 속하는; die -en Kreise 지식인권. **Intellektuelle***, der / die a) 지식인(계층): in dem Café verkehren Studenten und I. 그 카페에는 학생과 지식인이 드나든다. b) (비판적) 지식인; 지성인: die -n kritisierten die Regierungspolitik 지식인들은 정부 시책을 비판했다; ein typischer -r 전형적인 지식인. **intelligent** [ɪntɛliˈgɛnt] ⟨Adj.⟩ [lat. intelligēns, intellegēns, intellegere = erkennen, verstehen] 지적인, 이지적인, 똑똑한: sie ist sehr i. 그녀는 아주 (머리가) 영리하다. **Intelligentsia**: ↑Intelligenzija. **Intelligenz** [ɪntɛliˈgɛnts], die; -en [lat. intelligentia, intellegentia] 1. ⟨Pl. 없음⟩ 이성, 지성; in Mensch von überragender I. 지적 능력이 뛰어난 사람; er hat technische [politische] I. 그는 기술적[정치적] 지능을 가지고 있다; jmds. I. testen 누구의 지능을 시험하다. 2. ⟨Pl. 없음⟩ 지식인층: er gehört zur I. an 그는 지식인층에 속한다; -en von anderen Planeten 외계인.

Intelligenz-: **~alter**, das 《심리》정신[지능] 연령. **~bestie**, die a) 《통용어》아주 지능적인 사람, 지능범. b) 《퍾》똑똑한 체하는 사람. **~blatt**, das [engl. intelligence] 18, 19세기의 신문. **~defekt**, der 지능 결함. **~grad**, der 지능력. **~leistung**, die 지능(작업)의 성과; 정신적 성과: Instinkthandlungen sind keine -en 본능적 행동이 지능적 성과가 아니다. **~prüfung**, die ↑-test. **~quotient**, der [1912년 독일의 심리학자이자 철학자인 W. Stern(1871~1938)이 학술 용어로 도입] 지능 지수(약어: IQ). **~rente**, die 《구동독・통용어》지식인 연금: ein Journalist bekommt keine I. 신문기자는 지식인 연금을 받지 않는다. **~schicht**, die ↑

Intelligenz (2). **~stufe,** die ↑~grad. **~test,** der 지능검사.
Intelligenzija [ɪntelɪ'gɛntsɪjaː], die [russ. intelligenzija] ↑Intelligenz (2). **Intelligenzler,** der; -s, - (ौ종 평) 지식쟁이, 먹물. **intelligibel** [ɪntelɪ'giːbl̩] ⟨Adj.⟩〔철학〕지적, 예지적(으로만 인식되어지는).
Intendant [ɪntɛn'dant], der; -en, -en [frz. intendant] 극장장, (텔레비전) 방송국의 장. **Intendantur** [ɪntɛndan'tuːɐ̯], die; -en 〔고어〕**1.** ↑Intendant의 직(職). **2.** 군사 행정부. **Intendanz** [ɪntɛn'dants], die; -en **a)** ↑Intendant의 직(職). **b)** ↑Intendant의 사무실. **intendieren** [ɪntɛn'diːrən] ⟨h⟩ [lat. intendere = sein Streben auf etw. richten] 꾀하다, 도모하다, 뜻하다, 의도하다: diese Politik intendiert ein falsches Bewußtsein von der gesellschaftlichen Wirklichkeit 이 정책은 사회 현실에 대한 그릇된 의식을 도모하다; die intendierte Wirkung erreichen 뜻한 효과를 성취하다.
Intensimeter [ɪntɛnzi-], das; -s, - 퀸트겐선의 방사능 측정기. **Intension** [ɪntɛn'zi̯oːn], die; -en [lat. intēnsio = Spannung] **1.** 긴장, 열성. **2.** 〔논리〕내포(반: Extension 2). **intensional** ⟨Adj.⟩〔논리〕내포적인(반대: extensional): eine -e Definition 내포적 정의. **Intensität** [ɪntɛnzi'tɛːt], die; -en [lat. intēnsus = gespannt, aufmerksam, heftig] **1.** ⟨Pl. 없음⟩ (행위나 경과 등의) 세기, 강도, 집중력, 효율: die I. der Bemühungen는 노력의 강렬함. **2.** 감각적 인상, 표현, 반응의 강렬함. **3.** ⟨Pl. 없음⟩ 〔농업〕 (토지의) 집약성. **4.** ⟨Pl. 없음⟩ 〔물리〕 방사선 강도. **Intensitätsgenitiv,** der 강의의 2격. **intensiv** [ɪntɛn'ziːf] ⟨Adj.⟩ **1.** 집중적인(반대: extensiv 1 a): -e Forschungen betreiben 집중적인 연구를 하다; sich i. mit etw. beschäftigen 무엇에 집중적으로 몰두하다. **2.** (감각적 인상이나 물리적, 정신적 반응이) 강렬한, 짙은: -e Farben 짙은 색; ein -er Schmerz 강렬한 고통. **3.** 심도있는: ein -es Gespräch führen 집중적인(깊이있는) 대화를 하다. **4.** 〔농업〕 집약적인(반대: extensiv 1 b): -e Landwirtschaft 집약적 농업. **-intensiv** [-ɪntɛnziːf] 〔후철로서〕 ~집약적인, ~짙은: lohnintensive Wirtschaftszweige 임금 집약적 경제 분야; ein farbintensiver Stoff 짙은 색깔의 옷감.
Intensiv-: **~anbau,** der 〔농업〕집약 경작. **~betrieb,** der 〔농업〕집약 경영. **~bildung,** die 〔언어〕 강의화(↑Intensivum). **~haltung,** die 〔농업〕집약 사육. **~kultur,** die 〔농업〕↑~anbau. **~kur,** die 집중 요법: i. gegen Schuppen machen 비듬 집중 요법을 쓰다. **~kurs,** der 속성(집중) 과정: einen I. in Englisch machen 영어 속성 과정을 하다. **~lehrgang,** der ↑~kurs. **~pflegestation,** die ↑~station. **~stall,** der 〔농업〕집약 사육용 우리. **~station,** die 집중 강화 치료실, 중환자실. **~studium,** das 집중 연구. **~wirtschaft,** die 집약 경제.
intensivieren [ɪntɛnzi'viːrən] ⟨h⟩ 강화하다, 집중하다: die Bemühungen i. 노력을 강화하다; den Export i. 수출을 강화하다. **Intensivierung,** die -en 강화. **Intensivum** [ɪntɛn'ziːvʊm], das; -s, ...va 〔언어〕강의태 동사(예컨대: „schnitzen" = kräftig schneiden). **Intention** [ɪntɛn'tsi̯oːn], die; -en [lat. intentio] **1.** ⟨대개 Pl.⟩ 의도, 의향, 지향: das entspricht seinen -en 그것은 그의 의도에 맞는다. **2.** 〔의학〕치유 양식. **intentional** [...tsi̯oˈnaːl] ⟨Adj.⟩ 의도적인, 고의적인, 목적지향적인: -es Verhalten 고의적 태도. **Intentionalismus** [...naˈlɪsmʊs], der; - 〔철학〕 지향설. **Intentionalität** [...naliˈtɛːt], die; 〔심리〕지향성. **intentionell** [...tsi̯oˈnɛl] ⟨Adj.⟩ [frz. intentionel] ↑intentional.

Intentions-: **~bewegung,** die 〔행태〕기도 동작, 동작 기도. **~psychose,** die 〔의학·심리〕기도〔의도〕장애. **~tremor,** der 〔의학·심리〕기도진전(자의적 동작 시).
inter-, Inter- [ɪntɐ-; lat. inter] (비분리 전철) (장소적, 시간적, 전의적 의미에서) 중간의, 사이의(예컨대: interalliiert, Intermezzo).
interagieren ⟨h⟩ 〔심리·사회〕 (행위 당사자간에) 상호작용을 하다: Leute, die sich nicht verstehen, können nicht miteinander i. und kommunizieren 서로 이해하지 못하는 사람들은 서로 상호 작용이나 소통을 할 수 없다. **Interaktion,** die 〔심리·사회〕 상호 작용: sprachliche Kommunikation ist die wichtigste Form menschlicher I. 언어 소통은 인간의 중요한 상호 작용의 형태이다.
interalliiert ⟨Adj.⟩ 동맹극〔연합국〕간의: -e Streitkräfte 연합군.
Interbrigadist [...brigaˈdɪst], der; -en, -en 〔공산주의〕 (스페인 내란(1936~39) 때 공화파를 위해 싸웠던) 국제여단(旅團)의 단원.
Intercarrierverfahren [ɪntɐˈkɛri̯ɐ-], das; -s 〔engl.-amerik. intercarrier system〕 인터캐리어 방식(텔레비전 수상의).
Interceptor [ɪntəˈsɛptɐ] ↑Interzeptor.
Intercity, der; -s, -e ↑Intercity-Zug. **Intercity-Verkehr,** der; -s [zu engl.-amerik. intercity] 인터시티 교통. **Intercity-Zug,** der; -(e)s, -züge 인터시티(대도시간 연결 특급 열차).
interdental ⟨Adj.⟩ 〔의학〕이 사이의, 치간의. **Interdental,** der; -s, -e 〔언어〕잇사이소리, 잇새음, 치간음 (예컨대: 영어의 th).
interdependent [...depɛnˈdɛnt] ⟨Adj.⟩ 서로 의존하는: ein Netz -er Zusammenhänge 일련의 상호의존 연관 관계. **Interdependenz,** die 상호 의존: die I. von Wortbedeutung und Kontext 어의와 문맥의 상호의존.
Interdikt [...ˈdɪkt], das; -(e)s, -e [lat. interdictum = Verbot] 〔가〕교권 정지, 파문. **Interdiktion,** die; -en [lat. interdictio] 〔고어〕금지.
interdisziplinär ⟨Adj.⟩ 각과〔분야〕공동〔공통, 협동〕의, 학제의: -e Forschungen 학제적 연구. **Interdisziplinarität** [...dɪstsɪplinariˈtɛːt], die 각과〔분야〕공동화, 학제성.
interdiurn [...ˈdi̯ʊrn] ⟨Adj.⟩ [lat. interdiū = den Tag über + diurnus = einen Tag dauernd] 〔고어〕일간의, 하루간의: -e Veränderlichkeit 〔기상〕일교차.
interdizieren [...diˈtsiːrən] ⟨h⟩ [lat. interdicere] 《고어》금지하다, 불허하다.
interessant [ɪntərɛˈsant, ɪntrɛˈsant] ⟨Adj.⟩ [frz. intéressant] **1.** 흥미로운, 관심을 끄는, 재미 있는: der Vortrag〔die Reise〕war sehr i. 그 강연〔여행〕은 아주 재미있었다; das ist ja i. 그것은 정말 관심을 끈다(aufschlußreich); er will sich i. machen 그는 관심을 끌려고 한다; die Gründe für sein Verhalten sind hier nicht i. 그의 태도에 대한 이유는 여기서는 관심 밖이다. **2.** 〔대개 상〕관심을 끄는, 유리한: ein -es Angebot 흥미 있는〔유리한〕제의. **interessanterweise** ⟨Adv.⟩ 재미있게도, 흥미롭게도: sie hat es mir i. erst heute erzählt 그녀는 내게 그 이야기를 재미있게도 오늘에야 했다. **Interessantheit,** die. **Interesse** [...ˈɛsə, ɪnˈtrɛsə], das; -s, -n [lat. interesse = von Wichtigkeit sein] **1.** ⟨Pl. 없음⟩ 관심(반대: Desinteresse): großes〔geringes〕I. an etw. haben 무엇에 대해 대단한〔별반〕관심을 가지다〔가지고 있지 않다〕; I. für〔an〕etw. zeigen〔bekunden〕 무엇에 대해 관심을 보이다;

jmds. I. wecken 누구의 관심을 일깨우다; diese Sache ist nicht von I. 이 일은 관심거리가 안된다. 2. a) 〈대개 Pl.〉 흥미: gemeinsame -n haben 흥미가 같다. b) 〈구매〉 의향: haben Sie I., den Wagen zu kaufen? 이 차를 사실 의향이 있으십니까? 3. a) 이익, 이해 관계: im eigenen I. handeln 자신의 이익을 위해 행동하다; ein Rechtsanwalt vertritt ihre -n 한 변호사가 그들의 이익을 대변한다; er hat gegen die -n der Firma verstoßen 그는 회사의 이익에 어긋난 짓을 했다. b) 〈대개 Pl.〉 의도: dies läuft unseren -n zuwider 이는 우리의 의도(관심)와 상반된다. 4. 〈Pl.〉〔고어〕 이자, 이식.
interesse-, Interesse-: ~halber 〈Adv.〉 흥미로, 재미로, 관심 때문에: ich habe mir den Film i. angesehen 나는 그 영화를 관심이 있어서 봤다. ~los 〈Adj.〉 관심(흥미)없는, 무관한(↑interessenlos). ~losigkeit, die I. gegenüber seiner Umwelt 자기 환경에 대한 무관심.
interessen-, Interessen-: ~ausgleich, der 이해 조정: eine Politik des ~s 이해 조정 정책. ~bereich, der /〔드물게〕 das ↑~gebiet. ~gebiet, das 관심 분야: sein I. ist die moderne Literatur 그의 관심 분야는 현대 문학이다. ~gegensatz, der 이해 대립: der I. zwischen Arbeit und Kapital 노동과 자본의 이해 대립. ~gemeinschaft, die 1. 이익 공동체: mit jmdm. eine I. eingehen 누구와 공동 이익을 추구하다. 2. 〔기업간의〕 이익 협동체(약어: IG), 〔노동〕 〔권력〕 단체: die Gewerkschaften üben als I. Druck auf die Regierung aus 노조는 이익 단체로서 정부에 압력을 행사한다. ~kollision, die 이해 관계의 충돌. ~konflikt, der 이해 갈등. ~lage, die 이해(관계) 상황. ~los 〈Adj.〉 흥미없는, 무관심한. ~organisation, die ↑~gruppe. ~partei, die 이해 정당. ~politik, die 이익(단체의) 정책. ~sphäre, die 1. 〔국가의〕 영향권, 이해권. 2. 〔드물게〕 ↑~gebiet. ~verband, der ↑~gruppe. ~vertreter, der 이익 대변인: die Gewerkschaft ist der I. der Arbeitnehmer 노조는 근로자의 이익 대변자이다. ~vertretung, die a) 이익 대변: der Anwalt übernimmt die I. seines Mandanten 변호사는 자기 위임자의 이익 대변을 맡는다. b) ↑~vertreter.
Interessent [Intərɛˈsɛnt, Intreˈsɛnt], der; -en, -en 1. 관심있는 사람: -en an diesem Vortrag sollen sich bis morgen anmelden 이 강연에 관심있는 사람은 내일까지 신청해야 한다. 2. 구매 희망자: ich habe noch keinen -en für mein Haus gefunden 나는 아직 내 집을 살 자를 찾지 못했다. Interessentengruppe, die 관심(구매) 집단. Interessentenkreis, der 관심권. Interessentin [Intərɛˈsɛntɪn, Intreˈsɛntɪn], die; -nen ↑Interessent의 여성형. interessieren [Intərɛˈsiːrən, Intreˈsiːrən] 〈h〉 [lat. interesse = dazwischensein, teilnehmen, von Wichtigkeit sein] 1. 〈i. + sich〉 a) 관심(흥미)을 가지다(보이다): ich interessiere mich für moderne Malerei 나는 현대 회화에 관심이 있다; niemand interessiert sich für ihn 아무도 그에게 관심을 보이지 않는다. b) 관심이 있다, 알고 싶어하다: sich für die Teilnahmebedingungen i. 참가 조건에 관심을 가지다. c) 가지려고 하다(사려): ich interessiere mich für einen neuen Wagen 나는 새 차에 관심이 있다; der junge Mann interessiert sich für meine Schwester 그 젊은 이는 내 누이에게 관심이 있다(사귀고 싶어한다). 2. a) 〔누구의〕 관심(호기심)을 돋구다: der Fall begann ihn zu i. 그 사건은 그의 관심을 돋구기 시작했다. b) 〔누구에게〕 흥미롭다. 흥미를 끌다: das Buch interessiert mich 이 책은 내게 흥미롭다; dieser Mann interessiert mich nicht mehr 이 사람은 내게 더 이상 관심거리가 아니다. 3. an jmdm. [etw.] interessiert sein 누구[무엇]에게 관심을 갖다: die Firma ist daran interessiert, daß möglichst viel verkauft wird 회사는 가능한 한 많이 팔리는 데에 관심이 있다; ich bin nicht am Verkauf des Grundstücks interessiert 나는 이 대지를 팔 의향이 없다. interessiert 〈Adj.〉 관심있는 (반대: desinteressiert): ein -es Gesicht machen 관심있는 얼굴을 하다; i. zuhören 관심[주의] 깊게 듣다. Interessiertheit, die 1. (무엇에 대한) 관심. 2. materielle I. 〔구 동독〕 물질적 관심(물질적 욕구를 작업성과와 결부시키려는 경제 운용 원칙에서).
Interferenz [Intɛrfeˈrɛnts], die; -en 1. 〔물리〕 〔파동의〕 간섭. 2. 〔생물·의학·심리〕 (비슷하거나 동시적으로 일어나는 생리적, 심리적 과정 간의) 간섭[억제](예컨대: 또다른 바이러스 균에 의한 바이러스 감염의 억제). 3. 〔언어〕 a) (서로 다른 언어의 구조적 비슷함이나 여러 언어의 숙달에서 오는 언어의) 간섭[영향]. b) (모국어 습득에서 언어적 요소간의) 간섭, 혼성(예컨대 발음이 비슷한 단어들의 혼동). c) (모국어에서 발음, 의미가 비슷한 단어간의) 혼동, 혼성. 4. 〔교양어〕 혼효, 교착: -en zwischen gespielter Aufrichtigkeit und aufrichtigem Spiel 연기적 정직과 정직한 연기 간의 착종. Interferenzerscheinung, die 〔물리·언어〕 간섭[혼성] 현상. Interferenzfarbe, die 〔물리〕 간섭색. interferieren [...feˈriːrən] 〈h〉 [↑inter-, Inter- + lat. ferīre = schlagen, treffen] 1. 〔물리〕 〔파장의〕 간섭 작용을 일으키다, 방해하다. 2. 〈교양어〉 혼효하다, 착종하다. Interferometer [...fero-], das; -s, - 〔물리〕 간섭계. Interferometrie, die 〔물리〕 간섭 측정. interferometrisch 〈Adj.〉 〔물리〕 간섭 측정의. Interferon [...feˈroːn], das; -s, -e 〔생물·의학〕 인터페론. Interflug, die 인터플루크 (구동독의 항공사).
interfolliieren 〈h〉 ↑durchschießen (2).
interfraktionell 〈Adj.〉 교섭 단체간의: -e Vereinbarungen 교섭 단체 협약.
intergalaktisch 〈Adj.〉 〔천문〕 은하계간의.
interglazial 〈Adj.〉 〔지질〕 간빙기의. Interglazial, das; -s, -e 〔지질〕 간빙기. Interglazialzeit, die ↑Interglazial.
intergruppal [...gruˈpaːl] 〈Adj.〉 〔사회〕 (사회)집단간의.
Interhotel, das; -s, -s 〔구동독〕 (외국인을 위한) 국제 호텔.
Interieur [ɛteˈriøːɐ̯], das; -s, -s /-e [lat. interior = das Innere] 1. 〔교양어〕 a) 실내, 내부, 내부. b) 실내 장식: ein neues I. 새로운 실내 장식. 2. 〔미술〕 (특히 17세기 네덜란드의) 실내화.
Interim [ˈɪntərɪm], das; -s, -s [lat. interim = inzwischen, einstweilen] 〈교양어〉 1. 과도기. 2. 임시(과도) 조치(규정): diese Verordnung ist nur als I. gedacht 이 규정은 임시조치일 따름이다. Interimistisch 〈Adj.〉 〔교양어〕 임시의, 잠정적인, 과도의: eine -e Regelung [Regierung] 임시 규정(과도 정부).
Interims-: ~bescheid, der 임시(중간) 회답. ~kabinett, die 임시(과도) 내각. ~konto, das 임시 구좌. ~lösung, die 잠정적 해결. ~regelung, die ↑Interim (2). ~regierung, die 임시(과도) 정부. ~schein, der 〔경제〕 가주(권). ~trainer, der 〔스포츠〕 임시 감독. ~vereinbarung, die 임시 약정. ~zeugnis, das 임시(가) 증명. ~zustand, der 임시(과도) 상태.
interindividuell 〈Adj.〉 〔심리〕 개인간의: -e Konflikte 개인간의 갈등.
Interjektion [Intɛrjɛkˈtsioːn], die; -en [lat. interiectio, = das Dazwischenwerfen] 〔언어〕 간투사, 감탄사

(예컨대: oh, pfui, pst, muh). **interjektionęll** 〈Adj.〉 [언어] 감탄사의.
interkalar [ɪntakɛ'laːɐ̯] 〈Adj.〉 [lat. intercalāris = zum Einschalten gehörig, das Einschalten betreffend] 윤년의. **Interkalarfrüchte** 〈Pl.〉 [가] 성직봉록(俸祿)의 지불이 없는 동안의 수입. **Interkalarien** [...'laːriən] 〈Pl.〉 ↑Interkalarfrüchte.
interkantonal 〈Adj.〉 (schweiz) 칸톤간의, 공통의: -e Abmachungen 칸톤(간의) 협약.
interkategorial 〈Adj.〉 [교양어] 범주간의: -e Unterschiede 범주간 차이.
Interkolumnie [ɪntɛko'lʊmniə], die; -n, **Interkollumnium** [...ko'lʊmniʊm], das; -s, ...ien [...iən; lat. intercolumnium] [예술] (고대 사원에서) 기둥 간격.
interkommunal 〈Adj.〉 [교양어] 자치구간의: -e Vereinbarungen 자치구 협약. **Interkommuniọn**, die; -en [종교] (기독교 여러 종파간의) 합동 성찬식.
Interkonfessionalịsmus, der; - [교양어] 초종파주의. **interkonfessionell** 〈Adj.〉 [교양어] 종파간의; 종파를 초월한.
interkontinental 〈Adj.〉 [교양어] **a)** 대륙간(에 놓여 있는): -e Meere 대양. **b)** 대륙간(에 이르는): -e Raketen 대륙간 로켓. **Interkontinentạlflug**, der (군) 대륙간 비행. **Interkontinentạlrakete**, die (군) 대륙간 로켓.
interkostal 〈Adj.〉 [의학] 늑간(갈비뼈 사이)의.
interkrustal [ɪntɛkrʊs'taːl] 〈Adj.〉 [지질] (암석이) 지각층에 형성된.
interkulturẹll 〈Adj.〉 [교양어] 제 문화간의.
interkurrent [ɪntɛkʊ'rɛnt] 〈Adj.〉 [lat. intercurrēns currere = dazwischenlaufen, -treten] [의학] 병발(倂發)의. **Interlaken** ['ɪntɐlakn̩] 인터라켄(스위스 베른 주에 있는 휴양지).
interlinear 〈Adj.〉 [언어·문예학] (특히 중세 필사본의 번역에서 원문의) 행간에 쓰여진.
Interlinear-: **~glosse**, die [언어·문예학] 행간(에 쓰여진) 주석. **~übersetzung**, die [언어·문예학] (특히 중세 필사본의) 행간 번역. **~version**, die ↑übersetzung.
Interlingua [ɪntɐ'lɪŋgua], die [ital. interlingua] [언어] 1. (나전어, 로마어에 기반을 둔) 국제어, 세계어. 2. (세계 보조어 협회(International Auxiliary Language Association)에서 제안한) 국제어, 세계어. **interlingual** 〈Adj.〉 [engl. interlingual] [언어] 국제[세계]어의. **Interlinguịst**, der; -en, -en [언어] 1. (Interlingua 2)를 하는 사람. 2. 세계어학자. **Interlinguịstik**, die [언어] 1. 세계어학. 2. (언어간의 차이점, 공통점 등을 동시적 차원에서 연구하는) 국제언어학. **interlinguịstisch** [언어] 세계어학의, 언어 비교학의.
Interlock- ['ɪntɐlɔk-; zu engl. interlock]: **~maschine**, die 양면 편물기. **~ware**, die 양면 편직물. **~wäsche**, die 양면 편직 속옷.
Interludium [ɪntɐ'luːdiʊm], das; -s, ...ien [...iən] [음악] 간주곡.
Interlunium [ɪntɐ'luːniʊm], das; -s, ...ien [...iən; lat. interlūnium] 《전문어》 초승, 음력의 월초.
Intermaxillạrknochen, der [의학] 악간골.
Intermédiaire [ɛtɛrmɛ'diɛːɐ̯], das; -, -s [frz. intermédiaire] [승마] (국제 승마 경기의) 중급 조련 종목.
intemediär [ɪntɐme'diːɐ̯] 〈Adj.〉 [lat. intermedius = dazwischen, in der Mitte befindlich] 《전문어》 중간의: -er Stoffwechsel [의학] 중간 신진대사. **Intermedin** [...me'diːn], das; -s [생물] 인터메딘(Melanotropin) (어류의 색조 변화와 포유동물의 피부 색상에 영향을 주는 호르몬). **Intermedio** [...'meːdio], das; -s, -s,

Intermedium [...'meːdiʊm], das; -s, ...ien [...iən; 《ital.》 intermedio] [음악] (15세기 이탈리아에서 원래 연극 상연 막간에 공연된) 막간곡, 인테르멧조.
intermenstrual, intermenstruell 〈Adj.〉 [의학] 월경(기간) 사이의. **Intermẹnstruum**, das; -s, ...ua [lat. intermēnstruum = (Zeit) zwischen zwei Monaten; Zeit des Mondwechsels] [의학] 월경 사이.
Intermezzo [ɪntɐ'mɛtso], das; -s, -s / ...zzi [ital. intermezzo] 1. **a)** (연극이나 오페라의) 간막극. **b)** 간주곡. 2. 사소한 일, 촌극.
interministeriẹll 〈Adj.〉 [교양어] 정부 각 부처간의.
Intermission, die; -en [의학] (병증세의) 중절, 간헐, 중간 휴식, 간격. **intermittierend** [ɪntɛmɪ'tiːrənt] 〈Adj.〉 [lat. intermittere = aussetzen, unterbrechen] 간헐적인: -es Fieber 간헐적 발열.
intermolekular 〈Adj.〉 [화학·물리] 분자간의.
Intermundien [ɪntɐ'mʊndiən] 〈Pl.〉 [lat. intermundia] [철학] (에피큐어리언들이 무한히 많은 세계 사이에 있다고 생각한) 세계 공간.
intern [ɪn'tɛrn] 〈Adj.〉 [lat. internus = inwendig] 1. [교양어] 안의, 내부의, 자체 내의, 비공식적인: eine -e Angelegenheit 내부 사항; eine Sache i. regeln (klären) 어떤 일을 자체 내에서 조정하나(밝히다) 2. 내면적인(반대: extern 1). 3. [의학] 내과의. 4. [고어] 기숙사에 사는 (반대: extern 2 b): ein -er Schüler 기숙사 학교 학생; (명사화) die Interner fahren nur in den Ferien nach Hause 기숙사 학생은 방학 때에만 집에 간다. **-intern** [-] [후철로서] …내부의, 자체 내의: eine parteiinterne Auseinandersetzung 당내 분규. **Intẹrna**: ↑Internum의 복수형. **Internalisation** [ɪntɐnaliza'tsi̯oːn], die; -en 1. [사회] (형식적 권위의 가치, 규범을) 내면화하다, 내화하다. Verhaltensnormen i. 행동 규범을 내화하다. 2. [심리] 내면화하다 (반대: externalisieren): Konflikte i. 갈등을 내면화하다. 3. [언어] (다른 언어 체계의) 자기화, 내면화. **Internalisierung**, die; -en 내(면)화. **Internat** [...'naːt], das; -(e)s, -e 1. 기숙사: er wohnt im I. 그는 기숙사에 산다. 2. ↑Internatsschule(반대: Externat); in ein I. besuchen 기숙사 학교에 다니다.
international [(또한) '‒‒‒‒‒] 〈Adj.〉 [engl. international] 1. 국가간의, 국제의: -e Abmachungen [Verträge] 국제 협정(조약). 2. 국제적인, 세계적인, 만국의: ein -er Wettkampf 국제 경기; dieser Prozeß hat -es Aufsehen erregt 이 재판은 세계적인 주목을 받았다; er ist i. bekannt(anerkannt) 그는 세계적으로 알려져(인정받고) 있다. ¹**Internationale**, die; -n [Internationale Arbeiterassoziation의 약칭] 1. 국제 노동자 협회. 2. 〈Pl. 없음〉 국제 노동자 협회가: die I. anstimmen(singen) 국제 노동가를 제창하다(부르다). ²**Internationale***, der / die [스포츠] 국제 국가의 국가 대표선수. **internationalisieren** (h) [스포츠] 1. [국제법] (영토를) 국제화하다: einen Fluß i. 강을 국제 관리하에 두다. 2. 《교양어》 국제화[세계화]하다: damit wird der Konzentrationsprozeß internationalisiert 그로써 집중화 과정은 국제화되었다. **Internationalisierung**, die; -en 국제화, 세계화. **Internationalịsmus**, der; -, ...men 1. 〈Pl. 없음〉 국제주의, 세계주의: proletarischer I. 국제 프롤레타리아; sozialistischer I. 《구동독》 국제 사회주의(협동). 2. [언어] 국제(적으로 통용되는) 공통어: "Demokratie". **Internationalịst**, der; -en -en 《공산주의》 국제(사회)주의자. **internationalịstisch** 〈Adj.〉 국제주의의, 국제 협력의. **Internationalität**, die 국제성, 세계성.
Internạts-: **~schule**, die 기숙사 학교. **~schüler**, der 기숙사 학교 (남)학생. **~schülerin**, die 기숙사 학교

여학생.
internieren [ɪntɛˈniːrən] ⟨h⟩ [frz. interner.] **1.** [군] (포로로) 감금[수용]하다: wir waren in einem Lager bei Hamburg interniert 우리는 함부르크 근처의 수용소에 수용되었다. **2.** 《전문어》(유행병 환자를) 격리 수용하다: die Kontaktpersonen müssen interniert werden 접촉한 사람들은 격리 수용되어야 한다. **Internierte**, der / die 감금[격리] 수용된 사람. **Internierung**, die; -en **a)** 수용(됨). **b)** 수용(함). **Internierungslager**, das (민간 포로나 전향 군인) 수용소. **Internist** [...ˈnɪst], der; -en, -en **1.** [의학] 내과의(사) 《반대》: Externist 1 a). **2.** 《고어》 기숙사생. **internistisch** ⟨Adj.⟩ 내과의.
Internodium [ɪntɛˈnoːdiʊm], das; -s, ...ien [...i̯ən; lat. internōdium = Raum zwischen zwei Gelenken od. Knoten] [식물] 줄기마디, 절간.
Internum [ɪnˈtɛrnʊm], das; -s, ...na [lat. internus] (교양어) **1.** 외부인 출입 금지 구역. **2.** 《대개 Pl.》 내부 사항: wir wollen hier keine Interna besprechen 내부 사항은 여기서 얘기하지 말자.
Internuntius, der; -, ...ien [...i̯ən; lat. internuntius = Unterhändler] [가] 《소국 주재》 교황 대사.
interorbital ⟨Adj.⟩ 《전문어》 궤도간의: die Rakete auf eine -e Umlaufbahn bringen 로켓을 궤도간 궤도에 진입시키다.
interozeanisch ⟨Adj.⟩ 《전문어》 대양간의.
interparlamentarisch ⟨Adj.⟩ [의회] (각국) 의회간의: einen -en Ausschuß bilden (각국) 의회 위원회를 구성하다.
Interpellant [ɪntɛpɛˈlant], der; -en, -en [lat. interpellāns] [정치] (대정부) 질의자. **Interpellation** [...pelaˈtsi̯oːn], die; -en [lat. interpellātio = Unterbrechung] **1.** [정치] (의회의 대정부) 질의 요구. **2.** [법] 《고어》 (궐석 판결, 집행 명령 등에 대한) 항고권. **Interpellationsrecht**, das [정치] (국회의 대정부) 질의권. **interpellieren** [...peˈliːrən] ⟨h⟩ [lat. interpellāre = unterbrechen, mit Fragen angehen] **1.** [정치] 대정부 질의를 하다. **2.** 《고어》 말을 가로막다, 중단시키다.
interpersonal, interpersonell ⟨Adj.⟩ 《전문어》 개인간의: im interpersonellen Bereich 개인간의 영역에서.
interplanetar, interplanetarisch ⟨Adj.⟩ [천문] 혹성간의.
Interpluvial [ɪntɛpluˈvi̯aːl], das; -s, -e [지질] (열대, 아열대 지방에서의) 간우기 때의 건조기. **Interpluvialzeit**, die ↑ Interpluvial.
Interpol [ˈɪntɛpol], die [**In**ternationale Kriminal**pol**izeiliche Organisation의 약칭] (파리에 본부가 있는) 국제 범죄 수사 본부.
Interpolation [ɪntɛpolaˈtsi̯oːn], die; -en [lat. interpolātio = Veränderung, Umgestaltung] **1.** [수학] 보간법, 삽입법 《반대》: Extrapolation). **2.** [학문] (타인의 원전의) 가필, 정정. **Interpolator** [...poˈlaːtor], der; -s, -en [...laˈtoːrən] 가필자, 개찬자.
interpolieren ⟨h⟩ [2 : lat. interpolāre = (Schriften) entstelllen, verfälschen] **1.** [수학] 보간법으로 계산하다 《반대》: extrapolieren). **2.** [언어] (원전에) 가필하다, 삽입하다.
Interpret [ɪntɛˈprɛt], der; -en, -en [lat. interpres = Vermittler; Ausleger, Erklärer] 《교양어》 **1.** 해석자, 해설자: verschiedene -en deuten diesen Text unterschiedlich 여러 해석자들은 이 원문을 다양하게 풀이한다. **2.** 재현 예술가(연주자, 가수, 지휘자, 연출자 등): die großen -en klassischer Musik 고전 음악의 명해석

자[명연주가]들. **Interpretament** [...prɛtaˈmɛnt], das; -(e)s, -e [lat. interpretāmentum = Auslegung, Deutung; Übersetzung] **1.** [문예학] (본문 속의) 주석. **2.** [특히 신학] 이해 보조 수단. **Interpretant** [...prɛˈtant], der; -en, -en 《드물게》 해석자. **Interpretation** [...prɛtaˈtsi̯oːn], die; -en [lat. interpretātio] 《교양어》 **1. a)** (원문 등의) 해석, 풀이: die I eines Gesetzes 법 해석. **b)** (견해, 사건 등의) 풀이, 설명. **2.** (음악의) 연주 해석: diese I. des Liedes entspricht dem Geist der Romantik 이 가곡의 해석은 낭만주의의 정신과 일치한다. **Interpretatio romana** [...prɛˈtaːtsi̯o roˈmaːna], die [lat. interpretātiō rōmāna = römische Auslegung] 다른 나라 신의 로마식 해석: Donar mit Jupiter). **interpretativ** [...prɛtaˈtiːf] ⟨Adj.⟩ 해석상의, 설명상의. **Interpretator** [...prɛˈtaːtor, (또한) ...toːɐ̯], der; -en [...taˈtoːrən] 《드물게》 해석자 (1). **interpretatorisch** [...prɛtaˈtoːrɪʃ] ⟨Adj.⟩ 해석(자)의. **interpretierbar** ⟨Adj.⟩ (…하게) 해석할 수 있는 는. **interpretieren** [...prɛˈtiːrən] ⟨h⟩ [lat. interpretārī] 《교양어》 **1. a)** (원문, 진술 등을 내용적으로) 해석하다, 풀이하다: ein Gedicht i. 시를 해석하다. **b)** (다른 이의 행동, 말 등을 일정하게) 풀이하다, 설명하다: man kann seinen Rücktritt als Feigheit i. 그의 사퇴는 비겁함으로 해석할 수 있다. **2.** (음악 작품을) 해석 연주하다: eine Sonate einfühlsam i. 소나타를 감정을 넣어 연주 해석하다. **Interpretin**, die; -nen ↑ Interpret의 여성형.
Interpsychologie, die [심리] 상호 심리학(인간 상호간의 관계에 대한 심리학).
interpungieren [ɪntɛpʊŋˈgiːrən] ⟨h⟩ [lat. interpungere = (Wörter) durch Punkte abteilen] [언어] 《드물게》 ↑ interpunktieren. **interpunktieren** [lat. interpunctum] [언어] 구두점을 찍다: er kann nicht i. 그는 구두점을 제대로 찍지 못한다; [전의] nach viertägigem hektischen Warten, interpunktiert durch ein Dutzend voreiliger Alarme 십여번의 성급한 경보로 (구두점을 찍듯) 끊어지곤 하던 4일간의 분망한 기다림 같이. **Interpunktion**, die [lat. interpunctio = Scheidung (der Wörter) durch Punkte] [언어] 구두법: die Regeln der I. beherrschen 구두점 찍는 법을 잘하다. **Interpunktionsregel**, die 구두법 규칙. **Interpunktionszeichen**, das 구두점: Punkt und Komma sind I. 쉼표와 숨표는 구두점이다.
Interrailkarte [ɪntɐreːl-], die; -n [international und engl. rail = Eisenbahn의 약칭] [철도] 국제 철도 승차권 (유럽 여행을 위한 청소년 우대권).
Interregnum [ɪntɛˈreːgnʊm], das; -s, -nen / ...na [lat. interrēgnum] [정치] **1.** 과도[임시] 정부. **2.** 임정 기간.
Interrenalismus [ɪntɛrenaˈlɪsmʊs], der; - [생물·의학] 부신성 웅성화.
interrogativ [ɪntɛrogaˈtiːf] ⟨Adj.⟩ [lat. interrogātīvus] [언어] 의문의: ein -es Pronomen 의문대명사. **Interrogativ** [-], das; -s, -e [...iːvə] [언어] ↑ Interrogativpronomen.
Interrogativ- [언어] ~**adverb**, das 의문 부사(예컨대: "wo?", "wann?"). ~**pronomen**, das 의문대명사(예컨대: "wer?", "welcher?"). ~**satz**, der 의문문(Fragesatz)(예컨대: hast du gefrühstückt?).
Interrogativum [ɪntɛroˈgaːtivʊm], das; -s, ...va [언어] ↑ Interrogativpronomen.
Interruption [ɪntɛrʊpˈtsi̯oːn], die; -en [lat. interruptio = Abbrechen mitten in der Rede, Unterbrechung] **1.** [의학] **a)** 임신 중절. **b)** 성교 중단 행위 (Coitus interruptus). **2.** 《교양어, 준고어》 중단, 장애.

Interruptus [...'ruptʊs], der; - 《통용어》성교 중단 행위(Coitus interruptus(↑Koitus 참조)).
Interserie ['ɪntɐ-], die; -n [모터 스포츠] 인터시리즈(유럽의 자동차 경주).
Intersex [ɪntɐ'zɛks, 《또한》'---], das; -es, -e 《생물》간성. **Intersexualität,** die 《생물》반음양증상. **intersexuell** 〈Adj.〉간성의.
Intershop ['ɪntɐ-], der; -(s), -s / -läden [↑international u. ↑Shop]《구동독》인터쇼프(외환 거래 수입 상품점).
Interstadial [ɪntɐsta'dĭaːl]〈Adj.〉[지질] 간빙기의: -e Ablagerungen 간빙기 퇴적물. **Interstdial** [-], das; -s, -e [지질] 간빙기.
Interstitiell [ɪntɐsti'tsi̯ɛl] 〈Adj.〉《생물·의학》간질(성)의, 개재성의. **Interstitium** [...'stiːtsi̯ʊm], das; -s, ...ien [...i̯ən; lat. interstitium] **1.** 《생물》(기관 등의) 사이 공간, 간질(間質). **2.** 〈Pl.〉《가》(서품전의) 중간 기간.
intersubjektiv 〈Adj.〉[심리] 간주관적(間主觀的)인: -es Erleben 간주관적 체험. **Intersubjektivität,** die 간주관성.
interterritorial 〈Adj.〉《교양어》제국간의: -e Abmachungen 제국간 협정.
Intertrigo [ɪntɐ'triːgo], die; ...trigines [...triː'giːneːs; lat. intertrīgo = wundgeriebene Stelle] [의학] ↑Hautwolf (2).
Intertype ['ɪntɐtaip], die; -s 인터타입, 자동식자기(의 이름). **Intertype-Fotosetter** [-fotozɛtɐ], der; -s, - [engl.-amerik. photosetter] [인쇄] 인터타입 사진 식자기. **Intertype-Setzmaschine,** die; -n [인쇄] 인터타입 식자기.
interurban 〈Adj.〉(österr., 그 외 고어) 도시간의: -e Telefonverbindungen 도시간 전화 연결.
Interusurium [ɪntɐʔu'zuːri̯ʊm], das; -s, ...ien [...i̯ən] [법] 이자 이자.
Intervall [ɪntɐ'val], das; -s, -e [lat. intervāllum] **1.** 《교양어》(시간)간격, 거리; 휴지: die -e zwischen mehreren Herzschlägen 심장박동간의 간격; in kurzen, regelmäßigen -en 짧고 규칙적인 간격으로. **2.** [음악] 음정. **3.** [수학] 구간. **Interalltraining,** das; -s, -s [스포츠] 인터벌 훈련.
Intervenient [ɪntɐve'ni̯ɛnt], der; -en, -en [lat. interveniēns] 《교양어》중재자, 개입자. **intervenieren** [...ve'niːrən] 〈h〉 [frz. intervenir] **1.** 《교양어》중재하다, (중재인으로) 개입하다: in einem Streit i. 싸움에 개입하다; bei jmdm. [für jmdn., gegen etw.] i. 누구에게 [누구 편에, 무엇에 대해] 개입하다. **2.** [정치] (항의하기 위해) 개입하다: der Botschafter intervenierte bei der Regierung 대사는 정부에 항의 개입했다. **3.** [정치] 내정 간섭하다: die Amerikaner intervenierten mit Waffengewalt in Vietnam 미국인은 베트남에 무력 간섭을 했다. **Intervent** [...'vɛnt], der; -en, -en [russ. interwent] 전쟁 개입자. **Intervention** [...vɛn'tsi̯oːn], die; -en [frz. intervention] **1.** 《교양어》개입, 간섭: durch eine persöniche I. von seiten der Parteiführung kam er wieder frei 당 지도부의 개인적인 개입으로 그는 다시 석방되었다. **2.** [정치] 항의 개입. **3.** [정치] (내정) 개입, 간섭: eine I. der USA im Nahostkonflikt 미국의 중동 분쟁 개입. **Interventionismus** [...vɛntsi̯o'nɪsmʊs], der; - [정치] (국가의 경제) 간섭주의. **Interventionist,** der; -en, -en 간섭주의자. **interventionistisch** 〈Adj.〉간섭주의의.
Interventions-: ~klage, die [지불명령, 행정처분 등에 대한 제삼자의] 소송 참가(Drittwiderspruchsklage). **~krieg,** der 개입 전쟁. **~recht,** das [내정]개입권, 간섭권. **~verbot,** das 간섭(개입) 금지.
interventiv [ɪntɐvɛn'tiːf] 〈Adj.〉《고어》개입하는, 중재하는.
Interversion, die; -en ↑Interlinearversion.
intervertebral 〈Adj.〉[해부·의학] 척추골 사이의.
Interview [ɪntɐ'vjuː, 《또한》'---]; das; -s, -s [engl.-amerik. interview] **1.** (기자)회견, 면담: ein I. geben[gewähren] 기자 회담을 하다[허용하다]; ein I. mit jmdm. machen 누구와 기자 회담하다. **2.** [사회] (설문) 면담. **interviewen** [...'vjuːən, 《또한》'----] 〈h〉 **1.** 기자 회견하다: einen Politiker zu einem bestimmten Thema i. 정치가에게 일정한 주제에 대해 회견하다. **2.** 《통용어》면담하다: ich werde mal meinen Freund i. 내 친구를 좀 면담해 보아야겠어. **Interviewer** [...'vjuːɐ, 《또한》'----], der; -s, - 회견 기자, 면담하는 사람.
Intervision, die 인터비전(구동구권 텔레비전 협력 기구).
interzedieren [ɪntɐtse'diːrən] 〈h〉 [lat. intercedere = sich verbürgen] 《준고어》보증하다, (누구를 위해) 개입하다.
interzellular, interzellulär 〈Adj.〉《생물·의학》세포 사이의. **Interzellulare,** die; -n 〈대개 Pl.〉[생물·의학] ↑Zwischenzellraum. **Interzellularraum,** der; -(e)s, ...räume [생물·의학] ↑Zwischenzellraum.
Interzeption [ɪntɐtsɛp'tsi̯oːn], die; -en [lat. interceptio = die Wegnahme] [기상] (수분의) 중간 증발, 강수 차단. **Interzeptor** [...'tsɛptɔr, ...toːɐ], der; -s, -en [...'toːrən; engl. interceptor] [군] ↑Abfangjäger.
Interzession [ɪntɐtsɛ'si̯oːn], die; -en [lat. intercessio = Bürgschaft; Einspruch] **1.** [법] 채무 보증, 채무 인수. **2.** 《고어》↑Intervention (1).
interzonal 〈Adj.〉《교양어》지역간의: -e Abkommen [Vereinbarungen] 지역간 협정(약정).
Interzonen- (과거 독일의 서방측과 소련측 점령 지역; 구동서독): **~abkommen,** das 지역[구동서독]간 협정. **~autobahn,** die 지역[구동서독]간 고속 도로: über den Ausbau der I. verhandeln 지역간 고속 도로 건설에 대해 협상하다. **~handel,** der 지역[구동서독]간 무역. **~handelsabkommen,** das 지역[구동서독]간 무역 협정. **~verkehr,** der 지역[구동서독]간 교통. **~zug,** der 지역[동서독]간 열차: mit dem I. nach Berlin fahren 지역간 열차로 베를린에 가다.
Interzonenturnier, das; -s, -e [서양 장기] 지역 대표간(대회) 장기 대회.
intestabel [ɪntɛs'taːbl] 〈Adj.〉[lat. intēstābilis] [법]《고어》유언(증언) 능력이 없는. **Intestaterbe** [...'taːt-], der; -n, -n [lat. intēstātus = der vor seinem Tode kein Testament gemacht hat] [법] 법정 상속인. **Intestaterbfolge,** die [법] 법정 상속 순위.
intestinal [ɪntɛsti'naːl] 〈Adj.〉[의학] 장관(소화관)의. **Intestinum** [ɪntɛs'tiːnʊm], das; -s, ...nen / ...na [lat. intestinum] [의학] 장관, 소화관.
Inthronisation [ɪntroniza'tsi̯oːn], die; -en 《교양어》 **a)** (왕의) 즉위식. **b)** (주교, 추기경, 교황 임의) 착좌식. **inthronisieren** [ɪntroni'ziːrən] 〈h〉 [griech. enthron ízein = auf den Thron setzen] 《교양어》**a)** (왕으로) 예대하다: der junge König wurde feierlich inthronisiert 젊은 왕은 장엄하게 추대되었다; [전이] der neue Bundeskanzler wurde inthronisiert 《농》새 수상이 즉위했다. **b)** (주교, 추기경, 교황으로) 추대하다. **Inthronisierung,** die; -en ↑Inthronisation.
intim [ɪn'tiːm] 〈Adj.〉[lat. intimus = innerst, ver-

trautest] **1.** 절친한, 친한, 은밀한: ein -er Freund 절친한 친구; sie hatten -e Dinge zu besprechen 그들은 은밀하게 할 애기가 있었다. **2.** 《은폐》 내연의: -e Beziehungen mit jmdm. haben 누구와 내연의[성적] 관계를 가지다; i. miteinander verkehren 서로 성적 관계를 가지다. **3.** 국부(음부)의: -e Körperpflege(Hygiene) 국부 보건(위생). **4.** 《교양어》 내밀한, 은밀한: jmds. -e [-ste] Gefühle verletzen 누구의 내밀한 감정을 다치다. **5.** 정통한: ein -er Kenner der Barockkunst 바로크 예술에 정통한 사람. **6.** 《교양어》 은근한, 아늑한: ein -es Restaurant 아늑한 식당.
Intim-: ~**bereich,** der **1.** ↑~sphäre. **2.** 국부. ~**einstellung,** die 〖방송〗 (스테레오 음향 기기에서) 저음 가청 조정. ~**feind,** der 숙적. ~**feindschaft,** die 숙적(관계): diese beiden verbinden eine langjährige I. 이 두 사람은 다년간의 숙적 관계를 맺고 있다. ~**gruppe,** die 〖사회〗 친밀 집단. ~**hygiene,** die 국부 위생. ~**kenner,** der 정통한 사람. ~**leben,** das 《은폐》 성생활. ~**massage,** die 《은폐》 국부 안마, 섹스 마사지. ~**pflege,** die 국부 손질. ~**sphäre,** die 《교양어》 사생활권: in jmds. I. eindringen 누구의 사생활권을 침범하다. ~**spray,** der / das 국부용 분무기. ~**verkehr,** der 《은폐》 통정: I. mit jmdm. haben 누구와 통정하다. ~**wäsche,** die 《은폐》 국부(음부) 세척: eine milde Seife für die I. 국부 세척용 연한 비누. ~**zone,** die ↑~bereich (2).
Intima ['ıntima], die; -s [lat. intima ↑intim] **1.** 〈Pl. 없음〉 〖의학〗 혈관 내막. **2.** 《아어·선고어·농》 (여자) 단짝. **Intimation** [ıntima'tsio:n], die; -en 〖법〗 (고어) 통고, 요구. **Intimi:** ↑Intimus의 복수형. **Intimität** [ıntimi'tɛ:t], die; -en [frz. intimité] 《교양어》 **1.** 〈Pl. 없음〉 **a)** 친밀함, 절친함, 친숙함: zwischen ihnen bestand eine große I. 그들 사이에는 아주 절친함이 있었다. **b)** 은밀함, 은밀한 일: wir besprachen -en 우리는 은밀한 애기를 나누었다. **2.** 〈Pl.〉 은근함(성적인) 수작: er flüsterte ihr im Vorübergehen -en zu 그는 지나가면서 그녀에게 은근한 말을 속삭였다. **3.** 〈Pl. 없음〉 아늑함, 은밀한 분위기: das gedämpfte Licht erhöhte die I. des Raumes 광도를 낮춘 불빛이 공간의 아늑함을 높여 주었다. **4.** 〈Pl. 없음〉 ↑Intimsphäre.
Intimus ['ıntimʊs], der; -, ..mi [lat. intimus] 《교양어》 절친한 사람, 측근: er besprach alles mit seinem I. 그는 모든 것을 그의 측근과 의논했다.
Intitulation [ıntitula'tsio:n], die; -en 《고어》 제목, 표제.
intolerabel [《또한》―――'―] 〈Adj.〉 [lat. intolerābilis] 《교양어》 **a)** 역겨운. **b)** 참기 힘든. **intolerant** [《또한》―――'―] 〈Adj.〉 [frz. intollérant] **1.** 관용이 없는, 너그럽지 못한, 참을성 없는 (반대: tolerant): er ist ihr gegenüber sehr i. 그는 그녀에 대해 매우 너그럽지 못하다. **2.** 〖의학〗 내성이 없는: er ist i. gegen Alkohol 그는 술에 대한 내성이 약하다. **Intoleranz** [《또한》―――'―], die; -en [frz. intolérance] **1.** 비관용, 너그럽지 못함, 배타 (반대: Toleranz): mit fanatischer I. bekämpfte er seine Gegner 광적인 배타심으로 그는 자기의 적과 싸웠다. **2.** 〖의학〗 내성 결핍, 비내성.
Intonation [ıntona'tsio:n], die; -en **1.** 〖음악〗 (그레고리오 성가에서 사제 등의) 선도 부분. **2.** 〖음악〗 발성, 조음: eine weiche[unsaubere] I. 부드러운[깨끗치 못한] 발성. **4.** 〖음악〗 (특히 오르간 제작에서) 조율, 조음. **5.** 〖언어〗 억양, 발음. **intonieren** [ınto'niːrən] 〈V.〉 [lat. intonāre = donnern] **1.** 〖음악〗 **a)** 선창하다, 연주를 시작하다: ein Weihnachtslied i. 성탄곡을 선창하다. **b)** 음을 내다: der Kapellmeister intonierte ein a. 악장은 라음을 내었다. **2.** 〖음악〗 소리를[음을] 내다: sauber [weich] i. 깨끗한(연한) 음을 내다. **3.** 〖언어〗 억양을 주다.
in toto [ın 'toːto; lat.] 전체적으로, 일괄적으로, 전면적으로: etw. in toto ablehnen[annehmen] 무엇을 전면 거부[채택]하다.
Intourist ['ıntʊrıst], der; - 《대개 관사없이》 인투리스트 (구소련의 국영 여행사).
Intoxikation [ıntɔksika'tsio:n], die; -en [mlat. intoxicatio, ↑toxisch] 중독.
intra-, Intra- [ıntra-; lat. intra] 《안의, 내부의 뜻을 가진 비분리 전철》 (예컨대: intramuskulär). **intraabdominal** 〈Adj.〉 [↑abdominal] 〖의학〗 **a)** 복강의, 뱃속의. **b)** 복강으로의.
Intrabilität [...bili'tɛːt], die; [lat. intrābilis = zugänglich] 〖생물〗 투과성. **Intrada** [ın'traːda], die; ...den, **Intrade** [ıntra'deː], die; -n [span. entrada, ital. entrata] 〖음악〗 인트라다, 서곡, 개막곡.
intraglutäal [...gluteˈaːl] 〈Adj.〉 [Intra- u. griech. gloutós = Gesäß] 〖의학〗 **a)** 대둔근 안에 있는. **b)** 대둔근 안으로: -e Injektionen 근육 주사. **intragruppal** [...grʊˈpaːl] 〈Adj.〉 〖사회〗 집단 내의. **intraindividuell** 〈Adj.〉 〖심리〗 개인 내부의: -e Konflikte 개인 내부의 갈등. **intrakardial** 〈Adj.〉 〖의학〗 **a)** 심장 내의. **b)** 심장 내로의. **intrakraniell** [...kra'niɛl] 〈Adj.〉 [griech. kraníon = Schädel] 〖의학〗 두개 내의. **intrakrustal** [...krʊsˈtaːl] 〈Adj.〉 ↑interkrustal. **intrakutan** [...ku'taːn] 〈Adj.〉 [lat. cutis = Haut] 〖의학〗 **a)** 피(부) 내에 있는. **b)** 피(부) 내로: -e Injektionen 피내 주사.
intra legem [- 'leːgɛm; lat. intra + lex] 〖법〗 법 안에서(반대: contra legem).
intralingual 〈Adj.〉 [Intra- + lat. lingua = Sprache; Zunge] 〖언어〗 언어 내의(반대: extralingual). **intralumbal** 〈Adj.〉 〖의학〗 **a)** 요추강 내에 있는. **b)** 요추강 내로의: -e Injektionen 요추강 주사. **intramolekular** 〈Adj.〉 〖화학〗 분자 내의. **intramontan** 〈Adj.〉 〖지질〗 산간(山間)의. **intramundan** 〈Adj.〉 〖철학〗 세계 내의. **intramural** [...mu'raːl] 〈Adj.〉 [lat. mūrālis = zur Mauer gehörig] 〖의학〗 (기관의) 벽내의, 원 내의.
intra muros [- 'muːrɔs; lat. = innerhalb der Mauern] 《교양어》 비공개로, 비밀로: eine Sache i. m. verhandeln 어떤 일을 비공개로 협상하다.
intramuskulär 〈Adj.〉 〖의학〗 **a)** 근(육) 내의. **b)** 근(육) 내로의(약어: i. m.); i. spritzen 근육주사를 놓다.
intransigent [ıntranzi'gɛnt] 〈Adj.〉 intransigente, span. intransigente 스페인 과격 공화파(1873/74)의 명칭) 《교양어》 비타협적인, 굽히지 않는; 강경한: eine -e Haltung einnehmen 비타협적인 태도를 취하다. **Intransigent** [-], der; -en, -en 《교양어·드물게》 **1.** (당내의) 원칙론자, 강경파. **2.** 〈Pl.〉 과격 정당. **Intransigenz** [...'gɛnts], die [engl. intransigence] 《교양어》 비타협, 강경함.
intransitiv 〈Adj.〉 〖언어〗 자동사의 (예컨대: "blühen"; 반대: transitiv): ein -es Verb 자동사. **Intransitiv** [-], das; -s, -e [↑ːva] 〖언어〗 자동사. **Intransitivum** [...'tiːvʊm], das; -s, ...va 〖언어〗 ↑Intransitiv.
intraokular 〈Adj.〉 〖의학〗 안구 안에 있는. **Intraoral** 〈Adj.〉 〖의학〗 **a)** 입 안에 있는, 구강 내의. **b)** 입 안으로, 구강 내로.
intra partum [- 'partʊm; lat.] 〖의학〗 해산시.
intrapersonal 〈Adj.〉 〖사회〗 **a)** 개인 내부의: -e Konflikte 개인 내부의 갈등. **b)** 개인(단독)의. **intra-**

subjektiv ⟨Adj.⟩ 【심리】 주관(자아)내의. **intratellurisch** ⟨Adj.⟩ 【지질】 지구 내의. **intrauterin** [...ute'ri:n] ⟨Adj.⟩ 【의학】 자궁 내의(반대: extrauterin). **Intrauterinpessar**, das 【의학】 자궁, 페사리, 【의학】. **intravaginal** ⟨Adj.⟩ 【의학】 질 내의(내에 있는). **intravenös** ⟨Adj.⟩ **a)** 정맥 내자[에 있는]. **b)** 정맥 속으로의: eine Infusion i. verabreichen 정맥 주입하다(약어: i. v.). **intravital** ⟨Adj.⟩ 【의학】 살아있는 동안의, 생존 중의. **intrazellular, intrazellulär** ⟨Adj.⟩ 【생물·의학】 세포 내의.

intrigant [Intri'gant] ⟨Adj.⟩ [frz. intrigant] 간교한, 음험한, 음모를 꾸미기 좋아하는: ein -er Kerl 모사꾼. **Intrigant** [-], der; -en, -en [frz. intrigant] 음모가, 계교가, 모사: ein hinterlistiger[widerlicher] I. 교활한(역겨운) 모사꾼. **Intrigantin**, die; -nen ↑Intrigant의 여성형. **Intriganz** [...'gants], die [드물게] 간교함, 음험함. **Intrige** [In'tri:gǝ], die; -n [frz. intrigue] 음모, 계교, 모략, 술책: eine boshafte[politische] I. 고약한(정치적) 음모; -n spinnen(aufdecken, einfädeln) 음모를 꾸미다(밝히다, 엮다). **Intrigenspiel**, das ↑Intrige. **Intrigenwirtschaft**, die ⟨Pl. 없음⟩ 《폄》 음모(음모)짓. **intrigieren** [Intri'gi:rǝn] ⟨h⟩ [frz. intriguer] 모략하다, 음모를 꾸미다: gegen jmdn. i. 누구에 대해 음모를 꾸미다; gegen einen Plan i. 어떤 계획을 모함하다. **intrikat** [...'ka:t] ⟨Adj.⟩ [lat. intrīcātum] 【고어】 착종의, 까다로운.

intrinsisch [In'trinzɪʃ] ⟨Adj.⟩ [engl. intrinsic] 【심리·교육】 내적인, 자발적인(반대: extrinsisch): eine -e Motivation 내적동기.

in triplo [In 'tri:plo; lat.] 《드물게》 세 부씩.

intro-, Intro- [Intro-; lat. intrō] 《비분리 전철》 안으로(hinein, nach innen; 예컨대: introvertiert, Introduktion). **Introduktion** [...duk'tsjo:n], die; -en [lat. introductio = das Einführen] **1.** 도입, 안내, 소개, 입문. **2.** 【음악】 **a)** (소나타, 교향곡, 합주곡 등의) 도입부, 서주부. **b)** (오페라의) 도입장. **3.** 【의학】 성기 삽입. **introduzieren** [...du'tsi:rǝn] ⟨h⟩ [lat. intrōdūcere] 《드물게》 **1.** 인도하다, 이끌다: jmdn. in einer Gesellschaft i. 누구를 사교계에 인도하다. **2.** 삽입하다. **Introduzione** [...'tsjo:nǝ], die; ...ni [ital. introduzione] ↑Introduktion (2). **Introitis** [Intro'i:tɪs], die; ...tiden [...oi'ti:dǝn] 【의학】 질구염. **Introitus** [In'tro:itus], der; -, - [lat. introitus = Eingang, Einzug; Vorspiel] **1. a)** (미사의) 도입부 노래. **b)** (신교 예배에서 교대로 부르는) 도입송. **2.** 【의학】 (몸의) 입구(예컨대: 질구). **Introjektion** [...jɛk'tsjo:n], die; -en [헝가리 신경 의사 S. Ferenczi(1873~1933)에 의해 도입] 【심리】 투입. **introjizieren** [...ji'tsi:rǝn] ⟨h⟩ [Intro- u. lat. iacere = werfen; injizieren] 【심리】 투입하다. **Intromission**, die; -en 삽입, 삽입. **intromittieren** [...mi'ti:rǝn] ⟨h⟩ [lat. intromittere] **a)** 【전문어】 삽입하다. **b)** 【의학】 (성기를) 삽입하다. **intrors** [In'trors] ⟨Adj.⟩ [lat. intrōrsum, intrōrsus (Adv.)] 【식물】 안쪽을 향한, 내향의: -e Staubbeutel 내향 꽃밥. **Introspektion** [...spɛk'tsjo:n], die; -en [lat. intrōspectus = das Hineinsehen] 【심리】 내성, 자성, 자기 관찰. **introspektiv** [...spɛk'ti:f] ⟨Adj.⟩ 【심리】 내성적인. **Introversion**, die; -en [스위스의 정신분석학자 C. G. Jung (1875~1961)이 라틴어의 introversus에서 만듬] 【심리】 내향(성) (반대: Extraversion). **introvertiert** [...ver'ti:ɐt] ⟨Adj.⟩ [Intro- u. lat. vertere = drehen. wenden] 【심리】 내향적인 (반대: extravertiert): ein -er Mensch 내향적인 사람. **Introvertiertheit**, die 내향성.

Intruder [In'tru:dɐ], der; -s, -(s) [engl. intruder] 【군】 침투기(항공 모함의 조기 경보용 정찰기). **intrudieren** [Intru'di:rǝn] ⟨h⟩ 【지질】 (용해물이 암석으로) 뚫고 들어가다, 관입하다. **Intrusion** [Intru'zjo:n], die; -en 【지질】 (마그마의 지각) 관입. **intrusiv** [Intru'zi:f] ⟨Adj.⟩ 【지질】 관입의. **Intrusivgestein**, das 관입암.

Intubation [Intuba'tsjo:n], die; -en [lat. in- = hinein u. tubus = Röhre] 【의학】 삽관(법). **intubieren** [...'bi:rǝn] ⟨h⟩ 【의학】 삽관하다.

Intuition [Intui'tsjo:n], die; -en [lat intueri = ansehen, betrachten] **a)** 직감, 직각: sich auf seine I. verlassen 자기 직관을 믿다. **b)** 직감: die dichterische I. 시적 직감. **Intuitionismus** [...tsjo'nɪsmus], der; - [engl. intuitionism] 스코틀랜드의 철학자 Th. Reid (1710~1796)가 명명] **1.** 【철학】 직관론〔설〕. **2.** 【수학】 직관론. **Intuitionist** [...'nɪst], der; -en, -en [engl. intuitionist] 직관론자. **intuitionistisch** ⟨Adj.⟩ [engl. intuitionistic] 직관론적인. **intuitiv** [Intui'ti:f] ⟨Adj.⟩ **a)** 직관적인(반대: diskursiv): einen Zusammenhang i. erkennen 연관 관계를 직관적으로 파악(인식)하다. **b)** 직감적인: ein -er Künstler 직감적인 예술가.

Intumeszenz [Intumɛs'tsɛnts], die; -en [lat. intumēscere = anschwellen] (척수 등이) 부어오름.

Inturgeszenz [Inturgɛs'tsɛnts], die; -en 【의학】 팽창, 팽장.

intus [ˈIntus; lat. intus = innen, inwendig] 《다음 용법으로만》 etw. i. haben 《통용어》 **1.** 터득하다, 삭이다: hast du die Regel jetzt endlich i.? 너는 규칙을 이제 드디어 터득했느냐? **2.** (술, 음식을) 배에 채우다: er hatte schon mehrere Schnäpse i. 그는 벌써 여러 잔의 화주로 속을 채웠다; **einen i. haben** 《통용어》 몹시 취한: ich hatte an diesem Abend einen i. 나는 이날 밤 거나했었다. **Intuskrustation** [...krusta'tsjo:n], die; -en 【지질】 석화. **Intussuszeption**, die; -en **1.** 【생물】 전충 생장. **2.** ↑Invagination (1).

Inuit [ˈInuit] ⟨Pl.⟩ [eskim. = Menschen] 이누이트(에스키모인들이 스스로 일컬음).

Inula [ˈiːnula], die; ...lae [...leː; lat. inula] ↑Alant. **Inulin** [inuˈliːn], das; -s 【의학】 이눌린(당뇨병 환자의 식이 당분으로 쓰이는 식물성 탄수화물의 일종).

Inundation [Inunda'tsjo:n], die; -en [lat. inundātio = Überschwemmung] 【지리】 범람, 침수, 홍수. **Inundationsgebiet**, das 【지리】 침수 지역. **inundieren** [...'di:rǝn] ⟨h⟩ [lat. inundāre, zu: unda = Welle] 《고어》 범람(침수)하다.

Inunktion [Inˈuŋkˈtsjo:n], die; -en [lat. inūnctio] 【의학】 (연고 등의) 도찰, 도고, 문질러 바름.

in usum Delphini: ↑ad usum Delphini.

inv. = invenit.

invadieren [Inva'di:rǝn] ⟨h⟩ [lat. invādere] 《드물게》 (다른 지역, 나라를) 침공(침략)하다, 침입하다.

Invagination [Invagina'tsjo:n] die; -en 【의학】 **1.** 장의 겹침, 중적, 검돈. **2.** 함입.

invalid [Inva'liːt], invalide [...iːdǝ] ⟨Adj.⟩ [frz. invalide] 상이의, 노동(근무, 취업) 장애의: ein invalider Soldat 상이 군인; er ist seit langen Jahren invalide 그는 오래 전부터 근무 불능이다; jmdn. invalide schlagen 《통용어》 누구를 병신이 되게 패다. **Invalidation** [...lida'tsjo:n], die; -en [frz. invalidation] 《고어》 무효화. **Invalide:** ↑invalid. **Invalide**, der; -n, -n (부상, 사고, 질병 등에 의한) 노동(근무, 취업) 불능자, 상해자: (im Krieg) I. werden (전쟁 때) 상해를 입다; er ist schon mit vierzig Jahren I. 그는 마흔 살에 벌써 상해자이다.

Invaliden-: ~heim, das (어려운) 장애자(를 위한) 회

관. ~**marke**, die 《예》 상해 보험(납입금)표. ~**rente**, die 《예, Schweiz》 상해 보험 연금. ~**versicherung**, die 《예컨대: Schweiz.》 (국영)상해 보험.

invalidieren [Invali'di:rən] 〈h〉 《고어》 무효화하다. **Invalidin**, die; -nen ↑Invalide의 여성형. **invalidisieren** [...di'zi:rən] 〈h〉 《드물게》 근무 불능[장애] 선고를 하다. **Invalidität** [...di'tɛ:t], die 근무[작업, 취업] 장애.

Invar ['Invar], das; -s [engl. invar.] 《화학·금속》 인바르, 앵바르[열 팽창률이 낮고 전기 저항력이 높아 계측기 등의 제조에 쓰이는 철과 니켈의 합금].

invariabel 《(또한) — — '— —》 〈Adj.〉 불변의, 변하지 않는 《변: variabel》: eine invariable mathematische Größe 수학적 불변수; eine invariable Erdschicht 〔지질〕 (지표의 온도 변화의 영향을 받지 않는) 불변 지층. **invariant** 《(또한) — — '— —》 〈Adj.〉 《교양어》 불변의, 변하지 않는(반대: variant): ein -er Begriff 불변 개념. 〈명사화〉 **Invariante**, die; -en 불변수, 불변량(반대: Variante). **Invariantentheorie**, die 〈Pl. 없음〉 (수학의) 불변성 이론[원리]. **Invarianz**, die — — '—, die 《예컨대: 수학적 양의》 불변성.

Invarstahl ['Invar-], der; -(e)s 인바르 강철.

Invasion [Inva'zjo:n], die; -en [frz. invasion] 1. 침입, 침투, 침공, 습격: eine I. planen[durchführen] 침투를 계획[수행]하다. 2. 〔전의〕 〈농〉 eine I. von Touristen 관광객들의 침투. 2. 〔의학〕 (병균의) 침범, 침습. **Invasionskrieg**, der 침투전. **invasiv** [...'zi:f] 〈Adj.〉 《의학》 (암세포가) 침입성의. **Invasor** [In'va:zor, 《또한》 ...zo:ɐ], der; -s, -en [...va'zo:rən] 〈대개 Pl.〉 침입자, 침략자.

Invektive [Invɛk'ti:və], die; -n 《교양어》 모욕, 험담: eine I. gegen jmdn. loslassen 누구에 대해 험담을 퍼붓다; sich gegen jmds. -n zur Wehr setzen 누구의 비방에 대해 방어하다.

invenit [In'vɛ:nɪt; lat. = hat (es) erfunden] (그래픽의 원작자의 이름 앞에 쓰여) …원작(약어: inv.): **Inventar** [Invɛn'ta:ɐ], das; -s, -e [lat. inventārium] **a)** 재산, 자산, 귀속 재산: totes I. 부동산(물건, 가구 따위), lebendes I. 동산(가축 따위). 〔전의〕 〈농〉 dieser Mitarbeiter gehört schon zum lebendem I. der Firma 이 직원은 이미 회사의 동산에 속한다. **b)** 재산 목록: ein I. aufstellen, erstellen 재산 목록을 작성하다. **c)** 상속 재산 목록.

Inventar-: ~**aufnahme**, die 재산 목록, 재고 조사, 재물 조사. ~**frist**, die 상속 재산 목록 작성 시한. ~**objekt**, das (상속) 재산 목록 대상. ~**recht**, das 〈Pl. 없음〉 (유산 상속자의) 상속재산 목록 제출권. ~**stück**, das 재산 목록상의 품목. ~**versicherung**, die 재산 보험. ~**verzeichnis**, das 재산 목록.

Inventarisation [Invɛntariza'tsjo:n], die; -en 재산 조사. **Inventarisator** [...'za:tor, 《또한》 ...to:ɐ], der; -s, -en [...za'to:rən] 재산 조사원. **inventarisieren** [...'zi:rən] 〈h〉 재산[재고] 조사를 하다: einen Betrieb[eine Sammlung, jmds. Nachlaß] i. 경영체[수장품, 누구의 상속]의 재산(재물) 조사를 하다. **Inventarisierung**, die; -en 재산[재고, 재물] 조사. **Inventarium** [...'ta:rjʊm], das; -s, ...ien [...jən] 〈h〉 ↑Inventar. **inventieren** [...'ti:rən] [frz. inventer] 《고어》 1. 발명하다. 2. 재물(재고) 조사를 하다. **Invention** [...'tsjo:n], die; -en [lat. inventio = das Auffinden, Erfindung] 1. 《고어》 발명, 발안, 고안: viele Techniken und -en 많은 기술과 발명. 2. 《음악》 인벤션(다성적 수법에 의한 즉흥곡). **Inventor** [In'vɛntor, 《또한》 ...to:ɐ], der; -s, -en [...to:rən; lat. inventor] 발명자, 창안자. **Inventur** [Invɛn'tu:ɐ], die; -en 재물[재고] 조사: I. machen 재물 [재고] 조사를 하다; unser Geschäft ist am 2. 1. wegen I. geschlossen 우리 상점은 1월 2일 재물 조사 때문에 문을 닫았다. 〔전의〕 machen wir doch mal I. 우리 한번 결산을 해보자.

Inventur-: ~**ausverkauf**, der 재고품 정리 대매출. ~**liste**, die 재물 조사표. ~**verkauf**, der ↑~ausverkauf.

in verba magistri [In 'vɛrba ma'gɪstri; lat. in verba magistri iūrāre = auf die Worte des Meisters schwören; Briefe I. 1, 1] 《교양어》 스승의 말씀대로, 다른 사람이 말하는 대로.

invers [In'vɛrs] 〈Adj.〉 [lat. inversus] 《교양어》 역의, die; -e Funktion 《수학》 역함수.

Inversion [Invɛr'zjo:n], die; -en [lat. inversio = Umkehrung. Umsetzung (der Wörter)] 1. 〔언어〕 도치(법)(예컨대: das Kind lachte; sofort lachte das Kind). 2. 〔화학〕 **a)** 전화(轉化)(나트륨 질산염과 염화칼륨의 혼합 용액에서 칼륨 질산염의 석출). **b)** 전화(자당의 가수분해). 3. 역함수 계산. 4. 〔의학〕 **a)** 성도착(증): Homosexualität, die seinerzeit von Freud als I. bezeichnet wurde 당시 프로이트에 의해 성도착으로 일컬어졌던 동성애. **b)** (내장, 자궁 등의) 역위(증). 5. 〔생물〕 (염색체의) 역위. 6. 〔지질〕 (지층의) 역전(Reliefumkehr). 7. 〔기상〕 (기온의) 역전. 8. 〔음악〕 자리 바꿈, 전회. **Invertase** [...'tazə], die ↑Saccharase.

Invertebrat [...te'bra:t], der; -en, -en 〈대개 Pl.〉 ↑Evertebrat.

Inverter [In'vɛrtɐ], der; -s, - [engl. inverter] (통신 비밀 유지를 위한) 음성 변환기. **invertieren** [Invɛr'ti:rən] 〈h〉 [lat. invertere = umwenden, umkehren] 전도[도치, 전환, 전화]하다. **invertiert** 〈Adj.〉 **a)** 《전문어》 거꾸로의, 전도된. **b)** 《성》도착증의, 성도착의: eine hormonale Verursachung homosexuellen und -en Verhaltens 동성애적인, 도착적인 행동의 호르몬적 원인. 〈명사화〉 **Invertierte***, der 성도착자. **Invertin** [...'ti:n], das; -s ↑Saccharase. **Invertzucker**, der; -s 전화당. **Inverwahrnahme**, die; -n 〔관〕 구치, 수감.

investieren [Invɛs'ti:rən] 〈h〉 [lat. investīre = einkleiden] 1. **a)** (자본을) 투자하다, 출자하다: Geld falsch i. 돈을 잘못 투자하다; sein Kapital in ein[einem] Unternehmen i. 자기의 자본을 어떤 기업에 투자하다. **b)** (대량으로) 투입하다: in etw. seine ganze Kraft(viel Zeit) i. 무엇에 자기의 온 힘[많은 시간]을 투입하다[in jmdn. sein Gefühl(seine Liebe) i. 누구에게 자기의 감정(사랑)을 쏟다. 2. 《교양어》 임관시키다 (성직에) 서임하다. **Investierung**, die; -en 투자, 투입.

Investigation [Invɛstiga'tsjo:n], die; -en [lat. investīgātio] 《드물게》 조사, 탐사. **Investigator** [...'ga:tɐr, 《또한》 ...to:ɐ], der; -s, -en [...ga'to:rən; lat. investīgātor] 《드물게》 조사자, 탐사자: ein raffinierter I. 교활한 탐색자. **investigieren** [...'gi:rən] 〈h〉 [lat. investīgāre] 《드물게》 조사[탐색]하다.

Investition [Invɛsti'tsjo:n], die; -en [lat. investīgātio] 1. (생산)투자, 출자: private(staatliche) -en 개인(국가) 투자. 2. (금전) 투자, 지출: die neue Heizung war eine gute I. 새 난방은 좋은 투자였다.

Investitions- [경제]: ~**bank**, die 투자 금융 은행. ~**bereitschaft**, die 투자 의욕: eine steigende(sinkende) I. 높아지는(낮아지는) 투자 의욕. ~**gelder** 〈Pl.〉 투자금. ~**güter** 〈Pl.〉 투자재. ~**güterindustrie**, die 투자재 산업. ~**haushalt**, der (국가의) 투자 예산: dem I. im Parlament zustimmen 의회에서 투자 예산에 동의하다. ~**hilfe**, die 투자 보조. ~**kapital**, das 투자 자본. ~**kosten** 〈Pl.〉 투자 경비: hohe[niedrige] I. 높은[낮은] 투자 경비. **~kraft,** die 〈Pl. 드물게〉 투자력. **~kredit,** der 투자 대부. **~lenkung,** die 투자 조정. **~mittel** 〈Pl.〉 투자 수단. **~planung,** die 투자 기획. **~prämie,** die 투자 장려금: Zur Förderung der Industrieansiedlung wird eine I. eingeführt 공업단지 촉진을 위해 투자 장려금이 도입된다. **~programm,** das 투자 계획: ein mehrjähriges [staatliches] I. 수개년[국가] 투자 계획. **~rate,** die 투자 비율. **~spritze,** die 〈통용어〉투자 주입(경제 활성화를 위한 투자). **~summe,** die 투자액. **~tätigkeit,** die 〈Pl. 없음〉 투자 행위: eine starke[private] I. 활발한[개인] 투자 행위. **~träger.** der 투자 기관[회사] **~volumen,** das 투자량.

Investitur [investi'tuːɐ], die; -en **1.** (성직 등의) 서임: die I. des Pfarrers in der katholischen Kirche 가톨릭 교회에서의 신부 서임; die I. eines Universitätsrektors 대학 총장의 선임. **2.** (중세 때 왕에 의한) 주교 서임. **3.** (과거 독일법에서) 소유권 이양식. **4.** (프랑스에서) 국민 의회의 수상 인준식. **investiv** [inves'tiːf] 〈Adj.〉 〈경제〉 투자용의, 생산적인: -e Ausgaben(Anlagen) 투자 지출[설비]. **Investivlohn,** der (재형 저축 등의) 투자(용) 급여분. **Investment** [in'vestmənt], das; -s, -s [engl. investment] **a)** 〈금융〉 투자 증권 투자. **b)** ↑ Investition (1): die Bücher, die dem Verleger ein enormes I. abnötigen 출판업자에게 엄청난 투자를 강요하는 책들.

Investment- 【금융】: **~bank,** die 투자 은행. **~fonds,** der (투자 회사의) 투자 기금. **~geschäft,** das 투자 업무. **~gesellschaft,** die 투자 회사. **~papier,** das ↑~zertifikat. **~schein,** der ↑~zertifikat. **~sparen,** das; -s ↑~s 투자 저축. **~sparer,** der 투자 저축자. **~trust,** der 투자 신탁. **~zertifikat,** das 투자 증권.

Investor [in'vestor, (또한) ...toːɐ], der; -s, -en [...'toːrən] 〈경제〉 투자가, 출자자: die -en halten sich zur Zeit zurück 투자가들이 요즈음은 주춤한다.

Investträger, der; -s, - 〈구동독〉 투자 기관: der Rat der Stadt als I. für die I. 투자 기관인 시의회. **Investvorhaben,** das; -s, - 〈구동독〉 투자 계획: die Fertigstellung eines -s 투자 계획의 작성.

Inveteration [Invetera'tsjoːn], die; -en 〈법·고어〉시효 만료(Verjährung). **inveterieren** [...'riːrən] 〈s〉 [lat. inveterāre = veralten (lassen)] 《법·고어》 시효가 만료되다(verjähren).

in vino veritas [ɪn 'viːno 'veːritas; lat.] 《교양어》 취중 진담.

invisibel [(또한) – – '–] 〈Adj.〉 [lat. invīsibilis] 보이지 않는(반대: visibel): ein fast invisibler Punkt 거의 보이지 않는 점.

Invitation [Invita'tsjoːn], die; -en [lat. invītātio] 《교양어·드물게》 초대, 초청(Einladung): meine Freude über die unverhoffte I. 기대치 않은 초대에 대한 나의 기쁨. **Invitatorium** [...'toːriʊm], das; -s, ...ien [...jən] [lat. invītātorius = die Einladung betreffend, Einladungs-] 【가】 초사(Matutin을 이끄는 찬미가, 제 95 시편). **invitieren** [...'tiːrən] 〈h〉 [lat. invītāre] 《교양어·드물게》 **1.** 초대[초청]하다. **2.** 청원하다.

in vitro [ɪn 'viːtro; lat. = im Glas] 〈전문어〉 시험관 속에서(수행되는): Befruchtung von Mäuseeiern in v. 쥐 난자의 시험관 수정. **In-vitro-Versuch,** der 시험관 실험.

in vivo [ɪn 'viːvo; lat. = im Leben] 《전문어》 생체의. **In-vivo-Versuch,** der 생체 실험.

Invokation [Invoka'tsjoːn], die; -en [lat. invocātio] 《교양어》 (특히 문서나 문학작품의 첫머리 등에서) 신(신성, 성자, 서신)에 대한 기원, 부름.

Invokavit [Invo'kaːvɪt] 〈Art.; 격변화 없음〉 [lat. invocāvit = er rief (mich) an] 【신교】 사순절의 첫주일.

Involution [Involu'tsjoːn], die; -en [lat. involūtio = die Windung; Gewinde] **1.** 【수학】 대합(對合). **2.** 【의학】 (기관의 정상적, 또는 노화에 의한) 퇴축, 퇴화, 쇠퇴. **3.** 【사회】 **a)** 사회조직의 와해. **b)** (민주주의의) 퇴행. **involvieren** [Involˈviːrən] 〈h〉 [lat. involvere = hineinwälzen; einwickeln] 《교양어》 포괄하다, 포함하다: diese Einsicht involviert Verantwortungen ungeheurer Art 이 견해는 엄청난 종류의 책임을 포함[수반]한다.

inwärts 〈Adv.〉 〈고어〉 안으로, 속으로.

inwendig 〈Adj.〉 안쪽에 있는, 속의: eine -e Tasche 속 주머니; die Frucht war i. faul 그 과일은 속이 썩었다; [전의] der -e Mensch 내성적인 사람; -e Erlebnisse 내적 체험; etw.(jmdn.) in- und auswendig kennen 《통용어》 무엇[누구]을 속속들이 알다.

inwiefern 〈Adv.〉 얼마나, 어째서. **a)** 〈의문문을 이끌며〉 〈경제〉 투자용의, 생산적인 i. hat sich die Lage geändert? 얼마나 상황이 변했나? **b)** 〈간접 의문문을 이끌며〉 es sollte ermittelt werden, i. sie verantwortlich zu machen seien 얼마나 그들에게 책임지게 할지는 조사해 보아야 하겠다.

inwieweit 〈Adv.〉 어느 정도까지, 얼마 만큼. **a)** 〈의문문을 이끌며〉 i. läßt sich ihre Situation verbessern? 얼마만큼이나 그들의 상황을 나아지게 할 수 있을까? **b)** 〈간접 의문문을 이끌며〉 es steht in ihrem Belieben, i. sie sich durch diese Empfehlungen leiten lassen 어느 정도나 이 권고에 따르게 될지는 그들 마음에 달렸다.

Inwohner ['ɪnvoːnɐ], der; -s, - **a)** 〈고어〉 거주자. **b)** 〈österr.〉 세입자. **Inwohnerin,** die; -nen ↑Inwohner의 여성형.

Inzahlungnahme [...naːmə], die; -en 〈드물게 Pl.〉 【상】 (중고품) 할인 인수(판매): ein neues Auto bei I. des alten kaufen 중고차 할인 인수로 새 차를 사다.

Inzens [ɪn'tsɛns], der; -es, -e 〈또는〉 die; -ationen [...nzaˈtsjoːn], **Inzensation,** die; -en [독자적으로] 〈의식에서 사람이나 물건에〉 향을 쏘임. **inzensieren** [...'ziːrən] 【특히 가】 향을 쏘이다. **Inzensorium** [...'zoːriʊm], das; -s, ...ien [...jən] 〈교양어〉향로.

Inzentiv [Intsɛn'tiːf], das; -s, -e [...iːvə] 《준고어》 자극, 충동. **inzentiv** 〈Adj.〉 《교양어·전문어》 자극적인, 충동적인.

Inzest [ɪn'tsɛst], der; -(e)s, -e [lat. incestum] 《교양어》 **a)** 부녀(모자, 남매)간 근친 상간(↑Blutschande); (einen) I. begehen 근친 상간을 범하다. **b)** 〈동물의〉 근친 교배: **Inzesthemmung,** die 근친 상간에 대한 심리적 억압. **Inzesttabu,** das 근친 상간 금기.

inzestuös [...'tu̯øːs] 〈Adj.〉 [frz. incestueux] 근친상간적인: zwischen Mutter und Sohn bestand eine -e Bindung 모자간에는 근친상간적인 결속이 있다.

inzident [Intsi'dɛnt] 〈Adj.〉 [lat. incident] 《고어》 부수적인, 우발적인. **inzidentell** [...'tɛl] 〈Adj.〉 [frz. incidentell] 부수적인, 부차적인, 지엽적인: ein -es Interesse 지엽적인 관심. **Inzidenz** [...'dɛnts], die; -en [frz. incidence] 《고어》 (사건의) 우발, 돌발. **Inzidenzfall,** der 〈고어〉 ↑Zwischenfall.

Inzidenzwinkel, der 【광학】 ↑Einfallswinkel.

inzidieren [Intsi'diːrən] 〈h〉 [lat. incīdere = einschneiden, einen Einschnitt machen] 【의학】 (수술을 위해) 째다, 절개하다: einen Abszeß i. 농양을 절개하다.

inzipient [Intsi'pi̯ɛnt] 〈Adj.〉 [lat. incipiēns] 【의학】 (병의) 초기의.

Inzision [Intsi'zjoːn], die; -en [lat. incīsio = Einschnitt; (Rede)abschnitt, 【의학】절개: eine I. machen 절개하다. **Inzisiv** [...'zi:f], der; -s, -en [...i:vŋ], **Inzisivzahn,** der, **Inzisivus** [...'i:vʊs]; der; -, ..vi [lat. (dens) incīsīvus] 【치의학】문치, 앞니. **Inzisur** [...'zu:ɐ], die; -en [lat. incīsūra] [해부] (사람, 동물 뼈나 기관의) 흠집.

Inzucht, die; -en (드물게 Pl.) 동종 교배, 근친 교배, 근친 결혼: in der Tier- und Pflanzenzucht beschleunigt. I. die Bildung erbmäßig reiner Stämme 동식물의 배양에는 유전적으로 순수한 종의 형성을 가속시킨다: 전의 in diesem Kreis herrscht die reinste I.《통용어》이 동아리의 분위기는 극히 끼리끼리이다 [살벌하다].

Inzucht- 〈전문어〉: ~**degeneration,** die 근친 교배에 의한 약세(화). ~**depression,** die ↑~degeneration. ~**grad,** der 근친 교배 계수. ~**minimum,** das 〈퇴화가 더 이상 일어나지 않는〉 최저선, 근친 교배 약г. ~**schaden,** der 근친(교배에 의한 유전상의) 손상.

inzwischen 〈Adv.〉 **a)** 〈무엇이 이미 일어났거나, 도달한 상태임을 뜻하여〉 그 동안에, 그 사이에 (unterdessen): i. ist das Haus fertig geworden 그 사이 집이 완성되었다; es geht ihm i. besser 그 동안 그는 형편이 좋아졌다; ich kenne euch i.《통용어》나는 그 새 너희들을 알 만큼 알지. **b)** 〈무엇이 다른 일과 동시에 일어남을 뜻하여〉그러는 동안(währenddessen): ich muß noch arbeiten, du kannst i. einkaufen gehen 나는 아직 일해야 하니가 너는 그(러는) 동안 장보러 가면 돼. **c)** 〈무엇이 미래의 어떤 시점까지 일어남을 뜻하여〉그때까지는 (bis dahin): die Expedition findet erst in zwei Jahren statt, i. bereiten sie sich aber schon darauf vor 탐험은 이 년 후에나 행해지지만 그때까지[그 동안] 그들은 그 준비를 벌써부터 하고 있다.

Io = Ionium.
Iod, Iodat, iodid: ↑Jod, Jodat, Jodid.
IOK = Internationales Olympisches Komitee 국제 올림픽 위원회.
Ion [io:n, 《또한》'iɔn], das; -s, -en ['io:nən; griech. ión = Gehendes, Wanderndes; 영국의 물리학자, 화학자 M. Farady(1791~1867)가 명명] 【물리・화학】positive(negative) -en 양[음] 이온.
Ionen-: ~**austausch,** der [engl. ion exchange] 【물리・화학】이온 교환. ~**austauschchromatographie,** die 【화학】이온 교환 크로마토그래피[색층 분석]. ~**austauscher,** der [engl. ion exchanger] 【물리・화학】이온 교환체. ~**beschleuniger,** der 【전자】이온 가속기. ~**bindung,** die 【물리・화학】이온 결합. ~**falle,** die [engl. ion trap] 【전자】이온 트랩. ~**gitter,** das 【화학】이온 격자. ~**lawine,** die 【물리】이온 격증 현상(가스 분출시 이온의 급격한 증가). ~**quelle,** die 【물리・화학】이온원. ~**reaktion,** die 【화학】이온 반응. ~**spektrum,** das 【전자】 Funkenspektrum. ~**strahl,** der 《대개 Pl.》【물리・화학】이온[전기] 방사선. ~**therapie,** die 【의학】이온 치료법. ~**triebwerk,** das 【전자】(우주 항공 등의) 이온 추진 기관. ~**wanderung,** die 【물리・화학】이온 이동.

Ionicus [io:nikʊs], der; -, ...ci [...tsi] ↑ Ioniker. **Ionien** ['io:niən] -s 이오니아(소아시아 지방). **Ionier** ['io:niɐ], der; -s, - 이오니아 사람. **Ioniker** ['io:nikɐ], der; -s, - [griech. Iōnikós = ionisch] (고대의) 이오니아 운율; Ionicus a maiore 대개 장장단단격(ˉˉ‿‿) 이오니아 운율; Ionicus a minore 대개 단단장장격(‿‿ˉˉ) 이오니아 운율.
Ionisation [ioniza'tsio:n], die; -en [engl. ionization] 【물리, 화학】이온화, 전리. **Ionisationskammer,** die 이온화 함, 전리함. **Ionisator** [...'za:tɔr,《또한》...to:ɐ], der; -s, -en [...za'to:rən] 【물리・화학】전리기, 이온화 장치.

ionisch ['io:nɪʃ] 〈Adj.〉 [lat. Iōnicus < griech, Iōnikós] 이오니아(식)의: -e Säule 이오니아식 원주; -er Kirchenton 이오니아 교회 선법; -er Dimeter 고대 이오니아 이음운.
ionisieren [ioni'zi:rən] (h) 전리[이온화]하다. **Ionisierung,** die; -en 전리, 이온화. **Ionium** ['io:niʊm], das; -s [↑Ion] 이오늄(기호: Io). **Ionometer** [iono-], das; -s [물리・화학] 전리 측정기.
Ionon [io'no:n] ↑Jonon.
Ionophorese [ionofo're:zə] ↑Iontophorese. **Ionosphäre,** die 이온[전리] 층.
Iontophorese [iɔntofo're:zə], die; -n [griech. ión + phórēsis = das Tragen] 【의학】(체내 이온 주입을 통한) 이온 치료법.
Iowa ['aɪəwa], -s 아이오와(미국의 주).
I-Position, die; -en 【육상】(장대 높이뛰기에서 장대를 세웠을 때 몸을 완전히) 뻗친 자세, I 자세.
Ipsation [ipsa'tsio:n], die; -en [zu lat. ipse = selbst] 자위(행위): klitorale I. 음핵 자위. **ipse fecit** ['ɪpsə -; lat. = hat (es) selbst gemacht] (예술 작품에서 작가의 서명 앞, 뒤에서) …작(약어: i. f.). **Ipsismus** ['ɪpsɪsmʊs], der; -, ...men [lat. ipse = selbst] ↑ Ipsation. **ipsissima verba** [ɪ'psɪsima 'vɛrba; lat.] 순전히 자기 말. **Ipsist** [ɪ'psɪst], der; -en, -en 자기 행위자.
ipso facto ['ɪpso 'fakto; lat. = durch die Tat selbst] 【법】사실상, 행위의 결과가 스스로 나타나는. **ipso jure** [- 'ju:rə; lat. = durch das Recht selbst] 【법】법률상, 법에 의해 그 효과가 스스로 나타나는.
I-Punkt ['i:-], der; -(e)s, -e i (위의) 점: **bis auf den I-Punkt** 철두철미: bei ihm muß immer alles bis auf den I-Punkt in Ordnung sein 그에게 있어서는 모든 것이 철두철미 제 자리에 있어야 한다.
IQ [iː'kuː,《또한》aɪ'kjuː], der; -(s), -(s) ↑ Intelligenzquotient.
ir-, Ir- [ɪr-]: ↑in-, In-.
Ir = Iridium.
IR. = Infanterieregiment.
i.R. = im Ruhestand.
I.R. = Imperator Rex.
IRA ['iːra, 〈engl.〉 'aɪ.aːr'eɪ] die 아일랜드 공화군(Irisch-Republikanische Armee).
Irade [i'raːdə], der (또는) das; -s, -n 〈역사적〉 술탄의 칙령.
Irak [i'raːk,《또한》'iːrak;〈pers.〉'raːq],〈대개 관사와 함께〉 der; -s 이라크. **Iraker** [i'raːkɐ], der; -s, - 이라크 인. **irakisch** [i'raːkɪʃ] 〈Adj.〉 이라크(인)의.
Iran [i'raːn,〈pers.〉i'raːn]〈대개 관사와 함께〉der; -s 이란. **Iraner** [i'raːnɐ], der; -s, - 이란인. **Iranisch** [i'raːnɪʃ]〈Adj.〉이란(인)의. **Iranist** [ira'nɪst], der; -en, -en [Erān = (Land) der Arier] 이란학자. **Iranjstik,** die 이란학. **Irankunde** [i'raːn-], die ↑ Iranistik.
Irbis ['ɪrbɪs], der; -ses, -se [russ. irbis] 중앙아시아 고지대에 서식하는 재규어와 비슷한 동물(Schneeleopard); 학명: Uncia uncia.
irden ['ɪrdn] 〈Adj.〉 진흙을 구어 만든: eine -e Schüssel 질그릇 접시; ein -es Gefäß 질그릇, 오지 그릇. **Irdengeschirr,** das 오지그릇, 질그릇, 도기. **Irdenware,** die ↑Tonware. **irdisch** ['ɪrdɪʃ] 〈Adj.〉 **1.** 현세의, 속세의, 지상의: das -e Leben 현세의 삶; -e (반대: himmlische) Freuden 지상(천상)의 기쁨; i. gesinnt sein 현세적으로 생각하다. **2.** 지구(상)의: worin un-

terscheidet sich dieses Mondgestein von -en gesteinen? 이 달의 암석이 지구의 암석과 다른 점은 무엇인가?.
Ire ['iːrə], der; -n, -n 아일랜드 인.
Irenik [i'reːnɪk], die [griech. eirēnikós = den Frieden betreffend, friedlich] 《제 종파》 화평주의. **irenisch** 〈Adj.〉《교양어》화평스러운: ein -es Temperament 화평적 기질.
irgend ['ɪrɡnt] 〈Adv.〉 **1.** (jemand, etwas, so ein, so etwas 앞에서 불확실성을 강조하기 위해) 어떤: i. jemand hatte im Abteil seinen Schirm vergessen 어느 누군가가 그 칸에 우산을 잊고 갔다; i. etwas war nicht in Ordnung 무엇인지 몰라도 잘못된 것이 있었다; es kam nämlich in diesem Augenblick jemand herein, − nicht i. jemand 말하자면 이 순간에 누군가가 − 아무나가 아니고 − 들어왔다. **2.** (wenn, wo, wie, was, wer가 이끄는 조건절을 강조하기 위해) 어떻게 하든 (unter irgendwelchen Umständen, irgendwie): bitte komm, wenn es dir i. möglich ist 어떻게 가능한 대로 와 주렴; er unterstützte sie, solange er i. konnte 어떻게든 할 수 있는 한 그는 그녀를 지원했다.
irgend-: − **ein** 〈Indefinitpron.〉 **a)** 어떤, 무슨, 모종의: i. sonderbares Gefühl haben 무언가 이상한 느낌을 가지다; aus -em Grund 모종의 이유에서; auf -e Weise 어떤 방법으로는; zu -em (gegebenen) Zeitpunkt 어떤 (주어진) 시점에; er müßte es besser wissen als i. anderer 그는 그 일을 어느 누구보다 더 잘 알텐데. **b)** 임의의, 아무, 여느: man könnte genausogut -en anderen (Mitarbeiter) damit beauftragen 그 일은 마찬가지로 아무(동료)에게도 위임할 수 있는 일이다; sie geben sich keineswegs mit -em Angebot zufrieden 그들은 결코 여느, 어느 제의에만 만족하지 않는다. **~einmal** 〈Adv.〉 언젠가 한번: wenn ich Ihnen i. helfen kann 제가 언젠가 한번 당신을 도울 수 있을 때. **~wann** 〈Adv.〉 언제인가: i. habe ich es aufgegeben 언젠가 나는 그 일을 포기했다; er hofft, i. (einmal) doch noch die Genehmigung zu erhalten 그는 언젠가는 그래도 허가를 받게 되기를 바라고 있다. **~was** 〈Indefinitpron.〉《통용어》무엇인가(irgend etwas): bei der Sache ist i. faul 그 일은 무언가 구린데가 있다; wenn mal i. war, konnte man zu ihm gehen 무슨 문제가 있으면 그에게 가면 되었다. **~welch** 〈Indefinitpron.〉 **a)** 무슨, 어떤: gibt es -e Fragen〔Vorschläge〕? 무슨 질문(안)이 있습니까?; es besteht kein Anlaß zu -en Befürchtungen 아무 걱정할 까닭이 없다; 《드물게》 i. furchtbares Unglück soll passiert sein 무슨 일인지 끔찍한 일이 벌어졌다 하더라. **b)** 임의의, 여느: er gab sich nicht mit -en Zigaretten zufrieden, sondern rauchte eine ganz bestimmte Marke 그는 담배에 만족하지 않고 아주 특정한 상표를 피웠다. **~wer** 〈Indefinitpron.〉《통용어》 어떤 이, 누구: i. gab heute ein Orgelkonzert in der Universitätskirche 어떤 이가 오늘 대학 교회에서 오르간 연주회를 했다. **b)** 임의의 사람, 여느 사람: sie war schließlich nicht i. 그 여자는 그러나는 여느 여자가 아니었다; 〈명사화〉 hier war er nicht mehr in einem armseligen Irgendwer 여기서 그는 더 이상 보잘것 없는 여느 누구가 아니었다. **~wie** 〈Adv.〉 **a)** 어떤 식으로든, 여하튼, 어쨋든: man muß ihm i. zu helfen versuchen 어떻게 하든 그는 도와 주게 해야야 한다; i. wird's schon werden 어떻게 되겠지. **b)** 어쩐지: jmdm. i. bekannt vorkommen 누구에게 어쩐지 낯익어 보이다; ich fühlte mich i. schuldig 나는 어쩐지 죄책감이 든다. **~wo** 〈Adv.〉 어디에선가: sie wollten i. in Italien Urlaub machen 그들은 이탈리아 어디인가에서 휴가를 하려 했다; es gib (hier) i. ein Restaurant 《여기》 어딘가에 식당이 있다; 《통용어》 von i. ist ihr eine Stärke zugeweht 어디로부터인가 그녀에게 힘이 불어 넣어졌다; 《명사화》ein grauer Fleck im Irgendwo 어딘가의 불확실한 지점. **~woher** 〈Adv.〉 **a)** 어디로부터인가: ertönte Musik 어디로부터인지 음악 소리가 울렸다; 《통용어》 von i. Verstärkung (einen Auftrag) bekommen 어디로부터인가 지원(과업)을 받다. **b)** 어찌된 영문인지: i. sprach er ein wenig Deutsch 어찌된 영문인지 그는 독일어를 좀 했다. **~wohin** 〈Adv.〉 어디로인가: er nickte mehrmals i. nach der Seite 그는 옆쪽 어디로인가를 향해 여러번 고개를 끄덕였다; wolltest du noch i. 너는 어디로 가려 하였느냐(은어적으로는: 화장실에 가려 하였느냐)?

Iridektomie [iridɛkto'miː], die; -n [...iːən]; ↑Iris u. ↑Ektomie 《의학》(눈의) 홍채 절제. **Iridium** [i'riːdiʊm], das; -s [engl. iridium, zu griech. íris (2격: íridos) = Regenbogen] 이리듐 《기호: Ir》. **Iridologe** [irido-], der; -n, -n 《전문어》 홍채 진단가(Augendiagnostiker). **Iridologie**, die 《전문어》 홍채 진단(Augendiagnose). **Iridotomie** [...to'miː], die; -n [...iːən] 《의학》 홍채 절제.
Irin, die; -, -nen ↑Ire의 여성형.
Iris ['iːrɪs], die [griech. íris] **1.** 〈Pl. Iris〉 ↑Schwertlilie. **2.** 〈Pl.《드물게》 Iris. / Iriden [i'riːdn] / Irides [i'riːdeːs]〉《의학》 eine dunkle I. 진한 홍채. **3.** 〈Pl.《드물게》 Iris〉《기상》무지개.
Iris-: **~blende**, die 아이리스 조리개. **~diagnose**, die 《의학》(눈의) 홍채 진단. **~öl**, das 아이리스 기름 《향수에 쓰임》.
irisch ['iːrɪʃ] 〈Adj.〉 아일랜드(인)의. **Irisch-Republikanische Armee**, die 아일랜드 공화군.
irisch-römisch ['iːrɪʃ-] 〈Adj.〉 Heißluftbad. **Irish coffee** ['aɪərɪʃ 'kɔfi], der; -,-, -s 위스키와 거품 크림을 탄 커피. **Irish-Stew** [-'stjuː], das; -(s), -s [engl. Irish stew] 아이리시 스튜(양고기, 양배추, 감자 등으로 만든 요리).
irisieren [iri'ziːrən] 〈h〉 [frz. iriser] 무지개 빛을 내다: die Glaskugel irisiert in verschiedensten Farben 유리 공이 다양각색으로 빛난다; die Wasserstrahlen irisieren in der Sonne 물살이 햇빛에 무지개 빛깔을 낸다; irisierende Wolken 《기상》 채운. **Iritis** [i'riːtɪs], die; ...tiden [iri'tiːdn] 《의학》 홍채염.
IRK = Internationales Rotes Kreuz 국제 적십자사.
Irland ['ɪrlant], -s 아일랜드. **Irländer** ['ɪrlɛndɐ], der; -s, - 아일랜드인. **irländisch** ['ɪrlɛndɪʃ] 〈Adj.〉 아일랜드(인)의.
Irokese [iro'keːzə], der; -n, -n 이로쿼이 족(북미의 인디언 종족).
Ironie [iro'niː], die; -n [...iːən] 《드물게 Pl.》 [lat. irōnía < griech. eirōneía] **a)** 아이러니, 반어, 비꼼, 야유: eine leise I. 가벼운 야유; etw. mit I. sagen 무엇을 비꼬아 말하다; seine Rede war mit I. gewürzt 그의 연설은 야유가 들어 있었다. **b)** 역설적인 상황: die I. einer Situation 상황의 아이러니; es war eine I. des Schicksals 그것은 운명의 장난이었다. **Ironiker** [i'roːnikɐ], der; -s, - 조소적인 사람. **ironisch** 〈Adj.〉 [lat. irōnicus < griech. eirōnikós] 반어적인, 조소적인, 야유섞인: eine -e Anspielung 빈정거림; sie ist immer leicht i. 그 여자는 항상 약간 조소적이다; i. finden 누구를 조소적으로 여기다. **ironisieren** [ironi'ziːrən] 〈h〉 [frz. ironiser] 비꼬다, 빈정거리다: ein Problem i. 어떤 문제(현상, 기관)를 비꼬다. **Ironisierung**, die; -en 비꼼, 야유. **Ironym** [iro'nyːm], das; -s, -e [griech. ónyma] 야유적인 별명(예컨대: "Von

einem sehr Klugen").
irr: ↑irre.
irr-, Irr- (↑irre-, Irre-도 참조): **~fahrt,** die 표류, 표박, 방황, 헤매임: die ~en des Odysseus 오딧세이의 방황. **~flug,** der 표류 비행. **~gang,** der 미로. **~garten,** der 미궁. **~gast,** der [동물] (다른 생활권으로부터의) 잘못된 동물. **~glaube, ~glauben**, der **1.** 그릇된 생각, 오류, 오해: der Irrglaube, das Teuerste sei das Beste 비싼 것이 좋을 것이라는 그릇된 생각. **2.** 《준고어》 이단, 사교. **~gläubig** 〈Adj.〉 이단의, 사교의. **~gläubige*,** der / die 이단자, 사교인. **~kreis,** der ↑Circulus vitiosus (2). **~läufer,** der 잘못 배달된 문서[우편물]: die Post schickt I. in der Regel an den Absender zurück 우체국에서는 보통 잘못 배달된 우편물을 발신인에게 돌려 보낸다. **~lehre,** die 그릇된 교리, 유설. **~licht,** das 도깨비불: -er flackern im Moor 도깨비불이 늪에서 깜박인다. **~lichteleren** [ɪrlɪçtə'li:rən] 〈h〉 [괴테의 *Urfaust*에서 유래된 말] ↑**~lichtern, ~lichtern** […lɪçtɐn] 〈h〉 도깨비불처럼 깜박이다, 오락가락하다: [전의] Wiedervereinigung. Das Wort irrlichtert zweimal in der Verlautbarung 통일, 그 말은 발표문에서 두 번이나 등장한다; es begann in ihm zu i. 그는 아주 흥분하기 시작했다. **~sinn,** der **1.** (Pl. 없음) 미침, 정신착란: Zeichen eines beginnenden -s 정신착란 초기 증세. **2.** [감정] 미친 짓: so ein I. 저런 미친 짓; es wäre I., dieses Projekt nicht endlich aufzugeben 이 계획을 끝까지 포기하지 않는다면 미친 짓일 것이다. **~sinnig** 〈Adj.〉 **1. a)** 미친, 머리가 돈: er machte einen -en Eindruck 그는 정신이 돈 인상을 주었다. **~sein,** das ↑Irresein. **b)** (견딜 수 없이) 미칠 것 같은: vor Schmerz i. werden 아파서 미칠 지경이다; sie gebärdete sich völlig i. 그 여자는 겁에 질려 미칠 것처럼 행동했다. **c)** [감정] (행동이나 태도가) 제정신이 아닌, 미친 것 같은: Erlöstwerden von den Menschen und ihrem -en Tun 인간과 그들의 광란으로부터의 구원: du bist (ja) i. 너 (정말) 돌았구나! **2.** 《통용어》 **a)** 터무니없는, 엄청나게 큰, 강한: -e Schmerzen 미칠 것 같은 아픔: ein -er Preis 터무니없는 가격. **b)** [형용사와 동사의 의미 강조] 아주, 정말: es war i. komisch[kalt] 정말 우스웠다[추웠다]. **~sinnige*,** der / die 미친[돈] 사람. **~sinnsttze,** die 《통용어》 미칠 것 같은 더위, 폭염. **~wahn,** der ↑~glaube (1): an dem I. festhalten 망상에 사로잡히다. **~weg,** der 잘못된[그릇된] 길[방법], 미로, 오류: einen I. einschlagen 길을 잘못 들다. **~wisch,** der **1.** ↑~licht. **2. a)** 극성스러운 아이. **b)** 눌러 있지 못하는 사람[성격]. **~witz,** der ↑Wahnwitz. **~witzig** 〈Adj.〉 ↑wahnwitzig.
Irradiation [iradia'tsio:n], die; -en [lat. irradiatio] **1.** [의학] (고통이나 흥분의) 퍼짐, 확산. **2.** [심리] (경단의 심리적) 파급, 확산. **~werden,** das; -s ↑Irrewerden. **3.** [사진] 이레디에이션(사진 감광판의 노출과다). **4.** [심리] 발광체가 실제보다 더 크게 보이는 시각적 착각 현상. **irradiieren** […di'i:rən], 〈h〉 [lat. irradiāre] **a)** 《교양어》 발산하다: Macht hat eine Lebensfülle, die nach allen Seiten irradiiert 권력은 사방으로 발산하는 활력을 갖고 있다. **b)** [전문어] (고통, 감정 등이) 확산, 파급되다.
irrational [(또한) -----'-] 〈Adj.〉 [lat. irrationālis] (반대: rational) 《교양어》 **a)** 불합리한, 비이성적인, 이치에 맞지 않는: ein -er Glaube 비합리적 신앙; -e Zahlen [수학] 무리수; eine i. begründete Auffassung 비합리적인 생각; eine Überbewertung des Irrationalen 비합리성의 과대 평가. **b)** 이성을 잃은, 반이성적인: er hat sich völlig i. verhalten 그는 완전히 이성

을 잃은 것처럼 행동했다; 〈명사화〉 **Irrationalismus** [(또한) '-----], der; -, ...men 《교양어》 **1.** 〈Pl. 없음〉 [감성 위주의] 반이성. der I. der Kulturkritik 문화 비평의 반이성. **2.** 〈Pl. 없음〉 《쇼펜하우어, 셸링, 베르그송 등의》 반(비)이성주의. **3.** (행동, 사건의) 불합리, 비합리. **Irrationalität,** die 《교양어》 비[불]합리성: die I. der Theologie 신학의 비합리성. **irrationell** [(또한) -----'-] 〈Adj.〉 [frz. irrationel] 《교양어》 비이성적인.

irre, 《드물게》 **irr** ['ɪr(ə)] 〈Adj.〉 **1. a)** 돈 것 같은, 얼떨떨한, 종잡을 수 없는: ein irrer Blick 얼떨떨한 눈길; ein irres Lächeln 종잡을 수 없는 미소; er redet irr(e) 그는 종잡을 수 없이 얘기한다; **an jmdm. (etw.) irre werden** (누구[무엇]에 대해) 갈피를 못 잡다, 미심스러워지다; durch das Gespräch mit ihm war ich allmählich irre geworden 그와 대화하는 동안 나는 점점 혼란스럽게 되었다. **b)** 미친, 돈, 정신이 헷갈리는: man sagte uns, sie sei halb irr und müsse in eine Anstalt gebracht werden 그 여자는 반쯤 돈아 병원에 보내야 한다고 사람들은 우리에게 말했다. **c)** (흥분 때문으로) 넋이 나간, 돈 듯이: er war irre vor Angst 그는 두려움 때문에 넋이 나간 듯 했다; bei dieser Nachricht gebärdete sie sich wie irr 이 소식에 그 여자는 넋이 나간 것처럼 행동했다; 〈명사화〉 **wie ein Irrer arbeiten** 《통용어》 미친 사람처럼 일하다. **2.** 《경》 **a)** 요상한, 미친: Las Vegas war für sie eine irre Stadt 라스베가스는 그 여자에게는 미친 도시였다; ein ganz irrer Typ 정말 요상한 친구: das ist ja irre! 정말 미쳤어! **b)** 《부가어로만》 무지무지한: eine irre Angst 무지무지한 두려움. **c)** 〈동사와 형용사의 의미 강세〉 매우, 무지무지하게, 굉장히: der Film war irre spannend 그 영화는 굉장히 홍미진진했다. **¹Irre*,** der / die 미친 사람, 정신병자: wie ein -r lachen 미친 사람처럼 웃다; wir gelten als arme I. 《경》 우리는 가련하기 짝이없는 사람들로 여겨졌다. **²Irre,** die [mhd. irre = Verirrung; Irrfahrt] 《다음 용법으로》 **in die I.** 헤매는: in einem Gelände in die I. gehen 어떤 지역에서 헤매다; [전의] solche Redner führen das Volk nur in die I. 그런 연설가는 민중을 미혹시킬 뿐이다; du darfst dich nicht durch ihre Reden in die I. führen lassen 너는 그들의 말에 현혹되어서는 안된다; mit dieser Ansicht gehen sie völlig in die I. 그들의 이러한 견해는 완전히 잘못된 것이다.

irre-, Irre- (↑irr-, Irr-도 참조): **~fahren*** 〈s〉 엉뚱한 방향으로 차를 몰다: wir fuhren einige Zeit irre 우리는 한동안 엉뚱하게 차를 몰고 갔다. **~führen** 〈h〉 **1.** 《드물게》 의도적으로 그릇된 방향으로 끌고가다, 오도하다: [전의] junge Leute werden oft irregeführt 젊은이들은 종종 잘못 이끌어진다. **2.** 헷갈리게 하다, 미혹시키다: jmdn. durch falsche Angaben i. 누구를 그릇된 말로 헷갈리게 하다; eine irregeführte Öffentlichkeit 오도된 공중. **~führend** (1. Part.) 헷갈리게 하는: eine -e Überschrift 헷갈리는 표제; diese Darstellung ist i. 이 묘사는 헷갈리게 만든다. **~führenderweise** 〈Adv.〉 그릇되이, 오도하려고. **~führung,** die 헷갈리게 함, 미혹시킴, 오도: seine unsachliche Formulierung läuft auf eine I. hinaus 그의 비객관적인 표현은 오도로 내닫고 있다. **~gehen*** 〈s〉 (아이) **1.** 길을 잘못 들다, 헤매다: Sie können nicht i., wenn Sie sich an die Skizze halten 그려준 대로 하면 당신은 길을 잘못 들 염려는 없습니다. **2.** 틀리다, 잘못 짚다: er ist mit seinem Verdacht irregegangen 그의 혐의는 잘못 짚은 것이었다. **~leiten** 〈h〉 (아이) **1.** 그릇된 길로 돈다, 잘못 인도하다: der Dieb wollte die Polizei i. 도둑은 경찰의 눈을 엉뚱한 데로 돌리려 하였다; irregeleitete Post 잘못 배달된 우편물. **2.** 헷갈리게 하다, 그릇 인도하다: die ähnlich klingende Bezeichnung hat ihn irregeleitet 비슷하게 들리는 표시가 그를 헷갈리게 했다; ein irregeleitetes Kind 〔오도(誤導)으로〕 잘못 인도된 아이. **~machen** 〈h〉〔생각이나 신념을〕 혼들리게[의심나게] 하다, 헷갈리게 하다: er wird mich nicht in meiner Ansicht i. 그는 내 견해를 헷갈리게 하지는 못할 것이다; laß dich nicht i. 현혹되지 마라; es darf uns nicht i., daß... ~ 사실에 우리는 현혹되어서는 안된다. **~reden** 〈h〉 헛소리 하다. **~sein,** das 미침, 돌음, 정신병. **~werden,** das; -s 미치게 됨.

irreal 〈Adj.〉 [↑in-, In- u. ↑real] 《교양어》 비현실의, 비현실적인(반대: real 2): eine -e Traumwelt 비현실적 꿈의 세계; -e Vorstellungen 비현실적인 것. **Irreal,** der; -s, -e. **Irrealis** [ɪrɪˈaːlɪs], der; -, ...les [...leːs] 〔언어〕 비현실적 소망의 접속법 (예컨대: beinahe hätte es einen Unfall gegeben; wenn ich ein Vöglein wär ...). **Irrealität** [ɪreɑliˈtɛːt], die 《교양어》 비현실(성)(반대: Realität).

Irredenta [ɪreˈdɛnta], die; ...ten [...tn̩; ital. irredenta = nicht befreit(es), unter fremder Herrschaft stehend (es Italien)] 이레덴타(미통합 지역의 모국 합병을 추구하는 민족 운동; 특히 19세기 이탈리아의 민족 합병 운동). **Irredentismus** [...ˈtɪsmʊs], der; - [ital. irredentismo] 이레덴타주의(정신) **Irredentist** [...ˈtɪst], der; -en, -en [ital. irredentista] 이레덴타주의자. **irredentistisch** 〈Adj.〉 이레덴타(주의)의: -e Ideen 이레덴타 이념.

irreduzibel [(또한) ---ˈ--] 〈Adj.〉; nicht adv.〉 [↑In-, In- + ↑reduzibel] 〔철학·수학〕 환원할 수 없는; 약분할 수 없는, 기약의(반대: reduzibel): eine irreduzible Gleichung 기약 방정식. **Irreduzibilität,** die 〔철학·수학〕 비환원성, 기약.

irregulär [(또한) ---ˈ-] 〈Adj.〉 [lat. irregularis = nicht den kirchlichen Regeln gemäß] **1.** 〈반대: regulär〉 **a)** 불규칙적인, 변칙적인: -e Erscheinungen feststellen 불규칙적인 현상을 확인하다. **b)** 불법적인, 비합법적인: sich etw. auf -e Weise beschaffen 무엇을 변칙적인 방법으로 구하다; -e Truppen 비정규군. **2.** 〔가〕 〔정신적, 신체적 결함 등으로 인하여〕 서품 자격이 없는. **Irreguläre*,** der 비정규군(대원). **Irregularität,** die; -en [lat. irregularitas] **1. a)** 《교양어》 불규칙성, 변칙성(반대: Regularität a). **b)** 〔언어〕 불규칙성(반대: Regularität b). **2.** 〔가〕 교회 서품 장애.

irrelevant [---ˈ--] 〈Adj.〉 《교양어》 중요하지 않은, 사소한, 하찮은(반대: relevant): diese Unterschiede sind für unser Thema i. 이 차이점은 우리들의 주제에 있어 별반 중요하지 않다. **Irrelevanz** [(또한) ---ˈ-], die; -en 《교양어》 사소함, 하찮음. **1.** 〈Pl. 없음〉 **2.** 하찮은 말.

irreligiös [---ˈ-] 〈Adj.〉 [frz. irréligieux] 《교양어》 믿음이 없는, 비종교적인(반대: religiös 2): die Leute sind dort weitgehend i. (eingestellt) 거기 사람들은 꽤 비종교적 입장이다. **Irreligiosität,** die [lat. irreligiositas] 비종교적 태도.

irren [ˈɪrən] **1.** 〈i. + sich; h〉 **a)** 잘못 생각하다, 틀리다: ich habe mich gründlich geirrt 나는 근본적으로 잘못 생각했다; ("sich" 없이도) hier irrt der Verfasser 여기서 저자는 잘못 생각하고 있다; es irrt der Mensch, solang er strebet 인간은 노력하는 한 방황한다(Goethe, Faust, Vers 317). 〈명사화〉 〔성구〕 Irren ist menschlich 과오는 누구에게나 있는 법이다. **b)** (사람이나 일을) 혼동하다, 헷갈리다: ich habe mich anscheinend in dir geirrt 나는 너를 잘못 본 것 같네. **c)** 잘못 계산하다: die Verkäuferin hat sich um 50 Pfennig geirrt 여점원은 50페니히를 잘못 계산하였다. **2.** 〈s〉 **a)** 헤매다, 방황[배회]

하다: (ziellos) durch die Lande i. (무작정) 전국을 헤매다; 〔전의〕 soll ich als Witwe durchs Leben i. ? 나는 과부로 일생을 방황해야 하나요? **b)** 두리번거리다: seine Augen irrten unruhig (flackernd) durch den Saal 그의 눈은 불안하게 (깜박이며) 실내를 두리번 거렸다; ziellos irrende Blicke 목표없이 두리번거리는 눈길. **3.** 〔고어〕 〈h〉 헷갈리게 하다, 혼란시키다.

irren-, Irren- (ˈIrre): **~abteilung,** die 정신병과. **~anstalt,** die 정신 병원. **~arzt,** der 〔고어, 감정〕 정신병 의사. **~haus,** das 정신 병원: ich bin bald reif fürs I. 〔통용어〕 나는 곧 미쳐버릴 것만 같아; ein Krach wie im I. 정신 병원에서와 같은 소동. **~häusler,** der 정신 병원 환자. **~hausreif** 〈Adj.〉 《통용어》 정신 병원에 가야할 때가 된: aber einmal werde ich zusammenbrechen — i. 난 언젠가는 폭삭해서 정신 병원 신세를 지고 말거야. **~pfleger,** der ↑**~wärter. ~wärter,** der 정신 병원의 간호사.

irreparabel [(또한) ---ˈ--] 〈Adj.〉 [lat. irraparābilis] 〔또한: reparabel〕 **a)** 《교양어》 〔수리힐〕 수 없는: die Heizungsanlagen waren i. 난방 장치는 수선 불가능이었다. **b)** 《교양어》 돌이킬 수 없는: ein irreparabler Verlust 돌이킬 수 없는 손실. **c)** 〔의학〕 치유(회복) 불가능한: die durchtrennten Nervenstränge sind i. 끊어진 신경줄은 더 이상 회복 불가능이다. **Irreparabilität** [...rabiliˈtɛːt], die 《교양어》 수선(회복) 불가능(성).

irreponibel [(또한) ---ˈ--] 〈Adj.〉 〔의학〕 다시 제자리로 돌이킬 수 없는, 원상복구가 불가능한(반대: reponibel).

irresolut [(또한) ---ˈ-] 〈Adj.〉 [frz. irrésolut] 《교양어》 결단력이 없는, 망설이는(반대: resolut).

irrespirabel [(또한) ---ˈ--] 〈Adj.〉 [frz. irrespirable] 〔의학〕 흡입할 수 없는: diese Gase sind i. 이 가스는 마셔서는 안된다.

irresponsabel [(또한) ---ˈ--] 〈Adj.〉 [frz. irresponsable] 〔고어〕 책임이 없는(반대: responsabel).

irreversibel [(또한) ---ˈ--] 〈Adj.〉 〔전문어〕 돌이킬 수 없는, 불가역의(반대: reversibel). **Irreversibilität,** die 〔전문어〕 불가역성 (반대: Reversibilität).

irrig [ˈɪrɪç] 〈Adj.〉 틀리는, 잘못된: eine -e Ansicht 그릇된 견해〔생각, 추측, 전제, 결정〕; seine Auslegung war i. 그의 분석은 틀린 것이었다.

Irrigation [ɪrigaˈtsjoːn], die; -en [lat. irrigātio] **1.** 〔의학〕 (특히 장의) 관주, 세척. **2.** 〔전문어·드물게〕 관개: **Irrigator** [...ˈgaːtɔr, (또한) ...ˈtoːɐ̯], der; -s, -en [...gaˈtoːrən; lat. irrigātor] 〔의학〕 관주기. **irrigieren** [...ˈgiːrən] 〈h〉 [lat. irrigāre] 〔드물게〕 관개하다.

irrigerweise 〈Adv.〉 잘못, 틀리게도: etw. i. annehmen 무엇을 그릇되게 받아들이다. **Irrigkeit,** die 틀림, 잘못됨, 그릇됨.

irritabel [ɪriˈtaːbl̩] 〈Adj.〉 [lat. irrītābilis] 〔의학〕 자극성의, 민감한, 예민한: irritable Nerven 예민한 신경. **Irritabilität** [...tabiliˈtɛːt], die [lat. irrītābilitās] 〔의학〕 자극성, 민감성, 예민함: die I. eines Gewebes [von Nerven] 조직[신경]의 예민함. **Irritation** [...ˈtsjoːn], die; -en [lat. irrītātio] 《교양어》 **a)** 자극: die I. verschwand 홍분이 가셨다. **b)** 자극: der Künstler ist unaufhörlich -en unterworfen 예술가는 끊임없는 자극 밑에 놓여 있다. **c)** 당황, 착종, 혼란, 속상함: es besteht kein Grund zur I. 속상할 할 까닭이 없다. **irritieren** [...ˈtiːrən] 〈h〉 [lat. irrītāre] **a)** 곤혹[혼란]시키다, 당황하게 하다: das Kichern hinter seinem Rücken irritierte ihn 그의 등 뒤에서의 킥킥거림이 그를 불안하게 했다; eine irritierende Freundlichkeit 당황

하게 하는 친절함; sie blickte irritiert auf 그 여자는 황황히 올려 보았다. b) 방해하다: der Hund irritierte mich bei der Arbeit 개가 내 일을 방해한다. c) 당황하게 하다: er war über das Verhalten des Ministers irritiert 그는 장관의 태도에 대해 당황했다. d) 자극하다, 흥분시키다. **Irritierung,** die; -en ↑Irritation.

Irrsal ['ɪrza:l], das, -(e)s, -e 《시어》 (인간적, 도덕적) 방황, 미혹. **Irrtum,** der, -s, ...tümer [...ty:mɐ] 잘못, 오류, 착오, 과오, 실수: ein großer I. 큰 과오; das hat sich als (ein) I. herausgestellt 그것은 틀린 것으로 밝혀졌다; es ist ein I. zu glauben, daß ... ...이라 믿는 것은 잘못이다; hier dürfte ein I. vorliegen 무언가 잘못된 것 같다: (hierbei ist ein) I. ausgeschlossen 《여기에서는》 틀림이 없다; seinen I. erkennen 그의 실수를 깨닫다; Irrtümer beseitigen 잘못을 제거(교정)하다; einem I. erliegen(unterliegen, verfallen) 오류에 빠져 있다; hier handelt es sich um einen I. 이건 오류야; **im I. sein(sich im I. befinden)** 잘못하고(틀리고) 있다, 잘못 생각하고 있다; hinsichtlich dieser Tatsachen befindet er sich im I. 이 사실에 관해서 그는 잘못 생각하고 있다. **irrtümlich** ['ɪrty:mlɪç] 〈Adj.〉 틀린, 잘못된: er ging den i. eingeschlagenen Weg wieder zurück 그는 잘못 접어든 길을 되돌아갔다; er hat die Rechnung i. zweimal bezahlt 그는 계산을 잘못 두번 지불했다. **irrtümlicherweise** 〈Adv.〉 잘못(해서), 틀리게, **Irrung,** die; -en 《시어》 **a)** 잘못(된 경우), 오류: -en Wirrungen 오류와 혼란, 얼킴과 설킴(Theodor Fontaue의 소설 제목). **b)** 혼란, 착란.

Irvingianer [ɪrvɪŋˈgia:nɐ], der; -s, - [스코틀랜드의 신학자 E. Irving(1792~1834)의 이름에서] 어빙교도(예수의 재림을 믿는 19세기 영국의 광신적 구교파 신도). **Irvingianismus** [...ie`nɪsmus], der; - 어빙교.

isabell-, Isabell- [iza'bɛl-] : **~antilope,** die ↑Riedbock. **~bär,** der (히말라야 산) 황갈색의 곰, 이사벨 곰(학명: *Ursus arctos isabellinus*). **~farben, ~farbig** 〈Adj.; nicht adv.〉 황갈색의, 샛노란. **~würger,** der (중국의 건조한 초원 지대에 사는) 황갈색[이사벨] 때까치.

Isabelle [iza'bɛla], die; -n [frz. isabelle, 스페인의 대공비 Isabelle(1566~1633)이 Ostende의 점령(1601~1604)이 끝날 때까지 입기로 맹세했다는 웃옷의 색깔에 따라] 황갈색의 말.

Isagoge [iza'go:gə], die; -n [lat. īsagōgē < griech. eisagōgḗ] 《고대에서》 학문의 입문.

Isagogik [...gik], die; - [lat. īsagōgicus < griech. eisagōgikós] (특히 성서 성립학의) 학문 입문론.

Isanemone [izaneˈmo:nə], die; -n [griech. isánemos] 【기상】 등평균풍속선.

Isanomale [izano'ma:lə], die; -n [griech. isos u. ↑anomal] 【기상】 등편차선.

Isar ['i:zar], die 이자르(도나우의 오른쪽 지류).

Isatin [iza'ti:n], das; -s 이사틴(인디고를 산화하여 얻는 적황색의 결정). **Isatis** [ˈi:zatɪs], die [lat. isatis < griech. isátis] 【식물】 ↑Waid.

Isba [ɪsˈba], die, **Isbi** [ˈɪsbi] russ. isbá] (특히 농부들의) 통나무집, 농가.

ISBN [Internationale Standardbuchnummer의 약어] 국제 표준 도서 번호.

Ischämie [ɪsçɛˈmi:], die; -n [...iən; griech. íschein u. haĩma] 【의학】 국부 빈혈. **ischämisch** [ɪsˈçɛːmɪʃ] 〈Adj.〉 【의학】 빈혈증의.

Ische ['ɪʃə], die; -n [jidd. ische] 《청소년》 깔치, 여자 친구. **Ischia** [ˈɪskia] 이스키아(이탈리아의 섬).

Ischiadikus [ɪsˈçia:dikus], der; -, ...izi (드물게 Pl.) [lat. ischiadicus < griech. ischiadikós] 【의학】 좌골 신경.

ischiadisch 〈Adj.〉 【의학】 좌골의.

Ischialgie [ɪsçialˈgi:], die; -n [...iən] 【의학】 ↑Ischias. **Ischias** [ˈɪʃias, 《또한》 'ɪsçias] 【의 또는 】 【의학】 die [lat. ischias < griech. ischiás] 좌골 신경통: I. haben 좌골 신경통을 앓다.

Ischias-: ~beschwerden 〈Pl. 없음〉 좌골 신경통증. **~leiden,** das 〈Pl.〉 좌골 신경통. **~nerv,** der 좌골 신경.

Ischl: ↑Bad Ischl.

Ischurie [ɪsçuˈri:], die; -n [...iən; griech. íschein u. oũron] 【의학】 요폐(尿閉).

Isegrim [ˈi:zəgrɪm], der; -s, -e **1.** 〈Pl. 없음〉 《동물 우화에 나오는》 늑대(의 이름). **2.** 《감정·뻗》 투덜쟁이.

isentrop, isentropisch [izenˈtro:p(ɪʃ)] 〈Adj.〉 【물리】 (역학학에서) 등엔트로피의.

Isfahan [ɪsfaˈha:n], Ispahan [ɪspaˈha:n], der; -(s), -s [이란의 도시 이름 Isfahan(이전: Ispahan)에서] 대개 베이지색 바탕에 꽃, 넝쿨, 아라비아 당초 무늬가 있는 섬세한 수제 융단.

Isis [ˈi:zis] 이시스(옛 이집트의 여신).

Islam [ɪsˈlaːm, 《또한》 'ɪslam], der; -(s) [arab. islām] 이스람교, 회교, 마호멧교: die Welt des ↑ 회교 세계의; er ist zum I. übergetreten 그는 회교로 개종했다. **Islamabad** [ɪslamaˈbat, ɪsˈlaːmabat] 이슬라마바드(파키스탄의 수도). **Islamisation** [ɪslamizaˈtsi̯o:n], die; -en 회교화. **islamisch** 〈Adj.〉 회교의. **islamisieren** [...ziːrən] 〈h〉 **a)** 회교로 개종시키다. **b)** 이스람권에 영합시키다. **Islamisierung,** die; -en. **Islamismus** [...ˈmɪsmus], der; - ↑Islam. **Islamit** [...ˈmiːt], der; -en, -en ↑Mohammedaner. **islamitisch** 〈Adj.〉 ↑islamisch.

Island ['iːslant, 《eng.》 ˈaɪlənd] 아이슬란드. **Isländer** [ˈiːslɛndɐ], der; -s, -. 아이슬란드인. **isländisch** ['iːslendɪʃ] 〈Adj.〉 아이슬란드(인)의. **Isländisch,** das; -(s) u. 〈정관사와 함께만〉. **Isländische,** das; -n 아이슬란드 어.

Ismaelit [ɪsmaeˈliːt], der; -en, -en [구약에 나오는 Abraham의 아들 Ismael에서; 창세기 16장 15절 이하] Ismael을 족장으로 하는 북아랍 종족. **Ismailit** [...ai...], der; -en, -en [모하메드의 후예 Ismail (760년 사망)의 이름에서] Schiit 교파의 일파.

Ismus [ˈɪsmus], der; -, ...men [lat. ...ismus] 《법》 (단순한) 주의: in der Malerei ist wieder einmal ein neuer I. aufgekommen 회화에서는 또다시 새로운 주의가 등장했다.

ISO = International Organization for Standardization 국제 표준국.

iso-, Iso-, 《《또한》 모음 앞에서는》 is-, Is- [iz(o)-; griech. isos] (gleich를 뜻하는 규정어로서, 예컨대) isobar, Isobutan, isosmotisch. **isobar** [izoˈbaːɐ̯] 〈Adj.〉 [griech. báros] 【물리】 **1.** 동중체의. **2.** 같은 압력[등압]의: ein -er Vorgang 등압 과정. 《명사화》 **Isobar** [-], das; -s, -e 【물리】 동중체. **Isobare** [-], die; -n 【기상】 등압선. **Isobutan,** das; -s 이소부탄. **~isochor** [...ˈkoːɐ̯] 〈Adj.〉 같은 양[등량]의: -er Prozeß 등량 과정. **Isochore** [...ˈkoːrə], die; -n 【물리】 등량선. **isochrom** [...ˈkroːm] 〈Adj.〉 ↑isochromatisch. **isochromatisch** [...kromaˈtɪʃ], die [사진] 색감도가 같은. **isochromatisch** 〈Adj.〉 [griech. chrōmatikós] 【사진】 색감도가 일정한. **isochron** [...ˈkroːn] 〈Adj.〉 [griech. isóchronos] 【물리】 같은 시간의. 《명사화》 **Isochrone,** die; -n (특히 지진 파의) 등발진시선. **isocyclisch** 〈Adj.〉 ↑isozyklisch. **isodont** [...ˈdɔnt] 〈Adj.〉 [griech. odoús] ↑homodont. **Isodyname**

Isodyne [...dy'na:mə], die; -n [griech. dýnamis] 등자력선.
Isodyne [...'dy:nə], die; -n [물리] 등력선. **Isoerge** [...'lɛrgə], die; -n [griech. érgon] [민속] (민속 지도에서) 동일 풍속선. **Isogameten** [...ga'me:tn] ⟨Pl.⟩ [생물] 동형 배우자. **Isogamie** [...ga'mi:], die; -n [...i:ən; griech. gamós] [생물] 동형(배우자) 접합. **isogen** [...'ge:n] ⟨Adj.⟩ 유전적으로 같은. **Isoglosse** [(또한) ...'glɔsə], die; -n (방언 지도의) 등어선. **Isogon** [...'go:n], das; -s, -e [griech. isogónios] 등각다각형. **isogonal** [...go'na:l] ⟨Adj.⟩ (특히 기하 도형이나 지도에서) 등각의. **Isogonalität** [...nali'tɛ:t], die (특히 지도에서) 등각성. **Isogone** [izo'go:nə], die; -n [기상] 등방위각선. **¹Isohelie** [...'he:liə], die; -n [griech. hélios] [기상] 등일조선. **²Isohelie** [...he'li:], die; -n [...i:ən; griech. hélios] [사진] 흑백 사진에서 그림 효과를 내는 명암 차등화 방식. **Isohyete** [...'hye:tə], die; -n [griech. hyetós] [기상] 등강우량선. **Isohypse** [...'hypsə], die; -n [griech. isohypsés] [지리] 등고선. **Isokephallie** [...kefa'li:], die [griech. Kephalé] [미술] (그림이나 부조의 모습들의) 머리 높이가 같음. **Isokline** [...'kli:nə], die; -n [griech. isoklinés] [지리] 등복(각)선. **Isokolon**, das; -s, ...la [griech. isókôlos] [수사] (한 문장 안에서) 음절 수가 같은 어절, 동형 어절.
Isolani [izo'la:ni], der; -(s), -(s) [Schiller의 Wallenstein에 나오는 Isolani 백작의 이름과 동사 ↑isolieren을 연결시켜] [장기·농] 고립된 졸 [¹Bauer (2 a)].
Isolat [izo'la:t], das; -s, -e [생물] (기관(器官)·조직(組織))의 분리 조각. **Isolation** [...la'tsio:n], die; -en [frz. isolation] 1. (전염병 환자나 정신병자, 죄수의) 격리: die I. von Typhuskranken 장티푸스 환자의 격리. 2. a) 고립: die großstädtische I. 대도시의 고립: die I. der Kleinfamilie 소가족의 고립; jmdn. aus der I., in die er geraten ist, herausholen 누구가 그가 처해 있는 고립에서 빼어 오다. b) 차단된 상태, 단절. 3. a) 절연, 단열, 방수. b) 절연(단열, 방수) 체. **Isolationismus** [...io'nismus], der, - [engl.-amerik. isolationism] 고립주의. **Isolationist** [...'nɪst], der; -en, -en [engl.-amerik. isolationist] 고립주의자. **isolationistisch** ⟨Adj.⟩ 고립주의(적인). **Isolationsfolter**, die; -n ⟨감정 과장⟩ ↑ ~haft. **Isolationshaft**, die 격리 감금. **isolativ** [...'ti:f] ⟨Adj.⟩ 격리(절연)의. **Isolator** [...'la:tɔr, (또한) ...'to:r], der; -s, -en [...la'to:rən] Frz. isolateur] 1. 절연체: Glas, Porzellan, Hartpapier und bestimmte Kunststoffe sind -en유리, 사기, 경지와 특정한 합성수지는 절연체이다. 2. a) 단열(방음)재: b) 절연제. die -en von Hochspannungsleitungen 고압선의 절연체.
Isollexe [izo'lɛksə], die; -n ↑Isoglosse.
Isolier- [izo'li:ɐ̯]: ~**band**, das ⟨Pl. ...händer⟩ 절연 테이프, ~**baraeke**, die ↑~station. ~**haft**, die ↑Isolationshaft. ~**kanne**, die 보온병. ~**lack**, der 절연 도료. ~**material** 절연(방수, 방음) 재료. ~**matte**, die 방수 매트. ~**schicht**, die 절연층. ~**station**, die 격리 병동: jmdn. auf die I. bringen 누구가를 격리 병동으로 보내다; auf die I. liegen 격리 병동에 누워 있다. ~**stoff**, der 1. 단열재. 2. ↑Isolator (1). ~**zelle**, die (교도소의) 독방.
isolieren [izo'li:rən] ⟨h⟩ [frz. isoler] 1. a) 격리[고립]시키다: Häftlinge(an einer Seuche Erkrankte) i. 죄수 [전염병 환자)를 격리시키다; sie isolierte sich mehr und mehr (von ihrer Umgebung) 그 여자는 점점 더 (주위로부터) 고립되어 갔다; isolierende Sprachen [언어] 고립어; ein kulturell isoliertes Land 문화적으로 고립된 나라; ein isolierter Bauer [장기] 외톨이가 된 졸; isolierte Fälle 독립된 사건; eine isolierte Bildung [언어] 고립형(예컨대: "verschollen"은 "verschallen"의 과거분사였으나 형용사로 되었음); die Kinder sind hier ziemlich isoliert 여기 아이들은 매우 고립되어 있다; etw. isoliert betrachten 무엇을 따로 떼어내어 관찰하다. b) 유리시키다: ein Bakteriengift i. 세균독을 유리시키다. 2. 절연[방수, 방음, 방습]시키다: Zimmerwände i. 방의 벽을 단열하다. **Isolierer**, der, -s, - 절연(방음, 단열, 방습) 공. **Isoliertheit**, die ↑Isolation (2). **Isolierung**, die; -en ↑Isolation (1~3).
Isolinie ['i:zo-], die; -n ⟨전문어⟩ (지도나 기상도상의) 등선. **isomer** [...'me:ɐ̯] ⟨Adj.⟩ [griech. isomerés] 1. [화학] 이성(異性)의. 2. [식물] 동수성의. ⟨1의 명사화⟩ **Isomer** [-], das; -s, -e, **Isomere** [...e:rə], das; -n, -n ⟨대개 Pl.⟩ [화학] 이성질체, 동분이성체. **Isomerie** [...me'ri:-], die 1. [화학] 이성질현상. 2. [식물] (동수성(同數性) 꽃잎의 수효나 구성이 같음). **Isomerisation** [...riza'tsio:n-], **Isomerisierung**, die [화학] 이성질화. **isomesisch** [...'me:zɪʃ] ⟨Adj.⟩ [griech. mésos] [지질] (암석이) 동질의(반대: heteromesisch). **Isometrie**, die [griech. isometría] 1. (특히 지도에서) 등척. 2. [생물] 등생장. **Isometrik**, die 균형 근육 운동. **isometrisch** ⟨Adj.⟩ 동일한 길이를 유지하는: -es Muskeltraining 근육신장 없이 하는 근육 운동. **isometrop** [...me'tro:p] ⟨Adj.⟩ [griech. métron u. ṓps] [의학] (양눈의) 시력이 같은. **Isometropie** [...metro'pi:], die [의학] 동일 시력. **isomorph** [...'mɔrf] ⟨Adj.⟩ [griech. morphḗ] 1. [화학] (특히 결정체의) 모양이 같은. 2. [수학] 구조가 같은(예컨대: unbezähmbar und unverlierbar). **Isomorphie** [...'fi:], die 동 동형. **Isomorphismus** [...'fɪsmus], der [1. 화학] 동형류. 2. [수학] 동형. **Isonomie** [...no'mi:], die [griech. isonomía] ⟨고어⟩ a) 법적 평등. b) (정치적) 평등. **Isopathie** [...pa'ti:], die ⟨Adj.⟩ [의학] 동종 요법. **Isoperimetrisch** [...peri'me:trɪʃ] ⟨Adj.⟩ [griech. isoperímetros] [수학] 같은 둘레의. **Isophone** [...'fo:nə], die; -n [griech. isóphonos] [언어] (언어 지도상의) 동(발)음선. **isopisch** [i'zo:pɪʃ] ⟨Adj.⟩ [griech. ópsis] [지질] 동상(同相)의 (반대: heteropisch). **Isopode** [izo'po:də], der; -n, -n ⟨대개 Pl.⟩ [griech. poús] ↑Assel. **Isopren** [...'pre:n], das; -s [engl. isoprene] 이소프렌. **isorhythmisch** ⟨Adj.⟩ [음악] a) (중세말 작곡에서 음정이나 가사와 상관없는) 동일 율동의. b) (대위법에서 각 음위의) 율동이 같은.
Isoseiste [...'zajstə], die; -n [griech. seistós] [지구물리] 등진도선. **Isoskop** [...'sko:p], das; -s, -e [griech. skopín] [기술] (아이소스코프 텔레비전의 촬영 장치). **isosmotisch** [izɔs'mo:tɪʃ] ⟨Adj.⟩ ↑isotonisch. **Isospin** ['izɔspɪn], der; -s, -s [engl.-amerik. isospin] [핵] 하전 스핀. **Isostasie** [izosta'zi:-], die [griech. isostásios] [물리] 지각 평형. **isotherm** [izo'tɛrm] ⟨Adj.⟩ [frz. isotherme] 등온의: ein -er Vorgang 등온 변화. **Isotherme** [...'tɛr-], die; -n [지]등온선. **Isothermie** [...'tɛr'mi:], die; -n [...i:ən; griech. thérmē] 1. [기상] 등온. 2. [생물] (온혈 동물의) 상온. **Isoton** [...'to:n], das; -s, -e ⟨Pl.⟩ [griech. tónos] [핵] 동중성자핵. **isotonisch** ⟨Adj.⟩ [화학] (용액에서) 등장의, 삼투압이 같은. **isotop** [...'to:p] ⟨Adj.⟩ [핵] 동위원소의. **Isotop** [-], das; -s, -e ⟨대개 Pl.⟩ [engl. isotop] 동위원소, 동위체, 동위핵. **Isotopenbatterie**, die [기술] 원자력 전지.
Isotopen-: ~**diagnostik**, die 동위체(를 이용한)의료 진단(법). ~**therapie**, die 동위체 치료(법). ~**trennung**, die 동위체 분리.

Isotopie [izotoʻpiː], die 동위체 현상. **isotopisch** [...ʻtoːpɪʃ] ⟨Adj.⟩ [지질] (암석이) 동일 공간에 형성된(반대: heterotopisch). **Isotron** [ˈiːzotroːn], das; -s, ...trone [engl.-amerik. isotron] [핵] 동위체 분리기. **isotrop** [izoˈtroːp] ⟨Adj.⟩ [물리·화학] 등방성의: -e Kristalle 등방성 결정체. **Isotropie** [...troˈpiː], die [물리·화학] (특히 결정의) 등방성. **Isotypie** [...tyˈpiː], die [화학] (결정의) 동형. **isozyklisch** [(또한) ...tsyk...], [화학] isocyclisch ⟨Adj.⟩ [화학] 단[동]소환식의: eine -e Verbindung 단소환식 화합.

Ispahan: ↑Isfahan.

Israel [ˈɪsraeːl], (또한) ...ael] (관사 없이) [lat. Isrāēl < griech. Israēl] (구약의) 유태 민족 이스라엘: die Kinder Israel(s) (야곱의 후예로서의) 이스라엘(의) 자손. **Israeli** [ɪsraˈeːli], der; -(s), -(s) / die; -(s) 이스라엘 사람. **israelisch** [ɪsraˈeːliʃ] ⟨Adj.⟩ 이스라엘(국)의. **israelisieren** [...aelˈziːrən] ⟨h⟩ (언어, 풍속 등을) 이스라엘화하다. **Israelit** [...ˈliːt], der; -en, -en [lat. Isrāēlītes < griech. Israēlítēs] 이스라엘 민족. **Israelitin**, die; -nen ↑Israelit의 여성형. **israelitisch** ⟨Adj.⟩ 이스라엘(민족)의.

Iß [ɪs], **ißt** [ɪst] ↑essen 참조.

ist [ɪst] ↑sein 참조.

Ist- (붙임표와 함께): **~Aufkommen**, das 실세액. **~Bestand**, der 실제 재고, 현금액. **~Stärke**, die [군] 실제 병력. **~Wert**, der 실제 발생한(물리적) 가치량.

Istanbul [(또한) ...ˈbuːl] 이스탄불.

Iste [ˈɪstɐ], der; - [lat. iste] (괴테에 있어서) 거기(성기). **Isthmen**: ↑Isthmus의 복수형.

Isthmien [ˈɪstmiən] ⟨Pl.⟩ [lat. Isthmia < griech. Ísthmia] 코린트 지협(에서 포세이돈을 기리기 위한 체육, 예술) 경연 대회. **isthmisch** ⟨Adj.⟩ 지협의: die Isthmischen Spiele ↑Isthmien. **Isthmus** [ˈɪstmʊs], der; -, ...men [lat. isthmus m griech. isthmós] 지협(예컨대: 코린트, 수에즈 지협).

Istrien [ˈɪstriən], -s 이스트리아 반도.

Istwäonen [ɪstveˈoːnən] ⟨Pl.⟩ 이스트베오네족(고대 서게르만의 일족). **istwäonisch** [...niʃ] ⟨Adj.⟩ 이스트베오네족의.

i. t. = intra.

Itaker [ˈiːtakɐ], der; -s, - (통용어, 폄) 이탈리아 놈.

Itakolumit [itakoluˈmiːt, (또한) ...mit], der; -s, -e [브라질의 산 Pico Itacolomi에서] 이탈코루미 사암.

Itala [ˈiːtala], die [lat. Itala.] **a)** 이탈라역 성서(가장 오래된 라틴어 성서 번역 중의 하나). **b)** ↑Vetus Latina의 잘못. **Italler** [ˈiːtallɐ], der; -s, - 고대 이탈리아 주민. **italianisieren** [italjaniˈziːrən] ⟨h⟩ 이탈리아화하다. **Italianismus** [...ˈnɪsmʊs], der; -, ...men [언어] **a)** 이탈리아어화. **b)** 이탈리아어 차용(예컨대: 남 티롤의 독일어 문어에서). **Italianist** [...ˈnɪst], der; -en, -en 이탈리아 어문학자. **italianistisch** ⟨Adj.⟩ 이탈리아어 문학권의. **Italianität** [...niˈtɛːt], die 이탈리아의 민족성(특성). **Italien** [iˈtaːliən], -s 이탈리아. **Italiener** [...ˈliːenɐ] 이탈리아 인(사람); ⟨Pl.⟩ 이탈리아 종(종종 회갈색이나 황금색의 노란 주둥이, 노란 다리, 붉은 벼슬을 하고 알을 잘 낳는 비교적 건강한 닭). **Italienerhuhn**, das; -(e)s, -hühner 이탈리아 종 닭. **italienisch** [...niʃ] ⟨Adj.⟩ **Italienisch**, das; -(s) (정관사와 함께만) **Italienische**, das; -n 이탈리아어 이탈리아 어문학. **italienisieren** [...jeniˈziːrən] ↑italianisieren. **Italienne** [...ˈliɛn], die - [frz. italienne] 로마(라틴)자체(字體)

Italiker [iˈtaːlikɐ], der; -s, ↑Italer. **Italique** [itaˈlɪk], die [frz. italique] 이 자체(字體)를 개발한 베네치아의 인쇄업자 A. Manuzio(1449~1515)의 고향 이름에서] 사체, 이탤릭(체). **italisch** [iˈtaːlɪʃ] ⟨Adj.⟩ ↑Italer. **Italoamerikaner**, der 이탈리아계 미국인. **Italo-Western** [ˈiːtalo-], der; -(s), - 이탈리아 서부극.

Itazismus [itaˈtsɪsmʊs], der; - 오늘날 고대 그리스어 e음의 i 장음화(반대: Etazismus).

item [ˈiːtəm] ⟨Adv.⟩ [lat. item] (준고어) 요컨대, 말하자면, 각설하고(약어: it.): ⟨명사화⟩ **Item** [-], das; -s, -s 1. (준고어) 다음 항목(문제). 2. [(또한) ˈaɪtəm; engl. item, ↑item] (전문어) **a)** 항목, 세목. **b)** (문제의) 항목.

ite, missa est [ˈiːtə ˈmɪsa ˈɛst; lat. ite, missa est] "미사는 끝났다"라는 가톨릭 미사의 마지막 말(원래는 성찬식 전 교리문답을 끝내면서).

Iteration [iteraˈtsioːn], die; -en [lat. iterātio] 1. **a)** [언어] (음절, 단어의) 반복(예컨대: soso). **b)** [수사·문체] 반복법. 2. [수학] 반복(과정)법. 3. [심리] (언어, 동작의) 반복. **iterativ** [...ˈtiːf] ⟨Adj.⟩ [lat. iterātīvus] 1. 반복적인: -e Aktionsart [언어] 반복 동작태(예컨대: stichlen = immer wieder stechen). 2. [언어] 반복법의.

Iterativ [-], das; -s, -e [...iːvə], **Iterativbildung**, die; -en. **Iterativum** [...ˈtiːvʊm], das; -s, ...va [lat. verbum iterātīvum] [언어] 반복(동작) 동사.

iterieren [...ˈriːrən] [lat. iterāre] ⟨h⟩ 1. (수사·문체) (단어나 어구를) 반복하다. 2. (수학) 반복 과정을 밟다, 되풀이하다.

Ithyphallicus [ityˈfalikʊs], der; -, ...ci [...tsiː; lat. Ithyphallicus < griech. ithyphallikós] = 축제 행렬의 선두에 실려가는 Priapos의 발기된 성기, 이때 이 운율의 노래를 불렀음] 디오니소스 제사에서 나온 3각 억양격 고대 시행. **ithyphallisch** [...ˈfaliʃ] ⟨Adj.⟩ [미술] (고대 신상에서 생식력의 상징으로) 발기된 성기의.

Itaka [ˈiːtaka], -s (그리스의) 이타카 섬.

Itinerar [itineˈraːɐ], das; -s, -e. **Itinerarium** [itineˈraːrɪʊm], das; -s, ...ien [...jən; lat. itinerārium] **a)** 로마 황제 시대의 도로망 지도. **b)** (전문어) 가이드 북, 여행 안내.

Itohkippe [ˈiːto-], die; -n [체조] 누워 팔굽혀펴기 차오르기.

i. Tr. = in der Trockenmasse.

I-Tüpfelchen, das; -s, - 완결점: er hatte alles bis aufs I. vorbereitet. 그는 모든 것을 완전무결하게 준비했다.

I-Tüpferl [...typfʊl], das; -s, -n (österr.) ↑I-Tüpfelchen.

I-Tüpferl-Reiter der (österr.·통용어) 꼼꼼한 사람.

Itzig [ˈɪtsɪç], der; -s, -e (통용어·폄) 유태인.

itzo [ˈɪtso], **itzt** [ɪtst], **itzund** [ˈɪtsʊnt] ⟨Adv.⟩ (고어) ↑jetzt.

i. v. = intravenös.

IV (schweiz.) Invalidenversicherung.

i. v., I. V. = in Vertretung; in Vollmacht.

Iwan [ˈiːva(ː)n], der; -s, -s (농) 이반, 러시아 사람: er kenne den I. 그는 러시아 사람들을 잘 알고 있다.

Iwrit(h) [ˈɪvriːt], das; -(s) [hebr. ˈivrit] 신 헤브라이어.

ixothym [ɪksoˈtyːm] ⟨Adj.⟩ [griech. ixós u. thymós] [심리] 완강한, 끈질긴, 완고한. **Ixothymie** [...tyˈmiː], die 완강한(끈질긴) 성격.

J

j, J [jɔt, (österr.) je:, ↑a, A], das; -, - [그리스어의 ↑ ¹Jota에서; 후기 중고독일어에서, 특히 두음에서 유성음의 구개 마찰음이 모음 I에서 갈라져 나옴]: ein kleines j [ein großes J] schreiben 소문자 j[대문자 J]를 쓰다.

J = Jod; Joule.

ja [ja:] ⟨Adv.⟩ **1. a)** 예, 응, 그래, 그렇습니다(긍정의 대답)(반대: nein): „Kommst du?" – „Ja" 올거냐? – 그래; „Habt ihr schon gegessen?" – „Ja" 너희들 벌써 식사했나? – 응; **ja zu etwas sagen** 무엇에 동의하다: zu allen Plänen sagt er ja, aber ob sie er nachher durchführen kann, ist noch sehr die Frage 모든 계획에 대해 그는 동의하지만 그가 이를 나중에 수행할 수 있을지는 아직 정말 의문이다. **b)** ⟨상황부사와 결합하여 (기쁨의) 강조를 표현⟩ 그럼: ja gewiß, ja natürlich, ja sicher, ja gern 그럼 (물론, 아무렴) 그렇고 말고; o ja! 아 그럼!; aber ja doch! 그렇다니까! **2.** ⟨강조⟩ ⟨긍정적인 대답을 기대하는 질문 뒤에 놓여⟩ 그렇지?: du bleibst doch noch ein bißchen, ja? 넌 좀 더 있을거지, 그렇지? **3.** ⟨비강조⟩ **a)** ⟨서술어에서 개괄적인 확인을 표현, 이미 알려진 사실을 지적하거나 아직 분명하지 않은 사건이나 보편적인 것의 해명에 쓰여⟩ (doch, bekanntlich, immerhin): ich komme ja schon 내가 간다니까; das habe ich ja gewußt 그건 내가 알고 있었지; du kennst ihn ja 넌 그를 알고 있잖아; der hat's ja ⟨경⟩ 그 친구야 넉넉하잖아. **b)** ⟨서술문이나 감탄조의 문장에서 어떤 사실에 대한 놀라움의 표현이나 반어적으로⟩ (wirklich, tatsächlich): er hat das Spiel ja verloren 그는 그 경기에 졌지 뭐야; es schneit ja 눈이 오잖아; das kann ja heiter werden ⟨통용어·반어⟩ 그거 재미있겠는데; das ist (mir) ja eine schöne Bescherung ⟨통용어·반어⟩ 저런 낭패라! **c)** ⟨제한적으로 대개 aber와 함께⟩ (zwar): ich möchte ja, aber ich kann nicht 하고 싶지만 할 수는 없어; er mag ja recht haben 그가 옳을지도 모르지. **4.** ⟨요구문에서 절실한 경고의 표현⟩ (unbedingt, ganz bestimmt, auf jeden [keinen] Fall): laßt das ja sein! 냅둬둬!; sage ja nichts meinem Vater! 우리 아버지한테는 아무말도 하지마!; zieh dich ja warm an! 따뜻하게 입으렴! **5.** ⟨비강조⟩ ⟨문장이나 문장부분을 고양시켜 배열할 때⟩ 뿐만 아니라, 더 나아가: ich schätze (ihn), ja verehre ihn 나는 그를 평가할 뿐만 아니라 존경까지 한다. **6.** ⟨강조 또는 비강조⟩ **a)** ⟨앞의 진술이나 생각과 연관시켜⟩ 그래, 정말이지: ja, das waren noch Zeiten! 그래, 그때야말로 좋은 시절이었어!; ja, das wird kaum möglich sein ⟨안되겠지만⟩ 그건 거의 불가능할거야. **b)** ⟨앞 질문의 정당함을 확인할 때⟩ wozu lebe ich? ja, wozu lebe ich? 내가 왜 살지? 그래 내가 왜 살지? **7.** ⟨혼자 쓰일 때⟩ ⟨통용어⟩ **a)** ⟨전화 받을 때 이름을 대는 대신⟩ ja? 예? ⟨누구세요?⟩; ja. 예⟨알았어요⟩. **b)** ⟨의심이나 의문을 표시할 때⟩ ja? 예?⟨뭐라고요?⟩ ⟨명사화⟩ **Ja** [~], das; -(s), -(s) 긍정, 응낙, 찬성, 승낙: ein einfaches Ja 간단한 긍정; mit Ja oder (mit) Nein stimmen 찬반으로 투표하다.

ja-, Ja-: **~entscheid**, der 찬성 결정. **~ja**⟨Adv.⟩ ⟨통용어⟩ **a)** ⟨한숨의 표현에서 별 의미없는, 유감스러운 내용의 말을 이끌어⟩ 그래 그래: Jaja, es ist eben alles nicht mehr das 그래 그래, 모든게 이제는 그전과는 달라. **b)** ⟨귀찮은 질문이나 요구에 대한 응답으로⟩ jaja, ich bin ja schon fertig 그래 그래, 이제 다 됐다니까. **~sager**, der ⟨폄⟩ ⟨상관이나 강자에게⟩ 예예하는 사람, 아첨꾼: ein Volk von -n 순종하는 국민. **~stimme**, die 찬(성)표: es gab 99.9% - n 99.9%의 찬표가 있었다. **~wohl** ⟨Adv.⟩ ⟨강세⟩ 예: Verstanden? – J., Herr Leutnant 알았나? – 예, 소위님; das gilt für alle, j. für alle 그것은 모든 사람에게 해당 돼, 그래 모든 사람에게. **~woll** [ja'vɔl] ⟨통용어, 농담조로도 군대식 어조를 흉내내어⟩ ↑~wohl. **~wort**, das ⟨특히 신부의⟩ 결혼⟨승낙⟩: sie gaben sich ihr J. 그들은 그들의 결혼에 동의했다.

Jab [dʒæb], der; -s, -s [engl. jab] ⟨권투⟩ 잽.

Jabo = Jagdbomber.

Jabot [ʒa'bo:], das; -s, -s [frz. jabot] 자보(여성 블라우스나 남성 셔츠의 앞부분을 덮는 주름 장식).

jach [jax] ⟨Adj.⟩ ⟨아어·준고어⟩ ↑jäh: ein -er Wind 돌풍, 갑작스런 바람.

Jacht ⟨또한⟩ Yacht [jaxt] die; -en 요트, 쾌속정: eine schnittige J. 날씬한 쾌속정. **jachtern** ['jaxtɐn] ⟨s⟩ 설치다, 발광하다. **Jachtklub**, der; -s, -s 요트 클럽.

Jäckchen ['jɛkçən], das; -s, - ↑Jacke. **Jacke** ['jakə], die; -n ⟨축소형⟩: ↑Jäckchen 저고리, 상의: eine leichte J. 가벼운 상의; **eine alte J.** ⟨통용어⟩ 케케묵은 얘기(ein alter Hut); **eine warme J.** ⟨통용어, berlin.⟩ 꼬냑; **das ist J. wie Hose** ⟨통용어⟩ 그게 그거야, 초록은 동색이야; **die J. voll kriegen** ⟨통용어⟩ 죽도록 두들겨 맞다(↑Hucke 1); **jmdm. die J. voll hauen** ⟨통용어⟩ 두들겨 패다; **jmdm. die J. voll lügen** ⟨통용어⟩ 누구에게 새빨간 거짓말을 하다(↑Hucke 1); **sich³ die J. voll saufen**⟨die J. begießen⟩ ⟨경⟩ 술 취하다; **aus der J. gehen** ⟨통용어⟩ 몹시 흥분하다.

Jäckel ['jɛk], der; -s, - [Jakob의 애칭] ⟨통용어·폄·조롱⟩ 바보, 어리석은 사람.

Jacken-: **~ärmel**, der 저고리 소매. **~fett**, das ⟨다음 용법으로⟩ **J. kriegen** ⟨통용어⟩ 매 맞다. **~kleid**, das 투피스. **~kragen**, der 상의의 ⟨웃⟩깃: mit hochgestelltem J. 상의의 옷깃을 세우고. **~schoß**, der 긴 상의의 잘룩한 허리 아래 부분. **~tasche**, die 상의 주머니.

Jacketkrone ['dʒɛkɪt-], die; -n [engl. jacket crown] ⟨치과⟩ 의치관. **Jackett** [ʒa'kɛt], das; -s, -s, ⟨드물게⟩ -e [frz. jaquette] (신사복의) 웃옷: **einen unter das J. brausen** ⟨경⟩ 한 잔 마시다. **Jackettasche**, die ↑Jackentasche.

Jackpot ['dʒɛkpɔt], der; -s, -s [engl. jackpot] **1.** [카드] (포커에서) 공동으로 거는 돈. **2.** [복권] 일등 당첨금 없이 계속 누적된 당첨금.

Jackstag ['dʒɛk-ʃtaːk], das; -(e)s, -e(n) [engl. jackstay] [선원] 잭 스테이.

Jacon(n)et, Jakonett [ʒakɔnɛt, ⟨또한⟩ – –'–], der; -(s), -s [engl. jaconet 이 옷감이 처음 생산된 인도의 도시 Jagannath에서] 자커넷(무명이나 스프로 된 가볍고 부드러운 안감).

Jacquard [ʒaˈkaːr], der; -(s), -s 프랑스 견직공 J. M. Jacquard(1752~1834)의 이름에서 자카르(기로 짠) 직물.
Jacquard-: **~gewebe,** das 자카르직. **~karte,** die 자카르 문직 카드. **~maschine,** die 자카르기. **~pullover,** der 자카르 풀오버.
jade [ˈjaːdə] ⟨Adj.; 격변화 없음⟩ 비취색의: ihr Kleid war j. 그 여자의 옷은 비취색이었다. **Jade** [-], der; -(s), ⟨또한⟩ die; - [frz. jade] 비취. **jadegrün** ⟨Adj.⟩ ↑ jade.
Jade [ˈjaːdə], die 야데 강(독일 북해 지류). **Jadebusen,** der ⟨Pl. 없음⟩ 야데 만(灣)(북해의).
Jadeit [ˈiːt, ⟨또한⟩ ...eˈɪt], der; -s, -e 경옥. **jaden** [ˈjaːdn̩] ⟨Adj.⟩ 비취로 된: eine jad(e)ne Schale 비취 수반.
j'adoube [ʒaˈdub; frz. = ich stelle zurecht] [장기] 자두브(다음 수를 두기 위해서가 아니라 장기알을 제자리에 바로 놓으려고 만졌을 때의 표현].
Jaffaapfelsine [ˈjafa-], die; -n 야파 오렌지(중동산).
Jagd [jaːkt], die; -en **1. a)** 사냥, 수렵: auf ein Wild J. machen 짐승 사냥을 하다; auf die J. gehen 사냥하러 가다; [전의] die Wölfe gehen meist nachts auf (die) J. 늑대는 대개 밤에 먹이사냥을 한다: die hohe Jagd [사냥] 1) 사슴, 야생염소, 야생양, 영양, 산돼지, 대뇌조나곰, 늑대, 스라소니의 사냥. 2) (본래 제후, 귀족에게만 허용된)고급 사냥감; die niedere Jagd [사냥] 노루, 토끼, 여우, 오소리, 작은 육식 동물, (대뇌조를 제외한) 조류, м다표범 등의 사냥. **b)** 사냥회, 수렵회: eine J. eröffnen 수렵회를 개막하다; J. frei! [사냥] 사냥 시작!; jmdn. zur J. einladen 누구를 수렵회에 초대하다. **2.** 사냥꾼떼, 수렵단: die J. bricht auf 수렵단은 출발한다; [전의] die fremde J. hing am Himmel 적군의 추격기가 하늘에 떠 있었다; **die Wilde J.** [신화] 보탄의 기마대. **3.** 추격, 사냥터: eine J. pachten 사냥터를 임대하다. **4.** 추격, 추적, 추구: die J. auf einen Verbrecher 범죄자 추적; [전의] die J. nach Glück [Geld] 행복[돈]의 추구.
jagd-, Jagd-: **~anzug,** der 사냥[수렵]복. **~aufseher,** der 수렵 감독관. **~berechtigt** ⟨Adj.⟩ 수렵권이 있는. **~berechtigung,** die 수렵권. **~beute,** der 사냥감, 수렵물. **~bezirk,** der [관] 수렵 지역: gemeinschaftliche -e 공동 수렵 지역. **~bomber,** der [군] 전투 폭격기(略: Jabo) **~eifer,** der 사냥열. **~erlaubnis,** die 수렵 면허. **~falke,** der 사냥매. **~fieber,** das 사냥 열병. **~flieger,** der 추격기 조종사. **~flinte,** die 엽총. **~flugzeug,** das [군] 추격기. ↑ Wildfolge. **~frevel,** der 수렵법 위반, 밀렵. **~frevler,** der 수렵법 위반자, 밀렵자. **~gast,** der 사냥회 손님. **~gebiet,** der 수렵 지역. **~gehege,** das ↑ Wildgehege. **~genossenschaft,** die 수렵 조합. **~gerecht** ⟨Adj.⟩ 사냥(이나 그 관습)에 알맞은. **~gerechtigkeit, ~gerechtsame,** die 수렵권. **~geschwader,** das [군] (몇 개 중대로 구성된) 추격기 편대. **~gesellschaft,** die 수렵회 일행. **~gesetz,** die 수렵법. **~gewehr,** das 사냥총, 엽총. **~glück,** das 사냥운(반대: ~pech). **~grenze,** die 수렵구의 경계. **~grund,** der (대개 Pl.) 사냥터, 수렵장: **in die ewigen Jagdgründe eingehen** ⟨농·통용어⟩ [북미인디언의 신화에서 저 세상을 Happy Hunting Grounds = 행복한 사냥터로 생각한 데에서] 골로 가다. 죽다; **jmdn. in die ewigen Jagdgründe schicken**(befördern) ⟨통용어·위협⟩ 누구를 저 세상으로 보내다, 죽이다. **~haus,** das 사냥 막사. **~herr,** der 수렵장주인[임차인]. **~horn,** das (Pl. -hörner) 사냥 호각. **~hund,** der 사냥개, 엽견[돈]의 개: die -e waren hinter ihm her 사냥개들[경찰·형사들이] 그의 뒤를 따라오고 있었다; ein scharfer J. 날카로운 사냥개(엄격한 상

관). **~hütte,** die 사냥 오두막. **~karte,** die ↑ ~schein. **~kleidung,** die ↑ ~anzug. **~kollektiv,** das 《구동독》 수렵인 집체(集體). **~kunde,** die 수렵학. **~kundig** ⟨Adj.⟩ 수렵(법)에 능통한. **~kundlich** ⟨Adj.⟩ 수렵학에 관한. **~leidenschaft,** die: die J. hatte ihn gepackt 사냥욕이 그를 사로잡았다. **~leopard,** der ↑ Gepard. **~lied,** das 사냥 노래. **~lust,** die ↑ ~leidenschaft. **~messer,** das 사냥칼. **~musik,** die 사냥 음악. **~netz,** das 사냥 그물. **~pächter,** der 수렵(지) 임차인. **~panzer,** der [군] 대전차용 전차. **~pech,** das 사냥의 불운(반대: ~glück). **~prüfung,** die ↑Jägerprüfung. **~recht,** das **1.** 수렵법. **2.** 수렵권. **~rechtlich** ⟨Adj.⟩ 수렵법상의. **~rennen,** die 장애물 경마. **~revier,** das 사냥구역: [전의] dort ist sein J. 그 곳이 그의 사냥터이다 (= 손님을 끄는 곳)이다. **~schaden,** der [법] 사냥(에 의한) 손해. **~schein,** der 사냥(면허)증: einen [den] J. haben ⟨통용어⟩[사냥증 소유자가 자기 구역에서 마음대로 할 수 있는 데에서] 금치산 선고를 받다. **~schloß,** das (제후의) 수렵용 별저. **~schutz,** der **1.** 엽수 보호. **2.** [군] 추격기(에 의한) 엄호. **~signal,** das 사냥 신호. **~springen,** das [승마] 장애 비월. **~staffel,** die [군] 추격기 편대. **~stock,** der (막대기에 판이 달린) 사냥용 접의자. **~stück,** das **a)** [회화] 사냥 그림, 수렵도. **b)** 사냥 음악. **~stuhl,** der ↑ ~stock. **~szene,** die [회화] 수렵도, 사냥도. **~trophäe,** die (뿔, 가죽 등의) 사냥 전승물. **~verband,** der **1.** [군] 추격기 편대. **2.** 수렵가 협회. **~verbot,** das 사냥 금지. **~vergehen,** das 수렵법 위반. **~vergnügen,** das 사냥의 즐거움. **~waffe,** die 사냥 무기. **~wagen,** der 수렵(용) 차량. **~wesen,** das 수렵(에 관한 모든 것). **~wilderei,** die 밀렵. **~wurst,** die 사냥꾼 소시지(겨자와 후추로 맛을 내어 뜨겁게 훈제하여 삶은 소시지). **~zauber,** der [신화] 사냥(을 비는) 주술. **~zeit,** die 수렵기(반대: Schonzeit). **~zeug,** das 사냥 도구, 수렵 용구. **~zimmer,** das 사냥(전승물로 꾸미거나 사냥 무기를 간수하는) 방. **~zug,** der ⟨군고어⟩ 사냥, 출렵.
jagdbar [ˈjaːktbaːɐ] ⟨Adj.⟩ 사냥할 수 있는, 사냥 가능한. **Jagdbarkeit,** die 수렵 적합성. **jagdlich** ⟨Adj.⟩ 사냥의: ein j. geschütztes Tier 사냥 보호 동물. **jagen** [ˈjaːɡn̩] **1.** ⟨h⟩ **a)** (엽수를) 쫓다, 사냥하다: er hat in Afrika Löwen gejagt 그는 아프리카에서 사자 사냥을 했다; [사냥] auf Hirsch j. 사슴 사냥을 하다. **b)** 사냥하러 가다, 수렵하다: [전의] (in den Bergen) j. gehen (산으로) 사냥 나가다. **2.** ⟨h⟩ (누구를) 쫓다, 추적하다: einen Flüchtling 도망자를 뒤쫓다; [전의] von Todesfurcht gejagt 죽음의 공포에 쫓기어; ein gejagter Mensch 쫓기듯한 사람; ein Gedanke jagt den anderen 생각이 꼬리를 물다; **jmdn. mit etw. jagen können** ⟨통용어⟩ 무엇으로 누구를 내몰다 = 누구의 혐오감을 불러 일으키다: damit kannst du mich j.! 그건 날 쫓으려는거나 마찬가지야! **3.** ⟨h⟩ **a)** (일정 방향으로) 몰다: Tiere in den Stall j. 동물을 우리로 몰다; [전의] (축구 은어) den Ball in die linke Ecke j. 공을 왼쪽 구석으로 몰다. **b)** (다른 데로) 내쫓다, 몰아내다: die Feinde aus dem Land j. 적을 나라 밖으로 몰아내다. **4.** ⟨h⟩ ⟨통용어⟩ 꽂아대다, 쑤셔박다: der Arzt hat ihm eine Spritze in den Arm gejagt 의사는 주사 바늘을 그의 팔뚝에 쑤셔 박았다. **5.** ⟨s⟩ 쫓기듯 움직이다, 서두르다: sie sind im Laufschritt zum Bahnhof gejagt 그들은 잰 걸음으로 역으로 갔다. **6.** ⟨h⟩ 열심히 뒤쫓다, 추구하다: nach Ruhm 명성을 쫓다. **Jagen** [-], das; -s, - [임업] 임도로 구획된 최소 경제 단위의)산림구. **Jäger** [ˈjɛːɡɐ], der; -s, - **1.** 사냥꾼, 수렵인: ein passionierter J. 정열적인 사냥꾼. **2.** [군] **a)** (Pl.) 저격대. **b)** 저격병. **c)** [군] 추격기.

jäger-, Jäger-: ~**art**, die 사냥꾼식. ~**ball**, der 《Pl. 없음》《구기》피구. ~**bataillon**, das 저격대대. ~**grün** 〈Adj.〉사냥복처럼 초록의. ~**haus**, das Jagdhaus. ~**hut**, der 사냥꾼(이 쓰는 것 같은) 모자. ~**kultur**, die 〈선사 시대의〉수렵 문화. ~**latein**, das (사냥꾼의) 허풍. ~**lied**, das 사냥꾼 노래. ~**meister**, der 〈고어〉**1.** 수렵관직. **2.** 수렵관. ~**prüfung**, die 수렵(면허) 시험. ~**recht**, das 수렵(물) 품의) 노획권. ~**rock**, der (녹색의) 사냥복 상의. ~**satellit**, der ↑ Killersatellit. ~**schnitzel**, das 《요리》사냥꾼 슈니첼(빵가루를 묻히지 않은 채 양념소스와 버섯을 곁들여 만든 송아지나 돼지 커틀릿). ~**sprache**, die 사냥 전문(특수) 어. ~**stamm**, der 사냥족. ~**zaun**, der 십자나무 울타리.

Jagerei [ja:gəˈraɪ], die; -en 《폄》사냥질, 쫓기, 쫓김. **Jägerei** [jɛːgəˈraɪ], die **1.** 사냥, 수렵. **2.** ↑Jagdwesen. **3.** ↑Jägerschaft. **jägerhaft** [ˈjɛːgɐhaft]〈Adj.〉사냥꾼다운, 사냥꾼 식의. **Jägerin** [ˈjɛːgərɪn], die; -nen ↑Jäger의 여성형. **jägerisch**〈Adj.〉사냥꾼식의. **jägerlich**〈Adj.〉사냥꾼식의. **Jägerschaft**, die; - 사냥꾼(원). **Jägersmann**, der 《Pl. ...leute》《통용어·준고어》사냥인. **Jaghund** [ˈjaːk-], der《schweiz.》↑Jagdhund.

Jaguar [ˈjaːguaːɐ̯], der; -s, -e [port. jaguar] 재규어.

jäh [jɛː]〈Adj.〉〈아어〉**1.** 돌연한, 불의의, 급작스러운: ein -er Entschluß 결단; ein -er Windstoß 돌풍; das wurde uns alles j. bewußt 우리에게 모든 것이 문득 분명해졌다. **2.** 가파른: ein -er Abgrund 가파른 절벽; dort ging es j. in die Tiefe 거기서 갑자기 깊어졌다. **Jähe** [ˈjɛːə], die〈고어〉**1.** 갑작스러움. **2.** 가파름. **Jäheit** [ˈjɛːhaɪt], die ↑Jähe. **jählings** [ˈjɛːlɪŋs]〈Adv.〉**1.** 갑작스럽게, 돌발적으로: er sprang j. auf 그는 벌떡 일어났다. **2.** 가파르게.

Jahr [jaːɐ̯], das; -(e)s, -e 〈농담조 축소형》 ↑Jährchen) **1.** 해, 년: ein halbes J. 반 년; das alte und das neue J. 지난 해와 새해; das vorige(nächste) J. 전(후)년; das J. 1977 1977년; das J. der Frau 여성의 해; ein ereignisreiches J. 다사다난한 해; soziales J. (고교나 자선 단체에서 17~25세의 자원 봉사자들이 6~12개월 동안 하는) 사회 봉사의 해; die -e vergingen wie im Flug 세월이 유수같이 흘렀다; -e sind seitdem vergangen 그 후 몇 해가 지나갔다; jmdm. ein gutes neues J. wünschen 누구에게 좋은 새해를 바라다; -e zuvor 그전 몇 해; sie fahren jedes[zweite] J. in den Süden 그들은 매 해[격년으로] 남쪽으로 여행한다; ein J. lang 일 년 동안; das ganze J. hindurch 일 년 내내; J. für[um] J. 매 해; im April vorigen -es 지난해 4월에; im Laufe der -e 해가 지남에 따라; das Buch des -es 올해의 책; in hundert -en 백년(후)에; einmal im J. 일년에 한번; in den 20er -en 20년 대에; mit den -en 세월과 더불어; nach einem J. 《통용어》 übers J.》 일년 뒤; seit -en 수년 이래; von J. zu J. 해마다(점점 더); zwischen den -en 《지역적》세밑, 세모(성탄절과 신년 또는 공현절 사이); ohne J. 〔출판〕발행 연도 없음(약어: o. J.); **die sieben fetten [mageren] -e** 〔구약에서 파라오의 꿈 해몽에 따라〕좋은 [나쁜] 시절; **schon viele -e [eine bestimmte Zahl von -en] auf dem Buckel haben** 《통용어》 나잇살이나 먹었다, 연로하다, 언제나 늘. **2.** 나이, 연령, 시절: ein verlorenes J. 잃어버린 시절; die sorglosen -e der Jugend 근심없는 청소년기; er ist neunzig -e (alt) 그는 90세이다; seine -e spüren 자기 나이를 느끼다; der Beamte hat seine -e voll 그 관리는 근무 연한이 다 찼다; jung an -en 연소한; ein Spielplatz für Kinder bis 〔über〕 acht -e 8세 이하[이상] 어린이를 위한 놀이터; etw. schon in jungen -en gelernt haben 무엇을 이미 어릴적에 배웠다; in reiferen -en 원숙기에; mit den -en 나이와 더불어; er ist um -e gealtert 그는 폭삭 (눈에 띄게) 나이가 들어버렸다; **bei -en sein** 《아어》 연만하다; **in die -e kommen** 《은폐》 연로하다; **in den besten -en sein** 한창 나이에.

jahr-, Jahr- (↑jahres-, Jahres-도 참조): ~**aus** 〈Adv.〉《성구로서만》 jahraus, jahrein 세년세년, 해마다 똑같이. ≈**buch**, das 연감, 연보: ein statistisches J. 통계 연감. ≈**ein**: ↑~aus. ≈**fünft**, das 5년. ≈**gang**, der **a)** 연배, 연도생: der J. 1990 1990년생; die reiferen Jahrgänge 《은폐》노년배; der weißen Jahrgänge 병역 소집되지 않는 연배; er ist mein J. 그는 나와 동년배이다. **b)** (일정) 연도산(포도주): der 76er Wein soll ein guter J. werden 76년도산 포도주는 양주가 될 것이다. **c)** (신문, 잡지의) 연도별, 연도형[산]: von dieser Zeitschrift sind noch einige Jahrgänge lieferbar 이 잡지는 아직 몇해 분이 구입 가능하다; ein Modell J. 1950 1950년도형. ≈**gänger**, der 《südd., schweiz., westösterr.》동년배, 동갑, 또래, 동기: die J. 1930 machen einen Ausflug 1930년도기가 소풍을 간다. ≈**gängerausflug**, der 《südd., schweiz., westösterr.》동기 소풍. ≈**gängerin**, die 《südd., schweiz., westösterr.》 ↑-gänger의 여성형. ≈**gängerverein**, der 《südd., schweiz., westösterr.》 동기회. ≈**gangsmappe**, die (잡지의) 연도철. ≈**gedächtnis**, das (가) 연례 추도제. ~**hundert**, das 백년, 세기(약어: Jh.): im 19.Jh. 19세기; durch die -e 수세기에 걸쳐. ≈**hundertealt** 〈Adj.〉몇 백년 묵은: **≈hundertelang** 〈Adj.〉몇 백년(세기) 동안의: -es Bemühen. 수백년 동안의 노력. ~**hundertfeier**, die 백(이백, 삼백)년제. ~**hunderthälfte**, die 반세기. ~**hundertmitte**, die 세기 중간(반). ~**hundertwein**, der 세기의 (동안 특히 품질이 뛰어난) 포도주. ~**hundertwende**, die 세기 전환(기): um die J. 세기 전환 무렵에. ≈**markt**, der 연시, 대목장(1년에 1회내지 수회 서는): auf dem Platz war ein J. aufgebaut 광장에 대목장(연시)이 섰다; auf den J. gehen 연시에 가다 〔전의〕 das ist ja ein fürchterlicher J. 그것은 정말 난장판이다. ≈**marktsbude**, die 연시(대목장) 점포. ≈**marktsbühne**, die 연시(대목장) 가설 무대. ≈**marktsschreier**, der 연시(대목장)의 호객 상인. ≈**marktstreiben**, das 연시(대목장)에서와 같은) 법석. ~**millionen**《Pl.》수백만 년: in J. 수백만 년 후에. ≈**ring**, der ↑Jahresring. ≈**ringbildung**, die ↑Jahresringbildung. ≈**ringchronologie**, die ↑Jahresringchronologie. ≈**ringforschung**, die ↑Jahresringforschung. ≈**schießet**, das《schweiz.》연례 사격제. ≈**tag**, der ↑Jahrestag. ~**tausend**, das 천년, 10세기. ~**tausendealt** 수천 년 묵은. ≈**tausendelang** 수천년 동안. ~**tausendfeier**, die 천년제. ~**tausendwende**, de, die 천년 전환기. ≈**weiser**, der 《아어》달력. ≈**zahl**, die ↑Jahreszahl. ≈**zehnt**, das 십년: -e dauerte -e, bjs... ...때까지는 수십 년이 걸렸다; in den ersten -en dieses Jahrhunderts 이 세기의 첫 수십 년 동안에. ~**zehntelang** 〈Adj.〉 수십년 동안: -e Übung 수십 년 동안의 연습. ≈**zeit**, die 《schweiz.·준고어》진혼 미사. ≈**zeitamt**, das 《schweiz.》 ↑~zeit. ≈**zeitbuch**, das 《schweiz.》진혼 미사 명부. ≈**zeitmesse**, die 《schweiz.》 ↑~zeit.

Jährchen [ˈjɛːɐ̯çən], das; -s, - ↑Jahr의 농담조 축소형. **jahrelang**〈Adj.〉수년 동안의, 몇해 동안의: -e Unterdrückung 수년간의 억압; er hat sich j. bemüht 그는 수년 동안 애썼다. **jähren** [ˈjɛːrən], sich 〈h〉 일년이

되다, 해를 거듭하다: der Tag seines Todes jährt sich zum fünften Male 그가 죽은 날이 다섯 해가 되어간다. **jahres-, Jahres-** (↑jahr-, Jahr-도 참조): **~ablauf,** der 일년의 경과: im J. 일년이 지나는 동안. **~abonnement,** das 일년분 예약. **~abrechnung,** die 연말 청산. **~abschluß, der** 〖경제·상〗연말 결산. **~anfang,** der 연초, 새해 학년 논문. **~auflage,** die 〖구동독〗연간 달성량. **~ausgleich,** der 〖세무〗연말 정산: den J. beantragen 연말 정산을 신청하다. **~ausklang,** der 〖아어〗송년: der Sender bringt ein Konzert zum J. 방송사에서 송년 연주회를 보낸다. **~ausstellung,** die 연례 전시회. **~ausstoß,** der 〖경제〗연중 산출고. **~beginn,** der 연시, 연초. **~beitrag,** der 연회비. **~bericht,** der ↑Geschäftsbericht. **~besammlung,** die 《schweiz.》연차 회의. **~bestleistung,** die 연중 최고 기록. **~bestzeit,** die 연중 최고 기록시간. **~bezüge** (Pl.) **a)** 〔자유 소득 등의〕연간 수입. **b)** ↑**~einkommen. ~bilanz,** die 〖경제·상〗연도 대차대조표. **~bot(t),** das《schweiz.》연례 회의. **~durchschnitt,** der 연평균. **~einkommen,** das 연간 소득[수입]. **~einkünfte, ~einnahmen** 〈Pl.〉 ↑**~einkommen. ~ende,** das 연말, 연도말. **~ernte,** die 연간 수확. **~ertrag,** der **a)** ↑**~ernte. b)** 연간 수확 소득. **~etat,** der 연간 예산. **~feier,** die 연례 축제〔기념식〕. **~freikarte,** die 연중 무료승차권 〔Art. 없이 특정의 전치사와 결합하여〕(Pl. 없음) 일년 기한: in J. 일년 기한 안에; vor J. 일년 기한 전에; nach J. 일년 기한 후에. **~gebühr,** die 연간 요금. **~gedächtnis,** das ↑Jahrgedächtnis. **~gehalt,** das 연봉, 연간 급여. **~hälfte,** die 반년. **~hauptversammlung,** die 〖경제〗(주식 회사나 합자 회사의) 연차 총회. **~kapazität,** die 〖경제〗연간 생산 능력. **~karte,** die 일년 정기권. **~klasse,** die 동년배(급). **~kongreß,** der ↑**~tagung. ~lauf** 〔다음 용법으로〕 **im J.** 일년 동안에. **~lohn,** der 연간 임금. **~miete,** die 연간 임대료. **~mittel,** das ↑**~durchschnitt. ~pensum,** das 연간 학습〔작업〕량. **~plan,** der 연간 계획. **~produktion,** die 연간 생산. **~prüfung,** die 연차 시험. **~rate,** die 연부, 연불. **~rente,** die 연금. **~ring,** der 〈대개 Pl.〉 〖식물〗 나이테, 연륜. **~ringbildung,** die 〖식물〗 나이테 형성. **~ringchronologie,** die 〖식물〗 나이테 측정. **~ringforschung,** die 〖식물〗 ↑Dendrochronologie. **~rückblick,** der 연말 회고. **~schluß,** der 연(도)말. **~schlußandacht,** die 〔↑〕 송년 예배. **~schlußbilanz,** die 〖경제·상〗연말 결산. **~schrift,** die 〖경제〗〖구동독〗연간 책임량. **~soll,** das 〖구동독 경제〗연간 책임량. **~spitze,** die 연중 최고(가격, 량 등). **~tag,** der (연례) 기념일. **~tagung,** die 연례 회의. **~temperatur,** die 연간 온도: die höchste J. 연간 최고온도; die mittlere J. 연간 중간 온도. **~training,** das 〖스포츠〗 연차 훈련. **~umsatz,** der 연간 매상고. **~urlaub,** der 연차 휴가. **~verbrauch,** der 연간 소비. **~versammlung,** die 연차 총회(대회). **~vertrag,** der 연차 계약. **~verzeichnis,** das 연간 목록. **~wagen,** der 연차 차량(유리한 가격으로 구입 후 일년이 지나야 팔 수 있는 직원용 차량). **~wechsel,** der 해바뀜: zum J. die besten Wünsche! 송구영신, 신년 축하. **~weiser,** der 《아어·드물게》 ↑Jahrweiser. **~wende,** die 해가 바뀜: um die J. 1976 1976년이 바뀔 때에. **~wirtschaftsbericht,** der (연방정부가 의회에 제출하는) 연간 경제 보고. **~zahl,** die (기원, 연호의) 연수, 연도수. **~zeit,** die 계절, 철: die warme J. 따뜻한 계절; das Wetter ist für die J. zu kalt 날씨가 계절에 비해 너무 춥다. **~zeitlich** 〈Adj.〉 계절의: -e Temperaturschwan-

kungen 계절의 기온 격차. **~zyklus,** der 일년 주기. **jährig** ['jɛːrɪç] 〈Adj.〉 〖고어〗 일년(생)의. **-jährig** 〔다음의 복합어로, 예컨대〕 achtjährig 여덟살의, 8 jährig 팔년의. **jährlich** ['jɛːrlɪç] 〈Adj.〉 매해의: die Zahl der -en Unfälle 매해 사고 건수; eine Wachstumsrate von j. 5% 매해 5%의 성장률. **-jährlich** 〔다음의 복합어로, 예컨대〕 halbjährlich 반년마다(의). **Jährling** ['jɛːrlɪŋ], der; -s, -e 〖동물·농업〗 한살짜리 동물. **Jährlingsauktion,** die (말 따위) 어린 동물의 경매. **Jährlingswolle,** die 일년생 양모.
Jahve, (ökum.) **Jahwe** ['jaːvə; hebr. yahwë] 여호와 (Jehova).
Jahwist, 〔또한〕 **Jahvist** ['jaːvɪst], der; -en 〖기독교〗 여호와 원전(모세 5경의 원전).
Jähzorn, der; -(e)s 성깔, 붉은 치미는 화: seinen J. nicht zügeln können 자기의 성깔을 죽일 수 없다. **jähzornig** 〈Adj.〉 성깔있는, 불끈거리는: ein -er Charakter 불끈거리는 성미[성격]; j. fuhr er auf 불끈 그는 화를 냈다.
Jaina: ↑Dschaina.
Jak, Yak [jak], der; -s, -e 〔engl. yak〕 야크(중앙아시아 고원산의 들소; Grunzochse; 학명: *Bos grunniens*).
¹**Jakaranda** [jaka'randa], die; -s 〔port. jacarandá〕 아카란다(열대 지방산의 관상 식물). ²**Jakaranda** [-], das; -s, -s, **Jakarandaholz,** das; -es, -hölzer (브라질산) 아카란다 원목.
Jako ['jako], der; -s, -s 〔frz. jaco(t)〕 ↑Graupapagei.
Jakob ['jaːkɔp] 〔다음 용법으로〕 **das ist der wahre J.** 〔통용어〕 이번에 진짜(이것)야(아마도 처음에 그 무엄이 확실치 않았던 야곱 사도에서; 또는 구약에서 자신을 에사우로 속인 야곱에서); **der billige J.** 〔통용어〕 장돌뱅이, 싸구려 장사꾼; **den billigen J. abgeben** 〔통용어〕 얄팍한 구실을 대다. **Jakobi** [ja'koːbi], das; - 〔lat. Jacōbi 의 격〕 ↑Jakobstag: (an, zu) J. beginnt die Ernte 성 야곱일에 추수가 시작된다. **Jakobiner** [jako'biːnɐ], der; -s, - 〔frz. jacobin, 과거 도미니쿠스 수도원이던 파리의 Sanit Jacques에서 집회를 가진 데 따라〕 **1.** 〖역사적〗 (프랑스 혁명 당시의 과격파였던) 자코뱅 당원. **2.** 〖드물게〗 프랑스 도미니쿠스 교단의 신부.
Jakobijner- (Jakobiner 1): **~jacke,** die ↑Carmagnole (2). **~klub,** der 자코뱅 클럽(당). **~mütze,** die 자코뱅(당원들이 자유의 상징으로 쓰던) 모자.
Jakobinertum, das; -s 자코뱅 정신. **jakobinisch** 〈Adj.〉 자코뱅의, 자코뱅적인. **Jakobitag,** der ↑Jakobstag.
Jakobs-: ~(greis)kraut, ~kreuzkraut, das 〖식물〗 일(7.25) 즈음에 피기 때문에 개쑥갓이나 금방망이와 같은 속에 속하는 별 모양의 꽃이 피는 엉거시과의 식물(학명: *Senecio jacobaea*). **~leiter,** die **1.** ↑Himmelsleiter (1). **2.** 〖선원〗 (배 바깥에 드리우는) 줄사다리. **3.** ↑Himmelsleiter (2). **~lilie,** die 〔그 꽃 모양이나 색깔이 성야곱(= Jakob von Compostela, ↑Jakob)의 십자가와 비슷하기 때문에〕 멕시코산 붉은나리(학명: *Sprekelia formosissima*). **~muschel,** die 〖Jakob von Compostella (↑Jakob)의 그림에 그려진 조개에 따라, 후에는 중세에 그의 무덤을 찾는 순례자들이 물마실 때 사용한 조개에 따라〕 유럽과 유럽 연안 대서양에 퍼져 있는 식용 가리비의 일종(학명: *Pecten jacobaeus*). **~stab,** der 〔순례자의 지팡이와 비슷한 데에서〕 천문 측각기; 오리온 성좌의 미, 야곱의 지, **~tag,** der 성 야곱일(7월 25일).
Jakobusbrief, der 〈Pl. 없음〉 〖신약〗 야고보서.
Jakonett: ↑Jacon(n)et.
Jaktation [jakta'tsjoːn], die; -en 〔lat. iactātio〕 〖의학〗 몸을 뒤척임, 전전반측.
Jalape [ja'laːpə], die; -n 〔span. jalapa; 멕시코의 도시

Jalapenwurzel

Jalapa에서】【식물】얄라파(적도 지방에 나는 하제 또는 구 충제로 쓰이는 메꽃과 식물; 학명: *Exogonium purga*). **Jalapenwurzel,** die 얄라파 뿌리.

Jaleo [xa'le:o], der; -s, -s [span. jaleo] 할레오.(3/8이나 3/4박자의 캐스터넷 반주에 생동적인 스페인 독무).

Jalon [ʒa'lõ:], der; -s, -s [frz. jalon] (작은 기가 달린) 측 량대.

Jalousette [ʒalu'zetə], die; -n [↑Jalousie의 프랑스식 축 소형](경금속이나 플라스틱 오리로 된) 잴루지. **Jalousie** [...'zi:], die; -n [...iːən; frz. jalousie; 안에서는 내다볼 수 있으나 밖에서는 들여다 볼 수 없는 데에서 의미 전가; 아마 오리엔트 하렘의 전형적인 창문 격자를 본뜸]잴루지, 블라인드: die J. herunter(hochziehen) 블라인드를 내려 리다(올리다). 전의 der Angeklagte hatte die -n heruntergelassen 《통용어》 피고는 입을 닫았다.

Jalousie-: ~**kühlung,** die 잴루지식 냉각. ~**schrank,** der ↑Rollschrank. ~**schweller,** der (오르간에서) 잴 루지(식의) 변음기, 증음 상자.

Jam [dʒæm], das; -s, -s, 《또한》 der, -s [engl. jam] 잼.

Jamaika [ja'maika] -s 자메이카(카리브해의 국가). **Jamaikaner,** der; -s, - 자메이카 사람. **jamaikanisch** 《Adj.》자메이카(인)의. **Jamaikapfeffer** [ja'maika-], der; -s 자메이카 후추. **Jamaikarum,** der; -s 자메이카(산) 럼주. **Jamaiker,** der; -s, - 《드물게》↑Jamaikaner. **jamaikisch** 《Adj.》《드물게》↑ jamaikanisch.

Jambe ['jambə], die; -n ↑Jambus. **Jambelegus** [jamp'le:legʊs], der; -, …gi [lat. iambelegus = griech. iambélegos] 단장격의 짧은 시행과 마 6각운으로 이루어진 고대 그리스 시행.

Jambendichtung, die (고대 그리스의) 단장격 조롱시나 험담시. **Jambiker** ['jambikɐ], der; -s, - [lat. iambicus] (주로) 단장격(으로 쓰는) 시인. **jambisch** 《Adj.》 단장격(얌부스)의. **Jambograph** [jambo'graːf], der; -en, -en [griech. iambográphos] 【문예학】 얌부스 시인.

Jamboree [dʒæmbə'riː], das; -(s), -s [engl. jamboree, 본래 = 아주 시끄러운 축연, 술판; 1920년 이후 세계 소년단 대회의 명칭] 1. 잼버리, 세계 소년단 대회. 2. 요란한 잔 치.

Jambus ['jambʊs], der; -, Jamben [lat. iambus 〈griech. íambos〕 단장격(억양・약강)의 운각(◡-): ein Drama in Jamben 얌부스(로 된) 드라마.

Jambuse [jam'buːzə], die; -n [engl. jambosa] 사과나 살구 모양의 열대 과실(Rosenapfel; 학명: *Jambosa vulgaris, Jambosa aequea*).

James Grieve [dʒeimz 'griːv], der; -,- - 〔영국의 재 배가 James Grieve의 이름에서〕제임스그리브 사과.

Jammer ['jamɐ], der; -s **a)** 비탄, 비명, 아픔 소리: in wilden J. ausbrechen 사납게 절규하다. **b)** 비참, 참담, 곤경: großer J. 크나큰 곤경; seinen J. herausschreien 자기의 비참함을 소리내어 외치다; **ein J. sein**《통용어》: es wäre ein J., wenn du nicht mitkämst 네가 같이 가지 않는다면 그건 정말 애석하다.

jammer-, Jammer-: ~**bild,** das **a)** 비참한 광경, 참 경: die Stadt bot nach dem Erdbeben ein J. 지진 후 의 도시가 보여준 모습은 참혹한 광경이었다. **b)** 《통용어》↑~gestalt. ~**blick,** der 《통용어》: jmdn. mit -en ansehen 누구를 가련한 시선으로 바라보다. ~**geschrei,** das 비명, 절규. ~**gestalt,** die **a)** 가련한[초라한] 모습, 몰골: ausgemergelte -en hockten am Straßenrand 비쩍 마른 몰골이 길가에 쪼그리고 있었다. **b)** 《통용어・폄》별 볼 일 없는 사람, 작자, 겁쟁이: die sich heute große Schauspieler nennen 오늘날 스스로 배우라 일컫는 작자 들. ~**gestell,** das 《폄》↑~gestalt (b). ~**kasten,**

der 《폄》 뻑뻑어 상자(손풍금, 피아노, 뻑뻑거리는 라디 오, 건축 등을 일컬음). ~**lappen,** der 〔본래 = 눈물 닦는 수건, 후에 그 사용자에게로 전가됨〕《통용어・폄》 겁쟁 이, 비겁한 사람, 울보. ~**laut,** der 아픔의 내는 소리, 비 명 소리. ~**miene,** die 《폄》 가련한 표정, 울상, 죽 을 상: mit einer J. 죽을 상을 하고. ~**schade** 〈Adj.〉 《다음 용법으로》 **j. sein**《통용어》: es ist j., daß du das nicht gesehen hast 네가 그것을 보지 못한 것은 정말 유감이다; **um jmdn. ist es j.**《통용어》 누구는 정말 안 됐다. ~**tal,** das 《폄》《아어》 간난의 땅〔삶〕: das irdische J. 속세. ~**voll** 〈Adj.〉 **a)** 고통에 찬: -es Geschrei 비명 소리. **b)** 비참한, 가련한, 불쌍한: sich in einem -en Zustand befinden 불쌍한 상태에 처해 있다.

jämmerlich ['jɛmɐlɪç] 〈Adj.〉 **a)** 고통스러운, 비탄스러 운: -es Weinen 비탄스러운 울음. **b)** 가련한, 딱한, 비참 한: ein -er Zustand 비참한 상태; er sieht j. aus 그는 비참하게 보인다. **c)** 초라하게. **d)** 《폄》 보잘것 없는, 하찮 은: ein -er Feigling 가엾은 비겁자; ein -er Lohn 초라 한 임금. **e)** 지독히, 굉장히: -e Angst haben 지독히 두 려워하다. 〈형용사와 동사를 강조하여〉굉장히, 지독히: ich habe mich j. gelangweilt 나는 굉장히 지루했다. **Jämmerlichkeit,** die; -en **a)** (Pl. 없음) 비참함, 초라 함. **b)** 《드물게》 비참한[초라한] 상황(행위): ein Leben voller Schwachheiten und -en 약점과 비참함이 가득한 삶. **Jämmerling** ['jɛmɐlɪŋ], der; -s, -e 《통용어・폄》 겁쟁이, 비겁자. **jammern** ['jamɐn] 〈/h/〉 **1. a)** 신음 하다, 칭얼거리다: das Kind jammerte viel 애가 굉장 히 칭얼거렸다; 〈명사화〉 es gab ein allgemeines Jammern und Klagen 두루 한탄과 비탄이 있었다. **b)** 한탄 하다, 불평하다: sie jammert über ihr Schicksal 그녀는 자신의 운명을 한탄했다; sie jammert um die zerrissenen Strümpfe 그녀는 찢어진 양말 때문에 불평했다. **c)** 칭얼거리며 보채다: die Kinder jammern nach der Mutter 아이들은 칭얼대며 엄마를 찾는다; 〈명사화〉das Jammern nach einem Stück Brot 빵 한조각을 보채는 소리. **2.** 가련함을 불러 일으키다, 마음 아프게 하다: er jammert mich 그는 내게 가련해 보인다.

Jam Session ['dʒæm 'sɛʃən], die; - -s [engl. jam session] 잼 세션(재즈 연주자들의 즉흥적인 연주회).

Jamswurzel ['jams-], die; -n [engl. yam] **a)** 마의 일 종(학명: *Dioscorea*). **b)** 위 마의 덩이뿌리.

Jan. = Januar.

Jang. ↑ Yang.

Jangada [ʒaŋ'gaːda], die; -s [port. jangada, 남서부 인 도(Tamil) 원주민어에서] 장가다(특히 북동 브라질 지방 의 어부들이 사용하는 뗏목의 일종). **Jangadeiro** [ʒaŋga'deːro], der; -(s), -s [port. jangadeiro] 장가다 어부.

Jangtse ['jaŋ'tsə], **Jangtsekiang** ['jaŋtsəkiaŋ], der; -(s) 양자강.

Janhagel [jan'haːg], 《또한》|- - -], der; -s [niederl. < niederl. janhagel, 네덜란드의 이름 Jan = Johann (녀 석, 놈)과 하층민들(특히 선원들)의 욕설(de hagel sla hem =우박이나 맞아라)의 결합; 후에 이들 자신들을 가르 킴; 또는 Hans Hagel로도 쓰임] (준고어) 천민, 잡것.

Janitschar [janit'ʃaːr], der; -en, -en [türk. yeniçeri, 본래 = 새 전투대; 원래 = 오스만 제국의 특전 전사 계층] 《역사》 야니차(오스만 술탄의 전위병). **Janitscharenmusik,** die **1.** 야니차[터키] 군악. **2.** 야니차 타악기.

janken ['jaŋkn̩] 〈/h/〉[mniederd. janken] (niederd.) **1.** 낑낑거리다: der Hund jankt 개가 낑낑거린 다; 〈명사화〉 das Knarren und Janken des Lederzeuges 가죽의 뻐그적거림과 뻐걱거림. **2. a)** (아파서) 끙 끙거리다: der Kranke jankte dauernd 환자가 계속 끙 끙거렸다. **b)** 칭얼거리다: das Kind jankt nach der Mutter 아이가 엄마를 찾으며 칭얼거린다.

Janker ['jaŋkɐ], der; -s, - 《südd., österr.》 (민속 의상의) 웃옷.

Jan Maat ['jan 'ma:t], der; - -(e)s, - -e / - -en, **Janmaat** [《또한》 '- -], der; -(e)s, -e / -en [niederl. janmaat] 《농》 뱃놈, 선원.

Jänner ['jɛnɐ], der; -s, - 《österr., südd., schweiz.》 1월(Januar).

Jansenismus [janzeˈnɪsmʊs], der; - [네덜란드의 신학자 Cornelius Jansen (1585~1638)의 이름에서] 얀센교(파). **Jansenist**, der; -en, -en 얀센교파의 신도. **jansenistisch** 〈Adj.〉 얀센교파의.

Januar ['janua:ɐ], der; -(s), -e [lat. (mēnsis) lānuārius, Janus (lat. Iānus)의 이름에 따라] 1월(약어: Jan.).

Janus ['ja:nʊs] 야누스(시작과 문의 로마신으로서 분열과 모순을 상징하는 양면의 얼굴로 묘사됨).

janus-, Janus-: **~gesicht**, das ↑~kopf. **~kopf**, der 야누스의 머리; 전의 unsere Zeit hat einen J. Das eine Gesicht heißt Vernunft, das andere Rausch 우리의 시대는 야누스의 얼굴을 가지고 있다. 하나의 얼굴은 이성이고 다른 하나는 도취이다. **~köpfig** 〈Adj.〉 두 개의 얼굴을 가진. **~köpfigkeit**, die 양면성: die J.des wissenschaftlich-technischen Fortschritts 과학 기술 발달의 양면성.

Japan ['ja:pan] 일본.

Japan-: **~lack**, der 일본 칠. **~matte**, die 다다미, 돗 짚요. **~papier**, das 일본 종이. **~perle**, die 일본(산 양식) 진주. **~seide**, die a) 일본산 비단. b) 일본산 비단실(견사). **~wachs**, das 일본 밀랍.

Japaner [ja'pa:nɐ], der; -s, - 일본 사람. **japanisch** 〈Adj.〉 일본(인)의. **Japanisch**, das; -(s) 일본어. **Japanische**, das; -n 일본어(일반), 일본(어)인 것.

Japanologe [japano'lo:gə], der; -n, -n 일본학 학자. **Japanologie**, die 일본학. **japanologisch** 〈Adj.〉 일본학의.

Japhetitologe [jafetito'lo:gə], der; -n, -n [구약에 나오는 노아의 세째 아들 Japhet의 이름에서] 야벳학자. **Japhetitologie**, die (인도게르만의 이전의) 야벳어학.

Japon [ʒa'põ:], der; -(s), -s [frz. Japon = Japan] ↑Japanseide (a). **Japs** [japs], der; -en, -e(n) 《통용어·경멸어》 왜놈, 쪽발이.

jappen ['japn] 〈h〉 《niederd.》 ↑japsen. **japsen** ['japsn] 〈h〉 [niederd. gapen] 《통용어》 a) 헐떡거리다: nach Luft j. 숨을 헐떡거리다; kaum noch j. können 기진맥진하다. b) 헐떡이며 말하다. **Japser**, der; -s, - 《통용어》 《숨을》 헐떡거림: mit einem J. blieb er stehen 숨을 헐떡이면서 그는 멈춰 섰다.

Jardiniere [ʒardiˈnjɛ:rə, ...'njɛ:rə], die; -, -n [frz. jardinière] 꽃받침, 수반.

Jargon [ʒar'gõ:], der; -s, -s [frz. jargon] a) 은어: J. der Schüler 학생들의 은어. b) 《경》 속어, 쌍말: er redet im ordinärsten J. 그는 정말 쌍스럽게 얘기한다.

Jarl [jarl], der; -s, -s [dän., norw., schwed. jarl] 《역사적》 a) (스칸디나비아의) 무사. b) (스칸디나비아의) 부족, 장수; (중세 스칸디나비아에서 왕의) 대리인.

Jarowisation [jarovizaˈtsjo:n], die; -, -en [russ. jarowisazija] 【농업】 야로비(무러진) 농법, 춘화 처리. **jarowisieren** [...ˈzi:rən] 〈h〉 [russ. jarowisirowat] 【농업】 야로비 농법으로 촉성 재배하다, 춘화 처리하다.

Jaschmak [jaʃˈmak], der; -s, -s [türk. yaşmak] 야시마크(터키 부유층 여인들이 쓰는 면사포].

Jasmin [jasˈmi:n], der; -s, -e [span. jazmīn] 1. 재스민(말리 따위); Echter Jasmin; Jasminum), 2. 고광나무의 일종(Falscher Jasmin; 학명: *Philadelphus coronarius*).

Jaspégarn [jas'pe:-], das; -(e)s, -e 자스페 연사. **Jasperware** ['dʒɛspə-], die; -en [engl. jasperware, 벽옥 비슷한 색깔에서] 재스퍼 도기(흰 양각의 부조가 있는 고급 영국 도기). **jaspieren** [jas'pi:rən] 〈h〉 벽옥(대리석)무늬를 넣다. **Jaspis** ['jaspɪs], der; - / -ses, -se [lat. iaspis < griech. íaspis] 벽옥.

Jaß [jas], der; Jasses [아마 스위스 용병에 의해 네덜란드로부터 전하여짐] 야스(36패의 카드로 2~4명이 하는 카드놀이로 특히 스위스에서 즐겨함).

Jaß-: **~abend**, der 야스(놀이하는) 저녁. **~bruder**, der 야스 친구. **~klub**, der 야스 클럽. **~könig**, der 야스 왕. **~spieler**, der 야스하는 사람.

jassen ['jasn] 〈h〉 야스놀이를 하다. **Jasser**, der; -s, - 야스놀이하는 사람. **Jasset**, der, 《또한》 das; -s, -s 《schweiz.》 야스놀이.

Jastik, Yastik [jasˈtɪk, 《또한》 '- -], der; -(s), -s [türk. yastik] 야스틱(깔개 등으로 사용되는 오리엔트 융단).

Jatagan [jata'ga:n], der; -s, -e [türk. yatağan] 야타간 (오리엔트에서 사용되는 S자형의 칼).

jäten ['jɛ:tn] 〈h〉 a) (잡초를) 없애다: im Garten Unkraut j. 정원의 잡초를 없애다. b) 김매다, 제초하다: ein Beet j. 꽃밭에 김매다. **Jätung**, die; -en (잡초를) 없앰, 김매기.

Jatrochemie [jatro-] ↑Iatrochemie.

Jauche ['jauxə], die; -n 1. 분뇨, 물거름, 똥오줌: J. aufs Feld fahren 거름을 들로 가져가다. 2. a) 《의학·은어》 고약한 진물. b) 《통용어·경》 고약한 음료수: das Bier ist eine gräßliche J. 이 맥주는 정말 오줌같다. **jauchen** ['jauxn] 〈h〉 1. 【농업】 분뇨를 주다. 2. 《의학·은어》 진물이 흐르다: das Geschwür jaucht 종기에서 고약한 진물이 흐르다.

Jauche-, ~Jauchen- (Jauche 1): **~faß**, das 분뇨 운반통. **~grube**, die 분뇨 구덩이. **~kübel**, der 똥[분뇨]통. **~wagen**, der 분뇨차.

Jauchert ['jauxɐt] ↑Juchart.

jauchig ['jauxɪç] 〈Adj.〉 a) 똥오줌 냄새가 나는, 고약한 냄새의. b) 《의학·은어》 진물이 나는: ein -es Geschwür 진물이 나는 종기.

jauchzen ['jauxtsn̩] 〈h〉 a) 환호하다, 환성을 지르다: vor Wonne j. 기쁨에 넘쳐 환호하다; er jauchzte über diese Nachricht 그는 이 소식을 듣고 환성을 질렀다; 전의 die Seehasen j. 물개가 환성을 지른다; 〈명사화〉 das Jauchzen der Kinder 아이들의 환호 소리. b) 《준고어》 《누구에게》 환호하며 기뻐하고 감사하다: Jauchzet dem Herrn, alle Welt 모든 세상이여 주님께 기뻐하고 감사하라(시편 98장 4절; 100장 1절). **Jauchzer**, der; -s, - 환성: einen J. ausstoßen 환성을 지르다.

Jauk [jauk], der; -s [slowen. jug] 《österr., bes. in Kärnten》 풍염, 푄(Föhn).

Jaukerl ['jaukɐl], das; -s, -n 《österr.·통용어》 주사.

jaulen ['jaulən] 〈h〉 《의성어》 (개가) 깽깽(낑낑, 꿍꿍)거리다: der Hund jaulte vor Schmerz 개가 아파서 깽깽 소리를 내었다; 전의 die Geschosse jaulten 총소리가 팽팽거렸다; 〈명사화〉 das Jaulen der Motoren 모터의 윙윙소리.

Jaunde [jaundə] 야운데(카메룬의 수도).

Jause [ˈjauzə], die; -n [slowen. južina] 《österr.》 a) (오후) 간식, 새참, 오후 커피: eine J. machen 간식을 먹다. b) ↑Jausenbrot. **jausen**: 《드물게》 ↑jausnen.

Jausen- 《österr.》: **~brot**, das 간식 빵. **~kaffee**, der 간식 커피. **~schale**, die 간식용 커피잔. **~station**, die 간이 휴게소. **~tisch**, der 간식 식탁. **~wurst**, die 간식 소시지. **~zeit**, die 간식 시간.

jausnen ['jausnən] 〈h〉 《österr.》 a) 간식을 들다: um 9 Uhr wird gejausnet 9시에 간식을 든다. b) 새참에 먹

다.

Java ['ja:va], -s 자바(섬).

Jazz [dʒæz, (또한) dʒɛs, jats], der; - **a)** 재즈: der heiße J. der Neger 흑인들의 열정적인 재즈. **b)** = Jazzmusik.

Jazz-: ~**band,** die 재즈 악단. ~**besen,** der ↑ Stahlbesen. ~**bomber,** der (통용어) 재즈 왕. ~**fan,** der 재즈광. ~**festival,** das 재즈 축제. ~**formation,** die 재즈단. ~**kapelle,** die ↑ ~band. ~**keller,** der 지하 재즈 연주장. ~**konzert,** das 재즈 연주회. ~**musik,** die 재즈 음악. ~**musiker,** der 재주 음악가. ~**rhythmus,** der 재즈 박자. ~**trompete,** die 재즈 (용) 트럼펫. ~**trompeter,** der 재즈 트럼펫 연주자.

jazzen ['dʒɛsn, 'jatsn] ⟨h⟩ 재즈 연주를 하다: abends jazzt eine Band 저녁에 악단이 재즈 연주를 한다. **Jazzer** ['dʒɛsɐ, 'jatsɐ] der; -s, - 재즈(음악)가. **jazzig** ['jatsɪç] ⟨Adj.⟩ (통용어·펌) 재즈 같은. **jazzoid** [jatso'i:t] ⟨Adj.⟩ 재즈와 비슷한, 재즈식의.

¹**je** [je:; mhd. ie, ahd. io, eo] I. ⟨Adv.⟩ **1.** (막연한 때를 나타내어) 언제(*irgendwann, überhaupt (einmal), jemals*): wer hätte das je gedacht! 누가 그걸 언제 생각이나 했겠어! ; er wird kaum je damit einverstanden sein 그가 언제 그 일에 동의하기는 어려울거야. (자주 denn이나 als와 결합해서) es ging besser denn (als) je (zuvor) (과거) 어느 때보다 잘 지냈다. **2.** ⟨수나 척도와 결합해서⟩ **a)** 각각, 매번(*jeweils; immer, jedesmal (zusammen)*): je 10 Personen 각각 10 사람씩; je ein Exemplar der verschiedenen Bücher wurde ihm zugesandt 한부 씩 여러 권의 책이 그에게 보내졌다. **b)** 각기, 각각(*jeweils*): die Flaschen wurden je zur Hälfte geleert 병은 각각 반씩 비워졌다. **3.** (nach와 결합해서) 각각(무엇에 따라): je nach Größe und Gewicht 각각 크기와 무게에 따라; je nach Geschmack 각자 취향에 따라. **4. je und je** (아어·준고어) 때때로, 간혹; **seit (eh und) je** ((도통어게) **von je**) 늘상, 줄곧. **II.** ⟨Präp.⁴⟩ ~당(*pro*): die Kosten betragen 5 DM je erwaschsenen Teilnehmer 비용은 성인 참가자당 5마르크씩이다; (또는 부사처럼 쓰이면서 격변화 없이) je erwachsener Teilnehmer 성인 참가자당; je Student. 학생당. **III.** ⟨Konj.⟩ **1.** (복합적) (두개의 비교급을 연관시켜): je mehr du kommst, desto mehr Zeit haben wir 네가 일찍 올수록 우리는 시간이 더 많아진다; je länger er unterwegs war, um so besser gefiel ihm das Land 더 오래 다닐수록 그 나라가 그의 마음에 더 들었다; je länger, je lieber 오래되면 될수록 더 좋다. **2.** (nachdem과 결합하여) je nachdem ob er Zeit hat, kommt er vorbei oder nicht 그가 시간이 있는지에 따라 들르든지 말든지 할 것이다; willst du mitgehen? Je nachdem (통용어) 같이 갈래? 봐서.

²**je!** [-; I: (은예) Jesu의 약칭. **II.:** ja의 별형] I. ⟨Interj.⟩ ⟨다른 감탄문과 결합하여 애석함이나 놀라움을 표시⟩ o je! 오 저런!; ach je, wie schade! 아 참 안됐군! **II.** ⟨Adv.⟩ 준고어, nun과 결합하여 제한적인 문장을 이끌어〉 그렇다면(*nun ja*): je nun, das ist eben die Frage 그렇다면 그게 바로 문제야.

Jean Potage [ʒapɔˈtaːʒ]; der; -; frz. = Hans Suppe, 프랑스 민중이 즐겨 먹던 음식인 국에서) [문예학] 장 포타지(프랑스 연극의 희곡적 인물).

¹**Jeans** [dʒiːnz] ⟨Pl.⟩ [amerik. jeans] **a)** 진, 청바지 형태의 무명 바지: J. aus Kord 골덴 바지. **b)** ↑Blue jeans의 약칭: ein Paar echte J. 한 벌의 진짜 청바지. ²**Jeans** [-], das; - (통용어) 청바지 색깔: er trägt Unterwäsche in J. 그는 청바지 색깔의 속옷을 입고 있다.

jeans-, Jeans-: ~**anzug,** der 청바지(옷감이) 옷. ~**farben** ⟨Adj.⟩ 청바지 색깔의. ~**hose,** die ↑¹Jeans (1). ~**jacke,** die 청바지감으로 만든 저고리. ~**kleid,** das 청바지감으로 만든 원피스. ~**rock,** der 청바지감으로 만든 치마. ~**stoff,** der 청바지감.

jeck [jɛk] ⟨Adj.⟩ ⟨rhein., ·대개 펌⟩ 머리가 돈, 정신없는 : du bist wohl j.! 너 정말 돌았구나! **Jeck** [-], der; -en, -en (rhein.) **1.** (펌) 머리가 돈 친구, 바보: so ein J.! 저런 바보! **2.** 사육제 패(Fastnachter): die -en ziehen durch die Straßen 사육제패가 거리를 행진한다.

jede: ↑jeder. **jedenfalls** ⟨Adv.⟩ (앞의 말에 이어서) **a)** 어쨌든, 하여튼(auf jeden Fall): er ist j. ein fähiger Mitarbeiter 그는 어쨌든 유능한 동료이다. **b)** 적어도 (wenigstens, zumindest): j. glaubte er das 그는 적어도 그것을 믿는다; ich j. habe keine Lust mehr 적어도 나는 더 기분이 나지 않는다. **c)** 확실히: Tatsache war j., daß man nicht aufgepaßt hatte 확실한 것은 사람들이 주의를 하지 않았다는 사실이다.

jedennoch ⟨Konj.⟩ (지역적·그 외 고어) 하지만(jedoch).

jeder ['je:dɐ], jede ['je:da], jedes ['je:dəs] ⟨Indefinitpron. / unbest. Zahlw.⟩ [mhd. ieweder, ahd. ioweder, eohwedar] **1.** 전체의 모든 것 하나하나를 표시. **a)** (부가어적) jeder Mann 모든 남자, jede Frau 모든 여자; jedes gesunde Kind 모든 건강한 아이; jeder Angestellte 모든 종업원; jeder Junge und jedes Mädchen bekommt (드물게) bekommen einen Luftballon 모든 남자아이와 여자아이는 풍선 하나씩을 받는다; der Zug fährt jeden Tag 기차는 매일 다닌다; er ist jedes Mal zu spät gekommen 그는 매번 늦게 왔다; am Anfang jeden (eines jeden, jedes) Satzes 각 문장의 처음에. **b)** (단독으로) jeder ((아이)) ein jeder) darf mitmachen 누구든 함께 해도 된다; jede der Frauen 모든 여자들; jedes der Kinder 모든 아이들; hier kennt jeder jeden 여기서는 모두가 서로를 안다; jeder für sich hat recht 각자 다 옳다; jeder von uns kann helfen 우리들 중 누구도 도울 수 있다. **c)** 〈Ntur. Sg.; 단독으로〉 각자: jedes von der Familie hat ein Haus 식구들은 각자 집을 하나씩 가지고 있다; die Schwestern haben jedes drei Kinder 자매들은 각자 아이가 셋씩 있다. **2.** (단수 추상명사에서) (가능한 한) 온갖, 어떤 (jeglicher, jedweder): jede Hilfe kam zu spät 온갖 도움이 너무 늦었다; ohne jeden Grund 아무런 이유없이; Menschen jeden(jedes) Alters und jeder Hautfarbe 나이와 피부색에 상관없이 모든 사람; er nimmt jede Art Arbeit an 그는 어떤 종류의 일도 다 받아들인다; die Sache ist bar jeden (jedes) Sinnes 그 일은 아무런 의미도 없다. **3.** (주로 단수의 시간이나 척도 표시와 함께) 매, ~마다: jede Stunde fliegt ein Flugzeug nach Berlin 매 시간마다 베를린으로 비행기가 한 대씩 뜬다; jede 10 Meter steht ein Baum 10미터마다 나무가 한 그루씩 서 있다. **jederart** (부정의 종수·격변화 없음) 모든 종류의; er ist bereit, j. Arbeit anzunehmen 그는 어떤 종류의 일도 받아들일 용의가 있다. **jederei** (부정의 종수) (아어) 각양각색의: sie vergnügten sich auf j. Weise 그들은 각양각색의 방식으로 즐겼다. **jedermann** ⟨Indefinitpron. / unbest. Zahlw.; 단독으로만⟩ (강조) ↑jeder (1 b): j. weiß, wie schwierig das ist 그것이 얼마나 어려운지는 모두가 안다; Widerstand ist -s Recht 저항은 모두의 권리이다; das ist für j. einsichtig 그것은 어느 누구에게나 명백하다. **Jedermannfunk,** der ↑CB-Funk. **Jedermannsfreund,** der (드물게 Pl.) (준고어·펌) 모든 사람의 친구, 팔방미인. **jederzeit** ⟨Adv.⟩ **a)** 어느 때나, 언제나, 항상: er ist j. gern gesehener Gast 그는 언제나 반가운 손님이다. **b)** 어느 때든지: sie war j. darauf gefaßt, daß ...하리라 그 여자는 어느 때나 각오하고 있었다. **jederzeitig**

⟨Adj.⟩ 언제 일어날지 모를, 수시의: er muß mit einer -en Änderung der Verhältnisse rechnen. 그는 상황이 언제 변할지 모름을 계산해야 한다. **jedes**: ↑jeder. **jedesmal** ⟨Adv.⟩ 매번에: er kommt j. zu spät 그는 매번 늦게 온다. **jedesmalig** ⟨Adj.⟩ ⟨드물게⟩ 매번의.

jedmöglich ⟨Adj.⟩ ⟨드물게⟩ 모든 가능한: jmdm. -e Hilfen gewähren 누구에게 모든 가능한 도움을 주다.

jedoch [je'dɔx] ⟨Konj. 〔또는〕 Adv.⟩ ⟨제한이나 유보, 정정, 보충 등을 표현⟩ 하지만, 그러나, 그 반면: er fand den Ausgang der Sache bedauerlich, entmutigen j. ließ er sich nicht 그는 일의 결과를 유감스럽게 생각했지만 그렇다고 낙심하지는 않았다.

jedweder ['je:t've:dɐ], jedwede ['je:t've:də], jedwedes ['je:t've:dəs] ⟨Indefinitpron. / unbest. Zahlw.⟩ [mhd. ietweder, iegeweder = jeder von beiden, jeder von vielen] ⟨강조·준고어⟩ ↑jeder (1a, b; 2) 참조: jedweder Angestellte 종업원은 누구나; jedwedes neue Verfahren 새로운 방법이면 무엇이든; der Wert jedweden Buches 모든 책의 가치; jedwedem ist die Teilnahme erlaubt 누구든 참가가 허용되어 있다.

Jeep Ⓦ [dʒi:p], der; -s, -s [amerik.] 지프(차).

jeglicher ['je:klɪçɐ], jegliche ['je:klɪçə], jegliches ['je:klɪçəs] ⟨Indefinitpron. / unbest. Zahlw.⟩ [mhd. ieclich, iegelich, ahd. iogilih] ⟨강조·준고어⟩ ↑jeder (1 a, b; 2).

jeher ⟨Adv.⟩ ['je:he:ɐ, 〔또한〕 '-'-'] ⟨다음 결합으로만이⟩ **seit(von) j.** 그 전부터: es wurde seit j.(von j.) so gehandhabt, daß... 그 전부터 ...하게 되어 왔다.

Jehova [je'ho:va] ↑Jahve.

jein [jaɪn] ⟨Adv.⟩ 〔ja와 nein의 결합에서〕 〔농 또는 펌〕 예도 아니오도 아니게; er sagt immer j. 그는 언제나 애매하게 대답한다. **Jein** [-], das; -s, -s: auf die Frage, ob er bereit sei, antwortete er mit (einem) J. 준비가 되었냐라는 물음에 그는 예 아니오로 대답했다.

Jejunitis [jeju'ni:tɪs], die; ...itiden [...ni'ti:dn] 〔의학〕 공장염. **Jejunum** [je'ju:nʊm], das; -s, ...na [lat. ieiūnus] ↑Leerdarm.

Jelängerjelieber [je'lɛŋajeˈli:bɐ], das; -s, - [die Pflanze duftet immer lieblicher, je länger man daran riecht] 동유럽산 인동덩굴(Geißblatt; 학명: *Lonicera caprifolium*).

jemals ['je:ma:ls] ⟨Adv.⟩ ⟨과거나 미래⟩ 언젠가: haben Sie schon j. früher bei einer Zeitung gearbeitet? 당신은 과거 언제 신문사에서 일해본 적이 있습니까?; das wird sich kaum j. erfüllen 그것은 언제고 이루어지기는 힘들다.

jemand ['je:mant] ⟨Indefinitpron.⟩ [mhd. ieman, ahd. ioman, eoman] **a)** ⟨말하는 사람은 잘 알지만 구체적으로 기술하지 않을 때⟩ 어떤 사람, 모씨: ich treffe micht heute mit j.(-em), der ... 나는 오늘 ...는 사람과 만났다. **b)** ⟨말하는 사람이 잘 모르는 사람을 나타낼 때⟩ 누구: Ist da j.? 거기 누구 있소?; an der Tür stand j. anders 문에 누군가 다른 사람이 있었다; j. Fremdes 누군가 낯선 사람; 〔명사화〕 das hat ein gewisser Jemand gemacht 〔농〕 그것은 모씨가 했어. **c)** ⟨(관계)의 있는⟩ 어떤 사람: j. wird schon dafür Interesse haben 어느 누군가가 이미 그것에 관심을 가진 거야; das wird kaum j. wollen 그것은 어느 누구도 원하지 않을거야; das kann man nicht (irgend) j. ⟨드물게⟩ -en) machen lassen 그것은 아무에게나 시킬 수 없다.

Jemen ['je:mən] ⟨Art.과 함께도⟩ der; -s 남 예멘. **Jemenit**, der; -en, -en 남 예멘 사람. **jemenitisch** [jeme'ni:tɪʃ] ⟨Adj.⟩ 남 예멘의.

jemine! ['je:mine] ⟨Interj.⟩ [lat. Jesu domine] ⟪준고어⟫ 경탄이나 놀라움의 표시) ach j. 오 저런.

Jen: ↑Yen.

jen-, Jen- ['je:n, 〔또한〕 'jen-]: **~seitig** ⟨Adj.⟩ **a)** 건너편의(반대: diesseitig a): am -en Seeufer 건너편 호숫가. **b)** ⟨아어⟩ 피안의, 내세의(반대: diesseitig b): die -e Welt 피안의 세계. **c)** ⟨드물게⟩ 넘나간, 망연자실한: er tat sehr j. 그는 아주 넋나간듯 했다. 〔b의 명사화〕 **~seitige**, das; -n ⟨아어⟩ 피안(의 것). **~seitigkeit**, die ⟨드물게⟩ 피안(지향)성: in J. seines Denkens 그의 사고의 피안성. **~seits 1.** 건너편에, 다른편에(반대: diesseits) **a)** ⟨Präp.⟩ j. des Ozeans 대양의 건너편에, 〔전의〕 er ist schon j. der Vierzig 그는 벌써 사십 줄을 넘어섰다. **b)** ⟨Adv.⟩ j. vom Rhein 라인강 저편에; j. von Tod und Leben 생사를 뛰어넘어; j. von Gut und Böse 선악의 피안. **2.** ⟨Adv.⟩ ⟨드물게⟩ 피안으로, 내세로: er ist j. gerichtet. 그는 내세 지향적이다. **~seits**, das; - 피안, 내세(반대: Diesseits): **ins J. abgerufen(abberufen) werden** ⟨아어·온페〕 저 세상으로 불려가다(죽다); jmdn. **ins J. befördern** 〔경〕 누구를 골로 보내다. **~seitsglaube**, die ⟨드물게⟩ **~glauben**, der 내세 신앙.

Jena ['je:na] 예나(살레 강변의 도시). ¹**Jenaer** ['je:naɐ], 〔또한〕 **Jenenser**, der; -s, - 예나 사람. ²**Jenaer**, 〔또한〕 **Jenenser** ⟨Adj.; 격변화 없음⟩ 예나의. **jenaisch** ['je:naɪʃ] ⟨Adj.⟩ 예나의. **Jenenser** [je'nɛnzɐ] ↑¹·²Jenaer.

jener ['je:nɐ], jene ['je:nə], jenes ['je:nəs] ⟨Demonstrativpron.⟩ [mhd. (j)ener, ahd. (j)enēr] ⟨일반적으로 문어체나 고상한 어법에에⟩ **1.** ⟨부가어적, 단독으로⟩ 저기 있는, 저, 그: mit jenem größeren Schrank 저 더 장으로; dieses Buch kostet 10 Mark, jenes ist wesentlich teurer 이 책은 10마르크이고, 저것은 훨씬 더 비싸다. **2.** ⟨부가어적, 단독으로⟩ ⟨관계되는 과거의 시점이나, 언급된 또는 아는 것을 전제로 한 사람이나 사물을 가리킬 때⟩ 〔바로〕 그(저): jene berühmte Rede, die ... ...한 저 유명한 연설; seit jenen Tagen 그 때 이후.

jenisch ['je:nɪʃ] ⟨Adj.⟩ 〔부랑자⟩ **a)** 부랑자어로: die -e Sprache 부랑자어(Gaunersprache, Rotwelsch). **b)** 부랑자 같은. **c)** 영리한, 잰: -e Leute 영리한 사람들. 〔명사화〕 **Jenische** ⟨Pl.⟩ 〔부랑자⟩ 유랑민, 부랑족.

Jeremiade [jere'mja:də], die; -n 〔예언자 Jeremia에 따라〕 ⟨아어·준고어⟩ 장탄식: die -n eines alten Mannes 한 노인의 장탄식.

Jerez ['çe:rɛs], der; - 〔스페인의 남부 도시 Jerez de la Frontera에서〕 ⟨드물게⟩ 셰리주. **Jerezwein**, der 셰리주.

Jericho ['je:riço] 제리코, 여리고(서 요르단의 도시). **Jerichobeule** ['je:riço-], die; -, -n ↑Orientbeule. **Jerichorose**, die; -n 〔아마 이 나무를 당시의 팔레스타인에서 가져온 순례자들이 이름 붙였거나, 혹은 구약의 Sirach서에서 하느님의 슬기로움을 Jerico에 심은 장미와 비교한 데에서〕 안산수(학명: *Anastica hierochuntica*) 등의 식물.

Jerk [dʒɔ:k], der; -(s), -s [engl. jerk] 〔골프〕 저크(골프채를 딱 멈추면서 침).

Jerusalem [je'ru:zalem] 예루살렘.

¹**Jersey** ['dʒœ:ɐzi], der; -(s), -s [engl. jersey, 영국의 섬 이름에서] 저지 웃감. ²**Jersey** [-], das; -s, -s 〔스포츠〕 (저지로 만든) 운동복 상의.

Jersey [-] (¹Jersey): **~bluse**, die 저지 블라우스. **~hose**, die 저지 바지. **~kleid**, das 저지 복장. **~kostüm**, das 저지 옷. **~stoff**, der ↑¹Jersey.

jerum! ['je:rʊm] ⟨Interj.⟩ [lat. Jesu domine에서] ⟨준고어⟩ 놀람, 한탄 등의 외침) ↑ojerum.

Jessas (na)! ['jɛsas (na:)] ⟨Interj.⟩ ⟨österr.; 놀람 등의 외침⟩: j. na, das ist ja entsetzlich! 저런, 그건 정말 끔찍하군! **Jesses (Maria)** ['jɛsəs(mar'i:a)] ⟨Interj.⟩ ⟨통용어: 놀람, 경탄 등의 외침⟩: J., wir sind schon viel zu spät dran! 어머, 우리는 꽤 늦었네!

Jesuit [je'zuit], der; -en, -en [mlat. Jesuita] 1. 예수회원, 야소회원. 2. ⟨욕⟩ 교활하고 음험한 사람: er ist ein richtiger J. 그는 정말 야소회원 같은 놈이야.

Jesuiten-: ~**dichtung,** die ⟨드물게 Pl.⟩ ［문예학］예수회 문학(16,18세기 주로 예수회원들이 지은 라틴어 문학, 주로 희곡이나 성가). ~**drama,** das a) ⟨Pl. 없음⟩ ⟨반종교개혁 시대의⟩ 예수회(원의) 드라마. b) 예수회(문학에 속하는) 드라마. ~**general,** der 예수회 총회장. ~**moral,** die ⟨폄⟩ (의도적 은폐나 목적이 수단을 정당화시킨다는 등의) 예수원 식의 도덕(적 태도). ~**orden,** der 예수회(1534년 Ignatius von Loyola가 설립한 교단)(약어: SJ ＝ Societas Jesu). ~**schule,** die 예수회 학교. ~**stil,** der 예수회(건축) 양식. ~**theater,** das 예수회 연극.

Jesuitentum, das; -s 예수회 정신. **jesuitisch** ⟨Adj.⟩ 1. 예수회(원)의: die -e Lehre 예수회 교리. 2. ⟨폄⟩ 예수회원 같은, 언변이 닳고닳은(교활한): eine Redeweise ist allzu j. 그의 말씨는 너무 닳아빠졌다.

Jesuitismus [jezui'tısmʊs], der; -s 1. ↑Jesuitentum. 2. ⟨폄⟩ 예수회원의 (부정적) 속성.

Jesus Christus, Gen.: Jesu Christi, Dativ: - -/Jesu Christo, Akk.: - -/Jesum Christum, Anredefall: - -/Jesu Christe 예수 그리스도.

Jesus (Maria und Josef)! ['je:zʊs (ma'ri:a und 'jo:zɛf)] ⟨Interj.⟩ ⟨준고어; 놀라움, 경악의 외침⟩ 하느님 맙소사: J., das ist ja ein ganz baufälliges Haus! 저런, 이건 완전히 허물어질 것 같은 집이군!

Jesus-: ~**bewegung,** die ⟨Pl. 없음⟩ ↑Jesus-People-Bewegung. ~**gebet,** das ⟨Pl. 없음⟩ 예수 기도(동방교회, 특히 수도승들의 독특한 신비적 기도법). ~**kind,** das ⟨Pl. 없음⟩ 1. (회화에서의) 어린 예수. 2. (문학에서의) 어린 예수. ~**kindlein,** das ↑~kind. ~**knabe,** der ↑~kind. ~**knäblein,** das ↑~kind. ~**latsche,** die, ~**latschen,** der ⟨대개 Pl.⟩ ［아마도 탁발 수도승의 허술한 신발에서］⟨농 또는 폄⟩(편평하고 장식없는) 예수 샌들.

Jesus Nazarenus Rex Judaeorum ['je:zʊs natsa'rɛ:nʊs 'rɛks judɛ'o:rʊm] 나자렛 예수, 유대인의 왕(약어: I.N.R.I.)(십자가에 쓰여진 나전어 최상, 요한복음 19장 19절).

Jesus People ['dʒi:zəs 'pi:pl] ⟨Pl.⟩ [amerik. Jesus People] 예수인 운동 추종자. **Jesus-People-Bewegung,** die ⟨Pl. 없음⟩ 예수인 운동(1967년경 미국에서 현대 소비와 능력 위주 사회에 대한 반발로 일어난 청소년 운동).

Jesus Sirach [je:zʊs 'zi:rax] (구약의) 집회서.

¹**Jet** [dʒɛt], der; -(s), -s [engl.-amerik. jet] 제트기: einen J. fliegen 제트기를 운전하다.

²**Jet**: ↑Jett.

Jetflug, der; -(e)s, -flüge 제트기 비행: einen J. nach New York buchen 뉴욕행 제트기 여행을 예약하다. **Jetliner** ['-lainɐ], der; -s, - ⟨engl.-amerik. jetliner⟩ 제트 여객기.

Jeton [ʒə'tõ:], der; -s, -s [frz. jeton] ⟨드물게⟩ a) 놀이패. b) (잡지 등에 쓰이는) 동전. c) ↑Rechenpfennig.

Jet-set, der; -s, -s ⟨드물게 Pl.⟩ [amerik. jet-set 처음에 1956년 이후 서방식 생활 방식을 모방한 구소련의 젊은이들을 지칭하였다가 서방의 일정한 사교권을 가리키게 됨] 제트족(자가용 제트기를 이용 유흥을 즐기는 국제적인 사교층). **Jetstream** ['dʒɛtstri:m], der; -(s), -s [engl. jet stream] ［기상］제트기류.

Jett, ⟨전문어⟩ ²**Jet** ['dʒɛt, ⟨또는⟩ jɛt], der ⟨또는⟩ das; -(e)s [engl. jet] ↑Gagat.

jettartig ⟨Adj.⟩ 제트기처럼 생긴.

Jettatore [dʒɛta'to:rɐ], der; -, ...ri [ital. iettatore] 눈초리가 고약한(제수없는) 사람(이탈리아어).

jetten ['dʒɛtn] [↑¹Jet] ⟨통용어⟩ a) ⟨s⟩ 제트기를 타고 가다 [여행하다]: an die Riviera 제트기로 리비에라로 여행하다. b) ⟨h⟩ 제트기로 보내다: von Deutschland jettete er 14 Journalisten nach Honolulu 독일에서 그는 14명의 기자들을 호놀룰루로 보냈다. c) ⟨s⟩ (제트기가) 비행하다.

jetzig ['jɛtsɪç] ⟨Adj.⟩ [mhd. iezec] 현재의, 지금의: der -e Stand der Forschung 연구 현황; die -e Mode 목하 유행. **jetzo** [jɛtso; mhd. iezuo, ieze, iezō] ⟨고어⟩ ↑jetzt (1~4). **jetzt** [jɛtst] ⟨Adv.⟩ ⟨älter: i(e)tzt, mhd. iz(i)t, iez(e), ↑jetzo⟩ 1. 지금, 목하, 이순간(에)(반대: einst a): ich habe bis j. gearbeitet 지금(이순간)까지 나는 일을 했다; ich gehe gleich j. mit 지금 곧 같이 가지; j. oder nie! 지금 꼭; von j. auf nachher ⟨통용어⟩ 지금 당장. 2. (과거와는 달리) 지금은, 오늘날(반대: einst a): man denkt darüber j. ganz anders 그것에 대해 사람들은 오늘날 전혀 다르게 생각한다; es gibt j. viel mehr Möglichkeiten als noch vor ein paar Jahren 수년 전에 비해 지금은 훨씬 더 많은 가능성이 있다. 3. 현재, 그새: die Kinder gehen j. beide in die Schule 아이들은 현재 학교에 다니고 있다. 4. ⟨이미 언급된 사실과 연관하여 막연히 현시점을 나타내어⟩ 이제: j. ist aber Schluß mit dem Geschwätz 이제 수다는 그만 떨어. 5. ⟨지역적; 의문문에서 자주 화자가 스스로에게 던진 질문을 강조⟩ (wohl): wer hat denn das j. gemacht? 그런데 누가 그것을 했담?; ⟨명사화⟩ **Jetzt** [-], das; - ⟨아어⟩ 지금, 현재(반대: Einst): das Einst und das J. 왕년과 지금. **Jetztmensch,** der ⟨인류⟩ 오늘날 사람, 현대인. **Jetztzeit,** die ⟨Pl. 없음⟩ ⟨드물게⟩ 지금 시간, 현재.

Jeu [ʒø:], das; -s, -s [frz. jeu] ⟨고어⟩ 놀음, 카드놀이. **jeuen** ['ʒø:ən] ⟨h⟩ ⟨드물게⟩ 놀음을 하다.

Jeunesse dorée [ʒœnɛsdɔ're], die; - [frz. jeunesse dorée; Robespierre(1758~1794)의 실각 후 자코뱅당의 선동어로서 정치가이자 기자였 L. Fréron(1754~1802)의 주도 아래 반혁명을 외치던 파리의 젊은이들을 나타냄] ⟨교양어, 준고어⟩ 황금빛 청년, 부유층 젊은이.

jeweilen ['je:vailən] ⟨Adv.⟩ ⟨schweiz., 그 외 고어⟩ 때때로(jeweils; dann u. wann): **jeweilig** ['je:vaɪlɪç] ⟨Adj.⟩ **a)** 그때마다의, 당시의: der -en Mode entsprechend 당시 유행에 맞게. **b)** 각기, 각별한: den -en Umständen entsprechend 각기 상황에 맞추어. **jeweils** ['je:vaɪls] ⟨Adv.⟩ **a)** 매번, 각각: die Zeitschrift erscheint j. am l. des Monats 그 잡지는 매달 초에 나온다. **b)** 당시의: das Spiegelbild der j. gültigen Maximen 당시 통용되던 원칙의 반영.

Jg. ＝ Jahrgang; **Jgg.** ＝ Jahrgänge.

Jh. ＝ Jahrhudert.

jiddeln ['jidln] ⟨h⟩ ↑jüdeln.

jiddisch ['jɪdɪʃ] ⟨Adj.⟩ [본래 ＝ 유태인 독일의, 동유럽 유태인의 독일어를 나타냄] 유태(인투)의 독일(어)의: die -e Sprache[Literatur] 유태(독)어[문학]. **Jiddisch,** das; -(s) 유태(인투의 독일)어. **Jiddische** ['jɪdɪʃə], das; - 유태어(동유럽에서 유태인들이 쓰는 언어로 중고독어, 헤브라이어, 슬라브어 등이 섞임). **Jiddist** [jɪ'dɪst], der; -en, -en 유태어문학자. **Jiddistik** [jɪ'dɪstɪk], die 유태어문학.

Jieper ['ji:pɐ] ↑Gieper.

Jiez [jiːts], der; -es, -e 《통용어·지역적》 담뱃진, 댓진.
Jigger ['dʒɪgɐ], der; -s -(s) [engl. jigger] 1. [골프] 지거 (타구면이 좁고 약간 숙여진 타구봉). 2. [선원] 네 돛대 배의 맨 마지막 돛.
Ji-Jitsu [dʒi'dʒɪtsu] ↑Jiu-Jitsu.
Jimenes [çi'meːnɛs], der; - [span. pedrojiménez; Pedro Jiménez의 이름에 따라] 히메네스주(리큐르와 비슷한 스페인 산의 단 포도주).
Jin: ↑Yin.
Jina ['dʒiːna] ↑Dschaina.
Jingle ['dʒɪŋgl], der; -(s), -(s) [engl. jingle] 【광고】 광고 방송 노래, 시엠송.
Jingo ['dʒɪŋgo], der; -s, -s [engl. jingo] 징고(국수주의자, 민족주의자의 영어식 표기). **Jingoismus** [dʒɪŋgo-'ɪsmʊs], der; - [engl. jingoism] 징고이즘(국수주의, 민족주의의 영어식 표기).
Jitterbug ['dʒɪtɐbʌg], der; - [amerik. jitterbug] 지르바(춤).
Jiu-Jitsu ['dʒiːuˈdʒɪtsu], das; -(s) [jap. jujutsu] 유도.
Jive [dʒaɪv], der; - [amerik. jive] 1. 자이브(스윙곡의 일종). 2. 지르바(Jitterbug).
j. L. [제начальная] = jüngere(r) Linie.
Job [dʒɔp], der; -s, -s [engl.-amerik. job] 1. 《통용어》 a) 조브, 아르바이트, 일거리, 부직: jeder dritte Schüler sucht sich in den großen Ferien einen J. 학생들 세 명중 한 명은 방학 동안의 일거리를 찾는다. b) 일자리, 직장: die Leute finden ja keinen neuen J. hier 여기서 사람들은 새 일자리를 못 찾는다. c) 직업, 일: dieser J. ist sehr anstrengend 이 일은 아주 힘들다. 2. [전산] 작업. **jobben** ['dʒɔbn̩] 〈h〉 《통용어》 조브(아르바이트)를 하다: in den Ferien j. 방학에 j.한다. er hat als Taxichauffeur gejobbt 그는 택시 운전사 일을 했다.
Jobber ['dʒɔbɐ], der; -s, - 1. a) (영미의 증권 거래소에서 자기 이름으로 증권을 사고 파는) 증권상. b) 증권 투기꾼. 2. 《통용어·폄》 투기꾼, 모리배. 3. 《통용어》 부업인. **jobbern** ['dʒɔbɐn] 〈h〉 《통용어·폄》 (증권) 투기하다.
Jobeljahr [joˈbeːl-], das; -(e)s, -e [hebr. yôvel = Widderhorn] (유태교) 50년째의 안식년(레위기 25장 8절).
Jobhopping [-hɔpɪŋ], das; -s, -s [engl.-amerik. jobhopping] 《은어》 조브호핑(좋은 조건을 따라 일자리 바꾸기). **Jobrotation** [-roteɪʃən], die; -s, -s [engl.-amerik. job-rotation] 《은어》 조브 로테이션. **Jobsharing** ['-ʃɛərɪŋ], das; -(s) [engl., to share = (zu)teilen] 조브세어링(직무 분할).
Joch [jɔx], das; -(e)s, -e / 〈척도 표시로서는〉 - [mhd. joch, ahd. joh] 1. (소의) 멍에: die Kühe ins [unters] J. spannen 암소를 멍에에 매다; **kaudinisches J.** 《교양어》 카우디움의 멍에(굴욕, 치욕) (기원전 321년 로마군이 이 탈리아의 Caudium 근처에서 패망한 로마군이 지나야 했던 창으로 된 멍에 모양의 통로에서). 2. 〈드물게 Pl.〉 (아어) 속박, 짐, 부담: das J. Ehe 결혼의 멍에(속박); jmdn. ins J. spannen 누구를 속박하다; jmdn. unter ein J. zwingen 누구를 굴복시키다. 3. 〈Pl. Joch〉(한 멍에의) 한 쌍(으로): 2 J. Ochsen 두 쌍의 수소. 4. 〈Pl. Joch〉 요호(한 멍에의 소가 갈 수 있는 30~55 아르에 해당하는 면적, 아직 오스트리아에 통용됨). 5. ↑Tragjoch의 약칭: die Eimer an einem J. tragen 멜대로 양동이를 나르다. 6. [지리] 산허리, 협곡(Paß). 7. [건축] a) (교회 건축에서) 한 궁륭을 이루는 구획(Travée). b) 간, 칸(벽으로 구획된 면적). 8. [토목] a) ↑Brückenjoch. b) (나무다리의) 교각. c) 갱의 횡목들. 9. 《드물게》 ↑Jochbein.
Joch- : **~alge**, die 〈대개 Pl.〉 [세포의 접합 때 Joch(8 a)와 비슷한 결합이 생기는데에서] 접합조류. **~bein**, das

~bogen, der 1. [해부] 협골궁. 2. [건축] 궁룽. **~brücke**, die (나무) 홍예 다리. **~pfeiler**, der ↑Joch(8 b). **~spannung**, die ↑~weite. **~weite**, die [토목] 궁 간격.
jochen ['jɔxn̩] 〈h〉 (방언) (소를) 멍에하다.
Jockei, Jockey ['dʒɔkɛ, 'dʒɔki, 《또한》 'dʒɔkai, 'jɔkai], der; -s, -s [engl. jockey] 자키(직업 기수).
Jockel ['jɔkl̩], der; -s, - 〈지역적〉 멍청이, 바보: so ein dummer J.! 저런 바보 멍청이!; **jmdm. den J. machen** 《지역적》 누구에게 이용당하다; **aus jmdm. den J. machen** 《지역적》 누구를 바보로 만들다.
Jockette [dʒɔˈkɛtə], die; -n [amerik. jockette] 여자 자키. **Jockey**: ↑Jockei. **Jockeymütze**, die a) 자키(용) 모자. b) 자키(식) 모자.
Jod [joːt], das; -(e)s [frz. iode 요오드의 가열시 생기는 보라색 수증기에서; 프랑스의 화학자이자 물리학자 L. J. Gay-Lussac (1778~1850)이 명명] 요오드, 옥도, 옥소기호: J).
jod- Jod-: **~bad**, das a) 요오드 온천. b) 요오드 욕. **~haltig** 〈Adj.〉 ein -es Medikament 옥도 함유 약품. **~präparat**, das 요오드계. **~quelle**, die 요오드 천. **~sauerstoffsäure**, die 옥소산. **~säure**, die ↑~sauerstoffsäure 참조. **~silber**, das ↑Silberjodid. **~tinktur**, die 옥도정기. **~vergiftung**, die 옥도 중독. **~wasserstoff**, der 옥화(요오드화) 수소. **~wasserstoffsäure**, die 옥화(요오드화) 수소산. **~zahl**, die [화학] 옥소(요오드)分.
Jodat ['joˈdaːt], das; -(e)s, -e [화학] 옥소(요오드소)산염.
Jodel ['joːdl], der; -s, - / Jödel [요들노래.
Jodellied, das 요들노래. **jodeln** ['joːdl̩n] 〈h〉 요들소리를 내다: die Einheimischen hier können j. 여기 토박이들은 요들을 잘 줄 안다.
Jodhpur ['dʒɔdpʊɐ̯], die; -s, Jodhpurhose, die; -n [engl. jodhpur, jodhpur breeches; 인도의 도시 Jodhpur에서] 조드프르 (승마) 바지. **Jodhpurschuh**, der; -(e)s, -e, **Jodhpurstiefel**, der; -s, - 〈대개 Pl.〉 [engl. jodhpur shoe, jodhpur boot] 조드프르 구두[장화].
Jodid [joˈdiːt], das; -(e)s, -e [화학] 요오드화물, 옥화물.
jodieren [joˈdiːrən] 〈h〉 a) [화학] 요오드화하다; jodiertes Speisesalz 요오드화 식염. b) [의학] (소독을 위해) 요오드를 바르다: er jodiert die Wunden 그는 상처에 요오드를 바른다. **Jodismus** [joˈdɪsmʊs], der; - ↑Jodverslung.
Jodler ['joːdlɐ], der; -s, - 1. 요들하는 사람. 2. a) 요들노래. b) 짧은 요들. **Jodlerin**, die; -nen ↑Jodler (1)의 여성.
Jodo: ↑Dschodo.
Jodoform [jodoˈfɔrm], das; -s 요오드포름. **Jodometrie** [jodomeˈtriː], die; - [화학] 옥도적정법.
Joga, Yoga [ˈjoːga], der 《또는》 das; -(s) [sanskr. yuga-] a) 요가(학). b) 요가(수련): J. erlernen 요가를 배우다. **Jogaübung**, die 요가 연습.
joggen ['dʒɔgən] 〈h〉 조깅하다.
Jogging ['dʒɔgɪŋ], das; -s [engl. jogging] 【육상】 조깅.
Joghurt ['joːgʊrt], der / 《österr.》 das; -(s), 《종류, 체운 잔》 -(s); 《통용어》 《또는》 -(s) [türk. yogurt] 요구르트: es gibt verschiedene Sorten J. 요구르트에는 여러 종류가 있다; drei J. einkaufen 요구르트 세 개 [잔]를 사다. **Joghurtbecher**, der 요구르트 잔. **Joghurtsorte**, die 요구르트 종류.
Jogi, Yogi ['joːgi], der, Yogin ['joːgɪn], der; -s, -s [sanskr. yogi(n)] 요가(유가)수행자.
Johannes [joˈhanəs], der; -, - (경) 자지(Penis): wie

die Nase des Mannes, so ein J. 코는 남자의 남근.
Johannesburg [jo'hanəsbvrk, jo'hanɛs... (engl.)] 요하네스버그(남아프리카의 도시). **Johannesevangelium,** das ⟨Pl. 없음⟩ 요한 복음. **Johannespassion,** die ⟨Pl. 없음⟩ 요한 수난.
Johanni(s) [jo'hani] ↑Johannistag.
Johannis- [jo'hanɪs-]: **~beere,** die (성요한일(6.24) 즈음에 열매가 익음) **a)** 유럽산 까치밥나무(Ribes). **b)** ⟨대개 Pl.⟩ 까치밥나무 열매. **~beergelee,** das, ⟨또한⟩ der 까치밥나무 쩰리. **~beermarmelade,** der 까치밥나무 잼. **~beerlikör,** die 까치밥나무 리큐르. **~beersaft,** der 까치밥나무 과즙. **~beerstrauch,** der 까치밥나무 덤불. **~beerwein,** der 까치밥나무 주. **~brot,** das [세례 요한이 황야에서 먹었다 전하여짐] 구주콩(나무 열매). **~brotbaum,** der 구주콩나무(학명: *Ceratonia siliqua*). **~fest,** das **1.** 요한 축제(프리메이슨단의 수호자인 세례 요한을 기념하기 위한 축제, 6월 24일). **2.** ↑ **~nacht. ~feuer,** das 성요한제 전야의 불. **~fünkchen,** das, **~käfer,** der ⟨지역적⟩ ↑Leuchtkäfer. **~kraut,** das 물레나물(Hartheu; 학명: *Hypericum*). **~nacht,** die 성요한절 전야. **~tag,** der 성요한절(6월 24일). **~traube,** die ⟨지역적⟩ ↑**~beere. ~trieb,** der **1.** [식물] **a)** 두번째로 트는 여름눈. **b)** 여름눈. **2.** ⟨Pl. 없음⟩ ⟨농⟩ 회춘, 늦바람. **~vögelchen, ~würmchen,** die ⟨지역적⟩ ↑Leuchtkäfer.
Johanniter [joha'niːtɐ, ⟨또한⟩ ...nɪtɐ], der; -s, - [mlat. Johannita] 요한 기사수도회 수도사. **Johanniterkreuz,** das ↑Malteserkreuz, **Johanniterorden,** der 요한 기사수도회(1100년경 예루살렘에서 본래 병든 순례자를 돌보기 위해 세워진 성직 기사단). **Johanniterunfallhilfe,** die 요한 기사수도회 사고 구조대.
johlen [ˈjoːlən] ⟨h⟩ [mhd. jólen] ⟨뗌⟩ **a)** ⟨여럿이⟩ 소리지르다: die Zuschauer johlten im Stadion 운동장에서 관중들이 소리를 질렀다. **b)** 소리내어 …하다: Beifall j. 갈채의 소리를 지르다.
Joint [dʒɔɪnt], der; -s, -s [amerik. joint] **a)** 조인트(하시시나 마리화나를 섞어 말은 담배): einen J. nehmen 조인트를 피다. **b)** ⟨경, 특히 청소년어⟩ 담배: hast du mal 'nen J. für mich? 한 대 줄래?
Joint-venture [ˈdʒɔɪntˈventʃɐ], das; -(s), -(s) [engl.-amerik. joint-venture] [경제] 조인트 벤처, 합작 투자.
Jo-Jo [joː(ː)joː], das; -s, -s [amerik. yo-yo] 요요(놀이).
Jökel [ˈjøːk(ə)l], der; -s, - [Niederd. < mniederd. jökel(e)] ⟨지역적⟩ **1.** 말뚝, 쐐기. **2.** [지질] 황산동이 저장된 고드름 모양의 암석.
jökeln [ˈjøːk(ə)ln] ⟨h⟩ [Niederd. < mniederd. gökeln] ⟨지역적⟩ 농하다: sie hörte nicht auf zu j. und zu albern 그 여자는 계속 농짓거리를 했다.
Joker [ˈjoːkɐ, ⟨또한⟩ ˈdʒoːkɐ], der; -s, - [engl. joker] [카드] 조커. **jokos** [joˈkoːs] ⟨Adj.⟩ [lat. iocōsus] ⟨교양어, 고어⟩ 농스러운: eine -e Bemerkung 농조의 언급. **Jokulator** [jokuˈlaːtɔr] der; -s, …toːrɛn], der; -s, -en […latoːrən] lat. ioculātor] 중세 때의 광대, 익살꾼.
Jokus [ˈjoːkʊs], der; -, -se ⟨드물게 Pl.⟩ [lat. iocus] ⟨교양어·중고어⟩ 농, 농담, 장난: J. machen 농치다.
Jolle [ˈjɔlə], die; -n [Niederd. < mniederd. jolle] **1.** [선원] 모선에 딸린 넓고 편평한 작은 배. **2.** 용골 대신 널판을 댄 작은 배. **Jollenkreuzer,** der 객실을 갖춘 ↑Jolle.
Jom Kippur [ˈjoːm kɪˈpuːɐ], der; - [hebr. yôm kippûr] 화해의 날(유태인의 가장 큰 축제).
Jonathan [ˈjoːnatan], der; -s, - [1840년경 미국에서 처음 재배함 사과] 조나단 사과, 홍옥.
Jongleur [ʒɔŋgˈløːɐ, ⟨또한⟩ ʒoˈgløːɐ], der; -s, -e [frz.

jongleur] **1.** (공이나 고리 등을 다루는) 곡예사. **2.** [곡예 제조] 기구체조 선수. **3.** 중세 때의 광대. **Jongleurakt,** der **1.** 곡예술. **2.** [곡예 제조] 기구체조술. **jongleurhaft** ⟨Adj.⟩ 곡예사다운(같은): mit -er Geschicklichkeit 곡예사 같은 능숙함으로. **jonglieren** [ʒɔŋgˈliːrən, ⟨또한⟩ ʒoˈgliːrən] ⟨h⟩ **1.** 곡예를 부리다: Teller j. 접시돌리기를 하다; ⟨전의⟩ ein Tablett durchs Gedränge j. 혼잡 속을 곡예부리듯 쟁반을 나르다. **2.** [곡예 제조] 기구체조를 하다. **3.** (사람이나 물건을) 능숙하게 다루다. **Jongliergewicht,** das [곡예] 기구체조 보조 아령.
Jonikus: ↑Ionicus.
Jonny [ˈdʒɔni], der; -s, -s [engl. Jo(h)nny, John = Johannes의 애칭] ⟨경⟩ 음경(Penis).
Jonon [joˈnoːn], das; -s [griech. fon] [화학] 이오논.
Jöppchen [ˈjœpçən] ↑Joppe의 축소형. **Joppe** [ˈjɔpə], die; -n [mhd. jop(p)e < ital. giuppa < span. aljuba < arab. (al-)ǧubba] **a)** 간편한 남성 웃옷. **b)** 남성용 실내 웃옷.
Jordan [ˈjɔrdan], der; -(s) 이스라엘과 요르단의 강 이름 ⟨다음 용법으로⟩: **über den J. gehen** ⟨은폐⟩ 요단강을 건너다, 죽다.
Jordanien [jɔrˈdaːniən], -s 요르단. **Jordanier** [jɔrˈdaːniɐ] der; -s, - 요르단 사람. **jordanisch** [jɔrˈdaːnɪʃ] ⟨Adj.⟩ 요르단(인)의.
Jöre [ˈjøːrə] (berlin.) ↑Göre.
Joruri [ˈdʒoːruri], das; -(s) 조루리(일본의 인형극).
Josef(s)ehe [ˈjoːzɛf(s)-] die; -n 요셉혼(종교적 이유로 성적 관계가 배제된 결혼 생활). **Josephinismus** [jozefiˈnɪsmʊs], der; - [황제 요셉 2세(1765~1790)의 이름에서] ⟨역사적⟩ 요셉주의(18, 19세기 오스트리아의 계몽적 가톨릭 국가 교회 정책).
Jot [jɔt, ↑a, A] das; -, - [lat. iôta. griech. iôta] 요트, 독일어 자모의 열번째 자 (↑j, J). ¹**Jota** [ˈjoːta], das; -(s), -s [got. jôta < griech. iôta (↑Jot)]. 마태복음 5장 18절의 고트어 번역에 따라 그리스어 자모의 아홉 번째 자 (I, i): **kein(nicht ein / um kein J.)** ⟨아이⟩ 한치도 [조금도](양보하지 않다 등), **(auch) nur ein J.** 한치라도, 조금이라도.
²**Jota** [ˈxɔta], die; -s [span. jota] 호타(3/8, 3/4 박자의 캐스터네츠 반주가 있는 빠른 스페인 춤).
Jotazismus [jotaˈtsɪsmʊs] ↑Itazismus.
Joule [dʒuːl, ⟨또한⟩ dʒaʊl], das; -(s), - [영국의 물리학자 J. P. Joule(1818~1889)의 이름에서] [물리] 줄 (에너지의 단위); (기호: J).
Jour [ʒuːɐ], der; -s, -s [frz. jour] **1.** ⟨준고어⟩ 정기적 내방일(모임의 날): sie haben alle vierzehn Tage J. 그들은 매 십사일 마다 모인다(손님을 맞는다). **J. fixe** ⟨준고어⟩ 정기적 회합일. **2.** ⟨고어⟩ 근무일.
Journaille [ʒʊrˈnaljə, ʒʊrˈnaɪ], die ⟨준고어·뗌⟩ **a)** 악덕 신문. **b)** 악덕 기자.
Journal [ʒʊrˈnaːl], das; -s, -e [1, 2: frz. journal, ↑Jour; 3, 4: ital. giornale] **1.** ⟨고어⟩ (일간)신문. **2.** ⟨아어·준고어⟩ 저널, 화보 잡지: ein J. für Mode 의상 저널. **3.** ⟨준고어⟩ 일기, 일지: sie führte ihr Leben lang ein J. 그 여자는 평생 동안 일기를 썼다. **4.** 항해 일지. **5.** [상업] 일기장. **J. führen** 일기장을 쓰다. **Journalauszug,** der [상업] 일기 초록.
Journal- ⟨österr.⟩: **~beamte**, der 당직 관리. **~dienst,** der 당직 근무. **~fräulein,** das 경리 여사원. **~führerin,** die ↑**~fräulein. ~nummer,** die 일기책 번호(약어: J.-Nr.).
Journalismus [ʒʊrnaˈlɪsmʊs], der; - **1.** 신문, 언론(계): er kommt vom J. her 그는 언론계 출신이다. **2. a)** 신문(기자)활동: dieses Land kennt keinen freien, un-

abhängigen J. 이 나라는 자유로운, 독립적인 언론(활동)을 모른다. **b)** 《경·자주 편》 신문쟁이 투: ein Beispiel von gutem J. 훌륭한 신문쟁이 투. **Journalist** [ʒʊrnaˈlɪst], der; -en, -en [frz. journaliste] 기자, 기자인. **Journalistendeutsch,** das 《종종 편》 기자투(의 독어). **Journalistik,** die **1.** 신문학. **2.** 《아어·드물게》 기사, 기자의 작업. **Journalistin,** die ↑Journalist의 여성형. **journalistisch** ⟨Adj.⟩ **1.** 기자의: eine -e Tätigkeit 기자 활동. **2.** 언론적인, 기자다운: er hat eine -e Begabung 그는 기자 소질이 있다.

jovial [joˈvɪaːl] ⟨Adj.⟩ [lat. jovialis; 중세 천문학에 따르면 목성에 태어난 사람은 즐겁고 명랑하다고 여겨졌음] 《특히 아랫사람에 대해》 호탕한, 호연한: jmdm. j. auf die Schulter klopfen friendly 호탕스럽게 누구의 어깨를 치다. **Jovialität** [jovɪaliˈtɛːt], die 호기, 호탕스러움. **jovianisch** [joˈvɪaːnɪʃ] ⟨Adj.⟩ 《천문》 목성의: das -e Schwerefeld 목성 중력권.

Jr., Jun. = junior.

Jubel [ˈjuːbl̩], der; -s [lat. iubilus] **a)** 환호, 환성, 만세 소리: J. brach los 환호가 터졌다; zum J. der Kinder gab es Eis zu essen 아이들이 신나라고 식사에는 빙과가 있었다; **J., Trubel, Heiterkeit** 1) 희희낙락. 2) 《편》 야단법석. **b)** 《아어》 환희, 큰 기쁨.

Jubel-: ~braut, die 《농》 결혼 기념일을 맞은 여자. **~bräutigam,** der 《농》 결혼 기념일을 맞은 남자. **~brautpaar,** das 결혼기념 신랑신부. **~datum,** das 《농》 기념일. **~feier,** die 《농》 ~**fest,** das 《농》 기념 잔치, 축하연. **~gesang,** der 환희의 노래, 축가. **~geschrei,** das 환호 소리, 환성. **~greis,** der 《농》 쾌활한 노인; 기념일을 맞은 노인. **~hochzeit,** die 《농》 《은혼식, 금혼식 등의》 결혼 기념일. **~jahr,** das [mhd. jubeljār] **1.** ↑Jobeljahr. **2.** 《가》 희년(Eraljahr): **alle -e[(ein)mal]** 가뭄에 콩나듯. **3.** 기념의 해: das Land begeht 1977 das J. seines 25 jährigen Bestehens 그 나라는 1977년에 건국 25주년을 맞는다. **~paar,** das ↑~brautpaar. **~perser,** der 《대개 Pl.》 《통용어·편》 《동원된》 박수 부대. **~rohr,** das 《농》 클라리넷, 투 의 환호 소리. **~schrei,** der 환호의 외침.

jubeln [ˈjuːbl̩n] ⟨h⟩ 환호하다, 환성을 올리다: die Sieger jubelten 승리자는 환호했다; ihr solltet nicht zu früh j.! 너희는 너무 일찍 좋아하지 마! **Jubilar** [jubiˈlaːɐ̯], der; -s, -e [lat. iubilarius] 기념일을 맞는 사람: den J. beglückwünschen 기념일 맞는 이를 축하하다. **Jubilarin,** die; -nen ↑Jubilar의 여성형. **Jubilate** [jubiˈlaːtə] ⟨Art.; 관변화 없음⟩ [lat. iubilāte] 《신교》 부활절 다음 세 번째 일요일. **Jubilatio** [jubiˈlaːtsio], die; **Jubilation** [...laˈtsi̯oːn], die [lat. iubilatio] 《교회음악》 유빌라치온 (그레고리안 합창에서 모음, 예컨대: 할렐루야의 마지막 음절에 붙인 환호의 열열). **Jubiläum** [jubiˈlɛːʊm], das; -s, ...läen [...lɛːən; lat. iubilaeum] (25, 50, 75주년 따위의) 기념일: das 150 jährige J. der Firma 회사(창립) 150주년 기념일; **J. feiern** (begehen, haben) 기념제를 갖다.

Jubiläums-: ~ausgabe, die 기념판. **~ausstellung,** die 기념 전시회. **~feier,** die 기념제. **~gabe,** die 기념 선물. **~heft,** das 《잡지》의 기념호. **~spiel,** das 《스포츠》 기념경기.

Jubilee [ˈdʒuːbɪliː], der; -(s), -s [engl.-amerik. jubilee] 주빌리(북미 흑인들의 찬송가).

jubilieren [jubiˈliːrən] ⟨h⟩ [mhd. jubilieren] **1.** 《아어·준고어》 환호(작약)하다: die Kinder jubilierten vor Glück 아이들은 행복에 겨워 환호했다; seine Feinde jubilierten über ihn es 그에 대해서 원수들이 의기양양해 했다. [전의] 《시어》 die Vögel jubilierten an den schönen Sommermorgen 새들은 아름다운 여름 아침 환희의 노래를 불렀다. **2.** 《농》 기념제를 갖다: einer unserer Freunde jubiliert heute 우리 친구 중의 하나가 오늘 기념일이 있다. **Jubilus** [ˈjuːbilʊs], der; - [lat.] ↑Jubilatio.

Juchart [ˈjʊxart], **Juchert** [ˈjʊxɐt], der; -s, -e 《südwestd.》, **Juchart, Jucharte,** die; ...ten 《schweiz.》 [mhd. juchart, juchert, ahd. juchart] ↑Joch (4).

juch! [jʊx] ⟨Interj.⟩ [mhd. juch] 《고어》 ↑juchhe. **juchen** [ˈjʊxn̩] ⟨h⟩ [mhd. (m)niederd. juchen] 《방언》 ↑jauchzen. **juchhe!** [jʊxˈheː] ⟨Interj.⟩ 야 《신난다》! : j., jetzt fahren wir! 야, 이제 출발 !; 《명사화》 sie ließen ein lautes Juchhe hören 그들은 떠들석하게 야 하는 소리를 내었다. **¹Juchhe,** das; -s, -s **1.** 《지역적·농》 극장의 이층 관람석. **2.** 《österr.》 집의 구석진 곳. **²Juchhe,** die; -s 《지역적》 집의 맨 윗 부분, 다락방: sie wohnen in der J. 그들은 다락방에 산다. **juchhei!** [jʊxˈhai̯], **juchheirassa(ssa)!** [jʊxˈhai̯rasa(sa)], **juchheisa!** [jʊxˈhai̯za, ...hai̯sa], **juchhe̱isa!** [jʊxˈhai̯sa], ⟨Interj.⟩ 《아어·준고어》 얼씨구 절씨구, 지화자.

juchten [ˈjʊxtn̩] ⟨Adj.⟩ 《드물게》 러시아 가죽으로 된: -e Stiefel 러시아 가죽 장화. **Juchten** [-], der 《또는》 das; -s Niederd. Juften **1.** 러시아 가죽. **2.** 러시아 가죽 냄새와 비슷한 향수. **Juchtenleder,** das 러시아 가죽 (구두 윗 부분에 쓰이는, 특정하게 무듭질한 방수 가죽). **Juchtenstiefel,** der 러시아 가죽 장화.

juchzen [ˈjʊxtsn̩] ⟨h⟩ 《통용어》 야 소리를 내다, 환성을 지르다. **Juchzer** [ˈjʊxtsɐ], der; -s, - 《통용어》 기쁨의 소리, 환성: einen J. ausstoßen 환성을 지르다.

juckeln [ˈjʊkl̩n] ⟨h⟩ 《통용어》 **1.** 뒤치락거리다: mußt du immer j., statt ruhig am Tisch zu sitzen? 식탁에 가만히 앉아 있지 않고 너는 항상 몸을 뒤치락거리어야 겠니? **2. a)** 털털거리며 가다: ein altes Auto juckelte durch die Straßen 한 낡은 차가 털털거리며 거리를 통과했다. **b)** 《자동차로》 유람하다: sie juckeln seit Wochen mit einem Wohnwagen durch die USA 그들은 몇주 전부터 주거차로 미국을 유람하고 있다.

jucken [ˈjʊkn̩] ⟨h⟩ [mhd. jucken, ahd. jucchen] **1. a)** 가렵다, 근질거리다: mir[mich] juckt die Haut 나는 살갗이 가렵다; 《비인칭으로도》 es juckt mir[mich] auf dem Rücken 나는 등이 가렵다; 《속담》 wen's juckt, der kratze sich 가려우면 긁는 법. **b)** 가려움을 불러 일으키다: der Verband juckt ihm[ihn] auf der Haut 붕대 때문에 그는 살갗이 가렵다; ein juckendes Ekzem 가려운 습진. **2.** (j. + sich) 《통용어》 **a)** 가려워 긁다: mußt du dich dauernd j.? 너는 계속 긁어야야 하겠니? **b)** (… 되도록) 긁다: der Kranke hat sich immer wieder blutig gejuckt 환자는 계속 피가 나도록 긁었다. **3.** 《통용어》 **a)** 《비인칭》 좀이 쑤시게 하다: es juckte ihn, zu fragen, was vorgefallen war 무슨 일이 벌어졌는가 문고 싶어 그는 좀이 쑤셨다. **b)** 좀이 쑤시게 하다: was da vor sich geht, das juckt mich nicht 무슨 일이 벌어지든 난 꿈쩍도 하지 않아; laß j.! 《지역적·경》 자, 해봐! **Jucken,** das; -s 가려움《증》. **jücken** [ˈjʏkn̩] ⟨h⟩ [spätmhd. jücken] 《지역적·그의 고어》 ↑jucken.

Jucker [ˈjʊkɐ], der; -s, - 마차말. **Juckergespann,** das 마차쌍말. **Juckerpeitsche,** die 《경마》 말채찍. **Juckerwagen,** der 경쾌한 마차.

Juckpulver, das; -s, - 《통용어》 《장난용》 가려움 가루. **Juckreiz,** der; -es, -e 《대개 Pl.》 가려움증.

Judäa [juˈdɛːa], -s 《고대 그리스 로마 시대의》 《남》 팔레스티나.

Judaika [juˈdaːika] ⟨Pl.⟩ [lat. Iudaica] 【서적】 **a)** 유태 문헌. **b)** 유태 민족에 관한 서적. **judaisieren** [judai̯ziˈrən] ⟨h⟩ 《교양어》 유태화하다. **Judaisierung,** die 《교

양어) 유태화. **Judaismus** [juda'ɪsmʊs], der; - [lat. Iūdaismus < griech. Ioudaïsmós] **1.** 유태 종교(문화, 역사), 유태 정신. **2.** 《역사적》 유태 원시 기독교. **Judaistik,** die 유태학. **judaistisch** 〈Adj.〉 《교양어》 유태학의. **Judas** ['juːdas], der; -, -se [신약의 Judas Ischariot 에서] 《팸》 유다, 배반자, 배신자, 반역자.

Judas-: ~baum, der [Judas Ischariot이 예수에 대한 배반 후 이 나무에 목을 매달았다 전하여짐] 유다나무, 서양 박태기나무. **~geld,** das, **~groschen,** der ↑**~lohn**. **~kuß,** der [예수가 붙잡힐 때 Judas Ischariot이 배반의 저의를 갖고 한 입맞춤에서; 마가 14장 43~45절] 유다(배반)의 입맞춤. **~lohn,** der [Judas Ischariot이 예수를 배반하고 받은 보수에서; 마가복음 14, 10, 11장] 유다의 보수, 배반의 대가. **~ohr,** das [전설에 의하면 Judas Ischariot은 Holunderbaum에 목을 매달았다 함] 목이버섯의 일종(학명: *Auricubria sambucina*).

Jude ['juːdə], der; -n, -n [lat. Iūdaeus < griech. Ioudaîos < hebr. yĕhûdî] **1.** 유태인, 유태교도: weißer J. 《통용어》 백색 유태인 (탐욕스러운 비 유태인), 수전노. **2.** 《경》 음핵(Klitoris). **jüdeln** ['jyːdḻn] 〈h〉 유태인투로 말하다.

juden-, Juden-: ~bart, der 범의귀과에 속하는 식물(학명: *Saxifraga stolonifera*). **~christ,** der **1.** (원시 기독교에서) 유태(출신의) 기독인. **2.** (특히 강제로 개종한) 유태 기독교도. **~christentum,** das **1.** (원시 기독교의) 유태 기독교(인). **2.** (개종) 유태 기독교(도). **~christlich** 〈Adj.〉 유태 기독교(도)의. **~deutsch,** das 《준고어・대개 팸》 ↑Jiddisch. **~dorn,** der ↑Jujube. **~gegner,** der 반유태주의자. **~kirsche,** die 유태 여인의 머리 쓰개와 비슷한 꽃 모양에서] 꽈리(Blasenkirsche). **~knöchelchen,** das, **~knochen,** der 《(지역적) 유태인 박해, ↑Musikantenknochen, Mäuschen (2). **~ohr,** das ↑Judasohr. **~pogrom,** der (또는) das ↑~verfolgung. **~schule,** die (다음 용법으로) **irgendwo geht es zu(herrscht ein Lärm, sind Zustände) wie in einer J.** 《통용어》 어디는 유태교회 [호떡집]에 불난 것 같다. **~stern,** der (나치) (나치 시대에 표식으로 달게 한) 유태인 박해. **~verfolgung,** die 유태인 박해. **~viertel,** das 유태인 구역.

Judenheit, die 유태인, 유태 민족: die J. des deutschen Sprachkreises 독일어권의 유태인. **Judentum,** das; -s **1.** 유태(민)족: der Einfluß des internationalen -s 국제 유태 민족의 영향. **2.** 유태 종교[문화, 역사], 유태 종교성. **3. a)** 유태 정신(본질). **b)** 유태(인) 임: er hat sein J. nie verleugnet 그는 자기가 유태인 임을 결코 부인하지 않았다.

Judika ['juːdika] 〈관사・격변화 없음〉 [lat. iūdicā Introitus의 첫마디에 따라(시편 43)] 〔신교〕 수난 시기 다섯 번째 일요일. (부활절 둘째 일요일). **Judikat** [judiˈkaːt], das; -(e)s, -e [lat. iūdicātum] [법・고어] 판결, 언도. **Judikation** [...kaˈtsi̯oːn], die; -en [lat. iūdicātiō] [법・고어] 심리, 판결. **Judikative** [...ˈtiːvə], die; -n [법・정치] 사법권. **judikatorisch** [...ˈtoːrɪʃ] 〈Adj.〉 [lat. iūdicātōrius] [법・준고어] 재판(관)의. **Judikatur** [...kaˈtuːɐ̯], die; -en [법] 재판, 사법.

Jüdin ['jyːdɪn], die; -nen [mhd. jüdinne, jüdin] ↑Jude의 여성형. **jüdisch** 〈Adj.〉 [lat. Iūda(e)icus < griech. Ioudaïkós] **a)** 유태(인)의: das -e Volk 유태민족; er ist -er Abstammung 그는 유태인 출신이다. **b)** 유태(인)적인: die -e Kultur 유태 문화; eine typisch -e Frau 전형적인 유태 여인.

Judiz [juˈdiːts], das; -en, -ien [...i̯ən] ↑Judizium. **judiziell** [judiˈtsi̯ɛl] 〈Adj.〉 [frz. judiciel] [법・정치] 재판의, 사법의. **judizieren** [...ˈtsiːrən] 〈h〉 [lat. iūdicāre] [법] 판결하다, 재판하다. **Judizum** [juˈdiːtsi̯ʊm],

das; -s, ...ien [...i̯ən]; lat. iūdicium] [법] 판결, 《재판관의》 판결력.

¹**Judo** ['juːdo], das; -(s) [jap. jūdō] 유도.
²**Judo** [-], der; -s, -s ↑Jungdemokrat의 약칭.

Judo- (¹Judo-): **~griff,** der 유도의 잡는 법. **~sport,** der 유도 운동[경기]. **~sportler,** der ↑Judoka.

Judoka [juˈdoːka], der; -(s), -(s) [jap. jūdō-ka] 유도하는 사람, 유도 선수.

Jug [dʒʌg], der; -(s), -s [engl.-amerik. jug] [음악] 저 그(목이 좁은 항아리 모양의 흑인 민속 악기).

Juga ['juːga], das; -(s) [sanskr. yuga] 유가(겁의 4시기 중 한 시기).

Jugend ['juːgn̩t], die; - [mhd. jugent, ahd. jugend] **1. a)** 젊은 시절, 청소년 소녀기: eine sorglose J. 근심없는 젊은 시절; er ist von J. an daran gewöhnt 그는 어릴 때부터 그것에 익숙해져 있다. **b)** 《생물・의학》성장기: die Blätter sind beim Farn in der J. stark eingerollt 잎들은 성장기의 양치에서 심하게 접혀있다. **2.** 젊음, 청춘: ihn entschuldigt seine J. 젊음이 그를 용서한다. **3.** 젊은이, 청소년 소녀(층) (반대: Alter 4 a): die J. der Stadt 도시의 젊은 층; er spielt bei diesem Verein in der J. 《스포츠 은어》 그는 이 구단의 청소년 팀에서 뛴다; die Freie Deutsche J. ↑FDJ; [성귀] J. kennt keine Tugend 《준고어》 젊음은 예의를 모른다; schnell fertig ist die J. mit dem Wort 젊음은 말이 빠르다; **die reifere J.** 《종종 농 또는 반어》 노털; **die J. von heute** 오늘날의 청소년.

jugend-, Jugend-: ~alkoholismus, der 청소년 음주 벽. **~alter,** das (Pl. 없음) 청소년(소녀)기. **~amt,** das 청소년청. **~arbeit,** die **1.** (Pl. 없음) 청소년 노동. **2.** 〈Pl. 없음〉 청소년(계도)사업. **3.** 청소년기 작품[작업]. **~arbeitslosigkeit,** die 청소년 실업. **~arbeitsschutz,** der 청소년 노동 보호. **~arbeitsschutzgesetz,** das 청소년 노동 보호법. **~arrest,** der 청소년 보호 감호. **~bewegt** 〈Adj.〉 《대개 농》 청소년 운동적인. **~bewegung,** die 〈Pl. 없음〉 [H. Blühe(1888~1955) 의 책 „Wandervogel. Die Geschichte einer Jugendbewegung"의 부제에서] 《세기 전환기 독일어권의》 청소년 운동. **~bild,** das 젊은 모습: ein J. seines Vaters 그의 아버지의 젊은날 모습. **~bildnis,** das 《(아이)》 ↑~bild. **~blüte,** die 〈대개 전치사 in과 결합하여〉 《(시어)》 청춘, 꽃필 나이: er starb in voller J. 그는 한창 꽃필 나이에 죽었다. **~brigade,** die (구동독의) 청년 작업조. **~brigadier,** der (구동독의) 청년 작업조장. **~buch,** das 청소년 도서. **~bücherei,** die 청소년 도서관. **~dichtung,** die 청소년기 문학. **~dorf,** das 청소년 촌. **~eindruck,** der 청소년기 인상. **~erinnerung,** die 청소년기의 추억. **~erzieher,** der 청소년 교육자. **~eselei,** die 《통용어》 젊은 시절의 어리석은 짓. **~frei** 〈Adj.〉 《아이》 허용된: der Film ist nicht j. 그 영화는 청소년 입장 불가이다. **~freund,** der **1.** 청소년(젊은) 시절의 친구. **2.** (드물게) 청소년을 이해하는 사람. **3.** (구동독) ↑FDJ 단원. **~freundin,** die ↑~freund의 여성형. **~frisch** 〈Adj.〉 《아이》 생기발랄한. **~funk,** der 청소년 방송(부서). **~fürsorge,** die 《준고어》 청소년 보호. **~fürsorger,** der 청소년 보호자. **~fürsorgerin,** die ↑~fürsorger의 여성형. **~gefährdend** 〈Adj.〉 청소년에 해로운: -e Schriften[Bücher] 청소년 유해 도서. **~gefährte,** der 《아이》 ↑~freund (1). **~gericht,** das 소년 재판소. **~gerichtsbarkeit,** die 소년 재판권. **~gespiele,** der 《아이》 ↑~freund (1). **~gruppe,** die 청소년부: -n politischer Parteien 정당의 청소년부. **~gruppenleiter,** der 청소년부장. **~heim,** das 청소년 회관. **~herberge,** die 청소년 숙소소, 유스호스텔: in einer

J. übernachten 청소년 숙박소에서 밤을 지내다. ~hilfe, die 청소년 선도. ~hof, der 1. 청소년(지도자) 교육원. 2. 《구동독》↑~werkhof. ~irresein, das ↑Hebephrenie. ~jahre ⟨Pl.⟩ 청소년 시절. ~kleid, das 《사냥》 어린새의 깃옷. ~klub, der 청소년 클럽. ~kollektiv, das 《구동독》 청소년 집단 작업 공동체. ~kriminalität, die 청소년 범죄. ~kunde, die 청소년학. ~lager, das 청소년 휴양소. ~leiter, der 청소년 지도원. ~leiterin, die ↑~leiter의 여성형. ~liebe, die 1. ⟨Pl. 없음⟩ 《드물게》 청소년 시절의 사랑. 2. 《통용어》 소년[소녀] 시절의 애인. ~literatur, die 청소년(소녀) 문학. ~mannschaft, die 《스포츠》 청소년(소녀) 팀. ~meister, der 《스포츠》 청소년 우승자. ~meisterschaft, die 《스포츠》 청소년 대회. ~musik, die 청소년 음악. ~musikbewegung, die 청소년 음악 운동. ~musikschule, die 청소년 음악학교. ~objekt, das 《구동독》 청소년(이행) 사업体: ein landwirtschaftliches J. 청소년 농업 사업. ~organisation, die 청소년 조직. ~pfarrer, der 청소년 전담 목사. ~pflege, die 《훈고어》↑~hilfe. ~pfleger, der 청소년 선도(보도)원. ~pflegerin, die ↑~pfleger의 여성형. ~psychologie, die 청소년 심리학. ~recht, das 소년법. ~richter, der 청소년(전담) 법관. ~ring, der 청소년 단체 연합. ~schöffe, der 청소년 재판 배심원. ~schrift, die 《대개 Pl.》 ~literatur, die 청소년(소녀) 문학 작가. ~schriftsteller 청소년(소녀) 문학 작가. ~schutz, der 청소년 보호. ~schutzgesetz, das 청소년 보호법. ~sendung, die 청소년 방송. ~stadium, das ↑Jugend (1 b). ~stil, die [1986년 민헨에서 발행된 문화잡지 „Jugend"에서] 유겐트 양식. ~stilfassade, die 유겐트 양식의 건물 전면. ~stillampe, die 유겐트 양식의 램프. ~stilvase, die 유겐트 양식 화병. ~strafanstalt, die 소년 형무소. ~strafe, die 소년형. ~strafrecht, das 소년형법. ~streich, der 청소년(시절)의 장난. ~stunde, die 청소년 시간[모임]. 2. 《구동독》 성년식(Jugendweihe) 예비시간. ~sünde, die a) 청소년 시절의 과실. b) 젊은[어린] 시절의 욕된 작품: seine alten Filme bezeichnete der Schauspieler als -n 자기의 옛날 영화를 그 배우는 철없는 짓거리로 표시했다. ~theater, das 청소년소녀 연극. ~torheit, die ↑~sünde (a). ~traum, der 청소년(소녀) 시절의 꿈. ~verband, der 청소년 연합. ~verbot, das 청소년 금지. ~vorstellung, die 청소년(을 위한) 공연. ~weihe, die 1. 청소년 성인식. 2. 《구동독》 (14,15세 청소년이 국가에의 충성 등을 맹세하는) 성인식. ~werk, das ↑~arbeit (3). ~werkhof, der 《구동독》 소년(재활)원. ~wohlfahrt, die 《훈고어》 청소년 복지. ~wohnheim, das 청소년 기숙사. ~zeit, die 청소년(소녀) 시절. ~zeitschrift, die 청소년(소녀) 잡지. ~zentrum, das 청소년 센터.

jugendlich ⟨Adj.⟩ [mhd. jugentlich, ahd. jugendlih] 1. 청소년(기)의, 젊은 나이의, 어린: die -en Zuschauer 청소년 관객; ihr Sohn war in -em Alter gestorben 그 여자의 아들은 젊은 나이에 죽었다. 2. a) 젊은, 젊음의, 소년[소녀]다운: -e Begeisterung [Unsicherheit] 젊음의 열광(불안). b) 젊어 보이는, 앳된: sie wirkt noch sehr j. 그 여자는 아직도 젊어 보인다. c) 《특히 광고어》 청소년소녀에게 맞는, 젊어 보이게 하는: ein sehr -es Kleid 아주 젊어 보이는 옷; eine Frisur 주니어 머리 모양; **Jugendliche*, der / die a)** 청소년(소녀): ein Ort, wo sich die -n treffen 청소년들이 모이는 장소; die Veranstaltung wurde vorwiegend von -n besucht 그 모임은 주로 젊은 애들이 찾았다. **b)** [법] (14세에서 18세 사이의) 미성년자: der Film ist für -e bis zu 16 Jahren nicht zugelassen 그 영화는 16세 이하 미성년자에게는 입장 불가이다. **Jugendlichkeit, die 1.** 젊음, 미성년: die J. des Täters muß bei der Beurteilung des Falles berücksichtigt werden 범인이 미성년이란 점은 그 사건의 판단에 고려되어야 한다. **2. a)** 젊음의 활력, 싱싱함: der Politiker trat stets mit forscher J. auf 그 정치가는 언제나 박력있는 젊음을 가지고 등장한다. **b)** 청소년 다움, 앳됨: die J. ihrer Erscheinung 그녀 모습의 앳됨.

Jugoslawe [jugo'slaːvə] der; -n, -n 유고슬라비아인. **Jugoslawien** [jugo'slaːviən]; -s 유고슬라비아. **Jugoslawin, die; -nen** ↑Jugoslawe의 여성형. **Jugoslawisch** [jugo'slaːvɪʃ] ⟨Adj.⟩ 유고슬라비아(인)의.

jugular [jugu'laːɐ̯] ⟨Adj.⟩ [의학] 경부의. **Jugulum** [ˈjuːgulʊm], das; -s, ...la [lat. iugulum] [의학] 경부(목 앞 쇄골 윗 부분).

juhe! [juˈheː] (schweiz.) ↑juchhe. **juhu!** ⟨Interj.⟩ 1. [juˈhuː] 야(기쁨, 환호의 소리): j., wir haben gewonnen! 야, 우리가 이겼다! 2. [ˈjuːhuː] 어이: j., hier sind wir! 어이, 우리 여기 있어!

Juice [dʒuːs], der (또는) das; -, (종류) -s [...sɪs, (또는) ...sɪz; engl. juice < frz. jus] (österr.) 쥬스: bringen Sie uns bitte zwei J. 쥬스 둘 가져다 주세요.

Jujube [juˈjuːbə], die; -n [frz. jujube] **1.** 대추나무. **2.** 대추.

Jukebox [ˈdʒuːkbɔks], die; -es [...sɪs, (또는) ...sɪz; engl.-amerik. juke box] 소리상자.

Jul [juːl], das; -(s) [1: anord. jol; 2: dän., norw., schwed. jul < anord. jol] **1.** (역사적) (게르만족의) 동지제. **2.** (스칸디나비아의) 성탄절.

Jul-: **~bock**, der [schwed. julbock] **1.** 성탄 숫염소(스칸디나비아의 성탄 행렬에 등장하는 염소 모습). **2.** 짚으로 엮은 성탄 숫염소. **3.** 숫염소 모양의 과자, 빵. **~feier**, die, **~fest**, das ↑Jul (2). **~klapp**, der; -s [schwed. julklapp] 성탄 선물을 가져올 때 문을 두드리는 데에서] 성탄절 때 장난으로 문을 두드리거나 이름을 부르면서 집안으로 던져 주는 선물. **~monat**, **~mond**, der [고어] 동지달, 십이월(Dezember). **~nacht**, die 성탄 전야.

Julei [ˈjuːlaɪ̯], (또한) [ˈjuːlaɪ̯], der; -(s), -s ↑Juli를 분명하게 발음한 형태.

Julep [ˈdʒuːlep], das (또는) der; -(s), -s [engl. julep, frz. julep] 줄렙(영미에서 즐기는 박하 맛의 청량 음료).

Juli [ˈjuːli], der; -(s), -s [lat. (mēnsis) Iūlius] 칠월.

julianisch [juˈliːanɪʃ] 율리우스(시저)의: **-er Kalender** 율리우스 력.

Julienne [ʒyˈljɛn], die [frz. julienne] [요리] 줄리엔(가늘게 썰어 수프나 소스에 쓰는 야채). **Juliennesuppe**, die [frz. potage à la julienne에 따라] [요리] 줄리엔 수프.

Juliusturm, der; -(e)s [1914년까지 프랑스가 독일 제국에 지불한 전쟁 보상금이 보관되어 있던 Spandau에 있던 요새의 탑에서] 국고 적립금.

Jumbo [ˈjʊmbo], der; -s, -s ↑Jumbo-Jet의 약칭. **Jumbo-Jet** [-dʒɛt], der; -s, -s [engl.-amerik. jumbo jet] 점보기.

Jumelage [ʒymˈlaːʒ], die; -n [frz. jumelage] 자매 결연: die J. zwischen Mannheim u. der französischen Hafenstadt Toulon 만하임과 프랑스 항구 도시 툴롱 간의 자매 결연.

Jump [dʒamp], der; -s, -s [engl. jump] **1.** [육상] 점프. **2.** ⟨Pl. 없음⟩ 점프(재즈). **jumpen** [ˈdʒampm̩], (또한) [ˈjʊmpn̩] ⟨s⟩ (통용어) 점프하다: Wir jumpten sofort von der Leiter 우리는 즉시 사다리에서 점프했다.

Jumper [ˈjʊmpɐ], (또한) [ˈdʒamp] (südd., österr. [ˈdʒɛmpɐ], der; -s, - [engl. jumper] 잠바. **Jumper-**

kleid, das 잠바 스커트[드레스].
jun., jr. = junior.
jung [jʊŋ] 〈Adj.〉 [mhd. junc, ahd. jung] **1.** (아직) 젊은, (나이) 어린 (반대: alt 1 a): ein -er Mann 젊은이; -e Hunde 어린 개들; ein Gedicht von dem Goethe 젊은 괴태의 시; er ist schon in -en Jahren selbständig geworden 그는 벌써 젊은 나이로 독립했다; 〈명사화〉 unsere neue Lehrerin ist eine ganz Junge 우리 새 선생님은 아주 젊은 분이시다; 성구 so j. kommen wir nicht mehr zusammen 이렇게 젊어서나 함께 어울리지 (언제 또 어울리겠나); 속담 j. gefreit hat nie gereut 일찍 결혼해 후회없다; j. gewohnt, alt getan 세살 버릇 여든살까지 간다; **j. und alt** ↑alt und jung; **von j. an** 어릴적부터. **2. a)** (대개 비교형) 더 어린, 연하의: der jüngere Bruder 남동생; die jüngste Tochter 막내딸; der -e (Herr) Meier 〈통용어〉 작은 마이어(씨), 마이어(씨)의 아들; 〈명사화〉 auch an den Jüngsten kann man sich nicht mehr rechnen 이젠 막내 축에는 끼지도 못한다. **b)** 〈통용어·농〉약관의: die siebzehn Jahre -e Schauspielerin 약관 십칠세의 여배우. **3.** 젊어(어려) 보이는: sie hatte auch im Alter noch ein -es Gesicht 그녀는 나이가 들어서도 여전히 젊어 보이는 얼굴을 하고 있다; Sport erhält j. 운동은 젊어지게 한다; 성구 man ist so j., wie man sich fühlt 젊은 것은 마음먹기 나름이다. **4. a)** 새로 생긴, 생긴지 얼마 안되는: ein -er Staat 신생국; eine -e Ehe 신혼; das -e Laub 새잎; der -e Tag 《아어》 새날, 아침. **b)** 〈비교급, 특히 최상급〉 최근의: ein Ereignis der jüngsten Vergangenheit 최근의 사건; die Entdeckung ist jüngeren Datums 그 발견은 최근 날짜의 것이다; in jüngster Zeit 최근에.

jung-, Jung-: ~**akademiker,** der 신예학자, 소장학자. ~**aktie,** die 신주. ~**aktivist,** der 〈구동독〉 (모범적인) 청년(노동) 투사. ~**arbeiter,** der 신참 노동자: qualifizierter J. 자격있는 신참 노동자. ~**bauer,** der 젊은 농부(반대: Altbauer). ~**brunnen,** der 《신화나 전설의》 젊어지는 샘: sie tranken vom Wasser des -s 그들은 젊어지는 샘의 물을 마셨다. **2.** (새로운 활력을 불어 넣는) 청춘의 샘; 활력소. ~**bürger,** der 《오스트》 신유권자. ~**bürgerfeier,** die 《오스트》 신유권자 축제. ~**bürgerin,** die ↑~bürger의 여성형. ~**dachs,** der 어린 오소리. ~**demokrat,** der 《대개 Pl.》 자민당 (Freie Demokratische Partei)의 청년 당원(약칭: Judo). ~**deutsche,** der 《대개 Pl.》 청년독일파(1830~1850년경의 정치적, 시대비판적 경향의 반공적, 반낭만주의 문학 운동의 대변자). ~**fisch,** der 어린 물고기, 유어. ~**flug,** der 일년이 채 안된 통신 비둘기의 날기 시합(반대: Altflug). ~**frau,** die [mhd. juncfrou(we), ahd. juncfrouwa] **1. a)** (숫)처녀: sie ist noch J. 그녀는 아직 처녀이다; er wollte nur eine J. heiraten 그는 숫처녀하고만 결혼하려 했다; die Heilige J., die J. Maria 〔가〕 성모 마리아. **eiserne J.** 철의 처녀(안에 철침이 있는 갑옷 모양의 중세 고문 기구). **zu etw. kommen wie die J. zum Kind** 《통용어 어울듯》. **b)** 《고어》 미혼녀, 젊은 여자. **2. a)** 【점성술】 처녀자리(8월 24일과 9월 23일 사이 태생): im Zeichen J. bin ich geboren 나는 처녀자리에 태어났다. **b)** 처녀 자리에 태어난 사람: er ist J. 그는 처녀자리(태생)이다. **3.** 《인쇄》 처녀쇄(오자없는 교정쇄). ~**frauengeburt,** die 〈Pl. 없음〉 ↑Parthenogenese (1). ~**frauenschaft,** die 〈Pl. 없음〉《아어》 ↑Jungfräulichkeit. ~**fräulein,** das 《고어》 ↑Jungfrau (2). ~**fräulich** [-frɔʏlɪç] 〈Adj.〉 《아어》 **1.** 처녀의, 순결한, 동정의: ein (noch) -es Mädchen (아직) 처녀인 소녀; 《시어》 ihr -er Leib 그녀의 순결한 육체; die -e Ehre 처녀의 명예. **2.** 전혀 손대지 않은, 때묻지 않은, 미개의: -er Schnee 처녀설; -e Erde

처녀지. ~**fräulichkeit,** die 〈Pl.없음〉《아어》 **1.** 처녀성, 순결성, 동정: die J. der Frau bei der Eheschließung 결혼에 있어 여자의 순결성. **2.** 손대지 않음, 때문지 않음: die J. der Urwalderde 원시림 땅의 순결함. ~**frauschaft,** die 〈Pl. 없음〉 ↑~fräulichkeit (1). ~**geselle,** der 총각, 미혼남, 독신남: er wollte lieber J. bleiben 그는 차라리 독신으로 남고자 했다. ~**gesellenbude,** die 《통용어》 독신자(홀애비)방. ~**gesellendasein,** das 총각 신세: mit seinem schönen, flotten J. hat es nun auch am Ende 그의 아름답고 신나는 총각 신세도 이제 곧 끝장이다. ~**gesellenleben,** das 독신 생활. ~**gesellenwirtschaft,** die 〈Pl. 없음〉《통용어·종종 농》(무질서한) 총각 살림살이: er war diese J. allmählich leid 그는 이 총각 살림이 점점 싫증이 났다. ~**gesellenwohnung,** die 독신자용 주거. ~**gesellenzeit,** die 총각 시절. ~**gesellin,** die ↑~geselle의 여성형. ~**grammatiker,** der 《대개 Pl.》【언어】소장문법학자(1900년 경 특히 음운론이나 형태론을 다룬 비교 역사 언어학파. ~**hegelianer,** der 청년 헤겔파. ~**herr,** der 《고어》 젊은 주인(귀족), 귀향주. ~**holz,** das 〈Pl. 없음〉【임업】어린 나무, 유목. ~**knecht,** der 《고어》 젊은 하인. ~**lehrer,** der (2차 국가 시험을 앞둔) 견습 교사. ~**mädel,** das (나치 시대 10~14세의) 소녀 대원. ~**mann,** der 〈Pl.: -männer〉(군대, 교회, 운동 단체의) 젊은 부원. ~**mannschaft,** die 소장 팀. ~**paläolithikum,** das 〔지질〕후기 구석기 시대. ~**pflanze,** die 묘목. ~**sein,** das 젊음: das J. und Lieben 젊음과 사랑. ~**sozialist,** der 사민당(SPD) 청년 당원(약칭: Juso). ~**steinzeit,** die 신석기 시대(Neolithikum). ~**steinzeitlich** 〈Adj.〉 신석기 시대의: -e Funde 신석기 시대 유물. ~**stier,** der 어린 수소. ~**tier,** das (발정기 이전의) 어린 짐승. ~**trieb,** der 어린 눈. ~**türke,** der [1960년 당시 오스만 제국에서 일어난 개혁운동에서] 《농》 젊은 터키인, (특히 개혁을 지향하는) 소장 정치인. ~**verheiratete**', der 이제 갓 결혼한 사람. 《농》 ~**vermählte**', der / die 《아어》 ↑~verheiratete. ~**vieh,** das 어린 가축. ~**vogel,** der 어린 새. ~**volk,** das 〈Pl. 없음〉 **1.** (준고어) 젊은이. **2.** (나치 시대 10~14세 소년들로 구성된) 소년대. ~**wähler,** der 선거 연령이 되어 처음으로 투표하는 사람, 신유권자. ~**wald,** der 【임업】 어린 수림. ~**wild,** der 어린 짐승. ~**wuchs,** der 【임업】 어린 나무.

Jungchen ['jʊŋçən], das; -s, - 《지역적·대개 친근한 호칭으로》 젊은이, 애: was will denn das J. hier? 젊은이가 여기서 무얼 하려 하지?; komm her, mein J. 애야, 이리 오렴. ¹**Junge** ['jʊŋə], der; -n, -n 《통용어, 특히 nordd./ mitteld.》 Jungs, -ns [mhd. junge, ahd. jungo] **1.** (nordd.) **a)** 사내애, 남아, 소년 (반대: Mädchen): du dummer J. 이 어리석은 녀석; in der Klasse sind zwanzig -n und zehn Mädchen 반에는 남자애 20명과 여자애 10명이 있다; **jmdn. wie einen dummen -n behandeln** 누구를 바보녀석처럼 취급하다. **b)** 《통용어》 (젊은)친구: ihr Mann ist ein netter, J. 그녀의 남편은 싹싹한 친구이다; er ist eben doch noch ein grüner J. 그는 그야말로 아직 새파란 애송이이다; 《자주 친밀한 호칭으로》 (mein lieber) J., wie geht es dir? 여보게, 어떻게 지내나?; kommt her, Jungs, wir wollen mit dem Training beginnen 이리와, 애들아, 연습을 함께 시작하자; **schwerer J.** 《통용어》 흉악범, 폭력배; **die blauen Jungs** 《통용어》 푸른 제복의 사나이(선원, 수병). **J., J.!** 《통용어》 저런, 저런(놀라움이나 감탄을 나타냄): J., J., da habt ihr aber Glück gehabt 저런, 저런, 정말 운좋았어. **c)** (준고어) 견습생. **2.** 《통용어》 ↑Bube (2) 참조. ²**Junge** [-], das; -n, -n [mhd. junge, ahd. jungi] **1.** (동물의) 새끼: die Kat-

ze leckt ihre -n 고양이가 자기 새끼들을 핥는다. **2.** 〈Pl. 없음〉《특히 südd., österr.》↑Klein (1). **Jüngelchen** ['jyŋlçən], das; -s, - 《통용어·폄》애송이, 풋내기.
jungen ['juŋən] 〈h〉 [mhd. jungen] (특히 가축이) 새끼 낳다: die Katze wird bald j. 고양이가 곧 새끼를 낳을 것이다.
Jungen- (¹Junge 1 a): **~gesicht,** das 소년다운 얼굴, 동안. **~klasse,** die 남학생 학급. **~schule,** die 남학교. **~stimme,** die 소년의 목소리. **~streich,** der 사내애의 장난.
jungenhaft 〈Adj.〉 소년다운, 사내다운: -er Charme 소년다운 매력. **Jungenhaftigkeit,** die 소년다움.
jünger ['jyŋɐ] 〈Adj.〉 **1.** 《절대 비교급》 젊은, 소장의: der Abgeordnete ist noch ein -er Mann 그 국회의원은 아직 젊은 사람이다. **2.** ↑jung (1, 2 a, 3, 4)의 비교급; 〈jung 2 a의 명사화〉 **Jüngere*,** die / der (더) 젊은 사람, 연하: die -n unter euch werden sich daran wohl kaum noch erinnern können 너희들 중의 젊은 측은 그것에 대해 거의 기억하고 있지 못할 것이다(약어: d. J.): Lukas Cranach d. J. 루카스 크라나하 이세.
Jünger, der; -s, - [mhd. junger, ahd. jungiro ↑jung의 명사화 비교급] 1. 예수의 제자: die zwölf J. 십이사도. **2.** 《아이》추종자, 사도, 제자, 문하: ein echter J. seines Meisters 자기 스승의 진정한 제자; 《종종 조롱조》der Professor betrat den Hörsaal, gefolgt von seinen -n 그 교수는 자기의 제자들이 뒤따르는 가운데 강의실을 들어섰다. **Jüngerin,** die; -nen 《드물게》Jünger (2)의 여성형. **Jüngerschaft,** die 《드물게》 **1.** 《종종 조롱》문하생, 제자(의 총칭): die ganze J. spendete dem Meister Beifall 모든 똘마니들은 왕초에 갈채를 보냈다. **2.** 추종, 뒤따름. **Jungfer** ['juŋfɐ], die; -n [mhd. junffer] a) 《고어》처녀, 처자: eine schlanke J. öffnete die Tür 한 날씬한 처녀가 문을 열었다; 《이름과 함께》 J. Martha 처녀 마르타; **J. im Grünen** 니겔라 (Gretel im Busch; 학명: *Nigella damascena*). **b)** 《폄》《괴팍스러운》노처녀: sie ist eine richtige (alte) J. 그녀는 진짜 노처녀이다. **jüngferlich** ['jyŋfɐlɪç] 〈Adj.〉 노처녀 같은.
Jungfern-: **~braten,** der [요리] 돼지나 사슴의 허리살(구이). **~fahrt,** die 처녀 운항(운행): zur J. auslaufen 처녀 출항하다. **~flug,** der 처녀 비행. **~früchtigkeit,** die [식물]단위 결과(결실)(Parthenokarpie). **~häutchen,** das 처녀막 (↑Hymen). **~hering,** der (산란기 이전의) 어린 청어(Matjeshering). **~kranich,** der 처녀두루미(러시아 습지대에 살며 머리 양쪽으로 길고 흰 깃털을 가지고 목밑에 검은 잿빛 두루미)(학명: *Anthropoides virgo*). **~kranz,** der 신부화관(Brautkranz). **~rebe,** die 북미산 담쟁이덩굴(Wilder Wein)(학명: *Parthenocissus quinquefolia*). **~rede,** die 처녀 연설. **~reise,** die 처녀 여행. **~wachs,** das 어린 벌의 밀랍. **~zeugung,** die 처녀 생식, 단성 생식, 단위생식(Parthenogenese). **~zwinger,** der 《통용어·농》 **1.** 여학생 기숙사, 처녀 감옥. **2.** 수녀원. **jungfernhaft** 〈Adj.〉 ↑jüngferlich.
Jungfernschaft, die 《드물게》 ↑Jungfräulichkeit (1). **Jungfernstand,** der; -(e)s 《고어》처녀[미혼] 신분.
jungieren [jʊŋ'gi:rən] 〈h〉 《고어》결합하다, 연결하다.
Jungle-Stil ['dʒʌŋgl-], der; -s [engl.-amerik. jungle style] [음악] 정글 스타일(야수 소리 등을 내는 재즈 연주법).
Jüngling ['jyŋlɪŋ], der; -s, -e [mhd. jungelinc, ahd. jungaling] **a)** 〈아어·특히 문어〉소년. **b)** 《대개 폄·반어》애송이, 사내애. **jünglinghaft** 〈Adj.〉 ↑jünglingshaft.

Jünglings- (Jüngling a) 《아어·특히 문어》 **~alter,** das 〈Pl. 없음〉 ↑Jugendalter. **~jahre** 〈Pl.〉 ↑Jugendjahre. **~zeit,** die ↑Jugend (1 a).
jünglingshaft 〈Adj.〉 최상급 쓰지않음 《아이》 소년다운: -e Träume 소년다운 꿈.
jüngst [jyŋst] 〈Adv.〉 [↑jung (4)의 최상급] 《준고어·문어》최근에, 작금에는: der j. abgeschlossene Vertrag 최근 체결한 계약. **Jüngste*,** der / die 막내(아들, 딸): unser -r heiratet nächste Woche 우리 막내 아들이 다음 주에 결혼한다. **Jüngstenrecht,** das ↑Minorat (1). **jüngstens** ['jyŋstns] 〈Adv.〉 《고어》↑jüngst. **jüngsthin** 〈Adv.〉 《준고어》작금, 최근, 근래: das hat er j. noch behauptet 그는 최근에도 그것을 주장했다. **jüngstvergangen** 〈Adj.〉 《준고어》갓 지나간: in -er Zeit 갓 지나간 때에.
Juni ['ju:ni], der; -(s), -s 〈Pl. 드물게〉 [lat. (mēnsis) Iūnius] 6월. **Junikäfer,** der 풍뎅이의 일종(Brachkäfer)(학명: *Amphimallon solstitiale*).
junior ['ju:nior, (또한) ...io:ɐ̯] 〈Adj.〉 격변화 없이 오직 인명 뒤에 옴〉 [lat. iūnior] (특히 부자가 같은 이름일 때 아들을 가리켜) 이세(반대: senior)(약어: jr., jun.) (Hans) Krause j. (한스)크라우제 이세. **Junior** [-], der; -s, ...en [ju'nio:rən] **1.** (또한: Senior 1) **a)** 〈드물게 Pl.〉《종종 농》이세, 아들. **b)** 〈Pl. 없음〉 [상업] 연하 동업자, 사업주 이세: das kann der J. nicht allein entscheiden 그것은 연하 동업자 단독으로 결정할 수 없다. **2.** [스포츠] 청소년 선수, 주니어: er startet dieses Jahr noch bei den -en 그는 올해 아직 주니어로 출발한다. **3.** 〈대개 Pl.〉 [특히 광고] 청소년, 주니어(반대: Senior 3): ein sehr sportliches Modell für unsere -en 우리 주니어들을 위한 아주 스포틱한 모델. **Juniorat** [junio'ra:t], das; -(e)s, -e 말자 상속권(Minorat). **Juniorchef,** der [상업] 이세 경영주.
Junioren- (Junior 2): **~mannschaft,** die 청소년 팀. **~meister,** der 청소년 부분 우승자. **~meisterschaft,** die 청소년 대회. **~rennen,** das 청소년[주니어] 경주.
Juniorin, die; -nen ↑Junior (1 b, 2)의 여성형. **Juniorpartner,** der; -s, - 연하[하급] 동업자. **Juniorreise,** die; -n 《특히 광고》청소년(을 위한) 여행.
Juniperus [ju'ni:perʊs], der; -, - [lat. iūniperus] [식물] ↑Wacholder.
Junk-art ['dʒʌŋk|a:ɐ̯t], die [engl. junk = Abfall u. art. 에서] 정크 예술(현대 문명의 소비 폐물을 소재로 한 현대 예술 조류).
Junker ['jʊŋkɐ], der; -s. - [mhd. juncherre] **1.** (역사적) 소년, 젊은 귀족, 귀족의 아들. **2.** (옛·종종 폄) 장원 귀족, 대지주. **junkerhaft, junkerlich** 〈Adj.〉 《준고어》 융커다운: sein junkerhaftes[junkerliches] Benehmen 그의 융커다운 행태. **Junkertum,** das; -s《준고어》 **1.** 융커다움. **2.** 대지주, 지방 귀족(층).
Junkie ['dʒʌŋki], der; -s, -s [engl.-amerik. junkie] (은어) 정키, 마약중독자.
Junktim ['jʊŋktɪm], das; -s, -s [lat. jūnctim의 명사화] [외교·정치] (법안 등의) 부대, 연계: J. zwischen Wiedervereinigung und Freiheit 재통일과 자유간의 연계; zwei Verträge in ein J. binden[in einem J. verknüpfen] 두 조약을 부대[연계]시키다. **junktimieren** [jʊŋkti'mi:rən] 〈h〉 《특히 österr.》부대시키다, 연계시키다. **Junktimsvorlage,** die [정치] 부대 법안.
Junktor ['jʊŋktɔr, (또한) ...to:ɐ̯], der; -s, -en [...'to:rən] [논리] 연결사(예컨대: und, oder, wenn...dann). **Junktur** [jʊŋk'tu:ɐ̯], die; -en [lat. iūnctūra] **1.** 《고어》접합, 연결. **2.** [의학] 연결, 접합부.
Juno [ju'no:, (또한) 'ju:no], der; -(s), -s 《Juni를 분명히

구분하기 위한 형태》 유뭘.
junonisch [ju'no:nɪʃ] 〈Adj.〉 [고대 로마의 여신 Juno에서] 《아어》 주노처럼 (풍만하고 숭고한): -e Schönheit 주노적 아름다움.
Junta ['xʊnta, (또한) 'jʊnta], die; ...ten [span. junta] 1. (특히 남미에서 잠정적 권한을 갖는) 관청, 정부 위원회, 국가기관. 2. ↑Militärjunta의 약트.
Jüpchen ['jy:pçən], das; -s, - 〈지역적〉 유아용 털 재킷.
Jupe [jy:p], die; -s, 《또한》 -s, -s [frz. jupe] 1. 《schweiz.》 부인용 치마. 2. 《옛》 복숭아뼈까지 닿는 속치마.
¹Jupiter ['ju:pitɐ], -s, 《또한》 Jovis 주피터(신). **²Jupiter**, der; -s 목성. **Jupiterlampe** 〈Wz〉 die; -en [베를린의 회사 이름 „Jupiterlicht"에서] (영화 촬영, 무대 조명, 수술시 등에 쓰이는) 주피터 등.
Jupon [ʒy'põ:], der; -(s), -s [frz. jupn] 1. 《옛》 쥐퐁(타프타, 비단으로 만든 복숭아뼈까지 닿는 우아한 속치마). 2. 《schweiz.》 속치마.
¹Jura ['ju:ra] 〈관사 없음〉 [lat. jūra, Pl. von: iūs] 법학: er will J. studieren 그는 법학 공부를 하려 한다.
²Jura [-], der; -s [프랑스, 스위스, 남독의 산맥 이름에서 < lat. (mōns) Iūra] [지질] 쥐라(계). **³Jura**, der; -s 쥐라 산맥. **⁴Jura**, der; -(s) 쥐라(스위스의 칸톤).
Juraformation, die ↑²Jura. **Jurament** (h) [jura'mɛnt], der; -s, -e [↑²Jura와 ↑Zement의 약칭] 쥐라멘트(석회 시멘트와 유혈암 찌꺼기로 된 인조석).
jura novit curia ['ju:ra 'no:vɪt 'ku:rja; lat] [법] 법정이 해당 법 조항을 이미 알고 있다는 독일 민사소송상의 법률 공식.
jurare in verba magistri [ju'ra:rə ɪn 'vɛrba ma'gɪstri; lat. 로마의 시인 Horaz(65~8 BC)의 „Episteln" (I, 1. 14)의 한 구절에서] 《교양어》 선생님 말씀을 받들어.
Jurassier [ju'rasi̯e], der; -s 쥐라(주, 산맥) 주민. **jurassisch** [ju'rasɪʃ] 〈Adj.〉 쥐라(계, 주)의. **Jurastudent**, der 법과 대학생.
juridisch [ju'ri:dɪʃ] 〈Adj.〉 [lat. iūridicus] 《österr. · 그 외 준고어》 ↑juristisch. **jurieren** [ju'ri:rən] (h) a) 심판원으로 활약하다, 심판하다: bei dem Wettbewerb jurieren Preisrichter aus sechs verschiedenen Ländern 그 경연 대회에서는 육개국의 심판원들이 심판을 한다. b) (전람회, 영화제 등에서 작품을) 심사 선정하다.
Jurierung, die -en 심사, 심판. **Jurisdiktion** [...dɪk'tsi̯o:n], die; -en [lat. iūrisdictio] 1. 《교양어》 판결, 재판(권): jede J. sollte angewandter Moral entsprechen 모든 판결은 적용된 도덕에 상응해야 하다. 2. [가] 교구 관할권. **Jurisprudenz** [...pru'dɛnts], die [lat. iūris prūdentia] 《교양어》 법(률)학 (Rechtswissenschaft): J. studieren 법학을 공부하다. **Jurist** [ju'rɪst], der; -en, -en [lat. iurista] 법학도, 법률가, 법과 대학생: die beiden -en sind als Rechtsanwälte in der Wirtschaft tätig 그 두 법률가는 경제계의 변호사로 활동 중이다. **Juristendeutsch**, das 《종종 멸》 (복잡하고 난해한) 법률가 독일어.
Juristerei [jʊrɪstə'raɪ̯], die; 법학, 재판, 법학 공부, 법률 활동: die J. macht ihm keinen Spaß mehr 법률 공부는 그에게 아무 재미도 없다. **juristisch** 〈Adj.〉 a) 법학의, 사법의: ein -es Gutachten 사법 감정서. b) 법학적인: j. argumentieren (denken) 법학적으로 논증 (사고) 하다. **Juror** ['ju:rɔr, (또한) 'ju:ro:ɐ̯], der; -s, -en (juro:rən) 〈대개 Pl.〉 [engl. juror] 심판원: die -en vergaben den ersten Preis und einen Franzosen 심판원들은 일등상을 프랑스인에게 주었다. **Jurorenkomitee**, das; -s, -s (Juror). ↑Jury (1). **Jurorin**, die; -nen ↑Juror의 여성형.
Jurte ['jʊrtə], die; -n [russ. jurta] 서, 중앙 아시아 유목민

의 둥굴고 간편하며 천정이 펠트로 된 천막.
Jürük, Yürik [jy'ry:k], der; -(s), -s [türk. yürük] 위뤼크(가늘고 윤기있는 양모로 짠, 보플이 길고 작은 모양의 터기 양탄자).
Jury [ʒy'ri:, (또한) 'ʒy:ri:, 'dʒʊɐ̯ri, 'jʊ:ri], die; -s [frz. jury < engl. jury] 1. a) (운동 시합, 예술 경연 등의) 심사(심판) 위원회. b) (미전, 영화제 등의) 심사 (선발) 위원회. 2. (영미 계통의 나라에서) 배심원단. **juryfrei** 〈Adj.〉 심사 위원이 없는: eine -e Ausstellung 무심사 전시회.
¹Jus [juːs], das; - 〈대개 관사없이〉 [lat. iūs] 《österr., schweiz. · 그 외 준고어》 ↑¹Jura: J. divinum [-divi:nʊm] [종교] 신권; J. gentium [-'gɛntsi̯ʊm] 《교양어》 국제법(Völkerrecht); J. naturale [-natu'ra:lə] 《교양어》 자연법(Naturrecht); J. primae noctis [-'pri:mæ 'nɔktɪs] (중세에 노예의 아내의 영주의) 초야권.
²Jus [ʒy:], die 《südd., schweiz.》 das; -, 《특히 schweiz.》 der; - [frz. jus] 1. 고기즙. 2. 《schweiz.》 야채(과일)즙.
Juso ['ju:zo], der; -s, -s ↑Jungsozialist의 약칭.
Jussiv ['jʊsi:f], der; -s, -e [...i:və; lat. iussus] [언어] 명령 접속법(예컨대: er lebe hoch!).
Jusstudent, der 《österr.》 법대생.
Jusstudium, das 《österr.》 법학 공부.
just [jʊst] 〈Adv.〉 [lat. iūstē] 《준고어 · 종종 농》 바로: j. in diesem Augenblick 바로 이 순간. **justament** [jʊsta'mɛnt] 〈Adv.〉 [frz. justement] 《고어》 바로, 정녕: j. in diesem Augenblick 목하 이 순간. **Justament(s)standpunkt**, der 《österr.》 《젬면, 고집 등에 의한》 억지 관점. **Juste-milieu** [ʒystmi'lj̯ø], das; - [frz. juste-milieu 1830년 이후 화해와 타협을 추구한 Louis Philippe von Frankreich (1773~1850)의 정책에 대한 표어에서] 《교양어》 중용주의, 미온책. **justieren** [jʊs'tiːrən] (h) [lat. iustare] 1. (기술 · 물리) 맞추어 놓다, 조정하다: ein Meßgerät j. 계측기를 조정하다. 2. [인쇄] a) (전기판의) 높이를 조정하다. b) (조판시) 줄 끝 맞춤. 3. [주전] (주화의) 무게를 검량하다. **Justierer**, der; -s, - 조정 (검량) 하는 사람. **Justierung**, die; -en 조정. **Justierwaage**, die ↑Münzkontrollwaage.
Justifikation [jʊstifika'tsi̯o:n], die; -en [lat. lūstificātio] 1. 《교양어》 정당화, 합리화. 2. (드물게) (계산의) 검사.
Justifikatur [...ka'tu:ɐ̯], die; -en [lat. iūstificātus] (드물게) (계산의) 검사 승인. **justifizieren** [...tsi:rən] (h) [lat. iūstificāre] 1. 《교양어》 정당화하다. 2. (드물게) (계산을) 검사 승인하다.
Justitia [jʊs'ti:tsi̯a], die [lat. Iūstitia, 정의의 로마 여신] 《아어》 법의 여신상, 정의의 화신: bei diesem Handel war J. nicht zugegen 이 거래에는 정의라고는 없었다; vor dem Gerichtsgebäude stand eine J. mit verbundenen Augen und einer Waage in der Hand 법원 건물 앞에는 눈을 가리고 손에 저울을 든 정의의 여신상이 서 있었다. **justitiabel** [jʊsti'tsi̯aːbl] 〈Adj.〉 [frz. justiciable] 《교양어》 사법 처리 대상의다: nicht alles ist j. 모든 것이 사법 처리 대상은 아니다.
Justitiar [...'tsi̯a:ɐ̯], der; -s, -e [lat. justitiarius] 1. 법률 고문(상담). 2. (역사적) 영주 재판의 재판관. **Justitiariat** [...tsi̯a'ri̯a:t], das; -(e)s, -e 법률 상담역. **justitiell** [...'tsi̯ɛl] 〈Adj.〉 [lat. justitialis] 사법의.
Justitium [jʊs'ti:tsi̯ʊm], -s, ...tien [...i̯ən; lat. iūstitium] [법] (전쟁 등으로 인한) 사법 처리의 중단. **Justiz** [jʊs'ti:ts], die [lat. iūstitia] 1. 사법(권). 2. 사법기관, 사적당국, 사법부: ein Vertreter der J. 사법 기관의 대표; jmdn. der J. ausliefern 누구를 사적 당국에 넘기다.

Justiz-: ~**angestellte'** der / die 사법기관의 직원. ~**beamte,** der 사법관. ~**behörde,** die 사법 관청. ~**hoheit,** die 《드물게》 ↑Gerichtshoheit. ~**irrtum,** der 사법 오류, 오판: Opfer eines -s 오판의 희생. ~**minister,** der 법무 장관. ~**ministerium,** das 법무부. ~**mord**, der 사법적 살인. ~**rat,** der (옛) **a)** 사법 고문. **b)** 사법 고문(직의 사람). ~**verwaltung,** die 사법 행정. ~**vollzugsanstalt,** die [관] 형무소.

Jute ['juːtə], die [engl. jute] **1.** 황마(나무)(Corchorus). **2.** 황마(섬유).

Jute-: ~**faser,** die 황마섬유(Jute 2). ~**garn,** das 황마사. ~**pflanze,** die 황마 나무(Jute 1). ~**sack,** der 황마 자루. ~**spinnerei** 황마 방적 공장.

Jütland [jyːtlant], -s 유틀란트.

juvenalisch [juveˈnaːlɪʃ] 〈Adj.〉 [로마의 풍자가 Juvenal (58~127 BC경)에서] 《교양어》 풍자적인, 신랄한.

juvenalisieren [juvenaliˈziːrən] 〈h〉 《교양어》 청소년풍을 지향하다. **Juvenalisierung,** die; -en 청소년화.

Juvenat [juveˈnaːt], das; -(e)s, -e (옛) (특히 교단 입문자를 위한 가톨릭) 학생 기숙사. **juvenil** [...ˈniː] 〈Adj.〉 [frz. juvénil] **1.** 《교양어》 청소년의: eine Lebensform, die deutlich -e Züge trägt 분명 청소년적 양상을 띤 생활 형태. **2.** [지질] 지하 내부로부터의; -es Wasser 초생수, 처녀수, 암장수(반대: vadoses Wasser); -es Magma 지하 암장(반대: paligenes Magma). **Juvenilismus** [...niˈlɪsmʊs], der; - [심리] **1.** 청소년(발전)기. **2.** 청소년기 정체. **Juvenilität** [...niliˈtɛːt], die [frz. juvénilité] 《교양어》청소년 다움, 젊음. **Juvenilwasser,** das; -s [지질] 초생수, 처녀수.

juvivallera [juviˈvalera, 《또한》 ...ˈfa...] 〈Interj〉 유비발레라(민요에서 기쁨이나 환희의 표현).

¹**Juwel** [juˈveːl], das / der; -s, -en 《대개 Pl.》 [mnie- derl. juweel의 영향에서] 보석, 귀금속: sie trägt viele -en 그녀는 많은 보석을 지니고 있다.

²**Juwel** [-], das; -s, -e 주옥(같은 사람, 물건), 일품: sie ist ein J. von einer Köchin 그녀는 일품 요리사이다; diese Kirche ist ein J. gotischer Baukunst 이 교회는 고딕 건축술의 주옥편이다. **Juwelendiebstahl,** der 보석 절도. **Juwelier** [juveˈliːɐ], der; -s, -e 보석상(인), 귀금속 상(인); 보석 세공인.

Juwelier-: ~**arbeit,** die 보석 세공. ~**geschäft,** das 보석[귀금속]상(점). ~**laden,** der 보석[귀금속] 가게. ~**waren** 《Pl.》 보석[귀금속] 상품.

Jux [jʊks], der; -es, -e [lat. iocus의 변형태에서] 《통용어》농, 장난: das war doch alles nur (ein) J. 그건 순전히 농이었을 뿐이야; er hat es nur aus J. gesagt 그는 그걸 단지 농담으로 말했을 뿐이야; **aus (lauter) J. und Tollerei** 《통용어》 er hat es aus J. und Tollerei kaputtgemacht 그는 그것을 순전히 농짓거리로 망가뜨렸다. **juxen** ['jʊksn̩] 〈h〉《통용어》 농치다. 장난질하다. **juxig** ['jʊksɪç] 〈Adj.〉《통용어》 익살맞은, 재미나는: die -en Lieder 익살스러운 노래.

Juxta [jʊksta], die; ...ten, (österr.) **Juxte** ['jʊkstə], die; -n [lat. iūxtā] (복권 등의) 보관용 절취편. **Juxtakompositum,** das; -s, ...ta ↑Juxtapositum. **Juxtaposition,** die; -en **1.** [언어] **a)** 병렬, 병치(예컨대: viele Jahre lang → jahrelang). **b)** (합성어나 결합어가 아닌) 병렬 (예컨대: engl. football game). **2.** [광물] (결정의) 인접 형성. **Juxtapositum** [...ˈpoːzitʊm], das; -s, ...ta [언어] 병렬어(예컨대: Dreikäsehoch, jahrelang); **Juxte** ↑Juxta.

jwd [jɔtveːˈdeː] 〈Adv.〉 [berlin. janz weit draußen] 에서 《통용어·농》 아주 멀리, 저만큼: sie wohnen jwd 그들은 멀리 떨어져 산다.

K

k, K [kaː, ↑a, Al], das; -, - [mhd., ahd. k, c] 독일 자모의 열한번째 자〈자음〉: ein kleines k [ein großes K] schreiben 소문자 k [대문자 K]를 쓰다.
k = Kilo...
K = Kalium; Kelvin.
k. = kaiserlich; königlich(과거 오스트리아-헝가리에서).
ϰ, Κ: ↑Kappa.
kaaken [ˈkaːkn̩] 〈h〉 [Niederd. < mniederd. kāken] 《지역적》《청어의》내장을 들어내다.
Kabache [kaˈbaxə], **Kabacke** [kaˈbakə], die; -n **a)** 누옥, 판자집. **b)** 목로주점, 선술집.
Kabale [kaˈbaːlə], die; -n [frz. cabale] 《준고어》음모, 간계: das Opfer gemeiner K. 야비한 음모의 희생.
kabalieren [kabaˈliːrən], **kabalisieren** [...liˈziːrən] 〈h〉 [frz. cabaliser] 《준고어》음모를 꾸미다. **Kabalist** [...ˈlɪst], der; -en, -en 《고어》음모가.
Kaban = Caban.
Kabanossi, 《또한》 Cabanossi [kabaˈnɔsi], die 카바노시(손가락 굵기의 가늘고 진한 향료의 이탈리아 소시지).
Kabarett [kabaˈret, 《또한》 ˈka..., 《österr.》 ..ˈreː], das; -s, -s / -e, **Cabaret** [...ˈre, 《또한》 ˈka...], das; -s, -s [frz. cabaret] **1. a)** 카바레(춤, 노래 등으로 정치적이거나 시사적인 풍자 등을 하는 무대 예술): das politische (literarische) K. 정치적[문학적] 카바레. **b)** 카바레(공연), 카바레 공연장: ins K. gehen 카바레를 보러 가다. **c)** 카바레(공연)단: heute abend gastiert ein tschechisches K. 오늘 밤 체코의 카바레단이 초청 공연을 한다. **2.** 회전식 칸막이 음식판. **Kabarettier** [...reˈtieː], der; -s, -s [frz. cabaretier] 카바레 주인(단장). **Kabarettist** [...reˈtɪst], der; -en, -en 카바레 작가(단원), 카바레 예술가. **kabarettistisch** 〈Adj.〉 카바레식의: eine -e Parodie 카바레식의 패러디.
Kabäuschen [kaˈbɔysçən], das; -s, - 《지역적》작은 방 [집]: der Parkwächter sitzt den ganzen Tag in seinem K. 그 주차원은 하루 종일 자기의 골방에 앉아 있다.
Kabbala [ˈkabala, 《또한》 --ˈ-], die [hebr. qabbāläh] **a)** 카발라(숫자와 문자풀이를 중심으로 한 중세 유태의 비설). **b)** 카발라 파(카발라 설에 기초한 유태교의 일파). **Kabbalist** [...ˈlɪst], der; -en, -en 카발라 교도. **Kabbalistik**, die 카발라학. **kabbalistisch** 〈Adj.〉 **1.** 카발라의: die -e Lehre [Mystik] 카발라 설[비교]. **2.** 신비스러운, 난해한.
kabbel [ˈkabl̩] 《다음 용법으로》 **k. gehen** 【선원】 파도가 맞부딪히다, 놀치다. **Kabbelei** [kabəˈlai], die; -en 장난질, 말장난: harmlose, ständige -en zwischen den Kindern 아이들간의 별것 아닌 끊임없는 투닥거림. **kabbelig** [ˈkabəlɪç] 〈Adj.〉 【선원】삼각 파도가 이는, 놀치는. **kabbeln** [ˈkabl̩n] 〈h〉 **1.** (k. + sich) 《norddd.》 투닥거리다, 승강이하다: ich kabbele mich oft mit ihr 나는 종종 그녀와 투닥거린다. **2.** 【선원】삼각 파도가 일다; 놀치다. **Kabbelsee**, die 삼각 파도가 이는[놀치는] 바다. **Kabbelung**, die; -en 【선원】 **a)** 삼각 파도가 이는 곳. **b)** 삼각 파도가 일어남.
¹Kabel [ˈkaːbl̩], das; -s, - [mhd. kabel < frz. câble]

1. 전람, 케이블: ein K. verlegen 케이블을 놓다. **2.** 강삭, 참바: das K. der Seilbahn ist gerissen 케이블카의 강삭이 끊어졌다. **3.** 《고어》《해외》전신, 전보: ein K. schicken 전보를 보내다.

²Kabel [-], die; -n [mniederd. kavele] 《norddd.·고어》당첨몫.

Kabel- (¹Kabel): **~ader**, die ↑Ader (3 e). **~baum**, der 【전기】 전선 묶음. **~bericht**, der 《준고어》전보 통신문. **~brand**, der 케이블(파열에 의한) 화재. **~bruch**, der 케이블(의) 파열(부분). **~dienst**, der 《준고어》《해외》 전신 업무. **~draht**, der 케이블선. **~fernsehen**, das 유선 텔레비전. **~garn**, das 【선원】 [mniederd. kābelgarn] 케이블 실(삭구 재료). **~gat(t)**, das 【선원】 삭구를 넣어 두는 곳. **~klemme**, die 【전기】 전선 케이블 이음쇠. **~kord**, der 골이 넓게 패인 코르덴(복지). **~kran**, der 케이블 기중기. **~länge**, die 【해양】 케이블(1/10해리에 해당). **~leger**, der 《해저》 케이블 부설선. **~leitung**, die 케이블 전선. **~mantel**, der 케이블 피복. **~monteur**, der 케이블 설치공. **~muffe**, die 【전기】 케이블 투관. **~nachricht**, die 《고어》 전신(으로 전달된) 소식. **~rolle**, die 케이블 롤. **~schiff**, das ↑ ~leger. **~schlag**, der 【선원】 밧줄을 엮는 일정한 방법. **~schuh**, der 【전기】 케이블 이음쇠. **~tau**, das 【선원】 ↑ Kabel (3). **~telegramm**, das 《고어》 통신 전보. **~trommel**, die 케이블 드럼. **~trosse**, die ↑ Kabel (2). **~vision**, die ↑ ~fernsehen. **~wort**, das 《고어》 ↑ ~nachricht. **~zug**, der 케이블축(스키와 스키구두를 연결하는 부분을 고정시키기 위해 매는 것).

Kabeljau [ˈkaːbljau], der; -s, -e / -s [mniederd. kabelow, kabbelouw] 대구의 일종(학명: Gadus morrhua). **Kabeljaufilet**, das 대구 살토막[필렛].

¹kabeln [ˈkaːbl̩n] 〈h〉 《준고어》 해외 전보를 발송하다: die Börsenkurse nach New York k. 증권 시세를 뉴욕으로 발송하다.

²kabeln [-] 〈h〉 《norddd.·고어》 추첨하다, 제비를 뽑다.

Kabine [kaˈbiːnə], die; -n [frz. cabine < engl. cabin] **1. a)** (여객선 따위의) 따로 된 객실: eine luxuriöse K. 호화로운 선실. **b)** (여객기의) 객실. **2. a)** (수영장, 병원 등의) 칸막이 탈의실: die Kleider in der K. lassen 옷을 탈의실에 두다. **b)** (여러 용도의) 칸막이방: alle -n beim Friseur sind besetzt 미용실의 모든 방이 다 찼다; von einer öffentlichen K. aus telefonieren 공중 (전화) 박스에서 전화하다. **3.** (케이블카 등의) 캐빈.

Kabinen-: **~bahn**, die 캐빈 케이블카. **~koffer**, der 여러 칸막이로 나뉘어진 가방. **~kreuzer**, der 침대칸이 있는 순양선. **~roller**, der 캐빈 차(삼륜, 사륜의 지붕으로 드나드는 소형 차량). **~taxi**, das 캐빈 택시(캐빈형의 궤도를 이용, 자동으로 작동되는 도시 교통 수단).

Kabinett [kabiˈnet], das; -s, -e [frz. cabinet] **1. a)** 《고어》 (제후의) 집무, 회의실. **b)** (소장품이나 귀중품의) 특별 진열실. **c)** 《österr.》 (창 하나만 달린) 골방: Wohnung mit zwei Zimmern, K. und Küche 방 둘, 골방과 부엌이 딸린 주거. **2. a)** 내각: der Kanzler stellt sein neues K. vor 수상이 자기의 새 내각을 소개한다.

b) 〈고어〉 제후의 측근. **3.** 《구동독》 교육 지도 본부: ein polytechnisches K. 공업 지도 본부. **4.** (독일 포도주법에 따른) 일급[카비넷] 포도주.

Kabinett- (↑Kabinetts-도 참조) [종종 특선품, 귀중품, 극히 소형의 예술품 등을 표시함): **~auslese,** die 특선 카비넷 포도주. **~format,** das 《옛》 (사진의) 카비넷(소형)판. **~käfer,** der [이 갑충의 애벌레가 특히 곤충이나 동물표본을 갉아먹기 때문에] 수시렁이(학명: *Anthrenus verbasci*). **~malerei,** die 〈Pl. 없음〉 재료를 이용한 유리화(법). **~scheibe,** die 캐비넷의 유리판. **~schrank,** der 귀중품 진열장. **~schreiben,** das 〈고어〉 군주간의 비공식 서한. **~stück,** das **1.** 《고어》 일품, 절품. **2.** (행위의) 절묘함, 걸작품: ein K. der Verhandlungskunst 협상술의 묘기. **~wein,** der ↑Kabinett (4).

Kabinetts- (↑Kabinett-도 참조): **~befehl,** der ↑~order. **~beschluß,** der 내각 〔각의〕 결정. **~bildung,** die 조각, 내각 구성. **~chef,** der 내각의 우두머리. **~entscheidung,** die 내각 결정(↑~beschluß). **~frage,** die 내각 신임 문제(Vertrauensfrage). **~justiz,** die **1.** 〈역사적〉 군주의 재판(개입권). **2.** 내각의 사법권 침해; 용왕사법. **~krieg,** der (통치자 독단에 의한) 내각 전쟁. **~krise,** die 내각의 위기. **~liste** die 내각 명단. **~minister,** der 각료, 국무장관. **~mitglied,** das 국무위원. **~neubildung,** die 새 내각 구성, 조각. **~order,** die 《고어》 《절대》 제후의 칙령. **~politik,** die (역사) 내각 외교 정치. **~posten,** der (통용어) 내각의 자리. **~sitzung,** die 내각(국무) 회의. **~umbildung,** die 내각 개편. **~vorlage,** die 내각의 토의안; 정부의 법률안.

Kabis ['kaːbɪs], der; - [mhd. kabeʒ. ahd. capuz] (südd., schweiz.) 양배추(의미).

Kabotage [kabo'taːʒə], die [frz. cabotage] 《법》 연안 항해(무역); 내국 항공 인가권. **kabotieren** [...'tiːrən] 〈h〉 [frz. caboter] 연안 항해(무역)를 하다.

Kabrio, (또한) Cabrio ['kaːbrio], das; -s, -s ↑Kabriolett의 약칭. **Kabriolett** [kabrio'lɛt], (österr.) ...'leː], (또한) Cabriolet [...'leː], das; -s, -s (frz. cabriolet) **1.** 포장(지붕을 접고 펼 수 있는) 차: diesen Wagen gibt es auch als K. 이 차는 포장차로도 있다. **2.** (고어) 말 한필이 끄는 (지붕이 있는) 가벼운 이륜마차. **Kabriolimousine,** die; -n **a)** 접을 수 있는 포장 지붕의 차. **b)** 지붕을 뗄 수 있는 리무진.

Kabuff [ka'bʊf], das; -s, -e 〈지역적·종종 펌〉 골방, 구석방: die Karteikästen standen in einem K. neben dem Eingang 그 카드함은 입구 곁 골방에 서 있었다.

Kabuki [ka'buːki], das; -s [jap. kabuki] 가부키.

Kabul [ka'buːl], (또한) 'kaːbʊl] 카불.

Kabuse [ka'buːzə], **Kabüse** [...'byːzə], die; -n [mniederd. kabuse] (nordd.) **a)** 좁고 작은 방: der Bahnhofsvorsteher geht in seine Kabuse 역장은 자기의 작은 집무실로 들어간다. **b)** ↑Kombüse.

Kachektiker [ka'xɛktikər], der; -s, - [의학] 악액질환자. **kachektisch** [...'xɛktɪʃ] 〈Adj.〉 [의학] 악액질을 앓는.

Kachel ['kaxl], die; -n [mhd. kachel(e), ahd. chachala] **1.** 타일: ein Ofen aus braunen -n 갈색 타일로 된 난로. **2.** (südd.) 사기그릇. **kacheln** ['kaxln] 〈h〉 **1.** 타일을 입히다: eine grün gekachelte Wand 초록색 타일을 입힌 벽. **2.** (구·드물게) 붙다(성교하여). **3.** 《통용어》 (속) 질주하다, 불다(말하여). **Kachelofen,** der; -s, -öfen 타일(을 입힌) 난로. **Kachelwand,** die; -wände 타일(을 입힌) 벽.

Kachexie [kaxɛ'ksiː], die; ...ien [...i:ən; griech. kachxía] [의학] 악액질.

kack-, Kack- (속어): **~braun** 〈Adj.〉 똥색. **~fidel** 〈Adj.〉 더럽게 신나는. **~gelb** 〈Adj.〉 누런 똥색. **~naiv** 〈Adj.〉 더럽게 순박한. **~stelze,** die (대개 Pl.) 《속어》 다리꼴이.

Kacke ['kakə], die 《속어》 **1.** 똥(Kot). **2.** 똥 같은 일: was er gemacht hat, ist alles K. 그가 한 일은 모두 똥이다; **die K. ist am Dampfen** 《속어》 조짐이 심상찮다. **kacken** ['kakn] 〈h〉 [mhd. kacken] 〈속〉 똥누다: nicht k. können 똥을 눌 수 없다. **Kacker** ['kakə], der; -s, - (속어·욕) 똥 같은 놈: dieser elende K. 이 불쌍한 똥 같은 놈.

Kadaver [ka'daːvɐ], der; -s, - [lat. cadāver] **1.** 짐승의 시체, 썩은 고기: Fliegen umschwärmten den K. eines Hundes 파리들이 개의 썩은 시체 주위에 떼지어 있었다; 〔전의〕 die K. in den Massengrabern 집단 무덤의 사체들. **2.** (펌) 시신(이나 진배 없는 몸, 사람): man muß seinem (alten) K. täglich neue Strapazen zumuten 사람들은 자기의 (늙은) 육신에 날이면 날마다 새로운 혹사를 시켜야만 한다.

Kadaver-: ~gehorsam, der (펌) 맹종. **~mehl,** das 짐승 시체(를 빻은) 가루(사료, 비료). **~verwertung,** die 짐승 시체의 가공.

Kadaverin [kadave'riːn], das; -s [생화학] 카다베린.

Kaddig ['kadɪk], der; -s [mniederd. kadik < böhm. kadik] 《지역적》 노간주나무(Wacholder). **Kaddigbeere,** die (지역적) 노간주나무 열매, 두송실(Wacholderbeere).

Kaddisch [ka'dɪʃ], das; -s [hebr. qaddîš] [유태교] 상중에 죽은이의 명복을 비는 기도.

Kade ['kaːdə], die; -n [수리] 임시 제방 축조물.

Kadenz [ka'dɛnts], die; -en [ital. cadenza] **1.** [음악] 종지, 카덴츠. **2.** [음악] (문장의) 장식 악절, 카덴자. **3.** [음성] (문장의) 끝억양. **4.** [운율] 끝음의 형태. **5.** [무기] (화기의) 발포 속도. **kadenzieren** [kadɛn'tsiːrən] 〈h〉 [음악] **1.** (악곡을) 종지화음으로 끝내다. **2.** 억양을 떨어뜨리다.

Kader ['kaːdɐ], der (schweiz.) / das; -s, - [1: frz. cadre < ital. quadro; 2, 3: russ. kadr < lat. quadrus] **1. a)** (군대의) 간부 (장교와 하사관): K. ausbilden 간부 (장교)를 교육하다; er gehört zum K. der Nationalmannschaft 그는 국가 대표 선수단 소속이다. **2.** (정당, 경제계, 국가 등의) 간부단: der K. einer Partei 당간부. **3.** 간부.

kader-, Kader-: ~abteilung, die 《구동독》 (경영체 등의) 인사과. **~akte,** die 《구동독》 인사 서류. **~arbeit,** die 《구동독》 간부(양성) 작업. **~armee,** die (평화시) 간부(들로만 구성된) 군대. **~leiter,** der 《구동독》 인사과장. **~partei,** die 《마르크스주의》 간부 정당. **~partie,** die 보크 라인 게임(당구 경기의 일종). **~politik,** die 간부(훈련) 정책. **~politisch** 〈Adj.〉 간부 정책의. **~reserve,** die 《구동독》 예비 간부, 후보. **~schmiede,** die (통용어) 간부 양성소: die Universität wird von vielen als rote K. angesehen 대학은 많은 이로부터 적색 간부 양성소로 간주된다. **~system,** das 간부군 조직.

¹Kadett [ka'dɛt], der; -en, -en [frz. cadet] **1.** 《옛》 소년 사관 후보 생도. **2.** (schweiz.) [학교의] 교련 단원. **3.** (통용어) 녀석, 악당: du bist mir ja ein K. 넌 내겐 악당이군. **²Kadett** [-], der; -s, -s (소년 사관 후보 생도의 (속)옷에 자주 이 말을 사용한 데에서) 카벳천(청백, 흑백의 줄무늬가 있는 무명천).

Kadetten- (¹Kadett): **~anstalt,** die 《고어》 소년 사관 후보 학교. **~korps,** das 《고어》 소년 사관 후보 생도단: er trat ins K. ein 그는 소년 사관 후보단에 가입했다. **~schule,** die 소년 사관 후보 학교.

Kadi ['kaːdi], der; -s, -s [arab. qāḍī] **1.** 카디(회교국의 재판관). **2.** (통용어) 재판소: zum K. laufen 재판을 열다; sie schleppten(brachten) ihn vor den K. 그들은 그에게 재판을 걸었다.

kadmieren [kat'miːrən] ⟨h⟩ 카드뮴을 입히다. **Kadmierung,** die; -en 카드뮴 도금. **Kadmium,** [화학] Cadmium ['katmiʊm], das; -s [lat. cadmīa = Zink-(erz) < griech kadmía] 카드뮴(기호: Cd). **Kadmiumlegierung,** die 카드뮴 합금. **Kadmiumschicht,** die 카드뮴(얇은)막.

kaduk [ka'duːk] ⟨Adj.⟩ [lat. cadūcus] (고어) 쇠약한, 쓰러질 것 같은; 실효의. **kaduzieren** [kadu'tsiːrən] ⟨h⟩ [법] (주식의) 실권 선언을 하다. **Kaduzierung,** die; -en (주식의) 실권[무효]선언.

Kafarnaum [ka'farnaʊm] ↑Kapernaum.

Käfer ['kɛːfɐ], der; -s, - [mhd. kever, ahd. chevar] **1.** 딱정벌레, 갑충: ein K. läuft(krabbelt) über den Weg 딱정벌레가 길 위로 기어간다; K. surren, brummen, schwirren durch die Luft 딱정벌레가 하늘을 윙윙, 웅웅, 성싱거린다. **2.** (통용어) (딱정벌레처럼) 젊고 예쁜 여자: sie ist wirklich ein verdammt hübscher K. 그녀는 진짜 지독하게 예쁜 여자다; **einen K. haben** (통용어·드물게) 고정 관념을 지니다.

Käfer-: ~**larve,** die 딱정벌레의 애벌레. ~**sammler,** der 딱정벌레 수집가. ~**sammlung,** die 딱정벌레 수집.

¹Kaff [kaf], das; -s, -s / -e (통용어·폄) (따분한) 시골, 촌구석: ein trostloses[ödes, trostloses] K. 참담한(황량한, 한심한) 촌구석.

²Kaff [-], das; -(e)s [mhd., mniederd. kaf] (nordd.) **1.** 짚(Spreu): K. streuen 짚을 뿌리다. **2.** 허접쓰레기; 헛소리.

¹Kaffee ['kafe, (österr.) ka'feː, der; -s (종류) -s [frz. café, ital. caffè < türk. kahve < arab. qahwa, (또한) Wein] **1.** 커피(나무): K. anbauen 커피(나무)를 재배하다. **2. a)** 커피콩(커피나무 열매의 씨): K. rösten 커피콩을 볶다. **b)** 배전두(원두) 커피. **3.** (마시는) 커피: K. mit Milch und Zucker 우유와 설탕을 탄 커피; der K. setzt sich noch 커피가 우러나는 중이다; K. verkehrt (지역적) 커피보다 우유가 더많은 우유커피; K. kochen(bereiten, filtern, ausschenken) 커피를 끓이다(준비하다, 걸르다, 따르다); ich habe noch nicht K. getrunken 나는 아직 아침식사를 하지 않았다; wenn ich das höre, kommt mir der K. hoch (통용어)는 그 소리를 들으면 먹은 것이 되올라온다; 정구 dir hat wohl jmd. was[dir haben sie wohl was] in den K. getan? 네 커피에 누가 약탔어[너 혹시 약 먹었어]?; **kalter K.** (통용어) 콜라와 레몬주스를 섞은 청량음료; etw. ist kalter K. (통용어) 식은 커피(한물 간 것). **4.** (오후의) 다과 시간, 커피 타임: jmdn. zum K. einladen 누구를 다과에 초대하다. **²Kaffee** [-], das; -s, -s (드물게) ↑Café.

kaffee-, Kaffee-: ~**anbau,** der 커피 재배. ~**automat,** der 자동 커피 기계(↑~maschine). ~**bar,** der (자율) 커피점. ~**base,** die 커피(를 좋아하는) 아줌마(↑~tante). ~**bau,** der 커피 재배. ~**baum,** der 커피나무. ~**beere,** die 커피 열매. ~**bereitung,** die 커피 준비. ~**bohne,** die **1.** 커피콩; 커피원두. **2.** (친근한 농) (아이의) 엉덩이. ~**börse,** die 커피 거래소. ~**braun** ⟨Adj.⟩ 커피(짙은) 갈색의: ein -er Neger 커피빛 혹인. ~**büchse,** die 커피(깡)통. ~**decke,** die 커피 식탁보. ~**dose,** die ↑~büchse. ~**duft,** der 커피 냄새(향). ~**durst,** der 커피 갈증. ~**Ernte,** die (붙임표와 함께) 커피 수확. ~**Ersatz,** der (붙임표와 함께) 커피 대용품: K. aus Gerste und Zichorien 보리와 치커리로 만든 커피(대용품). ~**Export,** der (붙임표와 함께) 커피 수출. ~**Extrakt,** der (붙임표와 함께) 농축 커피(가루). ~**fahrt,** die **a)** 커피 마시러 차타고 바람쐬기: eine K. in den Odenwald machen 오덴발트로 차타고 커피 마시러 가다. **b)** 커피(가 있는) 구매 선전) 여행. ~**filter,** der **a)** 커피 여과기. **b)** 커피 여과지. ~**fleck,** der 커피 자국. ~**garten,** der (고어) 정원이 있는 카페(Café). ~**gedeck,** das **1.** 커피용 식기. **2.** 커피 정식. ~**geschirr,** das 커피용기. ~**geschmack,** der 커피맛: Pudding mit K. 커피맛의 푸딩. ~**gesellschaft,** die 커피 모임(의 사람들). ~**gewürz,** das 커피(에 첨가하는) 향료(↑~zusatz). ~**grund,** der ↑~satz. ~**häferl,** das (österr. 통용어) ↑~tasse. ~**handel,** der 커피 거래. ~**haube,** die 커피(보온)덮개(↑~wärmer). ~**haus** [-'--], das [(고형) Coffeehaus] (특히 österr.) 커피집, 찻집, 다방: den ganzen Tag im K. sitzen 하루종일 커피집에 앉아있다. ~**hausatmosphäre,** die 커피집 분위기. ~**hausbesitzer,** der 커피집 주인. ~**hausbesucher,** der 커피집 손님. ~**hausliterat,** der (폄) 카페(다방)문인. ~**hausliteratur,** die (폄) 카페 문학. ~**hausmusik,** die (종종 폄) 카페 음악. ~**import,** der 커피 수입. ~**kanne,** die 커피 주전자: eine bauchige K. 볼록한 커피 주전자. ~**kirsche,** die (버찌처럼 생긴) 커피나무의 열매. ~**klatsch,** der (통용어·농) 다과에 곁들인 잡담: zum K. gehen 커피 마시며 수다떨러 가다. ~**köchin,** die (österr) 커피 끓이는 여자. ~**konsum,** der 커피 소비. ~**kränzchen,** das (준고어) **a)** 다(과)회: zum K. gehen 다회에 가다. **b)** 다회 회원: die K. lachte es 다회 회원이 웃었다. ~**land,** das 커피 산지. ~**likör,** der 커피 리큐르. ~**löffel,** der **1.** (전문어) 커피 스푼. **2.** (지역적) 차숟갈, 티스푼(↑Teelöffel): ich nehme einen K. Zucker pro Tasse 나는 한 잔에 차술 하나의 설탕을 넣는다. ~**markt,** der 커피 시장. ~**maschine,** die 커피(끓이는) 기계. ~**mehl,** das 커피 가루. ~**monopol,** das 커피 독점. ~**mühle,** die 커피 분쇄기. ~**mütze,** die ↑~wärmer. ~**pause,** die 커피 휴식. ~**pflanze,** die 커피나무. ~**plantage,** die 커피 농장. ~**preis,** der 커피 가격. ~**pulver,** das 가루 커피. ~**republik,** die 커피 공화국. ~**sahne,** die 커피용 생크림. ~**säure,** die (에 함유된) 산. ~**satz,** der 커피(끓이거나 걸른 뒤에 남은) 앙금: aus dem K. wahrsagen[lesen] 커피 앙금으로 점을 치다; 얼치기 점을 치다. ~**schale,** die (österr.) ↑~tasse. ~**schwester,** die ↑~tante. ~**service,** das 커피 세트: ein sechsteiliges K. 여섯편 커피 세트. ~**sieb,** das 커피(를 걸르는) 채. ~**sieder,** der (österr., 준총 폄) 커피집 주인. ~**sorte,** die ↑~art. ~**steuer,** die 커피 세. ~**strauch,** der ↑~pflanze. ~**stube,** die 커피 방. ~**stückchen,** das 다과. ~**stündchen,** das (통용어) 커피 시간. ~**tafel,** die 커피 상차림. ~**tante,** die (통용어·농) 여자 커피광: du bist eine richtige K. 넌 정말 커피광이다. ~**tasse,** die 커피잔. ~**tisch,** der 커피 탁자. ~**topf,** der (지역적) 큰 커피잔. ~**trinker,** der (습관적으로) 커피 마시는 사람. ~**wärmer,** der 커피 (주전자)씌우개. ~**wasser,** das 커피: K. aufsetzen 커피물을 올려 놓다. ~**zusatz,** der 커피 첨가물[향료].

Kaffein: ↑Koffein.

¹Kaffer ['kafɐ], der; -s, -n 카피르(어) (남아프리카 반투어족주 한 부족).

²Kaffer [-], der; -s, - [[부랑자] < jidd. kapher] (욕) 멍청이, 바보: diese blöden K. 이 멍청이 바보들. **Kaffernbüffel,** der; -s, - 남아프리카산 들소(학명: *Syncerus caffer*). **Kaffernkorn,** das ↑Sorgho.

Käfig ['kɛːfɪç], der; -s, -e [lat. cavea] **a)** (동물의) 우리:

der Löwe läuft im K. auf und ab 사자가 우리 안에서 왔다 갔다 한다; 전의 aus seinem K. ausbrechen 자기의 우리(부자유)를 깨뜨리고 나오다. b) 새장, 조롱: der Kanarienvogel flattert im K. umher 카나리아 새가 조롱 안에서 이리저리 파닥거리다; **der goldene K.** 황금의 우리(풍족 속의 부자유): im goldenen K. sitzen 황금의 우리 안에 앉아 있다; **Faradayscher K.**: ↑ Faradaykäfig.

Käfig-: **~draht,** der 새장(우리) 철사. **~läufer,** der (전동기의) 농형 회전자. **~stange,** die 새장 막대기. **~tür,** die 우리(의) 문. **~vogel,** der 새장의 새.

käfigen ['kɛːfɪgn] 〈h〉 〔전문어〕 새장(우리)에 가두다(키우다): **gekäfigte Vögel** 새장에 갇힌 새들.

Kafiller [ka'fɪlɐ], der; -s, - 〔부랑자〕 가죽 벗기는 사람 (Abdecker). **Kafillerei** [kafɪlə'raɪ], die 〔부랑자〕 박피업(소).

Kafir ['kaːfɪr], der; -s, -n 〈arab. kāfir〉 비회교도.

kafkaesk [kafka'ɛsk] 〈Adj.〉 〔오스트리아의 작가. F. Kafka(1883~1924)의 이름에서〕 〔교양어〕 카프카적인, 묘하게 으시시한: die Geschichte hat -e Züge 그 이야기는 카프카적인 특징을 띤다.

Kaftan ['kaftan], der; -s, -e / 〈österr.〉 -s [türk. kaftan < arab. quftān] **1. a)** 카프탄(길고 넓은 중동 지방의 옷옷). **b)** 정통 유태인이 입는 길고 좁으며 앞에 단추가 달린 옷옷. **2.** 〈통용어·폄〉 길고 헐렁한 옷. **Kaftanjude,** der 〔카프탄〕〔정통〕 유태인.

Käfterchen ['kɛftɐçan], das; -s, - 〈md.〉 좁고 작은 방; 헛간방.

Kagu [ka'gu], der; -s, -s [polynes] 카구(뉴칼레도니아의 산간 지방에 사는 잿빛두루미; 학명: *Rhynochetos jubatus*).

kahl [kaːl] 〈Adj.〉 [mhd. kal, ahd. chalo] **1. a)** 대머리의, 털이 빠진: der Pelzmantel hat viele -e Stellen 그 모피외투는 털빠진 곳이 많다. **b)** 나뭇잎이 없는, 앙상한: -e Zweige 앙상한 가지, -e Felsen, 헐벗은, 민둥민둥한: eine -e Bergkuppe 헐벗은 산마루. **2.** (가구, 장식 따위가 없어) 삭막한: -e Wände 장식없는 벽.

kahl-, Kahl-: **~fläche,** die ↑ **~schlag.** **~fraß,** der (해충 따위가 잎을) 온통 갉아먹은 상태. **~fressen** 〈h〉 잎을 완전히 갉아먹다: Heuschrecken haben die Sträucher kahlgefressen 메뚜기들이 덤불을 온통 갉아먹었다. **~frost,** der 〔농업〕 눈없는 들판의 냉한: K. verursachte große Schäden 냉한이 큰 피해를 입혔다. **~hieb,** der ↑ **~schlag** (1). **~hirsch,** der 뿔없는 사슴. **~kopf,** der **1.** 대머리. **2.** 〈통용어〉 대머리 남자. **~köpfig** 〈Adj.〉 대머리인, 머리카락이 없는. **~köpfigkeit,** die 대머리(임). **~kopf,** der 〔법〕 무한압류. **~scheren*** 〈h〉 머리(털)를 완전히 깎다, 삭발하다: Schafe k. 양털을 완전히 깎다. **~schlag,** der **1.** 개벌. **2.** 개벌 지역: den K. wieder aufforsten 개벌 지역에 다시 산림 조성을 하다; 전의 die Kahlschläge des Bombenkrieges 전쟁 포화에 의한 초토화. **3.** 〈통용어·농〉 대머리, 민둥머리. **~schlagen*** 〈h〉 모든 나무를 베어버리다, 개벌하다: einen Wald k. 숲의 나무를 모두 베어버리다. **~wild,** das 〔사냥〕 뿔없는 엽수(암컷이나 새끼 등).

Kahlheit, die **1. a)** 대머리(임). **b)** (잎이 없어) 앙상함: die winterliche K. der Bäume 겨울 나무의 앙상함. **2.** (장식이 없어) 황량함, 삭막함: die bedrückende K. der Wände 벽의 짓누를 듯한 삭막함.

Kahm [kaːm], der; -(e)s 〔생물〕 사상균, 곰팡이, 버섯.

kahmen ['kaːmən] 〈h〉 (술 등에) 곰팡이 슬다. **Kahmhaut,** die ...häute 〔전문어〕 (술 등에 뜬) 곰팡이 막: auf dem Wein bildet sich eine K. 술 위에 곰팡이 막이 형성되다. **Kahmhefe,** die; -n 곰팡이 균. **kahmig**

〈Adj.〉 [mhd. kâmic] 곰팡이 슨.

Kahn [kaːn], der; -(e)s, Kähne 〈축소형: ↑ Kähnchen〉 [Niederd. < mniederd. kane] **1.** 조각배, 거룻배, 마상이: mit dem K. über den Fluß rudern 조각배로 강을 저어가다. **2.** 하역선: die Kähne mit Kohle beladen 하역선에 석탄을 싣다. **3.** 〈통용어·종종 폄〉 일엽편주: mit diesem erbärmlichen K. sollen wir nach Amerika fahren 이 초라한 조각배를 타고 우리에게 미국에 가라는 것이다. **4.** 〈통용어〉 〈Pl. 로만〉 보트만한 신발 〔실내화〕. **5.** 〈Pl. 없음〉 〔군〕 감방: er hat fünf Tage K. bekommen 그는 닷새 감방을 받았다. **6.** 〈지역적·농〉 침대: in den K. gehen 침대로 기어 들어가다. **Kähnchen** ['kɛːnçan], das; -s, - 작은 조각배(↑ Kahn). **Kahnfahrt,** die; -en 조각배 타기.

Kai [kai, 〈österr.〉 keː], der; -s, -s [niederl.kaai < frz. quai] 부두, 항만, 안벽: das Schiff macht am K. fest [liegt am K.] 배가 부두에 정박하다.

Kai-: **~anlage,** die 항만 시설. **~arbeiter,** der 부두 노동자. **~mauer,** die 안벽.

Kaiman ['kaiman], der; -s, -e [span. caim'án < karib. caymank] 남미산의 악어.

Kainit [kai'niːt, ...nɪt], der; -s, -e [griech. kainós] 카이닛(광물).

Kainsmal ['kaɪns-, 〈또한〉 'kaːɪns-], das; -(e)s, -e 〔창세기 4, 15, 카인이 아벨을 죽인 후 받았다는 표식〕 카인의 표식; 죄의 낙인: er trägt das K. 그는 카인의 표식을 지니고 있다. **Kainszeichen,** das; -s, - ↑ Kainsmal.

Kairo ['kairo] 카이로. **¹Kairoer** ['kairoɐ], der; -s, - 카이로 사람. **²kairoer** 〈Adj.; 격변화 없음〉 카이로의.

kairophob [kairo'foːp] 〈Adj.〉 〔심리·의학〕 〔드물게〕 상황 공포증의. **Kairophobie** [...fo'biː], die; -n [...iːən] 〔심리·의학〕 〔드물게〕 상황 공포증. **Kairos,** der; -, ...roi [...rɔy; griech. kairós] **1.** 〔철학〕 유리한, 결정적인 시점. **2.** 〔종교〕 (믿음과 의혹의) 결단의 시간.

Kaiser ['kaizɐ], der; -s, - [mhd. keiser, ahd. keisar < got. kaisar; 로마의 정치가 C. Julius Caesar(약 100~44 BC)의 이름에서] **1.** 황제, 제왕(의 칭호): K. Karl der Große 칼 대제. **2.** 황제: der römische hat abgedankt 로마 황제는 퇴위했다; er wurde zum K. gekrönt 그는 황제로 즉위됐다; 전의 wo nichts ist, hat selbst der K. sein Recht verloren 무엇이 있어야 짜낼 것도 있지; **des -s Rock tragen** 〔고어〕 황복(군복)을 입다; **sich um des -s Bart streiten** 하찮은 일로 다투다; **dem K. geben, was des -s ist** 가이사의 것은 가이사에게 바치라(마태복음 22장 21절); **da sein [hingehen], wo auch der K. zu Fuß hingeht** 〔통용어·농·은폐〕 황제 역시 걸어 다니는 곳(변소)에 있다(가다); 전의 ich bin K. 〔통용어·농〕 (아이가 식사를 제일 먼저 끝냈을 때) 내가 왕(일등).

kaiser-, Kaiser- [복합어에서 특별한, 비상한, 최고의, 최대의 뜻으로]: **~adler,** der 황제수리(학명: *Aquila heliaca*); 황제 문장의 독수리. **~brötchen,** das ↑ **~semmel. ~fleisch,** das 〔포식한 뒤 행복한, 만족한 황제와 비교해서, 또는 특히 좋은 고기덩이라는 뜻에서〕 〈südd., österr.〉 훈제 돼지 삼겹살. **~granat,** der ↑ **~hummer. ~haus,** das 황가. **~hummer,** der 노르웨이 바다가재(학명: *Nephrops norvegikus*). **~krone,** die **1.** 황제의 관. **2.** 패모의 일종(학명: *Fritillaria imperialis*). **~krönung,** die 황제 대관(식). **~los** 〈Adj.〉 〔그 화려한 색깔 때문에〕 줄표범나비(Silberstrich; 학명: *Argynnis paphia*). **~mantel,** der 〔그 화려한 색깔 때문에〕 은줄표범나비(Silberstrich; 학명: *Arhynnis paphia*). **~palast,** der 황궁. **~pfalz,** die 제국 팔츠. **~pinguin,** der 황제펭

권(학명: *Apnodytes forsteri*). ~**reich,** das **1.** 제국(의 영토): die Grenzen des K. 제국(영토의) 경계. **2.** 제국. ~**schmarren,** der [원래 Franz Joseph I.의 황후 Elisabeth von Österreich(1837~1898)로부터] (österr., südd.) 설탕을 뿌린 계란 밀전병의 일종. ~**schnitt,** der 제왕 절개 수술: das Kind wurde mit K. entbunder 그 아이는 제왕 절개 수술로 낳았다. ~**schwamm,** der ↑Kaiserling. ~**semmel,** die (österr., südd.) 윗면에 너댓개의 금이 새겨진 둥글고 작은 빵. ~**stadt,** die (특히 중세에) 황제가 있는 도시. ~**thron,** der 황제의 옥좌; 제위. ~**titel,** der 황제 칭호. ~**treu** 〈Adj.〉 황제에 충성스러운: -e Soldaten 황제에 충성하는 군인들. ~**wetter,** das [경축스러운 날에 날씨 역시 최상이라는 데에서] 〈농〉황제의(경축스럽고 쾌청한) 날씨. ~**würde,** die 황제의 권위(품위). ~**zeit,** die 황제 치하의 시기.

Kaiserin, die; -nen [mhd.keiserinne] **1.** 여(황)제. **2.** 황후, 황비. **Kaiserinmutter,** die 황태후. **kaiserlich** 〈Adj.〉 [mhd. keiserlich, ahd. cheiserlīh] a) 황제의: der -e Hof 황실. b) 황제다운, 위엄있는. c) 황제 치하의: im -en Deutschland 황제 치하의 독일에. d) 황제에 충성하는, 친황파의. -e Partei 친황제파이다. **kaiserlich-königlich** 〈Adj.〉 제국 겸 왕국의, (황)제(겸 국)왕의: die -e Monarchie 황제 겸 국왕 군주국(오스트리아-헝가리 군주국)(약어: k. k.). **Kaiserling,** der; -s, -e (일반적으로 식용 버섯으로 선호되기 때문에) 광대버섯과 비슷한 식용버섯, 제왕버섯. ¹**Kaiserslauterer,** der; -s, - 카이저스라우테른 사람(주민). ²**Kaiserslauterer** 〈Adj.; 격변화 없음〉 카이저스라우테른의. **Kaiserslautern** [kajzes'lautɐn] 카이저스 라우테른(라인란트팔츠 지방의 도시). **Kaiserstuhl,** der 카이저슈툴 (Baden-Württemberg주의 산악 지대). ¹**Kaiserstühler,** der; -s, - 카이저슈툴 사람. ²**Kaiserstühler** 〈Adj.; 격변화 없음〉 카이저슈툴의. **Kaisertum,** das; -s, ...tümer [...ty:mɐ; mhd. keisertuom, ahd. cheisertuom] **1.** (Pl. 없음) 제국; 제정; 황제의 권위. **2.** (Pl. 물게) 제국 영토.

Kajak [ka:jak], der / (드물게) das; -s, -s [eskim. qajaq] **1.** 카약(에스키모인들의 좁다란 일인승 배). **2.** 카약 (경기용 배의 일종). **Kajakeiner,** der; -s, - ↑Einerkajak. **Kajakzweier,** der; -s, - ↑Zweierkajak.

Kaje ['ka:jə], die; -n [mniederd. kaje] (nordd.) ↑Kai. **Kajedeich,** der; -(e)s, -e 보호 제방.

Kajeputbaum [kaja'put-], der; -(e)s, ...bäume [indones. kajuputih.] 카유푸티나무. **Kajeputöl,** das; -(e)s 카유푸티 기름.

Kajütboot [ka'jy:t-], das; -(e)s, -e 선실이 있는 보트. **Kajütdeck,** das; -s, -s 선실(이 있는) 갑판. **Kajüte** [ka'jy:tə], die; -n [Niederd. < mniederd. kajüte] (선원) (잠을 자거나 거주할 수 있는) 선실. **Kajütenplatz,** der (여객선의) 선실 침대석. **Kajütsaufbau,** der; -s, -ten 선실이 있는 배의 구조. **Kajütspassagier,** der 선실(여객) 승객.

kak-, Kak-: ↑kako-, Kako-.
Kak [kak], der; -(e)s, -e [mniederd. kak] (nordd. · 역사적) 형벌대.

Kakadu [kakadu, (österr.) ...du:], der; -s, -s [niederl. kaketoe.] (의성어) 관모가 있는 앵무새의 일종(학명: *Cacatuinae*).

Kakao [ka'kau, (또한) ka'ka:o], der; -s, (종류) -s [span. cacao] **1.** 카카오나무. **2.** 카카오나무의 열매: Kakao rösten(mahlen) 카카오(열매)를 볶다(갈다). **3.** 카카오 가루: der in Päckchen K. 코코아 한 봉지. **4.** 카카오 음료: K. kochen 카카오를 끓이다; jmdn. (etw.) durch den K. ziehen 《통용어》 누구(무엇)를 웃음거리로 만들다.

kakao-, Kakao-: ~**baum,** der 카카오나무. ~**bestandteile** 〈Pl.〉 카카오 함유량: Schokolade mit 32% -n 32% 카카오 함유량의 초콜릿. ~**bohne,** die 카카오 씨. ~**braun** 〈Adj.〉 카카오 색의, 연한 갈색의. ~**butter,** die 카카오 기름. ~**erzeugnis,** das 카카오 제품. ~**fett,** das ↑~butter. ~**fleck,** der 카카오 자국. ~**likör,** der 카카오 리큐르. ~**masse,** die 카카오 덩이. ~**pflanze,** die ↑~baum. ~**plantage,** die 카카오 농장. ~**pulver,** das 카카오 가루.

kakeln ['ka:kln] 〈h〉 [mniederd. kākelen] (의성어) (nordd.) **1.** 꼬꼬댁거리다(gackern). **2.** 수다 떨다: sie standen vor der Haustür und kakelten 그들은 집문 앞에서 서서 수다를 떨고 있었다.

Kakemono [kake'mo:no], das; -s, -s [jap. kakemono] 족자.

Kakerlak ['ka:kɐlak], der; -s / -en, -en [niederl. kakerlak] **1.** 좀남개바퀴(학명: *Blatta orientalis*): im Keller gab es Ratten und -en 지하실에는 쥐와 (좀남개)바퀴벌레가 있었다. **2.** 백피증 환자(동물).

Kaki: ↑Khaki.

Kakibaum ['ka:ki-], der; -(e)s, ...bäume [jap. kaki] 감나무.

Kakidrose [kaki'dro:zə], **Kakidrosis** [...'dro:zɪs], die [의학] (특히 발의) 악취한증.

Kakipflaume, die; -n 감(열매).

Kakirit [kaki'ri:t, (또한) ...rɪt], der; -s, -e [북 스웨덴의 호수 Kakir에서] [지질] 카키라이트(지각의 움직임으로 심하게 갈라진 암석).

kako-, Kako-, (모음 앞에서) kak-, Kak- [kak(o)-; griech. kakós] 나쁜, 고약한(의 뜻을 나타내는 규정어) (예컨대: Kakophonie, Kakidrose). **Kakodylverbindung** [kakody:l-], die; -en 〈대개 Pl.〉 [화학] 캐코딜 결합(냄새나는 유기비소 화합물의 일종). **Kakogeusie** [...go:y'zi:], die; -n [...iən] [의학] (특히 소화 기관의 장애로 인한) 입안의 고약한 맛, 미각 이상.

Kakophonie, die; -n [...iən; griech. kakophōnía] 〈음악·언어〉 불화(협)음(반대: Euphonie): eine Komposition mit -n 불협화음의 작곡. **Kakophoniker** [...'fo:nikɐ], der; -s, - 불협화음의 작곡가. **kakophonisch** 〈Adj.〉 〈음악·언어〉 불화(협)음(반대: euphonisch 1): ein -er Akkord 불협화음.

Kakosmie [kakɔs'mi:], die; [의학] 악취 후각, 이상 후각, 악취 환각. **Kakostomie** [...sto'mi:], die [의학] 입안의 악취.

Kaktazeen [kakta'tse:ən] 〈Pl.〉 [식물] 선인장(과).
Kaktee [kak'te:ə], die; -n ↑Kaktus (1).
Kaktus ['kaktus], der; - / (österr. · 통용어) -ses, ...teen [...'te:ən] / (통용어) -se [1: lat. cactus < griech. ka´ktos; 2: ↑kacken에 준해서] **1.** 선인장(과) (학명: *Cactaceae*): Kakteen züchten 선인장을 키우다. **2.** (통용어·농) 똥더미: einen K. pflanzen 똥을 싸다. **Kaktusgewächs,** das 선인장과.

kakuminal [kakumi'na:l] 〈Adj.〉 [lat. cacumen(반대: cacūminis)] [언어] (고어) ↑retroflex. **Kakuminal** [-], der; -s, -e [언어] (고어) ↑Retroflex.

Kala-Azar ['kala|atsar], die [Hindi kala-azar, 환자의 피부가 검게 착색되기 때문에] [의학] 칼라아자르(열대 지방의 전염병).

Kalabasse [kala'basə] ↑Kalebasse.

Kalabrese [kala'bre:zə], der; -n, -n ↑Kalabrier.

Kalabreser [kala'bre:zɐ], der; -s, - [이탈리아의 지방. ital. calabrese] 테가 넓고 끝이 뾰족한 펠트 모자.

Kalabrien [ka'la:briən], -s 칼라브리아(이탈리아의 남단 지역). **Kalabrier** [ka'la:briɐ], der; -s, - 칼라브리아 사

람. **Kalabrisch** [ka'la:brɪʃ] ⟨Adj.⟩ 칼라브리아의.
Kalahari [kala'ha:ri], die 칼라하리(아프리카 남부의 고원상 사막). **Kalahari̱steppe,** die ⟨Pl. 없음⟩ 칼라하리 사막.
Kalamaika [kala'maika], die; ...ken [russ. kolomyka, 구소련의 도시 Kolomyja (Ukraine)에서] 3/4박자의 헝가리 민족 무용.
Kalamarien [kala'ma:riən] ⟨Pl.⟩ [lat. calamārius] 【고생물】 노목의 일종.
Kalamität [kalami'tɛ:t], die; -en [lat. calamitās] 1. 곤경, 난국: wir müssen aus den derzeitigen -en herausfinden 우리는 지금의 어려움에서 벗어나야 한다. 2. 【생물】 (재해 등에 의한) 수목의 폐쇄.
Kalamiten [kala'mi:tn̩] ⟨Pl.⟩ [griech. ka lamos] 【고생물】 노목.
Kalander [ka'landɐ], der; -s, - [frz. calandre] 광택기.
kalandern [ka'landɐn] ⟨h⟩ 《전문어》 윤을 내다.
kalandrieren [...'dri:rən] ⟨h⟩ 《전문어》 ↑kalandern.
Kalasche [ka'laʃə], die; -n 《지역적》 매. **kalaschen** [ka'laʃn̩] ⟨h⟩ 《지역적》 매질하다, 두들겨 패다.
Kalasiris [kala'zɪ:rɪs], die [griech. kala siris] (옛 이집트나 그리스에서 입던) 긴 옷.
Kalathos [ka'la:tɔs], der; -, ...thoi [...tɔy; griech. kálathos; 2, 3: 바구니 비슷한 모양 때문에] 1. 고대 그리스에서 쓰던 바구니의 일종. 2. 특히 그리스 여인들의 머리장식. 3. 【예】 코린트 기둥의 주요부.
Kalauer [ka'lauɐ], der; -s, - 시시한 말장난(농담): einen K. erzählen 시시한 말장난을 하다. **kalauern** [ka'lauɐn] ⟨h⟩ 시시한 말장난하다: der Conferencier kalauerte 사회자는 시시한 말장난을 하고 있었다.
Kalb [kalp], das; -(e)s, Kälber [mhd. kalp, ahd. chalp] 1. ⟨축소형: ↑Kälbchen⟩ a) 송아지: 【성구】 nur die allerdummsten Kälber wählen ihren Metzger selber 아주 어리석은 자만이 스스로에게 해로운 일을 도모한다; Augen machen(glotzen) wie ein (ab) gestochenes K. 《통용어》 바보처럼 멍하니 들여다 보다; das Goldene K. anbeten; um das Goldene K. tanzen 〈아어〉 황금송아지를 경배하다, 황금에 눈이 멀다(창세기 32장). b) (사슴, 기린, 코끼리 따위의) 새끼. 2. ⟨Pl. 없음⟩ ↑Kalbfleisch의 약칭. 3. a) 《종종 욕》 명청이: stell dich nicht so dumm an, du K. 그렇게 바보처럼 굴지마, 이 명청아; K. Moses 모세의 송아지(명청이, 숫보기); Herrgott, ist das ein K. Moses! 맙소사, 이런 숫보기같으니! b) 애송이(어린): mit diesen Kälbern ist kein ernsthaftes Wort zu reden 이런 애송이들과는 진지한 말을 할 수 없다. 4. 【해양】 (목재로 된) 밧줄메.
Kalb- (↑Kalbs-, Kälber-도): ~**fell,** das ↑Kalbsfell. ~**fisch,** der [고기를 삶으면 송아지고기 맛이 나기 때문에] ↑Heringshai. ~**fleisch,** das 송아지 고기: eingemachtes K. (südd., österr.) 송아지 절임 고기. ~**leder,** das ↑Kalbsleder.
Kälbchen ['kɛlpçən], das; -s, - 갓 낳은 송아지.
Kalbe ['kalbə], die; -n [mhd. kalbe, ahd. kalba] 아직 새끼를 낳지 않은 암소(Färse). **kalben** ['kalbn̩] ⟨h⟩ [1: mhd, kalben] 1. 송아지(새끼)를 낳다: die Kuh wird bald k. 그 암소는 곧 새끼를 낳을 것이다; die Elefantenkuh kalbt im Alter von zwanzig Jahren 암코끼리는 이십세에 새끼를 낳는다. 2. 【지리】 (빙하 따위가) 부서져 바다(물)로 떨어지다.
Kälber- (↑Kalb-, Kalbs-도): ~**aufzucht,** die 송아지 사육. ~**magen,** der 송아지의 제4위(추위). ~**stall,** der 송아지 우리. ~**zähne,** die 큰 낟알.
Kalberei [kalbə'rai], die; -en 《통용어》 망나니짓. **Kälberei** [kɛlbə'rai], die; -en 《통용어》 ↑Kalberei. kal-

bern ['kalbɐn] ⟨h⟩ [1: 본래 = 어린 송아지처럼 날뛰다; 3: 아마 어린 송아지의 꽥꽥거리는 소리와 흡사한 데에서] 1. 《통용어》 시시덕거리다, 지랄하다: zwei Stufen über mir kalberte ein ungeniertes Liebespaar 내 위 두 계단 위에서는 거리낌없는 한쌍의 연인이 시시덕거리고 있었다. 2. 《schweiz.》 ↑kalben (1). 3. 《지역적·준교어》 꽥꽥거리며 토하다. ¹**kälbern** ['kɛlbɐn] ⟨h⟩ 1. 【요리】 ↑kalbern (1). 2. 《südd., österr.》 ↑kalbern (2): **die Ochsen kälbern** 황소가 송아지 낳기(전혀 불가능한 일). 3. 《통용어》 ↑kalbern (3). ²**kälbern** [-] ⟨Adj.⟩ [mhd. kelberīn] 《südd., österr.》 【요리】 송아지 고기의. **Kälberne,** das; -n《südd., österr.》 ↑Kalbfleisch. **Kalbin** ['kalbɪn], die; -nen 《südd., österr.》 ↑Kalbe.

Kalbs- (Kalb 1 a; ↑Kalb-, Kälber-도): ~**beuschel,** das 《österr.》 송아지 내장 요리. ~**braten,** der 【요리】 송아지 구이. ~**bregen,** der (nordd.) ↑~hirn. ~**bries,** das 【요리】 송아지 지라 요리(Brieschen). ~**brieschen,** ~**bröschen,** das 【요리】 ↑Brieschen. ~**brühe,** die 【요리】 송아지 고기국. ~**brust,** die 【요리】 송아지 양지머리(살): gefüllte K. 간 고기를 채운 송아지 양지머리 음식; **gefüllte K.** 주어진 첫자와 끝자로 말을 만드는 놀이. ~**fell,** das 1. 송아지 가죽. 2. 《고어》 (송아지 가죽으로 만든) 북: **zum K. schwören** 《고어》 군인이 되다, 군인이다(송아지 가죽으로 된 북으로 군인을 모집한 데에서). ~**filet,** das 【요리】 송아지 안심(요리). ~**frikandeau,** das 【요리】 송아지의 뒷다리 안쪽의 살. ~**frikassee,** das 【요리】 송아지 삶은 고기를 잘게 썰어 소스와 함께 내어 놓는 요리. ~**fuß,** der (대개 Pl.) 【요리】 송아지 족발. ~**gekröse,** das 【요리】 송아지 내장. ~**gulasch,** das 【요리】 잘게 썬 송아지 고기를 기름, 양파, 향료를 넣어 살짝 굽다가 찐 요리. ~**hachse,** die 【요리】 송아지 족발(요리). ~**haxe,** die 《südd.》 【요리】 ↑~hachse. ~**herz,** das 【요리】 송아지 염통(요리). ~**hirn,** das 【요리】 송아지 머릿골(요리). ~**karree,** das (österr.) 【요리】 송아지 갈비. ~**keule,** die 【요리】 송아지 넓적다리(요리). ~**kopf,** der 1. 【요리】 송아지 머리(요리). 2. 《통용어》 돌대가리, 어리숙한 사람. ~**kotelett,** das 【요리】 송아지 코트렛(갈비)(요리). ~**leber,** die 【요리】 송아지 간(요리). ~**leberwurst,** die 【요리】 송아지(와 돼지) 간 소세지. ~**leder,** das 송아지 가죽. ~**lende,** die 【요리】 송아지 허리살. ~**medaillon,** das 둥글고 얇게 썬 송아지 안심살(요리). ~**milch,** die 【요리】 ↑~bries. ~**niere,** die 송아지 콩팥. ~**nierenbraten,** der 【요리】 송아지(등 부분과) 콩팥을 함께 한 구이. ~**nuß,** die 【요리】 송아지 허벅지 안쪽의 둥근 살. ~**rollbraten,** der 【요리】 송아지 고기를 둥글게 해서 구운 요리. ~**schlegel,** der 【요리】 ↑~keule. ~**schnitzel,** das 【요리】 송아지 슈니첼. ~**steak,** das 【요리】 송아지 스테이크. ~**stelze,** die 《österr.》 【요리】 ↑~hachse. ~**sülze,** die 【요리】 젤리에 담근 송아지 고기(요리). ~**vögerl,** [-fø:gɐl], das; -s, -(n) (고기의 크기가 작은 새 정도이기 때문에) 《österr.》 【요리】 송아지 발의 살코기(요리). ~**zunge,** die 【요리】 송아지 혓바닥(요리).

Kaldarium [kal'da:rium], das; -s, ...ien [...jən; lat. caldārium] 1. 고대 로마의 온탕. 2. 《고어》 온실.
Kaldaune [kal'daunə], die; -n [mhd. mniederd. kaldūne m mlat. caldūna, caldumen 본래 = 도살한 짐승의 아직 김이 나는 내장] a) 《Pl.》 (특히 소 따위의 먹을 수 있는) 내장, 내포, 내포. b) 《경》 사람의 내장, 오장육부.
Kalebasse [kale'basə], Kalabasse, die; -n [frz. calebasse] 조롱박, 호리병. **Kalebassenbaum,** der; -(e)s, ...bäume 칼레바세나무(크고 딱딱한 열매가 열리는 열대산 나무). **Kaledonien** [kale'do:niən], -s 《고어·시어》

칼레도니아/(스코트랜드의 옛 이름). **Kaledonier** [kale-'do:niɐ], der; -s, - 칼레도니아 사람. **kaledonisch** [kale'do:nɪʃ] 〈Adj.〉 칼레도니아의.

Kaleidoskop [kalaido'sko:p], das; -s, -e [engl. kaleidoscope] 1. 만화경. 2. 《교양어》만화경같이 현란함: ein buntes K. von Stimmen 음성의 가지각색의 현란함[만화경]. **kaleidoskopisch** 〈Adj.〉 1. 만화경의. 2. 현란한, 만화경 같은: -e Bilder 현란한 그림들.

Kaleika [ka'laika], das; -s [poln. kolejka] 《지역적》법석, 난리: K. machen 법석을 떨다.

kalekutisch [kale'kʊtɪʃ] 〈Adj.〉 《다음 용법으로》-**er Hahn** 《고어》칠면조(수컷)(Truthahn).

kalendarisch [kalɛn'daːrɪʃ] 〈Adj.〉 달력(상)의: der -e Beginn des Frühlings 달력상 봄의 시작. **Kalendarium** [...riʊm], das; -s, -, ...ien [...iən; lat. kalendarium] 1. 교회력. 2. 달력, 일정표: ein in Deutsch und Englisch 독어와 영어로 된 달력. 3. 《역사적》(고대 로마에서 매월 · 초하루에 만기가 되는) 이자[부채]대장. **Kalenden** [ka'lɛndn̩], Calendae [...deː] 〈Pl.〉 [lat. Calendae.] 《역사적》고대 로마력의 매월 1일. **Kalender** [...dɐ], der; -s, - 1. 달력, 일력: ein K. für (das Jahr) 1977 1977년도 달력; den K. abreißen 달력을 찢다; etw. im K. nachsehen 무엇을 달력에서 찾아보다; **Hundertjähriger K.** 백년력(1701∼1801년 용으로 처음 만들어진 기상예보 달력); **K. machen** 《통용어》 《쓸데없는 일에》 고심하다; **sich³ etw. [einen Tag] im Kalender (rot) anstreichen** 《종종 반어》무엇[어떤 날]을 달력에 빨갛게 칠하다(특별히 새겨두다). 2. 역(산): **der Gregorianische K.** [올리우스력에 기반을 두고 1582년 이후 오늘날까지 사용되고 있는 역산법; 교황 Gregor XIII.(1502∼1582)의 이름에서] 그레고리우스력; **der Julianische K.** [기원전 46년에 도입되어 오늘날의 역산법의 기초가 되는 역산법; 고대 로마의 정치가 C. Julius Caesar(기원적 약 100∼44)의 이름에서] 율리우스력.

kalender-, Kalender-: ~**blatt**, das 달력의 낱장. ~**block**, der 〈Pl. -blocks〉(일력 따위의) 달력 묶음. ~**geschichte**, die (예전에) 달력에 실린 주로 교훈적인) 이야기, 월력화(話). ~**idiot**, der [engl.-amerik. calendar idiot, 과거나 미래의 특정한 날의 요일을 알아맞추는 특수한 현상에서] (심리학 은어) 특정 분야의 이상이나 사항에 대해 비상한 지식을 가지고 있는 사람, 달력 백치. ~**idiotie**, die 달력백치증. ~**jahr**, das 역년. ~**magen**, der [점막이 달력의 낱장처럼 접혀 있어서] 겹주름 위. ~**mäßig** 〈Adj.〉 ↑kalendarisch. ~**spruch**, der 달력의 격언. ~**uhr**, die (날짜까지 나오는) 달력시계. ~**woche**, die 달력의 요일.

kalendern [ka'lɛndɐn] 〈h〉 (지역적) 달력을 만들다.

Kalesche [ka'lɛʃə], die; -n [tschech. kolesa, poln. kolaska] (옛) 접히는 덮개가 있는 가벼운 마차.

Kalfakter [kal'faktɐ], der; -s, -, **Kalfaktor** [...tɔr, (또한) ...toːɐ], der; -s, -en [...'toːrən; lat. cal(e)factor] 1. **a)** 《준고어 · 종종 폄》간수 보조(죄수). **b)** 《종종 폄》 간수 보조(죄수). 2. 《지역적 · 폄》 염탐꾼, 고자질쟁이: diesem K. darfst du nicht trauen 이 고자질쟁이를 믿어선 안돼.

kalfatern [kal'faːtɐn] 〈h〉 [niederl. kalfateren] 【선원】 뱃밥을 메우다. **Kalfaterung**, die; -en 뱃밥메우기. **Kalfathammer** [kal'faːt-], der; -s, ...hämmer 뱃밥을 메우는 데 쓰이는 방망이.

Kali ['kaːli], das; -s, -s 1. 칼리염류. 2. (Kalium, Kaliumverbindung(en)의 약칭) 칼리, 칼륨화합물.

Kali-: ~**bergbau**, der 칼리염 광산. ~**düngemittel**, das 〈부〉 ↑~dünger. ~**dünger**, der 칼륨 비료. ~**düngung**, die 1. 칼륨 비료를 줌. 2. 《드물게》↑~düngemittel, ~dünger.

~**feldspat**, der ↑Orthoklas. ~**industrie**, die 칼리공업. ~**lager**, das 〈Pl. -lager〉 칼리염 저장지. ~**lauge**, die 수산화(가성)칼리액. ~**salpeter**, der 초석, 질산칼륨. ~**salz**, das 《대개 Pl.》칼리염. ~**werk**, das 칼리(화학)공장.

Kalian [ka'liːan], **Kaliun** [ka'liuːn], der / das; -s, -e [pers. ḡalyān] 페르시아의 물담뱃대.

Kaliban ['kaliban], der; -s, -e [영국의 작가 W. Shakespeare(1564∼1616)의 희곡 『Tempest』에 나오는 Caliban에서] 《교양어 · 드물게》 거칠고 조야한 야만인.

Kaliber [ka'liːbɐ], das; -s, - [frz. calibre m arab. qālib] 1. **a)** (기술 · 무기) (총포의 내부) 구경: das Rohr hat ein K. von 12,5mm 그 총신은 구경이 12.5mm이다. **b)** 【무기】 (총탄의 외부) 구경: Geschosse großen(kleinen, schweren, leichteren) -s 대(소, 중, 경) 구경탄; (전의) 의 Vorwürfe waren ja auch schweres K. 《통용어》 비난은 그야말로 격심했다. 2. 【금속】 《준고어》 직경 측정기. 3. 【시계】 **a)** (시계의) 모양, 외형. **b)** (시계짐의) 직경. 4. 【기술】 압연기의 간격. 5. 《통용어 · 흔히 폄》 종류, 성질: Künstler älteren -s 노장층의 예술가들; ein Politiker von solchem K. 그 정도 크기의 정치인.

Kalibermaß, das ↑Kaliber (2). **Kalibration** [kalibra'tsioːn], die; -en 《전문어》 검정, 보정; 눈금 매기기, 눈금 맞추기. **kalibrieren** [...'briːrən] 〈h〉 《전문어》 1. (총포의) 구경을 재다〔정하다〕. 2. **a)** 정확한 칫수로 만들다. **b)** 기준 크기로 만들다: Saatgut k. 씨앗의 크기를 같게 하다. 3. (도량형기, 기능 따위를) 검정하다: ein Registriergerät k. 기록기를 검정하다. **Kalibrierung**, die; -en 구경 측정(확정); 기준화, 검정, 보정.

Kalif [ka'liːf], der; -en, -en [mhd. kalîf m arab. halīfa] 《역사적》 **a)** 《Pl. 없음》 칼리프(칭호) (모하멧의 교주). **b)** 칼리프(칭호를 가진 사람). **Kalifat** [kali'faːt], das; -(e)s, -e 《역사적》 **a)** 칼리프 지위[지배 체제]. **b)** 칼리프 제국(영토).

Kalifornien [kali'fɔrniən], -s 캘리포니아.

Kaliko ['kaliko], der; -s, -s [engl. calico (-cloth) 동인도의 도시 이름 Kalikut에서] 캘리코(특히 책 제본에 쓰이는 평직의 무명천).

Kaliningrad [kalinin'grat; russ.] 칼리닌그라드(↑Königsberg의 러시아 이름).

Kalium ['kaːliʊm], das; -s 칼륨(기호: K).

Kalium- 〈화학〉: ~**bromid**, das 부롬화 칼륨. ~**chlorat**, das (화학의 염으로서) 칼륨. ~**chlorid**, das 염화 칼륨. ~**hydroxyd**, [화학] ~hydroxid, das 수산화 칼륨. ~**karbonat**, das 탄산 칼륨. ~**nitrat**, das ↑ Kalisalpeter. ~**permanganat**, das 과망간산 칼륨. ~**sulfat**, das 황산 칼륨. ~**verbindung**, die 칼륨 화합물. ~**zyanid**, das 시안(화) 칼륨.

Kaliun, ↑Kalian.

Kalixtiner [kaliks'tiːnɐ], der; -s, - 《대개 Pl.》《역사적》 칼릭스투스파(Utraquist).

Kalk [kalk], der; -(e)s, 《종류》 -e [lat calx(calcem)] 1. **a)** (탄산)석회: im Wasserkessel hat sich K. abgesetzt 물주전자에 석회가 가라앉았다. **b)** (건축 자재로 쓰이는) 회; 생석회, 소석회: gebrannter〔ungelöster〕 K. 생석회; gelöschter K. 소석회; K. brennen〔löschen〕 석회를 하소하다〔풀다〕; die Wände mit K. bewerfen 벽에 회(모르타르)를 바르다; **bei jmdm. rieselt (schon) der K.** 《경》누구에게는 (벌써) 석회가 끼기 시작했어〔머리가 굳기 시작했어〕. 2. 【지질】↑Kalkgebirge의 약칭. 3. (뼈, 이의 성분, 식물의 자양분으로서의) 석회: die schlechten Zähne sind auf einen Mangel an K. zurückzuführen 나쁜 치아는 석회분의 결핍 때문일 수 있다.

kalk-, Kalk-: ~**ablagerung,** die **1.** 〔의학〕 석회 침착. **2.** 석회석의 앙금: den Teekessel von den -en befreien 찻주전자의 석회 앙금을 떼어내다. ~**ähnlich** 〈Adj.〉 석회 비슷한. ~**arm** 〈Adj.〉 석회질이 적게 포함된(반대: ~reich): -e Böden 석회질이 적은 토양. ~**behandlung,** die 〔의학〕 석회[칼슘] 치료. ~**beine** 〈Pl.〉 석회 다리(진드기에 의해 닭 따위의 다리에 회딱지 같은 것이 생기는 피부병). ~**boden,** der 석회질 토양. ~**bruch,** der ↑~steinbruch. ~**dünger,** der 석회(질) 비료. ~**düngung,** die 석회 비료주기. ~**ei,** das 석회액에 보존된 알. ~**erde,** die **1.** 생석회. **2.** 석회토. ~**farbe,** die 석회 도료. ~**felsen,** der 석회암. ~**gebirge,** das 석회석 산. ~**gehalt,** der **1.** 석회분: der K. des Bodens 토양의 석회분. **2.** 칼슘분: der K. des Blutes 피의 칼슘분. ~**gestein,** das 석회석. ~**grube,** die 석회(저장) 갱. ~**haltig** 〈Adj.〉 〔특히 지질·광물〕 석회질의: -es Gestein 석회질 암석. ~**lunge,** die 석회폐. ~**mangel,** der (Pl. 없음). **1.** 칼슘 결핍(증): den K. medikamentös behandeln 칼슘 결핍을 약물 치료하다. **2.** 석회(질) 결핍. ~**milch,** die 석회유. ~**mörtel,** der 석회 모르타르. ~**ofen,** der 〔기술〕 석회 가마. ~**oolith,** der 어란상 석회암. ~**pflanze,** der 석회질 토양에서 주로 자라는 식물. ~**präparat,** das 〔의학〕 칼슘 약제. ~**reich** 〈Adj.〉 석회질이 풍부한 (반대: ~arm). ~**salpeter,** der 질산칼슘. ~**sandstein,** der 규회벽돌. ~**schiefer,** der 석회 편암. ~**schwamm,** der 석회해면(류)(Calcarea). ~**sinter,** der 석회화. ~**spat,** der 방해석. ~**staub,** der 석회진(먼지). ~**stein,** der 석회석. ~**steinbruch,** der 석회 채석장. ~**stickstoff,** der 석회 질소. ~**tablette,** die 칼슘 알약[정제]. ~**tuff,** der ↑~sinter. ~**wasser,** das 석회수. ~**weiß** 〈Adj.〉〔감정적〕**a)** 회처럼 흰: ihre Zähne sind k. 그녀의 이는 회처럼 희다. **b)** 하얗게 질린: sein Gesicht ist vor Schrecken k. geworden 그의 얼굴은 놀라움으로 하얗게 질렸다. ~**zementmörtel,** der 〔토건〕 석회 시멘트 모르타르.

Kalkant [kal'kant], der; -en, -en [lat. calāns] 《고어》 오르겐의 풍구를 밟아주는 사람.

Kalkariurie [kalkarju'ri:], die; -n [lat. calcārius] 〔의학〕 석회(염)뇨(증).

kalken ['kalkŋ] 〈h〉 **1.** 회칠을 하다: Wände k. 벽에 회칠을 하다. **2.** 석회비료를 주다: der Boden ist letztes Jahr gekalkt worden 그 땅은 지난 해 석회비료를 주었다. **kälken** ['kɛlkŋ] 〈h〉 **1.** 《사냥》 (맹조가) 배설하다. **2.** 《지역적》 ↑kalken.

Kalkierung [kal'ki:rʊŋ], die; -en [russ. kalka = Lehnübersetzung] 〔언어〕《특히 구동독》(특히 일본어나 중국어에서) 축어역.

kalkig ['kalkɪç] 〈Adj.〉 **1.** 석회색 같은, 몹시 창백한: -es Licht 석회처럼 창백한 불빛. **2.** 석회질의: -es Wasser 석회질 함유의 물. **3.** 횟가루의 하얀: dem Ärmel ist vom Streichen ganz k. 네 소매는 칠 때문에 아주 횟가루같이 하얗다.

¹**Kalkül** [kal'ky:l], das / der; -s, -e [frz. calcul] 계산, 타산, 헤아림: jmdn. [etw.] einem politischen K. opfern 누구[무엇]를 정치적인 계산의 희생으로 삼다; etw. ins K. (einbe)ziehen 무엇을 계산에 집어넣다. **2.** K. (einbeziehen) nach meiner K. haben wir noch etwa 25 km zu fahren 내 어림으로는 우리는 아직 25킬로미터를 더 가야 한다. **Kalkulator** [kalku'la:tɔr, 《또는》...to:ɐ̯], der; -s, -en [...to'ra:rən,

²**Kalkül** [-], der; -s, -e 〔수학〕 연산, 운산, 산법.

Kalkulation [kalkula'tsi̯o:n], die; -en [lat. calculātio] **1.** 〔경제〕 (비용 산정의) 산정, 산출, 견적: die K. stimmt nicht[geht nicht auf] (경비) 산정이 들어맞지 않는다. **2.** (고려된) 계산, 어림: nach meiner K. haben wir noch etwa 25 km zu fahren 내 어림으로는 우리는 아직 25킬로미터를 더 가야 한다. **Kalkulator** [kalku'la:tɔr, 《또는》...to:ɐ̯], der; -s, -en [...to'ra:rən,

lat. calculātor] **1.** (가격 산정 비용 산출) 계산원. **2.** 계산이 빠른[타산적인] 사람. **kalkulatorisch** [kalkula'to:rɪʃ] 〈Adj.〉 계산상의; 계산적인. **kalkulierbar** [...'li:aba:ɐ̯] 〈Adj.〉 계산(산정)할 수 있는: das Risiko ist nicht k. 위험은 (미리) 산정할 수 없다. **kalkulieren** [kalku'li:rən] 〈h〉 [lat. calculāre] **1.** 〔상〕 (비용의) 산정, 산출하다: wir haben die Herstellungskosten des Buches niedrig kalkuliert 우리는 그 책의 제작비를 낮게 산정했다. **2. a)** (어떤 상황을) 평가하다. **b)** 《통용어·드물게》 어림(짐작)하다: ich kalkuliere, daß es bald regnen wird 짐작하건대 곧 비가 올 것이다.

Kalkutta [kal'kʊta] 캘커타. **kalkuttisch** [kal'kʊtɪʃ] 〈Adj.〉 캘커타의.

Kalla: ↑ Calla.

Kalle ['kalə], die; -n [jidd. kalle < hebr. kallāh] 〔부랑자〕**1. a)** (새)색시. **b)** 색시, 여자(애인). **2.** (몸파는 색시)(Prostituierte).

Kalligraph [kali'gra:f], der; -en, -en [griech. kalligráphos] 능필(가), 서예가: 〔전의〕 der Autor ist ein romantischer K. 그 작가는 낭만적인 달필이다. **Kalligraphie** [kaligra'fi:], die [griech. kalligraphía] 서예, 서도. **kalligraphisch** 〈Adj.〉 **a)** 서예의. **b)** 능필의, 달필의.

Kalliope [ka'li:ope] 서사시문학의 여신, 칼리오페.

kallös [ka'lø:s] 〈Adj.〉 [lat. callōsus] **1.** 〔의학·식물〕 유합 조직의, 가골의, 뇌량의. **2.** 〔의학〕 (살갗에) 못이 박힌, 변지성의. **Kallose** [ka'lo:zə], die; 〔식물〕 칼로즈. **Kallus** ['kalʊs], der; -, -se [lat. callus] **1.** 〔식물〕 칼루스, 유합 조직. **2.** 〔의학〕 **a)** 변지, 못. **b)** 가골.

Kalmar ['kalmar], der; -s, -e [...'ma:rə; frz. calmar m mlat. calamare] 오징어.

Kalmäuser ['kalmɔyzɐ, 《또한》-'--], der; -s, - 《고어》 골방샌님, 뚱딴지.

Kalme ['kalmə], die; -n [frz. calme m ital. calma] 〔기상〕 바람없음, 무풍. **Kalmengürtel,** der 〔기상〕 (해상의) 무풍(지)대.

Kalmenzone, die 〔기상〕 (적도 부근의) 무풍 지역. **kalmieren** [kal'mi:rən] 〈h〉 [frz. calmer] 《교양어·준고어》 진정시키다, 재우다.

Kalmuck [kal'mʊk], der; -(e)s, -e 〔칼뫽족의 이름에서〕 칼뫽천(양쪽이 거칠은 수건 같은 모직, 면직).

Kalmück [kal'mʏk], der; -en, -en, **Kalmücke** [kal'mʏkə], der; -n, -n 칼뫽족(서몽고족).

Kalmus ['kalmʊs], der; -, -se [lat. calmus < griech. kálamos] 창포. **Kalmusöl,** das (Pl. 없음) 창포유.

Kalo ['ka:lo], der; -s, -s [ital. calo] 《고어》 (건조 등에 의한) 상품 따위의 감량.

Kalobiotik [kalo'bio:tɪk], die [griech. kalóbios] (고대 그리스에서의) 아름다운(조화로운) 생활법. **Kaloikagathoi** [kaloykaga'tɔy] 〈Pl.〉 [griech. kalokagathoí] 고대 그리스의 상류층. **Kalokagathie** [kalokaga'ti:], die [griech. kalokagathía] (고대 그리스에서) 착함과 아름다움의 조화(를 꾀하는 교육 이념).

Kalorie [kalo'ri:], die; -n [...i:ən; frz. calorie] **1.** 《옛》 (대개 Pl.) 칼로리: Gemüse ist arm an -n 야채는 열량이 적다(기호: cal). **2.** 〔물리〕《옛》 칼로리(열량 단위): große K. 《또는》 킬로 칼로리, kleine K. 《또는》 칼로리 (기호: cal).

kalorien-, Kalorien-: ~**arm** 〈Adj.〉 칼로리가 적은 (반대: ~reich): eine Kost kalorienarm 저 음식물; sich k. ernähren 칼로리를 적게 섭취하다. ~**bedarf,** der 〔생리〕 칼로리 수요. ~**bewußt** 〈Adj.〉 칼로리를 의식하는. ~**gehalt,** der 칼로리 함유량. ~**reich** 〈Adj.〉 칼로리가 많은 (반대: ~arm).

Kalorifer [kalori'fe:ɐ̯], der; -s, -s / -en **1.** 《고어》 온풍

Kalorik [ka'lo:rık], die [물리] 열학. **Kalorimeter** [kalori-], das; -s, - [물리] 열량계. **Kalorimetrie**, die [물리] 열량 측정(법). **kalorimetrisch** ⟨Adj.⟩ 열량 측정의: -e Meßmethoden 열량 측정 방법. **kalorisch** [ka'lo:rıʃ] ⟨Adj.⟩ [1: frz. calorique] 1. [물리] 열의: -e Maschine 열기관. 2. 칼로리(열량)상의. **kalorisieren** [kalori'zi:rən], ⟨h⟩ [금속] 알루미늄 증기도금을 하다.

Kalotte [ka'lɔtə], die; -n [frz. calotte] 1. [기하] 구관, 구절. 2. [건축] 납작하고 둥근 천장. 3. [인류·의학] 머리덮개, 관. 4. a) [가] (가톨릭 성직자의) 법모. b) 15/16세기에 투구 등의 안에 쓰는 면견, 두건 종류. c) 16세기 여성들의 작은 모양의 모자.

Kalpa ['kalpa], der; -(s) [sanskr. kalpa] 칼파, 겁(파).

Kalpak [kal'pak, (또한) '--], **Kolpak** [kɔl'pak, (또한) '--], der; -s, -s [türk. kalpak] 1. a) 타타르족의 양피 모자. b) 아르메니아인의 펠트 모자. 2. a) 경기병 모자의 끝 천. b) 경기병의 모자.

kalt [kalt] ⟨Adj.⟩ [mhd., ahd. kalt] 1. 찬, 차가운, 추운 (반대: heiß 1, warm 1): -es Wasser 찬 물, 냉수; -e Füße haben 발이 차다; -e Miete (특히 난방비 등이 포함 안된) 기본(집)세; -es Licht [물리] 찬 빛, 냉광; eine -e Fährte [사냥] (두시간 이상 된) 식은 발자국; der -e Schweiß 식은 땀; ich habe k. ⟨지역적⟩ 나는 춥다; der Motor ist noch k. 엔진이 아직 차다; der Sekt muß k. gestellt werden 샴페인을 차게 해야 한다; abends essen wir meistens k. 저녁에 우리는 대개 (요리하지 않고) 차게 먹는다; er raucht die Pfeife k. 그는 (불도 안 붙이) 찬 담뱃대를 물고 있다; etw. k. biegen 무엇을 가 열하지 않고 굽히다; 전의 ein -es Licht 차가움(느낌을 주는)(불)빛; ⟨명사화⟩ im Kalten sitzen 차가움 속에 앉 다; **jmdn. k. erwischen** ⟨스포츠·은어⟩ (상대방이 몸을 풀기도 전에) 후딱 해치우다. 2. a) 차가운, 냉정한: mit -er Berechnung 차가운 계산. b) (동정심없이) 차가 운, 냉혹한, 쌀쌀한: jmdn. mit -em Lächeln messen 누구를 차가운 미소로 재다; jmdn. k. anblicken 누구를 쌀쌀하게 바라보다. 3. 오싹한, 냉혹함을 불러 일으키는: es überlief mich k. 오싹한 (소름)이 나를 엄습했다.

kalt-, Kalt-: **~asphalt**, der [토건] 아스팔트 유제. **~aushärtung**, die [금속] 냉간 경화. **~bleiben*** ⟨s⟩ ⟨통용어⟩ 냉정하다, 태연하다. **~blut**, das 침착한 기질의 무겁고 강인한 말(반대: Warmblut). **~blüter** [-bly:tɐ], der; -s, - [동물] 냉혈동물. **~blütig** ⟨Adj.⟩ 1. a) 냉혈의, 침착한; 침착한: der Gefahr k. ins Auge sehen 위험을 냉혈하게 직시하다. b) (편) 냉혈적인, 냉혹 한: jmdn. k. ermorden 누구를 냉혹하게 살해하다. 2. [동물] 냉혈성의, 변온성의: Eidechsen sind k. 도마뱀 은 냉혈성이다. **~blütigkeit**, die a) 냉혈함: in dieser schwierigen Situation zeigte er eine bewunderungswürdige K. 이 어려운 상황에서 그는 감탄할 만한 냉철성을 보여주었다. b) (편) 냉혹함, 몰인정함. **~firnis**, der 상온 와니스. **~formung**, die [금속] 냉 간 형성, 상온 성형. **~front**, die [기상] 한랭전선(반 대: Warmfront): eine K. zieht herauf 한랭전선이 올 라 온다. **~gas**, das [기술] (발생로의) 냉각 가스. **~gepreßt** ⟨Adj.⟩ (기름을) 상온에서 눌러 짠. **~geschlagen** ⟨Adj.⟩ (기름을) 가열없이 짠. **~härtung**, die [기술] (합성수지의) 상온 경화. **~haus**, das [원예] 저온실 (대식물의 겨울나기 온실). **~herzig** ⟨Adj.⟩ 냉담한, 쌀쌀한, 몰인정한: eine -e und egoistische Frau 냉담하고 이기적인 여자. **~herzigkeit**, die 쌀쌀함, 냉담. **~kaustik**, die [의학] 전기요법. **~kreissäge**, die (금속가공에 쓰이는) 냉간 둥근 톱. **~lächelnd** ⟨통용어·편⟩ 냉소를 짓는, 냉혹한. **~lassen*** ⟨h⟩ ⟨통용어⟩ 감동시키지 못하다: ihre Tränen haben ihn völlig kaltgelassen 그녀의 눈물은 그의 마음을 전혀 움직 이지 못하였다. **~leim**, der 상온(에 굳어지는) 아교. **~leiter**, der [물리] 냉전도체(저온에서 전도율이 높은 전도체). **~luft**, die (Pl. 없음) [기상] 추운 바람: dringt K. zieht heran 극 지방의 찬 바람이 다가온다. **~lufteinbruch**, der [기상] 찬바람(한랭기단)의 침투. **~luftgas**, das [기술] (금강석이나 강철로 된) 동침, 드라이 포인트. **~luftsee**, der [기상] 찬공 호수. **~luftzufuhr**, die [기상] 찬바람의 유입. **~machen** ⟨h⟩ ⟨경⟩ 송장을 만들 다, (사정없이) 죽이다: er macht dich kalt, wenn du ihm über den Weg läufst 네가 그에게 방해가 된다면 그는 너를 송장으로 만들 것이다. **~mamsell**, die 찬 요 리 담당 아가씨. **~meißel**, der [기술] 상온 (금속가공) 끌. **~miete**, die (부대 비용을 뺀) 기본(집, 방)세: die Wohnung kostet 300 Mark K. 그 집은 기본세가 300마 르크이다. **~nadel**, die [기술] (금강석이나 강철로 된) 동침, 드라이 포인트. **~nadelradierung**, die [미술] 동침을 사용한 동판화법. **~nieten** ⟨h⟩ [금속] 상온에서 리벳트을 조이다. **~nietung**, die [금속] 상온에서 리벳 트 죄기. **~schale**, die 냉국. **~schnäuzig** [-ʃnɔytsıç] ⟨Adj.⟩ ⟨통용어⟩ 냉혹한, 매정한: jmdn. k. abfertigen 누구를 매정하게 굴다. **~schnäuzigkeit**, die ⟨통용어⟩ 매정함. **~schweißen** ⟨h⟩ [금속] 냉간 압접하다. **~schweißen**, das; -s [금속] 냉간 압접. **~sinn**, der (아이) 냉정, 무정. **~sinnig** ⟨Adj.⟩ 냉정한, 무정한. **~start**, der [자동차] 저온 시동. **~stellen** ⟨h⟩ ⟨통용 어⟩ 영향력을 빼앗다, 찬밥 만들다: einen unliebsamen Konkurrenten k. 달갑지 않은 경쟁자를 비껴놓다. **~stellung**, die ⟨통용어⟩ er betrachtet seine Versetzung als eine K. 그는 자신의 전출을 찬밥 먹은 것으로 본다. **~teer**, der 저온 타르. **~verfestigung**, die [기 술] 냉간 경화. **~verformung**, die [금속] 냉간 변형 (↑~formung). **~verpflegung**, die 찬 음식 섭취. **~walzen** ⟨h⟩ [금속] 냉간 압연하다. **~walzen**, das; -s [금속] (강압)연. **~walzwerk**, das [금속] 냉간 압연기. **~wasserbehandlung** [-'----], die [의학] 찬물(냉수)치료(법). **~wasserheilanstalt** [-'------], die [의학] 냉수치료원. **~wasserkur** [-'----], die [의학] 냉수 요양. **~welle**, die (화학 약품에 의한) 냉파마. **~zeit**, die [지질] 빙하기; 한냉기 (반대: Warmzeit). **~zeitlich** ⟨Adj.⟩ 빙하기의, 한냉 기의.

Kälte ['kɛltə], die [mhd. kelte, ahd. chaltī] 1. 추위, 한 기, (반대: Wärme, Hitze 1): die K. dringt durch die schlecht isolierten Fenster 한기가 단열이 잘 안된 창문 사이로 스며든다; vor Kälte zittern [⟨통용 어⟩ bibbern] 추위에 (발발) 떨다. 2. a) (감정의) 싸늘 함, 쌀쌀함, 냉정함, 냉혹함: in seinen Worten lag eine schneidende K. 그의 말에는 자르는 듯한 차가움이 있었다. b) 썰렁함: die K. eines Raums empfinden 방의 썰렁함을 느끼다.

kälte-, Kälte-: **~anästhesie**, die [의학] 한랭(냉동) 마취. **~behandlung**, die 한랭 요법. **~beständig** ⟨Adj.⟩ 1. 내한성의. 2. 얼지않는, 부동성의. **~beständigkeit**, die 내한성; 부동성. **~brücke**, die [토건] 열 전도율이 높은 건축소재. **~chirurgie**, die ⟨Pl. 없음⟩ [의학] 냉동 외과. **~einbruch**, der [기상] 한파 (내습). **~einwirkung**, die 한파의 영향. **~empfindlich** ⟨Adj.⟩ 추위에 민감한(약한). **~ferien** ⟨Pl. 없음⟩ 한파 방학(휴가). **~gefühl**, die 추위감. **~grad**, der 1. 냉 각 온도: eine Kühlanlage auf einen bestimmten K. einstellen 냉각장치를 일정한 냉각 온도에 맞추다. 2. 빙점 이하의 온도: heute nachthatten wir einige -e 오늘 밤은 영하 몇 도는 되었다. **~hoch**, das [기상] 한랭(성) 고기압. **~mantel**, der 1. 냉각(보온) 씌우개. 2. [광

산〕(횡갱 등을 둘러싼) 저온대. ~**maschine**, die 〔기술〕 냉동기. ~**mischung**, die 〔화학〕 한제, 냉동제. ~**periode**, die 혹한기. ~**pol**, der 한극. ~**punkt**, der 〔생리〕 냉점, 한점. ~**schauer**, der 한기, 냉기. ~**schutz**, der 냉동 방지. ~**schutzmittel**, das (부동액 따위의) 냉동 방지제. ~**starre**, die a) 〔동물〕 (특히 냉혈동물의) 한랭 경직, 지둔, 둔마. b) 〔식물〕 (저온에서의) 한랭 경직. ~**steppe**, die ↑Tundra. ~**sturz**, der 〔기상〕 급격한 기온 저하. ~**technik**, die 냉동 기술. ~**techniker**, der 냉동 기술자. ~**tod**, der 얼어 죽음, 동사. ~**versuch**, der 〔기술〕 냉동시험. ~**welle**, die 한파.

kalten ['kaltn̩] 〈s〉 [mhd. kalten, ahd. chaltēn] 〔고어〕 차가워지다. **kälten** ['kɛltn̩] 〈h〉 [mhd. kelten] 〔고어〕 차갑게 하다.

Kalter ['kaltɐ], der; -s, - [mhd. kalter] 《österr., südd., schweiz.》 상자 모양의 물고기 그릇.

kälter ['kɛltɐ] ↑kalt의 비교급. **kälteste**: ↑kalt의 최상급.

Kalumbin [kalʊmˈbiːn], das; -s [engl. calumba] 콜롬보 뿌리의 고미제 일종.

Kalumet [kaluˈmɛt, kalyˈmɛ], das; -s, -s [frz. calumet; 북미 프랑스 주민들의 인디안 담뱃대에 대한 칭호] 〔인종〕 인디언의 평화의 담뱃대.

Kalumniant [kalʊmniˈant], der; -en, -en [lat. calumnians] 중상 모략하는 사람.

Kaluppe [kaˈlʊpə], die; -n [poln. chalupa, tschech. chalupa] 〔지역적〕 다 쓰러져간 낡은 집, 오두막집.

Kalvarienberg [kalˈvaːriən-], der; -(e)s, -e a) 갈바리아 언덕(특히 가톨릭 순례지에 골고다 언덕을 재현하여 세워진 언덕). b) (브레타뉴 지방의) 예수 수난 재현단.

Kalvill [kalˈvɪl], der; -s, -e (-en), **Kalville** [kalˈvɪlə], die; -n [frz. calville] 칼빌(시고 향내나는 사과 종류).

kalvinisch, (또한) calvinisch [kalˈviːnɪʃ] 〈Adj.〉 〔제네바의 종교 개혁자 J. Calvin (1509~1564)의 이름에서〕 칼빈식의. **Kalvinismus**, (또한) Calvinismus [kalviˈnɪsmʊs], der; - 칼빈교, 칼빈주의.

Kalvinist, (또한) Calvinist, der; -en, -en 칼빈교도. **Kalvinistin**, (또한) Calvinistin, die; -nen ↑Kalvinist의 여성형. **kalvinistisch**, (또한) calvinistisch 〈Adj.〉 칼빈교의: die Glaubenslehre 칼빈 교리.

Kalym ['kaːlym], der; -s, -s 〔인종〕 (터키 몽고족이 신부 아버지에게 내는) 신부값.

Kalyptra [kaˈlyptra], die; -, -ren [griech. kalýptra] 〔식물〕 1. 근관, 뿌리갓. 2. 선류의 홀씨관, 이끼모자. **Kalyptrogen** [kalyptroˈgeːn], das; -s 근관 형성층.

Kalypso [kaˈlypso] 칼립소(그리스의 요정).

Kalzeolarie [kaltseoˈlaːriə], die; -n [lat. calceolus] ↑Pantoffelblume.

Kalzifikation [kaltsifikaˈtsi̯oːn], die 〔생리〕 석회화. **kalzifizieren** [...iˈtsiːrən] 〈s〉 〔생리〕 석회화하다. **kalzifug** [...ˈfuːk] 〈Adj.〉 〔식물〕 석회질 토양을 기피하는 (반대: kalziphil). **Kallzination**, die 〔화학〕 a) 하소. b) 소광법. c) 석회화. **kalzinieren**, calcinieren [...ˈniːrən] 〈h〉 〔화학〕 하소하다. **Kalzinierung**, 〔화학〕 Calcinierung, die 〔화학〕 하소. **Kalzinose** [...ˈnoːzə], die; -, -n 〔의학〕 석회(침착)증. **kalziphil** [...iˈfiːl] 〈Adj.〉 〔식물〕 석회질 토양을 좋아하는 (반대: kalzifug). **Kalzit**, 〔화학〕 Calcit [kalˈtsiːt], der; -s, -e 방해석 (Kalkspat). **Kalzium**, (또한) Calcium ['kaltsiʊm], das; -s [1808년 영국의 화학자 H. Davy (1778~1829)가 명명] 칼슘 (기호: Ca).

Kalzium-, 〔화학〕 Calcium-: ~**chlorid**, das 〈Pl. 없음〉 염화 칼슘. ~**hydroxyd**, das 〔화학〕 ~hydroxid, das 〈Pl. 없음〉 수산화 칼슘, 소석회. ~**karbid**, das 〈Pl. 없음〉 탄화 칼슘. ~**karbonat**, das 탄산 칼슘. ~**mangel**, der 〈Pl. 없음〉 칼슘 결핍. ~**oxyd**, 〔화학〕 -oxid, das 〈Pl. 없음〉 산화 칼슘, 생석회. ~**phosphat**, das 인산 칼슘. ~**salz**, das 〈대개 Pl.〉 칼슘 염. ~**spiegel**, der 〈Pl. 없음〉 〔생리〕 (체액의) 칼슘 농도. ~**sulfat**, das 무수석고, 경석고. ~**verbindung**, die 〔화학〕 칼슘 화합 (물).

kam [kaːm] ↑kommen 참조.

Kamaldulenser [kamaldulˈɛnzɐ], der; -s, - 〈대개 Pl.〉 〔이탈리아의 Arezzo 부근에 있는 Camaldoli 수도원의 이름에서〕 카말드리 수도원의 수도사(베네딕트와 계율을 기초로 한 가톨릭 수도승).

Kamaraderie [kamaradəˈriː] ↑Kameraderie.

Kamaresvasen [kaˈmaːrɛs-] 〈Pl.〉 [Kreta 섬에 있는 발견지 Kamares에서] 〔고고〕 카마레스 도자기.

Kamarilla [kamaˈrɪlja, (또한) ...rɪlja, die; -, -llen [span. camarilla] (폄) a) (아어) 권력 측근의 도당. b) (고어) 왕의 고문관, 총신(寵臣).

Kambium ['kambi̯ʊm], das; -s, ...ien [...i̯ən; lat. cambium] 〔식물〕 형성층(形成層).

Kambodscha [kamˈbɔdʒa], -s 캄보디아 공화국. **Kambodschaner** [kamboˈdʒaːnɐ], der; -s, - 캄보디아 인 (人). **kambodschanisch** [kamboˈdʒaːnɪʃ] 〈Adj.〉 캄보디아어[어(語)]의.

Kambrik ['kambrɪk, (engl.) ˈkeɪmbrɪk], der; -s [engl. cambric] (얇고 고급인) 아마포(亞麻布), 백마포(白麻布). **Kambrikbatist**, der ↑Kambrik. **Kambrikpapier**, das 〔제본〕 아(백)마포 종이.

kambrisch ['kambrɪʃ] 〈Adj.〉 〔지질〕 캠브리아 층(層) 〔기(紀)〕의. **Kambrium** ['kambri̯ʊm], das; -s [lat, Cambria] 〔지질〕 캠브리아 층(層)〔기(紀), 계(系)〕.

käme ['kɛːmə] ↑kommen 참조.

Kamee [kaˈmeː(ə), die; -n [frz. camée < ital. cammeo] 양각(陽刻)한 보석(옥(玉), 패각), 케미오우.

Kamel [kaˈmeːl], das; -(e)s, -e 1. a) 낙타: auf -en reiten 낙타를 타고 가다; 〔성구〕 eher geht ein K. durchs Nadelöhr (als daß ein ...이 ... geschieht) 낙타가 바늘구멍이기보다 더 어렵다, 어떤 일이 전혀 불가능하다. b) ↑Trampeltier. 2. 〔경〕 바보, 얼간이, 명청구리: so ein K.! 저런 바보 같으니!

Kamel-: ~**dorn**, der 가시나무의 일종(아프리카에서 자람). ~**fohlen**, das 낙타 새끼. ~**haar**, das 〈Pl. 없음〉 낙타털. ~**haardecke**, die 낙타털 담요. ~**haarmantel**, der 낙타털(로 만든) 외투. ~**hengst**, der 수낙타. ~**höcker**, der 낙타의 봉(峯). ~**karawane**, die 대상 (隊商). ~**milch**, die 낙타우유. ~**stute**, die 암낙타. ~**treiber**, der 1. 낙타를 모는 사람. 2. 〔통용어·폄〕 아랍 인(人). ~**ziege**, die ↑Angoraziege.

Kämelgarn ['kɛːm-], das; -(e)s, -e 앙고라 염소의 털 실.

Kamelie [kaˈmeːli̯ə], (또한) Kamellie [kaˈmɛli̯ə], die; -n [이 식물을 일본에서 유럽으로 가져간 예수회원 선교사 J. Camel의 이름에서〕 a) 동백나무. b) 동백(나무)꽃.

Kamelle [kaˈmɛlə], die; -n 캐러멜사탕.

Kamellen [kaˈmɛlən] 〈Pl.〉 (다음 용법으로만) alte (olle) K. 〈통용어〉 진부한(누구나 다 아는) 이야기: alte K. auftischen 진부한 이야기를 꺼내다.

Kamellie: ↑Kamelie.

Kamelopard [kameloˈpart], der; -(e)s / -en, -e(n) [lat.] 〔동물〕 기린.

Kamelott [kaməˈlɔt], der; -(e)s, -e [frz. camelot] 1. 낙타직물(낙타털이나 앙고라 염소털로 짠 모직의 일종). 2. 호박직(琥珀織)으로 된 견직물.

Kamera ['kamərə], die; -s a) 영사기, TV 카메라: die

Kamera läuft 영사기가 돌아간다; mit verdeckter K. filmen 숨겨진 영사기로 촬영하다; **vor der K. stehen** 배우[탤런트]로 활동하다. **b)** ↑Fotoapparat: die K. schußbereit haben 카메라에 사진 찍을 준비를 해가지고 있다.

Kamera-: ~assistent, der 카메라 맨의 조수. **~einstellung,** die 〔영화〕 ↑Einstellung (3). **~fahrt,** die 〔영화〕 하나의 축을 따라 움직이는 촬영. **~film,** der 〔텔레비전·영화〕 카메라 영화(의상이나 배경 등을 무시하고 하나의 사진이나 줄거리를 중점적으로 클로즈업시킨 영화). **~führung,** die 〔영화〕 영사: die K. haben 영사하다. **~mann,** der 〈Pl. -männer, -leute〉 카메라 맨. **~team,** das 카메라 맨들의 팀(조(組)). **~verschluß,** der 〔사진〕 노출 시간 조절기.

Kamerad [kamə'ra:t], der; -en, -en [frz. camerade] 동무, 친구; 동료, 같이 일하는] 짝; 전우, 동창생, 동급생: seine Frau war ihm ein guter K. 그의 부인은 그의 인생의 훌륭한 동반자였다; seinen -en im Stich lassen 자기 동료를 곤경 속에 버려두다; **K. Schnürschuh** 1) 〔군〕 오스트리아인(人)(병사). 2) 〔친군〕 여보게 동무〔구〕. **Kameradendiebstahl,** der 〔군〕 전우에 대한 도둑질. **Kameradenhilfe,** die 동료의 도움, 전우의 협조. **Kameraderie** [kamərada'ri:], die 《폄》(인위적이고 과장된) 우정, 동지(료)애, 파당 정신: aus falscher K. lügen 그릇된 우정으로 거짓말을 하다. **Kameradin,** die; -nen ↑Kamerad의 여성형. **Kameradschaft,** die; -en 1. 〈Pl. 없음〉동무로서의 교제, 친교(親交), 우정, 동지애, 전우 정신, 우의: K. schließen (halten) 친교를 맺다[유지하다]; aus K. bei etw. mitmachen 동지애 때문에 어떤 일에 참여[가담]하다. 2. 동료(동무) 일동. **kameradschaftlich** 〈Adj.〉 동지의, 친구다운, 사이가 좋은, 친한; unsere Beziehungen sind rein k. 우리는 순수한 친구 관계이다(우리 관계는 성적이 아니다); jmdm. k. auf die Schulter klopfen 친근하게 누구의 어깨를 두드리다. **Kameradschaftlichkeit,** ↑die kameradschaftlich의 명사형.

Kameradschafts-: ~abend, der 〔전우·청소년 그룹 따위의〕야간 파티(모임). **~ehe,** die 1. 우애 결혼, 동지 결혼. 2. 〔고어〕동거 부부(법적 결혼을 하지 않은). **~geist,** der 〈Pl. 없음〉 우애(동료, 동지) 정신. **~sinn,** der 〈Pl. 없음〉 ↑~geist. **~treffen,** das 〔군〕 전우의 만남.

Kameralia [kame'ra:lia], **Kameralien** [...liən] 〈Pl.〉 [lat, cameralia] 〔고어〕 ↑Kameralwissenschaften. **Kameralismus** [...ra'lismus], der (독일 16~18세기 중상주의(重商主義)의) 정치 경제학. **Kameralist** [...'list], der; -en, -en 1. 정치 경제학자. 2. 〔구제〕(영주의) 재무관. **Kameralistik** die 1. 〔고어〕 재정학. 2. 〔경제〕 수지 계산(이 된) 부기, 치부(置簿). **kameralistisch** 〈Adj.〉 1. 〔고어〕 정치 경제의, 정치학의. 2. 〔경제〕 부기의. **Kameralwissenschaften** 〈Pl.〉〔고어〕정치 경제학.

Kamerun ['kaməru:n, 〈또한〉 - -'-] 〔통용어·농〕 나체 해수욕장. 2. 카메룬(서아프리카의 공화국). **¹Kameruner** ['kamərune, 〈또한〉 - -'- -], die 〔독일의 옛 식민지 Kamerun 공화국에서의〕〔지역적〕땅콩. **²Kameruner** [-], der; -s, - 1. 〔berlin.〕 기름에 튀겨 설탕을 뿌린 효모 과자(8자 모양임). 2. 카메룬[사람]. **kamerunisch** 〈Adj.〉 카메룬인[의 (語)]의.

Kames ['kɑ:məs, 〈engl.〉 keɪmz] 〈Pl.〉 [engl. (schott.) came] 〔지질〕 빙하 시대의 모래와 자갈로 형성된 구릉지 (丘陵地).

Kami ['ka:mi], der; -, - 〈대개 Pl.〉 [jap. kami] 〔일본 신도(神道)의〕신적(神的)인 것, 숭상할 만한 것.

kamieren [ka'mi:rən], kaminieren [kami'ni:rən] 〈h〉 [ital. camminare] 〔펜싱〕(자기 검으로) 적의 검을 견제하다[피하다]; 후퇴에 의하여 적의 자세에 빈틈을 만들다.

Kamikaze [kami'ka:tsə], der; -, - [jap.kami-kaze] 가미카제(神風) 특공대원(2차 대전 때 비행기를 몰고 적의 목표물에 돌진한). **Kamikazeflieger,** der ↑Kamikaze. **Kamikazeunternehmen,** das 《통용어》 모험적인 기업(企業).

Kamilavkion [kami'lafkion], das; -s, ...ien [...iən; griech. kamilaúkion u. kalymmaúchion] 〔그리스 정교의 성직자들이 쓰는〕실린더 모양의 모자.

Kamille [ka'milə], die; -n 카밀레, 〔국과(菊科)의〕 개꽃.

Kamillen-: ~bad, das **a)** 마른 카밀레꽃을 끓여 만든 증기욕(蒸氣浴). **b)** 카밀레유(油) 목욕. **~blüte,** die 카밀레꽃, 개꽃. **~extrakt,** der 카밀레 추출물[엑기스]. **~öl,** das 카밀레 기름, 카밀레유(油). **~tee,** der 카밀레차(茶)〔당한국의 것〕.

Kamillianer [kami'liɑnε], der; -s, - 〔종단 창립자 Camillo de Lellis의 이름에서〕카밀리아회(會)〔종단〕회원. **Kamillianerin,** die; -nen 카밀리아 수녀회의 수녀. **Kamillianerorden,** der; -s 카밀리아회[종단] (1582년 창립된 가톨릭교의 병자간호회).

Kamin [ka'mi:n], der; -/ 〈schweiz.〉 das; -s, -e 1. 벽난로: vor dem K. sitzen 벽난로 앞에 앉아있다; sie hat die Briefe in den K. geworfen 그녀는 편지들을 벽난로 속으로 집어던졌다. 2. 〈südd.〉 굴뚝: den K. kehren 굴뚝을 소제하다; **etw. in den K. schreiben (können, müssen)** 《통용어》 무엇을 잃은 것으로 간주하다(할 수 있다, 해야만 한다). 3. 〔등산〕 절벽이 갈라진 사이[틈].

Kamin-: ~feger, der 〔지역적〕 ↑Schornsteinfeger. **~feuer,** das 난로불: sich am K. wärmen 난로 불을 쬐다. **~formstück,** das 굴뚝 건축용 석재(石材). **~kehrer,** der; -s, - 〔지역적〕 굴뚝 청소부. **~kleid,** das 편안하고 우아한 실내복. **~kletterei,** die 〔등산〕 절벽이 갈라진 틈을 기어오르기(는 기술). **~rock,** der ↑~kleid. **~sims,** der 벽난로 위에 선반같이 된 곳, 맨틀피스.

¹kaminieren [kami'ni:rən] 〈h〉 〔등산〕 절벽이 갈라진 틈을 기어오르다.

²kaminieren: ↑kamieren.

Kamisarde [kami'zardə], der; -n, -n 〈대개 Pl.〉 [frz. camisardes] 〔역사적〕 (18세기 초 Ludwig 14세에 반기를 들었던) 위그노파의 사람〔당원〕. **Kamisol** [kami'zo:l], das; -s, -e [frz. camisole] 〔고어〕 (소매가 짧은) 웃저고리, 재킷, 조끼, 방한내복.

Kamm [kam], der; -(e)s, Kämme 1. 〈축소형: ↑Kämmchen〉 빗: ein K. aus Horn 뿔로 만든 빗; ein enger(feiner) K. 살이 촘촘한 빗; auf dem K. blasen 양피지를 댄 빗을 불어 소리를 내다; sich mit dem K. durchs Haar fahren 빗으로 머리를 빗다; mit dem K. einen Scheitel ziehen 빗으로 가리마를 타다; 〔성구〕 bei jmdm. liegt der K. neben[auf] der Butter (통용어·농) 누구의 집에 물건들이 뒤죽박죽 놓여있다〔난장판이다〕; **alle(s) über einen K. scheren** 모든 것을 똑같이 취급한다, 동일시하다. 2. **a)** (닭 따위의) 볏: **jmdm. schwillt der K.** 《통용어》 1) 교만해지다, 으쓱거리다. 2) 화를 내다, 분노하다: jmdm. über den K. hauen [putzen] 누구를 굴복시키다, 누구의 콧대를 꺾어놓다. **b)** 〔동물〕 (양서류나 파충류(爬蟲類) 따위의) 등에 솟은 뿔[빼], 주름진 등살. 3. **a)** (소, 돼지 따위의) 목덜미 고기: ich habe ein Pfund K. gekauft 나는 목덜미 고기를 1 파운드 샀다. **b)** (말의) 갈기. **c)** 〔사냥〕 (긴 털이 난) 산돼지의 목덜미. 4. **a)** (길게 늘어선 언덕, 암벽, 제방 따위의) 꼭대기, 산등성이; (밭의) 이랑, 〔톱니바퀴의〕 톱니, 캠: auf den Kämmen des Gebirges liegt Schnee 산

동성이에 눈이 덮여있다. **b)** 물결의 꼭대기, 물마루, 파두 (波頭). **5.** 〖직조〗 ↑Weberkamm의 약칭. **6.** 〖섬유〗 (베틀의) 바디; (양털 따위를) 빗는 기구, 삼을 간추리는 빗. **7.** 〖토목〗 사개를 맞춘 나무. **8.** 〖포도재배〗 다 따고 남은 포도송이 줄기.

kạmm-, Kạmm-: **~artig** 〈Adj.〉 빗〖치〗아 모양의; 볏 모양의. **~etui,** das 빗 주머니, 빗 케이스. **~fett,** das 말의 목덜미 살에 붙어있는 지방〖굳기름〗. **~garn,** das **1.** (빗은 양모(羊毛)에서 뽑은) 털실, 소모사(梳毛絲). **2.** 소모사로 짠 천〖직물〗. **~garngewebe,** das ↑ Kammgarn (2). **~garnindustrie,** die 큰 소모 직물 산업. **~garnspinnerei,** die 소모직(물) 짜기. **~gebirge,** das 〖지리〗 봉우리가 뾰족뾰족하게 긴 산맥. **~geschmack,** der 〖포도재배〗 때로 큰 줄기와 함께 발효시킴으로써 생기는 포도주의 씁쓸한 맛. **~gras,** das 유럽 원산의 포아풀과 식물. **~griff,** der 〖체조〗 손등을 밖으로 하여 쥐기(철봉 잡는 법). **~grind,** der 머리에서 생기는 옴. **~huhn,** das (남아시아 토종의) 볏이 큰 야생 닭. **~lage,** die (뾰족한) 산등, 최고봉, 능선 지대(稜線地帶). **~linie,** die 〖지리〗 (산맥의) 가장 높은 능선. **~macher,** der (비분리) Kammacher, der (옛) 빗 제조공, 빗 바치. **~minze** 《비분리》 Kamminze, die 잎과 꽃이 톱니 모양으로 방향이 있는 식물, 박하(薄荷). **~molch** (비분리) Kammolch, der 이구아나(서인도 및 열대 아메리카 산의 큰 도마뱀의 일종). **~muschel** 《비분리》 Kammuschel, die 큰 가리비(조개의 일종). **~rad,** das (옛) 톱니바퀴. **~stück,** das (소, 돼지 따위의) 목덜미 살, 어깻죽지 살. **~wanderung,** die 산등성이를 따라 걷기〖하이킹〗. **~weg,** der 〖섬유〗 능선〖능선〗길. **~wolle,** die 〖섬유〗 소모(梳毛), 양모(羊毛). **~zug,** der 〖섬유〗 (올이 굵은) 소모(梳毛) 섬유, 중간 공정을 거친 섬유.

Kạmmaschine, die 〖섬유〗 소모기(梳毛機). **Kämmchen** ['kɛmçən], das; -s, - Kamm (1).

Kạmmelgarn ['kɛml-], das; -(e)s, -e ↑Kämelgarn.

kạmmeln ['kɛm]n] 〈h〉 〖섬유〗 (양모, 아마 따위를) 곱게 빗질하다. **kämmen** ['kɛmən] 〈h〉 **1. a)** 빗질하다: die Mutter kämmt das Kind 어머니가 아기의 머리를 빗겨 준다. **b)** (머리를) 빗다: du mußt dir noch die Haare k. 너 머리를 빗어야 한다; 전의 sie kämmte mit den Fingern die Fransen des Teppichs 그녀는 손가락으로 양탄자의 술을 가지런히 빗었다. **c)** 빗으로 훑어내다, 깨끗이 빗질하다: zuerst mußt du den Staub aus den Haaren k. 너는 우선 머리털에 묻은 먼지를 빗어내야 하겠다. **d)** (빗으로) 뽑아 만들어내다. **2.** 〖섬유〗 (양모, 아마 따위를) 빗어서 깨끗이 하다, 반드럽게 하다, 다듬다.

Kạmmer ['kamɐ], die; -n **1.** 〈축소형: ↑Kämmerchen〉 **a)** 〖준고어〗 작은 방; 곁의 침실; 골방: die K. des Dienstmädchens(der Köchin) 하녀〖식모〗의 방. **b)** 저장실, 비품실, 창고: die Wohnung hat drei Zimmer, Küche, Bad und eine (kleine) K. 이 집에는 방 세 개, 부엌, 목욕실 그리고 (조그만) 창고가 있다. **2.** 〖선원〗 선실(船室). **3.** 〖군〗 피복, 무기 따위의 창고: die Rekruten wurden auf der K. eingekleidet 신병들은 피복 창고에서 군복을 지급받았다. **4. a)** 〖생물·의학〗 심실(心室): die linke K. des Herzens 심장의 왼쪽 심실. **b)** 〖기술〗 기계의 독립된 공간〖노(爐)의 화실(火室); (수문의) 갑실(閘室); 암실, 어둠 상자. **c)** 〖무기〗 α) (총·포의) 약실. β) ↑Patronenkammer. **5.** 〖광〗 (광산의) 갱실(坑室), 광맥. **6.** 〖사냥〗 (혈거(穴居) 동물의) 굴; 획득물(獲得物)을 넣어두는 곳. **7.** 〖낚〗 Kessel (4 a). **8. a)** 〖헌법·정치〗 의회, 국회: die erste (zweite) K. 상원 (하원)〖의(議)의 두 원(院)으로 된 의회의〗. **b)** 〖법〗 (법원의) 부(部): er wurde in die K. für Strafsachen des Oberlandesgerichts berufen 그는 고등법원의 형사부로 소환되었다. **c)** 회의소, 협회: in der K. sein 회의소에 들어(가입) 되어 있다.

kạmmer-, Kạmmer- **~bau,** der 〈Pl. 없음〉 〖광〗 (거대한 광상(鑛床)에서의) 채광(採鑛)〖채굴(採掘)〗 방법. **~bulle,** der (군·쁨) (피복, 무기 따위의) 창고 담당 하사관. **~chor,** der 실내 합창. **~diener,** der 〖준고어〗 시종, 종자(從者), 시복. **~flimmern,** das; -s 〖의학〗 심장 진동. **~frau,** die 〖준고어〗 시녀, 여관(女官). **~gericht,** das 〖역사적〗 (중세 때 왕이나 영주의) 최고 법원. **~grab,** das 〖고고〗 (고대 무덤 등의) 석실(石室). **~gut,** das (옛) 왕후의 영지(領地)〖재산〗, 왕실의 소유지. **~herr,** der (영주의) 시종. **~jäger,** der **1.** (구제) 궁정 수렵관. **2.** 〖준고어〗 건물 내부의 해충 등을 구제하는 사람. **~jungfer,** die 〖고어〗 (미혼의) 시녀, 여관(女官). **~junker,** der 《구제》 (귀족 청년으로 영주의) 시종. **~kätzchen,** das 〖고어·농〗 **~diener. ~knecht,** der (구제) 왕후의 보호를 받는 유태인(그 대신 돈을 지불해야 함). **~konzert,** das 실내 협주곡, 실내악 연주회. **~lakai,** der ↑ **~diener. ~mädchen,** das 〖준고어〗 시녀, 여관(女官). **~meister,** der (옛) (영주의) 회계 감독관. **~musik,** die 〈Pl. 없음〉 [eigtl. = die in den fürstlichen Gemächern dargebotene Musik의 차용어] 실내악. **~musikalisch** 〈Adj.〉 실내악의, 실내악에 관한〖속한〗: eine -e Darbietung 실내악 연주. **~musiker,** der **1. a)** 〈Pl. 없음〉 (뛰어난 음악가에게 주어지는 칭호로서의) 궁정음악가: er wurde zum K. ernannt 그는 궁정악가로 임명되었다. **b)** (위 칭호를 받은) 궁정 음악 연주자. **2.** 실내악 연주자. **~ofen,** der 〖기술〗 (화실이 하나 또는 그 이상의 공업용) 난로. **~orchester,** das 실내 오케스트라. **~sänger,** der (궁정음악가의 칭호를 가진) 궁정 가수. **~sängerin,** die **~musiker**의 여성형. **~säure,** die 〖기술〗 (연실(鉛室)에서 제조된) 황산. **~schauspieler,** der (명우(名優)의 칭호를 가진) 궁정 배우. **~sonate,** die ↑ Sonata da camera (↑ Sonate). **~spiel,** das **1.** 소극장 공연에 알맞는 실내극〖소연극〗. **2.** 〈Pl.〉 (주로 소연극을 공연하는) 실내극장, 소극장: er ist an den -en engagiert 그는 소극장에 종사하고〖고용되〗 어 있다. **~ton,** der 〖음악〗 표준음, 표준박자. **~tuch,** das 마포(麻布) 비슷한 두꺼운 면직물, 삼베천. **~vermögen,** das ↑ **~gut. ~virtuose,** der ↑ **~musiker** ↑ **~zofe,** die 〖고어〗 ↑ **~mädchen.**

Kạmmerchen ['kɛmɐçən], das; -s, - ↑Kammer (1): **im stillen K.** (대개 농) (자기) 홀로, 은밀히, 고요히: im stillen K. Selbstkritik üben 혼자서〖자기비판을 하다.

¹Kämmerei [kɛməˈraɪ], die; -en ↑ Wollkämmerei의 약칭.

²Kämmerei [-], die; -en 〖고어〗 (시(市)의) 회계과, 금고. **Kạmmereivermögen,** das 〖고어〗 시(市)의 재산, 시유지. **Kạmmerer** ['kɛmərɐ], der; -s, - 〖준고어〗 시(市)의 회계(출납)관, 시종. **-kammerig** [-kamərɪç] 《다음 용법으로》 einkammerig〖zweikammerig, mehrkammerig〗 실질(心室)〖화실(火室)〗이 하나(두 개, 여러 개)로 된. **Kämmerlein** ['kɛm-], das; -s, - ↑ Kammer (1)의 축소형. **Kạmmerling** ['kaməlɪŋ], der; -s, -e ↑ Foraminifere. **Kạmmerling** ['kɛməlɪŋ], der; -s, -e 〖고어〗 ↑ Kammerdiener. **kạmmerln** ['kaməln] 〈h〉 (südd., österr.) (야간 밀회를 하러) 처녀의 방으로 숨어들어가다.

Kạmmertuch, das; -(e)s, -e 〖프랑스의 도시 Cambrai에서〗 ↑ Kambrik.

Kämmling ['kɛmlɪŋ], das; -s, -e 〖섬유〗 빗어 다듬은 양모 따위의 지스러기, 부스러기실: aus dem K. [aus den -e] wird Streichgarn hergestellt 소모사(梳毛絲)로 숨어들어가다.

는 부스러기 실로 제조된다.
Kamöne [kam'ø:nə], die; -n [신화] 옛 로마의 샘의 여신 (나중에는 그리스의 Muse와 동일시되었음).
Kamorra [ka'mɔra], die [ital. camorra] 옛 나폴리 왕국의 비밀 결사.
Kamp [kamp], der; -s, Kämpe ['kɛmpə] **1.** 《지역적》 울타리를 둘러싼 토지[목장, 전답], 《농가 옆의》 초지(草地). **2.** 【임업】 (울타리를 둘러친) 모포(苗圃), 종묘장.
Kampagne [kam'panjə], die; -n [frz. campagne] **1.** 캠페인, 정치[선전] 활동, 유세(遊說): eine breite K. gegen einen Politiker 어느 정치가를 반대하는 광범한 캠페인; eine K. ein leiten[führen, fortsetzen] 캠페인을 시작[지휘, 계속]하다. **2.** (계절적 영향을 받은 공장등의) 가장 바쁜 시기, 농번기: sie haben während der K. in der Zuckerfabrik gearbeitet 그들은 가장 바쁜 기간 동안 설탕 공장에서 일했다. **3.** [고고] 발굴 작업 시기. **4.** 《지역적》사육제[카니발] 기간. **5.** [고어] 출정(出征), 전역(戰役), 종군(從軍); 출정 기간.
Kampala [kam'pa:la] 캄팔라(우간다의 수도).
Kampanile, Campanile [kampa'ni:lə], der; -, - [ital. campanile] (이탈리아의 교회 곁에 따로 서 있는) 종각, 종탑, 종루(鐘樓).
Kampanje [kam'panjə], die; -n 선미루(船尾樓), 후부최상갑판(後部最上甲板).
Kämpe ['kɛmpə], der; -n, -n [mniederd. kempe] (고어·농·반어) 전사(戰士), 용사, 영웅.
Kampelei [kampə'laj], die; -en 《지역적》 싸움질, 불화, 격투. **kampeln** ['kamp|n] ⟨h⟩ 《지역적》 싸움질[말다툼]하다, 서로 으르렁대다: er kampelt sich öfter mit den Nachbarn 그는 이웃 사람들과 자주 말다툼을 한다.
Kampescheholz [kam'pɛʃə-], (또한) Campecheholz [kam'pɛtʃə-], das 【멕시코의 연방국 Campeche에서】 다목, 소방목(蘇方木).
Kämpevise ['kɛmpəvi:zə], die; -r 《대개 Pl.》 dän. kempevise] [문예학] (중세의 스칸디나비아, 특히 덴마크의) 무훈시(武勳詩), 담시[발라드].
Kampf [kampf], der; -(e)s, Kämpfe ['kɛmpfə] **1.** 싸움; 전투, 교전; ein heftiger[sinnloser] K. 격렬한[무의미한] 싸움; schwere Kämpfe tobten an der Front 전선에서 극심한 전투가 벌어졌다; er ist im K. gefallen 그는 전사(戰死)하였다. **2. a)** 격투, 결투; 투쟁: es entspann sich ein K. auf Leben und Tod 생사를 건 격투가 벌어졌다; die Demonstranten gaben den K. schließlich auf 데모대들은 결국 투쟁을 포기했다; aus diesem K. ging keiner als Sieger hervor 이 결투에서는 누구도 승자가 되지 못했다; er hat ihn zum K. herausgefordert 그는 그에게 도전하였다, 싸움을 걸었다; 전의 der K. gegen die Naturgewalten (mit dem Sturm) 자연의 위력(폭풍)과의 싸움. **b)** 논쟁, 격론: ein ideologischer (moralischer) K. 이념[도덕]적 논쟁; der K. zwischen den beiden Gelehrten ist noch nicht ausgefochten 두 학자간의 논쟁은 아직 끝나지 않았다. **c)** [스포츠] 시합, 경기: ein fairer[harter] K. zweier gleichwertiger Gegner 실력이 같은 두 적수의 공정한 [격렬한] 시합; er hat in diesem Jahr noch mehrere Kämpfe zu bestreiten 그는 금년에 아직 여러 번의 경기를 치뤄야 한다. **3.** 투쟁, 경쟁; 진력, 노력; 분투: K. für eine bessere Zukunft 보다 나은 미래를 위한 싸움[노력]; der K. gegen den Hunger 굶주림을 극복하려는 노력; der K. um die Freiheit 자유를 위한 투쟁; der K. ums Dasein 생존 경쟁; jmdm.[einer Sache] den K. ansagen 누구[무엇]에 대한 조치를 취할 것을 분명히 선언하다; der Inflation den K. ansagen 인플레이션에 대한 조치를 취할 것을 분명히 말하다. **4.** 심적 갈등, 내적(內的)싸움: seelische Kämpfe durchstehen [bestehen]

정신적 갈등을 극복하다[이겨내다]; einen K. mit sich (selbst) ausfechten 자기 자신과의 싸움을 끝까지 하다.
kampf-, Kampf- (↑Kampfes-도 참조): **~abschnitt**, der **1.** [군] 전선(戰線), 전방, 전투 구역[지역]. **2.** [스포츠] 라운드(round), (한)판, 회, 경기. **~abstimmung**, die [정치·의회] (투)표 대결, 표결, 결선 투표. **~abzeichen**, das [군] (2차 세계 대전 중에 부여한) 무공훈장. **~ansage**, die 《군》 도전, 도발, 투쟁 선언: das ist eine offene K. an die Radikalen 그것은 과격파에 대한 공공연한 도전이다. **~anzug**, der [군] 전투복, 야전복. **~art**, die [군] 전투(방)법[형태](예컨대 공격, 방어, 추격, 후퇴 따위). **~auftrag**, der [군] 전투 명령 [지령]. **~ausbildung**, die [군] ↑Gefechtsausbildung. **~bahn**, die (드물게) 경기장, 트랙; 투장. **~befehl**, der [군] ↑Gefechtsbefehl. **~bereich**, der ↑ ~abschnitt (1). **~bereit** ⟨Adj.⟩ 호전적인; 싸울[전투] 준비가 된: der Boxer stand k. in seiner Ecke 권투선수는 (싸울) 준비를 마치고 자기 코너에 서 있었다. **~bereitschaft**, die 전투 준비. **~betont** ⟨Adj.⟩ [스포츠] 몸을 돌보지 않고 진력(盡力)을 다하는: sie spielen sehr k. 그들은 온갖 전력을 다하여 경기를 한다. **~bund**, der (정치적) 투쟁 동맹; 전투 동맹. **~bündnis**, das ↑~bund. **~einheit**, die [군] 전투 단위(單位). **~entschlossen** ⟨Adj.⟩ 전투(싸움)를 결심한. **~entschlossenheit**, die ↑~entschlossen의 명사형. **~erfahren** ⟨Adj.⟩ 전투에 능한(노련한), 역전(歷戰)의: -e Krieger 역전의 전사(戰士)들. **~erfahrung**, die 전투[경기, 링] 경험. **~erprobt** ⟨Adj.⟩ 전투에 노련한, 전투경험이 있는, 역전의. **~fähig** ⟨Adj.⟩ 전투(능)력이 있는. **~fähigkeit**, die ⟨Pl. 없음⟩ 전투력(반대: ~unfähigkeit). **~fahrzeug**, das [군] 전투용 차량. **~fisch**, der (동남아산의) 투어(鬭魚). **~flieger**, der **1.** [군] 폭격기 조종사. **2.** (통용어) ↑~flugzeug. **~flugzeug**, das [군] 폭격기, 전투기. **~freudig** ⟨Adj.⟩ 싸움을 좋아하는, 호전적인. **~front**, die [군] (공격의) 최전선. **~gas**, das [군] 독가스. **~gebiet**, das ↑~abschnitt (1). **~gefährte**, der 전우(戰友). **~gefährtin**, die ↑~gefährte의 여성형. **~geist**, der ⟨Pl. 없음⟩ 투지(鬭志), 전투 의욕: in jmdm. erwacht der K. 누구의 마음 속에 투지가 눈을 뜬다. **~gemeinschaft**, die 투쟁 공동체; die K. der Arbeiter und Bauern 노동자와 농민의 투쟁공동체. **~genosse**, der ↑~gefährte. **~gericht**, das [스포츠] 심판(단): ein objektives[internationales] K. 객관적[국제적]인 심판진. **~geschehen**, das 진행 중인 전투[싸움]. **~geschehnis**, das K. eingreifen 진행 중인 싸움(전투)에 끼어들다 [간섭하다]. **~geschwader**, das [군] 전투기 편대. **~getümmel**, das 전투 중의 소동(三動). **~gewicht**, das [스포츠] 체급, 규정 체중. **~gewühl**, das ↑~getümmel. **~gruppe**, die **1.** [군] 특수 전투대, (연합) 전투대. **2.** ↑Betriebskampfgruppe 참조. **~hahn**, der **1.** 투계(鬭鷄). **2.** 《대개 Pl.》 (통용어·농담) 싸우기 좋아하는[말다툼 잘하는] 사람, 싸움꾼. **~handlung**, die 《대개 Pl.》 전투. 교전: die -en einstellen 교전을 중단하다. **~kraft**, die ⟨Pl. 없음⟩ 전투력: die K. der Truppen erhöhen 군대의 전투력을 증강시키다. **~kräftig** ⟨Adj.⟩ 전투력이 있는(강한). **~lärm**, der 전투 중에 생기는 소음. **~läufer**, der 목도리도요(새). **~lied**, das 군가, 투쟁가: revolutionäre -er singen 혁명적인 투쟁의 노래를 부르다. **~linie**, die ↑~abschnitt. **~los** ⟨Adj.⟩ 싸우지 않고, 전투없이, 무저항의: die Mannschaft kam k. eine Runde weiter [스포츠] 그 팀은 한 게임을 부전승으로 올라갔다. **~lust**, die ⟨Pl. 없음⟩ 투지, 투쟁욕, 싸우려는 마음 자세. **~lustig** ⟨Adj.⟩ 싸움을 좋아하는, 호전적인, 투지가

불타다. ~maßnahme, die 《대개 Pl.》↑~mittel (2): die Gewerkschaft beschloß ~n 그 노동조합은 투쟁 방법을 결정했다. ~mittel, das 1. 《대개 Pl.》〖군〗무기, 병기. 2. 투쟁 방법, 전술. ~moral, die ↑~geist. ~mut, der ↑~lust. ~panzer, der 〖군〗전차, 장갑차. ~parole, die 투쟁 구호: -n ausgeben 투쟁 구호를 시달하다. ~pause, die 전투[결투, 싸움] 중의 휴식. ~platz, der 전장(戰場), 싸움터; 시합장, 경기장. ~preis, der 〖경제〗(경쟁자를 이기기 위하여) 이익을 붙이지 않은 가격, 경쟁 가격. ~richter, der 〖스포츠〗심판. ~richterentscheidung, die 심판의 결정. ~schrift, die (정치적) 투쟁서[書], 전단(傳單). ~schwimmer, der 〖군〗특전(特戰) 잠수병, 잠수 공작병. ~spiel, das 〖스포츠〗 1. 신체적 접촉이 일어나는 구기(축구, 송구, 럭비 따위). 2. 열전(熱戰), 격전: in einem mitreißenden K. wurde der Gegner schließlich bezwungen 관중을 열광케 하는 격전에서 상대편은 결국 굴복하고 말았다. ~staffel, die ↑~geschwader. ~stark 〈Adj.〉↑~kräftig. ~stärke, die ↑~kraft. ~stätte, die 《대개 Pl.》싸움터, 경기장. ~stier, der 투우용 황소. ~stoff, der 《대개 Pl.》(전투용) 대량살상(大量殺傷) 물질(독가스, 세균, 방사성 물질 따위). ~tag, der 투쟁의 날. ~tätigkeit, die ↑~handlung. ~truppe, die 1. 〖군〗전투 부대. 2. 행동대. ~unfähig 〈Adj.〉전투력이 없는: -e Truppen 전투력이 없는 군대. ~unfähigkeit, die (Pl. 없음) ↑~unfähig 의 명사형. ~verband, der 〖군〗전투 부대. ~wagen, der 1. 전차(戰車)(고대에는 말이 끌었다). 2. 《고어》 ↑Panzer. ~weise, die 투쟁 방법, 싸움 태도[방법]: der Boxer zeigte sich von der unorthodoxen K. des Gegners irritiert 그 권투 선수는 상대방의 비정통적 시합 방법에 당혹감을 나타냈다. ~wille, der ↑~lust. ~ziel, das 투쟁 목표. ~zone, die ↑~abschnitt.
kämpfen ['kɛmpfn] 〈h〉 1. 싸우다, 투쟁하다: mit der Waffe in der Hand k. 손에 무기를 들고 싸우다; sein Vater kämpfte an der vordersten Front 그의 아버지는 최전방에서 싸웠다; für das Vaterland k. 조국을 위해 투쟁하다. 2. a) 다투다, 싸우다: er kämpfte gegen die beiden wie ein Löwe[auf Leben und Tod] 그는 그 두 사람을 상대로 사자처럼[생사를 걸고] 분투했다; [전의] der Schwimmer kämpfte gegen die Strömung[mit den Wellen] 수영하는 사람은 수류(水流)[파도]를 거슬러 헤엄쳐갔다; der Alte kämpft mit dem Tod 노인은 죽어가고 있다; er kämpfte gegen seine Tränen[mit den Tränen] 그는 눈물을 참으려고 했다; er kämpfte vergebens gegen den Schlaf[mit dem Schlaf] 그는 졸음[잠]을 쫓으려 했으나 헛일이었다. b) 논쟁하다, 투쟁[경쟁]하다: die Konzerne kämpfen miteinander 재벌 그룹들이 서로 경쟁하고 있다. 3. 〖스포츠〗 a) 시합하다: sehr glücklos k. 아주 운이 없는 시합을 하다; die Mannschaft kämpft heute gegen einen sehr starken Gegner 그 팀은 오늘 아주 강한 팀과 시합을 하다. b) 전력을 다해 싸우다(경기하다): die Mannschaft kämpft bis zur totalen Erschöpfung[bis zum Umfallen] 그 팀은 완전히 지칠[지쳐서 쓰러질] 때까지 싸웠다. 4. 온 힘을 다해 노력하다, 분투하다: für die Freiheit[für ein geeinites Europa] k. 자유를[통일 유럽을] 위해 분투하다; gegen den Krieg[gegen die Unterdrückung] k. 전쟁[탄압]에 반대하여 싸우다. 5. 번민하다: er kämpfte noch, ob er mitfahren solle oder nicht 그는 가야 할지 가지 말아야 할지 아직도 번민하고 있었다. 6. 〈k. + sich〉 고난의 길을 가다: sie kämpften sich (mühsam) durch Dornen und Gestrüpp 그들은 가시와 덤불을 헤치며 (간신히) 나아갔다; [전의] er hat sich im Lauf der Jahre in die Höhe [nach oben] gekämpft 그는 세월이 흐르는 동안에 크게 출세하였다.

Kampfer ['kampfɐ], 〖화학〗 Campher ['kamfɐ], der; -s 장뇌(樟腦); 캠퍼.
Kämpfer-: ~**baum**, der 녹나무, 장뇌나무. ~**öl**, das 장뇌기름. ~**salbe**, die 장뇌연고. ~**spiritus**, der ↑ ~**öl**.
¹**Kämpfer** ['kɛmpfɐ], der; -s, - 1. a) 전사(戰士), 병사: schlecht ausgerüstete[ermattete K.] 장비가 형편없는 [피로에 지친] 병사들. b) (구독동) 직장 예비군. 2. 싸우는 사람, 경쟁자: er versuchte vergeblich, die beiden K. von der Unsinnigkeit ihres Tuns zu überzeugen 그는 싸우고 있는 그 두 사람의 행위가 무의미함을 설득하려 했으나 허사였다. 3. 〖스포츠〗 a) (일대일의 경기에서 적수와 맞서는) 선수: der Ringrichter bat beide K. zur Ringmitte 주심이 양 선수에게 링 중앙으로 나오라고 했다. b) 몸을 아끼지 않는 선수: sein Gegenspieler ist ein echter[zäher] K. 그의 상대방은 훌륭한[끈질긴] 선수이다. 4. 투사, 용사: ein K. für die Freiheit 자유의 투사[용사].
²**Kämpfer** [-], der; -s, - 1. a) 〖건축〗 홍예받이[받침대]; 홍예덕. b) 〖기술·토목〗 아치형다리의 지주받침. 2. 〖토목〗 문턱과 채광창 사이의 가로목.
Kämpferin, die; -nen ↑ ¹Kämpfer의 여성형. **kämpferisch** 〈Adj.〉 1. 전투의, 전투적인, 용감한: die Truppen haben sich k. bewährt 그 군대는 용감하다는 것을 입증해보였다. 2. 몸을 사리지 않는, 전력을 기울이는, 전사다운: er bot eine hervorragende -e Leistung 그는 몸을 사리지 않는 경기를 보여주었다. 3. 투지에 불타는, 투쟁적인, 호전적인: eine -e Natur 투쟁적인 성격(천성); sich k. mit etw. auseinandersetzen 무엇에 투지있게 덤벼들다. **Kämpfernatur**, die; -en 투쟁적인 사람, 투사(鬪士).
kampfes-, Kampfes- (아어): ~**freudig** 〈Adj.〉 ↑ kampffreudig. ~**gruß**, der 《대개 Pl.》(구동독) (정치적) 투쟁 단결 성명. ~**lärm**, der ↑ Kampflärm. ~**lust**, die ↑ Kampflust. ~**mut**, der ↑ Kampfmut. ~**wille**, der ↑ Kampfwille.
kampieren [kam'pi:rən] 〈h〉 [frz. camper] a) 캠핑하다, 야영[노영, 노숙]하다; 진(陣)을 치다: auf freiem Feld k. 툭 터진 들판에서 야영하다. b) (통용어) 임시 변통으로 숙박(거주)하다, 밤을 지내다: du kannst heute bei uns auf dem Sofa k. 너는 오늘 우리집 쇼파 위에서 잠잘 수 있다.
Kampong ['kampɔŋ], der 《또는》 das; -s, -s [malai. kampung] (동남아 도시 주변의) 마을.
Kamputschea [...'tʃe:a] ↑ Kambodscha. **Kamputscheaner**, der; -s, - ↑ Kambodschaner. **kamputscheanisch** 〈Adj.〉 ↑ kambodschanisch.
Kamsin [kam'zi:n], der; -s, -s [arab. hamsīn] 〖지리〗 사진(砂塵)을 수반하는 사하라 사막의 바람.
Kamtschadale [kamtʃa'da:lə], der; -n, -n 캄차카 반도 사람(인(人)). **Kamtschatka** [kam'tʃatka, 《russ.》 kam'tʃatka], -s 캄차카 반도.
Kamuffel [ka'mʊfl], das; -s, - (욕) 바보, 천치: so ein K.! 이런 바보 같으니라구!
Kana ['ka:na] 가나(갈릴리의 작은 옛 도시). **Kanaan** ['ka:naan]; -s 가나안의 땅(지금의 팔레스타인의 서부 지방). **kanaanäisch** [kanaa'nɛ:ɪʃ] 〈Adj.〉 가나안의. **Kanaaniter** [kanaa'ni:tɐ]; -s, - 가나안 사람[셈어족]. **kanaanitisch** [kanaa'ni:tɪʃ] 〈Adj.〉 ↑ kanaaniter의 형용사형.
Kanada ['kanada], -s 캐나다.
Kanadabalsam ['kanada-], der; -s 아메리카산의 송백류(松柏類)의 수지(송진). **Kanadier** [ka'na:diɐ], der;

kanadisch -s, - [zu Kanada, als Bez. für das Kanu der kanad. Indianer] **1.** 캐나다식 카누. **2.** 《österr.》 쿠션이 붙은 (안락)의자. **3.** 캐나다인[사람]. **kanadisch** [ka'na:dɪʃ] 〈Adj.〉 캐나다의; 캐나다인[산(產)]의.

Kanaille [ka'naljə, 《österr.》 ka'najə], die; -n [frz. canaille] 《폄》 **1.** 협잡꾼, 사기꾼: diese K. ist mit meinem Wagen davongefahren 이 사기꾼이 내 자동차를 타고 달아났다. **2.** 〈Pl. 없음〉 남을 속이고 해치려는 인간.

Kanake [ka'na:kə], der; -n, -n [polynes. kanaka] **1.** 카나카 인(人) (하와이 및 남 태평양 여러 섬의 원주민). **2.** 《통용어·폄》 교양 없는 사람, 어리숙한 사람. **3.** 《경》 외국인 노동자(특히 터키인). **Kanaker** [ka'nakɐ] der; -s, - 《통용어·폄》 ↑ Kanake (3).

Kanal [ka'na:l], der; -s, Kanäle [ka'nɛ:lə; ital. canale] **1.** 운하: einen K. anlegen[bauen] 운하를 건설하다; die Stadt ist durch einen K. mit dem Meer verbunden 도시는 운하로 바다와 연결되어 있다. **2.** 하수구, 배수로, 수로: der K. ist verstopft 하수구가 막혔다; infolge des anhaltenden Regens liefen die Kanäle über 장마 때문에 배수로가 넘쳐흐른다. **3.** [해부] (인체 내의) 관(管), 도관(導管): **den K. voll haben** 《경》1) 술에 취하다. 2) 어떤 일에 몹시 싫증나다. **4.** [방송·텔레비전] 채널, 주파수: einen anderen K. wählen[einschalten] 다른 채널을 틀다; diesen Sender bekommt man auf K. 10 이 방송은 채널 10에서 청취할 수 있다. **5.** (정보 따위를 전하는) 루트, 길, 경로(經路): geheime [diplomatische] Kanäle 비밀[외교] 루트.

Kanal-: ~abgebung 〈Pl.〉 ↑~gebühr. **~antenne,** die [방송·텔레비전] 안테나. **~arbeiter,** der **1.** 운하[하수도] 공사 노동자, 하수도 청소원. **2.** [정치·언어] 배후인물[조종자]. **~bau,** der (Pl. -bauten) 운하[수로] 건설, 하수구 공사. **~bauer,** der; -s, - 운하 토공(土工), 하수공(工). **~bett,** das 〈Pl. -betten〉 (도랑케] -bette) 운하의 수로. **~deckel,** der 하수구 뚜껑. **~durchstich,** der 운하 개(開)통로. **~gas,** das 하수(下水)가스. **~gebühr,** die 운하 사용료[통행료]. **~gitter,** das (격자로 된) 하수구 뚜껑. **~ratte,** die 하수구에 사는 쥐. **~räumer,** der 하수구 청소부[원]. **~reiniger,** der ↑ **~räumer. ~schalter,** der [방송·텔레비전] 채널 스위치. **~schleuse,** die 운하의 수문(水門). **~schwimmen,** das; -s 〈장거리 스포츠로서〉 (특히 도버) 해협 횡단 수영. **~schwimmer,** der 해협 횡단 수영자. **~system,** das (배수) 망, (관개) 수로망. **~waage,** die 수준기(水準器), 수평기(水平器). **~wähler,** der [방송·텔레비전] ↑~schalter.

Kanalisation [kanaliza'tsjo:n], die; -en **1. a)** 하수도망 [조직, 시설]: die städtische K. 도시의 하수(도)망. **b)** 하수도 공사. **2.** 운하 개착(축)공.

Kanalisations-: ~anlage, die 하수[배수] 시설. **~arbeiten** 〈Pl.〉 하수 시설 공사. **~arbeiter,** das ↑~system. **~rohr,** das, **~röhre,** die 하수 도관, 배수 관. **~system,** das 하수도망.

kanalisieren [...'zi:rən] 〈h〉 **1.** (도시에) 배수구를 만들다, 하수(배수) 시설을 하다. **2.** (하천을) 배가 다닐 수 있게 만들다. **3.** (어떤 방향으로) 유도(조종)하여 문제를 해결하다: eine Stimmung[einenTrieb] k. 어떤 분위기[충동]를 극복하는 방향으로 유도하다. **Kanalisierung,** die; -en ↑kabalisieren의 명사형. **Kanalisierungsarbeiten** 〈Pl.〉 ↑Kanalisationsarbeiten.

Kanalstrotter [ka'na:lstrotɐ], der; -s, - 《österr.·통용어》 하수구 청소부[원].

Kanapee ['kanape, ka:], das; -s, -s [frz. canapé] **1.** (긴 의 자·빈어) 쇼파, 긴 안락의자. **2.** 〈대개 Pl.〉 **a)** 파이 조각. **b)** (맛있는 것을 넣어 만든) 흰빵 샌드위치.

Kanaren [ka'na:rən] 〈Pl.; 관사와 함께만 쓰임〉 카나리아 제도(諸島). **Kanarier** [ka'na:riɐ], der; -s, - 카나리아 제도의 사람. **kanarisch** [ka'na:rɪʃ] 〈Adj.〉 카나리아 제도의 사람. **Kanarische Inseln** 〈Pl.; 관사와 함께만 쓰임〉 카나리아 제도.

Kanari [ka'na:ri], der; -s, - [frz. canari] (südd., österr.·통용어) 카나리아새. **Kanarie** [...riə], die; -n [이 새의 고향인 카나리아 제도의 이름에서] 《전문어》 (사조(飼鳥)로서의) 카나리아새.

kanarien-, Kanarien-: ~gelb 〈Adj.〉 카나리아 색의, 담황색(淡黃色)의. **~gras,** das 카나리아풀, 휘갈대 풀. **~hahn,** der 카나리아 수컷. **~vogel,** der 카나리아새.

Kanaster [ka'nastɐ], der; -s, - 《고어》 ↑ ¹Knaster.

Kandaharrennen ['kandahar-], das; -s [우승배 기증자인 영국의 원수 Earl of Kandehar의 이름을 따서] 알프스에서의 칸다하 스키 대회.

Kandare [kan'da:rə], die; -n [ung. kantár] (말에 물리는) 재갈: dem Pferd die K. anlegen 말에 재갈을 물리다; **jmdn. an die K. nehmen[bekommen, bringen]; (bei) jmdm. die K. anziehen** 누구를 손아귀에 쥐고 누구의 자유를 제한하다; **jmdn. an der K. haben[halten]** 누구를 손아귀에 쥐고 엄하게 다루다. **Kandarengebiß,** das ↑Kandare.

Kandel ['kandl], der; -s, -n (또는) die; -n 《지역적》 (수대의) 홈통.

Kandelaber [kande'la:bɐ], der; -s, - [frz. candélabre] **a)** (초나 등을 올려놓는) 팔이 여러 개 달린 스탠드: die K. anzünden 촛대에 불을 켜다. **b)** 팔이 여러 개 달린 가로등.

kandeln ['kandln] 〈h〉 《지역적》 홈을 파다: eine gekandelte Säule 홈이 파인 기둥.

Kandelzucker, der; -s 《지역적》 결정(結晶)사탕.

Kandidat [kandi'da:t], der; -en, -en [lat. candidātus] **1. a)** 후보(자), 지원자: einen -en bezeichnen [wählen] 후보자를 지명[선출]하다; jmdn. als -en aufstellen 누구를 후보로 내세우다; seine Stimme für einen -en abgeben 어떤 후보자에게 표를 던지다. **b)** (사회주의 국가에서) 후보 당원. **2. a)** (대학에서의) 졸업[학위]시험 준비생: die -en der Theologie 신학(박사)학위 수험생 (약어: cand.) 《예컨대: cand. med., cand. phil.》 **b)** (대학 졸업[학위 취득]을 위한) 수험생, 졸업생: dem -en eine Frage stellen 수험생에게 질문을 하다. **c)** 〈Pl. 없음〉 (사회주의 국가에서) 칸디다트(박사에 상당하는 학위).

Kandidaten-: ~antrag, der (사회주의 국가에서) 당원 자격 신청. **~karte,** die (사회주의 국가에서) 후보 당원증. **~liste,** die 후보자 명단: jmdn. auf die K. setzen[von der K. streichen] 누구를 후보자 명단에 올리다[에서 빼다]. **~turnier,** das 체스 세계 챔피언에 도전할 도전자를 뽑는 국제 체스 대회.

Kandidatur [...da'tu:ɐ], die; -en [frz. candidature] 입후보: seine K. anmelden[zurückziehen] 입후보를 하다[철회하다]. **kandidel** [kan'di:dl] 〈Adj.; -ste〉 《nordd.》명랑한, 쾌활한. **kandidieren** [...di'di:rən] 〈h〉 입후보(출마(出馬))하다: für das Amt des Präsidenten k. 대통령 선거에 입후보하다.

kandieren [kan'di:rən] 〈h〉 [frz. candir] 설탕을 치다, (과일 따위를) 당과(糖果)로 만들다: kandierte Früchte 설탕에 절인 과일. **Kandis** [kandɪs], der; - [ital. zucchero candi(to)] ↑Kandiszucker. **Kandiszucker,** der 결정(結晶) 사탕.

kanditel [kan'di:tl] ↑kandidel.

Kanditen [kan'di:tn] 〈Pl.〉 [ital. candito] 《österr.》 **a)** 설탕에 절인 과일. **b)** (과자, 사탕 따위의) 당과류(糖果

類). **Kanditenfabrik,** die 《österr.》당과류 공장. **Kanditengeschäft,** das 《österr.》당과류 상점.
Kandschar [kanˈdʒaːɐ] ↑Handschar.
Kaneel [kaˈneːl], der; -s, - 《종류》-e [frz. cannelle] (세일론산의) 육계(肉桂), 계피(桂皮).
Känel [ˈkɛːnl] ↑Kännel.
Kanephore [kaneˈfoːra], die; -n [lat. canēphoros] (고대 그리스의 종교 행사에서) 성기(聖器)가 든 바구니를 머리에 인 (귀족)처녀[여인상(女人像)].
Kanevas [ˈkanəvas], der; - / -ses, -, 《또한》-se [frz. canevas] **1.** 캔버스, 자수포, 범포(帆布), 막포(幕布), 화포(畫布). **2.** (이탈리아 즉흥 희극의 줄거리가 담긴) 각본, 대본. **kanevassen** [...sn̩] 〈Adj.〉 캔버스의; 범포의, 범포제의.
Kang [kaŋ], der 《또는》 das; -s, -s [chin. k'ang] **1.** 중국 북방에서 쓰이는 침상, 항(炕). **2.** (고대 중국에서 죄수의 목에 걸었던) 칼.
Känguruh [ˈkɛŋguru], das; -s, -s [engl. kangaroo] 캥거루.
Kaniden [kaˈniːdn̩] 〈Pl.〉 [lat. canis] 〖동물〗개과(科)의 동물(개, 여우, 재칼, 늑대 따위).
Kanin [kaˈniːn], das; -s, -e 《전문어》 토끼의 가죽[털]: eine Jacke aus K. 토끼털로 만든 재킷. **Kaninchen,** das; -s, - [Kanin의 축소형] 〖집〗토끼: K. halten 토끼를 기르다; sie vermehren sich wie die K. 《통용어·폄》 그들은 토끼처럼 강하게 번식한다.
Kaninchen-: ~**bau,** der 〈Pl. -e〉 토끼집, 토끼의 굴. ~**braten,** der 토끼고기 스테이크. ~**fell,** das 토끼가죽 〖가죽〗. ~**fleisch,** das 토끼 고기. ~**halter,** der 〖관〗 토끼 사육자. ~**jagd,** die 토끼 사냥. ~**stall,** der 토끼집, 토끼장. ~**stallmethode,** die 《농》 (무계획한) 증축 (增築) 방법. ~**zucht,** die 토끼 사육. ~**züchter,** der 토끼 사육자.
Kanister [kaˈnɪstɐ], der; -s, - [urspr. = Korb, unter Einfluß von engl. canister] (기름 따위를 담는) 양철 [플라스틱] 통, 깡통, 소형(小型) 탱크: Benzin in K. füllen(gießen) 휘발유를 양철통에 채우다〔붓다〕; sich mit einem K. Trinkwasser versorgen 양철통으로 음료수를 조달하다.
Kanker [ˈkaŋkɐ], der; -s, - 〖동물〗↑Weberknecht.
kankrös [kaŋˈkrøːs] ↑kanzerös.
kann [kan] ↑können 참조.
Kann-《붙임표와 함께》: ~**Bestimmung,** die 임의 규정(任意規定)(반대: Muß-Bestimmung). ~**Leistung,** die 임의 업적〔실적〕. ~**Vorschrift,** die ↑~Bestimmung.
Kanna [ˈkana], die; -s, -s ↑Blumenrohr.
Kannä [ˈkanɛ], das; -, - [기원전 216년 Hannibal이 로마군을 섬멸시킨 이탈리아의 Cannae 지방에서] 《교양어·준고어》 파국적 패배.
Kannabinol [kanabiˈnoːl], das; -s [lat. cannabis] 〖화학〗 (인도삼에서 뽑은) 마취제 성분.
Kännchen [ˈkɛnçən], das; -s, - ↑Kanne (1): ein K. Milch 우유 한 주전자. **kännchenweise** 〈Adv.〉 차병(茶甁)으로, (작은) 주전자로: Kaffee gibt es hier nur k. 여기는 커피를 차병으로만 판다. **Kanne** [ˈkanə], die; -n **1.** (축소형: ↑Kännchen) **a)** (원통 모양으로 손잡이와 주둥이가 있고, 때론 뚜껑도 있는) 용기, 차병(茶瓶), 주전자, (커피, 홍차, 맥주) 통: die K. ausgießen (nach)füllen) 주전자를 따르다[다시 채우다]; **in die K. steigen** 1) 〖대학생〗 (억지로) 맥주잔을 비우다. 2) 《통용어》 술을 많이 마시다. **b)** (특히 우유 운반을 위해 금속으로 만든 둥근 모양의) 깡통, 양철통 (가장 더 청결하지 않은) 통에 든 우유; Milch in der K. holen 우유를 양철통으로 날라오다; es gießt wie aus[mit] -n 《통용어》 비가 억수 같이 쏟아진다. **2.** 〖재즈 은어〗 색스폰: **eine heiße [stolze] K. blasen** 〖청소년〗 (재즈 악단에서) 색스폰을 훌륭하게 연주하다.
Kannegießer, der; -s, - [덴마크의 작가이며 역사가인 L. V. Holberg의 희곡 '정치 이야기꾼'(1722)에 나오는 지식도 없이 정치 이야기를 하는 석기(錫器) 제조인에서] 《준고어·반어》 시시한 정론가(政論家), 정치 얘기를 늘어놓는 사람. **Kannegießerei** [...səˈraɪ], die 《준고어·반어》 시시한 정담, 시위적 정론 (政論). **kannegießen** [...giːsn̩] 〈h〉《준고어·반어》 아는 것 없이 정론을 펴다, (정치)이야기를 펼다.
Kännel [ˈkɛnl̩], der; -s, - 《schweiz.》 추녀의 홈통, 빗물받이. **kannelieren** [kanəˈliːrən] 〈h〉 [frz. canneler] 〖미술〗(기둥 따위의) 홈을 파다, 요선(凹線)을 새겨넣다; kannelierte dorische Säulen 홈이 새겨진 도리스식 기둥. **Kannelierung,** die; -en **1.** 〖미술〗 (기둥 따위에) 홈을 새기는 것. **2.** 〖지리〗 물과 바람으로 인해 석회석이나 사암(砂岩) 따위에 홈이 패이는 것.
Kännelkohle [ˈkɛnl̩-], die [engl. cannel coal] 역청탄, 촉탄(燭炭) (석탄의 일종).
Kannelur [...ˈjuːɐ̯], die; -en, **Kannelüre** [...ˈlyːrə], die; -n [frz. cannelure] 〖미술〗 (기둥 따위의) 홈, 요선 (凹線).
Kannenpflanze die; -n 반요(攀繞)식물, 덩굴 식물[식충(食蟲) 식물의 하나). **kannensisch** 《다음 용법으로》 **-e Niederlage** 《교양어·준고어》 처참한 [파국적] 패배.
kannenweise 〈Adv.〉 **a)** 차병(양철통, 주전자)에 넣어: die Milch wurde k. abgeliefert 우유는 양철통에 넣어 배달되었다. **b)** 다량으로.
Kannibale [kaniˈbaːlə], der; -n, -n [span. canibal, caribal] **1.** 식인자(食人者), 식인종. **2.** 《폄》 잔인한 사람, 야만인. **kannibalisch** 〈Adj.〉 **1.** 식인종의. **2.** 《폄》 거칠게, 잔인한, 야만적인: sich jmdm. gegenüber k. benehmen 누구에 대해 거칠게[잔인하게] 행동하다. **3.** 《농》 대단히, 극도로, 몹시: sich k. wohl fühlen 몹시 기분좋게 느끼다. **Kannibalismus** [...baˈlɪsmʊs], der; **- 1.** 식인(食人), 사람고기를 먹기. **2.** 〖동물〗 동족포식(同族互食): 〔전의〕 psychologischer K. 심리적 식인(食人).
kannst [kanst], **kannte** [ˈkantə] ↑können 참조.
kannte [ˈkantə] ↑kennen 참조.
¹**Kanon** [ˈkaːnɔn], der; -s, -s [lat. canon] **1.** 〖음악〗 **a)** 돌림 노래, 윤창곡(輪唱曲). **b)** 카논, 전칙곡(典則曲) (어떤 음 다음에 다른 음이 나타나서 앞 곡조를 반복하는 곡). **2. a)** 신조(信條), 신념; 행동 원칙. **b)** 규범, 규준, 표준, 법칙. **3. a)** (읽기에) 필독(권장) 도서 목록. **b)** 《일음》 〖신학〗 정경(正經)이라고 인정된 서적, (신·구약) 성서 경전. **4.** 《전문어》 Pl. - es [ˈkaːnoneːs] 〖가〗 공인된 교리, 종규(宗規), 계율. **5.** 〖가〗 미사를 올릴 때의 일정한 기도. **6.** 〈Pl. 없음〉 〖가〗 성인(聖人)명부. **7.** 〖미술·건축〗 인체의 표준 균형, (인체) 각 부분의 균형 규준. **8.** 《중세》 군주에게 지불하는 연공(年貢), 지대(地代). **9.** 〖수학〗 일반해법(一般解法). **10.** 〖천문〗 **a)** 천체 운행표. **b)** 모든 일·월식의 분류〖총괄〗. ²**Kanon** [-], die [nach dem canon missae] 〖인쇄·고어〗 카논 활자(36 포인트의 크기).
Kanonade [kanoˈnaːdə], die; -n [frz. cannonade] 포격, (집중) 포화(砲火), 연속 사격: K. von Flüchen über jmdn. ergehen lassen 누구에게 저주의 욕설을 퍼붓다.
Kanone [kaˈnoːnə], die; -n [ital. cannone] **1.** 대포(大砲), 포: K. laden(abfeuern) 대포를 장전[발사]하다; **mit -n auf[nach] Spatzen schießen** 모기를 보고 칼을 빼들다; **unter aller K.** 《통용어》 질이 형편없는, 말이 아닌: die Autostraßen sind dort unter aller K. 그곳 자동차 도로는 엉망이다. **2.** 《통용어》 〖학계, 운동계 따위의〗거성, 중진, 대가, 명인: er ist eine große K. auf diesem Gebiet 그는 이 분야에서 위대한 거성이다.

3. 〈경·농〉권총, 피스톨: er schleppt immer eine K. mit sich herum 그는 언제나 권총을 지니고 다닌다.

Kanonen-: **~aufschlag, der** 〖정구〗대포알〖강한〗서브. **~boot, das** 포함(砲艦). **~donner, der** 포성(砲聲). **~feuer, das** 포화(砲火). **~fieber, das** 〈군·준고어〉신병이 공격할 때 갖는 공포. **~futter, das** 〈경·폄〉총알받이 (병사), 육탄병. **~könig, der** 〈준고어〉군수(軍需) 재벌. **~kugel, die** 포탄. **~ofen, der** 원통형의 쇠난로. **~rohr, das** 1. 포신(砲身): **(ach du) heiliges K.!** 〈통용어〉(놀람과 당황의 표현) 어머나, 세상에, 저런! 2. 〈통용어〉↑**stiefel**. **~schlag, der** 1. 폭발 불꽃, 폭죽(爆竹). 2. 포탄 터지는 소리. **~schuß, der** 포격. **~stiefel, der** 〈무릎까지 오는〉 장화.

Kanones: ↑**Kanon** (4)의 복수형.

Kanonier [kano'niːɐ̯], **der**; -s, -e [frz. cannonier] 1. 포병. 2. 〈구기 은어〉(강슛을 자랑하는) 골잡이. **Kanonierblume, die** 〈실내 장식, 관상용으로 쓰이는〉열대 쐐기풀과의 일종. **kanonieren** [...'niːrən] 〈h〉 [frz. cannoner] 1. 〈고어〉 **a)** 포격하다: eine Stadt k. 어느 도시를 포격하다. **b)** 대포(예포, 축포)를 발사하다. 2. 〈구기 은어〉(공을) 골대로 강하게 던지다(차다).

Kanonik [ka'noːnik], **die** 1. 〖철학〗규준학(規準學) 〈에피쿠로스 학파의 논리학〉. **Kanonikat** [kanoni'kaːt], **das**; -(e)s, -e 주교좌 성당 참사회원의 직. **Kanoniker** [ka'noːnikɐ], **der**; -s, -, **Kanonikus** [...kʊs], **der**; -, ...ker [lat. canonicus] 1. 주교좌 성당의 참사회원. 2. ↑**Chorherr** (2). **Kanonisation** [kanonizaˈtsjoːn], **die**; -en 〖가〗성인 명부에 올림, 시성(식), 성렬(식). **kanonisch** 〈Adj.〉 [lat. canōnicus] 1. 〈규범적인, 규준의, 전범(규범)이 되는: ein -es Werk der Bildhauerel 조각의 규범이 되는 작품. 2. **a)** 〖가〗 교회법의 따른, 종교 규칙에 따른. **b)** 〖신〗 성서 경전의, 정경(正經)의. **kanonisieren** [kanoniˈziːrən] 〈h〉 [lat. canonizare] 성인 명부에 올리다, 성인으로 선포하다; 시성하다: der Märtyrer wurde im 19. Jh. kanonisiert 그 순교자는 19세기에 시성되었다. **Kanonisierung, die**; -en ↑**kanonisieren**의 명사형. **Kanonisse** [...'nɪsə], **die**; -n, **Kanonissin** [...'nɪsɪn], **die**; -nen [lat. canonissa] 1. ↑**Chorfrau**. **Kanonist** [...'nɪst], **der**; -en, -en 교회법 학자(교사). **Kanonistik, die** 교회법학.

Kanope [ka'noːpə], **die**; -n [고대 이집트의 도시 Kanobos에서] 〖미술〗 1. 사람 머리 모양의 뚜껑이 달린 고대 이집트의 항아리〈미이라로 만든 사자(死者)의 내장을 넣어 매장함〉. 2. 〈사람 머리 형의 뚜껑이 달린〉 에트루리아의 단지.

Känophytikum [kenoˈfyːtikʊm], **das**; -s [griech. kainós u. phytón] 〖지질〗 신생대(新植代)〖백악기(白亞期) 후반부터 현대까지의 약 1억년간〗.

Kanossa [ka'nɔsa], **das**; -s, -s [1077년 Heinrich 4세가 교황에게 굴복했던 북이탈리아의 옛성 Canossa에서] 1. 굴욕 감수: ein K. durchmachen 굴욕을 겪다. 2. **nach K. gehen** 굴욕을 감수하다. **Kanossagang, der** 굴욕(굴욕)의 길, 자기 비하: einen K. antreten 굴욕의 길을 떠나다.

Känozoikum [kenoˈtsoːikʊm], **das**; -s [zu griech. kainós u. zōon] 〖지질〗 신생대(新生代). **känozoisch** 〈Adj.〉 신생대의.

Kansas ['kanzas, 〈engl.〉 'kænzəs], **Kansas**'의 〈州〉 〖미국 중부의〗.

Kant- (Kante): **~beitel, der** ↑**Beitel**. **~haken, der** 〈통나무 따위를 운반할 때 쓰는〉 갈고리가 달린 장대: **jmdn. beim K. nehmen(kriegen, haben)** 〈구어〉 누구에게 무엇에 대한 답변을 구하다, 누구의 양심에 호소하다, 지난날 일로 누구의 목덜미를 움켜잡다. **etw. am K. packen** 〈경〉 어떤 어려운 일을 해치우다〖처리하다〗. **~holz, das** 각재(角材), 각목. **~stein, der** 〈nordd.〉 보도(步道)의 연석(緣石).

kantabel [kan'taːbl] 〈Adj.〉 [ital. cantabile] 〖음악〗 1. 노래로 부르는, 성악의, 울리는, 선율적인. 2. ↑**sangbar**: eine kantable Komposition 노래하기에 알맞은 작품. **Kantabile** [...biːle], **das**; -, - [음악] 가요풍의 선율이 풍부한 악곡. **Kantabilität** [kantabili'tɛːt], **die** 〖음악〗 1. 가요적 표현, 가요풍의 연주. 2. 노래하기에 알맞음, 〈아름다운〉 선율〖음조〗.

Kantabrer [kan'taːbrɐ, 〈또한〉 'kantabrɐ]; -s, - 칸타브라인〈人〉〈고대 이베리아 민족임〉. **kantabrisch** [kan'taːbrɪʃ] 〈Adj.〉 칸타브라인〈人〉의.

Kantala ['kantala], **die** 〈특히 인도, 자바에서 자라는〉 용설란(龍舌蘭)〈가방, 밧줄 따위를 만드는 섬세한 섬유를 빼냄〉. **Kantalafaser, die** 용설란 섬유.

Kantar [kan'taːɐ̯], **der** 〈또는〉 **das**; -s, -e [ital. cantaro] 칸타아르〈이집트, 터키 등 회교국의 중량 단위〉. **¹Kantate** [kan'taːtə], **die**; -n [ital. cantata] 교성곡, 간따마〈소관현악의 반주가 있는 독창·합창을 포함한 가곡〉: eine K. singen 교성곡을 부르다. **²Kantate** [-] 〈관사·격변화 없음〉 [lat. cantate] 〖기독교〗 부활절 후의 제4주일(主日): das Evangelium zum Sonntag K. 부활절 후 제4주일의 복음. **Kantatentext, der** 교성곡 텍스트. **Kantatenwerk, das** 교성곡 작품〈집〉.

Kante ['kantə], **die**; -n [niederd. kant(e)] 1. 모서리, 모퉁이; eine scharfe(abgerundete) K. 날카로운〈둥그스름한〉모서리; ich habe mich an der K. der Anrichte gestoßen 나는 선반의 모서리에 부딪혔다. 2. 가장자리, 가, 끄트머리: die K. des Bettes 침대의 가장자리; die Vase steht zu sehr auf der K. 꽃병이 너무 가장자리에 놓여 있다. **an allen Ecken und -n** 사방에 불이 났다; es brennt an allen Ecken und -n 사방에 불이 났다. **etw. auf die hohe K. legen** 〈통용어〉 일정 액수의 돈을 떼어 저축하다〖모으다〗; **etw. auf der hohen K. haben** 〈통용어〉 어느 정도의 돈을 저축해 가지고 있다; **auf der K.** 〈통용어〉 어느 정도 불안하고 위태로운: es steht so auf der K. ob er die Prüfung besteht 그가 시험에 합격할런지 약간 의심스럽다. 3. 〖등산〗 〈양면이 가파른 절벽인〉 바위산등, 능선(稜線). 4. 〈지역적〉 지방, 지역, 지구(地區) - in dieser K. Deutschlands 독일의 이 지역에서. 5. 〖언어학〗 〈도표의〉 이음선, 접속선.

¹Kantel ['kantl], **die**; -n 〈길이가 다양한〉 각재(角材). **²Kantel** [-], **der / das**; -s, - 〈고어〉 횡단면이 4각인 작은 나무 자.

Kantele ['kantəlɐ], **die**; -n [finn. kantele] 〈5~30현(弦)을 가진 모양의〉 핀란드 현악기.

kanteln ['kantln] 〈h〉 1. 〈지역적〉 ↑**kanten**. 2. 〖수공〗〈가장자리를〉 꿰매붙이다, 가두리를 대다. 3. 〈고어〉 자로 선을 긋다. **kanten** ['kantn] 〈h〉 1. 모서리〖옆면〗을 밑으로 하여 세우다, 굴리다, 돌리다; 회전하다, 돌다: 〈도구를 사용하여 통나무 따위를〉 뒤집다, 돌리다: eine Kiste beim Transport k. 운반할 때 상자를 옆면을 밑으로 가게 하다. 2. 〖스키〗〈스키의〉 강철날〈바닥〉을 대다. **Kanten** [-], **der**; -s, - **a)** 〈nordd.〉〈빵 덩어리에서 잘라 낸〉 첫 조각 또는 마지막 조각. **b)** 큼직한 빵 조각.

kanten-, Kanten- (Kante): **~ball, der** 〖탁구〗〈공이 탁구대의 가장자리에 맞는〉 에지 볼〈edge ball〉. **~band, das** 〈Pl. ..bänder〉 Eggenband. **~führung, die** 〖피겨 스케이팅〗〈도형을 그릴 때의〉 에지 조작〖操作〗. **~rein** 〈Adj.〉〖피겨 스케이팅〗 에지 조작이 정확한. **~reinheit, die** 〖피겨 스케이팅〗 에지 조작의 정확함. **~wechsel, der** 〖피겨 스케이팅〗〈방향을 바꾸기 위한 내외(內外)의〉 에지 바꿈〖변경, 교체〗.

¹Kanter ['kantɐ], **der**; -s, - 1. (맥주 통 따위의) 받침대.

2. (판자) 칸막이, 사이벽. 3. 《고어》지하 창고.
²Kanter [-, 《또한》'kentɐ], der; -s, - [engl. canter] [승마] (말의) 보통 구보(驅步). kantern ['kantɐn, 《또한》'kentɐn] 〈s〉 (to canter) [승마] (가볍게) 구보하다. Kantersieg, der; -(e)s, -e [스포츠] 쉽게 이김, 대승(大勝).
Kantharide [kanta'riːdə], der; -n, -n 《대개 Pl.》 [lat. cantharis < griech. kantharís] ↑ Weichkäfer.
Kantharidin, [화학] Cantharidin [...ridiːn], das; -s 칸타리진(가뢰의 성분으로 피부 자극 연고).
Kantharos ['kantaros], der; -, ...roi [...rɔy; lat. cantharus < griech. kántharos] 고대 그리스의 술잔(받침이 높고 손잡이가 두 개 달렸음).
Kantianer [kan'tiaːnɐ], der; -s, - 칸트(1724~1804)학파의 사람, 칸트파 철학자.
kantig ['kantɪç] 〈Adj.〉 a) 각[모서리]이 있는, 능형(稜型)의: ein -es Gesicht 모난 얼굴. k. hauen 네모지게 자르다. b) 뾰족한: ein -es Kinn 뾰족한 턱.
Kantilene [kanti'leːnə], die; -n [ital. cantilena] [음악] 짧은 가곡, (기악곡의) 가창풍(歌唱風) 선율.
Kantille [kan'tɪl(j)ə], die; -n [frz. cannetille] (가장자리 장식, 자수 따위에 쓰는) 금실 또는 은실을 꼬아 만든 끈, 장식술.
Kantine [kan'tiːnə], die; -n [frz. cantine] (병영(兵營), 공장 따위의) 주보(酒保), 매점; (회사, 공장의) 구내식당: die Feier [Versammlung] fand in der K. statt 축제[회합]는 구내 식당에서 개최되었다.
Kantinen-: ~essen, das 주보[구내 식당]의 식사. ~kost, die 주보[구내 식당]의 음식. ~pächter, der 주보 [구내 식당] 임차인. ~verpflegung, die 주보의 급식. ~wirt, der 주보[매점] 주인.
Kantinier [kanti'nieː], der; -s, -s 《통용어·농·군》 주보장(長), 매점 주인.
¹Kanton [kan'toːn], der /《schweiz.》 das, -s, -e [frz. canton] 1. das 《축소형》↑Kantönchen) 《스위스의》 주(州)《약어: Kt.》. 2. (프랑스와 벨기에의) 지방 행정 구역. 3. 《구제》 (프러시아의) 병무 행정 구역. kantonal [kantoˈnaːl] 〈Adj.〉 [frz. cantonal] ↑ kanton의 형용사형. Kantonalaktuar, der 《schweiz.》 주 법원 서기. Kantonalbank, die 《schweiz.》 주립(州立) 은행. Kantönchen [kan'tœnçən], das; -s, - ↑ Kanton (1). Kantonese [kanto'neːzə], der; -n, -n 《schweiz.》 지방분권(연방분립)주의자. Kantoniere [kantoˈniɛːrə] 《또한》 Kantoniera [...'niːra; ital. (casa) cantoniera] (이탈리아 알프스 지방의) 도로(감시) 초소. kantonieren [kanto'niːrən] 〈h〉 [frz. cantonner] 《고어》 부대를 (어느 곳에) 주둔(숙영)시키다. Kantonierung, die; -en 《고어》 주둔(駐屯), 사영(舍營). Kantonist [kanto'nɪst], der; -en, -en 《고어》 징집된 신병, 입영자: ein unsicherer K. 《통용어》 신뢰할 수 없는 사람. Kantönligeist [kan'tœnli-], der; -(e)s 《schweiz.·폄》 편협한 지방 근성(향토애). Kantonnement [kantɔnə'mãː, 《schweiz.》 ...'ment], das; -s, -s /《schweiz.》 -e [frz. cantonnement] 《schweiz.》 주둔지, 사영지.
²Kanton [kan'tɔn] 광둥(중국 남부의 도시).
Kantons-: ~bürgerrecht, das 《schweiz.》 주 시민권. ~gericht, das 《schweiz.》 주(최고) 법원. ~rat, der 《schweiz.》 주 의회. ~regierung, die 《schweiz.》 주 정부. ~säckelmeister, der 《schweiz.》 《스위스의》 주(州) 재무국장. ~schule, die 《schweiz.》 주립학교. ~spital, das 《schweiz.》 주립 병원. ~weibel, der 《schweiz.》 주의 하급관리. ~verfassung, die 《스위스의》 주(헌)법.
Kantonsystem, das; -s, -e 《구제》 (프러시아의) 병무

행정 조직, 징병구(徵兵區) 제도. Kantonverfassung, die 《역사》 ↑Kantonsystem.
Kantor ['kantɔr, 《또한》 ...toːɐ], der; -s, -en [...'toːrən; lat. cantor] 1. 성가대 지휘자(겸 오르간 연주자). 2. (중세의) 그레고리우스 성가 합창단의 지휘자 겸 선창자(先唱者). Kantorat [kanto'raːt], das; -(e)s, -e a) 성가대 지휘자의 직. b) 성가대 지휘자의 임기. Kantorei [kantoˈraj], die; -en 1. 성가대. 2. (드물게) 작은 합창단, 학교 합창단. 3. (중세의) (성직자들로만 구성된) 합창단. Kantorenamt [kan'toːrən], das; -(e)s, ...ämter ↑ Kantorat (a).
Kantschu ['kantʃu], der; -s, -s [poln. kańczuk] (짧고 굵은) 가죽회초리.
Kantus ['kantus], der; -, -se [lat. cantus] [대학생] 노래.
Kanu ['kaːnu, 《또한》 ka'nuː], das; -s, -s [engl. canoe] 1. a) (토인들의) 작은 배. b) 통나무 배, 마상이. 2. [스포츠] 카누.
Kanu-(Kanu 2): ~fahrer, der 카누(경기의) 선수. ~polo, das 카누폴로(카누를 타고 노로 공을 쳐서 골인시키는 경기). ~slalom, der 카누 슬라롬(카누를 타고 하는 일종의 장애물 경기). ~sport, der 카누 스포츠(경기).
Kanüle [ka'nyːlə], die; -n [frz. canule] [의학] 1. 주사바늘. 2. 카뉼레, 삽관(插管), 투관(套管); 작은(가는) 관.
Kanute [ka'nuːtə], der; -n, -n [스포츠] 카누 선수.
Kanzel ['kantsl], die; -n 1. 설교단: der Pfarrer stand auf der K. 목사가 설교단 위에 서 있었다; etw. von der K. herab verkündigen 설교단 위에서 무엇을 선포하다. 2. ↑Cockpit (1): die Besatzung klettert in die K. 승무원이 조정실로 올라간다. 3. (드물게) (교통정리 경찰관을 위해 안전 지대에 설치된) 정각(亭閣). 4. 《고어》 강단, 연단. 5. [등산] (암벽의 평평한) 돌출부. 6. [사냥] ↑Hochsitz.
Kanzel- (Kanzel 1): ~beredsamkeit, die 설교술, 설교투의 능변. ~dach, das, ~deckel, der ↑ Schalldeckel. ~mißbrauch, der 설교의 남용(횡포), (공안 질서를 해치는) 성직자의 월권적 발언. ~rede, die (드물게) 설교. ~redner, der (드물게) 설교자. ~schwalbe, die 《폄》 열성파 여신도(女信徒). ~sprung, der 《고어》 (설교단 위에서 목사가 하는) 악단의 설교: den K. tun 약단을 선포하다. ~ton, der 1. 설교조[투]. 2. 〈Pl.〉 (설교단으로부터) 공시된 말. ~vortrag, der 《고어》 전형적인 설교조의 설교. ~wort, das 〈Pl. -e〉 《österr.·아어》 설교.
Kanzellariat [kantsɛla'riaːt], das; -(e)s, -e [lat. cancella] 《고어》 1. 〈Pl. 없음〉 ↑Kanzler의 직(위). 2. (관청이나 변호사의) 사무실. Kanzelle [kan'tsɛlə], die; -n [lat. cancelli (Pl.)] 1. [음악] (하모니카의 혀가 달린) 작은 관. 2. [음악] (오르간의) 풍로(風路). 3. (교회 안의) 합창단석의 칸막이. kanzellieren [kantsɛ'liːrən] 〈h〉 《고어》 (문서 따위에) 줄을 그어 삭제하다(지우다).
kanzerogen [kantsero'geːn] 〈Adj.〉 [의학] 발암성(發癌性)의, 암을 유발시키는. Kanzerologe, der; -n, -n [의학] 암(종양) 전문의. Kanzerologie, die [의학] 암학(癌學), 종양학(腫瘍學). Kanzerophobie [...o'biː], die /n [...iən; griech. phóbos] [의학] 암에 걸린다는 망상. kanzerös [...'røːs] 〈Adj.〉 [lat. cancerōsus] [의학] 암성의, 암 종류의.
Kanzlei [kants'laj], die; -en [südd., österr., schweiz.] (변호사, 관청 등의) 사무실.
kanzlei-, Kanzlei-: ~ausdruck, der 《폄》 (불필요한) 관청식 표현, 관청체. ~beamte, der 관청 직원, 관리(官吏). ~bote, der 관청의 사환. ~deutsch, das 《폄》 ↑Amtsdeutsch. ~diener, der

관청의 하급 직원(사환). **~dienst,** der 관청 근무. **~direktor,** der 관청의 장(長). **~format,** das 《고어》 관청 용지의 크기(33×42cm). **~geschäfte** 〈Pl.〉 관청의 사무(업무). **~kraft,** die 관리, 관료, 변호사 사무실의 직원. **~mäßig** 〈Adj.〉 관청(관리)식의. **~oberoffizial** [-−'−−−−], der 《österr.》 ↑Oberoffizial. **~offizial,** der 《österr.》 하급공무원. ↑Offizial. **~papier,** das 《고어》 (획고 질이 좋은) 관청에서 쓰는 용지. **~schrift,** die 관청식 서체(書體). **~sprache,** die **1.** 관청언어, 관청용 독일어. **2.** 〈Pl. 없음〉↑Amtssprache (2). **~stil,** der ↑~ausdruck. **~stube,** die 《통용어》 (관청이나 변호사의) 사무실. **~vorsteher,** der ↑Bürovorsteher.

Kanzler ['kantslɐ], der; -s, - **1. a)** ↑Bundeskanzler의 약칭: der K. bestimmt die Richtlinien der Politik (연방) 수상이 정책노선을 결정한다. **b)** ↑Reichskanzler 의 약칭. **2.** (재외공관의) 사무장(서기장). **3.** (대학의) 사무국(국)장. **4.** 〈역사적〉 (고위 성직자로서 통치자의 공문서를 다룬) 상서(尚書), 궁내관(宮內官).

Kanzler-: **~amt,** das **1.** ↑Bundeskanzleramt. **2.** (연방)수상의 직(위). **~demokratie,** die 《정치》 수상 중심 의회 민주주의. **~kandidat,** der 수상 후보(자). **~posten,** der ↑~amt (2). **~würde,** die (연방) 수상의 지위(품위).

Kanzlerschaft, die 수상(재상)임, 수상(재상)의 위엄.
Kanzlist [kants'lɪst], der; -en, -en 《고어》 관청(총무처 법률 사무소)의 서기(직원).

Kanzone [kan'tsoːnə], die; -n [ital. canzone] **1.** (5～10 절(節)로 된) 시형(詩形)의 일종. **2.** 가요풍의 기악곡. **3.** (16세기 프랑스의) 반주 없는 합창곡(송가). **4.** 칸초네, 소가곡, 민요곡, 서정적 가곡. **Kanzonetta** [kantso'nɛta], die; ...tten, **Kanzonette** 가요, 소곡(小曲), (경쾌우아한) 짧은 가요곡.

Kaolin [kao'liːn], das / 〈전문어〉 der; -s, -e 《습득지》 중국의 Kaoling산의 이름에서〕 고령토(高嶺土), 도토(陶土). **Kaolinerde,** die; 《종류》 -n ↑Kaolin. **kaolinisieren** [...liniː'ziːrən] 〈s〉 도토화(陶土化) 〔고령토화〕하다. **Kaolinit** [kaoli'niːt, ...'nɪt], der; -s, -e 고령토의 주성분, 고능석(高陵石).

Kap [kap], das; -s, -s [niederl. kaap] 곶, 갑(岬), 해각(海角): das K. der Guten Hoffnung 희망봉(喜望峰). **Kap.**: ↑Kapitel.

kapabel [ka'paːbl] 〈Adj.〉 [frz. capable] 《교양어 · 준고어》 유능한, 능력(재간) 있는.

Kap Arkona, - -s ↑Arkona.

Kapaun [ka'paʊn], der; -s, -e 거세한 (식용) 수탉. **kapaunen** [ka'paʊnən] 〈h〉 (수탉을) 거세하다. **Kapauner,** der; -s, - 《österr.》 ↑Kapaun. **kapaunisieren** [...niː'ziːrən] 〈h〉 ↑kapaunen.

Kapazitanz [kapatsi'tants], die; -en [전기] 축전기의 정전용량(靜電容量). **Kapazität** [...tsi'tɛːt], die; -en [lat. capácitās] **1.** 〔물리〕 **a)** (열, 전기 따위의) 용량(容量). **b)** 응결기(凝結器). (축전기의) 축전기. **2.** 〔경제〕 **a)** (기업체의) 최대 생산 능력: die Firma hat eine K. von ungefähr einer Million Wagen im Jahr 그 회사는 1년간 약 일백만 대의 차량 생산 능력을 가지고 있다. **b)** 〈대개 Pl.〉 생산 시설(설비): ausgelastete(nicht ausgenutzte) -en 충분히 이용되는(이용되지 않는) 생산 시설. **3. a)** (용)용량, 수용 능력; 용적: das Kessel hat eine K. von 5000 Litern 이 가마솥의 용량은 5천 리터이다. **b)** 능력, 재능, 재간, 역량(力量), 이해력: diese komplizierten Formeln übersteigen die K. der Schüler 이 복잡한 공식은 학생들의 이해력을 넘어선다. **4.** 뛰어난 전문가, 권위자, 대가: diese Forscher sind -en in der Chemie 이 연구원들은 화학의 권위자들이다.

kapazitativ [kapatsita'tiːf], **kapazitiv** 〈Adj.〉 [engl. capacitative, capacitive] (콘덴서) 용량의, 용량성(容量性)의.

Kapazitäts-: **~auslastung,** die 생산 시설의 과도 이용. **~ausnutzung,** die 생산 시설의 충분한 이용. **~erweiterung,** die 생산 능력의 확대(증대).

kapazitiv: ↑kapazitativ.
Kapeador: ↑Capeador.

Kapee [ka'peː], das; -s, - 이해(력), 지력(智力): 《다음 용법으로》 schwer von K. sein 《경》 이해가 더디다, 머리가 둔하다.

Kapelan [kapa'laːn], der; -s, -e [frz. capelan] (북대서양에 서식하는 작은) 연어.

Kapella [ka'pɛla], die 〔천문〕 마차군 자리의 1등성.
¹Kapellan: ↑Kaplan.
¹Kapelle [ka'pɛla], die; -n **1.** 예배당: eine kleine K. am Weg 길가의 작은 예배당. **2.** (큰 교회나 성(城), 병원 등에 예배를 드리기 위해 마련된) 기도실(祈禱室).
²Kapelle [-], die; -n [ital. capella] **1.** (중세의) 교회 합창단. **2.** (소규모) 교회악단, 악대; 군악대: die K. spielt einen Walzer 그 (관현) 악단이 왈츠 곡을 연주한다.
³Kapelle [-], die; -n [frz. coupelle] 《전문어》 도가니, 재받이. **kapellieren** [kapɛ'liːrən] 〈h〉 《전문어》 도가니로 은(銀)을 납과 분리시키다, 야금(冶金)을 하다, 큐펠로로 정련하다.

Kapellmeister, der; -s, - **a)** 악대의 지휘자, 악장(樂長). **b)** (음악 총감독 다음의) 상임 관현악 지휘자: vom zweiten zum ersten K. aufrücken 제2지휘자에서 제1상임 지휘자로 승진한다. 《농·반어》 ↑Dirigent (1). **Kapellmeistermusik,** die 《폄》 유명한 걸작을 의지하여 작곡된 음악.

¹Kaper ['kaːpɐ], die; -n 〈대개 Pl.〉 [frz. câpre, ital. cappero] 풍조목(風鳥木)의 꽃봉오리(식초에 절여서 조미료로 씀).
²Kaper [-], der; -s, - [niederl. kaper] 《역사적》 **1.** 해전(海戰)시 적의 상선을 나포하는 개인의 무장한 배, 나포선. **2.** 해적.

Kaper- (²Kaper 1; 《역사적》): **~brief,** der 적 상선 나포 허가증. **~fahrt,** die 적의 상선을 나포하기 위한 항해. **~gut,** das 나포물, 약탈물. **~krieg,** der 적선 나포 작전. **~schiff,** das ↑²Kaper (1).

Kaperei [ka:pə'raɪ], die; -en 《역사적》 적선을 나포하는 해전(海戰). **kapern** ['kaːpɐn] **1.** 《역사적》 (배를) 나포(해상 약탈)하다. **2.** (통용어) 〈무엇을, 누구를〉 얻다, 점유(획득)하다; 빼앗다, 강탈하다: mit diesen Vorschlägen versuchten sie die Sozialisten für das Bündnis zu k. 이러한 제안으로 그들은 사회주의자들을 동맹에 끌어들이려 하였다; sie hat sich einen Millionär gekapert 그녀는 백만장자를 남편으로 얻었다.

Kapernaum [ka'pɛrnaʊm], 《초교파적》 **Kafarnaum** 가버나움(성서에 나오는 게네사렛 호숫가의 작은 마을).
Kapernsoße, die; -n 풍조목의 꽃봉오리로 만든 소스. **Kapernstrauch,** der; -(e)s, ...sträucher 풍조목.
Kaperung, die; -en 적선 나포, 약탈〔강탈, 획득, 점유〕하기.

Kapfenster ['kap-], das; -s, - [niederd., md. kapen] 《지역적 · 고어》 천창(天窓), 채광창.
Kapholländer, der 《고어》 희망봉 식민지의 네덜란드 사람.

Kap Hoorn, - -s 남아메리카 남쪽 끝의 갑(岬).
kapieren [ka'piːrən] 〈h〉 [lat. capere] 《통용어》 이해(납득)하다, 깨닫다, 알아듣다: ich habe die Geschichte nicht kapiert 나는 그 이야기를 이해하지 못했다.
kapillar [kapɪ'laːɐ] 〈Adj.〉 [lat. capillaris] **1.** 〔의학〕 모

세관의. **2.**〈전문어〉모세관[현상, 인력(引力)]에 의한.
Kapillar-: **~analyse,** die [화학] 모(세)관 분석.
~blutung, die [의학] 모세관 출혈. **~gefäß,** das **1.**
【생물·의학】↑Kapillare (1). **2.**【생물·의학】Kapillare
(2) **~mikroskopie,** die [의학] 모세(혈)관 현미경 검
사. **~wirkung,** die 【물리】↑Kapillarität.
Kapillare [kapi'la:rə], die; -n **1.**【생물·의학】모세관,
모세맥관. **2.**【물리】아주 가는 유리관, 모관(毛管). **Kapillarität** [...lari'tɛ:t], die 【물리】 모세관 현상[인력].
Kapillärsirup [...'lɛːɐ̯-], der; -s [모세관으로 추출되는
시럽의 특성이] 모세관 시럽(사탕과자류 만드는 데 쓰이
는 전분). **Kapillitium** [...'li:tsjʊm], das; -s, ...ien
[...jən; lat. capillitium] 【식물】세모체(細毛體), 세모 조
직.
kapischo [ka'pi:ʃɔ; ital. capito의 러시아어식] 〈österr.·준고어〉 알겠나? : du räumst den Zimmer
gründlich auf, k.? 너의 방을 철저히 청소하라, 알겠나?
kapital [kapi'ta:l] 〈Adj.〉 [lat. capitālis] **a)** 우두머리의;
주된, 주요한, 탁월한; 우수한, 훌륭한; 현저한, 심한; 중
대한: ein -er Fehler 현저한 과오(잘못). **b)** 【사냥】 굉장
히 큰, 강한, 튼튼한: ein -er Bulle 굉장히 큰(강한) 황
소. **Kapital** [-], das; -s, -e《또한》-ien [...jən; ital.
capitale] **1. a)**〈Pl. 없음〉자본, 생산 수단(의 일체):
konstantes K. 불변 자본,《마르크스주의》생산 수단;
variables K. 가변 자본,《마르크스주의》노동력; fixes
K. 고정 자본,《마르크스주의》노동 수단; zirkulierendes K. 순환 자본,《마르크스주의》생산 수단과 노
동력. **b)** 기금, 밑천, (기업의) 기본 재산: die Gesellschaft erhöht ihr K. 회사가 증자(增資)하다. **2. a)** 이
(자에 대한) 원금(元金), 자금(資金): das K. verzinst
sich gut 그 원금은 많은 이자를 낳는다; sein K. anlegen
[einfrieren] 자금을 투자하다[동결하다]; das K.
angreifen 자금을 횡령하다; wir müssen K. aufnehmen 우리는 자금을 대부받아야 한다; 〈전의〉 sein ganzes
K. waren seine beiden Hände 그의 전 재산은 두 손뿐
이었다; geistiges K. 정신적 자본[지식, 능력]; totes K.
이윤이 생기지 않는 자본, 사장(死藏)된 능력[지식]; K.
aus etw. schlagen 무엇을 이용하다, 무엇으로 이득을
보다. **b)** 약간의 돈[현금]. **3.**〈Pl. 없음〉자본가(의 총
체), 자본주. **4.**【서적】장정(裝幀) 띠(서적 따위의 아래위
를 장식 또는 단단하게 하기 위한 띠).
¹Kapital- (kapital-) (zusammen): **~bock,** der [사냥] 큰 숫염소.
~buchstabe, der ↑Großbuchstabe. **~fehler,** der
중대한 결점[오류, 과실, 착오]. **~hirsch,** der [사냥] 12
개 이상의 뿔을 가진 큰[힘센] 사슴. **~verbrechen,**
das 중한 죄[범죄, 범행], 죽을 죄. **~verbrecher,** der
중죄를 지은 자.
kapital-, **²Kapital-** (Kapital 1, 2 a [경제]): **~abwanderung,** die ↑-flucht. **~anlage,** die 투자(投
資), 출자. **~anteil,** der 자본 배당, 출자몫[지분].
~aufstockung, die 증자(增資). **~ausfuhr,** die 자본
수출. **~bedarf,** der 자본 수요. **~besitz,** der 자본 소
유[소유]. **~beteiligung,** die 자본 출자[참가].
~bildung, die 자본 구성[형성]. **~eigner,** der (자본
(소유)주. **~erhöhung,** die **a)** (주식 회사의) 기본금 증
자(增資). **b)** (유한 책임 회사의) 자본금 증자. **~ertrag,**
der 자본 수익, 배당. **~ertragssteuer,** die [세무]
자본 이자세. **~export,** der 자본 수출.
~ausfuhr. ~flucht, die 자본 도피[유출]. **~geber,** der
자본 회사(주식 회사 또는 유한책임회사). **~hilfe,** die (국제 수
지 균형을 위한 국제간의) 자금 지원[원조] **~intensiv**
〈Adj.〉자본 집약적인. **~konto,** das 자본금 계정, 숫자
산 계정. **~kräftig**〈Adj.〉자본력 있는. **~magnat,**
der (거대한) 자본가. **~markt,** der 자본 시장, 금융 시

장. **~verflechtung,** die (유한 책임 출자회사들간의)
자본 결합. **~vermögen,** das 자본 재산. **~zins,** der
〈대개 Pl.〉자본 이자.
Kapitäl [kapi'tɛːl]《Kapitell. **Kapitalband,** das;
-(e)s, -bänder ↑Kapital (4). **Kapitälchen** [...'tɛːlçən], das; -s, - [인쇄] 스몰캡(소문자 크기의 두문자(頭
文字)]. **Kapitale** [...'ta:lə], die; -n [frz. capitale]《교
양어》수도(首都).
Kapitalis [...'ta:lɪs], die [lat. capitalis, schrift] (고대 로
마의) 대문자체《in Großbuchstaben》. **Kapitalisation** [...taliza'tsjo:n], die; -en [frz. capitalisation] [경제] 자본화(資本
化), 자본 가치 환산, 자본 환원. **kapitalisieren** [...'zi:rən] 〈h〉 [frz. capitaliser] [경제] 자본화하다, 자본으로
보다(간주하다); (증권 따위를) 현금으로 바꾸다; 자본
을 공급[조달]하다. **Kapitalisierung,** die; -en [경
제] Kapitalisieren의 명사형. **Kapitalismus** [kapita'lɪsmʊs] der; -, ...men 자본 주의: im K. werden die
Arbeiter ausgebeutet 자본주의에서는 노동자들이 착취
당한다. **Kapitalist** [...'lɪst], der; -en, -en **1.**《Pl.》 자본
가, 자본주; 주주; 부호. **b)**〈전의〉자본주(추종·신봉)자.
2.《고어》이자(이윤, 연금) 소득자. **kapitalistisch**
〈Adj.〉자본주의의; 자본가의: ein -er Staat 자본주의 국
가; ein -es Wirtschaftssystem 자본주의 경제 체제; die
-e Gesellschaftsordnung 자본주의의 사회체제; 〈전의〉 k.
dinieren (통용어·농) 자본주(부호)처럼 점심을 먹다.
Kapitän [kapi'tɛːn], der; -s, -e [ital. capitano] **1.** 선
장, 함장(艦長): K. zur See 함장, 해군 대령; 〈전의〉 -e
der Wirtschaft 경제계의 지도자; **K. der Landstraße**
《통용어》장거리 화물《자동》차 운전수. **2.** 기장(機長). **3.**
【스포츠】(선수단의) 주장(主將). **Kapitänin,** die;
-nen《드물게》↑Kapitän의 여성형. **Kapitänleutnant,** der; -s, -e《드물게》-e 해군 대위.
Kapitänspatent, das; -(e)s. -e 선장 사령장(면허증).
Kapitel [ka'pɪtl], das; -s, - [1: lat. capitulum; 2:
mhd. kapitel] **1.** [논문, 서적 따위의]장(章)(약:
Kap.) [독립된] 화제(話題), 주제, 사항: das erste K. 제
1장; ich habe erst ein K. des Romans gelesen 나는
우선 이 소설의 한 장(章)을 읽었다; ein dunkles K.
seines Lebens 그의 인생의 어두운 면(시기); das ist ein
anderes K. 그것은 상관없는 일[별개의 문제]이다; **ein
K. für sich sein** 특별한 일이다, 별문제이다. **2. a)** 주
교좌 성당 참사회. **b)** 위의 회의(집회).
kapitel-, Kapitel-: **~fest**〈Adj.〉**a)** 정통한, 박식한.
b)》bibelfest. **~saal,** der 수도원 회의실. **~überschrift,** die [논문·서적 따위의] 장(章)의 제목(표제).
Kapitell [kapi'tɛl], das; -s, -e [lat. capitellum] 주두
(柱頭), 기둥 머리. **kapiteln** [ka'pɪtln] 〈h〉[지역적] (누
군가를) 나무라다, 훈계(책망)하다.
Kapitulant [kapitu'lant], der; -en, -en [frz. capituler] **1.**〈고어〉재복무병, 복무년한 연장자. **2.**〈구동독〉
(정치(政敵)의 논증에) 항복한 자, 패배주의자. **Kapitular** [...'laːɐ̯], der; -s, -e [lat. capitularis] 주교좌 성당
참사회원. **Kapitularien** [...'laːrjən]《Pl.》 [lat. capitulare] 《역사적》 카롤링 왕조의 법령집. **Kapitulation**
[...la'tsjo:n], die; -en [frz. capitulation] **1. a)** 항복:
eine bedingungslose K. 무조건 항복. **b)** 항복 조약(협
정). **2.** 포기, 단념, 기권. **3.**《고어》(군인의) 재복무(계약), 근
무연한 연장(계약). **kapitulieren** [...'li:rən] 〈h〉[frz.
capituler] **1.** 항복하다: Deutschland hat kapituliert
독일은 항복하였다. **2.** 단념[포기]하다: vor einer Aufgabe k. 어떤 과제를 포기하다. **3.**〈고어〉재복무하다, 근
무 연한을 연장하다.
Kaplaken [kapˈlaːkn̩], das; -s, - [niederl. kap(pe)laken] 〈선원·고어〉 (하주(荷主)가 선장에게 주는) 사례
금, 운임 할증금.

Kaplan [ka'pla:n], der; -s, Kapläne [la'plɛ:nə; lat. capellanus] 【가】 a) 보좌 신부, 부사제(副司祭). b) 예배당 배속의 목사; 어떤 시설에 전속된 목사[신부].

Kapland ['kaplant], das; -(e)s (남아프리카 공화국의) 케이프 주(州).

Kaplanturbine ['kaplan-], die; -n [오스트리아의 엔지니어 V. Kaplan(1876~1934)에 따라서] 【기술】 수력 터빈.

Kapo ['kapo], der; -s, -s [frz. caporal의 약칭] 1. 【군】 하사관. 2. 《수용소 은어》다른 죄수를 감시하는 죄수, 감독죄수.

Kapodaster [kapo'dastɐ], der; -s, - [ital. capotasto] 【음악】 카포다스터, (현악기의) 줄굄돌.

Kapok ['kapɔk, 'ka:pɔk], der; -s [malai. kapuk] 케이폭(판야과(panja)에 속하는 낙엽교목의 열매의 연한 털로서 구명구, 이불 따위의 속에 쓰임): mit K. gefütterte Schwimmwesten 케이폭으로 속을 넣은 구명 재킷. **Kapokbaum**, der 케이폭 수(樹). **Kapoköl**, das 케이폭 유(油).

kapores [ka'po:rəs] 〈Adj.〉 [hebr. kaparôt = Sühneopfer] 《통용어》부서진, 쪼개진(entzwei), 결딴난, 파산한, 망한: er hat das Fenster k. geschlagen 그는 유리창을 깨뜨려버렸다; k. gehen 1) 갈라[쪼개, 부서]지다. 2) 《속어》 죽다.

Kapotasto [kapo'tasto] ↑ Kapodaster.

Kapotte [ka'pɔtə], die; -n, **Kapotthut**, der; -(e)s, ...hüte, 〈축소형〉 **Kapotthütchen**, das; -s, - [frz. capote] 《중년부인용의》 끈이 달린 조그만 모자.

Kapp-: **~beil**, das 《선원・준공어》 (삭구(索具)를 자르는 선원들의) 손도끼. **~hahn**, der 거세된 수탉(Kapaun). **~hengst**, der 거세된 수말(Wallach). **~messer**, das (밧줄 따위를 자르는) 날카로운 칼. **~naht**, die 【재단】 접쳐 감치기, (가장자리를 접어서 하는) 홈질.

Kappa ['kapa], das; -(s), -s [griech. Káppa] 그리스 자모의 열번째 문자(K, κ).

kappadokien [kapa'do:kiən] ↑ Kappadozien.

Kappadozien [kapa'do:tsiən], -s 카파도키아(소아시아 동부의 산악 지방에 대한 고대 명칭), **kappadozisch** [kapa'do:tsɪʃ] 〈Adj.〉 ↑ Kapadozien의 형용사형.

Käppchen ['kɛpçən], das; -s, - ↑ Kappe (1). **Kappe** ['kapə], die; -n [lat. cappa] 1. 〈축소형〉 ↑ Käppchen〉 챙 없는(또는 있는) 모자, 두건, 벙거지; 성직자 모자, 사냥 모자: beim Baden muß eine K. aufgesetzt werden 수영할 때에는 수영 모자를 써야만 한다; [지역적] der Berg hat eine weiße K. 산에 하얀 눈이 덮였다; jmdm. etwas auf die K. geben [jmdm. auf die K. kommen] (rhein.) 누구(의 따귀)를 때리다, 누구를 윽박지르다[꼼짝 못하게 만들다]; etw. auf seine (eigene) K. nehmen 《통용어》 무엇의 책임을 지다; etw. kommt [geht] auf jmds. K. 《통용어》 어떤 일이 누구의 책임이 되다. 2. a) (기계 따위의) 씌우개, 덮개; 보호(안전)장치, (굴뚝 따위의) 삿갓, 바퀴의 캡. b) (병, 상자 따위의) 마개, 뚜껑. c) [광・토건] 반원형 천장, 궁륭, 기둥머리, (돌담 따위의) 곡대기 부분, 관석(冠石); 정재(頂材), 위로 가로지른 받침대. d) (구두의) 앞 뒤로 단단한 부분: ein Stoffschuh mit in aus Leder Leder Leder Leder 단한 부분: ein Stoffschuh mit in aus Leder 가죽으로 된 직물화(織物靴). e) 《지역적》빵껍질. 3. 【수학】 ↑ Kugelkapper. 4. 【연초】 여송연 겉에 마는 잎의 끝부분. **Kappel**, **Kappl**. ['kap]l, das; -s, -n (österr.・통용어) ↑ Kappe (1).

kappen ['kapn] 〈h〉 [niederd. kappen] 1. 자르다, 끊다, 절단하다, 베어내다: die Leinen k. 【선원】 밧줄을 자르다; jmdm. das Telefon k. 누구의 전화를 끊어 버리다. 2. a) (나무 울타리 따위를 깎아 다듬다: eine gleichmäßig gekappte Hecke 균형있게 깎아 다듬은 울타리;

[전의] die Finanzwünsche sind um einige tausend Mark gekappt worden 재정적 소망이 몇 천 마르크 삭감되었다. b) (나뭇가지의 끝을) 쳐내다, 베다, 잘라내다. 3. 【양계】 a) (닭 따위를) 거세(去勢)하다: die zur Mast bestimmten Junghähne k. 비육용 어린 수탉들을 거세하다. b) (수탉이 암탉과) 교미하다: die Henne ist gekappt worden 그 암탉은 교미되었다. 4. 《통용어》 (죄수를) 체포하다, 붙잡다: der Dieb wurde gekappt 그 도둑은 체포되었다.

Kappen- [카니발에서 어릿광대가 쓰는 벙거지라는 Kappe의 뜻에서] 【지역적】: **~abend**, der (가면을 쓰고 하는) 야간 파티. **~ball**, der 변장과 광대모자를 쓴 무도회. **~fest**, das 카니발(축제).

Kappes ['kapəs], Kappus ['kapʊs], der; - [lat. caputia] 《westd.》 1. 흰양배추, (관상용) 캐비지. 2. 넌센스, 실없는 [객적은] 일, 시시한 일: red nicht solchen K.! 그 따위 실없는 소리는 그만두어라! **Kappesbauer**, der 《통용어・농》 농부.

Käppi ['kɛpi], das; -s, -s [↑ Kappe의 스위스어 축소형에서] (배 모양으로 작고 길죽한) 군모(軍帽).

Kappprovinz, die 케이프 주(州)(남아프리카 공화국 서남부의 주).

Kappl: ↑ Kappel.
Kapplaken: ↑ Kaplaken.
Kappung, die; -en ↑ kappen의 명사형.
Kappus: ↑ Kappes.

Kappzaum ['kap-], der; -(e)s, ...zäume [...tsɔymə; frz. caveçon] 【승마】 (말을 훈련시키는 데 쓰는) 굴레, 고삐.

Kappziegel, der; -s, - [토건] 통풍(通風)기와.

Kapriccio: ↑ Capriccio. **Kaprice** [ka'pri:sə], die; -n [frz. caprice] (아이) 고집, 억지, 변덕; 일시적인 충동 [착상]; 방자함, 제멋대로임: voller -n stecken 변덕(고집)으로 꽉 차였다.

Kaprifikation [kaprifika'tsio:n], die [lat. caprificatio] [식물] 충매수정(蟲媒受精)에 의한 무화과 나무의 품종 개량. **Kapriole** [kapri'o:lə], die; -n [ital. capriola] 1. (우스꽝스러운) 곡예, 공중제비: -n am Trapez 그네식 철봉에서의 곡예. 2. (못된) 장난, 변덕, 난폭한 일: war wieder einmal eine K. des Wetters 날씨가 다시 한번 변덕을 부렸다. 3. [승마] (말의) 도약, 껑충 뛰기. **kapriolen** 〈h〉《드물게》 뛰다, 도약하다; 장난치다, 객쩍게 굴다.

Kaprize [ka'pri:tsə], die; -n (österr.) ↑ Kaprice.
Kaprizenschädel, der (österr.・통용어) 고집쟁이.
kaprizieren [kapri'tsi:rən], sich 〈h〉 고집하다, 끈덕지게 주장하다. **kapriziös** [...'tsiø:s] 〈Adj.〉 [frz. capricieux] 변덕스러운; 고집이 센, 제멋대로의: ein -es, kleines Geschöpf 고집이 세고 작은 사람. **Kaprizpolster**, das (österr.) 작은 쿠션(베개).

Kapsel ['kapsl], die; -n [lat. capsula] 1. 〈축소형: ↑ Käpselchen〉 상자, 주머니, 케이스, 포장, 칼집; [시계 따위의] 뚜껑, 식물 채집용 통: die kleine K. enthielt ein gefährliches Gift 그 작은 상자에는 위험한 독이 들어 있다. 2. 캡슐(에 든 약). 3. [식물] 겉껍질, 깍지, 삭과(朔果): die reifen -n des Mohns 무르익은 양귀비 깍지. 4. 【의학】 피낭(막), (낭(囊), 포낭. **Käpselchen** ['kɛpslçən], das; -s, - ↑ Kapsel (1). **kapselförmig** 〈Adj.〉 (드물게) 캡슐(주머니, 낭) 모양의. **Kapselfrucht**, die [식물] ↑ Kapsel (3). **kaps(e)lig** ['kaps(ə)lɪç] 〈Adj.〉 캡슐(주머니, 낭)같은. **kapseln** ['kaps]n] 〈h〉 캡슐에 넣다[로 싸다]. **Kapselriß**, der; -risses, -risse [의학] 관절 (포)낭의 파열(不全) 균열. **Kaps(e)lung**, die; -en [기술] ↑ kapseln의 명사형.

Kapsikum ['kapsikʊm], das; -s [lat. capsicum] 고추

고추 가루; (스페인) 후추 가루.
kapslig: ↑kapselig. **Kapslung:** ↑Kapselung.
Kapstadt ['kap-ʃtat] 남아프리카 케이프 주의 수도.
Kaptal [kap'taːl], das; -s, -e ↑Kapitalband. **Kaptalband:** ↑Kapitalband.
Kaptation [kapta'tsjoːn], die; -en [lat. captātio] 《고어》 사취, 절취, 횡령; 사기 상속, 유산 횡령. **kaptatorisch** [kapta'toːrɪʃ] 〈Adj.〉 《고어》 (남의 것을) 가로 채려는, 속여서 빼앗으려는, 사취하려는.
Kaptein [kap'tajn], Käpten ['kɛptn̩], der; -s, -s [niederd. kapteyn] 《niederd.》 선장, 함장; 기장.
Kaption [kap'tsjoːn], die; -en [lat. captio] 《고어》 **1.** 함정있는 질문, 유도 심문. **2.** (고의적인) 곡론(曲論), 오론(誤論), 궤변, 배리(背理). **kaptiös** [kap'tsjøːs] 〈Adj.〉 [frz. captieux] 《고어》 휩쓸려들 염려가 있는, 위험한; (궤변으로) 속이려는, 농락하려는; 함을 잡는; 애매한.
Kaptivation [kaptiva'tsjoːn], die; -en 《고어》 포박, 포로, 속박. **kaptivieren** [...'viːrən] 〈h〉 [frz. captiver] 《고어》 **a)** 사로잡다, 포박(속박)하다, 포로로 하다. **b)** (감언이설, 술책 따위로) 마음을 끌어들이다[빼앗다].
Kaptivität [...viːtɛːt], die [lat. captīvitās] 《고어》 갇힌 몸; 구류, 감금, 속박. **Kaptur** [...'tuːɐ̯], die; -en [lat. captūra] 《고어》 압류, 압수; 체포, 구류; 포획; (적선의) 나포.
Kapu [ka'puː], das; -, -s [türk. kapu, kapı] 터키의 관청(건물).
Kapusta [ka'pʊsta], **Kapuster** [...tɐ], der; -s [poln., tschech. kapusta] 《ostd.》 캐비지, 양배추.
Kaput [ka'pʊt], der; -s, -e [frz. capot] 《schweiz.》 (18세기의) 두건이 달린 외투; 긴 외투; 군인용 외투.
kaputt [ka'pʊt] 〈Adj.〉 [frz. (Kartenspiel) être / faire capot] 《통용어》 망가진, 깨어진, 괴멸한, 훼손된, 고장난 (싸움에) 진, 패배한: -es Spielzeug 고장난 장난감; was macht dein -es Bein? 《통용어·농》 자네의 부러진 다리는 어떠한가?; das -e Berlin 《통용어》 완전히 파괴된 베를린; die Birne ist k. 전구가 끊어졌다; 전의 er Typ 《통용어》 뻬뚤어진 유형(의 사람); er hat eine völlig -e Lunge 《통용어》 그의 폐는 완전히 병들었다; der Geschäftsmann ist k. 《통용어》 그 사업가는 파산하였다(더이다); 성규 was ist denn jetzt k.? 《경》 대체 무슨 일이 일어났느냐?; **bei jmdm. ist was k.** 《통용어》 누가 약간 정신이 돌았다. 《통용어》 피로한, 지친, 쇠약한: er machte einen -en Eindruck 그는 지친 표정을 지었다; ich bin ganz k. 나는 완전히 지쳤다. **Kaputtheit,** die 《드물게》 ↑kaputt의 명사형.
kaputt- 《통용어》: **~arbeiten,** sich 〈h〉 지치도록 일을 하다. **~drücken** 〈h〉 눌러서 으깨다(망가뜨리다): 전의 jmdn. vor Liebe k. 사랑해서 누구를 꼭 껴안다. **~fahren*** 〈h〉 **a)** (자동차로) 치어 죽이다. **b)** (자동차를) 타서 훼손(손상)시키다. **~freuen,** sich 〈h〉 몹시(지독히) 기뻐하다, 즐거워하다. **~gehen*** 〈s〉 **1.** 갈라(부서, 쪼개, 망가)지다, 결판나다; (동·식물이) 죽다; 녹초가 되다: der Pullover geht kaputt 그 스웨터는 헤어졌다(구멍이 났다); 전의 viele Paarverhältnisse sind hier auch kaputtgegangen 여기에서도 많은 부부관계가 파괴되었다. **2.** (경제적으로) 파멸(파산, 부채, 몰락)하다. **~hauen** 〈h〉 때려 부수다, 쳐 깨뜨리다, 분쇄하다. **~kriegen** 〈h〉 **a)** 깨(망가)뜨리다, 둘로 쪼개다. **b)** 《농》 지치게(싫증나게) 하다: stundenlang bin ich mit ihm durch die Museen gelaufen, aber er ist nicht kaputtzukriegen 나는 여러 시간 동안 그와 함께 박물관을 돌아다녔지만 그를 지치게 할 수가 없었다. **~lachen,** sich 〈h〉 심(과도)하게 웃다, 포복 절도하다: heute habe ich mich im Kino kaputtgelacht 오늘 나는 영화관에서 우스워 배꼽을 뺐다. **~machen** 〈h〉 **1.** 부수다, 깨뜨리다, 파괴하다, 박살내다: es ist sehr viel Geschirr kaputtgemacht worden 아주 많은 그릇이 깨어졌다; 전의 er versucht, unsere Ehe kaputtzumachen 그는 우리의 결혼 생활을 망치려고 한다. **2. a)** (경제적으로) 파괴(파산, 붕괴)시키다: Supermärkte machen die kleinen Geschäfte kaputt 수퍼마켓들이 조그만 상점들을 파산시킨다. **b)** 〈k. + sich〉 건강을 해치다, 심하게 일하여 지치다. **c)** 《속어·부랑자》 때려죽이다. **~reißen*** **a)** 〈h〉 잡아[갈기갈기] 찢다. **b)** 〈s〉 갈라[찢어, 부서]지다. **~schlagen*** 〈h〉 때려 부수다, 분쇄하다, 두들겨 깨다: er hat eine Fensterscheibe kaputtgeschlagen 그는 창유리를 깨뜨려버렸다. **~schneiden*** (파괴적 의도로) 잘게 썰다, 저미다. **~sparen** 〈감정〉 지나치게 절약하여 경제성장을 저해하다. **~trampeln** 〈h〉 밟아 으깨다, 짓밟다. **~treten*** 〈h〉 ↑trampeln.
Kapuze [ka'puːtsa], die; -n [ital. cap(p)uccio] 외투, 상의 따위에 붙은) 두건(頭巾), 성직자의 모자; 두건이 달린 롱코트: die K. hochziehen[abnehmen] 두건을 쓰다[벗다].
kapuzen-, Kapuzen-: ~ausschnitt, der [재단] (브라우스 따위의) 뾰족하게 파인 목부분. **~förmig** 〈Adj.〉 두건 모양의. **~kleid,** das 두건이 달린 옷. **~mann,** der 〈Pl. ...männer〉 검은 두건이 달린 옷을 입은 남자(형상) (기괴·부정한 일의 상징적 표현). **~mantel,** der 두건이 달린 외투.
Kapuzinade [kaputsiˈnaːdə], die; -n [frz. capucinade] 《고어》 카프친파 수도사의 설교; 징계 설교, 훈계. **Kapuziner** [kapu'tsiːnɐ], der; -s, - [ital. cappuccino; 2: 카프친파 수도복의 갈색과 같은 밀크를 넣은 커피색깔에서; 4: 버섯의 갓이 갈흑색인 데서] **1.** 카프친 교단의 성직자(수도사). **2.** 《österr.》 밀크를 약간 넣은 커피. **3.** ↑Kapuzineraffe. **4.** 《지역적》 ↑Birkenröhrling.
Kapuziner-: ~affe, der [두건과 흡사한 검은 머리털에서] (남아메리카산의) 꼬리마는원숭이. **~kloster,** das 카프친파 수도원. **~kresse,** die 한련(旱蓮), 금련화. **~mönch,** der 카프친파의 수도사. **~orden,** der 카프친 수도회[교단, 수도단](16세기 초에 성 Franz v. Assis의 계율에 따라 새로 창립된 가톨릭 교단) (약어: O. F. M. Cap. = Ordo Fratrum Minorum Capuc(c)inorum). **~pilz,** der ↑Kapuziner (2). **~predigt,** die [반(反)종교개혁 시절의 카프친파 수도사들의 설교에서] 날카로운 (징계) 설교; 질책, 견책. **~rose,** die (황적색) 장미꽃.
Kap Verde [kap 'vɛrdə], **Karabagh** [kara'bax], der; -(s), -s 카프베르데 (공화국). **Kapverden** [kap'vɛrdn̩] 〈Pl.〉 카프베르데 군도. **Kapverdier,** der; -s, - 카포 베르데 사람. **kapverdisch** [kap'vɛrdɪʃ] 〈Adj.〉 Kapverdier의 형용사형. **Kapverdische Inseln** 〈Pl.; 관사와 함께만 쓰임〉 카포 베르데 군도(제도(諸島)).
Kapwein ['kap-], der; -(e)s, 《종류》 -e (남아프리카 공화국의) 케이프 주(州)산.
Kar [kaːɐ̯], das; -(e)s, -e (고산 지대 암벽 사이의) 협곡, 분지; 요지.
Kar- [kaːɐ̯-; ahd. chara = Wehklage]: **~freitag,** der 성(聖) 금요일, 그리스도 수난의 날(부활절 전의 금요일). **~freitagsratsche,** die 《(südd., österr.》 **1.** 딸랑딸랑 소리내는 도구, 딸랑이(이것으로 가톨릭 지방에서 미사의 시작을 알림): 성규 sein Mundwerk geht wie eine K. 그는 쉴새(연방)없이 떠들어 댄다. **2.** 《뱀》 수다스러운 여자. **~samstag,** der 부활절 전의 토요일, 성 토요일. **~woche,** die 부활절의 전주(前週), 성 주간.
Karabach, Karabagh [kara'bax], der; -(s), -s 카라바하 양탄자(소련 카라바하 지방에서 나는 무늬가 다양한 수제(手製) 양탄자).
Karabiner [kara'biːnɐ], der; -s, - [frz. carabine] **1.**

Karabinerhaken 1116

(총신이 짧은) 기총(騎銃), 카빈총: den K. schultern 카빈총을 어깨에 메다. **2.** (österr.) ↑ Karabinerhaken. **Karabinerhaken,** der 안전 고리, 멈춤쇠, 기총의 걸쇠. **Karabinier** [karabi'nie:], der; -s, -s 《역사적》 **1.** 기총병(騎銃兵). **2.** 저격병. **Karabiniere** [...'nie:rə], der; -(s), ...ri [ital. carabiniere] 이탈리아의 경찰.
Karaburan [karabu'ra:n], der; -s [türk. karaburan] 〔기상〕(투르키스탄 지방에서 여름에 지속적으로 부는) 모래바람, 사막의 모래 폭풍.
Karacho [ka'raxo], das; -s [span. carajo] 《통용어》 빠름, 신속, 민첩: 《대개 다음 용법으로》 mit K. 몹시 서둘러, 전속력으로.
Karäer [ka'rɛ:ɐ], der; -s, - [hebr. qŭraîm] (8세기 초에 페르시아에 창립되어 구약을 신봉하는) 유태 종파 신봉〔추종〕자.
Karaffe [ka'rafə], die; -n [frz. carafe] (마개가 달린) 배가 볼록한 유리병: -n mit Wein standen auf allen Tischen 모든 탁자 위에 포도주가 담긴 유리병이 놓여 있었다. **Karaffine** [kara'fi:nə], die; -n [ital. caraffina] 《고어》 배가 볼록한 작은 유리병〔물병〕.
Karagös [kara'gœs], der; - [türk. karagöz] **a)** 인형으로 하는 실루에트 연극의 주인공〔어릿광대〕. **b)** 터키의 실루에트 연극.
Karaibe [kara'i:bə] ↑ Karibe.
karaibisch [kara'i:bɪʃ] ↑ karibisch.
Karakal ['karakal], der; -s, -e [türk. karakulak] 〔동물〕 (아프리카 및 서남아시아의) 스라소니(의 일종).
Karakorum [karako'rʊm, 《또한》 ...'kɔ:rʊm], der; -(s) 카라코람 산맥.
Karakulschaf [kara'kʊl-], das; -(e)s, -e [russ. karakul; Pamir 고원에 있는 호수의 이름에서] 면양(綿羊)의 일종, 카라쿨 양(의 모피).
Karakum [《russ.》 kara'kʊm], die (소련 남쪽의) 카라쿰 사막.
Karaman [ka'raman], der; -(s), -s [터키의 도시 Karaman에서] **a)** (큰 무늬를 넣어) 짠 양탄자. **b)** (여러 개의 좁은 킬림 융단을) 꿰매어 만든 양탄자.
Karambolage [karambo'la:ʒə], die; -n [frz. carambolage] **1. a)** 《통용어》 (자동차의) 충돌: fast wäre es zu einer K. gekommen 거의 충돌할 뻔했다. **b)** 《준고어》 언쟁, 다툼, 불화(不和). **2.** 〔당구〕 캐넌(빨간 공이 다른 두개의 목적구를 맞힘): eine K. ausführen 캐넌을 치다, 두 개의 목적구를 맞히다. **Karambole** [...'bo:lə], die; -n [frz. carambole] 〔당구〕 치는 공, 빨간공. **karambolieren** [...bo'li:rən] [frz. caramboler] **1.** 《드물게》 ⟨h/s⟩ 부딪치다, 충돌하다; 불화하다. **2.** 〔당구〕 ⟨h⟩ 치는 공으로 두개의 목적구를 맞히다, 캐넌을 치다.
karamel [kara'mɛl] ⟨Adj.; 격변화 없음⟩ 황갈〔캐러멜〕색의. **Karamel,** der / 《schweiz.》 das; -s [frz. caramel] 캐러멜, 구운 사탕, 소당(燒糖).
karamel-, Karamel-: **∼bier,** das (당분이 많은) 맥아제(麥芽製) 맥주. **∼bonbon,** der / das 캐러멜(사탕), (밀크) 봉봉. **∼creme,** die 캐러멜 크림. **∼farben** ⟨Adj.⟩ ↑ karamel. **∼pudding,** der 캐러멜 푸딩. **∼soße,** die 캐러멜 소스. **∼speise,** die 캐러멜 과자류. **∼zucker,** der 구운 사탕, 캐러멜.
karamelieren [karame'li:rən] ⟨h⟩ (설탕이) 캐러멜이 되다; 갈색〔고동색〕으로 되다. **karamelisieren** [...li'zi:rən; frz. caraméliser] ⟨h⟩ **1.** (설탕을) 캐러멜로 만들다. **2.** (과일 따위에) 캐러멜을 뿌리다〔끼얹다〕. **Karamelle** [kara'mɛlə], die; -n 《대개 Pl.》 ↑ Karamelbonbon.
Karat [ka'ra:t], das; -(e)s, -e 《《그러나》 5 Karat》 [frz. carat] **1.** 보석 중량의 단위, 카럿: ein K. entspricht einem Gewicht von 0.2g 1캐럿은 0.2그램에 해당한다; ein Diamant von 10 K. 10캐럿짜리 다이아몬드. **2.** 캐럿(순금(純金) 함유도를 나타내는 단위; 24단계로 나누어 졌음): reines Gold hat 24 K. 순금은 24캐럿〔금〕이다.
Karate [ka'ra:tə], das; -(s) [jap. karate] 가라데〔공수(空手)〕: auch Frauen lernen K. 여자들도 가라데를 배운다. **Karateka** [kara'te:ka], der; -(s), -(s) 가라데를 하는 사람〔선수〕. **Karatemeister,** der 가라데 사범. **Karateschlag,** der 가라데 침.
-karäter [-kare:tɐ] 《다음과 같은 복합어로, 예컨대》 Zehnkaräter 10캐럿짜리 보석(숫자로는: 10karäter). **-karätig** [-kare:tɪç, (österr.) -karatig] 《다음과 같은 복합어로, 예컨대》 zehnkarätig 10캐럿(짜리)의 (숫자로는: 10karätig).
Karausche [ka'raʊʃə], die; -n [lit. karõsas] 잉어〔과의 담수어〕.
Karavelle [kara'vɛlə], die; -n [frz. caravelle] (중세의) 쾌속 범선: zwei -n haben Kolumbus begleitet 두 척의 쾌속 범선이 콜럼버스를 따라갔다.
Karawane [kara'va:nə], die; -n [ital. caravana] **1.** 대상(隊商): eine K. zieht durch die Wüste 대상이 사막을 지나간다. **2.** 일단의 여행자, (사람·차량의) 행렬, 순례자의 떼: -n von Autos setzen sich mit Ferienbeginn in Richtung Süden in Bewegung 휴가의 시작과 더불어 자동차의 행렬이 남쪽 방향으로 움직인다.
Karawanen-: **∼führer,** der 대상장(隊商長), **∼handel,** der 《Pl. 없음》 대상 무역(교역). **∼reise,** die 대상 여행. **∼straße,** die, **∼weg,** der 대상로(隊商路). **∼zug,** der 대상 행렬.
Karawanserei [karavanza'raɪ], die; -en [pers. kārwānsārāī] 대상의 숙(박)소.
karb-, Karb- 〔화학〕 carb-, Carb- ↑ karbo-, Karbo- 참조.
Karbatsche [kar'ba:tʃə], die; -n [türk. kırbaç] 가죽 채찍. **karbatschen** ⟨h⟩ 《드물게》 가죽 채찍으로 치다〔때리다〕.
Karbazol [karba'tso:l], das; -s [lat. carbo] 〔화학〕 카르바졸($C_{12}N_9N$, 콜타르에서 채취하며, 여러 가지 합성품 제조에 쓰임). **Karbid** [kar'bi:t], das; -(e)s, -e [lat. carbo] **1.** (화학 전문어: Carbid) 탄화물(炭化物). **2.** 《Pl. 없음》 〔화학〕 카바이드. **karbidisch** ⟨Adj.⟩ 〔화학〕 카바이드(성분)의. **Karbidlampe,** die 카바이드〔아세틸렌〕등. **Karbidlicht,** das ↑ Karbidlampe. **Karbidschlacke,** die 카바이드(탄화물)재.
karbo-, Karbo- 〔화학〕 carbo-, Carbo-, 《모음앞》 karb-, Karb- (carb-, Carb-) [karb(o)-; lat. carbo] (탄(炭), 탄소를 뜻하는 규정어로서, 예컨대) Karbohydrase, Karbolineum, karbonisieren.
Karbohydrase [...hy'dra:zə], die; -n [griech. hýdōr] 〔생화학〕 탄수화물 분해효소, 엔자임.
Karbol [kar'bo:l], das; -s [lat. carbo u. oleum] 석탄산(石炭酸), 페놀: nach K. riechen 석탄산 냄새가 나다; du hast wohl lange nicht mehr. K. gerochen! 《농》 너 손(맛)좀 봐야겠어! 너 오랫동안 병원 신세를 지지 않은 모양이구나!
Karbol-: **∼fähnrich,** der 〔군〕 **a)** 위생병(衛生兵), 위생하사관. **b)** 견습 군의(軍醫). **∼feldwebel,** der 《통용어 · 농》 (지배자의 경직되고 엄한) 수간호사. **∼kaserne,** die 〔군〕 야전병원(Lazarett). **∼maus,** die (축소형) **∼mäuschen,** das 《통용어 · 농》 (젊고 예쁜) 간호원. **∼säure,** die 《Pl. 없음》 ↑ Karbol. **∼seife,** die 석탄산 비누. **∼vergiftung,** die 페놀(석탄산) 중독. **∼wasser,** das 《Pl. 없음》 탄산수. **∼watte,** die 석탄산에 적신 솜.
Karbolineum, (전문어) Carbolineum [karboli'ne:ʊm], das; -s [lat. carbo u. oleum] 카르볼리네움(목재의 방부제). **Karbon** [kar'bo:n], das; -s [lat. carbo] **1.** 〔지질〕 카본기(紀), 석탄기, 석탄층(層). **2.** 〔화학〕 탄소.

Karbonade [...bo'na:də], die; -n [frz. carbonnade] 1. 《österr.》 갈비 고기, 커틀렛. 2. 《österr.·고어》 작은 고기만두(Frikadelle). **Karbonadenfisch,** der (그 고기를 구워 먹도록 잘라 파는) 상어. **Karbonado** [...do], der; -s, -s [span. carbonado] 흑금강석(주로 착공기(鑿孔器)에 씀).
Karbonaro, der; -s, ...ri [karbo'na:ri] [ital. carbonaro] 카르보나리 당(黨)(19세기초 나폴리에서 조직된 이탈리아의 급진 공화주의자의 비밀 결사).
¹**Karbonat** [...'na:t], der; -(e)s, -e ↑Karbonado.
²**Karbonat** [-], das; -(e)s, -e 탄산염. **karbonatisch** 〈Adj.〉 탄산염의, 탄산염이 함유된. **Karbondruck,** der 〈인쇄〉 카본 인쇄법. **Karbonisation** [...niza'tsjo:n], die; -en [1: lat. carbo; 2: frz. carbonisation] 1. 〖의학〗 4도 화상(火傷). 2. 〖화학〗 탄화(炭火). **karbonisch** 〈Adj.〉 〖지질〗 카본기(석탄기)의. **karbonisieren** [...ni'zi:rən] 〈h〉 [frz. carboniser] 1. 〖화학〗 탄화하다; 탄소질로 만들다, 탄산염화하다. 2. 〖섬유〗 (강력한 황산(黃酸)으로) 양모의 식물질(植物質)을 제거하다. **karbonitrieren** [...ni'tri:rən] 〈h〉 〖기술〗 (강철 따위를) 표면에 탄소와 질소를 발라 단련하다. **Karbonpapier,** das; -s, 《종류》 -e 〈österr.〉 (복사용) 탄산지(紙), 카본지, 카본 인화지. **Karbonsäure,** die; -n 〖화학〗 탄소, 카본산(酸). **Karborund** [...'runt], das; -(e)s [lat. carbo u. ↑Korund] 카보런덤(Carborundum), 탄화규소(炭化珪素)(극히 단단한 결정질 인공사(人工砂)로서 연마제로 씀). **karbozyklisch** [《또한》...'tsyk...] 〈Adj.〉 ↑isozyklisch.
Karbunkel [kar'buŋkl], der; -s, - [lat. carbunculus] 〖의학〗 정(疔), 옹(癰), 부스럼. **karburieren** [karbu'ri:rən] 〈h〉 [frz. carburer] 〖기술〗 탄소를 포함시키다, 탄소질을 높이다, (가스의 조명력(照明力)을 높이기 위해) 탄화수소 따위를 더하다.
Kardamom [karda'mo:m], der 《또는》 das; -s, -e(n) [lat. cardamōmum m griech. kardámōmon] 1. 소두구(小豆蔲)(열대아시아 산의 생강과(科)의 식물; 학명: *Elettaria cardamomum*). 2. **a)** 소두구의 열매(씨앗)(향료, 건위제 따위에 씀). **b)** 소두구 향료(조미료). **Kardamomenöl,** das 소두구 기름. **Kardan** [kar'da:n, 《또한》'--], der; -s, -e [이탈리아의 발명가 G. Cardano (1501~1576)의 이름에서] 《자동차·은어》 ↑Kardanwelle.
Kardan-: **~antrieb,** der 카르단식 자재(自在) 추진. **~aufhängung,** die 카르단셰 Aufhängung. **~gelenk,** das 카르단식 연결 장치, 자재관절(自在關節). **~tunnel,** der 〔자동차〕 카르단식 터널(변속기에서 후부 차축에 이르며 그 속에 자재전동축이 돌아감). **~welle,** die (자동차 따위의) 자재전동축(自在傳動軸).
kardanisch [kar'da:nɪʃ] 〈Adj.〉 《다음 용법으로》 **kardanische Aufhängung** 〖기술〗 카르단식 현수장치(懸垂裝置)(혼들리는 것을 막음).
Kardätsche [kar'dɛ:tʃə], die; -n [ital. cardeggiare] 1. 말털을 손질하는 솔. 2. 《직조 고어》 양모빗는 빗. **kardätschen** (h) (말에) 솔질을 하다, (양털 따위를) 빗질하다. **Karde** ['kardə], die; -n [1: ital. carda; 2: mhd. karte] 1. 산토끼꽃. 〖방적〗 소면기(梳綿機), (천의) 보풀을 세우는 도구, 괴뢸 일으키는 기계.
Kardeel [kar'de:l], das; -s, -e [niederl. kardeel [선원] 굵은 밧줄의 꼰 가닥]: ein aus drei -en gedrehtes Tau 세 가닥으로 꼰 밧줄. **-kardeelig** [-kardelɪç] 《다음과 같은 복합어로, 예컨대》 dreikardeelig 세 가닥의(숫자로는: 3 kardeelig).
karden ['kardŋ] 〈h〉 〖방직〗 (천의) 보풀을 세우다.
Karden-: **~band,** das 〈Pl....bänder〉 〖방적〗 (소면기(梳綿機)로 정리된) 섬유 가닥. **~distel,** die ↑Karde

(1). **~gewächs,** das 〖식물〗 산토끼꽃과(科)(학명: *Dipsacaceae*). **~rauhmaschine,** die 〔직조〕 소면기(梳綿機), 소모기(梳毛機).
Kardiakum [kar'dia:kʊm], das; -s, ...ka [lat. cardia < griech. kardía] 〖의학〗 강심제, 강장제, 심장약.
kardial [...'dia:l] 〈Adj.〉 [lat. cardialis] 〖의학〗 심장의 [에 관한]: k. nicht gesund sein 심장이 건강하지 못하다. **Kardialgie** [kardia'lgi:], die; -n [...i:ən], griech. álgos] 〖의학〗 1. 가슴앓이, 심장통. 2. 위통(胃痛), 위경련, 분문(噴門) 경련.
kardieren [kar'di:rən] 〈h〉 ↑karden.
kardinal [kardi'na:l] 〈Adj.〉 [lat. cardinālis] 《고어》 주된, 근본적인, 제일의; 기본적인. **Kardinal** [-], der; -s, ...näle [...'nɛ:lə; 1: lat. cardinālis episcopus; 2: 추기경의 제복(祭服)과 비슷한 화려한 깃털의 색깔에서; 3: engl. cardinal] 1. 추기경(樞機卿): die Kardinäle wählen den Papst 추기경들이 교황을 선출한다. 2. (진홍색이며 잘 지저귀는) 밤꾀꼬리. 3. (백포도주, 설탕, 레몬 따위로 만든) 일종의 냉(冷)음료.
Kardinal- (↑Kardinals-도 참조): **~bischof,** der 주교 추기경. **~erzbischof,** der 대주교 추기경. **~farbe,** die ↑Grundfarbe (1). **~fehler,** der 근본적 과오(결정, 오류, 잘못). **~frage,** die 주요(중심) 문제. **~problem,** das 근본(주요) 문제. **~punkt,** der 주요점. **~staatssekretär,** der (로마 교황청의) 국무원 수장, 교황의 수석 고문. **~tugend,** die 《대개 Pl.》 [lat. virtutes cardinālēs (Pl.)] 기본 도덕, 주덕(主德). **~vikar,** der (로마 관구의) 교황 보좌(대리) 신부. **~zahl,** die [lat. numerus cardinālis] 자연수, 기수(基數). **~zeichen,** das 주요(중요) 기호(記號): Tierkreiszeichen wie Widder, Krebs, Waage, Steinbock u. a. sind die K. der Astrologie 백양궁, 게자리, 천칭좌, 염소자리 등과 같은 수대(獸帶) 기호는 점성술의 주요 기호이다.
Kardinalat [kardina'la:t], das; -(e)s, -e [lat. cardinalatus] 추기경의 직위: der Papst hat ihm das K. verliehen 교황이 그에게 추기경의 직위를 부여해 주었다. **Kardinale** [...'na:lə], das; -(s), ...lia [...liə] 《대개 Pl.》 ↑Kardinalzahl.
Kardinals- (Kardinal 1; ↑Kardinal- 참조): **~hut,** der 추기경의 모자. **~kollegium,** das 추기경단(團). **~kongregation,** die ↑Kurienkongregation. **~mantel,** der 추기경의 (넓은)망토. **~würde,** die 추기경의 지위.
kardio-, Kardio- 〈kardio-; griech. kardía〉 〈'심장, 위(장)'을 뜻하는 규정어로서, 예컨대〉 Kardiogramm, Kardioide, Kardiospasmus. **Kardiogramm,** das; -s, -e 〖의학〗 **a)** ↑Elektrokardiogramm. **b)** 심박동도(心搏動圖) das K. zeigt keinen krank haften Befund 그 심박동도는 아무런 병적 상태를 보여주지 않는다. **Kardiograph,** der; -en, -en 〖의학〗 심전계, 심박(동)기록기. **Kardioide** [kardjo'i:də], die; -n [...oeidés] 〖수학〗 심장형 곡선, 카디오이드. **Kardiologe,** der; -n, -n 심장 전문의(학자). **Kardiologie,** die 심장(학). **kardiologisch** 〈Adj.〉 심장학의. **Kardiolyse,** die; -n 〖의학〗 심막박리(술)(心膜剝離(術)). **Kardiomegalie** [-mega'li:], die; -n [...i:ən; griech. megalo-] 〖의학〗 심장비대(증). **Kardiopathie** [-pa'ti:], die; -n [...i:ən] 〖의학〗 심장병. **Kardioplegie** [-ple'gi:], die; -n [...i:ən; griech. plēgé] 〖의학〗 1. 심장마비. 2. (수술을 위한) 인위적 심장 정지. **Kardioptose** [-ɔp'to:zə], die; -n 〖의학〗 ↑Herzsenkung. **Kardiospasmus** [-'spasmʊs], der; -, ...men 〖의학〗 위(장)(분문(噴門)) 경련. **Kardiotokograph** [-toko'gra:f; griech. tókos] 〖의학〗 (출산시) 유아심음(心音) 및 통증 동시기록기. **kardiovaskulär** [-vasku'lɛ:ɐ̯]

〈Adj.〉【의학】 심장 혈관의.
Karditis [kar'diːtɪs], die; ...tiden [...di'tiːdn] 【의학】 심장염.
Kardone [kar'doːnə], die; -n [ital. cardone] 카르돈(아티초크속 식물).
Karelien [ka're:liən], -s 카렐리아(구소련, 러시아공화국의 북서부에 위치한 자치 공화국). **Karelier** [ka're:liɐ], der; -s, - 카렐리아 사람(핀계의 종족). **karelisch** [ka're:lɪʃ] 〈Adj.〉 카렐리아(인)의.
Karenz [ka'rɛnts], die; -en [lat. carentia] **1.** ↑ Karenzzeit. **2.** 【의학】 절제, 금욕; 단념, 체념.
Karenz-: ~**frist**, die 대기(유예) 기간. ~**jahr**, das 유예기간에 해당하는 해. ~**tag**, der 유예일, 대기일, 휴일. ~**zeit**, die 유예 기간, 봉급[보험금지]정지 기간, 저작권 보호 기간.
karessieren [karɛ'siːrən] 〈h〉 [frz. caresser] 《지역적》 **a)** 누구를 애무하다, 껴안고 사랑하다, 아양떨다. **b)** 누구와 연애하다, 정교(情交)하다: er karessiert mit ihr 그는 그녀와 정교(情交)가 있다.
Karette [ka'rɛta], die; -n, **Karettschildkröte** [ka'rɛt-], die; -n [frz. caret] 붉은바다거북속(屬), 대모(玳瑁).
Karezza [ka'rɛtsa], die [ital. carezza] 보류성교(保留性交) (파트너의 완만한 동작으로 오르가즘과 사정을 수반하지 않는 교접).
Karfiol [kar'fjoːl], der; -s [iatl. cavolfiore] (südd., österr.) 꽃양배추, 콜리 플라워.
Karfreitag: ↑ Kar- 참조.
Karfunkel [kar'fʊŋkl], der; -s, - [lat. carbunculus] **1.** 빨간 보석, 홍옥(紅玉), 석류석(石榴石). **2.** ↑ Karbunkel. **karfunkelrot** 〈Adj.〉 홍옥처럼 빨간. **Karfunkelstein**, der 《시어》 ↑ Karfunkel (1).
karg [kark] 〈Adj.〉 karger / 《드물게》 kärger, kargste 《드물게》 kärgste) **1.** 검약(檢約)하는, 아끼는: 결핍된, 근소한, 달리는: -e Mahlzeiten 지극히 검소한 식사; -er Lohn 박봉(薄俸); [전의] ein -es Lächeln 부족한 미소. **2.** 인색한, 구두쇠의; 초라한, 보잘 것 없는: der Raum sieht sehr k. aus 그 방은 몹시 초라하게 보인다; mit etw. k. sein 무엇에 인색하다. **3.** 비옥하지 못한, 생산력이 부족한, 메마른: -e Erde 메마른 땅.
Kargadeur [karga'døːɐ], **Kargador** [...'doːɐ], der; -s, -e [frz. cargadeur m span. cargador] 【상】 적하(積荷) 수반인(隋伴人)[감시인], 선박 중매인.
kargen ['kargn] 〈h〉 (아어) 아끼다, 검약하다, 인색하다, 몹시 검소하다: mit Geld(mit Worten) k. 돈을 아끼다 (말 수가 적다). **Kargheit**, die 〈아어〉검약, 인색, 아낌; 결핍, 근소, 궁색, 부족. **kärglich** ['kɛrklɪç] 〈Adj.〉 검소한; 인색한, 구두쇠의; 모자라는, 딸리는, 궁핍한; 불쌍한, 비참한; 삼가하는(말씨 따위): ein -es Leben führen 궁핍한 생활을 하다; sie hausen in k. eingerichteten Quartieren 그들은 시설이 형편 없는 거처에서 살고 있다. **Kärglichkeit**, die ↑kargen의 명사형.
Kargo ['kargo], der; -s, -s [engl. cargo] 【선원】 적하(積荷), (특히) 뱃짐, 선화(船貨). **Kargoversicherung**, die 【상】 적하 보험.
Karibe [ka'riːbə], der; -n, -n 카리브족(族)[사람] (중·남아메리카의 인디언 원주민). **Karibik** [ka'riːbɪk], die 카리브해(海). **karibisch** [ka'riːbɪʃ] 〈Adj.〉 카리브 섬 [사람, 말]의.
Karibu [ka'riːbu, 'kar...], der / das; -s, -s [frz. caribou] 【동물】 (특히 캐나다산의) 순록(馴鹿).
Karien ['kaːriən], -s 카리아(소아시아의 역사적 지방 명칭). **karisch** [ka'rɪʃ] 〈Adj.〉 카리아의 형용사형.
karieren [ka'riːrən] 〈h〉 [frz. carrer] 《드물게》격자[바둑판] 무늬로 하다. **kariert** 〈Adj.〉 **1.** 격자[바둑판] 무늬의: eine -e Bluse 격자무늬 브라우스. **2.** (종이에) 정사각형 줄이 쳐진. **3.** 《통용어·편》 혼란한, 명청한, 어리둥절한: k. gucken 명청하게 바라보다; k. reden 전혀 알 수 없는(허튼) 소리를 하다.
Karies ['kaːriɛs], die [lat. cariēs] **1.** 【의학】 골저(骨疽), 골궤양. **2.** 【치과】 카리에스, 충치.
karikativ [karika'tiːf] 〈Adj.〉《드물게》 풍자화적으로, 회화(戲畵)풍으로: er hat seine Eindrücke k. illustriert 그는 그의 인상을 회화풍으로 도해하였다. **Karikatur** [...tuːɐ], die; -en [ital. caricatura] **1. a)** 캐리커처, 풍자화: -en zeichnen 풍자화를 그리다. **b)** 풍자화술(術), 풍자화 그리기: diese Gestalt entzieht sich der K. 이 인물은 풍자화로 그릴 수가 없다. **2.** (평) 풍자, 희화(戲畵). **karikaturartig** 〈Adj.〉 풍자화[회화]적인.
Karikaturenzeichner, der 캐리커처를 그리는 사람, 풍자화가, 만화가. **karikaturesk** [...u'rɛsk] 〈Adj.〉 ↑ karikaturartig. **Karikaturist** [...tu'rɪst], der; -en, -en [ital. caricaturista] ↑ Karikaturenzeichner. **karikaturistisch** 〈Adj.〉 만화적인, 풍자화[캐리커처]풍의: eine -e Übertreibung 만화적 과장. **karikieren** [kari'kiːrən] 〈h〉 [ital. caricare] 만화[풍자화]로 그리다, 회화화하다, 캐리커처로 풍자하다: bekannte Persönlichkeiten werden häufig karikiert 유명한 인물들은 종종 캐리커처로 풍자된다.
Karinth [ka'rɪnt], der; -s [Kärnten의 라틴어 이름 Carinthia에서] ↑ ²Karn.
kariogen [karjo'geːn] 〈Adj.〉 【의학·치과】 골저[충치]의 원인이 되는. **kariös** [ka'riøːs] 〈Adj.〉 [lat. cariōsus] 【의학·치과】 골저(카리에스)성(性)의, 충치의.
Karitas ['kaːritas], die [lat. cāritās] (교양어·드물게) 인애(仁愛), 박애(博愛), (이웃 사람에 대한) 사랑; 자혜(慈惠), 자선: k. üben 자혜[박애]를 베풀다. **karitativ** [karita'tiːf] 〈Adj.〉 ↑Karitas의 형용사형: sich k. betätigen 자선 사업을 하다.
karjolen: ↑karriolen.
karjuckeln [kar-] 〈s〉 《지역적》 쾌적하게 차를 몰고 다니다, 드라이브 여행을 하다.
Karkasse [kar'kasə], die; -n [frz. carcasse] **1.** (옛) 소이탄(燒夷彈), 철골광탄(鐵骨光彈). **2.** 【기술】 (타이어의) 골격층, 차의 쇠바퀴. **3.** 【요리】 (날짐승의) 몸통, 뼈대, 골격; (생선의) 가시뼈.
Karline [kar'liːnə], die; -n [여성 이름 Karoline의 약칭에서] 《지역적·편》아둔한[명청한, 미숙한] 여자(욕설로 쓰임): da kommt die dumme K. schon wieder an! 또 저기 명청한 계집이 또 오는군!
Karling ['kaːrlɪŋ], der; -s, -e [지질] [측면에 여러 개의 협곡(峽谷)이 생김으로 인해] 피라미드와 같은 형상을 이룬 산(山).
Karlist [kar'lɪst], der; -en, -en 카를로스(파) 당원(19세기 스페인 부르봉 왕가의 왕위 계승자 돈 카를로스 추종자).
Karl-Marx-Stadt [karl'marksʃtat] 카를 마르크스 슈타트 (구동독의 공업 도시; 구동독의 시구(市區) [지방관구] 명칭).
Karlsbad ['karlsbaːt] 카를스바트 (체코의 요양지). **¹Karlsbader** ['karlsbaːdɐ], der; -s, - 카를스바트 사람 [주민]. **²Karlsbader** 〈Adj.〉 격변화 없음〉 카를스바트의.
Karlsruhe ['karlsruːə] 카를스루에(바덴 뷔르템베르크 주의 수도).
Karma(n) ['karma(n)], das; -s [sanskr. karma(n)] 【불교】 업(業), 업보.
Karmelit [karme'liːt], der; -en, -en, **Karmeliter** [..tɐ], der; -s, - [팔레스타인의 Karmel 산 이름에서] 카르멜회(교단)의 수도사. **Karmelitergeist**, der 〈Pl. 없음〉복방(複方) 카르메리트 정(精)(약초를 증류하여 만든

진통도찰제). **Karmeliterorden,** der 카르멜 회(교단) (1156년 이탈리아의 순례자 Berthold가 카르글 산에 수도원을 세워서 시작한 수도회). **Karmelịterin, Karmelitin,** die; -nen 카르멜회의 수녀.

Karmen ['karmən]; das; -s, ...mina [lat. carmen] 《교양어·존고어》 시가(詩歌), 봉축(기념)시: zum Jubiläum trug er ein selbst verfaßtes K. vor 기념 축제(일)에 그는 자신이 지은 봉축시를 낭송하였다.

Karmesịn [karme'zi:n]; das; -s [ital. carmesino] ↑ Karmin. **karmesịnrot** ⟨Adj.⟩ ↑ karminrot. **Karmịn** [kar'mi:n]; das; -s **a)** 양홍(洋紅), 연지(臙脂). **b)** 진홍색(소). **karminatịv** [karmina'ti:f] ⟨Adj.⟩ 【의학】 (위나 창자 안의) 가스를 배출하는, 구풍작용(驅風作用)의. **Karminatịvum** [...'ti:vʊm]; das; -s, ...va [spätlat. carminare] 【의학】 구풍제(驅風劑), 구풍약. **karmịnrot** ⟨Adj.⟩ 진(심)홍색의, 양홍 빛깔의. **Karmịnsäure,** die 카르민 산(酸).

karmosieren [karmo'zi:rən] ⟨h⟩ [arab. karim] 《전문어》 (보석에) 작은 보석으로 테두리를 하다(가장자리를 장식하다).

¹**Karn** [karn], die; -en [niederd. karn] 《nordd.》 버터 제조용 통.

²**Karn** [-], das; -s [카른 알프스의 이름에서] 【지질】 (알프스 삼첩기(三疊紀)의 단계인) 누층(累層).

Karnallịt [karna'li:t, -lɪt], der; -s [독일 광산 감독관이며 지질학자인 R. v. Carnall(1804~1874)의 이름에서] 사금(砂金)노석(砂金紅)鹵石), 광노석(光鹵石), 카날석.

Karnat [kar'na:t], das; -(e)s, 《존고어》 **Karnation** [karna'tsio:n], die [lat. carnātus] 【미술】 ↑ Inkarnat.

Karnaubapalme [kar'naʊba-], die; -n [port. carnaúba] (남아메리카산의) 선상엽(扇狀葉) 야자나무. **Karnạubawachs,** das; -es 카르나바 밀랍(선상엽 야자나무 잎에서 채취한 밀랍).

Karneọl [karne'o:l], der; -s, -e [ital. corniola] 【광】 홍옥수(紅玉髓).

Karner ['karnɐ], der; -s, - [lat. carnarium] **1.** 【예술】 납골당(納骨堂), (묘지의) 예배당. **2.** 《지역적》 훈제실, 육류 저장실.

Karneval ['karnəval], der; -s, -e / -s [ital. carnevale] 카니발, 사육제: der K. beginnt in den Vereinen am 11. 11. um 11¹¹ Uhr 협회에서는 카니발이 11월 11일 11시 11분에 시작된다. **karnevalesk** [karnəva'lɛsk] ⟨Adj.⟩ 《교양어》 카니발(사육제)적인, 카니발 풍(風)의: eine k. komische Verkleidung 카니발풍의 우스꽝스런 변장. **Karnevalịst** [...'lɪst], der; -en, -en 카니발 참가자(우스꽝스런 연설자, 가수 따위). **karnevalịstisch** ⟨Adj.⟩ 카니발(사육제)의.

Karnevals-: ~fest, das 카니발 축제. **~flitter,** der (카니발 변장의) 번지르르한 싸구려 장식품. **~gesellschaft,** die ↑~verein. **~kampagne,** die ~**session. ~kostüm,** das ↑ Fastnachtskostüm. **~lied,** das 카니발 노래. **~prinz,** der 카니발 왕자(사육제 기간 동안 왕자의 복장을 하고 바보짓을 하는 대표자). **~prinzessin,** die 카니발 공주(Karnevalsprinz의 상대역으로 선발된 처녀). **~schlager,** der 카니발에 자주 연주되는(부르는) 노래. **~session,** die 카니발(사육제) 기간(성회 수요일까지). **~sitzung,** die 카니발 집회(카니발 협회에서 우스꽝스런 연설, 노래, 춤 등을 개최함). **~stimmung,** die 카니발(축제) 분위기. **~treiben,** das (거리에서) 변장을 하고 돌아다님. **~trubel,** der 카니발의 소요(흔잡). **~umzug,** der 카니발 행렬(퍼레이드). **~veranstaltung,** die 카니발 행사(집회). **~verein,** der 카니발 협회. **~zeit,** die ↑ Fastnachtszeit. **~zug,** der ↑ Fastnachtszug.

Karnickel [kar'nɪkl̩], das; -s, - [**1** : niederd. kaninken; **2**: 개에게 물려죽은 토끼가 부당한 싸움을 시작했다는 일화(逸話)에서] **1.** 《지역적》 집토끼. **2.** 《통용어》 속죄양; 남을 위해 벌을 대신 받는 사람: immer bin ich das K.! 언제나 내가 속죄양이란 말야!

Karnịckel-: ~futter, das 《지역적·농》 채식; 생야채. **~schein,** der (집토끼의 생식능력이 크기 때문에) 《지역적·농》 (아이가 많은 가정의) 승차료 할인증. **~stall,** der 토끼집.

Karnies [kar'ni:s], das; -es, -e [span. cornisa] 【건축】 처마 밑에 S자 모양으로 둘려지은 부분, 반곡선(反曲線).

Karniese, die; -n (österr.) ↑ 커튼 밴드, 휘장걸이.

kạrnisch ['karnɪʃ] ⟨Adj.⟩ 【지질】 누충(累層)의, 누층기에 생긴: die -e Stufe 누층(단)계.

karnivor [karni'vo:ɐ] ⟨Adj.⟩ [lat. carnivorus] 《생물》 육식(류)의; 식충(食蟲)의. **Karnivore*,** der 《동물》 / die 《식물》 육식동물; 식충(食蟲)식물.

Karnöffel [kar'nœfl̩], **Karnüffel** [...'nʏfl̩]; das; -s **a)** 옛 카드놀이의 일종. **b)** (용병 따위의 그림이 그려진) 중요한 카드.

Kärnten ['kɛrntn̩], -s 캐른텐(오스트리아 남부의 주). **Kärntener** [kɛrntənɐ] 캐른너, -s 캐른텐인(人). **kärntisch** ⟨Adj.⟩ 《드물게》 캐른텐(인)의. **kärntner** ['kɛrntnɐ] ↑ kärntener. **kärntnerisch** ['kɛrntnərɪʃ] ⟨Adj.⟩ ↑ kärntisch.

Karo ['ka:ro], das; -s, -s [frz. carreau] **1.** 마름모, 능형(菱形), 바둑판 무늬: eine silberne Krawatte mit blauen -s 파랑색의 마름모 무늬가 있는 은빛 넥타이. **2. a)** 《관사없이; Pl. 없음》 (카드놀이의) 다이아(몬드). **b)** ⟨Pl. Karo⟩ 다이아를 으뜸패로 하는 카드놀이. **c)** ⟨Pl. Karo⟩ 다이아가 으뜸패인 카드. **3. K. trocken(K. einfach)** 《경》 마른, 겉에 바른 것이 없는 빵.

Karo-: ~acht [《또한》 --'-], die 다이아 8. **~as** [《또한》 --'-], das 다이아 에이스. **~bube** [《또한》 ---'-], der 다이아 잭. **~dame** [《또한》 --'-], die 다이아 퀸. **~könig** [《또한》 --'-], der 다이아 킹. **~muster,** das 다이아 무늬, 격자 (바둑판)무늬. **~musterung,** die 다이아 무늬, 격자 (바둑판)무늬.

Karolịnen [karo'li:nən] ⟨Pl.⟩ 캐롤라인 제도(諸島).

Karolịnger [ka:ro'lɪŋɐ], der; -s, - 카롤링 왕조(王朝)의 사람. **~zeit,** die 카롤링 왕조 시대(7~8세기). **karolịngisch** ⟨Adj.⟩ 카롤링 왕조의.

Karọsse [ka'rɔsə], die; -n [frz. carrosse] **1.** 의장마차(儀裝馬車), 공식(公式)마차. **2.** 《통용어》 (자동차의) 차체(車體). **Karosserịe** [karɔsə'ri:], die; -n ...i:ən, frz. carrosserie] 차체, 보디: eine schnittige K. 모양(윤곽)이 좋은 차체.

Karosserie-: ~bau, der ⟨Pl. 없음⟩ 차체 제작(제조). **~bauer,** der 차체 제작자. **~form,** die 차체 형(型). **~linie,** die 차체의 선(線): die beiden Modelle ähneln sich in den -n 두 모델은 차체의 선이 비슷하다. **~schaden,** der ↑ Blechschaden. **~schneider,** der 차체 제작자.

Karossier [karɔ'sje:], der; -s, -s [frz. carrossier] **1.** 차체 설계자. **2.** 《고어》 마차(끄는) 말. **karossieren** [...'si:rən] ⟨h⟩ 차체를 설비(부착)하다: diese Wagen werden in Osnabrück karossiert 이 자동차들은 오스나브뤼크에서 차체를 설계하였다. **Karossierer,** der; -s, - ↑ Karossier (1).

Karotide: ↑ Karotis.

Karotịn, 【화학】 Carotin [karo'ti:n]; das; -s [lat. carōta] 카로틴($C_{40}H_{56}$). **Karotinoide,** 【화학】 Carotinoide [...tino'i:də] ⟨Pl.⟩ 《생화학》 카로티노이드(동물 지방 따위에 함유되어 있는 적황(赤黃)색소).

Karotis [ka'ro:tɪs], die; ...tiden [karo'ti:dn], **Karotide** [karo'ti:də], die; -n [griech. karōtís] 【의학】 경동맥 (頸動脈).

Karotte [ka'rɔtə], die; -n [l: niederl. karote; 3: frz. carotte (de tabac)] **1.** 당근. **2.** (rhein.) 《붉은》 사탕무. **3.** 【연초】 《당근 모양의》 엽궐련, 돌돌 만 담배잎. **Karottenbeet**, das 당근 밭이랑. **Karottensaft**, der 당근즙. **karottieren** [karɔ'ti:rən] 〈h〉 【연초】 담배 잎의 줄기를 떼다[제거하다].

Karpaten [kar'pa:tn] 〈Pl.〉 카르파티아 산맥. **karpatisch** [kar'pa:tɪʃ] 〈Adj.〉 ↑Karpaten의 형용사형.

Karpell(um) [kar'pɛl(ʊm)], das; -s, ...pelle / pella [lat. carpellum] 【식물】 ↑Fruchtblatt.

Karpenterbremse ['karpəntɐ-], die; -n 【미국의 발명가 J. Carpenter(1852~1901)의 이름에서】 《기술·중고어》 《기차의》 압착공기[에어] 브레이크.

Karpf [karpf], der; -es, -en (österr. · 통용어 · 욕) 바보, 얼간이. **Karpfen** ['karpfn], der; -s, - 잉어. **Karpfen-**: **~fisch**, der 【동물】 잉어과(科)의 물고기. **~maul**, das 《구멍이 작고 둥근》 잉어 입. **~teich**, der 잉어 양식장[양어지(養魚池)]. **~zucht**, die 잉어기르기 [양식].

Karpolith [kar'po:li:t, 《또한》 ...lɪt], der; -s / -en, -e(n) [griech. karpós u. líthos] 《고어》 과실(果實)의 화석.

Karpologie, die 과실학(果實學). **karpologisch** 〈Adj.〉 과실학의.

Karrag(h)een [kara'ge:n], das; -(s) 【아일랜드의 지명 Carragheen에서】《생물·의학》 《말린》 식용해초(기점·장(腸) 카타르의 약제로 쓰임).

Karrara [ka'ra:ra] ↑Carrara.

karrarisch: ↑carrarisch.

Kärrchen ['kɛrçən], das; -s, - ↑Karre. **¹Karre** ['karə], die; -n (nordd.), **Karren**, der; -s, - (südd., österr.) 《축소형: ↑Kärrchen》 [lat. carrus] **1. a)** 손(짐)수레, 이륜차(二輪車): die Karre(den Karren) beladen (손)수레에 짐을 싣다; **die Karre(den Karren) in den Dreck führen(fahren, schieben)** 《통용어》 어떤 일을 《철저하게》 망치다, 사태를 혼란시키다; **die Karre(den Karren) (für jmdn.) aus dem Dreck ziehen** 《누구를 위해》 잘못된 일을 해결하다, 사태를 수습하다; **die Karre(den Karren) (einfach) laufen lassen** 《통용어》 어떤 일을 (그대로) 내버려두다, 나라을 방치하다; **seine Karre(seinen Karren) ins trockene schieben** 《통용어》 잘못된 상태를 이용하다, 혼란중에 어부지리(漁夫之利)하다; **jmdm. an die Karre(den Karren) fahren(pinkeln, 《속어》 pissen)** 《통용어》 누구에 대(하)여 단호한 수단을 취하다 [날카로운 비판을 가하다]. **b)** 《대개 Karren》 우마차(牛馬車), 짐마차: Ochsen vor die Karren spannen 마차에 황소를 매다; **mit jmdm. an einem Karren ziehen** 누구와 협력하다, 같은 입장에 서다, 고락(苦樂)을 함께 하다; **aus dem Karren in den Wagen gespannt werden** 어떤 화를 대신하여 더 큰 화를 얻다; **unter den Karren kommen** 《통용어》 차에 치이다; **jmdm. vor seinen Karren spannen** 누구를 자기 이해(목적)를 위해 전력케하다; **sich nicht vor jmds. Karren spannen lassen** 다른 사람의 목적에 이용되지 [전력을 다하지] 않다; **vom Karren gefallen sein** 《통용어》 사생아로 태어나다. **2.** 《낡은》 차(車)(특히 자동차나 자전차): die Karre(der Karren) springt nicht an 이 차는 시동이 걸리지 않는다; **die Karre(der Karren) ist total verfahren** 《통용어》 상황은 절망적이다, 더이상 수습[해결]할 길이 없다.

²Karre [-], die; -n 《대개 Pl.》 【지질】 석회암의 균열, 요

철의 석회암 지표. **Karrenfeld**, das 위의 지역, 묘석 지역(墓石地域).

Karree [ka're:], das; -s, -s [frz. carré] **1.** 사각(형), 네모 (꼴): vor ein K. bilden 사각형을 만들다; 《전의》 eine Runde ums K. gehen (네모꼴) 주거 지역을 순찰하다. **2.** 《österr.》 《돼지, 송아지, 양 따위의》 갈비고기. **3.** 사각 다이아(다이아몬드의 세공 형태).

karren ['karən] **1.** 〈h〉 짐수레(짐차)로 나르다, 수레를 끌다[밀다]: Steine k. 돌을 수레로 나르다. **2.** 《통용어》 〈(마)〉차를 타고 가다, 차를 몰다: im Auto durch die Gegend k. 그 지방을 차를 몰고 다니다.

Karren: ↑Karre.

Karren-: (¹Karre, Karren): **~gaul**, der **a)** 《폄》 짐마차 끄는 말. **b)** 《통용어·폄》 마차끄는 말처럼 일하는 사람. **~rad**, das 마차(수레)바퀴. **~spur**, die 마차바퀴의 자국. **~weg**, der 마차(수레)길.

Karrer ['karɐ], der; -s, - (schweiz.) 마차꾼, 마부, 수레꾼, 수레를 끌고 다니는 행상인; 중노동자. **Karrete** [ka'rɛ:tə], die; -n (ostmd.) 《고물》 마차. **Karrette** [ka'rɛta], die; -n [ital. carretta] (schweiz.) **a)** 손수레, 이륜마차. **b)** 《손잡이 하나와 바퀴 두개가 달린》 쇼핑수레. **c)** 《군》 《산악 부대에서 사용되는》 협궤 수송차.

Karriere [ka'rie:rə, ...'rie:rə], die; -n [frz. carrière] **1.** 《생애의》 경력, 이력; 《직업상의》 성공, 출세: eine steile K. 급속한[빠른] 출세; am Anfang einer großen K. stehen 전도(前途)가 양양하다, 장래가 유망하다. **2.** K. **machen** 직업적인 성공을 거두다, 입신 출세하다. **2.** 【승마】 질구(疾驅): K. reiten 전속력으로 말을 몰다, 질구하다. **Karrierefrau**, die (입신)출세한 여자. **Karrieremacher**, der 《폄》 출세주의자. **Karrierismus** [karje'rɪsmʊs], der; - 《폄》 (입신) 출세주의. **Karrierist**, der; -en, -en ↑Karrieremacher. **karrieristisch** 〈Adj.〉 《폄》 (입신) 출세주의의: -es Verhalten 출세주의적 태도.

Karriol [ka'rio:l], das; -s, -s, **Karriole** [...lə], der; -n [frz. carriole] **1.** 2륜 경마차(輕馬車). **2.** 《고어》 《소형》 우편마차. **karriolen** 〈s〉《통용어》 위의 차를 몰다, 타고 돌아다니다: sie karriolten über die Landstraßen 그들은 2륜 경마차를 타고 시골길을 돌아다녔다.

Kärrner ['kɛrnɐ], der; -s, - 《고어》 심한 육체 노동자. **Kärrner-**: **~arbeit**, die 《폄》 《단조로운》 일, 힘든 노동. **~dienst**, der 《폄》 고용살이, 《하인 따위의》 일 (로). **~fleiß**, der 희생적 근면.

Karsamstag: ↑Kar-.

¹Karst [karst], der; -(e)s, -e 《지역적》 《쇠 발이 둘 있는》 곡괭이, 쇠스랑, 갈퀴.

²Karst [-], der; -(e)s, -e [slowen. u. serbokroat. Kras] 【지질】 《알프스 산맥의》 석회암으로 된 대지(臺地); 석회암석지, 석회암 지형(地形).

Karst- (²Karst): **~boden**, der 석회암질(質)의 토지 [땅]. **~gebiet**, das 석회암질의 구역(지역). **~höhle**, die 석회암(지하) 동굴. **~landschaft**, die 석회암 지대.

karstig 〈Adj.〉 석회암으로 된, 석회질의.

Kart [kart], der; -s, -s [engl. cart] ↑Go-Kart의 약칭.

kart. = kartoniert.

Kartätsche [kar'tɛ:tʃə], die; -n **1.** 《옛》 산탄(霰彈). **2.** 【토건】 《벽을 바르는》 흙손. **kartätschen** **1.** 《옛》 산탄으로 사격하다. **2.** 【토목】 흙손으로 벽을 《문질러》 바르다. **Kartätschenfeuer**, das 〈Pl. 없음〉 산탄 사격(격). **Kartätschenkugel**, die 산탄(알).

Kartaune [kar'taʊnə], die; -n [ital. cortana] (16~17세기의) 중포(重砲), 카르타우네포.

Kartause [kar'taʊzə], die; -n [nlat. Cartusia, nach dem südfrz. Kloster Chartreuse bei Grenoble] 카르투지앤스 교단(敎團)의 수도원. **Kartäuser** [lar'tɔʏzɐ],

der; -s, - 1. 카르토우센스 교단의 수도사. 2. 샤르트 리꾀르(달고 향기가 좋은 고급술의 일종), ↑¹Chartreuse.
Kartäuser-: ~**gericht,** das ↑²Chartreuse. ~**likör,** der 샤르트 리꾀르 주(酒). ~**mönch,** der 카르토우센스 교단의 수도사. ~**nelke,** die 〔식물〕 술패랭이꽃(류). ~**orden,** der 카르토우센스 교단[회(會)] (1084년 성 Bruno가 Grenoble 근방에 세운 명상적 가톨릭 교단) (약어: O. Cart.).
Kartäuserin, die; -nen ↑Kartäuser의 여성형.
Kärtchen ['kεrtçən], das; -s, - ↑Karte (1, 2) **Karte** ['kartə], die; -n [frz. carte] 1. 〈축소형: Kärtchen〉(직사각형의) 카드, 두꺼운 종이: ein winziges Kärtchen 아주 조그만 카드; eine K. aus der Kartei ziehen 카드함(函)에서 한 장의 카드를 뽑아내다; **die gelbe K.** 〔축구〕 옐로(노란) 카드(파울 때 주심이 경고하기 위해 처들어 보임); **die rote K.** 〔축구〕 레드(붉은) 카드(극심한 파울을 범했을 때 선수를 퇴장시키기 위해 주심이 쳐들어 보임); **die grüne K.** 〔교통〕 (초록색의) 자동차 책임보험증. 2. 〈축소형: Kärtchen〉 엽서(Ansichtskarte), 우편엽서(Postkarte): -n aus dem Urlaub schicken 휴가지에서 그림엽서를 보내다. 3. **a)** 명함(Visitenkarte): sie tauschten ihre -n aus 그들은 명함을 교환하였다. **b)** 초대장(Einladungskarte): mit einer schön gedruckten K. zeigten sie ihre Verlobung an 예쁘게 인쇄된 초대(청)장으로 그들은 그들의 약혼을 알렸다(告示)하였다. **c)** 메뉴, 차림표(Speisekarte): nach der K. essen 메뉴중에서 하나씩 주문하여 먹다. 4. **a)** 승차표(Fahrkarte), 비행기(표)(Flugkarte). **b)** 표(票), 입장권(Eintrittskarte): die -n sind ausverkauft 입장권이 매진되었다. **c)** 생필품 배급카드(Lebensmittelkarte). 5. **a)** 카드, 트럼프, 화투: die -n mischen〔verteilen〕카드를 섞다(돌리다): -n spielen 카드〔화투〕놀이를 하다; 〔성구〕 diese K. sticht nicht (mehr) 이 논증은 (더이상) 설득력이 없다, 이 위험(계획)은 효력이 있었다; **wissen, wie die -n fallen** 앞일을 예견하다[미리 알다]; **die(seine) -n aufdecken (offen) auf den Tisch legen, offenlegen** 자기의 의도(뜻, 계획, 수단)을 (남에게) 알리다; **alle -n in der Hand haben** 온갖 (수단)방법을 쓰다, 주도권을 장악하다; **die letzte K. ausspielen** 마지막 기회(가능성)를 잡다(이용하다); **jmdm. die -n legen**(〈지역적〉 schlagen) 카드로 누구의 운세를 점치다; **alles auf eine K. setzen** 몽땅 한꺼번에 걸다, 단번에 결판을 내리려고 들다, 큰 도박을 하다; **auf die falsche K. setzen** 잘못된 일을 지지하다, 정세 판단을 잘못하다; **jmdm. in die -n sehen**〔schauen, 〈통용어〉 gucken〕 누구의 계획(의향, 비밀)을 탐지하다; **sich nicht in die -n sehen**〔schauen, 〈통용어〉 gucken〕 **lassen** 자신의 의도(계획)를 내보이지 않다(비밀로 하다); **mit gezinkten -n spielen** 사기(詐欺)하다; 〈통용어〉 높은 패를 가지고 있다; **mit offenen〔verdeckten〕 -n spielen** 공명정대하게(저의(底意)를 가지고) 일을 처리하다. **b)** 〈Pl. 없음〉 한 벌의 카드, 카드놀이: K. besteht aus 32 oder 52 Blättern 한 벌은 32 혹은 52장으로 되어있다. **c)** 〈Pl. 없음〉 카드(놀이 할 때의) 몫, 화투몫: die K. ist gut gemischt 트럼프 몫이 잘 섞였다. 6. 지도(Landkarte), 천체도(Himmelskarte), 성좌도(Sternkarte): eine historische K. 역사 지도; die K. von Europa 유럽 지도; die K. ausbreiten 지도를 펼치다; etwas in die K. eintragen 무엇을 지도에 기입하다.
Kartei [kar'tai], die; -en 카드식 색인(목록), 카드함(函): -en führen 카드식 목록에 정보를 기입하다.
Kartei-: ~**karte,** die 색인(목록, 기록, 정리) 카드. ~**kasten,** der 색인카드 상자. ~**leiche,** die 〔농〕 그 내용이 사실과 맞지 않는 색인카드. ~**zettel,** der ↑

~**karte.**
Kartell [kar'tεl], das; -s, -e [frz. cartel] 1. 〔경제〕 카르텔, 기업가 동맹, 기업 연합: sich in K. bilden 카르텔을 결성하다. 2. (여러 대학간의) 학생 조합 연합. 3. 〔정치〕 (선거전에서 여러 당의) 기한부 연합[동맹], 당파 연합.
kartell-, Kartell-: ~**amt,** das 카르텔(기업 연합) 감독청. ~**artig** 〈Adj.〉 카르텔과 유사한(같은). ~**behörde,** die ↑~amt. ~**bildung,** die 카르텔 결성, 기업 연합. ~**gesetz,** das 카르텔 결성(기업연합) 저지법, 카르텔법. ~**recht,** das 카르텔 결성(협정) 법규. ~**rechtlich** 〈Adj.〉 ↑~recht의 형용사형. ~**träger,** der 《구제》(결투의) 도전장 전달자, (결투시의) 입회인, 보조인. ~**verband,** der 학생 조합의 연합, 학우회의 연합. ~**vertrag,** der 카르텔 협약. ~**wesen,** das 카르텔 제도.
kartellieren [kartε'li:rən] 〈h〉 〔경제〕 카르텔을 결성하다, 기업을 연합하다(반대: dekartell(is)ieren): kartellierte Preise 카르텔(로 정해진) 가격. **Kartellierung,** die; -en ↑kartellieren의 명사형.
karten ['kartn̩] 〈h〉 〔통용어〕 카드(트럼프, 화투)놀이를 하다: sie haben den ganzen Abend gekartet 그들은 밤새도록 카드놀이를 하였다.
Karten-: ~**abreißer,** der 입장권 받는 사람. ~**bestellung,** die 입장권(승차권) 예약. ~**bild,** das 그림엽서(카드)의 그림, 지도의 그림. ~**blatt,** das 카드(명함, 엽서 따위)의 한장. ~**block,** der 〈Pl. ...blocks〉 표(입장권)뭉치. ~**brief,** der 봉함 엽서. ~**gitter,** das 〔지도〕 Gitternetz. ~**gruß,** der 그림(우편)엽서 쓴 (짤막한) 인사. ~**haus,** das 1. 카드 짝으로 세운 집, 공중누각: 〔전의〕 die Leute bauen sich ihre Kartenhäuser 사람들은 공중에 누각을 짓는다(공상을 한다); einstürzen wie ein K. (기대, 거짓말 따위가) 덧없이 허물어지다. 2. 〔해양〕 해도실(海圖室). ~**kunde,** die 1. ↑Kartographie. 2. 지도 해독법(학). ~**künstler,** der 카드 요(마)술사. ~**kunststück,** das 카드로 하는 요술. ~**legen,** das; -s 카드로 치는 점(占). ~**legerin** [...le:gərɪn], die 카드(로 점치는 여자) 점쟁이. ~**lesen,** das; -s 지도 판독(법). ~**locher,** der 〔전산〕 타각기(打刻機), 천공기(穿孔機). ~**netz,** das 〔지리〕 (지도의) 경위도선 (經緯度線), 외형도(外形圖). ~**netzentwurf,** der 〔지리〕 지도투영법(地圖投影法). ~**partie,** die 카드놀이 팀(조(組)). ~**projektion,** die ↑~netzentwurf. ~**raum,** der **a)** ↑~haus (2). **b)** (학교의) 지도(보관)실. ~**schlag,** der; -s 〈지역적〉 ↑~legen. ~**schläger,** der 〔섬유〕 자카르식 문직기(紋織機)로 구멍을 뚫고 무늬를 가려내고 복사 모형을 제조해 내는 전문가. ~**schlägerin** [...ʃlε:gərɪn], die 1. ~schläger의 여성형. 2. 〈지역적〉 ↑~legerin. ~**skizze,** die (지형 따위의) 약도(略圖). ~**spiel,** das 1. 카드놀이. 2. 카드의 한 벌(짝). ~**spieler,** der 카드놀이를 하는 사람. ~**ständer,** der 지도 걸이(대). ~**stelle,** die 《구제》 비상시의 생활 필수품 카드 배급소. ~**stock,** der ↑Talon (2b) 참조. ~**tasche,** die; -s ~haus 넣는 케이스, 〔자동차의〕 도로망 지도 넣는 곳. ~**tisch,** der 1. 〔군·해양〕 지도(해도)를 펴놓는 큰 테이블. 2. 카드놀이하는 테이블. ~**verkauf,** der 〈Pl. 없음〉 표(입장권, 승차권)의 판매. ~**vorverkauf,** der 표(입장권, 승차권)의 예매. ~**werk,** das ↑¹Atlas (1). ~**zeichen,** das 지도 기호. ~**zeichner,** der 제도자(製圖家), 지도(해도)제작자. ~**zimmer,** das **a)** ↑~haus (2). **b)** ↑~raum (b).
kartesianisch [kartε'ziaːnɪʃ], **kartesisch** [...'teːzɪʃ] 〈Adj.〉 〔프랑스의 철학자 R. Descartes(1596~1650)의 라틴어 이름 Cartesius에서〕 데카르트(학파)의: -e Koordinaten 〔수학〕 평행 좌표, 데카르트 좌표; -er Teufel [Taucher] 〔물리〕 잠수인형(潛水人形). **Kartesianis-**

mus [kartezia'nɪsmʊs], der; - 데카르트(파) 철학.
kartesisch: ↑ kartesianisch.
Karthager [kar'ta:gɐ], 《고어》 **Karthaginienser** [kartagi'nɪɛnzɐ], der; -s, - 카르타고 인(人). **karthagisch** ['kar'ta:gɪʃ] 〈Adj.〉 카르타고(인)의. **Karthago** [kar'ta:go] 카르타고(북아프리카의 고대 도시).
Karthamjs, das; -s [lat. Carthamus] 홍색(紅色) 색소 [염료].
kartieren [kar'ti:rən] 〈h〉 **1.** [지리] (어느 지역, 구역을) 제도(製圖)하다, 약도를 그리다, 지도에 기입하다; 측량하다. **2.** 색인(목록)카드에 적어두다[기입하다]. **Kartierung**, die; -en ↑kartieren의 명사형.
Karting ['kartɪŋ], das; -s [engl.-amerik. karting] [스포츠] 고 카트(Go-Kart) 경기. **Kartler** ['kartlɐ], der; -s, -《스포츠·은어》고 카트 경기자[선수].
Kartoffel [kar'tɔfl], die; -n [ital. tartufo, tartufolo < lat. terrae tüber] **1.** 감자(식물): späte -n 늦감자, -n pflanzen((an)bauen) 감자를 심다[경작하다]; in die -n gehen 《통용어》감자밭에 가다; 성구 rein in die -n, raus aus den -n 《통용어》이랬다 저랬다 하다, 조령 모개. **2.** 《축소형》: ↑Kartöffelchen》 (식용이 되는) 감자: neue -n 햇감자, rohe (gekochte) -n 날[찐] 감자; gesottene -n 《bayr.》껍질째 전 감자; -n ernten 감자를 수확하다; -n schälen 감자의 껍질을 벗기다, **-n abgießen** 《경》오줌 누다; **die -n von unten ansehen (betrachten, wachsen sehen)** 《통용어·은폐》죽다, 무덤에 누위있다. **3.** 《통용어·농》주먹코. **4.** 《통용어·농》회중시계. **5.** 《통용어·농》(형편없는) (축구)공: die K. springt nicht mehr 이 공은 더이상 튀지 않는다. **6.** 《통용어·농》(양말이나 옷에 뚫린) 구멍, 해진 구멍.
Kartoffel-: **~acker**, der 감자 밭. **~bauch**, der 《경》불룩배(腹), 올챙이 배. **~bofist, ~bovist**, der [식물] 둥근말불버섯. **~branntwein**, der 감자로 만든 소주(화주). **~brei**, der 《Pl. 없음》감자죽. **~chips** 〈Pl.〉Chips (2). **~dämpfer**, der **a)** 감자 스튜 냄비. **b)** (대량의) 사료감자 삶는 장치[솥]. **~einkellerung**, die 감자저장. **~ernte**, die 감자의 수확. **~feld**, das 감자밭. **~ferien** 〈Pl.〉《통용어》(감자 수확기의 농번기) 방학. **~feuer**, das (수확 후에) 감자줄기 따위를 태우는 불. **~flinse**, die ↑Flinse (b). **~flocken** 〈Pl.〉**a)** 감자 플레이크. **b)** [농업] (삶아서 말린 전분이 많은) 사료용 감자조각. **~hacke**, die 감자 캐는 괭이. **~horde**, die ¹Horde (b). **~hurde**, die (südwestd., schweiz.》↑ ¹Horde (b). **~käfer**, die 《동물》콜로라도딱정벌레. **~kloß**, der 감자(로 만든) 경단. **~knödel** (südd.) ↑ ~kloß. **~knolle**, die ↑Kartoffel (2). **~kombine**, die 《구동독·농업》감자 수확용 콤바인. **~korb**, der 감자 바구니. **~krankheit**, die 감자병. **~kraut**, das 감자의 줄기잎. **~krokette**, die 〈대개 Pl.〉감자 크로켓. **~kugeln**〈Pl.〉잘게 썰어 소금물에 삶은 감자. **~legemaschine**, die [농업] (자동 또는 반자동의) 감자 파종기. **~mehl**, das 《Pl. 없음》감자가루, 전분, 녹말. **~miete**, die 감자(저장용) 구덩이. **~mus**, das 《Pl. 없음》↑ ~brei. **~nase**, die ↑Kartoffel (3). **~pflanze**, die 감자(식물). **~pocken** 〈Pl. 〉 [농업] 감자(천연두)병. **~presse**, die (부엌에서 쓰는) 감자 압착기. **~puffer**, der 감자 팬케이크, 감자 전(부침). **~püree**, das 《Pl. 없음》↑ ~brei. **~quetsche**, die ↑ ~presse. **~rodemaschine**, die ↑Roder [-rodə:da], der 감자 수확기(收穫機). **~sack**, der 감자 부대[자루]. **~salat**, der 감자 샐러드. **~schale**, die 감자 껍질. **~schäler**, der 감자 껍질 벗기는 기구. **~schälmaschine**, die (전기) 감자 탈피기(機). **~schälmesser**, das 감자 껍질 벗기는 칼. **~schnaps**, der ↑ ~branntwein. **~schnee**, der [요리] (보드라운) 감자죽. **~schorf**, der [농업] (부스럼 같은) 감자혹. **~sorte**, die 감자의 종류. **~spiritus**, der ↑ ~branntwein. **~sprit**, der 《경》↑ ~branntwein. **~stärke**, die 전분, 감자의 탄수화물. **~stock**, der 《Pl. 없음》(schweiz.》↑ ~brei. **~suppe**, die 감자 수프. **~teig**, der 감자 반죽. **~wasser**, das 《Pl. 없음》감자 삶은 물: das K. abgießen 감자 삶은 물을 따라 내다; sein K. abgießen 《경》소변보다, 오줌누다.
Kartöffelchen [kar'tœfl̩çən], das; -s, - ↑Kartoffel (2).
Kartogramm [karto'gram], das; -s, -e [지리] 통계 지도. **Kartograph**, der; -en, -en **1.** 제도자(製圖者), 지도(해도) 제작자. **2.** 지도(해도) 제작 기술자. **Kartographie**, die 지도(해도)제작술, 제도법. **kartographieren** 〈h〉제도하다, 지도를 제작하다. **kartographisch** 〈Adj.〉지도학(상)의, 지도(해도)제작술(상)의; 지도의. **Kartomantie** [kartoman'ti:], die [점어] 카드로 점치는 법. **Kartometer**, das; -s, - 측도기(측도器), 곡선계(曲線計). **Kartometrie** [...me'tri:], die 측도(측도). **kartometrisch** [...'me:triʃ] 〈Adj.〉측도의. **Karton** [kar'tɔŋ], 《südd., österr., schweiz.》kar'to:n], der; -s, -s / 《드물게》- 《용량의 단위로서는 (또한) - 》[frz. carton] **1.** 두꺼운 종이, 판지 (板紙), 마분지, 도화지: ein Bogen leichter K. [아이] leichten -s] 가벼운 판지 한 장. **2.** 마분지[보르] 한 장: Ware in -s verpackten 상품을 보르상자에 포장하다; 성구 es knallt im K. 《경》적절한 훈계[질책, 지시]가 있다; **etw. in K. haben** 《통용어》영리[현명, 능숙]하다; **nicht alle im K. haben** 《통용어》제(올바른)정신이 아니다; **jmdm. einen vor den K. hauen** 《속어》누구의 면상(얼굴)을 때리다; **bei dem rappelt's im K.** 《경》그자는 제정신이 아니다. **3.** [미술] (두꺼운 종이에 그린 벽화·유리그림 따위의) 초벌 그림, 카르통, 소묘(素描). **Kartonage** [karto'na:ʒə], die; -n [frz. cartonnage] **1.** 보르박스, 마분지 상자, 판지 상자[厚紙細工]. **2.** (책의) 판지 표지 장정, 판지 제본[포장]. **Kartonager** [...ʒɐ], der; -s, - ↑Kartonagenmacher.
Kartonagen-: **~arbeiter**, der 보르지(紙) 세공 노동자. **~fabrik**, die 보르박스[포장지] 제조 공장. **~hersteller**, der, **~macher**, der 보르지[판지] 제조 숙련자.
kartonieren [karto'ni:rən] 〈h〉 [frz. cartonner] [제본] 두꺼운 표지[판지]를 붙이다[붙여서 철하다], 하드 커버로 장정하다: kartonierte Bücher 하드 커버로 된 책들. **Kartonstich**, der; -(e)s, -e [미술] (그림의 윤곽만 나타낸) 동판, 동판화(銅版畫).
Kartothek [karto'te:k], die; -en [griech. thḗkē] ↑ Kartei.
Kartusche [kar'tʊʃə], die; -n [frz. cartouche] **1.** (금속의) 탄피(彈皮), 탄약통[상자]. **2.** [예술] 장식 테두리, 족자 둘레의 장식.
Karube [ka'ru:bə], die; -n [frz. caroube] 캐럽, 콩의 일종.
Karunkel [ka'rʊŋkl], die; -n [lat. caruncula] [의학] 육아(肉芽), 군살.
Karussell [karʊ'sɛl], das; -s, -s / -e [frz. carrousel] 회전목마: (mit dem) K. fahren 회전목마를 타다; 전의 im K. der Tarifverhandlungen 임금 교섭의 곡예[회전] 속에서; **mit jmdm. K. fahren** 1) 《군》누구를 연병장으로 내몰다. 2) 《통용어》누구를 (격렬하게) 야단치다, 비난하다.
karweel-, Karweel- [kar've:l-] ↑kraweel-, Kraweel-.
Karwendelgebirge, das 티롤 바이에른 지방의 석회질 알프스 산맥.

Karwoche: ↑Kar-.
Karyatide [karya'ti:də], die; -n [lat. Caryátides < griech. Karyátides] 【미술】 (고대 건축의) 여상주(女像柱).
karyo-, Karyo- [karyo-; griech. káryon] 〈핵, 세포핵을 뜻하는 규정어로서, 예컨대〉 Karyogamie, karyophag. **Karyogamie** [...gaˈmiː], die; -n [...iːən; griech. gámos] 【생물】 (두) 세포핵의 혼화(융합, 배합).
Karyokinese [...kiˈneːzə], die; -n [griech. kínēsis] 【생물】 ↑Mitose. **karyokinetisch** [...ˈneːtɪʃ] 〈Adj.〉 ↑mitotisch. **Karyologie**, die 【생물】 (세포학의) 핵학(核學). **Karyolymphe**, die; -n 【생물】 핵액(核液).
Karyolyse, die 【생물】 1. (핵분열 시의 피상적인) 핵소멸. 2. 핵용해, 핵해체. **karyophag** 〈Adj.〉 [griech. phageĩn] 【의학】 (세포)핵을 파괴하는. **Karyoplasma**, das; -s 【생물】 핵질(核質).
Karyopse [kaˈryɔpsə], die; -n [griech. ópsis] 【식물】 각과(殼果), 영과(穎果).
Karzer [ˈkartsɐ], der; -s, - [lat. carcer] 【구제】 1. (옛 대학 따위의) 감금실: er kam in den K. 그는 감금실에 갇혔다. 2. 〈Pl. 없음〉 (고어) (옛 대학 따위에서의) 감금 [금족, 구류, 감고(禁錮)] 처분: drei Tage K. bekommen 3일 동안의 금고 처분을 받다.
karzinogen [kartsinoˈgeːn] 〈Adj.〉 【의학】 발암성(發癌性)의: -e Faktoren 발암성 인자(因子). **Karzinogen** [-], das; -s, -e 【의학】 발암(성) 물질. **Karzinoid** [...ˈiːt], das; -(e)s, -e [griech. -oeidḗs] 【의학】 1. (얼굴의) 피부암. 2. 위장종양. **Karzinologe**, der; -n, -n 암의학. 암학. **Karzinologie**, die 1. 암의학. 2. 암학설. **karzinologisch** 〈Adj.〉 ↑Karzinologie의 형용사형. **Karzinom** [...ˈnoːm], das; -s, -e [lat. carcinōma < griech. karkínōma] 【의학】 악성 종양, 암, 암종(癌腫) (약어: Ca.). **karzinomatös** [...nomaˈtøːs] 〈Adj.〉 【의학】 ↑Karzinom의 형용사형. **Karzinophobie**, die; -n [...iːən] 【의학】 암공포증. **Karzinose** [...ˈnoːzə], die; -n 【의학】 전이성 종양, 암증(癌症).

Kasach [kaˈzax], Kasak [kaˈzak], der; -(s), -s 【중앙 아시아의 유랑민 코카시아족의 이름에서】 코카시아 양탄자.
Kasack [ˈkazak], der; -s, -s [(österr.) die; -s [frz. casaque] (잠바 모양의) 여성용 코트.
Kasak: ↑Kasach.
Kasache [kaˈzaxə], der; -n, -n 카자흐인(人). **kasachisch** [kaˈzaxɪʃ] 〈Adj.〉 카자호(인, 어)의.
Kasan [kaˈzan, (russ.) kaˈzanj] 카잔(소련 볼가강의 중류 타타르 자치 공화국의 수도).
Kasatschok [kazaˈtʃɔk], der; -s, -s [russ. kasatschok] 카자흐 춤, 러시아의 민속춤(무곡).
Kasba(h) [ˈkasba], die; -s / Ksabi [ˈksaːbi; arab. qaṣaba] 1. 카스바(아랍 도시의 성채식 궁전). 2. (북아프리카 도시의) 아랍인 거주 지구.
Kasch [kaʃ], der; -s, -es / Kasche [ˈkaʃə] [russ. kascha] 【군】 죽, 보리죽.
Käsch [kɛʃ], das; -(s), -(s) 《또는》 -e [engl. cash] (동아시아의) 동전, 엽전.
Käscha: ↑Kasch.
Kaschan: ↑Keschan.
kascheln [ˈkaʃln] 〈h〉 〈지역적〉 활주하다, 얼음 지치다, 스케이팅하다.
Kaschelott [kaʃəˈlɔt], der; -s, -e [frz. cachalot] ↑Pottwal.
Kaschemme [kaˈʃɛmə], die; -n [(집시어) katšīma] 〈폄〉 하류술집, 도둑의 소굴.
kaschen [ˈkaʃn] 〈h〉 〈경〉 1. 체포(구금)하다. 2. (불법으로) 습득하다, 횡령하다: du hast (dir) einfach das Fahrrad gekascht und bist abgehauen 너는 자전거를

그냥 훔쳐 타고 달아났다.
Käschen: [ˈkɛːsçən], das; -s, - ↑Käse (1).
Käscher: ↑Kescher.
Kascheur [kaˈʃøːɐ̯], der; -s, -e 【연극】 소도구 제작자, 조형(造形) 무대 장치가. **kaschieren** [kaˈʃiːrən] 〈h〉 [frz. cacher] 1. 감추다, 가리다, 숨기다, 은폐하다, 모조 (模造)하다: seine Unkenntnis k. 그의 무지함을 감추다. 2. 【연극】 소도구를 설치하다, 조형 무대 장치를 하다. 3. 《전문어》 색종이 따위를 붙이다. 4. 【섬유】 연결하다[잇다]. **Kaschiermaschine**, die 장정기(裝幀機), 제본기(製本機). **Kaschierung**, die; -en ↑kaschieren의 명사형.
Kaschiri [kaʃiˈriː], das; - 【인디언어에서】 카슈리 술(주酒).
¹Kaschmir [ˈkaʃmiːɐ̯], der; -s, -e 【히말라야의 캐시미르 지방 이름에서】 1. 캐시미르(고급 모직물). 2. ↑Kaschmirwolle. **²Kaschmir** [-], -s 캐시미르(인도 북부의 지방 이름).
Kaschmir-: ~garn, das 캐시미르실(방사(紡絲)). **~schal**, der 캐시미르 숄(목도리). **~wolle**, die 캐시미르 모(올). **~ziege**, die 캐시미르 염소.
Kascholong [kaʃoˈlɔŋ], der; -s, -s [frz. cacholong] 【광물】 단백석(蛋白石)(오팔의 변종).
Kaschube [kaˈʃuːbə], der; -n, -n 【폼머른과 서프러시아 지방에 사는 슬라브 민족의 이름에서】《berlin.》촌놈, 산골놈, 카슈브(인).
Kaschubei, die 카슈브인의 주거 지역.
kaschubisch 〈Adj.〉 카슈브(인)의.
Kaschurpapier [kaˈʃuːɐ̯-], das; -s 인쇄된 색종이.
Käse [ˈkɛːzə], der; -s, - [lat. cāseus] 1. 〈축소형: ↑Käschen〉 치즈: frischer K. 신선한 치즈; weißer K. 〈지역적〉응유(凝乳); Quark; er ißt am liebsten Schweizer K. 그는 스위스 치즈를 가장 즐겨먹는다; 〈성구〉 K. schließt den Magen 〈농〉 치즈가 디저트로 가장 적당하다. 2. 〈통용어·폄〉 어리석은 일, 하찮은 것, 엉터리 짓, 부당한 일: das ist doch alles K. 그건 모두 어리석어[쓸데없는] 짓이다; so ein (verdammter) K.! 〈분노, 실망의 표현〉 그따위(저주스런) 명청한 일이라니!; er redet doch nur K. (daher) 그는 (자꾸) 실없는 소리만 지껄인단 말이야!; (kaum) drei K. hoch 키가 〈아주〉 작은.
käse-, Käse-: ~auflauf, der 치즈(를 부풀린) 음식(과자). **~aufschnitt**, der (여러 가지의) 치즈 조각. **~bereitung** die 1. 치즈 만들기. 2. 치즈 제조. **~blatt**, das 〈경·폄〉 1. 보잘것 없는[시시한] 신문, 저속한 잡지. 2. 【학생】 증서, 성적 증명서. **~brot**, das 치즈 빵. **~brötchen**, das ↑~brot. **~ecke**, die (삼각형으로 포장한) 부드러운 치즈. **~fliege**, die 치즈 주위에 서식하는 파리. **~fondue**, das ↑Fondue (a). **~fuß**, der (대개 Pl.) 〈경·폄〉 냄새가 고약한 발. **~gebäck**, das 치즈 케이크[과자]. **~glocke**, die (종 모양의) 유리로 된 치즈 덮개, 치즈 케이스. **~herstellung**, die 치즈 제조. **~hütte**, die 치즈 제조장. **~kästchen**, das, **~kasten**, der (칸을 메워나가는) 글자쓴기놀이. **~käulchen**, das 편편하게 구운 치즈. **~kremtorte**, die ↑~sahnetorte. **~kuchen**, der 치즈 케이크, 치즈를 넣은 과자. **~laib**, der 치즈 덩어리. **~made**, die 치즈 주위에 서식하는 파리의 구더기. **~magen**, der 송아지의 추위(顫胃)의 내막(內膜), 레네트. **~matte**, die (westmd.) 응유. **~messer**, das 1. 치즈용 칼. 2. 〈군〉 무딘 칼. 3. 〈군〉 대검, 총검, 큰 주머니 칼. **~milbe**, die 치즈 파먹는 진드기, 건락충(乾酪蟲). **~pappel**, die ↑Wegmalve. **~platte**, die 치즈 요리 접시. **~rinde**, die 치즈(겉)껍질. **~rösti**, die (schweiz.) 치즈와 감자 (빵)를 부풀린 푸딩. **~sahnetorte**, die 치즈 크림 파이.

Kasein

~schmiere, die [생물·의학] 태지(胎脂). ~stange, die ↑~gebäck. ~stoff, der 카제인. ~torte, die 1. ↑~kuchen. 2. ↑~sahnetorte. ~wasser, das ↑ Molke. ~weiß 〈Adj.〉 〈통용어〉 창백한, 혈색이 없는.

Kasein, 〈화학 전문어〉 Casein [kaze'i:n], das; -s [lat. cāseus] 카제인, 건락소(乾酪素). **Kaseinfarbe**, die 카제인 염료(染料). **Kaseinmalerei**, die 카제인 염료로 그리는 그림[회화].

Kasel ['ka:zl], die; -n [lat. casula] 사제(司祭)가 입는 겉옷, 미사복, 제의(祭衣).

Kasematte [kaza'matə], die; -n [frz. casemate] 〔군〕 1. (요새의) 장갑실(裝甲室), 방폭실(防爆室). 2. (포대·군함의) 포루(砲壘), 궁교(穹窖). **kasemattieren** [kazama'ti:rən] 〈h〉 〈군·고어〉 (요새, 전함에) 궁교를 만들다.

käsen ['kɛ:zn] 1. 〈h〉 치즈를 제조하다. 2. 〈h/s〉 (우유 따위가) 응결(凝結)하다, 치즈가 되다, 응결시키다, 치즈로 만들다. **Kaser** ['ka:zɐ], der; -s, - 〈österr. · 방언적〉. ↑Käser (1). 2. 치즈 만드는 알프스의 목우자(牧牛者). 3. 알프스산의 낙농(酪農) 음악. **Käser** ['kɛ:zɐ], der; -s, - 1. 치즈 제조자, 낙농업자. 2. 〈지역적〉 치즈 상인. 〈경〉 ↑Käsefuß. **Käserei** [kɛ:zə'raj], die; -en 1. ⟨Pl. 없음⟩ 치즈 제조. 2. 제락소(製酪所), 치즈 공장.

Kaserne [ka'zɛrnə], die; -n [frz. caserne] 병사(兵舍), 병영(兵營): die Kompanie marschierte zur K. zurück 그 중대는 도로 병영으로 행군하였다. **Kasernement** [kazɛrnə'mã:], das; -s, -s [frz. casernement] 1. 〈드물게〉 병사(兵舍)의 총칭. 2. 〈고어〉 입영(入營)시키기.

Kasernen-: ~**block**, der ⟨Pl. -s⟩ 병영 측랑(側廊). ~**hof**, der 영내의 마당, 영정(營庭). ~**hofblüte**, die (신병 교육시에 하사관들이 입버릇처럼 말하는) 상투어, 익살. ~**hofdrill**, der 병영 훈련. ~**hofton**, der 명령적인[거친, 큰] 소리. ~**sprache**, die 〈편〉 병영(군인) 은어. ~**tor**, das 병영문(門).

kasernieren [kazɛr'ni:rən] 〈h〉 [frz. caserner] 병사(兵舍)에 집어넣다, 입영시키다: die Polizei k. 경찰을 병사에 집어넣다. **Kasernierung**, die; -en ↑kasernieren의 명사형.

Käsete ['kɛ:zətə], das; -, - 〈schweiz.〉 1. 치즈 제조. 2. 무리, 군집, 혼잡.

Kasha ⓦ ['kaʃa], der, 〈Adj.〉 -(s), -s [프랑넬과 같은 가벼운] 옷감의 일종.

käsig ['kɛ:zɪç] 〈Adj.〉 1. 치즈 같은, 치즈의, 건락(질)의: ein -er Belag (빵에 얹은) 치즈 조각. 2. 창백한, 누런, 혈기가 없는: ein -es Gesicht 창백한 얼굴. 3. 〈지역적〉 뻔뻔스러운, 불손한, 파렴치한: werde bloß nicht k.! 파렴치해지지만 말아라!.

Kasino [ka'zi:no], das; -s, -s [ital. casino] 1. 〈준고어〉 집회소, 구락부, 회관. 2. **a)** 장교 식당. **b)** (사무실 건물, 공장 따위의) 식당. 3. ↑Spielkasino의 약칭. **Kasinoordonnanz**, die 장교 식당 당번.

Kaskade [kas'ka:də], die; -n [frz. cascade] 1. (계단식으로 된) 작은 인공(人工) 폭포, 비폭(飛瀑): der Park mit seinen berühmten -n 그 유명한 인공 폭포가 있는 공원; eine K. von Verwünschungen 〈아어〉 저주의 홍수. 2. 〈서커스의〉 대담한 도약. 3. 〈화학·기술〉 캐스케이드. 4. 〔전기〕 Kaskadenschaltung.

kaskaden-, Kaskaden-: ~**batterie**, die 〔전기〕 직렬(直列) 바테리. ~**förmig** 〈Adj.〉 계단식 폭포 모양의. ~**generator**, der 〔전기〕 직렬(접속) 발전기. ~**schaltung**, die 〔전기〕 종속 접속, 직렬(直列).

Kaskadeur [kaska'dø:ɐ], der; -s, -e [frz. cascadeur] 〈서커스의〉 도약을 하는 곡예사.

Kaskarillrinde [kaska'rɪl-], die; -n [span. cascarilla] 카스카릴라 수피(樹皮)(냄새가 좋은 서인도의 조미료).

Kaskett [kas'kɛt], das; -s, -e [frz. casquette] 〈옛〉 투구, (가죽으로 된) 군모(軍帽), 차양이 없는 둥근 모자.

Kasko ['kasko], der; -s, -s [span. casco] 1. **a)** 〈선원〉 선체(船體), 기체(機體), 차체. 2. 카스코(카드 놀이의 일종). 3. 〈대개 관사없이〉 ↑Kaskoversicherung의 약칭. **Kaskoschaden**, der; -s, -schäden 선체[차체, 기체]의 손해, 자손(自損). **kaskoversichern** ⟨h⟩ 자손 보험에 들다[가입하다]: der Fahrschullehrer ist kaskoversichert 자동차학원 선생은 자손 보험에 가입되어 있다. **Kaskoversicherung**, die; -en 차량 보험, 선체 보험.

Kaspar-Hauser-Komplex [kaspar'haʊzɐ-], der; -es, -e [역사적 인물 K. Hauser(1812~1833년경)에서 유래. 독일 의학자이며 심리학자인 A. Mitscherlich(1908년생)가 만들어낸 용어] 〔심리〕 카스파르 하우저 콤플렉스 (고립으로 인해 야기되는 감정 빈곤과 접촉 곤란의 발전 장애).

Kasper ['kaspɐ], der; -s, - [차츰 어릿광대로 변해 간 중세 동방박사 연극 중 한 사람의 이름 Kaspar (mlat. Casparus)에서] 1. 어릿광대, 인형극의 익살꾼 역(役). 2. 〈통용어·농〉 〈즐거〉 멍청한 짓을 하는 자.

Kasper-: ~**kram**, der (ostniederd.) 바보짓, 쓸데없는 짓. ~**puppe**, die 1. 어릿광대 역의 인형. 2. (어릿광대 인형극의) 손가락 인형. ~**theater**, das ↑Kasperletheater.

Kasperei [kaspə'raj], die; -en 명청한[어리석은, 지각없는] 짓[일, 행동]. **Kasperl** ['kaspɐl], der; -s, -(n) 〈österr.〉 ↑Kasper. **Kasperle** ['kaspɐlə], das, (또한) der; -s ↑Kasper (1).

Kasperle-: ~**puppe**, die ↑Kasperpuppe. ~**spiel**, das 어릿광대 인형극. ~**theater**, das 어릿광대 인형극(장)의 무대.

Kasperli ['kaspɐli], das; -s, - 〈schweiz.〉 ↑Kasper (1). **Kasperlitheater**, das 〈schweiz.〉 ↑Kasperletheater. **Kasperlpuppe**, die; -n 〈österr.〉 ↑Kasperpuppe. **Kasperltheater**, das; -s, - 〈österr.〉 ↑Kasperletheater. **kaspern** ['kaspɐn] 〈h〉 〈통용어〉 명청한(우둔한, 지각 없는) 짓[일, 행동]을 하다, 실책하다.

Kaspische Meer, das; -n -(e)s, **Kaspisee** ['kaspize:], der; -s 카스피 해(海).

Kassa ['kasa], die, Kassen [ital. cassa] 〈österr.〉 = Kasse.

Kassa-: ~**bericht**, der 〈österr.〉 ↑Kassenbericht. ~**block**, der 〈österr.〉 ↑Kassenblock. ~**buch**, das 〈österr.〉 ↑Kassenbuch. ~**gebarung**, die 〈österr.〉 현금 부기, 현금 기장. ~**geschäft**, das 1. 〔증권〕 (유가 증권(주식)의) 현물 거래. 2. 〔경제〕 현금[즉시] 거래. ~**kurs**, der 〔증권〕 (현금 거래에 대한) 공정(公定) 시세. ~**markt**, der 〔증권〕 (유가 증권의) 현물 거래 시장(반대: Terminmarkt). ~**preis**, der 〈österr.〉 지불(현금) 가격. ~**stand**, der 〈österr.〉 Kassen(be)stand. ~**zahlung**, die 현금 지불. ~**zettel**, der 〈österr.〉 ↑Kassenzettel.

Kassandra [ka'sandra], die; ...dren [그리스 전설의 예언녀 Kassandra의 이름에서] 〈교양어·준고어〉 Priamus의 딸로서 여자 예언자. **Kassandraruf**, der 〈교양어〉 흉조(凶兆), 불길한 예언.

¹**Kassation** [kasa'tsi̯o:n], die; -en [ital. cassazione] 〔음악〕 (18세기) 세레나데풍의 기악곡(器樂曲).

²**Kassation** [-], die; -en 1. [문서의] 폐기, 무효화(無效化). 2. 〔법〕 (판결의) 파기, 취소. 3. 〈고어〉 면직, 파면.

Kassations- (²Kassation 2): ~**beschwerde**, die 〈schweiz.〉 〔법〕 항고, 소원(訴願). ~**gericht**, das 〈schweiz.〉 〔법〕 주(州) 최고항소재판소. ~**gerichtshof**, der: ↑ ~hof (1). ~**hof**, der 〔법〕 1. 고등 법원,

지방 법원 항소부. 2. 《schweiz.》 (연방 재판소의) 항소 심의국.
kassatorisch [kasa'to:rɪʃ] 〈Adj.〉 파기(破棄)의, 항고(抗告)의.
Kassawa [ka'saːva], die; -s [Taino (Indianerspr. der Karibik) caçábi] ↑ Maniok.
Kasse ['kasə], die; -n **1. a)** 돈궤, 돈상자, 금고: die K. öffnen 돈궤[금고]를 열다; 〔전의〕 meine K. ist leer 〔통용어〕 나는 돈이 (하나도) 없다; **in die K. greifen (einen Griff in die K. tun)** 〔통용어·은페〕 (카운터의) 돈을 훔치다(횡령하다). **b)** 현금 출납소, 지불구, 계산대, 카운터: die K. befindet sich im Erdgeschoß 지불창구는 1층에 있다; K. bitte! 계산하시오!, 돈 받으시오!; **K. machen** 〔상〕 회계하다, 수지를 계산하다; **jmdn. zur K. bitten** 〔통용어〕 누구에게 돈을 요구(달라고)하다. **2. a)** 현금: gemeinsame K. führen [machen] 비용을 공동으로 지출하다; wir haben getrennte K. 우리는 따로따로 지불한다; **(gut[schlecht, knapp]) bei K. sein** 현금을 (충분히[모자라게, 약간]) 가지고 있다; **etw. reißt ein[großes, gewaltiges, tiefes] Loch in jmds. K.** 〔통용어〕 무엇을 위해 누가 많은 돈을 지불해야만 하다. **b)** 〔상〕 현금 지불: wir liefern gegen K. 우리는 현금 지불로 인도한다. **3.** 〔회계과, 경리과: die Gehälter werden nicht mehr von der K. ausbezahlt, sondern auf Konten überwiesen 봉급은 더 이상 경리과에서 지불하지 않고 (은행)구좌로 대체(對替)된다. **b)** 회계[경리]창구, 출납소: die K. ist schon geschlossen 회계 창구는 벌써 닫혔다. **c)** 입장권 판매소, 매표소. **4. a)** (직속) 은행, 금융 기관: die K. hat den Kredit bewilligt 은행이 대부를 승락했다; Geld auf der K. haben 돈을 은행에 예금하고 있다. **b)** 의료보험 조합, 구호 금고: die Kur geht auf K. 〔통용어〕 요양비는 의료보험에서 지불한다; in keiner K. sein 어떤 의료 보험에도 가입되어 있지 않다.

Kassel ['kasl] 카셀(Fulda강의 있는 도시): **ab nach K.!** 〔통용어·준고어〕 꺼져 버려!
Kasseler ['kasəlɐ], Kaßler ['kaslɐ], das; -s 소금에 절이어 훈제한 돼지갈비고기.
Kasseler Braun, das; -s, - 흑갈색의 색소.
kạssen-, Kạssen-: ~**anweisung,** die 지불 지시. ~**arzt,** der 의료보험 조합 의사. ~**ärztlich** 〈Adj.〉 ↑ ~arzt의 형용사형. ~**beamte,** der 출납계, 회계관(官). ~**bericht,** der 〔경제〕 회계 보고(서). ~**bestand,** der 현금 잔고(액). ~**block,** der 〈Pl. -s〉 영수증 뭉치. ~**bon,** der (자동 금전 등록기에서 찍어낸 고객용) 영수증. ~**bote,** der 수금계(係), 집금 계원 (직업명). ~**brille,** die 〔통용어·펌〕 의료보험이 대가를 지급하는 안경. ~**buch,** das 현금 출납부. ~**erfolg,** der (영화·연극의) 대히트. ~**führer,** der ↑ ~erfolg. ~**füller,** der 《통용어》 **a)** ↑ ~erfolg. **b)** 인기 연예인. ~**gestell,** das 《통용어》 의료보험이 대가를 지불하는 안경테. ~**knacker,** der 《통용어》 금고털이(도둑). ~**kredit,** der 〔금융〕 당좌 대부. ~**magnet,** der 《통용어》 **a)** ↑ ~erfolg. **b)** ↑ ~füller (b). ~**obligation,** der 〔금융·증권〕 **1.** 채무 증서, 채권(債券). **2.** 유가 증권. ~**patient,** der 의료 보험 환자. ~**raum,** der 출납소, 회계 창구. ~**reißer,** der (영) ↑ ~erfolg. ~**schalter,** der 출납[경리] 창구, 수금계. ~**scheck,** der 〔드물게〕 현금 수표. ~**schein,** der **1.** ↑ ~anweisung. **2.** 《österr.》 (금융 시장의) 증서. ~**schlager,** der 〔통용어〕 (시장 에서) ↑ ~erfolg. **b)** 매상이 좋은 상품. ~**schlüssel,** der 금고 열쇠. ~**schrank,** der 금고. ~**schränker,** der 〔부랑자에〕 전문금고털이. ~**stand,** der ↑ ~bestand. ~**sturz,** der 〔통용어〕 현금 잔고의 검사, 회계 검사: K. machen 현금 잔고를 검사하다. ~**verwalter,** der ↑

~wart. ~**wart,** der 출납계, 회계원, 경리. ~**zettel,** der **a)** (매상) 전표, 지불 지시표. **b)** ↑ ~bon. ~**zwang,** der 〈Pl. 없음〉 〔드물게〕 (고용인들의) 의료 보험 가입 의무.
Kasserol [kasa'roːl], das; -s, -e 〔지역적〕, **Kasserolle** [kasə'rɔlə], die; -n [frz. casserolle] (자루가 달린) 스튜 남비, 찜냄비.
Kassette [ka'sɛtə], die; -n [frz. cassette, ital. cassetta] **1.** 작은 상자, 돈궤, 보석 상자. **2.** (한 질의 책, 레코드 판 따위의) 케이스: 9 Bände in K. 케이스에 든 9권(의 책). **3.** 카세트 테이프: Musik auf K. aufnehmen 음악을 카세트에 녹음하다. **4.** 〔사진〕 건판(乾板)갑, 필름통(筒). **5.** 〔건축〕 우물 반자[소란 반자]의 칸.
Kassẹtten-: ~**deck,** das, 〈P1. -s〉 카세트 데크(메인 앰프나 스피커가 없는 카세트 테이프 레코더). ~**decke,** die 〔건축〕 우물 반자, 소란 반자, 천화판(天花板). ~**fernsehen,** das 카세트 비디오. ~**film,** der 건판갑에 들어 있는 필름. ~**gerät,** das ↑ ~recorder. ~**recorder,** der 카세트 테이프 레코더.
kassettieren [kasˈtiːrən] 〈h〉 〔건축〕 우물[소란] 반자로 하다.
Kassia ['kasia], die; ...ien [...iən] ↑ Kassie.
Kạssia-: ~**baum,** der ↑ Kassienbaum. ~**öl,** das 계피유(油). ~**rinde,** die 계피. ~**zimt,** der ↑ ~rinde.
Kassiber [ka'siːbɐ], der; -s, - 〔부랑자〕 죄수끼리 또는 감옥 안팎으로 통하는 비밀[암호] 문서 쪽지. **kassibern** [ka'siːbɐn] 〈h〉 〔부랑자〕 비밀 통신을 써보내다.
Kasside [ka'siːdə], die; -n [arab. quṣīda] 〔문예학〕 카시드 (청찬이나 조소(嘲笑) 또는 조사(弔詞) 따위를 목적으로 하는 세 부분으로 된 아라비아의 시).
Kassie ['kasiə], die; -n [lat. cas(s)ia < griech. kasía] 육계(肉桂), 계피. **Kạssienbaum,** der 계피나무.
Kassier [ka'siːɐ], der; -s, -e [ital. cassiere] 〔《südd., österr., schweiz.》 ↑ Kassierer. **¹kassieren** [ka'siːrən] 〈h〉 **1. a)** (돈을) 징수하다, 수금하다: die Miete k. 방세를 징수하다; der Gasmann kommt morgen k. 가스 회사 직원이 내일 수금하러 오다. **b)** 〔통용어〕 지불을 요구하다. **2.** 〔통용어〕 **a)** 대가를 받다[요구하다]: er kassiert ein ansehnliches Honorar 그는 상당한 사례를 받는다. **b)** 받아들이다, 달게 받다, 참고 견디다: Strafpunkte k. 벌점을 받아들이다. **3.** 〔통용어〕 **a)** (무엇을) 뺏앗다, 압류하다, 자기 것으로 하다: die Polizei kassierte seinen Führerschein 경찰이 그의 운전면허증을 압류했다. **b)** 체포하다: der letzte der Bankräuber wurde gestern kassiert 은행 강도들 중의 마지막 범인이 어제 체포되었다.
²kassieren [-] 〈h〉 [lat. cassāre] **1.** (관리를) 파면(면직)시키다. **2.** 〔법〕 무효로 파기(破棄)하다, 취소하다.
Kassierer [ka'siːrɐ], der; -s, -e 출납계, 회계원, 경리. **b)** 재무담당계(원). **kassiererin,** die; -en ↑ Kassierer 의 여성형. **Kassierin,** die; -en ↑ Kassier 의 여성형.
¹Kassierung, die; -en ↑ ¹Kassieren 의 명사형.
²Kassierung, die; -en ↑ ²Kassieren 의 명사형(↑ ²Kassation).
Kassiopeia [kasio'paia], die 카시오페이아 자리.
Kassiterit [kasite'riːt], (또한) ...rit, der; -s, -e ↑ Zinnerz.
Kạßler: ↑ Kasseler.
Kastagnette [kastan'jɛtə], die; -n [span. castañeta] 캐스터네츠(밤처럼 생긴 한 쌍의 목제 악기).
Kastanie [kas'taːniə], die; -n [lat. castanea < griech. kastáneia] **1. a)** ↑ Edelkastanie. **b)** ↑ Roßkastanie. **2. a)** 밤: eine Tüte heiße ~n kaufen 군밤 한 봉지를 사다; im Gemüse aus ~n bereiten 밤 샐러드를 만들다; **(für jmdn.) die ~n aus dem Feuer holen** 《통용

어) (누구를 위하여) 불쾌한 일을 하다, 위험을 무릅쓰다. b) 마로니에, 상수리나무의 열매: das Wild im Winter mit -n füttern 겨울에 들짐승에게 마로니에를 사료로 주다. 3. [사냥] (짐승 뒷다리에 생긴 검은 색의) 털옹이(隆起).

kastanien-, Kastanien-: ～**allee**, die 마로니에 가로수길. ～**baum**, der ↑Kastanie (1). ～**braun** 〈Adj.〉 밤(갈)색의. ～**holz**, das 밤나무 목재. ～**pilz**, der 밤나무 버섯. ～**schale**, die 밤(마로니에)껍질. ～**zweig**, der 밤나뭇가지.

Kästchen [ˈkɛstçən], das; -s, - **1.** ↑Kasten (1). **2.** 〈대개 Pl.〉 (종이에 인쇄된) 정(직)사각형(무늬).

Kaste [ˈkastə], die; -n [frz. caste] **1.** 카스트(인도의 엄격한 세습적 계급), 카스트 제도. **2.** 배타적인 사회 계층[집단].

kasteien [kasˈtaiən], sich 〈h〉 [lat. castīgāre] **a)** 고행(苦行)하다: als Mönch hatte sich Luther kasteit 루터는 승려로서 고행하였다. **Kasteiung**, die; -en 금욕, 고행.

Kastell [kasˈtɛl], das; -s, -e [lat. castellum] **1.** 《역사적》 (로마인) 국경선에 설치한 요새(要塞)]. **2.** 작은 성(城), 성채, 성곽. **Kastellan** [kasteˈlaːn], der; -s, -e [lat. castellanus] **1.** 《역사적》 (중세의) 요새 사령관. **2.** 성주(城主), 청지기, 집사(執事), 관리인, 지배인. **Kastellanei** [kastelaˈnai], die; -en 성채(성곽) 관리, 성주의 직무.

kasteln [ˈkastln] 〈h〉 (《südd.》) ↑kästeln. **kästeln** [ˈkɛstln] 〈h〉 체크(바둑)판 무늬로 하다.

Kasten [ˈkastn̩], der; -s, 〈드물게·또한〉 Kästen [ˈkɛstn̩] **1.**〈축소형: ↑Kästchen〉 (네모진) 궤, 트렁크, 가방, 갑(匣): ein hölzerner K. 나무 궤. **2. a)** 상자: im Regal stehen Kästen mit Bier und Limonade 선반에 맥주와 레몬 주스가 담긴 상자들이 놓여있다. **b)** 〈상품 단위로서의〉 상자, 박스: ein K. Bier 맥주 한 상자. **3.** Aushänge～, Schau～ (게시판, 진열상자)의 약칭: im K. hängen 〈지역적〉 공시하다. **4.** 〈통용어〉 Brief～ (우편함)의 약칭: einen Brief in den K. stecken[werfen] 편지를 우편함에 넣다. **5.** 〈지역적〉 Schub～ (서랍)의 약칭: den K. herausziehen 서랍을 빼다. **6.** 〈통용어·폄〉 **a)** 낡은 집, 폐가, 누옥(陋屋). **b)** 고물(마)차, 노후선(老朽船). **7.** (자동차, 마차 따위의) 차체, 보디. **8.** 〈통용어·폄〉 상자 모양의 기구(라디오, 텔레비전, 카메라 따위): mach doch endlich den K. aus! 그만 라디오[텔레비전]을 좀 꺼라! **9.** 〈südd., österr., schweiz.〉 찬장, 옷장, 장롱. **10.** 〈군〉 영창(營倉), 금고(禁錮), 감옥: der Schütze kriegte vier Tage K. 사수(射手)는 4일간의 금고형을 받았다. **11.** 〈체조〉 뜀틀. **12.** 〈구기운어〉 골, 골대. **13.** etw. auf dem K. haben 《통용어》 영리한, 능력(재능)이 있다.

¹Kasten- (Kaste) [폄]: ～**dünkel**, der 《Standesdünkel. ～**geist**, der 〈Pl. 없음〉 계급적 배타심, 계급 감정, 편견. ～**wesen**, das 〈Pl. 없음〉 (엄격한) 카스트[계급] 제도.

kasten-, ²Kasten- (Kasten): ～**altar**, der [미술] 성유물함(聖遺物函)이 달린 제단. ～**barren**, der [체조] 이중의 평균(水平)[평행] 뜀틀. ～**brot**, das 상자 모양의 식빵. ～**deckel**, der 상자(궤)의 뚜껑. ～**falle**, die [사냥] 상자 모양 덫. ～**form**, die (직사각형의) 뜀틀 틀. ～**förmig** 〈Adj.〉 상자(궤) 모양의. ～**formverfahren**, das; -s 〔주물〕 (주형(鑄型)을 이용한) 주조(鑄造). ～**guß**, der ↑Formverfahren. ～**kuchen**, der 상자 모양의 케이크. ～**laufen**, das; -s [육상] 뜀틀 3단 뛰기 연습의 한 형태. ～**möbel** 〈Pl.〉 상자모양의 가구. ～**schloß**, das 상자의 자물쇠. ～**springen**, das [체조] 뜀틀뛰기[뛰어넘기]. ～**teufel**, der (열면 마귀인형이 튀어나오는) 마귀 상자. ～**wagen**, der **1.** (차체가

달린) 마차. **2.** 상자 모양의 배달차(配達車).

Kastigation [kastigaˈtsioːn], die; -en [lat. castīgātio] 《고어》 징벌, 징계, 절책, 수정(修正). **Kastigator** [kastiˈgaːtɔr, 《또한》 ...toːr], der; -s, -en [...gaːtoːrən; lat. castīgātor] 교정자(校正者), 수정자. **kastigieren** [kastiˈgiːrən] 〈h〉 [lat. castīgāre] 《고어》 징벌[징계, 질책]하다.

Kastilien [kasˈtiːliən], -s 카스틸랴(스페인의 중북부 지방). **kastilisch** [kasˈtiːlɪʃ] 〈Adj.〉 ↑Kastilien의 형용사형.

Kastize [kasˈtiːtsə], der; -n, -n [span. (mex.) castizo] (라틴 아메리카의) 백인과 인디언의 혼혈아.

Kastor [ˈkastɔr 《또한》 ...oːr], der; -(s) [lat. castor < griech. kástōr] **1.** 〔섬유〕 고급 모피, 해리(海狸)의 가죽. **2.** 카스토르(쌍동이 자리의 알파성(星)). **Kastorhut**, der 해리 가죽 모자. **Kastoröl**, das 《전문어》 피마자 기름.

Kastor und Pollux [-ʊnt ˈpɔlʊks] [그리스 신화에 나오는 쌍동이 형제 Castor와 Pollux의 이름에서] 《다음 용법으로》 **wie K. und P. sein** 《교양어·고어》 아주 친밀한[뗄 수 없는] 사이(관계)이다.

Kastrat [kasˈtraːt], der; -en, -en [ital. castrato] **1.** 《고어》 거세(去勢)된 사람, 환관(宦官), 유약한 남자. **2.** [음악·구제] (바로크 시대의) 거세된 가수. **Kastratenstimme**, die **a)** [음악] 거세가수의 소프라노(알토) 음성. **b)** [폄] 고음의 남자 음성[목소리]. **Kastration** [kastraˈtsioːn], die; -en [lat. castrātiō] **1.** [의학] 거세(술). **2.** 《전문어》 (동·식물의) 거세, 난소 제거, 꽃밥 제거. **Kastrationsangst**, die [오스트리아의 의사·심리학자인 S. Freud(1856～1939)에 의해 형성] [심리] 거세공포증(감). **Kastrationskomplex**, der [심리] 거세 콤플렉스. **kastrieren** [kasˈtriːrən] 〈h〉 [lat. castrāre] **1.** 거세하다, 난소를 제거하다: einen Kater k. lassen 숫고양이를 거세시키다. **2.** 《통용어·농》 중요(위험) 부분을 삭제하다: 〈대개 과거분사로〉 eine kastrierte Zigarette 필터 담배[궐련]; kastrierter Kaffee 카페인을 제거한 커피. **Kastrierte**, den; -n, -n 《통용어·농》 필터 궐련(담배). **Kastrierung**, die; -en 《드물게》 ↑kastrieren의 명사형.

kasual [kaˈzuaːl] 〈Adj.〉 [spätlat. cāsuālis] 《고어》 우연한, 뜻하지 않은, 불의의, 임시의, 때때로의. **Kasualien** [kaˈzuaːliən] 〈Pl.〉 **1.** 《교양어·드물게》 우연한 일[사건]. **2.** [기독교] (세례, 혼례 따위의) 임시 직무.

Kasuar [kaˈzuaːɐ̯], der; -s, -e [niederl. casuaris < malai. kasuwari, kesuari] (오스트레일리아에 사는) 화식조(火食鳥). **Kasuarina** [kazuaˈriːna], **Kasuarine** [kazuaˈriːnə], die; ...nen [indones. (pohon) kesuari; 가지가 화식조의 깃털과 유사한 점에서] 목마황(木麻黃).

Kasuist [kaˈzuɪst], der; -en, -en **1.** 결의론자(決疑論者). **2.** 《교양어》 궤변가. **Kasuistik**, die **1.** 결의론. **2.** [법] 해결법, 결의법(決疑法). **3.** [의학] 해설적 예증(例症), 일례보고(一例報告). **4.** 《교양어》 궤변론, 속임수. **kasuistisch** 〈Adj.〉 **1.** 결의론(법)적인. **2.** 《교양어》 궤변적인, 궤변을 부리는. **Kasus** [ˈkaːzʊs], der; -, - [(또한) ˈkaːzuːs; lat. cāsus] **1.** 《교양어·드물게》 경우, 상태; 우연, 사건, 생긴 일. **2.** [문법] 격(格). **Kasus-** [문법]: ～**bildung**, die 격변화. ～**endung**, die 격어미. ～**synkretismus**, der 격융합(格融合).

¹Kat [kat], das; -s, -s [engl. cat] [선원] ↑Kattakelung.

²Kat [-], der; -s, -s [선원] ↑Katamaran의 약칭.

kat-, Kat- (↑¹Kat 참조) [선원]: ～**boot**, das 돛대하나 돛차림의 작은 배 (↑Catboat의 독어화). ～**getakelt** [-gətakl̩t] 〈Adj.〉 닻걸이 삭구(도르래)를 단[장비한]. ～**takelung**, die 닻걸이 삭구(索具) 장비.

Kata ['kata] [무도(武道)] 기본품[동작, 자세].

katabatisch [kata'ba:tɪʃ] 〈Adj.〉 [griech. katabatós] [기상] 하강(下降)의, 하강 기류의: -er Wind 하강 기류.

katabol [kata'bo:l] 〈Adj.〉 [의학·생물] 이화(異化)작용의, 분해대사(分解代謝)의. **Katabolie** [katabo'li:], die [griech. katabolḗ] [의학·생물] 분해 대사, 이화 작용, 분해적 변화. **Katabolismus**, der; - [의학·생물] Katabolie.

Katachrese [kata'çre:zə], **Katachresis** [ka'taçrezɪs], die; ...sen [griech. katáchrēsis] [수사·양식] 1. 퇴색한 비유[상징]. 2. 용어(用語)의 남용, 비유[형용사]의 오용(誤用). **katachrestisch** 〈Adj.〉 [수사·양식] ↑ Katachrese의 형용사형.

Katafalk [kata'falk], der; -s, -e [frz. catafalque] 관대(棺臺), 상여.

Katakana [kata'ka:na], das; -(s), 〈또한〉 die [jap. kata-kana] 가타카나(일본의 문자).

Katakaustik [kata'aʊstɪk], die [광학] 반사초선(反射焦線)[화선(火線)]. **katakaustisch** 〈Adj.〉 [광학] ↑ Katakaustik의 형용사형: -e Fläche (오목면경의) 화면(火面), 초점면.

Kataklase [kata'kla:zə], die; -n [griech. katáklasis] [지질] 지각(地殼)의 파열[분열]. **Kataklasstruktur**, die [지질] 부서진 암석의 퇴적 구조. **kataklastisch** 〈Adj.〉 [지질] 지각(地殼) 분열[파열]의.

Kataklysmentheorie [kata'klʏsmən-], die [프랑스의 자연과학자 G. de Cuvier (1769∼1832)의 이론에서] [지질] 지각 변동[격변]설, 천변 지이설(天變地異說). **Kataklysmus** [ka'klʏsmʊs], der; -, ...men [lat. cataclysmus < griech. kataklysmós] [지질] (지각의) 대변동, 격변. **kataklystisch** 〈Adj.〉 [지질] ↑ Kataklysmus의 형용사형.

Katakombe [kata'kɔmbə], die; -n 〈대개 Pl.〉 [ital. catacombe (Pl.)] (기독교 초기의) 지하 묘지, 지하 납골당.

Katalane [kata'la:nə], der; -n, -n 카탈로니아인(사람). **Katalanin**, die; -nen ↑ Katalane의 여성형. **katalanisch** [kata'la:nɪʃ] 〈Adj.〉 카탈로니아(인, 어)의. **Katalanisch**, das; -s / **Katalanische**, das; -n 〈정관사와 함께 쓰임〉 카탈로니아어(語).

Katalase [kata'la:zə], die; -n [griech. katálysis] [생물·의학] 카탈라제(과산화(過酸化)수소를 물과 산소로 분해하는 효소.)

Katalekten [kata'lɛktn] 〈Pl.〉 [(고어) 고대의 단편(집), 부서진 조각, 잔여. **katalektisch** 〈Adj.〉 [lat. catalecticus < griech. katalēktikós] 운각(韻脚)이 불완전한.

Katalepsie [katalɛp'psi:], die; -n [...i:ən; lat. catalēpsis < griech. katálēpsis] [의학] 강경증(强硬症), 카탈렙시, **kataleptisch** [kata'lɛptɪʃ] 〈Adj.〉 [lat. catalēpticus < griech. katalēptikós] [의학] 강경증에 걸린(↑ Katalepsie의 형용사형).

Katalexe [kata'lɛksə], **Katalexis** [ka'ta:lɛksɪs], die; ...lexen [lat. catalēxis < griech. katálēxis] [운율] 운각(韻脚) 불완전, 결실(缺詞).

Katalog [kata'lo:k], der; -(e)s, -e [lat. catalogus < griech. katálogos] 1. 도서목록. 2. 목록, 일람표: etw. in den K. aufnehmen 무엇을 목록에 기재하다[싣다]. 3. Versandhaus~ [통신판매전문점의 (상품)카탈로그]의 약칭. 4. 다수, 일련: ein K. wirtschaftspolitischer Maßnahmen 일련의 경제 정책의 다수.

Katalog-: **~nummer,** die 목록 번호. **~preis,** der 카탈로그에 명시된 가격. **~wert,** der (수집품의) 목록가(目錄價).

katalogisieren [katalogi'zi:rən] 〈h〉 목록을 만들다, 카탈로그에 기재하다. **Katalogisierung,** die; -en ↑ katalogisieren의 명사형.

Katalonien [kata'lo:niən], -s 카탈로니아(스페인 동북부 지방). **katalonier** [kata'lo:niɐ], der; -s, - ↑ Katalane. **katalonisch** [kata'lo:nɪʃ] 〈Adj.〉 ↑ Katalanisch.

Katalpa [ka'talpa], **Katalpe** [ka'talpə], die; ...pen [indian.] ↑ Trompetenbaum.

Katalysator [kataly'za:tɔr, (또한) ...to:ɐ], der; -s, -en [...za'sto:rən] [화학] 촉매(觸媒), 접촉제. **Katalyse** [kata'ly:zə], die; -n [griech. katalysis] [화학] 촉매 작용, 접촉반응. **katalysieren** [kataly'zi:rən] 〈h〉 [화학] 접촉(촉매)작용을 하다. **katalytisch** [kata'ly:tɪʃ] 〈Adj.〉 [화학] 촉매(작용)의.

Katamaran [katama'ra:n], der, 〈또한〉 das -s, -e [engl. catamaran] 1. 뗏목 배. 2. 쌍동체(胴體)의 작은 배(범선(帆船)).

Katamenien [kata'me:niən] 〈Pl.〉 [griech. kataménia] 〈드물게 의학〉 월경.

Katamnese [katam'ne:zə], die; -n [의학] 병력(病歷), (주치의의) 병상(病狀) 보고.

Kataphorese [katafo're:zə], die; -n [griech. kataphoreīn] [물리] 전기영동(電氣泳動). **kataphorisch** 〈Adj.〉 [수사·양식] (뒷것을) 앞서 지시하는(가리키는) (반대: anaphorisch).

Kataphrakt [kata'frakt], der; -en, -en [lat. cataphractēs < griech. kataphráktēs] (고대의) 장갑기사(裝甲騎士).

Kataplasie [katapla'zi:], die; -n [katapla'zi:ən] [griech. katá = abwärts, weg u. plássein = bilden과 관련하여] [의학] (조직의) 퇴축(退縮), 퇴행변성(退行變性), 퇴화(退化).

Kataplasma [kata'plasma], das; -s, ...men [lat. cataplasma < griech. katáplasma] [의학] 온엄법(溫罨法), 찜질.

kataplektisch [kata'plɛktɪʃ] 〈Adj.〉 [의학] 졸도(卒倒) 증세를 가진, 놀라서 몸이 마비된. **Kataplexie** [kataple'ksi:], die; -n [...iən; griech. katáplēxis] [의학] 졸도(성 마비), 충격(흥분)에 의한 경직.

Katapult [kata'pʊlt], das, der; -(e)s, -e [lat. catapulta < griech. katapéltēs] 1. (장난감) 고무총, 새총, 돌팔매총. 2. [기술] 비행기 사출기(射出機), 캐터펄트. 3. (중세에 사용하던) 노궁(弩弓), 노포(弩砲), 투석기, 쇠뇌.

Katapult-: **~flieger,** der 〈통용어〉 a) ↑ ~flugzeug. b) 고무총으로 쏘는 장난감 비행기. **~flug,** der 사출비행(謝出飛行). **~flugzeug,** das [기술] 캐터펄트 발사 비행기. **~schuh,** der [육상경기] 높이뛰기(에 적합한) 운동화. **~sitz,** der 사출 좌석. **~start,** der [기술] 캐터펄트발사.

katapultieren [katapʊl'ti:rən] 〈h〉 고무총[새총]으로 쏘다; 캐터펄트로 발사(사출)하다: sich aus dem brennenden Flugzeug k. 불타는 비행기에서 사출장치로 탈출하다; [전의] sie hat sich ins Showgeschäft katapultiert 그녀는 쇼 영업(흥행업)에 몰두했다.

Katar ['ka:tar, (또한) 'katar], -s 카타르(아라비아 반도 동부, 페르시아 만으로 돌출한 토후국(土侯國)). **Katarer** [ka'ta:rɐ], der; -s, - 카타르 인(人). **katrisch** [ka'ta:rɪʃ] 〈Adj.〉 카타르(인)의.

¹**Katarakt** [kata'rakt], der; -(e)s, -e [lat. cataracta] 1. 큰 비, 억수, 홍수, 분류(奔流). 2. (큰) 폭포: [전의] ein K. nervöser Reaktionen 폭포수 같은 신경질적 반응.

²**Katarakt** [-], die; -en, **Katarakta** [kata'rakta], die; ...ten [의학] 백내장(白內障), 내장안(內障眼).

Katarrh [ka'tar], der; -s, -e [lat. catarrhus] [의학] 카타르(점막(粘膜)의 염증), 감기. **katarrhalisch** [kata'ra:lɪʃ] 〈Adj.〉 [의학] ↑ Katarrh의 형용사형. **katarr-**

hartig ⟨Adj.⟩ 카타르 같은, 카타르 성의.
Katastase [kata'sta:zə], **Katastasis** [ka'tastazɪs], die; ...sen [griech. katástasis] 【문예학】 (고대극에서 파국 직전의) 최고조부(最高潮部), 클라이맥스.
Kataster [ka'tastɐ], der 《österr.》 《또한》 das [ital. catastro] 토지대장(臺帳), 지적부, 정세대장.
Kataster-: ~amt, das 토지등기소, 지적국(地籍局). **~auszug,** der 토지대장[지적] 초본(抄本). **~karte,** die 지적도(地籍圖). **~nummer,** die 지번(地番). **~parzelle,** die 지적 필지(筆地) [부지(敷地), 분할지]. **~plan,** der 지적 설계[지형]도. **~schatzung,** die 《schweiz.》 토지 측량[사정(査定)]. **~steuer,** die 대장세(臺帳稅), 토지측량세.
Katasterismus [kataste'rɪsmʊs], der; - [griech. katasterismós] 인간이나 동물이 사후에 별로 변신한다는 옛 신앙.
Katastralgemeinde [katas'tra:l-], die; -n 《österr.》 《시》 구역, 읍, 면. **Katastraljoch,** das; -(e)s, -e 《österr.·관》 (면적 단위) 한 쌍의 소로 하루에 경작할 수 있는 토지. **katastrieren** [katas'tri:rən] ⟨h⟩ 토지 대장 [지적]을 만들다, 토지 대장에 기입[등록]하다, 등기하다.
katastrophal [katastro'fa:l] ⟨Adj.⟩ 파멸적인, 참담한, 비참한, 재앙의, 파국의, 굉장한, 끔찍한, 지각 변동의: die Folgen der Krise waren k. 그 위기의 결과는 참담하였다. **Katastrophe** [katas'tro:fə], die; -n [lat. catastropha < griech. katastrophé] **1. Katastrophe,** 붕괴, 파멸, 비참한 결말, 천변지이(天變地異), 대변동: eine K. abwenden[vermeiden] 재앙을 딴 데로 돌리다[피하다]; es kam zu einer politischen K. 정치적인 파멸에 이르렀다. **2.** 【문예학】 파국(破局), 대단원(大團圓).
katastrophen-, Katastrophen- (Katastrophe 1): **~alarm,** der 대재난 경보. **~artig** ⟨Adj.⟩ 대참사와도 같은, 대변동의, 파국적인. **~ausrüstung,** die 재해 대책 장비. **~dienst,** der 재해(災害) 구조대(기구). **~einsatz,** der 재해 구조대 출동(배치). **~fall,** der 대참사, 재해 사건, 대사고. **~gebiet,** das 재해 지역. **~ort,** der ↑~gebiet. **~politik,** die 파멸적인 정책 [정치]: die K. eines Hitler 히틀러 같은 사람의 파멸적인 정치. **~schutz,** der a) 대참사 구조대. b) 재해 대책, 재해 예방. **~theorie,** die **1.** 유성(流星) 발생설. **2.** ↑ Kataklysmentheorie.
katastrophisch [katas'tro:fɪʃ] ⟨Adj.⟩ 불길한, 불운한, 비참한, 파멸적인, 숙명적인.
Katasyllogismus [kata-], der; -, ...men 【논리】 반증(反證).
Katathermometer [kata-], das; -s, - 【기술】 카타 온도계.
katathym [kata'ty:m] ⟨Adj.⟩ [griech. katathýmios] 【심리·의학】 격정성(激情性)의, 격정적인.
Katatonie [katato'ni:], die; -n [...i:ən; griech. katátonos] 【의학】 긴장병(緊張病). **Katatoniker** [kata'to:nikɐ], der; -s, - 【의학】 긴장병 환자. **katatonisch** ⟨Adj.⟩ 【의학】 긴장병의.
Katawert ['kata-], der; -(e)s, -e 【기술】 (실내 온도의) 냉각 작용도.
Katazone ['kata-], die 【지질】 암석변형의 최하(심층)단계.
Kate ['ka:tə], die; -n [niederd. Kote] 《지역적》 작은 집, 오두막, 작은 농가.
Katechese [kate'çe:zə], die; -n [lat. catēchēsis < griech. katḗchēsis] 【기독교】 **a)** 문답교시(問答敎示), 교리 문답. **b)** 교리 설명, 종교 교육. **Katechet** [kate'çe:t], der; -en, -en [lat. catēchēta < griech. katēchētḗs] (종교) 교리 [교의] 교사. **Katechetik** [kate'çe:tɪk], die [기독교] 문답교시법, 교리교수학. **Katechetin,** die; -nen ↑

Katechet의 여성형. **katechetisch** ⟨Adj.⟩ 교리문답의 문답식의. **Katechisation** [kateçiza'tsio:n], die; -en ↑ Katechese. **katechisieren** [kateçi'zi:rən] ⟨h⟩ [lat. catēchizāre < griech. katēchízein] [기독교] (교리를) 문답식으로 가르치다, 시문(試問)하다, 엄중히 물어보다.
Katechismus [kate'çɪsmʊs], der; -, ...men [lat. catēchismus < griech. katēchismós] [기독교] **1.** 교리(신앙) 문답서, 입문서. **2.** 세례 지망자[구도자]에 대한 교리교시. **Katechist** [kate'çɪst], der; -en, -en [lat. catēchista < griech. katēchistḗs] 교회 조수, 전도사(傳道士), 교리 문답의 교사.
Katechu ['kateçu], das; -s, -s [port. cachu] ↑ Gambir.
Katechumenat [kateçume'na:t], das / der; -(e)s [기독교] **a)** 세례 준비 교육. **b)** 교리[신앙]교육. **Katechumene** [kateçu'me:nə], 《또한》 kate'çu:menə], der; -n, -n [lat. catēchúmenus < griech. katēchoúmenos] [기독교] **1.** 교리 연구자, 세례 지망자, 구도자, 견신 지원자. **2.** 견진 성사를 받는(받은) 소년. **Katechumenenunterricht,** der 견신례(堅信禮) 준비 교육.
kategorial [katego'ria:l] ⟨Adj.⟩ 《교양어》 범주(範疇)의, 일정한, 결정적인, 확정적인. **Kategorie** [katego'ri:], die; -n [...i:ən; lat. categoria < griech. katēgoría] **1.** 【철학】 (아리스토텔레스에 따라) 실재 대상에 대한 10가지 진술 방식의 하나, 진술 방식. **2.** 【철학】 스콜라 철학의 빈위어(賓位語) 중의 하나, 범주(範疇), 카테고리. **3.** 【철학】 칸트의 12 순수오성개념 중의 하나, 카테고리, 범주. **4.** 부문, 부류, 종류: jmdn. in eine K. einreihen 누구를 어떤 부류에 편입시키다; diese K. Mensch war mir schon immer zuwider 이런 종류의 인간은 언제나 내 마음에 거슬렸다. **kategoriell** [katego'riɛl] ⟨Adj.⟩ 《교양어》 ↑ kategorial. **kategorisch** [kate'go:rɪʃ] ⟨Adj.⟩ [lat. catēgoricus] 절대의, 무조건의, 정언(定言)적인, 직언(直言)적인: -e Behauptungen 무조건적인 주장; -es Urteil 정언적 판단. **kategorisieren** [kategori'zi:rən] ⟨h⟩ 《교양어》 범주에 넣다, 부류로 나누다, 분류하다: Testergebnisse k. 테스트 결과를 분류하다. **Kategorisierung,** die; -en ↑ kategorisieren의 명사형.
Katen ['ka:tn̩], der, -s, - 《지역적》 ↑ Kate.
Katen-: ~brot, das 검은 빵, 흑(黑)빵. **~rauchmettwurst, ~(rauch) wurst,** die 훈제(燻製)된 순대[소시지]. **~schinken,** der 훈제된 돼지고기.
Katene [ka'te:nə], die; -n [lat. catēna] 《대개 Pl.》 【교부(敎父)】들의] 성서 해석집. **Katenoid** [kateno'i:t], das; -(e)s, -e 【수학】 수곡선(垂曲線), 현수선(懸垂線).
¹Kater ['ka:tɐ], der; -s, - **1.** 수고양이. **2.** 【사냥】 수살쾡이.
²Kater [-], der; -s, - (대학생어에서 유래, ↑ Katarrh의 민중어원적 독어화) 《통용어》 숙취(宿醉), 명정(酩酊): einen K. haben 숙취하다; seinen K. spazieren führen 《농》 산보로 기분을 전환시키다.
Kater- (²Kater) 《통용어》: **~bummel,** der 술깨기 위한 아침 산보. **~frühstück,** das 숙취를 깨우는 조반. **~idee,** die 당치도 않은[엉뚱한]생각, 광상(狂想). **~stimmung,** die ↑²Kater.
katexochen [kat|ekso'xen] ⟨Adv.⟩ [griech. kat' exochḗn] 오로지, 실제로, 본래.
Katfisch ['kat-], der; -(e)s, -e [engl. catfish] ↑ Seewolf. **Katgut,** das; -s [engl. catgut] 【의학】 (양, 염소 따위의 창자로 만든) 외과용 봉합실, 봉합 장선(腸線), 봉합사(縫合絲).
kath. = **katholisch**의 약칭.
Katharer ['ka:tarɐ, 《또한》 'katarɐ], der; -s, - [lat. cathari (Pl.)] 《대개 Pl.》 순결파 신자(이단이라고 지목되

는 중세의 기독교의 일파》. **katharob** [kata'ro:p] 〈Adj.〉【생물】〔물이〕 깨끗한, 오염되지 않은. **Katharobie** [kata'ro:biə], die, -n 〈대개 Pl.〉 **Katharobiont** [...ro'biɔnt], der; -en, -en 〈대개 Pl.〉【생물】깨끗한 물에 사는 생물[유기물]〈반대: Saprobie〉. **Katharsis** ['ka(:)tarzıs, 〈또한〉 ka'tarzıs], die [griech. kátharsis] **1.** 【문예학】 카타르시스. **2.** 【심리】정신[도의]적 정화(淨化). **kathartisch** [ka'tartıʃ] 〈Adj.〉 ↑Katharsis의 형용사형: eine -e Wirkung (aus)üben 정화 작용을 하다 〔일으키다〕.

Katheder [ka'te:dɐ], das, 〈또한〉 der; -s, - [lat. cathedra] 강단(講壇), 연단, (학교의) 교단, 교수의 책상.

Katheder-: **~blüte**, die 《농》교사(강연자)가 무의식적으로 내뱉는 우스운 언사(말버릇). **~sozialismus**, der 강단 사회주의. **~sozialist**, der 강단 사회주의자. **~weisheit**, die 탁상 공론, 현학(衒學).

Kathedrale [kate'dra:lə], die; -n **a)** 주교좌(主教座)성당, 중앙교회. **b)** 대성당, 대사원. **Kathedralentscheidung**, die 로마 교황의 무오(無誤)의 【절대적】결정. **Kathedralglas**, das 표면이 고르지 않게 만든 (교회 건축용) 유리.

Kathepsin [ka'tepsi:n], das; -s [griech. kathépsein] 【생물·의학】카텝신.

Kathete [ka'te:tə], die; -n [lat. cathetus] 【수학】직각 3각형에서 직각을 끼고 있는 두 변 중의 하나.

Katheter [la'te:tɐ], der; -s, - [lat. cathetēr < griech. kathetḗr] 【의학】카테테르, 소식자(消息子), 도뇨관(導尿管): einen K. durch die Harnröhre in die Blase einführen 요도를 통해 방광으로 도뇨관을 삽입하다. **katheterisieren** [kateteri'zi:rən] 〈h〉【의학】 **1. a)** 누구의 체내(體內)에 카테테르를 삽입하다. **b)** 카테테르〔소식자〕를 기관(器官)에 삽입하다. **2.** 카테테르로 액체(尿) 따위를 끌어내다. **Katheterismus** [katete'rısmus], der; -, ...men 【의학】 카테테르 삽입〔법〕, 도관법 (導管法). **kathetern** [ka'te:tɐn] 〈h〉 ↑katheterisieren. **Katheterung**, die; -en ↑kathetern의 명사형. **Kathetometer** [kateto'me:tɐ], das; -s, - 카테토미터, 수준차(水準差) 측정기.

Kathode, 〈전문어〉 **Katode** [ka'to:də], die; -n [engl. kathode] 【물리】음극(陰極)〈반대: Anode〉.

Kathoden-, 〈전문어〉 **Katoden-** [물리]: **~fall**, der 음극의 전압강하(電壓降下). **~strahl**, der 〈대개 Pl.〉 음극선(陰極線). **~strahloszillograph**, der 음극선 진동 기록계〔오실로그래프〕. **~zerstäubung**, die 음극 표면의 비산(飛散)〔분무(噴霧)〕.

kathodisch, 〈전문어〉 katodisch 〈Adj.〉 **Kathodophon** [katodo'fo:n], das; -s, -e 〔옛〕카토드폰(음향을 전류로 변화시키는 기계).

Kathole [ka'to:lə], der; -n, -n〈통용어·펌〉가톨릭 교도, 천주교 신자. **Katholik** [kato'li:k 〈또한〉 ...lik], der; -en, -en 로마 가톨릭 신도, 구교도. **Katholikentag**, der 가톨릭 신도 대회. **Katholikin**, die; -nen ↑Katholik의 여성형. **Katholikos** [katoli'kɔs], der; - [griech. katholikós] (아르메니아 교회의) 총대주교. **katholisch** [ka'to:lıʃ] 〈Adj.〉 [lat. catholicus < griech. katholikós] 【기독교】 **1.** 전반적인, 세계 보편적인, 포용적인, 관대한: -e Briefe (신약 성경 중의) 공회서한, 사도 공한(公翰), 공서(公書). **2.** (로마) 가톨릭의, 천주교의, 가톨릭교의: Katholische Aktion 가톨릭 액션(평신도의 포교 활동을 촉진하는 일); 〈명사화〉 der Katholischen 〈통용어〉 가톨릭 교도〔신도〕 〈약어: kath.〉 **katholisch-apostolisch** 〈Adj.〉 【종교】(19세기 중엽의 열광적인) 가톨릭 사도종파의, 이르빙 교파에 속하는. **katholisieren** [katoli'zi:rən] 〈h〉 가톨릭 신도로 만들다 〔신도가 되다〕. **Katholizismus** [katoli'tsısmus], der; -

- 가톨릭 교리〔신앙, 주의, 제도, 교의〕. **Katholizität** [katolitsi'te:t], die 가톨릭의 정통 신앙, 공성(公性), 보편성, 관대성.

Katholyt, 〈전문어〉 Katolyt [kato'ly:t], der; -s / -en, -e(n) ↑Kathode와 ↑Elektrolyt의 약칭 【물리】음극전해질(電解質).

Kathreiner W₂ [ka'traınɐ], der; -s 카트라이너 커피(붉은 맥이 커피의 일종).

katilinarisch [katili'na:rıʃ] [로마의 반역 귀족 Catilina (약 B.C. 108~62)의 이름에서] 〈다음 용법으로〉 **-e Existenz** 〈교양어·준고어〉 〔정치적〕 불평분자, 〔반사회적〕 파괴분자, 불량배, 반역도.

Kation ['katio:n], das; -s, -en [ka'tio:nən] 【물리】 양(陽)이온.

Katmandu [kat'mandu, katman'du:] 카트만두〔네팔의 수도〕.

Kätner ['ke:tnɐ], der; -s, - 오두막집에 사는 사람, 품팔이꾼, 소작농.

Katode: ↑Kathode.

katogen [kato'ge:n] 〈Adj.〉 [griech. káto와 ↑-gen에서] 【지질】 퇴적암(堆積岩)이) 위에서 아래로 형성된.

katohalin [katoha'li:n] 〈Adj.〉 〔지리〕 (바다의 깊이에 따라) 함염량(含鹽量)이 증가하는.

Katolyt: ↑Katholyt.

katonisch [ka'to:nıʃ] [고대 로마의 감찰관 Cato(B.C. 46년에 사망)의 이름에서] 카토와 같은, 준엄한, 풍기를 단속하는: 〈다음 용법으로〉 **-e Strenge** 〈교양어·준고어〉 카토적 준엄[엄正]함.

Katoptrik [ka'tɔptrık], die [griech. katoptrikḗ (epistḗmē)] 〈고어〉 반사광학(反射光學). **katoptrisch** 〈Adj.〉 〈고어〉 ↑Katoptrik의 형용사형.

katotherm [kato'tεrm] 〈Adj.〉 【지리】물의 깊이에 따라 온도가 상승하는. **Katothermie** [...tεr'mi:], die 물의 깊이에 따른 상승 온도.

katschen ['katʃn], **katschen** ['ketʃn] 〈h〉 《지역적》 쩝쩝거리며 씹다, 냠냠 먹다, 입맛을 다시다.

Kätscher ['ketʃɐ] ↑Kescher.

Kattanker ['at-], der; -s - 〔선원〕보조 닻, 작은 닻. **katten** ['katn] 〈h〉 〔선원〕 (닻을) 끌어올리다, (닻줄을) 감아올리다.

Kattegat ['katəgat, 〈dän.〉 'kadəgad], das; -s 카테갓해협(海峡).

Kattun [ka'tu:n], der; -s, -e [niederl. kattoen] **1.** 면포(綿布), 면직물, 무명, 캘리코, 사라사. **2. K. kriegen** 〔군〕충격을 당하다, 무엇을 감수하다: es gibt K. 〔군〕심한 포격[공격]을 받다.

Kattun-, **Kattuns-**: **~druck**, der 사라사 날염(捺染). **~kleid**, das 면포(로 만든) 옷. **~vorhang**, der 면포〔캘리코〕 커튼.

kattunen 〈Adj.〉 무명[면포, 면직물]의, 사라사제의, 캘리코의: eine -e Tischdecke 면포로 만든 식탁[책상]보.

Katz [kats], die ↑Katze: 〈다음 용법으로〉 **K. und Maus (mit jmdm., miteinander) spielen** 〈통용어〉 누구를 잔인하게 괴롭히다[학대하다]; **für die K. sein** 〈경〉 소용없는 [헛된] 일이다, 아무 짝에도 쓸모없다; alle Mühe war für die K. 온갖 노력이 소용없는 짓이었다.

katz-. **Katz-**: **~balgen** 〈h〉 〈통용어〉 맞붙어 싸우다, 다투다, 말다툼하다, 시시덕거리다. **~balgerei**, die 〈통용어〉 드잡이, 언쟁, 시시덕거리기. **~buckelei** [-bukə-'laj], die 〈펌〉 굽실거림, 굽종. **~buckeln** 〈h〉〈펌〉굽실거리다, 비위를 맞추다, 등을 구부정하게 굽히다.

Kätzchen ['kεtsçən], das; -s, - **1.** ↑Katze (1 a, 2) 참조. **2.** 〈통용어〉〔파트너, 애인 따위로서의〕여자: entlaufenes K. 〈경〉옛[달아나버린] 여자 친구[애인]: gestiefeltes K. 《경》 (장화 신은 여자에 미치는) 대물성음란증(對物性淫亂症) 환자를 전문적으로 상대하는 매춘부. 3. 《경》 외음(外陰), 음문, 보지. 4. 〈대개 Pl.〉 (자작나무, 오리나무 따위의) 유제화서(柔荑花序).

Kätzchen- (Kätzchen 4): **~baum,** der 유제화서(꽃)나무. **~blüte,** die 유제화서의 꽃. **~blütler,** der [식물] 유제화서류(類). **~zweig,** der 유제화서 나뭇가지 [꽃가지].

Katze ['katsə], die; -n **1. a)** 고양이속(屬)(사자, 호랑이, 표범 등). **b)** 〈축소형: ↑Kätzchen〉 고양이(암·숫컷 모두 Katze로 쓰이지만, 특히 Kater에 대하여는 암고양이를 말함): die K. putzt sich[spielt, miaut] 고양이가 몸을 핥다[장난하다, 야옹하다]; jmd. ist falsch wie eine K. 누가 고양이처럼 불실[음험]하다; 성구 das hat die K. gefressen 《경》 그것은 자취도 없이 사라졌다; da beißt sich die K. in den Schwanz [그]과용보적 관계의 경우이다; das trägt die K. auf dem Schwanz fort 그것은 하잘것 없는 작은 일이다; 속담 die K. läßt das Mausen nicht 세살 버릇 여든까지 간다; in der Nacht sind alle -n grau 어두우면 빛깔[누군지]을 모른다; wenn die K. aus dem Haus ist, tanzen die Mäuse (auf dem Tisch) 고양이가 없어지니 쥐들이 활개를 친다; **der K. die Schelle umhängen** 《통용어》 [쥐가 고양이의 목에 방울을 단다는 우화에서] 솔선하여 위험한 일을 꾀하다; **jmdm. die K. den Buckel hinaufjagen** (schweiz.) 누구를 무섭게(불안하게) 하다; **die K. aus dem Sack lassen** 《통용어》 숨기고 있는 일을 알리다 [폭로하다]; **die K. im Sack kaufen** 《통용어》 무엇을 잘 살펴 보지도 않고 사다; **K. und Maus (mit jmdm., miteinander) spielen** ↑Katz 참조. **um etw. herumgehen wie die K. um den heißen Brei** 《통용어》 어떤 (불유쾌한) 일에 대해 다른 사람과 이야기하려 않는다, 조심성이 많다. **b)** 암코양이. **c)** 〈사냥〉 (살쾡이, 스라소니, 기니퍼 따위의) 암놈, 암컷. 2. 〈축소형: ↑Kätzchen〉 (아침 잘하는, 빌붙는) 계집, 여자: sie ist eine gefährliche K. 그녀는 위험스런 계집이다. 3. 《속》 보지, 음문(陰門). 4. 《지역적·고어》 가죽 전대(纏帶), 돈주머니. 5. 《지역적·고어》 숫양. 6. **neunschwänzige K.** [선원] 아홉 가닥의 (가죽) 회초리.

Katzelmacher ['katsl-], der; -s, - 《österr. 통용어》 이탈리아인의 별명.

katzen-, Katzen-: **~artig** 〈Adj.〉 고양이속의, 고양이와 같은, 불실한, 교활한, 심술궂은, 음험한. **~auge,** das **1.** 고양이 (같은) 눈. **2.** 《통용어》 후미등(後尾燈). **3.** 【광물】 묘안석(猫眼石), 묘정석(猫睛石). **~bär,** der ↑Panda. **~blick,** der 《통용어·폄》 불성실한[거짓] 눈초리. **~brut,** der 《속어·폄》 고양이 새끼 **~buckel,** der **1.** 꾸부정한 등, 새우 등: einen K. machen 등을 꾸부정하게 굽히다. **2.** [체조] 양손을 발끝에 대고 쪼그리고 앉았다가 무릎을 펴면서 등을 꾸부정하게 하는 연습. **~dreck,** der **1.** 고양이 똥. **2.** 무가치한 것. **~fell,** das 고양이 가죽. **~ficken** (비어) ↑~machen. **~floh,** der 고양이 벼룩. **~frett,** das 담비와 비슷한 작은 곰. **~freundlich** 〈Adj.〉 아양을 떠는, 위선(僞善)의, 정다운 체하는, 꾸며낸, 얌전 부리는, 겉치레뿐인. **~freundlichkeit,** die ↑~freundlich의 명사형. **~gesicht,** das 고양이 (같은) 얼굴. **~gleich** 〈Adj.〉 고양이와 같은. **~gold,** das 《통용어》 **1.** (금빛) 운모(雲母). **2.** 황철광(黃鐵鑛). **~hai,** der 까치상어속의 일종, 두툼상어, 복상어. **~jammer,** der [교미기의 고양이 울음소리를 풍자하는 대학생어에서] 《통용어》 (환락·방탕 뒤에 오는) 후회, 양심의 가책, 상심: 전의 der K. der Opposition nach der verlorenen Wahl 선거에 실패한 후의 야당의 의기소침. **~konzert,** das ↑~musik. **~kopf,** der 《통용어》 **1.** 뒤통수를 때림. **2.** 튀어 나온 둥근 포석(鋪石). **~kopfpflaster,** das 《통용어》 자연석 포장(鋪裝), 자갈 포장. **~kraut,** das **1.** ↑Baldrian (1). **2.** ↑~minze. **~machen** (다음 용법으로) etw. geht wie's K. 《속》 무엇이 수월하게 재빨리 이루어지다. **~minze,** die 개 박하(薄荷). **~musik,** die 《통용어·폄》 음조가 맞지 않는 음악, 비웃기 위한 세레나데, 비음악적인 소란[시끄러움]. **~pfötchen,** die **1.** ~pfote (1)의 축소형 **2.** [선원] ↑~pfote (2). **3.** 엉거시과(科). **~pfote,** die **1.** 고양이(앞)발. **2.** [체조] 잔물결. **~silber,** das 백운모(白雲母), 늦서 연마제. **~sprung,** der **1.** 짧은 거리: bis zu ihm ist es von uns nur ein K. 우리가 있는 곳으로부터 그가 사는 곳까지는 가까운 거리이다. **2.** 《체조》 안마(鞍馬)를 짚고 다리를 벌린 채 도약하기(뛰어내리기). **~tisch,** der 《통용어·농》 (특히 아동용의) 곁탁자 응급용 탁자. **~wäsche,** die 《통용어》 고양이 세수, 건성으로 얼굴을 씻음: K. machen 간단히 세수하다. **~zunge,** die **1.** 고양이 혀. **2.** 고양이 혀 모양의 초콜릿.

katzenhaft 〈Adj.〉 고양이와 같은, 불실한, 교활한.
katzig 〈Adj.〉 《지역적》 (특히 어린아이들이) 다투기(싸우기) 좋아하는, 협조하지 않는. **Katzigkeit,** die ↑katzig의 명사형. **Kätzin** ['kɛtsɪn], die; -nen 《드물어》 암코양이.

Katzoff ['katsɔf], **Katzuff** ['katsʊf], der; -s, -s [jidd. kazṓwe, katzew < hebr. qazzáv] 《지역적》 백정, 푸줏간 주인, 도살자.

Kau-: **~akt,** der 저작(咀嚼) 행위(과정). **~apparat,** der [의학] 저작기(咀嚼器). **~bewegung,** die 저작 운동. **~fläche,** die 어금니의 겉면(씹는 면). **~gummi,** der / das; -s, -s 추잉껌, 껌. **~gummiblase,** die 껌 (을 불어 만든) 풍선. **~knochen,** der (가죽 신으로 만든) 모조 뼈다귀. **~magen,** der 《동물》 저작위(咀嚼胃), (곤충의) 사낭(砂囊). **~muskel,** der [의학] 저작근(咀嚼筋). **~tabak,** der 씹는 담배. **~werkzeuge** 〈Pl.〉 《생물》 저작기관(咀嚼器官).

kaubar ['kaubaɐ] 〈Adj.〉 씹히는, 씹을 수 있는.

kaudal [kau'daːl] 〈Adj.〉 **1.** [의학] 각부(脚部)의, 발밑쪽의. **2.** 《생물》 꼬리(부)의.

Kauder ['kaudɐ], der; -s, - 〈südd.〉 **1.** 삼(麻) 부스러기, 거친 삼, 조마(粗麻). **2.** 《고어》 쓰레기, 폐물.

kaudern 〈h〉 《고어·지역적》 (알아듣지 못할 말을) 중얼거리다, 횡설수설하다. **kauderwelsch** 〈Adj.〉 알아들을 수 없는 말의, 여러 가지 언어가 혼합된, 횡설수설하는: 전의 복잡한 횡설 수설하는. 알아들을 수 없다. **Kauderwelsch,** das; -(s)a 여러 나라 언어가 뒤섞여 알아듣기 힘든 말: er sprach ein K. aus Deutsch und Englisch 그는 독일어와 영어가 뒤섞인 알아듣기 힘든 말을 했다. **b)** 이해할 수 없는 말투(말씨). **kauderwelschen** 〈h〉 이해할 수 없는 말을 지껄이다, 횡설수설하다.

kaudinisch [kau'diːnɪʃ] ↑Joch (1).

Kaue ['kauə], die; -n [lat. cavea]. 【광】 **1.** 수갱(竪坑)의 입구에 있는 판자집. **2.** 갱부의 목욕실(경의실(更衣室)).

kauen ['kauən] 〈h〉 **1. a)** 씹다, 저작(咀嚼)하다: langsam k. 천천히 씹다; den Wein k. 포도주 맛을 음미(시음)하다; kaurde Mundwerkzeuge [전문어] 저작기(口腔) 저작기구(咀嚼器). 성구 gut gekaut ist, halb verdaut 잘 씹으면 소화도 잘되는 법이다. 전의 die Worte k. 천천히 [신중하게] 말하다; **hoch k.** 고기로 먹다. **b)** 짓씹다, 끈질기게 씹어대다: 전의 an einem Problem k. 어떤 문제를 극복하기 위해 꾸준히 노력하다. **2.** 깨물다, 쥐어뜯다, 물어뜯다: an den Fingernägeln k. 손톱을 물어뜯다; **(die) Nägel k.** 《습관적으로》 손톱을 물어뜯다. **3.** 《비어》 ↑abkauen (3).

kauern ['kauɐn] 〈h〉 [niederd. küren] **1.** 쪼그리고[옹크

리고 않다, 끓어앉다: Bettler kauerten auf den Treppenstufen 거지들이 계단에 쪼그리고 앉아 있었다; [전의] das Dorf kauert in der Talsenke 그 마을은 좁은 골짜기에 위치하고(웅크리고) 있다. **2.** ⟨k. + sich⟩ (몸을) 웅크리다, 쪼그리다, 구부리다: sich hinter einen Busch k. 덤불 뒤로 몸을 웅크리다; [전의] ein windschiefer Schuppen kauerte sich an die Hauswand 바람에 비틀린 헛간이 집 벽으로 기울어졌다. **Kauerstart,** der [육상] 쪼그린 자세에서의 스타트(출발). **Kauerstellung, die** 쪼그린(웅크린) 자세.

Kauf [kauf], der; -(e)s, Käufe ['kɔyfə], **1.** 구매, 매입, 구득, 구입, 매매(계약), 거래: ein K. auf Raten (Kredit) 할부(외상) 구매; einen K. abschließen 매매계약을 체결하다; das Grundstück steht zum K. (aus) 토지가 팔 물건으로 나와 있다; **etw. in K. nehmen** (부수적 악조건 따위를) 감수하다, 참다, 견디다: materielle Einbußen in K. nehmen 물질적인 손실을 감수하다; jmdn. in K. nehmen 누구와 타협(화해)하다; **leichten -s** (아어·준고어) 가벼운 손해를 보고, 쉽사리: diesmal ist er leichten -s davongekommen 이번에는 그는 큰 손해를 보지 않고 그 일을 모면했다. **2.** 구매품, 구입품, 거래품, 산 것: den gestrigen K. wieder umtauschen 어제의 구입품을 다시 교환하다.

kauf, Kauf-: ~anreiz, der 구매 자극(충동). **~auftrag,** der 구매 지시(주문). **~betrag,** der ↑~summe. **~boykott,** der 구매 보이콧, 불매 운동. **~brief,** der 매매계약서. **~ehe,** die (인종) ↑~heirat. **~entscheidung,** die (광고) 구매 결정. **~entschluß,** der (광고) 매입 결정. **~fahrer,** der (고어) 상인(商人). **~fahrer,** 역선. **~fahrteischiff,** das [niederd. koopvaardijschip] (고어) 상선(商船). **~frau,** die 여상인; 상인의 처. **~freude,** die ↑~lust. **~gegenstand,** der ↑~objekt. **~geld,** der (고어) ↑~summe. **~gesuch,** das 구매신청, 구매 광고. **~halle,** die 거래소, 매매 장소, 매점, 시장. **~handlung,** die (구동독) (생산 공장의) 견본 진열. **~haus,** das 큰 상점, 백화점. **~hausdetektiv,** der 백화점의 감시인. **~heirat** [인종] 매매혼(購買婚), 매매(결)혼. **~herr,** der (고어) 상점 주인, 대상인(大商人). **~interesse,** das 구매 관심. **~kraft,** die (경제) **1.** 구매력. **2.** 지불 능력. **~kräftig** ⟨Adj.⟩ 구매력(지불 능력)이 있는. **~kraftparität,** die (경제) 구매력 평가(平價). **~laden,** der **1.** (준고어) 상점, 소매(상)점, 점포. **2.** 장난감 상점. **~lust,** die 구매욕, 매기(買氣) ⟨반대: ~unlust⟩: Sonderangebot wecken die K. 바겐세일이 구매욕을 자극한다. **~lustig** ⟨Adj.⟩ 구매욕이 있는⟨반대: ~unlustig⟩: (명사화) zur Eröffnung den neuen Geschäftes kamen viele Kauflustige 새로운 상점을 오픈 (개점)할 때 많은 구매욕에 찬 사람들이 (몰려)왔다. **~mann,** der ⟨Pl. -leute⟩ **1.** 상인, 거래하는 사람, 도매상인: er lernt K. 그는 상인이 교육을 받는다. **2.** (준고어·지역적) 상점(점포) 주인. **~männisch** ⟨Adj.⟩ **1.** 상인의, 상업의, 상업적인: -e Buchführung 상업부기. **2.** 상인다운, 장사 잘하는, 상업에 정통한: k. begabt sein 상인으로서의 소질(재능)이 있다. **~mannschaft,** die (총칭) 상인, 상인 계급. **~mannsdeutsch,** das 상업용 독일어, 상업 용어. **~mannsgehilfe,** der 소정의 교육을 받고 상업 시험을 마친 사람, 점원. **~mannsgeist,** der 상인정신(근성), 상혼(商魂). **~mannsgilde,** die (역사) 상인 동업 조합, 상인 길드. **~mannsladen,** der (고어) 상인의 점포. **~mannssprache,** die 상인어(商人語). **~mannsstand,** der (준고어) 상인의 신분, 상인계급 (사회). **~** (총칭) 상인. **~neigung,** die 구매 경향. **~objekt,** das 구매 대상, 구매 물품. **~order,** die ⟨Pl. -s⟩ (금융) (주식 따위의) 매입 오더(지시). **~preis,** der

금(가), 구매 가격. **~schilling,** der (고어) **a)** ↑~summe. **b)** 제1회 지불(불입)(금). **~stein,** der ↑ Talon (2 c). **~summe,** die 매입 대금, 매상고(買上高), 계약가격. **~unlust,** die 비구매욕(非購買慾)⟨반대: ~lust⟩. **~unlustig** ⟨Adj.⟩ 구매욕이 없는⟨반대: ~lustig⟩. **~verhalten,** das 거래 관계, 매매 행위. **~vertrag,** der 매매(계약). **~wert,** der 시가(市價), 매매 가격(가치). **~zwang,** der 구매의무.

kaufen ['kaufn̩] ⟨h⟩ [lat. cauponāri] **1. a)** 사다, 구입(구매)하다: auf Raten(Pump) k. 분할 납부(지불)(외상)으로 사다; etw. aus zweiter Hand k. 무엇을 중고품으로 사다; [성구] dafür kaufe ich mir nichts⟨kann ich mir nichts k.⟩ 그런 것은 나에게 아무런 소용이 없다⟨도움이 되지 않는다⟩; was kaufe ich mir dafür? (통용어) 그것이 내게 무슨 소용이 있을까?; **sich³ jmdn. k.** (통용어) 누구에게 답변을 요구하다, 누구를 견책(훈계)하다. **b)** 사들이다, 쇼핑하다: im Supermarkt k. 슈퍼마켓에서 물건을 구입하다. **2.** (통용어) 매수하다 (누구에게) 뇌물을 주다: die Zeugen waren alle gekauft 증인들은 모두 매수되었었다. **kaufenswert** ⟨Adj.⟩ 살 만한 가치가 있는. **Käufer** ['kɔyfɐ], der; -s, - 사는 사람, 구매자, 매입자, 고객: als K. auftreten 고객으로 나타나다; einen K. an der Hand haben 구매자를 장악하고 있다.

Käufer-: ~andrang, der 고객(구매자)의 쇄도(殺到). **~ansturm,** der ↑~andrang. **~fang,** der (貶) 고객 유치(誘致). **~gruppe,** die ↑~schicht. **~kreis,** der ↑~schicht. **~schicht,** die 구매자 그룹(층). **~wunsch,** der 구매자(고객)의 요구(바람): dem K. nach besserer Qualität entsprechen 보다 나은 질(質)에 대한 고객의 요구에 부응하다.

Käuferin, die; -nen ↑ Käufer의 여성형. **käuflich** ['kɔyflɪç] ⟨Adj.⟩ **1.** 살 수 있는, 팔 물건인, 잘 팔리는: [전의] -e Liebe 매춘; ein -es Mädchen 매춘부, 바람기가 있는 여자. **2.** 매수할 수 있는, 돈으로 움직이는. **Käuflichkeit,** die ↑käuflich의 명사형.

Kaukamm, der; -(e)s, ...kämme (광) (가벼운) 도끼, 큰 자귀.

Kaukasien [kau̯ˈkaːziən], -s 코카서스(흑해와 카스피해 사이의 지역).

Kaukasier [kau̯ˈkaːziɐ], der; -s, - 코카서스인(종).

kaukasisch [kau̯ˈkaːzɪʃ] ⟨Adj.⟩ 코카서스인(종)의, 코카서스풍의.

Kaukasist [kauka'zɪst], der; -en, -en 코카서스 어문학자. **Kaukasistik,** die 코카시아 어문학(語文學). **Kaukasus** ['kaukazus], der; - 코카서스 산맥(山脈).

Kaulbarsch ['kaul-], der; -(e)s, -e 농어류(類). **Käulchen** ['kɔylçən], das; -s, - (ostmd.) (감자와 순무로 만든) 둥근 과자. **Kaule** ['kaulə], die; -n (방언) **1.** 구(球), 둥근 물건, 공. **2.** 갱(坑), 굴, 구멍.

kauliflor [kauliˈfloːɐ̯] ⟨Adj.⟩ (식물) 직접 줄기에 꽃이 피는. **Kauliflorie** [kauliˈfloːriː], die (식물) 직접 줄기에 꽃이 피는 현상.

Kaulkopf, der; -(e)s, ...köpfe **1.** ↑ Groppe. **2.** ↑ Kaulbarsch.

Kaulom [kau'lo:m], das; -s, -e [griech. kaulós] (식물·병리) 엽병(葉柄), 잎꼭지.

Kaulquappe, die; -n 올챙이.

kaum [kaum] ⟨Adv.⟩ **1. a)** 거의 …않다⟨아니다⟩: ich kenne sie k. 나는 그녀를 거의 알지 못한다; er ist k. älter als ich 그는 나보다 별로 나이가 많지 않다. **b)** 겨우, 간신히: die Kinder konnten es k. erwarten 아이들은 그것을 간신히 기대할 수 없었다. **c)** …이 어려운, 아마 …하지 않는: sie wird jetzt k. noch kommen 그녀는 이제 아마 오지 않을 것이다. **2.** (막) …하자 마자: er war k. gekommen, da wollte er schon wieder gehen 그는 오자마자 다시 떠나가고자 했다. **3.** 《daß와 결합하여·준고어》 **a)** …한 후 오래지 않아[바로]: k. daß die Mutter aus dem Haus war, begannen die Kinder zu streiten 어머니가 집에서 나가자 바로 아이들은 싸우기 시작했다. **b)** 아직 간신히, 가까스로: ich habe alle Namen vergessen, k. daß ich mich (noch) an die Landschaft erinnere 나는 이름을 모두 잊어버렸는데, 가까스로 (아직) 그 지방을 기억하고 있다.

Kaumazit [kauma'tsi:t, 《또한》 ...tsɪt], der; -s, 《종류》 -e 갈탄(褐炭) 코크스.

Kaupelei [kaupə'laɪ], die; -en 《ostmd.》 비밀 매매, 암거래, 불법 교환. **kaupeln** ['kaupl̩n] ⟨h⟩ 《ostmd.》 비밀 매매, 암거래, 불법 교환을 하다.

Kauri ['kauri], der; -s, -s 《또한》 die; -, -s [engl. cowrie] 자패(紫貝)《장식·화폐로 씀》.

Kaurifichte, die; -n [Maori = 동남해의 토착어 kauri] ↑ Kopalfichte.

Kaurimuschel, die; -n 〖민속〗 자패껍질. **Kaurischnecke**, die; -n ↑ Kauri.

Kauritleim [kau'rɪt-], der; -(e)s, 《종류》 -e [Kaurit ⓦ 생산할 때 카우리나무 송진이 사용됨] 〖제재〗 합성수.

kausal [kau'zaːl] ⟨Adj.⟩ [lat. causālis] 〖교양어〗 원인의, 인과율(因果律)의, 이유[원인]를 나타내는《증명하는》: ein ~ Zusammenhang[~e Beziehungen] 인과 관계; etwas hängt k. mit etwas zusammen 무엇은 인과적으로 무엇과 연관이 있다.

kausal-, Kausal-: ~**adverb**, das 〖언어〗 원인 부사《예컨대: deshalb》. ~**analyse**, die 〖철학·논리〗 원인 분석. ~**behandlung**, die 〖의학〗 ↑~therapie. ~**bestimmung**, die 〖언어〗 원인 규정《예컨대: aus Eifersucht》. ~**beziehung**, die 〖철학·논리〗 인과 관계(因果關係). ~**genetisch** ⟨Adj.⟩ 〖철학·논리〗 발생 원인의. ~**gesetz**, das ⟨Pl. 없음⟩ 〖철학·논리〗 인과율(因果律). ~**haftung**, die 〖schweiz. 법〗 ↑Gefährdungshaftung. ~**kette**, die 〖철학·논리〗 인과관계의 연쇄(連鎖). ~**konjunktion**, die 〖언어〗 원인 접속사《예컨대: weil》. ~**nexus**, der ↑ ~zusammenhang. ~**prinzip**, das ⟨Pl. 없음⟩ 〖철학·논리〗 인과율. ~**reihe**, die ↑ ~kette. ~**satz**, der 〖언어〗 원인 문장. ~**therapie**, die 〖의학〗 원인 치료. ~**zusammenhang**, der 〖철학·논리〗 인과관계.

Kausalgie [kauzal'giː], die; -, ...ien; griech. kaũsis 와 álgos〗 〖의학〗 작열통(灼熱痛), 카우살기아.

Kausalis [kau'zaːlɪs], der; -, ...les [...leːs; lat. causālis] 〖언어〗 **1.** ⟨Pl. 없음⟩ 유인격(因由格). **2.** 유인격어(語).

Kausalität [kauzali'tɛːt], die; -en [lat. causalitas] 인과성(因果性), 원인(성), 인과 관계.

Kausalitätsgesetz, das; -es ↑ Kausalgesetz. **Kausalitätsprinzip**, das; -s ↑ Kausalprinzip. **Kausativ** ['kauzatiːf, 《또한》 --'-], der; -s, -e [...i:və; lat. causatīvus] 〖언어〗 사역동사《예컨대: tränken = trinken machen》. **Kausativbildung**, die 사역(동사)의 신사. **Kausativum** [kauza'tiːvʊm], das; -s, ...va 《언어·고어》 ↑ Kausativ.

Kausch, Kausche ['kauʃ(ə)], die, Kauschen [niederl. kous] 〖선원〗 끈끔 쇠고리《밧줄의 끝이나 돛이 닿지 않도록 끈음》.

kaustifizieren [kaustifi'tsiːrən] ⟨h⟩ 〖화학〗 가성화(苛性化)하다. **Kaustifizierung**, die; -en ↑ kaustifizieren의 명사형. **Kaustik** ['kaustɪk], die **1.** 〖광학〗 광선, 초선(焦線), 광면론(光面論). 초면론(焦面論). **2.** 〖의학〗 Kauterisation. **Kaustikum** ['kaustɪkʊm], das; -s, ...ka [lat. causticum] 〖의학〗 부식제(腐蝕劑), 소작

제(燒灼劑). **kaustisch** ['kaustɪʃ] ⟨Adj.⟩ [lat. causticus < griech. kaustikós] **a)** 〖화학〗 부식성의, 가성(苛性)의, 소작(燒灼)하는: -e Alkalien 가성 알칼리; -e Soda 가성소다. **b)** 《교양어》 신랄(辛辣)한, 비꼬는, 조소적인: sein -er Witz 그의 신랄한 기지《위트》. **Kaustobiolith** [kaustobio'liːt, 《또한》 ...lɪt], der; -s 《또는》 -en, -e(n) ⟨대개 Pl.⟩ 〖전문어〗 가연성(可燃性) 잔류탄(殘留炭).

Kautel [kau'teːl], die; -en ⟨대개 Pl.⟩ [lat. cautēla] 〖법〗《계약상》 유보(留保), 보류(조건), 예방법, 대비책: Kautelen[eine K.] in einen Vertrag einbauen 계약에 유보 조건을 두다.

Kauter ['kaute], der; -s, - [lat. cautē < griech. kautḗr] 〖의학〗 소작기(燒灼器). **Kauterisation** [kauteriza'tsjoːn], die; -en 〖의학〗 부식(腐蝕), 소작(법)(燒灼法). **kauterisieren** [kauteri'ziːrən] ⟨h⟩ 〖의학〗 소작하다, 부식하다. **Kauterium** [kau'teːrjʊm], das; -s, ...ien [...iən; lat. cautērium < griech. kautḗrion] **1.** 〖화학〗 부식제. **2.** 〖의학〗 소작기.

Kaution [kau'tsjoːn], die; -en [lat. cautio] **a)** 보석금(保釋金): eine K. für jmdn. stellen[zahlen] 누구 위해 보석금을 내다; er kam gegen eine K. von tausend Mark frei 그는 1천 마르크의 보석금을 내고 석방되었다. **b)** 보증금, 담보, 저당: zwei Monatsmieten K. zahlen 2개월분의 집세를 보증금으로 지불하다. **Kautionssumme**, die 보증(보증)금액, 담보액.

Kautsch: ↑Couch.

kautschieren [kau'tʃiːrən] ↑kautschutieren. **Kautschuk** ['kautʃʊk], der; -s, 《종류》 -e [frz. caoutchouc] 탄성(彈性)고무, 정제(精製) 파라고무: natürlicher [synthetischer] K. 천연[합성]고무.

Kautschuk-: ~**baum**, der 고무나무. ~**milch**, die 고무유액(乳液), 라텍스, 생고무. ~**paragraph**, der 《통용어》 Gummiparagraph. ~**pflaster**, das 《고어》 고무풀. ~**plantage**, die 고무 재배(원). ~**produktion**, die (탄성) 고무 생산. ~**ware**, die (탄성)고무 제품.

kautschutieren [kautʃu'tiːrən] ⟨h⟩ [frz. caoutchouter] **a)** 고무로 싸다《포장하다》. **b)** (탄성) 고무로 만들다.

Kauz [kauts], der; -es Käuze ['kɔytsə] **1.**《축소형》↑ Käuzchen》 **a)** 올빼미: aus dem Wald hörte man einen K. schreien 숲 속에서 올빼미 우는 소리가 들렸다. **2.** 이상한 사람, 기인(奇人), 놈, 녀석: ein komischer K. 우스꽝스런 녀석. **3.**《지역적》상투, 트레머리, 쪽: das Haar zu einem K. aufgesteckt tragen 상투머리를 하고 다니다. **Käuzchen** ['kɔytsçən], das; -s, - **1.** ↑ Kauz (1) 참조. **2.** ↑ Steinkauz. **kauzig** ['kautsɪç] ⟨Adj.⟩ 이상스런, 괴팍한, 변덕스러운, 별난. **Kauzigkeit**, die ↑ kauzig의 명사형.

Kaval [ka'val], der; -s, -s [ital. cavallo] 타로 카드, 기사(騎士). **Kavalier** [kava'liːɐ̯], der; -s, -e [frz. cavalier] **1.** 기사, 신사, 멋쟁이 남자, 여자에게 정중하고 친절한 남자: den K. spielen 신사로 체하다; ein K. am Steuer 신중하고 남을 잘 돕는 운전자; 〖성구〗 der K. genießt und schweigt 신사는 사랑을 나눈 여자에 관해 침묵하는 법이다; **ein K. der alten Schule** 거동이 점잖은《절도 있는》 신사. **2.**《고어·농》 연인, 애인, 정부(情夫): ihr K. holte sie zu Hause ab 연인이 그녀를 집으로 데리러 갔다. **3.**《역사적》 귀족, 귀인.

kavalier-, Kavalier-: ↑ kavaliers-, Kavaliers-도 참조》. ~**mäßig** ↑ kavaliersmäßig. ~**spitz**, der 《österr.》 특종 소고기. ~**start**, der ↑ Kavaliersstart. ~**taschentuch**, das ↑ Kavalierstaschentuch. ~**tuch**, das ↑ Kavalierstuch.

kavaliers-, Kavaliers-: ~**delikt**, das 《범법적》 비신

사적 행동: Steuerbetrug wird als K. angesehen 탈세는 비신사적 행위로 간주된다. ~haus, das 《역사적》 조신(朝臣)의 집, 궁내관 거처. ~krankheit, die 《고어·은폐》 성병. ~mäßig, 《또한》 kavaliermäßig 〈Adj.〉 기사 《신사》다운, 점잖은, 상냥한, 호의있는, 품위있는, 고상한. ~pflicht, die 신사의 의무. ~schnupfen, der 《농·은폐》 《남자의》 임질. ~start, 《또한》 Kavalierstart, der 《자동차의 폭음을 내는》 급발진(急發進). ~taschentuch, 《또한》 Kavaliertaschentuch, das 가슴 윗주머니《에 장식으로 꽂는》 손수건. ~tuch, 《또한》 Kavaliertuch, das 〈Pl. ...tücher〉 ↑~taschentuch.

Kavalkade [kaval'ka:də], die; -n [frz. cavalcade] 기마(騎馬) 행렬[행진]. **Kavallerie** [kavalə'ri:, 《또한》 '- - - -], die; -n [...i:ən; frz. cavalerie] 《군사·구제》 a) 기병대. b) 기병(騎兵).

Kavallerie-: ~**abteilung**, die 기병 부대(대대). ~**division**, die 기병 사단. ~**manöver**, das 기병(기동) 연습. ~**pferd**, das 기마(騎馬). ~**regiment**, das 기병 연대.

Kavallerist [kavalə'rɪst, 《또한》 '- - - -], der; -en, -en《군사·구제》 기병, 기병과(騎兵科)의 사람. **Kavalett** [kava'lɛt], das; -s, -s / -en [ital. cavalletto] 《österr. 군·고어》 《단순한》 침대, 침상.

Kavatine [kava'ti:nə], die; -n [ital. cavatina] [음악] a) 《가극 중의》 서정적 독창곡. b) 리드(가요)풍의 기악곡.

Kaveling ['ka:vəlɪŋ], die; -en [niederl. kaveling] [경제] 《경매에서 구매자가 사야만 하는》 최소 단위량《다스, 부대 따위》.

Kavent [ka'vɛnt], der; -en, -en [lat. cavēns] 《고어》 보증인. **Kaventsmann**, der; -(e)s, ...männer 1. [지역적] a) 호인《好人》: dein Freund ist ja ein schöner K. 너의 친구는 정말 멋진 호인이다. b) 표본, 본보기, 모범, 귀감. 2. [선원] 《산 같은》 큰 파도.

Kaverne [ka'vɛrnə], die; -n [lat. caverna] 1. 움푹한《팬》 곳, 굴, 동굴, 지하굴: eine K. zur Lagerung von Atommüll 핵폐기물 저장소《굴》. 2. [의학] 공동(空洞), 폐(肺)의 공동: -n in tuberkulösen Lungen 결핵으로 인한 폐공동(肺空洞). **Kavernenkraftwerk**, das 동굴식 발전소. **kavernikol** [kavɛrni'ko:l] 〈Adj.〉 [lat. cavernicole] [동물] 동굴에 사는. **Kavernom** [kavɛr'no:m], das; -s, -e [고어] 혈관종(血管腫), 해면종(海綿腫). **kavernös** [kavɛr'nø:s] 〈Adj.〉 [lat. cavernōsus] 1. [지질] 《암석의》 구멍이 많은, 해면(海綿) 모양의. 2. [의학] 해면성(空洞性)의: -es Gewebe 공동성 조직. b) 해면상(海綿狀).

Kaviar ['ka:vjar], der; -s, 《종류》-e 철갑상어의 알젓, 캐비아: russischer K. 러시아산《産》 캐비아; das ist K. fürs Volk 그것은 돼지에 진주목걸이 격이다. **Kaviarbrot**, das 길고 둥근 막대 모양의 흰빵. **Kaviarbrötchen**, das 캐비아 샌드위치.

Kavität [kavi'tɛ:t], die; -en [lat. cavitās] 1. [해부] 《조직의》 공동(空洞), 구멍. 2. [치과] 충치의 구멍. **Kavitation** [kavita'tsjo:n], die; -en [frz. cavitation, engl. cavitation] [기술] 《세찬 유수 등의》 공동 형성(空洞形成).

Kawa ['ka:va], die [polynes. kava] 폴리네시아인의 화주(火酒).

Kawaß, Kawasse [ka'vas(ə)], der; Kawassen, Kawassen [türk. kavas] 《구제》 1. 터키의 경찰관(儀仗衛兵), 경호병. 2. 근동(近東) 공관(公館)의 위병(경비원).

Kayennepfeffer: ↑ Cayennepfeffer.

Kayseri ['kaiseri], der; -(s), -s [터키 도시의 이름 카이세리에서] 동방 산의 작은 융단, 양탄자.

Kazike [ka'tsi:kə], der; -n, -n [span. cacique] 1. 《구제》《중남미》 토인의 추장(酋長). 2. a) 〈Pl. 없음〉《중남미 인디언 촌의》 촌장(村長)의 칭호. b) 《중남미 인디언촌의》 촌장(村長).

Kazoo [ka'zu:], das; -(s), -s [amerik. kazoo] 《흑인들의 민요에 쓰이는》 취주악기《관악기》.

kcal: ↑ Kilokalorie.

Kčs: ↑ tschechoslowakische Krone.

Kea ['ke:a], der; -s, -s [Maori = 뉴질랜드의 토착어 kea] 뉴질랜드의 고산(高山) 지대에 사는 앵무새.

Kebab [ke'ba:p], der; -(s) [türk. kebap < arab. kabāb] [요리] 꼬챙이에 꿴《양》 불고기.

kebbeln ['kɛb(ə)ln] (alemann.) ↑ kibbeln.

Kebs-: ~**ehe**, die 《구제》 축첩(蓄妾), 내연의 관계. ~**frau**, die, ~**weib**, das ↑ Kebse.

Kebse ['ke:psə], die; -n 《구제》 첩: orientalische Würdenträger machten die Sklavinnen zu ihren -n 동양의 고관들은 《여자》 노예들을 자기 첩으로 삼았다.

keck [kɛk] 〈Adj.〉 용감한, 과감한, 대담한, 주제넘은, 무모한, 경솔한, 몰염치한, 불손한, 뻔뻔스러운: -e Antworten geben 불손한 대답을 하다.

keckern ['kɛkɐn] 〈h〉 《의성어》《여우, 담비, 족제비 따위가 자극을 받아》 으르렁거리다, 각각거리며 성내다: [전의] ein feindliches MG keckerte 적(군)의 기관총 소리가 요란하였다.

Keckheit, die; -en 1. 〈Pl. 없음〉 대담, 용감, 과단, 무모, 경솔, 몰염치, 불손. 2. 위의 언행. **kecklich** 〈Adj.〉 《고어》 ↑ keck.

Keder ['ke:dɐ], der; -s, - [수공] 세공품의 가장자리 강화용 부착 인조피나 가죽의 띠《줄》.

Keep [ke:p], die; -en [niederd. kēp] [선원] 통삭(通索)홈, 양삭(兩索)간의 홈.

Keeper ['ki:pɐ], der; -s, - [engl. keeper] 《축구·österr.》 골키퍼. **keep smiling** ['ki:p 'smaɪlɪŋ; engl.] 가볍게 여겨라！, 낙관해라！, 언제나 미소를 지어라！《명사화》 낙천론, 낙천주의. **Keep-smiling**, das; - 긍정적 생활 태도, 《과시적》 낙천론, 낙천주의.

Kees [ke:s], das; -es, -e [bayr., österr.] 빙하(氷河). **Keeswasser**, das 〈Pl. -wasser〉 [bayr., österr.] 빙하로 생긴 시내, 빙하천.

Kefe ['ke:fə], die; -n [schweiz.] 사탕완두.

Kefir ['ke:fɪr], der; -s [russ. kefir] 우유주(牛乳酒), 산유(酸乳), 발효유(醱酵乳).

Kegel ['ke:gl], der; -s, - 1. [기하] 원뿔(꼴), 원추(圓錐), 원추형(체): ein spitzer K. 예절두(鋭截頭) 원추. 2. a) 원추형(원뿔꼴)의 것《산, 나무따위》: der K. des Vulkans 원추형의 화산(火山); der K. der Taschenlampe 회중전등의 광추(光錐). b) [기술] 사절두 원추형의 기계 건축재. c) 《사냥》 멋진 《낱알을 들어 귀를 세운 토끼. 3. 《볼링》 기둥, 핀: wie viele K. sind gefallen? 핀이 몇 개나 쓰러졌는가? 4. [인쇄] 활자의 굵기[깊이].

kegel-, Kegel-: ~**abend**, der 볼링의 밤. ~**aufsetzer**, der ↑ -junge. ~**aufsteller**, der 볼링핀 세터. ~**bahn**, die a) 볼링장(場)[시설]: auf die K. gehen 볼링장에 가다. b) 볼링의 레인. ~**berg**, der 원추형의 산. ~**bruder**, der 1. 《통용어》 볼링꾼, 즐겨 볼링을 하는 사람. 2. 볼링 회원. ~**form**, die 원추형, 원뿔꼴. ~**förmig** 〈Adj.〉 ↑ -form의 형용사형. ~**junge**, der 《준용어》 볼링핀을 세우는 소년, 핀 세터. ~**klub**, der a) 볼링 클럽[회(會)]: in einen K. eintreten 볼링클럽에 들어가다[입회하다]. b) 볼링 클럽 회원《총칭》. ~**kugel**, die 볼링용 공[볼]. ~**mantel**, der [기하] 추면(錐面), 뿔면, 원추면. ~**partie**, die 볼링 시합[시합]. ~**projektion**, die [지도] 원추사영(圓錐射影). ~**rad**, das [기술] 원추차(車), 베벨 기어. ~**radgetriebe**, das 원추형 톱니바퀴[기어, 연동장치]. ~**scheibe**, die ~kugel. ~**scheiben**〈h; 부정형만 합성표기〉 [bayr.,

kegelig österr.) 볼링하다. ↑~schieben. 〈명사화〉 **~scheiben,** das; -s 볼링(놀이). **~schieben'** 〈*h*〉 부정형만 합성표기) 〔지역적〕 ↑kegeln (1 a): wir gehen heute k. 우리는 오늘 볼링을 하러 간다; [성구] Petrus schiebt Kegel im Himmel 〔농〕 천둥친다, 천둥소리가 나다. 〈명사화〉 **~schieben,** das; -s 볼링(놀이). **~schnitt,** der 〔기하〕 원추(원뿔)곡선. **2)** 볼링(경기). **b)** ↑~partie. **c)** 볼링 시합의 개개 부문(단위). **~spieler,** der 볼링을 하는 사람, 볼러. **~sport,** der 볼링(운동). **~statt,** die; -stätten (österr.) ↑~bahn (a). **~stumpf,** der 〔기하〕 원뿔대, 원추대. **~ventil,** das 〔기술〕 원추판(圓錐瓣).

kegelig, keglig ['ke:g(ə)lıç] 〈Adj.〉 원추형의, 원뿔꼴(체)의. **kegeln** ['ke:gn] **1.** 〈*h*〉 **a)** 볼링하다: ich keg(e)le jeden Freitag 나는 금요일마다 볼링을 한다; wir wollen k. gehen 우리는 볼링하러 가려고 한다. **b)** 볼링으로 시합하다: eine Partie k. 한 판의 볼링을 하다. **c)** 볼링으로 어떤 결과를 내다(얻다): er hat eine Neun gekegelt 그는 (핀) 아홉개를 쓰러뜨렸다. **2.** 〈통용어〉 〈*s*〉 (핀처럼) 쓰러지다, 넘어지다, 뒤집히다, 곤두박이다, 구르다: beinahe wärst du (vom Stuhl) gekegelt! 너는 거의 (의자에서) 쓰러질 뻔했다. **3.** 〔사냥〕 〈*h*〉 앞발을 들고 귀를 세우다: 《또한》 k. + sich》 die Kaninchen kegeln sich 토끼들이 앞발을 들고 귀를 세운채 듣고 있다. **Kegler,** der; -s, - 볼링(을 즐겨)하는 사람, 볼러. **keglig:** ↑kegelig.

Kehl- ['ke:l-] (Kehle): **~chen,** das; -s, - ↑Kehle의 축소형. **~deckel,** der 〔해부〕 회염연골(會厭軟骨). **~hobel,** der 〔목공〕 홈을 파는 대패, 개탕 대패. **~kopf,** der 〔해부〕 후두(喉頭). **~kopfeingang,** der 〔해부〕 후두개(喉頭蓋). **~kopfentzündung,** die 후두염(炎). **~kopfkatarrh,** der 후두 카타르. **~kopfkrampf,** der ↑Stimmritzenkrampf. **~kopfkrebs,** der 후두암(癌). **~kopflaut,** der 〔언어〕 후음(喉音)(에 켄대: h.). **~kopfmikrophon,** das 후두 마이크로폰. **~kopfschnitt,** der 〔의학〕 후두 절개술(切開術). **~kopfschwindsucht,** die 후두 결핵(結核). **~kopfspatel,** der 〔또는〕 die 〔의학〕 후두내시(내진)경(內診鏡). **~kopfspiegel,** der 〔의학〕 후두경(鏡). **~lappen,** der (닭 따위의) 아래로 늘어진 목부분의 살. **~laut,** der **a)** 〔음성〕 후음. **b)** 목구명 소리. **~leiste,** die 〔목공〕 구흉(鳩胸)서시리, 반쪽(反曲) 모양의 귀통이 무늬, 총식선(葱飾線). **~riemen,** der (말의) 후락(喉革), 목 부분의 가죽. **~sack,** der 〔동물〕 **1.** 포유동물의 후두연골사이의 낭(囊) (울음소리를 공명시키거나 강하게 하는 발성기관). **2.** 소낭(嗉囊), 모이주머니. **~ton,** der 〈Pl. …töne〉 후음(喉音), 후두음.

Kehle ['ke:lə] die; -n **1.** 목, 경부(頸部): jdmdm. die K. durchschneiden 누구의 목을 자르다; **etwas schnürt jdmdm. die K. zu[zusammen]** 무엇이 누구의 목을 조르다, 누구를 두렵게(괴롭게) 하다; **es geht jdmdm. an die K.** 어려운 처지에 있다, 심한 역경에 처해 있다; **jdmdm. das Messer an die K. setzen** 누구의 목에다 단도를 들이대다, 누구를 협박하다. **2.** 기관(氣管), 식도(食道), 후두(喉頭): sie brüllten sich die -n heiser 그들은 목이 쉬도록 울부짖었다; eine rauhe K. haben 목소리가 쉬어(잠기어) 있다; eine Gräte blieb ihr in der K. stecken 〔생선〕가시가 그녀의 식도에 걸려 있었다; **eine trockene K. haben** 〔통용어〕 즐겨 술을 마시다, 술에 대한 갈증을 느끼다; **eine ausgepichte K. haben** 《경》 술이 세다, 주호(酒豪)이다; **sich³ die K. schmieren[ölen, anfeuchten]** 술을 마시다; **sich³ die K. aus dem Hals schreien** 〔통용어〕 끊임없이 (크게) 소리지르다; **aus voller K.** 있는 목청을 다하여; **etw. durch die K. jagen** 무엇을 술에 소비[낭비]하다, 술을 마셔 탕진하다; **etw. bleibt jmdm. in der K. stecken** (놀램 따위로) 목이 메어 말이 안나오다, 계속 말을 할 수 없다. **in die falsche K. bekommen** 〔통용어〕 터무니없는 오산(오해)을 하다. **3.** 〔건축〕 홈통, 물받이, (기둥 따위에 아로새긴) 홈, 홈새김, 지붕의 골, 면(面). **4.** 〔군·구제〕 보루의 후두부(喉頭部)〔뒷면〕. **kehlen** ['ke:lən] 〈*h*〉 **1.** 〔토건·목공〕 홈을 파다, 홈을 내다: mit dieser Kreissäge kann man auch bohren und k. 이 원형 톱으로 역시 구멍도 파고 홈도 팔 수 있다. **2.** (물고기의) 목을 갈라 헤치다〔절개하다〕. **kehlig** ['ke:lıç] 〈Adj.〉 (말, 노래 따위가) 목구멍에서 나오(는): mit -er Stimme sprechen 목구멍에서 나오는 목소리로 말하다; k. sprechen 목구멍 소리로 말하다. **Kehlung,** die; -en (기둥 따위에) 홈을 파는 일; 홈, 홈통: eine K. anbringen 홈(통)을 만들다〔설치하다〕.

¹Kehr [ke:r], der; -en (südd.) ↑Kehre. **²Kehr** [-], der; -s 〈schweiz. 통용어〉 (매일의) 산책, 순회, 한바퀴 도는 소풍.

¹Kehr- [ke:r-] (¹kehren): **~ordnung,** die (schweiz.) 차례, 순번, 순서: die K. festlegen 순번을 (화)정하다. **~platz,** der 〈schweiz.〉 (차량 따위의) 회전장(回轉場). **~reim,** der 후렴, 반복구(韻). **~schleife,** die **a)** (전차 따위의) 회전선로(線路)(장). **b)** 급커브, 방향 전환 도로, U자형 회전 도로. **~seite,** die **1. a)** 뒷면(반대): Schauseite): die K. eines Bildes 그림의 뒷면; [성구] das ist die K. der Medaille 그것이 고려해봐야 할 부정적인 면이다. **b)** 〔농〕 등, 등어리, 엉덩이, 궁둥이: jmdm. auf die K. fallen 엉덩방아를 찧다. **2.** 결점, 약점, 암흑면(暗黑面), 이면. **~um** (다음 용법으로만) **im K.** 〈schweiz.〉 손바닥을 뒤집는 사이에, 순식간에, 갑자기, 즉시. **~wert,** der 〔수학〕 (분수의) 역수, 역수치(분자와 분모를 서로 바꾼 분수, 예컨대: 3/5 5/3).

²Kehr- (²kehren): **~aus,** der; -. **1.** 최후의 무도, 마지막 춤: ein Walzer bildet den K. 왈츠가 최후의 무도였다. **2.** 끝, 종말, (연회 따위의) 산회(散會): (den) K. machen 끝내다, 정돈하다, 결말을 내다, 마무리짓다. **~besen,** der 〔지역적〕 빗자루. **~blech,** das 〔지역적〕 쓰레받기 **~flaumer,** der 〈schweiz.〉 먼지떨이, 총채, (긴 자루가 달린) 걸레. **~maschine,** die 소제기, (전기) 청소기, 도로 청소차. **~wisch,** der 〈südd.〉 (청소용) 작은 비. **~woche,** die 〈Pl. 없음〉 〔지역적〕 청소 주일(週日).

Kehre ['ke:rə], die; -n **1.** 전향, 전회, 방향 전환, (길의) 모퉁이, 급커브길: die K. einer flach ansteigende K. 완만히 상승하는 커브(길). **2.** 〔체조〕 (안마, 평행봉 따위에서) 발을 앞으로 차면서 뛰어내리기〔넘기〕.

¹kehren [ke:rən] **1.** 〈*h*〉 **a)** 향하게 하다, 돌리다, 뒤집다: das Futter der Taschen nach außen k. 주머니 속을 뒤집다; das Gesicht nach Osten k. 얼굴을 동쪽으로 돌리다; einen Fleiß auf etw. k. 무엇을 열심히 하다; die rauhe Seite nach außen〔heraus〕 k. 통명스럽다; das Oberste zu unterst k. 뒤죽박죽이 되게 하다; **etw. [alles] zum besten k.** 무엇(모든 것)이 유종의 미를 거두게 하다, 무엇(모든 것)을 선용하다, 선의로 해석하다. **b)** 〈k. + sich〉 향하다, 돌다, 뒤돌아 보다: das Segel kehrt sich nach dem Wind 돛이 바람쪽으로 돈다; **etw.[alles] kehrt sich zum besten** 무엇(모든 것)이 좋게[잘, 유리하게] 끝나다; **sich an etw. nicht kehren** 무엇에 관심을 두지(신경을 쓰지, 아랑곳하지) 않다; **zur Buße k.** 참회하다. **2.** 〈드물게〉 〈*h*〉 회전하다, 방향을 바꾸다, 뒤로 돌아서다: der Zug fährt nur bis Frankfurt und kehrt dort 기차는 프랑크푸르트까지만 가고 거기서 되돌아온다: (ganze) Abteilung kehrt! 〔군〕 뒤로 돌앗!; rechtsum〔linksum〕 kehrt! 〔군〕 우향우!〔좌향 좌!〕 **3.** 〈아이〉 〈*s*〉 (집으로) 돌아가다, 귀환

[귀among]하다: mit leeren Händen nach Hause k. 빈 손 [빈털털이](으)로 집으로 돌아가다; **in sich gekehrt** 생각 [명상]에 잠긴, 깊이 생각에 잠기어; er saß (ganz) in sich gekehrt in einer Ecke 그는 (온통) 생각에 잠기어 구석에 앉아 있었다. **4.** [체조] 〈h/s〉 [철봉에서] 발을 앞으로 차면서 회전하다: er ist[hat] in den Stand gekehrt 그는 한바퀴 회전하여 직립하였다.

²**kehren** [-] 〈h〉 《südd.》 **a)** (비 따위로) 쓸다, 소제[청소]하다, (걸레로) 닦다, 훔치다: den Hof k. 마당을 쓸다. **b)** 털다, 제거하다: den Staub vom Teppich k. 양탄자에서 먼지를 털어내다. **c)** (빗질을 하여) 만들어 내다; mit dem Besen kehrten die Kinder eine Bahn zum Schlittern 어린이들은 비로 썰매길을 만들었다.

Kehricht ['kɛrɪçt], der/das; -s **1.** (아이) 쓰레기, 티끌, 오물, 먼지: etw. geht jmdn. einen feuchten K. an 《감정》무엇이 누구에게 관계되는가 하는 것. **2.** 《schweiz.》폐물, 쓰레기, 오물: den K. abfahren (차편으로) 쓰레기를 치우다.

Kehricht-: **~eimer**, der 쓰레기통. **~haufen**, der 쓰레기 더미. **~schaufel**, die 쓰레받기.

kehrt! [keːɐ̯t] ↑¹**kehren** (2) 참조. **kehrtmachen** 〈h〉 《통용어》회전[역전]하다, 뒤로 돌아서다, 되돌아 오다[가다], 도망치다: bei dem Anblick machte er voller Schrecken kehrt 그 광경을 보고 그는 깜짝놀라 뒤로 돌아섰다; [전의] es wäre feige, jetzt kehrtzumachen 지금 도망친다는 것은 비겁한 짓일 게다. **Kehrtwendung**, die 《군》뒤로 돌기, 회전, 선회, 전향(轉向): eine K. machen「뒤로 돌아」를 하다, 선회하다.

Keib [kaip], der; -en, -en 《schwäb., schweiz》야비한 놈, 부랑자, 깡패, 무뢰한.

keifen ['kaifn̩] 〈h〉 날카로운 목소리로 욕을 퍼붓다, 꾸짖다, 크게 나무라다, 말다툼하다: 《명사화》 das Keifen der Marktfrauen 시장 여인들의 말다툼(욕지거리). **Keiferei** [kaifə'rai], die; -en 《俚》심술궂은 욕지거리, 말다툼: die -en der Portiersfrau 문지기 아내의 끝없는 말다툼.

keifig ['kaifɪç], **keifisch** 〈Adj.〉 [niederd. kīvich] 《고어》 잔소리가 심한, 말씨움 잘하는, 싸우기 좋아하는: sie ist allzu k. (veranlagt) 그녀는 너무나 말다툼을 잘한다.

Keil [kail], der; -(e)s, -e **1. a)** 쐐기, 키: einen K. in den Stamm treiben 나무 줄기에 쐐기를 쳐서 박다; den Spalt mit einem K. erweitern 쐐기를 쳐서 갈라진 틈을 넓게 하다. **b)** (제동용) 쐐기 모양의 것[물건], 굄목, 굄돌, 바퀴괴임, 바퀴굄: unter die Räder legen 바퀴 밑에 굄목을 괴어서. **2. a)** 《군》쐐기꼴 대형(陣形), 설상진(楔状陣). **b)** [재단] 쐐기 모양의 헝겊, 삼각형의 헝겊[깃, 섶, 밑, 무].

keil-, Keil-: **~absatz**, der (구두의) 쐐기꼴 뒤축. **~bein**, das [해부] 설상골(楔状骨), 호접골(蝴蝶骨). **~förmig** 〈Adj.〉 쐐기꼴의, 예각(鋭角)의: -e Schriftzeichen 설형문자(楔形文字). **~haue**, die [광] 곡괭이. **~hose**, die (발목이 좁은) (스키)바지. **~kissen**, das 쐐기 모양의 쿠션[방석, 긴깔, 베개]. **~nut**, die [기술] 쐐기꼴의 작은 구멍, 설상(楔状)홈. **~polster**, das 《österr.》 ↑~kissen. **~rahmen**, der 판면(版面)을 쐐기로 죄는 소틀. **~riemen**, der [기술] (단면이 V자 모양인) 비-벨트(V belt)의 K. ist gerissen 비-벨트가 끊어졌다. **~schrift**, die 설형문자, 설형서체. **~schriftforschung**, die 설형문자학(楔形文字學). **~welle**, die [기술] 설상회전축(楔状回転軸), 설상 돌대(굴대).

Keile ['kailə], die 《지역적·경》 때림, 구타, 매질: K. bekommen(kriegen) 매맞다, 얻어맞다, 구타당하다.

keilen ['kailən] 〈h〉 **1. a)** 《전문어》 쐐기로 쪼개다: Bäume k. 나무를 쐐기로 쪼개다. **b)** 쐐기를 박다, 쐐기로 멎게하다[조지다]: einen Pflock in den Boden k. 바닥에 말뚝을 박다. **2. a)** 〈k. + sich〉 뚫고[비집고] 나가다: sich durch eine Menschenmenge k. 사람들의 무리를 뚫고 나가다. **b)** (힘차게) 밀다, 밀치다. **3.** (동물이) 걷어차다, 발길질하다: Vorsicht, das Pferd keilt gern! 조심하라, 그 말은 걷어차기를 잘한다! **4.** 〈k. + sich〉 《통용어》(치고 받고) 싸우다, 《서로》때리다: sie keilten sich um die Bonbons 그들은 사탕 때문에 싸웠다. **5.** 《통용어》권(유)하다, 꾀다: Jugendliche für den Klub k. 청소년들에게 클럽가입을 권유하다; die Verbindung hat drei neue Füchse gekeilt 학생 조합은 세명의 신출나기를 가입시켰다. **Keiler** ['kailɐ], der; -s, - 《사냥》 수멧돼지. **Keilerei** [kailə'rai], die; -en 《통용어》치고받고 싸우기, 격렬한 싸움: es kam zu einer K. 격렬한 싸움이 벌어졌다. **keilig** ['kailɪç] 〈Adj.〉 쐐기 모양(꼴)의, 쐐기로: ein -es Stück Holz 쐐기꼴 목재.

Keim [kaim], der; -(e)s, -e [mhd. kīm(e), ahd. kīmo] **1.** 〈생물〉 **a)** 눈(芽), 싹, 꽃봉오리: die Bohnen haben -e gebildet(getrieben) 콩에 싹(눈)이 텄다. **b)** 배(胚), 배아(胚芽), 배종(胚種), 애벌레, 태아(胎兒): die Ernährung des -s durch die Plazenta 태반(胎盤)을 통한 태아의 양육. **2.** 처음, 발단(發端), 기원(起原), 기점(基點), 원인, 징후: ein K. der Hoffnung 희망의 발단; diese Erkältung legte den K. zu langer Krankheit 이 감기가 오랜 병의 원인이 되었다; etw. im K. ersticken 무엇을 미연에 방지하다; der Aufstand wurde im K. erstickt 그 폭동은 사전에 억압되었다. **3.** 〈대개 Pl.〉 〈생물·의학〉 병원(病原), 병원체(病原體), 병원균: die -e durch Sterilisation abtöten 소독〔살균〕으로 병원균을 죽이다. **4.** 〈물리〉 (가스, 액체 따위의) 응고[응결] 미립자.

keim-, Keim-: **~achse**, die 〔식물〕 배축(胚軸). **~bahn**, die 〔생물〕 배발생(胚發生)[난세포가 생식 세포로 되는 것]. **~befall**, der 병원균 발생. **~bildung**, die 배형성(胚形成). **~bläschen**, das 〔동물〕 난핵(卵核), 포상(胞狀)난핵. **~blatt**, das **1.** 〔식물〕 떡잎, 자엽(子葉). **2.** 〔생물·의학〕 배엽(胚葉). **~drüse**, die 〔동물·의학〕 생식선(生殖腺), 성선(性腺), 배선(胚腺). **~drüsenhormon**, das 생식(성)호르몬. **~fähig** 〈Adj.〉 〔식물〕 발아력(發芽力)이 있는, 싹트는 힘이 있는. **~fähigkeit**, die (Pl. 없음) 발아력. **~fleck**, der 〔생물·의학〕 알눈, 배반(胚斑), 난(卵)의 씨눈. **~frei** 〈Adj.〉 무균(無菌)(성)의, 무배종자(無胚種子)의, 중성(中性)의. **~freiheit**, die (Pl. 없음) ↑~frei의 명사형. **~haut**, die 배피(胚皮), 배막. **~plasma**, das 〔생물〕 배질(胚質), 배종원형질, 유전질, 생세포질. **~reife**, die 〔식물〕 (씨앗의) 발아(發芽) 상태. **~ruhe**, die 〔식물〕 발아하기 전의 휴식기(休息期). **~schädigung**, die 〔생물·의학〕 태아수정(胎芽胚)에의 (태아)胎芽에의 손상. **~scheibe**, die 〔생물〕 배반(胚板)[형성적 난황(卵黃)]. **~schicht**, die 〔동물·의학〕 배아층(胚芽層). **~stimmung**, die (Pl. 없음) 〔식물〕 춘화처리(春化處理), 야로비 농법(農法). **~tötend** 〈Adj.〉 살균의, 살균력(작용)이 있는. **~träger**, der 〔의학〕 보균자(保菌者). **~wurzel**, die 〔식물〕 어린뿌리, 유근(幼根). **~zelle**, die **1.** 〔생물〕 Gamet. 〔생물〕 배포(胚胞), 아포(芽胞), 배종 세포, 생식 세포. **2.** 기초, 기점(基點), 출발점, 시작, 발단: die Familie ist die K. des Staates 가정은 국가의 기초이다.

keimen ['kaimən] 〈h〉 **1.** 싹트다, 발아하다, 배태(胚胎)하다, 자라나다, 발효(發酵)하다: die Saat beginnt zu k. 뿌린 씨가 싹트기 [발아하기] 시작한다; keimendes Leben 자라나는 생명. **2.** 생기다, 일어나다, 움트다: in ihm keimte die Hoffnung auf eine bessere Zukunft 그의 마음 속에는 보다 나은 미래에 대한 희망이 생겨났다;

keimende Liebe 싹트는 사랑. **Keimesentwicklung**, die; -en ↑Embryonalentwicklung. **keimhaft** ⟨Adj.⟩ (아어) 맹아적(萌芽的)인, 초기(初期)의: -e Zeichen einer Besserung 개선(改善)의 맹아적 징조 [정후]. **Keimling** ['kajmlɪŋ], der; -s, -e **1.** [식물] 유아(幼芽), 배종(胚種), 배(胚); 배유(胚原), 원종(原種): die -e vor Frost schützen 추위에(얼지 않도록) 유아(幼芽)를 보호하다. **2.** [생물·의학] ↑Embryo (1). **Keimlingskrankheit**, die ⟨대개 Pl.⟩ 유아병(幼芽病). **Keimung**, die; -en 발아(發芽), 맹아(萌芽), 발생, 생장(生長).

kein [kajn] ⟨Indefinitpron.⟩ **1. a)** 하나도[조금도] ···(하지) 않는: k. Wort sagen 한 마디도 (말)하지 않다; k. Mensch[k. einziger] kümmerte sich darum 한 사람도[아무도] 그것을 걱정하지 않았다; auf -en Fall 여하한 [어떠한] 경우에도 ···않다; unter -en Umständen 어떤 상황 하에서도 [결코] ···(하지) 않다; zu -er Zeit 어느 때라도 ···않다. **b)** ⟨대개 추상명사, 집합명사와 함께⟩ 아무 것도[하나도] ···않다: -e Zeit haben (전혀) 시간이 없다; -en Schlaf finden 잠을 이루지 못하다; -e Angst kennen 두려움을 (전혀) 모르다. **c)** ⟨형용사의 부정사로⟩ ···하지 않은: er ist k. schlechter Schüler 그는 나쁘지 않은[비교적 훌륭한] 학생이다; das ist k. großer Unterschied 그것은 커다란 차이가 아니다. **d)** ⟪수사 앞에서⟫ 아직도 ···한 것은 아니다: sie ist noch -e zehn Jahre alt 그녀는 아직 열 살이 되지는 않았다; es dauert -e fünf Minuten 그것은 5분도 걸리지 않는다. **2.** ⟨독립적⟩ **a)** 아무도(한 사람도) ···(하지)않는: -er rührte sich 아무도 움직이지 않았다; ich kenne -en, der das tut 나는 그것을 행한 사람을 아무도 모른다; keins von beiden 둘[두 사람] 중 아무도 ···않다. **b)** ⟨강조형 어순변화로 독립된 경우⟩ 하나도[아무것도] ···않다[없다]: Geld hat er keins 그는 돈이 하나도 없다; Lust hab' ich -e 나는 흥미가 전혀 없다. **keinerlei** ⟨부정 단위; 격변화 없음⟩ 어떠한 (종류의) 것도 ···(하지) 않다: k. Anstrengungen machen 어떠한 노력도 하지(기울이지) 않다; das hat k. Wirkung 그것은 아무런 효력이 없다. k. Reue zeigen 아무런 후회의 기색도 보이지 않다. **keinerseits** ⟨Adv.⟩ (드물게) 어느쪽도 ···(하지) 않다: k. erhob sich Widerspruch 어느 쪽에서도 반대가 제기되지 않았다. **keinesfalls** ⟨Adv.⟩ 어떠한 경우에도(결코) ···않다: das habe ich k. gesagt 나는 그것을 결코 말하지 않았다. **keineswegs** ⟨Adv.⟩ 결코[조금도, 반드시] ···(하지) 않다: k. das war k. böse Absicht 그것은 결코 악의가 아니었다. **keinmal** ⟨Adv.⟩ 한번도[절대로] ···(하지) 않다: sie hat noch k. gefehlt 그녀는 한번도 실패하지[잘못하지] 않았다.

Keks [ke:ks], der ⟨드물게⟩ das; -/-es, -/-e ⟨österr.⟩ das; -, -(e) [engl. cakes] **1. a)** ⟨Pl. 없음⟩ 과자, 비스킷: eine Dose K. 비스킷 한통. **b)** 낱개의 과자(비스킷): einen K. essen 비스킷 한개를 먹다. **2.** ⟨경⟩ 머리: sich den K. stoßen 머리를 부딪치다; **einen weichen K. haben** 제 정신이 아니다. **Keksdose**, die 비스킷(과자)통.

Kelch [kɛlç], der; -(e)s, -e [lat. calix] **1. a)** 손잡이가 달린 컵[잔], 성찬용 술잔, 성배(聖杯): ein bauchiger K. (배가) 불룩나온 손잡이가 달린 잔; ⟨전의⟩ der K. der Tränen war gefüllt und lief über 눈물의 잔은 가득 차 흘러넘쳤다; **den (bittern) K. bis auf den Grund (bis zur Neige) leeren (müssen)** (아이) (인생의) 괴로움[쓴 맛]을 남김없이 맛보다; **der K. ist an jmdm. vorübergegangen** (아이) 괴로움(위험, 불행)을 면(피)할 수 있었다. **b)** ⟨종교⟩ ↑Abendmahlskelch의 약칭. **2.** [식물] ↑Blütenkelch. **kelch-, Kelch-**: ~**blatt**, das [식물] 꽃받침, 악엽(萼葉), 악편(萼片). ~**förmig** ⟨Adj.⟩ 긴 다리가 달린 잔 모양의, 꽃받침 모양의. ~**glas**, das (포도주 용의) 긴 다리가 달린 유리잔. ~**kapitell**, der [예술] (고딕양식에 있어서) 잔 모양으로 벌어진 주두(柱頭). ~**kommunion**, die [가] (성찬식 때의) 성주(聖酒) 수여.

Kelek ['kelek], **Kelik** ['kelɪk], das; -s, -s [türk. kelek] [중근동(中近東)의] 공기를 넣은 동물가죽으로 만든 뗏목.

Kelim ['ke:lim], der; -s, -s [türk. kilim] 고블랭직(織), 페르샤융단, 켈림(벽걸이) 융단.

Kelim-: ~**rand**, der 페르샤 융단의 둘레 장식. ~**stich**, der [수공] 켈림 융단의 화채자수(花綵刺繡). ~**stickerei**, die [수공] **a)** ⟨Pl. 없음⟩ 켈림 융단의 화채 자수 기법. **b)** 화채 수공품(花綵繡品).

Kelle ['kɛlə], die; -n **1.** 국자, 주걱, 큰 숟가락: Suppe mit der K. ausgeben 수프를 국자로 나누어 주다; **mit der großen K. anrichten** ⟨schweiz.⟩ 무엇을 낭비하다(물쓰듯하다). **2.** ⟨교통 순경의⟩ 정지 지시봉[신호기], (역장의) 발차 신호봉: der Polizist hebt die K. 경찰관이 정지 지시봉을 들어 올린다[정지 신호를 한다]; mit der K. das Abfahrtszeichen geben 신호봉으로 발차 신호를 한다. **3.** 흙손, 회반죽 가래, 삽, 셔블, 물통. **4.** [사냥] 비버[해리(海狸)]의 꼬리. **Kellenknirps**, der ⟨통용어⟩ **1.** 견습 요리사[국]. **2.** 학교 주위에서 교통을 안내하는 학생.

Keller ['kɛlɐ], der; -s **1. a)** 지하실: den K. ausbauen 지하실을 건축(증축)하다; ⟨전의⟩ der Außenhandel im K. gefallen 해외 무역이 몹시 줄어들었다; ein Theaterstück in den K. spielen ⟨통용어⟩ 형편없는 연기(演技)로 연극을 망치다; **im K. sein** ⟨스카트·은어⟩ 마이너스 점수를 가지다. **b)** 지하 창고, 광: jede Mietpartei hat Anspruch auf einen K. 각 세든 세대는 지하 창고에 대한 권리가 있다; seinen K. als Hobbyraum einrichten 그의 지하 창고를 오락실로 꾸미다. **2.** ⟨통용어⟩ (지하실의) 포도주 저장품, 포도주 저장소, 술광: einen guten K. haben 질이 좋은 포도주를 저장하다. **3.** ↑Luftschutzkellers의 약칭: den K. aufsuchen 방공호에 들어가다. **4.** ⟨대개 이름과 결합하여⟩ 지하 술집.

Keller-: ~**abfüllung**, die (재배자가 직접 병에 담은) 오리지날 포도주. ~**abzug**, der ↑~abfüllung. ~**assel**, der 쥐며느리: ⟨전의⟩ er ist eine richtige K. ⟨통용어·농⟩ 그는 진정한 밤 술꾼이다. ~**bar**, die 지하실 바 (선술집). ~**behausung**, die ⟨폄⟩ ↑~wohnung. ~**bewohner**, der 지하실 집에 사는 사람. ~**bühne**, die 지하실 소극장(실험극장). ~**decke**, die 지하실 천장. ~**durchbruch**, der 지하실로 통하는 구멍((도피)통로). ~**eingang**, der 지하실(지하 창고)의 입구. ~**falte**, die ⟨옷의⟩ 깊은 주름. ~**fenster**, das 지하실(창고, 지하광)의 창(천창(天窓)). ~**geschoß**, das 지하 층(層). ~**gewölbe**, das 지하실의 반원형 천장. ~**hals**, der **1.** 지하실 입구. **2.** [식물] ↑Seidelbast. ~**kind**, das ⟨통용어⟩ 빈민[하층계급]의 자식, (사회적) 문제아. ~**klub**, der 지하실 클럽(회관, 집회소). ~**kneipe**, die 지하실 술집. ~**küche**, die 지하방(음식집). ~**laden**, der 지하상가(상점). ~**loch**, das **1.** ⟨드물게⟩ 지하실(창고)의 바람(채광) 구멍. **2.** ⟨폄⟩ 비좁은(지저분) 집, 돼지우리. ~**lokal**, das 지하 술집. ~**luft**, die 지하실의 (눅눅한) 공기. ~**luke**, die ↑~loch (1). ~**meister**, der 포도주(또는 맥주) 창고의 감독, 양조장 주임. ~**mief**, der (폄) 지하실의 악취[나쁜 공기]. ~**raum**, der 지하 공간, 움막. ~**schacht**, der 지하갱(坑), 혈(穴). ~**schnecke**, die 괄태충(括胎蟲)의 일종, (습한 지하실에서 자라는) 피각살(皮殼狀)의 버섯[균(菌)]. ~**stiege**, die (südd., österr.), ~**treppe**, die 지하실 계단. ~**tür**, die 지하실 문. ~**wechsel**, der [금융] 융통(融通)어음,

공(空)수표. **~wirtschaft, die** ↑lokal. **~wohnung, die** 지하실 집, 지하주거(아파트, 하숙집).

Kellerei [kɛlə'raj], **die**; -en 지하창고, 포도주 저장소(지하실), 양조장, 술파는 상점. **kellerig** ['kɛlərɪç] 〈Adj.〉 지하실에서 나온, 지하실에서 같은: es riecht k. 지하실에서와 같은 냄새가 난다. **kellern** ['kɛlɐn] 〈h〉 〔고어〕 einkellern.

Kellion ['kɛliɔn], **das**; -s, Kellien [(n)griech. kéllion] 그리스정교의 (조그만) 사원(수도원).

Kellner ['kɛlnɐ], **der**; -s, - [lat. cellenarius] 〔요리집, 술집의〕 사환, 웨이터, 보이: der K. notiert die Bestellungen 웨이터가 주문받은 것을 메모한다; den K. [nach dem K.] rufen 웨이터를 부르다. **Kellnerei** [...nə'raj], **die** 〔드물게〕 웨이터 일〔노릇〕, 웨이터 노릇. **Kellnerfrack, der** 급사(웨이터) 제복으로서의 연미복. **kellnerieren** [...'ri:rən] 〈h〉 〔드물게〕 웨이터〔급사〕로 일하다. **Kɐllnerin, die;** -nen ↑Kellner의 여성형(웨이트레스). **Kellnerjacke, die** -n 웨이터 제복으로서의 흰 재킷. **kellnern** 〈h〉 〔통용어〕 웨이터로 일하다. **Kellnerschaft, die;** -en 〔드물게〕 웨이터의 총칭, 급사〔보이〕단.

Keloid [kelo'i:t], **das**; -(e)s, -e 〔의학〕 해족종(蟹足腫), 켈로이드. **Keloidose** [keloi'do:zə], **die**; -n 〔의학〕 켈로이드 성(性).

¹**Kelt** [kɛlt], **der**; -s [engl. kelt] 〔섬유〕 스코틀랜드산(産)의 거칠고 검은 모직물.

²**Kelt, der**; -(e)s, -e [lat. celtis] 〔고어〕 청동기 시대의 도끼[큰 자귀].

Kɐlte, der; -n, -n 켈트 족(사람).

Kelter [kɛltɐ], **die**; -n [lat. calcātūra 발로 밟아 포도즙을 짜낸 데서 유래] 압착기, 포도주 착착기(搾取器), 포도 압착장(壓搾場): **Kelterei** [kɛltə'raj], **die**; -en 포도 압착(공)장. **Kelterer, der**; -s, - 포도를 압착하는 사람. **keltern** 〈h〉 (과일, 포도를) 짜다, 압착하다.

Kɐltiberer, der (스페인의) 켈트 이베리아 혼혈족. **keltiberisch** 〈Adj.〉 ↑Keltiberer의 형용사형. **keltisch** 〈Adj.〉 켈트족(어)의. **Kɐltisch, das**; -(s) / **Kɐltische, das**; -n 켈트어(語). **keltoromanisch** 〈Adj.〉 켈트로만어(語)의, 켈트인과 로마인 혼혈의.

Keltologe [kɛlto'lo:gə], **der**; -n, - 켈트어(문)학자. **Keltologie, die** 켈트어(문)학. **keltologisch** 〈Adj.〉 켈트어(문)학의, 켈트어(문)학적.

Kelvin ['kɛlvɪn], **das**; -s, - [영국의 물리학자 Lord Kelvin(1824~1907)의 이름에서] 켈빈(기온 측정의 단위). **Kɐlvinskala, die** (0점에서 시작하는) 온도의 눈금, 켈빈눈금.

Kemalismus [kema'lɪsmʊs], **der**; - [이 운동의 창시자인 터키 대통령 Kemal Atatürk(1888~1938)의 이름에서] 케말주의(운동). **Kemalist** [...'lɪst], **der**; -en, -en 케말주의자(추종자).

Kemantsche [ke'mantʃə], **die**; -n [pers. kemānče] (2~4현(絃)의 목이 긴) 아라비아의 현악기.

Kemenate [keme'na:tə], **die**; -n [lat. caminata] **1.** 중세 성중(城中)의 난로 있는 방, 성중의 규방(閨房)[여자의 방]. **2.** 〔통용어·농〕 침실, 밀실, 은밀한 곳.

Kempo ['kɛmpo], **das**; -(s) [jap. kempō] 〔스포츠〕 중국 권법(拳法)의 일종.

Ken [kɛn], **das**; -s, - [jap. ken] 현(縣)(일본의 지방 행정 구획의 하나).

Kenaf ['ke:naf], **das**; -s [pers. kanaf] ↑Gambohanf.

Kendo ['kɛndo], **das**; -(s) [jap. ken-do] 〔펜싱〕 검도(劍道). **Kendoka** [kɛn'do:ka]; -n, - 검도가(家)[인(人)].

Kenem [ke'ne:m], **das**; -e [griech. kenós] 〔언어〕 표현소(表現素).

Kenia [ke:nia], **-s** 케냐. **Kenianer, der**; -s, - 케냐인(사람). **kenianisch** 〈Adj.〉 ↑Kenia의 형용사형.

kenn-, Kenn-: **~buchstabe, der** 표제문자, 부호(기호) 문자(符號). **~daten** 〈Pl.〉 〔전문어〕 특징(뚜렷한 자료, (제조·식별용) 낱짝. **~faden, der** 《전문어》 (상품의 생산자, 특성 따위를 나타내는) 표사(標絲), 표지색(色)실. **~farbe, der** 식별색(識別色). **~feuer, das** 〔항공〕 (방향) 표지등, 신호등. **~karte, die** 《구제》 신분증명서. **~kurve, die** ↑linie. **~leuchte, die 1.** 〔교통〕 (경찰차, 구급차 따위의) 경고등. **2.** 〔항공〕 (비행기의) 위치 표지등. **~licht, das** ↑leuchte. **~linie, die** 〔전문어〕 특성 곡선(特性曲線), 좌표계의 함수곡선. **~mal, das** 〈Pl. -e〉 〔드물게〕 특징, 특성, 표지. **~marke, die** (군인 따위의) 인식표(標), (상품의) 품질 표시표. **~melodie, die** 〔방송〕 테마 음악, 시그날 뮤직. **~nummer, die** (비분리시: Kennummer) 표지(색인, 참조) 번호, (자동차 따위의) 등록 번호, 번호표, 고유치(固有值). **~wort, das** 〈Pl. ...wörter〉 **1.** 표어(標語), 슬로건, 모토. **2. a)** 암호, 구호: das K. nennen und eingelassen werden 암호를 대고 통과되다. **b)** 암호명(暗號名), (상사(商社) 따위의) 전신약호(電信略號): ein Sparbuch mit K. 암호명으로 된 저축통장. **~zahl, die 1.** ↑ziffer (1). **2.** 〔전화〕 지역(도시) 번호. **3.** 〔전문어〕 지수(指數). **~zeichen, das 1.** 특징, 징후(徵候), 징세: die Krankheit hat untrügliche K. 그 병에는 확실한 징후가 있다. **2. a)** 표지, 부호, 기호: 표상(表象), 휘장(徽章): einen Behälter mit einem K. versehen 용기(容器)에 표지(레터르)를 붙이다. **b)** 표지문자, 표지숫자, (자동차 따위의) 등록 표지: das internationale K. eines Kraftfahrzeugs 자동차의 국제 등록 표지 문자. **~zeichenleuchte, die** 〔자동차〕 번호판 (燈). **~zeichenschild, das** 〈Pl. -er〉 번호판, 표지판. **~zeichnen** 〈h〉 **1.** 표적을 내다, 기호를 붙이다: einen Weg durch Schilder [mit Schildern] k. 길에 표지판을 세우다. **2. a)** 특징지우다, 특색을 나타내다, 도장을 찍다: jmdn. als fleißig k. 누구를 부지런하다고 특징지우다; der Dichter hat diese Figuren scharf gekennzeichnet 작가는 이 인물들의 특성을 날카롭게 서술하였다. **b)** 두드러지다, 눈에 띄다, 특징이 되다: diese Tat kennzeichnet seinen Charakter 이 행위가 그의 성격의 특징이 된다; 《또한》 k. + sich) eine Handlung, die sich selbst kennzeichnet 자기 자신을 드러내게 하는 행위. **~zeichnend** 〈Adj.〉 특징적인, 전형적인, 특징을 나타내는: -e Eigenschaften 특징적 성질, 특성. **~zeichenderweise** 〈Adv.〉 특징적(전형적)으로. **~zeichnung, die 1.** 특징, 징후. **2. a)** 표지, 표상. **b)** 특성, 성격 묘사, 특징짓기. **3.** 〔수학·논리〕 **a)** 증명(證明). **b)** 특징 표시. **~ziffer, die 1.** (부호로 쓰이는) 숫자, 번호, (전화의) 국번. **2.** 〔수학〕 대수(對數)의 지표(指標). **3.** 《구동독》 (경제) 지수(指數): die -n des Bedarfs 수요 지수.

kennbar ['kɛnba:ɐ̯] 〈Adj.〉 〈schweiz.〉 알 수 있는, 인정(식별, 이해)할 수 있는, 눈에 뜨이는, 현저한, 명백한.

Kennel ['kɛnl], **der**; -s, - [engl. kennel] 〔사냥〕 개집, 개우리.

Kennelly-Heaviside-Schicht ['kɛnli-], **die** [O. Heaviside와는 무관하게 1902년 전리층의 존재를 주장한 미국의 전기학자 A. E. Kennelly(1861~1939)의 이름에서] 헤비사이드층(↑Heavisideschicht).

kennen¹ ['kɛnən] 〈h〉 **1. a)** 알고(있) 다 《사람 및 물체의 존재, 특성, 성질 따위에 관하여 직접적인 경험에서 그 상, 기억을 가지고 있으며, 그 사람 및 물체를 다른 것과 식별할 수 있다는 뜻)); 이에 대하여 wissen은 내용의 지식을 가지고 있다는 뜻)): ich kenne mich (selbst) gut genug 나는 나 자신을 아주 잘 알고 있다; da kennst du mich aber schlecht《통용어》그 점에서 너는 나를 잘못 알고[평가하고] 있다; 성구 das kennen wir (schon)《통용어·편》1) 그건 새로울 게 아냐. 2) 이런 구실은 (벌써) 알고 있네. **b)**(…로) 알다, 알고 있다. 꿰뚫어 알아채고 있다: von dieser Seite kannten wir ihn noch nicht 우리는 그에게 이런 면이 있다는 것을 (아직) 알아채지 못했다; wir kennen ihn nur als zuverlässigen Menschen 우리는 그를 믿을만한 사람으로 알고 있다; **sich nicht mehr k. (vor …)** (… 때문에) 제 정신이 아니다, 어찌할 바를 모르다, 자신을 잊고 있다; sich vor Wut nicht mehr k. 분노 때문에 어찌할 바를 모르다. **c)**(누구와) 알고 지내다, 아는 사이다, 면식이 있다: jmdn. nur flüchtig k. 누구와 피상적으로 아는 사이이다; wir kennen uns schon! 우리는 벌써 서로 알고 지낸다; nach dem Vorfall will er ihn nicht mehr k. 그 사건 이후 그는 그를 모르는 사이다. **2.** 이해하다, 정통해 있다: das Schachspiel k. 장기(놀이)에 정통해 있다. **3.** 인지하다, 분간[식별]하다, 알아차리다: ich kenne ihn am Gang [an der Stimme] 나는 걸음걸이로[목소리를 듣고] 그인 것을 알아차리고 있다. **4.** (내용을) 알다, 정확하게 알고 있다: jeder kennt seinen Platz 누구나 자기 자리 (가 어디인지)를 안다. **5. a)** (경험을 통해) 알다, 경험[체험]하다: eine Katastrophe von nie gekanntem Ausmaß 한번도 겪어보지 못한 규모의 파국. **b)** 보여 주다, 내포하고 있다, 나타나다, 알려져 있다: dieses Land kennt lange Winter 이 나라의 겨울은 길다. **6. a)** (어떤 일을) 의식하고 (있) 다: seine Pflichten k. 그의 의무를 의식하고 있다. **b)** 승인[시인, 인정]하다《대개 부정적 용법임》: kein Maß[keine Grenzen] k. 방자하다, 제멋대로다[한(限)이 없다]; keine Rücksicht[keine Gnade] k. 어떠한 고려도 하지 않는다[사정없다]; **da kennt jmd. nichts**《통용어》[누가에게는] 모든 것이 상관 없다[누구를 무시하고[고려치] 않다]. **kennenlernen** ⟨h⟩ **1. a)** (무엇에) 정통하다, 잘 알다: etw. näher k. 무엇을 보다 상세히 알다. **b)** (누구와) 알게 되다, 아는 사이가 되다: jmdn. persönlich k. 누구를 개인적으로 알게[사귀게] 되다; (es) freut mich, Sie kennenzulernen! 당신을 알게 되어 기쁩니다!;《명사화》sie gewinnt bei näherem Kennenlernen 그녀는 보다 가까이 사귐으로써 이득을 본다. **2.** 경험[접촉]으로 알게되다, 배우다; jmds. Großzügigkeit k. 누구의 관대함을 알게 되다; 성구 du wirst mich noch k.! 넌 나와 농담 할 수 없다는 걸 알게 될 것이다!《경고》. **kennenswert** ⟨Adj.⟩ 알(배울) 만 한 가치가 있는. **Kenner,** der; -s, - **1.**《양》정통[精通]한 사람, 숙련[노련]가, 명수, 달인[達人]: **a)** ein hervorragender K. der Antike 고대(古代)에 뛰어나게 정통한 사람. **b)** 전문가, 감정가: das Urteil des -s respektieren 전문가의 판단을 존중하다.

Kenner-: ~**auge.** das 전문가의 눈, 감식안(鑑識眼). ~**blick,** der ↑~auge. ~**miene,** die 전문가의 표정 [태도]: eine K. aufsetzen 전문가 표정을 짓다[태도를 취하다]. ~**mund,** der《다음 용법으로》**aus Kennermund(e)** 전문가의[다운] 입에서 나온; ein Lob aus Kennermund(e) 전문가의 입에서 나온 칭찬. ~**urteil,** das 전문가의 판단.

kennerhaft ⟨Adj.⟩ **1.**《양》전문가다운[같은]. **kennerisch** ⟨Adj.⟩ **1.** ↑kennerhaft. **2.**《schweiz.》전문적 지식이 있는, 통달한, 조예 깊은. **Kennerschaft,** die 전문적 지식, 정통, 숙달, 숙지, 통달: etw. mit (großer) K. prüfen 무엇을 (훌륭한) 전문적 지식으로 시험하다.

Kenning ['kɛnɪŋ], die; -ar/ -e [...gar; anord. kenning] 【문예학】(고대 게르만 문학의) 완곡대칭법(婉曲代稱法)/예컨대: "전투" 대신에 "화살의 광란"이라고 하는 따위》《반대. Heiti》.

kenntlich ['kɛntlɪç] ⟨Adj.⟩ 눈에 띄는, 두드러진:《다음 용법으로》k. sein 식별된[인지할, 알] 수 있다; ein weithin -es Zeichen 멀리 알릴 수 있는 표시; **jmdn. [etw.] k. machen** 누구[무엇]을 알리다, 발표하다, 알 수 있게 하다, 기호[표적]을 붙이다; sich (als) jmd., als etw.) k. machen 자신을 [누구로, 무엇으로] 알리다. **Kenntlichkeit,** die ↑kenntlich의 명사형. **Kenntlichmachung** [-maxʊŋ], die 알림, 발표, 기호[표적]를 붙임. **Kenntnis** ['kɛntnɪs], die; -se **1.** ⟨Pl. 없음⟩ 아는 일, 앎, 승낙, 양지(諒知), 통보, 통지, 소식: von etw. K. bekommen [erhalten] 무슨 일에 관해 통지를 받다; das entzieht sich meiner K. (아이) 거기에 관해 나는 아무것도 모른다; **von etw. K. nehmen** 무엇을 알다, 무엇에 주의하다; **jmdn. von etw. in K. setzen** 누구에게 무엇을 알리다, 통지하다; **(jmdm.) etw. zur K. bringen** (누구에게) 무엇을 알리다; **etw. zur K. nehmen** 무엇을 알다; **jmdn. zur K. nehmen** 누구에게 약간 주목을 기울이다; sich K. von etw. verschaffen 무엇을 문의[조회]하다, 알아보다. **2.** ⟨Pl.⟩ 지식, 견문, 학식, 학술, 교육, 교양, 예능: umfassende -se haben 포괄적인 지식을 가지다; er hat sich gute -se auf dem Gebiet der Mathematik [in der Mathematik] erworben [angeeignet] 그는 수학 (분야)에서 심오한 지식을 체득했다.

kenntnis-, Kenntnis-: ~**arm** ⟨Adj.⟩《드물게》무식한, 무지한, 무학(無學)인. ~**förderung,** die ⟨Pl. 없음⟩《드물게》지식의 촉진[진흥]. ~**los** ⟨Adj.⟩ 무식[무지]한. ~**nahme** [-naːmə], die【관】아는 일, 양지, 문지(聞知): nach K. der Akten 문서[서류]를 보(알)고 나서. ~**reich** ⟨Adj.⟩ 박식한, 박학(博學)한, 전문적 지식이 있는, 노련한, ~**stand,** der ⟨Pl. 없음⟩ 지식[인식]의 입장(수준, 상황).

Kennung ['kɛnʊŋ], die; -en **1.** (전문어) 특징, 특성 표사, 표지. **2.**【해양·항공】지상 표지(地上標識), 식별 신호. **3.**【무선】콜사인, 호출 부호[신호]. **4.**【해양·지리】육표(陸票). **Kennungswandler,** der [자동차] 기어, 변속 장치.

Kenosis ['keːnozɪs, 'ken…], die [griech. kénosis] (그리스도의 수육설(受肉說)에 있어서의) 신성(神性) 포기. **Kenotaph** [keno'taːf], (또한) Zenotaph [tse...], das; -s, -e [lat. cenotaphium < griech. kenotáphion] (유골이 없는 곳에 세운 비(碑), 석비(石碑), 위령탑, 기념비. **Kenotiker** [ke'noːtikɐ], der; -s, - (그리스도의) 신성포기학파.

Kentaur [kɛn'taʊɐ] ↑Zentaur.

kentern ['kɛntɐn] [niederd. kenteren, kanteren] **1.** ⟨s⟩ (배가) 전복하다, 뒤집히다: das Schiff ist gekentert 배가 전복하였다;《명사화》der Sturm hat das Segelboot fast zum Kentern gebracht 폭풍우가 돛단배를 거의 전복시킬 뻔했다. **2.** [선원] ⟨h⟩ (바람, 조류 따위가) 갑자기 방향을 바꾸다: der Wind kenterte 갑자기 풍향이 바뀌었다; mit kenterndem Wasser auslaufen 조수의 방향이 바뀔 때[썰물이 시작될 때] 출범하다. **Kenterrolle,** die ↑Eskimorolle. **Kenterung,** die; -en 전복, 뒤집힘.

Kentucky [kɛn'tʌki], -s, - 켄터키[미국의 주(州)].

Kentumsprache ['kɛntum-], die; -n [라틴어 centum (백)의 초음(初音) c를 k로 발음하는] 【언어】켄툼어(語)《서(西)인도게르만어족의 한 언어》《반대. Satemsprache》.

kephal-, Kephal-: ↑zephal-, Zephal- 참조. **kephalo-, Kephalo-:** ↑zephalo-, Zephalo- 참조.

Kepheus ['keːfɔys], der; -, - 케페우스(성좌(星座)) 이름.

Kepler [k'ɛplɐr], der; -s, - Johannes ~ 독일의 천문학자 (1571~1630): das ~sche Gesetz 케플러의 법칙.

keppeln ['kɛpļn] ⟨h⟩ ⟨österr.·통용어⟩ 끊임없이 욕하다, 잔소리하다, 말다툼하다. **Keppelweib**, das ⟨österr.·폄⟩ 욕지거리(말다툼)하는 여자. **Kepplerin** ['kɛplərın], die; -nen ⟨österr.·통용어·폄⟩ 욕설하는 여자.

Kerabau [kera'bau], der; -s, -s ⟨engl. carabao⟩ 필리핀 방언에서] (인도산) 물소.

Keralogie ⓌZ [keralo'giː], die ⟨이용업⟩ 머리의 결함을 감추기 위한 머리손질.

Keramik [ke'raːmık], die; -en [frz. céramique] **1. a)** ⟨Pl. 없음⟩ 오지그릇, 질그릇, 도기(陶器), 자기(瓷器): K. herstellen 도기를 생산하다. **b)** 예술성이 있는 도자기: eine wertvolle chinesische K. 진귀한 중국 도자기. **2.** 점토, 도토(陶土): die Vase ist aus K. 꽃병은 점토로 만들어졌다. **3.** ⟨Pl. 없음⟩ 요업(窯業), 제도술(製陶術), 도자기 제작: die minoische K. 크레타(섬)의 제도술. **Keramiker** [ke'raːmıkɐ], der; -s, - 제도업자(製陶業者), 도공(陶工), 도예가. **Keramikerin**, die; -nen ↑Keramiker의 여성형. **keramisch** ⟨Adj.⟩ 질그릇의, 도자기의, 제도술의: eine Ausstellung -er Vasen 도자기 꽃병 전시회; -er Ofen ⟨전문어⟩ 도자기 굽는 가마; -e Farben ⟨전문어⟩ 도자기 염료(채료(彩料)); -er Druck ⟨전문어⟩ 도자기(석판) 인쇄.

Keratin [kera'tiːn], das; -s, -⟨종류⟩ -e [화학·생물] 케라틴, 각소(角素), 각질(角質). **Keratitis** [...'tiːtıs], die; ...iden [...tiˈiːdņ] [의학] 각막염(角膜炎). **Kerato-** [kerato-; griech. kéras] ⟨"뿔(Horn...), 각막"을 뜻하는 규정어로서⟩ **Keratom** [...'toːm], das; -s, -e [의학] 각화종(角化腫). **Keratomalazie**, die; -n [의학] 각막연화(角膜軟化). **Keratometer**, das; -s, - [의학] 각막계(角膜計). **Keratophyr** [...'fyːɐ], der; -s, -e [지질] (독일 중부 산맥에서 발견되는 지구 고대의) 녹회색 분출암(噴出岩). **Keratoplastik**, die; -en [의학] 각막이식(角膜移植). **Keratose** [...'toːzə], die; -n [의학] 각화(角化), 각질화. **Keratoskop** [...'skoːp], das; -s, -e [의학] 각막 광학기계(관찰경).

¹Kerb [kɛrp], die; -en, Kerwe ['kɛrvə], -n ⟨hess., pfälz.⟩ ↑Kirchweih.

²Kerb [-], der; -(e)s, -e ↑Kerbe의 병용형 [기술] 새김눈, 눈금, 자국, 새김자국.

Kerb-: ~**holz**, das 어음 ⟨옛⟩나무, 계산목, 부신(符信) (옛날 상호간의 대차대금을 금으로 표시하고 그것을 둘로 쪼개어 후일의 증거로 쌍방이 하나씩 가지는 나뭇조각) 부관총, 물표구⟨다음 용법으로⟩ etw. auf dem K. haben 어떤 부정한 짓을 행하다, 잘못을 저지르다, 빚을 지고 있다. ~**karte**, die ⟨구동독 경제⟩ (가장자리에 금이 새겨진) 명세 분류 카드. ~**nagel**, der [기술] ⟨금속을 고정시키기 위한⟩ 새김눈이 있는 리비트 (큰 못의 일종). ~**schlagbiegeprüfung**, die [기술] ↑~schlagbiegeversuch. ~**schlagbiegeversuch**, der [기술] 인성(靭性)⟨굴절강도(屈折强度)⟩시험. ~**schlagzähigkeit**, die [기술] 인성(靭性) 강도, 굴절⟨굴요⟩ 강도. ~**schnitt**, der ⟨공예·수공⟩ 나무에 무늬를 새기기, 새긴 무늬, 목조(木彫), 목각(木彫). ~**schnitzer**, der 목조공예가. ~**schnitzerei**, die ⟨공예·수공⟩ **1.** 나무에 새긴 눈(무늬), 무늬를 새겨 넣는 일. **2.** ⟨Pl. 없음⟩ 목공예술(木工藝術). ~**stift**, der [기술] ↑~nagel. ~**tier**, das ⟨동물·드물게⟩ 곤충. ⟨전문어⟩ (나무에 무늬⟨눈⟩을 새기는 데 쓰는) 집게.

Kerbe ['kɛrbə], die; -n **1.** 새김눈, 벤 자국, 새김자국, 들쭉날쭉한 눈금: den Messer eine K. in einen Stock schneiden 막대기에 칼로 자국을 내다, 눈금을 새기다; in dieselbe[die gleiche] K. hauen[schlagen] ⟨통용어⟩ 같은 목적을 추구한다, 동일한 말(행동)을 하다, 동조하다. **2.** ⟨경⟩ 엉덩이 사이의 오목한 부분. 꼬리뼈⟨항문(肛門)⟩] 부위: jmdm. die K. aus dem Arsch bügeln ⟨비어⟩ 누구를 잔인하게 매질하다. **3.** [럭키] ⟨페널티 킥이나 프리 킥 때 공을 놓기 위해 만든⟩ 잔디의 옴폭 패인 곳.

Kerbel ['kɛrbl̩], der; -s [lat. caerefolium < griech. chairéphyllon] 전호(前胡) (미나리과에 속하는 다년초).

Kerbel-: ~**kraut**, das ⟨Pl. 없음⟩ 전호속(屬)의 향료 식물. ~**rübchen**, das ↑~rübe. ~**rübe**, die 당근의 일종.

kerben ['kɛrbņ] ⟨h⟩ **1. a)** ⟨…에⟩ 눈금을 새기다, 들쭉날쭉하게 하다, 벤⟨자른⟩ 자국을 내다: eine Leiste k. 테두리 장식을 새기다. **b)** ⟨구동독 경제⟩ ⟨명세 분류 카드에⟩ 눈[금]으로 메모(기입)하다. **2.** 눈금을 새겨 만들다, (화폐 따위에) 톱니꼴을 새겨 넣다, 이로 깎다, 톱니꼴의 무늬를 내다: ein Muster in Holz k. 나무에 톱니꼴의 무늬를 새기다.

kerbig ['kɛrbıç] ⟨Adj.⟩ 눈금이 있는, 톱니처럼 들쭉날쭉한. **Kerbung**, die; -en **1.** 눈금 새기기. **2.** (새긴)눈금, 벤 자국.

Keren ['keːrən] ⟨Pl.⟩ 그리스의 운명의 여신들.

Kerf [kɛrf], der; -(e)s, -e [niederd. kerf, kerve] [동물] ↑Insekt.

Kerker ['kɛrkɐ], der; -s, - [lat. carcer] **1.** ⟨구제⟩ (특히 지하의) 감옥, 뇌옥, 형무소: jmdn. in den K. werfen 누구를 투옥하다; im K. liegen[schmachten] (아이 자유형(自由刑)의 벌을 받고 있다. **2.** ⟨österr.·구제⟩ 중금고(重禁錮), 중징역: er wurde zu lebenslänglichem K. verurteilt 그는 종신 금고형을 선고받았다.

Kerker-: ~**gewölbe**, das 지하 감옥. ~**haft**, die ⟨구제⟩ 감금, 금고, 구금. ~**mauer**, die ⟨대개 Pl.⟩ 감옥의 벽: hinter -n 감옥에 갇힌, 구금된. ~**meister**, der ⟨구제⟩ 교도소장, 전옥(典獄), 간수, 우리, 감옥지기. ~**strafe**, die **1.** ⟨구제⟩ 금고형⟨禁錮刑⟩. **2.** ⟨österr.·구제⟩ ↑Kerker (2).

kerkern ['kɛrkɐn] ⟨h⟩ ⟨고어·아어⟩ 투옥하다, 감금하다.

Kerl [kɛrl], der; -s, -e ⟨nordd., md.⟩ -s [niederd. kerle] **1.** ⟨축소형: ↑Kerlchen⟩ ⟨통용어⟩ 사나이, 남자, 놈, 녀석: 사람, 인간: ein braver[tüchtiger, tapferer] K. 유능한[점잖은, 용감한] 사람[녀석]; er hat gezeigt, was für ein K. in ihm steckt 그는 자신이 어떤 인간인지를 [무엇을 해낼 수 있는지를] 보여주었다; ein gemeiner[frecher, unverschämter] K. ⟨폄⟩ 야비한[뻔뻔스런, 파렴치한] 녀석; sich einen K. nehmen 사내를 꿰어차다; die langen Kerls ⟨구제⟩ (프러시아의 왕 프리드리히 빌헬름 Ⅰ세의) 거인 친위대(巨人 親衛隊). **2.** ⟨축소형: ↑Kerlchen⟩ ⟨친밀⟩ 귀여운 녀석, 호감가는 사람: ein guter[patenter] K. 좋은[멋있는] 녀석; sie ist ein netter K. 그녀는 귀여운 아가씨(사람)이다. **3.** ⟨고어⟩ 하인, 머슴. **4.** ⟨통용어⟩ 특제 견본, 우등품. **Kerlchen** ['kɛrlçən], das; -s, - **1.** ↑Kerl (1, 2). **2.** 꼬마, 조무래기: ein goldiges K. 사랑스러운⟨귀여운⟩ 꼬마(둥이).

Kerman [kɛr'maːn], Kirman [kır'maːn], der; -(s), -s [이란의 주(州) Kerman에서] 키르만 융단.

Kermes [ˈkɛrməs], der; -, - [span. carmesí] **1.** ⟨Pl. 없음⟩ (연지(臙脂)벌레에서 채취하는) 홍색(紅色)염료, 연지, 양홍(洋紅). **2.** ↑Kermesschildlaus.

Kermes-: ~**baum**, der ↑Scharlacheiche, Kermeseiche. ~**beere**, die **1. a)** 디기탈리스. **b)** 디기탈리스의 열매. **2.** ↑Kermesschildlaus. ~**beerenbaum**, der 디기탈리스 나무. ~**eiche**, die ↑Scharlacheiche. ~**farbstoff**, der ↑Kermes (1). ~**schildlaus**, die 연지벌레, 개각충(介殼蟲).

Kern [kɛrn], der; -(e)s, -e **1. a)** 씨, 열매, (껍데기가 딱딱한) 씨앗, 종자: die K. der Pflaume 자두의 씨. **b)** (딱딱한 씨앗 또는 과피(果皮)의) 알맹이, 속, 중핵(中核) (의

kern-, Kern- 1140

진수, 골자, 요점, 요지, 본질, 실질: der K. einer Nuß 호두의 알맹이; [속담] wer den K. essen will, muß die Nuß knacken 호두(알맹이)를 먹으려는 자는 호두를 깨야만 한다(호랑이를 잡으려면 호랑이 굴 속에 들어가야 한다); [전의] das ist der K. des Problems 그것이 문제의 핵심[요점, 요지, 골자]이다; es steckt ein guter K. in ihm 그에게는 훌륭한 소질이 있다, 그는 훌륭한 성격을 지니고 있다; diese Behauptung hat[birgt] einen wahren K. 이 주장은 진실한 점을 지니고 있다; zum K. (eines Anliegens, einer Sache) kommen (관심사, 사건)의 정곡을 찌르다. **c)** 〈südd.〉 탈곡해 놓은 독일 밀(곡식). **2.** [생물] ↑Zellkern (세포핵)의 약칭. **3.** [물리] ↑Atomkern (원자핵)의 약칭. **4. a)** [전기] ↑Eisenkern (철심)의 약칭. **b)** [주물] 속이 빈 주물을 만들기 위하여 속이 빈 부분에 집어 넣는 주형(鑄型). **c)** 〈전문어〉 블록 플루트의 취구 구멍 안쪽에 붙인 둥근 나무조각. **d)** 〈전문어〉 오르간 음관(音管)의 안쪽 부분. **e)** [기술] ↑Reaktorkern (원자로심)의 약칭. **f)** [토건] 심벽(心壁) [기둥]의 심(心). **5. a)** [제재] (수목의) 심(心), 목수(木髓). **b)** [직종어] 단단한 (쇠)가죽. **c)** [사냥] 작은 야수의 껍질을 벗긴 몸통. **6. a)** 중심, 핵심, 중심지(부분): der K. einer Stadt 도시의 중심부. **b)** [의학·생물] Nervenkern (신경핵)의 약칭. **7.** (그룹의) 전초, 정예(精銳): der K. der Truppe 정병(精兵), 선발대; **der harte K.** (특히 범죄자 집단의) 수모자(首謀者), 주모자.

kern-, Kern-: ~antrieb, der ↑Atomantrieb. ~arbeitszeit, die (탄력근무제에서) 근무자 전원이 근무하는 시간대(↑Fixzeit). ~ausdruck, der 힘찬[핵심을 찌른] 표현. ~ausschneider, der (특히 사과의) 과심(果心) 절제기(切除器). ~baustein, der [물리] 핵소립자(核素粒子), 핵자(核子). ~beißer, der (참새과의) 콩새. ~bereich, der ↑~zone. ~bohren, das; -s [기술] 핵천공(核穿孔)(하기). ~bohrer, der [기술] 핵천공기(核穿孔機). ~bohrung, die [기술] (원자)핵천공. ~bombe, die ↑Atombombe. ~brennstoff, der [기술] (원자) 핵연료(核燃料). ~chemie, die [물리] (원자) 핵화학. ~chemiker, der (원자) 핵화학자. ~durchmesser, der **1.** [물리] 원자핵의 직경(直徑). **2.** [기술] (나사의) 내경(內徑). ~eisen, das [주물] 철심(鐵心). ~energie, die **1.** ↑Atomenergie. **2.** [물리] 핵소립자 용해 에너지. ~energieantrieb, der ↑Atomantrieb. ~energierisiko, das 핵(核)에너지(원자력)의 위험. ~explosion, die **1.** 핵폭발(核爆發). **2.** [물리] (원자)핵와해[분해]. ~fach, das [학교] 주요 수업 과목. ~familie, die [사회] 핵가족(核家族). ~fäule, die 〈전문어〉 목심부식증(木心腐蝕症). ~fehler, der 〈드물게〉 주(主)된 결점, 중대한 오류. ~fest 〈Adj.〉 매우 단단한, 아주 건고한, 신뢰할[믿을 수 있는]: ein -er Bursche 아주 확실한[믿을 수 있는] 젊은이. ~forschung, die 핵[원자력] 연구. ~frage, die 주요 [근본]문제. ~frucht, die [식물] 핵과(核果)(사과, 배 따위). ~fusion, die **1.** [물리] 핵융합(核融合). **2.** [생물] ↑~verschmelzung (2). ~fusionsreaktor, der Fusionsreaktor. ~gebiet, die **1.** 중심지, 심장부, 핵심부. **2.** 주요[핵심] 분야. ~gedanke, der 중심[주요] 사상. ~gehäuse, das 과심(果心). ~gesund 〈Adj.〉 아주 건강한(튼튼한), 속이 썩지 않은. ~haus, das ↑~gehäuse. ~holz, das [제재] 적목질(赤木質), 심재(心材), 견재(堅材). ~induktion, die [물리] 핵유도(效果, 작용). ~industrie, die 원자력 산업. ~ingenieur, der 원자 기술자, (원자)핵 엔지니어. ~kettenreaktion, die [물리] 핵연쇄 반응. ~körperchen, das [생물] 핵미립자, 핵분자, 핵소체(核小體). ~kraft, die **1.** ↑~energie, Atomenergie. **2.** 〈Pl.〉 [물리] 핵력(核力). ~kraftgegner, der 핵에너지[원자력] 반대

자[반대 운동자]. ~kraftwerk, das ↑Atomkraftwerk(약어: KKW). ~kraftwerkgegner, der 원자력 발전소 반대자. ~ladung, die [물리] 핵전하(核荷). ~ladungszahl, die 핵전하수(數). ~leder, das [직종어] 제일 좋은 가죽, 단단한[질긴] 가죽. ~los 〈Adj.〉 씨 없는, 핵[심(心心)]이 없는, 힘[기골]이 없는. ~mannschaft, die [스포츠] (팀의) 핵심 멤버. ~masse, die [생물] (원자)핵 용량(容量). ~membran, die [생물] 핵막(核膜). ~modell, das [물리] (원자)핵 모델. ~moment, das 핵자기(核磁氣) 모멘트. ~obst, das 인과(仁果) 과일, 핵과(核果). ~pflichtfach, das [학교] 필수 과목. ~photoeffekt, der [물리] 핵광전 효과(核光電效果). ~physik, die (원자)핵 물리학. ~physikalisch 〈Adj.〉 ↑~physik의 형용사형. ~physiker, der (원자)핵 물리학자. ~plasma, das ↑Karyoplasma. ~problem, das 주요[중심]문제. ~punkt, der 핵심, 중심점, 요점. ~reaktion, die [물리] (원자)핵반응(核反應). ~reaktor, der 원자로(原子爐). ~saft, der ↑Karyolymphe. ~satz, der **1.** 요점, 핵심문장. **2.** [언어] 기본문, 원문(核文). **3.** (언어·드물게) 정치문(正置文). ~schatten, der [광학·천문] 가장 어두운 부분, 음영부(陰影部)(반대: Halbschatten a). ~schlag, der [파우스트 볼] (주먹 안쪽으로) 내려치기, 격렬한 타격. ~schleife, die (대개 Pl.) ↑Chromosom. ~schuß, der 평사(平射), 직사(直) ~seife, die 염색(染色)비누, 최고급 비누. ~spalte, die 〈전문어〉 블록 플루트의 취구구멍. ~spaltung, die [물리] (원자)핵분열. ~spektroskopie, die [물리] 핵분광학(核分光學). ~spin, der [물리] (원자)핵 스핀. ~spruch, der 격언, 금언(金言), 잠언(箴言). ~sprung, der [지질] 지각(地殼)균열, 암석파괴. ~strahlung, die [물리] 핵방사 방사(放射)(사광(射光). ~stück, das **1.** 주요[중심]부분, 핵심이 되는 것. **2.** ↑Kern (5 b). ~technik, die (원자)핵기술, 핵공학. ~technisch 〈Adj.〉 ↑~technik의 형용사형: die -e Industrie 핵기술 산업. ~teilung, die [생물] (세포)핵분열. ~truppe, die 정병(精兵), 정예부대, 정선대, 기간대(基幹隊). ~umwandlung, die [물리] 핵변환(核變換). ~verschmelzung, die **1.** [물리] 핵융합. **2.** [생물] 세포핵 융합. ~waffe, die (대개 Pl.) ↑Atomwaffe. ~waffenfrei 〈Adj.〉 ↑atomwaffenfrei. ~waffengegner, der 핵무기 반대자(반대 운동자). ~waffentest, der 핵무기 실험. ~waffenträger, der [무기] 핵무기를 적재한 비행체(飛行體). ~waffenversuch, der 핵무기 실험. ~waffenversuchsstopp, der 핵무기 실험 정지[금지]. ~waffenverzicht, der 핵무기 포기. ~wort, das 〈Pl. -e〉 성실한 말, 단호한 말, 의미심장한 말. ~wuchs, der 〈전문어〉 실생(實生). ~wurf, der **1.** [핸드볼] 머리 뒤로부터 던지는 강슛. **2.** [육상] (창던지기에서) 전력을 다한 투척. ~zähler, der 〈전문어〉 응결핵(凝結核) 측정기. ~zeit, die ↑Kernarbeitszeit의 약칭. ~zerfall, der [물리] (원자)핵 붕괴(核崩壞). ~zertrümmerung, die (대), 주요 지대[구역]. ~zone, die 중심지

¹**kernen** ['kɛrnən] 〈h〉 **1.** ↑auskernen의 준고어. **2.** elektrisch **k.** [기술] (심천공(深穿孔)할 때 지층(地層)의) 전기 저항을 측정하다. ²**kernen** [-] 〈h〉 (지역적) ↑kirnen. ¹**Kernen** [-], das; -s [기술] ↑Kernbohren. ²**Kernen** [-], der; -s, - ↑Kern (1 c)의 병용형.

¹**Kerner** ['kɛrnə], der; -s, - [독일의 시인 J. Kerner (1786~1862)의 이름에서] **1.** 〈Pl. 없음〉 청(靑)트롤링거와 백(白) 리슬링종(種)에서 재배해낸 포도(나무), 케르너 포도. **2.** 케르너(포도로 만든) 포도주. ²**Kerner** [-], der; -s, - ↑Karner.

kernhaft ⟨Adj.⟩ **1.** 《아어》핵[핵심]이 있는, 본질[근본]적인. **2.** 《고어》힘센, 야무진, 단단한, 강력한, 건실한, 유능한. **kernig** ['kɛrnɪç] ⟨Adj.⟩ **1. a)** 단단한, 힘이 있는, 강인한; 핵심[본질]적인, 유능한, 견실한: ein -er Mann 몸이 다부진 남자; eine -e Natur 타고난 강인한 성격을 지니다. **b)** 맛이 강한. **2.** 강한, (속까지) 단단한, 야무진, 튼튼한: -es Holz 단단한 목재. **3.** 《통용어》탄력[활력]있는, 매력있는. **4.** 《통용어》탁월한, 우수한, 훌륭한, 아주 좋은: jmdm. k. gefallen 누구의 마음에 쏙 들다. **5.** 씨가 많은, 씨가 있는. **Kernigkeit**, die ↑kernig(1~4)의 명사형.

Kernit [kɛr'nit, 《또한》...nɪt], der; -s [미국 캘리포니아의 지명 Kern에서] 【광물】 케르니트.

Kernling ['kɛrnlɪŋ] der; -s, -e [원예] 실생(實生), 묘목.

Kerogen [kero'ge:n], das; -s, -e 【화학】 케로겐. **Keroplastik** : ↑Zeroplastik. **Kerosin** [kero'zi:n], das; -s, [engl. kerosine, kerosene] 등유(燈油).

Kerreffekt ['kɛr-], der; -(e)s [영국의 물리학자 J. Kerr (1824~1907)의 이름에서] 【물리】 커 효과(效果).

Kerrie ['kɛrjə], die; [영국의 식물학자 W. Kerr (1814년 사망)의 이름에서] 【장미과의】 황(黃)매화나무.

Kerub: ↑Cherub.

Kerwe: ↑Kerb.

Kerygma ['ke:rygma], das; -s [griech. kérygma] 【신학】 (복음의) 설교(說敎), 선포, 선교(宣敎). **kerygmatisch** [kɛry'gma:tɪʃ] ⟨Adj.⟩ ↑Kerygma의 형용사형; -e Theologie 선교 신학.

Kerze ['kɛrtsə], die; -n **1.** 초, 양초: eine elektrische K. 양초 모양의 전등; die -n geben[ziehen] 양초를 제조하다; 전의 die -n der Kastanien leuchten 양초 모양의 밤나무 화서(花序)가 반짝이다. **2.** ↑Zündkerze의 약칭: die -n sind verrußt 점화전(點火栓)이 그을음 투성이가 되었다; die -n auswechseln 점화전을 교체하다. **3.** 《체조 은어》↑Nackenstand: eine K. machen (어깨를 땅에 대고) 누워서 두 다리를 위로 수직으로 뻗기. **4.** 《축구·은어》똑바로 위로 차올리기. **5.** 《물리·고어》 Candela: eine Lampe von 100 -n 100촉광의 램프.

kerzen-, **Kerzen-**: **~beleuchtung**, die 《촛불의》 조명. **~dämmer**, der 《아어》 촛불의 으스름한 빛. **~docht**, der 양초의 심지. **~flamme**, die 촛불, 《양》초의 불꽃. **~gerade** ⟨Adj.⟩ 양초와 같이 곧은, 수직인, 똑바른: k. auf dem Stuhl sitzen 의자 위에 똑바로[꼿꼿이] 앉아있다. **~gießer**, der 양초 제조인(자) **~glanz**, der 《아어》 촛불의 광채. **~grade**: ↑-gerade. **~halter**, der 촛대. **~hell** ⟨Adj.⟩ 촛불로 밝게 비추어진. **~leuchter**, der 촛대. **~licht**, das 양초의 불빛. **~macher**, der ↑-gießer. **~schein**, der ↑-licht. **~schimmer**, der 양초의 희미한(가물대는) 빛. **~schlüssel**, der 【자동차】 (점화 플러그용) 나사 돌리개. **~ständer**, der ↑-leuchter. **~stecker**, der 《자동차 은어》 (점화선(線)에 달린) 마개 플러그. **~stummel**, der 《~stumpf**, der 타다 남은 양초. **~wachs**, das 양초 밀랍(蜜蠟). **~weihe**, die 【가】 성촉절(聖燭節)《2월 2일》. **~zieher**, der ↑-gießer.

Keschan ['kɛʃan], **Kaschan** ['kaʃan], der; -(s), -s [이란의 도시 Kaschan에서] 무늬가 많은 페르시아 융단의 일종.

Kescher ['kɛʃɐ], der; -s, - [niederd. kesser] 곤충 채집망, 반두, 낭망. **keschern** ['kɛʃɐn] ⟨h⟩ 곤충 채집망으로 잡다, 망으로 떠올리다[건지다].

keß [kɛs] ⟨Adj.⟩ [부랑자] **a)** 새침한, 멋진, 빈틈없는: ein kesses Mädchen 멋진 아가씨. **b)** 뻔뻔스러운, 철면피한, 염치를 모르는, 시건방진: sei nicht so k.! 그렇게 철면피하게 굴지 말아라! **c)** 과감한, 사치스러운, 화려한: ein kesser Pullover 화려한 스웨터.

Kessel ['kɛsl], der; -s, - [lat. catillus] **1. a)** 솥, 냄비, 주전자: einen K. mit Wasser aufsetzen 물 주전자를 불 위에 올려놓다. **b)** 가마솥: Wäsche im K. kochen (세탁용) 가마솥에 빨래를 삶다. **2. a)** ↑Dampfkessel의 약칭. **b)** ↑Heizkessel의 약칭: der K. der Zentralheizung muß nachgesehen werden 중앙 난방의 보일러를 점검해야만 한다. **c)** ↑Gaskessel의 약칭. **3.** 분지(盆地). **4. a)** 【사냥】 (들짐승을 몰아 넣기위해 몰이꾼으로 형성된) 원형 대형. **b)** (적군이 둘러싼) 고립 지대: den Feind im K. einschließen 고립 지대에서 적을 포위하다. **5.** 【사냥】 **a)** (멧돼지, 너구리 따위의) 굴. **b)** (여우나 오소리) 굴 속의 넓은 곳[데]. **c)** (꿩, 자고 따위가) 토욕(土浴)을 한 (움푹 파인) 데.

Kessel-: **~anlage**, die 【기술】 기관(汽罐)[보일러] 시설. **~bau**, der ⟨Pl. 없음⟩ 기관 구조[구성, 조직]. **~blech**, das 보일러 판(板). **~boden**, der 솥[기관]의 밑바닥. **~druck**, der 기관의 압력. **~explosion**, die 보일러[관(罐)]의 폭발. **~fleisch**, das 《지역적》 ↑Wellfleisch. **~flicker** [-flɪkɐ], der 《고어》 땜장이. **~haus**, das 큰 보일러 실(室). **~jagd**, die ↑-treiben (1). **~macher**, der ↑-schmied. **~mundstück**, das 【음악】 (옴폭 패인) 금관취주악기의 입대는 곳. **~pauke**, die ↑Pauke. **~raum**, der ↑-haus. **~schlacht**, die 포위전(戰). **~schlacke**, die 기관의 석탄재. **~schmied**, der 냄비[솥] 만드는 사람. **~stein**, der 물때, 쇠의 부기, 관석(罐石). **~steinentferner**, der 물때(관석) 제거제(약). **~treiben**, das **1.** 【사냥】 (토끼)몰이사냥. **2.** (조직적) 선동[중상 모략] 캠페인. **~wagen**, der 탱크(油槽)화차(자동차), 급유차, 급수차. **~wärter**, der 기관사(汽罐士), 보일러 공(工).

kesseln ['kɛsln] ⟨h⟩ 【사냥】 **1.** 몰이사냥을 하다. **2.** (멧돼지 따위가) 굴속에 누워 있다. **3.** ↑hudern (b).

Keßheit, die 새침함, 뻔뻔스러움, 철면피함.

Keßler ['kɛslɐ], der; -s, - 《지역적》 **a)** ↑Kessel-, Kupferschmied. **b)** 땜장이, 떠돌이.

Ketchup ['kɛtʃap], 《engl.》 'kɛtʃəp], der / das; -(s), -s [engl. ketchup] (토마토) 케첩.

Keton [ke'to:n], das; -s, -e 【화학】 케톤(유기 화합물). **~säure**, die 【화학】 케톤산(酸).

Ketsch [kɛtʃ], die; -en [engl. ketch] 【스포츠】 (스포츠용의) 쌍돛대 범선(帆船), 케치.

ketschen ['kɛtʃn] ↑kätschen.

Ketschua ['kɛtʃua] ↑Quechua.

Kett- (Kette B; Weberei): **~baum**, der (방적기의) 날대. **~faden**, der 날(실), 경사(經絲)《반대: Schußfaden》. **~garn**, das ↑-faden.

Kettcar Ⓦ ['kɛtka:ɐ̯], der; -s, -s (페달과 체인으로 추진되는) 어린이용 차(車).

Kettchen ['kɛtçən] ↑Kette (1 b) 참조.

Kette ['kɛtə], die; -n **1. a)** 사슬, 쇠사슬, 체인: die K. an der Haustür vorlegen (집)대문에 자물쇠를 채우다; einen Gefangenen in -n legen 《구세》 죄수를 쇠사슬에 묶다(잡아매다); das Fahrrad wird mit einer K. angetrieben 자전거는 체인으로 추진된다; 전의 die -n abwerfen(sprengen, zerreißen) 《아어》 속박(굴레, 예속, 종속)으로부터 벗어나다[해방되다]; jmdn. an die K. legen 누구를 사슬에 묶다 【스포츠】 상대편 선수를 철저히 감시하다. **b)** 《축소형》 ↑Kettchen) 목걸이(팔찌), (줄에 찬) 장신구. **2. a)** (사람들이) 줄지어(늘어) 선 것: die Polizisten standen in einer K. und drängten die Demonstranten zurück 경찰관들이 줄지어 서서 데모대원들을 뒤로 밀어냈다. **b)** 연쇄(連鎖), 열(列): die K. von Ursache und Wirkung läßt sich kaum überblicken

원인과 결과의 연쇄는 거의 개관할 수가 없다. c) (사건, 행위 따위의) 연속: die K. der Enttäuschungen wollte nicht abreißen 실망(환멸)의 연속은 끝이 없었다. d) 연쇄점(連鎖店), 체인 조직(組織): eine K. von Läden 연쇄 점포. e) [언어] 계열어군(語群). 3. [방직] 경사(經絲)(반대: Schuß 8): die K. am Webstuhl aufziehen 베틀에 날줄을 꾀다(올리다). 4. a) [사냥] 자고(鷓鴣)의 무리[떼]: eine K. aufscheuchen 자고 떼를 몰아대다(쫓아버리다). b) [군] 삼기편대(三機編隊).

Kettel ['kɛtl], der; -s, - (또는) die; -n《지역적》작은 사슬, (문, 장문의) 걸쇠, 걸고리, 물고리. **Kettelmaschine**, die; -n [섬유] (편물, 직물의) 봉제 재봉틀. **ketteln** ['kɛtln] 〈h〉 [섬유] a) 봉제(縫製)하다. b) (편물·직물의) 코를 (단단히) 수놓다, 사슬 모양으로 짜다. c) 작은 사슬로 묶다(매다), 자물쇠를 채우다.

ketten ['kɛtn] 〈h〉 1. 쇠사슬로 잇다(매다), 결합시키다: das Boot ist an einen Pfahl gekettet 보트는 쇠사슬로 말뚝에 매어 있었다. 2. 붙들어 매다, 속박하다: die Erinnerung kettet ihn an diesen Ort 회상(추억)이 그를 이곳에 붙들어 맨다; 〈k. + sich〉 ich will mich nicht ganz und gar an ihn k. 나는 철두철미 그에게 속박되고[매이고] 싶지 않다.

ketten-, Ketten-: ~antrieb, der (자전거 따위의) 체인(전동(轉動))장치. **~arbeitsvertrag**, der 다기한부(多期附) 노동 계약. **~armband**, das 사슬로 된 팔찌. **~artig**〈Adj.〉연쇄를 이룬, 열(列)을 진, 늘어선. **~baum**, der ↑Kettbaum. **~blume**, die ↑Löwenzahn. **~brief**, der 연쇄 편지(행운의 편지). **~bruch**, der [수학] 연(連)분수. **~brücke**, die 적교(吊橋), 쇠사슬에 달아 매인 다리. **~dampfer**, der ↑-schiff. **~faden**, der ↑Kettfaden. **~fähre**, die ↑-schiff. **~fahrzeug**, das ↑Gleiskettenfahrzeug. **~fläche**, die [수학] ↑Katenoid. **~garn**, das ↑Kettgarn. **~gebirge**, das 산맥, 연산(連山). **~gelenk**, das 쇠사슬 고리, 링크. **~geklirr**, das; **~gerassel**, das 쇠사슬(의 잘그락 거리는)소리. **~geschäft**, das ↑-laden. **~getriebe**, das (자동차) 쇠사슬의 연동(聯動)장치. **~glied**, das 쇠사슬 고리, 링크: ein K. ist gebrochen 쇠사슬 고리가 (하나) 부러졌다. **~handel**, der [경제] 가격을 올리기 위하여 중간 상인을 개재시키는 상법(商法). **~hemd**, das (옛) (옛날 기사들이 입었던) 쇠사슬을 넣어서 만든 갑옷. **~hund**, der 1. 사슬에 매인 개, 사슬에 있는 개. 2. (조종사어) 편대호위(編隊護衛) 전투기. 3. (꿩) (야전) 헌병. **~karussell**, das 사슬에 매달린 회전목마(回轉木馬). **~laden**, der 연쇄점(連鎖店), 체인스토어. **~linie**, die 【수학】 연쇄곡선(連鎖曲線). **~panzer**, der ↑-hemd. **~rad**, das [기술] (자전거의) 체인 톱니바퀴, 체인기어, (자동차의) 연쇄치륜(連鎖齒輪), 큰 톱니바퀴. **~rauchen**, das; -s 줄담배 피우기. **~raucher**, der 줄담배 피우는 사람. **~raucherin**, die ↑-raucher의 여성형. **~reaktion**, die 1. [물리·화학] 연쇄반응. 2. 연쇄 사건: auf die Demonstration folgte eine K. von Gewalttätigkeiten 데모(시위)에 이어 연쇄적 폭행 사건이 발생했다. **~regel**, die (Pl. 없음) [수학] 연쇄 계산법, 연비법(連比法). **~reim**, der [운율] 연쇄운(連鎖韻). **~restaurant**, das 체인 레스토랑, 연쇄 음식점. **~säge**, die 동력톱. **~satz**, der [수학] 연쇄 계산법. **~schäkel**, der [해양] 닻줄을 연결하는 U자형 쇠고리. **~schiff**, das 쇠사슬을 잡아 끌어서 운행하는 배. **~schiffahrt**, die (강물 속의) 쇠사슬 장치를 이용한 배의 항행(航行). **~schlepper**, der 쇠사슬 장치 견인차(기). **~schluß**, der [논리] 연쇄식(連鎖式), 연쇄 추리(推理). **~schutz**, der (자전거 따위의) 체인 덮개. **~stich**, der [수공] 감침, 체인 스티치. **~stickerei**, die 감침 자수. **~stopper**, der [해양] 닻줄 제동 장치. **~strafe**, die《구제》쇠사슬로 묶어 두는 금고형(禁錮刑). **~sträfling**, der 위의 죄수. **~stuhl**, der [섬유] ↑-wirkmaschine. **~vertrag**, der ↑-arbeitsvertrag. **~ware**, die 날(줄) 직기(織機)로 짜낸 직물(織物). **~wirkmaschine**, die [섬유] 날(줄) 직기(織機).

Ketzer [kɛtsɐ], der; -s, - 1. [가] 이교도, 사교도, 이단자(異端者): K. verfolgen 이교도들을 박해하다. 2. 자유사상가, 이단자: die Partei ging scharf gegen die K. in ihren Reihen vor (黨)은 내부의 이단자들에 대해 단호한 조처를 취했다.

Ketzer- (구제): **~gericht**, das 종교 재판. **~taufe**, die (3, 4세기의) 이단자의 세례. **~verbrennung**, die 이교도(이단자)의 화형(火刑). **~verfolgung**, die 이교도의 박해.

Ketzerei [kɛtsəˈraɪ], die; -en 1. [가] 이교, 사교(邪敎). 2. 이단(異端). **Ketzerin**, die; -nen ↑Ketzer의 여성형. **ketzerisch**〈Adj.〉1. [가] 이교의, 사교의. 2. 이단의, 비정통파의: eine =e Meinung haben 이단적 의견을 가지다. **ketzern** ['kɛtsɐn]〈h〉(꿩) 이단(사교(邪敎))적으로 말하다[글을 쓰다].

keuchen ['kɔʏçn] 1. 〈h〉 헐떡이다, 숨이 차다, 콜록거리다, 천식(喘息)하다: vor Anstrengung k. 힘에 겨워 헐떡거리다; mit keuchendem Atem 숨을 헐떡이며; 전의 das alte Auto (die Lokomotive) keucht 낡은 자동차(기관차)가 힘겹게 달리다. b) 헐떡거리며[기침하며, 간신히] 말하다. 2.〈s〉가쁘게 숨쉬며 움직이다(가다, 달리다). **Keuchhusten**, der 백일해(百日咳), 백일 기침.

Keulchen: ↑Käulchen.

Keule ['kɔʏlə], die; -n 1. a) 몽둥이: eine mit Eisen beschlagene K. 쇠가 박힌 몽둥이; (꿩) große -n schlagen 큰 혹도 크다; **chemische K.** (경찰의) 최루(催淚)가스 분무통(噴霧筒) (영어 chemical mace의 차용역어). b) [제조] 곤봉. 2. 허벅[넓적]다리 고기, (짐승의) 뒷다리, 정강이: fleischige (gebratene) K. 살이 많은 (구운) 넓적다리 고기; ein saftiges Stück Fleisch aus der K. 즙(汁)이 많은 허벅다리 살고기 한 조각. **keulen** ['kɔʏln] 〈h〉 [수의] (전염병을 막기 위해) 병든 동물을 죽이다. **Keulung**, die; -en ↑keulen의 명사형.

keulen-, Keulen-: ~ärmel, der 삼각(三角) 소매. **~baum**, der ↑Kasuarina. **~förmig** 〈Adj.〉곤봉 (몽둥이) 모양의. **~gymnastik**, die 곤봉 체조. **~lilie**, die 홍죽(紅竹), 용설란(龍舌蘭)의 일종. **~pilz**, der 싸리버섯(무리). **~schlag**, der 몽둥이(곤봉)로 때리기, 결정적 타격: mit einem wuchtigen K. streckte er den Gegner nieder 그는 상대방을 곤봉으로 힘차게 매쳐 눕혔다; 전의 die Nachricht war ein K. für ihn 그 소식이 그에게는 결정적인 타격이었다. **~schwamm**, der ↑-pilz. **~schwingen**, das; -s 《맨손 체조》 곤봉 체조.

Keuper ['kɔʏpɐ], der; -s [사암(砂岩)에 대한 oberfränk. 명칭이 독일 지질학자 L. v. Buch에 의해 전문용어로 도입됨] [지질] 1. 삼첩통(三疊統)(독일식 삼첩계(系)의 상부층). 2. 《지역적》모래가 많은 붉은 진흙, 적토(赤土).

keusch [kɔʏʃ]〈Adj.〉a) 동정(童貞)인, 정조(貞操)를 지키는, 정결(貞潔)한, 금욕적인: Mönche müssen k. leben 승려들은 금욕적으로 살아야 한다. b) (아어·준고어) 수줍어하는, 정숙한, 순결한, 무구(無垢)한: er ist ein -er Joseph.[k. wie Joseph] (통용어·농) 그는 여자를 피한다; sie schlug k. die Augen nieder 그녀는 수줍어서 (정숙하게) 눈을 아래로 내리떴다. c) (아어·준고어) 순수한, 고상한, 삼가하는, 검소한.

Keusche ['kɔʏʃə], die; -n [slowen. kajža] (österr. 통용어) a) 작은 농가(農家). b) 오두막, 황폐한 집.

Keuschheit, die a) 정조(貞操), 정절, 동정(童貞); ein

Priester muß K. geloben 성직자는 동정을 서약해야만 한다. b) 정결, 순결, 무구(無垢). c) 순수, 깨끗함, 청결, 고상함. **Keuschheitsgelübde**, das 동정[순결]의 서약 [맹세]. **Keuschheitsgürtel**, der 《옛》 정조대(貞操帶). **Keuschlammstrauch**, der; -(e)s, ...sträucher ...서양 모형(牡荊)나무 관목[덤불].

Keuschler ['kɔyʃlɐ], der; -s, - (österr.) 소농민(小農民).

Kfz-: ↑Kraftfahrzeug. **~Schlosser**, der 자동차 수리공. **~Werkstatt**, die 자동차 수리공장.

kg: ↑Kilogramm.

Kg: ↑Kommanditgesellschaft. **KGaA**: ↑Kommanditgesellschaft auf Aktien.

kgl.: ↑königlich(칭호로는: Kgl.).

K-Gruppe, die; -n 《대개 Pl.》 [마르크스-레닌주의를 표방하는 반소(反蘇) 공산주의 그룹(예컨대: KBW, KPD / ML, KB, KABD)(정적(政敵)에 의해 사용된 명칭임].

k.g.V., kgV, ↑kleinstes gemeinsames Vielfaches (최소공배수).

¹**Khaki** ['kaːki], das; -(s) [engl. khaki (Adj.) khākī] 카키 염료(染料), 카키색(色), 황토색(黄土色). ²**Khaki** [-], der; -(s) 카키색의 옷감[복지(服地)].

khaki-, Khaki-: **~anzug**, der 카키(색의) 의복. **~farben, farbig** ⟨Adj.⟩ 카키색의, 황토색의. **~hose**, die 카키(색의)바지. **~jacke**, die 카키(색의) 상의(上衣). **~uniform**, die 카키(색의) 군복[제복].

Khan [kaːn], der; -s, -e [türk. hān] 〖역사적〗 **1. a)** ⟨Pl. 없음 b)⟩ 한(汗) 칭호를 가진 자(이름의 뒤에 붙임). **2.** (페르시아의) 고위 관직, 현관(顯官). **Khanat** [ka'naːt], das; -(e)s, -e a) 한국(汗國) [몽고 제국의 후신으로 중앙 아시아에 위치했던]. **b)** 한(汗)의 직(職)[지위](地位).

Khartum ['kartum, kar'tuːm] 카르툼(수단 공화국의 수도).

Khedive [ke'diːvə], der; -s / -n, -n [türk. hediw] 《역사적》 **a)** ⟨Pl. 없음⟩ 옛 이집트 부왕(副王)의 칭호(1914년까지). **b)** 옛 이집트의 부왕.

Khmer [kmeːɐ], der; -s, - 크메르인(人)(캄보디아의 주요 종족). **~Republik**, die 크메르 공화국.

kHz: ↑Kilohertz.

Kib [kɪp], der; -s 〖지역적〗 **a)** 분노, 말다툼, 불만 표시. **kibbeln** ['kɪbln] ⟨h⟩ 〖지역적〗 **(**분)노하다, 말다툼하다, 싸우다, (욕)질하다, 불만을 표시하다.

Kibbuz [kɪ'buːts], der; -, -im [kɪbu'tsiːm] / -e [hebr. qibûz] 키부츠(이스라엘의 집단 농장): im K. [in einem K.] leben 키부츠에서 살다. **Kibbuznik** [kɪ'buːtsnɪk], der; -s, -s [hebr. qiûzniyq] 키부츠에 속하는 사람, 키부츠 회원.

Kiberer ['kiːbərɐ], der; -s, - [부랑자] 《österr.·통용어·방언》 형사, 간수.

Kibitka [ki'bɪtka], die; -, **Kibitke** [...kə], die; -n [russ. kibitka] **1.** ↑Jurte. **2. a)** (러시아의) 포장 마차. **b)** (러시아의) 포장이 달린 썰매.

Kibla ['kɪbla], die [arab. qibla] 키블라(회교도들이 예배할 때 메카 쪽으로 향하는 의식).

Kicher, die; -n ↑Kichererbse.

Kicherei [kɪçə'rai], die; -en (폄) 연달아 낄낄거림.

Kichererbse, die; -n 이집트 콩(잠두(蠶豆)의 일종).

Kicherling ['kɪçɐlɪŋ], der; -s, -e ↑Kichererbse.

kichern ['kɪçɐn] ⟨h⟩ 낄낄 웃다, (나오는 웃음을 참아가며) 킥킥거리다. 경구 daß ich nicht kichere! 웃지 마라, 그건 믿을 수 없는 일이다.; man hörte unterdrücktes Kichern 웃음을 참는 낄낄거리는 소리가 들렸다.; ich finde das zum Kichern 그것 정말 우스꽝스런 일이구

나.

Kick [kɪk], der; -(s), -s [engl. kick] **1.** 《축구·은어》 킥, (걸어)차기. **2.** 《은어》 (마약으로 인한) 환각 상태.

Kick-: **~aufschlag**, der 〖테니스〗 킥 서브(공이 전진하다 옆으로 선회하는 서브). **~bewegung**, die [높이, 넓이 뛰기] 정강이를 앞으로 뻗치고 뛰기. **~down** [kɪk'daʊn], das; -s, -s [engl. kickdown] [자동차] 가속 치[악셀레이터]를 갑자기 세게 밟기. **~off** [붙임표와 함께] [kɪk'ɔf], der; -s, -s [engl. kickoff] (schweiz.) 오프(경기 개시 때 중앙선에서 공을 차기), 시축(始蹴). **~platz**, der [통용어] 축구장. **~schuß**, der [아이스하키] 스틱을 발로 차서 하는 (반칙) 슛. **~service**, der [테니스] ↑~aufschlag. **~starter**, der [자동차] (오토바이 따위의) 시동 페달.

kicken ['kɪkn] ⟨h⟩ [engl. to kick] 〖통용어〗 **1.** 축구하다: die Kinder gehen k. 아이들은 축구하러 간다. **2.** (공을) 차다: er hat den Ball ins Tor gekickt 그는 공을 골문으로 차 넣었다. **Kicker**, der; -s, -(s) 《통용어》 축구 선수.

Kicks [kɪks], der; -es, -e **1.** [당구] 미스(당구공 따위를 헛 치는 것). **2.** 실책, 실수: einen K. machen 미스를 하다, 실수하다.

kicksen ['kɪksn] ↑gicksen. **Kickser**, der; -s, - 《통용어》 낄낄[킥킥]거리는 소리.

Kickxia ['kɪksia], die; ...ien [...iən] 벨기에의 식물학자 J. Kickx의 이름에서] 고무나무.

Kid [kɪd], das; -s, -s [engl. kid] **1.** 키드(새끼 염소, 산양 또는 송아지 가죽). **2.** ⟨Pl.⟩ 키드 장갑. **kidnappen** ['kɪtnɛpn] (어린이를) 유괴하다, 납치하다: ein Kind auf dem Schulweg k. 등교길에서 어린이를 유괴하다. **Kidnapper** [...pɐ], der; -s, - (어린이) 유괴범, 납치범: die K. fordern Lösegeld 유괴범들이 몸값을 요구한다. **Kidnapping** [...pɪŋ], das; -s, -s 유괴, 납치: Fälle von K. 유괴, 납치 사건. **Kids** ⟨Pl.⟩ ↑Kid (2).

kiebig ['kiːbɪç] ⟨Adj.⟩ ⟨nordd.⟩ **a)** 주제 넘은, 철면피한, 도전적인, 아니꼬운, 건방진: -e Bemerkungen über die Zuschauer machen 관객에 대해 주제넘은 소견을 진술하다. **b)** 흥분한, 분개한: sei nicht so k.! 그렇게 흥분[분개]하지 말아라!

Kiebitz ['kiːbɪts], der; -es, -e **1.** 푸른 도요새. **2.** 《통용어》 (카드놀이, 장기에서) 참견하는 구경꾼, 훈수꾼: nichts stört mehr beim Skat als ein K. 스카트(놀이)에서 훈수꾼보다 더 방해되는 것은 없다. **Kiebitzei**, das 푸른 도요새의 알.

kiebitzen [...tsn] ⟨h⟩ ⟨gaunerspr. kiebitschen⟩ 《통용어·농》 **a)** (카드놀이, 장기에서) 공연한 참견을 하다, 훈수하다. **b)** (무엇을) 호기심 있게 관찰하다.

kiefeln ['kiːfln] ⟨h⟩ (österr.·통용어) 씹다, 씹어먹다, 조금씩 갉아 먹다.

Kiefenfuß ['kiːfn-], der; -es, ...füße (등딱지가 평평하고 큰 게의 일종.

¹**Kiefer** ['kiːfɐ], der; -s, - 턱, 악(顎), (곤충의) 저작구(咀嚼口), 씹는 입: ein kräftiger [vorspringender] K. 힘있는(앞으로 튀어나온) 턱; mit den Kiefern knirschen 이를 꽉 깨물다; mit schlaff herabhängendem K. 턱을 아래로 축 늘어뜨리고.

²**Kiefer** [-], die; -n **1.** 유럽소나무, 소나무속(屬): einzelne n standen zwischen Heidekraut 몇 그루의 소나무가 잡초들 사이에 서 있었다. **2.** ⟨Pl. 없음⟩ 소나무 재목.

Kiefer-: (¹Kiefer): **~abdruck**, der ↑Gebißabdruck. **~anomalie**, die 〖의학〗 턱의 기형(奇形)[이상(異常)]. **~bruch**, der 〖의학〗 턱의 골절(骨折). **~fühler**, der ⟨대개 Pl.⟩ 〖동물〗 (거미, 진드기 따위의) 촉지(觸肢). **~fuß**, der ⟨대개 Pl.⟩ 〖동물〗 (게 따위의) 촉수(觸手).

~gelenk, das [해부] 하악 관절(下顎關節). ~höhle, die [해부·의학] 상악동(上顎洞). ~höhlenentzündung, die 상악동염. ~klemme, die [의학] 개구불능(開口不能), 악구련(顎口攣). ~knochen, der 턱뼈, 악골(顎骨). ~krampf, der [의학] ↑~klemme 및 ~sperre. ~orthopädie, die [치과] 치열(齒列) 교정외과, 구강외과. ~spalte, die [의학] 상악기형(上顎奇形). ~sperre, die [의학] 폐구불능(閉口不能).

kiefern ['kiːfɐn] (Adj.) 소나무(목재)로 만든.

Kiefern- (²Kiefer): ~bestand, der 송림(松林)의 입목(立木)수(총수(總數)). ~blasenrost, der [임업] 녹(잎)이 희게 마르는 병의 일종. ~eule, die ↑Forleule. ~forst, der 송림(松林), 소나무 숲. ~gewächs, das [식물] 키가 큰 침엽수류(類). ~harz, das Terpentin. ~holz, das 소나무 재목. ~kreuzschnabel, der (주로 소나무 씨를 먹고 사는 부리가 강한) 방울새(되새)과의 일종. ~markkäfer, der (소나무 속을 파먹는) 나무좀벌레의 일종. ~nadel, die 솔잎, 송엽(松葉). ~samen, der 소나무 씨. ~schädling, der 소나무 해충. ~schonung, die 송목 묘상(松木苗床), 소나무 재배(지). ~schwärmer, der (솔잎을 먹어 해치는) 박각시(나방)의 일종. ~spanner, der 자벌레 나방의 일종. ~spinner, der 솔나방. ~stamm, der 소나무 줄기. ~trieb, der 솔잎의 어린 싹. ~triebwickler, der (어린 솔잎을 먹어 해치는) 나방의 일종. ~wald, der 소나무 숲, 송림. ~zapfen, der 솔방울. ~zweig, der 소나무 가지, 솔가지.

Kiek [kiːk], die, -en, Kieke ['kiːkə], die; -n [niederd. kike] (nordd.) (석탄불을 넣어 발을 덥게 하는 양철제) 각로(脚爐), 유단포.

kieken ['kiːkŋ̍] ⟨h⟩ [niederd. kīken] (nordd.) (들여다) 보다, 엿보다, 살펴보다, 응시하다: da kiekste, wat? (berlin.·경) 너 놀랐지?; [정규] einmal, ich kieke zweimal (놀라움의 표현) 보고 또 보아도 믿을 수 없는 일이다. Kieker ['kiːkɐ], der; -s, - 1. (nordd.·원어) 망원경. 2. jmdn.(etw.) auf dem K. haben (통용어) 1) 누구를 (무엇을) 감시하다, 주목하다. 2) 누구를 자꾸 비판하다, 트집잡다, 모든 것에 대한 책임을 돌리다. 3) 누구에게 관심을 갖다. Kiekindiewelt ['kiːk-], der; -s, -s (통용어·농) 어린아이, 풋나기, 신출나기.

kieksen ['kiːksŋ̍] ↑gicksen.

Kiekser, der; -s, - 끽(喫)하는 소리.

¹Kiel [kiːl], der; -(e)s, -e 1. a) 깃대, 깃촉, 깃, 깃털: die -e sind zuerst weich und verhornen dann 깃대는 처음에 연하다가 다음에 각질(角質)이 된다. b) (고어) 식물의 줄기, (속이 빈) 갈대, 구경(球莖). 2. (옛) 거위깃펜, 깃촉으로 만든 펜, 깃펜: -e zuschneiden 깃펜을 깎다.

²Kiel [-], der; -(e)s, -e [niederd. kil, kel] 1. a) 용골(龍骨), 선골(船骨), 배의 밑바닥: der K. berührte den Grund 용골이 바닥에 닿았다, (ein Schiff) auf K. legen [조선] 조선(造船)을 시작하다; ein neuer Tanker wurde auf K. gelegt 새로운 유조선(油槽船)을 건조하기 시작하였다. b) 함배골(艦背骨), 함배재(艦背材). 2. 《시어·준고어》 배, 보트.

³Kiel [-], 킬(구서독 북쪽에 위치한 항구 도시로 Schleswig-Holstein 주(州)의 수도). Kieler, der; -s, - 1. 킬 사람, 킬의 시민. 2. ⟨Adj.; 격변화 없음⟩ ↑³Kiel의 형용사적.

¹Kiel-, (¹Kiel): ~feder, die 딱딱한 대가 있는 깃. ~flügel, der [음악] 쳄발로. ~instrument, das 유건반현(有鍵盤絃)악기(건반을 두드리면 깃이 현(絃)을 뜯는 악기로 스피넷, 쳄발로 등을 말함).

kiel-, (²Kiel): ~bogen, der [건축] 용골박공(膊栱)(이나 뾰족한 아치의 일종). ~boot, das 바닥에

평평한 범선, 평저선. ~gang, der [조선] 선체 가장 밑바닥의 강철판. ~holen ⟨h⟩ [niederd. kilhalen] [선원] 1. (청소, 수선 따위를 하기 위해) 배를 옆으로 눕히다. 2. (벌로서) 밧줄에 묶어 바다에 던져 용골 밑을 지나가게 하다. ~linie, die 1. 단종진(單縱陣), 종진열(縱陣列): (in) K. fahren 단종진으로 항해하다. 2. (드물게) 키일선(線), 수미선(首尾線). ~oben [-'--] ⟨Adv.⟩ 전복되어, 뒤집혀서. ~planke, die [조선] 용골의 선판(船板)[현판(舷板)] ~raum, der 선창(船艙), 함창(艦艙)(배안의 화물을 넣어 두는 곳), 뱃바닥의 만곡부(彎曲部). ~schwein, das [niederd. kilswīn] [선원] 내용골(內龍骨). ~schwert, das [조선] 수하용골(垂下龍骨). ~schwertboot, das 수하용골 선(船) (보트). ~schwertjacht, die 용골요트[쾌속정(快速艇)], ~wasser, das ⟨Pl. ~wasser⟩ 항적(航跡), 배가 지나간 자국: das Boot schaukelte im K. des Dampfers 보트는 기선의 항적 속에서 흔들렸다; in jmds. K. segeln [schwimmen] / sich in jmds. K. halten 누구의 견해(언행)를 따르다, 추종하다; K. haben 《경·드물게》 짙은 향수 냄새를 풍기다.

¹kielen ['kiːlən] ⟨h⟩ (고어) 1. (새에) 깃이 나다. 2. 깃펜을 깎다.

²kielen [-] ⟨h⟩ ↑kielholen.

Kielkropf, der; -(e)s, ...kröpfe (욕설·고어) 기형아, 불구자, 괴물.

Kieme ['kiːmə], die; -n ⟨대개 Pl.⟩ 아가미: Fische atmen durch -n 물고기들은 아가미로 숨을 쉰다; er steckte sich eine zwischen die -n 《경》 그는 담배를 피워물었다.

Kiemen-: ~atmer [...|aːtmɐ], der; -s, - [동물] 아가미로 호흡하는 동물. ~atmung, die 아가미 호흡. ~bogen, der ⟨대개 Pl.⟩ [동물] 새호(鰓弧), 장궁(臟弓), 새궁(鰓弓). ~darm, der [동물] 새장(鰓腸). ~deckel, der [동물] 아감딱지, 아가미 덮개(뚜껑), 새개(鰓蓋). ~spalte, die ⟨대개 Pl.⟩ [동물] 아감구멍, 새공(鰓孔), 새열(鰓裂).

Kien [kiːn], der; -(e)s 나무진이 많은 (소나무) 목재: auf dem K. sein (berlin.) 주의하다, 조심하다, 빈틈이 없다, 약삭 빠르다.

Kien-: ~apfel, der ↑Kiefernzapfen. ~fackel, die 관솔 가지로 만든 횃불. ~holz, das ⟨Pl. 없음⟩ (송진이 많은) 소나무 재목. ~öl, das 송진 기름, 송지유(松脂油), 테레빈 유(油). ~ruß, der 그을음, 검댕, 송연(松煙), 유연(油煙). ~scheit, das 소나무 장작. ~span, der 소나무 판자. ~teer, der 송목(松木) 타르. ~zapfen, der ↑Kiefernzapfen. ~zopf, der ↑Kiefernblasenrost.

kienig (Adj.) (송)진이 많은.

Kientopp (↑Kintopp.

Kiepe ['kiːpə], die; -n [niederd. kipe, küpe] (nordd., md.) 등에 지는 광주리. Kiepenhut, der 등에 지는 광주리 모양의 여자용 맥고자, 두건 모양의 여자용 밀짚모자.

Kierkegaard ['kirkəgɔrt] der; -s, - 키르케고르(Sören K. 덴마크의 철학자로 20세기 실존주의의 선구자(1813~55)).

Kies [kiːs], der; -es, ⟨종류⟩ -e 1. 자갈, 자갈밭: weißer K. 흰 자갈; K. auf die Gartenwege streuen 정원 길에 자갈을 깔다. 2. (광학) 황동광, 황철광, 수정, 석영(石英). 3. (경) (많은) 돈: ein Haufen K. 큰 돈, 한 밑천; hast du was gehabt vom K.? 너 돈 좀 가졌니?

kies-, Kies-: ~abbrand, der ↑Abbrand (3 b). ~bestreut ⟨Adj. nicht adv.⟩ 자갈이 깔린. ~beton, der 자갈을 넣은 콘크리트, 레미콘. ~boden, der 자갈밭(땅). ~fang, der [기술] 자갈(모래)채집지(池). ~grube, die 자갈 갱(坑), 자갈 채취장. ~grund, der ↑~boden. ~haltig, (österr.) ~hältig ⟨Adj.⟩ 자

같이 섞인[들어 있는]. **~haufen**, der 자갈 더미. **~sand**, der 자갈이 섞인 모래. **~weg**, der 자갈길.

kiesätig ['kiːzɛːtɪç], **kiesetig** [...zeːtɪç] ⟨Adj.⟩ ⟪nordostd.⟫ (식사에) 까다로운, 몹시 가려 먹는.

Kiesel ['kiːzl], der; -s, -. **1.** 조약돌, 작은 돌멩이, 잔돌, 규석(珪石): bunte K. schimmern im Bachbett 하상(河床)에 가지각색의 조약돌이 반짝거린다. **2.** ⟪지역적⟫ 우박(알맹이).

kiesel-, Kiesel- [고대(古代)의 화학 전문용어에서 규소를 함유했다는 의미로 사용]: **~alge**, die ⟪대개 Pl.⟫ ↑Diatomee. **~erde**, die 규토(珪土); 규산(珪酸). **~fluorwasserstoffsäure**, **~flußsäure**, die ⟪화학⟫ 규불화수소산(珪弗化水素酸), 불화규산. **~galmei**, der ↑zinkerz. **~gel**, das 규(純)[비결정(非結晶)] 규산. **~glas**, das 납유리. **~gur**, die ⟪지질·화학⟫ 규조토(珪藻土). **~pflanze**, die ⟪식물⟫ 규산(珪酸) 식물. **~sauer** ⟨Adj.⟩ ⟪화학⟫ 규산의, 규산에 생긴. **~säure**, die ⟪화학⟫ 규산(珪酸). **~stein**, der ↑Kiesel (1). **~zinkerz**, das 규산 아연광(珪酸亞鉛鑛).

kieseln ['kiːzl̩n] ⟨h⟩ ⟪지역적⟫ 싸라기[우박]이 내리다.

kiesen ['kiːzn̩] ⟨h⟩ ⟪드물게⟫ 자갈을 깔다: der frisch gekieste Vorplatz. 새로 자갈을 깐 앞뜰.

²kiesen' [-] ⟨h⟩ ⟪시어·고어⟫ 가려 뽑다, 선택[선발]하다.

Kieserit [kizəˈriːt, (또한)...rɪt], der; -s, ⟪종류⟫ -e [독일의 자연 과학자이며 의사인 D.G. Kieser의 이름에서] 황산고토석(黃酸苦土石).

kiesetig: ↑kiesätig.

kiesig ⟨Adj.⟩ 자갈이 많은, 자갈로 덮인: der Strand ist sehr k. 그 해변에는 자갈이 아주 많다.

Kie(t)ze ['kiːtsə], die; -n **1.** 바구니, 과일바구니, 작은 상자, 찌꺼기[쓰레기]통의 둥우리 상자. **2.** 암코양이.

Kiew ['kiːɛf] 키예프(우크라이나의 수도).

Kiez [kiːts], der; -es, -e **1.** ⟪nordostd., berlin.⟫ 시구(市區), 시(市)의 구역[변두리]. **2.** ⟪은어⟫ 홍등가, 사창가.

Kif [kɪf], der; -(s) [engl. kif] 환각제(대마초(大麻草)로 만듦), 하시쉬, 마리화나. **kiffen** ['kɪfn̩] ⟨h⟩ ⟪은어⟫ 대마초[하시쉬, 마리화나]를 피우다. **Kiffer**, der; -s, - ⟪은어⟫ 대마초[하시쉬, 마리화나] 흡연자. **Kigali** [kiˈɡaːli, (frz.) kigaˈli] 키갈리(중앙 아프리카의 공화국 루안다의 수도).

kikeriki! [kikəriˈkiː] ⟨Interj.⟩ ⟪아동⟫ 꼬끼오(수탉의 우는 소리). ⟪명사화⟫ **¹Kikeriki**, das; -s, -s 꼬끼오(수탉 우는 소리). **²Kikeriki**, der; -s, -s ⟪아동⟫ 수탉.

Kiki ['kiːki], der; -s ⟪청소년·쁌⟫ **1.** 불필요한 여분의[무가치한] 물건. **2.** 넌센스, 허튼(실없는, 어리석은) 말: so ein K.! 그런 넌센스가 있나! ist doch alles K.! 모든 게 다 실없는 소리야!

Kilbi ['kɪlbi], die; Kilbenen ['kɪlbənən]: alemann. Kilche] ⟪schweiz.⟫ ↑Kirchweih.

Kilch [kɪlç], der; -s, -e 연어과에 속하는 작은 물고기.

Kilim [kiˈlim] ↑Kelim.

killekille ['kɪləˈkɪlə] ⟨Interj.⟩ ⟪아동⟫ 간질간질(어린 아이를 간질이면서 하는 말): bei einem Kind k. machen 어린아이[어린아이]의 턱밑[을 간질이다.

¹killen ['kɪlən] ⟨h⟩ [engl. to kill] ⟪경⟫ 죽이다, 살해[참살]하다: der Gangsterboß wurde von den eigenen Leuten gekillt 갱단 두목이 자기 부하들에게 살해되다.

²killen [-] ⟨h⟩ [niederd. kilen] ⟪선원⟫ (돛이 바람에) 부끼다, 펄럭이다.

Killer, der; -s, - ⟪경⟫ 청부살인업자, (정부) 살인자, 킬러, 살인귀. **Killersatellit**, der; -en ⟪은어⟫ 영격(迎擊)[요격(邀擊)] 위성(衛星).

Kiln [kɪln], der; -(e)s, -e [engl. kiln] ⟪제련⟫ (벽돌, 도자기 따위를 굽는) 가마, 화로, 난로, 용광로, 반사로(反射爐).

Kilo ['kiːlo], das; -s, -(s) ↑Kilogramm의 약칭: das Baby wiegt genau ein K. 그 (갓난)아이의 체중은 정확히 4킬로 그램이다. **Kilo-** [kiːlo-; frz. kiloˈ-] ⟪"천(千)"을 뜻하는 규정어로서, 예컨대⟫ Kilogramm, Kilowatt). **Kilogramm**, das; -(e)s, -e ⟨그러나 5 Kilogramm⟩ 킬로[천]그램(약어: kg): zwei Pfund sind ein K. 2파운드는 1킬로(그램)이다; sie wiegt(그녀) hat paar K. zuviel 그녀는 몸무게가 2,3킬로쯤 (너무) 많다. **Kilogrammkalorie**, die; -n ⟪물리⟫ ↑Kilokalorie. **Kilohertz**, das; -, - ⟪물리⟫ 킬로 헤르츠(약어: kHz). **Kilojoule** [- - ' -], das; -(s), - ⟪물리⟫ 천 줄(에너지 및 일의 단위)(약어: kJ). **Kilokalorie**, die; -n ⟪물리·준고어⟫ 킬로 칼로리(약어: kcal). **Kilometer**, der; -s, - ⟪물리⟫ 킬로미터(약어: km): bis zum nächsten Dorf sind es[die Entfernung beträgt] zehn K. 다음 마을까지는 10킬로미터이다; auf dieser Strecke sind nur 80 K. erlaubt 이 구간에서는 시속 80킬로(터)만 허용된다.

kilometer-, Kilometer-: **~fresser**, der ⟪통용어·농·쁌⟫ 스피드 광(狂), 장거리를 쉬지 않고 고속으로 운전하는 사람. **~geld**, das (자가용으로 출장하는 사람에게) 운행 거리를 km로 계산해 주는 여비. **~geldpauschale**, die ~en 여비[정액]. **~kosten** ⟨Pl.⟩ (자동차의) 주행 킬로당 드는 경비(구입, 유지, 연료비, 보험료 따위를 포함). **~lang** ⟨Adj.⟩ 수킬로미터 길이의: eine -e Autoschlange 수 킬로미터나 길게 늘어선 자동차 행렬. **~marke**, die: ↑ **~stein**. **~pauschale**, die ⟪세무⟫ (자가용 통근자에 대한) 통근거리에 입각한 소득공제액. **~stand**, der (주행 기록계에 나타난) 총 주행거리. **~stein**, der 이정표(里程標). **~weit** ⟨Adj.⟩ 수 킬로미터 떨어진(거리)의: der Knall war k. zu hören 그 폭음 소리는 수 킬로미터 떨어진 곳에서도 들을 수 있었다. **~zähler**, der (자동차의) 주행(走行)기록계.

kilometrieren [kilomeˈtriːrən] ⟨h⟩ ⟪전문어⟫ (도로, 하천 따위에) 이정표[킬로미터 표지]를 세우다: eine neue Straße k. 새로운 도로에 이정표를 세우다. **kilometrisch** ⟨Adj.⟩ 킬로미터(의)[의].

Kiloohm, das ⟪물리⟫ 킬로 옴, 천옴(약어: kΩ). **Kilopond**, das; -s, - ⟪물리⟫ 킬로파운드(동력의 단위; 약어: kp). **Kilopondmeter**, das; -s, - ⟪물리⟫ 킬로 파운드 미터(에너지 단위; 약어: kp). **Kilovolt**, das; -/-(e)s, - (통상의 무변화) 킬로볼트(약어: kV). **Kilowatt**, das; -s, - ⟪물리·기술⟫ 킬로(천)와트(약어: kW). **Kilovoltampere**, das; -s, - ⟪물리⟫ 킬로(천)볼트 암페어(약어: kVA). **Kilowattstunde**, die; -n ⟪물리·전기⟫ 킬로 와트시(時) (전력의 단위; 약어: kWh).

¹Kilt [kɪlt], der; -(e)s, -s [engl. kilt] **1.** 스코틀랜드 고지인(高地人)의 바둑판 무늬의 짧은 스커트. **2.** 체크 무늬의 여자용 주름치마(스커트).

²Kilt [-], der; -(e)s ⟪südwestd., schweiz.⟫ 밤의 밀회(랑데부), 밤에 여자 집으로 몰래 찾아가는 일. **Kimber** ['kɪmbɐ] 게르만 민족의 한 종족. **Kiltgang**, der ↑²Kilt.

Kimberlit [kɪmbɐrˈliːt, (또한)...lɪt], der; -s ⟪종류⟫ -e [남아프리카의 Kimberley시(市)에서] ⟪지질⟫ (다이아몬드가 함유된) 심성 화산암(深成火山岩).

Kimm [kɪm], die ⟪선원⟫ **1.** 수평선. **2.** 배 밑의 만곡부(彎曲部)(배 밑과 옆구리가 만나는 곳). **Kimme** ['kɪmə], die; -n **1.** (휴대화기의) 가늠 구멍, 가늠자의 홈: durch die K. sehen 가늠구멍을 통해보다; über K. und Korn zielen 가늠구멍과 가늠쇠로 조준하다. **jmdn. auf die K. haben** ⟪통용어⟫ 무슨 속셈이 있어 누구를(관찰)하다. **2.** ⟪통제조⟫ 통안쪽의 깊은 홈(바닥 널판을 끼우는). **3.** ⟪경⟫ 엉덩이의 갈라진 곳(사이 금).

Kimmerier [kɪˈmeːriɐr], der; -s, ⟪종류⟫ -e 킴메르족(族)의 사람, 킴메르인(Homer의 시에서 세계의 서쪽 끝 저멀리 안

개와 암흑 속에서 산다고 노래함). **kimmerisch** [kɪ'meːrɪʃ] ⟨Adj.⟩ **1. a)** ↑Kimmerier의 형용사형. **b)** 어두운. **2.** [킴메르족의 이름에서] [지질] 킴메르 습곡(褶曲)의 (알프스 조산 운동(造山運動)의 하나). **Kimmhobel**, der; -s, - 홈파는 대패. **Kimmkiel**, der [항해·조선] 빌지 킬(배의 요동을 감쇄하기 위한 용골).

Kimmtiefe, die; -n [해양] ↑Depression (6). **Kimmung**, die [선원] **1.** ↑Kimm (1). **2.** (바다 수평선의) 신기루(蜃氣樓).

Kimono [kiˈmoːno, 또한 ˈkiːmono, ˈkim...], der; -s, -s [jap. kimono] (일본인의) 옷, 기모노: in einen K. gehüllt [gekleidet] 기모노를 입은. **Kimonoärmel**, der 넓은 소매. **Kimonobluse**, die 기모노식 브라우스.

Kin [kɪn], das; -, - (5~7현(絃)으로 된) 현악기의 일종(치터와 비슷함).

Kinäde [kiˈnɛːdə], der; -n, -n [griech. kínaidos] (교양어·드물게) 남색가(男色家).

Kinästhesie [kinɛste'ziː], die [griech. kineīn u. aísthēsis] [의학·동물] 운동 감각. **Kinästhetik** [kinɛs'teːtɪk], die [의학·동물] 운동 감각학[론]. **kinästetisch** ⟨Adj.⟩ [의학·동물] 운동 감각의.

Kind [kɪnt], das; -(e)s, -er **1.** ⟨축소형: ↑Kindchen⟩ **a)** 아기, 아이, 어린애, 갓난애, 젖먹이, 태아(胎兒): bei ihnen ist endlich ein K. angekommen 그들에게 마침내 아기가 태어났다; ein K. haben wollen[zeugen, zur Welt bringen, abtreiben] 아이를 갖고 싶어하다[낳다(남자가), 분만하다, 낙태하다]; das K. im Mutterleib untersuchen 배속의 태아를 검진하다; ein K. unter dem Herzen tragen (시어) 임신 중이다; das K. füttern[stillen, entwöhnen, trockenlegen] 아이를 먹이다[젖먹이다, 젖떼다, (아이의) 기저귀를 갈아 주다]; einem K. das Leben schenken (통용어) 아이를 낳다; 성구 das K. muß (doch) einen Namen haben 그 일에는 동기[이유]가 필요하다, 무엇이든 변명[핑계]이 있어야만 한다; wir werden das K. schon (richtig) schaukeln (통용어) 우리가 그 일을 잘 해낼 것이다; ein totgeborenes K. sein 처음부터 헛된 일이다, 도저히 가망이 없다; unschuldig wie ein neugeborenes K. sein 매우 순진[천진난만]하다; jmdm. ein K. machen[andrehen] (통용어) 임신시키다; jmdm. ein K. in den Bauch reden (통용어) 누구에게 무엇을 설득[납득]시키다; ein K. von Lumpen kriegen (지역적) 무엇에 대해 놀라다[분개하다], 견딜 수 없다; das K. mit dem Bade ausschütten 교각살우(矯角殺牛)하다, 결점때문에 장점까지 매도하다. **b)** 어린이, 소년 소녀, 아동: ein munteres[aufgewecktes, frühreifes, verzogenes, verwaistes] K. 명랑한[총명한, 조숙한, 버릇없는, 고아가 된] 어린이; das weiß[kann] doch jedes K. 그것은 아주 간단하다[누구나 알 수 있다]; der junge Ehemann ist selbst noch ein großes K. 그 젊은 남편은 아직도 어린이다운 데가 있다; ein K. erziehen[vernachlässigen, verwöhnen] 어린이를 키우다[등한히 하다, 버릇없게 키우다]; er behandelt sie wie ein (kleines) K. 그는 그녀를 어린 아이처럼 취급한다; den -ern etwas beibringen 어린이들에게 무엇을 가르치다; 성구 wenn das K. in den Brunnen gefallen ist, deckt man ihn zu so lang zu ist[wohl zu heiß gebadet worden] 너 정신이 좀 이상하구나[돌았구나]; aus -ern werden Leute 아이들이 커서 어른이 된다; das ist nichts für kleine -er (통용어) 그것은 네 따위가 알 바 아니다; 속담 -er und Narren sagen die Wahrheit 어린이와 바보는 거짓말을 못한다; (ein) gebranntes K. scheut das Feuer 불에 덴 아이는 불을 겁낸다; das K. im Manne (농) 어른의 놀이 욕구. **Kind(er) und Kindeskinder** 자손, 후예; bei jmdm. lieb K. sein (통용어) 누구에게 신망을 얻다, 호감[총애]를 받다; sich bei jmdm. lieb K. machen (통용어) 누구에게 아첨하다[아양떨다]; das K. beim rechten Namen nennen (통용어) 무엇을 꾸밈없이[곧이 곧대로] 말하다; mit K. und Kegel 온 가족과 함께. **2.** 자식(子息)(아들이나 딸), 자손, 후예(後裔): ein eheliches (uneheliches, sein leibliches) K. 적출자(嫡出子) (사생아, 그의 친자(親子)); er ist armer [ordentlicher] Leute K. 그는 가난한[착실한] 가정 출신이다; er hat für seine -er gesorgt 그는 자식들의 장래를 보장해 주었다; 성구 -er können nichts für ihre Eltern 자식은 부모에게 아무런 보답도 할 수 없다; 속담 kleine -er, kleine Sorgen – große -er, große Sorgen 작은 자식은 작은 걱정, 큰 자식은 큰 걱정; 전의 er ist ein K. des 19. Jahrhunderts. 그는 19세기의 (특징을 지닌) 사람이다. ein K. des Todes (아이) 죽음을 면치 못할 사람; er ist ein (echtes) Berliner K. 그는 (진짜) 베를린 토박이이다; ein K. der Liebe (아이·은폐) 사생아(私生兒); kein K. von Traurigkeit sein (통용어) 낙천가이다; jmds. liebstes K. sein 누구의 총애(寵愛)를 받다; jmdm. an -es Statt annehmen 누구를 양자(養子)로 삼다; wes Geistes K. ist er? 그는 어떤 성질의 사람인가?; jmds. geistiges K. 누구의 정신적 소산(所産). **3.** ⟨친근어⟩ **a)** ⟨축소형: ↑Kindchen; Pl. 없음⟩ 애 아가야, 여보, 당신 (젊은 여인에 대한 호칭으로 친애의 표시). **b)** ⟨Pl.⟩ 애들아, 여보게들, 여러분 (여러 사람에 대한 호칭).

kind-, Kind- (↑kinder-, Kinder-; Kindes-; kinds-, Kinds-도 참조) **~bett**, das ⟨준고어⟩ ↑Wochenbett. **~betterin** [-bɛtərɪn], die; -nen ⟨고어⟩ ↑Wöchnerin. **~bettfieber**, das ⟨준고어⟩ ↑Wochenbettfieber. **~frau**, die **1.** 아이러지만 육체는 성숙한 어린 처녀. **2.** (아이처럼) 젊은 아내, 어린 처. **~gemäß** ⟨Adj.⟩ 어린 아이에 적합한[어울리는, 알맞는]: ein -e Erziehung 어린이에 알맞는 교육(양육). **~gerecht** ⟨Adj.⟩ ↑gemäß. **~sein**, das; -s 어린아이임, 아동임, 어린이로서의 존재. **~taufe**, die **1.** 유아(幼兒) 세례. nach dem Gottesdienst fanden noch zwei -n statt 예배 후 유아 세례식이 두 번 있었다. **2.** 유아 세례 축연(祝宴).

Kindchen ['kɪntçən], das; -s, - / Kinderchen ↑Kind (1, 3 a). **Kindchenschema**, das ⟨Pl. 없음⟩ [행태·심리] (어른들의 보호본능을 자아내는) 어린이다운 외견(外見)[행동], 천진무구함. **Kindel** [kɪndl], das; -s, - ⟨지역적⟩ ↑Kind의 축소형; [식물] 번식지(繁殖枝). **Kindelbier**, das ⟨nordd.⟩ 유아 세례 축하연의 손님 접대.

kinder-, Kinder- (↑kind-, Kind-; Kindes-; kinds-, Kinds-도) **~alkoholismus**, der 소아 알코올 중독[음주] **~arbeit**, die ⟨Pl. 없음⟩ 연소자 노동: K. ist verboten 연소자 노동은 금지되어 있다. **~armut**, die 자녀가 적음. **~arzt**, der 소아과 의사. **~ärztin**, die ↑~arzt의 여성형. **~auge**, das 크게 뜬 눈, 놀란 눈: staunende -n sahen ihn an 놀란 듯 동그래진 눈들이 그를 바라보았다. **~auto**, das 장난감 자동차. **~ballett**, das 어린이 발레(團). **~beihilfe**, die 자녀 부양 수당, 육아 수당. **~bekleidung**, die 아동복, 어린이 옷. **~besteck**, das 어린이용 식사 기구(나이프, 포크, 스푼 따위). **~bett**, das 어린이의 침대. **~bewahranstalt**, die ⟨고어⟩ 탁아소. **~bibel**, die 어린이용 성경(성서). **~bild**, das 어릴 때의 사진, 어린이 초상화. **~boutique**, die 어린이용품 상점. **~buch**, das 어린이용 책, 아동 도서. **~chor**, der 어린이 합창(단). **~dorf**, das 아동촌(村), 소년의 마을(고아 등을 돌보아주고 교육하는 보호시설). **~ehe**, die **1.** (미개 민족이나 인도에서의) 소

아 결혼. 2. 미성년 결혼. ~ermäßigung, die 소아 할인(액); 부양 가족 공제. ~erziehung, die 아동 교육. ~fahrrad, das 어린이용 자전거. ~fasching, der 어린이(를 위해 마련된) 카니발. ~feindlich 〈Adj.〉 어린이에 해가 되는[유익하지 못한], 어린이를 싫어하는: eine -e Gesellschaft[Politik] 어린이에 유익하지 못한 사회[정책]. ~feindlichkeit, die 〈Pl. 없음〉 †feindlich의 명사형. ~ferienlager, das 청소년 휴가지(休暇地). ~fernsehen, das †~funk (1). ~fest, das 어린이(를 위한) 축제. ~film, der 아동영화. ~frau, die † ~mädchen. ~fräulein, das †Gouvernante (a). ~freibetrag, der 〈세무·구제〉 아동 부양 공제(액). ~freund, der 어린이를 좋아하는 사람, 어린이의 벗: 〚생구〛 ich bin (ja) K. 나야 마음씨 고운 아저씨니까(남자는 사람에게 조그만 호의를 보여줄 때 쓰는 말). ~freundlich 〈Adj.〉 어린이에 유익한[호의적인·친절한]: dieser Urlaubsort ist nicht gerade k. 이 휴양지는 어린이들에게 적합하지 못하다. ~freundlichkeit, die 〈Pl. 없음〉 †~freundlich의 명사형. ~funk, der 1. (라디오, 텔레비전의) 어린이 프로(그램)(방송); im K. gibt es heute ein Märchen 오늘 어린이 프로에 동화가 방송된다. 2. 어린이 방송 제작국. ~fürsorge, die 아동 보호(복지). ~garten, der [1840년 독일 교육학자 F. Fröbel에 의해 도입됨] 유치원, 유아원: der Kleine besucht schon den K. [geht schon in den K.] 그 아이는 벌써 유치[아]원에 다닌다. ~gärtnerin, die 유치[아]원 교사[보모]. ~gebet, das 어린이를 위한 기도. ~geburtstag, der 어린이를 위한 생일 파티. ~geld, das 자녀수당(국가가 지급하는). ~gemüt, das 순진한 마음, 어린아이다운 성향[기질]. ~geschichte, die 1. 동화, 옛날 이야기. 2. 어린이 이야기. ~geschrei, das 〈뼘〉 어린이의 울음소리[빽빽거리는 소리]. ~gesicht, das 1. 어린이의 얼굴: ein liebes K. 사랑스러운 어린애의 얼굴. 2. 동안(童顔). ~glaube, der 어린아이 같은(순진한) 믿음[생각], 경신(輕信). ~gottesdienst, der 어린이 예배를 위한 집회, 주일 학교. ~grieß, der † ~mehl. ~hand, die 어린애의 손, 고사리 손. ~heilkunde, die 소아과 학(學). ~heilstätte, die † ~krankenhaus. ~heim, das 1. 아동 휴양소. 2. 고아원, (장애) 아동 복지 시설. ~herz, das 어린이의 마음(감성, 감정 세계): der Anblick solcher Herrlichkeiten läßt ein K. (die -en) höher schlagen 그런 화려한 광경은 어린이들을 즐겁게 흥분(열광)시킨다. ~hort, der 방과후 집에 있을 수 없는 아이들을 돌보는 시설. ~jahre 〈Pl.〉 어린이시절, 유년시기, 아동기, 소년[소녀]기. ~kaufhaus, das † ~laden (1). ~kirche, die 〈드물게〉 †~gottesdienst. ~kleid, das †~bekleidung. ~kleidung, die †~bekleidung. ~klinik, die † ~krankenhaus. ~kopf, der 어린애의 머리. ~kopfgroß 〈Adj.〉 어린애 머리 크기의. ~krankenhaus, die 소아(전문)병원. ~krankenschwester, die †~schwester. ~krankheit, die 1. 소아(전염)병(홍역, 백일해 따위). 2. 초기 단계의 결함(난관), 시작할 때의 어려움. ~kreuzzug, der 〈역사적〉 소년 십자군, 어린이 십자군. ~kriegen, das; -s 〈통용어〉 출산(出産), 아이 낳는 일: das[es] ist (ja) zum K. 〈통용어〉 그건 정말 사람 미치게 하는군. ~krippe, die 탁아소. ~lachen, das; -s 어린아이의 웃음(소리). ~laden, der 1. 아동용품 상점. 2. 사설 유아원. ~lähmung, die 소아마비: eine Schutzimpfung gegen die (spinale) K. durchführen (척수성(脊髓性)) 소아마비에 대한 예방접종을 하다. ~lärm, der †~geschrei. ~lätzchen, das †Lätzchen. ~leicht 〈Adj.〉 〈친근한〉 지극히 알기(하기)쉬운. ~lexikon, das 〈아동용〉(백과)사전. ~lieb 〈Adj.〉 어린이를 좋아하는. ~liebe, die 어린이에

대한 사랑. ~lied, das †~reim ~literatur, die 아동문학. ~los 〈Adj.〉 자식이 없는: ein -es Ehepaar 아이가 없는 부부. ~losigkeit, die †~los의 명사형. ~mädchen, das 아이 보는 여자, 보모. ~mantel, der 아동용 외투. ~märchen, das 동화, 옛날 이야기. ~mehl, das 유아용 곡분(穀粉). ~möbel 〈Pl.〉 아동용 가구. ~mode, die †~bekleidung. ~mord, der 영아(嬰兒) 살해, 자식 살해. ~mörder, der 영아(자식) 살해자. ~mund, der 어린아이의 입: das war eine typische Äußerung aus K. 그것은 전형적인 구김살 없는[솔직한]표현이었다. 〚속담〛 K. tut Wahrheit kund 어린아이는 진실을 말한다. ~narr, der 아이를 너무 좋아하는 사람, 자식 사랑에 눈먼 부모. ~paradies, das 아이들의 천국. ~pflegerin, die 보모, 유모. ~popo, der 〈통용어〉 어린아이의 엉덩이. ~porträt das †~bild. ~post, die 어린이의 우편 놀이. ~psychologie, die 아동 심리학. ~puder, der 유아용 화장분[파우더]. ~reich 〈Adj.〉 자녀가 많은. ~reichtum, der 〈Pl. 없음〉 자녀가 많음. ~reim, der 동요(童謠). ~sachen 〈Pl.〉 어린이용품. ~schar, die 어린이의 무리(떼), 다수의 어린이. ~schreck, der 〈Pl. 없음〉 어린이를 놀려주려고 하는 (假裝), 괴물, 도깨비. ~schrift, die 어린이 필체(필적). ~schuh, der 어린이 신발(구두): die -e ausgetreten[ausgezogen, abgestreift] / sich die -e abgelaufen haben / den -en entwachsen sein 이미 어린이가 아니다, 어른이 다 되었다; noch in den -en stecken 아직 유치한[초보, 발전] 단계에 있다. ~schule, die 〈지역적〉 †~garten. ~schutz, der 연소자(근로) 보호. ~schutzgesetz, das 연소자(미성년) (근로) 보호법. ~schwester, die 소아과 간호원, 보모. ~segen, der 〈라디오·텔레비전의〉〈농담〉자식복, 자녀가 많음: eine Familie mit reichem K. 자식복이 많은 가정. ~seite, die 〈신문, 잡지 따위의〉 어린이란(欄). ~sendung, die (라디오·텔레비전의) 어린이 프로. ~sex, der 어린 유아(幼兒)섹스, 유아성욕. ~spiel, das 어린이의 놀이(유희, 장난), 사소한 일: unterhaltsame -e 재미있는 어린이의 놀이; (für jmdn.) ein K. sein (누구에게) 누워서 떡먹기다, 아주 쉬운 일이다. ~spielplatz, der 어린이 놀이터. ~spielzeug, das 장난감. ~sprache, die 〈Pl. 없음〉 a) 어린이의(서투른) 말. b) 아이 어른을 흉내내는 어른의 말투. ~star, der 어린이 스타. ~station, die 〈종합 병원의〉 소아과(병동). ~sterblichkeit, die 어린이 사망수(사망률); erschreckend hohe [eine niedrige] ~K. 놀랄 정도로 높은(낮은) 어린이 사망률. ~stimme, die 어린이 (같은) 목소리. ~stube, die 1. 〈고어·지역적〉 †~zimmer (1). 2. 〈Pl. 없음〉 가정 교육, 성장 과정: eine gute [schlechte] K. gehabt haben 훌륭한[좋지 못한] 가정 교육을 받았다; hast du denn keine K.? 너는 예의 범절도 모르느냐? ~stuhl, der 어린아이(젖먹이)의자. ~tag, der 1. 어린이날. 2. 〈Pl.〉 어린 시절: eine Erinnerung an ferne[längst vergangene] -e 아득한 [오래 전에 지나가 버린] 어린 시절에 대한 추억. ~tagesheim, das __. ~tagesstätte, die 전일제(全日制) 탁아소[유치원](약어: Kita). ~teller, der 어린이 정식(식당의). ~theater, das 아동극(장). ~traum, der 어린이의 꿈(소망). ~trommel, die 어린이용 북. ~trompete, die 어린이용 트럼펫(나팔). ~uhr, die 어린이용 시계. ~vers, der †~reim. ~vorstellung, die 어린이를 위한 (연극, 영화) 공연. ~wagen, der 유모차(乳母車). ~warenhaus, das †~laden (1). ~wäsche, die 어린이용 옷[내복(류)]. ~weinen, das; -s 아기 울음소리. ~welt, die 〈Pl. 없음〉 1. 〈드물게〉 어린이들. 2. 어린이의 세계, 어린이가 생각하는 세계. ~zahl, die (가정의) 자녀수. ~zeit, die 어린[유년] 시

절: an die K. zurückdenken 어린 시절을 돌이켜 생각하다. ~**zeitschrift**, die 어린이 잡지, 소년소녀지(誌). ~**zeitung**, die 어린이 신문. ~**zimmer**, das **1.** 어린이 방(房). **2.** 아이방의 가구[집기]. ~**zulage**, die, ~**zuschlag**, der ↑~geld.

Kịnderchen: ↑Kindchen의 복수형. **Kinderei** [kɪndəˈraɪ], die; -en 어린애 같은[유치한] 언행[짓, 장난]: laß doch diese -en! 이런 유치한 장난[짓]일랑 집어치워라! **kindertümlich** [-ty:mlɪç] ⟨Adj.⟩ 어린이다운, 어린이에 어울리는(적합한): -e Erzählungen 어린이에 적합한 이야기; sein Stil ist nicht k. genug 그의 문체는 별로 어린이답지가 못하다. **Kindertümlichkeit**, die ↑kindertümlich의 명사형.

Kịndes- (kind-, Kind-; kinder-, Kinder-; kinds-, Kinds-도 참조): ~**abtreibung**, die 《드물게》↑Abtreibung. ~**alter**, das ⟨Pl. 없음⟩ 유년기, 유년시절: seine Töchter haben das K. jetzt hinter sich 그의 딸들은 이제 유년기를 지났다; zweites K. 노망기(老妄期). ~**annahme**, die ↑Adoption. ~**aussetzung**, die 유아유기(乳兒遺棄), 아이를 버림. ~**beine** ⟨Pl.⟩ 《다음 용법으로만》 von -n an 어릴 때부터. ~**entführung**, die 어린이 유괴. ~**entziehung**, die 유아탈취(幼兒奪取). ~**kind**, die 〈고어〉 손자, 손녀: **Kind(er) und Kindeskinder** 자자손손, 자손들. ~**liebe**, die 〈아이〉 자식의 부모에 대한 사랑, 효심, 효성. ~**mißhandlung**, die 〔법〕 자식 학대. ~**mord**, der 자식(영아) 살해. ~**mörderin**, die 자식(영아) 살해녀(모(母)). ~**nöte** ⟨Pl.⟩ 〈고어〉 진통(陣痛): 《대개 in과 결합하여》 in -n liegen[sein] (산모(産母)가) 진통중이다, 진통을 하고있다. ~**pflicht**, die 부모에 대한 자식의 의무. ~**raub**, der ↑~entführung. ~**tötung**, die 〔법〕 영아 살해. ~**unterschiebung**, die 〔법〕 (고의적인) 신생아 교체[바뀌치기]. ~**vater**, der 〔관〕 (특정 아이의) 아버지. ~**vermögen**, das 〔법〕 자녀(소유)의 재산.

kịndhaft ⟨Adj.⟩ 어린애다운, 순진한, 천진난만한: ihr Gesicht ist[wirkt] noch immer k. 그녀의 얼굴은 아직도 여전히 어린애 같다. **Kịndheit**, die 유년 시절, 아동[소년]기: sie hatte[verlebte] eine glückliche K. 그녀는 행복한 어린시절을 보냈다; er ist von K. an daran gewöhnt worden 그는 어릴 때부터 그런 일에 익숙해져 있다.

Kịndheits-: ~**erinnerung**, die 유년[소년]시절의 기억(추억): gemeinsame -en haben 공동의 유년 시절의 추억을 가지다. ~**erlebnis**, das 어렸을 때의 체험. ~**tage** ⟨Pl.⟩ (아이) ↑Kindertage.

kịndisch ⟨Adj.⟩ 〔뗌〕 어린애 같은, 미숙한, 어리석은, 유치한, 바보스런: -e Pläne[Träume] 유치한 계획[꿈]; sei nicht so k.! 그렇게 유치하게 굴지 말아라!; er ist im Alter k. geworden 그는 노년에 어린애같이 되어렸다. **kịndlich** ⟨Adj.⟩ 어린이(자식)(로서)의, 어린이다운, 천진난만한, 구김살없는, 순진한: ein -es Gesicht (Aussehen) 천진난만한 얼굴(모습); der -e Gehorsam 자식으로서의 순종; er hat bereits in -em Alter damit begonnen 그는 이미 어릴 때 그 일을 시작하였다; sich k. benehmen[über etw. freuen] 천진난만하게 행동하다[무엇에 대해 기뻐하다]; in ihrem Gesicht[in ihren Bewegungen] ist noch etwas Kindliches 그녀의 얼굴(행동)에는 아직도 약간의 천진난만함이 깃들어 있다. **Kịndlichkeit**, die 《드물게》↑kindlich의 명사형.

kịnds-, Kịnds- (↑kind-, Kind-; kinder-, Kinder-; Kindes-도 참조): ~**bewegung**, die 〔의학〕 태동(胎動). ~**kopf**, der 유치한(바보스런, 지각없는) 사람. ~**kopfgroß**: ↑kinderkopfgroß. ~**köpfig** ⟨Adj.⟩ 바보 같은, 미숙한, 명청한, 유치한, 지각없는: wie kann man sich nur so k. benehmen[aufführen] 어쩌면 그렇게 바보같이 행동할 수 있을까. ~**lage**, die 태아의 위치[자리]. ~**mord**, der ↑Kindesmord. ~**mörderin**, die ↑Kindesmörderin. ~**mutter**, die ↑Kindesmutter. ~**nöte**, die ↑Kindesnöte. ~**pech**, das 〔의학〕 태변(胎便), 배내 똥. ~**taufe**, die (südd., österr., schweiz.) ↑Kindtaufe. ~**teil**, der **a)** 〔의학〕 태아 부분(部分). **b)** 〔법〕 자녀의 상속분(相續分). ~**vater**, der ↑Kindesvater. ~**wasser**, das 〔의학〕 Fruchtwasser.

Kịndschaft, die (아이) (자식의 부모에 대한) 친자(親子) 관계, 자식의 신분[입장], 하느님의 자식임. **kịndschen** [ˈkɪntʃn] ⟨h⟩ (지역적) 유치하게 굴다, 지각없이 행동하다.

Kinemathek [kinemaˈteːk], die; -en **a)** 영화 도서[박물]관. **b)** 영화 도서관 건물(방). **Kinematik** [kineˈmaːtɪk], die [griech. kínēma] 〔물리〕 운동학(運動學). **Kinematiker**, der; -s, - 〔물리〕 운동학자. **kinematisch** ⟨Adj.⟩ 〔물리〕 운동학의, 운동의 의한. **Kinematogramm** [kinematoˈgram], das; -s, -e ⟨griech.⟩ 활동 사진, 영화. **Kinematograph** [kinematoˈgraːf], der; -en, -en [frz. cinématographe] (옛) 촬영기, 영사기. **Kinematographie**, die **1.** (옛) 활동 사진, 영화. **2.** 영화술(映畵術), 영화학[기술, 예술]. **kinematographisch** ⟨Adj.⟩ ↑Kinematographie의 형용사형. **Kinesik** [kiˈneːzɪk], die [griech. kínēsis] 키네시스, 동작학(動作學) 〔몸짓과 사람 사이의 관계에 대한 계통적 연구〕. **Kinesiotherapie** [kineziˈo-], die; -n ↑Bewegungstherapie. **Kinetik** [kiˈneːtɪk], die [griech. kinētikós] **1.** 〔물리〕 동역학(動力學)(반대: Statik). **2.** 〔미술〕 키네틱 아트(움직이는 미술). **Kinetiker**, der; -s, - 키네틱 아트(를 추구하는) 예술가. **Kinetin** [kineˈtiːn], das; -s, 《종류》-e 〔생화학〕 키네틴(동식물 세포 분열 촉진 물질). **kinetisch** ⟨Adj.⟩ **1.** 〔물리〕 운동의, 동력학(상)의, 동적인: -e Theorien 동력학적 이론; -e Energie 운동에너지. **2.** 〔미술〕 키네틱 아트의: -e Objekte(Plastiken, Apparaturen) 키네틱 아트의 소재(작품, 기구). **Kinetose** [kineˈtoːzə], die; -n 〔의학〕 가속도병(加速度病), 운동 기능성 질환.

¹King [kɪŋ], der 《또는》 das; -(s), - [chines. ching] 중국 타악기(打樂器)의 일종.

²King [-], der; -(s), -s [engl. king] (통용어) 우두머리, 대장, 왕. **King-size**, [ˈkɪŋsaɪz], die / das; - [engl. king-size] 특대(特大), 대형(大型).

Kingston [ˈkɪŋstən] 킹스턴(자메이카의 수도).

Kingstown [ˈkɪŋstaʊn] 킹즈 타운(세인트 빈센트의 수도).

Kinin [kiˈniːn], das; -s, 《종류》-e 〈대개 Pl.〉 [griech. kineîn] 〔생화학〕 키닌.

Kịnk [kɪŋk], der; -, -en [niederd. kinke] 〔선원〕 **a)** 밧줄(닻줄)의 뒤엉킴. **b)** 강삭(鋼索)의 갈라진 틈.

Kinkerlitzchen [ˈkɪŋkɐlɪtsçən], das; -s --‘--‘ ⟨Pl.⟩ [frz. cinquaille] 하찮은 것, 시시한 것, 너절한 것: das sind alles K. 그건 죄다 쓸데없는 것들이다.

Kịnn- ~**backe**, die (Südd.) ↑backen, der 악골(顎骨). ~**bart**, der 턱 수염. ~**haken**, der 어퍼컷트: jmdm. einen K. geben(versetzen) 누구에게 어퍼컷트를 방먹이다. ~**lade**, die 아래턱, 하악(下顎). ~**riemen**, der (군모, 철모 따위의) 턱끈. ~**spitze**, die 턱 끝.

¹Kino [ˈkiːno], das; -s, -s **1.** 영화관, 극장: ein gutes K. 좋은 영화를 상영하는 영화관; das K. war heute leer [gut besetzt] 오늘 영화관이 오늘은 텅 비었었다[만원이었다]; was wird heute im K. gespielt(gegeben)? 오늘의 영화(관) 프로는 무엇인가? **2.** 영화, 영화 상영: das K. ist

Kirche

ausverkauft[beginnt etwas später] 그 영화는 매진이다[약간 늦게 시작한다]; das K. ist aus[zu Ende] 영화가 끝났다. **3.** 《Pl. 없음》《드물게》(총칭으로서의) 영화: das K. der dreißiger Jahre[in Frankreich] 30년대[프랑스] 영화.

²**Kino** [ˈkiːno] das, -s, - 키노수지(樹脂), 붉은 아교(키노나무의 수액(樹液)을 건조한 것; 수렴(收斂) 및 무두질용).

Kino-: ~arbeit, die 영화 필름. **~besitzer,** der 영화관 주인[소유자]. **~besuch,** der 영화 관람(구경). **~besucher,** der 영화를 보러가는 사람, 영화 관객. **~erfolg,** der 히트 영화. **~film,** der 《영화 상영용》영화필름. **~gänger,** der 영화 팬: er ist ein eifriger K. 그는 영화광이다. **~karte,** die 영화관 입장권(표). **~kasse,** die 영화관 매표구. **~kopf,** der 손잡이가 달려 움직일 수 있는 카메라 받침대의 머리부분. **~leinwand,** die ↑Filmleinwand. **~maschine,** die ↑Filmvorführgerät. **~orgel,** die (옛날 영화관에서 사용하던) 전자 오르간. **~programm,** das **a)** 영화 안내문. **b)** 영화 상영 계획. **~publikum,** das 영화 관객. **~reklame,** die **1.** 영화 광고[선전]. **2.** (본 영화 상영전의) 광고 영화. **~saal,** der 영화관, 영사실. **~technik,** die 《Pl. 없음》영화 기술. **~techniker,** der 영화 기사. **~vorführer,** der ↑Filmvorführer. **~vorstellung,** die ↑Filmvorstellung.

Kinobaum, der 키노나무.

Kinogummi, das ↑²Kino.

Kinonglas [kiˈnɔːn-], das; -es 《인공어》(파편이 안생기는) 안전 유리.

Kinshasa [kɪnˈʃa, 《frz.》 kinʃaˈsa] 킨샤사(자이르 공화국의 수도).

Kintopp [ˈkɪntɔp], der / das; -s, -s, 《또한》 ...töppe [...tœpə]《통용어·팽》↑Kino.

Kinzigit [kɪntsiˈgiːt, 《또한》 ...gɪt], der; -s Schwarzwald의 Kinzig 계곡 이름에서] 편마암(片麻岩).

Kiosk [kiɔsk, 《또한》 ˈkiːɔsk], der; -(e)s, -e [frz. kiosque] 노점, 매점(신문, 음료, 담배 따위를 파는): sie besitzt einen K. am Bahnhof 그녀는 정거장에 매점을 가지고 있다.

Kipf [kɪpf], der; -(e)s, -e 《südd.》길쭉한(뿔 모양의) 롤빵. **Kipfel** [ˈkɪpfl], das; -s, -, **Kipferl** [ˈkɪpfɐl]; das; -s, -n 《bayr., österr.》↑Hörnchen②.

kipp-, Kipp-: ~achse, die 기울임 축(軸). **~flügel) fenster,** das 돌쩌귀로 여닫는 창문, 회전창(回轉窓). **~karre,** die, **~karren,** der 전환식 운반차, (밑으로 쏟아내는 식의) 짐차, 손수레. **~lore,** die (옆으로 기울여 짐을 쏟는) 소형 짐차. **~pflug,** der 호용리(互用犁), 대칭(對稱)쟁기. **~regel,** die 측각기(측고기; 測角器). **~schalter,** der 가역(可逆)[텀블러] 스위치. **~schaltung,** die 【전기】(전압이 톱니꼴 진동을 하는) 전기 접속, 결선(結線). **~schwingung,** die 【전기】톱니꼴[모양의] 진동. **~sicher** 《Adj.》기울어질 수 없는, 수평 안정 장치가 된. **~wagen,** der 뒤를 기울여 짐을 쏟는 짐차, 덤프 트럭, 경편(輕便) 짐차.

kippbar [ˈkɪpbaːɐ]《Adj.》기울임[기울여질] 수 있는: ein -er Anhänger 기울여 짐을 내릴 수 있는 트레일러.

¹**Kippe** [ˈkɪpə], die; -n [niederd. -md. Kippe]《통용어》**1.** 담배 꽁초: die K. quälen《통용어》꽁초를 끝까지 빨다[피우다]; die K. wegwerfen[auf dem Boden austreten] 담배 꽁초를 던져 버리다[땅바닥에다 짓밟다].

²**Kippe** [-], die; -n [독일 교육자 F. L. Jahn에 의해 성립] **1. a)** 【광】폐석(廢石) 처리장, 토사(土砂)더미. **b)** ↑Müllkippe의 약칭. **2.** 【체조】차오르기: **auf der K. stehen**《통용어》**1)** 넘어지려고[전복하려고] 하다: Vorsicht, die Tasse steht (fast) auf der K. 조심해라, 차잔이 엎어지겠다. **2)** 위기에 처해[직면하고] 있다: drei Schüler der Klasse stehen auf der K. 학급에서 세 학생은 진급하지 못할 것이다; der Kranke steht[mit dem Kranken steht es] auf der K. 환자는 아직 위기를 넘기지 못하였다. **3)** 갈피를 못잡고[결정하지 못하고] 있다, 불확실하다: seine Wiederwahl steht noch auf der K. 그의 재선(再選)은 아직 불확실하다.

³**Kippe** [-; gaunerspr. Kippe]《다음 용법으로》**K. machen 1)** 협력(제휴)하다. **2)** (누구와) 절반을 나눠 갖다.

kippelig, kipplig [ˈkɪp(ə)lɪç]《Adj.》《통용어》흔들거리는, 쓰러지기 쉬운, 비틀거리는, 넘어질 듯한. **kippeln** [ˈkɪpln]《h》《통용어》**1.** 흔들거리다, 상하로 흔들리다. **2.** (의자에 앉아) 앞뒤로 흔들다. ¹**kippen** [ˈkɪpn] **1.**《s》넘어지다, 전복되다: der Wagen kippt auf die Seite [seitwärts] 자동차가 옆으로 전복되었다; er ist vom Stuhl gekippt 그는 의자에서 떨어졌다. **2.**《h》(누구를, 비스듬이) 하다. **3.** 《h》기울여 쏟아[붓다]: den Müll in die Grube[das Wasser in den Abguß] k. 쓰레기를 구덩이에 쏟아[물을 거푸집에 붓다]. **4.**《h》(술 따위를) 단숨에 (들이)마시다: er hat ein paar Gläschen gekippt 그는 술을 몇 잔 쭉쭉 마셨다; **einen k.** 한잔하다. **5.**《h》(은어) 계획했던 것을 중지[중지]하다.

²**kippen** [-] 《h》《통용어》《담배를》중간에 끄다: schon nach einigen Zügen kippt sie ihre Zigaretten 그녀는 담배를 몇 모금 피우고는 꺼버린다. ¹**Kipper** [ˈkɪpɐ], der; -s, - **1.** 덤프 카(트럭), 경도장치가 있는 화차. **2.** 화차 경도기(傾倒機), 자동 경도 장치.

²**Kipper** [-], der; -(s), -(s) [engl. kipper] 【요리】(냉)훈제 청어.

kipplig: ↑kippelig.

Kips [kɪps], das; -es, -e 《대개 Pl.》 [engl. kips (Pl.)] 작은 짐승의 가죽. **Kipshaut,** die ↑Kips.

Kirbe [ˈkɪrbə], die; -n《bayr.》↑Kirchweih.

Kirch- (↑kirchen-, Kirchen-도 참조): **~dorf,** das 교회가 있는 마을. **~gang,** der 《드물게》교회에 예배 보러 가기: sich zum K. fertigmachen 교회에 갈 준비[재비]를 하다. **~gänger,** der 《정기적으로》교회[예배]에 나가는 신도. **~geld,** das 교회 헌금. **~gemeinde,** die ↑Kirchengemeinde. **~glocke,** die 《드물게》 Kirchenglocke. **~hof,** der《준고어》교회[구내] 묘지. **~hoffrieden,** der ↑**~hoffriede,** der **~hofsmauer,** die 교회 구내묘지의 담. **~hofsruhe,** die 교회 묘지의 평화[고요함, 평온]. **~hofstille,** die 교회 묘지의 정적. **~platz,** der 교회 앞 마당. **~spiel,** das 《준고어》교구(敎區). **~sprengel,** der ↑**~spiel. ~tag,** der 《österr.》↑Kirchweihfest. **~turm,** der 교회[성당]의 탑. **~turmpolitik,** die 【제국의 이익보다 사적인 일을 앞세우는 국회의원들을 규정하기 위한 독일 제국의 재상 O. v. Bismarck의 조어(造語)】편협하고 보수적인 정치(이념). **~turmspitze,** die 뾰족한 지붕, (교회 따위의) 높은 탑. **~turmuhr,** die 교회[성당]의 시계. **~vater,** der 《지역적》↑Kirchenältester. **~weg,** der 교회 가기, 교회 가는 길. **~weih,** die; der; -en 교회당 개기제[개기식, 開基祭], ↑**~weihfest.** das; **~weihtag,** das ↑**~weih.** ↑**~weihfest:** zur K. ins Nachbardorf gehen 이웃마을의 교회당 헌당 기념일 축제에 가다; **jmdn. zur K. laden**《지역적·은예》("내 똥구멍이나 빨아라"하는 말로) 누구에게 폭언하다, 누구를 심하게 모욕하다. **~weihe,** die 교회당 헌당식(축성식). **~weihfest,** das ↑**~weih. Kirche** [ˈkɪrçə], die; -n **1.**《축소형: ↑Kirchlein》교회(당), 성당, 예배당: eine K. bauen[einweihen] 교회당을 짓다[교회당 헌당식을 거행하다]; **die K. im Dorf lassen** 절도(節度)를 지키다, 도를 넘지 않다: man kann die Dinge ruhig beim Namen nennen, aber man sollte doch die K. im Dorf lassen 마음놓고 바른 말을

할 수 있으나, 도를 지나쳐서는 아니 된다; **die K. ums Dorf tragen** 쓸데없이 번거롭고 복잡하게 처리하다; **mit der K. ums Dorf laufen[fahren]** (어떤 일을) 쓸데없이 복잡하게 만들다. **2.** ⟨Pl. 없음⟩ 예배; sonntags in die K. gehen 주일에 예배 보러 가다. **3.** 교회, 교파, 종파: die katholische[evangelische, orthodoxe] K. 가톨릭[프로테스탄트, 그리스정]교; die alleinseligmachende[heilige] K. [가] 가톨릭교; aus der K. austreten 교회에서 탈회(脫會)하다. **4.** 교계(敎界), (종교계 대표로서의) 교회, 교권: die K. hat sich zu dieser Frage nicht geäußert 교계[교회]는 이 문제에 대해 언급하지 않았다; die Trennung von K. und Staat 정교(政敎)의 분리.

k̲i̲rchen-, Kirchen- (↑Kirch-도 참조): ~**abgabe,** die ↑~steuer. ~**älteste,** der [신교] 교회의 장로. ~**amt,** das **1.** 교회의 직책[직위]: ein K. innehaben 성직을 갖고 있다. **2.** 종무국(宗務局). ~**austritt,** der 교회로부터의 탈퇴. ~**bank,** die 교회[성당] 안의 의자. ~**bann,** der [가] 파문[破門]. ~**bau,** der **1.** ⟨Pl. 없음⟩ 교회(당)[성당] 건립. **2.** ⟨Pl. ...bauten⟩ 교회당(堂)[건물]. ~**baumeister,** der 교회 건축(기)사. ~**behörde,** die 교회 당국. ~**besuch,** der 예배 참석. ~**besucher,** der 예배(참석)자. ~**blatt,** das 교회 신문. ~**buch,** das 교회의 명부[기록부], 주임 사제 기록부: in alten Kirchenbüchern forschen 옛날 교회 기록부들을 조사하다. ~**bund,** der 교회 연맹. ~**burg,** die (중세) (성각 따위로) 방어 시설을 갖춘 교회. ~**buße,** die 참회의 비적(秘蹟)[《Pönitenz》]. ~**chor,** der 교회 합창단, 성가대: im K. sein[singen] 성가대에 들어 있다[성가대에서 노래하다]. ~**chronik,** die 교회의 연대기. ~**dach,** das 교회당 지붕. ~**diebstahl,** der 교회의 절도, 성물(聖物) 절도(죄). ~**diener,** der 사찰, 교회 관리인, 성당지기. ~**disziplin,** die ↑~zucht. ~**dogma,** das 교의(敎義), 교조(敎條). ~**fabrik,** die ↑~stiftung. ~**fahne,** die 교회의 기(旗). ~**feindlich** ⟨Adj.⟩ 반교회적인, 반성직자적인. ~**fenster,** das 교회당 창문. ~**fest,** das 교회의 축제(일). ~**freundlich** ⟨Adj.⟩ 친교회적인, 친성직자적인. ~**fromm** ⟨Adj.⟩ (폄) 신심을 겉으로 내보이는, 독실한 척하는. ~**führer,** der **1.** 교회 지도자. **2.** 교회(여행) 안내서. ~**funk,** der 교회 방송. ~**fürst,** der (아어) 고위 성직자(주교, 대주교, 추기경 따위). ~**gänger,** der (드물게) ↑Kirchgänger. ~**gebet,** das 《가·고어》 미사 중 신부의 기도(문). ~**gebot,** das 교회의 계율. ~**gegner,** der 교회 반대자. ~**gemeinde,** die ↑Gemeinde (1 b, 2 b). ~**gerät,** das 교회의 집물(什物), 제구(祭具), 성물(聖物), 성기(聖器). ~**gesang,** der 찬송가, 회중(會衆)의 성가 합창. ~**geschichte,** die **a)** 교회사(史). **b)** 교회사학. ~**geschichtsschreibung,** die 교회사 편찬. ~**gesetz,** das 교회법(규), 종파 규약(宗派規約). ~**gestühl,** das 교회의 좌석(의자). ~**gewalt,** die [기독교] 교권(敎權), 성권(聖權). ~**glaube,** der 교회의 교의(敎義)[신앙]. ~**glocke,** die 교회의 종: die ~n läuten (zur Messe) (미사를 위한) 교회의 종이 울리다. ~**gut,** das 교회[성당]의 재산, 성직령(聖職領). ~**heilige*,** der / die [가] 성자, 성인. ~**hoheit,** die 교회의 권위. ~**jahr,** das 교회 역년(曆年), 전례(典禮) 역년. ~**kampf,** der 정교(政敎)간의 투쟁. ~**kantate,** die 교회 교성곡(交聲曲)[칸타타]. ~**konferenz,** die 교회 회의. ~**konzert,** das 교회에서의 종교음악 연주회. ~**kunst,** die ⟨Pl. 없음⟩ 교회 미술. ~**ländereien** ⟨Pl.⟩ 교회 소유의 영토, 교회 소유지. ~**lehen,** das (중세) 교회의 영지[領地][봉토(封土)]. ~**lehre,** die (교의). ~**lehrer,** der [가] (기독교 초기의) 교부(敎父), 신학자. ~**lehrerin,** die ↑~lehrer의 여성형. ~**lei-**

tung, die 교회의 지도부. ~**licht,** das ⟨Pl. -er⟩ 《대개 부정적 용법으로》 kein[nicht gerade ein] (großes) K. sein (통용어·농) (그다지) 슬기롭지[영리하지] 못하다. ~**lied,** das 성가(聖歌), 찬송가. ~**malerei,** die 교회 미술. ~**mann,** der 고위 성직자. ~**maus,** die (다음 용법으로) arm sein wie eine K. (통용어·농) 몹시 가난한. ~**musik,** die 교회[종교] 음악. ~**musikalisch** ⟨Adj.⟩ ↑~musik의 형용사형. ~**oberhaupt,** das 교주(敎主). ~**ordnung,** die 교회의 규율, 종규(宗規), 전례(典禮). ~**orgel,** die 교회당의 오르간. ~**patron,** der [가] 성당의 수호성인(守護聖人). ~**pfleger,** der 교회 관리인, 사찰. ~**politik,** die 종교 정책, 교회 정책. ~**politisch** ⟨Adj.⟩ ↑~politik의 형용사형. ~**portal,** das 교회의 정문. ~**präsident,** der (신교의) 지방 교회장(長). ~**provinz,** die 대주교의 관구. ~**rat,** der **1. a)** ↑~vorstand. **b)** 장로회원, 교회 자치회원. **2 a)** (독일) 교회 회의. **b)** 전국 (독일) 교회 회원. **c)** ⟨Pl. 없음⟩ 지방 교회 목사의 칭호. **3.** ↑Weltkirchenrat. ~**raub,** der ↑~diebstahl. ~**räuber,** der 성물(聖物)도둑[절취자]. ~**recht,** das 교회법(규), 종규, 종규. ~**rechtlich** ⟨Adj.⟩ ↑~recht의 형용사형. ~**reform,** die 교회 개혁[혁신]. ~**regiment,** das 교회 지도(부), 후에는 (↑~hoheit). ~**register,** das ↑~buch. ~**schändung,** die 교회 모독. ~**schatz,** der [가] 교회가 죄를 사해주는 근거가 되는 그리스도와 성인들의 은혜. ~**schiff,** das [건축] 교회당의 회중석(會衆席)[신도석]. ~**schriftsteller,** der (초기 기독교의) 성전(聖典) 저술가. ~**sonate,** die [음악] ↑Sonata da chiesa (↑Sonate). ~**spaltung,** die 교회의 분열[분파] (↑Schisma). ~**sprache,** die (예배 등에 사용하는) 교회 언어. ~**sprengel,** der ↑Kirchspiel. ~**staat,** der 《역사적》 로마교황령[현재는 바티칸 시국(市國)]. ~**steuer,** die 교회세. ~**stiftung,** die 교회 재산. ~**still** ⟨Adj.⟩ (아어) 경건할 정도로 아주 고요[조용]한. ~**stille,** die (아어) 정적, 고요, 조용함. ~**strafe,** die [가] 교회의 형벌. ~**streit,** der 교의(敎義)논쟁, 종론(宗論), 교파[종파]간의 분쟁. ~**stuhl,** der 교회(당)의 의자[좌석]. ~**tag,** der (교회(교무, 종무) 회의, 교회의 총회. ~**ton,** der, ~**tonart,** die [음악] (중세의 높임, 낮춤이 없는) 교회음계(音階). ~**tonal** ⟨Adj.⟩ ↑~ton의 형용사형. ~**treu** ⟨Adj.⟩ 교회에 충실한, 독실한. ~**tür,** die 교회의 문(門). ~**übertritt,** der 개종(改宗). ~**uhr,** die 교회 시계. ~**vater,** der [lat. patrēs ecclēsiae] 교부(敎父). ~**verfolgung,** die 교회 탄압[박해]. ~**vermögen,** das 교회 재산. ~**versammlung,** die 종무(宗務) 회의, 종교 회의. ~**vertrag,** der 정교(政敎)간의 계약. ~**verwaltung,** die 교회 관리(행정). ~**visitation,** die 교회 순시. ~**vorstand,** der 장로회, 교직자회, 교회의 임원(회). ~**zeitung,** die ↑~blatt. ~**zucht,** die 교회의 규칙[계율(戒律)](보호 조치).

Kirchlein ['kɪrçlaɪn], das; -s, - ↑Kirche (1). **kirchlich** ⟨Adj.⟩ **1.** 교회[성당]의, 종교(상)의: ein -er Würdenträger 고위 성직자; ein -er Feiertag 종교 관계 공휴일. **2. a)** 교회 법규[예식, 규칙]의: eine -e Trauung 교회예식에 따른 결혼(식). **b)** ↑ kirchenfromm. **Kirchlichkeit,** die 교회(만능)주의, 교회법[종규] 준수. **Kirchner** ['kɪrçnɐ], der; -s, - (고어) ↑Kirchendiener.

Kirgise [kɪrˈgiːzə], der; -n, -n 키르키즈 사람(중앙아시아 키르키즈 초원에서 유목 생활을 하는 몽고 종족). **kirgisisch** ⟨Adj.⟩ 키르키즈어(語)의.

Kirke ['kɪrkə] ↑ Circe.
Kirman ['kɪrman] ↑ Kerman.
Kirmes ['kɪrməs, 'kɪrmɛs], die; ...messen ['kɪrməsn] 《md., niederd.》 ↑ Kirchweih. **Kirmeskuchen,**

der 교회당 헌당식 기념 축제일을 위해 만든 케이크.
Kirne ['kɪrnə], die; -n **1.** 《전문어》 마가린 제조용기. **2.** 《지역적》 버터 (넣는) 통. **kirnen** ['kɪrnən] 〈h〉 **1.** 《전문어》 마가린을 만들다[제조하다]. **2.** 《지역적》 버터를 만들다. **Kirnung,** die; -en ↑kirnen의 명사형.
kirre ['kɪrə] 〈Adj.〉 《통용어》 길이 든, 온순한, 유순한, 잘 따르는: jmdn. k. machen(kriegen) 누구를 따르게[복종하게] 만들다[길들이다]. **kirren** ['kɪrən] 〈h〉 《준고어》 길들이다, 따르게[따르게] 하다, 미끼로 꾀어내다, 유혹하다. **Kirrung,** die; -en [사냥] 미끼.
Kirsch [kɪrʃ], der; -(e)s, - ↑Kirschwasser의 약칭.
kirsch-, Kirsch- (↑Kirschen-도 참조): **~auflauf,** der [요리] 달걀, 설탕, 밀가루, 버찌를 섞어 구운 과자. **~baum,** der **1.** 벚나무. **2.** 〈Pl. 없음〉 벚나무 목재. **~baumfurnier,** das 벚나무 목재(로 만든) 베니어. **~baumholz,** das ↑~baum 2). **~blüte,** die **a)** 벚꽃. **b)** 벚꽃이 피는 시기, 벚꽃철. **~fliege,** die 벚나무 열매에 잘 붙는 조그만 파리(그 유충이 버찌 속에서 삶). **~geist,** der 버찌 브렌디. **~groß** 〈Adj.〉 버찌만한. **~holz,** das ↑~baumholz. **~kern,** der 버찌의 씨. **~kernbeißer,** der ↑Kembeißer. **~knödel,** der ↑Kirschenknödel. **~kuchen,** der 버찌를 넣은 케이크. **~likör,** der 버찌 리큐어. **~lorbeer,** der 소귀나무, 월계수. **~marmelade,** die 버찌(로 만든) 잼. **~pflaume,** die 앵두나무. **~rot** 〈Adj.〉 벚꽃 색의, 연분홍(은 자홍)색의. **~saft,** der 버찌의 즙(汁). **~schnaps,** der ↑~wasser. **~sorte,** die 버찌의 종류. **~stein, ~kern.** **~torte,** die 버찌를 넣은 파이. **~wasser,** das 버찌 브렌디.
Kirsche ['kɪrʃə], die; -n **1. a)** 버찌: reife[madige] -n 잘 익은[벌레 먹은] 버찌; -n ernten(pflücken) 버찌를 수확하다[따다]; 〖성구〗 mit jmdm. ist nicht gut -n essen 《통용어》 누구와는 어울리기[사이좋게 지내기] 어렵다. **b)** 《전문어》 ↑Kaffeekirsche 참조. **2.** ↑Kirschbaum (1): die -n blühen schon 벚나무들은 벌써 꽃이 핀다.
Kirschen- (↑kirsch-, Kirsch-도): **~augen** 〈Pl.〉 크고 검은 눈. **~baum,** der ↑Kirschbaum. **~ernte,** die 버찌 수확. **~knödel,** der 《österr.》 버찌를 넣은 경단. **~michel,** der 《지역적》 ↑Kirschaumauf. **~mund,** der 《시어》 연분홍 입술. **~zeit,** die 버찌 성숙기[수확기].
Kirtag ['kɪr-], der; -(e)s, -e 《österr.》 ↑Kirchweih.
Kismet ['kɪsmet], das; -s türk. kɪsmet [회교] 운명, 숙명, 업(業): 〖전의〗 K.! 운명[숙명]이다!, 어쩔 도리가 없다!
Kißchen ['kɪsçən], das; -s, - ↑Kissen 참조.
Kissen ['kɪsn], das; -s, - 《축소형: ↑Kißchen》 방석, 쿠션, 깔개, 요, 베개: die K. aufschütteln 방석을 흔들어 부풀게 하다; in die K. zurücksinken 방석으로 다시 쓰러지다.
Kissen-: ~bezug, der 베갯잇, 방석(쿠션) 카바, 옷 잇. **~füllung,** die 베갯속, 쿠션 속. **~hülle,** die ↑~bezug. **~platte,** die 베갯잇(방석 카바)의 앞면. **~schlacht,** die 《통용어》 (아이들이 장난할 때 하는) 베개 던지기: die Kinder machten (lieferten sich) eine K. 아이들은 베개 던지기 장난을 하였다. **~überzug,** der ↑~bezug.
Kistchen ['kɪstçən], das; -s, - ↑Kiste (1 a, b) 참조.
Kiste ['kɪstə], die; -n **1. a)** 《축소형: ↑Kistchen》 상자, 궤, 궤짝: K. zunageln[öffnen] 상자에 못질하다[상자를 열다]; Bücher in -n packen 책을 궤짝에 넣어 챙기다; 〖전의〗 ich gehe jetzt in die K. 《통용어》 나는 이제 잠자러 간다. **b)** 《축소형: ↑Kistchen》 상품 상자, 짐궤(짝), 갑(匣): eine K. Wein[Sekt] bestellen 포도

주(샴페인) 한 상자를 주문하다. **c)** 《통용어》 엉덩이, 궁둥이. **2.** 《경》 상자 모양의 탈 것(자동차, 배, 비행기 따위): meine K. springt mal wieder nicht an 내 자동차는 또 시동이 걸리지 않는다; die K. ist beinahe abgesoffen 보트는 거의 가라앉았다. **3.** 《통용어·berlin.》 일, 사건, 문제: das ist eine tolle[schwierige] K. 그것은 아주 멋진[어려운] 일이다.
kisten-, Kisten-: ~brett, das 상자를 짜는 널빤지. **~deckel,** der 상자(궤)의 뚜껑. **~grab,** das [인종] (상자 모양으로 된) 선사 시대의 석곽묘(石槨墓). **~öffner,** der 상자를 여는 못뽑이[연장]. **~weise** 〈Adv.〉 **a)** 상자에 넣어(포장하여). **b)** 상자로, 상자 단위로.
Kisuaheli [kizua'he:li], **Kiswahili** [kɪsva'hi:li], das; -(s). - 스와힐리어(語).
Kita ['ki:ta], die; -s ↑Kindertagesstätte의 약칭.
Kitchenette [kɪtʃə'nɛt], die; -s [engl. kitchenette] 요리[취사]용 니치.
Kithara ['ki:tara], die; -s / ...taren [ki'ka:rən] lat. cithara < griech. kithára [음악] 키타라(고대 그리스의 현악기). **Kitharistik** [kita'rɪstɪk], die [음악] 키타라 연주술. **Kitharöde** [kita'rø:də], der; -n, -n [음악] 키타라 연주자, 키타라에 맞춰 노래하는 가수.
Kitharodie [...ro'di:], die; -n [...iən] griech. kitharōdía [음악] 키타라 반주의 독창곡[노래].
¹**Kitsch** [kɪtʃ], die; -en 〈rhein.〉 과실(果心), 내과피(內果皮).
²**Kitsch** [-], der; -(e)s 《예술상의》 저속품[키치], 유치한 [수준 이하의] 작품, 값어치 없는 상품: literarischer K. 문학적 저속물; die Grenze zwischen Kunst und K. ist oft fließend 예술과 키치의 한계는 때로 유동적이다.
kitschig ['kɪtʃɪç] 〈Adj.〉 **a)** 저속한, 시시한, 값없는, 보잘것없는, 저질인: die Zusammenstellung der Farben ist k. 색(깔)의 배합이 저속하다; etw. k. kopieren 무엇을 저질스럽게 베끼다[모방하다]. **b)** (값싸게, 저속하게) 감상적인, 가식적인: ich fand mich k. 나자신 값싸게 감상적인 것을 알았다.
Kitt [kɪt], der; -(e)s, 《종류》 -e **1.** 접합제(매스틱, 시멘트, 퍼티 따위): der K. bröckelt vom Fenster 창문에서 접합제가 부서져나온다; die Risse mit K. ausfüllen 갈라진 틈을 접합제로 메우다; 〖전의〗 ein Kind ist kein K. für eine Ehe 자식이 부부의 결합을 보증하진 못한다. **2.** 《통용어·쾰》 잡동사니, 너절한 것; was kostet der ganze K.? 그것 통틀어[전부] 얼마요?; **K. reden** 쓸데없는 말을 하다[허튼 소리를 하다].
Kittchen ['kɪtçən], das; -s, - 《통용어》 감옥, 교도소, 형무소: im K. landen[sitzen] 형무소 생활을 하다[감옥에 갇혀 있다].
Kittel ['kɪtl], der; -s, - **1.** 가운(노동자의) 덧옷: der Arzt trägt einen weißen K. 의사는 흰 가운을 입고 있다. **2.** (헐렁한) 윗도리, 블라우스: ein bestickter K. 수 놓은 블라우스. **3.** 《südd.》 재킷: den K. ausziehen 재킷을 벗다; **jmdm. brennt der K.** 《südd.》 누구는 별로 영리하지[사려가 깊지] 못하다. **4.** 《österr.》 스커트, 치마.
kittel-, Kittel- (Kittel 1): **~artig** 〈Adj.〉 덧옷(가운, 스모크) 모양의. **~kleid,** das 스모크, 튜닉(코트). **~schürze,** die 에이프런 드레스, 소매 없는 작업복. **~tasche,** die 겉옷(가운, 스모크)의 주머니.
kitten ['kɪtn̩] 〈h〉 **1.** 접합제로 붙이다, 시멘트(아교, 퍼티)를 바르다: die zerbrochene Vase k. 깨진 꽃병을 접합제로 붙이다; 〖전의〗 der Bruch in ihrer Beziehung läßt sich nicht mehr k. 그들 관계의 균열은[불화는] 더 이상 복구할 수 없다. **2.** 시멘트(퍼티, 아교)로 접합(고정)시키다, 튼튼하게 잇다: den Henkel an die Kanne k. 주전

자에 손잡이를 (퍼티로) 접착시키다. **kittfarben** ⟨Adj.⟩ 퍼티색의, 잿빛 베지(색)의. **kittgrau** ⟨Adj.⟩ ↑kittfarben.

Kittfuchs ['kɪt-], der; -es, ...füchse [engl. kitfox] 북미 은여우.

Kitz [kɪts], das; -es, -e, **Kitze** ['kɪtsə], die; -n 사슴, 영양(羚羊), 염소 따위의 새끼.

Kitzel ['kɪts], der; -s, -. 1. ⟨드물게 Pl.⟩ 간지럼, 가려움, ⟨기분 좋은⟩ 자극: Staub in der Nase verursacht K. 콧속의 먼지가 간지럼을 야기시킨다. 2. 욕망, 갈망, 욕정, 욕념, 쾌감(을 주는 사물), (성적) 만족, 일락(逸樂): einen K. nach etw. verspüren 무엇에 대한 욕망[욕정]을 느끼다. **kitzelig** ↑kitzlig. **kitzeln** ['kɪtsn] ⟨h⟩ 1. a) 간질이다: jmdn. unter den Armen k. 누구의 겨드랑이를 간질이다; er hat ihn mit dem Messer zwischen den Rippen gekitzelt ⟨경⟩ 그는 그의 갈비뼈 사이를 칼로 찔러 상처를 내었다. b) 근질근질하게 하다: die Haare kitzeln im Nacken 머리털이 목덜미를 근질근질하게 한다. 2. a) 들뜨게 하다, (감정을) 돋우다: gutes Essen kitzelt den Gaumen 맛있는 음식이 식욕[입맛]을 돋운다; jmds. Eitelkeit k. 누구에게 아첨하다. b) 욕망 (갈망)을 불러 일으키다⟨자극하다⟩: es kitzelt mich, ihm zu widersprechen 나는 그에게 반대하고 싶은 욕망이 일어난다. **Kitzler** ['kɪtslɐ], der; -s, - 음핵(陰核), 클리토리스. **kitzlig**, ⟨또한⟩ **kitzelig** ['kɪts(ə)lɪç] ⟨Adj.⟩ 1. a) 간지러운, 간지럼 타는: er ist überhaupt nicht k. (an den Füßen) 그는 (발에) 전혀 간지럼을 타지 않는다. b) (신경이) 과민한, 다정다감한: in diesem Punkt ist er sehr k. 이 점에 있어서 그는 매우 과민하다. 2. 성미 까다로운; 다루기 어려운; 귀찮은, 미묘한; 위험한, 아슬아슬한: eine kitzlige Frage[Angelegenheit] 다루기 어려운[미묘한] 문제[일]; die Situation wurde für ihn k. 상황은 그에게 위험하게[예사롭지 않게] 되었다.

¹**Kiwi** ['kiːvi], der; -s, -s [오세아니아 토착어(Maori)에서, ⟨의성어⟩] 키위⟨뉴질랜드 산(産)의 작은 타조의 일종⟩.

²**Kiwi** [-], die; -s [engl. kiwi] 키위⟨둥글고 솜털이 난 과일⟩, ⟨중국산의⟩ 구즈베리. **Kiwifrucht**, die ↑²Kiwi.

kJ = Kilojoule.
k. J. = künftigen Jahres.
Kjøkkenmöddinger ['kjœkn̩mœdɪŋɐ, ⟨norw.⟩ kjøkkenmöddinger] ↑ Køkkenmöddinger.
k. k. = kaiserlich-königlich.
KKW = Kernkraftwerk.
kl = Kiloliter.
Kl. = Klasse, Klappe (4).

klabastern [klaˈbastɐn] ⟨지역적⟩ 1. ⟨s⟩ 어슬렁거리다, 느리게 걷다, 발을 구르다. 2. ⟨h⟩ 매질하다, 때리다. 3. ⟨h⟩ 무엇을 만지작[주물럭]거리다.

Klabautermann [klaˈbautɐ-], der; -(e)s, ...männer [niederd. 방언 역시: Klafatersmann, 민간 신앙에 따르면 이 정령은 나무로 된 선벽(船甓)을 두드려 배을 개장(改裝)할 것을 경고하거나 침몰을 예고했다고 함] (nordd.) a) 배의 정령(요정). b) 바다(배)의 요마(요괴·마귀).

Klaberjasch ['klabɐjaʃ], das; -s, **Klaberjaß** [...jas], das; ...jasses, **Klabrias** ['klabrias], das; - 카드놀이의 일종.

Klabusterbeere [klaˈbustɐ-], die; -n ⟨지역적⟩ ⟨짐승의 엉덩이 털에 말라붙어 있는⟩ 똥[오물]덩어리; [전의] jmdm. die aus dem Arsch fliegen lassen [군] 누구를 혹독하게[심하게] 훈련시키다. **Klabustermarsch** [-], der ⟨다음 용법으로⟩ **jmdm. den K. orgeln** ⟨경⟩ 누구에게 성가시게 굴다, 누구를 괴롭히다[헐뜯다, 트집잡다, 속이다]. **klabustern** [klaˈbustɐn] ⟨h⟩ ⟨지역적⟩ 더럽히다, 더럽게 하다, 모독하다.

klack! [klak] ⟨Interj.⟩ a) ⟨딱딱한 물건이 서로 부딪칠 때

나는 소리⟩ 철그렁, 철그덕, 찰칵. b) ⟨끈끈한 것이 고체 위에 떨어질 때 나는 소리⟩ 찰싹, 철썩. **Klack** [-], der; -s, **Klacke** [klɛkə] 1. ⟨alemann.⟩ 갈라진[깨진] 자리, 터진 틈[금], (피부의) 튼 곳. 2. ⟨통용어⟩ **a)** 작은 더미, 작은 무리. **b)** 더러움, 얼룩. **klacken** ['klakŋ] ⟨h⟩ 1. ⟨통용어⟩ 철그렁[찰칵] 소리를 내다: ich hörte ihr Feuerzeug k. 나는 그녀의 라이터가 찰칵하는 소리를 들었다. 2. ⟨지역적⟩ 철썩하고 (땅에) 떨어지다. **klackern** ['klakɐn] ⟨h⟩ ⟨지역적⟩ 1. a) ⟨통용어⟩ 졸졸 흐리다. b) 꿀꺽꿀꺽 소리를 내다[마시다]. 2. **a)** 계속 철그렁[찰칵]거리다. **b)** 철그렁[찰칵]거리며 부딪치다. **klacks!** [klaks] ⟨Interj.⟩ ↑klack. **Klacks** [-], der; -es, -e ⟨통용어⟩ 1. ↑ Klecks (2): ein K. Senf 겨자 한 덩어리; [전의] für uns ist so was'n K. 그런 것은 우리에겐 식은 죽 먹기다[아주 쉬운 일이다]. **klacksen** ['klaksn̩] ⟨h⟩ ⟨통용어⟩ ↑klacken (2).

Kladde ['kladə], die; -n [niederd. kladde] 1. **a)** 연습장, 공책, 잡기장: etw. in eine K. schreiben 무엇을 연습장[공책]에 쓰다. **b)** 치부책(治簿册), 치부장, 당좌대장, 일기장. 2. 초안, 초고(草稿): der Artikel liegt bisher nur als K. vor 이 기사는 지금까지 초안으로만 되어 있다.

kladderadatsch! [kladəraˈdatʃ, ⟨또한⟩ ...ˈdatʃ] ⟨Interj⟩ ⟨딱딱한 물건이 떨어지거나 부서지는 소리⟩ 와그르르, 덜컹, 털썩, 쩽그렁! **Kladderadatsch** [-], der; -(e)s, -e ⟨통용어⟩ 1. 카오스, 파괴로 인한 대혼란, 훤소(喧騷), 파괴, 붕괴, 파멸: seine Geschäfte endeten mit einem großen K. 그의 사업은 와그르르 무너졌다[크게 붕괴되고 말았다]. 2. 스캔들, 추문.

Kladozere [kladoˈtseːrə], die; -n ⟨대개 Pl.⟩ 물벼룩류.

klaff: ↑ kliff, klaff.

klaffen ['klafn̩] ⟨h⟩ 1. 벌어져[갈라져] 있다, 터져[깨져] 있다, 입이 벌어지다, 찢어지다, 갈라지다: Löcher klaffen in der Mauer 담벽에 구멍들이 벌어져 있다; vor uns klafft ein Abgrund 우리들 앞에 심연이 입을 벌리고 있다. 2. ⟨niederd.⟩ 큰 소리로 지껄이다, 수다떨다, 종알거리다; 쓸데없는 말을 하다. **kläffen** ['klɛfn̩] ⟨h⟩ 1. (개가) 멍멍[깽깽거리며] 짖어대다: ein kläffender Köter 멍멍 짖어대는 집지키는 개; [전의] ein Geschütz kläffte sinnlos 대포소리는 무의미하게 쿵쿵거렸다. 2. ⟨통용어⟩ 욕설하다, 투덜거리다. **Kläffer**, der; -s, - ⟨통용어·폄⟩ 몹시 짖는 개, 투덜거리는 사람; [전의] ich möchte beinahe die beiden Kerle laufen lassen ...; es sind doch bloß kleine K. 나는 그 두 놈을 달아나도록 하고 싶었다. 놈들은 하찮은 불평가일 따름이다. **Klaffmuschel**, die ⟨동⟩ 다각조개류(屬).

Klafter ['klaftɐ], der; ⟨또한⟩ das; -s, - ⟨고어·드물게⟩ die; -n 1. **a)** ⟨옛 길이 단위⟩ 길, 발 (약 6피트): drei K. tief 세 길(발) 깊이의. **b)** ⟨장작의 용적 단위명⟩ 평(坪) ⟨약 6피트의 입방⟩: drei K. Holz 세 평의 장작. 2. ⟨지역적·선원⟩ 실, 밧줄, 아마 노끈.

klafter-, Klafter- (Klafter 1): **~hoch** ⟨Adj.⟩ 한 길 높이의; 아주 높은. **~holz**, das 한 평의 장작. **~lang** ⟨Adj.⟩ 한 발 길이의. **~tief** ⟨Adj.⟩ 한 길 깊이의.

klaftern ['klaftɐn] ⟨h⟩ 1. (장작을) 평으로 재다[쌓다]. 2. ⟨사냥⟩ (큰 새가) 두 날개를 편 길이를 지니다.

klag,- Klag-: **~erhebung**, die ↑Klageerhebung. **~geschrei**, das ↑Klagegeschrei. **~gesang**, der ↑Klagegesang. **~los** ⟨Adj.⟩ 1. 비탄(하지) 않는, 불평(하지) 않는. 2. ⟨österr.⟩ 불만의 여지가 없는, 만족한, 어려움[난관]이 없는, 이론(異論)이 없는.

klagbar ['klaːkbaːɐ̯] ⟨Adj.⟩ [법] 고소(고발)할 수 있는, 고소된(한): k. sein[werden] 고소(고발)하다. **Klagbarkeit**, die [법] 고소(고발)할 수 있음. **Klage** ['klaːɡə], die; -n 1. ⟨아어⟩ 비탄(悲歎), 한탄, 애도(哀

悼); 통곡, 탄식: unsere K. um den Verstorbenen 고인(故人)에 대한 우리의 애도; in laute -n ausbrechen 소리 높이 통곡하기 시작하다; sich in endlosen -n ergehen 끝없는 비탄에 빠지다; 전의 die süße K. der Nachtigall 《시어》 나이팅게일의 달콤한 비탄의 노래(소리). **2.** 불평, 불만, 푸념, 호소, 원망: die Jugendlichen werden immer häufiger 청소년들에 대한 불평이 점점 잦아지고 있다; über etw. K. führen 무엇에 대해 불평(불만)을 늘어놓다; Anlaß(Grund) zur K. geben(haben) 불평할 이유를 만들어 주다(이유가 있다). **3.** [법] 소(訴), 고소, 소송, 소송장: K. auf Zahlung der Schulden 부채의 반제(返濟)소송; gegen jmdn. K. erheben 아무를 고소하다; die K. zurückgenommen(zurückgezogen) 그는 고소를 취하했다; die K. läuft (noch) 소송은 (아직) 진행 중이다; eine K. (gegen jmdn.) anstrengen(führen) (누구를 상대로) 소송을 제기하다, 고소하다.

¹Klage- (Klage 1): **~frau,** die ↑~weib. **~gesang,** der ↑~lied. **~geschrei,** das 슬퍼 외치는 소리, 애호(哀號). **~laut,** der 비탄의 소리. **~lied,** das 만가(輓歌), 애가(哀歌), 비탄의 시(詩): **ein K. (über jmdn.[etw.]) anstimmen(singen)** 누구(무엇)에 대해 불평하다 터트리다. **~litanei,** die ↑~lied. **~mauer,** die [기원 후 70년 로마인에 의해 Herodian 사원이 파멸된 것을 비탄하게 하는 기도에서] 통곡(비탄)의 벽(예루살렘 사원의). **~ruf,** der 비탄의 외침(소리), 탄성(歎聲). **~schrei,** der ↑~ruf. **~weib,** das [장례식 때 돈을 받고] 울어주는 여자.

²Klage- ([법] Klage 3): **~abweisung,** die 소송의 기각. **~antrag,** der 소(訴) 제기. **~begehren,** das 소(訴) 원인. **~erhebung,** die 소송의 제기, 제소(提訴). **~punkt,** der 소송의 이유(사건). **~recht,** das 소송권. **~sache,** die 소송의 사건. **~schrift,** die 소장(訴狀), 고소장. **~weg,** der 소송[고소]의 길[수단]: seine Forderungen im K. durchsetzen 소송[고소]하여 그의 요구를 관철시키다.

klagen ['klaːɡn̩] ⟨h⟩ **1. a)** 《아어》 슬퍼울다, 탄식[통곡]하다: sich klagend die Haare raufen 통곡하며 자기 머리를 쥐어 뜯다. **b)** 고통을 말하다, 한탄하다, 비탄해 하다: er klagte den ganzen Tag über Kopfschmerzen 그는 하루 종일 두통을 한탄하였다. **c)** 불쾌해 하다, 성을 내다, 분노하다: über den unverschämten Hauswalter k. 파렴치한 집 관리인에 대해 분노하다. **d)** 불평하다, 불만을 늘어놓다, 군소리하다, 원망하다: 《명사화》 sein ständiges Klagen regt uns auf 그의 끊임없는 불평이 우리를 화나게 만든다; wie geht's? – ich kann nicht k. 어떻게 지내는가? – 잘 지내고 있다네(불평할 이유가 없다네). **e)** 호소하다, 고하다, 알리다: jmdm. sein Leid k. 누구에게 그의 고통을 하소연하다. **f)** 《아어》 애도하다, 통곡하다, 서러워하다: sie klagt über den Tod ihres Kindes 그녀는 자식의 죽음을 슬퍼하고 있다. **3. a)** [사냥] (새들이 탄식조로) 울다, 외치다. **b)** [사냥] 신음하다: das angeschossene Reh klagt im Dickicht 총에 맞아 상처를 입은 노루가 덤불 속에서 신음하다. **2.** 《고발》[고발]하다, 소송을 제기하다: auf Schadenersatz [Pfändung] k. 손해배상[압류]의 소송을 제기하다; die klagende Partei(Seite) 고소인 《오스터.》. **3.** 고소하다: 비난[불평]하다. **Kläger** ['klɛːɡɐ], der, -s, -7 고소인, 원고, 고소인(반대: Beklagter), 고발자, 검사: K. sein 고소를 당하고 있다; den K. vor Gericht vertreten 원고를 법정에서 변호하다, 원고의 변호인이다; mit dem K. einen Vergleich schließen 원고와 화해하다; 속담 wo kein K. ist, ist auch kein Richter 고소인이 없는 곳에 재판관도 없다(상대편이 이의를 제기하지 않는 두려워할 필요가 없다). **Klägerin,** die; -nen ↑Kläger의 여성형. **klägerisch** ⟨Adj.⟩ 《schweiz.》원고의.

klägerischerseits ⟨Adv.⟩ 원고 측에서. **Klägerschaft,** die; -en 《schweiz.》 **1.** 원고인 단(團). **2.** 고소, 고발, 공소(公訴). **kläglich** ['klɛːklɪç] ⟨Adj.⟩ **1.** 슬퍼하는 비탄(한탄)하는, 애곡(哀哭)하는, 슬퍼하는, 애도하는: eine -e Miene zeigen 슬퍼하는 표정을 짓다; er lächelte k. 그는 슬픈 미소를 지었다. **2. a)** 가련한, 불쌍한, 비참한, 한심스런, 슬퍼하는: er befand sich in einem recht -en Zustand 그는 정말 비참한 상태에 처해 있었다; k. umkommen 비참하게 죽다. **b)** 《폄》열등한, 하등의, 하찮은, 적은, 빈약한: das war eine -e Leistung 그것은 하찮은 성과였다. **c)** 《대개 폄》 형편없는, 창피한, 부끄러운: eine -e Rolle spielen 형편없는 역할을 하다. **Kläglichkeit,** die; -en ↑kläglich의 명사형.

Klagenfurt ['klaːɡn̩fʊrt] 클라겐푸르트(오스트리아 남부의 케른텐 주의 수도). **¹Klagenfurter,** der; -s, - ↑Klagenfurt의 사람(주민). **²Klagenfurter** ⟨Adj.; 격변화 없음⟩ ↑Klagenfurt의 형용사형.

Klamauk ['klaːmaʊk], der; -s 《통용어·폄》 훤소(喧騷), 소음, 소동, 소란: macht nicht so einen K.! 그렇게 소동(소란)을 피우지 말아라!; um den Film wird viel K. gemacht 그 영화에 대한 광고가 법석을 떨고 있다.

klamm [klam] ⟨Adj.⟩ **1.** 축축한, 눅눅한, 냉습(冷濕)한: -e Wäsche 축축한 빨래. **2.** (추위로) 뻣뻣해진, 경직된, (손발이) 곱은: -e Finger haben 손가락이 곱다. **3.** (비) 좁은, 답답한, 밀착된, 궁핍한, 쪼들리는, 모자라는 《대개 다음 용법으로》 **k. sein** 《경》 (돈에) 쪼들리다.

Klamm [-], die; -en 골짜기, 계곡, 협곡(峽谷).

Klammer ['klamɐ], die; -n **1.** 《축소형: ↑Klämmerchen》 쇠, 걸쇠, 꺾쇠, 집게, 빨래집게, 클립: die Wäsche mit der Leine mit -n befestigen 세탁물을 빨래집게로 줄에 매달다(고정시키다). **2. a)** 둥근 [eckige, spitze, geschweifte] -(n) 원형(( )) [각형(( )), 산형(山形)⟨ ⟩, 만곡형⟨¦⟩] 괄호; K. auf ... K. zu 괄호쓰기할 때의} 괄호 열고... 괄호 닫고, in K. (in -n) setzen 무엇을 괄호에 넣다; ich löse zuerst die K. auf [수학] 나는 먼저 괄호를 푼다. **b)** 괄호 속의 문구(텍스트): lesen Sie die K. mit! 괄호 속의 텍스트도 함께 읽으시오! **3.** 부둥켜 안음, 꽉 불잡음, 클린치.

Klammer-: **~äffchen,** das 《통용어·농》 오토바이 뒷자리에 앉은 사람(대개는 여자). **~affe,** der **1.** (중남아메리카 산의) 거미원숭이속(屬). **2.** 《통용어·농》 ↑~äffchen. **~ausdruck,** der 《수학》 괄호식. **~beutel,** der 빨래집게를 넣는 주머니: **mit dem K. gepudert sein** 《berlin.·경》 제정신이 아니다, 머리가 돌았다. **~braut,** die 《농》 ↑~äffchen. **~form,** die [언어] (복합어에서 중간 성분이 생략된) 축약형(略形) 《예컨대: Fernamt < Fernsprechamt》. **~fügung,** die [언어] 공통 성분을 한 번만 표기하는 병렬어구(竝列語群) 《예컨대: Brot- und Feinbäckerei》. **~griff,** der **1.** 부둥켜 안음, 꽉 불잡음. **2.** [역도] 검지와 장지로 엄지를 감싸면서 역기를 잡는 법[그립]. **3.** [기계체조] 연습자의 상박(上膊)을 잡아주는 보조그립. **~katze,** die ↑äffchen 참조. **~sack,** der ↑~beutel. **~schürze,** die 빨래집게 주머니가 달린 앞치마. **~tasche,** die ↑~beutel.

Klämmerchen ['klɛmɛçən], das; -s, - ↑Klammer (1) 참조.

klammern ['klamɐn] ⟨h⟩ **1. a)** (+ sich) 달라붙다, 꼭 매달리다, 꽉 잡다: sich an das Geländer k. 난간을 꽉 붙잡다; 전의 sich an eine Hoffnung k. 한가닥 희망에 매달리다; er klammert sich an sein Elternhaus 그는 양친에게 의지하려고 한다. **b)** (손가락, 손 따위를) 꺽쇠처럼 하여 무엇을 잡다. **2.** 결합(접착, 접속)시키다: der Arzt mußte den Schnitt k. 의사는 벤 자리를 접착시켜

klammheimlich 〈Adj.〉 〈친근〉 아주 은밀한, 남모르는, 눈에 뜨이지 않는: k. abhauen 남모르게 달아나다.

Klamotte [kla'mɔtə], die; -n **1.** 《경》 **a)** 〈P.〉 옷, 의복, 의류: alte[schäbige] -n 낡은[헤어진] 옷. 전의 zwei Tage bin ich nicht aus den -n herausgekommen 나는 이틀동안 근무지를 떠나지 못했었다. **b)** 〈Pl.〉 잠동사니, 쓸모 없는 물건, 가재 도구. **c)** 《드물게》 고물, 낡은 라디오 세트. **2. a)** 《통용어·폄》 익살극, 골계극, 소극(笑劇). **b)** 《은어》 전부가 극[연극, 영화]. **3.** (berlin.) 벽돌의 파편[조각]: die Kinder warfen mit -n 아이들은 벽돌조각을 마구 던졌다. **Klamottenberg, Klamottenhügel,** der 《통용어》 《전쟁, 지진 따위로 인한》 페허[파편]의 산(山)[더미]. **Klamottenkiste,** die 《통용어》 낡은 옷을 넣어두는 상자, 옷 궤짝.

Klampe ['klampə], die; -n [niederd. klampe] 선원 **1.** 밧줄 걸이(동삭(動索)의 끝을 말아서 고정시키는 나무 또는 금속의 걸쇠). **2.** 보조[구명] 보트 버팀목.

Klampfe ['klampfə], die; -n **1.** 《민속적》 기타: auf der K. spielen 기타를 연주하다. **2.** (österr.) 건축용 걸쇠. **Klampferer,** der; -s, - (österr.) 함석장이.

klamüsern [kla'my:zɐn], 〈h〉 (nordd.) 심사숙고하다, 연구하다.

Klan [klaːn], der; -s, -e[engl. clan] **a)** 〈인종〉 일족(一族), 씨족, 족벌[族閥], 족속. **b)** ↑Clan (2)의 독어화.

klandestin [klandɛs'tiːn] 〈Adj.〉 [frz. clandestin] 〈고어〉 은밀한, 비밀의, 내밀(內密)한: -e Ehe 내연(內緣)관계, 내연의 부부.

klang [klaŋ] **1.** ↑klingen 참조. **2.** ↑kling, klang.
Klang [-], der; -(e)s, Klänge ['klɛŋə] **1. a)** 소리, 울림, 음향, 반향(反響): ein heller[tiefer] K. 밝은[낮은] 음(향); der K. der Glocken weckte mich 종소리가 나를 깨웠다. **b)** 음조(音調), 음색(音色): jmdn. am K. der Stimme erkennen 목소리로 누구를 알아보다. 전의 Sein Name hat keinen schlechten K. 그는 평판이 나쁘지 않다. **2.** 〈Pl.〉 화음(和音), 악음(樂音), 선율: nach den Klängen eines Walzers tanzen 왈츠 음악에 따라 춤을 추다.

klang-, Klang-: ~analyse, die 〈전문어〉 음향 분석. **~assoziation,** die 〈전문어〉 음향 연상. **~bild,** das 〈전문어〉 음상(音像). **~blende,** die 〈기술〉 ↑Tonblende. **~boden,** der 〈음악〉 ↑Resonanzboden. **~effekt,** der 음향 효과. **~farbe,** die 〈음악〉 음색(音色), 음질(音質). **~blende,** die 〈기술〉 ↑Tonblende. **~figur,** die **1.** 《음악·물리》 음향 도형(圖形) (금속판에 모래를 뿌려 놓고 바이얼린 활로 그 판을 진동시켜 생기는 특수한 도형): Chladnische K. 〈물리〉 사도(砂圖), 진동 도형, 클라드니 도형. **2.** 운율(멜로디) 동질(同質)인 연속음, 향형(響型). **~fülle,** die 소리가 낭낭하게 울림, 음량이 풍부함, 반향(反響). **~geschlecht,** das 〈음악〉 ↑Tongeschlecht. **~körper,** der **1.** 〈전문어〉 공명기(共鳴器), 공명 상자. **2.** 〈아어〉 오케스트라, 관현악단. **~kulisse,** die 《무대의》 배경 음향. **~los** 〈Adj.〉 소리가(울림이) 없는, 무음(無音)의, 음이 약한[한], 음의 억양이 없는, 비밀의, 내밀(內密)의. **~losigkeit,** die (Pl. 없음) ↑-los의 명사형. **~malerei,** die 〈언어〉 Lautmalerei. **~regler,** der 〈기술〉 ↑Tonblende. **~rein** 〈Adj.〉 음이 순수한, 낭랑하게 울리는. **~reinheit,** die ↑-rein의 명사형. **~schön** 〈Adj.〉 음이 아름다운. **~schönheit,** die 음향미(美). **~voll** 〈Adj.〉 **1.** 낭랑한, 잘 울리는, 음량이 풍부한, 소리(곡조)가 좋은. **2.** 유명한, 이름 높은 명

성(명망)있는: er hatte als Kritiker einen -en Namen 그는 비평가로 유명하다[명성이 높다]. **~wirkung,** die 음향 효과.

klanglich 〈Adj.〉 소리의, 음향(상)의: k. gut aufeinander abgestimmt sein 음향적으로 서로 잘 조화되어 있다.

Klapf [klapf], der; -s, Kläpfe ['klɛpfə] 《südd., schweiz.》 **1.** 파열음, 폭음, 총소리. **2.** 따귀를 때리기. **kläpfen** ['klɛpfn̩] 〈h〉 《südd., schweiz.》 **1.** 폭음을 내다, 폭발[파열]하다. **2.** 따귀를 때리다. **klapp!** [klap] 〈Interj.〉 《짧고 둔탁한 소리를 나타내는 의성어》 꽝, 쿵, 찰싹, 털썩, 덜커덩.

Klapp-: ~altar, der 접을 수 있는 제단(祭壇). **~bank,** die 접의자. **~bett,** das 접침상, 접는 침대. **~brot,** das ↑-stulle. **~brücke,** die 도개교(跳開橋). **~deckel,** der 《회중시계 따위의》 한 쪽으로 활짝 열리는 뚜껑. **~fahrrad,** das ↑-rad. **~fenster,** das 회전창(回轉窓), 환기창, 들창. **~horn,** das ↑Klappenhorn. **~hornvers,** der [1878년 괴팅겐 대학 공중인 Daniel의 Klappenhorn을 언급한 익살스런 시(詩)에서] (4행(行)의) 해학시(구(詩句)). **~hut,** der ↑-zylinder. **~laden,** der 접을 수 있는 창의 덧문. **~leiter,** die 접을 수 있는 (소방용) 사다리. **~liege,** die 접도록 된 긴(눕는) 의자. **~messer,** das 접칼, 잭크 나이프. **~meter,** der (schweiz.) 〈접는〉 인치자. **~mütze,** die 《접는 것은 모자 같은 머리를 가진 큰》 바다 표범의 일종. **~nase,** die (콧구멍 덮개가 있는) 작은 박쥐. **~pult,** das (필기판을) 접을 수 있는 사면(斜面)의 책상. **~rad,** das 접을 수 있는 자전거. **~schute,** die (배 밑에 뚜껑이 달린) 밑이 낮은 준설선(浚渫船). **~sessel,** der 안락 접(摺)의자. **~sitz,** der 《극장폐식(開閉式)》의자, (극장 따위의) 접는 의자. **~stuhl,** der 접(摺)의자. **~stulle,** die 〈지역적〉 샌드위치. **~tisch,** der 접는 테이블. **~verdeck,** das 《자동차의》 접어 개키는 지붕(포장). **~zylinder,** der = Chapeau claque.

Klappe ['klapə], die; -n [niederd. klappe] **1.** (한 쪽만 고정시켜 여닫게 된 것들) 벼락 닫이, 스프링식 개폐문; 천창(天窓), 드는 뚜껑, 통풍문, (포켓, 배낭 따위의) 드리움 뚜껑; (봉투의) 젖혀 붙이는 뚜껑; (관악기의) 조성판(調整瓣), 건반, 음전(音栓); 판(瓣), 판막; 활전(活栓), 마개; 통풍기(通風機), 배기기(排氣機); (감방의) 식기 차입구(差入口); (Fliegen=) 파리채; 가늠자; 꽃잎, 화판(花瓣); (바지의) 단추 가리개: die K. am Ofen fiel herunter 난로의 화력(火力) 조절용 뚜껑이 닫혔다; die K. öffnen 들창을 열다; die K. am Fenster[am Briefkasten, an der Mantelasche] 겉창[우편함 뚜껑, 외투 주머니 덮개]; der eine Klarinette 클라리네트의 음전; das Herz hat -n. 심장에는 판막이 있다; er trägt eine schwarze K. über einem Auge 그는 한 쪽 눈에는 검은 눈가리개를 하고 있다; jmdm. die -n von der Uniform reißen 누구의 제복에서 견장(肩章)을 뜯어내다; die K. fällt 《영화 은어》 영화 촬영을 시작하다; nach der letzten K. 《영화 은어》 영화촬영을 끝낸 후에; 성구 K. zu, Affe tot 《경》 그것으로 [일이] 끝났다[해결되었다]. 전의 bei mir ist die [eine] K. runtergegangen 《통용어》 나는 그 일에 더 이상 관심을 갖고 싶지 않다, 그 일은 사양[거절]한다. **2.** 《통용어》 침대 《다음 용법으로》 in die K. gehen 잠자리에 들다; sich früh in die K. legen [hauen] 일찍 침대로 기어들어가다. **3.** 《경·폄》 입; 말로주: eine große (freche) K. haben; die große (seine) K. halten 《경》 입을 다물다, 잠자코 있다. **4.** (österr.) (전화의) 접속, 연결, (교환대의) 번호 표시기(器), 수신기. **5.** 《은어》 (동성 연애자들 접촉 장소로서의) 공중 변소, 소변소. **klappen** ['klapn̩] 〈h〉 [niederd.

klappen] 1. 〈한 쪽만 고정되어 있는 것을〉 여닫다, 올리다, 내리다: den Deckel nach oben k. 뚜껑을 위로 열다; den Mantelkragen in die Höhe k. 외투깃을 위로 치켜올리다. **2. a)** 덜커덕(쾅, 쿵, 찰싹, 딱딱) 하고 소리를 내다: seine Stiefel klappten auf dem Steinboden 그의 장화는 포석 도로 위에서 딱딱소리를 냈다; man hörte die Fensterläden k. 덧창(문)이 쾅하고 닫히는 소리가 들렸다. **b)** 덜커덩(쾅, 쿵, 찰싹)을 내며 부딪치다(충돌하다): die Fensterläden klappen gegen die Wand 덧창이 덜커덩 소리를 내며 벽에 부딪혔다. **3.** 《통용어》수행될 수 있다, 성공하다, 이루어지다: alles hat (großartig) geklappt 모든 것은 (멋지게) 들어맞았다[성공되었다]; etw. klappt wie am Schnürchen 무엇이 마찰없이 이루어지다; wir hoffen, daß es mit dem Termin klappt 우리는 기간이 문제없기를 바란다; das Zusammenspiel klappt noch nicht 협조가 아직 잘 이루어지지 않고 있다; 〈명사화〉 etw. kommt zum Klappen 무엇이 (긍정적으로) 결정되다, 잘 되다; zum Klappen bringen (긍정적으로) 결정하다, 잘 되게 하다. **4.** 《지역적·경》 〈누구를〉붙잡다, 체포하다.

Klappen- (Klappe 1): **~fehler,** der ↑ Herzklappenfehler의 약칭. **~horn,** die 【음악】6개의 음전(音栓)이 달린 호른. **~schrank,** der 〈옛〉자석(수동)식 전화 교환기, 배전반. **~text,** der [서적] 〈신간 서적의〉커버에 인쇄된 선전문.

Klapper ['klapɐ], die; -n **a)** 딸랑딸랑 소리나는 도구. **b)** 딸랑이(장난감).

klapper-, Klapper-: **~dürr** 〈Adj.〉《통용어·감정적》바싹 마른, 말라 빠진, 초췌한, 뼈와 가죽뿐인, 피골이 상접한. **~gestell,** das 《통용어》**1.** 〈감정적〉바싹 마른 〔피골이 상접한〕사람. **2.** 〈농〉〔덜그덕거리는〕고물 자동차〔마차〕. **~jagd,** die [사냥] 딸랑이를 사용하는 몰이 사냥. **~kasten,** der 《통용어》**a)** 달그닥 소리가 나는 낡은 기구들: **a)** 싸구려 피아노. **b)** 고물자동차. **c)** 낡은 타자기. **d)** 낡은 라디오[텔레비전]: stell doch bitte mal den K. ab! 제발 그 고물딱지 라디오[텔레비젼] 좀 꺼라! **~kiste,** die 《통용어》↑ ~kasten (b~d). **~latschen** 〈Pl.〉《경》슬리퍼, 바닥이 나무로 된 신. **~nuß,** die 〔Pimpernuß. **~schlange,** die 방울뱀: 〔전의〕er hat eine K. geheiratet 《통용어·농》그는 한 악녀와 결혼하였다; für den Vertrieb sollte noch eine K. eingestellt werden 《통용어·농》판매를 위해 여자 속기타이피스트가 한 사람 더 고용되어야할 형편이다. **~storch,** der 《교미기의 황새가 주둥이로 딸각거리는 소리를 내는 데서》〔아동어〕황새: zur Nachbarsfamilie ist der K. gekommen 《친근》이웃집에서는 아기를 낳았다(예전에는 어린이들에게 황새가 아기를 데려다 준다고 설명하였음). **~topf,** der 현삼과(玄蔘科)의 식물.

Klapperei [klapəˈraj], die; -en 딸랑딸랑 소리를 내기, 계속 덜그덕거리기, 쓸데없는 잡담. **klapperig** [ˈklapəriç] ↑ klapprig. **klappern** [ˈklapɐn] **1.** 〈h〉 **a)** 딸랑 거리다, 울리다: das Fenster klappert 창문이 덜커덩거리다; seine Zähne klappern vor Kälte 그의 이빨이 추워서 달그닥거리다. **b)** 딸랑[덜거덩, 달그덕]거리는 소리를 내다: mit Tellern in der Küche k. 부엌에서 접시를 달그락거리다; vor Angst klapperte sie mit den Zähnen 그녀는 무서워서 이를 덜덜 떨었다; die Sekretärin klappert auf der Schreibmaschine 《통용어》여비서가 타자를 친다. **2.** 〈s〉 덜커덩덜커덩 소리내며 달리다: der Wagen klappert durch die holprige Gasse 마차가 울퉁불퉁한 골목길을 덜커덩거리며 지나간다. **kläppern** [ˈklɛpɐn] 〈h〉〔특수〕**1.** klappern. **2.** 〔주격 따위로〕휘젓다, 교반(攪拌)하다. **3.** **klimpern:** Münzen in der Tasche k. hören 주머니 속에서 동전이 짤랑거리는 소리를 듣다. **4.** 재잘거리다, 떠들어대다, 허풍

치다: wenn sie bloß aufhören würde zu k. 그녀가 재잘거리는 소리만 그쳤으면. **klapprig** [ˈklaprɪç] 〈Adj.〉 **1. a)** 낡은, 온전〔견고〕하지 못한, 낡아서 덜거덕덜거덕 소리가 나는〔달그락거리는〕: ein -er Wagen 덜거덩거리는 고물 자동차. **b)** 《친근》 노쇠한, 허약한, 쇠약한, 비실거리는: er ist recht k. geworden 그는 정말 허약해졌다. **2.** 무른, 부서지기〔깨지기〕쉬운. **Klapprigkeit,** die ↑ klapprig의 명사형.

klaps! [klaps] 〈Interj.〉 〈찰싹하고 때리는 소리〉 찰싹, 탁, 재깍. **Klaps** [-], der; -es, -e 〈축소형: ↑ Kläpschen〉 **1.** 《통용어》찰싹〔탁〕 때리기, 손바닥으로 때리기: das Kind bekam einen K. auf den Po 그 아이는 찰싹하고 엉덩이를 얻어맞았다. **2.** 〔경〕 광기, 난심, 정신착란, 난행: einen K. bekommen〔kriegen〕머리가 돌다, 정신 착란을 일으키다.

Klaps- (경): **~bude,** die ↑ ~mühle. **~doktor,** der 정신과 의사, 정신병의(醫), 신경과 의사. **~kasten,** der ↑ ~mühle. **~kiste,** die ↑ ~mühle. **~mann,** der **a)** 살짝 돈 사람, 정신병자. **b)** 〔신경〕정신병원의 환자. **~mühle,** die 〔신경〕정신병원: die Arbeit hier bringt mich noch in die K. 이곳의 일이 나를 미치게 한다.

Kläpschen [ˈklɛpsçən], das; -s, - ↑ Klaps. **klapsen** [ˈklapsn̩] 〈h〉 《의성어》찰싹〔탁〕 때리다, 손바닥으로 때리다: jmdm. auf die Hand k. 누구의 손을 찰싹하고 때리다. **klapsig** [ˈklapsɪç] 〈Adj.〉 《경》 〔살짝〕 돈, 미친.

klar [klaːɐ̯] 〈Adj.〉 [lat. clārus] **1. a)** 맑은, 투명한, 깨끗한, 선명한, 초롱초롱한: etw. ist k. wie Kristall 무엇이 수정처럼 투명하다. **b)** 밝은, 갠, 맑은, 청명한: ein -er Sternenhimmel 청명한 별하늘. **c)** 분명한, 뚜렷한, 현저한, 알아볼 수 있는, 식별〔인식〕할 수 있는: einen -en Vorsprung haben 현격한 차이가 있다; mit einem -en Ergebnis gewinnen 현격한 점수로 승리하다. **2.** 또렷한, 쾌음의, 낭랑한, 차량차랑한: die Endungen k. (und deutlich) aussprechen 어미(語尾)를 또렷하게 발음하다. **3.** 공정한, 냉정한, 신중한, 사려깊은: keinen -en Gedanken fassen können 분별있는 생각을 할 수가 없다. **4.** 명확한, 명백〔명료〕한, 자명한, 뻔한, 알기 쉬운, 일목요연한, 명석한, 명민한: seiner Arbeit fehlt die -e Linie 그의 일에는 일목요연한 지침〔노선〕이 없다; das ist (doch ganz) k. 《통용어》그건 자명한 일이다; etw. k. und deutlich sagen 무엇을 분명히 말하다; **das ist k. wie Klärchen〔wie Kloßbrühe, wie dicke Tinte〕** 《통용어》그것이 뻔〔자명〕하다; **sich über etw. k.(im -en) sein** 결과가 어떠할지를 명확히 알다. **5.** 정리된, 처리된, 준비가 된: ist alles k. zum Gefecht? 전투 준비가 다 되었나?; das Schiff ist k. zum Auslaufen 배는 출범 준비가 다 되어 있다. **6.** 〔지역적〕 가는, 고운, 정제(精製)된: -er Zucker 백〔고운〕설탕. **Klar** [-], das; -s, - ↑ Eiklar의 약칭.

klar-, Klar-: **~apfel,** der 〈三生종(早生種)의〕청〔황〕색사과. **~blick,** der 혜안(炯眼), 통견(洞見): es fehlte ihm am K. 그는 혜안이 없다. **~blickend** 〈Adj.〉 냉철한 혜안(炯眼)의, 통찰력이 뛰어난. **~denkend** 〈Adj.〉 두뇌가 명석한, 명확한 사유〔생각〕하는. **~eis,** das 〔맑은〕 인조 얼음. **~gehen*** 〈s〉 《통용어》 잘 되다, 순조롭게 이루어지다, 해결되다: ist alles klargegangen? 모든 일이 잘 되었는가? **~kommen*** 〈s〉 《통용어》 〔무엇을〕완료하다, 해치우다, 처리하다: kommst du (damit) klar? 자네〔그 일이〕 잘 되어가나? **~legen** 〈h〉 《통용어》 명확히 하다, 설명하다, 해결〔해명, 정리〕하다. **~legung,** die; -en ↑ ~legen의 명사형. **~machen** 〈h〉 《통용어》 **1.** 설명〔해명〕하다, 밝히다: jmdm. seinen Standpunkt k. 누구에게 그의 관점을 명백히 하다〔설명하다〕. **2.** [선원] 〔출범(出帆), 출동, 전투 따위의〕 준비하다: die Leinen k.! 밧줄 준비!; k. zum

Klär- 1156

Aussteigen! 하선(下船) 준비!. **~schiff** [-'-], das ⟨Pl. 없음⟩ [선원] 전투 준비(완료 상태). **~schlag,** der (드럼계) 잘게 바순 자갈(디미). **~schriftleser,** der [전산] (컴퓨터의) 데이타 리더기. **~sehen*** ⟨h⟩ (통용어) 명백히 알다, 인식하다, 이해하다: endlich sah er klar 마침내 그는 분명히 이해했다. **~sicht, die** **~blick.** **~sichtdose, die** (유리 병 따위의) 투명 용기. **~sichtfolie, die** 투명 포장지(랩). **~sichthülle, die** ↑ ~sichtfolie. **~sichtig** ⟨Adj.⟩ ↑ ~blickend. **~sichtpackung, die** 투명 포장(包裝). **~sichtumschlag,** der 투명 봉투(커버). **~spülen** ⟨h⟩ (세탁물을) 깨끗이 헹구어내다. **~spüler,** der, -s, - [광고]. **~spülmittel,** das 세제(洗劑), 세정제. **~stellen** ⟨h⟩ (오해 따위를) 해명하다, 설명하다, 명백히 하다, 정리[해결]하다. **~stellung,** die **~stellen**의 명사형. **~text,** der **1.** 암호화되지 않은, 평이한 텍스트(반대: Geheimtext): 전의 im K. zielte der Angriff auf die Senatoren 평이한 텍스트로 그 논박은 여성원 의원을 겨냥하고 있었다. **2.** [전산] 일반문자로 된 데이타: Lochstreifen im K. ausdrucken 펀치로 찍은 테이프를 일반 문자로 표현하다. **~werden*** ⟨s; 부정형 및 분사의 경우에만 한 단어로 씀⟩ 분명해지다, 뚜렷하게 되다, 잘 이해가 가다: ich bin mir über meine Fehler inzwischen klargeworden 나는 그 사이 자신의 결점을 분명히 알게 되었다. **Klär-** [기술] **~anlage, die** 정수(淨水)설비, 폐수 처리장. **~bassin,** das ↑ ~becken. **~becken,** das 여과지(濾過池), 정수조(淨水槽), 침전지(沈澱池). **~grube, die** 임시 폐수 처리용 웅덩이. **~mittel,** das 정화제(淨化劑), 정수정(淨水錠), 청징제(淸澄劑). **~schlamm,** der (폐수 정화 때 생기는) 침전물, 진흙 찌기, 오니(汚泥). **~teich,** der 정수지, ↑ 정수조.
Klare ['klaːrə], der, -n, -n 소주, (곡식으로 만든) 화주(火酒): einen -n bestellen [trinken] 소주[화주]를 주문하다[마시다].
klären ['klɛːrən] ⟨h⟩ **1. a)** 해명하다, 구명하다, (오해 따위를) 없애다: einen Tatbestand k. 사태를 해명하다; die Unfallursache muß noch geklärt werden 사고의 원인이 구명되어야만 한다. **b)** 〈k. + sich〉 구명[해명, 해결]되다, 명백해지다: schließlich hat sich alles doch noch geklärt 결국 모든 것이 해명되었다. **2. a)** 깨끗하게 하다, 맑게 하다, 거르다, 여과하다, 정제(精製)하다, 정화(淨化)하다: Abwässer k. 오수(汚水)[폐수]를 정화하다. **b)** (k. + sich) 맑아지다, 깨끗해[투명해]지다, (하늘이) 개다, 명백하게 되다: das Wasser klärt sich 물이 맑아지다. **3.** [구기] 클리어(clear)하다(축구에서 자기편 골 앞의 공을 상대내의 한 연설의 명확함이 깊은 인상을 주었다. er klärte zur Ecke 그는 코너 킥이 되게끔 클리어하였다.
Klarett [kla'rɛt], der, -s, -s / -e [frz. clairet] 클라레(프랑스 보르도 산(産)의 붉은 포도주).
Klarheit, die; -en **1.** ⟨Pl. 없음⟩ **a)** 맑음, 투명, 탁하지 않음: der Wein ist von einer wunderbaren K. 그 포도주는 놀라울 정도로 투명하다. **b)** 청명, 쾌청: die K. der Nacht 밤의 청명함. **c)** 현저함, 뚜렷함: die K. der Umrisse 윤곽의 뚜렷함. **2.** ⟨Pl. 없음⟩ 낭랑함, 쾌음: die K. der Töne 음(吾)의 낭랑함. ⟨Pl. 없음⟩ 명석, 이해[파악]력: er besticht durch die K. seines Geistes [Verstandes] 그는 정신[이성]의 명석함으로 매혹하였다. **4.** ⟨Pl. 없음⟩ 명백, 명확, 명료, 선명: die K. seiner Rede beeindruckte 그가 한 연설의 명확함이 깊은 인상을 주었다. **5.** ⟨Pl. 없음⟩ 확신, 확정, 확증, 해명, 구명: sich über etw. K. verschaffen 무엇을 구명(究明)하다; darüber besteht K. 그 점에 대하여는 의견이 일치한다. **6.** 사려, 분별: alle -en restlos beseitigt 〈통용어 · 농〉이제 온통 혼란투성이군.
klarieren [klaˈriːrən] ⟨h⟩ [lat. clārāre] [선원] **1.** ↑

klarmachen (2). **2.** (세관에서) 배의 출항[입항]절차를 마치다. **Klarierung,** die; -en (배의) 통관(通關) 수속 완료, 정리, 해결, 해명.
Klarinettbläser [klari'nɛt-], der; -s, - (österr.) ↑ Klarinettist. **Klarinette** [klari'nɛtə], die; -n [frz. clarinette] 클라리넷. **Klarinettenbauer,** der; -s, - 클라리넷 제작자. **Klarinettist** [klarinɛ'tɪst], der; -en, -en 클라리넷 취주자.
Klarisse [kla'rɪsə], die; -n [창시자 성녀(聖女) Klara von Assisi(1194~1253)의 이름에서] 클라라 (수도)회의 수녀. **Klarissenorden,** der 클라라 (수도)회(1212년에 창설된 프란치스코회의 여자 수도회). **Klarissin** [klaˈrɪsɪn], die; -nen ↑ Klarisse.
klärlich ['klɛːɐ̯lɪç] ⟨Adv.⟩ (준고어) 분명하게, 명료하게, 뚜렷이. **Klärung,** die; -en **1.** 해명, 해결, 청산, 구명: eine K. des Problems wünschen 문제의 해명[해결]을 원하다. **2.** 맑게 하기, 청징(淸澄)하게 하기, 정화, 순화: die K. der Abwässer 오수 정화(汚水淨化).
klaß [klas] ⟨Adj.⟩ (österr. · 통용어) ↑ klasse: das ist k.! 그것 참 멋지다!
Klaß- (südd., österr.): **~lehrer,** der ↑ Klassenlehrer. **~leiter,** der ↑ Klassenleiter. **~raum,** der ↑ Klassenraum. **~zimmer,** das ↑ Klassenzimmer.
klasse ['klasə] ⟨Adj.; 격변화 없음⟩ ⟨통용어⟩ 멋진, 근사한, 훌륭한, 탁월한: diese neue Mode ist k. 이 새로운 유행(옷)은 근사하다; der Film war einfach k. 그 영화는 정말 훌륭했다; die Musik paßt k. zu den Bildern 음악은 그림들에 아주 잘 어울린다. **Klasse** [-], die; -n [lat. classis] **1. a)** 학급, 반: die K. hat 30 Schüler 그 K.의 학생은 30명이다; er leitet eine gemischte K. 그는 (남녀)공학(共學) 반을 지도하고 있다. **b)** 학년: er besucht die vierte K. [geht in die vierte K.] 그는 4학년(학생)이다; eine K. wiederholen [überspringen] 한 학년을 낙제(월반)하다; er ist zwei -n über ihm 〈통용어〉 그는 나보다 2학년 위다. **c)** 교실: der Lehrer betritt die K. 선생님이 교실로 들어오신다. **d)** ⟨전문어⟩ 과(科), 학...: er leitet die K. für Medizin 그는 의학과를 지도하고 있다 [의학과 과장이다]. **2.** (사회적) 계급, 층: die arbeitende [bürgerliche] K. 노동자[시민] 계급; der K. der Besitzlosen angehören 무산(無産)계급의 일원이다 [에 속하다]. **3.** [생물] 강(綱) (문(門)과 목(目)사이에 위치하는 분류 항목): die Lebewesen in -n einteilen 생물을 강(綱)으로 분류하다. **4.** [스포츠] 급(級), 체급(體級): bei den Junioren [Senioren] starten 쥬니어[시니어]급에서 출발하다; er ist Meister aller -n 그는 모든 체급의 챔피온이다. **5. a)** (자동차의) 종(種), 형(型): ein Rennwagen der mittleren [der gehobenen] K. 보통형 [고성능의] 경주용 자동차; der Führerschein K. III 제 3종 운전면허증. **b)** (돗단배의) 분류등급. **6.** [군 (軍)] 조(組). **7. a)** 급(級) (등급(等級): er fährt [ist in einem Abteil] erster [zweiter] K. 그는 1등[2등]차로 여행한다. **b)** 급(級), 등(等): der Verdienstorden erster K. 1급 공로훈장. **8.** ⟨통용어⟩ 탁월 (함), 고급, 우수, 멋짐 (우수한) 품질, 자질(資質): ein Künstler erster K. 일류(一流)의 예술가; die Sängerin bewies ernuet ihre K. 여가수는 새로이 자신의 실력을 입증해 주었다; „Morgen gehen wir in den Zirkus." - „K.!" 우린 내일 서커스 구경을 간다—멋져! [최고다]; das ist (ganz große) K.! 그것 (참) 평장하군!
Klasse- (Klasse 8) ⟨통용어 · 감정적⟩ (멋진, 근사한, 일급의, 최고의, 탁월한이란 뜻의 연결어): **~frau,** die 멋진 (매혹적인) 여자. **~fußball,** der (은어) 제일급의 축구. **~mann,** der (구기 은어) 제 1급 선수, 대표 선수. **~mannschaft,** die (스포츠 은어) 일류 팀(선수단). **~spieler,** der (구기 은어) 일류 선수. **~weib,** das ↑

~frau.
Klassem [kla'se:m], das; -s, -e 〔언어〕 **a)** 문맥소(素). **b)** 분류소[素]. **Klassement** [klasə'mã, (schweiz.) ...'ment], das; -s, -s / (schweiz.) -e 〔frz. classement〕 **1.** 분류(分類), 등급. **2.** 〔스포츠〕 순위(표), 랭킹(리스트): sich im K. um einige Plätze verbessern 랭킹 리스트에서 몇 순위를 개선하다.

klạssen-, Klạssen-: ~**älteste**, der / die 《드물게》↑~sprecher. ~**analyse**, die 〔사회〕 사회 계급 분석. ~**antagonismus**, der ↑~gegensatz. ~**arbeit**, die 교실에서의 과제, 시험(반대: Hausarbeit 2). ~**aufsatz**, der 교실에서 쓰는 작문(作文) (반대: Hausaufsatz). ~**auseinandersetzung**, die (사회적) 계급들간의 대결[갈등, 다툼]. ~**ausflug**, der 학급(반(班)) (단위의) 소풍. ~**beste**˚, der / die 학급의 수석[최우등생]. ~**bewußt** 〈Adj.〉 (사회적) 계급 의식이 있는. ~**bewußtsein**, das 계급 의식. ~**bild**, das ↑~foto. ~**bildend** 〈Adj.〉 〔언어〕 강(綱)형성적. ~**bruder**, der 《공산주의적》 동지, 동료, 같은 계급의 사람. ~**buch**, das (반의) 출석부, 학급 일지(교사의). ~**clown**, der ↑~kasper. ~**erhalt**, der 《스포츠》랭킹(순위) 유지: um den K. hart kämpfen 랭킹을 유지하기 위해 분투하다. ~**erste**, der / die ↑~**beste**. ~**fahrt**, die ↑~ausflug. ~**feind**, der 《공산주의적》 노동자 계급의 적. ~**foto**, das 학급 사진. ~**gegensatz**, der 계급적 대립. ~**gegner**, der 《공산주의적》 노동자 계급의 적대자. ~**geist**, der 학급 정신. ~**genosse**, der (드물게) ↑~bruder. **2.** ↑~kamerad. ~**gesellschaft**, die 계급 사회. ~**haß**, der 계급적[계급간의] 증오. ~**herrschaft**, die 《공산주의적》 계급 지배. ~**höher** 〈Adj.〉 〔구기〕 상위 급(級)(랭킹)의. ~**interesse**, das 《마르크스주의적》계급의 이해(利害). ~**justiz**, die 《마르크스주의적》계급 차별적 재판[판결]. ~**kamerad**, der 급우(級友), 동급생, 동창생. ~**kameradin**, die ↑~kamerad의 여성형. ~**kampf**, der 《마르크스주의적》 계급 투쟁: 〔성구〕 den K.! 《통용어·농》 그건 너무 불공평[부당]하다! ~**kasper**, der 학급의 어릿광대(장난꾸러기). ~**keile**, die 〔학생〕 동급생들의 몰매(구타). ~**konflikt**, der ↑~auseinandersetzung. ~**lehrer**, der 반의 주임 교사, 담임 교사. ~**lehrerin**, die ↑~lehrer의 여성형. ~**leiter**, der ↑~lehrer. ~**leiterin**, die ↑~leiter의 여성형. ~**los** 〈Adj.〉 무계급의, 계급(차별)이 없는. ~**lotterie**, die (여러 회로 나누어 추첨하는) 연속 복권. ~**mäßig** 〈Adj.〉 계급에 알맞는[적당한]. ~**raum**, der ↑~zimmer. ~**reise**, die ↑~ausflug. ~**schrank**, der 교실에 비치된 장(欌). ~**sieger**, der 《스포츠》 체급별 우승자. ~**spiegel**, der 학급의 좌석표. ~**sprecher**, der 반장, 학급 대표. ~**sprecherin**, die ↑~sprecher의 여성형. ~**staat**, der 《마르크스주의적》 계급 국가. ~**standpunkt**, der 계급적 관점. ~**stärke**, die 학급의 학생수(數). ~**tiefer** 〈Adj.〉 〔스포츠〕 하위 급(랭킹)의. ~**treffen**, das 반창회(班窓會), 동창회. ~**unterschied**, der **1.** (사회적) 계급의 차이. **2.** 〔스포츠〕 랭킹(체급)에 따른 능력차(差). ~**verbleib**, der 〔스포츠〕↑~erhalt. ~**vertreter**, der (드물게) ↑~sprecher. ~**vertreterin**, die (드물게) ↑~vertreter의 여성형. ~**vorstand**, der (österr.) ↑~sprecher. ~**wahlrecht**, das (재산과 세액에 따라 구분된) 계급별 선거 (법). ~**wahlsystem**, das 계급별 선거제도. ~**weise** 〈Adv.〉계급별로, 클라스[학급]별로. ~**ziel**, das **1.** 학습 목표. **2.** 《스포츠 은어》 랭킹 유지의 목표(기량). ~**zimmer**, das 교실. ~**zusammenkunft**, die 《드물게》 (졸업생의) 반창회, 동창회.

klassieren [kla'siːrən] 〈h〉 〔frz. classer〕 **1.** 분류하다, 등급으로 나누다. **2.** 〔기술〕 (선광(選鑛)할 때에) 광석을) 크기로 분류하다, 등분을 가리다; 등별로, **Klassierung**, die; -en ↑klassieren의 명사형. **Klassifikation** [klasifika'tsi̯oːn], die; -en 〔frz. classification〕 **1.** 분류, 유별(類別), 등급 구분, 구분, 등급으로 구분된 것. **klassifikatorisch** [klasifika'toːrɪʃ] 〈Adj.〉↑Klassifikation의 형용사형. **klassifizieren** [klasifi'tsi̯ːrən] 〈h〉 분류(유별)하다 **1.** Tiere [Pflanzen] nach der Gattung [der Art] k. 동(식)물을 속(屬)[종(種)]에 따라 분류하다; 〔전의〕 einen Menschen als Feigling k. 사람을 비겁자로 구분하다. **Klassifizierung**, die; -en ↑Klassifikation. ~**klassig** [-klasɪç] 《다음의 합성어로, 예컨대》 mehrklassig 여러 등급의; erstklassig 제1류[급]의.

Klassik ['klasɪk], die; - **1.** 고대 그리스·로마의 예술과 문화, 고대 고전주의, 클래식. **2.** 고전주의(古典主義), 고전기(期). **3.** 문화적 황금기[최고 수준의 시대]. **4.** 고전적 양식[방식]. **Klassikaner** [klasi'kaːnɐ], der; -s, - (österr.·경·고어) ↑Mordskerl. **Klassiker**, der; -s, - **1.** 고대 그리스·로마의 예술과 문화의 대변자, 고전파 작가[시인], 고전주의 대변자. **2.** 제1류(급)의 문호(文豪)[예술가, 학자] 거장(巨匠), 대가(大家), 명인(名人); 고전, 명저(名著): die K. der Malerei 회화의 대가. **Klassikerausgabe**, die 고전작가의 작품집[전집], 고전(古典). **klassisch** ['klasɪʃ] 〈Adj.〉 〔lat. classicus〕 **1.** 고대 고전주의의, 그리스·로마의, 고전의: das -e Altertum 고전 고대[고대 시대]; -e Philologie studieren 고대 고전어문학(그리스어·라틴어학)을 연구(공부)하다. **2.** (문학·예술상의) 고전기의, 고전주의(양식)의: -es Ballett 고전 발레; -e Musik vorziehen 고전 음악을 선호하다(연주하다); ein Drama im -en Stil 고전주의 양식의 희곡. **3.** 모범적인, 고전적인, 고풍(古風)의 클래식의: sie spricht ein -es Französisch 그녀는 고전적 프랑스어로 말한다; ein -es Kostüm 고풍적인 의상. **4.** 전통적, 전형적: die -e Lehre der Gewaltenteilung 삼권 분립의 고전적 학설. **5.** 《통용어》 〔성구〕 das ist ja k.! 그것 참 멋지다〔근사하다〕! **Klassizismus** [klasi'tsɪsmʊs], der; -, ...men **1.** 〈Pl. 없음〉 의고전주의(擬古典主義), 상고(尙古)주의, 의고전주의. **2.** 고전(상고)주의적 예술 양식. **klassizistisch** 〈Adj.〉↑Klassizismus의 형용사형. **Klassizität** [klasitsi'tɛːt], die 고전성(古典性), 모범[전형]적임, 고전(의고)적임, 고전(의고)체(體)의, 고전적 원숙(완성)미.

-**kläßler** [-klɛslɐ], der; -s, - 《다음의 합성어로, 예컨대》 Zweitkläßler 2학년생.

klastisch ['klastɪʃ] 〈Adj.〉 〔지질〕 쇄설질[碎屑質]〔상(狀)〕의, 부서진, 깨어진.

Klater ['klaːtɐ], der; -s, -n (nordd.·준고어) **1.** 〈Pl.〉 누더기, 넝마, 폐의(弊衣), 헌 옷. **2.** 〈Pl. 없음〉 더러움, 오물. **klaterig, klatrig** ['klaːt(ə)rɪç] 〈Adj.〉 (nordd.·준고어) **1.** 영락한, 너덜너덜한, 갈기갈기 찢어진, 넝마[누더기]를 입은. **2.** 더러운, 지저분한, 누추한. **3.** 처참한, 불쌍한, 비참한. **4.** 나쁜, 의심스러운, 건강 상태가 나쁜, 불쾌한.

klatsch! [klatʃ] 〈Interj.〉 《손뼉을 칠 때나 물건을 딱딱한 데 떨어뜨릴 때 나는 소리》 찰싹!, 철썩! 딱! **Klatsch** [-], der; -(e)s, -e **1.** 찰싹, 철썩, 딱하는 소리, 회초리 소리: er gab ihr einen K. auf den Hintern 그는 그녀의 엉덩이를 찰싹하고 때렸다. **2.** 〈Pl. 없음〉 《통용어》 **a)** (폄) 험담, 악평, 소문, 풍설: das ist doch alles nur K. 그것은 모두 험담일 뿐이다; sich nicht um den K. kümmern 소문에 신경[마음]을 쓰지 않다. **b)** 수다, 잡담.

klạtsch-, Klạtsch-: ~**base**, die 《통용어·폄》 수다스러운(말이 많은) 여자, 험담하기 좋아하는 여자. ~**blatt**,

Klatsche

das 《통용어·폄》 스캔들을 다루는 신문, 악덕 신문. **~geschichte,** die 《폄》 풍문, (뜬) 소문, 가십. **~kolumnist,** der (신문, 잡지 따위의) 가십란 컬럼니스트. **~maul,** das 《통용어·폄》 수다쟁이, 험구가, 비밀을 누설하는 사람. **~mohn,** der 개양귀비. **~naß** 〈Adj.〉 《통용어·감정적》 흠뻑 젖은, 물에 빠진 생쥐 같은. **~nest,** das 《통용어·폄》 (뜬) 소문의 소굴, 소문이 잘 퍼지는 장소시. **~rose,** die ↑Pfingstrose. **~spalte,** die 《통용어·폄》 (신문, 잡지 따위의) 가십란. **~sucht,** die (Pl. 없음) 《폄》 수다떠는(입방아 찧는) 버릇; 비방(험담)하는 버릇, **~süchtig** 〈Adj.〉 수다떨기(지껄이기) 좋아하는, 험담하기 좋아하는. **~süchtigkeit,** die ↑~sucht. **~tante,** die 《통용어·폄》 ↑~base. **~trine,** die 《통용어·폄》 ↑~base. **~weib,** das 《통용어·폄》 ↑~base.

Klatsche ['klatʃə], die; -n 1. 파리채. 2. 《통용어·폄》 수다쟁이, 요설가, 험담하는 여자. 3. 《지역적·폄》 고자질하는 사람, 밀고자. 4. 《학생·지역적》 (참고용) 번역서, (금지된) 참고서. **klatschen** ['klatʃn̩] 〈h〉 《의성어》 1. a) 찰싹(획, 탁)하고 소리나다(내다): der Regen klatscht gegen die Fensterscheiben 비가 창유리에 후룩주룩 쏟아진다; (빈이칭) er bekam eine Ohrfeige, daß es nur so klatschte 그는 찰싹 소리가 나도록 뺨을 얻어맞았다. **b)** 《통용어》 (축축한 것을 던져) 찰싹하고 부딪치게 하다: den Mörtel an die Wand k. 찰싹 소리가 나도록 모르타르를 벽에 쳐바르다; [전의] Betonstädte in die Landschaft k. 시골(지방)에 콘크리트 도시를 건축하다. **2. a)** 손뼉을 (찰싹찰싹) 치다: das Kind klatschte vor Freude in die Hände 그 아이는 기쁜 나머지 찰싹찰싹 손뼉을 쳤다. **b)** 손뼉으로 박자를 맞추다: den Takt [den Rhythmus] k. 박자(리듬)에 맞춰 손뼉을 치다. **c)** 박수치다, 박수갈채하다, 박수로 찬성하다: lange [stürmisch] k. 오랫동안(격렬하게) 박수갈채하다; (목적어와 함께) sie klatschten (dem Solisten) begeistert Beifall 그들은 (독주자에게) 열광적으로 박수갈채하였다. **3.** (손바닥 따위로) 찰싹(짝) 때리다. **4. a)** 《통용어》 지껄이다, 험담하다, 헐뜯다, 흉보다: mit jmdm. k 누구와 더불어 험담하다; über die neuen Nachbarn k. 새로운 이웃사람을 헐뜯다. **b)** 《지역적》 (비밀 따위를) 누설하다, 고자질하다. **klätschenaß** ↑klatschnaß. **Klatscher,** der; -s, - (돈 받고) 박수치는 사람, 박수 부대. **Klatscherei** ['klatʃə'raɪ], die; -en 《통용어·폄》 수다, 요설, 험담, 비방, 뒷공론, 고자질. **Klatscherin,** die; -nen ↑Klatscher의 여성형. **klatschhaft** 〈Adj.〉 수다스러운, 입이 가벼운, 헐뜯기(험담하기)를 좋아하는. **Klatschhaftigkeit,** die ↑klatchhaft의 명사형. **klatschig** 〈Adj.〉; nicht adv. 《드물게》 ↑klatschsüchtig. **Klatschung,** die; -en 《전문어》 (안마할 때) 손바닥으로 두드리기.

Klau [klaʊ], die; -en [niederd. Klau] [선원] 기움돛대의 가닥진 끄트머리.

-klau [-klaʊ], der; -s 《통용어·농》《대량 낭비[절취, 횡령, 탈취]를 뜻하는 기본어》《다음의 복합어로, 예컨대》 Kohlenklau 석탄 도둑(질): Bücherklau 책 도둑; (der) Kohlenklau geht (wieder) um 석탄 도둑이(다시) 돌아다닌다(석탄을 아끼라는 나치 시대의 지시적 구호).

Klaubarbeit ['klaʊp-], die; -en 【광】 선광(選鑛). **klauben** ['klaʊbn̩] 〈h〉 **1. a)** 《지역적》 (애써서, 세밀하게) 골라(추려)내다, 선별하다. ┋전의┋ den eigentlichen Sinn aus einer Rede k. 연설의 진의(眞意)를 파악해내다. **b)** 《광》 선광하다, (쓸만한 광석을) 골라내다. **2. a)** 《südd., österr.·통용어》 (하나하나) 추련(가려)모으다, 가려내다: Äpfel[Beeren] k. 사과[딸기]를 따모으다. **b)** 《지역적》 쥐어뜯다, 깍지[껍질]를 벗기다: Bohnen k. 콩껍질을 벗기다. **c)** 훔쳐내다, 나무라다, 흠잡다. 숙고하다, 억 지로 갖다대다, 어떤 일에 트집을 잡다. **Klauber,** der; -s, - ↑klauben을 하는 사람. **Klauberei** [klaʊbə'raɪ], die; -en 《통용어·폄》 **1.** (세밀하게) 골라내기, 천착(穿鑿), 숙고(熟考). **2.** (자의(字義)를) 꼬치꼬치 캐기, 트집잡기. **Klaubholz** ['klaʊp-], das 《Pl. 없음》 《südd., österr.》 (숲 속에 산재해 있는) 땔감(나무).

Kläuchen ['klɔʏçən], das; -s, - ↑Klaue (1 a, b). **¹Klaue** ['klaʊə], die; -n **1. a)** 《축소형: ↑Kläuchen》 갈고리 발톱, 발톱, 손톱, 갈퀴발톱이 있는 발: ┋전의┋ in jmds. -n [jmdm. in die -n] geraten 누구의 독아(毒牙)에 있다(손아귀에 떨어지다); den -n des Todes entreißen (아이) 죽음의 위험에서 구출하다, 사지(死地)에서 구해내다. **b)** 《축소형: ↑Kläuchen》 《경·폄》 손: nimm deine schmutzigen -n da weg! 네 더러운 손을 치워버려! **c)** 《Pl. 없음》 《폄》 악필(惡筆), 필적: er hat eine fürchterliche K. 그는 지독한 악필이다. **2.** (우제류(偶蹄類)의) 굽, 발굽. **3.** (곤충류의) 발, 다리. **4.** [수공·기술] a) 꺾쇠(갈고랑이)의 다리(각부[脚部]). **b)** 두 갈래(각(角)]의 세모형 접합(接合), 나무짜기. **c)** 클러치, 연축기(連軸器). **²Klaue** [-] 《다음 용법으로》 **auf K. gehen** 《경》 도둑질하러 가다. **klauen** ['klaʊən] 〈h〉 《경《폄》 훔치다, 도둑질하다: jmdm. die Uhr k. 누구의 시계를 슬쩍 훔치다.

klauen-, Kläuen- (¹Klaue 1 a): **~artig** 〈Adj.〉 맹수, 맹금 따위의 발톱과 같은. **~förmig** 〈Adj.〉 갈퀴톱 모양의, (발)굽 모양의. **~fett,** das ↑~öl. **~fuß,** der **1.** (가구 따위의) 굽 모양의 다리(각부[脚部]). **2.** [의학] 오목발, 요족(凹足). **~los** 〈Adj.〉 [동물] 발톱(굽)이 없는. **~öl,** das [수공·기술] 제유(蹄油), 우각유(牛脚油). **~pfleger,** der [농업] 가축의 굽을 손질하는 사람. **~seuche,** die 부제증(腐蹄症), 제조병(蹄爪病), 제관병(蹄冠病). **~zange,** die [의학] 외용손 집게.

Klaufall, das; -(e)s, -en 기움돛대를 끌어올리기는 밧줄. **klaufen** ['klaʊfn̩] 〈h〉 《통용어·청소년·농·은폐》 [특히 백화점에서] 훔치다, 슬쩍하다.

Klaus [klaʊs], der; -, -e / Kläuse ['klɔʏzə; Nikolaus 의 약칭인 Klaus란 남자 이름에서 **1.** 《지역적》 ↑Nikolaus. **2.** 《schweiz.·통용어》 바보, 멍청이. **3.** 《축소형: ↑Kläuschen》 부랑자아 곁쇠, 맞쇠, 여벌열쇠. **Kläuschen** ['klɔʏsçən], das; -s, - ↑Klaus (3).

Klausdamm ['klaʊs-], der; -(e)s, ...dämme 《뱃목수문(水門), 봇독. **Klause** ['klaʊzə], die; -n [lat. clausa] **1.** 은자의 암자, 초암(草庵). **2.** 수사[수녀]의 방, 수도실, 승방. **3.** 사실(私室), 유거(幽居), 암실(庵室): in seiner stillen K. lesen 그의 조용한 사실에서 독서하다. **4.** ↑Klus. **5.** ↑Klausdamm. **Klausel** [klaʊzl̩], die; -n [lat. clausula] **1.** 약관(約款), 조관(條款), 유보[留保] 조건: eine K. in einen Vertrag einsetzen [einfügen] 계약서에 유보조건을 넣다(삽입하다). **2.** [수사학] (고대 시의) 정형적(定型的) 운율로 된 종구(終句). **3.** (중세 음악의) 정형적 종지(終止), 카덴차(Cadenza). **Klausner** ['klaʊsnɐ], der; -s, - 은자(隱者), 속세를 떠난 사람. **Klaustrophilie** [klaʊstrofi'li:], die; -n, [...i:ən] [심리] 격리증(증), 고독집착증. **Klaustrophobie** [...fo'bi:], die; -n [...i:ən] [심리] 폐소(閉所) 공포(증). **klausulieren** [klaʊzu'li:rən] 〈h〉 《드물게》 약관(조항)을 제약하다. 조건을 붙이다. **Klausur** [klaʊ'zu:ɐ̯], die; -en [lat. clausura] **1.** 《Pl. 없음》 격리(생활), 가두어두기; jmdm. K. auferlegen 누구에게 격리 생활을 명하다. **2.** (은둔 생활용) 수도원의 밀실(密室). **3.** ↑Klausurarbeit. **Klausurarbeit,** die K. schreiben 필기 시험을 보다 (답안지). **Klausurarbeit,** die (감독하의) 필기 시험 (답안지). **Klausurtagung,** die 비공개 회의.

Klavi- ↑Klavus의 복수형.

Klaviatur [klavia'tuːɐ̯], die; -en **1.** (악기의) 건반(鍵盤). **2.** 다양성, 연주법(형식가능성)의 넓은 폭[스케일]: die K. der demagogischen Rhetorik virtuos beherrschen 선동적인 수사학의 다양한 형태를 노련하게 구사하다. **Klavichord** [klavi'kɔrt], das; -(e)s, -e [lat. clavic(h)ordium] 클라비코드(피아노의 전신(前身)). **Klavier** [kla'viːɐ̯], das; -s, -e [frz. clavier] **1.** 피아노: das K. stimmen 피아노를 조율하다; etw. auf dem K. spielen 무엇을 피아노로 치다[연주하다]; jmdm. auf dem[am] K. begleiten 누구를 피아노로 반주하다; 〈전의〉 auf jmds. Nerven K. spielen《통용어》(어떤 행동으로) 누구의 신경을 심하게 거슬리다; **kein K. spielen**《준교어·농》아무런 역할도 하지 않다, 중요하지 않다; **auf zwei -en spielen**《통용어》아주 다른 일을 동시에 행하다; **mit K. und Geige**《통용어》대규모의, 굉대한, 훌륭한; **ganz groß, K. und Geige!**《통용어》아주 대단하군! **2.** (berlin.·경) (특히 여성의) 큰 엉덩이.

Klavier (Klavier 1): ~**abend**, der 피아노 연주의 밤. ~**auszug**, der ↑Auszug (4 c). ~**bauer**, der; -s, - 피아노 제작자. ~**bearbeitung**, die (음악작품의) 피아노 연주를 위한 개작. ~**begleiter**, der 피아노 반주자. ~**begleitung**, die 피아노 반주. ~**hocker**, der ↑~**schemel**. ~**konzert**, das **1.** 피아노 협주곡. **2.** 피아노 연주회[리사이틀]. ~**lehrer**, der 피아노 교사. ~**lehrerin**, die ↑~lehrer의 여성형. ~**literatur**, die (악보로 된) 피아노곡집. ~**löwe**, der《통용어》↑Tastenlöwe. ~**mechanik**, die (소리가 나게 하는) 피아노 내부장치(메카니즘). ~**musik**, die 피아노 곡(曲) [음악]. ~**part**, der 피아노 담당파트[곡]. ~**pedal**, das 피아노의 페달. ~**quartett**, das **1.** 피아노 사중주(곡). **2.** 피아노 사중주단. ~**quintett**, das **1.** 피아노 오중주(곡). **2.** 피아노 오중주단. ~**saite**, die 피아노의 현. ~**satz**, der **1.** 피아노 악곡. **2.** 피아노를 위한 작곡[악절(樂節), 악장]. ~**schemel**, der 피아노용 걸상[의자]. ~**schule**, die 피아노 교본(敎本)[교습서]. ~**sessel**, der ↑~schemel. ~**sonate**, die 피아노 소나타. ~**spiel**, das 피아노 연주. ~**spieler**, der 피아노 연주자, 피아니스트. ~**stimmer**, der 피아노 조율사(정조기(整調器)). ~**stockerl**, das 〈österr. 통용어〉↑~schemel. ~**stück**, das 피아노 곡(曲). ~**stuhl**, der ↑~schemel. ~**stunde**, die 피아노 연습(시간)[교습(시간)]: K. haben[nehmen, bekommen,《통용어》kriegen] 피아노 연습[교습]을 하다. ~**suite**, die 피아노 조곡(組曲). ~**taste**, die 피아노 건반. ~**trio**, das **1.** 피아노 삼중주(곡). **2.** 피아노 삼중주단. ~**unterricht**, der 피아노 수업[교습]. ~**virtuose**, der 피아노 대가(大家)[명수]. ~**vortrag**, der **1.** 피아노 연주(회)[리사이틀]. **2.** 피아노 연주법.

klavieren [kla'viːrən]〈h〉[피아노를 칠 때 손가락의 움직임에서]〈지역적〉손가락으로 똑똑 두드리다[두드리며 다니다]. **klavieristisch** [klavi'rɪstɪʃ]〈Adj.〉[음악] 피아노 연주(기술)에 관한[어울리는, 상응하는]. **Klavikel** [kla'viːkl], das; -s, - ↑Klavikula의 고어. **Klavikula** [...kula], die; ...lä ↑Clavicula의 독어화. **klavikular** [klaviku'laːɐ̯]〈Adj.〉[의학] 쇄골(鎖骨)의[에 관한]. **Klavizimbel** [...'tsɪmbl], das; -s, -〈고어〉↑Clavicembalo. **Klavus** ↑Clavus (2)의 독어화.

Kleb- (Kleb-도 참조): ~**festigkeit**, die《전문어》접착(견고)성, 접착강도. ~**fläche**, die 접착 (粘着)면(面). ~**folie**, die ↑Klebefolie. ~**harz**, das 접착용 수지(樹脂)[송진]. ~**kraft**, die 〈Pl. 없음〉접착력. ~**kraut**, das 갈퀴덩굴. ~**mittel**, das Klebemittel. ~**papier**, das《또는》Klebepapier, das 접착면이 있는 종이. ~**pflaster**, das ↑Klebepflaster. ~**rolle**,《또는》Kleberolle, die 점착성 테이프. ~**stelle**,《또는》Klebestelle, die 접착지(점)[자리]. ~**stoff**, der 접착제, 접착물(질). ~**stoffschicht**, die 접착제의 층(層). ~**streifen**,《또한》Klebestreifen, der 접착용 테이프.

Klebe ['kleːbə], die **1.**《통용어》접착제, 접착물(질). **2.**《축구 은어》슛 힘이 강한 발(다리).

Klebe- (↑Kleb-도 참조): ~**band**, das 접착 테이프. ~**bindung**, die [서적] 접착제본(製本). ~**etikett**, das 접착(용)레테르[첩지(貼紙)]. ~**folie**,《또한》Klebfolie, die (식료품 포장용의 얇은) 접착 랩(wrap). ~**gürtel**, der ↑Leimring. ~**mittel**《또한》Klebmittel, das 접착제, 접착물, 풀. ~**papier**, das ↑Klebpapier. ~**pflaster**,《또한》Klebpflaster, das 반창고. ~**rolle**, die ↑Klebrolle. ~**schicht**, die 접착제의 층. ~**stelle**, die ↑Klebstelle. ~**streifen**, der ↑Klebstreifen. ~**verband**, der [의학] 접착성 붕대. ~**zettel**, der 접착면이 있는(풀을 발라놓은) 종이[레테르].

kleben ['kleːbn̩]〈h〉**1.** 점착(부착)하다, 달라붙다, 밀착하다: ein Hemd klebt ins nasses Blatt 젖은 잎이 창문에 달라붙다; 〈전의〉an den Hängen kleben die primitiven Hütten der Eingeborenen 토착민들의 초라한 오두막집들이 비탈에 밀착해 있다; jmdm. am Auspuff k.《경》(종대에서) 누구의 차를 바짝 뒤따라가다; drei Wochen kleben wir nun schon in dieser Hafenstadt《통용어》우리는 벌써 3주일 동안 이 항구도시에 정착해 있다; am Gegner k.《스포츠》상대 선수에게 바짝 다가붙다; sie klebt an ihm《경》그녀는 그에게 집착하고 있다; **einen k. haben**〈지역적〉몹시 취하다; **jmdm. eine k.**《경》〈손바닥으로〉누구의 뺨을 때리다. **2.** 접착력이 있다, 잘 붙다: das Pflaster klebt nicht mehr 이 반창고는 더이상 접착력이 없다. **3.**《통용어》**a)** 점착성이 있다, 축축(끈끈)하다: mein Hemd klebt 내 셔츠가 젖어 몸에 달라붙는다; ich klebe 내 손이 끈끈하다. **b)** 달라붙이[접착되어] 있다. **4.**《통용어》포기[극복]하지 못하다, 헤어나지 못하다, 늘어붙어 있다: im Wirtshaus k. 술집에 늘어붙어 있다; 〈전의〉an seinem Posten k. 그의 지위(관직, 자리)에 연연[집착]하다; am Geld k. 돈에 얽매이다. **5.** 노력과 결부(접착)되어 있다: an dieser Arbeit klebt viel Schweiß 이 일에는 많은 노력이 소요된다. **6. a)** 접착(부가)시키다, 발라붙이다: eine Marke auf den Brief k. 편지에 우표를 붙이다; Versicherungsmarken k.《옛·통용어》사회 보험료를 붓다[납부하다]. **b)**《접착제로》수리하다, 다시 붙이다: einen Riß k. 갈라진 틈을〈접착제로〉막다[때우다]. **7.** [축구]〈강하게〉슛하다[차다]. **klebenbleiben**〈s〉[들어·달라]붙어 있다, 성가시고 귀찮게 늘 따라다니다: die Fliege ist am[auf dem] Leim klebengeblieben 파리는 아교에 착 달라붙어 있었다. **2. a)**《통용어》어쩔 수 없이 머물다[체류하다]: wegen eines Maschinenschadens blieben wir drei Wochen im Hafen kleben 기계 고장 때문에 우리는 3주 동안 항구에 머물러야 했다. **b)**《경》낙제[유급]하다. **c)**《통용어》↑kleben (4): an den Stühlen k. 자리에 연연하다고 있다; 〈전의〉an Einzelheiten k. 세부 사항에 얽매여 있다. **d)** ↑kleben (5): die Schande wird an ihm k. 치욕이 그와 결부되어 있다. **Kleber**, der; -s, - **1.**《통용어·직종어》접착제, 접착물(질). **2.**《전문어》글루텐, 부질(麩質), 〈식물성〉아교질. **3.** [청소년] 낙제생. **4.**《스포츠·은어》앞선 말에 달라붙기 위해 추월할 수는 없는 경주마(競走馬). **klebrig** ['kleːbrɪç]〈Adj.〉**1.** 점착성의, 끈끈한: -e Hände haben 손이 끈적끈적하다; 〈전의〉-e Distanzlosigkeit 끈질긴 밀착. **2.**《폄》(태도 따위가) 뻔뻔

스러운, 추근추근한, 거슬리는, 야비한, 음충맞은: ein -es Benehmen. 추근추근한 태도. **Klebrigkeit**, die 1. 점착성, 점도(粘度), 점착성(粘性). 2. 야비함, 추근거림. **Klebung**, die; -en 《전문어》 접착된 《곳》.
klecken ['klɛkn̩] 《고어·방언》 1. 〈s〉 (액체 따위가) 소리내며 떨어지다. 2. 〈h〉 a) (일이)진척(진행)되다, 잘 되어가다. b) 넉넉하다, 족하다, 충분하다.
klecker-, Klecker- 《통용어·폄》: ~**fritze**, der 밥을 흘리며 먹는 사람(대개 남자아이). ~**kram**, der 잠동사니, 주워 모은 물건, 자잘한 것. ~**liese**, die 밥을 흘려가며 먹는 사람(대개 여자아이). ~**weise** 〈Adv.〉 조금씩, 야금야금, 찔끔찔끔, 띄엄띄엄: seine Schulden k. bezahlen 그의 빚(부채)을 찔금찔끔 갚다; 《부가적》 Erledigung 감질나게 갚는(처리하는) 변상(償債)(해결).
Kleckerei [klɛkəˈraɪ], die; -en 《통용어·폄》 흘리면서 먹기, (액체 따위가) 흘러 더럽히기. **kleckern** […] ↑klecken의 반복형》 1.〈h〉 a) (음식, 물감 따위를) 흘려 얼룩지게 하다: kleckere nicht so! 그렇게 흘려 얼룩지게 하지 말아라! b) 먹으면서 흘리다: Suppe über das Tischtuch k. 수프를 먹으면서 식탁보에 흘리다. 2. 〈s〉(액체 따위가) 흘러 더러워지다(얼룩지다). 3. 〈h〉 a) (일이) 잘 진척(진행)되지 않다: das ist ihm mit den Bestellungen kleckern 주문이 어쩨 들어오지 못하다(신통치 못하다). b) 돈을 조금만 쓰다 (반대: koltzen). **Klecks** [klɛks], der; -es, -e 1. (잉크, 물감 따위의) 얼룩, 오점, 반점(斑点): da ist ein K. auf der Leinwand 캔버스에 얼룩이 져있다. [전의] die Sonne scheint durch das Laub und malt gelbe -e auf den Boden 나뭇잎 사이로 햇빛이 비쳐 땅바닥에 노란 점들을 그려주고 있다. 2. 《통용어》 적은 량, 소량(少量): ein K. Marmelade (Butter) 소량의 잼(버터). **Klecksbild**, das; -(e)s, -er ↑Klecksographie. **klecksen** ['klɛksn̩] 〈h〉 ↑klecken 의 반복·강화형》 1. a) 얼룩지게 하다, 오점을 만들다, 더럽히다: paß auf, daß du nicht klleckst! 얼룩(오점을 만들지) 않도록 조심해라! b) 《통용어·폄》 서투른(형편없는) 그림을 그리다, 괴발개발 (글씨를) 쓰다. 2. (…에) 소량(小量)을 떨어뜨리다(바르다): Marmelade aufs Brot k. 잼을 빵에 약간 바르다. **Kleckser**, der; -s, - 《통용어》 1. 《폄》 악필가, 서투른 화가. 2. ↑Klecks (1). **Kleckserei** [klɛksəˈraɪ], die; -en 《통용어·폄》 1. 〈Pl. 없음〉 (자꾸) 더럽히기(바르기). 2. a) 더러운 것, 불결한 것. b) 서투른 그림(글씨), 악필. **klecksig** 〈Adj.〉 《폄》 얼룩투성이의, 더러워진: k. schreiben 더럽게(악필로) 쓰다. **Klecksographie** [klɛksograˈfiː], die; -n [...iən] 《심리》 (투영법(投影法)검사에 쓰이는) 잉크로 그려진 도형(圖形).
Kledage [kleˈdaːʒə], **Kledasche** [...aːʃə], die 《드물게》 -n 《nordd. md.·경·폄》 옷, 의복, 의류.
Klee [kleː], der; -s 클로버, 토끼풀: jmdn. (etw.) über den grünen K. loben 누구(무엇)를 침이 마르도록(지나치게) 칭찬하다.
klee-, Klee-: ~**blatt**, das 1. 클로버의 잎: ein vierblättriges K. suchen 네잎 클로버를 찾다. 2. 《통용어》 3인조(三人組), 세 쌍. 3. 《교통》 십자로, 네거리. ~**blattbogen**, der 《건축》 3엽형(三葉型) 아치. ~**blattförmig** 〈Adj.〉 3엽형(모양)의. ~**blattkreuz**, das 《기독교》 끝이 클로버 잎 모양으로 된 십자가. -**Einsaat**, die 《연결 부호와 함께》 클로버의 혼식(混植) (다른 풀 가운데에서의). ~**Ernte**, die 《연결 부호와 함께》 클로버의 수확(추수). ~**farn**, der 물에서 자라는 클로버 잎 모양의 양치(羊齒)(식물). ~**feld**, das 클로버 밭. ~**gras**, das 《농업》 클로버와 다른 풀과의 혼합 재배. ~**reiter**, der 《südd., österr.》 클로버 건조대. ~**salz**, das 산성 수산칼리. ~**säure**, die ↑Oxalsäure. ~**seide**, die 《식물》 메꽃과(科) 식물.

Klei [klaɪ], der; -(e)s [mniederd., asächs. klei] 《nordd.》 점토(粘土), 비옥토, (찰기가 있는) 흙, 진흙.
kleiben ['klaɪbn̩] 〈h〉 달라붙게 하다, 진흙을 바르다.《지역적》 ↑kleben. **Kleiber** ['klaɪbr̩], der; -s, - 반금류(攀禽類), 동고비(속의 일종), 딱따구리.
Kleiboden, der; -s, -böden ↑Klei.
Kleid [klaɪt], das; -(e)s, -er 1. 《축소형: ↑Kleidchen》 옷, 의복, 부인복, 원피스, 드레스: (sich) ein K. machen lassen 옷을 맞추다; das K. anziehen [ausziehen] 옷을 입다(벗다). [전의] die Natur trägt ein grünes K. (아이) 자연이 푸른옷을 입고 있다(신록으로 덮여 있다); die Stadt hat ein festliches K. angelegt 도시가 축제분위기로 장식되었다; **erstes K.** 〔광고〕 코르셋, 브래지; **zweites K.** 〔광고〕 (여성용) 속옷(슬립, 페티코트 따위). 2. 〈Pl.〉 (속옷 외에 걸치는 모든 류의) 옷, 의류, 겉옷, 외피, 외관, 옷차림: seine -er ablegen 그의 (겉)옷을 벗다; in den -ern schlafen 겉옷을 입은 채로 자다; 〔속담〕 -er machen Leute 옷이 날개다; **nicht aus den -ern kommen** 잠을 자지 못하다, 잠잘 시간이 없다; **aus den -ern fallen** 《경》 몹시 마르다(수척하다); **das ist ihm nicht in den -ern hängen geblieben** 《지역적》 그것은 그를 내면(정신)적으로 몹시 피폐(긴장)시켰다; **sich³ tüchtig in die -er tun müssen** 《지역적》 다시 살쩌기 위해 많이(열심히) 먹어야 한다. 3. a) 〔고어·아어〕 제복, 유니폼. b) 《schweiz.》 신사복, 양복. 4. 〔사냥·동물〕 a) 깃, 깃털. b) (토기, 족제비 따위의) 가죽, 모피(毛皮). 5. 《전의》 a) 권피(卷被)(삭구(索具)에 둘러지는 가는 밧줄). b) 범포(帆布), 캔버스(Canvas). **Kleidchen** ['klaɪtçən], das; -s, - / 《드물게》 Kleiderchen 1. ↑Kleid (1). 2. 어린이의 옷, 유아옷, 인형의 옷. 3. 《통용어》 간단한(가벼운) 옷. **kleiden** ['klaɪdn̩] 〈h〉 1. a) 옷을 입히다(입다): ein Kind zweckmäßig k. 어린아이에게 적절하게 옷을 입히다; sich in Schwarz(in Trauer) k. 상복(喪服)을 입다. [전의] die Natur kleidet sich in neues Grün (아이) 자연이 다시 푸르러지고 있다. b) 어울리다: dieser Hut kleidet dich (dir) 《nordd.》 gut 이 모자는 너에게 잘 어울린다. 2. 표현하다: seine Gefühle in Worte k. 그의 감정을 말로 나타내다.
Kleider-: ~**ablage**, die 의상실, 옷벽장, (극장 따위의) 휴대(의류)보관소. ~**bad**, das (간단한)드라이 클리닝, 건식(乾式)세탁(법). ~**bügel**, der 양복(옷)걸이. ~**bürste**, die 옷의 먼지를 터는 솔, 양복솔. ~**geschäft**, das 의상점, 기성복 전문점, (신사용) 양품점, 양장점. ~**größe**, die ↑Größe (1 d). ~**haken**, der 옷걸이. ~**hakenbrett**, das 옷을 여럿이 걸도록 박힌(벽에 고정된) 판자(널쪽). ~**holz**, das 《지역적》 ↑~bügel. ~**kammer**, die 《군》 피복 창고(보관소). ~**karte**, die (나치) (전시)의 의류(배급)표. ~**kasten**, der 《südd., österr., schweiz.》 ↑~**schrank**. ~**laden**, der ↑~geschäft. ~**laus**, die 이. ~**macher**, der《österr.·고어》 재단사, 재봉사. ~**machergewerbe**, das 〈Pl. 없음〉 재단(재봉)업. ~**marder**, der 《통용어·경멸》 옷도둑. ~**mode**, die 의류(복장)유행. ~**motte**, die 옷(의류)좀나방. ~**netz**, das (여자용 자전거의) 드레스 보호망. ~**ordnung**, die 《구제》 복장 규칙(제한), 사치 제한법. ~**puppe**, die 모델인형, 마네킨. ~**rechen**, der 《österr., 준고어》 ↑~hakenbrett. ~**rock**, der 소매없는 원피스(상의). ~**sack**, der 《군》 (옷 따위를 넣는) 배낭, 자루. ~**schaft**, die 《schweiz.》 ↑~schrank. ~**schrank**, der 옷장이 장, 옷장: [전의] ihr Mann ist ein K. 《통용어》 그녀의 남편은 거구의 사나이다. ~**schutzhülle**, die (양복, 외투 따위의) 커버. ~**schwimmen**, das (인명 구조 반의) 옷을 입고 하는

수영(잠수) 연습. **~spind,** der 《또한》 das ↑ ~schrank. **~ständer,** der (세워 놓는) 옷걸이 대, 코트걸이; 양상하게 마른 동물[사람]. **~stange,** die (옷장 안의) 옷걸이 대. **~stoff,** der 양복지, 옷감, 피륙.
kleidsam 〈Adj.〉 어울리는, 색조(色調)가 좋은, 알맞는, 몸에 꼭 맞는. **Kleidsamkeit,** die ↑kleidsam의 명사형. **Kleidung,** die; -en (몸에 걸치는) 옷 전체, 의복, 의상, 복장; 커버: leichte K. tragen 가벼운 옷을 입다; für jmds. Nahrung und K. sorgen 누구의 의식(衣食)을 돌봐주다. **Kleidungsstück,** das 의류(낱낱의 옷; 상의·바지 따위); (한 벌의) 옷.
Kleie ['klaɪə], die; 《종류》 -n 겨, 밀기울. **kleiehaltig** 〈Adj.〉 겨(밀기울)가 함유된.
Kleien-: **~flechte,** die 〖의학〗 비강진(批糠疹). **~futter,** das 밀기울이 섞인 사료. **~grind,** der ↑ ~flechte.
¹kleiig 〈Adj.〉 **a)** 겨가 함유된, 밀기울이 있는, 겨[밀기울]가 묻은. **b)** 겨[밀기울] 같은.
²kleiig 〈Adj.〉 (nordd.) **a)** 점토(粘土)를 함유한. **b)** 점토의, 점토질의, 진흙의.
klein [klaɪn] 〈Adj.〉 **1.** (길이, 넓이, 부피, 나이 따위가) 작은, 적은(반대: groß): Kleider in an Größen 작은 치수의 옷들; er fährt ein -es Auto 그는 작은 자동차를 타고 다닌다; er ist k. 그는 (키가) 작다; ein -es Bier 약 1/4리터의 맥주(잔); -e Schritte machen 종종걸음으로 걷다; -e Straßen 좁다란 길[거리]; der -e Zeiger 시침(時針); ein -es Geschäft machen(müssen) 《친근》 소변보다, 오줌누다; die Gasflamme auf k. stellen [drehen] 가스불을 작게 줄이다; ein Wort k. schreiben 한 단어를 소문자로 (시작하여) 쓰다; k. machen 《친근》 소변보다; die Kleine Pippin der Kleine 피핀 Ⅲ세; der Rock ist um ein -es zu kurz 《아이》 이 스커트는 약간 짧다; eine Welt im -en 세계의 축도(縮圖), k., aber oho 《통용어》 작긴 하지만 대단한[정말 능력 있는]; k., aber fein 작지만 아주 좋은. **2. a)** 어린, 나이가 적은(반대: groß 2 a): sein -er Bruder 그의 남동생; 《통용어》 unsere Kleine 우리의 어린 딸; mein Kleinster 내 막내(아들). **b)** (아이, 동물 따위가) 아주 어린[작은]: 《명사화》Spielzeug für die Klein(st)en 어린이용 장난감; sie hat (et)was Kleines bekommen 《통용어》그녀는 아이가 생겼다[임신했다]; **von k. auf** 어린 시절[어릴 때]부터. **3.** (시간적으로) 짧은, 순간의(반대: groß 3): eine -e Weile 잠시 동안, 단시간; nach einer -eren Verzögerung 잠시 머뭇거린 후에; eine -e Rede halten 짧은(간단한) 연설을 하다; **bei -em** (nordd.) 일보일보, 점차적으로, 착실하게; **über ein -es** 《고어》 잠시후에, 곧. **4.** (수, 량, 가치 따위가) 적은, 소량의, 소수의(반대: groß 4): -e Beträge(Kosten) 적은 액수(비용); kein -es Geld haben 잔돈이 없다; eine -e Koalition [정치] (국회에서의) 약간 우세한 연정(합); sag mir Bescheid, wenn du das Holz k. hast 《통용어》나무를 다 쪼갰으면 내게 알려다오; im -en verkaufen 소매로 팔다, 소매하다. **5.** 소규모의, 미량의, 소박한, 평범한, 사소한: eine -e Feier veranstalten 소규모의 축제를 개최하다; die -sten Hinweise beachten 아주 사소한 것까지도 (중시)하다; eine -e Erkältung 가벼운 감기; jmdm. einen -en Schreck einjagen 누구를 약간 놀라게 하다; einen -en sitzen haben 약간 (술) 취하다; die -sten Sorge 그것은 내게 조금도 걱정되지 않는다; -es Abendkleid 수수한 야회복; er ist ein -er König 《친근》그는 대수롭지 않은 자기분야에서는 제왕과 같은 존재다; ein klein(es) bißchen 약간; ein k. wenig 얼마간. 《명사화》 im Kleinen wie im Großen korrekt sein 사소한 일에나 큰일에나[모든 일에] 정확하다; es wäre ihm ein Kleines 《아이》그

은 그에게 쉬운(사소한) 일이다; um ein -es wäre es mißlungen 《아이》거의 실패할 뻔했다. **6. a)** 하찮은, 수수한, 겸손한, 소박한: die Ansichten des -en Mannes 소시민의 견해; er ist ein Kind -er Eltern 그는 가난한 집 자식이다; in -en Verhältnissen leben 내핍 생활을 하다, 검소하게 살다; 《명사화》die Kleinen der Autoindustrie 자동차 산업의 군소 회사들; [속담] die Kleinen hängt man, die Großen läßt man laufen 큰 도둑은 소규모[소자본]로 시작한다. **b)** 《통용어》천한, 굴종적인: wurde er so k. mit Hut! 그때 그는 아주 굴종적이 되었다[꼼짝도 못했다]; **k. beigeben** [geben] (c) 참조. **7.** 편협한, 고루한, 소견이 좁은: k. und niedrig (von jmdm.) denken (누구를) 편협하고 비열하게 생각하다. 《명사》 **Klein** [-] des, -en **1.** 〖요리〗 (새, 토끼 따위의) 내장, 목, 날개, 앞다리. **2.** 〖광〗 광석의 파편(破片), 분탄(粉炭).

klein-, Klein-: ~aktie, die 〖경제〗 소액주(권). **~aktionär,** der 〖경제〗 소주주(小株主). **~anzeige,** die 〖신문〗 두서너 줄짜리 광고. **~arbeit,** die 〈Pl. 없음〉 잔일, 세공(細工). **~asiatisch** 〈Adj.〉 ~asien의 형용사형. **~asien,** -s 소(小)아시아(흑해와 지중해 사이의 반도). **~äugig** 〈Adj.〉 눈이 작은. **~auto,** das ↑ ~wagen. **~bahn,** die 협궤(狹軌)[경편]철도. **~bär,** der 곰과(科)에 속하는 맹수의 일종. **~bauer,** der 소농(小農), 소작인. **~bäuerlich** 〈Adj.〉 ~bauer의 형용사형. **bekommen*** 〈s〉 ↑~kriegen (1, 2). ~**besitz,** der 소규모 토지소유. **~betrieb,** die (중)소기업, 소규모의 경영. **b)** 소농(小農). **~bild,** das 〖사진〗 소명판사진(반대: Großbild a). **~bildfilm,** der 〖사진〗 (35mm판의)소형 필름. **~bildkamera,** die 〖사진〗 (35mm판의)소형 카메라(반대: Großbildkamera). **~bildprojektor,** der 〖사진〗 소형 영사기(환등기). **~blätt(e)rig** 〈Adj.〉 소엽(小葉)의, 작은 잎의. **~blumig** 〈Adj.〉 **a)** 작은 꽃이 피는. **b)** 꽃이 작은. **~blütig** 〈Adj.〉 꽃잎이 작은. **~buchstabe,** der 소문자. **~bühne,** die 소극장. **~bürger,** der 소시민, 프티부르주아. **2.** 《편》 속물(俗物). **~bürgerlich** 〈Adj.〉 **1.** 소시민적인. **2.** 《편》 속물근성의. **~bürgerlichkeit,** die 《편》 소시민근성. **~bürgertum,** das 소시민 계급, 소시민 생활(근성). **~bus,** der 소형 버스. **~darsteller,** der 단역 배우. **~denkend** 〈Adj.〉《아이》 마음이 좁은, 옹졸한, 편협한, 완미(頑迷)한. **~deutsch** 〈Adj.〉《역사적》소 독일적 ○. **~deutsche*,** der / die《역사적》소 독일 운동의 추종자, 소 독일 당원(1848년 이래 오스트리아를 제외하고 독일 신연방 체제를 건설하려는 자). **~drehen** 〈h〉《통용어》(가스, 전기 따위를) 줄이다, 작게 하다. **~druck,** der 소형 활자 인쇄. **~eigentum,** das ↑~besitz. **~empfänger,** der 〖전기〗소형 라디오(수신기). **~erzeuger,** der 소량 생산자. **~familie,** die 〖사회〗소가족, 핵가족(반대: Großfamilie). **~feld,** das 〖핸드볼·하키〗소형 경기장. **~feldhandball,** der 〈Pl. 없음〉〖스포츠〗(실내 경기 규칙에 따른) 옥외 핸드볼 경기. **~fenstrig** 〈Adj.〉창문이 작은. **~flugzeug,** das 소형 비행기. **~format,** das 소형(小型), 작은 판. **~formatig** [-formatɪç] 〈Adj.〉 ↑~format의 형용사형. **~fruchtig** 〈Adj.〉 **a)** 작은 열매가 달리는. **b)** 열매가 작은. **~garten,** der 작은 정원. **~gartenanlage,** die 소(小)정원 시설. **~gärtner,** der 소정원 소유자: **geistiger K.** 《편》 연금(年金) 생활자. **~gebäck,** das 작은 과자. **~geblümt** 〈Adj.〉 작은 꽃 무늬가 있는. **~gedruckt** 〈Adj.〉 소형 활자로 된. 《명사화》 **~gedruckte,** das; -n (소형 활자로 인쇄된 계약서 따위의) 추가 규정: auf das K. achten 추가 규정에 주의(유의)하다. **~geist,** der 《편》 소인(小人), 범인(凡

人), 소견이 좁은 사람. ~**geistig** 〈Adj.〉 편협한, 고루한, 소인근성의. ~**geld**, das 〈Pl. 없음〉 잔돈, 거스름돈: bitte K. bereithalten! 잔돈을 준비해 주십시오!; für einen Wagen fehlt ihm das nötige K. 〈반어〉 그는 차를 사기에 필요한 큰 돈이 없다; ihm ist das K. ausgegangen 〈농〉 그는 돈이 없다(바닥났다). ~**gemustert** 〈Adj.〉 [성구] das kannst du machen, wie du K. hast 〈통용어〉 너는 원하는대로 그것을 할 수 있다. ~**gemustert** 〈Adj.〉 작은 무늬가 있는(반대: großgemustert). ~**geschrieben**: ↑~schreiben 참조. ~**gewachsen** 〈Adj.〉 몸매(체구)가 작은. ~**gewerbe**, das 소규모 영업, (중)소기업. ~**gläubig** 〈Adj.〉〈폄〉 신앙심[믿음]이 적은, 확신이 없는. ~**gläubigkeit**, die ↑~gläubig 의 명사형. ~**golf**, das ↑Minigolf. ~**hacken** 〈h〉 잘게 쪼개다. ~**handel**, der 소매, 소매업, 소매상. ~**händler**, der 소매 상인. ~**häusler**, der 〈österr.〉 ↑~bauer. ~**herzig** 〈Adj.〉 〈드물게〉 ↑~mütig. ~**hirn**, das [의학] 소뇌(小腦). ~**holz**, das 〈Pl. 없음〉 작게 쪼갠 나무; [성구] es gibt K. 〈통용어〉 무엇[누구]이 (공격을 받아) 심하게 교란[파괴]되다; **K. machen** 1) 가구[시설 따위]를 파손시키다; K. aus etw. machen(etw. zu K. machen, verarbeiten; etw. in K. verwandeln) 무엇을 파괴하다, 박살내다, 분쇄하다; **K. aus jmdm. machen (jmdn. zu K. machen)** 1) 누구를 구타하다, 마구 때리다, 매질하다; 2) ↑heruntermachen (a); **zu K. gehen** 산산조각으로 부서지다, 박살이 나다. ~**industrie**, die 소공업(小工業), 소기업. ~**kaliber**, das 〈총포의〉 소구경(小口徑). ~**kalibergewehr**, das 소구경총. ~**kaliberschießen**, das 소구경 사격. ~**kalib(e)rig** [-kali:b(ə)rɪç] 〈Adj.〉 소구경의(반대: großkalib(e)rig). ~**kapitalist**, der [정치] 중산층, 중류 자본가. ~**kariert** 〈Adj.〉 1. 작은 바둑판[격자] 무늬의(반대: großkariert 1). 2. 〈통용어·폄〉 고루한, 편협한, 시야가 좁은, 촌스러운. ~**kariertheit**, die; -en 1. 〈Pl. 없음〉 편협성, 속물근성: jmdm. K. vorwerfen 누구의 편협성을 비난하다. 2. 고루한[편협한] 언동(言動). ~**kind**, das 〈관〉 (3~6살까지의) 유아(幼兒). ~**kinderbelustigungswasser**, das 〈청소년·농〉 〈유아가 즐겨 마시는〉 레몬수 따위. ~**kinderbewahranstalt**, die 〈고어〉 탁아소, 보육원! [성구] wir sind doch hier keine K.! 〈통용어·준의어〉 〈어린애 같은 태도에 대한 비난으로서〉 여기는 탁아소가 아니오! ~**klavier**, das 소형 피아노. ~**kleckersdorf** [klɛkəs-] 〈Pl. 없음〉 부가적 규정어가 아닌 경우는 관사 없이 〈꾸며낸 지명(地名)〉 〈통용어·조롱〉 작은[시시한] 마을. ~**klein** 〈연결 부호와 함께〉 〈Adv.〉 〈다음 용법으로〉 **k. spielen** 〈스포츠 은어〉 공을 짧게 던지다(패스하다). 〈명사화〉 **Klein** 〈연결 부호와 함께〉 das; -s 〈스포츠 은어〉 짧은 패스, 좁은 공간으로의 패스. ~**klima**, das [기상] 국지(局地) 기후, 미기후(微氣候). ~**knecht**, der [옛] 어린 하인, 농장의 머슴. ~**kraftrad**, das [교통] 〈옛〉 오토바이, 바이크. ~**kraftwagen**, der [교통] 소형 자동차. ~**kram**, der 〈통용어·폄〉 **a)** 자잘한 일용품, 잡동사니; 소매점. **b)** 시시한[사소한, 자질구레한] 일. ~**krämer**, der ↑Krämer (2). ~**krämerei** [– – – '–], die 〈통용어·폄〉 사소한 일에 매달림. ~**kredit**, der [재정] 소액 신용(대부), 소액 크레디트(반대: Großkredit). ~**kreis**, der [기하] (구면의) 소원(小圓). ~**krieg** 1. 소전투, 유격전, 게릴라전. 2. (사소한 일로 인한) 지속적인 싸움[알력, 불화, 마찰]. ~**kriegen** 〈h〉〈통용어〉 1. **a)** 잘게 하다, 부수다, 분해하다. **b)** 망가뜨리다, 깨뜨리다: der Teppich ist nicht kleinzukriegen 그 양탄자는 매우 질기다. 2. 소비[소모]하다, 다 써버리다: er hat das Erbteil schnell kleingekriegt 그는 유산을 빨리 탕진하

였다. 3. 굴복(복종, 예속)시키다: er sagte, ich solle mich nicht k. lassen 그는 내가 굴복해서는 안된다고 말했다. 4. [지역적] 이해하다, 납득하다: er kann es nicht k., daß nun alles aussein soll. 그는 이제 모든 것이 끝나야 한다는 점을 납득할 수가 없다. ~**kunst**, die 〈Pl. 없음〉 1. 소연예(小演藝), 흥행. 2. 소공예(小工藝). ~**kunstbühne**, die (만담·야담 따위를 하는) 소연예장, 흥행장. ~**laut** 〈Adj.〉 수줍은, 소심한, 기가 죽은, 의기가 죽은: k. antworten 소심하게[기가 죽은 체] 대답하다. ~**lebewesen**, das 미생물. ~**machen** 〈h〉 1. 잘게 하다, 쪼개다, 부수다. 2. 〈통용어〉 (재산을) 낭비하다, 탕진하다. 3. 〈통용어〉 잔돈으로 바꾸다. 4. 〈통용어〉 (강책으로) 굴종[굴복]시키다: laß dich von deinem Chef nicht k.! 너의 보스에게 굴복당하지 않도록 해라! ~**malerei** 1. ↑Miniaturmalerei. 2. 세밀 묘사. ~**maschig** 〈Adj.〉 (그물·편물의) 코가 쫀쫀한, 촘촘한. ~**maßstäbig**: ↑~maßstäblich. ~**maßstäblich**, 〈드물게〉 ~**maßstäbig** [-maːsʃtɛːbɪç] 〈Adj.〉 소규모의. ~**messe**, die 소형 전시(전람)회, 작은 박람회. ~**möbel**, das [직종어] 소형 가구. ~**motor**, der 소형 모터[엔진]. ~**mut**, der 〈아이〉 소심, 무기력, 겁. ~**mütig** 〈Adj.〉 〈아이〉 소심한, 무기력한, 겁이 많은. ~**mütigkeit**, die 〈아이〉 ↑~mütig 의 명사형. -**Nationale**, das 〈연결 부호와 함께; österr.·관〉 약식(略式) 신상조서(身上調書). ~**od**, das ↑Kleinod. ~**oktav**, das [서적] 소형 8절판(약어: Kl. -8°). ~**omnibus**, der 소형 버스. ~**pflaster**, das 자갈 포장을 한 도로. ~**plastik**, die [미술] 소형 조각(품)(반대: Großplastik). ~**plastteil**, das [구동독] 소형 조형미술품. ~**preisgeschäft**, das [경제] 염가품 상점, 세일점. ~**produktion**, die 소량 생산. ~**rentner**, der 소액 연금생활자: geistiger K. 〈폄〉 편협[고루]한 사람, 단순한 사람. ~**reparatur**, die [직종어] 경미한(작은) 수리. ~**schlag**, der [도로] 〈자갈로 깔기 위한〉 쪼갠 돌. ~**schmetterling**, der [동물] 작은 나비 목(目)(나방, 엽권충 따위). ~**schmied**, der 〈고어〉 자물쇠 제조공(업), 좌장식을 만드는 사람. ~**schneiden*** 〈h〉 잘게 베다(썰다), 부수다. ~**schnippeln** 〈h〉 ↑~schneiden. ~**schreiben*** 〈h〉 〈대개 다음 용법으로〉 **kleingeschrieben werden** 〈통용어〉 경시되다, 무시당하다, 중요시되지 않다(반대: großgeschrieben werden 1). ~**schreibung**, die 첫 글자를 소문자로 쓰기(반대: Großschreibung). ~**serie**, die 소량 생산(제조). ~**siedlung**, die [관] 도시 주변의 이주지(移住地). ~**sparer**, der [재정] 소액 예금인. ~**spore**, die ↑Mikrospore. ~**sporenflechte**, die ↑Mikrospore. ~**staat**, der 소국(小國), 약소국가. ~**staaterei** [-ʃtaːtəˈraɪ], die (역사적) 소국 분립(小國分立). ~**stadt**, die (인구 2만 이하의) 소도시, 시골 도시. ~**städter**, der 〈폄〉 소도시의 주민. ~**städtisch** 〈Adj.〉 〈폄〉 소도시(풍)의. ~**stellen** 〈h〉 (가스, 불꽃 따위를) 작게 하다, 줄이다. ~**steller**, der [전기, 가스 따위의] 절약 장치. ~**super**, der [전기] 소형 초(超)헤테로다인 수신 장치, 소형 슈퍼. ~**teilig** 〈Adj.〉 〈전문어〉 작은 부분[분야, 점, 장]으로 나뉘어진, 세분된. ~**tier**, das 작은 동물(개, 고양이, 앵무새 따위). ~**tierhalter**, der 작은 동물 사육자. ~**tierhaltung**, die, ~**tierzucht**, die 작은 동물 사육. ~**verdienener**, der 소액 소득자. ~**verkauf**, der 소매(小賣). ~**vieh**, das 작은 가축(양, 염소, 돼지, 토끼 따위의 집합 개념)(반대: Großvieh); [성구] K. macht auch Mist 〈통용어〉 티끌모아 태산이다(작은 것도 없는 것보다 낫다). ~**viehzucht**, die 작은 가축 사육. ~**vogel**, der 작은 새. ~**wagen**, der 소형(자동)차. ~**weis** [-vaɪs] 〈Adv.〉 〈bayr., österr.·통용어〉 조금씩, 차차로, 서서히. ~**weise**: ↑~weis. ~**welt**, die 소(小) 세

계. ~**wild**, das 《드물게》 작은 들짐승. ~**winzig** 〈Adj.〉《친근》 극히 작은, 미세한, 근소한. ~**wohnung**, die (건평 75m²까지의) 소주택, 한 칸 방의 아파트. ~**wuchs**, der 【의학】 발육 부전(發育不全)《반대: Großwuchs》. ~**wüchsig** 〈Adj.〉 발육이 부전한, 왜소한《반대: großwüchsig》: -e Menschen 【의학】 발육부전증에 걸린 사람들. ~**wuzig** [-'vu:tsɪç] 〈Adj.〉《österr.·친근》↑~winzig. ~**zeug**, das (Pl. 없음)《통용어·폄》↑~kram.

Kleinchen ['klaɪnçən], das; -s, - ↑¹,³Kleine (1), ²Kleine (1) 참조. ¹**Kleine*** ['klaɪnə], der **1.** 〈축소형: ↑Kleinchen》 소년, 사내아이: unser -r 우리(집)의 어린 아들. **2.** 〈축소형: ↑Kleinerchen》《통용어·농, 대개 처녀편에서의 은근한 호칭》 젊은이, 청년. ²**Kleine*** [-], die 〈축소형: ↑Kleinchen》 **1.** 소녀, 계집아이. **2.** 《통용어》 **a)** 처녀. **b)** 애인, 연인. ³**Kleine** [-], das; -n, -n **1.** 《축소형·농》《↑Kleinchen》 어린아이, 아기: unser -s 우리 아기; die Großen und die -n 어른과 아이들, 노소(老少); ja, ja, die lieben -n!《반어》그래 그래, 그 사랑스러 아이들이다! **2.** ↑²Junge (1). **Kleineleutemilieu**, das; -s, -s 서민의 생활 환경. **Kleinerchen** 〈관사 없이〉 ↑¹Kleine (2)의 통용어적 농담조의 호칭: K., nun sei man nicht böse! 젊은이, 이제 화내지 말아요! **kleiner(e)nteils** 〈Adv.〉 더 작은 부분으로(는), 보다 더 적게. **Kleinheit**, die **1.** 작음, 적음, 미소(微小), 근소, 사소, 평범: seine K. war kein Handikap. 그의 키가 작다는 것은 아무런 핸디캡이 아니었다. **2.** 《드물게》 편협, 궁지, 곤란. **Kleinigkeit**, die; -en **a)** 작은 일(물건), 약간의 물건, 잡일: jmdm. eine K. schenken 누구에게 작은 선물을 하다; sich eine K. nebenher verdienen 《통용어》 틈틈이 약간의 돈(잡비)을 벌다; das kostet eine K. 《통용어·반어》 그것은 상당히 비싸다; den Schrank um eine K. zur Seite schieben 《통용어》 옷장을 약간 옆으로 밀다; das ist keine K. 《통용어》1) 그것은 중요하다. 2) 그것은 그렇게 간단치가 않다; sich an -en stoßen 하찮은 일에 부딪치다; sich nicht mit -en abgeben 사소한 세부 사항에 관여하지 않다. **b)** 시시한 일(것), 쉬운(사소한)일: etw. ist für jmdn. keine K. 《통용어》 무엇이 누구에게 힘든(어려운) 일이다. **Kleinigkeitskrämer**, der 《폄》 하찮은 일에 구애되는 사람, 사소한 것을 중대시하는 사람. **Kleinigkeitskrämerei**, die 《폄》 잔일 따위에 얽매이기, 사소한 것을 중대시하기. **kleinlich** 〈Adj.〉《폄》 자잘한, 하찮은, 시시한, 구구한; 편협한, 마음(소견)이 좁은; 잔일에 구애되는, 너무 세심한, 좀스러운; 천박한, 비열한: in Geldsachen k. sein 돈 문제에 있어 좀스럽다; k. handeln 소심(비열)하게 행동하다. **Kleinlichkeit**, die; -en 《Pl. 없음》 **1.** 편협성, 비열성, 좁은 소견: die K. eines Menschen tadeln 한 인간의 편협성을 나무라다. **2.** 좀스러운 행위, 구구한 변명. **Kleinod** ['klaɪnoːt], das; -(e)s, -e / -ien [klaɪˈnoːdiən] (아어) **1.** 《Pl. -ien》 값진 장식품(장신구): 〖전의〗 -ien der mittelalterlichen Baukunst. 중세 건축술의 걸작품들. **2.** 《Pl. -e》 귀중품, 보석, 보물, 보배: du bist ein K.! 자넨 보물이야!

kleinst-, **Kleinst-**: ~**betrag**, der 최소 출자(분담)금액, 최소액, 최저 금액. ~**bildkamera**, die 최소형 카메라. ~**format**, das 최소형 판(版)(치수). ~**garage**, die 아주 작은 차고. ~**haus**, das 최소형 (연립)주택. ~**kind**, das 【관】 (2살까지의) 유아(幼兒). ~**lebewesen**, das 미생물. ~**möglich** 〈Adj.〉 가능한 한 작은, 최소한도, 극소. ~**packung**, die 최소형 포장. ~**serie**, die 최소형 시리즈. ~**super**, der 최소형 초(超)헤테로다인 수신장치, 최소형 슈퍼. ~**wohnung**, die 아주 작은(단간) 주택(아파트).

Kleinste* ['klaɪnstə], der, die / das ↑**klein**; ↑¹**Kleine** (1), ²**Kleine** (1), ³**Kleine** 참조.

Kleister ['klaɪstɐ], der; -s, 《종류》- **1.** (접착용)풀: K. anrühren 풀을 쑤다(젓다); 〖전의〗 diesen K. esse ich nicht 《통용어·폄》 나는 이따위 된 죽(저질의 푸딩)은 먹지 않는다; in dieser Ehe fehlt der K. 이 결혼에는 부부를 결합시켜 주는 것이 없다. **2.** 《통용어·폄》 무가치한 것(물건), 잡동사니, 폐물.

Kleister- (Kleister 1): ~**papier**, das 색종이. ~**pinsel**, der 풀귀얄. ~**topf**, der 풀항아리.

kleisterig, **kleistrig** ['klaɪst(ə)rɪç] 〈Adj.〉 **1.** 풀칠을 한. **2.** 《통용어》 풀과 같은, 끈끈한. **kleistern** ['klaɪstɐn] 〈h〉 [niederd. klīsteren] 《통용어》 **1. a)** 풀로 붙이다(바르다). **b)** 풀 따위를 바르다, 《풀 따위로》 수리(수선)하다. **2.** *jmdm.* **eine k.** 누구의 뺨을 때리다. **3.** 두껍게 바르다(칠하다): die Butter aufs Brot k. 빵에 버터를 듬뿍 바르다.

kleistogam [klaɪstoˈɡaːm] 〈Adj.〉 【식물】 폐(閉)수정의, 자화수정의. **Kleistogamie** […ɡaˈmiː], die 【식물】 폐(閉)화수정(閉鎖)花受精), 자화(自花)수정.

kleistrig: ↑**kleisterig**.

Klematis [kleˈmaːtɪs] 《드물게》 'kleːmaːtɪs], die [lat. clēmatis < griech. klēmatís] 【식물】 참으아리.

Klementine [klemɛnˈtiːnə], die; -n 귤(밀감)과에 속하는 과일

Klemm-: ~**backe**, die 바이스의 턱. ~**bügel**, der 죔도구, 죔철대(鐵帶), 바이스. ~**mappe**, die 《비분리식》 Klemmappe, die 죔쇠가 달린 서류(용지)끼우개. ~**schraube**, die 고정 나사, 접선(接線)《단자(端子)》나사, 전극(電極). ~**spannung**, die 《또한》 Klemmenspannung, die 단자전압(端子電壓).

Klemme ['klɛmə], die; -n **1. a)** 집게, 못뽑이, 꺽쇠, 걸쇠, 죔쇠, 죔도구, 바이스. **b)** 고정 나사 뚜껑(케이스). **c)** 〖의학〗 겸자(鉗子). **2.** 《통용어》 궁지, 곤경, 딜레마: in einer furchtbaren K. sein(sitzen, stecken) 지독히 곤란한 처지에 있다; jmdm. aus der K. helfen 누구를 궁지에서 건져내다. **3.** 《은어》 감옥, 교도소. **klemmen** ['klɛmən] 〈h〉 **1.** 단단히 죄다, 꽉 누르다, 집다, 끼다, 압착하다, 눌러 부수다: die Aktentasche unter den Arm k. 서류가방을 겨드랑이에 끼다; das Monokel ins Auge k. 단안경(單眼鏡)을 쓰다(눈에 끼다); *sich hinter etw. k.* 《통용어》 무엇을 열심히 하다, 무엇에 열중하고 있다; *sich hinter die Bücher k.* 열심히 공부하다; *sich hinter jmdn. k.* 누구의 도움(협조)을 청하다. **2. a)** 억지로 쑤셔(밀어)넣다. **b)** 물리다, 압상(壓傷)하다, 타박상을 입다: ich habe mir den Finger geklemmt 나는 손가락을 물렸다. **3.** 꽉 끼다: das Fenster klemmt 창문이 잘 열리지 않는다; 〖전의〗 wo klemmt es denn? 《통용어》 대체 무엇이 문제나? **4.** 《경》 슬쩍 훔치다. **Klemmenspannung**: ↑**Klemmspannung**. **Klemmer**, der; -s, - 《지역적》 코(걸이)안경, 좀도둑, 소매치기. **klemmig** ['klɛmɪç] 〈Adj.〉 《광》 (암석이) 단단한, 딱딱한.

klempern ['klɛmpɐn] 〈h〉 《의성어·niederd.》 **a)** 함석을 두드리다. **b)** 덜그덕(덜커덩)거리다. **c)** 덜그덕(덜커덩) 소리를 내다, 떠들다. **Klempner** ['klɛmpnɐ], der; -s, - 《md., nordd.》 함석장이.

Klempner-: ~**arbeit**, die 함석 세공, 함석 일. ~**handwerk**, das 함석 수공업. ~**laden**, der 《통용어·농》 (가슴에 달고 다니는) 별나게 많은 훈장. ~**meister**, der 함석 수공업의 장인(匠人)(마이스터). ~**waren** (Pl.) 함석제품. ~**werkstatt**, die 함석 세공장, 함석 제품 공장.

Klempnerei [klɛmpnəˈraɪ], die; -en **a)** 《Pl. 없음》 함석 수공업, 함석을 다루는 직업. **b)** 함석 제품 공장(작업장). **klempnern** ['klɛmpnɐn] 〈h〉 함석 세공(細工)을 하다.

Klenganstalt ['klɛŋ-], die; -en [임업] (침엽수의) 열매를 털어내는 건조장(乾燥場)(채종장(採種場)). **Klenge** ['klɛŋə], die; -n [임업] ↑Klenganstalt. **klengen** ['klɛŋən] ⟨h⟩ [임업] (침엽수의) 열매를 털어내다, 씨를 빼내다.

¹**Klepper** ['klɛpɐ], der; -s, - (쩜) 쓸모없는(말라빠진, 노쇠한) 말. ²**Klepper** [-], die; -n 《지역적》 ↑Klapper.

Klepper- ⓌⓏ [제조회사의 창설자 J. Klepper(1868-1949)의 이름에서]: **~boot**, das 접어 갤 수 있는 보트. **~mantel**, der 우비, 방수코트.

kleppern: ↑kläppern.

Kleptomane [klɛpto'maːnə], der; -n, -n [심리] 도벽(盜癖)이 있는 사람, 절도광(竊盜狂). **Kleptomanie** [...toma'niː], die [심리] (병적) 도벽. **Kleptomanin**, die; -nen ↑Kleptomane의 여성형. **kleptomanisch** ⟨Adj.⟩ [심리] **a)** 도벽이 있는, 도벽에 걸린. **b)** 도벽의. **Kleptophobie**, die; -n [...iːən] [심리] 절도공포증.

klerikal [kleri'kaːl] ⟨Adj.⟩ [lat. clēricālis] **a)** (가톨릭) 성직자(승려)(계급)의. **b)** 로마 가톨릭 교회의. **Klerikale'**, der / die 교권(教權)(성직권)지지자. **Klerikalismus** [...ka'lɪsmʊs], der; - 교권(教權)(성직권)주의, 존숭(尊崇)주의. **klerikalistisch** ⟨Adj.⟩ (쩜) ↑Klerikalismus의 형용사형. **Kleriker** ['kleːrikɐ], der; -s, - [lat. clēricus] (가톨릭의) 성직자(반대: Laie). **Klerisei** [kleri'zaɪ], die [고어] ↑Klerus. **Klerus** ['kleːrʊs], der; - [lat. clērus < griech. klerós] (가톨릭의) 성직자, 성직자 신분[계급].

Klette ['klɛtə], die; -n **a)** 가시난 깍지(깍정이), 가시 돋친 열매를 맺는 각종 식물, (특히) 우엉. **b)** (옷 따위에 달라붙는) ↑Klette (a)의 열매(꽃, 두상화): sie halten (hängen, kleben) zusammen wie (die) ~n (통용어) 그들은 떼어놓을 수가 없다. **Klettenwurzel**, die 우엉 뿌리. **Klettenwurzelöl**, das 우엉 뿌리 기름[발모제(發毛劑)로 쓰임].

Kletter-: **~fisch**, der 아나바스과의 어류(魚類)[학명: *Anabas testudineus*]. **~garten**, der [등산] 등반 연습장. **~gerät**, das [체조] 기어오르기에 쓰이는 기구. **~gerüst**, das (어린이 놀이터의) 기어 오르내리는 시설. **~hammer**, der [등산] 등반용 해머(망치). **~kurs**, der 등반 트레이닝 코스. **~mast**, der 반등용(攀登用)마스트. **~max**, der; -es, -e, **~maxe**, der (통용어·농) **a)** 무엇에나 기어오르기를 잘하는[좋아하는] 아이. **b)** ↑Fassadenkletterer. **~partie**, die **a)** [등산] 경사가 가파른 난 코스. **b)** (통용어) 등산 여행. **~pflanze**, die 반요(攀繞)식물. **~schluß**, der [체조] (밧줄을 기어오를 때의) 발과 다리를 오무린 자세. **~schuh**, der [Bergschuh. **~seil**, das **a)** [체조] ↑-tau. **b)** [등산] 등반 로프. **~stange**, die [체조] 등반봉(登攀棒). **~tau**, das [체조] 반등(용)로프. **~technik**, die [등산] 등반 기술. **~tour**, die ↑-partie. **~wand**, die [체조] 반등(용) 벽(壁).

Kletterei [klɛtə'raɪ], die; -en (통용어) **a)** (쩜) 애를 써서(몇번이고) 기어오르기. **b)** [등산] 등반하기. **Kletterer** ['klɛtərɐ], der; -s, - **a)** 등반자. **b)** 《스포츠·은어》 가파른 구간을 잘 달리는 사이클 선수. **klettern** ['klɛtɐn] ⟨s⟩ **a)** [등산] (식물이) 타고(감아) 올라가다: über den Zaun k. 울타리를 타고 넘어가다; [전의] eine kletternde Pflanze [식물] 반요(攀繞)식물, 덩굴 식물(통용어) die Ladenpreise klettern um zwei Prozent 소매 가격이 2퍼센트 올랐다. **b)** (통용어) (간신히) 기어들어가다[나오다]: in das Auto k. 간신히 자동차를 타다. **c)** 등반하다.

Klettfrucht, die ↑Klette (b).

Kletze ['klɛtsə], die; -n 《bayr.》《또한》 Klötze 《österr.》말린[건조한] 배. **Kletzenbrot**, das 《österr.》말린 배와 여러 향료를 넣어 만든 빵.

klever: ↑clever.

klick [klɪk] ⟨Interj.⟩ 《금속 따위가 가볍게 부딪칠 때의 의성어》 찰칵, 딸깍: [전의] da machte es bei ihm k. (통용어) 그는 마침내 이해(파악)했다. **Klick** [-], der; -s, -s 《대개 Pl.》[engl. click, (의성어)] [언어] 흡파음(吸破音), 혀차는 소리. **klicken** ['klɪkn] ⟨h⟩ [↑klacken과는 달리 밝은 음에 대한 의성어] **a)** 찰칵(딸깍) 소리가 나다. **b)** 찰칵(딸깍)소리를 내다: die Fotografen klickten ununterbrochen 사진사들은 끊임없이 찰칵거렸다[사진을 찍었다].

Klicker ['klɪkɐ], der; -s, - 《지역적》↑Murmel. ¹**klickern** ['klɪkɐn] ⟨h⟩ 《지역적》공기놀이를 하다, 공기돌을 튀기며 놀다. ²**klickern** ⟨h⟩ 《의성어·지역적》 찰칵(딸깍) 소리를 내다.

klieben' ['kliːbn̩] ⟨h⟩ 《südd., österr.》 쪼개다, 빠개다, 가르다.

Klient [kli'ɛnt], der; -en, -en [lat. cliēns] 소송(변호)의뢰인, 변호사의 고객. **Klientel**, die; -en [lat. clientēla] 소송(변호)의뢰인 전체. **Klientele**, die; -n 《schweiz.》↑Klientel. **Klientin**, der; -nen ↑ Klient의 여성형.

klieren [kliːrən] ⟨h⟩ 《지역적》 갈겨[저분분하게]쓰다: klier nicht so! 그렇게 갈겨 쓰질 말아라!

Klietsch [kliːtʃ], der; -(e)s 《berlin.·쩜》 ↑Klinsch. **Klietschkuchen**, der; -s, - (쩜) 설구운 빵.

Kliff [klɪf], das; -(e)s, -e [niederd. klif] 《niederd.》 (해안과 연안) 낭떠러지, 벼랑, 절벽.

kliff, klaff! ['klɪf 'klaf] ⟨Interj.⟩ 멍멍![개짖는 소리].

Klima ['kliːma], das; -s, -s / ...mate [...'maːtə; lat. clīma < griech. klíma] **1. a)** [기상] 기후, 풍토: ein mildes K. 온화한 기후. **b)** (실내의 인위적) 공기온도(溫度) 상태. **2.** 환경, 분위기, 상황, 상태: das politische K. hat sich verändert 정치적 상황이 변하였다.

Klima-: **~änderung**, die 기후 변동, 풍토의 변화. **~anlage**, die 에어컨, 냉난방 장치[시설]. **~behandlung**, die 전지(轉地) 요양, 기후 요법. **~element**, das 《대개 Pl.》 [기상] 기후 요소(要素)(습도 따위). **~faktor**, der [지리] 기후 인자(因子)(고도(高度) 따위). **~geographie**, die 기후 지리학. **~gerät**, das 공기 조절(냉방)기구. **~gürtel**, der [지리] 기후대. **~kammer**, die (실험·치료 따위를 위한) 인공(人工) 기후실. **~karte**, die 기후도(氣候圖). **~kunde**, die ↑Klimatologie. **~kur**, die ↑-behandlung. **~kurort**, der 기후[전지(轉地)]요양지. **~scheide**, die [지리] 기후 분계지(分界地). **~schwankung**, die 기후의 변동. **~station**, die 기후 측후소, 기상 관측소. **~technik**, die (Pl. 없음) 공기 조절 [냉난방] 기술. **~therapie**, die ↑-behandlung. **~veränderung**, die ↑-änderung. **~verschlechterung**, die 기후의 악화. **~wechsel**, der (요양을 위한)전지(轉地). **~zone**, die 기후대(帶).

klimakterisch [klimak'teːrɪʃ] ⟨Adj.⟩ [lat. climactēricus < griech. klimaktērikós] [의학] **a)** 갱년기의. **b)** 갱년기인, 폐경기의. **Klimakterium** [klimak'teːriʊm], das; -s [의학] 갱년기, 폐경기: ins K. kommen 갱년기가 되다.

Klimate: ↑Klima의 복수형. **klimatisch** [kli'maːtɪʃ] ⟨Adj.⟩ **a)** 기후의, 풍토의: sich k. unterscheiden 기후[풍토]상으로 구별되다. **b)** 치료[요양]에 좋은 기후의.

klimatisieren [klimati'ziːrən] ⟨h⟩ **a)** 공기(기온) 조절

장치를 하다, 냉난방 시설을 하다. **b)** 《실내의》 온습도〔공기〕를 조절하다. **Klimatisierung,** die; -en ↑ klimatisieren의 명사형. **Klimatographie** [klimatogra'fiː], die 기후지(氣候誌). **Klimatologie** [...lo'giː], die 기후학.

Klimax ['kliːmaks], die; -e [lat. climax] **1. a)** 정점, 극치, 클라이막스. **b)** 《문체》 점층법(漸層法)(반대: Antiklimax). **2.** 《의학》 ↑Klimakterium.

Klimbim [klɪm'bɪm], der; -s [본래는 음악, 다음에는 모든 비본질적인 것에 대한 Berlin지방의 폄어적 의성어] 《통용어》 **a)** 잡동사니, 부수적인 것, 자잘한 일용품: in der Schublade ist lauter K. 서랍에는 순전히 잡동사니만 들어 있다; rede nicht so'nen K. 그따위 터무니없는 〔무의미한〕 말은 하지 말아라. **b)** 공연한 소동, 소란, 야단법석. **c)** 공연한 흥분, 격앙: er macht um jede Kleinigkeit einen fürchterlichen K. 그는 모든 사소한 일에도 쓸데없이 너무 흥분한다.

Klimme ['klɪmə], die; -n (관상용의 열대성) 반요 식물.

klimmen* ['klɪmən] ⟨s⟩ **a)** 《아어》 (기어) 오르다: auf den Gipfel k. 정상을 오르다. **b)** 《준고어》 기어 올라〔내려〕가다. **klịmmziehen*** 《부정형으로만 쓰임》 《체조》 턱걸이하다. **Klịmmzug,** der; -(e)s, ...züge 《체조》 턱걸이: einen K. machen 턱걸이를 하다; 전의 die mit mächtigen Klimmzügen sucht er sich auf ein höheres Sprachniveau zu schwingen 그는 몹시 노력하여 보다 높은 언어 수준에 오르려고 한다.

Klimperei [klɪmpə'raj], die; -en 《통용어·폄》 ↑Geklimper. **Klimperer** ['klɪmpəre], der; -s, - 《통용어·폄》 서툰 피아노 연주자. **Klịmperkasten,** der; -s, ...kästen **a)** 《통용어·폄》 《값싼》 피아노. **b)** 《통용어·감정》 고물 피아노. **klimperklein** ⟨Adj.⟩ 《통용어·감정》 매우〔아주〕작은. **klimpern** ['klɪmpɐn] ⟨h⟩ 《통용어》 **1. a)** 짤랑짤랑 소리나다, 딸랑거리다. **b)** 짤랑짤랑 소리를 내다: mit Kleingeld in der Hosentasche k. 바지주머니 속에서 동전을 짤랑거리다. **2.** 《통용어》 **a)** 불협화음을 내다: auf der Gitarre k. 기타로 불협화음을 퉁겨대다. **b)** 《폄》 서투르게 치다〔연주하다〕: eine Etüde auf dem Klavier k. 피아노로 연습곡을 서투르게 치다; 전의 er klimperte ihr an den Brüsten 그는 그녀의 유방을 서투르게 애무했다.

kling! [klɪŋ] ⟨Interj.⟩ 《의성어》 찌르릉찌르릉, 딸랑딸랑, 쩔렁쩔렁, 땡땡《벨, 방울, 종 따위가 울리는 소리》: kling, klang).

Klinge ['klɪŋə], die; -n 〔칼이 투구나 갑옷에 부딪칠 때 나는 밝은 소리에서〕 **1. a)** 《칼·검의》 날: eine scharfe K. 날카로운 칼날; eine neue K. in den Rasierapparat einlegen 면도기에 새 면도날을 끼우다. **b)** 《아어·준고어》 칼, 검(劍): mit jmdm. die ~n〔die K.〕 kreuzen 《아어》 1) 누구와 칼싸움〔펜싱〕을 하다. 2) 누구와 논쟁하다; **eine (gute) K. schlagen** 1) 《아어》 칼을 멋지게 휘두르다. 2) 《아어》 무엇을 위하여 〔단호히〕 진력하다. 3) 《통용어·농》 많이 먹다, 대식(大食)하다: **eine scharfe K. führen** 《아어》 토론에서 날카롭게 대두하다 〔무서운 상대가 되다·뛰어난 솜씨를 발휘하다〕; **jmdn. über die K. springen lassen** 1) 《군》 무방비의 적〔포로, 민간인〕을 죽이다. 2) 《통용어》 경제적〔직업적〕으로 파멸시키다. 3) 《스포츠·은어》 패배를 시키다, 파울하다. **2.** 《지역적》 계류(溪流), 협곡, 산골짜기.

Klingel ['klɪŋl], die; -n **1.** 방울, 초인종, 벨: die K. funktioniert nicht 초인종이 작동하지 않는다; auf die K. drücken 벨을 누르다. **2.** 작은 종.

Klingel-: **~anlage,** die 초인종 시설〔장치〕. **~beutel,** der 《교회의》 연보대(捐補袋), 연보금 주머니《긴 자루와 방울이 달린》. **~draht,** der 초인종 줄, 벨〔초인종〕용 전선. **~fahrer,** der 《통용어》 《우선 초인종을 눌러 사람의 부재를 확인하는》 빈집털이 도둑. **~fee,** die 《농》 《아》 전화 교환양. **b)** 하녀, 객실 전속 메이드. **~jagd,** die 《지역적》 ↑~putzen. **~knopf,** der 초인종 단추. **~putzen,** das; -s 초인종을 누르고 달아나는 개구쟁이 짓. **~schnur,** die 《아》 초인종 줄, 설렁줄. **b)** 《통용어》 ↑~draht. **~zeichen,** das 초인종〔벨〕 소리. **~zug,** der 설렁줄, 초인종 줄〔끈〕장치.

Klingelei [klɪŋə'laj], die; -en ↑Geklingel.

klingeling(eling): ↑klingling.

klingeln ['klɪŋln] ⟨h⟩ **a)** 찌르릉 소리나다, 따르릉 울리다: das Telefon klingelt 전화가 따르릉하고 울린다; 《비인칭》 geh an die Tür, es hat geklingelt 문으로 가봐, 초인종 소리가 났어; 성구 jetzt〔gleich〕 hat es geklingelt 이제〔곧〕 내가 참는 것도 끝장이다; meine Nerven haben geklingelt 내 신경은 극도로 긴장한 상태였다; 《비인칭》 **es klingelt** 《스포츠·은어》 슛하여 한 골이 들어갔다; **es klingelt bei jmdm.** 《통용어》 누가 이해하다, 마침내 생각이 떠오르다. **b)** 초인종〔벨〕을 울리다. **c)** 초인종〔벨〕을 울려 무엇을 하게 하다: nach der Sekretärin k. 벨을 울려 여비서를 부르다; jmdn. aus dem Schlaf k. 초인종을 울려 누구를 깨우다. **d)** 《자동차·은어》 (엔진이) 노킹하다.

klingen* ['klɪŋən] ⟨h⟩ **1. a)** 울리다, 소리나다: die Stimmen klingen durch das ganze Haus 목소리가 온 집안에 울려 퍼진다; 《명사화》 in jmdm. eine Saite zum Klingen bringen 《아어》 누구의 마음에 특정한 감정을 일깨우다; **klingende Münze** ↑Münze. **b)** 소리내다: die Wand klang hohl 벽은 텅빈 소리를 냈다; das Instrument klingt nicht 그 악기는 울리지가 좋지 않다. **2.** 들리다, 울리다, (…라) 느껴지다, 생각되다: seine Stimme klingt ernst 그의 목소리는 진지하게 들린다; seine Worte haben spöttisch geklungen 그의 말들은 조롱조로 들렸다; das Gedicht klingt nach Hesse 그 시는 헤세 작품 같다; aus seiner Stimme klang Angst 그의 목소리에서 불안이 느껴졌다; 《비인칭》 **es klang, als ob dem geschossen würde** 총이 발사된 것 같은 소리가 났다.

Klịngen- (Klinge 1 b, 《펜싱》): **~angriff,** der 상대방 칼날을 옆으로 밀치면서 개시되는 격검 공격. **~führung,** die 《펜싱의》 검법(劍法). **~lage,** die 《펜싱에서 상대방을 겨냥한 검의 위치》. **~spiel,** das 《상대방의 검을 가볍게 두들기는》 탐색 동작.

klingent ⟨Adj.⟩ 〔운율〕 2절(綴)의, 두 음절의: ein -er Reim 여성운(女性韻).

kling, klang! ['klɪŋ 'klaŋ] ⟨Interj.⟩ 《종, 유리잔 따위가 울리는 소리》 땡그랑땡그랑, 쩡그랑쨍그랑, 딸랑딸랑, 땡땡; 《명사화》 **mit K. und Klang** 《통용어》 《즐거운》 취주악을 울리며; **mit K., Klang und Gloria** 《통용어》 1) 낭랑한〔우렁찬〕 취주악을 울리며. 2) 사치스럽게, 낭비하며, 많은 비용을 들여. **Klịngklang,** der; -s; **Klịngling** ['klɪŋ'lɪŋ], klingeling(eling)! [klɪŋə'lɪŋ(ə'lɪŋ)] ⟨Interj.⟩ 《방울, 종 따위가 울리는 소리》 땡그렁땡그렁《딸랑딸랑》 울리는 소리, 잔이 맞부딪는 소리.

Klinik ['kliːnɪk], die; -en [lat. clīnicē] **1.** 〔전문〕 병원: eine chirurgische K. 외과(의원) 병원; jmdn. in die K. einliefern 누구를 병원에 입원시키다. **2.** ⟨Pl. 없음⟩ 〔의학〕 임상강의. **Kliniker** ['kliːnɪke], der; -s, - 〔의학〕 1) 임상의(臨床醫), 임상 강의 강사. 2) 임상 실습 중의 의대생, 임상 강의에 출석하는 의학생. **Klinikum** ['kliːnɪkʊm], das; -, Klinika 《또한》 Kliniken **1.** ⟨Pl. 없음⟩ 〔의학〕 임상 실습(의학), 인턴 (과정). **2.** (총체적 대학 부속) 병원. **klinisch** ['kliːnɪʃ] ⟨Adj.⟩ 〔의학〕 **1.** (대학 부속) 병원의, 임상(臨床)의, 병상의, 임상 강의의: ein -es Semester 임상〔실습〕학기; ein -er Fall 입원 치료를 요하는 증례(症例). **2.** 병원 치료의, 진찰로 확인한〔확인된〕: eine -e Diagnose 진찰하여 확인된 진단.

Klinke ['klɪŋkə], die; -en [문빗장을 잠글 때 나는 소리에서] **1.** (문의) 손잡이, 꺽쇠, 걸쇠: die Bewerber gaben sich die K. in die Hand 《통용어》지원자들이 끊임없이 오고 갔다. **-n putzen** 《통용어·펌》행상《구걸》하며 이집 저집 돌아다니다; **jmdm. die K. in die Hand drücken** 《통용어》누구를 밖으로 내던지다《쫓아내다》. **2.** [전문어] 레버, 정지(변속·스위치) 레버. **3.** [우편] (전기 통신기의 접속을 위해 플러그를 꽂는)잭(jack).
klinken ['klɪŋkn̩] ⟨h⟩ **a)** 손잡이를 움직이다, 문을 열다(닫다): an der Tür k. 문을 열다(닫다). **b)** (정지) 레버를 움직이다(조작하다). **Klinkenputzer**, der 이집 저집 돌아다니는 행상인(거지).
Klinker ['klɪŋkɐ], der; -s, - [niederl. klinker(r) 벽돌을 두드릴 때 나는 소리에서] 경질(硬質)벽돌, 너무 구운 벽돌.
Klinker-: **~bau**, der **1.** ⟨Pl. -ten⟩ 경질벽돌 건축(물). **2.** ⟨Pl. 없음⟩[해양] 뱃전의 널판을 겹쳐 만드는 조선법(造船法), 클링커식 조선법. **~bauweise**, die [해양] 뱃전의 널판을 겹쳐 댄. **~beplankung**, die [해양] 뱃전의 널판을 겹쳐 대기. **~boot**, das [해양] 바깥 뱃전이 두겹으로 된 배[보트]. **~gebaut** ⟨Adj.⟩ [해양] 뱃전의 널판을 겹쳐 만든, 클링커식으로 만든. **~stein**, der ↑ klinker.
klinkern ['klɪŋkɐn] ⟨h⟩ **1.** [해양] 바깥 뱃전에 널판을 겹쳐 대다. **2.** [제련] 작은 물질을 고온으로 덩어리지게 하다.
Klinochlor [klino'kloːɐ̯], das; -s, -e [종류] [광물] 녹니석(綠泥石). **Klinograph** [...'graːf], der; -en, -en [지리] 경사각(변화)측정기(지면(地面)의). **Klinometer**, das; -s, - [전문어] ↑ Gefällemesser. **Klinomobil** [...moˈbiːl], das; -s, -e [↑ Klinik + ↑ Automobil의 약어] 진료 구급차. **Klinostat** [...ˈstaːt], der; -(e)s / -en, -e(n) [생물] (굴지성·향지성을 조사하는) 식물 회전기(回轉器).
Klinsch [klɪnʃ], der; -s ⟨nordd.·펌⟩빵(케이크)의 덜 구워진 부분. **klinschig** ⟨Adj.⟩ ⟨nordd.·펌⟩설 구워진, 덜 익은.
Klinse ['klɪnzə], die; -n ⟨지역적⟩갈라진 틈, 깨진[빠개진] 금.
klipp [klɪp] (다음 용법으로) **k. und klar** 《통용어》극히 명료한, 오해의 여지없이.
Klipp [klɪp], der; -s, -s [engl. clip] **1.** 클립(: 만년필 따위의) 주머니에 끼우는 쇠. **2.** (끼어다는) 장신구, 악세사리(특히 귀걸이, 브로치 따위): sie trug rote -s 그녀는 빨간 귀걸이를 달고 있었다.
¹Klipp- (Klippe): **~dachs**, der ↑ Schliefer. **~fisch**, der (바위 위에서 말린) 건대구, 나비고기속(屬)의 일종. **~springer**, der (아프리카의 암석지대에 사는) 다리가 긴 영양(羚羊).
²Klipp- [짧고 밝은 음(音)이 작은 것에 대한 생각과 연관됨]: **~kram**, der ⟨nordd.⟩고물, 잡동사니, (값싼) 잡화. **~krämer**, der ⟨nordd.⟩잡화상, 식료품상. **~schenke**, die ⟨nordd.⟩작은 선술집, 목로. **~schule**, die **a)** 국민 학교(4년제). **b)** ⟨펌⟩(수준 낮은) 학교. **~schüler**, der ⟨nordd.⟩ ↑ ~schule의 학생.
Klippe [ˈklɪpə], die; -n [niederl. clippe] (해안가의) 절벽, 낭떠러지, 암초(岩礁): an den -n zerschellen 암초에 부딪혀 조각 조각 부서지다.
klippen [ˈklɪpn̩] ⟨h⟩ ⟨의성어·지역적⟩맑게 울리다, 재깍재깍 소리나다.
klippen-, Klippen- (Klippe): **~fisch**, der ↑ Klippfisch. **~küste**, die 바위(암초)가 많은 해안. **~los** ⟨Adj.⟩ 암초가 없는. **~rand**, der 바위(암초)의 가장자리. **~reich** ⟨Adj.⟩ 암초가 많은, 바위 투성이의.

Klipper ['klɪpɐ], der; -s, - [engl. clipper] ⟨옛⟩쾌속 범선(快速帆船).(↑ Clipper).
klippig ['klɪpɪç] ⟨Adj.⟩ ⟨드물게⟩깎아지른, 낭떠러지의, 바위(암초)가 많은.
klipp, klapp! ['klɪp'klap] ⟨Interj.⟩ ⟨의성어⟩딸랑 딸랑[덜커덩 덜커덩]. **Klippklapp**, das; -s 딸랑딸랑[덜커덩 덜커덩].
Klips [klɪps], der; -es, -e ↑ Klipp (2).
klirr! [klɪr] ⟨Interj.⟩ ⟨의성어⟩덜커덩, 쨍그랑, 찰각.
klirren ['klɪrən] ⟨h⟩ ⟨의성어⟩**a)** 쨍그랑 쨍그랑[덜커덩 덜커덩] 소리나다, 찰깍소리나다: die Ketten klirren 쇠사슬이 철거리다; die Gläser fielen klirrend zu Boden 컵들이 쨍그랑거리며 바닥에 떨어졌다. **b)** 쨍그랑 거리는 (덜커덩 거리는) 소리를 내다, 찰깍 찰깍 소리내다: der Wärter klirrte mit seinem Schlüsselbund 수위가 열쇠 다발로 찰깍 찰깍 소리를 냈다; [전의] die Kälte klirrt 추위가 매서웠다[살을 에는 듯했다]. **Klirrfaktor**, der; -s, -en [전기] 음파 왜곡률.
Klischee [kliˈʃeː], das; -s, -s [frz. cliché] **1.** (인쇄 은어) ↑ Druckstock. **2.** (교양어·펌) **a)** 졸렬한 모방: eine Unzahl literarischer -s 수많은(서투른) 문학적 모방. **b)** 인습적인 생각. **c)** 상투어, 진부한 어법. **klischeehaft** ⟨Adj.⟩ (교양어·펌) 상투적인, 천편일률적인, 진부한. **Klischeevorstellung**, die (교양어·펌) ↑ Klischee (2 b). **Klischeewort**, das (교양어·펌) 상투어, 진부한 말. **klischieren** [kliˈʃiːrən] ⟨h⟩ **1.** [인쇄] 전기판[스테레오판]을 만들다. **2.** (교양어·펌) **a)** 서투르게 모방하다(흉내내다). **b)** 진부한[상투적인] 표현을 하다. **Klischograph** [kliʃo...], der; -en, -en [인쇄] 전기요판기(凹版機).
Klister ['klɪstɐ], der; -s [인공어] 스키용 왁스의 일종. **Klisterwachs**, das ↑ Klister.
Klistier [klɪsˈtiːɐ̯], das; -s, -e [lat. clystērium ← griech. klystērion] [의학] ↑ Einlauf (2). **klistieren** [klɪsˈtiːrən] ⟨h⟩ [의학] 관장(灌腸)하다. **Klistierschlauch**, der [의학] 관장(灌腸)용 호스. **Klistierspritze**, die [의학] 관장기(灌腸器).
klitoral [klitoˈraːl] ⟨Adj.⟩ 음핵(陰核)의. **Klitoris** ['kliːtoris, 'kli...], die; -, ...ides [kli'toːrides] [griech. kleitorís] [의학] ↑ Kitzler. **Klitorismus** [klitoˈrɪsmʊs], der; - [의학] 음핵비대(陰核肥大).
klitsch! ['klɪtʃ] ⟨Interj.⟩ ⟨의성어⟩찰싹, 철썩. **Klitsch** [-], der; -(e)s, -e **1.** (지역적) **a)** 죽 같은 덩어리. **b)** 〈통용어〉설구운 빵. **2.** (지역적) **a)** (약한) 타격, 때리기. **Klitsche** ['klɪtʃə], die; -n **1.** 〈통용어〉**a)** 빈약한 농장. **b)** 가난한 마을. **c)** 작은 상점(공장). **2.** (통용어) 삼류극장. **3.** ⟨지역적·학생⟩ ↑ Klatsche (4).
klitschen ['klɪtʃn̩] ⟨h⟩ ⟨지역적·의성어⟩**1.** 질퍽질퍽하다, 끈적끈적하다. **2. a)** 철썩[찰싹] 때리다. **b)** 찰싹[철썩]소리나다. **klitschenaß**: ↑ klitschnaß. **klitschig** ⟨Adj.⟩ ⟨지역적·펌⟩ ↑ glitschig (2). **klitsch, klatsch!** ['klɪtʃ'klatʃ] ⟨Interj.⟩ ⟨의성어⟩찰싹찰싹, 탁탁. **klitschnaß** ⟨Adj.⟩ 〈통용어·감정〉흠뻑 젖은.
klittern ['klɪtɐn] ⟨h⟩ ⟨의성어⟩독일의 풍자가 J. Fischart에 의해 형성된 ↑ Geschichtsklitterung에서 차용한 듯] **1.** 《교양어·펌》**a)** 단편(斷片)들을 조립(組立)하다. **b)** (문맥이 통하지 않는) 엉터리 글을 쓰다. **2.** 〈지역적·고어〉**a)** 잘게 쪼개다. **b)** 꺼적거리다, 갈겨쓰다. **Klitterung**, die; -en 《교양어·펌》**a)** 자질구레한 것을 조립해서 만든 것. **b)** (사실과 다른) 엉터리 묘사.
klitzeklein ['klɪtsəˈklaɪn] ⟨Adj.⟩ ⟨통용어⟩아주 적은[작은].
Klivie: ↑ Clivia.
KLM [niederl. Koninklijke Luchtvaart Maatschappij의 약어] 네덜란드 항공사 이름.

Klo [klo:], das; -s, -s [↑Klosett] 《통용어·친근》 **a)** 변소, 화장실: aufs K. gehen 변소에 가다. **b)** 변기(便器): keine Abfälle ins K. werfen 변기에 쓰레기를 버리지 말 것.

Klo-: **~becken,** das 《통용어》↑Klosettbecken. **~brille,** die 《통용어》변기좌대. **~bürste,** die 《통용어》변기솔. **~deckel,** der 《통용어》↑Toilettendeckel. **~fenster,** das 《통용어》화장실 창문. **~frau,** die 《통용어》↑Toilettenfrau. **~papier,** das 《통용어》↑Toilettenpapier. **~tür,** die 《통용어》화장실 문.

Kloake [klo'a:kə], die; -n [lat. cloāca] **1.** 하수구, 하수도. **2.** 〖동물〗 배설강(排泄腔). **Kloakentier,** das 《대개 Pl.》단공류(單孔類).

klob, klöbe: ↑klieben 참조.

Klobasse [klo:basə], (또한) **Klobassi** [klo:basi], die; ...ssen [sllowak. klobása] 《österr》 굵은 양념 소시지.

Kloben ['klo:bn], der; -s **1. a)** (조껜) 통나무, 장작. **b)** 《통용어》조야한[무례한] 사람. **2.** 〖수공〗작은(나사) 바이스. **3.** 〈지역적〉 **a)** 격리. **b)** ↑Angel (2). **4.** 《통용어·지역적》(낡은) 파이프.

Klöben ['klø:bn], der; -s, - [niederd. klöben] (niederd.) 〈건포도가 든〉밀빵의 일종. **klobig** ['klo:bɪç] 〈Adj.〉 **a)** 통나무 모양의, 거칠고 모난: ein -er Tisch 통나무 탁자. **b)** 서투른, 조야한: eine -e Ausdrucksweise 세련되지 못한 표현법.

Klock [klɔk], die; -s [↑Glocke] (niederd.) **1. a)** 시계. **b)** 시간. **2.** ↑Glock.

klomm, klömme: ↑klimmen 참조.

Klon [klo:n], der; -s, -e [engl. clon < griech. klōn] 〖생물〗 클론, 영양계(營養系)[무성증식(無性增殖)에 의해 생겨난 유전적으로 동일한 개체군(個體群)]. **klonen** ['klo:nən] 〈h〉〖생물〗**1.** 무성(無性) 생식하다. **2.** 유전적으로 동일한 개체군(個體群)을 이루다.

klönen ['klø:nən] 〈h〉 [niederd. klönen] (nordd.) 잡담하다. **Klönschnack,** der [↑klönen] (nordd.) 잡담.

klonieren [klo'ni:rən] 〈h〉 [↑Klon] 〖생물〗 ↑klonen (2).

klonisch ['klo:nɪʃ] 〈Adj.〉〖의학〗간헐성의 〈반대〉 tonisch. **Klonus** ['klo:nus], der; -, ...ni [griech. klónos] 〖의학〗 간헐성 경련.

Kloot [klo:t], der; -(e)s, -en (niederd.) **a)** 목구(木球), 구주희(九柱戲)용의 공. **b)** 덩어리, 흙덩이. **Klootschießen,** das; -s 〈fries.〉빙상 경기의 일종, 구주희(볼링).

Klöpfel ['klœpfl], der; -s, - (고어) ↑Klöppel.

klopf-, Klöpf-: **~fechter,** der **a)** 〈옛〉직업적 검술가(劍術家). **b)** 〈명〉돈 때문에 싸우는 사람. **c)** 〈명〉논쟁을 좋아하는 저술가[기자]. **~fest** 〈Adj.〉〈전문어〉 (모터의) 폭연(爆燃)을 방지하는, 노킹노크성의. **~festigkeit,** die 안티노크성, 제폭성(制爆性). **~geist,** der 시끄러운 요괴. **~holz,** das 메, 나무망치. **~jagd,** die 〈사냥〉몰이사냥(나무를 두드려 엽수를 모는). **~käfer,** der 사번충(死蕃蟲)과의 곤충. **~massage,** die 손가락 끝 또는 손으로 두드리는 안마. **~peitsche,** die 〈지역적〉양탄자용 먼지털이. **~sauger,** der 양탄자 청소기. **~sprache,** die ↑Klopfzeichen에 의한 의사 소통. **~stange,** die ↑Teppichstange. **~zeichen,** das 두드려 보내는 신호.

klopfen [klɔpfn] 〈h〉 **1. a)** (여러 번 가볍게) 두드리다, 치다: Regentropfen klopfen ans Fenster 빗방울이 창문을 두드린다; jmdm. auf die Schulter k. 누구의 어깨를 가볍게 두드리다; der Specht klopft 딱다구리가 부리로 (나무를) 쫀다. **b)** 두드려 알리다, 나타내다: die Studenten klopften Beifall 학생들이 박수로 찬의(贊意)를 표했다. **c)** ↑anklopfen: es klopft 문을 두드리는

소리가 난다; 〈전의〉 der Winter klopft an die Tür 〈아어〉겨울이 다가온다. **d)** 두드려서 연하게 하다: ein Schnitzel k. 커틀렛(얇게 저민 고기)을 다져 연하게 하다. **e)** 두드려서 잘게 부수다: Steine k. 돌을 (두드려) 부수다 (도로공사 시에). **f)** 두드려 떨어내다: Asche aus der Pfeife k. 파이프를 두드려 재를 떨어내다. **g)** 두드려서 오물을 제거하다, 깨끗이하다: den Teppich k. 양탄자를 두드려 먼지를 털어내다. **h)** 두드려서 박다: einen Nagel in die Wand k. 벽에 못을 두드려 박다. **2.** 두근거리다, 고동치다: mit klopfendem Herzen 가슴을 두근거리며. **Klopfer,** der; -s, - **1.** ↑Teppichklopfer. **2.** ↑Türklopfer. **3. einen K. haben** 〈südd., österr.〉정신이 돌다, 미치다.

Kloppe ['klɔpə], die [↑kloppen] (nordd., md.) 구타, 매질: K. kriegen 두들겨 맞는다. **Klöppel** ['klœpl], der; -s, - **1. a)** 종[방울]의 추. **b)** 도리개열, 방망이. **2.** (레이스를 짜는) 막대기꼴의 실꾸리.

Klöppel- (Klöppel 2): **~arbeit,** die **a)** 〈Pl. 없음〉 레이스 세공. **b)** 손으로 짠 레이스. **~brief,** der 레이스 뜨개질의 본. **~decke,** die 뜨개질용 무릎덮개. **~kissen,** das **1.** 레이스 바늘꽂이. **2.** 레이스 뜨개질할 때의 받침. **~maschine,** die 레이스 편물기. **~nadeln** 〈Pl.〉 레이스 뜨개 바늘. **~sack,** der ↑~kissen (1). **~spitze,** die 실감개에 걸어서 만든 레이스.

Klöppelei [klœpə'laɪ], die; -, -en [↑Klöppelarbeit (2). **klöppeln** ['klœpln] 〈h〉 **1.** 레이스를 짜다(뜨다): ein geklöppeltes Deckchen 레이스를 뜬 식탁보. **2.** 〈지역적〉 **a)** (종의 추 처럼) 계속해서 부딪치다. **b)** 부딪쳐 소리를 내다, 동땅 동땅치다. **kloppen** ['klɔpn] 〈h〉 (nordd., md.) **1.** 두드리다, 때리다. **2.** 〈k. + sich〉서로 때리다, 싸우다. **Klopperei** [klɔpə'raɪ], die; -, -en **1.** (계속해서) 때리기, 두들기기. **2.** 매질, 싸움질. **Klöpplerin,** die; -nen 레이스를 짜는 여자. **Klops** [klɔps], der; -es, -e [nordostd.] 고기경단의 일종: Königsberger Klops(e) 쾨니히스베르크식 경단(카퍼(Kaper) 소스를 바른 고기경단).

Klosett [klo'zɛt], das; -s, -s (또한) -e [engl. watercloset] (오늘날 표준어로서는 잘 쓰이지 않음) **a)** 화장실, 변소. **b)** ↑Toilettenbecken: das K. ist verstopft 변기가 막혔다.

Klosett- 표준어로는 이 대신 Toiletten-을 씀: **~becken,** das 변기(便器). **~brille,** die ↑~sitz. **~bürste,** die ↑Toilettenbürste. **~deckel,** der 변기 뚜껑. **~frau,** die ↑Toilettenfrau. **~papa,** der 《통용어》↑Toilettenmann. **~papier,** das ↑Toilettenpapier. **~rolle,** die 두루마리 화장지. **~sitz,** der 변기의 궁둥이가 닿는 부분. **~tür,** die 화장실 문. **~umrahmung, ~umrandung,** die 변기의 바닥 언저리에 까는 깔개.

Kloß [klo:s], der; -es, Klöße ['klø:sə] (nord- / md.) **a)** 〈축소형〉 ↑Klößchen 경단, 만두; 〈전의〉 als ich zwölf war, war ich ein (richtiger) K. 《통용어》 12살 이었을 때, 나는 아주 뚱뚱하고 몸이 둔했다; **jmdm. sitzt ein K. im Hals** [**jmd. hat einen K. im Hals**] 《통용어》누가 목을 확 조르는 듯한 느낌을 갖다(거의 말을 할 수 없을 정도로); **einen K. im Munde haben** 불명료하게 이야기하다. **b)** 〈준고어〉 덩어리: ein K. aus Lehm 찰흙덩이.

Kloß- [Klößchen]: **~brühe,** die 고기만두 수프: **klar wie K.** 아주 명백한. **~mehl,** das 고기만두용 반죽. **~wasser,** das ↑~brühe.

Klößchen [klø:sçən], das; -s, - ↑Kloß (1 a).

Kloster ['klo:stɐ], das; -s, Klöster [lat. clostrum] **1. a)** 〈축소형〉 ↑Klösterchen〉 수도원, 수녀원, 승원(僧院): sie verließ das K. 그녀는 수녀 생활을 포기했다; er

beschloß, ins K. zu gehen 그는 승려[수도사]가 되고자 결심했다. **b)** 수도원의 모든 사람들: **die ganze K. lief zusammen** 모든 수녀[수사]들이 다 달려왔다. **2.** 《역사적》↑Kabinett (1 a). **3.** 《학생》교학교. **4.** 《친근·은 폐》화장실.

Kloster- (Kloster 1): **~anlage**, die 수도원(시설) **~bau**, der 수도원 건물. **~bibliothek**, die 수도원 부설 도서관. **~bruder**, der ↑Laienbruder. **~frau**, die 《아어·고어》↑Nonne. **~fräulein**, das **a)** 수도원에서 교육받은 귀족의 딸. **b)** ↑Stiftsdame. **~garten**, der 수도원의 정원. **~gelübde**, das 수도 선서(청빈, 정결, 순종의 3개조). **~gemeinschaft**, die 수도원 연합, 수도승 단체. **~gut**, das **a)** 수도원의 재산[소유지]. **b)** 수도원 부속농장. **~hof**, der 수도원 농장. **~keller**, der 수도원의 포도주 창고. **~kipferl**, das (österr.) 초승달을 바른 뿔 모양의 과자. **~kirche**, die 수도원 소속의 교회. **~mauer**, die 수도원의 담. **~pforte**, die 수도원의 문. **~regel**, die 수도원의 규칙[계율]. **~schenke**, die 수도원의 경내에 있는 대중 술집. **~schule**, die 수도원의 부속학교. **~schüler**, der 수도원 부속학교의 학생. **~schwester**, die 수도원의 여직원, 수녀. **~zelle**, die 수도원의 사실(私室).

Klösterchen ['klø:stɐçən], das; -s, - ↑Kloster (1 a).
klösterlich ⟨Adj.⟩ **a)** 수도원 같은, 은둔적인: -e Ruhe 수도원 같은 정적. **b)** 수도원 소유의: der -e Grundbesitz 수도원 소유의 토지. **c)** 《드물게》수도원에서 사는.

Klöten ['klø:tn] ⟨Pl.⟩ [niederd. klōt] 《속어·nordd., md.》고환, 불알.

klöterig, **klötrig** ['klø:t(ə)rɪç] ⟨Adj.⟩ (nordd.) **a)** 딸랑딸랑 소리나는, 비참한, 빈궁한. **b)** 쇠약한, 떨리는: **ich fühle mich heute ganz k.** 나는 오늘 몹시 쇠약함을 느낀다. **klötern** ['klø:tɐn] ⟨h⟩ (nordd.) **1. a)** 딸랑딸랑 소리나다: **das klötert ja richtig** 그것 참 딸랑딸랑거리는구나. **b)** 딸랑거리는 소리를 내다. **2.** 소변 보다.

Kloth [klɔt], der; -(e)s, -e (österr.) ↑Cloth.
Klothhose, die (österr.) 트레이닝 팬츠. **Klotho** [희랍신화] 운명을 맡아보는 3여신의 하나.
Klothoide [kloto'i:də], die; -n [griech. klóthein [수학·공학] 직선 도로와 원호형(圓弧形) 커브를 잇는 부분의 도로 설계에 쓰이는 나선(螺線) 쌍곡선.

klötrig: ↑klöterig.

Klotz [klɔts], der; -es, Klötze ['klœtsə] 《통용어》Klötzer ['klœtsɐ] **1. a)** 통나무, 장작, 그루터기: 속담 **auf einen groben K. gehört ein grober Keil** 거친 통나무엔 거친 쐐기가 어울린다(오는 말이 고와야 가는 말이 곱다); **wie ein K. schlafen** 아주 깊은 잠을 자다; 전의 **ein K. von[einem] Mann** 《통용어》건장한 남자; [다음 용법들에서 K. 는 아마도 가축이 달아나지 못하도록 다리에 매달았던 "통나무"의 의미인 듯] **jmdm. ein K. am Bein sein** 《통용어》누구에게 방해[짐]이 되다; **sich³ mit jmdm.[etw.] einen K. ans Bein binden [hängen]** 《통용어》누구[무엇]이 장애가 되다; **einen K. am Bein haben** 《통용어》방해를 받고 있다, 짐을 지고 있다. **b)** 《축소형: ↑Klötzchen》《작은》각목 (각재). **c)** ↑Bauklotz의 약칭. **2.** ⟨Pl. Klötze⟩《편》명청이, 미련하고 둔한 사람. **3.** ⟨Pl. 없음⟩(schweiz.·경) 돈.

klotz-, Klotz-: **~beute**, die [양봉] 통나무로 된 벌집. **~kopf**, der 《편》미련한 사람, 명청이. **~köpfig** ⟨Adj.⟩《편》아주 명청한. **~lied**, das 《청소년·옛》행군가, 산책할 때 부르는 노래. **~maschine**, die [섬유] 날염기(捺染機). **~schuh**, der 《지역적》나막신.

Klötzchen ['klœtsçən], das; -s, - ↑Klotz (3).
klotzen ['klɔtsn̩] **1.** 《지역적》**a)** ⟨h⟩ 대규모로 벌이다, 크게 투자하다(반대: kleckern 3 b). **b)** ⟨h⟩ 열심히 일하다: **jetzt muß kräftig geklotzt werden** 이제 뼈가 부서지도록 일하지 않으면 안된다. **c)** ⟨h⟩ 시끄럽게 굴다, 조야한 짓을 하다. **2.** ⟨s⟩ 《지역적》느릿느릿 움직이다: **Wir klotzten über die ausgestorbenen Landstraßen** 우리는 인적이 끊긴 국도를 힘겹게 걸어갔다. **3.** ⟨h⟩ 《스포츠어》상대방 선수의 다리를 걸어차다. **4.** [섬유] 날염(捺染)하다. **Klotzen** [-], der; -s - ↑Klotzschuh.
klotzig ⟨Adj.⟩ **a)** 《편》통나무 같은, 조야한: **ein -es Gebäude**. 볼품없는[조야한] 건물. **b)** 《통용어·감정》엄청난, 대단한: **er verdient k. (viel Geld)** 그는 엄청나게 《많은 돈을》번다.

Klub, (특히 단체명에서 또한) **Club** [klʊp], der; -s, -s [engl. club] **1. a)** 협회, 클럽, 동호회(同好會): **ein K. von Fotofreunden** 사진 동호회; **Mitglieder eines deutsch-englischen -s** 독영(獨英) 클럽 회원; **er hat den K. gewechselt** 그는 (체육) 협회를 옮겼다. **b)** 《축소형: Klübchen》패거리, 한패(젊은이들): **da hat sich ja der richtige K. zusammengefunden!** 진짜 패거리들이 모였군! **2.** 클럽 회관: **wir essen heute im K.** 오늘 클럽 회관에서 식사한다.

klub-, Klub-: **~beitrag**, der 클럽 회비. **~eigen** ⟨Adj.⟩ **a)** 클럽 소유의. **b)** 자기 구장에서 개최되는 ⟨Adj.⟩. **~garnitur**, die (쿠션이 있어 안락한) 응접 세트. **~haus**, das ↑Klub (2). **~jacke**, die (클럽 회원이 입는) 운동복의 상의. **~kamerad**, der 클럽의 동료, 친구. **~kampf** der 《스포츠》클럽간의 시합. **~mitglied**, das 클럽 회원. **~raum**, der 클럽실(室), 집회실. **~sessel**, der 쿠션이 붙은 고급 안락의자. **~zwang**, der 《Pl. 없음》(österr.) 당 소속 의원에 대한 당의 구속력, 당의에 따라 투표해야 하는 의무.

Klübchen ['klʏpçən], das; -s, - ↑Klub (1 b).
kluck! [klʊk] ↑gluck!. **klucken** ['klʊkn̩] ↑glucken.
Klucker ['klʊkɐ], der; -s, - (alemann.) ↑Klicker.
kluckern ['klʊkɐn] ↑gluckern.

¹Kluft [klʊft], die; -en [hebr. qillûf] 《통용어》**a)** 제복 (制服), 유니폼: **die K. der Pfadfinder** 보이스카우트 제복. **b)** (어떤 목적을 위해 입는) 의복(예컨대: 작업복, 예복): **sich in K. werfen[schmeißen]** 《경》공식적인 모임을 가지다《성장(盛裝)하다》.

²Kluft [-], die; Klüfte ['klʏftə; ↑klieben] **1.** 《준고어》갈라진 틈, 협곡, 심연: **er war in eine tiefe K. gestürzt** 그는 심연(深淵)속으로 떨어졌다. **2.** 심한 대립, 불화: **zwischen den beiden Parteien tat sich eine K. auf** 양당(兩黨)간에 심한 대립이 생겼다; **eine K. überwinden** 대립(불화)을 극복하다.

klüftig ['klʏftɪç], **kluftig** ['klʊftɪç] ⟨Adj.⟩ 《고어》 [광·지질] 갈라진 틈이 있는, 쪼개[갈라]지기 쉬운.

klug [klu:k] ⟨Adj.⟩ **a)** 영리한, 사려 깊은, 판단력이 있는: **er ist ein -er Kopf** 그는 총명한 사람이다. **b)** 교양 있는, 학식 있는, 지혜로운: **die -en Bücher hatten ihm sehr geholfen** 전문서적들이 그에게 많은 도움이 되었다; 성구 **hinterher ist man immer klüger** 나중에 가서야 좀더 잘 할 수 있는 방법을 깨닫게 된다; **aus einer Sache nicht k. werden** 무엇을 이해하지 못하다; **aus jmdm. nicht k. werden** 누구의 속마음을 알 수가 없다, 누구를 제대로 평가할 수가 없다. **c)** 분별 있는, 재치 있는, 능숙한, 교활한: **ich halte es für das klügste, erst einmal abzuwarten** 나는 일단 기다려보는 것이 가장 현명하다고 생각한다; 속담 **der Klügere gibt nach** 현자(賢者)는 다투지 않는다.

klug-, Klug-: **~reden** ⟨h⟩ 잘난 체하다, 아는 체하다: **mit diesem Mann ist schwer auszukommen, weil er dauernd klugredet** 이 사람은 계속 똑똑한 체하기 때문에, 좋게 지내기가 힘들다. **~redner**, der 《통용어》

리한 체하는 사람. **~scheißen** ⟨h⟩ 《폄》 **↑~reden**. **~scheißer**, der 《폄》 (어디에나 끼어드는) 아는 체하는 사람. **~schieter** [-ʃiːtɐ], der; -s, - 《nordd.》 ↑ ~scheißer. **~schnacken** ⟨h⟩ 《nordd.》 ↑~reden. **~schnacker** [-ʃnakɐ], der; -s, - 영리한어리 체하는 사람. **~schwätzer**, der 《통용어·폄》 아는 체하는 사람.

Klügelei [klyːgəˈlaj], die; -en [↑klügeln] 《폄》 엉뚱한 이론, 영리한체 하기, 궤변. **klügeln** [ˈklyːglṇ] ⟨h⟩ 숙고하다, 꼼꼼히 생각하다: ich klüg(e)le schon lange an diesem Problem 나는 이미 오랫동안 이 문제를 숙고하고 있다. **klüger** [ˈklyːgɐ] ↑**klug**의 비교급. **klugerweise** ⟨Adv.⟩ 현명하게: er hat k. geschwiegen 그는 현명하게도 침묵을 지켰다. **Klugheit**, die; -en **1.** ⟨Pl. 없음⟩ **a)** 현명, 총명: ein Mann von großer K. 아주 총명(현명)한 남자. **b)** 영리함, 사려, 신중, 분별, 이성. **2.** ⟨Pl.⟩ 《반어》 《자칭》 영리한체[재치있는] 말: deine -en kannst du dir sparen 영리한 체하는 말은 하지 않는 게 좋다. **Klügler** [ˈklyːglɐ], der; -s, - 《폄》 똑똑한 체하는 사람, 궤변가. **klüglich** [ˈklyːklɪç] ⟨Adv.⟩ 《아어》 총명하게, 사려깊게, 신중히.

klügste [ˈklyːkstə] ↑**klug**의 최상급.

Klump [klʊmp], der; -s, -e / Klümpe [ˈklʏmpə] ⟨nordd.⟩ **1.** (익힌) 덩어리, 경단. **2. einen Wagen zu(in) K. fahren.** ⟨경⟩ 자동차를 (사고로) 완전히 파손시키다; **in K. schlagen[schmeißen, werfen]** ⟨경⟩ (화가 나서) 마구 때려 부수다; **in K. gehen** 《통용어》 파괴되다.

klump-, **Klump-**: **~fuß**, der 【의학】 안짱다리, 내번족(內翻足). ⟨Adj.⟩ 안짱다리의. **~hand**, die 【의학】 내번수(內翻手).

Klumpatsch [ˈklʊmpatʃ], der; -(e)s [↑Klumpen (1) / nordd. Quatsch] 《폄》 다량, 무더기, 폐물: du kannst den ganzen K. wegschmeißen 그런 쓸모없는 것들은 모두 내던져 버려라. **Klümpchen** [ˈklʏmpçən], das, -s, - ↑Klumpen (1). **klumpen** [ˈklʊmpn̩] ⟨h⟩ ⟨s⟩ 덩어리로 굳어지다, 응도[응결]하다: Mehl klumpt leicht beim Anrühren 밀가루는 저으면 쉽게 덩어리가 된다. **b)** (덩어리처럼) 달라붙다. **Klumpen** [-], der; -s, - [niederd. klumpe] **1.** (축소형: ↑Klümpchen) 덩어리, 퇴적(堆積): ein K. Gold 금 덩어리. **2.** (rhein.) 낙막설. **klümperig**, **klumperig** [ˈklʏmp(ə)rɪç] ⟨Adj.⟩ 《지역적》 덩어리진, 덩어리가 있는[로 된]: die Soße ist k. geworden 소스가 덩어리로 되어버렸다. **Klümpersuppe** [ˈklʏmpɐ-], die; -n 《지역적》 보리경단이 든 우유 수프.

Klumpert [ˈklʊmpɐt], **Glumpert** [ˈglʊmpɐt], das; -s [↑Gelumpe] 《österr.》 쓸모없는 것, 폐물.

klumpig ⟨Adj.⟩ **a)** 덩어리가 있는[로 가득 찬], 덩어리진. **b)** 덩어리 모양의. **klümpig**: ↑klümperig.

Klüngel [ˈklʏŋl̩], der; -s, - **a)** 《폄》 도당(徒黨), 같은 패: der Diktator und sein K. 독재자와 그 도당: einen K. bilden 도당을 이루다. **b)** 《지역적》 원추화서(圓錐花序).

Klüngelei [klʏŋəˈlaj], die; -en 《폄》 **1.** 도당(徒黨) 정치, 싸움, 척벌(戚閥), 파벌. **2.** ⟨Pl. 없음⟩ 《지역적》 꾸물거림, 늑장부림. **klüngeln** [ˈklʏŋl̩n] ⟨h⟩ **1.** 《통용어·폄》 도당(徒黨)을 이루다, 패벌 지배를 하다: sie k. klüngelten und teilten die Pöstchen unter sich auf 그들은 도당을 이루어 자기끼리 부서(部署)들을 분배했다. **2.** 《지역적》

Kluniazenser [kluniaˈtsɛnzɐ], der; -s, - [프랑스 수도원 Cluny의 이름에서] 《중세》 클루니 교단의 수도사. **kluniazensisch** ⟨Adj.⟩ 클루니 교단의.

Klunker [ˈklʊŋkɐ], die; -n (또는) der; -s 《지역적》

a) 작은 덩어리[경단]: die -n in der Soße zerdrücken 소스 속의 작은 경단들을 으깨다. **b)** 술(장식용의), 늘어뜨린 실장식, 장신구, 보석: sie legte ihre -n auf den Nachttisch 그녀는 장신구들을 침대옆 탁자 위에 놓았다. **klunkerig**, **klunkrig** [ˈklʊŋk(ə)rɪç] ⟨Adj.⟩ 《지역적》 작은 덩어리가 있는, 술이 드리워진. **klunkrig**: ↑ klunkerig.

Klunse [ˈklʊnzə] ↑Klinse.

Kluppe [ˈklʊpə], die; -n **a)** 겸자(鉗子), 집게, 집게자(나무의 직경을 재는), 팬치. **b)** ⟨bayr., österr.⟩ 빨래 집게. **kluppen** ⟨h⟩ ⟨고어⟩ 〔집게로〕 집다.

Klus [kluːs], die; -en ⟨schweiz⟩ 협곡, 애로: im Jura hat es viel -en 쥐라 산맥엔 많은 협곡이 있다. **Klüse** [ˈklyːzə], die; -n [niederl. kluis = ↑Klause] 【선원】 닻줄 구멍.

Klusil [kluˈziːl], der; -s, -e [lat. clūsilis] 【언어】 폐쇄음 (p, b, t, d, k, g 따위).

Klut [kluːt], **Klüten** [ˈklyːtn̩], der, -s, Klüten ⟨또는⟩ Kluten ⟨대개 Pl.⟩ [niederd. klūt(e)] ⟨nordd.⟩ **1.** 덩어리, 흙덩이. **2. a)** 밀가루[보리] 경단. **b)** 작은 덩어리, (수우프속의) 작은 경단: die Soße hat Klüten 소스에 작은 경단이 들어 있다. **klüt(e)rig** [...(ə)rɪç] ⟨Adj.⟩ ⟨nordd.⟩ 덩어리 모양의, 덩어리로 된. **klütern** [ˈklyːtn̩] ⟨h⟩ [niederd. klüter = zimmern] ⟨nordd.⟩ 〔취미로〕 세공(細工)〔조립(組立)〕하다, 공작(工作)하다.

Klüver [ˈklyːvɐ], der; -s, - [niederl. kluver] 【선원】 뱃머리의 삼각(三角)돛. **Klüverbaum**, der 뱃머리의 제 2 사장(斜檣).

Klysma [ˈklʏsma], das; -s, ...men [griech. klýsma] 【의학】 ↑ Einlauf (2), Klistier.

Klystron [ˈklʏstrɔn], das; -s, ...one [...ˈtroːnə], -s [engl. klystron] 【방송】 클리스트론(초고주파용 진공관).

k.M. = künftigen Monats 내달의.

km = Kilometer 킬로미터.

km² = Quadratkilometer 평방킬로미터.

km³ = Kubikkilometer 입방킬로미터.

km/h, **km/st** = Kilometer je Stunde 시속 …킬로미터.

kn [해양] = Knoten 노트, 해리(海里).

knabbern [ˈknabɐn] ⟨h⟩ [niederd., knappen, 《의성어》] **a)** 파삭파삭 씹다, 갉죽거리며 먹다: Nüsse k. 호두를 깨물다; wir holten etwas zum Knabbern 우리는 무엇인가 군것질할 것을 가져왔다; **nichts mehr zu k. haben** 《통용어·은폐》 용돈이 궁하다. **b)** 쏠다, 갉다, 갉아먹다: die Hasen knabbern an den Rüben 토끼들이 당근을 갉아먹는다; **an etw. (noch lange) zu k. haben** 무슨일로 (오랫동안) 고생해야 한다, 괴로워해야 한다.

Knabe [ˈknaːbə], der; -n, -n **1.** (축소형: ↑Knäblein) **a)** 《아어·준고어·südd., österr., schweiz·관청어 및 상용어》 사내아이, 소년: Anzüge für -n 소년복(服). **b)** 《아어·준고어》 아들: die Geburt eines gesunden -n 남아순산(男兒順產). **2.** 《통용어·농》 놈, 녀석: er ist ein lustiger K. 그는 유쾌한 녀석이다; alter K.! 아이, 여보게!

Knaben-: **~alt**, der 《변성기전의》 소년의 알트음(音). **~alter**, das 《아어》 소년의 연령. **~anzug**, der 소년복 (服). **~chor**, der 소년합창(단). **~gesicht**, das 《아어》 동안(童顏). **~jahre** ⟨Pl.⟩ 소년 시대. **~kraut**, das [불알 모양의 괴근(塊根)에서] 제비란의 일종. **~liebe**, die 《아어》 소년에 대한 동성애, 남색(男色). **~schänder**, der 《아어·폄》 소년을 대상으로 하는 남색가. **~schule**, die 남자(국민)학교. **~sopran**, der 《변성기전의》 소년의 소프라노 음. **~stimme**, die 사내아이의 음성, 변성기 전의 소년의 목소리. **~streich**, der 《아어》 소년 시절의 장난. **~zeit**,

die 《아이》 소년 시절.
knabenhaft 〈Adj.〉 **a)** 소년 같은, 사내처럼 보이는: ein -es Mädchen 사내 같은 소녀. **b)** 사내다운, 소년처럼 행동하는. **Knabenhaftigkeit**, die ↑knabenhaft의 명사형. **knäbisch** ['knɛːbɪʃ] 〈Adj.〉 《드물게》↑ knabenhaft. **Knäblein** ['knɛːplaɪn]; das; -s, -: ↑ Knabe (1).
knack!: ↑knacks! **Knack** [knak], der; -(e)s, -e 똑〔탁〕하는 소리, 쪼개지는〔부러지는〕 소리: es gab einen leichten K., und das Glas hatte einen Sprung 약간 딱하는 소리가 나더니 잔에 금이 갔다.
knack-, Knack-: **~arsch**, der 《südd.》 남자에 대한 심한 욕설. **~eng** 〈Adj.〉 《경》 굉장히 좁은. **~frisch** 〈Adj.〉 《통용어》 아주 신선한. **~laut**, der **1.** 똑〔탁〕하는 소리, 부서지는 소리. **2.** [언어] 성문파열음(聲門破裂音). **~mandel**, die 껍질이 붙은 편도(扁桃). **~wurst**, die 물에 데쳐 껍질째 먹는 길쭉한 소시지.
Knäckebrot ['knɛkə-], das; -(e)s, -e [schwed. knäckebröd] **a)** 《스웨덴의》 딱딱하고 거친 빵. **b)** (위의 빵을 썬) 조각: ein K. mit Butter 버터를 바른 딱딱한 빵조각. **knacken** ['knakn] 〈의성어〉 **1.** 〈h〉 **a)** 딱〔빠드득·빠지〕 소리나다〔소리내다〕: das Bett knackt 침대가 삐걱거린다; es knackt im Radio 라디오에서 잡음이 난다. **b)** 무엇을 가지고 딱소리내다: er knackt mit den Zähnen 그는 소리나게 이를 간다. **2.** 〈s〉《통용어》탁하고 부러지다: der Ast ist geknackt. 가지가 딱하고 부러졌다. **3.** 〈h〉 **a)** 딱하고 깨뜨리다〔부수다〕: Nüsse k. 호두를 까다; 〔전의〕 an dieser Sache wird er noch lange zu k. haben 그는 이 일로 오랫동안 고생해야 할 것이다; Rätsel k. 수수께끼를 풀다. **b)** 〈경〉 눌러 부스러뜨리다, 으깨다: Läuse〔Wanzen〕 k. 이〔빈대〕를 눌러 죽이다. **c)** 《경》 억지로 열다: das Schloß k. 자물쇠를 억지로 열다; 〔전의〕 einen Geheimkode k. 암호를 해독하다. **d)** 《청소년·은어》 성교(性交)를 하자고 꼬드기다. **Knacken**, der; -s, - 《지역적》 큰 토막〔조각〕: ein K. Brot〔Holz〕 큼직한 조각〔토막〕의 빵〔나무〕. **knakkend** 〈Adv.〉 《통용어》 매우, 대단히: es ist k. heiß hier 여기는 몹시 덥다. **Knacker**, der; -s, - **1.** 《대개 다음 용법으로》 **alter K.** 〈경〉 뚜렛뚜렛하고 완고한 노인. **2.** 《통용어》 ↑Geldschrankknacker. **3.** 《대개 Pl.》《지역적》데쳐서 껍질째 먹는 소시지. **4.** ↑Nußknacker의 약칭. **5.** 《통용어》 음반(音盤)의 흠집. **knackevoll** 〈Adj.〉 《경》 매우, 대단히, 꽉찬. **Knacki** ['knaki], der; -s, -s 《은어》 죄수, 수인(囚人). **knackig** ['knakɪç] 〈Adj.〉 《통용어》 **a)** 사각사각 소리나는, 파삭파삭한: k. frisches Gemüse 아주 신선한 야채; 〔전의〕 es ist k. 《날씨가》 매우 춥다. **b)** 매력적인, 유감적인: die -sten und verführerischsten Pin-up-Girls 아주 유감적이고 유혹적인 여자들(벽에 사진으로 걸어둔). **c)** 훌륭한, 탁월한: ein -es Angebot 아주 좋은 상품. **Knackigkeit**, die 파삭파삭한 성질〔상태〕, 유감적인 것, 탁월성. **knacks!**, **knack!** [knak(s)] (Interj.) 〈의성어〉 《무엇이 깨지거나 금이 갈때 나는 딱하는 소리》: k., da hat das Glas einen Sprung! 딱하고, 그때 유리잔에 금이 갔다. **Knacks** [-], der; -es, -e **1.** 딱하는 소리, 깨지는 소리. **2. a)** 균열, 쪼개진 틈, 금: die Fensterscheibe hat einen K. 유리창〔꽃병〕에 금이 갔다. **b)** 육체적 또는 정신적 결함: diese Ehe hat einen K. 이 결혼에 결함이 있다. **knacksen** ['knaksn] [↑ knacken] 〈의성어〉 **1.** 〈h〉 딱〔탁〕 소리나다 〔소리내다〕: es knistert und knackst 삐걱거리고 딱하는 소리가 난다. **2.** 〈s〉 딱하고 부러지다, 깨지다: der Ast ist geknackst 가지가 딱하고 부러졌다.
Knagge ['knagə], die; -n, **Knaggen** [...gn], der; -s, - [niederd. knagge] **1.** [토건] 〈삼각〉 각재(角材): in Fachwerkhaus mit mächtigen Knaggen 튼튼한 각재

로 지은 목골(木骨)가옥. **2.** [기계] **a)** 틀, 캠, 가대(架臺). **b)** 철사(凸子).
Knäkente ['knɛːk-], die; -n [수컷의 울음소리에 따라] 《의성어》 청둥오리의 일종.
Knall [knal], der; -(e)s, -e 〈통용어〉 총소리, 폭음, 탕·탁·쾅 하는 소리: ein scharfer〔furchtbarer〕 K. 날카로운〔굉장한〕폭음; der K. des Donners 우르릉 하는 천둥소리, 〔전의〕gab einen großen K. 큰 소동〔스캔들〕이 있었다. **K. und Fall** 《통용어》 갑자기, 즉석에서, 불시에; jmdn. K. und Fall entlassen 누구를 갑자기 해고하다; **einen K. haben** 《경》 정신이 이상하다.
knall-, Knall-: **~artig** 〈Adj.〉 폭음 같은. **~blau** 〈Adj.〉 《통용어》 아주 청명한, 굉장히 푸른: ein -er Himmel 눈부시게 푸른 하늘. **~bonbon**, der (또는) das **1.** 크래커 봉봉(포장지 양끝을 잡아당기면 폭음과 함께 그 속에서 사탕, 장난감 등이 튀어나옴). **2.** 《경》↑ Lockenwickler. **~büchse**, die 《통용어》 《경》무기, 총. **~bunt** 〈Adj.〉 눈부시게 화려한: ein Boot mit -en Segeln 아주 화려한 돛들을 단 보트. **~effekt**, der 깜짝 놀랄 정도의 효과; dann kam der K. der Geschichte 그리고 이야기의 핵심 부분이 다가왔다. **~eng** 〈Adj.〉 《통용어》 아주 좁은, 꽉 째는(옷 따위가). **~erbse**, die 《대개 Pl.》《장난감》 딱총(화약을 넣은 종이 주머니, 땅에 치면 폭음이 남). **~frosch**, der 꽃불의 일종(점화하면 지상을 튀어다님). **~gas**, das [화학] 폭명(爆鳴)가스. **~gelb** 〈Adj.〉 《통용어》 샛노란. **~hart** 〈Adj.〉 《통용어·감정》 **a)** 인정사정 없는, 고된: die Showbranche ist ein -es Geschäft 흥행 분야는 몹시 힘든 사업이다. **b)** 난폭한, 무자비한. **c)** 냉혹한, 가혹한: er hat sein Urteil über ihn k. formuliert 그는 그 사람에 대하여 가혹한 판결문을 썼다. **d)** 명명백백한, 아주 내어놓음. **e)** 아주 강한, 힘찬: sein -er Vorhandschlag 그의 힘찬 정면타〔정구에서〕. **~heiß** 〈Adj.〉 《통용어》 몹시 더운. **~hitze**, die 《통용어》 혹서(酷暑). **~kopf**, **~kopp** [-kɔp], der; -s, -köppe 《욕설》 바보, 미친사람. **~körper**, der 완구의 일종(고온, 압력, 충돌시에 폭음을 내며 불꽃을 터뜨리는). **~quecksilber**, das [화학] 뇌산수은(雷酸水銀). **~ protz**, der 《팸》 허풍선이, 오만한 벼락부자. **~rot** 〈Adj.〉 《통용어》 새빨간: er war k. vor Wut 그는 분노로 얼굴이 새빨갛게 되었다. **~säure**, die [화학] 뇌산(雷酸). **~scharf** 〈Adj.〉 《통용어》 아주 날카로운. **~schleppe**, die 《항공 은어》 충격파음(衝擊波音)의 자취(초음속 비행시의). **~schote**, die **1.** 《지역적·경》 따귀. **2.** 《경》 익살꾼. **~silber**, das [화학] 뇌은(雷銀). **~teppich**, der ↑schleppe. **~tüte**, die **1.** 《욕》 멍텅이, 미친사람. **2.** ↑schote (2). **~voll** 〈Adj.〉 **a)** 《통용어》 터질듯이 꽉찬. **b)** 《경》 몹시 취한.
knallen ['knalən] **1.** 〈h〉 **a)** 탕, 탁, 쾅 하는 소리를 내다: die Schritte knallen laut auf dem Pflaster 발걸음이 포장도로에서 쾅쾅 울린다; 〔전의〕 in der Familie hat es mal wieder gekarallt 가족간에 다시 싸움이 있었다. **b)** 무엇을 가지고 탕〔쾅〕하는 소리를 내다: sie knallen mit den Türen 그들은 문들을 쾅쾅 두드린다. **2.** 《통용어》〈h〉 **a)** 《쾅하고 쏘다, 발사하다》: er hat sich eine Kugel in den Kopf geknallt 그는 자기 머리에다 총을 쏘았다; **das ist zum Knallen** 《통용어》 그것은 참 우스꽝스럽다. **b)** [구기] 《어떤 방향으로》 힘차게 던지다, 치다: zweimal hat er heute das Leder ins Netz geknallt 그는 오늘 두번 공을 네트에 힘차게 꽂았다. **c)** 《힘차게》 때리다: er hat ihm die Faust ins Gesicht geknallt 그는 주먹으로 그 사람의 얼굴을 후려 갈겼다; **jmdm. eine k.** 《경》 누구의 따귀를 때리다. **d)** 내던지다: die Schuhe in die Ecke k. 구두를 구석에 내팽개치다; 〈+ sich〉 sich aufs Bett k. 침대에 몸을 내던지다. **3.** 〈s〉

《통용어》《쾅하고》무엇에 부딪치다, 충돌하다: er knallte (mit dem Kopf) gegen die Windschutzscheibe 그는 (머리를) 차의 앞유리에 부딪쳤다; die Tür ist ins Schloß geknallt 문이 쾅하고 잠겼다. **4.** 《s》《드물게》《탕(빵)하고 터지다, 파열하다》: der Luftballon ist geknallt 풍선이 (타이어가) 빵하고 터졌다. **5.** 《h》《통용어》뜨겁게[타는 듯이] 내리쬐다: die Sonne hat ihm auf den Kopf geknallt 태양이 뜨겁게 그의 머리에 내리쬤다. **6.** 《통용어》눈부시다: grelle Farben knallen uns in die Augen 야한 색깔이 우리의 눈을 찌르는 듯 했다. **Knaller**, der, -s, - **a)** 《경》 피스톨, 무기. **b)** 《통용어》《완구의》딱총, 폭죽. **Knallerei** [knalə'raj], die; -en 《통용어》지속적인 (불쾌한) 폭음(爆音). **knallern** ['knalɐn] 《h》《지역적》계속해서 쏘다, 폭음을 내다. **knallig** 〈Adj.〉《통용어》**1.**《색깔이나 음향이》야한, 자극적인, 요란한: die Farben sind mir zu k. 그 색깔들은 나에겐 너무 야하다; 《경》 ein -er Film 자극적인[센세이셔널한] 영화. **2.** 《동사와 형용사의 강조》매우, 아주, 굉장히: sich k. amüsieren 아주 즐겁게 지내다. **3.** 《옷 등이》 꽉 끼는.

knapp [knap] 〈Adj.〉 [niederd. knap(p), 어원 불명] **1.** 불충분한, 여유가 없는: -er Lohn 박봉; Kaffee ist k. und teuer geworden 커피가 모자라서 값이 비싸졌다; die Mittel reichen nur ganz k. 자금이 아주 빠듯하다. **2.** 근소한, 겨우[간신히] 되는, 빠듯한: ein -er Sieg 신승(辛勝); seine Leistungen wurden mit „k. befriedigend" benotet 그의 성적은 겨우 "미"로 평가되었다. **3.** 보다 적은, 거의 …이 아닌: sie wird k. fünfzig (Jahre alt) sein. 그녀는 50세가 채 되지 않을 거다. **4.** 밀접하여, 아주가까이, 직전에: k. vor Mittag 정오 직전에; die neue Straße führt k. an seinem Haus vorbei 새 길이 그 집앞 바로 가까이로 나 있다[지나간다]. **5.** 《옷 등이》 좁은, 꽉끼는, k. sitzende Hosen 꽉 끼는 바지들; die Schuhe sitzen zu k. 구두가 너무 꼭 낀다. **6.** 간결한, 간명한: mit -en Worten 간결한 말로; etwas kurz und k. mitteilen 무엇을 간명하게 전하다.

Knappe [knapə], der; -n, -n [↑**Knabe**] **1.** 갱부, 광부: es werden noch einige -n eingestellt 광부들이 몇 명 더 채용된다. **2.** 《중세》《기사의》종자, 시인(侍人).

knappen ['knapn] 〈h〉 [↑**knabbern**] 《지역적》 **a)** 탁탁[찰싹] 소리나다, 달그락 달그락 소리나다: die Peitsche knappt 채찍이 찰싹하고 소리를 낸다. **b)** 덥석 덥석들어 물다: der Hund knappte (nach meiner Hand) 개가 (내 손을) 덥석 덥석 물어 물었다. **knappern** ['knapɐn] ↑ knabbern.

knapphalten* 〈h〉《통용어》《누구에게》충분히 주지 않다 [꼭 필요한 만큼만 주다]: er hielt seine Kinder knapp (mit Geld) 그는 아이들에게 (용돈을) 조금밖에 주지 않았다. **Knapphaltung**, die 긴축절약, 빠듯하게 유지하기. **Knappheit**, die **a)** 부족, 궁핍: K. an Lebensmitteln 식량 부족. **b)** 간결, 간명: K. des Ausdrucks 표현의 간결.

Knappsack, der; -s, ...säcke 《고어》 비상 식량 자루, 배낭.

Knappschaft ['knap-ʃaft], die; -en 《광》 **a)** 광부, 갱부. **b)** 광부 조합. **knappschaftlich** 〈Adj.〉 광부 조합의: die -e Rentenversicherung 광부 조합의 연금보험.

Knappschafts-: ~älteste, der 《광부들의 보험 문제 및 공제 기금에 대해 조언을 해주는》원로 퇴직 광부. **~arzt**, der 광부 공제 조합의. **~kasse**, die 《통용어·농》 광부 공제 기금. **~rente**, die 생활 능력이 없는 광부에게 지급되는 연금. **~versicherung**, die ↑**~kasse**.

knaps! [knaps] **knips!. knapsen** ['knapsə] 〈h〉 [↑ knappen] 《통용어》 절약하다, 인색하게 굴다: zum Monatsende hin mußte er immer k. 그는 월말까지

항상 절약하며 살아야한다.

Knarre ['knarə], die; -n [↑**knarren**] **1.** 딸랑 딸랑 소리나는 물건, 딸랑이. **2.** 《군》 총, 무기: die K. schultern 총을 어깨에 메다. **knarren** ['knarən] 〈h〉《의성어》삐거거리다, 삐거걱하다[툭툭] 소리나다: das Bett(die Treppe) knarrt 침대[계단]이 삐거걱거리다; mit knarrender Stimme sprechen 걸걸한 목소리로 말하다. **knarrig** ['knarɪç] 〈Adj.〉《의성어》삐거걱거리는, 걸걸한. **knarzen** ['knartsn] 〈h〉 [↑knarren] 《südwestd.》 **a)** knarren. **b)** ↑quengeln. **knarzig** ['knartsɪç] 〈Adj.〉 《드물게》 투덜거리는, 답답한, 조야한.

¹Knast [knast], der; -(e)s, Knäste ['knɛstə] (niederd.) **a)** 나무마디, 혹, 가지, 옹이. **b)** 두꺼운 빵조각.

²Knast [-], der; -es, Knäste, 《또한》 -e [브라우어어에서; jidd. knas = Geldstrafe] 《통용어》 **a)** 〈Pl. 없음〉 구류[금고]형: er bekam fünf Jahre K. 그는 5년 형을 선고받았다. **K. schieben** 《경》 징역을 살다. **b)** 감옥, 교도소: im K. sitzen 감옥에 들어가 있다.

Knast- (²**Knast**) 《통용어》 **~arbeit**, die 교도소 내의 작업. **~aufenthalt**, der 감옥 생활. **~bruder**, der **1.** 기결수(既決囚), 상습범(常習犯). **2.** 감방 동료. **~burg**, die ↑²Knast (b). **~jargon**, der 교도소 은어. **~kumpel**, der ↑bruder (2). **~zeit**, die 형기(刑期). **~zeitung**, die 《죄수들을 위해 죄수들이 펴낸》 교도소 신문.

¹Knaster ['knastə], der; -s, - [span. canasto < griech. kánastron = Korb] **1.** 《고어》 고급 담배. **2.** 《통용어·폄》 《냄새가 나쁜》 값싼 담배: was für einen K. rauchst du denn da? 대체 무슨 싸구려 담배를 태우고 있느냐?

²Knaster [-], der; -s, - [↑**knastern**] 《지역적·폄》불평가, 괴팍스런 사람: der alte K. hat dauernd etwas zu meckern! 그 괴팍스런 노인은 항상 뭔가 투덜댄단 말이야! **Knasterbart**, der; -(e)s, -bärte 《österr. 폄》 ²Knaster. **Knasterer**, Knastrer ['knast(ə)rɐ], der; -s, - 《지역적·폄》↑²Knaster. **knastern** ['knastɐn] 〈h〉 **1.** 《지역적》 불평을 말하다, 투덜거리다: sie knastert den ganzen Tag 그녀는 온종일 투덜거리다. **2. a)** 《즐기며》 파이프를 피우다. **b)** 담배연기가 자욱하며, 나다.

Knasti ['knasti], der; -s, -s [↑²**Knast**] 《은어》 복역수(服役囚). **Knastologe** [knasto...], der; -n, -n [↑²**Knast**] 《통용어·농》 감방통(通). **Knastologie**, die, - 《통용어·농》 교도소학(矯導所學)《교도소 생활에서 얻은 체험학적 지식》.

Knastrer ↑ Knasterer.

Knatsch [knatʃ], der; -(e)s [↑**knatschen**] 《지역적》 불쾌한 일, 다툼, 흥분: die beiden haben K. miteinander 두 사람이 서로 다투고 있다. **knatschen** ['knatʃn] 〈h〉 [↑knutschen] 《지역적》 투덜거리다, 우는 소리로 말하다: die Kinder sind müde und knatschen dauernd 어린애들이 지쳐서 계속 우는 소리로 말한다. **knatschig** ['knatʃɪç], **knätschig** ['knɛtʃɪç] 〈Adj.〉 《지역적》 잘 우는, 투덜거리는, 무뚝뚝한.

knattern ['knatɐn] 《의성어》《특히 모터 소리나 총 소리 따위》 **1.** 〈h〉 따따 소리나다, 탕탕 울리다: die nassen Fahnen knattern im Wind 젖은 깃발들이 바람에 후드득 거린다. **2.** 〈s〉 따따[부르릉] 소리를 내며 나아가다: sie knattern mit ihren Motorrädern durch die Straßen 그들은 오토바이를 타고 부르릉 소리를 내며 거리를 통해 지나간다. **Knatterprotz**, der 《통용어·폄》 을부러 요란한 소리를 내며 오토바이를 몰고 쏘다니는 청소년.

Knäuel ['knɔyəl], der/das; -s, - 실뭉치, 혼란, 무리, 떼: ein K. Wolle 털실뭉치; ein unentwirrbarer K. 풀기 어려운 실뭉치; 〈전의〉 an der Unfallstelle bildete sich schnell ein K. von Menschen 사고 지점에 곧 많

은 사람들이 모여들었다; das K. der mannigfachen Tendenzen und Widersprüche 여러가지 경향과 모순들의 혼란. **Knäuelgras,** das 오리새(포아풀과).
knäuelig 〈Adj.〉 《드물게》 실뭉치 모양의, 헝클어진.
knäueln ['knɔyəln], knäulen ['knɔylən] 〈h〉 덩어리[집단]가 되다, 혼란[혼잡]해지다: auf diesem Platz knäu(e)lt sich der Verkehr 이 광장에선 교통이 혼잡해진다.
Knauf [knauf], der; -(e)s, Knäufe ['knɔyfə] 〈축소형: ↑Knäufchen〉 (공 모양의) 손잡이, (칼자루 따위의) 머리부분: ein feiner Spazierstock mit geschnitztem K. 조각된 손잡이가 달린 아름다운 산책용 지팡이. **Knäufchen** ['knɔyfçən], das; -s, - ↑Knauf.
Knaul [knaul], der / das, -s, -e / Knäule ['knɔylə]; ↑Knäuel〉 《지역적》 ↑Knäuel. 〈축소형〉 **Knäulchen** ['knɔylçən], das; -s, - 작은 실뭉치. **knäulen:** ↑knäueln. **Knaulgras** ['knaul-], das, -es, ...gräser ↑Knäuelgras.
Knaupelei [knaupə'lai], die; -en 《md.》 어려운[힘든] 일. **knaupelig:** ↑knauplig. **Knaupelknochen** ['knaupl-], der; -s, - 《md.》 붙은 고기를 뜯어먹을 수 있는 뼈다귀. **knaupeln** ['knaupln] 〈h〉 [(ost)md., 원래 = an etw. nagen, (또한) mit spitzen Fingern an etw. herumarbeiten]《md.》 **a)** 물다, 갉아먹다, 쏠다: knauple nicht an deinen Fingernägeln! 손톱을 물어 뜯지 말라! **b)** 무엇을 해결하다(의) 애를 쓰다: ich knaup(e)le schon lange an diesem Problem 나는 이미 오랫동안 이 문제로 애를 쓰고 있다. **c)** 무슨 일로 몹시 괴로워 하다: sie knaupelt noch immer an dem Unglück 그녀는 여전히 이 불행에 몹시 신경을 쓰고 있다. **knauplig,** knaupelig ['knaup(ə)lɪç] 〈Adj.〉 《md.》 어려운, 힘든, 곤란한.
Knauser ['knauzɐ], der; -s, - [frühnhd. knaus = hochfahrend] 《통용어·폄》 인색한 사람, 구두쇠. **Knauserei** [knauzə'rai] die; -en 《통용어·폄》 **1.** 〈Pl. 없음〉 인색, 탐욕. **2.** (개개의 경우로서) 인색한 행동.
knauserig, knausrig ['knauz(ə)rɪç] 〈Adj.〉 《통용어·폄》 인색한: ein -er Verwalter 인색한 관리자; mit etwas k. umgehen 무엇을 지나치게 절약하다[아끼다]. **Knauserigkeit, Knausrigkeit,** die, -en ↑Knauserei.
knausern ['knauzɐn] 〈h〉 《통용어·폄》 인색하게 굴다: mit dem Geld k. 돈을 다랍게 아끼다.
Knaus-Ogino-Methode ['knaus|o'gi:no-], die [이 방법을 함께 고안해낸 부인과 의사 H. Knaus (오스트리아, 1892~1970)와 K. Ogino (일본, 1882~1975)의 이름에서] 《의학》 크나우스-오기노-법(월경과 배란과의 시기적 관계를 이용한 피임법).
knausrig: ↑knauserig.
Knausrigkeit: ↑Knauserigkeit.
Knautie [knautsiə, knautiə], die; -n [독일 식물학자 Ch. Knaut (1654~1716)의 이름에서] 체꽃무리.
Knautsch-: ~**falte,** die (눌러서 생겨난) 주름살, 구김살. ~**kommode,** die 《농》 아코디언. ~**lack,** der, ~**lackleder,** ~**leder,** das 라크칠을 한 주름잡힌 피혁. ~**ledermantel,** der 위의 가죽으로 만든 외투. ~**zone,** die [자동차] (자동차 전후의) 충격 흡수부, 범퍼.
¹**knautschen** ['knautʃn] 〈h〉 [↑knutschen] **1.** 《통용어》 **a)** 눌러 찌부러뜨리다, 구기다: das Papier k. 종이를 구기다; ich habe (mir) mein Kleid ganz geknautscht 나는 옷을 심하게 구겼다. **b)** 주름(금)을 내다: der Stoff knautscht leicht 그 천은 쉽게 주름이 간다. **2.** 《스포츠·은어》 훈련시키다.
²**knautschen** [-] 〈h〉 [↑knatschen] 《지역적》 **1.** 으깨는 [빠는] 소리를 내다, 쩍쩍[꺽꺽]거리다: dann knautschte das Gartentörchen 그리고는 정원의 작은 문이 찍하는 소리를 냈다. **2.** ↑knatschen. **3.** 까다롭게 굴다, 입이 짧다.
¹**knautschig** 〈Adj.〉 《통용어》 꾸깃꾸깃한, 주름투성이의.
²**knautschig** 〈Adj.〉 《지역적》 ↑knatschig, knätschig.
Knebel ['kne:bl], der; -s, - **1.** 입마개, 재갈: jmdm. einen K. in den Mund stecken 누구의 입에 재갈을 물리다. **2.** 고정목(木), 가로컬, 탕깨목: den Druckverband mit einem K. befestigen 압박붕대를 고정목(木)으로 단단히 붙잡아 매다.
Knebel- (Knebel 2): ~**bart,** der 위로 치켜 올린 콧수염, 팔자(八字) 수염. ~**holz,** das 고정용 나무. ~**kette,** die 고정목(木)(빗장)이 부착된 사슬. ~**schraube,** die ↑Flügelschraube. ~**verschluß,** der 빗장 폐쇄장치.
knebeln ['kne:bln] 〈h〉 **a)** 누구에게 재갈을 물리다: der Überfallene wurde gefesselt und geknebelt 피습자는 포박되어 재갈이 물려졌다. **b)** 단단히 묶다, 속박하다: 전의 das öffentliche Leben [den Fortschritt] k. 공적 생활[발전]을 방해하다. **Knebelung, Knebelung,** die; -en 재갈을 물리기, 속박.
Knecht [knɛçt], der; -(e)s, -e **1.** 《준고어》 머슴, 일꾼, 종(반대: Magd): sich als K. verdingen 일꾼[머슴]으로 고용되다; 전의 ein K. Gottes 하느님의 종. **2.** 《폄》 하인, 노예: Herr und K. 주인과 하인; die Polizisten werden oft als -e der Staatsgewalt angesehen 경찰관들은 종종 국가권력의 하수인으로 간주된다. **knechten** ['knɛçtn] 〈h〉 《아어·폄》 압제[속박]하다, 노예로 만들다: die Weißen haben andere Völker lange geknechtet 백인들은 다른 민족들을 오랫동안 압제하였다; ein geknechtetes Volk 피압박 민족; Geknechtete und Unterjochte 피압박자와 피정복자. **knechtisch** 〈Adj.〉 《아어·폄》 하인[노예] 같은, 굴종하는, 비굴한: eine -e Gesinnung 노예 근성; sich jmdm. k. unterordnen 누구에게 노예처럼 굴다. **Knechtsarbeit,** die; -en 《아어·폄》 하인[머슴]의 일, 천한 일. **Knechtschaft,** die; -en 《아어·폄》 부자유, 예속, 노예의 신분: die K. dauert schon lange 예속[종] 상태가 이미 오랫동안 계속되고 있다; jmdn. aus der K. befreien 누구를 노예의 신분[굴종 상태]에서 해방시키다. **Knechtsgestalt,** die [종교] 종의 형체[모습]: Christus kam auf die Welt in K. 그리스도는 종의 모습으로 태어나셨다. **Knechtung,** die; -en 《아어·폄》 노예로 만들기, 압제: die K. der arbeitenden Massen 근로 대중의 노예화.
Kneif [knaif], der; -(e)s, -e [↑kneifen; engl. knife] 〈수공〉 《준고어·지역적》 손칼, 가죽베는 칼(구두장이, 정원사, 제본공 등의). **kneifen¹** ['knaifn] 〈h〉 [↑kneipen] **1.** 꼬집다: er kniff mir [mich] in den Arm 그는 나의 팔을 꼬집었다; sich ins Bein k. 《농》 자신의 다리를 꼬집다(꿈인지, 현실인지를 확인하기 위해). **2. a)** (옷 등이) 꽉 끼다: die Hose[das Gummiband] kneift 바지[고무띠]가 꽉 낀다. **b)** 《통용어·준고어》 고통을 주다, 아프다, 쑤시다: er hat zuviel gegessen, nun kneift sein Bauch 그는 너무 많이 먹어서 이제 배가 아프다. **3.** 꼭[확]누르다, 압착하다: die Augen[die Lippen] k. 눈을 꼭 감다[입술을 꼭 다물다]. **4.** 《통용어·폄》 피하다, 도망치다, 회피하다: vor einem Vorgesetzten [vor einer Aufgabe] k. 상관을 피하다 [임무를 회피하다]. **Kneifer,** der; -s, - [frz. pincenez 의 차용역어] 코안경: den K. auf die Nase klemmen 코안경을 코 위에 끼우다. **Kneifzange,** die ↑Beißzange (1). **Kneip** [knaip], der; -(e)s, -e 《지역적》 ↑

Kneif.
Kneip- (²kneipen): **~abend,** der (대학생의) 저녁 술잔치. **~bruder,** der 술친구. **~lied,** das 술자리의 노래, 주흥의 노래. **~tour,** die 《경》 술집 순례.
Kneipe [knajpə], die; -n [대학생으로 싸구려 술집, 그리고 좁은 공간의 의미로 대학생의 방 등에서 비롯되었음] **1.** 《통용어·폄》 간이주점, 목로술집: in einer K. einkehren 술집에 들르다; sie blieben in einer K. hängen 그 들은 한 술집에 계속 눌러 있었다. **2.** 【대학생】 **a)** 정기 회합(술마시고 노래부르는). **b)** 정기 회합의 장소.
¹kneipen* [knajpn̩] 〈h〉 [niederd. knīpen]《지역적》↑ kneifen (1~3): Der Baron kneipte ihr die Backe 남작이 그녀의 빰을 꼬집었다.
²kneipen [-] 〈h〉 [↑Kneipe] **a)** 《경》(술집에서) 술을 마시다. **b)** (학생 클럽의) 정기 집회에 참여하다.
Kneipen- (Kneipe 1): **~besitzer,** der 술집(음식점) 주인. **~lizenz,** die (관청의) 술집 영업 허가. **~tür,** die 술집 출입문. **~unwesen,** das 〖관〗 유흥가의 소동(사건, 범행). **~wirt,** der 술집 주인.
Kneiperei [knajpəˈraj], die; -en 《통용어·폄》 술잔치, 통음. **Kneipier** [knajˈpieː], der; -s 《경》 술집주인.
kneippen [ˈknajpn̩] 〈h〉 [↑Kneippkur]《통용어》 크나이프식 요법(療法)을 하다: sie gehen jedes Jahr k. 그들은 매년 크나이프식 요법을 행하러 간다. **Kneippkur,** die [성직자이며 자연요법가인 S. Kneipp (1821~1897)의 이름에서] 크나이프식 수욕 요법(水浴療法).
Kneipzange, die; -n [zu ↑kneipen] 《지역적》↑ Kneifzange.
kneisten [ˈknajstn̩] 〈h〉 《지역적》 눈을 찌푸리고 날카롭게 바라보다: kneiste mal! 정확히 살펴라!
Kneppchen [ˈknɛpçən] 《다음 용법으로》 **weeß K.** 《지역적》 놀람의 표현(아마 weiß Göttchen = weiß Gottʼs 외곡된 표현인 듯함).
Knesseth [ˈknɛsɛt], die [hebr. knēsęt] 이스라엘의 국회.
Knet [kneːt], der; -s 《지역적》↑ Knete (1).
Knet-: ~gummi, der 《또는》 das ↑**~masse. ~maschine,** die 반죽하는 기계. **~massage,** die (근육을 철저히 주무르는) 마사지의 일종. **~masse,** die 조소(彫塑)용 점토. **~messer,** das 조소용 칼.
knetbar [ˈkneːtbaːɐ̯] 〈Adj.〉 갤(반죽할) 수 있는: der Teig muß ganz k. sein 반죽은 잘 개어질 수 있어야 한다. **Knete** [ˈkneːtə] die **1.** 《통용어》(형태를 만들수 있는) 부드러운 소재, 조소용 점토: **in der K. sein** 《구동독·통용어》 곤궁(窮乏)에 처해있다, 바빠서 어쩔줄을 모르다; **nicht aus der K. kommen** 《구동독·통용어》 종일(술에서) 깨어나지 못하다. **2.** 《경》 돈. **kneten** [ˈkneːtn̩] 〈h〉 **a)** 개다, 반죽하다, 주무르다, 안마하다: Kuchenteig k. 케이크 반죽을 개다; der Masseur knetet die verkrampften Muskeln 안마사가 뻣뻣해진 근육을 주무른다. **b)** 〈수〉 반죽하여 만들다: Figuren aus Lehm k. 점토로 형체들을 만들다.
knibbeln 〈h〉 [↑knubbeln]《지역적》 (손가락으로) 힘들여 얽힌 것을 풀다, 주위 모으다, 철하여 한데 묶다.
Knick [knɪk], der; -(e)s, -e / -s [niederd. knick] **1.** 〈Pl. -e〉 **a)** 급각도의 굴곡, 커브, 구부러진 부분: das Rohr hat einen K. (도)관이 구부러져 있다; die Straße macht einen K. 길이 급각도로 꺾어진다; **einen K. im Auge(in der Linse / in der Optik) haben** 《통용어·농》 사팔눈이다, 제대로 보지 못하다. **b)** (달걀의) 깨진 자리, 금. **2.** 〈Pl. -s〉(갈라진)틈: ein K. im Papier 종이의 접힌 부분; der Rock bekam beim Sitzen viele -e 스커트가 앉아 있을 때 많이 구겨졌다. **3.** 〈Pl. -s〉 [nordd.] 산울타리, 흙벽: Es war eine Landschaft voller -s 온통 산울타리(흙벽)로 둘러싸인 풍경이었다.
knick-, Knick-: ~beinig 〈Adj.〉 X[O]자(字) 다리의. **~ei,** das 약간 깨어진 계란. **~fuß,** der 【의학】 외반족(外反足).
Knickebein [ˈknɪkə-], der; -s 계란의 노른자위를 넣은 화주(火酒), 계란 브랜디. **knickebeinig:** ↑knickbeinig. **knicken** [ˈknɪkn̩] 〈h〉 [niederd. knicken; 《의성어》] **1. a)** 탁하고 깨다, 깨다, 꾸부러 뜨리다: ein Streichholz(Zweige) k. 성냥개비(가지)를 꺾다. **b)** 꺾어접다, 접다: einen Papierbogen(die Seiten im Buch) k. 전지(全紙)한 장(책의 페이지들)을 접다. **2. a)** (꺾이거나 부서지지 않고) 심하게 휘어지다(구부러지다): im Sturm knickten die Bäume wie Streichhölzer 폭풍에 나무들이 성냥개피들처럼 휘어졌다. **b)** 탁(뚝)하고 다른 방향으로 움직이다: beim Klettern kannst du dir den Fuß k. 기어오를 때 너의 발이 (잘못)꺾어(구부러)질 수 있다. **3.** (누구의 힘이나 기운을) 약화시키다, 꺾다: jmds. Stolz k. 누구의 자부심을 꺾다.
¹Knicker, der; -s, - 《통용어》 구두쇠, 수전노: du bist ein alter, elender K. 넌 늙고 가련한 구두쇠이다.
²Knicker, der; -s, - 《사냥》 ↑Genickfänger.
³Knicker, der; -s, - [《의성어》 공기돌들이 서로 부딪히는 소리에서] 《niederd.》 공기돌, 튀기기 놀이의 돌[구슬].
Knickerbocker [ˈknɪkɐbɔkɐ, 《또한》 ˈnɪkəbɔkɐ], Knickerbockers 〈Pl.〉 [engl. knickerbockers (Pl.), W. Irving (1783~1859)의 소설 "History of New York"에 나오는 인물 D. Knickerbocker의 이름으로] 느슨한 반바지, 골프바지.
Knickerei [knɪkəˈraj], die; -en 《통용어·폄》↑Knauserei. **knickerig, knickrig** [ˈknɪk(ə)rɪç] 〈Adj.〉《통용어·폄》↑knauserig: sich k. verhalten 인색하게 굴다. **Knickerigkeit,** die ↑Knickerei. **knickern** [ˈknɪkɐn] 〈h〉 [본래 지불해야할 돈의 일부를 잘라 가로챈다는 뜻임] 《통용어·폄》↑ knausern: er knickert mit den Ausgaben fürs Essen 그는 식사비 지출에 인색하게 군다. **knickrig:** ↑knickerig.
knicks! [knɪks] 〈Interj.〉 《의성어》 딱, 뚝: k., knacks 뚝, 딱. **Knicks** [-], der; -es, -e [↑knicken] 무릎을 구부리고 하는 절(특히 처녀나 부인들의): sie machte einen tiefen K. vor der Fürstin 그녀는 후작부인에게서 무릎을 구부리고 정중히 절하였다. **knicksen** [ˈknɪksn̩] 〈h〉 무릎을 구부리고 절하다.
Knickstiebel [ˈknɪkʃtiːbl̩], der; -s, - 《지역적·폄》 구두쇠, 수전노.
Knickung, die; -en 굴곡, 굴절.
Knie [kniː], das; -s, - [ˈkniːə, 《또한》 kniː] **1. a)** 무릎: spitze(runde) K. 마른(토실토실 살찐) 무릎; ihm zittern die K. 그의 무릎이 덜덜 떨린다; auf das K.(die K.) fallen 무릎을 꿇다, 꿇어 앉다; er warf sich vor ihm auf die K. 그는 그사람 앞에서 무릎을 꿇었다; der Rock reicht bis ans(bis zum) K. 스커트가 무릎에까지 닿는다; **weiche K.** 《통용어》(무릎이 후들후들 떨리는) 큰 불안; **in den -n weich werden** 《통용어》 몹시 불안해 하다; **jmdn. auf(in) die K. zwingen** (아이) 누구를 굴복시키다; **in die K. brechen(fallen / sacken)** (무릎이 꺾이면서) 넘어지다; **in die K. gehen** 다운되다, 무릎을 굽히다, 굴복하다; **jmdn. übers K. legen** 《통용어》 누구의 누구를 마구 때리다; **etw. übers K. brechen** 《통용어》 무엇을 서둘러(아무렇게나) 해치우다. **b)** 《통용어》(바지가랑이나 긴 양말의) 무릎 부분: Flicken auf die K. setzen 바지의 무릎 부분에 헝겊(가죽)을 대다. **2.** (직각으로) 휘부분, 굴곡, 만곡: die Rohrleitung hat ein K. 수도파이프에 굴곡부가 있

다. **3.** [기술] (기계의) 링크, 접합부, 배관굴곡부의 이음쇠.

knie-, Knie-: **~abschwung,** der [기계체조] 다리걸고 내리기. **~aufschwung,** der [기계체조] 다리걸고 오르기. **~bank,** die (무릎을 꿇을 수 있는) 나지막한 벤치(걸상). **~beuge,** die [기계체조] 무릎 굽히기. **~breche,** die [지역적] 가파른 길. **~buckel,** der (갑옷을 무릎을 보호하는) 정강이 받이. **~bund,** der (바지의) 무릎 끈. **~bundhose,** die (무릎 아래를 끈으로 묶는) 반바지. **~fall,** der 무릎 꿇기: einen K. tun 무릎을 꿇다; er machte einen K. vor dem Altar 그는 제단 앞에 꿇어 앉았다; [전의] schmachvoller K. 창피스러운 굴욕. **~fällig** ⟨Adj.⟩ **a)** 《고어》 무릎을 꿇은 자세의: jmdm. k. die Hände küssen 무릎을 꿇고 누구의 손에 입맞추다; **k. werden** 《고어》 무릎을 꿇다. **b)** 탄원하는, 간절한: jmdm. k. (um etw.) bitten 누구에게 (무엇을) 탄원하다. **~frei** ⟨Adj.⟩ (의복의) 무릎이 드러나는: ein -er Rock 무릎이 드러나는 스커트. **~geige,** die ↑ Gambe. **~gelenk,** das 무릎 관절. **~gelenkentzündung,** die 무릎 관절염. **~hang,** der [기계체조] 무릎 걸기(철봉의). **~hebel,** der **1.** [기술] 굽은 지렛대. **2.** [음악] 증음기(增音器). **~hoch** ⟨Adj.⟩ 무릎 높이의: kniehohe Stiefel 무릎까지 닿는 장화; der Schnee ist k. 눈이 무릎까지 쌓여있다. **~höhe,** die 무릎 높이. **~holz,** das ⟨Pl. 없음⟩ (고산지대에서 나는) 굽은 재목, 눈 잣나무. **~hose,** die 반바지. **~kehle,** die 오금: jmdn. in den -n kitzeln 누구의 오금을 간지럽히다. **~kurz** ⟨Adj.⟩ (위에서) 무릎까지 내려오는. **~lage,** die [의학] (검산시 무릎이 먼저 나오는) 아기의 체위. **~lang** ⟨Adj.⟩ 무릎까지 내려오는 길이의. **~liegestütz,** der [기계체조] (발과 무릎이 바닥에 닿는) 엎드려 팔굽히기(뻗히기). **~lings** ⟨Adv.⟩ 무릎을 꿇고, 꿇어앉아. **~prellung,** die 무릎 타박상. **~riemen,** der 구두 만드는 사람의 무릎가죽 끈(신골을 고정하기 위한). **~rohr,** das 직각으로 굽은 관(管). **~scheibe,** die 슬개골(膝蓋骨), 종지뼈. **~schoner,** der ↑~schützer. **~schützer,** der [스포츠] 무릎 받침. **~sehnenreflex,** der [의학] 슬개 반사(膝蓋反射), 슬건 반사(膝腱反射). **~sprung,** der [기계체조] 무릎자세로 뛰어내림. **~stand,** der [기계체조] 상체를 바로하고 무릎을 꿇는 연습. **~stiefel,** der 무릎까지 닿는 장화. **~stock,** der ↑ Drempel (1). **~strumpf,** der 무릎까지 닿는 긴 양말. **~stück,** das ↑~rohr. **~tief** ⟨Adj.⟩ 무릎 깊이의: -es Wasser 무릎까지 닿는 물. **~umschwung,** der [기계체조] 다리걸고 돌기(회전하기). **~verletzung,** die 무릎 부상. **~wärmer,** der 무릎 덮개(보온대). **~weich** ⟨Adj.⟩ **a)** 무릎이 유연한, 무릎이 약한: ein -er Gang 유연한 보행. **b)** 기진맥진한, 다리가 후들거리는. **~welle,** die [기계체조] ↑~umschwung.

knien [kniːn, (또한) 'kniːən] **1. a)** ⟨h/《südd.》 s⟩ 꿇어앉아 있다, 무릎을 꿇다: sie kniete vor dem Altar, um zu beten 그녀는 기도하기위해 제단 앞에 무릎을 꿇었다. **b)** ⟨k. + sich; h⟩ 꿇어앉다: er kniete sich neben mich 그는 내 옆에 꿇어 앉았다. **2.** ⟨k. + sich; h⟩ 《통용어》 어떤일에 전심(몰두)하다: sich in die Arbeit[die Akten] k. 작업[서류]에 몰두하다.

Kniepaugen ['kniːp-] ⟨Pl.⟩ [niederd. kniepen = (zusammen) kneifen] 《지역적》 작고 생기있는 눈. **kniepig** ['kniːpɪç] ⟨Adj.⟩ 《통용어》 인색한: sei nicht so k. 그렇게 인색하게 굴지 말라. **Kniepigkeit,** die ↑ kniepig의 명사형.

Knies [kniːs], der; -es 《통용어》 **1.** 불결한 물건, 오물. **2.** 말다툼, 싸움: K. mit jmdm. haben 누구와 다투다.

knietschen, knitschen ['kniːtʃn] ⟨h⟩ [↑ knutschen] 《지역적》 **1.** 으깨다, 눌러부스러 뜨리다. **2.** 삐걱 삐걱 소리나다.

Kniff [knɪf], der; -(e)s, -e [↑ kneifen; 3: (트럼프 패에 손톱자국을 내는 일에서)] **1.** 솔책, 간계: er ärgerte sie mit -en und Püffen 그는 갖은 솔책과 거짓으로 그녀를 화나게 했다. **2.** 꼬집은 자국, 구김살, 주름: die -e herausbügeln 다림질로 구김살을 펴다. **3. a)** [인쇄] 처리[취급] 방법: wenn man die -e mal heraushat, geht es ganz leicht 요령만 터득하고 있으면 일은 아주 쉽다. **b)** 수단, 속임수, 트릭: es mit allen -en versuchen 온갖 솔책을 다 써 보다.

Kniffelei [knɪfə'laɪ], die; -en《통용어》 곤란, 착잡, 번거로움. **kniffelig:** ↑ knifflig. **kniffen** ['knɪfn] ⟨h⟩ [↑ Kniff] 금(주름)을 내다, 접다: den Zettel zweimal k. 메모지를 두번 접다. **knifflig,** kniffelig ['knɪf(ə)lɪç] ⟨Adj.⟩ **a)** 곤란(난처)한, 어려운: das Rätsel ist k. 그 수수께끼는 어렵다. **b)** 다루기 힘든, 미묘한: eine -e Situation 미묘한 상황.

Knigge ['knɪgə], der; -(s), - [저자인 독일작가 A. Freiherr v. Knigge (1752-1796)의 이름에서] 예의 범절[행동 규범]에 관한 책: Kleiner K. für Taucher 잠수부를 위한 행동 지침서(書).

Knight [naɪt], der; -s, -s [engl. knight] 기사(최하급의 영국 귀족).

Knilch [knɪlç], Knülch [knʏlç], der; -s, -e [knollig = bäuerisch, grob, ↑ Knolle] 《폄》 불쾌한 사람, 녀석: mach, daß du verschwindest, du K.! 어서 사라져, 이 녀석아!

knille ['knɪlə] ↑ knülle. **Kniller** ['knɪlɐ] ↑ Knüller.

knips! [knɪps] ⟨Interj.⟩ 《의성어》 탁, 툭, 찰칵. **Knips** [-], der; -es, -e 탁[찰칵]하는 소리. **knipsen** ['knɪpsn̩] ⟨h⟩ 《의성어·통용어》 **1. a)** 탁(딱) 소리내다: mit den Fingernägeln k. 손톱으로 딱 소리내다. **b)** (탁하고) 스위치를 켜다: das Blinklicht k. 깜빡등을 켜다. **c)** 손가락으로 튕겨 날리다: Krümel vom Tisch k. 식탁의 빵부스러기를 손가락으로 튕기다. **2.** 차표에 구멍을 뚫다(개찰하다): der Schaffner knipst die Fahrkarten 차장이 개찰한다. **3.** 사진을 찍다: ich habe im Urlaub viel geknipst 나는 휴가 때 사진을 많이 찍었다. **Knipser,** der; -s, - 《통용어》 **1. a)** (차표 등에 구멍을 뚫는) 펀치. **b)** ↑ Knipsschalter의 약칭. **c)** ↑ Knipszange의 약칭. **2.** 스냅 사진사. **3.** 개찰하는 사람. **Knipsschalter,** der 《통용어》 (전등의) 스위치. **Knipszange,** die 《통용어》 편치가위(표에 구멍을 뚫는).

Knirps [knɪrps], der; -es, -e **1.** 《통용어》 **a)** 꼬마, 난쟁이: ein drolliger, netter K. 우스팡스럽고 귀여운 꼬마녀석. **b)** 《폄》 작고 보잘것 없는 사내. **2.** ⓦ 접는 우산. **knirpsig** ⟨Adj.⟩ 《통용어》 왜소한.

knirschen ['knɪrʃn] ⟨h⟩ 《의성어》 **a)** 삐걱거리다, 빠는 소리가 나다: die Autoräder knirschen auf dem Kiesweg 자동차 바퀴들이 자갈길에서 삐걱거린다. **b)** 심한 마찰음을 내다: im Schlaf mit den Zähnen k. 잠을 자면서 이를 부드득 갈다.

Knispel ['knɪspl̩], der; -s, - 《지역적·폄》 귀찮은 사람: dauernd kommt irgendein K. und will etwas von mir 어떤 성가신 녀석이 계속 찾아와서는 나에게 뭘 요구한다.

knispeln ['knɪspl̩n] ⟨h⟩ 《의성어·지역적》 (손가락으로만) 지작거리다; 맑고 낮은 소리를 내다.

Knistergold, das; -(e)s ↑ Rauschgold. **knistern** ['knɪstɐn] ⟨h⟩ 《의성어》 **a)** 바스락 바스락(와삭 와삭) 소리 나다: Papier knistert 종이가 위석거린다; das Feuer knistert im Ofen 난로 안에서 불이 바작 바작 소리를 낸다; [전의] es herrschte eine knisternde Spannung 홍

분된 긴장이 감돌았다; 성구 es knistert im Gebälk (현재의 체제에) 파멸의 위험이 나타나고 있다. **b)** 바스락거리는(와삭거리는) 소리를 내다: er knistert mit Bonbonpapier 그는 사탕종이로 바스락거리는 소리를 내고있다.

knitschen: ↑knietschen.

Knittel ['knɪtl] ↑Knüttel. **Knittelvers,** der; -es, -e 【시학】 4개 강음운문(強音韻文).

Knitter ['knɪtɐ], der; -s, - 〈대개 Pl.〉 [↑knittern] 작은 주름, 구김살: die K. im Rock ausbügeln 다리미로 치마의 구겨진 곳을 펴다.

knitter-, Knitter-: ~arm 〈Adj.〉 구김살이 적은, 쉽게 구겨지지 않는: ein -es Gewebe 쉽게 구겨지지 않는 직물. **~falte,** die 접은 금, 주름살. **~fest** 〈Adj.〉 구겨지지 않는. **~frei** 〈Adj.〉 구김살이 잡히지 않는.

knitterig: ↑knittrig. **knittern** ['knɪtɐn] 〈h〉 **1.** 주름(구김살)이 이루다: der Stoff knittert (leicht) 그 천은 (쉽게) 구겨진다. **2.** 주름(금)을 내다, 구기다. **knittrig,** knitterig ['knɪt(ə)rɪç] 〈Adj.〉 구김살(주름) 투성이의: ein -er Zettel 짓구겨진 메모지; 전의 ein -es Gesicht 주름살 투성이의 얼굴.

knitz [knɪts] 〈Adj.〉 [↑keinnütz(ig)] 〈südd.〉 영리한, 약은; 재치있는: der Kleine guckt ganz k. 그 꼬마는 아주 영리한 눈빛으로 바라본다.

Knobel ['kno:bl], der; -s, - 〈지역어〉 **1.** ↑Knöchel. **2.** 주사위. **Knobelbecher,** der **1.** 주사위 통. **2.** 〈군〉 (군대의) 장화. **knobeln** ['kno:bln] 〈h〉 **1. a)** 주사위(정낭)로 결정하다: mit jmdm. um eine Runde Schnaps k. 누구와 한 순배의 술값 내기를 주사위로 결정하다. **b)** 주사위 놀이를 하다: wir knobeln abends gerne 우리는 저녁에 즐겨 주사위 놀이를 한다. **2.** 〈통용어〉 곰곰히 생각하다: an Verbesserungen k. 개선책(새로운 방법)을 곰곰히 생각하다.

Knoblauch ['kno:p-, 'knɔp-, (또한) 'kno:b-, 'knɔb-], der; -(e)s [↑Lauch] **a)** (식물로서의) 마늘: K. anbauen 마늘을 재배하다. **b)** (조미료로서의) 마늘: er mag keinen K. 그는 마늘을 싫어한다.

Knoblauch-: ~butter, die 【요리】 마늘이 든 버터. **~geruch,** der 마늘 냄새. **~kröte,** die (위협을 받을 때 마늘 냄새가 나는 분비물을 발산하는) 담갈색의 두께비. **~öl,** das (강장제로서의) 마늘 기름. **~pille,** die 마늘을 성분으로 한 약제. **~salz,** das 【요리】 마늘이 든 소금. **~soße,** die 【요리】 마늘 소스. **~pulver,** das (조미료로서의) 마늘 가루. **~wurst,** die 마늘이 든 소시지. **~zehe,** die 마늘 쪽. **~zwiebel,** die 통마늘.

Knobler ['kno:blɐ], der; -s, - 〈통용어〉 골똘히 생각하는 사람.

Knöchel ['knœçl], der; -s, - [↑Knochen] **1.** ↑Fußknöchel: sich den K. verstauchen 발목을 삐다; das Kleid reicht bis an den K. 옷이 복사뼈까지 닿는다. **2.** ↑Fingerknöchel: mit dem K. auf den Tisch klopfen 손(가락) 마디로 탁자를 두드리다. **~bruch,** der 발목 골절. **~frei** 〈Adj.〉 (의류의) 발목을 드러내는. **~lang** 〈Adj.〉 발목까지 닿는. **~tief** 〈Adj.〉 발목 깊이의: -e Wasserlache. 발목 깊이의 웅덩이.

Knöchelchen ['knœçlçən], das, -s, - ↑Knochen (1 a, b).

knöcheln ['knœçln] 〈h〉 〈드물게〉 손가락마디로 두드리다. **Knochen** ['knɔxn], der; -s, - **1. a)** 〈축소형〉 Knöchelchen, Knöchlein〉 뼈: der K. ist gebrochen 뼈가 부러졌다; jmdm. die K. kaputtschlagen 누구를 마구 때리다; 성구 du kannst dir die K. numerieren lassen 늘씬하게 패줄테니 각오해라; **bis auf die K.** 철두철미. 전의 wir wurden naß bis auf die K. 우리는 흠뻑 젖었다; er war bis auf die K. ein Nazi 그는 철저한 나치당원이었다. **b)** 〈축소형〉 ↑Knöchelchen, Knöchlein〉 식용 가축의 뼈: aus den K. eine Suppe kochen 뼈로 수프를 끓이다; das Fleisch fällt vom K. 고기가 아주 부드럽고 연하다; 전의 das ist ein harter K. 그건 아주 어려운 일이다. **c)** 〈Pl. 없음〉 뼈조직, 골질(骨質): das Ohr besteht aus Knorpel, nicht aus K. 귀는 뼈 조직이 아니라 연골(軟骨)로 이루어져 있다. **2.** 〈Pl.〉 〈통용어〉 손발, 지체, 사지(四肢): mir tun sämtliche K. weh 나는 사지가 다 아프다; die K. zusammennehmen 〈군〉 직립부동의 자세를 취하려; seine K. hinhalten (müssen) 온몸을 바쳐 누구를 옹호하다(해야 한다); der Schreck sitzt mir noch in den K. 온몸이 여전히 공포로 휩싸여 있다; ich habe eine Grippe in den K. 나는 몸살 기운이 있다. mit heilen K. davonkommen 다치지 않고 도망치다. **3.** 〈통용어〉 사람이, 놈, 녀석: er ist ein elender[zäher] K. 그는 불쌍한 [끈질긴] 녀석이다. **4.** 〈통용어〉 나사돌리개, 스패너.

knochen-, Knochen-: ~abszeß, der 【의학】 뼈의 화농(化膿). **~arbeit,** die 〈통용어〉 고역(苦役): Straßenbau ist K. 도로공사는 정말 중노동이다. **~asche,** die 【화학】 골회(骨灰). **~atrophie,** die 【의학】 ~schwund. **~bank,** die 〈Pl. -banken〉 【의학】 [이식(移植)을 위해 뼈를 보관하는] 뼈은행[저장소]. **~bau,** der 〈Pl. 없음〉 골격. **~bildend** 〈Adj.〉 골격을 형성하는, 뼈에 좋은. **~bildung,** die 골질 형성, 뼈의 형성. **~bolzung,** die 【의학】 (골수에 볼트를 박아 넣는) 골절치료의 방법. **~brand,** die 【의학】 뼈의 화농[염증]. **~brecher,** der 〈통용어〉 난폭한 사람, 싸움쟁이. **~brecherisch** 〈Adj.〉 〈통용어〉 뼈를 다칠 수 있을 정도로 위험한: eine -e Turnübung 골상의 위험이 많은 체조 연습. **~bruch,** der 골절: er zog sich mehrere Knochenbrüche zu 그는 여러 번 골절상을 입었다. **~brüchigkeit,** die 【의학】 골취약증(骨脆弱症). **~brühe,** die 뼈를 고은 국물. **~dürr** 〈Adj.〉 〈통용어〉 바싹 마른, 뼈만 남은. **~entzündung,** die 【의학】 골염(骨炎). **~erweichung,** die 【의학】 골질연화(骨質軟化). **~fett,** das 골수(骨髓), 골지(骨脂). **~fisch,** der 【동물】 경골류(硬骨類)의 물고기. **~fortsatz,** der 【의학】 골질돌기(骨質突起). **~fraß,** der 骨疾. **~gerät,** das 〈대개 Pl.〉 〈인류〉 뼈로 만든 연장, 무기. **~gerüst,** das **1.** ↑Skelett. **2.** 〈통용어·폄〉 몹시 여윈 사람. **~geschwulst,** die 【의학】 골종(骨腫). **~gewebe,** das 【의학】 뼈조직. **~hart** 〈Adj.〉 〈통용어〉 매우 단단한: ein -er Kuchen 매우 딱딱한 케이크. **~hauer,** der 〈nordd.·고어〉 ↑Fleischer. **~haut,** die 【의학】 골막(骨膜). **~hautentzündung,** die 【의학】 골막염. **~kohle,** die 【화학】 골탄(骨炭). **~kotzen,** der 〈다음 용법으로〉 **es ist zum K.** 〈속어〉 정말 적이다, 견딜 수 없다. **~krebs,** der 【의학】 골암(骨癌). **~leim,** der 소의 뼈에서 얻은 아교, 골교(질)[骨膠(質)]. **~los** 〈Adj.〉 〈드물게〉 뼈가 없는: 전의 ein -er Mensch 줏대가 없는 사람. **~mann,** der 〈Pl. -männer〉 **1.** 〈교양어〉 해골 모양을 한 사신(死神). **2.** 〈통용어〉 사람의 해골: Knochenmänner aus Kunststoff 플라스틱(으로 만든) 해골. **~mark,** das 골수(骨髓). **~markentzündung,** die 【의학】 골수염(骨髓炎). **~mehl,** das 골분(骨粉). **~mühle,** die **1.** 골분 제조소. **2.** 〈통용어〉 뼈를 갈는(?) 고된 일을 하는 곳. **~nagelung,** die 【의학】 (뼈에 못을 박는) 골절 치료. **~öl,** das 골유(骨油). **~plastik,** die 【의학】 골형성(술)[骨形成(術)]. **~riß,** der 【의학】 ↑Infraktion. **~säge,** die 뼈를 자르는 톱. **~schinken,** der 뼈와 함께 훈제(燻製)한 햄. **~schwund,** der 【의학】 골 위축(骨萎縮). **~spiel,** das 〈스포츠 은어〉 거칠고, 정정당당하지 못한 시합. **~splitter,** der 골편(骨片), 뼈조각. **~substanz,** die 【의학】 뼈조직, 골질(骨質), 뼈소(骨

素). ~**transplantation**, die 〔의학〕 뼈의 이식(移植). ~**trocken** 〈Adj.〉《통용어》바싹 마른: der Schwamm ist k. 스펀지가 바싹 말랐다. ~**tuberkulose**, die 〔의학〕 골결핵. ~**tumor**, der 〔의학〕 뼈 종양. ~**verletzung**, die 뼈의 부상, 골상(骨傷). ~**wachstum**, das 뼈의 성장. ~**werkzeug**, das: ↑~gerät. ~**zelle**, die 〔의학〕 뼈 세포.

knöcherig: ↑ knöchrig. **knöchern** ['knœçɐn] 〈Adj.〉 1. 골질의, 뼈로 된: -e Werkzeuge. 골제(骨製) 도구. 2. 《드물게》↑**knöchern** 2. **knochig** ['knɔxɪç] 〈Adj.〉 뼈대가 굵은, 뼈대가 나온 손. **knochig** ['knɔxɪç] 〈Adj.〉 뼈대가 굵은, 뼈대가 나온: er ist ein k. gebauter Typ 그는 뼈대가 굵은 체형(體型)이다. **Knochigkeit**, die 뼈대가 굵음. **Knöchlein** ['knœçlaɪn], das; -s, - ↑ Knochen (1 a, b). **knöchrig**, knöcherig ['knœç(ə)rɪç] 〈Adj.〉《준고어》 1. 뼈로 만든, 골질의. 2. 뼈와 같은, 몹시 마른.

knockdown [nɔk'daʊn] 〈Adj.〉 〔engl. knock down〕 〔권투〕 때려 눕혀진, 녹 다운된. **Knockdown** [-], der; -(s), -s 〔권투〕 때려 눕히기, 녹다운. **knockout** [nɔk'aʊt] 〈Adj.〉 〔engl. knock out (of time)〕 ↑k.o. (1): er hat seinen Gegner k. geschlagen 그는 상대방을 케이오로 눕혔다. **Knockout** [-], der; -(s), -s ↑K.o.. **Knockouter** [nɔk'aʊtɐ], der; -s, - 〔권투〕 주로 K.O.로 이기는 권투선수. **Knockoutschlag**, der ↑K.-o.-Schlag. **Knockoutsieg**, der ↑K.-o.-Sieg.

knoddeln ['knɔdln] 〈h〉 《지역어》 어떤 일을 두고 오랫동안 꿈꿈대다.

Knödel ['knøːdl], der; -s, - 《südd., österr.》 (고기 따위의) 경단, 만두: **einen K. im Hals haben** (↑Kloß 참조). **knödeln** ['knøːdln] 〈h〉《통용어》(목에 경단이 걸린 것처럼) 불명확하게 말하다: der Tenor knödelte entsetzlich 그 테너 가수는 몹시 불명확하게 노래를 불렀다.

Knofel ['knoːfl], der; -s 《지역어》↑Knoblauch.

Knöllchen ['knœlçən], das; -s, - ↑Knolle, Knollen. **Knöllchenbakterie**, die 《대개 Pl.》 〔생물〕 식물의 뿌리에 기생하는 미생물, 근류(根瘤) 박테리아. **Knolle** ['knɔlə], die; -n 〈축소형: ↑Knöllchen〉 1. 괴경(塊莖), 덩이줄기, 구근(球根): die K. der Dahlie 달리아 구근(球根). 2. 《통용어》 융기(隆起), 결절(結節), 혹: der Baum hat eine K. am Stamm 그 나무는 줄기에 혹이 있다. 3. 《통용어》 ↑Knollen (2). **Knollen** ['knɔlən], der; -s, - 〈축소형: ↑Knöllchen〉《지역어》 1. 덩이, 경단: ein K. Lehm 점토 덩이; im Pudding sind Knöllchen. 푸딩에 작은 경단들이 들어있다. 2. 《경찰의》스티커, 딱지.

knollen-, Knollen-: ~**begonie**, die 덩이를 이루는 베고니아류(類). ~**blätterpilz**, der 달걀파리버섯(독버섯의 일종). ~**blätterschwamm**, der 〔고어・지역어〕 ↑~blätterpilz. ~**fäule**, die 〔식물〕 (감자의) 부패병(腐敗病). ~**förmig** 〈Adj.〉 덩이 모양의, 괴경(塊莖狀)의, 결절상(狀)의. ~**frucht**, die 식용구근(根). ~**gewächs**, das 구근(球根) 식물. ~**nase**, die 주먹코. ~**nasig** 〈Adj.〉 주먹코의.

knollig ['knɔlɪç] 〈Adj.〉 1. 덩이 모양의, 둥글고 뭉뚝한: eine -e Nase 주먹코. 2. 《지역어》 덩어리로 된.

Knopf [knɔpf], der; -(e)s, Knöpfe ['knœpfə] 〈축소형: ↑Knöpfchen〉 단추: ein K. aus Perlmutter 진주 단추; mir ist ein K. (am Mantel) abgegangen 〔외투의〕 단추가 하나 떨어져 나갔다; vor der Wäsche alle Knöpfe abtrennen 세탁하기 전에 모든 단추를 떼어놓다; **Knöpfe auf den Augen haben** 《통용어》잘 보지 않다〔잘 보려고 하지 않다〕; **sich³ Knöpfe auf den Ohren haben** 《통용어》잘 듣지 않다〔잘 들으려 하지 않다〕; **etw. an den Knöpfen abzählen** 《통용어・농》중요하지 않은 것에 대한 결정을 되어가는 대로〔우연에〕 맡기다. 2. 〈축소형: ↑Knöpfchen〉 〔전기 기구의〕누름단추: der K. an der Klingel 초인종의 누름단추; durch einen Druck auf einen K. etw. in Bewegung setzen 단추를 눌러 무엇을 작동[가동]시키다. 3. 둥근 손잡이, 대강이, 꼭지: der K. am Spazierstock 지팡이의 대강이. 4. a) 《통용어・폄》난쟁이, 소인. b) 《통용어》귀여운 어린아이, 놈, 녀석. 5. 《südd., schweiz., österr.》매듭. 6. 《südd., schweiz., österr.》꽃봉오리: **jmdm. geht der K. auf** 《지역적》 누가 문득 깨닫다. 7. 《südd., schweiz., österr.》경단. 8. 〔사냥〕 수노루의 빈약한 뿔. 9. 〈Pl.〉《통용어》 푼돈.

Knopf-: ~**auge**, das 《대개 Pl.》둥글고 번쩍이는 눈. ~**druck**, der (누름)단추를 누름. ~**kraut**, das 〔식〕 Franzosenkraut. ~**leiste**, die 〔의복의〕단추 다는 단. ~**loch**, das 단춧구멍: **aus allen[sämtlichen] Knopflöchern platzen** 《통용어》 〔의복의 단춧구멍이 터질 정도로〕너무 뚱뚱하다; **aus allen[sämtlichen] Knopflöchern schießen** 〔군〕일제 사격하다; **aus allen[sämtlichen] Knopflöchern schwitzen[stinken]** 《통용어》몹시 땀을 흘리다〔심한 악취가 나다〕; **etw. guckt[scheint] jmdm. aus allen[sämtlichen] Knopflöchern** 누구의 무엇을 이미 멀리서부터 알아보다. ~**lochgarn**, das ↑~lochseide. ~**lochschere**, die 단춧구멍 뚫는 가위. ~**lochseide**, die 단춧구멍 둘레를 꿰매는 명주실. ~**lochstich**, der 〔수공〕 단춧구멍 박음질, 버튼홀 스티치. ~**reihe**, die 단추의 줄: mit doppelter K. 더블[두줄] 단추의. ~**streifen**, der ↑~leiste. ~**taste**, die 누름 단추(모양의) 건(鍵), 키. ~**verschluß**, der 단추 잠금. ~**zelle**, die (단추 모양의) 소형 건전지.

Knöpfchen ['knœpfçən], das; -s, - ↑Knopf (1, 2). **knöpfen** ['knœpfn] 〈h〉 **a)** 단추로 채우다, (의) 단추를 잠그다[풀다]: die Jacke ist falsch geknöpft 재킷의 단추가 잘못 채워졌다. **b)** 단추로 고정시키다: das Futter in den Mantel k. 외투의 내피를 단추로 고정시키다. **Knöpfli** ['knœpfli] 〈Pl.〉《schweiz.》일종의 마카로니. **Knöpfschuh**, der; -(e)s, -e 단추 채우는 구두. **Knöpfstiefel**, der; -s, - 단추를 채우는 긴 구두(부츠).

Knopp [knɔp], der; -s, Knöppe [knœpə] 《통용어》↑Knopf (4). **Knopper** ['knɔpɐ], die; -n ↑²Galle.

knören ['knøːrən] 〈h〉 〔의성어・사냥〕 (사슴이) 낮은 신음 소리를 내다.

knorke ['knɔrkə] 〈Adj.〉 〔berlin.・준고어〕 굉장한, 뛰어난.

Knorpel ['knɔrpl], der; -s, - 연골(軟骨).

knorpel-, Knorpel-: ~**artig** 〈Adj.〉 연골(류)의. ~**fisch**, der 〔동물〕 연골어(軟骨魚). ~**hart** 〈Adj.〉 연골질의. ~**haut**, die 〔의학〕 연골막(膜). ~**kirsche**, die 버찌의 일종. ~**leim**, der 연골 아교, 곤드린. ~**werk**, das 〔예술〕 〔바로크 양식의〕 연골 모양(模樣). ~**zelle**, die 〔의학〕 연골 세포.

knorpelig, knorplig ['knɔrp(ə)lɪç] 〈Adj.〉 **a)** 연골상 (軟骨狀)의, 연골을 가진. **b)** 〔탄력성을 지닌 연골이〕우글쭈글한. **Knorr-Bremse**, die 〔독일인 발명가 G. Knorr (1859~1911)의 이름에서〕 〔기술〕공기 제동기, 에어브레이크.

Knorren ['knɔrən], der; -s, - 《지역어》 1. 혹, 마디, 마귀, 용기, 결절(結節). 2. 그루터기, 통나무. **knorrig** ['knɔrɪç] 〈Adj.〉 1. 혹[마디] 같은, 혹(마디)이 있는. 2. 별 붙임성이 없는, 비사교적인, 냉담[냉정]한. **Knorz** [knɔrts], der; -es, -e 《südd. schweiz.》↑Knorren. **Knörzel** ['knœrtsl], das; -s, - 《südd.》빵조각〔부스러기, 껍질〕. **knorzen** ['knɔrtsn̩] 〈h〉《schweiz.》 1. 고생하다, 지칠대로 지치다. 2. 인색하게 굴다. **Knorzer**,

der; -s, - 《schweiz.》 구두쇠. **knorzig** 〈Adj.〉 《schweiz.》 인색한.
Knösel ['knø:zl], der; -s, - 《niederd., md.》 작은 파이프.
Knöspchen ['knœspçən], das; -s, - ↑Knospe (1). **Knospe** ['knɔspə], die; -, -n **1.** 〈축소형: ↑Knöspchen〉 꽃봉오리, 싹: der Baum setzt -n an(treibt -n) 나무에 싹이 트다; 전의 die zarte K. ihrer Liebe 《아이》 그녀 사랑의 시작; sie ist noch eine K. 《아이》 그녀는 아직 앳된 소녀이다; er betrachtete ihre -n 그는 그녀의 젖은 가슴을 바라보았다. **2.** 〈생물〉 아포(芽胞), 배종(胚種). **knospen** ['knɔspn̩] 〈h〉 싹[꽃봉오리]이 트다(나오다): knospende Zweige 싹이 돋아나는 가지들.
knospen-, Knospen-: **~artig** 〈Adj.〉 싹[꽃봉오리] 모양의. **~bildung,** die 발아(發芽). **~hülle,** die 총포(總苞), 깍지, 꽃봉오리 막. **~kapitell,** das 〈예술〉 꽃봉오리 장식의 주두(柱頭).
knospig ['knɔspɪç] 〈Adj.〉 꽃봉오리[싹] 모양의, 싹[꽃봉오리]이 있는. **Knospung,** die; -en **1.** 발아(發芽). **2.** 〈생물〉 아생생식(芽生生殖).
Knossos ['knɔsɔs] 옛 크레타 섬의 도시.
Knötchen ['knø:tçən], das, -s, - ↑Knoten (1, 2). **Knötchenausschlag,** der 〈의학〉 태선(苔癬). **Knötchenflechte,** die 〈의학〉 ↑Knötchenausschlag.
Knote ['kno:tə], der; -n, -n 〈고어〉 속물, 상놈.
knöteln ['knø:tln̩] 〈h〉 〈수공〉 작은 매듭을 짓다[만들다].
knoten ['kno:tn̩] 〈h〉 **a)** 매듭을 짓다(만들다), 매다: die Krawatte k. 넥타이를 매다. **b)** 《끈의 양끝을》 묶다, 연결하다. **Knoten** [-], der; -s, - **1.** 〈축소형: ↑Knötchen〉 **a)** 매듭, 마디: der K. lockert sich 매듭이 느슨해지다; einen K. machen[lösen] 매듭을 짓다[풀다]; 전의 den K. des Dramas schürzen 극의 줄거리를 뒤얽히게 하다; **bei jmdm. ist der K. geplatzt [gerissen]** 《통용어》 누가 마침내 무엇을 깨달았다; **den (gordischen) K. durchhauen** (고르디우스의) 매듭을 한 칼에 베어버리다, 어려운 문제를 단숨에 해결하다. **b)** 결발(結髮), 틀어올린 머리. **2.** 〈축소형: ↑Knötchen〉 **a)** 〈식물〉 절(節), 결절(結節), 〈나무〉마디. **b)** ↑Ast (2). **c)** 〈의학〉 혹, 결절. **3.** 노트, 해리. **4.** 〈전문어〉 교차점, 교점. **5.** ↑Knotenpunkt.
knoten-, Knoten-: **~amt,** das 〈전화〉 자동교환국. **~artig** 〈Adj.〉 매듭같은 [이 낀[결절] 같은. **~blume,** die 〈식물〉 아마릴리스속(屬), 눈꽃풀. **~förmig** 〈Adj.〉 매듭[마디, 결절] 모양의. **~punkt, der a)** 교차점, 접속역, 합류점. **b)** 〈전문어〉 절점(節點). **~schrift,** die 결승문자(結繩文字). **~seil,** das 매듭이 있는 등반로프. **~stich,** der 〈수공〉 ↑Knopflochstich. **~stock,** der 마디가 많은 지팡이. **~strick,** der ↑~seil.
Knöterich ['knø:tərɪç], der; -s, -e 여뀌 종류(줄기에 마디가 많아 울퉁불퉁한 풀).
knotern ['kno:tɐn], **knötern** ['knø:tɐn] 〈h〉 〈지역적〉 투덜거리다, 불평을 말하다.
knotig ['kno:tɪç] 〈Adj.〉 **a)** 매듭[마디]이 많은: -er Stock 마디가 많은 지팡이. **b)** 매듭[마디, 결절] 모양의.
Knottenerz ['knɔtn-], das; -es, -e [《ostmd.》 Knoten의 대용어] 반점사암(斑點砂岩).
knottern ['knɔtɐn] 〈h〉 〈지역적〉 ↑knotern.
knöttern 〈h〉 〈지역적〉 ↑knötern.
Know-how [noʊ'haʊ], das; -(s) 실제적인 지식, 전문기능, 능력, 기술, 비결. **Know-how-Vertrag,** der 〈법〉 기술 계약.
Knubbe ['knʊbə], die; -n 《niederd.》 **1.** ↑Knorren. **2.** ↑Knospe (1). **3.** 종창, 뾰루지. **Knubbel** ['knʊbl̩], der; -s, - 〈지역적〉 **1.** 옹이, 옹두리, 마디, (마디 같은) 혹. **2.** 땅딸막한 사람. **knubbelig, knubblig** ['knʊb(ə)lɪç] 〈Adj.〉 〈지역적〉 둥그스름하고 두터운, 혹같은: eine kleine, -e Nase 작은 주먹코. **Knubbelknie,** das 〈지역적〉 둥글고 살찐 무릎. **knubbeln** ['knʊbl̩n] 〈h〉 〈지역적〉 **a)** 《k. + sich》 몰려들다, 밀치락거리다: auf der Autobahn knubbelt es sich 고속도로에서(교통이) 정체가 되다. **b)** 손가락으로 만지작거리다. **Knubbelnase,** der 〈지역적〉 주먹코. **Knubben** ['knʊbn̩], der; -s, - 〈지역적〉 **1.** ↑Knubbe. **2.** 땅딸막한 사람. **knubblig:** ↑knubbelig.
Knuddel ['knʊdl̩], der; -s, - 〈지역적〉 〈실의〉 둥근 뭉치: **knuddeln** ['knʊdl̩n] 〈h〉 〈지역적〉 **a)** 압착하다, 눌러 으깨다, 구기지르다. **b)** 《특히 어린아이를》껴안다, 입맞추다. **knudeln** ['knu:dl̩n] ↑knuddeln.
Knuff [knʊf], der; -(e)s, Knüffe ['knʏfə] 〈통용어〉 슬쩍 주먹(팔꿈치)으로 치기[때리기]: er teilte Knüffe und Fußtritte aus 그는 주먹질과 발길질을 하였다. **knuffen** ['knʊfn̩] 〈h〉 〈통용어〉 주먹으로(가볍게) 치다, 팔꿈치로 치다: jmdn. in den Arm. k. 누구의 팔을 살짝 때리다. **knuffig** ['knʊfɪç] 〈Adj.〉 〈통용어·드물게〉 **a)** 대단한, 놀랄만한, 멋있는. **b)** 굉장한, 심한.
Knülich: ↑Knilch.
knüll, knülle ['knʏl(ə)] 〈Adj.〉 〈통용어〉 **1.** 술취한. 지친, 기진맥진한. **knüllen** ['knʏlən] 〈h〉 **1.** 눌러 으깨다, 구기다, 뭉치다. **2.** 구김살[주름] 투성이가 되다. **Knüller,** der; -s, - 〈통용어〉 세간의 대평판, 센세이션, 특종 기사, 히트.
Knüpf-: **~arbeit,** die 마크라메 레이스 세공(細工), 매듭 공예. **~kunst,** die 매듭 공예술(術), 레이스 세공 술. **~spitze,** die 짜여진 레이스. **~technik,** die 매듭 공예[수예, 레이스세공] 기술. **~teppich,** der 짜서 만든 양탄자. **~werk,** das ↑~arbeit.
knüpfen ['knʏpfn̩] 〈h〉 **1. a)** ↑knoten (a). **b)** ↑knoten (b): das Schuhband k. 구두끈을 묶다; 전의 Bande der Freundschaft k. 우정을 두텁게 하다. **c)** ↑knoten (c). **2. a)** 《매듭지어》매다, 묶다, 매다: einen besonderen Knoten k. 특수한 매듭을 만들다. **b)** 짜다: Teppiche k. 양탄자를 짜다. **3. a)** 무엇으로부터 《어떤 생각이》 일어나게 하다, 무엇과 결합[연결]시키다: sie knüpften große Hoffnungen (Erwartungen) an den Frieden 그들은 평화에 커다란 희망(기대)을 걸었다; Bedingungen an etw. k. 무엇에 조건을 달다. **b)** 《k. + sich》 결합되어 있다, 동시에 일어나다, 나타나다: an dieses Haus knüpfen sich nette Erinnerungen für mich 이 집을 보면 난 멋진 기억이 떠오른다. **Knüpfung,** die; -en 〈Pl. 잘 안 쓰임〉 매듭짓기, 맺은 것: ein Teppich mit feiner K. 정교하게 짜여진 양탄자.
Knüppel ['knʏpl̩], der; -s, - **1. a)** 몽둥이, 곤봉: ein K. aus Hartgummi 딱딱한 고무 몽둥이; **da liegt der K. beim Hund** 그것은 싫지만 감수해야 할 결과이다; **jmdm. ein K. am Bein sein** 《↑Klotz 참조》; **sich[3] einen K. ans Bein binden[hängen]** (↑Klotz 참조); **einen K. am Bein haben** 《↑Koltz 참조》; **jmdm. (einen) K. zwischen die Beine werfen** 〈통용어〉 누구를 어렵게 만들다, 누구를 곤경에 빠뜨리다. **b)** 통나무. **c)** 〈금속〉 압연철(壓延鐵), 금속봉(棒). **2. a)** 〈항공〉 steuerknüppel의 약칭. **b)** ↑Schaltknüppel의 약칭. **3.** 〈지역적〉 일종의 롤 빵. **4.** 〈속어〉 음경.
knüppel-, Knüppel-: **~brücke,** die 통나무 다리. **~damm,** der 〈늪지 따위의〉 통나무를 깐 길. **~dick** 〈Adv.〉 〈통용어〉 아주 나쁜, 과도하게 많은: es kam k. 수많은 액운이 들이 닥쳤다; der Saal war k. voll 홀은 초만원이었다. **~dickevoll** 〈Adj.〉 〈통용어〉 《사람으로》 꽉찬. **~hart** 〈Adj.〉 〈통용어〉 ↑knochenhart.

Knüppelausdemsack

~hieb, der 곤봉으로 때리기. ~holz, das ↑Knüppel (1 b). ~schaltung, die 자동차 바닥의 기어시프트. ~voll ⟨Adj.⟩ 《통용어》 ↑=dickevoll.

Knüppelausdemsack [(또한) ----'-] 《대개 다음 용법으로》 K. spielen 《통용어》 (막대기로) 때리기 (Grimm동화「Tischlein, deck dich!」에서). **knüppeln** ['knʏpļn] ⟨h⟩ **1.** (난폭하게) 몽둥이로 때리다: die rauhbeinige Verteidigung begann sofort zu k. 《스포츠·은어》 난폭한 방어 팀이 즉각 비신사적으로 거친 게임을 벌이기 시작했다. **2.** (비인칭)《통용어》 자주 나타나다[발생하다]. **3.** (속어) ↑koitieren(Knüppel 4 참조).

Knupperkirsche, die; -n ⟨지역적⟩ ↑Knorpelkirsche. **knuppern** ['knʊpɐn] ⟨h⟩ (의성어·지역적) ↑knabbern.

knurren ['knʊrən] ⟨h⟩ **1.** (짐승이)으르렁거리다: der Hund knurrte böse 개가 사납게 으르렁거렸다; ⟨명사화⟩ ein wütendes Knurren 사납게 으르렁거리는 소리; 전의 der Magen knurrt (mir) 배가 쪼르르 거리다(배고파서). **2. a)** (사람이) 투덜대다, 불평을 말하다: er knurrte über die neue Anordnung 그는 새 규정에 대해 불평했다. **b)** 화가 나서 말하다. **Knurrhahn,** der, -s, ...hähne 성대(육식어): 전의 er ist ein richtiger K. 그는 아주 화를 잘내는 까다로운 사람이다. **knurrig** ['knʊrɪç] ⟨Adj.⟩ 으르렁대는, 불평을 말하는, 투덜거리는. **Knurrigkeit,** die ↑knurrig의 명사형. **Knurrlaut,** der; -(e)s, -e 으르렁대는[투덜대는] 소리.

knüselig ['knyːzəlɪç] ⟨Adj.⟩ ⟨지역적⟩ 불결한, 지저분한. **knüseln** ['knyːzļn] ⟨h⟩ ⟨지역적⟩ 더럽히다.

Knusper-, ~**brot,** das 바삭바삭한 빵. ~**flocken** ⟨Pl.⟩ 구워서 바삭바삭하게 된 옥수수〔귀리〕 낱알. ~**häuschen,** das (동화 속에 나오는) 과자로 된 (마녀의) 집.

Knusperchen, das; -s, - 비스킷. **knusperig:** ↑knusprig. **knuspern** ['knʊspɐn] ⟨h⟩ (의성어·지역적) **a)** 소리나게 씹다. **b)** 갉아 먹다. **knusprig,** knusperig ['knʊsp(ə)rɪç] ⟨Adj.⟩ **1.** 알맞게 딱딱히 구운, 바삭바삭한: eine k. gebratene Gans 알맞게 구워서 딱딱한 거위. **2.** 《통용어》 젊은, 신선한, 팔팔한.

Knust [knuːst], der; -(e)s, -e / Knüste ['knyːstə] ⟨축소형: ↑Knüstchen⟩ ⟨지역적⟩ 빵의 굳은 껍질. **Knüstchen** ['knyːstçən] das; -s, - ↑Knust.

Knute ['knuːtə], die; -n [russ. knut] **1.** 가죽 채찍. **2.** 압제, 학정: unter jmds. K. stehen 누구의 압제하에 있다. **knuten** ['knuːtn̩] ⟨h⟩ **1. a)** 가죽 채찍으로 때리다. **b)** 채찍질로 몰아내다. **2.** 압박(압제)하다.

Knutsche ['knuːtʃə], die; -n **1.** ⟨청소년⟩ 키스(포옹)에 기꺼이 응하는 처녀. **2.** (schles.) 종창, 종양, 혹. **Knutschecke,** die; -n ⟨통용어⟩ 숨집의 구석진 곳(키스나 포옹을 할 수 있는). **knutschen** ['knuːtʃn̩] ⟨h⟩ ⟨통용어⟩ 꼭 껴안다, 입맞추다, 애무하다, (남녀가) 노닥거리다. **Knutscherei** [knuːtʃə'raɪ], die; -, -en ⟨통용어⟩ 포옹[키스]하는 행위. **Knutschfleck,** der; -(e)s, -e ⟨통용어⟩ (빨아서 피가 밴) 키스[애무] 자국.

Knüttel ['knʏtḷ], der; -s, - ↑Knüppel. **Knüttelvers:** ↑Knittelvers.

k.o. [kaː'oː] **1.** 《권투》 녹아웃의: den Gegner k. o. schlagen 상대방을 녹아웃시키다: der Boxer ging k. o. 권투선수는 케이오 패를 당했다. **2.** 《통용어》기진맥진한, 녹초가 된.

K.o. [-], der; -, - 【권투】 녹아웃, 결정적인 대타격: technischer K.o. 티이 케이 오; durch K.o. gewinnen[verlieren] 케이 오로 승리[패배]하다.

kΩ = Kiloohm, 킬로 옴.

K.-o.- (붙임표와 함께): ~**Abbruch,** der 【권투】 케이오로 인한 시합 중단. ~**Niederlage,** die 【권투】 케이오 패(敗). ~**Schlag,** der 【권투】 케이 오 펀치. ~**Sieg,** der 【권투】 케이 오 승(勝). ~**Sieger,** der 【권투】 케이 오 승자(勝者). ~**Sperre,** die 【권투】 케이 오 펀치를 맞은 선수의 보호를 위한 일시적 시합 금지. ~**System,** das ⟨Pl. 없음⟩ 【스포츠】 한 게임에서 패하면 다음 시합에서 제외되는 경기 진행 방식.

Koadaptation [(또한) ----'-] die; -en **1.** 【발생】 유전형질(遺傳形質)의 순응. **2.** 【심리】 공순응(共順應).

Koadjutor [(또한) --'--], der; -s, -en [lat. coadiūtor] 【가】 보좌 신부.

Koagulans [koˈaːɡulans], das; -, ...lantia [...ˈlantsi̯a] / ...lantien [...ˈlantsi̯ən]; lat. coāgulans ⟨대개 Pl.⟩ 【의학】 혈액응고 촉진제. **Koagulase** [...ˈlaːzə], die; -n 【의학】 혈액응고 촉진 효소. **Koagulat** [...ˈlaːt], das; -(e)s, -e [lat. coāgulātum] 【화학】 응고[응결]물. **Koagulation** [...laˈtsi̯oːn], die; -, -en [lat. coāgulātiō] 【화학】 응결, 응고. **koagulieren** ⟨h/s⟩ 【화학】 응결[응고]하다 (시키다). **Koagulum** [koˈaːɡulʊm], das; -s, ...la [lat. coāgulum] 【의학】 ↑Blutgerinnsel.

Koala [koˈaːla], der; -s, -s 코알라(오스트레일리아산(産)의 유대(有袋)동물).

koalieren [koaˈliːrən], **koalisieren** [...liˈziːrən] [frz. coaliser] 연립[연합]하다(특히 정당들로). **Koalition** [...liˈtsi̯oːn], die; -, -en [frz. coalition] (정당들의) 연합 동맹, 제휴, 연립: die sozialliberale K. 사민당과 자민당의 연립; eine K. mit den Sozialdemokraten bilden[eingehen] 사민당원들과 연합[제휴]하다.

Koalitionär, der; -s, -e ⟨대개 Pl.⟩ ↑Koalitionspartei , -partner.

koalitions-, Koalitions-: ~**abkommen,** das 연립 [연합·동맹] 협정. ~**absprache,** die 연립 정당간의 합의. ~**aussage,** die 타정당과의 연립 선언. ~**bildung,** die 연(립)정(당)의 형성. ~**fähig** ⟨Adj.⟩ 연립[연합]할 수 있는. ~**fraktion,** die 연립교섭단체(의회의). ~**freiheit,** die ⟨Pl. 없음⟩ 특히 노동자의) 단결의 자유. ~**krieg,** der **1.** 연립 전쟁, 동맹 전쟁(다수 국가가 동맹하여 한[여러]나라와 싸우는 전쟁). **2.** ⟨Pl.로만⟩ 유럽 동맹 국가들의 대 프랑스 공화국(1792~1807)전쟁. ~**partei,** die 연립 정당. ~**partner,** der 연정(聯政) 파트너. ~**politiker,** der 연립 정당의 정치가, 연정에 참여하는 정치가. ~**recht,** das ⟨Pl. 없음⟩ (노사·특별의) 단결권, (노동자, 기업가 측의 노동 조합 간의) 공동 제휴권. ~**regierung,** die 연립 정부. ~**vereinbarung,** die 연(립)정(당)의 합의. ~**wechsel,** der 연정(聯政) 파트너의 교체.

Koalkoholiker, der 〈전문어〉 알코올 중독자의 술벗.

Koautor, (드물게) **Koŋautor,** der; -s, -en 공저자(共著者). **Koautorin,** die; -nen ↑Koautor의 여성형.

koaxial ⟨Adj.⟩ 【기술】 동축(同軸)의. **Koaxialkabel,** das 【기술】 동축(同軸) 케이블.

Koazervat [koatser'vaːt], das; -(e)s, -e [engl. coacervate] 〈생화학〉 액적(液滴).

Kob [kɔp], der; -s, -s 〈통용어〉 Kontaktbereichsbeamter의 약어(略語), 대민(對民)봉사[민경] 경찰관.

Kobalt ['koːbalt], das; -s 코발트(화학 원소 이름)(기호: Co).

kobalt-, Kobalt-: ~**bestrahlung,** die 【의학】 코발트 광선의 투사(照射). ~**blau** ⟨Adj.⟩ 코발트 블루의, 짙은 푸른 빛깔의. ~**blau,** das 코발트 블루(색소), 짙은 푸른 빛깔. ~**blüte,** die ⟨Pl. 없음⟩ 코발트 화(華). ~**bombe,** die 코발트 폭탄. ~**glanz,** der 휘(輝) 코발트 광(鑛). ~**glas,** das ⟨Pl. 없음⟩ 코발트 유리. ~**kanone,** die 【의학】 코발트 60조사(照射)장치. ~**legie-**

rung, die 코발트 합금. **~oxyd, das** 〔화학〕 코발트 산화물. **~verbindung, die** 코발트 화합(물).

KoBe [ko'be:], der; -(s), -(s) **K**ontaktbereichsbeamter의 약칭(↑Kob).

Kobel ['ko:bl], der; -s, - **1.** (südd., österr.) 오두막, 헛간, 가축우리. **2.** 다람쥐의 굴. **Koben** ['ko:bn̩], der; -s, - 오두막, 가축 우리(특히 돼지우리).

Kobenhavn [købən'hau'n] ↑Kopenhagen.

Kober ['ko:ba], der; -s, - 《지역적》 뚜껑달린 바구니, 등에 지는 바구니.

Köbes ['kø:bəs], der; -, - [남자 이름 Jakob의 약칭] (rhein.) 〔특수 복장을 한〕 옛 쾰른 주점의 급사.

Koblenz ['ko:blɛnts] 코블렌츠(독일 라인 강변의 도시). **¹Koblenzer,** der; -s, - 코블렌츠의 주민. **²Koblenzer** 〈Adj.; 격변화 없음〉 코블렌츠의.

Kobold ['ko:bɔlt], der; -(e)s, -e (민간 신앙의) 요마, 요괴, 집의 요정(妖精): 〔전의〕 das Kind ist ein kleiner K. 그 아이는 개구쟁이(말괄량이)이다. **Koboldäffchen,** das; -s, - ↑Koboldmaki. **koboldhaft** 〈Adj.〉 요정〔요마〕 같은. **Koboldmaki,** der; -s, -s 타르지우스(원숭이)의 일종). **Kobolz** [ko'bɔlts] 〔다음 용법으로만〕 **(einen) K. schießen [schlagen]** (nordd.) 공중제비하다, 재주넘다. **kobolzen** 〈h〉 (nordd.) 공중제비하다, 재주넘다.

Kobra ['ko:bra], die; -s [port. cobra] ↑Brillenschlange (a).

¹Koch [kɔx], der; -(e)s, Köche ['kœçə; lat. coquus] 요리사, 쿡: 〔속담〕 viele Köche verderben den Brei 사공이 많으면 배가 산으로 올라간다; ihr Mann ist ein guter, begeisterter K. 그녀의 남편은 요리를 즐겨 잘한다. **²Koch** [-], das; -s (bayr., österr.) 죽, 제리, 쟁.

koch-, Koch-: ~abitur, das 〔농〕 여고(女高) 졸업(자격) 시험. **~anleitung, die, ~anweisung, die** (식품에 표시된) 요리 방법(의 설명), 조리법(調理法). **~apfel, der** 요리용 사과. **~apparat, der** ↑Kocher (1). **~banane, die** 요리용 바나나. **~beständig** 〈Adj.〉 ↑echt. **~beutel, der** (내열(耐熱)성의 은박으로 된) 취사 주머니. **~birne, die** 요리용 배. **~buch, das** 요리책. **~butter, die** 요리용 버터. **~dampf, der** (요리에서 나는) 김. **~dauer, die** ↑~zeit. **dunst, der** ↑~dampf. **~echt** 〈Adj.; int adv.〉 (직물 따위가) 끓여도 상하지 않는. **~echtheit, die** ↑~echt의 명사형. **~ecke, die** (거실의 구석에 있는) 간이 부엌. **~fertig** 〈Adj.〉 즉석의, 인스턴트의, 삶기만(끓이기만) 하면 되는: -e Kartoffeln 이미 껍질을 벗긴(삶기만 하면 되는) 감자들; -e Suppen 인스턴트 수프. **~fest** 〈Adj.〉 ↑~echt. **~fett, das** 요리용 굳기름. **~flasche, die** 플라스크. **~fleisch, das** 《지역적》 **a)** 수프용 쇠고기. **b)** 삶은 쇠고기. **~frau, die** 《지역적》 요리를 잘하는 여자. **~gelegenheit, die** (이용할 수 있는) 취사 설비. **~gerät, das** (간단한) 취사 도구. **~geschirr, das 1.** (특히 군인들의) 알루미늄 취사용기, 반합(飯盒). **2.** 《드물게》 취사용 그릇, 조리(취사) 도구. **~gut, das** 〈Pl. 없음〉 《전문어》 요〔조〕리 준비가 된 식품. **~herd, der** ↑Herd (1). **~käse, der** 응유(凝乳)를 가열해 만든 치즈. **~kenntnisse** 〈Pl.〉 요리 지식, 요리 기술. **~kessel, der** ↑Kessel (1 b). **~kiste, die** 요리를 보온하기 위한 용기(用器)〔보온기(器)〕. **~kunst, die a)** 〈Pl. 없음〉 요리법. **b)** 〈Pl.〉 요리 기술, 요리 강좌. **~künstler, der, ~künstlerin, die** 《농》 특별히 요리를 잘하는 사람. **~kurs, ~kursus, der** 요리 강습(과정). **~lehre, die** 〈Pl. 없음〉 요리 강좌, 요리 강의. **~lehrling, der** 요리 견습생〔도제〕, 견습 요리사. **~loch, das** (냄비를 올려놓는) 화덕 구멍. **b)** 취사용 구덩이(그 위에 솥을 걸어놓는). **~löffel, der** 요리용 스푼, 큰(나무)숟가락: **den K. schwingen** 《농》 음식을 만들다, 요리하다. **~margarine, die** 요리용 마가린. **~mulde, die** 전기 레인지, 전기 풍로. **~mütze, die** 요리사가 쓰는 모자. **~nische, die** (방구석에 있는) 간이 부엌. **~platte, die a)** (전기 레인지의) 요리용 철판. **b)** 소형 전기 레인지. **~pott, der** 《지역적》 ↑~topf. **~punkt, der** 〈Pl. 없음〉 ↑Siedepunkt. **~rezept, die** 요리법, 요리 설명서. **~salat, der** 익혀서 먹는 상치. **~salz, das** 식염. **~salzarm** 〈Adj.〉 염분이 적은, 식염을 적게 넣은. **~salzfrei** 〈Adj.〉 염분이 없는, 식염을 넣지 않은. **~salzgehalt, der** 식염 함량. **~salzhaltig** 〈Adj.〉 식염을 함유한. **~salzlösung, die** 식염수: eine physiologische K. 〔의학〕 (인체에 피 대신 공급되는) 식염수 용액. **~salzquelle, die** 식염천(泉). **~salzreich** 〈Adj.〉 식염이 많은. **~salzverlust, der** (체내의) 염분 소모. **~salzwasser, das** 식염수. **~schinken, der** 소금에 절여 훈제한 햄. **~schokolade, die** ↑Blockschokolade. **~schrank, der** (레인지, 설거지 통, 냉장고 등을 조립한) 취사 세트. **~stelle, die a)** 취사장. **b)** ↑~platte (a). **~temperatur, die a)** 비등점(沸騰點). **b)** (세탁기의) 빨래가 삶아지는 온도. **~topf, der** 스튜 냄비, 안이 깊은 냄비: das Huhn wird bald in den K. wandern 《농》 그 닭은 곧 요리될 것이다. **~vorgang, der** 요리〔조리〕 과정. **~vorschrift, die** 요리 지침, 요리법. **~wäsche, die** 〈Pl. 없음〉 **a)** 삶는 빨래. **b)** 삶아 깨끗해진 빨래. **~wasser, das** 〈Pl. 없음〉 끓는 물. **~wurst, die** 삶아서 채워 넣은 소시지. **~würstchen, das** (끓는 물에 데워 먹는) 소시지 일종. **~zeit, die** ↑Garzeit.

Köche: ↑¹Koch의 복수형. **köcheln** ['kœçl̩n] 〈h〉 **1.** (약한 불에) 약간 익히다(끓이다). **2.** 《농》 즐겨 요리하다, 요리하는 것을 좋아하다: sonntags steht er gern in der Küche und köchelt 그는 일요일이면 즐겨 부엌에 서서 요리한다.

Köchelverzeichnis, das 〈Pl. 없음〉 [음악학자 Ludwig von Köchel(1800–1877)의 이름에서] 모차르트의 작품 목록(약어: KV).

kochem ['kɔxm] 〈Adj.〉 [jidd. chôchem] 〔부랑자〕 영리한, 능숙한, 솜씨있는(사기, 협잡 등에서). **Kochemer, der; -s, -** [부랑자] 능숙한〔노련한〕 사기꾼(악당).

kochen ['kɔxn̩] 〈h〉 [lat. coquere] **1. a)** 끓이다, 삶다, 찌다: etw. lange auf kleiner Flamme k. 무엇을 오랫동안 약한 불에 끓이다〔삶다〕; 〔전의〕 die Sonne kocht die Trauben (아어) 뜨거운 여름 햇볕이 포도를 익게 한다. **b)** 음식을〔요리해서〕 준비하다: heute kochen wir nichts 오늘 우리는 따뜻한 음식을 먹지 않는다; das Mittagessen ist schon fertig gekocht 점심식사가 이미 다 준비되었다; Tee[Kaffee] k. 끓는 물을 부어 차(커피)를 만들다. **c)** 어떤 정도로 삶다, 끓이다: die Eier hart k. 계란을 완전히 삶다. **2. a)** 음식을 장만하다, 요리〔조리〕하다: die Mutter steht in der Küche und kocht 어머니가 부엌에 서서 음식을 장만하신다; sie hat bei ihrer Mutter k. gelernt 그녀는 어머니에게서 요리〔조리〕하는 법을 배웠다; 〔명사화〕 sie verwendet nur zum Kochen Öl 그녀는 음식을 조리할 때 기름만을 쓴다. **b)** 어떤 식으로 요리〔조리〕하다: sie hat mit Liebe gekocht 그녀는 아주 정성을 들여 요리했다; sie kocht zu fett 그녀는 너무 기름지게 요리하다. **3. a)** 끓다, 끓어오르다, 비등(沸騰)하다: das (Kaffee) Wasser kocht (커피)물이 끓는다; sie hat sich mit kochendem Wasser verbrüht 그녀는 끓는 물에 데었다; 〔명사화〕 am Kochen sein 끓고 있다; 〔전의〕 das Blut kochte in seinen Adern (아어) 그는 몹시(극도로) 흥분한 상태에 있었다; die See kochte 바다가 거칠게 소용돌이쳤다. **b)** 익다, 삶아지다, 부글부글 끓다: der Reis muß 20

kochendheiß 1180

Minuten k. 쌀은 20분동안 끓여야 한다; [전의] die Beeren kochen in der Sonne 《아이》 딸기는 뜨거운 햇볕을 받아서 익게 된다. **4.** (직물류를)삶아 빨다. **5.** 끓은 [가열하여] 녹이다. **6.** 《통용어》 흥분하다, 분격하다.
kochendheiß 〈Adj.〉 (부글 부글)끓는. **Kochendwassergerät,** das; -(e)s, -e 끓이는 기구. **Kocher,** der; -s, - **1.** 삶는[끓이는] 도구, 요리 도구. **2.**《경》↑Rotzkocher의 약칭.
Köcher ['kœçɐ], der; -s, - [mhd. kocher, kochære, ahd. kochar, chochāri; H. u.] **1.** 화살통, 전통(箭筒). **2.** 망원경 집[케이스].
Kocherei [kɔxə'raɪ], die《통용어·폄》(계속) 요리하기.
Köcherfliege, die; -n [화살통을 닮은 유충의 집 모양에서] 《동물》 날도래속(屬), 모시류(毛翅類).
Kochete ['kɔxətə], die; -n 《schweiz》 (한끼에 충분한) 음식의 양, 식사.
Kochie ['kɔxiə], die; -n [독일 식물학자 W. O. J. Koch의 이름에서] 《식물》↑Radmelde.
Köchin ['kœçɪn], die; -nen ↑Koch의 여성형.
Koda, 《또한》 Coda ['ko:da], die; -s [ital. coda] [음악] 코다, 종지부(終止部).
Kodder ['kɔdɐ], der; -s, -n **1. a)** 누더기, 넝마. **b)** 걸레. **2.** 담, 가래.
kodderig, koddrig ['kɔd(ə)rɪç] 〈Adj.〉 [지역적·경] **1.** 나쁜, 못된: **jmdm. ist k.** 누가 기분이 언짢다[욕지기가 나다]. **2.** 뻔뻔스러운, 주제넘은. **koddern** 〈h〉 **1.** (nordd.·준고어) 빨래를 빨다. **2.** [지역적] **a)** 구토하다, 게우다. **b)** 침을 뱉다. **Kodderschnauze,** die [지역적·경] 뻔뻔스러운 주둥아리. **koddrig:** ↑kodderig.
Kode, Code [ko:t], der; -s, -s [engl. code] **1.** [정보] 신호법, (전신) 약호, 암호를 푸는 열쇠. **2.** [언어] 코드, 기호, 부호. **3.** [사회 언어] 특정 사회 계층의 어투[어법]: elaborierter K. 탄력적 어법(중·상류층 어법); restringierter K. 제한적 어법(하류층의 어법).
Kodein [kode'i:n], das; -s [griech. kōdeia] [약학] 코데인(기침을 멈추는 약). **Kodeintropfen** 〈Pl.〉 코데인 적제(滴劑).
Köder ['kø:dɐ], der; -s, - 미끼, 유혹물: einen K. auslegen 꾀어들이다, 유혹[유인]하다; die Fische beißen auf den K. nicht an 물고기들이 미끼를 물지 않는다.
Köderfisch, der [낚시] 미끼 생선. **Köderfleisch,** das 미끼로 사용하는 고기. **ködern** ['kø:dɐn] 〈h〉 **a)** 미끼로 꾀다[잡다]: Fische mit Würmern k. 물고기를 벌레 미끼로 잡다. **b)** 《통용어》 유인하다, 유혹하다: sich (mit Geld) nicht k. lassen (돈에) 유혹당하지 않다.
Köderwurm, der; -(e)s, -würmer (미끼용) 환형(環形) 동물.
Kodex ['ko:dɛks], der; -es / -, -e / ...dizes [...ditsɛ:s; lat, codices] **1. a)** (고대의) 목간(木簡). **b)** (중세의) 수적본(手迹本), 고사본(古寫本), 필사본. **2.** (로마법의) 법전(法典). **3.** 규약(규범)집(集). **4.** (불문의) 행동 규약(규범).
Kodiakbär ['ko:diak-], der; -en, -en (알래스카에 서식하는) 불곰의 일종.
kodieren, codieren [ko'di:rən] 〈h〉 (반대: dekodieren). **1.** [정보] 통신을 전신 약호[암호]로 옮기다, 암호[코드, 부호]화하다. **2.** [언어] 기호화하다. **Kodierung,** die; -en ↑kodieren의 명사형.
Kodifikation [kodifika'tsjo:n], die; -en **1.** 법전 편찬. **2.** 법령 전서, 법령집. **kodifizieren** [kodifi'tsi:rən] 〈h〉 **1.** [법] 법전으로 편찬하다: kodifiziertes Recht 성문화[법전화] 된 법. **2.** 규약집(集)에 규정[확정]하다. **Kodifizierung,** die; -en ↑Kodifikation (1). **Kodizes:** ↑Kodex의 복수형. **Kodizill** [kodi'tsɪl]; das;

-s, -e [lat. codicilus.] **1.** 로마 황제의 친서. **2. a)** (로마법에서) 유언. **b)** 유언 추가서(追加書).
Koedition [(또한) ----'-], die -en 《전문어》 **a)** 공동 출판, 공편(共編). **b)** 동시 출판(여러 출판사의).
Koedukation [(또한) ----'-], die, [engl. coeducation] ↑Gemeinschaftserziehung (b). **koedukativ** [ko|eduka'ti:f] 〈Adj.〉 [교육] 남녀 공학의.
Koeffizient [ko|ɛfi'tsjɛnt], der; -en, -en **1.** 〔수학〕 계수(係數). **2.** 〔물리·기술〕 계수, 율(率).
Koenzym [(또한) ----'-], das; -s, -e 〔생화학〕 보조(補酵素), 조(助)효소.
Koerzitivfeldstärke [ko|ɛrtsi'ti:f-], die 〔물리〕 항자력(抗磁力). **Koerzitivkraft,** die ↑Koerzitivfeldstärke.
koexistent [(또한) ----'-] 〈Adj.〉 〔교양어·드물게〕 공존하는. **Koexistenz** [(또한) ----'-], die; -en 〈드물게 Pl.〉 [lat. coexistentia] 〔교양어〕 공존, 공재(共在): friedliche K. 〔정치〕 (구소련 정치가 N. Chruschtschow(1894~1971)에 의해 부각된) 평화 공존. **koexistieren** [(또한) ----'-] 〈h〉 〔교양어〕 공존[공재]하다.
Kofel ['ko:fl], der; -s, - 《bayr., westösterr.》 산의 둥근 봉우리.
Kofen ['ko:fn], der; -s, - 《고어》↑Koben.
Koferment [(또한) ----'-], das; -(e)s, -e ↑Koenzym.
Koffein [kɔfe'i:n], Kaffein [kaf...], das, -s 카페인(커피, 차 따위에 들어 있는 알칼로이드의 일종). **koffeinfrei** 〈Adj.〉 카페인이 없는. **koffeinhaltig** 〈Adj.〉 카페인이 함유된. **Koffeinismus** [kɔfei'nɪsmʊs], der; - 〔의학〕 카페인 중독.
Koffer ['kɔfɐ], der; -s, - [frz. coffre] **1.** 트렁크, 여행용 가방: die K. [aus]packen 짐을 꾸리다[풀다]; **die K. packen** (화가 나서 어떤 곳[누구]을) 떠나다, 보따리를 싸다: **die K. packen müssen(können / dürfen)** 《통용어》 해고[면직]되다; **einen K. stehenlassen** 《통용어·농》 방귀 뀌다; **aus dem K. leben** (직업상) 자주 [계속] 여행을 떠나다. **2.** 〔도로〕 도로 포장을 위해 만든 굴삭(掘削) 부분(자갈층으로 이루어짐). **3.** 〔군〕 포탄. **4.** 《은어》 담배갑(죄수들의 지불 수단). **5.** 《통용어》 특히 크고 이상한 것을 지칭: das ist ja ein K.! 야 그건 굉장히 큰데!
koffer-, Koffer-: ~anhänger, der 트렁크의 이름표. **~apparat,** der ↑~radio. **~bock,** der 트렁크 대(臺). **~damm,** der [engl. cofferdam] 〔조선〕 배의 선실과 기관실 사이에 있는 빈 공간. **~deckel,** der 트렁크의 뚜껑. **~empfänger,** der ↑~radio. **~fisch,** der 거북복. **~form,** die 〈Pl. 없음〉 가방(트렁크) 모양. **~förmig** 〈Adj.〉 가방[트렁크] 모양의. **~gerät,** das ↑~radio. **~geschäft,** das [금융·은어] 〔현금, 유가 증권 등의〕 불법 국[해]외 반출. **~grammophon,** das 《옛》 휴대용 축음기. **~griff,** der 가방의 손잡이. **~kleid,** das (트렁크에 넣기에 적합한) 구겨지지 않는 옷. **~kuli,** der 트렁크 운반용 손수레(정거장 따위의). **~radio,** das 휴대용 라디오. **~raum,** der 자동차의 트렁크. **~schloß,** das 가방의 자물쇠. **~schlüssel,** der 가방 열쇠. **~schreibmaschine,** die 휴대용 타자기.
Köfferchen ['kœfɐçən], das; -s, - ↑Koffer (1).
Koffinnagel: ↑Coffeynagel.
Kog: ↑Koog. **Köge:** ↑Koog의 복수형.
¹Kogel ['ko:gl], der; -s, - 《südd., österr.》 산의 둥근 봉우리, 원추형의 산. **²Kogel** [-], der; -n ↑Gugel.
Kogge ['kɔgə], die; -n 한자동맹 당시의 뱃전이 높은 배 (병선(兵船) 또는 상선).

Kognak ['kɔnjak], der; -s, -s 《프랑스의 도시 이름 Cognac에서》 [민속] 코냑(고급 브랜디): er trank fünf K. 그는 다섯 잔의 코냑을 마셨다.

Kognak-: ~**bohne**, die (코냑을 넣은 콩 모양의) 초콜릿 봉봉. ~**flasche**, die 코냑 병. ~**glas**, das 〈Pl. ~gläser〉 코냑 잔. ~**kirsche**, die (코냑을 넣은 버찌 모양의 초콜릿 봉봉). ~**pumpe**, die 《경·농》 심장. ~**schwenker**, der (작은 손잡이가 달린) 코냑 잔.

Kognat [kɔ'gna:t], der; -en, -en [lat. cōnātus] 【법】 근친, 혈족, 혈연자, 어머니쪽의 친척. **kognatisch** 〈Adj.〉 근친의, 외척의, 같은 혈족의: -e Erbfolge [성(性)의 구별이 없는] 혈족 계승.

Kognition [kɔgni'tsio:n], die; -en [lat. cōgnitio] 《드물게》 인식. **kognitiv** [...'ti:f] 〈Adj.〉【심리·교육】 인식의, 인식력이 있는: -e Fähigkeiten 인식 능력. **kognitivistisch** [...niti'vɪstɪʃ] 〈Adj.〉【심리·교육】 인식론의.

Kognomen [kɔ'gno:mən], das; -s, - /...mina [lat. cōgnōmen] (옛 로마의) 세번째 이름(예컨대: Gajus Julius Caesar의 Caesar).

Kogo ['ko:go], das; -(s), -s [jap. kō-gō] (일본의 다례에서) 훈향류(類)를 담는 통[상자], 향합(香盒).

Kohabitation [kohabita'tsio:n], die; -en [lat. cohabitātio] 【의학】 성교(性交). **kohabitieren** [...'ti:rən] 〈h〉 [lat. cohabitāre] 《교양어·드물게》 성교(性交)하다, 동침하다.

kohärent [kohɛ'rɛnt] 〈Adj.〉 [lat. cohaerēns] (반대: inkohärent) 1.《교양어·드물게》 상호관련된, 통일성이 있는. 2.【물리】 응집성(凝集性)의, 가간섭성[可干涉性]의: -es Licht 가간섭성 광선. **Kohärenz** [...ts], die 〈반대: Inkohärenz〉 1.《교양어》 연관(성), 통일성. 2.【물리】 (분자간의) 응집력, 파동(波動)의 가간섭성(可干涉性). **Kohärenzfaktor**, der [심리] 결합[정합(整合)] 인자. **Kohärenzprinzip**, das 〈Pl. 없음〉【철학】 정합설(整合說). **Kohärer** [ko'hɛ:rɐ], der; -s, - [영] 코히러[무전검파기(檢波器)의 일종]. **kohärieren** [kohɛ'ri:rən] 〈h〉 [lat. cohaerēre] 1.《교양어》 결합[연관]되어 있다. 2.【물리】 응집되어 있다. **Kohäsion** [kohɛ'zio:n], die 1.《교양어》 (긴밀한)결합, 일치, 단결. 2.【물리】(분자의) 응집력. **Kohäsionskraft**, die 〈대개 Pl.〉【물리】 응집력. **kohäsiv** [kohɛ'zi:f] 〈Adj.〉 응집력[결합력]이 있는.

kohibieren [kohi'bi:rən] 〈h〉 [lat. cohibēre] 《고어》 지하다, 억제하다.

Kohl [ko:l], der; -(e)s 1. a) 캐비지, 양배추: (seinen) K. anbauen[bauen] 틀어박혀 지내다. b) 《지역적》 ↑Weißkohl의 약칭: heute gibt es K. 오늘은 흰 양배추 요리가 나온다; 《성구》 das macht den K. (auch) nicht fett 《통용어》 그것은 아무 쓸모가 없다; (das ist doch) aufgewärmter K. 《통용어》 (그것은) 진부한(끝난) 일[이야기]이다; **den (alten) K. wieder aufwärmen** 《통용어》 진부한[끝난] 이야기를 다시 화제에 올리다. 2. 《통용어·폄》 〈Pl. 없음〉 불합리한[무의미한], 허튼 소리: mach keinen K.! 허튼 소리 하지마!.

¹**kohl-, Kohl-** (Kohl 1): ~**art**, die 양배추의 종류. ~**blatt**, das 양배추의 잎. ~**dampf**, der 〈Pl. 없음〉《경》(긴한) 공복(空腹): K. schieben 배고프다, 허기지다. ~**gemüse**, das 양배추과의 야채. ~**hernie**, die ↑Hernie (2). ~**kopf**, der 양배추의 머리(뿌리) 부분. ~**pflanze**, die 양배추(식물). ~**räbchen** [-'--], das 어린 구경(球莖) 양배추. ~**rabe** [-'--], die; -n 〈지역적〉 ↑~rabi. ~**rabi** [-'ra:bi], der; -(s), -(s) 구경(球莖) 양배추. ~**raupe**, die 배추흰나비의 모충(毛蟲). ~**roulade**, die 저민 고기를 양배추 잎으로 만 요리. ~**rübe**, die 1. 서양 평지의 일종, 스웨덴 순무. 2.

〈österr.〉 ↑~rabi. 3. 《농》 (사람의) 머리. ~**sprosse**, die 〈österr.〉 **a)** (어린) 양배추의 결구(結球). **b)** 〈Pl.〉 ↑Rosenkohl. ~**strunk**, der **a)** 양배추의 줄기. **b)** 《통용어·폄》 잎이 작은(자라지 못한) 양배추. ~**suppe**, die 양배추 수프, 야채 수프. ~**weißling**, der 배추흰나비.

²**kohl-, Kohl-** (Kohle 1): ~**meise**, die 박새. ~**(pech)rabenschwarz** 〈Adj.〉 **a)** 새까만. **b)** 아주 어두운, 칠흑 같은. ~**rabe**, der ↑Kolkrabe. ~**röschen**, das 꿀풀, 오이풀(난초과의 식물). ~**schwarz** 〈Adj.〉《통용어·감정》 **a)** 새까만, 칠흑 같은. **b)** 때가 묻어 시커먼.

Kohle ['ko:lə], die; -n 1. **a)** 《종류에만 Pl.》 숯, 석탄: K. abbauen(fördern) 석탄을 파내다(채굴하다); 전회 weiße K. 수력. **b)** 《종종 Pl.》 (연료로 사용되는) 석탄, 갈탄, 목탄: feurige -n auf jmds. Haupt sammeln 《아어》 핀 숯불을 누구의 머리 위에 쌓아 놓다(관용을 베풀어 원수로 하여금 뉘우치게 하다: 구약 12장 20절, 잠언 25장 22절); (wie) auf (glühenden) -n sitzen 안절부절 못하다, 괴로운 입장에 있다. 2. 〈Pl. 없음〉 **a)** ↑Aktivkohle의 약칭. **b)** ↑Zeichenkohle의 약칭. **c)** ↑Kohlebürste의 약칭. 3. 〈Pl.〉 《경》 돈: Hauptsache, die -n stimmen 돈만 제대로 지불해 주면 된다.

kohle-, Kohle-: ~**bürste**, die 【전기】 Bürste (2). ~**chemie**, die; 석탄 화학. ~**druck**, der 카본 인화법(印畵法). ~**führend** 〈Adj.〉 석탄을 함유한. ~**haltig**, 〈österr.〉 ~**hältig** 〈Adj.〉 석탄을 함유한. ~**hydrierung**, die 【화학】 석탄 수소 첨가. ~**kraftwerk**, das 화력 발전소. ~**lager**, das 석탄층, 석탄고(石炭庫). ~**lagerstätte**, die 석탄갱(石炭坑), 석탄층(貯炭場). ~**papier**, das 카본(복사)지. ~**präparat**, das 활성탄(活性炭)을 함유한 약품. ~**stift**, der (데생용의) 목탄. ~**veredelung**, die 【화학】 석탄 정제[정련](精製[精鍊]). ~**verflüssigung**, die 석탄액화. ~**vergasung**, die 【화학】 석탄가스, 연료용 가스. ~**vorkommen**, die 석탄 산출, 석탄층. ~**zeichnung**, die 목탄화(木炭畵).

Kohlebenzin, das (석탄의 연소에 의한) 석탄 가솔린(휘발유).

kohlen-, Kohle(n)-: ~**abbau**, der 〈Pl. 없음〉 석탄 채굴, 채탄. ~**faden**, der (백열전구의) 탄소선(炭素線). ~**fadenlampe**, die 탄소선 전구. ~**förderung**, die 석탄 채굴, 석탄 운반, 채탄. ~**herd**, der 석탄 화덕(아궁이). ~**hydrat**, das 【화학】 탄수화물, 함수탄소. ~**hydratarm** 〈Adj.〉 탄수화물이 적은(반대: ~hydratreich). ~**hydratreich** 〈Adj.〉 탄수화물이 많은(반대: ~hydratarm). ~**industrie**, die 석탄 산업. ~**ofen**, der 석탄 난로. ~**revier**, das 탄광 지대, 탄전(炭田). ~**vorrat**, der 1. 〈Pl.〉 (탄광 지대의) 석탄 저장(재고)(량). 2. (창고의) 석탄 비축[저장].

¹**kohlen** ['ko:lən] 〈h〉 1. 그을음을 내며 타다, 탄화하다: ein kohlender Docht 그을음을 내며 타는 심지. 2. [선원] 석탄을 싣다.

²**kohlen** [-] 〈h〉 《친근》 실없는 소리를 지껄이다, 허풍을 떨다, 엉터리 이야기를 늘어놓다.

kohlen-, Kohlen-: ~**anzünder**, der (기름을 적신) 석탄 점화용 톱밥. ~**asche**, die 석탄재. ~**baron**, der (준고어·폄) 탄갱주(炭坑主). ~**becken**, das 1. [지질] 탄전(炭田). 2. 화로. ~**bergbau**, der 석탄업, 채탄. ~**bergwerk**, das 탄광(회사), 채탄소. ~**brenner**, der 숯 굽는 곳. ~**brennerei**, die 숯굽기, 숯굽는 곳. ~**bunker**, der (배의) 탄고(炭庫). ~**dampfer**, der 석탄 운반선. ~**dioxid**, ~**dioxyd** [--'---], das 【화학】 탄산가스, 이산화탄소. ~**dioxydschnee** [-----], der ↑Trockeneis의 약칭. ~**eimer**, der (실내용) 석탄바께쓰. ~**feuer**, das 탄불, 숯불. ~**feuerung**, die

Köhler 1182

1. 〈Pl. 없음〉 석탄을 때기, 석탄에 의한 가열. 2. 석탄 가열[난방] 장치. **~flöz**, das 〖광〗 석탄층. **~gebiet**, das 탄전 지대. **~grube**, die 탄갱(炭坑). **~grus**, der ↑ Grus (2). **~halde**, die ↑Halde (2 b). **~handel**, der 석탄 거래. **~händler**, der 석탄 거래 상인. **~handlung**, die 석탄 거래(행위). **~heizung**, die 석탄 난방. **~kasten**, der 석탄 상자. **~keller**, der (지하실의) 석탄고. **~kraftwerk**, das 화력 발전소. **~magnat**, der 석탄 왕(石炭王). **~meiler**, der 숯굽는 가마. **~monoxid, ~monoxyd** [−−'−−−], das 〖화학〗 일산화탄소. **~monoxydvergiftung** [−−'−−−−−], die 일산화탄소 중독. **~oxid, ~oxyd**, das ↑ ~monoxyd. **~revier**, das ↑ ~gebiet. **~sauer** 〈Adj.〉〖화학〗 탄산의. **~säure**, die 탄산. **~säurebad**, das 탄산천욕(泉浴). **~säurehaltig** 〈Adj.〉 탄산을 함유한. **~schaufel**, die 석탄 푸는 삽. **~schlacke**, die 석탄재. **~station**, die 〖해양〗 급탄항(給炭港). **~staub**, der 탄진(炭塵), 석탄(목탄) 부스러기. **~staubexplosion**, die 탄진으로 인한 폭발. **~stift**, der 〖전기〗 탄소봉(棒). **~stoff**, der 〈Pl. 없음〉 탄소(기호: C) (↑Carboneum). **~stoffarm** 〈Adj.〉 (반대: **~stoffreich**) 탄소가 적은. **~stoffgehalt**, der 탄소 함량. **~stoffhaltig**, (österr.) **~stoffhältig** 〈Adj.〉 탄소를 함유한. **~stoffreich** 〈Adj.: nicht adv.〉 (반대: **~stoffarm**) 탄소가 많은. **~stoffverbindung**, die 탄소화합물. **~träger**, der 석탄 운반 인부. **~trimmer**, der 〖해양〗〖옛〗 석탄 운반 인부. **~wagen**, der 〖철도〗 **a)** ↑ ~waggon. **b)** (기관차의) 탄수차(炭水車). **~waggon**, der 〖철도〗 (석)탄차. **~wasserstoff**, der 〖화학〗 탄화수소. **~wasserstoffradikal**, das 〖화학〗 탄화수소기(基)(根). **~wasserstoffrest**, der 〖화학〗 탄화수소 분자. **~wasserstoffverbindung**, die 탄화수소 화합물. **~zange**, die 석탄 집게. **~zeche**, die ↑ ~bergwerk. **~zug**, der 석탄 운반 열차.

Köhler ['kø:lɐ], der; -s, - **1.** 숯장이. **2.** 〖동물〗 검정대구. **Köhlerei** [kø:ləˈraɪ], die; -en **1.** 숯 굽는 곳. **2.** 〈Pl. 없음〉 숯굽기. **Köhlerglaube**, der; -ns 〖교양어·준교어·폄〗맹신(盲信).

Kohortation [kohɔrtaˈtsjoːn], die; -en [lat. cohortātio] (고어) 경고, 훈계. **kohortativ** [...'ti:f], 〈Adj.〉 《고어》 경고적인, 훈계적인. **Kohortativ** [-], der; -s, -e [...i:və] 〖언어〗 《동사의》권유형[법] (예컨대: lat. eamus! = gehen wir!).

Kohorte [koˈhɔrtə], die; -n [lat. cohors] **1.** 고대 로마의 부대(Legion의 10분의 1). **2.** 《교양어·폄》 무리, 떼. **3.** 〖사회〗 군(群), 집단. **Kohortenanalyse**, die 코호트 분석(인구 통계에서 통계 인자를 공유하는 집단, 예컨대: 동시 출생 집단 등의 분석).

Kohyponym [(또한) −−−'−], das; -s, -e 〖언어〗 동계 하위어(下位語).

Koine [kɔyˈneː], die; Koinai [...'naɪ] griech. koinḗ-(diálektos)] **1.** 〈Pl. 없음〉 (고대 그리스의 공통어). **2.** 〖언어〗 표준어, 공통언어. **Koinon** [kɔyˈnɔn], das; -s, Koina [...'na] griech. koinón] 고대 그리스의 연방 국가.

koinzident [kointsiˈdɛnt] 〈Adj.〉 [lat. coincidens] 《교양어·드물게》 일치[부합]하는, 동시에 일어나는. **Koinzidenz** [...nts], die **1.** 《교양어》 (두 가지 사건의) 동시 발생, 일치, 부합. **2.** 〖의학〗 병발(竝發). **3.** 〖생물〗 (공생(共生) 등에서 볼 수 있는) 두 조직의 동시 출현. **koinzidieren** [...'diːrən] 〈h〉《교양어·드물게》 동시에 일어나다, 일치(부합)하다.

koitieren [kɔiˈtiːrən] 〈h〉 《교양어》 **a)** 성교[교접]하다; mit jmdm. k. (누구와) 성교하다. **b)** 성교하다(타동사).

Koitus, (의학적 용법으로) Coitus ['koːitʊs], der; -, Koitus [...tuːs] / -se [lat. coitus] 《교양어》성교, 교접, 동침: ehelicher(außerehelicher) K. 부부간의(혼외) 성교.

Koje ['koːjə], die; -n [lat. cavea] **1.** 〖선원〗 (선실의) 작은 붙박이 침대. **2.** 《통용어·농》 침대. **3. a)** 벽감, 니치. **b)** (전시회장의) 칸막이가 있는 진열실.

Kojote [koˈjoːtə], der; -n, -n [span. coyote] **1.** ↑ Präriewolf. **2.** 비열한 놈, 악당, 깡패.

Koka ['koːka], die; - [span. coca] ↑ Kokastrauch의 약칭. **Kokain** [kokaˈiːn], das; -s 〖화학〗 (알카로이드의 일종, 국부마취제): K. schnupfen 코카인을 흡입하다. **Kokainismus** [kokaiˈnɪsmʊs], der 〖의학〗 **a)** 상습적인 코카인 흡인. **b)** (만성) 코카인 중독. **Kokainist** [...nɪst], der; -en, -en 코카인 중독자.

Kokain-: ~sucht, die 코카인 중독. **~süchtig** 〈Adj.〉 코카인 중독의. **~vergiftung**, die 코카인 중독.

Kokarde [koˈkardə], die; -n [frz. cocarde] 모표(帽標), 모장(帽章), (군용기의) 국적 기호.

Kokardenblume, die 천인국(天人菊)(屬).

Kokarzinogen ['ko-], das, -s, -e [↑Karzinogen] 〖의학〗 공동발암원(共同發癌原), 보발암원(補發癌原).

Kokastrauch, der; -(e)s, -sträucher 코카나무.

kokeln ['koːkln] 〈h〉 (지역적) ↑gokeln.

koken [-] 〈h〉 코크스를 만들다. **¹Koker**, der; -s, - 코크스 제조공.

²Koker [-], der; -s, - 〖선원〗 키(舵) 구멍(선미의).

Kokerei [koːkaˈraɪ], die; -en **1.** 코크스 제조장. **2.** 〈Pl. 없음〉 《드물게》↑Verkokung.

kokett [koˈkɛt], 《또한》 ko...] 〈Adj.〉 [frz. coquet] 교태를 짓는, 요염한, 아양떠는: ein -er Blick 요염한 눈길; jmdm. k. zulächeln 누구에게 교태를 부리며 미소짓다. **Koketterie** [kokɛtəˈriː, 《또한》 ko...], die [frz. coquetterie] **1.** 교태를 부리는 행위(언동). **2.** 미태(媚態), 교태. **kokettieren** [...'tiːrən] 〈h〉 **1.** 교태를 부리다, 아양떨다: sie kokettierte mit ihm 그녀는 그에게 아양을 떨었다. **2.** 장난삼아 관계하다(다루다): mit der Gefahr k. 위험한 일을 장난삼아 하다. **3.** (상대방의 관심, 흥미를 유발하기 위해) 장난삼아 강조[지적]하다: sie kokettiert ständig mit ihrem Alter 그녀는 늘 자신의 나이를 강조한다.

Kokille [koˈkɪlə], die; -n [frz. coquille] 〖제련〗 금속 주형(鑄型). **Kokillenguß**, der 중력주조(重力鑄造), 중력 다이캐스팅.

Kokke ['kɔka], die; -n, Kokkus ['kɔkʊs], der; -, Kokken [lat. coccus < griech. kókkos] 구균(球菌).

Kokkelskörner ['ɔk|s-] 〈Pl.〉 (남아시아산(産)의 나무 열매로 된) 독이 든 미끼(물고기를 마비시킴).

Kokkenmöddinger ['kœknmœdɪŋɐ] 〈Pl.〉 [dän. køkkenmøddinger] (덴마크 동해 연안의) 패총(貝塚).

Kokkolith [koko'liːt, ...lɪt], der, -s / -en, -e(n) 심해의 수성암. **Kokkus**: ↑Kokke.

Kokolores [koko'loːrɛs, ...rəs], der; - 《통용어》**a)** 무의미한 이야기, 넌센스. **b)** 쓸데없이 떠듦, 공연한 법석.

Kokon [ko'kõː, 《또한》 ko'koːn, 《österr.》 ko'koːn], der; -s, -s [frz. cocon] 고치, (거미 따위의) 알 주머니.

Kokos- ['koːkɔs-]: **~busserl**, das 《österr.》 (작은 덩어리 모양으로) 구운 야자 당과(糖果). **~butter**, die ↑ ~fett. **~dieb**, der ↑ Palmendieb. **~faser**, die 야자 껍질 섬유. **~fett**, das 야자 지방. **~flocken** 〈Pl.〉 야자 열매를 썬 당과(糖果), 코코넛 플레이크. **~läufer**, der 야자 껍질의 섬유로 만든 긴 깔개. **~makrone**, die 달걀흰자위, 설탕, 야자 열매, 밀가루 등으로 구워 만든 당과(糖果). **~matte**, die 야자 껍질 섬유로 만든 깔개. **~milch**, die 야자유(乳). **~nuß**, die 야자 열매.

Kollar

~**nußräuber,** der ↑Palmendieb. ~**öl,** das 〈Pl. 없음〉 야자유(油). ~**palme,** die 야자수. ~**raspel** 〈Pl.〉 잘게 조각낸 야자열매. ~**teppich,** der 야자 껍질 섬유로 만든 양탄자.

Kokosette [koko'zɛt], das; -s 《österr.》 잘게 조각낸 야자열매[코코넛].

Kokotte [ko'kɔtə, 《또한》kɔ...], die; -n [frz. cocotte] 《교양어·준고어》고급 창부(娼婦).

¹**Koks** [koːks], der; -es 《종류》[e engl. cokes (Pl.)] **1.** 〈드물게 Pl.〉 코크스. **2.** 〈Pl. 없음〉《농》현금.

²**Koks** [-], der; -es 《은어》코카인.

³**Koks** [-], der; -(es), -e [jidd.] 《통용어》중산모(中山帽).

⁴**Koks** [-], der; -es 《경》무의미한 일, 넌센스.

Koks- (¹Koks 1): ~**gewinnung,** die 코크스 생산. ~**grus,** der 잘게 부순 코크스. ~**hochofen,** der 코크스 용광로. ~**kohle,** die 코크스 용(用)탄(炭). ~**ofen,** der **1.** 코크스 난로. **2.** 코크스(를 제조하기 위한)로(爐).

Kokse [ˈkoːksə], die; -n 《은어》코카인 중독 여자.

¹**koksen** [ˈkoːksn̩] 〈h〉《경》(깊이) 잠자다, 코를 골다.

²**koksen** [-] 〈h〉《은어》코카인을 사용하다. **Kokser,** der; -s, - 《은어》코카인 중독자.

Kokytos [koˈkyːtɔs], der [그리스신화] 저승의 강 이름, 삼도천(三塗川).

Kokzidie [kɔkˈtsiːdiə], die, -n 《대개 Pl.》가축의 소화기관에 기생하는 포자충(胞子蟲)류의 일종. **Kokzidiose** [kɔktsiˈdioːzə], die; -n (포자충(胞子蟲)에 의한 장(腸), 간, 신장 질환) 콕시다우증.

Kola: ↑Kolon의 복수형.

Kolabaum [ˈkoːla-], der; -(e)s, ...bäume 콜라 나무.

Kolani [koˈlaːni], der, -s, -s (해군에서 입는) 두터운 모직으로 만든 상의의 일종.

Kolanuß, die; ...nüsse 콜라 나무의 열매.

Kolastrauch, der 콜라 관목.

Kolatsche [koˈlatʃə], die; -n [tschech. koláč] 《österr.》건포도를 넣은 비스킷.

Kolatur [kolaˈtuːɐ̯], die; -en [화학·약학] (천으로) 여과된 용액(액체).

Kolbe [ˈkɔlbə], die; -, -n 앞머리를 높이 올려 뒤로 쓰다듬어 붙인 종교 개혁 시기의 남자 유발법. **Kolben** [ˈkɔlbn̩], der; -s, - **1.** [기술] **a)** 피스톤: der K. einer Pumpe 펌프의 활새(活塞). **b)** (만년필이나 주사기에) 실린더 내의 움직이는 부분. **2.** [화학] 프라스코, 증류기. **3.** 총의 개머리. **4.** 육수꽃이삭: K. von Mais 옥수수의 이삭. **5.** [사냥] (사슴이나 노루의) 연한 뿔. **6.** 《경》주먹코: vom Saufen einen roten K. haben 폭음으로 빨갛고 두툼한 코를 갖다. **7.** 《속어》음경(陰莖).

Kolben-: ~**blitz,** der [사진] 플래시 전구, 플래시 건. ~**dampfmaschine,** die 증기 기관. ~**geweih,** das [사냥] ↑Kolben (5). ~**fresser,** der [자동차] 피스톤과 실린더의 마모(훼손). ~**hieb,** der 개머리로 치기. ~**hirsch,** der [사냥] (연한) 뿔이 난 사슴. ~**hirse,** die **a)** [식물] 조. **b)** (식용이나 사료로 쓰이는) 조. ~**hub,** der [기술] 피스톤의 운동(행정). ~**maschine,** die [기술] (실린더 내에서 운동 또는 회전하는) 피스톤 기관. ~**motor,** der [기술] 피스톤 기관(엔진). ~**ring,** der [기술] 피스톤 링. ~**schieber,** der [기술] 피스톤 밸브. ~**schlag,** der ↑~hieb. ~**stange,** die [기술] 피스톤 대(桿). ~**zeit,** die [사냥] 사슴이나 노루의 새 뿔이 나는 시기.

Kolchis [ˈkɔlçis], die 콜키스 (흑해 연안의 옛 나라 이름).

Kolchizin, Colchicin [kɔlçiˈtsiːn] das; -s [의학·생물] 콜히큰(약용 식물의 일종의 독성이 강한 알칼로이드) (통풍 발작의 치료에 쓰임).

Kolchos [ˈkɔlçɔs], der; 《드물게》das; -, -e [...ˈçoːzə]

russ. kolchos.] ↑Kolchose.

Kolchos-: ~**bauer,** der 콜호즈(집단 농장)의 농부. ~**mitglied,** das 집단 농장 소속원(員). ~**vorsitzender,** der 콜호즈의 의장. ~**wirtschaft,** die 콜호즈 형태의 농업.

Kolchose [kɔlˈçoːzə], die; -n [↑Kolchos] 콜호즈, (구 소련의) 집단 농장: auf der K. arbeiten 집단 농장에서 일하다.

Kolder [ˈkɔldɐ], der; -s 《schweiz.》병적 발작(病的發作), 졸도(卒倒). **koldern** [ˈkɔldɐn] 〈h〉《südd., schweiz.》욕설하다, 싸우다, 꾸짖다.

Koleda [ˈkɔleda], die; -s, **Kolende** [koˈlɛndə], die; -n [《tschech.》koleda, 《poln.》koleda, 《russ.》koljada] 크리스마스 축제 및 관습에 대한 슬라브어의 명칭.

Koleopter: ↑Coleopter. **Koleoptere** [koleɔpˈteːrə], die; -n 《대개 Pl.》 [↑Käfer (1)]. **Koleoptile** [...ˈtiːlə], die; -n [식물] 자엽초(子葉鞘).

Kolibakterie [ˈkoːli-], die; -n 《대개 Pl.》 대장균.

Kolibri [ˈkoːlibri], der; -s, -s [frz. colibri] 벌새.

kolieren [koˈliːrən] 〈h〉[lat. colāre] [화학·약학] 거르다, 여과하다.

Koliertuch, das 〈Pl. ...tücher〉여과용 형겊.

Kolik [ˈkoːlik, 《또한》 koˈliːk], die; -en [griech. kōlikḗ(nósos)] 산통(疝痛). **Kolitis** [koˈliːtis], die; ...itiden [koliˈtiːdn̩] [의학] 대장염(大腸炎). **Koliurie** [koliuˈriː], die; -n [...iːən] [의학] 소변에 의한 대장균의 배설.

Kolk [kɔlk], der; -(e)s, -e [저질] **a)** (해저(海底)에 생기는 팬 곳), 구혈(臼穴)(강바닥에 생긴 원통형의 구멍). **b)** 웅덩이, 소택지의 구덩이에 물이 있는 자리.

Kolkothar [ˈkɔlkoˈtaːɐ̯], der; -s, -e [span. colcotar] 벵갈라(인도의 뱅골산의 붉은 안료), 철단(鐵丹)(산화 제 2 철의 속칭).

Kolkrabe, der; -n, -n (유럽산의) 까마귀의 일종(Corvus sp.).

kollabeszieren [kɔlabɛsˈtsiːrən] 〈h/s〉[lat. colabescere.] [의학] 쇠약하다, 쇠하여 여위다. **kollabieren** [...ˈbiːrən] 〈s〉[lat. collābī] **1.** [의학] 허탈하지다, 위축되다. **2.** [천문] 붕괴하다.

Kollaborateur [kɔlaboraˈtøːɐ̯], der; -s, -e [frz. collaborateur] (적, 점령군과의) 협력자. **Kollaboration** [...ˈtsioːn], die; -en 〈Pl. 잘 안 쓰임〉 [frz. collaboration] **1.** 적이나 점령군 등에 대한 협력. **2.** 《교양어·드물게》협력. **Kollaborator** [...ˈraːtɔr, ...ra'toːrən], der; -s, en [...raˈtoːrən] [고어] 보조 교원, 부목사(副牧師), 보좌 신부. **Kollaboratur** [...raˈtuːɐ̯], die; -en 〈고어〉보조 교사[부목사]의 지위. **kollaborieren** [...ˈriːrən] [frz. collaborer] **1.** 적(점령군)에게 협력하다. **2.** 《교양어·드물게》협력하다.

kollagen [kɔlaˈgeːn] 〈Adj.〉[의학·생물] 콜라겐의, 교원질(膠原質)의: -e Fasern 교원질[콜라겐] 섬유. **Kollagen,** das; -s, -e [의학·생물] 콜라겐, 교원질(膠原質), **Kollagenase** [...geˈnaːzə], die [의학·생물] 콜라겐을 분해하는 효소. **Kollagenose** [...ˈnoːzə], die; -n [의학] 교원병(膠原病)(예컨대: 류머티즘).

Kollani: ↑Kolani.

Kollaps [ˈkɔlaps, 《또한》-ˈ-], der; -es, -e [lat. collapsus] **1.** [의학] 허탈, 쇠약: einen K., bekommen 쇠약해지다: 전의 der kriegt einen K. wenn er das hört 《통용어》그 소식을 들으면, 그는 마음의 평정을 잃는다. **2.** (경제의) 붕괴. **3.** [천문] 붕괴. **4.** [제재] 목재의 강한 수축(건조시의). **Kollapszustand,** der 《대개 Pl.》[의학].

Kollar [kɔˈlaːɐ̯], das; -s, -e [lat. collāre] (가톨릭 성직자 복의) 빳빳한 옷깃(칼라).

kollateral [kɔlate'ra:l] ⟨Adj.⟩ [lat. collateralis] 《전문어》 서로 나란히 있는, 부행(副行)의, 옆의, 방계(傍係)의. **Kollaterale,** die; -n, -n [의학] ↑Kollateralgefäß. **Kollateralgefäß,** das; -es, -e [의학] 부행혈관(副行血管). **Kollateralverwandte,** der / die; -n, -n 《고어》 방계 친족.

Kollation [kɔla'tsio:n], die; -en [lat. collātio] **1.** (원본과의) 대조, 비교. **2.** 정사(精查), 교정(校正), 교합(校合). **3.** [가] 성직(聖職) 임명, 수권(授權). **4. a)** [가] (단식일이나, 수도원의 방문객을 위한) 가벼운 저녁식사. **b)** (지역적) 간식, 간단한 식사. **5.** 《법 · 고어》 상속 재산의 정산(精算). **kollationieren** [...jo'ni:rən] ⟨h⟩ [lat. collationare] **1.** (사본을 원본과) 대조(비교)하다: Druckfahnen (mit dem Manuskript) k. 게라쇄(刷)를 (원고와) 대조하다. **2.** [제본] [인쇄 전지(全紙)나 책의 페이지를] 정사(精查)하다, 검토하다. **3.** 《고어》 간식을 먹다. **Kollator** [kɔ'la:tɔr, 《또한》 ...to:ɐ̯], der; -s, -en [...la'to:rən; lat. collator] 성직 수여자(聖職授與者). **Kollatur** [kɔla'tu:ɐ̯], die [가] 성직 임명권.

Kollaudation [kɔlauda'tsio:n], die; -en [lat. collaudātiō] 《schweiz.》 ↑Kollaudierung. **kollaudieren** [...'di:rən] ⟨h⟩ [lat. collaudāre] 《schweiz., österr. 관》 (감독 관청이 신축가옥 등을) 실지 입회하여 검사하다. **Kollaudierung,** die; -en 《schweiz., österr. 관》 실지 검분(實地檢分), 입회검사.

Kolleg [kɔ'le:k], das; -s, -s, ⟨드물게⟩ -ien [...e:giən; lat. collēgium] **1.** (대학의) 강의: ein K. belegen (besuchen) 청강을 신청하다; ein K. über etw. halten (lesen) 무엇의 강의를 하다; -s schinden (대학생 · 준고어) (청강료를 지불하지 않고서) 강의를 청강하다. **2.** (대학 입학 자격을 얻기 위한) 고등 전문 학교. **3.** 신학원(神學院), 예수회 김나지움. **4.** 《고어》 ↑Kollegium. **Kolleg-:** ~**geld,** das 《대개 Pl.》 [대학] 강의료. ~**heft,** das 강의 노트. ~**mappe,** die 서류 가방, 손가방. ~**stufe,** die 김나지움의 11학년에서 13학년의 학생이 직업 및 대입 교육을 받는 학습 형태. ~**tasche,** die 《드물게》 ↑~mappe.

Kollega [kɔ'le:ga], der; -(s), -s ⟨대개 관사 없이 농담조의 호칭으로⟩ ↑Kollege.

Kollege [...gə], der; -n, -n [lat. collēga] **a)** (같은 직업이나 같은 직위의) 동료, 동업자: die Herren v-n von der Opposition 야당 의원님들; der Arzt beriet sich mit seinen -n 의사는 그의 동료들과 상의했다. **b)** (같은 회사의) 직장 동료: er ist ein früherer K. von mir 그는 이전의 나의 직장 동료이다; K. kommt gleich. 담당 동료가 곧 온다(종업원이 곧 주문받으러 올테니 잠시만 기다려 달라는 뜻); Liebe -n! 〔연설에서〕 동료 여러분! **c)** 같은 조직에 속해 있는 자(예컨대: 조합원 등). **d)** 《구동독》 동지. **e)** 모르는 사람에 대한 가벼운 호칭. **Kollegenkreis,** der 동료권(圈). **Kollegenrabatt,** der (출판업 관의) 동업자간의 할인. **Kollegenschaft,** die 동료 전체, 동료 관계. **kollegial** [kole'gia:l] ⟨Adj.⟩ [lat. collēgiālis] **1.** 동료의, 동료다운, 친한, 친밀한: ein K. Geist 동료 의식; das war nicht sehr k. von ihm 그는 그리 우의적이지 못했다; sich k. (gegenüber jmdm.) verhalten (누구에 대해서) 친절하게 행동하다. **2. a)** 동료(동업자) 전체의, 직원 일동의: ein -er Beschluß 동료 전체의 결정. **b)** 합의제(制)의. **Kollegial-:** ~**gericht,** das [법] 합의제 재판소. ~**prinzip,** das ⟨Pl. 없음⟩ 합의제. ~**system,** das ⟨Pl. 없음⟩ **1.** ↑~prinzip. **2.** (교회의 최고 권력은 군주를 포함한 전체 교구민들에게 귀속한다는) 이전의 신교 교회법 이론. **Kollegialität** [kolegiali'tɛt], die **1.** 동료의 우의(友誼), 동료 의식, 우호 관계. **2.** 공동 의결(합의제)의 원칙, 동료

적 입장. **Kollegiat** [...'gia:t], der; -en, -en **1.** (같은 고등 전문 학교의) 수강(청강)자, 같은 방송 통신 강좌의 수강자. **2.** 같은 수도원(신학교)의 동료성. **Kollegin,** die; -nen ↑Kollege (a~d)의 여성형. **Kollegium** [kɔ'le:giʊm], das; -s, ...ien [...iən; lat. collēgium] **1. a)** 동료(동업자) 전체. **b)** 교사진. **c)** 《구동독》 변호인단.

Kollektaneen [kɔlɛk'ta:neən, 《또한》 ...ta'neːən] ⟨Pl.⟩ [lat. collēctānea] 《교양어 · 고어》 발췌, 초(抄), 선집, 스크랩(북). **Kollekte** [kɔ'lɛkta], die; -n [lat. collēcta] **1.** (예배중이나 예배 후의) 헌금(모금), 기부금 모집. **2.** 《가 · 고어》 예배식의 기도, 집도문(集禱文). **Kollekteur** [...'tø:ɐ̯], der; -s, -e [frz. collecteur] 《고어》 **a)** 복권판매인. **b)** 기부금 모집자. **Kollektion** [...'tsio:n], die; -en [frz. collection] **a)** (최신 복식(服飾) 모델 등의) 제품 견본집. **b)** 수집품. **c)** 수집물: 《전의》 diese Frau fehlt noch in meiner K. 《농》 나는 이 여자를 갖고 있다. **kollektiv** [...'ti:f] ⟨Adj.⟩ [lat. collēctīvus] **a)** 공동의, 단체의, 집단의: eine -e Wohnform 공동 주거 형태; eine -e Führung. 집단 지도. **b)** 총체의, 연대의, 포괄적인. **Kollektiv** [-], das; -s, -e, 《또한》 -s [russ. kollektiv] **1. a)** 집단, 공동체. **b)** 공동 작업단, 팀. **2.** (사회주의 국가들의) 노동(생산) 공동체. **3.** [통계] (통계 조사의 기초가 되는) 공통의 특징을 가진 인적 집단. **4.** [물리] (입자)집합체. **Kollektiv-:** ~**arbeit,** die 집단(공동) 작업. ~**ausstellung,** die 공동 작품 전시회. ~**bauer,** der (구소련의) 집단 농장의 농부. ~**bedürfnis,** das 《대개 Pl.》 [사회] 사회적 공동 생활에서 생겨나는 욕구, 집단(공동) 욕구. ~**bewußtsein,** das 집단의 평균 의식. ~**bildung,** die [언어] 집합어, 집합명사. ~**eigentum,** das 공동(공유) 재산. ~**erziehung,** die 집단 교육. ~**familie,** die 공동 생활을 하는 대가족. ~**geist,** der ⟨Pl. 없음⟩ 공동의식. ~**gruppe,** die 공동 생활을 하는 집단. ~**haftung,** die 공동(연대) 책임. ~**improvisation,** die (재즈의) 집단의 즉흥춤. ~**jagd,** die 《구동독》 사냥 공동체에서 행하는 사냥. ~**jäger,** der 《구동독》 위의 사냥꾼. ~**leistung,** die 집단 성과(업적), 공동 작업. ~**leiter,** der 공동 작업단장. ~**mitglied,** das **1.** 공동체(노동 공동체)의 일원. **2.** 조직의 일원으로서의 노동(생산) 공동체. ~**scham,** die 집단적 죄의, 공동의 치욕. ~**schau,** die ↑~ausstellung. ~**schuld,** die ⟨Pl. 없음⟩ 연대(공동) 책임, 집단적 죄의. ~**suffix,** das [언어] 집합명사의 후철(접미어) [례컨대: Gesellschaft에서의 ~schaft]. ~**urteil,** das 일반적(포괄적) 판단. ~**verpflichtung,** die 《구동독》 (생산 공동체의) 공동의 의무(반대: Einzelverpflichtung). ~**vertrag,** der **1.** (수개 노조간의) 공동 조약, 단체(노동)협약. **2.** 《구동독》 ↑Betriebskollektivvertrag의 약칭. ~**vertreter,** der 《구동독》 ↑~leiter. ~**wirtschaft,** die (구소련의) 집단 경영(체), 공동 농장.

kollektivieren [kɔlɛkti'vi:rən] ⟨h⟩ (농업 경영 등을) 집단화하다. **Kollektivierung,** die; -en 집단화. **Kollektivismus** [...'vɪsmʊs], der **1.** 집단주의. **2.** 집산주의(集產主義). **Kollektivist** [...'vɪst], der; -en, -en 집단(집산)주의자. **kollektivistisch** ⟨Adj.⟩ 집산주의의, 집단주의적인. **Kollektivität** [...vi'tɛ:t], die **1.** 공동(共同), 집단성. **2.** 공동체, 집단. **Kollektivum** [...'ti:vʊm], das; -s, ...va [lat. nōmen collēctīvum] [언어] 집합명사(예컨대: Obst 과일, Vieh 가축).

Kollektor [kɔ'lɛktɔr, 《또한》 ...to:ɐ̯], der; -s, -en [...'to:rən; lat. colligere] **1.** [전기] 집전자(集電子), 집전기(集電器). **2.** [물리] 태양열 집열기. **Kollektorbürste,** die; -n [전기] 집전기의 쇄자(刷子). **Kollektur** [...'tu:ɐ̯], die; -en 《österr.》 ↑Lottokollektur의 약

칭.
Kollenchym [kɔlɛn'çy:m], das; -s, -e [griech. kólla = Leim u. égchyma = Aufguß] [식물] 후각조직(厚角組織).

¹Koller ['kɔla], das; -s, - 1. (옛) a) 부인용 웃깃의 칼라. b) (케이프 같은 여성용) 조끼. 2. a) (옛) 소매없는 가죽 재킷. b) (트렌치 코트 등의) 어깨깃.

²Koller [-], der; -s, - [lat. cholera < griech. choléra = Gallenbrechdurchfall] 1. (통용어) 광포, 격노: jmdn. packt der K. 누가 광폭해지다(격노하다); einen K. haben(kriegen) 격노하다. 2. [수의] ↑Dummkoller의 약칭.

Kollergang, der; -(e)s, ...gänge ↑Brecher (2).

kollerig 〈Adj.〉 (통용어) 노한, 광포한.

Kollermühle, die; -n ↑Brecher (2). **¹kollern** ['kɔlan] 〈h〉 (특히 칠면조가) 골골 울다; [전의] dumpfe Trommeln kollern 둔중한 북소리가 둥둥울리고 있다; in meinem Bauch kollert es 나의 배에서 꾸룩 소리가 난다; (명사화) das Kollern in den Gedärmen 장의 꾸룩거리는 소리.

²kollern [-] 〈h〉 1. 《통용어·준고어》 뇌병(腦病)에 걸리다. 2. (의) 선회병(旋回病)에 걸리다.

³kollern [-] (지역적) a) 〈s〉 구르다, 굴러떨어지다: Steine(Früchte) kollern zu Boden 돌(과일)들이 바닥으로 굴러 떨어진다. b) 〈k. + sich〉〈h〉 굴러가다, 뒹굴다.

Kollett [kɔ'lɛt], das; -s, -e [frz. collet] (고어) 승마용 재킷.

¹Kolli ['kɔli] ↑Kollo의 복수형. **²Kolli** [-], das; -s, -(s) [ital. colli] 《österr.》 운송화물, 짐짝.

kollidieren [kɔli'di:rən] [lat. collidere = zusammenstoßen, aufeinanderprallen] 1.〈s〉 (차량이) 충돌하다: mehrere Fahrzeuge kollidierten (miteinander) in dichtem Nebel 많은 차량들이 짙은 안개 속에서 (서로) 충돌했다; das Schiff ist mit einem Eisberg kollidiert 선박이 빙산과 충돌했다. 2.〈h〉(의견이나 이해 관계가) 충돌하다: die Interessen des eigenen Landes kollidierten mit denen der anderen Staaten 자국의 이해관계가 다른 국가들의 이해와 충돌했다; die beiden Veranstaltungen(Vorträge) kollidieren miteinander 두 행사(강연)가 서로 겹친다(동시에 개최된다).

Kollier [kɔ'lieː], das; -s, -s [frz. collier = Halsband, -kette] 1. (값비싼) 보석 목걸이. 2. 모피 목도리.

Kollimation [kɔlima'tsjo:n], die; -en [lat. collineāre = in eine gerade Linie bringen] 시준(視準). **Kollimator** [...'ma:tɔr, 《또한》...to:ɐ̯], der; -s, -en [...ma'to:rən] 1. 시준기(器), 시준의(儀). 2. [핵물리] 방사선이나 입자선을 소정의 각도 내에 들도록 나열된 납 등의 차폐체(遮蔽體). **kollinear** [kɔline'a:ɐ̯]〈Adj.〉 (수학) 동일 직선상에 있는, 공선적(共線的)인. **Kollineation** [...ea'tsjo:n], die; -en [수학] 공선사상(共線寫像), 도형의 대칭.

Kolliquation [kɔlikva'tsjo:n], die; -en [lat. con- mit- u. spätlat. liquātio] [의학] 조직 용해(組織融解).

Kollision [kɔli'zjo:n], die; -en [lat. collīsio = das Zusammenstoßen] 1. (차량의) 충돌: auf der Autobahn kam es wegen Glatteis zu zahlreichen - en 고속도로에서 빙판 때문에 수많은 충돌 사건이 일어났다. 2. (의견의) 대립, 충돌. **Kollisionskurs**, der 〈Pl. 없음〉 (누구와) 충돌을 노리는 행동: mit dem Regime(mit den Machthabern) auf K. gehen 정권(권력자들)과 싸움을 시작하다.

Kollo ['kɔlo], das; -s, -s / Kolli [ital. cool] 화물, 짐짝.

Kollodium [kɔ'lo:diʊm], das; -s [griech. kollṓdēs = leimartig, klebrig] 콜로디온(긁힌 상처, 사진 필름에 바르는 액). **Kollodiumwolle**, die 콜로디온 면(綿).

kolloid [kɔlo'i:t] ↑kolloidal. **Kolloid** [-], das; -(e)s, -e [engl. colloid] [화학] 콜로이드, 교질(膠質). **kolloidal** [kɔloi'da:l] 〈Adj.〉 [engl. colloidal] [화학] a) 교질의, 콜로이드(성)의: -er Schwefel 콜로이드성 유황. b) 콜로이드[교질]를 함유한: eine -e Lösung 콜로이드 용액. **Kollojdchemie**, die 교질화학, 교질화학. **Kollojdreaktion**, die; -en [의학] 콜로이드 반응, 교질 반응.

Kollokation [kɔlɔka'tsjo:n], die; -en [lat. collocātio = Anordnung] 1. (고어) 배열, 석차(순위)의 배치. 2. [언어] a) (의미상 적합한 낱말의) 연결(조합)(예컨대: dick + Buch는 이에 해당되나 dick + Haus는 그렇지 않음). b) 콜로케이션(상이한 의미가 하나의 낱말에 내재하는 것)(예컨대: 영어 Swim과 float가 독일어 Schwimmen에 내재함). **Kollokationsplan**, der [파산(破產)시의 재산 목록. **Kollokator**, der; -s, ...oren [언어] (연어법(連語法)에서) 중심 단어와 어울릴 수 있는 말. **kollokieren** [...'ki:rən] 〈h〉 [lat. collocāre = unterbringen, (an)ordnen] a) (의미상 무리가 없는 낱말을) 연결하다. b) (하나의 낱말에 다른 또 하나의 의미가) 내재(공존)하다.

kolloquial [kɔlo'kvia:l] 〈Adj.〉 [언어] 구어적인, 구어체의, 담화체의. **Kolloquialismus** [...a'lɪsmʊs], der; -, ...men [언어] 구어적 표현, 구어적 용법. **Kolloquium** [kɔ'lo:kvium, 《또한》 kɔ'lo:...], das; -s, ...ien [...iən] lat. colloquium = Unterredung, Gespräch] a) 학술적 대화, 대화식 교수법: ein K. abhalten 학술 토론회를 개최하다. b) 전문가들의 토론회: ein internationales K. über Völkerrecht 국제법에 관한 국제 전문가 토론회. c) 《österr.》 (소규모의) 구두시험 또는 기말 시험.

kollrig: ↑kollerig.

kolludieren [kɔlu'di:rən] 〈h〉 [lat. collūdere = mit jmdm. unter einer Decke stecken] [법] 공모하다, 결탁하다.

Kollumkarzinom ['kɔlʊm-], das; -s, -e [lat. collum = Hals (3 c) + ↑Karzinom] [의학] 자궁경부암(癌).

Kollusion [kɔlu'zjo:n], die; -en [lat. collūsio = geheimes Einverständnis] [법] a) 공모, 결탁. b) 증거 인멸. **Kollusionshandlung**, die [법] 증거 인멸 행위.

kolmatieren [kɔlma'ti:rən] 〈h〉 [frz. colmater] (늪지의) 지면을 높이다. **Kolmation** [...'tsjo:n], die; -en ↑Auflandung (a).

Köln [kœln] 쾰른(독일 라인 강변의 도시). **¹Kölner** ['kœlnɐ], der; -s, - 쾰른 사람. **²Kölner** [-] 〈Adj.; 격변화 없음〉 쾰른의. **Kölner Braun**, das; - - 암갈색. **Kölnisch** [kœlnɪʃ]〈Adj.〉 쾰른(사람, 말)의. **Kölnischbraun**, das 암갈색. **Kölnischwasser** ['kœlnɪʃ-'vasɐ], das; -s, -, **Kölnisch Wasser**, das; - -s, - - [↑Eau de Cologne] 오-드-콜로뉴(쾰른제 향수).

Kolo ['ko:lo], das; -s, -s [serb. kolo] 세르비아의 민속 무용.

Kolobom [kolo'bo:m], das; -s, -e [griech. kolóboma = das Verstümmelte] [의학] 결손(증), 안(眼)조직 결손증.

Kolombine [kolɔm'bi:nə], Kolumbine [kolʊm...], die; -n [ital. Colombina] 고대 이탈리아 희극에서 어릿광대역의 ↑Harlekin의 연인역 이름.

Kolombowurzel [ko'lɔmbo-], die; -n [스리랑카의 수도 콜롬보의 이름을 잘못 차용한 동남아프리카의 식물 Kalumb에서] 콜롬보 뿌리(적리(赤痢)의 약).

Kolometrie [kolome'tri:], die [문예학] 리듬 단위로의

시행 나눔. **Kolon** ['ko:lɔn], das; -s, -s / Kola [lat. cōlon < griech. kôlon = (Körper) glied Satzglied] **1.** [고대 시학·수사] 콜론(고대 문장이나 시행에 있어서 리듬의 단위). **2.** [해부] 콜론(:). **3.** [의학] 결장(結腸).
Kolonat [kolo'na:t], das, (또한) der; -(e)s, -e 고대 로마의 소작 제도. **Kolone** [ko'lo:nə], der; -n, -n [lat. colōnus] (고대 로마의) 콜로누스, 소작 농민.
Kolonel [kolo'nɛl], die [ital. colonello = kleine Säule] [인쇄] 7 포인트 활자.
Koloniakübel: ↑Coloniakübel.
kolonial [kolo'nia:l] ⟨Adj.⟩ [frz. colonial] **1.** 식민지의: -e Streitigkeiten 식민지 분쟁; -e Eroberungen 식민지 정복. **2.** [생물] 집단의, 군집(群集)의, 군락(群落)의: -e Lebensweise von Algen 해조의 집단(군락)적 생활 양식.
Kolonial- (Kolonie 1): **~beamte,** der 식민지 주둔 관리. **~dienst,** der 식민지 근무. **~gebiet,** das ↑Kolonie (1). **~handel,** der 《준고어》식민지와의 무역. **~herr,** der 식민지 체왕. **~herrschaft,** die 식민지 지배. **~joch,** das 〈Pl. 없음〉 (아어·감정) ↑~herrschaft. **~krieg,** der 식민지(획득) 전쟁. **~land,** das 〈Pl. -länder〉 ↑~gebiet. **~macht,** die 식민지 보유국. **~methoden** 〈Pl.〉 (폄) 식민지 통치 방식. **~politik,** die 식민지 정책. **~produkt,** das ↑~waren. **~regime,** das 《폄》 ↑~macht. **~reich,** das 대식민지. **~stil,** der 〈Pl. 없음〉 (건축의) 식민지 양식. **~truppe,** die 식민지 주둔 군대. **~volk,** das 식민지의 (원)주민. **~waren** 〈Pl.〉 《준고어》 식민지 산물, (특히 아) 열대산의) 수입식료품(향료, 설탕, 커피 등). **~warengeschäft,** das 《준고어》 (수입) 식료품점, 식품잡화점. **~warenhandel,** der 《준고어》 식료품 거래. **~warenhändler,** der 《준고어》 식료품점 주인. **~warenladen,** der 《준고어》 식료품상. **~zeit,** die 식민지 시대.
kolonialisieren [kolonjali'zi:rən] ⟨h⟩ 식민지화하다. **Kolonialisierung,** die; -en 식민지화. **Kolonialismus** [...'lɪsmʊs], der; - 식민(지화) 정책. **Kolonialist** [...'lɪst], der; -en, -en 식민 주의자. **kolonialistisch** ⟨Adj.⟩ 식민지 정책의, 식민지 정책을 추구하는: den Bruch zwischen der Dritten Welt und dem -en Westen 제 3 세계와 식민지 정책을 추구하는 서구와의 단절. **Kolonie** [kolo'ni:], die; -n [...i:ən; lat. colōnia = Länderei; Ansiedlung, Kolonie] **1.** 식민지, 해외 영토, 속령: -n ausbeuten 식민지를 착취하다. **2.** 해외 거류민, (단체로서의) 이민, (특정 외국인의) 집단: die deutsche K. in Rom 로마에 살고 있는 독일인 집단: 전의 die Hannoveraner gingen — unterstützt von ihrer mächtigen K. — zu Gegenangriffen über 하노버 팀은 — 수많은 팬들의 지원을 받아 — 반격으로 나아갔다. **3.** (도시의 교외 따위의) 집단 주택(지), 부락, 거주지. **4.** [생물] 집단, 군체(群體), 군락(群落): -n von Bakterien 박테리아 군(群): Möwen brüten in -n 갈매기들은 집단적으로 부화한다. **5. a)** ↑Ferienkolonie의 약칭. **b)** ↑Strafkolonie의 약칭.
Kolonisation [koloniza'tsjo:n], die; -en [frz. colonisation, engl. colonisation] **1.** 식민지 건설, 개척(반대: Dekolonisation). **2. a)** 개간, 개척, 식민: die K. des Ostens 동부의 개척(개간). **b)** (낙후한 지역의) 경제적 개발. **Kolonisator** [...'za:tɔr], (또한) ...to:ɐ̯], der; -s, -en [...'za'to:rən] **1.** 식민지 개척자, 식민지. **kolonisatorisch** [...za'to:rɪʃ] ⟨Adj.⟩ (식민지) 개척자의, 식민을 목적으로 한, 식민에 알맞은. **kolonisieren** [...'zi:rən] ⟨h⟩ [frz. coloniser] **1.** 식민지화 하다, 식민지를 건설하다(반대: dekolonisieren). **2.** 개척[개간]하다. **Kolonisierung,** die; -en 식민지 건

설, 개척, 식민. **Kolonist** [...'nɪst], der; -en, -en [engl. colonist] **1.** 식민지의 유럽 이주민: deutsche [englische] -en (식민지의) 독일[영국] 이주민들. **2.** 개척자. **3.** 집단 주택지 주민. **4.** [식물] ↑Adventivpflanze.
Kolonnade [kolɔ'na:də], die; -n [lat. columna] 열주(列柱), 주랑(柱廊). **Kolonne** [ko'lɔnə], die; -n [lat. columna = Säule] **1. a)** (행군에서) 종대, 종렬; im Marsch befindliche -n 행진 중에 있는 대열; **die fünfte K.** 제 5 열(간첩 또는 사보타주 집단); die ferngesteuerte fünfte K. Moskaus 원격 조종을 받는 모스크바의 제 5 열. **b)** (차량 등의) 긴 행렬: eine K. vorrückender Panzer 전진하는 장갑차 부대; eine lange K. von Kraftfahrzeugen 자동차들의 긴 행렬. **c)** 무리, 집단: eine K. von Demonstranten [Gefangenen] 시위[포로] 집단; eine K. bilden 무리를 짓다. **d)** 노동 집단, 작업단: ich habe solche Idioten in der K. gehabt 작업단 내에 그런 바보들이 있었다니. **2.** (숫자, 표, 단어 등의) 세로줄. **3.** [인쇄] ↑Druckspalte, Kolumne (1). **4.** [화학] 증류탑.
Kolonnen-: ~apparat, der [화학] 증류기. **~fahren,** das; -s (차량의) 종대 운행. **~macht,** die (한자 등처럼) 종서(縱書)(로 쓰는) 문자. **~springen,** das ↑Kolonnenspringer의 추월 행위. **~springer,** der 《통용어》 앞을 새치기 운전자. **~verkehr,** der 장사진을 이룬 차량 행렬.
Kolophon [kolo'fo:n], der; -s, -e [griech. kolophón = Gipfel, Abschluß] **1.** 중세사본(中世寫本)의 간행요목 (저자, 제목, 간행자, 발행처, 연월일 등의 기재). **2.** [고어] 종석(宗石). **Kolophonium** [...'njʊm], das; -s [griech. (hē) Kolophōnía(rhētínē)] 콜로포늄(바이올린 활줄에 바르는 정제수지).
Koloradokäfer [kolo'ra:do-], der; -s, - [19세기에 미국 Colorado에서 중부 유럽으로 들어온 데서] 콜로라도 감자벌레(↑Kartoffelkäfer).
Koloratur [kolora'tu:ɐ̯], die; -en [ital. coloratura = Farbgebung] [음악] (성악의) 화려한 장식적 선율, 장식음, 전음: sie singt K. 그녀는 노래 부를 때 장식음을 낸다.
Koloratur-: ~alt, der **1.** 콜로라투라 알토(음). **2.** 콜로라투라 알토 가수. **~arie,** die 콜로라투라 아리아. **~gesang,** der ⟨Pl. 없음⟩ 콜로라투라 노래(가창). **~sängerin,** die 콜로라투라 여자 가수. **~sopran,** der **1.** 콜로라투라 소프라노(음): sie singt K. 그녀는 고음의 콜로라투라 소프라노로 노래부른다. **2.** 콜로라투라 소프라노 가수.
kolorieren [kolo'ri:rən] ⟨h⟩ [lat. colōrāre = färben] **1.** 착색[채색]하다: Sticher[Federzeichnungen] k. 동판화(펜화의 스케치)에 채색하다. **2.** [음악] 장식음[전음]으로 꾸미다. **Kolorierung,** die; -en 착색[채색], 전음으로 꾸미기. **Kolorimeter** [kolori-], das; -s, - [화학] 비색계(比色計). **Kolorimetrie,** die [↑-metrie] **1.** [화학] 비색정량(법)(比色定量法). **2.** [천문] 비색 측정(법). **kolorimetrisch** ⟨Adj.⟩ [화학·천문] 비색정량(법)의, 비색온도측정(법)의.
Kolorismus [...'rɪsmʊs], der; - [예술] 색채주의, 색채파. **Kolorist** [...'rɪst], der; -en, -en **1. a)** 채색자, (회화의) 색채를 중시하는 화가. **2.** (16세기 독일의) 노래나 무곡을 오르간에 맞추어 편곡하는 오르간 연주자. **koloristisch** ⟨Adj.⟩ 색채파적의, 다채로운. **Kolorit** [kolo'ri:t, (또한)...rɪt], das; -(e)s, -e, - /-s [ital. colorito] **1. a)** 채색, 착색, 색채효과: ein tiefbraunes [warmes] K. 짙은 갈색의[따뜻한 갈색] 채색. **b)** [음악] 피부의 색깔, 피부의 착색. **c)** 색, 색의 견본. **2.** [음악] 음색. **3.** 특징, 분위기: das K. einer Stadt 도시의 독특한 분위기.

Koloskop, das; -s, -e [↑Kolon (3) u. griech. skopeīn = betrachten] [의학] 결장(結腸)(내시)경. **Koloskopie,** die; -n [의학] 결장(내시)경 검사.
Koloß [ko'lɔs, ko...], der; Kolosses, Kolosse [lat. colossus < griech kolossós] **a)** 거상(巨像), 거대한 입상(立像): der K. von Rhodos 로도스 섬에 있는 아폴로의 거상; [전의] ein K. auf tönernen Füßen 사상누각(砂上樓閣). **b)** 《통용어·농》거인, 거한(巨漢): sie ist ein K. 그녀는 거인이다. **c)** 거대한 물건: der K. aus Stahl 강철로 만든 거대한 물건(장갑차 등). **Kolossä** [kɔlɔ'sɛ], **Kolossai** [kɔlɔ'sai] 골로새(Phrygien의 옛 도시).
kolossal [kɔlɔ'sa:l, kɔ...] 〈Adj.〉 [frz. colossal] **1.** 거대한, 육중한: eine ~e Plastik 거대한 조각품. **2.** 《통용어·감정》**a)** 아주 큰, 강한, 엄청난: ein -er Irrsinn 엄청난 착각; -es Glück haben 대단한 행운을 얻다; einen -en Schrecken bekommen 굉장히 놀라다. **b)** 《형용사와 동사를 강조》대단히, 굉장히, 엄청나게: es gab z. viel Schnee 엄청나게 많은 눈이 내렸다; das erleichtert die Sache k. 그것은 문제를 대단히 쉽게 한다.
Kolossal-: ~bild, das ↑~gemälde. **~figur,** die 거상(巨像). **~film,** der (역사물 등의) 대스펙터클 영화. **~gemälde,** das 거대한 그림. **~ordnung,** die [건축] (후기 르네상스, 바로크 시대의) 2층 이상을 받치는 건물정면의 기둥 배열(방식). **~schinken,** der 《경》**a)** ↑ ~film. **b)** ↑~gemälde. **~statue,** die 거상(巨像).
kolossalisch 〈Adj.〉 《아어·고어》↑kolossal (1): e Frauengestalten 거대한 여성상.
Kolossalität [...sali'tɛ:t], die 《드물게》거대함, 거대한 규모.
Kolosser [kɔ'lɔsɐ], der; -s, - ↑Kolossä의 주민.
Kolosserbrief, der 골로새 서(書).
Kolostralmilch [kɔlɔs'tra:l-], die, **Kolostrum** [ko'lɔstrʊm], das; -s [lat. colostrum = Biestmilch] [의학] (분만 전후의) 초유(初乳).
Kolotomie [koloto'mi:], die; -n [...tən; griech. kólon = Körperglied, Darm + tomé = das Schneiden] [의학] 결장절개술(結腸切開術).
Kolpak: ↑Kalpak.
Kolpinghaus ['kɔlpɪŋ-], das; -es, häuser [국제 가톨릭계 연수 단체의 창립자인 독일 신학자 A. Kolping(1813~1865)의 이름에서] 콜핑 직인조합(職人組合)에 딸린 청년기숙사.
Kolpitis [kɔl'pi:tɪs], die; ...itiden [...pi'ti:dn; griech. kólpos = Vertiefung] 질염(膣炎).
Kolportage [kɔlpɔr'ta:ʒə], 〈österr.〉 ...a:ʒ], die; -n [frz. colportage] **1.** 통속 소설, 대중 소설: ein Stoff, der nahe bei der K. liegt 통속 소설에 가까운 소재. **2.** 소문의 유포(流布). **3.** 《고어》통속 소설 (판매) 행상(行商).
Kolportage-: ~handel, der (Pl. 없음) 《고어》↑ Kolportage (3). **~literatur,** die 통속(大衆) 문학. **~roman,** der (연재물의) 대중 소설.
kolportagehaft 〈Adj.〉 통속 소설적인: eine -e Handlung 통속 소설적인 줄거리. **Kolporteur** [...'tø:ɐ], der; -s, -e [frz. colporteur] **1.** 소문을 퍼뜨리는 자. **2.** 《고어》(잡지, 서적의) 행상인. **kolportieren** [...'ti:rən] 〈h〉 [zu: Kolporter = hausieren] **1.** 《교양어》(불확실한 정보나 소문을) 무책임하게 퍼뜨리다): ein Gerücht(eine Anekdote) k. 소문(일화)을 퍼뜨리고 다니다. **2.** 《고어》(서적, 잡지 등을) 행상하다.
Kolpos ['kɔlpɔs], der; - [griech. kólpos = Vertiefung] (고대 그리스, 로마의 복장에서) 허리띠를 매어 생긴 불룩한 부분. **Kolposkop** [kɔlpo'sko:p], das; -s, -e [griech. kólpos + skopeīn] [의학] 질경(膣鏡). **Kolposkopie** [...ko'pi:], die [의학] 질경검사.

¹**Kölsch** [kœlʃ], das; -(s) 쾰른산(產) 맥주.
²**Kölsch** [-], der; -(e)s 〈schweiz.〉능직면포(綾織綿布)의 이름.
³**Kölsch** [kœlʃ], das; - 쾰른 방언.
¹**Kolter** ['kɔltɐ], der; -s, - (또는) die; -n 〈südwestd.〉 **a)** 양털 모포. **b)** 누비 이불.
²**Kolter** [-], das; -s, - 〈nordwestd.〉 가래의 날(刃).
Kolumbarium [kolʊm'ba:riʊm], das; -s, ...ien [...iən; lat. columbārium, = Taubenschlag] **1. a)** (1,2세기경 로마의) 유골을 안치하는 덕감. **b)** 유골 안치용 벽감들이 늘어선 지대. **2.** 묘지의 납골당(納骨堂).
Kolumbianer, Kolumbier, der; -s, - 콜롬비아 사람. **Kolumbianisch, kolumbisch** 〈Adj.〉 콜롬비아의. **Kolumbien** [ko'lʊmbjən] 콜롬비아(남미의 국가). **Kolumbier** [ko'lʊmbiɐ] ↑Kolumbianer. **Kolumbine:** ↑Kolombine.
Kolumne [ko'lʊmnə], die; -n [lat. columna = Säule] **1.** [인쇄] ↑Druckspalte. **2.** (신문, 잡지 등의) 고정란. **3.** ↑Kolonne (2). **Kolumnentitel,** der [인쇄] (신문 등의) 난외표제, 머리제제: der tote K. 페이지 표시숫자; der lebende K. 해당 장(章) 또는 페이지의 내용 요약 표기. **Kolumnist** [...'nɪst], der; -en, -en 칼럼니스트, 상시 특약 기고가.
Köm [kø:m], der; -s, -s 〈nordd.〉 ↑Kümmel (3).
¹**Koma** ['ko:ma], das; -s, -s / -ta [griech. kōma = tiefer Schlaf] [의학] 혼수, 의식 불명: im K. liegen 혼수 상태에 있다.
²**Koma** [-], die; -s [lat. coma < griech. kómē = Haar] **1.** [천문] 혜성의 핵을 둘러싼 성운(星雲) 모양의 물체. **2.** [광학] 코마(렌즈의 수차(收差)의 하나).
Komantsche [ko'mantʃə], der; -n, -n (북미 인디언의) 코만치족(사람).
komatös [koma'tø:s] 〈Adj.〉 [의학] 혼수 상태의: -e Zustände 혼수 상태.
kombattant [kɔmba'tant] 〈Adj.〉 《교양어·드물게》전투적인. **Kombattant** [-], der; -en, -en [frz. combattant] **a)** [국제법] (국제법상의) 전투원. **b)** 《교양어·고어》참전자, 전우. **Kombattantenstatus,** der 〈Pl. 없음〉 [국제법] 전투 부대의 지위, 전투원의 신분: die Terroristen beanspruchten den K. 테러리스트들이 전투원의 신분을 요구했다.
Kombi ['kɔmbi], der; -(s), -s ↑Kombiwagen의 약칭.
Kombi- 《Kombinier 의미의 복합어로》: **~möbel,** das 다목적 가구. **~schiff,** das [선용] **1.** 화물·여객 복합선. **2.** (건·습식 하역이 가능한) 복합 화물선. **~schlüssel,** der **a)** 다목적 나사돌리개[스패너]. **b)** (특히 자동차의) 다목적 열쇠. **~schrank,** der (찬장과 옷장의) 겸용 장롱. **~wagen,** der (승용 및 배달) 겸용 자동차(약칭: ↑Kombi). **~zange,** die 만능 펜치.
Kombinat [kɔmbi'na:t], das; -(e)s, -e [russ. kombinat] 콤비나트, (사회주의 국가들의) 기업결합: ein holzverarbeitendes K. 목재 가공 콤비나트. ¹**Kombination** [...na'tsio:n], die; -en **1. a)** 결합, 연합, 연결: eine K. verschiedener Eigenschaften 여러 가지 특성들의 결합. **b)** 연상, 추측, 종합판단: eine scharfsinnige (kühne) K. 날카로운(대담한) 추리; eine harte K. erschließen 추리에 의해 해명하다. **2.** (의복의) 콤비네이션, 조합: eine K. aus Hose und andersfarbigem Sakko 바지와 다른 색깔의 저고리와의 콤비네이션이다. **3. a)** [장기] (소정의 목표 달성에 놀라운 효과를 거두는) 연계 전술. **b)** [구기] 콤비네이션 플레이, 연합[연계]경기, 팀워크. **c)** [스키] 복합 경기: alpine K. 알파인 종목; nordische K. 노르딕 종목. **d)** [권투] (두 주먹을 사용한) 연속타. **e)** [체조] 콤비네이션. **4.** [수학] 조합(組合). ²**Kombination** [-, 《또는》 kɔmbi'nei̯ʃn], die;

Kombinations--en / 《영어식 발음》-s [engl. combination] 1. 《위아래가 붙어있는》작업복: Zwei Männer in dunklen -en 짙은 색 작업복을 입은 두 남자. 2. 《준고어》《위아래가 붙어 있는》부인용 또는 어린이용 속옷.

Kombinations-: ~fähigkeit, die 〈Pl.없음〉↑ **~gabe. ~gabe,** die 〈Pl. 없음〉종합하는 재주, 종합 판단 능력. **~möglichkeit,** die 결합[종합] 가능성. **~präparat,** das [약학] 복합 성분의 약품. **~schloß,** das 숫자나 문자를 맞추어 여는 자물쇠. **~ski,** der 다목적 스키. **~spiel,** das [구기] 조직적 경기, 팀워크에 의한 경기(운영). 1. 〈Pl. 없음〉《패스 등의》연계 플레이. 2. 팀워크를 필요로 하는 경기: Fußball ist ein K. 축구는 팀워크를 필요로 하는 경기이다. **~ton,** der [음악·물리] 결합음(音), 연결음. **~vermögen,** das 〈Pl. 없음〉↑ **~gabe. ~zug,** der [구기] 팀워크.

kombinativ [kɔmbina'ti:f] 〈Adj.〉 [engl. combinative] 추측의, 연상적. **Kombinatorik**[...'to:rɪk], die **a)** 결합술. **b)** 《수학의》 조합론(組合論). **kombinatorisch** 〈Adj.〉 짜맞추는, 결합의, 조합의: -e Begabung[Fähigkeiten] 조합 재능[능력]; die -e Leistung des Gehirns 뇌의 종합판단 행위. **Kombine** [kɔm'bain,...'bi:nə], die, -n [...'bainən] / -s [...'bains], **Combine** ['kɔmbain], die, -s [engl. combine] 콤바인, 수확기(收穫機). **kombinierbar** [kɔmbi'ni:ɐ̯ba:ɐ̯] 〈Adj.〉결합될 수 있는: vielfältig -e Kleidungsstücke 다양하게 결합될 수 있는[콤비로 입을 수 있는] 옷들. **kombinieren** [...'ni:rən] 〈h〉 [lat. combīnāre = vereinigen] 1. **a)** 결합하다, 조합하다, 종합하다: verschiedene Kleidungsstücke(Farben) (miteinander) k. 여러 가지 옷들(색깔들)을 《서로》결합하다; das kombinierte Wohn-Schlafzimmer 거실 겸 침실을 겸한 방; ein kombinierter Schrank 겸용장롱, 다목적장롱. **b)** 〈k. + sich〉서로 결합하다, 합일하다. 2. 총합 판단을 내리다, 결론을 도출하다, 관련시키다: blitzschnell k. 번개처럼 빠르게 결론(판단)을 내리다. 3. [구기] 콤비 플레이를 하다. **Kombinierte*,** der / die [스키] 복합경기 선수. **Kombinierung,** die; -en 결합, 연결.

Kombüse [kɔm'by:zə], die; -n [niederd. kambüse] [선원] 선박의 주방, 조리실.

kombustibel [kɔmbʊs'ti:bl̩] 〈Adj.〉 [frz. combustible] 《교양어·고어》불타기 쉬운, 인화성의. **Kombustion** [...'tio:n], die; -en [lat. combūstio] [의학] 화상(火傷).

Komedo ['ko:medo, 《또한》'kɔ...], der, -s, ...donen [kome'do:nən, kɔ...; lat. comedo] 1. 《교양어·고어》미식가(美食家), 식도락가. 2. 회식자(會食者). **komestibel** [komɛs'ti:bl̩] 〈Adj.〉 [frz. comestibile] 《교양어·고어》먹을 수 있는, 식용의. **Komestibilien** [...ti'bi:liən] 〈Pl.〉《교양어·고어》식품, 식료품.

Komet [ko'me:t], der, -en, -en [lat. comēta, cometes < griech. komḗtēs = Haarstern] 살별, 혜성: ein Komet zerschellt[verlischt] 혜성이 부서진다[소멸된다]. **kometar** [kome'ta:ɐ̯] 〈Adj.〉 [engl. cometary] 혜성의, 혜성에서 나온.

kometen-, Kometen-: ~artig 〈Adj.〉 혜성 모양의. **~bahn,** die 혜성의 궤도. **~schweif,** der **1.** 혜성의 꼬리. **2.** 《꼬리도 크고 아름다운》 금붕어의 일종.

kometenhaft 〈Adj.〉 혜성과 같은: der -e Aufstieg eines Politikers[Autors] 정치가[작가]의 혜성과 같은 부상(浮上).

Kömeterion [køme'te:riɔn] ↑ Zömeterium. **Komfort** ['kɔmfo:ɐ̯], der; -s [engl. comfort] 쾌적, 편리, 편안, 안락: der K. eines Hotels 호텔의 쾌적한이 시설; die Räume sind mit allem K. ausgestattet 방들이 모든 편리한 설비를 갖추고 있다. **komfortabel** [kɔmfɔr'ta:bl̩] 〈Adj.〉 [engl. comfortable] 쾌적한, 안락한, 편리한: ein komfortables Hotel 쾌적한 호텔; k. eingerichtete Zimmer 편리하게 설비된 방들.

Komik ['ko:mɪk], die [frz. le comique] 익살, 희극, 희극적 연기: eine Szene voller K. 희극으로 가득 찬 장면; eine Miene von unvergeßlicher K. 잊을 수 없는 우스꽝스러운 표정. **Komiker,** der; -s, - **a)** 만담가, 익살꾼: [전의] der Junge unseres Nachbarn ist ein K. 우리 이웃집 소년은 그 행동거지로 웃음을 터뜨리게 한다; so kannst du das doch nicht lassen, K.! 그것 좀 제발 그만둘 수 없어, 이 까불이 녀석! **b)** 희극배우.

Kominform [komɪn'fɔrm, 《또한》kɔ...], das; -s **Kommunist, Informationsbüro** 코민포름, 공산당 정보국. **Komintern** [komɪn'tɛrn, 《또한》kɔ...], die **Kommunistische Internationale** 코민테른, 국제 공산당.

komisch ['ko:mɪʃ] 〈Adj.〉 [frz. comique < lat. cōmicus < griech. kōmikós] **1.** 익살스러운, 우스운: ein -es Aussehen 익살스러운 용모; jmdn. [etw.] irrsinnig k. finden 누구[무엇]를 몹시 우습게 여기다. **2.** 이상한, 기이한, 기묘한: ein -er Mensch 《통용어》기인 (奇人); ein -es Benehmen 이상한 행동; ein -es Gefühl haben 기이한 느낌을 갖다. **komischerweise** 〈Adv.〉《통용어》이상하게도, 묘하게도: er ist k. wieder nicht befördert worden 그는 이상하게도 승진되지 않았다.

Komitat [komi'ta:t], das, 《또한》der; -(e)s, -e [lat. comes = Begleiter, Gefolgsmann] **1.** 《역사적》(1949년까지의 형가리의》행정 구역, 군, 현. **2.** 《통》《종업원을 환송하는 행렬 등의》수행(자), 호위. **Komitativ** [komita'ti:f, 《또한》'ko:...], der; -s, -e [...i:və; neulat. comitātus = Begleitung] [언어] 수반격(隨伴格).

Komitee [komi'te:, 《또한》kɔ...], das; -s, -s [frz. comité] 위원회: ein vorbereitendes K. 준비 위원회; K. für Frieden und Abrüstung 평화 및 군비 축소 위원회; ein K. gründen 위원회를 설립하다.

Komitien [ko'mi:tsiən] 〈Pl.〉 [lat. comitia] 《고대 로마의》평민회(平民會).

Komma ['kɔma], das; -s, -s / -ta [lat. comma < griech. kómma = Schlag; Abschnitt, Einschnitt] **1. a)** 쉼표, 구두점(,): ein K. setzen 콤마를 찍다. **b)** 소수점: die Differenz bis auf zwei Stellen nach dem K. berechnen 소수점 이하 두 자리까지 차이를 계산하다. **2.** [고대 시학·수사] 콜론(Kolon 1)의 소절(小節). **3.** [음악] 구절(句節)[분절(分節)] 표시. **4.** [음악] 콤마, 소음정(小音程).

Komma-: ~bazillus, der [의학] 코마균(菌), 콜레라균. **~fehler,** der 코마(표시)의 오류. **~stelle,** die [수학] 소수점 이하 자리.

Kommandant [kɔman'dant], der; -en, -en [frz. commandant] **1.** 지휘관, 사령관, 대장, 함장. **2.** 《schweiz.》↑ Kommandeur. **Kommandantur** [...dan'tu:ɐ̯], die; -en, -en 사령부, 부대장: sich auf[in] der K. erkundigen(melden) 사령부에 문의하다[보고하다]. **Kommandeur** [...'dø:ɐ̯], der; -s, -e [frz. commandeur] 《대대에서 사단까지의》지휘관, 부대장, 사령관. **Kommandeuse** [...'dø:zə], die; -n **1.** ↑ Kommandeur의 여성형. 사령관[지휘부]의 부인. **3.** 《통용어》명령하기를 좋아하는 여자.

kommandieren [...'di:rən] 〈h〉 [frz. commander] **1. a)** 지령[지휘]하다, 명령하다: eine Kompanie[eine Flotte] k. 중대[함대]를 지휘하다; der Kommandierende General 군단장, 부대장; [전의] sie Kommandierte den Tagesablauf 그녀가 일과(日課)를 좌지우지 했다. **b)** 전속시키다, 파견하다: jmdn. an die Front k.

누구를 전선으로 전속시키다; 전의 er war eher ein bißchen zweiflerisch, eben nur „kommandiert" 그는 오히려 약간 회의하는 자로서 속심으로 신봉하는 자는 아니었다. **c)** 명령을 내리다, 지시를 하다: den Rückzug k. 퇴각을 명하다; 전의 dem Arbeiter wird kommandiert 노동자에게 지시가 하달된다. **2.** 《통용어》명령조로 지시하다[말하다]: seine Frau kommandiert gern 그의 부인은 명령조로 지시하기를 좋아한다. **Kommandierung,** die 지휘, 명령, 전속[파견]명령. an die Front 전방(으로의) 전속 명령. **Kommanditär** [...di'tε:ɐ], der; -s, -e [frz. commandétaire] 《schweiz.》 ↑Kommanditist. **Kommandite** [...'di:tə], die; -n **1.** 《고어》↑Kommanditgesellschaft. **2.** 지점, 지사. **Kommanditgesellschaft,** die; -en 합자 회사(약어: KG). **Kommanditist** [...di'tIst], der; -en, -en 《합자 회사의》유한 책임 사원.

Kommando [kɔ'mando], das; -s, -s / 《österr.》 ...den [ital. comando] **1. a)** 호령, 명령: ein militärisches K. 군대 명령; ein K. geben 명령을 내리다. **b)** (명령에 의한) 임무: Offiziere mit einem K. beauftragen 장교들에게 (명령에 의한) 임무를 부과하다. **2.** 〈Pl. 없음〉명령권, 지휘권: das K. über eine Einheit haben 단위 부대에 대한 지휘권을 갖다; die Division steht unter dem K. von... 그 사단은 …의 지휘하에 있다. **3. a)** (특별한 임무를 위해 편성된) 단위 부대, 분견대, 특별 기습대: ein K. der Staffel 제대(梯隊)의 분견대(특별기습대); zu einem K. gehören 특별 기습대에 속하다. **b)** 사령부.

Kommando-: **~behörde,** die (지휘 및 행정 임무를 지닌) 고위 군사령부. **~brücke,** die 사령교(司令橋), 선교(船橋), 함교(艦橋). **~fahne,** die 사령부 기, 사령관 기. **~flagge,** die 통수권 행사. **~gerät,** das **1.** (고사포 등의) 조준 산정기(照準算定器). **2.** 지령(指令)발신 장치. **~gewalt,** die ↑Befehlsgewalt: die K. des Kaisers 황제의 지휘권[통수권]. **~höhe,** die 《특히 다음 용법으로》 **-n der Volkswirtschaft** 사회주의 계획경제를 발전시키기 위한 최종적[결정적]인 원칙. **~kapsel,** die 《우주》사령선(우주선의). **~ruf,** der 명령을 외치는 소리. **~sache,** die 《다음 용법으로》**geheime K.** 《특히 군》극비 지령(極秘指令); 전의 ihr Privatleben war schon immer eine geheime K. 그녀의 사생활은 이미 언제나 극비 사항이었다. **~stab,** der 사령부의 참모. **~stand,** der 《군》사령탑. **~stelle,** die 사령부 소재지. **~stimme,** die 명령(호령)의 소리. **~ton,** der 《Pl. 없음》↑Befehlston. **~unternehmen,** das 분견대(특별 기습대)의 작전. **~zentrale,** die 지휘 본부, 사령 본부.

Kommassation [kɔmasa'tsjoːn], die; -en 《오스트리아에서》(경지) 정리. **kommassieren** [...'siːrən] 〈h〉 《전문어》(경지를) 정리 통합하다. **Kommassierung,** die; -en 《특히 österr.》(경지의) 정리 통합.

Kommata: ↑Komma의 복수형.

Kommemoration [kɔmemɔra'tsjoːn], die; -en [lat. commemorātiō] **1.** 《교양어·고어》기념. **2.** 《가》 **a)** 기념, (미사의) 병자나 죄인을 위한 기도. **b)** 《종교 의식에서의》기념제. **kommemorieren** [...'riːrən] 〈h〉 [lat. commemorāre] 《교양어》기념하다, 기념제를 열다.

kommen ['kɔmən] 〈s〉 **1. a)** 오다, 도착하다: wir sind vor einer Stunde gekommen 우리는 한 시간 전에 도착했다; pünktlich k. 정시에 도착하다; ich komme gleich; 곧 갑니다, 곧 돌아옵니다; ich komme zu Fuß [mit dem Fahrrad] 나는 걸어서[자전거를 타고] 온다; nächste Zug kommt in einer halben Stunde 다음 기차는 반 시간 이내에 온다; 성구 komm' ich heut nicht, komm' ich morgen 《조롱》오늘 못하면 내일 하겠지로군(굼뜬 동작, 느린 작업 속도에 대해서); 《명사화》

ein ständiges Kommen und Gehen 끊임없는 왕래. **b)** 어떤 방향(장소)으로 움직이다, 이르다(도달하다): nach Hause k. 집으로 가다; ans Ziel k. 목적지에 이르다; komme ich hier zum Bahnhof? 이 길이 정거장으로 가는 길입니까?; (동작동사의 과거분사와 함께) angebraust(angekrochen) k. 돌진해[기어서] 오다; 전의 auf etwas zu sprechen k. 이야기가 무엇에 미치다. **c)** (어떤 출발점이나 방향에서) 도착하다, 도달하다: aus Berlin[극장, 산책]에서 돌아오다; der Wind kommt von (der) See 바람이 바다쪽에서 불어온다. **d)** (경유하는 장소를 말하여): der Zug kommt über Frankfurt 기차는 프랑크푸르트를 경유해서 온다; wir kamen durch schöne Gegenden 우리는 아름다운 지역을 통과해서 왔다. **2. a)** 출석하다, 참가하다: zu einer Tagung k. 회의 오지 않겠다; ich weiß nicht, ob ich k. kann 내가 갈 수 [참석할 수] 있을지 모르겠다. **b)** 방문하다: kannst du morgen zum Abendbrot k.? 내일 저녁식사에 올 수 있겠니?; morgen wird ein Vertreter zu Ihnen k. 내일 대리인이 당신을 방문할 것이다. **3. a)** 배달되다, 운반되다: für dich ist keine Post gekommen 너에게 우편물이 오지 않았다; das Essen kommt gleich auf den Tisch 식사가 곧 식탁에 나온다; 전의 die Streitigkeiten kamen vor den Richter 그 분쟁은 재판을 받게 되었다. **b)** 〈k. + lassen〉오게 하다, 불러오게 하다, 주문하다: einen Arzt k. lassen 의사를 불러오게 하다; ich habe (mir) ein Taxi k. lassen 나는 택시를 불러오게 했다. **4. a)** 보이다, 나타나다: das kommt mir sehr gelegen 그것은 나에게 아주 적당한 것 같다. **b)** 《통용어》누구에 대하여 어떠한 태도[행동]를 취하다: er kam seinem Vater frech zu 그는 아버지에게 불손한 행동을 했다. **c)** 《통용어》누구에게 《성가시게》의뢰하다: komm mir doch nicht immer mit Ausreden! 나에게 항상 (그런) 구실을 을 대지 말라! **d)** auf jmdn. nichts k. lassen 누구를 감싸주다, 비호하다. **5.** 생기다, 떠오르다, 나타나다: die Saat ist nicht gekommen 씨가 싹트지 않았다; dort hinten kommt es ganz schwarz 저 뒤에 아주 시커먼 구름이 일고 있다; der Gedanke kam ihm, daß... 그에게 …한 생각이 떠올랐다; die Antwort kam spontan 그 대답은 기다렸다는 듯이 즉각 나왔다. **6.** 수용되다, 받아들이다: er kommt zur Schule 그는 학교에 입학한다; in die Lehre k. 배움을 시작하다; ins Gefängnis k. 감옥에 갇히다; 전의 in den Himmel [in die Hölle] k. 천당[지옥]에 가다. **7. a)** 자리잡다, 놓이다: das Buch kommt ins Regal 책이 서가에 꽂힌다; diese Löffel kommen rechts ins Fach 이 숟가락들은 선반[서랍] 오른쪽에 놓인다. **b)** 실리다: der Aufsatz kommt in die nächste Nummer der Zeitschrift 그 논문은 잡지의 다음호에 실린다. **8.** 어떤 상태에 빠지다[처하다]: in große Gefahr [Verlegenheit] k. 큰 위험에 처하다[몹시 당황하다]; plötzlich kam ich ins Rutschen 갑자기 미끄러지기 시작했다; 〈k. + zu 부정형〉 sie kam neben den Minister zu sitzen 그녀는 장관 곁에 앉게 되었다. **9. a)** 어떤 정신적 상태에 빠지다[처하다]: sie kamen endlich in Schwung 그들은 마침내 분발했다. **b)** (감정, 정신적 상태 등이) 엄습하다, 덮치다: das Gefühl tiefer Zufriedenheit kam über ihn 깊은 만족감이 그를 엄습했다. **10.** 시간[기회]을 가지게 되다: endlich komme ich dazu, dir zu schreiben 마침내 너에게 편지 쓸 시간이 있다; ich komme kaum aus dem Haus 나는 거의 집 밖으로 나올 시간[기회]이 없다. **11.** (서서히) 일어나다, 생기다, 시작되다, 다가오다: die Flut kommt 만조가 난다; der Tag[die Nacht] kommt 〈아〉 낮[밤]이 시작되다, 날이 새다[저물다]; was auch immer k. mag, ich bleibe bei dir 무슨 일이 일어나든, 난 너의 곁에 머무

르겠다; es kommt zum Streit[zum Krieg] 분쟁[전쟁]이 일어나다; [성구] wie's kommt, so kommt's [wie's kommt, so wird's genommen] (통용어) 어떤 일이 일어나든 받아들인다, 조용히 운명을 받아들인다; das durfte jetzt nicht k. (통용어·조동) 그걸 지금 이야기하기에는 (막상 이제와서 생각하니) 정말 바보 같은 짓이었어; so weit kommt es noch! (통용어·반어) 일이 그 지경에까지 이르다니!; 〈명사화〉 **im Kommen sein** (다시) 유행하다(새로워지다). **12.** 무엇을 얻다, 되찾다: zu Geld[großen Ehren] k. 돈[큰 명예]을 얻다; zur Besinnung[zur Ruhe] k. 제 정신(안정)을 찾다; wenn du dich nicht anstrengst, wirst du nie zu etwas k. (통용어) 노력하지 않으면, 결코 성공하지 못할 것이다; **wieder zu sich k.** 의식을 되찾다. **13.** 잃다: er ist um sein Gehör[seinen Verstand] gekommen 그는 청력[제 정신]을 잃었다; ums Leben k. 생명을 잃다. **14.** 무엇과 만나다, 발견하다: jmdm. auf die Spur k. 누구에 대한 단서를 얻다; hinter jmds. Pläne [Schliche] k. 누구의 계획(책략)을 알아차리다; wie kommst du darauf? 어떻게 그런 생각을 하게 되었느냐? **15. a)** 차례이다, 뒤따르다: wenn Sie diese Straße entlanggehen, kommt erst eine Schule, dann das Rathaus 이 길을 따라가면, 처음에 학교가, 다음엔 시청이 나온다; [성구] das Beste kommt zuletzt 가장 좋은 것은 맨 나중에 오는 법이다. **b)** (형제분사) 다가오는, 다음의, 미래의: am kommenden Sonntag 오는 일요일에; er ist der kommende Mann 그는 장래 유망한 사람이다. **c)** 맞아떨어지다, 어떤 비례이다: auf hundert Berufstätige kommen vier Arbeitslose 백 명의 직업인에 4명의 실업자 비율이다. **16. a)** 무엇에 기인하다[유래하다], 근거를 두다, 생기다, 일어나다: woher kommt das viele Geld? 그 많은 돈이 어디서 생겼느냐?; wie kommt es, daß du noch nichts unternommen hast? 왜 너는 아직 아무일도 착수하지 않았느냐?; [성구] das kommt davon! 그것이 바로 (너가 취한 행동의) 결과이다! **b)** (고어) 계승되다, 전해지다, 물려지다: das Schmuckstück ist von der Großmutter auf mich gekommen 그 장신구는 할머니에게서 그녀에게로 물려졌다. **17.** (경) 오르가즘(쾌감)에 이르다: ich komm nur mit meinem Mann 나는 남편하고만 오르가즘에 달한다; (비인칭으로도) mir kommt's 난 절정에 이른다. **18.** (통용어) 값이 얼마이다, (돈이) 들다: die Reparatur kommt auf etwa 500 Mark 수리 비용은 약 500 마르크이다. **19.** (동사적인 명사와 함께 쓰는 관용구에서, 자체의 의미는 회박) **a)** (동사를 우회적으로 표현, 예컨대) zu ↑Fall k. 떨어지다; zum ↑Ausbruch k. 폭발하다; in ↑Wegfall k. (격식독어) 탈락하다, 중지되다. **b)** (수동태 대신으로) zum ↑Einsatz k. 파견되다, 배치(투입)되다; zur ↑Verteilung k. (격식독어) 분배되다; zur ↑Durchführung k. (격식독어) 수행(실시)되다; jmdm. zu ↑Gesicht[↑Gehör] k. 누구의 눈에 뜨이다(귀에 들어가다).

Kommende [kɔ'mɛndə], die; -n [lat. commendāre = anvertrauen] 〈역사적〉 **1.** (가·엣) (교회의 직무를 수행할 의무가 없는) 공직 봉록(空職俸祿). **2.** 기사수도회의 관구(= Komturei).

Kommensale [kɔmɛn'za:lə], der; -n, -n (대개 Pl.) [zu lat. con- = mit- u. mensa = Tisch] 【생물】 공생동(식)물. **Kommensalismus** [...a'lɪsmʊs], der; - 【생물】 공생, 공서(共棲).

kommensurabel [kɔmɛnzu'ra:bl̩] 〈Adj.〉 [lat. commētīrī = ausmessen] (교양어) 비교할 수 있는, 약분할 수 있는(반대: inkommensurabel): kommensurable Verhältnisse 비교할 수 있는 상태; kommensurable Größen 【수학】 약분할 수 있는 양(수). **Kommensu-** **rabilität** [...rabili'tɛ:t], die 〈수학·물리〉 (교양어) 통약(通約), 동량, 동연(同延)(반대: Inkommensurabilität).

Komment [kɔ'mã:], der; -s, -s [frz. comment] 【대학생】 관례, 예법: dem K. folgen 관례에 따르다; der K. der Paarung bei diesen Vögeln 이들 새들이 짝을 지을 때의 습성(타고난 소리내 몸짓).

komment-, **Komment-** [-]; **~gemäß** 〈Adj.〉 관례[예법]에 따르는. **~handlung**, die 【행태】 본능적 행위, 습성에 따른 행동. **~kampf**, der 【행태】 (특정한 동물들의) 의식적(儀式的) 투쟁. **~mäßig** 〈Adj.〉 관례[예법]에 따른. **~widrig** 〈Adj.〉 관례[예법]에 위반되는.

Kommentar [kɔmɛn'ta:ɐ̯], der; -s, -e [lat. (liber) commentārius = Notizbuch] **1.** 주석(註釋), 주해(註解): ein K. zur Bibel 성서 주해; einen K. verfassen 주석을 쓰다; in K. nachschlagen 주해를 참조하다. **2.** 논평, 비평(신문, 라디오, 텔레비전 등의): ein politischer(militärischer, wirtschaftlicher) K. 정치(군사, 경제) 논평; kein K.! 노 코멘트! (아무것도) 할 말 없음! **3.** (경) 개인적 비평, 말 참견, 힘담: ein boshafter K. 심술궂은 말[험담]; mußt du zu allem deinen K. geben? 넌 사사건건 꼭 참견해야 하느냐? **kommentarisch** 〈Adj.〉 논평적인, 논평 형식의. **kommentarlos** 〈Adj.〉 주석(비평)이 없는: etwas k. zur Kenntnis nehmen 무엇을 비평없이 받아들이다. **Kommentator** [...'ta:tɔr, (또한) ...to:ɐ̯], der; -s, -en [...ta'to:rən; lat. commentātor = Erfinder, Erklärer, Ausleger] **1.** 주석(주해)자. **2.** (시사 문제의) 해설자, 평론가: ein politischer K. 정치 평론가. **kommentieren** [kɔmɛn'ti:rən] 〈h〉 [lat. commentari = überdenken, erläutern, auslegen] **1.** 주석하다, 주해를 달다: das Gesetz wurde so kommentiert: ... 그 법률은 ...하게 주해되었다. **2.** 논평하다, 해설[설명]하다: die Regierungserklärung wurde unterschiedlich kommentiert 정부의 선언에 대한 논평은 가지각색이었다. **3.** (통용어) 무엇에 대해 평하다, 의견을 말하다: sie pflegte alles und jedes auf ihre Art zu k. 그녀는 모든 것을 자기 식으로 평하는 버릇이 있었다. **Kommentierung**, die; -en 비평을 가함, 주석[주해]을 닮, 평론·논평을 행함.

Kommers [kɔ'mɛrs], der; -es, -e [frz. commerce] 【대학생】 (대학생의) 주연(酒宴). **Kommersbuch**, das 대학생 가요집. **Kommerz** [kɔ'mɛrts], der; -es [frz. commerce < lat. commercium = Handel u. Verkehr] (경) 상업, 거래, 교역: K. und Kultur 상업과 문화; der Zusammenhang zwischen Krieg und K. 전쟁과 상업의 관계. **kommerzialisieren** [kɔmɛrtsjali'zi:rən] 〈h〉 [frz. commercialiser] **1.** 상업화(영리화)하다: der kommerzialisierte Sport 상업화된 스포츠. **2.** 【재정】 국가의 채무를 사기업에 전가하다. **Kommerzialisierung**, die; -en 상업화, 영리화. **Kommerzialismus** [...'lɪsmʊs], der; - 【경제】 상업주의, 영리 본위. **Kommerzialrat**, der; -(e)s, ...räte (österr.) ↑Kommerzienrat. **kommerziell** [kɔmɛr'tsi̯ɛl] 〈Adj.〉 **a)** 상업(상)의, 상업적인: diese Einrichtung ist gemeinnützig, nicht k. 이 시설은 공공 시설로서 영리를 위한 것이 아니다. **b)** 이윤을 추구하는, 영리 본위의: -es Fernsehen 상업(민간) 텔레비전. **Kommerzienrat** [...'tsi̯ɛ:n-], der; -(e)s, ...räte (옛) 상업고문관(1919년까지 상공업 공로자에게 주어진 칭호).

Kommilitone [kɔmili'to:nə], der; -n, -n [lat. commilito = Mitsoldat, Waffenbruder] 【대학생】 (대학의) 학우, 동창: er diskutierte mit einigen seiner -n 그는 몇몇 학우들과 토의했다. **Kommilitonin**, die; -nen ↑Kommilitone의 여성형.

Kommis [kɔˈmiː], der; -n [kɔˈmiː(s)], - [kɔˈmiːs; frz. commis] 《고어》 상점의 고용인, 점원.

Kommiß [kɔˈmɪs], der; ...misses [군] 군무, 병역: er muß zum K. 그는 군에 가야[입대해야] 한다.

Kommiß-: **~brot**, das (4각형의) 군용 흑빵. **~geist**, der (Pl.없음) 《펌》 훈련과 복종만을 아는 정신적 태도, 군대 정신. **~hengst**, der 《펌》 잔소리가 심한(옹졸한) 상관(장교, 하사관): ein sturer K. 고집불통의 옹졸한 상관. **~stiefel**, der 군화. **~ton**, der 《펌》 명령조: im K. sprechen 명령조로 말하다. **~zeit**, die 군복무 기간, 군인 시절.

Kommissar [kɔmɪˈsaːɐ̯], der; -s, -e [lat. commissarius = Beauftragter] **1.** (정부의 특별 임명에 의한) 위원, (소련의) 인민 위원: das Gebiet wird von einem K. verwaltet 그 지역은 (특별)위원에 의해 관장된다. **2. a)** 《Pl. 없음》 《경찰의》 판등(官等) 경감직: er wurde zum K. ernannt 그는 경감으로 임명되었다. **b)** 경감. **Kommissär** [kɔmɪˈsɛːɐ̯], der; -s, -e 《südd., schweiz., österr.》 ↑Kommissar. **Kommissariat** [kɔmɪsaˈriaːt]; das; -s, -e **1.** 위원의 직(지위). **2.** 《österr.》 경찰서, 경찰의 관할 구역. **kommissarisch** 〈Adj.〉 (일시적으로) 위임을 받은, 임시의: der -e Leiter der Dienststelle 사무소 소장 대리. **Kommission** [kɔmɪˈsioːn], die; -en [lat. commissio = Vereinigung, Verbindung] **1. a)** (특정한 임무를 위탁 받은 공적인) 위원회: eine ständige K. 상임위원회; eine K. einsetzen 위원회를 설치하다; eine K. für Fragen des Umweltschutzes 환경 보호 문제 위원회, **b)** 전문 위원회. **2.** 《상·준고어》주문, 위임, 위탁, 인도해야 할 물건: etw. in K. geben[nehmen] [경제] 판매를 위탁하다 [위탁받다]. **3.** (고어) 구입, 매입: -en machen 물건을 구입하다(사들이다). **Kommissionär** [kɔmɪsioˈnɛːɐ̯], der; -s, -e [frz. commissionaire] [경제] **a)** 위탁 판매인, 거간, 중개인. **b)** ↑Kommissionsbuchhändler. **kommissionieren** [...niˈrən] 〈h〉 《österr.·관》 (신축 가옥의 인가 전에) 준공 검사를 하다.

Kommissions-: **~agent**, der [경제] 위탁 대리인. **~buchhandel**, der [경제] 서적 중개업. **~buchhändler**, der [경제] 서적 중개 상인. **~geschäft**, das [경제] 중개업, 위탁 판매점. **~gut**, das [경제] 위탁 판매품, 위탁 화물. **~handel**, der 위탁 판매(업), 중개업. **~lager**, das [경제] 위탁 상품 창고. **~mitglied**, das 위원회 위원. **~sendung**, die [경제] 위탁 발송, 위탁 상품의 송부. **~sitzung**, die 위원회의 회의. **~vertrag**, der [경제] 위탁 계약. **~ware**, die [경제] 위탁 상품.

Kommissur [kɔmɪˈsuːɐ̯], die; -en [lat. commissūra = Zusammenfügung, Verbindung] [의학] **1.** 신경의 교연(交連)[결합]. **2.** (기관(器官)의) 접합. **Kommittent** [kɔmɪˈtɛnt], der; -en, -en [lat. committēns] [경제] (판매)위탁자, 위임자. **kommittieren** [...ˈtiːrən] 〈h〉 [lat. committere = ausüben, anvertrauen] [경제] 위임[위탁]하다.

kommod [kɔˈmoːt] 〈Adj.〉 [frz. commode < lat. commodus = angemessen, zweckmäßig, bequem] (특히 österr.) 편안한, 기분 좋은: ein -er Sessel 편안한 안락의자; machen Sie sich's k.! 편히 하십시오! **Kommode** [kɔˈmoːdə], die; -en [frz. commode] (여러 개의 서랍이 달린) 장롱, 옷장, 중요한 것만 넣어두는 작은 장롱: die K. aufziehen 장롱의 맨 아래쪽 서랍을 열다; 전의 die alte K. ist verstimmt 낡은 피아노가 가락이 맞지 않다. **Kommodenschublade**, die 장롱 서랍. **Kommodité** [kɔmodiˈteːt], die; -en [frz. commodité] (지역적·그 외 고어) 쾌적, 편리, 안락.

Kommodore [kɔmoˈdoːrə], der; -s, -n / -s [engl. commodore] **1.** (해군의) 함대사령관, (공군의) 편대장. **2.** (해운, 상선의) 대선장, 고참선장.

Kommotio [kɔˈmoːtsio], die; -nen [lat. commōtio], **Kommotion** [...ˈtsioːn], die; -en [lat. commōtio = Erregung, Bewegung] [의학] **1.** 진탕(震盪). **2.** ↑ Gehirnerschütterung.

kommun [kɔˈmuːn] 〈Adj.〉 [lat. commūnis = 모두에게 혹은 여럿에게 공통적인] 《교양어·준고어》 공동(공유)의, 보통의, 일상적인: das sind ganz -e Geschichten 그것은 아주 일반적인 이야기들이다.

kommunal [kɔmuˈnaːl] 〈Adj.〉 [lat. commūnālis] 자치단체의, 시읍면의, 시읍면 소유의: -e Verwaltung 지방 행정; -e Angelegenheiten 지방[지역] 문제.

kommunal-, Kommunal-: **~abgaben** (Pl.) 지방세. **~anleihe**, die 지방채(地方債). **~beamte'**, der 지방 공무원. **~behörde**, die 지방 관청. **~obligation**, die ↑ ~anleihe. **~parlament**, das 지방 의회. **~politik**, die 지방 자치제 정치. **~politiker**, der 지방(자치제의) 정치가. **~politisch** 〈Adj.〉 지방 정치의. **~recht**, das 지방 자치 단체법. **~verband**, der 지방 자치 단체[시읍면] 연합체. **~verfassung**, die 지방 자치제도, 지방 자치법. **~verwaltung**, die 지방 자치, 지방 행정. **~wahl**, die 지방 선거. **~wirtschaft**, die 지방 경제.

kommunalisieren [kɔmunaliˈziːrən] 〈h〉 (개인 기업을) 자치 단체의 소유로 넘겨주다, 시읍면 소유로 하다, 공영화하다: Verkehrs- und Versorgungsbetriebe sind fast überall kommunalisiert worden 교통 및 공익 사업이 거의 어디서나 공영화되었다. **Kommunalisierung**, die; -en 공유(공영)화. **Kommunalität** [kɔmunaliˈtɛːt], die 공유, 공영. **Kommunarde** [kɔmuˈnardə], der; -n, -n [frz. communard] **1.** 생활 공동체 회원. **2.** 《역사적》 파리 코뮌 참가(지지)자. **Kommune** [kɔˈmuːnə], die; -n [1: lat. commūnia, 2: frz. Commune de Paris] **1.** [행정] 지방 기초 자치 단체, 시읍면. **2. Pariser K.** 《역사적》 1) 프랑스 혁명 시기의 파리 시의회. 2) 1871년 파리의 혁명 정부. **3.** (반체제적 성향의) 생활 공동체: er trat einer K. bei 생활 공동체에 가입하다. **4.** 〈Pl. 없음〉《준고어·펌》 (집합적으로) 공산당원, 공산주의자. **Kommunikant** [kɔmuniˈkant], der; -en, -en [lat. commūnicāns] **1.** [가] 성체배수자(聖體拜受者), (처음으로) 성찬에 참여하는 사람. **2.** [언어·사회] 정보전달 관여자, 대화참가자. **Kommunikantin**, die; -nen 〜 Kommunikant의 여성형. **Kommunikation** [...kaˈtsioːn], die; -en [lat. commūnicātio = Mitteilung, Unterredung] **1.** (Pl. 없음) 의사 소통, (정보, 사상 등의) 전달, 통신: K. durch Sprache 언어에 의한 정보전달[의사 소통]; die K. zwischen den Beteiligten ist blockiert 관계자들간의 의사 소통 [정보 전달]이 봉쇄되었다. **2.** 결합, 관계, 관련: eine K. zwischen Traum und Wirklichkeit 꿈과 현실간의 관계.

Kommunikations- (Kommunikation 2): **~fähigkeit**, die 의사 소통능력, 전달 능력. **~forschung**, die [사회·언어·기술] (의사 소통, 정보 전달, 통신 등) 커뮤니케이션 연구. **~instrument**, das 통신 기구. **~mittel**, das 전달 수단, 의사 소통 수단: Presse, Rundfunk, Fernsehen sind die wichtigsten K. 신문, 라디오, 텔레비전은 가장 중요한 전달 수단이다. **~modell**, das 커뮤니케이션 모델. **~satellit**, der 통신 위성. **~schwierigkeit**, die 〈대개 Pl.〉 의사소통의 어려움. **~zentrum**, das 만남의[회합] 장소, 커뮤니케이션 센터.

kommunikativ [...ˈtiːf] 〈Adj.〉 **a)** 정보 전달[의사 소통]에 관한: -e Beziehungen 정보전달 관계; viele Störungen im -en Verhalten Jugendlicher 청소년들의 의사 소통 행위에 있어서의 많은 장애들. b) 이야기하기 좋아하는, 속을 터놓는: er verhielt sich sehr k. 그는 매우 이야기하기를 좋아했다(그런 태도를 취했다). **Kommunion** [kɔmu'niɔːn], die; -en [lat. commūnion = Gemeinschaft] [가] 1. 성찬(聖餐), 성체배수(聖體拜受): die heilige K. empfangen 성체를 배수하다; zur K. gehen 성체 배수에 출석하다, 성찬에 참석하다. 2. 첫 성체 배수.

Kommunion- [가]: ~**bank**, die 성찬대(臺), 성체 배수대. ~**gespan**, der 《schweiz.》 성찬(식) 동행자. ~**kind**, das 첫 성체 배수 아동. ~**sonntag**, der 성찬 주일(主日), 성체 배수 일요일. ~**unterricht**, der 첫 성찬식을 준비하는 수업.

Kommuniqué [kɔmyni'ke, 《또한》 kɔmu...], das; -s, -s [frz. communiqué] a) 공식 발표, 코뮈니케: zum Abschluß des Staatsbesuches wurde ein gemeinsames K. herausgegeben (국가 원수의) 공식 방문을 종결짓는 공동 코뮈니케가 발표되었다. b) 청원[진정]서, 각서.

Kommunismus [kɔmu'nɪsmʊs], der; - [frz. communisme < engl. communism] 1. 공산주의. 2. 공산주의 운동, 공산주의 사회[체제]: der internationale K. 국제 공산주의; unter dem K. leben 공산주의 체제하에서 살다; im K. leben 공산주의 국가에서 살다. **Kommunist** [...nɪst], der; -en, -en a) 공산주의자: jmdn. als -en abstempeln 누구를 공산주의자로 낙인찍다. b) 공산당원: er ist eingeschriebener K. 그는 등록된 [정]공산당원이다; die -en 공산진영; mit den -en verhandeln 공산 국가의 대표자들과 협상하다. **Kommunistenangst**, die 공산주의 공포증. **Kommunistin**, die; -nen ↑Kommunist의 여성형. **kommunistisch** 〈Adj.〉 a) 공산주의의: die -e Gesellschaft 공산주의 사회. b) 공산주의 세계관을 따르는(옹호하는), 공산주의인: die -e Weltrevolution 공산주의적 세계 혁명; die -en Parteien Europas 유럽의 공산주의적 정당들. c) 공산주의 치하에 있는: k. regierte Länder 공산주의 정권 하의 나라들. **Kommunität** [...i'tɛːt], die; -en [1: lat. commūnitās = Gemeinschaft; 2: frz. communauté] 1. 《고어》 a) 공동체, 공동 사회. b) (지방자치 단체의) 공동 재산. c) (학생 기숙사) 식당. 2. 〔신교〕 종교 단체, 전도회. **kommunizieren** [...ni'tsiːrən] 〈h〉 [lat. commūnicāre = gemeinschaftlich tun, mitteilen] 1. 관계가 [연락이] 있다, 관련하다: kommunizierende Röhren 연통관(連通管). 2. 서로 이야기하다, 의사를 소통하다: mit einem Menschen k. 어떤 사람과 의사를 소통하다. 3. 〔가〕 성체(聖體)를 배수(拜受)하다, 성찬식에 참여하다: sie kommunizieren jeden Sonntag 그들은 일요일마다 성찬식에 간다.

kommutabel [kɔmu'taːbl] 〈Adj.〉 [lat. commūtābilis = veränderlich, wandelbar] 변경할 수 있는, 교환(대체)할 수 있는: kommutable Objekte 교환(대체) 가능한 대상들. **Kommutation** [...la'tsioːn], die; -en [lat. commūtātio = Veränderung, Wechsel] 1. a) 〔특히 수학〕 교환, 대체. b) 〔언어〕 (철자 등을) 바꾸어 넣기, 환입(換入). 2. ↑Kommutierung. **Kommutationsprobe**, die 〔언어〕 ↑Kommutation (1 b). **Kommutationstest**, der ↑Kommutation (1 b). **kommutativ** [...'tiːf] 〈Adj.〉 1. 교환(대체) 가능한. 2. 교환의, 가환성(可換性)의. **Kommutativität** [...tivi'tɛːt], die 〔특히 수학·언어〕 교환(대체) 가능성, 가환성(可換性): das Axiom der K. 교환(대체) 가능성의 원리. **Kommutator** [...'taːtɔr], der; -s, ...ta'toːrən] 〔전기〕 전환기, 정류자(整流子). **kommutieren** [...'tiːrən] 〈h〉 [lat. commūtāre = umbewegen,

verwandeln, verändern] 1. 〔특히 수학·언어〕 a) 교환(대체)하다, (수 또는 값을) 변경하다. b) 환입(換入)되다, 바꾸어지다. 2. 〔전기〕 전류의 방향을 바꾸다, 정류(整流)하다. **Kommutierung**, die; -en ↑kommutieren의 명사형.

Komödiant [kɔmø'djant], der; -en, -en 1. 《(준고어·폄》 희극배우, 배우: die -en einer Wanderbühne 순회 극단의 배우들. 2. 《폄》 …인 체하는 사람, 위선자. **komödiantenhaft** 〈Adj.〉 배우 같은, 배우처럼 행동하는. **Komödiantentruppe**, die 배우단(團). **Komödiantentum**, das; -s a) 배우(전체), 배우 기질(풍)(風]. b) 위선. **Komödiantik**, die 배우 정신, 배우의 본질적 특징. **Komödiantin**, die; -nen ↑Komödiant의 여성형. **komödiantisch** 〈Adj.〉 배우의(재능이 있는), 연극(풍)의: ein -es Spiel 무대의 특성에 맞는 연극. **Komödie** [ko'møːdjə], die; -n [lat. cōmœdia < griech. kōmōidía] 1. a) 〈Pl. 없음〉 희극. b) 희극 작품, 희극 각본: eine K. aus den 20er Jahren 20년대 희극작품; 〔전의〕 die Sitzung des Ausschusses war eine einzige K. 위원회의 회의는 (희극처럼) 아주 명랑한 분위기였다. 2. (희극을 주로 공연하는) 소극장: eine Platzmiete in der K. 소극장의 정기 입장권. 3. 거짓된 행동, 위선, 어처구니 없는 일: das ist doch alles nur K.! 그건 정말로 어처구니 없는 짓이다!; K. spielen 연극을 꾸미다, 속이다, …인 체하는.

Komödien-: ~**dichter**, der 희극 작가. ~**film**, der 희극 영화. ~**haus**, das ↑Komödie (2). ~**schreiber**, der 희극 작가. ~**stoff**, der 희극의 소재.

Komoren [ko'moːrən] 〈Pl.〉 코모로 군도(인도양 서부의 군도). **Komorer**, der; -s, - 코모로 군도의 주민. **Komorisch** 〈Adj.〉 코모로 군도의, 코모로 주민의.

Komp., Co., Co = Kompanie 회사.

Kompagnie [kɔmpa'niː], die; -n [...'niːən] 《schweiz.》 ↑Kompanie 참조. **Kompagnon** [kɔmpan'joː, 'kɔmpanjo, kɔmpanjɔn], der; -s, -s [frz. compagnon] 〔경제〕 공동 경영자, 공동 소유자, 조합원, 사원: er betrieb das Geschäft mit zwei -s 그는 두 명의 동업자와 함께 사업을 경영했다.

kompakt [kɔm'pakt] 〈Adj.〉 [frz. compact] a) 빈틈 없이 꽉찬, 올이 촘촘한, 긴밀한, 단단한: ein -es Mauerwerk 단단한 성벽; -e Werkstoffe 꽉 채워진 제작 원료 [재료]; 〔전의〕 -e Mehrheiten 현저한[확실한] 다수. b) 《통용어》 땅딸막한, 육중한, 꽉 짜인.

Kompakt-: ~**anlage**, die [무선] (견고하게 조립된) 스테레오 시설. ~**auto**, das [광고] 소형자동차. ~**bau**, der 〈Pl. -ten〉 (일괄 공정이 밀집 배치된) 공장 건물. ~**bauweise**, die ↑~bau의 건축 방식. ~**lager**, das 핵폐기물 임시 저장소. ~**motor**, der 고성능의 소형 모터. ~**ski**, der [광고] (간편한) 콤팩트 스키. ~**wagen**, der ↑~auto.

Kompaktheit, die 올이 촘촘함, 긴밀함, 견고함.

Kompanie [kɔmpa'niː], die; -n [...'niːən] 1: frz. compagnie] 1. 〔군〕 중대(약어: Komp.): er kehrte zu seiner K. zurück 그는 자기 중대로 돌아갔다; 〔전의〕 Wein stand dort, einige -n von Flaschen 그곳엔 수백 병의 포도주가 있었다. 2. 《고어》 상회, 회사(약어: Co., Comp., Cie.): eine K. bilden 회사를 설립하다; Müller & Co. 뮐러 상사.

Kompanie-: ~**chef**, der 〔군〕 중대장. ~**feldwebel**, der 〔군〕 중대 상사, 중대 선임 하사관. ~**führer**, der ↑~chef. ~**geschäft**, das 회사 경영, 조합 업무. ~**spieß**, der ↑~feldwebel. ~**stärke**, die 〔군〕 중대 병력(규모): 〔전의〕 du wolltest ein paar Freunde mitbringen, und jetzt kommt ihr gleich in K.! 넌 몇몇 친구들을 데려오고자 했었는데, 이제 보니 떼를 지어 몰려

오는구나!

komparabel [kɔmpa'ra:bl] 〈Adj.〉 [lat. comparābilis] 《교양어·드물게》비교할 수 있는, 비교 변화를 할 수 있는 (반대: inkomparabel a): komparable Größen 비교할 수 있는 크기. **Komparabilität** [...rabili'tɛ:t], die 《교양어·드물게》비교가능성. **Komparation** [...ra'tsjo:n], die; -en **1.** 《교양어·드물게》비교. **2.** [언어] (형용사의) 비교 변화. **Komparatist** [...ra'tɪst], der; -en, -en [1. 《교양어》비교 문학 연구가. **Komparatistik** [...tɪk], die **a)** 비교 문학. **b)** 《준고어》↑ Komparativistik. **komparatịstisch** 〈Adj.〉 **a)** 비교문학의. **b)** 비교문학적 방법의, 비교에 의한: eine -e Betrachtung 비교 문학적 고찰. **komparativ** ['kɔmparati:f, (또한) – – – '–] 〈Adj.〉 [lat. comparātīvus] [언어] 《드물게》**a)** 여러 언어들을) 비교하는: eine -e Methode 비교언어학적 방법. **b)** 비교 변화의. **Komparativ** [-], der; -s, -e [...i:və: lat. (gradus) comparātīvus] [언어] (형용사의) 비교급: „schöner" ist der K. von „schön" schöner는 schön의 비교급이다. **Komparativistik** [...ti'vɪstɪk], die 《드물게》비교언어학. **Komparativsatz** [– – – '– –], der; -es, -sätze [언어] 비교문(절). **Komparator** [kɔmpa'ra:tɔr, (또한) ...to:g], der; -s, -en [...ra'to:rən] **1.** 콤퍼레이터(물체의 길이를 비교하거나 정밀히 재는 기계), 비교 측정기. **2.** [천문] 별들의 위치나 밝기의 변화를 찾는 기계. **3.** [전기] 전위차계(電位差計). **komparierbar** [...'ri:gba:g] 〈Adj.〉 [언어] (형용사들이) 비교변화될 수 있는. **komparieren** [...'ri:rən] 〈h〉 [lat. comparāre] **a)** 〈고어〉비교하다. **b)** [언어] 비교변화를 시키다.

Komparse [kɔm'parzə], der; -n, -n [ital. comparsa < lat. comparēre = erscheinen] [연극·영화] 단역배우, 엑스트라: für den Film wurden einige hundert -n gebraucht 그 영화엔 수백 명의 엑스트라들이 동원되었다. **Komparserie** [...za'ri:], die; -, -ien [ital. comparseria] 단역[엑스트라·보조역] 전체: in der K. comparseria] 단역[엑스트라·보조역] 전체: in der K. mitwirken 단역진에 참여하다(출연하다). **Komparsin**, die; -nen ↑ Komparse의 여성형.

Kompaß ['kɔmpas], der; ...asses, ...asse [ital. compasso] 나침반, 나침의(儀), 콤파스: nach dem K. marschieren 나침반을 따라서 전진하다(行); 전의 die Heilige Schrift war ihm der K. in allen Wirrnissen des Lebens 생의 모든 혼돈 속에서 성서는 그에게 지침이었다.

Kompaß-: ~**haus,** das ~**häuschen,** das 〈해양〉《예》나침반함(상자). ~**nadel,** die 나침반의 바늘(지침). ~**pflanze,** die 향일성(向日性)식물(잎이 남북 방향으로 나있는). ~**rose,** die 나침반의 지침면(指針面), 나침패(牌).

kompatibel [kɔmpa'ti:bl] 〈Adj.〉 [engl. compatible] **1.** [의학] (혈액·약 배합이) 적합한(반대: inkompatibel 1). **2.** [통신] 결합할 수 있는, 양립식의(텔레비전·스테레오 방송 등). **3.** [언어] (구문상이나 의미상으로) 결합[연결]할 수 있는(예컨대: der blaue Himmel; 반대: inkompatibel 3). **Kompatibilität** [...tibili'tɛ:t], die; -en **1.** [의학] (수혈·약제 배합의) 적합성(반대: Inkompatibilität 1). **2.** [통신] 양립식, 겸용식(예컨대: 흑백 겸용식 컬러 텔레비전). **3.** [언어] (어휘소(語彙素)의) 결합[연결]가능성(반대: Inkompatibilität 3). **4.** 일치(성), 조화(성), 적합성, 양립성(반대: Inkompatibilität 2).

Kompatriot [kɔmpatri'ot], der; -en, -en 〈고어〉동포, 동국인(同國人): im Gegensatz zu der Mehrzahl seiner -en 그의 다수의 동포들과는 반대로.

kompendiarisch [kɔmpen'dia:rɪʃ], **kompendiös** [kɔmpen'djø:s] 〈Adj.〉 《교양어·고어》발췌한, 간결한, 요약한. **Kompendium** [kɔm'pɛndiʊm], das; -s, ...ien [...iən; lat. compendium = Ersparnis, Abkürzung] 《교양어》개요, 요약, 편람: ein K. der französischen Grammatik 불어문법 개요.

Kompensation [kɔmpɛnza'tsjo:n], die; -en [lat. compēnsātio = Ausgleichung, Gegenzählung] **a)** 《교양어》보정(補正), 조정, 상쇄. **b)** [경제] 배상, 보상, 변상, 대상(代償). **c)** [물리] 보정(補整). **d)** [의학] 대상 작용(代償作用), 보상 작용.

Kompensations-: ~**betrieb,** der [경제] (계절적 생산에 대한) 대체 사업. ~**geschäft,** das [경제] **a)** 현물 교역, 물물 교환. **b)** (특히 유가 증권) 매매 조정 업무. ~**objekt,** das 대상물(代償物). ~**pendel,** das [기술] 보정진자(補整振子). ~**politik,** die 상호 승인 정책.

Kompensator [kɔmpɛn'za:tɔr, (또한) ...to:g], der; -s, -en [...za'to:rən: lat. compēnsāre] **1.** [전기] 보상기(補償器). **2.** [광학] 보상판(抵償板). **3.** [기술] 보정판(補整板), 보정기(機). **Kompensatorik** [...za'to:rɪk], die [교육] 보정교육(補整敎育). **kompensatorisch** 〈Adj.〉 《교양어》보상(補償)의, 보정(補整)의, 상쇄적인: -e Reaktionen 보상적인 반응들; -e (Sprach) erziehung [교육·심리] (언어 능력이 느린 학령전의 유아에 대한) 보정 교육(補整敎育), 보충 교육. **kompensieren** [...'zi:rən] 〈h〉 [lat. compēnsāre = gegeneinander abwägen, ausgleichen] **1.** 상쇄하다, 상쇄하다, 보충하다: Angst durch [mit] Forschheit k. 두려움을 억센 태도로 상쇄(극복)하다. **2.** [경제] 상쇄하다, 청산하다, 차감계산하다: die Banken kompensieren diese Beträge intern 은행들이 이 금액들을 내부에서 청산한다. **Kompensierung,** die; -en ↑ kompensieren의 명사형.

kompetẹnt [kɔmpe'tɛnt] 〈Adj.〉 [lat. competēns] **1.** (반대: inkompetent 1) **a)** 전문 지식이 있는, 능력이 있는: ein -es Urteil 전문가의 판단: auf diesem Gebiet ist er k. 그는 이 분야에서 전문가이다; ein Sprecher [언어] 언어 구사 능력이 있는 연사(演士). **b)** (특히 법) 권한(권능)이 있는, 자격이 있는: für solche Fälle sind die ordentlichen Gerichte k. 정식 법원이 그러한 사건들을 다룰 권한이 있다. **2.** [지질] 구근상 변형시킬 수 없는(반대: inkompetent 2). **Kompetẹnz** [...'tɛnts], die; -en [1: lat. competentia = Zusammentreffen; 2: engl. -amerik. competence] **1.** (반대: Inkompetenz) **a)** 전문 지식, 능력: seine K. in Fragen der Phonetik ist unbestritten 음성학 문제에 있어서의 그의 전문 지식은 논의의 여지가 없다. **b)** (특히 법) 권한, 자격, 관할, 관할 영역, 소관 사항: bestimmte -en haben 일정한 권한을 갖다(: -en ausscheiden (schweiz.)) 관할 영역[소관 사항]을 구분하다; seine -en überschreiten 그의 권한을 넘어선다(벗어난다). **2.** [언어] (모국어 사용자가 갖추고 있는) 언어 능력, 언어 체계의 통달.

Kompetẹnz- (Kompetenz 1 b): ~**ausscheidung,** die (schweiz.) 관할 영역의 분할. ~**bereich,** der 관할 (권한) 영역. ~**frage,** die 관할(권한) 문제. ~**kompetẹnz,** die 〈Pl. 없음〉 [법] **1.** (연방 국가가 가지고 있는) 관할권 확대 권한. **2.** (국가기관, 특히 법원이) 권한의 범위를 결정하는 권한. ~**streitigkeit,** die 〈대개 Pl.〉 (권한 다툼, 권한쟁의(權限爭議). ~**überschreitung,** die 월권. ~**verlust,** der 권한 상실. ~**verteilung,** die 권한 분할.

kompetitiv [kɔmpeti'ti:f] 〈Adj.〉 [lat. competere] **1.** [화학] 필수적인 (시약의) 보충을 요하는. **2.** 〈고어〉경쟁적인, 경쟁의.

Kompilation [kɔmpila'tsjo:n], die; -en [lat. compīlātio = Plünderung] 《교양어·대개 폄》**a)** (남의 것을 주워 모으거나 가위질한 창조적이지 못한) 편집, 편찬. **b)** (학문적 가치가 없는) 편집한 책. **Kompilator** [...'la:tɔr,

kompilatorisch [...la'to:rɪʃ] 〈Adj.〉 《교양어·대개 폄》(창작이 아닌)다른 책들에서 뽑아 엮은, 편집한: ein -es Werk 편집한 작품.

kompilieren [...'li:rən] 〈h〉 [lat. compilāre = ausplündern, berauben] 《교양어·대개 폄》(다른 책들에서 자료를 모아) 엮다, 편집하다: ein Wörterbuch k. 사전을 편집하다(이미 나와 있는 사전들에서 자료를 모아).

komplanar [kompla'na:ɐ̯] 〈Adj.〉 [lat. complānāre = dem Boden gleichmachen] 【수학】 동일 평면상의. **Komplanation** [...na'tsio:n], die; -en [lat. complānātio = das Ebnen] 【수학】 표면적(表面積) 계산.

Komplement [komple'ment], das; -(e)s, -e [lat. complēmentum = Vervollständigung (smittel), Ergänzung] **1.** 《교양어》 보충(물): ein logisches K. 논리적 보충. **2.** 【수학】 여각(餘角), 여집합, 보집합(補集合). **3.** 【의학】 보체(補體), 알렉신(이물 세포를 용해하는 혈청 속의 단백질). **komplementär** [komplemen'tɛ:ɐ̯] 〈Adj.〉 [frz. complémentaire] 《교양어》 보충의, 보완의: etw. als k. zueinander bezeichnen 무엇을 상호 보충적인 것으로 표현하다. **Komplementär** [-], der; -s, -e 《합자회사의》 무한 책임 사원.

Komplementär-: **~begriff**, der 《교양어》 보충[보조] 개념. **~erscheinung**, die 《교양어》 보충[보조] 현상. **~farbe**, die 【광학】 여색(餘色), 보색(補色): die K. von Blau ist Gelb 청색의 보색은 황색이다. **~gene** 〈Pl.〉 【발생학】 보충적[보완적] 유전자. **~größe**, die 《교양어》 보충수, 여수(餘數). **~menge**, die ↑Komplement (2). **~winkel**, der ↑Komplementwinkel.

Komplementarität [...tari'tɛ:t], die; -en 《교양어》 상응, 보충: die K. zweier Begriffe. 두 개념의 상호 보충. **Komplementation** [...ta'tsio:n], die; -en [zu ↑Komplement] 【발생학】 (유전인자의 결합에 의한) 유전적 결함의 제거. **komplementieren** [...'ti:rən] 〈h〉 《교양어》 보충하다: Kleider mit Accessories k. 의류를 액세서리로 보완하다. **Komplementierung**, die; -en ↑komplementieren의 명사형.

Komplementwinkel, der; -s, - 【수학】 여각: im rechtwinkligen Dreieck sind die beiden anderen Winkel K. 직3각형에서 다른 두 각은 여각이다. **Komplenym** [...'ny:m], das; -s, -e [↑Komplement + griech. ónyma = Name] 【언어】 (부정사와 결합하여 동의어가 되는) 어떤 낱말의 반대어(예컨대: ledig nicht verheiratet). ¹**Komplet** [kõ'ple:, kɔm'ple:], das; -s, -s [frz. complet] (숙녀복 등의) 스리피스, 앙상블. ²**Komplet** [kɔm'ple:t], die; -en [mlat. complētus] 《가》 성무(聖務) 일과의 마침 저녁 기도. **kompletiv** [kɔmple'ti:f] 〈Adj.〉 [lat. complētīvus = ausfüllend] 【언어】 보충의, 보완적인. **komplett** [kɔm'plɛt] 〈Adj.〉 [frz. complet < lat. complētus = vollständig] **1. a)** 완전한, 완비된(반대: inkomplett): eine -e Einrichtung 완전한 설비[시설]; meine Ausrüstung ist k. 나의 장비는 완전하다; ich bin jetzt k. 《통용어》 나는 이제 모든 필요한 것을 다 장만했다; ein k. möbliertes Zimmer 가구가 완비된 방. **b)** 전부의, 전체의, 모든: die -e Bücherei verkaufen 전 장서를 팔다; der Wagen ist k. ausgerüstet 그 자동차는 모든 장비를 다 갖추었다, heute sind wir k. 《통용어》 오늘은 전원이 다 왔다. **c)** 《통용어·과장·농》 전혀, 절대적인, 철저한: ein -er Blödsinn 말 어리석은 것; das ist doch -e Dummheit! 그건 정말 철저한 바보짓이다! **2.** 《österr.》 가득 찬, 만원인: die Straßenbahn ist k. 전차는 만원이다. **komplettieren** [...'ti:rən] 〈h〉 [frz. compléter] 《교양어》 완전하게 하다, 보충하다: seine Briefmarkensammlung k. 그의 우표 수집을 보충하다. **Komplettierung**, die;

-en ↑komplettieren의 명사형.

komplex [kɔm'plɛks] 〈Adj.〉 [lat. complexus] 《교양어》 **a)** 포괄적인, 복합적인, 다각적인: die Medizin ist sehr -es Gebiet 의학은 아주 복합적인 분야이다. **b)** (특히 구동독) 전반적인, 모든 것을 포괄하는: eine -e Automatisierung 모든 분야의 자동화, -e Reparaturen 전반적인 수선. **c)** 복합의, 복잡한, 혼합된: eine -e Zahl 복소수(複素數). **Komplex** [-], der; -es, -e [lat. complexus = das Umfassen, die Verknüpfung] **1. a)** (총괄)영역, 복합[집합]체: ein K. von Fragen 일련의 복합적인 문제들; der große K. der Naturwissenschaften 자연과학의 총괄 영역, **im K.** 《구동독》 포괄적인, 전반적인. **b)** 건물(주택)군(群), 무리, 집단: das Krankenhaus ist ein weiträumiger K. 그 병원은 아주 광대한 건물군이다. **2.** 【심리】 콤플렉스, 관념 복합, 강박 관념: verdrängte -e 억압되어 있는 콤플렉스; an einem K. leiden 콤플렉스에 걸려 있다[시달리다].

komplex-, **Komplex-**: **~auge**, das ↑Facettenauge. **~ausbildung**, die 《구동독》 포괄적인 교육. **~beladen** 〈Adj.〉 콤플렉스에 걸린. **~brigade**, die [russ. kompleksnaja brigada] 《구동독》 (여러 직종의 종사자들로 편성된) 혼합 작업조. **~chemie**, die 착체화학(錯體化學). **~deckung**, die 【농구】 (팀 방어의) 혼합 디펜스. **~leiter**, der 《구동독》 (여러 직종의 종사자들로 편성된) 혼합 작업반 반장. **~methode**, die 【교육】 (구소련에서 개발된) 특정 분야(노동·자연 등) 중심 집중 강의법. **~programm**, das 《구동독》 공동 경제 계획. **~verbindung**, die 착화합물(錯化合物).

Komplexheit, die 《교양어》 ↑Komplexität. **Komplexion** [...'ksio:n], die; -en **1.** 《교양어》 총괄. **2.** 【인류】 피부(눈, 머리털)색: helle K. 밝은 피부색. **Komplexität** [...ksi'tɛ:t], die 《교양어》 복잡성, 다양성, 혼합성: die K. der gesellschaftlichen Verhältnisse 사회적 관계의 복잡성. **Komplexometrie** [...kso...], die [zu ↑Komplexone u. ↑-metrie] 【화학】 착적정(錯滴定), 콤플렉소메트리. **Komplexone** [...'kso:nə] 〈Pl.〉 【화학】 배위 화합물.

Komplice: ↑Komplize.

Komplikation [kɔmplika'tsio:n], die; -en [lat. complicātio] **1.** 착종(錯綜), 얽힘, 어려움, 분규: es gab -en 어려운 문제들이 있었다. **2.** 【의학】 합병증, 병발증(症), (병세의) 악화: wenn keine K. eintritt, kann er übermorgen aufstehen 합병증이 일어나지 않으면, 그는 모레면 일어날 수 있다. **komplikationslos** 〈Adj.〉 어려움[합병증]이 없는.

Kompliment [kɔmpli'mɛnt], das; -(e)s, -e [frz. compliment] **1.** 비위 맞추는 말, 아첨, 겉치레 말, 공손한 말: übertriebene -e 지나친 찬사; jmdm. (für etw.) -e machen 누구에게 (무엇에 대해) 경의를 표하다, 듣기 좋은 말을 하다; mein K.! 경의를 표합니다!; 전의 diese Arbeit ist kein K. für ihn 이 일은 그에겐 좋지 않다[그의 부정적인 면을 보여 준다]; **nach -en fischen** 다른 사람의 찬사를 기다리다 애쓰다. **2.** 《고어》 인사: richten sie bitte meine -e aus! 저의 안부(인사)를 전해 주십시오! **komplimentieren** [...'ti:rən] 〈h〉 《아어》 정중히 안내하다: jmdn. in den Sessel k. 누구를 안락의자로 정중히 모시다; jmdn. aus dem Zimmer k. 《은폐》 정중히 방밖으로 내몰다.

Komplize [kɔm'pli:tsə], Komplice [kɔm'pli:tsə, 《또한》...isə], der; -n, -n [frz. complice] (폄) 공범자, 종범자(從犯者): ich bin nicht sein K. 나는 그의 종범자가 아니다; jmdn. zu seinem -n machen 누구를 공범자로 만들다. **Komplizenschaft**, die, **Komplizentum**, das; -s 공범, (집합적으로) 공범자.

komplizieren [kɔmpli'tsi:rən] 〈h〉 복잡하게 하다, (사

태를) 어렵게 하다: das kompliziert die Sache außerordentlich 그것은 문제를 대단히 복잡하게 만든다; ⟨k. + sich⟩ die politische Lage kompliziert sich immer mehr 정치적 상황이 점점 더 어려워진다. **kompliziert** ⟨Adj.⟩ [lat. complicitus] 복잡한, 어려운, 착잡한, 간과[이해]하기 어려운: ein -er Charakter 까다로운 성격; -e Apparate 복잡한 기계; ein -er Bruch [의학] 복잡 골절(複雜骨折); sich k. ausdrücken 복잡하게 [이해하기 어렵게] 말하다; 성구 《조롱》 warum einfach, wenn es auch k. geht 간단한 일을 왜 복잡하게 하느냐. **Kompliziertheit,** die, **Komplizierung,** die; -en 어렵게 됨, 복잡(한 일).

Komplizin, die; -nen ↑Komplize의 여성형.

Komplizität [komplitsi'tɛ:t], die 《드물게》↑Kompliziertheit.

Komplott [kɔm'plɔt], das, 《또한》der; -(e)s, -e [frz. complot] 음모, 모의, 공모(共謀), 모반(謀叛): ein K. gegen den Diktator 독재자에 대한 모반; (mit) im K. stehen[sein] 모의에 가담하고 있다; **ein K. schmieden** 누구에 대하여 모반을 일으키다. **komplottieren** [...'ti:rən] ⟨h⟩ [frz. comploter] 《고어》음모를 꾸미다(꾀하다).

Komponente [kɔmpo'nɛntə], die; -n [lat. compōnēns] a) 구성 요소, 성분(成分): die chemischen -n eines Stoffes 재료의 화학적 성분; die syntaktische K. 통사적 성분. b) 분력(分力): die horizontale und die vertikale K. in der Baukunst 건축술에 있어서 수평 및 수직적 분력. **Komponentenanalyse,** die; -n [언어] (단어의) 의미 자질(資質)분석, 의미 구조 기술. **komponieren** [...'ni:rən] ⟨h⟩ [lat. compōnere] **1.** 작곡하다: eine Symphonie k. 교향악을 작곡하다. **2.** 《교양어》조립하다, 합성하다, 구성하다, 구상하다: Farbwirkungen harmonisch k. 색채 효과를 조화롭게 형성하다; einen neuen Werkstoff k. 새로운 제작 원료를 합성하다; ein geschickt komponierter Roman 능숙한 구성의 소설. **Komponist** [...'nɪst], der; -en, -en 작곡가.

Komposit- [kɔmpo'zi:t-]: **~bauweise,** die [기술] 혼합 건축 양식(여러 가지 재료들을 사용한 건축[조립]). **~kapitell,** das [건축] (두 개의 상이한 형식이 서로 결합된) 고대 로마의 주두(柱頭). **~werkstoff,** der [기술] 복합 재료, 합성 재료.

Komposite [kɔmpo'zi:tə], die; -n 《대개 Pl.》↑Korbblütler. **Kompositeur** [...zi'tø:ɐ], der; -s, -e [frz. compositeur] 《고어·농》작곡가. **Komposition** [...'tsio:n], die; -en [lat. compositio] **1. a)** ⟨Pl. 없음⟩ 작곡: er wurde mit der K. einer neuen Oper betraut 그는 새로운 오페라 작곡을 위탁 받았다. **b)** 악곡, 작곡된 작품: die nachgelassenen -en des Meisters 거장이 남긴 작곡품. **2.** 《교양어》 **a)** 《예술 형태》 구성, 형성, 구성, 합성, 조립: ein Roman in einer hervorragenden K. 탁월한 구성의 소설; das Parfüm ist eine K. kostbarer Essenzen 향수는 값진 향료들이 합성된 것이다. **b)** 구성물, 형성물, 조립물, 혼합물: eine K. aus Beton und Glas 콘크리트와 유리의 혼합물. **3.** [언어] 합성, 복합.

Kompositions-: ~fuge, die [언어] ↑¹Fuge (2). **~glied,** das [언어] (합성어의) 합성 성분(예컨대: 규정어 또는 기본어). **~lehre,** die [음악] 작곡학, 작곡법. **~stil,** der 혼합[복합] 양식, 구성 양식. **~technik,** die [음악] 작곡법, 작곡술.

kompositionell [kɔmpozitsio'nɛl] ⟨Adj.⟩ 구성의, 예술적 형성의. **kompositorisch** [...zi'to:rɪʃ] ⟨Adj.⟩ **1.** 작곡의, 작곡에 관한: der -e Aufbau einer Sonate 소나타의 작곡 구성. **2.** 구성의, 형성적인: aus -en Gründen 구성상의 이유에서. **Kompositum** [kɔm'po:zitʊm], das; -s, ...ta 《드물게》...ten [...po'zi:tən; lat. compositum] [언어] 합성어, 복합어.

kompossibel [kɔmpɔ'si:bl] ⟨Adj.⟩ [lat. compossibilis] [철학] 결합할 수 있는, 양립(공존)할 수 있는, 조화하는, 일치하는. **Kompossibilität** [...sibili'tɛ:t], die [lat. compossibilitas] [철학] 결합[조화, 양립, 합의] 가능성.

Kompost [kɔm'pɔst], der; -(e)s, -e [frz. compost] (동식물성의) 유기 비료, 퇴비: K. ausbreiten 퇴비를 뿌리다; mit K. düngen 퇴비로 거름을 주다.

Kompost-: ~bereitung, die 퇴비 제조[준비]. **~erde,** die 배양토(培養土). **~haufen,** der 퇴비 더미.

kompostieren [kɔmpɔs'ti:rən] ⟨h⟩ [frz. composter] [농업] **1.** 퇴비로 만들다. **2.** 비료를 주다: das Erdbeerbeet k. 딸기밭에 비료를 주다. **Kompostierung,** die; -en 퇴비를 얻기(만들기]. **Kompostierungsanlage,** die 퇴비 만드는 시설.

Kompott [kɔm'pɔt], das; -(e)s, -e [frz. compote] (디저트 용) 설탕물에 삶은[절인] 과일.

Kompott-: ~schale, die 삶은 과일 디저트 쟁반. **~schüssel,** die 삶은 과일 디저트 접시. **~teller** (비분리시: Kompottteller), der 삶은 과일 디저트 접시.

Komprehension [kɔmprehen'zio:n], die [lat. comprehēnsio] [철학] 이해, 파악.

kompreß [kɔm'prɛs] ⟨Adj.⟩ [lat. compressus] **1.** 《고어》 촘촘한, 빈틈없이 꽉 찬. **2.** [인쇄] 행간 간격이 없는 조판의: einen Text k. setzen 텍스트를 행간의 간격이 없이 조판하다. **Kompresse,** die; -n [frz. compresse] [의학] **1.** 습포(濕布): heiße od. kalte -n 온(溫) 또는 냉(冷)습포; jmdm. eine K. auf[um] die Stirn machen 누구의 이마에 습포를 대다. **2.** 압박포대(壓迫包帶). **kompressibel** [...'si:bl] ⟨Adj.⟩ [lat. compressibilis] [물리] 압축(농축)할 수 있는. **Kompressibilität** [...sibili'tɛ:t], die [물리] 압축성, 압축률 (壓縮率). **Kompression** [...'sio:n], die; -en [lat. compressio] **1.** [물리·기술] 압축, 농축, 응축: die K. des Motors prüfen 엔진 압(壓)을 검사하다. **2.** [의학] **a)** (신체 기관 등의) 압착. **b)** (피를 흘리는 혈관 등의) 압박.

Kompressions-: ~diagramm, das [자동차] (엔진 실린더에서 측정된) 압축도표. **~strumpf,** der [의학] (무릎용) 압박 붕대. **~verband,** der [의학] ↑Druckverband. **~wärme,** die [물리] 압축열(熱).

Kompressor [kɔm'prɛsɔr, 《또한》...so:ɐ], der; -s, -en [...'so:rən], [기술] 압축기, 콤프레서. **Kompressorium** [...'so:riʊm], das; -s, ...ien [...iən] [의학] (지혈용(止血用)) 압박기(器). **komprimierbar** [kɔmpri'mi:ɐbaːɐ̯] ⟨Adj.⟩ 압축할 수 있는, 압축성의. **komprimieren** [...'mi:rən] ⟨h⟩ [lat. comprimere] **a)** 압축하다, 압착하다: die beiden Halsschlagadern k. 양쪽 경동맥을 압박하다; 전의 einen Text auf das Wesentlichste k. 텍스트를 본질적인 것으로 요약하다. **b)** [물리·기술] (가스, 증기 등을) 압축하다, 응축시키다. **komprimiert** ⟨Adj.⟩ 간결한, 요약된, 본질적[핵심적] 내용의: sich k. ausdrücken 요점적으로 말하다. **Komprimierung,** die; -en 압축, 요약.

Kompromiß [kɔmpro'mɪs], der / 《드물게》 das; ...misses, ...misse [lat. compromissum] 타협, 절충, 화해, 시담(示談): keine Kompromisse! 타협(양보)는 없다!; mit jmdm. einen K. schließen 누구와 타협(화해)하다; es kann zu einem K. kommen 타협을 보았다; dieses Modell ist ein K. zwischen Sportwagen und Limousine 이 모델은 스포츠카와 리무진의 중간형이다.

kompromiß-, Kompromiß-: ~bereit ⟨Adj.⟩ 타협할 용의가 있는, 타협적인: sich k. zeigen 타협적인

Kompromißler

태도를 보이다. **~bereitschaft,** die 타협용의, 타협적임. **~formel,** die 타협안. **~kandidat,** der《정치 은어》절충 후보자(예컨대: 정파간의 타협에 의한). **~los**〈Adj.〉양보하지 않는, 타협할 용의가 없는. **~losigkeit,** die 비타협적임. **~lösung,** die 타협에 의한 해결, 타결. **~politik,** die 타협[화해] 정책. **~versuch,** der 타협의 시도. **~vorschlag,** der 타협 제안.

Kompromißler, der; -s, -《폄》쉽게[자주] 타협에 응하는 사람. **kompromißlerisch**〈Adj.〉타협을 좋아하는: eine -e Haltung 타협적인[타협을 좋아하는] 태도. **kompromittieren** [kɔmprɔmiˈtiːrən]〈h〉[frz. compromettre] (명예, 신용 등을) 위험[치욕]에 내맡기다, 면목을 잃게 하다, 체면을 깎이게 하다, 웃음거리로 만들다: durch die unüberlegten Äußerungen hat er seinen Freund erheblich kompromittiert 그는 경솔한 언사로 친구의 체면을 현저히 손상시켰다. **Kompromittierung,** die; -en ↑kompromittieren의 명사형.

Kompulsion [kɔmpulˈzioːn], die; -en [lat. compulsio]《법·고어》강제, 강요.

Komputer: ↑Computer.

Komsomol [kɔmzoˈmɔl], der; - [russ. komsomol, aus: **kom**munistitscheski **so**jus **mol**odjoschi] 구소련의 공산 청년 동맹: K. beitreten 공산 청년 동맹에 가입하다. **Komsomolsekretär,** der 공산 청년 동맹 서기. **Komsomolze,** der; -n, -n [russ. komsomolez] 공산 청년 동맹원. **Komsomolzin,** die; ...nen ↑Komsomolze의 여성형.

Komteß, Komtesse [kɔmˈtɛs(ə),《또한》koˈtɛs], die; ...ssen [frz. comtesse] 백작의 미혼 딸[영애].

Komtur [kɔmˈtuːɐ̯], der; -s, -e [lat. commendator] 1.《역사적》기사수도회 관구장. 2. 기사수도회의 상급 기사. **Komturei** [...tuˈrai], die; -en ↑Kommende (2). **Komturkreuz,** das《목에 거는》상급 십자 훈장.

Konak [koˈnak], der; -s, -e [türk. konak] (터키의 궁정 같은) 관청 건물, 호화로운 관저, 저택, 궁전.

Konautor: ↑Koautor. **Konautorin:** ↑Koautorin.

konaxial: ↑koaxial.

Koncha [ˈkɔnça], die; -s / ...chen [lat. concha < griech. kógchē] 1. [건축] (중세 사원의) 패각(貝殼) 모양을 한 둥근 천정[지붕]. 2. [의학] 감개(骨)(甲介骨). **Konche** [...çə], die, [↑Koncha (1). 2. (초콜릿 제조에 쓰이는) 조가비 모양의 큰 통. **konchieren** [kɔnˈçiːrən]〈h〉(초콜릿) 큰 통 속에서 열처리하다. **Konchifere** [kɔnçiˈferə], die; -n [lat. ferre] 1. [동물] Schalenweichtier, das. **konchiform**〈Adj.〉[예술] 패각(貝殼) 모양의. **Konchoide** [kɔnçoˈiːdə], die; -n [griech. -oeidḗs] [수학] 나사선(螺絲線)(평면 4차곡선). **Konchylie** [kɔnˈçyːliə], die; -n〈대개 Pl.〉[griech. hýlē] [동물] 패류(貝類), 패각(貝殼). **Konchyliologie** [kɔnçyliolɔˈgiː], die [griech. lógos] [고어] 패류(貝類)학.

Kondemnation [kɔndɛmnaˈtsjoːn], die; -en [1: lat. condemnātio] 1. 《교양어·고어》유죄 판결, 선고. 2. [해양] 폐선(廢船) 선언. **kondemnieren** [...miːrən]〈h〉[1: lat. condemnāre] 1. 《교양어·고어》유죄 판결을 내리다, 선고하다. 2. [해양] (배의) 폐기 선언을 하다.

Kondens-, Kondens-: **~milch,** die 가당(加糖) 연유(煉乳). **~streifen,** der 1. 비행기 구름, 항적운(航跡雲). 2. (통용어·준고어) (양말 따위의) 세로율의 풀림. **~wasser,** das〈Pl. 없음〉응축수(凝縮水), 복수(復水).

Kondensat [kɔndɛnˈzaːt], das; -(e)s, -e [lat. condēnsātum] [물리] 응축물(物), 응축액. **Kondensation** [...zaˈtsjoːn], die; -en [lat. condēnsātio] 1. [물리] 응결: die K. des Wasserdampfs der Atmosphäre führt zur Bildung von Wolken 대기의 수증기가 응결되어 구름이 형성된다. 2. [화학] 축합(縮合). **Kondensations-:** **~dampfmaschine,** die 응결[복수(復水)]증기 기관(機關). **~kern,** der [기상] (비 등의)응축핵. **~maschine,** die ↑dampfmaschine. **~punkt,** der [물리] 응축점.

Kondensator [kɔndɛnˈzaːtɔr,《또한》...toːɐ̯], der; -s, -en [...zaˈtoːrən] 1. [전기] 축전기, 콘덴서, 집광기(集光器): bei dem Fernsehgerät mußte ein K. ausgetauscht werden 그 텔레비전은 콘덴서를 교환해야 한다. 2. [기술] 응결기, 응축기, 복수기, 냉각기. **kondensieren** [...ˈziːrən]〈h〉[lat. condēnsāre = verdichten, zusammenpressen] 1. [물리] **a)**〈h〉(가스, 증기 등을) 응축하다, 액화하다: der Abdampf muß kondensiert werden 폐기(廢氣)는 액화되어야 한다. **b)**〈h/s〉(기체가) 액화되다, 응결되다. 2.〈h〉농축하다: Fruchtsaft k. 과즙을 농축하다. **Kondensierung,** die; -en 응축, 농축. **Kondensor** [kɔnˈdɛnzɔr,《또한》...zoːɐ̯], der; -s, -en [...ˈzoːrən] [광학·기술] 집광렌즈, 집광기(集光器).

Kondiktion [kɔndɪkˈtsjoːn], die; -en [lat. condictio] [법] 반환 청구(권).

konditern [kɔnˈdiːtɐn,《또한》kɔnˈdɪtɐn]〈h〉1. (통용어) 과자(케이크류)를 만들다. 2.《지역적》(자주) 제과점[카페]에 가다: k. gehen 제과점에 가다.

Kondition [kɔndiˈtsjoːn], die; -en [lat. conditio] 1. 〈대개 Pl.〉[상·금융] 조건, 인도(引渡)[지불] 조건: vor einem solchen Kauf muß man die -en genau prüfen 그러한 구매에 앞서 조건들을 정확히 검토해야 한다. 2.〈Pl. 없음〉**a)** (심신) 상태: die K. des Kranken bessert sich allmählich 환자의 상태가 차츰 나아진다. **b)** (특히 스포츠맨의 좋은) 신체적 상태, 컨디션: eine gute[schlechte] K. haben 컨디션이 좋다[나쁘다]; er versuchte, seine K. zu halten 그는 컨디션을 유지하려고 애를 썼다. **konditional** [kɔndiˈtsjoˈnaːl]〈Adj.〉[lat. condiciōnālis] [언어] 조건의, 조건부의: ein -er Satz 조건문; -e Konjunktionen 조건의 접속사. **Konditional** [-], der; -s, -e,《드물게》**Konditionalis** [...ˈnaːlɪs], der; -, ...les [...les] [언어] (동사의) 조건법, 약속법. **Konditionalismus** [...naˈlɪsmʊs], **Konditionismus** [...ˈnɪsmʊs], der; - [철학] 복합제약설(復合制約說). **Konditionalsatz,** der; -es, -sätze ↑Bedingungssatz. **konditionell** [...ˈnɛl]〈Adj.〉[frz. conditionnel] (신체적 상태에 관한, 컨디션의): er ist k. nicht ganz auf der Höhe 그는 신체적 상태(컨디션)가 아주 좋은 것은 아니다. **Konditionenkartell,** das; -s, -e [경제] 조건부 카르텔. **konditionieren** [...ˈniːrən]〈h〉[1: frz. conditionner; 2: engl. to condition] 1.《전문어》사전에, 가공 조건에 맞추다. 2. [심리] 조건 반사를 일으키다. -의 조건을 붙이다: ein konditionierter Reflex 조건 반사. **Konditionierung,** die; -en konditionieren의 명사형. **Konditionismus:** ↑Konditionalismus.

konditions-, Konditions- (Kondition 2 b): **~arbeit,** die〈Pl. 없음〉컨디션 촉진을 위한 일. **~mangel,** der ↑**~schwäche.** **~schwach**〈Adj.〉컨디션이 나쁨, 스테미너가 결핍됨. **~schwäche,** die 컨디션이 나쁨, 스테미너의 결여. **~stark**〈Adj.〉(아주) 좋음, 스테미너가 강함. **~stärke,** die 컨디션이 좋음. **~training,** das 컨디션 조절 훈련.

Konditor [kɔnˈdiːtɔr, kɔnˈdiːtɔɐ̯,《또한》...toːɐ̯], der; -s, -en [...diːtoːrən] [lat. conditor] 케이크 굽는 사람, 과자 제조업자[제조공]. **Konditorei** [kɔnditoˈrai], die; -en 1. 제과점, 다과점. 2.〈Pl.없음〉케이크 제조: er versteht etwas von der K. 그는 케이크 제조에 관해 좀 알고 있다. **Konditormeister,** der 케이크 제조 전문가[기능

장]. **Konditorwaren** 〈Pl.〉 케이크류, 과자류.
kondizieren [kɔndi'tsiːrən] 〈h〉 [lat. condīcere] [법] 반환 청구하다.
Kondolenz [kɔndo'lɛnts], die; -en 〈드물게〉 **a)** 〈Pl. 없음〉 조의(弔意), 조위(弔慰). **b)** 조의의 표명.
Kondolenz-: ~**besuch**, der 조문(弔問). ~**brief**, der ↑~schreiben. ~**buch**, das 조문록. ~**karte**, die ↑~schreiben. ~**liste**, die ↑~buch. ~**schreiben**, das 조위(弔慰) 편지.
kondolieren [kɔndo'liːrən] 〈h〉 [lat. condolēre] 조의를 표하다, 애도의 뜻을 표하다: sie hat ihm (zum Tode seines Vaters) kondoliert 그녀는 그에게 (부친의 사망에 대해) 조의를 표했다.
Kondom [kɔn'doːm], das 〈또는〉 der; -s, -e / 〈드물게〉 -s [engl. condom] 《교양어》 ↑Präservativ.
Kondominat [kɔndomi'naːt], das 〈또는〉 der; -(e)s, -e [lat. con- u. domīnātus] ↑Kondominium.
Kondominium [kɔndo'miːniʊm], das; -s, ...ien [...iən; lat. con- u. dominium] [국제법] 1. 공동 통치(관리). 2. 공동 통치(관리) 지역: die USA und Frankreich verwalten die Inseln als K. 미국과 프랑스가 그 섬들을 공동 통치 지역으로 관리하고 있다.
Kondor ['kɔndɔr, 〈또한〉 'kɔndoːɐ], der; -s, -e [span. condor] [동물] 콘도르(커다란 독수리류(類)).
Kondottiere [kɔndɔ'tieːrə], der; -s, ...ri [ital. condottiere] (14~15세기 이탈리아의) 용병 대장. **Konduite** [kon'dyiːtə, 〈또한〉 kõ'dyiːtə], die [frz. conduite] 〈고어〉 행실, 품행. **Konduitenliste**, die; -n [österr.] 근무 기록부, 고과표(考課表). **Kondukt** [kɔn'dʊkt], der; -(e)s, -e [lat. conductus] 《교양어·고어》 〈장중한〉 수행(隨行)의 행렬, 장렬(葬列).
Kondukteur [kɔndʊk'tøːɐ], der; -s, -e [frz. conducteur] [schweiz.] 차장(車掌). **Konduktometrie** [kɔndʊkto...], die [lat. conductus] [화학] 전도율 적정(傳導率 滴定). **konduktometrisch** 〈Adj.〉 [화학] 전도율 적정(의)(에 의한): eine c. Maßanalyse 전도율 적정에 의한 용량 분석. **Konduktor** [kɔn'dʊktɔr, 〈또한〉 ...toːɐ], der; -s, -en [...'toːrən] 1. [전기] 피뢰침, 집전극(集電極) 전도체. 2. [생물] 유전 매개자.
Konduktus: ↑Conductus.
Kondurangorinde, die [식물] 남미산 덩굴식물의 껍질(건위제로 쓰임).
Kondylom [kɔndy'loːm], das; -s, -e [griech. kóndylos] [의학] ↑Feigwarze.
Konen ↑Konus의 복수형.
Konfabulation [kɔnfabula'tsioːn], die; -en [lat. cōnfābulātio] [심리] 작화(증)(作話(症)), 병적 작화. **konfabulieren** [...'liːrən] 〈h〉 [lat. cōnfābulāri] [심리] 작화하다, 작화 증세를 보이다.
Konfekt [kɔn'fɛkt], das; -(e)s, 〈종류〉 -e [lat. confectum] 1. (초콜릿 봉봉, 사탕 등) 캔디류. 2. [südd., österr.; schweiz.] (비스킷, 크래커 등) 차 마실 때 먹는 과자. **Konfektion** [...'tsioːn], die; -en [frz. (vêtement de) confection] 1. 기성복 제조: die K. von Schürzen 기성복으로 만들어진 앞치마. 2. 기성복: sie trägt nur K. 그녀는 기성복만을 입는다. 3. ↑Konfektionsindustrie의 약칭: er arbeitet in der K. 그는 기성복 공장에서 일하고 있다. **Konfektionär** [...tsio'nɛːɐ], der; -s, -e 기성복 제조업자, 기성복 디자이너, 기성복 공장 공장: die Konfektionäre führen ihre Winterkollektion im F. 성복 제조업자들이 겨울 콜렉션을 소개한다. **Konfektioneuse** [...'nøːzə], die; -n ↑Konfektionär의 여성형. **konfektionieren** [...'niːrən] 〈h〉 frz. confectionner] 대량(공장) 생산하다. **Konfektionierung**, die; -en 1. 대량(공장) 생산. 2. 대량(공장) 생산품.

konfektions-, Konfektions-: ~**anzug**, der (남자용의) 기성복. ~**artikel**, der ↑~ware. ~**betrieb**, der 기성복 제조 공장. ~**geschäft**, das 기성복점. ~**größe**, die 기성복의 표준 치수(예컨대: 40, 48, 52). ~**industrie**, die 기성복 산업. ~**ware**, die 기성품, 규격품.
Konfektmacher, der; -s, - 캔디 제조업자, 캔디 제조 전문가.
Konferenz [kɔnfe'rɛnts, 〈또한〉 kɔnfa...], die; -en [lat. conferentia; 3: engl. conference] 1. 논의, 협의, 회의, 상의: lange -en abhalten 오랜 협의를 하다. 2. (정치, 경제 문제 등을 자문, 심의하는) 전문인들의 회의 [회합], 심의회: eine internationale K. 국제(학술) 회의; eine K. der Außenminister 외상(外相) 회의. 3. 외양(外洋) 선박 회사 연합.
Konferenz-: ~**beschluß**, der 회의의 결의[결정 사항]. ~**pause**, die 회의의 휴식 시간. ~**raum**, der 회의장, 회의실. ~**reportage**, die [방송] 다원 르포르타즈. ~**saal**, der 대형 회의장. ~**schaltung**, die [방송·텔레비전·전화] 다원(多元) 통화, 다원 중계. ~**sendung**, die [방송·텔레비전] 다원 방송. ~**teilnehmer**, der 회의 참석자. ~**tisch**, der 회의실의 테이블. ~**zimmer**, das 회의실.
konferieren [kɔnfe'riːrən, 〈또한〉 kɔnfə...] 〈h〉 [frz. conférer] 1. 협의하다, 회의를 열다, 상담하다, 상의하다: er hat über diese Sache schon mehrmals mit seinem Vorgesetzten konferiert 그는 이 문제에 대해서 이미 여러번 상사와 상의하였다. 2. 사회를 보다: wer konferiert diese Sendung(bei dieser Sendung)? 누가 이 방송의 사회를 보느냐?
Konfession [kɔnfɛ'sioːn], die; -en [lat. cōnfessio] 1. 종파(宗派), 신도: die christlichen -en 기독교 신도들. 2. [신학] 신앙 개조 적요서(信仰箇條摘要書). 3. 〈아이〉 고백, 신앙 고백: dieses Buch ist mehr als eine Autobiographie, es ist eine K. eines Schriftstellers 이 책은 자서전 이상으로, 작가의 고백이다. **konfessionalisieren** [kɔnfɛsionali'ziːrən] 〈h〉 《교양어》 (모든 영역에서) 종파의 특수성을 관철하다. **Konfessionalisierung**, die; -en 《교양어》 ↑konfessionalisieren의 명사형. **Konfessionalismus** [...'lɪsmʊs], der; - 《교양어》 특정 종파에의 집착, 종파심(宗派心), 신조(信條)주의. **konfessionalistisch** [...'lɪstɪʃ] 〈Adj.〉 《교양어》 신조주의의, 종파심에 기인하는. **konfessionell** [...'nɛl] 〈Adj.〉 종파적인, 특정 종파의, 신앙상의: er ist k. nicht gebunden 그는 특정 종파에 매어있지 않다.
konfessions-, Konfessions-: ~**los** 〈Adj.〉 무종파의, 종파에 관계가 없는. ~**schule**, die ↑Bekenntnisschule. ~**verschieden** 〈Adj.〉 종파가(신앙이) 다른. ~**wechsel**, der ↑Konversion (1).
Konfetti [kɔn'fɛti], das; -(s) [ital. confetti] 1. 콘페티(카니발 등 축제 때 뿌리는 색종이): nach dem Umzug war der Boden mit K. bedeckt 행렬이 지나간 후 바닥은 색종이 조각들[콘페티들]로 뒤덮여 있었다. 2.[österr.] 캔디(사탕과자). **Konfettiparade**, die (특히 아메리카의) 콘페티 행렬.
Konfident [kɔnfi'dɛnt], der; -en, -en [frz. confident] 1. 〈고어〉 친구, 심복. 2. 〈österr.〉 [경찰의] 밀정, 스파이. **konfidentiell** [...'tsiɛl] 〈Adj.〉 《고어》 confidentiel》 비밀의, 내밀(內密)한. **Konfidenz** [...'dɛnts], die; -en 《고어》 1. 〈Pl. 없음〉 신뢰, 친밀. 2. 내밀한 이야기, 기밀.
Konfiguration, die; -en [lat. cōnfigūrātio] 1. 《교양어·준고어》 형상, 형태, 구성. 2. [화학] (원자의) 배치. 3. [천문·점성술] 유성의 위치, 성좌의 위치. 4. [의학] **a)** (기관(器官)이나 신체 부분의) 외형, 형태, 구

성. **b)** (기관이나 지체의) 변형: die K. des kindlichen Schädels bei der Geburt 분만시 아이머리의 변형. **5.** 【언어】 구문상으로 결합된 단어군. **konfigurieren** ⟨h⟩ [lat. cōnfigūrāre] (《교양어·준고어》 형성[구성]하다.

Konfirmand [kɔnfɪr'mant], der; -en, -en [lat. cōnfirmandus] 성서 강독을 듣는 소년, 견진 성사를 받는 또는 받은 소년.

Konfirmanden-: ~blase, die 《농》 ↑Sextanerblase. **~stunde,** die ↑~unterricht. **~unterricht,** der 견진 성사를 받는 소년·소녀에게 과(課)하는 성서 강독[講讀].

Konfirmandin, die; -nen ↑Konfirmand의 여성형.
Konfirmation [...ma'tsio:n], die; -en [lat. cōnfirmātio] 견진 성사, 첫 성찬식: (die) K. feiern 견진 성사를 축하하다(거행하다); jmdm. etw. zur Konfirmation schenken 누구에게 견진 성사의 선물을 주다. **konfirmieren** [...'mi:rən] ⟨h⟩ [lat. cōnfirmāre] 견진 성사를 하여주다.

Konfiserie [kɔnfizə'ri:, (또한) kō...], die; -n [...i:ən; frz. confiserie] (《schweiz.》) ↑Konditorei. **Konfiseur** [...'zø:ɐ], der; -s, -e [frz. confiseur](《schweiz.》) ↑Konditor.

Konfiskation [kɔnfiska'tsio:n], die; -en [lat. cōnfiscātio] 【법】 **a)** 몰수, 압류: die K. ihres Vermögens 그들 재산의 몰수. **b)** 징발: die Zulässigkeit von -en ist nach Völkerrecht auch im Kriegsfall strittig 국제법에 의하면 징발의 허용은 전시에서도 논란의 여지가 있다. **konfiskatorisch** [...'tɔ:rɪʃ] ⟨Adj.⟩ 【법】 몰수[압류]의. **konfiszieren** [...'tsi:rən] ⟨h⟩ [lat. cōnfiscāre] 【법】 몰수[압류]하다: die verbotenen Bücher wurden von der Polizei konfisziert 금지된 서적들이 경찰에 의하여 압류되었다; 〈전의〉 er konfiszierte eine von seines Vaters Renommierzigarren 《농》 그는 아버지의 특제 여송연 중 한개를 슬쩍했다.

Konfitent [kɔnfi'tɛnt], der; -en, -en [lat. cōnfitēri] (《고어》) 고해자, 참회자.

Konfitüre [kɔnfi'ty:rə], die; -n [frz. confiture] 과일 잼, 마멀레이드

Konflikt [kɔn'flɪkt], der; -(e)s, -e [lat. cōnflīctus] **1. a)** 논쟁, 분쟁, 마찰: ein ideologischer K. 이데올로기 논쟁; die Ausweitung eines -s vermeiden 분쟁의 확대를 피하다; in einen K. eingreifen 논쟁[분쟁]에 간여하다; **mit etw. in K. geraten[kommen]** 무엇에 저촉되다[위반하다]. **b)** 충돌, 투쟁: der K. zwischen den beiden Staaten spitzte sich zu 양국간의 충돌[투쟁]이 첨예화되었다. **2.** 【정신 분석】 심적 갈등, 모순: ein seelischer K. 정신적 갈등; aus einem (inneren) K. wieder herauskommen 심적 갈등에서 벗어나다; über einen K. hinwegzukommen suchen 갈등을 극복하고자 애쓰다.

konflikt-, Konflikt-: ~bewältigung, die 【심리】 심적 갈등의 극복. **~fähig** ⟨Adj.⟩ 갈등을 이겨낼 수 있는. **~forschung,** die 분쟁 연구. **~frei** ⟨Adj.⟩ 분쟁[갈등]이 없는. **~geladen** ⟨Adj.⟩ 많은 충돌을 안고 있는. **~herd,** der 분쟁 지역. **~kommission,** die (《구동독》) (기업이나 관청 등에 설치된) 분쟁 처리 위원회. **~los** ⟨Adj.⟩ ↑~frei. **~reich** ⟨Adj.⟩ ↑~geladen. **~situation,** die 심적 갈등의 상태. **~stoff,** der 분쟁 원인, 분쟁 문제. **~strategie,** die 【심리】 갈등 극복의 방법. **~theorie,** die 【사회】 갈등 이론. **~unterdrückung,** die 분쟁의 억제. **~vermeidung,** die 분쟁의 회피.

konfliktär [kɔnflɪk'tɛ:ɐ] ⟨Adj.⟩ (《교양어》) 분쟁[갈등]의 소지가 있는(많은).

Konfluenz [kɔnflu'ɛnts], die; -en [lat. cōnfluentia [지질] (빙하의) 합류(合流)(반대: Diffluenz). **konfluieren** [...'i:rən] ⟨s⟩ [lat. cōnfluere] 【의학】 (혈관 등이) 합류하다. **Konflux** [kɔn'flʊks], der; -es, -e ↑Konfluenz.

Konföderation, die; -en [lat. cōnfoederātio] 동맹 국가 연합, 연방: eine K. bilden 국가 연합[연맹]을 형성하다. **konföderieren** ⟨h⟩ [lat. cōnfoederāre] (《교양어》) 동맹[연합]하다: ⟨k. + sich⟩ die Staaten wollen sich k. 그 국가들은 동맹을 맺고자 한다. **Konföderierte*,** der / die ⟨대개 Pl.⟩ 동맹자, 동맹국: auf Seiten der -n kämpfen 《역사적》 (미국 남북 전쟁 당시의) 연맹 지지자 측에서 싸우다.

konfokal ⟨Adj.⟩ [lat. con- u. ↑fokal] 【물리】 같은 초점의.

konform [kɔn'fɔrm] ⟨Adj.⟩ [lat. cōnfōrmis] 같은 모양의, 일치된: -e Abbildung 【수학】 등각(等角)투영도; **k. gehen**⟨sein⟩ 완전히 일치하다. **-konform** [-konfɔrm] 《의사(擬似) 접미사》 (앞에 오는 말과) 일치하는: marktkonforme Planung 시장 원리와 일치하는 계획. **Konformation,** die; -en [engl. conformation] 【화학】 (분자의) 입체 배좌(立體配座). **Konformismus** [...'mɪsmʊs], der; - [engl. conformism] (《교양어》) 대세 순응(大勢順應), 추종주의: politischer K. 정치적 추종주의; der K. eines Künstlers 예술가의 대세 순응적 태도. **Konformist,** der; -en, -en [2: engl. conformists (Pl.)] (《교양어》) 대세 순응주의자. **konformistisch** ⟨Adj.⟩ **1.** (《교양어》) **a)** 추종[대세 순응]주의의: -e Politik 추종주의 정책. **b)** 추종주의적 사고 방식의, 대세 순응자로서 행동하는: sich k. verhalten 추종주의자로서 행동하다. **2. a)** 국교주의의. **b)** 국교주의 사고방식의, 국교도로서 행동하는. **Konformität** [...mi'tɛ:t], die; - [engl. conformity] 동형(同形), 일치.

Konfrater, der; -s, ...fratres [lat. confrater] (《함께 수도하는》) 형제. **Konfraternität,** die [lat. confraternitas] **1.** (《고어》) (가톨릭 성직자의) 형제회. **2.** ↑Erbverbrüderung.

Konfrontation [kɔnfrɔnta'tsio:n], die; -en [lat. confrontatio] **1.** 대립, 대조, 대질: die K. von Gegenwart und Vergangenheit 현재와 과거와의 대조. **2.** 대결, 충돌: es ist zu einer K. zwischen Demonstranten und der Polizei gekommen 시위 군중과 경찰 사이에 충돌이 벌어졌다. **konfrontativ** [...'ti:f] ⟨Adj.⟩ 【언어】 ↑kontrastiv: -e Sprachwissenschaft 대조 언어학. **konfrontieren** [...'ti:rən] ⟨h⟩ [lat. confrontare] **a)** 대결[대질]시키다: der Angeklagte wird dem(mit dem) Zeugen konfrontiert 피고는 증인과 대질하게 된다. **b)** (어떤 상황에) 직면시키다: er wurde einem(mit einem) Problem konfrontiert, das ihm bis dahin unbekannt war 그는 그때까지 모르고 있었던 문제에 직면하게 되었다. **c)** 대조[대비]하다: auf den Fotos der Ausstellung werden Vergangenheit und Zukunft (miteinander) konfrontiert 전시회의 사진들에서 과거와 미래가 (서로) 대비된다. **Konfrontierung,** die; -en 대결, 대립, 대조.

konfundieren [kɔnfʊn'di:rən] ⟨h⟩ [lat. cōnfundere] (《고어》) 뒤섞다, 혼란시키다. **konfus** [kɔn'fu:s] ⟨Adj.⟩ [lat. confusus] **a)** 불명확한, 혼란한: das -este Zeug reden 아주 혼란스러운 말을 하다; der Aufsatz ist ziemlich k. 작문이 상당히 불명확하다. **b)** 당황한, 뒤죽박죽인, 어찌 할 줄 모르는: er antwortete etwas k. 그는 다소 당황한 답변을 했다. **Konfusion** [kɔnfu'zio:n], die; -en [lat. cōnfūsio] **a)** 혼란, 뒤죽박죽, 혼동, 당황: nach seinen Worten herrschte eine große K. 그의 발언 후에 커다란 혼란이 일어났다; das Ereignis hat sie in eine ziemliche K. gestürzt 그 사건은 그들을 상당히 당

황하게 만들었다. **b)** 혼란한 상태, 착란, 불명료함: seine Rede war von einiger K. 그의 연설은 다소 불명확하였다. **Konfusionsrat,** der 《준고어·농》 머리가 혼란한 사람, 방심한 사람. **Konfusität** [kɔnfuzi'tɛːt], die 《교양어》 혼란스러움, 혼란한 상태.

konfuzianisch [kɔnfu'tsiaːnɪʃ] 〈Adj.〉 《중국 철학자 Konfuzius(B.C. 551~470?)의 이름에서》 공자의: die -e Philosophie 유교(철학). **Konfuzianismus** [...'tsiaˈnɪsmʊs], der; - 유교. **konfuzianistisch** 〈Adj.〉 유교의.

kongenial 《또한》 '----, kɔŋ-, 'kɔŋ] 〈Adj.〉 [lat. con- u. ↑genial] 《교양어》 기질이 같은, 마음이 맞는, 정신적으로 동등한: die -e Übersetzung eines Gedichtes 원작에 시에 충실한 번역; der Pianist spielt die Werke des Komponisten k. 피아니스트가 작곡가의 작품들을 대등한 정신적 재능으로 연주하다. **Kongenialität,** die 《교양어》 정신적 동등성, 동질성.

kongenital 《또한》 kɔŋ-] 〈Adj.〉 [lat. con- u. genitum] 《의학》 타고난, 선천적인: -e Mißbildungen 선천적 기형(奇形).

Kongestion [kɔŋɡɛsˈtioːn, 《또한》 kɔŋ-], die; -en [lat. congestum] 《의학》 충혈, 울혈. **kongestiv** [...'tiːf, 《또한》 kɔŋ-] 〈Adj.〉 《의학》 충혈(울혈)(성)의.

Konglobation [kɔŋlobaˈtsioːn, 《또한》 kɔŋ-], die; -en [lat. conglobātio] 《동물》 구형, 구형체(球形體).

Konglomerat [kɔŋloməˈraːt, 《또한》 kɔŋ-], das; -(e)s, -e [frz. conglomérat] **1.** 《교양어》 집합체, 혼합체, 집단: ein enormes K. von Straßen, Gebäuden, Fahrzeugen, wimmelnden Menschenmassen 거리, 건물, 차량, 우글거리는 군중들의 거대한 집합체. **2.** 《지질》 역암(礫岩). **konglomeratisch** 〈Adj.〉 《지질》 역암의.

Konglutination [kɔŋlutinaˈtsioːn, 《또한》 kɔŋ...], die; -en [lat. conglūtinātio] 《의학》 교착(膠着), 유착(癒着). **konglutinieren** [...'niːrən] 〈h〉 [lat. conglūtināre] 《의학》 교착하다, 유착시키다(하다).

¹Kongo ['kɔŋɡo], der; -(s) 《중앙 아프리카의》 콩고 강(江).

²Kongo, -s / der; -(s) 콩고《중앙 아프리카의 공화국》. **Kongolese** [kɔŋoˈleːzə], der; -n, -n 콩고 사람. **Kongolesin,** die; -nen ↑Koglese의 여성형. **kongolesisch** [kɔŋoˈleːzɪʃ] 〈Adj.〉 콩고산(産)의, 콩고국의. **kongorot** [ˈkɔŋɡoroːt] 〈Adj.〉 콩고적(赤)의. **Kongorot,** das 콩고적(赤)《적색 인조 염료의 이름》.

Kongregation [kɔŋreɡaˈtsioːn, 《또한》 kɔŋ...], die; -en [lat. congregātio] **[가]** **1.** 수도원 연합회, 수도회. **2.** 신심회(信心會). **3.** ↑Kardinalskongregation. **Kongregationalismus** [...ˈtsionaˈlɪsmʊs], der; - [engl.-amerik. congregationalism] 조합 교회제《주의》. **Kongregationalist,** der; -en, -en [engl.-amerik. congregationalist] 조합 교회 신도. **kongregationalistisch** 〈Adj.〉 조합 교회제《주의》의. **Kongregationist** [kɔŋreɡaˈtsioːnɪst, 《또한》 kɔŋ...], der; -en, -en 수도원 연합회 회원, 수도회 회원.

Kongreß, 《또한》 kɔŋ...], der; ...esses, ...esse [lat. congressus/2; amerik. Congress] **1.** 《대규모의》 전문가《정치》 회의: ein internationaler K. 국제회의; auf einem K. sprechen 회의에서 발언하다; der K. hat beschlossen 회의의 참가자들이 결의하였다. **2.** 〈Pl. 없음〉 《미국의》 의회, 국회.

Kongreß-: **~abgeordnete⁴,** der 《미국의》 국회의원. **~halle,** die 《대》회의장. **~mitglied,** das ↑~abgeordnete. **~saal,** der ↑~halle. **~stadt,** die 《자주》 열리는 도시. **~teilnehmer,** der 회의 참가자들.

kongruent [kɔŋɡruˈɛnt, 《또한》 kɔŋ...], der; 〈Adj.〉 [lat. congruēns] **1.** 《교양어》 일치[합치]하는, 완전히 같은《반대: disgruent》: -e Begriffe 똑같은 개념. **2.** 〔수학〕 **a)** 같은, 합동의《반대: inkongruent 2 a》. **b)** 〔두 수(數)가〕 일치하는《반대: inkongruent 2 b》. **Kongruenz** [...'ɛnts], die; -, -en **1.** 〈Pl. 없음〉 《교양어》 일치, 합치, 적합. **2.** 〔수학〕 **a)** 합동(合同)《반대: Inkongruenz 2 a》. **b)** 두 수(數)의 일치《반대: Inkongruenz 2 b》. **3.** 〈Pl. 없음〉 〔언어〕 《성, 수, 격, 인칭의》 일치. **b)** 《둘이 다른 문장 성분과의》 의미상의 일치, 호응. **Kongruenzsatz,** der 〔수학〕 합동의 정리(定理). **kongruieren** [...'iːrən] 〈h〉 [lat. congruere] **1.** 《교양어》 일치[합치]하다: ihre Meinungen kongruieren keineswegs 그들의 의견들은 결코 일치하지 않는다. **2.** 〔수학〕 서로 같다, 합동이다. **3.** 〔언어〕 《성, 수, 격, 인칭이》 일치하다.

Konidie [koˈniːdiə], die; -n, -n 《대개 Pl.》 [griech. kónis] 〔식물〕 분생자(分生子), 분생포자.

K.-o.-Niederlage, die 〔권투〕 케이오 패(敗).

Konifere [koniˈfeːrə], die; -n 《대개 Pl.》 [lat. cōnifer] 〔식물〕 구과(毬果)식물, 송백류(松柏類), 침엽수.

König [ˈkøːnɪç], der; -(s), -e **1. a)** 〈Pl. 없음〉 《왕의》 칭호. **b)** 최고통치자, 왕, 왕자, 제1인자: die preußischen -e 프러시아의 왕들; 〔전의〕 der K. der Wüste 《시어》 황야의 왕, 사자; der K. der Vögel《Der Lüfte》 《시어》 백조(百鳥)《대공(大空)》의 왕, 독수리; er ist der (ungekrönte) K. unter den Spielern 그는 경기자들 중에서 왕《최고의 선수》이다; hier ist der Kunde K. 이 가게서 고객이 왕이다. **2. a)** 《장기의》 궁(宮). **b)** 《카드의》 킹: mit dem K. stechen 《카드》 킹으로 쳐서 이기다. **c)** 《독일식 볼링의》 중앙핀, 킹. **Königin** [ˈkøːnɪɡɪn], die; -nen **1.** 《König (1)의 여성형》 **a)** die K. von England 영국 여왕; 〔전의〕 die K. der Blumen 《아이》 꽃의 여왕, 장미; die K. der Instrumente 《아이》 악기의 여왕, 오르간; sie war die K. des Festes 《아이》 그녀는 축제의 여왕《가장 아름답고 인기있는 여인이다》; K. der Nacht 선인장의 일종《중미 및 남미에서 자라는》. **b)** 왕비. **2.** ↑Bienenkönigin의 약칭. **3.** ↑Dame (2 a).

Königin-: **~mutter,** die 왕의 황태후, 모후(母后). **~pastete,** die [frz. bouchée à la reine] 〔요리〕 《닭고기, 버섯 등을 넣은》 작은 파이. **~witwe,** die 왕대비, 국왕의 미망인.

königlich [ˈkøːnɪklɪç] 〈Adj.〉 **1. a)** 왕의, 왕실의, 국왕에게 속하는: die -e Familie 왕실(王室). **b)** 왕과 같은, 왕자(王者)다운, 존엄한, 위엄있는, 당당한: er schritt in -er Haltung durch den Saal 그는 위엄있는 태도로 홀을 통해 갔다. **2.** 관대한, 배포가 큰, 풍부한, 호사스러운: jmdn. k. belohnen 누구에게 대단히 많은 보수를 주다. **3.** 《통용어》 대단한, 굉장한: ein -es Vergnügen 굉장한 즐거움. **Königreich** [ˈkøːnɪk-], das; -(e)s, -e **1.** 왕국, 왕의 영토. **2.** 군주국.

königs-, Königs- [ˈkøːnɪçs-]: **~adler,** der ↑ Steinadler. **~berg** [ˈkøːnɪçsbɛrk] 쾨니히스베르크《옛 동프로이센의 수도》. **¹~berger** [ˈkøːnɪçsbɛrɡɐ], der; -- 쾨니히스베르크의 주민. **²~berger** 〈Adj.〉 《격변화 없음》 쾨니히스베르크의. **~blau** 〈Adj.〉 [프랑스의 Ludwig 14세(1638~1715)때 유행된 색깔] 코발트색의, 화감청색(花紺青色)의. **~burg,** die 왕의 산성. **~farn,** der 양치속(羊齒屬). **~fasan,** der 《긴 꼬리깃을 지닌 황갈색의》 꿩. **~galerie,** die 〔미술〕 《왕들의 입상이 있는 프랑스와 영국 성당의》 회랑(回廊). **~geier,** der 담홍색 콘도르속(屬)의 새. **~haus,** das 왕가, 왕실. **~hof,** der 왕궁, 궁정. **~kerze,** die 〔식물〕 현삼과(玄蔘科)의 일종. **~kind,** das 《특히 동화, 전설 등의》 왕자, 왕녀. **~kobra,** die 킹 코브라. **~krone,** die 왕관. **~kuchen,** die 파일 케이크. **~macher,** der 《은어》 〔정계 등의〕 막후 실력자. **~paar,** das 국왕 부처(夫妻). **~palast,** der

왕궁, 궁전. **~palme**, die 〖식물〗 대왕야자. **~pilz**, der ↑**~röhrling**. **~pokal**, der 〈Pl. 없음〉 [스웨덴 국왕 Gustav 5세(1858〜1950)의 기증에 의해] 1. 국왕배(유럽 국가 대표팀 테니스 시합에서 우승한 팀에게 주는 우승배). 2. 국왕배 테니스 시합. **~röhrling**, der 〖식용〗 그물버섯속(屬). **~schießen**, das 〖일등 사수가 확인되는〗 사격 대회. **~schlange**, die 〖동물〗 왕사(王蛇)(남미산의 보아뱀). **~schloß**, das 왕성, 궁궐. **~see** ['kø:nɪçse:], der; -s 쾨니히스제(독일 바이에른 지방의 호수). **~sohn**, der 왕자. **~thron**, der 왕좌, 옥좌. **~tiger**, der 벵골 호랑이. **~titel**, der 왕호(王號). **~tochter**, die 공주. **~treu** 〈Adj.〉 왕에게 충실한, 충성스러운, 왕당파(王黨派)의. **~wasser**, das 〖화학·기술〗〖금속의 왕인 황금까지도 녹이는〗왕수(王水). **~weg**, der 〖아이〗왕도(王道) 최선의 방도. **~weihe**, die ↑Gabelweihe. **~würde**, die 왕의 위엄.

Königtum, das; -s, -tümer [-ty:mɐ; 1: frz. royauté] 1. 〈Pl. 없음〉 왕위, 왕권, 군주정체. 2. 《고어》 ↑ Königreich (1).

Koniin [koni'i:n], das; -s [griech. kóneion] 〖화학〗 코나인(독당근이나 독미나리에 들어 있는 유독 성분).

Konimeter [koni-], das; -s, - [griech. kónis u. ↑-meter] 〖광·기후·환경〗 〖대기 중의 먼지의 양을 측정하는〗 검진기(檢塵器), 진애계(塵埃計). **Koniose** [ko'nio:zə], die; -n 〖의학〗 진폐증.

konisch [ko:nɪʃ] 〈Adj.〉 원추형의: ein k. zugespitzter Stift 원추형으로 뾰족하게 깎은 연필. **Konizität** [ko:nitsi'tɛ:t], die; -en 〖전문어·드물게〗원추성.

Konj. = Konjunktiv; Konjunktion.

Konjektaneen [kɔnjɛk'ta:neən, ...ta'ne:ən] 〈Pl.〉 [lat. coniectānea] 〖교양어·고어〗메모집, 비망록집. **Konjektur** [kɔnjɛk'tu:ɐ̯], die; -en [lat. coniectūra] 〖문학〗〖편자의 추정에 의한〗 개정, 교정, 판독. **konjektural** [...tu'ra:l] 〈Adj.〉 〖문예학〗 개정(교정)상의, 추정적인, 추측에 의한. **Konjekturalkritik**, die 〈Pl. 없음〉 〖문예〗 〖판독에 의한〗 본문 비판, 원본 분석 비평. **konjizieren** [kɔnji'tsi:rən] 〈h〉 [lat. conicere] 〖문예학〗 판독(개정, 교정)하다, 추정(추측)하다.

konjugal [kɔnju'ga:l] 〈Adj.〉 [lat. coniugālis] 《고어》 부부(간)의, 혼인상의. **Konjugate** [kɔnju'ga:tə], die; -n 〖생물〗 ↑Jochalge. **Konjugation** [...ga'tsjo:n], die; -en [lat. coniugātio] 1. 〖언어〗 동사의 변화(활용). 2. 〖생물〗 a) 〖수정시〗 생식 세포의 접합. b) 염색체의 결합(과정). c) 섬모충류(纖毛蟲類)의 수정. **Konjugationsendung**, die 〖언어〗 동사의 변화(활용)어미. **konjugierbar** [...'gi:ɐ̯ba:ɐ̯] 〖언어〗 동사 변화가 가능한, 변화할 수 있는(동사의). **konjugieren** [...'gi:rən] 〈h〉 [lat. coniugāre] 〖언어〗 (동사를) 변화시키다, 활용하다. **konjugiert** 〈Adj.〉 〖수학〗 (수, 점, 직선 등이) 서로 병렬되어진[결합된]. **Konjunktion** [kɔnjʊŋk'tsjo:n], die; -en [lat. coniūnctio] 1. 〖언어〗접속사. 2. 〖천문〗 두 개의 천체의 합(合). 3. 〖점성〗 같은 수대(獸帶) 기호 내에서의 여러 별들의 만남. 4. 〖논리〗연접(連接), (und에 의한) 연언(連言). **konjunktional** [...tsjo'na:l] 〈Adj.〉 〖언어〗접속사의, 접속사에 의한. **Konjunktionaladverb**, das 〖언어〗접속사적 부사(예컨대: außerdem, dagegen, deshalb, trotzdem). **Konjunktionalsatz**, der 〖언어〗접속사 부문(副文). **konjunktiv** ['kɔnjʊŋkti:f, 〔또한〕--'-] 〈Adj.〉 〖철학〗연언적(連言的)인, 연접적(連接的)인(반대: disjunktiv 1). **Konjunktiv** ['kɔnjʊŋkti:f], der; -s, -e [...i:və; lat. (modus) coniūnctīvus] 〖언어〗접속법(약어: Konj.)(반대: Indikativ 1). **Konjunktiva** [...'ti:va], die; ...vä [lat. coniūnctīvus] 〖의학〗 (눈의) 결막. **konjunktivisch** [...i:vɪʃ, 〔또한〕--'--] 〈Adj.〉

〖언어〗 접속법의: eine -e Verbform 접속법 동사형. **Konjunktivitis** [...ti'vi:tɪs], die; ...itiden [...vi'ti:dn] 〖의학〗 결막염. **Konjunktivsatz**, der 〖언어〗 접속법의 문장. **Konjunktor** [kɔn'jʊŋktɔr, 〔또한〕 ...to:ɐ̯], der; -s [lat. coniungere] 〖논리〗 연접(連接) 접속사 "und". **Konjunktur** [...'tu:ɐ̯], die; -en [lat. coniūnctūra] 〖경제〗 **a)** 경기, 상황(商況): eine steigende K. 상승 경기; die K. beleben(fördern) 경기를 북돋우다. **b)** 호경기: die K. setzt ein 호경기가 시작된다; 〖전의〗 solche Artikel haben im Augenblick K. 그러한 품목이 현재 많이 팔리고 있다; diese Handwerker haben jetzt wieder K. 이들 수공업자들이 지금 다시 호황을 누리고 있다.

konjunktur-, Konjunktur-: ~abhängig 〈Adj.〉 경기에 좌우되는(의존하는). **~abschlag**, der 경기 활성을 위한 기한부 감세(減稅). **~abschwächung**, die 경기 침체. **~ankurbelung**, die 경기 활성화. **~anstieg**, der 경기 상승. **~aufschwung**, der 호황, 갑작스런 호경기. **~barometer**, das **1.** 경기 도표. **2.** 경기 지표(景氣指標). **~bedingt** 〈Adj.〉 **~abhängig**. **~belebung**, die 경기 활성. **~entwicklung**, die 경기 발전. **~flaute**, die 경기 침체, 불황, 불경기. **~forschung**, die 경기 동향 조사. **~gerecht** 〈Adj.〉 경기에 맞는. **~geschichte**, die 역사적 경기 분석. **~lage**, die 〖경제〗 경기 상황, 경기 동향. **~politik**, die 경기 정책. **~politisch** 〈Adj.〉 경기 정책(상)의. **~ritter**, der (팸) 편의(기회)주의자. **~rückgang**, der 경기 후퇴. **~schwankung**, die 경기 변동. **~spritze**, die 경기 활성을 위한 재정 조처. **~theorie**, die 경기 변동 이론. **~zuschlag**, der 경기 억제를 위한 기한부 증세(增稅). **~zyklus**, der 경기 순환(주기). **konjunkturell** [...tu'rɛl] 〈Adj.〉 〖경제〗 경기(상)의, 경기에 따른: die -e Situation eines Landes 한 나라의 경기 상황.

konkav [kɔn'ka:f, 〔또한〕 kɔŋ...] 〈Adj.〉 [lat. concavus] 〖광학〗 오목한, 요면(凹面)의(반대: konvex): -e Spiegel 오목 거울; die Linse ist k. 그 렌즈는 오목(렌즈)이다. **Konkavität** [kɔnkavi'tɛ:t, 〔또한〕 kɔŋ...], die [lat. concavitās] 〖광학〗 요면, 요면 상태, 정상태(반대: Konvexität). **Konkavlinse**, die 〖광학〗 오목 렌즈(반대: Konvexlinse). **Konkavspiegel**, der 〖광학〗 ↑Hohlspiegel(반대: Konvexspiegel).

Konklave [kɔn'kla:ve, 〔또한〕 kɔŋ...], das; -s, -n [lat. conclāve] 〖가〗 **1.** 교황 선거 비밀 회의장. **2.** 교황 선출을 위한 한 추기경 회의.

konkludent [kɔnklu'dɛnt, 〔또한〕 kɔŋ...] 〈Adj.〉 〖철학〗 결론이 나오는, 추론할 수 있는, 단정적인, 명확한: eine -e Äußerung 단정적인 표현. **konkludieren** [...'di:rən] 〈h〉 [lat. conclūdere] 〖철학〗 결론짓다, 추단(단정)하다. **Konklusion** [...'zjo:n], die; -en [lat. conclūsio] 〖철학〗 결론, 단정, 단안, 귀결. **konklusiv** [...'zi:f] 〈Adj.〉 〖철학〗 귀결의, 단정적인, 결론적인, 명확한(예컨대: verklingen, verblühen).

Konkomitanz [kɔnkomi'tants, 〔또한〕 ...ko̞ŋ...], die [lat. concomitārī] 〖언어 요소의〗 동시 출현, 일반 언어 요소, 공존, 병존.

konkordant [kɔnkɔr'dant, 〔또한〕 kɔŋ...] 〈Adj.〉 [lat. concordāns] **1.** 〖교양어〗 일치하는, 부합하는. **2.** 〖지질〗 정합(整合)의. **Konkordanz** [...'dants], die; -en [lat. concordantia] **1.** 〖학문〗 **a)** (알파벳 순의) 용어 색인(索引)(특히 성서의). **b)** 〖한 작품의 판이 다른 간행본들의〗 페이지 대조표. **2.** 〖지질〗 (지층의) 정합(整合). **3.** 〖발생〗 (유전의) 소인(素因) 일치, 일란성 쌍생아의 특질 일치. **4.** 〈Pl. 없음〉 〖인쇄〗 48포인트 활자. **5.** 〖언어〗 특히 스와힐리어에서 동일 접두사에 의한 문장내의 문법적

연관성의 표현. **Konkordat** [...'daːt], das; -(e)s, -e [lat. concordatum] **1.** (국가와 교황청간의) 종교 협약, 화친 조약. **2.** 《schweiz.》 (스위스 각 주 사이의) 협약. **Konkrement** [kɔnkreˈmɛnt], das; -(e)s, -e [lat. concrēmentum] [의학] 결석(結石). **konkret** [kɔnˈkreːt, kɔŋ...] ⟨Adj.⟩ [lat. concrētus] **1. a)** 구체적인, 구상적인, 실체적인(반대: abstrakt); -e **Dinge des Alltags** 일상의 구체적 일들; -e **Kunst** 구체 예술(현대 예술의 방향, 특히 회화의); -e **Literatur** 구체[구성] 문학; -e **Musik** 구체 음악(거리·기계의 소음, 사람의 지저귀는 소리 등 실제의 음향을 강조하는). **b)** 사실의, 실제의, 진짜의: **wie ist deine -e Meinung dazu**? 그것에 대한 너의 진짜 의견은 어떠냐?; **wie soll man das k. verstehen**? 그것을 정말 어떻게 이해해야 할까? **c)** 현하의, 목하(目下)의: **eine -e Situation** 목하의 상황. **2.** 객관적인, 정확한, 명확한: **-e Pläne haben** 실제적이고 정확한 계획을 갖고 있다; **-e Angaben machen** 분명하고 정확한 진술을 하다. **Konkretheit**, die; -en 구체적인 것[일], 구체성(반대: Abstraktheit). **Konkretion** [...kreˈtsi̯oːn], die; -en [lat. concrētio] **1.** 《교양어·드물게》 구체화, 실체화. **2.** [지질] 결핵체(結核體). **3.** [의학] 유착(癒着), 결석형성. **konkretisieren** [...tiˈziːrən] ⟨h⟩ 구체화하다, 구상화하다. 구체적으로 말하다: **seinen Standpunkt k.** 자기의 입장을 구체적으로 밝히다. **Konkretisierung**, die; -en 구체화[구상화]. **Konkretum**, das; -s, ...ta [언어] 구상(구체) 명사(반대: Abstraktum **2**): **Tisch ist ein K.** "Tisch"는 구상 명사이다.

Konkubinat [kɔnkubiˈnaːt, ...biˈnat], das; -(e)s, -e [lat. concubīnātus] [법] 내연(內緣) 관계, 혼외(婚外) 결합: **im K. leben** 내연 관계에 있다. **Konkubine** [...kuˈbiːnə], die; -, -n [lat. concubīna] **1.** (역사적) 내연의 처. **2.** 《폄》 정부(情婦), 첩.

Konkupiszenz [kɔnkupɪsˈtsɛnts, 《또한》 kɔŋ...], die; - [lat. concupīscentia] [신학·철학] 욕정, 육욕.

Konkurrent [kɔnkuˈrɛnt], der; -en, -en 경쟁자, 경쟁 상대, 라이벌: **ein gefährlicher K.** 위험한 경쟁자; **sein größter K. in diesem Lauf startete auf der Innenbahn** 이번 경주에서 그의 가장 큰 적수가 안쪽 코스에서 출발했다. **Konkurrenten** ⟨Pl.⟩ [lat. concurrentes] [가] 연이은 두 축제. **Konkurrentin**, die; -nen ↑ Konkurrent의 여성형. **Konkurrenz** [...ˈrɛnts], die; -en [lat. concurrentia] **1.** ⟨Pl. 없음⟩ 경쟁, 경합: **die beiden Firmen machen sich K.** 두 회사가 서로 경쟁하고 있다; **mit jmdm. in K. treten** 누구와 경쟁하다. **2.** 경기, 시합: **die ersten -en der Sportveranstaltung sind bereits im Gange** 체육 행사의 첫 경기들이 이미 진행중에 있다; **er startet in verschiedenen -en** 그는 여러 경기에 참가하고 있다; **außer K.** 비공인(非公認)의. **3.** ⟨Pl. 없음⟩ 경쟁자 전체, 상적(商敵): **die in- und ausländische K. eines chemischen Werks** 화학 기업의 국내·국외 경쟁자들; **die Firma ist hier ohne K.** 그 회사는 여기선 상적(商敵)이 없다.

konkurrenz-, Konkurrenz-: ~**betrieb**, der ↑ ~**unternehmen**; ~**druck**, der ⟨Pl. 없음⟩ 심한 경쟁으로 인한 압박. ~**fähig** ⟨Adj.⟩ 경쟁 능력이 있는. ~**fähigkeit**, die ⟨Pl. 없음⟩ 경쟁 능력. ~**firma**, die 경쟁 회사. ~**kampf**, der [경제] 경쟁, 경쟁 능력 제고를 위한 조치(노력): **der K. der Parteien vor der Wahl** 선거전 정당들의 각축전. ~**klausel**, die ⟨Pl. 없음⟩ [경제·법] 경쟁 금지 약관(約款). ~**los** ⟨Adj.⟩ 경쟁이 없는: **ein -es Unternehmen** 독점 기업. ~**neid**, der 경쟁자(의 성공)에 대한 시기. ~**neidisch** ⟨Adj.⟩ 경쟁자의 성공을 시기하는. ~**unternehmen**, das 경쟁 기업.

konkurrenzieren [...rɛnˈtsiːrən, 《또한》 kɔŋ...] ⟨h⟩ 《südd., österr., schweiz.》 경합하다, 누구의 경쟁자이다, 누구와 경쟁하다. **Konkurrenzierung**, die; -en 《südd., österr., schweiz.》 경쟁, 경합. **konkurrieren** [...kuˈriːrən] ⟨h⟩ [lat. concurrere] 경쟁하다, 경합하다: **mit solchen Preisen können wir nicht k.** 우리는 그 가격으로는 경쟁할 수가 없다; **die beiden konkurrieren um diesen Posten** 두 사람이 이 지위를 얻으려고 경합하고 있다. **Konkurs** [kɔnˈkʊrs, 《또한》 kɔŋ...], der; -es, -e [lat. concursus] [경제·법] **1.** 파산, 도산: **die Firma hat K. gemacht**[**ist in K. geraten, gegangen**] 그 회사는 파산(도산)했다. **2.** 파산 수속[절차]: **den K. eröffnen** 파산 수속을 개시하다.

Konkurs-: ~**eröffnung**, die 파산 절차의 개시. ~**gläubiger**, der 파산 채권자. ~**masse**, die 파산 재단(財團). ~**ordnung**, die 파산법. ~**prozeß**, der. ~**verfahren**, das ↑ Konkurs (2). ~**verwalter**, der 파산 관리인.

konnatal [kɔnaˈtaːl] ⟨Adj.⟩ [lat. connātum] [의학] (질병, 장해 등) 선천성의, 선천적인. **Konnektiv** [kɔnɛkˈtiːf], das; -s, -e [...iːvə; lat. cŏ(n)nectum] [생물] **a)** 약뢰(葯隔). **b)** 종연신경(縱連神經) (하등 동물의). **Konnektor** [kɔˈnɛktɔr, 《또한》 ...toːɐ̯], der; -s, -en [...ˈtoːrən; engl.-amerik. connector, connecter] [전산] 커넥터.

können* [ˈkœnən] ⟨h⟩ **1. a)** 할 수 있다, 능력이 있다: **er kann Auto fahren** 그는 자동차를 운전할 수 있다; **ich konnte vor Schmerzen nicht schlafen** 나는 고통 때문에 잠을 잘 수 없었다; **ich kann das nicht mehr hören** 《통용어》 나는 그것을 더이상 들을 수 없다[그런 얘기를 계속해서 듣기가 지겹다]; **ich könnte mir (gut) vorstellen, daß er getan hat** 나는 그가 그런 일을 했으리라고 (충분히) 상상할 수 있겠다; 정규 (erst einmal) **vor Lachen** 정말 수만 있다면야; **es mit jmdm. k. (es) mit jmdm. gut k.** 누구와 사이가 좋다; **für etw. nichts k.** 《통용어》 무엇에 대해 책임[죄]이 없다. **b)** 가능성이 있다: **das Flugzeug kann bis zu 300 Passagiere aufnehmen** 그 비행기는 300명까지 승객을 태울 수 있다; **ich habe nicht kommen k.** 나는 올 수가 없었다; **da kann man nichts machen!** 그건 어쩔 도리가 없다!; **man kann nie wissen, was noch kommt** 또 무슨 일이 일어날지 결코 알 수 없다; **wenn du das nicht läßt, kannst du was erleben** 《통용어·위협으로서》 그 만두지 않으면 혼내주겠다; **kann ich Ihnen helfen?** 《공손한 질문》 도와드릴까요?; **Sie mal einen Augenblick zur Seite gehen?** 《부탁이나 요구를 내포한 정중한 질문》 잠깐 비켜줄 수 있겠습니까?; **kannst du nicht aufpassen?** 《비난의 의미를 지닌 의문문》 좀 주의할 수 없을까?; **wo kann man hier mal?** 《통용어·은폐》 여기 어디서 용변을 볼 수 있지? (화장실이 어디 있지?); 정규 **mir**[**uns**] **kann keiner** 《통용어》 아무도 나[우리]에게 해를 끼칠 수 없다, 《gelangen, gehen, kommen 등을 생략하고 방향을 가리키는 말과 함께》 **die Tür war verriegelt, niemand konnte ins Freie** 문은 폐쇄되었고, 아무도 밖으로 나갈 수 없었다. **c)** 무엇을 할 권리가 있다, …해도 좋다, 괜찮다: **du kannst ohne Sorge sein** 걱정하지 않아도 좋다; **in diesem Kontext kann man beide Wörter gebrauchen** 이 문맥에선 두 단어가 다 맞는다; **nun kann ich mich auch noch entschuldigen** 《통용어》 이제 또 사과해야 할 (성가신) 일까지 남아 있다; **darin kann ich Ihnen nur zustimmen** 그 점에선 당신에게 동의하지 않을 수 없다; 《생략적으로》 **können wir?** 《통용어》 가도(시작해도) 괜찮을까? **d)** 《dürfen 보다 약함》 무엇을 할 가능성이 있다, …하여도 좋다: **kann ich jetzt gehen?** 이제 가도 좋을까요?;

Können 1202

kann ich? 《통용어·상응하는 행위를 동반하여》 괜찮겠습니까?; so etwas kannst du doch nicht machen! 그런 일을 해서는 안되네!; 《gehen, kommen 등을 생략하고 방향을 가리키는 말과 함께》 Mutti, kann ich auf den Speicher? 엄마, 다락에 가도 괜찮아요? **e)** 아마 … 일지도 모른다, …일 수 있다: das Paket kann verlorengegangen sein 소포가 분실되었을지도 모르겠다; der Arzt kann jeden Augenblick kommen 의사가 금방이라도 올지 모른다. **2.** 《독립동사》 **a)** 알고 있다, 할 수 있다: der Schüler kann das Gedicht immer noch nicht (auswendig) 학생은 시를 여전히 외우지 못한다; er kann (gut) Russisch 그는 러시아말을 (잘) 할 줄 안다; diese Übungen habe ich früher alle gekonnt 이 연습 문제들을 이전에는 모두 할 수 있었다. **b)** 능력이 있다, 할 수 있다, 가능하다: er lief so schnell, wie er konnte 그는 될 수 있는 대로 빨리 달렸다; ich kann nicht anders als dagegen sein 나는 반대하지 않을 수 없다; ich kann nicht anders als ablehnen 나는 거부하지 않을 수 없다. **c)** 《통용어》 《아직》 힘이 있다: der Läufer konnte nicht mehr und gab auf 주자는 더 이상 힘이 없어 포기했다; 《과장해서》 er aß, bis er nicht mehr konnte 그는 배가 터지도록 먹었다. **Können** [-], das; -s 능력, 역량, 기량, 수완, 지식, 학식: schriftstellerisches K. 작가적 역량; ein Mann von großem K. 대단히 능력있는 남자. **Könner,** der; -s, - 능력이 있는 사람: er ist ein (großer) K. auf seinem Gebiet 그는 자기 분야에선 대단히 능력있는 사람이다. **Könnerschaft,** die (특별한) 능력, 기량, 수완.
Konnetabel [kɔneˈtaːbl], der; -s, -s [frz. connétable] 《옛》 (프랑스의) 원수, 육군 총사령관.
Konnex [kɔˈnɛks], der; -es, -e [lat. cō(n)nexus] 《교양어》 **1.** 관련, 결합: der enge K. zwischen Naturwissenschaft und Philosophie 자연과학과 철학의 밀접한 연관. **2.** 교우·[교제] 관계: mit jmdm. in (engen, näheren) K. kommen 누구와 친하게 지내다, 누구와 긴밀한 연락을 하다. **Konnexion** [...ˈɛksi̯oːn], die; -en [frz. connexion] **1.** 《아어·드물게》 《대개 Pl.》 (유리한) 인간(연고) 관계, 연줄: -en haben(anknüpfen) 연고 관계를 갖(맺)다. **2.** 《언어》 《의존 문법에서 지배 성분과 의존 성분간의》 의존 관계. **Konnexität** [...ksiˈtɛːt], die [lat. connexitas] 《법》 **1.** (여러 법률 사건의) 내적 관련성. **2.** (채권자와 채무자의) 상호 연관성.
konnivent [kɔniˈvɛnt] 〈Adj.〉 **1.** 《교양어·드물게》 관대한, 참을성이 강한. **2.** 《법》 (부하의 독직죄를) 묵인하는, 묵허하는, (부하 직원이 독직죄를 범하도록) 유인(유혹)하는: -es Verhalten 묵인하는 태도. **Konnivenz** [...nts], die; -en [lat. cō(n)nīventia] **1.** 〈Pl. 없음〉 《교양어·드물게》 관용, 용인, 묵허. **2.** 《법》 묵인적 태도 [행위]. **konnivieren** [kɔniˈviːrən] 〈h〉 [lat. cō(n)nīvere] 《고어》 관대하게 보아주다, 참다, 묵인하다.
Konnossement [kɔnɔsəˈmɛnt], das; -(e)s, -e [aus ital. conoscimento u. frz. connaissement] 《해양》 선하증권(船荷證券).
Konnotat [kɔnoˈtaːt], das; -(e)s, -e 《언어》 **1.** 개념 내용, 의의(意義). **2.** 공시소(共示素), 함축된 의미, 연외의 의미(반대: Denotat 2). **Konnotation** [...taˈsi̯oːn], die; -en [1: lat. con-/notātio; 2: engl. connotation] **1.** 《논리》 개념 내용, 《개념의》 내포(內包). **2.** 《언어》 **a)** 공시의(共示義), 부수적 의미, 연외(言外)의 의미, 함축(반대: Denotation 2 a) **b)** 기호와 기호 사용자간의 관계. **konnotativ** [...ˈtiːf], 〈또한〉 ˈ---' 〈Adj.〉 [engl. connotative] 《언어》 함축성있는, 공시의적(共示義的)의, 부수적 의미의, 내포적인(반대: denotativ). **Konnotator** [...ˈtaːtɔr, ...ˈtoːɐ̯], der; -s, en [...ˈtoːrən] 《언어》 공시체(共示體)(반대: Denotator).
konnte [ˈkɔntə], **könnte** [ˈkœntə] ↑können 참조.
Konnubium [kɔˈnuːbi̯ʊm], das; -s, ...ien [...i̯ən]; lat. cō(n)nūbium] 《법·고어》 결혼 생활, 부부 관계.
Konoid [konoˈiːt], das; -(e)s, -e [griech. kōnoeidés] 《기하》 원추곡선체(圓錐曲線體).
Konquistador [kɔŋk(v)istaˈdoːɐ̯], der, -en, -en [span. conquistador] 《역사적》 정복자(특히 16세기 스페인의 남미 정복자와 그 자손).
Konrektor, der; -s, -en [kɔnrɛkˈtoːrən, 《또한》 '---]; lat. con- u. ↑Rektor] 《학교》 (국민학교 및 중학교의) 교감, 교장 대리.
Konsanguinität [kɔnzaŋɡuɪniˈtɛːt], die [lat. cōnsanguinitās] 《고어》 혈족(관계), 혈연(血緣).
Konseil [kɔˈsɛj], der; -s, -s [frz. conseil] 《고어》 평의회, 각의(閣議), (고문관) 회의.
Konsekration [kɔnzekraˈtsi̯oːn], die; -en [lat. cōnsecrātio] 《가》 **1.** 성별(聖別)(식), 축성식(祝聖式), (주교의) 서품식: die K. einer Kirche vollziehen. 교회의 축성식을 거행하다. **2.** (미사때 빵과 포도주의) 성변화(聖變化): die K. der Hostie 성체(聖體)변화. **konsekrieren** [...ˈkriːrən] 〈h〉 [lat. cōnsecrāre] 《가》 축성하다, 성별(聖別)하다, 축성식하다, 서품식을 하다: eine Kirche k. 교회를 봉납(축성)하다. **Konsekrierung,** die; -en 축성(봉납)하는 일.
konsekutiv [kɔnzekuˈtiːf, 《또한》 ˈ---] 〈Adj.〉 [lat. cōnsecūtio] **1.** 《전문어》 (시간적으로) 연속적인, 연속하는: -es Dolmetschen 순차 통역(반대: simultanes Dolmetschen). **2.** 《언어》 결과를 나타내는: die Konjunktion 결과를 나타내는 접속사(예컨대: so daß). **3.** 《철학》 (본질을 규정하는 개념의 특징에서) 파생된, 계속되는. **Konsekutivdolmetschen,** das; -s 《전문어》 순차 통역. **Konsekutivdolmetscher,** der; -s 순차 통역자. **Konsekutivsatz,** der 《언어》 결과 문(Folgesatz).
Konsemester, das; -s, - [lat. con- u. ↑Semester] 《교양어》 ↑Kommilitone, Kommilitonin.
Konsens [kɔnˈzɛns], der; -es, -e [lat. cōnsēnsus] 《교양어》 **1.** 의견의 일치, 합의(반대: Dissens): es gab einen K. in der Frage des § 218. 218조의 문제에 있어서 의견의 일치가 있었다. **2.** 《준고어》 동의, 승낙, 허가: seinen K. (zu etw.) geben (무엇에) 동의하다. **Konsensualkontrakt** [kɔnzɛnˈzu̯aːl-], der; -(e)s, -e 《법》 낙성 계약(諾成契約)(반대: Realkontrakt). **konsensuell** [...ˈzu̯ɛl] 〈Adj.〉 [lat. cōnsēnsus] 《의학》 일치하는, 합의의. **Konsensus** [kɔnˈzɛnzʊs], der; -, - [...nzuːs] 《교양어》 ↑Konsens, **konsentieren** [...ˈtiːrən] 〈h〉 [lat. cōnsentīrī] 《고어》 **1.** 일치하다, 같은 의견이다. **2.** 동의(승인)하다.
konsequent [kɔnzeˈkvɛnt] 〈Adj.〉 [lat. cōnsequēns] **1.** 시종일관된, 모순이 없는, (논리적으로) 이론의 여지가 없는(반대: inkonsequent). k. denken(handeln) 논리에 맞는 사고를 하다(행동을 하다). **2.** 철저한, 확고한, 단호한: sein Ziel k. verfolgen 자기의 목적을 단호히 추구하다; du mußt k. bleiben! 자넨 확고한 태도를 지녀야 한다!; k. schweigen 끝까지 침묵을 지키다. **konsequentermaßen, konsequenterweise** 〈Adv.〉 당연한 귀결로서. **Konsequenz** [...nts], die; -en [lat. cōnsequentia] **1.** 〈Pl. 없음〉 **a)** 결과, 결론, (논리적인) 귀결(반대: Inkonsequenz): seiner Argumentation fehlt noch die letzte K. 그의 논증에는 마지막 결론이 없다. **b)** 시종일관, 철저: ein Ziel mit äußerster K. verfolgen 불퇴전(不退轉)의 결의로서 목표를 추구하다; er ist aus K. sparsam 그는 철저하게(확고한 원칙에 따라) 절약한다. **2.** 결말, 효과, 성과: die Wahlniederlage

war die natürliche K. einer verfehlten Parteipolitik 선거의 패배는 실패한 당 정책의 자연적 귀결이었다; die -en sind noch nicht abzusehen 성과[결과]는 아직 예측할 수 없다; den Kampf bis zur letzten K. (bis in die letzte K.) führen 결판[끝장]이 날 때까지 싸우다; als letzte K. bleibt (ihm) nur der Rücktritt 마지막 결론으로서 (그에겐) 사퇴밖에는 없다; **(aus etw.) die -en ziehen** (무엇에서) 결론을 끌어내다, 자기 행동의 결과에 책임을 지다.
Konservation [kɔnzɛrvaˈtsjoːn], die; -en [lat. cōnservātiō] (고어) 보존, 정돈(예술품 등의). **Konservatismus** [...ˈtɪsmʊs], der; - [engl. conservatisme] [정치] ↑Konservativismus. **konservativ** [...ˈtiːf, (또한) '----] ⟨Adj.⟩ [engl. conservative] **1. a)** 보수적인; er ist in seinen Ansichten sehr k. 그는 자기의 견해에 있어서 아주 보수적이다; k. eingestellt sein 보수적인 입장에 있다. **b)** 전통적인, 재래의, 구식인: -e Methoden 재래의 방법. **2.** 보수주의의: -e Kräfte 보수주의 세력; eine -e Partei 보수당. **3.** [의학] 보존적인(대개 "behandeln"등과 결합하여): -e Behandlung 보존 요법(保存療法). **Konservative*** [(또한) '-----], der / die 보수주의자, 보수당원: die -en verloren bei der letzten Wahl mehrere Parlamentssitze 보수당은 지난 선거에서 여러 의석을 잃었다. **Konservativismus** [...tiˈvɪsmʊs], der; - **1. a)** 보수적인 경향[입장]: der K. in der Mode 유행에 있어서의 보수적 경향. **b)** 보수주의: sein K. ist allgemein bekannt 그의 보수주의(적 태도)는 일반적으로 잘 알려져 있다. **2.** 보수주의적 정치 운동. **Konservativität** [...tiviˈtɛːt], die (교양어) 보수적 태도[성격], 보수성. **Konservator** [...ˈvaːtor, (또한) ...toːɐ̯], der; -s, -en [...vaˈtoːrən; lat. cōnservātor] (미술품, 문화재 등의) 보존 위원, (박물관, 미술관 등의) 관리(책임)자. **¹konservatorisch** [...vaˈtoːrɪʃ] ⟨Adj.⟩ (전문어) 보존에 관한, 보존상의. **²konservatorisch** [-], konservatoristisch [...vatoˈrɪstɪʃ] ⟨Adj.⟩ 음악 학교[대학]의. **Konservatorist** [...toˈrɪst], der; -en, -en 음악 학교의 학생. **Konservatoristin**, die; -nen ↑Konservatorist의 여성형. **konservatoristisch** ↑²konservatorisch. **Konservatorium** [...ˈtoːrjʊm], das; -s, ...ien [...jən; ital. conservatorio] 음악 학교[대학]: das K. besuchen 음악 학교[대학]에 다니다. **Konserve** [kɔnˈzɛrvə], die; -n [lat. conserva] **1. a)** (저장 식품이 든) 통조림(깡통), 병조림; -n herstellen 통조림을 제조하다; [전의] Musik aus der K. 테이프 음악, 레코드 음악. **b)** 저장 식품, 보존 식품 (통조림 따위의): -n leben 저장 식품으로 살아가다. **2.** [의학] ↑Blutkonserve의 약칭.
Konserven-: **~büchse, ~dose**, die 통조림 깡통. **~fabrik**, die 통조림 공장. **~fleisch**, das 고기 통조림. **~geschmack**, der 통조림 미각[맛]. **~glas**, das 병조림, 통조림용 병. **~nahrung**, die 저장 식품의 영양. **~öffner**, der 통(병)조림 따개. **~vergiftung**, die [의학] 저장 식품 중독.
konservierbar [kɔnzɛrˈviːɐ̯baːɐ̯] ⟨Adj.⟩ 보존[보관]할 수 있는, 저장할 수 있는. **konservieren** [...ˈviːrən] ⟨h⟩ [lat. cōnservāre] **1.** (특히 식료품을) 보존[보관]하다, 저장하다, (식료품을) 통조림으로 하다: Fleisch k. 고기를 보존하다; Blutplasma k. [의학] 혈장(血漿)을 보존하다; Gurken in Essig k. 오이를 식초에 저장하다; [전의] Musik auf Tonband k. (통용어) 음악을 테이프에 녹음하다. **2.** (적절한 처치나 관리를 통해) 보존[보호]하다: ein Gemälde k. 그림을 보존하다; konservierende Behandlung [의학] 보존 치료; [전의] ältere Sprachzustände k. 예전의 언어 상태를 유지하다. **Konservierung**, die; -en 보존, 보호, 유지.

Konservierungs-: **~methode**, die 보존 방법. **~mittel**, das ↑~stoff. **~stoff**, der 저장제(貯藏劑), 방부제. **~verfahren**, das 보존 처리(방법).
Konsi [ˈkɔnzi], der; -s, -s ⟨schweiz.⟩ ↑Konsumladen의 약칭.
konsiderabel [kɔnzideˈraːbl̩] ⟨Adj.⟩ [frz. considérable] (교양어) 주목할 만한, 상당한.
Konsignant [kɔnziˈgnant], der; -en, -en [경제] (특히 해외 무역에서 위탁 판매의) 위탁자, (화물의) 발송인. **Konsignatar** [...gnaˈtaːɐ̯], **Konsignatär** [...ˈtɛːɐ̯], der; -s, -e [frz.consignataire] [경제] (특히 해외 무역에서) 수탁자(受託者), (화물의) 수취인. **Konsignation** [...gnaˈtsjoːn], die; -en [frz. consignation] **1.** [경제] (특히 해외 무역에서) 위탁 판매(점), 송하(送荷). **2.** ⟨교양어·고어⟩ 기록, 기재, 기장.
Konsignations-: **~geschäft**, das ↑Kommissionsgeschäft. **~gut**, das ↑Kommissionsgut. **~lager**, das 판매위탁품 창고. **~ware**, die ↑Kommissionsware.
konsignieren [...ˈgniːrən] ⟨h⟩ [lat. cōnsīgnāre] [경제] (특히 해외 무역에서 위탁 판매를 위해 상품을) 부치다, 상품 판매를 위탁하다.
Konsiliararzt [kɔnziˈliaːɐ̯-], der; -es, ...ärzte ↑Konsiliarius. **Konsiliarius** [...aːrjʊs], der; -, ...rii [lat. cōnsiliārius] [의학] 공동 진찰 참가 의사(醫師). **Konsilium** [kɔnˈziːljʊm], das; -s, ...ien [...jən; lat. cōnsilium] [의학] **1.** 대진(對診), 공동 진찰: ein K. abhalten 공동 진찰을 하다, 대진하다. **2.** 심의(협의)회: ein K. bilden 심의회를 구성하다.
konsistent [kɔnzɪsˈtɛnt] ⟨Adj.⟩ [lat. cōnsistēns] (교양어) **1. a)** 긴밀한, 견고한, 단단한, 견실한, 질긴: -es Material 견고한, 구성도가 고정된, 안정 ((반대: inkonsistent (a)): die Ehe als k. bleibende Form des Zusammenlebens 공동 생활의 안정된 형태로서의 혼인. **2.** [논리] 일관된, 전체적으로 모순이 없는 (반대: inkonsistent (b)): -e Theorien 일관된 이론. **Konsistenz** [...nts], die **1. a)** (전문어) 견고, 견실, 견실도, 농도: etw. ist von hoher K. 무엇이 아주 견고하다. **b)** (교양어) 확고, 불변, 고정, 안정성 (반대: Inkonsistenz (a)): die K. einer Gesellschaftsordnung 사회 질서의 안정성. **2.** [논리] 모순이 없음, (사고의) 일관성 (반대: Inkonsistenz (b)).
konsistorial [kɔnzɪstoˈrjaːl] ⟨Adj.⟩ [기독교] 추기경 회의의, 종교국(局)의. **Konsistorialrat**, der; -(e)s, -räte [신교] 종교국(局) 평정관, (교회의) 간부회 회원. **Konsistorium** [...ˈtoːrjʊm], das; -s, ...ien [...jən; lat. cōnsistōrium] **1.** [가] **a)** 추기경 회의. **b)** ⟨드물게⟩ 주교구(主敎區) 재판소. **c)** (오스트리아의) 주교구 관리국 [행정 관청]. **2.** (주 교회의) 종교국(局).
konskribieren [kɔnskriˈbiːrən] ⟨h⟩ [lat. cōnscrībere] (옛) 징집(징모)하다. **Konskription** [...rɪpˈtsjoːn], die; -en [lat. cōnscrīptiō] (옛) 징집, 징모.
¹Konsol [kɔnˈzoːl], der; -s, -s ⟨대개 Pl.⟩ [engl. consols (Pl.)] [재정] (영국의) 국채, 공채.
²Konsol [-], das; -s, -e (지역어) ↑Konsole (2).
Konsol- [-]: **~kran**, der ↑~schwenkkran. **~schwenkkran**, der [기술] 벽에 설치된 선회 기중기. **~spiegel**, der 까치발로 벽에 붙여놓은 거울. **~tischchen**, das; -s, - 까치발로 벽에 붙여놓은 테이블.
Konsole [...lə], die; -n [frz. console] [건축] 까치발 모양으로 튀어나온 돌붙, 소용돌이형 까치발. **2.** 까치발로 버틴 선반, 와형(渦形)다리 탁자.
Konsolidation [kɔnzolidaˈtsjoːn], die; -en [frz. consolidation] **1.** (교양어·전문어) ↑Konsolidierung. **2.** [경제] **a)** (국채의) 정리, 전환. **b)** (국채의) 통합. **3.**

[법] (부동산의 제한 물권과 소유권과의) 혼동(混同). **4.** **[지질]** 지각(地殼)의 경화. **konsolidieren** [...'di:rən] ⟨h⟩ [frz. consolider] **1.** 《교양어》 **a)** 굳게 하다, 공고히 [견고히] 하다, 확실하게 하다: der Staat konsolidiert seine Wirtschaft 국가가 그 경제를 견실하게 하다. **b)** ⟨k. + sich⟩ 다져지다, 굳어지다, 견실[공고히] 되다, 단단해지다: die Wirtschaft hat sich konsolidiert 경제가 견실하게 되었다. **2.** [경제] 정리[통합]하다: konsolidierte Staatsanleihen 확정 공채. **Konsolidierung,** die; -en ⟨교양어·전문어⟩ **1.** 견고, 견실, 튼튼. b) 견고[견실]하게 됨. **2.** [경제] **a)** ↑ Konsolidation (2 a). **b)** ↑ Konsolidation (2 b). **3.** [의학] **a)** 가골경화(假骨硬化). **b)** (결합 등의) 근치(根治). **Konsolidierungsphase,** die 조정 단계, 근치[경화] 단계.
Konsomee: ↑Consommé.
konsonant [konzo'nant] ⟨Adj.⟩ [lat. cōnsonāns] **1.** [음악] 협화음(協和音)의(반대: dissonant 1). **2.** [음향] 공명(共鳴)하는. **Konsonant** [-], der; -en, -en [lat. cōnsonāns] [언어] 자음(반대: Vokal).
Konsonanten- [언어]: **~einschub,** der 자음 삽입. **~häufung,** die 자음 중첩. **~schwund,** der 자음 소멸. **~verbindung,** die 자음 연결. **~verdopp(e)lung,** die 자음 중복.
konsonantisch ⟨Adj.⟩ [언어] 자음의, 자음으로 형성된: -e Endung 자음으로 끝나는 어미. **Konsonantismus** [...'tɪsmʊs], der; - [언어] (특정 언어의) 자음 체계, 자음 기능. **Konsonanz** [...'nants], die; -en [lat. cōsonantia] **1.** [음악] 협음(協音), 협화(음). **2.** [언어] 자음 연결, 자음 중첩. **konsonieren** [...'ni:rən] ⟨h⟩ [lat. cōnsonāre] 《드물게》 협화음을 내다, 공명하다.
Konsorte [kon'zɔrtə], der; -n, -n [1: lat. cōnsortēs, cōnsors의 복수; 2: ↑Konsortium] **1.** 《Pl.》 《贬》 동아리, 일당, 공범. **2.** [경제] 조합원.
Konsortial- [konzɔr'tsia:l-]: **~bank,** die 은행 조합 가입 은행. **~geschäft,** das 조합 거래, 공동 거래. **~mitglied,** das 조합원.
Konsortium [kon'zɔrtsium], das; -s, ...ien [...jən; lat. cōnsortium] [경제] 기업 연합, 신디케이트: ein K. bilden[gründen] 신디케이트를 결성하다.
Konsoziation [kɔnzotsia'tsio:n], die; -en [lat. cōnsociātio] [언어] (한 낱말에 나타나는) 언어적[언어외적] 관계[환경].
Konspekt [kon'spɛkt], der; -(e)s, -e [lat. cōnspectus] 《구동독》 개관, 요지, 일람(표), 적요, 목차: von einem Aufsatz[einem Buch] einen K. anfertigen 논문[책]의 요지를 완성하다[작성하다]. **konspektieren** [...'ti:rən] ⟨h⟩ 《구동독》 개관을 작성하다, 요지를 만들다.
konspezifisch ⟨Adj.⟩ [생물] 동류에 속하는, 동속의.
Konspikuität [kɔnspikui'tɛ:t], die [lat. cōnspicuus] 《고어》 구체성, 명료성, 명백성.
Konspirant [kɔnspi'rant], der; -en, -en [lat. cōnspīrāns] 《교양어·드물게》 (정치적) 모반자. **Konspirateur** [...ra'tø:ɐ̯], der; -s, -e [frz. conspirateur] 《교양어·드물게》 (정치적) 모반자. **Konspiration** [...ra'tsio:n], die; -en [lat. cōnspīrātio] 《교양어》 (정치적) 모반, 음모. **konspirativ** [...ra'ti:f] ⟨Adj.⟩ **a)** 음모적인, 모반적인. **b)** 음모 목의가 있는. **Konspirator** [...'ra:tɔr, (또한) ...to:ɐ̯], der; -s, -en [...ra'to:rən; lat. conspirator] 《교양어·드물게》 (정치적) 모반자. **konspirieren** [...'ri:rən] ⟨h⟩ [lat. cōnspīrāre] 음모를 꾸미다, 모반을 꾀하다, 공모하다: mit dem Feind[gegen die Regierung] k. 적과 함께[정부에 대항해] 음모를 꾸미다.
Konstabler [kɔn'sta:blɐ], der; -s, - [1: engl. constable; 2: ↑Konnetable] **1.** 《고어》 경찰, 순경. **2.** 《옛》 해군 하사관, 포병, 소방수.
konstant [kon'stant] ⟨Adj.⟩ [lat. cōnstāns] **a)** 항상 같은, 불변의(반대: inkonstant): -e Temperatur 상온(常溫); eine -e(반대: variable) Größe [수학] 상수(常數). **b)** 변함없는, 지속되는, 확고한. **c)** 항구적인, 지속적인.
Konstantan ⓌⓏ [kɔnstan'ta:n], das; -s [전기] 콘스탄탄(전기 저항선으로 쓰이는 합금). **Konstante*** [kɔn'stantə], die; -n [수학·물리] 상수(반대: Variable).
Konstantinopel [kɔnstanti'no:pl] 콘스탄티노플(지금의 Istanbul). **Konstantinopeler** [kɔnstanti'no:pəla], **Konstantinopler** [kɔnstanti'no:plɐ], **Konstantinopolitaner** [kɔnstantinopoli'ta:nɐ], der; -s, - 콘스탄티노플 사람.
¹Konstanz ['kɔnstants] 콘스탄츠(독일 보덴 호숫가의 도시).
²Konstanz [...nts], die [lat. cōnstantia] 《교양어·전문어》 불변성, 지속성(반대: Inkonstanz).
konstatieren [...'ti:rən] ⟨h⟩ [frz. constater] 《교양어》 **1.** 《드물게》 ↑feststellen (1 a): die Herkunft eines Wortes k. 어원을 밝히다. **2.** ↑feststellen (1 a, c): der Arzt konnte nur noch den Tod k. 의사는 다만 사망을 확인할 수 있었다. **Konstatierung,** die; -en 《교양어》 확인.
Konstellation [kɔnstɛla'tsio:n], die; -en [lat. cōnstēllātio] **1.** 《교양어》 상태, 상황. **2.** [점성술·천문] 성좌, 별의 위치[위상], 운세: die K. ist günstig für Unternehmungen aller Art 모든 종류의 일에 좋은 운세이다.
Konsternation [kɔnstɛrna'tsio:n], die; -en [lat. cōnsternātio] 《교양어·고어》 경악, 대경실색, 당황, 당혹. **konsternieren** [...'ni:rən] ⟨h⟩ [frz. consterner < lat. cōnsternāre] 《교양어》 깜짝 놀라게 하다, 당황하게 만들다. **konsterniert** ⟨Adj.⟩ 대경 실색한, 어안이 벙벙한.
Konstipation [kɔnstipa'tsio:n], die; -en [lat. cōnstipātio] [의학] 변비.
Konstituante: ↑Constituante. **Konstituens** [kɔn'stitʊɛns], das; -, ...nzien [kɔnsti'tʊɛntsiən; lat. cōnstituere] 《교양어》 본질적인 구성 요소. **Konstituente** [kɔnsti'tʊɛntə], die; -n [lat. cōnstituēns] [언어] 구성소(構成素).
Konstituenten- [언어]: **~analyse,** die 구성소 분석. **~satz,** der 구성소 문장(반대: Matrixsatz). **~struktur,** die 구성소 구조. **~strukturgrammatik,** die 구성소 구조 문법.
konstituieren [kɔnstitu'i:rən] ⟨h⟩ [frz. constituer < lat. cōnstituere] 《교양어》 **1. a)** 구성하다, 정립하다, 설립하다: eine Republik [eine neue wissenschaftliche Disziplin] k. 공화국[새로운 학문적 원리]을 세우다; die konstituierende Versammlung [정치] 헌법 제정 회의. **b)** 확립하다, 확고히 하다: die Sprache konstituiert das Denken 언어는 사고를 확고히 한다. **2.** ⟨k. + sich⟩ 성립되다, 제정되다, 구성되다. **Konstituierung,** die; -en 《교양어》 구성, 제정. **Konstitut** [...'tu:t], das; -(e)s, -e [lat. cōnstitūtum] 《고어·법》 재계약, 계약 연장. **Konstitution** [...tu'tsio:n], die; -en [lat. cōnstitūtio] **1. a)** 체질: von schwacher K. sein 약체이다. **b)** [의학] 체격. **2.** [화학] 분자 속의 원자의 배치, 분자의 구조. **3.** [정치] 헌법, 정관(定款). **4.** [가] **a)** 교황의 칙서. **b)** 약관, 규칙. **Konstitutionalismus** [...tsionalismus], der; - [정치] **1.** 입헌제. **2.** 입헌주의론. **konstitutionell** [...'nɛl] ⟨Adj.⟩ [frz. constitutionnel] **1.** [정치] 입헌적인, 헌법에 의거한: -e Monarchie 입헌 군주제. **2.** [의학] 체질적인.
Konstitutions-: **~formel,** die [화학] ↑Struktur-

formel. ~**training**, das 【스포츠】 체질 개선 트레이닝. ~**typ**, der 【의학·심리학】 체질(의)형(型).
konstitutiv [kɔnstitu'tiːf] ⟨Adj.⟩ [lat. cōnstituere] 《교양어》 본질적인, 구성적인.
Konstriktion [kɔnstrik'tsjoːn], die; -en [lat. cōnstrictio] **1.** 【의학】(근육의) 수축. **2.** 【의학·생물】 협착, 결찰(結紮). **konstringieren** [kɔnstrɪŋˈgiːrən] ⟨h⟩ [lat. constringere] 【의학】(근육 따위를) 수축시키다. **Konstriktor** [kɔn'strɪktɔr], der; -s, ...oren [...'toːrən] 괄약근(括約筋).
konstruieren [kɔnstru'iːrən] ⟨h⟩ [lat. cōnstruere] **1. a)** 구성하다, 조립하다. **b)** 【수학·논리】 작도하다. **c)** 【기하】 작도하다, 제도하다: aus zwei Strecken und einem Winkel ein Dreieck k. 두 선과 하나의 각으로 삼각형을 만들다. **d)** 【언어】(문장을) 구성하다. **2.** 《교양어》 **a)** 생각을 논리적으로 짜내다, 고안하다. **b)** 《폄》 억지로 꾸며내다, 날조하다: die Aussage [Begründung] klingt [wirkt] konstruiert 진술[논거]을 억지로 꾸민 것 같다. **Konstrukt** [kɔn'strʊkt], das; -(e)s, -e /《드물게》-s [lat. cōnstructum] 【학문】 가정, 가설. **Konstrukteur** [...'tøːɐ̯], der; -s, -e [frz. constructeur] 설계자, 고안자(考案者). **Konstrukteurin**, die; -nen ↑ Konstrukteur의 여성형. **Konstruktion** [...ˈtsjoːn], die; -en [lat. cōnstructiō] **1. a)** 설계, 건조, 구축(構築), 제작. **2. a)** 【수학·논리학】 공식, 이론. **b)** 【기하】 작도: die K. eines Dreiecks 삼각형의 작도. **c)** 【언어】 (문장, 구절의) 구성, 구분. **3. a)** 《교양어》(사상의) 구성, 구조: die K. eines philosophischen Systems 철학 체계의 구조. **b)** (날조된) 진술(사고(思考)의) 결과).
Konstruktions-: ~**aufgabe**, die 【기하】 작도 문제. ~**büro**, das 설계[개발] 사무소. ~**element**, das 구성 요소. ~**fehler**, der 구조[설계]상의 결함[오류]. ~**klasse**, die 【스포츠】(요트 경기에서) 보트의 급. ~**merkmal**, das 구조[설계]상의 특징. ~**plan**, der 설계도, 설계 계획. ~**prinzip**, das 구성[설계] 원칙. ~**teil**, der 구성 부분. ~**zeichnung**, die 제도, 설계도.
konstruktiv [kɔnstrʊkˈtiːf] ⟨Adj.⟩ [lat. cōnstructīvus] **1.** 《교양어》 건설적인, 유익한: ein Mißtrauensvotum 《의회》 건설적 불신임 투표(연방의회의 수상에 대한 불신임 및 새 수상 선출 투표). **2. a)** 【기술】 구조적인, 설계상의. **b)** 【수학·논리학】 조직적인, 구성적인. **Konstruktivismus** [...ti'vɪsmʊs], der; -. **1.** 【미술】 구성주의, 구성파. **2.** 【학문·철학】 구성주의. **Konstruktivist** [...ˈvɪst], der; -en, -en 구성주의자. **konstruktivistisch** ⟨Adj.⟩ 구성주의적인.
Konsubstantiation [kɔnzʊp-stantsja'tsjoːn], die; -en [lat. consubstantiatio] 【신교】 성체공존(聖體共存), 양체공존설.
Konsul [ˈkɔnzʊl], der; -s, -n [lat. consul] **1.** 《역사적》(로마 제국의) 집정관. **2.** 영사(領事). **konsular** [kɔnzuˈlaːɐ̯] ⟨Adj.⟩ [lat. cōnsulāris] 《역사적》 집정관의.
Konsular- 【외교】: ~**agent**, der 영사대리. ~**beamte'**, der 영사관 직원. ~**bezirk**, der 영사관 구역. ~**recht**, das 【법】 영사권.
konsularisch ⟨Adj.⟩ [lat. cōnsulāris] 【외교】 영사의, 집정관의. **Konsulat** [kɔnzuˈlaːt], das; -(e)s, -e [1: lat. consulatus] **1.** 《역사적》(로마 제국의) 집정관직[기간]. **2.** 영사관.
Konsulats-: ~**dienst**, der 【외교】 영사 업무. ~**gebäude**, das 영사관 건물. ~**gebühren** ⟨Pl.⟩ 영사 업무 수수료.
Konsulent [kɔnzuˈlɛnt], der; -en, -en [lat. cōnsulere] 《고어》 법률고문, 변호사. **Konsult** [kɔnˈzʊlt], das; -(e)s, -e [lat. cōnsultum] 《고어》 **1.** 결의. **2.** 감정.

Konsultant [...ˈtant], der; -en, -en [lat. cōnsultāns] 《전문어》(전문적인) 자문인, 감정가. **Konsultation** [...taˈtsjoːn], die; -en [lat. cōnsultātio] **1.** 《전문가의》 자문, 상담, 상의, 진찰. **2.** 【정치】 교섭, 협의, 숙의: eine K. zwischen den verbündeten Staaten 연합국들 사이의 협의. **3.** 《구동독》(전문가, 교수와의) 상의, 상담. **4.** ↑ Konsultierung. **konsultativ** [...taˈtiːf] ⟨Adj.⟩ 《교양어·전문어》 상의의, 진단상의, 자문의, 협의상의. **Konsultativpakt**, der 【정치】 협의 협정(協議協定)(문제가 생겼을 때 협정 국가간에 협의를 거친 후 결정을 내리기로 하는 조약). **konsultieren** [...ˈtiːrən] ⟨h⟩ [lat. cōnsultāre] **1.** 《교양어》 조언을 구하다, 상의하다: 전의 ein Wörterbuch [ein Lexikon] k. 사전을 찾아보다. **2.** 【정치】 상의·협의하다. **Konsultierung**, die; -en 상의, 협의. **Konsultor** [...ˈzʊltɔr], ⟨또한⟩ ...toːɐ̯], der; -s, -en [...ˈtoːrən; lat.] 【가】 **1.** (로마 교황청의) 학문적 고문. **2.** (신학교 학생을 상담하는) 상담 담당 성직자.

¹**Konsum** [kɔnˈzuːm], der; -s [ital. consumo < lat. cōnsūmere]. **1.** 《교양어》 소비, 섭취, 향유: 전의 literarischer K. 문학적 수요. **2.** 【경제】 ↑ Konsumtion (1). ²**Konsum** [ˈkɔnzuːm, ...zʊm, 《österr.》 kɔnˈzuːm], der; -s, -s [원래 ↑ Konsumverein의 약칭] 《구서독에서는 고어》 **1.** ↑ Konsumverein, -genossenschaft. **2.** ↑ Konsumladen.

¹**Konsum-**: ~**artikel**, der 【경제】 소비재 [상품]. ~**forschung**, die 【경제】 ↑ Verbrauchsforschung. ~**genossenschaft**, die 【경제】 소비 조합. ~**gesellschaft**, die 《폄》 소비 사회. ~**gewohnheiten** ⟨Pl.⟩ 【경제】 ↑ Verbrauchsgewohnheiten. ~**gut**, das ⟨대개 Pl.⟩ 【경제】 소비재. ~**güterindustrie**, die 【경제】 소비재 산업. ~**güterproduktion**, die 【경제】 소비재 생산. ~**idiot**, der 《폄》 분별없는 소비자. ~**kraft**, die 【경제】 소비력. ~**müll**, der 《폄》(과도한) 소비 쓰레기. ~**pädagogik**, die 소비 교육학(레저와 소비에 중점을 둔 교육학의 한 분야). ~**sozialismus**, der 【정치】 은어》 소비 사회주의(소비와 물질적 요구의 만족에 있어 시민사회의 태도에 근사한 사회주의). ~**steuer**, die ↑ Verbrauchssteuer. ~**terror**, der 《폄》 소비 테러(광고·선전 등에 의한, 소비자들의 소비에 대한 심리적 강제). ~**verein**, der ↑ ~genossenschaft. ~**verhalten**, das 【경제】 ↑ Verbraucherverhalten. ~**verzicht**, der 【경제】 소비 포기. ~**ware**, die 【경제】 소비(소모)품. ~**wut**, die 《폄》 소비광, 소비열. ~**zwang**, der ⟨Pl. 없음⟩ ↑ ~terror.

²**Konsum-**: ~**kaufhaus**, das 소비 조합 백화점[매점]. ~**laden**, der 소비 조합 매점. ~**marke**, die 소비 조합 표(소비 조합 가입자들이 물품을 살 때 받는 유가증권으로 연말에 액수만큼 환불받음). ~**verkaufsstelle**, die 소비 조합 매점.

Konsumation [kɔnzumaˈtsjoːn], die; -en [lat. cōnsūmere] 《österr., schweiz.》(식당에서의) 음식물 (소비), 음식 대금. **Konsumationszwang**, der ⟨Pl. 없음⟩(식당에서 회합시에) 참석자에게 음식을 대접할 의무. **Konsument** [...ˈmɛnt], der; -en, -en [lat. cōnsūmēns] **1.** 《교양어》 소비자, 구매자. **2.** 【생물】(먹이 사슬에서의) 소비자(↑ Produzent, Reduzent 참조). **Konsumentenpreis**, der 【경제】 ↑ Verbraucherpreis. **Konsumerismus** [...meˈrɪsmʊs, lat. - [amerik. consumerism] 【경제】 소비자 보호(운동). **konsumieren** [...ˈmiːrən] ⟨h⟩ 【경제】 소모하다, 소비하다: 전의 der Motor konsumiert 1 Liter Öl auf 1000 km 그 모터는 1,000 km에 1ℓ의 오일을 쓴다.

Konsumierung, die 소비, 소모. **Konsumptibilien** [...ʊmptiˈbiːljən] ↑ Konsumtibilien. **Konsumtion** [...ˈpsjoːn] ↑ Konsumtion. **konsumptiv** [...p-

'ti:f] ↑konsumtiv (b). **Konsumtibilien** [...mti'bi:liən] ⟨Pl.⟩ [frz. consumptible] 《고어》 소비(재) 《물자》. **Konsumtion** [...m'tsio:n], die; -en [lat. cōnsūmptio] **1.** 【경제】 소비, 소모. **2.** 【법】 흡수 상쇄(보다 큰 범죄 구성 요건 속에서의 단순한 범죄 구성 요건의 상쇄) (예컨대: 강도죄 속의 절도죄와 공갈죄 상쇄). **3.** 【의학】 (체력의) 소모. **Konsumtionskrankheit,** die 【의학】 소모성 질환. **Konsumtionsmittel** ⟨Pl.⟩ 【경제】 소비재《물자》. **konsumtiv** [...m'ti:f] ⟨Adj.⟩ 《경제》 **a)** 소비적인. **b)** 소비하는.

Konszientialismus [konstsientsia'lısmʊs], der; - [lat. cōnscientia] 【철학】 의식설(인식의 대상은 단지 의식의 내용으로만 존재한다는 설).

Kontagion [konta'gio:n], die; -en [lat. contāgio] 【의학】 《접촉》감염. **kontagiös** [...'gio:s] ⟨Adj.⟩ [lat. contāgiōsus] 【의학】 감염성의, 전염성의. **Kontagiosität** [...giozi'tɛ:t], die 《접촉》 감염성, 전염성. **Kontagium** [kon'ta:gium], das; -s, ...ien [...iən; 2: lat. contāgium] 【의학】 **1.** 전염소, 전염 병원체. **2.** 《고어》 감염, 전염.

Kontakt [kon'takt], der; -(e)s, -e [lat. contāctus] **1.** 접촉, 관계, 교제: das Mädchen hatte bereits sexuelle -e 그 소녀는 이미 성관계를 가졌다; der K. zwischen ihm und uns war bald hergestellt(wieder abgebrochen) 그 사람과 우리들과의 관계가 곧 이루어졌다(다시 끊겼다); er hatte -e zum Geheimdienst 그는 정보기관과 관계했었다; mit jmdm. K. haben(halten) 누구와 관계가 있다(관계를 유지하다); -e zu jmdm. [etw.] herstellen(pflegen) 누구(무엇)와 관계를 맺다(관계를 유지하다); mit einer Firma K. (-e) aufnehmen 어떤 회사와 거래를 시작하다, 접촉하게 되다; wir sind(stehen, bleiben) in K. 우리는 접촉하고 있다; mit jmdm. in K. kommen(treten) 누구와 관계를 맺다. **2.** 《교양어·전문어》 접촉. **3. a)** 【전기】 (전기가 통하게 되는) 접촉. **b)** 접촉부, 접점: die -e des Steckers sind verrostet 플러그의 접촉부가 녹이 슬었다. **4.** 【화학】 고체촉매(固體觸媒).

kontakt-, Kontakt-: ~**abzug**, der 【사진】 밀착인화(密着印畫). ~**anzeige**, die 《신문 등을 통한》 교제 광고. ~**arm** ⟨Adj.⟩ 《교양어》 **a)** 잘 사귀지 못하는, 사교성이 없는《반대: ~freudig》. **b)** 교제가 적은. ~**armut**, die 《교양어》 **a)** 잘 사귀지 못하는 성격〔심성〕. **b)** 교제의 빈곤. ~**aufnahme**, die 교제〔교섭〕하는 일, 관계〔교제〕의 시작. ~**beamte***, der ↑~bereichsbeamte. ~**bedürfnis**, das ⟨Pl. 없음⟩ 교제 욕구. ~**bereichsbeamte**, der 순회 경관《약칭: ↑Kob, KoBe》. ~**fähig** ⟨Adj.⟩ 《교양어》 교제할 줄 아는, 교제 능력이 있는《반대: ~unfähig》. ~**fähigkeit**, die 《교양어》 교제 능력. ~**feder**, die 【전기】 접촉 용 수철. ~**fläche**, die 《전문어》 접촉 표면. ~**frage**, die 【심리】 교제를 트기 위한 질문. ~**freudig** ⟨Adj.⟩ 《교양어》 교제하기를 좋아하는《반대: ~arm (a). ~scheu》. ~**freudigkeit**, die ⟨Pl. 없음⟩ 《교양어》 ↑~freudig 의 명사형. ~**gefährdet** ⟨Adj.⟩ 【의학】 전염《감염》 위험이 있는. ~**gespräch**, das 교제를 트기 위한 대화. ~**gestein**, das 【지질】 접촉 변성암, 열 변성암. ~**gestörtheit**, die 【심리】 교제 장애. ~**gift**, das 접촉독《방충제 따위의》. ~**glas**, das 《대개 Pl.》 ↑Haftglas. ~**hebel**, der 【기술】 접촉 지레. ~**hof**, der **1.** 교제 장소《에로 센타의 창녀들이 손님을 기다리는 장소》. **2.** ↑~raum (1). ~**infektion**, die 【의학】 접촉 감염. ~**insektizid**, das 《전문어》 접촉성 살충제. ~**knopf**, der 【전기 스위치의】 접촉 단추. ~**kopie**, die 【사진】 ↑~abzug. ~**lagerstätte**, die 《전문어》 접촉광상〔接觸鑛床〕. ~**linse**, die ↑Haftglas. ~**los** ⟨Adj.⟩ **1.** 교제가

없는. **2.** 【전기】 《전원과》 접촉되지 않은. ~**losigkeit**, die ⟨Pl. 없음⟩ 교제가 없음, 교제 두절, 《전원과의》 접촉이 없음. ~**mangel**, der 교제 빈곤. ~**mann**, der ⟨Pl. ~männer / -leute⟩ **1.** 《은어》 정보원. **2.** 중재인. **3.** ↑Kontakter. ~**metamorphose**, die 【지질】 암석의 접촉 변성. ~**mine**, die 【무기】 촉발 지뢰. ~**mineral**, das 접촉 광물. ~**nahme** [-na:mə], die; -n ↑~aufnahme. ~**papier**, das 【사진】 밀착 인화지. ~**person**, die **1.** 【의학】 전염병 환자 접촉자. **2.** 《드물게》 연락원, 섭외원, 접촉 인물. ~**pflege**, die 인간 관계의 장려《촉진》. ~**raum**, der **1.** 교제《대화》 공간《교제를 하기 위한 중심 장소》. **2.** ↑~hof (1). ~**rolle**, die 【전기·교통】 《전차의》 촉륜(觸輪)《트롤리》. ~**schale**, die 《대개 Pl.》 ↑Haftglas. ~**scheu** ⟨Adj.⟩ 《교양어》 교제를 피하는〔싫어하는〕《반대: ~freudig》. [2]~**scheu** ⟨Adj.⟩ 《교양어》 교제 기피. ~**schiene**, die 【전기·교통】 ↑Stromschiene. ~**schwach** ⟨Adj.⟩ ~**arm** (a). ~**schwäche**, die ⟨Pl. 없음⟩ ↑~armut (a). ~**schwelle**, die 《전문어》 접촉선《교통 신호등 직전의 도로상에 설치된 장치로, 차가 그 위를 지나면 신호등에 전달됨》. ~**schwierigkeiten** ⟨Pl.⟩ 【심리】 접촉《교제》 곤란. ~**sperre**, die 【법】 《외부와의》 접촉〔연락〕 금지, 연금(軟禁). ~**sperregesetz**, das 연금법. ~**stecker**, der 【전기】 접촉 플러그. ~**stift**, der 【전기】 접촉핀. ~**stöpsel**, der 【전기】 접촉전(接觸栓). ~**störung**, die 【심리】 접촉〔교제〕 장애. ~**studium**, das 【대학】 보습(補習) 연구《끊임없이 발전하는 학문과의 접촉을 꾀하기 위한》. ~**suchend** ⟨Adj.⟩ 《교양어》 접촉〔교제〕을 구하는. ~**unfähig** ⟨Adj.⟩ 《교양어》 접촉〔교제〕을 못하는, 교제능력이 없는《반대: ~fähig》. ~**unfähigkeit**, die 접촉〔교제〕 불능. ~**verfahren**, das **1.** 【화학】 접촉법, 촉매법. **2.** 【사진】 밀착 인화법. ~**wirkung**, die 【화학】 접촉《촉매》 작용. ~**zaun**, der 【기술·군】 접촉 철조망이.

kontakten ⟨h⟩ [engl.-amerik. to contact] **1.** 【경제】 연락하다, 접촉하다. **2.** 【경제】 연락원〔섭외원〕으로 일하다. **Kontakter**, der; -s, - [engl.-amerik. contacter] 【경제】 《광고 대리점·회사 선전부 등의》 섭외원. **kontaktieren** [...'ti:rən] ⟨h⟩ 【정치·경제】 《교양어》 관계하다, 접촉하다.

Kontamination [kɔntamina'tsio:n], die; -en [lat. contāminātio] **1. a)** 【언어】 《언어의》 혼성, 혼음: die K. zweier Wörter ähnlichen Inhalts 유사한 내용의 두 단어의 혼성. **b)** 혼성어. **2.** 【의학·생물·군】 《방사능》 오염《반대: Dekontamination 2》. **3.** 【물리】 핵연료. **4.** 《방사능》 오염의 결과. **Kontaminationsform**, die 【언어】 혼성형. **kontaminieren** [...'ni:rən] ⟨h⟩ [lat. contāmināre] **1.** 【언어】 혼성시키다. **2.** 【의학·생물·군】 《방사능으로》 오염시키다. **3.** 【물리】 《핵분열 생성물로 핵연료를》 오염시키다.

kontant [kɔn'tant] ⟨Adj.⟩ [ital. contante < lat. computāre] 《상》 현금의. **Kontanten** ⟨Pl.⟩ [ital. contanti] **1.** 【화폐】 현금. **2.** 《화폐로서가 아니라 상품으로서 거래되는》 외국 동전.

Kontemplation [kɔntempla'tsio:n], die; -en [lat. contemplātio] **1.** 《교양어》 명상, 관조. **2.** 【종교】 정관(靜觀), 관조, 선(禪). **kontemplativ** [...'ti:f] ⟨Adj.⟩ [lat. contemplātīvus] 《교양어》 관조적인, 명상적인, 정관적인. **kontemplieren** [...'pli:rən] ⟨h⟩ [lat. contemplāri] 《교양어》 명상에 잠기다, 관조하다.

kontemporär ⟨Adj.⟩ 《교양어》 동시의, 동시대의. **Konten** [ˈkɔntn] ⟨Pl.⟩ Konto 의 복수형.

Konten-: ~**bewegung**, die 【금융】 구좌《예금액》 변동. ~**blatt**, das 【부기】 회계부《회계 장부》의 낱장. ~**inhaber**, der 【금융】 《은행의》 구좌 소유자, 은행 계좌인. ~**plan**, der 【경제】 대차 감정표《貸借勘定表》.

~rahmen, der 〖경제〗 회계 개요, 저축의 표준. **~sparen,** das; -s 〖금융〗 예금[구좌] 저축.
Kontenance: ↑Contenance. **Kontenten** [kɔn'tɛntn] 〈Pl.〉 [ital. contento] [해양] (선박의) 적하목록 (積荷目錄). **Kontentivverband** [kɔntɛn'ti:f-], der; -(e)s, ...bände [lat. contentum] [의학] 지지(支持) 붕대.
Konter ['kɔntɐ], der; -s, - [engl. counter < lat. contra] **1.** 〖권투〗 ↑Konterschlag. **2.** 〖레슬링〗 ↑Kontergriff. **3.** 〖구기〗 ↑Konterangriff. **4.** 〖제조〗 ↑Konterschwung. **5.** 〖승마〗 ↑Kontergalopp. **6.** 《통용어》 행동, (특히) 반박(反駁).
¹Konter- (Konter 1 6. kontern) 〖스포츠〗: **~angriff,** der 〖구기〗 역습, 반격. **~boxer,** der (되받아치는 것이 특기인) 카운터 복서. **~galopp,** der 〖승마〗 카운터 갤럽(역방향 질주). **~griff,** der 〖레슬링〗 반격(방어) 클린치. **~mutter,** die 〈Pl. -n〉 〖기술〗 (나사를 고정시키는) 암나사의 일종. **~schlag,** der **1.** 〖권투〗 방어타, 반격. **2.** 〖구기〗 ↑~angriff. **3.** 《교양어》 재빠른 (수사적이) 반격, 역습. **~schwung,** der 〖제조〗 (평행봉에서 자세를 바꿀 때 몸의 중심을 이동하기 위해) 몸을 앞뒤로 흔들기. **~stoß,** der **1.** 〖권투〗 역타(逆打), 되받아치기, 카운터 블로. **2.** 〖구기〗 ↑~angriff. **~technik,** die [해머 던지기] ↑kontern (2 a)의 기술.
konter-, ²Konter- [frz. contre < lat. contrā] 반대, 역, 부(副) 따위의 뜻으로 사용되는 전철(前綴). **Konteradmiral,** der; -s, -e /...räle ['reːlə] 〖군〗 해군소장. **Konterattacke,** die; -n 《österr.》 ↑Konterangriff. **Konterbande** [-banda], die [frz. contrebande < ital. contrabbando] **1.** 〖국제법〗 전시금제품(戰時禁制品). **2.** 《교양어》 밀수출입품.
Konterfei [...faj, ...fɐ̯aj], das; -s, -s, (오늘날 -e [frz. contrefait < lat. contrāfacere] 〖교양·고풍〗 초상(화), 모사물(模寫物). **konterfeien** [(또한) -'-] 〈h〉 〖교양·고풍〗 모사하다, 초상화를 그리다. **Kontergewicht,** das; -(e)s, -e 〖드물게〗 균형, 평형을 이룬 무게. **konterkarieren** [...ka'riːrən] 〈h〉 [frz. contrecarrer] 《교양어》 가로막다, 방해하다 : eine Politik [jmds. Maßnahmen] k. 어떤 정책[누구의 조처]을 좌절시키다[방해하다]. **Kontermarke,** die; -n [frz. contremarque] [화폐] (액면의 변동을 알리는) 부가각인(付加刻印), 부신(符信). **Kontermine,** die; -n [frz. contremine] **1. a)** 《교양어·드물게》 대(항)책, 대응책. **b)** 〖증권〗 하락투기(주가의 하락을 예상함). **2.** [군·옛] 대적 갱도(對敵坑道), 역기뢰. **konterminieren** 〈h〉 [**2:** frz. conterminer] **1. a)** 《교양어·드물게》 ↑konterkarieren. **b)** 〖증권〗 주가 하락을 노려 투기하다. **2.** 〖옛〗 대적 갱도를 파다. **kontern** ['kɔntɐn] 〈h〉 [engl. to counter] **1. a)** 〖권투·레슬링·구기〗 스트레이트로 되받아치다, 역습하다, 역공격하다. **b)** 반격하다, 물리치다 : die Firma konterte (die Konkurrenz) mit einem abermals verbesserten Modell 그 회사는 다시 개선된 모델을 가지고 (경쟁을) 물리쳤다. **2. a)** [해머 던지기] 해머를 돌릴 때 엉덩이 부위를 반대 방향으로 움직여 해머운동에 역작용을 하다. **b)** 〖제조〗 ↑Konterschwung의 동작을 취하다. **3.** 〖기술〗 보조 암나사를 끼워 고정시키다. **4.** 〖인쇄〗 전사(轉寫)하여 경상(鏡像)으로 만들다. **konterproduktiv,** kontraproduktiv 〈Adj.〉 [engl. counterproductive] 《교양어》 비생산적인, 비건설적인. **Konterrevolution,** die; -en [frz. contrerévolution] **1.** ↑Gegenrevolution. **2.** [마르크스] **a)** 반공산주의 혁명, 반공산주의 당. **b)** 〈Pl. 없음〉 반공산주의 혁명 세력. **konterrevolutionär** 〈Adj.〉 반혁명적인, 반공산주의 혁명적인 : -e Umtriebe[Elemente] 반(공산주의)혁명적인 음모[요소]. **Konter-**

revolutionär, der; -s, -e 반(공산주의)혁명가, 반혁명주의자. **Kontertanz,** 《대개》 **Contretanz** ['kɔntra-], Kontretanz [-], der; -es, ...tänze [frz. contredanse < engl. countrydance] 대무(對舞)〈옛날 사교춤으로 4쌍이 그룹을 이룸〉〈예컨대: Française, Quadrille〉.
kontestabel [kɔntɛs'taːbl] 〈Adj.〉 [lat. contēstāri] 〖법·고어〗 항론할 여지가 있는, 논리적으로 결함이 있는. **Kontestation** [...ta'tsio:n], die; -en [lat. contēstātio] **1.** 《교양어》 이의신립(異議申立), 항의, 반항. **2.** 〖법·고어〗 증명, 논박. **kontestieren** [...'tiːrən] 〈h〉 [**1:** lat. contēstārī < lat. contestāri] **1.** 《법·고어》 (증인, 증거를 통해) 증명하다. **2.** 논란을 벌이다, 항의[큰박]하다.
Kontext [(또한) --'-], der; -(e)s, -e [lat. contextus] **1.** [언어] **a)** (문장 전후의) 문맥, 문맥. **b)** (비교적 독자적인) 원고, 연설문. **c)** (사상, 의미의) 맥락, 전후 관계. **2.** 《교양어》 주위와의 연관 관계, 배경.
Kontextglosse, die [언어·문예학] 본문 주(註)〈주로 손으로 쓴 텍스트에 삽입된 방주(旁註)〉. **kontextsensitiv** [(또한) - - - - -'-] 〈Adj.〉 [언어] (문장의) 전후 관계에 종속된[제한된]. **kontextual** [...'tu̯aːl], **kontextuell** [...'tu̯ɛl] 〈Adj.〉 [engl. contextual] [언어] (문장의) 전후 관계상의, 문맥상의. **Kontextualismus** [...tu̯a'lɪsmʊs], der; - [engl. contextualism] [언어] 맥락주의(언어적 상황 이외에 외적인 상황과의 전후 관계도 고려하는 구조주의의 한 방향). **Kontextur** [...'tuːɐ̯], die; -en [frz. contexture] 《고어》 연관, 결합, 관계.
Konti: ↑Konto의 복수형. **kontieren** [kɔn'tiːrən] 〈h〉 [부기] 〈장부에〉 기장하다. **Kontierung,** die; -en 기장.
Kontiguität [kɔntigui'tɛːt], die [frz. contiguité < lat. contiguus] **1.** 《교양어·고어》 근(인)접, 접촉. **2.** [심리] 병발(倂發)〈예컨대: 자극과 반응의〉.
Kontinent [kɔnti'nɛnt, '---], der; -(e)s, -e [lat. (terra) continēns] **1.** 주(洲): der Schwarze K. 검은 대륙(아프리카주). **2.** 〈Pl. 없음〉 정관사와 함께) 대륙. **kontinental** [...'taːl] 〈Adj.〉 [frz. continental] [지리] 대륙의, 대륙적인, 대륙성의: -es Klima [지리] 대륙성 기후.
Kontinental-: **~drift,** die ↑~verschiebung. **~europa** 〈무관사〉 2격: -s) 유럽 대륙(부). **~europäisch** 〈Adj.〉 유럽 대륙의. **~griff,** der 〖테니스〗 유럽식 그립(grip). **~klima,** das [지리] 대륙성 기후. **~macht,** die 《대개 Pl.》 [정치] 유럽 대륙의 강대국. **~schelf,** der / das 《대개 Pl.》 ↑**~sockel,** der / ↑Festland(s)sockel. **~sperre,** die 〈Pl. 없음〉 대륙 봉쇄〈1806년 나폴레옹에 의해 주도된 영국에 대한 유럽 대륙의 경제 봉쇄〉. **~system,** das 〈Pl. 없음〉 ↑~sperre. **~verschiebung,** die [지질] 대륙표이(설) (A. Wegener가 제창한), 대륙 이동(설).
Kontinenz [kɔnti'nɛnts], die [lat. continentia] **1.** 《교양어·드물게》 절제, 금욕. **2.** 〖의학〗 배설 자제 능력(반대: Inkontinenz).
kontingent [kɔntɪŋ'gɛnt] 〈Adj.〉 〖철학〗 우연한, 우발적인, 조건에 따르는, 부수적인.
Kontingent [-], das; -(e)s, -e [frz. contingent < lat. contingēns], 분담량, 할당량, 몫(份量), 분담[할당] : 전의 US-Bürger stellen das größte K. der Luftreisenden 미국 시민은 비행기 여행자들의 가장 큰 몫을 차지한다. **2.** ↑Truppenkontingent 참조. **kontingentieren** [...'tiːrən] 〈h〉 〖경제〗 분담액[분담량]을 정하다, 배당액을 정하다 : den Export[den Import] k. 수출[수입]의 할당량을 정하다. **Kontingentierung,** die; -en **1.** 분담 [할당]량을 책정함. **2.** 분담[할당]량이 책정됨. **Kontingent(s)zuweisung,** die; -en 할당액[할당량]의 지정.

Kontingenz [...'gɛnts], die; -en [lat. contingentia] 1. 〈Pl. 없음〉 a) 【철학】 우연성(偶然性). b) 【논리】 우발성(偶發性), 개연성. 2. 【통계·심리】 병발(併發) 가능성 [가능도].

Kontinua: ↑Kontinuum의 복수형. **Kontinuation** [kɔntinua'tsio:n], die; -en [lat. continuātio] 1. 【서적】 (공급의) 계속[지속]. 2. 《고어》 계속, 지속, 존속.

Kontinuen: ↑Kontinuum의 복수형. **kontinuieren** [...nu'i:rən] 〈h〉 [lat. continuāre] 《교양어·고어》 1. a) 계속하다. b) 연속하다. 2. 영속하다, 지속하다. **kontinuierlich** 〈Adj.〉 《교양어》 계속되는, 연속적인, 끊임없는, 부단의(반대: diskontinuierlich). **Kontinuität** [kɔntinui'tɛ:t], die [lat. continuitās] 《교양어》 계속(성), 연속(성), 일관성(반대: Diskontinuität 1): die K. (einer Politik) wahren[sichern] (정책의) 일관성을 유지하다[확실히 하다].

Kontinuo: ↑Continuo. **Kontinuum** [kɔn'ti:nuʊm], das, -s, ...ua / ...uen [...uən; lat. continuus] 【과학】 연속(체), 잇달은 것.

Konto [k'ɔnto], das; -s, ...ten, (또한) -s / ...ti [ital. conto < lat. computus] (은행의) 구좌, 대차(貸借)의 계정: ein laufendes K. 당좌구좌; bei einer Bank ein K. eröffnen 은행에 구좌를 개설하다; das K. aufheben [löschen, auflösen, schließen] 구좌를 없애다[해지하다]; einen Betrag (von einem auf ein anderes K.) überweisen 금액을 (어떤 구좌에서 다른 구좌로) 송금[입금]하다; **auf [jmds.] K.** 《통용어》 누구의 계산으로[부담으로]: diese Runde geht auf mein K. 이번 술값은 내가 계산한다; **etw. geht[kommt] auf jmds. K.** 《통용어》 무엇은 누구의 책임이다[누구에게 책임이 있다]; **etw. auf dem K. haben** 《통용어》 무엇이 양심의 가책이 되다, 어떤 죄를 범했다.

kọnto-, Kọnto-: ~**abschluß,** der [부기] 구좌 결산 [청산]. ~**ausgleich,** der [금융·경제] 구좌 청산[결산], 발췌 계산서. ~**auszug,** der [금융·경제] 구좌 잔고 통지(서), 발췌 계산서. ~**bewegung,** das 은행 구좌의 대차(貸借). ~**buch,** das 회계부, 회계 장부. ~**führend** 〈Adj.〉 [금융·경제] 구좌가 있는. ~**führung,** die [금융·경제] 구좌 소지(사용). ~**führungsgebühr,** die 구좌(이용) 수수료. ~**inhaber,** der [금융] 은행 거래인, 구좌 소유자. ~**karte,** die [금융·경제] 구좌 카드. ~**korrent** [kɔntoko'rɛnt], das; -s, -e [몸을 뱀처럼 자유로이 구부리는] ital. conto corrente] 1. [경제] 상호 계산. 2. [부기] 〈Pl. 없음〉 당좌 계정. 3. [부기] 보조원장(元帳). ~**korrentkonto,** das [경제] 상호 계산 구좌. ~**korrentkredit,** der [금융] 당좌 계정 신용(대부). ~**korrentvertrag,** der [경제] 상호 계산 계약. ~**nummer,** die [금융] 구좌 번호. ~**stand,** der [금융] 구좌(잔고) 상황, 예금 잔고.

Kontor [kɔn'to:ɐ], das; -s, -e [Niederd. contoor < frz. comptoir] 1. (기업, 상사 등의) 국외(國外) 대리점 [지점]. 2. 《구동독》 통상(상업) 센터. **Kontorist** [kɔnto'rɪst], der; -en, -en [《드물게》 장부[경리]계, 사무원(↑Kontoristin). **Kontoristin,** die; -nen 회계[경리]보는 여자, 여사무원.

Kontorsion [kɔntɔr'zjo:n], die; -en [lat. contorquēre] 【의학】 전위(轉位), 탈구(脫臼). **Kontorsionist** [...zjo'nɪst], der; -en, -en (몸을 뱀처럼 자유로이 구부리는) 곡예사. **kontort** [kɔn'tɔrt] 〈Adj.〉 [lat. contortum] 【식물】 (꽃잎이) 비틀린, 둘려진.

kontra [k'ɔntra; lat. contrā] I. 〈Präp.⁴〉 【법】 대하여, 반대하여: [전의] Forschritt k. Umweltschutz 진보(성) 대(對) 환경 보호. II 〈Adv.〉 반대하여, 저항하여, 반대의(반대: pro), **Kontra** [-], das; -s, -s [카드] 더블(판돈이 두 배로 되는 게임): **jmdm. K. geben** 《통용어》 ~에게 심하게 논박하다(반박하다).

Kontraalt, der; -(e)s, -e [음악] 〈드물게〉 **a)** 콘트라알토(낮은 알토음). **b)** 콘트라알토 여가수. **Kọntrabaß,** der [ital. contrabasso] ↑Baß (4 a), ↑Baßgeige. **Kontrabassịst,** der ↑Bassịst (2).

Kontradiktion, die; -en [lat. contrādictio] 【철학】 모순. **kontradiktorisch** [...dık'to:rıʃ] 〈Adj.〉 【철학】 모순의, 모순적인.

Kontrafagọtt, das [음악] 콘드라파고트.

Kontrafaktur, die; -en [lat. contrafactura] [문예학] (중세 이후 성행했던) 속가(俗歌)의 성가(聖歌)로의 개작.

Kontrahage [...'ha:ʒə], die; -n [옛·학생어] 결투의 약속[신청]. **Kontrahent** [...'hɛnt], der; -en, -en [lat. contrahēns] **1.** 《교양어》 a) [논쟁의] 적수, 상대자. **b)** (경기의) 적수, 상대. 2. [법·상] 계약자. **kontrahieren** [...'hi:rən] 〈h〉 [lat. contrahere] 1. a) 《생물·의학》 오그라들다, 수축하다. b) (근육을) 수축시키다. 2. [법·상] (계약을) 체결하다: ein Abkommen k. 협정을 맺다. 3. 《옛·학생어》 결투를 요구하다[신청하다]. 4. [펜싱] 공격을 되받아 찌르다. **Kontrahierungszwang,** der; -(e)s, ...zwänge. [법] 강제 계약, 계약 의무.

Kọntraindikation, die; -en [의학] 금기(禁忌): 대: Indikation (1)). **kontraindiziert** 〈Adj.〉 [의학] 금기의, 사용[투여]할 수 없는.

kontrakt [kɔn'trakt] 〈Adj〉 [lat. contractus] 《고어》 수축된, 구부러진, 마비된.

Kontrakt [kɔn'trakt], der; -(e)s, -e [lat. contractus] **a)** 계약, 약정, 협약: einen K. (mit jmdm.) (ab)schließen 누구와 계약을 체결하다; einen K. brechen 계약을 위반하다. **b)** 계약서. **Kontraktabschluß,** der 계약 체결. **Kontrạktbruch,** der (계약) 위반. **kontrạktbrüchig** 〈Adj.〉 계약(약정) 위반의: k. werden 계약에 위배되다.

kontraktịl [kɔntrak'ti:l] 〈Adj.〉 【의학】 수축성의, 수축시킬 수 있는. **Kontraktilität** [...tili'tɛ:t], die [의학] 수축(가능)성. **Kontraktion** [...tsio:n], die; -en [lat. contractio] 1. 【의학】 (특히 근육의) 수축. 2. [경제] (통화의) 축소. 3. [언어] 모음축약(母音縮約). 4. [지질] (지각의) 수축. 5. [물리] (물체의 크기·길이 등의) 축소, 수축. 6. [펜싱] ↑Sperrdeckung. **Kontraktionstheorie,** die [지질] 지각 수축설(반대: Expansionstheorie). **Kontraktionsvorgang,** der 축 과정. **kontraktiv** [...'ti:f] 〈Adj.〉 [경제] 통화 축소의, 통화 축소적인. **kontraktlich** 〈Adj.〉 계약상의, 협정의[에 의한].

Kontraktur, die; -en [lat. contractūra] [의학] 1. (관절 운동의) 구축(構縮). 2. (몸의 연부(軟部)의) 수축.

Kontraposition, die; -en [lat. contrapositio] [논리] 1. 환질환위법(換質換位法). 2. 대우(對偶), 반연론법(反言論法).

Kontrapọst, der; -(e)s, -e [ital. contrapposto] [예술] 균형(신체 좌우의 조화된).

Kontrapụnkt, der; -(e)s [lat. contrapunctum] 1. [음악] 대위법(對位法). 2. 《교양어》 대조, 대극(對極). **kontrapunktieren** 〈h〉 《교양어·드물게》 (무엇을) 다른 것과 나란히 배열하다. **kontrapunktierend** 대위법적으로, 대위법적인. **Kontrapunktik** [...'pʊŋktik], die [음악] **a)** 대위법 이론. **b)** 대위법의 수법(기술). **Kontrapunktiker,** der; -s, - 대위법 작곡가. **kontrapunktisch** 〈Adj.〉 1. [음악] 대위법적인, 대위법의: k. gesetzte Musik 대위법적(으로 작곡된) 음악. 2. 《교양어》 대조적으로, 대위적으로. **kontrapunktịstisch** ↑kontrapunktisch.

konträr [kɔn'trɛ:ɐ] 〈Adj.〉 [frz. contraire < lat. contrārius] 《교양어》 반대의, 상반되는, 역(逆)의: sie waren in vielen Dingen -er Meinung[Auffassung] 그들은 많은 점에서 상반된 의견[견해]이었다.

Kontrasignatur, die; -en 《교양어·드물게》 ↑Gegenzeichnung. **kontrasignieren** 〈h〉《교양어·드물게》 ↑gegenzeichnen.

Kontrast [kon'trast], der; -(e)s, -e [ital. contrasto < lat. contrāstāre] 1. 대조, 대비, 두드러진 차이: etw. steht im[in] K. zu etw. anderem 무엇이 다른 것과 대조를 이루고 있다. 2. [사진·영화·텔레비전] 명암(明暗): den K. beim Fernsehbild regulieren 텔레비전 화면의 명암을 조절하다.

kontrast-, Kontrast-: ~**arm** 〈Adj.〉 명암이 약한, 색채의 대비가 약한. ~**brei**, der [의학] 조영제(造影劑)(~**mittel**)로 먹는 죽. ~**einlauf**, der [의학] (대장(大腸) X선 검사용의) 조영제(造影劑). ~**farbe**, die 대비색(對比色). ~**figur**, der [문학에서의] 대비(對比) 인물, 대조적 인물. ~**filter**, der [사진] 명암 필터. ~**mittel**, das [의학] (X선 검사시의) 조영제(造影劑). ~**programm**, das 교체 프로그램. ~**reich** 〈Adj.〉 명암이 풍부한, 대조가 풍부한. ~**verfahren**, das [의학] 조영제(造影劑)를 통한 X선 촬영 방식.

kontrastieren [kɔntras'tiːrən] 〈h〉 [frz. contraster] 《교양어》 대조를 이루다: etw. kontrastiert mit etw. [zu etw.] 무엇이 무엇과 대조를 이루다. **kontrastiv** [...'tiːf] 〈Adj.〉 [언어] 대조적인, 대비적인: -e Linguistik 비교 언어학.

Kontrasubjekt, das; -(e)s, -e [음악] ↑Gegensatz (5).

Kontratenor: ↑Contratenor.

Kontravenient [...ven'njent], der; -en, -en [lat. contrāvenīre] 《법·고어》 위반자, 어기는 자. **kontravenieren** [...veːˈniːrən] 〈h〉《법·고어》 위반하다, 어기다. **Kontravention** [...ven'tsjoːn], die; -en 《법·고어》 (법률) 위반, (계약) 위배.

Kontrazeption [...tsɛpˈtsjoːn], die [의학] 피임. **kontrazeptiv** [...'tiːf] 〈Adj.〉 [의학] 피임의, 피임 효과가 있는. **Kontrazeptiv** [-], das; -s, -e [...iːvə]. **Kontrazeptivum** [...'tiːvʊm], das; -s, ..va [의학] 피임약.

Kontrektationstrieb [kɔntrɛktaˈtsjoːns-], der; -(e)s [lat. contrectātio] 《법·고어》 (성적) 접촉 충동.

Kontretanz: ↑Kontertanz.

Kontribution [kɔntribuˈtsjoːn], die; -en [lat. contribūtio] (피정령지에 부과하는) 군세(軍稅), 점령 분담금: einem Land -en auferlegen 어느 나라에 군세를 부과하다.

kontrieren [kɔn'triːrən] 〈h〉 [카드] 콘트라를 내다, 판돈을 더불로 걸다.

Kontrition [kɔntri'tsjoːn], die; -en [lat. contrītio] [가] (면죄의 전제 조건이 되는 완전한) 뉘우침, 회오.

kontroll-, Kontroll-: ~**abschnitt**, der 부본(입장권, 영수증 따위의 떼어주고 남는 쪽지). ~**aktion**, die 감독[조사, 검문] 행위[활동]. ~**apparat**, der 1. 제어 장치. 2. 감독 관청[기관]. ~**aufgabe**, die 감독 임무. ~**befugnis**, die 감독권, 감독 자격. ~**behörde**, die ↑~apparat (2). ~**buch**, das 감사부(監査簿). ~**datum**, das 감독[검사] 일자. ~**frage**, die 감독 문제. ~**frau**, die ↑~mädchen. ~**funktion**, die 감독 기능. ~**gang**, der 감독 활동, 순회, 순시: einen K. machen 감독 활동을 하다, 순회하다. ~**gerät**, das ↑~apparat (1). ~**gruppe**, die 《의학·심리》 조사 집단. ~**instanz**, die ↑~apparat (2). ~**instrument**, das 제어 기구. ~**karte**, die 근무[작업] 시간 기록표. ~**kasse**, die 《준고어》 금전[현금] 등록기. ~**kommission**, die 감사[관리]위원회. ~**lampe**, die 《비분리시: Kontrollampe》 [기술] **a)** 표시등(작동 중임을 알리는). **b)** [자동차] 제어등(기계의 고장을 알리는). ~**lauf**, der 《비분리시: Kontrollauf》 [육상] 시험 주행(走行). ~**leuchte**, die 《비분리시: Kontrolleuchte》 ↑~lampe. ~**liste**, die 《비분리시: Kontrolliste》 대조표(對照表), 조합표(照合表). ~**mädchen**, das 《은어》 (경찰이 파악하고 있는) 창녀. ~**marke**, die 대조 표지, 검사표(票). ~**organ**, das ↑~apparat (2). ~**pflicht**, die 검사(감독) 의무. ~**punkt**, der **a)** 검사 장소. **b)** (일반적) 검문소. ~**rat**, der (연합군의 독일) 통제 위원회. ~**recht**, das (대개 Pl.) 감독 권한. ~**runde**, die ↑~gang. ~**schild**, das (schweiz.) [자동차] 표지판. ~**station**, die (특정) 검문소. ~**stelle**, die ↑~punkt, station. ~**stempel**, der 검사인(印). ~**system**, das 검사 제도: ein lückenloses K. 빈틈없는 검사 제도. ~**turm**, der ↑Tower. ~**uhr**, die ↑Stechuhr. ~**zentrum**, das (우주선 등의) 중앙 통제소. ~**ziffern** 〈Pl.〉 《구동독·경제》 국민 경제 계획 지수(指數).

Kontrolle [kɔnˈtrɔlə], die; -n [frz. contrôle] **1. a)** 감독, 감시, 관리: unter ständiger K. stehen 항구적인 관리[감독] 하에 있다. **b)** (재)검사: -n durchführen 검사를 실시하다; jmdn. [etw.] einer K. unterziehen 누구[무엇]를 감시[관리]하에 두다. **2.** 통제, 제어(력), 지배(권): der Fahrer hat die K. über sein Fahrzeug verloren 운전자는 자기 자동차에 대한 제어력을 잃었다; außer K. geraten 통제할 수 없게 되다; einen Brand unter K. bringen 화재를 진압하다. **3.** [모터 스포츠] 통제소.

Kontroller [kɔnˈtrɔlɐ], der; -s, - [engl. controller] [기술] (전차의) 정류기, 제동기, 제어 장치. **Kontrolleur** [kɔntrɔˈløːɐ̯], der; -s, -e [frz. contrôleur] 검사원, 검사관, 감독원. **kontrollierbar** [...ˈliːɡbaːɐ̯] 〈Adj.〉 감독[검사, 제어, 조종]할 수 있는(반대: unkontrollierbar). **Kontrollierbarkeit**, die ↑kontrollierbar 의 명사형. **kontrollieren** [...ˈliːrən] 〈h〉 [1: frz. contrôler; 2: engl. to control] **1.** 감독하다, 관리하다: sein Gewicht k. 그의 몸무게를 조절하다[관리하다]. **2. a)** 검사(검문)하다: in der Bahn wurde scharf kontrolliert 기차에서는 철저한 검문이 행해졌다. **b)** 검사하다, 시험해 보다: die Ausweise[das Gepäck] k. 신분증[수하물]을 검사하다. **3.** 통제하다, 지배하다: den Markt k. 시장을 지배하다. **4.** 제어하다, 조종하다. **5.** (스포츠 은어) (상대방을 견제해 가면서) 우세를 유지하다. **Kontrollor** [...ˈloːɐ̯], der; -s, -e (österr.) ↑Kontrolleur.

kontrovers [kɔntroˈvɛrs] 〈Adj.〉 [lat. contrōversus] 《교양어》 논쟁[토론]의 여지가 있는, 모순적인. **Kontroverse**, die; -n [lat. contrōversia] 《교양어》 격론, 논쟁, 논의, 논제: eine K. über[um] etw. austragen 무엇에 대한 논쟁을 해결(조정)하다. **Kontroverstheologie**, die [기독교] 논쟁신학(기독교의 상호 대립된 교리에 대해 논쟁하는).

Kontumaz [kontuˈmats], die [lat. contumācia] **1.** 《법·고어》 궐석, 법정의 소환 명령에 불응함. **2.** 《österr.·준고어》 ↑Quarantäne. **Kontumazialbescheid** [...maˈtsjaː-], der 《법·고어》 궐석 판결. **Kontumazialverfahren**, das [법] 궐석재판 절차. **kontumazieren** [...tsiːrən] 〈h〉 《법·고어》 궐석 판결을 하다.

kontundieren [kɔntʊnˈdiːrən] 〈h〉 [lat. contundere] [의학] 타박상을 입히다.

Kontur [kɔn'tuːɐ̯], die; -en, (또한) der; -s, -en (대개 Pl.) [frz. contour < ital. contorno] **a)** 윤곽(선): die scharfen(klaren) -en der Berge zeichnen sich gegen den hellen Nachthimmel ab 훤한 밤하늘에 산의 선명한[뚜렷한] 윤곽이 나타난다. **b)** 윤곽, 경계를 이루는 뚜렷한 선.

kontur-, Kontur- (↑konturen-, Konturen-도 참조): **~buchstabe,** der 《전문어》 윤곽만 그린[인쇄한] 글자. **~feder,** die 《대개 Pl.》《동물》 윤곽깃(새의 외형을 규정짓는). **~los** 〈Adj.〉 윤곽이 없는. konturenlos. **~schrift,** die 《전문어》 윤곽[장식] 문자(활자).

konturen-, Konturen- (↑kontur-, Kontur-도 참조): **~los** 〈Adj.〉 윤곽이 없는. **~reich** 〈Adj.〉 윤곽이 뚜렷한; [전의] in einer Zeit, die arm ist an -en Köpfen 윤곽이 뚜렷한[선이 굵은] 사람들이 적은 시대에. **~schärfe,** die 《사진》 윤곽의 선명도. **~stift,** der 《입술의 윤곽을 그리는 연필형의》 립스틱, 입술 연지.

konturieren [kontuːˈriːrən] 〈h〉《교양어》 윤곽을 그리다, 윤곽을 부여하다: eine Figur k. 인물의 윤곽을 그리다.

Kontusion [kontuˈzi̯oːn], die; -en [lat. contūsio] 《의학》 타박(상), 좌상(挫傷).

Konurbation: ↑Conurbation.

Konus [ˈkoːnus], der; -, -se /...nen [lat. cōnus < griech. kōnos] **1.**《수학》 원추. **2.**《기술》《기계의》 원추부.

Konvaleszent [kɔnvalɛsˈtsɛnt], der; -en, -en [lat. convalēscēns] 《드물게》 ↑Rekonvaleszent.

Konvaleszenz [...ˈtsɛnts], die **1.** [법] 추완(追完). **2.** 《의학》 《드물게》 ↑Rekonvaleszenz. **konvaleszieren** [...ˈtsiːrən] 〈h〉《드물게》 건강을 회복하다.

Konvalidation, die; -en 《가톨릭교》 혼인 인정.

Konvarietät, die; -en 《생물》 변종.

Konvektion [kɔnvɛkˈtsi̯oːn], die; -en [lat. convectio] **1.** [기상] 대류(對流)(대기의 수직 이동)(대비: Advektion). **2.** [지리] 대류(對流)(바닷물의 수직 이동). **3.** [물리] 《에너지 열 따위의》 대류, 전도. **konvektiv** [...ˈtiːf] 〈Adj.〉 [기상] 대류의, 대류성의. **Konvektor** [kɔnˈvɛktɔr, (또한) ...to:ɐ], der; -s, -en [...ˈtoːrən] 대류난방기(對流暖房器).

konvenabel [kɔnveˈnaːbl] 〈Adj.〉 [frz. convenable < lat. convenīre] 《교양어·고어》 (반대: inkonvenabel) 적당한, 꼭 알맞는, 편리한. **Konveniat** [kɔnˈveːni̯at], das; -s, -s [가] 한 교구의 사제 회의. **Konvenienz** [kɔnveˈni̯ɛnts], die; -en [lat. convenientia] 《교양어·준고어》 (반대: Inkonvenienz) **1.** 적당, 타당. **2.** 편리, 편의. **konvenieren** [...ˈniːrən] 〈h〉 [lat. convenīre] 《österr.·교양어·준고어》 누구에게 적합하다, 편리하다, 적당하다, 만족스럽다: sagen Sie offen, ob Ihnen ein solches Angebot konveniert 당신에게 그러한 제안이 적합한지 말해 주십시오. **Konvent** [kɔnˈvɛnt], der; -(e)s, -e [lat. conventus] **1.** [가] **a)** 《수도원의 투표권이 있는 성직자들의》 집회, 회의. **b)** 수도원 거주자 전체. **2.** [신교] 목사회의[집회]. **3.** a) 《매주 한 번씩 열리는 대학생 클럽의》 집회. **b)** [대학] 교수단. **Konventikel** [...ˈtiːkl], das; -s, - [lat. conventiculum] 《펌》 **a)** 비밀 집회, 비밀 회합. **b)** 《교회 밖에서의》 사이비 교도의 집회[회합], 종파[분파]의 집회. **Konvention** [...ˈtsi̯oːn], die; -en [frz. convention < lat. conventio] **1.** [국제법] 협정, 협약, 협상, 조약: eine K. zum Schutz der Menschenrechte 인권 보호 (를 위한) 협정. **2.** 《자주 Pl.》 인습, 관습, 관례. **3.** [펜싱] 규칙. **konventional** [...ˈtsi̯oˈnaːl] 〈Adj.〉 [lat.] 협정에 관한 **konventionalisieren** [...ˈtsi̯oˈnaliˈziːrən] 《드물게》 관습[인습]화하다. **Konventionalismus** [...naˈlɪsmʊs], der; - **1.** [철학] 약속설(자연법은 학자들간의 약속에 따를 아니라는 19세기에 정초된 학설). **2.** [언어] 《드물게》 언어기호의 수의성(隨意性). **Konventionalität** [...liˈtɛːt], die [언어] 수의성(隨意性). **Konventionalstrafe,** die [법] 위약벌(금). **konventionell** [...ˈnɛl] 〈Adj.〉 [frz. conventionnel] **1.**《교양어》 (반대: unkonventionell) **a)** 인습적인, 관습적인, 상투적인, 재래의: die Methoden sind k. 그 방법은 진부하다. **b)** 형식적인, 판에 박은 듯한: -e Redensarten [Phrasen] 상투적인 어투[어구]. **2.** [군] 재래식의(원자무기나 생물학적 무기가 아닌): -e Waffen 재래식 무기. **Konventsmesse,** die [가] 장엄미사, 대미사. **Konventuale** [...ˈtu̯aːlə], der; -n, -n [lat. conventualis] **1.** [가] 선거권 있는 수도사(승려). **2.** 프란체스코 수도회 일파의 수도사. **Konventualin,** die; -nen ↑Konventuale (2)의 여성형.

konvergent [kɔnvɛrˈɡɛnt] 〈Adj.〉 [lat. convergēns] (반대: divergent) **1.** 《교양어》 일치하는, 같은 경향의. **2.** [수학] 수렴(收斂)하는, 수렴성의: -e Reihen 수렴수열(收斂數列) [수렴급수]. **Konvergenz** [...nts], die; -en **1.** 《교양어》 《의견·목표 등의》 접근, 일치(반대: Divergenz 2). **2.** [수학] 수렴(반대: Divergenz 3). **3.** [물리] 수렴(반대: Divergenz 1). **4.** [생물] 수렴. **5.** [의학] 《눈의》 수렴 운동, 폭주(輻輳). **6.** [심리] 수렴, 수속(收束). **7.** [해양] 《상이한 해류의》 수렴, 만남. **8.** [지질] 지표의 수렴 현상. **Konvergenztheorie,** die [정치] 수렴 이론《자본주의와 사회주의 공업국가간의 점차적 접근을 피한》. **konvergieren** [...ˈɡiːrən] 〈h〉 [lat. convergere] (반대: divergieren) **1.** 《교양어》 근사하다, 일치하다. **2.** [수학] 수렴하다.

konvers [kɔnˈvɛrs] 〈Adj.〉 [engl. converse] [언어] 환위(換位)의, 역(逆)의.

Konversation [kɔnvɛrzaˈtsi̯oːn], die; -en [frz. conversation < lat. conversātio] 《교양어》 회화, 담화, 좌담, 대화: K. machen 잡담을 하다.

Konversations-: ~lexikon, das 《엣》 《대화(환담)를 지식을 얻기 위한》 백과사전. **~stück,** das [연극] 오락극. **~ton,** der 《Pl. 없음》 대화조(調)(담화조).

Konverse [kɔnˈvɛrzə], die; -n [언어] 환위명제(換位命題, 역(逆)).

konversieren [kɔnvɛrˈziːrən] 〈h〉 [frz. converser < lat. conversāri] 《교양어》 대화[담화]하다.

Konversion [kɔnvɛrˈzi̯oːn], die; -en [lat. conversio] **1.** (특히 가톨릭으로의) 개종(改宗), 회심(回心): jmdn. zur K. bewegen 누구를 개종시키다. **2.** [언어] **a)** (단어의) 변환, 품사전환. **b)** 환위(換位)《명제들 사이의 의미관계》. **3.** [논리] 환위(換位). **4.** [법] 재해석, 전환. **5.** [핵공학] 《원자로 속에서의》 핵분열 물질의 생산. **6.** [심리] 전환, 전화(轉化). **7.** [증권] 《자본 시장에서 새로운 이제(移劑), 전환. **Konversionsfilter,** der /《전문어》 das [사진] 《색》 전환 필터. **Konverter** [kɔnˈvɛrtɐ], der; -s, - [engl. converter < frz. convertir] **1.** [제련] 전로(轉爐). **2.** [사진] 《초점거리를 크게 해 주는》 변환렌즈. **3.** [핵공학] 《원자로의》 전환로(爐). **4.** [방송] 주파수 변환기. **konvertibel** [...ˈtiːbl] 〈Adj.〉 [frz. convertible] ↑konvertierbar (반대: inkonvertibel) **1.**): eine Währung k. machen 통화를 태환성(兌換性)이 있게 하다. **Konvertibilität** [...tibiliˈtɛːt], die ↑ Konvertierbarkeit. **konvertierbar** [...ˈtiːɐbaːɐ̯] 〈Adj.〉 [경제] 태환(교환)할 수 있는, 태환성이 있는: eine frei ~e Währung 자유로이 태환할 수 있는 화폐. **Konvertierbarkeit,** die [경제] 태환성. **konvertieren** [...ˈtiːrən] [frz. convertir < lat. convertere] **1.** 〈h/s〉 [종교] 개종하다(특히 가톨릭으로). **2.** 〈h〉 [경제] 환전(태환)하다, 전환하다. [전산] 변환하다, 전환. **Konvertierung,** die; -en **1.** 변환, 전환. **2.** ↑Konversion (7). **Konvertit,** [...ˈtiːt], der; -en, -en [engl. convertite < frz. convertir] 개종자(改宗者).

Konvertitentum, das; -s 개종자의 태도[성향, 종류].

Konvertitin, die; -nen ↑Konvertit의 여성형.
konvex [kɔn'vεks] ⟨Adj.⟩ [lat. convexus] 【광학】 (가운데가) 볼록한, 철면(凸面)인(반대: konkav): -e Gläser(Linsen) 볼록 유리(렌즈). **Konvexität** [...ksi'tε:t], die [lat. convexitās] 【광학】 볼록면, 철면, 볼록한 모양 (반대: Konkavität). **Konvexlinse,** die 【광학】 볼록 렌즈(반대: Konkavlinse). **Konvexspiegel,** der 【광학】 볼록 거울(반대: Konkavspiegel).
Konvikt [kɔn'vɪkt], das; -(e)s, -e [lat. convīctus] 1. 신학생 기숙사(기숙학교). 2. ⟨österr.⟩ (가톨릭계의) 기숙사. **Konviktuale** [...'tuaːlə], der; -n, -n 기숙사 학생. **Konvivium** [...'viːvi̯ʊm], das; -s, ...ien [...i̯ən; lat. convīvium] 《교양어·고어》 주연(酒宴), 연회.
Konvoi [kɔn'voy, (또한) '--], der; -s, -s [engl. convoy < frz. convoi] 1. 【군】 호송선단(船團), 호송차(車團). 2. 차의 행렬[대열]: sie fuhren in einem K. 그들은 대열을 지어 (차를 타고) 갔다.
Konvokation [kɔnvoka'tsi̯oːn], die; -en [lat. convocātio] 《교양어·드물게》 소집, 집회.
Konvolut [kɔnvo'luːt], das; -(e)s, -e [lat. convolūtum] 1. 《교양어》 a) (서류, 인쇄물 등의) 묶음, 꾸러미. b) 편찬서, 묶은 것, 합본(合本): ein K. mit alten Briefen 옛날 편지들을 묶은 것[묶어 놓은 책]. 2. 【의학】 사구체(絲毬體). **Konvolute,** die; -n ↑Volute.
Konvulsion [kɔnvʊl'zi̯oːn], die; -en [lat. convulsio] 【의학】 (전신) 경련, 경기(驚氣): von -en ergriffen [geschüttelt] werden 경기가 들다[경련을 일으키다].
konvulsiv [...'ziːf] ⟨/⟩ **konvulsivisch** [...'ziːvɪʃ] ⟨Adj.⟩ 【의학】 (전신) 경련성의, 경련적인.
Konya ['kɔnja], der; -(s), -s [터키의 도시명 Konga에서 유래] (터키산의) 콘야 양탄자.
konzedieren [kɔntse'diːrən] ⟨h⟩ [lat. concēdere] 《교양어》 허용하다, 승인하다.
Konzelebrant, der; -en, -en 【가】 (여러 성직자와 함께) 성찬식을 행하는 성직자. **Konzelebration,** die; -en, Concelebratio [kɔntsele'braːtsi̯o], die; ...ones [...a'tsi̯oːneːs] 【가】 (여러 성직자가 하는) 성찬식. **konzelebrieren** ⟨h⟩ 【가】 (여러 성직자와 함께) 성찬식을 행하다.
Konzentrat [kɔntsεn'traːt], das; -(e)s, -e 【화학】 농축물(액), 요약, 농축. **Konzentration** [...tra'tsi̯oːn], die; -en [frz. concentration] 1. 집중, 집적(集積)(반대: Dekonzentration). 2. ⟨Pl. 없음⟩ (정신) 집중, 전념: die K. aller Kräfte(Gedanken) auf das Finden einer Lösung (der Probleme) (문제의) 해결을 찾기 위한 모든 힘(생각)의 집중. 3. ⟨Pl. 없음⟩ 정신 집중. 4. 【화학】 (액체의) 농도, 농축.
konzentrations-, Konzentrations-: ~**fähig** ⟨Adj.⟩ 집중력(주의력) 있는. ~**fähigkeit,** die ⟨Pl. 없음⟩ 집중력. ~**lager,** das (나치) 강제 수용소, 정치범 수용소(약어: KZ, (나치) KL). ~**mangel,** der 【의학·심리】 (환경적 요인에 의한) 집중력 부족, 주의력 산만. ~**schwäche,** die 【의학·심리】 (선천적인) 집중력 박약, 주의력 산만. ~**vermögen,** das ⟨Pl. 없음⟩ 집중력, 주의력.
konzentrativ [kɔntsεntra'tiːf] ⟨Adj.⟩ 《전문어》 정신 집중의, 정신 집중에 기인한다. **konzentrieren** [...'triːrən] ⟨h⟩ [frz. concentrer] 1. 집중시키다, 집결시키다(반대: dekonzentrieren). a) 집중하다: Bemühungen auf jmdn. [etw.] k. 누구[무엇]에게 노력을 집중하다. b) ⟨k. + sich⟩ 전념하다, 몰두하다, (크게) 집중되다. 3. ⟨k. + sich⟩ 정신을 집중하다[바로 잡다]: bei dieser Arbeit muß man sich k. 이 일에는 정신을 집중해야만 한다. 4. 【화학】 (용액을) 농축하다. **konzentriert** ⟨Adj.⟩ 1. 집중된, 밀도 높은. 2. 정신이 집중된(반대: unkonzentriert): mit -er Aufmerksamkeit 주의력을 집중 시켜서. 3. 【화학】 농도가 짙은, 진한: eine Lösung ist stark k. 용액이 농도가 짙다. **Konzentriertheit,** die ⟨Pl. 없음⟩ 집중성(반대: Unkonzentriertheit). **Konzentrierung,** die; -en ↑Konzentration (4): eine Säure(Alkohol) in hoher K. 고농도 산(알코올).
konzentrisch [kɔn'tsεntrɪʃ] ⟨Adj.⟩ [lat. concentricus] 【수학】 중심이 같은, 동심(同心)의(원이)(반대: exzentrisch 1): -e Kreise 동심원들. **Konzentrizität** [...tritsi'tε:t], die 【수학】 동심(同心).
Konzept [kɔn'tsεpt], das; -(e)s, -e [lat. conceptus] 《교양어》 1. 초안, 초고: (sich) ein K. machen 초안을 만들다[작성하다]; der Aufsatz ist im K. fertig 그 논문의 초안은 완성되었다; aus dem K. kommen(geraten) (연설 따위에서 방해로) 얘기의 실마리를 잃다[당황하게 되다]; jmdn. aus dem K. bringen 누구를 당황하게 하다; sich aus dem K. bringen lassen 누구로 인해 당황하게 되다. 2. 플랜, 프로그램, 구상(構想), 계획: jmdm. das(sein) K. verderben(versauen) (통용어) 누구의 계획을 망쳐놓다[방해하다]; jmdm. nicht in sein(nicht ins) K. passen 누구의 계획에 맞지 않다.
Konzept- (Konzept 1): ~**bogen,** der 초고지, 초안지 (의 낱장). ~**halter,** der (타자기의) 초고지 받침대. ~**kunst,** die ⟨Pl. 없음⟩ ↑Conceptart. ~**papier,** das ⟨Pl. 없음⟩ 초고(초안용) 타이프 용지.
Konzeption [kɔntsep'tsi̯oːn], die; -en [lat. conceptio] 1. 《교양어》 사상, 개념, 이해(력), 구상, 착상: der Mensch in der Aristotelischen K. 아리스토텔레스적 개념에서의 인간. 2. 【의학】 ↑Empfängnis. **konzeptionell** [...tsi̯o'nεl] ⟨Adj.⟩ 《교양어》 개념적인, 사상적인. **Konzeptionslos** ⟨Adj.⟩ 개념(사상)이 없는. **Konzeptionslosigkeit,** die ↑konzeptionslos의 명사형. **Konzeptbeamte*,** der (österr.·관) 구상관(構想官), 기획관. **konzeptualisieren** [...tuali'ziːrən] ⟨h⟩ [engl. conceptualize] 《교양어》 구상하다, 계획하다, 개념화하다. **Konzeptualisierung,** die; -en 구상화, 개념화. **Konzeptualismus** [...tua'lɪsmʊs], der; - [lat. conceptus] 【철학】 (중세의) 개념론. **konzeptuell** [...'tuεl] ⟨Adj.⟩ [engl. conceptual] 《교양어》 구상적인, 구상의, 개념의.
Konzern [kɔn'tsεrn], der; -(e)s, -e [engl. concern < frz. concerner < lat. concernere] 【경제】 콘체른(여러 기업의 결합): einen K. gründen[bilden] 콘체른을 만들다[형성하다].
Konzern- 【경제】: ~**bilanz,** die 콘체른(의) 결산. ~**herr,** der (대개 Pl.) 콘체른의 소유주. ~**leitung,** die 콘체른 지휘부. ~**spitze,** die 콘체른의 주도기업. ~**unternehmen,** das 콘체른 기업. ~**unternehmung,** die ↑~unternehmen.
konzernieren [...'niːrən] ⟨h⟩ 【경제】 콘체른을 형성하다. **Konzernierung,** die; -en 콘체른 형성.
Konzert [kɔn'tsεrt], das; -(e)s, -e [ital. concerto] 1. a) 협주곡, 콘서트: ein K. für Klavier und Orchester 피아노와 오케스트라를 위한 협주곡. b) 음악회, 연주회: ein K. geben 음악회를 개최하다; ins K. gehen 연주회에 가다. 2. ⟨Pl. 없음⟩ (아) 공동 보조, 조화, 협조, 합력.
konzert-, Konzert-: ~**abend,** der 콘서트의 밤. ~**abonnement,** das 콘서트 좌석 예약(정기 회원권). ~**agentur,** die 음악회 알선소. ~**anrecht,** das 콘서트 좌석 예약(회원권). ~**besucher,** der 연주회의 청중. ~**direktion,** die 콘서트 주관 기업(사업). ~**flügel,** der (콘서트용) 그랜드 피아노. ~**führer,** der 콘서트 안내(책자). ~**halle,** die 연주회장, 콘서트 홀. ~**lager,**

konzertant 1212

das 《나치·은어·은폐》 ↑Konzentrationslager. **~leben,** das 〈Pl. 없음〉 (한 도시의) 연주회 전체. **~literatur,** die 〈Pl. 없음〉 (한 도시에서 개최되는) 연주회의 총체. **~mäßig** 〈Adj.〉 협주곡 형식의. **~meister,** der 오케스트라의 제1 바이올리니스트. **~meisterin,** die ↑ ~meister의 여성형. **~musik,** die 〈Pl. 없음〉 콘서트 음악. **~pavillon,** der (공원의) 소음악당. **~pianist,** der 콘서트 피아니스트. **~podium,** das 연주회 지휘석. **~programm,** das a) 연주회 프로그램[순서]. b) (연주회 시즌의) 전체 프로그램. c) 연주회 프로그램 책자. **~publikum,** das 연주회 청중. **~reif** 〈Adj.〉 연주회를 할 수 있는, 연주 자격을 갖춘. **~reife,** die (정식 음악회에서의) 연주회 자격. **~reise,** die 연주회 여행. **~saal,** der 연주 회장. **~saison,** die 음악회 시즌. **~sänger,** der 연주회 가수. **~sängerin,** die ↑~sänger의 여성형. **~stück,** das ↑Concertino (1). **~tournee,** die ↑~reise. **~veranstalter,** der 콘서트 개최자. **~veranstaltung,** die ↑Konzert (1 b).

konzertant [...'tant] 〈Adj.〉 [ital. concertante] [음악] 연주회 형식의, 협주곡과 같은. **Konzertante,** die ↑ Concertante. **konzertieren** [...'ti:rən] 〈h〉 [2: frz. (se)concerter] 1. 《교양어》 음악회를 열다, 연주하다. 2. 《교양어·고어》 협정하다, 협약하다. **konzertiert** 〈Adj.〉 협약된, 일치된. **Konzertina,** die; -s [ital. concertina] 콘체르티나(소형 아코오디언의 일종).

Konzession [kɔntse'sio:n], die; -en [lat. concessio] 1. [관] (영업)허가, 면허, 특허: eine K. erwerben [erteilen] (영업)허가를 얻다[내주다]. 2.《대개 Pl.》 《교양어》양보, 용인: jmdm. eine K. (-en) machen 누구에게 양보하다. **Konzessionär** [...io'nɛːr], der; -s, -e [관] (영업)면허[특허] 소유자. **konzessionieren** [...'niːrən] 〈h〉 [관] (영업) 면허 [허가]를 주다, 인가하다, 허가를 내주다.

konzessions-, Konzessions-: ~bereit 〈Adj.〉 양보할 용의가 있는, 용인할 수 있는. **~bereitschaft,** die 〈Pl. 없음〉 ↑~bereit의 명사형: keine K. zeigen [관] 아무런 양보 태세도 보이지 않다. **~inhaber,** der [관] ↑Konzessionär. **~los** 〈Adj.〉 용인[양보]없는, 제한을 두는. **~pflichtig** 〈Adj.〉 [관] (영업)허가를 받아야 하는, 허가를 요하는. **~pflichtigkeit,** die ↑~pflichtig의 명사형.

konzessiv [kɔntse'si:f] 〈Adj.〉 [lat. concessivus] [언어] 인용적인, 양보적인: eine -e Konjunktion 인용[양보] 접속사. **Konzessivsatz,** der [언어] 인용문(認容文), 양보문.

Konzetti [kɔn'tsɛti] 〈Pl.〉 [ital. concetti, concetto의 복수 < lat. conceptus] [문예학] 해학이 풍부한 어법, 기교적 언어 유희.

Konzil [kɔn'tsiːl], das; -s, -e / -ien [...iən; lat. concilium] 1. [가] 공의회(公會議), 사교(司敎)회의: ein K. einberufen 공의회를 소집하다. 2. [대학] (교수, 학생 대표, 직원으로 구성된) 위원회, 전학 협의회(全學協議會). **konziliar** [kɔntsi'liant] 〈Adj.〉 [frz. conciliant < lat. conciliāre] 《교양어》 유화적인, 상냥한, 화해적인 (반대: inkonziliant). **Konzilianz** [...nts], die 《교양어》 융화적임, 상냥함, 화해적임. **konziliar(isch)** [...'liaː, ...aːrɪʃ] 〈Adj.〉 공의회의, 위원회의. **Konziliarismus** [...lia'rɪsmʊs], der; - [가] 공의회 수위설(首位說). **Konzilsvater,** der; -s, ...väter 《대개 Pl.》 [가] 공의회 교부(敎父)(투표권을 가진).

konzinn [kɔn'tsɪn] 〈Adj.〉 [lat. concinnus] 1. 《수사·양식》 《문장의》 균형이 잡힌, 조화를 이룬, 세련된(반대: inkonzinn 1). 2. 《교양어·고어》 적당한, 정확한(반대: inkonzinn 2). **Konzinnität** [...ni'tɛ:t], die [lat. concinnitās] 1. 《수사·양식》 《문체의》 균형, 조화(반대: Inkonzinnität 1). 2. 《교양어·고어》 적당, 적절, 쾌적(반대: Inkonzinnität 2).

Konzipient [kɔntsi'piɛnt], der; -en, -en [↑konzipieren] 1. 《고어》 기초자(起草者). 2. 《österr.·관》 변호사 사무소 직원. **konzipieren** [...'pi:rən] 〈h〉 [lat. concipere] 1. 초고를 작성하다, 기초하다. 2. 계획하다, 구상하다, 고안하다: ein Projekt(ein Gerät) k. 계획[기구]을 구상[고안]하다. 3. [의학] 임신하다, 수태하다. **Konzipierung,** die; -en 임신, 수태. **Konzipist** [...'pɪst], der; -en, -en 《österr.·고어》 하급 관리, 기초자, 서기.

konzis [kɔn'tsi:s] 〈Adj.〉 [lat. concisus] 《수사·양식》 간결한, 간략한, 간명한.

Koofmich ['koːfmɪç], der; -s, -s / -e 《berlin.·경》 상인, 사업가.

Koog [koːk], der; -(e)s, Köge ['køːgə; niederd. kōch < niederl. cooch] (niederd.) 제방으로 바닷물을 막은 저지, 간척지.

Kookkurrenz [koɔku'rɛnts], die; -en [언어] 공동 출현 (한 문장 내에서 언어 단위의).

Kooperateur [ko----'-], der; -s, -e [frz. coopérateur < lat. cooperātor] [경제] 공동자, 협력자. **Kooperation** [ko----'-], die; -en [lat. cooperātio] 1. 협력, 협동, 제휴. 2. [경제] 기업간의 제휴[협동](기업 집중의 전단계로서).

kooperations-, Kooperations-: ~bereit 〈Adj.〉 -e Firmen 제휴할 용의가 있는 회사들. **~bereitschaft,** die 〈Pl. 없음〉 제휴 용의. **~beziehung,** die 《대개 Pl.》 (구동독) 협력 관계. **~partner,** der 제휴 파트너. **~vertrag,** der 제휴 계약.

kooperativ [ko----'-] 〈Adj.〉 《교양어》 협조적인, 공동의: die Aufgabe ist nur k. zu lösen. 그 문제는 공동협력으로만이 해결될 수 있다. **Kooperativ** [-], das, -s, -e [...i:və], 《또한》 -s, **Kooperative** [...'ti:və], die; -n [n russ. kooperativ < frz. coopérative] (구동독) 협동 조합, 공동 경영체, 공동 작업 집단. **Kooperator** [ko----'-], der; -s, -en [lat. cooperātor] 1. 《고어》 협력자. 2. 《österr.》 (가톨릭의) 보좌 신부. **kooperieren** [ko----'-] 〈h〉 [lat. cooperārī] (특히 정치, 경제적으로) 협력하다.

Kooptation [kɔɔptaˈtsioːn], die; -en [lat. cooptātio] 《교양어》 (신회원의) 보결 선거. **kooptieren** [...'tiːrən] 〈h〉 [lat. cooptāre] 《교양어》 (신입 회원의) 보결 선거를 하다, 보결 선거로 선출하다. **Kooption** [ko--'-], die; -en ↑Kooptation.

Koordinate [ko--'--], die; -n 1. 《대개 Pl.》 [수학·지리] 좌표, 구좌표(球座標). 2. [수학] 횡좌표·종좌표 일체.

Koordinaten-: ~achse, die [수학] 좌표축. **~kreuz,** das [수학] 종축·횡축이 교차하는 십자. **~netz,** das [지리] ↑Gradnetz. **~system,** das [수학] 좌표계.

Koordination [ko-----'-], die; -en [↑koordinieren] 1. 《교양어》 협조, 병렬, 조정(調整). 2. [언어] 병렬, 등위. 3. [화학] 배위(配位).

Koordinations-: ~störung, die [의학] ↑Ataxie. **~verbindung,** die [화학] 배위(配位) 결합. **~zahl,** die [화학] 1. 배위숫자. 2. 배위수.

Koordinator [ko--'----], der; 《또한》 -en, -en [...naˈtoːrən] a) (각 부문간의) 조정관. b) 방송 프로그램 조정관. **koordinieren** [...'niːrən] 〈h〉 [lat. coordināre] 《교양어》 조정하다, 조화시키다: Pläne (Rundfunkprogramme) (miteinander) k. 계획[라디오 프로그램]을 조정하다; koordinierende Konjunktion [언어] 병렬[등위] 접속사. **Koordinierung,** die;

-en ↑kordinieren의 명사형.
Kop. = Kopeke.
Kopaivabalsam [kopa'i:va-], der; -s [port. copaíba] 코파이바 수지(樹脂) (도료와 약용). **Kopaivabaum**, der; -(e)s, ...bäume 코파이바나무[열대 식물로 이 나무에서 향유를 얻음].
Kopal [ko'pa:l], der; -s, -e [span. copl] 코팔 수지.
Kopal-: **~fichte**, die 코팔 가문비나무. **~harz**, das ↑ Kopal. **~lack**, der 코팔 니스.
Kopeke [ko'pe:kə], die; -n [russ. kopeika] 코페이카 (구소련의 소화폐: 100분의 1루블〕(약어: Kop).
Kopenhagen [ko:p'ha:gn] 코펜하겐〔덴마크의 수도〕. **¹Kopenhagener** [ko:pn'ha:gənə] 〈Adj.〉 격변화 없음〉 코펜하겐(사람)의. **²Kopenhagener**, der; -s, - 코펜하겐 사람.
Köpenickiade [kø:pənɪ'kia:də], die; -n [1906년 Berlin-Köpenick에서 제복을 이용해 벌어진 것과 비슷한〕 대단한 사기극.
Kopepode [kope'po:də], der; -n, -n [griech. kópē u. poús]〔동물〕유복각갑각류(有橈脚甲殼類).
Köper ['kø:pɐ], der; -s, - [niderd. keper]〔섬유〕**1.** 〈Pl. 없음〉 Köperbindung. **2.** 능직물. **köperbindig** 〈Adj.〉〔섬유〕능직의. **Köperbindung**, die〔섬유〕능직.
kopernikanisch [kopɛrni'ka:nɪʃ] 〈Adj.〉〔독일의 천문학자 N. Kopernikus의 이름에서〕 코페르니쿠스의: 전의 eine -e Umwälzung in der Sprachwissenschaft 언어학에 있어서 코페르니쿠스적〔획기적〕 대변혁.
Kopf [kɔpf], der; -(e)s, Köpfe ['kœpfə]〈축소형: ↑Köpfchen〕머리, 두부(頭部), 두개(頭蓋): ein kahler K. 대머리; die Zuschauer standen K. an K. 관중들은 머리를 맞대고 서 있었다; K. oder Zahl 동전의 앞면(머리가 새겨진〕이나 뒷면(숫자가 있는〕이냐; den K. drehen[neigen] 머리를 돌리다[(아이) 숙이다]; sich den K. waschen 머리를 감다; sich den K. anstoßen 머리를 부딪치다; ich steck' dir gleich den K. zwischen die Ohren 〈통용어·위협조〉당장 한 방 먹일테다; die Mädchen steckten die Köpfe zusammen 소녀들은 구수 회의를 하였다; sich die Köpfe heiß reden 격론을 벌이다; der Schuß traf ihn am K. 총탄은 그의 머리에 맞았다; das Buch steht auf den K. im Regal 그 책은 거꾸로 서가에 꽂혀 있다; auf den K. des Mörders steht eine Belohnung 살인범(의 머리)에는 현상금이 붙어있다; ich tu das nicht, und wenn du dich auf den K. stellst 네가 무슨 짓을 해도 나는 그 일을 않는다; sich eine Kugel durch den K. schießen [jagen] 머리에 총을 쏘아 자살하다; das Blut stieg ihm zu K. 그는 얼굴이 붉어졌다〔창피해서, 노해서〕; 성구 jmdm. nicht gleich den K. abreißen 〈통용어〉누구를 호되게 다루지는 않다; das kann den K. nicht kosten 그것은 그리 위험하지 않다; **jmdm. brummt der K.** 〈통용어〉누가 두통이 심하다; **jmdm. schwirrt der K.** 머리가 윙윙거리다[많은 인상들로]; **jmdm. raucht der K.** 〈통용어〉오랫동안 골돌히 생각하다; **jmdm. wächst der K. durch die Haare** 〈통용어·농〉머리가 벗겨지기 시작하다; **nicht wissen, wo einem der K. steht** 무슨 일을 어디서 시작해야 할지 모르다; **einen dicken[schweren] K. haben** 머리가 (두통으로, 숙취로) 무겁다; **K. hoch!** 용기를 내라!; **jmds. K. fordern** 1) 누구의 목숨을 요구하다. 2) 〔고위직에 있는 사람의〕 중벌을 요구하다; **etw. kostet jmdm. (jmdn. den) K.** 1) 무엇이 누구의 생명을 앗아가다. 2) 무엇이 누구의 지위[직(職)]을 앗아가다; **den K. einziehen** 겁을 내다, 위축되다; **den K. hängen lassen** 고개를 떨구다, 의기소침하다; **den K. unterm Arm tragen** 〈통용어〉몹시 병들어 있다; **jmdm. den K. waschen** 〈통용어〉누구를 호되게 꾸짖다; **seinen K. riskieren** 목숨을 걸다; **K. und Kragen riskieren / wagen / aufs Spiel setzen[verlieren]** 목숨을 걸다 [잃다]; **den K. hinhalten müssen** 〈통용어〉무엇의 책임을 져야만 하다; **sich³ (an etw.) den K. einrennen** 난관에 부딪치다; **den K. aus der Schlinge ziehen** 처벌을 면하다; **den K. in den Sand stecken** 현실을 외면하다; **den K. hoch tragen** 우쭐대다, 거만하다; **den K. oben behalten** 용기를 잃지 않다; **jmdm. den K. zurechtsetzen[zurechtrücken]** 〈통용어〉훈계해서 마음을 돌리게 하다[이성을 찾게 하다]; **sich (gegenseitig)[einander] die Köpfe einschlagen** 심하게 싸우다; **jmdm. (um) einen K. kürzer[kleiner] machen** 〈통용어〉누구의 목을 자르다; **sich³ an den K. fassen[greifen]** 〈통용어〉(알 수가 없어〕머리를 싸매다; **jmdm. etw. an den K. werfen** 누구에게 무엇을 맞대놓고 말하다; **eins auf den K. bekommen(kriegen)** 비난받다, 견책당하다 (↑Hut); **auf den K. hauen** 〈통용어〉(돈을 한꺼번에〕 탕진하다, 날리다: heute habe ich hundert Mark auf den K. gehauen 나는 오늘 백 마르크을 한꺼번에 다 써버렸다; **jmdm. auf den K. kommen** 〈통용어〉 누구를 비난하다, 욕설을 퍼붓다; **etw. auf den K. stellen** 1) 〈통용어〉벌컥 뒤집어 놓다, 뒤죽박죽이 되게 하다. 2) 샅샅이 조사하다: ich habe das ganze Haus auf den K. gestellt und trotzdem meine Brille nicht gefunden 나는 집전체를 샅샅이 뒤졌으나 그럼에도 안경을 찾지 못했다. 3) 무엇을 잘못 묘사(서술)하다, 왜곡하다; **jmdm. auf dem K. herumtanzen [herumtrampeln]** 〈통용어〉머리끝까지 기어오르다, 버릇없다; **sich³ nicht auf den K. spucken lassen** 〈경〉참지 않다; **jmdm. etw. auf den K. spucken können** 〈약간 농〉누구보다 키가 크다; **nicht auf den K. gefallen sein** 〈통용어〉명청하지가 않다; **jmdm. etw. auf den K. zusagen** 누구에게 무엇을 맞대놓고 말하다; **etw. steigt jmdm. in den(zu) K.** 1) 무엇이 누구를 몹시 취하게 하다[몽롱하게 하다]: der Wein ist mir zu K. gestiegen 포도주가 나를 몹시 취하게 만들었다. 2) 무엇이 누구를 불손하게[거만하게〕 만들다: der Ruhm ist ihm zu K. gestiegen 명성이 그를 우쭐하게 만들었다; **mit dem K. durch die Wand wollen** 〈통용어〉억지를 부리려 하다; **mit seinem K. für etw. einstehen** 무엇을 걸고 책임지다(옹호하다); **etw. über jmds. K. (hin)weg entscheiden** 누구의 의사와 관계없이 무엇을 결정하다; **über die Köpfe hinwegreden** 아랑곳 하지 않고 이야기하다; **jmdm. über den K. wachsen** 〈통용어〉1) 누구에게 더 이상 복종하지 않다: der Sohn ist seinem Vater längst über den K. gewachsen 아들은 오래 전부터 아버지에 복종하지 않았다. 2) 누가 감당할 수 없게 되다: die Arbeit ist mir über den K. gewachsen 그 일은 내가 감당할 수 없게 되었다; **bis über den K. in etw. stecken** 〈통용어〉무슨 일에 파묻히다: bis über den K. in Sorgen stecken 근심으로 꽉 차있다; **es geht um K. und Kragen** 〈통용어〉생사의 문제이다; **von K. bis Fuß** 머리끝부터 발끝까지: von K. bis Fuß neu einkleiden 머리끝에서 발끝까지 새로이 옷을 입다; **jmdn. vor den K. stoßen** 〈통용어〉누구를 무지막지하게 모욕하다; **wie vor den K. geschlagen sein** 〈통용어〉(뜻밖의 일, 놀랄 때문에〕머리를 한방 얻어맞은 것 같다. **2. a)** (어떤) 지능[지력, 능력〕의 소유자: er ist ein kluger[heller, fähiger] K. 그는 똑똑한[명석한, 능력있는〕 사람이다. **b)** 수뇌(부): der K. des Unternehmens 기업의 수뇌부. **3.** 사고력, 의지(력), 지능:

er hat einen eigensinnigen[dicken] K. 그는 고집이 세다; du mußt nicht immer deinen K. durchsetzen 너는 항상 너의 의지를 관철해서는 안된다; etw.(noch) frisch im K. haben 무엇이 (아직) 기억에 새롭다; etw. im K. behalten 무엇을 기억하다, 마음에 새겨 두다; du bist wohl nicht ganz richtig im K. 《통용어》 너는 아마도 제 정신이 아니다; [성구] was man nicht im K. hat, (das) muß man in den Beinen haben 건망증이 있는 사람은 두 번 걸음을 하게 마련이다; **einen klaren (kühlen) K. bewahren[behalten]** 당황하지 않다, 침착하다; **seinen K. aufsetzen** 고집을 부리다, 억지를 쓰다; **den K. voll haben** (여러 가지 생각으로) 머리 속이 가득하다; **den K. verlieren** 당황하다, 제 정신을 잃다; **jdmm. den K. verdrehen** 《통용어》 누구를 반하게 하다; sie hat ihm ganz schön den K. verdreht 그 여자는 그를 홀딱 반하게 하였다; **sich³ den K. zerbrechen** 《통용어》 골머리를 썩이다: ich zerbreche mir den K., was ich ihr schenken soll 그 여자에게 무엇을 선사할까 나는 골똘히 생각 중이다; **aus dem K.** 외워서, 암기하여; **etw. geht(will) jdmm. nicht aus dem K.** 무엇이 잊혀지지 않다; **sich³ etw. aus dem K. schlagen** 무엇을 머리 속에서 떨쳐내다, 더 이상 생각하지 않다; **sich³ etw. durch den K. gehen lassen** 무엇을 차근히 생각하다; **etw. schießt jdmm. (plötzlich) durch den K.** 무엇이 (갑자기) 누구의 머리를 스치다; **etw. geht jdmm. im K. herum** 《통용어》 무엇이 누구의 머리를 떠나지 않다; **etw. in den K. setzen** 무엇을 결심하다, 무엇을 하기로 작정하다; **im K. (aus)rechnen** 암산하다; **etw. geht[will] jdmm. nicht in den K. (hinein)** 《통용어》 무엇이 누구에게 이해되지 않다, 납득이 가지 않다. 4. 개개의 사람: die Menge war etwa tausend Köpfe stark 군중 천여 명이나 되었다; der Eintritt kostet fünf Mark pro K. 입장료는 한 사람당 5마르크이다. 5. a) 《축소형: ↑Köpfchen》 (물건의) 머리(부분): der K. der Stecknadel [des Streichholzes, einer Pfeife] 바늘[성냥개비, 파이프]머리(대가리). b) (사람 머리만한) 둥근 채소 하나 [한 통]: ein K. Salat 샐러드 한 통. c) (편지지, 신문 등의) 머리, 윗부분, 표제: der K. eines Briefbogens [einer Zeitung, einer Buchseite] 편지지[신문, 책장] 의 머릿부분, 표제.

kopf-, Kopf-: ~ab 〈Adv.〉 《드물게》 =abwärts. **~abwärts** 〈Adv.〉 거꾸로, 머리가 아래로. **~an-Kopf-Rennen** [스포츠] 막상막하의 경주. **~arbeit**, die 정신 노동(반대: Handarbeit 1 a). **~arbeiter**, der 정신 노동자(반대: Handarbeiter). **~bahnhof**, der 선로가 통과식으로 되어 있지 않고 막혀 있는 역(반대: Durchgangsbahnhof). **~ball**, der [축구] 헤딩. **~ballabwehr**, die 헤딩 수비. **~ballpendel**, das [축구] 헤딩 연습 기구. **~ballspezialist**, der 헤딩 전문 선수. **~ballspiel**, das [축구] 〈Pl.없음〉 헤딩경기. **~ballstark** 〈Adj.〉 [축구] 헤딩(경기)에 강한. **~balltor**, das [축구] 헤딩 골. **~bedeckung**, die (두건, 모자 등) 머리에 쓰는 것. **~bewegung**, die 머리의 움직임. **~bogen**, der 《드물게》 머리 글자가 있는 편지지. **~dünger**, der 성장기(에 주는) 비료. **~düngung**, die 성장기의 비료 주기, 밑거름 주기. **~ende**, das 1. (침대 등의) 머리말. b) 상단. **~fesselung**, die [레슬링] 머리 조이기. **~form**, die 머리모양. **~füßer**, der 《대개 Pl.》 [생물] 두족류(頭足類). **~geld**, das 1. 몸값, 현상금. 2. 《드물게》 한 사람당 할당금. **~geschwulst**, die [의학] 신생아 두종(頭腫), 두부종창. **~grind**, der 두부농포진(膿疱疹). **~grippe**, die [민속학] 뇌염. b) (심한) 두통감기. **~haar**, das 머리털. **~haken**, der [권투] 헤드 훅. **~hälfte**, die 머리의 반쪽. **~hal-**

~tung, die 머리 자세. **~hänger**, der 《통용어》 의기소침한 사람. **~hängerei** [-hɛŋəˈraɪ], die 《통용어》 의기소침. **~hängerisch** 〈Adj.〉 의기소침한, 침울한. **~haube**, die 《드물게》 두건. **~haut**, die 두피(頭皮). **~höhe**, die 머리높이. **~hörer**, der 헤드폰: Musik über K. hören 헤드폰으로 음악을 듣다. **~jagd**, die (야만인들의) 사람(머리) 사냥. **~jäger**, der 사람(머리) 사냥군. **~jucken**, das 두피 소양(搔痒). **~keil**, der 침대 머리말의 소시지 모양의 매트리스 부분. **~kissen**, das 베개. **~kissenbezug**, der 베갯잇. **~kohl**, der 양배추, 캐비지. **~lage**, die [의학] 두위(출산시 태아의 정상 위치). **~länge**, die 머리 길이: er ist eine K. größer als ich 그는 나보다 머리 하나만큼 더 크다. **~last**, die (배 또는 비행기의) 머리의 짐. **~lastig** [-lastɪç] 〈Adj.〉 1. (배 또는 비행기의) 머리가 무거운: [전의] wenn Investitionen k. werden 투자가 고르지 않으면; eine -e Administration 수뇌부가 너무 많은 행정 관청; der Regisseur hat den Film k. gemacht 그 감독은 영화를 너무 지적으로 만들었다. 2. 《통용어》 머리가 무거울 정도로 너무 취한. **~lastigkeit**, die ↑-lastig의 명사형. **~laus**, die 두발(頭髮)의 이(虱). **~leiste**, die (책이나 신문의 머리 부분에 있는) 꽃무늬 장식(컷). **~los** 〈Adj.〉 1. 머리 없는. 2. 정신 없는, 미련한: ein -er Mensch 무분별한 사람. **~losigkeit**, die ↑-los의 명사형. **~massage**, die 머리 안마. **~nicken**, das; -s (고개를) 끄덕임. **~nuß**, die 《통용어》 1. 군밤(머리를 살짝 때림). 2. 난제, 골치 아픈 문제. **~pein**, die (지역어) ↑-schmerz. **~pflaster**, das ↑-steinpflaster. **~polster**, das (österr.) ↑-kissen. **~prämie**, die ↑-geld. **~preis**, der ↑-geld (1). **~putz**, der (고어) 머리 장식(치장). **~quote**, die 1인당 몫. **~rechnen** (부정형으로만) 암산(속셈)하다. **~rechnen**, das 암산. **~salat**, der 양상치. **~scheu** 〈Adj.〉 《다음 용법으로》 **jdmm. k. machen** 《통용어》 누구를 당황하게[겁먹게·불안하게] 하다, **k. werden** 당황하다, 겁먹다, 불안해하다. **~schlagader**, die: ↑Halsschlagader(Karotis). **~schmerz**, der 〈대개 Pl.〉 두통: die -en gehen nicht weg 두통이 가시지 않는다; **sich³ über(wegen) etw. keine -en machen** 《통용어》 무엇에 대해(때문에) 걱정하지 않다; **etw. bereitet[macht] jdmm. -en** 《통용어》 무엇이 누구에게 두통거리를 안겨주다. **~schmerztablette**, die 두통약 (정제). **~schmuck**, der 머리 장식(두건·모자 등). **~schuppe**, die 〈대개 Pl.〉 머리 비듬. **~schütteln**, das; -s 머리를 저음(거절, 부정, 의혹의 표시로): sein Verhalten löste allgemeines K. aus 그의 태도는 일반적으로 부정적인 반응을 불러일으켰다. **~schüttelnd** 〈Adj.〉 머리를 좌우로 흔드는, 의아해하는. **~schutz**, der 머리 방호구(헬멧 등). **~schützer**, der (추위에 대비한, 눈, 코, 입만 나오는) 두건, 방한모. **~sprung**, der 곤두박질, 다이빙: [전의] K. ins Glück 행복으로의 곤두박질. **~stand**, der 물구나무서기. **~stehen** 〈/h〉 1. 《드물게》 곤두(물구나무)서다. 2. 《통용어》 깜작 놀라다, 당황하다: das ganze Haus hat kopfgestanden 온집안이 발칵 뒤집혔다. **~stein**, der 《드물게》 둥근 머리의 포석. **~steinpflaster**, das 둥근 머리돌로 한 도로 포장. **~steuer**, die 인두세(人頭稅). **~stimme**, die 두성(頭聲). **~stoß**, der 1. [축구] ~ball. 2. [권투] 버팅. **~stoßen**, das, -s [권투] 버팅. **~stück**, das 1. [요리] 생선의 머리, 당황하다 머리(魚頭)(반대: Schwanzstück). 2. (지역적) ↑Kopfnuß (1). **~stütze**, die (자동차 의자의) 머리 받침. **~teil**, der (또는 das) **a)** ↑-ende (a). **b)** (의자 등의) 머리 부분. **~treffer**, der [권투] 머리명중타. **~tuch**, das 머리에 쓰는 천. **über** [-'--] 〈Adv.〉 머리를 앞으

로, 거꾸로: er fiel k. ins Wasser 그는 물 속으로 곤두박질 했다; [전의] sich k. in die Arbeit stürzen 일에 힘차게 뛰어들다. ~**unter** [-'--] 〈Adv.〉 머리를 아래로. ~**verband,** der 머리붕대. ~**verletzung,** die 머리 부상. ~**vor** [-'-] 〈Adv.〉 《지역적》 머리로 먼저. ~**wackelnd** 〈Adj.〉 머리를 흔들면서: sie saß k. da 그 여자는 머리를 흔들며 거기 앉아 있었다. ~**wäsche,** die **1.** 세발(洗髮). **2.** 《통용어》 신랄한 비난, 훈계: eine ordentliche K. 본격적인 훈계: ~**wasser,** das ↑ Haarwasser. ~**weh,** das (Pl. 없음) 《통용어》 ↑ ~schmerz. ~**weide,** die 고리버들, 둥근 우듬지의 버들. ~**wendung,** die 머리[고개] 돌리기. ~**wunde,** die 두부(頭部)부상[상처]. ~**wurf,** der [무도] 머리 뒤로 내치기. ~**zahl,** die 머릿수, 인원수. ~**zerbrechen,** das; -s 고심참담, 노심초사: dieses Problem macht (bereitet) jmdm.) K. 이 문제는 〔누구에게〕 골머리를 썩힌다; sich³ **über** etw. K. **machen** 무엇에 대해 골머리를 앓다. ~**zier,** die 《아이》 ↑~schmuck.

Köpfchen ['kœpfçən], das; -s, - **1.** Kopf (1, 5 a). **2.** 《통용어》 영리한 머리, 지혜: K. muß man haben 지혜가 있어야 한다; ein Problem mit K. lösen 머리를 써서 어떤 문제를 해결하다; **K., K.!** Kopf!를 보라. **Köpfe:** ↑Kopf의 복수형. **köpfeln** ['kœpfln] 〈h〉 (südd., österr., schweiz.) **1.** ↑köpfen (2). **2.** 머리다이빙을 하다. **kopfen** ['kɔpfn] 〈h〉 《지역적》 (양상치·양배추 등이) 결구(結球)하다. **köpfen** ['kœpfn] 〈h〉 **1.** 머리를 베다, 참수하다: [전의] das Frühstücksei k. 아침식사용 계란을 깨다(윗부분을 자르다); eine Flasche k. 병을 따다. **2.** [축구] 헤딩하다. **b)** 헤딩으로 넣다. **3.** 《전문어》 표제를 달다. **4.** 《지역적》 ↑kopfen. **Kopfeslänge,** die; -n 《아이》 ↑Kopflänge. **köpfig** ['kœpfıç] 〈Adj.〉 (schweiz.) 고집이 센, 완고한. -**köpfig** [-] 〈다음의 합성어로, 예컨대〉 großköpfig 커다란 머리의; dreiköpfig 3인[3두(頭)]의. **Köpfler** ['kœpflɐ], der; -s, - (südd., österr.) 헤딩. **köpflings** ['kœpflıŋs], **kopflings** 〈Adv.〉 **a)** 머리를 먼저, 곤두박질로: k. die Treppe hinunterstürzen 계단 아래로 곤두박이다. **b)** 거꾸로.

Kophosis [ko'fo:zıs], die [griech. köphós] 〔의학〕 청각 상실.

Kophta ['kɔfta], der; -s, -s 《역사적》 이집트의 마술사. **kophtisch** 〈Adj.〉 《역사적》 코프타의.

Kopialbuch [ko'pia:l-], das; -(e)s, ...bücher 《역사적》 필사부(筆寫簿). **Kopialien** [ko'pia:liən] 〈Pl.〉 《고어》 필사료, 필경료. **Kopiatur** [kopia'tu:ɐ], die; -en 《고어》 필사, 필경, 모사. **Kopie** [ko'pi; (österr.) 'ko:piə], die; -n [...'piən, (österr.) 'ko:piən; lat. copia] **1. a)** 사본, 등본: eine beglaubigte K. des Zeugnisses 공증을 받은 증명서 사본. **b)** ↑Fotokopie 의 약칭. **2.** 〔사진〕 **a)** 사진의 양화(陽畵). **b)** 복사 필름. **3.** 〔예술 작품의〕 모사, 모작, 복제: dies ist eine K. von (nach) einem berühmten Gemälde 이것은 유명한 그림의 모사이다. **4.** 《자주 폄》 모방, 모사, 복사판: er ist nur eine (blasse) K. seines Chefs 그는 단지 자기 상관의 (희미한) 복사판에 불과하다.

Kopier-: ~**anstalt,** die 〔사진〕 프린트 제작소. ~**buch,** das 〔경제〕 《고어》 문서 사본책. ~**gerät,** das **a)** 〔사진〕 인화기, 프린터. **b)** 〔사진〕복사기. ~**papier,** das **a)** 〔사진〕 인화지. **b)** 〔사진〕 복사지. **c)** 〔 〕Kohlepapier 참조. ~**presse,** die 〔고어〕 (압축기) 복사기. ~**rahmen,** der 〔사진〕 인화체. ~**stift,** der 복사용 연필. ~**verfahren,** das 복사 방식. ~**werk,** das ↑~anstalt.

kopieren [ko'pi:rən] 〈h〉 [lat. copiare] **1. a)** 필사(등사, 모사)하다. **b)** 〔사진〕복사하다. **2.** 〔사진〕 **a)** 인화하다. **b)** 양화로 만들다. **3.** 〔예술 작품의〕 모사(모조)하다, 복제하다. **4.** 흉내내다, 모방하다. **Kopierer,** der; -s, - 《통용어》 〔자동〕 복사기.

Kopilot, der; -en, -en [engl. copilot] 부조종사. **Kopilotin,** die ↑ Kopilot의 여성형.

kopiös [ko'piø:s] 〈Adj.〉 [frz. conpieux] 《고어·의학》 충분한, 풍부한, 괴상(塊狀)의.

Kopist [ko'pıst], der; -en, -en [lat. copista] 복사자, 모조자, 위조자, 모방자.

Koppa ['kɔpa], das; -(s), -s [griech. kóppa] 옛 그리스 알파벳의 한 글자(Ϙ).

Koppe ['kɔpə], die; -n **1.** ↑Groppe. **2.** 《지역적》 ↑Kuppe.

¹Koppel ['kɔpl], das; -s, -, (österr.) -n [lat. cōpula] **a)** (넓은) 가죽띠(끈): das K. enger schnallen 가죽띠를 더욱 졸라매다. **b)** 〔사냥〕 (사슴 사냥에 쓰이는) 엽도(獵刀)를 찬 띠. **²Koppel** ['-], die; -n **1.** 울타리를 친 목초지. **2.** (한 줄에 맨) 여러 마리의 짐승(특히 개떼). **3.** (여러 동물들을 매어두는) 띠, 끈. **4.** 〔음악〕 (오르간 의) 연합전(聯合栓), 커플러.

¹Koppel-: (¹Koppel a): ~**riemen,** der ↑¹Koppel. ~**schloß,** das 버클. ~**zeug,** das 가죽끈 부속물.

koppel-, ²Koppel- (²Koppel): ~**gängig** 〈Adj.〉 〔사냥〕 한 줄에 매기에 좋은. ~**rick,** das **a)** 목초지의 (나무)울타리. **b)** 〔승마〕 비월식의 장애물. ~**weide,** die ↑²Koppel (1). ~**wirtschaft,** die 〔농업〕 윤작.

³Koppel- (koppeln): ~**flug,** der (우주선의) 도킹 비행. ~**manöver,** das 도킹 작업. ~**navigation,** die 〔해양〕 선위추산(법)〔船位推算〕(法), 추측항법(推測航法). ~**ort,** der 〔해양〕 (배의) 추정(추산) 위치. ~**wort,** das 〔언어〕 연결어, 복합어.

koppeln ['kɔpln] 〈h〉 **1. a)** (동물들을)가죽 끈으로 서로 잡아매다. **b)** (차를) 결합시키다, (우주선을) 도킹시키다. **c)** (기계를) 연결(접속)하다. **2. a)** 연관짓다, 연결하다: ich koppelte meine Zustimmung an zwei Voraussetzungen 나는 나의 동의를 두 가지 전제조건과 연관지었다. **b)** (대개 완료형으로) 연관되어 있다, 병행되다. **3.** 〔언어〕 (개개의 단어를) 이음표로 연결하다. **4.** 〔해양〕 배의 위치를 추산[추정]하다. **Koppelung:** ↑Kopplung. **Koppelungsmanöver:** ↑Kopplungsmanöver.

koppen ['kɔpn] 〈h〉 《전문어》 (말이) 소리내어 숨을 들이쉬다.

Köpper ['kœpɐ], der; -s, - 《지역적》 ↑Kopfsprung. **koppheister** [kɔp'haiste] 〈Adv.〉 (nordd.) 곤두박이로: k. ins Wasser springen 곤두박이로 물 속에 뛰어들다; k. schießen 공중제비를 하다.

Kopplung, Koppelung [kɔp(ə)luŋ], die; -en 연결, 접속, 도킹, 연관, 추측 항법, 진동(振動) 회로 결합. **Kopplungsgeschäft,** das 〔경제〕 (다른 물건을 사야 구입할 수 있는) 연결 구매. **Kopplungsmanöver,** das ↑Koppelungsmanöver.

Kopra ['ko:pra], die [port. copra] 코프라(말린 야자열매의 씨쫍).

Koprämie [kopre'mi:], die; -n [...i:ən; griech. kópros] 〔의학〕 변비성 중독증.

Kopräsenz, die [engl. copresence] 〔언어〕 (언어 요소의) 동시 존재.

Koproduktion, die; -en [engl. co-production] **a)** (영화, 텔레비전 방송 등의) 공동 제작. **b)** ↑Gemeinschaftsproduktion (2). **Koproduzent,** der; -en, -en (영화, 텔레비전 방송 등의) 공동 제작자, **koproduzieren** 〈h〉 (영화, 텔레비전 방송 등을) 공동 제작하다.

koprogen [kopro'ge:n] 〈Adj.〉 [griech. kópros] 〔의학〕 똥에 의한. **Koprolalie** [...la'li:], die [griech.

lalia¹』 【심리】 추어증(醜語症), 외설어증(猥褻語症).
Koprolith [...'li:t, (또한) ...lit], der, -s / -en, -e(n) **1.** 【의학】 ↑Enterolith. **2.** 【지질】 분석(糞石), 화석분(化石糞). **Koprom** [ko'prom], das, -s, -e [griech. kópros] 【의학】 (딱딱한 똥 모양의) 장(腸)종양. **koprophag** [kopro'fa:k] 〈Adj.〉 [griech. phageīn] **1.** 〔생물〕 똥〔오물〕을 먹고 자라는. **2.** 〔심리〕 식분증(食糞症)의. **Koprophage** [...'fa:gə] **1.** der; -n, -n 〔생물〕 똥〔오물〕을 먹고 자라는 생물, 갑충(甲蟲). **2.** 【의학·심리】 식분자(食糞者). **Koprophagie** [...fa'gi:], die 【의학·심리】 (병적인 기호에서의) 식분. **Koprophilie** [...fi'li:], die [griech. philía] 【의학·심리】 기분증(嗜糞症). **Koprophobie**, die 【의학·심리】 공분증(恐糞症). **Koprostase**, die; -n 〔의학〕 중증 변비(便秘).
Kops [kops], der; -es, -e [engl. cop] 〔섬유〕 방추(紡錘) 모양의 실꾸리.
Kopte ['koptə], der; -n, -n [arab. qubṭīy, qibṭīy] 콥트 사람(고대 이집트의 기독교도). **koptisch** ['koptɪʃ] 〈Adj.〉 콥트인의, 콥트교도의. **Koptologe** [kopto...], der; -n, -n 콥트 어문 학자. **Koptologie**, die 콥트어 문학.
Kopula ['ko:pula], die; -s / ...lae [...lɛ, lat. cōpula] **1.** 〔생물〕 ↑Kopulation (1). **2. a)** 〔논리〕 계사(繫辭), 연사(連辭). **b)** 〔언어〕 연사, 계사. **Kopulation** [kopula'tsio:n], die; -en [lat. cōpulātio] **1.** 〔생물〕 **1.** Begattung. **2.** (원예) 접목. **3.** Koitus. **4.** 〔고어·지역적〕 혼례(식). **kopulativ** [...'ti:f] 〈Adj.〉 [lat. cōpulātīvus] 〔언어〕 연결〔결합〕하는, 연계적〔병렬적〕인. **Kopulatívkompositum**, das; Kopulativa [...'ti:vum], das; -s, ...va 〔언어〕 병렬합성어, 연결복합어. **kopulieren** [...'li:rən] 〈h〉 [lat. cōpulāre] **1.** 〔생물〕 begatten (1). **2.** (원예) 접목하다. **3.** ↑koitieren. **4.** 〔고어·지역적〕 결혼시키다. **5.** 〔언어〕 연결하다. **Kopulíerung**, die; -en 《드물게》 ↑Kopulation (4).
kor [ko:ɐ] ↑küren, kiesen.
Kör- (kören) : **~bestimmung**, die 종축(種畜) 규정. **~gesetz**, das ↑~bestimmung. **~hengst**, der 종마(種馬). **~kommission**, die 종축 선발 위원회. **~ordnung**, die 종축 규정집. **~zeit**, die 종축 선발 기간.
Korah ['ko:ra] (모세에 대항했던 Levi의 손자) 《다음 용법으로》 **eine Rotte K.** 《(교양어·고어)》 코라 일당(방자한 무리).
Koralle [ko'ralə], die; -n [lat. coralli(u)m < griech. korállion] **1.** 산호충. **2.** 산호. **korallen** 〈Adj.〉 **1.** 산호의, 산호로 만든. **2.** ↑korallenrot.
korallen-, Korallen- : **~bank**, die 〈Pl. ...bänke〉 산호초(礁). **~baum**, der 산호수. **~bäumchen**, das 산호초 (草). **~bauten** 〈Pl.〉 산호초 군(群). **~farbig** 〈Adj.〉 ↑~rot. **~fisch**, der 산호어(魚). **~fischer**, der 산호 채취자. **~fischerei**, die 산호 채취. **~insel**, die 산호 섬. **~kette**, die 산호 목걸이. **~kirsche**, die ↑~bäumchen. **~mund**, der 《(시어·고어)》 산호처럼 붉은 입. **~otter**, die 산호흉사(紅蛇)(미국산의 작은 독사). **~pilz**, der ↑Ziegenbart. **~riff**, das ↑~bank. **~rot** 〈Adj.〉 산호처럼 붉은, 담홍색(淡紅色)의. **~schlange**, die ↑~otter. **~schmuck**, der 산호 장식. **~strauch**, der ↑~bäumchen. **~tier**, das 〔생물〕 산호충.
Korallin [kora'li:n], das; -s 코랄린(붉은 물감의 일종).
koram ['ko:ram] 《다음 용법으로》 **jmdn. k. nehmen** 《(고어)》 누구를 공공연히(몹시) 비난하다. **koramieren** [kora'mi:rən] 〈h〉 《(고어)》 koram nehmen.
Koran [ko'ra:n, (또한) 'ko:ra(:)n], der; -s, -e [arab. qur'ān] **1.** 〈Pl. 없음〉 코란(회교의 경전): **den K. aus-**legen〔übersetzen〕 코란을 해석하다〔번역하다〕. **2.** 코란책.

Koran-: **~auslegung**, die ↑Tefsir. **~kapitel**, das ↑Sure. **~schule**, die 코란(을 배우는) 학교. **~sure**, die 코란 경전(經典)의 장(章).
Korb [kɔrp], der; -(e)s, Körbe ['kœrbə] **1. a)** 〈축소형: ↑Körbchen〉 광주리, 바구니: Körbe flechten 광주리를 엮다; ein ganzer K. Äpfel 사과 한 광주리; 〔성어〕 husch, husch ins Körbchen 《(친근)》 어서, 침대로 가서 자라! **b)** (어획량의 단위가 되는) 바구니: 9000 K. Fisch 9천 바스켓의 생선. **c)** 〈Pl. 없음〉 ↑Korbgeflecht. **d)** 《(전문어)》 ↑Faschine. **2. a)** 〔전문어〕 ↑Förderkorb의 약칭. **b)** 기구(氣球)의 곤돌라(운전실). **3.** 〔스포츠〕 **a)** 〔농구〕 바스켓. **b)** 〔코르프볼〕 바스켓. **c)** 〔농구〕 슛: einen K. schießen〔erzielen〕 슛하다〔득점하다〕. **d)** 〔검 싱〕 (얼굴, 손 등의) 보호망. **4.** 거절, (구혼의) 퇴짜: einen K. bekommen 거절당하다, 퇴짜맞다. **5.** (특히 외교) 그룹, 카테고리.
korb-, Korb- : **~ball**, der 〈Pl. 없음〉 코르프볼(여자 농구 경기의 일종). **~ballspiel**, das 코르프볼 경기. **~blütler**, der 〔식물〕 엉거시과. **~deckel**, der 광주리〔바구니〕 뚜껑. **~flasche**, die 표면을 바구니로 싼 병. **~flechter**, der ↑~macher. **~flechterei** [-flɛçtə'raɪ], die ↑~macherei. **~geflecht**, das 광주리, 바구니 모양의 세공. **~kinderwagen**, der 바구니 유모차. **~leger**, der 〔농구〕 골 밑 슛. **~macher**, der 바구니 만드는 사람. **~macherei** [-maxə'raɪ], die; -en 바구니 세공(법), 등세공. **~möbel**, das 《대개 Pl.》 등제(籐製) 가구. **~raum**, der (코르프볼의) 골 서클. **~säbel**, der 칼코등이가 달린 군도(칼). **~sessel**, der 등나무 안락의자. **~stuhl**, der 등나무 의자. **~tisch**, der 등나무 탁자. **~wächterin**, die (코르프볼의) 골 밑 방어자. **~wagen**, der ↑~kinderwagen. **~ware**, die 《대개 Pl.》 등세공품, 바구니류. **~weide**, die 육지꽃 버들, 내버들. **~weise** 〈Adv.〉 바구니에 담아, 바구니로. **~wurf**, der 〔농구〕 슛팅.
Körbchen ['kœrpçən], das; -s, - **1.** ↑Korb (1 a). **2.** ↑Cup (2). **3.** 〔식물〕 두상화서(頭狀花序). **Korber** ['kɔrbɐ], der, -s, - 《(schweiz.)》 바구니 만드는 사람. **körbeweise** ['kœrbə-] 〈Adv.〉 바구니 가득하게, 다량으로.
Kord [kɔrt], der; -(e)s, 〈종류〉 -e [engl. cord] **1. a)** 코르덴 천. **b)** ↑Kordsamt의 약칭. **2.** 《(전문어)》 (타이어 등에 쓰이는) 코르덴 직.
Kord- : **~anzug**, der 코르덴 양복. **~bezug**, der 코르덴 커버. **~einlage**, die 코르덴 심(心). **~hemd**, der 코르덴 셔츠. **~hose**, die 코르덴 바지. **~jacke**, die 코르덴 재킷. **~jeans** 〈Pl.〉 코르덴 진. **~rock**, der 코르덴 스커트. **~samt**, der 코르덴 빌로드. **~schuh**, der 코르덴 구두. **~stoff**, der ↑Kord (1).
Korde [kɔrdə], die; -n [lat. corda, chorda] 〔고어〕 노끈 모양의 가장자리 장식. **Kordel** [kɔrdl], die; -n [niederd. kordeel] **1.** 〈축소형: ↑Kördelchen〉 **a)** 노끈, 새끼줄, 장식줄: die K. seines Hausmantels gestolpert 가운의 장식끈에 걸려 비틀거렸다. **b)** 〔지역적〕 (매는) 끈. **2.** (österr.) ↑Korde. **Kördelchen** ['kœrdlçən], das; -s, - (통용어) 《줄로 잡아매는》 응급 수리.
kordial [kɔr'dja:l] 〈Adj.〉 [frz. cordial] 마음에서 우러나오는, 친밀한: auf -em Fuß mit jmdm. stehen. 누구와 친밀한 관계이다. **Kordialität** [kɔrdjali'tɛ:t], die; 《(고어)》 진심, 친밀함.
kordieren [kɔr'di:rən] 《(전문어)》 (공구 손잡이 등에 잡기 좋게) 꼽게 줄무늬를 파다. **Kordiermaschine**, die 줄무늬 파는 기계. **Kordilleren** [kɔrdɪl'jɛ:rən]

〈Pl.〉(남미의) 코르딜레라스 산맥. **Kordit** [kɔr'kiːt, 〈또한〉…dɪt], der -s [engl. cordite] 【화학】 끈 모양의 무연(無煙)화약. **Kordon** [kɔr'dõː, 〈österr.〉kɔr'doːn], der; -s, -s, 〈österr.〉-e [..'doːnə; frz. cordon] **1.**〈교양어〉차단(선), 보초(감시)선: einen K. bilden [ziehen] 차단선을 만들다(긋다). **2.** 최고 훈장의 장식줄. **3.** 【원예】↑Schnurbaum. **Kordonettseide** [kɔrdo'nɛt-], die [frz. cordonnet] 【수예】 명주연사(撚絲), 끈 명주실.
Korduan ['kɔrduan], das; -s, **Korduanleder**, das [frz. corduan] 코도반, 코르도바 가죽(부드러운 염소나 양의 가죽).
Kore ['koːrə], die; -n [griech. kórē] 【예술】 고대 그리스의 소녀 입상(立像).
Korea [ko'reːa], -s 한국. **Koreaner** [kore'aːnɐ], der; -s, - 한국인. **koreanisch** [kore'aːnɪʃ] 〈Adj.〉 한국(사람)의, 한국어의. **Koreanisch**, das; -(s), **Koreanische'**, das; -n 한국어.
Koreferat: ↑Korreferat.
Koregisseur, der; -s, -e 부(副)감독.
kören ['kœːrən] 〈h〉 【전문어】 〈종축(種畜)을〉 선택하다.
Korfiot [kɔr'fjoːt], der; -en, -en 코르푸섬 사람. **Korfiotisch** 〈Adj.〉 코르푸(사람)의. **Korfu** ['kɔrfu, 〈또한〉kɔr'fuː], -s 코르푸 섬(그리스의 섬).
Koriander [ko'rjandɐ], der; -s, - [lat. coriandrum < griech. koríandron] **a)** 고수(미나리과의 초본). **b)** 고수 열매(향미료, 약용). **Korianderöl**, das 고수 열매 기름. **Koriandoli** [ko'rjandoli], das; -(s), - [ital. coriandoli] 〈österr.〉Konfetti.
Korinth [ko'rɪnt] 코린트(그리스의 도시).
Korinthe [ko'rɪntə], die; -n [frz. raisin de Corinthe 그리스의 도시 Korinth의 이름에서] 작고 씨없는 건포도: ein Kuchen mit -n 건포도가 든 케이크.
Korinthen-: **~brot**, das 건포도 식빵. **~kacker**, der 《속어·폄》옹졸한[좀스러운] 사람, 소인배. **~kackerei** [...kakə'raɪ], die 편협, 옹졸(한 행위).
Korinther [ko'rɪntɐ], der; -s, - 코린트 사람. **Korintherbrief**, der (성경의) 고린도서. **korinthisch** 〈Adj.〉【예술】코린트식의: -e Säule 코린트식 기둥.
Kork [kɔrk], der; -(e)s, -e [niederl. kurk] **1.** 코르크(나무껍질): Schuhsohlen aus K. 코르크 신발창. **2.** 〈지역적〉↑Korken.
Kork- (↑Korken-): **~baum**, der ↑-eiche. **~brand**, der (포도주의) 코르크 마개의 소인(燒印). **~clog**, der 코르크의 나막신. **~eiche**, die 코르크나무. **~geld**, das ↑Korkengeld. **~gürtel**, der (코르크 된) 구명대(帶). **~holz**, das 코르크성 나무. **~mehl**, das 분말 코르크, 코르크 부스러기. **~platte**, die 코르크 판. **~rinde**, die 코르크나무 껍질. **~schuh**, der 코르크장의 구두. **~sohle**, 코르크 (신발)창. **~stein**, der 코르크 벽돌(코르크 분말로 만든 가벼운 건축 재료). **~weste**, die 코르크로 만든 구명 조끼. **~zieher**, der ↑Korkenzieher. **~zieherhose**, die ↑Korkenzieherhose. **~zieherlocke**, die ↑Korkenzieherlocke.
¹korken ['kɔrkn̩] 〈h〉 《드물게》**a)** 코르크 마개를 하다. **b)** 코르크 마개를 뽑다. **²korken** [-] 〈Adj.〉 코르크로 만든.
Korken [-], der; -s, - 코르크 마개: den K. herausziehen 코르크 마개를 뽑다; einen K. abschießen [steigen] lassen 방귀(뀌)을 하다.
Korken- (↑Kork-): **~geld**, das 《준고어》코르크 마개를 뽑아 준 대금(가지고 온 술을 마신 손님이 술집에 내야 하는 돈). **~zieher**, der [통용어] 《너무 길어》구깃구깃한 바지. **~zieherhose**, die 꼬불꼬불한 긴 머리. **~zieher-**

schwanz, der 꼬부라진 꼬리.
korkig 〈Adj.〉 코르크맛이 나는.
Kormophyt [kɔrmo'fyːt], der; -en, -en 〈대개 Pl.〉 [griech. kormós u. phytón] 【생물】 경엽식물(반대: Thallophyt).
Kormoran [kɔrmo'raːn], der; -s, -e [frz. cormoran] 가마우지.
Kormus ['kɔrmʊs], der; - [griech. kormós = Stamm] 【생물】 경엽체(반대: Thallus).
¹Korn [kɔrn], das; -(e)s, Körner ['kœrnɐ]/《곡물 종류》-e **1.** 〈Pl. Körner 축소형: ↑Körnchen〉 낟알, 씨(앗), 종자: das K. vom Mais 옥수수 알. **2.** 〈Pl. -e, 드물게〉 빵의 원료인 곡류(특히, 호밀): K. anbauen 호밀을 재배하다; quer durch das K. gehen 곡식밭을 가로질러 가다. **3.** 〈Pl. Körner; 축소형 ↑Körnchen〉 알갱이 (모양의 것): der Hagel fiel in dicken Körnern 우박이 큰 알갱이로 떨어졌다. **4. a)** 【사진】 α) 〈Pl. 없음〉 (건판의) 입자(粒子). β) 〈Pl. Körner〉 입자의 낱개. **b)** 【지질】 암석의 결: Marmor von feinem K. 결이 고운 대리석. **c)** 〈전문어〉 표면의 상태: das feine K. des Papiers 종이의 좋은 질감. **5.** 〈Pl. -e〉 가늠쇠: ein Wild aufs K. nehmen 사냥짐승을 겨냥하다; gestrichen(es) K. nehmen. 〈전문어〉 정조준하다; über Kimme und K. visieren 조준하다; etw. aufs K. nehmen 《통용어》 비판적으로 분석하다, 논박하다; jmdn. aufs K. nehmen 《통용어》 누구를 어떤, 특정한 의도를 가지고 계속 관찰하다. **6.** 〈Pl. -e〉 《주전》 (준고어) (화폐의) 품위, 금위(金位), 은위(銀位). **²Korn** [-], der; -(e)s, - 《통용어》↑Kornbranntwein의 약칭.
korn-, Korn- (↑Körner-): **~ähre**, die 곡식의 이삭. **~ährenverband**, der 【의학】 붕대의 일종. **~blume**, die 수레국화, 센토레아. **~blumenblau** 〈Adj.〉 수레국화색의, 하늘색의: 〈전의〉 k. sein. 〈경〉 매우 취한. **~brand**, der (밀의) 흑수병(黑穗病), 깜부기병. **~branntwein**, der 곡식으로 만든 화주, 브랜디. **~brot**, das (südd., österr.) 호밀빵. **~ernte**, die 곡물의 수확. **~fäule**, die ↑~brand. **~feld**, das Getreidefeld. **~größe**, die 입자의 크기. **~haus**, das [고어] Getreidesilo. **~käfer**, der 바구미의 일종(학명: Calandra granaria). **~kammer**, die ↑Getreidekammer. **~krebs**, der 〈지역적〉↑käfer. **~motte**, die ↑Getreidemotte. **~muhme**, die 【민속】 곡물의 요정. **~rade**, die 선옹초(밀밭에서 자라는 독초). **~reuter**, der 〈지역적〉↑käfer. **~rose**, die 〈지역적〉↑Klatschmohn. **~rüßler**, der ↑~käfer. **~schnaps**, der ↑~branntwein. **~silo**, der/das ↑Getreidesilo. **~speicher**, der ↑Getreidesilo. **~wurm**, der: Schwarzer K.(↑~käfer); Weißer K.(↑~motte).
Kornak ['kɔrnak], der; -s, -s 《singhal.》 코끼리 다루는 사람.
Körnchen ['kœrnçən], das; -s, - ↑Korn (1, 3)의 축소 명사. **Körndlbauer** ['kœrndl-], der; -n 《드물게》-s, n《österr.》 곡물 경작자.
Kornea: ↑Cornea. **korneal** [kɔrne'aːl] 〈Adj.〉 【의학】 각막의. **Kornealkontaktschale**, die; -n 《구동독》 콘택트 렌즈.
Kornelkirsche [kɔr'neːl-], die; -n [lat. corniola] 말채나무의 일종(학명: Cornus mas). **Kornelle** [kɔr'nɛlə], die; -n [frz. corneille] ↑Kornelkirsche.
körnen ['kœrnən] 〈h〉 **1. a)** (금속을) 입자(粒子)으로 하다, 잘게 만들다. **b)** 《대개 과거분사》 낟알로 만들다, 까칠 까칠하다. **2.** ↑ankörnen (1). **3.** ↑ankörnen (2).
Korner: ↑Corner (2).
¹Körner ['kœrnɐ], der; -s, - 뚫을 곳을 표시하는 강철 송

곳. **²Körner:** ↑Korn의 복수형.
Körner- (↑korn-, Korn-): **~fresser,** der 곡식 먹는 동물〈새〉. **~frucht,** die a) 곡식의 낟알. b) 곡식, 곡물. **~futter,** das 곡류 사료.
¹Kornett [kɔrˈnɛt], der; -(e)s, -e / -s [frz. (le) cornette]【역사적】↑Fähnrich (1 b). **²Kornett** [-], das; -(e)s, -e / -s [frz. cornet]【악기】코넷. **Kornettist** [kɔrnɛˈtɪst], der; -en, -en 코넷 연주가.
körnig [ˈkœrnɪç] 〈Adj.〉 [↑¹Korn] a) 낟알의, 입상의: Reis k. kochen 밥을 되게 짓다. b) 거칠은, 도톨도톨한: das Gestein fühlt sich k. an 그 암석은 촉감이 거칠다. **-körnig** [-kœrnɪç] 《다음의 합성어로, 예컨대》feinkörnig 입자가 작은, (돌·목재 따위의) 결이 가는. **Körnigkeit,** die [사전] 입자성(粒子性). **Körnung,** die [지질] ↑Korn (4 b). b)《전문어》입상가공(粒狀加工). c)〈사냥〉α) ↑Kirrung. β) 낟알의 먹이를 두는 장소.
kornisch [ˈkɔrnɪʃ] 〈Adj.〉 콘월(지방)의. **Kornisch,** das; -(s), **Kornische,** das; -n 영국 콘월(Cornwall) 지방 말.
Koroi: ↑Koros의 복수형.
Korolla [koˈrɔla], Korolle [...lə], die, ...llen [lat. corōlla]【식물】화관(花冠). **Korollar** [korɔˈlaːɐ̯], des; -s, -e **Korollarium** [...ˈlaːrium], das, -s, ...ien [...jən; lat. corōllārium]【논리】필연적 결론. **Korolle:** ↑Korolla.
Koromandelholz [koroˈmandl-], des, -es, ...hölzer 코로만델 지방산 목재(흑단의 일종).
Korona [koˈroːna], die; ...nen [lat. corōna < griech. korṓnē] **1.**【천문】코로나, 광관(光冠). **2.**《구어》a) 《젊은이들의》무리, 일단(의 서클). b)《쟘·준교어》불량청소년 집단. **koronar** [koroˈnaːɐ̯] 〈Adj.〉 [lat. coronārius] 심장관상(冠狀) 동맥의.
Koronar-【의학】**~gefäß,** das〈대개 Pl.〉↑Herzkranzgefäß. **~infarkt,** der ↑Herzinfarkt. **~insuffizienz,** die ↑Herzinsuffizienz. **~sklerose,** die 관상혈관 경화증.
Koronis [koˈroːnɪs], die; ...ides [...niːdɛs; griech. korōnís]【언어】모음 축약 기호(ʼ). **Koronograph** [koronoˈgraːf], der; -en, -en【천문】코로나 관측기.
Koros [ˈkoːrɔs], der, -, Koroi [ˈkoːrɔy; (griech.) kóros]【미술】옛 그리스의 소년 나체 입상(立像).
Körper [ˈkœrpɐ], der, -s - [lat. corpus(2격: corporis) **1. a)** 몸, 신체, 육체: die Einheit von K. und Geist 신체와 정신의 조화. **b)** 외관, 모습: schöner K. 아름다운 몸: sie bebte am ganzen K. 그 여자는 온몸을 떨었다; sie hatte nichts auf den K. 그 여자는 몸에 아무것도 걸치지 않았다. **c)** 신체 기관: ihr K. hat sich schnell auf die andere Nahrung umgestellt 그 여자의 몸[신체 기관]은 빨리 다른 음식에 순응했다. **d)** 몸통: auf dem breiten K. saß ein viel zu kleiner Kopf 뚱뚱한 몸통에 너무나 작은 머리가 얹혀 있었다. **2. a)** 〈교양어〉물체(보고 만질 수 있는): ruhende[bewegte] K. 서 있는[움직이는] 물체. **b)** 《드믈게》동체(胴體), 본체: der K. der Geige 바이올린의 동체. **3. a)** 〈화학·물리〉(일정량의) 물체: flüssige [feste] K. 액체[고체]. **b)** 〈기하〉입체: Kugel, Kegel, Zylinder und andere K. 구, 원추, 원통과 다른 입체. **4.** 《전문어》밀도, 농도: der Wein hat K. 그 포도주는 농도가 짙다; einer Farbe mehr K. geben 어느 색의 농도를 짙게 하다. **5.** ↑Körperschaft.
körper-, Körper-: **~ausdünstung,** die ↑-geruch. **~bau,** der 〈Pl. 없음〉체격. **~bautyp,** der ↑Konstitutionstyp. **~behaarung,** die 〈교양어〉몸의 털. **~beherrschung,** die【특히 스포츠·무도】신체 제어, 보디 콘트롤. **~behindert** 〈Adj.〉【관】신체 장애가 있는, **~behinderte**ʼ, der / die【관】신체 장애자. **~behinderung,** die 신체 장애. **~bemalung,** die【인류】문신. **~beschädigte**ʼ, der / die【관】신체 상해자. **~beschaffenheit,** die ↑Konstitution (1 b). **~betont** 〈Adj.〉 몸매를 강조한. **~bewegung,** die **a)** Bewegung (1 a). **b)** (일정한) 신체 운동. **~bildung,** die ↑Bodybuilding. **~check,** der [아이스하키]↑Bodycheck. **~eigen** 〈Adj.〉 〈생물〉 신체 자생의(반대: körperfremd): -e Stoffe 신체 자생 물질. **~ertüchtigung,** die 신체 단련. **~erzieher,** der 《특히 구동독》↑Sportlehrer. **~erziehung,** die 《특히 구동독》↑Leibeserziehung. **~farbe,** die 《전문어》**a)** 물체의 조명. **b)** ↑Deckfarbe. **~form,** die 신체 형태, 체형. **~fremd** 〈Adj.〉 신체 자생이 아닌(반대: körpereigen): eine -e Substanz 신체 자생이 아닌 물질. **~frische,** die 신체의 청결. **~fülle,** die 비만, 비대. **~funktion,** die 신체 기능. **~gerecht** 〈Adj.〉 인체에 적합한. **~geruch,** der 체취. **~gewebe,** das 〈의학·생물〉신체조직. **~gewicht,** das 체중. **~gewichtsklasse,** die 【스포츠】Gewichtsklasse. **~größe,** die 신장. **~haare** 〈Pl.〉 ↑-behaarung. **~hälfte,** die 반신(半身). **~haltung,** die 신체 자세, 태도. **~hygiene,** die ↑-pflege. **~kontakt,** die 【심리】신체 접촉. **~kraft,** die 체력. **~kreislauf,** der 【의학】↑Blutkreislauf. **~kultur,** die **a)** 《준고어》↑-pflege. **b)** 《특히 구동독》보건 체육, 문화. **~kulturistik,** die 《특히 구동독》↑Kulturistik. **~länge,** die 신장. **~los** 〈Adj.〉 **a)** 무형의, 몸이 없는, 형체가 없는. **b)** 〈스포츠〉몸을 쓰지 않는. **~massage,** die 신체 마사지. **~maße** 〈Pl.〉 체격, 치수. **~nah** 〈Adj.〉 몸에 딱 붙는. **~öffnung,** die 〈해부·의학〉신체 개구부(開口部). **~organ,** das 신체 기관. **~parade,** die 《권싱》(공격을 피하는) 몸짓. **~pflege,** die 몸 가꾸기, 신체 위생. **~pflegemittel,** das 〈대개 Pl.〉 신체 위생용품. **~puder,** der 몸에 뿌리는 가루약(땀띠약 등). **~reich** 〈Adj.〉 《전문어》(포도주가) 농도 짙은, 진한. **~saft,** der 〈대개 Pl.〉 체액. **~schaden,** der 신체 부상. **~schädigung,** die 신체 상해. **~schlagader,** die 【의학】↑Aorta. **~schule,** die 《고어》체조, 도수 체조. **~schwäche,** die 〈Pl. 없음〉신체 허약. **~seife,** die 화장비누. **~spiel,** das 〈스포츠〉몸싸움. **~sprache,** die 몸짓언어. **~spray,** der 《또는》das ↑Deodorantspray. **~stärke,** die 〈Pl. 없음〉체력. **~stelle,** die 몸의 부위. **~stellung,** die 신체의 체위. **~strafe,** die ↑Leibstrafe. **~täuschung,** die 〈스포츠〉공격하는 시늉, 페인트 동작. **~teil,** der 신체의 부분, 지체(肢體). **~temperatur,** die 체온. **~verletzung,** die 【법률】상해, 신체 손상. **~verstümmelung,** die 신체 훼손. **~wärme,** die 체온. **~zelle,** die 〈생물〉신체 세포.

körperhaft 〈Adj.〉 유형의, 구체적인: seine Gedanken erschienen ihm im Traum als -e Gebilde 그의 생각은 꿈에서 구체적인 형상으로 나타났다. **körperlich** 〈Adj.〉 몸의, 신체상의, 육체적인: -e Ertüchtigung 신체 단련; in guter -er Verfassung sein 몸이 좋은 상태이다; die -e Liebe 육체적 사랑; hart arbeiten 심한 육체 노동을 하다. **Körperlichkeit,** die **a)** 구체(성), 유형(성). **b)** 육체적인 것. **Körperschaft,** die; -en 【법】**a)** 단체: eine gemeinnützige [gewerkschaftliche] K. 공익[노조] 단체. **b)** 법인(체), 단체: gesetzgebende -en 입법 단체. **körperschaftlich** 〈Adj.〉 단체의, 법인(체)의. **b)** 단체[법인] 형식의. **Körperschaftssteuer,** [세무] Körperschaftsteuer, die; -n 법인세.

Korpora: ↑²Korpus의 복수형.
Korporal [kɔrpoˈraːl], der; -s, -e / ...äle [frz. corpo-

ral] **1.** 《고어》하사관. **2.** 《schweiz.》하사. **Korporalschaft,** die; -en 《옛》분대. **Korporalstock,** der 〈Pl. -stöcke〉《옛》하사관의 회초리.
Korporale [korpo'ra:lə], das; -s, ...lien [...liən; lat. corporāle] 〔가〕(미사 때 쓰는) 성체포(聖體布).
Korporation [kɔrpora'tsi̯oːn], die; -en [(frz.) corporation, (engl.) corporation] **1.** 《교양어》단체, 법인체. **2.** (대학의) 학우회, 학생 조합. **Korporationsrecht,** das [법] 법인격. **korporativ** [...'ti:f] 〈Adj.〉《교양어》**1. a)** 단체의, 법인의. **b)** 단결된: k. handeln 단결된 행동을 하다. **2.** 학우회의. **korporiert** [...'ri:ɐt] 〈Adj.〉《교양어》학우회에 속한. **Korporierte*,** der 《교양어》학우회 회원.
Korps [ko:ɐ̯], das, - [ko:ɐ̯(s)], - [ko:ɐ̯s; frz. corps] **1.** 〔군〕군단, 병단. **2.** 《교양어》학우회, 학생 조합: diplomatisches Korps 외교 사절단.
Korps-: ~bruder, der 〔대학생〕학우회 회원. **~geist,** der **a)** 《아이》학우회 정신. **b)** 《아이·대개 폄》(엘리트적) 집단 의식. **~student,** der 학우회 회원.
korpulent [kɔrpu'lɛnt] 〈Adj.〉 [lat. corpulentus] 살찐, 비만한, 뚱뚱한. **Korpulenz** [...'lɛnts], die [lat. corpulentia] 비만: er neigt zur K. 그는 살찔 기미가 보인다. **¹Korpus** ['kɔrpus], der; -, -se [lat. corpus] **1.** 〔통용어·농〕신체. **2.** [미술] 십자가에 못박힌 그리스도 상(像). **3.** 〈Pl. 없음〉《전문어》(가구의) 몸체. **4.** 《schweiz.》판매대. **²Korpus** [-], das, -, Korpora ['kɔrpora] [lat. corpus] **1.** [언어] (언어학 연구의) 기초 자료. **2.** 〈Pl. 없음〉[음악] (특히 현악기의) 몸통. **³Korpus** [-], die [인쇄] 《고어》10포인트 활자.
Korpuskel [kɔr'puskl], das, -s, -n (또한) die; -n [lat. corpusculum] [물리] 미립자. **korpuskular** [kɔrpusku'laːɐ̯] 〈Adj.〉 [물리] **a)** 미립자의. **b)** 입자로 된. **Korpuskularstrahlen** 〈Pl.〉 [물리] 입자선(粒子線)(반대: Wellenstrahlen). **Korpuskularstrahlung,** die [물리] 입자선 (투사). **Korpuskulartheorie,** die 〈Pl. 없음〉입자설.
Korral [kɔ'raːl], der; -s, -e [span. corral] 우리, 안 뜰.
Korrasion [kɔra'zi̯oːn], die; -en [lat. corrāsum] [지질] 침식.
korreal [kɔre'aːl] 〈Adj.〉 [lat. correus] [법] 연대 채무의.
Korreferat [(또한) - - -'-], das; -(e)s, -e 《교양어》 부심(副審), 보충 보고. **Korreferent** [(또한) - - -'-], der 《교양어》 **a)** 부보고자. **b)** 부심사원. **korreferieren** [(또한) - - -'- -] 〈h〉《교양어》 **a)** 보조 보고를 하다, 제2의 보고를 하다. **b)** 부심사원직을 맡아보다.
Korregidor: ↑Corregedor, Corregidor.
korrekt [kɔ'rɛkt] 〈Adj.〉 [lat. corrēctus] **a)** 옳은, 결점이 없는, 정확한(반대: inkorrekt a): eine -e Auskunft geben 정확한 정보를 주다; er spricht -es Deutsch 그는 정확한 독일어를 말한다. **b)** 올바른, 정규(정식)의(반대: inkorrekt b): ein -er Beamter 빈틈없는 관리; in -em Abendanzug 정식 야회복 차림으로. **korrekterweise** 〈Adv.〉 올바르게, 정확하게. **Korrektheit,** die **a)** 정확성(반대: Inkorrektheit 1 a). **b)** 올바른 태도, 정직(≒반대): Inkorrektheit 1 b). **Korrektion** [kɔrɛk'tsi̯oːn], die; -en [lat. corrēctio] 《고어》 **1.** 수정, 개량, 정정. **2.** 개선. **3.** 조절, 조정. **korrektionieren** [...tsi̯oˈniːrən] 〈h〉 ↑korrigieren, regulieren. **Korrektionsanstalt,** die 〈옛〉 ↑Besserungsanstalt. **korrektiv** [...'ti:f] 〈Adj.〉《고어》 **a)** 정정하는. **b)** 꾸짖는. **Korrektiv** [-], das; -s, -e [...iːvə] 《교양어》 교정 수단, 교정책. **Korrektor,** der; -s, -en [lat. corrēctor] **1.** 교정원. **2.** 《역사적》(로마 시

대의) 감독관. **Korrektorat,** das; -(e)s, -e 교정부, 교열부. **Korrektur** [kɔrɛk'tuːɐ̯], die; -en **1. a)** 《교양어》 정정, 교정: die K. einer schriftlichen Arbeit 논문의 교정. **b)** [인쇄] ↑Korrekturfahne. **2.** 《교양어》 수정.
Korrektur- [인쇄]: **~abzug,** der ↑~fahne. **~bogen,** der ↑~fahne. **~fahne,** die 교정쇄: -n lesen 교정하다. **~lesen,** das -s 교정. **~vorschriften** 〈Pl.〉 교정 준칙[세칙]. **~zeichen,** das 교정 기호.
korrelat [kɔre'laːt] 〈Adj.〉 〔드물게〕 ↑korrelativ. **Korrelat** [-], das; -(e)s, -e **1.** 《교양어》 상관 개념. **2.** [언어] 대어. **Korrelation,** die; -en [lat. correlatio] **1.** 《교양어·전문어》 상호 관계, 상관 관계, 상관성: die K. zwischen Angebot u. Nachfrage 수요와 공급의 상관관계. **2.** [수학] 상관. **3.** [의학] (신체 각 기관 사이의) 기능의 상관. **Korrelationsrechnung,** die [수학] ↑Wahrscheinlichkeitsrechnung. **korrelativ** 〈Adj.〉《교양어》상관적인, 상대적인. **Korrelativismus,** der; - 〔철학〕상관설. **korrelieren** [kɔre'liːrən] 〈h〉《교양어》상관 관계에 있다, 상관하다: mit etw. k. 무엇과 상관 관계에 있다.

korrepetieren 〈h〉 [음악·연극] (오케스트라 없이 피아노 반주만으로) 성악 부분을 연습하다. **Korrepetition,** die; -en 〔음악·연극〕 ↑korrepetieren의 명사형. **Korrepetitor,** der; -s, -en [음악·연극] 코레페티토어, (오페라 등의)부지휘자(피아노로 성악 부분을 연습시킴).

korrespektiv 〈Adj.〉 [법] 상호 조건적인, 공동의: -es Testament 공동 유언(부부의). **Korrespektivität** [kɔrɛspɛktiviˈtɛːt], die 〈고어〉 상호 조건성, 공동.
Korrespondent [kɔrɛspɔn'dɛnt], der; -en, -en **1.** [신문] 통신원, 특파원. **2. a)** [경제] 통신계(원). **b)** [상] 거래 상대자, 거래처. **c)** 《고어》 서신 왕래의 상대방. **Korrespondentenbericht,** der; -(e)s, -e 특파원 보고[기사]. **Korrespondentenreeder,** der; -s, - 선박 관리인, 선박 대표자. **Korrespondentin,** die; -nen ↑Korrespondent의 여성형. **Korrespondenz** [...ˈdɛnts], die; -en [lat. correspondentia] 《교양어》 **1. a)** 서신 왕래: eine rege K. führen 활발한 서신 왕래를 하다; mit jmdm. in K. stehen 누구와 서신 왕래를 하고 있다. **b)** (왕래) 서신: die K. öffnen 편지를 뜯다. **2.** 《준고어》 일치, 부합: in K. mit etw. stehen 무엇과 일치하다.

Korrespondenz-: ~buch, das 〔상업〕 통신문집, 서간록. **~büro,** das 통신사. **~karte,** die 〈österr., schweiz.〉 우편엽서. **~prinzip,** das 〈Pl. 없음〉 〔물리〕 대응 원리. **~schach,** das ↑Fernschach.
korrespondieren [kɔrɛspɔn'diːrən] 〈h〉 [frz. correspondre] **1.** 서신 왕래를 하다, 통신하다: seit vielen Jahren miteinander k. 수년 전부터 서로 서신 왕래를 하다; sein leuchtendes Blau korrespondiert mit dem Vorhang: 그것의 빛나는 푸른색은 커튼과 일치한다. **2.** 《교양어》 무엇과 일치하다, 부합하다.

Korridor ['kɔrido:ɐ̯], der; -s, -e [ital. corridore] **1.** 복도, 회랑. **2.** [정치] 회랑 지대. **Korridorschlüssel,** der 복도 열쇠. **Korridortür,** die 복도문.
Korrigend [kɔri'gɛnt], der; -en, -en [lat. corrigere] 《고어》 범죄자, 죄수. **Korrigenda** [kɔri'gɛnda] 〈Pl.〉 [lat. corrigenda] [문헌·인쇄] **a)** 《고어》 오식. **b)** (학술지 등의) 정오표. **Korrigens** ['kɔrigɛns], das; -, ...gentia [...'gɛntsi̯a] / ...gentien [...'gɛntsi̯ən] (대개 Pl.) [lat. corrigēns] [약학] (약의 미각) 교정제(矯正劑). **korrigierbar** [kɔri'giːɐ̯baːɐ̯] 〈Adj.〉 정정[수정]가능한. **korrigieren** [kɔri'giːrən] 〈h〉《교양어》 **a)** 교정하다, 바로잡다, 채점하다: einen Druckfehler k. 오식을 교정하다; der Lehrer hat die Hefte noch nicht

korrigiert 선생은 노트를 아직 채점하지 않았다. **b)** 《교양어》 정정하다, (좋게) 고치다, 바로잡다: überholte Ansichten k. 낡은 견해를 바로잡다. **c)** 보정(補正)하다, 수정하다: seine Aussprache k. 그의 발음을 교정하다.

korrodieren [kɔrɔ'diːrən] [lat. corrōdere] 《전문어》 **a)** ⟨h⟩ 부식하다, 파괴시키다: die Elektrode wird dadurch korrodiert 전극은 그것을 통해 부식된다. **b)** ⟨s⟩ 부식되다, 파괴되다. **Korrosion** [kɔrɔ'zjoːn], die; -en [lat. corrosio] **1.** 《전문어》 부식: etw. gegen K. schützen 무엇이 부식되는 걸 방지하다. **2.** [지질] 용식(溶蝕). **3.** [의학] (신체 조직의) 부식.

korrosions-, Korrosions-: **~beständig** ⟨Adj.⟩ 내(耐)부식성의. **~beständigkeit**, die 내(耐)부식성. **~fäule**, die 목재의 부식. **~fest** ⟨Adj.⟩ ↑~beständig. **~festigkeit**, die 내(耐)부식성. **~hemmend** ⟨Adj.⟩ 방(防)부식성의. **~schutz**, der 부식방지(층). **~verhütend** ⟨Adj.⟩ 부식을 방지하는.

korrosiv [kɔrɔ'ziːf] ⟨Adj.⟩ [frz. corrosif] **a)** 부식하는. **b)** 부식으로 인한.

korrumpieren [kɔrʊm'piːrən] ⟨h⟩ [lat. corrumpere] 《교양어, 폄》 (도덕적으로) 부패시키다, 훼손하다, 매수하다: er ließ sich nicht k. 그는 매수되지 않았다; korrumpierte Politiker 부패한(타락한) 정치가. **korrumpiert** ⟨Adj.⟩ (고문서 등이) 파손된, 훼손된. **Korrumpierung**, die; -en ↑korrumpieren의 명사형. **korrupt** [kɔ'rʊpt] ⟨Adj.⟩ [lat. corruptus] 《폄》 **a)** 부패한, 매수된: ein -er Beamter 부패한 관리. **b)** 타락한, 패덕의: sie führte eine -e Existenz 그 여자는 타락한 인생을 살았다. **Korruptel** [kɔrʊp'tɛːl], die; -e [lat. corruptēla] (고문서 등의) 훼손된 부분. **Korruption** [kɔrʊp'tsjoːn], die; -en [lat. corruptio] 《폄》 **a)** 부패: K. greift um sich 부패가 만연되다. **b)** 타락, 패덕. **c)** 매수: die K. der öffentlichen Meinung 여론의 매수. **Korruptionsaffäre**, die 증수회 사건.

Korsage [kɔr'zaːʒə], die; -en [frz. corsage] 코르사즈.

Korsak ['kɔrzak], der; -s, -s [russ. korsak] 코르작 여우 (중앙 아시아산의 작은 여우).

Korsar [kɔr'zaːɐ], der; -en, -en [1: ital. corsaro] **1.** (옛) **a)** 해적. **b)** 해적선. **2.** [요트] 2인승의 경기용 요트.

Korse ['kɔrzə], der; -n, -n 코르시카 사람.

Korselett [kɔrzə'lɛt], das; -s, -s (또한) -e 가벼운 코르셋. **Korsett** [kɔr'zɛt], das; -s, -s (또한) -e [frz. corset] **a)** 코르셋: (전의) Man betrachtet die Institution der Ehe als starres K. 사람들은 결혼 제도를 경직된 코르셋(질곡, 속박)으로 간주한다. **b)** [의학] 동체(胴體) 깁스. **Korsettstab**, der 코르셋의 봉. **Korsettstange**, die ↑Korsettstab. **Korsika** ['kɔrzika], -s 코르시카 섬. **Korsin**, die; -nen ↑Korse의 여성형. **korsisch** ⟨Adj.⟩ 코르시카(사람)의.

Korso ['kɔrzo], der; -s, -s [ital. corso] **1. a)** 꽃 마차의 (축제) 행렬. **b)** 자동차 시위 행렬. **2.** 《드물게》 화려한 길. **3.** (옛) (이탈리아의) 기수없는 경마. **Korsofahrt**, die ↑Korso (1 a). **Korste**, die; -n [지역적] 빵의 껍질, 빵 부스러기.

Kortege [kɔr'tɛːʒə, 《또한》 kɔr'tɛːʒə], das; -s, -s [frz. cortège] (고어) 수행원(원).

Kortex ['kɔrtɛks], der; -(es), -e / ...tizes [...titsəs] [lat. cortex] [의학·생물] **1.** 피질(皮質), 외피, 피부. **2.** 뇌피질. **kortikal** [kɔrti'kaːl] ⟨Adj.⟩ [의학·생물] **a)** 피질의, 피부의. **b)** 뇌피질의. **Kortikosteron** [...kɔstəˈroːn], das; -s [의학·생물] 부신(副腎) 피질 호르몬. **Kortine** [kɔr'tiːnə] ⟨Pl.⟩ [의학·생물] 부신피질 호르몬의 총칭. **Kortison** (전문어) Cortison [kɔrti'zoːn], das; -s [의학] 코티존(부신피질 호르몬의 일종).

Korund [ko'rʊnt], der; -(e)s, -e [engl. corundum] 강옥(鋼玉): blauer K. 사파이어; roter K. 루비. **Körung**, die; -en 종마(種馬)[종돈(種豚)] 따위의 검사.

Korvette [kɔr'vɛta], die; -n [frz. corvette] **1. a)** 중형 전함. **b)** (옛) 무장한 범선. **2.** [체조] (물구나무서기 위한) 도약. **Korvettenkapitän**, der; -s, -e 해군 소령.

Korybant [kory'bant], der; -en, -en [lat. Corybas, griech. Korýbas] 소아시아의 곡물 여신 퀴벨레(Kybele)의 사제(司祭). **korybantisch** ⟨Adj.⟩ 《교양어》 광란의, 광포한.

Korydalis [ko'ry:dalis], die [griech. korydallis] ↑ Lerchensporn.

Koryphäe [kory'fɛːə], die; -n, 《고어》 der; -n, -n [frz. coryphée] **1.** 《교양어》 대가, 태두(泰斗): eine wissenschaftliche K. 학문의 대가. **2.** 〖발레〗 (österr.) 제 1독무가(獨舞家).

Koryza ['koːrytsa], die [griech. kóryza] [의학] ↑ Schnupfen.

Kosak [ko'zak], der; -en, -en [poln. kozak] **1.** (역사적) 카자흐 사람. **2.** 카자호 기병. **3.** ↑Kosakenpferd의 약칭. **Kosakenmütze**, die 카자호 모자. **Kosakenpferd**, das 카자호 말.

Koschenille [kɔʃə'nɪljə], die; -n [frz. cochenille] **a)** ⟨Pl. 없음⟩ 코치닐(연지벌레에서 채취한 적색색소). **b)** 연지벌레의 암컷. **Koschenillerot**, das 연지색, 양홍(洋紅). **Koschenillelaus, Koschenilleschildlaus**, die 연지벌레.

koscher ['kɔːʃɐ] ⟨Adj.; nicht adv.⟩ [jidd. koscher] **1.** 청정한(유태교의 식사 규칙에 맞는), 깨끗한(반대: treife). **2.** (통용어) 정상적인, 미심쩍지 않은: die Sache(der Kerl) ist (mir) nicht ganz k. 이것(그 녀석)은 뭔가 미심쩍다.

K.-o.-Schlag [kaːˈoːʃlak], der [권투] K.O. 펀치. **K.-o.-Sieger**, der [권투] K.O.로 이긴 승리자.

Kose-: **~form**, die 애칭형. **~name**, der 애칭. **~wort**, das **1.** ⟨Pl. ...wörter⟩ 친밀함을 나타내는 말. **2.** ⟨Pl.로만: Koseworte⟩ 사랑(애무)의 말.

Kosekans [koːzekans], der; -, -, (또한) ...nten [수학] 코시컨트, 여할(餘割)(기호: cosec).

Kosel ['koːzl], die; -n ⟨schwäb.⟩ 돼지.

kosen ['koːzn] ⟨h⟩ [lat. causa] (시어·고어) 귀여워하다, 애무하다: jmdn. [mit jmdm.] k. 누구를 애무하다.

Kosinus ['koːzinʊs], der; -, - / -se [수학] 코사인, 여현(餘弦)(기호: cos).

Kosmetik [kɔs'meːtɪk], die [frz. cosmétique] **1.** 미용 (법), 화장(술): medizinische K. 미용 성형. **2.** 조작, 장식, 미화. **Kosmetik**, die (복합어의 기간어로서 비판적·반어적 의미로) 조작, 장식(예컨대: Geschichtskosmetik(역사의 조작)).

Kosmetik-: **~abteilung**, die 화장품부. **~artikel**, der ↑ Kosmetikum. **~industrie**, die 화장품(미용) 산업. **~koffer**, der ↑~tasche. **~salon**, der 미용실. **~tasche**, die 화장품 가방.

Kosmetiker [kɔsˈmeːtikɐ], der; -s, - **1.** 화장품 제조(실험) 기사. **2.** (은폐) 남창(신문 광고 등에서). **Kosmetikerin**, die; -nen **1.** 미용사. **2.** (은폐) ↑Prostituierte(신문 광고에서). **Kosmetikum** [kɔsˈmeːtikum], das; -s, ...ka ⟨대개 Pl.⟩ 화장품: Kosmetika benutzen 화장품을 쓰다. **kosmetisch** ⟨Adj.⟩ [frz. cosmétique] **1.** 미용법의, 화장품의: jmdn. k. beraten 누구에게 미용상의 조언을 하다. **b)** 화장의: -e Behandlung 화장요법. **c)** 미용상의, 성형의: -e Eingriffe 미용(성형) 수술. **2.** 눈가리고 아웅하는 식의, 미봉책의: -e Maßnahmen der Regierung 정부의 눈가리고 아웅하는 식의 조치들. **Kosmetologe** [kɔsmetoˈloːgə], der; -n, -n 미용학[화장품학] 전문가. **Kosmetologie, die** 미용학, 화장술. **kosmisch** ['kɔsmɪʃ] ⟨Adj.⟩ [lat. cosmicus < griech. kosmikós] **1. a)** 우주의: -e Größenordnungen 우주적인 범주. **b)** 우주에서 오는: -e Strahlung 우주선(線). **c)** 우주에 속하는. **d)** 우주 여행의: die Astronomie im -en Zeitalter 우주 여행 시대의 천문학; -e Station 우주 정거장. **2.** 《교양어》우주적인, 측정할 수 없는, 무한한: ein unglaubliches, -es Gelächter 믿을 수 없을 정도로 큰 웃음.

kosmo-, Kosmo- [kɔsmo-] 《다음을 뜻하는 규정어로서》 weltall-, Weltall-, weltraum-, Weltraum-. **Kosmobiologe, der; -n, -n** 《전문어》 우주 생물학자. **Kosmobiologie, die** 《전문어》 우주 생물학. **kosmobiologisch** ⟨Adj.⟩ 《전문어》 우주 생물학의. **Kosmochemie, die** 《전문어》 우주 화학. **Kosmodrom** [...'droːm], das; -s, -e [russ. kosmodrom] 《소련의》 우주선 발사 기지. **Kosmogonie, die, -n** [...iːən]; griech. kosmogonía] 《전문어》 우주 진화론. **kosmogonisch** ⟨Adj.⟩ 《전문어》 우주 진화론의. **Kosmogramm, das; -s, -e** 《교양어, 드물게》 ↑Horoskop. **Kosmograph, der; -en, -en** 우주지가(宇宙誌家), 《중세의》 지리학자. **Kosmographie, die; -n** [...iːən] 《전문어》 **1.** 《고어》 우주 형상지(形狀誌), 천지학. **2.** 《중세의》 지리학. **kosmographisch** ⟨Adj.⟩ 《전문어》 천지학의, 우주 형상지의. **Kosmologie, die; -n** [...iːən] 《전문어》 우주론. **kosmologisch** ⟨Adj.⟩ 《전문어》 우주론의. **Kosmomedizin, die** 《전문어》 우주 의학. **Kosmonaut, der** [...'naʊt], -en, -en [russ. kosmonawt] 《특히 구동독》 ↑Astronaut. **Kosmonautik, die** [russ. kosmonawtika] ↑Astronautik. **Kosmonautin, die; -nen** ↑Kosmonaut의 여성형. **kosmonautisch** ⟨Adj.⟩ astronautisch. **Kosmopolit** [...po'liːt], der; -en, -en [griech. kosmopolítēs] **1.** 《교양어》 **a)** 세계 시민, 코스모폴리턴. **b)** 세계주의자, 사해동포주의자. **2.** [생물] 범존종(汎存種). **kosmopolitisch** ⟨Adj.⟩ 《교양어》 세계주의의, 사해동포적인, 세계시민적인. **Kosmopolitismus** [...poli'tɪsmʊs], der; - [c: russ. kosmopolitism] **a)** 《교양어》 세계시민주의. **b)** 《교양어, 드물게》 코스모폴리탄적 사고방식. **c)** 《공산주의·폄》 제국주의적 사해동포주의. **Kosmos** ['kɔsmɔs], der; - [griech. kósmos] 《교양어》 **a)** 우주: den K. erforschen 우주를 연구하다. **b)** 세계 질서: K. und Chaos 질서와 혼돈; **Kosmotheismus, der; -** [철학] 범신론. **kosmotheistisch** ⟨Adj.⟩ 범신론의. **Kosmotron** ['kɔsmotrɔn], das; -s, ...trone/ -s [물리] 코스모트론(입자 가속 장치).

Kosobaum, der 아프리카의 큰키나무.

Kossat [kɔ'saːt], **Kossate** [kɔ'saːtə], **Kossäte** [kɔ'sɛːtə], der; ...ten, ...ten [niederd. kossāt(e), kōtsate] 《예》 Häusler.

Kost [kɔst], die **a)** 식품, 음식(물): fette K. 기름진 음식; schmale K. 조식(粗食); er kann nur leichte K. vertragen 그는 가벼운 음식만 소화할 수 있다; 《전의》 geistige [ideologische] K. 정신 [이데올로기]의 양식. **b)** 식사: K. und Logis 하숙; er hat freie K. 그는 무료로 식사 제공을 받는다; jmdm. in K. geben[nehmen] 《준고어》 누구를 하숙시키다 [하숙 치다].

¹Kost- (Kost) **~gänger, der** 《준고어》 매일 밥을 먹으러 오는 사람, 하숙인. **~geber, der** 《준고어》 하숙집 주인. **~geld, das** 생활비, 식사비. **~probe, die** ↑ Kostprobe. **~schmälerung, die** 급식 삭감. **~verächter, der** 《다음 용법으로》 kein K. sein 《농》 미식가이다.

kost-, ²Kost-: ~fracht, die 《상》 운임 포함 화물. **~geschäft, das** 《경제》 ↑ Prolongationsgeschäft.

~preis, der 《경제》 ↑ Selbstkostenpreis. **~spielig** [-ʃpiːlɪç] ⟨Adj.⟩ 비용[돈]이 많이 드는, 값비싼: ein -er Prozeß 비용이 많이 드는 소송. **~spieligkeit, die** 비용이 많이 듦, 값비쌈.

kostal [kɔs'taːl] ⟨Adj.⟩ [lat. costa] [의학] **a)** 갈비뼈[늑골]에 속하는. **b)** 갈비뼈[늑골]의. **Kostalatmung, die** [의학] 흉식(胸式) 호흡.

Kostarika [kɔsta'riːka] ↑ Costa Rica.

kostbar ['kɔstbaːɐ̯] ⟨Adj.⟩ **a)** 귀중한, 값비싼: -e Bilder [Möbel] 값비싼 그림[가구]; **sich k. machen** 《통용어》 **1)** 비싸게 굴다. **2)** 잘 나타나지 않다. **b)** 《감정적》 소중한, 귀한, 귀중한: durstig griff er nach dem -en Naß 목이 말라 그는 귀한 물을 찾았다. **Kostbarkeit, die; -en a)** 귀중함: die alte Uhr galt als K. 오래된 시계는 귀중품으로 간주되었다. **b)** ⟨Pl. 없음⟩ 값, 값어치, 가치: Teppiche [Gemälde] von großer K. 매우 귀중한 양탄자 [그림].

¹kosten ['kɔstn̩] ⟨h⟩ **a)** 맛보다, 시식하다, 시음하다: eine Speise[ein Getränk] k. 음식[음료]을 맛보다; jmdm. einen Schluck zum K. geben 누구에게 시음용으로 한 모금 주다. **b)** 《아어》 맛을 즐기다, 경험하다: alle Freuden des Lebens k. 인생의 모든 즐거움을 맛보다; du kannst gleich eine Tracht Prügel zu k. bekommen 너는 당장 호되게 매를 맞아야겠다.

²kosten [-] ⟨h⟩ **1. a)** 《의》 얼마로 되다: wieviel kosten die Äpfel? 사과는 값이 얼마입니까?; das Bild kostete ihn 5000 Mark 그 그림은 그에게 5천 마르크가 들었다; **koste es[es koste], was es wolle** 무조건, 무슨 일이 있어도: das Ziel muß erreicht werden, koste es, was es wolle 어떤 희생을 치르더라도 그 목표는 달성되어야 한다; **sich³/⁴ eine Sache etw. k. lassen** 《통용어》 무엇에 돈을 좀 지출하다: ich habe mich[mir] das [Geschenk] etwas k. lassen 나는 그것[선물]에 돈을 좀 [많이] 썼다. **b)** 《의》 비용, 노력, 시간 등을 필요로 하다, 들게 하다: der Krieg hat viele Menschenleben gekostet 전쟁은 많은 인명을 앗아갔다. **2.** 잃게 하다, 대가를 치루다: dieser Fehler kann dich[dir] die Stellung k. 이 과오는 너의 직위를 잃게 할 수 있다. **Kosten** ⟨Pl.⟩ 비용, 경비: erhebliche [steigende] K. 상당한[오르는] 비용; **auf seine K. kommen** 만족을 얻다; **auf jmds. K. [auf K. von jmdm.[etw.]] 1)** 누구의 돈으로: er lebt auf K. seiner Eltern 그는 부모의 돈으로 생활한다. **2)** 누구의 희생[손해]으로: er macht seine Witze immer auf K. anderer 그는 항상 다른 사람을 미끼로[희생시키며] 농담한다.

kosten-, Kosten- (²kosten; ↑Kost-도 참조): **~ansatz, der** [법] 소송 비용[액의 판결]. **~anschlag, der** ↑~voranschlag. **~anteil, der** 비용 부담. **~aufwand, der** 비용, 경비. **~berechnung, die** 원가[비용] 계산. **~dämpfend** ⟨Adj.⟩ 《경제》 비용을 절감하는: -e Maßnahmen 비용[원가] 절감책. **~dämpfung, die** [경제] 원가[비용] 절감. **~dämpfungsgesetz, das** 《사회 보장에서의》 비용 감축법. **~deckend** ⟨Adj.⟩ 《경제》 적정한 가격의: -e Preise 적정가. **~deckung, die** 적정 가격, **~druck, der** ⟨Pl. 없음⟩ [경제] 비용 압박. **~entscheidung, die** [법] 《소송》 비용 부담자 판정. **~entwicklung, die** [경제] 비용 상승. **~erstattung, die** 비용의 보상(반제). **~explosion, die** 《경제·은어》 경비의 폭발적 상승. **~festsetzung, die** [법] 비용 사정(査定). **~frage, die** 경비 문제. **~frei** ⟨Adj.⟩ [법] 무료의, 비용을 면제한. **~gerecht** ⟨Adj.⟩ 《경제》 적정가의. **~günstig** ⟨Adj.⟩ 《경제》 비용이 적게 드는. **~intensiv** ⟨Adj.⟩ 《경제》 비용이 많이 드는. **~lawine, die** 《경제·은어》 가격 연쇄 급

등 사태. ~los 〈Adj.〉 무료의, 무상의: etw. k. reparieren 무엇을 무료로 수리하다. ~losigkeit, die 무료, 무상. ~miete, die (서민 임대 주택의) 월세, 사용 임대료. ~minderung, die 비용 절감. ~neutral 〈Adj.〉 [경제] 실제 비용의. ~-Nutzen-Analyse, die [경제·정치] 비용 이용 분석(공공투자에 있어 비용에 대한 이용도 분석). ~pflichtig 〈Adj.〉 [법] 소송 비용의 지불 의무가 있는. ~punkt, der 《통용어》 최고값. ~rechnung, die [경제] 경비 계산. ~senkend 〈Adj.〉 [경제] 비용 절감의. ~senkung, die 비용 절감. ~sparend 〈Adj.〉 [경제] 비용 절약의. ~steigerung, die [경제] 경비 증가(상승). ~stelle, die [경제] (독자적인) 경비 계산 부서. ~träger, der [경제] 경비 산출 품목(항목). ~überschlag, der 비용 견적. ~vergütung, die 경비 지급(보상). ~voranschlag, der [경제] 비용견적: einen K. aufstellen 비용 견적을 내다.

köstlich ['kœstlıç] 〈Adj.〉 **a)** (감정적) (음식, 음료 등이) 맛있는, 훌륭한: die -e Abendkühle genießen 상쾌한 저녁바람을 만끽하다; das Essen war einfach k. 음식은 한마디로 맛있었다. **b)** (감정적) 유쾌한, 즐거운; 근사한: ein -er Einfall 근사한 생각; wir haben uns k. amüsiert 우리는 매우 즐겁게 지냈다. **c)** (아어, 고어) 귀중한: -es Geschmeide 귀중한 장신구. **Köstlichkeit**, die; -en **a)** (아어) 귀중한 것, 맛있음: ein Mahl von großer K. 훌륭한 식사. **b)** 명품(名品), 일품, 맛있는 것: kulinarische(literarische) -en 훌륭한 요리들(문학 작품들).

Kostprobe, die; -n 시식, 시음: eine K. nehmen 시식(시음)하다; 전의 eine K. seines Könnens 그의 능력을 시험하는 한 작은 예.

Kostüm [kɔs'ty:m], das; -s, -e [frz. costume] **1.** 여성 의상, 부인복: ein maßgeschneidertes K. 양장점에서 맞춘 의상. **2. a)** 복장, 의상: mittelalterliche -e 중세 의상. **b)** (고어) (민속) 의상: ein nationales K. 민속 의상. **3. a)** 무대 의상: das K. des Clowns 어릿광대의 의상. **b)** 가장복(假裝服): in welchem K. gehst du zum Fasching? 너는 어떤 가장복으로 사육제에 가느냐?
Kostüm-: ~**ball**, der 가장무도회. ~**bildner**, der [연극·영화] 무대 의상 디자이너. ~**bildnerin**, die ↑~**bildner**의 여성형. ~**fest**, das ↑-ball. ~**film**, der ↑Ausstattungsfilm. ~**fundus**, der ↑Fundus (1). ~**geschichte**, die 의상사(史). **b)** 의상사, 복장사. ~**jacke**, die 부인복의 상의, 재킷. ~**kunde**, die 의상학. ~**probe**, die [연극] 무대 의상 연습. ~**rock**, der 정장 스커트. ~**stück**, das [연극] ↑Ausstattungsstück. ~**verleih**, der 의상 대여업(가게).

kostümieren [kɔsty'mi:rən] 〈h〉 [frz. costumer] **a)** 가장(假裝)시키다: sie hat ihre Kinder zum Fasching als Cowboys kostümiert 그 여자는 축제 때 아이들을 카우보이로 가장시켰다. **b)** 《통용어·폄》 이상한(어울리지 않는) 옷차림을 하다: o Gott, wie hast du dich denn kostümiert! 맙소사, 대체 무슨 그런 옷을 입었느냐! **Kostümierung**, die; -en 옷차림, 의상, 복장.

K.-o-System, das [스포츠] K.O. 제도.
Kot [ko:t], der; -(e)s, -e / -s **1.** (아어) 똥, 오줌, 배설물: K. ausscheiden 똥을 누다; in K. treten 똥을 밟다. **2.** (순고어) 진흙, 진창; 흙탕물: seine Stiefel waren von(mit) K. bespritzt 그의 장화에 흙탕물이 튀어 있었다; jmdn.(etw.) in(durch) den K. ziehen (아어·폄) 누구(무엇)를 몹시 깎아내리다; etw.(jmdn.) mit K. bewerfen(besudeln) (아어·폄) 무엇(누구)을 심하게 비방(중상)하다.
Kot-: ~**blech**, das (드물게) ↑~flügel. ~**erbrechen**, das [의학] 토분증(吐糞症). ~**flügel**, der (자동차의) 흙받이. ~**fresser**, der [생물] ↑Koprophage (1). ~**geruch**, der 똥냄새. ~**geschwulst**, die [의학] ↑Koprom. ~**käfer**, der 쇠똥구리. ~**stein**, der 〈대개 Pl.〉 [의학] ↑Enterolith, Koprolith.

Kotangens, der; -, - [lat. complementi tangens] [수학] 코탄젠트, 여절(餘切)(기호: cot, cotg, ctg).
Kotau [ko'tau], der; -s, -s [chin. kētóu] 고두(叩頭)절: der K. war in China bis ins 20. Jh. üblich 고두(叩頭)는 중국에서 20세기까지 일반적이었다: (vor jmdm.) einen(seinen) K. machen 《교양어》 누구에게 머리를 조아리다(굽실거리다).

¹**Kote** ['ko:tə], die; -n [frz. cote] [지리] (지도상의) 고도 표시.
²**Kote** [-], die; -n 〈norddt.〉 ↑Kate.
³**Kote** [-], die; -n [finn. kota] 꼭대기가 뚫린 원추형 텐트.
Köte ['kø:tə], die; -n [niederd. köte] 《전문어》 (소·말의) 발톱 돌기.
Kötel ['kø:tl], der; -s, - 〈norddt.〉 **a)** (쥐, 염소 등의) 똥. **b)** 뻔뻔스런 꼬마 아이.
Kotelett [kɔt'lɛt / 'kɔtlɛt / kotə'lɛt], das; -s, -s / -e [frz. côtelette] (송아지, 돼지, 양의) 갈비고기, 커틀릿. **Koteletten** (Pl.) 구레나룻: K. tragen 구레나룻을 기르고 있다.

Köter [kø:tn] 〈h〉 [동물] (짐승이) 똥을 누다.
Kötengelenk, das; -(e)s, -e ↑Fesselgelenk.
Kotenlager, das; -s, - (보이스카우트의) 야영지.
Kotentafel, die; -n [지리] 고도가 표시된 지도.
Köter [kø:tɐ], der; -s, - 《폄》 개.
Köterei [kø:təraɪ], die; -en (niederd·고어) 작은 영지(지).
Koterie [kotə'ri:], die; -n [...iən] [frz. coterie] (고어·폄) 배타적인 일당의 사람들, 패거리, 일당, 도당.
Kotext, der; -(e)s, -e [언어] ↑Kontext (1).
Kothurn [ko'turn], der; -s, -e [lat. cothurnus < griech. kóthornos] (고대 그리스 비극에서 배우가 키를 크게 보이기 위해 신던) 창이 두꺼운 신: **auf hohem K. (einher)schreiten(-gehen)** 《교양어·준고어》 장중하게 말하다.

kotieren [ko'ti:rən] 〈h〉 [frz. coter] **1.** [증권] (증권 등을) 상장(上場)하다. **2.** 《지리·고어》 (고도를) 측정하다.
Kotierung, die; -en **1.** [증권] 상장. **2.** 《지리·고어》 고도 측정.

kotig ['ko:tɪç] 〈Adj.〉 **a)** 똥뿐인, 똥투성이의. **b)** 더러운, 진흙투성이의: -es Gelände 진흙으로 된 지대.
Kotillon [ko'tɪljõ, (또한) kotɪl'jõː], der; -s, -s [frz. cotillon] 코티용(무도회를 끝맺음하는 군무).
Kotinga [ko'tɪŋga], die; -s [span. cotinga] 코팅가새(중남미에 서식하는 색깔이 화려한).
Kötner ['kø:tnɐ], der; -s, - 〈niederd.〉 소농(小農), 소작인.
Koto ['ko:to], das; -s, -s / die; -s [jap. koto] 가도(일본의 현악기).
Koton [ko'tõ], der; -s, -s [frz. coton] ↑Cotton.
kotonisieren [kotoni'zi:rən] / **cottonisieren** [kɔtoni-'zi:rən] 〈h〉 [화학] 목면(木綿) 모양으로 되게 하다. **Kotonisierung**, die; -en [화학] ↑kotonisieren의 명사형.
Kotsaß ['ko:t-], der; ...sassen, ...sassen, **Kotsasse**, der; -s, -n ↑Kossat.
Kotschinchinahuhn [kɔtʃɪn'çi:na-], das; -(e)s, ...hühner 코친차이나(Cochin China)산(産) 닭(식용용).
Kotten ['kɔtn], der; -s, - 〈niederd.〉 **1.** ↑²Kote. **2.** 《österr.·준고어》 감금, 감옥. **Kötter** ['kœtɐ], der; -s, - 〈niederd·고어〉 오두막집 주인.

Kotyledone [kotyle'do:nə], die; -n [griech. kotylēdón] 1. 【생물】(대개 Pl.) 배숙(胚宿), 떡잎. 2. 【생물·의학】배피(胚皮)융모. **Kotylosaurier** [kotylo-], der, -s, - [griech. kótylos] (멸종된) 공룡의 일종.
kotz-, Kotz- 《속어》: **~brocken,** der 아주 싫은:(구역질 나는) 사람. **~elend** ⟨Adj.⟩ 매우 비참한, 가련한: er fühlte sich k. 그는 자신을 매우 비참하게 느꼈다. **~jämmerlich** ⟨Adj.⟩ 매우 가엾은, 딱한. **~langweilig** ⟨Adj.⟩《폄》매우 지리한, 굉장히 권태로운: ein -er Vortrag 매우 지리한 강연. **~übel** ⟨Adj.⟩ 몹시 불쾌한[싫은, 메스꺼운]: bei dem Gedanken wurde mir k. 그 생각을 하니 나는 매우 불쾌해졌다.
¹Kotze ['kɔtsə], die; -n (südd., österr.) 1. 투박한 담요 (모포). 2. 알프스 지방의 비옷, 망토.
²Kotze [-], die 《속어》토한 것: sie erstickte fast an seiner K. 그녀는 그가 토한 것 때문에 거의 질식을 지경이었다; **die K. kriegen** 구역질 나다.
Kötze ['kœtsə], die; -n (md.) 등에 지는 광주리.
kotzen ['kɔtsn̩] ⟨h⟩《속어》토하다, 구역질하다: er kotzte auf den Boden wie ein Reiher 그는 바닥에 몹시 토했다; ich fühle mich zum Kotzen 속이 메스껍다; 【성구】 das ist gekotzt wie geschissen 《속어》아무래도 같다[마찬가지다]; 【전의】der Motor kotzt! 《통용어》모터에 이상이 있다!; ich kotze auf die Ehre 내게 명예는 욕지기가 난다; sie sah wie gekotzt aus 그녀는 매우 창백해 보였다; **zum Kotzen** 지긋지긋한, 참을 수 없는, 몹시 역겨운: es ist einfach zum K.! 지긋지긋하다! (분노, 불쾌감의 표현); ich finde ihn zum K. 나는 그 사람이 역겹다; **das (große) Kotzen kriegen[bekommen]** 욕지기 나다, (매우) 역겹다.
Kotzen [-], der; -s, - (südd., österr.) ↑ ¹Kotze.
kotzengrob ⟨Adj.⟩ (südd., österr.) 매우 거칠고 촌스러운.
Kötzer ['kœtsɐ], der; -s, - [섬유] ↑Kops.
kotzerig ['kɔtsərɪç], **kotzig** ['kɔtsɪç] ⟨Adj.⟩《속어》메스꺼운, 구역질 나는: 【전의】kotzig glotzten sie mich an 그들은 나를 구역질이 나게 빤히 쳐다보았다.
Kovariantenphänomen, das; -s [심리] 환경의 변화에 따라 색, 형태, 크기 따위가 다르게 느껴지는 현상. **Kovarianz** [(또한) - -'-], die; -en [물리] 공변식 (共變式).
Koxalgie [kɔksal'gi:], die; -n [...iən] [lat. coxa [해]] 요통(腰痛). **Koxitis** [kɔ'ksi:tɪs], die; ...itiden [...si'ti:dn̩] [의학] 대퇴(大腿)관절염.
kp = Kilopond.
KPD = Kommunistische Partei Deutschlands 독일 공산당.
Kpm = Kilopondmeter.
Kr = Krone (10).
Kr = Krypton.
Kr., Krs. = Kreis (6).
Kraal: ↑ Kral.
Krabbe ['krabə], die; -n [niederd. krabbe] 1. 게. 2. 《통용어·농》장난꾸러기(아이), 개구쟁이, 말괄량이: deine kleine Schwester ist ja eine muntere K. 너의 누이동생은 참 잘 발달한 아이다. 3. [건축] 박공(膊栱) 따위에 해놓은 꽃무늬의 석조(石造)장식 (고딕 건축의).
Krabbel-《통용어》: **~alter,** das (아기가) 기어다니기 시작하는 나이. **~kind,** das (아기가) 기어다니는 아이, 유아. **~sack,** der 《지역적》↑Grabbelsack. **~stube,** die 유아원. **~wasser,** das ↑Kribbelwasser.
Krabbelei [krabə'laj], die; -en 《통용어》 버둥거리기, 기어다니기. **krabbelig, krabbelig** ['krab(ə)lɪç] ⟨Adj.⟩ 근질근질한, 걸근거리는. **krabbeln** ['krabln̩] [niederd. krabbelen] 1. ⟨s⟩ **a)** 기어다니다, 기어가다: der Käfer krabbelt an der Wand 풍뎅이가 벽

에서 기어다닌다. **b)** 손발로 기어다니다: das Kind fängt an zu k. 그 아이는 기기 시작한다. 2. ⟨h⟩《통용어》**a)** 근질근질하게 하다, 간지럽다: der neue Pullover krabbelt (auf der Haut) 새 스웨터가 (피부를) 근질근질하게 한다. **b)** (손가락으로) 간지럽히다: er krabbelt sie an den Zehen 그는 그녀의 발가락을 간지럽힌다.
krabben ['krabn̩] ⟨h⟩ [섬유] (모직물을) 열탕(熱湯) 다림질하다, 방축(防縮) 가공하다.
krabben-, Krabben- (Krabbe 1): **~artig** ⟨Adj.⟩ 게와 같은, 게 종류의. **~fang,** der ⟨Pl. 없음⟩게잡이: auf K. gehen 게잡이 가다. **~fänger,** der 게잡이 배. **~fischer,** der 게잡이 어부. **~fischerei,** die 게잡이 어업. **~kutter,** der ↑~fänger. **~spinne,** die 게거미류 (類). **~taucher,** der 바다쇠오리의 일종. **~zucht,** die 게 양식.
Krabbler ['krablɐ], der; -s, - 《통용어》↑ Krabbelkind. **krabblig, krabbelig** ['krab(ə)lɪç] ⟨Adj.⟩《통용어》**a)** 꿈틀거리는, 기어다니는. **b)** 간지러운. 근질 타는.
krach! [krax] ⟨Interj.⟩ 물건이 부서지는[깨지는] 소리.
Krach [-], der; -(e)s, -e / -s, 《통용어·농》 Kräche 1. **a)** ⟨Pl. 없음⟩ 시끄러운 소리, 소음: hier ist [herrscht] ein unerträglicher K. 여기는 참을 수 없는 소음이 난다; **K. machen[schlagen]** 《통용어》 누구에게 큰 소리로 항의하다. **b)** ⟨Pl. -e / -s⟩쾅하는 소리, 폭음: als das Haus zusammenstürzte, gab es einen lauten K. 그 집이 무너졌을 때 큰 폭음이 났다. 2. ⟨Pl. -e / -s, 《농》 Kräche⟩《통용어》욕설, 말다툼, 싸움, 불화: in der Familie gibt es oft K. 가정에서 자주 말다툼이 일어난다; mit jmdm. K. anfangen[kriegen] 누구와 말다툼이 시작되다[싸우다]. 3. ⟨Pl. -e / -s⟩《통용어》**a)** 도산, 파산, 경제적 몰락. **b)** 군사 대결, 전쟁: wenn es zum großen K. zwischen Ost und West kommen sollte... 동·서간에 갑작스런 전쟁이 일어난다면···.
krach-, Krach-: ~eisen, das ⟨군·고어⟩무기. **~ledern** ⟨Adj.⟩ (südd.) 거칠고 격한: -e Musik 거칠고 격한 음악. **~lederne*,** die (südd.) 가죽 반바지. **~macher,** der 《통용어》소음을 내는 사람[것]. **~mandel,** die 《지역적》↑Knackmandel. **~salat,** der (씹을 때 사각거리는 소리에서) 잎이 빳빳한 양상치.
krächelig ['krɛçəlɪç] ⟨Adj.⟩ (schweiz.) 노쇠한. **krachen** ['kraxn̩] **1. a)** ⟨h⟩소음을 내다, 쿵, (탁) 소리나다: die Dielen krachten unter seinen Schritten 그의 발걸음 아래서 복도가 삐그덕거렸다; auf dieser Kreuzung kracht es dauernd 《통용어》이 교차로에서 계속해서 사고가 난다; 【성구】 (etw. tun), daß es nur so kracht 무엇을 맹렬히[열성적으로] 하다; 【전의】der Winter brachte krachende Kälte 겨울은 혹한을 몰고 온다; wenn du noch lange meckerst, kracht's 《통용어》네가 계속해서 불평하면 한 방 얻어맞는다; bald kracht's [es wird bald k.] 《통용어》나는 더 이상 조용히 지켜보지 않겠다; es kam zum Krachen 《통용어》말다툼[싸움]이 벌어졌다. **b)** ⟨s⟩ 뚝 부러지다, 쿵, (탁) 갈라[찢어]지다, 쾅 무너지다[폭발하다]: das Eis kracht 얼음이 쩍 갈라진다. 2. **a)** ⟨s⟩ 쾅 부딪치다(충돌하다): das Auto kracht gegen die Leitplanke 자동차가 중앙 분리대에 쾅하고 부딪혔다. **b)** 쾅 때리다, 무엇을 어디에 쾅 내던지다: den Koffer in die Ecke k. 여행 가방을 구석으로 쾅하고 내던지다. 3. ⟨k. + sich⟩ ⟨h⟩《통용어》싸우다, 다투다: ich habe mich mit ihm gekracht 나는 그와 다투었다. **4.** ⟨s⟩《통용어》파산하다, 폭삭 망하다: täglich krachen neue Banken 매일 새로운 은행들이 파산한다.
Krachen [-], das; -s, - (schweiz.) 협곡(峽谷). **Kracher** ['kraxɐ], der; -s, - 《통용어》1. 《폄》 늙은이. 2. (장난감) 폭죽탄. **Kracherl** ['kraxɐl], das; -s, -n

krachig ['kraxɪç] ⟨Adj.⟩ 《österr.》 탄산 레모네이드. (빵, 야채 등이) 싱싱한, 파삭파삭한: 전의 -e Robustheit 꿋꿋하고 건장함.

krächzen ['krɛçtsn̩] ⟨h⟩ **1.** (까마귀 따위가) 까악까악 울다, 목쉰 소리로 말하다: 전의 er war erkältet und konnte nur noch k. 그는 감기가 들어 겨우 목쉰 소리만을 낼 수 있었다. **2.** 《통용어》기침하다. **Krächzer**, der; -s, - 《통용어》 **a)** 목쉰 소리. **b)** 목쉰 소리로 말하는 사람.

Krackbenzin, das; -s, -e [화학] 분해 증류된 휘발유.

Cracke ['krakə], die; -n 〈md., nordd.〉노어화된 말.

kracken ['krakn̩], 《또한》 'krekn̩] ⟨h⟩ [engl. crack] [화학] 분해 증류하다, 분류(分溜)하다, 석유를 경질화(輕質化)하다.

Kräcker ['krɛkɐ], der; -s, - ↑Cracker (1).

Krackung, die; -en [화학] 분해(증류)법. **Krackverfahren**, das; -s, - [화학] 분해(증류)법.

Krad [kra:t, 《또한》 krat], das; -(e)s, Kräder ['krɛ:dɐ] [군] ↑Kraftrad의 약칭.

Krad-: ~**fahrer**, der [군] 오토바이 운전병. ~**melder**, der [군] 오토바이 전령병. ~**schütze**, der [군] 오토바이(를 탄)저격병.

kraft [kraft] ⟨Präp.²⟩《격식어》…의 힘으로, 에 의(근거, 의거)하여: k. (eines) Gesetzes 법률에 의거하여; k. (meines) Amtes 나의 직권에 의거하여. **Kraft** [-], die; Kräfte ['krɛftə] **1.** 힘, 능력, 체력, 기력, 원기, 의지력, 세력: ihm fehlt die K. 그는 원기가 부족하다(없다); die K. des Geistes 정신력; in ihm steckt eine ungeheure K. 그에게는 무서운 힘이 (숨어)있다; im Urlaub neue Kräfte sammeln 휴가 중에 새로운 활력을 모으다; seine ganze K. für etw. aufbieten 무엇을 위해 온 힘을 다 쏟다; dieser Posten nimmt seine ganze K. in Anspruch 이 자리는 그의 모든 능력을 요구한다; an K. zunehmen 체력이 증가하다; bei Kräften sein 체력[원기]이 튼튼하다; mit letzter K. 마지막 힘을 다 해; K. haben 힘[체력]이 세다; die Sonne hat im Herbst noch viel K. 햇살은 가을에도 아주 따뜻하다; aus eigener K. schafft er das nicht mehr 혼자 힘으로는 그는 그것을 더 이상 해내지 못한다; keine K. mehr in den Knochen haben《통용어》힘이 하나도 없다; ich werde alles tun, was in meinen Kräften steht 나는 힘닿는 데까지 모든 것을 할 것이다; mit vereinten Kräften 힘을 합해, 일치 협력하여; jmdm. nach (be-sten) Kräften helfen 힘 닿는 데까지 누구를 돕다; das geht über meine K. 그것은 내 능력을 벗어난다; 전의 die militärische[wirtschaftliche] K. eines Landes 한 나라의 군사(경제)력. **2.** 효과, 효력, 효력: die K. der Kräuter(der Medikamente) 약초[약]의 효력; **die treibende K. sein** 추진자(주동자)이다: er war die treibende K. bei diesen Neuerungen 그는 이 혁신의 추진자였다. **3.** 일꾼, 직원: er ist eine tüchtige K. 그는 유능한 일꾼이다; mehrere weibliche Kräfte einstellen 여직원 여러 명을 채용하다. **4.** 〈Pl.〉 (영향력을 행사하는 이데올로기적)단체, 집단: fortschrittliche(konservative, bürgerliche) Kräfte 진보적인(보수적인, 시민) 단체. **5.** [물리] 에너지, 동력, 동력: elektrische(magnetische) Kräfte 전력(자력); mit voller(halber) K. fahren《선원》전속력(저속)으로 항해하다. **6.** **außer K. setzen** (법률, 계약 따위를)무효로 하다, 폐기하다; **außer K. sein(treten)** 무효이다, 무효가 되다: der Befehl ist außer K. 그 명령은 무효이다; **in K. gesetzt werden(treten, sein, befindlich sein, bleiben)** 효력이 발생하다, 효력을 발하다(효력이 있다, 효력을 유지하다).

kraft-, Kraft-: ~**akt**, der 힘든 일: das Anschieben des Autos war ein ziemlicher K. 자동차를 미는 것은 상당히 힘든 일이었다; im Zirkus einen K. vorführen 서커스에서 힘든 연기를 하다. ~**anspannung**, die 진력, 노력. ~**anstrengung**, die ↑~anspannung. ~**antrieb**, der 동력 추진. ~**arbeit**, die ↑~training. ~**arm**, der [물리] 지레의 손잡이. ~**aufwand**, der 힘의 소비, 힘들임, 수고. ~**ausdruck**, der 속된 표현, 천한 말, 상스런 말: mit Kraftausdrücken um sich werfen 속된 표현을 마구 퍼붓다. ~**brühe**, die 걸죽한 고기국. ~**droschke**, die《준고어》↑Taxi. ~**drük-ken**, das [레슬링] 힘으로 누르기. ~**eck**, das [수학] 힘의 다각형. ~**entfaltung**, die 힘의 계발(육성). ~**erfüllt** ⟨Adj.⟩ 힘찬, 원기왕성한. ~**ersparnis**, die 〈Pl. 없음〉 체력의 절약. ~**erzeugung**, die 동력 생산. ~**fahrer**, der [관] ↑Fahrer. ~**fahrergruß**, der ↑Autofahrergruß. ~**feld**, das [물리] 힘의 장(場). ~**fußball**, der 《스포츠 은어》 힘의 축구. ~**futter**, das 농축 사료. ~**gefühl**, das 〈Pl. 없음〉 《드물게》 활력. ~**lackel**, der 《österr.·통용어·폄》↑~protz. ~**leistung**, die ↑~akt. ~**linien** ⟨Pl.⟩ [물리] 역선(力線). ~**los** ⟨Adj.⟩ 힘없는, 쇠한: er war so k., daß es ihm nicht gelang, sich zu erheben 그는 힘이 없어서 몸을 일으켜 세우지 못했다. ~**loserklärung**, die 무효(실효)선언. ~**losigkeit**, die 힘이 없음, 허약함. ~**maschine**, die [기술] 동력기, 발동기. ~**meier**, der; -s, - 《통용어·폄》 건장한(힘깨나 쓰는)사내. ~**meierei**, die 《통용어·폄》 힘자랑. ~**meierisch**, **meierlich** ⟨Adj.⟩ 《통용어·폄》힘자랑하는. ~**meiertum**, das; -s 《통용어·폄》 ↑~meierei. ~**mensch**, der 힘센 사람, 장사. ~**messer**, der ↑Dynamometer (1). ~**nahrung**, die 영양식. ~**paket**, das 《은어·농》(강력 엔진의) 빠른 자동차. ~**post**, die 체신부가 운영하는 여객버스. ~**probe**, die 힘겨루기. ~**protz**, der《폄》힘자랑하는 사람. ~**protzerei**, die 힘자랑. ~**protzig** ⟨Adj.⟩ 《폄》힘자랑하는(사내의). ~**quell**, der (아어) ~**quelle**, die 힘[활력]의 원천. ~**rad**, das [관] 오토바이(약어: ↑Krad). ~**raum**, der [스포츠] 체력 단련실. ~**reserve**, die 〈대개 Pl.〉 비축된 체력. ~**speicher**, der [기술] 축전지. ~**spendend** ⟨Adj.⟩ 에너지를 주는(공급하는). ~**sport**, der ↑Schwerathletik. ~**spruch**, der 《드물게》 ↑~ausdruck. ~**stoff**, der [자동차] 연료. ~**stoffanzeige**, die [자동차] 연료계기. ~**stoffanzeiger**, der ↑~stoffmengenanzeiger. ~**stoffmesser**, der [자동차] 연료 계기. ~**stoffleitung**, die [자동차] 연료관. ~**stoff-Luft-Gemisch**, das [자동차] ↑Gemisch (2 a). ~**stoffpumpe**, die [자동차] 연료 펌프. ~**stoffverbrauch**, der 연료 소비(량). ~**stoffvorrat**, der 연료 재고량. ~**stoffzufuhr**, die 연료 공급. ~**strom**, der (전기 모터에 사용되는) 동력용 전기. ~**strotzend** ⟨Adj.⟩ 힘 세 보이는, 힘이 펄펄 넘치는. ~**teil**, der [제조] 체력이 많이 요구되는 부분. ~**training**, das [스포츠] 체력 단련. ~**überschuß**, der 힘의 과잉. ~**übertragung**, die 동력 전달. ~**übung**, die [스포츠] **1.** 체력 단련 연습. **2.** ↑~teil. ~**vergeudung**, die 힘의 낭비. ~**verkehr**, der [관] 자동차 교통. ~**verlust**, der 힘의 손실. ~**verschwendung** 참조. die ↑~vergeudung. ~**voll** ⟨Adj.⟩ 힘센, 원기왕성한. **b)** 힘찬: ein -er Endspurt 힘찬 마지막 스퍼트. ~**vorrat**, der 비축된 힘. ~**wagen**, der [관] ↑Auto. ~**wagengetriebe**, das 자동차 기어. ~**wagensport**, der 자동차 경주. ~**werk**, das 발전소. ~**werker**, der 《통용어》 발전소 직원. ~**wort**, das ⟨Pl. -e / ~wörter⟩ ↑~ausdruck.

kräfte-, Kräfte-: ~**ausgleich,** der 힘[세력]의 조정 [균형]. ~**bedarf,** der 노동력의 수요. ~**gleichgewicht,** das 힘의 균형; 힘 K. stören 힘의 균형을 깨트리다. ~**mäßig** ⟨Adj.⟩ 《통용어》 힘에 관한, 힘의: k. war er mir überlegen 힘에 있어서 그는 나보다 우월 하였다. ~**messen,** das; -s ↑ Kraftprobe. ~**paar,** das [물리] 우력(偶力). ~**parallelogramm,** das [물리] 힘의 평행사변형. ~**polygon,** das [수학] ↑ Krafteck 참조. ~**potential,** das 잠재력. ~**spiel,** das 여러 힘의 작용. ~**verfall,** der 체력 쇠퇴. ~**vergleich,** der 《österr.》 ↑ Kraftprobe. ~**verhältnis,** das [정치] 세력 상태[분포]. ~**verschleiß,** der 힘의 소모. ~**verteilung,** die 힘의 분배. ~**zerlegung,** die [물리] 힘의 분해.

Kraftfahrzeug, das; -(e)s, -e [관] 자동차(약어: Kfz.).

Kraftfahrzeug-: ~**bau,** der ⟨Pl. 없음⟩ 자동차 제조. ~**brief,** der 자동차 등록증. ~**elektrik,** die ↑ Autoelektrik. ~**elektriker,** der 자동차 전기기사. ~**führer,** der [관] ↑ Kraftfahrer. ~**Haftpflichtversicherung,** die 《붙임표와 함께》 자동차 책임 보험. ~**halter,** der [관] 차량보유자. ~**industrie,** die 자동차 공업. ~**instandsetzung,** die 자동차 정비. ~**kennzeichen,** das ↑ Autonummer. ~**mechaniker,** der 자동차 정비사. ~**nummer,** die ↑ Autonummer. ~**papiere** ⟨Pl.⟩ 자동차 등록증. ~**reparatur,** die 자동차 수리. ~**reparaturwerkstatt,** die 자동차 수리공장. ~**schein,** der 자동차 등록증 및 감정서. ~**schlosser,** der 자동차 열쇠공. ~**steuer,** die 자동차 세. ~**technik,** die ⟨Pl. 없음⟩ 자동차 기술[공학]. ~**versicherung,** die ↑ Haftpflichtversicherung. ~**werk,** das 자동차 생산공장. ~**werkstatt,** die ↑ reparaturwerkstatt. ~**wesen,** das ⟨Pl. 없음⟩ 자동차 생산과 수리 시설 일체. ~**zubehör,** das 자동차 부품(용품). ~**zulassung,** die 1. 자동차 운행허가. 2. 《통용어》 ↑ ~schein.

kräftig ['krɛftɪç] ⟨Adj.⟩ **1. a)** 힘있는, 힘센: sehr k. sein 매우 힘이 세다. **b)** 강건한, 튼튼한, 체격이 딱 벌어 진: sein Körper ist k. und durchtrainiert 그의 체격은 딱 벌어지고 잘 단련되어 있다. **c)** 힘찬, 강력한: jmdm. einen -en Tritt in den Hintern geben: 누구의 엉덩이를 세게 차다. **d)** 튼튼한, 신체가 잘 발달된: -es Baby 튼튼한 아이. **2. a)** 강(력)한: -en Hunger haben 몹시 배가 고프다; einen -en Schluck nehmen 크게 한 모금 마시다. **b)** ⟨nur adv.⟩ 강하게, 세차게, 몹시: es regnete[schneite] k. 비[눈]가 세차게 왔다. **c)** 강렬한, 짙은: -e Farben 강렬한 색채; ein -er Geruch [Geschmack] 짙은 냄새[맛]. **d)** ⟨nur adv.⟩ 힘차게, 강력하게: jmdm. k. die[seine] Meinung sagen 누구에게 강력하게 자기 의견을 말하다. **3.** ⟨nicht adv.⟩ 영양이 풍부한, 걸쭉한: eine -e Suppe[Mahlzeit] zu sich nehmen 영양이 풍부한 수프[식사]를 들다. **4.** 노골적인, 거친: eine -e Sprache führen 노골적인 언사를 쓰다. **kräftigen** ['krɛftɪɡn̩] ⟨h⟩ 힘을 북돋아주다, 기운을 내게 [튼튼하게] 하다: der Urlaub hat ihn sichtlich gekräftigt 휴가는 그에게 눈에 보일 정도로 힘을 북돋아 주었다. **Kräftigkeit,** die ⟨드물게⟩ 힘이 있음[셈], 강건함. **kräftiglich** ['krɛftɪklɪç] ⟨Adv.⟩ ⟨고어⟩ ↑ kräftig (2 c). **Kräftigung,** die; -en 힘을 북돋움, 원기 회복. **Kräftigungsmittel,** das; ~ 강장제(强壯劑).

Krag- ['kra:k-] [건축] 《》 ~**dach,** das 수평 처마[지붕]. ~**platte,** die 기둥이 없는 발코니 바닥. ~**stein,** der 버팀돌, 콘솔, 초엽(蕉葉). ~**träger,** der 《》 ↑ Konsole (1).

Krage ['kra:gə], die; -n 《》 ↑ Konsole (1).

Krägelchen ['krɛ:gl̩çən], das; -, - ↑ Kragen (1 a).

Kragen ['kra:gn̩], der; -s, - 《südd., österr.,

schweiz.》 《또한》 Krägen ['krɛ:gn̩] **1. a)** ⟨축소형: ↑ Krägelchen⟩ 옷깃, 칼라: ein hoher[steifer] K. 높은[빳빳한] 깃; jmdn. am K. packen 누구의 멱살을 잡다. **b)** (옷에 꿰매져 있지 않은) 옷깃, 칼라: der K. läßt sich abnehmen 옷깃을 떼어낼 수 있다. **2.** 《지역적》 **a)** (대개 조류의) 목: einen langen K. machen [사냥] (새가) 목을 길게 빼고 주위를 두리번거리다. **b)** (병의)목: der Flasche den K. abschlagen 병의 목을 잘라내다. **3.** [사냥] (다른 것과 구별되는)짐승의 목덜미 털. **4.** 《고어》 목 (아직 다음 용법으로) jmdn. platzt der K. 《경》 참을 수 없을 정도로 화가 나다; etw. kostet jmdm. (jmdn.) den K. 《통용어》 무엇이 누구의 목을 요구하다; dem könnte[möchte] ich den K. umdrehen 《통용어》 누구의 모가지를 비틀어 버리겠어; jmdn. am (beim) K. kriegen(packen) 누구의 멱살을 잡다; es geht jmdm. an den Kragen 《통용어》 누구의 목이 걸려 있다; jmdm. an den K. wollen 《통용어》 누구에게 책임을 지우려 하다.

kragen-, Kragen-: ~**bär,** der 반달곰. ~**ecke,** die 옷깃 모서리. ~**knopf,** der **1.** 옷깃 단추. **2.** (셔츠, 블라우스 등의) 맨 윗단추. ~**los** ⟨Adj.⟩ 옷깃이 없는. ~**nummer,** die 옷깃의 치수. ~**spiegel,** der [군] 옷깃 기장. ~**stäbchen,** das 옷깃 봉. ~**weite,** die 옷깃 치수: (nicht) jmds. K. sein 《경》 원하는 것이[아니다]; diese Frau ist genau meine K. 이 여자는 바로 내가 원하는 여자다.

Kragstein, der [건축] 초엽(蕉葉).

Krähe ['krɛ:ə], die; -n 까마귀. 《》 [속담] eine K. hackt der anderen kein Auge aus 관계가 있는 사람끼리는 서로 헐뜯지 않는 법이다. **krähen** ['krɛ:ən] ⟨h⟩ **1.** (수탉이) 울다: wir saßen zusammen, bis die Hähne krähten 새벽 닭이 울 때까지 우리는 함께 앉아 있었다; [전의] das Baby krähte vor Wonne 아기가 기뻐서 환성을 질렀다. **2.** 《들떠서》 새된 목소리로 말하다.

Krähen-: ~**auge,** das ⟨지역적⟩ **a)** 사마귀. **b)** 티눈. ~**beere,** die [식물] 시로미. ~**füße** ⟨Pl.⟩ **1.** 《통용어》 눈언저리의 잔주름. **2.** 《통용어》 갈겨쓴 글씨. **3.** 《통용어》 작고 뾰족한 쇠조각(추격하는 차가 따라오지 못하도록 길에 뿌리는). **4.** [사냥] (포수가 짐승을 빨리 발견하기 위해)서 방향으로 낸 길. ~**geschrei,** das 까마귀의 울음소리. ~**hütte,** die [사냥] 새잡이 오두막. ~**nest,** das **1.** 까마귀 둥지. **2.** [선원] (큰 범선의) 마스트의 감시대, 장루(檣樓).

Krähl [krɛ:l], der; -(e)s, -e(r) **1.** [제련] (용광로 속의 쇳물을 휘젓거나 이동시키는) 삽, 갈퀴. **2.** ⟨지역적⟩ ↑ Kräuel. **krählen** ['krɛ:lən] ⟨h⟩ [제련] 용광로 속의 쇳물을 휘젓다.

Krähwinkel ['krɛ:vɪŋkl̩] ⟨Art. 없음; 2격: -s⟩ Kotzebue의 희곡 "Die deutschen Kleinstädter"에 나오는 도시 이름(에서) 《조롱》 편협하고 고루한 소도시. **Krähwinkelei** [...vɪŋkəˈlaɪ], die; -en 《뜀》 소도시의 편협성 [고루함]. **Krähwinkler** [...kl̩ɐ], der; -s, - 《뜀》 시골 출신의) 편협·고루한 사람, 속물. **krähwinklig** ⟨Adj.⟩ 《뜀》 편협한, 고루한, 소도시적인, 속물적인.

Krakatau [⟨indon.⟩ 'krakataʊ], -s ⟨수마트라와 자바 사이의⟩ 크라카타우 섬.

Krakau ['kra:kaʊ] 크라카우(폴란드의 도시 이름). **¹Krakauer,** der; -s, -s 크라카우 사람. **²Krakauer** ⟨Adj.⟩ 크라카우(사람)의. **³Krakauer** ['kra:kaʊɐ], die 크라카우 소시지(양념이 많이 들어간 훈제의).

Krake ['kra:kə], der; -n, -n [norw. krake(n)] **1.** 문어. **2.** 《공상 모양의 한 전설상의》 바다 괴물.

Krakeel [kra'ke:l], der; -s 《통용어·뜀》 고함, 욕설, 싸움, 말다툼, 소동: K. anfangen[machen] 싸움을 시작하다. **krakeelen** [kra'ke:lən] ⟨h⟩ 《통용어·뜀》 큰 소리

로 고함치다[욕하다, 싸우다]: die Betrunkenen krakeelen auf dem Heimweg 술취한 사람들이 귀가길에 큰소리로 싸운다. **Krakeeler**, der; -s, - (통용어·폄) 크게 떠드는(외치는, 다투는) 사람. **Krakeelerei** [kraːkeːləˈraj], die; -en (통용어·폄) 자꾸 떠들어 댐, 싸움질. **krakeelig** [kraˈkeːlɪç] ⟨Adj.⟩ (통용어·폄) 떠들어 대는, 욕설하는: wenn er trinkt, wird er k. 술을 마시면 그는 시끄럽게 떠들어 댄다.

Krakel [ˈkraːkl], der; -s, - [(ost)md. krakel] (통용어·폄) 가늘고 불규칙적인 줄[선]: (einen) K. machen 가늘고 꾸불꾸불한 선을 긋다; deine K. kann kein Mensch lesen 네 글씨는 아무도 읽지 못한다.

Krakelee: ↑Craquelé.

Krakelei [kraːkəˈlaj], die; -en (통용어·폄) **1.** ⟨Pl. 없음⟩ 서투른 글씨로 쓰기. **2.** 서투른 글씨로 쓴 것. **Krakelfuß**, der; -es, ...füße ⟨대개 Pl.⟩ (통용어·폄) 서투른 글씨, 악필.

krakelieren [krakɔˈliːrən] ⟨h⟩ [frz. craqueler] (도자기 따위에) 가는 줄 무늬를 넣다.

krakelig: ↑kraklig. **krakeln** [ˈkraːkl̩n] ⟨h⟩ (통용어·폄) 서투른 글씨로 쓰다. **Krakelschrift**, die; -en 악필, 서투른 글씨.

Krakelüre, Craquelure [krakəˈlyːrə], die; -n [frz. craquelure, craqueler] ⟨대개 Pl.⟩ 잔금, 미세한 균열(그림의 물감과 와니스가 말라 생기는).

kraklig, krakelig [ˈkraːkəlɪç] ⟨Adj.⟩ (통용어·폄) (글씨가) 서투른, 읽기 힘든.

Krakowiak [kraˈkoviak], der; -s, -s [poln. krakowiak] 2/4박자의 폴란드 민속춤(↑Cracovienne).

Kral [kraːl], der; -s, -s (또한) -e [afrikaans kraal < port. curral] **1.** (아프리카 토인의) 원형(圓形) 촌락. **2.** (아프리카 토인의) 원형 가축 방목장.

Krällchen [ˈkrɛlçən], das; -s, - ↑Kralle. **Kralle** [ˈkralə], die; -n ⟨축소형: ↑Krällchen⟩ (맹금, 맹수의) 발톱, 며느리발톱: die Katze zeigt die -n [zieht die -n ein] 고양이가 발톱을 보인다(감춘다); 전의 die -n der Eifersucht packten sie (아이) 질투의 발톱이 그녀를 움켜쥐었다; jmdm. aus den -n des Todes retten 누구를 죽음의 발톱에서 구해내다; **jmdm. die -n zeigen** (통용어) 누구에게 고분고분 따르지 않겠음을 보이다; **etw. in die -n bekommen(kriegen)** (통용어) 무엇을 장악하다[손아귀에 넣다]; **etw.(nicht) aus den -n lassen** (통용어) 무엇을 내놓다[내놓지 않다]. **krallen** [ˈkraln̩] ⟨h⟩ **1. a)** ⟨k. + sich⟩ (발톱으로) 달라붙다, 매달리다: die Katze krallte sich an den Baumstamm 고양이가 나무기둥에 매달렸다. **b)** 꽉 붙잡다: ich krallte meine Finger um das Rohr 나는 관(管)을 손으로 꽉 붙잡았다. **c)** 움켜쥐다: seine Hand krallte sich um den Revolver 그의 손은 권총을 움켜쥐었다. **d)** (발톱으로) 긁다, 찌르다: sie krallte ihre Finger in das Kissen 그녀는 손가락으로 방석을 찔렀다. **2.** 구부리다: er krallte seine Finger 그는 손가락을 (발톱처럼) 구부렸다. **3.** (경) **a)** (작은 물건을) 슬쩍하다, 훔치다: er hat (sich) das Fahrrad gestern im Stadtpark gekrallt 그는 어제 시립 공원에서 그 자전거를 슬쩍하였다. **b)** 누구(무엇)을 붙잡다[장악하다]: den werde ich mir noch k. 나는 그 사람을 한번 봐줄 것이다.

krallen—, Krallen—: **~affe**, der (남아메리카산의 다람쥐와 유사한) 원숭이. **~artig** ⟨Adj.⟩ 발톱과 같은, 발톱 모양의. **~förmig** ⟨Adj.⟩ 발톱 모양의. **~frosch**, der (아프리카산) 발톱개구리.

krallig [ˈkralɪç] ⟨Adj.⟩ **a)** 발톱 모양의. **b)** 발톱이 있는. **c)** 발톱에서 연원하는.

Kram [kraːm], der; -(e)s **1.** ⟨축소형: ↑Krämchen⟩ 잡동사니, 잡화: das ist alles unnützer K. 그것은 모두 쓸모없는 잡동사니들이다; 전의 den ganzen K.⟨all den K.⟩ hinschmeißen (통용어) 일을 팽개치다. **2.** 볼일, 용무; 장사, 행편: ich will den K. noch schnell erledigen 나는 그 일을 빨리 끝내겠다; **jmdm. (nicht) in den K.((nicht) in jmds. K.) passen** (통용어) 누구의 사정(형편)에 맞(지 않)다; **nicht viel K.[keinen K.] machen** (통용어) 군소리 하지 않다, 법석떨지 않다. **3.** ⟨지역적⟩ 잠은 가축의 내장.

Kram—: ⟨Kram 1; 통용어·폄⟩ **~bude**, die ⟨폄⟩. **~handel**, der 소매(업). **~laden**, der 소매점, 구멍가게, 잡화점. **~markt**, der 소매 시장. **~waren** ⟨Pl.⟩ 잡화.

Krambambuli [kramˈbambuli], der; -(s), -(s) [단치히 산의 화주 이름에서] [대학생] 알코올 음료, 술.

Krämchen [ˈkrɛːmçən], das; -s, - ↑Kram (1). **kramen** [ˈkraːmən] ⟨h⟩ (통용어) **a)** 뒤적거리며 찾다, 뒤적이다: im Keller k. 창고에서 뒤적거리며 찾다; ich habe (im Archiv) nach alten Photographien gekramt 나는 (기록철에서) 옛날 사진들을 뒤적거리며 찾았다; 전의 in seiner Erinnerung k. 기억을 더듬다. **b)** 뒤적여 꺼내다: den Schlüssel aus der Tasche k. 열쇠를 주머니에서 찾아 꺼내다. **2.** ⟨지역적⟩ 애정 관계를 가지다: die beiden kramen schon lange miteinander 두 사람은 벌써 오래 전부터 그렇고 그런 사이다. **3.** ⟨schweiz.⟩ **a)** 소매업을 하다. **b)** 작은 선물들을 사다. **Kramer**, der; -s, - ⟨지역적⟩ ↑Krämer. **Krämer** [ˈkrɛːmɐ], der; -s, - **1.** ⟨지역적⟩ **a)** 소매 상인. **b)** ⟨옛⟩ 상인. **2.** ↑Krämerseele.

Krämer—: ⟨폄⟩ **~geist**, der 소상인(小商人) 기질, 편협성. **~laden**, der ↑Kramladen. **~latein**, das ⟨지역적⟩ 상인들의 은어. **~seele**, die 째째한[좀스러운] 사람. **~waren** ⟨Pl.⟩ ↑Kramwaren.

Kramerei [kraːməˈraj], die; -en **1.** ⟨폄⟩ (계속) 뒤적이며 찾음, 뒤적거림. **2.** ⟨지역적⟩ 소매업. **Kramerei** [krɛːməˈraj], die; -en ⟨지역적⟩ ↑Kramladen. **krämerhaft** ⟨Adj.⟩ ⟨폄⟩ 좀스럽고 빈틈없는, 째째한. **Krämerin**, die; -nen ⟨고어⟩ ↑Krämer의 여성형. **krämerisch** ⟨Adj.⟩ ⟨폄⟩ 소상인 같은, 째째한.

Kramme [ˈkramə], die; -n [niederd. kramme] ⟨niederd.⟩ ↑Krampe. **krammen** [ˈkramən] ⟨h⟩ ⟨niederd.⟩ ↑krampen.

Krammet [ˈkramət], der; -s, -s ⟨지역적·고어⟩ 노간주나무. **Krammetsbeere**, die ⟨지역적⟩ 노간주나무 열매. **Krammetsvogel**, der ⟨지역적⟩ 티티새의 일종(노간주나무 열매를 잘 먹음).

Krampe [ˈkrampə], die; -n [niederd. krampe] U자형 갈고리, 꺽쇠, 걸쇠. **krampen** [ˈkrampn̩] ⟨h⟩ 꺽쇠로 죄다[고정시키다]. **Krampen** [-], der; -s, - **1.** ↑Krampe. **2.** ⟨bayr., österr.⟩ 쇠갈퀴, 갈고리.

Krampf [krampf], der; -(e)s, **Krämpfe** [ˈkrɛmpfə] **1.** 경련, 발작: ein heftiger K. 심한 경련; jmd. wird von Krämpfen befallen 누가 발작을 일으키다. **2.** (통용어·폄) (무엇을 얻기 위해) 안간힘을 다하기, 진력: das ist doch alles K. 그건 모두가 발작적인 안간힘이다. **3.** ⟨schweiz.⟩ 범죄, 불법 행위: **einen K. drehen** ⟨경⟩ 불법 행위를 저지르다.

krampf—, Krampf— (Krampf 1): **~ader**, die 정맥류 (靜脈瘤). **~aderbildung**, die 정맥류 형성. **~aderverödung**, die [의학] Varizenverödung. **~artig** ⟨Adj.⟩ 경련성의. **~husten**, der 경련성 기침. **~lindernd** ⟨Adj.⟩ 경련을 완화시키는. **~lösend** ⟨Adj.⟩ 경련을 푸는: -e Medikamente 진경제(鎭痙劑). **~stillend** ⟨Adj.⟩ 경련을 멈추게 하는. **~zustand**, der 경련[발작] 상태.

krampfen [ˈkrampfn̩] ⟨h⟩ **1. a)** 떨다, 경련을 일으키다:

sein Herz stockte einen Augenblick, krampfte dann plötzlich 그의 심장은 한순간 멈췄다, 그리고는 갑자기 경련하였다; 《또한》 k. + sich》 ich fühlte, wie sich mein Magen krampfte 나는 내 위가 경련하는 것을 느꼈다. **b)** 《드람예》 웅크리다, 오그라들다. **2. a)** 《발작적으로》 잡고 매달리다. **b)** 《k. + sich》 《발작적으로》 움켜잡다, 껴안다. **c)** 《k. + sich》 무엇 속으로 파고들어 그 안에서 굳어버리다. **3.** 《지역적》 《좋은 기회에》 얻다, 취하다, 수중에 넣다: sich eine Frau k. 여자를 얻다. **4.** 《schweiz.》 《잘못》 애쓰다, 《팔이나 몸을》 몹시 굽히다. **Krampfer**, der; -s, - 《schweiz.》 꽹꽝한 노력가, 야심가: seine Kameraden stempelten ihn zum K. 그의 동료들은 그를 야심가로 낙인찍었다. **Krampfertum**, das; -s 《schweiz.》 노력가[야심가] 기질. **krampfhaft** ⟨Adj.⟩ **1.** 경련적인, 발작적인: sie brach in -es Lachen aus 그 여자는 발작적인 웃음을 터뜨렸다. **2.** 안간힘을 다하는, 모든 노력을 다하는, 진력하는: sich k. um etw. bemühen 무엇을 위해 진력하다; k. über ein Problem nachdenken 어떤 문제에 대해 온 힘을 다해 심사숙고하다. **krampfig** ⟨Adj.⟩ **1.** 부자연스런: sein Lächeln ist etw. k. 그의 미소는 좀 부자연스럽다. **2.** ↑krampfartig: eine -e Verengung der Herzkranzgefäße 심장관상혈관의 경련성 협착. **krämpfig** ['krɛmpfɪç] ⟨Adj.⟩ 《고어》 ↑krampfig. ¹**Krampus** ['krampʊs], der; -, ...pi [latinisiert aus dt. Krampf 《의학》 ↑Krampf (1).

²**Krampus** [-], der; -(es), -se 《österr.》 《악마의 모습을 하고 나쁜 아이를 벌 주는》 산타클로스의 종자(從者).

Krams ['kra:ms], der / das, - 《nordd.》 ↑Kram (1).

Kramuri [kra'mu:ri], die; ...ren 《österr. · 통용어》 잡동사니.

Kran [kra:n], der; -(e)s, Kräne ['krɛ:nə] 《전문어》 -e, 《지역적》 《축소형 ↑Kränchen》 **1.** 크레인, 기중기: einen K. aufstellen 기중기를 설치하다. **2.** ⟨Pl. Kräne, -en⟩ **a)** 《südwestd.》 수도 꼭지: den K. aufdrehen 수도 꼭지를 틀다. **b)** 《지역적》 가스꼭지. **c)** 《지역적》 통의 마개(꼭지).

Kran-: ~**beere**, die ↑Kranbeere. ~**brücke**, die 《기술》 《이동 기중기의》 받침대, 갠트리. ~**fahrer**, der ↑~**führer**. ~**führer**, der 기중기 기사《운전사》. ~**führerhaus**, das 기중기 운전석. ~**wagen**, der 《기술》 크레인 탑재차. ~**winde**, die 크레인 권양기《捲揚機》.

Kranawett ['kra:navɛt], der; -s 《österr. · 방언적》 ↑Kranewit. **kranbar** ['kra:nba:r] ⟨Adj.⟩ 《기술》 크레인으로 운반할 수 있는: -e Güter 크레인으로 운반할 수 있는 화물들. **Kranbeere** ['kra:n-], **Kränbeere** ['krɛn-], die; -n 《고어》 ↑Preiselbeere. **Kränchen** ['krɛnçən], das ↑Kran. **Kraneberger** ['kra:nəbɛrgɐ] ↑Kranenberger. **kranen** ['kra:nən] ⟨h⟩ 《기술》 크레인으로 운반하다: kann man diese Kisten k.? 이 상자들을 크레인으로 옮길 수 있습니까? **Kranenberger** ['kra:nənbɛrgɐ], **Kranenheimer** [...haɪmə], der; -s 《südwestdt. · 농》 마실 수 있는 수돗물. **Kranewit** ['kra:nəvɪt], **Kranewitter** ['kra:nəvɪtə], der; -s 《bayr. · österr.》 노간주나무.

Krangel ['kraŋəl], der; -s, -n 《등산 · schweiz.》 자일이 꼬여 생긴 매듭 비슷한 것. **krangelig**, **kranglich**, **kranglig** ['kraŋ-] ⟨Adj.⟩ 《등산 · schweiz.》 칭얼대는. **krangeln** ['kraŋln] ⟨h⟩ **1.** 《등산 · schweiz.》 자일이 꼬여 매듭이 생기다. **2.** 《지역적》 《특히 어린아이의》 칭얼대다, 징징 짜다(울다).

krängen ['krɛŋən] ⟨h⟩ [niederl. krengen] 《선원》 《배가》 옆으로 기울다.

kranglig: ↑krangelig.

Krängung, die; -en 《배가》 옆으로 기울음.

kranial [kra'nia:l] ⟨Adj.⟩ [griech. kraníon] 《의학》 **1.** 두개(頭蓋)의, 머리에 속하는. **2.** 《준고어》 머리 쪽으로 《향한》.

Kranich ['kra:nɪç], der; -s, -e 두루미. **Kranichvogel**, der 《동물》 여러과(科)에 속하는 모이주머니가 없는 새.

kranio-, **Kranio-** [kranio-; griech. kraníon] ⟨두개(頭蓋)를 뜻하는 규정어로서 합성어에⟩ 《예컨대: Kraniotomie》. **Kranioklast** [...'klast], der; -en, -en [griech. klastós] 《의학》 《외과 수술용》 쇄두기《碎頭器》. **Kraniologie**, die 《의학》 두개학《頭蓋學》. **kraniologisch** ⟨Adj.⟩ 《의학》 두개학의. **Kraniometer**, das; -s, - 《의학》 두개 측정기. **Kraniometrie**, die; -n 《의학》 두개 측정(법). **kraniometrisch** ⟨Adj.⟩ 《의학》 두개 측정(법)의. **Kraniotabes**, die 《의학》 두개로(頭蓋癆). **Kraniote**, der; -n, -n 《대개 Pl.》 두개골이 있는 척추동물. **Kraniotomie** [...to'mi:], die; -n [...i:ən; griech. tomḗ] 《의학》 개두술《開頭術》. **Kranium** ['kra:nium], das; -(s), ...ia / ...ien [...iən; lat. cranium < griech. kraníon] 《해부》 두개《頭蓋》.

krank [kraŋk] ⟨Adj.⟩ ⟨kränker, kränkste⟩ **1.** 앓는, 병든, 고민하고 있는《반대: gesund 1 a》: einen -en Zahn haben 건강하지 않은 이를 하나 가지고 있다; auf den Tod k. sein 죽을 병에 걸려 있다; er ist k. an Leib und Seele 《아어》 그는 심신이 병들어 있다; er ist k. [stellt] sich k. 그는 자신이 병든 것처럼 느낀다《병난 체한다》; er spielt k. 《통용어》 그는 꾀병을 부린다; sich k. melden 아프다고 신고하다, 병가를 내다; k. zu(im) Bett liegen 아파서 누워 있다; vor Heimweh(vor Liebe) k. sein 향수병《상사병》에 걸려 있다; der Junge machte mich k. 그 아이가 내 속을 썩인다; sich k. ärgern 매우 화내다; jmdn. k. schreiben 병으로 인하여 근무할 수 없음을 《의사가》 확인해주다; ein -er Baum 병든 나무. **2.** 《사냥》 총상을 입어 피를 흘리다.

krank-, **Krank-**: ~**feiern** ⟨h⟩ **a)** 《통용어 · 농》 꾀병을 부리고 집에서 쉬다《결근하다》. **b)** 《지역적》 일을 할 수 없다. ~**lachen**, sich ⟨h⟩ 《통용어》 몹시 웃다, 죽도록 웃다: es war alles so komisch, ich habe mich krankgelacht 모든 것이 아주 우스워서 나는 죽도록 웃었다. ~**machen** ⟨h⟩ ↑krankfeiern. ~**meldung**, die 병결《病缺》신고. ~**schießen*** ⟨h⟩ 《사냥》 총을 쏘아 상처를 입히다.

Kranke* ['kraŋkə], der / die 아픈 사람, 환자《반대: Gesunde》. **Kränke** ['krɛŋkə] 《지역적》 경련, 간질(癎疾): daß dich die K.! 염병할 놈!; hier ärgere ich mir noch die K. an den Hals 화가 나 죽겠다, 화병나겠다. **Kränkelei** [krɛŋkə'laɪ], die; -en 병약(함), 허약. **kränkeln** ['klɛŋkln] ⟨h⟩ 병약하다, 허약하다, 병치레하다. **kranken** ['kraŋkn] ⟨h⟩ **1.** 《고어 · 지역적》 앓고 있다: an Asthma k. 천식을 앓고 있다; 《전의》 ihr Herz krankte nach ihrem kleinen Sohn 그녀는 어린 아들을 몹시 그리워했다. **2.** 《결핍, 결함 따위로》 괴로움을 당하다, 지장을 받다: dieses Auto krankt wie alle Autos anderer Typen an Defekten 이 자동차는 다른 차종보다 고장이 잘 난다. **kränken** ['krɛŋkn] ⟨h⟩ **1.** 《마음을》상하게 하다, 모욕하다, 괴롭히다: ich wollte ihn damit nicht k. 나는 그것으로 그의 마음을 상하게 하려는 생각은 없었다; das ist für mich sehr kränkend 그것은 나에게는 매우 가슴을 아프게 하는 일이다; er zog sich gekränkt zurück 그는 감정이 상해 물러섰다; sein gekränkter Stolz 그의 손상된 자부심. **2.** ⟨k. + sich⟩ 《아어 · 준고어》 감정이 상하다, 화나다.

kranken-, **Kranken-**: ~**anstalten** ⟨Pl.⟩ 《관》 종합병원. ~**auto**, das ↑ ~wagen. ~**bericht**, der 《가정의가 전문의에게 보내는 환자의》 병상(病狀)보고. ~**besuch**, der 문병, 왕진, 회진. ~**bett**, das **1.** 병상

kränker 1228

(病床): Studien am K. 임상(臨床)연구. **2.** (병원의)환자용 침대. **3.** (드물게) ↑~lager (2). **~blatt**, das 임상기록, 차트. **~fahrstuhl**, der (관) 휠체어. **~geld**, das (의료 보험에서 지불되는) 질병 보조금. **~geldanzug**, der (schweiz.) 질병 보조금 신청. **~geschichte**, die **1. a)** 병력(病歷). **b)** 병력 기록부. **2.** ↑~blatt. **~gut**, das (일정 구역·상황·관점의)환자 총수. **~gymnast**, der 치료체조 교사. **~gymnastik**, die 치료체조. **~gymnastin**, die 치료체조 여교사. **~gymnastisch** ⟨Adj.⟩ 치료체조의. **~haus**, das 병원; jmdn. aus dem K. entlassen 누구를 퇴원시키다; im K. liegen 입원중이다; jmdn. ins K. bringen [einliefern] 누구를 입원시키다(병원에 데리고 가다). **~hausarzt**, der (종합) 병원 의사. **~hausaufenthalt**, der 입원. **~hausbau**, der ⟨Pl. -ten⟩ 병원 건축. **~hausbehandlung**, die 병원에서의 치료. **~hausbett**, das 병상, 병원 침대. **~hauseinweisung**, die 입원 지시. **~hauskosten** ⟨Pl.⟩ 병원비. **~hausreif** ⟨Adj.⟩ 입원 치료가 필요한: k. aussehen 입원 치료를 받아야 할 정도로 아파 보이다. **~kasse**, die (österr.) ↑~kasse. **~kasse**, die 의료보험(조합). **~kassenbeitrag**, der 의료 보험료. **~kost**, die 환자식(식). **~lager**, das (아어) **1.** ↑Krankenbett (1). **2.** 병상에 누워 있어야 하는 기간. **~pflege**, die 간병(看病), 간호. **~pflegeorden**, der 간병교단(看病敎團). **~pfleger**, der 남자 간호사. **~pflegerin**, die (드물게) ↑Krankenschwester. **~revier**, das (군) 위생실. **~saal**, der (병원의)공동 병실, 큰 병실. **~salbung**, die 【가】 환자도유식(塗油式), 병유(病油). **~schein**, der 의료보험 진찰권. **~schwester**, die 간호사. **~stand**, der (기업체 등의)환자수: im K. sein (österr.) 병으로 결근하다. **~stuhl**, der ↑~fahrstuhl. **~suppe**, die 환자용 수프(죽). **~tagegeld**, das ↑~geld. **~trage**, die 들것, 환자 운반용 침대. **~träger**, der 환자를 나르는 사람. **~transport**, der 환자 수송. **~unterstützung**, die (드물게) ↑~geld. **~versichert** ⟨Adj.⟩ 의료보험에 가입한. **~versicherung**, die **a)** 의료보험, 질병보험. **b)** 의료보험 회사. **~versicherungspflichtig** ⟨Adj.⟩ 의료보험 가입의무가 있는. **~wache**, die (야간의) 환자 지키기. **~wagen**, der 구급차, 환자 운반차. **~wärter**, der (대개 정신 병원의) 간호인. **~zimmer**, das 병실.
kränker: ↑krank의 비교급.
krankhaft ⟨Adj.⟩ **1.** 병에서 유래하는, 병리적인: -e Veränderungen 병리적인 변화; **b.** bedingte Appetitlosigkeit 병으로 오는 식욕부진. **2.** 병적인: -e Eifersucht zeigen 병적인 질투심을 보이다. **Krankhaftigkeit**, die ↑krankhaft의 명사형. **Krankheit**, die; -en **a)** 병, 질병: eine bösartige[schleichende, akute, chronische] K. 악성[잠행성·급성·만성]병; die K. klingt ab[ist im Abklingen] 병이 나아가고 있다; einer K. vorbeugen 병을 예방하다; an einer K. leiden [sterben] 어떤 병에 걸려 있다[어떤 병으로 죽다]; jmdn. von einer K. heilen 누구를 병에서 낫게 하다; (hin)fallende K. (민속적) 간질병; eine K. unserer Zeit 우리 시대의 병; diese K. von Torte willst du deinen Gästen anbieten? (통용어·농) 이 형편없는 케이크를 너는 네 손님들에게 내놓으려 하느냐? **b)** ⟨Pl. 없음⟩ 병든 [아픈] 기간.
krankheits-, Krankheits-: **~anzeichen**, das ↑~symptom. **~bild**, das 병의 모든 증상, 병상. **~dauer**, die 병의 지속 기간. **~erregend** ⟨Adj.⟩ 발병시키는. **~erreger**, der 병인(病因), 병원체. **~erscheinung**, die 증후, 증상. **~fall**, im K. 병이 날 경우. **~fall**, im K. 병이 날 경우. **~fall**, im K. 병이 날 경우. **~anzeige**, die 병고시(病故時): Lohnfortzahlung im K. 병고시(病故

時)의 임금 계속 지불. **~geschichte**, die ↑Krankengeschichte. **~halber** ⟨Adv.⟩ 병 때문에: k. geschlossen 병 때문에 폐점. **~herd**, der 병발생지, 병소(病巢). **~keim**, der 병원체, 병균. **~symptom**, das 증후, 증상. **~übertrager**, der (-en 상심(傷心)시키는 사람[것], 보관자. **~ursache**, die 병의 원인. **~verlauf**, der 병의 경과. **~zeichen**, das 증후, 병의 표징(表徵).
kränklich ['krɛŋklɪç] ⟨Adj.⟩ 병약한, 허약한: der Alte ist neuerdings ziemlich k. 그 노인은 요사이 상당히 허약하다. **Kränklichkeit**, die 병약, 허약. **kränkste**: ↑krank의 최상급. **Kränkung**, die; -en 상심(傷心)시킴, 모욕, 무례, 화나게 함, 마음을 괴롭힘: etw. als K. empfinden 무엇을 모욕으로 느끼다.
Kranz [krants], der; -es, Kränze ['krɛntsə] **1.** ⟨축소형: ↑Kränzchen⟩ 화환, 화관: einen K. binden[(아이) winden, flechten] 화환을 엮다; einen großen K. mit Schleife aufs Grab legen 리본이 달린 큰 화환을 무덤에 바치다; dem Sieger den K. umhängen 화환[영관(榮冠)]을 승리자의 목에 걸어 주다. **2. a)** ⟨⟨schweiz.⟩⟩ (금, 은, 동) 상: in die Kränze kommen 상을 받다. **b)** ↑Kranzkuchen의 약칭. **c)** ↑Haarkranz의 약칭: sie hatte die Zöpfe zum K. aufgesteckt 그 여자는 땋은 머리를 틀어 올렸었다. **3. a)** 원형, 고리(반지) 모양. **b)** 무엇을 둘러싸고 있는 여러 사람[것] 의해 the Stadt ist von einem K. Seen umgeben 그 도시는 호수들로 에워싸여 있다. **4.** ⟨축소형: ↑Kränzchen⟩ 【사냥】 (마른 땅에 찍힌) 사슴류의 발자국. **5.** 【볼링】 가운데 핀 하나를 빼고 모두 쓰러진 모양.
kranz-, Kranz-: **~abzeichen**, das ⟨⟨schweiz.⟩⟩ 숫자 기장. **~ader**, die 관상 정맥. **~binder**, der (드물게) 화환을 엮는 사람. **~binderin**, die (드물게) **~binder**의 여성형. **~förmig** ⟨Adj.⟩ 화환 모양의. **~gefäß**, das ↑Herzkranzgefäß. **~geld**, das [예전에 처녀의 장식으로 쓰인 화관에] 【법】 (남자가 약혼했던 여자에게 주는) 파혼 위자료. **~geldanspruch**, der 파혼 위자료 청구. **~gesims**, das 【건축】 처마 두림띠. **~geweih**, das 【사냥】 아주 위로 올라가 주의 맞닿는 사슴 뿔. **~gewinnend** ⟨Adj.⟩ ⟨⟨schweiz.⟩⟩ 우승하는. **~jungfer**, die ⟨⟨schweiz.⟩⟩ ↑Brautjungfer. **~kuchen**, der (도넛형의) 대형 케이크. **~naht**, die 관상 봉합(冠狀縫合). **~niederlegung**, die 헌화(식). **~schleife**, die 화환의 리본. **~schwinger**, der ⟨⟨schweiz.⟩⟩ 연속적으로 수상한 레슬링 선수. **~spende**, die 조화(弔化). **~turner**, der ⟨⟨schweiz.⟩⟩ 연속적으로 수상한 체조 선수.
Kränzchen ['krɛntsçən], das; -s, - **1.** ↑Kranz (1, 4) 참조. **2. a)** (사교를 위해 정기적으로 만나는, 특히 여자들의) 서클, 클럽, 회(會): sie gehört auch zu diesem K. 그 여자 역시 이 사교 서클에 속한다. **b)** 서클(클럽)의 모임. **Kränzchenschwester**, die 사교 서클의 동료 회원. **Kranzljungfer**: ↑Kranzljungfer. **kränzen** ['krɛntsn̩] ⟨h⟩ **1.** (아어·드물게) 화환으로 장식하다, 화환(화관)을 씌우다. **2.** 【사냥】 (사슴류가) 발자국을 남기다. **Kranzljungfer** ['krants-], die; -n ⟨⟨südd., österr.⟩⟩ 신부 들러리.
Kräpel ['krɛːpl̩], der; -s, - [md. kräpeln] ⟨⟨지역적⟩⟩ ↑Krüppel (b).
Kräpfchen ['krɛpfçən], das; -s, - ↑Krapfen (2).
Kräpfel ['krɛpfl̩], der; -s, - ⟨⟨südd.⟩⟩ ↑Krapfen (2).
Krapfen ['krapfn̩], der; -s, - **1.** 【요리】 튀김 요리(반죽에 담근 고기, 야채, 과일 조각 등). **2.** ⟨⟨지역적⟩⟩ ⟨축소형: ↑Kräpfchen⟩ (대개 잼이 든, 작고 둥근 튀긴 과자.
Krapp [krap], der; -(e)s [niederl. krap] ↑Färberröte.
Krapp-: **~farbstoff**, der (꼭두서니 뿌리에서 추출한) 자주색 염료. **~lack**, der (햇빛에 바래지 않는) 빨간색 래

크[칠]. ~rot, das ↑~farbstoff.
Kräppel ['krɛpl], **Kräppelchen**, das; -s, - 《md.》↑ Krapfen (2).
krappen ['krapn] ↑krabben.
Krase ['kra:zə], die; -n, **Krasis** ['kra:zɪs], die; ...sen [griech. krāsis] (고대 그리스어 문법에서 두 모음을 하나의 장모음 또는 이중모음으로 줄이는) 2철(綴) 합약(合約).
krasmen ['krasmən] 〈s〉(schweiz.) 기어오르다.
kraß [kras] 〈Adj.〉[lat. crassus] 아주 심한, 현저한, 극단적인, 두드러진: ein krasser Fall von Korruption 두드러진 부정부패 사례; er ist ein krasser Egoist 그는 극단적인 이기주의자이다; in krassem Gegensatz zu etw. stehen 무엇과 현저한 대조를 이루다. **Kraßheit**, die; -en ↑~kraß의 명사형.
¹Krater [kra'te:ɐ], der; -s, -e [lat. crātēr < griech. kratḗr] (포도주와 물을 섞는 고대 그리스의) 항아리.
²Krater ['kra:tɐ], der; -s, - [lat. crātēr < griech. kratḗr] 분화구: der K. des Ätna 에트나 화산의 분화구.
Kraterlandschaft, die 분화구 지대(식물이 거의 자라지 않고, 화산 분화구가 많아 황량해 보이는): die K. des Mondes 달의 (황량한) 분화구 지대. **Kratersee**, der 구호(火口湖).
kratikulieren [kratiku'li:rən] 〈h〉[lat. craticula] [수학] (도면 확대기를 이용하여) 도형을 측정하다[옮기다, 확대하다, 축소하다].
Kraton [kra:ton], der; -s [griech. kratein] [지질] 대륙괴(大陸塊), 크라톤.
Kratt [krat], der / das, -s, -e [niederd. krat(t)] (nordd.) (특히) 떡갈나무 숲, 관목덤불.
Kratten [kratn] (schweiz.), **Krätten** ['krɛtn], der; -s, -(südd., schweiz. 방언적) 큰 광주리, 바구니.
Krattler ['kratlɐ], der; -s, -(südd.) 빈둥빈둥 노는 사람, 게으름뱅이, 쓸모없는 사람.
Kratz [krats], der; -es, -e (지역적) 생채기, 긁힌 자국(상처), 갈라진 틈[금].
kratz-, Kratz-: ~band, das [광] ↑Kratzerförderer. ~beere, die (지역적) ↑Brombeere. ~bürste, die (통용어·농) 반항적인 (고집센) 젊은 여자(사람). ~bürstig [-bʏrstɪç] 〈Adj.〉 무뚝뚝한, 고집센, 반항적인. ~bürstigkeit, die; -en a) (Pl. 없음) ↑~bürstig의 명사형. b) 반항적인 언행. ~distel, die 엉겅퀴속 (屬). ~eisen, das (현관문 앞 바닥에 놓아 두는) 구두 바닥에 묻은 흙을 긁어내는 금속판. ~fest 〈Adj.〉 생채기가 나지 않는, 단단한. ~förderer, der ↑Kratzerförderer. ~fuß, der (농) 오른발을 땅에 끌면서 머리 빼고하는 절: (s)einen K. machen (농) 누구에게 형식을 차려 인사하다. ~putz, der [토건] 표면을 긁어 거칠게 한 담벽 장식. ~spur, die [사냥] 긁은 흔적(자국). ~wunde, die 할퀸 상처. ~wurm, der ↑Kratzer (3).
Krätzchen ['krɛtsçən], das; -s, - [군] **1.** (옛) 챙없는 둥근 전투모. **2.** ↑Schiffchen.
Kratze ['kratsə], die; -n [광] 갈퀴.
¹Krätze ['krɛtsə], die; -n (지역적) 등에 지는 광주리.
²Krätze ['krɛtsə], die **1.** 습·K. haben (누구가) 옴이 올랐다; **sich die K. an den Hals ärgern** (통용어) 몹시 화내다. **2.** ↑Gekrätz. **Krätzemittel**, das 옴약.
kratzeln ['krɛtsln] (schweiz.) ↑kritzeln. **kratzen** ['kratsn] 〈h〉 **1. a)** 긁다, 할퀴다, 긁다: jmdm. im Gesicht k. 누구의 얼굴을 할퀴다; 전의 die Geige k. (통용어·농) 서투르게 바이올린을 켜다; sich den Bart k. (통용어) 면도하다. **b)** 손톱[발톱]으로 할퀴다: 전의 (hart) zu k. haben (통용어) (몹시) 절약해서 생활해야 하다. **c)** α) (뾰족한 끝으로) 긁다, 긁는 소리를 내다: die Feder kratzt (펜이 종이를) 긁는다; die dauernde Kratzen im Radio ärgerte ihn 라디오의 계속 긁히는 소리가 그를 짜증나게 만들었다. β) (뾰족한 끝, 날카로운 것 등으로) 문지르다, 문질러 소리를 내다: er kratzt auf seiner Geige (농) 그는 바이올린을 서투르게 켠다; 전의 an jmds. Ehre(Vormachtstellung) k. 누구의 명예[우세한 위치]를 해치다. **d)** [방적] 소면기(梳綿機) [소모(毛)기]로 실을 뽑다: Wolle k. 털실을 뽑다. **2.** (가려워) 긁다: kratz mich bitte mal (auf dem Rücken)! (등을) 좀 긁어줘!; sich hinter dem Ohr[sich den Kopf] k. 귀 뒤[머리]를 긁적이다(당황할 때, 어찌할 바를 모를 때); sich blutig k. 긁어서 피가 나다; 전의 das Lob hat ihn mächtig gekratzt (지역적) 칭찬을 받아 그는 아주 흐뭇했다. **3. a)** 간지럽히다, 가렵게 만들다, 껄끄럽다: der neue Pullover kratzt fürchterlich (auf der Haut) 새 스웨터가 (피부를) 끔찍이 간지럽게 한다; 전의 das kratzt mich (nicht) 그것은 신경쓰이게 한다(하지 않는다). **b)** (목구멍을) 자극하다: der Tabak(Rauch) kratzt in der Kehle 담배(연기)가 목구멍을 자극한다; es kratzt (mir [mich]) im Hals (내)목이 칼칼하다(감기 때문에). **4.** 긁어서 파다: der Hund hat ein Loch in den Boden gekratzt 개가 바닥에 구멍을 팠다; seinen Namen in die Wand k. 벽에 자기 이름을 새기다. **5. a)** (긁어) 파내다: die Asche aus dem Ofen k. 난로에서 재를 파내다. **b)** (긁어) 바르다: die Butter aufs Brot k. 빵에 버터를 바르다. **6.** (지역적) 훔치다.
Krätzenkraut ['krɛtsn̩-], das; -(e)s [das Kraut wurde als Heilmittel gegen ²Krätze verwendet] ↑Skabiose. **Kratzer** ['kratsɐ], der; -s, - **1.** (통용어) 할퀸(긁은) 자국: ein paar K. im Gesicht haben 얼굴에 몇 군데 할퀸 자국이 있다. **2.** 긁는 연장. **3.** (지역적) 구두솔(釣鉤蟲). **Krätzer** ['krɛtsɐ], der; -s, - (지역적) **1.** (펌) 나쁜(떫은, 신) 포도주. **2.** ↑Federweiße. **Kratzerförderer**, der; -s, - [기술] 얇은 강철판으로된 도관(導管). **Kratzerwurm**, der; -(e)s-würmer ↑Kratzer (3).
kratzig ['kratsɪç] 〈Adj.〉 부드럽지 않은, 거칠은, 뻣뻣한, 껄끄러운, 신, 떫은: ein Pullover 껄끄러운 스웨터; der Wein ist k. 그 포도주는 시다; 전의 eine -e Stimme 새된(귀에 거슬리는) 목소리; sie ist immer sehr k. (통용어) 그 여자는 항상 아주 반항적이다. **krätzig** ['krɛtsɪç] 〈Adj.〉 옴에 걸린, 옴이 오른. **Krätzkraut**, das ↑Krätzenkraut. **Krätzmilbe**, die; -n 옴벌레, 개선충(疥癬蟲).
krauchen ['krauxn] 〈s;대개 현재로〉**1.** (md.) ↑kriechen (1~4). **2.** (통용어) 힘들게 기둥이 움직이다(걷다).
Kräuel ['krɔyəl], der; -s, - (지역적) 곡괭이, 흙을 고르는 농기구, 갈퀴.
kräueln ['krɔyəln] 〈h〉 (지역적·드물게) ↑²kraulen. **krauen** ['krauən] 〈h〉 ↑kraulen: jmdm. das Haar [jmdn. hinter den Ohren] k. 누구의 머리를 쓰다듬어 주다(귀 뒤를 긁어 주다).
Kraul [kraul], das; -s <대개 관사 없이 격변화 없음> [engl.-amerik. crawl] [스포츠] 자유형(수영), 크롤.
Kraul- [스포츠] ~schlag, der 자유형(수영)의 팔짓기. ~schwimmen, das 자유형 수영. ~schwimmer, der 자유형 수영자(선수). ~sprint, der 자유형 단거리. ~staffel, die 자유형 계영. ~stil, der 자유형 (수영).
¹kraulen ['kraulən] [engl.-amerik. crawl] **a)** 〈h〉 자유형(크롤)으로 수영하다. **b)** 〈s〉 크롤로 헤엄쳐 가다: er ist über den See gekrault 그는 자유형으로 수영해 호수를 건넜다. **c)** 〈h / s〉 자유형 수영으로 주파하다: er hat[ist] die Strecke in Rekordzeit gekrault 그는 자유형으로 그 거리를 기록적인 시간으로 주파했다. **²kraulen** [-] 〈h〉 (손가락으로) 가볍게 긁다, 쓰다듬다, 어루만지다: jmdm. das Kinn [jmdn. unter dem Kinn] k. 누구의 턱을 쓰다듬어 주다.

Krauler, der; -s, - [스포츠] ↑Kraulschwimmer.
kraus [kraus] ⟨Adj.⟩ **1. a)** 곱슬곱슬한: -es Haar 곱슬머리. **b)** 주름진: -e See 물결이 출렁이는 바다; -e Stellen glattbügeln 주름진 곳을 다리미질로 펴다; die Nase [die Stirn] k. ziehen 코를 찡그리다[이마를 찌푸리다]. **2.** 《편》 혼잡한, 뒤죽박죽인, 얽히고 설킨: -e Gedanken [Reden] 두서가 없는 생각[연설]. **3.** 《수공·nordd.》 ↑link... (1 b) / ↑links (1 1 d).
kraus-, Kraus-: **~beere**, die 《지역적》 구즈베리 열매. **~blätt(e)rig** ⟨Adj.⟩ 곱슬곱슬한 잎을 가진. **~haar**, das 곱슬머리. **~haarig** ⟨Adj.⟩ 곱슬머리의. **~kohl**, der ↑Grünkohl. **~kopf**, der **1.** 곱슬머리. **2. a)** 곱슬머리를 한 사람. **b)** 《편》 생각이 두서없는[뒤죽박죽인] 사람. **3.** [기술] (접시머리구멍을 뚫는) 드릴. **~köpfig** ⟨Adj.⟩ 곱슬머리의.
Krause ['krauzə], die; -n **1.** 주름잡힌 옷깃[소매깃], 가장자리 장식, 치맛단의 주름: [전의] eine K. ums Kinn haben 턱수염을 기르고 있다. **2.** 곱슬머리, 파마한 머리: eine starke(schwache) K. 심한(약한) 곱슬(파마)머리.
Kräusel ['krɔyzl], die; -n (또한 der; -s, - 주름잡힌 것[부분], 주름: der Rock fällt in lockeren -n 치마가 약간 주름이 잡힌다.
Kräusel- [섬유·수공]: **~arbeit**, die 주름 잡히게 박은 [꿰맨]부분. **~band**, das ⟨Pl. -bänder⟩ 주름 밴드(예전대 커튼의). **~falte**, die 주름. **~garn**, das (연성(延性)이 좋은) 고도꼰실 연사(撚絲). **~krankheit**, die [식물] 오갈병. **~krepp**, der **1.** (표면이 오글오글한) 중급의 크레이프 면(綿). **2.** 오글오글한 연사(撚絲) 크레이프.
kräuseln ['krɔyzln] ⟨h⟩ **1.** 살짝 파마하다, (수면에) 잔물결을 일으키다, 주름지게 하다: jmds. Haar k. 누구의 머리를 살짝 파마하다; der Wind kräuselte die Wasseroberfläche 바람이 수면에 잔물결을 일으켰다; die Nase k. 코를 찡그리다; spöttisch gekräuselte Lippen 조롱하듯 비죽거리는 입술. **2.** ⟨k. + sich⟩ 곱슬곱슬하게 되다, (천에)주름이 생기다, 잔물결이 일다: sein Haar kräuselt sich von Natur aus leicht 그의 머리는 선천적으로 약간 곱슬곱슬하다; der Rauch kräuselt sich über den Dächern 연기가 지붕들 위로 모락모락 피어 오른다; [성구] ich könnte mich k. (vor Lachen) (우스워서) 포복절도할 것 같다. **3.** (섬유가)(잘) 주름이 지다: der Stoff kräuselt (leicht) 그 천은 (잘) 주름진다. **Kräuselung**, die; -en **1.** ↑kräuseln의 명사형. **2.** 주름진[곱슬곱슬한] 것. **Krauseminze**, die; -n 네덜란드 박하.
krausen ['krauzn] ⟨h⟩ **1.** 곱슬곱슬하게 하다, (천에) 주름을 잡다: das Haar k. 머리를 파마하다; das Tuch k. 천에 주름을 잡다; die Stirn [die Nase] k. 이마(코)를 찡그리다. **2.** ⟨k. + sich⟩ 주름이 지다, 찌푸려지다. **3.** (섬유 등이) (잘)주름이 지다.
¹Kraut [kraut], das; -(e)s, Kräuter ['krɔytɐ] **1.** ⟨대개 Pl.; 축소형: ↑Kräutchen, Kräutlein⟩ 채소, 풀, 약초, 양념[향료]용초: Kräuter sammeln 약초를 수집하다; er raucht nicht jedes K. 《통용어·편》 그는 아무 담배나 피우는 건 아니다; **gegen jmdn. [etw.] ist kein K. gewachsen** 《통용어》 누구는(무엇은) 어떻게 해볼 수 없다. **2.** ⟨Pl. 없음⟩ (풀·무 따위의) 잎: das K. abschneiden 잎을 잘라내다; **ins K. schießen** (열매나 뿌리는 저조한데) 잎만 무성하게 자라다, 번창하다, 만연하다, 점점 더 심해지다: [전의] der Aberglaube [jmds. Ehrgeiz] schießt (üppig) ins K. 미신이 기승을 부린다[그의 공명심이 대단하다]; **wie K. und Rüben** 《통용어》 난잡하게, 뒤죽박죽하게: in seinem Aufsatz geht alles wie K. und Rüben durcheinander 그의 글에는 모든 것이 뒤죽박죽 엉망진창이다. **3.** ⟨Pl. 없음⟩ 《südd., österr.》 양배추: K. anbauen 양배추를 재배하다; [성구] das machst du K. (auch) nicht fett 《통용어》 그것도 역시 별로 쓸모가 없다. **4.** ⟨Pl. 없음⟩ 《nordwestd.》 사탕무 또는 과일로 만든 걸쭉한 시럽. **5.** K. und Lot [사냥] 화약과 납.
²Kraut [-], der; -s, -s [amerik. kraut, ↑Sauerkraut의 약칭] 미국인의 독일인에 대한 편어적 호칭.
³Kraut [-], der; -s [niederd. krēvet] 《dithmarsisch》 게, 새우.
kraut-, Kraut- (¹Kraut): **~artig** ⟨Adj.⟩ 풀[채소]같은, 초본상(草本狀)의. **~baron**, der 《옛·편》 대지주. **~faß**, das《südd., österr.》 양배추를 절여 발효시키는 통. **~fäule**, die (잎이 썩는) 감자의 병. **~fischer**: ↑Krautfischer. **~fresser**, der 《편·외국에서》 독일사람, ↑²Kraut. **~garten**, der 《지역적》 채소밭. **~gärtner**, der 《südd., österr.》 채소밭지기. **~hacke**, die [농업] 제초용 괭이. **~häuptel**, das 《südd., österr.》 양배추의 대가리. **~hobel**, der 《südd., österr.》 양배추 써는 칼. **~junker**, der 《옛·편》 **1.** (촌스러운) 시골 귀족. **2.** (귀족 가문의) 대지주. **~kopf**, der 《südd., österr.》 양배추의 대가리. **~netz**: ↑Krautnetz. **~rock**, der ↑Krautrock. **~roulade**, die《südd., österr.》 고기를 양배추에 만 요리. **~salat**, der 양배추 샐러드. **~scheuche**, die (ostmd.) ↑Vogelscheuche. **~schneider**, der 《südd., österr.》 양배추 써는 기구. **~stiele** ⟨Pl.⟩ 《schweiz.》 근대의 엽맥(葉脈). **~wickel**, der 《südd., österr.》 ↑~roulade.
Kräutchen ['krɔytçən], Kräutlein [...lain], das; -s, - ↑¹Kraut (1). **Kräutchen Rührmichnichtan**, Kräutlein Rührmichnichtan ['ryːçmiçniçtʔan], das; -s, - - 《준고어》 쉽게 기분이 상하는[신경이 예민한] 사람. **krauten** ['krautn] ⟨h⟩ 《지역적》 제초하다. **Krauter**, der, -s, - **1.** 《농》 별난 사람: ein alter K. 별난 노인. **2.** 《편》 보잘 것 없는 사업가[장인(匠人)]. **3.** 《고어·편》 ↑Krautgärtner. **Kräuter**: ↑¹Kraut (1)의 복수.
kräuter-, Kräuter-: **~aufguß**, der 약초(차) 달이기. **~bad**, das 약탕욕(藥湯浴). **~bewohnend** ⟨Adj.⟩ 《동물》 -e Tiere 초식 동물. **~buch**, das 초본(草本) 도감, 약용 식물지(植物誌). **~butter**, die 향료를 넣은 버터. **~doktor**, der 약초(한방) 치료사. **~essig**, der 약초 맛을 낸 식초. **~frau**, die 약초를 취급하는 여자. **~fressend** ⟨Adj.⟩ 《동물》 -e Tiere 초식 동물. **~heilkunde**, die 약초 치료학. **~hexe**, die 《경·농·편》 약초를 취급하는 노파. **~käse**, der 향신료(香辛料)를 넣은 치즈. **~kissen**, das **1.** 향유 따위에 방향제로 넣어 두는 마른 약초 주머니. **2.** [요식] (수프 따위에 넣는) 약초(맛내는) 봉지. **~likör**, der 약초(맛) 리코르. **~quark**, der 약초(맛) 응유. **~salbe**, die 약초를 넣은 고약. **~sammler**, der 약초 채취자. **~sammlerin**, die 약초 채취녀. **~sammlung**, die 약초 채집. **~schnaps**, der 약초(맛) 화주. **~weib**, die《고어》 **~frau. ~wein**, der 약초(맛) 포도주. **~werk**, das 《고어》 《양념용》 야채.
Krauterer ['krautərɐ], der; -s, - **1.** ↑Krauter. **2.** 《schweiz.》 날림일꾼. **krautern** ⟨h⟩ ↑Krauter 《지역적·편》 날림으로 일하다.
Krautfischer, der 게잡이꾼.
Kräuticht ['krɔytiçt], das; -s, -e 《고어》 이삭. **krautig** ['krautiç] ⟨Adj.⟩ 야초·초본류의: -e Gewächse 야채[초본] 식물. **Kräutlein**: ↑Kräutchen. **Kräutler** ['krɔytlɐ], der; -s, - 《österr. ·준고어》 야채장수, 야채상.
Krautnetz, das; -es, -e 게잡이 그물.
Krautrock, der; -(s) 《은어》 독일 록음악.
Krawall [kra'val], der; -s, -e **1.** 소요, 혼란, 폭동

politische -e 정치적 소요; nach der Kundgebung brach ein K. aus 시위 후에 소요 사태가 벌어졌다. 2. 〈Pl. 없음〉《통용어》(많은 사람들에 의한) 소동, 떠들썩함: **K. schlagen** (큰 소리로) 열을 내어 불평하다.
Krawạll- der; -s, - 《통용어》: **~blatt,** das 《통용어·폄》선동적 스캔들 중심의 대중 신문. **~bruder, ~macher,** der 《통용어·폄》 소요자; 요란하고 떠들썩한 사람.
Krawạller, der; -s, - 〈드물게〉↑Krawallmacher.
Krawạtte [kra'vatə], die; -n [frz. cravate] **1. a)** 넥타이: (sich) die K.(um)binden 넥타이를 매다; eine K. tragen 〈통용어〉 넥타이를 매고 다니다; **eiserne K.** 〈통용어·농〉(꽂기만 하면 되는) 간이 넥타이; **jmdm. die K. zuziehen** 《경》 누구를 목졸라 죽이다, 교수형에 처하다; **jmdn. an(bei) der K. nehmen(packen)** 〈통용어〉 누구의 목을 조르다[잡다]; **einen hinter die K. gießen** 〈통용어·농〉 ↑Binde 3 참조. **b)** ↑Pelzkrawatte의 약칭. **2.** 〈레슬링〉 목조르기. **3.** 〈의학〉 ↑Gipskrawatte의 약칭.
Krawạtten-: **~halter,** der 넥타이 핀. **~knoten,** der 넥타이 매듭. **~macher,** der 《통용어·은폐》 고리 대금업자. **~muffel,** der 《광고·폄》 넥타이에 무관심한 사람. **~nadel,** die 넥타이핀. **~schleife,** die 《옛》 (나비 모양의) 리본 넥타이. **~tuch,** das 《옛》 목도리. **~zwang,** der 〈Pl. 없음〉 넥타이 착용 의무(규정).
kraweel-, Kraweel- [kra'veːl] 〈조선〉 《중세의》 범선 제작법: **~bau,** der 〈Pl. 없음〉 선판이어깔기 조선법(↑Klinkerbau (2)). **~boot,** das 이어깔기 선복 보트. **~gebaut** 〈Adj.〉 이어깔기로 건조된.
Kraxe ['kraksə], die; -n 《österr.·통용어》 **1.** 《bayr.》 **a)** 《돌아다 가질 때 운반하는》 지게. **b)** 등집 광주리. **2.** 《속어》 못생긴 여자. **3.** 읽기 힘든 필적, 악필. **Kraxelei** [kraksə'laɪ], die; -en 《통용어·südd., österr.·종종 폄》 《힘겹게》 계속 기어오르기. **kraxeln** ['kraksln] 〈sv〉 《통용어·südd., österr.》 《힘겹게》 기어오르다: auf einen Berg k. 힘겹게 산을 기어오르다. **Kraxler,** der; -s, - 《südd., österr.·종종 폄》 계속 산에 오르는 사람, 등산가.
Krayon [krɛˈjõː], der; -s, -s [frz. crayon] 《고어》 **1.** 연필. **2.** 백묵. **Krayonmanier,** die 〈Pl. 없음〉 〔미술〕 초오크화의 동판 부식판화술.
Kräze ['krɛːtsə], die; -n 《schweiz.》 등집 광주리.
Kreas ['krɛːas], das; - 《옛》 (표백하지 않은) 세아사마포(細亞麻布).
Kreatin [krea'tiːn], das; -s [griech. kréas = Fleisch] 〔생물·의학〕 크레아틴(척추 동물의 근육에 있는 아미노산의 일종).
Kreation [krea'tsjoːn], die; -en [1: frz. création; 2: lat. creātio] **1.** 《유행》 유행 창출: die neuesten -en aus Paris wurden vorgeführt 파리의 최신 유행이 선보였다. **2.** 《준고어》 **a)** 예술적 창작(물). **b)** 〈Pl. 없음〉 창조, 창출. **kreativ** [...'tiːf] 〈Adj.〉 [engl. creative] 《교양어》 **1.** 《교양어》 창의적인: ein Künstler von großer K. 창의력이 풍부한 예술가. **2.** 〔언어〕 언어 적응 능력. **Kreativurlaub,** der 〔관광〕 창의적 활동을 위한 휴가 여행.
Kreativitäts- 〔심리〕: **~forschung,** die 창의력 연구. **~test,** der 창의력 테스트. **~training,** das 창의력 훈련.
Kreatur [krea'tuːɐ], die; -en **1.** 《교양어》 **a)** 피조물, 생물: wir sind alle Gottes -en 우리는 모두 신의 피조물이다. **b)** 〈Pl. 없음〉 생명체. **2. a)** 가련한 [불쌍한] 인간. **b)** 〈통용어·폄〉 꼭두각시: er ist doch nur die [eine] K. seines Chefs 그는 상관에 맹종하는 꼭두각시에 지나지 않는다. **kreatürlich** [...'tyːɐlɪç] 〈Adj.〉 《교양어》 피조물

특유의. **Kreatürlichkeit,** die ↑kreatürlich의 명사.
Krebs [kreːps], der; -es, -e **1. a)** 갑각류, 가재, 게: die Scheren des -es 게의 집게다리; -e fangen(kochen, essen) 게를 잡다[요리하다, 먹다]; rückwärts gehen wie ein K. 게(가재)처럼 뒷걸음치다; **einen K. fangen** 《조정 은어》 노를 잘못(헛) 젓다. **b)** 〈대개 Pl.〉 〔동물〕 ↑Krebstier. **c)** 〔음악〕 되돌림표. **d)** 《통용어》 《서적 은어》 (팔다남은 책 따위의) 반(송)품. **e)** 《부랑어》 소매치기. **2.** 〔천문〕 **a)** 게자리(6월 22일에서 7월 22일까지). **b)** 게자리에 태어난 사람: er ist (ein) K. 그는 게자리에 태어난 사람이다. **3. a)** 암; 악성 종양: der K. wurde bei ihm zu spät erkannt 그의 암은 너무 늦게 발견되었다. **b)** ↑Pflanzenkrebs의 약칭.
¹**krebs-,** ¹**Krebs-** (Krebs 1): **~auge,** das 〔민속〕 ↑~stein. **~gang,** der [↑¹Krebs (1 a)] **1.** 〈Pl. 없음〉 후퇴, 퇴보, 악화: seine Geschäfte gehen den K. 그의 사업이 잘 안되고 있다. **2.** 〔음악〕 역동작, 역순 진행. **~otter,** der 밍크. **~rot** 〔(또한) '-'-'〕 〈Adj.〉 《삶은 게처럼》 빨간. **~schere,** die **1.** 게의 집게발. **2.** 자라풀과의 수생(水生) 식물. **~schwanz,** der 가재의 몸체. **~stein,** der 《민속》 게의 위부(胃部)에 생긴 석회질 결석. **~suppe,** die 게 수프. **~tier,** das 〈대개 Pl.〉 〔동물〕 갑각류.
²**krebs-,** ²**Krebs-** (Krebs 3 a): **~angst,** die 〈Pl. 없음〉 암에 대한 (병적인) 공포. **~artig** 〈Adj.〉 암과 같은, 암종(癌腫)의. **~arzt,** der 암 전문의. **~behandlung,** die 암 치료. **~bekämpfung,** die 암 퇴치. **~diagnostik,** die 암 진단법(학). **~erkrankung,** die 발암, 암에 걸림. **~erregend, ~erzeugend** 〈Adj.〉 암을 유발하는. **~form,** die 암의 형태. **~forscher,** der 암 연구자. **~forschung,** die 암 연구. **~früherkennung,** die 암 조기 진단. **~geschwulst,** die (육종과 구분되는) 암종(癌腫). **~geschwür,** das 악성 궤양: ein K. wegschneiden 암종양을 제거하다. **~gewebe,** das 암세포. **~hemmend** 〈Adj.〉 암을 억제하는. **~klinik,** die 암 의료원. **~knoten,** der 암 유암의 초기에 나타나는 결절. **~krank** 〈Adj.〉 암에 걸린. **~kranke',** der/die 암 환자. **~krankheit,** die ↑Krebs (3 a). **~leiden,** das 암 통증. **~schaden,** die ↑Krebs (3 a). **~spezialist,** der ↑~arzt. **~therapie,** die 암 치료. **~tod,** der 암으로 인한 사망. **~tote',** der 〈대개 Pl.〉 암으로 인한 사망자. **~übel,** das ↑~schaden. **~verdacht,** der 암이 아닌가하는 의혹. **~verdächtig** 〈Adj.〉 암으로 의심되는. **~vorbeugung,** die 암 예방. **~vorsorge,** die ↑~vorbeugung. **2.** 〔특히 관〕 암 조기발견 대책. **~vorsorgeuntersuchung,** die 암 조기 발견 검진. **~zelle,** die 암 세포.
krebsen ['kreːpsn] **1.** 〈h〉 게(가재)를 잡다: **mit etw. k. gehen** 〈지역적〉 무엇을 기화로 자신의 이익을 추구하다. **2.** 〈h〉 《통용어》 성과도 거두지 못하고 지치다. **3.** 〈s〉 **a)** 《통용어》 질질끌다, 기다, 쩔쩔매다: 〔전의〕 das Unternehmen krebst immer noch am Rande des Defizits 그 기업은 아직 적자의 테두리에서 헤매고 있다. **b)** 《schweiz.》 물러나다, 양보하다. **krebsig** 〈Adj.〉 암종성(癌腫性)의.
Kredenz [kre'dɛnts], die; -en [ital. credenza] 《고어》 상을 차리는 식탁. **kredenzen** [-tsn] 〈h〉 《아어》 (먼저 맛을 보고) 권하다. **Kredenztisch,** der 《고어》 ↑Anrichtetisch. ¹**Kredit** [kreˈdiːt], 《또한》 ...dɪt], der; -(e)s, -e [frz. crédit] **1. a)** 〔경제〕 대부(금), 신용 대부, 크레디트: ein zinsloser K. 무이자 대부; privater K. 개인 신용; öffentlicher K. 공채; **einen K. in Anspruch nehmen** 대부를 신청하다; er hat bei seiner Bank einen K. erhalten(aufgenommen) 그는 은행에

서 대부를 받았다[얻었다]; jmdm.(für jmdn.) einen K. eröffnen 누구에게 신용 거래를 개시해주다. **b)** 〈Pl. 없음〉외상, 지불 기간의 연기(유예): **auf K.** 외상으로; **auf K. kaufen** 외상으로 사다. **2.** 〈Pl. 없음〉 [상] 개인이나 기업체의 신용도: (bei jmdm.) K. haben [genießen] 누구에게 신용을 얻고 있다. **²Kredit** ['kre:dɪt], das; -s, -s [lat. crēdit = er glaubt (er ist Gläubiger)] [금융] (대차 대조표의) 대변(반대: Debet).
kredit-, Kredit- [금융·경제]: **~abteilung**, die 대부담당과(계). **~anstalt**, die 신용 기관, 은행. **~antrag**, der 신용 신청. **~auftrag**, der 신용 위임. **~bank**, die 〈Pl. -banken〉신용 은행. **~betrag**, der 대부액. **~betrug**, der 대출 사기. **~brief**, der [frz. lettre de credit] 신용장. **~büro**, das ↑~abteilung. **~empfänger**, der (신용) 대부 수혜자. **~fähig** 〈Adj.〉↑~würdig. **~fähigkeit**, die 〈Pl. 없음〉신용 능력. **~fazilität**, die ↑Fazilität (2). **~geber**, der (신용) 대부 제공자. **~gefährdung**, die (풍문에 의한) 신용도 위해. **~genossenschaft**, die 신용 조합. **~geschäft**, das 신용 업무. **~gewährung**, die 신용 공여, 여신 업무. **~hai**, der 《통용어·편》불법 고리 대부업자. **~hilfe**, die 신용(대부) 지원. **~institut**, das 신용 기관(은행), 금융 기관. **~karte**, die 신용 카드. **~kauf**, der 외상(신용) 구입. **~linie**, die 신용 대부의 상한선. **~markt**, der (단·중·장기) 신용 시장. **~nachfrage**, die (신용) 대부 수요. **~nehmer**, der (신용) 대부 수혜자. **~plafond**, der (국가나 신용 기관이 정한) 대부 상한선. **~politik**, die (중앙 은행의) 신용 정책. **~politisch** 〈Adj.〉신용 정책의. **~restriktion**, die 신용 제한. **~schutz**, der 대부 사기 예방. **~sicherung**, die 신용 안전 장치. **~unwürdig** 〈Adj.〉신용력이 없는(반대: kreditwürdig). **~unwürdigkeit**, die 신용불능, 신용 불가. **~versicherung**, die 신용 보험. **~volumen**, das 신용(대부) 규모. **~wesen**, das 〈Pl. 없음〉은행 기관. **~wirtschaft**, die 신용 경제. **~würdig** 〈Adj.〉신용력이 있는, 신용할 만한(반대: kreditunwürdig). **~würdigkeit**, die 신용 능력. **~zins**, der 대부 이자.
kreditär [kredi'tɛ:r] 〈Adj.〉[금융·경제] 신용 대부에 관련되는. **kreditieren** [kredi:ti:rən] 〈h〉 [frz. créditer] [상] **1. a)** 외상 거래를 (허락)해주다: kreditierte Warenlieferungen 외상 물품 공급. **b)** 무엇에 대해 신용 대부를 해주다. **2.** 대변에 기입하다: (jmdm.) einen Betrag k. (누구의) 대변에 일정액을 넣다. **Kreditierung**, die; 一 신용(외상)거래. **Kreditiv** [...'ti:f], das; -s, -e [...ɪvə] 〈드물게〉신임장(대·공사 등의). **Kreditor** ['kre:ditɔr, (또한) ...to:ɐ; 〈österr.〉kre'di:...], der; -s, -en [kredi'to:rən; ital. creditore < lat. crēditor] [상] 채권자. **Kreditorenkonto**, das [금융·부기] 채권자 계정. **Kreditseite**, die; -n [부기] 대변. **Kredo** ['kre:do], das; -s, -s [lat. crēdo = ich glaube] **1. a)** [가] 사도신경. **b)** [가] 미사중의 신앙 고백. **2.** (교양어) 신앙 고백.
Krefeld ['kre:fɛlt] 크레펠트(독일의 북부 도시). **¹Krefelder**, der; -s, - 크레펠트인, -의 주민. **²Krefelder** 〈Adj.; 격변화 없음〉↑Krefeld의 형용사형.
kregel ['kre:gl] 〈Adj.〉〈nordd., md.〉쾌활한, 활달한, 건강한.
Krehl, der; -s, -e 짧은 손잡이가 달린 곡괭이.
Kreide ['kraidə], die; -n **1.** 〈Pl. 없음〉흰 석회석. **2.** 백묵, 분필, 백악, 호분: ein Stück K. 분필 한 자루; etw. mit K. an die (Wand)tafel schreiben 분필로 무엇을 칠판에 적다; [전의] **bei jmdm. (tief) in der K. stehen(sein, sitzen)** 《통용어》누구에게 많은 빚을 지다; **bei jmdm. (immer tiefer) in die K. geraten**(**kommen**) 《통용어》누구에게 (점차 더 많은) 빚을 지게 되다; **auf K. leben** 《통용어》빚[외상]으로 살다; **mit doppelter K.(an)schreiben** 외상액을 부당하게 높이 써 넣다[어림하다]. **3.** 〈Pl. 없음〉[지질] 석회층, 백악층.
kreide-, Kreide-: **~bleich** 〈Adj.〉 놀람[분노, 두려움]으로 안색이 창백한. **~felsen**, der 백악암. **~formation**, die [지질] ↑Kreide (3). **~haltig** 〈Adj.〉석회석을 함유한, 백악질의. **~küste**, die 백악암 해변. **~manier**, die [미술] ↑Krayonmanier. **~papier**, das 백악(광택)지. **~stift**, der 촉이 있는 백묵. **~strich**, der **1.** 초크 선(線). **2.** (초크 그림에서) 선(線)의 형식. **~weiß** 〈Adj.〉 백묵처럼 흰, 매우 창백한: der Lehrer wurde k. und zitterte am ganzen Körper 그 선생은 아주 창백해지며 전신을 떨었다. **~zeichnung**, die 초크 스케치[소묘]. **~zeit**, die 〈Pl. 없음〉[지질] 백악기(期).
kreiden ['kraidn] 〈h〉〈드물게〉**1.** 석회로 바르다, 석회를 섞(어 넣)다. **2.** 백묵으로 표기[표시]하다. **3.** 백묵으로 그리다. **kreidig** ['kraidɪç] 〈Adj.〉**1.** 백묵(석회)으로 얼룩진, 석회로 덮인. **2.** [지질] 석회석을 함유한, 백악질의. **3.** (아어) 석회[백악]처럼: -e Gesichter 매우 창백한 안색.
kreieren [kre'i:rən] 〈h〉 [lat. creāre = erschaffen] **1.** 《교양어》**a)** (새로운 유행을) 만들어내다: diese Modeschöpferin hat den Minirock kreiert 이 디자이너가 미니를 만들어냈다. **b)** 창안하다, 고안하다; 창시하다: ein neues Wort k. 새 단어를 창시하다. **2.** [연극] (어떤 역을) 초연하다, (어떤 역의) 정형(定型)을 창시하다: er hat die Titelrolle(den Titelhelden) des neuen Bühnenstücks kreiert 그는 새로운 각본의 주인공을 초연했다. **3.** [가] 추기경에 임명하다. **Kreierung**, die; -en ↑kreieren의 명사형.
Kreis [krais], der; -es, -e **1. a)** 원, 원형: den Umfang eines -es berechnen 원의 면적을 계산하다; mit dem Zirkel einen K. schlagen 콤파스로 원을 그리다; **jmds. -e stören** 〈아어〉누구의 분야나 활동을 방해하다. **b)** [송구] ↑Wurfkreis의 약칭. **2. a)** 무리, 둥근 모형, 순환: den K. der neugierigen Zuschauer sprengen 호기심에 찬 무리의 구경꾼을 흩어지게 하다; hier schließt sich der K. unserer Wanderung 여기서 우리들의 도보 여행의 순환이 끝나다; die Kinder bildeten(schlossen) einen K. um die Lehrerin 아이들이 여선생을 둘러섰다; sich im K. drehen(bewegen) 돌다, 순환(주행)하다; es drehte sich ihm alles im K. 그는 어지러웠다; sich im -e umsehen 주위를 쭉 살펴보다; [전의] der K. schließt sich (일련의) 증거는 완전무결하다; [전의] der K. des Jahres 한해의 순환; **sich ziehen** 세력[영향력]을 확대하다: die Affäre zog weite [immer weitere] -e 그 사건은 많은[점차 더 많은] 사람에게 확대되었다; **seine -e ziehen** 〈아어〉자신의 법칙[원리]에 따라 꾸준히 작용하다: **sich im K. bewegen(drehen)** 그 자리에서 맴돌다, 반복하다, 쳇바퀴 돌다: die Argumentation dreht sich im K. 토론은 쳇바퀴 돈다; wir bewegen uns mit unseren Überlegungen im K. 우리는 우리 자신의 생각의 범주를 벗어나지 못하고 있다. **b)** [전기] ↑Stromkreis, Schaltkreis, Schwingkreis의 약칭. **3. a)** (사람의) 집단, 무리: einen K. andächtiger Zuhörer um sich versammeln 주의 깊은 한 무리의 청중을 끌어 모으다; etw. im (engsten) K. der Familie feiern (가장 가까운) 가족의 영역에서 무엇을 축하하다. **b)** (관심을 같이하는 사람들의) 모임, 동아리, 회(會): der K. der Bastler trifft sich donnerstags um 20 Uhr 공작에 취미를 가진 사람들의 모임이 매주 목요일 오후 8시에 있다; im engsten K. 측근

에서. c) ⟨Pl.⟩ 계층, 사회, 계(界): die besseren -e 상류 사회; aus gut situierten -en verlautet 정통한 소식통에 의하면; in seinen -en 그의 동료들 사이에서; das kommt in den besten -en vor 그 일로 괴로워할 필요 없다; in weiten[breiten] -en ⟨세상에⟩ 널리. **4.** ⟨일반 의⟩ 범위, 층, 폭: ein breiter K. von Problemen 광범 위한 문제들; den K. der Verdächtigen einengen 혐의자의 범위를 압축하다; aus dem K. seiner Leser hielt der Dichter begeisterte Zuschriften 그 작가는 그의 독자층으로부터 열광적인 편지를 받았다. **5.** 영역, 분야. **6.** 행정구(區), 군(郡), 지역: **schwarzer[weißer] K.** [행정] ⟨옛⟩ 경작지가 있는[없는] 지역(약어: Kr. 또는 Krs.).

¹kreis-, ¹Kreis- (Kreis 1~5): **~abschnitt,** der [기하] 궁형, 결원(缺圓). **~ausschnitt,** der [기하] 부채꼴, 선형(扇形). **~bahn,** die **1.** 고리 모양 길, 환상로. **2.** [천문] 원궤도. **~bewegung,** die 원운동. **~bogen,** der **1.** [기하] 원호. **2.** [건축] 원호형 아치. **~bücke,** die [기계체조] 몸을 앞에서 뒤로 날릴 때 뻗친 다리와 구부린 엉덩이를 하고 팔 짚고 반바퀴 돌기. **~durchmesser,** der 원의 지름. **~fläche,** die 원형의 면; 원의 면적. **~flanke,** die [기계체조] 몸을 앞에서 뒤로 날릴 때 한 팔 짚고 1/4 돌기의 평행봉 기술. **~förmig** ⟨Adj.⟩ 원형의. **~frequenz,** die [물리] 각(角)주파수, 각 진동수. **~funktion,** die [수학] 원함수. **~grätsche,** die 두 발을 벌린 상태에서 몸을 앞으로 날릴 때 짚은 팔을 중심으로 반바퀴 돌기. **~hocke,** die [기계체조] 구부린 발을 한 채 버틴 자세로를 풀며 한 팔 짚고 반바퀴 돌기. **~inhalt,** der [기하] 원의 면적. **~kegel,** der [기하] 원추, 원뿔. **~kehre,** die [기계체조] 버틴 상태에서 몸을 날릴 때 팔 짚고 반바퀴 돌기. **~kolbenmotor,** der 『Wankelmotor. **~korn,** der [무기] 십자선을 가진 가늠쇠. **~lauf,** der **1.** 순환, 회전, 선회, 순회: der ewige K. der Natur 자연계의 순환; der K. des Geldes [경제] 돈의 회전. **2.** ↑Blutkreislauf의 약칭: der K. hat versagt 혈액순환이 마비되었다; großer K. [의학] 대순환, 온몸돌기, kleiner K. [의학] 소순환, 염통돌기. **~läufer,** der [실내송구] 선회축 담당선수(피보트 플레이어). **~laufkollaps,** der [의학] (순환장애로 인한) 허탈증. **~laufmittel,** das [의학] 순환장애 치료제. **~laufstillstand,** der [의학] 혈액순환정지. **~laufstörung,** die (대개 Pl.) [의학] (혈액) 순환장애. **~laufversagen,** das 순환마비. **~linie,** die 원주, 원둘레, 환상(環狀)의 선(線). **~mittelpunkt,** der 원주심. **~prozeß,** der **1.** ⟨교양어⟩ 윤환(輪環) 과정. **2.** [물리] 순환 과정, 사이클. **~regner,** der [원예] 회전분수기. **~ring,** der [기하] 두 개의 동심원(同心圓)에 둘러싸인 환상(環狀)의 면. **~rund** ⟨Adj.⟩ 원형의. **~säge,** die **1.** 둥근 톱, 톱니바퀴 톱, 선회톱. **2.** ⟨통용어·농⟩ 둥글고 납작한 밀집[맥고]모자. **~schere,** die [기술] 회전가위. **~schlag,** der **1.** [펜싱] 선회식 공격. **2.** [파우스트 볼] 등 뒤에서 팔을 선회시킨 후의 공격. **~schluß,** der [철학] ↑Zirkelschluß. **~schreiben,** das (schweiz.) 회문(回文), 회람, 통문. **~schwung,** der **1.** [기계체조] 버틴 자세에서 몸 양 다리를 펼치고 움직이는 동작. **2.** [맨손체조] 몸을 공중에 날리면서 행하는 원형 운동. **~segment,** das ↑~abschnitt. **~sektor,** der ↑~ausschnitt. **~spieler,** der 『~läufer. **~stoß,** der [펜싱] ↑Zirkulation. **~strom,** der [전기] 원형(圓形) 전류. **~training,** das ↑Circuittraining. **~umfang,** der 원의 주위(周圍), 원주(圓周). **~verkehr,** der [교통] 선회식 교통, 로터리. **~wende,** die [기계] 몸을 앞으로 날릴 때 팔 짚으며 반바퀴 돌기.

의 평행봉 시연. **~wulst,** der [기하] ↑Torus. **~zahl,** die [수학] ↑Pi. **~zylinder,** der [기하] 저변이 둥근 원주.

²kreis-, ²Kreis- (Kreis 6): **~amt,** das 지방 관청, 군청. **~angehörig** ⟨Adj.⟩ [관] 지방 관청에 속하는(반대: kreisfrei). **~arzt,** der 군 보건소 의사. **~ausscheid,** der 지방 예선. **~ausschuß,** der 지방(군)의회, 분과위원회. **~bauernführer,** der ⟨나치⟩ 지방 농민 조합 지도자. **~behörde,** die 지방청, 군청. **~frei** ⟨Adj.⟩ [관] 지방 관청에 속하지 않는, 독립 시에 속하는(반대: kreisangehörig). **~gebiet,** das 지방청 관할 지역. **~gericht,** das (옛·아직 österr.) 지방 법원. **~grenze,** die 지방 관할 경계, 군계(郡界). **~hauptmann,** der (옛) 군수. **~hauptmannschaft,** die (옛) 큰 행정 관할 지역의 하나. **~karte,** die 한 지방의 지도. **~klasse,** die [스포츠] 지방 대표(연합) 팀. **~komitee,** das 지방 위원회. **~krankenhaus,** das 지방 종합 병원. **~kulturhaus,** das 지방 문화관. **~leiter,** der ⟨나치⟩ 지구당 위원장. **~leitung,** die 지구당 운영부. **~liga,** die 지방팀 리그전. **~meisterschaft,** die [스포츠] 지방 선수권. **~physikus,** der 《고어》 ↑~arzt. **~rat,** der **1.** 《지역적》 ↑~ausschuß. **2.** 지방 의회 의원. **~richter,** der 지방 법원 판사. **~schulrat,** der 지방 교육 위원, 장학관. **~sekretär,** der 지구당 서기. **~sparkasse,** die 지방은행. **~stadt,** die 지방 청정 소재 도시: **Große K.** [관] 군청 소재지. **~synode,** die [신교] 교구내의 종교회의. **~tag,** der 지방 의회, 군의회. **~tagsabgeordnete*,** der / die, **~tagsmitglied,** das 지방 의회 의원. **~verwaltung,** die 지방 행정. **~wehrersatzamt,** das 지방 병무청 (약어: KWEA). **~zeitung,** die 지방 신문.

kreischen* ['kraıʃn] ⟨h⟩ **1.** 날카롭게 외치다, 새된 소리를 지르다: Die Kinder kreischten vor Vergnügen 아이들이 즐거워 소리를 질렀다. **2.** (톱 따위가) 끽끽 소리나다, (문이) 삐걱거리다: der Wagen hält mit kreischenden Bremsen 자동차가 빽-소리를 내며 (급)정차한다.

Kreisel ['kraızḷ], der, -s, - **1.** 팽이, 자이로스코프: sich wie ein K. drehen 팽이처럼 돌다. **2.** (은어) 선회식 교통. **3.** [축구] 공을 돌리며 패스하기.

kreisel-, Kreisel- (Kreisel 1, kreiseln): **~förmig** ⟨Adj.⟩ 팽이 모양의. **~horizont,** der [기술] 회전 수평계. **~kompaß,** der [항해] 자이로 콤파스. **~lüfter,** der ↑Turboventilator. **~magnetisch** ⟨Adj.⟩ ↑gyromagnetisch. **~pumpe,** die [기술] 원심식 펌프. **~rad,** das [기술] 터빈, 와륜(渦輪), 날개 바퀴. **~radpumpe,** die ↑~pumpe. **~verdichter,** der [기술] 터빈 압착기, 터보 압축기.

kreiseln ['kraızln] **1. a)** ⟨h / s⟩ 빙글빙글 돌다. **b)** ⟨s⟩ 회전하다, 소용돌이치다: der Wind ist von Nord nach Nordost gekreiselt 바람이 북에서 북동으로 불었다. **2.** ⟨h⟩ 팽이를 치다. **3.** [축구] 공을 (자기 지역에서) 돌리다. **kreisen** ['kraızn] **1.** ⟨h / s⟩ 돌다, 주행하다, 선회(순환)하다: die Erde kreist um die Sonne 지구는 태양의 주위를 돈다; Das Flugzeug hat[ist] 30 Minuten über der Stadt gekreist 비행기는 30분간 도시를 선회했다; [전의] seine Gedanken kreisten immer um dasselbe Thema 그의 생각은 여전히 같은 주제에서 맴돌았다. **b)** [기계체조] 두 다리를 맞붙이고 쭉 뻗은 채 원형을 만들다. **2.** ⟨h⟩ **a)** 둥글게(원형으로) 움직이게 하다. **b)** [제조] 둥근형으로 움직이다. **3.** [사냥] 짐승이 포위하고 있다. **Kreiser,** der, -s, - [사냥] (몰이에 동원된) 사냥꾼의 조수.

Kreißbett, das [의학] 분만대. **kreißen** [의학] ⟨h⟩ 《고어》 산고를 겪다, 진통에 시달리다: ⟨명사화⟩ Kreißende* [의학] 진통 중의 산부(= Kreißerin, die;

-nen). **Kreißsaal,** der 【의학】 분만실.
krellen ['krɛlən] ⟨h⟩ 【사냥】 (총을 쏘아) 짐승을 기절시키다. **Krellschuß,** der 【사냥】 (기절시키기 위한) 유탄.
Krem [kre:m], die; -s **1.** ⟨통용어: der; -s, -e / -s⟩ ↑Creme (2 a, b)의 독일어화(化). **2.** 《드물게》↑Creme (1)의 독일어 표기.
Kremation [krema'tsio:n], die; -en 〖lat. cremātio = das Verbrennen〗 화장(火葬). **Krematorium** [krema'to:rium], das; -s, ...ien [...iən; lat. cremāre = kremieren] 화장터. **kremieren** [kre'mi:rən] ⟨h⟩ 〖lat. cremāre〗 《스위스.》 화장(火葬)하다.
kremig: ↑cremig.
Kreml ['krɛml, (또한) krɛml] der; -(s) **1.** (러시아 도시의) 중앙 성채부(城砦部). **2.** ⟨Pl. 없음⟩ **a)** 크레믈린 궁정. **b)** 구소련 정부.
Krempe ['krɛmpə], die; -n 모자의 차양[테]: ein Hut mit breiter K. 테가 넓은 모자; 속구 du hast wohl keine K. am Hut? 너 제정신이 아니지?
¹Krempel ['krɛmpl], der; -s 〘통용어·폄〙 잡동사니, 넝마, 하찮은 것: den alten K. wegwerfen 낡은 잡동사니를 버리다; 전의 den (ganzen) K. hinwerfen 일에 진저리가 나서 그만두다.
²Krempel [-], die; -n [↑Krampe의 축소형] ↑Karde (2).
Krempel- (²Krempel) 〖섬유〗 **~band,** das (괴깔[보푸라기]을 일으키는 기계에 넣는) 밴드 모양의 중간 생산물. **~distel,** die ↑Karde (1). **~maschine,** die ↑²Krempel. **~satz,** der 소모기의 날[줄].
Krempelmarkt, der; -(e)s, -märkte 《지역적》 고물[헌옷]시장.
¹krempeln ['krɛmpln] ⟨h⟩ **1.** (특히 위로) 접다: die Hemdsärmel in die Höhe k. 셔츠 소매를 위로 접다. **2.** 《schweiz.》 접어올리다.
²krempeln [-] ⟨h⟩ 〖섬유〗 소모(梳毛)하다.
Krempler ['krɛmplɐ], der; -s, - 《südd.》 고물 소매상인.
Krempling ['krɛmplɪŋ], der; -s, -e 식용버섯의 일종.
Kremser ['krɛmzɐ], der; -s, - 〖이런 형태의 마차를 처음 유통시킨 M. Kremser의 이름에 따라〗 《옛》 유개(有蓋) 유람용 마차.
Kremser Weiß, das; - -(es) ↑Bleiweiß.
Kren [kreːn], der; -s 《südd., österr.》 서양고추냉이: zu etw. seinen K. geben 《österr.·통용어》 무엇에 대해서 의견을 말하다, 말참견하다 (↑Senf).
krenelieren [krenaˈliːrən] ⟨h⟩ 〖frz. créneler〗 《고어》 (성채 위에) 총안(銃眼)을 만들다.
Krenfleisch, das; -(e)s 《südd., österr.》 삶은 돼지고기.
Krengel ['krɛŋl], der; -s, - ↑Kringe의 병용형.
krengen ['krɛŋən] ↑krängen.
Krenotherapie [kreno-], die [griech. krḗnē = Quelle] 〖의학〗 ↑Balneotherapie.
Kreodonten [kreoˈdɔntn] ⟨Pl.⟩ 〖griech. kréas = Fleisch / odoús = Zahn〗 육치(肉齒)류의 동물.
Kreol [kreˈoːl] der; -s 〖언어〗 하이티 등지에서 쓰는 불어 혼합어.
Kreole [kreˈoːlə], der; -n, -n [lat. creāre = erzeugen] **1.** (중·남미에 이주한) 유럽 백인의 자손(= weißer K.). **2.** 남미 태생 흑인노예의 자손(= schwarzer K.). **Kreolin,** die; -nen ↑Kreole의 여성형. **kreolisch** ⟨Adj.⟩ ↑Kreole의 형용사형, 크레올레의.
Kreolisch, das; -(s), 〘정관사와 함께만〙 **Kreolische⁰,** das 〖언어〗 유럽어와 유색인종어의 혼합어.
Kreophage [kreoˈfaːɡə], der; -n, -n 〖griech. kreophágos = von Fleisch lebend〗 〖생물〗 ↑Karnivore.

Kreosot [kreoˈzoːt], das; -(e)s 〖griech. kréas = Fleisch / sṓzein = retten, schützen〗 〖화학·의학·약학〗 크레오소트(방부, 의료용).
Krepeline [krɛpˈliːn], 《또한》 **Crepeline** [krɛpɔˈliːn], die; -s 〖frz. crêpe〗 〖섬유〗 가벼운 양모직물의 일종.
Krepidoma [krɛˈpiːdoma], das; -(s), **Krepis** [ˈkrɛpɪs], die [griech. krēpídōma] 계단식 기초 공사, (특히 고대 그리스 사원의) 기초 공사.
krepieren [kreˈpiːrən] ⟨s⟩ [lat. crepāre = knattern, krachen] **1.** 폭발하다, 작렬하다. **2.** 〖경〗 죽다, (동물이) 뒈졌다: das Schwein ist an Rotlauf krepiert 돼지가 단독(丹毒)으로 뒈졌다; Tausende sind in den Bombennächten krepiert 폭격이 있던 그 며칠밤에 수천 명이 처절히 죽어갔다.
Krepis: ↑Krepidoma의 복수형.
Krepitation [krepitaˈtsjoːn], die; -en [lat. crepitāre] 〖의학〗 **1.** (뼈의) 똑똑하는 소리, (골절시) 삐걱하는 소리. **2.** 염발음(捻髮音).
Krepon [kreˈpõː], der; -s, -s [frz. crépon] 〖섬유〗 오글오글하게 짠 직물의 일종. **kreponieren:** ↑krepponieren. **Krepp** [krɛp], der; -s, -s / -e 크레이프, 잔주름이 지게 짠 (견)직물.
krepp-, Krepp-: **~artig** ⟨Adj.⟩ 크레이프 종류의. **~flor,** der 검은 크레이프. **~gummi,** der 탄성 고무. **~papier** (비분리시: Kreppapier), das 오글오글한 종이, 크레이프지(紙). **~sohle,** die 물결 무늬가 진 고무 구두창.
kreppen [ˈkrɛpn] ⟨h⟩ [frz. crêper] 《전문어》 **1.** 〖섬유〗 오글오글하게 하다, 잔주름지게 하다. **2.** 주름을 내어 크레이프지(紙)를 만든다. **3.** ↑krabben. **kreppig** ⟨Adj.⟩ 크레이프로 된, 크레이프 종류의. **krepponieren** [krepoˈniːrən] ⟨h⟩ ↑kreppen (1).
Crescendo: ↑Crescendo.
Kresol [kreˈzoːl], das; -s, -e 〖화학〗 크레졸. **Kresolseife,** die ⟨Pl. 없음⟩ 크레졸 비누.
kreß [krɛs] ⟨Adj.⟩ 오렌지색의. ⟨명사화⟩ **Kreß** [-], das; - 오렌지색. **¹Kresse** [ˈkrɛsə], die; -n **1.** ↑Brunnen-, Gänse-, Garten-, Kapuzinerkress. **2.** 〖식물〗 〘샐러드용〙 겨자과 식물.
²Kresse [-], die; -n 《지역적》 문절망둑. **Kreßling** [ˈkrɛslɪŋ], der; -s, -e **1.** 〖동물〗 ↑²Kresse. **2.** 〖식물〗 식용버섯의 일종.
Kreszenz [krɛsˈtsɛnts], die; -en [lat. crēscentia = Wachstum] **1.** 〖전문어〗 **a)** (포도주의) 산지(産地), 생육(生育), 생산. **b)** 포도나무의 종류. **c)** 《옛》 천연우가당 포도주의 품질 표시. **2.** 〖고어〗 수확량, 생산고.
Kreta [ˈkreːta], -s 크레타(그리스의 섬).
kretazeisch [kretaˈtseːɪʃ], **kretazisch** [kreˈtaːtsɪʃ] ⟨Adj.⟩ [lat. crētāceus = kreideartig] 〖지질〗 백악계(白堊系)의: -e Formation 백악층.
Krete [ˈkreːtə], die; -n [lat. crista] 《schweiz.》 산등, 산마루.
Kreter [ˈkreːtɐ], der; -s, - 크레타 섬의 주민.
Krethi und Plethi [ˈkreːti ʊnt ˈpleːti] ⟨Pl. (또한) Sg.; 관사·2격 없음⟩ 〘폄〙 어중이 떠중이, 너나 할것 없이 (↑Hinz und Kunz): K. u. P. war(en) da 너나 할것 없이 다 있었다. **Kretikus** [ˈkreːtikʊs], der; -, ...izi [griech. Krētikós (poús) = kretisch(er Versfuß)] 〖운율〗 고대운각(⁻ ᴗ ⁻).
Kretin [kreˈtɛ̃ː], der; -s, -s [lat. christiānus = (armer) Christenmensch] **1.** 〖의학〗 크레틴병 환자. **2.** 〖경·폄〙 백치. **Kretinismus** [kretiˈnɪsmʊs], der; - 〖의학〗 크레틴 병(病). **kretinoid** [kretinoˈiːt] ⟨Adj.⟩ 〖의학〗 크레틴 병 종류의, 크레틴 병과 같은.
kretisch ⟨Adj.⟩ 크레타(섬)의.

Kretizi: ↑Kretikus의 복수형.
Kreton [kre'to:n], der; -s, -e 《österr.》 ↑Cretonne.
Kretonne: ↑Cretonne.
Kretscham ['krɛtʃam], **Kretschem** ['krɛtʃm], der; -s, -e 《ostmd.》 선술집, 주막. **Kretschmer** ['krɛtʃmɐ], der; -s, - 《ostmd.》 술집 주인.
kreucht [krɔyçt] ↑kriechen의 현재인칭 3인칭 단수 kriecht의 고형(古形).
Kreude ['krɔydə], die 《지역적》 자두 잼.
kreuz [krɔyts] 《다음 용법으로》 **k. und quer** 모든 방향으로, 이리저리로: k. und quer durch die Stadt fahren 시가지를 이리저리 (차를 몰고) 다니다. **Kreuz** [-], das; -es, -e [lat. crux (2격: crucis)] **1. a)** 십자, 십자형: an Stelle seines Namens(seiner Unterschrift) hat er ein K. gemacht 그는 자기 이름(서명) 대신에 열십자를 그렸다; etw. durch ein(mit einem) K. kennzeichnen 무엇을 열십자로 표식을 하다. **b)** 사망의 기호(†). **c)** 교차(교착) (점): etw. über(s) K. legen(falten) 무엇을 교차하여 놓다(접다); mit jmdm.(untereinander) über(s) K. sein(stehen) 누구와 싸움(말다툼)을 하다. **2.** 십자형(形)의 것: ein griechisches K. 그리스식 십자가; russisches K. 러시아식 십자가; das Eiserne K. 《독일》 철십자 훈장(略: E.K.); das Rote K. 적십자사; das Blaue K. 청십자 기구(운동); K. des Südens, Südliches K. 남십자성좌(南十字星座); K. des Nordens; Nördliches K. 북십자성좌(北十字星座). **3.** 《역사적》 (사형수를 못박아 죽이던) 십자가: Jesu Tod am K. 예수의 십자가 죽음; am K. hängen 십자가에 매달리다. **4.** 《기독교》 a) 십자상(像): ein an der Wand hängendes K. 벽에 걸린 십자가; ein K. mit dem gekreuzigten Christus 고상(苦像), 십자가에 못박힌 그리스도 상; 전의 das K. predigen 《역사적》 십자군에 참가를 권유하다; das K. nehmen 《역사적》 십자군에 참가하다; zu -e kriechen 1) 양보하다, 굴종(屈從)하다. 2) 무릎을 꿇고 십자가에 다가가다(성 금요일 예배). **b)** ↑Kreuzzeichen: das(ein) K. schlagen 십자를 긋다; das K. über Stirn und Brust machen 이마와 가슴에 십자성호를 긋다; **ein K. [drei -e] hinter jmdm.[etw.] machen; drei -e machen, wenn ...** 《통용어》 누구(무엇)를 시원스럽게 떨쳐버리고 좋아하다. **5.** 《Pl. 없음》 고통, 고난, 고생; sein K. haben 《통용어》 고통을 받다; sein K. auf sich nehmen 고통을 참다, 십자가를 지다; Gott hat ihm ein schweres K. auferlegt 신이 그에게 큰 시련을 주었다; es ist ein K. mit jmdm.[etw.] 누구(무엇)가 골칫덩어리다; 성구 jeder hat sein K. (zu tragen) 누구든 고통이 있는 법이다. **6. a)** 《Pl. 없음》 (트럼프에서) 클로버. **b)** 《Pl. Kreuz》 클로버가 으뜸패인 한판. **c)** 《Pl. Kreuz》 클로버 카드. **7.** 《음악》 올림표, 샤프 기호(♯). **8.** 《Pl. 없음》; 지명의 파생어와 결합하여》 ↑Autobahnkreuz의 약칭: das Frankfurter K. 프랑크푸르트 고속도로 인터체인지. **9.** 천골부(薦骨部), 엉덩이, 허리: jmdm. tut das K. weh 누구의 허리가 아프다; aufs K. fallen 엉덩방아를 찧다; jmdm. aufs K. legen 《경》 누구를 내동댕이치다, 때려눕히다; **jmdm. das K. aushängen** 《경》 누구를 괴롭히다; **jmdm. aufs K. legen** 《경》 1) 누구를 속이다. 2) 여자와 잠자다; **fast [beinahe] aufs K. fallen** 《경》 무엇에 매우 놀라다; **jmdm. etw. aus dem K. leiern** 《경》 누구에게서 무엇을 등쳐먹다. **10.** 《사냥》 짐승의 뒷다리부분. **11.** 《사냥》 ↑Parierstange.

¹**kreuz-**, ¹**Kreuz-** (Kreuz 1 c, 2, 3, 6 a 《또한》 ↑Kreuzes-): ~**abnahme**, die 《미술》 그리스도를 십자가에서 내려놓는 화제(畫題). ~**altar**, der 《중세 교회의》 십자가를 봉헌한 제단. ~**arm**, der 〔토건〕 교회 건축에서) 십자형 회랑 위의 측면돌기. ~**as** [《또한》 -'- |, das 클로버 에이스. ~**auffindung**, die 〔가〕 성(聖)십자가 발견 축일(5월 3일). ~**band**, das [2: lat. ligamentum cruciatum; vorderes / hinteres Kreuzband liegen über Kreuz] **1.** ↑Streifband. **2.** 〔해부〕 십자인대(十字靭帶). ~**bein**, das 〔해부〕 천골. ~**biß**, der 〔해부〕 변칙적 치열. ~**blume**, die **1.** 애기풀속, 십자화. **2.** 〔토건〕 (고딕 첨탑의) 십자꽃 장식. ~**blütler**, der 〔식물〕 겨자과 식물. ~**bock**, der 〔사냥〕 수노루. ~**bube**, der (카드놀이의) 클로버 잭슨(B). ~**donnerwetter** 《관사·Pl. 없음》 《경》 (화났을 때 지르는 소리》 괘씸한 녀석, 개자식(같으니)! ~**dorn**, der [nach den geständigen Zweigen] **1.** 《Pl. 없음》 털갈매나무속. **2.** 털갈매나무. ~**dornbeere**, die 《미술·Pl.》 털갈매나무의 열매. ~**dorngewächs**, das 갈매나무과의 식물. ~**erhöhung**, die 성(聖) 십자가 현양축일(9월 14일). ~**fahne**, die 〔미술〕 십자가(十字旗). ~**fahren** (s; 부정형과 현재분사로만) (통용어) 배로 횡단(여행)을 하다, 순양 여행을 하다. ~**fahrer**, der 《역사적》 십자군 종군자. ~**fahrerlied**, das **a)** 《Pl. 없음》 십자군 종군자를 찬양하는 중세독일 궁중 서정시. **b)** 위에 속하는 개별 작품. ~**fahrt**, die **1.** 《역사적》 ↑-zug. **2.** (호화) 선박 유람. ~**fahrtschrift**, die 호화 유람선. ~**feuer**, das 《군·고어》 교차 사격, 십자(포)화: ein Ziel unter K. nehmen 목표물에 교차 사격을 가하다; **im K. (der Kritik) stehen** 신랄한 비판의 대상이 되다; **ins K. (der Kritik) geraten** 신랄한 비판을 받다: sein Verhalten geriet ins K. der Kritik der Öffentlichkeit 그의 태도는 일반의 심한 비판을 받았다. ~**fidel**, 〈Adj.〉 아주 명랑한. ~**flügel**, der 십자형 교회당의 양쪽 끝 복도. ~**form**, die 십자 모양(형). ~**förmig** 〈Adj.〉 ↑-form의 형용사형. ~**gang**, der 〔건축〕 (수도원의 안뜰을 둘러싸는) 회랑(回廊). ~**gebiß**, das ↑-biß. ~**gelenk**, das 《Kardangelenk》. ~**gewölbe**, das 〔건축〕 교차궁륭(交叉穹隆). ~**griff**, der **1.** 〔기계제조〕 팔 잡기. **2.** 〔골프〕 양손으로 채의 손잡이를 잡는 방법. ~**hacke**, die 양쪽으로 쓸 수 있는 괭이. ~**hang**, der 〔기계제조〕 팔 벌려 링 매달리기. ~**heer**, das 《역사적》 십자군(軍). ~**herren** 〈Pl.〉 〔가〕 십자군 시대에 있던 여러 수도 단체들 중의 하나. ~**holz**, das **1.** 〔식물〕 ↑-dorn, Mistel. **2.** 〔기술〕 능각(稜角) 들보. ~**kappe**, die 〔건축〕 교차궁륭의 반원형 천장. ~**kappengewölbe**, das ↑-gewölbe. ~**knoten**, der 〔선원〕 선원식 교차 매듭. ~**könig**, der (카드놀이의) 클로버의 킹(K). ~**kröte**, die 〔동물〕 (등에 누런 줄이 있는) 두꺼비. ~**kümmel**, der (양념용) 회양식물. ~**kuppelkirche**, die 그리스 십자가 형태의 반구형 교회 건물. ~**lied**, das ↑-fahrerlied. ~**mast**, der 〔선원〕 고물돛대, 미장(尾檣). ~**meißel**, der (금속을 자르는) 십자형 철재 끌. ~**nimbus**, der 〔미술〕 성상(聖像) 주위의 후광. ~**otter**, die 살무사. ~**peilung**, die 〔선원〕 배의 위치 확인. ~**probe**, die 〔의학〕 혈액 거부 반응 검사. ~**rebe**, die ↑Bignonie. ~**reim**, der 〔운〕 교차 운(a, b, a, b). ~**rippengewölbe**, das 〔건축〕 십자형 돌기천정. ~**ritter**, der 《역사적》 **1.** 십자군 종군 기사. **2.** 수도승 기사. ~**saitig** 〈Adj.〉 교차현(交叉弦)의. ~**schlitzschraube**, die 십자머리나사. ~**schlüssel**, der 십자형렌치(주로 자동차 공구로 쓰임). ~**schnabel**, der (동물) (부리가 아래 위로 엇갈리는) 잣새류. ~**schockschwerenot** 《관사·Pl. 없음》 《고어·속어》 제기랄(저주나 분노를 나타낸다). ~**schraffur**, die 〔미술〕 (펜화 따위의) 사교(斜交) 평행선의 음영(陰影). ~**schraube**, die ↑-schlitzschraube의 약칭. ~**schritt**, der 〔무용〕 교차 스텝. ~**see**, die 〔선

²kreuz-, ²Kreuz- 1236

원] 거센 파도. ~sitz, der 〔Schneidersitz. ~spinne, die 왕거미. ~ständig 〈Adj.〉 [식물] (꽃잎이) 십자형의, 십자대생(對生)의. ~stich, der [수공] 십자수, 크로스-스티치. ~stickerei, die a) 〈Pl. 없음〉 ~stich의 수예법. b) ↑~stich의 수예품. ~stock, der [건축] 돌로 된 창틀. ~verhör, das 〔engl. crossexamination의 차용역어〕. [법] 반대 심문: [전의] jmdn. ins K. nehmen 누구를 힐문(詰問)하다. ~weg, der 1. 교차 도로, 십자로, 사거리: am K. stehen(an einen K. gekommen sein] (아이) 인생의 중요한 분기점에 서있다. 2. [가] a) (14장면으로 된) 예수 그리스도의 십자가 행로화(필라투스의 집에서 골고다까지). b) (사순절에 드리는) 십자행로 기도문. ~wegstation, die ↑Kreuzweg (2 a)의 각 머무는 곳. ~weise, 〈통용어〉 =weis 〈Adv.〉 십자형으로, 열십자로, 가로 세로로. ~worträtsel, das 글자맞추기 퀴즈, 크로스워드 퍼즐. ~wortträtselheft, das 위의 책자. ~zeichen, das [가] 십자성호(十字聖號). ~zug, der 1.《역사어》 a) (중세의) 십자군 전쟁. b) (중세의) 성전(聖戰): zum K. aufrufen 성전 참여를 호소하다. 2. (종교적 입장에서나) 어떤 것에 찬성(반대)하는 캠페인. ~zugsdichtung, die [문예학] 십자군 문학.

²Kreuz-, ²Kreuz- (Kreuz 9): ~bein, das [해부] 선골(仙骨). ~gegend, die 〈Pl. 없음〉 〈통용어〉 등. ~lahm 〈Adj.〉 〈통용어〉 (힘든 육체적 작업으로) 등이 아픈. ~lähmung, die 〈Pl. 없음〉 [수의] 말의 엉덩이 근육의 일시적 마비. ~schmerz, der (대개 Pl.). ~weh, das 〈통용어〉 요통. ~wirbel, der [해부] 천추(薦椎).

³kreuz- [: ~brav 〈Adj.〉 〈통용어〉・약간 조롱〉 아주 정직한. ~dumm 〈Adj.〉 〈통용어〉 지극히 어리석은. ~ehrlich 〈Adj.〉 〈통용어〉 곧이곧대로의, 정직한. ~elend 〈Adj.〉 〈통용어〉 매우 비참한. ~fidel 〈Adj.〉 〈통용어〉 매우 쾌활한. ~unglücklich 〈Adj.〉 〈통용어〉 매우 불행한.

kreuzbar ['krɔytsbaːr] 〈Adj.〉 [생물] 다른 종자와 교배할 수 있는. kreuzen ['krɔytsn̩] 1. 〈h〉 교차시키다, 엇걸다: die Arme k. 팔장을 끼다; er reichte ihr die Hände auf dem Rücken gekreuzt 그는 양 손을 깍지 낀 채 등에 대고 있다. 2. 〈h〉 횡단하다, 건너가다. 3. 〈h〉 엇갈리다; 교차하다: 〈k. + sich〉 [전의] hätten sich Bebras und meine Wege im Herbst schon gekreuzt 베브라와 내가 가을에 만났었더라면 좋았을 걸; da kreuzten sich ihre Blicke mit denen Gregors 그 때 그녀의 눈길이 그레고르의 눈길과 마주쳤다; unsere Briefe haben sich gekreuzt 우리의 편지가 서로 엇갈렸다. 4. 〈h〉 〈k. + sich〉 서로 어긋나다; 상이(相異)하다: seine Ansicht kreuzte sich mit der seiner Parteifreunde 그의 견해는 동료당원들의 그것과 달랐다. 5. 〈h / s〉 (배가) 순항(巡航)하다: das Schiff kreuzt auf dem Atlantik 배가 대서양에서 순항하다. 6. 〈h / s〉 [선원] 바람을 가로막혀 지그재그로 가다. 7. 〈h〉 [생물] 교배하다, 이화수정시키다, 잡종을 만들다: Pferde mit Eseln k. 말과 나귀를 교배하다. Kreuzer, der; -s, - 1. [군] 순양함. 2. [요트] 범선. 3.《역사어》(13~19세기에 남부 독일, 오스트리아, 스위스에서 쓰였던) 화폐 이름.

Kreuzes-: ~tod, der (그리스도의) 십자가에서의 죽음. ~weg, der 〈Pl. 없음〉 그리스도가 십자가로 가는 길; 수난의 길. ~zeichen, das 〈드물게〉 십자가성호(十字聖號).

kreuzigen ['krɔytsɪgn̩] 〈h〉《역사어》십자가에 못박아 죽이다: Christus wurde gekreuzigt 그리스도는 십자가에 못박혀 죽었다; (과거분사의 명사화) der Gekreuzigte 예수그리스도. Kreuzigung, die; -en 1. 십자가에 못박는 형(刑), 십자가에 못박힘. 2. [미술] 십자가에 못박힌 그리스도의 상. Kreuzigungsbild, das 그리스도의 십자가에서의 죽음을 주제로 한 미술적 표현. Kreuzigungsgruppe, die [미술] ↑Kreuzigung (2).

Kreuzung, die; -en 1. [교통] 교차, 횡단: ein Wirtshaus, das an der K. zweier Landstraßen lag 두 개의 지방도로가 교차하는 지점에 있던 음식점. 2. [생물] a) 교배, 잡종, 잡교. b) 교배 품종.

kreuzungs-, Kreuzungs-: ~frei 〈Adj.〉 [교통] 교차로가 없는. ~punkt, der 교차점, 접속점. ~stelle, die ↑~punkt. ~verkehr, der [교통] 교차로의 교통 (량).

Krevette, 《또한》 Crevette [kre'vɛtə], die; -n 〔frz. crevette〕 식용새우의 일종.

Kribbe ['krɪbə], die; -n 〔norddt.〕 둑, 제방.

Kribbel- ['krɪb(ə)l-]: ~krankheit, die 〈Pl. 없음〉 [의학] ↑Ergotismus. ~mücke, die ↑Kriebelmücke. ~wasser, das [아동] 생수, 소다수.

kribbelig, kribblig ['krɪb(ə)lɪç] 〈Adj.〉 〈통용어〉 a) 성마른, 성급한, 신경질적인: diese Arbeit macht mich ganz k. 이 일이 나를 신경질나게 한다. b) 《드물게》 ↑kribbelnd: ein -es Gefühl in den Händen 손이 근질근질한 느낌. Kribbeligkeit, Kribbligkeit, die 〈통용어〉 성마름, 성급, 초조. kribbeln ['krɪb(ə)n̩] 1. 〈h〉 가렵다, 근질근질하다: es kribbelt mir(mich) in der Nase 내 코가 간질간질하다; [전의] es kribbelt mir in den Fingern 나는 일이 하고 싶어 안달이 난다. 2. 〈s〉 (벌레가) 이리저리 기어다니다: überall kribbelt (und krabbelt) eine Unzahl von Ameisen 개미가 우글우글 몰려 있다. kribblig: ↑kribbelig. Kribbligkeit: ↑Kribbeligkeit.

Kribskrabs ['krɪpskraps], der 〈또는〉 das; - 〈지역적・준고어〉 a) ↑Krimskrams. b) 읽어볼 수 없는 글. c) 횡설수설, 허튼소리.

Krickel ['krɪk], das; -s, -(n) [사냥] ↑Krucke.

krickelig, kricklig [krɪk(ə)lɪç] 〈Adj.〉 〈지역적〉 성미 까다로운, 불평스러운; 잘이 많은, 헐뜯기 좋아하는. Krickelkrakel ['krɪk()krak], das; -s 〈친구가〉 읽어볼 수 없는 필체〔글〕. krickeln ['krɪk()n̩] 1. 〈통용어〉 글씨를 휘갈겨 쓰다. 2. 〈지역적〉 불평하다, 싸우다.

Krickelwild, das; -(e)s ↑Gamswild.

Krickente ['krɪk-], die; -n 쇠오리 무리.

Kricket ['krɪkət], das; -s 〔engl. cricket〕 크리켓(경기). Kricketball, der 크리켓 공. Kricketspieler, der 크리켓 선수.

kricklig: ↑krickelig.

Krida ['kriːda], die 〈österr.〉 [법] 위법(違法) 파산. Kridar [kriːdaːr], Kridatar [kridaˈtaːr], der; -s, - 〈österr.〉 [법] 파산채무자.

Kriebelkrankheit ['kriːbl̩-], die 〈Pl. 없음〉 ↑Kribbelkrankheit. Kriebelmücke, die 파리매.

kriech-, Kriech-: ~band, das 〈Pl. ...bänder〉 [등산] 돌출암. ~blume, die ↑Krabbe (3). ~gang, der [자동차] (언덕을 오를 때의) 저속 기어. ~gewächs, das ↑~pflanze. ~pflanze, die 《드물게》 덩굴식물. ~rose, die ↑Feldrose. ~sohle, die ↑Fuß (1 d). ~spur, die 1. 기어간 자취(자국). 2. [교통] (고속 도로의) 저속 주행선. ~strom, der [전기] 누전전류. ~stromfest 〈Adj.〉 (누전 방지를 위해) 절연된. ~tempo, das 〈경〉 아주 느린 속도. ~tier, das 파행동물, 파충류.

Krieche ['kriːçə], die; -n 〈지역적〉 ↑Haferpflaume.

kriechen* ['kriːçn̩] 1. 〈s〉 (달팽이, 벌레 등이) 기어가다: eine Kreuzotter kroch über den Weg 독사가 길 위로 기어가다; [전의] jetzt geht es gar, aber ... nun sind wir einmal nicht mehr k. können 지금은 모든 일이 순조롭습니다만 만일 당신이 걷지도 못하고 (꼼짝 못하게) 된다면

..., 2. ⟨s⟩ a) 기어(포복하여) 가다. b) (숨어) 기어들어가다: der Hund kroch in die Ecke 개가 구석으로 기어 어갔다. 3. ⟨s⟩ (덩굴, 뿌리 등이) 휘감다, 감겨 뻗어가다 (퍼지다): kriechende Pflanzen 덩굴식물. 4. ⟨s⟩ (병목현상으로) 아주 느리게 움직이다: der Verkehr bewegt sich nur noch kriechend vorwärts 자동차 행렬이 기어가듯 움직인다; die Zeit kriecht 시간이 더디게 가다. 5. ⟨h/s⟩ (폄) 아부하다, 비굴하게 굴다: er kriecht vor jedem Vorgesetzten 그는 상관에게 아첨한다. 6. ⟨s⟩ [기술] (강한 자재를) 유연하게 하다. **Kriecher**, der; -s, - (폄) 아첨쟁이, 비굴한 놈. **Kriecherei** [kriːçəˈraɪ], die; -en (폄) 1. ⟨Pl. 없음⟩ 아부, 추종, 비굴. 2. 아부 행위. **kriecherisch** ⟨Adj.⟩ (폄) 아부하는, 절절 기는.

Kriecherl [ˈkriːçɛl], das; -s, -n ⟨österr.⟩ 자두의 일종.
Kriecherlbaum, der ⟨österr.⟩ 자두나무.

Krieg [kriːk], der; -(e)s, -e 불화, 다툼, 전쟁(반대: Frieden 1 a): ein konventioneller K. 재래식 전쟁; der totale K. 전면전(全面戰); ein gerechter K. [lat. bellum iustum] 종교 전쟁; ein K. zu Wasser[zu Lande, in der Luft] 해[지상, 공중]전; K. führen 전쟁을 수행하다; einem Land den K. erklären 어떤 나라에 선전 포고하다; den K. ziehen 출정하다; 전의 der häusliche K. zermürbte sie 가정 불화가 그들을 괴롭혔다; **der kalte K.** 차용역어: frz. guerre froide) 냉전; **jmdm. [einer Sache] den K. ansagen** 누구[무엇]에게 전쟁을 선포하다. ¹**kriegen** [ˈkriːɡn̩] ⟨h⟩ (고어) 싸우다, 전쟁하다. ²**kriegen** [-] ⟨h⟩ (통용어) 1. a) 받다: er hat für ein gutes Zeugnis von seinen Eltern ein Fahrrad gekriegt 그는 성적이 좋아서 부모로부터 자전거를 받았다. b) (대가, 보수로) 받다: Gehalt k. 월급을 받다; keinen Urlaub k. 휴가를 못 받다; er kriegt 20 Mark für die Stunde 그는 시간당 20마르크를 번다; für das Auto wirst du nicht mehr viel k. 그 자동차 값을 그리 많이 받을 수 없을 거다. c) 전달받다: einen Brief k. 편지를 받다; er hat Bescheid gekriegt., daß er sofort zurückkommen soll 그는 즉시 돌아오라는 소식을 전해 받았다. d) (벌로써) 받다, 받다: für den Einbruch hat er ein Jahr Gefängnis gekriegt 그는 절도죄로 1년 징역을 받았다. e) 맞다: er kriegte einen Schlag auf den Kopf 그는 머리에 일격을 맞았다. f) 느끼다: Wut[Angst, Heimweh] k. 분노[공포, 향수]를 느끼게 되다; er hat einen furchtbaren Schrecken gekriegt 그는 엄청난 두려움을 느꼈다. g) (병을) 얻다, 앓다: er kriegte einen Krampf im Bein und mußte das Rennen aufgeben 그는 다리에 경련이 나서 경주를 포기해야만 했다. h) 기대하다: wir kriegen heute noch schönes Wetter 오늘 날씨가 좋으리라. i) (어떤 상태가) 되다: Löcher[Risse] k. 구멍[틈]이 나다[생기다]. j) 허락을 받다: du kriegst keine Erlaubnis 너는 허락을 받지 못한다. 2. a) (노력하여) 획득하다, 얻게 되다: es ist schwer, Personal zu k. 직원을 구하기가 힘들다; einen Eindruck von etw. k. 무엇으로부터 인상을 받다; einen Mann k. 남자를 만나다; er hat sie endlich gekriegt 그는 그녀와 드디어 결혼했다. b) 살 수 있다: das Buch ist nicht mehr zu k. 그 책은 더 이상 살 수가 없다; was kriegen Sie? 무엇을 드릴까요?, 뭘 원하는가요? c) 생겨나다: sie kriegt ein Baby 그 여자는 임신했다. d) (어떤 행위를) 유도하다: ob ich ihn dazu k. kann, mir einen Pelzmantel zu kaufen? 나에게 모피외투를 사주도록 그를 유도할 수 있을까? e) 누구[무엇]를) 어떤 상태로 만들다: das Fleisch weich k. 고기를 부드럽게 하다. f) (어디에) 넣다[두다]: der Mittelstürmer kriegte den Ball nicht ins Tor 그 공격 선수는 공을 골에 넣지 못했다. g) 이루다, 성취하다: die Sache ist nicht ganz einfach, aber wir werden es schon k. 그 일이 아주 간단하지는 않으나 우리는 해낼 수 있을 것이다. h) (제 시간 내에) 도달하다: den Zug noch k. 기차를 가까스로 탈 수 있다. 3. ⟨k. + zu 부정형⟩ a) 무엇을 할 수 있다: er kriegte den Ast zu fassen 그는 가지를 붙잡을 수 있었다. b) 감수하다: wenn er das tut, kriegt er von mir etw. zu hören 그가 그 짓을 하면, 내가 한마디 해주겠다. 4. ⟨k. + 과거분사; 수동형 변이⟩ etw. geschenkt k. 무엇을 선물로 받다. 5. **es nicht über sich k.** (통용어) (언짢은 행동을) 감히 못하다: ich habe es nicht über mich gekriegt, ihn abzuweisen 나는 그를 차마 물리칠 수 없었다. **Krieger**, der; -s, - 1. ⟨역사적⟩ 전사(戰士), 무사. 2. [민속] 원주민 전사(戰士). 3. ⟨아어·군대어 또는 농⟩ 병사(兵士): er gehört zu den alten -n 그는 베테랑에 속한다; **ein kalter K.** 냉전 지지 정치가.

Krieger-: ~**adel**, der ⟨역사적⟩ 무사 계급. ~**bund**, der ⟨Pl. -bünde⟩ ↑~verein. ~**denkmal**, das ⟨준고어⟩ 전몰자 기념비, 충혼비. ~**friedhof**, der ⟨드물게⟩ ↑Soldatenfriedhof. ~**grab**, das ⟨드물게⟩ ↑Soldatengrab. ~**kaste**, die ⟨대개 폄⟩ 직업 군인 계급. ~**verein**, der ⟨준고어⟩ 재향 군인회. ~**witwe**, die 전쟁 미망인.

kriegerisch ⟨Adj.⟩ a) 용감한, 전투적인, 호전적인: ein -es Volk 호전적인 민족. b) (부가적) 전쟁의, 군사적인: -e Auseinandersetzung 군사적 대치. **Kriegertum**, das; -s - 1. ⟨드물게⟩ ↑Soldatentum.

kriegführend ⟨Adj.; nur attr.⟩ 교전중인, 전쟁중인: die -en Staaten[Länder, Mächte] 참전국, 교전국.

Kriegführung, die; -en 작전, 용병(用兵): 전의 psychologische K. [= engl. psychological warfare] 심리전(心理戰).

kriegs-, Kriegs-: ~**abenteuer**, das 전쟁 모험. ~**abitur**, das ↑Notabitur. ~**abzeichen**, das ↑Kampfabzeichen. ~**ähnlich** ⟨Adj.⟩ 전시 같은: in -er Zustand 준전시 상태. ~**akademie**, die (옛) 육군대학. ~**anleihe**, die 전시 공채(戰時公債). ~**ausbruch**, der ⟨Pl. 없음⟩ 전쟁의 발발, 개전. ~**auszeichnung**, die 무공 훈장. ~**bedingt** ⟨Adj.⟩ 전쟁으로 인한. ~**beginn**, der ⟨Pl. 없음⟩ ↑~ausbruch. ~**beil**, das 전부(戰斧): **das K. ausgraben[begraben]** (농) 싸움을 시작하다[그만 두다]. ~**bemalung**, die [민속] (특히 인디언의) 가슴과 얼굴의 분장: **in (voller) K.** (농) 1 충분으로 치장한. 2 (여자가) 짙은 화장을 한. ~**bericht**, der 전황 보고; 군사 보도. ~**berichter** (약칭), ~**berichterstatter**, der 종군 기자. ~**berichterstattung**, die 전쟁 보도(통신). ~**beschädigt** ⟨Adj.⟩ 전상을 입은. ~**beschädigte***, der / die 전상자, 상이 군인. ~**beschädigtenfürsorge**, die ↑~opferversorgung. ~**beute**, die 전리품, 노획품. ~**blinde***, der / die 전쟁 실명자. ~**braut**, die 전시의 신부(新婦). ~**dichtung**, die 전쟁 문학. ~**dienst**, der 1. 전시 복무: zum K. einberufen werden 전시 복무에 소집되다. 2. ↑Wehrdienst: den K. verweigern 군복무를 거부하다. ~**dienstgegner**, der ↑~dienstverweigerer. ~**dienstverweigerer**, der (양심의 자유에 입각한) 군복무 거부자. ~**dienstverweigerung**, die 군복무 거부. ~**drohung**, die 전쟁 위협. ~**eintritt**, der 전쟁 개시. ~**einwirkung**, die 전쟁의 영향. ~**ende**, das 종전(終戰). ~**entschädigung**, die 전쟁 보상(금). ~**entscheidend** ⟨Adj.⟩ 전쟁에 결정적 영향을 주는. ~**ereignis**, das ⟨대개 Pl.⟩ 전투 경과. ~**erklärung**, die 선전 포고. ~**erlebnis**, das 전쟁 체험. ~**fall**, der 전시. ~**film**, der 전쟁 영화. ~**flagge**, die 군기(軍旗). ~**flotte**, die 함대.

~folge, die 〈대개 Pl.〉 전쟁 피해. ~folgelasten 〈Pl.〉 경제적 전쟁 부채(부담). ~freiwillige*, der 〈1차 대전시〉 지원병. ~führung, die ↑Kriegführung. ~fuß, der [frz. sur le pied de guerre] 〈다음 용법으로만〉 mit jmdm. auf (dem) K. stehen(leben)《농》누구와 다투고 있다; mit etw. auf (dem) K. stehen《농》무엇에 숙달하지 못하다. ~gebiet, das 교전 지역. ~gefahr, die 〈Pl. 없음〉 전쟁 위험. ~gefangen 〈Adj.〉〈드물게〉포로가 된. ~gefangene*, der / die 전쟁 포로. ~gefangenenlager, das 포로 수용소. ~gefangenschaft, die 포로 상태. ~gegner, der 1. 적, 적군, 적편. 2. 반전론자. ~generation, die a) 〈붼〉전쟁 참여[체험] 세대. b) 전쟁 세대. ~gerät, das 〈Pl. 없음〉《준고어》군용 기재. ~gericht, das 군법 회의. ~gerichtsbarkeit, die 군사 재판(관할)권. ~geschädigt 〈Adj.〉전쟁으로 손해를 입은. ~(명사화) ~geschädigte*, der / die 전쟁 피해자. ~geschehen, das 전쟁 〈사건〉. ~geschichte, die 1. 전사(戰史). 2. 전쟁 이야기. ~geschrei, das 1. 함성, 고함(전투시의). 2. 〈고어〉전쟁 루머. ~gewinn, der 《드물게》전시 군수업자의 이익. ~gewinnler [...gəvin-lɐ], der; -s, - 《붼》전쟁 치부자, 전시 이득자. ~glück, das 《아어》 전운(戰運). ~gott, der 《신화》 군신(軍神). ~grab, das 〈대개 Pl.〉 전사자의 묘. ~gräberfürsorge, die 전몰자 장지 관리(사업). ~hafen, der 군항(港). ~handlung, die 〈대개 Pl.〉 작전. ~handwerk, das 《아어·준고어》용병술(用兵術). ~held, der 용사, 용장(勇將). ~herr, der 《아어·준고어》대원수(大元帥). ~hetze, die 〈Pl. 없음〉 전쟁 선동(사주). ~hetzer, der 《붼》 전쟁 선동자(사주자). ~hetzerisch 〈Adj.〉 전쟁을 선동하는. ~hinterbliebene*, der / die 전몰자 유족. ~hinterbliebenenfürsorge, die 전몰자 유족 원호 사업. ~industrie, die 군수 산업. ~invalide*, der 상이 군인, 부상병. ~jahr, das 전쟁의 해; 종군한 해. ~jahrgang, der 전시에 태어난 사람의 연차(年次). ~kamerad, der 전우. ~kasse, die 《다음 용법으로》 eine K. mit sich tragen(die K. auf den Rücken wegtragen)《농》곱사등을 갖다, 등이 굽다. ~kind, das 전쟁에 태어난 아이. ~knecht, der 《고어》졸병, 병사. ~kosten 〈Pl.〉 전쟁 비용, 전비, 군비. ~krüppel, der ↑~beschädigter, ~versehrter. ~kunst, die 《아어·준고어》↑~handwerk. ~lage, die 전황: die K. hat sich verschlechtert 전황이 악화되었다. ~läufte [...ɔyftə] 〈Pl.〉《아어·준고어》전시. ~list, die 전략(戰略), 기계(奇計). ~lust, die 〈Pl. 없음〉 호전심. ~lüstern 〈Adj.〉 전쟁을 열망하는. ~lustig 〈Adj.〉 호전적인. ~marine, die 해군. ~maschine, die 1. 《역사적》 진지 구축 장비. 2. 《붼》 군사력. ~mäßig 〈Adj.〉 실전적인. ~material, das 전쟁 물자, 군수품. ~minister, der 《옛》↑Verteidigungsminister. ~ministerium, das 《옛》국방부. ~müde 〈Adj.〉 전쟁에 지친. ~opfer, das [관] 전쟁 희생자. ~opferrente, die 전쟁 희생자 연금. ~opferversorgung, die 전쟁 희생자 원호. ~pfad, der [engl. warpath] 《다음 용법으로》 auf dem K. sein 무엇에 대해 공격을 하려하다. ~plan, der 〈대개 Pl.〉 전쟁(작전) 계획: 우리는 정확한 전략을 수립했다. K. ausgeheckt 우리는 정확한 전략을 수립했다. ~propaganda, die 전쟁 홍보(선전). ~psychose, die 전쟁 공포감. ~rat, der 《붼》 《다음 용법으로》 K. (ab)halten 《붼》 공동 계획을 상의하다. ~recht, das 〈Pl. 없음〉 전시 국제법. ~roman, der 전쟁 소설. ~ruhm, der 무명(武名). ~schaden, der [법] 전쟁에 의한 손해, 전쟁 피해. ~schauplatz, der [frz. théâtre de guerre] 전쟁의 무대, 싸움터. ~schiff, das 전함, 군함. ~schluß, der

↑~ende. ~schuld, die 전쟁의 책임. ~schulden 〈Pl.〉 전시 국채. ~schuldfrage, die 〈Pl. 없음〉 전쟁 책임 문제. ~spiel, das 1. 〈군〉 ↑Planspiel. 2. 〈어린이들의〉 전쟁놀이. ~spielzeug, das 전쟁 장난감. ~stärke, die 〈Pl. 없음〉 전력(戰力). ~tagebuch, das 진중일기. ~tanz, der 〈원시 민족 군인의〉 춤의식. ~tauglich 〈Adj.〉 전투에 적합한(반대: ~untauglich). ~teilnehmer, der 참전자. ~tote*, der 〈대개 Pl.〉 전사자. ~trauen 〈h; 부정형과 과거분사형으로만〉 ↑ferntrauen, ~trauung, die ↑~trauen의 명사형. ~treiber, der 〈붼〉 ↑~hetzer. ~trophäe, die 전승 기념물, 전승트로피. ~tüchtig 〈Adj.〉 전투에 능한. ~untauglich 〈Adj.〉 전투에 부적합한(반대: ~tauglich). ~verbrechen, das [법] 전쟁 범죄. ~verbrecher, der 전범. ~verbrecherprozeß, der 전범 재판. ~verdienstkreuz, das 전공 십자훈장. ~verhältnisse 〈Pl.〉 전황. ~verletzt 〈Adj.〉 ↑~beschädigt. (명사화) ~verletzte*, der / die ↑~beschädigte. ~verletzung, die 전쟁으로 인한 부상. ~versehrt 〈Adj.〉 ↑~beschädigt, ~verletzt. (명사화) ~versehrte*, der / die ↑~beschädigte, ~verletzte. ~verwendungsfähig 〈Adj.〉 [관] 현역 복무에 적합한(약어: kv.). ~veteran, der 노병(老兵), 고참. ~volk, das 군대. ~vorbereitung, die 〈대개 Pl.〉 전쟁 준비. ~waffe, die 〈대개 Pl.〉《준고어》병기. ~wagen, der 전차(戰車); ↑Streitwagen. ~waise, die 전쟁 고아. ~wichtig 〈Adj.〉 군사상[전략상] 중요한: ein -er Wirtschaftszweig 방위산업분야. ~wirren 〈Pl.〉 전쟁중의 혼란 상태. ~wirtschaft, die 전시 경제(반대: Friedenswirtschaft). ~wissenschaft, die ↑Wehrwissenschaft. ~zeit, die 전시(戰時). ~zerstört 〈Adj.〉 전쟁으로 파괴된. ~ziel, das 전쟁 목적. ~zug, der 《옛》 출정. ~zustand, der 전시 상태, 계엄 상태. ~zweck, der 〈대개 Pl.〉 전쟁 목적.

Kriekente ['kri:k-] ↑Krickente.

Krikotomie [krikotoˈmiː], die; -n [...iːən; griech. kríkos = Ring / tomé = das Schneiden, Schnitt] 〈의학〉 (기관지의) 환상연골 절개술.

¹Krill [kril], der; -(e)s [engl. krill] (특히 북극해에 서식하는) 오렌지색의 작은 새우.

²Krill, das; -(e)s 〈남국의〉 플랑크톤.

Krim [krim] der 〈관사와 함께〉 (흑해의) 크림 반도.

Krimi ['kriːmi, 'krimi], der; -(s), -(s) 〈통용어〉 1. ↑Kriminalfilm의 약칭: 전의 die Quizendung war diesmal ein richtiger K. 이번 퀴즈 프로는 손에 땀을 쥐게 했다. 2. ↑Kriminalroman의 약칭. 3. ↑Kriminalstück의 약칭. **kriminal** [krimiˈnaːl] 〈Adj.〉 [lat. criminālis = ein Verbrechen betreffend] 〈고어〉 형법상의, 형사상의, 범죄의. **Kriminal** [-], das; -s, - 《österr.·준고어》 교도소, 감옥.

Kriminal-: ~beamte, der 〈사복〉 형사. **~fall**, der 형사 사건. **~film**, der 범죄 영화. **~gericht**, das 〈고어〉 형사 법원(재판부). **~gerichtsbarkeit**, die 〈고어〉 형사 법원 관할권. **~geschichte**, die 1. 범죄 이야기, 탐정 소설. 2. 〈Pl. 없음〉 범죄학(犯罪史). **~hörspiel**, das 탐정 방송 드라마. **~kommissar**, der ↑~beamte. **~komödie**, die 탐정 희극. **~museum**, das 경찰 박물관. **~pädagogik**, die 법교육학, 교정학. **~polizei**, die 형사[사법]경찰(약칭: Kripo). **~prozeß**, der 〈고어〉 형사소송. **~psychologie**, die 범죄 심리학. **~recht**, das 〈고어〉 형법. **~roman**, der 범죄 소설. **~soziologie**, die 범죄 사회학. **~statistik**, die 범죄 통계(학). **~stück**, das 탐정물, 수사극. **~technik**, die 범죄 수사 기술. **~zeitschrift**, die 범죄 수사 잡지.

Kriminale*, der; -n, -n, **Kriminaler**, der; -s, - 《통

Kristallit

용어》↑Kriminalbeamter. **kriminalisieren** [...nali-'ziːrən] 〈h〉 **1.** 범죄심을 자극하다, 범죄 현상으로 몰다. **2.** 범죄시하다. **Kriminalisierung,** die; -en ↑kriminalisieren의 명사형. **Kriminalist** [...'lɪst], der; -en, -en **1.** 《준고어》 형법학자. **2.** 형사, 수사관; 형법학자. **Kriminalistik,** die 범죄 수사학. **kriminalistisch** 〈Adj.〉 범죄 수사학상의. **Kriminalität** [...li'tɛːt], die **1.** 범죄성, 범죄(행위). **2.** 범죄 현상: die K. ist in dieser Stadt im letzten Jahr beachtlich zurückgegangen 이 도시의 작년 범죄 건수는 현저하게 감소되었다; die K. bekämpfen 범죄를 근절하기 위해 노력하다. **kriminell** [krimi'nɛl] 〈Adj.〉 [frz. criminel] **1. a)** 유죄의, 범죄의, 범법의: sie sind in einem -en Milieu aufgewachsen 그들은 우범 지역에서 성장했다; er wird gesucht wegen Unterstützung einer -en Vereinigung 그는 범죄 조직을 지원해 준 혐의로 수배되었다. **b)** 형사상의; 형법의. **2.** 《통용어》 엄치않은, 무책임한, 무분별한: was er mit seinem Gegenspieler macht, ist schlichtweg k. 그가 상대에게 하는 바는 완전히 무분별한 짓이다. 《명사화》 **Kriminelle*,** der / die 범법자, 범인. **kriminogen** [...no'geːn] 〈Adj〉 《교양어》 우범의, 범죄를 조장하는. **Kriminologe** [...no'loːgə], der; -n, -n 범죄학자(전문가). **Kriminologie** [...nolo'giː], die 범죄학. **kriminologisch** 〈Adj.〉 범죄학의, 범죄학에 속하는.
krimmeln 〈h〉 《nordd.》《다음 용법으로》 **es krimmelt und wimmelt** 우글거리다, 득실거리다.
Krimmer ['krɪmɐ], der; -s, - **1.** (크리미아산의) 양가죽. **2.** (외투 등의) 천으로 쓰이는 직물.
krimpen ['krɪmpn̩] 〈h〉 **1.** 《지역적》 **a)** 오므라들다, 수축하다, 줄다. **b)** 오그라들게하다. **2.** 《선원》 바람의 방향이 바뀌다.
Krimsekt ['krɪm-], der; -(e)s 《구소련의》 크리미아 반도 산(產)의 샴페인.
Krimskrams ['krɪmskrams], der; -(es) 《통용어》 잡동사니, 쓰레기: K. kaufen 이것저것 잡스러운 것들을 사다; mit solchem K. gebe ich mich doch nicht ab 그런 자질구레한 일에 나는 관여하지 않는다.
Kring [krɪŋ], der; -(e)s, -e, **Kringe** ['krɪŋə], die; -n 《지역적》 또아리. **Kringel** ['krɪŋl], der; -s, - **1.** 작은 동그라미, 동그란 것: er malte ein paar K. 그는 동그라미 몇 개를 그렸다. **2.** 말아 구운 빵, 로울빵. **kringelig** ['krɪŋəlɪç] 〈Adj.〉 동그라미 모양의, 나선형의: **sich k. lachen** 《통용어》 함박 웃다. **kringeln** ['krɪŋln̩] 〈h〉 **a)** 동그라미를 그리다, 원을 그리다: der Schwein kringelte wieder seinen Schwanz 돼지는 다시 꼬리를 혼들었다. **b)** 〈k. + sich〉 동글게 되다, 휘감다, 몸을 꼬다: die schwarzen Strümpfe kringeln sich über ihren Füßen 검은 양말이 그녀의 발을 휘감고 있다; **sich (vor Lachen) k.** 《통용어》심히 웃다, 심하게 웃지 않을 수 없다; **zum Kringeln sein** 《통용어》 웃음거리인, 웃기는 일인.
Krinoline [krino'liːnə], die; -n [frz. crinoline] 《옛》 빳빳한 옷감들을 끼워 넣어 넓게 만든 스커트.
Kripo ['kriːpo], die ↑Kriminalpolizei의 약칭. **Kripochef,** der 《통용어》 형사[수사]반장.
Krippe ['krɪpə], der; -n, -n **1.** 구유: die K. mit Futter füllen 구유에 사료를 채워주다; 《전의》 zur Krippe kommen 식사하러 오다; **an die K. kommen[an der K. sitzen]** 편하고 수입이 많은 자리에 앉다(↑Futterkrippe). **2.** 성탄 구유. **3.** ↑Kinderkrippe의 약칭. **4.** (고어) (둑을 보강하기 위해) 나무 또는 격자세공으로 만든 편비대. **krippen** ['krɪpn̩] 〈h〉 (고어) 격자세공으로 보강하다.
Krippen-: ~**beißer,** der 《전문어》 구유를 물어뜯는 버릇이 있는 말. ~**figur,** die 성탄 구유에 속하는 상(像)(요셉, 마리아, 목동 등). ~**setzer,** der ↑~beißer. ~**spiel,** das (그리스도의 탄생을 나타내는) 크리스마스때의 유회 일종.
Kris [kriːs], der; -es, -e [malai. kris] 말레이인의 단검.
Krise ['kriːzə], die; -n [frz. crise < lat. crisis < griech. krísis = Entscheidung, entscheidende Wendung] **1.** 위기, 고비, 분기점: eine wirtschaftliche K. steht bevor 경제적 위기에 직면해 있다; in eine K. geraten 위기에 빠지다; das Unternehmen steckt in einer handfesten K. 기업이 큰 위기에 빠져있다. **2.** [의학] ↑Krisis (2). **kriseln** ['kriːzl̩n] 〈h; 비인칭〉 위기가 다가오다: es kriselt zwischen den Ehepartnern 부부간에 위기가 다가온다.
krisen-, Krisen- (Krise 1): ~**anfällig** 〈Adj.〉 위기 [공황]에 약한. ~**anfälligkeit,** die ↑~anfällig의 명사형. ~**erscheinung,** die 위기 징조[현상]. ~**fest** 〈Adj.〉 위기에 강한. ~**festigkeit,** die ↑~fest의 명사형. ~**gebiet,** das 위험[위기] 지역. ~**herd,** der ↑~gebiet. ~**management,** das 위기 관리[조처]. ~**sicher** 〈Adj.〉 공황을 타지 않는. ~**situation,** die 위기[공황] 상황. ~**stab,** der 위기 극복 위원회. ~**zeit,** die 공황기.
krisenhaft 〈Adj.〉 위기적인: sich k. entwickeln 위기로 내닿다. **Krisenhaftigkeit,** die ↑krisenhaft의 명사형. **Krisis** ['kriːzɪs], die; Krisen **1.** 《준고어》 ↑Krise (1). **2.** [의학] 위험한 고비.
krispeln ['krɪspl̩n] 〈h〉 [제혁] 가죽의 표면을 도들도들하게 하다.
¹**Kristall** [krɪs'tal], der; -s, -e [lat. crystallus < griech. krýstallos = Eis; Bergkristall] 수정; 결정.
²**Kristall** [-], das; -s **1.** 반짝거리는 (세공된) 유리, 크리스탈: der Wein funkelte im geschliffenen Kristall der Gläser 윤이 나는 크리스탈 잔에서 포도주가 반짝거렸다. **2.** 크리스탈 제품.
kristall-, Kristall-: ~**bildung,** die 결정 형성, 결정화(化). ~**chemie,** die 결정 화학. ~**diode,** die [전기] 크리스탈 디오드. ~**eis,** das 얼음 조각. ~**gitter,** das [화학] 수정격자(水晶格子). ~**glas,** das **1.** (Pl. 없음) ↑²Kristall (1). 크리스탈 잔. ~**hell** 〈Adj.〉 ↑~klar. ~**klar** 〈Adj.〉 수정처럼 투명한. ~**kugel,** die 수정알. ~**leuchter** 《비분철시: Kristalleuchter》 크리스탈 등, 샹덴리아. ~**linse** 《비분철시: Kristallinse》, die 크리스탈 렌즈. ~**luster** 《비분철시: Kristalluster》, der 《österr》 ↑~lüster. ~**lüster** 《비분철시: Kristallüster》, der ↑~leuchter. ~**optik,** die 결정광학. ~**physik,** die 결정 물리학. ~**schale,** die 크리스탈 그릇. ~**struktur,** die ↑~gitter. ~**vase,** die 크리스탈 꽃병. ~**violett,** das 자색 색소. ~**wasser,** das 〈Pl. 없음〉 [화학] 결정수(水). ~**zucker,** der 《특히 전문어》 고급 백설탕.
kristallen 〈Adj.〉 [lat. crystallinus < griech. krystállinos] 수정으로 만든, 수정처럼 투명한: eine -e Vase 크리스탈 화병; 《전의》 ein -er See 《아이》 수정처럼 맑은 호수. **kristallin** [krɪstaˈliːn], 《준고어》 **kristallinisch** 〈Adj.〉 《광물》 수정으로 된, 결정질의. **Kristallisation** [...liza'tsi̯oːn], die; -en [frz. cristallisation] [화학] 결정 생성, 결정화(結晶化). **Kristallisationsprozeß,** der [화학] 결정 형성, 결정 과정. **Kristallisationspunkt,** der [화학] 결정화점(結晶化點). **kristallisch** 〈Adj.〉 **1.** 《드물게》 수정 모양의, 결정의, 결정으로 된. **2.** 《아어》 수정처럼 투명한. **kristallisieren** [...tali'ziːrən] 〈h〉 [frz. cristalliser] [화학] **a)** 결정체로 만들다. **b)** 〈k. + sich〉 결정하다, 정화(晶化)하다. **Kristallisierung,** die; -en 결정화. **Kristallit** [...ta'liːt, 《또한》

...lıt], der; -s, -e 【광물】 정자(晶子). **Kristallographie**, die 【물리·광물】 결정학. **kristallographisch** 〈Adj.〉 결정학의, 결정학에 속하는. **Kristalloid** [...talo'i:t], das; -(e)s, -e 【화학】 정질(晶質). **Kristallomantie**, die [griech. manteía] 【심령】 수정을 이용한 점술.

Kristiania [krɪs'tja:nja], der; -s, -s 《스키·고어》 크리스티아니아(언덕을 가로지르는 도약).

Kriterium [kri'te:rjʊm], das; -s, ...ien [...jən; griech. kritérion] **1.** 《교양어》 시금석, 표준, (판단의) 기준: Kriterien für etw., aufstellen 무엇의 기준을 세우다. **2.** 【스포츠】 **a)** 선발 경기. **b)** 서킷레이스(사이클 경기의). **Kritik** [kri'ti:k, 《또한》 kri'tɪk], die; -en [frz. critique] **1.** 《드물게 Pl.》 **a)** 평가, 감정, 판단: eine objektive(negative) K. 객관적인[부정적인] 평가; etw. einer(der) K. unterziehen 무엇을 평가[감정]하다. **b)** 비난, 비판: an jmdm. (etw.) K. üben 누구[무엇]를 비난하다; diese Maßnahmen stießen auf heftige K. 이 조처는 심한 비난에 부딪혔다; **unter aller (jeder) K.** 《통용어》 형편없이, 엉망으로; die Mannschaft spielte heute unter aller K. 그 팀은 오늘 엉망으로 경기했다. **c)** 《구동독》《공개》 비평. **2. a)** 《예술, 학문 또는 문학 작품에 대한》 비평, 논평, 평론, 서평: die K. in der Zeitung über sein letztes Konzert war wohlwollend 그의 최근 연주회에 대한 신문평은 호의적이었다; die Zeitschrift bringt öfter -en 그 신문은 자주 서평을 싣는다; -en schreiben 비평을 쓰다; der Film kam in der K. noch gut weg 《통용어》 그 영화는 아주 긍정적인 평을 받았다. **b)** 평론계, 비평(평론)가들(전체).

kritik-, **Kritik-**: **~fähig** 〈Adj.〉 비판(평가)할 능력이 있는. **~fähigkeit**, die 《Pl. 없음》 비판[평가] 능력. **~fest** 〈Adj.〉 비판에 구애받지 않는(끄덕하지 않는). **~festigkeit**, die ↑~fest의 명사형. **~los** 〈Adj.〉《he》 무비판의, 비판력이 없는; eine -e Haltung 무비판적 태도; er läßt alles k. über sich ergehen 그는 모든 것을 비판 없이 참고 견딘다. **~losigkeit**, die 무비판, 비판력 결여. **~punkt**, der 비평 사항. **~würdig** 〈Adj.〉; nicht adv.〉 평가받을 가치가 있는. **~würdigkeit**, die ↑~würdig의 명사형.

Kritikaster [kriti'kastɐ], der; -s, - 《교양어·폄》 혹평가, 남의 실언을 트집잡는 사람. **Kritiker** [‘kri:tikɐ, 《또한》 'krɪ...], der; -s, - [lat. criticus = griech. kritikós] **1.** 혹평가, 독설가, 비판적인 사람: er ist ein schonungsloser K. des Präsidenten 그는 대통령의 신랄한 비판자다. **2.** (직업적) 평론가, 비평가: prominente K. verschiedener Zeitungen waren bei der Premiere zugegen 여러 신문의 유수한 평론가들이(그 작품의) 초연(初演)에 참석했다. **Kritikerin**, die; -nen ↑Kritiker. **Kritikus** ['kri:tikʊs, 《또한》 'krɪ...], der; -, -se 《고어·농·폄》↑Kritiker. **kritisch** ['kri:tɪʃ, 《또한》 'krɪ...]〈Adj.〉[frz. critique] **1. a)** 비판적인, 비판력 있는: ein -er Kommentar 비판적 해설; ein Kunstwerk mit -en Augen betrachten 예술 작품을 비평안(眼)으로 보다; eine -e Ausgabe 비평판; etw. k. betrachten 무엇을 비판적으로 관찰하다. **b)** 혹평하는, 트집을 잡으려는, 비난하는: er fürchtete ihre -en Blicke 그는 그녀의 비난하는 눈길을 두려워했다. **2. a)** 분기점의, 위기의, 위험한, 결정적인: jetzt kommt ein -er Augenblick 이제 결정적인 순간이 오고 있다; ein -es Jahr der Frau 부인의 갱년기; die -e Temperatur 【화학】 임계(臨界)온도; der Reaktor wird k. 【학】 원자로가 임계점에 도달하다. **b)** 위독한, 위급한: der Fahrer kam in eine -e Lage(Situation) 운전자는 위급한 상황에 봉착했다; der Kranke ist in einer -en Phase 그 환자는 위독한 상태다. **kritisieren** [kriti'zi:rən] 〈h〉 **1.** 평하다, 비평하다,

논평하다: ein Konzert positiv k. 연주회를 호평하다; ein Buch k. 서평하다. **2.** 비판하다, 헐뜯다, 혹평하다; die Regierung in der Presse k. 언론에서 정부를 비판하다. **Kritizismus** [...'tsɪsmʊs], der 【철학】 비판주의, 비판 철학. **Kritizist** [...'tsɪst], der; -en, -en 【철학】 비판 철학자.

Krittelei [krɪtə'laɪ], die; -en 《폄》 혹평, 흠잡기. **Kritteler**, Krittler ['krɪt(ə)lɐ], der; -s, - 《폄》 혹평가, 헐뜯는 사람. **krittelig**, **krittlig** ['krɪt(ə)lɪç] 〈Adj.〉 《폄》 흠잡기를 좋아하는, 신경질적인, 다루기 힘든. **kritteln** ['krɪt[n] 〈h〉 《폄》 어떤 일에 트집을 잡다, 흠을 들추어내다: an seiner Arbeit gibt es nichts zu k. 그의 논문에는 흠잡을 것이 없다. **Krittler**: ↑Kritteler. **krittlig**: ↑krittelig.

Kritzelei [krɪtsə'laɪ], die; -en 《통용어·폄》 **1.** 《Pl. 없음》 서투른 글씨, 악필. **2.** 끄적거려 쓴 것. **kritzelig**, **kritzlig** ['krɪts(ə)lɪç] 〈Adj.〉 《통용어·폄》 악필인. **kritzeln** ['krɪts[n] 〈h〉 **1. a)** 긁다, 아무렇게나 마구 쓰다, 끄적거리다. **2. a)** 글씨를 알아보기 힘들게 쓰다. **b)** 서투르게 써[그려]넣다.

Kroate [kro'a:tə], der; -n, -n 크로아트인(人). **Kroatien** [kro'a:tsjən] 구 유고의 주(州). **kroatisch** 〈Adj.〉 ↑Kroate의 형용사형.

Kroatzbeere [kro'ats-], die; -n 《지역적》 ↑Brombeere.

kroch [krɔx], **kröche** ['krœçə] ↑kriechen 참조.

Krocket ['krɔkət, 《또한》 krɔ'ket], das; -s [engl. croquet] 크로켓(구기의 일종). **Krockethammer**, der 크로켓 경기용 스틱. **Krocketkugel**, die 크로켓 경기용의 공. **Krocketspiel**, das ↑Krocket. **krockieren** [krɔ'ki:rən] 〈h〉 상대방 공을 쳐내다.

Krokant [kro'kant], der; -s [frz. croquante] **a)** 편도나 호두를 넣어 구운 과자. **b)** 편도나 호두가 든 초콜릿 봉봉. **Krokette** [kro'ketə], die; -n 《대개 Pl.》 [frz. croquette] 크로켓.

Kroki [kro'ki:], das; -s, -s [frz. croquis] 《전문어》 《군사목적의》 지형 약도(略圖), 스케치. **krokieren** [krɔ'ki:rən] 〈h〉 《전문어》 (의) 약도를 그리다.

Kroko ['kro:ko], das; -(s), -s ↑Krokodilleder의 약칭. **Krokodil** [kroko'di:l], das; -s, -e [lat. crocodilus < griech. krokódeilos] 악어, 《동물》 **krokodilartig**, 〈Adj.〉 악어류의. **Krokodileidechse**, die 큰도마뱀. **Krokodilleder**, das 악어 가죽. **krokodillledern** 〈Adj.〉 악어 가죽의. **Krokodilsträne**, die 《대개 Pl.》 《통용어》 거짓 눈물, 거짓 울음. **Krokodilwächter**, der 악어새.

Krokus ['kro:kʊs], der; -, - 《또한》 -se [lat. crocus < griech. krókos] 크로커스[사프란]속(屬).

kroll [krɔl] 〈Adj.〉 《지역적》 (머리가) 곱슬곱슬한, 돌돌 말린. **Krollhaar**, das 곱슬곱슬한 말의 털. **Krollkopf**, der 고수머리. **Krolltabak**, der 살담배의 일종. **Krolle** ['krɔlə], die; -n 《지역적》 곱슬머리, (돌돌) 말린 머리.

Kromlech ['krɔmlɛk, 《또한》 'kro:m..., 《또한》 ...lɛç], der; -s, -e [engl., frz. cromlech] 《신석기 시대의》 환상열석(環狀列石)(중앙의 무덤을 둘러싼 거석군(巨石群)).

Kron- ['kro:n-] ↑kronen-, Kronen-): **~anwalt**, der 【법】 《영국의》 검찰총장. **~beamte***, der / die 제국관리(帝國官吏). **~bein**, das 【동물】 유제(有蹄)동물 발가락의 제 2 관절뼈. **~bewerber**, der 왕위를 노리는 사람. **~bewerbung**, die 왕위를 노림(탐냄). **~blatt**, das 【식물】 꽃부리, 화판. **~domäne**, die ↑~gut. **~erbe**, der ↑Thronerbe. **~gelenk**, das 【동물】 유제동물의 발가락 관절. **~gehörn**, **~geweih**, das [사냥】 사슴의 가지뿔. **~glas**, das [engl. crown glass]

(광학 기계용의) 크라운 유리. ~**gut**, das 왕실[왕실]의 영지. ~**juwel**, das / der 〈대개 Pl.〉 왕실 소유 보석. ~**kolonie**, die [engl. crown colony] (영국의) 직할 식민지. ~**korken**, der ↑Kronenkorken. ~**land**, das ↑~gut. ~**lehen**, das 왕실의 영지. ~**leuchter**, der 샹들리에: jmdm. geht ein K. auf 〈통용어·농〉누구는 갑자기 그 일을 깨닫게 된다: plötzlich ging ihm ein K. auf 갑자기 그는 그 일을 깨닫게 되었다. ~**prätendent**, der ↑Thronprätendent. ~**prinz**, der 황태자. ~**prinzessin**, die 1. 황태자비. 2. ↑~prinz의 여성형. ~**rad**, das 〔공〕관(冠)톱니바퀴. ~**rat**, der (군주가 주재하는) 각의. ~**räuber**, der 왕위 찬탈자. ~**recht**, das 대권(大權). ~**schatz**, der 왕실 소유 보물. ~**wicke**, die 〔식물〕황금싸리. ~**zeuge**, der 〔법〕공범 증인(감형을 받을 목적으로 공범자에 대하여 불리한 증언을 하는), 주요 증인.
Krönchen ['krœnçən], das; -s, - ↑Krone (1 a, 2 a).
Krone ['kroːnə], die; -n [lat. corōna griech. korōnē] 1. a) 〈축소형: ↑Krönchen〉관(冠), 왕관: eine goldne K. 금관(金冠); der Kaiser legte die K. nieder 황제는 퇴위했다; er trug die K. zehn Jahre lang 그는 10년간 통치했다; **einer Sache die K. aufsetzen** (야비함, 파렴치함 등의) 극치이다, 언어도단이다; mit dieser Bemerkung hat er allem die K. aufgesetzt 그의 이 발언[말]은 언어도단이다. 〈다음 용법에서는 농담조로 "Kopf" 대신 "Krone"를 사용함〉 **jmdm. in die K. fahren** 〈통용어〉누구를 화나게 하다: was ist dir denn in die K. gefahren? 도대체 왜 화났니?; **jmdm. in die K. steigen** 〈통용어〉누구를 오만하게 만들다. **einen in der K. haben** 〈통용어〉거 나하다, 취해 있다. b) 왕가, 왕[황]실: die englische K. 영국 왕실. 2. a) 〈축소형: ↑Krönchen〉 왕관 모양을 연상케 하는 것; 첨단 부분. b) ↑Baumkrone의 약칭. 3. 〈Pl. 없음〉정점, 극치, 절정, 최고의 것: der Mensch ist die K. der Schöpfung 인간은 만물의 영장이다. 4. 샹들리에. 5. 〔식물〕꽃부리, 화관. 6. a) 〔사냥〕사슴뿔의 뾰족한 끝(세가닥 가지뿔 이상의). b) 〔사냥〕수노루의 뿔. c) 〔동물〕계관(蹄冠)(발굽 윗부분). 7. 〔치의학〕치관(齒冠). b) ↑Zahnkrone의 약칭. 8. 인공치관(人工齒冠). 9. (시계의) 태엽감는 꼭지, 용두. 10. ↑Dammkrone의 약칭. 11. 크로네(덴마크, 아이슬랜드, 노르웨이, 스웨덴, 체코의 화폐 단위, 약어: Kr.).
kronen-, Kronen- (↑Kron-): ~**artig** 〈Adj.〉관(冠)모양의, 관을 연상케 하는. ~**bohrer**, der 다이아몬드 드릴. ~**dach**, das 기와지붕의 끝부분. ~**fortsatz**, der 〔해부〕관상돌기(冠狀突起). ~**gold**, das 18금. ~**hirsch**, der 관형의 뿔을 가진 사슴. ~**korken**, der 기계적으로 밀봉한 병뚜껑. ~**kranich**, der (아프리카에 사는) 관학(冠鶴). ~**los**, 〈Adj.〉 (왕)관이 없는, 꽃잎이 없는. ~**mutter**, die 〈Pl. -n〉 덮개 달린 너트(앞나사). ~**orden**, der (Preußen의) 보관장(寶冠章). ~**papier**, das 크라운 지(紙)(15×20 인치 크기의 인쇄 용지). ~**taler**, der 크로네 은화. ~**träger**, der 제왕, 군주. ~**verschluß**, der ↑~korken.
krönen ['krøːnən] (h) 1. (왕관을 씌워) 왕[황제] 위에 오르게 하다: er hat sich selbst zum Kaiser gekrönt 그는 스스로 황제위에 올랐다; 전의 der Sieger wurde mit einem Lorbeerkranz gekrönt 우승자에게 월계관이 씌워졌다. 2. (의) 끝마무리 장식을 하다, (의) 최후를 장식하다: eine gewaltige Kuppel krönt den Dom 그 성당은 웅장한 둥근 지붕을 올리는 것을 끝으로 완공된다. 3. a) (의) 절정(최고봉)을 이루다[장식하다]: diese Arbeit krönt das Lebenswerk des Künstlers 이 작품은 그 예술가 생애의 최대 걸작이다; seine Bemühungen waren schließlich von Erfolg gekrönt 그의 노력은 드

디어 훌륭히 성공했다. b) 성공적으로 끝내다[대미를 장식하다]: er krönte seine sportliche Laufbahn mit dem Olympiasieg 그는 자신의 스포츠 경력을 올림픽 우승으로 장식했다. **gekrönt**, 〈Adj.〉관을 쓴, 영광을 차지한: ~er Dichter 계관(桂冠)시인; ~e Häupter 왕후(王侯).
Kronide ['kroːnidə], der; -n, -n (그리스 신화에서) Kronos의 아들, 특히 Zeus.
Kronos ['kroːnɔs, (또한) 'kronɔs], der (그리스 신화에서) 제우스 신의 아버지.
Kronsbeere ['kroːns-], die; -n [zu mniederd. krōn = Kranich, da die Beere gern von Kranichen gefressen wird] 《지역적》↑Preiselbeere.
Krönung, die; -en [mhd. krœnunge, zu ↑krönen] 1. 즉위, 대관식: die K. vollziehen(vornehmen) 대관식을 거행하다. 2. 절정, 압권(壓卷): der Olympiasieg ist[bildet] die K. seiner sportlichen Laufbahn 올림픽의 승리야말로 그의 스포츠 경력의 절정이다.
Krönungs- (Krönung 1): ~**feier**, die, ~**feierlichkeit**, die 대관식, 즉위식, 대관식 축하연. ~**fest**, das 즉위식, 대관식. ~**insignien** 〈Pl.〉즉위식(대관식)의 권위 표시(왕관, 왕홀 따위). ~**mahl**, das 대관식의 향연. ~**münze**, die 대관식 기념 주화. ~**ornat**, das (대관식의) 제왕(帝王)의 성장(盛裝). ~**saal**, der 대관식장(式場). ~**stadt**, die 대관식이 거행되는 도시. ~**tag**, der 대관식의 날. ~**zeremonie**, die ~**zeremoniell**, das 즉위식.
Kröpel ['krøːpl] der; -s, - 《지역적·폄》불구자, 병신.
Kropf [krɔpf], der; -(e)s, Kröpfe 1. 갑상선 종(腫): sie läßt ihren K. operieren 그녀는 갑상선 종 수술을 받는다; **überflüssig**(**unnötig**) **sein wie ein K.** 《통용어·농》전혀 쓸데[필요]없다, 전혀 불필요하다. 2. 〈축소형: ↑Kröpfchen〉(새의) 모이주머니, 멀떠구니, 소낭(嗉囊).
kropf-, Kropf-: ~**artig** 〈Adj.〉갑상선종(腫) 모양의. ~**felchen**, der ↑Kilch. ~**gans**, die 사다새, 펠리칸. ~**geschwulst**, die ↑Kropf 2. ~**milch**, die (부화기의 비둘기의) 모이주머니에서 생성되는 즙(새끼 먹이용). ~**taube**, die 소낭이 발달되어 볼록 튀어나온 비둘기의 일종.
Kröpfchen ['krœpfçən], das; -s, - ↑Kropf (2).
kröpfen ['krœpfn̩] (h) 1. 〔사냥〕(육식 조류가) 게걸스럽게 먹다, 모이주머니를 채우다. 2. 《통용어》(살찌게 하려고) 많이 먹이다. 3. a) 〔건축〕쇠시리로 장식하다. b) 〔수공〕사각(斜角)으로 접합하다. c) 〔기술〕(철봉 따위를) 직각으로 구부리다. **Kröpfer** ['krœpfɐ], der; -s, - ↑Kropftaube. **kröpfig** 〈Adj.〉 1. 갑상선종(甲狀線腫)에 걸려 있는. 2. 〔식물〕옹이가 있는, 성장이 불완전한. **Kröpflein**, das; 〈축소형: ↑Kropf〉. **Kröpfung**, die; -en (Pl. 없음) 〔사냥〕포식(대식)하기, 게걸스럽게 먹기. 2. 〔기술〕직각으로 구부린 자리.
Kroppe [krɔpə], die; -n 《지역적》↑Groppe.
Kroppzeug ['krɔp-], das; -s [niederd. krōptüg] 1. 《지역적·농》아이들, 놈들, 녀석들. 2. 《통용어·폄》무뢰한, 잡놈, 천민. 3. 《통용어·폄》쓸데없는 물건, 잡동사니, 쓰레기.
Kröse ['krøːzə], die; -n 1. (옛) 주름이 있는 크고 빳빳한 옷깃의 장식. 2. 〔통 제조〕《지역적》(통의) 홈파는 연장. **kröseln** [...z̩n] (h) 1. (통에) 홈을 파다(새기다). 2. (절단 칼로) 유리를 자르다. **Kröselzange**, die (Glaserei) 유리를 잘라내는 펜치.
kroß [krɔs], 〈Adj.〉《지역적》노릇노릇하게 구운, 바삭바삭한.
Krösus ['krøːzʊs], der; - / -ses, -se [lat. Croesus. griech. Kroĩsos] [기원전 6세기 Lydien의 부유한 왕의 이름에서] 《농》부호.

Krotalin [krotaˈliːn], das; -s 방울뱀의 독(毒)(약응임).
Krötchen, das, -s, -, 〈축소형: ↑Kröte〉.
Kröte [ˈkrøːtə], die; -n 1. 두꺼비: **eine K. schlucken** 〈지역적〉 불쾌한 것을 꾹 참다. **2. a)** 〈통용어〉 작은 (여자) 아이. **b)** 〈통용어·편〉 밉살스러운[심술궂은] 사람, 비뚤어진 사람. **3.** 〈Pl.〉〈경〉 **a)** 돈: eine Menge -n verdienen 많은 돈을 벌다. **b)** 마르크: die letzten -n für etwas ausgeben 무엇을 하려 마지막 남은 몇 마르크를 지출하다.
kröten-, Kröten- (Kröte 1): **~artig** 〈Adj.〉 두꺼비와 같은, 두꺼비 모양의. **~frosch,** der 개구리와 두꺼비의 중간, 펠로바테스과(科). **~gesicht,** das 흉한 얼굴. **~maul,** das 말(백마(白馬))의 주둥이. **~stein,** der (두꺼비 몸 속에 있는) 돌. **~test,** der 두꺼비 시험[임신검사법의 하나].
krötig [ˈkrøːtɪç] 〈Adj.〉 〈nordd.·준고어〉 버릇없는, 염치없는, 악의가 있는. **krötisch** 〈Adj.〉 ↑krötig.
Kroton [ˈkroːtɔn], der; -s, -e [griech. krótōn] 파두(巴豆). **Krotonöl,** das 〈Pl. 없음〉 파두유(巴豆油).
Krs., Kr. = ↑Kreis.
Krozetin [krotse'tiːn], das; -s 크로체틴(크로친에서 추출된 붉은 색소). **Krozin** [kroˈtsiːn], das; -s [zu lat. crocus] 크로친(샤프란꽃에서 추출되는 황색 색소).
Krucke [ˈkrʊkə], die; -n 〈대개 Pl.〉 [사냥] 알프스 영양(羚羊)의 뿔. **Krücke** [ˈkrʏkə], die; -n 1. 목발: seit seinem Unfall muß er an [auf] -n gehen 사고난 후로 그는 목발을 의지하여 걸어야 한다. 2. (지팡이, 우산 따위의) 자루, 손잡이. 3. 〈통용어·편〉 **a)** 무능한 자(者), 엉터리. **b)** 낡아빠진 것, 고물(古物): mit der K. (von Radio) bekommt er nur noch zwei Sender 그 고물(라디오)로는 그는 두 방송만을 수신할 수 있다. **krückenförmig,** 〈Adj.〉 T자형의. **Krückenkreuz, Krückenkreuz,** die T형 십자가(독일 기사 (騎士) 수도회의). **Krückenstock,** der ↑Krückstock. **Krückstock,** der T자형 지팡이. **Krückstockschaltung,** die [자동차] T자형 기어.
krud [kruːt], **krude** [ˈkruːdə] 〈Adj.〉 [lat. crūdus] 1. (고어) **a)** 날것인, 익지 않은, 생것의. **b)** 잘 소화되지 않는. 2. (교양어) 거친, 조야(粗野)한, 교양 없는. **Krudität** [krudiˈtɛːt], die; -en [lat. crūditās] 〈교양어〉 **a)** 〈Pl. 없음〉 조잡함, 교양없음, 미숙함. **b)** 거친 표현, 폭언, 불법없는 행위.
Krug [kruːk], der; -(e)s, Krüge [ˈkryːɡə] 1. 〈축소형: ↑Krügelchen, Krüglein〉 항아리, 단지, (맥주)잔, 조끼: gläserner K. 유리 항아리; ein K.(imm) Bier 맥주 한잔[조끼]; die Blumen in einen K. mit Wasser stellen 꽃을 단지에 꽂다; [속담] der K. geht so lange zum Brunnen, bis er bricht 꼬리가 길면 밟힌다, 나쁜 짓도 오래가면 언젠가는 파탄에 이른다. 2. 〈지역적〉 술집, 선술집. **Krügel** [ˈkryːɡəl], das; -s, - 〈österr.〉 손잡이 달린 맥주잔. **Krügelchen** [ˈkryːɡçən], das; -s, - ↑Krug (1). **Krüger** [ˈkryːɡɐ], der; -s, - 〈nordd.·준고어〉 (선술집주인. **krugförmig,** 〈Adj.〉 단지[항아리] 모양의. **Kruggerechtigkeit,** die 술집 영업 면허.
Krüger-Klappe, die; -n [발명자의 이름을 따서] 〈항공〉 비행기의 부익(副翼), 플랩.
Krüglein [ˈkryːklaɪn], das; -s, - ↑Krug (1)의 축소형.
Kruke [ˈkruːkə], die; -n 〈nordd.〉 1. 흙으로 만든 병[단지]. 2. 〈nordd. berlin.·경〉 기인(奇人), 이상한 사람.
Krulle [ˈkrʊlə], die; -n 〈옛〉 (화관의) 머리에 다는 술[장식]. **krullen:** ↑krollen. **Krullfarn,** der 공작고사리과의 일종. **Krüllschnitt** [ˈkrʏl-], der; -(e)s, -e 〈드물게 Pl.〉 [niederd. Krull] 굵게 썰은 파이프용 담배.
Krülltabak, der; -s -e 〈드물게 Pl.〉 ↑Krüllschnitt.
Krümchen [ˈkryːmçən], das; -s, - ↑Krume (1)의 축소형. **Krume** [ˈkruːmə], die; -n 1. 〈축소형: ↑Krümchen, Krümelchen〉 빵 부스러기: nach dem Essen lagen viele -n auf dem Tisch 식사 후에 많은 빵부스러기가 식탁에 있었다; er hat den an großen Kuchen bis auf die letzte K. aufgegessen 그는 그 큰 케이크의 마지막 부스러기까지 다 먹어치웠다. 2. 〈드물게 Pl.〉 빵의 부드러운 부분, 빵속. 3. ↑Ackerkrume의 약칭. **Krümel** [ˈkryːml], der; -s, - ↑Krume의 축소형) 1. 〈축소형: ↑Krümelchen〉 (빵) 부스러기: laß nicht so viele K. auf den Boden fallen! 부스러기를 그렇게 많이 바닥에 흘리지마라!; wir haben keinen K. Brot mehr im Haus 〈통용어〉 우리는 집에 빵조각 하나도 없다. 2. 〈친근·농〉 작은 아이, 꼬마: sieh mal, was der K. schon alles kann! 저 꼬마가 무엇을 할 수 있는지 보아라!
Krümel-: ~besen, der 식탁용 비[빗자루]. **~kacker,** der 〈속어〉 옹졸한 사람, 소인배. **~kuchen,** der 1. (빵) (쉽게 부스러기가 되는) 수분이 없는 케이크. 2. 〈지역적〉 ↑Streuselkuchen. **~struktur,** die [농업] 표토층(表土層)의 구조. **~zucker,** der (뿌리는) 가루 설탕.
Krümelchen [ˈkryːmlçən], das; -s, - ↑Krume (1), Krümel (1)의 축소형. **krümelig, krümlig** [ˈkryːm(ə)lɪç] 〈Adj.〉 1. 쉬 부스러지는, 부스러기로 된: eine -e Erde 부슬부슬한 토지. 2. 부스러기로 뒤덮인, 부스러기 투성이의: um den Teller herum war das Tischtuch ganz k. 그 접시 주위가 온통 부스러기 투성이였다. **krümeln** [ˈkryːmln] 〈h〉 1. (쉽게) 부스러지다, 가루가 되다: das Brot krümelt sehr 빵이 아주 쉽사리 부스러진다. 2. 부스러뜨리다, 부수다. **krümlig:** ↑krümelig.
krumm [krum] 〈Adj.〉 〈지역적〉 krümmer [ˈkrʏmɐ], krümmste [ˈkrymstə] 1. 굴곡된, 굴절된, 휜, 파상의, 비뚤어진, 구부러진: eine -e Linie 곡선; k. gehen 몸을 구부리고 걷다; er konnte den Knie nicht k. machen 그는 무릎을 굽힐 수가 없었다; jmdn. k. und lahm schlagen 누구를 심하게 두들겨패다; 〈성구〉 der ist auch k., wenn er sich bückt 〈berlin.〉 그는 구두쇠다; **sich k. und schief lachen** 〈통용어〉 배를 움켜쥐고 웃다(웃을 수밖에 없다). 2. 〈통용어〉 부정한, 불법의: -e Wege gehen 불법적인 수단을 취하다; etw. auf die -e Tour versuchen 무엇을 불법으로 시도하다.
krumm-, Krumm-: ~**beinig** 〈Adj.〉 다리가 구부러진. ~**darm,** der ↑Ileum 참조. ~**gehen** 〈s〉〈통용어〉 실패로 끝나다. ~**holz,** das 1. 〈Pl. 없음〉 ↑Knieholz. 2. (선박·썰매 건조용) 굽은 재목. ~**holzkiefer,** die 눈잣나무. ~**horn,** das 1. **a)** 크룸호른(복황(復簧)인) 옛 목관악기). **b)** 파이프 오르간의 음전. 2. 실루리아기(紀) 이후 멸종된 바다 두족류(頭足類). ~**lachen,** sich 〈h〉 〈통용어·경담〉 배를 움켜잡고 웃다. ~**legen,** sich 〈h〉 〈통용어〉 생활비 지출을 억제하다. ~**liegen*** 〈h〉 〈통용어〉 검소하게[절약해] 살아가다. ~**linig** [-liːnɪç] 〈Adj.〉 곡선의. ~**messer** (비분리사) das 날이 굽은 칼. ~**nase,** die 〈편〉 매부리코, 비뚤어진 코. ~**nasig** 〈Adj.〉: nicht adv.〉 매부리코의, 코가 비뚤어진. ~**nehmen** 〈h〉 〈통용어〉 ↑übelnehmen. ~**säbel,** der 초생달 모양으로 휜 군도. ~**schere,** die 날이 굽은 가위. ~**schließen*** 〈h〉 …에게 족쇄를 채우다. ~**schwert,** das 초생달 모양으로 휜 칼. ~**stab,** der ↑Bischofsstab.
Krumme* [ˈkrʊmə], der; -n, -n 〈사냥·농〉 산토끼속의 일종. **Krümme** [ˈkrʏmə], die; -n 〈고어〉 굴곡(만곡)된 것, 사도(邪道), 부정(不正), 부정적. **krümmen** [ˈkrʏmən] 〈h〉 1. 구부리다, 만곡시키다: die Jahre hatten seinen(ihm den) Rücken gekrümmt 세월이 흐르면서 그의 등이 점차 굽어갔다; Wind krümmt das Balles Bahn 바람 때문에 공의 방향이 바뀐다; in ge-

krümmter Haltung 구부정한 자세로. 2. ⟨k. + sich⟩ a) 몸을 굽히다, 몸을 비비꼬다; 몸부림치다: vor Schmerzen(Lachen) k. 괴로워서 몸부림치다(배를 움켜잡고 웃다): sich wie ein Wurm k. 지렁이처럼 꿈틀거리다. b) 구부러지다, 비틀어지다, 만곡하다, (강이) 굽어지다: die Straße krümmt sich (wie eine Schlange) zwischen den Häusern 전물 사이로 도로가 구불구불 나 있다; eine gekrümmte Linie(Fläche) [기하] 곡선[곡면]. **krümmer**: ↑krumm의 비교급. **Krümmer**, der; -s, -. 1. 굴곡된 이음배관(管), 곡관. 2. ↑Grubber. **Krümmling**, der; -s, -e ⟨전문어⟩ ⟨계단의⟩ 난간 곡목(曲木). **krümmste**: ↑krumm의 최상급. **Krümmung**, die; -en 1. ⟨드물게⟩ 구부림. 2. a) 만곡(굴곡), 곡선: die K. der Wirbelsäule 척추의 굴곡. b) [기하] 곡률(曲率).

Krümmungs- (Krümmung 2 b): **~kreis**, der 곡률원(圓). **~mittelpunkt**, der 곡률 중심(中心). **~radius**, der 곡률 반경.

Krumpel ['krʊmpl̩], **Krümpel** ['krʏmpl̩], die; -n ⟨지역적⟩ ⟨의복의⟩ 주름, 구김(살). **krumpelig**, krumplig ['krʊmp(ə)lɪç], ⟨드물게⟩ **krümpelig** ['krʏmpəlɪç] ⟨Adj.⟩ ⟨지역적⟩ 주름진, 주름투성이의, 쭈글쭈글한. **krumpeln** ['krʊmpl̩n], ⟨드물게⟩ **krümpeln** ['krʏmpl̩n] ⟨h⟩ ⟨지역적⟩ ⟨꼬깃꼬깃⟩ 꾸기다, 오글오글 (쭈글쭈글)하게 하다, ⟨옷의⟩ 주름을 잡다. **Krümper** ['krʏmpɐ], der; -s, - ⟨옛⟩ (1802-1812년 Preußen에 있었던) 속성 교육한 병사. **Krümperpferd**, das [군] ⟨옛⟩ 정원외의 대마(隊馬). **Krümpersystem**, das ⟨Pl. 없음⟩ ⟨역사적⟩ (1808-12 프러시아의) 예비병의 속성 교육.

krumpf-, Krumpf- (krumpfen): **~arm** ⟨Adj.⟩ [섬유] 여간해 줄지않는. **~echt** ⟨Adj.⟩ [섬유] 줄지않는. **~frei** ⟨Adj.⟩ [섬유] ↑~echt. **~maß**, das ⟨Pl. 없음⟩ ⟨농업·섬유⟩ (곡물 저장때 발생하는) 중량 감소. **~wert**, der ⟨섬유⟩ 직물 수축치.

krumpfen ['krʊmpfn̩] ⟨h⟩ ⟨섬유⟩ 직물이 (젖어도) 줄지 않도록 처리하다.

krumplig: ↑krumpelig.

krunkelig, **krunklig** ['krʊŋk(ə)lɪç] ⟨Adj.⟩ ⟨지역적⟩ 구겨진.

Krupp [krʊp], der; -s [engl. croup] [의학] 크루프, 위막성 후두염(僞膜性喉頭炎).

Kruppade [kru'pa:də], ⟨또한⟩ Croupade [kru...], die; -n [frz. croupade] ⟨승마⟩ 뒷발을 움츠린 자세의) 말의 도약. **Kruppe** ['krʊpə], die; -n [frz. coupe] 말의 엉덩이.

Krüppel ['krʏpl̩], der; -s, - ⟨경감⟩ a) 장애자, 불구자. b) ⟨욕⟩ 병신. **krüppelhaft** ⟨Adj.⟩ 신체장애(불구)의. **Krüppelhaftigkeit**, die ↑krüppelhaft의 명사형. **Krüppelholz**, das; -es 기형적으로 자란 나무의 목재. **krüpp(e)lig** ['krʏp(ə)lɪç] ⟨Adj.⟩ [신체] 장애의, 불구의.

kruppös [krʊ'pø:s] ⟨Adj.⟩ [frz. croupeux] [의학] 크루프 성(性)의, 위막성 후두염의.

krural [kru'ra:l] ⟨Adj.⟩ [lat. crūrālis] [의학] 대퇴부(大腿部)의, 허벅[넓적]다리의.

krüsch [kry:ʃ] ⟨Adj.⟩ ⟨nordd.⟩ 편식성의, 가려먹는.

Kruschke, die; -n ⟨ostd.⟩ 돌배(梨).

Kruselhaar [kru:z]-], das; -(e)s ⟨schweiz.⟩ 곱슬머리.

¹**kruselig** ['kru:zəlɪç] ⟨Adj.⟩ ⟨schweiz.⟩ 곱슬머리인, 곱슬하게 지진.

²**kruselig** [-], der ⟨Adj.⟩ [niederd. krüselig] ⟨지역적⟩ 양념한, 방향(芳香)이 있는.

krüseln ['kry:zln̩] ⟨h⟩ ⟨nordd.⟩ 빙글빙글 돌다, 선회(회전)하다. **Krüselwind**, der ⟨nordd.⟩ 회오리바람, 선

풍(旋風).

Kruska ⓦ ['krʊska], die [schwed. kruska] 크루스카 (여러 가지 종류의 곡물을 거칠게 빻은 건강 식품).

kruspeln ['krʊspl̩n] ⟨h⟩ ⟨österr.⟩ 바삭바삭 소리나다, ⟨구운 음식이⟩ 바삭바삭 쪼개지다. **Kruspelspitz**, der ⟨österr.⟩ 목에 가까운 갈비살.

Krustade [krʊs'ta:də], die; -n ⟨대개 Pl.⟩ [frz. croustade] [요리] 파이. **Krustazee** [krʊsta'tse:ə], die; -n ⟨대개 Pl.⟩ ⟨동물⟩ 갑각류(甲殼類), 유각(有殼)동물. **Kruste** ['krʊstə], die; -n [lat. crūsta] a) ⟨일반적⟩ 외피, 껍데기: die K. des Brotes(der Erde) 빵 껍질[지각(地殼). b) 외각(外殼), 부스럼 딱지, 당의(糖衣): eine K. aus(von) Blut ⟨상처의⟩ 피딱지, **Krustel** ['krʊstl̩], die; -n ⟨대개 Pl.⟩ ⟨지역적⟩ ↑Krokette. **Krustenechse**, die; -n ⟨북아메리카의⟩ 독도마뱀. **Krustentier**, das; -(e)s, -e ↑Krebstier. **krustig** ['krʊstɪç] ⟨Adj.⟩ 껍데기[껍질]가 있는, 외피가 있는, ⟨부스럼⟩ 딱지가 있는.

Krux: ↑Kryo. **Kruzifere** [krutsi'fe:rə], die; -n ⟨대개 Pl.⟩ [lat. crux u. ferre] [식물] ↑Kreuzblütler. **Kruzifix** ['kru:tsifɪks, ⟨또한⟩ krutsi'fɪks], das; -es, -e [lat. crucifixum] 십자가에 못박힌 그리스도 상(像), 십자가상. **Kruzifixus** [krutsi'fɪksʊs], der [예술] 십자가에 못박힌 그리스도 상(像), 십자가상(像). **Kruzitürken**! ⟨경⟩ a) ⟨저주와 분노를 표현하는 감탄사⟩ 빌어먹을!, 제기랄! b) ⟨경이를 표현하는 감탄사⟩ 원, 저런!, 아!

Kry-: ↑Kryo-. **Kryästhesie** [kry|este'zi:], die [의학] ⟨피부의⟩ 한랭(寒冷)에 대한 감각. **Kryo-**, ⟨모음 앞에서는⟩ **Kry-**, [kry(o)-], ⟨griech.⟩ krýos] 한랭(寒冷)을 뜻하는 규정어로서(예컨대: Kryästhesie, Kryobiologie). **Kryobiologie** [kryo-], die 저온(低溫) 생물학, 한랭 생물학. **Kryochirurgie**, die [의학] 냉동외과. **Kryogenik** [...'ge:nɪk], die [engl. cryogenic] [물리] 냉동학(冷凍學). **Kryolith** [...'li:t, ⟨또한⟩ ...lɪt], der; -s, -e ⟨또는⟩ -(en), -e(n) 빙정석(氷晶石). **Kryomagnet**, der; -en / -(e)s, -e ⟨드물게⟩ -en [물리] 냉동 전자석. **Kryometer**, das; -s, - [물리] 저온계⟨超低溫計⟩. **Kryoskalpell**, das; -s, -e [의학] 냉동 외과용 해부도(刀). **Kryoskopie**, die [zu griech. skopeîn] [화학] 빙점 강하, 응고점 강하법(凝固降下法), 빙점 강하법. **Kryostat** [...'sta:t], der; -(e)s / -en, -e(n) [griech. statós] [물리] 저온조(低溫槽), 저온장치. **Kryotherapie**, die [의학] 냉동(冷凍) 요법. **Kryotron** ['kryotron], das; -s, -e [kryo'tro:nə] / -s [engl. cryotron] [전산] 크라이오트론, 크리오트론(자계⟨磁界⟩로 제어되는 초전도성의) 소자(素子).

krypt-, Krypt-: ↑krypto-, Krypto-. **Krypta** ['krypta], die; ...ten [lat. crypta < griech. kryptḗ] (교회 따위의) 지하 납골소(納骨所). **Krypte** ['krypta], die; -n ⟨대개 Pl.⟩ [griech. kryptós] [의학] 음와(陰窩), 선와(腺窩). **kryptisch** ⟨Adj.⟩ [lat. crypticus < griech. kryptikós] ⟨교양어⟩ 모호한, 난해한. **krypto-, Krypto-** ⟨모음 앞에서는⟩ krypt-, Krypt- [krʏpt(o)-; zu griech. kryptós] "숨겨진", "비밀의" 등의 뜻을 가진 규정어로서, 예컨대) Kryptogame, kryptogen, Kryptonym. **Kryptogame** [...ga:mə], die; -n ⟨대개 Pl.⟩ [griech. gámos] [식물] 은화(隱花) 식물. **kryptogen, kryptogenetisch** ⟨Adj.⟩ [의학] 잠재성의. **Kryptogramm**, das; -s, -e 1. 암호문. 2. [고어] ⟨시행 속에 숨어 있는⟩ 암호문. **Kryptograph**, der; -en, -en [고어] 암호기(機). **Kryptographie**, die ⟨Pl.⟩ 1. [심리] 무의식중에 쓴 성인의 낙서. 2. [고어] 암호문.

kryptokristallin, kryptokristallinisch ⟨Adj.⟩ [지질] 잠정질(潛晶質)의 ⟨결정(結晶)이 육안으로 볼 수

kryptomer [...'meːɐ̯] 〈Adj.〉 [지질・유전] 육안으로 식별할 수 없는, 잠복성의. **¹Kryptomerie** [...meˈriː], die, -n [...iːən]; griech. méros) [유전] 유전인자의 잠복성. **²Kryptomerie** [...'meːri̯ə], die; -n [lat. cryptomeria] 일본삼나무. **Krypton** ['krypton, 《또한》kryp'toːn], das; -s [griech. kryptós] 크립톤(기호: Kr). **Kryptonlampe**, die 크립톤이 들어있는 전구. **Kryptonym** [...'nyːm], das; -s, -e [griech. ónyma] 익명(匿名). **kryptorch** 〈Adj.〉 [의학] 고환정체의. **Kryptorchismus** [...ɔrˈçɪsmʊs], der; -, ...men [의학] 고환정체(睾丸停滯).
Ksabi: ↑Kasba(h)의 복수형.
KS-Grammatik [kaːlˈɛs-], die [언어] ↑Konstituentenstrukturgrammatik의 약어.
KSZE 유럽 안보 협력 회의(= Konferenz über Sicherheit und Zusammenarbeit in Europa).
Kt. = Kanton.
Ktenoidschuppe [ktenoˈiːt-], die; -n [griech. ktenoeidés] [동물] 경골류 물고기의 비늘.
Ku = Kurtschatovium.
Kuala Lumpur [kuaˈla ˈlʊmpʊr] 콸라룸푸르(말레이지아의 수도).
Kuba, das 쿠바. **Kubaner**, der -s, - 쿠바 국민. **kubanisch** 〈Adj.〉 ↑Kubaner의 형용사형.
Kubatur [kubaˈtuːɐ̯], die; -en [수학] 1. 입체 구적법(立體求積法). 2. 용적, 체적.
Kubba ['kuba], die; -s 《또는》 Kubben [arab. (al-)qubba] 《이슬람식 건축》 a) 경당(묘당)의 아치형 지붕. b) 아치형의 묘(버석).
Kübbung ['kybʊŋ], die; -en [niederd. kübbe] [건축] (저지 작센 지방의) 외양간으로 사용되는 곁채.
Kubebe [kuˈbeːbə], die; -n [lat. cubeba] 자바 후추나무의 열매.
Kübel ['kyːbl̩], der; -s, - [lat. cupellus] a) 대야, 통, 양동이: ein K. mit Abfällen 쓰레기통; den K. (aus) leeren 통(대야)을 비우다; Palmen in -n 대형(나무)화분 속의 종려수; [전의] K. voll [von] Bosheit, Schmutz, Verleumdung über jmdn.[《드물게》jmdm.] ausgießen 《통용어》누구에 대해 악의에 찬 말을 퍼붓다; es gießt (wie) mit[(wie) aus/in] -n 《통용어》비가 억수같이 퍼붓는다. b) 《교도소 감방 내의》 변기.
Kübel- (Kübel 1): **~mann**, der 〈Pl. -en〉 (schweiz.・통용어) 대형 쓰레기통을 쓰레기 회수차에 비워주는 사람. **~pflanze**, die 대형(나무) 화분의 식물. **~wagen**, der 1. 무개(無蓋) 군용 자동차. 2. [철도] 컨테이너 수송용 화차, 카고 화차. **~weise** 〈Adv.〉 대량으로.
kübeln ['kyːbl̩n] 〈h〉 1. 《통용어》 (통에) 쏟아 부으다. 2. 《교도소 감방 내의》변소에 가다. 3. a) 《경》과음하다. b) 《경》토하다.
Kuben: ↑Kubus의 복수형. **kubieren** [kuˈbiːrən] 〈h〉 [zu ↑Kubus] [수학] 3승(三乘)하다; 체적(용적)을 구하다.
Kubik [kuˈbiːk, 《또한》 ...'bɪk 〈관사 없이〉 ↑Kubikzentimeter의 약칭.
Kubik- [frz. cubique]: **~dezimeter**, der / das 입방 데시미터(가로・세로 높이가 각 10cm인 면적・기호: dm³ (cdm). **~fuß**, der 〈Pl. ...fuß〉 입방 피트. **~inhalt**, der 《Rauminhalt 참조》. **~kilometer**, der 입방킬로미터(기호: cbkm 《또는》km³). **~maß**, das 1. Raummaß. **~meter**, der / das 입방 미터(기호: cbm, 《또는》m³). **~millimeter**, der 입방 밀리미터(기호: cbmm 《또는》mm³). **~wurzel**, die [수학] 입방근(立方根). **~zahl**, die [수학] 세제곱(입방)수(數). **~zentimeter**, der / das 입방 센티미터(기호: ccm, 《또는》cm³).

kubisch ['kuːbɪʃ] 〈Adj.〉 [lat. cubicus < griech. kybikós] 1. 《전문어・교양어》 입방체(형)의. 2. [수학] 3차(次)의, 3승(乘)의; eine -e Gleichung 3차 방정식.
Kubismus [kuˈbɪsmʊs], der; - [예술] 입체파(20세기 초의 회화・조각 양식). **Kubist** [kuˈbɪst], der; -en, -en [예술] 입체파 화가(조각가). **kubistisch** 〈Adj.〉 [예술] 입체파의.
kubital [kubiˈtaːl] 〈Adj.〉 [lat. cubitus] [의학] a) 팔꿈치에 속하는. b) 팔꿈치의.
Kübler ['kyːblɐ], der; -s, - (südwestd.) 통장이.
Kubus ['kuːbʊs], der; -, Kuben [lat. cubus < griech. kýbos] 1. 《전문어》 입방체, 제 6 면체. 2. [수학] 3승, 입방.
Küche ['kʏçə], die; -n [lat. coquīna] 1. 부엌, 주방: in der K. helfen 부엌 일을 돕다; den ganzen Tag in der K. stehen 하루 종일 부엌에서 일하다; was K. und Keller zu bieten haben 집안의 가장 맛있는 음식과 술. 2. 부엌 시설, 부엌 기구. 3. a) 요리하기, 빵굽기, 조리. b) 요리, 음식, 요리법: chinesische K. 중국 요리; eine K. für Diabetiker 당뇨환자를 위한 요리(법); es gibt warme und kalte K. bis 22 Uhr 밤 10시까지 더운 음식과 찬 음식을 팔고 있음. 4. 주방 인력(전체).
Küchel ['kyːçl̩], das; -s, - (südd.) 도넛. **kücheln** ['kyːçl̩n] 〈h〉 (südd., schweiz.) 도넛을 만들다. **Kuchen** ['kuːxn̩], der; -s, - 1. a) 케이크: ein K. mit Schokoladenüberzug 초콜릿을 입힌 케이크; einen K. backen 케이크를 굽다; ein Stück K. essen 케이크 한 쪽을 먹다; 〈성구〉 (ja) K. 천만에, 그렇지가 않다, 그 반대다; kleiner K. 〈대개 Pl.〉 《지역적》 비스킷, 쿠키, 크래커. b) 〈지역적〉 〈Pl. 없음〉 ↑Gebäck. 2. 《짜고 난 후의》 포도・올리브 열매 따위의 찌꺼기.
Kuchen-: **~bäcker**, der ↑Feinbäcker. **~berg**, der 《통용어》 수북하게 쌓인 케이크 조각. **~blech**, das 케이크 굽는 철판. **~boden**, der 케이크의 밑바닥즉. **~brett**, das 《구워낸》 케이크를 올려 놓는 목판. **~brot**, das 《지역적》 《케이크 반죽으로 만든》 빵모양의 소형 케이크. **~büfett**, **~buffett**, das 셀프 서비스를 하는 케이크집 **~form**, die 케이크 틀(금속이나 도기로 된). **~gabel**, die 케이크용 포크. **~kabinett**, das [eng.-amerik. kitchen cabinet] 〈교양어・농〉 《미국 대통령의》 개인 고문단. **~krümel**, der 케이크 부스러기. **~platte**, die 케이크 판(板). **~rad, ~rädchen**, das 반죽한 것을 자르는 도구(굴 바퀴가 달린). **~schlacht**, die 《통용어》 모임에서 케이크를 많이 먹는 것. **~stück**, das 케이크 조각. **~teig**, der 케이크용 반죽. **~teller**, der a) 케이크용 접시. b) 케이크용 접시. **~zahn**, der 《농》 아직 케이크는 먹을 수 있는 치아.
Küchen-: **~abfall**, der 〈대개 Pl.〉 부엌 쓰레기(찌꺼기). **~arbeit**, die 〈Pl. 없음〉 부엌일. **~bank**, die 부엌 장의자. **~benutzung**, die 부엌 사용. **~büfett**, das 부엌 조리대. **~bulle**, der 《경・군》 요리사. **~chef**, der 주방장. **~dienst**, der 《드물게 Pl.》 《군대의》 취사 당번. **~dragoner**, der 《농》 뼈대가 굵고 튼튼한 하녀. **~fahrplan**, der 《통용어・농》 ↑~zettel. **~garten**, der 《고어》주방용 정원. **~fenster**, das 부엌 창문. **~gardine**, die 《채소밭》 **~gerät**, das 주방 기구. **~geschirr**, das 식기. **~handtuch**, das 부엌용 행주. **~herd**, der 부엌 아궁이, 《가스》 레인지. **~hilfe**, die 보조 요리사(여자). **~junge**, der 《고어》 주방의 보이. **~kasten**, der (österr.) ↑~schrank. **~kraut**, das 양념용 야채. **~lampe**, die 부엌 전등. **~latein**, das 《반어》 서투른 라틴어. **~leiter**, der ↑~chef. **~mädchen**, das ↑~hilfe. **~mamsell**, die 《자립하기 직전의》 보조 요리사(여자). **~maschine**, die 1. 주방용 전기기구. 2. 《지

역적·고어》 부뚜막, 화덕. **~meister**, der 주방장. **~messer**, das 식칼. **~möbel**, das 《대개 Pl.》 주방집 기(什器). **~nische**, die 《드물게》 ↑ Kochnische. **~personal**, das 주방요원. **~schabe**, die 바퀴벌레. **~schelle**, die ↑ Küchenschelle. **~schrank**, der 찬장. **~schürze**, die 앞치마. **~spind**, das 《지역적》 ↑ **~schrank**. **~stuhl**, der 주방용 걸상. **~technik**, die 《Pl. 없음》 주방 설비. **~tisch**, der 식탁, 조리대. **~tuch**, das ↑ Geschirrtuch. **~tür**, die 부엌문. **~uhr**, die 주방용 시계. **~waage**, die 조리용 저울. **~wagen**, der (군대의) 취사차(炊事車). **~wecker**, der 주방용 자명종. **~zeile**, die (벽에 나란히 설치된) 주방 설비. **~zettel**, der 식단표, 메뉴.

Küchenschelle, die; -n ↑ Kuhschelle.
¹Küchlein ['kyːçlaɪn], das; -s, - 《고어·아어》 병아리.
²Küchlein, das; -s, - 작은 케이크.
kucken ['kʊkn̩] (nordd.》 ↑ gucken.
Kücken ['kʏkŋ] ↑ Küken.
kuckuck ['kʊkʊk] **1.** 뻐꾹뻐꾹 《뻐꾸기의 울음소리》 **2.** 《통용어》 뻐꾹뻐꾹 《숨박꼭질할 때의 놀리는 소리》. **Kukkuck** [-], der; -s, -e **1.** 뻐꾸기: 〈성구〉 der (die) hört den K. nicht mehr rufen (schreien) 《통용어·준고어》 그(그 여자)는 다음 봄까지 살아있지 못할 것이다; ein K. unter Nachtigallen 《농》 전문가 사이에 끼어 있는 문외한 (아마추어); **an einem Ort (bei jmdm.) ist der K. los** 《통용어》 어떤 곳(누구의 집)에 큰 소동(싸움)이 일어났다. **(das) weiß der K.** 《경》 1) (그런 것을) 누가 알아. 2) 놀랍게도 사실은 그렇다: **hol dich der K.** 《경》 나쁜놈, 뒈져라; **der K. soll dich holen** 《경》 나쁜놈, 뒈져라. **zum K. (noch mal)** 《경》 망할것, 경칠 것!; **etw. ist zum K.** 《경》 무엇은 이제 다 끝났다; **jmdn. zum K. wünschen** 《경》 누구를 저주하다; **sich zum K. scheren** 《경》 사라지다, 꺼지다. **2.** 《농》 집달리의 봉인(封印).

Kuckucks-: ~blume, die 흰제비란(난과)속, 홍매동자꽃《너도까미자리과》속의 일종. **~ei**, das **1.** 뻐꾸기의 알. **2. a)** 《통용어》 수상쩍은 것(선물). **b)** 《경》 의붓 자식, 바뀌치기한 아이. **~lichtnelke**, die (봄에 뻐꾸기가 울 무렵에 피는 꽃) 황새냉이·동자꽃 따위. **~ruf**, der 뻐꾸기의 울음 소리. **~uhr**, die 뻐꾸기 시계.

Kuddelmuddel ['kʊdl̩mʊdl̩], 《또한》'-'--], der / das; -s 《통용어》 뒤죽박죽, 혼잡, 어수선.
Kudelkraut ['kuːdl̩-] ↑ Kuttelkraut.
Kuder ['kuːdɐ], der; -s, - 《사냥》 수삵쾡이.
Kudu ['kuːdu], der; -s, -s 아프리카의 영양(羚羊).
¹Kufe ['kuːfə], die; -n **a)** 썰매의 활목(滑木부). **b)** 글라더의 (착륙용) 활부. **c)** 경 헬리콥터의 착륙용 버팀대.
²Kufe [-], die; -n 《copa》 **1.** 《지역적》 통, 대야. **2.** 쿠페(맥주 따위에 쓰인 옛 용량의 단위). **Küfer** ['kyːfɐ], der; -s, - **1.** 《südwestd., schweiz.》 통장이. **2.** ↑ Weinküfer. **Kuff** [kʊf], die; -, -e 《fries. kuf》《옛》 마스트가 둘인 평편한 연안 항해 상선.
kufisch ['kuːfɪʃ] 〈Adj.〉 [nach der Stadt Al-Kufa (Irak)] 《다음의 용법으로》 **-e Schrift** (코란 필사본이나 10세기까지 동전 따위에 쓰인) 아랍어 문자.
¹Kugel ['kuːgl̩], die; -n **1.** 〈축소형: ↑ Kügelchen〉 구(球), 구형(球形), 공 모양의 것; die K. hat einen Durchmesser von 20 cm 그 구형의 지름이 20cm이다; die Erde ist eine K. 지구는 구형이다; die K. werfen (schieben) 《볼링》 공을 던지다; er stieß die K. über 18m 《투포환》 그는 18cm이상 포환을 던졌다; **eine ruhige K. schieben** 《통용어》 유유히 일하다. **2.** 《통용어》 탄환, 포탄: die K. hat ihr Ziel (traf ins Schwarze) 탄환이 목표를 빗나갔다(흑점을 명중시켰다); sich eine K. durch (in) den Kopf schießen (jagen) 권

총으로 머리를 쏴 자살하다. **3.** 《구기 은어》 공, 볼.
kugel-, Kugel-: ~abschnitt, der 〔기하〕 ↑ -segment. **~amarant**, der 천일홍속. **~ausschnitt**, der 〔기하〕 ↑ -sektor. **~blitz**, der 구전(球電), 구상(球狀)의 번개. **~blume**, die 금매화속(屬). **~distel**, die 절굿대 《개수리취》속(屬)(엉거시과). **~dreieck**, das 〔기하〕 구면(球面) 삼각형. **~fang**, der 과녁판 뒤에 쌓아 올린 흙둔덕: 〔전의〕 er schob den alten Mann als K. 그는 그 노인을 총알받이로 이용했다. **~fest** 〈Adj.〉 방탄의, 총알이 뚫지 못하는, 포의 복어의 일종. **~form**, die 《Pl. 없음》 구형(球形). **~förmig** 〈Adj.〉 구형의, 공 모양의. **~gelenk**, das **1.** 〔해부〕 구상(球) 관절. **2.** 〔기술〕 구와(球窩) 연결 장치. **~hagel**, der 《감정적》 빗발치듯 퍼붓는 포화. **~haube**, die ↑ **-kalotte**. **~kappe**, die 〔기하〕 구관(球冠). **~kopf**, der 전동 타자기의 구형(球形) 활자판. **~kopfmaschine**, die 볼 타자기. **~lager**, die 볼 베어링, 볼받이. **~lauf**, der (사냥용 총의) 총신(銃身). **~mühle**, die 〔기술〕 볼 밀(분쇄기). **~oberfläche**, die 〔기하〕 구(球)의 표면. **~regen**, der (감정) ↑ **-hagel**. **~rund** 〈Adj.〉 **a)** 공처럼 둥근. **b)** 《농》 토실토실하게 살이 찐. **~schale**, die 〔기하〕 두 동심원(同心圓) 사이의 면적. **~schaufler**, der 쏟아붓는 화물을 싣거나 부리는 무한 궤도. **~scheiben**' (scheibt Kugel, schob Kugel, hat kugelgeschoben) 《österr.》 (Murmeln) 튀김 돌놀이를 하다. **~schicht**, die 〔기하〕 띠(평행한 두 개의 평면 사이의 끼인 구면(球面)의 부분》. **~schlag**, der 〔사냥〕 총에 맞은 짐승이 내는 둔한 소리. **~schocken** ↑ **-schieben**. **~schreiber**, der 볼펜 (↑ ²Kuli). **~schreibermine**, die 볼펜심. **~segment**, das 〔기하〕 구결(球欠). **~sektor**, der 〔기하〕 구선형(球扇形). **~sessel**, der 구형(球形) 의자. **~sicher** 〈Adj.〉 **a)** 총알이 뚫지 못하는, 방탄의. **b)** 총알을 맞지 않는, 종탄에 안전한. **~spiel**, das 공놀이, 튀김 돌놀이. **~stoß**, der 《Pl. 없음》 ↑ Kugelstoßen. **b)** 포환던지기. **~stoßbalken**, der (투포환시 밟아서는 안되는) 나무들보. **~stoßen'** 《부정법으로만》 포환을 던지다. **~stoßen**, das; -s 투포환. **~stoßer**, der 《schweiz.》 ↑ **-stößer**. **~stößer**, der; -s, - 투포환 선수. **~stoßkreis**, der 포환 투척원(圓). **~ventil**, das 구형 판 (球形瓣). **~wechsel**, der 《Pl. 없음》 (결투에서의) 상호 사격.

Kügelchen ['kyːgl̩çən], das; -s, - ↑ Kugel (1)의 축소 형. **kugelig, kuglig** ['kuːg(ə)lɪç] 〈Adj.〉 구형의, 공 모양의: 《전의》 eine -e kleine Person 《농》 동글동글하게 생긴 키 작은 사람; **sich k. lachen** 《통용어》 배를 움켜잡고 웃다. **kugeln** ['kuːgl̩n] **1.** 〈s〉 구르다: über ihr Gesicht kugelten dicke Tränen 커다란 눈물방울이 그녀의 얼굴 위로 흘러내렸다. **2.** 〈h〉 굴리다. 《또한》 k. + sich》 구르다; 《전의》 sich k. vor Lachen 《통용어·정감적》 떼굴떼굴 구르며 웃다: 《명사화》 es ist zum Kugeln 이건 정말 웃을 일이다. **Kügerl** ['kyːgɐl], das; -s, - 《österr.》 가슴 부위의 쇠고기. **kuglig**: ↑ **kugelig**.

Kuguar ['kuːguar], der; -s, -e 《frz. couguar》 ↑ Puma.
Kuh [kuː], die; Kühe **1. a)** 암소: die Kühe melken 소젖을 짜다; **melkende K.** 《통용어》 돈줄, 달러 박스. **heilige K.** 《통용어》 성우(聖牛), 신성 불가침의 것; **dastehen wie die K. (der Ochs) vorm neuen Tor (vorm Scheunentor / vorm Berg)** 어찌할 바를 모르다; **von etw. soviel verstehen wie die K. vom Sonntag (Brezelbacken)** 《경》 전혀 이해하지 못하다. **b)** 암컷(소, 사슴, 기린 등의). **2.** 《욕》 계집, 년: eine dumme K. 바보 같은 년.

kuh-, Kuh-: ~antilope, die (소를 닮은 뿔이 달린) 아

프리카 영양. ~auge, das 〈대개 Pl.〉《경》왕방울눈. ~äugig 〈Adj.〉왕방울눈의. ~bauer, der 《폄》 a) 농부. b) 《욕》 뚱단지 같은 놈. ~baum, der 유수(乳樹) (남아메리카 열대지방의). ~blume, die ↑Sumpfdotterblume, ↑Löwenzahn의 속명(俗名). ~dorf, das 《폄》 조그만 외딴 마을, 벽촌. ~dreck, der 《통용어》 쇠똥. ~dung, der 쇠똥거름. ~dünger, der ↑~dung. ~euter, das 암소의 유방. ~fladen, der (걸죽한) 쇠똥. ~fuß, der 1. 쇠지렛대. 2. 《군》 《구식》 보병총. ~glocke, die (방목) 소의 방울. ~handel, der 《통용어 · 폄》 추악한 거래. ~handeln 〈h〉 추악한 거래를 하다. ~haut die 암소 가죽: das[etw.] geht auf keine K. 《경》 그것(무엇)은 이루 다 말할 수가 없다, 그것(무엇)은 일찍기 들어본 일이 없다. ~hessig [-hɛsɪç] 〈Adj.〉 (짐승의 뒷다리가) 발장다리인, X자형 다리의. ~hirt, der 소의 목자, 목동. ~junge, der ↑~hirt. ~kaff, das 《경》 ↑~dorf. ~kalb, das 암 송아지. ~kette, die (우리에) 소를 매는 쇠사슬. ~kopf, der 《경》 ↑Dummkopf. ~leder, das 암소 가죽, 우피. ~magd, die 《준고어》 소젖 짜는 여자. ~milch, die 우유. ~mist, der ↑~dung. ~pilz, der 식용버섯의 일종. ~pocken 〈Pl.〉 a) 우두(牛痘). b) 종두(種痘). ~reigen, ~reihen, der (알프스 지방의) 소치는 목동의 노래. ~röhrling, der ↑~pilz. ~scheiße, die 《속어》 쇠똥: 성구 wie kommt K. aufs Dach? 무슨 뚱딴지 소리냐? ~schelle, die ъ~glocke. ~stall, der 외양간, 우사(牛舍). ~warm 〈Adj.〉 미지근한, (우유가) 방금 짠, 신선한.

Küher ['kyːɐ], der; -s, - a) 《schweiz.》 목동. b) 알프스 산지의 낙농가.

Kuhl [kuːl], die; -en 《해양》 《고어》 ↑Mitteldeck.

kühl [kyːl] 〈Adj.〉 1. 시원한, 싸늘한, 으슬으슬한, 선들선들한, 썰렁한: für die Jahreszeit ist es zu k. 계절에 비해 너무 싸늘하다; es kam k. von draußen herein 밖에서 싸늘한 기운이 들어왔다; mir ist k. 나는 약간 춥다; Lebensmittel k. lagern 식료품을 시원하게 보관하다. 2. a) 매정한, 냉정(冷情)한, 냉담한, 쌀쌀한: er war zuerst recht k.(zu mir) 그는 처음에는 (나에게) 아주 쌀쌀했다; etw. k. erwidern 냉담하게 대꾸하다. b) 감정을 떠난, 냉정(冷靜)한: -en Sinnes 냉정(冷靜)하게, 이성을 잃지 않고; aus einem ~en Grunde 《통용어 · 농》 극히 간단한 (아무것도 아닌) 이유로.

Kühl-: ~aggregat, das [기술] 냉각(냉동) 장치. ~anlage, die 냉각(냉동) 설비. ~auto, das ↑~wagen. ~box, die ↑~schrank. ~flüssigkeit, die ~mittel. ~halle, die ↑~haus. ~haus, das 냉장창고, 냉동실. ~kette, die [경제] ↑Gefrierkette. ~mittel, das [기술] 냉각제. ~mitteltemperatur, die [기술] 냉각제 온도. ~möbel, das 〈대개 Pl.〉 냉장고, 냉동기. ~raum, der 냉장실. ~rippe, die [기술] 냉각측륜(側肋). ~rohr, die [기술] 냉각관(管). ~schiff, das 1. 냉동선. 2. 〔양조〕 냉각조(槽). ~schlange, die [기술] 냉각사관(蛇管). ~schrank, der 냉장고. ~system, das 〔기술〕 냉각(냉동) 시스템. ~tasche, die 냉장용 용기(특히 자동차 용의). ~truhe, die 식료품 냉장 상자. ~turm, der [기술] 냉각탑. ~wagen, der 냉장차, 냉동 트럭. ~waggon, der ↑~wagen. ~wasser, das 〈Pl. ~wässer〉 냉각용수. ↑~wassertank, der 냉각용수 탱크.

Kuhle, Kule ['kuːlə] die; -n 《통용어》 구멍, 웅덩이, 구덩이.

Kühle ['kyːlə] die 1. 시원함, 신선함, 냉기: die Steinfliesen des Fußbodens strömten K. aus 바닥의 석판 타일에서 냉기가 솔솔 올라온다. 2. a) 냉담, 냉정(冷情): ein Blick voll K. 아주 냉담한 눈길. b) 냉정(冷靜), 공

정함. kühlen ['kyːlən] 〈h〉 a) 식히다, 냉각하다: jmdm. die Stirn (mit Wasser) k. 누구의 이마를 (물로) 식히다; einen Motor mit Wasser(Luft) k. 모터를 물(공기)로 냉각시키다. b) 냉기를 뿜다. c) 차게 하다: (gut) gekühlte Getränke (적당하게) 차가워진 음료. Kühler, der; -s, - a) (자동차 모터의) 냉각 장치. b) 〔화학〕 액화 장치. c) (포도주 · 샴페인 병을 넣는) 얼음통.

Kühler-: ~figur, die (자동차 보네트 끝의) 마스코트. ~grill, der (자동차의) 라디에이터의 격자 커버링. ~haube, die (자동차 따위의) 냉각기의 커버. ~jalousie, die (드물게) ↑~grill.

Kühlte ['kyːltə] die [선원] 미풍, 선들바람. Kühlung, die; -en 1. 냉각, 차게하기. 2. 냉각 장치. 3. 〈Pl. 없음〉 청량(淸涼)(감).

kühn [kyːn] 〈Adj.〉 a) 대담한, 용감한, 모험적인: eine ~e Tat 용감(대담)한 행위. b) 비범한, 독창적인: eine k. gebogene Nase 선이 날카로운 코; ein k. geschnittenes Kleid 노출이 심한 옷. c) 뻔뻔한, 염치없는: eine ~e Behauptung 뻔뻔스러운 주장. Kühnheit, die; -en 1. 〈Pl. 없음〉 a) 대담함: bei aller K. war er doch umsichtig 그는 대담함에도 불구하고 신중했다. b) 비범함: die K. eines Gedankens 사고의 비범성. c) 뻔뻔스러움. 2. 뻔뻔한 행위. kühnlich 〈Adv.〉 〔고어〕 대담하게, 용감하게, 뻔뻔스럽게.

Kujawiak [kuˈjaviak], der; -s, -s [poln. kujawiak] (¾ 또는 ⅜박자의) 폴랜드 민속춤.

kujiehnen [kuˈjiːnən] 〈h〉 《preuß.》 (강아지가) 깽깽거리다.

Kujon [kuˈjoːn], der; -s, -e [couillon] 《준고어 · 폄》 악질, 악당, 놈. kujonieren [kujoˈniːrən] 〈h〉 [frz. coïnner] 《통용어 · 폄》 냉대하다, 불량배 취급을 하다, 괴롭히다, 들볶다.

k.u.k ['kaːʔʊntˈkaː] (= kaiserlich und königlich의 약어) 황실 및 국왕의(옛 오스트리아 · 헝가리 이중제국(二重帝國)에서 두 나라 공통의 모든 관청에 붙임).

Küken ['kyːkŋ], das; -s, - 1. (가금류(家禽類)의) 새끼, 병아리. 2. 《통용어》 어린애, 애띤 소녀. 3. [기술] (수도 · 가스) 밸브, 마개.

Ku-Klux-Klan [kukluksˈklaːn, 〈engl.〉 'kjuːklʌksˈklæn], der; -(s) [engl.-amerik. Ku Klux Klan] 쿠클럭스 단(團) 3 K단(1865년에 조직된 미국의 테러 집단).

Kukulle [kuˈkʊlə], die; -n [lat. cuculla] (축일에 성직자가 입는) 모자가 달린 견의(肩衣).

Kukumer [kuˈkuːmɐ], die; -n [lat. cucumer] 《südwestd.》 오이.

Kukuruz ['kukuruts, 〈또한〉 'kuː..], der; -(e)s [serb. kukuruz] (지역적) 옥수수, 강냉이.

Kukuruzkolben, der 《지역적》 옥수수 열매 속대, 강냉이 속대.

Kulak [kuˈlak], der; -en, -en [russ. kulak] (제정 러시아의) 부농, 대농.

Kulan [kuˈlaːn], der; -s, -e [russ. kulan] 회갈색의 (투르크멘 지역에 서식하는) 야생나귀.

Kulani [kuˈlaːni] ↑Kolani.

kulant [kuˈlant] 〈Adj.〉 [frz. coulant] (상거래에서) 붙임성 있는, 싹싹한, 공평한, 형편이 좋은 선뜻한 (= kulant): -e Preise 꽤 괜찮은 가격; jmdm. k. entgegenkommen 누구를 호의적으로 대하다. Kulanz [kuˈlants], die ↑kulant의 명사형(반대: Inkulanz).

Kule: ↑Kuhle.

¹Kuli ['kuːli], der; -s, -s [engl. cooly, coolie] a) 쿨리, 육체 노동자: wie ein K. arbeiten 《폄》 (육체적) 중노동을 해야 한다. b) 피착취자(저임금으로 혹사당하는).

²Kuli [-], der; -s, -s 《통용어》 ↑Kugelschreiber.

Tintenkuli의 약칭.
Kulierware [ku'liːɐ̯-], die; -n 메리야스류의 직물.
kulinarisch [kuli'naːrɪʃ] ⟨Adj.⟩ [lat. culīnārius] **a)** 요리(법)의, 미식가적인: -e Genüsse 식사의 즐거움. **b)** 〖俗〗 (정신적 긴장을 풀고) 유유히 즐기는.
Kulisse [ku'lɪsə], die; -n [frz. coulisse] **1.** 무대 배경의 측벽, 측면 장치, 세트; die -n auf[ab]bauen 세트를 세우다[철거하다]; -n schieben 〖통용어〗 세트를 바꾸다; 〖전의〗 das ist doch alles nur K. 〖통용어·俗〗 그것은 모두 속임수에 지나지 않는다; die 80,000 Zuschauer bildeten eine großartige K. für das Spiel 8만여 관중이 그 경기를 보려고 장사진을 이루었다; hinter den -n 비밀리에, 비공개리에. **2.** (증권 거래의) 장외 중매인. **3.** 〖기술〗 연결 링크.
Kulịssen-: ~bühne, die 측면 장치가 있는 무대. **~schieber,** der 〖통용어·농〗 무대 장식가. **~steuerung,** die 〖기술〗 연동 장치. **~wechsel,** der 세트 교체.
kulịssenhaft ⟨Adj.⟩ 무대의, 무대와 같은.
Kullani [ku'laːni] ↑Kolani.
Kuller ['kʊlɐ], die; -n 〖지역적〗 작은공, 튀김돌.
Kuller-: ~augen ⟨Pl.⟩ 〖통용어·농〗 큰 눈(알), 큰 안구: K. machen 놀라서 눈을 휘둥그리다. **~äugig** ⟨Adj.⟩ 눈이 큰. **~ball,** der 〖아동〗 공. **~pfirsich,** der 〖통용어〗 잘게 썬 복숭아와 샴페인의 칵테일. **~tränchen,** das, **~träne,** die 〖대개 Pl.〗 〖친근〗 눈물.
¹**kullern** ['kʊlɐn] 〖통용어〗 **1.** ⟨s⟩ 공처럼 구르다, 굴러가다: die Äpfel kullerten auf die Erde 사과가 땅에 굴러떨어졌다; langsam kullerten die Tränen (über ihre Wangen) 눈물이 (빰을 타고) 서서히 흘러내렸다. **2.** ⟨h⟩ 굴리다: 〖전의〗 (k. + sich) sich vor Lachen k. 〖감정〗 대굴대굴 구르며 웃다. **3.** ⟨h⟩ 둥글게 굴리다: mit den Augen k. 눈을 굴리다.
²**kullern** [-] ↑¹kollern (1).
¹**Kulm** [kʊlm], der 〖또는〗 das; -(e)s, -e 원형의 (산)봉우리.
²**Kulm** [-], das; -s [engl. culm] 〖지질〗 쿨름층, 하부 석탄계의 암층.
Kulmination [kʊlminaˈtsi̯oːn], die; -en [frz. culmination] **1.** 절정[정점]에 이름, 극치. **2.** 〖천문〗 정중(正中), 남중(南中)[천체의 자오선 경과].
Kulminationspunkt, der **1.** 정점, 극치. **2.** 〖천문〗 자오선 경과점, 남중점(南中點). **kulminieren** [...'niːrən] ⟨h⟩ [frz. culminer] **1.** 정점에 이르다, 전성을 이루다. **2.** 자오선에 이르다, 남중(南中)하다.
kulmisch ['kʊlmɪʃ] ⟨Adj.⟩ 〖지질〗 ↑²Kulm의 형용사형.
Kult [kʊlt], der; -(e)s, -e [lat. cultus] **1.** 제식(祭式), 예배(禮拜), 근행(勤行): der christliche K. 기독교적 제식. **2.** ⟨우상적⟩ 숭배, 예찬: mit einem Filmschauspieler einen K. treiben 영화 배우를 숭배하다.
Kult-: ~bau, der ⟨Pl. -ten⟩ 사당. **~bild,** das 제식에 쓰는 화상(畫像). **~form,** die 제식의 형식. **~gemeinschaft,** die **1.** 종교 공동체. **2.** 〖기독교〗 초교파 연합 예배. **~gerät,** das 〖대개 Pl.〗 제구(祭具). **~handlung,** die 제식 행위. **~stätte,** die 신전(神殿), 예배소.
kultisch ⟨Adj.⟩ 제식의. **Kultismus** [kʊl'tɪsmʊs], der; - [span. cultismo] ↑Gongorismus. **Kultivator** [kʊlti'vaːtɔr, ⟨또한⟩ ...to:ɐ̯], der; -s, -en [...va'toːrən, lat. cultivare] 경작기, 교토기(攪土器). **kultivierbar** [...ˈviːɐ̯baːɐ̯] ⟨Adj.⟩ 경작[개간]할 수 있는, 계발[교화]할 수 있는. **kultivieren** [...'viːrən] ⟨h⟩ [frz. cultiver] **1.** 경작[개간]하다. **2.** (곡물을) 재배하다. **3. a)** 장려[육성]

하다, (우정 따위를) 두텁게[기르려고] 하다, (친교를) 구하다. **b)** 세련시키다, 연마하다. **kultiviert** ⟨Adj.⟩ **a)** 세련된, 다듬어진. **b)** 교양 있는, 고상한, 점잖은. **Kultiviertheit,** die ↑kultiviert의 명사형. **Kultivierung,** die; -en ⟨Pl. 없음⟩ 개간[경작]. **Kultur** [kʊl'tuːɐ̯], die; -en [lat. cultūra] **1. a)** ⟨Pl. 없음⟩ 문화: die menschliche K. 인류 문화; ein durch Sprache und K. verbundenes Volk 언어와 문화를 통해 연결된 민족; von der K. (un)beleckt sein 〖통용어〗 문화가 발전된[안된], 문명화 된[안된]. **b)** 문명: die abendländische(bürgerliche) K. 서양(시민) 문명; die K. der Griechen 그리스 문명. **2.** ⟨Pl. 없음⟩ **a)** 고상함, 세련: seine Stimme hat K. 그의 목소리는 아름답다. **b)** 교양, 수양: er ist ein Mensch ohne jede K. 그는 교양이 전혀 없는 사람이다. **3.** ⟨Pl. 없음⟩ 〖농업·원예〗 **a)** 개간: ein Stück Land in K. nehmen 땅 한 뙈기를 개간하다. **b)** 재배. **4.** 〖농업·원예〗 임업 묘목. **5.** 〖생물·의학〗 **a)** ⟨Pl. 없음⟩ (미생물[조직]) 배양. **b)** 배양된 조직[미생물].
kultur-, Kultur-: ~abgabe, die ⟨구동독⟩ (극장 입장권에 붙는) 문예 진흥 기금. **~abkommen,** das 문화 협정. **~abteilung,** die 문화 담당 부서. **~anthropologie,** die 문화 인류학. **~anthropologisch** ⟨Adj.⟩ 문화 인류학의. **~arbeit,** die ⟨Pl. 없음⟩ [russ. kultrabota] 〖특히 구동독〗 문화 사업[활동]. **~attaché,** der 문정관(官). **~austausch,** der 문화 교류. **~autonomie,** die 문화적 자율성. **~banause,** der 〖俗·농〗 문화 이해가 없는 사람. **~barbar,** der 〖俗〗 ↑Barbar (2). **~barbarei,** die 〖俗〗 ↑Barbarei (2). **~bau,** der ⟨Pl. -ten⟩ 문화관. **~beilage,** die 문화면(신문의). **~beitrag,** der ↑~abgabe. **~betrieb,** der ⟨Pl. 없음⟩ (일반적) 문화 활동. **~beutel,** der (여행시의) 세면용구[화장품] 주머니. **~boden,** der **a)** 경작지. **b)** 문화 지역. **~bolschewismus,** der **1.** ⟨역사적⟩ 특히 나치 시대에 경멸어로 이용된) 문화적 볼세비즘. **2.** ⟨준고어·농⟩ 몰 예술적 태도, 속물 근성. **~bolschewist,** der ⟨준고어·농⟩ ↑Banause. **~bolschewistisch** ⟨Adj.⟩ ⟨고어·俗⟩ ↑~bolschewismus의 형용사형. **~bringer,** der; -s, - ↑~heros. **~bund,** der ⟨구동독⟩ 문화 동맹. **~denkmal,** das 문화재(기념비, 건조물 따위). **~dünger,** der 〖나치〗 문화 형성의 기초를 닦은 초기 이민자(者). **~ensemble,** das [russ. chudochestwenny ansambl] ⟨구동독⟩ 민속 음악[연극]을 위한 앙상블. **~epoche,** die 특정 문화 기(期). **~erbe,** das ⟨Pl. 없음⟩ 문화적 유산. **~fähig** ⟨Adj.⟩; nicht adv. ↑ kultivierbar. **~feindlich** ⟨Adj.⟩ 반 문화적인. **~feindlichkeit,** die ⟨Pl. 없음⟩ ↑~feindlich의 명사형. **~film,** der 문화(교육) 영화. **~flüchter,** der 〖생물〗 문화 기피성 동·식물(반대). **~folger). **~föderalismus,** der 문화 연방주의. **~folger,** der ⟨일반적〗 〖생물〗 문화 친근성 동·식물(반대). ↑~flüchter). **~fonds,** der [LÜ von russ. kultfond] ⟨구동독⟩ 문화 기금. **~form,** die 문화 양식. **~funktionär,** der ⟨구동독⟩ 문화 담당 요원. **~geographie,** die 문화 지리학. **~geschichte,** die **a)** ⟨Pl. 없음⟩ 문화사. **b)** ⟨Pl. 없음⟩ 문화 역사학. **c)** 문화사 저서. **~geschichtlich** ⟨Adj.⟩ ↑~geschichte의 형용사형. **~gruppe,** die ⟨구동독⟩ 아마추어 가무 집단. **~gut,** das 문화재. **~haus,** das **1.** (특히 사회주의 국가의) 문화관. **2.** ↑~institut. **~heros,** der 문화 영웅(미개 사회의 종교나 문화적 제조건을 개발·개량시켰다고 숭앙 받는 신화적 존재, 예컨대는 불(火)). **~historie,** die ⟨준고어⟩ ↑~geschichte. **~historisch** ⟨Adj.⟩ ↑~geschichtlich. **~hoheit,** die ⟨Pl. 없음⟩ 교육자치권. **~industrie,** die (후기 자본주의의) 문화 산업. **~inge-**

nieur, der 농업 기사. **~institut**, das 문화원(院). **~kampf**, der《역사적》프로이센과 가톨릭 교회와의 싸움(1871~1887). **~kommission**, die《구동독》(노조의) 문화 분과 위원회. **~kreis**, der 문화권. **~kritik**, die〈Pl. 없음〉문화 비평. **~kritiker**, der 문화 비평가. **~kritisch**〈Adj.〉문화 비평의. **~land**, das 1.〈Pl. 없음〉↑ **~boden** (2). **2.** 문화[문명]국. **~landschaft**, die 문화 경관(文化景觀)(반대: Naturlandschaft). **~leben**, das〈Pl. 없음〉문화 생활. **~los**〈Adj.〉교양 없는. **~losigkeit**, die ↑ ~los의 명사형. **~magazin**, das ↑ **~zeitschrift**. **~mensch**, der 문화[문명]인. **~menschheit**, die 문화인임. **~minister**, der《특히 구동독》문화부 장관. **~ministerium**, das《특히 구동독》문화부(部). **~morphologie**, die 문화 형태학. **~nachrichten**〈Pl.〉(라디오의) 문화(계) 소식. **~nation**, die 문화 민족. **~obmann**, der《구동독》(노조의) 문화 담당자. **~palast**, der (사회주의 국가의) 대규모 문화관. **~park**, der (사회주의 국가의) 문화 설비를 갖춘 공원. **~periode**, die [고생물학] 문화기(期). **~pessimismus**, der 문명 비판[염세]주의. **~pessimist**, der 문명 비판[염세]주의자. **~pessimistisch**〈Adj.〉문명 비판[염세]주의적인. **~pflanze**, die 재배 식물. **~philosoph**, der 문화 철학자. **~philosophie**, die〈Pl. 없음〉문화 철학. **~politik**, die〈Pl. 없음〉문화 정책. **~politisch**〈Adj.〉문화 정책적인. **~programm**, das 문화 행사 계획[프로그램]. **~propaganda**, die 문화(분야의) 선전. **~propagandist**, der 문화 선전가. **~propagandistisch**〈Adj.〉↑ ~propaganda의 형용사형. **~psychologie**, die 문화 심리학. **~rasse**, die (가축의) 사육 품종; (식물의) 재배[육성] 품종. **~raum**, der 1. 문화권. 2.《구동독》(공장 내의) 문화관. **~referat**, das 문화 담당 부서. **~referent**, der 문화 담당관. **~revolution**, die [LU von russ. (sozialitscheskaja) kulturanaja rewoljuzija]《마르크스주의》문화 혁명. **~saal**, der《구동독》(공장 내의) 문화관. **~schaffende***, der / die《대개 Pl.》《구동독》예술가, 문화인, 지식인. **~schande**, die 《폄》문화적 수치(오점). **~schatz**, die《대개 Pl.》↑ ~gut. **~schicht**, die [고고학·선사학] 문화층(層). **~schock**, der [사회학] 문화 충격. **~schöpfer**, der 문화 창조자. **~schöpferisch**〈Adj.〉문화 창조적인. **~soziologe**, der 문화 사회학자. **~soziologie**, die 문화 사회학. **~soziologisch**〈Adj.〉문화 사회학적인. **~sphäre**, die 문화 영역. **~sprache**, die 문화(민족)의 언어. **~spuren**〈Pl.〉옛 경작지의 잔재. **~staat**, der ↑ ~land (2). **~stätte**, die (아이) 문화 유적지. **~steppe**, die 사람의 침해로 자연(특히 숲, 동물)이 훼손된 지대. **~strick**, der《통용어》《농》넥타이. **~stufe**, die 문화의 단계. **~szene**, die〈Pl. 없음〉《통용어》문화계. **~technik**, die 토[농]지 개량(확장) 기술, 증산 기술. **~träger**, der 문화 담당(수행)자(기구, 기관). **~trägerin**, die ↑ ~träger의 여성형. **~veranstaltung**, die 문화 행사. **~verfall**, der 문화 퇴락(쇠망). **~volk**, das 문화 민족. **~voll**〈Adj.〉《구동독》수준 높은. **~wert**, der《대개 Pl.》↑ ~gut. **~wissenschaften**〈Pl.〉↑ Geisteswissenschaften. **~zeitschrift**, die 문화 잡지. **~zentrum**, das **a)** 문화(생활)의 구심점(중심지). **b)** 문화 센터, 문화원: neues deutsches K. in Tokio 동경에 있는 새 독일 문화원.

kultural [kʊltuˈraːl]〈Adj.〉[engl. cultural]《드물게》문화적. **kulturalistisch** [...raˈlɪstɪʃ]〈Adj.〉《드물게》문화 목적의, 문화상의. **kulturell** [...ˈrɛl]〈Adj.〉문화(상)의, der ~e Austausch 문화 교류; friedlich sein 문화적으로 지도적 위치에 있다. **Kuluristik** [...ˈrɪstɪk], die《구동독》근육 강화 운동. **kultürlich**

[kulˈtyːrlɪç]〈Adj.〉《드물게》문화에 상응하는(따르는). **Kultus** [ˈkʊltʊs], der; - 1.《교양어》↑ **Kult** (1). 2.《교양어》**a)** ↑ Kult (2 a). **b)** ↑ Kult (2 b): der K. des Leidens 고통의 우상화. 3. [관] 문화 부문, 문화 사업: dafür muss das Ministerium für Unterricht und K. zuständig 그것은 교육(문화)부의 소관 사항이다. **Kultus-: ~freiheit**, die〈Pl. 없음〉[법] 종교의 자유. **~gemeinde**, die 종교적 공동체(다른 종교 지역에 있는). **~kongregation**, die [가] (교황청의) 전례 성성(聖省). **~minister**, der (주정부의) 문교부 장관. **~ministerium**, das 주정부의 문교부. **~ministerkonferenz**, die (주정부의) 문교부 장관 회의: die Ständige Konferenz der Kultusminister der Länder in der Bundesrepublik Deutschland (약어: KMK) 주정부 문교부 장관 회의(연방 차원의 협의를 위한 상설 기관). **~senator**, der (함부르크 등 도시 주정부의) 문교부 장관. **~verwaltung**, die 시(市) 문교 부서.

Kumarin [kumaˈriːn], das; -s [frz. coumarin] 쿠마린. **Kumaron** [...ˈroːn], das; -s [화학] 쿠마론. **Kumaronharz**, das 쿠마론 중합으로 얻은 접착제.

Kumm, der; -s, -e, **Kumme** [ˈkʊm(ə)], die; -n (nordd.) 주발, 대접.

Kümmel [ˈkʏml], der; -s, - 1. 카룸, 캐러웨이(회향풀과 비슷한 약용·향료용 식물). 2. 위 식물의 씨앗으로 만든 향료. 3. 위 향료가 든 브랜디.

Kümmel-: ~branntwein, der〈Pl. 없음〉↑ Kümmel (3). **~brot**, das 카룸 씨앗이 든 빵. **~brötchen**, das 카룸 씨앗이 든 하드롤. **~geruch**, der〈Pl. 없음〉카룸 냄새. **~geschmack**, der〈Pl. 없음〉카룸 맛. **~käse**, der 카룸 씨앗이 든 치즈. **~korn**, das 카룸 씨앗. **~öl**, das 카룸 유(油). **~schnaps**, der 카룸 화주(火酒). **~spalter**, der ↑ Haarspalter. **~türke**, der 1.《약간 폄》터키인, 터키 노동자. 2.《약간 폄·군고어·육》바보 녀석: arbeiten wie ein K.《통용어》중노동을 하다.

kümmeln〈h〉1. 카룸을 치다:〈대개 과거분사형으로〉gekümmeltes Brot 카룸 씨앗이 뿌려진 빵. 2.《통용어》화주를 마시다.

Kummer [ˈkʊmɐ], der; -s **a)** 근심, 걱정, 고뇌: aus K. 고뇌로 인하여; vor K. nicht schlafen können 걱정으로 잠을 이루지 못하다; seinen K. herunterspülen (통용어) (슬픔을 잊기 위해) 폭음하다; 《성》ich bin K. gewöhnt《통용어》나는 불행에는 이골이 나 있다, 더 이상 놀랄 일이 없다. **b)**《통용어》불행, 재난, 곤궁, 비참.

kummer-, Kummer-: ~bund《통용어》**~falte**, die《대개 Pl.》(고통으로 인해 생긴) 얼굴 주름살. **~kasten**, der《농》걱정함, 투서함. **~miene**, die《통용어》근심에 찬 얼굴 (표정). **~speck**, der《과섭취로 인한》비만. **~voll**〈Adj.〉근심에 찬, 우수에 잠긴.

Kummerbund, der; -(e)s, -e [engl. cummerbund] (조끼 대신 걸치는) 정복의 요대[腰帶].

Kümmerer [ˈkʏmərɐ], der; -s, - **a)** [사냥] 뿌리가 잘 자라지 못한 염수. **b)** [농업] 발육(성장)이 부진한 가축(식물). **Kümmerform**, die [동·식물학] 동·식물의 퇴화 형태. **kümmerlich** [ˈkʏmɐlɪç]〈Adj.〉**1.** 작고 허약한, 발육이 늦은. **2.** 궁한, 빈곤한, 빈약한, 옹색한: in armen Verhältnissen leben 빈곤한 처지로 살다. **3.**《폄》목표에 미흡한, 기대 이하의, 욕구를 충족 못해 주는: ein -es Ergebnis 기대에 못 미치는 결과; sie lebt von einer -en Rente 그녀는 아주 적은[낮은] 연금으로 살아간다; der Bestand der Bibliothek ist k. 도서관의 장서량은 욕구를 충족시키기에 미흡하다. **Kümmerlichkeit**, die ↑ kümmerlich의 명사형. **Kümmerling** [...lɪŋ], der; -s, -e《폄》허약한 아이, 발육이 부진한 아이, 발육이 부진

한 가축[식물]. **kümmern** ⟨h⟩ **1.** ⟨k. + sich⟩ **a)** 마음[신경]을 쓰다, 걱정[염려]하다, 돌봐주다: sich um die Kinder[den Haushalt] k. 아이들[살림]을 돌보다; kümmere dich doch bitte mal um diese Sache 이 일에 신경 좀 써라. **b)** 관심을 두다, 몰두하다: ⟨대개 부정어와 함께⟩ sie kümmert sich nicht um Politik 그녀는 정치에 관심이 없다. **2.** 관계하다: was kümmert dich das? 그것이 너와 무슨 상관이냐? **3.** 발육[성장]이 부진하다, 쇠약해지다. **Kümmernis** ['kʏmɐnɪs], die; -se ⟨아어⟩ 걱정거리, 고난, 문제거리.

Kummet ['kʊmət], das / ⟪schweiz.⟫ der; -s, -e, **Kumt** [kʊmt], das; -(e)s, -e 멍에. **Kummetgeschirr**, das 멍에로 쓰이는 마구(馬具).

Kümo ['kyːmo], das; -s, -s ↑Küstenmotorschiff.

Kump ['kʊmp], das; -s, -e ⟨지역어⟩ 작고 둥근 잔, (우유)잔.

Kumpan [kʊm'paːn], der; -s, -e **a)** 동료, 동아리: er teilt die Wohnung mit sieben -en 그는 그 집을 일곱 동료와 함께 쓴다. **b)** ⟨폄⟩ 한패, 공범(자). **c)** ⟨행태⟩ 짝, 패, 파트너. **Kumpanei** [...pa'naɪ], die; -en ⟨통용어 · 폄⟩ **a)** 동료 집단, 패거리. **b)** ⟨Pl. 없음⟩ ⟨동료간의⟩ 정분, 우정: mit jmdm. K. machen 누구와 우정을 맺다. **Kumpel** ['kʊmpl̩], der; -s, -, ⟨통용어 또한⟩ ⟪österr. 또한⟫ -n **1.** ⟨광⟩ ⟨동료⟩ 갱부. **2.** ⟨경·특히 청소년⟩ 일동무, 짝꿍. **kumpelhaft** ⟨Adj.⟩ 동료의, 사이가 좋은. **Kumpelhaftigkeit**, die ⟨Pl. 없음⟩ ↑ kumpelhaft의 명사형.

kümpeln ['kʏmpl̩n] ⟨h⟩ ⟪기술⟫ (함석 등을) 구부리다. **Kumpen** ['kʊmpn̩], der; -s, - ⟨nordd.⟩ 사발, 큰 대접. **Kumpf** [kʊmpf], der; -(e)s, -e / Kümpfe ['kʏmpfə; mhd. kumpf] ⟪südd., österr.⟫ 대접, (숫돌로 만든) 그릇.

Kumquat ['kʊmkvat], die; -s [engl. kumquat] (동남아에서 나는) 작은 오렌지.

Kumst [kʊmst], der; -(e)s [lat. compositum] ⟪nordostd.⟫ 절인[발효시킨] 양배추.

Kumt: ↑Kummet.

Kumulation [kumula'tsi̯oːn], die; -en [lat. cumulātio] ⟨전문어⟩ 누적, 축적, 저장. **kumulativ** [...a'tiːf] ⟨Adj.⟩ ⟨전문어⟩ 누적[축적]되는, 점증하는. **kumulieren** [...'liːrən] ⟨h⟩ [lat. cumulāre] ⟨교양어 · 전문어⟩ 누적[축적]하다, 증가(증가)하다: kumulierende (kumulierte) Bibliographie 누적 도서 목록; ⟪또한⟫ k. + sich⟫ diese Schadstoffe k. sich im menschlichen Körper 이 유해물질은 인간의 체내에 축적된다 ⟨명사화⟩ ein direktes Kumulieren von Zwischenergebnissen 중간 결과의 직접 누적, **Kumulierung**, die; -en ↑kumulieren의 명사형. **Kumulonimbus** [...lo'nɪmbʊs], der; -, -se ⟪기상⟫ 적란운(積亂雲)(약어: Cb). **Kumulus** ['kuːmʊlʊs], der; -, ...li [lat. cumlus] ⟪기상⟫ 적운(積雲)(약어: Cu). **Kumuluswolke**, die 적운.

Kumys, **Kumyß** ['kuːmʏs, ⟪또한⟫ kuˈmʏs], der; - [russ. kumys] 마유주(馬乳酒).

kund [kʊnt] ⟨Adj.⟩ ⟨다음 용법으로만⟩ **jmdm. etw. k. und zu wissen tun** ⟪고풍⟫ 누구에게 무엇을 (확실히) 알리다.

kund-, Kund-: **~fahrt**, die ⟪österr.⟫ 탐사 여행. **~gabe**, die ⟨아어⟩ 알림, 선언, 성명. **~geben*** ⟨h⟩ ⟨아어⟩ **1.** 알리다, 발표하다, 공표하다: (jmdm.) seine Meinung k. ⟨누구에게⟩ 자기의 의견을 알리다. **2.** ⟨k. + sich⟩ 나타나다. **~gebung**, die; -en **1.** 집회, 시위: eine K. gegen den Krieg 반전 집회; eine K. veranstalten 집회를 개최하다; zu einer K. aufrufen 시위에 참여하기를 호소하다. **2.** ⟨준고어⟩ 고지, 발표, 성명.

~machen ⟨h⟩ ⟪österr. · 관 · 준고어⟫ 고지[고시]하다. **~machung** [-maxʊŋ], die; -en ⟪südd., österr., schweiz.⟫ 고지, 고시, 공포. **~tun*** ⟨h⟩ ⟨아어⟩ **a)** 표현하다, 언급[표명]하다. **b)** ⟨k. + sich⟩ 표현하다, 나타내다. **~werden*** ⟨s⟩ ⟨고어⟩ **a)** 알려지다. **b)** 눈치채다, 무엇을 깨닫다.

kundbar ['kʊntbaːɐ̯] ⟨다음 용법으로⟩ **k. werden** ⟨고어⟩ 알려지다. **kündbar** ['kʏntbaːɐ̯] ⟨Adj.⟩ 해약[해고] 고지할 수 있는. **Kündbarkeit**, die ↑kündbar의 명사형. **¹Kunde** ['kʊndə], der; -n, -n **1.** 단골, 고객, 거래인: faule -n 결제가 불성실한, 신용이 없는 고객. **2. a)** ⟨부랑자⟩ 부랑인. **b)** ⟨통용어 · 폄⟩ 녀석, 놈. **²Kunde** [-], die; -n **1.** ⟨아어 · 준고어⟩ 기별, 통지, 알림: von ⟨über⟩ etw. K. erhalten 무엇에 관한 기별을 받다; jmdm. von etw. K. geben 누구에게 무엇을 알리다. **2.** ⟨대개 복합어⟩ 학, 학문. **³Kunde** [-], die; -n ⟪österr.⟫ ↑Kundschaft. **künden** ['kʏndn̩] ⟨h⟩ ⟨아어⟩ **a)** 선포하다, 전파하다. **b)** 무엇을 알려[밝혀]주다. **2.** ⟨특히 schweiz⟩ 해약하다.

Kunden- ⟨¹Kunde⟩: **~beratung**, die **1.** 고객 상담. **2.** 고객 상담소. **~besuch**, der 고객 순방. **~buch**, das 고객 불편 사항 기록 책자. **~dienst**, der **1.** ⟨Pl. 없음⟩ 애프터서비스, 서비스. **2.** 애프터서비스 센터[부서]: Reparaturen werden von unserem K. fachmännisch und preiswert durchgeführt 수리는 우리 서비스 센터에서 전문적이며 염가로 해준다. **~dienstbüro**, das 애프터서비스 사무실. **~dienstleistung**, die 애프터서비스 혜택 (내용). **~dienstwerkstatt**, die 애프터서비스 정비소. **~fang**, der ⟨Pl. 없음⟩ ⟨폄⟩ 고객 잡기, 고객 유치. **~kartei**, die 고객 카드. **~kredit**, der ⟪경제⟫ **1.** (고객에게 주는) 신용(대부). **2.** (공급자가 고객으로부터 받는) 신용(대부). **~kreditbank**, die ⟨Pl. ...banken⟩ 고객 신용 은행. **~kreis**, der 고객층. **~produktion**, die ⟪경제⟫ 주문 생산(반대: Marktproduktion 1). **~sprache**, die ⟨고어⟩ 부랑자 말. **~stamm**, der 고정된 고객층. **~stock**, der ⟪österr.⟫ ↑~kreis. **~werber**, der 고객 유치 요원, 호객꾼. **~werbung**, die 고객 유치 작전(운동). **~wunsch**, der 고객의 소망[요망].

Künder ['kʏndɐ], der; -s, - ⟨아어⟩ 고지자, 알리는 사람. **kundig** ['kʊndɪç] ⟨Adj.⟩ 경험많은, 정통한: das muß von einem -en Fachmann geprüft werden 그것은 정통한 전문가가 검토해야 한다; er hat sich als sehr k. erwiesen 그는 아주 경험이 풍부한 것으로 입증되었다; der Kundige 정통한 [노련한] 사람, 전문가, **einer Sache k. sein** ⟨아어⟩ 무엇을 잘[환하게] 알고 있다. **kündigen** ['kʏndɪgn̩] ⟨h⟩ **a)** (계약을) 취소하다: die Tarifverträge sind von den Gewerkschaften gekündigt worden 임금 계약은 노조에 의해 취소되었다; die Wohnung wurde mir auf Ende 1998 gekündigt 나는 그 집을 1998년 말까지 비우도록 되어 있다; ⟨전의⟩ jmdm. die Freundschaft k. 누구에게 절교를 선언한다. **b)** (집 등 부동산의) 임대 해약을 통고하다: der Hausbesitzer hat ihm zum 30. Juni gekündigt 집주인은 그에게 6월 30일까지 임대 계약이 완료됨을 알렸다. **c)** 해고를 통지하다: die Firma hat wegen schlechter Auftragslage 100 Mitarbeitern gekündigt 회사는 수주 상태의 부진으로 인하여 100명의 직원을 해고시켰다; mein Vater war gekündigt worden 그의 아버지는 해고당했다. **d)** 퇴직(사직)을 알리다: ich habe heute schriftlich bei der Geschäftsleitung gekündigt 나는 오늘 사직서(사표)를 회사 지도부에 제출했다. **Kündigung**, die; -en (계약, 임대, 고용 등의) 해약[해고], 해약 고지: die K. annehmen[anfechten] 해고를 받아들이다[취소를 청구하다]; eine K. für ungesetzlich erklären 해고를 불법적이라고 판결[선언]하다; die K. wurde

Kündigungs-

ihm per Einschreiben geschickt 해고 통지는 그에게 등기로 우송되었다; halbjährige K. 6개월의 고지 기간을 갖는 해고(사직) 통보.

Kündigungs-: ~brief, der ↑~schreiben. **~frist,** die 해약(사직) 고지 기간. **~grund,** der 해약[해고] 근거. **~rate,** die 해약[해고]율. **~schreiben,** das 해고 통지문. **~schutz,** der 부당한[불법적] 해고[해약] 방지; werdende Mütter genießen K. 임산부는 부당한 해고로부터 보호받는다. **~termin,** der 해약(사직) 고지 기간.

Kundin ['kʊndɪn], die; -nen ↑¹Kunde (1)의 여성형.
Kundschaft ['kʊntʃaft], die; -en **1. a)** 〈Pl. 없음〉고객, 단골(의 총칭): auf K. gehen 〈은어〉 고객을 순회 방문하다. **b)** 《특히 österr.》 고객, 수익자. **c)** 〈준고어〉 〈Pl. 없음〉 거래(고객) 관계. **2.** 〈고어〉 **a)** 정보; auf K. ausgehen 정보를 수집[하러] 나가다. **b)** 기별, 소식.
kundschaften 〈h〉 〈고어〉 정보[첩보]를 수집하다.
Kundschafter, der; -s, - 정보원, 첩보원.

kuneiform [kunei'fɔrm] 〈Adj.〉 [zu lat. cuneus = Keil u. fōrma, ↑Form] 〈의학〉 쐐기 모양의, (뼈가) 뾰족한.

Künette [ky'nɛta], die; -n [frz. cunette] 《옛》 《요새의》 배수(하수)구.

künftig ['kʏnftɪç] **I.** 〈Adj.〉 〈앞으로〉 다가올, 장래(미래)의: sie kam mit ihrem -en Mann 그녀는 장래의 남편과 함께 왔다. **II.** 〈Adv.〉 미래에, 지금부터: das soll k. anders werden 그것은 지금부터 달라져야 한다. **künftighin** 〈Adv.〉 〈아어〉 ↑künftig (II).

Kungelei [kʊŋə'lai], die; -en 《폄》 〈고위층 인사간의〉 묵계, 밀약. **kungeln** ['kʊŋln] 〈h〉 〈〈지역적〉 kungeln = heimlich schwatzen u. dabei Pläne schmieden〉 《폄》 무엇을 묵계로 결정하다: sie kungeln um Ministerämter 그들은 장관 자리를 놓고 묵계하고 있다.

Kunkel ['kʊŋkl], die; -n [lat. colus] 〈지역적〉 실감기대, 실패, 방추(紡錘) (역사적) 〈여성의 상징이므로〉 부녀자의 봉토(封土).
Kunkellehen, das [Kunkel이 여인의 상징이므로] (역사적) 부녀자의 봉토(封土).
Kunkelstube, die 〈지역적〉 방적실, 실잣는 방.

Kunnilingus: ↑Cunnilingus.

Kunst [kʊnst], die; Künste ['kʏnstə; ↑können] **1. a)** 예술, 미술: die bildende K. 조형예술; angewandte K. 응용미술; K. und Wissenschaft 학예; die K. fördern 예술을 장려(진흥)하다; von 〈der〉 K. allein kann man nicht leben 예술만으로 밥먹고 살 수 없다; **die Schwarze K.** 1) 마술, 마법. 2) 인쇄술; **die Sieben Freien Künste** 중세의 7학예(문법, 수사, 논리, 대수, 기하, 음악, 천문); **was macht die K.?** 《통용어》 일(사업)이 잘 되어가느냐? **b)** 〈Pl. 없음〉 예술작품; die K. der Ägypter 이집트의 예술작품; in dieser Wohnung steht viel K. 이 집에는 많은 예술품이 진열되어 있다; etwas von K. verstehen 예술작품을 조금이해하다. **2.** 재능, 재간; 솜씨; 요령, 비결, 기법; 술책, 수완: die ärztliche K. 의술(醫術); hier kann seine K. mehr helfen 여기에는 어떤 기술도 소용이 없다; Bachs K. der Fuge 바흐의 푸가 기법; die K. des Schweigens beherrschen nur weinige 침묵의 비결을 터득한 사람은 많지 않다; hier kannst du deine Künste zeigen 너는 여기에서 재능을 발휘할 수 있다; seiner diplomatischen K. ist schon vieles gelungen 그의 외교적 수완 덕택으로 벌써 많은 것이 성취되었다; 成功 K. kommt von Können 〈반어적〉 솜씨는 능력에서 나온다 (예술적 능력이 부족한 사람에게); **eine brotlose K.** 벌이가 안 되는 재간(기술); **das ist keine K.!** 《통용어》 그것은 별로 어려운 일이 아니다; **alle seine Künste spielen lassen** 가능한 모든 심리적 술책을 부리다; **mit seiner K. am Ende sein** 더 이상 어쩔 도리가 없다. **3.** 인공[인조]제품(반대어: Natur 5). **4. K. sein** 《통용

어》 인조(가짜)이다.

kunst-, Kunst-: ~akademie, die ↑~hochschule. **~anschauung,** die 예술관. **~auktion,** die 예술품 경매. **~ausstellung,** die 미술 전람회. **~banause,** der 속물 예술가. **~band,** der 화집(畫集), 복제 미술서. **~bau,** der 〈Pl. -ten, 대개 Pl.〉 〈건축〉 ↑Ingenieurbau. **~beflissen** 〈Adj.〉 〈고어〉 예술에 열심인. **~beflissene*,** der / die **a)** 〈고어〉 예술[미술] 전공 학생. **b)** 〈농〉 예술에 심취된 사람. **~begeistert** 〈Adj.〉 예술[미술]에 열광된. **~begeisterung,** die 예술[미술]에의 열광(감동). **~beilage,** die 〈신문·잡지의〉 예술 특집면. **~bein,** das 의족(義足). **~besitz,** der 미술품 소장. **~betrachtung,** die 예(미)술품 감상. **~betrieb,** der 〈Pl. 없음〉 〈폄〉 영리 목적 예술 분야의 종사. **~blatt,** das 미술 작품의 복제. **~blume,** die 조화(造花). **~buch,** das 미술서. **~darm,** der 소시지의 인조 재료로 만든 껍질 부분(반대: Naturdarm). **~denkmal,** das 예술적 문화 유산. **~dieb,** der 미술품 절도범. **~diebstahl,** das 미술품 절도. **~druck,** der 〈Pl. -e〉 **a)** 〈Pl. 없음〉 〈미술 작품의〉 복제인쇄. **b)** 미술 작품의 복제품. **~druckpapier,** das 아트지. **~druckverfahren,** das 사진 인쇄 방식. **~dünger,** der 화학[인조] 비료. **~eis,** das 인조빙(氷). **~eisbahn,** die 인공 빙판, 인공 아이스 링크. **~eisstadion,** das 인공 스케이트장. **~enthusiast,** der 예술 열광자. **~erlebnis,** das 예술 체험. **~erzeugnis,** das 예술 작품, 미술품, 공예품. **~erzieher,** der 미술 교사. **~erziehung,** die **1.** 미술 교육. **2.** (수업 과목으로서의) 미술. **~fahren,** das; -s 자전거 곡예. **~fälschung,** die 미술품 모조(위조). **~fan,** der 미술 애호가(팬). **~faser,** die ↑Chemiefaser. **~faserstoff,** der 인조(화학) 섬유 직물. **~fehler,** der 의사의 실수, 의료상의 실수, 의료 과실, 처방에 있어서: 〈전의〉 dem Protokollchef ist ein K. unterlaufen 〈농〉 의전실장이 실수를 저질렀다. **~feindlich** 〈Adj.〉 반예술적, 예술에 적대적인. **~fertig** 〈Adj.〉 숙련된, 완숙한, 기교가 뛰어난. **~fertigkeit,** die ↑~fertig의 명사형. **~flieger,** der 곡예 비행사. **~flug,** der 예술 비행. **~form,** die 예술 형식. **~freund,** der 예술 애호가. **~freundin,** die ↑~freund의 여성형. **~führer,** der 예술 유적 안내 책자(안내서). **~galerie,** die ↑Galerie (3 b). **~gattung,** die 예술 분야(장르). **~gegenstand,** der ↑~erzeugnis (1). **~gelehrte*,** der / die 예술(미술)학자. **~gemäß** 〈Adj.〉 〈고어〉 예술의 법칙에 맞는, 전문가에게는, 솜씨 좋은. **~genuß** der 예술[미술]감상. **~gerecht** 〈Adj.〉 ↑~gemäß. **~geschichte,** die **1.** 〈Pl. 없음〉 미술사. **2.** 〈통용어〉 미술사의 책(書): in einer K. nachschlagen 미술사 서적을 찾아보다. **~geschichtlich** 〈Adj.〉 미술사의. **~geschmiedet** 〈Adj.〉 예술적으로 세공한. **~gewerbe,** das 공예. **~gewerbemuseum,** das 공예 박물관. **~gewerbler,** der; -s, - 공예가. **~gewerblerin,** die; -nen ↑~gewerbler의 여성형. **~gewerblich** 〈Adj.〉 공예(상)의. **~glas,** das 예술적으로 가공한 유리. **~glied,** das (의수, 의족 등)의 의지(義肢). **~gönner,** der ↑~mäzen. **~griff,** der 요령, 수, 기교; 책략, 꾀임수. **~haar,** das 가발. **~halle,** der 〈독어학자 G. H. Campe가 Museum 대신에 씀〉 《고어·고유명사 잔존》 미술관. **~hand,** die 의수(義手). **~handel,** der 미술품 거래, 화상(畫商). **~händler,** der 화상. **~handlung,** die 미술품 가게. **~handwerk,** das 공예. **~handwerker,** der 공예가. **~harz,** das 【화학】 합성 수지. **~herz,** das [의학] 인공 심장. **~historie,** die 〈Pl. 없음〉 【드물게】 ↑~geschichte (1). **~historiker,** der 미술사학자. **~historisch** 〈Adj.〉 ↑~geschichtlich. **~hochschule,** die

미술 대학. ~**honig**, der 인조(합성) 꿀. ~**horn**, das 인조 각질(角質). ~**ideal**, das 예술 이상. ~**interessiert** 〈Adj.〉 예술에 관심이 있는. ~**jünger**, der 〈농〉 미술학도. ~**kalender**, der 미술 작품이 복제된 달력. ~**kautschuk**, der 인공 고무. ~**kenner**, der 미술 전문가. ~**kniff**, der 기교, 책략. ~**kopf**, der [방송] 사람 머리 모양의 녹음 장치. ~**kopfstereophonie**, die [방송] 위 녹음 장치를 이용한 녹음과 재생. ~**kraftsport**, der 곡예 체조. ~**kritik**, die 미술 비평. ~**kritiker**, der 미술비평가. ~**lauf**, der ↑Eiskunstlauf, Rollkunstlauf 등 참조. ~**leder**, das 인조 가죽, 합성 피혁. ~**licht**, das 〈Pl. 없음〉 인공 광(光), 조명. ~**lichtaufnahme**, die 후래쉬를 사용한 촬영. ~**liebend** 〈Adj.〉 예술(미술)을 사랑하는. ~**liebhaber**, der 예술[미술] 애호가. ~**lied**, das 창작가요[가곡](반대: Volkslied). ~**los** 〈Adj.〉 단순한, 소박한, 예술적 꾸밈이 없는. ~**losigkeit**, die ↑los의 명사형. ~**maler**, der 화가, 화백. ~**mappe**, die 복제 사진을 넣는 가방. ~**märchen**, das 창작 동화(반대: Volksmärchen). ~**markt**, der 미술품 시장. ~**marmor**, der 인조 대리석. ~**mäßig** 〈Adj.〉《드물게》예술[미술]적인, 기술적인. ~**mäzen**, der 예술 후원자. ~**objekt**, das 예술 작품, 미술[공예]품. ~**pause**, die 《연설중의》 의도적인 짧은 쉼(중단): nach einer K. fuhr er fort 잠시 중단한 후 그는 말을 이었다. ~**postkarte**, die 《미술 작품을 인쇄한》 그림엽서. ~**preis**, der 예술상. ~**produkt**, das ↑-erzeugnis. ~**prosa**, die 문학적 산문. ~**radfahren**, das ↑-fahren. ~**rasen**, der ↑-stoffrasen. ~**reich** 〈Adj.〉 **a)** 《뇌물》 예주(술)가 씬) 있는. ~**reiter**, der 곡예사(말을 타고 재주부리는). ~**reiterin**, die ↑-reiter의 여성형. ~**richter**, der 《고어·드물게》예술[미술] 비평가. ~**richtung**, die 예술의 경향(유파). ~**sammler**, der 미술품 수집가. ~**sammlung**, die 미술품 수집, 수집된 미술품. ~**schaffen**, das 예술(창작) 활동(행위). ~**schaffende***, der / die 예술가. ~**schatz**, der **a)** 값비싼(귀한) 미술품. **b)** 수집된 많은 미술품: nationale Kunstschätze 국보, 보물. ~**schlosser**, der 《옛》 철물공, 자물쇠바치. ~**schmied**, der 금속 세공사. ~**schreiner**, der 《지역적》 ↑-tischler. ~**schrift**, die 예술적인 글자(체), 서예. ~**schule**, die 《사립》 미술 학교. ~**schwimmen**, das; -s 수중 발레. ~**seide**, die 인조견, 레이온. ~**seiden** 〈Adj.〉 인조견으로 된, 인조견의. ~**sinn**, der 〈Pl. 없음〉 예술[미술]에 대한 감각(이해). ~**sinnig** 〈Adj.〉《아이》예술[미술]을 이해(애호)하는. ~**sprache**, die 공용어. ~**springen**, das; -s 《수영의》 다이빙. ~**stadt**, die 예술(의) 도시, 영향: München ist als K. weltbekannt 뮌헨은 예술 도시로서 세계적인 명성이 있다. ~**stein**, der **a)** 《조형미술》 《바로크 시대의 인조 대리석과 같은》 인조 석재(石材). **b)** 《건축·고어》 콘크리트로 만든 인조 석재. ~**stoff**, der 합성수지, 플라스틱. ~**stoffbahn**, die 《스포츠》 케미컬 트랙. ~**stoffblume**, die 플라스틱 조화(造花). ~**stoffboot**, das 플라스틱 보트. ~**stoffeimer**, der 플라스틱 물통. ~**stoffindustrie**, die 합성수지공업. ~**stoffkarosserie**, die 플라스틱 차체. ~**stoffolie**, die ¹Folie (1) 참조. ~**stoffplatte**, die 플라스틱 깔판. ~**stoffrasen**, der 《스포츠》 인조 잔디. ~**stoffschale**, die 플라스틱 접시. ~**stoffschlosser**, der 합성수지 연결[용접]공. ~**stoffski**, der 합성수지로 만든 스키. ~**stoffverarbeitend** 〈Adj.〉 합성수지를 가공하는. ~**stopfen** 〈h; Inf. 와 과거분사형으로 사용〉 짜깁기 하다: du mußt die Hose k. lassen 너의 바지를 짜깁기 해 달라고 맡겨야겠다. ~**stopferei**, die **1.** 〈Pl. 없음〉 《드물게》 짜깁기. **2.** 짜깁기 전문점. ~**stück**, das 재주,

곡예: 〈전의〉 er brachte das K. fertig, den Betrieb zu der Verlustzone zu führen 그는 기업을 적자에서 구해 내는 재주를 보였다; 〈싱규〉 das ist kein K. 《통용어》 그것은 간단한 일이다; 《통용어·반어》 이런 상황 하에서 그것은 놀랄 일이 아니다. ~**student**, der **a)** 미술 대학생. **b)** 미술학과 미술사 전공 대학생. ~**studentin**, die ↑-student의 여성형. ~**tanz**, der 예술성이 담긴 춤(발레 등). ~**theorie**, die 예술론. ~**tischler**, der 가구 공예사. ~**töpfer**, der 도예사, 도예공. ~**turnen**, das 기계 체조. ~**turner**, der 기계 체조 선수. ~**turnerin**, die ↑-turner의 여성형. ~**unterricht**, der 예술[미술] 수업. ~**verein**, der 예술(미술)(후원) 단체. ~**verlag**, der 미술(서) 출판사. ~**verstand**, der 예술[미술]의 지식, 예술적 이해력. ~**verständig** 〈Adj.〉 예술[미술]적 감각이 있는, 예술[미술]에 정통한. ~**verständnis**, das 예술에 대한 이해(력)(감각). ~**voll** 〈Adj.〉 **a)** 예술적으로 뛰어난(꾸민). **b)** 정교하게 만든, 〈가술〉 복잡한. **c)** 정교한, 솜씨(재주) 있는. ~**werk**, das **a)** 예술(작)품: ein literarisches K. 문학작품. **b)** 《기술적으로》 복잡한 제품[물건]: der Computer ist ein K. der Technik 컴퓨터는 기술(의) 예술품이다. ~**wert**, der **1.** 예술적 가치. **2.** 〈대개 Pl.〉 예술(미술)품. ~**wissenschaft**, die 미술[예술]학. ~**wissenschaftler**, der 미술[예술]학자. ~**wort**, das 〈Pl. -wörter〉 [언어] (학술어·전문어로 쓰이는) 인공단어. ~**zeitschrift**, die 미술(잡)지.

Künstelei [kʏnstəˈlaɪ], die; -en 《드물게 폄》 **a)** 〈Pl. 없음〉 위위, 작위, 꾸밈. **b)** 억지로 뜯어맞춘 것. **künsteln** [ˈkʏnstl̩n] 〈-te, gekünstelt 하다〉. **Künstler** [...tlɐ], der; -s, - **1.** 예술[미술]가; 예인(藝人), 배우: bildende K. 조형예술가; einen namhaften K. für ein Gastspiel gewinnen 명성있는 예술가의 객연 약속을 얻다; zum K. geboren sein 예술[미술]가로 태어나다. **2.** 명수, 명인 (名人): er ist ein K. im Sparen 그는 절약의 명수다.

Künstler-: ~**allüre**, die 《펌》 예술가 거동. ~**atelier**, das 아틀리에. ~**beruf**, der 예술가 직업. ~**dasein**, das 예술가 존재. ~**geist**, der 예술가 정신, 작가 기질. ~**gruppe**, die 예술가 집단. ~**hand**, die 예술가의 손: die Postkarte ist von K. entworfen 그 우편엽서는 예술가에 의해 도안되었다. ~**kalender**, der **a)** 미술 작품 (이 복제된) 달력. **b)** 유명한 예술가의 초상화 달력. ~**kneipe**, die 예술가 수집. ~**kollektiv**, das 《(구동독)》 (예술) 창작 집단. ~**kolonie**, die 예술가 인촌. ~**kreis**, der 예술가의 계(界). ~**laune**, die 〈Pl. 없음〉 예술가의 괴팍스러움. ~**leben**, das 〈Pl. 없음〉 예술가의 생애(생활). ~**locke**, die 《농》 예술가 타입의 곱슬머리. ~**mähne**, die 《통용어·준고어·농》 예술가 모양의 장발. ~**monogramm**, das 예술가의 화압(花押), 낙관 (落款). ~**name**, der 예명(藝名), 아호(雅號), 필명. ~**natur**, die **a)** 예술가 (기질). **b)** 예술가의 특성: Empfindsamkeit gehört zur K. 예민함은 예술가의 특성의 하나이다. ~**pech**, der 《통용어·농》 조그만 재난. ~**persönlichkeit**, die (개성이 있는) 예술가. ~**porträt**, das 예술가 초상화. ~**postkarte**, die 미술가르도 안이 든 우편엽서. ~**zimmer**, das 《무대 뒤에 있는》 연기(연주)자 대기실.

Künstlerei [...ləˈraɪ], die (schweiz.) ↑Künstlertum. **Künstlerin**, die; -nen↑Künstler의 여성형. **künstlerisch** 〈Adj.〉 예술가[미술가]적, 예술[미술]적, 미적: um -e Anerkennung ringen 예술가로서 인정을 받기 위해 노력하다; etwas k. darstellen 무엇을 예술적으로 표현하다. **Künstlerschaft**, die **1.** 예술가 기질, 예술가적 재능. **2.** 〈Pl. 없음〉 예술가들. **Künstlertum**, das; -s ↑Künstlerschaft (1). **künstlich** [ˈkʏnstlɪç] 〈Adj.〉 **a)** 인조(인공)의, 인위적인, 모조의: ein -er See

인공 호수; ein -es Auge 인공 안구; die -e Niere 인공 신장. b) 자연스러운 과정을 모방한, 인조의, 인공의: -e Ernährung (카테테르, 주사를 통한) 인공 영양 (공급); -e Düngung 인조 시비; jmdn. k. beatmen 누구에게 인공 호흡을 시키다. c) 부자연스러운, 억지의: ein -es Lachen 억지 웃음; ihre Anteilnahme war nur k. 그녀는 관심을 가진 체했을 뿐이다; ein Verfahren k. in die Länge ziehen 과정을 의도적으로 지연시키다. **Künstlichkeit**, die; -en ↑künstlich의 명사형.
kunterbunt ['kʊntɐ-] 〈Adj.〉 **a)** 다색의, 여러 색깔의. **b)** 알록달록한, 변화가 많은: sein Leben verlief recht k. 그의 생애는 아주 기복이 많았다. **c)** 뒤범벅인. **Kunterbunt**, das; -s 난(亂)잡, 혼란, 다채(多彩). **Kunterbuntheit**, die 혼란함, 다채로움.
Kunz [kʊnts] ↑Hinz.
Küpe ['ky:pə], die; -n **1.** 염료(의 용)액. **2.** 《옛》염색통.
Kupee: ↑Coupé (1, 2)의 독어화.
Kupelle [ku'pɛlə] 등등: ↑°Kapelle 등등을 참조.
Küpenfarbstoff, der; -(e)s, -e [zu Küpe (1)] (수용성·내광성의) 물감[염료]. **Küper**, der 〈nordd.〉 **1.** 통장이. **2.** (항구의) 화물 관리업자. **Küperei** [ky:pɐ'raj], die; -en (항구의) 화물 관리사무실. **Küperlehre**, die 통장이 견습 수업. **Küpermeister**, der 통장이 기능장 (機能長).
Kupfer ['kʊpfɐ], das; -s, - [lat. cuprum] **1.** 〈Pl. 없음〉 동(銅), 구리(화학기호: Cu, 〈Cuprum〉): in K. gestochen 동판에 새긴. **2.** 〈Pl. 없음〉 동으로 만들어진 물건, 동화[동전], 구리 그릇: ich habe nur noch K. im Geldbeutel 내 지갑에는 동전밖에는[거의 돈이] 없다. **3.** 《또한,》 ↑Kupferstich (2)의 약칭.
kupfer-, Kupfer-: **~bahn**, die 【펜싱】펜싱 경기장. **~bergwerk**, die 동광산(銅鑛山). **~beschlagen** 〈Adj.〉 구리를 박은. **~blech**, die 동판. **~blüte**, die 〈Pl. 없음〉【광물】 모적동광(毛赤銅鑛). **~brand**, der 〈Pl. 없음〉【농업】 동의 일이 작용되어 떨어지는 병. **~braun** 〈Adj.〉 적갈색의, 구리빛의. **~bronze**, die 〈Pl. 없음〉 구리가 많이 섞인 청동. **~dach**, das 동판으로 씌워진 지붕. **~draht**, der 동선(銅線). **~druck**, der 〈Pl. -e〉 **1.** 〈Pl. 없음〉 동판 인쇄(술). **2.** 동판(화). **~erz**, das 동광(銅鑛). **~farben**, **~farbig** 〈Adj.〉 구리빛의, 적갈색의. **~finne**, die ↑rose. **~geld**, das 동화(銅貨), 동전. **~geschirr**, das 놋쇠 그릇. **~glanz**, der 휘동광, 황동광. **~glucke**, die 가랑잎 나방. **~haltig**, 〈österr.〉 **~hältig** 〈Adj.〉 구리를 함유한. **~hammer**, der 〈고어〉 구리 제련장. **~haut**, die 【건축】 동으로 된 지붕의 피복[被覆]. **~hütte**, die 동 제련소. **~kalkbrühe**, die ↑Bordelaiser Brühe. **~kanne**, die 구리 주전자. **~kessel**, der 구리 솥[남비]. **~kies**, der 【광】황동광. **~legierung**, die 동의 합금. **~mine**, die ↑~bergwerk. **~münze**, die 동전. **~nase**, die 《통용어·농》붉은 코. **~oxid**, ↑~oxyd 의 화학 전문어. **~oxyd**, das 【화학】 산화동(酸化銅). **~pfanne**, die 동 프라이팬. **~pfennig**, der 동으로 된 페니(1/100 마르크). **~platte**, die 동판. **~presse**, die 동판인쇄용 압착기. **~rose**, die 【의학】 딸기코, 주사비(酒齄鼻). **~rot** 〈Adj.〉 적동색의. **~schale**, die 동 접시(동용사발). **~schiefer**, der 【지질】 동이 섞인 점판암(粘板岩). **~schieferbergwerk**, das 점판암 광산(채굴장). **~schmied**, der **a)** 구리 대장장이, 놋그릇 제조인. **b)** 구리 세공사, 〈고어〉↑Kupferstecher. **~schreck**, der [성구] alter(mein lieber) Freund und K.! 《통용어·농》야, 이 친구야! (놀라거나 위협적으로). **2.** 나무좀과의 적동색 곤충. **~stich**, der 【인쇄술】 **1.** 〈Pl. 없음〉 동판화 제작 과정. **2.** 동판(화). **~stichkabinett**, das 동판화 전시(진열)장. **~stichverfahren**, das ↑~stich (1).

~stück, das **a)** (세공하기 전의) 동판. **b)** ↑~münze.
~sulfat, das 【화학】 황산동. **~teller**, der 구리 접시.
~tiefdruck, der ↑Rakeltiefdruck. **~topf**, der 구리 냄비. **~vase**, die 구리 화병. **~verbindung**, die 구리를 포함하는 화학적 결합. **~vergiftung**, die ↑Kuprismus. **~vitriol**, das 황산동, 담반. **~zeit**, die 〈Pl. 없음〉 ↑Chalkolithikum.
kupferig, kupfrig ['kʊpf(ə)rɪç] 〈Adj.〉 구리 같은, 구리빛의, 동을 포함하는. **kupfern** ['kʊpfɐn] 〈Adj.〉 **1.** 구리로 된. **2.** 구리빛이 나는, 구리빛의. **kupfrig** ↑kupferig.
Kupidität [kupidi'tɛːt], die [lat. cupiditās] 〈고어〉 정욕, 욕심. **Kupido** [ku'piːdo], die [lat. cupīdo] 〈고어〉 애욕, 성욕.
kupieren [ku'piːrən] 〈h〉 [frz. couper] 《전문어·고어》 **1. a)** 짧게 끊다, (끝을 잘라) 짧게 하다: einem Hund den Schwanz k. 개의 꼬리를 베어서 짧게 하다. **b)** (동·식물의 특정 부분을) 베어서 모습을 바꾸다: kupiertes Terrain (Gelände) 〈고어〉 도랑이나 울타리로 경계를 이룬 지역. **2.** 【의학】 (초기에) 억제하다, 멈추게 하다: die Pillen haben den Anfall kupiert 그 (알)약을 먹고 발작이 멈추었다.
Kupolofen [ku'poːl-], Kuppelofen, der; -s, ...öfen [ital. cupola < spätlat. cūpula] 용광로, 용선로, 큐폴라.
Kupon: ↑Cupon.
¹Kuppe ['kʊpə], die; -n [spätlat. cuppa] **1.** 산의 둥근 봉우리. **2.** 손가락 끝: die -n ihrer Finger sind vom vielen Nähen zerstochen 바느질을 많이 해서 그녀의 손가락 끝 같은 상처 투성이의.
²Kuppe [-], die; -n 〈은어〉 창녀의 수입[소득].
Kuppel ['kʊpl], die; -n [ital. cupola < lat. cūpula] 작은 둥근 지붕, 반구(半球) 천정: [전의] unter der mächtigen K. von Lärm 엄청난 소음[소란] 가운데.
¹Kuppel- (Kuppel-): **~bau**, der 〈Pl. -ten〉 둥근 지붕을 가진 건축물. **~dach**, das 둥근 지붕. **~gewölbe**, das 둥근 천정. **~grab**, das 반구형의 묘석[묘비]. **~kirche**, die 둥근 천정[지붕]을 가진 교회. **~moschee**, die 둥근 지붕의 이슬람교 사원. **~ofen**, der ↑Kupolofen.
²Kuppel- (kuppeln): **~lohn**, der 〈뚜〉 중매 사례금, 매음 알선비. **~mutter**, die 〈뚜〉 ↑Kupplerin. **~pelz**, der 《다음 용법으로》 sich³ den(einen) K. verdienen 〈뚜〉 중매를 서다. **~produktion**, die 〈경제〉 두 가지 이상의 물건의 동시 생산.
Kuppelei [kʊpə'laj], die; -en 〈뚜〉 **a)** 〈준고어〉 (바람직하지 못한 방법의) 중매. **b)** 【법】 매춘 알선. **kuppeln** [kʊpln] 〈h〉 【교통】 차량을 연결하다, 접속시키다. **b)** 【기술】 ↑koppeln (1 c): eine Kamera mit gekuppeltem Entfernungsmesser 거리 측정 장치가 부착된 사진기. **2.** ↑koppeln (2 b). **3.** (자동차의) 클러치를 작동시키다. **4.** 《준고어》 (다른 사람·짝과의) 연결을 시도하다, 중매쟁이 노릇을 하다. **Kuppelung**: ↑Kupplung.
kuppen ['kʊpn] 〈h〉 (특히 식물의 경우) 우듬지를 치다, 나무끝을 잘라내다. **kuppig** ['kʊpɪç] 〈Adj.〉 (둥근) 봉우리로 된.
Kuppler ['kʊplɐ], der; -s, - 〈뚜〉 중매인, 뚜쟁이, 포주 (抱主). **Kupplerin**, die; -nen ↑Kuppler의 여성형. **kupplerisch** 〈Adj.〉 〈뚜〉 중매를 하는, 포주 노릇하는.
Kupplung, Kuppelung, die; -en **1.** 〈Pl. 없음〉 연결. **2. a)** 【교통】 연결기(器). **b)** 【기술】 접합 부분, 이음매: die K. ausrücken(einrücken) 이음매를 풀다(걸어 대다). **3. a)** 클러치. **b)** 클러치 페달: die K. treten[zu schnell loslassen] 클러치 페달을 밟다(너무 빨리 풀다).

Kupplungs- 〔자동차〕: ~**automat**, der 자동 클러치. ~**belag**, der 클러치 패드. ~**hebel**, der 연결 지렛대, (오토바이의) 클러치 레버. ~**pedal**, das ↑Kupplung (3 б). ~**schaden**, der 클러치 손상[파열]. ~**scheibe**, die 클러치판(板). ~**spiel**, das 클러치 유격(클러치 페달을 밟지 않았을 때의).

Kuprein, Cuprein ['kuːprəin], das; -s 〔화학·약학〕 비용해성 수산화 동(銅).

Kuprismus [kuˈprɪsmʊs], der [lat. cuprum] 〔의학〕 **a)** 동 중독(銅中毒). **b)** 동(銅)에 대한 알레르기 반응.

Kur [kuːɐ̯], die; -en [lat. cūra] 치료, 요양, 휴양, 조리: offene K. (장소와 기간의) 구애를 받지 않는 요양; eine K. machen[beantragen] 휴양을 하다[신청하다]; sich einer K. unterziehen 요양 치료를 받다; in K. gehen 휴양을 가다; 전의 nur eine strenge K. konnte die Währungsstabilität retten 엄격한 조처만이 통화의 안정을 이루할 수 있었다; **jmdn. in die K. nehmen** (통용어) 누구에게 강하게 이의를 제기하다, 누구를 비난하다.

Kür [kyːɐ̯], die; -en 〔스포츠〕 (체조 등의) 자유 종목.

¹**kur-**, ¹**Kur-** (¹Kur): ~**anlage**, die 공원과 온천이 겸비된 요양 시설. ~**anstalt**, die 〔고어〕요양소, 요양원. ~**arzt**, der 요양소 의사. ~**aufenthalt**, der 요양소 체류[체재]. ~**bad**, das ↑ Bad (3). ~**direktion**, die ~**verwaltung**. ~**direktor**, der 요양소 소장(所長). ~**einrichtung**, die 〈대개 Pl.〉요양 시설[설비]. ~**erfolg**, der 요양 성과. ~**gast**, der 요양객, 휴양객. ~**haus**, das 요양소, 온천여관. ~**heim**, das 요양(휴양) 객을 위한 숙소. ~**hotel**, das 요양[휴양] 호텔. ~**kapelle**, die 요양(휴양)객을 위한 악대. ~**karte**, die (각종 시설을 이용할 수 있는) 휴양 티켓. ~**klinik**, die 요양소 부속 병원. ~**konzert**, das 요양[휴양]객을 위한 음악회. ~**kosten** 〈Pl.〉 요양 경비. ~**laub**, der = Kurlaub. ~**mittel**, das (목욕, 맛사지 등) 요양 방법[수단]. ~**mittelhaus**, das 요양 방법이 제공되는 건물. ~**musik**, die 요양(휴양)을 위한 음악. ~**orchester**, das 요양객을 위한 관현악(단). ~**ort**, der 요양소, 휴양지. ~**packung**, die **1.** 장기간 복용할 수 있는 큰 약포장. **2.** 포장형의 모발용 샴프. ~**park**, der 요양지의 공원. ~**patient**, der 요양중인 환자. ~**pfuschen** 〈h〉 (드물게) 돌팔이(무면허 의사) 노릇을 하다. ~**pfuscher**, der **a)** 〔법〕무면허 의사, 무자격 의사. **b)** (통용어·폄) 엉터리의사, 돌팔이. ~**pfuscherei**, die 무면허[무자격] 의사의 치료. ~**pfuschertum**, das; -s 무면허[무자격] 의사의 기질[특성]. ~**platz**, der 휴양[요양]객을 위한 숙소. ~**promenade**, die 휴양(요양)지의 산책(길). ~**saal**, der 요양소의 강당(큰 방, 집회실). ~**saison**, die 요양 시즌. ~**schatten**, der (통용어·농) 휴양지에서 사귄 파트너. ~**taxe**, die (휴양지의) 요양 체재세. ~**verschickung**, die 요양 파견 (조치). ~**verwaltung**, die 휴양지 관리 사무소.

²**kur-**, ²**Kur-** (↑Kür) (역사적): ~**fürst**, der 선제후(選帝侯). ~**fürstenhut**, der 선제후의 (붉은) 모자. ~**fürstentum**, das 선제후국. ~**fürstlich** 〈Adj.〉선제후(국)의. ~**hut**, der ↑ ~fürstenhut. ~**prinz**, der 선제후의 계승자(공자[公子]). ~**prinzlich** 〈Adj.〉 ↑ ~prinz의 형용사형. ~**würde**, die 선제후의 지위(권위).

Kür- 〔스포츠〕: ~**lauf**, der (피겨 스케이팅 등의) 자유 종목. ~**laufen**, das; -s ↑ ~lauf. ~**läufer**, der (피겨 스케이팅 등의) 자유 종목 선수. ~**läuferin**, die ~läufer의 여성형. ~**sprung**, der 자유 종목에서의 도약. ~**tanz**, der (피겨 스케이팅의) 자유 종목. ~**turnen**, das 기계 체조의 자유 종목. ~**übung**, die 자유 종목의 연습.

kurabel [kuˈraːbəl] 〈Adj.〉 [lat. cūrābilis] 〔의학〕 치유할 수 있는(반대: inkurabel). **Kurand** [kuˈrant], der; -en, -en 〔의학·고어〕요양객.

kurant [kuˈrant] 〈Adj.〉 [frz. courant] 〔고어〕 유통되는 (약어: crt.). ¹**Kurant** [-], das; -(e)s, -e 〔고어〕표시 가치와 재료 가치가 일치하는 동전.

²**Kurant** [-], der; -en, -en (schweiz.) ↑ Kurgast.

kuranzen [kuˈrantsṇ] 〈h〉 [lat. carentia] 〔고어〕 ↑ kujonieren.

Kurare [kuˈraːrə], das; -(s) [span. curare] 〔민속·약학〕 인디언이 화살에 칠하는 독의 일종.

Kurarin: ↑ Curain.

Küraß [ˈkyːras], der; ...asses, ...asse [frz. cuirasse] (15~19세기의) 흉갑. **Kürassier** [kyraˈsiːɐ̯], der; -s, -e 흉갑을 착용한 기마병. **Kürassierhelm**, der 기마병의 투구.

Kurat [kuˈraːt], der; -en, -en [lat. curatus] 〔가〕 **a)** 공소(公所) 담당의 보좌 신부. **b)** (청년 단체 등의) 지도신부. **Kuratel** [kuraˈteːl], die; -en [lat. curatela] 〈법·준고어〉후견: unter K. stehen (누구의) 후견을 받다; 전의 die Partei nimmt ihre Künstler jetzt wieder stärker unter K. 당이 예술가를 다시 더욱 통제한다.

Kuratie [kuraˈtiː], die; -n [...ˈtiːən] 〔가〕공소(公所). **kurativ** [kuraˈtiːf] 〈Adj.〉 〔의학〕 치유력 있는.

Kurator [kuˈraːtor, ...toːɐ̯], der; -s, -en [...raˈtoːrən; lat. cūrātor] **1.** 〔고어〕후견인. **2.** 관리인, (재단) 이사. **3.** (대학의) 총무처장. **Kuratorium** [kuraˈtoːriʊm], das; -s, ...ien [...i̯ən; lat. cūrātōrius] **1.** 관리(감독) 기관(기구). **2.** (대학의) 총무처장회.

Kurbel [ˈkʊrbl̩], die; -n 크랭크, (돌리는) 손잡이[핸들].

Kurbel-: ~**gehäuse**, das 〔자동차〕크랭크실(室). ~**gehäusespülung**, die 〔자동차〕크랭크실 세척. ~**getriebe**, das 〔기술〕크랭크 톱니바퀴. ~**induktor**, der 〔전자〕크랭크를 사용하는 수동식 유도자(誘導子). ~**kasten**, der 〔자동차〕↑ ~gehäuse. ~**lager**, das 〔기술〕 크랭크 톱니바퀴 베어링. ~**stickerei**, die 〔기술〕 크랭크 날(줄) 자수. ~**trieb**, der 〔기술〕 ↑ ~getriebe. ~**welle**, die 〔기술〕 크랭크 축.

kurbeln [ˈkʊrbl̩n] **1.** 〈h〉 **a)** 크랭크를 돌리다: 전의 in den Kurven mußte er ganz schön k. (통용어) 커브에서 그는 핸들을 많이 돌려야 했다. **b)** 손잡이를 돌리다. **2.** 〈h〉 (은어·통용어) (영화를) 촬영하다. **3.** 〈h〉 **a)** (통용어) 회전을 통해서 만들다 (기계로) 생산하다. **b)** 자수기계로 제조하다. **4.** 〈s/h〉 (통용어) 빙빙 돌다.

Kurbette [kʊrˈbɛta], die; -n [frz. courbette] 〔경마〕 (앞다리를 구부린 뒤 뒷다리로 몇 차례 뛰는) 도약. **kurbettieren** [kʊrbɛˈtiːrən] 〈h〉 〔경마〕 ↑ Kurbette의 동사형.

Kürbis [ˈkʏrbɪs], der; -ses, -se [lat. cucurbita] **1. a)** 호박. **b)** 호박 (열매). **2.** 〔경〕 머리통, 대가리.

Kürbis-: ~**flasche**, die ↑ Kalebasse. ~**gewächs**, das 박과(科)의 식물. ~**kern**, der (대개 Pl.) 호박씨. ~**kompott**, das 설탕물에 절인 호박.

Kurde [ˈkʊrdə], der; -n, -n 쿠르드인. **kurdisch** 〈Adj.〉 Kurde의 형용사형. **Kurdistan** [ˈkʊrdɪstan], -s 쿠르디스탄(터키, 이란, 이라크에 걸쳐 있는 산악 지대로서 쿠르드족의 근거지).

kuren [ˈkuːrən] 〈h〉 (통용어) 요양(휴양)하다.

küren [ˈkyːrən] 〈h〉 (아어) 뽑다, 선발하다: jmdn. zum Sportler des Jahres k. 누구를 그 해의 운동 선수로 선발하다.

Kürettage [kyreˈtaːʒə], die; -n [frz. curettage] 〔의학〕 자궁소파(搔爬). **Kürette** [kyˈrɛtə], die; -n [frz. curette] 〔의학〕소파 수술에 쓰는 스푼 모양의 도구.

kürettieren [kyreˈtiːrən] 〈h〉 〔의학〕소파기(큐레트)로 긁어내다.

Kurgan [kurˈgaːn], der; -s, -e [russ. kurgan] 동구라파의 (선사 시대의) 구릉 묘지.
kurial [kuˈriːl] 〈Adj.〉《교양어》 교황청의. **¹Kuriale** [kuˈriaːlə], die 중세초의 교황청의 스크립트체.
²Kuriale [-], der; -n, -n (대개 Pl.) [lat. curialis] 교황청의 관리. **Kurialien** [kuˈriaːliən] 〈Pl.〉 (옛 교황청 서식의) 전형적 공문체, 편지체.
Kurialismus [kuriaˈlɪsmʊs], der; - 【가】 교황청 수위설 (首位說). **Kurialist** [kuriaˈlɪst], der; -en, -en 교황청 수위주의자(首位主義者). **Kurialstil**, der; -(e)s 《교어》 ↑ Kanzleistil. **Kuriatstimme** [kuˈriaːt-], die (신성로마제국 의회에서 다른 선거권자와 함께라야 한 표로 인정되는) 공동표. **Kurie** [ˈkuːriə], die; -n **1. a)** 교황청(당국). **b)** 교황청의 소재지. **2.** 《역사적》 (고대 로마의) 행정구역. **Kurienkardinal**, der 【가】 교황청 추기경. **Kurienkongregation**, die 〈Pl. 없음〉 교황청의 최고 관청.
Kurier [kuˈriːɐ], der; -s, -e [frz. courrier] (정부·군대의) 파발꾼: ein diplomatischer K. 외교 급사(急使); er wurde als K. an die Front geflogen 그는 파발꾼으로 전선(戰線)에 파견되었다.
Kurier-: ~**dienst**, der 문서 수발 업무. ~**flugzeug**, das 문서 운송 비행기. ~**gepäck**, das 외교 하물. ~**maschine**, die ↑~flugzeug. ~**post**, die 외교 행낭. ~**zug**, der 《고어》 급행열차.
kurieren [kuˈriːrən] 〈h〉 [lat. cūrāe] 치유하다, 고치다: der Heilpraktiker hat ihn kuriert 치료사가 그의 병을 고쳤다; 전의 jmdn. von seinen Illusionen k. 누구의 환상을 바로 잡아주다.
kurios [kuˈrioːs] 〈Adj.〉 [frz. curieux < lat. cūriōsus] 《교양어》 진기한, 특이한: auf (eine) ganz -e Art 진기한 방법으로; eine -e Situation 묘한 상황; das ist ja wirklich k. 이것이야말로 희한한 일이다. **kurioserweise** 〈Adv.〉 기묘하게도. **Kuriosität** [kurioziˈtɛːt], die; -en [frz. curiosité] **1.** 〈Pl. 없음〉 기묘, 진기. **2.** 진기한 일[물건], 기물(奇物), 진품, 골동품. **Kuriositätenhändler**, der 골동품 상인. **Kuriositätenkabinett**, das 골동품 전시실[박물관]. **Kuriosum** [kuˈrioːzum], das; -s, ...sa 《교양어》 진기한 일[사건, 상황].
Kurkuma [ˈkʊrkuma], die; ...men [...ˈkuːmən; ital., span. curcuma] **1.** ↑Gelbwurzel. **2.** (카레를 만드는 데 쓰는) 황색 색소.
Kurkuma-: ~**gelb**, das ↑Kurkumin. ~**papier**, das 《화학》 강황지(紙). ~**pulver**, das ↑Kurkuma (2). ~**wurzel**, die 강황(薑黃).
Kurkumin [kʊrkuˈmiːn], das; -s (강황에서 얻는) 황색 색소.
Kurlaub [ˈkuːɐlaup], der; -(e)s, -e [Kur u. Urlaub] 요양 휴가: K. machen 요양 휴가를 하다.
¹Kurre [ˈkʊrə], die; -n [niederd. kur(r)e] 〈어업〉 (특히 게잡이용의) 저인예망(底引曳網).
²Kurre [-], die; -n [mhd. kurren] 〈지역적〉 칠면조.
Kurrendaner [kʊrɛnˈdaːnɐ], der; -s, - 청소년 합창단원. **Kurrende** [kʊˈrɛndə], die; -n [lat. currere] **a)** (옛) (사례를 받는) 학생 합창단. **b)** 개신교의 청년(대학생) 합창단. **kurrent** [kʊˈrɛnt] 〈Adj.〉 [lat. currēns] 《오스트리아》 독일어 고딕체의. **Kurrentschrift**, die; -en **1.** 〈고어〉 (인쇄체와는 다른) 흘림 글씨체. **2.** 《österr.》 독일어 필기체.
Kurrhahn [ˈkʊr-], der; -(e)s, ...hähne 〈지역적〉 칠면조. **kurrig** [ˈkʊrɪç] 〈Adj.〉 〈지역적〉 성난, 까다로운, 투털거리는, 앙알거리는.
Kurrikulum: ↑Curriculum.
Kurs [kʊrs], der; -es, -e [lat. cursus] **1.** 진로, 항로, 운행 방향: K. auf Hamburg nehmen 진로를 함부르크로 잡다; vom K. abkommen [abweichen] 진로를 벗어나다; 전의 einen härteren politischen K. einschlagen [verfolgen] 보다 강경한 정치 노선을 취하다 [추구하다]. **2.** [스포츠] 경주 코스[거리]. **3. a)** 과정, 강좌, 강습: einen K. besuchen 과정을 밟다, 강좌를 듣다; -e für Sprachen 어학 강좌, 어학 코스. **b)** 과정 [강좌, 강습] 참가자, 수강생: er lud seinen K. zu sich nach Hause ein 그는 그의 과정의 수강생 전원을 집으로 초대했다. **4.** 증권이나 외환의 시세: wie ist der K. der Mark? 마르크 시세가 얼마이냐?; etw. außer K. setzen **1)** 무엇의 통용[유통]을 정지[무효화]시키다. **2)** 누구를 실각시키다 [무력화하다]: der Parteichef wurde außer K. gesetzt 그 당수는 실각되었다; **außer K. kommen [sein]** 인기가 떨어지다 [없다]; **hoch im K. stehen** 대단한 존경을 받다.
Kurs-: ~**abschlag**, der [증권] ↑Deport. ~**abweichung**, die 진로 [코스] 이탈. ~**abzug**, der [증권] ↑Deport. ~**änderung**, die 진로 변경. ~**angabe**, die [증권] 주가 공시. ~**angleichung**, die [증권] 주가의 동화[평준화]. ~**anstieg**, der [증권] 주가 상승. ~**aufschlag**, der [증권] ↑Report (2). ~**beginn**, der 과정의 초기[시작]. ~**bericht**, der [증권] ~**zettel**. ~**bewegung**, die [증권] 주가(환율) 변동. ~**buch**, das 기차 시간표. ~**differenz**, die [증권] 환차(換差). ~**einbruch**, der [증권] 시세 폭락. ~**einbuße**, die [증권] 시세의 손실. ~**entwicklung**, die [증권] 시세 변화. ~**festigung**, die [증권] 시세 안정화. ~**festsetzung**, die [증권] 시세 사정(査定). ~**feststellung**, die [증권] 주식시세의 확정. ~**gefüge**, das [증권] 환 구조. ~**gewinn**, der [증권] 주식(환)차 이익금 (반대: Kursverlust). ~**korrektur**, die 진로 수정, 정책[노선] 수정. ~**leiter**, der 과정[강좌] 담당자, 강사. ~**makler**, der [증권] 거래 중개인. ~**notierung**, die [증권] 시세의 기록. ~**parität**, die [증권] 환시세의 평준(平準). ~**pflege**, die 주가 안정을 위한 은행의 주식 매입이나 매도. ~**regulierung**, die [증권] 환시세 조정. ~**rückgang**, der [증권] 시세 하락. ~**schwankung**, die [증권] 주가 동요. ~**sicherung**, die [증권] 시장 안정. ~**sturz**, der [증권] 시세 폭락. ~**stützung**, die [증권] ↑~pflege. ~**system**, das [교육] 과목별 코스식 수업 방식. ~**tabelle**, die [증권] 시세 일람표[목록]. ~**teilnehmer**, der 수강생. ~**unterricht**, der 과목별 수업. ~**verfall**, der [증권] 시세 하락. ~**verlust**, der [증권] 주식(환) 손실 (반대: Kursgewinn). ~**wagen**, der (기차의) 직통[직행] 차량. ~**wechsel**, der ↑~änderung. ~**wert**, der [증권] 시세, 유통 가치. ~**zettel**, der [증권] 시세표.
Kursant [kʊrˈzant], der; -en, -en [russ. kursant] 《구동독》 수강생.
Kürsch [kʏrʃ], das; -(e)s [문장(紋章)] (문장의) 모피 모양[부분].
Kürschner [ˈkʏrʃnɐ], der; -s, - 모피 가공품, 모피 재봉사. **Kürschnerei** [kʏrʃnəˈrai], die; -en **a)** 〈Pl. 없음〉 모피(가공)업. **b)** 모피 가공 공장.
Kürste [ˈkʏrstə], die; -n 〈지역적〉 (딱딱한) 빵껍질.
kursieren [kʊrˈziːrən] 〈h / 《드물게》 s〉 [lat. cursāre] 유통[통용]되다: falsche Banknoten kursieren in der Stadt 위조지폐가 시중에 나돌고 있다; 전의 über ihn kursierten Gerüchte 그 사람에 대해 소문이 파다하다.
Kursist [kʊrˈzɪst], der; -en, -en 《구동독》 수강생, 강습회 참가자. **kursiv** [kʊrˈziːf] 〈Adj.〉 [인쇄] 斜體의, 이탤릭의. **Kursivdruck**, der; -(e)s 이탤릭체 인쇄. **Kursive** [kʊrˈziːvə], die; -n [lat. cursiva (lit-

tera)] [인쇄] 이델릭체, 사체(斜體). **Kursivschrift,
die; -en** [인쇄] ↑Kursive. **kursorisch** [kʊrˈzoːrɪʃ]
⟨Adj.⟩ [lat. cursōrius] 《교양어》(중단 없이) 연속적인,
급히 진행하는, 대충하는: -e Lektüre 대략적으로 훑어읽
기. **Kursus** [ˈkʊrzʊs], **der; -, Kurse** [lat. cursus] ↑
Kurs (3).
Kurtage: ↑Courtage.
Kurtine [kʊrˈtiːnə], **die; -n** [frz. courtine] **1.** 《옛》 성채
(城砦)의 막벽(幕壁). **2.** 《österr.》 (앞무대와 뒤무대 사이
의) 중간 막(幕). **Kurtisane** [kʊrtiˈzaːnə], **die; -n** [frz.
courtisane] 《옛》 제후(왕족)의 정부(情婦).
Kurtschatovium [kʊrtʃaˈtoːvi̯ʊm], **das; -s** [구소련 핵
물리학자 J. W. Kurtschatow(1903~1960)의 성을 따서
구소련이 제안한 표현] [화학] 초 우란 원소(기호: Ku).
Kurus [kuˈrʊʃ], **der; -, -** [türk. kuruş] 터키(화폐 단위
인) 파운드의 하위(下位) 단위.
Kurvatur [kʊrvaˈtuːɐ̯], **die; -en** [lat. curvātūra] [의
학] (기관, 특히 위의) 굴곡부(屈曲部), 만곡부. **Kurve**
[ˈkʊrvə, ˈkʊrfə], **die; -n** [lat. curva (līnea)] **1. a)** [기하
학] 곡선. **b)** 호(弧), 호선(弧線). **2.** 도로의 만곡부, 커
브: eine K. schneiden[nehmen] 커브를 돌다; das
Auto wurde aus der K. getragen[geschleudert] 그
자동차는 커브에서 미끄러졌다; [전의] das Gespräch war
in eine gefährliche Kurve hineingesaust 대화가 위험
한 고비로 빠져들었다; **die K. kratzen** 《통용어》 빠르
게 눈에 띄지 않게 뛰어가다; **die K. kriegen
[bekommen, schaffen]** 《통용어》 (결국은) 이루어내
다, 해내다, 성공하다; **die K. (noch nicht) heraus-
haben** 《통용어》 요령을 터득하다[아직 못 터득하다]. **3.**
(신체나 · 대상의 움직임이 표출하는) 곡선: die Skiläufer
fuhren in großen -n ins Tal 스키주자들이 큰 곡선을 그
리며 계곡을 내려왔다. **4.** ⟨Pl.⟩ 《통용어》 여성의 곡선미:
sie hat aufregende -n 그녀는 선정적 곡선미를 갖고 있
다.
kurven [ˈkʊrvn̩, ˈkʊrfn̩] ⟨沙⟩ **1. a)** 커브를 그리며 (날아)가
다(움직이다). **b)** 《통용어》 (목적없이) 차를 타고 이리저
리로 돌아다니다: im Urlaub wollen wir durch Spa-
nien k. 휴가에 우리는 차로 스페인을 두루두루 돌아보려
한다. **2.** 《드물게》 곡선형으로 구부리다. **3.** 《통용어》 내
적으로 골몰하다, 무엇에 대해 곰곰이 생각하다: er kurvt
schon eine ganze Weile darüber 그는 그것에 대하여
벌써 상당한 동안 생각하고 있다.
kurven-, Kurven-: **~außenseite, die** 커브의 외측
(外側). **~diskussion, die** [분석 기하학] 미분을 이용
한 곡선의 분석. **~diva, die** 미인 가슴이 풍만한 여가수.
~fahren, das; -s 커브돌기. **~förmig** ⟨Adj.⟩ 곡선형
의. **~getriebe, das** [기술] 전동(傳動) 장치. **~in-
nenseite, die** 커브의 내측(內側). **~lage, die** 커브를
돌 때 자동차의 (길에의) 위치. **~lineal, das** 운형(雲
刑)자, 곡선자. **~messer, der** [전문어] ↑Kurvimeter
(1 b). **~reich** ⟨Adj.⟩ **a)** 커브가 많은. **b)** 《통용어·幅》
(풍만한) 곡선미를 가진. **~schar, die** [수학] 매개변수
치로만 구별되는 곡선의 집합. **~schneiden, das** 커브를
짧게. **~schreiber, der** [기술] 측정치와 과정을 판독할
기록 장치를 갖춘 측정 기계; [전산] ↑Plotter. **~stabil**
⟨Adj.⟩ 《자동차》 커브에서 (바퀴가) 길에 잘 밀착되는.
~star, der 곡선미가 좋은 여배우. **~technik, die** 곡선
주행(비행) 기술. **~verhalten, das** 《자동차》 (타이어
따위의) 커브길에서의 안전도. **~vorgabe, die** [육상]
트랙 바깥쪽 커브를 달리는 선수의 핸디캡을 상쇄하기 위해
미리 주는 거리.
Kurverei [kʊrvəˈraɪ, kʊrf...], **die; -en** 지속적 곡선 주행
[비행]. **kurvig** [ˈkʊrvɪç, ˈkʊrfɪç] ⟨Adj.⟩ **a)** 활 모양의,
구부러진. **b)** ↑kurvenreich. **Kurvimeter**
[kʊrvi-], **das; -s, - a)** [수학] 곡선계(計). **b)** 측정기(測

圖器). **Kurvimetrie, die** [기하] 측도기에 의한 거리
계산. **kurvimetrisch** ⟨Adj.⟩ ↑Kurvimeter의 형용
사형.

kurz [kʊrts] ⟨Adj.⟩; kürzer, kürzeste) [lat. curtis] **1.
a)** (공간적으로) 짧은(반대: lang 1 a): ein -er Mantel
짧은 외투; er hat eine -e Telefonnummer 그의 전화
번호는 숫자의 수가 적다; er läuft am liebsten -e
Strecken [스포츠] 그는 단거리가 주종목이다; das ist
der kürzeste Weg zum Bahnhof 이 길이 역에 가는 가
장 빠른 길이다; sie trägt das Haar k. (geschnitten) 그
여자는 머리를 짧게 하고[자르고] 다닌다; **etw.[alles] k.
und klein schlagen** 《통용어》 무엇[모든 것]을 분쇄하
다; **zu k. kommen** 불리하게 되다, 손해를 보다, 너무
적게 받다; **den kürzeren ziehen** (토론 · 대결에서) 압
도되다[지다]. **b)** ⟨장소를 나타내는 부사(표현)과 결합⟩
(공간적으로) 가까운, 간격이 적은(반대: weit): k. vor
der Mauer kam das Auto zum Stehen ⟨성⟩벽 바로 앞
에서 자동차가 멎었다. **2. a)** (시간적으로) 짧은, 잠깐의
(반대: lang 2 a, lange 1): wir machen eine -e
Pause 우리는 잠깐 휴식을 갖는다; ein Vertrag mit -er
Laufzeit 유효기간이 짧은 계약(협약); er warf ihr
einen -en Blick zu 그는 그녀를 흘낏 쳐다보았다; er hat
ein -es Gedächtnis 《통용어》 그는 기억력이 나쁘다;
sein Leben war k. 그는 일찍 죽었다; **binnen -em** 짧
은 시간내로, 곧 바로; **über k. oder lang** 멀지 않아, 조
만간; **vor -em** 조금 전에, 요즈음, 최근에. **b)** ⟨시간을
나타내는 부사(표현)과 결합⟩ (시간적으로) 간격이 적은,
~의 직전[직후]에: k. nach Mitternacht 자정 직후에;
der Zug fährt k. vor 3 Uhr 기차는 3시 조금 전에 있
다. **3. a)** 대략의, 대충의, 간단한, 요약적: ich erwarte
einen -en Anruf von Ihnen 당신의 간단한 전화를 바랍
니다; etw. in -en Worten sagen 무엇을 간단[간결]하
게 말하다; sie war heute sehr k. 그녀는 오늘 매우 불친
절하다; **sich k. fassen** (용건만) 간단히 말하다; **k.
und bündig(knapp)** 간단 명료하게; **k. und gut
[(팎) k. u. klein]** 요약해서 말하자면, 요컨대. **b)** 급
한, 단도직입적인, 느닷없는, 즉석의, 즉각적인: einen
-en Entschluß fassen 급한 결단을 내리다; eine Sache
k. abtun 어떤 일을 즉각 처리하다; **es k. machen** 떠들
썩[장황]하지 않게 하다; **k. und schmerzlos** 《통용어》
솔직히, 간단히, 간단히.

kurz-, Kurz-: **~arbeit, die** (주문 부족으로 인한) 조업
[노동 시간] 단축. **~arbeiten** ⟨h⟩ (주문 부족으로 인해)
단축 노동을 하다. **~arbeiter, der** 조업 단축 근로자.
~arbeitergeld, das (노동청이 지급하는) 조업 단축 근
로자 수당(보조금). **~ärm(e)lig** [-ɛrm(ə)lɪç] ⟨Adj.⟩
소매가 짧은. **~atmig** ⟨Adj.⟩ 천식의, 숨이 찬: [전의]
eine -e Lokomotive 속도를 내며 달리는 기관차. **~at-
migkeit, die** 호흡 촉박, 천식. **~beinig** ⟨Adj.⟩ 다리
가 짧은. **~bericht, der** 간단한 보고[보도]. **~biogra-
phie, die** 간단한 약력[전기]. **~fassung, die** (텍스트
의) 요약(要約). **~film, das** 단편 영화(반대: Lang-
film). **~fing(e)rig** ⟨Adj.⟩ 손가락이 짧은. **~flüge-
lig** ⟨Adj.⟩ 《동물》 날개가 짧은. **~flügler, der; -s, -**
[동물] 단익류(短翼類), 주금류(走禽類). **~form, die**
〖언어〗 단축형(예컨대: Auto ＜ Automobil). **~
fristig** ⟨Adj.⟩ **a)** 뜻밖의, 갑작스런, 돌연의, 여유 없는:
eine Sendung k. vom Programm abset-
zen (방송 · TV의) 프로를 갑자기 프로그램에서 빼다. **b)**
단기간의; 단기의 기간이 짧은 계약. **c)** 단기적, 가까운 장
래의: k. eine Entscheidung treffen 급히 결단을 내리
다. **~gebraten** ⟨Adj.⟩ 약간 구운. **~gefaßt** ⟨Adj.⟩
간결한, 요약된. **~geschichte, die** [engl. short
story] 〖문예학〗 단편 소설. **~geschnitten** ⟨Adj.⟩ (머
리를 짧게 자른. **~geschoren** ⟨Adj.⟩ 털을 짧게 깎은.

~geschwänzt ⟨Adj.⟩ 꼬리가 짧은. ~haar, das ⟨Pl. 없음⟩ 1. (개·고양이의) 짧고 숱이 많은 털. 2. (드물게) 짧은 머리. ~haardackel, der 짧은 털을 가진 닥스. ~haarfrisur, die 짧은 머리형(型). ~haarig ⟨Adj.⟩ a) 짧은 털을 가진. b) 짧은 머리의, 짧은 머리형의. c) 짧은 털로 만들어진. ~haarkatze, die 털이 짧은 고양이. ~halsig ⟨Adj.⟩ 목이 짧은. ~halten* ⟨h⟩ [본래 동물(특히 개)의 움직임을 제한하려고 짧은 끈에 매어두는 데서 유래] 누구를 교육 목적으로 돈(음식)을 빠듯이 주다, 제한하다: ich muß meinen Mann k., damit er nicht noch dicker wird 나는 남편이 더 살이 찌지 않도록 음식을 통제해야 한다. ~hin ⟨Adv.⟩ 부수적으로, 덧붙여서. ~kommentar, der 짧은 논평. ~köpfig ⟨Adj.⟩ [인류·의학] 두개골이 짧은. ~köpfigkeit, die a) [인류] (특정 인종의) 짧은 두개골. b) [의학] (비정상적인) 단두(短頭). ~lebig ⟨Adj.⟩ 1. [전문어] 단명(短命)의. 2. a) 오래 지속되지 못하는: eine -e Modeerscheinung 잠깐 유행하는 현상. b) 오래 사용할 수 없는, (기계의) 수명이 짧은: Waschmaschinen gehören heute zu den -en Konsumgütern 세탁기는 오늘날 수명이 짧은 소비품에 속한다. ~lebigkeit, die ↑~lebig의 명사형. ~lehrgang, der 단기 교육 과정. ~nachricht, die ⟨대개 Pl.⟩ 단신(短信)·속보. ~parken, das; -s 단시간 주차. ~parker, der 단시간 주차자(者). ~paß, der [구기] 짧은 패스(반대: Langpaß). ~programm, das [퍼져] 규정 종목. ~referat, das 짧은 보고(리포트). ~schließen* ⟨h⟩ 1. 단락(短絡)하다, (전선을 연결해서) 퇴로를 형성하다. 2. ⟨k. + sich⟩ 누구와 직접 연락 도로를 만들다. ~schluß, der [전기] 1. 쇼트, 합선, 단락: der Brand war durch einen K. entstanden 화재는 합선으로 인하여 발생했다. 2. a) [논리적으로] 틀린 결론(추론). b) 흥분으로 인한 일시적 사고의[정신적] 장애[이상]. ~schlußhandlung, die 흥분으로 인한 행위. ~schlüssig ⟨Adj.⟩ 비논리적 추론의, 성급한. ~schlußläufer, der [전기] ↑Käfigläufer. ~schlußreaktion, die 쇼트 반응, 합선 반작용. ~schrift, die ↑Stenographie. ~schriftler, der [-ʃrɪftlɐ] ↑Stenograph. ~schriftlich ⟨Adj.⟩ stenographisch. ~schuljahr, das 단기 학년도. ~sichtig ⟨Adj.⟩ 1. 근시(안)의 (반대: weitsichtig). 2. 멀리까지 내다보지 못하는, 단견(短見)의: eine -e Politik betreiben 근시안적인 정치를 하다. ~sichtigkeit, die 1. 근시(반대: Weitsichtigkeit): er muß wegen K. eine Brille tragen 그는 근시 때문에 안경을 써야 한다. 2. 근시안적 사고[행위], 좁은 소견. ~silbig ⟨Adj.⟩ a) [언어] 단음절의. b) [고어] 말이 없는, 과묵한. ~ski, der (정상보다) 짧은 스키. ~stämmig ⟨Adj.⟩ 줄기가 짧은. ~starter, der [항공] 단거리 이착륙기. ~stielig [-ʃtiːlɪç] ⟨Adj.⟩ a) 손잡이가 짧은. b) 꽃(잎)자루가 짧은. ~strecke, die a) 근(가까운, 짧은) 거리. b) [스포츠] 단거리. ~streckenlauf, der [스포츠] 단거리 경주. ~streckenläufer, der [스포츠] 단거리(경주)선수(주자). ~streckenrakete, die 근거리를 뛰는 단 로케트. ~streckenverkehr, der 근거리를 뛰는 단 동차. ~streckler [-ʃtrɛklɐ], der [스포츠·은어] ↑~streckenläufer. ~stunde, die (정상보다) 짧은 수업, 단축수업. ~tagpflanze, die [식물] 단일(短日) 식물 (반대: Langtagpflanze). ~treten* ⟨h⟩ 1. (드물게) 보폭을 짧게 걷다. 2. 신중하게[조심스럽게, 소극적으로] 행동하다: während dem Krieg mußten wir alle k. 전쟁 후에는 우리 모두가 신중하게 처신해야야 했다. ~trieb, der [식물] 식물의 단거리 방향성(方向性). ~um [-'-, '--] ⟨Adv.⟩ 급히, 즉각, 단도직입으로. ~urlaub, der [시학] (박자까지의) 짧막한 시행. ~waren ⟨Pl.⟩ 재봉용품, 방물. ~warenabteilung, die 재봉용품 코너. ~warengeschäft, das 재봉용품 점. ~warenhändler, der 재봉용품 상인. ~warenhandlung, die 재봉용품 가게. ~weg [-'-, '--] ⟨Adv.⟩ 급히, 즉각, 단도직입으로. ~wegig [-veːgɪç] ⟨Adj.⟩ (최)단거리의. ~weil, die ⟨준고어⟩ 심심풀이, 시간보내기: etw. nur zur[aus] K. machen 무엇을 단순히 시간보내기 위해 하다. ~weilig [-vailɪç] ⟨Adj.⟩ ⟨준고어⟩ 재미있는, 즐거운(반대: langweilig). ~welle, die 1. a) [물리·무선·방송] 단파. b) [방송] 단파(수신컨). 2. ↑Kurzwellentherapie의 약칭. ~wellensender, der [무선·방송] 단파 방송국(송신국). ~wellentherapie, die [의학] 단파요법. ~wellig ⟨Adj.⟩ [물리] 단파의. ~wort, das [언어학] 약어. ~zeitgedächtnis, das ⟨Pl. 없음⟩ [심리학] 단기 기억력(반대: Langzeitgedächtnis). ~zeitig ⟨Adj.⟩ 단기간의, 단기의. ~zeitwecker, der (부엌에서 쓰는) 단시간용 자명종.

Kurze ['kʊrtsə], der; -n, -n ⟨통용어⟩ 1. ↑Kurzschluß (1). 2. 작은 잔의 화주. **Kürze** ['kʏrtsə], die; -n 1. ⟨Pl. 없음⟩ 짧음, 단거리: die K. der Transportwege 운송 거리의 짧음. 2. ⟨Pl. 없음⟩ 단시간: die K. der Zeit erlaubt keine langen Diskussionen 시간이 짧아 토론을 길게 할 수 없다; **in K.** 곧: der Film läuft in K. an 그 영화는 곧 상영된다. 3. ⟨Pl. 없음⟩ 간략함, 간결함; 성구 in der K. liegt die Würze 간결할수록 좋다. 4. [시학] 시행의 단지간(반대: Länge 5). **Kürzel** ['kʏrtsl], das; -s, - 속기의 약부호. **kürzen** ['kʏrtsn] ⟨h⟩ 1. 짧게 하다, 줄이다: den Ärmel k. 소매를 줄이다; die Nägel k. 손톱(발톱)을 깎다. 2. a) (드물게) 단축하다: die Arbeitspausen k. 휴식 시간을 단축하다. b) 감소시키다: jmdm. das Gehalt k. 감봉하다. 3. (연설·논문 등을) 요약하다, 줄이다. 4. [수학] 약분하다. **kürzer** ['kʏrtsɐ] ⟨Adj.⟩ 1. [절대 비교급] a) 비교적 가까운. b) 당분간, [시간적으로] 비교적 짧은. 2. ↑kurz의 비교급. **kurzerhand** ⟨Adv.⟩ 즉각, 즉석에서: eine Bitte k. ablehnen 부탁을 즉각 거절하다. **kürzertreten*** ⟨h/s⟩ 자제하다, 절제하다. **kürzeste** ['kʏrtsəstə] ↑kurz의 최상급. **kürzlich** ['kʏrtslɪç] ⟨Adv.⟩ 최근에: ich sprach k. mit ihm neulich in 그와 얼마 전 그 일에 대해 논의했다; seine -e Reise nach Prag 그의 최근의 프라하 여행. **Kürzung**, die; -en 1. a) (드물게) 단축. b) (월급·임금의) 인하, 삭감. 2. 줄임, 요약.

kusch! [kʊʃ] ⟨Interj.⟩ [frz. couche] a) (개에게 명령하는 말) 엎드려, 조용히! b) ⟨österr.·속어⟩ 조용히!

Kuschel ['kʊʃl], die; -n ⟨nordd.⟩ 작은 소나무.

kuschelig, kuschlig ['kʊʃ(ə)lɪç] ⟨Adj.⟩ 보들보들한, 파고들고 싶은, 따스한: ein -er Pullover 포근한 스웨터.

kuscheln ['kʊʃ|n], sich ⟨h⟩ 누구(무엇)에게 밀착하다, 몸을 부벼대다: ich kuschelte mich in die Sofaecke 나는 소파에 파고 들었다; 전의 die Straße war still, die Häuser kuschelten sich in den Sonnenschein 거리는 고요했고, 가옥들은 햇빛에 잠겨있었다. **Kuscheltier**, das (우단 간의) 보드라운 봉제 동물 장난감. **kuschelweich** ⟨Adj.⟩ 부비고 싶을 만큼 부드러운. **kuschen** ['kʊʃn] ⟨h⟩ 1. 순종하다, 의견을 삼가하다, 양보하다: wenn der Vater brüllt, kuscht die ganze Familie 아버지가 호통치면 온 식구가 꼼짝 못한다. 2. (개가) 명령에 엎드리다, 드러눕다: ⟨또한⟩ k. + sich⟩ kusch dich! 엎드려! **kuschlig**: ↑kuschelig.

küseln ['kyːzln] ⟨h⟩ [niederd. küsel(e)n] ⟨nordd.⟩ (바람이) 회오리치다.

Kusinchen [kuˈziːnçən], das; -s, - ↑Kusine의 축소형.
Kusine [kuˈziːnə], die; -n ↑Cousine.
Kuskus ['kʊskʊs], der; -, - [berberisch kuskus, arab. kuskusu] 쿠스쿠스(밀, 기장, 보리, 양고기, 야채, 콩으로

만드는 북아프리카 요리의 일종).
Kuß [kʊs], der; Kusses, Küsse ['kʏsə] 《축소형: ↑ Küßchen》 입맞춤, 키스: er gab ihr einen K. auf den Mund(die Stirn) 그는 그녀의 입(이마)에 입맞추었다; er raubte ihr einen K. 《아어·농》 그는 그녀에게 강제로 키스했다.
kuß-, Kuß-: **~echt** ⟨Adj.⟩ (루즈 따위가) 색이 묻어나 지 않는. **~fest** ⟨Adj.⟩ ↑-echt. **~hand**, die (손으로 보내는) 키스: **mit K.** 《통용어》 기꺼이, 쾌히; **etw.** (**jmdn.**) **mit K. nehmen** 《통용어》 무엇(누구)을 대환영하다. **~händchen**, das ↑-hand. **~mund**, der 키스를 기대[도발]하는 입.
Küßchen ['kʏsçən], das; -s, - ↑Kuß: 〔성구〕 **ein K. in Ehren kann niemand verwehren** 존경의 가벼운 키스는 아무도 거절하지 못한다.
Kussel ['kʊsl], die; -n (nordd.) ↑Kuschel.
küssen ['kʏsn] ⟨h⟩ **a)** (누구에) 입맞추다, 키스를 하다. **b)** (누구를, 무엇을) 입맞추다, 키스하다: **er küßte ihr die Hand** 그는 그녀의 손[뺨]에 입맞췄다; **den Ring des Papstes k.** 교황의 반지에 친구(親口)하다; 〔전의〕 **die Frühlingssonne küßte die ersten Knospen** 막 피어오른 꽃봉오리를 봄의 태양(햇빛)이 반겼다. **Küsserei** [kʏsəˈraɪ], die 《통용어》 지속적인 키스, 퍼붓는 키스.
küsserig, küßrig ['kʏs(ə)rɪç] ⟨Adj.⟩ 《준용어》 입맞추고 싶은.
Küste ['kʏstə], die; -n [niederl. cost(e)] **a)** 해안, 연안: **an der K. entlangfahren** 해안을 따라 항해하다; **auf die K. zusteuern** 해안(연안)을 향하여 항해하다. **b)** 해안 지역[지방].
küsten-, Küsten-: **~artillerie**, die [군] 해안(방위) 포병대. **~batterie**, die [군] 해안 포대. **~befestigung**, die **1.** [토건] 해안 보호 설비. **2.** [군] 해안 방어 공사, 해안 축성. **~befeuerung**, die (등화[등대] 따위에 의한) 해안 표지. **~bevölkerung**, die ↑~bewohner. **~bewohner**, der 해안 주민. **~blockade**, die [군] 해안 봉쇄. **~dampfer**, der 연안 항행기선. **~fahrzeug**, das 연안 항해선. **~fischerei**, die 연안 (근해) 어업. **~frachter**, der 연안 화물선. **~gebiet**, das 해안 지역. **~gebirge**, das 해안 산맥. **~gewässer**, das 영해(領海). **~hai**, der 연안에 서식하는 상어. **~handel**, der 연안 무역. **~meer**, das ↑~gewässer. **~motorschiff**, das 연안 모터선(약어: Kümo). **~nah** ⟨Adj.⟩ 연해에 가까운. **~nähe**, die 연해 주변. **~saum**, der ↑~streifen. **~schiffahrt**, die 연해 항행(반대: Seeschiffahrt). **~schutz**, der (방벽에 의한) 해안의 방어 장치[시설]. **~segler**, der 연안 범선. **~staat**, der 연안 국가. **~stadt**, die 해안 도시. **~streifen**, der 연해 지역[지대]. **~strich**, der 해안 지대. **~verteidigung**, die [군] 해안 방위. **~wache**, die 해안 경비(대). **~wacht**, die ↑~wache.
Küster ['kʏstɐ], der; -s, - [lat. custor] ↑Kirchendiener. **Küsterei** [kʏstəˈraɪ], die; -en ↑Küster의 집 (주택). ¹**Kustode** [kʊsˈtoːdə], der; -n **1.** 필사본의 마지막면에 필사본의 개별 묶음들을 표시해 놓은 문자나 숫자 표지. **2.** ↑Kustos (3). ²**Kustode** [-], der; -n, -n ↑Kustos (1). **Kustos** ['kʊstɔs], der; -, ...toden [...'toːdn; lat. cūstōs] **1.** (특히 박물관의) 전문 직원. **2.** 《고어》 교회의 사찰(잡일꾼). **3.** [서적] 《옛》 다음 페이지의 첫 단어[음절]를 예고하는 책의 페이지 우측 하단의 단어[음절].
kutan [kuˈtaːn] ⟨Adj.⟩ [lat. cutis] [의학] 피부의, 표피의. **Kutanreaktion**, die; -en [의학] 피부(표피) 반응.
Kute ['kuːtə], die; -n 《특히 berlin.》 움푹한 곳, 구렁, 굴 (掘).

Kutikula [kuˈtiːkula], die; -s / ...lae [lat. cutīcula] 【생물】 (동·식물의) 각피(角皮). **Kutin** [kuˈtiːn], das; -s 【식물】 큐틴질, 각질. **Kutis** ['kuːtɪs], die [lat. cutis] 【생물】 **1.** 척추동물의 진피(眞皮). **2.** 상피(上皮).
Kutisreaktion, die ↑Kutanreation.
Kutsch-: **~bock**, der 마부석(席). **~kasten**, der **a)** 스프링으로 된 마차의 상자 모형의 하부 구조[차체]. **b)** 마부석 아래의 짐 칸. **~pferd**, das 마차끄는 말. **~wagen**, der ↑Kutsche.
Kutsche ['kʊtʃə], die; -n [ung. kocsi] **1.** 《옛》 (사람 타는) 마차: **eine von vier Pferden gezogene K.** 4두 마차. **2.** 《롬·농》 고물 자동차: **seine K. fährt noch ziemlich schnell** 그의 낡은 차는 아직도 제법 빨리 달린다. **kutschen** ['kʊtʃn] **1.** ⟨s⟩ **a)** 《경》 차를 타고 가다: **er ist mit seinem neuen Auto nach Italien gekutscht** 그는 새 자동차를 이탈리아로 몰고 갔다. **b)** 《고어》 마차를 타고 어디로 가다. **2.** ⟨h⟩ **a)** 《경》 누구를 자동차에 태우고 어디로 가다: **er hat seine Tante durch die Stadt gekutscht** 그는 아주머니를 차에 태우고 시내를 두루 돌아 다녔다. **b)** 《고어》 누구를 마차에 태우고 어디로 가다.
Kutschenschlag, der; -(e)s, ...schläge 마차의 문. **Kutscher** ['kʊtʃɐ], der; -s, - 마부: **er befahl dem K. zu halten** 그는 마부에게 멈추라고 명령했다.
Kutscher-: **~bock**, der ↑Kutschbock. **~kneipe**, die 주로 마부들이 이용하는 음식점[주점]. **~manieren** ⟨Pl.⟩ 《통용어·롬》 나쁜 태도. **~mantel**, der 솔이 달린 품이 큰 외투. **~mütze**, die 마부의 모자. **~sitz**, der ↑Kutschbock. **~tuch**, das ⟨Pl. -⟩ 《옛》 이전에 마부용 외투를 만들던 두껍고 반짝이는 외투천.
kutschieren [kʊˈtʃiːrən] **1.** ⟨s⟩ **a)** 마차를 타고 가다. **b)** 《통용어》 차량을 타고 어디로 가다: 〔전의〕 **ins Verderben k.** 곧장 망할 길로 들어서다. **2.** ⟨h⟩ **a)** 누구를 마차에 태우고 가다: **er hat die Damen zum Schloß kutschiert** 그는 여자들을 마차에 태워 성으로 갔다. **b)** 《통용어》 (누구를) 차량으로 데려다 주다: **jmdn. nach Hause k.** 누구를 차로 집에 데려다 주다. **3.** ⟨h⟩ **a)** 마차 몰다. **b)** 《통용어》 운전하다.
Kutte ['kʊtə], die; -n [mhd. kutte < mlat. cotta. = Mönchsgewand; aus dem Germ., verw. mit ↑¹Kotze] **1.** (소매와 옷자락이 긴) 두건 달린 수도복: **aus der K. springen** 《롬》 환속하다. **2. a)** 《청소년》 외투. **b)** 《südd.》 작업복.
Kütte ['kʏtə], der; -n (alemann.) 모자.
Kuttel ['kʊtl], die; -n 《대개 Pl.》 《südd., österr., schweiz.》 (특히 소의) 내장(內臟).
Kuttel-: **~fleck**, der 《대개 Pl.》 《südd., österr.》 내장. **~hof**, der 《지역적·고어》 도살장. **~kraut**, das [내장요리에 양념으로 쓰이는 데서 비롯됨] 《österr.》 백리향(百里香).
Kuttenträger, der; -s, - 《고어》 수도승, 수도자.
Kutter ['kʊtɐ], der; -s, - [engl. cutter] **1. a)** (돛대가 하나인) 연안 항해용의 범선. **b)** 삭구(索具)를 갖춘 요트. **2.** 어업용 모터 범선. **3.** 《함》 함재 구명정.
Kuttereimer, der; -s, - 《südd.》 쓰레기통. **Kutterschaufel**, die; -n 《südd.》 쓰레받기.
Kuttertakelung, die [zu ↑Kutter (1)] 【요트】 2~3개의 앞돛대와 큰 돛대 하나를 갖춘 요트 장비[장구].
Kuvasz ['kuvas, 'kuvɔs], der; - [ung. kuvasz (늘어진 귀와 희고 부드러운 털을 가진) 헝가리산 양치는 개.
Küvelage [kyvɐˈlaːʒə], die; [frz. cuvelage] [광 (갱도의)] 방수 구축(防水構築). **küvelieren** [kyvɐˈliːrən] ⟨h⟩ 《광》 방수 갱도를 만들다. **Küvelierung**, die; -en [광] ↑küvelieren의 명사형.
Kuvert [kuˈveːɐ̯, kuˈvɛːɐ̯, kuˈvert], das; -s / -(e)s, -s / -e [frz. couvert] **1.** 《준용어》 봉투. **2.** 《아어》 1인분의

식기[식탁 준비]. **kuvertieren** [kuvɛr'tiːrən] 〈h〉 《전문어》 봉투에 넣다. **Kuvertierung**, die; -en ↑kuvertieren의 명사형. **Kuvertüre** [kuvɛr'tyːrə], die; -n 과자류의 위에 바른 초콜릿.
Küvette [ky'vɛta], die; -n [frz. cuvette] 《고어》 1. 작은 대야, 세면기. 2. 회중시계의 안쪽 뚜껑.
Kuwait ['kuːvajt] -s, 쿠웨이트. **Kuwaiter** ['kuːvajtɐ], der; -s, - 쿠웨이트 사람. **kuwaitisch** ['kuːvajtiʃ] 〈Adj.〉 쿠웨이트(사람)의.
kuvrieren [ku'vriːrən] 〈h〉 [frz. couvrir] 《고어》 덮다, 은폐하다.
Kux [kuks], der; -es, -e [Kuckes, Kukus] 【경제】《준고어》 광산 주식(株式).
kv. = kriegsverwendungsfähig.
KV = Köchelverzeichnis.
kV = Kilovolt.
kVA = Kilovoltampere.
kW = Kilowatt.
Kwaß [kvas], der; - / Kwasses [russ. kwas] 〔빵, 엿기름의 발효로 얻는〕 약한 알코올기가 있는 음료수.
KWh = Kilowattstunde.
Kyanisation [kÿaniza'tsjoːn], die; -en 《전문어》〔목재의〕승홍수(昇汞水) 주입 방부법(防腐法). **kyanisieren** [kÿani'ziːrən] 〈h〉 [engl. kyanize, 영국의 발명가 J. H. Kyan(1774∼1850)의 이름에 따라] 《전문어》〔목재를〕승홍수로 방부 처리하다.
Kyathos ['kyːatɔs], der; -, - [griech. kýathos] 〔위에 손잡이가 달린〕고대 그리스의 잔.
Kybele [ky'beːlə] 고대 프리지아의 생산의 여신.
Kybernetik [kybɛr'neːtik], die [engl.-amerik. cybernetics] 1. 인공두뇌학, 사이버네틱스. 2. 【신교】 교회 지도학, 교구 지도학. **Kybernetiker**, der; -s, - 인공 두뇌학자. **kybernetisch** 〈Adj.〉 인공 두뇌학의.
Kykladen ['kyːkladən] 〈Pl.〉; 반드시 관사와 함께〉 에게해 안의 군도(群島).
Kykliker ['kyːklikɐ, 'kyːk...] ↑Zykliker.
Kyklop [ky'kloːp] ↑Zyklop.

Kyma ['kyːma], das; -s, -s, **Kymation** [ky'maːtjən], das; -s, -s / ...ien [...jən; griech. kŷma, kymátion] 【건축】 〔특히 고대 그리스 건축물의〕 주두(柱頭) 장식띠.
Kymogramm [kymo'gram], das; -s, -e 【의학】 동태 기록 X선 사진. **Kymograph** [...'graːf], der; -en, -en 【의학】 동태 촬영 기록기. **Kymographie** [...graˈfiː], die 【의학】 (X선에 의한) 동태 촬영(법). **kymographieren** [...graˈfiːrən] 〈h〉 【의학】 (동태 촬영 기록기로) 촬영하다. **Kymoskop** [...'skoːp], das; -s, -e 【의학】 동태 투시기.
Kymre, der; -n, -n 웰레스의 켈트족 주민. **kymrisch** 〈Adj.〉 웰레스 켈트인의. **Kymrisch**, das; -(s), **Kymrische***, das 킴르 언어.
Kyniker ['kyːnikɐ], der; -s, - [griech. Kynikós] 견유학파(犬儒學派)의 철학자. **Kynologe** [kyno'loːgə], der; -n, -n [griech. kýon] 《전문어》 개 사육가, 개를 잘 아는 사람. **Kynologie** [...lo'giː], die 《전문어》 개에 관한 학문, 개 사육학.
Kyphose [ky'foːzə], die; -n [griech. kyphós] 【의학】 척추후만(脊柱後彎), 곱사등.
Kyrie ['kyːrje], das; -, -s Kyrieeleison의 약칭. **Kyrie eleison!** ['kyːrje eˈlaizɔn, 'kyːrie-] 〈Interj.〉〔천주교에서 미사의 첫머리에서 외우는〕 주여, 우리를 불쌍히 여기소서! **Kyrieeleison** [kyːrjeeˈlaizɔn], das; -s, -s 〔창미사의 한 부분으로서〕기도문. **Kyrieleis!** [kyːrjeˈlajs] 〈Interj.〉 ↑Kyrie eleison!
kyrillisch [ky'rɪlɪʃ] 〈Adj.〉 [사도 Kyrill (826∼869)에 따라] 키릴 문자의. **Kyrilliza** [ky'rɪlɪtsa], die [russ. kirilliza] 키릴 문자.
Kythera, -s 그리스의 키테라 섬.
Kyu [kju:], der; -s, -s [jap. kyū] 【무도】 (무도에서의) 급(6단계가 있음).
KZ [ka(ː)'tsɛt], das; -, **Konzentrationslager** 강제 수용소. **KZ-Häftling**, der 강제 수용소의 수감자. **KZler**, der; -s, - ↑KZ-Häftling. **KZ-Methoden** 〈Pl.〉 (죄수, 포로를) 다루는 잔인한 방법.

L

l, L [ɛl], das; -, - 독일어 알파벳의 12번째 글자.
λ, Λ: ↑Lambda.
l³ (발음: l hoch drei): lausig lange Leitung (↑lausig 2)의 약어; 이해가 느린 사람.
l = lävogyr; Leu; Liter.
L = 50(로마 숫자).
£, £ **Stg** = 파운드; Pfund (Livre) Sterling.
l. = lies!; links.
L. = Linné; Lira; Lire.
¹**la** [la:; ital.] [음악] 라(장음계의 여섯째 음).
²**la** [-] 라라… (가사 없이 곡조만 따라부를 때의).
La = Lanthan.
LA = Lastenausgleich.
l.a. = lege artis.
Lab [la:p], das; -(e)s, -e **a)** 응유(凝乳) 효소, 레넷 카세인. **b)** 〈치즈 제조에 쓰이는〉 응결유, 레닌.
Lab-: ~**ferment**, das ↑Lab (a). ~**käse**, der [낙농] 〈응결유를 사용한〉 치즈. ~**kraut**, das 〈꿀향기를 풍기는 노란 꽃이 피는〉 꼭두서니과(科). ~**krautgewächs**, das ↑Rötegewächs. ~**magen**, der 반추동물의 제 4 위(胃).
La Bamba [la'bamba], die; - -s, 〈통용어〉 der; - -(s), - -s [port. (bras.) bambá] 라틴아메리카의 유행춤.
Laban ['la:ban], der; -s, -e 〈통용어·농〉 키가 크고 마른 남자, 키다리.
Labbe [l'abə], die; -n [↑labbern 참조] 〈지역적〉 입, 늘어진 입술. **labberig**, labbrig ['lab(ə)rɪç] 〈Adj.〉 〈통용어·폄〉 **1.** 맛없는, 싱거운, 김빠진. **2.** 견고하지 못한, (버티는) 힘이 약한; das Gummiband ist ganz l. 그 고무띠는 아주 약하다; [전의] jmdm. l. die Hand geben (악수하자고) 느슨하게 손을 내밀다. **3.** 나른한, 피로한. **labbern** ['labən] 〈h〉 [niederl. labberen] (nordd.· 폄) **1.** 쩝쩝 소리내며 먹다(마시다). **2.** 둥이 느슨하게 걸려 있다. **3.** 어리석은 말을 지껄이다. **labbrig**: ↑labberig.
Labdanum ['lapdanum] ↑Ladanum.
Labe ['la:bə], die 《시어·고어·아어》 청량 음료[간식].
Labe-: ~**becher**, der 청량음료 잔. ~**flasche**, die 〈자전거 경기용의〉 휴대 수통(水筒). ~**kelch**, der ↑~becher. ~**trank**, der 〈시어·고어〉 청량 음료. ~**trunk**, der 〈시어·고어〉 ↑~trank.
Label [leɪbl], das; -s, -s [engl. label] [광고어] **1.** (상품의) 상표, 라벨. **2.** 음반(회사)의 상표; [전의] das L. wechseln 〈통용어〉 (가수가) 전속 회사를 바꾸다. **3.** [전산] 프로그램 시작의 표지. **Labelsystem**, das; -s [engl.-amerik. label system] [경제] (특히 미국에서의) 노동 조합 지시 제도(노동 조합 결성 기업의 제품임을 상표에다 표시하여, 이 표시가 없는 상품을 불매하려는 제도).
laben ['la:bn] 〈h〉 **a)** 《아어》 (음식[음료수]을 주어) 상쾌하게 하다, 원기를 회복시키다: jmdn. mit einem kühlen Trunk l. 누구에게 시원한 음료수를 주어서 원기를 돋구다; [전의] die herrliche Aussicht labte das Auge 수려한 경치가 눈을 즐겁게 했다. **b)** (l. + sich) 즐겨 먹다[마시다]: sie labten sich an[mit] Kaffee und Kuchen 그들은 커피와 케이크를 즐겼다.
Laberdan [labɐˈdaːn], der; -s, -e [niederl. labberdaan] 소금에 절인 대구.
labern ['la:bən] 〈h〉 《폄》 (쓸데없는 말을) 지껄이다, 재잘거리다.
labet [laˈbeːt; frz. la bête] 《다음 용법으로》 **l. sein** (고어) **1)** (카드놀이에서) 지다. **2)** 피로하다, 맥이 풀리다.
Labia: ↑Labium의 복수형. **labial** [laˈbi̯aːl] 〈Adj.〉 **1.** [의학] 입술의. **2.** [언어] 순음(脣音)의. **Labial** [-], der; -s, -e [언어] 순음, 순음 글자(예컨대: b, m).
Labialis [laˈbi̯aːlɪs], die; -, ...les [...le:s] [언어] ↑Labial. **labialisieren** [labi̯aliˈziːrən] 〈h〉 [engl. labialize] [언어] 순음화하다. **Labialisierung**, die; -en 순음화.
Labial-: ~**laut**, der ↑Labial. ~**pfeife**, die (오르간의) 순관(脣管). ~**stimme**, die 순관에서 나오는 오르간 음(音).
Labiate [laˈbi̯aːtə], die; -n 《대개 Pl.》 [식물] 꿀풀과(科).
Labien: ↑Labium의 복수형.
labil [laˈbiːl] 〈Adj.〉 [lat. lābilis] (반대: stabil) **1.** 《교양어》 불안정한, 불확실한, 가변성이 많은: eine -e politische Situation 불확실한 정치 상황; eine -e Luftschichtung [기상] 가변적 기층(氣層). **2. a)** [의학] 병에 걸리기(감염되기) 쉬운. **b)** [심리] 불안정한. **labilisieren** [labiliˈziːrən] 〈h〉 (교양어) 불안정[불확실]하게 하다. **Labilisierung**, die; -en ↑labilisieren의 명사형. **Labilität** [...tɛːt], die; -en [lat. labilitas] 불안정[불확실]성.
labiodental [labi̯o-] 〈Adj.〉 [언어] 순치음의. **Labiodental** [-], der; -s, -e [언어] 순치음(예컨대: f, w). **Labiodentallaut**, der; -(e)s, -e ↑Labiodental. **labiovelar** [labi̯o-] 〈Adj.〉 [언어] 연구개음의. **Labiovelar** [-], der; -s, -e [언어] **1.** (인도게르만어의 추정음인) 연구개음(kᵘ, gᵘ, gᵘh). **2.** 연구개음과 반모음의 연속음(예컨대: 영어의 quiz [kwiz]). **Labium** ['laːbi̯um], das; -s, ...ien / ...ia [lat. labium] **1.** [해부] 음순(陰脣). **2.** 〈Pl. ...ien〉 (오르간의) 음전(音栓)의 관(瓣). **3.** [동물] 곤충 주둥이의 아랫입술.
Labor [laˈboːɐ̯, 《österr.》 laˈboːɐ], das; -s, -s, 《또한》 -e [laˈboːrə] ↑Laboratorium의 약칭] **a)** 실험실(시설): Blutproben in[von] einem medizinischen L. untersuchen lassen 혈액을 (병원의) 검사실에서 분석(검사)하게 하다. **b)** 실험실 방.
Labor-: ~**experiment**, das ↑~versuch. ~**kittel**, der 실험복. ~**platz**, der 실험실의 작업석(席). ~**tisch**, der 실험실 책상. ~**versuch**, der 실험실(에서의) 실험.
Laborant [laboˈrant], der; -en, -en [lat. labōrāns] (실험실) 연구원, 실험조수. **Laborantin**, die; -nen ↑Laborant의 여성형. **Laboratorium** [laboraˈtoːri̯um], das; -s, ...ien [mlat. laboratorium] **a)** 실험실. **b)** 실험실 건물. **laborieren** [...ˈriːrən] 〈h〉 [lat. labōrāre] **1.** 《드물게》 실험실 일을 하다. **2.** 《통용어》 병으로

La Bostella

애를 먹다: er laboriert schon seit Wochen an einer Grippe 그는 감기로 벌써 일주일째 고생하고 있다. **3.** 《통용어》 지칠대로 지치다: er laboriert schon zwei Jahre an seiner Arbeit 그는 벌써 2년이나 그의 일에 지쳐 빠져 있다.
La Bostella [labos'tɛla], die; - -(s) 라 보스텔라(라틴아메리카의 그룹춤).
Labour party ['leɪbə 'pɑːti], die 영국 노동당.
Labra: ↑Labrum의 복수형.
Labrador [labra'doːɐ̯], der; -s, -e **1.** ↑Labradorit. **2.** ↑Labradorhund. **Labradorhund**, der 래브라도리트 리버(캐나다 원산의 새사냥개, 경찰견, 맹도견). **Labradorit** [labrado'riːt], 《또한》 ...rɪt], der; -s, -e (보석으로 사용되는) 다양한 색깔로 바뀌는 장석(長石), 조회장석(曹灰長石). **Labradorstein**, der; -(e)s, -e ↑Labradorit.
Labrum ['laːbrʊm], das; -s, Labra [lat. labrum] **1.** [의학] 입술 모양의 조직[형성, 구조]. **2.** [동물] 곤충 주둥이의 윗입술.
Labsal ['laːpzaːl], das; -(e)s, -e, 《südd., österr.》 die; -e 《아어》 생기나게[상쾌하게] 하는 것: das kühle Quellwasser war ein L. für die Wanderer 시원한 샘물이 나그네의 기분을 상쾌하게 했다.
labsalben ['laːpzalbn̩] 〈h〉 [niederl. lapsalven] [선원] (삭구에) 역청을 칠하다.
Labskaus ['lapskaʊs], das; - [engl. lobscouse] [요리] 선원용 스튜.
Labung, die; -en 《드물게 · 아어》 **1.** 기분을 상쾌하게 하기, 원기를 돋움. **2.** 원기 회복제, 청량 음료.
Labyrinth [laby'rɪnt], das; -(e)s, -e [lat. labyrinthus < griech. labýrinthos] **1. a)** 미로, 미궁. **b)** [예술] 미궁의 약도에 따라 교회의 바닥에 새겨 보속자들의 예루살렘 순례를 상징하도록 꾸민 미로 형태. **2.** [해부] 내이(內耳).
labyrinth-, **Labyrinth-**: **~artig** 〈Adj.〉 미궁(迷宮)과 같은, 미로 모양의. **~fisch**, der 미기목(迷器目)의 담수어, 대만가물치과. **~versuch**, der [행태] 동물의 지능 측정 실험(미로 모양의 우리를 이용).
labyrinthisch 〈Adj.〉 미로 같은, 뒤얽힌.
Lacerna [la'tsɛrna], die; ...nen [lat. lacerna] 《역사적》 로마인의 긴 상의(上衣) 위에 걸치는 술이 달린 옷[솔].
Lacetband [la'seː-], das; -(e)s, ...bänder [섬유] 곱고 부드러운 장식용 리본[끈 끈].
lach-, Lach- ['lax-]: **~anfall**, der 발작적인 큰 웃음. **~erfolg**, der 웃음을 자아낸 효과: er hatte [erntete] mit seinen Darbietungen -e 그는 자신의 연기로 웃음을 자아냈다. **~fältchen**, das 《대개 Pl.》 웃을 때 생기는 (특히 눈 주변의) 가는 주름. **~falte**, die ↑~fältchen. **~gas**, das 소기(笑氣) (아산화질소의 속칭). **~kabinett**, das 일그러지는 모습의 거울 달린 연시(年市) 점포, 거울의 방. **~krampf**, der [의학] 히스테리성의 큰 웃음. **~lust**, die 〈Pl. 없음〉 웃고 싶은 충동[마음]: jmdn. überfällt eine unbändige L. 누구로 하여금 웃음을 참을 수 없게 하다. **~lustig** 〈Adj.〉 즐겨 웃는, 잘 웃는, 웃는데 인색하지 않은. **~möwe**, die 붉은부리갈매기(사람의 웃음소리처럼 우는). **~muskel**, der [해부] 소근(笑筋). **~reiz**, der 《Pl. 없음》 ↑~lust. **~salve**, die (여러 사람의) 짧은 폭소. **~taube**, die 숲비둘기(사람의 웃음소리처럼 우는): 《전의》 sie ist eine L. 《고어》 그녀는 잘 웃는다. **~zwang**, der 〈Pl. 없음〉 웃고 싶은 강한 충동.

¹**Lache** ['laxə], die; -n 《통용어》 **a)** (짤막한) 웃음(소리): hämische L. anschlagen 심술궂게 웃다. **b)** 웃음 버릇: sie hat eine häßliche L. 그녀는 추한 웃음의 소유자다.
²**Lache** [-, 《또한》 'laːxə], die; -n 웅덩이: der Tote lag in einer L. von Blut 죽은 이는 피바다에 누워있었다.
³**Lache** [-], 《전문어》 Lachte ['laxtə], die; -n [임업] 《송진 채취를 위해 나무 줄기에 판》 홈.
lächeln ['lɛçl̩n] 〈h〉 **1. a)** 미소짓다: sie lächelte unter Tränen 그녀는 눈물을 흘리며 미소지었다; 〈명사화〉 ein flüchtiges Lächeln zeigte sich auf seinem Gesicht 그의 얼굴에 순간적인 미소가 보였다; 전의 die Sonne (der Himmel) lächelt 《시어》 햇님이 밝으 미소짓다. **b)** (감정을) 미소로 표현하다: dankbar l. 감사의 웃음을 짓다; 〈명사화〉 ein rätselhaftes[verführerisches] Lächeln hatte er auf seinem Gesicht 《유혹적인》 미소; für dieses Angebot hatte er nur ein müdes Lächeln 《통용어》 이 제안에 그는 별 관심을 보이지 않았다. **2.** (누구를) 비웃다: jeder lächelt über ihn 그들 모두가 그를 조롱한다; darüber kann man nur l. 웃기는 일이야. **3.** 《시어 · 고어》 누구에게 호의적이다: das Glück lächelte ihm 행운이 그에게 미소지었다. ¹**lachen** ['laxn̩] 〈h〉 **1. a)** 웃다(반대: weinen): das Baby lacht den ganzen Tag 이 아기는 하루종일 웃는다; er lacht aus vollem Halse 그는 마음껏 웃는다; sie lachte über das ganze Gesicht 그녀는 조롱은 웃음을 띠었다; du kannst leicht l. (내 처지가 아니까) 너는 쉽게 웃을거야; es darf gelacht werden 《농 · 반어》 자 웃으실까요, 웃어보실까요; da gibt's (gar) nichts zu l. 웃을 일이 아냐; 〈명사화〉 sie lachte ein kurzes gurrendes Lachen 그녀는 짧게 까르륵 웃었다; 성규 lachen ist gesund[ist die beste Medizin] 일소요소(一笑一少); 속담 wer zuletzt lacht, lacht am besten 최후에 웃는 자가 진짜 웃는 자이다; 〈명사화〉 ein strahlendes Lachen 활짝 핀 웃음; sie hat das Lachen verlernt 그녀는 웃음을 모른다; sie kamen aus dem Lachen nicht heraus 그들은 웃음을 그칠줄 몰랐다; sich vor Lachen nicht mehr halten können 웃음을 참지 못하다; die Leute platzten(starben) (beinahe) vor Lachen 사람들은 배꼽을 쥐고 웃었다; in dieser Situation war ihnen nicht zum Lachen (zumute) 이 상황에서 그들은 웃을 기분이 안났다; **nichts zu l. haben** 《통용어》 쉽지 않다, 힘들다; **es(das) wäre ja (doch) gelacht, wenn... (nicht)...** 《통용어》 정녕 ...할 것이다; **jmdm. vergeht (noch) das Lachen** 《통용어》 웃지 못하다; **zum Lachen sein** 《통용어 · 폄》 웃기는 일이다, 어불성설이다. **b)** (감정을) 웃음으로 나타내다: verächtlich l. 경멸적으로 웃다; 〈명사화〉 ein bitteres [gezwungenes] Lachen 쓴[억지] 웃음. **2.** 조롱하다, 비웃다: über dieses Verhalten kann man doch nur l. (폄) 이 태도는 도대체 이해가 안간다[유치하게다]; darüber kann ich gar nicht l.! 도저히 이해가 안가는 일이다! 우습지도 않아! **3.** 《시어 · 고어》 누구에게 호의적이다: das Glück lachte ihm 행복의 그에게 미소 비추었다. **4.** 《시어 · 고어》 괘념하지 않다: sie lachten der Gefahren 그들은 위험을 개의치 않았다.
²**lachen** [-] 〈h〉 [산림] **1.** (송진을 얻기 위해) 나무에 홈을 새기다. **2.** 베어낼 나무를 표시하다.
Lacher, der; -s, - **1.** 웃는 사람: **die L. auf seiner Seite haben** (토론 상대방이) 사람들을 웃겨 제편으로 만들다. **2.** 폭소(장면): einen L. ausstoßen 웃음이 터져나오다. **Lacherin**, die; -nen ↑Lacher (1)의 여성형.
lächerlich ['lɛçɐlɪç] 〈Adj.〉 《폄》 **1. a)** 웃기는, 우스운, 웃음나는: jmdn.(etw.) lächerlich machen 누구[무엇]를 웃음거리로 만들다; 〈명사화〉 er versucht, die Sache ins Lächerliche zu ziehen 그는 일을 가소롭은 것으로 치부하려한다. **b)** 어리석은, 바보 같은, 어처구니 없는: es ist einfach l., so etwas zu behaupten 그러한 주장을 한다는 것은 어리석은 짓에 불과하다. **c)** 《드물게》 우스꽝스러운, 어처구니없는: ihm war l. zumute 그는 우스꽝스러운 기분이었다. **2. a)** 미미한, 적은: ein -er

Betrag 미미한 금액. b) 사소한, 하찮은: die Sache war im Grunde ganz l. 그 일은 본질적으로는 아주 사소한 것이었다. 3. 〈형용사, 동사의 강조〉 매우, 아주: er sieht meinem Mann so l. ähnlich 그는 나의 남편과 꼭 닮았다. lächerlicherweise 〈Adv.〉 가소롭게도, 어리석게도, 어처구니없게도. Lächerlichkeit, die; -en 1. 〈Pl. 없음〉 가소로움, 어리석음: jmdn. der L. preisgeben 누구를 조롱의 대상으로 삼다; 속담 L. tötet 어리석음은 누구에게 세인의 존중을 상실케 한다. 2. 〈대개 Pl.〉 사소한(하찮은) 일, 우스운 행위. lächern ['leçɛrn] 〈h〉《펌》웃게 하다. Lachesis ['laxezis], die 운명의 여신(Parze) 중의 한 사람. lạchhaft 〈Adj.〉《펌》 1. 우스운, 어리석은: eine -e Ausrede 웃기는 핑계. 2. ↑lächerlich (3). Lạchhaftigkeit, die 〈Pl. 없음〉《펌》 ↑lachhaft의 명사형.
Lachs [laks], der; -es, -e 연어.
lạchs-, Lạchs-: ~artig 〈Adj.〉 연어 같은. ~artige 〈Pl.〉〖동물〗 연어과. ~brot, das 훈제연어를 끼운 빵. ~brötchen, das 훈제연어를 끼운 하드롤. ~ersatz, der 연어 대용의 (검정대구살). ~farben, ~farbig 〈Adj.〉 연어색의. ~fisch, der 〖동물〗 연어과의 물고기. ~forelle, die ↑Meerforelle. ~hering, der 소금에 절인 훈제 청어. ~rosa: ↑~farben. ~rot: ↑~farben. ~schinken, der 소금에 절인 훈제 돼지 등심살. ~schnitzel 〈Pl.〉 쉬니첼 모양의 연어 대용. ~treppe, die (연어를 위한) 어제(魚梯).
Lạchte: ↑³Lache.
Lạchter ['laxtɐ], die; -n (또는) das; -s, - 광부들이 쓰던 길이의 단위(약 2미터).
lacieren [la'si:rən] 〈h〉 [frz. lacer] 《드물게》 a) 끈으로 묶다. b) 리본으로 엮다.
Lạck [lak], der; -(e)s, -e [ital. lacca] 1. 라크(칠); das Auto hat schon einige Kratzer im L. 자동차는 벌써 라크칠에 (긁어서 난) 홈이 몇 개 있다; der (erste) L. ist ab 〈경〉 매력(신선함)을 잃다, 젊음을 상실하다; du brauchst nur auf einen Knopf zu drücken, und fertig ist der L. 너는 보턴만 누르면 된다, 그러면 일은 끝난 것이다. 2. a) ↑Nagellack의 약칭. b) ↑Lippenlack의 약칭. 3. ↑Goldlack의 약칭.
lạck-, Lạck-: ~affe, der 〈통용어·펌〉 기생오라비. ~anstrich, der 라크 칠. ~arbeit, die ↑~kunst. ~baum, der 옻나무. ~benzin, das ↑Ligroin. ~bild, das 칠공예의 그림. ~farbe, die 착색라크. ~gewebe, das 라크를 먹인 옷감. ~glänzend 〈Adj.〉 라크처럼 빛나는. ~gürtel, der 에나멜 가죽 혁대. ~kästchen, das 칠공예 함. ~kratzer, der 〈자동차의〉 라크에 난 홈. ~kunst 〈Pl. 없음〉 칠(漆)공예, 나전칠기. ~leder, das 에나멜 가죽. ~mantel, der 에나멜 외투. ~papier, das 〈유성〉 라크지. ~pflege, die 〈자동차의〉 라크 손질. ~pflegemittel, das 라크 보존 재료. ~reiniger, der 〈자동차의〉 라크 세제. ~rot 〈Adj.〉 밝은 빨강색의. ~schaden, der 〈자동차의〉 라크 손상. ~schicht, die 라크층. ~schildlaus, die 〈곤충〉 라크깍지벌레. ~schuh, der 에나멜 가죽구두. ~schwarz 〈Adj.〉 짙은 검정색의. ~stiefel, der 에나멜 부츠. ~tasche, die 에나멜 가방.
Lạcke ['lakə], die; -n (österr.) ↑²Lache.
Lạckel ['lakl], der; -s, - (특히 südd. · österr. · 펌) 얼간이, 명청이.
lạcken ['lakn] 〈h〉 1. 《드물게》 ↑lackieren (1) 1. 이 문들은 새로 라크를 칠해야 된다. 2. (손톱이나 입술에) 라크를 칠하다[입히다]: (sich) die Fingernägel l. 손톱에 매니큐어를 칠하다. lackieren [la'ki:rən] 〈h〉 [ital. laccare] 1. 라크[에나멜]칠하다: das Auto ist neu lackiert

그 자동차는 칠을 다시했다. 2. 라크로 칠하다: lackierte Fußnägel 매니큐어를 칠한 발톱. 3. 《통용어》 누구를 속이다, 기만하다: wenn die Sache bekannt wird, ist er lackiert 그 일이 알려지면 그는 곤경에 처한다. 4. jmdm. eine l. 《경》 누구의 뺨(따귀)을 때리다. Lackierer, der; -s, - 도장공, 페인트공, 칠장이. Lackiererei [laki:rə'raɪ], die; -en 1. 라크칠하는 곳, 칠공장. 2. 〈Pl. 없음〉《통용어·펌》여러 번 라크칠하는 힘든 일. Lackierung, die; -en 1. 라크칠하기. 2. 〈칠해진〉 라크층. Lackierwerkstatt, Lackierwerkstätte, die 칠하는 곳, 칠공장.
lạckmeiern: ↑gelackmeiert 참조.
Lạckmus ['lakmʊs], das 〈또는〉 der; - [niederl. lakmoes] 〖화학〗 리트머스. Lạckmusflechte, die 리트머스 이끼. Lạckmuspapier, das 리트머스 시험지.
Lacrimae Christi ['lakrimɛ 'krɪsti], die; - - , - - [lat. lacrimae Christi] Vesuv 산록 산(産) (금빛 또는 붉은색의 단맛이 나는) 사향포도주. lacrimoso [lakri'mo:zo] 〈Adv.〉 [ital. lacrimoso] 〖음악〗 슬프게.
Lacrosse [la'krɔs], das; - [engl. lacrosse] 라크로스(10명(여자: 12명)이 한 팀으로 Crosse라는 스틱으로 공을 쳐서 넣는 북미에서 하는 하키 비슷한 구기).
lact-, Lact-: ↑lakto-, Lakto-. Lạctam [lak'ta:m], das; -s, -e [lat. lāc] 〖화학〗 (아미노산 분자의 탈수에서 얻어지는) 화합물, 락탐. Lạctat [lak'ta:t], das; -s, -e 〖화학〗 젖산염, 젖산에스터. lacto-, Lacto-: ↑lakto-, Lakto-. Lactose: ↑Laktose.
Ladanum ['la:danʊm], das; -s [lat. la(b)danum] (Zistrose라는 상록 관목에서 뽑아 낸, 향료 원료로 쓰이는) 수지(樹脂).
Lädchen ['lɛ:tçən], das; -s, - 1. ↑Laden (1)의 축소형. 2. ↑Lade (1). Lade ['la:də], die; -n 1. 《축소형: ↑Lädchen (2)》《지역적》↑Schublade: die L. aufziehen(zuschieben) 서랍을 열다(닫다). 3. 《지역적·고어》 윷판. 3. 《말의》재갈물리는 아래 턱(이가 없는) 부분. 4. ↑Bundeslade의 약칭. 5. 〖직조〗↑Weblade의 약칭.
Lade-: ~aggregat, das 〖물리〗 축전기(蓄電機). ~aufsicht, die 1. 가게[점포] 감시. 2. 점포 감시원, 통관담당 공무원. ~baum, der (배 위의) 기중기의 팔. ~bühne, die ↑~rampe. ~einrichtung, die (문선의) 선적 및 하역 시설. ~fähigkeit, die 적재력. ~fläche, die (화물의) 적재 면적. ~gerät, das ↑~aggregat. ~geschirr, das ↑~einrichtung. ~gewicht, das 최대 적재 중량. ~gut, das 적재 화물. ~hemmung, die 1. (총기의) 장전 장치 결함(고장): wegen einer L. konnte er nicht schießen 그는 장전 장치 결함 때문에 쏘지 못했다; 전의 der Fotoapparat hat L. 〈농〉 그 사진기는 고장이다; der Mittelstürmer hat L. 그 센타포드는 골을 못 넣는다; (eine) L. haben 〈농〉 일시적으로 둔해서, 할 일을 못하다. ~kapazität, die 하중(荷重), 적재량. ~klappe, die 비행기 화물칸의 개폐문. ~kontrolle, die 《통용어》↑~kontrollleuchte의 약칭. ~kontrollleuchte, die 〖자동차〗 배터리 점검등. ~kran, der (배 위의) 기중기, 크레인. ~linie, die 만재 흘수선. ~luke, die (배의) 화물 하역 및 적재용 해치. ~marke, die ↑~linie. ~mast, der (화물선의) 데릭. ~platz, der 화물 적재장. ~rampe, die 화물용 플랫폼. ~raum, der 화물 적재함, 화물칸. ~stock, der [Pl. ...stöcke] (구식) 꽂을대. ~wohl einen L. verschluckt haben 1) 자세가 매우 반듯[꼿꼿]하다. 2) 어색하다, 서투르다.
¹laden* ['la:dn] 〈V.〉 1. a) 짐을 싣다 (반대: entladen 1 a): wir haben noch nicht geladen 우리는 아직 안 실었다; sie sind noch beim Laden (des Gepäcks) 그들

²laden

은 아직 짐을 싣는 중이다. **b)** 선적하다, 적재하다: der LKW hat schwer geladen 그 화물차는 최대한도로 적재했다; **schwer[ganz schön, 《지역적》schief] geladen haben** 《통용어·농》 몹시 취하다. **c)** 《드물게》↑ beladen (a) 《반대: entladen 1 a》: die Schiffe werden mit Hilfe von Kränen geladen 배에는 기중기로 선적된다. **2. a)** 싣다: das Gepäck auf die Lasttiere l. 짐을 짐승의 등에 싣다; der Kranke wurde auf eine Bahre geladen 그 환자는 들것에 뉘여졌다; er hat (sich) den Verletzten auf seine Schulter geladen 그는 부상자를 자기 어깨에 들쳐멨다; 전의 er hat eine schwere Schuld(Verantwortung) auf sich geladen 그는 큰 죄를 범했다[책임을 떠맡았다]. **b)** 《드물게》짐을 부리다: das Heu vom Wagen l. 차에서 건초를 부리다. **3. a)** 장전하다《반대: entladen 1 c》: der Revolver war nicht geladen 그 권총은 장전되어 있지 않았다. **b)** 폭약을 《장전 구멍에》 장전하다. **c)** 《은어》카메라에 필름을 넣다. **4.** 【물리】전기를 통하게 하다, 충전하다《반대: entladen 2 a》: einen Akku l. 축전지를 충전하다; der Draht ist elektrisch geladen 그 철사는 전기가 흐른다; 전의 die Atmosphäre im Haus war mit Spannung geladen 집안의 분위기가 매우 긴장되어 있었다; er ist geradezu mit Energie geladen 그는 의욕이 넘친다.

²**laden*** [-] 《h》 **1.** 《아어》↑²einladen (a): jmdn. zu sich[zum Tee] l. 누구를 자기 집[다과]에 초대하다; der Vortrag findet vor geladenem Publikum statt 강연회는 초청된 인사들을 대상으로 열린다. **2.** 【법】소환하다; er wurde vor Gericht[vor den Richter] geladen 그는 법정에 소환되었다.

Laden [-], der; -s, Läden ['lɛ:dn̩]/《드물게》- **1.** 《Pl. Läden; 축소형: ↑Lädchen (1)》**a)** 가게, 점포, 상점: der L. an der Ecke 《통용어》가까운 단골《구명》가게; ein neuer L. hat aufgemacht 《통용어》새 가게가 문을 열었다; einen L. eröffnen 《통용어》개업[개점]하다; **einen L. aufmachen** 《통용어》뽐내다, 빼기다, 허풍 떨다. **b)** 가게 내부《공간》: sie steht den ganzen Tag im L. 그녀는 온종일 가게 안에 서서 일한다; kaufen, wenn niemand im L. ist 《통용어·펌》가게에서 물건을 훔치다. **2.** 《Pl. 없음》《통용어》일, 사업, 시도: der L. läuft 일이 잘 되어간다; er warf den L. hin 그는 그 일을 포기했다; sie schmeißt den ganzen L. 그녀는 일[임무]을 잘 해낸다; das ist vielleicht ein müder L. 아마 재미없는 일[모임]일 거야. **3.** 《Pl. Läden, 《드물게》Laden》Fensterladen, Rolladen의 약칭: die Läden öffnen 덧문[창문용 목재 셔터]을 열다. **4.** 《구기 은어》골문.

Laden- [Laden (1)]∼ **angestellte*,** der/die 점원, 가게 종업원. ∼**besitzer**, der 가게주인. ∼**besitzerin,** die ↑∼besitzer의 여성형. ∼**dieb**, der 가게 좀도둑. ∼**diebin,** die ↑∼dieb의 여성형. ∼**diebstahl,** der 가게 좀도둑질. ∼**einrichtung,** die 가게 시설. ∼**fenster,** das 《드물게》진열장, 쇼윈도. ∼**fräulein,** das 《준고어》여점원. ∼**front,** die 가게들로 이루어진 건물의 정면. ∼**gehilfe,** der 《고어》점원. ∼**gehilfin,** die ↑∼gehilfe의 여성형. ∼**geschäft,** das 소매점. ∼**glocke,** die 가게문이 열리면 울리는 벨. ∼**hüter,** der 《펌》안 팔리는 상품. ∼**inhaber,** der 가게 주인. ∼**inhaberin,** die ↑∼inhaber의 여성형. ∼**kasse,** die 계산대: die Waren sind an der L. zu bezahlen 물건 값은 계산대에서 지불해야 한다; die Weihnachtszeit bringt die ∼n zum Klingeln 《농》성탄절 기간에는 매상이 올라가게 한다. ∼**kette,** die 체인점, 연쇄점. ∼**kombinat,** das 《구동독》[russ. magasinny kombinat] 가게 결합, 가게 콤비나트. ∼**lokal,** das 가게를 낼만한 자리《공간》. ∼**mädchen,** das 《통용어》소매 가게에서 실습하는 여점원. ∼**miete,** die 가게세. ∼**preis,** der 소매 가격. ∼**schild,** das 《Pl. -er》 간판. ∼**schluß,** der 폐점, 폐장. ∼**schlußgesetz,** das 폐점시간 법. ∼**schlußzeit,** die 폐점 시간. ∼**schwengel,** der 《통용어·펌》 소매가게에서 실습하는 남자 점원. ∼**straße,** die 상점가. ∼**tisch,** der 카운터, 판매대: **unterm L.** 《통용어》《판매 금지, 물량 부족 등으로 인한》비공식적으로《파는》: das Magazin gibt's nur unterm L. 그 잡지는 비공식적으로만 살 수 있다. ∼**tochter,** die 《schweiz.》여점원. ∼**trakt,** der 상점들이 있는 건물의 일부《翼部》. ∼**tür,** die 가게문. ∼**verkauf,** der 가게에서의 판매. ∼**viertel,** das 상가《지역》. ∼**wohnung,** die 가게가 딸린 집. ∼**zentrum,** das 상점가, 번화가.

Lader, der; -s, - **1.** ↑Auflader. **2.** 지게차. **-lader** [-la:dɐ], der; -s, - 휴대 호기류를 지칭하는 복합어의 기본어《예컨대: Hinter-, Vorder-, Selbstlader》.

lädieren [lɛˈdiːrən] 《h》 [lat. laedere] **a)** 손상시키다, 파손하다: sein Fuß war stark lädiert 그의 발은 심하게 다쳤다; 전의 das Vertrauen in seine Zuverlässigkeit war dadurch ziemlich lädiert 그로 인해 그의 신용에 대한 신뢰가 상당히 손상을 입었다. **b)** 《신체적·정신적으로》쇠약하게 하다. **Lädiertheit,** die, **Lädierung,** die; -en 손상, 피해.

Ladin, das; -s 《레트 로만스의 방언인》(語).
Ladiner, der; -s 남 티롤의 라딘족 주민. **ladinisch** 〈Adj.〉 라딘족[어]의. **Ladinisch,** das; -(s), 《정관사와만 함께》**Ladinische*,** das; -n 라딘어.

Ladik ['laːdɪk], der; -(s), -s 《터키의 지명 Lâdik에서》《빨강 또는 파란 바탕의》기도용 양탄자.

Ladino [laˈdiːno], der; -s, -s 《amerik.-span. ladino》《멕시코와 중부 아메리카의》백인과 인디언의 혼혈아.

Ladnerin ['laːdnərɪn], die; -nen 《südd., österr.·준고어》여점원.

Ladogasee, der; -s 레닌그라드 동북쪽에 위치한 호수.

lädst [lɛtst], **lädt** [lɛt] 》 ↑¹,²laden 참조.

¹**Ladung,** die; -en **1. a)** 《운송》화물: eine L. löschen 하역하다. **b)** 《화물》적재분: eine L. Kohle 석탄 한 대분. **2.** 일정량의 폭약, 탄약 등, 장전분: eine geballte L. 수류탄 다발. **3.** 《통용어》상당한 양: er bekam eine L. Schnee über den Kopf 그는 머리에 상당한 눈을 맞았다. **4.** 【물리】전하.

²**Ladung,** die; -en 【법】소환: die L. von Zeugen fordern 증인의 소환을 요청하다.

Lady ['lɛɪdɪ], die; -s, 《또한》…dies [engl. lady] **1. a)** 《Pl. 없음》여자《특히 귀족》에게 붙이는 존칭. **b)** 《귀》부인. **2.** ↑Lady Mary Jane의 약칭. **Ladykiller,** der 《농》난봉꾼. **ladylike** ['lɛɪdɪlaɪk] 〈Adj.〉[engl. ladylike] 귀부인다운. **Lady Mary Jane** [-'mɛəri 'dʒeɪn], die 《은폐》하시시《마약》.

Lafette [laˈfɛtə], die; -n [frz. l'affût] 포가《砲架》, 포신의 받침틀. **lafettieren** [lafɛˈtiːrən] 《h》 【군】《포를》포가에 위치시키다. **Lafettierung,** die; -en **1.** ↑lafettieren의 명사형. **2.** 포가로 쓰는 대《臺》.

¹**Laffe** ['lafə], der; -n, -n 《준고어·펌》멋쟁이. ²**Laffe** [-], die; -n 《지역적》**1.** 숟가락의 앞부분. **2.** ↑Ausguß.

lag [laːk] ↑liegen 참조.

Lag [læɡ], der; -s, -s [engl. lag] 【경제】《현상의 시작과 그 사이의 》지체, 지연.

LAG = Lastenausgleichsgesetz.

Lagan ['læɡən], **Ligan** ['laɪɡən], das; -s, -s [engl. lagan, ligan] 【해양】《선박의 조난시》부표를 달아 던져진 화물.

Lage ['laːɡə], die; -n **1. a)** 위치, 장소: verkehrsgünstige L. 교통이 편리한 위치; in höheren -n ist mit Frost zu rechnen [기상] 고지대는 한파가 예상된다; eine bestimmte L. beibehalten [항공] 일정한 고도를 유지하다. **b)** [상] α) [특정] 입지 조건의 포도밭, β) 특정 입지 조건에서 재배된 포도. **2. a)** 누운 자세, 체위: eine senkrechte(horizontale) L. 수직(수평) 자세; etw. in die richtige L. bringen 무엇을 정돈하다; weite[enge] L. [음악] 넓은[좁은] 화음(간의) 위치. **b)** [펜싱] ↑Klingenlage의 약칭. **c)** 〈대개 Pl.〉 [수영] 혼(계)영. **3. a)** 상황, 상태; 정세, 국면: eine günstige [aussichtslose] L. 유리한[절망적인] 상황; jmdn. [sich (selbst)] in eine schiefe L. bringen 누구[자신]를 곤경에 빠뜨리다; ich bin nicht in der L., die Rechnung sofort zu bezahlen 나는 청구서를 바로 지불할 처지가 못된다; versetze dich einmal in meine L.! 입장을 한번 바꾸어 보아라!; nach L. der Dinge war nichts anderes zu erwarten 제반 상황으로 미루어 다른 어떤것도 기대할 수 없었다; **die L. peilen** 〈통용어〉 상황을 엿보다. **b)** 〈Pl. 없음〉《군·정치·은어》상황 토의, 작전회의. **4. a)** 층, 조, 벌: einige -n Papier 몇 층의 종이. **b)** [서적] (8~32쪽 정도의) 접힌 전지철. **c)** (ostmd.) 천정. **5. a)** 음역(音域), 성역(聲域). **b)** [음악] (현악기 연주시 손의) 부위. **6.** 〈통용어〉 한 순배(Runde). **7.** [군] 일제 사격.

Lage-: ~**bericht**, der 정세[상황] 보고. ~**besprechung**, die 상황 토의. ~**plan**, der 위치도, ~**skizze**, die 위치(약)도. ~**tisch**, der [군] (지도가 펼쳐져 있는) 작전 회의용 테이블. ~**zimmer**, das [군·정치] 작전(상황) 회의실.

läge ['lɛːgə] ↑liegen 참조.

Lägel ['lɛːgl̩], der, 《또는》 das; -s, - [고어·지역적] **1.** (타원형 밑바닥의) 작은 통. **2.** 《schweiz.》 45~50리터(포도주). **3.** (österr.) 대략 70kg(의 철, 또는 대마). **4.** [선원] ↑Legel (1).

lagen-, **Lagen-**: ~**schwimmen**, das [스포츠] 개인혼영. ~**staffel**, die [스포츠] **1.** 혼계영. **2.** 혼계영팀. ~**weise** 〈Adv.〉 층을 이루어.

Lager ['lɑːgɐ], das; -s, - / (für Lager 3 《또한》) Läger ['lɛːgɐ]] **1. a)** 야영(숙영)지, 수용소: die Truppen schlugen[brachen] vor der Stadt ihr L. auf[ab] 부대는 도시 초입에서 설영(撤營)(撤營)하였다(거두었다); ins L. fahren[gehen, ziehen] 휴가[숙영]지로 가다; aus dem L. ausbrechen 수용소를 탈출하다; er wurde zu drei Jahren L. verurteilt 그는 3년 수용소 징역형을 받았다. **b)** (집단적) 야영, 숙영. **c)** (아이·준교사) 잠자리, 침상: eine tückische Krankheit warf ihn aufs L. 악성 질병으로 그는 병상에 누워 있었다. **d)** [사냥] (토끼, 노루 등의) 잠자리. **2.** (정치적, 이념적) 진영; das sozialistische L. 사회주의 진영. **3.** 〈Pl.〉 〈상〉 Läger). **a)** 〈상품 대장〉 창고: die Bestände des -s kontrollieren 창고의 재고 상태를 점검하다; Waren auf L. nehmen [legen] 물건을 입고하다(사들이다); **etw. auf L. haben** 〈통용어〉 (줄일 소재를) 충분히 갖추고 있다: immer ein paar Witze auf L. haben 언제나 몇 가지 유머를 갖고 있다. **b)** 창고의 상품 재고: das L. geht zur Neige[ist stark gelichtet] 재고품이 다 떨어져간다. **4.** [지질] (석탄, 광물의) 층(層). **5. a)** [기계] 축받이, 베어링. **b)** [건축] 들보받이. **6.** [식물] 엽상체.

lager-, **Lager-**: ~**apfel**, der 저장(용) 사과. ~**arbeiter**, der 창고(수용소) 노동자. ~**aufseher**, der 창고(수용소) 감독. ~**bestand**, der [경제] 재고(품). ~**bier**, das (저장중 발효되어 마시는) 라거비어. ~**buch**, das 재고품 대장. ~**buchse**, die [기계] 축상(軸箱). ~**butter**, die 냉동(저장) 버터. ~**fähig** 〈Adj.〉 저장 가능한. ~**fäule**, die [농업] (저장과일의) 재고 중 부패. ~**fest** 〈Adj.〉 ↑-fähig. ~**festigkeit**, die ↑-fest의 명사형. ~**feuer**, das 캠프 파이어. ~**feuerromantik**, die 캠프 파이어 낭만(파). ~**fieber**, das [의학] 발진티푸스. ~**fläche**, die 저장 면적. ~**frist**, die [경제] 보관 기간. ~**führer**, der 캠프(영) 대장. ~**gebühr**, die [경제] 창고[보관]료. ~**geld**, das ↑-gebühr. ~**geschäft**, das [경제] 창고업. ~**halle**, die 창고, 보세 창고. ~**halter**, der [경제] 창고업자, 창고 관리인. ~**haltung**, die [경제] 재고(품) 관리. 〈대개 Pl.〉 수용소 수감자. ~**jargon**, der 강제 수용소 은어. ~**kartei**, die [상] 카드식 재고품 대장(台帳). ~**koller**, der 수감자들에게 나타나는 광포(狂暴). ~**kommandant**, der 형무(수용)소 소장. ~**kosten** 〈Pl.〉 [경제] 창고료, 보관 경비. ~**leben**, das 캠프 생활. ~**leiter**, der 캠프 대장, 피난민 수용소 소장. ~**meister**, der ↑-verwalter. ~**metall**, das [기술] 축받이용 연(鉛)금속(합금). ~**miete**, die [경제] 창고(보관)료. ~**obst**, das [농업] 저장(용) 과일. ~**pflanze**, die [식물] 엽상(葉狀) 식물(예컨대: 이끼). ~**platz**, der **1.** 야영(숙영)지. **2.** 저장소, 야적장. ~**raum**, der **1.** 창고실. **2.** 창고 면적. ~**schale**, die [기술] 축함(軸函). ~**schein**, der [경제] 입고 확인증. ~**schuppen**, der ↑-halle. ~**spesen** 〈Pl.〉 ↑-gebühr. ~**statt**, die **1.** 〈아어〉 침대; 잠자리; 잠자는 곳. ~**stätte**, die **1.** ↑-statt. **2.** 〈드물게〉 창고(저장)소. **3.** [지질] 광상(鑛床). ~**typhus**, der [의학] ↑-fieber. ~**verwalter**, der 창고 관리인. ~**wache**, die [특히 군사] **1.** 병영 보초. **2.** 병영 보초 근무. ~**zaun**, der 병영(수용)소 울타리. ~**zeit**, die 보관(재고) 기간.

Läger ['lɛːgɐ], das; -s, - 〈schweiz.〉 짚을 깐 축사.

Lagerei [lɑːgə'raɪ], die 창고업. **Lagerist** [lɑːgə'rɪst], der; -en, -en 창고 관리인. **Lageristin**, die; -nen Lagerist의 여성형. **lagern** ['lɑːgɐn] 〈h〉 **1. a)** 야영하다, 진영을 치다: die Truppen lagerten am Fluß 부대가 강변에 진영을 쳤다. **b)** …의 자세가 되도록 하다, 눕히다: den Verletzten bequem l. 부상자를 편하게 눕히다; das Bein hoch l. 다리를 높게 하다; den gebrochenen Knochen richtig l. [의학] 부러진 뼈를 제자리에 맞추다. **c)** [기술] 위치하다. **d)** [지질] 층을 이루고 있다. **2. a)** 〈l. + sich〉 눕다, 쉬다: die Herde lagert sich im Gras 가축떼가 풀밭에 눕는다; sich (im Kreis) um das Lagerfeuer l. 캠프의 모닥불 주위에 (빙 둘러) 앉다. **b)** 〈l. + sich〉 층을 이루어 쌓이다: Wolken lagerten sich um den Gipfel 구름층이 산봉우리 주위에 운집했다. **c)** 쌓여있다, 층을 이루고 있다: auf den Blättern lagert dicker Staub 지면(紙面)에 먼지가 쌓여있다. **3. a)** 보관(저장)되어 있다: die Butter lagert in Kühlhäusern 버터가 냉동고에 저장되어 있다; lagernde Post [우편] 우체국에 보관중인(찾아가야 할) 우편물. **b)** 보관(저장)시키다. **4. gelagert sein** (어떤) 상태에 있다: der Fall ist ähnlich[anders] gelagert 이 경우가 사정이 비슷하다(다르다). **Lagerung**, die; -en **1.** 자세[위치] 설정, 저장. **2.** [기술] ↑Lager (5 a). **3.** [지질] 성층(成層).

Lagg [lak], der; -(e)s [schwed. lagg] [전문어] 평원습지 변의 자연 배수로.

Lago Maggiore [- ma'dʒoːrə], der; - - 이탈리아와 스위스 공유의 호수.

lagrimoso [lagri'moːzo] ↑lacrimoso.

Lagos: 라고스(나이제리아 수도).

Lagting ['laːktɪŋ]; das; -s [norw. lagting] (노르웨이의) 상원(上院).

Lagune [la'guːnə], die; -n [ital. laguna] 해안호, 석호(潟湖). **Lagunenriff**, das [지질] 환초(環礁), 해안호

를 둘러싼 둥근 사주(砂洲). **Lagunenstadt**, die 수상(水上) 도시.
Lahar ['la:har], der; -s, -s [malai. lahar] [지질] 라하, 화산이류(火山泥流).
lahm [la:m] ⟨Adj.⟩ **1. a)** (팔, 다리 등이) 마비된: auf dem linken Bein l. sein 왼쪽다리가 마비되어 있다; ⟨명사화⟩ ein Blinder und ein Lahmer 맹인과 신체 마비자. **2. a)** 《통용어》 기진맥진한, 마비된 것 같은, 움직이기 힘든: er wurde von dem langen Sitzen ganz l. 그는 너무 오래 앉아 있어서 몸이 뻣뻣해졌다. **b)** 《통용어·폄》 불충분한, 빈약한: eine -e Ausrede 빈약한 변명. **c)** 《통용어·폄》 무기력한, 맥빠진, 싱거운: -e Witze 싱거운 〔지루한〕 재담.
lahm-, Lahm-: ~**arsch**, der 《속어》 무기력한 인간. ~**arschig** [-larʃɪç] ⟨Adj.⟩ 무기력한. ~**arschigkeit**, die ~arschig의 명사형. ~**legen** ⟨h⟩ 마비(전체)시키다(교통, 생산 활동 등): durch den Unfall wurde der gesamte Verkehr lahmgelegt 사고로 인해서 전체 교통이 마비되었다. ~**legung**, die; -en ↑~legen 의 명사형.
Lähme ['lɛ:mə], die [수의] 마비증, 파행증(跛行症).
lahmen ['la:mən] ⟨h⟩ 마비되다, 절름거리다: er ging lahmend zur Tür hinaus 그는 절름거리며 문 밖으로 나갔다. **lähmen** ['lɛ:mən] ⟨h⟩ **1.** 마비시키다: das Gift lähmt die Nerven 독물이 신경을 마비시킨다. **2.** 활력을 빼앗다: etw. lähmt jmdn. (jmds. Schaffenskraft) 무엇이 누구의 창의력을 앗아간다[마비시킨다]. **Lahmheit**, die 마비, 불수, 무력. **Lähmung**, die; -en **1.** (육체적) 마비. **2.** 침체: die L. der Wirtschaft 경제 침체〔정체〕. **Lähmungserscheinung**, die ⟨대개 Pl.⟩ 마비의 전형적 증후.
¹Lahn [la:n], der; -(e)s, -e [frz. lame] [섬유] (금, 은, 동으로 된) 장식용 금속실〔금속 리본〕.
²Lahn [-], die; -en 《bayr., österr.》 눈사태. **Lahne** ['la:nə], die; -n 《bayr., österr.》 ↑²Lahn. **lahnen** ['la:nən] ⟨h⟩ 《bayr., österr.》 눈, 얼음이 녹다.
Lahnung ['la:nʊŋ], die; -en [수리공사] (매립지) 해안 제방(堤防).
Lahnwind, der; -(e)s, -e 《bayr., österr.》 빙설을 녹이는 남풍.
Lai [laɪ̯], das; -(s), -s [(a)frz. lai] **1.** 중세 프랑스 음악의 기악곡. **2.** 중세 프랑스 문학의 운문 단편 설화. **3.** 중세 프랑스 문학의 가요풍의 시.
Laib [laɪ̯p], der; -(e)s, -e 둥근 빵〔치즈〕 덩어리. **Laibchen**, das; -s, - 《österr.》 **1.** 둥글고 작은 빵. **2.** faschiertes L. 잘게 다진 고기 경단. **Laibung**, Leibung ['laɪ̯bʊŋ], die; -en [건축] 아치(홍예)의 내륜(內輪), 내만곡선(內彎曲線).
Laich [laɪ̯ç], der; -(e)s, -e (물고기 등의) 난괴(卵塊).
Laich-: ~**kraut**, das 가래(속). ~**platz**, der 알 낳는 장소. ~**wanderung**, die [동물] 산란 장소로의 이동. ~**zeit**, die 산란기.
Laiche ['laɪ̯çə], die; -n [동물] ↑Laichzeit. **laichen** ['laɪ̯çn̩] ⟨h⟩ 산란하다.
Laie ['laɪ̯ə], der; -n, -n [lat. laïcus] **1.** 문외한, 비전문가: völliger 《통용어》 blutiger) L. 완전한〔생판〕 문외한; 《성구》 da staunt der L. (und der Fachmann wundert sich) 그것은 아무도 가능하다고 생각해서는 안 된다. **2.** 평신도.
Laien-: ~**altar**, der ↑Kreuzaltar. ~**apostolat**, das 《가》 평신도 사도직. ~**brevier**, das 《가》 평신도 성무일도. ~**bruder**, der 《가》 재속 수사(修士). ~**bühne**, die 아마추어 무대. ~**chor**, der 아마추어 합창단. ~**darsteller**, der ↑~schauspieler. ~**investitur**, die 《중세의》 평신도 성직 서품. ~**kelch**, der ⟨Pl. 없음⟩

《기독교》 성찬식에 일반 신도들이 마시는 포도주. ~**kunst**, die 아마추어 예술. ~**künstler**, der 아마추어 예술가. ~**maler**, der 아마추어 화가. ~**pfründe**, die 《가》 평신도의 성직. ~**prediger**, der 《종교》 평신도 설교자. ~**priester**, der 세속 사제, 교구 사제. ~**richter**, der 배심원. ~**schauspieler**, der 아마추어 연극 배우. ~**schwester**, die 재속《평복》 수녀〔수도녀〕. ~**spiel**, das ⟨Pl. 없음⟩ **1.** 아마추어 연극. **2.** 아마추어 연극 작품. ~**spielgruppe**, die 아마추어 연극단. ~**stand**, der 《종교》 평신도 신분. ~**theater**, das **1.** ↑~bühne. **2.** ⟨Pl. 없음⟩ ↑~spiel. ~**theologe**, der 평신도 신학자. ~**verstand**, der 일반인의 정상적 분별〔력〕. ~**zirkel**, der 아마추어(예술)인의 모임〔서클〕.
laienhaft ⟨Adj.⟩ 일반인의, 비전문가의: ein -es Urteil abgeben 비전문가적 판단을 하다. **Laientum**, das; -s **1.** 아마추어 정신; 평신도 신분. **2.** 《드물게》 전체 평신도. **laikal** [laɪ̯'ka:l] ⟨Adj.⟩ [lat. laïcalis] 《종교》 평신도〔평신자〕의.
Lais: ↑Lai의 복수형.
laisieren [laɪ̯'zi:rən] ⟨h⟩ 《가》 환속시키다. **Laisierung**, die; -en 《가》 환속.
Laisse [lɛ:s], die; -n [lɛːs] [(a)frz. laisse] 중세 프랑스 영웅서사시의 모운(母韻)으로 연결된 연(聯).
Laisser-faire [lese'fɛːɐ̯], 《드물게》 **Laisser-aller** [lɛsea'le], das; - [frz. le laisser-faire, le laisser-aller] 《교양어》 **1.** 자유방임, 무간섭. **2.** 《고어》 자유, 무절제.
Laissez faire, laissez aller [le'se'fɛːɐ̯, lɛ'se a'le], **Laissez faire, laissez passer** [--, -pɑ'se] [frz.] 《교양어》 **1.** (19세기의) 경제적 자유방임주의. **2.** (어린이 교육 등에서) 방임주의의 모토.
Laizismus [laɪ̯'tsɪsmʊs], der; - [lat. laïcus] 〔정치·역사〕 (국가·교회의 분리를 주장하는) 정교분리주의.
Laizistisch ⟨Adj.⟩ **1.** 정교분리주의의. **2.** [종교] 교회에서 평신도직을 강조하는.
Lakai [la'kaɪ̯], der; -en, -en [frz. laquais] **1.** [옛] (제복을 입은) 종, 하인. **2.** 《폄》 하수인, (비굴한) 복종자: die -en der Diktatur 독재의 하수인들. **lakaienhaft** ⟨Adj.⟩ 《폄》 복종적, 비굴한.
Lake ['la:kə], die; -n (고기 등을 절이는) 소금물.
Lakedämonier [lakedɛ'mo:niɐ̯], der; -s, - 고대 스파르타 주민, **lakedämonisch** [lakedɛ'mo:niʃ] ⟨Adj.⟩ 고대 스파르타(주민)의.
Laken ['la:kn̩], das; -s, - 《nordd., md.》 침대시트.
Lakkase [la'ka:zə], die [화학] 라케이스(옻 등의 수액에 함유된 산화효소).
Lakkolith [lako'li:t], 《또한》 ...lɪt], des; -s 《또는》 -en, -e(n) [griech. lákkos u. ↑-lith] 병반(餅盤).
Lakoda [la'ko:da], der; -s, -s 바다표범의 가죽.
Lakonik [la'ko:nɪk], die [griech. brachylogia Lakoniké] 《교양어》 표현의 간결함. **lakonisch** ⟨Adj.⟩ 간결한, 간결한: eine Frage in -er Kürze beantworten 질문에 간결하게 대답하다. **Lakonismus** [lako'nɪsmʊs], der; -, ...men [...mən] 《교양어》 **1.** ⟨Pl. 없음⟩ (표현의) 간결함. **2.** 간결한 표현〔발언〕.
Lakritz [la'krɪts], der / das; -es, -e 《지역적》 ↑Lakritze. **Lakritze**, die; -n [lat. liquiricia] **1.** 감초(甘草)의 농축 엑스. **2.** ↑Lakritzensaft.
Lakritzen-: ~**saft**, der (감미용의) 감초즙〔엑스〕. ~**stange**, **Lakritzstange**, die 막대기 모양의 감초과자. ~**wasser**, das ⟨Pl. 없음⟩ 묽은 감초즙.
lakt-, Lakt-: ↑lakto-, Lakto-. **Laktalbumin** [laktalbu'mi:n], das; -s, -e [생화학] 락트알부민. **Laktam**, das; -s, -e ↑Lactam. **Laktase** [lak'taːzə], die; -n [생화학] 락타제. **Laktat**, das; -(e)s, -e 젖산염. **Laktation** [lakta'tsi̯oːn], die; -en [의학·생물학]

1. a) 유선(乳腺)으로부터의 젖의 분비. **b)** 수유(授乳), 포유(哺乳), 젖먹이기. **2. a)** 포유[수유]기(期). **b)** 젖먹이는 시간. **Laktationshormon,** das ↑Prolaktin. **laktieren** [lakti:rən] ⟨*h*⟩ [lat. lactāre] [의학·생물학] **1.** 젖을 분비하다. **2.** 수유하며, 누구에게 젖을 먹이다. **Laktizinien** [lakti'tsi:niən] ⟨Pl.⟩ [lat. lacticinia] [가] 단식일에 먹을 수 있는 우유 제품. **lakto-, Lakto-,** (모음 앞) **lakt-, Lackt-** [lakt(o)-; lat. lāc (2격: lactis)] ("우유"를 뜻하는 규정어로, 예컨대) laktotrop, Laktoskop, Laktalbumin.) **Laktodensimeter,** das ↑Galaktometer. **Laktoflavin,** das; - 리보[락토] 플라빈. **Laktometer,** das ↑Galaktometer. **Laktose** [lak'to:zə], die; [생화학] 젖당, 유당. **Laktoskop** [lakto'sko:p]; das; -s, -e [griech. skopeīn] 검유기(檢乳器).
Laktosurie [...zu'ri:], die; -n [...iən] [의학] 유당뇨증(乳糖尿症). **laktotrop** [...'tro:p] ⟨Adj.⟩ [의학] 유선(乳腺)을 자극하는.
lakunär [laku'nɛ:r] ⟨Adj.⟩ [의학] (조직에) 간격이 있는. **Lakune** [la'ku:nə], die; -n [lat. lacuna] **1.** [언어] (텍스트 중의) 탈락, 결문(缺文), 공백. **2.** [해부] 공동(空洞). **lakustrisch** [la'kʊstrɪʃ] ⟨Adj.⟩ [lat. lacus] ↑limnisch.
lala ['la'la; frz. la là(la la), 좋지도 나쁘지도 않음을 나타냄] (다음 용법으로) **so l.** ⟨통용어⟩ 그저 그런: das Wetter ist so l. 날씨가 그저 그렇다.
Lall-: **~periode,** die [심리] (언어 습득의) 편어(片語) 단계. **~phase,** die ↑~periode. **~wort,** das [언어] 편어 단계의 단어(군)(예컨대: 마마).
Lälle ['lɛla], die; -n [schweiz.] [허. **lallen** ['lalən] ⟨*h*⟩ **1.** 불분명하게 발음하다, (뜻없이) 소리내다: der Säugling lallt 젖먹이가 소리내다; der Betrunkene konnte nur noch l. 술취한 사람이 (뜻없이) 홍얼거리기만 했다. **2.** 불분명하게 말하다.
Lalopathie [lalo-], die; [griech. laleīn] [의학] 언어[발어]장애. **Lalophobie,** die; [의학] 언어[발언] 공포증.
¹Lama ['la:ma], das; -s, -s [span. lama] **1.** [동물] (남아메리카의) 라마. **2.** ⟨Pl. 없음⟩ (외투나 이불용의) 플란넬같이 부드러운 모직(면직).
²Lama [-], der; -(s), -s [tib. b)lama] 라마교 승려[사제]. **Lamaismus** [lama'ɪsmʊs], der; - 라마교. **Lamaist,** der; -en, -en 라마교도. **lamaistisch** ⟨Adj.⟩ 라마교의. **Lamakloster,** das 라마교의 수도원(사원).
Lamäng [la'mɛŋ], die [frz. la main] ⟨통용어·농·특정한 용법으로⟩ 손: **aus der (kalten) L.** 즉석에서, 즉흥적으로: wieviel es waren, kann ich dir so aus der (kalten) L. nicht sagen 몇 명이었던가는 너에게 즉석에서 말할 수 없다; **aus der freien L.** 1) ↑aus der kalten L. 2) (접시·식사 용구를 사용하지 않고) 손으로; **nicht in die (kalte) L.!** 절대로 안돼!
Lamantin [laman'ti:n], der; -s, -e [frz. lamantin] (열대 아메리카의) 물소.
Lamarckismus [lamar'kɪsmʊs], der; - [생물] 라마르크가 주장한 진화론. **lamarckistisch** ⟨Adj.⟩ 라마르크 진화론의.
Lamawolle, die; -n 라마의 털.
Lambarene [lamba're:nə] (슈바이처가 활동했던) 가봉의 지명.
Lambda ['lampda], das; -(s) [griech. lámbda] 그리스 알파벳의 11번째 철자(Λ, λ). **Lambdanaht,** die [해부] 두개골의 인자봉합(人字縫合). **Lambdazismus** [lampda'tsɪsmʊs], der; - [의학·언어] **1.** L발음부전(증)(L을 R로 잘못 발음함). **2.** L발음부전(증)(L을 잘못 또는 전혀 발음 못함).

Lambertsnuß ['lamberts-], die; ...nüsse **1.** (남·동구라파와 소아시아의) 개암의 일종. **2.** 개암 열매.
Lambethwalk ['læmbəθwɔ:k], der; -(s) [engl. lambeth walk] (1938년경부터 유행한) 영국의 사교춤.
Lambitus ['lambitʊs], der; - [lat. lambitus] [성교육] 상대의 둔부나 생식기를 핥음.
Lambliasis [lam'bli:azɪs], (또한) Lambliose [lambli'o:zə], die [의학] 람블편모충증(←鞭毛蟲症). **Lamblie** ['lambliə], die; -n (대개 Pl.) [동물·의학] 람블편모충. **Lambliose:** ↑Lambliasis.
Lambrequin [labə'kɛ̃, (또한) labrə'kɛ̃], der; -s, -s [frz. lambrequin] **1.** [고어] (창, 문 등의) 윗부분에 느리운 주름 커튼. **2.** [건축] (바로크 양식에서) 주름 커튼 모양의 석재나 청동 장식.
Lambrie [lam'bri:], **Lamperie** [lampə'ri:], die; -n [...iən] [특히 방언] ↑Lambris (b). **Lambris** [lã'bri:], der; - [...i:(s)], - [...i:s] / (österr.) die; - / ...ien [...i:ən; frz. lambris] **a)** (벽면에) 나무, 석회도료, 대리석 등을 붙이기. **b)** 벽 받침. **Lambrusco** [lam'brʊsko], der; - [ital. lambrusco] (약간 달고 거품이 있는) 적 포도주.
Lambskin ['læmskɪn], das; -(s), -s [engl. lambskin] [섬유] 모조 양피. **Lambswool** ['læmzwʊl], die [engl. lambs wool] [섬유] 부드러운 양모(羊毛).
lamé [la'me:] ⟨Adj.: 격변화 없음.⟩ [frz. lamé] 금[은]실을 짜넣은, 금[은]박을 붙인. **Lamé** [-], der; -(s), -s [frz. lamé] **1.** 라메(금[은]사를 견사와 섞어짠 직물). **2.** 견사와 자연사의 금[은]사. **lamellar** [lame'la:r] ⟨Adj.⟩ [engl. lamellar] [전문어] 얇은 판(막, 층) 모양의.
Lamelle [la'mɛlə], die; -n [frz. lamelle] **1.** [기술] **a)** 얇은 금속판, 얇은 층. **b)** 방열체[방열기]의 측부(側肋), 라디에터. **2.** [식물] 균습(菌褶).
lamellen-, Lamellen-: **~bremse,** die [기술] 다층 디스크 브레이크. **~förmig** ⟨Adj.⟩ 얇은 판자(층) 모양의. **~heizkörper,** der 측륵을 가진 방열체[방열기]. **~kühler,** der [자동차] 얇은 층으로 된 냉각재료로 만든 (공기) 냉각기. **~pilz,** der [식물] 틈쌓리버섯; 주름이 있는 세균류. **~verschluß,** der [사진] 얇은 판들이 둥글게 정렬된 카메라의 셔터.
lamellieren [lame'li:rən] ⟨*h*⟩ [전문어] 얇은 판(층)을 형성하다.
lamentabel [lamen'ta:bl] ⟨Adj.⟩ 슬퍼할, 가련한, 애틋한. **lamentabile** [...'ta:bilə] ↑lamentoso. **Lamentation** ...ta'tsio:n], die; -en [lat. lāmentātio] **1.** ⟨교양어⟩ 비탄, 한탄. **2.** ⟨Pl.⟩ **a)** (구약성경의) 애가(哀歌). **b)** (옛) 《가톨릭의 성지주일에 읽는 예레미아서에 나오는 애가의 부분. **lamentieren** [...'ti:rən] ⟨*h*⟩ [lat. lāmentāri] **1.** ⟨통용어·폄⟩ 큰 소리를 내어 한탄하다, 비통해 하다. **2.** 《지역적》 비탄하며 무엇을 구걸하다. **Lamento** [la'mento], das; -s, -s / ...ti [ital. lamento] **1.** ⟨Pl. -s⟩ ⟨통용어·폄⟩ 비탄, 한탄: ein großes L. (über um) etw. machen [erheben, anstimmen] 무엇을 심히 비통해하다; kein L. machen 이의를 제기하지 않다. **2.** ⟨Pl. (또한) -s⟩ [음악] 애가, 비가(悲歌). **lamentoso** [lamen'to:zo] ⟨Adv.⟩ [ital. lamentoso] [음악] 슬픈 듯이.
Lametta [la'meta], das; -s [ital. lametta] **1.** 반짝이는 금속술(크리스마스 트리 장식용의). **2.** ⟨통용어·반어⟩ 훈장.
Lamia ['la:mia], die; ...ien [...iən; griech. Lámia] [그리스 신화] 흡혈 여괴(女怪).
laminar [lami'na:r] ⟨Adj.⟩ [lat. lāmina] [물리] 박층상(薄層狀)의. **Laminat** [...'na:t], das; -(e)s, -e 적층재, Schichtstoff. **Laminaria,** die; ...ien (북해의) 갈조

류. **laminieren** [lami'ni:rən] 《h》 [frz. laminer] 《전문어》 1. 실을 세로로 짜기 위해 천을 펴다. 2. (제작 재료를) 겉을 씌우다(호일 등으로): laminiertes Blech 표층 처리한 함석(아연판). **Laminierharz**, das; -es, -e (대개 Pl.) 적층물(積層物) 생산시 접합제로 쓰이는 액체 합성수지. **Laminierung**, die; -en 1. (천을) 폄, 겉을 씌움. 2. 씌워진 겉을.

Lamm [lam], das; -(e)s, Lämmer ['lɛmɐ] **1. a)** 〈축소형: ↑Lämmchen〉 새끼[어린]양; geduldig[unschuldig] wie ein L. sein 어린 양과 같이 인내심 많다[순결하다]; **sich wie ein L. zur Schlachtbank führen lassen** 〈아어〉 저항없이 순순히 받아들이다; **L. Gottes** 1) 〈가〉 천주의 어린양; ↑Agnus Dei (a). 2) 〈미술〉 희생되는 그리스도의 상징으로서 어린양. **b)** 〈드물게〉 어린 염소. **2.** 〈Pl. 없음〉 양털, 양피. **3.** 〈축소형: ↑Lämmchen〉 온순한(인내심 있는) 사람.

lamm-, Lamm- (Lamm 1 a): **~braten**, der 양고기 구이. **~fell**, das 양피. **~fellmütze**, die 양피모자. **~fleisch**, das 양고기. **~fromm** 〈Adj.〉 양처럼 순종하는(참을성 있는). **~keule**, die 양 뒷다리. **~kotelett**, das 양 갈비고기. **~pelz**, der 양 모피.

Lämmchen ['lɛmçən], das; -s, - ↑Lamm (1 a, 3).

lammen ['lamən] 《h》 (양이) 새끼를 낳다.

Lämmer-: **~geier**, der 독수리의 일종. **~hüpfen**, das 〈청소년·농〉 서투른 젊은이의 춤. **~schnee**, der 〈지역적〉 진눈깨비. **~schwanz**, der, 〈축소형〉 **~schwänzchen**, das 새끼양의 꼬리; **wie ein L.** 〈통용어〉 불안하게 이리저리 움직이는, 쉴새없이 흔들리는. **~wolke**, die 〈대개 Pl.〉 새털구름.

Lämmerne, das; -n 《österr.》 ↑Lammfleisch. **Lammesgeduld, Lammsgeduld,** die 《통용어》 (놀랄만한) 큰 인내심. **Lammung**, die 〈동물·수의〉 (양의) 새끼 출산.

Lampas [lam'pas], der; -, - [frz. lampas] 〔섬유〕 (가구 커버용의) 문직물(무늬직물). **Lampassen** [österr.] '---] 〈Pl.〉 (유니폼) 바지의 줄(선).

Lämpchen ['lɛmpçən], das; -s, - ↑¹Lampe (1, 2).

¹Lampe ['lampə], die; -n [frz. lampe (= ital. lampa)] **1.** 〈축소형: ↑Lämpchen〉 등잔, 램프, 등불: die L. anknipsen(ausknipsen) 등불을 켜다(끄다); **die Ewige L.** 〈가〉 성체(聖體) 등; **einen auf die L. gießen** 〈경〉 독주를 한 잔(몇 잔) 들이키다; **einen auf der L. haben** 《경》 취하다. **2.** 〈축소형: ↑Lämpchen〉 (특히 전문어) 전구(예컨대: Glühlampe 백열전구).

²Lampe [-] ↑Meister.

lampen ['lampṇ] 《h》 《südwestd., schweiz.》 느슨하게 걸려있다.

Lampen [-], der; -s, - [jidd. lamdən] 〔부랑자〕 **1.** (범죄 행위의) 저지, 방해: **L. machen** 누구의 범죄 행위를 알리다, 누구를 배반하다. **2.** 경찰관, 파수(야경)꾼.

Lämpen ['lɛmpṇ], der; -s, - 《schweiz.》 이중턱.

Lampen- (¹Lampe): **~docht**, das der 램프의 심지. **~fieber**, das (시험이나 남 앞에 서기를 두려워하는) 극도의 긴장(불안). **~gestell**, das 램프걸이, 램프대(臺). **~glocke**, die ↑Glocke (1). **~licht**, das 등(램프) 불. **~putzer**, der 〔옛〕 가스(석유) 등 관리인. **~schein**, der 〈Pl. 없음〉 등잔(불)빛. **~schirm**, der 등잔(전등)갓.

Lamperie: ↑Lambrie.

Lamperl ['lampɐl], das; -s, -(n) 《österr.·통용어》 **1.** 새끼 양. **2.** (폄) 완전히 무고한(죄없는) 사람.

lampig ['lampiç] 〈Adj.〉 《schweiz.》 축 처진(늘어진).

Lampion [lam'pioŋ, 〔또한〕 lam'pio̞ː, 《österr.》 lam-'pio̞ːn], der / 〔드물게〕 das; -s, -s [frz. lampion < ital. lampione] 종이로 만든 초롱: Umzüge mit -s 초롱〔제등〕 행렬.

Lampion-: **~blume**, die 가지과 식물의 일종(↑Physalis). **~fest**, das 야외 초롱불 축제. **~pflanze**, die ↑~blume.

Lamprete [lam'pre:tə], die; -n [lat. lampreda] ↑Meerneunauge.

Lamprophyr [lampro'fyːɐ], der; -s, -e [griech. lamprós u. phýrein] 〔지질〕 검고 세립질(細粒質)의 맥석 (脈石).

Län [lɛːn], das; -, -(s) [schwed. län] (스웨덴·핀란드의) 행정 구역.

Lanameter [lana-], **Lanometer** [lano-], das; -s, - 〔섬유〕 양모 섬세도 측정기.

Lançade [lā'saːdə], die; -n [frz. lancer] 〔승마〕 (앞발을 들고) 공상 도약. **Lancier** [lā'sjeː], der; -s, -s [frz. lancier] 〔옛〕 창기병(槍騎兵). **lancieren** [lā'siːrən] 《h》 [frz. lancier] **1.** 《교양어》 (의도적으로) 알리다, 발표하다: eine Nachricht in (die Presse) l. 뉴스를 (언론에) 보도하다. **2. a)** 《교양어》 (지위나 자리를 이용하여) 임용(등용)하다, 승진시키다: der Minister ist lanciert worden 장관은 (정실로) 승진되었다. **b)** (특히 광고, 경제, 정치 등에서) 선전하다; 피알하다; 널리 알리다: einen Modeartikel(einen Markennamen) l. 유행상품(상표)을 선전하다; eine Anleihe l. 〔경제〕 사채를 유통시키다. **3.** 〔사냥〕 노루를 (사냥개를 데리고) 추적하다. **4.** 〔군〕 〔고어〕 어뢰 공격을 하다. **lanciert** 〈Adj.〉 〔섬유〕 직물 전체에 무늬를 넣은. **Lancierung**, die; -en ↑lancieren의 명사형.

Land [lant], das; -es, Länder ['lɛndɐ] / -e **1.** 〈Pl. 없음〉 육지, 대지(大地), 뭍: ganz in der Ferne wurde (das) L. sichtbar 아주 멀리 육지가 보였다; **L. in Sicht!** 〔선원〕 육지가 보인다!; **die Passagiere gehen an L.** [werden an L. gesetzt] 승객들이 하선하다; diese Tiere leben im Wasser und auf dem L. 이 동물들은 물과 육지에 사는 양서류이다; **zu Wasser, zu L. und in der Luft** 육해공으로; **L. unter** 해일이 일다; **(wieder) L. sehen** 돌파구가 보이다; **an L. ziehen** 《통용·농》 자기편으로 만들다, 자기 소유로 하다; **sie hat sich einen Millionär an L. gezogen** 그녀는 백만장자를 얻었다. **2.** 〈Pl. 없음〉 토지, 경작지: fruchtbares (sumpfiges) L. 비옥한 토지(늪지); **sein L. bebauen (bewässern)** 그의 토지를 경작하다(관개하다). **3.** 《고어·시어·가끔 농》 〈Pl. -e〉 지대, 지방, 지역: hügeliges(flaches, dünnbesiedeltes) L. 구릉 지대(평지, 인구 조밀 지방); er reist viel durch die -e 그는 (이리저리) 많이 여행한다; **ins L. gehen(ziehen)** 흘러가다, 경과하다: viele Jahre waren ins L. gegangen (gezogen) 수 해가 지나갔다. **4.** 〈Pl. 없음〉 시골, 지방: sie wohnen lieber auf dem L. 그들은 (도시보다) 오히려 시골에 즐겨 산다; **der Sache wurde in Stadt und L. bekannt** 〈아이〉 그 일은 도처에 알려졌다; **auf dem flachen** 《통용어》 **platten) L.** 도시 문명이 미치지 않은 지역〔평원〕에서. **5.** 〈Pl. Länder, 축소형: ↑Ländchen〉 **a)** 국가, 나라: sozialistisches〔neutrales〕 L. 사회주의(중립) 국가; unterentwickeltes L. 저개발 국가; Frankreich ist das L. seiner Träume 프랑스는 그가 꿈에도 그리워하는 나라이다; er will L. und Leute kennenlernen 그는 그 나라와 사람, 관습 및 풍물을 알고자 한다; einem L. den Krieg erklären 어떤 나라에게 선전 포고를 하다; er wurde des -es verwiesen 그는 국외로 추방당했다; 〔성구〕 andere Länder, andere Sitten 나라에 따라 다르다; 〔성경〕 bleibe im -e und nähre dich redlich 이 땅에서 걱정없이 먹고 살리라(시편 37장 3절); **das Gelobte L.; das Heilige L.** 〔성경〕

축복 받은 땅; 성지(팔레스티나를 지칭); **das L.**, **wo Milch und Honig fließt** (모세서 2장 14절의) 젖과 꿀이 흐르는 땅; 낙토(樂土); **das L. meiner[seiner] Väter** 《아어》 (나[그]의) 조국(고향); **das L. der Mitte** 《고어》 중국(中國); **das L. der unbegrenzten Möglichkeiten** (무한한 가능성의 나라인) 미국; **das L. der aufgehenden Sonne** (떠오르는 태양의 나라인) 일본; **das L. der tausend Seen** (호수의 나라인) 핀란드; **wieder im Land(e) sein** 《통용어》 다시 귀국[귀가]하다. **b)** ↑Bundesland: die Länder der Bundesrepublik Deutschland 독일 연방 공화국의 주 (州).

land-, Land- (↑länder-, Länder-;landes-, Landes-;lands-, Lands-도 참조; ~**ab** [-'-] ↑~**auf** 참조. ~**adel**, der (옛) (자신의 영지를 소유한) 지방 귀족. ~**ambulatorium**, das 《구동독》 농촌 진료소. ~**ammann**, der 《schweiz.》 스위스 주지사. ~**arbeit**, die 농사일, 들일. ~**arbeiter**, der 농장일꾼, 농부. ~**arzt**, der 시골의사, 촌의사. ~**auf** [-'-] 〈Adv.〉 (**landab**과 쌍을 이루어서만 쓰임) **l.**, **landab** 《아어·준고어》 나라 전체에, 도처에, 널리. ~**aufenthalt**, der 시골[지방] 체류. ~**aus** [-'-] 〈Adv.〉 (**landein**과 쌍을 이루어서만 쓰임) **l.**, **landein** 국내에서나 외국에서나 도처에. ~**bau**, der ↑Ackerbau. ~**bauschule**, die ↑Ackerbauschule. ~**besitz**, der Grundbesitz (a, b). ~**bevölkerung**, die 농촌 주민. ~**bewohner**, der 지방[농촌]주민. ~**brot**, das ↑Bauernbrot. ~**brücke**, die [지리] 지협(地峽) 육교. ~**butter**, die 품질 등급이 낮은 농가 버터. ~**ei**, das **1.** 시골산의 (신선한) 달걀. **2.** 《통용어·폄·농》 ~**pomeranze**. ~**ein** [-'-] ↑~**aus** 참조. ~**einwärts** [-'-] 〈Adv.〉 (해안에서) 내륙으로. ~**enge**, die [지리] 지협(地峽). ~**erziehungsheim**, das 기숙사를 갖춘 시골학교. ~**fahrend** 〈Adj.〉 《준고어》 떠돌이의, 떠도는. ~**fahrer**, der 떠돌이. ~**fahrerin**, die ↑~**fahrer**의 여성형. ~**fahrzeug**, das 육상 교통 기관. ~**fein** 《다음 용법으로》 **sich l. machen** 《선원》 상륙하기 위해) 옷을 차려입다. ~**film**, der 《구동독》 이동 극장. ~**flucht**, die 이농(離農). ~**flüchtig** 〈Adj.〉 《고어》 제나라에서 도망친: er wurde l. 그는 제 나라에서 도망쳤다. ~**frau**, die 시골여자, 촌부. ~**frauenschule**, die 농업·가정 관리를 가르치는 여자 전문학교. ~**fremd** 〈Adj.〉 그 나라(지역) 출신이 아닌. ~**friede(n)**, der (역사) (중세의 국왕 등이 내린) 평화 유지 명령. ~**friedensbruch**, der **1.** 《역사적》 평화 유지 명령 위반. **2.** [법] 소란[소요]죄, 치안 교란. ~**funk**, der 농업 방송. ~**gang**, der 〈선원〉 **1.** 상륙 휴가. **2.** 《드물게》 배 사이를 연결하는 발판, 상륙용 발판. ~**gemeinde**, die 시골[농촌] 마을. ~**gericht**, das **a)** 지방 법원. **b)** 지방 법원 청사. ~**gerichtspräsident**, der 지방 법원장. ~**gestützt** 〈Adj.〉 〈군〉 지대지(지대공) 미사일의. ~**gewinnung**, die 매립, 간척. ~**graf**, der 〈역사적〉 **1.** 〈Pl. 없음〉 방백(方伯)(백작과 공작 사이의 귀족 칭호). **2.** 방백. ~**grafschaft**, die 《역사적》 방백의 영지. ~**gut**, das 농가, 농장. ~**haus**, das (시골) 별장. ~**heim**, das 시골에 있는 어린이 휴식소, 학교가 시골에 세운 교육관. ~**jäger**, der **1.** (지역적·고어) 시골 경찰관. **2.** 양념을 많이 한 날고기를 훈제해서 납작하게 누른 소세지. ~**jugend**, die 시골 청소년[젊은이]. ~**kärtchen**, das 날개 아래쪽이 지도 모양의 무늬가 있는 나비. ~**karte**, die 지도: einen Ort[einen Fluß] auf der L. suchen 어떤 곳[강]을 지도에서 찾다. ~**kartenflechte**, die (지도를 연상케 하는) 연두빛 지의(地衣). ~**kartenzunge**, die [의학] 흰가장자리로 둘러싸인 붉은 지도 모양의 반점이 있는 혀. ~**kind**, das **1.** 시골 아이.

이. **2.** 시골[촌]뜨기. ~**klima**, das ↑Kontinentalklima. ~**kommune**, die 농업이 주업인 주거 공동체. ~**kreis**, der 군(郡)(에 해당하는 독일의 행정 구역). ~**krieg**, der 〈Adj.〉 세간에서 행해지는, 일반적으로 알려진, 관례적인. ~**leben**, das 〈Pl. 없음〉 전원 생활, 농촌 생활. ~**lebend** 〈Adj.〉 [동물] 육지에 서식하는. ~**leute**, die **1.** 《준고어》 ↑~**bevölkerung**. **2.** ↑~**mann**의 복수형. ~**luft**, die 시골의 맑은 공기. ~**macht**, die 지상 병력을 주축으로 하는 육군국 (반대: Seemacht). ~**mann**, der 〈Pl. -leute〉 《아어·준고어》 농부, 시골사람. ~**marke**, die 《해양》 육표(陸標). ~**maschine**, die 농기계. ~**messer**, der 토지 측량 기사. ~**nahme** [-na:mə], die 〈Pl. 없음〉 영토 점령[획득]. ~**partie**, die 《준고어》 교외[시골]로의 소풍, 피크닉. ~**pfarrer**, der 시골 목사(신부). ~**pfleger**, der [성서] (로마시대의) 총독. ~**plage**, die 〈국난(國難)〉 [전의] ihre Kinder sind eine wahre [richtige] L. 《농》 그녀의 자녀들은 정말 견디기 힘든 아이들이다. ~**pomeranze**, die 《통용어·폄·농》 (촌티나는) 시골처녀. ~**rat**, der **Pl. 군수. 2.** 《schweiz.》 (특정주의) 주의회. ~**ratsamt**, das **a)** 군청. **b)** 군청 청사. ~**ratte**, die 《통용어·농·선원·폄》 물사람. ~**recht**, das (중세의 궁정법이나 시법에 속하지 않는) 보통법, 국법. ~**regen**, der 장마. ~**rücken**, der 길게 뻗은 산등성. ~**sasse**, der 《중세의》 소작인, 소작농. ~**sässig** [-zεsɪç] 〈Adj.〉 소작농의. ~**säugetier**, das [동물] 육지에 사는 포유동물. ~**schildkröte**, die 육지에 사는 거북이. ~**schreiber**, der 《schweiz.》 한 지역의 장(長), 구청장. ~**schule**, die 《준고어》 (학생수가 적은) 시골 국민학교. ~**schulheim**, das ↑~**heim**. ~**seite**, die 육지가 있는 쪽[편]. ~**sitz**, der 영지, 별장. ~**spitze**, die 갑(岬). ~**stadt**, die 소도시(읍 정도 크기의). ~**stände** 〈Pl.〉 《역사적》 신분 의회에 의석이 있는 특권 계급. ~**ständisch** 〈Adj.〉 《역사적》 ↑~**stände**의 형용사형. ~**störzer** [-ʃtœrtsɐ], der; -s, - 《옛》 부랑자, 떠돌이. ~**störzerin**, die; -nen ~**störzer**의 여성형. ~**straße**, die 지방도, 국도. ~**streicher**, der 부랑자, 떠돌이. ~**streicherei**, die 〈Pl. 없음〉 유랑[방랑](생활). ~**streicherin**, die; -nen ↑~**streicher**의 여성형. ~**streifen**, der 가늘고 긴 지대(地帶). ~**streitkräfte** 〈Pl.〉 ↑Heer (1 b). ~**strich**, der 지역, 지대. ~**stufe**, die ↑Schichtstufe. ~**sturm**, der **1.** ↑Landwehr (2). **2.** 《구제·schweiz.》 예비군(총인원). ~**sturmmann**, der 〈Pl. -männer〉 《구제·schweiz.》 예비군. ~**tag**, der **1.** 주의회. **b)** 주의회 의사당. **2.** 《역사적》 신분의회. ~**tagsabgeordnete***, der / die 주의회의원. ~**tagsfraktion**, die, 주의회 원내 교섭 단체. ~**tagswahl**, die 주의회 선거. ~**technik**, die 《구동독》 농업 기계화. ~**tier**, das 육지 동물. ~**urlaub**, der (선원의) 상륙 휴가. ~**vermesser**, der ↑~**messer**. ~**vermessung**, die ↑Landesvermessung. ~**vogt**, der (중세의 황제 직할지의) 태수. ~**vogtei**, die 태수의 관할 지역. ~**volk**, das 〈Pl. 없음〉 《준고어》 ↑~**bevölkerung**. ~**wärts** 〈Adv.〉 육지 쪽(방향)으로. ~**weg**, der **1.** 시골길; 들길. **2.** 육로: sie sind auf dem L. nach Indien gefahren 그들은 육로로 인도에 갔다. ~**wehr**, die 〈옛〉 **1.** 국경 요새. **2.** 향토 방위대. ~**wehrmann**, der 〈Pl. -männer〉 〈옛〉 향토 방위대원. ~**wein**, der 지역 토산 포도주. ~**wind**, der 육풍(陸風). ~**wirt**, der 농업 경영자, 농부. ~**wirtschaft**, die **1.** 〈Pl. 없음〉 농업: er ist in der L. tätig 그는 농업에 종사하고 있다. **2.** 농장. ~**wirtschaftlich** 〈Adj.〉 농업[낙농]의: l~e Erzeugnisse[Produkte] 농산물. ~**wirtschaftsausstellung**, die 농업[낙농]전시회. ~**wirtschaftskam-**

mer, die 농업 회의소. **~wirtschaftsministerium**, das 농업부. **~wirtschaftsschule**, die 농업(고등)학교. **~wirtschaftswissenschaft**, die 농학. **~zunge**, die 좁고 길쭉한 반도.

Land-art ['lændɑ:t], die [engl.-amerik. land-art] 어스 아트(earth art)(지형, 경관 따위를 소재로 삼는 현대 예술의 흐름).

Landauer ['landauǝ], der; -s, - [도시 Landau에서] (옛) 란다우식 4인승 마차(지붕을 접을 수 있는). **Landaulett** [lando'lεt], das; -s, -e [frz. landaulet] (옛) 지붕의 일부만을 접을 수 있는 란다우식 마차.

Ländchen ['lεntçǝn], das; -s, - / Länderchen ['lεndǝçǝn] ↑Land (5).

Lande- (landen 1; [항공]): **~anflug**, der ↑Anflug (1 b). **~bahn**, die 착륙용 활주로. **~brücke**, die ↑Landungsbrücke. **~erlaubnis**, die 착륙 허가. **~fähre**, die ↑Mondlandefähre의 약칭. **~klappe**, die 착륙용 보조 날개. **~kopf**, der (군) (해상 공격시) 해안 교두보. **~manöver**, das 착륙 조작(操作). **~piste**, die ↑~bahn. **~platz**, der 1. a) 소형 비행장. b) 착륙 적합 장소. 2. ↑Landungsplatz. **~steg**, der 잔교(棧橋). **~stelle**, die 착륙 지점[장소]. **~verbot**, das 착륙 금지.

Lände ['lεndǝ], die; -n (지역적) 선착장, 부두. **landen** ['landn] [niederd. landen] 1. ⟨s⟩ a) 착륙하다: wir sind auf dem Flughafen gelandet 우리는 공항에 착륙했다; der Pilot konnte wegen Nebels nicht l. 조종사는 안개로 인하여 착륙할 수 없었다; das Raumschiff ist auf dem Mond gelandet 우주선이 달에 사뿐히 착륙했다. b) (배가) 해안에 접안하다, 상륙하다: sie landeten mit einem Boot an der Küste 그들은 보트로 해안에 도착했다; bei jmdm. nicht l. (können) (통속어) 누구의 호응[지지]을 얻지 못하다, 누구에게 퇴짜맞다. 2. ⟨s⟩ a) (친근) (목적지에) 도착하다: wir sind gestern pünktlich hier in Meran gelandet 우리는 어제 정시에 이곳 메란에 도착했다. b) (통용어) 뜻밖의 곳(에) 가 닿다, 빠지다: der Wagen kam ins Schleudern und landete auf einem Acker 승용차는 굴러서 밭위에 가 멈췄다; wenn er so weiter macht, landet er noch im Zuchthaus 그가 계속 그렇게 하면 결국 갈 곳은 교도소다. 3. ⟨h⟩ a) 착륙시키다: die Alliierten haben hinter den feindlichen Linien Fallschirmjäger gelandet 연합군은 적후방에 공수부대를 투입시켰다. b) 상륙시키다: der Gegner hat Truppen an der Küste gelandet 적은 부대를 해안에 상륙시켰다. 4. ⟨h⟩ a) (권투) 일격을 가하다: er landete einen schweren Haken am Kopf des Gegners 그는 상대 선수의 머리에 강한 혹을 가했다. b) (통용어) (운좋게도, 놀랍게도) 달성하다: er hat einen Coup gelandet 그는 대단한 모험에 성공했다. **länden** ['lεndn̩] ⟨h⟩ (지역적) (사체를) 육지로 인양하다.

länder-, Länder- (↑land-, Land-; landes-, Landes-; lands-, Lands-도 참조): **~kammer**, die ↑Bundesrat (1). **~kampf**, der 국제 경기. **~kunde**, die ⟨Pl. 없음⟩ (한 나라에 대한) 지리학. **~kundig** ⟨Adj.⟩ ↑landeskundig. **~kundlich** ⟨Adj.⟩ 국가지리학의. **~name**, der (대개 Pl.) 나라(지역) 이름. **~parlamente** (Pl.) 주의회들(전체). **~spiel**, das (두 나라의) 국가 대표팀끼리의 경기: der junge Spieler bestreitet sein erstes L. 그 젊은 선수는 처음으로 국가 대표 선수로 출전한다. **~vergleich**, der 팀의 국제적 비교.

Länderchen: ↑Ländchen의 복수형. **Ländereien** [lεndǝ'raiǝn] ⟨Pl.⟩ 땅, 소유지; 영토.

landes-, Landes- (↑land-, Land-; länder-, Länder-; lands-, Lands-도 참조): **~amt**, das 주의 관청. **~art**, die ⟨Pl. 없음⟩ ↑~sitte. **~aufnahme**, die ↑~vermessung. **~bank**, die ⟨Pl. -banken⟩ 지방은행. **~behörde**, die 주의 관청. **~bischof**, der [신교] 주(州)감독. **~brauch**, der 주(나라)의 습속. **~ebene**, die (다음 용법으로) auf L. 주 차원에서. **~eigen** ⟨Adj.⟩ 1. 주에 속하는. 2. 나라 고유의. **~farben** ⟨Pl.⟩ 주기(州旗)[국기]의 색깔. **~flüchtig**: ↑landflüchtig. **~fürst**, der ↑~herr. **~gericht**, das ⟨österr.⟩ (각 주의 수도에 있는) 일심 법원. **~geschichte**, die ⟨Pl. 없음⟩지방(향토)사. **~geschichtlich** ⟨Adj.⟩ 지방(향토)사의. **~grenze**, die ↑Grenze (1 a): er war weit über die -n hinaus bekannt 그는 국경을 초월하여 널리 알려졌다. **~gruppe**, die [정치·의회] 같은 주 출신의 특정 정당의 국회의원의 연합. **~hauptmann**, der ⟨Pl. ...hauptleute / ...hauptmänner⟩ 1. (옛) (프러시아의) 지방 자치 정부의 장(長). 2. ⟨österr.⟩ 주정부 수상. **~hauptstadt**, die 1. (나라의) 수도. 2. 주의 수도. **~herr**, der (옛) (중세의) 군주: er wollte nicht Minister in Bonn werden, sondern lieber L. in seinem Bundesland bleiben (농) 그는 연방 정부의 장관 자리보다는 주정부의 수상으로 있고자 했다. **~herrin**, die ↑~herr의 여성형. **~herrlich** ⟨Adj.⟩ (옛) 군주의, 영주의. **~herrlichkeit**, die ⟨Pl. 없음⟩ **~hoheit**. **~hoheit**, die ⟨Pl. 없음⟩ (옛) 군주의 통치권. **~hymne**, die ⟨österr.⟩ 주가(州歌). **~innere**, das 내륙; (국가의) 내부. **~kind**, das (대개 Pl.) (고어·농) 그 지방 출신의 사람. **~kirche**, die 독일 각 주(州) 교회. **~kultur**, die ⟨Pl. 없음⟩ [전문어] 토지 개량, 치산치수. **~kunde**, die ⟨Pl. 없음⟩ 지역학. **~kundig** ⟨Adj.⟩ 지역 사정에 밝은. **~kundlich** ⟨Adj.⟩ 지역학의. **~liste**, die [정치·의회] (비례대표제 선거용의) 주별(州別) 국회의원 후보자 명부. **~meister**, der [스포츠] 국가대표 선수. **~meisterschaft**, die [스포츠] 국가 대표 선발 경기. **~mutter**, die (아어·고어) 여군주의 높임말. 주(州)의 주모(主母). **~parlament**, das 주의회. **~parteitag**, der (정당의) 주 전당대회일(日). **~pflege**, die ⟨Pl. 없음⟩ 국토 보존. **~planung**, die ⟨Pl. 없음⟩ 주에 연계된 정치, 주차원의 정치. **~politik**, die ⟨Pl. 없음⟩ 주에 연계된 정치, 주차원의 정치. **~politiker**, der 주 정치가. **~politisch** ⟨Adj.⟩ 주 정치의. **~produkt**, das 주 국산품, 토산품. **~rat**, der [법] ⟨österr.⟩ 주 정부의 각료. **~recht**, das [법] 주법(州法). **~regierung**, die 주 정부. **~rekord**, der [스포츠] 국가의 (최고) 기록. **~schulrat**, der ⟨österr.⟩ 주 교육위원(회). **~sitte**, die 나라(지방)의 풍습. **~sprache**, die 국어. **~tracht**, die 민속의상, 나라(지방)의 고유 복장. **~trauer**, die 국상(國喪). **~üblich** ⟨Adj.⟩ 나라의 관습인, 나라 특유의. **~vater**, der (아어·옛) 임금, 국부. **~vermessung**, die 토지 측량. **~verrat**, der [법] 국가 반역죄, 모반죄. **~verräter**, der 국가 반역자, 매국노. **~verräterisch** ⟨Adj⟩ 대역죄의, 국가반역죄의. **~versicherungsanstalt**, die 공익 보험회사. **~verteidigung**, die 국방. **~verweisung**, die ⟨österr.⟩ ↑Ausweisung. **~verwiesen** ⟨Adj.⟩ ⟨österr.⟩ ↑추방당한. **~währung**, die (어떤 국가의) 화폐. **~wappen**, das 주(州)의 문장(紋章). **~weit** ⟨Adj.⟩ 나라(주) 전역에 걸친.

Ländler ['lεntlɐ], der; -s, - ["Landl"(= Oberösterreich)] 3/4박자의 느린 민속춤. **ländlich** ['lεntlɪç] ⟨Adj.⟩ 시골의; 시골풍의: das Leben bevorzugen 시골 생활을 선호하다. **ländlich-sittlich** ⟨Adj.⟩ (농)간소(소박), 시골풍의: bei dem Fest ging es noch so richtig l. zu 축제는 정말 소박한 분위기에서 진행되었다.

Landrover ⓦ ['lændrouvǝ], der; -(s), - [engl. land-

rover) 4륜구동의 황무지 진입용 자동차.
lands-, Lạnds- (↑land-, Land-; länder-, Länder-; landes-, Landes-도 참조): ~gemeinde, die 《schweiz.》주민(州民) 집회. ~knecht, der 《역사적》(16세기의) 보병; 용병. ~knechtslied, das 보병가(歌). ~knechtstracht, die 보병복(服). ~mal ['lantsmo:l], das; -(s) 근대 노르웨이어의 옛 명칭. ~mann, der 〈Pl. ...leute〉동향인, 동국(동족)인: er ist sein L. 그는 그 사람과 동향이다; Was sin' denn Sie fur'n L.? 고향이 어디십니까? ~männin, die ↑~mann의 여성형. ~mannschaft, die 1. 〈Pl. 없음〉동향인 임. 2. a) 《예》(대학생의) 향우회. b) 《결투 따위를 하는》학우회. 3. 피난민 또는 피추방자 연합회. ~mannschaftlich 〈Adj.〉1. 동향인의: sie waren sich l. verbunden 그들은 동향인으로 맺어져 있었다. 2. 향우회의. 3. 피난민 [피추방자]연합회의.
Lạndschaft, die; -en 1. 풍경, 경치, 경관; 지역, 지대: eine karge L. 메마른 지대; eine malerische L. 그림 같은 풍경; die (innen)politische L. hat sich geändert (국내)정치상황이 변했다. 2. 풍경화. Lạndschafter, der; -s, - 《준고어》↑Landschaftsmaler. landschaftlich 〈Adj.〉1. 《자연》풍경(경관)의: eine l. herrliche Gegend 경관(풍경)이 수려한 지역. 2. 《언어에서의》지방(지역) 특유의, 지역적: eine -e Ausdrucksweise 지방 특유의 표현법.
lạndschafts-, Lạndschafts- ~aquarell, das 풍경 수채화. ~aufnahme, die 풍경 사진. ~bild, das 1. 풍경화. 2. 풍경(경관)의 상(像). ~charakter, der ↑~bild (2). ~gärtner, der 조경사, 정원사, 조원가(造園家). ~gebunden 〈Adj.〉특정의 지역에만 있는(가능한). ~gestaltung, die 〈Pl. 없음〉조원 설계. ~maler, der 풍경화가. ~malerei, die 〈Pl. 없음〉풍경(산수)화. ~pflege, die 〈Pl. 없음〉자연 경관(풍경) 보호. ~schutz, der ↑~pflege. ~schutzgebiet, das 자연경관 보호 구역.
Lạndseer ['lænsɪə], der; -s, -s [영국의 동물화가 E. H. Landseer(1802~1873)에서] 뉴펀드랜드산의 큰 개 이름.
Lạndser ['lantsɐ], der; -s, - 《군》병사.
Lạndsting ['lantstɪŋ], das; -s 1953년까지의 덴마크 상원(上院).
Lạndung, die; -en 1. a) 착륙: einwandfreie L. des Flugzeugs 비행기의 완벽한 착륙. b) 《드물게》(배의) 착지(着地). 2. a) (적기의) 공중 낙하. b) (적지에 배로) 상륙.
Lạndungs- ~boot, das 상륙정(艇); 거룻배. ~brücke, die 상륙용 잔교(棧橋). ~fahrzeug, das ↑~boot. ~platz, der 상륙 지점, 부두, 잔교. ~steg, der ↑~brücke. ~stelle, die ↑~platz.
¹lang [laŋ] 〈Adj.〉 länger, längste〉1. a) (공간적으로) 긴, 기다란(반대: kurz 1 a) sie trägt gern -e Kleider 그녀는 긴 옷을 즐겨 입는다; 《전의》eine Suppe(Soße) 《통용어》묽은 스프[소스]. b) (다음 용법으로) ein fünf Meter -es Seil 5미터 길이의 밧줄. c) 《통용어》키 큰: er ist eine -e Latte 《농》그는 키[껑]다리다. d) (단어수가 많아》); 자세한: der Aufsatz ist zu l. 그 논문은 너무 길다[자세하다]. 2. a) (시간적으로) 긴, 오랜, 오랫동안의: nach -er Krankheit ist er gestorben 오랜 병환 끝에 그는 죽었다; das wird eine -e Nacht 잠을 못이루는 밤이 될 거다; sie konnte es nicht mehr länger ertragen 그녀는 그것을 더 이상 참을 수 없었다; l. und breit(des -en (und breiten)) 상세[자세]하게; 장황하게; sich l. und breit von etw. berichten lassen 무엇에 대해서 상세하게 보고하다; seit -em 오래전부터. b) 《다음 용법으로》sein drei Stunden -es Warten hat sich gelohnt 그가 세 시간 동안 기다린 것은 보람이 있었

다; sein Leben l. 평생 동안. ²lang [-] 《특히 nordd.》I. 《후치적 Präp.⁴》↑entlang (1): gehen Sie lieber diesen Weg l. 이 길을 따라가시오. II. 〈Adv.〉↑entlang (II): kommt, wir müssen hier l. 자! 우리는 이쪽으로 가야 해; geht es wirklich da l.? 이길이 맞는 길이오?; wissen(erkennen / sehen), wo es l. geht《통용어》사태의 추이를 알다[내다보다].
lạng-, Lạng- (¹lang): ~ärm(e)lig [-ɛrm(ə)lɪç] 〈Adj.〉소매가 긴. ~atmig 〈Adj.〉장황한, 너무 상세한. ~atmigkeit, die 〈Pl. 없음〉↑~atmig의 명사형. ~beinig 〈Adj.〉발이 긴. ~fädig 〈Adj.〉《schweiz.》지루한, 장황한. ~film, der (보통 길이의) 영화(반대: Kurzfilm). ~finger, der 《별》도둑, 소매치기. ~fing(e)rig 〈Adj.〉1. 손가락이 긴. 2. 《별》손버릇이 나쁜. ~fisch, der ↑Leng. ~florteppich, der 섬모가 긴 양탄자. ~flügelig 〈Adj.〉《동물》날개가 긴. ~fristig [-frɪstɪç] 〈Adj.〉기간이 긴, 장기(長期)의. ~gehegt 〈Adj.〉오랫동안 간직해온(품어온). ~geschwänzt 〈Adj.〉꼬리가 긴. ~gestielt 〈Adj.〉자루가 긴. ~gestreckt 〈Adj.〉길게 뻗은, 상당히 긴. ~gezogen 〈Adj.〉길게 지속되는, 길게 끈. ~gliedrig 〈Adj.〉팔다리가 긴. ~haar, das 〈Pl. 없음〉1. (개, 고양이의) 긴 털. 2. 《드물게》장발, 긴 머리(반대: Kurzhaar). ~haardackel, der 긴 털을 가진 다켈(개 종류). ~haarfrisur, die 긴 머리형. ~haarig 〈Adj.〉a) 긴 털의(동물의). b) 긴 머리[장발]를 한 긴 털이 붙은(붓 따위의). ~haarkatze, die 긴 털을 가진 고양이. ~halsig 〈Adj.〉목이 긴. ~haus, das 《건축》(교회당의) 중앙부. ~hin 〈Adv.〉《아어》앞으로 멀리, 아득히. ~holz, das 〈Pl. 없음〉긴 목재, 긴 들보. ~jährig 〈Adj.〉여러 해의, 다년간의: über -e Erfahrungen verfügen 다년간의 경험을 가지고 있다. ~köpfig 〈Adj.〉《인류·의학》두개골이 긴. ~köpfigkeit, die 〈Pl. 없음〉a) 《인류》(특정 인종의 특징으로서의) 좁고 긴 두개골. b) 《의학》기형적인 좁고 긴 두개골. ~lauf, der 〈Pl. 없음〉《스포츠》(스키의) 노르딕. ~läufer, der 노르딕 주자. ~laufski, der 노르딕용 스키. ~lebig 〈Adj.〉1. 《반대: kurzlebig》1. 《전문어》생명이 긴. 2. a) (효력·활동력이) 오래 지속되는. b) 내구성이 있는, 오래 사용할 수 있는. ~lebigkeit, die 〈Pl. 없음〉↑~lebig의 명사형. ~lich 〈h〉《옛날》(쉬거나 자기 위해》 눕다. ~liegen* 《통용어》누워 쉬다[자다]. ~lochziegel, der 《건축》구멍뚫린 긴 벽돌. ~machen 《통용어》a) (l. + sich) ↑~legen. b) ausstrecken (2). ~mähnig 〈Adj.〉《별》~haarig (b). ~mut, die 《아어》인내심이 강한; 느긋한. ~mütig 〈Adj.〉《아어》느긋한, 끈질성이 많은. ~mütigkeit, die ↑~mütig의 명사형. ~ohr, das 《농》1. (집)토끼. 2. 당나귀. ~ohrig [-|oːrɪç] 〈Adj.〉귀가 긴. ~paß, der 《공놀이》긴 패스(반대: Kurzpaß). ~pferd, das 《체조》도마(跳馬). ~schädel, der 장두(長頭). ~schädelig, ~schädlig 〈Adj.〉장두의. ~schäfter [-ʃɛftɐ], der; -s, - 무릎까지 올라오는 부츠 [장화]. ~schäftig [-ʃɛftɪç] 〈Adj.〉다리부분이 긴. ~schläfer, die (늦)잠꾸러기. ~schnäb(e)lig [-ʃnɛːb(ə)lɪç] 〈Adj.〉부리가 긴. ~schnauzig [-ʃnautsɪç] 〈Adj.〉주둥이가 긴. ~schrift, die 《드물게, Kurzschrift의 반대어로만 사용》《속기(速記)의 반대어서》보통문자. ~schwänzig [-ʃvɛntsɪç] 〈Adj.〉↑~geschwänzt. ~seite, die 건물의 긴 편. ~spielplatte, die 엘피 음반(약어: LP). ~steng(e)lig 〈Adj.〉↑~stielig. ~stielig [-ʃtiːlɪç] 〈Adj.〉1. a) 자루가 긴. b) 줄기가 긴. 2. 《통용어》지루한. ~stieligkeit, die 〈Pl. 없음〉《통용어》단조로움, 지루함. ~strecke, die a) 원거리, 장거리. b) 《스포츠》장

거리. ~streckenflug, der 장거리비행. ~strecken-lauf, der [스포츠] 장거리 경주. ~streckenläufer, der [스포츠] 장거리 주자. ~streckenrakete, die 장거리 로켓. ~streckenschwimmer, der [스포츠] 장거리 수영선수. ~streckler [-ʃtrekləl], der 《스포츠 은어》↑~streckenläufer. ~tagpflanze, die [식물] 장일(長日) 식물(반대: Kurztagpflanze). ~vers, der [시학] 5박자 이상의 긴 시행. ~weile, die ↑Langeweile. ~weilen ⟨h⟩ 1. 지루하게 하다: der Redner langweilte seine Zuhörer (zu Tode) 연설자는 그의 청중을 (아주) 지루하게 했다. 2. ⟨l. + sich⟩ 지루하다: ich habe mich auf der Party gelangweilt 파티가 내게는 지루했다; ich fühlte freilich, daß er sich bei mir langweilte 그가 나와는 지루해한다는 것을 나는 물론 느꼈다. ~weiler, der 《통용어·폄》 a) 지루한(지겨운) 사람. b) 답답한(우유부단한) 사람. ~weilig [-vaɪlɪç] ⟨Adj.⟩ 1. 지루한, 재미없는(반대: kurzweilig): eine -e Landschaft 단조로운 풍경; die Reise [die Veranstaltung] war ziemlich l. 그 여행[행사]은 상당히 지루했다; es war ihm sehr l. 그는 너무나 지겨웠다. 2. 《통용어》 시간이 걸리는, 더딘: sei doch nicht so l.! 좀 서둘러라! ~weiligkeit, die ⟨ -weilig의 명사형. ~welle, die [물리·무선·방송] a) 장파. b) [방송] 장파 수신 라디오의 전파 범위. ~wellensender, der [무선·방송] 장파 방송국. ~wellig ⟨Adj.⟩ [물리] ~wierig 오래 끌고 힘드는, 진저리나는. ~wierigkeit, die; -en ↑~wierig의 명사형. ~zeile, die [시학] (특히 고대·중세 문학의) 두개의 단시행으로 이루어진 장시행(長詩行). ~zeitauto, das 장기간 탈 수 있는 자동차. ~zeitgedächtnis, das ⟨Pl. 없음⟩ [심리] 장기적 기억력(반대: Kurzzeitgedächtnis). ~zeitökonomie, die 장기 계획 경제. ~zeitprogramm, das [전문어] 장기 계획. ~zeitstudie, die 장기 연구(서). ~zeitversuch, der 장기적 실험. ~zeitwirkung, die [전문어] 장기 효과 [효능].

Langage [lɑ̃ˈgaːʒ(ə)], die [언어] ↑Sprachfähigkeit.
lange, lang (↑¹lang 2 a) [ˈlaŋ(ə)] ⟨Adv.⟩ 1. 오래, 오랫동안: wir mußten l. warten 우리는 오래 기다려야만 했다; es ist schon l. her 벌써 오래된 일이다; auf meinen Anruf kann er l. warten 나는 그에게 전화하지 않을 것이다; er wird's nicht mehr l. machen 《통용어》 그는 곧 죽을 것이다. 2. 《뒤에 오는 nicht와 결합하여》 전혀: er spielt l. nicht so gut wie du 그는 도저히 너만큼 운동[연주]를 할 수 없다. **Länge** [ˈlɛŋə], die; -n 1. a) (공간적) 길이: bei dieser L. des Weges stellen sich leicht Ermüdungen ein 이런 긴 여로에는 피로가 쉽사리 나타난다; das deutsche Boot gewann mit einer L. [스포츠] 독일 보트가 보트 길이 차이로 우승했다; etw. der L. nach falten (durchschneiden) 무엇을 세로로 접다(자르다); **um -en gewinnen (verlieren / geschlagen werden)** 《통용어》 확실한 승자(패자)가 되다; er verlor das Duell gegen den überragenden Rivera um -en 그는 뛰어난 리베라와의 한판 승부에서 확실한 패자가 되었다. b) ⟨Pl. 없음⟩ 길이 (척도의 표시와 결합하여): die Straße ist auf einer L. [in einer L.] von zwei Kilometern nur einseitig befahrbar 그 도로는 2킬로미터 길이의 구간이 일방통행만 가능하다. c) 큰 신장, 장신: seine L. kommt ihm bei dieser Sportart zugute 그의 장신이 이런 운동류에는 유리하다. d) 자세함, 장황함. 2. [지리] 날도, 경도(선). 3. a) (시간적) 길이, (지속) 시간, 기간: die L. der Veranstaltung ist noch nicht bekannt 그 행사의 (소요) 시간은 아직 모른다; ein Vortrag von solcher L. ist eine Zumutung 그렇게 오래 걸리는 강연

은 무리다; **auf die L.** (통용어) 오래 끝면서; 장시간[기간]에 걸쳐(예정으로); **in die L. ziehen** 지연시키다; **sich in die L. ziehen** 지연되다, 길어지다. b) ⟨Pl. 없음⟩ 시간적 지속성(척도의 표시와 결합하여): einen Vortrag von (rund) einer Stunde L. halten (약) 한 시간 걸리는 강연을 하다. 4. ⟨Pl.⟩ 지루한 부분(장(章)), 장면. 5. [시학] 장음절(고대시에서) (반대: Kürze). **lange-lang** ⟨Adv.⟩ 《통용어》 제 길이대로, 길이로: l. am Boden[im Gras] liegen 바닥[풀밭]에 벌렁 누워있다. **langen** [ˈlaŋən] ⟨h⟩ 《통용어》 **1. a)** 충분히 있다, 충분하다: **jmdm. langt es** 《통용어》 참을 만큼 참다. **b)** (mit etw.) 꾸려나가다: mit dem Brot langen wir bis morgen 그 빵으로 우리는 내일까지는 먹는다. 2. 이르다, 다다르다. **3. a)** 손이 닿다; 손으로 붙들다. **b)** (어디로) 손을 뻗다: er langte in die Tasche und holte zehn Mark heraus 그는 손을 호주머니에 집어 넣어 10마르크를 꺼냈다. 4. 손으로 쥐다, 가져오다: **jmdm. eine l.** 《통용어》 누구의 뺨을 때리다. **längen** [ˈlɛŋən] ⟨h⟩ (준고어) **1. a)** (길이를) 늘리다: [전의] du kannst die Suppe(die Soße) noch etwas l. 스프(소스)를 좀 더 묽게 하다. **b)** ⟨l. + sich⟩ 늘어나다, 길어지다. **2. a)** 지연시키다, 지속되게 하다. **b)** ⟨l. + sich⟩ 지연되다, 지속되다.

Längen-: ~**einheit**, die [전문어] ↑~maß. ~**grad**, der [지리] 경도(經度). ~**kreis**, der [지리] ↑Meridian. ~**maß**, das [길이] 측정 단위. ~**wachstum**, das [생물] 조직(길이)의 성장.
länger [ˈlɛŋɐ] ⟨Adj.⟩ (↑¹lang, lange, längstens, längst 참조). 1. [절대 비교급] ⟨a⟩ 상당히 긴, 통상보다 오래 걸리는. 2. ↑¹lang의 비교급. **längerfristig** [-frɪstɪç] ⟨Adj.⟩ 상당 기간의, 장기적 관점의: eine -e Planung 장기 계획.
Langerhans-Inseln ⟨Pl.⟩ [의학] 랑겔한스 섬.
Langette [laŋˈgɛtə], die; -n, **Langettenstich**, der; -(e)s, -e [frz. languette] ↑Festonstich. **langettieren** [laŋgɛˈtiːrən] ⟨h⟩ ↑festonieren. **Langettierung**, die; -en ↑langettieren의 명사형.
Langeweile, die / Langeweile, (드물게) Langweile, die [lange Weile의 복합] 단조로운(따분한, 지루한) 기분: vor L. [Langerweile] fast sterben 따분해 죽을 지경이다. **Langezeit**, die (schweiz.) 동경, 향수.
langgehen* ⟨s⟩ 《통용어》 ↑entlanggehen: **(nicht) wissen, wo's langgeht** 《통용어》 상황을 잘 알다(모르다). **länglich** [ˈlɛŋlɪç] ⟨Adj.⟩ 조금 긴, (너비에 비해) 길쭉한; (문장이) **länglichrund** ⟨Adj.⟩ ↑oval.
längs [lɛŋs] **I.** ⟨Präp.²⁽³⁾⟩ …을 따라서(entlang): l. den Gärten des Palastes 궁의 정원을 따라서. **II.** ⟨Adv.⟩ 종축(縱軸)으로(반대: quer).
Langobarde [laŋoˈbardə] der; -n, -n 랑고바르드족(서 게르만족의 일종). **langobardisch** ⟨Adj.⟩ 랑고바르드족의.

längs-, Längs-: ~**achse**, die 종축(반대: Querachse). ~**deck(s)** ⟨Adv.⟩ [선원] 갑판을 따라서. ~**faden**, der 길이로 난 실(줄). ~**falte**, der 길이로 난 주름. ~**gestreift** ⟨Adj.⟩ 세로로 줄무늬가 있는(반대: quergestreift). ~**lage**, die [의학] 종위(縱位). ~**linie**, die 종선. ~**richtung**, die 세로 방향. ~**schnitt**, der (반대: Querschnitt) **1.** (지세의) 종단(縱斷), 세로 끊음. **2.** 종단면의 제시(표현). ~**seite**, die (물체의) 긴 쪽(반대: Querseits). ~**seits** [선원] **I.** ⟨Präp.²⟩ …을 따라서. **II.** ⟨Adv.⟩ 배의 측면 쪽으로. ~**streifen**, der 세로 줄(무늬)(반대: Querstreifen). ~**tal**, das [지리] 종곡(縱谷)(반대: Quertal). ~**wand**, die (건물이나 물건의) 종벽(반대: Querwand).
langsam [ˈlaŋzaːm] ⟨Adj.⟩ **1.** 느린, 더딘, 완만한(반대:

schnell》: der Läufer wurde auf der Zielgeraden -er 그 주자는 결승점 전의 직선 코스에서 제속력을 유지하지 못했다; er spazierte l. durch den Park 그는 공원을 지나 편안하게 산보를 했다; immer schön l.!《통용어》 항상 서두르지 말고 차분하게(해라)!; **l., aber sicher**《통용어》 느리지만 계속적으로(꾸준히), 점진적으로. **2.** 지둔 (遲鈍), 민첩하지 못한, 더딘: er denkt und handelt sehr l. 그는 생각과 행동이 더디다. **3.** 점차, 차차: das -e Nachlassen der Kräfte 기력의 점차적 쇄진; es wird l. Zeit, daß du gehst 점차 네가 가야할 시간이 다가오고 있다. **Langsamkeit**, die ↑langsam의 명사형. **längst** [lɛŋst] 〈Adv.〉 [↑¹lang 참조] **1.** 벌써, 오래 전에; 오래 전부터: das hättest du (schon) l. erledigen müssen 너는 그걸 진작 처리했어야만 했다; für mich ist diese Geschichte l. erledigt 이 이야기(일)는 내게 전혀 생각도 나지 않는다. **2.**《후속하는 "nicht"와 결합하여》결코 …(않다): dort ist es l. nicht so schön wie hier 저기는 결코 여기만큼 좋지 못하다. **längste** ['lɛŋstə] ↑¹lang 참조. **längstens** ['lɛŋstəns] 〈Adv.〉 **a)** 극단의 경우에, 기껏해야. **b)** 늦어도. **c)** 이미, 오래 전부터.
Langue ['lã:g(ə)], die [frz. langue = Sprache] [언어] 문법체계로서의 언어, 랑그(↑²Parole 참조).
Languedoc [lãg'dɔk], das / die 랑그도끄(남프랑스 지역). **~wein**, der 남프랑스산 약한 (적)포도주.
languendo [laŋ'guendo], **languente** [laŋ'guɛntə], **languido** ['laŋguido] 〈Adv.〉 [ital. languendo, languente, languido] [음악] 애타게 그리워하며.
Languste [laŋ'gustə], die; -n [frz. langouste] (지중해, 대서양에 서식하는) 왕새우, 대하.
Lanital [lani'ta:l], das; -s [aus ital. **lana italiana** = italienische Wolle] [섬유 공업] 탈지유의 카세인으로 만든 합성섬유. **Lanitalfaser**, die 위의 실.
Lanolin [lano'li:n], das; -s [lat. lāna u. oleum] 라놀린, (연고의 재료인) 양털기름. **Lanometer**: ↑Lanameter. **Lanon** Ⓦ [la'no:n], das; -s [lat. lāna] [인공어] [섬유] 폴리에스텔로 된 합성인조섬유.
Lantana [lan'ta:na], die [lat.] [식물] ↑Wandelröschen.
Lanthan [lan'ta:n], das; -(s) [griech. lanthánein] [화학] 란탄(금속 원소명) (원소기호: La). **Lanthanid** [lanta'ni:t], das; -(e)s, -e [화학] ↑Lanthanoid. **Lanthanit** [lanta'ni:t, …nɪt], das; -s, -e [화학] 흰색의 반짝이는 광물. **Lanthanoid** [lantano'i:t], das; -(e)s, -e [griech. -oeidḗs] [화학] 란탄과 유사한 원소.
Lanugo [la'nu:go], die; …gines […gine:s; lat. lanūgo] [의학] 태아(신생아)의 솜털.
Lanze ['lantsə], die; -n [frz. lance] 창(槍): **für jmdm.** **(etw.) eine L. brechen**《(드물게) **einlegen**》누구 (무엇)을 위해 의연히 싸우다, 누구(무엇)을 단호히 방어하다.
lanzen-, Lanzen-: **~farn**, der [식물] 창 모양의 양치(羊齒). **~fisch**, der 창 모양의 수족관 물고기. **~förmig** 〈Adj.〉 창 모양의. **~reiter**, der [옛] 창기병(槍騎兵). **~spitze**, die 창 끝. **~stich**, der 창으로 찌름; 창에 의한 상처. **~stoß**, der ↑**~stich**.
lanzett-, Lanzett-: **~bogen**, der [건축] (특히 영국식 고딕의) 가늘고 뾰족한 아치. **~fenster**, die [건축] (초기 고딕의) 뾰족한 아치형의 가늘고 긴 창문. **~fischchen**, das; -s, - [동물] (해변 모래 속에 사는) 활유어. **~förmig** 〈Adj.〉 란셋트 모양의.
Lanzette [lan'tsɛtə], die; -n [frz. lancette] [의학] (특히 눈 수술에 쓰는) 유엽도, 란세트. **lanzęttlich** 〈Adj.〉 [식물] 말할 이란세트 모양의.
lanzinieren [lantsi'ni:rən] 〈h; 대개 현재분사로〉 [lat. lancināre = zerfleischen] [의학] (통증이) 갑자기 심하게 나타나다[일어나다]: lanzinierende Schmerzen 갑작스러운 통증.
Laokoon [la'ɔ:kɔɔn] 두 아들과 뱀에 물려 죽은 트로이의 신관(神官).
Laos ['la:ɔs] 라오스. **Laote**, der; -n, -n 라오스 사람. **laotisch** 〈Adj.〉 라오스 사람의.
Laparoskop [laparo'sko:p], das; -s, -e [griech. lapára = Teil des Leibes u. skopeĩn = betrachten] [의학] 내시경. **Laparoskopie** [laparosko'pi:], die; -n […i:ən] [의학] 내시경 검사. **Laparotomie** [...to'mi:], die; -n […i:ən; griech. tomḗ = das Schneiden, Schnitt] [의학] 개복술(開腹術).
La Paz [la 'pas] 볼리비아의 수도.
lapidar [lapi'da:ɐ̯] 〈Adj.〉 [lat. lapidārius] 《교양어》간단하고 효과적인, 간결한: etw. in -er Kürze mitteilen 무엇을 매우 간결하게 전달하다. **Lapidär** [lapi'dɛ:ɐ̯], der; -s, -e [frz. lapidaire] [전문어] (시계공의) 연마기(研磨器). **Lapidarium** [lapi'da:rium], das; -s, …ien […iən] [전문어] 석비(石碑) 전시장(미술관, 박물관). **Lapidarschrift**, die [인쇄] 장식이 없는 대문자(大文字). **Lapidarstil**, der; -(e)s [교양어] 간결(문)체.
Lapilli [la'pili] 〈Pl.〉 [lat. lapillus = Steinchen] [지질] 작은 용암. **Lapislazuli** [lapɪs'la:tsuli], der; -, - [lat. lapis = Stein] [광물] 청금석(青金石).
Lapp [lap], der; -en, -en 〈bayr., österr.〉 [경] 풋나기, 우둔한 자. **Lappalie** [la'pa:liə], die; -n 사소한[하찮은] 일: es kam zum Streit über -n 사소한 일로 싸움이 벌어졌다. **Läppchen** ['lɛpçən], das; -s, - ↑Lappen (1). **Lappe** ['lapə], der; -n, -n (북유럽의) 라플란드 사람. **Lappen** ['lapn̩], der; -s, - **1.**〈축소형: ↑Läppchen〉천(형겊) 조각; 가죽 조각; 걸레; 행주: etw. mit einem L. säubern 무엇을 헝겊으로 (깨끗하게) 닦다; ein Hemd zu L. zuschneiden 셔츠를 조각으로 자르다. **2.**《경》고액권: blauer L. 100마르크 지폐; grüner L. 20마르크 지폐. **3.**《통용·법·지역적》허약자; 겁장이, 못난이. **4. a)** 동물 몸체(피부)의 처진 부분. **b)** 〈Pl.〉 [사냥] (물새류의) 물갈퀴. **c)** 〈Pl.〉 [사냥] 개의 (처진) 입가(입술). **d)** [간, 폐 등의 판(瓣), 엽(葉). **5.** [사냥] (짐승들을 위해 그물에 매단) 몰이 헝겊(줄):
jmdm. durch die L. gehen《통용어》누구를 (피해서) 빠져나가다: er ist der Polizei durch die L. gegangen 그는 경찰을 피해 빠져나갔다.
läppen ['lɛpn̩] 〈h〉 [engl. lap] [금속] 연마(硏磨)하다. **Läppen** [-], das; -s 연마.
Läppentaucher, der; -s, - (잠수에 편리한 다리를 가진) 유금류(遊禽類); 농벵아리.
Lappenzelt, das; -(e)s, -e ↑³Kote.
Lapperei [lapə'raɪ], die; -en 《드물게》↑Läpperei.
Läpperei [lɛpə'raɪ], die; -en《통용어》사소한[하찮은] 일.
läppern ['lɛpɐn] 〈h〉 **1.** 〈지역적〉조금씩(홀짝홀짝) 마시다. **2.** 〈비인칭〉〈지역적〉갑자기 무엇을 무척 먹고 싶어하다: es läppert mich nach einem guten Stück Fleisch 나는 갑자기 고기를 먹고 싶다. **3. das[es] läppert sich** 《통용어》조금씩 모여 많은 양이 되다.
lappig ['lapɪç] 〈Adj.〉 **1.** 《통용어》 느슨한; 후들후들한, 느즈러진. **2.**〈경〉 형편없는 (액수의). **3.** ↑gelappt. **Lappin**, die; -nen ↑Lappe의 여성형. **lappisch**, 〈Adj.〉 ↑Lappe의 형용사형. **läppisch** ['lɛpɪʃ] 〈Adj.〉《f》 **1.** 어리석은; 어린애 같은: ihr -es Wesen geht mir auf die Nerven 그녀의 어리석음이 나를 화나게 한다. **2.** 형편없이 적은.
Lappjagd ['lapja:kt], die; -en [사냥] 헝겊 또는 종이 허수아비를 사용하는 몰이 사냥.
Lappland, -s 라플란드(북유럽 지방의 이름). **Lapplän-**

lappländisch der, der, -s, - 라플란드의 지방 사람. **lappländisch**, ⟨Adj.⟩ 라플란드의.

Läppmaschine, die; -n [금속] 금속반(盤), 금속 연마기.

Lapsus ['lapsʊs], der; -, - ['lapsuːs; lat. lāpsus] 《교양어》(말·글·사교상의) 실수, 오류, 잘못: mir ist ein (schlimmer) L. unterlaufen(passiert) 내가 큰 실수를 범했다. **Lapsus calami** [-'kaːlami], der; - -, - - 《교양어》 오자(誤字), 오기(誤記). **Lapsus linguae** [-'lɪŋɡʊe], der; - -, - - 《교양어》 실언(失言). **Lapsus memoriae** [-me'moːri̯e], der; - -, - - [lat. memoria = Gedächtnis] 《교양어》 기억 착오.

Lärche ['lɛrçə], die; -n **a)** 낙엽송. **b)** ⟨Pl. 없음⟩ 낙엽송 목재.

Laren ['laːrən], ⟨Pl.⟩ [lat. larēs] [신화] 고대 로마의 집의 수호신.

large [larʒ] ⟨Adj.⟩ [frz. large] 《schweiz.》 아량있는, 인색하지 않은. **Largeheit**, die; -en 《schweiz.》 **a)** ⟨Pl. 없음⟩ large의 명사형. **b)** 배포 큰(아량있는) 행동(행위). **larghetto** [lar'ɡeto] ⟨Adv.⟩ [ital. larghetto] [음악] 라르겟토, 적당히 느리게. **Larghetto** [-], das; -s, -s / ...tti 라르겟토 악곡(작품). **Larghi:** ↑Largo의 복수형. **largo** ['larɡo] ⟨Adv.⟩ [ital. largo] [음악] 아주 느리게. **Largo** [-], das; -(s), -s / ...ghi [...ɡi] 라르고 악곡(작품).

larifari [lari'faːri] 《통용어》 **I.** ⟨Interj.⟩ ⟨거절, 경멸의 뜻으로⟩ 허튼(쓸데없는) 수작[소리] 작작해라. **II.** ⟨Adj.⟩ 피상적인; 부주의한. **Larifari** [-], das; -s 《통용어》 허튼 소리; 무의미한 일. **Larifari-Einstellung**, die 《통용어》 무관심한 태도(자세).

Lärm [lɛrm], der; -s / 《드물게》-es 소음, 소동; 소란, 법석: ein ohrenbetäubender L. brach los 귀를 멍하게 하는 소음이 일어났다; der L. der Maschine[des Verkehrs] drang von draußen herein 기계(교통) 소음이 밖에서 들어왔다; 設구 viel L. um nichts 하찮은 일에 대한 엉뚱한 법석; 前의 um diesen Filmstar wird viel zu viel L. gemacht 이 영화 스타를 지나치게 중요시하다; L. schlagen 주의를 끌게 하다; 시끄럽게 항의하다.

lärm-, Lärm-: ~bekämpfung, die ⟨Pl. 없음⟩ 소음 방지 조처. **~belastung**, die 소음의 의한 인체 부담. **~empfindlich** ⟨Adj.⟩ 소음에 민감한. **~immission**, die 《전문어》인간·동물에 끼치는 소음의 영향. **~macher**, der 《통용어》소음을 내는 것[사람]. **~pegel**, der 소음 측정 수치. **~quelle**, die 소음의 원인. **~schluckend** ⟨Adj.⟩ 소음을 흡수하는. **~schutz**, der a) 소음 방지. **b)** 소음 방지 설비[장치]. **~schutzwall**, der (고속도로의) 방음벽, 방음둑. **~schutzwand**, die (울타리 모양의) 방음벽. **~schutzzaun**, der ↑~schutzwand. **~schwerhörigkeit**, die 소음으로인한 난청. **~stufe**, die 소음의 강도. **~wall**, der ↑~schutzwall. **~wand**, die ↑~schutzwand.

lärmen ['lɛrmən] ⟨h⟩ **a)** 떠들다, 소음을 내다: man hörte die Kinder auf der Straße l. 아이들이 길에서 떠드는 소리가 들렸다; (비인칭) es lärmte überall von den Liegeplätzen 침대칸 좌석 곳곳에서 떠드는 소리가 났다. **b)** 《드물게》 큰 소리로 외치다. **lärmig** ⟨Adj.⟩ 《schweiz.·고어》 시끄러운, 소음 많은.

larmoyant [larmo̯a'jant] ⟨Adj.⟩ [frz. larmoyant] 《교양어·편》 감상적인, 애처로운; 다감한. **Larmoyanz** [...'jants], die ⟨Pl. 없음⟩ ↑larmoyant의 명사형.

Larnax ['larnaks], die; Larnakes [...'naːkeːs; griech. lárnax] [고고학] 작은 석관(石棺), 유골 단지.

L'art pour l'art [larpur'laːr], das; - - - [frz] 예술을 위

한 예술.

larval [lar'vaːl] ⟨Adj.⟩ [lat. lārvālis] [동물] 애벌레의, 유충(幼蟲)의. **Lärvchen** ['lɛrfçən], das; -s, - **1.** 《드물게》↑Larve (1). **2.** 《편》**a)** 귀여운 인형 같은 얼굴. **b)** 귀여운 소녀. **Larve** ['larfə], die; -n [lat. lārva] **1.** 《축소형》↑Lärvchen [동물] 애벌레, 유충. **2.** 《준고어》**a)** 가면: eine hübsche L. tragen 예쁜 가면을 쓰다. **b)** 《편》 무표정한 얼굴. **larvenähnlich** ⟨Adj.⟩ 유충 모양의. **larviert** [lar'viːɐt] ⟨Adj.⟩ [의학] 잠복한; 증세 없는.

Laryngal [laryŋ'ɡaːl], der; -s, -e [언어] 후두음. **laryngeal** [...ɡe'aːl] ⟨Adj.⟩ [의학] 후두의. **Laryngen** ↑Larynx의 복수형. **Laryngitis** [...'ɡiːtis], die ...itiden [...ɡi'tiːdn̩] [의학] 후두염. **Laryngologe** [laryŋgo-], der; -n, -n 후두과 전문의. **Laryngologie**, die [의학] 후두학. **Laryngoskop** [...'skoːp], das; -s, -e [의학] **a)** ↑Kehlkopfspiegel. **b)** ↑Kehlkopfspatel. **Laryngoskopie** [...sko'piː], die; -n [...iːən] [의학] 후두경 검사. **Laryngotomie** [...], die; -n [...iːən; lat. laryngotomia < griech. laryggotomia] [의학] 후두 절개. **Larynx** ['laːryŋks], der; -, Laryngen [la-'ryŋən; griech. lárygx] [의학] 후두. **Larynxkarzinom**, das [의학] 후두암.

las [laːs] ↑lesen 참조.

Lasagne [la'zanjə] ⟨Pl.⟩ [ital. lasagne] [요리] 고리 모양의 넓은 국수.

lasch [laʃ] ⟨Adj.⟩ [niederd. lasch] **a)** 생기 없는; 맥빠진: 전의 er hat recht -e Anschauungen 그는 뚜렷한 의견이 없다. **b)** 《지역적》 싱거운; 맛없는. **Lasche** ['laʃə], die; -n **a)** [기술] 접합용 철판, 접합판. **b)** (천, 가죽, 종이 따위의) 둥그런 섶, 밑; (주머니) 덮개; (구두) 혀. **laschen** ['laʃn̩] ⟨h⟩ **a)** [기술] 접합판으로 연결하다. **b)** [선원] 갑판의 물건을 삭구(索具)로 고정시키다. **Laschheit**, die; -en **a)** ⟨Pl. 없음⟩ 느슨함, 헤이함; 무기력함. **b)** 무기력한 태도. **Laschung**, die; -en [기술] 접합판에 의한 연결.

Lase ['laːzə], die; -n (md.) 큰 맥주잔.

läse ['lɛːzə] ↑lesen 참조.

Laser ['leiza] der; -s, - [1: engl. laser, light amplification by stimulated emission of radiation의 약칭] **1.** [물리] 레이저. **2.** [요트] 요트 경주용 일인승 돛배.

Laser- (Laser 1): **~anlage**, die 레이저 (발생) 장치. **~gerät**, das ↑Laser (1). **~gewehr**, das 레이저 조준기를 장치한 무기. **~impuls**, der 레이저 장치를 통한 공격(역격(力擊)). **~kristall**, das 레이저 광선 생성을 위한 크리스탈. **~strahl**, der 레이저 광선. **~technik**, die 레이저 기술. **~zielgerät**, das 레이저 조준기.

lasieren [la'ziːrən] ⟨h⟩ **a)** 투명한 색으로 (그림에) 덧칠하다. **b)** (특히 목재에) 락카칠을 하다. **Lasierung**, die; -en **a)** ↑lasieren의 명사형. **b)** ↑Lasur.

Läsion [lɛ'zi̯oːn], die; -en [lat. laedere = verletzen] [의학] 손상, 상해; 장애.

Laskar ['laskar], der; -s, -en [las'kaːrən] 《옛》 동인도의 선원[병사].

¹laß [las] ⟨Adj.⟩ 《드물게·아어》 녹초가 된, 완전히 지친; 무기력한.

²laß! [-] ↑lassen 참조.

Lassafieber ['lasa-], das; -s [의학] [나이지리아의 지명 Lassa에 따라] 라사 열병.

lassen* ['lasn̩] ⟨h⟩ **1.** ⟨부정형+4격⟩ (무엇이) 일어나게 하다, 하게 하다: einen neuen Anzug machen(das Licht über Nacht brennen)l. 새 옷을 짓다(불을 밤새 켜다); ich habe mir sagen l., wie es passiert ist 일의 경과를 나는 알아냈다; ich lasse bitten 손님을 들여보

내시오!; meine Eltern lassen sich scheiden 《퇴색한》 나의 부모는 이혼할 것이다. **2. a)** 〈부정형+4격〉 허용하다; 참다; 막지 않다: jmdn. sterben〔verhungern〕l. 누구를 죽게〔굶어죽게〕 방치하다; laßt mich doch bitte arbeiten 제발 내가 공부〔일〕하는 데 《당신들이》 방해마시오!; er läßt sich nichts sagen 그는 참견〔후견〕도 허용하지 않는다. **b)** 〈부정형 없이〉 누구〔무엇〕을 용인하다; 누구를 방해하지 않다; sie ließ ihm seinen Glauben 그녀는 그의 신앙을 용인했다; sie läßt ihn nicht 〔은폐〕 그녀는 그와 육체 관계를 원하지 않는다; 〔상규〕das muß man ihm〔ihr〕l. 〔그/그녀〕에게 그것은 절대적으로 인정해 주어야 한다. **3.** 누구〔무엇〕을 움직이게 하다: frische Luft ins Zimmer l. 신선한 공기가 방에 들어오게 하다; Wasser in die Wanne l. 물을 수조〔욕조〕에 받다; spät abends wurde niemand mehr in den Saal gelassen 저녁 늦게는 아무도 그 홀에 출입할 수 없었다; **einen l.** 《속어》 방귀 뀌다; **alles unter sich l.** 《준고어·완곡》 잠자다. **4.** 그대로〔있는 대로〕 두다; 《그대로》 내버려 두다: die Sachen im Koffer l. 물건을 가방에 두다; jmdn. in Frieden〔im Stich〕l. 누구를 편안하게〔곤경에〕 내버려두다; er ließ alles stehen u. liegen 그는 모든 것을 있는대로 놔두었다. **5.** 〈l. + sich 부정형과 함께〉 … 할 가능성을 제공하다; 적합하다: der Wein läßt sich (gut) trinken 그 포도주는 맛이 좋다; das läßt sich nicht beweisen 그것은 증명될 수 없다; das läßt sich machen 그것은 가능하다; das läßt sich hören 그것은 받아들일 만하다; das läßt sich denken 그것은 이해가 간다; 《비인칭》 hier läßt es sich leben 이 곳은 살기가 좋다. **6. a)** 무엇을 그만두다; 중지하다: er kann das Rauchen nicht l. 그는 흡연을 그만두지 못한다; laß das! 그만 둬!; ich konnte es nicht l. 나는 어쩔 수 없었다; 〔상규〕 tu, was du nicht l. kannst 나는 너의 하고 싶지 않다니 하고 싶은 대로 해봐라; **etw. etw. sein l.** 《통용어》 무엇을 돌보지 않다; 무엇을 관계하지 않다: ich lasse jetzt die Arbeit Arbeit sein 나는 그 일〔작업〕을 중단한다. **b)** 무엇을 도외시하다; 무엇을 더 이상 하지 않다: (nicht) vom Trinken〔Alkohol〕l. (können) 금주할 수 있다〔없다〕. **c)** 《준고어》 누구〔무엇〕 과 떨어지다; 누구〔무엇〕 을 포기하다: wir können nicht voneinander l. 우리는 서로 떨어질 수 없다; der Bauer hat von seinem Land l. müssen 그 농부는 자기 농토를 포기해야만 했다. **7.** 남겨두다; 〔부〕 ich habe mein Auto zu Hause gelassen 나는 자동차를 집에 놔두었다; wo habe ich nur meinen Schlüssel gelassen! 내가 열쇠를 도대체 어디에 놔두었지?; 〔전의〕 ich habe beim Pokern viel Geld gelassen 《통용어》 포커놀이에서 나는 돈을 많이 잃었다. **8.** 누구에게 무엇을 《내》 맡기다, 넘겨주다: ich kann dir das Buch bis morgen l. 너는 이 책을 내일까지 이용할 수 있다; sie will mir ihre alte Nähmaschine billig l. 그녀는 나에게 낡은 재봉틀을 싸게 팔고자 한다; uns wurde nichts gelassen 우리는 몽땅 털렸다. **9.** 〔Inf.와 결합하여 명령형으로 권유를 나타냄〕: laßt uns gehen〔feiern〕! 가자〔축하하자〕!

Läßheit, die 《고어》 무기력, 태만, 나태. **lässig** [ˈlɛsɪç] **a)** 《자신에 차서》 꾸밈없는; 형식에 얽매이지 않는: er ist ein -er Typ 그는 꾸밈이 없는 인간형이다; er ist immer sehr l. angezogen 그는 옷차림은 언제나 꾸밈이 없다. **b)** 《준고어》 부주의한, 태만한. **c)** 《지역어》 쉽게. **d)** 〔학생〕 뛰어난, 출중한. **Lässigkeit,** die 〈Pl. 없음〉 태만〔나태〕한 생활 양식. **läßlich** [ˈlɛslɪç] 〈Adj.〉 **a)** 〔가〕 용서할 만한(죄 등). **b)** 《아어·준고어》 미미한, 소규모의(실수, 속임수 등). **c)** 《아어·고어》 관대한, 너그러운(법 적용 등). **Läßlichkeit,** die 《아어·고어》 ↑läßlich의 명사형.

Lasso [ˈlaso], das 《드물게》 der; -s, -s [engl. lasso,

lat. laqueus] **1.** 올가미가 있는 던지는 줄〔카우보이 등의〕. **2.** 〔피겨〕 《혼성 경기에서》 여자 파트너를 양팔로 머리 위에 올려 회전시키고 자신도 한 바퀴 회전하는 묘기.

läßt [lɛst] ↑lassen 참조.

Last [last], die; -, -en **1. a)** 짐; 화물: -en mit dem Kran befördern 화물을 크레인으로 운반하다. **b)** 무겁게 누르는 것, 《큰》 중량, 부담: die Brücke trägt eine enorme L. 다리는 상당한 중량을 떠받친다; 〔전의〕die schwere L. des Amtes〔der Verantwortung〕 직무〔책임〕의 중압; sein Leben war Mühe u. L. 그의 인생은 고생과 부담투성이였다; jmdm. zur liebe L. mit ihm haben 《통용어·반어》 너는 그 사람 때문에 근심깨나 할 것이다; **jmdm. zur L. fallen〔werden〕** 누구에게 부담이 되다; **jmdm. etw. zur L. legen** 누구에게 무슨 잘못〔죄〕을 범했다고 하다. **c)** 〔항공〕《적재》 화물. **d)** 〔선원〕 ↑Ballast (1). **2.** 〈Pl.〉 경제적 부담; 부채, 세금: der Bevölkerung wurden immer wieder neue steuerliche -en auferlegt 주민에게 새로운 세금 부담이 계속해서 과해졌다; **zu jmds. -en** 1) 〔상〕 누구의 부담으로: die Kosten gehen zu -en des Käufers 경비는 구매자 부담이다. 2) 누가〔무엇이〕 손해보게〔불리하게〕: zu -en einer Minderheit 소수민족에게 불리하게. **3.** 〔전기〕 하중, 부하. **4.** 〔선원〕《배의》 창고; 적재 용량.

Lastadie [lasˈtaːdiə, lastaˈdiː] die; -n 《고어》 화물선장.

Last- (↑lasten-, Lasten- 참조): **~anhänger,** der 화물차 트레일러. **~arm,** der 〔물리〕 지렛대의 손잡이 부분. **~auto,** das ↑Lastkraftwagen. **~esel,** der 짐운반용 당나귀. **~fahrer,** der ↑~kraftwagenfahrer. **~fuhre,** die **a)**《무거운》 적재화물. **b)** 화물 운송. **~kahn,** der 화물 운송 거룻배〔전마선〕. **~kraftwagen,** der 화물〔자동〕차(약어: LKW, Lkw). **~kraftwagenfahrer,** der 화물차 기사〔운전사〕. **~kran,** der 화물 크레인. **~pferd,** der 짐 운반용 말. **~schiff,** das 화물선. **~schrift,** die 〔금융〕《반대: Gutschrift》 **a)** 차변〔기입〕. **b)** 《고객에 대한》 차변 기입 통지서. **c)** ↑~schriftverkehr의 약칭. **~schriftanzeige,** die 〔금융〕 ↑~schriftzettel. **~schriftverkehr,** der 〔금융〕 당좌거래. **~schriftzettel,** der 〔금융〕 차변표. **~spitze,** die 《전문어》《일정기간의》 발전소 최대 부담치. **~tier,** das 짐 운반용 짐승. **~träger,** der 화물 운반인; 포터. **~verteiler,** der 〔전기〕《균일한 부하를 위한》 고압전류의 중앙 개폐 장치. **~wagen,** der ↑~kraftwagen. **~zug,** der 트레일러가 달린 화물《자동》차.

lasten [ˈlastn̩] 〈h〉 **a)** 무겁게 누구〔무엇〕을 내리누르다; 압력을 가하다; 〔전의〕 es war klar, daß der schwärzeste Verdacht auf mir l. mußte 지독한 혐의를 나에게 두고 있는 것이 분명했다; das Amt lastet schon allzulange auf seinen Schultern 벌써 오래 전부터 직무가 그의 두 어깨를 내리눌러 있다. **b)** 무엇을 경제적으로 심히 압박하다: die große Zahl der Arbeitslosen lastet auf der Wirtschaft 대규모의 실업자 숫자는 경제 압박을 가한다.

lasten-, Lasten- (↑last 참조): **~aufzug,** der 화물용 승강기. **~ausgleich,** der 《구서독》《2차 대전과 관련된 피해의 경감》부담 조정《약어: LA》. **~ausgleichgesetz,** das 〈Pl. 없음〉 부담 조정법《약어: LAG》. **~fahrstuhl,** der ↑~aufzug. **~frei** 〈Adj.〉《경제어》 부담없는. **~segler,** der 《화물·병력 등의》 수송용 글라이더.

¹Laster [ˈlastɐ], der; -s, - 《통용어》 ↑Lastkraftwagen의 약칭.

²Laster [-], das; -s, - **1. a)** 악습; 부도덕, 악덕: sich einem L. hingeben 악습에 빠지다; das Trinken wurde bei ihm zum L. 음주가 그의 고질된 나쁜 버릇이 되었다; **langes L.** 《통용어》 키크고 낯설은 사람.

Läster- (lästern 1) 〔편〕: **~maul,** das 《경》 **a)** 중상《모

Lästerei 1274

략)가. b) 중상 욕구. **~rede,** die 험구, 악담; 비방, 중상. **~zunge,** die ↑~maul.
Lästerei [lɛstəˈraj], die; -en 악담질. **Lästerer,** der; -s, - 악담자, 중상(中傷)하는 자. **lästerhaft** ⟨Adj.⟩《쁨》악습의, 못된 습관의; 품행이 나쁜; 방탕한. **Lästerhaftigkeit,** die ↑lasterhaft의 명사형. **Lasterhöhle,** die; -n (통용어·쁨) 죄악(방탕)의 소굴. **Lästerin,** die; -nen ↑Lästerer의 여성형. **Lasterleben,** das; -s 《쁨·농》방탕 생활. **lästerlich** ⟨Adj.⟩ 중상(험구)적인; 모독적인; -e Reden führen 욕을 하다. **Lästerlichkeit,** die ↑lästerlich의 명사형. **lästern** ['lɛstɐn] ⟨h⟩ 1. 《쁨》욕하다, 비방하다: über jmdn. (etw.) l. 누구(무엇)를 비방하다; die Mädchen lästerten über den Abteilungsleiter 아가씨들은 과장(부장)을 비방했다; [전의] komm her, wir sind gerade dabei, über dich zu l. 이리 와라, 마침 우리가 너의 흉을 보고 있는 참이다. 2. 《고어》모독하다. **Lästerung,** die; -en 비방, 중상; 모독, 불경.
Lastex Ⓦ ['lasteks], das; - [engl. lastex] 라스텍스(고무와 면의 혼합 섬유). **Lastexhose,** die; -n 라스텍스 바지.
-lastig [-lastıç] 《다음과 같은 합성어로, 예컨대》 **links-lastig** 좌경의. **lästig** ['lɛstıç] ⟨Adj.⟩ 귀찮(짐)이 되는, 번거로운; 귀찮은, 성가신; 불쾌한: ein -er Mensch [Auftrag] 부담스러운 사람[임무]; jmdm. l. fallen 누구를 귀찮게 하다(괴롭히다); 누구에게 폐가 되다. **Lastigkeit,** die ⟨Pl. 없음⟩ 《해양·항공》 적재량, (적재물 배치에 따른) 선체나 기체의 (균형)상태. **Lästigkeit,** die; -en 성가심, 부담, 불쾌감.
Lasting ['lastıŋ], der; -s, -s [engl. lasting] (가구, 구두에 사용하는) 질긴 모직물의 일종.
last not least ['la:st nɔt 'li:st]; engl., 셰익스피어의 극작품「König Lear」에 나오는 말)《교양어》마지막 순서로 말하지만 아주 중요한; 잊어서는 안될.
Lasur [laˈzu:ɐ], die; -en **a)** 투명 도료(塗料)층. **b)** ↑Lasurfarbe.
Lasur-: **~farbe,** die 투명 도료. **~lack,** der 투명 라크[니스]. **~stein,** der ↑Lapislazuli.
Lasurit [lazuˈri:t, ⟨또한⟩...rıt], der; -s, -e 《광물》유리, 청금석이 주성분인 푸른색의 광물.
lasziv [lasˈtsi:f] ⟨Adj.⟩ [lat. lascīvus] 《교양어》음탕한, 선정적인: sie saß in -ster Pose 그녀는 음탕한 포즈로 앉아있었다. **b)** 상스러운, 점잖지못한, 음란한. **Laszivität** [lastsivi'tɛ:t], die [lat. lascīvitās] ⟨Pl. 없음⟩《교양어》↑lasziv의 명사형.
Lätare [lɛˈta:rə] ⟨관사·격변화 없음⟩ [lat. laetāre, 일요예배 첫행 첫마디(이사야 66장 10절)에서] [신교] 부활절전 셋째 주일.
Latein [laˈtain], das; -s 라틴어: **mit seinem L. am Ende sein** 어찌할 바를 모르다.
Lateinamerika, -s 라틴아메리카. **lateinamerikanisch** ⟨Adj.⟩ 라틴아메리카의.
Latein-: **~lehrer,** der 라틴어 교사(선생). **~schrift,** die ↑Antiqua. **~schule,** die 《옛》↑Gymnasium. **~segel,** das ↑Lateinersegel. **~stunde,** die 라틴어 시간. **~unterricht,** der 라틴어 수업.
Lateiner [laˈtainɐ], der; -s, -《교양어》라틴어에 밝은 사람, 라틴어를 배우는 사람. **Lateinersegel,** das; -s, -[이미 고대에 사용된 돛 모양에서] 삼각(사다리꼴) 돛. **lateinisch** ⟨Adj.⟩ die **b)** 라틴어 문자의(로 쓰여진). **Lateinische*,** das; -n 《정관사를 동반하여》라틴어.
La-Tène- [laˈtɛ:n-]; 스위스의 발굴지 La Tène이 이름에서] [고고학]: **~Kultur,** die 후기 철기 시대 문화. **~Stil,** der 후기 철기 시대의 미술 양식. **~Zeit,** die 후기 철기 시대. **~zeitlich** ⟨Adj.⟩ 후기 철기 시대의.
latent [laˈtɛnt] ⟨Adj.⟩《교양어》잠재적인, 잠복성의: eine -e Gefahr 잠재적 위험; eine -e Erkrankung [의학] 잠복성 질환; -e Wärme 【물리】잠열(潛熱). **Latenz** [...nts], die ⟨Pl. 없음⟩《교양어》**1.** 잠재, 잠복; 잠재[잠복] 상태. **2.** [생리] 반응 시간(자극과 반응 사이의).
Latenz-: **~alter,** das ↑~periode. **~ei,** das ↑ Dauerei. **~periode,** die [오스트리아의 신경정신상과 전공의사인 S. Freud에 의해 사용된 말] 【심리】(유아기와 사춘기 사이의) 성(性) 잠재기. **~zeit,** die **1.** [의학] ↑ Inkubationszeit. **2.** [생리] ↑Latenz (2).
latènezeitlich [laˈtɛ:n-] ⟨Adj.⟩ 후기 철기 시대에서 유래하는.
lateral [lateˈra:l] ⟨Adj.⟩ [lat. laterālis] 《전문어》측면의, 곁의, 옆에서 나온: der -e Ast einer Arterie 【의학】동맥에서 옆으로 나온 분지(分枝). **Lateral** [-], der; -s, -e [언어] 설측음(예컨대: l).
Lateral-: **~infarkt,** der [의학] 좌심실 측벽 경색. **~laut,** der [언어] ↑Lateral. **~plan,** der [선원] 수면 밑의 선박의 측면.
Lateralität [...raliˈtɛ:t], die [심리] 신체 좌측 또는 우측의 편중(성). **laterieren** [lateˈri:rən] ⟨h⟩ [lat. laterāre] 《고어》(장부의) 쪽별로 계산하다.
Lateran [lateˈra:n], der; -s 로마의 옛 교황궁(현재는 미술관).
Laterisation [laterizaˈtsjo:n], die; -en [지질] ↑ Laterisierung. **Laterisierung** [lateriˈzi:rʊŋ], die; -en [지질] 홍토화(紅土化). **Laterit** [lateˈri:t, ⟨또한⟩...rıt], der; -s, -e [engl. laterite] [지질] 홍토, 라테라이트. **Lateritboden,** der 홍토 토양.
Laterna Magica [laˈtɛrna ˈma:gika], die; ...cae [...nɛ ...tsɛ; lat. laterna magica] (간단한) 환등기.
Laterne [laˈtɛrnə], die; -n **1. a)** 등, 제등, 각등, 칸델라, 랜턴: eine L. anzünden (auslöschen, tragen) 등을 켜다(끄다, 들고 가다); [성규] geh mir aus der L. ⟨정⟩빛을 가려서 안 보이니 비커서라!; **jmdn. (etw.) mit der L. suchen können** 《통용어》그런 종류의 사람[것]은 찾아보기 어렵다. **b)** ↑Lampion. **c)** ↑Straßenlaterne의 약칭: die -n sind noch nicht angegangen 가로등이 아직 안 켜졌다. **2.** [건축] 천창; 채광창. **3.** ↑ Blesse. **4. die rote L.** 《스포츠 은어》최하위.
Laternen-: **~anzünder,** der 《옛》가로등 점등부(點燈夫). **~fest,** das 제등 축제. **~fisch,** der (남태평양에 사는) 발광 기관을 가진 조그만 물고기. **~garage,** die 《농》노상 주차장. **~licht,** das 등불. **~parker,** der 《농》노상에 주차하는 사람. **~pfahl,** der 가로등 기둥: **mit dem L. winken** 《통용어》누구에게 무엇을 뚜렷이 지적해주다. **~schein,** der 등불, 가로등불 빛. **~umzug,** der (어린이들의) 제등 행렬.
Latex ['la:tɛks], der; -, Latizes [laˈti:tsɛs; lat. latex] 유액, 유수지(乳樹脂). **Latexfarbe,** die 유액으로 만든 물감. **latexieren** [latɛˈksi:rən] ⟨h⟩ 유수지를 바르다[입히다].
Latierbaum [laˈti:ɐ-], der; -(e)s, ...bäume 마구간 안의(말과 말 사이의) 횡목.
Latifundienwirtschaft [latiˈfʊndjən-], die ⟨Pl. 없음⟩(부재지주의) 대규모 농장 경영(남아메리카 등에서의).
Latifundium [latiˈfʊndiʊm], das; -s, ...ien [...jən; lat. lātifundium] (역사적) 로마 제국 시대의 대농장.
latinisieren [latiniˈzi:rən] ⟨h⟩ [lat. latīnizāre] [언어] 라틴어화하다. **Latinisierung,** die; -en 《교양어》라틴어화. **Latinismus** [latiˈnısmʊs], der; -, ...men [언어] 라틴어식 표기. **Latinist** [latiˈnɪst], der; -en, -en

라틴어문학자. **Latinität** [latini'tɛːt], die [lat. Latīnitās] a) ⟨Pl. 없음⟩ 고전 라틴어 어법(서법). b) 고전 라틴어 문헌: golde L. 기원전 100년과 기원후 14년 사이의 라틴어 문헌; silberne L. 서기 14년부터 120년 사이의 라틴어 문헌. **Latinum** [la'tiːnʊm], das; -s a) 고등학교 라틴어 교과 과정. b) 라틴어 어학능력 인정 시험; 인정받은 라틴어 어학 능력.
Latitüde [lati'tyːdə], die [frz. latitude] ⟨고어⟩ 위도(緯度); 폭, 여지. **Latitudinarier** [latitudi'naːriɐ̯], der; -s, - ⟨대개 Pl.⟩ [engl. latitudinarian] 자유사상가; 관용주의자; ⟨영국 교회⟩ 관용파(초great교회파) 신도. **Latitudinarismus** [...naˈrɪsmʊs], der; - ⟨17세기에 생긴⟩ 영국 교회의 관용파.
Latium ['laːtsiʊm], -s 이탈리아 중부에 있던 지역.
Latizes: ↑Latex의 복수형.
Latrie [la'triː], die [lat. latrīa < griech. latreía] ⟨가⟩ 흠숭; 경배 (하느님과 그리스도에게만의).
Latrine [la'triːnə], die; -n [lat. lātrīna] 1. 화장실, 간이 변소. 2. ⟨폄⟩ ↑Latrinengerücht.
Latrinen-: **~gerücht**, das ⟨통용어·폄⟩ 극히 신빙성이 없는 소문; 악성 유언비어. **~parole**, die ⟨통용어·폄⟩ ↑ ~gerücht. **~reinigung**, die ⟨통용어⟩ 화장실 청소.
Latsch [laːtʃ], der; -(e)s, -e 1. ⟨통용어⟩ ↑Latschen. 2. ⟨통용어·폄⟩ 질질끌며 걷는 사람. 3. ⟨ostmd.⟩ 묽은 커피. ¹**Latsche** ['laːtʃə], die; -n 1. ⟨통용어⟩ ↑Latschen. 2. ⟨통용어·폄⟩ 단정치 못한 여자. 3. ⟨대개 Pl.⟩ [사냥] 특정 물새의 발.
²**Latsche** ['latʃə], die; -n 눈잣나무.
latschen ['laːtʃn̩] 1. ⟨s⟩⟨경⟩ 다리를 질질 끌며 걷다. 2. ⟨h⟩⟨지역적⟩ 누구의 뺨을 때리다. **Latschen** [-], der; -s, - ⟨대개 Pl.⟩ ⟨통용어⟩ ⟨편안한⟩ 실내화; 성구 sie passen zusammen wie ein paar alte L. ⟨übersächs.⟩ 그들은 서로를 잘 이해한다; **aus den L. kippen** ⟨통용어⟩ 1) 기절하다; 기운을 잃다. 2) 어쩔 줄 모르다; 놀라다.
Latschen-: (²Latsche): **~dickicht**, das, **~gebüsch**, das 눈잣나무 숲(덤불). **~kiefer**, die ↑²Latsche. **~kiefernöl**, das 눈잣나무 기름. **~öl**, das ↑ ~kiefernöl.
latschig ['laːtʃɪç] ⟨Adj.⟩ 다리를 질질 끄는; 단정치 못한.
Latte ['latə], die; -n 1. 길고 가는 나무 각목; morsche-n am Zaun ersetzen 울타리의 썩은 각목을 교체하다; **lange L.** ⟨통용어⟩ 키크고 마른⟨날씬한⟩ 사람; **jmdm. auf der L. haben** ⟨통용어⟩ 누구를 노리다⟨겨누다⟩; 누구를 싫어하다; **(sie) nicht alle auf der L. haben** ⟨통용어⟩ 제 정신이 아니다, 미쳤다; **einen auf der L. haben** ⟨통용어⟩ 매우 취하다; **etw. auf der L. haben** ⟨통용어⟩ 무엇을 잘 할 수 있다. 2. [스포츠] a) [축·송구] (네트의) 바, 골대. b) [육상] (높이뛰기 등의) 횡목, 바. c) ↑Ski. 3. ⟨다음 용법으로⟩ **eine (lange, große, schöne) L.** ⟨통용어⟩ 다수, 다량: das muß eine ganz schöne L. gekostet haben 그것은 꽤 나 많은 돈이 들었음에 틀림없다. 4. ⟨경⟩ (발기한) 남근(男根).
Latten-: **~gerüst**, das; **~gestell**, das 윗가지 발판. **~gitter**, das 각목 울타리. **~holz**, das 윗가지용 목재. **~kreuz**, das [축·송구] 골대의 우[좌]쪽 모서리. **~rost**, der 각목 파일(말뚝), 윗가지 받침살대. **~schuß**, der [축·송구] 골 포스트에 맞는 슛. **~treffer**, der [축·송구] ↑~schuß. **~tür**, die 각목 격자문. **~verschlag**, der 격자의 칸막이. **~zaun**, der 목책(木柵), 각목으로 만든 울타리, 울짱.
Lattich ['latɪç], der; -s, -e [lat. lactūca] 1. 상치. 2. 상치 샐러드.
Latüchte [la'tʏçtə], die; -n [niederd. Lüchte] ⟨통용어·농⟩ ↑Laterne (1 a): 성구 geh mir aus der L.

⟨경⟩ 내가 가려서 똑똑히 볼 수가 없다.
Latwerge [lat'vɛrɡə], die; -n [frz. (é)lectuaire < lat. (ē)lactuārium < spätlat. ēlect(u)ārium] a) 제제(劑), 연약(煉藥). b) ⟨지역적⟩ 오얏즙죽(잼) ; 과일즙죽⟨잼⟩.
Latz [lats], der; -es, Lätze ['lɛtsə], ⟨(österr. · 또한에) -e [frz. laz, ital. laccio] 1. ⟨축소형: ↑Lätzchen⟩ 턱받이. 2. (앞치마, 바지, 치마 등에 붙이는) 흉의(胸衣), 장식포(布) : **jmdm. eine⟨einen, eins⟩ vor den L. knallen⟨ballern, donnern⟩** 1) 주먹으로 누구의 얼굴(가슴)을 때리다. 2) 누구를 심하게 꾸짖다. 3. 민속바지의 접을 수 있는 아랫단의 앞부분. 4. ↑Hosenlatz (2). **Lätzchen** ['lɛtsçən], das; -s, - (어린이용) 턱받이. **Latzhose**, die 흉의가 달린 바지. **Latzschürze**, die 흉의가 달린 앞치마.
lau [laʊ] ⟨Adj.⟩ **1. a)** (물이) 미지근한, 미온의: 전의 die Nachfrage ist l. 수요가 별로 없다. **b)** (공기가) 부드러운, 온화한: **für l.** ⟨지역적⟩ 무료로, 공짜로. **2.** 미온적인, 우유부단한.
Laub [laʊp], das; -(e)s ⟨집합적 의미로⟩ 나무잎(새).
laub-, Laub-: **~baum**, der 활엽수(반대: Nadelbaum). **~blatt**, das 1 Blatt (1). **~dach**, das ⟨시어⟩ 녹원(綠園). **~fall**, der ⟨Pl. 없음⟩ ⟨드물게⟩ 낙엽의 떨어짐. **~färbung**, die ↑Herbstfärbung. **~flechte**, die 잎 모양의 이끼. **~frosch**, der 청개구리. **~gehölze**, die 활엽수(반대: Nadelgehölze). **~gewinde**, das ⟨준고어⟩ 잎으로 장식된 화환. **~grün** ⟨Adj.⟩ 크림 그린 색(깔). **~heuschrecke**, die 메뚜기의 일종. **~holz**, das (반대: Nadelholz) 1. 활엽수 목재. 2. ⟨Pl.⟩ 활엽수. **~hütte**, die 활엽수 가지로 지붕을 이은 작은 집(오막살이). **~hüttenfest**, das [유태교] 추수감사절, 장막(초막)절; der Jude ist **jmdm. ein L.** ⟨농·통물계⟩ 무엇이 누구에게 큰 기쁨을 주다. **~käfer**, der 딱정벌레의 일종(풍뎅이속). **~kranz**, der ↑~gewinde. **~krone**, die (나무의) 우듬지; (나무) 꼭대기. **~moos**, das 선태류(蘚苔類). **~säge**, die 실톱. **~sägearbeit**, die **a)** ⟨Pl. 없음⟩ 실톱 세공. **b)** 실톱세공품. **~sänger**, der (배가 노랗고 흰) 종달새의 일종. **~tragend** ⟨Adj.⟩ 잎이 있는. **~wald**, der 활엽수 숲. **~werk**, das 1. ⟨아어⟩ ↑Belaubung. 2. [건축·예술] 잎사귀 모양 장식.
¹**Laube** ['laʊbə], die; -n **1. a)** 정자: **(und) fertig ist die L.!** ⟨통용어⟩ 이것으로 결판이 났다! **b)** 원두막, 지붕이 있는 (정원의) 앉을 자리. **2.** [건축] 아치형 현관(복도).
²**Laube** [-], der; -n, -n ↑Ukelei.
Lauben-: (¹Laube): **~gang**, der [건축] **a)** ↑¹Laube (2). **b)** 아케이드. **~haus**, das 현관이 있는 집[농가]. **~kolonie**, die ↑Gartenkolonie. **~pieper**, der (berlin.·농) 채원(菜園) 지대에 정원을 가진 사람.
laubig ⟨Adj.⟩ ⟨고어⟩ 잎이 많은(무성한).
Lauch [laʊx], der; -(e)s, -e **1.** [식물] 파속, 부추. **2.** ⟨지역적⟩ ↑Porree. **lauchgrün** ⟨Adj.⟩ 청록색의.
Laudanum ['laʊdanʊm]; das; -s [lat. laudanum] ↑Opium.
Laudatio [laʊ'daːtsio], die; -nen [lauda'tsioːnɛs] /-nen [...'tsioːnsn̩. lat. laudātio] 찬사; 치사: die L. halten 치사(축사)를 하다. **Laudation** [laʊda'tsioːn], die; -en ↑Laudatio. **Laudator** [laʊ'daːtoːr, ...toːɐ̯], der; -s, -en [...'toːrən; lat. laudātor] 축사[치사]를 하는 사람.
Laudemium [laʊ'deːmiʊm], das; -s, ...ien [...iən; lat. laudemium] ⟨역사적⟩ (영주에게 내는) 영지료(領地料).
Laudes ['laʊdɛs] [...; lat. laudēs] [가] (성무일과의) 아침 찬미, 조과(早課).
Laue ['laʊə], **Lauene** ['laʊənə], die; -n ⟨schweiz.⟩ 눈

¹Lauer [lauɐ], die 《다음 용법으로》 **auf der L. liegen [sein, sitzen, stehen]**《통용어》매복[잠복]하고 있다; **sich auf die L. legen**《통용어》(어떤 순간, 사람을) 벼르다. 〔산〕사태.

²Lauer [-], der; -s, - 두 번째 짠(하등급의) 포도주.

lauern [lauɐn] (h) a) 《적의를 품고》숨어 기다리다, 매복하다; der Raubvogel lauert auf seine Beute 맹금류의 새가 숨어서 먹이를 기다린다; einen lauernden Blick haben 적의가 있는 눈빛을 가지다. b) 《통용어》누구〔무엇〕를 애타게 기다리다: er lauerte auf das Klingelzeichen 그는 초인종신호를 애타게 기다렸다. **Lauerstellung**, die; -en 매복 장소; 숨어있기.

Lauf [lauf], der; -(e)s, Läufe [lɔyfə] **1.** 《Pl. 없음》달리기, 경주: jmdn. im L. einholen 달리기에서 누구를 따라잡다; sich in L. setzen 달리기 시작하다. **2.** 〔스포츠〕(예선, 준결승 등의) 몇 차(回) 경기: zweiter L. der Vorrunde 예선 2차전. **3.** 《Pl. 없음》진행, 운전; 행정(行程): den L. einer Maschine überprüfen 기계의 운전 상태를 검사하다. **4.** 《Pl. 없음》진로, 행로; 수로: am oberen[unteren] L. des Rheins 라인강의 상류[하류]에; sie folgten dem L. des Baches 그들은 시냇물을 따라 갔다. **5.** 《Pl. 없음》**a)** 행로, (천체의) 운행(궤도), 경과: den L. der Gestirne beobachten 별자리의 운행을 관찰하다; im Lauf(e) 경과에 따라, 되어감에 따라; einer Sache ihren L. [freien L.] lassen 무엇을 되어가는 대로 두다, 무엇을 방임하다. **b)** 필연적인(당연한) 전개[발전]: das ist der L. der Geschichte 역사란 그런 것이다; seinen L. nehmen 어떤 진로로 (계속) 나아가다. **6.** 〔음악〕급한 연속음. **7.** (축소형: ↑Läufchen) 〔사냥〕개 또는 짐승의 발. **8.** 총열, 총신, 포신: er reinigte den verrosteten L. der Pistole 그는 녹슨 권총 포신을 손질했다; **jmdm. ist der L. eingerostet** (군·농) 누구는 성불능자다.

lauf-, Lauf-: ~achse, die 〔기술〕종축(從軸), (기관차의) 종륜(從輪). ~arbeit, die 〔스포츠 은어〕구기경기에 요구되는 주력(走力). ~bahn, die **1. a)** 경로, (직업적) 이력. **b)** 생애의 길(과정): eine künstlerische L. einschlagen 예술의 길에 들어서다. **c)** (일정한 활동이 이루어지는) 인생 단계. **2.** 〔육상〕트랙, 경기장 코스. **3.** (드물게) (달, 별 따위의) 운행, 궤도. ~brett, das 1. 널[발판]. **2.** 좁고 기다란 판자. ~bursche, der 사환, 급사. ~feuer, das **1.** 빨리 번지는 불; 들불. **2. wie ein L.** 순식간에. ~fläche, die **a)** 〔기술〕타이어의 접지면. **b)** 스키의 활주면. **c)** 〔볼링〕공이 굴러가는 면. ~freudig 〈Adj.〉〔스포츠 은어〕(구기에서) 열심히 뛰는. ~frist, die ↑~zeit (1). ~gang, der **1.** ↑Durchgang. **2.** ↑Gangway. **3.** (짐승우리 사이나 우리와 무대를 연결하는) 통로. ~geschäft, das 《은어》↑Prostitution. ~gestell, das (어린이의) 걸음마 연습대(臺). ~gewicht, das (저울의) 추, 분동(分銅). ~gewichtswaage, die 청평저울, 분동저울. ~gitter, das (유아들이 안전하게) 놀는 우리책(柵). ~graben, der 〔군〕참호, 교통호. ~hund, der ↑Bracke. ~junge, der ↑~bursche. ~käfer, der 딱정벌레 (屬). ~katze, die 〔기술〕이동(주행) 원치. ~kraftwerk, das 〔기술〕수로식 수력발전소. ~kran, der 〔기술〕이동(주행) 기중기. ~kundschaft, die 뜨내기 손님. ~lahm 〈Adj.〉〔사냥〕(동물의) 발을 심하게 다친. ~mädchen, das ↑~bursche. ~masche, die (양말 따위의) 풀린 올. ~maschensicher 〈Adj.〉올이 풀리지 않는. ~milbe, die 털진드기과(科). ~paß, der 《다음 용법으로》 **jmdm. den L. geben** 《통용어》누구와 절교하다, 누구를 해고하다; **den L. bekommen [erhalten]** 《드물게》절교당하다, 해고당하다. ~pen-

sum, das 〔스포츠〕주력으로 이룩한 수훈(업적). ~planke, die (선박과 부두의) 연결 널판지. ~rad, das **1.** 〔기술〕**a)** 터빈의 날개바퀴. **b)** 구동(驅動)하지 않는 바퀴(반대: Treibrad). **c)** 반차(搬車)의 바퀴. **2.** ↑Draisine (1). ~richtung, die 주행〔운행〕방향. ~rolle, die 〔기술〕각륜, 굴림 롤러. ~ruhe, die 〔기술〕(고장없는) 운행(회전). ~ruhig 〈Adj.〉잘 운행(회전)하는. ~schiene, die 〔기술〕운반(유도) 궤도. ~schreiben, das 〔우편〕분실 우편물의 추적 조사 신청서. ~schrift, die 전광판의 문자(문자). ~schritt, der **a)** 《다음 용법으로》**im L.** 구보(驅步)로. **b)** 〔육상〕달리기의 걸음걸이. ~schuh, der **a)** 운동화, 산보용 신발. **b)** (대개 Pl.) 〔육상〕스파이크화. ~schuß, der 〔사냥〕(동물의) 발을 맞추는 사격. ~spiel, das **a)** 〔스포츠〕주력을 요하는 경기. **b)** 〔송구〕(상대편 선수를 혼란시키기 위해서) 이리저리 달림. **c)** (아이들의) 달리기 놀이. ~stall, der ↑~gitter. ~steg, der (특히 패션 쇼 등의) 좁고 기다란 무대. ~stil, der 〔육상〕주법(走法). ~stuhl, der (유아의) 보행기. ~treppe, die ↑~gang. ~vogel, der 주금류(走禽類). ~werk, das **1. a)** 〔기술〕(기계의) 구동(驅動) 장치. **b)** (시계의) 톱니 장치. **c)** (기차) 차량의 바퀴 및 좌철(座鐵). **2.** 〔통용어·쁨〕다리. ~wettbewerb, der 육상 경기 대회. ~zeit, die **1. a)** 〔금융〕지불 기한; 어음 유효 기간. **b)** (법률, 요금의) 유효 기간. **2.** 상영(상연) 시간. **3.** 소요(경과) 시간. ~zettel, der **a)** 회람용 메모지. **b)** (수취·발송) 명부서. **c)** 출입허가증. **d)** (부품의) 사용〔조립〕설명서. **e)** 〔우편〕《옛》↑~schreiben.

Läufchen [lɔyfçən], das; -s, - ↑Lauf (7).

Läufel [lɔyfl], die 《südwestd.》(견과의) 바깥 껍데기, (특히) 호두의 녹색 외피.

laufen* [lauf͜ŋ] **1.** 〈s〉 a) 달리다, 뛰어가다: er mußte l., um den Bus noch zu bekommen 그는 버스를 타려고 뛰어야 했다; die Kinder kamen freudig gelaufen 어린이들이 기쁘게 뛰어왔다. **b)** 《통용어》가다: zur Post l. 우체국에 가다; eine (Frau, Puppe) l. lassen[zu l. haben] 《경》음란 행위를 시켜 갈취하다. **c)** 걸어가다: wir sind im Urlaub viel gelaufen 휴가 동안에 우리는 산책을 많이 했다; von der Haltestelle aus sind es noch fünf Minuten zu l. 정거장에서 걸어서 5분거리다. **d)** 걸을 수 있다, 걷다: das Kind kann noch nicht l. 그 아이는 아직 걷지를 못한다. **e)** 무엇에 부딪히다: in der Dunkelheit lief er gegen den Zaun 어둠 속에서 그는 울타리에 부딪쳤다. **f)** (동물이) 빠른 속도로 움직이다. (일정 구간, 거리를) 걷다, 걸어가다: wir sind 20 km gelaufen 우리는 20 킬로미터를 걸어왔다. **3.** 〈l. + sich; h〉a) 달려서 ··· 한 상태가 되다: sich außer Atem l. 달려서 이 차다. **b)** 달려서 어느 부분이 ··· 한 상태가 되다: du hast dir ein Loch in die Schuhsohle gelaufen 너는 구두창에 구멍이 나게 달렸구나. **c)** (비인칭) in diesem Schuh läuft es sich bequemer 이 신발이 걷기에 더 편하다. **4.** 〈s〉《통용어·쁨》(습관적으로) 나다니다: er läuft in jede Veranstaltung 그는 행사마다 참석하고 다닌다. **5. a)** 〈s〉(선수로) 뛰다, 달리다: sie läuft für Italien 그녀는 이탈리아 선수로 뛴다. **b)** 〈h/s〉기록을 수립하다. **c)** 〈h〉(구간, 거리를) 뛰다, 달리다. **d)** 〈s〉(경기에, 달리기에) 참여하다: noch nie sind die Eiskunstläufer vor so vollen Tribünen gelaufen 그 피겨스케이팅 선수들은 아직 이처럼 많은 관중 앞에서 경기한 일이 없다. **6. a)** 〈h/s〉 운동 기구를 타다(탈 수 있다): ich bin früher Schlittschuh gelaufen 전에 나는 스케이트를 탔었다. **b)** 타다: ich werde morgen Ski l. 나는 내일 스키 탄다. **7. a)** 작동하다, 돌아가다: die Maschine läuft laut 그 기계가 시끄럽게 돌아간다; endlich lief der Apparat wieder 드디어 기계

가 다시 돌아간다. **b)** (일정하게) 움직이다, 회전하다: das Seil läuft über Rollen 줄이 도르래에 감기다; die Erde läuft um die Sonne 지구는 태양의 주위를 돈다; die Masche läuft 코가(끈이) 풀리다; 전의 das Gerücht lief schnell durch den Betrieb 그 소문이 온 회사에 빨리 퍼졌다; sein Blick lief suchend durch die Menge 그는 (누군가를) 찾는 눈길로 군중을 둘러보았다; (비인칭) (vor Grauen) lief es mir eiskalt über den Rücken (겁에 질려) 나는 등골이 오싹했다. **8.** ⟨s⟩ 《전문어》 운행하다: der Zug läuft zwischen Stuttgart und München 그 기차는 슈트가르트와 뮌헨간을 운행한다. **9.** ⟨s⟩ **a)** 흐르다, 흘러내리다: dem Kind liefen die Tränen aus den Augen 그 아이의 눈에서 눈물이 흘러내렸다; der Käse läuft 《통용어》 치즈가 (녹아) 흘러내리다. **b)** (액체가) 새다, 흘리다: dem kleinen Mädchen lief die Nase 작은 소녀가 코를 흘렸다. **10.** ⟨s⟩ (길, 선 등이) 나다, 뻗다: die Straße läuft am Fluß entlang 그 길은 강을 따라서 뻗어있다. **11.** ⟨s⟩ **a)** 진행되다, 되어가다: er läßt einfach alles l. 《통용어》 그는 아무일에도 신경을 쓰지 않는다; der Laden läuft 가게는 잘 된다; **gelaufen sein** 《통용어》 변경불가능한, 완료된: um 19 Uhr ist alles gelaufen 오후 7시에 모든 것이 끝났다. **b)** 진행 중이다, 계속되다: die Ermittlungen laufen 조사[수사]가 진행되고 있다. **12.** ⟨s⟩ 효력을 갖다, 유효하다: wie lange läuft der Paß noch? 여권의 유효 기간이 언제까지이가? **13.** ⟨s⟩ 등재[등록]되다: das Auto läuft auf meinen Namen 그 자동차는 내 명의로 돼 있다. **14.** ⟨s⟩ 상영(방영)되다: seit 10 Minuten läuft bereits der Hauptfilm 본 영화가 지금 이미 10분이 지났다; die Show ist gestern über den Bildschirm gelaufen 《통용어》 그 쇼는 어제 텔레비전으로 방영되었다. **15.** ⟨s⟩ 《통용어》 잘 팔리다: das Buch läuft sehr gut 그 책은 아주 잘 팔린다. **16.** ⟨s⟩ 《사냥》 암내 나다. **laufend** ⟨Adj.⟩ **a)** 규칙적으로 반복되는, 지속적인: die -en Ausgaben 경상비. **b)** 현행의; 유통하는: am Achten (des) -en Monats 이달 8일에(약자: lfd. M.); die -e Nummer der Zeitschrift 잡지 최근호(약자: lfd. Nr.). **c)** 바로 연속하는: der -e Meter 큰 덩이에서 (잘라) 1m(약자: lfd. m); **auf dem laufenden sein(bleiben)** 최근의 사정을 잘 알고 있다; **mit etw. auf dem laufenden sein** 무엇을 즉각 처리하다; **jmdn. auf dem laufenden halten** 누구에게 정보를 끊임없이 제공하다. **laufenlassen*** ⟨h⟩ 《통용어》 석방하다, 가게 내버려두다: sie ließ ihn laufen 그녀는 그를 붙들지 않고 가게 내버려두었다.

Läufer ['lɔyfɐ], der; -s, - **1. a)** 주자, 달리기 선수: er kam als schnellster L. ins Ziel 그는 일등으로 골인했다. **b)** 《축·송구》 미드필더, 중위(中衛). **2.** 《복도·계단용》 좁고 긴 양탄자(카펫). **3.** 《서양 장기의》 비숍. **4.** 《기술》 활차, 활동륜, 회전차, 익차. **5.** 《건축》 바깥쪽으로 길게 놓이는 벽돌(반대: Binder 3 a). **6.** 《농업》 젖땐 어린 돼지. **Lauferei** [laufəˈraɪ], die; -en 《통용어》 이리저리 뛰어다님, 분주. **Läuferin**, die; -nen ↑Läufer (1)의 여성형. **läuferisch** ⟨Adj.⟩ 달리기의. **läufig** ['lɔyfɪç] ⟨Adj.⟩ (암캐가) 암내 내는. **Läufigkeit**, die ⟨Pl. 없음⟩ ↑läufig의 명사형.
läufst [lɔyfst], **läuft** [lɔyft] ↑laufen 참조.
Lauge ['laugə], die; -n **1. a)** (준고어) 양잿물. **b)** Waschlauge의 약칭. **2.** 《화학》 알칼리액. **laugen** ⟨h⟩ 《준고어》 양잿물로 씻어내다.
laugen-, Laugen-: ~**artig** ⟨Adj.⟩ 양잿물 같은; 알칼리성의. ~**bad**, das 알칼리 처리액. ~**brezel**: (지역적) 굽기 전 식소다액에 담근 후 소금을 뿌린 8자(字)형 과자. ~**brötchen**, das (지역적) ↑~brezel처럼 구운 하드롤. ~**faß**, das 양잿물통. ~**hörnchen**, das (지역적) ↑~brezel처럼 구운 뿔빵. ~**salz**, das 《고어》 알칼리염, 소다. ~**vergiftung**, die 알칼리 중독. ~**wasser**, das 양잿물.
laugig ⟨Adj.⟩ 양잿물(알칼리)을 같은. **Laugung**, die; -en ↑(aus)laugen의 명사형.
Lauheit, die ⟨Pl. 없음⟩ 미온, 우유 부단.
Laui ['laui], die; Lauenen ⟨schweiz.·방언·준고어⟩ 산(눈) 사태.
Lauigkeit ['lauɪçkaɪt] ⟨고어⟩ ↑Lauheit. **laulich** ⟨Adj.⟩ 《고어·지역적》 미지근한. **Laulichkeit**, die ⟨Pl. 없음⟩ ↑laulich의 명사형.
Laumann, der; -(e)s, -männer 《통용어·폄》 줏대없는 사람, 우유부단한 사람.
Laune ['launə], die; -n [lat. lūna] **a)** ⟨Pl. 없음⟩ 기분: seine L. hat sich gebessert 그는 기분이 좋아졌다; schlechte [gute] L. haben 기분이 좋다[나쁘다]; jmdm. die L. verderben 누구의 기분을 잡치게 하다; (nicht) in[bei] L. sein 기분이 좋다[나쁘다]; hat der aber heute eine L.! 그 녀석 오늘 기분이 상당히 좋지 않구먼!; dazu hab ich heute keine L. 나는 오늘 그렇게 할 기분이 나지 않는다. **b)** ⟨대개 Pl.⟩ 변덕: -n haben 변덕스럽다; 전의 die -n des Wetters 날씨의 변덕, 변덕스러운 날씨. **c)** ⟨Pl.⟩ 생각, 착상. **launenhaft** ⟨Adj.⟩ 변덕스러운, 괴팍스러운: -e Naturen 괴팍한 성격; 전의 -e Witterung 변덕스러운 기상[일기]. **Launenhaftigkeit**, die ⟨Pl. 없음⟩ ↑launenhaft의 명사형. **launig** ⟨Adj.⟩ 기분좋은; 재치있는, 익살스러운: er hat das sehr l. erzählt 그는 매우 익살스럽게 그것을 얘기했다.
launisch ⟨Adj.⟩ 《폄》 기분이 나쁜: mit dem Alter wurde er immer -er 나이가 들수록 그는 변덕스러워졌다; 전의 der -e April 날씨가 변덕스러운 4월.
Laura ['laura], Lawra ['lavra], die; ...ren [griech. laura] 산거(散居) 수도원.
Laureat [laurə'aːt], der; -en, -en [lat. laureātus] **a)** 《역사적》 계관(桂冠)시인 (↑Poeta lauteatus). **b)** 수상자.
laurentisch [lau'rɛntɪʃ] ⟨Adj.⟩ [Sankt-Lorenz-Strom의 라틴어의 이름에서] 《다음 용법으로》 -**e Gebirgsbildung** (지질) 시생대(始生代)에 이루어진 산(山) 형성.
lauretanisch [laure'taːnɪʃ] ⟨Adj.⟩ [Loreto] 《다음 용법으로》 **Lauretanische Litanei** 《가》 (16세기에서 유래) 마리아 찬미가.
Laus [laus], die; Läuse 《축소형》 ↑Läuschen》 이: Läuse fangen 이를 잡다; der Kopf wimmelt von Läusen 머리에 이가 득실거리다; **jmdm. ist eine L. über die Leber gelaufen** 《통용어》 누구가 화가 치밀어 오른다; **jmdm. eine L. in den Pelz[ins Fell] setzen** 《통용어》 1) 누구를 화나게 하다(괴롭히다). 2) 누구를 불신하게 하다; **sich eine L. in den Pelz[ins Fell] setzen** 《통용어》 1) 불신을 받다. 2) 적대자[배반자]를 자기편으로 만들다.
Lausanne [lo'zan] 로잔 (스위스의 도시). **¹Lausanner**, der; -s, - 로잔 사람. **²Lausanner** ⟨Adj.⟩ 격변화 없음〉 로잔의.
laus-, Laus-: ~**allee**, die 《폄》 ↑Lauseallee. ~**bub**, der [L. Thoma(1867~1921)의 소설 제목 "Lausbubengeschichten"에서 유래] 《농》 개구쟁이; 녀석, 악동. ~**bubengesicht**, das 악동 같은 얼굴. ~**bubenhaft** ⟨Adj.⟩ 《통용어》 개구쟁이의; 개구쟁이 같은. ~**bubenstreich**, der. ~**büberei** [– – – '–], die 개구쟁이의 장난. ~**bübisch** ⟨Adj.⟩ 《통용어》 ↑~bubenhaft. ~**rechen**, der (südd.·농) ↑Lauserechen.
Lauschaktion, die; -en, **Lauschangriff**, der; -(e)s, -e, **Lauschoperation**, die; -en 도청 활동[행

위).

lauschen ['lauʃn̩] ⟨h⟩ **a)** 유심히 귀를 기울이다; 엿듣다: hast du gelauscht? 몰래 엿들었지?; er lauscht ins Zimmer 그는 방안을 엿듣다. **b)** 경청하다: den Geschichten l. 이야기를 경청하다. **c)** (신경을 기울여 정확히) 듣다; 유의하다.

Läuschen ['lɔysçən], das; -s, - ↑Laus.

Lauscher, der; -s, - **1.** 엿듣는 사람: paß auf, daß wir bei unseren Verhandlungen keine L. haben 우리의 협상을 아무도 엿듣지 못하도록 주의해라; [속담] der L. an der Wand hört seine eigene Schand! 남을 엿듣는 자는 자신의 험담도 듣게 되기 마련이다! **2.** 《대개 Pl.》【사냥】(멧돼지를 제외한) 사냥 짐승의 귀.

Lauscherei [lauʃə'rai], die; -en 《폄》(계속적인) 도청 [첩자 행위]. **Lauscherin**, die; -nen ↑Lauscher의 여성형. **lauschig** ['lauʃɪç] ⟨Adj.⟩ 눈에 띄지 않는, 아늑

lause-, Läuse- [↑Laus 참조: 《다음의 합성어로, 예컨대》Lausejunge, Lausekälte]: **~allee**, die 《농》가리마탄 머리. **~bengel**, der 《폄》개구쟁이. **~forke**, die (nordd. · 농》↑~harke. **~harke**, die (nordd. · 농》참빗. **~junge**, der 《통용어 · 폄》개구쟁이. **~kalt** ⟨Adj.⟩《경》매우 추운. **~kälte**, die 《경》매우 심한 추위; 혹한. **Lauskamm**, der 참빗. **~kerl**, der 《폄》개구쟁이. **~lümmel**, der 《폄》무례한 녀석. **~mädchen**, das 말괄량이. **~pack**, das 《Pl. 없음》《폄》무뢰한. **~rechen**, der ↑Lauserechen.

Läuse-: **~befall**, der 이의 발생. **~forke**, die ↑Lauseforke. **~harke** ↑Lauseharke. **~kamm**, der **1.** 참빗. **2.**《폄》빗. **~kraut**, das 《Pl. 없음》송이풀 《속》. **~rechen**, der ↑Lauserechen.

lausen ['lauzn̩] ⟨h⟩ **1.** 이를 잡다: der Hund muß gelaust werden 그 개는 이를 잡아주어야 한다; [전의] er wurde bei der Festnahme gründlich gelaust 《경》그는 체포시 몸수색을 철저히 당했다. **2.**《통용어》(카드놀이에서) 누구의 돈을 야금야금 빼앗다; 누구를 등쳐먹다.

Lauser, der; -s, - 《지역적·친근·농·선의》개구쟁이, **Lauserei** [lauzə'rai], die; -en 《지역적·친근》어리석은 장난. **lausig** ⟨Adj.⟩《통용어》**1.**《폄》**a)** 불쾌한, 더러운, 귀찮은: eine -e Arbeit 귀찮은 일. **b)** 하찮은, 적은, 값어치 없는: wer wird sich wegen so ein paar -er Pfennige aufregen! 누가 그까짓 푼돈 때문에 흥분하겠는가! **2.**《감정적 강조》어마어마한, 굉장한: eine -e Kälte 굉장한[지독한] 추위; l. lange Leitung!《폄》말귀가 어둡군!

¹laut [laut] ⟨Adj.⟩ **a)** 잘 들리는, 큰 소리의, 소리가 큰(반대: leise 1): das Radio ist zu l. 라디오 소리가 너무 크다; ein -es Wesen haben 떠들썩한 성격이다; er hat l. gedacht 그는 혼잣말로 말했다; [전의] -e Farben 야한 색; eine -e Reklame 요란한 광고; **l. werden** 알려지다, 공공연하게 되다. **b)** 시끄러운: eine -e Wohnung 방음이 되지 않은 집. **²laut** [-] ⟨Präp.²⁽³⁾⟩; 단독명사의 복수 2격이 불확실할 때 3격을 사용하며, 관사없는 단수형 명사에는 어미변화하지 않은 형으로도 쓰임》: l. unseres Schreibens[unserem Schreiben] 우리 편지에 의하면; l. Grundgesetz 헌법에 따르면. **Laut** [-], der; -(e)s, -e **1.** 소리: aus dem Zimmer drang kein L. 방에서 아무 소리도 들려오지 않았다; **L. geben** 《사냥》(사냥개가) 짖어서 알리다; [전의] du mußt rechtzeitig L. geben 너는 제때 공지해야 한다. **2.** 음, 음성: ein kurzer [offener] L. 짧은[열린] 음; -e hervorbringen 음을 내다.

laut-, Laut-: **~archiv**, das 음성 자료. **~äußerung**, die 【동물·행동학】(동물의) 음성 표현. **~bildung**, die 【언어】발음. **~form**, die ↑~gestalt. **~geben**, das; -s 【행태】↑~äußerung. **~gemäß** ⟨Adj.⟩ [언어] 음에 상응하는. **~gesetz**, das [언어] 음운(변화) 법칙. **~gestalt**, die [언어] 음성 형태. **~getreu** ⟨Adj.⟩ 발음대로의. **~hals** ⟨Adv.⟩ 큰 소리로; 소리소리 질러: es wurde l. geschimpft[protestiert] 큰 소리로 욕했다[항의했다]. **~lehre**, die [언어] 어음론(語音論)(음성학 및 음운론). **~los** ⟨Adj.⟩ 소리없는: 조용한; er bewegte l. die Lippen 그는 소리없이 입술을 움직였다. **~losigkeit**, die 《Pl. 없음》↑~los의 명사형. **~malend** ⟨Adj.⟩ [언어] 의성(擬聲)의. **~malerei**, die [언어] 의성(화). **~mäßig** ⟨Adj.⟩(발)음상의. **~nachahmend** ⟨Adj.⟩ ↑~malend. **~physiologie**, die 음성 생리학. **~schrift**, die 발음(음성) 기호: die Internationale L. 만국 음성 기호. **~sprache**, die 음성 언어(반대: Gebärden-, Zeichensprache). **~sprecher**, der [engl. loudspeaker] 확성기, 스피커: eine Rede mit -n übertragen 연설을 확성기로 중계하다. **~sprecheranlage**, die 스피커[확성기] 장치. **~sprecherbox**, die 스피커 박스. **~sprechermusik**, die 스피커에서 나오는 음악. **~sprecherstimme**, die 스피커에서 나오는 목소리. **~sprecherübertragung**, die 확성기를 통한 중계. **~sprecherwagen**, der 확성기를 단 가두 선전차. **~stand**, der [언어] 음성 체계. **~stark** ⟨Adj.⟩ 소리가 큰, (목)소리가 높은: Schlachtenbummler unterstützten ihre Mannschaft l. 응원단은 자기편을 소리 높여 응원했다. **~stärke**, die **a)** 음량, 음의 강도: sie sprachen mit gleichmäßiger L. 그들은 똑같은 음의 강도로 이야기했다. **b)** 《폄》음의 높은 강도. **~stärkemesser**, der 음량 측정기. **~stärkeregler**, der 음량 조절기. **~symbolik**, die (특히 서정시에서) 특정음의 상징적 의미, 음의 상징성. **~treu** ⟨Adj.⟩ ↑~gemäß. **~veränderung**, die ↑~wandel. **~verschiebung**, die [언어] 자음변화, 자음추이 (예컨대: b, d, g → p, t, k). **~wandel**, der [언어] 음운 변화. **~wechsel**, der [언어] 음운 교체[전환]. **~zeichen**, das 음성기호, 표음문자.

lautbar ['lautbaːɐ̯] ⟨Adj.⟩《다음 용법으로》**l. werden** 《고어》알려지다, 소문나다.

Laute ['lautə], die; -n 만돌린과 유사한 옛 현악기.

Läute-: **~signal**, das 【철도】(기차의 접근을 알리는) 경보 신호(경종 소리). **~werk**, das 경보 장치. **~zeichen**, das ↑~signal.

lauten ['lautn̩] ⟨h⟩ **1. a)** …이라는 내용이다, …이라고 씌어[말하고] 있다: sein Auftrag lautet dahin, daß ... 그 지시[명령]는 다음과 같다; nach anders lautenden Meldungen 다른 내용의 보도에 따르면. **b)** 《아이》들리다: die Nachrichten lauteten schlecht 그 소식은 언짢게 들린다[여겨진다]. **c)** (특정한) 내용을 갖다[담다]: das Urteil lautet auf 18 Monate Gefängnis 판결 내용은 18년 징역이다; die Firma lautet auf den Namen ... 그 회사는 …의 이름으로 운영되다; auf wessen Namen lauten die Papiere? 서류는 누구의 명의로 발부되었는가? **2.** [언어] 발음하다. **läuten** [lɔytn̩] ⟨h⟩ **1. a)** (교회종이) 울리다, 소리가 나다: die Glocke lautet zu Mittag 종이 정오에 울린다; 《명사화》beim letzten Läuten betrat er die Kirche 종이 마지막 울릴 때 그는 교회에 들어갔다. **b)** 《특히 südd.》종을 울리다: **von etw. l. hören** (과거 시제로만) 무엇을 소문으로만 알다. **2.** 《특히 südd., österr.》**a)** 울리다: das Telefon läutet 전화가 울리다; (비인칭) es läutet an der Wohnungstür 현관문의 벨이 울린다. **b)** 초인종을 울리다: energisch läutete er dreimal 그는 벨을 힘차게 세 번 눌렀다. **c)** [폄][종]을 눌러 누구를 부르다: er läutete nach dem Kellner 그는 종을 울려 급사를 불렀다.

Lauten-: **~band**, das 류트(를 어깨에 매는) 장식끈.

~musik, die 류트 음악. ~schläger, der 《고어》 ↑~spieler. ~spiel, das 류트 연주. ~spieler, der 류트 연주자.
Lautenist [lautəˈnɪst], der; -en, -en ↑Lautenspieler.
¹lauter [ˈlautɐ] 〈Adj.〉《아어》 1. 순수한, 맑은: -es Gold 순금. 2. 성실한, 사심없는, 진실한: -e Gesinnung 곧은 마음. ²lauter [-] 〈Adj.; 격변화 없음〉 오직 ~뿐인, 단지 ~만인: l. Lügen 순전한 거짓. Lauterkeit, die 〈Pl. 없음〉순수, 성실, 진정. läutern [ˈlɔytɐn] 〈h〉《아어》 1. 정화하다, 맑게 하다: die Flüssigkeit ist trübe und muß noch geläutert werden 그 액체는 탁해서 여과[정화]시켜야 한다. 2. 순화시키다, 성숙하게 하다: seit dem Unglück ist er geläutert 재난 후로 그는 성숙해졌다. Läuterung, die; -en 1. 여과, 정화. 2. 순화, 성숙: geistige L. 정신순화. 3. [임업] 솎아베기, 간벌.
Lautheit, die a) 시끄러움. b) 음의 강도. lautieren [lauˈtiːrən] 〈h〉 [언어] 음절별로 발음하다. Lautiermethode, die [교육] 음독법(音讀法). lautlich 〈Adj.〉음성상의, 발음상의. Lautung, die; -en [언어] 1. 발음법. 2. 음 형태: Homonyme sind Wörter mit gleicher L. 동음이의어는 발음이 동일한 단어다. lautungsmäßig 〈Adj.〉 [언어] 발음상의.
Läutwerk: ↑Läutewerk.
lauwarm 〈Adj.〉 미지근한, 미온의: 전의 -e Zustimmung 소극적인 찬성.
Lava [ˈlaːva], die; Laven [ital. lava] [지질] 용암.
Lava-: ~block, der 〈Pl. -blöcke〉 용암석 덩어리. ~decke, die 용암으로 된 지표. ~gestein, das 용암석. ~masse, die 용암 덩어리. ~schlamm, der 용암층. ~strom, der 용암류(溶岩流).
Lavabel [laˈvaːbl], der; -s [frz. lavable] 수축이 잘 되는 천; 지지미. Lavabo [laˈvaːbo, 〈schweiz.〉 ˈlaːvabo], das; -(s), -s [lat. lavābo = ich werde waschen; nach Psalm 26, 6; 2] 1. 〈가〉 a) 성체배령의 의식. b) 《세수식에 쓰이는》 세수대. 2. 《schweiz.》 세면대.
Laven: ↑Lava의 복수형.
lavendel [laˈvɛnd], 〈Adj.〉 라벤더 색의. ¹Lavendel [-], der; -s, -[ital. lavendola] 라벤더(약초). ²Lavendel [-], das; -s, - [사진] 필름 원판의 복사. ³Lavendel [-], das; -s ↑Lavendelwasser의 약칭.
lavendel-, Lavendel-: ~blau 〈Adj.〉 라벤더 푸른색의. ~geruch, der 라벤더 향. ~kopie, die ↑²Lavendel. ~öl, das 라벤더 기름[향유]. ~strauß, der 라벤더 꽃다발. ~wasser, das 라벤더 향수.
¹lavieren [laˈviːrən] 〈h〉 [1: niederd. lavēren] 1. [선원] 《고어》《바람을 피해》이리저리 항해하다. 2. 《고어》 빠져나가다: das Schiff geschickt durch die Untiefe l. 배를 능숙하게 몰아 얕은 곳을 빠져나가다; 《또한》 l. + sich》 er lavierte sich aus den schwierigsten Lagen 그는 아주 어려운 상황을 교묘하게 벗어났다.
²lavieren [-] 〈h〉 [ital. lavare] [미술] a) 색을 씻어내다, 바림하다. b) 물감으로 착색하다.
lävogyr [lɛvoˈgyːɐ̯] 〈Adj.〉 [lat. laevus u. griech. gȳros] [물리·화학] 좌선성(左旋性)의.
Lavoir [laˈvoaːɐ̯], das; -s, -s [frz. lavoir] 《österr., 그 외 고어》세면기; 세수대야.
Lävokardie [lɛvokarˈdiː], die; -n [...iən; lat. laevus u. griech. kardia] [의학] 왼심장증, 좌심증.
Lavor [...ˈvoːɐ̯, -ˈvoːɐ̯] 《südd.》 ↑Lavoir.
Lävulose [lɛvuˈloːzə], die [lat. laevus] [화학] 좌선당(左旋糖), 과당.
Law and order [ˈlɔː ənd ˈɔːdə; engl.] 《반어》 법과 질서 (범죄 소탕을 요구하는 표어로서).
Lawine [laˈviːnə], die; -n [ladin. lavina] 눈사태: an diesem Hang gehen immer wieder -n ab 이 경사면에서 항상 눈사태가 일어난다; die L. begrub drei Menschen unter sich 눈사태로 세 사람이 파묻혔다; 전의 eine L. von Zeitschriften 잡지의 홍수.
lawinen-, Lawinen-: ~abgang, der 눈사태의 발생. ~artig 〈Adj.〉 눈사태처럼 커져가거나 빨라지는. ~bahn, die 눈사태가 무너져 내리는 길. ~bildung, die 눈사태 형성. ~galerie, die 눈사태 위험 도로의 지붕 설치. ~gefahr, die 눈사태 위험성. ~gefährdet 〈Adj.〉 눈사태 위험이 있는. ~hang, der 눈사태가 발생하는 산허리[산비탈]. ~hund, der ↑~suchhund. ~katastrophe, die 눈사태 재해. ~schnur, die 눈사태 조난시 구조를 돕기 위해 뒤에 매단 긴 끈. ~schutz, der 눈사태 방지. ~schutzgalerie ↑~galerie. ~sicher 〈Adj.〉 눈사태로부터 안전한. ~suchhund, der 눈사태 조난자 수색견. ~unglück, das 눈사태 사고. ~warndienst, der 눈사태 경계 근무. ~warnung, die 눈사태 경고. ~zone, die 눈사태 지대.
Lawn-Tennis [ˈlɔːnˈtɛnɪs], das; - [engl. lawn tennis] 잔디 정구.
Lawra: ↑Laura.
Lawrencium [loˈrɛntsi̯um], das; -s [미국의 물리학자 E.O. Lawrence (1901-1958)의 이름에서] 로렌슘(방사성 원소, 기호: Lr).
lax [laks] 〈Adj.〉 [lat. laxus] 《자주 폄》 느슨한, 안이한: eine ~e Auffassung 안이한 관념; -e Moral 해이한 윤리. Laxans [ˈlaksans], das; -, ...antia [laˈksantsi̯a] /...anzien [...tsi̯ən], Laxativ [laksaˈtiːf], das; -s, -e [...iːvə], Laxativum [...ˈtiːvʊm], -s, ...va [lat. laxāre] [의학] 《완》하제. Laxheit, die; -en a) 〈Pl. 없음〉해이함. b) 해이한 행동, 태만. laxieren [laˈksiːrən] 〈h〉 [lat. laxāre] [의학] 설사하게 하다. Laxismus [laˈksɪsmʊs], der; - [가] 약한 개연성만으로도 어떤 행위가 허용될 수 있다는 신학 윤리.
Layout [leˈɪ̯aut, ˈ--], das; -s, -s [engl. layout] a) [인쇄] 《서적, 잡지, 홍보물의》 편집 배정, 레이아웃. b) [전자공학] 접속 구성 요소의 배열 도면. layouten [leˈɪ̯autn] 〈h〉《인쇄 분야》레이아웃을 작성하다. Layouter, der; -s, - 레이아웃 전문가.
Lazarett [latsaˈrɛt], das; -(e)s, -e [frz. lazaret] 군(인) 병원.
lazarett-, Lazarett-: ~baracke, die [임시] 병원 막사. ~flugzeug, das [군] 부상병 수송기(응급 처치 시설을 갖춘). ~gehilfe, der 군병원 조수. ~reif 〈Adj.〉 《은어》 군병원에 가야 될 만큼 아픈(부상한). ~schiff, das 부상병 수송선(박). ~wagen, der 병원 객차. ~zug, der 병원 열차.
Lazarist [latsaˈrɪst], der; -en [파리에 있는 Saint Lazare 수도원 본원의 이름에서] 나사로회 회원. Lazarus [ˈlaːtsarʊs], der; -(ses), -se [신약에 나오는 병든 나사로(누가복음 16장 20절)에서] [통용어] 《육체적으로》심한 고통을 받는 자, 불쌍한 사람.
Lazeration [latseraˈtsi̯oːn], die; -en [lat. lacerātio] [의학] 파열, 열상(裂傷). lazerieren [...ˈriːrən] 〈s〉 [의학] [조직이] 찢어지다.
Lazerte [laˈtsɛrtə], die; -n [lat. lacerta] 《드물게》 도마뱀.
Lazulith [latsuˈliːt, 《또한》 ...lɪt], der; -s, -e [lat. lazurus] 천람석.
Lazzarone, der; -(n) / -s, -n /...ni [ital.] (나폴리의) 거지, 빈민.
l. c. 상술한[인용한] 곳에서(= loco citato).
ld., Ld. 유한의(= limited).
LDPD 구동독의 자민당(= Liberal-Demokratische Partei Deutschlands).

Lead [li:d], das; -(s) [1: amerik. lead: 2, 3: engl. lead] **1.** 《재즈의》 주선율(트럼펫 등). **2.** 《경제》 경기 변동의 선행지수. **3.** 《신문 은어》 (요약적인) 머리글.
Leader ['li:dɐ], der; -s, - [engl. leader] 《스포츠・특히 österr. u. schweiz.》 (선수권 대회의) 선두 팀.
Leadgitarre, die 멜로디를 연주하는 (전기) 기타.
Leadgitarrist, der; -en, -en 《재즈》 밴드의 제일 기타맨.

leasen ['li:zn̩] ⟨h⟩ [engl. lease] 임차하다, 빌려 쓰다.
Leasing ['li:ziŋ], das; -s, -s [engl. -amerik. leasing] 《경제》 (기계, 기구 등의) 임대차.

¹Leb ['le:p-] : **~kuchen**, der 렙쿠헨(당밀이나 꿀과 여러 향료로 만든 과자). **~kuchenherz**, das 하트 모양의 렙쿠헨. **~küchler** [-ky:çlɐ], **~küchner** [...çnɐ], der; -s, - 《bayr., fränk.》 렙쿠헨 제조자. **~küchlerei**, **~küchnerei**, die; -en : 렙쿠헨 전문 제과점. **~zelten**, der; -s, - 《방언・준고어》 ↑~kuchen. **~zelter**, der; -s, - 《방언・준고어》 ↑~küchner.

leb-, **²Leb-**: **~los** ⟨Adj.⟩ (전의의 경우에만 비교 변화) 산 향태로 있지 않는, 죽은 (듯이): jmdn. mit -en Augen anblicken 누구를 멍한 눈으로 쳐다보다. **~losigkeit**, die ↑~los의 명사형. **~tag**, der ↑~los 《다음 용법으로》 **(all) mein L.** (통용어) 내 일평생 《다음 용법으로》 **mein(dein, sein, ihr) L. nicht** 《통용어》 결코…아니다; **einen L. machen(anstellen)** 《schwäb.》 소란떨다. **~zeiten**, 《다음 용법으로》 **bei(zu) L.** 살아있는 동안, 생존시에; **auf L.** 여생을 위하여.

lebbar ['le:pba:ɐ̯] ⟨Adj.⟩ 《schweiz.》 살 만한 보람이 있는.

lebe-, **Lebe-**: **~dame**, die 《편》 향락적 부인, 유한마담. **~hoch** [-−'−], das; -s, -s 만세(축복의 말). **~lang**, 《다음 용법으로》 **mein(dein, sein, ihr) l.** 《준고어》 나(너, 그, 그녀)의 일생 동안. **~mann**, der ⟨Pl. ...männer⟩ [1794년 독일의 작가 E. Langbein (1757∼1835)가 처음 사용] 《편》 (상류 사회의) 도락자, 방탕아, 플레이보이. **~männisch** ⟨Adj.⟩ 도락자의, 방탕아의. **~schön**, 《다음 용법으로》 **L. machen** 《통용어》 (일하지 않고) 인생을 즐기다. **~welt**, die ⟨Pl. 없음⟩ 생물계, 동식물계. **~wesen**, das 생물, 동식물: einzellige L. 단세포 생물. **~wohl** [−−'−], das; -(e)s, -s / -e (아어) 안녕(작별 인사): **jmdm. L. sagen** (아이) 누구와 작별하다.

leben ['le:bn̩] ⟨h⟩ **1. a)** 살아있다: das Kind hat nur wenige Stunden gelebt 그 아이는 불과 몇 시간 생명을 부지했다; nicht mehr lange zu l. haben (몹시 아파) 더 오래 살지 못하다; laß das arme Tier doch l. 가엾은 동물을 죽이지 마라!; nicht l. und nicht sterben können 살지도 죽지도 못할 지경이다; lebst du noch? 《통용어・농》 너 살아있었구나? (오래 소식없던 사람에게); 《전의》 der Glaube lebt 믿음은 살아있다; (현재분사) lebende Blumen 생화; lebendes Inventar 《법》 가축의 총보유량; lebende Sprachen 산(쓰여지는) 언어; die Lebenden und die Toten 산자와 죽은 자; **es von den Lebenden nehmen** 지나치게 높은 대가를 요구하다; es lebe die Freiheit! 자유 만세! **b)** 살다, 존재하다: wie viele Menschen leben auf der Erde? 지구에 사람이 얼마나 살고 있을까?; "Wie geht's dir?" — "Man lebt!" (통용어) 어떻게 지내냐? — 그럭저럭 지내네!; die lebende Generation 오늘날의 세대; 《성구》und so was lebt! (정직하게) 일해서 살아가다. 5. a) 무엇을 먹고 살다: **yon seiner Hände Arbeit l.** (정직하게) 일해서 살아가다. **5. a)** 무엇을 먹고 살다: die Gefangenen mußten von Wasser und Brot l. 죄수들은 물과 빵으로 살아야만 했다; du lebst wohl von der Luft? 너는 (아무것도 먹지 않고) 공기만 먹고 사냐?; 《격언》 der Mensch lebt nicht vom Brot allein 사람이 빵 만으로 살지 않는다 《마태복음 4장 4절》. **b)** 무엇으로 생계를 유지하다: von seiner Hände Arbeit l. (정직하게) 일해서 살아가다. **5. a)** (동일한 어간의 명사를 목적어로 취하여) er lebt sein eigenes Leben 그는 (다른 사람의 판단에 개의치 않고) 자신의 삶을 산다. **b)** (드물게) 삶을 통해 보여주다: seinen christlichen Glauben l. 그의 기독교적 신앙의 삶을 살다. **6.** 어떤 관계에서: mit jmdm. in einem nachbarlichen Verhältnis l. 누구와 이웃처럼 지내다. **7.** 무엇에 몸을 바치다: **ganz seiner Familie(für seine Familie) l.** 전적으로 자기 가족을 위해 살다. **Leben** [-], das; -s, - **1.** 삶, 생존, 생명, 목숨: L. und Tod 생과 사; das L. ist vergänglich 인생은 무상하다; viele mußten im Krieg ihr L. lassen 많은 사람이 전쟁에서 목숨을 잃어야만 했다; er hat sich das L. genommen 그는 스스로 목숨을 거두어들였다; des -s müde sein (아어) 삶에 지치다; am L. sein(bleiben) 살아있다, 생존하다; sie ist freiwillig aus dem L. geschieden 그녀는 스스로 목숨을 끊었다; ins L. zurückrufen 소생시키다; er ist durch einen Unfall ums L. gekommen 그는 사고로 목숨을 잃었다; zwischen Tod und L. schweben 생사간을 헤매다; 《전의》 die neue Gestalt kam wieder L. 그의 모습에 생기가 다시 돌아왔다; **das ewige L.** 《종교》 영생; **das nackte L. retten** (겨우) 목숨만 건지다; **einem Kind das L. schenken** (아이) 아이를 낳다; **sein L. teuer verkaufen** 필사적으로 자기 목숨을 지키다; **sein L. (für jmdn.[etw.]) in die Schanze schlagen** (누구(무엇)에) 목숨을 걸다; **seines -s nicht mehr froh werden** 걱정이 그칠 날이 없다; **seinem L. ein Ende machen[setzen]** (은폐) (자살로) 삶에 종지부를 찍다; **auf L. und Tod (kämpfen)** 생사를 걸고(싸우다); **etw. für sein L. gern tun** (통용어) 무엇을 아주 기꺼이 하다; **(freiwillig) aus dem L. scheiden** 자살하다; **etwas ins L. rufen** 무엇을 창설하다; **ins L. treten** 구성되다; **ins ewige L. eingehen** (아어・은폐) 영생을 얻다, 죽다; **mit dem L. davonkommen** 구사일생으로 살아나다; **jmdm. nach dem L. trachten** 누구의 생명을 노리다; **wie das blühende L. aussehen** (통용어) 매우 건강하게 보이다; **jmdn. vom Tod zum Leben befördern** (아이) 누구를 황천객으로 만들다. **2. a)** 생애, 일생, 인생(여정): L. und Werk eines Künstlers 예술가의 생애와 작품; sein L. genießen 인생을 즐기다; Freuden und Leiden des -s 삶의 기쁨과 슬픔; das geschah zum erstenmal im L. 그것은 그의 생애에 처음으로 일어난 일이다; **jmdm. das L. sauer machen** 누구를 자꾸만 괴롭히다; **sich durchs L. schlagen** 삶을 헤쳐나가다; **nie im L.(im L. nicht)** (통용어) 결코 …아니다. **b)** 생활(방식): ein einfaches L. 소박한 생활; ein neues L. anfangen 새로운 생활을 시작하다; was soll das schlechte L. nützen? 힘들여 살아 무엇해?; **das süße L.** 달콤한 (일할 필요없는 사치한) 생활(ital. la dolce vita). **c)** 삶(의 전부): die Musik ist für sie das L. 음악은 그녀에 있어서 삶 그 자체이다. **3. a)** 일상 생활, 삶의 현실: das L. verlangt

Opfer 삶은 희생을 요구한다; man muß das L. eben nehmen, wie das L. eben ist (통용어·농) 있는 대로 살아야지. b) (일정 분야의) 생활: das gesellschaftliche [wirtschaftliche] L. einer Stadt 한 도시의 사회[경제] 생활. 4. 활기, 생기: die Kinder haben L. ins Haus gebracht 아이들이 집안에 활기를 불어넣었다.

leben-: **~bejahend**: ↑lebensbejahend. **~fördernd** ⟨Adj.⟩ 생을 촉진하는. **~gebend**, **~spendend** ⟨Adj.⟩ ⟨⟨아이⟩⟩ 활기를[생명을] 불어넣는. **~sprühend** ⟨Adj.⟩ 활력이 넘치는. **~verneinend**: ↑lebensverneinend. **~zerstörend** ⟨Adj.⟩ 생명을 파괴하는.

lebend-, **Lebend-**: **~gebärend** ⟨Adj.⟩ [동물] 새끼를 낳는. **~geborene** ⟨Pl.⟩ [관·통계] 생산아(生産兒) (반대: Totgeborene). **~geburt**, die (반대: Totgeburt). a) 생산, 출산. b) 생산아, 생산한 동물. **~gewicht**, das a) ⟨⟨전문어⟩⟩ (도축할 동물의) 생체 중량 (반대: Schlachtgewicht). b) ⟨농⟩ (지나치게 낮거나 높은) 체중. **~maske**, die 라이프 마스크(반대: Totenmaske). **~vieh**, das 도축용으로 판 산 가축.

lebendig [le'bɛndɪç] ⟨Adj.⟩ **1.** 살아있는(반대: tot): keine -e Seele war zu sehen 사람이라고는 아무도 보이지 않았다; hier fühlt man sich wie l. begraben 여기가는 생매장 당한 느낌이 든다; 전의 eine Demokratie 산 민주주의; ein -es Beispiel für etwas geben; 무엇의 생생한 예를 들다; 경구 jmd. steht da wie ein -es Fragezeichen 무엇부터 질문할지 전혀 모르다; **es von den Lebendigen[vom Lebendigen] nehmen** 지나친 금액을 요구하다. **2.** 생생한: die Erinnerung wurde wieder l. in ihm 그 기억이 그에게 다시 생생하게 되살아났다. **3.** 활기찬, 활발한: auf den Straßen wurde es allmählich -er 길에는 점차 활기가 더해갔다. 전의 -e Farben 생기있는 색. **lebendiggebärend**: ↑lebendgebäend. **Lebendigkeit**, die **1.** 살아 있음. **2.** 생생함, 활기.

lebens-, **Lebens-**: **~abend**, der ⟨아이⟩ 말년, 노년. **~ablauf**, der 인생 행로. **~abriß**, der 약력. **~abschnitt**, der 생의 한 시기. **~ader**, die 생명선, 보급로. **~alter**, das a) 나이, 연령. b) 연령대: das kindliche L. 유년기. **~anfang**, der 생의 시작(반대: ~ende). **~angst**, die ↑Existenzangst. **~anspruch**, der 생명권. **~arbeit**, die 평생의 사업[작업]. **~arbeitszeit**, die 평생 근로 시간. **~art**, die **1.** 생활 방식. **2.** 예의 범절: er hat keine L. 그는 예절이 없다. **~auffassung**, die 인생관, 생활관. **~aufgabe**, die 필생의 과업. **~äußerung**, die 생존의 표시, 삶의 표현. **~aussicht**, die 생존 가망. **~bahn**, die ⟨아이⟩ 인생 행로. **~baum**, der **1.** 측백나무. **2. a)** ⟨종교⟩ 생명의 나무. **b)** [민속·미술] 생명의 나무를 상징하는 장식. **~bedarf**, der 생활 필수품. **~bedingungen** ⟨Pl.⟩ 생활 조건. **~bedrohend**, **~bedrohlich** ⟨Adj.⟩: ↑~gefährlich. **~bedürfnisse** ⟨Pl.⟩ ↑~bedarf. **~beichte**, die ⟨가⟩ 생애에 대한 고백성사. **~bejahend** ⟨Adj.⟩ 낙관[낙천]적인, 생에 긍정적인(반대: ~verneinend). **~bejahung**, die ⟨Pl. 없음⟩ 생의 긍정. **~bereich**, der 생활 범위[영역]: der private L. 사생활권. **~bericht**, der ↑~beschreibung. **~beruf**, der 평생 직업. **~beschreibung**, die 전기, 생의 기술. **~bezirk**, der ↑~bereich. **~bild**, das 전기, 삶의 상. **~buch**, das ⟨시어⟩ 인간의 이름이 영원히 적혀있는 하늘나라에 있는 책자. **~bund**, der ⟨시어⟩ 가약, 결혼. **~chance**, die ⟨대개 Pl.⟩ 생존 가능성. **~daten** ⟨Pl.⟩ 이력 사항. **~dauer**, die a) 수명, 생존 기간: die durchschnittliche L. des Menschen 인간의 평균 수명. **b)** (기계나 재료 등의) 수명. **~echt** ⟨Adj.⟩ ↑~wahr.

~element, das **1.** 기본 요소. **2.** 삶에 중요한 요소. **~elixier**, das [민속] 장명 영약(長命靈藥). **~ende**, das 임종, 생의 최후(반대: ~anfang). **~energie**, die 삶의 원기, 생의 에너지. **~entfaltung**, die 삶의 계발. **~erfahren** ⟨Adj.⟩ 인생 경험이 많은. **~erfahrung**, die 인생 경험. **~erinnerungen** ⟨Pl.⟩ 인생 회고(록). **~erscheinung**, die ⟨생물·의학⟩ 생명 현상. **~erwartung**, die 예측 수명: die mittlere L. 평균 수명. **~faden**, der ⟨다음 용법으로⟩ **jmdm. den L. abschneiden** ⟨아이⟩ 1) 누구의 목숨을 끊다. 2) 누구의 목숨처럼 중요한 것을 빼앗다. **~fähig** ⟨Adj.⟩ 생명력이 있는(반대: ~unfähig). **~fähigkeit**, die ⟨Pl. 없음⟩ 생명력, 생존 능력. **~feindlich** ⟨Adj.⟩ 생존[생명]에 불리한. **~fern** ⟨Adj.⟩ 현실[생활]과 동떨어진(반대: ~nah). **~ferne**, die ⟨Pl. 없음⟩ ↑~fern의 명사형. **~form**, die 생활 양식, 생활 설계. **~frage**, die 매우 중요한 문제. **~fremd** ⟨Adj.⟩ **a)** 세상사에 어두운, 인생 경험과 맞지않은. **b)** 속세와는 거리가 먼. **~freude**, die 생의 기쁨. **~froh** ⟨Adj.⟩ 삶의 기쁨을 누리는. **~führung**, die 생활 태도, 처신. **~funke(n)**, der ⟨시어⟩ 생명의 희미한 불꽃. **~funktion**, die ⟨대개 Pl.⟩ [생물·의학] 생명을 특징 지워주는 기능. **~gang**, der ↑~weg. **~gebiet**, das ↑~bereich. **~gefahr**, die ⟨Pl. 없음⟩ 생명의 위험, 위독: außer L. sein 생명의 위험은 없다; er schwebt in L. 그는 위독한 상태에 있다. **~gefährlich** ⟨Adj.⟩ 생명이 위험한. **~gefährte**, der ⟨아이⟩ 반려자. **~gefährtin**, die ↑~gefährte의 여성형. **~gefühl**, das 생명감. **~geist**, der ⟨Pl. 없음⟩ ↑~wille. **~geister** ⟨Pl.⟩ 원기, 활기, 혈기. **~gemeinschaft**, die **a)** 생활 공동체. **b)** [생물] ↑Biozönose. **~genuß**, der 인생의 향락. **~geschichte**, die 전기(傳記). **~gestaltung**, die 생활 설계. **~gewandt** ⟨Adj.⟩ 생활에 능숙한. **~gewandtheit**, die ↑~gewandt의 명사형. **~gewohnheit**, die ⟨대개 Pl.⟩ 생활 습관. **~gier**, die 삶의 의욕. **~gierig** ⟨Adj.⟩ ⟨드물게⟩ 삶의 의욕이 강한. **~glück**, das 인생[생활]의 행복. **~groß** ⟨Adj.⟩ 실물 크기의. **~größe**, die ⟨다음 용법으로⟩ **in (voller) L.** 실물 (크기)로. **~grundlage**, die 생활 기반. **~haltung**, die (경제적) 생활 유지, 생계. **~haltungsindex**, der [경제] 생계비 지수. **~haltungskosten** ⟨Pl.⟩ [경제] 생계[생활]비. **~hilfe**, die 생활 구조. **~höhe**, die 삶의 절정. **~höhepunkt**, der 삶의 정점. **~hunger**, der 삶에 대한 굶주림. **~hungrig** ⟨Adj.⟩ ↑~hunger의 형용사형. **~ideal**, das 인생의 이상[목표]. **~inhalt**, der 인생의 의미(부여). **~interesse**, das 중대 (관심)사. **~jahr**, das 연령. **~kamerad**, der ↑~gefährte. **~kameradin**, die ↑~kamerad의 여성형. **~kampf**, der 생존 경쟁. **~keim**, der 생명의 싹. **~kerze**, die ↑~licht. **~klug** ⟨Adj.⟩ 인생경험이 풍부한, 처세에 능한. **~klugheit**, die ⟨Pl. 없음⟩ 위의 명사형. **~kosten** ⟨Pl.⟩ ↑~haltungskosten. **~kraft**, der 생명력, 원기. **~kräftig** ⟨Adj.⟩ 생명력 있는, 원기있는. **~kreis**, der ↑~bereich. **~krise**, die 인생의 위기. **~kunde**, die **a)** ⟨예⟩ 생물과목. **b)** ⟨드물게⟩ 사회과목. **c)** 자연적 생활법. **~kunst**, die 처세술. **~künstler**, der 처세술에 능통한 사람. **~lage**, die 생활 상태. **~länglich** ⟨Adj.⟩ **a)** (형벌에서) 종신형의, 무기형의. **b)** ⟨드물게⟩ 종신의: eine Rente 종신연금. **~längliche***, der / die ⟨은어⟩ 종신형 죄수(수인). **~lauf**, der ⟨드물게⟩ 인생 행로. **b)** 이력서: einen L. einreichen 이력서를 제출하다. **~licht**, das **a)** ⟨아이⟩ 생명의 등(불): jmdm. **das L. ausblasen (auspusten)** ⟨통용어⟩ 누구를 죽이다. **b)** 생일 케이크상 초. **~linie**, die (손금의) 생명선. **~luft**, die 생명에 필요한 공기. **~lüge**, die 삶에 대한

환상. ~lust, die 〈Pl. 없음〉 삶의 기쁨, 생명욕. ~lustig 〈Adj.〉 쾌활한, 생을 즐기는. ~maxime, die 삶의 신조. ~mitte, die 중년(기). ~mittel, das 〈대개 Pl.〉 식(료)품, 식량. ~mittelbewirtschaftung, die 〈국가의〉 식품 관리. ~mittelbranche, die 식(료)품업. ~mittelchemie, die 식품화학. ~mittelchemiker, der 식품 화학자. ~mittelfiliale, die 식료품 가게 분점. ~mittelgeschäft, das 식료품점〔상〕. ~mittelgesetz, das 식품〔위생〕법. ~mittelgroßhandlung, die 식품 도매상. ~mittelhandel, der 식품업. ~mittelindustrie, die 식품산업. ~mittelkarte, die 〈전시·긴급시의〉 식량 배급표. ~mittellieferung, die 식료품 공급. ~mittelmarke, die 식량 배급권의 낱장. ~mittelpaket, das 식료품 소포. ~mittelpreis, der 식료품 가격. ~mittelrationierung, die 식료품 통제. ~mittelvergiftung, die 〔의학〕 식중독. ~mittelvorrat, der 예비 식량〔품〕. ~möglichkeit, die 생존 가능성. ~monat, der 생후 〔몇〕개월. ~müde 〈Adj.〉 삶에 지친, 살기 싫은: du bist wohl l.? 〈농〉 살고 싶지 않아?. ~müdigkeit, die ↑~müde의 명사형. ~mut, der 삶의 의욕, 원기. ~nah 〈Adj.〉 삶에 밀접한〈반대: ~fern〉. ~nähe, die ↑~nah의 명사형. ~nerv, der 생명의 중추, 생명선. ~niveau, das 생활 수준. ~notwendig 〈Adj.〉 생활에 필수 불가결한. ~notwendigkeit, die ↑~notwendig의 명사형. ~ordnung, die 생활 질서. ~partner, der ↑~gefährte. ~partnerin, die ↑~partner의 여성형. ~periode, die ↑~abschnitt. ~pfad, der 〈시〉 ↑~weg. ~phase, die 생의 단계. ~philosophie, die 1. 〔철학〕 생철학. 2. 인생 철학, 인생관. ~prinzip, das 생활 원칙. ~problem, das 인생 문제. ~prozeß, der 인생 과정. ~qualität, die 〈Pl. 없음〉 생활의 질. ~quell, der, ~quelle, die 〈시어〉 생명의 샘〔원천〕. ~raum, der 1. 〔생물〕 ↑Biotop (a, b). 2. 생활 공간, 생활권. ~recht, das 생존권. ~reform, die 생활 개혁(특히 자연식을 통한). ~reformer, der 생활 개혁가. ~regel, die 생활 규칙. ~reise, die 〈시어〉 ↑~lauf (a). ~rettend 〈Adj.〉 생명을 구하는. ~retter, der a) 생명의 은인. b) 인명 구조자. ~rettungsmedaille, die ↑Rettungsmedaille. ~rhythmus, der 생활 리듬. ~saft, der 〈시〉 생명의 수액(피를 가르킴). ~schicksal, das 운명적 삶, 사주팔자. ~schwach 〈Adj.〉 〈신생아가〉 생활 환경 적응력이 약한. ~schwäche, die 〈신생아의〉 생활 환경 적응력 취약증. ~sinn, der 〈Pl. 없음〉 삶의 의미. ~spur, die 〈대개 Pl.〉 〔고생물학〕 동물 발자국 화석. ~standard, der 생활 수준. ~stellung, die 종신직. ~stil, der 생활양식. ~tag, der 생후 〔몇〕일. ~traum, der 일생의 꿈. ~tüchtig 〈Adj.〉 생활 능력이 있는〈반대: ~untüchtig〉. ~tüchtigkeit, die ↑~tüchtig의 명사형. ~überdruß, der 삶에 대한 염증. ~überdrüssig 〈Adj.〉 삶에 싫증난. ~umstände 〈Pl.〉 생활 환경〔조건〕. ~unfähig 〈Adj.〉 〈생후〕 능력이 없는〈반대: ~fähig〉. ~unfähigkeit, die 〈Pl. 없음〉 ↑~unfähig의 명사형. ~unterhalt, der 생계〔생활〕비용), 생계: du mußt dir deinen L. selbst verdienen 너는 스스로 생계를 꾸려가야 한다; für jmds. L. sorgen 누구의 생활비를 대다. ~untüchtig 〈Adj.〉 생활 능력이 없는〈반대: ~tüchtig〉. ~untüchtigkeit, die 〈Pl. 없음〉 ↑~untüchtig의 명사형. ~unwert 〈Adj.〉 〈나치〉 〈병약하여〉 생존가치가 없는. ~verächter, der 삶을 경멸하는 사람. ~verhältnisse 〈Pl.〉 ↑~umstände. ~verlängerung, die 〔의학〕 생명 연장(유지). ~verneinend 〈Adj.〉 생을 부정하는, 염세적인〈반대: ~bejahend〉. ~verneinung, die 〈Pl. 없음〉 생의 부정. ~versicherung, die 생명 보험: eine L. abschließen 생명 보험에 가입하다. ~versicherungsgesellschaft, die 생명 보험 회사. ~versicherungspolice, die 생명 보험 증서. ~versicherungssumme, die 생명 보험 금액. ~voll 〈Adj.〉 a) 생생한, 활기 찬. b) 실생활대로의. ~vorgang, der 〔의학·생물〕 생명 현상(과정). ~wahr 〈Adj.〉 사실의, 진실한. ~wahrheit, die 삶의 진실, 참다움. ~wandel, der 품행, 처신, 몸가짐. ~wasser, das 〔신화〕 a) 생명수. b) 《통용어·농》 화주, 브랜디. ~weg, der 인생 항로, 생애: sie wollen ihren L. gemeinsam gehen 《아어》 그들은 결혼하려 한다. ~weise, die 생활 방식: die vegetarische L. 채식 생활. ~weisheit, die a) 삶의 지혜. b) 인생에 대한 명언. ~werk, das 일생의 일〔작품〕, 필생의 사업: diese Firma ist sein L. 이 회사가 그의 필생의 사업이다. ~wert 〈Adj.〉 살 보람이〔가치가〕 있는. ~wert, der 인생의 가치. ~wichtig 〈Adj.〉 인생〔생명〕에 중요한; 아주 중요한: -e Nährstoffe 생명에 중대한 영양소. ~wille(n), der 살려는 의지. ~zeichen, das 살아있는 징후〔표시〕: Herzschlag und Atem sind die wichtigsten L. von ihm bekommen 심장 박동과 호흡은 중요한 생의 징후다; 〔전의〕 seit seiner Abreise vor einigen Wochen haben wir noch kein L. 몇 주전 그가 떠난 후에 아무런 소식을 우리는 듣지 못했다. ~zeit, die 1. 생존 기간, 수명: auf L. 평생(토록), 죽을때까지: der Sportler wurde auf L. gesperrt 그 운동 선수는 평생 출전이 금지되었다. 2. 《드물게》 ↑~abschnitt. ~ziel, das 인생의 목표. ~zuschnitt, der 생활 방식. ~zuversicht, die 생에 대한 확신. ~zweck, der 인생의 목적〔목표〕.

Leber ['leːbɐ], die; -n a) 간장: er hat es mit der L. (zu tun) 《통용어》 간장병을 앓고 있다; etwas frißt jmdm. an der L. 《통용어》 무엇이 누구의 애간장을 저미다; frisch〔frei〕 von der L. weg sprechen〔reden〕 《통용어》 솔직하게 털어놓고 말하다; sich[3] etw. von der L. reden 《통용어》 부담되는 바를 속시원히 말해 홀가분하다. b) 간〔요리〕.

leber-, Leber-: ~abszeß, der 〔의학〕 간 농〔종〕양. ~balsam, der 불로화와 비슷한 톱풀의 일종(학명: *Achillea ageratum*), 불로화. ~blümchen, das 노루귀의 일종(학명: *Hepatica hobilis*). ~diät, die 간장병의 간이식법. ~egel, der 간 디스토마, 간충(肝蟲). ~entzündung, die 간염. ~fleck, der 간반, 기미. ~funktionsprüfung, die 〔의학〕 간 기능 검사. ~gallengang, der 〔의학〕 간 담낭관. ~haken, der 〔권투〕 간장 부위를 가격하는 혹. ~infarkt, der 〔의학〕 간경색증. ~insuffizienz, die 〔의학〕 간기능부전. ~karzinom, das 〔의학〕 ↑~krebs. ~käse, der 〈Pl. 없음〉 《특히 südd., österr.》 레버케제(잘게 간 고기, 간, 달걀, 당근 등으로 만든 요리). ~knödel, der 《südd., österr.》 간이 들어간 완자, 레버크뇌들. ~knödelsuppe, die 《특히 österr.》 레버크뇌들이 들어간 소고기 수프. ~kolik, die 〔의학〕 간산통. ~koma, das 〔의학〕 간성혼수. ~krank 〈Adj.〉 간장병을 앓는. ~krebs, der 〔의학〕 간암. ~lappen, der 간엽. ~leiden, das 〔의학〕 간장병. ~leidend 〈Adj.〉 간장병을 앓고 있는, 간장병 환자의. ~moos, das 苔류. ~pastete, die 〔요리〕 간으로 만든 파이. ~pilz, der 참나무 고목에 섭생하는 간엽 모양의 버섯(학명: *Fistulina hepatica*). ~reim, der 〔첫 낱말이 "Leber"로 시작되는〕 즉흥 해학적 시의 일종. ~schaden, der 〔지속적인〕 간장 손상. ~schmerz, der 〔의학〕 간의 통증. ~schonkost, die 〔의학〕 간장병 환자를 위한 간장식. ~schrumpfung, die ↑~zirrhose. ~schwellung, die 간 종창(腫脹). ~stein, der 〔의학〕 간 결석. ~test, der 《통용어》 ↑

~funktionsprüfung. ~tran, der 간유(肝油). ~ver-fettung, die 지방간. ~wert, der [의학] 간기능 측정치. ~wurst, die 간 소시지; die gekränkte(beleidigte) L. spielen 《통용어》(이유없이) 화를 내다. ~wurstbaum, der (열대 아프리카 산) 소시지 모양의 열매를 맺는 줄기 긴 나무(Elefantenbaum; 학명: Kigelia africana). ~wurstbrot, das 간 소시지를 얹은 빵. ~zirrhose, die [의학] 간 경변.

lebhaft ['le:phaft] 〈Adj.〉 **1. a)** 생기에 찬, 활달한: die Kinder sind sehr l. 어린이들이 매우 활달하다; nun aber ein bißchen l.! 《통용어》 자, 이제 좀 빨리 앞으로 (나아가자)! **b)** 활기 찬: der Verkehr ist immer -er geworden 교통(량)이 점차 활기를 더해갔다. **c)** 생생한: etwas in -er Erinnerung haben 무엇을 생생하게 기억하다. **2. a)** (색이) 선명한, 진한: ein -es Grün 진한 녹색. **b)** 강렬한[히], 몹시: sich l. über etwas ärgern 무엇에 대하여 대단히 화를 내다; das interessiert mich l. 나는 그것에 강한 관심을 갖고 있다. **Lebhaftigkeit**, die 〈Pl. 없음〉 ↑lebhaft의 명사형. **lebig** 〈Adj.〉 (schwäb.·준고어·그 외 농》 살아있는. **-lebig** [-le:bɪç] 〈다음의 합성어로, 예컨대》 langlebig.

Lebkuchen ↑leb-, Leb- 참조. **Lebzelten** ↑leb-, ¹Leb- 참조.

Lech [lɛç] der; -s 레히(바이에른주 와 오스트리아 사이를 흐르는 도나우강의 지류. **Lechfeld**, das; -(e)s 레히평야(아우크스부르크 남쪽의 평야).

lechzen ['lɛçtsn] 〈h〉 (아이) 갈망하다: er lechzte nach Macht 그는 권력을 갈망했다.

Lecithin [letsi'ti:n] ↑Lezithin.

leck [lɛk] 〈Adj.〉 [niederd. leck] (배, 물탱크 등) 물이 새는, 침수하는. **Leck** [-], das; -(e)s, -s 새는 구멍[틈새].

leck-, Leck-: ~**schlagen** 〈s〉 [선원] (배에) 새는 곳이 생기다. ~**segel**, das [선원] (선체의 새는 틈을 막기 위한) 질긴 돛폐. ~**sicher** 〈Adj.〉 새지 않는. ~**springen** 〈s〉 《드물게》 ↑~schlagen.

Leckage [lɛ'ka:ʒə, (österr.) ...ʒ], die; -n **1.** (액체화물의) 중량 감소. **2.** ↑Leck.

Lecke ['lɛkə], die; -n **1.** (가축 짐승들이) 소금을 핥아 먹는 곳. **2.** [사냥] ↑Salzlecke. ¹**lecken** ['lɛkn] 〈h〉 **1. a)** 핥다: der Hund leckt mir die Hand(leckt an meiner Hand) 그 개가 나의 손을 핥는다; **leck mich (doch)**! 《속어》 (귀찮게 하지 말고) 내 똥구멍이나 핥으라지! (↑Arsch 1 참조). **b)** 핥아 먹다: das Kind leckt Eis 그 어린 아이는 아이스크림을 핥아 먹는다. **c)** 핥아서 없애다. **2.** 《비어》 음부를 핥다.

²**lecken** [-] 〈h〉 새다, 스며나오다.

³**lecken** [-] ↑löcken.

lecker ['lɛkɐ] 〈Adj.〉 **1.** 맛있는: der Apfelkuchen schmeckt aber l. 그 애플파이는 아주 맛있다; [전의] sie ist ein -es Mädchen 그녀는 매력적인 소녀다. **2.** 《드물게》이것저것 가리는. ~**Lecker** [-], der; -s, - **1.** 《고어》 군것질을 잘하는 사람, 미식가. **2.** [지역적] 자루가 달린 빨아 먹는 사탕. **3.** [사냥] 사슴, 노루 따위의 혀.

Lecker- (lecker 1): ~**bissen**, der 맛있는 것, 진미; [전의] künstlerische[musikalische] L. 예술적[음악적] 선호. ~**maul**, das, (축소형) ~**mäulchen**, das 《통용어》 **a)** 맛있는 것을 즐겨 먹는 사람; 미식가. **b)** 단것을 좋아하는 사람.

Leckerei [lɛkə'raj], die; -en 《통용어》 맛있는 것, 단것. **leckerhaft** 〈Adj.〉 《고어》 맛있는. **Leckerhaftigkeit**, die 《고어》 ↑leckerhaft의 명사형. **Leckerli** ['lɛkɐli], das; -s, - (스위스) 꿀과자와 비슷한 사각형 빵. **leckern** ['lɛkɐn] 〈h〉 《통용어》 **1.** 단것을 먹다, 군것질하다. **2.** (비인칭) 무엇을 대단히 먹고 싶어하다: ihn leckert (es leckert ihn) nach Haselnüssen 그는 개암나무 열매를 매우 먹고 싶어한다. **Leckstein**, der; -(e)s, -e [사냥] 염수(鹽獸)들이 핥아먹게 한 소금덩어리.

Leder ['le:dɐ] das; -s, 〈종류〉 **1.** 가죽: L. verarbeiten (färben) 가죽을 가공하다(염색하다); dieses Steak ist das reinste L. 이 스테이크는 가죽처럼 질기다; ein Buch in L. 가죽장정본; **was das L. hält** 《통용어》 힘껏; **jmdm. das L. gerben(versohlen)** 《통용어》 누구를 두들겨 패다; **jmdm. ans L. gehen(wollen)** 《통용어》 누구를 공격하다; **jmdm. auf den L. knien** 《준고어》 누구를 강압하다; **vom L. ziehen** 1) 《드물게》 무기를 사용하다(Leder = 가죽칼집). 2) 《드물게》 무엇을 옹호하다. 3) gegen jmdn.[etw.] vom L. ziehen 누구[무엇]에 대한 비판적 의견을 말하다. **2.** ↑Fensterleder의 약어. **3.** (축구 은어) 축구공.

leder-, Leder- (Leder 1): ~**absatz**, der (구두의) 가죽 뒤축. ~**artig** 〈Adj.〉 가죽 같은. ~**ball**, der 가죽공. ~**band**, der 〈Pl. ~bände〉 가죽장정의 책. ~**bar**, die 가죽옷에 대한 성도착증을 가진 사람이 출입하는 술집. ~**braun** 〈Adj.〉 가죽색의. ~**ei**, das (럭비손의) 럭비공. ~**einband**, der 가죽장정으로 된 책. ~**farben**, ~**farbig** 〈Adj.〉 가죽[황갈]색의. ~**fetischismus**, der 가죽옷에 대한 성도착증. ~**fetischist**, der 가죽옷 성도착 증세를 가진 사람. ~**fett**, das 가죽(피혁)용 방수지. ~**gamasche**, die [고어] 가죽 각반. ~**geweih**, das [사냥] 껍질이 마른 사슴 뿔. ~**gurt**, der 혁대, 피대. ~**gürtel**, der 가죽 허리띠. ~**handschuh**, der 가죽장갑. ~**haut**, die (척추동물, 인간의) 참가죽, 진피; (눈의) 공막, 각막. ~**hautentzündung**, die ; Skleritis. ~**herstellung**, die 가죽가공. ~**hose**, die 가죽바지. ~**imitation**, die 모조(인조) 가죽. ~**industrie**, die 〈Pl. 없음〉 피혁 산업. ~**jacke**, die 가죽상의. ~**knopf**, der 가죽으로 싼 단추. ~**koffer**, der 가죽 트렁크. ~**koller**, das 가죽옷(옛 군복). ~**koralle**, die 산호충 (학명: Alcyonaria). ~**kugel**, die (은어) 가죽공(특히 축구공). ~**lappen**, der 가죽 조각천. ~**leim**, der 못쓰는 가죽으로 만든 아교. ~**mantel**, der 가죽외투. ~**mappe**, die 가죽가방. ~**mosaik**, das [미술] 가죽 모자이크. ~**nacken**, der [engl.-amerik. leatherneck] 미 해병 정예 부대원. ~**pappe**, die 가죽[폐기물로 만든] 판지. ~**polster**, das 가죽 방석(쿠션). ~**ranzen**, der 가죽 란도셀. ~**riemen**, der 가죽띠. ~**rücken**, der [제본] (책의) 가죽 등. ~**schildkröte**, die 장수거북(과). ~**schnitt**, der 가죽에 새긴 장식. ~**schuh**, der 가죽 구두. ~**schurz**, der 가죽 앞치마. ~**sessel**, der 가죽 안락의자. ~**sex**, der 《통용어》 ↑Lederfetischismus식 섹스. ~**sofa**, das 가죽 소파. ~**sohle**, die 가죽으로 된 구두창. ~**stiefel**, der 가죽 부츠. ~**stollen**, der [축구] 축구화의 가죽정(釘). ~**tapete**, die 〈옛〉 가죽 벽지. ~**tasche**, die 가죽 가방. ~**täubling**, der 갈색의 식용 싸리버섯(학명: Russula integra). ~**tuch**, das ↑~lappen. ~**verarbeitend** 〈Adj.〉 가죽 가공의. ~**vertrieb**, der 가죽제품 판매(부). ~**waren** 〈Pl.〉 가죽 제품. ~**zeug**, das 가죽 장구.

Lederer, der; -s, - (südd.·준고어·아직도 österr.》 ↑Gerber. **lederig** ['le:dərɪç] 〈Adj.〉 ↑**ledrig**. ¹**ledern** ['le:dɐn] 〈h〉 **1.** 가죽천으로 문지르다(광내다). **2.** 《지역적·경》 두들겨 패다. ²**ledern** [-] 〈Adj.〉 **1. a)** 가죽제의, 혁제의. **b)** 가죽처럼 질기다: das Fleisch ist l. 그 고기는 질기다. **2.** 《통용어》 무미건조한: sein Vortrag war ziemlich l. 그의 강연은 상당히 지루하였다.

ledig ['le:dɪç] 〈Adj.〉 **1.** 미혼의, 독신의: eine -e Mutter 미혼모; ein -es Kind 《지역적·준고어》 사생아. **2.** 《지

역자) 빈; 이용되지 않는: ein -er Acker 유휴 전답; -es Gestein 【광】 광물을 포함하고 있지 않은 암석; -e Schicht 【광】 시간외 근무; ein -es Schiff 〖선원〗 미선적 화물선; **einer Sache** [**jmds.**] **l. sein** (아이) 무엇으로[누구로]부터 책임을 벗어나다; **jmdn. einer Sache l. sprechen** 《아이》 누구를 무엇으로부터 벗어나게 하다. **Ledige´** ['le:dıgə], der / die 독신자(독신녀).
Ledigenheim, das 독신자 기숙사. **lediggehend** 〈Adj.〉 【세무】 (직업상) 임시 별거중인. **lediglich** ['le:dıklıç] 〈Adv.〉 다만, 전혀, 오직: ich berichte l. Tatsachen 나는 다만 사실을 보고할 뿐이다.
Ledischiff ['le:di-], das; -(e)s, -e (schweiz.) 화물선.
ledrig ['le:drıç] 〈Adj.〉 가죽 같은.
Lee [le:; Niederd. le] (반대: Luv) **1. in**(**nach**) **L.** 〖선원〗 바람 길로. **2.** 〈das; -s〉 【지리】 (산의) 바람이 자는 쪽.
lee-, **Lee-**: **~boje**, die 【요트】 바람이 불어가는 쪽을 표시하는 부표. **~gierig** 〈Adj.〉 〖선원〗 뱃머리가 바람이 불어가는 쪽으로 향하는(반대: luvgierig). **~gierigkeit**, die 〖선원〗 **1.** **~gierig**의 명사형. **~marke**, die 【요트】 ↑~boje. **~seite**, die 〖선원〗 바람 길쪽.
~wärts 〈Adv.〉 〖선원〗 바람길로.

leer [le:ɐ̯] 〈Adj.〉 **1. a)** 빈(반대: voll): auf-em Magen etw. essen 공복에 무엇을 먹다; die Kasse ist leider l. 〖통용어〗 돈이 떨어지다; ich trinke[〖통용어〗 mache] das eben noch l. 내가 그것을 다 비우다. **b)** 무엇이 없는, 속이 빈: -e Ähren 속이 빈 이삭; ein -es Nest (새가 떠나) 텅 빈 둥지; ein Zimmer l. mieten 가구 없는 방에 세들다; (명사화) der wohlgemeinte Rat ging ins Leere 선의의 충고가 무의미하게 되었다; **l. ausgehen** 아무것도 (나누어) 갖지 못하다; **l. laufen** (기계 따위가 비생산적으로) 헛돌다, 공전하다. **c)** 사람이 (거의) 없는: das Kino war l. 영화관에 관객이 거의 없었다; diese Wohnung steht schon lange l. 이 집은 비어 있은 지 벌써 오래되다. **d)** 〖österr., schweiz.〗 (소 따위가) 새끼 태하지 않은. **2.** 〖펌〗 알맹이 없는: -es Gerede 허무맹랑한 소리; -e Versprechungen machen 지키지 않을 약속을 하다; mit -en Augen[mit -em Blick] ansehen 명하게 쳐다보다.

leer-, **Leer-**: **~darm**, der 【의학】 공장(空腸). **~fahrt**, die 빈 차차 운행. **~formel**, die 【사회학】 (증명할 수 없는) 빈 주장. **~formelhaft** 〈Adj.〉 【사회학】 **1. a)** 증명 불가능한 주장의. **b)** 증명 불능의 주장이 된. **2.** 증명 불가능하게 된. **~formelhaftigkeit**, die 【사회학】 **1.** ~formelhaft의 명사형. **~gewicht**, das 〖자동차〗 (차량의) 자체중량. **~gut**, das (반환 가능한) 빈 병, 빈 상자. **~kilometer**, der 빈차(空車) 주행거리(반대: Nutzkilometer). **~kosten** 〈Pl.〉 【경제】 유휴 설비로 인한 기회비용. **~lauf**, der **1.** (Pl. 없음) (엔진 따위의) 공전: in den L. schalten 〖통용어〗 (자동차) 기어를 빼다. **2.** ↑~laufhandlung. **~laufen** 〈s〉 **1.** 다 새어나가다. **2. jmdn. l. lassen** (구기에서) 상대를 따돌리다. **~laufhandlung**, die 【행태】 의미없는 본능적 행위. **~laufstrom**, der 【전기】 공전 전류. **~masse**, die 빈 ~gewicht. **~packung**, die 장식용 빈 포장. **~stehend** 〈Adj.〉 (방·집이) 비어 있는, 가구가 없는. **~stelle**, die **1.** 빈 자리. **2. a)** (언어) (동사의 보충어가 들어갈) 빈 자리. **b)** ↑Nullmorphem. **~tablette**, die 【약학】 ↑Placebo. **~taste**, die (타자기의) 스페이스 바. **~verkauf**, der 【증권】 공매(空賣).
~zimmer, das 가구 없는 셋방. **~zug**, der (승객이나 화물이 없는) 빈 기차.

Leere ['le:rə], die 〈Pl. 없음〉 **a)** 비어 있음, 공허: im Stadion herrschte gähnende L. 스타디움에는 적막감이 깃들었다; 전의 die L. des Daseins 존재의 덧없음.

b) 공간, 빈 곳. **leeren** ['le:rən] 〈h〉 **1.** 비우다: den Mülleimer l. 쓰레기통을 비우다; ein Glas auf jmds. Wohl l. 누구의 건강을 위해 잔을 비우다. **2.** 〖österr.〗 붓다, 쏟다. **3.** 〈l. + sich〉 비워지다: der Saal leerte sich langsam 손님들이 하나 둘 홀을 떠났다. **4.** 《지역적》 **a)** (나무의) 열매를 모조리 따다. **b)** (열매를) 따다, 거두다. **Leerheit**, die; -en 〈드물게 Pl.〉 공허한 상태.
Leerung, die; -en 비움: nächste L. (= des Briefkastens) um 16 Uhr (우체통의) 다음 개함 시간은 오후 4시임.

Lefze ['lɛftsə] die; -n (개 등의 아래로 쳐진) 입술.
leg. 【음악】 ↑legato.
legabile [le'ga:bilə; ital. legabile] 〈Adj.〉 ↑legato. **legal** [le'ga:l] 〈Adj.〉 [lat. lēgālis] 합법적인, 적법한; 법률적. (반대: illegal). **Legaldefinition**, die 【법】 법률적 개념 규정. **Legalinterpretation**, die 【법】 입법자 자신의 법률 해석, 다른 법령의 법적 해석. **Legalisation** [legaliza'tsio:n], die; -en [frz. légalisation] 【법】 공증, 확인. **legalisieren** [legali'zi:rən] 〈h〉 [frz. légaliser] **1.** 【법】 공증하다. **2.** (교양어) 적법으로 인정하다. **Legalisierung**, die; -en ↑legalisieren의 명사형. **Legalismus** [lega'lısmʊs], der; - (아이) 철저한 준법. **legalistisch** [lega'lıstıʃ] 〈Adj.〉 (아이) **a)** 〖법〗 규정에 편협하게 연연하는. **b)** 엄격한, 준법의. **Legalität** [legali'tɛ:t], die; [lat. legalitas] 합[적]법성(반대: Illegalität 1.). **Legalitätsmaxime**, die, **Legalitätsprinzip**, das (Pl. 없음) 【법】 기소법정주의.

legasthen [legas'te:n] 〈Adj.〉 【심리·의학】 《드물게》 ↑legasthenisch. **Legasthenie** [...e'ni:], die; -n [...i:ən; lat. legere] 【심리·의학】 독서곤란(증). **Legastheniker** [legas'te:nikɐ], der; -s, - 【심리·의학】 독서곤란증 환자. **legasthenisch** [legas'te:nıʃ] 〈Adj.〉 【심리·의학】 독서곤란증을 가진.

¹**Legat** [le'ga:t], der; -en, -en [lat. lēgātus] **1.** 【가】 교황 사절. **2.** 〈고대 로마〉 **a)** 외교 사절. **b)** (고대 로마군대) 총사령관의 참모 장교. **c)** (고대 로마의) 지방 행정 장성.

²**Legat** [-], das; -(e)s, -e [lat. lēgātum] 【법】 유증(遺贈). **Legatar** [lega'ta:ɐ̯], der; -s, -e [lat. lēgātārius] 【법】 유산 상속인, 수유자(受遺者). **Legation** [legatsi'o:n], der; -en [lat. lēgātio = Gesandtschaft] **1.** (교양어) (교황) 사절단. **2.** 【가】 〖옛〗 교구(教區). **Legationsrat**, der 외교 참사관. **Legationssekretär**, der 외교 서기관.

legatissimo: ↑legato의 최상급. **legato** [le'ga:to] 〈Adv.; Sup.: legatissimo [lega'tısimo]〉 [ital. legato] 【음악】 음 사이를 이어서(약어: leg.) **Legato** [-], das; -(s), -s / ...ti 【음악】 음과 음을 이어서 내는 연주.
Legbüchse ['le:g-], die; -n 【사냥】 자동발사총.
Lege ['le:gə], die; -n 〖지역적〗 층(層).
Lege-: **~batterie**, die 여러 층으로 된 닭장. **~bohrer**, der ↑~röhre. **~henne**, die 알 낳는 닭. **~huhn**, das ↑~henne. **~kasten**, der ↑~batterie. **~leistung**, die (전문어) 알 낳는 양(量). **~nest**, das 알을 낳기 위해 만든 둥지. **~not**, die (전문어) (닭 등이) 알을 잘 낳지 못함. **~röhre**, die 〖동물〗 (곤충의) 산관관. **~scheide**, die ↑~röhre. **~stachel**, der ↑~röhre. **~zeit**, die (닭의) 산란기.

lege artis ['− − 'artıs; lat, lex u. ars] 《교양어》 (의술) 규정에 따라서(약어: l. a.).

Legel ['le:gl̩], der (또는) das; -s, - [1: niederd. leghelen] **1.** 〖선원〗 닻줄고리. **2.** (고어·아직 지역적) ↑Lägel (1~3).
¹**legen** ['le:gn̩] 〈h〉 **1. a)** 눕히다: er legte das Kind auf den Rücken 그는 아이를 눕혔다; den Gegenspieler l.

《스포츠 은어》상대 선수를 (반칙으로) 넘어뜨리다. b) 비스듬히 세우다: die Leiter an den Baum l. 사다리를 나무에 비스듬히 세우다. 2. 〈l. + sich〉 a) 눕다, 엎드리다: leg dich! (개에게) 엎드려!; er legte sich zu Bett 그는 잠자러 갔다. b) 자세를 취하다: ich lege mich mit den Ellbogen auf den Tisch 나는 팔꿈치를 책상 위에 올려 놓는다. c) 내려 앉다(쌓이다): Nebel legt sich auf [über] die ganze Stadt 안개가 온 도시에 깔린다. d) (인체 기관에) 해를 입히다: der Rauch legt sich auf die Bronchien 흡연은 기관지를 해친다. 3. a) 누구[무엇]를 어떤 위치에 놓다: die Hand (zum Gruß) an die Mütze l. (인사하려고) 손을 모자에 대다; das Besteck neben den Teller l. 식사용구를 접시 곁에 놓다; das Buch in ein Regal l. 책을 책장에 꽂다; jmdm. den Schal um die Schultern legen 누구의 어깨에 숄을 걸쳐주다; ein Kind an die Brust l. 아이에게 젖을 주다. b) 누구[무엇]를 어디로 보내다: einen Patienten in ein Einzelzimmer l. 환자를 독방으로 보내다. 4. 설치하다, 부설하다: eine Leitung in Kabel l. 선(케이블)을 놓다; gestern wurden bei uns die Fliesen gelegt 어제 우리 집에 타일을 깔았다; überall sind Minen gelegt 도처에 지뢰가 매설되어 있다. 5. 어떤 모양으로 만들다: die Wäsche l. 빨래를 (다림질 등을 하기 위해) 개어 포개놓다; die Haare l. (젖은 머리를 클립 따위로) 모양을 만들다; 전의 er legte sein Gesicht in ernste Falten 그는 근엄한 얼굴을 했다. 6. 〈l. + sich〉 누그러지다, 가라앉다: der Sturm legt sich (allmählich) 폭풍이 (점차) 가라앉다. 7. 〈l. + sich〉 전념하다, 골몰하다: er will sich weitgehend auf Autoverkauf l. 그는 계속 자동차 판매에 전념하고자 한다. 8. 알을 낳다: die Henne hat gerade ein Ei gelegt 암탉이 이제 막 알을 낳았다. 9. (지역적) (씨앗 따위를) 심다: Bohnen l. 콩을 심다. legendar [legen'daːɐ] 〈고어〉 ↑legendär. Legendar [-], das; -s, -e [lat. legendarium] 〖특히 가〗 성인전. legendär [legen'dɛːɐ] 〈Adj.〉 1. 전설의, 성담의. 2. 전설처럼 놀라운. 3. 전설이 되어버린. legendarisch [legen'daːrɪʃ] 〈Adj.〉 a) 전설의. b) 전설적인. Legendarium [legen'daːrium], das; -s, ...ien [...jən] (준교어) ↑Legendar. Legende [le'gendə], die; -n [lat. legenda] 1. 성담: 전의 jmd. (etw.) wird L. 생애(사건)가 성담화되다. 2. 〖음악〗성담. 3. 유언비어. 4. (도표, 지도 등의) 부호 설명, 범례(凡例). legenden-, Legenden-: ~erzähler, der 성담을 이야기하는 사람. ~spiel, das 성담극. ~umwoben 〈Adj.〉 전설(성담)에 싸인. legendenhaft 〈Adj.〉 ↑legendär (1). leger [le'ʒɛːɐ, le'ʒeːɐ] 〈Adj.〉 [frz. léger] 1. 꾸밈없이 자유로운: eine -e Handbewegung 가벼운 손동작. 2. (옷이) 몸에 편한. 3. 피상적인, 소홀히 하는. Leger ['leːgɐ], der; -s, - 1. ↑Legehenne. 2. 〘드물게〙 설비공. Legerwall, der; -s 〖선원〙 바람길쪽 해안. Leges 〘pl.〙 Lex의 복수형. Legföhre ['leːk-], die; -n 〈지역적〉 ↑²Latsche. leggiero [leˈdʒeːro] 〈Adv.〉 [ital. leggiero] 〖음악〗가볍고 우아하게. Leggings ['legɪŋs], Leggins ['legɪns] 〈Pl.〉 [engl. legging(g)s] 북미 인디언의 가죽옷. Leghenne ['leːk-], die; -, -(s), (또한 방언) Leghorn, das; -s, -(s), (또한 Pl.) Leghorn [이탈리아의 도시 Livorno의 영어 이름에서; 민속어원학적으로는 legen (8)에서 차용] 레그혼(닭). legieren 〈sw. V.; hat〉 [ital. legare] 1. 합금하다. 2. 〖요리〗(수프나 소스를) 걸쭉하게 하다. Legierung, die; -en 합금.

Legion [le'gioːn], die; -en [lat. legio; 3: frz. légion (étrangère)] 1. 고대 로마의 군단. 2. 의용군, (외국인)용병단. 3. 〘Pl. 없음〙 (프랑스의) 외인 부대. 4. 많은 수, 다수: die L. der Touristen 수 많은 관광단; L. sein 〈아어·감정〉 헤아릴 수 없이 많다. Legionar [legio'naːɐ], der; -s, -e [lat. legiōnārius] 로마 군단의 병사. Legionär [legio'nɛːɐ], der; -s, -e [frz. légionnaire] 의용군(외인부대)의 병사. Legionärskrankheit, die [1976년 열린 미국의 재향군인회에서] 〖의학〗리지오넬로시스, 재향군인병. Legionssoldat, der; -en, -en a) ↑Legionar. b) ↑Legionär. legislativ [legɪsla'tiːf] 〈Adj.〉 [frz. législatif] 〖정치〗 a) 입법(권)의. b) 입법을 통한. Legislative [legɪsla'tiːvə], die; -n [frz. (assemblée) législative] 〖정치〗 a) 입법(권). b) 입법부. legislatorisch [legɪsla'toːrɪʃ] 〈Adj.〉 〘드물게〙입법의. Legislatur [legɪsla'tuːɐ], die; -en [frz. législature] 〖정치〗 a) 입법. b) 〈고어〉입법부. c) ↑Legislaturperiode의 약칭. Legislaturperiode, die 입법부의 임기. legitim [legi'tiːm] 〈Adj.〉 [lat. lēgitimus] 〘교양어〙 1. a) 합법[적법]의, (규정에) 적합한(반대: illegitim 1 a). b) 적출의(반대: illegitim 1 b). 2. 정당한, 근거있는(반대: illegitim 2). Legitimation [legitima'tsi̯oːn], die; -en [frz. légitimation] 〘교양어〙 1. 정당성, 합법성. 2. 신분증. 3. 〖법〗(사생아의 인지. Legitimationspapier, das 1. 〖법〗자격 증권, 면책 증권. 2. 신분 증명서, 자격증. legitimerweise 〈Adv.〉 합법적으로, 정당하에. legitimieren [legiti'miːrən] 〈h〉 [lat. legitimare] 〘교양어〙 1. a) 누구[무엇]을 합법으로 인정하다. b) 권한(전권)을 부여하다. 2. 〈l. + sich〉 신분을 증명하다. 3. 〈사생아를〉인지하다. Legitimierung, die; -en 합법화, 권한 부여. Legitimität [legitimi'tɛːt], die [frz. légitimité] 〘교양어〙〘Pl. 없음〙합법성, 정당(통)성(반대: Illegitimität). Legitimismus, der; - 정통주의. Legitimist, der 정통주의자. legitimistisch 〈Adj.〉 정통주의의. Legitimitätsprinzip, das 〖정치〗정통성 원리. Leguan [le'guaːn, (또한) 'leːguaːn], der; -s, -e [niederl. leguaan] 이구아나(열대산 파충류). Legumen [le'guːmən], das; -s, -e [lat. legūmen] 〖식물〙콩과식물의 열매. Legumin [legu'miːn], das; -s, -e 레구민(콩과식물의 단백질). Leguminose [...mi'noːzə], die; -n 〈대개 Pl.〉 〖식물〗↑Hülsenfrüchtler. Legwarmer ['leːgwɔːmɐ], die; -s, -(s) [engl. legwarmer] 〈대개 Pl.〉각반. Le Havre [la'aːvr] 르아브르(프랑스의 도시). Lehde, die; -n 〈nordd.〉 a) 휴한지. b) 황무지. Lehen ['leːən], das; -s, - 〈역사적〉봉토. Lehens-, Lehns-, Lehns-도 참조〉: ~adel, der 봉건 귀족(↑Feudaladel). ~brief, der ↑Lehnsbrief. ~fehler, der ↑Felonie. ~träger, der ↑Lehnsträger. ~wesen, das ↑Lehnswesen. ~zins, der 봉토료. ~zinspflichtig 〈Adj.〉봉토료 납부의 진.
Lehm [leːm], der; -(e)s, -(종류) 점토, 찰흙.
lehm-, Lehm-: ~bad, das 〖의학〗점토 탕치. ~batzen, der 〘통용어〙찰흙 덩어리. ~bau, der 1. 〘Pl. 없음〙Lehmbauweise. 2. 〘Pl. -ten〙점토로 지은 건물. ~bauweise, die 점토를 이용하는 건축 방법. ~boden, der 점토질 토양. ~farben, ~farbig 〈Adj.〉점토색의, 노란 갈색의. ~gelb 〈Adj.〉↑~farben. ~grube, die 점토 갱. ~haltig 〈Adj.〉점토가 섞인. ~hütte, die 점토로 지은 오두막. ~klumpen, der 점토 덩어리. ~kur, die 〖의학〗점토 탕치 요법.

~wespe, die (점토로 집을 짓는) 말벌의 일종(학명: Eumenidae). ~ziegel, der 점토 기와.
Lehmerei [le:mə'raɪ], die; -en 《schweiz》 점토숨.
lehmig ['le:mɪç] 〈Adj.〉 a) 점토(질)의, 점토가 함유된. b) 점토로 더럽혀진(덮인). c) 점토 냄새가 나는.
Lehn [le:n] ↑Lehen.
Lehn- (²lehnen): ~bedeutung, die [언어] 차용의미. ~bildung, die [언어] 차용조어. ~formung, die [언어] ↑~bildung. ~gut, das 1. ↑Lehnsgut. 2. (Pl. 없음) [언어] 차용 외래어. ~prägung, die [언어] ↑~bildung. ~schöpfung, die [언어] ↑~bildung. ~übersetzung, die [언어] 차용번역(예컨대: Gemeinde < lat. com—mun—io). ~übertragung, die [언어] 차용전의(예컨대: Vaterland < lat. patria). ~wendung, die [언어] 문장차용(예컨대: Irren ist menschlich < lat. errare humanum est). ~wort, das [언어] 차용(단)어(예컨대: Mauer < lat. murus).
Lehne ['le:nə], die; -n 1. (의자의) 등받이, 팔걸이. 2. 《südd., österr., schweiz》 언덕, 비탈. ¹lehnen ['le:nən] 〈h〉 1. 기대어 세우다: die Leiter an (gegen) die Wand l. 사다리를 벽에 기대어 세우다. 2. (1. + sich) a) 기대다: sie lehnte sich mit dem Rücken gegen die Wand 그녀는 등을 벽에 기대었다. b) (몸을) 구부려 기대다: er lehnt sich über den Zaun 그는 울타리 너머로 몸을 내민다. 3. 기대어(세워져) 있다: das Fahrrad lehnt am Gartenzaun 자전거가 정원 울타리에 기대어져 있다.
²lehnen [-] 〈h〉 1. (역사적) 봉토하다. 2. 《지역적·그 외 고어》 a) 누구에게서 무엇을 빌리다: die Nachbarin hat (sich) ein Pfund Mehl (bei, von mir) gelehnt 이웃집 여자가 (내게서) 밀가루를 1 파운드 꾸어갔다. b) 누구에게 무엇을 빌려주다.
lehnig ['le:mɪç] 〈Adj.〉 [선원] (삭구가) 유연한, 부드러운.
lehns-, Lehns- (↑Lehn-도 참조) 《역사적》: ~brief, der 봉토 수여증. ~dienst, der 봉신의 직무. ~eid, der (봉신의) 충성의 맹세. ~folge, die 1. (봉신이) 후계 군주를 받들 의무. 2. ↑~dienst. ~gut, das 봉토(↑Lehen). ~herr, der 봉건 영주. ~herrlich 〈Adj.〉 a) 군주(영주)의. b) 영주 권한의. ~herrlichkeit, die (Pl. 없음) 영주권(權). ~herrschaft, die ↑~herrlichkeit. ~mann, der 〈Pl. …männer /…leute, …mannen〉 봉신. ~pflicht, die 1. 봉신의 의무. 2. 영주의 봉신에 대한 보호 의무. ~recht, das 봉건법. ~rechtlich 〈Adj.〉 봉건법의. ~wesen, das 〈Pl. 없음〉 봉건제도.
Lehnsessel, der; -s, - 팔걸이 있는 안락의자.
Lehnstuhl, der; -(e)s, …stühle 팔걸이 의자.
lehr-, ¹Lehr- ['le:ɐ̯-]: ~amt, das [관] 교직. ~amtsanwärter, der [관] 초등학교 교사 지원자. ~amtskandidat, der [관] 중등학교 교사 지원자. ~anstalt, die [관] 중등학교; 전문학교. ~auftrag, der (대학의) 강의 위촉. ~ausbilder, der 《구동독》 ↑~facharbeiter. ~bar 〈Adj.〉 가르칠 수 있는. ~barkeit, die; ↑~bar의 명사형. ~beauftragte, der/ die (대학의) 강사. ~befähigung, die 교사 자격. ~behelf, der 《österr.》 ↑~mittel. ~berechtigung, die 중등 교육 교사 자격. ~beruf, der [관] 1. 《옛》 수습 과정이 요구되는 직업. 2. 교직. ~betrieb, der 1. 《옛》 수습생 실습 공장(회사). 2. 학교(대학)의 학사 일정. ~brief, der 1. 《옛》 도제(수습생) 수료증. 2. ↑Studienbrief. ~bub, der 《südd., österr., schweiz》 남자 견습공. ~buch, das 교과서. ~buchmäßig 〈Adj.〉 교과서에 부합하게. ~dichtung, die

[문예학] 교훈 문학, 교훈시. ~fach, das 교과 과목. ~facharbeiter, der 《구동독》 전문 노동 교습자. ~film, der 교육용 영화. ~freiheit, die 교수의 자유. ~gang, der 〈Pl. Kurs (4 a). ~gangsteilnehmer, der 수강자. ~gebäude, das (아이) 학문 체계. ~gedicht, das [문예학] ↑~dichtung. ~gegenstand, der 《österr.》 ↑Fach (4 a). ~geld, das 1. 《옛》 수업료: 성구 du kannst dir das L. zurückgeben lassen! 너는 도대체 무얼 배웠느냐!; L. geben[zahlen] (müssen) 쓰라린 경험을 하다[해야 한다]. ~gotte, die 《schweiz》 여학교의 여선생. ~gut, das 《드물게》 (농업·가사) 실습 농장. ~hauer, der [광] 갱부 수련생. ~herr, der 《옛》 도제를 양성할 수 있는 장인. ~jahr, das 견습 기간의 한해: 속담 -e sind keine Herrenjahre 피교육 기간은 항상 고달픈 것이다. ~junge, der (남자) 견습생. ~kanzel, die (österr.) ↑~stuhl. ~kanzelinhaber, der 《österr.》 ↑~stuhlinhaber. ~knabe, der 《schweiz》 ↑Lehrjunge. ~kombinat, das [russ. utschebny kombinat] 《구동독》 견습 교육장. ~körper, der [관] 교사(교수)진. ~kraft, die [관] 교사. ~küche, die (직업 학교의) 실습용 주방. ~mädchen, das 여자 견습생. ~maschine, die ↑Lernmaschine. ~mäßig 〈Adj.〉 a) 교육(상)의. b) 학설상의. ~material, das 교육 자료. ~meinung, die (아이) 학문적 주장, 학설. ~meister, der (아이) 스승, 장인, 선생. ~methode, die 교수법. ~mittel, das 《대개 Pl.》 [학교] 교구. ~mittelfreiheit, die (Pl. 없음) [학교] 교육 기구 무료 사용. ~pfad, der 산림교육장. ~plan, der [학교] 교안, 교과 과정. ~plangestaltung, die 교안 작성. ~probe, die [학교] 연구(시범) 수업. ~programm, das 1. ↑~plan. 2. 학습기의 프로그램. ~reich 〈Adj.〉 교훈적인, 교육적인. ~saal, der a) 대학 강의실. b) 큰 교실. ~satz, der 명제, 정리(定理). ~schau, die 학습전시. ~schiff, das 《구동독》 상선대(隊)의 실습선. ~schwimmbecken, das 교육용 수영장. ~stand, der 〈Pl. 없음〉 [고어] a) 교사직(성직). b) 교직에 속하는 사람의 총칭. ~stelle, die 견습생의 자리. ~stoff, der [학교] 교수(학습) 내용. ~stück, das [문학] 교훈극, 학습극. ~stuhl, der [관] (정규) 교수직. ~stuhlinhaber, der [관] (정규) 교수직. ~tätigkeit, die [관] 교수(교사) 활동. ~tochter, die 《schweiz》 ↑~mädchen. ~veranstaltung, die a) ↑~gang. b) [대학의] 강좌. ~verfahren, das 교습 방법. ~verhältnis, das 견습(계약) 관계. ~vertrag, der 견습 계약. ~wanderung, die 학습 소풍. ~weise, die 교습 방식. ~werk, das ↑Lehrbuch. ~werkstatt, die ~werkstätte, die 견습생 실습 작업장. ~wirtschaft, die 견습생 실습 농장. ~zeit, die 견습 기간. ~ziel, das 교육(교육)목표. ~zuchtverfahren, das [신교] 교리 감독.
²Lehr- [-] (²Lehre): ~bogen, der [건축] 홍예틀. ~dorn, der [기계] 천공측정기. ~gerüst, das [건축] 홍예틀, 홍가(拱架).
¹Lehre ['le:rə], die; -n 1. 견습(수습)(기간): die L. in einem Büro machen 사무실에서 견습하다; aus der L. kommen 견습을 마치다; in die L. geben[schicken] 견습시키다; sein Vater hat ihn hart in die L. genommen 그의 아버지는 그를 엄격하게 다루었다. 2. a) 교리, 교설: eine Lehre ablehnen[angreifen] 교리를 거부하다[공격하다]. b) 학설: die Newtonsche L. von der Brechung der Lichtstrahlen 광선 굴절에 관한 뉴톤의 학설; L. aufstellen[beweisen] 학설을 세우다(증명하다). 3. a) 교훈, 가르침: jmdm. eine heilsame L. erteilen[geben] 누구에게 유익한 교훈을 주

다; aus etw. eine L. ziehen 무엇을 교훈으로 삼다. **b)** 훈계, 규범. **²Lehre** [-], die; -n 〖건축·기술〗 표준자, 계측기; 게이지. **lehren** ['leːrən] ⟨h⟩ **1. a)** (대학 등에서) 강의하다: in Göttingen [an der Universität Karlsruhe] l. 괴팅겐 [칼스루에 대학] 에서 강의하다. **b)** (전문 분야를) 강의하다, 가르치다: sie lehrt Deutsch 그녀는 독일어를 가르친다. **2.** (특정 분야를)교습하다: jmdn. lesen [schwimmen] l. 누구에게 읽기[수영]를 가르치다; 성구 lehre du mich Menschen kennen! 내게 사람 보는 법을 가르칠 셈이다. **3.** 교시하다: die Geschichte lehrt, daß nichts endgültigen Bestand hat 만고불변은 없다는 것을 역사는 명백히 가르쳐주고 있다.

Lehrer, der; -s, - **1. a)** 교사, 선생: L. in [für] Physik 물리선생. **b)** 대학 교수(선생). **c)** (특히 스포츠 분야의) 코치, 강사: L. in einer Skischule 스키 학교 강사. **2.** 스승, 사부.

Lehrer-: **~ausbildung**, die, **~bildung**, die 교사 양성. **~beruf**, der 교사직. **~bildungsanstalt**, die (옛) 초등 교원 양성 기관. **~fortbildung**, die 교원연수. **~kollegium**, das 교사진. **~kollektiv**, das 〔구동독〕 [russ. utschitelskij kollektiv] 교사단. **~konferenz**, die 〖학교〗 교직원 회의. **~mangel**, der 교원 부족. **~schwemme**, die 〖경〗 교직난, 교사 과잉 배출. **~seminar**, das (옛) **↑bildungsanstalt**. **~zimmer**, das 교무실.

lehrerhaft ⟨Adj.⟩ (폄) 훈장 같은. **Lehrerin**, die; -nen **↑Lehrer**의 여성형. **Lehrerinnenschaft**, die; -en 여교사진. **Lehrerschaft**, die; -en 교사진. **Lehrersfrau**, die; -en 교사의 부인. **Lehrerswitwe**, die; -n 교사의 미망인. **lehrhaft** ⟨Adj.⟩ **a)** 교육[교훈]적인. **b)** (폄) **↑lehrerhaft** 참조. **Lehrhaftigkeit**, die ⟨Pl. 없음⟩ **↑lehrhaft**의 명사형. **Lehrling** ['leːɐlɪŋ], der; -s, -e 견습(생), 수습(생).

Lehrlings-: **~ausbilder**, der 견습 교육(담당)자. **~ausbildung**, die 견습생 교육. **~heim**, das **↑wohnheim**. **~kollektiv**, das (구동독) 견습생단. **~vergütung**, die 견습생이 받는 돈. **~werkstatt**, die **↑Lehrwerkstatt**. **~wohnheim**, das 견습생 기숙사.

¹Lei [-] **↑²Leu**의 복수형.
²Lei [laj], die; -en (rhein.) **1.** 편암, 석판. **2.** 암석, 바위.
-lei [-] 《종류 수를 의미하는 후철 예컨대》 keinerlei, mancherlei.

Leib [laip], der; -(e)s, -er **1.** (아어) **a) ↑Köper** (1 a): am ganzen L. zittern 온몸을 떨다; bleib mir vom -(e) 내 몸에 가까이 오지 마라!; **der L. Christi, der L. des Herrn** 〖가〗성체(kirchenlat. corpus Christi); etw. am eigenen L. erfahren 무엇을 몸소 체험하다; **jmdm. auf den L. [zu -e] rücken** 〖통용어〗누구를 재촉하다; **mit L. und Seele** 심신을 다하여; **sich jmdm. vom -e halten** 〖경〗누구로부터 멀리 하다; **jmdm. mit einer Sache vom -e bleiben** 어떤 일로 누구를 괴롭히지 않다; **einer Sache zu -e gehen [rücken]** 어떤 일에 몸으로 부닥치다. **b) ↑Körper** (1 b): ebenmäßig gewachsener L. 균형있는 몸매; **etw. ist jmdm. auf den L. geschnitten [zugeschnitten / geschneidert]** 무엇이 누구의 몸에 맞춘듯이 꼭 맞다; **etw. ist jmdm. (wie) auf den L. geschrieben** 무엇이 누구에게 적격이다. **c)** 복통. **2.** (아어) (하)복부: du bist gut bei -e 너는 영양이 좋아 보인다; **gesegneten [schweren] -es sein** (아어·준고어) (임신 중이어서) 몸이 무겁다. **3.** (고어) 생명: L. und Gut für etw. wagen 무엇에 목숨과 재산을 걸다. **4.** 〖건축〗기둥의 아래 수직부분.

leib-, Leib-: **~arzt**, der 주치의, 시의(侍醫). **~binde**, die 복대(腹帶). **~bursch**, der (학생 조합에서) 신입생 담당 상급생. **~diener**, der 《준고어》몸종. **~fuchs**, der (학생 조합의) 신입생, 신입회원. **~eigen** ⟨Adj.⟩ 〖역사적〗농노(農奴)의, 노예의, 예속된. **~eigene'**, der / die 〖역사적〗노예, 농노, 몸종. **~eigenschaft**, die ⟨Pl. 없음⟩ 〖역사적〗노예[농노] 신분; 예속. **~garde**, die **↑Garde** (1 b). **~gardist**, der 친위병, 근위병. **~gedinge**, das (옛) **1.** (상류층 미망인의) 종신 연금. **2. ↑Altenteil**. **~gericht**, das **↑Lieblingsgericht**. **~getränk**, das 좋아하는 음료. **~gurt**, der (고어) **↑Gürtel**. **~jäger**, der, (옛) 시종 엽사(獵師). **~koch**, der (옛) 시종 요리사. **~kutscher**, der (옛) 시종 마부. **~pacht**, die (옛) 종신 소작지. **~pferd**, das 〖드물게〗 **↑Lieblingspferd**. **~regiment**, das (옛) 친위대. **~rente**, die **1.** 계약상의 종신지급. **2.** (보험) **a)** 종신연금. **b)** (종신 지급되는) 배우자 연금. **~riemen**, der (고어) **↑Gürtel**. **~rock**, der (고어) **↑Gehrock**. **~schmerz**, der (대개 Pl.) 복통. **~schneiden**, das; -s 〖지역적〗 **↑~schmerz**. **~seelisch** ⟨Adj.⟩ 신체 및 정신적, 영육의. **~speise**, die **↑~gericht**. **~wache**, die **↑~garde**. **~wächter**, der 경호원. **~wäsche**, die 속옷, 내의. **~weh**, das **↑~schmerz**. **~wickel**, der 복부에 두르는 젖은 수건.

Leibchen ['laɪpçən], das; -s, - **1.** (고어) 코르셋. **2. a)** 《지역적》 짧은 소매가 달린 내의. **b)** (österr., schweiz.) 남자의 내의. **c)** (österr., schweiz.) 운동선수의 트리코. **d)** 《준고어》 멜빵이 달린 소년용 반바지.

leiben ['laɪbn̩] 《다음 용법으로만》 **wie er [sie] leibt(e) und lebt(e)** 그(그녀)가 실제 그러한(했던) 바와 똑같이.

Leibes-: **~beschaffenheit**, die 체질, 체격(體格). **~erbe**, der (상속권을 가진) 아들, 사자(嗣子), 실자 상속인. **~ertüchtigung**, die 《준고어》 신체 단련. **~erzieher**, der 〖관〗 체육 교사. **~erziehung**, die 〖관〗 체육 교육, 체육 수업. **~frucht**, die 〖의학〗 태아. **~fülle**, die **↑~fülle**. **~kräfte** (Pl.) 《다음 용법으로만》 **aus [nach] -n** 힘을 다해서, 전력을 다해서: aus -n schreien [schlagen] 힘을 다해서 외치다 [때리다]. **~not**, die (드물게) 생필품의 부족[결핍]. **~schaden**, der (옛) 신체상의 손상, 상해. **~strafe**, die (옛) 체형(體刑): die -n wurden in Deutschland im 19. Jh. abgeschafft 체형[들]이 독일에서 19세기에 폐지되었다; **bei L.** (옛) 체형에 처하겠다고 협박하면서: Es ist bei L. verboten 그것을 범하면 체형에 처하겠다. **~übungen** (Pl.) 〖관〗 **↑~erziehung**. **~umfang**, der **↑~fülle**. **~visitation**, die (소지품을 조사하는) 신체 검사, 신체 수색.

leibhaft ['laɪphaft] ⟨Adj.⟩ 《드물게》 **↑leibhaftig**. **leibhaftig** [laɪp'haftɪç, '- - -] ⟨Adj.⟩ **1.** 생생한, 살아있는, 스스로의, 실제의, 사실의: Du selbst bist der -e Beweis 네자신이 살아있는 증거이다. **2.** 육체를 갖춘, 육체화한, 화신된, 인간의 자태를 갖춘: er ist ein -er Satan 그는 악마와 똑같은 사람이다(악마의 화신이다). **II.** ⟨Adv.⟩ (통용어) 실제로, 사실로: er hat doch l. seine Mutter angeschnauzt 그렇지만 그는 자기 어머니에게 실제로 호통쳤다. **Leibhaftige**, der; -n (은폐) 악마. **Leibhaftigkeit**, die 생생함, 실체. **leiblich** ⟨Adj.⟩ **1.** 육체의: auf das -e Wohl der Gäste bedacht sein 손님의 건강을 염두에 두다. **2.** 육친의, 혈연상의. **Leiblichkeit**, die 육체성(肉體性).

Leibung: **↑Laibung**.
¹Leich ['laɪç], der; -(e)s, -e 〖문예학〗 동일하지 않은 시연(詩聯)으로 구성되고, 각 시연마다 다른 곡조가 붙여진

중세 연예가인의 시(詩)형식.
²**Leich** [-], die; -en (südd., österr.) 매장.
Leichdorn, der; -(e)s, -e/-dörner 〔지역적〕 a) 사마귀. b) 티눈.
Leiche ['laiçə], die; -n 1. a) 시체, 송장: eine verkohlte[verstümmelte] L. 탄화[절단]된 시체; die L. verbrennen 〔시체를〕 화장하다; er sieht aus wie eine lebende[wandelnde] L.[wie eine L. auf Urlaub] 《경》 그는 아주 창백하게[비참하게] 보인다; 〔성구〕 nur über meine L.! 《단호한 거부의 표현으로》 나는 그러한 일을 결코 허용치 않아!; eine gemeinsame L. im Keller haben 〔통용어〕 나쁜 짓을 함께 저질렀다; **über -n gehen** 〔폄〕 (목적을 추구하기에) 양심의 가책을 느끼지 않다[수단을 가리지 않는다]. b) 〔통용어〕 죽은 짐승, 짐승 시체. 2. 〔지역적·준고어〕 매장, 장례식: mit [zu] jmds. L. gehen 누구의 장례식에 참석하다. 3. 〔인쇄〕 조판시에 실수로 빠뜨린 단어나 문장들.
leichen-, Leichen-: ~acker, der 〔지역적〕 묘지. **~auto**, das ↑~wagen (a). **~bahre**, die 관대(棺臺). **~befund**, der 검시의 소견. **~begängnis, ~begräbnis**, das 《아이》 장례식. **~beschau**, die ↑~schau. **~beschauer**, der 검시관(檢屍官). **~bestatter**, der 장의사. **~bestattung**, die 《아이》 매장, 장례. **~bitter**, der; -s, - 《준고어》 (시골에서) 사망을 통지해서 회장을 청하는 사람, 호상. **~bittermiene**, die 슬픔에 찬 표정: eine L. machen[aufsetzen, zur Schau tragen] 슬픔에 찬 표정을 짓다[보이다]. **~blaß** 〈Adj.〉 (놀람, 불안, 홍분에 따라) 새파랗게 질린: l. kletterte er aus dem zertrümmerten Auto 그는 완전히 부서진 자동차에서 시체처럼 창백해지어 기어 나왔다. **~blässe**, die a) (송장 같은) 창백함. b) 〔드물게〕 아주 창백한 외모[모습]: auffallend war die L. seines Gesichts 그의 얼굴의 창백한 모습이 눈에 띄었다. **~brand**, der 〈Pl. 없음〉 〔고고학〕 화장시에 타다만 시체 잔해. **~eule**, die (그 소리가 죽음의 전조로서 여겨지는) 올빼미의 한 속(屬). **~fahl** 〈Adj.〉 ↑~blaß. **~feier**, die 장례식. **~feld**, das 시체가 가득 찬 들판, 폐허의 장(場), 전쟁터. **~finger**, der 〔대개 Pl.〕 〔지역적·농〕 손가락 크기와 굵기의 치즈 종류. **~fleck**, der 〔대개 Pl.〕 ↑Totenfleck. **~fledderei**, die 〔법〕 시체(수면자·취객)의 물건을 훔치는 행위. **~fledderer**, der 〔법〕 시체(수면자·취객)의 물건을 훔치는 사람. **~frau**, die 여자 염쟁이. **~fund**, der 시체 발굴. **~geruch**, der 시취[屍臭], 송장 냄새. **~gift**, das 〔의학〕 시독(屍毒) 〔화학〕 프토마인. **~halle**, die (공동묘지나 사원에) 관을 두는 곳, 납관당(納棺堂). **~haus**, das ↑~halle. **~hemd**, das 수의. **~huhn**, das ↑~eule. **~kammer**, die 시체실. **~kapelle**, die ↑Friedhofskapelle. **~lader**, der ↑~bitter. **~mahl**, das 《아이》 장례식의 음식. **~obduktion**, die ↑~öffnung. **~öffnung**, die 시체 해부, 부검. **~paß**, der 〔관〕 시체 인도증. **~raub**, der a) 시체 약탈. b) 시체 탈취. **~rede**, die 1. 《아이》 조사(弔辭). keine L. halten 더 이상 변화치 않을 일에 대해 한탄하지 말다. 2. (스카트 놀이에서 게임이 끝난 후) 저지른 실수에 대한 평상의 해설. **~redner**, der 조사(弔辭)를 하는 사람. **~rot** ↑~bitter. **~schänder**, der 시체능욕자, 시간자[屍姦者]: 〔屍姦者〕. **~schändung**, die 〔법〕 시체 능욕, 시간(屍姦): 〔전의〕 Es sollte dem Kritiker erspart werden, nachträglich zur L. verpflichtet zu sein 추가에 대한 부정적인 사항을 말하는 것을 그 비평가는 삼가했어야 했다. **~schau**, die 검시(檢屍). **~schauhaus**, das (사고로 죽은 사람의) 시체 가치소(假置所), 시체 공시소(公示所). **~schmaus**, der 〔농〕 조객 잔치, 문상객의 대접. **~starre**, die 사체 경직

(死體硬直). **~stein**, der 〔고어〕 묘석, 묘비. **~teil**, der 잘라진 시체의 부분. **~träger**, der 〔고어〕 상여꾼. **~transport**, der 상여 운반(운송). **~tuch**, das 《준고어》 염포(殮布), 교포(絞布). b) ↑Bahrtuch: 〔전의〕 dicker[schwarzer] Qualm legte sich wie ein schwarzes L. über das Feuer 《시어》 짙은[검은] 연기가 검은 염포처럼 불 위에 깔려 있었다. **~verbrennung**, die 화장(火葬). **~vogel**, der ↑~eule. **~wache**, die (드물게) (상가의) 밤샘, 밤샘하는 사람들. **~wagen**, der a) 영구차. b) 무게의 영구마차. **~wärter**, der ↑~bestatter. **~wäscher**, der 염쟁이. **~wäscherin**, die ↑~frau. **~zug**, der 《아이》 장례행렬.
leichenhaft 〈Adj.〉 시체 같은: sein Aussehen erschien l. 그의 외모는 시체처럼 보였다.
Leichnam ['laiçnaːm], der; -s, -e 《아이》 시체: er ist (nur noch) ein lebendiger[wandelnder] L. 그는 육체적으로 (여전히) 아주 쇠약하다.
leicht [laiçt] I. 〈Adj.〉 1. a) 가벼운: sie ist l. wie eine Feder 그녀는 몸무게가 가볍다, 그녀는 아주 연약하다. 〔성구〕 gewogen und zu l. befunden 무게를 재었으나 너무 가벼운 것으로 나타났다(요구나 기대에 어그러지는 일과 관련해서, 사람, 5장 27절); -es Schuhwerk 얇은 소재로 만든 신; ein -es Pferd 육중하지 않은 말; die Häuser dort sind l. gebaut 저기에 있는 집들은 튼튼하지 않았다; sie waren l. bekleidet 그들은 가벼운 옷만 입고 있었다; jmdn. um etw. -er machen 〔통용어〕 (교묘하게) 누구의 돈을 빼앗다. b) 〔통용어·농〕 가벼운 몸무게의: 33 Jahre alt, 67 Kilo l., 1,76m groß 33세, 67킬로그램의 몸무게, 1미터 76센티의 키. 2. a) 많은 힘이 들지 않는, 복잡하지 않은, 단순한: das ist gerade kein -er Entschluß 그것은 결코 쉬운 결단이 아니다; sie hatte ein -es Leben 그녀는 항상 잘 지내었다; das kannst du l. sagen 너는 나의 어려운 입장에 놓여있지 않다; er hat in -en 어려운 상황에 놓여 있지 않다; du machst dir die Sache zu l. 너는 그 일에 너무 애쓰지 않는다[노력하지 않는다]; sie hat es niemals l. gehabt 그녀는 결코 편안한 인생을 살지 않았다; er hatte es immer -er bei den Mädchen als ich 그는 항상 나보다 여복(女福)이 많았다; nach seinen Worten wurde es uns allen etwas -er 그의 말을 들으니 우리 모두는 한결 기분이 나아졌다; es wird Ihnen ein -es sein, uns weiterzuhelfen 계속해서 우리를 돕는 일은 당신에게는 쉬운 일일 것입니다; 〔성구〕 l. ist es gesagt, aber schwer getan 말하기는 쉬워도 행하기는 어렵다. b) 신속한, 쉽고 빠른: der Stoff läßt sich l. färben[verarbeiten] 직물(천)은 쉽사리 염색된다[가공된다]. b) l. möglich, daß ich schon früher fahre 내가 좀더 일찍 차를 타고 가는 것은 당장 가능함. c) 용이한, 손쉬운: er hat eine -e Auffassungsgabe 그는 쉽게 이해하는 재능을 가지고 있다. 3. 경미한, 중대하지 않은, 대수롭지 않은: es gab einen -en Rückschlag 경미한 전변(轉變)이 있었다; seine Verletzung ist l. 그의 부상은 심하지 않다; sein Gesicht war l. gerötet 그의 얼굴이 약간 붉어졌다. 4. (특히 음식과 관련해서) 부담이 되지 않는: -e Speisen 가벼운(소화하기 쉬운) 음식물; das Essen für die Kranken soll l. sein 환자의 음식은 부담이 되지 않아야 한다. 5. a) 경쾌한: er war -en Sinnes 그는 감흥이 넘치고 쾌활했다; der Ton der Unterhaltung war frei und l. 대화의 어조는 자유롭고 경쾌했다. b) 가벼운 마음의, 편안한, 오락적인: er bevorzugt -e Musik 그는 경음악을 좋아한다; 〈명사화〉 sie liest am liebsten etw. Leichtes 그녀는 오락적인 것을 아주 즐겨 읽는다. II. 〈Adv.〉 《bayr., österr.》 아마도, 혹시, 어쩌면.
Leicht [-], das; -s ↑Leichtgewicht (1).

leicht-, Leicht-: ~**athlet**, der 육상 경기자, 육상 경기 선수. ~**athletik**, die 육상경기. ~**athletin**, die ↑~athlet의 여성형. ~**athletisch** 〈Adj.〉 육상 경기에 속하는, 육상 경기에 특유의. ~**bau**, der 〈Pl. 없음〉 ↑~bauweise. ~**bauplatte**, die [토건] 건축용 경량 판재(板材). ~**baustoff**, der [토건] 경량 건축 재료. **b)** 가벼운 건축재로 만든 건물 구성 부분. ~**bauweise**, die 〖토건·자동차·기계〗경량 건축 방법, 경량공법. ~**bekleidet** 〈Adj.〉 얇은 옷을 입은, 경장의. ~**benzin**, das (비등점이 110°C 이하의) 경질(輕質) 휘발유. ~**beton**, der [토건] 경량 콘크리트. ~**bewaffnet** 〈Adj.〉 경무장한. ~**bewaffnete**', der 경무장병(輕武裝兵). ~**blütig** 〈Adj.〉 쾌활한, 경쾌한: er ist ein -er Mensch 그는 쾌활한 사람이다. ~**blütigkeit**, die 쾌활, 유쾌. ~**entzündlich** 〈Adj.〉 쉽게 발화되는, 쉽게 타는. ~**fallen**' 〈ⓢ〉 (누구에게) 쉽다, 쉽게 여겨지다: die Arbeit(der Lernstoff, Mathematik) fiel ihm immer leicht 그 작업(교재, 수학)은 항상 쉽게 여겨졌다. ~**fertig** 〈Adj.〉 **a)** 경박한, 분별없는: ein überaus -es Verhalten 아주 경박한 태도. **b)** 〈준口어〉 경솔한: eine -e Person 경솔한 사람. ~**fertigkeit**, die 경박한 태도, 경솔, 경박. ~**flüchtig** 〈Adj.〉 [화학] 증발성의, 기화성(氣化性)의. ~**flüssig** 〈Adj.〉 [기술] 용해점이 낮은: -e Legierungen 용해점이 낮은 합금들. ~**fuß**, der 〈쪽〉 탕아, 도덕적으로 양심의 가책을 모르는 남자. ~**füßig** 〈Adj.〉가벼운 발걸음의, 민첩한: -en Schrittes kam er daher 가벼운 발걸음으로 그는 이리 걸어왔다. ~**füßigkeit**, die 경쾌한 태도[방법]. ~**gängig** 〈Adj.〉 [기술] 움직이기 쉬운, 다루기 쉬운: eine -e Kupplung 다루기 쉬운 클러치. ~**geschürzt** [-gə-ʃʏrtst] 〈Adj.〉 가벼운 옷을 입은: ein -es Mädchen 가벼운 옷을 입은 소녀. ~**gewicht**, das **1.** 〈Pl. 없음〉 [체급경기] 경량급, 라이트체급. **2. a)** 라이트체급의 선수. **b)** 〈통용어·농〉 체중이 가벼운 사람. ~**gewichtig** 〈Adj.〉 가벼운 무게의, 경량의: das Mädchen ist sehr l. 소녀는 체중이 아주 적다(가볍다). ~**gewichtler** [-gəvɪçtlɐ], der; -s, - ↑~gewicht (2 a). ~**gläubig** 〈Adj.〉 쉽사리 믿어버리는, 경신(輕信)하기 쉬운: er ist so l. 그는 아주 쉽게 믿어버린다. ~**gläubigkeit**, die 쉽사리 믿어버리는 태도, 경신(輕信). ~**gradig** 〈Adj.〉〈전문어〉경미한 정도를 나타내는[보이는]. ~**gut**, das 〖선원〗 (큰 부피의) 가벼운 짐. ~**herzig** 〈Adj.〉〈드물게〉근심(걱정)없는, (마음이) 경쾌한. ~**herzigkeit**, die 〈드물게〉홀가분한 상태. ~**hin** 〈Adv.〉 **a)** 경솔하게, 되는 대로: was für Worte sie l. im Munde führte! 그녀는 무슨 말을 그리 경솔하게 하는지! **b)** 쉬운 검에, 아울러. ~**industrie**, die 〈구동독〉경공업, 소비재 산업. ~**lebig** 〈Adj.〉 대충대충 살아가는: sie ist ein sehr -er Mensch 그녀는 아주 쉽게 살아가는 사람이다. ~**lebigkeit**, die 쉽게 살아가는 태도. ~**lohn**, der 가장 낮은 임금. ~**lohngruppe**, die (특히 여성 근로의) 가장 낮은 임금군(群). ~**lohntarif**, der 낮은 임금률, 저임금률. ~**machen** 〈h〉 **a)** 별로 애쓰지 않는다, 노력하지 않는다: er hat es sich bei [mit] der Sache sehr leichtgemacht 그는 그 일로 별로 노력하지 않았다. **b)** 덜어주다, 경감시키다. ~**matrose**, der 견습수부(급사와 수부의 중간 지위). ~**metall**, das 경금속(예컨대: 알루미늄). ~**nehmen**' 〈h〉 쉽게 생각하다, 경시하다: er hat seine Aufgabe[seine Verantwortung] nicht leichtgenommen 그는 자신의 임무[책임]를 경시하지 않았다; er hat den Verlust leichtgenommen 그는 그 손실을 대수롭지 않게 생각하지 않았다. ~**öl**, das 경유(輕油). ~**schwer**, der; -s ↑Leichtschwergewicht (1). ~**schwergewicht**, das **1.** [체급경기] 〈Pl. 없음〉라이트 헤비급(선수), 경중량급. **2.** 경중량급의

선수. ~**schwergewichtler** [-gəvɪçtlɐ], der; -s, - ↑~schwergewicht (2). ~**sinn**, der 〈Pl. 없음〉 **1.** 경솔, 경박, 무분별, 부주의: es war ein furchtbarer L., alle Sicherheitsvorkehrungen zu mißachten 안전을 위한 모든 예방 조처를 지키지 않는 것은 엄청난 부주의였다; das sagst du in deinem jugendlichen L.! 〈통용어〉너는 일을 깊이 생각해 보지도 않은 채 말하고 있어. **2.** 〈드물게〉피상적인 생활태도, 향락적인 태도. ~**sinnig** 〈Adj.〉 **1.** 경솔한, 경박한, 분별없는: er ist ein Vogel 〈통용어〉경솔한 사람; er hat sehr l. gehandelt 그는 아주 경솔하게 행동했다. **2.** 〈쪽〉 방자한, 방탕한: ein -es Mädchen 방자한 소녀. ~**sinnigerweise** 〈Adv.〉 경솔하게, 분별없이: l. hatte er sein ganzes Geld ausgegeben 그는 돈을 분별없이 다 써버렸다. ~**sinnigkeit**, die 〈~sinn (1). ~**sinnsfehler**, der 〈드물게〉↑ Flüchtigkeitsfehler. ~**traben**, das; 〈Pl. 없음〉 Englischtraben. ~**tun**', sich 〈h〉 〈통용어〉 (가벼운 마음으로, 거리낌 없이) 행하다, 처리하다, 다루다: ich habe mir [mich] nicht leichtgetan dabei 나는 그때 가벼운 마음으로 처리하지 않았다. ~**verdaulich** 〈Adj.〉 소화하기 쉬운: -e Speisen 소화하기 쉬운 음식물. ~**verkäuflich** 〈Adj.〉 팔기 쉬운: ein -er Artikel 팔기 쉬운 물건. ~**verletzt** 〈Adj.〉 경상을 입은. ~**verletzte**', der/die 경상자(輕傷者). ~**verständlich** 〈Adj.〉 이해하기 쉽게 묘사된[쓰여진], 이해하기 쉬운: etw. ist in -er Sprache abgefaßt 무엇이 평이한 말로 쓰여져 있다. ~**verwundet** 〈Adj.〉 가벼운 부상을 입은. ~**verwundete**', der/die 경상자(輕傷者).

¹Leichte ['laɪçtə], die; -n 〈통용어〉마음이 들뜬(경박한) 소녀. **²Leichte** [-], die 〈시어〉 가벼움, 경쾌. **Leichter** ['laɪçtɐ], der; -s, - 〖선원〗 **a)** 거룻배, 소선(小船). **b)** (물에 뜨는) 화물수송용 수상 콘테이너. **leichtern** ['laɪçtɐn] 〈h〉 〖선원〗 거룻배로 함선의 짐을 부리다. **Leichtheit**, die 가벼움, 가벼운. **Leichtigkeit** ['laɪçtɪçkaɪt], die **1.** 가벼움, 경박성: das Material zeichnet sich durch besondere L. aus 재료는 특별히 가볍다는 것이 특징이다. **2.** 쉬움, 힘들이지 않음: es ist eine L. die Dinge zu verändern 사태를 변화시키는 것은 쉬운 일이다; in diesem Wagen finden mit L. 5 Personen Platz 이 자동차에는 다섯 사람이 어려움 없이 앉을 수 있다. **3.** 무중력(無重力): Ein Himmel von magischer L., schwebte über den Tannen 마법의 무중력 상태의 하늘이 전나무 위에 떠 있었다. **leichtlich** 〈Adv.〉〈준口어〉어렵지 않게, 용이하게.

leid [laɪt] 〈Adj.〉 **1.** 〈schweiz.〉 좋지 않은, 싫은, 불쾌한. **2. etw. [jmdn,** 〈드물게·아〉**] einer Sache/jmds. l. sein[werden], etw.[jmdn.] l. haben** 〈통용어〉어떤 일[누구]에 물리다, 싫증나다, 어떤 일[누구]은 더 이상 참을수 없다: er war seines Lebens l. 그는 자신의 인생에 넌더리가 났다; Die Gruppe wurde es schnell l, weiterzureden 그룹은 오래않아 계속해서 이야기 할 흥미를 잃었다; **jmdm. l. sein[werden]** 〈준口어〉어떤 일에 싫증나 있다[싫증나다]: diese Arbeit ist ihm längst l. 그는 오래 전에 이 일[작업]에 싫증나 있다. **2)** 후회스러운, 유감스러운: sie wurden sehr zornigen Außerungen waren ihm l. sein 그 화난 말들이 그에게 후회스러웠다; **jmdm. l. sein um jmdn.[etw.]** 〈준口어〉 누구[무엇] 때문에 언짢은 기분을 느끼다: Meinem Großvater ist es ... l. um das schöne Geld 나의 할아버지에게는 상당히 많은 돈 때문에 언짢은 기분이 들었다; **jmdm. l. tun** 1) 유감으로 생각하다: es tut mir l., daß ich nicht kommen kann 내가 갈 수 없는 것을, 나는 유감으로 생각한다; das wird dir noch einmal l. tun 너는 그것을 또 다시 후회할 것이다; es tut mir sehr[schrecklich] l., daß ich Sie gestört habe

Leid 1290

제가 당신을 방해한 것을 매우 유감으로 생각합니다; so l. es mir tut, aber das können wir nicht dulden 유감스러운 일입니다만 우리는 그런 일을 참을 수 없습니다. 2) 누구를 동정하다: die alternde Diva tat ihm einen Augenblick lang l. 그는 이 늙은 여가수[여배우]를 한순간 동정했다. **Leid** [-], das; -(e)s **1.** 고뇌, 슬픔, 괴로움: der Krieg hat unermeßliches L. über die Menschen gebracht 전쟁은 인간에게 무한한 고통을 가져왔다; [촐답] geteiltes L. ist halbes L. 백지한 장도 맞들면 낫다; **jmdm. sein L. klagen** 누구에게 자기의 근심[분노]을 말하다, 누구에게 자기의 심정을 토로하다. **2.** 불의, 부당한 일, 해(害): ihm soll kein L.((고어) -s] geschehen 그에게는 부당한 일이 생겨서는 안돼; **sich³ ein L.**((고어) -s] **antun** (아이) 자살하다. **3. jmdn. ins L. laden** (schweiz.) 누구를 장례식[장례후의 식사]에 초대하다.

leid-, Leid-: ~erfahrung, die 〈Pl. 없음〉 《아이》 고뇌의 체험. **~erfüllt** 〈Adj.〉 고뇌에 찬, 슬픔에 찬. **~gebeugt** 〈Adj.〉 슬픔에 잠긴, 고뇌에 차. **~geprüft** 〈Adj.〉 심한 고통의 시련을 겪은. **~karte,** die (schweiz.) 조위장(弔慰狀). **~mahl,** das (schweiz.) ↑Leichenschmaus. **~tragend** 〈Adj.〉 **1.** 《드물게》 상중(喪中)의, 상을 입고 있는: die -e Familie 상가(喪家). **2.** 나쁜 결과를 가져오는: die Kinder waren der -e Teil bei der Scheidung 어린 아이들은 이혼시에 나쁜 결과를 가져오는 부분이었다. **~tragende*,** der / die **1.** 《드물게》 상중의 유족(遺族). **2. der [die] L. sein** 피해자이다, 희생자이다: der Bürger ist der L. der Behördenwillkür 시민은 관청횡포의 피해자이다. **~voll** 〈Adj.〉 《아이》 슬픔에 찬, 비통한: sein Leben war l. 그의 삶은 비통에 차 있었다. **~wesen,** das 슬픈 유감, 슬픔 [다음의 용법으로만] **zu jmds. L.** 누구에게 아주 유감스럽게도.

Leideform, die; 〈Pl. 없음〉 《언어》 수동형. **leiden*** ['laɪdn̩] 〈h〉 **1. a)** 견디다, 참다, 겪다: sie hat in ihrem Leben viel gelitten 그녀는 자신의 인생에 많은 어려움을 겪었다. **b)** (병으로) 고생하다, 괴로워하다: an Rheuma (an Zucker) l. 관절염[당뇨병]으로 고생하다; er leidet an einem hartnäckigen Ekzem 그는 집요한 습진으로 고생하고 있다. **c)** (육체적으로나 정신적으로) 시달리다: sie leiden unter Hunger, Krankheit und Kälte 그들은 굶주림, 질병과 추위로 많은 시달림을 당하고 있다. **d)** 무엇으로 손해보다, 해를 입다: die Bäume haben durch den Frost gelitten 나무들은 서리로 인하여 해를 입었다; seine Gesundheit leidet durch [unter den] Strapazen 그의 건강은 과로로 해를 입고 있다. **2.** (퇴색하거나 기능동사로서) 입다, 당하다: sie haben großen Hunger gelitten 그들은 많이 굶주렸다; einige litten Bruch 몇몇은 불시착으로 기체가 파손되었다. **3. a)** (können이나 mögen과 결합하여) 좋아하다: er konnte (mochte) den Kollegen nie (so recht) l. 그는 그 동료를 좋아하지 않았다; etw. nicht l. können 어떤 것을 참을 수 없다, 견디기 어렵다; er kann [mag] es nicht l., wenn man ihn stört 그를 방해하면 그는 그것을 참을 수 없다. **b)** 《드물게》 좋아하다, 참다, 받아들이다: ich fühlte, daß alle drei mich litten und das sich jeder mich mochte 세 사람 모두가 나를 좋아한다고 나는 느꼈다; er litt das Tier nicht in seinem Haus 그는 자기집에 그 동물을 허용하지 않았다; (sein-과 결합하여 과거분사로) er ist überall [bei seinen Vorgesetzten] gut gelitten 그는 도처에 [자신의 상관 (선임자)들 한테] 귀염받고 있다; sie waren dort nur gelitten 그들은 거기에서 그다지 호평받지 못했다. **4. a)** 〈대개 부정으로〉 허용하다, 허락하다: der Plan leidet keinen Aufschub 그 계획은 연기를 허락하지 않는다; der Zustand litt keine Verzögerung der Reise 그 상황이 여행의 지연을 허락하지 않았다. **b)** 《비인칭; 대부분 부정으로》 《준고어》 (한 장소에서) 참고 견디다니다: Lilian litt es nicht mehr daheim er aus dem Sofa 리리안 은 소파에 앉아 집에 박혀있는 것을 참아내지 못했다. **Leiden** [-], das; -s, - **1.** 지병, 고질: er verstarb nach langem [schwerem] L. 그는 숙환[심한 병고] 후에 죽었다; er sieht aus wie das L. Christi (통용어)어 그는 아주 비참한 꼴을 하고 있다; 젼구 (es ist) immer das alte L. 그것은 항상 똑같이 화나는 일이다; **ein langes L.** (통용어·농) 키만 크고 힘이 없는 약골(의 사람): er ist ein langes L. 그는 키만 크고 힘없는 약골이다. **2.** 〈대 개 Pl.〉 괴로움, 고통, 슬픔: das L. Christi 그리스도의 수난(의 길); die Freuden und L. des Lebens 인생의 기쁨과 슬픔. **leidend** ['laɪdn̩t] 〈Adj.〉 **1.** (만성적이거나 주기적인) 병으로 고생하는, 시달리는: er ist schon lange l. 그는 만성적인 병으로 고생하고 있다; (명사화) viele der Leidenden resignierten 병으로 고생하는 많은 사람들은 체념했다. **2.** (심적인 고통으로) 짓눌려 고통받는: 〈Adv.〉 er sah e Miene auf; er sprach in e Ton 그는 고통스런 표정을 지었다, 그는 고통스런 말투로 말했다.

leidens-, Leidens-: ~druck, der [심리] (심리적 장애에서 오는) 심적인 부담. **~fähig** 〈Adj.〉 고통(고뇌)을 참을 수 있는, 인내할 수 있는. **~fähigkeit,** die 고통극복의 능력. **~gefährte,** der ↑**~genosse**: einen L. (in jmdm.) finden (누구에게서) 고통을 함께하는 동지를 얻다. **~gefährtin,** die ↑**~genossin**. **~genosse,** der 《농》 (공동 명의나 고통을 함께 나누는) 동지. **~genossin,** die ↑ **~genosse**의 여성형. **~geschichte,** die [기독교] (예수의) 수난기[사]: die L. Christi darstellen [berichten] 그리스도의 수난사를 묘사하다 [보고하다]; 〈전의〉 er erzählte allen seine L. 그는 모두에게 자신의 불운을 이야기했다. **~gesicht,** das 《드물게》 ↑**~miene**. **~miene,** die (과장된) 고통의 표정, 엄살부리기: eine L. aufsetzen [zu Schau tragen] 엄살하는 표정을 짓다. **~station,** die [기독교] 그리스도의 책사도상(磔死途上)의 고난의 단계(12 단계). **~weg,** der (아이) 고난의 길, 역경: ein schwerer L. stand ihm bevor 심한 고난의 길이 그의 면전에 다가와있다. **~werkzeug,** das 〈대개 Pl.〉 [예술] 예수 수난의 상징물. **~woche,** die 《드물게》 ↑Karwoche. **~zeit,** die 불운이나 질병으로 점철된 생애의 한 시기(단계): nach diesem Ereignis begann für sie eine lange L. 이 사건 후에 그녀에게는 긴 수난의 시기가 시작되었다. **~zug,** der 고통과 슬픔에 찬 모습(용모).

Leidenschaft, die; -en **1.** 격정, 열정, 정열: die L. beherrscht jmdn. [reißt jmdn. fort, erfaßt jmdn.] 격정이 누구의 마음을 사로잡다; er ist ein Mensch frei von -en -en 그는 냉철한 [사려 분별이 있는] 사람이다; er hat sich mit L. für die Sache eingesetzt [gegen die Ungerechtigkeit gekämpft] 그는 열정적으로 그 일을 옹호했다 [불의에 대항해서 싸웠다]. **2.** 감격, 애호, 열광: er ist Sammler aus L. 그는 열광적인 수집가이다; er betreibt sein Hobby mit wahrer L. 그는 참된 열성으로 자신의 취미생활에 종사한다; sie war von einer L. zum Theater besessen 그녀는 연극에 대한 열광으로 사로잡혀 있다. **3.** 〈Pl. 없음〉 욕정, 애욕: eine wilde L. 거친 욕정; von einer heftigen L. für jmdn. erfaßt werden 누구에 대한 열렬한 애욕으로 사로잡히다.

leidenschaftlich 〈Adj.〉 **1.** 감정적인, 격렬한: er ist ein sehr -er Mensch [eine -e Natur] 그는 아주 감정적인 인간[격렬한 성격]이다; es gab eine -e Diskussion über das Problem 그 문제에 관한 격렬한 토론이 있었다. **2.** 감격한, 열정적인: ein -er Sammler 열정적인 수집가. **3.** 욕정적인, 열정적인: eine -e Liebe 열정적인 사랑; jmdn. l. küssen 누구에게 정열적으로 키스하다. **4.** 아주, 심히, 극도로: sie ißt l. gern Schokolade

그녀는 초콜릿을 아주 즐겨 먹는다. **Leidenschaftlichkeit**, die 열정, 열성. **leidenschaftslos** 〈Adj.〉 **a)** 냉정한, 객관적인, 합리적인: er ist ein ganz -er Mensch 그는 아주 냉철한 사람이다. **b)** 열정으로부터 자유로운; das Lebensideal dieser Menschen ist es, völlig l. zu werden 이 사람들의 삶의 이상은 완전히 열정으로부터 자유롭게 되는 일이다. **Leidenschaftslosigkeit**, die 냉정, 공평.

leider ['laɪdɐ] 〈Adv.〉 유감스럽게도, 아깝게도: ich habe l. keine Zeit 유감스럽게도 나는 시간이 없다; l., l., sind wir nicht in der Lage, das zu machen 아주 유감스럽게도 우리는 그것을 할 수 없다.

leidig ['laɪdɪç] 〈Adj.〉 싫은, 불쾌한, 귀찮은: eine -e Angelegenheit 불쾌한 사건; das ist ein -es Thema (Problem) 그것은 싫은 주제(귀찮은 문제)이다. **leidigerweise** 〈Adv.〉 귀찮게도, 어리석게도.

leidlich ['laɪtlɪç] 〈Adj.〉 견딜 수 있는, 참을 수 있는, 어지간한: wir hatten -es Wetter 견딜 수 있는 날씨였다; er ist ein -er Schüler 그는 상당히 좋은 학생이다; es geht ihm wieder ganz l. 〈통용어〉 그는 다시 웬만큼 기분이 좋다. **leidsam** 〈Adj.〉 〈지역적·그 밖에 고어〉 인내력이 센, 참을 수 있는, 어지간한.

Leier ['laɪɐ], die; -n [lat. lyra < griech. lýra] **1. a)** Kithara: die L. spielen 칠현금(七絃琴)을 타다. **b)** Drehleier의 약칭: die L. spielen(drehen) 손돌림 현악기를 타다. **2.** 〈통용어·폄〉 진부한 이야기, 상투적 하소연: was er vorbringt, ist immer die alte(dieselbe) L. 그가 말하는 것은 항상 똑같은 이야기다. **3.** 〈통용어〉 크랭크, (굽은 자루의) 핸들. **Leierei** [laɪə'raɪ] die; -en 〈통용어〉 끊임없는 탄주, 단조로운 낭송(연주). **Leierer**, der 칠현금을 탄주하는 사람.

Leier-: **~antilope**, die 아프리카의 초원과 사바나에 사는 영양. **~kasten**, der 〈통용어·특히 berlin.〉 ↑Drehorgel. **~kastenmann**, der (휴대용 풍금을 가진) 거리의 악사. **~mann**, der 〈Pl. -männer〉 **a)** 〈준고어〉 손돌림 현악기의 연주자. **b)** ↑kastenmann. **~orgel**, die 〈드물게〉 ↑Drehorgel. **~schwanz**, der 금조(琴鳥, 호주 동부에 사는 새로서 꼬리의 깃이 칠현금과 비슷함).

leiern ['laɪɐn] 〈h〉 **1. a)** 〈통용어〉 크랭크를 돌리다: er leierte so lange, bis die Kurbel abbrach 부러질 때까지 그는 크랭크를 돌렸다. **b)** 돌리다: an der Kurbel l. 크랭크를 돌리다. **2.** 돌리다: das Autofenster in die Höhe(die Jalousie nach unten) l. 〈통용어〉 크랭크를 돌려 자동차의 창문을 올리다(블라인드 차양을 아래로 내리다). **3.** 기계적으로(단조롭게) 노래하다, 읊다, 말하다: ein Gebet l. 기계적으로 기도하다.

leih-, **Leih-**: **~amt**, das ↑~haus. **~anstalt**, die ↑~haus. **~arbeit**, die 〈Pl. 없음〉 〈경제〉 차용 노동. **~arbeitnehmer**, der 차용 노동자. **~arbeitsverhältnis**, das 〈경제〉 차용 노동 관계. **~auto**, das ↑~wagen. **~bibliothek**, die ↑~bücherei. **~bücherei**, die 대본(貸本) 도서관, 대본 문고, 대본 장서. **~buchhandlung**, die 대본 서점. **~(fahr)rad**, das 임대 자전차. **~frack**, der 임대 연미복. **~frist**, die 대본 기간, 임대 기간. **~gabe**, die (개인이나 다른 박물관의) 임대 작품; die Ausstellung enthält viele -n 전람회에 많은 임대 작품이 들어 있다; 〈전의〉 die Mittelstürmer der Berliner ist eine L. von Schalke 04 베를린 축구팀의 센터 포워드는 샬케 04팀에서 빌려온 선수이다. **~geber**, der 대주(貸主), 임대인(賃貸人). **~gebühr**, die 임대료. **~haus**, das 전당포: einen Pelz[Schmuck] ins L. tragen[ins L. bringen] 모피 외투[장신구]를 저당잡히다. **~karte**, die 대출증. **~kauf**, der ↑Mietkauf. **~rad**, das ↑~fahrrad.

~schein, der **1.** (전당포의) 담보영수증. **2.** (도서관의) 서적 대출 양식[서식]. **~verkehr**, der (공공 도서관간에) 대차(貸借)형식의 서적 교류. **~verpackung**, die 〈상〉 임대 포장품. **~wagen**, der 렌트카, 임대차(賃貸車). **~weise** 〈Adv.〉 대차(貸借)의 형식으로, 대차(貸借)에 의하여: jmdm. etw. l. überlassen 누구에게 무엇을 대차의 형식으로 맡기다. **~zeit**, die ↑~frist. **~zins**, der 〈경제〉 대부이자(貸付利子).

Leihe ['laɪə], die; -n **1.** 〈법〉 사용대차(使用貸借). **2.** 《통용어》 전당포.

leihen* ['laɪən] 〈h〉 **1.** 빌려 주다: jmdm. ein Buch l. 누구에게 책을 빌려 주다; er hat ihm Geld mit[zu] 5% Zinsen geliehen 그는 그에게 5푼의 이자로 돈을 빌려 주다; er leiht nicht gern 그는 잘 빌려 주지 않는다. **2.** 빌다, 세내다: ich habe[mir] den Frack für die Festlichkeit geliehen 나는 축제를 대비해 연미복을 세냈다; ich habe mir das Geld bei der Bank geliehen 〈통용어〉 나는 그 돈을 은행에서 차용했다. **3.** 〈아어〉 주다, 허락하다, 쓰게 하다: jmdm. seine Hilfe[seinen Beistand] l. 누구에게 도움[조력]을 주다; jmdm. seine Stimme l. 누구를 옹호하다(변호하다). **Leiher**, der; -s, - 〈통용어〉 **1.** ↑Verleiher. **2.** ↑Entleiher.

Leik [laɪk] 〈Adj.〉 ↑Liek.

Leikauf, Leitkauf ['laɪ(t)...], der; -(e)s, ...käufe 〈지역적〉 (계약 체결이나 상담(商談) 종료 후의) 축하의 술.

Leilach ['laɪlax], **Leilak** ['laɪlak], das; -(e)s, -e(n) 〈nordd.·준고어〉 아마포(亞麻布), 침대의 시트.

Leim [laɪm], der; -(e)s, 〈종류〉 -e 아교, 끈끈이: [jmdm.] auf den L. gehen(kriechen) 〈통용어〉 누구에게 속다, 누구의 함정에 빠지다; **jmdm. auf den L. führen(locken)** 〈통용어〉 누구를 속이다(기만하다), 누구를 계략에 넘어가게 하다: laß dich nicht von seinen großartigen Versprechungen auf den L. führen 그의 굉장한 약속에 속지 말아라; **aus dem L. gehen** 〈통용어〉 1) (조립된 상태에서부터) 흩어지다, 해체되다, 조각나다: der Stuhl(die Bank) ist aus dem L. gegangen 의자(벤치)가 조각났다. 2) 뚱뚱해지다, 인물을 망치다. 3) (우정이나 의무가) 무너지다, 깨지다: ihre Ehe ist aus dem L. gegangen 그녀의 결혼 생활은 깨지고 말았다.

Leim-: **~farbe**, die 수성(水性) 페인트, 템페라. **~gürtel**, der ↑~ring. **~kraut**, das 《식물》 대나물. **~ring**, der (나무의 해충을 방지하기 위한) 끈끈이의 테. **~rute**, die (새를 잡기 위한) 끈끈이 막대, 끈끈이를 바른 가지. **~rutenleger**, der 끈끈이 막대로 새를 잡는 사람. **~sieder**, der **1.** 〈고어〉 아교제조자. **2.** 〈욕〉 지루한 사람, 무기력한 사람. **~stange**, die ↑~rute. **~süß**, das Glykokoll. **~topf**, der 아교냄비, 아교 단지. **~zeichen**, das 〈지역적〉 상처 자국, 흠터.

leimen ['laɪmən] 〈h〉 **1. a)** 아교로 접합하다: der wacklige Stuhl muß geleimt werden 흔들거리는 의자는 아교로 접합되어야 한다; 〈전의〉 ihre Ehe ist nicht mehr zu l. 〈통용어〉 그녀의 결혼생활은 더 이상 정상을 찾을 수 없다. **b)** 아교로 접착하다, 고정하다. **2.** 〈통용어〉 속이다, 사기하다, 기만하다: Die Kellnerin merkte, daß sie geleimt worden war 여급은 자기가 속았다는 사실을 알았다. **leimig** ['laɪmɪç] 〈Adj.〉 아교질의, 아교 같은, 끈끈한.

Lein [laɪn], der; -(e)s, -e 《식물》 아마(亞麻).

Lein-: **~acker**, der 아마밭.

lein-, **Lein-**: **~gewächs**, das 《식물》 아마과(科). **~kraut**, das **1.** 《식물》 해란초의 일종. **2.** 사구(砂丘)나 밭에 자라는 풀. **~kuchen**, der 아마인박(亞麻仁粕) (아마의 씨를 눌러서 기름을 짜내고 남은 찌꺼기로서 가축 사료). **~öl**, das 아마인유(仁油). **~ölsäure**, die

↑Linolsäure. ~pfad, der ↑Leinpfad. ~saat, die 〈Pl. 없음〉 ↑~samen. ~samen, der 아마의 씨, 아마인(亞麻仁). ~samenbrot, das 아마인의 빵. ~tuch, das 〈지역적〉 ↑Bettuch. ~wand, die; -wände 1. 〈Pl. 없음〉 아마포. 2. 아마화포(畫布), 캔버스: eine L. grundieren 화포(畫布)에 밑칠하다. 3. 아마자막(字幕), (영화나 슬라이드의) 스크린: eine transportable L. 이동식 자막; [전의] einen Roman auf die L. bringen [übertragen] 소설을 영화하다; einen Schauspieler auf der L. sehen 영화에서 배우를 보다. ~wandbindig 〈Adj.〉 〖섬유〗 바둑판 무늬로 짠. ~wandbindung, die 〖섬유〗 평직(平織). ~wandgröße, die 《농》유명한 영화배우. ~wandheld, der 《농》영화의 주인공. ~weber, der 아마 직조공. ~zeug, das 〈Pl. 없음〉 아마제품.

¹**Leine** ['laɪnə], die; -n **a)** 밧줄: etw. mit einer L. festbinden 무엇을 밧줄로 꼭 묶다; die -n losmachen [loswerfen] 〖선원〗 닻줄을 풀다. **b)** 아마노끈, 빨랫줄: Wäsche auf die L. hängen 빨래를 줄에 널다; L. ziehen 〈통용어〉도망치다, 사라지다, 줄행랑치다: die Iwans packten schon, zogen L. 이반의 가족들은 이미 짐을 꾸려 줄행랑쳤다. **c)** 목줄, 특히 개의 목걸이: den Hund an der L. führen 개를 끈[줄]을 매어 끌다; **lange L.** 자유의 여지를 가진 교육 원칙. **jmdm. L. lassen** 〈통용어〉누구에게 어느 정도의 활동 여지를 부여하다; **jmdn. an die (kurzen) L. haben (halten) (jmdn. an die L. legen)** 〈통용어〉누구를 마음대로 부리다, 조종하다; 누구에게 자유를 주지 않는다.

²**Leine** [-], die 알러강의 지류.
¹**leinen** [-] 〈Adj.〉 아마의, 아마로 만든.
²**leinen** [-] 〈h〉〈드물게〉(개 따위에) 끈을 매다.
Leinen [-], das; -s **1. a)** ↑Flachsfaser. **b)** 아마제품: Kleidung (Bettwäsche, Tischdecke) aus L. 아마옷(아마 침대시트, 아마 식탁보). **2.** 〖서적〗아마 제본: eine Ausgabe in L. 아마제본의 판(版).

leinen-, Leinen- (Leinen-): ¹~**band**, das 〈Pl. -bänder〉아마 리본(띠, 테이프). ²~**band**, der 〈Pl. -bände〉아마제본의 책. ~**batist**, der 고급 아마포. ~**bettuch**, das 아마제의 침대시트. ~**bindung**, die ↑Leinwandbindung. ~**damast**, der 아마제의 문직물(紋織物). ~**drell**, der 아마제의 능직물. ~**einband**, der ↑Leinen (2). ~**faden**, der 아마실. ~**faser**, die ↑Flachsfaser. ~**garn**, das 아마실, 아마방사(紡絲). ~**gewebe**, das 아마직물. ~**hose**, die 아마바지. ~**imitat**, das 아마모조품. ~**kleid**, das 아마제의 옷. ~**kostüm**, das 아마제의 의상. ~**laken**, das 〈지역적〉아마제의 침대시트. ~**öl**, das 아마유(油). ~**ölbrot**, das 아마유(油)의 빵. ~**papier**, das 아마포처럼 보이는 종이. ~**schuh**, der 아마제의 신(바닥을 제외하고). ~**schürze**, die 아마제의 앞치마. ~**stoff**, der 아마천, 아마직물. ~**tuch**, die 아마포. ~**wäsche**, die 〈Pl. 없음〉 아마제의 내의. ~**weber** ↑Leinweber. ~**weberei**, die 아마 직조업(織造業), 아마 직물공장, 아마 직물제조. ~**zeug**, das ↑Leinzeug.

leinenführig 〈Adj.〉〈사냥〉↑führig (1).
Leinenzwang, der; -(e)s (특정한 장소에서) 개를 끈에 매어 이끌어야 하는 규정.
Leinweber, der; -s, - 〈고어〉↑Leinweber.
Leinpfad, der; -(e)s, -e ↑Treidelpfad.
leinwand 〈Adj.〉〈österr.・통용어〉좋은, 옳은, 정상적인: das ist alles l. 모든 것이 정상적이다.
Leipzig ['laɪptsɪç] **1.** 라이프치히(작센 지방의 도시). **2.** 라이프치히 군(郡). **3.** 라이프치히 관구. ¹**Leipziger** ['laɪptsɪɡɐ], der; -s, - 라이프치히 주민. ²**Leipziger** 〈Adj.〉 라이프치히의.

leis [laɪs] ↑leise.
Leis [-], der; -/-es, -e(n) 중세의 종교적인 노래, "주여, 불쌍히 여기소서"라는 후렴으로 끝나는 기도의 노래.
leise [laɪzə] 〈Adj.〉 **1.** 아주 약하게 들리는, 낮은(목소리의): ein l. laufender Motor 조용히 돌아가는 모터; das Radio -r stellen 라디오의 볼륨을 낮추어놓다; ihr müßt ein wenig -r sein 너희들은 그렇게 떠들면 안돼. **2. a)** 거의 알아들 수 없는, 거의 지각하기 수 없는: ein -r Regen 이슬비, 가랑비; sie hat einen sehr -n Schlaf 그녀는 아주 작은 소음에도 잠에서 깬다; bei der -sten Berührung der Scheibe wird Alarm ausgelöst 라마를 아주 조금만 건드려도 경보가 울린다. **b)** 명백히 나타나지 않는, 경미한: ich habe l. Zweifel[einen -n Verdacht] 나는 경미한 의심[가벼운 혐의]을 두고 있다; er hatte nicht die -ste Ahnung 그는 꿈에도 생각하지 않았다; **nicht im ~sten** 조금도 …하지 않다, 전혀 …하지 않다.

leise-, Leise-: ~**fuß**, der 〖팸〗↑Leisetreter. ~**treten'** 〈s〉《팸》가능한 한 눈에 띄지 않게 머물다[처신하다]: August Kühn war längere Zeit leisegetreten 아우구스트 퀸은 오랫동안 눈에 띄지 않게 처신했다. ~**treter**, der **1.** 《욕》소심한 사람, 비굴한 사람. **2.** 《농》부드러운 창을 댄 구두. ~**treterei** [-treɪtəˈraɪ], die 비열한 행위, 엿듣기. ~**treterisch** 〈Adj.〉《팸》비굴한, 아부하는, 소심한: der alte -e Klügler mußte verschwinden 늙고 비굴한 궤변가는 꺼져야 했다.

Leishmania [laɪʃˈmaːni̯a], die; …ien 〖생물・의학〗영국의 의사 W.B. Leishman (1856~1926)의 이름을 따라 편모충(鞭毛蟲). **Leishmaniose** […maˈni̯oːzə], die; -n 〖의학〗편모충에 의해서 발생되는 열대병.

¹**Leist** [laɪst], der; -(e)s 〖수의〗말의 발굽의 인대(靭帶)에 생긴 종창(腫脹).
²**Leist** [-], der; -es, -e (schweiz.) **a)** (때때로 모이는) 단체, 클럽. **b)** 모임의 장소[술집].
Leiste [ˈlaɪstə], die; -n **1.** 소란(小欄), 테, 살(栈) etw. zur Zierde [zum Abdichten] mit -n einfassen 장식하기[틈을 매우기] 위하여 무엇에 살[테]을 박아넣다. **2.** ↑Knopfleiste의 약칭. **3.** 〖직조〗직물의 식서(飾緣), 직물의 가장자리. **4.** 〖등산〗비탈진 암벽에 발을 담을 수 있는 수평의 돌출장소. **5.** 〖해부〗서혜부(鼠蹊部).
leisten ['laɪstn̩] 〈h〉 **1. a)** 실행하다, 해내다, 완성하다: er hat etwas Außerordentliches geleistet 그는 비상한 일을 했다. **b)** 행하다, 수행하다: hervorragende Arbeit l. 훌륭한 작업[일]을 하다. **c)** (이용할 수 있는 출력을) 발휘하다, 출력하다: der Motor leistet 80 PS 이 모터는 80마력을 출력한다. **d)** 내어놓다, 제공하다, 주다: der Bund hat jährlich Zahlungen in Höhe von 5 Milliarden zu l. 연방은 매년 50억 정도의 금액을 지불해야한다. **e)** (퇴색되거나 기능제공자로서) Beistand l. 조력하다, 편을 들다; Hilfe l. 돕다, 도와주다; einen Eid l. 맹세[서약]하다; (jmdm.) Gehorsam l. (누구에게) 복종하다; (jmdm.) Gefolgschaft l. (누구에게) 충실히 따르다; Widerstand l. 저항하다; Gewähr [Garantie] l. 보증하다; eine Unterschrift l. 서명하다. **2.** 〈통용어〉 **a)** 구입하다, 사다: sich einen Maßanzug [ein neues Auto] l. 맞춤양복을 해입다(새 자동차를 구입하다); heute leiste ich mir ein Eis mit Sahne 〈농〉나는 오늘 유지(乳脂)가 든 아이스크림을 먹는다; **sich³ etw. l. können** 어떤 일을 할 재정적 수단이 있다다: von seinem Gehalt kann er sich kein Auto l. 그는 자신의 봉급으로 자동차를 부릴 수 없다. **b)** (규정 따위를 고려하지 않고) 어떤 일을 감행하다: sich unverschämte Bemerkungen l. 뻔뻔스러운 말을 끄집어내다; ich kann es mir nicht l., zu spät zu kommen 내가 감히 너무 늦게 올 수는 없다; da hast du dir einen groben Schnitzer

geleistet 너는 그때 큰 잘못을 저질렀다.
Leisten [-], der; -s, - **1.** (제화에 사용되는 표준형의) 구둣골: [속담] Schuster, bleib bei deinem L. 쓸데없는 짓 [참견]을 하지 말라, 분수를 지켜라; **alles über einen L. schlagen** 《통용어》 모든 것을 똑같이 취급하다.
Leisten-: ~**band**, das 〈Pl. -bänder〉 [해부] 서혜인대 (鼠蹊靭帶). ~**beuge**, die [해부] 서혜부. ~**bruch**, der [의학] 서혜(鼠蹊) 헤르니아. ~**dreieck**, das [의학] 허벅지 안쪽 봉공근과 서혜인대가 만나는 (사타구니 아래의) 3각 부분. ~**gegend**, die [해부] 서혜부. ~**hernie**, die [의학] ↑~bruch. ~**hoden**, der [의학] (비정상적인 위치에 있는) 서혜부의 고환(睾丸). ~**kanal**, der [해부] 서혜관. ~**zerrung**, die [의학] 허벅다리를 당기는 근육의 과도한 긴장.
Leistung, die; -en **1.** 〈Pl. 없음〉 수행, 실행: zur L. des Wehrdienstes bereit sein 병역 의무의 수행을 각오하고 있다; die L. bestimmter Beträge verlangen 일정금액의 지불[변제]을 요구하다. **2. a)** 행하여진 일, (정신적이나 육체적인) 성과, 업적: diese Erfindung ist eine großartige L. 이 발명품은 훌륭한 성과(업적)이다; die -en des Schülers lassen nach 그 학생의 성적이 점점 나빠지다. **b)** 〈드물게 Pl.〉 (활동으로) 이루어진 일, 생산: die L. einer Fabrik steigern (verbessern) 공장의 생산을 높이다[개선하다]. **c)** 〈드물게 Pl.〉 [물리] (단위 시간내의) 능률, 출력: ein Motor mit einer L. von 50 PS 50마력의 출력(出力)을 가진 모터. **3.** (재정상 의무의 범위에 있어서) 기여금, 급부금: die sozialen -en der Krankenkasse 의료 보험의 사회적 기여금.
leistungs-, Leistungs-: ~**abfall**, der 능률의 감소, 능력 저하. ~**abgabe**, die [기술] 출력(出力). ~**abzeichen**, das [기술] 표장, 훈장, 공로기장. ~**anreiz**, der 능률의 충동[자극]. ~**anspruch**, der [관] 급부[지불] 요구(청구). ~**anstieg**, der 능률의 상승. ~**berechtigt** 〈Adj.〉 [관] 급부를 받을 권리[자격] 있는. ~**bilanz**, die [경제] 경상수지. ~**dichte**, die [스포츠] 훌륭한 선수와 실적의 보유. ~**druck**, der (능력 만능주의에서 유래하는) 심리적 압박. ~**durchschnitt**, der 실적평균, (학업의) 평점: Der Schüler hat einen L. von 2,4 그 학생은 2.4의 평점을 받았다. ~**fähig** 〈Adj.〉 **1.** 능력있는, 능률좋은, 성능좋은: -e Maschinen 성능좋은 기계들. **2.** 급부능력있는: eine -e (Kranken) versicherung 지불능력있는 의료보험(회사). ~**fähigkeit**, die 〈Pl. 없음〉 (작업) 능력, 성능, 능률: bis zur Grenze seiner L. arbeiten 그의 능력의 한계에 이를 때까지 일하다. ~**fördernd** 〈Adj.〉 능률[성능]을 높이는. ~**gerecht** 〈Adj.〉 작업의 성과에 알맞는[적합한]: -e Entlohnung 성과에 알맞는 보수. ~**gesellschaft**, die 《폄》 능력[능률·업적] 주의 사회: in unserer inhumanen L. ist für die Alten kein Platz 우리의 비인간적인 업적주의 사회에서 노인의 활동여지가 전혀 없다. ~**gewicht**, das [기술] (자동차의) 공률 중량. ~**grenze**, die 〈Pl. 없음〉 능력[성능]의 한계. ~**gruppe**, die [학교] 성적 집단, 우수 집단. ~**gymnastik**, die [스포츠] 신(新)제조. ~**klage**, die [법] 지급액 청구 소송. ~**klasse**, die **1.** [스포츠] (선수 또는 팀의) 실적 등급, 능력 등급. **2.** [경제] 품질의 등급. ~**knick**, der 성적 곡선의 꺾임, 능력의 저하. ~**kontrolle**, die 성적 검사[조사]. ~**kraft**, die ↑~fähigkeit. ~**kurs**, der [학교] 능력별 강좌. ~**kurve**, die 성적 곡선, 능력곡선: die L. des Arbeiters fällt mit zunehmendem Alter 노동자의 능력곡선은 나이가 들어감에 따라 떨어진다. ~**lohn**, der (특히 구동독) 능률에 따른 보수, 능률급. ~**messer**, der **1.** [전기] 전력계(計). **2.** [기술] 기계성능계(計). ~**motivation**, die [심리] 성취 동기. ~**nachweis**, der 성적 증명서. ~**niveau**, das [교육] 성적 수준, 실력 수준. ~**norm**, die 능률[성능] 기준(표준). ~**orientiert** 〈Adj.〉 실적[성과] 위주의: eine -e Gesellschaft 실적(성과) 위주의 사회. ~**ort**, der [법] 이행지, 지불지(이음의). ~**prämie**, die 《특히 구동독》 (좋은 성과에 대한) 상여금, 포상금. ~**prinzip**, das 〈Pl. 없음〉 [경제·교육] 조세 부담 능률의 원칙; 업적주의, 실적주의. ~**prüfung**, die **1.** [학교] 학력 평가 시험. **2.** [경마·스포츠] 능력[성능] 검사. **3.** [농업] (가축·작물의) 효율 검사. ~**reaktor**, der [기술] 동력용 원자로. ~**reserve**, die [기술·의학] 능력의 비축. ~**schau**, die [경제·농업] 공진회, 경진회, 품평회. ~**schild**, das [기술] (기계와 전기 기구의) 성능 표지. ~**schutz**, der [법] 저작권 보호. ~**schwach** 〈Adj.〉 성적이 부진한, 성능이 약한: ein -er Schüler 성적이 부진한 학생. ~**schwäche**, die 성적 부진, 성능 미약. ~**spitze**, die **1.** 능력의 절정. **2.** [기술] 능력의 최고도 (최대한). ~**sport**, der (레크리에이션이 목적이 아니고) 기록 향상을 목표한 스포츠. ~**sportler**, der 기록 향상을 목표하는 운동의 선수. ~**stand**, der 능력[성능] 수준, 현재 성적: der L. des Schülers ist gut 이 학생의 현재 성적은 우수하다. ~**standard**, der ↑~niveau. ~**stark** 〈Adj.〉 성적이 우수한, 성능이 양호한: die Maschine ist l. 이 기계의 성능은 양호하다. ~**stärke**, die 우수한 성적, 양호한 성능. ~**steigerung**, die 능률[성능] 향상. ~**stufe**, die **1.** 실적의 단계(등급). **2.** [기술] 능률의 단계(등급). ~**test**, der 실적[성능] 테스트. ~**tief**, das [스포츠] ↑Formtief. ~**turnen**, das 능률 체조. ~**vergleich**, der **1.** 실적 비교[경기]: ein L. zwischen den Betrieben(mit anderen Betrieben) 기업간의 능률 경쟁. **2.** 성능 차이 비교. ~**vermögen**, das 〈Pl. 없음〉 ~fähigkeit. ~**verweigerung**, die **1.** [사회·교육] 사회의 업적주의에 대한 거부적인 태도(청소년의). **2.** [법] (계약[조약]상의) 이행 거부. ~**verzug**, der [법] ↑Schuldnerverzug. ~**wettbewerb**, der **1.** (운동 경기에서) 실력 경쟁. **2.** [경제] 생산 능력과 경제적인 능률 분야에서의 경쟁. ~**wille**, der 성취 의지, 성취욕. ~**zentrum**, das (집중 훈련을 받는) 우수 운동선수의 수련장. ~**zeugnis**, das 성적 증명서, 수업 수련 증명서. ~**ziel**, das 실행 목표, 성취 목표. ~**zulage**, die ↑~zuschlag. ~**zuschlag**, der (기본 급료 외에 특별한 성과에 대한) 특별 상여(수당), 성과급. ~**zwang**, der [사회] 실적의 속박감.

leit-, Leit-: ~**art**, die [생물] (특정 생활권에 나타나는) 지배적 식물이나 동물의 종류. ~**antrag**, der [정치] 주지동의[제안]: dem Parteitag lag ein L. des Parteivorstands vor 전당 대회에 당수내부의 주지(主旨)안 의가 제출되었다. ~**artikel**, der [신문] (신문의) 사설. ~**artikeln** 〈h〉 [신문·언어·농] 사설(논설)을 쓰다. ~**artikelschreiber**, der, ~**artikler**, der [신문·언어] 사설(논설)위원. ~**aufsatz**, der (잡지나 책에서) 주제 논문. ~**begriff**, der 중심 개념, 주요 개념. ~**bein**, das [스포츠] 장대높이뛰기에 뛰는 발. ~**betrieb**, der (구동독) (특정 생산 분야에) 모범 기업. ~**bild**, das 주도상, 이상, 모범: ein L. der Jugend[für die Jugend] 청소년의 모범. ~**block**, der 〈Pl. ...blöcke〉 [조선] 밧줄을 매는 나무. ~**bündel**, das [식물] 유관속(維管束). ~**faden**, der **1.** (학문·기술분야의) 입문서, 교과서: ein L. der Physik 물리 입문서. **2.** (행동에 일관된) 지도원리(指導原理). ~**fähig** [전기·기술] 전도력있는, 전도성의: -e Stoffe 전도체. ~**fähigkeit**, die 〈Pl. 없음〉 전도능, 전도력. ~**feuer**, das [항해] (항구의) 인도등(燈), 지시등. ~**form**, die [동물] ~art. ~**fossil**, das [지질] (지층 감별의 자료가 되는) 표준화석. ~**funkstrahl**, der [항공·군] 항로 지시의 무선광선. ~**geb-, ~geber**: ↑Leitgeb, ↑Leitgeber.

~gedanke, der 중심(근본) 사상. ~gewebe, das [식물] (영양소를 운반하는) 내구조직(耐久組織). ~haar, das [동물] 강모(剛毛). ~hammel, der 1. 선도(先導)하는 양(목에 방울을 달고 양떼를 이끄는 양). 2. (俗) 두목, 수령, 주모자. ~hengst, der 앞에서 인도하는 수말. ~hund, der 1. 사냥개의 떼를 인도하는 개. 2. 장님의 길을 인도하는 개, 맹도견(盲導犬). 3. 썰매를 끄는 개. 4. [사냥] 앞에서 인도하는 개, 수색견. ~idee, die ↑~gedanke. ~institut, das 선도(先導)연구소, 모범연구소. ~karte, die [사무] 표제 카드. ~kauf: ↑ Leitkauf. ~kegel, der [교통] (차선 안내를 위한) 원추형의 교통 표지. ~kurve, die [기하] 도선(導線). ~linie, die 1. 규정적 원칙, 방향 제시의 근거(요점): die -n der Politik festlegen 정책의 여러 원칙을 확정하다. 2. [교통] 황색(중앙)차선, 백색(추월금지) 차선. 3. [기하] 준선(準線). ~motiv, das 1. 주도 모티브, 주상(主想). 2. a) [음악] (악곡의) 주도악구(主導樂句). b) [문예학] 주도동기(主導動機). ~motivisch ⟨Adj.⟩ a) 주도 모티브와 관계되는. b) 주도 모티브 형태와 관련된. ~pflanze, die [식물] 1. (생활권을 특징짓는) 주종식물. 2. ↑Indikatorpflanze. ~planke, die 1. (추락 사고 방지용) 도로벽의 방지벽: der Wagen prallte gegen die L. 자동차가 차단벽에 충돌했다. 2. [기술] ↑Führungsschiene. ~pfosten, der [교통] 시선 유도표(視線誘導標). ~rad, das [기술] (터빈의) 안내차(案內車). ~riemen, der [사냥] 가죽끈, 고삐. ~satz, der 지도원칙, 주지(主旨): Leitsätze des Handelns 행동의 지도원칙. ~schiene, die 1. ⟨österr.⟩ ↑ ~planke. 2. [기술] 호륜궤조(護輪軌條). ~schnur, die ⟨드물게⟩ 먹줄, 원칙, 규범, 표준. ~seil, das 1. a) ⟨전문어 · südd., österr., schweiz.⟩ 개를 끄는 끈, 고삐. b) [준고어 · 아어 · 편] 행동방침: am L. einer Idee(Partei) hängen 이념(정당)의 행동 방침에 매달리다. 2. (견인차의) 끄는 밧줄. ~spindel, die [기술] 어미나사, 중심나사. ~spruch, der 표어, 좌우명. ~stand, der [기술] 중앙 조정실. ~stelle, die 지휘본부. ~stern, der 극성(極星), 북극성: [引導]의 별: 전의 der L. eines Menschen (아이) 인간의 목표(이상). ~strahl, der 1. ↑~funkstrahl. 2. a) [기하] 활경(活徑), 동경(動徑). b) [물리] 동경(動徑), 반경. ~studie, die ↑Pilotstudie. ~thema, das 규정적인(중심적인) 주제. ~tier, das 1. [사냥] 앞에서 무리를 인도하는 짐승. 2. [동물] 가장 높은 서열에 있는 짐승. ~ton, der [음악] 도음(導音). 이끎음. ~trieb, der [식물 · 원예] 본 줄기가 될 중심 싹. ~vermerk, der [사무] 전달메모, 지시의 말. ~vermögen, die ⟨Pl. 없음⟩ ↑~fähigkeit. ~währung, die [경제] (국제의) 주도(중심) 화폐. ~weg, der ⟨우편⟩ 송신 방법, 송신 과정. ~werk, das 1. [항공 · 무기] (비행기의) 꼬리날개장치, (글라이더의) 꼬리 부분. 2. [항해] (배의 통과를 위해 수문에 설치된) 조정실. 3. [전산] 정보 처리 시설의 관리 부분. ~wert, der [물리 · 전자] 저항의 역수값(逆數值). ~wort, das 1. a) 주지(主旨)를 나타내는 말. b) ⟨Pl. ...worte⟩ ↑ ~spruch. 2. ⟨Pl. ...wörter⟩ [사무] 규정적인(결정적인) 표제어. ~zahl, die [사진] (야간촬영용) 마그네슘 섬광기구의 지표(指標), 노출계수. ~zins, der [경제] 1. 할인율. 2. 통지예금이자율.

leitbar ⟨Adj.⟩ 이끌 수 있는, 부리기 쉬운. Leitbarkeit, die 이끌 수 있는 성격. ¹Leite ['laita], die 1. ⟨schweiz.⟩ 1. 수도, 수관(水管) 2. ⟨산중의⟩ 목재 활송로.

²Leite [-], die; -n ⟨südd., österr.⟩ 산비탈, 산허리.

leiten ['laitn̩] ⟨h⟩ 1. 주재하다, 관리하다, 이끌다: eine Arbeitsgruppe(eine Schule, einen Betrieb) l. 작업반(학교, 기업)을 이끌다; eine Sitzung(eine Diskussion, die Verhandlungen) l. 회의(토론, 협상)를 주재하다. ein (Fußball)spiel l. [스포츠] 축구 경기에 심판으로 활동하다; ⟨현재분사⟩ eine leitende Stellung(Funktion) haben 지도적인 지위 기능을 가지다; ⟨현재분사의 명사화⟩ der(die) Leitende 지도자(여자 지도자). 2. a) 안내하다, 보내다: 전의 mein Instinkt(ein Gefühl) leitet mich an die richtige Stelle 본능(감정)이 최선의 길잡이이다. b) 이끌다, 영향을 미치다: sich nur von wirtschaftlichen Gesichtspunkten l. lassen 단지 경제적인 관점에만 좌우되다. c) (특정한 곳에) 보내다, 유도하다; 회부하다: Erdöl(Gas) durch Rohre l. 석유(가스)를 도관(導管)을 통해서 보내다; Akten(ein Gesuch) an die zuständige Stelle l. 서류(청원서)를 해당 관청으로 회부하다. 3. [물리 · 기술] 통사시키다, 전도하다: Metalle leiten Strom(Elektrizität, Wärme) 금속은 전류(전기, 열)를 전도한다. ¹Leiter ['laitɐ], der; -s, - 1. 지도자, 지배인, 관리자: der L. einer Firma [Abteilung, Schule, Delegation] 회사의 지배인(과장, 교장, 대표단 단장); der L. des (Fußball)spiels (축구) 경기의 심판. 2. [물리 · 기술] 도체(導體): ein guter (schlechter) L. 양도체(부도체).

²Leiter [-], die; -n ⟨südd.⟩: die L. an die Wand stellen 사(닥)다리를 벽에 세우다; die L. hinauf(hinunter)steigen 사(닥)다리에 오르다(내리다); 전의 die L. des Erfolgs(Ruhms) emporsteigen 성공(영광)의 길에 오르다.

leiter-, Leiter- (²Leiter): ~artig ⟨Adj.⟩ 사(닥)다리 모양의. ~baum, der 사(닥)다리의 양쪽 기둥(지주). ~sprosse, die 사(닥)다리의 횡목(橫木). ~wagen, der 양쪽에 사(닥)다리 모양의 틀이 달린 마차나 손수레.

Leiterin, die; -nen ↑¹Leiter (1)의 여성형. Leiterschleife, die; -n [전자] 연장(連長)전선.

Leitgeb ['laitge:p], der; -en, -en, Leitgeber [...ge:bɐ], der; -s, - ⟨방언⟩ 주인. Leitkauf ['lait-] ↑ Leikauf의 병용형, 상담(商談)성립의 축하의 술.

Leitha ['laita], die 도나우강의 오른쪽 지류.

Leitung ['laitʊŋ], die; -en 1. a) ⟨Pl. 없음⟩ 지배, 관리 (직무): die L. der Firma übernehmen 회사 관리를 인수하다; bei einem (Fußball)spiel die L. haben [스포츠] 축구 경기의 심판을 맡다. b) 간부, 중역, 이사진: der kaufmännischen L. eines Warenhauses angehören 백화점 판매부의 간부에 속하다. 2. ⟨Pl. 없음⟩ 지도, 감독: der Jugendliche braucht eine straffe L. 저 소년에 엄격한 감독이 필요하다. 3. a) (수도, 가스 등의) 도관(導管): eine L. für Gas(Wasser) legen 가스(수도)관을 놓다. b) (열, 전기의) 전도(傳導): die L. steht unter Strom(Hochspannung) 송전중이다; 전기의 송전 중이다. c) 배선(配線), 전선(電線), 송송선(送送線), 전화선: die L. ist besetzt 전화선이 통화중이다; die L. ist tot (통용어) 전화선이 불통이다; es ist jmd. in der L. (통용어) 1) 전화가 혼선을 일으키다; 2) 누가 도청하다; 성귀 lange L., kurzer Draht! ⟨경⟩ 감이 더디고, 머리 회전이 느리다; bei ihm steht einer auf der L. ⟨경⟩ 그는 바로 이해하지 못한다, 그는 이해가 더디다; eine lange L. haben ⟨통용어⟩ 이해가 더디다; auf der L. stehen(sitzen) ⟨경⟩ 바로 이해하지 못하다, 이해가 더디다.

Leitungs-: ~anästhesie, die [의학] 전도마취(傳導痲醉). ~bahn, die [의학 · 전문어 · 특히 생물 · 의학] 도관(導管). ~draht, der 도선(導線), 전선. ~gewebe, das [의학] 도관조직(導管組織). ~gremium, das 간부위원회. ~hahn, der 수도꼭지. ~heimer, der (통용어 · 은폐 · 농) 수돗물. ~kader, der (구동독) 수뇌간부(장교). ~kollektiv, das (구동독) 중요 집단 농장. ~kraft, die 간부. ~mast, der 전주(電柱), 전신주, 송

전탑. ~**netz**, das 송전망(送電網). ~**rohr**, das 〈수도, 가스 따위의〉도관(導管). ~**schnur**, die 코드, 전(도)선. ~**tätigkeit**, die 〈Pl. 없음〉관리 활동. ~**vermögen**, das ↑Leitfähigkeit. ~**wasser**, das 〈Pl. 없음〉수돗물. ~**widerstand**, der [물리·전자] 고유(固有)[도체] 저항.

¹Lek [lεk], der; -, - 알바니아의 화폐 단위(1레크 = 100킨다르카).

²Lek [-], der; - 라인강 어귀의 지류.

Lektion [lεk'tsio:n], die; -en [lat. lēctio = das Lesen, Vorlesen] **1. a)** [교육] 연습 문제의 단원, 과제, 교과서의 과(課): die zehnte L. eines Lehrbuchs durchnehmen 교과서 제 10과를 충분히 다루다. **b)** [교육] 《지역적·준고어》 수업, 강의, 수업시간: L. über ein Thema ausarbeiten 한 테마에 관해서 수업의 교안을 만들다. **c)** [펜싱] 연습 단위, 단련 시간. **d)** 〈승마〉 조교(調教) 시험의 연습 부분. **2. a)** 〈교양어〉 교훈, 질책, 설교(說教): diese Niederlage dürfte eine heilsame L. für die Mannschaft sein 이 패배는 팀의 유익한 교훈이 될 것이다; jmdm. eine scharfe L. erteilen[geben] 누구를 심히 훈계[질책]하다. **b)** ↑Lesung (1 b). **Lektionar** [lεktsio'na:ɐ̯], das; -s, -e / -ien [...a:riən], **Lektionarium** [...'na:riʊm], das; -s, ...ien [...iən / lat. lēctio] [기독교] **1.** (예배식에서 읽는) 성구집(聖句集), 독송집. **2.** 독경대(讀經臺), 독서대. **Lektor** ['lεktɔr, 〈또한〉...to:ɐ̯], der; -s, -en [lat'to:rən; lat. lēctor = Leser, Vorleser] **1.** (대학에서 특히 외국어 수업의) 강사. **2.** (출판사의) 원고 심사부, 편집부원. **3.** [기독교] **a)** 목사를 대리해서 예배를 인도하는 평신자. **b)** 〈가톨릭〉 교회의 낮은 서품(의 제 2 등급)을 소지한 사람. **c)** [가] 미사에서 전례문을 낭독하는 평신도. **Lektorat** [lεkto'ra:t], das; -(e)s, -e **1.** [대학] 강사의 직(職). **2.** [출판] **a)** (출판사의) 원고 검사부, 편집부. **b)** (원고나 책에 대한) 검사원의 의견서: von einem Manuskript ein L. anfertigen 원고에 대한 의견서를 작성하다. **lektorieren** [lεkto'ri:rən] 〈h〉 [출판] (출판의 적부를 결정하기 위해 원고를) 심사하다: ein Buch(manuskript) l. 책의 원고를 심사하다. **Lektorin** [lεk'to:rɪn], die; -nen ↑Lektor의 여성형. **Lektüre** [lεk'ty:rə], die; -n [lat. legere] **1.** 〈Pl. 없음〉 **a)** 독서(특히 긴 텍스트의 읽기): aufmerksame[kursorische] L. 정독(精讀)[죽 훑어 읽기]; ein Buch zur L. empfehlen 어떤 책의 독서를 추천하다. **b)** [교육] (학교에서 외국어의) 강독(講讀): L. haben [학생어] 강독시간을 갖다. **2.** (드물게 Pl.) 읽을거리, 독서물: das Buch ist nicht die richtige L. für dich[für den Urlaub] 이 책은 너[휴가]에게 알맞는 독서물이 아니다. **Lektürestunde**, die 강독 시간, 독서 시간.

Lekythos ['le:kytɔs, die; ...then [le'ky:tn] griech. lékythos = Ölflasche] [고고학] (고대 그리스의) 성유(聖油)를 넣는 그릇, 유호(油壺).

Le-Mans-Start [lə'mã:-], der; -(e)s, -s [모터 스포츠] [프랑스 서북부에 있는 도시 Le Mans에서의 자동차 경주에서 연유] 르망식 자동차 경주 출발(선수들이 차도 건너편에 세워둔 차로 뛰어가서 승차, 출발한다).

Lemma ['lεma], das; -s, -ta [lat. lḗmma] **1.** 《전문어》 (사전류의) 표제어. Ein Wortform als L. ansetzen 어떤 어형(語形)을 표제어로 정하다. **2. a)** [수학·논리] 보조정리(補助定理). **b)** [논리] 전제(前提). **3.** 《고어》 표제, 제목, 모토. **lemmatisieren** [lεmati'zi:rən] 〈h〉 [전문어] 표제어를 붙이다: Karteikarten l. 카드식 색인 카드의 표제를 붙여 정리하다. **Lemmatisierung**, die; -en 표제를 붙임, 표제 기입.

Lemming ['lεmɪŋ], der; -s, -e [dän. lemming] (북극의 한대 지방에 사는) 두더지, 쥐의 일종.

Lemniskate [lεmnɪs'ka:tə], die; -n [lat. lēmniscātus] [수학] 쌍엽(雙葉) 곡선.

Lempira [lεm'pi:ra], die; -s [인디언 추장의 이름을 따라] 온두라스의 화폐 단위(1 렘피라 = 100센타보스 Centavos).

Lemur [le'mu:ɐ̯], der; -en, -en, **Lemure** [le'mu:rə], der; -n, -n 〈대개 Pl.〉 [lat. lemurēs 〈Pl.〉] **1.** [고대 로마신화] 죽은 사람의 넋, 유혼(幽魂), 유령(幽靈). **2.** 마다가스카르 섬의 여우원숭이, 마키. **lemurenhaft** 〈Adj.〉 (교양어) 도깨비에 속한, 유령에 속한. **b)** 도깨비 비슷한.

Lena ['le:na, 〈engl.〉 'li:na], die 시베리아의 레나 강.

Lenäen [le'nε:ən] 〈Pl.〉 [lat. lēnaea < griech. Lénaia] (디오니소스 신을 경배하기 위한) 고대 아테네의 축제.

Lendchen ['lεntçən], das; -s, - [요리] 작은 덩어리의 허리 부분 고기. **Lende** ['lεndə], die; -n **1. a)** (대개 Pl.) [해부] 허리: er arbeitete, bis ihm die -n schmerzten 그는 허리가 아프도록까지 일했다. **b)** 〈Pl.〉 〈시어〉 허리 부분(서혜부, 성기 포함), 요부(腰部). **2.** 허리 부분의 오토바이의 핸들. 고기): ein Stück L. 한 덩어리의 허리부분 살.

lenden-, Lenden-: ~**braten**, der [요리] 허리살 구이. ~**gegend**, die 허리부위, 요부(腰部). ~**lahm** 〈Adj.〉 허리가 펴지지 않는, 허리를 삔: von der Arbeit l. werden 노동으로 허리를 빼다; 〈전의〉 eine -e Ausrede 근거가 아주 약한 구실[변명]. ~**schmerz**, der 요통(腰痛). ~**schurz**, der (인종) (열대인의) 요포(腰布): einen L. tragen 요포를 입다[걸치다]. ~**steak**, das [요리] 등심 스테이크. ~**stich**, der [의학] ↑Lumbalpunktion. ~**stück**, das [요리] (소의) 등심(살). ~**wirbel**, der [해부]요추(腰椎).

Lenes: ↑Lenis의 복수형.

Leng [lεŋ], der; -(e)s, -e 〈대서양 연안에 사는〉 대구의 일종(학명: Molva vulgaris). **Lengfisch**, der ↑Leng.

Lenierung [le'ni:rʊŋ], die [lat. lēnire] [언어] (특히 켈트어에 있어서) 자음약화(弱化).

Leninismus [leni'nɪsmʊs], der; - 레닌주의, 레닌(1870~1924)에 의해서 발전된 마르크스주의. **Leninist**, der; -en, -en 레닌주의의 신봉자(대표자), 레닌주의자. **leninistisch** 〈Adj.〉 **a)** 레닌주의의. **b)** 레닌주의에 근거하는, 레닌주의적인.

Leningrad [le'ni:ngra:t] 구소련의 도시 레닌그라드. **¹Leningrader** ['le:nɪngra:dɐ] der; -s, - 레닌그라드인 [주민]. **²Leningrader** 〈Adj.〉 격변화 없음〉 레닌그라드의.

Lenis ['le:nɪs], die; **Lenes** ['le:nɛs; lat. lēnis = (ge)linde] [언어] 약화된 폐쇄음(閉鎖音)이나 마찰음(摩擦音). **lenisieren** [leni'zi:rən] 〈h〉 [언어] (무성자음을) 유성음으로 약화시키다.

Lenk-: ~**achse**, die [철도] (기관차의) 활동축(滑動軸), 타축(舵軸). ~**flugkörper**, der [무기] (원격 조종이나 자체 조종으로 방향 및 속도를 바꿀 수 있는) 조종 비행체(飛行體). ~**getriebe**, das [자동차] 유연 조종장치(과워스티어링). ~**kufe**, die 조종을 위한 활목(滑木). ~**rad**, das ↑Steuerrad. ~**radschaltung**, die 기어 변속 장치. ~**radschloß**, das [자동차] 핸들 자물쇠. ~**säule**, die ↑Steuersäule. ~**stange**, die (자전차나 오토바이의) 핸들.

lenkbar ['lεŋka:ɐ̯] 〈Adj.〉 **1.** 조종할 수 있는, 부릴 수 있는: ein -es Luftschiff 조종할 수 있는 비행선. **2.** 조종하기 쉬운, 온순한. **Lenkbarkeit**, die **1.** 조종할 수 있는 상태, 조종 가능성. **2.** 유순함, 유순한 성격. **lenken** ['lεŋkn] 〈h〉 **1. a)** 조종하다, 몰다, (어떤 방향으로) 돌리다: den Wagen nach links l. 차를 왼쪽으로 돌리다; 〈4격 목적어 없이도 사용〉 mit einer Hand[sehr sicher] l. 한 손으로[아주 안전하게] 몰다(운전하다). **b)**

《아어·준고어》 방향을 취하다, 향하다: nach Hause l. 집으로 가다[향하다]. **2. a)** 어떤 방향으로 유도하다: das Gespräch in eine andere Richtung[auf ein anderes Thema] l. 대화를 다른 방향(다른 테마)으로 돌리다. 《l. + sich》 der Verdacht lenkte sich auf den Ehemann 혐의가 남편에게로 향해졌다. **b)** 이끌다, 방향을 정하다, 좌우하다: er läßt sich schwer l. 그는 부리기[다루기] 어렵다; das Gespräch l. 대화를 주도하다; eine gelenkte Meldung 조종된 보도. **Lenker**, der; -s, - **1. a)** 《자동차나 자전차의》 핸들: den L. loslassen 핸들을 놓다; **sich³ den goldenen L. verdienen** 《통용어·조롱·특히 군》 《상관이나 선생에게》 비굴한 태도로 아첨하다. **b)** 〖기계〗 특정 부분을 움직여 이끌어가는 조종기. **2. a)** 운전자, 운전수. **b)** 《아어》 지도자, 통치자: der L. des Staates 국가의 통치자. **Lenkerin**, die; -nen ↑Lenker (2)의 여성형. **lenksam** ['lɛŋkzaːm] 〈Adj.〉 〖드물게〗 ↑ lenkbar (2). **Lenksamkeit**, die 《드물게》 ↑Lenkbarkeit (2). **Lenkung**, die; -en **1.** 〈Pl. 없음〉 **a)** 조종, 방향 조정: die L. eines Wagens 자동차의 조종[운전]. **b)** 지배, 관리, 지도, 인도: die L. eines Staates 국가 통치, 국가를 이끌어 감. **2.** 조종 장치: die L. eines Fahrzeugs reparieren 자동차의 조종 장치를 수선하다. **Lenkungsausschuß**, der 〖정치〗《경제》 조정 위원회. **lentamente** [lɛnta'mɛntə] 〈Adv.〉 [ital. lentamente] 〖음악〗 느리게. **lentando** [lɛn'tando] 〈Adv.〉 [ital. (s)lentando] 〖음악〗 점점 느리게. (명사화) **Lentando** [-], das; -s, -s / ...di 점점 느려지는 속도(박자). **lentement** [lãt'mã] 〈Adv.〉 [frz. lentement] 〖음악〗 느리게. **Lentigo** [lɛn'tiːgo], die; ...gines [...giːnɛs; lat. lentīgo] 〖의학〗 불콩 모양의 작은 반점(斑点). **lentikular** [lɛntikuˈlaːɐ̯], **lentikulär** [...'lɛːɐ̯] 〈Adj.〉 [lat. lenticularis = Linse] 〖의학〗 **1.** 렌즈형의, 렌즈 모양의. **2.** 〈눈의〉수정체에 속하는. **Lentizellen** [lɛnti'tsɛlən] 〈Pl.〉 〖식물〗 피목(皮目).

lento ['lɛnto] 〈Adv.〉 [lat. lentus = langsam] 〖음악〗 느리게, **Lento** [-], das; -s, -s / ...ti **1.** 느린 속도(박자). **2.** "느린" 박자라고 적혀진 악곡(樂曲). **Lentoform**, die 〖언어〗 〈느리게 말할 때 사용된〉 완전한 원형, 본형(原形, 本形). **lenz** [lɛnts] 〈Adj.〉 〖선원〗 물을 다 퍼서 바닥이 난, 빈, 마른: er ist l. 그는 〈돈이〉 한 푼도 없다. **Lenz** [-], der; -es, -e **1.** 《시어·고어》 봄, 양춘(陽春) [전의] der L. des Lebens 청춘; **einen sonnigen [schönen, ruhigen, faulen usw.] L. haben**; **einen ruhigen[faulen, schlauen usw.] L. schieben** (펌》 쾌적한(편안한) 삶을 살다 또는 쉽게[편안하게] 일을 하다; **sich³ einen schönen L. machen** (펌》 삶을 편안히 살다, 일을 편하게 하다. **2.** 〈Pl.〉 〈농〉 나이, 방년: sie zählt erst 17 -e 그녀는 이제 겨우 방년 17세이다. **Lenz-** 《시어·고어》 〖시어·고어〗 봄. **1.** 3월. **2.** 봄. **~mond**, der ↑ **~monat** (1). **~tag**, der 봄날. **~zeit**, die 청춘 시절.

¹**lenzen** ['lɛntsn̩] 〈h〉 《시어·고어》 봄기운이 돌다: es lenzt 봄이 되다, 봄이 오다.

²**lenzen** [-] 〈h〉 〖선원〗 **1. a)** 〈뱃바닥에서〉 펌프로 물을 품어내다: ein Boot(einen Ballasttank) l. 보트 바닥에서 〈바닥짐인 물을〉 퍼내다. **b)** 제거하다, 비우다: das Wasser aus dem Kohlenbunker l. 석탄 저장 창고에서 물을 없애다. **2.** 〈폭풍우 때문에〉 돛을 내려 달리다.

Lenzing ['lɛntsɪŋ], der; -s, -e 《고어》 3월. **lenzlich** 〈Adj.〉 《시어·고어》 봄의, 봄과 같은.

Lenzpumpe, die; -n 〖선원〗 〈배바닥에서〉 물을 품는 펌프.

Leo ['leːo], der; -s, -s **1.** 《지역적·경》 여승연 쬼초. **2.** 《축구·은어》 뒷굽으로 차기: einen L. spielen 공을 뒷굽으로 차다(패스하다].

Leonberger ['leːɔnbɛrɡɐ], der; -s, - [Leonberg 도시 이름을 따라] 불독 종류의 짐지키는 개.

leoninisch [leo'niːnɪʃ] 〈Adj.〉 ↑ Vers 및 ↑ Vertrag 참조.

leonisch [le'oːnɪʃ] 〈Adj.〉 [북 스페인의 도시 Leon에서] 〖섬유〗 금실(은실)로 섞여 짠; 번쩍거리는, 허울좋은.

Leontiasis [leɔn'tiːazɪs], die; ...iasen [...'tiaːzn̩; griech. leontíasis 〖의학〗 〈나병으로 인해〉 나병인의 얼굴의 변화, 나성사자면(癩性獅子面).

Leopard [leo'part], der; -en, -en [lat. leo (griech. léon) = Löwe / pardus (griech. párdos) = Parder] 표범. **Leopardenfell**, das 표범의 털가죽.

Leopoldi [leo'pɔldi] 〈관사 없음〉, **Leopolditag**, der; -(e)s, -e 〈österr.〉 성 레오폴드의 축일(11월 15일).

Leotard [lia'taːd], das; -s, -s [프랑스 무용가 J. Léotard 의 이름을 따라](체조나 발레할 때 입는) 소매 없는 트리코.

Lepidolith [lepido'liːt, 〈또한〉 ...lɪt], der; -s / -en, -e(n) [griech. lepís] 〖의학〗 리티아 운모(雲母), 비늘 운모(산화리튬이 든 운모). **Lepidopteren** [...dɔp'teːrən] 〈Pl.〉 [griech. pterón = Flügel] 〖생물〗 ↑Schmetterlinge. **Lepidopterologe** [...ptero'loːɡə], der; -n, -n 나비·나방 전문가(학자).

Lepidopterologie [...lo'ɡiː], die 〈↑-logie〉 ↑ Schmetterlingskunde. **lepidopterologisch** [...'loːɡɪʃ] 〈Adj.〉 나비·나방 연구의, 접류(蝶類)학에 관한.

Leporello [lepo'rɛlo], das; -s, -s [모차르트의 오페라, 돈지오바니(Don Giovanni)에서 하인 Leporello가 작성한 돈지오바니의 애인들을 적은 긴 명단에 따라] [인쇄·서적] 아코디온 모양으로 접은 일련의 그림(사진). **Leporello-**: **~album**, das 아코디온의 주름 상자처럼 접은 사진첩, 카드 첩. **~buch**, das 아코디온 모양으로 접은 책. **~liste**, die 애인의 목록(명부).

Lepra ['leːpra], die [lat. lepra < griech. lépra] ↑ Aussatz. **leprakrank** 〈Adj.〉 나병(癩病)에 걸린, 문둥병에 걸린. **Leprakranke*****, der / die 나병환자. **Leprom** [le'proːm], das; -s, -s, -e 〖의학〗 〈나병의 감염시에〉 피부 밑의 결절(結節). **lepros** [...oːs], **lepros** [...øːs] 〈Adj.〉 [spätlat. leprōsus] 〖의학〗 **1. a)** 나병 종류의. **b)** 나병에 기인하는. **2.** 나병을 앓는, 나병의. **Leprosorium** [lepro'zoːriom], das; -s, ...ien [...iən] 〖의학〗 **1.** 나병환자 병원. **2.** 나병환자의 취락(수용소).

Lepta: ↑ ¹Lepton의 복수형. **lepto-, Lepto-** [lɛpto-; griech. leptós] "좁은, 엷은, 작은"을 뜻하는 규정어로서, 예컨대) **leptokephal** [...ke'faːl] ↑leptozephal. **Leptomeningitis**, die; ...itiden 〖의학〗 연성 뇌막염(軟性腦膜炎). **leptomorph** [...'mɔrf] 〈Adj.〉 [griech. morphḗ = Gestalt] ↑leptosom. ¹**Lepton** [lɛp'tɔn], das; -s, Lepta [griech. leptón] **1. a)** 고대 그리스의 작은 중량 단위. **b)** 고대 그리스의 소액의 주화. **2.** 그리스의 화폐의 단위(100 Lepta = 1 Drachme). ²**Lepton** ['lɛptɔn], das; -s, -en [lɛp'toːnən] 〖물리〗 가벼운 입자 (輕粒子). **leptosom** [lɛpto'zoːm] 〈Adj.〉 [griech. sōma = Körper] 〖의학·인류〗 여윈, 후리후리의: -er Körperbau 후리후리한 체격. **Leptosome*****, der / die; -n, -n 후리후리한 사람(남·여). **Leptospire** [...'spiːrə], die; -n [lat. spīra < griech. speîra] 〖생물·의학〗 나선상균(螺旋狀菌). **Leptospirose** [...spi'roːzə], die; -n 〖의학〗 나선상균에 의해 발생하는 전염병. **leptozephal** [...tse'faːl] 〈Adj.〉 [griech. kephalḗ = Kopf] 〖생물·의학〗 ↑dolichozephal. **Leptozephale*****, der / die; -n, -n 〖생물·의학〗 ↑Dolichozephale. **Leptozephalie** [...tsefa'liː], die 〖생물·의학〗 ↑Dolichozephalie.

Lerche ['lɛrçə], die; -n 종달새. **Lerchensporn**, der 현호색(玄胡索)의 일종, 양꽃주머니과에 속하는 다년초.
lern-, Lern-: **~aktiv**, das 《구동독·학교》과외 학습 그룹, 학습회: ein L. für Mathematik bilden 수학 학습회를 만들다. **~begier**, die ↑~eifer. **~begierde**, die ↑~begier. **~begierig** 〈Adj.〉 ↑~eifrig. **~behindert** 〈Adj.〉 정신박약한. **~behinderte***, der / die 《대개 Pl.》 정신박약자(남·여). **~behindertenpädagogik**, die 정신박약아 교육학. **~eifer**, der 향학열, 면학열: den L. der Schüler anregen 학생의 향학열을 돋구다. **~eifrig** 〈Adj.〉 면학심 왕성한, 면학심 많은: -e Schüler 면학심 많은 학생들. **~fähig** 〈Adj.〉 학습 능력 있는. **~fähigkeit**, die 학습 능력. **~frage**, die 《교육》 학습 촉구의 질문. **~gestört** 〈Adj.〉 《심리·교육》 (학습 능력에) 장해받은. **~hilfe**, die 학습 보조[수단]. **~inhalt**, der 《교육》 학습 내용, 수업 대상. **~maschine**, die 《교육》 학습[교육] 기기(器具). **~mittel**, das 《대개 Pl.》 《교육·학교》 학습 용구(교과서, 학습장). **~mittelfreiheit**, die 《학교》 학습용구 무료 지급. **~motivation**, die 《교육》 학습 동기[이유]. **~programm**, das 《교육》 학습 프로그램. **~prozeß**, der 1. 《심리·교육》 학습[습득] 과정. 2. 《교양어》체험을 통한 인식 과정: sich in einem langwierigen [schwierigen] L. befinden 지리한[어려운] 학습 과정에 있다. **~psychologie**, die 학습 심리학. **~schritt**, der 《교육》 학습 프로그램의 최소 단위. **~schule**, die 《교육》 지식 교육에 중점을 두는 학교. **~schwester**, die 견습 간호사. **~spiel**, das 《교육》 학습놀이. **~stoff**, der 《교육》 학습 자료, 학습물: den L. eines Lehrbuchs bewältigen 교과서의 학습 자료를 제 마음대로 다루다. **~vermögen**, das 학습 능력. **~vorgang**, der 학습 과정. **~willig** 〈Adj.〉 기꺼이 배우고자 하는, 면학심 있는. **~zeit**, die 수학기간, 견습 기간. **~ziel**, das 《교육》 학습 목표.
lernbar ['lɛrnba:r] 〈Adj.〉 학습할 수 있는. **lernen** ['lɛrnən] 〈h〉 1. a) 배우다, 학습하다: Mutter lernt mit ihm 《통용어》어머니가 그의 학습을 돕는다. b) (연습이나 반복으로) 익히다, 습득하다: eine Sprache (Französisch, ein Gedicht, Vokabeln) l. 어떤 언어(프랑스어, 시(詩), 어휘)를 습득하다; etw. auswendig l. 무엇을 외우다, 암기하다. c) 숙련성을 얻다, 습득하다: Auto fahren l. 자동차 운전을 습득하다; ich muß noch l. Englisch zu sprechen 나는 또한 영어 회화를 배워야 해; etw. am Beispiel [an Büchern] l. 무엇을 본보기로[책에서] 배우다; 성구 etw. will gelernt sein 어떤 것을 제대로 하려면 집중적으로 배웠어야 한다; gelernt ist gelernt 배운 솜씨는 역시 다르다, 배운 것은 어디가든 나타난다. d) (시간이 지남에 따라 경험을 통해서) …에 도달하다, 무엇을 얻다: wir haben gelernt, selbständig zu sein 우리는 독자적인 입장에 서는 것을 배웠다; etw. aus der Erfahrung l. 무엇을 경험에서 얻다; Pünktlichkeit [Manieren] l. 시간 엄수[예의 범절]의 습관을 기르다; 성구 mancher lernt's nie (und auch dann nicht / und auch dann nur unvollkommen) (상대가 뜻대로 행동하지 않을 때, 불쾌함이나 체념의 표현) 아무나 배우는 게 아니다, 배우는 것과 담쌓은 사람도 많다. 2. 《수공업을》 익히다, 어느 하나의 직업교육을 받다; 《4격 목적어 없이》 er muß drei Jahre l. 그는 3년간 직업교육을 받아야 한다; er lernt noch 그는 아직 교육과정 중이다. 3. 《문어·통용어》 누구에게 무엇을 가르치다: Der Lehrer hat uns das Telefonieren gelernt 그 선생님은 우리에게 전화하는 법을 가르쳤다. **Lernende***, der / die; -n, -n 생도, 도제, 피 교습자, 신출내기. **Lerner**, der; -s, - [언어] (어떤 언어의) 습득자.
Lesart ['le:s-], die; -en 1. 수기원본(手記原本)이나 역사·비판적 판본(判本)에서 자구(字句)의 차이, 이본(異本): die -en einer Handschrift miteinander zusammenstellen 수기원본의 자구차이를 서로 비교하여 종합하다. 2. a) (특정한 해석만을 용납하는) 사건의 각색, 설명. b) (특정한 의미에서의) 사건의 해석[해설]. **lesbar** ['le:sba:r] 〈Adj.〉 1. 눈으로 판독하는, 읽어 낼 수 있는: ein Versuch, die Hieroglyphen l. zu machen 상형문자(의 문서)를 판독하려는 시도; 정의 wie war die Zukunft dann l.? 그 다음에 미래는 어떻게 알아낼 수 있었는가?. 2. 읽어 이해할 수 있는, 분명한 문체로 쓰여진: der knappe Stil macht das Buch gut l. 간결체로 쓰여져서 그 책은 읽기가 좋다. **Lesbarkeit**, die 읽어 이해할 수 있는 상태, 판독 가능성.
Lesbe ['lɛsbə], die; -n 《경》↑Lesbierin의 약칭(略稱)
Lesbianismus [lɛsbia'nɪsmʊs], der; - [engl. lesbianisme; 그리스의 여류작가 Sappho가 태어나서 생활한 그리스의 섬 Lesbos의 이름에서 유래] 여성 사이의 동성애(同性愛). **Lesbier** ['lɛsbiɐ], der; -s, - 레스보스 섬의 주민[거주자]. **Lesbierin** ['lɛsbiərɪn], die; -nen 1. ↑ Lesbier의 여성형. 2. 여성 동성연애자. **lesbisch** 〈Adj.〉 (여성 사이의) 동성애의, 동성애 기질있는: ein -es Verhältnis (여성간의) 동성애 관계. **Lesbos** ['lɛsbɔs] 에게 해(海)의 섬, 레스보스 섬.
Lese ['le:zə], die; -n 1. (포도의) 수확, (과일·꽃의) 채집. 2. 《아어》 (문학 작품의) 선집, 사화집(詞華集).
Lese-: **~abend**, der 작품 낭독의 밤. **~automat** der (전산기의) 자동 판독 장치. **~brille**, die 독서용 안경. **~buch**, das 독본(讀本). **~drama**, das 독서극, 레제드라마. **~ecke**, die 독서에 알맞은 실내의 모서리. **~exemplar**, das (책의 발매 전에 배포하는) 내용 소개의 견본: der Verlag verschickte -e an die Buchhändler 출판사는 서적상에게 내용 소개의 견본을 보냈다. **~fertigkeit**, die 독서 능력, 독서력. **~frucht**, die 《대개 Pl.》 《아어》 독서에서 얻은 지식; 발췌, 문선. **~gerät**, das 1. 축사(縮寫) 필름의 판독기(判讀器). 2. ↑ ~automat. **~geschwindigkeit**, die a) 독서 속도. b) 자동(적인) 문자 인식 속도. **~halle**, die a) (도서관의) 열람실, 독서실. b) 잡지 열람실. **~heft**, das 독서용 소책자. **~hunger**, der 독서 욕구: seinen L. während des Urlaubs stillen müssen 휴가 중에 독서 욕구를 해소시켜야 하는. **~karte**, die 대출증. **~kreis**, der 독서회, 독서서클. **~lampe**, die 독서용 전등. **~lupe**, die 독서용 확대경. **~maschine**, die ↑~automat. **~probe**, die 1. (신간서의) 비평용 일부 발췌 견본. 2. (연극 배우들의) 대본상의 리허설, 프롬프트. **~publikum**, das (세간의) 독자, 독서 대중. **~pult**, das 독서용 책상, 독서대. **~ratte**, die 《통용어·농》독서광(狂). **~raum**, der ↑~halle (b). **~saal**, der (도서관의) 큰 열람실. **~stoff**, der 읽을 거리: sich mit L. versorgen 읽을 거리를 갖추다. **~stück**, das (수업이나 강의용의) 짧은 산문 텍스트. **~wut**, die 독서광, 독서열. **~zeichen**, das (읽을 페이지에 끼워 놓는) 서표(書標). **~zimmer**, das ↑~halle (b). **~zirkel**, der 잡지 대여 회독(回讀)회.
¹lesen* ['le:zn] 〈h〉 1. a) 읽다, 판독하다: Noten [eine Partitur] l. können 악보(총보)를 읽을 수 있다; einen Autor l. 어느 작가의 작품을 읽다; ein Gesetz l. 《정치》법률안을 심의하다; Korrekturen [Fahnen] l. 《인쇄》교정을 보다[내려진 교정쇄를 점검하다]; eine Messe l. 《가》미사를 드리다, 미사를 집전하다; seine Handschrift ist schlecht zu l. 그의 수기(手記) 원고는 판독하기 어렵다; etw. nicht mehr l. können 무엇을 더 이상 해독할 수 없다; der Text ist so zu l. … 이 텍스트는 …라고 해석할 수 있다; hier ist zu l., daß … 여기에는 …라고 쓰여져 있다; ich habe darüber [davon]

gelesen 나는 읽어서 그것을 알고 있다. **b)** 낭독하다, 읽어 주다: aus eigenen Werken l. 자신의 작품(의 일부분)을 낭독하다. **c)** 강의하다: er liest (über) neue Geschichte((über) moderne Lyrik) 그는 근대사(현대시)를 강의한다. **d)** 〈l. + sich〉 읽히다: der Bericht las sich wie ein Roman 그 보고서는 소설처럼 (재미있게) 읽혔다. **e)** 〈l. + sich〉 나타나다 부피가 큰 작품을 다 읽다: ein Kleinbürgertum las sich hier durch Storm und Keller 이곳의 소시민들은 슈토름과 켈러의 작품을 통독했다. **2.** 읽어 알아채다, 눈치채다, 알다: aus seinem Blick(Gesicht) war deutlich zu l., was er dachte 그의 시선[얼굴]에서 그가 생각하는 바를 분명히 알아챌 수 있었다; in jmds. Augen l. 누구의 시선을 보고 속마음을 알아내다; Gedanken l. können 생각(의도)을 알아챌 수 있다; sie liest in der Zukunft 그녀는 미래를 점치고 있다. **3.** [전산] (기억 장치에서) 데이타[자료]를 끌어내다. ²**lesen*** [-] 〈h〉 **a)** (하나 하나 주의 깊게) 따다, 채취하다, 줍다: Ähren(Beeren, Trauben) l. 이삭을 줍다, 딸기[포도]를 가려 따다. **b)** (주의 깊게) 골라내다: Erbsen(Mandeln, Rosinen) l. 완두[편도, 건포도]를 가려낸다(나쁜 것을). **lesenswert** 〈Adj.〉 읽을 가치 있는, 읽을 만한: dieser Roman ist durchaus l. 이 장편소설은 충분히 읽을 가치가 있다. **Leser,** der; -s, - **1. a)** 독자, 독자층(독자계): der Erzähler des Romans wendet sich wiederholt an den L. 소설의 화자는 반복해서 독자에게 묻는다. **b)** 구독자: Zuschriften von -n erhalten (구)독자의 편지를 받다. **2.** (컴퓨터에서) 판독 장치, 전송 기입 모듈유.
leser-, Leser-: ~**analyse,** die 독자(층) 분석: eine L. durchführen 독자층을 분석하다. ~**brief,** der 독자의 편지, 독자(의 편지)란. ~**echo,** das 독자의 반향. ~**kreis,** der 독자권, 독자층: dies Buch wendet sich besonders an volkstümliche -e 이 책은 특히 서민적인 독자층을 향하고 있다. ~**nah** 〈Adj.〉 독자 위주의, 독자의 이익을 위한: die ~e Darstellungsweise einer Zeitung 신문의 독자 위주의 서술법. ~**publikum,** das ↑ Lesepublikum. ~**schicht,** die 독자층: der Autor spricht sehr verschiedene -en an 그 작가는 아주 여러 독자층에 호소하고 있다. ~**stimme,** die (텔레비전의) 시청자 의견[편지]: ~**umfrage,** die (신문의) 구독자 설문(조사). ~**werbung,** die (신문의) 정기 구독 모집 광고[선전]. ~**wunsch,** der 독자의 (신문 등에 대한) 희망 사항. ~**zahl,** die 구독자의 수(數): eine Zeitschrift mit großer L. 많은 구독자의 수를 가진 잡지. ~**zuschrift,** die 독자의 편지(란).
Leserei, die; -, -en 남독(藍讀); 독서삼매.
Leserin, die; -, -nen ↑ Leser (1)의 여성형. **leserlich** 〈Adj.〉 읽을 수 있는, 판독할 수 있는: er schreibt nicht l. 그는 읽어낼 수 없이 글자를 쓴다. **Lesering,** der (잡지) 정기 구독 대소회. **Leserlichkeit,** die (글씨의) 판독성(判讀性). **Leserschaft,** die; -en 〈Pl. 없음〉 (집합적인) 독자(전체), 독서계.
Lesginka [lɛsˈgɪŋka], die; -s [russ. lesginka] Lesgier 라는 코카시아의 종족의 이름을 따라서) 코카시아의 춤.
Lesgistan [ˈlɛsgɪstan], der; -s, -s [코카시아의 지역의 이름 Lesgistan을 따라] 대부분 파란 바탕에 여러 색깔이 들어 있는 양탄자.
Lesley [ˈlɛzli], **Leslie** [ˈlɛzli], das; -s, -s [제조 회사의 이름을 따라] (현대 대중음악에 사용되는) 바이브레이션 장치, 진동음(장치).
Lesother [leˈzoːtɐ] der; -s, - 레소토의 주민. **lesothisch** [leˈzoːtɪʃ] 〈Adj.〉 레소토의. **Lesotho** [leˈzoːto] 아프리카의 국가 레소토.
Leste [ˈlɛsta], der; - [span. leste] (사하라 사막에서 불어 오는) 따뜻한 사막 바람.

lesto [ˈlɛsto] 〈Adv.〉 [ital. lesto] [음악] 빠르게.
Lesung, die; -en **1. a)** 낭독(회): eine L. in der Gruppe 47 47 그룹의 낭독회; eine L. aus dem Evangelium[dem Alten Testament] 복음(구약성서)의 봉독. **b)** [기독교] (미사나 예배에서) 봉독 성경 구절. **2.** (의회에서 법안의) 독회(讀會), 법률안의 심의: bei der zweiten L. können Abänderungsanträge gestellt werden 제 2 독회 시에 수정동의가 제안될 수 있다. **3.** ↑ Lesart (1).
Let [let], das; -, -s(), -s [engl. let] [정구] 네트에 스쳐 들어간 서브공.
letal [leˈtaːl] 〈Adj.〉 [lat. lētālis] [의학] 치명적인, 치사(致死)의: eine Krankheit mit -em Ausgang 치명적인 결과를 초래하는 병. **Letaldosis,** die 《약의》 치사량(致死量). **Letalfaktor,** der [의학] 치사 유전자(致死遺傳子). **Letalität** [letaliˈtɛːt] die [의학] 치사성(致死性), 사망률, 치사율.
Lethargie [letarˈgiː], die [lat. lēthargia < griech. lēthargía] **1.** 무기력, 무관심, 무감각. **2.** [의학] 기면(병)(嗜眠(病)). **lethargisch** [leˈtargɪʃ] 〈Adj.〉 [lat. lēthargicus < griech. lēthargikós] **1.** 무기력한, 무감각한. **2.** [의학] 기면병의. **Lethe** [ˈleːtə, 〈또한〉 ...tə], die [lat. lēthe < griech. léthē] 《시어》 (그리스 신화에서) 망각의 강, 망천(忘川); 망각(의 약), 망각의 음료.
Letkiss [ˈlɛtkɪs], der; -, - [Finn. 뱀춤이라는 뜻] 민속적 성격의 60년대 말 유행 춤.
letschert [ˈlɛtʃɐt] 〈Adj.〉 《bayr., österr. · 방언》 **a)** 느슨한, 지친, 생기없는. **b)** 맛없는, 김빠진, 멋없는. **letschig** [ˈlɛtʃɪç] 〈Adj.〉 《bayr., österr. · 통용어》 ↑ letschert.
Lette [ˈlɛtə], der; -n, -n 라트비아 사람(주민).
Letten [ˈlɛtn̩], der; -s, - 도토(陶土), 점토(粘土).
Letter [ˈlɛtɐ], die; -n [frz. lettre] **1.** ↑ Druckbuchstabe: weiße -n auf schwarzem Grund 검정 바탕의 흰 글자. **2.** [인쇄] Drucktype. **Letterngießmaschine,** die 활자 주조기. **Letternmetall,** das 활자용 합금(납, 주석, 안티몬의). **Letterset(druck)** [ˈlɛtə-set-], der; (e)s [인쇄] 레터셋 인쇄(법), 드라이 오프셋.
lettig [ˈlɛtɪç] 〈Adj.〉 도토(陶土)질의.
Lettin, die; -nen ↑ Lette의 여성형. **lettisch** 〈Adj.〉 라트비아의, 라트비아 공화국의. **das; -(s)** (다만 정관사와 함께) 라트비아어. **Lettische*,** das; -n 라트비아어(語). **Lettland** [ˈlɛtlant], -s 라트비아, 발트해 연안에 있는 구소련 연방의 한 공화국.
Lettner [ˈlɛtnɐ], der; -s, - [lat. lectorium] 강론대(臺); 성상대(台), (교회당의) 후면의 칸막이.
Lettrismus [lɛˈtrɪsmʊs], der; - [frz. lettrisme] 문자주의(1945년 이후 프랑스의 문학 운동으로 상형적인 문자, 의성어 따위를 시에 쓰기를 주장하는 전위 문학). **Lettrist** [lɛˈtrɪst], der; -en, -en [frz. lettriste] 문자주의자. **lettristisch** 〈Adj.〉 문자주의의.
letz [lɛts] 〈Adj.〉 **1.** 《südd., schweiz. · 방언》 거꾸로의, 전도된, 틀린. **2.** 《österr. · 방언》 나쁜, 힘이 드는.
letzen [ˈlɛtsn̩] 〈h〉 (sich) 원기를 돋우다, 유쾌하게 하다, 즐겁게 하다: sich an etw. l. 무엇을 보고 즐기다.
Letzi [ˈlɛtsi], die; -nen 《schweiz.》 《중세의》 국경 요새.
Letzt, die 《다음 용법으로》 **zu guter L.** 최후로, 마침내, 결국; **auf die L.** 《österr.》 마침내, 결국.
letzt... [ˈlɛtst...] 〈Adj.〉 **1.** 마지막의, 가장 끝의, 최후의, 최후의: die L. in der Straße (그 거리의) 마지막 집; am —en Tag des Jahres 그 해의 마지막 날, 마지막 Vorbereitungen treffen 마지막 준비 작업을 하다; das ist mein —es Angebot 이것이 나의 최종적인 가격이다 (더 깎아주지 않겠다); du bist der -e, dem ich es sagte 그 사실을 가장 말하고 싶지 않았던 사람이 당신이다; 《명

사회》 am Letzten des Monats 그믐날에; ein Letztes habe ich noch zu sagen 마지막으로 한마디 더 하겠다; [속담] die Letzten werden die Ersten sein(und die Ersten werden die Letzten sein) 꼴찌가 첫째가 되고 첫째가 꼴찌가 된다, 먼저된 자가 나중되고 나중된 자가 먼저 된다(마태복음 19장 30절의 내용에서 유래); [전의] im -en Moment 마지막 순간에, 사건 발생 직전에. **2.** 남아있는, 남은: das ist mein -es Geld 이것이 나의 남은 돈이다; etw. bis auf den -en Heller bezahlen 어떤 것의 값을 완전히 지불하다; [전의] jmdm. (vor seinem Tod) einen -en Wunsch erfüllen (죽기 전에) 그의 남은 소망을 이루어 주다. **3.** 최고의, 최상급의, 극단의: mit der -en Perfektion 완전무결하게; zum -en Mittel greifen 극단적인 수단에 호소하다; nach dem -en Sinn fragen 본래의(뒤에 숨어 있는) 의미를 묻다; bis zum Letzten gehen 끝까지 가다; jmdn. zum Letzten treiben 누구를 극단적으로 내몰다; das ist doch das Letzte an Frechheit 그러나 이것은 극도로 파렴치한 일이다; **bis aufs -e** 완전히, 전적으로; **bis ins -e** 세부 사항에 이르기까지, 상세하게; **bis zum -en** 매우, 대단히, 끝까지. **4.** 최하급의, 최저(질)의: sie war die Letzte in der Klasse 그녀는 학급에서 가장 성적이 나쁜 학생이었다; diese Show war wirklich das Letzte 이 쇼는 정말 이지 가장 수준 낮은 것이었다; sie sind alle das Letzte 《통용어》 그들 모두는 아무 짝에도 소용 없다. **5.** 최근의, 요전의: den -en Urlaub verbrachten wir am Mittelmeer 우리는 지난 휴가를 지중해안에서 지냈다; in er [der -en] Zeit 최근에; die -e Nachricht 방금 전달된 뉴스. die -e Neuheit 최근에 막 유행하기 시작한 신상품.

letzt-, Letzt-: ~endlich ⟨Adv.⟩ 최후로, 마지막으로. **~geboren** ⟨Adj.⟩ 막내로 태어난: der -e Sohn 막내아들. **~gebor(e)ne**, der, die, das; -n, -n 막내. **~genannt** ⟨Adj.⟩ 방금 말한, 전기(前記)의. **~händig** ⟨Adj.⟩ 죽기 직전에 손수 행한. **~hin** ⟨Adv.⟩ **1. a)** 요새, 요사이: als ich ihn l. sah, machte er einen kranken Eindruck 내가 그를 최근에 만났을 때 그는 아픈 인상을 주었다. **b)** 최근에: sie hatte l. sehr viel Pech gehabt 최근에 그녀는 아주 운이 나빴다. **2.** 「letztlich. **~jährig** ⟨Adj.⟩ 작년의. **~malig** ⟨Adj.⟩ 최후의, 마지막 회의. **~mals** ⟨Adv.⟩ 최후에. **~möglich** ⟨Adj.⟩ 최종적으로 가능한. **~verbindlich** ⟨Adj.⟩ 《어느 사람이》 최후 책임의, 마지막으로 의무를 지는. **~verbindlichkeit**, die ⟨Pl. 없음⟩ 최종적인 구속력. **~verbraucher**, der 《경제》 ↑Endverbraucher. **~verbraucherpreis**, der ↑Endverbraucherpreis. **~willig** ⟨Adj.⟩ 유언의, 유언에 의해서.

letztemal 《다음 용법으로》 das l. 최후로; **letztens** ['lɛtstəns] ⟨Adv.⟩ **1.** 최근에: 1. las ich zu diesem Thema einen Bericht 나는 최근에 이 테마에 관한 보고를 읽었다. **2.** 《다른 서수와 결합하여》마지막으로, 끝으로: viertens und l. bin ich zu dem Zeitpunkt wahrscheinlich verreist 네번째이자 마지막으로 나는 이 시점에 아마도 여행중일 것입니다. **letztenmal** ⟨Adv.⟩ 《다음 용법으로》 das l. [zum l.] 마지막으로, 최후로. **letzter...** ['lɛtstər...] (letzt의 비교급) 후자의(전자에 대해서): im -en Falle 후자의 경우에. **letztlich** ⟨Adv.⟩ **a)** 정확히 생각해 보면, 근본에 있어서, 필경. **b)** 마침내, 결국.

Letzung, die; -en 《시어》 원기를 돋우는 것.
¹Leu [lɔy], der; -en, -en 《시어·고어》 사자. **²Leu** [leu], der; -, Lei 루마니아의 화폐 단위(1레우 = 100바니) (약어: l).

Leucht-: ~bake, die 《교통》 등부표(燈浮標), 항로 표지등. **~bakterie**, die 《생물》 발광(發光)(세)균. **~boje**, die 《해양》 등부표(燈浮標). **~bombe**, die 조명탄. **~buchstabe**, der 조명 광고에 사용된 문자. **~dichte**, die 《광학》 휘도(輝度). **~erscheinung**, die 발광 현상. **~farbe**, die 《물리》 발광 도료(塗料). **~feuer**, das 《교통》(선박·항공기의) 표지 등(화), 유등(有燈) 표지. **~gas**, das 《Pl. 없음》 ↑Stadtgas. **~geschoß**, das ↑ **~kugel**. **~käfer**, der 개똥벌레. **~kraft**, die 《Pl. 없음》 **a)** 광력(光力), 조도(照度). **b)** 《천문》 광도(光度). **~kugel**, die (권총의) 발광 신호탄, 조명탄. **~masse**, die 《물리》 ↑ **~stoff**. **~munition**, die 발광 신호탄, 예광탄, 조명탄(따위의 총칭). **~öl**, das 《Pl. 없음》 ↑Kerosin. **~organ**, das 《생물》 발광 기관. **~pistole**, die 예광(조명)탄용 권총. **~plakette**, die 발광체가 부착된 금속판. **~rahmensucher**, der 《사진》 (사진기의) 파인더. **~rakete**, die 조명탄용 로케트. **~reklame**, die 조명 광고. **~röhre**, die 《전기》 형광관(管). **~salz**, das 《물리》 (발광 물질이 섞여 있는) 금속염(塩). **~satz**, der 《기술》 불꽃놀이에 사용되는 화공탄. **~schaltbild**, das 《기술》 조명 회로도. **~schiff**, das ↑Feuerschiff. **~schirm**, der 《물리》 휘막(輝幕), 형광판, 영상막(브라운관 따위의). **~schrift**, die 조명 문자(로 된) 광고. **~signal**, das 발광 신호. **~spurgeschoß**, das 《군》 예광탄. **~spurmunition**, die 《군》 ↑ **~spurgeschoß**. **~stoff**, der 《물리》 발광 물질. **~stofflampe**, die 《전기》 형광등. **~stoffröhre**, die 《전기》 형광관(管). **~technik**, die ↑Beleuchtungstechnik. **~tonne**, die 《해양》 ↑ **~boje**. **~turm**, der 등대. **~turmwärter**, der 등대지기. **~uhr**, die 《드물게》 야광시계. **~werbemittel**, das ↑ **~reklame**. **~zeichen**, das 발광 신호. **~zeiger**, der (시계 따위의) 야광 바늘. **~ziffer**, die (시계 따위의) 야광숫자. **~zifferblatt**, das 《시계, 계기 따위의》 야광 문자판.

Leuchte ['lɔyçtə], die; -n **1. a)** 등, 램프. **b)** 빛, 발광체. **2.** 수재, 권위(자), 명인, 위인: er gilt als eine L. seines Fachs 그는 자기 분야의 권위자로 간주되고 있다. **leuchten** ['lɔyçtn̩] ⟨h⟩ **a)** 빛나다, 반짝이다: der Mond leuchtet ins Zimmer 달이 방 안을 비친다; 《명사화》 das Leuchten des Meeres 해면의 번쩍거림. **b)** 빛을 발하다: das Meer leuchtete in der Sonne 바다가 햇빛에 번쩍거렸다; im Westen leuchtete der Himmel rot 서쪽 하늘이 붉은 빛을 발했다. **c)** 반짝이는 기분을 아기시키다: der Schnee leuchtete 눈(雪)이 빛났다; [전의] der Herr lasse sein Antlitz l. über dir 주께서 그 얼굴로 비추셔서 네게 은혜를 베푸시길! (민수기 6장 25절); auf ihrem Gesicht leuchtete eine große Freude 아주 기뻐하는 표정이 그녀의 얼굴에 나타났다; aus ihren Augen leuchtete die Hoffnung 희망의 빛이 그녀의 눈에 반짝이고 있었다. **d)** ↑glänzen (b): ein leuchtendes Beispiel 훌륭한 본보기; ein leuchtendes Ziel vor Augen haben 원대한 목표를 염두에 두다. **2.** 불빛을 비추다: mit einer Taschenlampe jmdm. ins Gesicht l. 회중전등으로 누구의 얼굴을 비추다. **Leuchter**, der; -s, - 촛대, 촉대, 샹들리에: ein L. aus Messing 놋쇠 촛대; eine neue Kerze auf den L. stecken 촛대에 새 양초를 꽂다. **leuchtendblau** ⟨Adj.⟩ 빛나는 하늘색의. **Leuchterblume**, die 하트(heart) 덩굴풀속(屬) (박주가리나).

leugnen ['lɔygnən] ⟨h⟩ **a)** 부정하다: er leugnete nicht, den Mann gesehen zu haben(daß er den Mann gesehen hatte) 그는 그 남자를 만났다는 사실을 부정하지 않았다; alles Leugnen half ihm nichts 모든 부정도 그에게 아무런 도움이 되지 않았다. **b)** 부인하다: ich kann nicht l., daß es mir gutgeht 내가 잘 지내고 있다는 사실을 나는 기꺼이 시인한다; es war nicht zu l., daß das Geld fehlte 돈이 없다(모자라다)는 사실이 분명했다. **c)**

무엇이 없다고 공언하다: das Dasein Gottes l. 신의 존재를 부정하다. **Leugner**, der; -s, - 부정(부인)하는 사람. **Leugnung**, die; -en 부정, 부인.

leuk-, Leuk-: ↑leuko-, Leuko- 참조. **Leukämie** [lɔykɛ'miː], die; -n [...iːən] griech. haīma) [의학] (출혈성) 백혈병(白血病). **leukämisch** [loy'kɛːmɪʃ] 〈Adj.〉 [의학] **a)** 백혈병의. **b)** 백혈병에 걸린, 백혈병에 관한. **leuko-, Leuko-**, 〈(때때로 모음 앞에서) leuk-, Leuk- [lɔyk(o)-; griech. leukós〉 ("하얀", "광택 나는"을 뜻하는 규정어로서, 예컨대) Leukozyten, Leukonychie. **Leukobase**, die; -n [화학] 무색염기(無色塩基). **Leukoblast** [...'blast], der; -en, -en 〈대개 Pl.〉 [griech. blastós] [의학] 백혈구를 만들어 내는 세포. **leukoderm** [...'dɛrm] 〈Adj.〉 [griech. dérma] [의학] (피부의) 색소가 부족한. **Leukoderma**, das; -s, ...men [의학] 백반병(白斑病). **Leukodermie** [...derˈmiː], die ↑Albinismus. **Leukom** [loy'koːm], das; -s, -e [의학] 각막백반(角膜白斑). **Leukometer**, das; -s, - [기술] 광도계(光度計). **Leukonychie** [lɔykony'çiː], die; -n [...iːən] griech. ónyx] [의학] 손톱백반(白斑). **Leukopathie** [lɔykopaˈtiː]; die; -n [의학] 백피병(白皮病). **Leukoplakie** [...pla'kiː], die; -n [...iːən; griech. pláx] [의학] 백반증(입안에 특히 혀에 나타나는 설백반(舌白斑). **¹Leukoplast** [...'plast], der; -en, -en [griech. plastós] [생물] 백색체(白色體), 무색체, 전분(澱粉)(형성)체. **²Leukoplast** Ⓦ₂ [-], das; -(e)s, -e [griech. émplastron] 아연화(亞鉛華)를 함유한 두꺼운 반창고.

Leukorrhö, Leukorrhöe [...'rœː]; die; ...rrhöen [griech. rhein = fließen] [의학] 백대하(白帶下). **leukorrhöisch** 〈Adj.〉 [의학] 백대하에 속하는. **Leukose** [loy'koːzə], die; -n [의학] 백혈병 종류의 총칭. **Leukotomie** [...to'miː], die; -n [...iːən] griech. tomé] [의학] 백질절단(술)(白質切斷(術)), 백질절개술. **Leukozyt** [...'tsyːt], der; -en, -en 〈대개 Pl.〉 [griech. kýtos] [의학] 백혈구. **Leukozytose** [...tsyˈtoːzə], die [의학] 백혈구 증가(증).

Leumund [ˈlɔymʊnt], der; -(e)s (평소의 소행에 관한) 평판, 소문: sein L. ist schlecht 그의 소행에 관한 평판이 나쁘다; ein Mensch mit gutem L. 평판이 좋은 사람; böser L. 악평, 중상. **Leumundszeuge**, der 품행의 증인, 품행 증명서 발급자. **Leumundszeugnis**, das **a)** (피고의) 품행 증명서. **b)** 〈schweiz. · 법〉 신원 증명서.

Leuna [ˈlɔyna] 로이나(사알레 강가의 도시).

Leut [lɔyt], das; -s, -e 〈südd.〉 사람, 인간.

leut-, Leut-: ~**priester**, der 《가 · 고어》 교구 소속(평신도) 신부(사제). ~**selig** 〈Adj.〉 붙임성 있는, 상냥(겸손)한; ein -er Vorgesetzter 사람을 좋아하는 상관: der Herr Amtsvorsteher hatte einen -en Tag 저서장님의 오늘은 매우 친절했다. ~**seligkeit**, die 〈Pl. 없음〉 ↑ ~selig의 명사화.

Leutchen [ˈlɔytçn̩] 〈Pl.〉 《통용어》 ↑Leute (1, 3). **Leute** [ˈlɔytə] 〈Pl.〉 **1.** (축소형 ↑Leutchen) 《세상》 사람들: es waren etwa 20 Leute da 약 20명의 사람이 거기에 있었다; L. von Rang und Namen 지위와 명성이 있는 사람들, 서민들; was werden die L. dazu sagen? 세상 사람들이 거기에 대해서 무어라고 말하겠는가?; die jungen L. wohnen bei den Eltern der Frau 이 젊은 두 사람은 부인의 친가에서 산다; wenn du deinen Entschluß nicht rückgängig machst, dann sind wir geschiedene L. 네가 너의 결심을 철회하지 않는다면, 나는 너와 더 이상 관계하지 않겠다; im Gerede(Geschrei) der L. sein 다른 사람의 비판을 받다; ehrlicher L. Kind sein 《준고어》 (부유하지 않지만) 훌륭한 가정 출신이다; etw. nur der L. wegen tun; 타인에게 불쾌하게 보이지 않기 위해서 어떤 일을 하다; du mußt wieder unter L. gehen 너는 다시 사회적인 교제를 가꾸어 나가야 한다; vor allen -n 공공연하게, 모든 사람들 앞에서; 성구 aus Kindern werden L. 아이로부터 어른이 된다(젊은이가 뭔가를 이루어 내었을 때의 감탄); hier ist es (ja(doch)) nicht wie bei armen -n 《농》여기에서는 사정이 가난한 사람의 집과는 다르다; **in aller L. Munde(in der L. Mäuler(n)) sein** 많이 이야기되다, 험담(비난)의 대상이 되다; **etw. kommt unter die L.** (통용어) 어떤 것이 알려지다; **etw.**《(드물게)**jmdn.**》 **unter die L. bringen** 《통용어》 무엇《누구》을 세상에 퍼뜨리다(알리다), 공개하다. **2. a)** 《통용어》 직원, 사용인, 종업원: sich für seine L. einsetzen 자신의 종업원을 위하여 전력을 다하다; wir haben ein paar gute L. in der Nationalmannschaft 우리는 국가 대표팀의 훌륭한 선수를 몇 사람 가지고 있다. **b)** 졸병, 부하(部下): der Offizier hatte ein gutes Verhältnis zu seinen -n 그 장교는 부하들과 좋은 인간 관계를 가졌다. **c)** 《고어》 노동자, 농장(장원)의 고용인, 하인: seine L. schinden 고용인들을 착취하다. **3.** 《통용어》 친족, 일족.

leute-, Leute-: ~**arbeit**, die 《고어》 《농가의》 가사 고용인(하인)의 일(작업). ~**haus**, die 《고어》 《농가의》 가사 고용인(하인)의 집. ~**scheu** 〈Adj.〉 《드물게》 ↑menschenscheu 참조. ~**scheu**, die ↑Menschenscheu. ~**schinder**, der 《팜》 폭군, 압제자, 병사학대자, 공갈로 금품을 뜯어내는 사람. ~**schinderei**, die 《팜》 아랫사람을 거칠게 다룸(과도하게 부림). ~**stube**, die 《고어》 《농가의》 가사 고용인(하인)의 방.

Leutnant [ˈlɔytnant], der; -s, -s 《드물게》 -e [frz. lieutenant] **a)** 〈Pl. 없음〉소위, 최하급 장교(의 계급): jmdn. zum L. befördern 누구를 소위로 진급시키다 (약자: Lt.). **b)** 소위 계급장의 소지자. **Leutnantsrang**, der 소위 계급. **Leutnantsuniform**, die 소위의 제복.

Leuwagen [ˈlɔy-], der; -s, - **1.** 〈nordd.〉 청소용 솔, 수세미. **2.** [선원] (돛단배의 방향 전환에 사용되는) 활대(鐵帶).

Leuzismus [lɔyˈtsɪsmʊs], der; - [griech. leukós] 개털의 백화(白化) 현상. **Leuzit** [lɔyˈtsiːt; 〈또한〉 ...tsɪt], der; -s, -e [griech. leukós] 백류석(白榴石).

Levade [leˈvaːdə], die; -n [frz. lever] 〈승마〉 뒷다리로 서서 앞다리를 들어 끌어안는 승마기법.

Levante [leˈvantə], die 《고어》지중해 동부 해안 지방 일대(중세 동방 무역의 중계 지역). **Levantine** [levanˈtiːnə], die [frz. levantine] 레반틴 (Levante에서 생산되는) 능직(綾織)의 견포(絹布). **Levantiner**, der; -s, - [lat. levāre] 레반테의 주민, (특히 유럽인을 아버지로 둔) 혼혈(混血) 레반틴 사람. **levantinisch** 〈Adj.〉 레반틴의.

Levee [ləˈveː], die; -s [frz. levée] 《고어》 (신병의) 징모 [모집], 징병 소집.

Level [lɛvl], der; -s, -s [engl. level] 《교양어》수준: eine Wohlstandsgesellschaft von hohem L. 높은 수준의 복지 사회. **Leveller** [ˈlɛvələ], der; -s, -s 〈대개 Pl.〉 [engl. leve(l)ler] 평등주의자(크롬웰 혁명 당시 상벌한 시민의 자유와 종교적 자유를 주장하던, 과격한, 민주주의 신봉자들).

Lever [ləˈveː], das; -s, -s [frz. lever] 《역사적》 기상(起床); (군주의) 아침 접견(接見). **Leverszene**, die [연극] (희극에서 아침을 묘사하는 장면에서) 기상(起床) 장면.

Leviathan, Leviatan [leˈviːatan; 〈또한〉 ˈleviːaˌtaːn], der; -s, -e **1.** 〈Pl. 없음〉 거대한 해수(海獸) (구약성서, 욥기 3장 8절). **2.** [성어] 용맹(羊毛) 이불.

Levirat [leviˈraːt], das; -(e)s, -e, **Leviratsehe**, die; -n [lat. lēvir] [인종] 과부와 그 시(媤) 형제와의 결혼(유

Levit [le'vi:t], der; -en, -en [lat. lēvīta < griech. leuítēs] 1. 레위족(族)의 사제, 신관(神官). 2. 〈Pl. 로만〉 [가] 부제(副祭), 부사제.

Levitation [levita'tsio:n], die; -en [engl. levitation] (심령술 등으로) 공중에 떠오르기[떠오르게 하기].

¹Leviten [le'vi:tn] 〈Pl.〉《다음 용법으로》 jmdm. die L. lesen《통용어》누구를 꾸짖다. **²Leviten**: ↑Levit 의 복수형.

levitieren [levi'ti:rən] 〈h〉[심령] **a)** 공중에 떠오르다. **b)** 공중에 떠오르다.

Levitikus [le'vi:tikʊs], der; - [lat. Leviticus] (구약성서 모세 제3권(書)의 라틴어 명칭) 레위기(記). **levitisch** 〈Adj.〉 레위족(族)의, 레위기(記)의.

Levittowns ['levitaunz] 〈Pl.〉 [이러한 건축 방식으로 지어진 뉴욕 주(洲)에 있는 Levittown市의 이름을 따라] 대도시 외곽 지대에 세워진 같은 모양의 집들로 되어있는 넓은 주택단지.

Levkoie [lɛf'kɔyə] ↑Levkoje의 고형(古形). **Levkoje** [lɛf'ko:jə], die; -n [griech, leukóïon] [식물] 자라란화 (紫羅蘭花).

Lew [lɛf], der; -(s), Lewa ['lɛva] bulgar. lew] 불가리아의 화폐 단위(1레프 = 100스토틴키)〈약어: Lw〉.

Lewisit [lui'zi:t], das; -s,〈종류〉-e [미국의 화학자 W. L. Lewis(1878~1943)의 이름을 따라] 루이사이트; 미란성(糜爛性) 독가스(기호: $C_2H_2AsCl_3$).

Lex [lɛks], die; Leges ['le:ges; lat. lēx] [의회] 법률 (안): die sogenannte L. St. Pauli 소위 상 파울리 법안.

Lex.-8° = Lexikonoktav, das 사전판.

Lexem [lɛ'kse:m], das; -s, -e [griech. léxis] [언어] 어휘소(語彙素). **Lexematik** [lɛkse'ma:tɪk], die [언어] 어휘소론(論). **lexematisch** 〈Adj.〉 [언어] 어휘소론의.

Lex generalis ['lɛks gene'ra:lɪs], die; Leges generales ['le:ges gene'ra:le:s] [법] 일반법(法). (↑Lex specialis 특별법).

lexigraphisch [lɛksi'gra:fɪʃ] 〈Adj.〉《드물게》↑lexikographisch. **Lexik** ['lɛksɪk], die [언어] 『한 언어의〉어휘. **Lexika**: ↑Lexikon의 복수형. **lexikal** [lɛksi'ka:l], **lexikalisch** 〈Adj.〉 1. 사전의, 사전에 관한, 사전 같은. 2. [언어] 어휘상의, 어휘적인. **lexikalisieren** [...kali'zi:rən] 〈h〉 [언어] 어휘(소)화 하다. **Lexikalisierung**, die; -en [언어] **a)** 어휘(소)화. **b)** 어휘(소)화된 단어. **Lexiken**: ↑Lexikon의 복수형. **Lexikograph** [...ko'gra:f], der; -en, -en [griech. lexikográphos] **a)** 사전 편찬 분야에서 활동하는 사람, 사전의 개별 항목 작성자. **b)**《드물게》사전 편찬가. **Lexikographie**, die 사전 편찬(법), 사전 편집. **lexikographisch** 〈Adj.〉사전 편집상의. **Lexikologe**, der; -n, -n [↑-loge] 사전 편찬법 분야의 학자. **Lexikologie**, die [↑-logie] 사전학, 사전 편찬(집)법. **lexikologisch** 〈Adj.〉사전 편집법(사전학)상의. **Lexikon** ['lɛksikon], das; -s, ...ka [-ka; lat. ..., griech. lexikón] 1. 백과사전: ein L. in fünfzehn Bänden 15권으로 된 사전; L. für Justiz 법학사전; [전의] er ist ein wandelndes (lebendes) L. 《통용어・농》그는 걸어다니는[살아있는] 사전이다, 그는 박식한 사람이다. 2. [고어] 〈ⓗ〉 Wörterbuch. 3. [언어] **a)** 사전의 어휘(전체). **b)** 어휘목록.

Lexikon-: ~eintrag, der [언어] 어휘소의 형식적 기술(記述). **~format**, das 사전판(判). **~oktav**, das 사전판(判)(25×30cm)〈약어: Lex.-8°〉. **~verlag**, der 사전 출판사.

Lexikostatistik [lɛksiko-], die [언어] **a)** ↑Sprach-statistik. **b)**《드물게》↑Glottochronologie. **Lexikothek** [...'te:k], die; -en (여러 종류의) 사전소장실. **lexisch** 〈Adj.〉 [언어] 어휘상의. **Lexothek** [lɛkso'te:k], die; -en[griech. léxis] 컴퓨터에 수록된 사전.

Lex specialis ['lɛks spe'tsia:lɪs], die; Leges speciales ['le:ges spe'tsia:le:s] [법] 특별법(法).

Lezithin,《전문어》Lecithin [letsi'ti:n], das; -s, -e [griech. lékithos] [화학・생물] 레시틴(노른자 및 동물의 뇌수 속에 가장 많이 포함된 인지질(燐脂質).

Li = Lithium, das; -, -s [화학] 리튬.

L'hombre ['lõ:brə] ↑Lomber.

Liaison [liɛ'zõ:], die; -s [frz. liaison] 1.《교양어・준고어》연애 관계, 정사(情事), 밀통(密通): er hat eine L. mit der Gräfin 그는 백작부인과 정사 관계를 가지고 있다; [전의] die L. zwischen den beiden Staaten besteht hauptsächlich auf wirtschaftlichem Gebiet 두 국가간의 밀접한 관계는 주로 경제분야에 존속한다. 2. [언어] 연음(連音).

Liane ['lia:nə], die; -n 〈대개 Pl.〉 [frz. liane] 열대 지방의 덩굴 식물.

Lias ['li:as], der / die [frz. lias] [지질] 리아스, 흑(黑) 쥐라계(系) 〈쥐라계의 최하층〉. **liassisch** ['liasɪʃ] 〈Adj.〉 [frz. lias(s)ique] [지질] 흑 쥐라계의.

Libanese, der; -n, -n 레바논의 주민. **libanesisch** 〈Adj.〉 레바논의. **¹Libanon**, der; -(s) 근동(近東)의 국가명. **²Libanon**, der; -(s) 근동 지방의 산맥.

Libation [liba'tsio:n], die; -en [lat. libātio] (신들과 죽은 이를 위한) 헌작(獻爵).

Libell [li'bɛl], das; -s, -e [lat. libellus] 1. (고대 로마의) 소장(訴狀). 2.《교양어・고어》비방문, 중상문(文).

Libelle [li'bɛlə], die; -n [lat. libella] 1. 잠자리. 2. 수준기(水準器). 3. 여성의 머리띠. **Libellenwaage**, die 수준기(水準器). **libellieren** [libel'li:rən] 〈h〉 수준기로 맞추다. **Libellist**, der; -en, -en《교양어・고어》 비방[중상]문의 필자.

Liber ['li:bɐ], der; -, Libri ['li:bri; lat. liber] 책, 서적.

liberal [liba'ra:l] 〈Adj.〉 [frz. libéral] 1. 자유의, 자유를 위한, 자유를 사랑하는, 공평한, 관대한, 진보적〈반대: illiberal 1〉: ein -es Gesetz 진보적인 법. 2. 자유주의적인, 자유주의의〈반대: illiberal 2〉: eine -e Politik vertreten 자유주의적 정책을 표방하다; ein -er Staatsmann 자유주의적 정치가. 3. 자유주의 정당의: ein -er Abgeordneter 자유당 국회의원; eine -e Zeitung 자유주의를 표방하는 신문. **Liberale**, der; -n, -n 자유주의 신봉자, 자유당원. **liberalisieren** [libarali:zi:rən] 〈h〉 [frz. libéraliser] 1. 제한[속박]을 풀다, 자유주의적으로 하다: das Abtreibungsgesetz l. 낙태법의 제한을 풀다. 2. [경제] 자유화하다. **Liberalisierung**, die; -en 1. 제한의 해제. 2. 자유화. **Liberalismus** [libəra'lɪsmʊs], der; - [frz. libéralisme] 1. (19세기의) 자유주의. 2. 자유사상 [제도, 상태]. **Liberalist** [libəra'lɪst], der; -en, -en 자유주의자. **liberalistisch** 〈Adj.〉 **a)** 자유주의의, 자유주의적인. **b)** (극단적으로) 자유를 사랑하는. **Liberalität** [liberali'tɛ:t], die [lat. līberālitās] 관용, 활달, 공평, 무사(無私)〈반대: Illiberalität〉. **Liberation** [libəra'tsio:n], die; -en [frz. libération] [고어] 해방, 구제, 면제.

Liberia [li'be:ria], -s 라이베리아(서아프리카의 국가). **Liberianer** [libe'ria:nɐ], der; -s, - 라이베리아 주민. **liberianisch** [libe'ria:nɪʃ] 〈Adj.〉 라이베리아의. **Liberier** [li'be:riɐ], der; -s, - 라이베리아 주민, 라이베리아인(人). **liberisch** [li'be:rɪʃ] 〈Adj.〉 라이베리아의.

Libero [li'bəro], der; -s, -s [ital. libero] [축구] 리베로 (공격에도 적극 가담하는, 포지션에 얽매이지 않는 최종 수비수).

libertär [libɛr'tɛ:ɐ̯] 〈Adj.〉 [frz. libertaire]《교양어・드

물») 극단적으로 자유를 추구하는, 무정부주의적인.
Libertas [li'bɛrtas] 《고대 로마의》 자유의 여신. **Libertät** [libɛr'tɛːt], die; -en [lat. libertās] **1.** 《역사적》 신분상의 자유, 특권. **2.** 《드물게》 자유, 자주성. **Liberté, Égalité, Fraternité** [frz. liber'te egali'te fratɛrni'te] 《프랑스 혁명의 표어로서》 자유, 평등, 우애. **libertin** [libɛr'tɛ̃] 〈Adj.〉 [frz. libertin] 《아어·준고어》 구속 [속박]없는, 방종한. **Libertin** [libɛr'tɛː], der; -s, -s [frz. libertin] **1.** 《고어》 자유사상가, 무신론자. **2.** 《아어·고어》 방탕아, 방종한 사람. **Libertinage** [libɛrti'naːʒə], die; -n [frz. libertinage] 《교양어》 방탕, 방종. **Libertinismus** [...'nɪsmʊs], der; - 《교양어》 방탕한 처신, 방탕한 생활 태도, 방탕.
Liberty ['lɪbətɪ], der; -(s) [런던의 방직회사의 이름을 따라] 공단지의 고운 천.
Liberty ship ['lɪbətɪ 'ʃɪp], das; - -(s), - -s 리버티 선; 제 2차 세계 대전 중 미국이 대량 건조한 1만톤급 규격의 수송선.
Liberum arbitrium ['liːbərʊm ar'biːtriʊm], das; - - [lat.] 〔철학〕 자유 의지, 자유 재량, 선택의 자유.
libidinisieren [libidini'ziːrən] 〈h〉 [engl.-amerik. libidinize] 〔심리〕 성(性)적으로 즐기다. **Libidinist** [...'nɪst], der; -en, -en 〔심리〕 방탕자, 호색한. **Libidinös** [...'nøːs] 〈Adj.〉 [lat. libidinōsus] 〔심리〕 음탕한, 육욕적인. **Libido** ['liːbido, 《또한》 li'biːdo], die [lat. libīdo] **1.** 《교양·심리》 성욕, 성적 충동. **2.** 〔심리〕 《원시적 충동에서 유발되는 본능적 에너지와 욕망》 리비도.
Libra ['liːbra], die; -(s) [lat. lībra] **1.** 《고대 로마의 무게 단위》 리브라. **2.** 《스페인, 포르투갈, 브라질의 옛 무게 단위》 리브라.
Librarius [li'braːriʊs], der; -, ...rii [...iː; lat. librārius] 《고대 로마의》 서적 필사(筆寫)《판매》업자.
Libration [libra'tsi̯oːn], die; -en [lat. librātio] 〔천문〕 칭동(秤動) 《특히 달의》.
librettisieren [libreti'ziːrən] 〈h〉 가극 각본화하다. **Librettist** [libre'tɪst], der; -en, -en 가극 각본 작가. **Libretto** [li'breto], das, -s, -s / ...tti [ital. libretto] 가극 각본《오페라, 오페레타, 뮤지컬, 오라토리오 따위의》.
Libreville [librə'vɪl] 리브르빌《아프리카 중서부의 공화국 가봉의 수도》.
Libri: ↑Liber의 복수형.
Libyen ['liːbi̯ən], -s 북아프리카의 국가명, 리비아. **Libyer** ['liːbi̯ɐ], der; -s, - 리비아인. **libysch** ['liːbi̯ʃ] 〈Adj.〉 리비아의.
lic. 《schweiz.》 = Lic; **Lic** = Licentiatus; ↑²Lizentiat.
licet ['liːtsɛt; lat. licēre] 《교양어·고어》 허용되어 있음(es ist erlaubt).
Lichen ['liːçɛn], der; -s [lat. līchēn < griech. leichḗn] 〔의학〕 ↑Knötchenausschlag. **lichenoid** [liçɛno'iːt] [griech. -oeidḗs] 〈Adj.〉 〔의학·식물〕 수포진(水疱疹)의, 지의(地衣) 같은. **Lichenologe**, der; -n, -n 〔식물〕 지의류학자(地衣類學者). **Lichenologie, die** 〔식물〕 지의류학.
licht [lɪçt] 〈Adj.〉 **1. a)** 《아어》 빛나는, 밝은: am -en Tag 백주에, 대낮에; der Nebel hob sich, es wurde -er 안개가 걷히고 점점 밝아졌다. **b)** 《색깔이》 연한, 엷은: -es Grün der jungen Birken 어린 자작나무의 연한 초록빛깔. **2.** 긴밀하지 않은, 공지가 많은, 드문드문한: eine -e Stelle im Wald 숲속의 빈터; sein Haar ist schon ziemlich l. 그의 머리는 벌써 제법 드문드문하다; 전의 die Reihen der alten Kameraden wurden -er 옛 친구들이 하나하나 세상을 떠났다. **3.** 《內에서의, 내부에서의: die -e Weite 벽과 벽 사이의 거리; das Rohr hat eine -e Weite von 20 Zentimetern 이 관(管)은 20cm의 내폭(內幅)을 가지고 있다. **Licht** [-], das; -(e)s,

-er / 《고어·시어》 -e **1.** 〈Pl. 없음〉 **a)** 빛, 밝기, 밝음, 광휘, 광채: künstliches L. 인공의 빛; das L. bricht sich im Prisma; 빛이 프리즘 속에서 굴절된다; etw. gegen das L. halten 무엇을 밝은 쪽으로 갖다대다《비추어 보다》; 속답 wo 《viel》 L. ist, ist auch 《viel》 Schatten 사물에는 긍정적인 면과 부정적인 면이 다 있다; 전의 das göttliche L. 성스러운 빛(神); das L. des Geistes 정신의 빛; **das L. der Welt erblicken** 《아어》 태어나다; **ein bestimmtes L. auf jmdn. werfen** 누구의 명성《위신》에 어떤 영향을 미치다; **L. in etw. bringen** 무엇을 밝히다《해명하다》; **jmdn. hinters L. führen** 누구를 기만하다《속이다》; **jmdn. 〈etw.〉 ins rechte L. rücken〔setzen / stellen〕** 누구《무엇》가 좋게 보이게 하다; **etw. in rosigem〔im rosigsten〕 L. sehen〔darstellen〕** 무엇을 아주 긍정적으로 보다; **etw. in einem milderen L. sehen** 무엇을 낙관하다; **sich selbst im L. stehen** 스스로 불이익을 초래하다. **b)** ↑Tageslicht: der Baum vor dem Fenster nimmt viel L. weg 창문 앞의 나무는 광선을 많이 가린다; **das L. scheuen** 남의 눈을 꺼리다, 발각을 두려워하다; **etw. ans L. bringen〔ziehen / zerren / holen〕** 무엇을 공개하다, 세상에 밝히다, 폭로하다; **ans L. kommen** 알려지다, 드러나다, 밝혀지다: irgendwann werden deine Taten ans L. kommen 너의 행위는 언젠가 밝혀질 것이다; **ans L. treten** 《아어》 세상에 나오다, 사람에게 알려지다, 나타나다; **bei L. besehen** 밝은 데서 보면, 상세히 고찰《관찰》하면. **c)** ↑Beleuchtung (1 a): L. machen 조명을 켜다, 불을 켜다; **in einem guten L. erscheinen〔sich geben / stehen〕** 좋은 인상을 주다. **2. a)** 〈Pl. -er; 축소형: ↑Lichtchen〉 램프, 등, 광원(光源): das L. anknipsen 〔anmachen, einschalten〕 전등불을 켜다; **grünes L. geben** 허락〔허가〕하다; **in einem Land〔an einem Ort〕 gehen die -er aus** 어느 나라〔지역〕의 사정이 어둡게《암울하게》 보인다; in Deutschland gingen damals die -er aus 당시에 독일의 사정은 암담한 상태였다. **b)** 〈Pl. 《또한》 -e; 축소형: ↑Lichtchen〉 양초; 등불, 촛불: das L. flackert 촛불이 깜박거리다; den L. am Christbaum aufstecken 크리스마스트리에 양초를 꽂다; **das Ewige L.** 〔가〕 영원한 빛(神); **kein 〔nicht gerade ein〕 großes L. sein** 《통용어》 슬기로운 인물이 아니다; **jmdm. geht ein L. auf** 《통용어》 누가 갑자기 어떤 일을 깨닫다; **sein L. leuchten lassen** 자기의 재능을 과시〔발휘〕하다; **sein L. unter den Scheffel stellen** 자기의 재능《공적》을 감추다; **jmdm. ein L. aufstecken** 《통용어》 누구에게 일의 진상을 누설하다. **c)** 〈Pl. 없음〉 《통용어·준고어》 전기: die Rechnung für L. und Gas 전기와 가스의 계산서. **3.** 〈Pl. -er〉 《대개 미술》 ↑Glanzlicht **(b.):** kastanienbraunes Haar mit goldenen -ern 황금색의 광택이 나는 밤색의 머리. **4.** 〈Pl. -er; 대개 Pl.〉 〔사냥〕 짐승의 눈. **5.** 〈Pl. -er〉 《특히 berlin. · 통용어》 《축 늘어진》 콧물.
¹licht- (licht 1 b): **~blau** 〈Adj.〉 엷은 청색의, 담청색의. **~blond** 〈Adj.〉 엷은 블론드의. **~braun** 〈Adj.〉 엷은 갈색의, 담갈색의. **~grau** 〈Adj.〉 엷은 회색의, 담회색의. **~grün** 〈Adj.〉 엷은 초록색의, 담록색의.
²licht-, Licht- (Licht): **~ableser** der 《통용어》 〔전기〕 검침원. **~anlage,** die 조명 설비. **~arm** 〈Adj.〉 어둠 침침한, 조명이 잘 안된. **~bad,** das 〔의학〕 광선욕, 일광욕. **~behandlung,** die 〔의학〕 광선 치료. **~beständig** 〈Adj.〉 일광에 의해 퇴색《파괴》되지 않는. **~bild,** das **a)** 〔관〕 ↑Paßbild. **b)** 《준고어》 사진. **c)** 《준고어》 ↑Diapositiv. **~bilderabend,** der 슬라이드 상영 행사의 밤. **~bildervortrag,** der 슬라이드를 사용하는 강의《강연》. **~bildner,** der 《고어》 ↑Fotograf. **~blick,**

der 섬광; 구름의 틈새; 기쁨의 한순간, 위안. ~**bogen**, der [기술] 호광(弧光), 전호(電弧), 아크. ~**bogenlampe**, die [전기] ↑Bogenlampe. ~**bogenofen**, der [기술] 아크 용광로. ~**bogenschweißung**, die [기술] 아크 용접. ~**brechend** 〈Adj.〉 [광학] 빛을 굴절시키는. ~**brechung**, die [물리] (빛의) 굴절. ~**bündel**, das 광속(光束). ~**dicht** 〈Adj.〉 ~undurchlässig. ~**druck**, der 1. 〈Pl. 없음〉 [물리] 광압(光壓). 2. a) 〈Pl. 없음〉 포토타이프, 사진철판(凸版) (법). b) (Pl. -drucke) 포토타이프[사진철판] 인쇄(인쇄물). ~**durchflutet** 〈Adj.〉 〈아어〉 빛이 가득한. ~**durchlässig** 〈Adj.〉 광선을 투과시키는, 광선이 통과하는. ~**durchlässigkeit**, die ↑~durchlässig의 명사형. ~**echt** 〈Adj.〉 일광으로 퇴색되지 않는. ~**echtheit**, die ↑~echt의 명사형. ~**effekt**, der 빛의 효과, 빛의 작용. ~**einfall**, der 빛의 입사(入射); 광선이 샘, 누광(漏光). ~**einheit**, die [물리] 광도 측정(의) 단위. ~**einstrahlung**, die 광선의 입사(入射). ~**einwirkung**, die 빛의 작용. ~**elektrisch** 〈Adj.〉 [물리] 광전자의: -e Zelle 광전지, 광전관(光電管). ~**empfindlich** 〈Adj.〉 a) 감광하기 쉬운, 감광성(感光性)의. b) 빛에 민감한. ~**empfindlichkeit**, die 〈드물게 Pl.〉 감광도. ~**empfindung**, die (특히 눈의) 광감각(光感覺). ~**erfüllt** 〈Adj.〉 〈아어〉 빛으로 충만된. ~**filter**, der / das ↑Filter (2). ~**fleck**, der (어두운 주위에 빛으로 생긴) 밝은 장소. ~**flut**, die (아어) 빛의 홍수[범람]. ~**fülle**, die 〈아어〉 ↑flut. ~**gaden**, der [건축] ↑Gaden (1). ~**garbe**, die 〈아어〉 ↑~bündel. ~**geld**, das 〈통용어〉 점등(點燈)요금. ~**geschwindigkeit**, die 광속(光速). ~**gestalt**, die 〈아어〉 빛나는 자태. ~**halter**, der [지역적] ↑Kerzenhalter. ~**hof**, der 1. 채광을 위한 사이지붕의 안뜰. 2. [사진] 헐레이션(사진에서 광선을 너무 세게 받은 부분). 3. 〈드물게〉 (달[햇])무리, 광관(光冠). ~**holz**, das [임업] (성장이 많은 빛을 필요로 하는) 양수(陽樹). ~**hungrig** 〈Adj.〉 빛을 필요로 하는. ~**hupe**, die 전조등 경고 신호. ~**jahr**, das [천문] 광년(光年): ~**kasten**, der (태양의) 광원(光網). ~**kegel**, der 원추형의 빛(서치라이트의 빛 따위). ~**kreis**, der 광선 광환(光環), 광륜(光輪), 후광(光環). ~**kunst**, die ↑Kinetik (2). ~**lehre**, die 〈Pl. 없음〉 [물리] ↑Optik. ~**leitung**, die 〈통용어〉 전등선(電燈線). ~**los**, 빛이 없는, 어두운. ~**mangel**, der 빛의 결핍, 빛의 부족. ~**maß**, der 〈통용어〉 ↑~ableser. ~**maschine**, die [자동차] 발전기(자동차, 오토바이 따위의). ~**maß**, das [기술] 내부의(안) 치수. ~**mast**, der 전주(電柱), 가로등 전주. ~**menge**, die 빛의 빛중기. ~**meß** 〈관사 없음 · 격변화 없음〉 [가] 성촉절(聖燭節) (2월 2일, 성모마리아의 순결을 기념할 촛불들고 행렬함). ~**messer**, der ↑Photometer. ~**messung**, die ↑Photometrie. ~**minute**, die [천문] 광분(光分). ~**motte**, die Zünsler. ~**nelke**, die [lat. Lychnis, griech. lýchnos] [식물] 동자꽃속(屬). ~**netz**, das 〈통용어〉 조명 장치. ~**orgel**, die 음악에 맞추어 점멸하는 디스코텍의 조명 장치. ~**pause**, die 청사진, 사진복사. ~**pausen** 〈원형으로만 사용〉 청사진을 만들다, 사진복사하다. ~**pausgerät**, das 청사진[사진복사] 제작기. ~**pausverfahren**, das 청사진[사진복사] 법. ~**punkt**, der 광원(光源); ↑Lichtblick. ~**putzschere**, die 〈가〉 Dochtschere. ~**quant**, das ↑Photon. ~**quelle**, die 광원(光源). ~**rechnung**, die 〈통용어〉 ↑Stromrechnung. ~**reflex**, der 반사광(光). ~**regie**, die 조명 감독. ~**regler**, der ↑Helligkeitsregler. ~**reiz**, der 빛의 자극. ~**reklame**, die ↑Leuchtreklame. ~**satz**, der [인쇄] 사진식자(植字) (寫字組).

~**schacht**, der 1. a) (유리로 덮여진) 채광구(採光口). b) (지하실 창문의 쇠살대로 된) 채광창. 2. [사진] 리플렉스 카메라의 지시경(指示鏡). ~**schalter**, der (전등) 스위치. ~**schein**, der 빛, 광선, 사랑(射光). ~**schere**, die ↑~putzschere. ~**scheu** 〈Adj.〉 1. 빛을 싫어하는. 2. 남의 눈을 꺼리는. ~**scheu**, die 빛을 싫어함, (눈병의 일종) 수명(羞明). ~**schimmer**, der 미광, 희미한 빛. ~**schranke**, die (정보기기 따위에 사용되는) 광전자빔. ~**schutz**, der 빛으로부터의 보호, 빛의 차단. ~**schutzfaktor**, der (피부보호제에 적히있는) 태양 광 차단계수. ~**schutzmittel**, das 〈Pl.〉 Sonnenschutzmittel. ~**schwach** 〈Adj.〉 광도(光度)가 약한. ~**seite**, die 밝은 면, 좋은[유리한]면, 장점. ~**setzmaschine**, die [인쇄] [사진] 사진 식자기, 사식기(寫植機). ~**signal**, das 등화 신호. ~**sinn**, der [생물] 광각(光覺). ~**sinnesreiz**, der 광각의 자극. ~**spalt**, der 빛이 들어오는 틈새기. ~**spiel**, das 〈준고어〉 ↑Film (3 a). ~**spielhaus**, das 〈준고어〉 ↑Kino. ~**spieltheater**, das 〈준고어〉 ↑Kino. ~**stark** 〈Adj.〉 광도(光度)가 강한. ~**stärke**, die 1. [물리] 광도(光度). 2. [사진] (렌즈의) 밝기. ~**strahl**, der 광선. ~**strahlenbrechung**, die 광선의 굴절. ~**strahlenmesser**, der [사진] 광량계(光量計). ~**streifen**, der 띠모양의 광선, 광대(光帶). ~**strom**, der [물리] 광속(光束), 광류(光流). ~**stumpf**, der ↑Kerzenstumpf. ~**technik**, die 광공학(光工學), 조명공학. ~**technisch** 〈Adj.〉 광공학의, 조명 공학의. ~**telegraphie**, die 광 신호에 의한 정보전달. ~**therapie**, die [의학] ↑~behandlung. ~**tonverfahren**, das [영화] 광학 녹음(법). ~**trunken** 〈Adj.〉 〈아어〉 빛에 취한. ~**undurchlässig** 〈Adj.〉 빛을 통과시키지 않는(반대: lichtdurchlässig). ~**verhältnisse**, die [Pl.] 채광 사정. ~**voll** 〈Adj.〉 〈아어〉 a) 밝은, 환한, 빛나는. b) 명확한, 명석한, 해명적인. c) 기쁨에 찬, 행복한. ~**wechsel**, der 1. [천문] (천체)의 광도의 변화. 2. 조명[광도]의 변경. ~**welle**, die [물리] 광파(光波). ~**wendig** 〈Adj.〉 [생물] phototropisch. ~**wendigkeit**, die 〈Pl. 없음〉 [생물] ↑Phototropismus. ~**wert**, der [사진] 노광지수(露光指數). ~**wirkung**, die 빛의 작용, 조명 효과. ~**zeichen**, das ↑~signal. ~**zeichenanlage**, die [관] 교통 신호등. ~**zeit**, die [천문] 광차(光差) ↑.

Lichtchen ['lɪçtçən], das; -s, - / Lichterchen ↑Licht (2 a, b). **Lichte** ['lɪçtə], die 내경(內徑), 내폭(內幅). ¹**lichten** ['lɪçtn̩] 〈h〉 **I. a)** 성기게하다, 트이게하다: den Baumbestand ~ 수목을 간벌(間伐)하다. [군에] den Krieg hat die Reihen der ehemaligen Klassenkameraden gelichtet 전쟁으로 인하여 옛 학우들의 수가 줄었다. **b)** (~ + sich) 트이게 되다, 성기게하여 되다: der Wald lichtet sich 나무를 쳐서 트이게 되다. [전의] die Reihen lichten sich (사람의) 수효가 점점 줄고 있다. **2.** 〈아어〉 **a)** 밝게 하다. **b)** (l. + sich) 밝아지다, 밝혀지다.

²**lichten** [-] 〈h〉 [선원] (닻을) 올리다: das Schiff lichtete den Anker lichtete 배는 닻을 올렸다. **Lichter** ['lɪçtɐ], der; -s, - ↑Leichter.

Lichter- [Licht (2 a, b)]: ~**baum**, der ↑Weihnachtsbaum. ~**fest**, das 등명제(燈明祭) (12월에 거행되는 유태교의 연중 행사 중의 하나). ~**glanz**, der (등화의) 광휘, 광채. ~**kette**, die 줄등(燈). ~**meer**, das 등화(燈火)의 바다(대도시의).

Lichterchen: ↑Lichtchen의 복수형. **lichterloh** ['lɪçtɐ'loː] 〈Adj.〉 불타는, 활활 타오르는: die Scheune brannte l. 헛간이 활활 타오르고 있었다. [전의] sein Herz brannte l. 그는 열애하고 있었다.

lichtern ['lɪçtɐn] 〈h〉 ↑leichtern.

Lichtung ['lıçtʊŋ], die; -en **1.** 숲속의 (나무가 없는) 빈 터. **2.** 〖의학〗 ↑Lumen (2 b).

Licker ['lıkɐ], der; -s, - 〖engl. (fat)liquor〗 (가죽 생산에 쓰는) 지방성 유제(乳劑). **lickern** ['lıkɐn] ⟨h⟩ 지방성 유제를 발라서 가죽을 매끄럽게 하다.

Lic., theol. = Licentiatus theologiae 신학사.

Lid [li:t], das; -(e)s, -er 눈꺼풀, 안검; die -er wurden ihr schwer 〈아이〉 그녀는 피곤했다; die -er senken[aufschlagen, schließen] 눈을 내리깔다(뜨다, 감다].

Lid-: ~entzündung, die 안검염(眼瞼炎), 다래끼. **~krampf,** der 〖의학〗 눈꺼풀의 경련. **~rand,** der 눈꺼풀의 언저리. **~sack,** der (눈밑의) 늘어진 하부. **~schatten,** der 1. 아이새도. 2. 위의 화장용. **~spalte,** die (아랫눈꺼풀과 윗눈꺼풀 사이의) 눈꺼풀의 간격. **~strich,** der 아이라인.

Liderung, die; -en 〖고어〗 가죽부스러기로 틈을 들어막음, 패킹, 피스톤 진료(塡料).

Lidlohn, Liedlohn, der 〖법〗 **a)** (파산시에 우선적으로 지급되는) 급료, 임금. **b)** 〈schweiz.〉 (부모의 사망이나 강제 경매시에) 성년 자식들의 요구 금액.

Lido ['li:do], der; -s, -s, 〈또한〉 Lidi [ital. lido] 모래톱, 사취(砂嘴): der L. von Venedig 베네치아의 사취.

lieb [li:p] ⟨Adj.⟩ **1. a)** 사랑하는, 사랑스러운, 좋아하는: jmdm. viele -e Grüße senden 누구에게 안부를 전하다; sei so l. und machen mich zu spät 제발 늦지 않아 다오; das ist sehr l. von Ihnen 친절을 베풀어주셔서 감사합니다; er schaut sie l. an 그는 그녀를 사랑스럽게 바라본다; 〈명사화〉 jmdm. etwas Liebes tun 누구에게 호의를 베풀다. **b)** 친절한, 호의적는: eine -e alte Frau 친절한 노파; seine Frau ist sehr l. 그의 부인은 아주 친절하다(호의적이다). **c)** 기쁨을 주는, 귀여운: ein -es Kind 귀여운 아이; bist du heute l. gewesen? 너는 오늘 얌전했니?; sei schön l.! 자, 조용히 해! **2.** 사랑하는, 좋아하는, 아끼는: der -e Gott 하느님; wenn dir dein Leben l. ist, dann verschwinde 너의 목숨이 아깝다면, 꺼져라; 〈친밀한, 허물없이 대하는 사람의 호칭 앞에 붙여서〉 lieber Hans(liebste Mutter) 사랑하는 한스 (어머님); jetzt scheint die -e Sonne wieder 이제 햇님이 다시 비친다; ich brauche das so nötig wie das -e Brot 나는 그것이 매일의 양식처럼 아주 절실히 필요해요; 〈명사화〉 er freut sich, wenn er alle seine Lieben um sich hat 좋아하는 사람을 모두 주위에 데리고 있으면, 그는 기뻐한다. **3.** 유쾌한, 기분좋은, 마음에 드는: ein -er Gast 환영받는 손님; das ist mir gar nicht l. 나는 그것을 전혀 기쁘게 생각하지 않는다; es wäre mir -er, wenn … 이라면 나는 더 좋을텐데; je länger[des to] je -er l gilt 길면 길수록[많으면 많을수록] 좋다; das wirst du noch früher erfahren, als dir l. ist 너는 그것을 네가 바라던 것보다 더 일찍 알게 될 것이다. **Lieb** [-], das; -s 〈시어·고어〉 애인, 연인: komm zu mir, mein L. 여보, 나에게로 오시오.

lieb-, Lieb-: ~äugeln ⟨h⟩ **a)** 탐내다: ich liebäugele mit diesem roten Sportwagen 나는 이 빨간 스포츠카가 탐이 난다. **b)** 〈아이〉 추파를 던지다: er liebäugelt mit der Laborantin 그는 실험실 여자 조수에게 추파를 던진다. **~behalten** ⟨h⟩ (누구를) 계속해서 사랑하다 [좋아하다]. **~gewinnen** ⟨h⟩ 좋아하게 되다. **~geworden** ⟨Adj.⟩ (없이 못지낼 만큼) 중요해진: eine -e Gewohnheit 버릴 수 없는 습관. **~haben** ⟨h⟩ 좋아하다, 사랑하다: er hat sie immer liebgehabt 그는 그녀를 항상 좋아했다. **~haber** [...ha:bɐ], der **1. a)** ↑¹Geliebter (1): a) einen L. haben 정부(情夫)를 가지고 있다. **b)** 〈군고어〉 구혼자, 구애자: der verschmähte L. nahm sich das Leben 거절당한(퇴짜맞은) 구혼자는 자살했다. **c)** (성적인 관점에서의) 사내: er ist ein guter L. 그는 센 사내이다. **d)** 〖연극·준고어〗 연인역, 미남역: er wechselte vom L. ins Charakterfach über 그는 미남역에서 성격 전문 배우로 전향했다. **2.** 애호가, 수집가: er ist ein alter Bücher 그는 고서(古書)의 수집가이다. **3.** 〈고어〉 ↑Dilettant (a). **~haberausgabe,** die (서적의) 애장판(愛藏版), 호화판, 디럭스 판. **~haberbühne,** die ↑~theater. **~haberdruck,** der 디럭스 판 인쇄. **~haberei** [...habəˈraɪ], die; -en 애호, 도락, 취미, 장기(長技), 특기; zu seinen -en Sammeln alter Bilder 고화(古畫)의 수집이 그의 취미에 속한다. **~haberin,** die ↑Liebhaber (2, 3)의 여성형. **~haberpreis,** der 상식을 벗어난 비싼 값(가격). **~haberstück,** das 애호가에게만 통용되는 가치가 있는 물건. **~habertheater,** das 〈고어〉 (특히 18세기와 19세기의) 소극장(素人劇). **~haberwert,** der 애호가에게만 통용되는 가치. **~kosen** [-'--, 〈또한〉 '---] ⟨h⟩ 〈아어·준고어〉 애무하다, 귀여워하다, 쓰다듬다: das Kind hat die Katze liebkost[geliebkost] 아이가 고양이를 쓰다듬었다. **~kosung,** die 〈아어·준고어〉 ↑~kosen의 명사형. **~los** ⟨Adj.⟩ **a)** 애정이 없는, 불친절한, 무자비한. **b)** 신중하지 않은, 성의가 없는(반대: liebevoll 1 b). **~losigkeit,** die; -en **a)** 애정없는 태도, 불친절한 취급(대우). **b)** ⟨Pl. 없음⟩ 신중하지 못함, 무성의함. **~reich** ⟨Adj.⟩ **a)** 〈아이〉 애정이 풍부한, 친절한. **b)** 〈드물게〉 기분좋은, 유쾌한. **~reiz,** der ⟨Pl. 없음⟩ **a)** 〈아이〉 사랑스러움, 애교, 우아. **b)** 자연스런 매력. **~stöckel,** das 〈또는〉 der; -s, - [lat. ligusticum] 〖식물〗 왜당귀류(산형과의 약용식물). **~wert** ⟨Adj.⟩ 〈고어·농〉 마음에 드는, 값비싼.

Liebchen ['li:pçən], das; -s, - **a)** 〈고어〉 사랑하는 여인; 〈대개 호칭으로〉 여보. **b)** 〖벱〗 정부(情婦). **Liebden** ['li:pdən], die 〈고어〉 (귀족에 대한 경칭): Euer L. 각하.

Liebe ['li:bə], die; -n **1.** ⟨Pl. 없음⟩ **a)** 사랑, 애정, 자애: die L. der Eltern 부모의 사랑; seine L. zu ihr war groß 그녀에 대한 그의 사랑은 컸다; 〖성구〗 bei aller L. aber das ist mir zu viel 아무리 좋게 생각해도 그것은(나에게) 너무하다; die L. (이성, 동성의) 사랑, 연애, 애정: leidenschaftliche L. 정열적인 사랑; die eheliche [platonische] L. 부부의 애정[순수한 연애, 플라토닉 러브]; seine L. zu ihr erlosch[erkaltete] 그녀에 대한 그의 사랑이 사라졌다[식었다]; sie erwiderte seine L. [verschmähte seine L.] 그 여자는 그의 사랑에 응하지 않았다[그의 사랑을 거절했다]; er fühlte [empfand] keine L. zu ihr[für sie] 그는 그녀에 아무런 사랑을 느끼지 못했다; sie haben aus L. geheiratet 그들은 사랑의 나머지 결혼했다; 〖성구〗 alte L. rostet nicht 옛 정 [사랑]은 잊혀지지 않는다; die L. (des Mannes) geht durch den Magen 〈농〉 남편의 사랑은 부인의 요리 솜씨에 달려 있다; **Brennende L.** 〖식물〗 금낭화; **L. auf den ersten Blick** 첫눈에 반함. **c)** 성적인 접촉, 성교: käufliche L. 매춘; L. machen 〖통용어〗 성교하다. ⟨Pl. 없음⟩ **a)** 욕망, 애착: die L. zum Geld 금전욕. **b)** **mit L.** 성의 있게, 정성을 가지고, 신중하게: mit L. kochen 애써서 요리하다. **3.** ⟨Pl. 없음⟩ 호의, 친절: jmdm. eine L. erweisen 누구에게 친절을 다하다[호의를 베풀다]; 〖성구〗 L. ist der anderen wert 정이 있으면 오는 정이 있다. **4.** 〖통용어〗 애인: sie war eine alte L. von mir 그녀는 나의 옛 애인이다.

liebe-, Liebe-: ~bedürftig ⟨Adj.⟩ 사랑에 굶주린. **~diener,** der 〈군고어·벱〉 아첨자, 추종자. **~dienerei** [-dinəˈraɪ], die 아첨, 추종. **~dienerisch** ⟨Adj.⟩ 아첨하는, 추종하는. **~dienern** ⟨h⟩ 아첨하다. **~leer** ⟨Adj.⟩ 사랑없는, 무정한. **~voll** ⟨Adj.⟩ **1. a)** 애정이 깊은, 친절한. **b)** 성의 있는, 정성어린(반대: lieblos b).

2. 다정한.
Liebelei [li:bə'laj], die; -en《펌》(남녀가) 서로 시시덕거림, 노닥거림, 일시적 사랑. **liebeln** ['li:bln]〈h〉**1.**(고어)(mit jm) 서로 시시덕거리다, 일시적인 연애를 하다. **2.** [사냥] ↑ableibeln. **lieben** ['li:bn]〈h〉**1. a)** 사랑(을 표현)하다: jmdn. von ganzem Herzen l. 누구를 진심으로 사랑하다. **b)** 사랑하다, 좋아하다: ich werde ihn immer l. 나는 그를 늘 사랑할 것이다; ein geliebter Mann 사랑하는 남자; [속담] was sich liebt, das neckt sich 사랑하는 사람끼리는 서로 희롱한다. **c)** 아끼다, 좋아하다, 애착을 가지다: das Vaterland l. 조국을 사랑하다. **2.** (누구와) 성교하다. **3. a)** 필요로 하다, 편애하다: diese Pflanze liebt sandigen Boden 이 식물은 모래땅을 필요로 한다[에서 잘 자란다]. **b)**〈l. + es〉무엇을 좋아하다: er liebt es nicht, wenn man ihn unterbricht 그는 그의 말을 중단하는 것을 좋아하지 않는다. **Liebende'**, der / die 애인, 연인. **liebenlernen** 〈h〉좋아하게 되다: ich habe ihn (diese Stadt) liebengelernt 나는 그 [이 도시]를 좋아하게 되었다.

liebens-, Liebens-: **~wert**〈Adj.〉사랑스러운, 귀여운, 매력있는. **~würdig**〈Adj.〉상냥한, 애교있는, 친절한: das ist sehr l. von Ihnen 친절하게 하여 주셔서 대단히 감사합니다; seien Sie so l. und schließen Sie das Fenster 창문을 좀 닫아 주십시오. **~würdigerweise**〈Adv.〉상냥스럽게, 친절하게도. **~würdigkeit**, die **1.**(Pl. 없음) 친절, 호의: er war die L. selbst 그는 아주 상냥했다; würden Sie (bitte) die L. haben, das Fenster zu schließen 창문을 좀 닫아주실까요. **2.** 상냥한 말, 친절한 행위[행동]: jmdm. einige -en sagen《반어》누구에게 몇마디 뻔뻔스러운 말을 하다.

lieber ['li:bɐ] **I.**〈Adj.〉(↑gern 의 비교급) 보다 좋아하여: er macht diese Arbeit l. als ich 그는 나보다 이 일을 더 좋아한다. **II.**〈Adv.〉**1.** 보다 좋아하여, 그 중에서도, 특히: ich trinke lieber Tee als Kaffee 나는 커피보다는 차를 더 즐겨 마신다. **2.** 차라리, 오히려: das hättest du l. nicht sagen sollen 너는 그것을 차라리 말하지 않았으면 좋았을 걸; je eher, je l. 이르면 이를수록 더 좋다.

liebes-, Liebes-: **~abenteuer**, das 연애, 정사, 사랑의 모험. **~affäre**, die ↑~abenteuer. **~akt**, der (아어) 성행위, 성교. **~antrag**, der 구혼(求婚). **~apfel**, der **a)** (고어) 토마토. **b)** 붉은 당의(糖衣)를 입힌 사과. **~bande** 〈Pl.〉(시어·고어) 사랑의 굴레. **~bedürfnis**, das 사랑의 필요(욕구). **~betätigung**, die (드물게) 성행위. **~beweis**, der 사랑의 표시. **~bezeigung**, die (고어) ↑~beweis. **~beziehung**, die (육체적인) 연애 관계, 육체 관계: eine L. eingehen 육체 관계를 시작하다; eine L. zu jmdm. haben 누구와 육체관계를 가지다. **~blick**, der (아어) 추파(秋波). **~bote**, der (고어) 사랑의 사자(使者). **~brief**, der 연애 편지. **~bund**, der 연애 문학. **~dienerin**, die (은폐) 매춘부, 창녀. **~dienst**, der (타인에 대한) 친절, 돌봄, 자선 봉사: jmdm. einen L. erweisen 누구에게 친절을 베풀다. **~dinge**〈Pl.〉사랑과 연관되는 일들. **~ehe**, die ↑~heirat. **~entzug**, der [심리] 사랑의 상실. **~erklärung**, die 사랑의 고백. **~erlebnis**, das 사랑의 체험, 성(적)체험. **~fähig**〈Adj.〉사랑할 수 있는, 성교할 수 있는, 성교 능력이(반대: liebes-unfähig). **~fähigkeit**, die〈Pl. 없음〉[심리] 성교 능력. **~film**, der 연애 영화. **~gabe**, die 사랑의 선물, 베풀어 주는 물건, 회사, 위문품, 기증품, 헌금. **~gabenpaket**, das 위의 물건의 소포. **~garten**, der [예술] 정원에서의 한 쌍의 연인의 구상적 묘사. **~gedicht**, das 연애시. **~gefühl**, das 연애의 감정. **~geschichte**, die **1.** 연애 이야기, 연애 소설. **2.** 연애(사

건). **~geständnis**, das ↑~erklärung. **~glück**, das 사랑의 행복, 연애의 성취. **~gott**, der 사랑의 신 (Amor). **~göttin**, die 사랑의 여신. **~heirat**, die 연애 결혼. **~knochen**, der (지역적) ↑ Eclair. **~kraft**, die (드물게) 정력(精力). **~krank**〈Adj.〉사랑으로 번민하는. **~kummer**, der 사랑의 번민. **~kunst**, die **a)** 〈Pl. 없음〉(연인들간의) 교제법. **b)** 성교 기법. **~lager**, der (아어) 사랑의 보금자리, 성교의 장소. **~laube**, die (연인들의) 밀회의 정자. **~leben**, das〈Pl. 없음〉성생활. **~leute** 〈Pl.〉(고어) ↑~paar. **~lied**, das 사랑의 노래. **~lust**, die (아어·드물게) 사랑의 환락. **~lyrik**, die ↑~gedicht. **~mahl**, das **1.** [종교] (원시 그리스도교의) 애찬(愛餐). **2.** (옛) 장교단의 연회. **~müh(e)**, die (다음 용법으로) verlorene [vergebliche] L. sein 헛수고이다. **~nacht**, die (아어) 사랑의 밤. **~nest**, das 사랑의 보금자리. **~objekt**, das 연애의 대상. **~paar**, das 서로 사랑하는 남녀, 한쌍의 연인. **~pärchen**, das (대담한) 한 쌍의 젊은 연인. **~partner**, der 연애 대상. **~perlen**〈Pl. 없음〉케이크나 과자 위에서) 설탕으로 만든 형형색색의 진주 모양의 장식물. **~qual**, die ↑~kummer. **~roman**, der 연애 소설. **~schwur**, der 사랑의 맹세. **~spiel**, das 사랑의 유희 (성애 행위, 특히 성교전의..). **~szene**, die (소설·영화 따위에) 사랑의 장면. **~tat**, die (드물게) 자선 행위. **~tätigkeit**, die ↑ Mildtätigkeit. **~toll**〈Adj.〉사랑에 미친. **~töter**〈Pl.〉(통용어·농〉**a)** (무릎에 까지 이르는) 여자의 긴 팬츠. **b)** 남자의 긴 팬츠. **~tragödie**, die 비극적 사랑; 비극적 사랑의 이야기. **~trank**, der 반하게 만드는 약, 미약(媚藥). **~trunken**〈Adj.〉(시어) 사랑에 취한. **~unfähig**〈Adj.〉[심리] 사랑할 수 없는, 성교할 수 없는, 성교 능력 없는(반대: liebesfähig). **~unfähigkeit**, die〈Pl. 없음〉↑~unfähig의 명사형. **~verhältnis**, das ↑~beziehung. **~verlust**, der〈Pl. 없음〉[심리] 사랑의 상실. **~werben**, das; -s 구혼, 구애. **~werk**, das 자선 사업. **~wiese**, die (통용어·농) 크고 넓은 침대. **~zauber**, der 사랑의 마술(마력).

lieblich ['li:plɪç]〈Adj.〉**a)** 사랑스러운, 귀여운, 온유한: sie hat ein -es Gesicht 그녀는 귀여운 얼굴을 지니고 있다; ein -er Anblick 사랑스럽고 평화로운 정경. **b)** 유쾌한, 기분좋은: der Wein ist l. 이 포도주는 순하다(부드럽다). **c)** (통용어·반어) 불쾌한, 기쁘지 않은: das ist ja eine -e Geschichte 그것은 실로 불쾌한 이야기야. **Lieblichkeit**, die **1. a)** 사랑스러운 모습, 귀여운 태도. **b)** 귀여운 감각적 인상. **2.** 사육제국에 나오는 공주의 호칭: Ihre L. Prinzessin Annemarie 안네 마리 공주님. **Liebling**, der; -s, -e **1.** 마음에 드는 사람, 좋아하는 사람: der Jüngste ist der L. der Mutter 막내아들은 어머니의 귀염둥이다; [전의] der vierbeinigen und gefiederten -e 가축 및 가금(家禽). **2.** 총아, 인기인: [전의] der L. der Götter 신들의 총아.

Lieblings-: **~aufenthalt**, der 즐겨 머무는 장소. **~ausdruck**, der 즐겨 쓰는 표현(말). **~beschäftigung**, die 즐겨 하는 일. **~buch**, das 애독하는 책. **~dichter**, der 애독하는 작가, 좋아하는 시인. **~essen**, das 좋아하는 음식. **~fach**, das 좋아하는 과목. **~farbe**, die 좋아하는 색. **~frau**, die (이슬람교가 거느리는 부인들중에) 특히 좋아하는 여자. **~gedanke**, der 마음에 드는 생각. **~gedicht**, das 좋아하는 시. **~gericht**, das 좋아하는 요리. **~getränk**, das 좋아하는 음료. **~hose**, die 즐겨입는 바지. **~jünger**, der [기독교] 애제자. **~kind**, das 사랑하는 아이. **~krawatte**, die 즐겨 매는 넥타이. **~lied**, das 좋아하는 노래. **~musik**, die 좋아하는 음악. **~platz**, der 즐겨 찾는 장소. **~pullover**, der 즐겨 입는 스웨터. **~schall-**

platte, die 즐겨 듣는 레코드판. **~schriftsteller**, der 좋아하는 작가. **~schüler**, der 좋아하는 학생. **~sohn**, der 귀염둥이 아들. **~spaziergang**, der 즐겨하는 산책. **~speise**, die 좋아하는 음식. **~spiel**, das 좋아하는 놀이. **~thema**, das 좋아하는 테마(주제). **~wort**, das 즐겨 쓰는 말(단어).

liebreizend 〈Adj.〉 〈아어·준고어〉 애교있는, 매혹적인.

Liechtenstein ['lıçtnʃtain], -s 리히텐슈타인. **Liechtensteiner** ['lıçtnʃtainɐ], der; -s, - 리히텐슈타인 사람 [주민]. **liechtensteinisch** 〈Adj.〉 리히텐슈타인의.

Liebschaft, die; -en 연애 관계[사건], 정사(情事).

liebst... [li:pst...] 〈Adj.〉 가장 좋아하는, 가장 사랑하는, 무엇보다도 좋아하는: sein liebstes Spielzeug 그가 가장 좋아하는 장난감; ich mag am liebsten Bier 나는 맥주를 가장 좋아한다. **¹Liebste*** ['li:pstə], der; -n, -n 〈고어〉 남자 애인: **²Liebste***[-], die; -n, -n 〈고어〉 여자 애인: zur -n gehen 애인집에 가다.

Lied [li:t], das; -(e)s, -er **1.** 노래, 가요, 가곡, 리트: ein geistliches L. 찬송가; -er ohne Worte 〈음악〉 무언가 (無言歌); ein L. singen[anstimmen] 노래부르다; **das alte[gleiche / dasselbe] L. sein** 《통용어》 달라지지 않다, 그대로이다: es ist immer das alte L. mit dir 너는 전혀 변하지 않았구나; **von etw. ein L. singen können[zu singen wissen]** 자신의 쓰라린 경험에서 무엇을 말할 자격이 있다. **2.** 서사시, 장가(長歌): die -er der Edda 에다 가요집.

lied-, Lied- (↑Lieder-도 참조): **~form**, die 〈음악〉 가요의 형식. **~gut**, das 한 민족이나 한 시대의 가요 전체: das französische[mittelalterliche] L. 프랑스 가요 [중세 가요]. **~lohn**: ↑Lidlohn. **~sänger**, der ↑ Liedersänger. **~text**, der 〈노래의〉 가사.

Lieder-: **~abend**, der 가곡의 밤, 가요제(야간 소곡 연주회). **~buch**, das 노래책, 가요집. **~dichter**, der 가곡의 작사가, 서정시인. **~handschrift**, die 〈중세의〉 필사(筆寫) 가요집, 가요 필사본(筆寫本). **~komponist**, der 가곡 작곡가. **~macher**, der (시사적인 내용의) 노래의 작사 작곡가(겸 가수). **~macherin**, die ~macher의 여성형. **~sammlung**, die 노래[가요] 집. **~sänger**, der 리트 가수. **~schatz**, der 《아어》 Liedgut. **~zyklus**, der 연작 가요, 연작 가곡.

Liederjan ['li:dɐja:n], der; -(e)s, -e 《통용어》 방탕자, 탕아, 난봉꾼. **liederlich** ['li:dɐlıç] 〈Adj.〉 **1. a)** 칠칠치 못한, 단정치 못한: ein -er Mensch 단정치 못한 사람. **b)** 엉성한, 부주의한, 소홀한, 경박한: jmd. macht einen -en Eindruck 어떤 사람이 태만한 인상을 주다. **2.** (펌) 행실나쁜, 방탕(종) 된, 품행이 좋지 못한, 파렴치한, 부도덕한: sie ist ein -es Weibsstück 그녀는 행실나쁜 계집이다; einen -en Lebenswandel führen 방탕한 생활을 하다. **Liederlichkeit**, die ↑liederlich의 명사형.

liedhaft 〈Adj.〉 〈음악〉 가요풍의, 노래 같은, 노래에 적합한.

Liedrian ['li:dria:n], der; -(e)s, -e ↑Liederjan.

lief [li:f] ↑laufen 참조.

liefer-, Liefer- (↑lieferungs-, Lieferungs-도 참조): **~auftrag**, der 납품[배달] 주문. **~auto**, das ↑~wagen. **~bedingungen** 〈Pl.〉 납품[배달] 조건. **~betrieb**, der 공급[납품] 회사[공장]. **~fähig** 〈Adj.〉 (물품을) 인도할 수 있는, 납품할 수 있는. **~firma**, die ↑~betrieb. **~frist**, die 인도기일(引渡期日). **~land**, das 원산지. **~monopol** 〈경제〉 독점 공급. **~schein**, der 인도증(引渡證). **~schwierigkeit**, die 〈대개 Pl.〉 납품[인도]상의 문제점[난제]. **~tag**, der 인도일. **~termin**, der 인도 기일. **~vertrag**, der 공급 계약. **~wagen**, der 배달(자동)차. **~werk**, das ↑

~betrieb. **~zeit**, die ↑~frist.

Lieferant [lifə'rant], der; -en, -en 공급자, 조달자, 배달인. **Lieferanteneingang**, der 상품 납입용 입구. **lieferbar** ['li:fɐba:ɐ̯] 〈Adj.〉 인도할 수 있는, 공급할 수 있는. **Lieferer**, der; -s, - ↑Lieferant. **liefern** ['li:fɐn] 〈h〉 [lat. liberāre] **1.** 인도하다, 배달하다, 납품[조달]하다: Möbel l. 가구를 인도하다. **pünktlich l.** (기일대로) 어김없이 인도하다. **2.** 내다, 생산하다: die Biene liefert Honig 벌에서 꿀이 나온다, 벌이 꿀을 만든다. **3. a)** (퇴색) 제출하다, 제시[제출]하다: den Beweis für etw. l. 무엇에 대한 증거를 제시하다; jmdn. jmdm. in die Hände l. 누구를 누구의 손아귀에 넘기다, 누구에게 누구를 팔아 넘기다. **b)** (l. + sich) 서로간에 결말을 내다: sich einen Kampf l. 서로 싸우다; jmdm. eine Schlacht l. 누구와 싸우다. **Lieferung**, die; -en **1.** 공급, 조달, 인도: L. der Waren erfolgt in vier Wochen 상품의 인도는 한달 후에 있다. **2.** 공급품, 인도품, 납품품: die L. ist eingetroffen 인도품이 도착되었다. **3.** (서적) 분책(分冊): das Wörterbuch erscheint in -en 이 사전은 분책으로 발행된다.

lieferungs-, Lieferungs-: **~bedingungen** 〈Pl.〉 ↑Lieferbedingungen. **~frist**, die ↑Lieferfrist. **~geschäft**, das 〈경제〉 (계약상의) 정기 인도 거래. **~ort**, der ↑Erfüllungsort. **~sperre**, die 〈증권〉 발행 정지 기간. **~termin**, der ↑Liefertermin. **~vertrag**, der 〈경제〉 공급 계약, 정기 거래 계약. **~weise** 〈Adv.〉 분책(分冊)으로. **~zeit**, die 《드물게》 ↑ Lieferzeit.

Liege ['li:gə], die; -n 눕는 의자.

Liege-: **~bank**, die 〈Pl. -bänke〉 눕는 벤치(장(長)의자. **~geld**, das 〈항해〉 체선료(滯船料). **~halle**, die 대기(大氣) 안정요법 요양실. **~hang**, der (체조) 두발을 뻗어 평행봉에 눕는 자세. **~kur**, die 대기(大氣) 안정 요법. **~möbel**, das 〈대개 Pl.〉 눕기 위한 가구. **~platz**, der 닻 내리는 곳, 정박장(碇泊場): Liegeplätze im Fischereihafen 어항(漁港)의 정박장. **~polster**, das 눕기 위한 깔개[쿠션]. **~sitz**, der 눕도록 조정할 수 있는 좌석. **~sofa**, das 눕는 소파. **~statt**, die; ...stätten (아어) (누워 잘 수 있는) 간이 휴게소. **~stätte**, die ↑~statt. **~stuhl**, der (야외용으로 누울 수 있는) 접는 의자. **~stütz**, der 〈체조〉 엎드려 뻗치기. **~tag**, der **1.** 정박 일수. **2.** 〈nordd.〉 휴일. **~terrasse**, die 누워 휴식할 수 있는 테라스, 노단(露壇). **~wagen**, der 간이 침대(열)차. **~wagenabteil**, das 간이 침대차 칸. **~wiese**, die 〈Pl.〉 일광욕용 풀밭. **2.** 《통용어·농》 넓은 눕는 의자. **~zeit**, die 〈항해〉 정박 시간.

liegen* ['li:gṇ] 〈h, (südd., österr., schweiz.) s〉 **1. a)** 누워 있다, 가로 놓여 있다: wenn er liegt, hat er keine Beschwerden 그가 누워 있으면 그는 고통이 없다; er hat die ganze Nacht wach gelegen 그는 밤새도록 잠을 잘 수 없었다; auf den Rücken[Bauch] l. 등을 대고 누워 있다(배를 깔고 엎드려 있다); im Krankenhaus l. 앓고 있다, 병상에 누워있다; er kam unter das Auto zu l. 그는 차에 치었다; der Hund liegt an der Kette 개는 사슬에 매어 있다; der Gefangene liegt in Ketten 죄수(포로) 쇠사슬에 얽매여 있다(감금되어 있다); im Hinterhalt l. 매복하여 기다리다; eine liegende Acht 수평의 8자(字); in liegender Stellung arbeiten 누워서 일하다; liegender Anschlag 〔군·사냥·사격〕 엎드려 쏴 자세; liegender Motor 〔기술〕 평행 연결(병렬) 발동기; [전의] die Kugel(der Diskus) liegt (던져진 후에) [투척용 원반이] 멈춰 있다; liegende Schrift 이탤릭체 (體). **b)** (schweiz.) 잠자리에 들다: auf eine Bank l. 벤치에 눕다. **c)** 기대어 있다, 세워져 있다: die Leiter liegt (schräg) am Baum 사다리가 나무에 (비스듬히) 세

워져 있다. **d)** (어떻게) 자리잡고 있다: der Griff des Gerätes liegt bequem in der Hand 기구의 손잡이가 손에 편리하게 잡힌다; der Wagen liegt gut(sicher) (auf der Straße) 그 마차는 주행 안전성이 좋다. **2. a)** 있다, 존재하다, 뻗어 있다: Schnee liegt auf den Dächern 눈이 지붕 위에 덮여 있다; es liegt Schnee 눈이 왔다. **b)** 어느 장소를 차지하다, 위치하다: Reifen liegen um das Faß 타이어들이 통 주위에 있다; ein Riegel liegt vor dem Tor 빗장이 걸려져 있다. **c)** (특정한 방법으로) 되어(놓여) 있다: das Haar liegt in Locken 머리는 고수머리이다. **d)** (덮여진 상태에) 있다: der Tisch liegt voller Bücher 책상이 책들로 꽉차 있다. **3.** 어떤 상태에 있다: das Schiff liegt auf der Reede 배가 정박하고 있다: das Geld liegt auf der Bank 돈이 은행계정에 입금되어 있다; der Wein liegt auf Flaschen 포도주가 병에 담겨 있다; ich habe 50 Flaschen Wein (im Keller) l. 나는 포도주 50병을 (창고에) 저장해 놓고 있어; ich habe noch viel Arbeit l. 나는 아직 할 일이 많다(할 일들이 남아있다); was liegt, liegt [카드] 한번 내놓은 패는 집어넣을 수 없다; ein spöttisches Lächeln lag um ihren Mund 비웃는 미소가 그녀의 입가에 감돌고 있었다; die Erbsen liegen lange(liegen (mir) schwer im Magen) 완두는 위장에 겹다, 완두는 (나에게) 소화가 잘 안된다; es lag mir wie Blei in den Gliedern 나는 사지가 납처럼 무거웠다; der Ton liegt auf der ersten Silbe 악센트는 첫 음절에 있다; eine große Last liegt auf mir 큰 부담이 나에게 지워져 있다. **4. a)** (어떤 곳에) 자리잡고 있다, 위치하다: mitten im Wald l. 숲 한가운데 자리잡고 있다; etw. rechts(links) l. lassen 무엇(어떤 것)을 우(좌)에 놔두며 지나가다(들르지 않다); das Fenster liegt zur Straße (nach Süden) 창문은 도로 쪽(남쪽)으로 나있다. **b)** (공간이나 시간에) 자리잡고 있다: der Punkt liegt auf der Diagonalen 점은 대각선 위에 있다; etw. liegt in der Zukunft 무엇이 미래에 놓여 있다; [전의 die Wahrheit liegt in der Mitte (zwischen zwei Gegensätzen) 진리는 (두 상반관계의 사이의) 중간에 있다. **5.** [군] 주둔하다, 체류하다: wir liegen bei Holzdorf 우리들은 홀츠도르프 근교에 주둔하고 있다; im Wirtshaus l. 《폄》자주 오랫동안 술집에서 술을 마시다; den ganzen Tag auf der Straße l. 온종일 길거리에 머물다. **6.** (연관성 속에서 자신의 위치, 상황, 지위를) 차지하고 있다: (im Rennen(im Wettbewerb)) an der Spitze l. (달리기(경기)에서) 선두를 차지하고 있다; in Führung (im Rückstand) l. 주도하고 있다(따라가지 못하다, 뒤에 처지다); die Verhältnisse liegen etwas anders 사정이 좀 다르다; die Sache liegt gut 사태는 좋은 상태에 있다; wie liegen die Dinge? 상황은 어떤가? **7.** (특정 용법으로) mit jmdm. im Streit(im Wettbewerb) l. 누구와 다투고(경쟁하고) 있다; mit jmdm. in Scheidung l. 누구와 이혼 소송 중에 있다; unter Beschuß liegen 사격(포격)을 받고 있다. **8.** 포함되어 있다, 드러나다, 나타나다: der Fehler lag im Getriebe 결함은 기어(연동 장치)에 있다; darin liegt eine große Gefahr 거기에 큰 위험이 들어 있다; es liegt nun einmal nicht in ihm 그것은 결코 그의 본성이 아니다; Sorge liegt in ihren Mienen 근심이 그녀의 얼굴 표정에 나타난다; in seiner Behauptung liegt etwas Wahres 그의 주장에는 무언가 진실이 있다; es liegt im(außer dem) Bereich des Möglichen 그것은 가능한 범주에 속한다(속하지 않는다); es liegt in meiner Macht(Hand) 그것은 내 힘(손)에 달려있다. **9. a)** (누구에게) 달려 있다: es liegt ganz allein an(bei) dir, ob du teilnimmst 네가 참석을 할지 안 할지는 오로지 너에게 달려 있다; die Schuld liegt bei dir 죄는 너에게 있다. **b)** 〈비인칭〉 누구(무엇)가

그 원인이다: ich weiß nicht, woran es liegt 무엇 때문인지를 나는 모른다; an mir soll es nicht l. 나는 방해하지 않겠다. **10. a)** (누구의 기질, 재능, 성향, 사고에) 맞다 〔어울리다〕: diese Arbeit(dieser Mensch) liegt mir nicht 이 일(이 사람)은 내게 맞지 않는다. **b)** 가치가 있다, 중요하다: es lag mir viel an ihm 내게는 그가 대단히 중요했다; es liegt mir daran 그 일은 내게 중요하다.

liegenbleiben* 〈s〉 **1. a)** 누워 있다: auf den Knien l. 무릎을 꿇고 몸을 앞으로 구부리고 있다. **b)** 누워 있는 자세로 머물러 있다: der Spieler blieb verletzt liegen 그 선수는 부상을 입고 누워 있었다. **2.** 쌓인 채로(널려진 채로) 남아 있다: bei dieser Kälte bleibt der Schnee sicher liegen 이러한 추위에는 눈은 틀림없이 녹지 않고 쌓여 있을 것이다. **3. a)** (물건이 그대로) 놓여 있다: die Bücher blieben monatelang auf dem Schreibtisch liegen 그 책들은 책상 위에 그대로 놓여 있었다. **b)** (물건이 잊혀진 채) 방치되다: der Brief ist liegengeblieben 그 편지는 부치지 않은 채로 그대로 있었다. **c)** (상품이) 팔리지 않다: die Ware bleibt liegen 그 상품은 팔리지 않고 그대로 있다. **d)** (어떤 일이 마무리되지 않고) 그대로 있다: die Arbeit bleibt liegen 그 일은 처리되지 않은 채로 있다. **4.** 제 위치에 그대로 있다: das Haus blieb links liegen 그 집은 완전히 그대로 남아있게 되었다. **5.** 멈추어 있다: mit einer Panne auf der Autobahn l. 자동차 고장으로 고속도로에 멈추어 있다. **Liegende*,** das; -n [광] 하반(下盤) (반대: Hangende). **Liegendkampf,** der [스포츠] 엎드린 자세로 하는 사격 경기. **liegenlassen*** 〈h〉 **1. a)** (있던 곳에) 그대로 두다: er ließ die Sachen auf dem Boden liegenlassen (《드물게》 liegengelassen) 그는 물건들을 바닥에 그대로 내버려 두었다. **b)** 그대로 두다, 잊어 버리다: er hat den Schirm im Restaurant liegenlassen 그는 우산을 레스토랑에 두고 왔다. **c)** (어떤 일을 처리하지 않은 채) 방치하다: eine Arbeit (einstweilen) l. 어떤 일을 (당분간) 하지 않고 내버려 두다. **2. jmdn.(etw.) links l.** 누구(무엇)를 무시하다. **Liegenschaft,** die; -en **a)** 〈대개 Pl.〉 [법] 토지, 대지. **b)** 〈schweiz.〉 가옥이 있는 땅.

Lieger, der; -s, - [선원] **1.** 휴항선을 지키는 사람. **2.** (비상용) 큰 물통.

lieh [li:] ↑leihen 참조.

Liek [li:k], das; -(e)s, -en [mniederd. lik, leyk] [선원] 돛 가장 자리에 단 밧줄. **lieken** ['li:kn̩] 〈h〉 ↑ einleiken.

lies [li:s] ↑lesen 참조.

Liesch [li:ʃ], das 〈또는〉 der; -(e)s, **Liesche** ['li:ʃə], die; -n 큰조아재비. **¹Lieschen** ['li:ʃn̩] 〈Pl.〉 옥수수 껍질.

²Lieschen ['li:sçən] [여자 이름 Elisabeth의 약칭(애칭)] **1. L. Müller** 평범한 소녀(부인). **2.** das; -s, - ↑ **¹Liese: Fleißiges L.** [식물] 봉선화과의 식물(학명: *impatiens sultani*).

Lieschgras, das; -es, -gräser [식물] 큰조아재비.

¹Liese ['li:zə], die; -n 〈축소형: ↑Lieschen (2)〉〈통용어·폄〉 소녀, 부인: eine dumme L. 어리석은 여자.

²Liese [-], die; -n [광] 좁다랗게 갈라진 틈.

Liesen ['li:zn̩] 〈Pl.〉 〈nordd.〉 돼지 복부의 지방(층).

ließ [li:s], **ließest** ['li:səst], **ließt** [li:st] ↑lassen 참조.

liest [li:st] ↑lesen 참조.

Lietze ['li:tsə], die; -(e)s, -e [동물] 물총새과의 새.

Lietzge ['li:tsə], die; -n [ost(nieder)d.] [동물] 〈지역적〉 큰물닭속(屬).

Lieue ['li:zə], die; -s [frz. lieue] 프랑스의 옛 거리 단위(= 4451.9m)

Life-island ['laɪfˈaɪlənd], das; -(s), -s [engl. life is-

¹Lift 1308

land] [의학] (무면역성 환자를 위한) 무균 상태의 플라스틱 상자.
¹Lift [lɪft], der; -(e)s, -e / -s [engl. lift] **1.** 승강기, 엘리베이터(↑Fahrstuhl (1 b)): der L. ist außer Betrieb 그 승강기는 운행하지 않는다. **2.** ⟨Pl. -e⟩ ↑Skilift, ↑Sessellift의 약칭: mit dem L. hinauffahren 스키 리프트를 타고 올라가다. **²Lift** [-], der ⟨또는⟩ das; -s, -s [engl. lift] [의학] 주름을 없애는 성형 수술(특히 face lifting).
Lift-(-¹Lift): **~boy**, der 엘리베이터 보이. **~führer**, der 승강기 운전자. **~junge**, der ↑~boy. **~schacht**, der 승강기용 종렬공간(縱穴空間). **~tür**, die 엘리베이터의 문.
lifteln ['lɪftln] ⟨s/h⟩ [지역적] ↑¹liften. **¹liften** ['lɪftn] ⟨s⟩ [↑¹Lift (2)] 스키 리프트를 타다. **²liften** [-] ⟨h⟩ **1. a)** [의학] 성형수술로 주름살을 펴다(없애기도). **b)** (통용어) 성형수술로 얼굴의 주름살을 펴게 하다: sich l. lassen 성형 수술을 하여 얼굴의 주름살을 펴다. **2. a)** [기술] 들어 올리다. **b)** (값을) 올리다. **Lifter**, der; -s, - [engl.-amerik. lifter] (전문어) (스키)리프트를 운행하는 사람(기업). **Lifting** ['lɪftɪŋ], das; -s, -s [engl. lifting] **1.** ↑²Lift. **2.** [육상] 제자리에서 행하는 달리기 연습. **Liftkurs**, der; -es, -e [때때로 교육] (지진아를 위한) 성적 향상. **Lift-Van** ['lɪftvɛn], der; -(s), -s [engl.-amerik. lift van] 해외 이사용 특별 차량.

Liga ['li:ga], die; Ligen [span. liga < lat. ligāre] **1.** 연합, 동맹, 연맹: die Arabische L. 아랍 연맹. **2.** [스포츠] 리그(운동 경기 팀의 등급): in die 1. L. aufrücken (aufsteigen) 1부 리그로 승격하다(하기도). **In die** 2. L. absteigen 2부 리그로 내려가다. **Ligade** [li'ga:də], die; -n [span. ligada] [펜싱] 상대편의 칼을 받아서 물리침 (떨어뜨림). **Ligament** [liga'mɛnt], das; -(e)s, -e, **Ligamentum** [-ʊm], das; -s, ...ta [lat. ligāmentum] [해부] ↑¹Band (2 g).
Ligan: ↑Lagan.
Ligand [li'gant], der; -en, -en [화학] 리간드, 배위자 (配位子). **ligato** [li'ga:to; ital. ligato] ↑legato.
Ligatur [liga'tu:ɐ], die; -en [spätlat. ligātūra] **1. a)** [인쇄] 연자(連字), 합자(合字)(예컨대: ff, æ). **b)** [공문서] 필기체용 연자(連字). **2.** [음악] **a)** [음악] 연결선, 슬러(engl. slur)(↑Haltebogen). **b)** (박자의 길이를 정확히 기입한) 다성부 악곡모음(중세음악에서). **3.** [의학] 결찰법(結紮法).
Ligen: ↑Liga의 복수형.
Liger ['li:gɐ], der; -s, - [engl.-amerik. liger] [동물] 라이거(숫사자와 암 호랑이와의 교배로 생긴 튀기).
Light-Show ['laɪtʃoʊ], die; -s [engl.-amerik. lightshow] (특히 조명 효과를 살린) 음악 공연(쇼).
ligieren [li'gi:rən] ⟨h⟩ [ital. legare < lat. ligāre] [펜싱] 상대편의 칼을 쳐서 물리치다(떨어뜨리다). **Ligist** [li'gɪst], der; -en, -en [특히 스포츠] 리그에 속하는 선수. **ligistisch** ⟨Adj.⟩ (드물게) 동맹의, 연맹의.
Lignin [lɪ'gni:n], das; -s, -e [화학] 목질소(木質素), 리그닌. **Lignit** [lɪ'gni:t, (또한) ...nɪt], der; -s, -e **1.** 갈탄(褐炭), 아탄(亞炭). **2.** ↑Xylit.
Ligroin [ligro'i:n], das; -s [인공어] 리그로인, 휘발유.
Ligurien [li'gu:riən], das; -s 리구리엔(이탈리아의 제노바 인근 면한 지역 이름). **ligurisch** [li'gu:rɪʃ] ⟨Adj.⟩ 리구리엔의.
Liguster [li'gʊstɐ], der; -s, - [lat. ligustrum] [식물] 쥐똥나무류.
Liguster-: **~hecke**, die; 쥐똥나무류의 생울타리. **~schwärmer**, der [동물] 박각시(나방)의 일종. **~strauch**, der 쥐똥나무덤불.
liieren [li'i:rən], sich ⟨h⟩ [frz. (se) lier < lat. ligāre] **1.** (교양어) 연애 관계를 맺다: sich mit jmdm. l. 누구와 연애 관계를 맺다. **2.** [특히 경제] 결합하다, 긴밀한 관계를 맺다: das britische Unternehmen hat sich mit zwei deutschen Firmen liiert 그 영국 기업은 독일의 두 회사와 제휴했다. **Liierte***, der / die; -n, -n (고어) 측근, 애인. **Liierung**, die; -en [특히 경제] **1.** (사업상의) 긴밀한 제휴. **2.** (사업상의) 긴밀한 연계.
Likör [li'køːɐ], der; -s, -e [frz. liqueur < lat. liquor] 리큐르 술(브랜디의 일종): drei -e trinken 리큐르 세잔을 마시다.
Likör-: **~essenz**, die 리큐르 주정. **~fabrik**, die 리큐르 술 공장. **~flasche**, die 리큐르 술 병. **~glas**, das ⟨Pl. ~gläser⟩ 리큐르 술 잔. **~service**, das 리큐르 병과 잔 세트.
Liktor ['lɪktɔr, (또한) ...tɔːɐ̯]; der; -s, -en [lɪk'to:rən; lat. lictor] 고대 로마의 고위 관리 수행원. **Liktorenbündel**, das ↑Faszes.
lila ['li:la] ⟨Adj.; 격변화 없음⟩ **1.** 연보라, 담자색(淡紫色)의, 등빛깔의: (통용어·어미변화할 때도) sie trägt lilae(lilane) Unterwäsche 그녀는 연보라빛 내의를 입고 있다. **2.** (통용어) 보통의, 평범한: es geht mir l. 나는 그럭저럭 지내고 있다. **Lila** [-], das; -s, -(통용어) -s [frz. lilas] 연보라(빛). **lilafarben**, **lilafarbig** ⟨Adj.⟩ 연보라색의.
Lilie ['li:liə], die; -n [lat. lilia] **1.** 백합, 나리(순수와 순결의 상징). **2.** [문장(紋章)] 백합.
lilien-, **Lilien-:** **~banner**, das [역사적] 옛 프랑스 국기. **~fries**, der [예술] 기둥[벽면]의 상단부에 있는 백합 모양의 장식부. **~gewächs**, das [식물] (튤립과 같은) 덩이 줄기과의 식물. **~grün** ⟨Adj.⟩ 연한 황록색의. **~kreuz**, das [문장(紋章)] 백합꽃 문양을 한 십자가. **~schweif**, der ↑Eremurus. **~weiß** ⟨Adj.⟩ **1.** 약간 노란 빛이 도는 흰색의. **2.** (시어) 백합같이 흰, 순백(純白)의.
Liliput- ['li:lipʊt-; "걸리버 여행기"에 나오는 소인국 "Lilliput"를 따라] (아주 작은 것을 뜻하는 규정어로서, 예컨대) **Liliputaner** [lilipu'ta:nɐ], der; -s, - 소인(小人), 난쟁이. **liliputanisch** ⟨Adj.⟩ 아주 작은. **Liliputbahn**, die 어린이 전차(유원지의). **Liliputformat**, das 아주 작은 크기.
Lilongwe 릴롱궤(말라위의 수도).
lim = Limes (2).
lim., **Lim.** = limited.
Lima ['li:ma] 리마(페루의 수도).
Liman [li'man], der; -s, -e [russ. liman] 흑해 연안의 석호(潟湖).
Limba ['lɪmba], das; -s 아프리카산 합판, 베니어판.
Limbi: ↑Limbus의 복수형. **limbisch** ['lɪmbɪʃ] ⟨Adj.⟩ (다음 용법으로) **-es System** [의학] (limbic system) (대뇌(大腦) 변연계(邊緣系).
Limbo ['lɪmbo], der; -s, -s 서인도 제도에서 유래하는 곡예 춤.
Limburg ['lɪmbʊrk, (niederl.) 'lɪmbyrx] **1.** 림부르크 (독일 헤센주의 도시). **2.** 벨기에와 네덜란드의 지역. **3.** 벨기에의 도시.
¹Limburger ['lɪmbʊrɡɐ], der; -s, - 림부르크 주민.
²Limburger ⟨Adj.; 격변화 없음⟩ 림부르크의. **Limburger Käse**, der; - -s, - - (원래는 벨기의 림부르크 지방에서만 생산되던) 림부르크 치즈.
Limbus ['lɪmbʊs], der; -, ...bi [lat. limbus] **1.** [종교] ⟨Pl. 없음⟩ ↑Vorhölle. **2.** [식물] 꽃잎의 상단부. **3.** [기술] (분도기의) 분도호(分度弧).
Limerick ['lɪmərɪk], der; -(s), -s 영국 희시(戯詩)의 한 형식, 오행속요(五行俗謠).
Limes ['li:mɛs], der; -, - [lat. limes (2격: līmitis)] **1.**

Linie

라인과 도나우 사이에 있는 로마 시대의 국경 첨벽(壘壁). **2.** 〔수학〕 ↑Grenzwert (2)(기호: lim).
Limeskastell, das ↑Limes (1)의 성채〔요새〕.
Limetta [li'meta], die ↑Limette.
Limette [li'meta], die; ...tten [frz. limette] 껍질이 얇은 서인도산 레몬. **Limettensaft**, der 위의 레몬으로 만든 주스.
limikol [limi'ko:l] 〈Adj.〉〖동물〗 (동물들이) 진흙탕에 사는.
Limit ['limit], das; -s, -s / -e [engl. limit] **a)** 한계, 한도: das L. überschreiten 한계를 넘다; jmdm. ein L. setzen 누구에게 한계를 정하여 주다. **b)** 〖경제, 특히 재정 · 증권〗 상한가 혹은 하한가. **c)** 〖스포츠〗 최소의 자격 요건. **d)** 〖권투〗 각 체급(體級)의 한계. **Limitation** [limita'tsjo:n], die; -en [lat. līmitātio] 〖전문어〗 제한, 한정. **limitativ** [...'ti:f] 〈Adj.〉〖전문어〗 한정적인: -es Urteil 〖철학〗 한정 명제(형식상으로는 긍정이나, 내용상으로는 부정인 명제). **Limite** [li'mi:tə], die; -n [frz. limite] 〈schweiz.〉 ↑Limit. **limited** ['limitid〕 영어 limit의 과거분사 〖경제〗 유한의(약어: Ltd., Lim., Ld.). **limitieren** [limi'ti:rən] 〈h〉 [lat. līmitāre] 〖특히 전문어〗 제한하다, 한정하다: eine Auflage auf 300 Exemplare l. 발행부수를 300부(部)로 한정하다. **Limitierung**, die; -en 제한, 한정.

limnikol [limnɪ'ko:l] 〈Adj.〉〖생물〗 담수에 서식하는. **Limnimeter**, das; -s, - 수위(水位) 측정기. **limnisch** ['limnɪʃ] 〈Adj.〉 **1.** 〖생물〗 담수에 살거나 담수에서 생성된(반대: terrestrial 2, marin 2). **2.** 〖지질〗 담수에서 생성된[퇴적된](반대: paralisch). **Limnograph** [lɪmno'graːf], der; -en, -en ↑Limnimeter. **Limnologe**, der; -n, -n 육수학자(陸水學者), 호소학자(湖沼學者). **Limnologie**, die ↑Seenkunde. **limnologisch** 〈Adj.〉 육수학(陸水學)의, 호소학(湖沼學)의. **Limoplankton**, das; -s 담수에 사는 플랑크톤.
Limo ['limo, 〈또한〉 'li:mo], die; -s 〈통용어〉 ↑Limonade의 약칭. **Limonade** [limo'na:də], die; -n [frz. limonade] 레몬 주스, 과일즙으로 만든 탄산음료. **Limonade(n)flasche**, die 레몬주스 병.
Limone [li'moːnə], die; -n [ital. limone] **1.** 〈드물게〉 ↑Zitrone. **2.** ↑Limette. **Limonelle** [limo'nɛlə], die; -n 〈드물게〉 ↑Limette. **Limonen** [limo'neːn], das; -s, -e 〖화학〗 (향수를 만드는 데 쓰이는) 레몬 향내가 나는 액체 탄화수소.
Limonit [limo'niːt, 〈또한〉 ...nɪt], der; -s, -e ↑Brauneisenstein.
limos [li'moːs], **limös** [li'møːs] 〈Adj.〉〖생물〗 수렁의, 진흙탕의, 소택지(沼澤地)의.
Limousine [limu'ziːnə], die; -n [frz. limousine] 리무진, 차내 공간이 넓은 승용차.
limpid [lɪmˈpiːt] 〈Adj.〉 [lat. limpidus] 《고어》 맑은, 투명한.
Lincrusta: ↑Linkrusta.
lind [lɪnt] 〈Adj.〉 **1.** 〈아어〉 **a)** (기후가) 온화한, 쾌적한, 기분 좋은: die Luft ist l. 공기는 온화하다. **b)** 부드러운, 잔잔한. **2.** 〖격변화 없음〗 ↑lindgrün.
Linde ['lɪndə], die; -n **1.** 〖식물〗 보리수. **2.** 〈Pl. 없음〉 보리수나무 목재. **linden** ['lɪndn̩] 〈Adj.〉〈드물게〉 보리수나무로 만든.
Linden-: ~allee, die 보리수가 늘어선 길. **~baum**, der 〈아어〉 보리수. **~blatt**, das 보리수 잎. **~blüte**, die 보리수 꽃. **~blütenhonig**, der 보리수 꽃(에서 딴) 꿀. **~blütentee**, der 보리수 꽃 (으)로 만든 차(茶). **~gewächs**, das 〖식물〗 보리수와 나무. **~holz**, das 보리수나무로 된 목재. **~honig**, der 보리수 꽃(에서 딴) 꿀. **~schwärmer**, der 〖동물〗 박각시(나방)의 일종.

lindern ['lɪndɐn] 〈h〉 누그러지게 하다, 완화시키다, 평온하게 하다, 진정시키다, 가볍게 하다, 약하게 하다: jmds. Schmerzen, l. 누구의 고통을 덜어 주다. **Linderung**, die 완화, 경감, 완만, 완인: zur L. der Not beitragen 곤경을 완화하는 데 공헌하다. **Linderungsmittel**, das 〖의학〗 진통제, 완화제.
lindgrün 〈Adj.〉 담록색(淡綠色)의.
Lindheit, die **a)** 온화함, 부드러움, 유화(柔和). **b)** 섬세함, 부드러움.
Lindwurm ['lɪnt-], der; -(e)s, ...würmer 〖신화〗 용과 비슷한 전설상의 괴물.
Lineage ['lɪnɪdʒ], die 《또는》 das; -, -s [engl. lineage] 〖인종〗 혈통, 가계, 혈족.
lineal [line'a:l] 〈Adj.〉 [spätlat. līneālis] ↑linealisch. **Lineal** [-], das; -s, -e 자: er geht, als hätte er ein L. verschluckt (그는) 마치 자를 삼킨 것 같이 걷는다(뻣뻣하고 부자연스런 걸음걸이를 일컬음). **linealisch** 〈Adj.〉〖식물〗 (잎이) 길고 가장자리가 평행인.
Lineament [linea'mɛnt], das; -(e)s, -e [lat. līneāmentum] **1.** 〖미술〗 선의 배열. **2.** 〖지질〗 Geofraktur. **linear** [line'aːɐ̯] 〈Adj.〉 [lat. līneāris] **1. a)** 〖교양어〗 선 모양의: -e Beschleunigung 〖물리〗 선가속도(線加速度). **b)** 〖예술〗 도안의, 선을 중요시하는. **2. a)** 〖교양어〗 직선적인, 단순하고 꾸준하게 나아가는. **b)** 〖언어〗 순차적인. **c)** 〖음악〗 화성(和聲)에서 각 성부(聲部)의 동시적 발성을 중요시 여기는. **3.** 〖수학〗 일차원적인, 선형의. **4. a)** 〖전문어〗 일정한 방식을 따르는, 일률적인: -e Lohnerhöhung 일률적인 임금 인상. **b)** 〖수학〗 -e Gleichungen 1차 방정식.
Linear-: ~beschleuniger, der [engl. linear accelerator] 〖핵물리〗 선형가속기(線形加速器). **~eruption**, die 〖지질〗 지층의 틈새에서 일어나는 화산 작용. **~motor**, der 〖전기〗 리니어 모터〖선형 모터〗. **~schrift**, die 〖문헌〗 직선으로 표현된 그림문자(상형문자). **~vulkan**, der 〖지질〗 지층의 틈새를 따라 폭발하는 화산. **~zeichnung**, die 〖전문어〗 선화(법)(線畫(法)), 겨냥도, 약도(略圖).
Linearität [lineari'tɛːt], die 〖전문어〗 직선성(直線性), 선형성(線形性). **Lineatur** [...'tuːɐ̯], die; -en **1.** (종이 위의) 선 전체. **2.** 〖미술〗 선을 긋기, 펼치(筆致). **Liner** ['laɪnɐ], der; -s, - [engl. liner] 〖항해〗 정기선.
Linette [li'nɛtə], die [frz. linette] (양면에 광택을 낸) 프랑스산(産) 아마 (면)직물.
Linga(m) ['lɪŋɡa(m)], das; -s [시바신(神)의 상징인] 남근(男根).
Linge [lɛːʒ], die [frz. linge] 〈schweiz. · 숙박〗 빨랫감, 세탁물. **Lingerie** [...iː], die; -n [...iːən] [frz. lingerie] 〈schweiz.〉 **a)** 세탁물 보관소. **b)** 세탁장(場). **c)** 내의류 전문점.
lingual [lɪŋ'ɡuaːl] 〈Adj.〉〖특히 의학〗 혀의, 혀에 관한. **Lingual** [-], der; -s, -e 〖언어〗 설음(舌音). **Lingualallaut**, der; -(e)s, -e ↑Lingual. **Lingualpfeife**, die; -n (음이 주기적으로 중단되는) 오르간의 음관(音管). **Linguist** [lɪŋ'ɡuɪst], der; -en, -en 어학자, 언어학자. **Linguistik**, die 언어학, 언어학: kontrastive (mathematische) L. 비교(수리) 언어학. **linguistisch** 〈Adj.〉 어학의, 언어학의.

liniar [li'niaːɐ̯] ↑linear. **Linie** ['liːnjə], die; -n [lat. līnea] **1. a)** 선(線): gerade[punktierte] -n 직선[점선]들; mit dem Lineal eine L. ziehen 자를 대고 선을 긋다; Briefpapier mit -n 줄이 쳐져 있는 편지지; die -n eines Spektrums 〖물리〗 스펙트럼 선(線)들. **b)** 〖수학〗 선(線): eine gerade L. 직선. **c)** 〖스포츠〗 라인, 경계선: den Ball über die L. schlagen 〔ins Aus〕 공을 라인 밖으로 차내다; keiner brachte den Ball über die

L. 아무도 공을 골인시키지 못했다. **c)** 〈해양〉↑Wasserlinie의 약칭. **d)** 〈인쇄〉 괘선(罫線). **e)** 〈옛〉 척도의 이름 (2mm와 2¼ mm 사이). **2.** 선, 윤곽: etw. tritt in scharfen -n hervor 어떤 것이 선명하여 윤곽을 드러내다; auf die(schlanke) L. achten 〈통용어·농〉〔날씬한〕몸매에 유의하다. **3. a)** 어떤 것을 연결하는(가상적인) 선: auf der L. Freiburg-Basel 프라이부르크-바젤 선상에서. **b)** 〈Pl. 없음〉〔선원〕적도(赤道): die L. passieren (kreuzen) 적도를 지나다[횡단하다]. **c)** 〔펜싱〕↑Fechtlinie의 약칭. **d)** 〔장기〕서양장기판의 세로 줄들이 이루는 한 칸. **4.** 열, 줄, 대열: eine L. bilden 열을 짓다; in einer L. stehen 횡렬로 서다; die Gebäude stehen in einer L. 그 건물들은 동렬 선상에 있다; **L. halten**〔인쇄〕(행이) 직선을 유지하다. **5. a)** 〈단수, 복수의 의미가 같음〉〔군〕전선(戰線), 전열(戰列): die feindlichen -n durchbrechen 적의 전선을 돌파하다; **in vorderster L. stehen** 최선두열에 서다. **b)** 〔군〕 횡렬로 포진한 군대. **c)** 〈Pl. 없음〉〔군·옛〕 상비군. **6. a)** 〔경기〕 노선, 〔경기〕 항공로: die L. Hamburg-London 함부르크-런던 노선; die L. (Straßenbahn-, Buslinie) 8 〔전철, 버스의〕 8번 노선; eine L. einrichten(stillegen, einstellen) 노선을 개설하다[노선의 운행을 중지하다]. **b)** 어떤 노선의 교통 수단: die L. 12 fährt (bis) zum Bahnhof 12번 노선은 역(驛)까지 간다; er fährt die L. (auf der L.) 12 〔언어〕 그는 12번 노선을 운행한다. **7.** 계통, 혈통, 가계 (家系): die männliche(weibliche) L. 부계(모계); in gerader(direkter) L. von jmdm. abstammen 누구의 직계이다. **8.** (행위, 정책 등의) 노선(路線), 진로, 방향: eine gemäßigte(radikale) L. vertreten 온건한[급진적] 노선을 대변하다; etw. auf eine L. (auf die gleiche L.) stellen 무엇을 똑같이 취급하다. **9. in erster (zweiter) L.** 우선은(다음은): in erster L.geht es darum, daß ... 우선은 ... 이 문제다; **auf der ganzen L.** 완전히, 모든 면에 있어서: er hat auf der ganzen L. versagt 그는 모든 면에서 실패했다.

linien-, Linien-: **~ball**, der 〔테니스〕**1.** 라인을 건드린 공. **2.** 옆 라인을 따라 서브한 공. **~blatt**, das 받침 괘지(罫紙). **~blitz**, der 〔기상〕 선형(線形)의 번개. **~bus**, der 노선버스. **~dampfer**, der 정기 여객선. **~dienst**, der (선박·항공기의) 정기 운항. **~flug**, der 정기 노선 비행(반대: Charterflug). **~flugzeug**, das 정기 노선 비행기. **~förmig** 〈Adj.〉 선 모양의, 선 형(線形)의, 선상(線狀)의. **~führung**, die 《특히 전문어》**1. a)** 도안이나 구성상의 선(線)처리, 필치. **b)** 윤곽(線). **2.** (특히 철도나 버스의) 노선 운행. **~maschine**, die ↑flugzeug. **~netz**, das **1.** 교통 노선 망(網). **2.** (드물게) 선(線)들로 된 망(網). **~omnibus**, der ↑~bus. **~papier**, das 줄이 인쇄되어 있는 종이, 괘지(罫紙). **~richter**, der 〔구기〕 선심(線審). **~schiff**, das **1.** 정기 운행 선박, 정기선. **2.** 〈옛〉 (일렬 횡대(橫隊)로 항진하는) 전함. **~schiffahrt**, die 정규 항행. **~spektrum**, das 〔물리〕 선(線) 스펙트럼. **~spiegel**, der (österr.) ↑~blatt. **~stecher**, der 〔Guillocheur. **~system**, das 〔음악〕 오선 악보표(五線樂譜表). **~taufe**, die 〔해양〕 적도 통과 기념 장난 세례(↑Äquatortaufe). **~treu** 〈Adj.〉 〔폄〕 (당의) 이데올로기 [정치 노선]에 충실한: sich l. verhalten 〔폄〕 당의 노선에 충실하게 행동하다. **~treue**, die 〔폄〕 (당의) 정치 노선에 충실함[충실한 행동]. **~truppen** 〈Pl.〉 〔군〕〈옛〉 상비군; ↑Linie (5 c). **~verkehr**, der 정기 노선의 교통.

Linier-, Liniier- 〔인쇄〕: **~gerät**, das ↑~maschine. **~maschine**, die 선(線)을 긋는 기계. **~platte**, die 선을 인쇄하는 데 쓰이는 인쇄판.

linieren [liˈniːrən] (österr.), **liniieren** [liniˈiːrən] 〈h〉 [lat. līneāre] 선(罫)을 긋다: lini(i)ertes Papier 이 쳐져 있는 종이, 괘지(罫紙). **Linierung** (österr.), **Liniierung**, die; -en **1.** 선긋기, 줄긋는 것. **2.** (종이 위의) 선 전체.

Liniment [liniˈmɛnt], das; -(e)s, -e [spätlat. linīmentum] 〔의학〕 (특히 신경통에) 바르는 연고.

link [lɪŋk] 〈Adj.〉〈경〉틀린, 나쁜, 의심쩍은, 부정(不正)의, 신용할 가치가 없는, 음험한, 저의가 있는: -e Geschäfte machen 미심쩍은 사업을 하다; ein -er Vogel 정체가 불분명한 사람. **link...** [lɪŋk...] 〈Adj.〉(반대: recht...) **1. a)** 왼쪽의, 좌측의, 왼편의: die -e Hand 왼손; das -e Ufer des Flusses 왼쪽 강가(물이 흐르는 방향으로 보아서); -er Haken 〔권투〕 왼쪽 훅; **-er Hand** (↑Hand 1). **b)** (직물, 내의류의) 안쪽면, 뒷면: die -e Seite eines Hemds 셔츠의 안쪽면. **2.** 정치적으로 좌익의, 좌파의, 좌파의: -e Zeitungen 좌경의 신문들; der -e Flügel einer Partei 어느 정당내의 좌파; er ist ein Linker 그는 좌익이다. **¹Linke*, der; -n, -n 〔구기·언어〕레프트 윙. **²Linke***, die; -n, -n (반대: Rechte) **1. a)** 왼손: etw. in der -n halten 무엇을 왼손에 쥐고 있다; seine L. einsetzen 〔권투〕 왼손을 쓰다; **zur -n** 왼쪽, 왼손쪽에: er saß zur -n der Gastgeberin 그는 안주인의 왼쪽에 앉았다. **b)** 〔권투〕 왼손주먹으로 치기. **2.** 좌익(사회주의나 공산주의를 주장하는 정당[정치단체]). **Linkehandregel**, die 〔물리〕 왼손의 법칙. **linken** [ˈlɪŋkn̩] 〈h〉 (täuschen) 속이다, 기만하다. **linker Hand** ↑Hand (1). **linkerseits** 〈Adv.〉 왼쪽에, 왼손에, 왼편에, 좌측에(반대: rechterseits) 그 문 왼쪽에 있는 문. **linkisch** 〈Adj.〉〔폄〕 왼손잡이의, 서투른, 솜씨없는; 꼴사나운, 예의없는: l. grüßen 어색하게 인사하다.

Linkrusta [lɪŋˈkrʊsta, (또한) lɪŋ...], die (인공어) 표면이 리놀륨식(式)으로 된 벽지(壁紙). **Linkrustatapete**, die 표면이 리놀륨식(式)으로 된 벽지(壁紙).

links [lɪŋks] **I.** 〈Adv.〉**1. a)** 왼쪽에, 왼편에, 좌측에(반대: rechts): l. vom Eingang 입구 왼쪽에; l. überholen! 좌측으로 추월하라!; l. abbiegen (교통에서) 좌측으로 방향을 틀다; l. um! 좌향좌! (군대의 명령) (↑linksum); von l. kommen 왼쪽(편)에서 오다; l. nach l. hin 왼쪽(편)으로, 왼쪽을 향하여; l. und rechts verwechseln 좌우를 혼동하다; **jmdn.**(etw.) **l. liegenlassen** 〈통용어〉 누구[무엇]를 (의도적으로) 무시하다; **weder l. noch rechts**(weder rechts noch l.) **schauen** (좌·우도 바라보지 않고) 앞만보고 똑바로 가다, 한눈팔지 않고 목적을 향해 나아가다; **nicht (mehr) wissen, was l. und (was) rechts**[was rechts und(was) l.] ist 이제는 좌우도 분간 못한다. **b)** 〈통용어〉 왼손으로: **l. sein** 〈통용어〉 왼손잡이다; **mit l.** 〈통용어〉 왼손으로, 쉽게. **c)** 앞쪽에, 뒷면에, 뒤집은 쪽에: die Tischdecke l. auflegen 식탁보를 뒤집어 깔다; ein Kleidungsstück (nach) l. ((통용어)) auf l.) wenden 옷을 뒤집다; **jmdn. (auf) l. drehen** 〈경〉누구를 철저하게 조사하다, 누구를 심문하다. **d)** 〔수공〕(편 물에서) 뒤집은 쪽에서, 뒷면에, 안쪽에; 뒷면처럼 보이게 짠 스웨터. **2.** 정치적으로 좌경에, 좌파에, 좌익에: l. eingestellt sein 좌경이다; l. 〈통용어〉 좌경이다, 좌익이다. **II.** 〈präp.²〉(드물게) l. des Rheins 라인 강 왼편에.

links-, Links-: **~abbieger**, der 좌회전 차량의 운전자(반대: Rechtsabbieger). **~abbiegerspur**, die 〔교통〕 좌회전 차선. **~abweichler**, der 〈공산주의·폄〉 당의 노선을 이탈한 극렬 공산주의자. **~anwalt**, der 〔권투〕 왼발을 앞세운 빠른 전진 동작. **~auslage**, die 〔권투〕 왼발과 왼손을 앞으로 내민 오른손잡이

권투선수의 자세. ~**ausleger**, der [권투] (왼손발을 앞세운) 오른손잡이 권투선수(반대: Rechtsausleger). ~**außen** [-'--] 〈Adv.〉 [구기] 레프트 윙의: 전의 l. stehen 《정치 은어》 극좌경(左派, 좌익)이다; Kritik von l. 극좌파쪽으로부터의 비판. ~**außen** [-'--], der [구기] 레프트 윙(반대: Rechtsaußen). ~**bündig** 〈Adj.〉 《인쇄》 왼쪽선에 수직으로 맞추어(반대: rechtsbündig). ~**drall**, der 1. [전문어] 좌회선(左旋回). 2. [통용어] 좌측으로 기우는 경향. 3. 《정치 은어》 좌경화 경향, 좌익 성향. ~**drehend** 〈Adj.〉 1. [특히 기술] 좌선회하는. 2. [화학·물리] 좌선성(左旋性)의. ~**drehung**, die 좌회전, 좌선전. ~**extrem** 〈Adj.〉《드물게》↑extremistisch(반대: rechtsextrem). ~**extremismus**, der [정치] 극좌사상(極左思想)(반대: Rechtsextremismus. ~**extremist**, der [정치] 극좌파(반대: Rechtsextremist). ~**extremistisch** 〈Adj.〉 극좌적인. ~**galopp**, der [승마] 왼편 앞발로 먼저 뛰는 갤럽. ~**gängig** 〈Adj.〉 [기술] ↑~drehend (1). ~**gerichtet** 〈Adj.〉《사상이》좌익인. ↑~orientiert. ~**gewebt** 〈Adj.〉 [통용어·은폐] 동성애의, 호모의. ~**gewinde**, das [기술] 왼쪽으로 감긴 코일. ~**gläubig** 〈Adj.〉 [정치 은어] 좌경의, 좌익 사상을 지닌. ~**händer** [-hɛndɐ], der 왼손잡이. ~**händig** 〈Adj.〉 (반대: rechtshändig) 1. 왼손잡이의. 2. 왼손을 써서(약솧하여): eine Tätigkeit l. verrichten 어떤 행위를 왼손으로 하다. ~**händigkeit**, die 왼손잡이 습성. ~**her** 〈Adv.〉 [고어] 왼편으로부터, 왼쪽에서. ~**herum** 〈Adv.〉 왼쪽으로 돌아서(반대: rechtsherum). ~**hin** 〈Adv.〉 [고어] 왼편의, 왼편을 향하여(반대: rechtshin). ~**innen** [-'--], der [구기] 중간 레프트 윙. ~**intellektuelle**, der [정치] 좌파 지식인. ~**katholizismus**, der [정치] 좌파 가톨릭교(회). ~**koalition**, die [정치] 좌파 연합, 좌파 연립(반대: Rechtskoalition). ~**konter**, der [권투] 왼주먹에 의한 역습. ~**kurs**, der 1. [경마] 왼쪽으로 도는 코스. 2. [정치] 좌파 성향의 노선. ~**kurve**, die [정치] 왼쪽 커브. ~**lastig** 〈Adj.〉 1. 왼쪽이 너무 무거운. 2. 《정치 은어·폄》너무 좌경화된, 좌익으로 기운. ~**lastigkeit**, die 왼쪽이 무거움. ~**läufig** 〈Adj.〉 1. [기술] 왼쪽으로 도는, 시계 반대 방향으로 도는(↑~drehend (1)). 2. [전문어] (특히 문자가) 오른쪽에서 왼쪽으로 [쓰여지는]. 3. [필적] a) 쓰가는 방향과 반대되는 글씨의. b) 쓰가는 방향 반대로 쓰는 글씨가 많은. ~**lenker**, der [자동차] 운전대가 왼쪽 앞쪽에 설치되어 있는 차량(반대: Rechtslenker). ~**liberal** 〈Adj.〉 [정치] 자유주의 좌파의. ~**opposition**, die [정치] 좌파 야당(반대: Rechtsopposition). ~**orientiert** 〈Adj.〉 [정치] 좌경의, 좌익 사상을 추종하는. ~**orientierung**, die 〈Pl. 없음〉좌파적 노선[입장]. ~**partei**, die [정치] 좌익 정당, 좌파 정당(반대: Rechtspartei). ~**radikal** 〈Adj.〉 [정치] 극좌(極左)의, 급진 좌경의(반대: rechtsradikal). ~**radikale***, der / die 극좌파 사람. ~**radikalismus**, der 극좌, 급진 좌경 사상(반대: Rechtsradikalismus). ~**rechts-Kombination**, die 〈붙임표와 함께〉[권투] 좌우주먹의 연결 공격. ~**regierung**, die [정치] 좌파정부(반대: Rechtsregierung). ~**ruck**, der [정당내의] 좌파세력확장. ~**rum** 〈Adv.〉 ↑~herum의 통용어. ~**schnitt**, der [특히 스포츠] 왼쪽으로의 컷. ~**schuß**, der [축구] 왼발 슛. ~**schwenkung**, die 좌회전(左旋回). ~**seitig** 〈Adj.〉 왼편에, 왼쪽에(반대: rechtsseitig). ~**sektierer**, der 《공산주의·폄》좌파적 고립자, 좌파 극렬분자. ~**sektiererisch** 〈Adj.〉 ↑~sektierer의 형용사적. ~**stehend** 〈Adj.〉 [정치] 좌경의, 좌파의. ~**steuerung**, die [자동차] 핸들이 왼쪽에 달림. ~**ufrig** 〈Adj.〉 왼쪽 강변에 (있는), 강 왼쪽의. ~**um** [(또한) -'--] 〈Adv.〉 (특히 군대의 명령어로) 좌향좌. ~**unterzeichnete***, der / die 서류 왼편 밑에 명하는 사람. ~**verbinder**, der [구기] 중간 레프트 윙. ~**verkehr**, der [교통] (자동차의) 좌측 통행. ~**vortritt**, der 《스위스·교통》 왼쪽에서 오는 차량의 선행(先行)권(반대: Rechtsvortritt). ~**wendung**, die 좌선회(左旋回).

Linkser ['lɪŋksɐ], der; -s, - [지역적] 왼손잡이(반대: Rechtser).

linnen ['lɪnən] 〈Adj.〉 ↑leinen의 고어. **Linnen** [-], das; -s, - ↑Leinen의 고어.

Linnésche System [lɪˈneːʃə], das; -n, -s [식물] 린네 (스웨덴 식물학자)식 식물 분류법.

Linoleum [liˈnoːleʊm, (österr.) linoˈleːʊm], das; -s [engl. linoleum] 리놀륨. **Linoleumbelag**, der 리놀륨 판(板). **Linoleumschnitt**, der [미술] ↑Linolschnitt. **Linolsäure**, die; -n [화학] 리놀산(酸). **Linolschnitt**, der; -(e)s, -e 〈Pl. 없음〉 [그래픽] 목재 대신 리놀륨을 쓰는 철판식(凸版式)인쇄, 2. 위의 방법으로 인쇄된 판화. **Linon** [liˈnõː, (또한) 'liːnɔn] der; -(s), -s [frz. linon] [섬유] 아마 비슷한 프랑스산(産) 면직물.

Linotype ⓦ ['laɪnotaɪp], die; -s [engl. linotype] [인쇄] 라이노타이프, 자동주조 식자기. **Linotype-** [인쇄] ~**satz**, der 라이노타이프기로 주조된 식자(植字). ~**setzer**, der 라이노타이프기의 식자공. ~**Setzmaschine**, die 〈붙임표와 함께〉 라이노타이프(기)(↑Linotype).

Linse ['lɪnzə], die; -n 1. a) [식물] 불콩, 편두(扁豆). b) 위 식물의 열매. c) 음식물로 쓰이는 위 식물의 씨앗. 2. a) [광학] 렌즈: stark vergrößernde -n 강한 확대 렌즈; -n schleifen 렌즈를 갈다. b) [통용어] 카메라 (대물) 렌즈. c) [의학] (안구(眼球)의) 수정체: die L. spannen 《학생어》 날카롭게 주시하다. d) [물리·기술] (전자 현미경에서) 렌즈역할을 하는 전기장(場)[자장]. 3. [지질] 렌즈 형태의 지층(地層). 4. 〈Pl.〉 [통용어] 주화(鑄貨), 돈. **linsen** ['lɪnzn] ⟨h⟩ [통용어] 몰래 훔쳐보다, 망을 보다, 감시하다: um die Ecke l. 모퉁이를 감시하다; bei der Klassenarbeit l. 〈학생어〉 수업 중의 과제물을 베끼다.

linsen-, Linsen-: ~**erz**, das [광물] 렌즈 모양의 (구리, 알루미늄) 광석. ~**fehler**, der [광학] 렌즈에 있는 흠. ~**fleck**, der ↑Leberfleck. ~**förmig** 〈Adj.〉 불콩 모양의. ~**gericht**, das 불콩요리: **für ein L.** 보잘 것 없는 것을 주고; etw. für ein L. hergeben [verkaufen] 무엇을 보잘 것 없이 바꾸다[팔다]. ~**kern**, der [해부] 1. 눈의 수정체 중심부분[핵]. 2. 뇌의 신경핵. ~**suppe**, die 불콩 수프. ~**system**, das 《전문어》렌즈 시스템. ~**trübung**, die [의학] 수정체의 혼탁. ~**wicke**, die 〈사료용으로 재배하는〉 살갈퀴속(屬)의 식물.

Linters ['lɪntɐs] 〈Pl.〉 [engl. linters (Pl.)] 린터(조면(繰綿) 후에도 목화씨에 붙어 있는 솜 부스러기).

Linz ['lɪnts] 린츠(오스트리아 빈 서쪽에 있는 상공업 도시). **¹Linzer** ['lɪntsɐ], der; -s, - 린츠 시의 사람. **²Linzer** 〈Adj.〉 격변화 없음] 린츠 시의.

Linzer Torte, die; - -n 린츠 케이크.

lip-, Lip: ↑lipo-, ↑Lipo-. **Lipase** [liˈpaːzə], die; -n [생화학] [의학](지방을 분해하는). **Lipämie** [lipɛˈmiː], die [의학] (고)지방혈(脂肪血). **lipämisch** [liˈpɛːmɪʃ] 〈Adj.〉 [의학] (고)지방혈의. **Liparische Inseln** 〈관사와 같이만 쓰임, Pl.〉 (시칠리아 섬 북동쪽에 있는) 리파 군도. **Lipid** [liˈpiːt], das; -(e)s, -e [생화학] a) 〈대개 Pl.〉 지방, 유(類)지방 성분. b) 〈Pl. 로만〉 지방

질 및 유지방질의 총칭.
Lipizzaner [lipi'tsa:nɐ], der; -s, - 리피차(유고 트리에스트 근교 지명)산 백마.
lipo-, Lipo-, 《모음 앞에서는》 **lip-, Lip-** [lip(o)-; 《griech.》 lípos] "지방질"을 뜻하는 규정어로서, 예컨대 **Lipolyse, Lipämie, Lipochrome** [...'kro:mə] 《Pl.》 ↑Karotinoide. **lipoid** [lipo'i:t] 〈Adj.〉 〖생화학〗리포이드의, 유지방(類脂肪)의. **Lipoid** [-], das; -s, -e 〖생화학〗 **a)** 《대개 Pl.》리포이드, 유지질(類脂質). **b)** 〈Pl. 로만〉리포이드, 유지질군의 총칭. **Lipolyse,** die; -n ↑Fettspaltung. **Lipom** [li'po:m], das; -s, -e, **Lipoma** [li'po:ma], das; -ta 〖의학〗지방종(脂肪腫). **Lipomatose** [lipoma'to:zə], die; -n 〖의학〗 **a)** 지방종증(脂肪腫症). **b)** ↑Fettsucht. **lipophil** [...'fi:l] 〈Adj.〉 〖화학〗지방에 잘 용해되는(반대: lipophob). **lipophob** [...'fo:p] 〈Adj.〉 〖화학〗지방에 잘 용해되지 않는. **Lipoproteid,** das; -(e)s, -e 〖생화학〗리포 프로테이드(지방질 단백질).

¹Lippe ['lɪpə], die; -n **1. a)** 입술: die -n öffnen(vorschieben] 입술을 열다[앞으로 내밀다]; sich³ die -n schminken 입술을 칠하다; den Finger auf die -n legen 손가락을 입술에 대다(말하지 말라는 뜻으로); sich³ auf die -n beißen 입술을 깨물다(웃음을 참기 위해서); **an jmds. -n hängen** 누구의 말을 열심히 들으며 그를 주시하다; **etw. auf den -n haben** 무엇을 말로 표현하려던 참이다; **etw**(mit **etw.**) **auf den -n tragen** 늘 말(노래)하면서; **etw. liegt[schwebt] jmdm. auf den -n** 무슨 말이 누구의 입에서 막 나오려하다; **etwas erstirbt (jmdm.) auf den -n**누구의 말문을 하려다 갑자기 말문이 막히다; **etw. drängt sich[jmdm.] auf die -n** 무슨 말을 할 필요성을 느끼다; **etw. kommt[nicht] über jmds. -n** [kommt **jmdm.** (nicht) über die -n] 무엇에 관한 말문이 열리다[열리지 않다]; **etw.**(**nicht**) **über die -n bringen** 무엇을 말하다[말하지 못하다]; **etw. fließt[geht] jmdm. leicht[glatt] von den -n** 누구가 누구의 입에서 쉽게[술술] 나오다. **b)** 《Pl. 없음》〖경〗입, 언변, 말투, 입담: das ist die freche Berliner L. 그것은 건방진 베를린 말투이다; **eine (dicke) L. riskieren** 〖통용어〗 겁없이 떠벌리다. **2.** 〖식물〗순(脣), 순형화관(脣形花瓣).

²Lippe [-], die 라인강 우측의 지류.

lippen-, Lippen-. ~**bär,** der 〖인도산〗입술곰. ~**bekenntnis,** das 〖경〗말뿐인 고백. ~**blütler,** der 〖식물〗 순형과(脣形科), 꿀풀과(科). ~**förmig** 〈Adj.〉 입술 모양의, 순형(脣形)의. ~**gaumenlaut,** der 순연구개음(脣軟口蓋音)(↑Labiovelar (1)). ~**lack,** der (루즈에 칠하는 광택용) 립그로스. ~**laut,** der 〖언어〗순음(脣音); ↑Labial. ~**lesen,** das -s 독순술(讀脣術). ~**pfeife,** die ↑Labialpfeife. ~**pflock,** der 〖민속〗(미개 민족의) 입술고리. ~**pomade,** die 입술 연고. ~**rot,** das 〖경〗(준교어) 입술 연지, 루즈. ~**spalte,** die 언청이(↑Hasenscharte). ~**stellung,** die 입술의 위치 [자리]. ~**stift,** der **1.** 립스틱. **2.** 루즈, 입술 연지: den L. abwischen 루즈를 닦다. ~**synchron** 〈Adj.〉 〖영화〗음성과 입술의 움직임이 동시적인. ~**synchronisation,** die 〖영화〗음성과 입술의 움직임이 같은 동시녹음. ~**zahnlaut,** der 〖언어〗순치음(脣齒音)(↑Labiodental).

Lippfisch ['lɪp-], der; -(e)s, -e 놀래기(물고기). -**lippig** [-lɪpɪç] 〖다음의 합성어로, 예컨대〗 dünnlippig, schmallippig.

Lipsi ['lɪpsi], der; -s, -s 〖구동독〗6/4박자의 현대 사교춤.

Liptauer ['lɪptauɐ], der; -s, - [카르파텐 지방 슬로바키아 지역의 옛 독일 명칭에서] 립타우산 양(羊)유제 치즈.

Lipurie [lipu'ri:], die 〖의학〗지방뇨(증)(脂肪尿(症)).
Liq. = Liquor.
Liquefaktion [likvefak'tsio:n], die; -en [spätlat. liquefactio] 〖화학〗액화(液化), 융해. **liqueszieren** [likves'tsi:rən] 〈s〉 [lat. liquēscere] 〖화학〗액화(液化)되다, 녹다. **liquid** [li'kvi:t], **liquide** [li'kvi:də] 〈Adj.〉 [lat. liquidus] **1.** 〖경제〗유동(流動) 가능한, 유동성의, 현금화할 수 있는: -e Gelder[Mittel] 유동자금(자산). **2.** 〖경제〗지불 능력이 있는, 청산할 수 있는(반대: illiquid): ein -es Unternehmen 지불 능력이 있는 기업. **3.** 〖화학〗액체의, 액상(液狀)의, 물 같은. **4.** 〖언어〗유음(流音)의; **Liquid,** der; -s, -e ↑Liquida. **Liquida** [li'kvida], die; ...dä [...de] / ...dən [li'kvi:dn]; lat. (cōnsonāns) liquida 〖언어〗유음유음(예컨대: "l"과 "r"). **Liquidation** [likvida'tsio:n], die; -en [mlat. liquidatio] **1.** (부채의) 청산, 정리, 변제, (의사, 변호사 등의) 계산청구서. **2.** 폐업, 해산, 파산.
Liquidations- 〖경제〗: ~**bilanz,** die (회사의) 파산[폐업] 결산. ~**masse,** die (파산 후의) 정리 재산. ~**wert,** der (파산) 정리 재산의 가치.
Liquidator [likvi'da:tor, 《또한》...to:ɐ̯], der; -s, -en [...da'to:rən] 〖경제〗청산인, 파산 관재인(管財人).
liquide: ↑liquid. **Liquiden:** Liquida의 복수형.
liquidieren [likvi'di:rən] 〈h〉 [ital. liquidare] **1.** 〖경제〗 **a)** (기업, 회사, 상사 등을) 해체하고 정리하다. **b)** 해체되다, 해체하다, 해산하다: die Firma hat liquidiert 그 회사는 폐업하였다(해체되었다). **c)** 현금으로 바꾸다: einen Nachlaß l. 유품을 현금으로 바꾸다. **d)** (부채, 빚 등을) 청산하다, 변제하다. **2.** (자유 직업에서) 청구서를 내다: für ärztliche Bemühungen einen Betrag l. 의사의 노고에 대해 금액을 청구하다. **3.** 《교양어》 **a)** 제거하다, 없애다. b) 죽이다, 살해하다, 제거하다: Gefangene l. 죄수들을 죽이다. **Liquidierung,** die; -en 해체, 폐업, 해산, 살해, 살해. **Liquidität** [likvidi'tɛ:t], die; 〖경제〗 **1.** (파산 기업의) 지불 능력(반대: Illiquidität). **2.** 유동 자산(현금, 유가증권, 저축금 등).
Liquditäts- 〖경제〗: ~**engpaß,** der 지불 능력의 애로. ~**grad,** der 지불 능력의 정도. ~**reserve,** die (신용금고, 은행 등의) 유동 보유 자산. ~**steigerung,** die 지불
Liquidlaut, der; -(e)s, -e 〖음성〗↑Liquida.
Liquor ['li:kvor], der; -, -es [li'kvo:rɛs; lat. liquor] **1.** 〖해부〗액(液), 체액(體液). **2.** 〖약학〗물약, 용액(약어: Liq.).
Lira ['li:ra], die; Lire [ital. lira] 리라(이탈리아의 화폐단위). (1 Lira = 100 Centesimi) (약어: L., Lit).
lirico ['li:riko; ital. lirico] 〖음악〗서정적으로(*lyrisch* (2)).
Lisboa ['lɪs'bo:a, 《port.》lɪʒ'ßoɐ] ↑Lissabon의 포르투갈어 형태.
lisch [lɪʃ], **lischst** [lɪʃst], **lischt** [lɪʃt] **↑**²löschen 참조.
Lisene [li'ze:nə], die; -n 〖예술〗벽 기둥의 스트립, 벽주(壁柱)(특히 로마네스크 양식에서). **Lisiere** [liˈzi:rə], 《또한》...ɛ:rə], die; -n [frz. lisière] 〖고어〗가장자리, 숲[밭]의 가장자리 또는 경계.
lismen ['lɪsmən] 〈h〉 뜨개질하다, 짜다. **Lismer,** der; -s - 《스위스 방언》털실로 뜬(짠) 조끼[자켓].
lispeln ['lɪspl̩n] 〈h〉 **1.** 혀를 앞니 윗부분에 대고 처음으로 발음하다. **2.** (아이) 속삭이다, 귓속말하다, 중얼거리다: unverständliche Sätze l. 알아들을 수 없는 말들을 중얼거리다.
Lissabon ['lɪsabɔn, 《또한》--'-] 리스본(포르투갈의 수도). **Lissaboner** [ˈlɪsabo:nɐ, 《또한》--'--], der; -s, - 리스본 사람.

Lisse ['lɪsə], die; -n 《지역적》 **1.** 수래의 적재용 난간대. **2.** 티눈(Hühnerauge).

List [lɪst], die; -en **a)** 간계, 간지(奸智), 책략, 술수, 교묘한 농간: eine L. ersinnen[anwenden, gebrauchen] 술책을 생각해 내다[쓰다]. **b)** 〈Pl. 없음〉 교황, 악의, 악선: L. mit Stärke vereinen 교황함과 힘을 합치시키다; **mit L. und Tücke** 《통용어》 온갖 술수를 다 동원하여.

Liste ['lɪstə], die; -n [ital. lista] **a)** 리스트, 목록, 일람표, 명부: eine lange L. 긴 리스트; die L. aller Kunden 모든 고객의 명단[리스트]; eine L. aufstellen 목록[리스트]을 작성하다; jmdn. [etw.] auf die L. setzen 누구[무엇]를 명부[목록]에 기입하다; jmdn. [etw.] in einer L. aufnehmen 누구[무엇]를 명부[목록]에 기입하다; 【전의】 ich habe ihn längst von meiner L. [der L. meiner Freunde] gestrichen 나는 그를 오래 전에 내 친구 명부에서 지워버렸다; **die schwarze L.** 《통용어》 블랙 리스트, 요시찰 인물 명부; bei jmdm. auf der schwarzen L. stehen 누구의 요시찰 인물 명부에 들어 있다. **b)** (후보자 명단표) ↑Wahlliste의 약칭: jmdn. auf die L. für die Gemeindewahlen setzen 누구를 기초 의회 선거 후보자 명단에 올리다; eine grüne L. 녹색당의 후보자 명단표. **¹listen** ['lɪstn] 〈h〉 **a)** ↑auflisten. **b)** 시리즈로 내다.

²listen [-] 〈h〉 《스포츠》 피[술수, 책략]를 쓰다: den Ball (am Verteidiger vorbei) ins Tor l. 공을 피를 써서 (수비를 통과하여) 골인시키다.

listen-, Listen- (Liste): **~auszug,** der 명부(명부)에서 발췌한 것. **~führer,** der **1.** 명부 작성자. **2.** (선거후보자 명단표) 선두후보자. **~führung,** die 목록[명부]의 기입, 기장(記帳). **~mäßig** 〈Adj.〉 〈격식 독어〉 명부에 의한(기재된). **~preis,** der 가격표[시세표]에 나와 있는 가격. **~sammlung,** die 기부금 명부서. **~wahl,** die 〈의회어〉 명부식 비례 대표제 선거.

listenreich 〈Adj.〉 〈아이〉 술수에, 책략을 잘 쓰는.

listig 〈Adj.〉 교황한, 책략을 잘 쓰는: er ist l. und verschlagen 그는 교황하고 간사하다; seine Augen funkelten l. 그의 두 눈은 교황하게 번득였다. **listigerweise** 〈Adv.〉 교황하게(도), 술책을 써서. **Listigkeit,** die 교황(함), 술책(을 잘 씀).

l'istesso tempo [lɪsˈtɛso ˈtɛpo; ital.] 《음악》 전과 같은 속도(템포).

Lit = Lira, Lire.

lit., Lit. = Litera.

Litanei [lita'nai], die; -en [griech. litaneía] **1.** [가] 연도(連禱) (신부와 신자들이 서로 번갈아 올리는). **2.** (閒) **a)** 지리한 이야기, 진부한 사설: eine ganze L. von Wünschen vorbringen 온갖 희망 사항을 줄줄이 늘어놓다. **b)** 장광설, 잔소리, 경고, 푸념.

Litauen ['litauən, 《또한》 'lit...], -s 리투아니아 공화국(발트해 연안의 공화국). **Litauer** ['litauɐ, 《또한》 'lit...], der; -s, - 리투아니아 사람. **litauisch** ['litauɪʃ, 《또한》 'lit...] 〈Adj.〉 리투아니아(사람, 말)의. **Litauisch,** das; -(s) 〈정관사와 함께만〉, **Litauische,** das; -n 리투아니아어(語).

Liter ['liːtɐ, 《또한》 'lɪt], der (schweiz) das; -s, - [frz. Litre] 리터, 2리터; L. Milch 우유 2리터; der mit drei L. [[드물게] -n] Wein kommen wir aus 포도주 3ℓ면 될(충분함) 것이다; ein Rauminhalt von 1000 -n [기술] 1000ℓ 분의 용적.

liter-, Liter-: ~flasche, die 1ℓ들이 병. **~glas,** das 1ℓ들이 잔. **~leistung,** die [기술] 배기량 1000cc 자동차 엔진의 동력. **~maß,** das 리터 계량용기. **~topf,** der 1ℓ들이 냄비. **~weise** 〈Adv.〉 리터 단위로, 리터식으로: etw l. verkaufen 무엇을 리터 단위로 팔다; die Kinder trinken den Saft l. 《통용어》 아이들이 주스를 엄청나게 마셔댄다.

Litera ['lɪtəra], die; -s / ...rä [lat. littera] **a)** 《고어》 문자(文字) 《또는》 Lit. 《또는 lit》. **b)** 【금융】 (공채·어음 따위에서) 발행인 표시 문자. **Literalsinn** [lɪtəˈraːl-], der; -(e)s 텍스트의 글자 그대로의 의미(뜻).

literar-, Literar- [lɪtəˈraːɐ-; 《또한》 literarisch 참조]: **~geschichtlich** 〈Adj.〉 ↑literaturgeschichtlich. **~historiker,** der 문학사가. **~historisch** 〈Adj.〉 ↑literaturgeschichtlich. **~kritik,** die **a)** 원전 비평 연구. **b)** 문예 비평, 문학 비평(↑Literaturitik). **~kritisch** 〈Adj.〉 문학 비평의. **~soziologisch** 〈Adj.〉 ↑literatursoziologisch.

literarisch 〈Adj.〉 [lat. litterārius] **a)** 문학[상]의, 문예의, 문필의, 문학적인, 저작상의: eine -e Zeitschrift 문학지[문예지]; das -e Leben unserer Zeit 우리 시대의 문학적 삶; -er Diebstahl 표절, 저작권 침해, 위판(僞版); -es Eigentum 저작권; sich auf -em Gebiet auskennen 문학 분야에 정통하다; l. interessiert sein 문학에 관심이 있다. **b)** 〈교양어〉 학술적인, 딱딱한, 깊은 의미없이 상징화한: seine Gemälde sind sehr l. 그의 그림들은 폐 딱딱하다. **literarisieren** [...rariˈziːrən] 〈h〉 **a)** 글로 쓰다, 문학적으로 서술하다[묘사하다]. **b)** 너무나 학술적으로 하다[표현하다]. **Literarisierung,** die; -en **a)** 글로 쓰기, 문학적으로 서술하기[표현하기]. **b)** 너무나 학술적으로 표현하기. **Literat** [...'raːt], der; -en, -en 〈종종 폄〉 (비창조적) 작가, 문필가, 문사(文士), 문인(文人). **Literatencafé,** das 문인(文人)들이 찾아오는 커피숍. **Literatentum,** das; -s 문인기질, 문인다운 행동(태도).

Literator [...ˈraːtɔr, 《또한》 ...toːɐ], der; -s, -en [...raˈtoːrən; lat. litterātor] 《교양어·고어》 작가, 문필가, 학자.

Literatur [...raˈtuːɐ], die; -en [lat. litterātūra] **1.** 〈Pl. 없음〉 **a)** 인쇄물, 저작(著作), 문헌(文獻): wissenschaftliche L. 학술 서적; belletristische L. 통속 문학, 문학(작품); schöne L. 〈순수〉문학(作品). **b)** (전공) 서적: die philosophische L. 철학 서적; die L. über dieses Problem[zu diesem Thema] ist umfangreich 이 문제(이 주제)에 관한 문헌은 방대하다; die L. zitieren 책을 인용하다. **c)** 《음악》 (악보가 있는) 음악곡: die L. für Violine 바이올린을 위한 기악곡; der Pianist spielt hauptsächlich die romantische L. 그 피아니스트는 주로 낭만주의 음악을 연주한다. **2.** 문학, 문예, 문학작품: moderne[deutsche, französische] L. 근대(독일, 프랑스) 문학; die L. des Expressionismus 표현주의 문학; jmd. [etw.] ist in die L. eingegangen 누구(무엇)가 문학의 주제가 되었다.

literatur-, Literatur-: ~angabe, die 〈대개 Pl.〉 문헌(출처) 제시. **~ästhetik,** die 문학 미학. **~ästhetisch** 〈Adj.〉 문학 미학의. **~austausch,** der 문학[문헌] 교류. **~beilage,** die (신문의) 문학 연구(고찰). **~betrachtung,** die 〈Pl. 없음〉 문학 연구[고찰]. **~betrieb,** der 〈Pl. 없음〉 《종종 폄》 문학계, 문학업계, 문단. **~blatt,** das 문학잡지, 신간 평론잡지. **~briefe** 〈Pl.〉 (편지 형식의) 문학 비평. **~denkmal,** das 기념비적 문학[작품]. **~epoche,** die 문예 사조. **~fähig** 〈Adj.〉 문학으로 간주될 수 있는. **~forscher,** der 문예학자; ↑wissenschaftler. **~gattung,** die 문학 장르: die L. des Dramas[Romans] 드라마 장르[소설 장르]. **~geschichte,** die **1.** 〈Pl. 없음〉 **a)** 문학사. **b)** ↑wissenschaft. **2.** 문학사, 문학사(文學史): an einer L. schreiben 문학사를 집필중이다; **~geschichtlich** 〈Adj.〉 문학사의, 문학사적인. **~gespräch,** die (전문가들의) 문학 대담. **~hinweis,** der 〈대개 Pl.〉 참고 문헌(제시), 참고도서. **~historiker,** der ↑Literarhistoriker. **~historisch** 〈Adj.〉 ↑

~geschichtlich. ~**kalender**, der 문예 연감. ~**kritik**, die 문예 비평, 문학 비평. ~**kritiker**, der 문예[문학] 비평가. ~**lexikon**, das 문학사전. ~**nachweis**, der ↑=angabe. ~**papst**, der 《반어·농》 《특정 시대, 분야의》 최고 문학비평가. ~**preis**, der 문학상(賞). ~**produzent**, der 《은어》 문학생산자, 작가. ~**propaganda**, die 《구동독》 문학《작품》 광고. ~**satire**, die 《다른 작품에 대한》 문학풍자. ~**seite**, die 《신문의》 문예면(欄). ~**soziologie**, die 문학사회학. ~**soziologisch** 〈Adj.〉 문학사회학의. ~**sprache**, die [언어] **1.** 문학[적] 언어. **2.** 《구동독》 표준어. ~**sprachlich** 〈Adj.〉 [언어] 문학언어적인[언어의]. ~**studium**, das 문학 전공. ~**theorie**, die 문학 이론. ~**unterricht**, der 문학 수업. ~**verweis**, der 《드물게》 ↑=hinweis. ~**verzeichnis**, das 참고 문헌 목록. ~**wissenschaft**, die 《드물게 Pl.》문예학. ~**wissenschaftler**, der 문예학자. ~**wissenschaftlich** 〈Adj.〉 문예학의[학적인]. ~**zeitschrift**, die **a)** 문학지(文學誌), 문학잡지. **b)** 문학 평론지(文學不論誌). **c)** 문예학 전문잡지. ~**zeitung**, die 문예[학예] 신문. ~**zirkel**, der 문학 서클, 문학동인회.
Litewka [li'tefka], die; ...ken [poln. litewka] 《옛》《높은 칼라와 두 줄 단추로 된》제복의 상의.
Litfaßsäule ['lɪtfas-], die; -n 광고탑: Plakate an eine L. kleben 포스터를 광고탑에 붙이다.
-lith [...'lɪt, (또한)...lɪt; griech. líthos] 《다음의 복합어의 어근(語根), 예컨대》 Eolith, Gastrolith. **lith-, Lith-** ↑litho-, Litho- 참조. **Lithagogum** [lita'go:gʊm], das; -s, ...ga [化學] 《특히 방광의》결석(結石)을 제거하는 약. **Lithiasis** [li'ti:azɪs], die; ...sen [li'tiazɛn; griech. lithíasis] [의학] 《특히 방광의》 결석증(結石症). **Lithium** [li:tiʊm], das; -s [化學] 리튬《가장 가벼운 금속원소》《원자기호: Li.》. **Litho** ['lɪto], das; -s, -s ↑ Lithographie (2) 의 약칭. **litho-, Litho-**, 〈모음 앞에 서는〉 lith-, Lith- [lit(o)...; griech. líthos] 《"결석(結石)의", 암석의"를 뜻하는 규정어로서, 예컨대》 lithologisch, Lithagogum. **lithogen** [...'ge:n] 〈Adj.〉 [의학] 결석 형성의, 결석의. **Lithogenese**, die; -n [지질] 수성암 생성 작용, 침전 작용. **Lithograph**, 《종종 독일어화하여》 Lithograf, der; -en, -en **1.** 석판 인쇄공. **2.** 석판(石版)화가. **Lithographie**, 《종종 독일어화하여》 Lithografie, die; -n [...iən] **1. a)** 〈Pl. 없음〉 석판 인쇄술. **b)** 석판화. **2. a)** 석판화. **b)** 석판화용 스케치. **lithographieren**, 《종종 독일어화하여》 lithografieren [-] 〈h〉 **1. a)** 석판으로 찍어내다. **b)** 평판 인쇄《오프셋 인쇄 따위》하다. **2.** 석판화를 그리다. **lithographisch**, 《종종 독일어화하여》 lithografisch 〈Adj.〉 석판 인쇄의. **Lithoklast** [lito'klast], der; -en, -en [의학] 《방광의 결석을 깨는》쇄석기(碎石器). **Lithologe**, der; -n, -n 암석학자. **Lithologie**, die 암석학. **lithologisch** 〈Adj.〉 암석학의. **Litholyse**, die; -n [의학] 《방광, 신장 등의》 결석용해약. **lithophag** [lito'fa:k] 〈Adj.〉 《해안의 바위에 구멍을 뚫는》 뚫고 사는. **Lithophanie** [...fa'ni:], die; -n [...iən;] 자기(磁器)에 그린 투명한 그림. **lithophil** [...'fi:l] 〈Adj.〉 [지질] 암석권(岩石圈)을 이루는. **Lithopone** [...'po:nə], die [化學] 백색안료(白色顔料). **Lithosphäre**, die [지질] 《지구 표면의》 암석층. **Lithotom** [lito'to:m], der / das; -s, -e [의학] 결석제거용 메스. **Lithotomie** [...'mi:], die [의학] 절석수술(切石手術). **Lithotripsie** [...trɪ'psi:], die; -n [...iən] [의학] 쇄석술(碎石術). **Lithotripter** [...'trɪptɐ], der; -s [의학] 쇄석기. **Lithurgik** [li'tʊrgɪk], die 암석[광석] 가공학.

litoral [lito'ra:l] 〈Adj.〉 [lat. lītorālis] [지리] 해안의, 연안 지대의. **Litoral**, das; -s, -e **Litorale**, das; -s, -s [ital. litorale] [지리] 해안, 연안 지대. **Litoralfauna**, die; ...nen 해안 지대의 동물상(動物相). **Litoralflora**, die; ...ren 해안의 식물상(植物相). **Litorina**, 《전문어》 Littorina [lito'ri:na], die; ...nen 해변 달팽이. **Litorinameer**, Littorinameer, das; -(e)s [지질] 달팽이 화석이 나오는 빙하기 이후의 발트해. **Litorinazeit**, Littorinazeit, die (발트해의) 후기 빙하기 시대(B.C. 5500~2000). **Litorinen**: ↑ Litorina의 복수형.
Litotes [li'to:tɛs], die [griech. litótēs] [수사학·양식] 곡언법(曲言法), 완서법(緩敍法)《예컨대: das ist sehr gut 대신에 das ist nicht übel》.
Litschi ['lɪtʃi], die; -s, -s **Litschipflaume**, die; -n [chines. li-chi] [식물] 여지(중국 원산의 상록 교목) 열매.
litt [lɪt] ↑leiden 참조.
Littorina usw. ↑Litorina usw.
Liturg [li'tʊrk], der; -en, -en **Liturge** [...rgə], der; -n, -n [mlat. liturgus] [기독교] 사제(司祭), 예배집전 성직자. **Liturgie** [litʊr'gi:], die; -n [...i:ən; kirchenlat. liturgia] [기독교] **a)** 예배식, 미사 전례(典禮). **b)** [신교] 사제와 예배 참석자와의 대창(對唱) 순서. **Liturgik** [li'tʊrgɪk], die [신학] 전례학(典禮學). **liturgisch** 〈Adj.〉 [기독교] 예배식의, 전례의: -e Gewänder 사제의 미사복(服). -e Formeln 《예배식에 쓰이는》 전례식문, 의식서《예컨대: der Herr sei mit euch; halleluja; amen 주께서 여러분과 함께; 할렐루야; 아멘》.
Lituus [li'tu:ʊs], der; -, Litui [...ui; lat, lituus] **1.** 고대 로마 점장이의 지팡이. **2. a)** 고대 로마 군대의 트럼펫. **b)** (16~18세기) ↑krummhorn (1 a).
Litze [lɪtsə], die; -n, **1.** 끈 끈, 엮은 끈, 레이스, 가장자리 장식. **2.** [직조] 실드기, 사침대. **3.** [기술] 철사줄, 와이어로프. **4.** [전기] 코드, 끈 철사 **Litzenflechter** der 끈 꼬는 사람. **Litzenflechterin**, die; -nen ↑ Litzenflechter의 여성형.
live [laif, 〈engl.〉laɪv] 〈Adj.〉 《격변화 없음》[engl. live] [방송] 생방송으로, 실황 중계로: eine Sendung l. übertragen 어떤 프로를 생방송하다; jmdn. l. interviewen 누구를 직접 인터뷰하다.
Live ['li:və], der; -n, -n ↑ Livländer.
Live- 《붙임표와 함께》: ~**Aufzeichnung**, die [방송] 생방송 녹음. ~**Bericht**, der [방송] 생방송 보도. ~**Diskussion**, die [방송] 생중계 토론. ~**Foto**, das ↑=Fotografie. ~**Fotografie**, die 〈Pl. 없음〉 [사진] 생생한 사진, 라이브 포토. ~**Konzert**, das [방송] 생중계 콘서트. ~**Reportage**, die [방송] 생방송 르포타쥬. ~**Sendung**, die [방송] 생방송, 실황 중계. ~**Show**, die [방송] 생중계 쇼, 라이브 쇼.
Liverpool ['lɪvəpu:l] 리버풀《영국 랭카셔주의 항구 도시》.
livid [li'vi:t], **livide** [li'vi:də] 〈Adj.〉 [lat. lividus] **1.** [의학] 《bläulich》 푸른 빛이 도는, 창백한. **2.** 《고어》 질투하는, 악의있는.
Living-wage ['lɪvɪŋ weɪdʒ], das; - [engl.-amerik. living wage] [경제] 최저 생활 임금.
Livland ['li:flant], 〈-s〉 《고어》 리보니아《발트해 연안의 지명》. **Livländer** ['li:flɛndɐ], der; -s 리보니아 지방 사람.
Livre ['li:vrə], der / das; -(s), -(s) [frz. livre] **1.** 프랑스의 옛 중량의 단위《약 500g》. **2.** 프랑스의 옛 화폐.
Livree [li'vre:], die; -n [...e:ən; frz. livrée] 《고용주가 주는》 고용인[하인]의 제복: ein Chauffeur in L. 제복을 입은 운전수. **livriert** [li'vri:rt] 〈Adj.〉 제복을 입은.
¹Lizentiat [lɪtsɛn'tsi̯a:t], das; -(e)s, -e 《중세의》 석사 학위: L. der Theologie 신학 석사. **²Lizentiat** [-], der;

-en, -en [mlat. licentiatus] 석사학위 소유자(약어: Lic.). **Lizenz** [liˈtsɛnts], die; -en [lat. licentia] **a)** (공식적인) 허가, 인가, 면허; 특허(발명의); (시인의) 자유: eine L. erwerben 인가를 얻다; jmdm. eine L. erteilen 누구에게 면허를 주다[발부하다]; etw. in L. herstellen 무엇을 인가를 받고 생산(제조)하다. **b)** [스포츠] (협회가 발부한 직업선수, 심판) 라이센스, 인가: eine L. als Berufsboxer haben 직업 복서로서 라이센스를 가지고 있다.

lizenz-, Lizenz-: **~ausgabe**, die [서적] 출판권[번역판] 취득판, 허가판. **~entzug**, der 허가 취소, 면허 취소[정지], 특허 취소[정지]. **~geber**, der 인가자, 허가자, 면허 발부인. **~gebühr**, die 특허권(허가권) 사용료. **~inhaber**, der 인가 소유자, 인가 취득자, 라이센스 소지자, 특허권 취득자. **~nehmer**, der; -s, - 허가를 받은 자, 인허를 받은 자. **~nummer**, die [서적] 출판권 취득자의 허가 번호. **~pflichtig** ⟨Adj.⟩ 허가증을 요구하는. **~spieler**, der [스포츠] 라이센스 소지 운동 선수. **~träger**, der [법] ↑ ~inhaber. **~vertrag**, der 허가(인가) 계약.

lizenzieren [litsˈɛnˈtsiːrən] ⟨h⟩ (관청에서) 허가하다, 인가하다: ein Patent l. 특허를 주다. **lizenziös** [...ˈtsiɔːs] ⟨Adj.⟩ [frz. licencieux] (교양어) 자유 방임의, 제멋대로의. **Lizitant** [litsiˈtant], der; -en, -en [lat. licitāns] 경매 입찰자, 값을 정하는 사람. **Lizitation** [...tsiˈoːn], die; -en [lat. licitātio] 경매, 공매. **lizitieren** [...ˈtiːrən] ⟨h⟩ [lat. licitāri] (준고어) 경매하다, (무엇에) 값을 매기다.

Lkw, LKW [ɛlkaːˈveː], (또한) [ˈɛlkaːveː], der; -(s), -s (드물게) - **Lastkraftwagen** (화물 자동차, 트럭)의 약칭. **Lkw-Fahrer, LKW-Fahrer**, der 화물 자동차 운전수(기사), 트럭 운전수.

Llano [ˈljaːno], der; -s, -s (대개 Pl.) [span. llano] [지리] (남미 열대와 아열대 지방의 나무가 거의 없는) 대평원.

Lloyd [lɔyt], der; -(s) 로이드 해상 보험 회사, 상선(商船) 회사.

lm = Lumen [물리] 루멘(광속(光速)의 단위).

lmA [ɛlˈɛmˈaː] ⟨은폐⟩ leck mich am ↑Arsch! (내 똥구멍이나 핥아라)의 약칭.

Load [loud], die; -s [engl. load] **1.** 영국의 옛 부피 단위. **2.** (은어) (환각 상태에 이르는) 환각제량.

¹Lob [loːp], das; -(e)s, -e (드물게 Pl.) 칭찬, 찬양, 찬사 (반대: Tadel): ein hohes L. 대단한 칭찬: das L. des Lehrers ermunterte ihn 선생님의 칭찬은 그에게 힘을 북돋아주었다; jmdm. uneingeschränktes L. erteilen [(아이) spenden, zollen] 누구에게 무한한 칭찬을 보내다; ein L. erhalten [bekommen] 칭찬을 받다; das L. einer Person [Sache] singen (통용어) 누구(어떤 것)를 항상 지나치게 칭찬하다; das -es voll sein (über jmdn. [etw.]) (아이) (누구(무엇)을) 대단히 칭찬하다; das muß zu ihrem -e gesagt werden 이것은 그녀의 명예를 위해 언급되어야만 합니다.

²Lob [lob], der; -s, -s [engl. lob] [특히 테니스] 로브(상대방 머리 위를 넘도록 치는 높은 타구).

lob-, Lob- (¹Lob): **~gesang**, der 찬미가, 송가, 찬가. **~gier**, die (아이) 칭찬에 대한 갈망. **~gierig** ⟨Adj.⟩ (아이) 칭찬 듣기를 갈망하는. **~hudelei**, die (폄) 아첨, 아첨의 칭찬. **~hudeler** ↑ hudler. **~hudeln** ⟨h⟩ (폄) 아첨떨다[하다], 과찬하다. **~hudler**, der (폄) ~아첨자. **~lied**, das ↑ Lobgesang: ein L. auf Gott anstimmen 신을 찬송하다; ein L. auf jmdn. [etw.] singen (통용어) (누구(무엇))를 대단히 칭찬하다. **~preis**, der (시어) 칭찬, 찬양, 찬미. **~preisen*** ⟨h⟩ (시어) 찬미하다, 찬양하다, 찬송하다: die Werke Gottes l. 신의 작품들[창조물들]을 찬미하다. **~preisung**, die (시어) 찬미, 찬양, 칭송, 칭찬. **~rede**, die 찬사, 송사, 찬양하는 연설. **~redner**, der 찬양(찬미)하는 사람. **~rednerisch** ⟨Adj.⟩ 칭찬하려는 의도에서의, 찬사를 보내는. **~singen*** ⟨h⟩ (시어) 신을 찬양(찬송)하다. **~spruch**, der (대개 Pl.) (아첨하려는 의도에서의) 과찬, 송사, 찬사.

lobben [ˈlɔbn̩] ⟨h⟩ [engl. lob] [특히 테니스] 공을 로브하다, 상대방의 머리 위를 지나게 공을 높이 치다.

Lobby [ˈlɔbi], die; -, -s / **Lobbies** [engl. lobby] **1.** 로비, 의사당 내 회견실, 대기실. **2.** (영향력을 행사하려는) 원외 (이익) 단체, 로비: eine wirkungsvolle L. haben 효과적인 로비를 가지고 있다; etw. ist das Werk einer einflußreichen L. 무엇은 영향력있는 로비의 작품이다. **3.** (교양어) 로비(호텔, 극장, 아파트 따위의 현관홀). **Lobbying** [ˈlɔbiɪŋ], das; -s, -s [amerik. lobbying] 로비 활동, 로비를 통한 운동. **Lobbyismus** [lɔbiˈɪsmʊs], der; - [amerik. lobbyism] 의안 통과 운동, 로비활동, 의회 공작. **Lobbyist** [...ˈɪst], der; -en, -en [amerik. lobbyist] 로비 활동가, 압력 단체의 대표자.

Lobelie [loˈbeːli̯ə], die; -n [식물] 수염가래꽃, 로벨리아. **Lobelin** [lobeˈliːn], das; -s [약학] 위의 식물에서 추출한 독성의 알칼로이드.

loben [ˈloːbn̩] ⟨h⟩ **a)** 칭찬하다, 찬양하다, 추천·장려하다; 긍정적으로 평가하다 (반대: tadeln): jmdn. (jmds. Leistung) l. 누구(누구의 업적)를 칭찬하다; der Lehrer lobte den Schüler (wegen seines Fleißes) 선생님은 학생을 칭찬했다 (그가 열심이기 때문에); dieses Getränk ist sehr zu l. 이 음료수는 아주 좋다; er lobte sich für seine Vorsicht 그는 자신이 조심한 것에 대해 자화자찬했다; etw. lobend erwähnen 무엇을 칭찬하여 언급하다. **b)** jmdn. l. 말하다. **c)** 신, 운명 등을 찬양하다 (감사하여 찬미하다): Gott sei gelobt 아, 고마워라!, 됐다!; gelobt sei Jesus Christus 찬미예수(가톨릭의 인사). **lobenswert** ⟨Adj.⟩ 칭찬할 가치가 있는, 칭찬할 만한: sich l. verhalten 칭찬할 만하게 행동하다(처신하다). **lobenswerterweise** ⟨Adv.⟩ 칭찬을 만하게, 칭찬할 만하게.

Lobes-: **~erhebung**, die (대개 Pl.) (아이) 과찬, 격찬, 찬탄, 찬양. **~hymne**, die 《종종 반어》 찬가, 찬미, 과찬, 격찬, 찬양, 칭찬: eine L. [-n] auf jmdn. [etw.] singen [anstimmen] (통용어) 누구[무엇]에 대한 찬가를 부르다. **~worte** ⟨Pl.⟩ 찬사, 칭찬의 말.

lobesam [ˈloːbazaːm] ⟨Adj.⟩ (고어·고풍) 칭찬할 만한, 훌륭한. **löblich** [ˈløːplɪç] ⟨Adj.⟩ 《종종 반어》 칭찬할 만한, 기특한: etw. nicht l. finden 무엇을 신통치 않게 여기다. **löblicherweise** ⟨Adv.⟩ 칭찬할 만하게, 기특하게.

Lobotomie [lobotoˈmiː], die; -n [...i̯ən] ↑ Leukotomie.

Locarner [loˈkarnɐ], der; -s, -, **Locarnese**, der; -n, -n 로카르노 사람. **Locarno** [(ital.) loˈkarno] 로카르노 (스위스 남부의 소도시).

¹Loch [lɔx], das; -(e)s, -es, **Löcher** [ˈlœçɐ] **1.** (축소형: ↑ Löchlein) 구멍, 뚫린 곳, 빈 곳, 구덩이, 웅덩이: ein L. graben 구멍을 파다; ein L. in die Wand bohren 벽에 구멍을 뚫다; ein L. in die Hose reißen 바지에 구멍을 내다; durch ein L. im Zaun sehen 울타리의 구멍을 통해 보다; [전의] ein L. stopfen 적자를 메우다, 빛을 청산하다; er machte das L. zu und ein anderes auf (통용어) 그는 돈을 꾸어 빚을 갚았다; **schwarzes L.** [천문] 블랙홀(engl.: black hole) (초超) 중력의 의해서 천체가 빨려 들어가기는 우주의 가상적인 구멍; **saufen wie ein L.** (속어) 폭음하다, 밑빠진 독처럼 술을 들이키다; jmdm. ein L. [Löcher] in den

Bauch fragen 《경》 누구를 질문으로 괴롭히다, 누구에게 성가시게 묻다; jmdm. ein L. (Löcher) in den Bauch reden 《경》 누구를 끊임없이 설득하다; ein L. (Löcher) in die Luft gucken 《통용어》 얼이 빠져 있다; ein L. (Löcher) in die Wand stieren 《통용어》 멍하니 한 곳을 응시하다; ein L. (Löcher) in die Luft schießen 《통용어》 탄알이 빗나가다; ein L. zurückstecken 《통용어》 허리띠를 졸라매다, 요구(욕구)를 줄이다; auf 〔(드물게) aus〕 dem letzten L. pfeifen 《경》 기진맥진한 상태에 이르다, 능력의 한계에 도달하다. 2. a) 《폄》 좁고 어두운 방(집), 누옥(陋屋): in einem schmutzigen L. hausen 더러운 방(집)에서 살다. b) 《경》 감옥: jmdn. ins L. stecken 누구를 감옥에 처넣다. c) (짐승의) 굴(掘), 소굴, 동굴. 3. 《속어》 a) 항문. b) 엉덩이, 궁둥이. 4. a) 《비어》 〔해부〕 보지, 질 (膣): L. ist L. 여자이기만 하면 됐지. b) 《비어·폄》 계집. 5. 〔골프〕 ↑Hole.

²Loch [lɔk], der; -(s), -s 〔engl. (schott.) loch〕 (스코틀랜드의) 피요르드, 호수.

loch-, Loch-: ~band, das ↑~streifen. ~bandgesteuert 〈Adj.〉 펀치 테이프에 의해 제어되는. ~beitel, der 〔기술〕 장붓구멍 정. ~billard, das 1. ↑Poolbillard. 2. (eine Partie) L. spielen (은쾌·농) koitieren) 성교하다. ~blende, die 〔광학〕 (렌즈의) 조리개. ~eisen, das 〔기술〕 펀치, 천공기(穿孔機). ~kamera, die ↑Camera obscura. ~karte, die 〔기술·특히 전산〕 천공(穿孔) 카드, 펀치카드: Daten auf ~n festhalten 데이터를 펀치카드에 수록하다. ~kartenmaschine, die 펀치 카드 천공기. ~kartentechnik, die 〈Pl. 없음〉 펀치 카드 제작 기술. ~kartenverfahren, das 〈Pl. 없음〉 펀치 카드식 정보 처리 방식(↑Hollerithverfahren). ~kugel, die 〔볼링〕 (구멍이 뚫려 있는) 볼링공. ~lehre, die 〔기술〕 구멍 게이지. ~maschine, die 천공기(穿孔機), 공판반(孔板盤). ~säge, die 구멍 뚫는 실톱. ~schwager, der (비어·농) 샛서방, 정부, 간부(姦夫). ~stein, der 〔건축〕 구멍 뚫린 벽돌, 공연와(孔磚瓦). ~stickerei, die 〔수공〕 a) 〈Pl. 없음〉 구멍무늬의 자수(刺繡). b) 구멍무늬 자수로 장식한 수예품. ~streifen, der 〔기술·특히 전산〕 펀치보종이(테이프). ~streifengesteuert 〈Adj.〉 펀치 테이프에 의해 제어되는. ~streifenmaschine, die 펀치 테이프 처리기. ~zange, die 차표 찍는 펀치. ~ziegel, der 〔건축〕 구멍 뚫린 벽돌(↑Hohlziegel).

lochen ['lɔxn̩] 〈h〉 1. a) 개찰 펀치로 개찰하다: der Kontrolleur lochte die Fahrkarten 검표원이 차표를 개찰했다. b) (송곳, 펀치 따위로) 구멍을 뚫다: eine Rechnung l. 계산서에 구멍을 뚫다(찍었다고). 2. 〔전산〕 펀치 카드에 자료를 수록하다. Lọcher, der; -s, - 1. 펀치. 2. 〔전산〕 a) 펀치 카드 처리기, 천공기(穿孔機). b) 펀치 카드 작성자. löcherig, 〔드물게〕 löcherig ['lœç(ə)rɪç] 〈Adj.〉 구멍이 있는, 구멍이 많은, 별집 같은. Lọcherin, die; -nen ↑Locher (2 b)의 여성형. löchern ['lœçan] 〈h〉 《통용어》 꼬치꼬치 물어서 지겹게 하다.

Lochien ['lɔxiən] 〈Pl.〉 〔의학〕 산후의 분비물(↑Wochenfluß).

Löchlein ['lœçlaɪn], das; -s, - 작은 구멍, 작은 웅덩이.

löchrig: ↑löcherig. Lochung, die; -en 1. 구멍을 뚫기. 2. 구멍, 구멍 뚫린 곳(자리).

Lọck- (¹locken): ~ente, die 《사냥》 미끼로 쓰는 오리. ~instrument, das ↑Locke (a). ~jagd, die 〔사냥〕 (소리에 의한) 유인 사냥. ~mittel, das 미끼, 유혹물. ~pfeife, die (사냥에서 쓰는) 유인 피리(↑~instrument). ~ruf, der 유혹새의 꾐 소리, 유혹의 소리. ~speise, die 《아이》 미끼, 유혹물. ~spitzel, der (폄) 첩자, 끄

나풀(경찰 따위의). ~taube, die 유인용 비둘기. ~ton, der ↑~ruf. ~vogel, der 1. 〔사냥〕 후림새, 유인용 새, 매조(媒鳥). 2. 《폄》 (범죄 목적의) 유혹자, 유혹물. ~vogelwerbung, die (손님을 끌기 위한) 유인용 광고.

Löckchen ['lœkçən], das; -s, - ↑¹Locke (a)의 축소형.

¹Locke ['lɔkə], die; -n a) (축소형: ↑Löckchen) 고수머리, 곱슬곱슬한 머리털: eine L. fiel ihm in die Stirn 곱슬머리 한 가닥이 그의 이마 위로 흘러내려왔다. b) 〔모피업〕 동물의 털 북더기, 양털의 북더기.

²Locke [-], die; -n 〔사냥〕 a) 동물 소리를 흉내내는 기구, 새 소리를 흉내내는 피리. b) ↑Lockvogel (1).

¹locken ['lɔkn̩] 〈h〉 1. a) (동물을) 꾀다, 꾀어내다, 미끼나 소리 따위로 유인하다; den Hund mit einer Wurst l. 개를 소시지로 유인하다. b) 꾀다, 유혹하다, 유인하다: den Fuchs aus dem Bau l. 여우를 굴에서 밖으로 나오도록 유인하다. 〔전의〕 selbst dieser großzügige Vorschlag konnte ihn nicht aus seiner reservierten Haltung l. 이 대범한 제안조차도 그의 냉담한 태도를 바꾸게 할 수는 없었다; das schöne Wetter lockte (sie) ins Freie 좋은 날씨가 (그녀를) 야외로 유혹했다. 2. 누구의 마음을 끌다, 유혹하다: es lockte mich, ins Ausland zu gehen 외국에 가다는 것이 내 마음을 끌었다; ein lockendes Angebot 매력적인 제의(제안).

²locken [-] 〈h〉 a) 머리를 (곱슬거리게) 말다: sie hat (von Natur aus) gelocktes Haar 그녀는 본래부터 고수머리이다. b) (l. + sich) 곱슬곱슬해지다.

löcken ['lœkn̩] 〈h〉 《아어》 (저항하기 위해) 뛰다, 뛰다, 차다: 《대개 다음 용법으로》 wider(gegen) den Stachel l. 헛된 저항을 하다, 헛되이 저항하다.

Lọcken- (¹Locke): ~frisur, die 머리를 곱슬거리게 한 퍼머. ~fülle, die 아름답고 숱이 많은 고수머리. ~haar, das 곱슬곱슬한 머리카락. ~haupt, das 《아어》 ↑~kopf (1). ~kopf, der 1. 고수머리. 2. 고수머리를 한 어느 청년. lọckenköpfig 〈Adj.〉 고수머리의. ~perücke, die 고수머리 가발. ~pracht, die 《농》 ↑~fülle. ~stab, der 머리를 컬하는 전기 기구. ~wickel, der 〔드물게〕 ~wickler, der 머리를 퍼머할 때 감는 원통형 플라스틱.

locker ['lɔkɐ] 〈Adj.〉 1. a) 느슨한, 늘어진, 풀어진, 흔들리는: ein -er〔l. sitzender〕 Zahn 흔들리는 치아; der Nagel ist l. geworden 그 못은 흔들리게 되었다. b) 빽빽(촘촘)하지 않은, 성긴, 희박한, 단단(튼튼)하지 않은, 약한, 침투성의: l. stricken 성기게 짜다; l. mit Bäumen bestandene Hügel 나무가 드문드문한 언덕. c) 느슨한, 풀어진, 이완이 된, 단단하지 않은: eine -e Haltung 느슨한 자세; sich in -er Ordnung aufstellen 적당히 줄을 맞춰 서다; die Zügel l. lassen 고삐를 늘추다; l. laufen 긴장하지 않고 편안히 달리다; 〔전의〕 eine -e Verbindung 느슨한 연계 관계; Vorschriften l. handhaben 규칙을 적당히 적용하다; es geht hier immer (sehr) l. zu 《통용어》 이곳은 언제나 (매우) 자유스럽다. 2. 자유로운, 방종한, 경솔한, 단정치 못한, 품행이 나쁜, 규율이 없는: eine -e Dame 행실이 나쁜 여자; ein -er Vogel 《통용어》 품행이 단정치 못한 녀석; ein -er Lebenswandel 방종한 생활. Lọckerheit, die 방종, 경솔, 품행이 나쁨. lọckerlassen* 〈통용어〉 양보하다: sie haben nicht lockergelassen, bis er zusagte 그들은 그가 수락할 때까지 양보하지 않았다. lockermachen 〈통용어〉 a) (돈을) 지출하다, 지불하다: ein paar Tausender l. 천 마르크짜리 지폐를 몇 장 지불하다. b) (무엇을 위해) 돈을 내도록 하다, 지불토록 하다. lockern ['lɔkɐn] 〈h〉 a) 느슨하게 하다, 늦추다, 헐겁게 하다: eine Schraube l. 나사를 헐겁게 하다. b) (흙을) 일궈주다, 일구다: vor dem Einsäen die Erde

l. 씨뿌리기 전에 흙을 일궈주다. **c)** 느슨하게 하다, 꽉 죈 것을 풀어주다, 부드럽게 하다: die Krawatte l. 넥타이를 느슨하게 하다; seine Muskeln l. 그의 근육들을 이완시키다(풀어주다); etw. lockert eine Bindung 무엇이 관계를 부드럽게 하다; in gelockerter Stimmung 부드러운(긴장이 풀린) 분위기. **2.** (l. + sich) **a)** 느슨해지다, 흔들리다, 부드러워지다: die Bremsen hatten sich gelockert 브레이크가 헐거워졌다. **b)** 빽빽한(촘촘한) 것이 느슨해지다(풀리다): der Nebel lockert sich 안개가 걷힌다. **c)** 이완되다, 긴장이 풀리다: [전의] ihre innere Verkrampfung lockerte sich 그녀의 내적인 긴장이 풀렸다; die Sitten haben sich gelockert (sind nicht mehr so streng) 예의 범절이 해이해졌다. **Lockerschnee**, der; -s [전문어] ↑Pulverschnee. **Lockerung**, die; -en (Pl. 드물게) 이완, 완화하기. **Lockerungsgymnastik**, die/ 몸의 양끝이 느슨해지는 운동. **Lockerungsübung**, die (대개 Pl.) [체육] 유연 체조.

lockig ['lɔkɪç] (Adj.) 곱슬곱슬한, 고수머리의.

Lockout ['lɔk|aut], das, (또한) der; -(s), -s, ('드물게) die; -s [engl. lockout] [경제] 로크 아웃, (경영자에 의한) 공장 폐쇄.

Lockung, die; -en **a)** 꾐, 유혹, 마음을 끔: er versuchte ihren -en zu entgehen(zu widerstehen) 그는 그녀의 유혹에서 벗어나고자(유혹에 저항하고자) 했다. **b)** 꾀어냄, 유인.

Lockwelle, die; -n 자잘한 웨이브의 퍼머 머리.

loco ['lo:ko, 'lɔko] [lat. loco] **1.** [상] **a)** 현장에서, 그 장소에서. **b)** [지명과 결합하여] ~로부터(인도(引渡)): l. Berlin 베를린에서 인도. **2.** [음악] 원래의 음계[음정]로. **loco citato** [-tsi'ta:to; lat.] [교양어] 위의 인용문에서, 상기 인용문 중(약어: l. c.). **loco sigilli** [-zi'gɪli; lat.] [교양어] 압인(押印) 대신에(압인되는 서류 원본의 복사시에 씀)(약어: l. s. (또는) L. S.). **Locus amoenus** ['lɔkus a'mø:nus; der; - -, Loci ...ni ['lo:tsi ...ni; lat] [문예학] (문학적 토포스로서의) 전원, 목가적 풍경. **Locus communis** [-kɔ'mu:nɪs], der; - -, Loci ...nes [- ...ne:s; lat.] [교양어] 판에 박힌 말, 상투어.

Lodde ['lɔdə], die; -n (dän., norw. lodde) ↑Kapelan.

Loddel ['lɔdl], der; -s, -, (통용어) -s [경] (매춘부의) 정부(情婦), 기둥 서방.

lodd(e)rig ['lɔd(ə)rɪç] ↑lotterig.

Lode ['lo:də], die; -n **1.** 묘목, 맹아(萌芽). **2.** (Pl.) (berlin.) 긴 머리, 장발.

Loden ['lo:dn̩], der; -s, - [직조] (방한·방수용으로 두껍게 짠) 로덴천, 거친 모직[모포].

Loden-, **~joppe**, die 로덴천으로 만든 짧은 재킷. **~kostüm**, das 로덴천으로 만든 의상. **~mantel**, der 로덴천으로 만든 외투. **~stoff**, der ↑Loden.

lodern ['lo:dɐn] (h) [활활] 불타오르다, (비유적) 격하다, 흥분하다: die Flammen lodern 불꽃이 타오르다; [전의] ihre Augen loderten (vor Zorn) 그녀의 두 눈은 (분노로) 불타고 있었다.

Łódz̀, (또한) **Lodsch** ['wuts]] Łódz̀의 독일식 표기. **Łódz̀** [uutsj] 루지(폴란드 중부의 도시).

Löffel ['lœfl], der; -s, - **1. a)** (축소형: ↑Löffelchen) 숟가락, 스푼. silberne L. 은숟가락; einen L. Zucker in den Tee nehmen 차(茶)에 설탕을 한 숟가락 넣다; etw. mit dem L. essen 무엇을 숟가락으로 먹다; den L. sinken lassen (wegwerfen / wegschmeißen / abgeben) (경) 밥 숟가락을 놓다, 죽다; etw. mit -n gefressen haben (통용어) 무엇을 (특히 지혜를) 숟가락으로 퍼먹었다(통용어) 무엇을, 특히 지혜나 지성을 매우 많이 소지하고 있다; **mit einem goldenen L. im Mund geboren sein** (통용어) 부유하게 태어나다; jmdn.

über den L. barbieren(balbieren) (통용어) 누구를 서투르게 속이다(아마도 옛날 이발사들이 이빨 빠진 남자들의 수염을 깎을 때 쑥 들어간 뺨을 볼록 튀어나오게 하기 위해 뺨 안쪽을 입에 밀어넣던 관습에서 온 듯). **b)** [의학] ↑Kürette. **c) scharfer L.** [의학] 큐레트(날카로운 숟갈 모양의 외과 수술용 기구). **2.** [사냥] 토끼의 귀: **die L. aufsperren** (통용어) 귓구멍을 활짝 열고 듣다; **die L. spitzen** (통용어) 귀를 쫑긋 세우다(주의깊게 듣다); jmdm. eins hinter die L. geben 누구의 뺨을 한 대 갈기다; **jmdm. eins hinter die L. schlagen (hauen)** (통용어) 누구의 뺨을 한 대 갈기다; **eins hinter die L. kriegen(bekommen)** (통용어) 뺨을 한 대 얻어맞다; sich³ etw. hinter die L. schreiben (통용어) 무엇을 명심하다(유념하다).

löffel-, **Löffel-**: **~bagger**, der 큰 삽이 달린 준설기(浚渫機), 스푼 모양의 양끝이 두 개로 되어있는 굴착기. **~ente**, die [동물] 흰뺨검둥오리. **~erbsen** (Pl.) ↑Erbseneintopf. **~förmig** (Adj.) 숟가락 모양의. **~kraut**, das [식물] 서양 고추냉이 무리. **~reiher**, der [동물] 네덜란드 노랑부리저어새(Löffler). **~stiel**, der 숟가락의 손잡이. **~weise** (Adv.) 숟가락으로, 한 숟갈: eine Medizin l. einnehmen 숟가락으로 약을 먹다.

Löffelchen ['lœflçən], das; -s, - ↑Löffel (1 a)의 축소형. **löffeln** ['lœfln] (h) **1. a)** 숟가락으로 뜨다[먹다]; 숟가락질하다: eine Suppe l. 숟가락으로 수프를 먹다; sie löffelten alle aus einer Schüssel 그들은 모두 한 그릇에서 (숟가락으로) 퍼먹었다. **b)** 숟가락으로 (휙)젓다. **c)** (큰) 숟가락으로 떠내다: Suppe aus der Terrine l. 스프 그릇[접시]에서 수프를 숟가락으로 뜨다. **2.** (지역적·경) 이해하다, 시인하다. **3.** (테니스 및 탁구 은어) 공을 떠올리듯이 치다. **4. jmdm. eine l.** (통용어) 누구의 뺨을 때리다. **Löffler**, der; -s, - **1.** ↑Löffelreiher. **2.** [사냥] 어린 사슴(뿔에 장상부(掌狀部)가 있는).

Lofoten (또한) -|--[(Pl.; 관사와 같이 쓰임) 로포텐 제도(노르웨이 서북방에 있는 군도: the Lofoten Islands.

log [lo:k] ↑lügen의 과거형.

Log [lɔk], das; -s, -e [engl. log] [해양] (배의 속도를 재는) 측정기(測程器).

-log: ↑-loge 참조. **log-**, **Log-**: ↑logo-, Logo- 참조.

Log- [해양]: **~buch**, das 항해 일지. **~gast**, der 측정기(測程器)의 선원. **~glas**, das 측정기 작동에 쓰이는 모래시계. **~leine**, die 측정선(測程線)(측정기에 달려 있음). **~rolle**, die 측정선을 감는 실감개.

Logarithmand [logarɪt'mant], der; -en, -en [수학] 대수로 계산할 수, 대수화할 수. **Logarithmen**: ↑Logarithmus의 복수형. **Logarithmentafel**, die; -n [수학] 대수표(對數表). **logarithmieren** [logarɪt'mi:rən] (h) [수학] **a)** 무엇의 대수(對數)가 되다, 대수를 이루다. **b)** 대수를 계산하다, 대수를 써서 계산하다. **logarithmisch** (Adj.) [수학] 대수의; 대수를 사용한. **Logarithmus** [loga'rɪtmus], der; -, ...men [lat. logarithmus, griech. lógos u. árithmos] [수학] 대수(對數).

Logasthenie [logaste'ni:], die; -n [...i:ən] ↑logo-, Logo- u. ↑Asthenie [의학] 기억 장애(언어 장애의 형태로 나타나는).

Loge ['lo:ʒə], die; -n [frz. loge] **1. a)** [연극] 칸막이한 좌석, 특별(관람)석: in einer L. sitzen 극장의 특별석에 앉아 있다. **b)** [건축] (큰 건물 안에 있는) 작은 방, 수위실. **2. a)** 비밀 결사 프리메이슨 지부: eine L. gründen 비밀결사단체를 조직하다. **b)** 비밀결사 프리메이슨의 집회소.

-loge [...'lo:gə], 《드물게》 **-log** [...'lo:k], der; -logen, -logen [griech. lógos] 《다음의 복합어로, 예컨대》 ↑ Ethnologe, Graphologe.

löge ['løːgə] ↑lügen의 접속법 Ⅱ식.

Logement [loʒəˈmãː], das; -s, -s [frz. logement] 《고어》 주거, 숙(박)소, 숙영지.

Logen- ['loːʒn̩] : ~**bruder**, der 프리메이슨 비밀 결사회원. ~**brüstung**, die 극장 특별석의 난간. ~**diener**, der ~**schließer**. ~**geschoß**, die 극장의 특별석이 있는 층. ~**platz**, der 극장의 특별석의 자리, ~**schließer**, der 〔극장 따위의〕 특별석 안내원. ~**theater**, das 특별석층이 있는 극장. ~**tür**, die 특별석의 문.

Logge ['lɔgə], die; -n [schwed., norw. logg < engl. log] ↑Log. **loggen** ['lɔgn̩] ⟨h⟩ [engl. log] 〔해양〕 측정기로 배의 속력을 재다.

Logger ['lɔgɐ], der; -s, - [niederl. logger < engl. lugger] 〔해양〕 청어잡이용 작은 범선, 2(3)개의 돛이 달린 작은 어선.

Loggia [ˈlɔdʒ(i)a], die; ...ien [...(i)ən; ital. loggia] **1.** 로지아(한쪽만 벽이 없이 트인 낭하). **2.** 〔건축〕 한쪽, 혹은 여러 방향으로 트였으며 기둥으로 이루어진 홀; 일종의 베란다.

Logical ['lɔdʒikl̩], das; -s, -s [engl. logical] 논리적 법칙을 따라 만든 수수께끼.

-logie [...loˈgiː], die; -n [...i:ən; griech. lógos] 《다음의 복합어로, 예컨대》 ↑Ethnologie, Graphologie.

Logier- [loˈʒiːɐ̯-]: ↑logieren 참조; ~**besuch**, der **1.** (가정집에서의) 숙박자, 숙박객: er war bei uns ein häufiger L. 그는 종종 우리집에서 묵었다. **2.** 숙박, 체류: auf L. zu uns kommen 우리 집에 숙박하려고 오다(묵으러 오다). ~**gast**, der ↑~besuch (1). ~**nacht**, die (schweiz., österr.) 호텔 숙박.

logieren [loˈʒiːrən] ⟨h⟩ [frz. loger] 〔준고어〕 **1.** (화려하지 않은 호텔이나 개인집에서) 숙박하다: in einem kleinen Hotel l. 작은 호텔에서 묵다. **2.** (schweiz.) (잠깐) 손님을 받다, 하숙시키다: jmdn. bei sich l. 누구를 자기 집에 유하게 하다.

Logik ['loːgɪk], die; [lat. logica < griech. logikḗ] **1.** 〔철학〕 논리학: die formale L. 형식 논리학; die mathematische L. 기호(記號) 논리학(수리 논리학). **2. a)** 논리, 추리(推理), 조리(條理), 추리력: eine zwingende L. 이론의 여지가 없는 논리; seiner Äußerung fehlt jede L. 그의 말은 전혀 논리에 들어맞지 않는다; das ist(verstößt) gegen alle L. 그것은 모든 논리에 위반(反)된다. **b)** 당연한 귀결, 꼼짝 못하게 하는 설득력: die geschichtliche L. 역사적 논리(역사적으로 보아 당연한 이치). **Logiker** ['loːgikɐ], der; -s, - **1.** 논리학자. **2.** 논리적으로 정밀하게 사고하는 사람. **Logion** ['loːgi̯ɔn], das; -(s), ...ien [...i̯ən; griech. lógion] 〔신학〕 (성인 등의) 명구(名句), 금언(金言); 그리스도의 말.

Logis [loˈʒiː], das; - [...iː(s)], - [...iːs; frz. logis] **1.** (별로 고급스럽지 않은) 주거, 방; 숙소, 여관, 하숙: bei jmdm. Kost und (freies) L. haben 누구네 집에서 (무료로) 숙식하다. **2.** (또한) 'loːgɪs) 〔선원〕 선원실.

logisch ['loːgɪʃ] ⟨Adj.⟩ [lat. logicus < griech. logikós] **1.** 논리학상의, 논리학적인. **2.** 논리적이다, 조리있는: -es Denken 논리적 사고; das steht in keinem -en Zusammenhang 논리적으로 보아 그것은 전혀 연관이 없다; er bemüht sich, L. zu sein 그는 논리적이고자 애쓴다; etw. l. durchdenken 무엇을 논리적으로(정밀하게) 숙고하다; l. handeln 논리적으로 행동하다. **3.** (통용어) 당연한, 자명한: die Konsequenz war ... 당연한 귀결이었던 것은 ...; das ist doch l. (selbstverständlich)! 그것은 자명하다(당연하다). **logischerweise** ⟨Adv.⟩ 논리적으로, 논리정연하게, 필연적으로; 당연하게도: l.

stimmt das nicht 논리적으로 그것은 들어맞지 않는다.

logisieren [logiˈziːrən] ⟨h⟩ 〔철학〕 논리화하다, 인식하게 하다. **Logisierung**, die; -en 이성화, 논리화, 인식화함. **Logismus** [loˈgɪsmʊs], der; -, ...men 〔철학〕 **1.** 논리적 귀결, 추리(推理). **2.** ⟨Pl. 없음⟩ 논리주의. ¹**Logistik** [loˈgɪstik], die 기호(記號) 논리학[수리(數理) 논리학].

²**Logistik** [-], die [frz. logistique] 〔군〕 병참(兵站) 업무; 병참학(兵站學) (수송·보급·야영에 관한 군사학의 한 부문).

Logistiker, der; -s, - 기호 논리학자, 수리 논리학자. **Logistiktruppe**, die 〔군〕 (독일 군대에서) 병참 업무를 맡은 전무 지원 부대(예컨대: 보급 부대). ¹**logistisch** ⟨Adj.⟩ 기호(수리) 논리학(상)의.

²**logistisch** ⟨Adj.⟩ 〔군〕 병참 업무(상)의, 병참의.

Logizismus [logiˈtsɪsmʊs], der; - **1.** 〔철학〕 (인식론에서) 논리주의(論理主義). **2.** 〔수학〕 수학적 개념과 방법론의 일반 논리학으로의 환원. **3.** (교양어·폄) 논리편중(論理偏重), 논리적 사변의 과대 평가. **Logizistik** [...ˈtsɪstik], die (교양어·폄) ↑Logizismus (3). **logizistisch** ⟨Adj.⟩ (교양어·폄) 논리주의(상)의; 논리편중의. **Logizität** [...tsiˈtɛːt], die 〔철학〕 논리성(論理性).

logo ['loːgo] ⟨Adj.; 격변화 없음⟩ 《경·청소년》 ↑logisch (3): Gehst du mit ein Bier trinken? — (ist doch) l.! 나 맥주 마시러 같이 갈래? — 물론이지!

logo-, Logo- [...; 〔모음 앞에서는〕 -log-, Log-[log(o)-] "언어, 말, 이성(理性)"을 뜻하는 규정어로, 예컨대 logobedarks, Logogramm, Logasthenie. **Logograph** [...ˈgraf], der; -s / -en, -e(n) [griech. gráphos] 글자 수수께끼(글자를 빼거나, 추가하거나, 변화시킴으로 새로운 단어를 만드는 놀이. 예컨대: Band에서 Brand를 만듦). **Logoi**: ↑Logos의 복수형. **Logoneurose**, die; -n 〔의학〕 신경성 언어 장해. **Logopäde** [...ˈpɛːdə], der; -n, -n 〔의학〕 (직업명) 언어 치료(교정)자. **Logopädie** [...pɛˈdiː], die [griech. paidéia = Lehre] 〔의학〕 언어 치료(교정)(학). **Logopädin**, die; -nen ↑Logopäde의 여성형. **logopädisch** ⟨Adj.⟩ 언어 치료(교정)의(에 관한). **Logopathie** [...paˈtiː], der; -n [...iːən] 〔의학〕 중추신경계의 변화에 의한 언어 장해. **Logorrhö, Logorrhöe** [logoˈrøː], die; ...öen [...øːən] 〔의학〕 병적 다변증. **Logos** ['lɔgɔs], der; -, Logoi ['lɔgɔy] [griech. lógos] **1.** 〔고전 철학·수사〕 말; 이야기. **2.** 〔고전 철학〕 사고(思考), 의미, 개념. **3.** ⟨Pl. 없음⟩ 〔고전 철학〕 인간 혹은 신의 이성, 오성; 우주의 이법(理法); 세계 이성. **4.** ⟨Pl. 없음⟩ 〔신학〕 로고스 (하나님의 말씀); 신, 신의 창조적 이성; (요한복음 1장 14절) 하나님의 아들 그리스도. **logotherapeutisch** ⟨Adj.⟩ 의미 치료학의, 의미 치료에 근거하는. **Logotherapie**, die; -n [...iːən] 〔심리학〕 의미 치료(실존 철학에 근거해서 신경성 환자를 치료하는 방법). **Logotype**, die; -n (인쇄·옛) 성어(成語) 활자, 합자(合字) 활자(사용 빈도가 많은 말 또는 철자를 하나로 합쳐서 주조한 것).

loh [loː] ⟨Adj.⟩ (↑lichterloh 참조) 〔시어·고어〕 활활 타는, 밝은.

¹**Loh** [-], das / der; -(e)s, -e (bayr., hess.) 총림(叢林), 작은 숲.

²**Loh** [-], die; -en (bayr.) 습한 초원, 이탄지(泥炭地), 소택(沼澤) 목초지.

loh-, Loh- (²Lohe)에: ~**bad**, das 〔의학〕 제혁(製革)수피(樹皮)를 첨가한 전신욕(全身浴). ~**beize**, die 무두질용 탄닌 (↑¹Beize (1 c)). ~**blüte**, die [식물] 묽은 무두질용 수피(樹皮) 분말에 생기는 버섯. ~**brühe**, die 〔제혁〕 무두질용 탄닌액(液). ~**gar** ⟨Adj.⟩ 〔제혁〕 탄닌으로 무두질한. ~**gerber**, der 유피공(鞣皮工). ~**gerberei**, die 무두질; 유피업; 유피공장. ~**gerbung**, die

유피 무두질. **~grube**, die 〖제혁〗 큰 탄닌액통. **~mühle**, die 무두질용 수피(樹皮) 절구. **~müller**, der 무두질용 수피 절구에서 일하는 직공. **~rinde**, die ↑Gerbrinde.

¹**Lohe** ['lo:ə], die; -n 《아이》 화염, 불꽃, 활활 타오르는 불길: [전의] eine L. des Zorns 분노의 화염.

²**Lohe** [-], die; -n 〖제혁〗 무두질에 쓰이는 나무 껍질[수피(樹皮)](의 분말) (흔히 참나무나 가문비나무의).

¹**lohen** ['lo:ən] 〈h〉《아이》↑lodern.

²**lohen** [-] 〈h〉 〖제혁〗 수피액(樹皮液)으로 (가죽을) 무두질하다.

Lohengrin [...gri:n] 로엔그린(독일 전설 속의 기사).

Lohn [lo:n], der; -(e)s, Löhne ['lø:nə] **1.** 임금, 노임; 급료; 〖고어〗 (Honorar) 사례: der wöchentliche L. beträgt ... 주급(週給)은 ···이다; Löhne und Gehälter sind gestiegen 임금과 봉급이 올랐다; die Löhne erhöhen[kürzen, senken, 《통용어》 drücken] 임금을 인상하다[깎다, 인하하다]; **in L. und Brot stehen** 확실한 직장을 가지고 있다; **jmdn. um L. und Brot bringen** 누구의 일자리를 빼앗다. **2.** 〈Pl. 없음〉 보수, 보답: ein verdienter L. 받아 마땅한 보수; seinen L. für etw. empfangen 무엇에 대한 보수를 받다; [전의] er wird schon noch seinen L. bekommen 그는 응보를 받게 될 것이다.

lohn-, Lohn- (Lohn 1): **~abbau**, der (간접적인) 임금 인하. **~abhängig** 〈Adj.〉 《마르크스주의》 임금[고용주에] 종속된. **~abhängige**, der / die 임금 노동자. **~abrechnung**, die 임금〔급여〕 계산. **~abschluß**, der **~abzug**, der 〈Pl. 없음〉 《마르크스주의》 임금 공제(控除). **~arbeit**, die **a)** 〈Pl. 없음〉 《마르크스주의》 임금 노동. **b)** 〖경제〗 (한 회사가 다른 회사로부터) 하도급(받은 하청)받은 일. **~arbeiter**, der 임금 노동자. **~aufwand**, der ↑Personalkosten. **~ausfall**, der (일하지 않은 데 대한) 임금의 지불정지. **~ausgleich**, der (고용주가 고용인이 (병고 등의 이유로) 일을 하지 못했을 경우, 실수(實收) 임금에 준하도록 (일정 기간 동안) 지불하는) 조정 임금, 임금 보상. **~auszahlung**, die 임금 지불(지급). **~bescheinigung**, die 급여 증명서. **~buch**, das 임금 지불 기록(장)부(임금의 지불 계산을 기입하는). **~buchhalter**, der 급여계원, 경리(과)직원. **~buchhalterin**, die ↑buchhalter의 여성형. **~buchhaltung**, die **1.** 〈Pl. 없음〉 임금 계산. **2.** (회사의) 급여과[계], 경리과. **~büro**, das 임금 지불처; (회사의) 임금과, 회계과, 경리과; ↑~buchhaltung (2). **~diener**, der 임시 고용인. **~diktat**, das 《은어》 (임금의 액수 정도를 규정해 놓은) 임금 명령: die Gewerkschaften wollten sich kein L. aufzwingen lassen 노동 조합들은 임금 명령을 따르려 하지 않았다. **~drift**, die 〖경제〗 임금률과 벌이 사이의 통계상의 변화율의 차이. **~drücker**, der 《통용어·폄》 (일반인·봉급의) 덤핑 노동자. **~empfänger**, der 임금 노동자(생활자). **~erhöhung**, die 임금 인상. **~folgekosten** 〈Pl.〉 임금 이외에 후생·복지 등을 위해서 지불해야 하는 비용. **~fonds**, der 《구동독》 임금 지불 기금. **~forderung**, die 〈대개 Pl.〉 임금 인상 요구. **~fortzahlung**, die (병고(病故)시) 임금 지불 계속. **~front**, die 〖경제·은어〗 임금투쟁(협상) 전선. **~gruppe**, die 임금 직급, 임금 호봉. **~hierarchie**, die 《은어·폄》 ↑~skala. **~intensiv** 〈Adj.〉 〖경제〗 (총 비용 중 임금이 차지하는 비용이 높은) 임금 집약적인. **~kampf**, der 임금 투쟁, 노임 협상. **~konto**, das 급여 구좌, 임금 지불 구좌. **~kosten** 〈Pl.〉 (세금을 포함한) 임금 총액. **~kürzung**, die 임금의 인하[삭감]. **~kutsche**, die 임금 인상 지침. **~leitlinie**, die 임금 인상 지침. **~liste**, die 임금(지불)표(회사나 기업 고용인들의).

~niveau, das (어떤 영역이나 지역의) 임금 수준. **~pause**, die (일정 기간 동안의) 임금 (인상) 동결. **~pfändung**, die 채권자를 위한 임금 일부의 압류. **~politik**, die **a)** 국가, 고용주 단체 그리고 고용인 단체들이 임금 수준에 영향력을 행사하기 위해 취하는 조처들. **b)** 〖경제〗 (기업측의) 임금 정책. **~politisch** 〈Adj.〉 임금 정책(상)의. **~Preis-Spirale**, die 《붙임표가 함께》 〖경제〗 임금과 물가의 상호 작용. **~quote**, die 매상고 혹은 국민 총생산량에 대한 임금의 몫. **~raub**, der 《폄》 ↑~senkung. **~rechnung**, die 《구동독》 임금 계산(세금을 뺀 임금과 빼지 않은 임금). **~runde**, die 노동 조합들과 고용주 단체들이 (매년) 하는 임금 협상. **~senkung**, die **1.** ↑~abzug. **2.** 실질 임금의 감소. **~skala**, die 임금 호봉. **Lohnsklave**, der 《은어·폄》 임금 노예; 임금 때문에 (탐탁지 않은 일을) 참고 견디는 사람. **~steigerung**, die ↑~erhöhung. **~steuer**, die 근로 소득세. **~steuerjahresausgleich**, der 근로 소득세의 연말 정산. **~steuerkarte**, die 근로 소득세 카드 (근로 소득세 산출을 위해 지방 자치 단체가 발행하는 증명서로, 가족 관계, 종교 등이 적혀 있는). **~steuertabelle**, die 근로 소득세 일람표(조견표). **~stopp**, der (정부의) 임금 인상 금지. **~streifen**, der 임금 명세서. **~summe**, die (회사의) 급료 지불 총액. **~summensteuer**, die 영업세(회사의 급료 지불 총액에 대한). **~tag**, der 임금 지불일. **~tarif**, der 임금 정율(定率). **~tarifverhandlung**, die 임금(률) 교섭. **~tarifvertrag**, der 임금(률) 협정. **~tüte**, die 임금(급료) 봉투. **~veredelung**, die 〖경제〗 (외국에서의) 상품(생산품)의 재가공, 임(賃)가공. **~verhandlung**, die 임금 교섭(협상). **~verteilung**, die 임금 분배. **~zettel**, der ↑~streifen.

lohnen ['lo:nən] 〈h〉 **1. a)** 〈l. + sich〉 《사물, 행위를 주어로 하여》(정신적 혹은 물질적인 관점에서) 도움이 되다, 이익이 있다: das Geschäft lohnte sich für ihn nicht mehr 그 일(사업)이 그에게 이제는 더 이상 할만한 가치가 없었다; 〈sich 없이도 쓰임〉 lohnt das? 그럴 만한 가치가 있나?; die Mühe hat gelohnt 애쓴 보람이 있었다. **b)** 무슨 일을 하거나 비용을 들일 만하다: das Auto lohnt keine Reparatur mehr 그 고물차는 더 고쳐봤자 소용없다; das lohnt die[《아이·준고어》 der] Mühe nicht 애써볼 만한 일이 못된다, 수고해 봤자 소용없다. **2.** 보답하다: jmdm. seine Hilfe l. 누구에게 그가 준 도움에 보답하다; er hat dir deinen Einsatz übel gelohnt 그는 너의 도움에 배은망덕하게 답했다. **löhnen** 〈h〉 **a)** 누구에게 임금을 지불하다: die Landarbeiter l. 농장일꾼들에게 임금을 지불하다. **b)** 《통용어》 임금으로서 지불하다. **lohnend** 〈Adj.〉 보람이 있는, 이로운, 유익한: eine -e Aufgabe 해 볼 만한 일(과제). **lohnenswert** 〈Adj.〉 ↑lohnend. **Löhnung**, die; -en **a)** 임금(급료)의 지불: am Freitag ist L. 금요일에 임금 지불이 있다. **b)** 지불된 임금(급료); (Wehrsold) (군대의) 급료.

Loipe ['loypə], die; -n [norw. løype] 〖스키〗 장거리 경주용 활주로. **Loire** [lwa:r], die 르와르강(프랑스 최장의 강).

Lok [lɔk], die; -s ↑Lokomotive의 약칭.

lokal [loˈkaːl] 〈Adj.〉 [frz. local] **a)** 국부(局部)의, 한 지방의: der -e Teil einer Zeitung 신문의 지방란; bei dem Eingriff will der Arzt nur l. betäuben 그 수술시 의사는 단지 국부적으로 마취하려 한다. **b)** 〖문법〗 장소의, 장소에 관한: -e Adverbien 장소를 나타내는 부사들. **Lokal** [-], das; -s, -e **1.** 음식점, 식당, 주점: unser L. ist montags geschlossen 우리 식당은 월요일에는 하지 않습니다; in diesem L. ißt man hervorragend 이 음식점에서는 아주 잘 먹을 수 있다. **2.** 《드물

lokal-, Lokal-: ~**anästhesie**, die [의학] 국부마취 (법). ~**augenschein**, der 《österr.》 ↑ ~termin. ~**bahn**, die 교외 철도, 지방선, 지선(支線). ~**beben**, das [지질] 지방 지진(局震) 지진, 소구역(小區域) 지진. ~**behörde**, die 지방 관청. ~**bericht**, der (신문의) 지방소식. ~**berichterstatter**, der (신문의) 지방 기사 담당기자. ~**blatt**, das **1.** 지방신문. **2.** (신문의) 지방 소식란. ~**derby**, das [스포츠] 같은 지역(지방) 출신의 두 팀간의 경기. ~**farbe**, die [회화] **1.** (그림의) 부분적 색채, 민속색(固有色). **2.** ↑Lokalkolorit. ~**gruppe**, die (민속) 사회적 소그룹; 함께 생활하는 사람들의(혈연·지연의) 공동체. ~**kolorit**, das 지방색, 향토색; 《문학 작품에서의》 향토색: ein Roman voller L. 향토색이 짙은 소설. ~**matador**, der [스포츠] 한 지역(지방)의 유명 인사, 뛰어난 인물. ~**nachricht**, die 지방 기사(소식). ~**notiz**, die (신문의) 짧은 기사 보도. ~**patriotismus**, der (배타적인) 애향심. ~**politiker**, der 지방(지역) 정치가. ~**posse**, die 향토색이 짙은 (방언) 소극(笑劇). ~**presse**, die 《Pl. 없음》 지방 통신(언). ~**redakteur**, der 지방 신문의 편집자, (신문의) 지방 소식란의 편집자. ~**redaktion**, die **1.** (신문의) 지방 소식란의 편집부. **2.** (신문의) 지방란을 책임맡은 사무소. ~**reporter**, der 지방의 기사 통신원(레포터). ~**runde**, die 《통용어》 술집에 있는 모든 사람들에게 맥주와 술을 한턱내기(한 잔씩 돌리기): eine L. ausgeben 술집의 모든 사람들에게 술을 한잔씩 내다. ~**satz**, der [언어] 장소를 나타내는 부문장. ~**schlager**, der [스포츠] ↑ ~derby. ~**seite**, die 그 신문이 출간되는 지방(지역)의 소식면. ~**spitze**, die 《신문·은어》 지역적 사건에 대한 가십(혹평). ~**stück**, das 향토극. ~**teil**, der ↑ ~seite. ~**termin**, der [법] 현장 검증(의 일자). ~**ton**, der **1.** ↑ ~farbe. **2.** 방언(方言), 사투리. ~**verbot**, das 《경·농·준교》 집 주인이 특정 손님에게 내린 출입 금지령. ~**verkehr**, der 한 지역내의 교통; 근교 교통. ~**zeitung**, die ↑ ~blatt (1). ~**zug**, der 교외선(지역)의 열차.

Lokalisation [lokaliza'tsjo:n], die; -en [frz. localisation] 《전문어》 **1.** 장소의 규정, 위치의 확인; [의학] 부위(部位), 국소(局所): die L. von Schmerzen ist nicht einfach 통증의 부위를 알아내는 것은 종종 간단하지가 않다. **2.** 어떤 특정 지역 거주(군집). **lokalisierbar** [...'zi:rban] 〈Adj.〉 장소(위치)를 확인할 수 있는. **lokalisieren** [...'zi:rən] 〈h〉 [frz. localiser] 《교양어》 **1.** 장소를 정하다: einen Ort geographisch l. 어떤 곳을 지리적으로 확인하다; einen Krankheitsherd l. 어떤 병의 전원지(震源地)를 알아내다. **2.** 어떤 장소에 국한시키다(제한하다): ein Feuer l. 화재를 일정한 곳에 국한시키다. **Lokalisierung**, die; -en 《교양어》↑ das Lokalisieren (1, 2). **Lokalität** [...i'tɛ:t], die; -en [frz. localité] 장소, 공간(특히 위치와 구조, 생김새 등에 있어서의): die ~en genau kennen 그 장소들을 정확히 잘 알다; wo ist hier die L.? 《은폐》여기 화장실이 어디지요? **Lokation** [loka'tsjo:n], die; -en [lat. locātio] **1.** 현대식 주택 단지. **2.** 시추 지점(석유 탐사의). **lokativ** ['lo:kati:f], der; -s, -e [...i:və] [문법] (Ortsfall) 위치격, 장소격, 방위격(코대어의) 〈질의: wo?〉. **Lokator** [lo'ka:tɔr], der; -s, ...oren [lat. locus] 《교양어, 특히 독일의 동부 부락에서》 영주나 대지주의 위임을 받아, 부락을 건립, 부락민을 모집하여 대신으로서 토지를 나누어 주던 자, 부락주, 임대인.

Lokführer, der; -s, - ↑ Lokomotivführer의 약칭. **¹Loki** ['lo:ki], die; -s, -《schweiz.》기관차. **²Loki** [-] 게르만족의 신(神)(화염·파괴·사악의 신).

loko: ↑loco.

Loko- [상]: ~**geschäft**, das (상품의) 현장 매매, 현물 거래(반대: Distanzgeschäft). ~**verkehr**, der [상] 현물 거래(의) 상황. ~**ware**, die [상] 현물, 현품(現品), 재고 현물(在庫現物).

Lokomobil, das; -s, -e, **Lokomobile** [lokomo-'bi:l(ə)], die; -n [frz. locomobile] 자동 추진차; 견인 기관차; 이동 증기 기관. **Lokomotion** [...'tsjo:n], die; -en 《생물》 이동(인간과 동물의). **Lokomotive** ['ti:və, 《통용어》 ...ifə], die; -n [engl.; locomotive (engine)] 기관차: eine elektrische L. 전기 기관차; [전의] er ist die L. des Wahlkampfes 그는 선거전의 견인차다(견인력 있는 추진자이다). **Lokomotivführer**, der 기관사. **Lokomotivschuppen**, der 기관차 차고. **lokomotorisch** [...'to:rɪʃ] 〈Adj.〉 《생물》이동할 수 있는; 움직일 힘이 있는; 이동[추진]에 관한. **Lokus** ['lo:kʊs], der; -/-ses, -/-se [lat. locus necessitātis] 《경·속어·친근》 **a)** 변소, 화장실: er hat sich im L. eingeschlossen 그는 화장실에 틀어박혀 있다. **b)** ↑ Toilettenbecken: der L. ist verstopft 변기가 막혔다. **Lokusbrille**, die (양식 변기의) 걸터앉는 데. **Lokusdeckel**, der 변기 뚜껑. **Lokustür**, die 화장실 문.

Lokution [loku'tsjo:n], die; -en [lat. locūtio] (어느 드물게) (Redensart) 어법, 말씨; 관용어법, 성구(成句). **lokutionär** [...o'nɛ:ɐ̯] 〈Adj.〉, **lokutiv** [...'ti:f] 〈Adj.〉 《다음 용법으로》 **lokutionärer(lokutiver) Akt** [언어] 언표적 행위(발음, 구조 그리고 의미설정 등의 관점에서의 언어 행위).

Lolch [lɔlç], der; -(e)s, -e [lat. lolium] [식물] 독보리 속(屬).

Lolita [lo'li:ta, 《또한》 lɔ...], die; -s [러시아계 미국 작가 V. Nabokov(1899~1977)의 같은 이름의 소설의 주인공에 따라] ↑Kindfrau (1).

Lollo ['lɔlo], der; -s, -s [이탈리아 배우 G. Lollobrigida에 따라] 《경·농·준교》 크고 풍만한 젖가슴.

Lombard ['lɔmbart, -'-], der / das; -(e)s, -e [frz. lombard] 《금융·은어》 전당포, 동산 저당 대부 은행(13세기 초 Lombardei 상인에 창시함).

Lombard- [금융]: ~**geschäft**, das (은행이 해주는) 동산 담보(견질 담보) 대부. ~**kredit**, der 동산 담보(저당) 대부. ~**satz**, der 동산 저당 대차(貸借) 이자율. ~**zinsfuß**, der ↑ ~satz.

Lombarde [lɔm'bardə], der; -n, -n 롬바르디아 사람. **Lombardei** [lɔmbar'daɪ̯], die 롬바르다이(이탈리아 북부의 평원 지방).

lombardieren [lɔmbar'di:rən] 〈h〉 [금융] 저당에 넣다. **lombardisch** [lɔm'bardɪʃ] 〈Adj.〉 롬바르디아의.

Lomber ['lɔmbɐ], das; -s [frz. l'hombre < span. hombre] 카드놀이의 일종. **Lomberspiel**, das 롬버놀이.

Lomé ['lo:me] 로메(아프리카 서부 토고 공화국의 수도).

London ['lɔndɔn, 《engl.》 'lʌndən] 런던. **¹Londoner** ['lɔndɔnɐ], der; -s, - 런던 사람. **²Londoner** 〈Adj.; 격변화 없음〉 런던의.

long-, Long- ['lɔŋ-; engl. long]: ~**drink**, der [engl. long drink] 운두가 높은 술잔에 따라 내는 알코올 성분의 음료. ~**drinkglas**, das 운두가 높은 술잔. **¹~line** [-laɪn] amerik. long line 〈Adv.〉 [테니스] 사이드 라인을 따라서. **²~line** [-laɪn, der; -(s), -s [테니스] 사이드 라인을 따라 날아가는 볼. ~**lineball**, der ↑ ²~line. ~**seller**, der 오랜 기간 동안 잘 팔리는 책, 장기간 베스트 셀러(↑Bestseller).

Longe ['lɔ̃:ʒə], die; -n [frz. longe < lat. longus] **a)** 〈승마〉말을 길들이는 줄. **b)** [기계 체조·수영] 수영(체조) 연습용 줄(안전을 위한). **longieren** [lɔ̃'ʒi:rən] 〈h〉

말을 줄로 끝이다.
Longimetrie [lɔŋgimeˈtriː], die 《고어》 척도 측정(尺度測定). **longitudinal** [...ituːdiˈnaːl] 〈Adj.〉 [lat. longitūdo] a) 세로의, 종방향(縱方向)의, 종적인, 종단의(반대: transversal. b) [지리] 경도의, 경선(經線)의. **Longitudinalschwingung, Longitudinalwelle,** die 《물리》 종파(縱波).
Look [lʊk], der; -s, -s [engl. look] 외관, 유행 《다음의 복합어로, 예컨대》 Mao-Look, Safari-Look: der sportliche L. 스포티한 차림; einen neuen L. kreieren 새로운 유행을 창시하다.
loopen [ˈluːpn̩] 〈h〉 [engl. loop] [항공] 공중제비 비행을 하다, 원을 그리며 비행하다: [전의] ein Lichtseil loopte wahnsinnige Kurven am Himmel 불빛 한 줄기가 하늘에서 미친듯한 곡선들을 그리며 비행하였다. **Looping** [ˈluːpɪŋ], der / das; -s, -s [engl. looping] [항공] 공중제비: einen L. drehen[machen] 공중제비 비행을 하다.
Lorbaß [ˈlɔrbas], der; ...basse, ...basse [lit. liũrbis, lett. luŗbis] (nordostdt.·준고어) 무례한 사람, 버릇없는 사람, 무능한 사람, 쓸모없는 사람.
Lorbeer [ˈlɔrbeːɐ̯], der; -s, -en **1.** 월계수. **2.** (양념으로 쓰이는) 월계수 잎. **3.** 월계수 가지 혹은 월계관(영예, 승리, 명성, 대시인(大詩人)의 상징): eine L. in der Hand halten 월계관(영예)을 수중에 넣다(얻다); [전의] er fügte seinen dichterischen -en keine militärischen hinzu 그는 그의 문학적인 명성에 군사적인 명성을 보태지는 못했다; blutiger L. 피묻은 월계관(너무 많은 희생을 치르고 획득한 승리); **-en pflücken[ernten]** 영예를 획득하다, 칭송을 듣다; **mit etw. keine -en pflücken[ernten] können** 무엇으로는 아무것도 얻지 못하다(아무런 인상도 주지 못하다); **jmdm. den L. reichen** 누구에게 월계관을 수여하다(누구에게 공개적으로 영예를 수여하다); **(sich) auf seinen -en ausruhen** 《통용어》 한번 세운 공에 자족하여 더 이상 노력하지 않다.
lorbeer-, Lorbeer-: ~**baum**, der ↑Lorbeer (1). ~**beere**, die 월계수의 열매. ~**blatt**, das ↑Lorbeer (2). ~**gewächs**, das [식물] 월계수과(科). ~**grün** 〈Adj.〉 월계수 같은 녹색의. ~**kirsche**, die ↑Kirschlorbeer. ~**kranz**, der 월계관(승리·영예·명성·대시인(大詩人)의 상징). ~**laub**, das 월계수 잎. ~**öl**, das 계유(桂油). ~**wald**, der 월계수 숲. ~**zweig**, der 월계수 가지(승리, 영예, 명성, 대 시인(大詩人)의 상징).
Lorchel [ˈlɔrçl̩], die; -n [niederd. Lorch] [식물] 요리 버섯속(屬)(채소에 곁들이는 식용 버섯).
Lord [lɔrt], der -s, -s [engl. lord] **1.** (Pl. 없음) 경(卿)(영국의 귀족 및 고위 성직자의 칭호). **2.** Lord 칭호를 지닌 사람.
Lord-: ~**kanzler**, der [engl. Lord Chancellor] 대법관(영국 최고의 관직). ~**Mayor** [ˈmeːɐ] 읍시표회 총(행)장 관; der -s, -s [engl. Lord Mayor] 시장(런던 및 영국 대 도시의). ~**siegelbewahrer**, der [engl. Lord Privy Seal] 옥새(玉璽) 관리관(왕의 옥새를 관리하는 영국의 고위 관리).
Lordose [lɔrˈdoːzə], die; -n [griech. lordós] [의학] 척추 전만(前彎).
Lordschaft, die; -en ↑Lordship. **Lordship** [ˈlɔːdʃɪp], die [engl. lordship] **1. a)** 경(卿), 각하(Lord의 칭호, 신분). **b)** 경(卿), 각하(Lord에 대한 호칭). **2.** Lord의 영지.
Lore [ˈloːrə], die; -n [engl. lorry] (철도의) 무개화차(無蓋貨車), 광산의 운반차, 덮개 없는 화차.
Loreley [ˈloːrəˌlai, '---], Lorelei, die **1.** 로렐라이 (뱃사람들을 유혹하여 배를 침몰시켰다는 물의 요정). **2.** (위의 전설이 있는) 독일 St. Goarshausen의 라인강 우측 강변의 바위.
Lorgnette [lɔrnˈjɛtə], die; -n [frz. lorgnette] 긴 손잡이가 달린 안경. **lorgnettieren** [...jɛˈtiːrən] 〈h〉 《고어》 손잡이가 달린 안경으로 자세히 보다, 예리하게 주시하다. **Lorgnon** [lɔrnˈjõː], das; -s, -s [frz. lorgnon] **a)** 손잡이가 달린 단(單)안경. **b)** ↑Lorgnette.
¹**Lori** [ˈloːri], der; -s, -s [engl. lory] [동물] 앵무새과의 일종(오스트레일리아, 뉴기니아에 사는).
²**Lori** [-], der -s, -s [frz. loris] [동물] 로리스원숭이.
Lork [lɔrk], der; -(e)s, Lörke [ˈlœrkə] (niederd.) 두꺼비.
Lorke [ˈlɔrkə], die; -n 《지역적·폄》 **1.** 묽게 탄(질 나쁜) 커피: [전의] in der L. sitzen 곤경에 처해 있다. **2.** 대용(代用) 커피.
Lorokonto [ˈloːro-], das; -s, ...ten [ital. il loro conto] [금융] (한 은행에 설치된) 타은행 계좌(반대: Nostrokonto).
los [loːs] **I.** 〈Adj.〉 **1.** 풀어 놓은, 자유로운, 풀린, 떨어진 (단소 따위): der Knopf ist los 단추가 떨어졌다; der Hund ist von der Leine l. 개가 줄에서 풀렸다[벗어났다]; **jmdn.[etw.] l. sein** 《통용어》 1) 누구[무엇]을 떼어 버리다, 누구[무엇]로부터 벗어나 있다: meine Erkältung bin ich immer noch nicht l. 내 감기를 나는 아직도 떼어내지 못했다. 2) 누구[무엇]을 잃다: die Baufirma hat pleite gemacht und viele Gutgläubige sind ihre Einlagen l. 그 건설 회사는 파산하였고, 많은 선의의 사람들은 그들이 출자한 돈을 잃었다; **l. und ledig** 완전히 자유로운, 모든 속박으로부터 벗어난. **2. etw. ist etwas l.** 《통용어》 무슨 일이 생기다(벌어지다): was ist (denn hier) l.? (대체 여기) 무슨 일이 일어났느냐?; da drüben muß etwas l. sein 저쪽에 무슨 일이 벌어졌음에 틀림없다; in unserer Stadt ist nichts l. 우리 도시에서는 아무런 일도 벌어지지 않는다(지루하고, 경험할 것이라고 없다); mit dem neuen Automodell ist nichts l. 그 신형 자동차는 (별로) 신통하지 않다; wenn sie zu wenig geschlafen hat, ist mit ihr nichts l. 잠을 너무 조금 자고나면 그녀는 (모든 일에) 기분내려 하지않는다[저기압이다); was ist denn mit dir l.? 너 도대체 왜 그러니(무슨 일이 있니)? **II.** 〈Adv.〉 **1.** (요구, 명령을 표시함) l., beeil dich! 어서 서둘러라!; nun aber l.! 그럼 이제 가라[시작해라]! Achtung, fertig, l.! (경주자의 출발 명령) 차렸, 준비, 땅! **2.** [전치사 von과 결합하여) l. von allen Traditionen 모든 전통을 벗어나서. **3.** 《통용어》 **a)** 〈los를 전철(前綴)의 분리 동사의 부정형(不定形) 혹은 과거분사형의 축약〉 der war gleich raus aus dem Bett und auf ihn l.(losgesprungen) 그는 곧 침대에서 나와서는 그에게로 달려들었다; ich will schon l.(losgehen), bitte komm schnell nach! 나는 벌써 떠나려하니까 빨리 좀 따라오렴! **b)** 〈los- + gedreht [geschraubt] 따위의 약칭〉 ich habe die Schraube schon l. 나는 그 나사를 이미 풀었다.
Los [-], das; -es, -e **1. a)** 운명을 점쳐서 결정하기, 제비 (뽑기), 추첨: das L. soll entscheiden 제비(뽑기)로 결정하게 될 것이다; das L. werfen 추첨하다, 제비로 결정하다[결정하다]; ein L. ziehen 제비뽑다; die Reihenfolge durch das L. bestimmen 제비뽑기로 순서를 정하다. **b)** 복권: das L. war eine Niete 그 복권은 허당이었다; **das Große L.** 일등상(대상(大賞)); **mit jmdm.[etw.] das Große L. ziehen** 누구[무엇]를 택한 것은 아주 잘한 일이다. **2.** (아이) 운명, 숙명, 우연: das L. der Flüchtlinge 피난민들의 운명; ihm war ein schweres L. beschieden 그는 고난의 삶을 산 운명이었다; mit seinem L. zufrieden sein 자기의 운명에 만족하다. **3.** [경제] (상품의) 수량의 단위, 한 벌, 한 묶음, 짐.

Los Angeles [lɔs 'ɛndʒələs] 로스앤젤레스.
los-, ¹Los- (los): 〈동사의 분리 전철(前綴); 언제나 악센트가 있음; "분리·해방, 목표·방향, 돌진·돌발·출현·개시" 따위를 의미함〉 **~arbeiten** 〈h〉 1. 일하기 시작하다. 2. 무엇을 목표로(auf etw.⁴) 노력하다. **~ballern** 〈h〉 《통용어》 갑자기 총을 쏘아대기 시작하다. **~bekommen*** 〈h〉 《통용어》 (etw.) 분리시키다, 떼어놓다; (jmdn.) 석방하다, 해방시키다. **~bellen** 〈h〉 (개가) 갑자기 짖어대기 시작하다. **~bellen*** 〈h〉 풀다, 놓아주다, 늦추다: ein Tier l. 동물을 풀어주다. **~binden*** 〈h〉 풀다, 놓아주다, 늦추다: ein Tier l. 동물을 풀어주다. **~brausen** 〈s〉 《통용어》 ↑~rasen. **~brechen*** 1. a) 〈h〉(재빨리 강하게 잡아) 꺾다, 떼다, 부러뜨리다: einen Ast l. 나뭇가지를 확 꺾다. b) 〈s〉 갑자기 떨어져 나가다, 찢어져 떨어지다, 일어나다; 급히 떠나다. 2. 〈s〉 a) 갑자기 (그리고 큰 소리로 웃기(소리치기)) 시작하다: lauter Jubel brach los 큰 환호성이 터져나왔다. b) 갑자기 욕설을 퍼붓기 시작하다. **~bringen*** 〈h〉 떼어 놓다, 제거하다(↑~bekommen). **~brüllen** 〈h〉 고함치기 시작하다: die Flugzeugmotoren brüllten los 비행기 모터들이 굉음을 내기 시작했다. **~donnern** 《통용어》 1. 〈s〉 시끄러운 모터 소리를 내며 아주 빨리 달리기 시작하다(자동차나 오토바이 등이). 2. 〈h〉 큰 소리로 욕하기 시작하다. **~drehen** 〈h〉 돌려서 느슨하게 하다, 돌려서 풀다. **~dreschen*** 〈h〉 《통용어》 누구(무엇)를 호되게 때리다. **~drücken*** 〈h〉 (총의 방아쇠를 당기서) 쏘기 시작하다. **~dürfen*** 〈h〉 《통용어》 떠나도 좋다: wir dürfen noch nicht los 우리는 아직 떠나서는 안된다. **~eisen** 〈h〉 [본래는 얼어 붙은 배를 얼음에서 빼내놓는다는 뜻] a) (누구를) 애를 써서 어떤 사람들으로부터 자유롭게 하다, 빼내다: ich möchte dich heute abend von deiner Arbeit l. 나는 너를 오늘 밤에 그 일로부터 어떻게 해서든지 풀려나게 하고 싶다. b) (무엇을, 특히 돈을) 재주좋게 변통하다: bei jmdm. ein paar Mark l. 누구에게서 몇 마르크를 재주좋게 변통하다. **~fahren*** 〈s〉 1. (배를 타고) 출발하다, 떠나다: wir wollen morgen noch vor Sonnenaufgang l. 우리는 내일 해가 채 뜨기도 전에 출발하려 한다. 2. (auf etw. zufahren) (무엇을 향하여) 돌진하다: auf die Straßensperre l. 도로의 바리케이트를 향하여 돌진하다. 3. (누구를 향하여) 위협적으로 달려들다(auf jmdn.): Er fährt auf den Kellner los wie ein Schießhund 그는 마치 사냥개와 같이 그 급사에게 덤벼든다. 4. 분개하다, 분개하여 말하기 시작하다. **~fliegen*** 〈s〉 1. (비행기가) 이륙하다: 전의 die Leine flog abermals los [선원] 밧줄이 또다시 허공을 뚫고 멀리까지 던져졌다. 2. (어떤 목표를 향하여) 날아가다(auf etw.⁴). **~flitzen** 〈h〉 《통용어》 ↑~sausen. **~fluchen** 〈h〉 《통용어》 ↑~schimpfen. **~galoppieren** 〈s〉 (말을 타고) 질구(疾驅)하며 출발하다. **~geben*** 〈h〉 《드물게》 놓아주다, 해방하다: Gefangene l. 포로를 석방하다. **~gebundenheit**, die 〈드물게〉 구속받지 않음, 자유스러움, 방면 상태. **~gehen*** 〈s〉 1. 출발하다(걸어서), 가다, 나가다, 떠나다: gleich nach dem Frühstück l. 아침 식사 후 곧 출발한다; 전의 geh (mir) los mit deiner ewigen Fragerei! 내게 귀찮게 한일이 물어대지 좀 말아라! 2. a) 힘쓰다, 무엇을 향하여 나아가다: wir müssen auf das Haus dort hinten l. 우리는 저 뒤에 있는 집을 향해 가야만 한다; 전의 auf ein Ziel l. 어떤 목적을 향해 나아가다. b) 적의를 품고 누구에게 다가가다(달려들다): er ging mit dem Messer auf den Rivalen los 그는 칼을 들고 경쟁자에게 달려들었다. 3. 《통용어》 시작하다(되다): die Vorstellung geht um 20 Uhr l. 공연은 20시에 시작된다; gleich wird der Rummel wieder l. 그 혼잡(법석)은 곧 또다시 시작될 것이다; 성구 《농》 auf „los!" geht's los! "시작!"하면 시작됩니다! 4. 《통용어》 분리되다, 떨어지다: ein Knopf ist losgegangen 단추 한 개가 떨어

졌다. 5. a) (총이) 발사되다, (총알이) 나가다: ein Schuß ging los 총알이 발사되었다(한방 터졌다). b) 폭발하다(총알, 수류탄 등이): die Mine war losgegangen, als der Flüchtling drauftrat 탈주자가 밟았을 때 지뢰는 터지고 말았다. **~haben*** 〈h〉 《다음 용법으로》 etwas[viel] l. 《통용어》 어떤 영역에서 어느정도 [많이] 숙달되어 있다(능력이 있다): er hat in seinem Beruf viel los 그는 그의 직업(직종)에 있어서 아주 유능하다. **~hacken** 〈h〉 《통용어》 누구를 공격하다: der Starke hackt auf die Schwachen los 힘센 이는 약한 이들을 공격하다. **~haken** 〈h〉 (무엇을 갈고랑이에서) 벗기다: die Kette l. 쇠사슬을 벗기다. **~halten*** [선원] (일정한 방향으로) 향해하다, (어떤 목표를 향해) 키를 잡다. **~hämmern** 〈h〉 망치질하기 시작하다. **~hauen*** 1. 〈h〉 《통용어》 ↑~schlagen (1, 2). **~heulen** 〈h〉 a) 큰 소리로 울부짖기 시작하다: der Sturm heulte los 폭풍우가 큰소리로 울부짖기 시작했다. b) 《통용어》 (사람이) 울기 시작하다: sie sieht aus, als wollte sie gleich l. 그녀는 곧 울음을 터뜨릴듯이 보인다. **~kauf**, der (저당물 따위를) 되찾기, 사람을 돈 주고 빼냄. **~kaufen** 〈h〉 (포로, 노예 따위를) 몸값을 주고 구출하다: eine Geisel l. 인질을 몸값을 주고 구출하다. **~keifen** 〈h〉 《통용어·폄》 떠날 수 있다. **~ketten** 〈h〉 쇠사슬에서 풀어주다, (의) 결박을 풀다. **~kichern** 〈h〉 ↑~lachen. **~knallen** 〈h〉 《통용어》 발사하다; 〈s〉 폭발하다. **~knattern** 〈h〉 a) (기관총 따위가) 따따따 소리나기 시작하다. (천둥 소리가) 우르르 쾅 울리기 시작하다. b) 《통용어》 (총) 소리를 내며 돌진하다, 출발하다. **~können*** 〈h〉 떠날 수 있다: wann können wir endlich los? 우리는 언제쯤 마침내 떠날 수 있을까? **~kommen** 〈s〉 《통용어》 1. 가다, 떠나다: ich hatte noch soviel zu tun, daß ich nicht eher loskam 나는 할 일이 아직 너무 많아서 더 일찍 떠나는 수가 없었다; mach, daß du loskommst! 꺼져 버려! 2. 누구에게로[를 향해] 오다: als er mich sieht, kommt er gleich auf mich los 나를 보자 그는 곧 내게로 (다가)온다. 3. 벗어나다, 풀리나다; 해방되다: der Gefangene versuchte von den Ketten loszukommen 그 포로는 사슬에서 벗어나고자 시도했다(전의 obwohl sie ihr Mann schlug, kam sie von ihm nicht l. 그녀의 남편이 그녀를 때렸지만, 그녀는 그에게서 벗어나지 못했다. **~koppeln**: ↑abkoppeln (1, 2). **~krähen** 〈h〉 《통용어》 (닭이) 울기 시작하다, (사람이 쉰 목소리로 크게) 말하기 시작하다. **~kriegen** 〈h〉 《통용어》 1. 풀다, 열다: kriegst du den Deckel los? 너 이 뚜껑을 열 수 있니? 2. a) 떼어내다[버리다]: wie krieg ich diese Frau nur wieder los 이 여자를 다시 어떻게 떼어 버리지?. b) 팔 수 있다: ich kann mir nicht vorstellen, daß du diesen alten Wagen noch loskriegst 나는 네가 이 고물차를 아직도 돈을 받고 팔 수 있다고는 생각하지 않는다. **~kuppeln** 〈h〉 ↑abkoppeln (2). **~lachen** 〈h〉 갑자기 웃기 시작하다. **~lassen*** 〈h〉 1. a) 떼어놓다, 늦추다, 더 이상 꽉 붙잡고 있지 않다: den Steuer l. 키를 늦추다[놓다]; laß mich los! 나를 놓아 줘 !; 전의 einen Menschen nicht mehr l. 어떤 사람을 놓아주지 않다(자기에게 묶어두다); die Frage läßt mich nicht los 그 의문은 내 머리를 떠나지 않는다. b) (감옥, 우리 등에서) (풀어) 놓아주다, 해방하다: die Hunde wurden losgelassen 개들이 풀어 놓아졌다; 《과거분사로》 er war heute wie losgelassen (지역적) 그는 오늘따라 방종(방자)한 태도였다. 2. 《통용어·폄》 누구를 (그 사람의 능력을 잘 모르면서) 어떤 직업분야에서 자유로이 내버려 두다: unqualifizierte Ärzte auf die Menschen l. 저질의 의사에게 사람들을 맡기다. 3. 《통용어》 (공개적으로) 말하거나 글로 써서 의사를 발표하다; (감정을) 내다, 발하다: einen Fluch l.

저주를 퍼붓다; ein Rundschreiben an die Eltern l. 부모님들께 공문을 돌리다. **~latschen** ⟨s⟩《경》↑~gehen (1). **~laufen*** ⟨s⟩ 달리는 걸음으로 출발하다, 달려 나가다. **~legen** ⟨h⟩《통용어》**a)** 거칠게[마구] 말하기 시작하다, 욕지거리 하다: er hat sofort losgelegt und seinem Ärger Luft gemacht 그는 즉시 (욕설을) 퍼붓기 시작했고 그의 분노를 터뜨렸다. **b)** (거칠게, 성급하게) 무엇에 착수하다: er legte sofort (mit der Arbeit) los 그는 즉시 (일에) 착수했다. **~lösen** ⟨h⟩ **a)** 떼(어내)다, 나누다: eine Briefmarke (vom Umschlag) l. 우표를 (봉투에서) 떼다. **b)** (l. + sich) 풀리다, 느슨해지다, 열어지다: der schlecht befestigte Anhänger hat sich losgelöst und ist den Abhang hinuntergerollt 엉성하게 연결되어 있던 트레일러가 (저절로) 풀려서 비탈을 굴러 내려갔다; [전의] sich aus den überkommenen Bindungen l. 인습적인 속박들을 끊다[에서 벗어나다]. **~lösung**, die 분리, 떨어져 나감: die L. der Kolonien vom Mutterland 모국으로부터의 식민지들의 분리 [독립]. **~machen** ⟨h⟩ **1.**《통용어》늦추다, 풀다, 나누다, 떼다, 벗기다, 석방하다, 자유롭게 하다: die Leine l. 끈을 늦추다[놓다, 풀다]; das Kind hat sich von der Hand der Mutter losgemacht 그 아이는 엄마의 손에서 벗어났다; [전의] sich aus allen Bindungen l. 모든 관계를 끊다[에서 벗어나다]; **einen**[etw.] l.《통용어·청소년》신나게 즐기다, 한바탕 떠들며 놀다: auf der Geburtstagsfeier haben wir gestern ordentlich einen losgemacht 어제 생일 파티에서 우리는 제대로 한바탕 신나게 놀았다. **2.** [선원] ↑ablegen (5). **3.**《통용어》서두르다, 급히 하다: nun mach aber los, daß du fertig wirst! 서둘러서 끝을 좀 내라! **~marschieren** ⟨s⟩ 무엇을 향하여 곧장 행진하다. **~müssen*** ⟨h⟩《통용어》떠나야만 (출발해야만) 하다. **~plärren** ⟨h⟩ ↑~weinen. **~platzen** ⟨s⟩《통용어》**a)** 갑자기 무슨 말을 하다: „Unsinn!" platzte er los "엉터리 같은 소리!"하고 그가 갑자기 외쳤다. **b)** 갑자기[왈칵] 웃음을 터뜨리다. **~poltern** ⟨h⟩ **a)** 요란한 소리를 내기 시작하다, 쿵쾅대기 시작하다. **b)**《통용어》꾸짖기 시작하다. **~prasseln** ⟨h⟩《통용어》(비가) 후두둑 소리나기 시작하다. 《장작 따위가》소리를 내며 타기 시작하다. **~preschen** ⟨s⟩ ↑~rasen. **~prusten** ⟨h⟩《통용어》푸 하고 웃음을 터뜨리다. **~rasen** ⟨s⟩ 달려 나가다, 달려가 버리다. **b)** 무엇[무엇]을 향해 돌진하다: er raste auf die Straßensperre los 그는 거리의 바리케이드를 향해 돌진했다. **~rattern** ⟨s⟩ ↑~knattern. **~reden** ⟨h⟩ **a)**《통용어》말하기 시작하다. **b)** 누구를 비방하다. **~reißen*** ⟨h⟩ **a)** 찢어내다, 잡아떼다, 뜯어내다: der Sturm hat einige Dachziegel losgerissen 폭풍우에 기왓장 몇 개가 떨어졌다. **b)** (l. + sich) 몸을 뿌리치다[잡아 떼다]; [해양] 닻줄이 끊어져 표류하다: das Kind reißt sich los und läuft auf die Straße 아이가 몸을 뿌리치고 거리로 (달려) 나간다; [전의] ich kann mich von dem Buch nicht losreißen 나는 이 책에서 눈을 뗄 수가 없다. **~reißung**, die 찢어내기, 잡아떼기, 뜯어내기. **~reiten*** ⟨s⟩ 말을 타고 나가다(출발하다). **~rennen*** ⟨s⟩ ↑~laufen. **~ringen***, sich 《아이》격투를 하며 억지로 몸을 빼내다. **~sagen** ⟨h⟩ sich von etw. [jdmd.]《통용어》어떤 것 (사람)과 관계 [인연, 교제]를 끊는 [끊겠다고 선언]하다: sich von einer Partei l. 탈당(脫黨) [를 선언]하다; er sagte sich von allen Bindungen los 그는 모든 관계를 끊다고 선언했다. **~sagung**, die; -en 절교[탈퇴] 선언. **~sausen** ⟨s⟩《통용어》매우 빨리 달려가다. **~schicken** ⟨h⟩《통용어》보내다, 송부하다, 부치다; [통용어] 심부름 보내다, 파견하다, 해고하다: ein Telegramm l. 전보를 치다; die Kinder zum Einkaufen l. 아이들을 장보러 보내다. **~schieben*** ⟨경⟩ ↑losgehen (1): schieb uns endlich los, es ist schon spät 이젠 가라, 벌써 늦었다. **~schießen*** ⟨통용어⟩ **1.** ⟨h⟩ (총, 포를) 발사하기 시작하다. **2.** ⟨s⟩ **a)** 급히 떠나다: er schoß los wie ein Blitz 그는 번개처럼 빨리 달려갔다. **b)** 누구를 향해서 돌진하다 (auf jmdn.): der Hund schießt auf seinen Herrn los 개가 자기 주인을 향해 쏜살같이 달려간다. **3.** ⟨h⟩ 말하기 시작하다; (마음 속에 있던 말을) 쏟아놓다: nun schieß schon los! 자, 그럼 이젠 털어놓아 봐라! **~schimpfen** ⟨h⟩ 갑자기 욕하기 시작하다. **~schlagen*** ⟨h⟩ **1.** (망치 등으로) 쳐서 떼다(없애버리다). **2.** 누구에게 치고 덤비다 (auf jmdn.): die Brüder schlugen aufeinander los 그 형제는 서로 치고 박고 싸웠다. **3.** [군] 공격[전투]을 개시하다: die Zeit zum Losschlagen schien günstig 공격 개시 시간은 유리한 듯이 보였다. **4.** [경제]《통용어》(물품을) 헐값으로 팔다[처분하다]: er hat den ganzen Posten für einen Spottpreis losgeschlagen 그는 그 물품 전량을 아주 싼 값에 처분했다. **~schmeißen*** ⟨h⟩ ↑~werfen. **~schmettern** ⟨h⟩ 내던지기 [내팽개치기] 시작하다; 요란한 소리 (노랫소리 따위)를 내기 시작하다. **~schnallen** ⟨h⟩ 벨트를 풀다, 벨트를 느슨하게 하다. **~schneiden*** ⟨h⟩ 잘라내다(떼다). **~schrauben** ⟨h⟩ ↑abschrauben (a, b). **~schreien*** ⟨h⟩ 갑자기 소리지르기 시작하다. **~segeln** ⟨s⟩ **1.** 범선을 타고 출발하다(떠나다); 범선을 타고 항해를 계속하다. **2.** 무엇을 향해 범선을 타고 가다 (auf etw.). **~sollen*** ⟨h⟩《통용어》떠나(가)야 한다. **~sprechen*** ⟨h⟩ **1. a)** (jmdn. von etw.³) (죄, 의무 등을) 해제하다, 면제하다: er wurde von der Verantwortung losgesprochen 그에게는 책임이 면제되었다. **b)** [종교] 사면(赦免)하다: der Priester hat ihn losgesprochen 사제는 그를 사면하였다. **2.** ↑freisprechen (2). **~sprechung**, die; -en 면제, 해제, 해방, 석방; [종교] 사면(赦免). **~sprechungsfeier**, die {수공} 숙련공 자격증 수여식. **~sprengen 1.** ⟨h⟩ 폭파하여 제거하다. **2.** ⟨s⟩ (auf jmdn.) 누구에게 향하여 말을 달리다. **~springen*** ⟨통용어⟩ ↑abspringen (1 c). **2. a)** [지역적] ↑~laufen. **b)** (auf jmdn.) (적의를 품고) 누구에게 덤벼들다. **~sprudeln** ⟨h⟩ 급하게 말하기 시작하다, 말을 쏟아놓기 시작하다. **~stechen*** ⟨h⟩ 찔러 떼내다. 찌르며 덤벼들다. **~steuern** ⟨s⟩ (auf etw.⁴[jmdn.]) 무엇[누구]을 향하여 힘차게 나아가다, 무엇[누구]에 육박하다: er steuert auf den Hafen l. 항구를 향하여 힘차게 나아간다; [전의] aufs Examen l. 시험 준비를 한다. **~stiefeln**《통용어》↑~gehen (1). **~stürmen** ↑~rasen. **~stürzen** ⟨s⟩《통용어》**a)** 황급하여 뛰쳐 나가다(일어나 떠나다). **b)** 누구에게 (auf jmdn.) 덤벼들다. **~täuen** [-'tɔyn] ⟨h⟩ [선원] 밧줄을 풀다. **~toben** ⟨s⟩《통용어》**a)** 미쳐 날뛰기 시작하다. **b)** (분격하여) 뛰쳐 나가다. **~traben** ⟨통용어⟩ 총총 걸음으로 가기 시작하다. **~trennen** ⟨h⟩ ↑abtrennen (1). **~treten*** ⟨h⟩ 발로 밟거나 걷어차서 떼다(떼어놓다). **~weinen** ⟨h⟩ 울기 시작하다. **~werden*** ⟨s; 부정사와 과거분사에서만 합성표기⟩ **1. a)** (etw.⁴[jmdn.]) (무엇[누구]로부터) 벗어나다, 모면하다, 이탈하다. **b)** 마음에 품고 있던 말을 털어놓다. **2.**《통용어》(상품을) 팔 수 있다, 매상에 성공하다: diesen Ladenhüter werden wir noch nicht mehr los 이 물건은, 이탈하다. **3.**《통용어》잃어버리다: sie ist ihr ganzes Geld losgeworden 그녀는 그녀의 돈을 몽땅 잃었다. **b)** im Wettkampfen wurde er seinen Meistertitel los 그 경기에서 그는 챔피언 타이틀을 빼앗겼다. **~werfen*** ⟨h⟩ [선원] 출발하기 위하여 (밧줄·닻 등을) 풀다: die Leinen l. 밧줄을 풀다; das Schiff hat losgeworfen 이 배는 출항했다. **~wettern** ⟨h⟩《통용어》↑~schimpfen. **~wetzen**

⟨s⟩ 《경》 ↑~laufen. ~**wollen*** ⟨h⟩ 《통용어》 ↑~müssen. ~**zerren** ⟨h⟩ 《통용어》 잡아당겨서 풀다: die Krawatte l. 넥타이를 잡아당겨서 풀다. ~**ziehen*** ⟨s⟩ **1.** 어디로 나아가다, 떠나다: gemeinsam zogen sie los 그들은 같이 떠났다. **2.** 《폄》(auf[gegen/über] jmdn.) 누구를 욕하다, 공격하다: er ist über die Regierung losgezogen 그는 정부를 비방했다. ~**zittern** ⟨s⟩ 《경》 출발하다. ~**zotteln**, ~**zuckeln** ⟨s⟩ 《경》 어슬렁어슬렁 걸어나가다, 아주 느릿느릿 출발하다.

²**Los-** (Los): ~**anteil**, der (복권에서의) 배당된 복권 [몫]. ~**entscheid**, der 추첨으로 하는 결정. ~**nacht**, die [민속] 사람의 신탁이 나타나기에 유리한 밤들 중의 하나《예컨대: Barbaratag 전날 밤》. ~**nummer**, die 복권 번호. ~**tag**, der [민속] 다음 주간들의 날씨에 영향을 미치는 날들 중의 하나(예컨대: 6월 27일의 "Siebenschläfer"). ~**trommel**, die 회전식 복권 추첨기. ~**verfahren**, das 추첨(결정) 방식. ~**verkäufer**, der 복권 판매인. ~**ziehung**, die 추첨.

lösbar ['løːsbaːɐ̯] ⟨Adj.⟩ 풀 수 있는, 해결할 수 있는, 용해되는: dies Problem ist kaum l. 이 문제는 풀기가 어렵다; dieser Stoff ist in Alkohol l. 이 물질은 알코올에서 용해된다. **Lösbarkeit**, die ↑lösbar의 명사형.

losch [lɔʃ]: ²↑**löschen**의 과거형.

Lösch- ['lœʃ-]: ~**apparat**, der ↑Feuerlöschapparat. ~**arbeit**, die 소방 작업. ~**blatt**, das 압지(壓紙). ~**boot**, das ↑Feuerlöschboot. ~**eimer**, der 소화(消火)용 양동이. ~**fahrzeug**, das 소방차. ~**gerät**, das 소방 기구. ~**hütchen**, das (촛불을 덮어서 끄는) 소등기. ~**kalk**, der 소석회. ~**kommando**, die ↑mannschaft. ~**kopf**, der [전기] 소자(消磁) 헤드 (테이프 레코더의). ~**mannschaft**, die 소방대, 소화(작업)반. ~**papier**, das 압지(壓紙). ~**rolle**, die 압지 두루말이. ~**sand**, der **1.** 소화용 모래. **2.** 《옛》잉크를 말리기 위해 (빨아 들이도록) 뿌리는 모래. ~**taste**, die 소자(消磁)헤드를 작동시키는 누름 단추〔건(鍵)〕(테이프 레코더의). ~**teich**, der ↑Feuerlöschteich. ~**trupp**, der ↑~mannschaft. ~**wasser**, das ⟨Pl. 없음⟩ 방화수 (水), 소화용 물. ~**wiege**, die (양쪽을 번갈아 눌러 잉크를 빨아들이도록 만든) 보트형 압지 말이 문구. ~**zug**, der ↑Feuerlöschzug.

löschbar ['lœʃbaːɐ̯] ⟨Adj.⟩ (불, 등불 따위를) 끌 수 있는, 갈증을 풀 수 있는. ¹**löschen** ['lœʃn] ⟨h⟩ **1. a)** (촛불, 등불 따위를) 끄다: die Kerzen l. 촛불들을 끄다. **b)** 진화하다, 끄다: das Feuer konnte schnell gelöscht werden 그 불은 빨리 진화될 수 있었다. **c)** (이어) 소등하다: das Licht l. 등불을 끄다. **d)** 석회를 소화(消和)시키다: gelöschter Kalk 소석회. **e)** 해소시키다, 진정시키다: seinen Durst (mit Wasser) l. 갈증을 (물로) 풀다. **2.** (글자들을) 지우다, 말살하다, 닦아 없애다: eine Schuld l. 빚을 청산[말소]하다; die Firma wurde im Handelsregister gelöscht 그 회사는 상업등기부에서 삭제되었다; eine Aufnahme auf dem Tonband l. 카셋트에 녹음한 것을 지우다. **3.** 압지로 잉크를 빨아 들이다: einen Tintenklecks l. 잉크 자국을 압지로 빨아들이다. ²**löschen** [-] ⟨-⟩ [고어] 불이 꺼지다: das Leben lischt 생명이 꺼지다[목숨이 다 하다].

³**löschen** [-] ⟨-⟩ [niederd. lossen] [선원] **a)** 짐을 풀다, 하역하다: die Ladung l. 적재 화물을 하역하다; die Säcke wurden aus dem Schiff in Waggons gelöscht 선적했던 푸대들을 화차에 옮겨 실었다. **b)** 비우다.

Löscher, der; -s, - **1.** 압지 두루말이, 보트형 흡묵기(吸墨器). **2.** ↑Feuerlöscher. ¹**Löschung**, die; -en (불 따위를) 끄기, 말소, 청산.

²**Löschung** [-], die; -en [선원] 짐부리기, 하역.

lose ['loːzə] ⟨Adj.⟩ **1. a)** 느슨한, 움직이기 쉬운, 고정되어 있지 않은, 불안정한, 긴밀하지 않은: ein -r Nagel 흔들리는 못; der Knoten ist zu l. 그 매듭은 너무 느슨하다; in dem Buch sind einzelne Seiten l. 그 책에는 각각의 페이지들이 엉성하게 제본되어 있다; ein -r Zusammenschluß 엉성한 결합; l. Bekanntschaften 그저 아는 사이(사람들). **b)** 몸에 꼭 붙지 않는, 헐렁한: l. Jacken 헐렁한 상의들; [전의] Umarmungen 가벼운 포옹들. **c)** 《아어》 밀집되지 않은, 촘촘하지 않은: l. Bebauung 밀집되지 않게 건축하기. **2.** 포장되지 않은, 낱개의: l. Ware ist billiger 포장되어 있지 않은 상품이 더 싸다; das Manuskript besteht nur aus -n Blättern 그 원고는 (묶어져 있지 않고) 그저 낱장들로 되어 있다. **3. a)** 경망스러운, 단정치 못한, 행실이 나쁜, 예의 범절이 없는: ein -s Mädchen 행실이 좋지 못한 소녀; er ist ein -r Vogel 《군고어·농》 그는 단정치 못한 사람이다; l. Reden führen 말을 마구하다, 입이 걸다. **b)** 뻔뻔스러운, 남중상(中傷)하는: einen -n Mund haben 입이 험하다, 수다쟁이이다; jmdm. einen -n Streich spielen 누구에게 못된 장난을 치다.

Lose [-], die; -n [선원] (밧줄 따위의) 늘어진 부분.

Loseblatt-: ~**ausgabe**, die 루스리프 판(가철(假綴)판)(각각의 페이지를 철(綴)하여 계속 보관할 수 있도록 된 출판물)(예컨대: 법조문). ~**buchführung**, die [부기] 루스리프식 장부 정리(부기). ~**sammlung**, die 루스리프식 모음집(책).

Lösegeld [loːzə-], das; -(e)s, -er 인질의 몸값: (ein) L. fordern 인질의 몸값을 요구하다. **Lösemittel**, das ~-s, - 《드물게》↑Lösungsmittel.

¹**losen** ['loːzn] ⟨h⟩ 제비를 뽑다, 추첨하다, 추첨으로 결정하다: wir wollen l. (wer anfängt) 우리 제비뽑기로 결정하자 (누가 먼저 시작할 것인지를).

²**losen** [-], lusen ['luːzn] ⟨h⟩ 《südd., österr., schweiz.》 경청하다, 귀 기울이다: los mal! 귀 기울여 들어봐라!

lösen ['løːzn] ⟨h⟩ **1. a)** 늦추다, 풀다, 끄르다, 나누다, 떼어놓다: eine Briefmarke (mit Wasserdampf) l. 우표를 (증기를 쏘여서) 떼어내다; das Fleisch von den Knochen l. 고기를 뼈에서 발라내다; dies Mittel löst schnell den Schmutz 이 물질은 먼지(때)를 빨리 제거한다(뺀다); [전의] den Blick von jmdn. [etw.] nicht l. können 누구로[무엇으로]부터 시선을 뗄 수가 없다. **b)** ⟨l. + sich⟩ 느슨해지다, 떨어지다: die Tapete löst sich 벽지가 떨어지다; eine Lawine hat sich gelöst 눈사태가 발생했다; [전의] ihre Blicke lösen sich voneinander 그들의 (마주 보던) 시선이 떨어지다. **c)** ⟨l. + sich⟩ (무엇으로부터) 풀려나다, 자유롭게 되다, 떨어져 나가다: sich aus jmds. Armen(Umarmung) l. 누구의 품[포옹]에서 벗어나다; [전의] es fiel ihm schwer, sich aus dem Elternhaus zu l. 부모님의 집을 떠나는 것은 그에게 매우 어려웠다(그의 마음을 무겁게 하였다); sich aus einer Verpflichtung l. 어떤 책임을 면하다. **2. a)** 헐겁게 하다, 늦추다, 풀다, 완화하다, 부드럽게 하다: eine Schraube l. 나사를 풀다; Milch mit Honig löst den Husten 꿀을 탄 우유는 기침을 진정시킨다; [전의] jmds. Qualen l. 누구의 고통을 풀어주다; des Freundes Anteilnahme löste ihm die Zunge 그 친구의 동정(同情)이 그의 혀를 녹게 했다(그로 하여금 말을 하도록 했다); lösende Tränen 해방의 눈물. **b)** ⟨l. + sich⟩ 풀어지다, 헐거워지다, 늦춰지다, 떨어지다: der Muskelkrampf löst sich 나사가 헐거워지다; der Muskelkrampf hat endlich gelöst 근육의 경련이 마침내 풀렸다; [전의] die Spannung hat sich gelöst 긴장이 풀렸다; der Schmerz löste sich in Tränen 울고나니 고통이 덜했다. **3. a)** (문제, 질문을) 풀다, 해결하다, 해답하다: ein

Rätsel l. 수수께끼를 풀다; die Frage konnte nicht gelöst werden 그 의문은 풀릴 수 없었다. **b)** 〈l.+sich〉 풀리다, 해결되다: das Rätsel hat sich gelöst 그 수수께끼는 풀렸다; nicht alle Probleme lösen sich so einfach von selbst 모든 문제가 다 그렇게 단순하게 저절로 해결되는 것은 아니다. **4.** 해소(解消)하다, 취소하다: einen Vertrag, l. 계약을 끊다; sie lösten ihre Beziehungen 그들은 그들의 관계를 끊었다. **5. a)** 용해시키다, 녹이다: Zucker im Kaffee l. 설탕을 커피에 녹이다. **b)** 〈l.+sich〉 녹다, 용해되다: Salz löst sich schnell in Flüssigkeit 소금은 액체에 빨리 녹는다. **6.** (아이) **a)** 발사하다: einen Schuß l. 한발 쏘다. **b)** (실수로) 발사되다: plötzlich löste sich ein Schuß 갑자기 한발이 나갔다. **7.** (값을 치르고) 사다, 되사다, 도로 찾다: eine Eintritts karte l. 입장권을 사다; Fahrscheine (am Automaten, im Zug) l. 차표를 (자동 판매기에서, 기차 안에서) 사다. **8.** [고어] ↑erlösen (2).

Loser ['loːzɐ], **Luser** ['luːza], der; -s, - (사냥) ↑Lauscher (2).

löslich ['løːslɪç] 〈Adj.〉 풀리는, 용해되는, 녹는; [화학] 가용(可溶)의: ein -er Kaffee 물에 녹는 커피; Paraffin ist in Alkohol nicht l. 파라핀은 알코올에 용해되지 않는다. **Löslichkeit**, die 용해성(溶解性).

Löß [løs], der; Lösses, Lösse, 〈schweiz.〉 [løːs]; Lößes, Löße [지질] 황토(黃土).

Löß- [(또한) 'løs-] [지질] (주로) 황토로 이루어진. ~**anwehung**, die 황토 바람. ~**boden**, der 황토 지반. ~**gebiet**, das 황토 지역. ~**kindel**, das; -s, - [지질] 황토 인형(人形)(황토층에서 흘러내려온 석회의 응고물). ~**landschaft**, die 황토 지방(풍경). ~**männchen**, das ↑~kindel. ~**schicht**, die 황토층.

lößig ['løsɪç] 〈Adj.〉 [지질] 황토로 이루어진.

Lost [lɔst], der; -(e)s ↑Gelbkreuz.

Lost generation ['lɔst dʒɛnəˈreɪʃən], die; - - [engl. = 잃어버린 세대]; 미국 여류 작가 G. Stein (1874~1946)이 쓴 말 **a)** 잃어버린 세대(제 1 차 세계 대전 중에 정신 형성기를 보내고, 전후 미국의 문화적 전통에 대하여 불만과 환멸을 느껴 정신적 안정을 잃은 세대의 작가 집단: Hemingway, Fitzgerald, Dos Passos 등). **b)** 제 1 차 세계 대전 후의 미국 및 유럽의 젊은 세대.

¹Losung ['loːzʊŋ], die; -en **1. a)** 표어, 구호, 슬로건: eine L. ausgeben 표어를 내걸다. **b)** [신교] 경건파의 기도 문구: die L. lesen 기도문을 읽다. **2.** [군] 암호: die L. fordern[nennen] 암호를 묻다[대다].

²Losung [-], die; -en [사냥] (짐승이나 개의) 똥: ein Wild an der L. erkennen 똥을 보고 짐승을 식별하다.

³Losung [-], die; -en [상] 수입, 소득, 매상고: die L. abrechnen 수입을 계산하다. **Lösung** ['løːzʊŋ], die; -en **1. a)** (어려운 과제의) 해결, 처리: eine L. des Problems versuchen 문제의 해결을 시도하다; sich um eine friedliche L. des Konflikts bemühen 분쟁의 평화적 해결을 위해 힘쓰다. **b)** 해답, 해결책: eine elegante L. 멋진 해결책; es gibt verschiedene -en 여러가지 해결책이 있다. **2.** 방면, 떼어놓음, 분리: die L. der Fesseln (쇠)사슬을 풀기. **3.** 취소, 폐지: die L. der Ehe[des Arbeitsverhältnisses] 혼인[고용 관계]의 취소 [해약]. **4.** [물리·화학] **a)** (물리화학) 용해(溶解): die allmähliche L. eines Stoffes beobachten 어떤 물질이 천천히 용해되는 것을 관찰하다. **b)** 용액(溶液): eine hochprozentige L. 고농도의 용액. **5.** 〈schweiz.〉 ↑ ²Losung.

Lösungs-: ~**ansatz**, der [화학] 용액의 침전(結晶)品). ~**druck**, der [물리·화학] 용해도(溶解度). ~**mittel**, das [물리·화학] 용제(溶劑), 용매(溶媒). ~**möglichkeit**, die (어떤 문제의) 해결 가능성. ~**versuch**, der

해결 시도. ~**vorschlag**, der 해결책[해결 방안] 제시. ~**wärme**, die [물리] 물질의 용해시 배출되는[소모된] 에너지. ~**weg**, der ↑~möglichkeit.

Losungswort, das 〈Pl. …wörter〉 표(제)어, 슬로건, 구호.

Lösungswort, das 〈Pl. …wörter〉 수수께끼의 해답.

¹Lot [loːt], das; -(e)s, -e **1.** [건축] **a)** 연추(鉛錘): die Mauer mit dem L. messen 벽의 높이를 연추로 측정하다. **b)** 〈Pl. 없음〉 연추로 표시된 수직선: die Mauer ist im L [ist außer L.] 그 벽은 수직선에서 어긋나 있다; **(nicht) im L.[aus dem L.] sein.** 1) (건강 따위가) 정상이다[비정상이다]. 2) (물건이) 정상이다[비정상이다]; **jmdn.[etw.] ins(rechte) L. bringen** 누구의 이성을 회복시키다[무엇을 다시 정돈하다]; **jmdn. [etw.] aus dem L. bringen** 누구(의 마음을)를 혼란시키다[무엇을 흐트러놓다]; **(wieder) ins L. kommen** 1) (다시) 건강하다. 2) 다시 정돈되다. **2.** [해양] 측연(測鉛): das L. hinunterlassen 측연을 늘어 뜨리다. **3.** [기하] 수(직)선: man fällt das L. vom Punkt P auf die Gerade g점 P에서 직선 g로 수직선을 긋다. **4.** 〈Pl. 어미없이〉 (고어, 커피에 대해서는 가정에서 아직도 사용〉 반 온스의 중량(1/32 또 1/30 Pfund, 약 16g)(의 단위): drei L. Kaffee mahlen 3로트(Lot)의 커피를 갈다; [속담] Freunde in der Not gehen hundert auf ein L. 곤경에 처했을 때 친구는 1로트(Lot)의 커피 때문에 100 명이 모두 다 가버린다(막상 위급한 경우에 친구들은 아무런 소용이 없다는 말). **5.** [기술] 땜납, 백랍.

²Lot [lot], das; -(s), -s [engl. lot] **a)** (경매품, 상품 따위의) 한 꾸러미, 한 세트. **b)** [우표] (싸게 파는) 우표 한 묶음[세트].

lot-, Lot-: ~**blei**, das 측연(測鉛). ~**leine**, die [해양] 측연선(測鉛線), 추측(錘測)줄. ~**recht** 〈Adj.〉 수직의: den Mast l. stellen 돛대를 수직으로 세우다. ~**rechte**, die 수직선: von der -n abweichen 수직선에서 벗어나다. ~**schnur**, die ↑~leine. ~**weise** 〈Adv.〉 (드물게〉 로트(Lot: 중량의 단위, 약 16g)(를 단위)로: den Kaffee l. abmessen 로트를 단위로 하여 커피의 무게를 재다.

Löt- ['løːt-]: ~**apparat**, der 납땜용 기구. ~**draht**, der 철사줄 형태의 땜납. ~**fuge**, die ↑~stelle. ~**gerät**, das, 납땜용 기구. ~**kolben**, der **1.** 납땜 인두. **2.** [경] 술독(毒)이 올라 빨개진 코. ~**lampe**, die 납땜용 버너. ~**material**, das 납땜에 필요한 재료(의 총칭). ~**metall**, das 납땜용 합금(合金). ~**mittel**, die ↑~material. ~**naht**, die 땜납(한 자리). ~**ofen**, der 납땜에 쓰이는 화덕. ~**pistole**, die 권총 모양의 납땜 기구. ~**rohr**, das 취관(吹管). ~**rohranalyse**, die [화학] 취관분석(吹管分析)[시험(試驗)). ~**spitze**, die 납땜용 기구의 끝 부분(납땜할 자리에 갖다 대는). ~**stelle**, die 납땜[한] 자리. ~**verfahren**, das 납땜 과정(방식). ~**wasser**, das **1.** 납땜 용액, 청강수. **2.** [통용어·농] 화주(火酒), 독주. ~**zinn**, das 땜납(금속 접착용).

lötbar ['løːtbaːɐ̯] 〈Adj.〉 납땜할 수 있는: dies Material ist gut l. 이 물질은 잘 땜질할 수 있다. **Lötbarkeit**, die ↑lötbar의 명사형. **loten** ['loːtn̩] 〈h〉 **1.** [건축] 연추(鉛錘)로 수직의 방향을 정하다. **2.** [해양] 측연(測鉛)으로 수심을 재다. **löten** ['løːtn̩] 〈h〉 [공학] 납땜하다: ein Loch im Topf l. 냄비의 구멍을 땜질하다. **2.** 〈경·농〉 ↑verlöten (2).

Lothringen ['loːtrɪŋən], -s 로트링겐(프랑스 동북부의 인강 상류와 Vogesen 산맥 사이의 지명). **¹Lothringer** ['loːtrɪŋɐ], der; -s, - 로트링겐 사람. **²Lothringer** 〈Adj.〉 로트링겐(의) 로트링겐의. **lothringisch** ['loːtrɪŋɪʃ] 〈Adj.〉 로트링겐 사람[의]의.

Lotion [loˈtsi̯oːn, 〈engl.〉 'loʊʃən], die; -en / (영어 발

Lotos

음) -s [engl. lotion < frz. lotion] 화장수, 로션: eine L. auftragen 로션을 바르다.
Lotos ['lo:tɔs], der; -, - [lat. lōtus, lōtos < griech. lōtós] [식물] 수련(睡蓮)류의 풀, 연꽃, 식수련: der L. gilt als Symbol der Reinheit 연꽃은 순결의 상징이다.
Lotos-: ~**blume**, die ↑Lotos. ~**blüte**, die 수련, 연꽃. ~**säule**, die [고고] 주두(柱頭)에 (연꽃) 식물 무늬 장식을 한 고대 이집트의 기둥. ~**sitz**, der 〈Pl. 없음〉 (앉아 있는 모습이 연꽃의 핀 모습과 닮은 데서) [요가] 두 발이 허벅지 위에 놓이도록 다리를 포개고 앉는 자세.
Lotse ['lo:tsə], der; -n, -n [Lootsmann < engl. loadsman] [해양] [직업명] 수로 안내인; (배의) 조타수: der L. kommt an Bord 수로 안내인이 배에 타다 (승선하다). [전의] jmdm. als Lotse die fremde Stadt zeigen 안내자로서 누구에게 낯선 도시를 보여주다. **lotsen** ['lo:tsn] 〈h〉 **1. a**) [해양] 수로를 안내하다: ein Schiff in den Hafen l. 배를 항구로 안내하다(인도하다). **b**) [항공] (지상에서) 항공기를 유도하다: der Flugleiter lotste das Flugzeug per Funk durch den Nebel 항공 관제관(管制官)은 그 비행기를 (지상에서) 무선을 통해 안개 사이로 유도했다. **c**) [교통] (길을) 안내하다: die Schüler mußten über die Straße gelotst werden 학생들은 길을 건너도록 인도되어야만 했다. **2.** 〈통용어·비교〉 유인하다, (하기 싫어하는 일을 하도록) 끌어내다: den Freund (mit) ins Kino l. 친구를 영화관으로 유인하다.
Lotsen-: ~**boot**, das 수로 안내 보트[선(船)]. ~**dienst**, der **1.** 수로 안내(근무). **2.** [교통] 교통 안내 근무. ~**fisch**, der [동물] 동갈방어류(상어를 먹이가 있는데로 안내한다는 뜻에서). ~**flagge**, die 수로 안내인을 요청하는 신호기. ~**freiheit**, die 〈Pl. 없음〉 (일정한 지역에서) 배에 수로 안내인이 없어도 된다는 규정. ~**geld**, das 수로 안내료. ~**mütze**, die 수로 안내인이 쓰는 모자. ~**signal**, das ↑~flagge. ~**station**, die 수로 안내인들이 모여 있는 곳(을 보내주는 곳). ~**zwang**, der 〈Pl. 없음〉 [항해] 수로 안내인 의뢰의무(규정)(정해진 지역에서 배에 수로 안내인을 동승시켜야 한다는): für diesen Hafen besteht L. 이 항구에서는 수로 안내인을 반드시 고용해야 한다.
Lotter ['lɔtɐ], der; -s, -《고어》↑Lotterbube.
Lotter-: ~**bett**, das **a**) 《준고어》[집안(부부의) 침상(寢床), 정사(情事)에 사용되는 침대, 매춘부가 쓰는 침대. **b**) 《고어》소파, 안락의자: **auf dem L. liegen** (고어) 빈둥거리며 지내다. ~**bube**, der (고어·佛) 빈둥거리는 사람, 무뢰한, 방탕자. ~**leben**, das 〈Pl. 없음〉 허랑방탕한 생활. ~**wirtschaft**, die 〈Pl. 없음〉 규모가 없고 짬짤하지 못한 가정 경제, 경영의 난맥상.
Lotterei [lɔtəˈrai], die; -en (佛·드물게) 방탕, 부박.
lotterhaft 〈Adj.〉 (佛·드물게) 게으른, 방탕한, 빈둥거리는, 칠칠치 못한.
Lotterie [lɔtəˈriː], die; -n [...ɪən]; niederl. loterije] 복권, 제비: L. [in der L.] spielen 복권을 사다[하다], 복권놀이하다.
Lotterie-: ~**anleihe**, die [경제] 복권부 채권. ~**einnehmer**, der 복권 파는 사람(판매인), 복권 인수자. ~**los**, das 복권, (숫자 맞추기의, 복권놀이의) 복권의 일종, 복권놀이: [전의] **das Leben ist ein L.** 인생은 일종의 복권 놀음이다(운에 달려 있다).
lotterig, lottrig [ˈlɔt(ə)rɪç] 〈Adj.〉 《통용어·佛》 칠칠치 못한, 흥겹 늦은, 게으른, 방탕한, 방랑의, 부랑아의, 일정한 거처가 없는, 수치스러운, 비열한. **Lott(e)rigkeit**, die; -en ↑lotterig의 명사형.
lötterlen [ˈlœtələn] 〈h〉 《schweiz.》 복권을 사다[하다].
Lötterler, der; -s, - 《schweiz.》 복권을 하는 사람, 복권에 미친 사람.
lottern 〈h〉 **1.** 《지역적》 방탕한 생활을 하다, 부랑아[건달] 생활을 하다. **2.** 《schweiz.》 이은 자리가[에서] 떨어지다.
Lotto ['lɔto], das; -s, -s [ital. lotto < frz. lot] **1.** (숫자 맞추기로 하는) 복권의 일종: **vier Richtige im L. haben** (숫자맞추기로 하는) 복권에서 맞춘 숫자가 네 개이다. **2.** 숫자가 기입된 카드를 맞추는 놀이.
Lotto-: ~**annahmestelle**, die 복권 취급소. ~**block**, der 〈Pl.-s / -blöcke〉 지역적으로 여러 복권 판매 회사 연합: **die öffentliche Ziehung der Gewinnzahlen im deutschen L.** 독일 복권 판매회사 연합의 공개적인 복권 숫자 추첨. ~**fee**, die 〈통용어·佛〉 복권의 요정(복권 숫자 추첨시의 (추첨된 숫자를 알려주는) 텔레비전 아나운서). ~**gesellschaft**, die 복권 판매 회사. ~**gewinn**, der 복권으로 받은 상금. ~**kollektur** (österr.) ↑~annahmestelle. ~**könig**, der 〈통용어〉복권왕(복권에서 큰 상금을 받은자, 복권으로 부자가 된 사람). ~**kugel**, die 번호가 적히 있는 구슬(회전식 복권 번호 추첨기에 들어 있는). ~**mittel** 〈Pl.〉 복권을 통해 벌어들인 금액: **den Sport mit -n unterstützen** 복권을 통해 벌어들인 금액으로 스포츠를 후원하다. ~**schein**, der (숫자맞추기를 하는 복권에서) 숫자가 인쇄되어 있는 복권: **den L. abgeben 복권에** (숫자에 표기를 하여) 제출하다. ~**spiel**, das 복권(놀이). ~**trommel**, die 회전식 복권 번호 추첨기. ~**zahlen** 〈Pl.〉 **die Ziehung der L. 복권** 숫자 추첨. ~**zentrale**, die 복권 본사. ~**zettel**, der ↑~schein.
lottrig 〈Adj.〉 ↑lotterig.
Lotung, die; -en [해양] 추측(錘測), 수심 측량.
Lötung, die; -en 납땜, 땜질.
Lotus ['lo:tʊs], der; -, - [lat. lōtus, ↑Lotos] **1.** ↑Hornklee. **2.** ↑Lotos.
Louis ['luːi], der; - ['luːi(s)], - ['luːis; frz. Louis; 17, 18세기 프랑스의 연인이 많기로 유명했던 루이라는 이름의 왕들을 따라서 부른 듯〉 **1.** 창녀의 정부(情夫) (Zuhälter). **2.** ↑Louisdor. **Louisdor** [lui̯ˈdoːɐ̯], der; -s, - 〈그러나 단위를 나타낼 때는: 5 Louisdor〉 [frz. louis d'or]《옛》루이 금화(1640~1795에 발행된 프랑스의 금화).
Louisiana [luɪ..., 〈engl.〉 lʊɪziˈænə], -s 루이지애나(미국 남부의 주).
Louis-quatorze [luikaˈtɔrz], das; - [frz. quatorze] [예술] 프랑스 루이 14세(1638~1715) 시대의 (바로크) 양식 (건축·장식 따위가 Louis 13세 시대보다 한층 더 고전적이며 호화로운 것이 특색). **Louis-quatorze-Möbel**, das 〈대개 Pl.〉 프랑스 루이 14세 시대(풍)의 가구. **Louis-quatorze-Stuhl**, der 프랑스 루이 14세 시대(풍)의 의자. **Louis-quinze** [...'kɛ̃z], das; - [frz. quinze] [예술] 프랑스 루이 15세(1710~1774) 시대의 (로코코) 양식. **Louis-quinze-Uhr**, die 프랑스 루이 15세 시대(풍)의 시계. **Louis-seize** [...ˈsɛːz], das; - [frz. seize] [예술] 프랑스 루이 16세(1754~1793) 시대의 양식. **Louis-treize** [...ˈtrɛːz], das; - [frz. treize] [예술] 프랑스 루이 13세(1601~1643) 시대의 양식(초기 르네상스보다 경쾌·우아함이 덜하고, 고전적 형식을 선호).
Lounge [ˈlaʊndʒ], die; -s, -s [engl. lounge] (호텔 등의) 휴게실, 라운지. **Lounge-chair** [-tʃeɐ̯], der; -s, -s [engl. lounge-chair] 안락의자, 클럽의 의자.
Lourdes [lurd] 루르드(프랑스 서남부의 도시로 순례지, 성모 마리아 출현의 기적이 있었다는 성당이 있다).
Loure [luːɐ̯], die; -n [ˈluːrən; 어원불명] [음악] 루-르(17~18세기의 6/4 박자의 무곡(舞曲)).
Love-in [ˈlʌv-ɪn], das; -s, -s [engl. love-in] 러브인(히피족 등의 사랑의 모임). **Love-Story** [ˈlʌv-ˈstɔːrɪ],

die; -s [engl. love story; E. Segal(1937~)의 소설과 그 소설의 영화화로 유명해짐] 감상적인[끝이 슬픈] 사랑 이야기.
Low-Church ['loʊ'tʃə:tʃ], die [engl. Low Church] 저교회파(低敎會派)〈영국 국교회의 일파, 교의·의식·사제직 따위를 경시하는 비교적 자유로운 파〉(↑ High-Church).
Löwe ['løːvə], der; -n, -n [lat. leō < griech. léōn] 1. [동물] 사자: der L. brüllt 사자가 포효하다; der L. gilt als Sinnbild der Kraft und des Muts 사자는 힘과 용기의 상징으로 여겨진다; kämpfen wie ein L. 사자처럼 싸우다(대단히 용감하게, 사력을 다하여); 성구 gut gebrüllt, L.! 정말, 말 잘했다!; **der L. des Tages [des Abends] sein** 〈준어〉 〈차용역어〉 (옛날 런던 구경꾼들은 반드시 런던탑의 사자를 구경하도록 안내되었던 데서); **nicht den schlafenden -n wecken** 잠자는 사자를 깨우지 않다〈누구에게 쓸데 없이 화를 돋굴 일을 하지 않다〉. 2. 사자 모양의 문장(紋章): der bayrische L. 바이어른(주)의 사자 모양의 문장. 3. [점성] **a)** 사자자리, 사자궁(宮)(7월 23~8월 23일). **b)** 태어날 때 별자리가 사자 자리인 사람: sie[er] ist ein L. 그녀[그]는 사자자리이다.
löwen-, Löwen-: **~äffchen**, das [동물] 사자 원숭이. **~anteil**, der (이솝 우화에서) 최대[주요] 부분, (장자의) 부당한 몫, 이익의 대부분(노른 자위)(↑Hauptanteil): sich den L. (von etw.) sichern (무엇의) 대부분의 몫을 확보하다. **~bändiger**, der 사자 사육사, 사자를 길들이는[부리는] 사람. **~freigehege**, das 사자원(園) (사자가 자유로이 다닐 수 있는). **~gebrüll**, das 사자 울음(소리). **~jagd**, die 사자 사냥. **~käfig**, der 사자 우리. **~kraft**, die 사자와 같은 강한 힘, 강호(强豪). **~mähne**, die 1. 사자의 갈기. 2. (통용어) (사람의) 장발(長髮), 더부룩한 머리. **~maul**, das 〈Pl. 없음〉 [식물] 금어초(金魚草). **~mäulchen**, das ↑~maul. **~mut**, der 용맹, 강한 담력. **~rachen**, der 사자의 목구멍. **~stärke**, die ↑~kraft. **~stimme**, die 《통용어》 (유난히) 크고 힘찬 목소리. **~zahn**, der 〈Pl. 없음〉 [식물] 《사자의 이빨처럼 뾰족한 잎 모양에 따라 이름을 지은듯》 민들레: aus L. Salat bereiten 민들레로 샐러드를 만들다. **~zwinger**, der 사자 우리.
Löwin ['løːvɪn], die; -nen ↑Löwe의 여성형.
loxodrom [lɔksoˈdroːm] 〈Adj.〉 [griech. loxodrómos] [수학] 메르카토르 도법(圖法)의. **Loxodrome**, die; -n [수학·항해] 모든 자오선을 같은 각으로 자르는 두점의 연결선. **loxogonal** [...goˈnaːl] 〈Adj.〉 [수학] 사각(斜角)의.
loyal [loaˈjaːl] 〈Adj.〉 [frz. loyal < lat. lēgālis] (교양어) **a)** (국가, 정부, 법, 군주 등에) 충성스러운, 충의가 있는 (반대: illoyal, disloyal): -e Truppen 충성스러운 군대. **b)** (맹세, 약속, 의무에) 충실한, 신의있는 (반대: illoyal b): ein -er Kollege 신의있는 동료; l. handeln 신의있게 행동하다. **c)** 성실한, 점잖은, 공평한: eine -e Opposition 공평한 야당; sich gegen den Sieger l. verhalten 승자에 대하여 점잖게 행동하다. **Loyalität** [...jaliˈtɛːt], die; -en [frz. loyauté] 충의, 성실, 순종, 공정, 법을 존중함; L. dem Staat gegenüber 국가에 대한 충성; jmdn. zur L. verpflichten 누구에게 충성의 의무를 지우다. **Loyalitätserklärung**, die 충성 선언.
¹**LP** [ɛlˈpeː], die; -(s) [engl. long-playing record] ↑ Langspielplatte의 약칭. (레코드의) LP 반(盤) (매분 33 1/3회전): es wurden schon mehrere LPs von dem Sänger hergestellt 벌써 몇 개의 LP 음반이 그 가수에 의해 출간되었다.
²**LP** = Läuten u. Pfeifen [철도] 뻑하는 소리(출발 신호).

LPG [ɛlpeˈgeː], die; -(s) 《구동독》 landwirtschaftliche Produktionsgenossenschaft 농업 생산 협동 조합, 집단 농장.
LSD [ɛlˈlɛsˈdeː], das; -(s) [Lysergsäurediäthylamid] 리세르긴 산(酸) 디에틸아미드(환각제의 일종).
LSG = Landessozialgericht 지방 사회 법원(재판소).
lt. = laut. …에 의하면, …에 따라서, …대로.
Lt. = Leutnant.
Ltd. = limited. 유한책임(有限責任)의 (주주, 선주(船主)등의).
Ltq = türkisches Pfund.
Lu = Lutetium. [화학] 루테튬(금속 원소의 하나)의 원소기호.
Luanda [(port.) ˈlu̯ɐndɐ] 루안다(앙골라의 수도).
Luba [ˈluːba], Baluba, der; -(s), -(s) 자이레의 반투족 사람.
Lübeck [ˈlyːbɛk] 뤼베크(독일 북부의 항구 도시, 중세의 한자동맹에 있어서 발트해의 중요 항구). ¹**Lübecker**, der -s, - 뤼베크 사람. ²**Lübecker**, 〈Adj.〉 격변화 없음》 뤼베크의: die L. Bucht 뤼베크만. **lübeckisch**, **lübisch** [ˈlyːbɪʃ] 〈Adj.〉 뤼베크의.
Luch [luːx], die; Lüche [ˈlyːçə] 《또는》 das; -(e)s, -e [niederd. lüch; 어원불명] 〈지역적〉 늪, 소택지(沼澤地), 습지.
Luchs [lʊks], der; -es, -e 1. 〈축소형: ↑Lüchschen〉 스라소니: **wie ein L. aufpassen** 살쾡이같이 살피다(주의하다)《예민하게 주의(주시)한다》. 2. 스라소니 가죽.
Luchsauge, das 스라소니의 눈: 전의 seinen -n entgeht nichts 그의 살쾡이 같은 〈예리한〉 눈에 잡히지 않는 것은 없다〈눈에는 아무것도 빠져나가지 못한다〉. **luchsäugig** 〈Adj.〉 살쾡이 같은 눈의. **Lüchschen** [ˈlʏksçən], das; -s, - ↑Luchs (1). **luchsen** [ˈlʊksṇ] 〈h〉 《통용어》 (살쾡이같이) 예리하게 살피다 (nach jm.), 주시하다; (이익에) 약삭 빠르다: er luchst nach allen Seiten 그는 모든 면에서 빈틈이 없다; 전의 er luchst auf eine Gelegenheit, sich aus dem Staub zu machen 그는 도망칠 기회만 노리고 있다.
Lucht [lʊxt], die; -en [niederd. lucht] 《nordd.·중고》 다락방, 지붕 밑방, 위층(層).
Lücke [ˈlʏka], die; -n 1. 틈, 사이, 간격, 갈라진 틈, 균열, 깨진 금, 빈 곳: eine L. im Zaun 울타리에 있는 틈; sein Gebiß hat erhebliche -n 그의 치열(齒列)에는 꽤 빈틈이 많다(이가 많이 빠져 있다); eine L. lassen 빈틈을 남기다; eine L. füllen[schließen] 틈을 막다; 전의 sein Tod hat eine schwer zu schließende L. hinterlassen 그의 죽음은 채울 수 없는 빈 자리를 남겼다. 2. 결함, 결점, 불비(不備), (텍스트 속의) 탈문(脫文), 궐문(闕文), [인쇄] 탈루(脫漏); (obd.) 가축 사육장 울타리의 출입구: sein Wissen hat einige -n 그의 지식에는 미비한 부분들이 있다; eine L. im Gesetz 법률의 불비(不備); es fehlt ihm der Mut zur L. 그에게는 자신의 지식의 결함을 인정하고 받아들일 용기가 없다.
lücken-, Lücken-: **~büßer**, der **a)** 대타자, (윗사람의) 대리역: er darf immer den L. spielen 그는 항상 대타자의 역할을 감수해야 한다. **b)** 대용품, 미봉책, 임시 방편. **~füller**, der ↑~büßer. **~los** 〈Adj.〉 1. 빈틈이 없는: -es Gebiß 빈틈 없는 가지런한 치아; die Teile lassen sich l. ineinanderfügen 부속품들이 빈틈없이 서로 꼭 들어맞는다. 2. 완전한, 탈루(脫漏)가 없는: ein -er Lebenslauf 빈틈없는 이력(서); etw. l. dokumentieren 무엇을 빈틈없이 기록으로 남기다. **~losigkeit**, die 빈틈없음, 완전무결. **~springer**, der ↑Kolonnenspringer. **~test**, der [심리] 빈칸(채우기) 테스트(지능 검사의 일종). **~text**, der 공란을 (인적 사항 등으로) 채우도록 인쇄되어 있는 서식.

lückenhaft 〈Adj.〉 **1.** 틈이 있는: ein -es Gebiß 빈틈이 있는(이가 빠진) 치열. **2.** 불완전한, 결함이 있는: seine Erinnerung an die Vorgänge ist l. 그 사건들에 대한 그의 기억은 불완전하다. **Lückenhaftigkeit,** die 틈이 있음, 불완전성. **luckig** ['lʊkɪç] 〈Adj.〉 《광》 (광석이) 구멍 투성이의, 구멍이 숭숭 뚫린. **lückig** ['lʏkɪç] 〈Adj.〉 《드물게》 **a)** 빈틈이 있는. **b)** 간격을 둔, (사이에) 공간을 둔.
lud [luːt] ↑¹,²laden의 과거형.
Lude ['luːdə], der; -n, -n [Lud(e)wig의 약칭] 《괌》 **1.** 창녀의 정부(情夫), 기둥 서방. **2.** 《준구어》 방랑자.
lüde ['lyːdə] ↑¹,²laden 참조.
Luder ['luːdɐ], das; -s, - **1.** 《경》 비천한 인간, 저급의 인간, 닳고 닳은 못된 인간[여자]: sie ist ein (freches) L. 그녀는 뻔뻔스런 인간이다; sie ist ein armes L. 그녀는 가련한 인간이다; das dumme L. 저 바보 천치!; ein feines L. (복장의) 맵시있는 녀석; sie ist ein kleines L. 그녀는 깜찍한(얄미운) 요물이다; ein süßes L. 매력적인 소녀(아이). **2.** [사냥] **a)** (Aas) 썩은 고기(미끼로 쓰는). **b)** (매 사냥을 위해 훈련시킨) 콘도르를 부르기 위한 날개짓.
luder-, Luder-: ~**jan,** der 《드물게》 ↑Liederjan. ~**leben,** das 《Pl. 없음》 방탕한 생활, 게으른 생활. ~**mäßig** 〈Adv.〉 《지역어》 매우, 대단히: es ist l. kalt 날씨가 매우 차다. ~**platz,** der [사냥] 미끼를 놓아둔 곳. ~**wirtschaft,** die 《괌》 방종, 무질서(한 생활).
luderig ['luːdərɪç] 〈Adj.〉 《고어·괌》 무질서한, 단정치 못한, 부도덕한. **ludern** ['luːdɐn] 〈h〉 《고어·괌》 방탕한 (부도덕한) 생활을 하다. **Lud(e)rer** ['luːd(ə)rɐ], der; -s, - 《고어·괌》 게으름뱅이, 빈둥거리는 자.
Ludi: ↑Ludus의 복수형.
Ludolfsche Zahl ['luːdɔlfʃə-], die [독일계 네델란드인 수학자 Ludolf van Ceulen (1540~1610)에 따라] [수학] 원주율(圓周率)(기호: π).
Ludus ['luːdʊs], der; -, Ludi [lat. lūdus] **1.** 고대 로마의 연극장. **2.** [문예학] 중세의 종교극.
Ludwigshafen am Rhein 루드비히스하펜(독일 서남부 라인 강변의 공업 도시).
Lues ['luːɛs], die [lat. luēs] [의학] 매독(梅毒). **luetisch** ['lueːtɪʃ], **luisch** 〈Adj.〉 [의학] 매독(성)의.
Luffa ['lʊfa], die; -s [arab. lūf] [식물] 수세미 외.
Luffaschwamm, der 수세미.
Luft [lʊft], die; Lüfte ['lʏftə] **1.** 〈Pl. 없음〉 **a)** 공기, 대기(大氣) (비유) 기관(氣圈): dünne (feuchte) L. 희박한 (습한) 공기; flüssige L. [물리] (냉각시켜 만든) 액화 공기: der Motor wird mit L. gekühlt 그 모터는 공냉식(空冷式)이다; du mußt mehr an die (frische) L. gehen 너는 좀 더 많이 (신선한) 공기를 쐬어야 한다(밖으로 나가야 한다, 산책해야 한다); die Kinder sind den ganzen Tag in der L. 아이들은 하루종일 바깥에서 지낸다; die L. ist rein (sauber) 《통용어》 수상한 기색은 없다, 위험은 없다, 보고되는 (방해되는) 것은 없다; **irgendwo ist (herrscht) dicke L.** 《통용어》 어딘지 심상치않은 기미가 돈다, 형세가 험악하다; **aus etw. ist die L. raus** 《통용어》 무엇이 한물 갔다(무엇은 이젠 흥미거리가 못된다); **L. für jmdn. sein** 누구에게 공기 같은 존재다(누구에 의해 고의적으로 무시당하다); **gesiebte L. atmen** 《통용어·농》 징역 살다(체로 걸른 공기를 마시다; 감옥의 창살을 체에 비유); **die L. aus dem Glas lassen** 《통용어·농》 잔에다 술을 붓다(잔에서 공기를 빼내다); **die L. rauslassen** 《통용어》 진정하다(흥분 상태에서); **sich in L. auflösen** 《통용어》 1) (대개 사물이) 표면에서 사라지다, 흔적없이 사라지다. 2) (계획, 의도 등이) 실현되지 않다, 수포로 돌아가다; **jmdn. wie L. behandeln** 《통용어》 누구를 공기처럼 대하다(누구는 존재하지 (누구에 의해 고의적으로 무시당하다) 를 대놓고 무시하다. **b)** 숨, 호흡하는 공기, 기식(氣息): stickige L. 질식할듯한 공기; vor Schreck blieb ihm die L. weg 《통용어》 하도 놀라서 그는 숨을 멈췄다(숨쉬는 것을 잊었다); die L. anhalten (ausatmen) 숨을 들이 마시다(멈추다/내쉬다); tief L. holen 숨을 깊이 들이쉬다, 심호흡하다; etw. schnürt jmdm. die L. ab 무엇이 누구의 숨을 조이다; keine L. bekommen 숨을 쉴 수가 없다(쉬기가 곤란하다); nach L. ringen 숨을 헐떡이다; [성규] na, (dann) gute L.! 《통용어·반어》거 심상치 않은걸!; **jmdm. bleibt die L. weg** 《통용어》 누가 몹시 놀라다; **jmdm. geht die L. aus** (↑Atem 참조) 누가 기진하다(경제적으로 끝장이다); **jmdm. die L. abdrehen (abdrücken)** 《통용어》 누구의 숨통을 조이다(경제적으로 파산시키다); **jmdm. die L. zum Atmen nehmen** 누구를 숨못쉬게 하다(행동 등을 대단히 제한하다); **L. holen** ((아이) ↑Atem 참조) **schöpfen**, **wieder L. holen (schnappen) können** 《통용어》 다시 숨을 쉴 수 있다(시간적, 경제적 등의 이유로 한숨돌리다; **die L. anhalten** 《통용어》 숨을 죽이다(어떤 결말이 날지 긴장하여); **halt die L. an!** 《통용어》 1) 조용히 해!, 입 닥쳐! 2) 그렇게 과장하지 말아라!; **jmdn. an die (frische) L. setzen (befördern)** 《통용어》 1) 누구를 집 바깥으로 쫓아내다. 2) 누구를 해임하다; **nach L. schnappen** 《통용어》 사업상(경제적으로) 곤궁에 처해있다; **von L. und Liebe leben** 《통용어·농》 (놀랍게도) 거의 먹지않고 살다; **nicht von der L. (von L. und Liebe) leben können** 《통용어》 입에 풀칠을 하지 않고서는 살 수 없다. **2.** 공중, 상공, 허공: die Aufnahmen waren aus der L. gemacht 그 사진들은 공중 촬영한 것들이다; Trümmer flogen durch die L. 파편 조각들이 허공으로 날아간다; das Flugzeug erhebt sich in die L. 비행기가 상공으로 뜬다; ein Gebäude in die L. sprengen (jagen) 어떤 건물을 폭파하다; **etw. ist aus der L. gegriffen (geholt)** 무엇은 근거가 없다, 허구(날조)이다, 꾸며낸 것이다; **in der L. liegen** 1) 무엇의 기색(낌새)이 있다. 2) 시류(시대 정신)에 부합하다; **in der L. hängen (schweben)** 《통용어》 공중에 떠 있다. 1) 아직 미정이다. 2) 경제적으로 뒷받침이 없다. **(schnell, leicht) in die L. gehen** 《통용어》 (급하게, 쉽게) 폭발하다, 화를 불끈 내다, 쉽게 노하다; **in die L. reden** (↑Wind 참조) 쇠귀에 경 읽기이다; **in die L. gucken** 《통용어》 (어쩔 도리없이) 바라보고만 있다, 아무 소득도 없다; **jmdn. in der L. zerreißen** 《경》 1) (예술적 능력 등에서) 누구를 혹평하다. 2) (위협으로, können과 결합하여) 누구에 대해 극도로 화가 나 있다; **per L.** 항공으로, 비행기로: per L. reisen 비행기로 여행하다. **3.** 약한 바람, 미풍, 공기의 움직임 (축소형: Lüftchen): es weht eine kalte L. 찬 바람이 분다; **frische (eine andere, freiere, frischere, bessere) L. in etw. (hinein) bringen** 신선한(다른, 보다 자유로운, 보다 신선한, 좀 더 나은) 공기(바람)를 무엇에 불어넣다(무엇에 새로운 자극을 주다). **4.** 《Pl. 없음》 《통용어》 (자유로운) 공간, (빈) 자리, 여지(餘地): er versuchte in dem Bücherschrank etwas L. zu machen 그는 책장에 빈 자리를 만들려고 해보았다; an der nächsten Haltestelle wird es L. geben 다음 정류장에서는 (사람들이 내려서) 여유가 좀 생길 것이다; [성규] er konnte sich etwas L. (ver)schaffen 그는 행동의 자유를 좀 얻을 수 있었다; **in etw. ist noch L. (drin)** 《통용어》 무엇에는 아직도 좀 (움직일) 여지가 있다; **sich³ L. machen** 《통용어》 1) 가슴을 후련하게 하다. 2) 울분 따위를 터뜨리다; **einer Sache L. machen** 《통용어》 무엇(분노 따위)을 털어놓다, 터뜨려 풀다: er machte seinem Ärger L. 그는 화나는 심경을 털어놓았다.

luft-, Luft-: ~**abschluß**, der 〈Pl. 없음〉 공기의 차단. ~**abwehr**, die 〔군〕 a) 대공방위(對空防衛), 방공(防空). b) (대공 방위에 투입된) 단위 부대. ~**abzug**, der 1. 〈Pl. 없음〉 배기. 2. 〔기술〕 배기 장치, 기공(氣孔). ~**akrobat**, der 공중 곡예사. ~**akrobatik**, die 공중 곡예. ~**akt**, der 〔곡예 스포츠〕 공중 그네 위에서의 곡예. ~**alarm**, der ↑Fliegeralarm. ~**angriff**, der 〖군〗 공습. ~**ansicht**, die 하늘에서 본 풍경. ~**armee**, die 〔구동독 군〕 (특별 임무를 띤) 공군 편대. ~**aufklärung**, die 〔군〕 공중 사찰(查察). ~**aufnahme**, die 항공 사진, 공중 촬영. ~**aufsicht**, die 항공 교통 관제(Flugleitung). ~**austausch**, der 기단(Luftmasse, 氣團)의 교체. ~**bad**, das 《준고어》a) 공기욕(浴), 공기 요법. b) 〔전문어〕 공기욕장(으로 정해진 삼림〈울타리 쳐진〉). ~**baden** (부정사와 과거분사로만 씀) 공기욕을 하다. ~**ballon**, der 1. (장난감) 풍선. 2. (공기로 채운) 기구(氣球), 풍선. ~**befeuchter**, der 가습기, 가습 장치. ~**befeuchtung**, die 가습(加濕), 가습장치. ~**behandlung**, die 〔의학〕 공기요법, 대기(大氣) 요법(↑Aerotherapie). ~**bereifung**, die 공기 타이어. ~**betankung**, die 〔항공기의〕 공중 급유. ~**bewegung**, die 〔기상〕 공기의 움직임, 미풍: es herrscht schwache L. 약한 미풍이 불다. ~**bild**, das 1. ↑aufnahme. 2. 《시어》 환상(幻像), 환영(↑spiegelung). ~**bildarchäologie**, die 공중 촬영법을 도입한 고고학의 연구 방법. ~**bildkamera**, die 공중 촬영용 사진기. ~**bildkarte**, die 항공 사진 지도. ~**bläschen**, das 〈축소형〉 〖해부〗 폐기포(肺氣胞). ~**blase**, die 1. 거품, 기포(氣泡). 2. 〖동물〗 (물고기의) 부레. 3. 〖식물〗 기포(氣胞), 소포(小胞): seine Illusionen zerplatzten wie -n 그의 환상들은 마치 물거품처럼 꺼져버렸다. ~**bremse**, die 〈대개 Pl.〉 〔기술〕 공기 제동기, 에어 브레이크. ~**Boden-Rakete**, die 〔군〕 〖공대地(空對地)〗 로켓〈탄〉. ~**brücke**, die 〔engl.-amerik. air lift〕 〔고립 지대에 대한〕 공중 보급, 공수〔작전〕(空輸(作戰)) (특히 베를린 봉쇄(1948~49) 때의). ~**brust**, die ↑Pneumothorax. ~**dicht** 〈Adj.〉 공기가 통하지 않는, 공기를 통과시키지 않는: ein -er Verschluß 밀폐(용기). etw. l. abpacken 무엇을 공기 한 방울 안 들게 포장하다. ~**dichte**, die 〔물리·의학〕 공기의 밀도. ~**dribbel**, das 〔농구〕 공중 드리블. ~**druck**, der; -(e)s 1. 〔물리〕 기압(氣壓): ein hoher L. 고기압. der L. steigt〈fällt〉 기압이 오르다〈떨어지다〉. 2. (폭발시의) 공기의 압력(압력파(波)). ~**druckkrankheit**, die ↑Caissonkrankheit. ~**druckmesser**, der 〔기상〕 기압계(計). ~**druckwelle**, die ↑Druckwelle. ~**durchlässig** 〈Adj.〉 공기를 통하게 하는, 통기성의, 구멍이 많은: diese Stoffe sind kaum l. 이 옷감〔소매〕들은 공기가 거의 통하지 않는다. ~**durchlässigkeit**, die 공기가 통함, 통기성(通氣性). ~**dusche**, die 〔의학〕 어떤 신체 기관(예컨대 귀)에 공기를 불어넣기. ~**elektrizität**, die 〔물리·의학〕 공중 전기, 공전(空電). ~**embolie**, die 〔의학〕 (혈관의) 공기 전색(空氣栓塞). ~**fahrer**, der 〈드물게〉 (자가 항공기의) 파일럿, 비행자. ~**fahrt**, die 1. 〈Pl. 없음〉 a) 비행(飛行), 항공(航空)에 관한 모든 것. b) 비행〔기를 타고 날기〕, 항공: die zivile L. 민간 항공. 2. 〈드물게〉 공중 여행(비행선 혹은 애드벌룬을 타고 하는). ~**fahrtforschung**, die 항공 연구. ~**fahrtgesellschaft**, die ↑Fluggesellschaft. ~**fahrtindustrie**, die 항공 산업. ~**fahrtkarte**, die 〔항공〕 항공지도. ~**fahrtmedizin**, die 항공 의학. ~**fahrtrecht**, das 항공법, 비행기. ~**federung**, die 〔자동차〕 공기 스프링장치. ~**feuchte**, die, ~**feuchtigkeit**, die 〔기상〕 습도. ~**filter**, der 〔전문어〕 das 〔기술〕 공기 청정기(清淨機). ~**flotte**, die 〔군〕 (대규모의) 항공함대(艦隊).

~**fracht**, die 1. 항공 화물. 2. 항공 화물 운임: die L. bezahlen 항공 화물 운임을 지불하다. ~**gas**, das Generatorgas. ~**gefahr**, die 〈Pl. 없음〉 공습(空襲)의 위험. ~**gefecht**, das 〔군〕 공중전. ~**gefüllt** 〈Adj.〉 공기로 채운. ~**geist**, der 〔신화〕 공기의 정령(精靈)(Sylphe). ~**gekühlt** 〈Adj.〉 〔기술〕 공기 냉각의, 공랭식(空冷式)의 (기관 따위): ein -er Motor 공랭식 모터. ~**gepäck**, das 휴대 공중 화물 〖공항〗. ~**geschäft**, das 〈드물게〉(없는 것을 있는체 속인) 유령 사업, 가짜 사업. ~**geschwindigkeit**, die 〔기술〕 공기의 속도. ~**getrocknet** 〈Adj.〉 바람〔공기〕에 말린, 밖에서 말린: -es Fleisch 바람〔공기〕에 말린 고기. ~**gewehr**, das 공기총. ~**hafen**, der 〈드물게〉 ↑Flughafen. ~**haltig** 〈Adj.〉 〔전문어〕 공기가 들어 있는, 공기를 함유한, 구멍이 있는. ~**härten**, das; -s 〔금속〕 공기 처리를 해서 금속의 강도를 높이기. ~**hauch**, der 《아어》 (거의 느낄 수 없는) 바람결, 미풍(微風). ~**heizung**, die 열기(熱氣) 난방 장치. ~**herrschaft**, die 〈Pl. 없음〉 〔군〕 제공권(制空權). ~**heuler**, der 불꽃놀이의 불꽃놀이(요란한 소리를 내며 치솟는). ~**hieb**, der 1. 〔펜싱〕 헛하는 동작. 2. 〔조정〕 노가 너무 얕게 물에 잠기는 동작. ~**hoheit**, die 영공권(領空權). ~**holen**, das; -s Atemholen. ~**hülle**, die ↑Atmosphäre (1 a). ~**hunger**, der 산소 결핍증. ~**hungrig** 〈Adj.〉 산소 결핍으로 괴로워하는. ~**hutze**, die 〔자동차〕 (경주용 자동차에서의) 보조 카뷰레터. ~**kabel**, das 〔기술〕 가공(架空) (전화)선, 공중에 설치한 (전화)선. ~**kalb**, das ↑Dunstkalb. ~**kalk**, der ↑Kalziumoxyd. ~**kampf**, der 공중전(戰). ~**kissen**, das 1. 공기 취입 쿠션. 2. 〔기술〕 고압 공기(호버 크라프트를 움직이게 하는 것). ~**kissenfahrzeug**, das 호버 크라프트(hovercraft) (고압 공기를 밑으로 분출하여 기체(機體)를 떠올려 달리게 하는 배 따위). ~**klappe**, die 1. 〔기술〕 공기 밸브, 공기(空)기관. 2. 초크(Choke), (내연 기관의) 공기 흡입 조절 장치. ~**koffer**, der 항공 여행용의 (가벼운) 가방. ~**kondensator**, der 〔기술〕 공기 전기(空氣電器). ~**korridor**, der 〔항공〕 항공 회랑(航空回廊), 항공 공랑(空廊) (외국을 경유할 경유 비행기가 고정적으로 사용하는). ~**krankheit**, die 항공병(病). ~**krieg**, der 항공전(戰), 공중전. ~**kühlung**, die 〔기술〕 1. (내연 기관의) 공기 냉각. 2. (실내의) 냉방장치. ~**kurort**, der 〈드물게〉 요양지, 휴양지. ~**kutscher** 〈통용어·농〉 ↑~fahrer. ~**lage**, die 〔군〕 방공 체제(防空體制). ~**landeartillerie**, die 〔군〕 (공수(空輸)) 포병대. ~**landeeinheit**, die 〔군〕 공정(空挺) 부대, 공수 부대. ~**landetruppe**, die 〔군〕 공정(空挺) 부대, 공수 부대. ~**landung**, die 〔군〕 공정 작전(作戰). ~**leer** 〈Adj.〉 공기 없는, 진공의: ein -er Raum 〔물리〕 Vakuum: 진공(空間). ~**linie**, die 1. 〈드물게〉 항공 회사, (정기) 항공로, 에어라인. 2. 두 지점간의 최단 거리, 직선 거리: die Entfernung beträgt 1000 km L. 직선으로 1000 km 떨어진 거리이다. ~**loch**, das 1. 〔기술〕 공기 구멍, 환기구(口), 통기공(通氣孔). 2. 〔통용어〕 〖항공〗 에어포켓(air pocket) (공기의 속도를 저하시켜 급강하하는 기류 상태), 수직기류. ~**los** 〈Adj.〉 〈schweiz.〉 ↑~leer. ~**mangel**, der 〈Pl. 없음〉 a) 호흡 장애(곤란): der Kranke leidet an akutem L. 그 환자는 급성 호흡장애에 시달리고 있다. b) (신선한) 공기 부족, 산소 부족. ~**masche**, die 〔수공〕 (뜨개질을 시작할 때, 실올가 사이로 실을 빼내어 만드는 것). ~**masse**, die 〈대개 Pl.〉 〔기상〕 기단(氣團): feuchte -n 습한 기단. ~**massengrenze**, die 〔기상〕 전선(前線)(기단들 사이의 경계선). ~**matratze**, die (공기를 넣어 사용하는) 매트리스〔요〕. ~**menge**, die (공기의 양)量). ~**mine**, die (탄체(彈體)가 얇은) 대형 투하

Lüftchen 1330

폭탄. ~**offensive**, die 공습. ~**parade**, die 공중 퍼레이드. ~**passagier**, der 《드물게》↑Flugpassagier. ~**perspektive**, die [예술] (풍경화에서) 입체감을 주는 배경. ~**pfeife**, die [기술] 통기관(通氣管), 에어 파이프(air pipe). ~**pirat**, der 《폄》비행기 납치범, 하이잭 범인(Hijacker). ~**piraterie**, die 비행기 납치, 하이잭킹. ~**piratin**, die 《폄》여자 공중 납치범, 여자 하이잭 범인. ~**pistole**, die 공중 권총. ~**polizist**, der ↑Himmelspolizist. ~**polster**, das ↑~kissen. ~**post**, die a) 항공 우편. etw. per[mit] L. schicken 무엇을 항공우편으로 보내다. b) 항공 우편물. ~**postbrief**, der 항공 편지. ~**postpapier**, das 항공 편지지. ~**pumpe**, die [물리] 공기 펌프, 배기 펌프. ~**raum**, der 영공(領空): den L. eines Landes verletzen 어떤 나라의 영공을 침해하다. ~**recht**, das 〈Pl. 없음〉[법] 공항법. ~**reifen**, der 공기 타이어. ~**reinigung**, die 공기 정화[소독], 환기. ~**reise**, die 항공 여행(Flugreise). ~**reklame**, die ↑~werbung. ~**röhre**, die [해부] 기관(氣管). ~**röhrenast**, der; -es, -äste 《대개 Pl.》[해부] 기관지. ~**röhrenkatarrh**, der 기관지 카타르. ~**röhrenschnitt**, der 기관 절개(수술). ~**rolle**, die 1. [기계제조] 평행봉에 의한 공중 제비. 2. [항공] 비행기의 종횡(縱橫)회전. ~**sack**, der 1. ↑Airbag. 2. [동물] 새의 기낭(氣囊). ~**sauerstoff**, der 공기중에 있는 산소. ~**säule**, die [물리] 공기주(空氣柱). ~**schacht**, der [광] 통풍수갱(通風竪坑). ~**schall**, der [물리] 공중으로 퍼지는 음향. ~**schaukel**, die 〈지역적〉↑Schiffschaukel. ~**schicht**, die [기상] 기층(氣層). ~**schiff**, das 비행선. ~**schiffahrt**, die 1. 〈Pl. 없음〉비행선 비행의 모든 것. 2. 《드물게》비행선 여행. ~**schiffer**, der 《드물게》비행선 조종사. ~**schlacht**, die 공중전(戰). ~**schlange**, die 《대개 Pl.》오색 테이프(처음에 둥그렇게 말려 있는 것을 공중에 던져 풀어서 장식용으로 씀). ~**schleuse**, die [기술] 에어 로크, 기갑(氣閘). ~**schlitz**, der [기술] (자동차나 식품 저장고 따위의) 통풍 구멍. ~**schloß**, das 《대개 Pl.》환상(幻想), 공중 누각: **Luftschlösser bauen** 공중누각을 짓다 (실현될 수 없는 꿈을 꾸다). ~**schraube**, die [기술] ↑Propeller. ~**schutz**, der a) 방공(防空): der zivile L. 민간 방공. b) 방공대(防空隊). ~**schutzbunker** der 방공호. ~**schutzkeller**, der 방공호, 지하 공중 대피소. ~**schutzraum**, der 방공호, 공습 대피소. ~**schutzsirene**, die 공습 경보(사이렌). ~**schutzübung**, die 방공 연습. ~**schutzwart**, der 〈옛〉방공[대공] 감시원. ~**seilbahn**, die ↑Seilschwebebahn. ~**sicherung**, die ↑Flugsicherung. ~**sperrgebiet**, das 비행 금지 구역. ~**spiegelung**, die 신기루. ~**spitze**, die [섬유] 기계 자수(자수 사이의 섬유를 나중에 산(酸)으로 녹여냄). ~**sport**, der 《드물게》↑Flugsport. ~**sprung**, der 깡충 뛰어 오름(기쁨의 표현). ~**stewardeß**, die (비행기의) 여승무원, 스튜어디스. ~**stickstoff**, der 공기중에 있는 질소. ~**straße**, die [항공] (정기) 항공로. ~**streitkräfte** 〈Pl.〉 [군] 공군(空軍). ~**strom**, der 기류, ~**strömung**, die [기상] 기류(氣流). ~**stützpunkt**, der [군] 공군 기지. ~**tanken**, das; -s (비행기의) 공중 급유(給油). ~**taxe**, die, ~**taxi**, das 근(近) 거리용 소형 비행기나 헬리콥터. ~**temperatur**, die 〖기상〗기온. ~**trichter**, der [기술] (내연기관(內燃機關)의) 공기 흡입량 조절 장치. ~**trocken** 〈Adj.〉 공기에 말린, 바람에 말린. ~**trockenheit**, die [기상] 공기가 건조함. ~**tüchtig** 〈Adj.〉 **a)** (비행기가) (안전하게) 비행할 수 있는, 정비가 잘 되어 있는. **b)** (사람이) 항공 여행을 잘 오디는. ~**tüchtigkeit**, die ↑~tüchtig의 명사형. ~**überlegenheit**, die [군] 제공권(制空權). ↑

~**herrschaft**. ~**veränderung**, die 공기 전환; [의학] (건강상 이유에서 하는) 전지(轉地). ~**verflüssigung**, die 공기 액화(液化). ~**verkehr**, der 항공 교통. ↑Flugverkehr. ~**verkehrsgesellschaft**, die 항공사, 항공 회사. ~**verpestung**, die ↑~verunreinigung. ~**verschlechterung**, die ↑~verunreinigung. ~**verschmutzung**, die ↑~verunreinigung. ~**verteidigung**, die 방공(防空). ~**verunreinigung**, die **a)** 대기 오염. **b)** 대기 오염 상태. ~**waffe**, die 공군(空軍). ~**waffendivision**, die [군] 공군 사단. ~**waffenhelfer**, der (세계 제2차 대전말경) 공군보조 병력으로 투입되었던 소년병. ~**warnung**, die 공습 정보. ~**wechsel**, der ↑~veränderung. ~**weg**, der **1.** 〈Pl. 없음〉항공로: etw.⁴ auf dem ~befördern 무엇을 항공으로 운반하다. **2.** 〈Pl.〉[해부] 기도(氣道), 공기의 통로, ↑Atemwege. 〖기술〗기관(氣管). ~**werbung**, die 공중 광고(비행기에서 빠라 등을 살포하거나, 애드벌룬 등의 기구를 이용한다. ~**widerstand**, der [물리] 공기 저항. ~**wurzel**, die [식물] **1.** 기근(氣根), 공기 뿌리. **2.** 구리나무(屬). ~**ziegel**, der 공기로(바람에 말린) 건조 벽돌. ~**zufuhr**, die 공기 공급, 통기(通氣), 환기(換氣). ~**zug**, der 〈Pl. 드물게〉공기의 유입, 미풍(微風), 틈으로 들어오는 바람.

Lüftchen ['lyftçən], das; -s, - 〈Pl. 축소형〉미풍(微風)(↑Luft (3)). **lüften** ['lyftn] (h) **1. a)** 환기하다: wir müssen gründlich l. 우리는 철저히 환기를 갈아야만 한다. **b)** (옷가지 등을) 바람에 쏘이다[말리다] (냄새가 빠지도록): die Betten l. 침구를 말리다. **2.** 무엇을 조금 하들다: den Deckel l. 뚜껑을 잠깐 들었다가 놓다; den Hut zum Gruß l. 인사를 하기위해 모자를 살짝 들어 올리다. **3.** 무엇을 폭로하다, 들추어내다: sein Inkognito l. (지금까지의 익명성을 포기하고) 자신의 정체를 알리다; er lüftete schließlich sein Geheimnis l. 그는 결국 자기의 비밀을 털어놓았다. **Lüfter**, der; -s, - **1.** ↑Ventilator. **2.** 전기 온풍기(溫風器). **luftig** ['lʊftɪç] 〈Adj.〉 **1. a)** 바람이 잘 통하는: ein -er Keller 통풍이 잘 되는 지하실. **b)** 높은 (곳에 있는), 하늘로 치솟은: sie wanderten auf -er Höhe 그들은 아주 높은 곳을 도보 여행했다. **2.** (특히 옷이) 가볍고 통기성이 좋은: du bist zu l. angezogen 너는 옷을 너무 얇게[가볍게] 입었다. **3.** 〈드물게·폄〉**a)** (사람이) 신용이 없는, 부박한: ein -er Bursche 경박한 녀석. **b)** 근거가 희박한: der Vorwand ist sehr l. 그 핑계는 전혀 믿을만 하지 못하다. **Luftikus** ['luftikus], der; -(ses), -se [대학생어, 옛: der Luft = 경박한 사람이라는 뜻; 라인지방의 어머 Kus를 붙여 만듦] 〈통용어·폄〉경박한[신용없는] 사람[남자]. **Lüftlmaler** ['lyft-], der; -s, - ↑Lüftlmalerei의 화가(畫家). **Lüftlmalerei**, die; -en **1.** 〈Pl. 없음〉바이어른 지방의 집이나 교회의 벽에 그린 그림. **2.** 이러한 그림의 [표현] 기법. **Lüftung**, die; -en **1.** 통풍, 환기; 바람[공기/대기]에 쐼. **2.** [통풍/환기] 장치. **Lüftungsanlage**, die 통풍, 환기 장치. **Lüftungsklappe**, die 통풍문, 환기판. **Lüftungsstein**, der [건축] 통풍이 잘 되는 석재.

Lug [lu:k] 〈다음 용법으로〉**L. und Trug** 〈아어〉기만, 사기: er ist voller L. und Trug 그는 거짓말투성이이다.

Lugaus, der; -, - 《지역적》망대, 망루.

Lüge ['ly:gə], die; -n 거짓말, 허위, 날조: eine faustdicke(glatte) L. 터무니없는[새빨간] 거짓말; eine barmherzige L. 선의의 거짓말; er verstrickte sich immer mehr in -n 그는 점점 더 거짓말에 휘말려들었다; 〖속담〗-n haben kurze Beine 거짓말은 오래 못간다; L. vergeht, Wahrheit besteht 거짓말은 소멸하고, 진실은 남는다; 〖전의〗ihre Ehe war eine einzige L. 그들

의 결혼 생활은 기만일 뿐이었다; **eine fromme L.** ↑ **ein frommer Betrug** (2) (↑Betrug 참조); **jmdn. -n strafen** 누구의 거짓말을 책망하다; **etw. -n strafen** 무엇이 거짓말임을 입증해 보이다.

lugen ['lu:gn̩] ⟨h⟩ 《아어·준고어·지역적》 **1.** 망보다, 엿보다, 들여다 보다: aus dem Fenster [nach jmdm.] l. 창문에서 [누구를] 엿보다; 전의 die Sonne lugte durch die Wolken 태양이 구름 사이로 내비쳤다. **2.** ↑ hervorgucken (2): eine Zeitung lugt aus seiner Manteltasche 신문이 그의 외투 주머니 밖으로 약간 나와 보인다.

lügen* ['ly:gn̩] ⟨h⟩ **a)** 《의도적으로》 거짓말하다: hier wird nur gelogen und betrogen 여기서는 거짓과 사기가 판치는구나; ich müßte l., wenn ich sagte, es gefiele mir 그것이 제 맘에 든다고 말한다면, 그건 거짓말이겠지요; 성구 wer lügt, der stiehlt 거짓말은 도둑질의 시초; 속담 wer einmal lügt, dem glaubt man nicht, und wenn er auch die Wahrheit spricht 한번 거짓말한 사람은, 그가 진실을 말할지라도 사람들은 믿지 않는다; 전의 die Sterne lügen nicht 별들은 거짓말을 하지 않는다 [별들은 다 알고 있다]; l. wie gedruckt 《통용어》 그럴듯한 거짓말을 하다, 거짓말을 썩 잘 하다. **b)** 《드물게》 etw. l. 무엇을 거짓 주장하다: das ist gelogen! 그것은 사실이 아니다!

Lügen-: **~beutel**, der 《속어》 거짓말쟁이. **~bold**, der 《속어》 큰 거짓말쟁이 (↑Lügenbold). **~detektor**, der 거짓말 탐지기. **~dichtung**, die [문예학] 환상적인 내용의 문학. **~feldzug**, der 모략(謀略). **~gebäude**, das ↑~gespinst. **~geschichte**, die 거짓으로 꾸며낸 이야기. **~gewebe**, das 《아어》 온통 거짓 투성이의 이야기 [말 등]. **~gewebe**, das ↑~gespinst. **~hetze**, die ↑~feldzug. **~kampagne**, die ↑~feldzug. **~märchen**, das ↑~geschichte. **~maul**, das 《속어》 거짓말쟁이. **~netz**, das ↑~gespinst. **~peter**, der 《통용어·욕설》 거짓말쟁이. **~propaganda**, die 거짓[허위] 선전.

Lügenbold [...bɔlt], der; -(e)s, -e 《욕설》 큰 거짓말쟁이. **lügenhaft** ⟨Adj.⟩ 《명》 **a)** 허위의, 기만의, 허구의, 가공(架空)적인: der Bericht war l. 그 보고는 허위적인 것이다. **b)** 《드물게》 거짓말하는, 거짓말쟁이의: es gibt nur ein -es Wesen, das ist der Mensch (이 세상에) 거짓말하는 존재가 단지 하나 있는데, 그것은 인간이다. **Lügenhaftigkeit**, die 허위, 기만성. **Lügerei** ['ly:gə'raj], die -en 《명》 **1.** (Pl. 없음) 거짓말 일삼기: seine L. geht wirklich zu weit 그의 잦은 거짓말은 정말 너무 나지나다. **2.** 거짓말, 꾸민 이야기, 허구.

Lugger ['lʊgɐ] ↑Logger.

Luginsland ['lu:k|ɪnslant], der; -(e)s, -e 《준고어》 **1.** 파수대, 감시대. **2.** 전망대, 망루.

Lügner ['ly:gnɐ], der; -s, - 거짓말쟁이, 사기꾼: er ist ein notorischer L. 그는 악명높은 거짓말쟁이다. **Lügnerin**, die; -nen Lügner의 여성형. **lügnerisch** ⟨Adj.⟩ 《명》 **a)** 거짓의, 허위의: -e Reden 순 거짓말 [거짓말 투성이 이야기]. **b)** 《드물게》 기만적인, 거짓말을 일삼는: er ist ein -er Mensch 그는 기만적인 인간이다.

lugubre [lu'gu:brə] ⟨Adv.⟩ [ital. lugubre < lat. lūgubris] [음악] 비탄조로, 슬프게.

Luiker ['lu:ikɐ], der; -s, -e [의학] 매독환자. **luisch** ['lu:ɪʃ] 매독에, 매독에 걸린 (↑luetisch).

Luisine [lui'zi:nə], die [frz. luisine < lat. lūcēre [섬유] (비단 혹은 화학섬유로 된) 광택이 나는 천 (특히 모자의 안감으로 쓰임).

Luk [lu:k], das; -(e)s, -e [선원] 승강구 (갑판의), 입구, 해치, 창구(艙口).

Lukarne [lu'karnə], die; -n [frz. lucarne < lat. lucerna] **1.** 《지역적》 채광창, 천창(天窓). **2.** [건축] 성채 따위의 지붕에 돌출한 작은 집(특히 프랑스의 후기 고딕 건축에서).

Lukas ['lu:kas, 'lʊkas], der; -, - 유원지 등에 있는 놀이 기구(해머나 주먹으로 내리쳐서 힘을 시험해 볼수 있음): 전의 hau den L.! 한방 후려쳐! (구경하는 사람이 외치는 말).

Lukasevangelium, das 《신약성서의》 누가복음서.

Luke ['lu:kə], die; -n [niederd. lūke] **1.** ↑Dachluke의 약칭. **2.** [선원] (Luk) 승강구 (갑판의), 해치, 창구(艙口): die -n dichtmachen 배의 승강구를 닫다. **Lukendeckel**, der (배의) 창구(艙口)나 승강구의 뚜껑.

lukrativ [lukra'ti:f] ⟨Adj.⟩ [lat. lucrātīvus] 《교양어》 이익이 많은, 돈벌이가 되는, 유리한: ein -es Angebot 돈벌이가 될직한 제안.

lukulent [luku'lɛnt] ⟨Adj.⟩ [lat. lūculentus] 《교양어·드물게》 **a)** 밝은. **b)** 명백한, 분명한.

lukullisch [lu'kʊlɪʃ] ⟨Adj.⟩ [로마의 장군 Lucullus에 따라] 《교양어》 (음식이) 고급스럽고 풍부한, 호사스러운: man hatte l. gespeist 사람들은 음식으로 호사했다. **Lukullus** [lu'kʊlʊs], der; -, -se 《교양어·농》 미식가, 식도락가.

Lulatsch ['lu:la(:)tʃ], der; -(e)s, -e 《통용어》 키크고 굼뜬 《젊은》 남자: er ist ein langer L. 그는 키다리이다.

Lullaby ['lʌləbaɪ], das; -...bies [...baɪs, 《또한》 ...baɪz; engl. lullaby] 자장가.

Lulle ['lʊlə], die; -n 《통용어》 담배.

lullen ['lʊlən] ⟨h⟩ 《원래 의성어》 **1.** 낮은 목소리로 단조로운 노래를 불러서 어떤 상태의 도입하여 주다, 《특히》 잠재우다: das Kind (mit einem Lied) in den Schlaf l. (노래를 불러서) 아이를 잠재우다. **2. a)** 《지역적》 빨다, 들이마시다. **b)** 《지역적》 오줌 누다. **Luller**, der; -s, - (südd., österr., schweiz.) 고무 젖꼭지. ↑Schnuller. **lullern** ['lʊlɐn] ⟨h⟩ 《지역적》 오줌 누다.

Lumb [lʊmp], der; -(e)s, -e [norw. lubbe (fisk), schwed. lubb; engl. lump(fish)] [동물] 성대류(類)의 물고기 (북대서양 산(産)).

Lumbago [lʊm'ba:go], die [lat. lumbāgo] [의학] 요통(腰痛). **lumbal** [lʊm'ba:l] ⟨Adj.⟩ [의학] 허리의, 요부(腰部)의, 요추(腰椎)의.

Lumbal-: **~anästhesie**, die 요추 마취(腰椎麻醉). **~gegend**, die 허리부위, 요부(腰部), 요추부위. **~punktion**, die 요추 천자(腰椎穿刺). **~wirbel**, der 요추(腰椎) (↑Lendenwirbel).

Lumbalgie [lʊmbal'gi:], die; -n [...iən] [의학] 요통(腰痛).

lumbecken ['lʊmbɛkŋ] ⟨h⟩ [제본] (실을 사용치 않은) 무선철(無線綴) 법으로 책을 제본하다. **Lumbeckverfahren**, das [독일의 제본가 E. Lumbeck (1886년 몰)에 따라] [제본] 실을 사용하지 않고 붙이는 무선철(無線綴) 제본법 (특히 소책자의).

Lumber ['lʌmbɐ], der; -s, - ↑Lumberjack의 약칭. **Lumberjack** ['lʌmbədʒæk], der; -s, -s [engl.-amerik. lumberjack] 벌목 인부의 작업복을 본뜬 상의 (가죽을 대고, 대개 지퍼를 단).

Lumen ['lu:mən], das; -s, - / Lumina ['lu:mina; lat. lūmen] **1.** [물리] 루멘(광속(光束)의 단위명; 기호: lm). **2.** [의학·생물] **a)** 관상(管狀) 기관(혈관·창자 따위)의 내강(內腔). **b)** 관상 기관의 내경(內徑). **3.** 《교양어·농·고어》 뛰어난 두뇌[인물], 위인, 대가: er ist nicht gerade ein L. 그는 그렇게 뛰어난 인물은 못된다.

Lumenstunde, die [물리] 광도(光度) 측정 단위(약어: lm h). **Luminanzsignal** ['lumi'nants-], das; -s, -e [engl. luminance] [텔레비전] 컬러 텔레비전에서 광도(光度) 평가[조절]를 위해 내보내는 신호. **Lumines-**

zenz[lumi'nεs'tsεnts], die; -en [engl. luminescence] [물리] (열을 수반하지 않는) 발광(發光), 냉광(冷光).
Lumineszenzschirm, der ↑Leuchtschirm.
luminesziеren [...tsi:rən] ⟨h⟩ [물리] (열은 나지 않고) 빛을 발하다, 냉광(冷光)을 발하다. **Luminographie** [...nogra'fi:], die ⟨전문어⟩ (발광판(發光板)을 이용한) 사진 복사법. **Luminophor** [...'fo:ɐ], der; -s, -e [물리] 발광물질(發光物質)〈↑Leuchtstoff〉. **luminös** [...'nø:s] ⟨Adj.⟩ [frz. lumineux < lat. lūminōsus] ⟨교양어·고어⟩ **1.** 빛나는, 밝은, 번쩍이는. **2.** ⟨작가, 작품 따위가⟩ 지적으로 뛰어난, 명백한, 이해하기 쉬운.
Lumme ['lumə], die; -n [dän., schwed. lom < isl. lōmr] [동물] 바다오리.
Lümmel ['lʏml], der; -s, - [lat. lumbulus] ⟨südd.⟩ [요리] (돼지·소의) 허리 부분의 살, 요육(腰肉) 튀김.
Lümmel ['lʏml], der; -s, - **1. a)** ⟨경⟩ 무례한 놈, 버릇없는 놈: ein frecher L. 뻔뻔스러운 놈. **b)** ⟨통용어·친근⟩ 놈, 녀석: ein kleiner L. 꼬마녀석. **2.** ⟨경⟩ 음경(陰莖), 남근. **Lümmelei** [lʏmə'lai], die; -en ⟨경⟩ 버릇(袒野), 무례: seine -en lasse ich mir nicht gefallen 그의 무례함을 참을 수 없다. **lümmelhaft** ⟨Adj.⟩ ⟨경⟩ 버릇없는, 뻔뻔한, 무례한, 예절에 어긋나는: er benahm sich geradezu l. 그는 정말로 버릇없이 굴었다. **lümmeln** ['lʏmln], sich ⟨h⟩ ⟨통용어·경⟩ 흐트러진 자세로 앉다〔눕다〕: er lümmelte sich aufs Sofa 그는 소파에 단정치 못한 자세로 누웠다.
Lump [lump], der; -en, -en ⟨경⟩ 타락한 인간, 사기꾼, 비양심적인 사람; 뜨내기, 부랑인, 비참한 인간, 불량배, 천민: du feiger L.! 이 비열한(鼻為漢)! 이 천민이라구!
Lumpazi [lum'pa:tsi], der; -s, -s, **Lumpazius** [lum'pa:tsius], der; -, -se ⟨농·준고어⟩ 사기꾼, 뜨내기, 부랑인. **Lumpazivagabundus** [...du:s], der; -, -se /...di [오스트리아 극작가 J. N. Nestroy의 즉흥 익살극의 주인공의 이름에서] ↑Lumpazius.
Lümpchen ['lʏmpçən] ↑Lumpen (1). **lumpen** ['lumpn] ⟨h⟩ ⟨통용어⟩ **1.** 빈들빈들 지내다, 마시고 돌아다니다: ihr habt wohl wieder die ganze Nacht gelumpt? 너희들 보아하니 (아마도) 또 밤새도록 술마시고 떠들어댔구나? **2. sich nicht l. lassen** 인색하게 굴지 않다, 대범하게 굴다(씀씀이에서), (타인에게) 자기의 좋은 면을 보이다: er lässt sich doch nicht l. lassen 나는 그렇게 인색하게 굴지는 않겠다. **Lumpen** [-], der; -s, - **1.** ⟨축소형: ↑Lümpchen⟩ **a)** 넝마, 낡은(찢어진) 헝겊조각: er sammelt L. und Papier 그는 넝마와 종이를 줍는다〔모은다〕; aus (alten) L. hergestelltes Papier 헌 넝마로 만든 종이. **b)** ⟨지역적⟩ 걸레. **2.** ⟨대개 Pl.⟩ ⟨경⟩ 누더기, 넝마 같은 옷: in L. herumlaufen müssen 누더기를 걸치고 돌아다녀야만 하다; **jmdn. aus den L. schütteln** ⟨경⟩ 누구를 사정없이 꾸짖다, 누구에게 명백히 의사를 밝히다.
Lumpen-: **~ball**, der 누더기나 헌옷으로 꾸미고 나타나는 무도회. **~gesindel**, das ⟨경·감정⟩ ↑Gesindel. **~händler**, der ↑Altwarenhändler. **~hund**, der ⟨경⟩ 비열한 인간, 무뢰한. **~kerl**, der ~ hund. **~mann**, der ⟨옛⟩ ↑~sammler (1). **~pack**, das ⟨경⟩ ↑~gesindel. **~proletariat**, das ⟨마르크스주의⟩ (자본주의 사회의) 무산 계급(정치 의식이 없는). **~proletarier**, der 무산 계급의 사람(계급 의식도, 정치적 투쟁 능력도 없는). **~sammler**, der **1.** ⟨옛⟩ 고물·넝마주수, 고물상. **2.** ⟨농⟩ (낚시, 전차 따위의) 막차: sie erreichten gerade noch den L. 그들은 간신히 막차를 얻어탈 수 있었다. **~zeug**, das ⟨통용어·경⟩ 쓰레기, 시시한 것; 질이 낮은 것들.
Lumperei [lumpə'rai], die; -en **1.** ⟨경⟩ 비열한 행위, 기만 행위, 야비, 비루(鼻陋), 비참, 방종. **2.** ⟨통용어·경⟩

자질구레한〔시시껍질한〕 일. **lumpig** ['lumpɪç] ⟨Adj.⟩ **1.** ⟨경⟩ 아무 쓸모도 없는, 천한, 상스런: eine -e Handlungsweise 야비한 행동거지. **2.** ⟨드물게⟩ 영락한, 가엾은, 누더기를 걸친, 거지 같은: seine Kleidung war l. und zerrissen 그의 옷은 허름하고 찢겨있었다. **3.** ⟨통용어·경⟩ 형편없이 적은, 보잘것 없는, 아무런 가치가 없는: ein -es Gehalt 형편없이 적은 봉급.
Luna ['lu:na] ⟨대개 관사 없이, 2격: -s, 관사와 함께: die⟩ [lat. lūna] ⟨시어·고어⟩ 달(의 여신). **Lunapark**, der; -s, -s 이전까지는 Berlin에 있던 유원지에서] ⟨고어⟩ (이동식(移動式)) 유원지(遊園地) (Rummelplatz). **lunar** [lu'na:ɐ] ⟨Adj.⟩ [천문·우주] 달의, 태음(太陰)의; 달에 속하는: **-es Gestein** 월석(月石); eine Umlaufbahn 달의 주위를 도는 궤도. **lunarisch** ⟨고어⟩ ↑lunar. **Lunarium** [lu'na:riom], das; -s, ...ien [...iən] ⟨옛⟩ 태음운행의(太陰運行儀). **Lunarorbit**, der; -s, -s [engl. lunar orbit] [천문·우주] 달의 궤도. **Lunatiker** [lu'na:tikɐ], der; -s, - [lat. lūnāticus] [의학] ⟨드물게⟩ 몽유병자(Mondsüchtiger). **Lunation** [luna'tsi̯o:n], die; -en [lat. lunatio] [천문] 태음월(太陰月) (초승달에서 다음 초승달까지의 기간). **lunatisch** ⟨Adj.⟩ [의학] ⟨드물게⟩ 몽유병의. **Lunatismus** [luna'tɪsmus], der [의학] ⟨드물게⟩ 몽유병. **Lunaut** [lu'naut], der; -en, -en [↑Lunonaut의 약칭] ⟨schweiz.⟩ 우주 비행사.
Lunch [lanʃ, lantʃ, ⟨engl.⟩ lʌntʃ], der; -(e)s / -, -(e)s / -e [engl. lunch] 점심, 런치: sich mit jmdm. zum L. treffen 누구와 점심을 같이하러 만나다. **lunchen** ['lanʃn, 'lantʃn] ⟨h⟩ ⟨통용어⟩ 점심을 먹다. **Lunchpaket**, das 점심 도시락(호텔 등에서 소풍객들을 위해 마련하는).
Lüneburger Heide, die 뤼네부르크의 황야(북부 독일의 Weser 강과 Elbe 강 사이의).
Lünette [ly'nεtə], die; -n [frz. lunette] **1.** [건축] (문이나 창문 위의) 반월 모양의 공간. **2.** [기술] 선반(旋盤) 위의 원형 받침 장치. **3.** ⟨옛⟩ [성(城) 따위의] 안경 모양의 보루, 안경보(眼鏡堡).
Lunge ['luŋə], die; -n 폐, 허파: seine L. ist angegriffen 그의 폐는 건강하지 못하다; schone deine L.! ⟨농⟩ 너무 지껄이지 마라!; sie hat es auf L. ⟨통용어⟩ 그녀는 폐를 앓고 있다; er raucht auf L. 그는 허파 깊숙이 담배 연기를 마신다(마실다); **grüne L.** (비유) (도시의) 녹지대; **eiserne L.** [의학] 인공심폐(호흡 보조기); **eine gute L. haben** 성량이 풍부하다; **sich³ die L. aus dem Hals schreien** ⟨통용어⟩ 목청껏 소리지르다; **aus voller L. singen〔schreien〕** 아주 큰 소리로 노래부르다〔소리지르다〕.
lungen-, Lungen-: ~atmer [...a:tmɐ], der; -s, - [동물] 허파호흡: Molche sind L. 도룡뇽은 허파동물이다. **~atmung**, die [의학·동물] 폐 호흡. **~bläschen**, das ⟨대개 Pl.⟩ 폐포(肺胞). **~braten**, der (österr.) ⟨통용어⟩ (소의) 허리 부분 살의 고기 요리. **~embolie**, die [의학] 폐(동맥) 전색증(栓塞症). **~emphysem**, das 폐기종(肺氣腫). **~entzündung**, die 폐렴(肺炎): eine akute (chronische) L. 급성(만성) 폐렴. **~fell**, das [의학] 폐흉막. **~fisch**, der ⟨대개 Pl.⟩ [동물] 폐어(肺魚). **~flechte** die [식물] (나무껍질에 서식하는) 이끼의 일종(예전에 폐질환(肺疾患) 치료약으로 쓰였음). **~flügel**, der 폐엽(肺葉). **~haschee**, das [요리] 동물의 허파로 만든 해시(저민 고기) 요리. **~heilstätte**, die 결핵 요양소. **~infarkt**, der [의학] 폐경색(肺梗塞). **~krank** ⟨Adj.⟩ 폐질환(특히 폐결핵)을 앓고 있는. **~kranke***, der / die 폐병 환자, 폐결핵 환자. **~krankheit**, die [의학] 폐병(예전에는 페결핵을 뜻했음 등). **~kraut**, das [식물] 아르니카(예전에 폐질환 치료약으로 쓰임). **~krebs**, der [의학] 폐암. **~leiden**,

das ↑~krankheit. ~leidend 〈Adj.〉 ↑~krank. ~ödem, das 【의학】폐수종(肺水腫). ~schnecke, die 〖동물〗유폐류(有肺類)에 속하는 달팽이. ~schwindsucht, die 《민간·준고어》폐결핵. ↑~tuberkulose. ~spitze, die 폐첨(肺尖). ~spitzenkatarrh, der 폐첨 카타르. ~tuberkulose, die 폐결핵. ~zug, der 허파 안까지 담배 연기를 들이마심, 심흡연.

Lungerer ['lʊŋərɐ], der; -s, - 《드물게》빈둥거리는 자, 할일없이 어슬렁거리며 돌아다니는 사람. **lungern** ['lʊŋɐn] 〈h〉《드물게》어슬렁거리며 돌아다니다(herumlungern).

lungo ['lʊŋgo] 〈Adv.〉 [ital. lungo < lat. longus] [음악] 오래 지속되는.

Lüning, der; -s, -e [niederd. lunink] 《nordwestd.》 참새.

lunisolar [lunizo'laːɐ] 〈Adj.〉 [engl.-amerik. lunisolar] [천문] **a)** 달과 태양의. **b)** 태음(太陰) 및 태양의.

Lunker ['lʊŋkɐ], der; -s, - [rhein. lunken = hohl werden] 【주조】응결시에 주물(鑄物)의 내부에 생기는 공동(空洞).

Lunonaut [luno'naʊt], der; -en, -en [우주] 《드물게》 달 여행에 투입된 우주 비행사.

Lünse ['lʏnzə], die; -n ↑Achsnagel(차 바퀴를 바퀴대에 고정시키는 쐐기).

Lunte ['lʊntə], die; -n **1.** [옛] (옛날 총, 대포 따위에 쓴) 화승(火繩), 도화선; **die L.** anzünden 화승에 불을 붙이다; **L. riechen** 《통용어》위험을 느끼다; **die L. ans Pulverfaß legen** 화약통에 불을 지르다(내연해 오던 불편한 관계에다 정식으로 싸움을 걸다). **2.** [섬유] [형태가 화승과 유사한 데서] 등심사(燈心絲). **3.** [사냥] [화승의 빛깔이 붉은 데서] 여우[담비]의 꼬리.

Lunula [luːˈnula], die; ...lae 〔ː〕/ Lunulen [luːˈnuːlən; lat. lūnula] **1.** (청동기 시대의) 반달형의 목걸이. **2.** 〖가〗반달형 성체납기(聖體納器). **3.** 【해부】〖〗Nagelmöndchen. **lunular** [lunuˈlaːɐ] 〈Adj.〉 반달[반월(半月)]형의.

Lupe ['luːpə], die; -n [frz. loupe] 확대경: eine Briefmarke durch die L. [mit der L.] betrachten 우표를 확대경으로 보다; **jmdn.[etw.] unter die L. nehmen** 《통용어》누구[무엇]를 자세히 관찰[시험]하다; **jmdn.[etw.] mit der L. suchen können** 《통용어》그런 사람[물건]은 눈을 씻고 찾아봐도 없다. **lupenrein** 〈Adj.〉 **1.** 〔다이아몬드〕 확대경으로 보아도 하자가 없는: in -er Einkaräter Diamant 확대경으로 보아도 흠집이 없는 1캐럿짜리 다이아몬드. **2.** 흠잡을 데 없는, 본보기가 〔귀감이〕 되는: diese Sportler sind noch -e Amateure 이 선수들은 아직 흠잡을 데 없는 아마추어이다; eine -e Fälschung 완벽한 모조(품).

Luperkalien [lupɛrˈkaːliən] 〈Pl.〉 [lat. lupercālia] 루페르쿠스(고대 로마의 다산(多產)과 풍요의 신 Lupercus)의 축제(2월 15일).

Lupf [lʊpf], der; -(e)s, -e 〈schweiz.〉 **1. a)** (번쩍) 들어 올리기. **b)** 한번에 들어 올릴 수 있는 짐. **2.** ↑Hosenlupf. **lupfen** ['lʊpfn̩] 〈süd., schweiz., österr.〉, **lüpfen** ['lʏpfn̩] 〈h〉 (부분적으로, 한쪽을) 살짝(들어) 올리다: die Mütze l. 모자를 살짝 쳐들다; ihr könnt euch jetzt ein wenig von euren Stühlen l. 《농》너희들은 이제 의자에서 엉덩이를 잠깐 들어올려도 좋다(잠깐 일어나도 된다).

Lupine [luˈpiːnə], die; -n [lat. lupīnus] [식물] 루핀(콩과(科)에 속하는 다년생 풀). **Lupinenkrankheit**, die [수의] ↑Lupinose. **Lupinose** [lupiˈnoːzə], die; -n [수의] 루핀콩을 먹은 양(羊)에게서 나타나는 중독증(간장염).

lupös [luˈpøːs] 〈Adj.〉 [↑Lupus] [의학] 낭창(狼瘡)의, 낭창성(性)의.

Luppe ['lʊpə], die; -n [frz. loupe] 【주조】 철괴(鐵塊).

Lupulin [lupuˈliːn], das; -s [화학] 호프의 쓴 맛이 나는 성분(안정제로 쓰임).

Lupus ['luːpʊs], der; -, -/-se [lat. lupus] **1.** [의학] 낭창(狼瘡) (얼굴이나 목 따위에 많이 발생하는 피부·점막의 병). **2.** 이리: **Lupus in fabula** [-ɪn ˈfaːbulaː; lat. = der Wolf in der Fabel] 《교양어》호랑이도 제 말 하면 온다.

Lurch [lʊrç], der; -(e)s, -e [niederd. lork = Kröte] 〖동물〗 **1.** 두꺼비. **2.** 〈Pl.〉 양서류(類). **Lurchfisch**, der ↑Lungenfisch.

Lure [luːrə], die; -n [norw. lur] 루레(청동으로 만든 쇠뿔 모양의 관 취주 악기, 북유럽의 청동기 시대의 유물).

Lurex Ⓦ ['luːrɛks], das; - [인공어] 금속사(絲), 금속사로 짠 천.

¹**Lusche** ['lʊʃə], die; -n **1.** 《통용어》카드의 점수가 없는 패(牌): [전의] wir haben nur -n in der Mannschaft 우리 팀에는 영점짜리 선수(들)만 있다. **2.** 《지역적》담배, 궐련. **3.** 《지역적》 **a)** 칠칠치 못한 여자. **b)** 창녀.

²**Lusche** [-], die; -n (ostmd.) 웅덩이.

luschig ['lʊʃɪç] 〈Adj.〉 《지역적》절도가 없고 제멋대로인, 칠칠하지 못한, 날림의, 피상적인: sie ist furchtbar l. 그 녀는 매우 칠칠하지 못하다.

lusen: ↑²losen. **Luser:** ↑Loser.

lusingando [luzɪŋˈgando] 〈Adv.〉 [ital. lusingando] [음악] 루징간도, 다정하게.

Lust [lʊst], die; Lüste ['lʏstə] **1.** 〈Pl. 없음〉 **a)** 《농축소형: ↑Lüstchen》 욕망, 소망, 애호, 기호, 의욕: ihn überkam [erfaßte] die L. 그는 욕망에 사로잡혔다; du kannst es behalten, solange du L. hast 네가 원하는 한 그것을 지닐 수 있다; seine L. auf etw. zügeln [befriedigen] 무엇에 대한 욕심을 억제하다[충족시키다]; **nach L. und Laune** 오로지 자기 뜻대로, 기분대로, 좋을대로. **b)** 쾌감, 유쾌, 즐거움, 열락(悅樂), 환희, 오락: L. an etw. haben 무엇을 즐기다, 무엇을 흥겨워하다, 기뻐하다; die L. an etw. verlieren 무슨 일에 흥미를[기분을] 잃다; **L. und Leid** 〔아어·준고어〕↑Freude 1; **L. und Liebe** 열성: etw. aus[mit] L. und Liebe tun 무슨 일을 기쁘게[열성을 다하여] 하다. **2.** 《아어》 정욕, 색욕, 음욕: weltliche Lüste 세속적 욕망; die Lüste des Fleisches 육욕. **b)** 쾌락, 환락.

lust-, Lust-: ~**betont** 〈Adj.〉 쾌락위주의, 쾌적한 감정을 동반한. ~**empfinden,** das 쾌감. ~**fahrt,** die [옛어] ↑Vergnügungsfahrt. ~**garten,** der [옛] 공원, 유원지. ~**gefühl,** das 쾌감. ~**gewinn,** der 〈Pl. 없음〉 욕구 충족, 쾌감(락)의 달성. ~**greis,** der 《통용어·폄》호색한. ~**haus,** das [옛] 궁전이나 저택의 정원에 딸린 정자. ~**knabe,** der 《아이·준고어》 동성연애자의 상대가 되는 소년. ~**los** 〈Adj.〉 **1.** 즐거워 하지 않는, 마음이 내키지 않는. **2.** 〈nicht adv.〉 [증권] 매기(買氣)가 없는, 구매욕이 없는. ~**losigkeit,** die ↑~los의 명사형; ~**molch,** der 치정(痴情) 살인, 강간 살인, ↑Lüstling. ~**mord,** der 치정(痴情) 살인, 강간 살인. ~**mörder,** der 강간 살인범. ~**objekt,** das 성적 쾌락의 대상. ~**partie,** die [고어] ↑Vergnügungsfahrt. ~**prinzip,** das [심리] 쾌락 원칙. ~**schloß** das [옛] 군주의 여름 별장. ~**seuche,** die **1.** 〈Pl. 없음〉 [고어] ↑Syphilis. **2.** 《아이》 [일반] ↑Geschlechtskrankheit. ~**spiel,** das [18세기 이후 "Komödie" 대신이] Komödie (1 a, b). ~**voll** 〈Adj.〉《아어》기분좋은, 즐거운. ~**wäldchen,** das 《옛》 [정원, 공원의] 작은 숲. ~**wandeln** 〈s/h〉《아이·준고어》산책하다. ~**wiese,** die 《통용어·농》넓은 침대, 넓은 장의자.

Lustbarkeit ['lʊstbaːr̥kait], die; -en (아어, 준고어) 오락, 위안, 흥미 본위의 연예, 여흥, 축전, 축연: sie besuchten im Winter einige -en 그들은 겨울에 몇몇 축제에 참석했다. **Lüstchen** ['lʏstçən], das; -s, - ↑ Lust (1 a). **Luster** ['lʊstɐ], der; -s, - (österr.)] **Lüster** (1). **Lüster** ['lʏstɐ], der; -s, - [frz. lustre] **1.** (준고어) 샹들리에. **2.** 유리, 도자기 등의 색깔으로 빛나는 표면. **3.** 광택이 나는 면직물. **4.** [인쇄] 금박(金箔) 광택. **5.** (제례) 가죽에 광택을 내는 마무리 작업. **Lüsterfarbe**, die 광택에 사용된 금속박의 도료.

lüstern ['lʏstɐn] ⟨Adj.⟩ (아어) **1.** 열망하는, 탐내고 있는: sie war geradezu l. auf Erdbeeren 그녀는 바로 딸기를 탐내고 있었다. **2.** 호색적인, 음탕한, 음란한: sein -es Lachen erschreckte sie 그의 음탕한 웃음에 그녀는 놀랐다. **Lüsternheit**, die ↑lüstern의 명사형. **lustig** ['lʊstɪç] ⟨Adj.⟩ **1. a)** 즐거운, 유쾌한, 쾌활한, 명랑한, 기쁜, 기꺼운; es war ein -er Abend 즐거운 저녁이었다; er macht ein -es Gesicht 그는 재미있는 표정을 짓는다; 성구 das kann ja l. werden! (통용어·반어) 일이 언짢게 될 수도 있다; 전의 Stoffe in vielen -en Farben 여러가지 재미있는 색깔의 옷감; **sich über jmdn. (etw.) l. machen** 누구(무엇)를 놀리다, 웃음거리로 삼다. **b)** 우스운, 익살맞은, 우스꽝스러운, 재미있는: es war sehr l., dem Affen zuzuschauen 원숭이를 구경하니 매우 우스웠다; (명사화) ihm fällt immer etwas Lustiges ein 그는 항상 재미있는 것을 생각해 낸다. **2.** 쾌활하게, 활발하게, 크게 주저하지 않고: er parkt seinen Wagen immer l. im Halteverbot 그는 항상 서슴없이 정차 금지 구역에 주차한다. **3. solange(wie) jmd. l. ist** (통용어) 누가 마음이 내키는 한, 누가 생각이 있는 한. **-lustig** [-lʊstɪç] ⟨능력을 나타내는 동사, 명사와 결합하여 접미사로서⟩ 할 마음이 있는, 마음이 내키는: kauflustige Kunden 사려는 마음이 있는 고객들. **Lustigkeit**, die 즐거움, 쾌활함, 재미있음, 우스움. **Lüstling** ['lʏstlɪŋ], der; -s, -e (준고어·폄) 호색한. **Lustra** ['lʊstra] ↑ Lustrum의 복수형. **Lustration** [lʊstra'tsioːn], die; -en [lat. lūstrātio] (종교) 속죄양을 통하여 정결케 하는 제식(祭式), 정화(淨化). **lustrativ** [...'tiːf] ⟨Adj.⟩ (종교) 결재식적인. **Lustren** [lʏs...] ↑Lustrum의 복수형. **lustrieren** [lʊs'triːrən] ⟨h⟩ [lat. lūstrāre] (종교) 정결 제식을 행하다. **lüstrieren** [lʏs'triːrən] ⟨h⟩ [frz. lustrer] (섬유) (면사 또는 아마사와 같은 실을) 광(윤)택을 내다. **Lüstrine** [lʏs'triːnə], die [frz. lustrine] 아주 윤이 나고 가벼운 모자 안감. **Lustrum** ['lʊstrʊm], das; -s, ...ren (또는) ...ra [lat. lūstrum] **1.** (종교) 5년마다 거행되는 정결 제식에 사용되는 고대 로마의 속죄양. **2.** (고대 로마의) 5년의 기간.

Lutein [lute'iːn], das; -s [lat. lūteus] 나뭇잎이나 달걀노른자의 노란 색소. **Luteolin** [luteo'liːn], das; -s [lat. lūteolus] 루테올린(식물성 황색 색소의 이름). **Luteotropin** [...tro'piːn], das; -s, -e ↑ Prolaktin.

Lutetium [lu'teːtsiʊm], das; -s 루테튬(화학 원소)(기호: Lu).

Lutheraner [lʊtəˈraːnɐ], der; -s [lat. Luthēr는 [독일 종교 개혁가 Martin Luther(1483~1546)에 따라] 루터 교도, 신교도. **lutherisch** ['lʊtərɪʃ, (고형) lʊ'teːrɪʃ] ⟨Adj.⟩ **1.** 루터파의, 루터교의: in den Christen 루터교도; ein im Glauben erzogen werden 루터교 신앙으로 교육받다. **2.** ↑evangelisch-lutherisch의 약칭: die -e Kirche 루터교회. **Lutherrock** ['lʊtɐ-], der; -(e)s, -röcke 루터파의 성직자복. **Lutherrose**, die; -n [루터의 문장(紋章)으로 삼은 장미가 가운데 붉은 심장과 검은 십자가가 들어 있는 장미 문양. **Luthertum**, das; -s **1.** 루터교, 개신교. **2.** 루터즘, 루터복음.

lutschen ['lʊtʃn̩] ⟨h⟩ 《의성어》 **a)** 입 속에서 빨아 먹다: Bonbons l. 사탕을 빨아먹다. **b)** 입에 물고 빨아 먹다: er lutscht noch am Daumen 그는 아직도 엄지 손가락을 빤다. **Lutscher**, der; -s, - **1.** 자루 달린 빨아 먹는 사탕. **2.** 《통용어》↑Schnuller.

lütt [lʏt] ⟨Adj.⟩ [niederd.] ⟨nordd.⟩ 작은.

Lutte ['lʊtə], die; -n (광) 통풍관(通風管).

Lutter ['lʊtɐ], der; -s, - 브랜디 제조할 때 처음 뜨는 알콜 함량이 적은 술.

luttuoso [lu'tuo:zo] ⟨Adv.⟩ [ital. luttuoso] (음악) 슬프게, 고통스럽게.

Lutz [lʊts], der; -, - [오스트리아의 피겨스케이터 A. Lutz의 이름에서] (피겨스케이트·롤러스케이트) 루츠 점프(후진 회전 점프).

Luv [luːf, (niederd.) loef] (반대: Lee) **1. in[nach] L.** (선원) (배의) 바람부는 쪽으로: der Bug des Schiffes dreht nach L. 뱃머리가 바람이 불어오는 쪽으로 돌아가다. **2.** (das; -s) (지리) (산의) 바람이 불어오는 쪽: das L. der Düne soll bepflanzt werden 모래 언덕의 바람받이 쪽에는 나무를 심어야한다.

luv-, Luv-: **~boje**, die [요트] (배가) 바람이 불어오는 쪽 표(부이). **~gierig** ⟨Adj.⟩ (선원) (배가) 바람 부는 쪽으로 향하는(반대: leegierig). **~gierigkeit**, die [선원] 바람 부는 쪽으로 향하기 쉬움. **~marke**, die [요트] ↑~boje. **~seite**, die [선원] 바람이 불어오는 쪽. **~wärts** ⟨Adv.⟩ [선원] 바람이 불어오는 방향으로(반대: leewärts).

luven ['luːvn̩, (또한) 'luːfn̩] ⟨h⟩ [선원] (배를) 바람이 불어오는 방향으로 돌리다.

Lux [lʊks], das; -, - [lat. lūx] 럭스(조도(照度)의 단위)(기호: lx).

Luxation [lʊksa'tsioːn], die; -en [lat. luxātio] [의학] 탈구(脫臼), 탈골.

Luxemburg ['lʊksm̩bʊrk] 룩셈부르크, 룩셈부르크의 수도. **¹Luxemburger** ['lʊksm̩bʊrgɐ], der; -s, - 룩셈부르크 사람. **²Luxemburger** ⟨Adj. 격변화 없음⟩ 룩셈부르크의. **luxemburgisch** ['lʊksm̩bʊrgɪʃ] ⟨Adj.⟩ 룩셈부르크의.

luxieren [lʊ'ksiːrən] ⟨h⟩ [lat. luxāre] [의학] 관절을 삐다, 탈구하다.

Luxmeter, das; -s, - ↑Beleuchtungsmesser. **Luxsekunde**, die; -n 광도 측정 단위(기호: lx s).

Luxor ['lʊksɔr] 룩소르(이집트의 도시).

luxurieren [lʊksu'riːrən] ⟨h⟩ [lat. luxuriāre] **1.** (고어) 호화롭게 지내다(살다), 사치를 하다. **2.** [생물] **a)** 잡종 강세(雜種强勢)를 보이다, 무성하다. **b)** 이상(異常) 발달하다(기관(器官) 등이): die Schnäbel dieser Vögel luxurieren 이 새들의 부리들이 이상발달하고 있다. **luxuriös** [lʊksu'riøːs] ⟨Adj.⟩ [lat. luxuriōsus] 사치스러운, 호화로운, 아주 안락한, 화려한, 낭비하는: ein -es Leben führen 사치스러운 생활을 하다; sein Lebensstil ist sehr l. 그의 생활 양식은 매우 사치스럽다; der Wagen ist l. ausgestattet 그 자동차는 호화롭게 장식되어 있다. **Luxus** ['lʊksʊs], der; - [lat. lūxus] 호사, 사치, 낭비, 호사품: ein solches Auto ist doch reiner L. 그런 자동차는 전적으로 사치이다; einen solchen L. kann sich nicht jeder erlauben[leisten] 누구나 그런 사치를 누릴 수 있는 것은 아니다; sie treibt großen L. 그 여자는 대단한 호사를 누린다.

Luxus-: **~artikel**, der 사치품. **~ausführung**, die 어떤 모델의 고급판: sein Wagen ist die L. dieses Modells 그의 차는 이 차종의 고급 모델이다. **~ausgabe**, die 호화판, 호화 장정. **~auto**, das 고급 자동차. **~dampfer**, der 호화선. **~erzeugnis**, das ↑~artikel. **~gegenstand**, der ↑~artikel. **~geschöpf**, das (폄) 사치스러운 여자. **~gut**, das ↑~artikel.

~hotel, das 호화 호텔. ~jacht, die 호화 요트. ~kabine, die 호화 선실. ~klasse, die 특등급. ~limousine, die ↑~auto. ~liner, der 호화 정기 여객선. ~nutte, die 고급 창녀. ~schlitten, der 《통용어》 ↑~auto. ~steuer, die 사치세. ~villa, die ↑~wohnung. ~wagen, der ↑~auto. ~weibchen, das 《폄》 ↑~geschöpf. ~wohnung, die 호화 주택.
Luzern [lu'tsɛrn] 루체른(스위스의 주 및 도시).
Luzerne [lu'tsɛrnə], die; -n [frz. luzerne] 《생물》 노랑개자리, 자주개자리.
¹Luzerner, der; -s, - 루체른 사람. ²Luzerner 〈Adj.; 격변화 없음〉 루체른의. luzernisch 〈Adj.〉 루체른의.
luzid [lu'tsiːt] 〈Adj.〉 [lat. lūcidus] 1. 《교양어·고어》 밝은, 투명한. 2. 《교양어》 명백한, 명료한: -e Erläuterungen 명확한 설명. Luzidität [lutsidi'tɛːt], die [lat. lūciditās] 1. 《교양어·고어》 광휘(光輝), 투명, 청징(清澄). 2. 《교양어》 명석함, 명백함. 3. 《심리》 투시, 천리안.
Luzifer ['luːtsifɐ], der; -s [lat. Lūcifer] 악마, 사탄. Luziferin [lutsife'riːn], das; -s 《화학·생물》 루시페린, 발광소(發光素) 《개똥벌레 등의》. luziferisch [...'feːrɪʃ] 〈Adj.〉 《교양어》 악마 같은, 사악한, 사탄의.
LVA: ↑Landesversicherungsanstalt.
LW: ↑Lawrencium; Lew.
lx: ↑Lux.
Lyase [ly'aːzə], die; -n 《생화학》 리아제, 탈(脫)탄산효소 등의 효소.
Lycopodium: ↑Lykopodium (1).
Lycra [《또한》 'lajkra], das; -(s) 《인공어》 고(高) 탄력의 화학 섬유.
Lyder ['lyːdɐ], Lydier [ly'diɐ], der; -s, - 리디아 사람.
Lydien ['lyːdiən], -s, 리디아(소아시아의 역사적 지명).
lydisch ['lyːdɪʃ] 〈Adj.〉 리디아의, 리디아 사람의, 리디아 어의.
Lykien ['lyːkiən], -s, - 리키아(소아시아의 역사적 지명).
Lykier ['lyːkiɐ], der; -s, - 리키아 사람. lykisch ['lyːkɪʃ] 〈Adj.〉 리키아의(사람의, 어의).
Lykopodium [lyko'poːdiʊm], das; -s 《생물》 1. 석송(石松). 2. 석송의 홀씨.
Lymph- [lymf-]: ~bahn, die ↑~gefäß. ~drüse, die 《고어》 ↑~knoten. ~gefäß, das 림프관. ~gefäßentzündung, die 림프관염. ~knoten, der 림프절. ~knotenentzündung, die 림프샘염.
Lymphangiom [...aŋ'gioːm], das; -s, -e 《의학》 림프관종(管腫). Lymphangitis [...'giːtɪs], die; ...itiden [...gi'tiːdən] 《의학》 림프관염. lymphatisch [lym'faːtɪʃ] 〈Adj.〉 《의학》 림프(액)의, 림프성의: -e Diathese (Konstitution) 림프성 체질. Lymphe ['lymfə], die; -n [lat. lympha] 1. 림프(액). 2. 두묘(痘苗). ~phogen [lymfo'geːn] 〈Adj.〉 《의학》 림프성의(行性의). Lymphogranulomatose [lymfo-], die 《의학》 림프육아종(肉芽腫). Lymphographie, die; -n [...iən] 《의학》 림프관 촬영(법). Lymphom [lym'foːm], das; -s, -e 《의학》 림프종(腫). Lymphozyt [...'tsyːt], der; -en, -en 《대개 Pl.》 《의학》 림프구(球). ~tose [...tsy'toːzə], die; -n 《의학》 (병적인) 림프구 증가증.
lynchen ['lynçn, 《또한》 'lɪnçn] 〈h〉 [engl. lynch, 북아메리카의 치안판사 Ch. Lynch(1736~1796)의 이름에서] 누구에게 린치를 가하다, 누구를 사형(私刑)에 처하다: wenn ich heute wieder so spät komme, werde ich gelyncht 내가 오늘 또 늦으면, 린치를 당할 거야. Lynchjustiz, die 린치, 사형(私刑): an jmdm. L.

üben 누구에게 린치를 가하다. Lynchmord, der 린치에 의한 살해.
Lyon [liɔ̃ː] 리옹(프랑스의 도시). ¹Lyoner ['liːoːnɐ], der; -s, -, 리옹 사람. ²Lyoner 〈Adj.; 격변화 없음〉 리옹의.
³Lyoner ['lioːna], die, Lyoner Wurst, die; - -, -Würste [프랑스의 도시 리옹의 이름에 따라] 살코기 소시지(↑Fleischwurst).
lyophil [lyo'fiːl] 〈Adj.〉 《화학》 친액성(親液性)의, 용액에 잘 녹는(반대: lyophob). Lyophilisation [...filiza'tsioːn], die; -en 얼려서 말림. ↑Gefriertrocknung. lyophob [...'foːp] 〈Adj.〉 《화학》 소액성(疎液性)의, 용액에 잘 안 녹는(반대: lyophil).
Lyra ['lyːra], die; ...ren [lat. lyra < griech. lýra] 1. 리라(고대 그리스의 발(撥)현악기). 2. ↑Drehleier. 3. 바이올린 비슷한 옛 현악기. 4. 군악대에서 사용되는 리라형 철금(鐵琴). 5. Lyragitarre의 약칭. Lyragitarre, die (19세기 초에 애용되던) 기타라 비슷한 기타.
Lyrik ['lyːrɪk], die [frz. poésie lyrique] 서정시: Tendenzen in der modernen L. 현대 서정시의 경향. Lyriker, der; -s, - 서정 시인. Lyrikerin, die; -nen ↑Lyriker의 여성형. lyrisch 〈Adj.〉 [lat. lyricus < griech. lyrikós] 1. a) 서정시의: die L-e Dichtung 서정 문학; das -e Werk des Künstlers 그 예술가의 서정시 작품. b) 서정적인: -er Stil 서정시적 양식(문체). 2. 《음악》 (성악에서) 서정적인: eine -e Stimme 서정적 음성. 3. 정서가 풍부한, 서정적인: in -er Stimmung sein 서정적 분위기에 있다. lyrisieren [lyri'ziːrən] 〈h〉 《교양어·드물게》 서정적으로 표현하다. Lyrismus ['lyːrɪsmʊs], der; -, ...men 《교양어》 a) 〈Pl. 없음〉 서정(시)적 서술법; 서정성. b) 《문학이나 음악의》 서정적 장구(章句), 구절.
Lyse ['lyːzə], die; -n [griech. lýsis] 1. ↑Lysis. 2. 《화학》《용해소에 의한》 세포용해. lysigen [lyzi'geːn] 〈Adj.〉 《의학·생물》 용해에 의해 발생한. Lysimeter, das; -s, - 토양도(土壤度), 물질의 용해도를 측정하는 기계. Lysin [ly'ziːn], das; -s, -e 《대개 Pl.》 《의학》 라이신, 용해소(溶解素), 세포 용해 작용을 하는 항체(抗體).
Lysis ['lyːzɪs], Lyse, die; Lysen 1. 《의학》 열이 서서히 내림. 2. 《의학·생물》 (세포) 용해(현상). 3. 《심리》 인격 분열, 이중 인격. Lysoform ⓌⓏ [lyzo'fɔrm], das; -s 소독제(商品). Lysol ⓌⓏ [ly'zoːl], das; -s 《인공어》 소독제, 살균제 이름.
Lysosom [lyzo'zoːm], das; -s, -en 《대개 Pl.》 《의학·생물》 라이소솜, 리소솜 소체. Lysozym [...tsyːm], das; -s, -e 《의학·생물》 라이소자임, 리소침(박테리아 용해 효소).
Lyssa ['lʏsa], die [griech. lýssa] 《드물게·의학》 광견병.
lytisch ['lyːtɪʃ] 〈Adj.〉 1. 《의학》 (열이) 서서히 내리는. 2. 《생물》 세포 용해 작용을 하는.
lyzeal [lytse'aːl] 〈Adj.〉 《고어》 여자 고등 학교의.
LZ = Ladezone; Landezone; Lebenszeit; Leistungszulage; Lesezirkel.
Lz. = Lizenz.
LZB 주립 중앙 은행(Landeszentralbank의 약칭).
Lyzeum [ly'tseːʊm], das; -s, Lyzeen [ly'tseːən; lat. Lyceum < griech. Lýkeion 고대 아테네의 학교에서] 《고어》 여자 고등 학교: er ließ seine Töchter alle aufs L. gehen 그는 딸들을 모두 여자 고등 학교에 보냈다. 2. 《schweiz.》 김나지움의 상급반.
LZL = Lohnzahlungsliste.

M

m, M [ɛm], das; -, - 알파벳의 열셋째 자(음).
m = Meter; Milli...; (천문학에서는: ...ᵐ); Minute.
μ = Mikro...; Mikron.
M = Mark; Modell; Mega...; Mille; Mach[-Zahl].
M: 1000을 나타내는 로마 숫자.
μ, M: ↑My.
M. = Monsieur.
M' = Mac.
m² = Quadratmeter.
m³ = Kubikmeter.
ma. = mittelalterlich.
Ma = Mach[-Zahl].
mA = Milliampere.
MA. = Mittelalter.
M.A. = Magister Artium; Master of Arts.
Mäander [mɛˈandɐ], der; -s, - [lat. Maeander < griech. maíandros, Mäander⟨türk. Menderes⟩강에 따라서] **1.** [지리] 곡류천(曲流川), 사행천(蛇行川). **2.** [예술] 곡절 무늬, 소용돌이 무늬, 미앤더 무늬.
Mäander-: **~band**, das ⟨Pl. -bänder⟩ 띠 모양으로 된 물결 무늬, 연속 곡절 무늬. **~bogen**, der [지리] ↑ Mäander (1). **~linie**, die 꼬불꼬불하게 굽은 선.
mäandern [mɛˈandɐn], **mäandrieren** [mɛanˈdriːrən] ⟨h⟩ **1.** [지리] (강의 물줄기가) 꼬불꼬불하게 흐르다. **2.** 〖예술〗 연속곡절 무늬로 장식하다. **mäandrisch** ⟨Adj.⟩ 꼬불꼬불하게 굽은, 물결 무늬의.
Maar [maːɐ̯], das; -(e)s, -e [지리] 마르(화산 분화구로서 대개 물이 괸 움푹 팬 땅).
Maas [maːs], die 마스(서유럽의 강).
Maat [maːt], der; -(e)s, -e(n) [niederd. mat(e)] **1.** ⟨선원·옛⟩ 항해사나 갑판장의 조수. **2. a)** ⟨Pl. 없음⟩ (독일 해군의) 하사관의 관등. **b)** 해군 하사관.
Mac [⟨engl.⟩ mæk] 스코틀랜드 및 아일랜드계 사람 이름의 구성 요소(예컨대: Mac Adam)⟨줄여서: M', Mc⟩.
Macchia [ˈmakja], **Macchie** [ˈmakjə]; ...ien [...jən; ital. macchia] (지중해 연안 지방의) 상록의 관목 숲.
Mach [max], das; -(s), - [↑Mach-Zahl의 약칭, 오스트리아의 물리학자 E. Mach(1838~1916)의 이름에서] 【물리】 마하(비행 물체의 속도와 음속과의 관계를 나타내는 명칭): bei der Geschwindigkeit von 1 M. durchbricht der Flugkörper die Schallmauer 마하 1의 속도에서 비행 물체는 음속의 벽을 깬다(기호: Ma, M).
Machandel [maˈxandl], der; -s, - [niederd. machandel] ⟨nordd.⟩ **1.** 노간주나무, 두송(杜松). **2.** 두송주(酒). **Machandelbaum**, der ⟨nordd.⟩ 노간주나무.
machbar, die; -en 의복의 디자인, 스타일, 만드는 법: die M. des Kleides gefällt ihr nicht 그 원피스의 디자인이 그녀 마음에 들지 않는다; 〖전의〗 das ist meine M. ⟨통용어⟩ 그것은 내 마음에 든다. **machbar** [ˈmaxbaːɐ̯] ⟨Adj.⟩ **a)** 실행할 수 있는, 실현할 수 있는: etw. für m. halten 무엇을 실행가능하다고 생각하다. **b)** 원하는 대로 다룰 수 있는, 조작할 수 있는. **Machbarkeit**, die 실행 가능성, 조작 가능성. **Mache** [ˈmaxə], die **1.** ⟨雪⟩꾸민 태도, 속임수: solche M. ist leicht zu durchschauen 그러한 속임수는 쉽게 꿰뚫어 볼 수 있다; alles an ihr ist M. 그녀의 모든 것은 꾸민 것이다. **2.** 《은어》(문학 작품의) 형식: das Theaterstück hat eine geschickte M. 그 연극 작품은 형식이 세련되었다. **3. etw. in der M. haben** ⟨통용어⟩ 무슨 일을 하고 있다, 무엇을 제작[제조] 중이다; **jmdn. in der M. haben** ⟨輕⟩ 1) 누구를 심하게 꾸짖다. 2) 누구를 때리다; **etw. in die M. nehmen** ⟨통용어⟩ 무엇의 제조에 착수하다; **jmdn. in die M. nehmen** ⟨輕⟩ 1) 누구에게 욕설을 하다. 2) 누구를 무슨 일로 심하게 괴롭히다. 3) 누구를 구타하다.
machen [ˈmaxn̩] ⟨h⟩ **1. a)** 제조하다, 만들다, 생산하다: die Firma macht Möbel⟨Schuhe⟩ 그 회사는 가구[구두]를 생산한다; ein Foto von jmdm. m. 누구의 사진을 찍다; die Kinder haben einen Schneemann gemacht 아이들은 눈사람 하나를 만들었다; wir müssen noch Essen m. 우리는 음식을 해야 된다; von einem Film Abzüge m. 필름을 인화하다; sich einen Anzug m. lassen 양복을 맞추다; das Zimmer m. 방을 정돈하다. **b)** 야기하다, 일으키다: Lärm m. 소음을 내다; diese Arbeit macht keine Mühe 이 일은 힘이 안 든다; sich mit etw. Freunde⟨Feinde⟩ m. 누구와 친구[적]가 되다; großen Eindruck m. 강한 인상을 주다; jmdm. Sorgen m. 누구에게 걱정을 끼치다; jmdm. Mut m. 누구에게 용기를 주다, 고무하다; der Marsch hat uns Hunger gemacht 행진이 우리를 배고프게 했다. **c)** 행하다, 일을 끝내다: seine Hausaufgaben m. 자신의 숙제를 하다; er hat alles ganz alleine gemacht 그는 모든 것을 혼자서 해내었다; ein Examen⟨das Abitur⟩ m. 시험⟨아비투어⟩를 마치다; einen Spaziergang m. 산책하다; eine Reise m. 여행하다; eine Beobachtung m. 관찰하다; einen Besuch m. 방문하다; 〖성구〗 wie man's macht, macht man's falsch 해봤자 헛수고다; **es nicht unter etw. m.** ⟨통용어⟩ 어떤 수량이나 금액을 최저로 요구하다: er macht es nicht unter 1000 Mark 그는 최소한 천 마르크를 요구한다. **2. a)** 어떤(변화된) 상태로 옮기다: du hast ihn mit deiner Bemerkung böse gemacht 너는 그 말로 그를 화나게 했다; man hat ihn betrunken gemacht 사람들이 그를 취하게 하였다. **b)** 어떤 특정한 위치[수준]로 옮기다(올리다); 무엇이 되게 하다: er hat etwas aus seinen Kindern gemacht(hat seine Kinder zu tüchtigen Menschen gemacht) 그는 자식들을 훌륭한 인간이 되게 하였다; er machte sie zu seiner Frau ⟨아어·준고어⟩ 그는 그녀를 아내로 삼았다. **3.** (사업 등을 통하여) 얻다, 획득하다: er hat bei dem Auftrag ein Vermögen gemacht 그는 그 주문으로 한 재산(수백만) 벌었다; ein großes Geschäft m. 돈을 많이 벌다. **4.** 무엇을 하다, 계획하다; 무엇에 몰두하다: was machst du gerade? 너는 지금 뭐 하고 있었니?; was willst du mit den alten Sachen m.? 너는 그 낡은 것들로 무엇을 하려느냐? daran läßt sich nichts m. 아무것도 변경시킬 수 없다; mit mir könnt ihr es ja m. ⟨통용어⟩ 너희들은 나를 우롱할 수 있다; **Mach mal!** 너는 나! 나한테 말겨라!; „Mach ich! Wird gemacht!" ⟨통용어⟩ (도와 주겠다는 것을 확약할 때) "내가 해 줄게!"; was macht

deine Frau? 자네 부인은 어떻게 지내나?; was macht die Arbeit(deine Gesundheit)? 일(건강)은 어떤가?; mach's gut! 《통용어》 (헤어질 때의 인사로) 잘 있게!; wir werden euch helfen, gemacht? 《통용어》 우리가 너희들을 돕겠지, 됐지? (확인의 상투어). **5.** ⟨m. + sich⁴⟩ 무엇을 시작하다, 착수하다: sich an die Arbeit m. 일을 시작하다. **6.** ⟨m. + sich⁴⟩ 발전하다, 전개되다: das Wetter macht sich wieder 날씨가 다시 좋아진다; das kranke Bein wird sich schon wieder m. 아픈 다리가 곧 완쾌된다. **7.** 《통용어》 누구를 부원하여 특정한 위치로 올리다: einen Schlagersänger m. 유행가 가수로 키우다. **8.** 《경》 (배우가) 어떤 배역을 맡다, 연기하다: er macht den Hamlet 그가 햄릿 역을 한다. **9.** 《폄》 … 인 척 행동하다, 어떤 역할을 하다: er macht zur Zeit in Großzügigkeit 그는 요즘은 대범한 척 행동한다. **10.** (Inf.+ Akk. 와 결합하여) 어떤 일을 일으키다, 무엇의 동기가 되다: seine Äußerung hat uns lachen gemacht 그의 발언이 우리를 웃겼다. **11.** ⟨m.+ sich⁴⟩ 어울리다, 적합하다, 조화되다: die Blumen machen sich sehr schön in der Vase 그 꽃들이 화병에 아주 잘 어울린다. **12.** 《통용어·미화》 대소변을 보다: das Kind hat in die Hose gemacht 그 아이가 바지에 오줌을 쌌다. **13.** 《통용어》 어떤 사업을 경영하다; 어떤 분야에 종사하다: er macht seit einiger Zeit in Lederwaren 그는 얼마 전부터 가죽제품업에 종사하고 있었다. **14.** 《통용어》 (금액이) 되다: das Reinigen macht 15 Mark 세탁 (요금)이 15 마르크 된다; alles zusammen macht 1000 Mark im Jahr 연간 총계가 1000 마르크 된다; was macht das[es]? (금액이) 얼마입니까? **b)** (덧셈, 뺄셈 또는 곱셈의 결과가) 얼마이다: 4 und 3 macht 7 4+3은 7이다; 4 minus 3 macht 1 4-3 은 1이다; 4 mal 3 macht 12 4×3은 12이다. **15.** 《통용어》 외치다 (감탄사 등). **16.** 《통용어》 서두르다: als das Gewitter begann, machten sie, daß sie nach Hause kamen 천둥번개가 시작되었을 때, 그들은 서둘러 집으로 갔다; nun mach schon! 자 서둘러라! **17.** ⟨*h*⟩ es m. 《경》 성교하다; es jmdm. m. 《경》 누구를 성적으로 만족시키다. **18.** 《지역적》 ⟨*s*⟩ 가다: sie sind aufs Land gemacht 그들은 시골로 갔다. **19. macht nichts!** 《통용어》 괜찮다! (변명에 대한 대답); **mach dir[macht euch] nichts daraus[draus]** 《통용어》 그것에 대해 화내지 말아; **sich³ wenig[nichts o.ä.] aus etw. m.** 《통용어》 무엇을 특별히 좋아하지는 않는다[무엇에 대해 특별한 관심이 없다]: wir machen uns kaum was aus Pflanzen 우리는 화초에는 거의 관심이 없다; **sich³ wenig[nichts o.ä.] aus jmdm. machen** 누구를 대단하게 생각하지 않다; **zu[für] etw. (nicht) gemacht sein, zu[für] etw. (nicht) geeignet sein** 무엇에 적합한[적합하지 않은]: für schwere Arbeit ist er nicht gemacht 그는 중노동에 적합하지 않다.

Machenschaft, die; -en ⟨대개 Pl.⟩ 《폄》 음모, 간계: -en gegen jmdn. aufdecken 누구에 대한 음모를 적발하다. **Macher**, der; -s, - **1.** 주모자, 장본인: die eigentlichen M. sind überhaupt nicht in Erscheinung getreten 장본인들은 도대체 나타나지도 않았다. **2.** 〈지도적 위치에 있는〉 실력자: er ist der Typ des -s 그는 〈배후〉 실력자 타입이다. **-macher**, der, 〈복합어에서〉, "제작자", "창조인"을 뜻하는 기본낱말로서 (예컨대) Filme-, Objekte-, Lieder-, Büchermacher). **Macherlohn**, der; -(e)s, -löhne ⟨Pl.⟩ 제작비; 〈바느질〉 품삯.

Machete [ma'xe:ta, 〈또한〉 ma'tʃe:ta], die; -n [span. machete] (남아메리카에서 사탕수수를 베거나 무기로 사용하는) 칼의 일종.

Machiavellismus [makiave'lɪsmus], der; - [이탈리아의 정치가 N. Machiavelli(1469∼1527)의 이름에서] 마키

아벨리즘, 권모술수(주의). **Machiavellist**, der; -en, -en 마키아벨리주의자. **machiavellistisch** ⟨Adj.⟩ 마키아벨리즘의, 수단을 가리지 않는, 권모술수적인.

Machination [maxina'tsi̯oːn], die; -en [lat. machinātio] **1.** ⟨Pl.⟩ 《아어》 간계, 음모, 책략. **2.** 《고어》 피, 속임수, 요령.

Machismo [ma'tʃismo], der; -(s) [span.(südamerik.) machismo] 《교양어》 남성 우월감.

¹**Machorka** [ma'xɔrka], der; -s, ⟨종류⟩ -s [russ. machorka] 러시아산 저급 잎담배. ²**Machorka** [-], die; -s 마호르카, 러시아산 잎담배로 만든 궐련.

Machsche Zahl ['maxʃə-], die; -en ↑ Mach.

Machsor [max'zɔːɐ̯], des; -s / -im [...zoːrɪm; hebr. maḥăzōr] (축제일에 사용하는) 유태교의 기도서.

Macht [maxt], die; Mächte ['mɛxtə] **1.** ⟨Pl. 없음⟩ **a)** 힘: seine ganze M. aufbieten 전력을 다하다; aus eigener M. 혼자 힘으로; sie wollen alles tun, was in ihrer M. steht 그들은 할 수 있는 것을 모두 하려고 한다. **b)** 위세, 위력: die M. des Fiebers ist gebrochen 열의 세기가 꺾였다; der Frühling kommt mit M. 봄이 힘차게 다가온다; **etw. ist eine M.** 《청소년》 무엇이 굉장하다, 훌륭하다. **2. a)** ⟨Pl. 없음⟩ 지배력, 영향력: das ist die M. der Gewohnheit 그것은 습관의 힘이다. M. ausüben 영향력을 행사하다; M. über jmdn. haben 누구를 지배하다. **b)** 특별하고 신비한 힘을 가진 것: eine geistige M. 정신력; die Mächte der Unterwelt 지하 세계의 힘[마력]. **3.** ⟨Pl. 없음⟩ **a)** 권력, 지배력, 위력: er hat die M. zu tun, was er will 그는 하고자 하는 것을 할 수 있는 자유는 있다. seine M. gebrauchen [ausspielen] 그의 권력을 사용하다[남김없이 사용하다]; die M. über Leben und Tod 생사 여탈권. **b)** 국가·정치 권력과 관련되는 권한: die politische M. 정치적 권력; die M. ausüben 지배권을 행사하다; die M. einer Klasse[Clique] brechen 한 계급[파별]의 세력을 꺾다; die M. übernehmen[ergreifen, an sich reißen] 권력을 장악하다; an die[zur] M. kommen[gelangen] 정권을 차지하다; [속담] M. geht vor Recht 권력은 정의에 앞선다. **4. a)** 열강: eine verbündete[feindliche] M. 동맹[적]국; die kriegführenden Mächte 교전 국가들. **b)** 영향력 있는 집단[계층]. **5.** 《준고어》 군대: mit bewaffneter M. anrücken[angreifen] 무력으로 침공하다.

macht-, Macht-: ~**anhäufung**, die ↑ ~ballung. ~**anspruch**, der 권력의 요구. ~**antritt**, der 《드물게》 권력 장악. ~**apparat**, der [정치] 정권 유지 기구, 권력 기구: der staatliche M. 국가 권력 기구. ~**ausübung**, die 권력 행사. ~**ballung**, die 권력 집중. ~**befugnis**, die 자격, 권능, 권한: das überschreitet meine M. 그것은 내 권한 밖에 있다; jmdn. mit -sen ausstatten 누구에게 권한을 부여하다. ~**bereich**, der 권력[세력] 범위. ~**besessen** ⟨Adj.⟩ 권세욕에 사로잡힌. ~**bewußtsein**, das 직권 의식. ~**block**, der ⟨Pl.⟩ -blöcke, 《드물게》 -blocks) [정치적] 세력권: Entspannung zwischen den Machtblöcken 세력권 사이의 긴장 완화. ~**entfaltung**, die 권력[세력] 신장. ~**ergreifung**, die [정치] 권력 장악. ~**faktor**, der 권력[세력] 요인. ~**frage**, die [정치] 세력의 문제. ~**fülle**, die 권위, 위신. ~**gier**, die 권세욕. ~**gierig** ⟨Adj.⟩ 권세욕이 있는. ~**gruppe**, die [정치] 세력 단체. ~**haber** [-haːbə], der; -s, - 《경》[주로 Pl.] 지배자, 집권자. ~**hunger**, der 권세욕. ~**hungrig** ⟨Adj.⟩ 권력에 굶주린. ~**instrument**, das [정치] 권력의 도구. ~**kampf**, der [정치] 권력 투쟁. ~**konzentration**, die 권력 집중. ~**los** ⟨Adj.⟩ 힘없는, 영향력 없는, 권력 [세력]이 없는: -e Splitterparteien 힘없는 소수 정당들;

gegen soviel Engstirnigkeit ist man m. 그렇게 소견이 좁음에는 어쩔 수 없다; 신규 da stehst du m. vis-à-vis 〈통용어〉 너는 마주보고서도 어쩔 수 없구나. ~losigkeit, die 힘없음, 무력함. ~mittel, das 권력수단. ~organ, das 〔정치〕 국가권력 기구. ~politik, die 강권 〔외교〕정책; 권력 정치. ~politisch 〈Adj.〉 -e Interessen 강권 정치적 이해 관계. ~position, die 〔정치〕 권력[권세]있는 지위[위치]; 권좌. ~probe, die 힘 겨루기. ~rausch, der 〈Pl. 없음〉 권력에의 도취감. ~spruch, der 권위자의 절대 명령: sich jmds. M. beugen 누구의 호령에 따르다. ~stellung, die ↑~position. ~streben, das; -s 〔정치적〕 권력 추구. ~struktur, die 〔정치〕 권력 구조. ~übernahme, die 〔정치〕 권력 획득, 정권 계승. ~verhältnisse 〈Pl.〉 세력 관계, 세력 균형. ~verschiebung, die 권력[세력] 이동. ~verteilung, die 권력[세력] 분배. ~voll 〈Adj.〉 유력한; 세력있는. 효력[효과] 있는, 유효한. ~vollkommenheit, die 절대적 권력, 무제한의 권력. aus eigener M. 독단적으로. ~wechsel, der 〔정치〕 세력[정권] 교체. ~wille, der 권력 의지. ~wort, das 〈Pl. -e〉 엄명, 호령: ein M. sprechen 호령하다. ~zentrum, das 권력의 중심. ~zusammenballung, die 권력 집중. ~zuwachs, der 권력 증대.

Mächtegruppe, die; -n 〔정치〕 열강들의 그룹.
Mächtegruppierung, die; -en 〔정치〕 열강들의 결속[블록화]. **mächtig** ['mɛçtɪç] 〈Adj.〉 **1. a)** 〈nicht adv.〉 권력[힘]이 있는, 영향력이 큰; 효과[효능]가 있는, 막강한: ein -er Staat 영향력이 큰 국가, 강대국; Worte sind oft -er als Handlungen 말이 행동보다 효과가 클 때가 자주 있다; 〈명사화〉 die Mächtigen dieser Welt 이 세상의 실[권]력자들. **b) einer Sache m. sein** 《아어》 능력이 있는, 〈외국어 등을〉 구사할 수 있다; **einer Sache(seiner (selbst)) m. sein** 〈대개 부정으로〉 무엇〔자신〕을 제어하다. **2. a)** 두드러지게 큰, 거대한, 대단한: 범위가 큰, 정도가 큰; 강력한: ein -er Wald 크나큰 숲. **b)** 〈nicht adv.〉〈지역적〉 매우 배부르게 하는; 〈음식이〉 기름진: das Essen ist mir zu m. 식사가 나한테 너무 기름지다. **c)** 〈südd.〉《통용어》매우 두꺼운 것 (etwa 10 Meter) -es Flöz (10 미터 정도) 두께의 광층. **3.** 《통용어》 **a)** 〈nur attr.〉 매우 큰, 센, 상당한: -en Hunger[-e Angst, -es Glück] haben 대단히 배고프다 [불안하다, 운이 좋다]. **b)** 〈형용사, 부사, 동사를 강조〉 매우, 극도로; 특히 세게, 강하게 등; sich m. freuen [beeilen] 매우 기뻐하다 [서둘다]. **Mächtigkeit,** die; -en **1.** 〈Pl. 없음〉힘이 셈, 강력, 강대, 막강함. **2.** 〈Pl. 없음〉 거대함. **3.** 〔광〕 〈지층의〉두께. **4.** 〔수학〕 〈한 집합의〉 크기, 〈다른 집합과 비교하여 같은 집합의 구성 요소의 포함 상태〉: die (unendliche) Menge C ist von geringerer[größerer] M. als die Menge D 〈무한〉집합 C는 집합 D보다 M을 적게[많이] 포함한다. **Mächtigkeitsspringen,** das; -s, - 〔스포츠〕 승마에서 짧은 경로의 힘든 장애물 뛰어넘기.
machulle [ma'xʊlə] 〈Adj.〉 〈jidd. mechulle〉 (sein과 결합하여) **m. sein** 1) 〔경〕 파산하다. 2) 〔방언〕 피곤하다, 지치다. 3) 〔방언〕 미치다.
Machwerk, das; -(e)s, -e 〔폄〕 서투른[졸렬한, 가치없는] 작품: das Gedicht ist ein übles M. 그 시는 형편없는 졸작이다.
Mach-Zahl, die; -en 〔물리〕 ↑Mach.
Macis: ↑Mazis.
Macke ['makə], die; -n 〈jidd. macke〉 **1.** 〔경〕 별난 성미, 미친 짓, 기벽, 괴벽: das ist bei ihm zur M. geworden 그는 괴팍스럽게 되었다; ich soll die 100 Mark pumpen? du hat ja 'ne M. 100마르크를 빌려달라고? 미쳤구나〈진정으로 그러는 것은 아니겠지; 말도 안

돼)! **2.** 결함, 흠, 결점, 하자(瑕疵): die Maschine hat so ihre -n 그 기계는 결함들이 있다. **3. stumpfe M.** 〔청소년〕 지루한 일.
Macker ['makɐ], der; -s, - [Niederd.] **1.** 〔청소년〕 남자친구(특히 한 처녀의). **2.** 〔청소년〕 젊은이, 놈, 녀석: was will der M. bei uns? 저놈은 우리한테 무얼 원하는 거야? **3.** 〔경〕 주모자, 배후 조종 인물. **4.** (nordd.) 협력자, 동료.
Mackintosh ['mækɪntɔʃ], der; -(s), -s [engl. mackintosh, 영국의 화학자 Ch. Mackintosh(1843년 사망)의 이름에서] **1.** 고무를 입힌 방수포. **2.** 위의 방수천으로 만든 비옷.
macklich ['maklɪç] 〈Adj.〉 (nordd.) **1.** 고요한, 차분한. **2.** 〔선원〕 〈배가〉 물 위에 조용히 떠 있는.
Macramé: ↑Makramee.
MAD = Militärischer Abschirmdienst 군대의 방첩 활동.
Madagaskar [mada'gaskar], -s 마다가스카르(아프리카 동쪽의 섬 나라). **Madagasse** [mada'gasə], der; -n, -n 마다가스카르 섬의 주민. **madagassisch** [mada'gasɪʃ] 〈Adj.〉 마다가스카르 섬의.
Madam [ma'dam], die; -, -s/ -en [frz. madame] 《통용어》 **a)** 〈고어〉〈주인〉마님. **b)** 〈축소형: ↑Madamchen〉 〈농〉〈살찐〉 부인(여자). **c)** 〈농〉 처, 아내: bringst du heute abend deine M. mit zum Kegeln? 오늘 저녁 볼링에 자네 부인을 모시고 오는가? **Madamchen** [ma'damçən], das; -s, - 《통용어·농》 젊은 부인, 아주머니. **Madame** [ma'dam], 〈대개 관사 없이〉 -; Mesdames [me'dam; frz. madame] 부인을 향해 경칭으로 사용하는 프랑스어: haben Sie noch einen Wunsch, M.? 뭘 원하시는지요, 부인? (약어: Mme.), 《schweiz. Mme.》, 〈Pl. Mmes.〉 《schweiz. Mmes.》.
Madapolam [madapo'la:m], der; -(s), -s 〈종류〉 -s [인도의 안드라 프라데시주의 나르사푸르시 근교의 지명을 따라서] 올이 나고 올이 가늘며 부드러운 면섬유(특히 셔츠나 내의에 사용).
Madarose [mada'ro:zə], die; -n [griech. madárōsis 〔의학〕 〈눈썹이 빠지는〉 안검염(眼瞼炎), 다래끼.
Mädchen ['mɛtçən], das; -s, - 〔고형: ↑Mägdchen, 원래 ↑Magd의 축소형〕 **1. a)** 소녀, 여자아이〈반대: ¹Junge 1 a〉: ein blondes[liebes] M. 금발의[사랑스러운] 소녀; eine Schule für Jungen und M. 남녀공학 학교; sie hat ein M. bekommen 그 여자는 딸을 낳았다; **für kleine M. müssen** 〈친구·농·은폐〉 화장실에 가야 하다. **b)** 처녀: ein hübsches[anständiges] M. 어여쁜[용모 단정한] 처녀; ein käufliches M. 〈은폐〉 매춘부; ein altes[älteres, spätes] M. 〈반어〉 노처녀. **2.** 《통용어》 여자친구(애인〕〈젊은 남자의〉: er kam mit seinem M. 그는 여자친구와 왔다. **3.** 하녀, 가정부: das Mädchen machte die Betten 가정부가 침대 정리를 했다; **M. für alles** 《통용어》 무슨 일이든지 시킬 수 있는 사람: er[sie] ist M. für alles 그(그 여자)는 무슨 일이든지 하는 사람이다.
Mädchen-: ~**alter,** das 〈Pl. 없음〉 소녀 나이. ~**fußball,** der 〈Pl. 없음〉《통용어》여자 축구(↑Frauenfußball). ~**geschichten** 〈Pl.〉 〈여자와의〉 연애 경험〔연애 사건〕. ~**gesicht,** das 소녀 얼굴, 동안(童顔). ~**handel,** der 〈Pl. 없음〉 소녀 매매(반출), 창녀 매매(외국으로). ~**händler,** der 소녀 매매자, 창녀 매매자. ~**herz,** das 〈Pl. 없음〉 소녀의 심장(가슴). ~**jahre** 〈Pl.〉 소녀 시절, 처녀 시절. ~**kammer,** die 〈옛〉 하녀방. ~**klasse,** die 여학급. ~**kleid,** das 소녀옷, 소녀복. ~**name,** der 〈Pl. 없음〉 **1.** 소녀 이름. **2.** 〈기혼 여자의〉 결혼 전의 성, 친정의 성. ~**pensionat,** das 여자 기숙사. ~**raub,** der 《옛·문화인류》〈결

혼을 목적으로 한) 여자 약탈[유괴]. ~schule, die 여자 학교. ~sport, der 여자 스포츠. ~stimme, die 소녀 음성. ~tage 〈Pl.〉 소녀 시절(↑jahre). ~weihe, die 〖문화 인류〗 (원시 민족의) 소녀들을 위한 성년식. ~zimmer, das 1. 소녀의 방. 2. 하녀방.

mädchenhaft 〈Adj.〉 소녀의, 소녀(처녀)다운: eine -e Gestalt 소녀 같은 모습. **Mädchenhaftigkeit**, die 소녀(처녀)다움.

Made ['maːdə], die; -n 구더기: in dem Fleisch sind die -n 고기에 구더기들이 있다; **leben wie die M. im Speck** 《통용어》 아주 풍족하게 산다.

made in ... ['meɪd ɪn ...; engl.] 상품의 생산국 표시(예컨대: made in Germany [...'dʒəːmənɪ] = hergestellt in Deutschland 독일제).

Madeira, Madera [ma'deːra], der; -s, -s 〖포르투갈의 섬 Madeira에서〗 마데라산 포도주. **Madeirastickerei**, die 마데라 자수(품)(↑Lochstickerei). **Madeirawein**, der ↑Madeira.

Madel, Madl [maːdl], das; -s, -n 《südd., österr. · 방언》 소녀, 처녀. **Mädel** ['mɛːdl], das; -s, -n 《(nordd.) -s, 《bayr., österr. · 통용어》 -n [↑ Magd의 축소형] (지역적) 소녀, 처녀.

Mademoiselle [madəmoa'zɛl], die 〈대개 관사 없이〉; Mesdemoiselles [medəmoa'zɛl] frz. mademoiselle) (호칭으로 사용되는 프랑스어) 아가씨, 양, 미스(약어: Mlle) 《schweiz. Mlle》 〈Pl. Mlles〉 《schweiz. Mlles》.

Maden-: ~**fraß**, der 구더기의 먹이. ~**fresser**, ~**hacker**, der 1. 아니(아메리카산의 곤충을 잡아 먹는 두견과의 검은 새). 2. 부파가(아프리카산의 찌르레기 · 민물도요류). ~**wurm**, der 요충(인간의 장에 기생하는).

Madera: ↑Madeira.

Mäderl ['mɛːdɐl], das; -s, -n 《österr. · 통용어》 1. 어린 소녀. 2. 《애칭》 (어린) 처녀, 젊은 아가씨.

Mädesüß ['mɛːdəˌ-], das; -, - [niederl. / niederd. mede soet(nd. soet = süß)] 서양조팝나무.

madig ['maːdɪç] 〈Adj.〉 구더기 투성이의, 벌레먹은: -e Früchte 벌레먹은 과일; **jmdn.[etw.] m. machen** 《통용어》 1) 헐뜯다, 중상(비방)하다. 2) 웃음거리로 만들다, 조소하다; **jmdm. etw. m. machen** 《통용어》 누구에게 무엇을 (철저히) 비판하여 정떨어지게 하다; **sich m. machen** 싫증나게 하다.

Madison ['mædɪsn], der; -(s), - [amerik. Madison] 매디슨(1962년 등장한 트위스트 비슷하나 느리게 추는 4/4박자의 유행춤).

Madjar [ma'djaːɐ], der; -en, -en [ung. magyar] 마자르 사람(헝가리의 주요 민족). **Madjarenreich**, das 〈Pl. 없음〉 헝가리. **madjarisch** [ma'djaːrɪʃ] 〈Adj.〉 헝가리(말 · 사람)의.

madjarisieren [madjari'ziːrən] 〈h〉 헝가리화(化)하다. **Madjarisierung**, die 헝가리화.

Madl: ↑Madel.

Madonna [ma'dɔna], die; ...nen [ital. madonna] 〖독교〗 1. 〈Pl. 없음〉 성모 마리아. 2. (보통 아기예수를 안은) 성모 마리아 상.

Madonnen-: ~**bild**, das (보통 아기 예수를 안은) 성모 마리아의 상. ~**gesicht**, das 성모마리아 같은 얼굴. ~**kult**, der 〖켑〗 성모 숭배(광신). ~**lilie**, die [이 꽃이 중세 종교화에 자주 그려졌으므로] 마돈나백합(남유럽과 동양에 피는). ~**scheitel**, der 머리 가운데 가리마(여자의). ~**statue**, die 성모의 입상.

madonnenhaft 〈Adj.〉 성모다운, 성모 같은: ein -es Gesicht 성모 같은 얼굴.

¹**Madras** [ma'(ː)dras] 마드라스(인도의 도시).

²**Madras** ['madras], der; - [인도의 도시 Madras에서] 올이 가는 격자 무늬의 커튼천. **Madrasgewebe**, das, **Madraskaro**, das 마드라스 직.

Madreporarie [madrepoːˈraːriə], **Madrepore** [...ˈpoːrə], der; -n 〈대개 Pl.〉 [frz. madrépore] 석산호충. **Madreporenkalk**, der 〖지질〗 석산호 석회.

Madrid [maˈdrɪt, 《span.》 maˈðriθ] 마드리드(스페인의 수도). ¹**Madrider** [maˈdrɪdɐ], der; -s, - 마드리드 사람. ²**Madrider** 〈Adj.; 격변화 없음〉 마드리드의.

Madrigal [madriˈgaːl], das; -s, -e [ital. madrigale] 1. 〖문예학〗 이탈리아의 전원 문학에서 발전된 자유 형식의 서정단가(敍情短歌), 소연가(小戀歌), 마드리갈. 2. 〖음악〗 a) 마드리갈곡(14세기의 대개 2중창, 3중창의 성악곡). b) 합창곡(16/17세기의 풍부한 의성적 음향효과를 곁들인 4중창 또는 다중창의 세속적 노래). **Madrigalchor**, der 〖음악〗 마드리갈 합창(대략 1920년부터 일반적으로 소규모 합창을 일컬음). **madrigalesk** 〈Adj.〉 [frz. madrigalesque] ↑madrigalistisch. **Madrigalist** [...ˈlɪst], der; -en, -en [frz. madrigaliste] 〖음악〗 a) 마드리갈곡의 작곡가. b) 마드리갈 시형식의 옹호자(대변자). **Madrigalistik**, die 〖음악〗 마드리갈 곡의 작곡 기법. **madrigalistisch**, 《또한》 madrigalesk [...gaˈlɛsk] 〈Adj.〉 〖음악〗 a) 마드리갈 곡의. b) 마드리갈 풍의. **Madrigalon** [...ˈloːn], das; -s, -e [ital. madrigalone] 〖문예학〗 14행 이상의 마드리갈 시형식.

Maestà [maɛsˈta], die; - [ital. maestà] 〖미술〗 천사들과 성자들로 둘러싸여 왕좌에 오르는 성모상. **maestoso** [maɛsˈtoːzo] 〈Adv.〉 [ital. maestoso] 〖음악〗 장엄하게, 장중하게.

Maestoso [-], das; -s, -s 《또한》 ...si 〖음악〗 장엄한 음악작품.

Maestro [maˈɛstro], der; -s, -s 《또한》 ...stri [ital. maestro] a) 위대한 음악가 또는 작곡가, 대가. b) 《교양어 · 준교어》 음악 선생.

Mäeutik [mɛˈɔytɪk], die 산파술(產婆術). **mäeutisch** 〈Adj.〉 산파술의, 산파술에 의거한.

Mafa ['ma(ː)fa], die; -s 《구동독》 ↑Maschinenfabrik의 약칭.

Maffia ['mafia] ↑Mafia.

Mafia, 《또한》 Maffia ['mafia], die; -s [ital. maf(f)ia] 마피아단(공갈 협박적인 비밀 조직): eine M. aufbauen 비밀 폭력 조직을 만들다. 〖전의〗 eine M. von Literaturkritikern 문학 비평가들의 비밀 조직. **-mafia** [-mafia], die 《통용어》 농담조로 사용되는 "도당"이라는 의미의 합성어의 기본어. **Mafiaboß**, der; -bosses, -bosse 《통용어》 비밀 조직 두목. **Mafiamethoden** 〈Pl.〉 비밀 조직의 방법. **Mafioso** [maˈfjoːzo], der; -(s), ...si [ital. mafioso] 마피아단의 일원. **Mafiote** [maˈfjoːtə], der; -n, -n 《드물게》 ↑Mafioso.

mafisch ['ma(ː)fɪʃ] 〈Adj.〉 [**Ma**gnesium + lat. **f**errum = Eisen의 인공어] 철분과 마그네슘 성분이 풍부한(↑femisch).

mag [maːk] ↑mögen 참조.

Mag. = Magister.

Magazin [magaˈtsiːn], das; -s, -e [ital. magazzino] 1. a) 창고, 저장소, 광: etw. im M. aufbewahren 무엇을 창고에 보관하다. b) 《드물게》 백화점(특히 외국에서). 2. (도서관의) 서고 또는 (박물관의 전열되지 않은 수집품들의) 보관실: die Graphiken werden im M. gelagert 그래픽 작품들은 보관실에 들어있다. 3. a) 탄창(연발총, 기관포 따위의); das M. läuft leer 탄창이 비도록 사격하다. b) 〖사진〗 슬라이드 보관함. c) 〖기술〗 공작 기계의 원료 공급통. 4. a) 잡지(화보가 많고, 오락적이거나 대중적인). b) 시사 해설 방송.

Magazin-: ~**arbeiter**, der 창고 노동자. ~**gewehr**, das 〖전문어〗 탄창 있는 무기. ~**sendung**, die ↑

Magazin (4 b). ~verwalter, der 창고지기, 창고 관리인.

Magaziner [maga'tsi:nɐ], der; -s, - (schweiz.) 창고 노동자. Magazinerin [...tsi'nərɪn], der; -s, -e (österr.) 창고관리인. magazinieren [...'ni:rən] 〈h〉 창고(서고)에 보관하다: Bilder m. 그림들을 창고에 넣다.

Magd [ma:kt], die; Mägde ['mɛ:kdə] 1. 《준고어》 하녀(반대: Knecht): die Knechte und Mägde des Bauernhofs 농가의 하인들과 하녀들. 2. 《시어·고어》 처녀, 소녀: eine holde M. 귀여운 처녀.

Magdalénien [makdale'niɛ:], das; -(s) [frz. magdalénien] 〔선사〕 구석기 시대 최후기(마그달레니안기).

Magdeburg ['makdəburk] 1. 마그데부르크(구동독의 도시). 2. 구동독의 지방. 3. 마그데부르크 군. ¹Magdeburger ['makdəburgɐ] 마그데부르크 사람. ²Magdeburger 〈Adj.; 격변화 없음〉 마그데부르크의. magdeburgisch ['makdəburgɪʃ] 마그데부르크의.

Mägdelein ['mɛ:kdəlaɪn], Mägdlein ['mɛ:ktlaɪn], das; -s, - [↑Magd의 축소형] 《시어·고어》 처녀, 소녀. Mägdestube, die 〈옛〉 (농가의) 하녀들의 방. Mägdlein: ↑Mägdelein. Magdtum, das; -s 〈고어〉 ↑Jungfräulichkeit (1).

Mage ['ma:gə], der; -n, -n 〔법·고어〕 친척.

Magen ['ma:gn], der; -s, Mägen ['mɛ:gn] 《또한》 - 〔胃〕, 배: mir knurrt der M. 《통용어》《배고파서》 쪼르륵거리다, 배가 매우 고프다; ich habe mir den M. verdorben 나는 배탈이 났다; sich den M. vollschlagen 무절제하게 많이 먹다; jmdm. den M. auspumpen[ausheben] 위를 세척하다(위액을 채취하다); etw. auf nüchternen M. trinken[einnehmen] 빈속에 술마시다〔공복에 약을 먹다〕; die Erbsen liegen mir (schwer) im M. 나는 완두콩이 소화가 안된다; die Mägen eines Wiederkäuers 반추(反芻)동물의 위 네개; und das auf nüchternen M.! 《통용어》 그런 《불쾌한》 일이 갑자기 일어나다니!; 〔구〕 lieber den M. verrenken, als dem Wirt etwas schenken! 음식점 주인에게 주느니 배탈나는 것이 낫지! (배가 부른데도 불구하고 남은 음식을 끝까지 먹을 때 하는 말); jmdm. hängt der M. in die[in den] Kniekehlen 〔경〕 누구가 대단히 시장하다; jmdm. dreht sich der M. um 《통용어》 누구에게 구역질이 나다, 메스껍다; jmdm. den M. umdrehen 《통용어》 누구에게 구역질 나게 하다, 혐오를 느끼다; jmdm. (schwer) im[auf dem] M. liegen 《통용어》 누구를 몹시 괴롭히다, 번거롭게 하다; jmdn. im M. haben 《통용어》 누구를 더 이상 참을 수 없다, 누구에 대해 화가 나 있다.

magen-, Magen-: ~ausgang, der 유문〔幽門〕. ~aushebung, die 〔의학〕 위액 채취. ~beschwerden 〈Pl.〉 위장 장해. ~bitter, der; -s, - (위를 진정시키는) 쓴 약초술. ~bluten, des; -s 위출혈. ~blutung, die 〔의학〕 위출혈. ~bremse, die ↑dassel. ~Darm-Entzündung, die 〔의학〕 위장염 (↑Gastroenteritis). ~Darm-Kanal, der 〔해부〕 소화관의 위와 장 부분. ~Darm-Katarrh, der 〔의학〕 위장 카타르. ~dassel, die 기계류〔雙翅類〕: 말, 물소 따위)의 위장에 유충이 기생하는 쇠파리. ~drücken, die; -s 위 압박. ~durchbruch, der 〔의학〕 위벽 파열, 위천공〔胃穿孔〕. ~eingang, der 위문, 분문〔噴門〕. ~erweiterung, die 〔의학〕 위 확장. ~fahrplan, der 〈통용어·농〉 (특정 기간의) 고정된 식단표. ~fistel, die 〔의학〕 1. 인공 영양 공급을 위해 설치한 누관〔瘻管〕. 2. 위루〔胃瘻〕. ~gegend, die 위부〔胃部〕. ~geschwür, das 〔의학〕 위궤양. ~grube, die 명치. ~haken, der 〔권투〕 배를 들이치는 훅. ~inhalt, der 위 내용물. ~innere, das 위 내부. ~katarrh, der 〔의학〕 위 카타르. ~knurren, das; -s 위의 쪼르륵 소리, 위명〔胃鳴〕. ~krampf, der 위 경련. ~krank 〈Adj.〉 위병으로 고생하는. ~krankheit, die 위병. ~krebs, der 위암. ~leiden, das ↑~krankheit. ~leidend 〈Adj.〉 위병의, 위가 아픈. ~mittel, das 〔의학〕 식욕과 소화 촉진제. ~mund, der 〔해부〕 위문. ~nerven 〈Pl.〉 위 신경. ~operation, die 위 수술. ~perforation, die 〔의학〕 위벽의 상처. ~pförtner, der 〔해부〕 위의 아랫구멍, 유문〔幽門〕. ~resektion, die 〔의학〕 위 절제(술). ~ruhe, die 《통용어》 1. 〔의학〕 위산. ~schleimhaut, die 〔해부〕 위점막. ~schleimhautentzündung, die 위(점막)염; 위 카타르. ~schluß, der 《통용어》 식사를 끝내는 음식. ~schmerz, der 〈대개 Pl.〉 위통, 위경련. ~senkung, die 〔의학〕 위하수. ~sonde, die 〔의학〕 위존데(세척·영양 공급용 고무관). ~spiegel, der 〔의학〕 위 내시경. ~spiegelung, die 〔의학〕 위 내시경 촬영. ~spülung, die 〔의학〕 위세척. ~stärkend 〈Adj.〉 위를 강하게 하는: -e Mittel 건위제. ~stein, der 위석. ~tropfen 〈Pl.〉 위통 (물)약. ~übel, der 〈아이〉 위병. ~übersäuerung, die 위산 과다(증). ~verstimmung, die 위병, 위장 장해. ~wand, die 위벽.

mager ['ma:gɐ] 〈Adj.〉 1. 여윈, 마른, 살이 없는, 가냘픈(반대: fett 1 c; dick 1): -e Arme 여윈 팔. 2. 지방분이 없는〔적은〕(반대: fett 1 a): Sie müssen m. essen 당신은 기름기 적은 음식을 잡숫셔야 합니다; 〔전의〕 ein -es Benzingemisch 《전문어》 묽은 혼합휘발유. 3. a) 메마른, 척박한, 비옥하지 않은, 불모의(반대: fett 2 a): der Boden ist m. 땅이 비옥하지 않다; 〔전의〕 eine -e Ernte 적은 수확. b) 가난한, 부족한(반대: fett 2 b): ein -es Programm 빈약한 프로그램. 4. 〔인쇄〕 명조체가(가는 활자)의 (반대: fett): -e Schrift 명조체.

Mager-: ~beton, der 〔토건〕 묽은 콘크리트. ~fleisch, das 《전문어》 기름기 없는 살코기. ~käse, der 지방분이 적은 치즈. ~kohle, der 《전문어》 저칼로리 석탄. ~milch, die 탈지유. ~quark, der 기름기 뺀 응유. ~sucht, die 〔의학〕 위축증, 병적인 체중 감소.

Magerkeit, die 1. 마름, 살이 없음, 가냘픔. 2. 기름기 없음, 빈약함.

Maggi ⓦ ['magi], das; -(s) 〔스위스의 제조업자 J. Maggi(1846~1912)가 그가 설립한 회사 이름에서〕 마기 (짙은 갈색의 액체 조미료, 특히 수프와 소스 조미료).

Maggikraut, das 〈Pl. 없음〉 〔민간〕 ↑Liebstöckel.

Maggiwürze, die ↑Maggi.

Maghreb ['magrɛp, 〈frz.〉 ma'grɛb], der; - 마그레브, 마그리브(튀니지, 북알제리아 그리고 마로코를 포함하는 아랍 세계의 서부). maghrebinisch [magre'bi:nɪʃ] 〈Adj.〉 마그레브(사람)의.

Magie [ma'gi:], die [lat. magīa < griech. mageía] 1. a) 마법, 마술, 요술: M. treiben 마술을 부리다. Schwarze M. 악령을 불러내는 마술; Weiße M. 선신(善神)을 불러내는 마술. b) 마술사의 묘기(베라이어터 쇼 등에서). 2. 마력, 신비의 힘: die M. des Wortes 언어의 마력. Magier ['ma:gɪɐ], der; -s, - a) 마술사, 마법사, 요술쟁이. b) (묘기를 부리는) 직업 마술사. Magiker ['ma:gɪkɐ], der; -s, - 〈드물게〉 ↑Magier (1 a). magisch ['ma:gɪʃ] 〈Adj.〉 [lat. magicus < griech. magikós] 1. 마법의, 마술의, 요술 같은: eine -e Formel 마법의 공식. 2. 마력의, 불가사의한: -es Licht 불가사의한 빛.

Magister [ma'gɪstɐ], der; -s, - [lat. magister] 1. a) 석사 학위; ↑Magister Artium의 약칭: M. Artium (정신 과학 부문에서 수여하는 대학의) 석사 학위(약어: M.A.). b) (österr.) 디플롬과 동등한 학위: M. pharmaciae 약학 석사(약어: Mag. phrm.); M. philo-

sophiae 철학 석사(약어: Mag. phil.); **M. rerum naturalium** 이학 교원자격 석사(약어: Mag. rer. nat.); **M. theologiae** 신학 석사(약어: Mag. theol.). **c)** 《옛》대학 교원자격 학위. **2. a)** 《österr.》석사 학위 소지자. **b)** 《österr.》약학과 졸업자, 약사. **3.** 《고어・농・폄》선생, 교사. **Magistergrad,** der 석사 학위. **magistral** [magis'tra:l] 〈Adj.〉 [lat. magistrālis] **1.** 《교양어・폄》교육적인 태도의, 선생 같은: sich sehr m. geben 매우 교육적으로 행동하다. **2.** 의사의 처방에 따라 조제된. **Magistrale** [-ə], die; -n [특히 교통] 간선(주요) 도로. **¹Magistrat** [magɪs'tra:t], der; -(e)s, -e [lat. magistrātus] **1.** 【고대 로마】 **a)** 고위 관리(예컨대: 집정관, 대법관). **b)** 공직, 관직. **c)** 관청, 당국. **2.** 시행정당국, 시행정, 시의회(베를린 등). **²Magistrat** [-], der; -en, -en 《schweiz.》 정부의 각료, 관청의 간부 직원. **Magistrats-: ~beamte,** der 시의원. **~beschluß,** der 시의회의 결의. **~vertreter,** der 시의회의 대변인. **Magma** ['magma], das; -s, Magmen [lat. magma < griech. mágma] 【지질】암장(岩漿), 마그마: das M. ist in der Tiefe erstarrt 마그마가 땅속 깊은 곳에서 응고되어 있다. **magmatisch** [ma'gma:tɪʃ] 〈Adj.〉 【지질】 **a)** 마그마에서 나온 (예컨대: 화산 폭발시의 가스 등). **b)** 마그마에서 발생한: -e Gesteine (마그마가 굳어진) 화성암. **Magmatismus** [magma'tɪsmʊs], der; - 【지질】 마그마 (연관)작용. **Magmatit** [...'ti:t, 《또한》 ...tɪt], der; -s, -e 화성암. **Magna Charta** ['magna'karta], die [lat. Magna C(h)arta (libertatum)] 〈역사적〉마그나 카르타, 대헌장: 〈전의〉 sich eine M. Ch. schaffen 〈교양어〉 기본법 〈헌법〉을 제정하다.

magna cum laude ['magna kʊm 'laʊdə; lat. = mit großem Lob] 매우 우수함(박사 시험의 두번째 평점). **Magnat** [ma'gna:t], der; -en, -en [1: lat. magnatus; 2: poln. magnat, ung. mágnás] **1.** 경제의 실력자(대재벌)(예컨대: Zeitungsmagnat 신문 재벌, Ölmagnat 석유 재벌). **2.** 《역사적》 (특히 폴란드와 헝가리의) 최고위 귀족.

Magnesia [ma'gne:zia, 《통용어》 mag'ne:zia], die [lat. magnesia < griech. magnēsíē] 【화학】 마그네시아(산화 마그네슘).

magnesia-, Magnesia-: ~binder, der 《전문어》 ↑zement. **~haltig** 〈Adj.〉 마그네시아를 함유한. **~stein,** der 마그네사이트, 능고토석(菱苦土石)(↑ Magnesitstein). **~zement,** der 《전문어》 마그네시아 시멘트(염화마그네슘 용액과 섞여 서서히 응고됨).

Magnesit [magne'zi:t, 《또한》 ...zɪt], der; -s, -e 마그네사이트, 능고토광(菱苦土鑛). **Magnesitstein,** der 능고토석. **Magnesium** [ma'gne:ziʊm, 《통용어》 maŋ'ne:ziʊm], das; -s 마그네슘(기호: Mg).

Magnesium-: ~chlorid, das 【화학】 염화마그네슘. **~fackel,** die 【기술】 마그네슘 불꽃. **~legierung,** die 【기술】 마그네슘 합금. **~licht,** das 【화학・기술】 마그네슘광(光), 마그네슘이 연소할 때 발생하는 강한 빛. **~oxyd,** das 【화학】 산화마그네슘. **~sulfat,** das 황산마그네슘, 사리염(瀉利鹽)(↑ Bittersalz). **~verbindung,** die 【화학】 마그네슘 화합물.

Magnet [ma'gne:t, 《통용어》 maŋ'ne:t], der; -en/-(e)s, -e 《드물게》 -en **1. a)** 자석(磁石), 자철: ein M. in Hufeisenform 말굽자석. **b)** 전자석. **2.** 끌어당기는 힘이 있는 것; 인기있는 사람: das Volksfest hat sich als M. erwiesen 민속제가 인기를 끌었다.

Magnet-: ~band, das 〈Pl. -bänder〉 【전산】 자기(磁氣) 테이프. **~band-Fernsehaufzeichner,** der 텔레비전 방송 녹화기(↑ MAZ). **~bandgerät,** das 【전산】 자기 테이프 레코더. **~berg,** der 〈고대와 중세의 사람들

이 생각한〉 자산석 (자석의 힘으로 배를 끌어들이고 난파시킨다는). **~eisen,** das, **~eisenerz,** das, **~eisenstein,** der 자철광(↑ Magnetit). **~feld,** das 【물리】 자장(磁場), 자계(磁界). **~kern,** der 【물리】 자심(磁心); 자극(磁極). **~kompaß,** der 자기콤파스, 나침반. **~nadel,** die 자침(磁針). **~platte,** die 【전산】 자기 테이프, **~pol,** der 【물리】 **a)** 자석의 (양)극. **b)** 〈지구의〉 자극(磁極): der nördliche M. 북극. **~schwebebahn,** die 자기 케이블 카. **~spule,** die 자력코일. **~stab,** der 막대형 자석. **~stein,** der 자철광. **~tongerät,** das 자기 녹음기(↑ Tonbandgerät). **~tonverfahren,** das 〈Pl. 없음〉 【기술】 자기 녹음법. **~zündung,** die 〈자동차〉 자력 점화.

Magnetik, die 【물리】 자기학(磁氣學). **magnetisch** 〈Adj.〉 **a)** 자석(자기)의, 자성(자력)의: -es Eisen[Erz] 자철광. **b)** 【기술】 자기의, 자성으로 인한: das -e Feld 자장, 자계; eine -e Bildaufzeichnung 자기녹화 (磁氣錄畫); 〈전의〉 eine -e Anziehungskraft auf jmdn. ausüben 누구를 끌어당기는 매력이 있다. **Magnetiseur** [magneti'zø:ɐ̯], der; -s, -e [frz. magnétiseur] 자기 치료법 시술사, 최면술사. **magnetisierbar** [magneti'zi:ɐ̯baːɐ̯] 〈Adj.〉 자기화 할 수 있는: ein -es Metall 자력이 생길 수 있는 금속. **Magnetisierbarkeit,** die ↑magnetisierbar의 명사형. **magnetisieren** [...'zi:rən] 〈h〉 **1.** 【물리】 자력을 띠게 하다, 자화 (磁化)하다(반대: entmagnetisieren). **2.** 자기치료법을 쓰다: einen Patienten m. 환자를 최면술로 치료하다. **Magnetisierung,** die; -en 자기화(化). **Magnetismus** [...'tɪsmʊs], der; - **1. a)** 자기, 자력, 자성. **b)** 자기학. **2.** 자기 치료법, 최면술: Kranke mit M. behandeln 환자들을 최면술로 치료하다. **Magnetit** [magne'ti:t, 《또한》 ...tɪt], der; -s, -e 자철광. **Magnetohydrodynamik** [magneto-], die 전자유체 역학. **magnetokalorisch** 〈Adj.〉 -er Effekt 자기 열 효과. **Magnetometer,** das; -s, - 【물리】 자력계(計). **Magneton** ['magneton, 《또한》 ...'to:n], das; -s, -(s) [frz. magnéton, 프랑스의 물리학자 P. Weiss(1865~1940)가 명명] 【핵물리】 마그네톤(자기운동량의 단위). **Magnetooptik,** die 자기광학(磁氣光學). **Magnetopath** [magneto'pa:t], der; -en, -en ↑Magnetiseur. **Magnetopathie,** die; 최면술에 의한 치료 효과. **Magnetophon** Ⓦ das; -s, -e 〈자기〉 녹음기. **Magnetophonband,** das 〈Pl. -bänder〉 녹음 테이프. **Magnetophonbandgerät,** das ↑Magnetophon. **Magnetosphäre,** die 〈지구의〉 자기권. **Magnetostriktion,** die; -en 자기 변형 (자력에 의한 신축), 자기 왜곡. **Magnetron** ['magnetron, 《또한》 ...'tro:n], das; -s, ...one [...'tro:nə] 《또한》 -s 【물리】 마그네트론, 자전관(磁電管).

magnifik [manji'fi:k] 〈Adj.〉 [frz. magnifique] 《교양어・고어》 웅대한, 장엄한, 훌륭한. **Magnifika** [ma'gni:fika], die; ...kae [kɛ] ↑Magnifikus의 여성형. **Magnifikat** [ma'gnifikat], das; -(s), -s [lat. magnificat] **1. a)** 《성서》 성모 마리아의 찬송가(누가복음 1장 46~55절). **b)** 누가복음 1장 46~55절 가사로 작곡된 합창곡. **2.** 《지역적・옛・가》 성가집, 찬송가집. **Magnifikus** [ma'gnifikʊs], der; -, ...fizi [고어] 대학 총장. **Magnifizenz** [magnifi'tsɛnts], die; -en [lat. magnificentia] **a)** 〈Pl. 없음〉 대학 총장(의 칭호): Seine M. läßt bitten 총장님께서 오시랍니다: Eure (Euer) M.; Ew. M. 총장 각하. **b)** 총장 칭호를 가진 사람. **Magnifizi:** ↑Magnifikus의 복수형.

Magnitude [magni'tu:də], die; -n [lat. māgnitudo 【지리】 지진의 진도(震度)(기호: M). **Magnitudo** [...do], die 【천문】 별의 광도(약어: mag).

Magnolie [ma'gno:liə], die; -n [프랑스의 식물학자 P.

Magnoliengewächs 1342

Magnol(1638~1715)의 이름에서] 목련속(木蓮屬).
Magnoliengewächs, das 〖식물〗 목련속에 속하는 식물들(목련, 튤립 등).
Magot ['magɔt], der; -s, -s [frz. magot] 마고원숭이.
Magus ['ma:gʊs], der; -, ...gi 《드물게》↑Magier (1).
Magyar [ma'dja:ɐ] ↑Madjar.
magyarisieren ↑madjarisieren.
mäh! [mɛ:] 〈Interj.〉 매애 ! (의성어, 양이나 염소의 울음소리): 〈명사화〉 ein vielstimmiges Mäh(Mäh) war zu hören 여러 마리가 매 하는 소리가 들렸다.
Mäh- (mähen) ~**binder**, der 곡식을 베는 동시에 단으로 묶는 농사 기계; 자동 수확기. ~**drescher**, der 콤바인; 탈곡 수확기(수확·탈곡 겸용 농기계). ~**drusch**, der 콤바인으로 수확하고 탈곡하기. ~**lader**, der 특히 사료용 식물을 베는 동시에 옆차에 싣는 농기계. ~**maschine**, die 〈자동〉 수확기, 제초기.
Mahagoni [maha'go:ni], das; -s [1762년 스웨덴의 자연과학자 C. von Linné(1707~1778)가 카리브 말을 따서 명명함] 마호가니.
mahagoni-, Mahagoni-: ~**baum**, der 마호가니나무(단향과에 속하는 상록교목). ~**braun** 〈Adj.〉 마호가니 갈색의. ~**farben** 〈Adj.〉 마호가니 색깔의. ~**holz**, das; ~**möbel**, das 〈대개 Pl.〉 마호가니 가구. ~**rot** 〈Adj.〉 마호가니 적색의. ~**schrank**, der 마호가니 옷장.
Mahajana [maha'ja:na], das; - [sanskr. mahāyāna] 대(大)乘 〖불교〗.
Mahal [ma'hal], der; -s, -s [이란의 지명 Mahallat에서] 중급품 페르시아 양탄자.
Maharadscha [maha'ratʃa, (또한) ...ra:dʒa], der; -s, -s [sanskr. mahārājaḥ] **a)** 〈Pl. 없음〉 인도 군주의 작위, 마하라자. **b)** 마하라자 칭호를 가진 사람.
Maharani [maha'ra:ni], die; -s [Hindi mahārānī] **a)** 〈Pl. 없음〉 마하라자의 부인; 마하라니. **b)** 마하라니 칭호를 가진 여자.
Maharischi [maha'rɪʃi], der; -s, -s [Hindi mahāṛṣi] **a)** 〈Pl. 없음〉 (인도의) 종교 지도자의 경칭; 마하리시. **b)** 마하리시로 불리는 사람. **Mahatma** [ma'ha:tma], der; -s, -s [sanskr. mahātmān] **a)** 〈Pl. 없음〉 (인도의) 귀인이나 성자의 이름에 붙이는 경칭. **b)** 마하트마로 불리는 사람.
¹**Mahd** [ma:t], die; -en 〈지역적〉 **a)** 베기, 풀베기. **b)** 베어 놓은 풀: die M. trocknet 벤 풀이 마르고 있다.
²**Mahd** [-], das; -(e)s, Mähder ['mɛ:dɐ] (österr., schweiz.) 산에 있는 목초지. **Mähder** ['mɛ:dɐ], der; -s, - 〈지역적〉 ↑Mäher (2). ²**Mähder**: ↑²Mahd의 복수형.
Mahdi ['maxdi, (또한) 'ma:di], der; -(s), -s [arab. mahdī] 회교의 구세주.
¹**mähen** ['mɛ:ən] 〈h〉 **a)** (낫이나 기계로) 풀을 베다: er hat den ganzen Morgen gemäht 그는 아침 내내 풀을 베었다. **b)** 벌초하다: das Feld m. 들의 풀을 베다.
²**mähen** [-] 〈h〉 (양들이) 매애하고 울다.
Mäher [mɛ:ɐ], der; -s, - **1.** 〈통용어〉 벌초기. **2.** 〈준고어〉 풀 베는 사람.
Mah-Jongg ⓦ, **Ma-Jongg** [ma'dʒɔŋ], das; -s, -s [engl. ma(h)jong(g)] (원래 중국의) 마작(麻雀).
¹**Mahl** [ma:l], das; -(e)s, Mähler ['mɛ:lɐ] / -e 〈아어〉 **1.** 음식, 요리: ein M. einnehmen 음식을 들다. **2.** 식사; 식사 자리: bei einem M. sitzen 식사를 하고 있다.
²**Mahl** [-], das; -(e)s, -e 〖합성어에서만〗 [ahd. mahal] (고대 게르만의) 재판, 심리.
¹**Mahl-** (mahlen) ~**gang**, der 〖기술〗 분쇄기. ~**gut**, das 〖전문어〗 가루로 빻을 재료(곡물 등). ~**mühle**, die 〈고어〉 방앗간. ~**sand**, der 〖선원〗 연 박에 위험한 사주의 모래, 유사(流砂). ~**stein**, der 맷돌.

~**strom**, der [niederl. maalstrom] 소용돌이, 급류. ~**werk**, das 〖기술〗 물레방아. ~**zahn**, der 어금니, 구치(臼齒).
²**Mahl-** (²Mahl): ~**schatz**, der 〈법·고어〉 신랑이 신부에게 주는 약혼 예물. ~**statt**, ~**stätte**, die (고대 게르만인의) 옥외 재판장, 형장, 집회장.
mahlen ['ma:lən] 〈h〉 **a)** (곡식 등을) 갈다, 빻다, 부스러뜨리다: den Kaffee(pulver) fein m. 커피를 곱게 갈다; 속담 wer zuerst kommt, mahlt zuerst 먼저 잡은 사람이 임자다; 전의 Kiefer(Zähne) mahlen 천천히 그리고 철저히 씹다. **b)** 빻아서 만들다: Mehl m. 밀가루를 만들다.
Mähler: ↑¹Mahl의 복수형.
mählich ['mɛ:lɪç] 〈Adj.〉 〈아어〉 점점, 천천히(allmählich).
Mahlknecht, der 〈고어〉 제분소의 머슴; ↑Müllerbursche.
Mahlzeit, die; -en **1.** (때가 정해진) 식사: eine leichte M. 가벼운 식사; der Säugling bekommt fünf -en am Tag 젖먹이는 하루에 다섯끼를 먹는다. **2.** (공동의) 식사: er hält sich nicht an die -en 그는 불규칙하게 식사한다; die Arznei ist nach (vor) der -en oder m zu nehmen 이 약은 식후(전)에 복용한다; gesegnete M! 많이 드십시오 ! (식사 때의 인사); M! 〖통용어〗 안녕! (점심 전후에 동료들끼리 주고받는 인사); **(na dann) prost M.!, M.!** 〖통용어〗 이거 큰일인데 〔야단났는데〕 !
Mahn- ['ma:n-] : ~**bescheid**, der 〖법〗 지불 독촉. ~**brief**, der 경고장, 지불 독촉장. ~**frist**, die 독촉 기간. ~**gebühr**, die 독촉료. ~**mal**, das 〈Pl. -e, 〈고게〉 ...mäler〉 경고 기념물, 경고의 표시: ein M. in einem ehemaligen Konzentrationslager errichten 옛 강제 수용소에 경고 기념물을 설치하다. ~**ruf**, der 〈아어〉 경계의 외침, 경고. ~**schreiben**, das 독촉장, 계고장. ~**stätte**, die ↑Gedenkstätte. ~**verfahren**, das 〖법〗 독촉(계고) 절차; 지급 명령. ~**wort**, das 〈Pl. ...worte; 대개 Pl.〉 〈아어〉 충고, 권고, 경고. ~**zeichen**, das 《드물게》 기념물, 경고 표지. ~**zettel**, der ↑~brief.
Mähne ['mɛ:nə], die; -n **1.** (말, 사자 등 포유 동물의) 갈기: galoppierende Pferde mit fliegenden -n 갈기를 날리며 질주하는 말들. **2.** 〈농〉 (사람의) 길고 더부룩한 머리: eine lange M. 장발의 덥수룩한 머리.
mahnen ['ma:nən] 〈h〉 **1.** 독촉하다, 경고(주의)하다: jmdn. eindringlich(nachdrücklich) m. 누구를 매우 경고하다; jmdn. mahnend ansehen 누구를 경고하는 시선으로 보다; 전의 die hereinbrechende Dunkelheit mahnte zum Aufbruch 몰려드는 어둠이 출발을 재촉했다. **2. a)** (의무 등을) 상기시키다: an sein Versprechen m. 약속을 생각나게 하다; einen Schuldner schriftlich m. 채무자에게 문서로 지불 독촉을 하다. **b)** 〈아어〉 (모습 따위로 어떤 사물이나 인물을) 생각나게 하다, 상기시키다. **3.** 〖사냥〗 (암사슴 따위가 발정하여) 울다, 새끼 사슴을 부르다(위험한 곳에 가지 않도록).
mähnen-, Mähnen-: ~**artig** 〈Adj.〉 갈기 모양의. ~**gerste**, die (장식물로 애용되는) 보리(이삭에 긴 까끄라기가 달린 것). ~**robbe**, die (갈기같이 긴 목수염이 있는) 기각류(물개, 바다표범, 해마 따위).
Mahner ['ma:nɐ], der; -s, - 경고(권고)자, 재촉(독촉)자.
mähnig ['mɛ:nɪç] 〈Adj.〉 《드물게》 갈기가 있는: ein -er junger Mann 갈기 같은 머리의 젊은이.
Mahnung, die; -en **1.** 권고, 경고, 주의, 훈계: eine M. beherzigen 주의를 명심하다. **2. a)** 재촉, 독촉: er reagierte auf keine M. 그는 어떤 독촉에도 반응하지 않았다. **b)** 독촉장: eine M. vom Vermieter bekommen 집주인으로부터 지불 독촉을 받다.

Mahonie [ma'ho:niə], die; -n [미국의 원예가 B. MacMahon(1775~1816)의 이름에서] 〖식물〗 마호니.
Mahr [ma:ɐ̯], der; -(e)s, -e 《드물게》 악몽, 가위.
¹**Mähre** [´mɛ:rə], die; -n (아이·준고어) 야윈(늙은) 말.
²**Mähre** [-], der; -n, -n ↑Mähren의 주민.
mähren: ↑¹mähren.
Mähren [´mɛ:rən], -s 모라비아(중부 구체코슬로바키아의 한 지방). **Mährer**, der 모라비아 사람(↑²Mähre).
Mährerin, die; -nen 모라비아 여자. **mährisch** 〈Adj.〉 모라비아(사람)의.
Mährte [´mɛ:ɐ̯tə] ↑Märte.
Mähschaf, das; -(e)s, -e (아이) ↑Schaf.
Mai [maj], der; -(e)s/-, (《또한 시어》) -en, -e 5월: ein kühler M. 어느 서늘한 5월; der Erste M. 메이 데이(국제 노동운동 기념일; 노동절); 전의 er steht noch im M. seines Lebens (아어) 그는 아직 매우 젊다; **am 17. M. geboren sein** (통용어·농 또는 은폐) 동성연애 관계에 있다(구형법 175조를 날짜를 읽듯이 말한 것임); **wie einst im M.** 옛날처럼, 옛날 행복했던 시절처럼.
mai-, Mai- (maien-): **~andacht**, die 〖가〗 5월에 보통 매일(저녁) 드리는 성모 기도. **~baum**, der a) 5월 나무, 5월주(柱) (옛 관습에 따라 꿈이 있는 북어름 나이, 특히 민속 축제시에 꽃이나 리본으로 장식하여 광장에 세우는 큰 기둥): einen M. aufstellen 5월주를 세우다. b) 5월 축제때 현관 문설주에 장식으로 묶어 놓는 작은 자작나무. **~blümchen**, das ↑~glöckchen. **~blume**, die 대속(屬) 여러 가지 봄 꽃들에 대한 속칭(특히 은방울꽃, 선갈퀴, 민들레 등). **~bowle**, die 5월주(酒) (백포도주와 샴페인에 싱싱한 선갈퀴풀을 첨가하여 만든 음료). **~demonstration**, die 메이데이에 거행되는 시위. **~feier**, die 메이데이 공식 축하 행사. **~feiertag**, der 메이데이. **~feld**, das ↑Maifeld (숲의). **~fest**, das 5월(민속)제. **~fisch**, der 청어속의 물고기(산란기 5월에 북해로부터 강으로 들어온). **~glöckchen**, das (식물) **~käfer**, der 쌍무늬바구미: **strahlen wie ein M.** 《통용어》과안대소하다. **~käferjahr**, das 쌍무늬바구미가 특히 많은 해. **~käfern** 〈h〉 (쌍무늬바구미가 날려고 할 때의 조심스러운 모양이 마치 날개를 주저하는 것이 보여서인지) (통용어·농) 1. 무슨 연설을 할까하고 곰곰히 생각한다. 2. 조용히 혼자서 일하다. 3. 머뭇거리다, 주저하다. **~kätzchen**, das (Kätzchen (4). **~könig**, der 5월의 왕. **~königin**, die (민속) 5월의 여왕(5월 축제의 처녀경매에서 최고값이 매겨진 처녀로 5월의 왕과 함께 축제의 주인공이 됨). **~kraut**, das 〈Pl. 없음〉 (지역적) 선갈퀴. **~kundgebung**, die 메이데이 시위. **~lehen** [민속] 5월 축제에서 처녀들을 경매하는 관습; 미인 선발. **~nelke**, die 꽃의 붉은 종이카네이션(메이데이에 달고 다니는 꽃). **~parade**, die (구동독) 메이데이 기념 군대 사열식. **~pilz**, der ↑~ritterling. **~regen**, der 5월에 내리는 비(특히 식물의 생장에 중요함). **~ritterling** [-rɪtɐlɪŋ], der; -s, -e 들사리버섯. **~schwamm**, der ↑~ritterling. **~tanz**, der 5월(야외에서 열리는) 무도회. **~trieb**, der 침엽수의 연록색 어린싹. **~wein**, der ↑~bowle.
Maid [majt], die; -en (시어·고어·조롱) 젊은 처녀, 젊은 여자.
Maiden [´meɪdn̩], das; -(s), - [engl. maiden] (경마) 아직 시험해 보지 않은 경마말. **Maidenrennen**, das (경마) 아직 시험해 보지 않은 말들의 경주.
Maie [´majə], die; -n (준고어) a) (5월제 장식용) 어린 자작나무. b) 치장된 5월주(柱). **maien** [´majən] 〈h〉 비인칭(시어·고어) 5월이 오다; 5월 기분이 돈다. **Maien**, der; -s, - 〈schweiz.·방언〉 1. (들)꽃다발. 2. ↑Maiensäß의 약칭.

Maien- (시어·준고어) (5월 ↑Mai): **~blüte**, die 5월의 꽃피는 철. **~grün**, das ↑Maie. **~luft**, die 5월의 향기롭고 부드러운 공기(봄바람). **~nacht**, die 5월의 밤. **~zeit**, die 5월.
Maiensäß, das; -es, -e 〈schweiz.〉 목장(5월에 가축을 알프스의 고원 목장에 올라가기 전에 방목되는 곳).
Maifeld, das; -(e)s, -er (북해 해안의) 제방 바깥의 풀이 자라는 소택지.
Mailand [´majlant] 밀라노(이탈리아의 도시). ¹**Mailänder** [´majlɛndɐ], der; -s, - 밀라노 사람. ²**Mailänder** 〈Adj.〉 격변화 없음) 밀라노의. **mailändisch** [´majlɛndɪʃ] 〈Adj.〉 밀라노 (사람)의.
Mailing [´meɪlɪŋ], das; -(s) [amerik. mailing] 【광고】 광고물 우송. **Mail-order** [´meɪl ´ɔ:dɐ], die; -s [engl.-amerik. mail order] (상·광고) (통신 판매의) 우편 주문.
Main [´majn], der; -(e)s 마인 강(라인 강의 지류).
Mainacht, die; ↑Maiennacht.
Mainau [´majnau] 독일 마이나우(보덴 호에 있는 섬).
Maine [meɪn], -s 메인(미국의 주).
Mainz [majnts] 마인츠(독일 라인 강가의 도시; 라인란트-팔츠 주의 수도). ¹**Mainzer** [´majntsɐ], der; -s, - 마인츠의 주민. ²**Mainzer** 〈Adj.〉 격변화 없음〉 마인츠의. **mainzisch** [´majntsɪʃ] 〈Adj.〉 마인츠 (사람)의.
Maire [mɛ:ɐ̯], der; -s, -s [frz. maire] 프랑스의 시장(市長). **Mairie** [mɛ´ri:], die; -, [..i:ən; frz. mairie] 프랑스의 시장직[재직 기간].
Mais [majs], der; -es, (《종류》 -e [frz. maïs] a) 옥수수나무. b) 옥수수 열매: **Brot aus M. backen** 옥수수 빵을 굽다.
mais-, Mais-: **~birne**, die (권투) (옥수수로 속을 채운 센드백 모양의) 연습용 자루. **~brei**, der 옥수수 죽. **~brot**, das 옥수수 빵. **~flocken** 〈Pl.〉 콘플레이크. **~gelb** 〈Adj.〉 옥수수 알 같은 노란색의. **~kolben**, der 옥수수 이삭. **~korn**, das 〈Pl. -körner〉 옥수수 낱알. **~mehl**, das 옥수수 가루. **~öl**, das 옥수수 기름. **~papier**, das [연초] 노르스름한 담배종이. **~stärke**, die 옥수수 전분, 옥수수 녹말. **~stärkepuder**, der 옥수수 전분 가루. **~staude**, die 옥수수 나무. **~stroh**, das 옥수수 짚.
Maisch [majʃ], der; -(e)s, -e, **Maische** [´majʃə], die; -n (전문어) 1. 맥아즙(麥芽汁). 2. (알코올 제조시) 전분을 포함하는 원료와 맥아즙의 혼합물. 3. (포도주 제조시) 눌러서 짜낸 포도즙. **Maischemaß**, das 혼합즙 계량통. **maischen** 〈h〉 (전문어) a) 혼합즙을 만들기 위해 가공하다: **Trauben m.** 포도즙을 짜다. b) 맥아즙을 만들다.
Maisonette, 《프랑스어의 철자법에 따라서》 **Maisonnette** [mɛzɔ´nɛt], die; -s [engl. maisonette] 복층 아파트(아파트의 한 호가 2층으로 되어 있는). **Maison-(n)ettewohnung**, die 복층 아파트.
Maiß [majs], der; -es, -e (또는) die; -en [bayer., österr.] a) 벌목, 벌채(지). b) 어린 숲.
Maître [mɛtr], der; -s, -s [mɛtr; frz. maître] a) 프랑스 로 주인, 명령자; 교사, 스승을 가르치는 말. b) 〈Pl. 없음〉 프랑스의 변호사·공증인 칭호. c) 변호사·공증인 칭호의 소유자. **Maître de plaisir** [metrəpɛ´zi:r], der; -, - -s [metrə] - [frz.] (고어·농) (파티에서) 오락 프로 사회자. **Maitresse**: ↑Mätresse.
Maizena [W₂] [majˈtseːna], das; -s 《인공어》 요리용 옥수수 녹말가루.
Maja [´ma:ja], die [sanskr. māyā] (베다와 브라만 철학에서) 환영(幻影)으로 보이는 가상(假象) 세계.
Majestas Domini [ma´jɛstas ´dɔmini], die [lat.] [미술] 타원형 광륜(光輪) 속의 옥좌에 앉아 있는 그리스도의 정면 묘사. **Majestät** [majɛs´tɛ:t], die; -en 1. a) 〈Pl.

majestätisch 1344

없음〉 황제와 국왕의 칭호와 존칭: Kaiserliche(Königliche) M.! 황제〔국왕〕폐하!; Seine M. 황제 폐하(약어: S(e). M.); Ihre M. 황후 폐하(약어: I.M.); Eure (Euer) M. 전〔폐〕하(약어: Ew. M.). **b)** 전〔폐〕하 칭호의 소유자: Seine M. der König betritt den Saal 국왕 폐하께서 식장으로 들어서다; Ihre -en wurden festlich empfangen 폐하 내외분은 장중한 영접을 받으셨다. **2.** 〈Pl. 없음〉(아어) **a)** 장엄함, 장중함: die M. der Berge 산들의 장엄함. **b)** 존엄, 위엄: sein Wesen strahlte M. aus 그의 태도는 위엄으로 빛났다. **majestätisch**〈Adj.〉**a)** 장엄한: der -e Anblick der Berge 산들의 장엄한 광경. **b)** 위엄있는, 당당한. **Majestätsbeleidigung**, die **1.** 《법·고어》불경죄, 대역죄. **2.** 《조롱》상관을 모욕하는 발언, 행동. **Majestätsverbrechen**, das《법·고어》불경죄, 대역죄.
Majolika [ma'jo:lika], die; …ken / -s [ital. maiolica] 주석 유약으로 착색한 도기, 마졸리카 도기.
Majonäse: ↑Mayonnaise.
Ma-Jongg: ↑Mah-Jong.
Major [ma'jo:ɐ], der; -s, -e [span. mayor] 〔군〕**a)** 〈Pl. 없음〉참모장교의 최하급. **b)** 소령, 대대장.
Majoran ['ma:joran, (또한) majo'ra:n], der; -s, -e **a)** (꿀풀과에 속하는) 향료식물, 약용식물, 마요라나. **b)** (특히 고기요리에 향료로 사용되는) 마요라나의 마른 잎.
Majorat [majo'ra:t], das; -(e)s, -e [lat. maioratus] (반대: Minorat) 〔법〕**1.** 장자 상속권. **2.** 장자 상속 재산, 세습지. **Majoratsgut**, das ↑Majorat (2). **Majoratsherr**, der 장자 상속권자. **Majordomus** ['ma:jɔr-'do:mʊs], der; -, - [lat. maior domus (regiae)] ↑ Hausmeier. **majorenn** [majo'rɛn]〈Adj.〉[lat. majorennus]〔법·고어〕성년(成年)의(반대: minorenn). **Majorennität** [majorɛni'tɛ:t], die《법·고어》성년(반대: Minorennität). **Majorette** [majo'rɛt], die; -s / -n [amerik. (drum) majorette] 축제 행진의 제복입은 소녀; 밴드걸. **Majorettengruppe**, die 여성 악대. **Majorin**, die; -nen **1.** 소령 지위에 있는 구세군 여성회원. **2.**《고어》소령부인. **majorisieren** [majori'zi:rən]〈h〉〔법.(lat. maior)〈교양어〉투표(수)로 승리하다; die schwarze Bevölkerung wird hier von den Weißen majorisiert 이곳에서는 백인이 흑인 주민보다 우세하다. **Majorisierung**, die; -en 다수 표결에 의한 승리. **Majorist** […'rɪst], der; -en, -en 〔가〕상급 성품(차부제(次副祭))이상. **Majorität** [majori'tɛ:t], die; -en [frz. majorité] (투표의) 다수(반대: Minorität); qualifizierte M. 단순 다수(50퍼센트 득표); qualifizierte M. 특별 다수(75퍼센트 이상의 득표). **Majoritäts-**: **~beschluß**, der 다수결. **~prinzip**, das 다수결 원칙. **~wahl**, die ↑Mehrheitswahl.
Majorsrang, der; -(e)s 육군 소령의 지위.
Majorz [ma'jɔrts], der; -es (schweiz.) 다수결 선거 (Majoritätswahl). **Majuskel** [ma'jʊskl], die; -n [lat. maiusculus] 〔인쇄〕대문자(라틴어 문자에서), 머리글자 (반대: Minuskel). **Majuskelschrift**, die 〔인쇄〕 대문자로만 된 인쇄체.
makaber [ma'ka:bɐ]〈Adj.〉[frz. macabre]〈교양어〉**a)** (죽음과 관련하여) 섬뜩한, 무시무시한, 음산한: eine makab(e)re Szene 섬뜩한 장면; die Ereignisse waren sehr m. 사건은 매우 무시무시하였다. **b)** 죽음과 허무로 농담을 하는: er führt makab(e)re Reden 그는 죽음을 연상시키는 해학적 말을 한다.
Makadam [maka'dam], der 〔또는〕das; -s, -e 〔스코틀랜드의 도시 계획 기사 J. L. McAdam(1756~1836)의 이름에서〕〔토건〕머캐덤 도로(자갈을 깔아 굳힌 도로).
makadamisieren [makadami'zi:rən]〈h〉[engl. macadamize] 〔토건〕도로에 자갈을 깔고 굳히다, 머캐

덤 공법으로 포장하다.
Makak ['ma:kak, (또한) ma'ka(:)k], der; -s / -en, -en [ma'ka(:)kŋ; port. macaco] 긴꼬리원숭이속(작달막한 몸 채의).
Makame [ma'ka:mə], die; -n [arab. maqāma] 〔문예〕마카메(옛 아라비아의 즉흥시형).
Makarismus [maka'rɪsmʊs], der; -, …men 〈대개 Pl.〉 [griech. makarismós] 〔수사·양식〕고대 그리스어와 성경의 찬미 양식.
Makartbukett, das, **Makartstrauß** ['makart-], der 〔오스트리아의 화가 H. Makart(1840~1884)의 이름에서〕《고어》마른 화초 다발, 건초화(환).
Makedonien [make'do:niən], -s 마케도니아(그리스 북부의 지방 이름), 발칸 지방. **Makedonier** [make'do:niɐ], der; -s, - 마케도니아 사람. **makedonisch** [make'do:nɪʃ]〈Adj.〉마케도니아(사람)의.
Makel ['ma:kl], der; -s, - [lat. macula]《아어》**1.** 오점, 오명, 얼룩; 치욕, 불명예: seine Herkunft als M. empfinden 그의 출신을 오점으로 생각하다. **2.** 결점, 결함: das Obst weist keinerlei M. auf 그 과일은 흠하나 없다.
Mäkelei [mɛːkə'laj], die; -en 〈Pl. 없음〉흠잡기, 까다롭게 굴기, 트집잡기. **b)**《드물게》트집잡는 발언 〔말〕. **mäkelig**, **mäklig** ['mɛːk(ə)lɪç]〈Adj.〉《廢》(특히 음식을) 까다롭게 가리는, 흠잡기를 좋아하는: du bist zu m.(im Essen) 너는 너무 〈음식을〉가리는구나.
makellos〈Adj.〉흠없는, 결점없는; 때문지 않은, 아주 깨끗한; 나무랄 데 없는: die Porzellan ist von einem -en Weiß 그 도자기는 순백색이다; etw. ist m. sauber 무엇이 완벽하게 깨끗하다; 〔전의〕er hat einen -en Ruf 그는 나무랄 데 없는 사람이다. **Makellosigkeit**, die 〈교양어〉(오점, 흠) 없음.
makeln ['ma:kln]〈h〉〔경제 은어〕중개업을 하다: er makelt (Häuser) 그는 〔주택〕중개업을 하다. **mäkeln** ['mɛːkln]〈h〉[niederd. mekelen] **a)**《廢》누구〔무엇〕에 대해서 (특히 음식에 대해서) 끊임없이 흠을 잡다, 불평하다: er hat dauernd etwas am Essen zu m. 그는 계속 (음식)불평을 한다. **2.**《드물게》↑makeln. **Mäkelsucht**, die 〈Pl. 없음〉《廢》트집잡으려는 욕구. **mäkelsüchtig**〈Adj.〉흠잡기 좋아하는.
Makette: ↑Maquette.
Make-up [meːk'lap], das; -s, -s [engl. make-up] **1. a)** 화장품: keinerlei M. verwenden 어떤 종류의 화장품도 사용하지 않다. **b)** 화운데이션 크림: M. auflegen 화운데이션 크림을 바르다. **2.** 화장: kein M. tragen 화장하지 않는다.
Maki [ma'ki], der; -s, -s [frz. maki] ↑Lemure (2).
Makimono [maki'mo:no], das; -s, -s [jap. makimono] (동아시아 예술의 전형적인) 두루마리 그림.
Makkabiade [maka'bia:də], die; -n 〔유태인의 민족 영웅 Judas Makkabäus(B.C. 1세기)의 이름에서〕(4년마다 거행되고 유태인들만 참가하는) 유태인 올림픽.
¹Makkaroni [maka'ro:ni] 〈Pl.〉 [ital. maccaroni] 마카로니(이탈리아의 긴 대롱 모양의 국수). **²Makkaroni** [-], der; -(s), -s ↑Makkaronifresser. **Makkaronifresser**, der 〔또한〕 der M. 이탈리아 사람. **makkaronisch** [maka'ro:nɪʃ]〈Adj.〉-e Dichtung(Poesie) 마카로니 문학, 혼효체의 해학시(여러 나라 말을 뒤섞어 장난으로 지은 시를 말함).
Makler ['ma:klɐ], der; -s, - [niederd. makeler, mekeler] 중개인(仲買人); 거래소 중개인, 부동산 거간: einen M. einschalten 중개인을 쓰다; 〔전의〕ein ehrlicher M. 사욕이 없는 중개인(독일 제국 수상 O.v. Bismarck가 자칭한데서 비롯함). **¹Mäkler** ['mɛːklɐ], der; -s, - 〈지역적〉↑Makler. **²Mäkler** [-], der; -s, -

《펌》 자주 흠[트집]잡는 사람, 흑평가.
Makler-: **~firma**, die 중개 회사. **~gebühr**, die 중개 수수료, 소개료, 구전. **~geschäft**, das, **~gewerbe**, das 중개업, 소개업. **~provision**, die ↑ **~gebühr**.
mäklerisch 〈Adj.〉 《드물게》 흠[트집]잡는. **mäklig**: ↑ mäkelig.
Mako ['mako], die; -s 《또는》 der 《또는》 das; -(s), -s [19세기 이집트의 목화 재배를 장려한 이집트인 Mako Bey의 이름에서] **1.** (이집트산) 마코 목화(면화). **2.** 마코 면직물[무명]: Tischdecken aus M. 마코면직 식탁보.
Makobaumwolle, die ↑ Mako (1).
Makoré [mako're:], das; -(s) [frz. makoré] 아프리카산 배나무의 단단한 목재.
makr-, **Makr-** ↑ makro-, Makro-.
Makramee [makra'me:], das; -(s), -s [ital. macramè] **a)** (Pl. 없음) 마크라메(원래 아라비아식 매듭짜기). **b)** 《드물게》 마크라메 매듭공예[레이스].
Makrele [ma'kre:lə], die; -n [niederl. mak(e)reel] 〈동물〉 고등어.
makro-, **Makro-**, 《모음앞에서는 대개》 makr-, Makr- [makr(o)-, 'ma:kro-; griech. makrós] 〈"긴·큰"의 뜻을 가진 규정어로서, 예컨대〉 makroskopisch, Makrokosmos, Makropsie(반대: mikro-, 'Mikro-). **Makroanalyse** [《또한》 'ma:kro-], die; -n [화학] 보통량[마크로] 분석(0.5~10g의 질량이 들어가는 화학분석) (반대: Mikroanalyse). **Makroaufnahme**, die; -n ↑Makrofotografie (2). **Makrobiotik** [...'bio:tɪk], die [griech. biōtikós] **1.** [의학] 장수법. **2.** 장수식(주로 곡식과 채소). **makrobiotisch** 〈Adj.〉 **1.** 장수법의. **2.** 장수식의. **Makrofotografie**, die [...i:ən] **1.** 〈Pl. 없음〉 확대 촬영[사진] (식물이나 광물 등의). **2.** 실물 크기 촬영, 근접 촬영, 클로즈-업. **Makrogamet** [《또한》 ↑ma:kro-], der; -en, -en 〈생물〉 (자성) 대배우자(반대: Mikrogamet). **Makrogefüge**, das; -s, - [금속] 마크로 조직[구조]. **makrokephal** [...ke'fa:l] ↑ makrozephal. **Makroklima**, das; -s, -s / ...mate [...kli'ma:tə] 대기후(Großklima). **makrokosmisch** [《또한》 'ma:kro-] 〈Adj.〉 대우주의(반대: mikrokosmisch). **Makrokosmos**, **Makrokosmus** [《또한》 ↑ma:kro-], der; - 대우주(반대: Mikrokosmos). **makrokristallin**, [《준고》 **makrokristallinisch** 〈Adj.〉 (광석이) 큰 결정(結晶)으로 된(반대: mikrokristallin). **Makromolekül** [《또한》 'ma:kro-], das; -s, -e 《화학》 거대 분자, 고분자. **makromolekular** [《또한》 'ma:kro-] 〈Adj.〉 [화학] **a)** 거대분자의. **b)** 거대분자로 구성된. **Makronährstoff**, der; -(e)s, -e 〈생물〉 다량 영양소(예컨대: 산소, 질소) (반대: Mikronährstoff).
Makrone [ma'kro:nə], die; -n [frz. macron] 마크로네 (아몬드, 개암 또는 야자가루로 만든 볼링핀 모양의 과자): jmdm. auf die M. fallen[gehen] 《지역적》 누구에게 귀찮게 굴다, 누구를 괴롭히다.
Makroökonomie [《또한》 'ma:kro-], die [경제] 거시 (巨視) 경제(학)(반대: Mikroökonomie). **makroökonomisch** [《또한》 'ma:kro-] 〈Adj.〉 [경제] 거시 경제(학)의(반대: mikroökonomisch). **Makrophage** [..'fa:gə], der; -n, -n 《대개 Pl.》 [griech. phageîn] 《동물·의학》 ↑ Makrozyt (반대: Mikrophage). **Makrophysik** [《또한》 'ma:kro-], die 거시적 물리학 (반대: Mikrophysik). **Makropode** [...'po:də], der; -n, -n 《대개 Pl.》 [griech. makrópous] [동물] 대만 금붕어. **makroskopisch** [...'sko:pɪʃ] 〈Adj.〉 [griech. skopeîn] 육안으로 보이는, 거시적인. **Makrosmat** [makros'ma:t], der; -en, -en [griech. osmé] 〈생물〉 후각이 발달한 동물(반대: Mikrosmat). **Makrosoziologie** [《또한》 'ma:kro-], die 거시사회학(반대: Mikrosoziologie). **Makrospore**, die; -n 《대개 Pl.》 [식물] 대포자(大胞子)(반대: Mikrospore). **Makrostruktur**, die; -en 《전문어》 [육안으로 관찰할 수 있는] 마크로 구조[조직]. **makrozephal** [...tse'fa:l] 〈Adj.〉 [griech. makroképhalos] [의학] 비정상적으로 머리가 큰(반대: mikrozephal). **Makrozephale*'**, der / die [의학] 비정상적으로 머리가 큰 사람(반대: Mikrozephale). **Makrozephalie** [..fa'li:], die; -n [...iən] [의학] 대두(大頭)증(반대: Mikrozephalie). **Makrozyt** [...'tsy:t], der; -en, -en 《대개 Pl.》 [griech. kýtos] [의학] (특정한 빈혈증환자에서 나타나는) 대적혈구. **Makrulie** [makru'li:], die; -n [..:ən; griech. oûlon] [의학] 잇몸의 부어오름.
Makuba [ma'ku:ba], der; -s [frz. macouba] 마쿠바(코) 담배(프랑스령 Martinique 섬 Macouba 지방산의 일종의 냄새 맡는 담배).
Makulatur [makula'tu:ɐ̯], die; -en [lat. maculatura] **1.** [인쇄] 인쇄하다 버리는 종이, 파지. **2.** 인쇄된 종이의 휴지(신문, 오래된 서류 등): eine ganze Buchauflage als M. einstampfen 책의 전체 발행 부수를 휴지로 파기하다; [전의] Parteiprogramme wurden M. 당의 강령들이 휴지가 되어버렸다. **M. reden** 《통용어·퍼》 말도 안되는 것을 지껄이다. **makulieren** [maku'li:rən] 〈h〉 [lat. maculāre] [인쇄] 휴지로 만들다, 파기하다.
mal [ma:l] 〈Adv.〉 **1.** (곱셈표현) 곱하면: vier m. zwei ist acht 4 곱하기 2는 8(부호: × 또는 ·). **2.** 《통용어》 einmal (1~4)의 약칭. **¹Mal** [-], das; -(e)s, -e 때, 번(番), 회(回), 배(倍): das erste eine M. nur 이번에; ein andermal. M. 다른 때; mehrere-e 여러번; es war das erste und (zugleich) das letzte M. 그것은 처음이자 마지막이었다; das habe ich schon manch liebes [manches (liebe)] M. gedacht 나는 그것을 여러 번 생각했다; ein und(oder) das andere M. begleitete er uns 그는 한두번 우리와 동행하였다; ein M. über das andere(ein M. um das(ums) andere) kommt sie dran 번갈아(교대로) 그녀에게 차례가 돌아온다; für dieses (eine) M. 이번에는; zum dritten (letzten) Mal(e) gesagt 나는 너에게 그것을 세번째로[마지막으로] 말했다; **M. für M.** 매번 새로이, 몇번이고; **aufs M.** 《드물게》 갑자기; **mit einem Mal(e)** [《지역적》] **mit M.** 갑자기; **von M. zu M.** 회를 거듭할수록, 점차.
²Mal [-], das; -(e)s, -e / Mäler ['mɛ:lɐ] **1.** 《Pl. 대개 -e》 《아이》 반점, 흔적, 검은 사마귀, 점; 상처, (부스럼) 아문 자리, 흉터: das frische M. einer Wunde 방금 생긴 상흔. **2.** 《Pl. 대개 Mäler》 《아이》 (기념비, 경계표 등의) 비교적 큰 조형[건축]물: ein M. aufrichten 기념비를 세우다. **3.** 《Pl. -e》 《스포츠》 **a)** 경기장 안에 세운 표지물, 말뚝, 주표(柱標) (경주의) 출발점, 결승점; (야구의) 본루. **b)** [럭비] 골문, 골포스트. **c)** [럭비] ↑Malfeld의 약칭.
¹Mal- (malen 1): **~buch**, das 색칠하기 위한 그림책. **~farbe**, die 그림물감, 페인트, 도료. **~gerät**, die / **~utensilien**. **~grund**, der [예술] 그림의 바탕색(밑칠). **~kasten**, der 화구 상자(통); 그림물감 상자. **~klasse**, die 〈예술〉 대학 교실[시간]. **~kreide**, die 파스텔화용 분필. **~kunst**, die 회화 예술. **~stift**, der (도화용) 크레용. **~talent**, das 그림 재능. **~technik**, die 회화 기법. **~utensilien** (Pl.), 화용구, 화구. **~verbot**, das 회화 금지: im Dritten Reich bekam er M. 제3제국에서 그는 회화 금지를 당하였다. **~weise**, die 회화 방법. **~zeug**, das ↑~utensilien.
²Mal- (²Mal 3): **~feld**, das [럭비] 인골(in-goal).

~lauf, der 【야구】 훈련. ~linie, die 【럭비】 골라인. ~spieler, der 【야구】 (1루, 2루 또는 3루를 지키는) 누수. ~stange, die 【럭비】 골 포스트의 기둥 또는 횡목. ~wechsel, der 【라운더즈】 골문 교체.

Malabo 말라보(서아프리카 적도기니의 수도).

Malachit [mala'xi:t, (또한) ...xIt], der; -s, -e [lat. molochītis < griech. molochítés] 공작석(孔雀石): eine Vase aus M. 공작석(으로 만든) 화병. **malachitgrün** 〈Adj.〉 공작석 같은 녹색의. **Malachitgrün**, das 맬러카이트 그린(녹색 염료의 일종).

malade [ma'la:də], (드물게) **malad** [ma'la:t] 〈Adj.〉 [frz. malade] 【감정】 병든, 의욕이 없는, 기분이 언짢은: ich bin heute ganz m. 나는 오늘 기분이 아주 안 좋다.

mala fide ['ma:la 'fi:də; lat.] (【교양어】 나쁜 의도로, 악의에서.

Málaga ['ma(:)laga, 《span.》 'malaya] 말라가(스페인의 항구 도시).

Malaga ['malaga], der; -s, -s [span. málaga] 남부 스페인산 갈색의 단포도주. **Malagueña** [mala'genja], die; -s [span. malagueña] 말라게냐(남부 스페인의 판당고 춤과 비슷한 춤).

Malaie [ma'laiə], der; -n, -n 말레이 사람(동남 아시아의 몽고족). **Malaiin**, die; -nen 말레이 여자. **malaiisch** [ma'laiɪʃ] 〈Adj.〉 말레이(사람, 어)의.

Malaise [ma'lɛ:zə], die; -n (schweiz.) das; -s, -s [frz. malaise] 【교양어】 1. 기분이 언짢음, 불유쾌(한 일). 2. 불만스러운 상황; 곤경, 불행: die gegenwärtige M. in der Bildungspolitik 교육 정책에 있어서 현재의 곤경.

Malakologie [malakolo'gi:], die [griech. malakós] ↑ Malakozoologie. **Malakozoologie**, die 연체동물학.

Malaria [ma'la:ria], die [ital. malaria] 【의학】 말라리아(열), 학질.

malaria- Malaria-: ~**anfall**, der 말라리아 발작. ~**erreger**, der 말라리아 병원체. ~**krank** 〈Adj.〉 말라리아에 걸린. ~**logie** [malarialo'gi:], die 말라리아 연구(학). ~**mücke**, die 말라리아 【학질】모기(Anopheles).

Malawi [ma'la:vi; (engl.) ma'la:wi], -s 말라위(아프리카의 나라). **Malawier** [ma'la:viɐ], der; -s, - 말라위 사람. **malawisch** [ma'la:vɪʃ] 〈Adj.〉 말라위 (사람)의.

Malaysia [ma'laizia], -s 말레이시아. **Malaysier** [ma'laiziɐ], der; -s, - 말레이시아 사람. **malaysisch** [ma'laizɪʃ] 〈Adj.〉 말레이시아 (사람)의.

Malazie [mala'tsi:], die; -n [...i:ən] griech. malakía] 【의학】 연화(軟化)(증).

Male ['ma:lə] 말레(몰디브의 수도).

Malediktion [maledɪk'tsio:n], die; -en [lat. maledictio] 〈고어〉 저주, 욕설.

Malediven [male'di:vn] (관사하고만; Pl.) 몰디브(인도양의 섬 나라). **Malediver**, der; -s, - 몰디브 사람. **maledivisch** 〈Adj.〉 몰디브 (사람)의.

Malefikant [malefi'kant], der; -en, -en [lat. maleficus] 〈고어〉 악행자, 범인, 죄인. **Malefikus** [ma'le:fikus], der; -, ...izi [lat. maleficus] 1. 【점성】 화를 가지고 오는 유성. 2. 〈고어〉 ↑ Malefikant. **Malefiz** [male'fi:ts], das; -es, -e [lat. maleficium] 1. 〈고어〉 악행, 범행. 2. 【지역적】 형사법면, 처벌. 3. 〈südd.·경〉 Malefizkerl과 같이 합성어의 규정어로 강조의 의미가 짐. **Malefizer**, der; -s, - 〈südd.·경〉 ↑ Malefizkerl (2). **Malefizkerl**, der 〈südd.·경〉 1. 무모한 사내. 2. 흉악한 놈, 뻔뻔스러운 놈.

malen ['ma:lən] 〈h〉 1. a) (붓과 물감으로) 그림을 그리다: ein Bild (mit Wasserfarben [nach der Natur]) m. 수채화(水彩畫)를 그리다; ein Porträt m. 초상화를 그리다; er malt in Öl 그는 유화를 그린다. b) (붓과 물감으로) 사람이나 무엇을 그리다, 사람(무엇)을 그림[예술적]으로 묘사하다: jmdn. in Lebensgröße m. 누구를 실물크기로 그리다; 〖전의〗 seine Jugend in düsteren Farben m. 그의 어린 시절을 어둡게 그린다(부정적으로 묘사하다); die Zukunft allzu rosig m. 미래를 지나치게 낙관적으로 보다. c) (예술적 행위로) 그림을 그리다: mein Freund malt 내 친구는 그림을 그린다(1) 직업 화가이다. 2) 취미로 그림을 그린다). 2. 그림 그리 듯이 천천히 글자나 숫자를 쓰다: ein Wort mit Druckbuchstaben auf Papier m. 단어를 인쇄체 문자로 종이에 그린다. 3. a) 칠하다, 색칠하다: Türen m. 문을 칠하다; 〖전의〗 der Herbst malt die Blätter bunt 가을이 나뭇잎들을 다채롭게 물들인다. b) 채색하다. 4. 〈통용어〉 립스틱, 매니큐어를 칠하다: sich die Lippen m. 입술을 칠하다. 5. 〈m. + sich〉 (아이) 무엇에 나타나다, 반영되다: auf ihrem Gesicht malte sich Entsetzen 그녀의 얼굴에는 공포의 기색이 나타났다.

Malepartus [male'partus], der; - [frz. malepertuis] (동물 우화에서) 여우의 굴.

Maler ['ma:lɐ], der; -s, - 1. 화가: ein M. des Impressionismus 인상파 화가. 2. 칠장이, 페인트공: der M. streicht die Küche (weißt die Decke) 칠장이가 부엌을 칠한다(천장을 희게 칠한다).

Maler-: ~**betrieb**, der 칠장이 업, 도장(塗裝)업. ~**dichter**, der 화가 시인. ~**farbe**, die 그림물감, 페인트, 도료. ~**gehilfe**, der 페인트공 조수. ~**geselle**, der 장인(匠人) 페인트공. ~**handwerk**, das (Pl. 없음) 도장업. ~**innung**, die 도장공 조합. ~**kittel**, der 페인트공 가운. ~**lehrling**, der 견습 페인트공. ~**leinwand**, die 화포(畫布). ~**meister**, der 우두머리 페인트공, 기능장. ~**muschel**, die [예전에 이 조개껍데기를 수채화 물감을 섞는 데 사용되어서] 올리브색 내지 검은 녹색의 마합(馬蛤)조개(껍데기가 길고 두껍다). ~**pinsel**, der 화필(畫筆).

Malerei [ma:lə'rai], die; -en 1. 〈Pl. 없음〉 회화: die moderne (abstrakte) M. 현대(추상) 회화. 2. 〈대개 Pl.〉 회화 작품: -en in Museen 박물관의 그림들. 3. 〈Pl. 없음〉 〈경〉 화장: sie hat viel M. im Gesicht 그녀의 화장은 너무 짙다. **Malerin**, die; -nen 여성화가. **malerisch** 〈Adj.〉 1. 회화의, 회화적(미술)인: die Landschaft als -es Motiv 회화적 모티브로서의 풍경; ein -es Talent 회화적 재능. 2. 그림같이 아름다운: ein -er Anblick 그림 같은 광경; der Ort liegt m. an einem Berghang 그 곳은 산기슭에 그림같이 자리잡고 있다. **malern** ['ma:lɐn] 〈h〉 〈통용어〉 도장공으로 일하다.

Malesche [ma'lɛʃə], die; -n 〈nordd.〉 불편함, 불쾌함.

Malheur [ma'lø:ɐ], das; -s, -e/-s [frz. malheur] 〈통용어〉 (사소한) 불행, 불운, 재난; 불쾌한 일, 싫은 일: mir ist ein (kleines) M. passiert 나는 (사소한) 불행을 당했다; das ist kein M. 그것은 재난도 아니다.

malhonett [malho'nɛt] 〈Adj.〉 [frz. malhonnête] 〈고어〉 부정직한, 불성실한; 천한, 야비한.

Mali [ma'li:, ma'li], -s 말리(아프리카의 나라). **Malier**, der; -s, - 말리 사람. **malisch** ['ma:lɪʃ] 〈Adj.〉 말리(사람)의.

Malice [ma'li:sə], die; -n [frz. malice] 〈준고어〉 1. 악의, 심술사나움. 2. 악의있는 언동, 신랄한[비꼬는] 말: sie konnte seine -n nicht mehr ertragen 그녀는 그의 신랄한 말을 더 이상 견딜 수 없었다.

-**malig** [-ma:lɪç] ("...번, ...회"의 뜻을 가진 복합어로, 예컨대) achtmalig 여덟 번의, einmalig (단) 한 번의.

maligne [ma'lɪgnə] ⟨Adj.⟩ [lat. malīgnus] 【의학】 (특히 종양이) 악성의. **Malignität** [malɪgni'tɛ:t], die [lat. malīgnitās] 【의학】 (특히 종양의) 악성.

maliziös [mali'tsjø:s] ⟨Adj.⟩ [frz. malicieux] 《교양어》 악의있는, 심술사나운; 비열한(표정이나 언동이): eine -e Bemerkung 악의있는 말; jmdn. m. ansehen 누구를 심술사납게 쳐다보다.

malkontent [malkɔn'tɛnt] ⟨Adj.⟩ [frz. malcontent] (지역적) (정치 정세에) 불만인.

mall ⟨Adj.⟩ [niederl. mal] 【통용어・nordd.】 1. 미친, 머리가 돈; 어리석은, 우둔한; 괴팍스러운. 2. [선원] (바람의) 방향이 갑자기 바뀌는.

Mall [-], das; -(e)s, -e [niederl. mal] 【해양】 선박의 모형[틀].

malle ['malə] ⟨Adj.⟩ (berlin.) ↑mall. **¹mallen** ['malən] ⟨h⟩ 【선원】 모형에 따라 제작하다.

²mallen [-] ⟨h⟩ [niederl. mallen] 【선원】 (바람의) 방향이 바뀌다.

Mallorca [ma'lɔrka, 《또한》 ma'jɔrka, 《span.》 ma'jɔrka], -s 마요르카 섬(지중해의 스페인령 발레아레스 군도 중 최대의 섬). **Mallorquiner** [...'ki...], der; -s, - 마요르카 사람. **mallorquinisch** ⟨Adj.⟩ 마요르카 (사람)의.

¹Mallung, die; -en 【선원】 모형을 가지고 제작.

²Mallung [malm], die; -en 【기상・선원】 무[미]풍 지대.

Malm [malm], der; -(e)s [engl. malm] 【지질】 백(白)쥐라(쥐라기층(紀層)의 상부층. **malmen** ['malmən] ⟨h⟩ [mhd. malm, melm, ahd. melm = Staub, Sand] (아이) 이를 천천히 갈아 음식을 잘게 부수다: mit den Zähnen m. 이빨로 잘게 부수다.

Malmö ['malmø, 《schwed.》 malmøː] 말뫼(스웨덴의 항구 도시).

malnehmen* ⟨h⟩ 곱하다, 배(倍)하다: eine Zahl mit einer anderen m. 어떤 수를 다른 수와 곱하다.

Malocchio [ma'lɔkjo], der; -s, -s / Malocchi [...oki, ital. malocchio] 《교양어》 표독스러운 눈초리.

Maloche [ma'lɔxə], die [jidd. melocho] 《경》 《중》 노동: sie fluchten über die M. unter Tage 그들은 지하의 중노동에 욕설을 해댔다. **malochen** [ma'lɔxn̩] ⟨h⟩ 《경》 (육체적으로) 중노동하다: in der Fabrik m. 공장에서 중노동하다. **Malocher**, der; -s, - 《경》 노동자.

Malossol [malo'sɔl], der; -s [russ. malosolny] 소금에 약간 절인 철갑상어알.

malproper [mal'prɔpɐ] ⟨Adj.⟩ [frz. malpropre] 《지역적》 불결(불순, 부정)한 싫은, 거림칙한: eine malpropre Schürze 불결한 앞치마.

-mals [-maːls] 《다음의 합성어로, 예컨대》 abermals 새로이, 다시금.

Malsäule, die 【고어】 경계석; 기념비.

Malstrom: ↑Mahlstrom.

Malta [(dt., ital.) 'malta, (engl.) 'mɔːltə], -s 몰타(지중해의 섬 나라).

Maltafieber ['malta-], das; -s 몰타열(熱), 지중해열(감염된 염소나 염소젖에 의해 전염되는 전염병으로 티푸스와 흡사함).

Maltase [mal'taːzə], die [lat. maltum] 【(생)화학】 말타아제(맥아당을 포도당으로 분해하는 효소).

Malter ['maltɐ], der 《또는》 das; -s, - 1. 《옛 독일에서 사용되고, 오늘날에는 사용되지 않음》 곡물의 용량(150~700 리터 사이)이나 목재의 용적을 재는 단위. 2. 《österr.・통용어》 모르타르.

Malteser [mal'teːzɐ], der; -s, - 【지중해 몰타 섬의 이름에서】 1. 몰타 기사단의 기사. 2. 몰터즈(희고 털이 긴 애완견). 3. 몰타 주민.

Malteser-: **~Hilfsdienst** 《붙임표와 함께》, der 자원

봉사자로 이루어진 구조 봉사대(의료 분야, 재해예방 그리고 사고 구조 방면에서 활동함). **~kreuz**, das 【몰타 기사단의 마크에 따라】 1. 몰타 십자(십자가의 네 끝이 갈라져 있음). 2. 영사기의 몰타 십자와 비슷한 형태로 되어 있는 필름 되감는 부분. **~orden**, der 《Pl. 없음》 몰타 기사단(1530년부터 1798년까지 본부가 몰타 섬에 있었음). **~ritter**, der 몰타 기사단의 기사.

maltesisch [mal'teːzɪʃ] ⟨Adj.⟩ 몰타 (사람)의.

Malthusianer [maltu'zja:nɐ], der; -s, - 맬더스주의자. **Malthusianismus** [maltuzia'nɪsmʊs], der; - [영국의 경제학자이며 사회철학자인 Th. R. Malthus(1766~1834)의 이름에서] 【경제】 맬더스주의(인구론) (인구가 식량 생산보다 빠르게 증가한다는 인식에 따라 출산의 조절과 제한을 주장하는 경제 정책). **malthusianistisch** ⟨Adj.⟩ 맬더스주의의.

Maltose [mal'toːzə], die [lat. maltum] 【화학】 말토제, 맥아당.

malträtieren [maltrɛ'tiːrən] ⟨h⟩ [frz. maltraiter] 학대하다, ~을 함부로 다루다: jmdn. mit Fäusten und Füßen m. 누구를 주먹과 발길로 마구 다루다; 【전의】 diese Musik malträtiert das Ohr 이 음악은 귀를 괴롭힌다. **Malus** [ˈmaːlʊs], der; - / Malusses, - / Malusse [lat. malus] 1. (자동차 보험에서) 사고 누적시의 추가 불입금(반대: Bonus 1 b). 2. 【학교・스포츠】 (유리한 시 발점을 조정하기 위한) 감점, 공제(반대: Bonus 2).

Malvasier [malva'ziːɐ], der; -s [그리스 도시 Monemwasia의 이탈리아 이름 Malvasia에서 유래] (감미롭고 꽃향기가 있는 강한) 말바시아 포도주.

Malve ['malvə], die; -n [ital. malva] 【식물】 당아욱 (속). **malvenfarben**, **malvenfarbig** ⟨Adj.⟩ 당아욱 빛깔의; 연한 자줏빛의. **Malvengewächs**, das 《대개 Pl.》 【식물】 아욱과 식물.

Malz [malts], das; -es 맥아, 엿기름.

malz-, Malz-: **~bier**, das 맥아제 맥주(달콤하고 알코올 함량이 적은 짙은 색 맥주). **~bonbon**, der / das 맥아봉봉(기침을 진정시키는 사탕). **~darre**, die 맥아 건조가마. **~extrakt**, der / das 맥아엑스(영양제, 강장제로 씀). **~haltig** ⟨Adj.⟩ 맥아가 포함된. **~kaffee**, der 1. (볶은) 맥아 커피(커피 대용품). 2. 맥아 커피가 든 음료. **~zucker**, der ↑Maltose.

Malzeichen, das; -s, - 곱셈 기호(・ 또는 ×).

malzen ['maltsn̩] 〈고어〉, **mälzen** ['mɛltsn̩] ⟨h⟩ 【양조】 맥아를 만들다, 엿기름을 만들다: Gerste mälzen 보리로 엿기름을 만들다. **Mälzer**, der; -s, - 맥아 제조인. **Mälzerei** [mɛltsəˈraɪ], die; -en 맥아 제조(공장).

Mama ['mama, 〈준고어・아어〉 ma'maː] die; -s [frz. maman] 〈소아〉 엄마, 어머니: wie geht es Ihrer (lieben) Frau M. [ma'maː] 댁의 어머님께서는 안녕하신지요? **Mamachen** [ma'maːçən], das; -s, - ↑Mama 의 애칭. **Mamapuppe** 《또한》 '- - - -', die (내장된 장치에 의해서) "마마" 소리를 내는 인형(말하는 인형의 앞선 형태).

Mamba ['mamba], die; -s [Zulu(südafrik. 토착어) imamba] 【동물】 맘바(아프리카 독사).

Mambo ['mambo], der; -(s), -s / die; -s 맘보(남미 쿠바의 사교춤).

Mameluck [mamə'lʊk], der; -en, -en [ital. mammalucco] 〈역사적〉 이슬람 군주의 용병.

Mami ['mami], die; -s [근친] ↑Mama [mama].

Mamilla: ↑Mamille. **Mamille** [ma'mɪlə], die; -n, Mamilla [ma'mɪla], die; ...llae [...le; lat. mam(m)illa] 【의학】 유두, 젖꼭지. **Mamma** [ma'ma], die; Mammae [...me; lat. mamma] 1. 【의학】 유방, 유선(乳腺). 2. 【수의학】 (가축의) 젖퉁이, 유선. **Mamma-**

lia [ma'ma:liə] 〈Pl.〉 [동물] 포유동물. **Mammatuswolke** [ma'ma:tʊs-], die; -n [lat. mammātus] [기상] 유방운. **Mammographie** [mamo-], die; -n [...i:ən] [의학] 유방 방사선 촬영(악성 종양을 확인하기 위한). **Mammologie**, die 포유동물학.

Mammon ['mamɔn], der; -s [lat. mammōnā(s) < griech. mamōnās] 《폄》(물질적 욕구로서의) 금전, 부재물: dem M. nachjagen 재물을 쫓다, 황금만능주의이다.

Mammoplastik [mamo-], die; -en [의학] 유방 성형수술.

Mammut ['mamʊt], das; -s, -e / -s [frz. mammouth] [동물] 매머드(빙하 말기에 멸종한 거대한 코끼리).

Mammut- 《대개 감정적 강조》: ~**anlage**, die 매머드 [방대한] 시설. ~**aufgebot**, das 대규모 소집. ~**bau**, der 〈Pl. -ten〉 매머드 건축(물). ~**baum**, der [식물] (북미의) 매머드 나무(세쿼이어(Sequoiu)). ~**betrieb**, der 거대 기업, 매머드 기업. ~**film**, der 매머드 영화. ~**gebilde**, das 매머드 구성. ~**knochen**, der [동물] 매머드의 뼈. ~**konzert**, das 매머드 연주회. ~**produktion**, die 매머드 제작(특히 영화의). ~**programm**, das 매머드 프로그램. ~**prozeß**, der 매머드 소송. ~**siedlung**, die 매머드 주거지. ~**sitzung**, die 매머드 회의. ~**skelett**, das [동물] 매머드의 해골. ~**unternehmen**, das 매머드 기업. ~**veranstaltung**, die 매머드 행사.

mampfen ['mampfn̩] 〈h〉 [의성어] 《경》 느긋하게(오물오물) (입 안에 가득 넣고) 먹다: er mampfte Streuselkuchen 그는 과자를 입 안에 가득 넣고 와작와작 먹었다.

Mamsell [mam'zɛl], die; -en / -s [frz. mam'selle] **1.** (호텔, 식당의) 여종업원: jmdn. als kalte M. (Kaltmamsell) einstellen 누구를 찬 음식 담당 여종업원으로 고용하다. **2.** (농장의) 가정부. **3.** 《준고어》하녀. **4.** 《고어》 아가씨, 처녀.

¹man [man] 〈Indefinitpron.; man 은 1격, 4격은 einen, 3 격은 einem을 씀〉 **1.** (어떤 특정한 상황에서 모든 사람을 대변할 수 있는 사람) 누구든지: von dort oben hat man eine herrliche Aussicht 저 위에서는 누가 봐도 전망이 좋다; 《요리책 등에서》 man nehme ... ... 을 넣으시오; (흔히 격언 같은 표현에서) wenn einem nicht wohl ist, bleibt man besser zu Hause 건강이 안 좋으면 집에 있는 편이 낫다. **2.** 어떤 사람 또는 특정한 사람들의 그룹: man vermutet daß ... ... 라고 일반적으로 추측한다; man hat die Kirche nach dem Brand wiederaufgebaut 사람들은 그 교회를 화재 후에 재건하였다. **3. a)** 사람들(여론을 대변하는): man ist heute in diesem Punkt viel toleranter 사람들은 오늘날 이 점에 있어 훨씬 관대하다: man trägt das heute 그것이 요즘 유행이다. **b)** 특정한 사회적 기준을 따르는 사람: so etwas tut man nicht 그런 것은 하는 게 아니다. **4.** 나, 《드물게》우리(화자가 일반적인 것에서 출발할 때): sei doch mal still, man versteht ja sein eigenes Wort nicht! 조용히 해, 나는 내가 한 말도 못 알아 듣겠다; wenn man sich die Sache richtig überlegt, hat er doch recht gehabt 우리가 이 일을 잘 생각해 보면, 그의 말이 옳았다; er sieht einen an, als hätte man was verbrochen 그는 내가 무슨 범행이라도 한 듯이 나를 본다. **5.** 너, 너희들, 당신, 《드물게》 그, 그녀, 그들 《거리감을 표현하기 위해, 또는 du 와 Sie 사이를 오락가락할 때》: hat man sich gut erholt? 잘 쉬셨어요? 《조롱》 man ist wohl eingeschnappt, wie? 화난것 같아, 안 그래?

²man [-] 〈Adv.〉 [niederd. man] 《nordd.》 오직, 만, 뿐(강조로서): er soll man ruhig sein! 그는 조용하게만 있으라고 해라!

Mänade [mɛ'na:də], die; -n [lat. maenas < griech. mainás 주신(酒神) Dionysos 를 수행하는 여자] 《교양어》사납게 행동하는[광란하는] 여자: diese M. ließ sich nicht aufhalten 이 광란하는 여자를 저지할 수 없었다.

Management ['mænɪdʒmənt], das; -s, -s [engl.-amerik. management] **1.** 〈Pl. 없음〉 (큰 기업 등의) 경영, 관리: beim M. haben 경영에 대해 발언권이 있다. **2.** (큰 기업 등의) 경영진: dem M. angehören 경영진에 속하다.

managen ['mɛnɪdʒn̩] 〈h〉 [engl.-amerik. to manage] **1.** (통용어) 경영하다; 관리하다; 처리하다; 성취하다: etw. geschickt m. 무엇을 수완있게 경영하다. **2. a)** (연예 부문의 예술가와 직업 선수의) 매니저 노릇을 하다: der Popsänger wurde von seiner Frau gemanagt 그 대중가요 가수는 그의 부인에 의해 관리되었다. **b)** 《통용어》 등용하다, 기용하다: jmdn. m. 누구를 등용하다. **Manager** ['mɛnɪdʒɐ], der; -s, - [engl.-amerik. manager] **1.** (대기업 등의) 경영자, 지배인; 매니저: das Unternehmen suchte einen M. 그 회사는 경영자를 구하고 있었다. **2.** (연예 부문 예술가와 직업 선수의) 매니저, 흥행주: der Star trennte sich von seinem M. 그 배우는 자신의 매니저와 헤어졌다.

manager-, Manager-: ~**krank** 〈Adj.〉 매니저병을 앓는. ~**krankheit**, die 〈Pl. 없음〉 매니저병, 관리자병 (특히 중년남성에게 육체적, 정신적 부담의 결과로 나타나는 병으로 신경대사 장애를 수반하는 스트레스병의 일종). ~**typ**, der 매니저 타입.

Managerin ['mɛnɪdʒərɪn], die; -nen ↑Manager의 여성형.

Managua [span.〉 ma'narua] 마나과(니카라과의 수도).
Manama 마나마(바레인의 수도).
Manati [ma'na:ti], der; -s, -s [span. manatí] ↑Lamantin.
mancando [maŋ'kando] 〈Adv.〉 [ital. mancando] [음악] 소리의 강도(음량)를 낮추는.

manch [manç] 〈Indefinitpron. / unbest. Zahlwort〉 **1.** (격변화 없음) manch 〈Sg.〉 《불특정하나 중요한 많은 수에 달하는 개별적 사람이나 사실》많은, 여럿의, 상당수의: die Ansicht -es Gelehrten 많은 학자들의 견해; auf Grund -en《(드물게)-es》 Mißverständnisses 많은 오해를 근거로; in -em schwierigen Fall 많은 어려운 경우에; ich habe mich schon so -es Mal gewundert 나는 벌써 여러 번 놀랐다; (격변화 없이) die Ansicht m. eines Gelehrten 많은 학자들의 견해; in m. schwierigem Fall 많은 어려운 경우에; m. einer macht in der Großstadt üble Erfahrungen 많은 사람이 대도시에서 나쁜 경험을 한다; so -er mußte das erleben! 그렇게 많은 사람이 그것을 겪어야 했다니!; gar -es ist wahr geworden, was unmöglich schien 불가능해 보이던 아주 많은 것이 실현되었다. **2.** manche 〈Pl.〉《수는 몇 안 되지만 중요한 사람들이나 일들》: -e schöne [schönen] Aussichten 여러 아름다운 전망들; -e Leute sind anderer Meinung 여러 사람들이 의견이 다르다; -e der (von den, unter den) Verletzten 부상자들 중의 많은 사람들.

manchenorts, ↑mancherorts. **mancherlei** (부정수사, 격변화 없음) 가지(여러) 가지각색의: m. Ursachen 여러 가지의 원인; m. mit jmdm. gemeinsam haben 여러 가지를 누구와 함께 공유하다; auf m. verzichten müssen 여러 가지를 포기해야 하다. **mancherorten** 《드물게》↑mancherorts. **mancherorts** 〈Adv.〉《아어》곳곳에서, 사방에서: m. werden die alten Bräuche noch gepflegt 곳곳에서 오래된 관습들이 아직도 지켜지고 있다. **mancherwärts** 〈Adv.〉《아어》↑mancherorts.

¹**Manchester** ['mɛntʃɛstɐ, 《engl.》 'mæntʃɪstə], 맨체스터(영국의 도시).

²**Manchester** ['mɛntʃɛstɐ, mɛn'tʃɛstɐ, man'tʃɛstɐ], der; -s [같은 이름의 영국 도시 'Manchester에 따라] 질긴 코르덴, 면 빌로드(특히 작업복용).

Manchester-: **~anzug**, der 코르덴 양복. **~hose**, die 코르덴 바지. **~jacke**, die 코르덴 상의(웃옷). **~samt**, **~stoff**, der ↑²Manchester.

Manchestertum ['mɛntʃɛstɐtuːm], das; -s [19세기초 이 경향의 중심지인 영국의 도시 Manchester의 이름을 따라] 맨체스터 학파(극단적인 경제 정책 자유(무역)주의).

manchmal 〈Adv.〉 **a)** 이따금, 때때로: ich treffe ihn m. auf meinem Weg ins Büro 나는 그를 사무실로 가는 길에 때때로 만난다. **b)** 여러 번: m. ist diese Vorliebe gerechtfertigt 이러한 편애는 여러 번 입증되었다.

manchmalig 〈Adj.〉 때때로 일어나는.

Manchon [mã'ʃõː], der; -s, -s [frz. manchon] [제지] 제지 기계의 압판 롤러 펠트 덮개.

Mandala ['mandala], das; -(s), -s [sanskr. maṇḍala = Kreis] **1.** 만다라(曼陀羅)(인도 종교에서 명상의 보조 수단으로 사용되는 추상적이거나 상징적인 그림으로서 대개 원형이나 사각형). **2.** [심리] 몽상 또는 환자의 자아 발견의 상징으로 그려놓은 그림.

Mandant [man'dant], der; -en, -en [lat. mandāns] [법] 변호사의 소송 의뢰인, 위탁자, 위임자: jmdn. als -en annehmen 누구를 위임자로 정하다. **Mandantin**, die; -nen ↑Mandant의 여성형.

Mandarin [manda'riːn], der; -s, -e [port. mandarim < sanskr. mantri(n)] 〈역사적〉(1911년 혁명까지 정치적, 사회적 지도층에 속하는) 중국의 고관. **Mandarine** [...nə], die; -n [frz. mandarin] [식물] 귤, 밀감(오렌지보다 작고 달며 껍질 까기가 쉬움).

Mandarinen-: **~baum**, der 귤나무, 밀감나무. **~ente**, die ↑Mandarinente. **~kern**, der 밀감 씨. **~öl**, das 밀감 껍질에서 얻는 방향유. **~saft**, der 밀감즙, 밀감 주스. **~schale**, die 밀감 껍질. **~scheibe**, die 밀감의 얇은 조각.

Mandarinente, die; -n [engl. mandarin duck] (동아시아에 서식하는) 원앙새.

Mandat [man'daːt], das; -(e)s, -e [lat. mandātum] **1. a)** [법] 위임, 위탁: ein M. übernehmen 위임을 받다. **b)** (국회의원이 선거를 통해 받은) 위임: imperatives M. 명령적 위임(국회의원이 유권자의 지시에 구속되는 위임); freies M. 자유 위임(국회의원이 유권자의 지시에 구속되지 않는 위임). **2.** 국회의원직, 의석: sein M. niederlegen 국회의원직을 사퇴하다; die Partei hatte in diesem Wahlkreis eine größere Anzahl -e erworben 그 당은 이 선거구에서 많은 의석을 차지했다. **3.** (옛 국제 연맹이 위임한) 위임 통치령(領): die Kolonien der Deutschen Reiches wurden in -e umgewandelt 독일 제국의 식민지들은 위임 통치령들로 변했다. **Mandatar** [manda'taːɐ̯], der; -s, -e [lat. mandatarius] **1.** 수임자, 수탁자, (소송)대리인(예컨대: 변호사). **2.**《österr》국회의원. **Mandatarstaat**, der 위임 통치국. **mandatieren** [...'tiːrən] 〈h〉 [법] 〈고어〉 위임(위탁)하다, 대표자(전권자)로 삼다.

Mandats-: **~gebiet**, das ↑Mandat (3). **~träger**, der 수임자, 수탁자. **~verlust**, der 의석(의원직) 상실.

¹**Mandel** ['mandl], die; -n [lat. amandula] **1. a)** 편도(扁桃)의 인(仁), 아몬드 속씨: gebrannte -n 볶은 아몬드 씨; -n reiben 편도의 인을 갈다. **b)** 편도(아몬드)의 속껍질. **2.** (대개 Pl.) 편도선(↑Gaumenmandel의 약칭): er ist an den -n geschwollen 편도선이 부었다; als Kind waren ihm die -n gekappt worden 그는 어릴 때 편도선을 제거하였다. **b)** [해부] 편도 형태의 림프 조직(예컨대: 인두 편도). **3.** [지질] ↑Geode (2).

²**Mandel** [-], die; -(n)《준고어》**a)** (특히 달걀의 수량 단위) 15개 또는 16개: eine kleine M. 15개; eine große M. 16개. **b)** 벼 낟가리(보통 15뭇의): das Getreide in -n aufstellen 15뭇의 벼 낟가리로 만들어 세우다.

mandel-, Mandel- (¹Mandel): **~auge**, das (대개 Pl.) 갸름한 눈(극동 지역 민족들의 특징인). **~äugig** 〈Adj.〉 갸름한 눈의. **~baum**, der **a)** 편도(아몬드)나무. **b)** 중국산의 관상용 관목(붉은 꽃들이 핌). **~bäumchen**, das ↑~baum (b). **~entzündung**, die 편도선염. **~förmig** 〈Adj.〉 아먼드형의. **~gebäck**, das 아먼드 과자. **~kern**, der 편도 알맹이. **~kleie**, die 편도기울(편도를 짜고 난 찌꺼기로 피부 세정용 화장품에 사용). **~kuchen**, der 아먼드 케이크. **~milch**, die 아먼드 밀크 로션. **~mühle**, die 아먼드 분쇄기. **~öl**, das 아먼드(편도)유(油). **~operation**, die 편도선 절제 수술. **~reibe**, die 아먼드 강판(잘게 자르는). **~säure**, die 아먼드 산. **~schale**, die 아먼드 껍질. **~seife**, die 아몬드 비누, 편도유 비누. **~stein**, der [지질] ↑Geode (1).

Manderl ['mandɐl] ↑Mandl. **Manderlstehauf** 오똑이(↑Stehaufmanderl).

Mandibeln [man'diːbln] 〈Pl.〉 [생물] 절족 동물의 큰 턱.

Mandibula [man'diːbula], die; …lae [...lɛ; lat. mandibula] [해부] 아래턱, 하악. **mandibular** [mandibuˈlaːɐ̯], **mandibulär** [...ˈlɛːɐ̯] 〈Adj.〉 [의학] 아래턱(하악)의.

Mandingo [manˈdiŋgo], der; -s, -s [afrikan. Wort] (여성의) 자위 행위나 동성애에서 사용되는 인공 음경.

Mandioka [manˈdi̯oːka], die [span. mandioca] 카사버(열대 식물)의 뿌리에서 얻는 전분(아프리카, 남미, 서인도에서 중요한 식량).

Mandl ['mandl], das; -s, -n (bayr., österr. · 통용어) **a)** 난쟁이: M. mit Kren 강자신 듯 거드름을 피우는 사람; wieʼs M. beim Sterz 빗자루 앞의 난쟁이처럼(어떤 상황에서 당황하는). **b)** 난쟁이 모양의 것(예컨대: 허수아비).

Mandola [manˈdoːla], die; …len [ital. mandola] **a)** 만돌라(대형 만돌린으로 12세기 이후 유럽에 알려진 동양에서 온 4개의 (2중)현으로 된 악기). **b)** (18세기 이후 나폴리에서 만든) 구형의 만돌린. **Mandoline** [mandoˈliːnə], die; -n [frz. mandoline] 만돌린(악기).

Mandorla [ˈmandɔrla], die; …len [manˈdɔrlən; ital. mandorla] [미술] (그리스도 및 성모 마리아 그림에서) 전신상을 둘러싸고 있는 타원형 후광(光圓).

Mandragora [manˈdraːɡora], **Mandragore** [mandraˈɡoːrə], die; …ren [...ˈɡoːrən; lat. mandragorās < griech. mandragóras] (가지과 식물에 속하는) 만드라고라속(屬).

Mandrill [manˈdrɪl], der; -s, -e [engl. mandrill] [동물] 만드릴(서아프리카산의 큰 비비).

Mandrin [mãˈdrɛ̃], der; -s, -s [frz. mandrin] [의학] **1.** 소식자(消息子), 카테데르의 만도린 선(線). **2.** 주사바늘이 막히지 않도록 삽입하는 철사.

Mandschurei [mandʒuˈraɪ], die 만주(중국의 서북부). **mandschurisch** [manˈdʒuːrɪʃ,《또한》manˈtʃuː...] 〈Adj.〉 만주 (사람, 말)의.

Manege [maˈneːʒə], die; -n [frz. manège] (서커스의) 원형 연기장, (승마 학교의) 원형 마장(馬場).

Manen [ˈmaːnən] 〈Pl.〉 [lat. mānēs] [로마 종교] 죽은 이의 착한 영혼, 죽은 이의 넋.

mang 〈Präp.〉 [ma(ŋ)k); niederd. mang] (nordd., berlin.) **1.** 〈Präp.³〉 사이에, 아래에〈장소〉: die Brille liegt m. den Zeitungen 안경이 신문 사이에 있다. **2.**

⟨Präp.[4]⟩ 사이로, 아래로(방향): m. die Leute gehen 사람들 사이로 가다.

Mangabe [maŋ'ga:ba], die; -n [Madagaskar의 Mangeby 지방에 따라] 망가베이(적도 아프리카산의 긴 꼬리 원숭이속).

Mangan [maŋ'ga:n], das; -s [frz. mangenèse] 망간(화학 원소; 기호: Mn).

Mangan-: ~**bronze**, die 망간 청동. ~**erz**, das 망간광(鑛). ~**knollen** ⟨Pl.⟩ 망간 단괴(團塊). ~**säure**, die 망간 산(酸). ~**spat**, der ⟨Pl. 없음⟩ 능망간 광.

Manganat [maŋga'na:t], das; -s, -e 망간산염. **Manganin** Ⓦ [maŋga'ni:n], das; -s 망가닌(전기 저항에 사용되는 동, 망간, 니켈 합금). **Manganit** [maŋga'ni:t, (또한) ...nit], der; -s, -e 수(水)망간광.

Mange: ↑²Mangel.

¹Mangel [maŋl], der; -s, Mängel ['mɛŋ-] **1.** ⟨Pl. 없음⟩ 부족, 결핍, 궁핍: M. an Nahrung(Vertrauen) 영양(신뢰) 부족; überall herrscht M. an Arbeitsplätzen 도처에서 일자리가 부족하다; einen M. empfinden 궁핍을 느끼다; keinen M. leiden 비교적 잘 살다, 먹을 것이 충분하다; jmdn. aus M.[wegen -s] an Beweisen freisprechen 누구를 증거 부족으로 방면하다. **2.** ⟨대개 Pl.⟩ 결점, 단점, (물품 따위의) 흠, 하자(瑕疵); (신체 부위의) 결함, 기형: technische Mängel 기술적 하자; an der Maschine traten später größerer Mängel in Erscheinung 그 기계는 후에 상당한 결함을 드러냈다; Mängel aufdecken 결함을 발견하다; mit Mängeln behaftet sein 결함을 갖고 있다.

²Mangel [-], ⟨südd., schweiz.⟩ Mange ['maŋə], die; -n [lat. manga(na), manganum < griech. mágganon] (세탁물의) 주름을 펴는[윤을 내는] 압착 롤러: Bettwäsche durch die M. drehen 침대 시트를 압착기에 넣고 돌리다; jmdn. durch die M. drehen[in die M. nehmen, in der M. haben] ⟨경⟩ 꼬치꼬치 캐물어 피할 수 없게 만들다.

mangel-, Mangel- (¹Mangel): ~**beruf**, der 인력이 부족한 직업. ~**ernährung**, die [의학] 영양 실조. ~**erkrankung**, die ↑**krankheit**. ~**erscheinung**, die [의학] 결핍증(비타민의). ~**frei** ⟨Adj.⟩ 결점(부족)이 없는, 완전한. ~**kost**, die [의학] 자양분이 부족한 음식. ~**krankheit**, die [의학] 결핍성 질환(비타민 결핍증 등). ~**situation**, die 부족 상황, 경제적 부족 상태. ~**ware**, die 결핍[현물 부족]물, 품귀 상품: Butter war zu dieser Zeit M. 버터가 요즈음 품귀 상품이다; [전의] Männer waren auf dem Fest M. 그 파티에서는 남자들이 부족했다. ~**zeit**, die 부족[결핍] 시기.

Mängel- (¹Mangel 2) [법]: ~**anzeige**, die 하자(瑕疵) 클레임(흠있는 물품이라는 통고). ~**bericht**, der [기술] (기계나 자동차 등의) 결함 보고(서). ~**haftung**, die [법] 하자 보증(판 물건의). ~**liste**, die 결함 리스트(보고). ~**rüge**, die (구입 물품의) 결함 통고.

mangelhaft ⟨Adj.⟩ 불완전한, 불충분한, 결함이 있는: bei -er Beleuchtung arbeiten 불충분한 조명으로 일하다; die Klassenarbeiten einiger Schüler wurden mit der Note „mangelhaft" zensiert 몇 학생의 시험지들은 "낙제" 점수가 매겨졌다.

Mangelhaftigkeit, die 결점[결함] 있음, 불완전함, 불충분함.

¹mangeln [maŋln] ⟨h⟩ (아어) **a)** ⟨비인칭⟩ 결핍되다, 부족하다, 모자라다: es mangelt (jmdm.) an allem[an Geld] (누구에게) 모든 것[돈]이 부족하다; es mangelt ihm an Erfahrung 그는 경험이 부족하다; er läßt es an gutem Willen m. 그는 호의를 보여 주지 않는다; mangelnde Menschenkenntnis 모자라는 인간 지식. **b)** 없다: jmdm. mangelt der rechte Ernst 누구에게 진지함

이 없다.

²mangeln [-], ⟨südd.⟩ mangen [maŋən] ⟨h⟩ (거의 마른 빨래를) 압착 롤러에 넣다(주름을 펴기 위하여): Bettwäsche m. 이불홑청을 압착 롤러로 다리다.

mangels ['maŋls] ⟨Präp.²⟩ [관] ...의 결핍 때문에, ...이 없으므로: m. notwendiger Geldmittel 필요한 자금이 없으므로; ⟨강변화 복수명사 3격과 함께⟩ er wurde m. Beweisen freigesprochen 그는 증거 부족으로 방면되었다; ⟨강변화 단수명사의 변화어미없이⟩ Freispruch m. Beweis 증거 부족으로 인한 방면.

Mangelwäsche, die 압착 롤러에 다림질할 또는 다림질한 빨래.

mangen: ↑²mangeln.

Manglebaum ['maŋlə-], der; -(e)s, ...bäume [span. mangle] [식물] 맹그로브(홍수과에 속하는 아메리카와 서아프리카산의 나무).

Mangler ['maŋlɐ], der; -s, - 압착 롤러 세탁일을 하는 사람. **Manglerin**, die; -nen ↑Mangler의 여성형.

Mango ['maŋgo], die; -nen [maŋ'go:nən] / -s [port. manga] 망고(망고나무의 열매).

Mango-: ~**baum**, der 망고나무. ~**frucht**, ~**pflaume**, die ↑Mango.

Mangold ['maŋgɔlt], der; -(e)s, -e [식물] 비트, 근대.

Mangostanbaum [maŋgɔs'ta:n-], der; -(e)s, ...bäume [malai. mangustan] [식물] 망고스틴.

Mangrove [maŋ'gro:və], die; -n [engl. mangrove] [식물] 홍수림(紅樹林), 맹그로브. **Mangrovebaum**, der 홍수림을 이루는 홍수과의 나무. **Mangroveküste**, die 홍수림 해안.

Manguste [maŋ'gʊstə], die; -n [frz. mangouste] [동물] 몽구스(사향고양이과).

Manhattan ['men'hetən] 맨해턴(뉴욕 시의 시구).

maniabel [ma'nja:bl] ⟨Adj.⟩ [frz. maniable] 《교양어·경》다루기 쉬운.

Manichäer [mani'çɛ:ɐ], der; -s, - [페르시아인 교조 Mani(216-277)의 이름에서] **1.** 마니교도. **2.** ⟨농⟩ (독촉이 심한) 채권자. **Manichäismus** [...çe'ısmʊs], der; - 마니교(Mani가 주창한 2원교로 일종의 그노시스파의 구원론).

Manie [ma'ni:], die; -nen [...i:ən; lat. mania < griech. manía] **1.** 《교양어》열광; ...열·광·벽(癖)·심취: das Kaufen ist bei ihr zur M. geworden 그녀는 구매광에 걸린 사람 같았다. **2.** [심리] **a)** 조병(躁病)(정신 이상의 한 단계로 감정 상태가 흥분되고 말이 많고 침착성이 없어짐). **b)** (고어) 광기.

Manier [ma'ni:ɐ], die; -en [frz. manière] **1. a)** 방식, 방법, 투: eine typisch angelsächsische M. 전형적인 앵글로색슨풍; auf eine bravouröse M. 숙련된 방법으로. **b)** (예술가, 예술작품의) 작품, 수법, 화풍: ein Gemälde in Rembrandtscher M. 렘브란트 화풍의 그림. **c)** (교양어·경) 고정된 형, 매너리즘. **2.** ⟨대개 Pl.⟩ 행동 방식, 생활 태도, 품행, 행실, 예의 범절; 거동, 태도, 몸가짐: gute(schlechte) -en haben 바른(바르지 못한) 예의 범절; er hat keine -en 그는 품행이 바르지 못하다; das ist keine M. ⟨통용어⟩ 그런 행실을 해서는 안된다. **3.** [음악] **manieriert** ⟨Adj.⟩ [frz. maniéré] 《교양어·경》고정된 틀의, 부자연스러운, 일부러 꾸민: ein -er Stil 기교적 양식; seine Aussprache ist(klingt) m. 그의 발음은 부자연스럽게 들린다. **Manieriertheit**, die; -en 꾸민 것 같음, 부자연스러움.

Manierismus [mani'rɪsmʊs], der; - **a)** [예술] 마네리스모(르네상스와 바로크 사이의 과도기 미술 양식). **b)** [문예학] 매너리즘(르네상스와 바로크 사이의 과도기 언어 표현 양식). **c)** 마니에리스모[매너리즘] 시대(대략 1520-1580년). **d)** [예술·문예학] 여러 시대에 나타나는 반고전

주의 양식. **Manierist** [...'rɪst], der; -en, -en 매너리스모 예술가, 매너리즘 작가. **manieristisch** ⟨Adj.⟩ 매너리즘의, 마니에리스모의. **manierlich** [...] ⟨Adj.⟩ **a)** ⟨친근⟩ 예의바른, 품행이 좋은, 점잖은: sich m. benehmen 예의바르게 행동하다. **b)** ⟨통용어⟩ 괜찮은: -e Autoreifen 쓸 만한 타이어.

manifest [mani'fɛst] ⟨Adj.⟩ [lat. manifēstus] **a)** ⟨교양어⟩ 일목요연한, 명백한: der Konflikt wird an diesem Beispiel m. 이 예에서 갈등이 명백해진다; etw. m. machen 무엇을 명백히 하다. **b)** ⟨의학⟩ 시간이 경과할수록 현저히 나타나는, 현성의: die Krankheit ist bei ihm m. geworden 그의 병세가 현저해졌다. **Manifest** [-], das; -(e)s, -e [lat. manifestum] **1.** 선언, 성명(서), 격문, 고시; 선언; 선전포고: ein M. verfassen 선언서를 작성하다; das Kommunistische M. 공산당선언(마르크스와 엥겔스가 1847년 작성). **2.** [해양] 선적된 화물 목록. **Manifestant** [...s'tant], der; -en, -en [frz. manifestant] **1.** ⟨österr., schweiz.⟩ 선언자, 시위자: gegen eine Gruppe von -en vorgehen 시위자들 그룹을 응징하다. **2.** ⟨법·고어⟩ 공시(公示) 선서자. **Manifestation** [...sta'tsi̯oːn], die; -en [lat. manifēstātio] **a)** 표명, 공표, 공시, 선언, 고시. **b)** ⟨의학⟩ 증상, 징후(가 뚜렷해짐). **c)** 공개적 표명. **manifestieren** [...s'tiːrən] ⟨h⟩ [lat. manifestāre] **1.** ⟨교양어⟩ **a)** ⟨m. + sich⟩ 표명[공시]되다: hierin manifestieren sich bestimmte Widersprüche 여기에 어떤 모순들이 뚜렷이 드러난다. **b)** 표명하다, 명백히 표현하다: ein Rembrandt kann das Wesen der bürgerlichen Kultur in Bild m. 렘브란트 같은 화가는 시민 문화의 본질을 그림으로 명백히 표현할 수 있다. **2.** ⟨법·고어⟩ 공시 선서를 하다. **3.** ⟨고어⟩ ⟨정치적⟩ 선언에 참가하다, 시위에 참가하다.

Manihot ['maːnihot], der; -s, -s [frz. manihot] [식물] 카사바(대극과에 속하는 열대 지방의 유독 식물).

Maniküre [mani'kyːrə], ⟨österr.⟩ ...] ...ky:rə], die; -n [frz. manu-, manicure] **1.** ⟨Pl. 없음⟩ 매니큐어, 손톱 다듬기: M. machen 손톱을 다듬다. **2.** 여자 매니큐어사, 매니큐어 전문 미용사. **Maniküreetui, Maniküre̱kästchen**, das 매니큐어 세트[상자]. **manikü̱ren** [...'kyːrən] ⟨h⟩ 손톱을 다듬다: seine Fingernägel m. 그의 손톱을 다듬다.

Manila [ma'niːla, ⟨span.⟩ ma'nila, ⟨engl.⟩ ma'nɪlə] 마닐라(필리핀의 최대 도시 및 정부 소재지).

Manilafaser [ma'niːla-], die; -n, **Manilahanf**, der; -(e)s 필리핀의 도시 Manila에 따라] 마닐라 삼(밧줄, 닻줄, 그물, 자루 등에 사용).

Maniok [ma'niok], der; -s, -s [frz. manioc] [식물] 카사바(대극과로 열대 지방에서 재배하는 관목으로 전분이 많은 뿌리는 감자 대용으로 쓰임).

Maniokwurzel, die 카사바 뿌리.

Manipel [ma'niːpl̩], der; -s, - [lat. manipulus] **1.** ⟨고대 로마의⟩ 보병 중대(中隊). **2.** ⟨또한⟩ die; -n) ⟨가⟩ 수대(手帶)(1969년까지 미사를 올릴 때 사제가 왼팔에 걸치는 장식띠. **Manipulant** [manipu'lant], der; -en, -en **1.** ⟨교양어⟩ 교묘한 조정자[조작], 책동자. **2.** ⟨österr.·준고어⟩ 보조원, 임시 직원, 직무상 협조자. **Manipulation** [...a'tsi̯oːn], die; -en [frz. manipulation] **1.** ⟨교양어⟩ 조종, 조작: M. von Meinungen 의견들의 조작. **2.** ⟨대개 Pl.⟩ ⟨교양어⟩ 책동, 음모, 술책: betrügerische [scheinbar legale] -en 사기적인[외관상 합법적인] 음모. **3. a)** ⟨교양어·준고어⟩ 취급, 처치. **b)** [의학] 처치(태아의 위치 등의) 조작: ihr Kind ist das Geschöpf einer M. 그녀의 아이는 인공 수정으로 얻은 아이다. **4.** [기술] 조종, 조작. **5.** [상] 시장 조작, 주가 조작. **Manipulationsgebühr**, die ⟨österr.·관⟩ 수수료. **ma-** **nipulativ** [...a'tiːf] ⟨Adj.⟩ [engl. manipulative] ⟨교양어⟩ 조작적인, 공작의: -e Absichten 조작 의도. **Manipulator** [...'laːtɔr, ⟨또한⟩ ...toːɐ̯], der; -s, -en [...laˈtoːrən; frz. manipulateur] **1.** ⟨교양어⟩ (방사성 물질의 원격 조작 장치) 매니퓰레이터. **3.** 마술사, 곡예사, 요술쟁이. **manipulatorisch** [...laˈtoːrɪʃ] ⟨Adj.⟩ ⟨교양어⟩ 조종하는, 조작하는. **manipulierbar** [...'liːɐ̯baːɐ̯] ⟨Adj.⟩ ⟨교양어⟩ **1.** 조종[조작]할 수 있는: den Menschen als -es Objekt betrachten 인간을 조작할 수 있는 대상으로 생각하다. **2.** 다룰 수 있는: der Mechanismus ist leicht m. 그 기계는 쉽게 다룰 수 있다. **Manipulierbarkeit**, die ⟨교양어⟩ 조종될 수 있음. **manipulieren** [...'liːrən] ⟨h⟩ [frz. manipuler] **1.** ⟨교양어⟩ 조작[조종]하다: die Sprache[die Öffentlichkeit] m. 언어[여론]를 조작하다. **2.** ⟨교양어⟩ 교묘하게 다루다[조절하다]: die Zusammensetzung eines Gremiums m. 협의회의 구성을 교묘하게 조절하다; manipulierte Währung 조절 통화. **3.** ⟨교양어⟩ **a)** 능숙하게 처리하다, 세심하게 다루다: eine Handgranate vorsichtig m. 수류탄 하나를 조심스럽게 다루다. **b)** 솜씨를 부리다. **c)** (손으로) 다루다. **4.** [상] 어떤 상품을 구매자의 욕구에 맞추다. **Manipulierer**, der; -s, - ⟨통용어⟩ 조종자, 조작자. **Manipulierung**, die; -en ⟨교양어⟩ 조종, 조작.

manisch ['maːnɪʃ] ⟨Adj.⟩ [griech. manikós] **1.** ⟨교양어⟩ 광기의, 병적인: eine -e Eifersucht 광적인 질투. **2.** [심리] **a)** 조병(躁病)의: -e Zustände 조병 상태. **b)** ⟨고어⟩ 정신착란의: ein -es Stammeln 정신착란의 말더듬기. **ma̱nisch-depressi̱v** ⟨Adj.⟩ [심리] 조울증의: -es Irresein 조울증.

Manismus [ma'nɪsmʊs], der; - [lat. mānēs] [문화인류] 조상 숭배.

Manitu [ˈmaːnitu], der; -s [Algonkin (Indianerspr. des östl. Nordamerika)] (인디언 종교에서) 모든 것에 내재하는 초자연적 존재(신).

mankieren [maŋˈkiːrən] ⟨h⟩ [franz. manquer] ⟨지역적⟩ **a)** 빠지고 없다, 결여되어 있다, 모자라다. **b)** 그르치다, 잘못하다. **Manko** ['maŋko], das; -s, -s [ital. manco] **1.** 결핍, 부족; 결점, 결함; das größte M. ausgleichen 제일 큰 결점을 메꾸다. **2.** [경제] 결손, 부족.

Ma̱nkogeld, das ⟨대개 Pl.⟩ 결손 보충금.

Mann [man], der; -(e)s, Männer ['mɛnɐ] / (수를 나타낼 때는) - **1.** ⟨Pl. Manne⟩ 축소형: ↑**Männchen**, **Männlein**, ⟨nordd.⟩ **Männeken** (성인) 남자(반대: ↑**Frau** (1)): ein junger[alter] M. 젊은[나이 든] 남자; er ist ein M. der raschen Entschlüsse 그는 빨리 결단을 내리는 남자다; sei ein M.! 남자다워라!; er ist durch diese Ereignisse zum M. gereift 그는 이 사건으로 어른으로 성숙했다; 성구 ein M., ein Wort 남아일언 중천금; selbst ist der M. 남자는 혼자 힘으로 한다 (Goethe, Faust II); ein alter M. ist doch kein D-Zug ⟨통용어·농⟩ 원하는 만큼 빨리 움직일 수 없다; der gemeine M. ⟨고어⟩ 보통 시민, 평민; der dritte M. beim Kartenspiel 카드놀이의 세 번째 사람; ein M. der Tat 실천가, 활동가; ein M. der Feder (아이) 문필가; ein M. des Volkes 민중의 신망을 받는 사람; ein M. aus dem Volk 민중 출신으로 신망을 받는 사람; ein M. von Geist(Format, hohem Einfluß) 정신이 탁월한(도량이 큰, 영향력이 큰) 사람; der Verteidiger konnte seinen M. nicht halten (특히 축구에서) 수비 팀 선수는 상대방을 견제할 수 없었다; M. über Bord! [선원] 사람이 빠졌다 !; alle M. an Deck! [선원] 선원 갑판으로 !; morgen fahren wir alle M. (hoch) nach München ⟨통용어⟩ 내일 우리는 모두 뮌헨으로 간

다; M. an M. 사람들이 밀집하여; ein Kampf M. gegen M. 일대일(1:1)의 싸움; die Kosten betragen 5 Mark pro M. 《통용어》비용이 각자 5마르크이다; **der kleine M.** 1)《통용어》경제적으로 보잘 것 없는 사람. 2)《경》음경; **der böse[schwarze] M.** 귀신, 도깨비; **freier M.** (특히 축구에서) 수비와 공격을 함께 하는 백 리베로(Libero); **letzter M.** (특히 축구에서) 스위퍼; **alter[toter] M.** 《광》폐갱; **der Wilde M.** 〖신화〗(민속 전설, 민중 예술의) 온몸에 긴 털이 나있고, 대개 손에 몽둥이를 들고 있는 것으로 묘사되는 숲속의 거인; **der M. des Tages** 화제의 인물[남자]; **der M. auf der Straße** 보통사람, 세인; **der M. im Mond** 달 속의 사람(달의 반점으로 나타나는 전설의 인물); **ein M. von Welt** 처세에 능한 사람; **(mein lieber) M.!** 《경》어머!; (놀라움이나 불쾌의 표현); **M. (Gottes)!** 《경》이 봐(분노하여 또는 경고하여 하는 말); **wie ein M.** 한마음으로(완전히 일치하는); **ein gemachter M. sein** 《통용어》성공한 사람[남자]이다; **ein toter M. sein** 《통용어》가망없는 사람[남자]이다; **der erste M. an der Spritze sein** 《경》중요 인물[남자]이다; **ein M. von Wort sein** 신용할 수 있는 사람[남자]이다; **(nicht) der M. [-s] genug sein, etw. zu tun** 무슨 일을 할 결단력과 시행력이 있는[없는] 사람이다; **den lieben Gott einen guten M. sein lassen** 《통용어》무엇에 참여하거나 동요됨이 없이 걱정없이 살다; **den toten M. machen** 《통용어·경》움직이지 않고 물 위에 누워 떠다니다; **den starken M. markieren[mimen]** 《경》잘난 체하다; **den wilden M. spielen[machen]** 《통용어》자력킬을 잃고[근거없이] 격노하다; **seinen M. stehen[stellen]** 힘써 일하여 자신을 입증하다; **(wohl) einen kleinen M. im Ohr haben** 《경》아주 정상적인 것 같이 보이지 않는다; **seinen M. gefunden haben** 호적수를 만나다; **M. decken** (구기 등에서) 상대 선수를 방어하다, 마크하다; **dieser Beruf (er)nährt seinen M.** 이 직업은 충분한 수입을 보장한다; **wenn Not am M. ist** 궁지에 처할 경우에는; **etw. an den M. bringen** 《통용어》1) 물품을 팔아 넘기다. 2) 대화에서 무엇을 인용하다; **an(in) den M. gehen** (특히 축구에서) 상대방을 몸으로 공격하다, 방어하다; **mit M. und Maus untergehen** 한 사람도 구조되지 못하고 침몰하다; **von M. zu M.** 《통용어》로, 남자 대 남자로. 2. 남편 (반대: Frau 2); **als[wie] M. und Frau leben** 부부로서[처럼] 살다; **grüßen Sie bitte Ihren M.!** 댁의 남편께 안부 전해주십시오.; **sie hat dort einen M. gefunden** 그녀는 그곳에서 남편감을 만나 결혼하게 되었다; **(eine weibl. Person) an den M. bringen** 《통용어·농》결혼시키다. 3.《Pl. -en》《시어》신하, 부하, 시종; 무사; 팀: **der König versuchte mit seinen -en die Burg im Sturm zu erobern** 왕은 신하들과 함께 폭풍 속에서 성곽을 정복하려 하였다; 〖전의〗**seine -en um sich scharen** 《특히 스포츠·농》선수들을 자신의 주위에 모으다.

Mann-: **~deckung**, die [구기] 개인 방어(맨투맨 디펜스). **~geld**, das ↑Wergeld. **~loch**, das 커다란 용기나 탱크의 입구, 맨 홀. **~monat**, der 〈산업데 등에서〉일인 일개월(의 업무량). **~weib**, das 〈griech. andrógynos〉〔폄〕남성적인 여자, 여장부, 열녀.

Manna ['mana], das; -(s) / die [lat. manna < griech. mánna] 1. [성서] 만나 (이스라엘 민족이 이집트를 떠나 사막에서 방황할 때 기적을 일으켜 하늘로부터 떨어진 음식), 하늘의 양식. 2. 만나연지벌레의 단물. 3. 만나나무의 달콤한 분비액.

Manna-: **~esche**, die 만나물푸레나무, 만나나무(남부 유럽과 소아시아에서 생장하는 물푸레나무로 껍질에서 달콤한 액체가 분비됨). **~flechte**, die 만나이끼(북 아프리카와 근동 지방(사막) 초원 지대의 먹을 수 있는 이끼). **~schildlaus**, die 만나연지벌레(농축된 단물이 모여 만나가 됨).

mannbar ['manbaːɐ̯]〈Adj.〉〈아어〉1. a)〈처녀가〉혼기에 이른, 묘령의: **-e Mädchen** 혼기에 이른 처녀. b) (남자가) 성년이 된, 성적으로 성숙한. 2.《드물게》남자다운. **Mannbarkeit**, die [문화인류] 결혼적령(기), 혼기, 사춘기. **Mannbarkeitsritus**, der 《대개 Pl.》[문화인류] 성년식(Initiationsritus). **Männchen** ['mɛnçən], das; -s, - / Männchen ['mɛmçən] 1. 난쟁이, 소인: **ein altes M.** 늙은 난쟁이. 2.〈Pl. -〉수컷, 수놈: **das M. hat im Gegensatz zum Weibchen ein buntes Gefieder** 수컷은 암컷과 반대로 다채로운 깃털을 가지고 있다; **M. machen** (짐승이) 뒷다리로 서다; (sein) **M. machen[bauen]** [군] 상관 앞에서 부동 자세로 군대식 경례를 하다; **nicht mehr wissen, ob man M. od. Weibchen ist** 《통용어》1) 완전히 뒤죽박죽이다. 2) 완전히 지쳐 있다. **Männe** ['mɛnə] ↑Mann (2)의 애칭). **Männeken** ['mɛnəkn̩], das; -s, -s 〈nordd., berlin〉 난쟁이. **mannen** ['manən] 〈h〉 [선원] (화물 따위를) 손에서 손으로 옮기다. **Mannequin** ['manəkɛ̃, (또한) manəkɛ̃ː], das; / (드물게) der; -s, -s [frz. mannequin] 1. 의상 모델(여자); -s auf dem Laufsteg 쇼무대 위의 의상 모델들. 2. a)《드물게》쇼 윈도의 인형, 마네킹. b) (옛) 인체 모형, 모델 인형.

männer-, Männer- (Mann 1): **~arbeit**, die 남자들에게 적합한 일. **~art**, die《Pl. 없음》남자들의 방식. **~bekanntschaft**, die ↑Herrenbekanntschaft. **~bordell**, das 남성 유곽(남자들이 매춘하는). **~bund**, der 《Pl. ...bünde》a) [문화 인류] 〈원시 종족〉남자만으로 구성되는 단체. b) 남성 비밀 동맹(사). **~chor**, der 남성 합창단). **~fang**, der 《다음 용법으로만》**auf M. (aus) gehen[aussein]** 《럼·농》남자 친구를 만들려고 시도하다. **~feindlich**〈Adj.〉남성 적대적인. **~freundschaft**, die 남자들간의 우정. **~gesangverein**, der 남성 노래 클럽, 남성 합창단. **~geschichte**, die《통용어》남성과의 연애 체험, 연애 사전. **~gespräch**, das 남성간의 대화. **~hand**, die (아이) 남자의 손. **~haus**, das [문화 인류] 〈원시 종족의〉남자들만이 모이는 집(회의, 재판, 종교 의식을 위하여). **~heilkunde**, die (남성의 성병을 취급하는) 남성의학(Andrologie). **~herz**, das 남자의 마음[가슴]. **~hose**, die 남자 바지. **~kindbett**, das 의만(擬娩)(여자가 해산할 때 남편도 누워 해산의 고통을 흉내내거나 음식을 제한하는 미개인의 풍습). **~kleider**《Pl.》남성복. **~los**〈Adj.〉남자없는. **~mordend**〈Adj.〉《통용어》a) (농) 〈여자가〉남자를 녹쾌하는, 매우 유혹적인. b) 남자들을 무리하게 소모시키는. **~orden**, der [가] 남성 수도회. **~pullover**, der 남성용 풀오버. **~rock**, der 남성용 상의. **~sache**, die 남자들의 일. **~schuh**, der 남자 구두. **~seite**, die (중세에) 교회 안에서 남자들이 앉던 남쪽자리(반대: Frauenseite 2). **~station**, die 병원의 남자병동. **~stimme**, die 남성의 목소리. **~treu**, die [그 꽃들이 이른바 오래 지켜지지 않는 남자들의 신의와 학적으로 비교되어] (꽃이 쉽게 떨어지는 식물에 대한 민간에서 통용되는 명칭) 현삼과 식물 (투구꽃 따위). **~überschuß**, der (여성 인구에 대한) 남성 인구의 과잉. **~ulk**, der 남자들의 농담[익살]. **~unterhose**, die 남자 팬츠[속바지]. **~verein**, der 남성 클럽(협회). **~welt**, die《Pl. 없음》(농) 남자의 세계. **~wirtschaft**, die《농》남자(들)의 살림(여자 없는 것). **~wohnheim**, das 남자 기숙사.

Männerchen: ↑Männchen의 복수형.

Mannes- ['manəs-] (Mann 1): **~alter**, das 성년[장년] 의(나이·시절): **er war im besten M.** 그는 남자로서

한창 나이였다. ~jahre ⟨Pl.⟩ ↑~alter. ~kraft, die a) ⟨Pl. 없음⟩ 남자의 성적 능력[생식력, 정력]. b) ⟨시어⟩ 남자의 능력, 창조력. ~länge, die 어른 남자만한 높이[길이]. ~mut, der (아이) 남자다운 용기. ~schwäche, die ⟨드물게⟩ ↑Impotenz (1). ~stamm, der 남자의 계통. ~stärke, die ↑~kraft. ~treue, die⟪준고어⟫ 남자의 신의. ~tugend, die ⟨아이⟩ 남자의 미덕. ~wort, das ⟨Pl. -e⟩ (아이) 남자의 일언(말)(신뢰할 수 있는). ~würde, die ⟨Pl. 없음⟩ 남자의 체면[위엄]. ~zucht, die (아이) 군기, 규율(군대, 팀 따위의).

Mannestum, das; -s ⟪아이⟫ 남성다움. **mannhaft** ⟨Adj.⟩ 남자다운; 용감한, 씩씩한, 단호한: ein -er Entschluß 남자다운 결정; etw. m. überwinden 남자답게 극복하다. **Mannhaftigkeit**, die 남자다움.

Mannheim ['manhaim] (독일의 도시). ¹**Mannheimer** ['manhaimɐ], der; -s, - 만하임 사람. ²**Mannheimer** ⟨Adj.; 격변화 없음⟩ 만하임의.

Mannheit, die ⟨아이, 고어⟩ **1. a)** 남자임, 어른임. **b)** 남성적임, 남성다움. **2.** 남자의 생식력.

mannig- ['maniç-] : ~**fach** ⟨Adj.⟩ 여러 가지의, 다양한, 잡다한: -e Möglichkeiten 다양한 가능성; sie hat uns m. geholfen 그녀는 우리를 여러 가지 방법으로 도왔다. ~**faltig** ⟨Adj.⟩ (아이) 여러 가지의, 다양한: -e Irrtümer 여러 가지 오류들. ~**faltig** ⟨Adj.⟩ (bayr.) ↑~faltig. ~**faltigkeit**, die 여러 가지, 다양성.

männiglich ['menɪklɪç] ⟨Indefinitpron.; 격변화 없음 / unbest Zahlwort⟩ ⟪schweiz.⟫ 누구나 예외없이, 누구든지; 일반적으로. **Männin** ['menɪn], die ⟪↑Mann (1)의 여성형⟫ **a)** ⟨성서, 시어⟩ (남자의 반려로서의) 여자. **b)** ⟨시어⟩ 여장부. **männisch** ['menɪʃ] ⟨Adj.⟩ (시어) 남자 같은(것, 여성적인 것에 대하여 반어적).

Mannit [ma'nit, (또한) ...nɪt], der; -s, -e 마니트(자연에 널리 퍼진, 특히 만나나무 액즙에서 나오는 6가(價) 결정으로 된 알코올).

Männlein ['menlain], das; -s, - . **1.** ↑Männchen (1). **2.** (통용어·농, Weiblein과 결합하여) 남자. **männlich** ['menlɪç] ⟨Adj.⟩ (반대: weiblich) **1.** 남자의, 수컷의: eine -e Person 남자; ein -er Erbe 남자 상속인; die -e Linie eines Adelsgeschlechts 귀족 가문의 남자 혈통; das -e Tier 수컷의 동물; -e Blüten 수꽃. **2.** 남자의: das -e Glied 음경; eine -e Stimme 남성 음성; **3.** 남자적인, 남자 같은, 남자다운: ein -er Zug in ihrem Gesicht 그녀의 얼굴에 나타난 남자 같은 표정; ein -er Entschluß 남자다운 결정; das galt früher als besonders m. 그것에는 예전에 특히 남자다운 것으로 여겨졌다. **4. a)** (언어) 남성의(대개 정관사 "der" 와 결합), ein -es Substantiv 남성 명사. **b)** (운율) 강음으로 끝나는 (남성(운)의): ein -er Reim 남성운. **Männlichkeit**, die **1.** 남성다움, 씩씩함. **2. a)** 생식능력. **b)** (은폐) 남성 생식기. **Männlichkeitswahn**, der; -(e)s 지나친 남성 숭배(Machismo). **Mannomann!** ['ma no'man] ⟨Interj.⟩ ⟪aus: „Mann, o Mann!"⟫ (경) 어머 (놀라움의 표현).

manns-, Manns-: ~**bild**, das ⟪통용어·südd., österr.⟫ 남자. ~**dick** ⟨Adj.⟩ (남자가) 뚱뚱한, 어른 같은 몸집의. ~**hoch** ⟨Adj.⟩ 어른만큼 큰(키가): ein mannshoher Zaun 어른 키만한 울타리. ~**höhe**, die ⟨Pl. 없음⟩ 성인의 키. ~**leute** ⟨Pl.⟩ (통용어·준고어) 남자들. ~**person**, die (통용어·준고어) (잘 알지 못해) 남자. ~**toll** ⟨Adj.⟩ (통용어·폄) (여자) 색(정)광의 (↑nymphoman): eine -e Frau 색정광 여자. ~**tollheit**, die ⟨Pl. 없음⟩ 여자의 색(정)광, 남포마니아. ~**volk**, das (통용어·준고어) 남자들.

Mannschaft, die; -en **1. a)** 선수들의 팀, 선수단: ihre M. stieg in die Oberliga auf 그들 팀이 제 1부 리그에 올라갔다; eine M. aufstellen 선수단을 편성하다. **b)** 선원, (비행기 따위의) 승무원: die M. auf dem Deck antreten lassen 선원들을 갑판에 집합시키다. **c)** 군대, 부대, 병력: der Gefreite wurde vor versammelter M. getadelt 그 상병은 부대가 모인 앞에서 견책을 당하였다. **d) ⟨**통용어**⟩** 작업(연구)팀: eine tüchtige M. aufbieten 유능한 팀을 구성하다. **2.** ⟨Pl.⟩ (장교와 구별하여) 사병들. **mannschaftlich** ⟨Adj.⟩ [스포츠] 팀의, 팀으로서의: -e Geschlossenheit 팀의 단결.

Mannschafts-: ~**aufstellung**, die [스포츠] **a)** 팀의 편성. **b)** 선수단 확정. ~**dienstgrad**, der [군] 군인의 계급. ~**fahren**, das; -s ⟨사이클⟩ ↑~rennen. ~**führer**, der [스포츠] **a)** 단장(감독). **b)** (팀의) 주장. ~**führung**, die [스포츠] 팀의 감독진[지도부]. ~**geist**, der ⟨Pl. 없음⟩ [스포츠] 팀(단체) 정신, 소속감. ~**kamerad**, der [스포츠] 자기 팀의 동료 선수. ~**kampf**, der [스포츠] 단체(팀) 경기(시합). ~**kantine**, die [군] (주보, 사병식당). ~**kapitän**, der [스포츠] ↑Spielführer. ~**leitung**, die [스포츠] ↑~führung. ~**meisterschaft**, die [스포츠] 단체 경기 우승, 단체 선수권. ~**messe**, die [군] 선원 식당(휴게실). ~**rang**, der [군] ↑~dienstgrad. ~**raum**, der [해양] 선원실. ~**rennen**, das ⟨사이클⟩ 단체경주[팀 레이스](사인조 한 팀으로 출발하여 세 번째 선수가 골인했을 때의 시간으로 기록이 정해짐). ~**sieger**, der 단체 경기 우승 팀. ~**spiel**, das [스포츠] **1.** (두 팀의) 팀 대항 경기. **2.** ⟨Pl. 없음⟩ 팀 플레이. ~**sport**, der 단체 경기(종목)(축구 따위). ~**springen**, das; -s ⟨승마⟩ (세 명 또는 네 명의 기수로 이루어진) 단체 비월 경기. ~**stärke**, die [군·스포츠] 한 팀(부대)의 수. ~**verfolgungsrennen**, das ⟨사이클⟩ 4000m 또는 5000m 단체 추발 경기. ~**wagen**, der 군인(경찰) 수송차. ~**wertung**, die [스포츠] 단체 경기에서 우승 팀을 결정하는 성적. ~**wettbewerb**, der [스포츠] 단체 경기. ~**zeitfahren**, das; -s ⟨사이클⟩ ↑~rennen.

mano destra ['ma:no 'dɛstra; ital.] [음악] 오른손으로 (칠 것)(약어: m.d.; 반대: manosinistra).

manoli [ma'no:li] ⟨Adj.; 격변화 없음⟩ ⟨옛 담배 상표의 그 전광선전에서 동그라미 원운동이 사람이 비정상일 때 암시하는 손 운동과 비교한 데에서⟩ ⟪통용어·준고어⟫ 약간 정신 이상의, 약간 미친: du bist wohl m. 너 좀 미쳤나보다.

Manometer [mano...], das; -s, - [frz. manomètre] **1.** [물리] 압력계(가스 및 액체의), 기압계. **2.** ⟨경⟩ 저런, 어머(놀라움 또는 불만을 나타내는 감탄사). **Manometrie**, die [물리] 압력 측정. **manometrisch** ⟨Adj.⟩ [물리] 압력계의, 압력계로 측정한.

ma non tanto [ma nɔn 'tanto], **ma non troppo** [-- 'trɔpo; ital.] [음악] 마논 탄토, 마논 트로포(그러나 너무 지나치지 않게); allegro ma non tanto 빨리 그러나 지나치지 않게.

mano sinistra [-zi'nɪstra; ital] [음악] 왼손으로(칠 것) (약어: m. s.; 반대: mano destra).

Manöver [ma'nø:vɐ], das; -s, - [frz. manœuvre] **1.** (군대의) 기동 연습(훈련): ein M. abhalten 기동 연습을 하다; ins M. ziehen 기동 연습을 나가다. **2.** (부대의) 작전 행동; (배, 비행기, 차 등의) 진로 (속도) 변경, 방향 전환, 조종: der Flugkapitän mußte das M. wiederholen 기장은 진로 변경을 되풀이해야 했다. **3.** (폄) 계교, 요령; 책략, 수법: finanzpolitische M. 재정[금융] 정책적 방법.

manöver-: ~**gebiet**, das 훈련장. ~**gelände**, das ↑~gebiet. ~**kritik**, die 훈련에 관한 강평. ~**schaden**, der 기동 훈련으로 인한 피해[손실].

manövrier-, Manövrier- [manø'vri:ɐ̯-]: **~fähig** 〈Adj.〉 조종[운용]할 수 있는: das Steuer war gebrochen und das Schiff nicht mehr m. 조타기가 부서져서 그 배는 더 이상 조종할 수 없었다. **~fähigkeit, die** 〈Pl. 없음〉 조종할 수 있음. **~unfähig** 〈Adj.〉 조종 불가능한. **~unfähigkeit, die** 〈Pl. 없음〉 조종 불가능성.

manövrieren [...'vri:rən] 〈h〉 [frz. manœuvrer] **1. a)** (기동) 연습을 하다, 항로를 바꾸다: das Schiff manövrierte sicher (durch die enge Hafeneinfahrt) 그 배는 (좁은 항구의 입구를 통과하여) 안전하게 방향을 돌렸다. **b)** (배나 차 따위를) 능숙하게 조종하다: den Wagen in eine enge Einfahrt m. 자동차를 능숙하게 좁은 입구로 집어넣다. **2.** (喻) **a)** 책동하다, 책략을 쓰다: so schlecht hatte er politisch manövriert 그는 정치적으로 그렇게 좋지 않은 책략을 썼다. **b)** 교묘하게 어떤 상황으로 몰고가다: jmdn. in eine einflußreiche Position m. 누구를 교묘하게 영향력있는 위치로 옮기다.

manque [mã:k; frz. manque] 망크(룰레트에서 전반 1~18까지의 숫자).

Mansarddach [man'zart-], **Mansardendach, das;** -(e)s, ...dächer 【건축】 망사르드 지붕, 이중 물매 지붕. **Mansarde** [...'zardə], **die;** -n [frz. mansarde, 프랑스의 건축가 J. Hardouin-Mansart (1646~1708)의 이름에서] 망사르드 다락방, 이중 물매 지붕의 다락방: eine gemütlich eingerichtete M. 쾌적하게 설비된 망사르드 다락방.

Mansarden-: **~dach, das** ↑Mansarddach. **~kammer, die**, **~stube, die**, **~wohnung, die**, **~zimmer, das** ↑Mansarde.

Mansch [manʃ], **der;** -(e)s 〈통용어·俗〉 걸죽한 유동체, 진창(물), 뒤범벅, **manschen** ['manʃn] 〈h〉 〈통용어·俗〉 걸죽한 유동체를 휘젓다, 곤죽이 되게 하다: mansch nicht so im Essen! 그렇게 접적거리고 먹지 말아라! **Manscherei** [...ʃə'raɪ], **die;** -en 〈통용어·俗〉 **a)** 계속해서 휘젓기, 뒤섞기. **b)** 휘저어서 생긴 걸죽한 유동체, 뒤범벅, 진창.

Manchester [man'ʃɛstɐ] 《古語》 ↑Manchester의 독일어화한 표기.

Manschette [man'ʃɛtə], **die;** -n [frz. manchette] **1. a)** (셔츠, 블라우스, 원피스의) 소맷부리, 커프스, 소맷부리의 (주름) 장식: steife -n 빳빳한 소맷부리, **(vor jmdm. (etw.)) -n haben** 〈통용어〉 누구를 두려워하고 [꺼리고] 있다. **b)** 【의학】 (혈압계의) 완대. **2.** (주름진 종이 등으로 된) 장식용 화분싸개. **3.** 【스포츠】 리스트 록(레슬링에서 손목을 비트는 공격). **4.** 【기술】 억압테, 누름고리, 채움테. **Manschettendichtung, die** ↑Manschette (4). **Manschettenknopf, der** 커프스 (짝) 단추.

Mantel ['mantl], **der;** -s, **Mäntel** ['mɛntl]; lat. mantellum] **1.** 〈축소형: ↑Mäntelchen〉 외투, 망토; 코트, 덧옷: der M. paßt[steht] ihr gut 그 외투는 그녀에게 잘 맞는다[어울린다]; den M. ablegen 외투를 벗다; den M. über den Arm nehmen 외투를 팔에 걸치다; jmdm. in den M. helfen 누가 외투 입는 것을 돕다; in M. und Hut 외투와 모자를 쓴; 〈轉의〉 den M. des Schweigens über etw. breiten[decken] 〈아이·시어〉 무슨 일에 대해서 침묵하다, **den M.[das Mäntelchen] nach dem Wind(e) hängen[kehren, drehen]** 《喻》 세상 풍조를 따르다, 형세를 관망하다, 기회주의자이다; **etw. mit dem Mantel der (christlichen Nächsten)liebe bedecken[zudecken]** 잘못 등에 대해서 문책하지 않고 용서하다. **2.** 〈전문어〉 덮개, 피부: der M. eines Geschosses 탄환의 탄피. **3.** (튜브가 있는 차 바퀴에서) 외피: beide Mäntel der Reifen seines Fahrrads sind brüchig 그의 자전거 타이어의 외피가 나빠졌다.

4. 〈신문·은어〉 (지방판 기사에 대하여) 일반 기사(정치, 경제면 등). **5.** 【경제】 (합자 회사에서) 권리나 지분의 전체, 기업의 법률적 외형. **6.** 【재정】 (유가 증권 등의) 지분 (持分) 증서: der M. einer Aktie 주식 증서. **7.** 【기하】 어떤 물체의 구부러진 면; (원통, 원주 등의) 측면: wenn man den M. eines Zylinders auf einer Ebene abrollt, erhält man ein Rechteck 원통의 측면을 평면 위에 펼치면 직사각형을 얻게 된다. **8.** 【사냥】 (야생 조류의) 등쪽 깃털. **9.** 【임업】 숲 가장자리의 수목(↑Waldmantel)의 약칭).

mantel-, Mantel-: **~ärmel, der** 외투 소매. **~artig** 〈Adj.〉 외투 같은, 외투 모양의. **~aufschlag, der** 외투의 칼라(깃). **~futter, das** 외투 안감. **~geschoß, das** 피복탄(被甲彈). **~gesetz, das** ↑Rahmengesetz. **~kind, das** 《古》 결혼 전에 태어난 아이(어머니가 결혼함으로써 합법적으로 인정이 되는). **~kleid, das** 외투처럼 재단된 원피스. **~knopf, der** 외투 단추. **~kragen, der** 외투 깃. **~krone, die** 【치과】 치관보철. **~möwe, die** 아주 큰 갈매기(등이 검고 망토 모양의 날개를 가진). **~pavian, der** 망토비비(狒狒). **~rohr, das** 【기술】 포신의 피통(被筒), 재킷. **~sack, der** 〈古語〉 (말 안장 뒤에 놓는) 여행 가방. **~saum, der** 외투의 가장자리. **~stoff, der** 외투 천. **~tarif, der** 【경제】 총괄적 노동 계약: einen neuen M. aushandeln 새로운 총괄적 노동 계약을 교섭하다. **~tarifvertrag, der** 【경제】 총괄적 노동 계약. **~tasche, die** 외투 주머니. **~tier, das** (척삭동물에 속하는) 피낭류, 미삭류(尾索類).

Mäntelchen ['mɛntlçən], **das;** -s, - ↑Mantel (1): **einer Sache ein M. umhängen** 무엇을 둘러대다[얼버무리다].

Mantik ['mantɪk, **die** [griech. mantikḗ(téchnē)] 《교양어》 점복술, 예언술, 점(占).

Mantille [man'tɪl(j)ə], **die;** -n [span. mantilla] 《옛》 만틸라(스페인 여자가 머리와 어깨를 가리는 레이스 솔): sie trug eine schwarze M. 그녀는 검은 만틸라를 썼다.

Mantisse [man'tɪsə], **die;** -n [lat. mantī(s)sa] 【수학】 (십진법) 대수(對數)의 소수부(小數部), 가수(假數).

Mantsch [mantʃ] ↑Mansch.

Manual, **das;** -s, -e, **Manuale** [ma'nua:l(ə)], **das;** -(s), -(n) [lat. manuālis] **1.** 건반(오르간, 풍금, 쳄발로 등의). **2.** 〈古語〉 편람, 일기, 안내서. **manualiter** [...lite, lat. manualiter] 〈Adv.〉 〈음악〉 (오르간의) 건반으로. **Manubrium** [ma'nu:brɪʊm], **das;** -s, ...ien [...iən; lat. manubrium] 【해부】 자루 모양의 부분(어떤 기관이나 뼈의). **manuell** [ma'nʊɛl] 〈Adj.〉 [frz. manuel] **a)** 손으로 하는, 손에 의한: -e Tätigkeiten 손으로 하는 작업. **b)** 손의: -e Ungeschicklichkeit 무딘 손재주. **Manufaktur** [manʊfak'tu:ɐ̯], **die;** -en [engl. manufacture] 《옛》 **1.** 매뉴팩처(가내 공업과 공장제 공업과의 중간 형태), 공장제 수공업. **2.** 〈古語〉 수공업제품, 수제품. **Manufakturbetrieb, der** ↑Manufaktur (1). **manufakturieren** [...tu'ri:rən] 〈h〉 《古語》 손으로 만들다(제조하다): Teppiche m. 양탄자를 손으로 제조하다. **Manufakturist** [...'rɪst], **der;** -en, -en 《옛》 **1.** 공장제 수공업자. **2.** 직물[바느질 기구] 장수. **Manufakturwaren** (Pl.) 《古語》 직물, 바느질 기구. **Manuldruck** [ma'nu:l-], **der;** -(e)s, ...drucke [발명자 F. Ullmann의 이름을 거꾸로 하여] 【인쇄】 **a)** 〈Pl. 없음〉 마눌 인쇄, 사진 제판법. **b)** 사진 제판법에 의한 인쇄. **manu propria** [- 'pro:pria; lat.] 손수, 자필로, 자필의(약어: m.p.). **Manus** ['ma:nʊs], **das;** -, - 〈österr., schweiz.〉 ↑Manuskript의 약칭. **Manuskript** [manʊ'skrɪpt], **das;** -(e)s, -e [lat. manuscriptum] **1.** (약어: Ms. 또는 Mskr., Pl. Mss.) **a)** 원고(인쇄를 위한): ein (un)fertiges M. (미)완성 원고; das

M. überarbeiten 원고를 다시 손보다; an seinem M. arbeiten 원고를 쓰다; als M. gedruckt 【법】 비공개 인쇄물. b) (강연, 강의 등의) 원고: sich nicht ans M. halten 원고에 의존하지 않다; er hat ohne M. gesprochen 그는 원고없이 연설했다. 2. (고대와 중세의) 필사본: er entdeckte ein vergilbtes M. aus dem 13. Jh. 그는 누래진 13세기의 필사본을 발견했다. **Manuskriptblatt**, das; †Manuskriptseite. **Manuskriptseite**, die 원고의 면[페이지].

Manzanilla [mantsa'nılja, 《또한》 mansa...], der; -s [span. mansanilla] 만차닐라 포도주(남스페인산). **Manzanillawein**, der 만차닐라 포도주.

Maoismus [mao'ısmʊs], der; - 〔중국의 Mao Tse-tung (1893~1976)의 이름에서〕 모택동주의. **Maoist**, der; -en, -en 모택동주의자. **maoistisch** 〈Adj.〉 a) 모택동주의의: eine -e Partei 모택동주의 정당. b) 모택동주의의 원칙을 따르는: eine -e Einstellung 모택동주의적 관점. **Mao-Look** ['ma:o-], der 〈Pl. 없음〉 [모택동이 공개석상에서 곧잘 입었던 복장에 따라] 모택동 복장.

¹**Maori** [ma'o:ri, 'mauri, 《engl.》 'maurı], der; -(s), -(s) 마오리 인(뉴질랜드의 원주민). ²**Maori**, das; - 마오리 어. **maorisch** 〈Adj.〉 마오리 어(사람)의.

Mäppchen ['mɛpçən], das; -s, - †Mappe (1). **Mappe** ['mapə], die; -n 1. 〈축소형: Mäppchen〉 서류꽂이, 서류철(표지), 서류끼우개: die M. aufschlagen 서류철을 펴다; alles war säuberlich in -n geordnet 모든 것이 깨끗하게 서류철에 정돈되어 있었다. 2. 서류[책]가방: eine mit Büchern prall gefüllte M. 책이 가득 들어있는 가방. **Mappeur** [ma'pø:ɐ̯], der; -s, -e [frz. mappeur] 《고어》 †Kartograph. **mappieren** [...'piːrən] 〈h〉 《고어》 지도를 만들다, 지도로 나타내다. **Mappierung**, die; -en 《고어》 지도 제작.

Maputo 마푸토(모잠비크의 수도).

Maquette [ma'kɛtə], die; -n [frz. maquette] (특히 조각의) 모델, 모형.

Maquillage [maki'jaːʒə], die [frz. maquillage] 1. (교양어·드물게) 화장, 화장품, 메이크업. 2. 사기 도박꾼이 카드에 표시하기.

Maquis [ma'kiː], der; - [...iː(s); †Macchia의 프랑스어형] 마키단(2차 대전 중 프랑스의 저항 운동 단체): dem M. angehören 마키단 대원이다. **Maquisard** [maki'zaːɐ̯], der; -, -s / -en [...'zardn] 마키단 대원.

Mär [mɛːɐ̯], die; -en, (드물게) **Märe** ['mɛːrə], die; -n 《시어·조롱》 진기한 이야기, (신빙성이 없거나 사실이 아닌) 보고: eine alte M. 옛날 이야기; die M. vom Klapperstorch 황새 이야기.

Marabu ['maːrabu], der; -s, -s [frz. marabout] (아프리카나 남부 아시아에 서식하는) 큰 황새. **Marabut** [maraˈbuːt], der; -(s), -(s) [frz. marabout] 회교의 고행자, 성인.

Maracuja [maraˈkuːja], die; -s [port. maracjá] 시계풀의 열매. **Maracujasaft**, der 시계풀 열매의 즙.

Maral ['maːral], der; -s, -e [ma'raːlə; pers. marāl] (알타이 산맥에 사는) 사슴.

Maranata! (초교파적), **Maranatha!** [aram. = „unser Herr, komm!" 또는 „unser Herr ist gekommen"] (신약성서에 전하는 고대 기독교의) 마라나타(„주여 어서 오소서") 성찬식 기도.

Maräne [maˈrɛːnə], die; -n (nordostd.) †Felchen. **marantisch** [maˈrantɪʃ; griech. marantikós] †marastisch.

Maraschino [maras'kiːno], der; -s, -s [ital. maraschino] 마라스키노(달마티아산 버찌로 만든 리큐르).

Marasmus [ma'rasmʊs], der; - [griech. marasmós] 【의학】 노쇠, 쇠약증 (노령 또는 질병의 원인).

marastisch, marantisch 〈Adj.〉 【의학】 a) 노쇠에 인한, 쇠약증의. b) (신체적, 정신적 힘이) 쇠약해지는.

¹**Marathon** ['maːratɔn, 'mar...] 마라톤(아테네 북쪽의 지명).

²**Marathon** ['ma(ː)ratɔn], das; -s, -s [그리스인의 마라톤 전투의 승리(B.C. 490)를 한 전령이 아테네로 달려가 보고한데서] 1. †Marathonlauf. 2. 《통용어》 장시간 지속되어 힘든 것.

¹**Marathon-** [-] (장시간 지속되는 행사, 행위를 나타내는 합성어): ~**film**, der 무척 긴 영화. ~**rede**, die 아주 긴 연설. ~**sitzung**, die 마라톤 회의. ~**veranstaltung**, die 마라톤 행사. ~**verhandlung**, die 마라톤 협상.

²**Marathon-** [-]: ~**lauf**, der 마라톤 경주. ~**läufer**, der 마라톤 선수. ~**strecke**, die 〔육상〕 마라톤 코스. **-marathon** [-ma(ː)ratɔn], das; -s, -s (장시간 연속되어 참가자들을 힘들게 한다는 의미)(예컨대: Verhandlungs-, Sitzungsmarathon).

Marbel ['marbl], **Märbel** ['mɛrbl], die 《지역적》 †Murmel.

Marburg ['maːɐ̯bʊrk, 'mar...] 마르부르크(독일의 대학 도시). **Marburger** ['maːɐ̯bʊrɡɐ, 'mar...] 마르부르크 (사람)의.

Marc [maːɐ̯], der; -s [maːɐ̯; frz. marc (de raisin)] (포도 찌꺼기로 만든 강한) 브랜디.

marcando [marˈkando] 〈Adv.〉 [ital. marcando] / marcato. **marcatissimo** [...aˈtısimo] 〈Adv.〉 [† marcato의 최상급] 【음악】 강한 마르카토로. **marcato** [...ˈkaːto] 〈Adv.〉 [ital. marcato] 【음악】 마르카토(„강하게, 악센트를 붙여서"라는 뜻의 연주 지시).

March [març], die; -en 《schweiz.》 경작지[목초지]의 경계, 경계표. **marchen** ['marçn] 〈h〉 《schweiz.》 경계를 정하다.

Märchen ['mɛːɐ̯çən], das; -s, - 1. 옛 이야기, 동화: die M. der Brüder Grimm 그림동화; das klingt wie ein M. 그것은 동화처럼 (꿈같이) 들린다; so etwas gibt es bloß im M. 그런 것은 동화 속에서나 나오는 이야기다. 2. 꾸며낸 이야기, 거짓말: jmdm. ein M. auftischen 누구에게 꾸며낸 이야기를 하다.

Märchen-: ~**buch**, das 동화집, 동화책. ~**dichter**, der 동화 작가. ~**dichtung**, die 〈Pl. 없음〉 동화 문학. ~**erzähler**, der 동화 구연자. ~**figur**, die 동화의 등장 인물. ~**film**, der 동화(로 만든) 영화. ~**forschung**, die 동화 연구(동화의 유래, 전파, 모티브 등을 연구하는). ~**gestalt**, die 동화의 등장 인물. ~**glanz**, der 신비로운 광채. ~**held**, der 동화의 주인공. ~**heldin**, die 동화의 여주인공. ~**land**, das 동화의 나라. ~**motiv**, das 동화의 모티브. ~**onkel**, der (친근) (라디오, 텔레비전에서) 동화를 이야기해 주는 남자. ~**oper**, die 동화 오페라. ~**pracht**, die 동화에서와 같은 화려함. ~**prinz**, der 동화의 왕자, 꿈에 그리던 남자. ~**prinzessin**, die 동화 속의 공주. ~**sammlung**, die 동화 수집. ~**schach**, das 서양 장기의 묘수풀이의 한 형태. ~**schatz**, der 《아어》 동화집. ~**schloß**, das 동화속의 성. ~**spiel**, das 동화극. ~**stunde**, die 동화 시간(어린이 방송의). ~**tante**, die 《친근》 동화를 이야기해 주는 여자. ~**wald**, der 동화에 나오는 것 같은 숲. ~**welt**, die 동화의 세계.

märchenhaft 〈Adj.〉 1. 동화 같은, 동화적인: die Motive dieser Dichtung sind m. 이 문학의 모티브들은 동화적이다. 2. a) 신비롭게 아름다운: eine -e Schneelandschaft 신비롭게 아름다운 설경. b) 《통용어, 감정적 강조》 대단한, 엄청난, 믿기지 않는: eine -e Geschwindigkeit 대단한 속력; eine m. geringe Miete 믿기지 않을 만큼 적은 집세.

Marchesa [mar'ke:za], die; -s 《또는》 ...sen [ital. marchesa] ↑Marchese의 여성형. **Marchese** [...zə], der; -n [ital. marchese] **a)** 〈Pl. 없음〉 후작의 작위. **b)** 후작.

Marching Band ['ma:tʃɪŋ'bænd], die; -s [engl. marching band] 거리를 행진하는 악대.

Marchzins, der; -es, -en [schweiz. March] 《schweiz.》 중간 이자.

Marcia ['martʃa], die; -s [ital. marcia < frz. marche] [음악] 행진곡: M. funebre [-'fu:nebre] 장송행진곡; alla marcia 행진곡풍으로.

Mardell, der; -s, -e, **Mardelle**, die; -n 〈전문어〉 1. 광석의 노천 채굴로 인하여 생긴 작은 분지. 2. 선사 시대 주택의 지하 부분(저장실).

Marder ['mardɐ], der; -s, - 담비: ein M. ist in den Hühnerstall eingebrochen 담비 한 마리가 닭장 속에 침입했다.

Marder- : ~**fell**, das 담비의 털가죽. ~**hund**, der [nach der Ähnlichkeit mit einem Marder] 너구리. ~**jacke**, die 담비 털가죽 재킷. ~**pelz**, der 담비의 털가죽.

Mare ['ma:rə], das; -, - 《또는》 ...ria [...ria; lat. mare] 달이나 화성의 겉에 나타나는 넓은 평면.

Märe: ↑Mär.

Marelle [ma'rɛlə] ↑Marille.

mären ['mɛ:rən], mähren 〈h〉 1. 《지역적·준고어》 반죽하다, 섞다. 2. (ostmd.) **a)** 꾸물거리다. **b)** 떠벌리다, 수다스럽게 지껄이다.

Marend [ma'rent], das; -s, -i [...ndi; rätoroman. marenda < ital. merenda] 《schweiz.·방언》 ↑Marende. **Marende**, die; -n (tirol.) 오후의 간식.

marengo [ma'rɛŋgo] 〈Adj.〉 격변화 없음 [nach 북부 이탈리아 지방 Marengo에 따라] (직물이) 흰 점이 있는 회색 또는 갈색의. **Marengo** [-], der; -s 흰 점이 있는 모직물 (외투용의).

Märerei [mɛ:ra'raj], die; -en 《ostmd.·펌》 계속 지껄이기.

Margaretenblume [marga're:tn-], die; -n [민속적으로 여자 이름 Margarete와 결부해서] ↑Margerite.

Margarine [marga'ri:nə, (österr.·통용어) ...'ri:n], die [frz. margarine] 마가린, 인조 버터: M. zum Kochen nehmen 마가린을 요리하는 데에 넣다.

Margarine-: ~**fabrik**, die 마가린 공장. ~**industrie**, die 마가린 산업. ~**würfel**, der 마가린 조각.

Marge ['marʒə], die; -n [frz. marge] 1. 차이, 여유, 여지. 2. [경제] **a)** 매매차익(금), 마진. **b)** (같은 상품의 지역에 따른) 가격 차이. **c)** (증권의) 매출 시세와 당일 시세의 차이.

Margerite [margə'ri:tə], die; -n [frz. marguerite] 데이지, 프랑스 국화(菊花): die Wiese war weiß von den초원은 데이지꽃으로 하얀색이었다. **Margeritenblume**, die ↑Margerite. **Margeritenstrauß**, der 데이지꽃다발.

marginal [margi'na:l] 〈Adj.〉 [lat. marginalis] 1. 가장자리에 위치하는, 부수(次)적인, 난외의: ein -es Thema 부수적 테마; -e Gruppen 변두리[주변] 그룹. 2. [사회·심리] 두 계층[집단] 사이에 위치하는, 소외 계층에 속하는. 3. [식물] (밑씨가) 과엽의 가장자리에 있는.

Marginal-: ~**analyse**, die [경제] 한계 분석. ~**bemerkung**, die 《교양어》 난외(欄外)의 주(註), 방주(傍註). ~**glosse**, die [언어학·문예학] 난외의 주, 방주.

Marginale [margi'na:lə], das; -(s), ...lien [...iən] 〈대개 Pl.〉 ↑Marginalie. **Marginalie** [...liə], die; -n 〈대개 Pl.〉 (어떤 글이나 책의) 난외의 주, 방주. **Marginalität** [...nali'tɛ:t], die [engl. marginality] [사회·심리] (어떤 사회의) 주변 인간.

Maria [ma'ri:a; Jesu의 모친명; 성모] 《놀람과 경탄을 나타내는 감탄사로서》 **(Jesus), Maria und Josef!, Jesses Maria** 아아, 오오, 아뿔사, 아이고, 하느님 맙소사!

Mariage [ma'ria:ʒə, (österr.) ...a:ʒ], die; -n [frz. mariage] 1. 《준고어·펌》 결혼, 혼례. 2. [카드] 같은 무늬의 왕과 여왕을 함께 갖기. 3. 《고어》 66 모으기와 비슷한 카드놀이.

marianisch [ma'ria:nɪʃ] 〈Adj.〉 [lat. Marianus] [가] 성모 마리아의, 마리아 공경을 위한: -e Theologie 마리아 신학.

Marie [ma'ri:], die 《경》 돈: keine M. haben 돈이 없다.

Marien- [ma'ri:ən-] : ~**altar**, der 성모 마리아를 모신 제단. ~**andacht**, die 성모 흠숭(가톨릭교와 정교에서). ~**bild**, das [기독교·예술] 성모상. ~**dichtung**, die [문예학] 마리아의 생애를 그리거나 찬미한 문학. ~**fäden** 〈Pl.〉 (österr.·준고어) [베틀에 앉은 성모 Maria를 생각하는 민간 신앙관에서] 늦여름 바람에 떠다니는 거미줄. ~**fest**, das [가] 성모 축제, 성모 마리아 축일. ~**glas**, das 〈Pl. 없음〉 ↑Alabasterglas. ~**käfer**, der 무당벌레. ~**kirche**, die 성모에게 봉헌된 교회. ~**kult**, der ↑~verehrung. ~**leben**, das [문예학·예술] 성모 마리아의 생애(예술적으로 묘사함). ~**legende**, die ↑~dichtung. ~**lyrik**, die [문예학] 성모시(詩). ~**seide**, die 〈Pl. 없음〉 ↑~fäden. ~**statue**, die 성모 입상. ~**tag**, der ↑~fest. ~**verehrung**, die [기독교] 성모 공경.

Marihuana [mari'hua:na, ...ri'xu...], das; -s [span. marihuana] 마리화나 (멕시코에서 재배하는 인도산 대마초): M. rauchen 마리화나를 피우다.

Marille [ma'rilə], die; -n (österr.) 살구.

Marillen-: ~**brand**, der (österr., schweiz.) ~geist. ~**geist**, der 살구 브랜디. ~**knödel**, der (österr.) (살구를 넣은) 감자 크뇌덜. ~**koch**, das ↑²Koch. ~**likör**, der 살구 리큐르. ~**marmelade**, die 살구쨈. ~**schnaps**, der 살구술(화주). ~**wasser**, das 〈Pl. ...wässer〉 ↑~schnaps.

Marimba [ma'rɪmba], die; -s [span. marimba] [음악] 마림바 (과테말라의 실로폰 비슷한 악기). **Marimbaphon** [-'fo:n], das; -s, -e [음악] (금속 공명관이 있는) 마림바.

marin [ma'ri:n] 〈Adj.〉 [lat. marīnus] 1. 바다의, 바다와 관계있는: -e Fachzeitschriften 해양 전문 잡지. 2. 바다에 서식하는, 바다에서 나는: -e Lebensformen 해양 생물 형태. **Marinade** [mari'na:də], die; -n [frz. marinade] 1. **a)** (고기, 어육, 오이를 절이는) 소스(식용유, 레몬 식초와 향료를 섞어서 만든). **b)** 위의 재료로 만든 샐러드 소스: den Salat in der M. durchmischen 샐러드를 마리나데 소스에 넣어 섞다. 2. 절인 생선 통조림.

Marine [ma'ri:nə], die; -n [frz. marine] 1. **a)** 한 국가의 해사(海事), 해운, 함대, 선박, 함선. **b)** 해군(력): er dient bei der M. 그는 해군에 복무한다. 2. [미술] 바다 풍경화, 해양화.

marine-, Marine-: ~**artillerie**, die 연안 포병대. ~**attaché**, der 해군 무관. ~**blau** 〈Adj.〉 곤색의, 네이비 블루의. ~**blau**, das 곤색, 네이비 블루. ~**flieger**, der 《통용어》 해군 비행사. ~**infanterie**, die 해병대. ~**infanterist**, der 해병. ~**ingenieur**, der 해군 기사. ~**luftwaffe**, der 해군 공군. ~**maler**, der [미술] 해양화가. ~**offizier**, der 해군 장교. ~**soldat**, der 수병. ~**station**, die 해군 기지. ~**stützpunkt**, der ↑~station. ~**uniform**, die 해군 제복.

Mariner, der; -s, - 《은어》 수병, 선원, 뱃사람. **marinieren** [mari'ni:rən] 〈h〉 [frz. mariner] 마리나데에 담

그다, 마리나데를 뿌리다: marinierte Heringe 마리나데에 절인 청어. **¹Marinismus** [mari'nɪsmʊs], der; - 《정치·트럼게》 해군 확장주의.
²Marinismus [-], der; - [ital. marinismo; 이탈리아의 시인 G. Marino (1569~1625)의 이름에서] 〔문예학〕 마리니 문체(매너리즘의 문학 특징).
Mariolatrie [marjola'tri:], die 성모 마리아 숭배, **Mariologe**, der; -n, -n 성모학자. **Mariologie**, die 〔가톨릭 신학〕 성모학. **mariologisch** 〈Adj.〉 성모학의: -e Dogmen 성모학의 교의〔신조〕. **Marionette** [marjo'nɛtə], die; -n [frz. marionnette] 연극용 인형(끈으로 조종되는), 꼭두각시: das Stück wurde mit -n gespielt 그 극은 인형극으로 공연되었다; 전의 sie braucht einen Mann, aber keine M. 그녀는 한 남자가 필요했지 꼭두각시를 필요로 한 것이 아니었다.
Marionetten-: **~bühne**, die ↑~theater. **~regierung**, die 괴뢰 정권: eine M. einsetzen 괴뢰 정권을 앉히다. **~spiel**, das 꼭두각시 인형극. **~spieler**, der (인형극에서) 인형을 조종하며 대사를 말하는 사람. **~staat**, der 위성(괴뢰)국. **~theater**, das 꼭두각시 인형 극장.
marionettenhaft 〈Adj.〉 꼭두각시 같은: -e Bewegungen 꼭두각시 같은 동작.
Marist [ma'rɪst], der; -en, -en [frz. mariste, 프랑스의 신부 J. C. M. Colin(1790~1875)에 의해 창단됨] 마리아회(1816년 창설된 가톨릭 신부회) 회원.
maritim [mari'ti:m] 〈Adj.〉 [lat. maritimus] 1. 바다의, 해사(海事)의, 임해의, 해양의: -es Klima 해양 기후. 2. 해운[해외 무역]에 관한, 항해상의: -e Mächte 해운국.
Marjell [mar'jɛl], die; -en, **Marjellchen**, das; -s, - [lit. mergēlē] 《ostpreuß.》 소녀, 처녀.
¹Mark [mark], die; Markstücke / 《통용어·농》 Märker ['mɛrkɐ] 마르크(독일의 화폐 단위): die Deutsche M. 독일 마르크(약어: DM); eine M. hat hundert Pfennige 일 마르크는 백 페니히이다; der Eintritt kostet zwei M. fünfzig 입장료는 이 마르크 오십〔페니히〕이다; kannst du mir fünfzig M. wechseln? 오십 마르크를 (잔돈으로) 바꿔 줄 수 있느냐?; auf eine M. (mehr oder weniger) soll es mir nicht ankommen 일 마르크쯤은 문제가 안된다; sie müssen mit jeder M. rechnen 그들은 돈이 거의 없다; er dreht jede M. (dreimal) um, ehe er sie ausgibt 《통용어》 그는 매우 인색하다; 성구 zehn M. haben oder nicht haben sind zwanzig M. Unterschied! 십 마르크를 가진 것과 안 가진 것과는 이십 마르크의 차이가 있다!; **keine müde M.** 《통용어》 단 일 마르크도 없다.
²Mark [-], die; -en 《역사적》 변경, 국경 지방: die M. Brandenburg 프로이센의 지역 이름.
³Mark [-], das; -(e)s 1. a) 수(髓), 골수, 심(心); 목수(木髓), (과일의) 과심(果心); 전의 es ist M. gehen 뼛속으로 들어가다; **kein M. in den Knochen haben** 1) 병들기 쉽다, 저항력이 없다. 2) 힘이 없다, 결단력이 없다. **jmdm. das M. aus den Knochen saugen** 《통용어》 누구의 골수를 빼먹다, 누구를 착취하다; **jmdn. bis aufs M. quälen(schikanieren)** 누구를 아주 심하게 괴롭히다; **bis ins M.** 골수에, 사무치게: bis ins M. erschüttert(verdorben) sein 몹시 놀라다(부패하다). **jmdn. bis ins M. erschrecken** 누구를 매우 놀라게 하다; **jmdn. durch M. und Bein**《통용어·농》 **durch M. und Pfennig) gehen(dringen)** 골수에 사무치다. **jmdn. ins M. treffen** 누구의 마음을 매우 상하게 하다. b) 《농》(곤) 골: das M. aus den Knochen lösen 뼈를 고아 골을 떼어내다. 2. 죽처럼 만든 과육: M. aus Tomaten bereiten 토마토 과육을 만들다.

다.
¹mark-, **¹Mark-** (¹Mark): **~betrag**, der 마르크로 표시된 금액. **~münze**, die 일 마르크짜리 주화〔동전〕. **~schein**, der 《옛》 일 마르크짜리 지폐. **~stück**, das ↑ Einmarkstück. **~stückgroß** 〈Adj.〉 일 마르크짜리 동전 크기의. **~währung**, die 마르크화.
²mark-, **²Mark-** (²Mark): **~genossenschaft**, die 《역사적》 (게르만 시대와 중세 초기의) 촌락 공동체. **~graf**, der《역사적》 1. 변경(방)백〔태수〕. 2. **a)** 〈Pl. 없음〉 후작의 칭호. **b)** 후작. **~gräfin**, die《역사적》 변경백부인. **~gräfler** [-grɛːflɐ], der; -s, - [„Markgräfler Land"의 이름에 따라] 바젤과 브라이스가우 사이의 라인 지방에서 생산되는 포도주. **~gräflich** 〈Adj.〉 변경 방백의. **~grafschaft**, die 《역사적》 변경 방백의 영토. **~scheide**, die **a)**〔준언어〕 경계(선): der Fluß bildet hier die natürliche M. 그 강이 여기서 자연적인 경계선을 이루고 있다. **b)**〔광〕 광산 지대의 경계. **~scheidekunde**, **~scheidekunst**, die 〈Pl. 없음〉광구(鑛區) 측량술. **~scheider** [-ʃajdɐ], der; -s, - [광] 광구 측량기사. **~stein**, der 전환점, 획기적 사건: ein M. in der Geschichte 역사의 전환점. **~wald**, der《역사적》 촌락 공동체에 속하는 숲.
³mark-, **³Mark-** (³Mark): **~durchdringend** 〈Adj.〉 (소리가) 매우 큰〔날카로운〕, 깊이 파고드는: mit -er Stimme 가슴깊이 파고드는 목소리로. **~erschütternd** 〈Adj.〉 (소리가) 크고 연민과 공포를 불러일으키는: ein -es Schluchzen 가슴을 찢는 듯한 흐느낌. **~klößchen**, das 〔요리〕 골완자. **~knochen**, der 골이 많은 뼈. **~los** 〈Adj.〉《드물게》 골수의, 기력이 없는. **~nagelung**, die 〔의학〕 관상골 골절의 접합(못을 뼈 속에 집어넣어 연결하는). **~scheide**, die 〔해부〕신경섬유 둘레의 조직층. **~stammkohl**, der〔농업〕 (사료용) 겨울 양배추.
markant [mar'kant] 〈Adj.〉 〔frz. marquant〕 현저한, 눈에 띄는, 독특한, 특징이 있는, 인상적인: eine -e Erscheinung 눈에 뜨이는 현상; das -este Beispiel für diese Entwicklung 이러한 발전의 가장 특징적인 예.
Markasit [marka'zɪt, ...zɪt], der; -s, -e 〔lat. marcas(s)ita〕 백철광(白鐵鑛).
Marke ['markə], die; -n [frz. marque] **1. a)** ↑ Erkennungsmarke의 약칭. **b)** ↑ Dienstmarke의 약칭: der Kriminalbeamte zeigte seine M. 형사는 신분증을 보였다. **c)** ↑ Garderobenmarke의 약칭. **d)** ↑ Lebensmittelmarke의 약칭; 쿠폰; seine -n sorgfältig aufbewahren 쿠폰을 잘 보관하다. **e)** ↑ Beitragsmarke의 약칭: die -n bitte in den Ausweis kleben 수입인지를 증명서에 붙이시오. **f)** ↑ Briefmarke의 약칭: zehn -n zu [a] 60 (Pfennig) 60 페니히짜리 우표 열 장. **2. a)** 상표, 품종, 품질: das ist eine gute(bekannte) M. 그것은 좋은〔유명한〕 상표이다; der Wein ist eine führende M. 그 포도주는 굴지의 상표이다; eine neue M. ausprobieren 새 상표의 제품을 맛보다. **b)** 《경》이상한 사람: unser Nachbar ist eine komische M. 우리 이웃은 웃기는 사람이다; du bist (mir) vielleicht eine M.! 너는 좀 이상한 사람이야! **3.** (재고 나서 해 놓은) 표시, (최고) 기록: am Brückenpfeiler ist die M. vom letzten Hochwasser zu sehen 교각에는 지난 번 홍수 때 표시를 볼 수 있다; sie hat die alte M. um 12 Zentimeter verbessert(überboten) 그녀는 구기록을 12cm 갱신하였다.
Märke ['mɛrkə], die; -n《österr.》 (이름) 표시, (속옷, 세탁물 따위에 표시한) 이니셜. **marken** ['markŋ̍] 〈h〉 〔선원〕 항로 표시하다: die Lotleine wurde in Abständen von je einem Meter gemarkt 측연선(測鉛線)은 1미터 간격으로 표시되었다. **märken** ['mɛrkŋ̍]

⟨h⟩ 《österr.》 이니셜을 표시하다: die Wäsche m. 세탁물에 이니셜을 표시하다.
marken-, Marken- (Marke): **~artikel**, der 〖경제〗 정품(상표 품질, 규격을 보증하는 상품). **~artikler**, der 〖경제〗 a) 정품을 취급하는 대리인(외무사원). b) 정품 생산자. **~block**, der ⟨Pl. ...blocks⟩ 우표철. **~butter**, die 최고급 버터. **~erzeugnis**, das, **~fabrikat**, das ↑ ~artikel. **~frei** ⟨Adj.⟩ 배급표가 필요 없는, 자유 판매의. **~gerät**, das ↑ ~artikel. **~heft**, das 〖우편〗 우표 분류 소책자. **~likör**, der 상표있는 리큐르. **~name**, der 상표 이름. **~sammler**, der 우표 수집가. **~schutz**, der 상표 보호. **~ware**, die ↑ ~artikel. **~zeichen**, das 상표, 레테르.
Marker ['markɐ], der; -s, -(s) 〘engl. marker〙 1. 〖언어〗 a) 자질, 특질. b) (수형도의) 구조 성분. c) (변형문법의) 구(句) 구조표시(↑P-Marker). 2. 〖생물〗 바이러스의 발생 특징.
¹Märker ['mɛrkɐ], der; -s, - 《옛》↑Markgenosse.
²Märker [-] ↑¹Mark의 복수형.
Marketender [markə'tɛndɐ], der; -s, - [ital. mercatante의 군인어적 변형] 《옛》 (기동 훈련이나 전쟁시의) 종군 상인. **Marketenderei** [...də'rai], die; -en ⟨meist Pl. 없음⟩ 영내 판매. b) 영내 매점, 이동 주보. **Marketenderin**, die; -nen ↑Marketender의 여성형. **marketendern** ⟨h⟩ 《고어·농》 군인들에게 물건을 팔려고 내놓다, 일상 잡화를 팔다. **Marketenderwagen**, der 《옛》 종군 상인의 (포장) 마차. **Marketenderware**, die ⟨대개 Pl.⟩ 영내 매점 상품.
Marketerie [markətə'ri:], die; -n [...i:ən] ⟨대개 Pl.⟩ [frz. marqueterie] 〖예술〗 상감목세공(象嵌木細工): eine Kommode mit ~n 상감목세공 옷장.
Marketing ['markətɪŋ], das; -(s) 〘engl. marketing〙 〖경제〗 마케팅: ein Fachmann für M. und Werbung 마케팅 및 광고 전문가.
marketing-, Marketing- 〖경제〗: **~abteilung**, die 마케팅부(과). **~agentur**, die 마케팅 대행업. **~manager**, der 마케팅 전문가. **~mix**, das 《붙임표 와 함께》 [amerik. marketing mix] 〖경제〗 판매 촉진을 위한 여러 방책들의 결합. **~orientiert** ⟨Adj.⟩ 마케팅 지향적인: m. produzieren 마케팅 지향적으로 생산하다.
Markeur [mar'kø:ɐ̯], der ↑Markör.
markieren [mar'ki:rən] ⟨h⟩ [frz. marquer < ital. marcare] **1. a)** (부호, 선, 불빛 등으로) 표시를 하다: die Fahrrinne durch Bojen m. 부표(浮標)로 수로를 표시하다; die Stelle auf der Landkarte m. 그 장소를 지도 위에 표시하다; ein markierter Wanderweg 표시를 해놓은 산책로. **b)** 눈에 띄게(알아보게) 표시하다: Bojen markieren die Fahrrinne 부표들이 수로를 표시해준다; 〖전의〗 der Kongreß markiert eine bedeutsame Etappe in der Entwicklung der Sprachwissenschaft 그 회의는 언어학 발전의 한 중요 단계를 이룬다. **2. a)** 강조하다: der Anzug markiert die Schultern 그 양복은 어깨를 강조한다. **b)** ⟨m. + sich⟩ 돋보이다; 뚜렷해지다: die Körperformen markierten sich in dem Kleid besonders stark 체형들이 그 옷으로 특히 강하게 두드러져 보였다. **3.** 《österr.》 (차표에) 구멍을 뚫다, 도장을 찍다. **4. a)** (연극의 배역, 목소리 등을) 암시만하고 완전히 연기하지 않다(총연습 때에): der Sänger markierte nur, um seine Stimme zu schonen 그 가수는 목소리를 보호하기 위하여 하는 시늉만 했다. **b)** 〖통용어〗 ...처럼 보이게 하다: einen Zusammenbruch[Schmerzen] m. 실패한 것[고통스러운 것]처럼 보이게 하다; er ist nicht krank, er markiert bloß 그는 아프지 않고, 다만 그런 척하는 것이다. **5.** 〖스포츠〗 **a)** 득점하다: die Tore Nr. 3 und 4 markierte der Mannschaftskapitän selbst 3번과 4번골은 주장 자신이 넣었다. **b)** (상대편 선수를) 막다, 수비하다: der Stürmer wurde von seinem Bewacher genau markiert 수비는 포워드를 정확히 막았다; 공격수는 전담 수비수에게 철저히 마크당했다. **Markierung**, die; -en **a)** 부호[표시] 붙이기, 표시하기: der Wanderverein übernimmt die M. der Wege 도보 여행회가 길에 표시하는 일을 맡는다. **b)** 부호, 표지: eine deutliche M. 뚜렷한 표지; die M. ist kaum noch zu erkennen 표시는 거의 알아볼 수 없다.
Markierungs-: **~boje**, die 부표(浮標). **~fähnchen**, das 코스를 가리키는 작은 깃발. **~linie**, die 경계선, 표지선. **~punkt**, der 경계 따위를 표시하는 점.
Markierverhalten, das; -s 〖행태〗 자신들의 영역을 표시하는 동물의 특유한 행태.
markig ['markɪç] ⟨Adj.⟩ 힘있는, 간결하고 힘찬: eine ~e Kommandostimme 힘찬 명령 소리; m. antworten 힘차게 대답하다. **Markigkeit**, die 힘있음.
Markise [mar'ki:zə], die; -n [frz. marquise] **1.** 차양, 차일: die M. aufspannen 차양을 치다; unter einer M. sitzen 차양 아래 앉아있다. **2.** 〖보석〗 **a)** 작은 배 모양이 되게 깎는 보석 세공(머키즈 커트). **b)** 배 모양으로 깎은 보석. **Markisendrell**, der 차일용 아마포. **Markisenstoff**, der 차일용 천. **Markiseschliff**, der ↑Markise (2 a).
Markisette, die ↑Marquisette.
Markka ['marka], die; Markaa [finn. markka < schwed. mark] ↑Finnmark(약어: mk).
Markolf [mar'kɔlf], der; -(e)s, -e 〖중세 민중 문학의 조롱자의 이름에서〙 ⟨지역적·준고어⟩ 어치(및 어치속의 조류).
Markomanne [marko'manə], der; -n, -n 고대 게르만 족의 한 부족.
Markör [mar'kø:ɐ̯], der; -s, -e [frz. marqueur] 《österr.·준고어》 웨이터.
Markt [markt], der; -(e)s, Märkte ['mɛrktə] **1.** 장, 시장: dienstags und freitags ist M. 화요일과 금요일에 장이 선다; hier wird regelmäßig M. abgehalten 이곳에 정기적으로 장이 열린다; auf den M. [zum M.) gehen 장에 가다; auf dem M. herrscht fürchterliches Gedränge 시장이 무지무지하게 혼잡하다. **2.** (장이 서는) 광장, 장터, 시장: die M. dient an den übrigen Wochentagen als Parkplatz 그 광장은 〈장이 안 서는〉 다른 요일에는 주차장으로 사용된다. **3. a)** 상품의 공급 및 수요(매매), 상품 거래: der M. ist übersättigt 〖상〗 공급 과잉이다; Kunststoffe überschwemmen den M. 합성 수지 제품이 시장에 범람한다; den M. drücken 〖상〗 박리다매하다; neue Produkte auf den M. werfen 새 상품을 시장에 내놓다; diese Ware ist nicht[fehlt] auf dem M. 〖상〗 이 상품은 시장에 없다[거래되지 않는다]; **der Gemeinsame M.** 유럽공동체(die Europäische Wirtschaftsgemeinschaft)의 부정확한 명칭; **schwarzer M.** 암시장; **grauer M.** 반암 시장(값을 덮어씌우는 식의 거래). **b)** 판로, 시장: neue Märkte gewinnen 새로운 판로를 찾다.
markt-, Markt- 〖경제〗: **~absprache**, die 시장(분) 담합. **~analyse**, die 시장 분석. **~anteil**, der 시장 점유율: der M. dieser Firma liegt etwa bei vier Prozent 이 회사의 시장점유율은 약 4%이다. **~aufkommen**, das (시장) 출하량: großes M. drückt die Preise 출하량이 많으면 가격이 압박을 받는다. **~beherrschend** ⟨Adj.⟩ 시장을 지배하는: eine ~e Stellung einnehmen 시장을 지배하는 위치를 차지하다. **~beherrschung**, die 시장 지배. **~bericht**, der 시장

에 관한 보고[보도]. ~**bewußt** 〈Adj.〉 시장[물가]을 의식하는. ~**brunnen**, der 시장통의 분수대. ~**bude**, die ↑~stand. ~**chance**, die 〈대개 Pl.〉 시장성, 시장 진출의 기회. ~**fähig** 〈Adj.〉 시장성이 있는. ~**fahrer**, der 〈österr.〉 (자동차로 이용하는) 장돌뱅이. ~**fierant**, der 〈österr.〉 ↑Fierant. ~**flecken**, der 《아어·준고어》 장터. ~**forschung**, die 시장 조사. ~**forschungsabteilung**, die 시장 조사부. ~**frau**, die 시장 아낙네. ~**friede(n)**, der (중세의) 시장의 평화 (장과 장에 오는 사람들의 권리 보장). ~**gängig** 〈Adj.〉 시장성이 있는, 잘 팔리는. ~**gebühr**, die, ~**geld**, das 시장 사용료, 장세. ~**gemeinde**, die 〈österr.〉 ↑ ~flecken. ~**gerecht** 〈Adj.〉 시장(여건)에 맞는: m. kalkulieren 시장 여건에 맞게 계산하다. ~**halle**, die 시장(의 건물). ~**händler**, der 시장 상인. ~**händlerin**, die ↑~händler의 여성형. ~**helfer**, der 시장의 허드레꾼. ~**konform** 〈Adj.〉 시장 법칙에 들어맞는. ~**korb**, der 1. 장바구니. 2. 《옛》 (물건 내다 파는) 고리짝. ~**lage**, die 시장의 거래 상황. ~**lücke**, die 시장의 공백(수요는 있으나 공급이 없는 상태): eine M. entdecken 시장의 공백을 발견하다. ~**nische**, die ↑ ~lücke. ~**ordnung**, die 1. (특히 EC에서의 농산물에 관한) 시장 조절 규정. 2. 시장 관리 규정. ~**orientiert** 〈Adj.〉 시장성을 고려한. ~**ort**, der 〈Pl. -e〉 《드물게》 ↑~flecken. ~**platz**, der ↑Markt (2). ~**politik**, die 시장 정책. ~**politisch** 〈Adj.〉 시장 정책상의. ~**preis**, der 시장 가격. ~**produktion**, die 1. 《경제》 (시판용) 대량 생산. 2. 《구동독》 직거래를 위한 농업생산. ~**psychologie**, die 시장 심리학. ~**recht**, das 《역사적》 1. 시장 개설권. 2. 시장 관리법. ~**schreier**, der a) 떠버리 장사. b) 《폄》 과장해서 선전하는 사람. ~**schreierisch** 〈Adj.〉 《폄》 떠벌리는, 떠버리 장사 같은, 시끄러운: das Plakat wirkt grell und m. 이 포스터는 요란하고 떠벌리는 인상을 준다. ~**schwankungen** 〈Pl.〉 (시장에서의) 수급의 변동. ~**situation**, die ↑~lange. ~**stand**, der 시장 판매대. ~**tag**, der 장날. ~**tasche**, die 장바구니. ~**üblich** 〈Adj.〉 시중의: -e Zinsen 시중 금리. ~**weib**, das 《경·폄》 시장 여편네. ~**wert**, der 시장 가치: der M. dieses Bildes ist gestiegen이 그림은 시장 가치가 올라갔다. ~**wirtschaft**, die 시장 경제: die Spielregeln der M. 시장 경제의 규칙들; soziale M. 사회적 시장경제. ~**wirtschaftlich** 〈Adj.〉 시장 경제적인: ein -es System 시장 경제 체제; m. orientierte Staaten 시장 경제를 지향하는 나라들.

markten ['marktn̩] 〈h〉《드물게》흥정하다: wir markten mit uns selbst 우리는 우리 자신과 흥정하고 있다.
marktlich 〈Adj.〉《드물게》시장의: die -en Möglichkeiten voll ausschöpfen 시장의 가능성을 남김없이 이용하다.
Markung, die, -en 《고어》 경계, 한계.
Markusevangelium, das 마가복음.
Marl- ['marl-] 《선원》: ~**leine**, die 가느다란 돛줄, 로프. ~**schlag**, der 돛줄 매듭. ~**spieker**, der 돛줄(꼬인 것 푸는) 바늘.
marlen ['marlən] 〈h〉 《선원》 돛을 올리다.
¹**Marmel** ['marml], die, -n 《지역적》 ↑Murmel.
²**Marmel** [-], der, - 《고어》 대리석.
Marmelade [marmə'la:də], die, -n [port. marmelada < lat. melimēlum < griech. melímēlon] 잼: M. aus Erdbeeren 딸기잼; M. einkochen 잼을 만들다.
Marmelade(n)-: ~**brot**, das 잼 바른 빵. ~**eimer**, der 잼 통. ~**fabrik**, die 잼 공장. ~**füllung**, die 잼 속: Schmalzgebäck mit M. 잼 속이 든(잼을 채워넣은) 기름과자. ~**glas**, das 〈Pl. ...gläser〉 잼 병. ~**schnit**-**te**, die ↑~brot. ~**sorte**, die 잼 종류. ~**topf**, der 잼 단지.

marmeln ['marm|n] 〈h〉《지역적》 구슬치기하다, 구슬을 가지고 놀다. **Marmelstein**, der; -(e)s, -e 《고어》 대리석. **Marmor** ['marmɔr] (또한) ...mo:ɐ̯], der; -s, -e 〈종류〉 -e [lat. marmor < griech. mármaros] 대리석: eine Statue(Skulptur) aus M. 대리석상[조각품].

marmor-, **Marmor-**: ~**arbeit**, die 대리석 작품. ~**artig** 〈Adj.〉 대리석의, 대리석으로 만든: -er Kunststein 대리석 같은 인조석. ~**bank**, die 대리석 벤치. ~**bild**, das 대리석 입상. ~**bleich** 〈Adj.〉 《드물게 아어》 대리석처럼 흰. ~**block**, der 〈Pl. -blöcke〉 대리석 덩어리. ~**bruch**, der 대리석 채석장. ~**büste**, die 대리석 흉상. ~**getäfelt** 〈Adj.〉 대리석을 입힌. ~**gips**, der 《건축》 대리석 시멘트(석고를 가공한 치장용 벽토). ~**grube**, die 대리석 갱. ~**gruppe**, die 대리석상들의 무리. ~**kamin**, der 대리석 벽난로. ~**kuchen**, der 대리석 케이크(자른 면에 대리석 같은 결이 나타나는 카스테라 같은 과자). ~**papier**, das 대리석 문양이 있는 종이. ~**plastik**, das 대리석 조형물[입상]. ~**platte**, die 대리석판. ~**säule**, die 대리석 기둥. ~**schleifer**, der 대리석 연마공. ~**skulptur**, die ↑~plastik. ~**sockel**, der 대리석 받침. ~**statue**, die 대리석 입상. ~**stein**, der 대리석. ~**tafel**, die 대리석 비문. ~**tisch**, der 대리석 탁자. ~**treppe**, die 대리석 계단. ~**zement**, der ↑~gips.

marmorieren [marmo'ri:rən] 〈h〉 [lat. marmorāre] 대리석 문양을 넣다. **Marmorierung**, die; -en 대리석 문양(넣기). **marmorn** ['marmɔrn] 〈Adj.〉 《아어》 1. 대리석으로 된. 2. 대리석 같은: sie war von -er Blässe 그녀는 대리석같이 창백했다.

Marmotte [mar'mɔtə], die, -n [frz. marmotte] 마못 (알프스에 서식하는 쥐의 일종).
Marne, die; - 마른 강(프랑스에 있는 강).
Marocain [maro'kɛ̃:], der / das; -s, -s [frz. (crêpe) marocain] 마로캥(가는 주름이 잡힌 견직물의 하나).
marod [ma'ro:t] 〈Adj.〉 〈österr.·통용어〉 약간 병이 난.
marode [...o:də] 〈Adj.〉 **1. a)** 《군·고어》 행군할 수 없는: die andere Hälfte lag m. in den Bunkern 나머지 반은 행군할 수 없어 엄폐호 속에 누워 있었다. **b)** 《준고어》 지친. **2.** 몰락한, 타락한, 병든: ein -r Haufen 오합지중(烏合之衆). **Marodeur** [maro'dø:ɐ̯], der; -s, -e [frz. maraudeur] 《군》 (약탈을 일삼는) 낙오병.
marodieren [maro'di:rən] 〈h〉 [frz. maraud] 《군》 낙오하여 약탈을 일삼다.
Marokkaner, der; -s, -e 모로코 사람. **marokkanisch** 〈Adj.〉 모로코의. **Marokko**, -s 모로코(아프리카 서부 해안의 나라).
Marone [ma'ro:nə], die; -n / 《지역적》 ...ni [frz. marron < ital. marrone] **1.** 밤, 군밤: heiße -n 뜨거운 군밤. **2.** 〈Pl. -n〉 밤버섯. **Maronenpilz**, der ↑ Marone (2). **Maronenröhrling**, der; -s, -e ↑ Marone (2). **Maroni** [ma'ro:ni] **1.** die 《südd., österr.》 ↑ Marone (1). **2.** ↑ Marone (1)의 복수형.
Maronibrater [-bra:tɐ], der 《österr.》 군밤 장수.
Maronit [maro'ni:t], der; -en, -en 《대개 Pl.》 (성인 마로의 무덤에 세운 수도원에 따라) 마로과 교도. **maronitisch** 〈Adj.〉 마로과의.
Maroquin [maro'kɛ̃:], der / das; -s [frz. maroquin] 모로코 가죽(두툴두툴하게 무두질한 산양 가죽).
Marotte [ma'rɔtə], die; -n [frz. marotte] 괴벽, 변덕: das ist eine M. von ihm, nie ohne Schirm auszugehen 우산없이는 절대로 안 나가는 것이 그의 괴벽이다.
Marquis [mar'ki:], der; - [...ki:(s)], - [...ki:s; frz. mar-

Marquisat 1360

quis] 1. ⟨Pl. 없음⟩ (프랑스의) 후작의 칭호. 2. 후작. **Marquisat** [marki'za:t], das; -(e)s, -e [frz. marquisat] 1. 후작의 지위. 2. 후작령. **Marquise** [mar'ki:zə], die; -n 1. ↑Marquis의 여성형. 2. 후작의 부인. **Marquisette** [marki'zɛt], die / der; -s 마르키세트(투명한 커튼지의 일종).

v| **Marroni** [ma'ro:ni] ⟪schweiz.⟫ ↑Maroni (1).

¹**Mars** [mars], der; -, -e ⟨선원⟩ 장루(檣樓).
²**Mars**, der 화성.
³**Mars**, der 전쟁의 신(로마 신화의).
¹**Mars-** (Mars): -**rahe**, die ⟨선원⟩ 제일접장의 활대. ~**segel**, das ⟨선원⟩ 제일접장의 돛. ~**stenge**, die ⟨선원⟩ 제일접장.
²**Mars-**: ~**bewohner**, der ↑~mensch. ~**mensch**, der 화성인. ~**oberfläche**, die 화성 표면. ~**rakete**, die 화성 로켓. ~**sonde**, die 화성 탐사선.

Marsala [mar'za:la], der; -s, -s (시실리아의) 마르살라 포도주. **Marsalawein**, der ↑Marsala.

marsch [marʃ] ⟨Interj.⟩ **a)** 앞으로 가!: Abteilung — m.! 대대 앞으로 가! **b)** ⟨통용어⟩ 저리 가! 빨리 가!: m. ins Bett! 빨리 가 자거라! ¹**Marsch** [-], der; -(e)s, Märsche ['mɛrʃə; frz. marche] 1. **a)** 행군, 행진: die Truppe war nach stundenlangen Märschen erschöpft 부대는 몇 시간의 행군으로 지쳐 있었다. **b)** 도보 행진: ein weiter, anstrengender M. 길고도 힘든 도보 행진; 전의 der lange M. durch die Institutionen 관료 체제 안에서의 대장정(大長征). **c)** ⟨군⟩ 부대 행군, 이동: die Einheiten waren auf dem M. an die Front 부대들이 전선으로 이동하고 있었다; **jmdn.(sich) in M. setzen** 누구를 행진하도록 하다(행진하다); **jmdn. in M. setzen** 누구로 하여금 어떤 일을 하도록 하다. 2. 행진곡: einen flotten M. spielen 경쾌한 행진곡을 연주하다; **jmdm. den M. blasen** ⟨통용어⟩ 누구를 훈계하다[호통치다].

²**Marsch** [-], die; -en (북해 연안의 평평하고 아주 비옥한) 갯땅[벌].

marsch-, ¹**Marsch-** (¹Marsch): ~**befehl**, der ⟨군⟩ 행군 명령, 이동 명령. ~**bereit** ⟨Adj.⟩ 행군[이동] 태세가 된: die Truppe ist jederzeit m. 부대는 언제라도 이동 태세가 돼 있다. ~**bereitschaft**, die 행군 태세. ~**block**, der ⟨Pl. -blöcke / -s⟩ 행군 대오: einen M. bilden 행군 대오를 형성하다. ~**erleichterung**, die ⟨군⟩ (복장 등을) 행군에 편하게 하기. ~**fertig** ⟨Adj.⟩ ↑~bereit. ~**flugkörper**, der 순항 미사일. ~**foxtrott**, der 행진곡 템포의 폭스 트롯. ~**gepäck**, das ⟨군⟩ 군장. ~**geschwindigkeit**, die 행군 속도. ~**gliederung**, die ↑~ordnung. ~**kolonne**, die ⟨군⟩ 행군 대열. ~**kompaß**, der 행군 나침반. ~**lied**, das 행군가. ~**mäßig** ⟨Adj.⟩ 행군에 걸맞은: m. angezogen sein 행군에 맞는 옷차림을 하다. ~**melodie**, die 행진곡 멜로디. ~**musik**, die 행진곡. ~**order**, die ⟨군⟩ ↑~befehl. ~**ordnung**, die ⟨군⟩ 행군 대열: sich in M. aufstellen 행군 대열을 짓다. ~**pause**, die 행군 중 휴식: eine M. einlegen 행군 중 휴식을 취하다. ~**rhythmus**, die 행진곡 리듬. ~**richtung**, die ⟨군⟩ 행군 방향. ~**route**, die ⟨군⟩ 행군로: 전의 die M. für die nächsten Verhandlungen besprechen 앞으로 있을 협상의 전략을 토의하다. ~**säule**, die (분열 행진이나 데모 때의) 긴 행렬. ~**schritt**, der 행군 걸음. ~**stiefel**, der 행군 장화. ~**tempo**, das **a)** 행진의 템포. **b)** ⟨음악⟩ 행진곡 템포: in einem Stück im M. spielen 곡을 행진곡 템포로 연주하다. ~**tritt**, der ↑~schritt. ~**verpflegung**, die ⟨군⟩ 행군 식량. ~**ziel**, das 행군 목표.

²**Marsch-** (²Marsch): ~**bauer**, der 갯땅의 농부. ~**boden**, der 소택지. ~**land**, das 갯땅.

Marschall ['marʃal], der; -s, Marschälle [...ʃelə; frz. marechal]. 1. ⟨역사적⟩ 궁내 대신. 2. ⟨옛⟩ **a)** ⟨Pl. 없음⟩ 원수 계급. **b)** 원수. **Marschall(s)stab**, der 원수의 지휘봉, 원수장(元首杖).

Marschendorf ['marʃn̩-], das; -(e)s, ...dörfer 갯마을.

marschieren [mar'ʃi:rən] ⟨sv⟩ [frz. marcher] 1. **a)** 행진하다, 행군하다, 이동하다: im Gleichschritt m. 일정한 걸음걸이로 행진하다. **b)** (큰 보폭으로) 빠르게 걷다: wir sind heute drei Stunden marschiert 우리는 오늘 세 시간을 걸었다. **c)** ⟨통용어⟩ (중단없이) 진전하다: die Sache marschiert 그 일은 착착 진행되고 있다; 전의 das Unternehmen marschiert in die roten Zahlen 그 기업은 적자를 향해 줄달음질하고 있다. 2. ⟨군⟩ (부대가) 이동하다.

Marseillaise [marsɛ'jɛ:zə, marsɛ..., ⟨österr.⟩...'jɛ:s], die [frz. Marseillaise] 마르세이예즈(프랑스의 국가).

Marseille [mar'sɛ:j] 마르세이유(남부 프랑스의 도시).
¹**Marseiller** [mar'sɛ:jɐ], der; -s 마르세이유 시민.
²**Marseiller** ⟨Adj.; 격변화 없음⟩ 마르세이유의.

Marstall ['marʃtal], der; -(e)s, ...ställe [...ʃtɛlə] ⟨옛⟩ 1. 군주의 외양간. 2. 군주가 소유한 말의 총칭.

Märte ['mɛrtə], die; -n ⟨md.⟩ (우유와 빵이 든) 찬 수프.

martellato [marte'la:to], ⟨드물게⟩ **martelé** [martə'le:] ⟨Adv.⟩ [ital. martellato] ⟨음악⟩ 마르텔라토("망치질하듯", "강한 악센트를 주어서"). **Martellato** [-], das; -s, -s / ...ti, ⟨드물게⟩ **Martelé** [-], das; -s, -s ⟨음악⟩ 마르텔라토(방식에 의한, 연주).

Marter ['martɐ], die; -n (아이) 고문, 정신적 또는 육체적 고통: entsetzliche -n 무서운 고문.

marter-, **Marter-**: ~**bank**, die ⟨고어⟩ ↑Folterbank. ~**gerät**, das ⟨고어⟩ ↑Foltergerät. ~**holz**, das ⟨시어⟩ 십자가. ~**instrument**, das ↑~gerät. ~**kammer**, die ⟨고어⟩ ↑Folterkammer. ~**knecht**, der ⟨고어⟩ ↑Folterknecht. ~**pfahl**, der 고문 말뚝(인디언들이 포로를 잡아 매고 고문하던). ~**tod**, der ⟨아이⟩ 순교, 고문사. ~**voll** ⟨Adj.⟩ ⟨아이⟩ 고통스러운, 무서운. ~**werkzeug**, das ⟨고어⟩ ↑Folterwerkzeug. ~**woche**, die ⟨시어⟩ ↑Karwoche.

Marterl ['martɐl], das; -s, -n ⟨bayr., österr.⟩ 예수 수난 기념비. **martern** ['martɐn] ⟨h⟩ ⟨sv/h⟩ **a)** 고문하다, (육체적으로) 고통을 주다: jmdn. grausam m. 누구를 무자비하게 고문하다. **b)** (정신적) 고통을 주다, 못살게 굴다: schreckliche Träume marterten sie 무서운 꿈이 그녀를 괴롭혔다. **Marterung**, die; -en ⟨아이⟩ 고문.

martialisch [mar'tsia:lɪʃ] ⟨Adj.⟩ [lat. Martiālis] ⟪교양어⟫ 전투적인, 겁주는: -es Aussehen 겁을 주는 외모; sein Blick war m. 그의 눈길은 전의에 불타올랐다.

Martingal ['martɪŋɡal], das; -s, -e [frz. martingale] ⟨승마⟩ 가슴걸이(말이 머리를 못 숙이게 말 안장에 맨 끈).

Martin-Horn ⓌⓏ ['marti:n-], das; -(e)s, -Höner (소방차, 병원차 등의) 경적.

Martini [mar'ti:ni] ↑Martinstag.

Martins-: ~**gans**, die 성 마르틴 축제에 먹는 거위. ~**horn**, das ↑Martin-Horn. ~**tag**, der 성 마르틴 축제: an dem M. machen die Kinder Laternenumzüge 성 마르틴 축제에는 아이들이 등불 행진을 한다.

Martyrer ['martyrɐ], der; -s, - [가] ↑Märtyrer (a). **Märtyrer** ['mɛrtyrɐ], der; -s, - [lat. martyr] **a)** [가·⟨드물게⟩ 신교] 순교자, 수난자: die frühchristlichen M. 초기 기독교의 순교자들. **b)** ⟨교양어⟩ (양심을 지키려다 박해를 받는) 순절자, 순교자: den M. spielen 순절하는 체하다. **Märtyrerin**, die; -nen ↑Märtyrer의 여성형. **Märtyrerkrone**, die; -n 순교자의 관

(관): die M. tragen 순교자의 관을 쓰다, 순교자로 고통을 당하다. **Märtyrertod**, der; -(e)s, -e 순교사: den M. erleiden 순교자로 죽다, 순교하다. **Märtyrertum**, das; -s 순교, 수난. **Martyrin** ['martyrın], die; -nen [가] ↑Märtyrer의 여성형. **Märtyrin** ['mɛrtyrın], die; -nen ↑Märtyrerin. **Martyrium** [mar'ty:rɪum], das; -s, ...ien [...iən] lat. martyrium] 1. 순교, 수난: [전의] die Ehe war für sie ein einziges M. 《교양이》 결혼 생활은 그녀에게 바로 수난 그것이었다. 2. 순교자(의 무덤이 딸린) 교회. **Martyrologium** [martyro-'lo:gium], das; -s, ...ien [...iən] [가] 《순교자 명부나 그림 축일표가 있는》 미사책.

Marunke [ma'roŋkə], die; -n 《ostmd.》 (노란) 자두.

Marxismus [mar'ksısmus], der; -, ...men [...mən] 1. 《Pl. 없음》 마르크스주의, 마르크시즘: den M. studieren 마르크시즘을 연구하다. 2. 마르크스주의적 표현: der Aufsatz ist voll von Marxismen 이 논문은 마르크스주의적 표현들로 가득 차 있다. **Marxismus-Leninismus**, der; - 마르크스-레닌주의. **Marxist** [mar-'ksıst], der; -en, -en 마르크시스트, 마르크스주의자: ein überzeugter M. 철저한 마르크스주의자. **marxistisch** 〈Adj.〉 a) 마르크스주의의: -e Literatur 마르크스의 문학. b) -e Literaturkritik 마르크스주의 문예 비평; etw. m. interpretieren 무엇을 마르크스주의적으로 해석하다. **marxistisch-leninistisch** 〈Adj.〉 마르크스-레닌주의의: die -e Staatstheorie 마르크스-레닌주의 국가론; eine -e Partei 마르크스-레닌주의 정당. **Marxist-Leninist**, der; des Marxisten-Leninisten, die Marxisten-Leninisten 마르크스-레닌주의자. **Marxologe**, der; -n, -n 《대개 농·펌》마르크스 학자. **Marxologie**, die 마르크스 학.

Mary Jane ['mɛəri 'dʒeın], die 《은어》↑Marihuana.

Maryland ['mɛəriland], -s 메릴랜드(미국의 한 주).

März [mɛrts], der; -(e)s /《시어》-en, -e 《드물게 Pl.》 3월. **märzlich**, 3월의.

März- (Märzen-): **~becher**, der ↑Märzenbecher. **~bier**, das ↑Märzenbier. **~gefallene*****, der 1. (1848년) 3월 혁명의 사망자. 2. (반어) 3월의 변절자(1933년 3월 제국회의 선거 이후 나치당에 가입한). **~glöckchen**, das ↑Märzenbecher. **~nacht**, die 3월의 밤: eine kalte M. 추운 3월의 밤. **~sonne**, die 3월의 햇빛: M. bräunt besonders intensiv 3월의 햇볕은 살을 특히 잘 태운다. **~veilchen**, das (3월에 피는) 오랑캐꽃.

Märzen- (März-): **~becher**, der ↑Frühlingsknotenblume. **~bier**, das (뮌헨 지방의 독한) 흑맥주. **~flecken** 〈Pl.〉 《schweiz.》 주근깨.

Marzipan [martsi'pa:n /《österr.》 '- - -], das /《österr.》 der; -s, 《종류》-e [ital. marzapane] 마르치판(편도가 든 매우 단 과자).

Marzipan-: **~brot**, das (빵 모양의) 마르치판. **~ei**, das (달걀 모양의) 마르치판. **~ferkel**, das / **~schweinchen**, **~kartoffel**, die 마르치판 경단(감자 모양의). **~schwein**, **~schweinchen**, das (돼지 모양의) 마르치판. **~torte**, die 마르치판 (켜가 든) 케이크.

Märzrevolution, die (1848년 독일의) 3월 혁명.

¹Mascara [mas'ka:ra], die; - 《engl. mascara》 마스카라, 눈썹먹. **²Mascara** [-], der; -, -s 마스카라 붓.

maschallah [ma'ʃala]; 《arab. māšā'allah》 아이구, 하느님! (이슬람 세계에서 놀람의 외침).

Masche [ˈmaʃə], die; -n 1. (그물 또는 뜨개질의) 코: eine M. fallen lassen 코를 하나 빠뜨리다; der Fisch ist in den -n des Netzes hängengeblieben 고기가 그물코에 걸려 있다. [전의] durch die M. des Gesetzes schlüpfen 법망을 빠져나가다. 2. 《österr.》 리본: das

Mädchen trägt eine rote M. im Haar 그 계집아이는 머리에 빨간 리본을 매고 있다. 3. 《통용어》 a) 꾀, 기발한 해결책: das ist die M. 그것 참 기발한 꾀다. b) 잔꾀, 속임수: die Gauner versuchten es mit einer neuen M. 사기꾼들이 새로운 잔꾀를 생각해 냈다.

Mascheckseite: ↑Maschikseite.

maschen-, **Maschen-**: **~draht**, der 철조망. **~drahtzaun**, der 철조망 울타리. **~fest** 〈Adj.〉 (스타킹 등이) 코가 안 빠지는. **~mode**, die 뜨개질 패션. **~netz**, das / **~panzer**, der 쇠사슬로 만든 갑옷. **~probe**, die [수예] 편물 견본 조각. **~stich**, der [수예] (자수) 코뜨기. **~ware**, die 뜨개질 옷, 니트웨어. **~werk**, das 그물조직. **~zahl**, die [수예] (자수) 콧수.

Mascherl [ˈmaʃɐl], das; -s, -n 《österr.》 리본. **-maschig** [-maʃɪç] 《다음과 같은 합성어로, 예컨대》 engmaschig 코가 촘촘한.

Maschikseite ['maʃik-], die; -n 《ostösterr.》 반대쪽, 뒤쪽: [전의] auf der M. des Lebens stehen 삶의 그늘에 서다.

Maschinchen [ma'ʃi:nçən], das; -s, - ↑Maschine (1). **Maschine** [ma'ʃi:nə], die; -n [frz. machine] 1. a) 《축소형: Maschinchen》 틀, 기계, 장치, 기구: eine moderne M. 현대적인 기계; landwirtschaftliche -n 농기계; die M. läuft 기계가 돌아간다; er arbeitet wie eine M. 그는 기계처럼 일한다; an einer M. arbeiten 기계를 조작하다. b) 《통용어》 자동차의 엔진: die M. hat 70 PS 이 엔진은 70 마력 짜리다. 2. a) 비행기: meine M. hatte Verspätung 내가 탈 비행기가 연착했다. b) 《통용어》 오토바이: seine M. macht furchtbaren Lärm 그의 오토바이는 소리가 지독하다. c) 《드물게》 3. a) ↑Schreibmaschine의 약칭: ich schreibe M. 나는 타자기로 글을 쓴다; einen Bogen Papier in die M. spannen 타자기에 종이를 끼우다. b) ↑Nähmaschine의 약칭. c) 《통용어》Waschmaschine의 약칭: Hemden kann man in der M. waschen 셔츠는 세탁기로 빨 수 있다. 4. 《통용어·펌》왜장녀, 키크고 뚱뚱한 여자: mein Gott, ist die M.! 아이쿠, 왜장녀다! **maschinegeschrieben** 〈Adj.〉 타자기로 친(반대: handgeschrieben). **maschinell** [maʃi'nɛl] 〈Adj.〉 a) 기계에 의한, 기계로 하는: die -e Herstellung eines Produkts 기계로 하는 상품 생산. b) 기계적인, 기계의.

maschinen-, **Maschinen-**: **~antrieb**, der 기계 추진, 기계의 힘. **~arbeit**, die 기계 작업. **~arbeiter**, der 기계공. **~bau**, der 《Pl. 없음》 1. 기계 제작: eine Firma für M. 기계 제작회사. 2. 기계공학. **~bauer**, der; -s, - 기계 제작자. **~bauingenieur**, der 기계공학 기사. **~bediener**, der; -s, - ↑Operator (2). **~defekt**, der ↑ **~schaden**. **~einsatz**, der 《Pl. 없음》 기계의 투입. **~element**, das 《대개 Pl.》[기술] 기계의 부속. **~fabrik**, die 기계 공장. **~garn**, das 재봉틀 실. **~geschrieben** 〈Adj.〉 ↑maschinegeschrieben. **~geschütz**, das 기관총. **~gestickt** 〈Adj.〉 기계로 수놓은. **~gestrickt** 〈Adj.〉 기계로 짠(뜬). **~gewehr**, das 기관총: ein leichtes M. 경기관총. **~gewehrfeuer**, das 기관총 사격. **~gewehrsalve**, die 기관총 일제 사격. **~halle**, die 기계실. **~hammer**, der [기술] 기계 망치. **~haus**, das ↑ **~raum**. **~kanone**, die 기관포. **~kraft**, die 기계의 힘. **~kunde**, die / **~lehre**, die 기계학. **~lärm**, der 기계 소리, 기계 소음. **~lehre**, die 기계학. **~lesbar** 〈Adj.〉 컴퓨터가 읽을 수 있는, 컴퓨터 판독이 가능한: -e Datenträger 컴퓨터가 판독할 수 있는 자료. **~mäßig** 〈Adj.〉 ↑maschinell (b). **~meister**, der 1. (공장의) 기계 주

임, 기계 담당. 2. (극장의) 장비 주임. 3. 《인쇄·고어》인쇄 주임. ~mensch, der 《드물게》↑Roboter. ~messer, das 기계칼. ~näherin, die 여재봉사. ~öl, das 기계 기름, 윤활유. ~papier, das 1. 기계로 만든 종이. 2. ↑Schreibmaschinenpapier. ~park, der (한 공장의) 기계 전체. ~pistole, die 자동권총: die M. im Anschlag halten 자동권총을 겨누다. ~raum, der 기관실, 기계실. ~revision, die [인쇄] (인쇄 직전의 마지막) 인쇄용지 점검. ~ring, der 농기계 조합. ~saal, der ↑~halle. ~satz, der [인쇄] 기계식자(반대: Handsatz a). ~schaden, der 기계 고장, 기관 고장: das Schiff hatte einen M. 배는 기관 고장을 일으켰다. ~schlosser, der (크고 복잡한 기계를 조립, 제작하는) 기계공, 기계조립공: er lernt M. 그는 기계일을 배우고 있다. ~schreiben, das; -s 타자(打字). ~schreiber, der 타자수. ~schreiberin, die ↑~schreiber의 여성형. ~schrift, die 타자기로 친 글(글자). ~schriftlich 〈Adj.〉 타자기로 친. ~seide, die 재봉틀용 명주실. ~setzer, der 기계 식자공. ~spitze, die [섬유] 기계 레이스. ~sprache, die [전산] ↑Programmiersprache. ~stricken, das; -s 기계 편물. ~stunde, die 기계 작동 시간: wir berechnen 25 DM für die M. 우리는 기계가 한 시간 작동하는데 25 마르크를 계산한다. ~stürmer 〈Pl.〉《역사적》 (산업 혁명 초기) 공장 기계를 파괴하는 노동자(수공업자): die Bewegung der M. begann in England 기계 파괴 운동은 영국에서 시작되었다; [전의] wir sind keine M. 우리는 기계 파괴자(기술 정보에 반대하는 자)가 아니다. ~telegraf, der [기술] 전장실과 기관실간의 통신 시설. ~und-Traktoren-Station, die 《구동독·준고어》 (농장에 농기계를 빌려주는) 농기구 및 트랙터 센터(약칭: MTS). ~waffe, die [군] 자동무기. ~wärter, der ↑~meister. ~wäsche, die (반대: Handwäsche) 1. 기계 세탁. 2. 기계로 빤 빨래. ~wechsel, der 기관차 교환. ~zeitalter, das 기계 시대.
Maschinerie [maʃinəˈriː], die; -n [...iːən] 1. a) (복잡한) 기계 장치. b) [극장] (무대의) 기계 장치. 2. 《교양어》 (비인간적인) 제도(기제), (부정적인) 체제(기구): die seelenlose M. des Staatsapparates 국가 기구의 기계적인 체제; in die gnadenlose M. der Justiz geraten 법의 무자비한 톱니바퀴 속으로 빨려들다. **maschineschreiben** 〈h〉 타자하다: sie kann sehr schnell (fehlerfrei) m. 그 여자는 아주 빨리(틀리지 않고) 타자칠 수 있다. **maschinieren** [maʃiˈniːrən] 〈h〉 [모피] 모피에 달린 강모를 기계로 깎다. **Maschinist** [maʃiˈnɪst], der; -en, -en [frz. machiniste] 1. 기계공. 2. (배의) 기관사. **maschinschreiben** 〈h〉 (österr.) ↑maschineschreiben. **Maschinschreiben**, das; -s 《österr.》 ↑Maschinenschreiben. **Maschinschreiber**, der; -s, - 《österr.》 ↑Maschinenschreiber. **Maschinschreibkraft**, die; ...kräfte 《österr.》 타자수, 타이피스트. **maschinschriftlich** 〈Adj.〉 《österr.》 ↑maschinenschriftlich.
Masch.-Schr. = Maschine(n)schreiben.
¹Maser [ˈmaːzɐ], die; -n 나무 무늬, 나뭇결: Holz mit feinen, ausdrucksvollen -n 섬세하고 인상적인 무늬가 있는 나무(목재).
²Maser [ˈmeɪzə], der; -s, - [engl.-amerik. maser] [물리] 메이저, 극초단파 증폭기.
Maserholz, das; -es, -hölzer 무늬 있는 목재. **maserig** 〈Adj.〉 무늬가 있는. **masern** [ˈmaːzɐn] 〈h〉 무늬넣다: fein gemaserter Marmor 섬세한 무늬가 든 대리석. **Masern** [-] 〈Pl.〉 홍역: die Kinder haben (die) M. 아이들은 홍역을 하고 있다.
Maseru 마세루(레소토의 수도).

Maserung, die; -en (목재, 석재, 가죽 등에 든) 무늬: die M. des Fells dieser Katze ist typisch für die Rasse 이 고양이의 털무늬는 이 품종의 고양이에게 특징적이다.
Masette [maˈzɛtə], die; -n [ital. mazzetto] 《österr.》 (극장 등에서 팔기 전의) 입장권 묶음.
Mashie [ˈmɛʃi, 〈engl.〉 mæʃi], der; -s, -s [engl. mashie, mashy] 매시(쇠머리가 달린 골프채).
Maskarill [maskaˈril], der; -(s), -e [span. mascarilla] [연극] 마스카릴(스페인 희극의 고정 배역, 후작으로 변장한 하인). **Maskaron** [maskaˈroːn], der; -s, -e [frz. mascaron] [건축] (바로크 건축에서 장식으로 쓰인) 사람 얼굴.
Maskat 마스카트(오만의 수도).
Maske [ˈmaskə], die; -n [frz. masque < ital. maschera] 1. a) 탈, 복면: eine tragische(komische) M. 슬픈(우스운) 탈; eine M. tragen 탈을 쓰고 있다; die M. ablegen 탈을 벗다; sein Gesicht erstarrte zur M. 그의 얼굴은 탈처럼 굳어 버렸다; [전의] er trägt die M. des Unschuldigen 그는 순진의 탈을 쓰고 있다; **die M. fallen lassen[von sich werfen]** 탈을 떨어뜨리다(벗어 던지다)(자기의 참 모습을 드러내다); **jmdm. die M. vom Gesicht reißen** 누구의 탈을 벗기다(정체를 폭로하다). b) 탈을 쓴 사람: die schönsten -n des Festes bekommen einen Preis 이 축제에서 가장 아름다운 탈을 쓴 사람들은 상을 받는다. c) 데드마스크. 2. a) (특정 목적으로 쓰는) 마스크(방독면, 입 마스크 따위). b) ↑Gesichtsmaske (3)의 약칭: eine M. erfrischt und belebt die Haut 얼굴 마사지는 피부를 신선하고 생기 있게 한다. 3. [연극] 분장: die Schauspieler waren schon in M. 배우들은 이미 분장을 끝내고 있었다. 4. [생물] (곤충의) 얼굴: der Hund hat eine schwarze M. 그 개는 얼굴색이 검다. 5. [사진] a) (인화할 때 네거티브 필름을 덮는) 형지(型紙). b) (인화할 때 사진의 선택적 부분이나 명암을 고치는) 반투명 필터.
Masken-: ~**ball**, der 1. 가장 무도회, 가면 무도회 [군] a) 가장 무도회(신병들을 골려주는 일종의 유도 점호). b) 방독면 훈련. ~**bildner**, der [연극, 영화, TV 등의] 분장사. ~**bildnerin**, die ↑~bildner의 여성형. ~**fest**, das ↑~ball (1). ~**gesicht**, das [의학] (여러 가지 병으로 말미암은) 일그러진 얼굴. ~**kostüm**, das 가장복, 가면복. ↑Kostüm (3 b). ~**spiel**, das 가면극. ~**treiben**, das ↑~zug. ~**verfahren**, das [사진] 필터로 하는 사진의 색, 명암의 수정 작업. ~**verleih**, der 의상(가면) 대여소. ~**zug**, der 가장 행렬.
maskenhaft 〈Adj.〉 탈처럼 굳은: ihr Gesicht war bleich und m. 그 여자의 얼굴은 파리하고 탈처럼 굳어 있었다. **Maskenhaftigkeit**, die ↑maskenhaft의 명사형. **Maskerade** [maskaˈraːdə], die; -n [frz. mascarade < span. mascarada] 1. 가장, 변장: eine phantasievolle M. 환상적인 변장. 2. 《준고어》 가장무도회. **maskieren** [masˈkiːrən] 〈h〉 [frz. masquer] 1. a) 탈을 쓰다, 복면하다: maskierte Gangster drangen in die Bank ein 복면강도가 은행에 침입했다. b) (지역적) 변장시키다: viele waren als Indianer maskiert 여럿이 인디언으로 변장하고 있었다; wir maskierten uns 우리는 변장을 했다. 2. 무엇을 가리다, 숨기다, 은폐하다: eine Schwäche mit forschem Auftreten m. 자기의 약점을 활발한 거동으로 은폐하다. 3. [요리] (소스나 꾸미로 덮)다. 4. [사진] (필터로) 변장이나 명암을 고치다.
Maskierung, die; -en 1. 변장, 위장, 분장. 2. 은폐, 엄호기. 3. [동물] (돌, 잎, 진흙 같은) 신체 보호용 차폐물.
Maskottchen [masˈkɔtçən], das; -, Maskotte [masˈkɔtə], die; -n [frz. mascotte] 마스코트: die Fußballmannschaft hat als M. einen Ziegenbock 그

축구팀의 마스코트는 숫염소다.
maskulin [masku'liːn] ⟨Adj.⟩ [lat. masculīnus] **1. a)** 남성의, 남자의: das -e Geschlecht 남성. **b)** 남성적인: die Herrenmode ist dieses Jahr sehr m. 올해의 신사복 패션은 매우 남성적이다. **c)** 《평》 남자 같은[여성적이 못한]: sie ist sehr m. 그 여자는 매우 남성적이다. **2.** [언어] 남성의: ein -es Substantiv 남성명사. **maskulinisch** ⟨Adj.⟩ ⟨드물게⟩ ↑maskulin. **Maskulinisierung** [...liniˈziːruŋ], die; -en **1.** [의학] (외모에 나타난) 여성의 남성화. **2.** [생물] 암컷 동물의 남성화. **Maskulinum** ['maskuliːnʊm, --'--], das; -s, ...na [lat. (genus) masculīnum] [언어] **a)** 남성명사. **b)** ⟨Pl. 없음⟩ ⟨준고어⟩ 명사의 남성형.
Masochismus [mazo'xɪsmʊs], der **a)** [심리] [오스트리아 작가인 L. V. Sacher-Masoch(1836~1895)의 이름에서] 마조히즘(피학대 음란증). **b)** 《일반적》 저항없는 고통의 감수. **Masochist** [mazo'xɪst], der; -en, -en **1.** [심리] 마조히스트(피학대 음란증을 가진 사람). **2.** 《일반적》 고통을 저항없이 감수하는 사람. **Masochistin**, die; -nen ↑Masochist의 여성형. **masochistisch** ⟨Adj.⟩ **1.** [심리] 마조히스트적인. **2.** 《일반적》 고통을 저항없이 감수하는.
Masora usw. ↑Massora usw.
maß [maːs] ↑messen 참조. **¹Maß** [-], das; -es, -e **1. a)** 길이와 부피의 단위: deutsche [englische] -e 독일[영국]의 길이와 부피의 단위; der Meter ist das M. für die Bestimmung der Länge 미터는 길이를 재는 단위이다. **b)** (길이 또는 부피를 재는) 도량형: etw. mit einem M. nachmessen 무엇을 도량형으로 재어보다; 《전의》 **ein gerütteltes M. (an[von] etw.)** 《아어》 (부정적인 것, 좋지 않은 것이) 매우 많은: zu einer solchen Handlungsweise gehört doch schon ein gerütteltes M. (an) Dreistigkeit 그러한 행동은 보통 뻔뻔한 게 아니다; **das M. ist voll** 참는 데도 한도가 있다; **das M. vollmachen** 더는 참을 수 없게 한다; **mit zweierlei M. messen** 두가지 척도로 재다, 공정치 못하게 평가하다. **2.** 《대개 Pl.》 치수: die -e eines Zimmers 방의 치수; für die Anfertigung der Vorhänge brauchen wir die genauen -e 커튼을 만들려면 정확한 치수가 필요하다; er hat für diese Sportart die idealen -e 그의 치수[체격]는 이 운동에 이상적이다; jmdm. M. nehmen (통용어) 1) 누구를 때려 주다. 2) 누구의 그 공주는 무한히 아름다웠다. **²Maß** [-], die; -(e) (bayr., österr.) 맥주 1 리터, 한 되, 한 조끼: er hat zwei M. Bier getrunken 그는 맥주 두 리터를 마셨다.
maß-, Maß-: ~**abteilung**, die [백화점 따위의] 주문품 접수처. ~**analyse**, die [화학] 용량분석. ~**angabe**, die 용량 표시, 치수의 맞춤 일, 맞춤: die Schuhe sind M. 이 구두는 맞춤이다. **2.** ⟨Pl. 없음⟩ (정확하고 맵시 있는) 일솜씨. ~**bestimmung**, die 측량, 측정, 계량. ~**bezeichnung**, die 용량 표시. ~**einheit**, die (길이, 무게의) 단위. ~**einteilung**, die (척도의) 눈금. ~**flanke**, die 정확한 측면 공격. ~**gabe**, die 《다음 용법으로》 **mit der M.** ...을 전제로 해서, ...의 전제하에; **nach M.** ⟨아어⟩ ...에 따라서[비례하여]. ~**gear-

beitet** ⟨Adj.⟩ 주문에 따라 맞춘[만들어진]: ein -er Anzug 맞춘 옷. ~**gebend** ⟨Adj.⟩ 권위있는, 구속력이 있는, 결정적인: dies war eine -e Entscheidung 이것은 구속력이 있는 결정이었다; sein Urteil ist ganz und gar nicht m. 그의 판단은 전혀 권위가 없다. ~**geblich** [-geːplɪç] ⟨Adj.⟩ 의미가 깊은, 중요한, 결정적인: m. an etw. beteiligt sein 무엇에 깊이 간여하고 있다. ~**gebung**, die; -en 표준, 제한: ohne M. 무제한으로. ~**gerecht** ⟨Adj.⟩ 규격에 맞는, 상황에 꼭맞는. ~**geschäft** ⟨Adj.⟩ 규격에 맞추어 재단된: ein -er Anzug 맞춘 옷. ~**halteappell**, der [정치] 공개적인 절제 호소: M. an die Sozialpartner 노사(勞使) 쌍방에 대한 절제 호소. ~**halten** ⟨스⟩ 절제하다, 분수를 지키다: er muß in Zukunft ein wenig m. im Essen und Trinken 그는 앞으로 음식을 좀 절제하지 않으면 안된다. ~**haltig** ⟨Adj.⟩ [기술] 규격에 정확히 맞는, 치수가 정확히 맞는. ~**haltigkeit**, die [기술] 규격(칫수) 검사. ~**hemd**, das 맞춘 와이셔츠. ~**holder**, der ↑Maßholder. ~**konfektion**, die 맞춤 기성복. ~**krug**, der ↑Maßkrug. ~**leidig** ⟨Adj.⟩ ↑maßleidig. ~**lieb**, ~**liebchen**, das ↑Maßliebchen. ~**los** ⟨Adj.⟩ **a)** 무절제한, 분수를 잃은, 과격한, 지나친: -e Forderungen 과도한 요구; -e Wut(Erregung, Gier) 지나친 분노(흥분, 욕심); seine Forderungen waren einfach m. 그의 요구들은 한마디로 지나쳤다. **b)** (형용사, 동사를 강조하여) 매우, 극도로, 더없이: sie ist m. eitel 그 여자는 극도로 허영에 차 있다. ~**losigkeit**, die ↑~los의 명사형.
~**nahme** [-na:mə], die 조치, 조치, 처치: die geeigneten -n gegen die Inflation einleiten 인플레를 억제하는 적절한 조치들을 취하다. ~**regel**, die 조처, 방책, 방법, 수단: strenge -n ergreifen(treffen) 엄격한 조치를 취하다. ~**regeln** ⟨h⟩ 조처하다, 견책하다, 처벌하다, 문책하다. ~**reg(e)lung**, die 문책, 견책. ~**schneider**, der 맞춤 재단사. ~**stab**, der **1.** 모범, 규범, 귀감, 표준, 척도: bei der Auswahl gelten strenge Maßstäbe angelegt werden 선발은 엄격한 기준에 따라 이루어진다; er hat einen M. für die Zukunft gesetzt 그는 미래를 위한 척도를 마련했다. **2.** [지리] 축척(縮尺): der M. dieser Karte ist 1 : 100,000 이 지도의 축척은 십만 분의 일이다. Das Modell einer mittelalterlichen Burg im M. 1:100 축척 1/100로 줄여 만든 모형. **3.** ⟨드물게⟩ 자, 잣대: der Handwerker arbeitete mit einem zusammenlegbaren M. 그 공원은 접는 자를 가지고 일한다. ~**stäbig** [-ʃteːbɪç], ~**stäblich** [-ʃteːplɪç] ⟨Adj.⟩ 축척의, 축척에 맞는. ~**stab(s)gerecht** ⟨Adj.⟩ 축척에 꼭맞는: die Einzelheiten waren auf der Karte nicht ganz m. wiedergegeben 세부사항들은 지도에 정확한 축척으로 표시되지 않았다. ~**stab(s)getreu** ⟨Adj.⟩ ↑~stab(s)gerecht. ~**system**, das 도량형 체계, 단위계(系). ~**voll** ⟨Adj.⟩ 알맞은, 정도가 지나치지 않은, 적절한, 신중한: -e Forderungen 정도가 지나치지 않은 요구 조건들; -e Lohnpolitik 적절한 임금 정책; er urteilt immer äußerst m. 그는 언제나 매우 신중하게 판단을 내린다. ~**vorlage**, die (축구 은어) 적절한 어시스트. ~**werk**, das ⟨Pl. 없음⟩ 고딕건축의 창 등의 기하학적 장식. ~**zahl**, die (청사진 등에 적어 넣은) 수치, 치수.
Massa ['masa], der; -s, -s [흑인 영어에서 'master'를 잘못 발음해 생긴 말] 주인님.
Massachusetts [mæsə'tʃuːsɛts] 매사추세츠주(미국의 주).
Massage [ma'saːʒə, ⟨österr.⟩ ..a:ʒ], die; -n [frz. massage] 마사지, 안마: er bekommt dreimal in der Woche eine M. 그는 일주일에 세 번씩 안마를 받는다.

Massage-: ~**gerät**, das 안마 기구, 안마기. ~**institut**, das 안마 시술소. ~**öl**, das 마사지 기름. ~**salon**, der 1. 《준고어》 ↑ ~institut. 2. 《은폐》 (퇴폐적인) 안마 시술소. ~**stab**, der 1. 안마 기구(의 일종). 2. (여성용) 자위 기구.

Massai [ma'sai, 《또한》 '− −], der; -, - 마사이(아프리카 동부의 유목 민족).

Massaker [ma'sa:kɐ], das; -s, - [frz. massacre] (대량) 학살, 살육: ein M. anrichten 대량 학살을 저지르다; es kam zu einem M. 대량 학살 사건이 일어났다. **massakrieren** [masa'kri:rən] 〈h〉 [frz. massacrer] 1. 학살하다, 살육하다. 2. 《통용어·대개 농》 학대하다, 괴롭히다, 골탕먹이다: die haben uns in der zweiten Halbzeit ganz schön massakriert 그들은 후반전에서 우리를 상당히 괴롭혔다. **Massakierung**, die; -en 학살, 살육.

Masse ['masə], die; -n [lat. massa < griech. mãza] 1. 덩어리, 덩치, 반죽, 물(액체): eine glühende M. zum Gießen 주형에 부어 무엇을 만들 시뻘건 쇠물; sie konnte sich mit den -n ihres Körpers kaum noch forbewegen 그녀는 덩치가 커서 거의 걸을 수가 없었다. 2. 무더기, 떼, 양, 많은 숫자: -n an(von) ausgedienten Autos standen auf dem Schrottplatz 폐차장에는 수많은 다된 차들이 무더기로 서있었다; bei Verkauf dieses Artikels bringt es(macht es) nur die M. 이 상품은 많은 양을 팔아야 이(利)를 본다; wahre -n strömten zu der Veranstaltung 사람들이 행사 무더기로 그 행사에 몰려들었었; sie hat eine M. Bekannte getroffen 그녀는 아는 사람을 무더기로 만났다. 3. a) 《자주 폄》 군중: die breite(namenlose, anonyme) M. 광범위한 (이름 없는, 익명의) 대중; er hat die -n hinter sich 그는 대중을 업고 있다(대중의 지지를 받고 있다). b) 〈Pl.〉 (마르크스주의) 민중, 인민 대중: die Regierung mußte dem Druck der -n nachgeben 정부는 인민 대중의 압력에 굴복할 수 밖에 없었다. 4. a) [경제] ↑ Konkursmasse의 약칭: seine Sammlungen fallen nicht in die M. 그의 소장품들은 파산재단에 들어가지 않는다. b) 《통용어》 [전의] einen so teuren Wagen können wir uns mangels M. nicht leisten 《농》 그렇게 비싼 차는 우리는 돈이 없어서 굴릴 수가 없다. b) [법] Erbmasse. 5. [물리] 질량.

mäße ['mɛːsə] ↑ messen 참조.

¹**Massel** ['mas|], der / 《österr.》 das; -s 《통용어》 요행, 재수, 횡재.

²**Massel** [-], die; -n [ital. massello] [주물·제련] 주형으로 뜬 생철덩이.

masselos 〈Adj.〉 [물리·천문] 질량이 없는 -e Elementarteilchen 질량 없는 소립자. **massereich** 〈Adj.〉 [물리·천문] 질량이 큰: ein -er Planet 질량이 큰 혹성.

maßen ['maːsn̩] 〈Konj.〉 (고어) …때문에, …이므로. **-maßen** [-ma:sn̩] 《다음과 같은 합성어도, 예컨대》 gleichermaßen 똑같이, verdientermaßen 응당히.

massen-, Massen-: ~**abfertigung**, die 《자주 폄》 대량 취급, 대중 서비스. ~**abfütterung**, die 《폄》 대중 급식, 대량 급식. ~**absatz**, der 대량 판매: durch Werbung geförderter M. 광고를 통해 촉진되는 대량 판매. ~**aktion**, die 대중 캠페인, 대중 운동. ~**andrang**, der (많은 사람들이) 몰려 듬, 쇄도: an der Kasse herrschte M. 매표소 앞은 크게 붐볐다. ~**anziehung**, die [물리·천문] ↑ Gravitation. ~**arbeit**, die 〈Pl. 없음〉 [구동독] 대중 선전 선동. ~**arbeitslosigkeit**, die 대량 실업. ~**artikel**, der 대중 상품, 대량 생산품. ~**aufgebot**, das 대중 투입: der Film wurde mit einem M. von Stars und Statisten gedreht 이 영화는 스타와 엑스트라를 대량 투입하여 제작되었다. ~**auflage**, die (책, 신문 등의) 대량 부수. ~**aufmarsch**, der 대량 출동. ~**basis**, die [정치] 대

중 기반: die Partei bemüht sich um eine M. 당은 대중적 기반을 얻기에 노력하고 있다. ~**bedarf**, der 대중적 수요: der M. an Konsumgütern steigt immer noch an 소비재에 대한 대중의 수요는 아직도 계속해서 늘고 있다. ~**bedarfsartikel**, der 대중 상품, 수요가 많은 상품. ~**bedarfsgut**, das 〈대개 Pl.〉 ↑ ~bedarfsartikel. ~**beförderung**, die 대량 수송. ~**beförderungsmittel**, das 대량 수송 수단. ~**bewegung**, die 대중 운동, 집단 운동. ~**blatt**, das 대중지. ~**defekt**, der [핵물리] 질량 결손. ~**demonstration**, die 큰 데모, 대규모 시위. ~**drama**, die [문예학] 집단극 (개인이 아니라 집단의 문제를 다룬 연극). ~**drucksache**, die 《우편》 대량 인쇄물. ~**entlassung**, die 〈대개 Pl.〉 대량 해고, 집단 해고. ~**erzeugung**, die 대량 생산. ~**fabrikation**, die ↑ ~erzeugung. ~**fertigung**, die ↑ ~erzeugung. ~**gesellschaft**, die [사회] 대중 사회. ~**gestein**, die [지질] 〈군은 암장(岩漿)으로 된〉 켜없는 바위. ~**grab**, das 집단 무덤. ~**gut**, das 〈대개 Pl.〉 1. ↑ ~artikel. 2. 대량 화물. ~**herstellung**, die ↑ ~erzeugung. ~**hinrichtung**, die 대량 처형. ~**hysterie**, die 군중 히스테리, 집단 히스테리. ~**illustrierte**, die 대중 화보. ~**karambolage**, die 집단 충돌, 연쇄 충돌. ~**kommunikationsmittel**, das ↑ ~medium. ~**konsum**, der 대량 소비. ~**konsumgut**, das 대량 소비 상품. ~**kundgebung**, die 군중 대회. ~**medium**, das 〈대개 Pl.〉 매스 미디어, 매스콤, 대중 매체. ~**mittelpunkt**, der [물리] ↑ Schwerpunkt (1). ~**mord**, der 대량 학살, 집단 살인. ~**mörder**, der a) 살인귀, 여러 사람을 죽인 자. b) 집단 살인에 참가한 사람. ~**organisation**, die 《특히 구동독》 대중 조직체. ~**partei**, die 대중 정당. ~**produktion**, die ↑ ~erzeugung. ~**psychologie**, die 군중 심리학. ~**psychose**, die 군중 이상 심리. ~**quartier**, die 《폄》 집단 숙소: in einem armseligen(behelfsmäßigen) M. wohnen 비참한 집단 숙소에서 살다. ~**sport**, der 대중 스포츠. ~**sterben**, das 떼죽음: das M. von Fischen in verunreinigten Flüssen 오염된 하천에서의 고기들의 떼죽음. ~**streik**, der 대규모 파업: -s in der Metallindustrie 금속 공업에서의 대규모 파업. ~**sturz**, der [스포츠] 선수가 여럿이 한꺼번에 넘어짐. ~**suggestion**, die 군중 암시. ~**szene**, die 군중 장면. ~**terror**, der (군중에게 가하는) 집단 테러. ~**tierhaltung**, die 대량 사육. ~**tourismus**, der 대중 관광. ~**unterkunft**, die ↑ ~quartier. ~**veranstaltung**, die 군중 대회, 군중 집회. ~**verbrauch**, der ↑ ~konsum. ~**verhaftung**, die 대량 검거: es kam zu -en 무더기 검거가 있었다. ~**verkehrsmittel**, das 대중 교통 수단. ~**vernichtung**, die ↑ ~mord. ~**vernichtungsmittel**, das 〈대개 Pl.〉 대량 살육용 무기(화생방 무기). ~**vernichtungswaffe**, die 〈대개 Pl.〉 ↑ ~vernichtungsmittel. ~**versammlung**, die ↑ ~veranstaltung. ~**wahn**, der 군중 광기. ~**weise** 〈Adv.〉 떼로, 무더기로, 대량으로: dort gibt es m. Pilze 저기에 버섯이 무더기로 있다. 《드물게는 부가어적으로》 die m. Produktion dieses Gerätes 이 기계의 대량 생산. ~**wirksam** 〈Adj.〉 대중에게 영향을 주는: das Image des Politikers ist nicht sehr m. 이 정치가의 이미지는 별로 대중에게 먹혀 들어가지 않는다. ~**wirksamkeit**, die ↑ ~wirksam의 명사형. ~**wirkung**, die 대중에게 미치는 영향, [화학] 질량 작용. ~**zahl**, die [물리] (원자의) 질량수. ~**zivilisation**, die [사회] 대중 문명.

massenhaft 〈Adj.〉 《자주 정서적》 다수의, 떼의, 많은, 대량의: das -e Auftreten von Schädlingen in diesem Sommer 올여름 해충의 대량 발생; Geld hat er

wirklich m. 《통용어》 그는 돈은 정말 많다.
Masseur [ma'sø:ɐ̯], der; -s, -e [frz. masseur] 안마사.
Masseurin [ma'sø:rɪn], die; -nen ↑Masseur의 여성형. **Masseuse** [ma'sø:rzə], die; -n 1. ↑Masseur의 여성형. 2. 《은폐》《몸을 파는》 안마사.
Maßholder ['ma:shɔldɐ, 《또한》 -'--], der; -s, - 《지역적》 ↑Ahorn.
¹massieren [ma'si:rən] ⟨h⟩ [frz. masser] 안마하다, 주무르다, 마사지하다: jmdm. den Rücken[die Beine] m. 누구의 등[다리]을 주무르다.
²massieren [-] ⟨h⟩ [frz. masser] 집결시키다, 집중시키다, 모으다: Truppen an strategisch wichtigen Punkten m. 병력을 전략 요충에 집결시키다; massierte Polizeieinsätze 경찰 병력의 집중 투입. **Massierung**, die; -en 집결, 집중.
massig ['masɪç] ⟨Adj.⟩ 1. 부피있는, 덩치 큰, 무거운, 육중한, 큰: -e Felsen 육중한 바위. 2. ⟨Adv.⟩《통용어》크게, 많이, 떼로: er hat[verdient] m. Geld 그는 떼돈을 가지고 있다[번다].
mäßig ['mɛ:sɪç] ⟨Adj.⟩ 1. 분수에 맞는, 지나치지 않은, 절제가 있는, 적당한: er trinkt[raucht] nur m. 그는 적당하게만 술을 마신다[담배를 피운다]. 성구 m., aber regelmäßig 《음주 농》 적당히, 그러나 규칙적으로. 2. 적당한, 적절한, 비교적 알맞은: ein -es Einkommen(Vermögen) 적당한 수입(재산). 3. 썩 좋지는 않은, 적당한, 보통의: seine Leistungen sind nur m 그의 성적은 보통밖에 안됐다; das Essen war ziemlich m. 음식은 그저 보통이었다. -**mäßig** [-mɛ:sɪç] ⟨접미사⟩ **a)** "… 에 적당한, … 와 같은, … 다운"의 뜻. **b)** "… 을 가지고, … 으로, … 을 함께서"의 뜻: etw. werbemäßig vertreiben 무엇을 광고를 통해서 판매하다. **c)** "…에 따라고, …에 알맞게"의 뜻. **d)** 《대개 통용어》"…에 관해서, …에 따라서, …으로 보아"의 뜻. **mäßigen** ['mɛ:sɪɡn] ⟨h⟩ 《아어》 **a)** 줄이다, 약화시키다, 완화하다, 늦추다: seinen Schritt m. 자기의 걸음을 늦추다. **b)** ⟨m. + sich⟩ 절제하다, 분수를 지키다: er muß noch lernen, sich zu m. 그는 절제하는 것을 배워야 한다. **c)** ⟨m. + sich⟩ 줄다, 누그러지다, 완화되다: die Hitze[der Orkan] hat sich etwas gemäßigt 더위[강풍]가 좀 누그러졌다.
Massigkeit, die 육중함, 큼직함, 무게 나감: er hatte eine Figur von der M. eines Schwerathleten 그는 체격이 역도선수같이 큼직하다.
Mäßigkeit, die 1. 절제, 절도있는 행동[생활 방식]. 2. 《드물게》보통 정도, 범상함, 범용. **Mäßigung**, die 절제, 억제, 완화: zur M. mahnen 절제를 촉구하다.
massiv [ma'si:f] ⟨Adj.⟩ [frz. massif] 1. **a)** 순수한: -es Gold 순금. **b)** 속이 찬: eine -e Statue aus Metall 청동으로 된 속이 찬 입상. **c)** 튼튼한, 중후한, 덩치가 큰《좋은》: vor ihr stand ein -er Mann 그녀의 앞에는 덩치가 좋은 사내가 서 있었다. 2. 힘센, 강력한, 격렬한: -e Kritik an jmdm. üben 누구에게 격렬한 비판을 가하다.
Massiv [-], das; -s, -e [..i:və; frz. massif] 1. 산괴: das M. der Schweizer Alpen 스위스 알프스 산맥. 2. [질질] 괴상암(塊狀岩). **Massivbau**, der; -(e)s, -ten 1. 《Pl. 없음》 〈돌, 철근, 콘크리트〉 건축. 2. 〈돌, 철근, 콘크리트로 지은〉 건축물.
Massivbauweise, die ↑Massivbau (1). **Massivität** [masivi'tɛ:t], die 1. 튼튼함, 강력함, 격렬함.
Maßkrug, der; -(e)s, -krüge《österr.》일 리터 맥주잔.
maßleidig ⟨Adj.⟩《südwestd., schweiz》짜증난, 기분이 언짢은.
Maßlieb [《또한》 -'--], das; -(e)s, -e, 《자주》 **Maßliebchen** [《또한》 -'--], das; -s, - [식물] 데이지.

Masör: ↑Masseur. **Masörin**: ↑Masseurin.
Massora [maso'ra:], die [hebr. masôrah] 마소라《중세 유태인 학자들의 구약성서 주석 자료》. **Massoret** [maso'rɛt], der; -en, -en 마소라 연구가.
¹Mast [mast], der; -(e)s, -en / -e 1. 돛대, 마스트: im Sturm brach[splitterte] der M. 폭풍우에 돛대가 부러졌다. 2. 기둥, 전주, 깃대, 안테나 탑: die Fahne weht am M. 깃발이 깃대에서 나부낀다.
²Mast [-], die; -en 1. 비육, 비육용 가축을 살찌게 하기: sie verwenden vorwiegend Körner zur M. 그들은 비육에 주로 곡류를 쓴다. 2. [사냥] 맷돼지의 먹이. 3. [임업] 〈도토리, 너도밤나무 열매 등〉 일년 총수확: es gibt nicht in jedem Jahr eine volle Mast 해마다 열매의 수확이 좋은 것은 아니다.
¹Mast- (¹Mast 1): ~**baum**, der 《드물게》 ↑¹Mast. ~**korb**, der 장루(檣樓), 장두(檣頭). ~**spitze**, die 돛대(전주)의 꼭대기.
mast-, **²Mast-**(²Mast): ~**bulle**, der 비육우, 비육수소. ~**darm**, der 직장(直腸). ~**darmfistel**, die [의학] 직장 누관(瘻管). ~**darmkrebs**, der [의학] 직장암. ~**darmspiegel**, der ↑Rektoskop. ~**darmspiegelung**, die ↑Rektoskopie. ~**darmvorfall**, der [의학] 탈항(脫肛). ~**ente**, die 비육 오리. ~**fähig** ⟨Adj.⟩ 비육이 가능한. ~**fähigkeit**, die ⟨Pl. 없음⟩ 비육 가능성. ~**futter**, das 비육용 사료. ~**gans**, die 비육 거위. ~**hähnchen**, das 비육 닭. ~**huhn**, das 비육 닭. ~**jahr**, das [임업] 사료 풍년〈도토리, 너도밤나무 열매가 많은 해〉. ~**kur**, die 비만(肥滿) 요법〈몸무게를 늘리는 요법〉. ~**ochse**, der ↑~bulle. ~**rind**, das 비육소. ~**schwein**, das 비육 돼지. ~**vieh**, das 비육용 가축.
mästen ['mɛstn̩] ⟨h⟩ 비육하다, 〈가축을〉살찌게 하다: 전의 wie kann man nur seine Kinder so m.!《통용어》 어떻게 저렇게 자기 애들만 살을 찌웠담!
-**master** [-mastɐ] 《다음과 같은 합성어로, 예컨대》 Dreimaster 돛대가 세 개인 배.
Master [ma:stɐ], der; -s, - [engl. master] 1. 도련님《영어에서 젊은 주인을 부를 때 쓰는 칭호》. 2. **a)** ⟨Pl. 없음⟩ 석사《학위의 이름》: M. of Arts 문학석사. **b)** 석사 학위의 소지자. 3. [스포츠] 몰이사냥의 지휘자.
Mäster ['mɛstɐ], der; -s, - 비육 농가, 비육하는 사람.
Mästerei [mɛstə'rai], die; -en 1. ⟨Pl. 없음⟩ 계속하여 살찌우기. 2. 비육 농가, 비육업체.
Mastiff ['mastɪf], der; -s, -s [engl. mastiff] 마스티프《몸집이 큰 개 품종의 하나》.
mastig ⟨Adj.⟩《지역적》 **a)** 살찐, 뚱뚱한. **b)** 《음식이》 기름진. **c)** 《풀이》 무성한.
-**mastig** [-mastɪç] 《다음과 같은 합성어로, 예컨대》 zweimastig 돛대가 두 개인.
Mastikator [masti'ka:tɔr,《또한》 ...to:ɐ̯], der; -s, -en [...ka'to:rən] 분쇄기, 찧는〔빻는〕 기계.
Mastitis [mas'ti:tɪs], die; ...itiden [..i'ti:dn̩; griech. mastós] [의학] 유선염(乳腺炎).
Mastix ['mastɪks], der; -s, -es [lat. mastix] 1. 유향(乳香), 유향나무 진. 2. 마스틱스《피치와 돌가루의 혼합물로 도로 포장에 쓰임》. **Mastixstrauch**, der 유향나무.
Mastodon ['mastodɔn], das; -s, -ten [...'dɔntə] 마스토돈《코끼리와 비슷한 빙하기의 포유류》.
Mästung, die; -en 비육, 살찌우기.
Masturbation [masturba'tsioːn], die; -en 수음, 자위행위, 마스터베이션. **sich** m. 남에게 해주는 수음.
masturbatorisch [...'to:rɪʃ] ⟨Adj.⟩ 수음의: sexuelle Betätigung -er Art 수음 방식의 성행위. **masturbieren** [...'biːrən] ⟨h⟩ [lat. masturbāri] 1. 수음(자위행위)을 하다. 2. 누구에게 수음을 해주다.

Masure [ma'zu:rə], der; -n, -n 마주르의 주민. **Masuren**, -s 마주르(남동부 프로이센의 한 지방). **masurisch** ⟨Adj.⟩ 마주르의. **Masurka**: ↑Mazurka.

Matador [mata'do:ɐ̯], der; -s, -e / -en, -en [span. matador] 1. 투우사. 2. 주역, 지도적 인사.

Match [mɛtʃ], das / der; -(e)s, -s / -e [engl. match] 경기, 시합: nach dem anstrengenden M. waren beide Tennisspieler total erschöpft 힘든 경기를 마친 뒤 두 테니스 선수는 완전히 녹초가 되었다.

Match-: ~**ball**, der [스포츠] (탁구, 배드민턴에서의) 매치 포인트. ~**beutel**, der ↑~sack. ~der 어깨 가방. ~**strafe**, die [engl.-amerik. match penalty] [아이스하키] (아이스 하키의) 중도 퇴장.

Mate ['ma:tə], der; - [span. mate] 마테(나뭇잎)차.

Mate-: ~**pflanze**, die 마테나무. ~**strauch**, der ↑~pflanze. ~**tee**, der ↑Mate.

Matelassé [matəla'se:], der; -(s), -s [frz. matelassé] 마틀라제(가구 덮개 등으로 쓰이는 직물로 된 가지).

Matelot [matə'lo:], der; -s, -s [frz. matelot] 1. a) 마틀로(리본이 달리고 테가 약간 둥글게 올라간 아이들 모자). b) 마틀로(부인용 모자). 2. 마틀로 춤(네덜란드 선원들의).

Matelote [matə'lɔt], die; -s [frz. matelote] 마틀로트 (생선 요리).

Mater ['ma:tɐ], die; -n [lat. māter] ↑Matrize (1). **Mater dolorosa** [-dolo'ro:za], die [lat. = schmerzerfüllte Mutter] [미술] (예수의 수난을) 애통하는 성모 마리아.

material [mate'riaːl] ⟨Adj.⟩ 1. 《교양어》 원료의, 물질의, 자료의. 2. [철학] 실질적인. **Material** [...], das; -s, -ien [...iən] 1. 자재, 재료, 원료, 바탕: ein M. auf seine Haltbarkeit (hin) prüfen 자재의 내구성을 검사하다; [전의] der junge Sänger hat gutes M., aber eine miserable Technik 그 젊은 가수는 바탕은 좋은데 기교가 말이 아니다. 2. 비품, 설비, 장치: die verschiedenen-ien für die Arbeit im Büro 사무실에 필요한 여러 가지 비품. 3. 자료 증빙 자료[서류]: statistisches M. 통계 자료; M. zusammentragen 자료를 수집하다; belastendes M. gegen jmdn. beibringen 누구에게 불리한 자료를 첨부하다. 4. (인력) 자원.

material-, Material-: ~**ausgabe**, die 1. 자재 내주기. 2. 자재 내주는 곳, 자재계. ~**beschaffung**, die 자재 구입. ~**einsparung**, die 자재 절약. ~**fehler**, der 자재의 결함[하자]. ~**gerecht** ⟨Adj.⟩ 자재에 맞는. ~**konstante**, die [물리] 원료 상수(常數). ~**kosten** ⟨Pl.⟩ 자재비. ~**prüfung**, die 자재 검사, 원료 검사. ~**sammlung**, (또한) Materialiensammlung 자료 수집. ~**schaden**, der ↑~fehler. ~**schlacht**, die [군] 물량전(物量戰). ~**waren** ⟨Pl.⟩ 《고어》 잡화, 생활용품, 원료품. ~**warenhändler**, der 《고어》 잡화 상인. ~**wirtschaft**, die (자재를 준비·조달하는) 자재 경제.

Materialiensammlung: ↑Materialsammlung.

Materialisation [materializa'tsio:n], die; -en 1. [물리] 물질화(운동 에너지의), 구체화. 2. [심령] (심령의) 물질화. **materialisieren** [...'zi:rən] ⟨sw. V.; h.⟩ 1. a) 물질화시키다. b) ⟨m. + sich⟩ 물질화되다. 2. [심령] a) 현신시키다, 나타내다: das Medium versuchte, den Geist des Verstorbenen zu m. 영매가 망인의 혼을 현신시키려 했다. b) ⟨m. + sich⟩ 현신하다. **Materialismus** [...'lɪsmʊs], der; - [frz. matérialisme] 1. 《자주 폄》 물질(만능)주의, 실리주의. 2. 유물론: dialektischer M. 변증법적 유물론; historischer M. 역사적 유물론; ethischer M. 윤리적 유물론. **Materialist** [...'lɪst], der; -en, -en [frz. matérialiste] 1. 《자주 폄》 물질(만능)주의자, 실리주의자. 2. 유물론자. 3. 《고어》

Materialwarenhändler. **materialistisch** ⟨Adj.⟩ 1. 《자주 폄》 물질(만능)주의적, 실리주의적: er ist(denkt) sehr m. 그는 매우 물질주의적이다(물질주의적으로 생각한다). 2. 유물론적: eine -e Weltanschauung 유물론적 세계관. **Materialität** [...li'tɛːt], die [철학] 물질성, 실체성: die M. der Welt und ihrer Erscheinungen 세계와 그 현상들의 실체성.

Materie [ma'te:riə], die; -n 1. 《자주 폄》 a) 《교양어》 물질, 재료, 실체: organische M. 유기물질. b) [물리·화학] 물질, 원소, 요소: Anhäufungen strahlender M. 방사성 물질의 축적. 2. ⟨Pl. 없음⟩ [철학] a) 《아리스토텔레스 철학의》 질료(質料). b) (인간의식과 무관한) 물질(세계). 3. 《교양어》 (연구, 대화의) 소재, 대상, 분야: er ist ein Kenner dieser M. 그는 이 분야를 잘 알고 있다. **materiell** [materi'ɛl] ⟨Adj.⟩ [frz. matérie] 1. 물질적인, 물질의: die -e Grundlage alles Geistigen 모든 정신적인 것의 물질적 토대. 2. a) 물질적, 경제적, 재정적: -e Bedürfnisse(Gesichtspunkte) 물질적 욕구[관점]; -em Vorteil aus etw. ziehen 무엇에서 물질적 이익을 취하다; jmdn. m. unterstützen 누구를 물질적으로 돕다. b) 《자주 폄》 물질(주의)적, 실리주의의: er ist ein sehr -er Mensch 그는 매우 물질(주의)적인 인간이다. 3. 자재의, 재료의.

matern ['ma:tɐn] ⟨h⟩ [인쇄] 자형을 뜨다, 활자의 모형(母型)을 만들다.

Maternität [matɛrni'tɛːt], die 모성, 어머니임.

Mathe ['matə], die [학생 은어] ↑Mathematik(수학의 약칭: gut in M. sein 수학을 잘 하다. **Mathearbeit**, die 수학 숙제. **Mathematik** [matəma'ti:k, 《또한》 ...tik, 《österr.》 ...matik], die [lat.(ars)mathēmatica < griech. mathēmatikḗ(téchnḗ)] 수학: höhere [angewandte] M. 고등 수학; er hat in M. versagt 그는 수학을 잘 못했다; [속구] das ist ja höhere M.! 《농》 그건 정말 고등 수학이야!

Mathematik-: ~**buch**, das 수학책. ~**lehrer**, der 수학 교사. ~**studium**, das 수학 전공(대학에서의 수학 공부). ~**stunde**, die 수학 시간. ~**unterricht**, der 수학 교육.

Mathematiker [...'ma:tikɐ], der; -s, - 수학자. **mathematisch** ⟨Adj.⟩ 수학적, 수학의, 수리의: -e Formeln[Gleichungen] 수학 공식들[방정식들]. **mathematisieren** [...mati'zi:rən] ⟨h⟩ 수학화하다, 수학적 방법으로 다루다. **Mathematisierung**, die 수학화.

Matinee [mati'ne:], die; -n [...eən; frz. matinée] 오전 공연, 마티네. an einer M. teilnehmen 오전 공연에 참여하다.

Matjeshering ['matjəs-], der; -s, -e [niederl. maatjesharing] 소금에 절인 어린 청어.

Matratze [ma'tratsə], die; -n [ital. materazzo] 1. a) 매트리스, (침대) 깔개: [전의] sie ist seine M. 《속어》 그녀는 그의 깔다(애인이다); die M. belauschen; an der M. horchen 《농》 구들장을 지다(잠자다). b) ↑Sprungfedermatratze의 약칭. c) ↑Luftmatratze의 약칭. 2. 《통용어·농》 숱이 많은 수염. **Matratzenball**, der 《다음 용법으로》 **auf den M. gehen** (지역적·농) 잠자러 가다. **Matratzenlager**, das (바닥에 매트만 깐) 임시 잠자리.

Mätresse [mɛ'trɛsə], die; -n [frz.] 1. 《예》 제후의 (공식적인) 애첩. 2. 《교양어·준고어·폄》 소실, 결혼한 남자의 정부.

matriarchal [matriar'çaːl], **matriarchalisch** ⟨Adj.⟩ 모권의, 모권적인. **Matriarchat** [...'çaːt], das; -(e)s, -e 모권 사회. **Matrik** [ma'tri:k], die; -en (österr.) ↑Matrikel (2). **Matrikel** [...k], die; -n 1. 명부, (대학의) 학적부. 2. (österr.) ↑Personenstandsregister.

Matrikularbeitrag [matriku'la:ɐ̯-], der; -(e)s, ...beiträge 《대개 Pl.》《역사적》제후가 제국 정부에 내던 세금. **matrilineal** [matriline'a:l], **matrilinear** [...'a:ɐ̯] 〈Adj.〉 [법·인류학] 모계의. **Matrix** ['ma:triks], die; 〈Pl.〉 Matrizes [ma'tri:tsɛs] / Matrizen [ma'tri:tsn̩] **1.** [생물] **a)** 염색체막. **b)** 무정형 기질(基質). **c)** (손톱 등이 자라 나오는) 모질(母質). **2.** [수학] 행렬. **3.** [언어] 자질표(소리의 변별적 자질 유무를 나타냄). **Matrixsatz**, der [언어] 모문(母文), 주문(主文). **Matrize** [ma'tri:tsə], die; -n **1.** [인쇄] **a)** 활자의 주형, 지형(紙型). **b)** 연판(鉛版). **c)** (등사용) 원지. **2.** [기술] **a)** 거푸집. **b)** (음반의) 원판. **Matrizen**: ↑Matrix의 복수형. **Matrizenrechnung**, die; -en [수학] 행렬 계산. **Matrizes**: ↑Matrix의 복수형.

Matrone [ma'tro:nə], die; -n 귀부인. **matronenhaft** 〈Adj.〉《폄》귀부인 같은: m. gekleidet sein 귀부인 같은 옷차림을 하다.

Matrose [ma'tro:zə], der; -n, -n **1.** 선원, 마도로스: **-n am Mast** 《선원·농》사면발이. **2. a)** 〈Pl. 없음〉수병 (독일 해군의 가장 낮은 계급). **b)** 수병(계급의 소지자).

Matrosen-: ~**anzug**, der 세일러복. ~**bluse**, die 세일러복 블라우스. ~**kleid**, das 원피스 세일러복. ~**kneipe**, die 《통용어》선원 주점. ~**kragen**, der 세일러복 칼라. ~**mütze**, die 선원 모자. ~**uniform**, die 선원복.

matsch [matʃ] 〈Adj.〉《지역적》 **a)** (과일의) 농익은, 곯은. **b)** 녹초가 된. **c)** [카드·스포츠] (트럼프에서) 죽은, 진. **¹Matsch** [-], der; -(e)s, -e [트럼프] (트럼프에서) 크게 짐. **²Matsch** [-], der; -(e)s 《통용어》 **a)** 진흙, 진창, 반쯤 녹은 눈. **b)** 곤죽(같은 것). **Matsche** ['matʃə], die 《지역적》↑Matsch. **matschen** ['matʃn̩] 〈h〉《통용어》진흙을 주무르다, 흙장난을 하다: die Kinder matschen in den Pfützen 아이들은 물 웅덩이에서 흙장난을 하고 있다. **matschig** 〈Adj.〉《통용어》 **a)** 곤죽 같은, 진, 질척질척한: die Straßen waren m. 길이 질척거렸다. **b)** 농익은, 곯은: -e Tomaten 곯은 토마토. **Matschwetter**, das; -s 《통용어》궂은 날씨.

matt [mat] 〈Adj.〉 **1. a)** (지쳐서) 힘 빠진. **b)** 힘 없는, 풀 죽은, 미미한: mit einer -en Geste abwinken 풀 죽은 몸짓으로 거절하다. **2. a)** 빛이 없는, 광택없는: der -e Glanz der Perlen 진주의 은은한 광택; -es Glas 불투명한 유리. **b)** 희미한, 어둠침침한, 빛이 약한, 빛바랜: der Mond scheint m. durch die Zweige 달이 나뭇가지들 사이로 흐릿하게 비친다. **3.** 약한, 시원찮은, 호지부지한: eine -e Entschuldigung 시원찮은 사과. **4.** (Schach und) m.! [장기] 외통수 장군이야! ; **m. sein** [장기] 외통수에 걸리다(직면하다); **jmdn. m. setzen** 1) [장기] 누구를 이기다. 2) 누구를 완전히 굴복시키다. **Matt** [-], das; -s, -s [장기] 외통수: das M. herbeiführen 외통수로 몰고 가다.

matt-, Matt- (matt 2): ~**blau** 〈Adj.〉푸르스름한, 광택 없이 푸른. ~**gelb** 〈Adj.〉누르스름한, 광택 없이 누런. ~**glas**, das 흐린 유리, 불투명한 유리. ~**gold**, das 광택 없는 금. ~**golden** 〈Adj.〉광택 없는 금빛의. ~**grün** 〈Adj.〉광택 없는 녹색의. ~**lack**, der 광택 없는 칠. ~**lila** 〈Adj.〉광택 없는 보라색의. ~**rot** 〈Adj.〉불그스름한, 광택없이 붉은. ~**scheibe**, die **1.** 흐린 유리판, 초점유리: **M. haben** 《통용어》팔푼이다, 약간 저능이다. **2.** 《통용어》텔레비전의 화면 [수상면].

¹Matte ['matə], die; -n **1. a)** (돗)자리, 깔개: eine M. aus Schilf flechten 갈대로 돗자리를 짜다. **b)** [스포츠] 매트: der Ringer betraten die M. 레슬링 선수들이 매트 위로 올라갔다: **auf der M. stehen** 《통용어》(어떤 일을) 준비가 되어 있다. **2.** ↑Käsematte의 약칭.

²Matte [-], die; -n 《schweiz.·시어·준고어》(고산 지대의) 풀밭, 초원.

Matten- (¹Matte 1 b): ~**flucht**, die [레슬링] 매트 밖으로의 도망. ~**leiter**, der [레슬링] 심판. ~**richter**, der [유도·레슬링] ↑~leiter. ~**springen**, das; -s [스키] 눈 대신 합성섬유 매트로 된 도약대에서의 도약.

Matterhorn ['matɛhɔrn], das; -(e)s 마터호른(알프스의 산).

Matthäi [ma'tɛ:i] 《다음 용법으로》**bei jmdm. ist M. am letzten** 《통용어》누구는 볼 장 다 봤다, 끝장났다.

Matthäusevangelium, das 마태복음.

Mattheit, die 《아이·드물게》무력, 광택 없음.

mattieren [ma'ti:rən] 〈h〉빛을 죽이다, 흐리게 하다, 광택을 없애다: mattiertes Glas 흐린 유리. **Mattierung**, die **1.** 흐리기, 빛죽이기. **2.** 흐리기, 빛죽이기 위한 칠.

Mattigkeit ['matɪçkaɪt], die 피로, 피곤, 무기력: zuweilen verfiel er in große M. 때때로 그는 매우 무기력해졌다.

Mattoir [ma'toa:ɐ̯], das; -s, -s [frz. matoir] (동판의 광택을 없애는) 줄.

¹Matur [ma'tu:ɐ̯], das; -s 《고어》고등 학교 졸업(대학 입학 자격) 시험. **²Matur** [-] 《schweiz.》, **Matura** [ma'tu:ra], die [lat. māturus] 《österr., schweiz》고등 학교 졸업(대학 입학 자격) 시험.

Matura- (österr.): ~**ball**, der 졸업 무도회. ~**klasse**, die 《schweiz.》고교 졸업반. ~**schule**, die 대입 검정 고시 준비 학원. ~**treffen**, das 졸업반 모임.

Maturand [matu'rant] 《schweiz.》**Maturant** [-], der; -en, -en 《österr.》고교 졸업반 학생. **Maturantin**, die; -nen ↑Maturant의 여성형. **maturieren** [matu'ri:rən] 〈h〉《österr., schweiz.》고교 졸업 시험을 보다(에 합격하다). **Maturität** [maturi'tɛ:t], die [lat. mātūritās = Reife] **1.** 《고어》성숙. **2.** 《schweiz.》**a)** ↑²Matur. **b)** 대입 자격(증).

Maturitäts- 《schweiz.》: ~**examen**, das ↑²Matur. ~**mittelschule** ↑~schule. ~**prüfung**, die ↑²Matur. ~**schule**, die 고등학교. ~**zeugnis**, das 고등학교 졸업장, 대입 자격증.

Maturum [ma'tu:rʊm], das; -s [lat. mātūrus] 《고어》↑Matura.

Matutin [matu'ti:n], die; -e(n) [lat. mātūtīnus] [가] 야과경(夜課經).

Matz [mats], der; -es, -e / **Mätze** ['mɛtsə] 《친근·농》 녀석(사내아이): na, du kleiner M.! 이 녀석아! **Mätzchen** ['mɛtsçən], das; -s, - 《통용어》 **a)** 농담, 실없는 소리: Kinder, laßt die M.! 애들아 실없는 소리 말아라. **b)** 《대개 Pl.》장난, 실없는 짓.

Matze ['matsə], die; -n, **Matzen** ['matsn̩], der; -s, - (유태인들이 유월절에 먹는) 누룩을 넣지 않은 빵.

mau [maʊ] 〈Adj.〉《통용어》**1.** 노곤한: mir ist ganz m. 나는 아주 노곤하다. **2.** 나쁜: die Lage ist m. 사정이 나쁘다.

mauen ['maʊən] 〈h〉↑miauen의 서남독 및 스위스적 변형.

Mauer ['maʊɐ], die; -n [lat. mūrus (m.)] **1.** 담, 울타리, 성벽: etw. steht wie eine M. 무엇이 담처럼 버티고 서 있다; [전의] die M. des Mißtrauens durchbrechen 불신의 벽을 깨다; **M. machen(stehen)** (특히 부랑자가) (무엇을 훔치는 소매치기를 보호하기 위해) 울타리처럼 둘러싸다; **in den -n** ...안에: der Präsident weilt in den -n Berlins 대통령은 베를린에 머물고 있다. **2.** [승마] 장애물. **3.** [축구·핸드볼] 스크럼: eine M. bilden 스크럼을 짜다.

mauer-, Mauer-: ~**absatz**, der 성벽의 돌출부. ~**anschlag**, der 벽보. ~**arbeit**, die ↑Maurerar-

Mauerei 1368

beit. ~assel, die 쥐머느리. ~bau, der 〈Pl. 없음〉 담 쌓기. ~bewurf, der (담쌓기에 쓰는) 회반죽. ~biene, die 담벌(담 구멍 등에 집을 짓는). ~blümchen, das 《통용어》 a) (춤출) 상대가 없는 여자. b) 남자들의 눈을 끌지 못하는 여자: 전의 diese Wissenschaft ist lange genug M. gewesen 이 학문은 너무 오래 푸대접을 받아 왔다. ~blümchendasein, das 푸대접 받는 〈천덕군이〉신세. ~brecher, der 〈옛〉성벽 깨는 무기. ~durchbruch, der 성벽의 돌파. ~eidechse, die 성벽(에 사는) 도마뱀. ~fraß, der 성벽의 침식(浸蝕). ~fuge, die 벽의 (돌과 돌 사이의) 이음새. ~haken, der 벽의 갈고리. ~kelle, die 흙손. ~krone, die 벽의 윗부분. ~lattich, der 고들빼기. ~läufer, der (알프스 등반용) 나무발바리. ~loch, die 담구멍. ~meister, der ↑Maurermeister. ~nische, die 벽감, 우묵벽. ~pfeffer, der 꿩의 비름. ~polier, der ↑Maurerpolier. ~raute, die 꼬리 고사리. ~rest, der 담, 성벽의 (무너지지 않고) 남은 부분. ~riß, der 담, 성벽의 균열. ~ritze, die 담, 벽의 갈라진 틈. ~salpeter, der 질산석회. ~schau, die 《문학》 ↑Teichoskopie. ~schwalbe, die ↑~segler. ~segler, der 칼새, 명매기. ~spalt, der, ~spalte, die 담의 틈. ~stein, der 1. 성 쌓는 데 사용되는 돌. 2. 《건축》 자연(의 돌로 만든) 벽돌(반대: Mauerziegel). ~verband, der 《건축》 (담, 성 쌓을 때) 돌 짜맞추기. ~vorsprung, der 벽의 튀어나온 부분. ~werk, das 1. 담 (벽)의 구조. 2. 담(벽) 전체. ~ziegel, der 벽돌(반대: Mauerstein 2).

Mauerei [maʊəˈraj], die 1. 미장이질. 2. 《통용어·폄》 소비에만 전념하는 경기 운영. **mauern** [ˈmaʊən] 〈h〉 1. 벽을 쌓다, 미장질하다: sie haben bis in die Nacht hinein gemauert 그들은 밤중까지 벽을 쌓았다. 2. (경기·은어) 자기 쪽 골 앞에서 수비에만 전념한다. 3. (카드·은어) 몸을 사리다(안전 위주로 게임을 운영하다): 전의 der Agent mauerte zunächst einmal 간첩은 우선 모비권을 행사했다. **Mauerung**, die; -en ↑mauern 의 명사형.

¹Mauke [ˈmaʊkə], die 《다음 용법으로》 keine M. zu etw. haben 《지역적》 …할 생각이 없다.

²Mauke [-], die; -n 1. 계군(繫輝)(말의 발의 습진). 2. 《통용어·준고어》 통풍(通風).

Mauken [ˈmaʊkŋ] 〈Pl.〉 《지역적·폄》 발: zieh mal deine M. ein! 발 좀 치워!

Maul [maʊl], das; -(e)s, Mäuler 1. 《축소형: ↑Mäulchen》 주둥이, 아가리, (짐승의) 입. 2. 《속어·폄》 a) 《축소형: ↑Mäulchen》 주둥이, 아가리, (사람의) 입: 전의 er hat zehn hungrige Mäuler zu stopfen 《통용어》 그는 열식구를 먹여 살려야 한다; jmdm. ist das M. zugefroren 《속어》 누구의 말문이 막혔다; ein großes M. haben[führen] 《속어》 말이 헤프다; das M. (weit) aufreißen 《속어》 큰소리 치다; das M. (weit) aufreißen über jmdn. 누구를 심하게 욕하다; das M.[Mäulchen] nach etw. spitzen 《친근》 무엇을 먹고 싶은 마음을 표시하다; sich³ das M. 《über jmdn.》 zerreißen 《속어》 누구를 비방하다, 씹다, 누구에 관해 입방아를 찧다; ein schiefes M. ziehen [machen], das M. hängen lassen 《속어》 입을 삐쭉거리다; das M. brauchen 《속어》 1) 말대답하다. 2) 입방아 찧다; jmdm. etw. ins M. schmieren 《속어》 누구에게 할 말을 가르쳐 주다; jmdm. etw. ums M. schmieren 《속어》 누구에게 무슨 내용을 얼버무려 말하다; ein großes M. haben (↑Mund); das M. halten (↑Mund); das M. aufsperren (↑Mund); das M.[nicht] aufmachen / auftun (↑Mund); das[sein] M. nicht aufkriegen (↑Mund); das M. aufreißen, voll nehmen (↑Mund); jmdm. das M. verbieten (↑Mund); jmdm. das M. (mit etw.) stopfen (↑Mund); sich³ das M. verbrennen (↑Mund); das M. auf dem rechten Fleck haben (↑Mund); jmdm. das M. wäßrig machen (↑Mund); nicht aufs M. gefallen sein (↑Mund); jmdm. nach dem M. reden (↑Mund); jmdm. übers M. fahren (↑Mund); 말투, 말버릇: er hat ein freches M. 그는 말버릇이 고약하다; ein ungewaschenes M. 《속어》 (고약한 말버릇의 뜻으로) 더러운 주둥이. 3. 《기술》 (펜치 등의) 아가리(무엇을 잡는 부분).

maul-, Maul-: ~affe, der 1. 《Pl.》 -n feilhalten 《통용어》 멀거니 입을 헤 벌리고 서서 무엇을 바라보다. 2. 《통용어·폄》 멀거니 무엇을 바라보는 사람. ~beerbaum, der 뽕나무. ~beere, die [lat. mōrum = Maulbeere, Brombeere] 오디. ~beerkeim, der 《생물》 Morula. ~beer(seiden)spinner, der 누에. ~brüter, der 〔동물〕 입으로 알을 품어 까는 고기. ~esel, der 1. a) 노새. b) 《전문어》 버새(수말과 암나귀 사이에서 난 잡종). 2. 《드물게》 ↑Mulus (2). ~faul 〈Adj.〉 《통용어·폄》 ¶mundfaul: eine -e Antwort 퉁명스러운 대답. ~held, der 《통용어·폄》 허풍선이, 입만 산 사람. ~heldentum, das 《통용어·폄·드물게》 허풍. ~hobel, der 《통용어·농》 하모니카. ~hurerei, die 《폄》 오입질 떠벌리기. ~korb, der (개 따위의) 입마개: 전의 jmdm. einen M. anlegen 《통용어》 누구에게 입마개를 쐬우다(의사표시의 자유를 빼앗다). ~korberlaß, der 《통용어》 ↑~korbgesetz. ~korbgesetz, das 《통용어》 입마개 법(언론의 자유를 제한하는). ~korbparagraph, der 《통용어》 입마개 조항. ~korbzwang, der 입마개를 씌울 의무(개 따위를 데리고 다닐 때). ~kratten, der 《schweiz.》 ↑~korb. ~orgel, die 《통용어·농》 하모니카. ~schelle, die 《통용어》 따귀. ~sperre, die a) 《수의학》 ↑Kieferklemme, ↑Kiefersperre. b) 《경》 (입을 다물지 못하게 하는) 턱의 경련: die M. kriegen[bekommen] 《경》 하도 놀라서 턱이 떨어지다. ~tasche, die 1. 〈Pl.〉 슈바벤 만두국 (Maultasche 입을 넣고 끓인 음식). 2. 슈바벤 만두(저민 고기, 생선, 치즈, 야채 등을 밀가루 주머니에 채워 수프에 넣게 된 것). ~tier, das [lat. mūlus] 1. 노새(말과 나귀의 잡종). 2. 《전문어》 노새(수나귀와 암말의 잡종, ↑~esel). ~tierpfad, der 노새길. ~tiertreiber, der 노새몰이(꾼). ~trommel, die 주둥이북(이 사이에 끼우고 퉁겨 소리를 내는) 일종의 악기). ~- und Klauenseuche, die 《붙임표와 함께》 구제역(口蹄疫). ~werk, das 《속어·폄》 ↑Mundwerk. ~wurf, der 1. 두더지. 2. 《은어》 간첩. ~wurfgrau 〈Adj.〉 두더지 색의. ~wurfratte, die ↑~wurfsratte. ~wurfsfell, das 두더지 모피. ~wurfsgrau ↑~wurfgrau. ~wurfsgrille, die 땅강아지, 하늘밥도둑. ~wurfshaufen, der ↑~hügel. ~wurfshügel, der 두더지가 쑤신 흙이 쌓인 곳. ~wurfsratte, die 빼드렁니쥐(의 Sandgräber).

Mäulchen [ˈmɔʏlçən], das; -s, -, 《또한》 Mäulerchen 1. 《친근·농》 Maul (1, 2 a): ein M. machen [ziehen] 빼쭉거리다, 뾰로통하다. 2. 《지역적》 뽀뽀(키스). **maulen** [ˈmaʊlən] 〈h〉 《폄》 투덜대다: maul nicht, Junge! 야, 투덜대지 말아라! **-mäulig** [-mɔʏliç] 《다음과 같은 합성어로, 예컨대》 breitmäulig 주둥이가 큰.

Mau-Mau [maʊˈmaʊ], das; -(s) 1. 카드놀이의 일종. 2. 케냐의 비밀 결사

maunzen [ˈmaʊntsn̩] 〈h〉 《통용어》 (고양이가) 야옹야옹 울다, (젖먹이가) 칭얼거리다.

Maure ['maurə], der; -n, -n 무어 사람.
Maurer ['maurɐ], der; -s, - 1. 미장이. 2. 《통용어》카드 놀이에서 조심성있게 노는 이. 3. ↑Freimaurer의 약칭.
Maurer- (↑mauer-, Mauer-도 참조): **~arbeit**, die 미장일, 미장이 일. **~forelle**, die 《통용어·준고어·농》청어. **~frühstück**, das 《지역적》미장이 아침 식사 (소시지, 빵 그리고 맥주 한 병의). **~geselle**, der 미장이 도제. **~hammer**, der 미장이의 망치. **~handwerk**, das 〈Pl. 없음〉미장이의 직업. **~kelle**, die 흙손. **~klampfe**, die 《österr.》 대들보. **~klavier**, das 《통용어·농》손풍금. **~kolonne**, die 미장이 부대(한 그룹을 이루어 일에 불려 다니는 미장이들 전체). **~lehrling**, der 미장이 견습공, 도제(徒弟). **~meister**, der 미장이 장인(匠人). **~polier**, der 미장이 현장 감독. **~zunft**, die 미장이들의 길드(길드).
Maurerei [maurəˈraɪ], die 1. 미장이질, 미장이의 직업. 2. ↑Freimaurerei의 약칭. **maurerisch** ⟨Adj.⟩ ↑freimaurerisch의 약칭.
Maureske [mauˈrɛskə], Moreske [moˈrɛskə], die; -n [frz. mauresque] 〈미술〉 [이슬람 미술의] 평면 장식.
Mauretanien [maureˈtaːni̯ən], das 모리타니아. **Mauretanier** [maureˈtaːni̯ɐ], der; -s, - 모리타니아 사람. **mauretanisch** [maureˈtaːnɪʃ] ⟨Adj.⟩ 모리타니아의.
Maurin, die; -nen ↑Maure의 여성형. **maurisch** ['maurɪʃ] ⟨Adj.⟩ 무어적: ein -er Bau 무어적 건축.
Mauritier [mauˈrɪtsi̯ɐ], der; -s, - 모리셔스 사람. **mauritisch** [mauˈrɪtɪʃ] ⟨Adj.⟩ 모리셔스의. **Mauritius** [mauˈrɪtsi̯ʊs, (engl.) məˈrɪʃəs] 모리셔스.
Maus [maus], die; Mäuse 1. 〈축소형: ↑Mäuschen, ↑Mäuslein〉 생쥐: still sitzen wie ein Mäuschen 〈친근〉 생쥐처럼 〈매우〉 조용히 앉아 있다; arm wie eine M. 《통용어》 생쥐처럼 〈매우〉 가난한; 성구 da beißt die M. keinen Faden ab 《통용어》 그건 요지부동이다 (아마도 원래 재단사가 자기에게 옷감을 맡긴 손님에게 옷감이 어떻게 될까를 염려할 필요가 없다는 뜻으로 하던 말인 듯); das trägt eine M. auf dem Schwanz weg 《통용어》 그건 새발의 피다(양이 적다는 뜻으로); **keine M.** 《통용어》 생쥐새끼 하나도… 않다("아무도… 않다"의 뜻으로): keine M. herein(heraus lassen) 생쥐 하나도 들이지(내보내지) 않다; **weiße M.** 《통용어·농》(부분적으로 흰 제복을 입은, 오토바이 차를 탄) 교통경찰관; **graue M.** 《통용어·폄》단순하고 사람의 주의를 끌지 못하는, 색깔 없는 보통사람; **weiße Mäuse sehen** 《통용어》(마약, 환각제 등의 영향으로) 헛것을 보다; **Mäuse merken** 《경》 생쥐를 알아채다; **wie eine gebadete M.** 《통용어》 물에 빠진 생쥐 같다. 2. 〈축소형: ↑Mäuschen〉 〈친근〉 귀여운 여자아이: bist du wieder lieb, Mäuschen? 우리 아기 착하지. 3. a) 《통용어》 엄지 손가락의 근육. b) 〈축소형: ↑Mäuschen〉 《의학》 관절서(關節鼠). 4. 〈축소형: ↑Mäuschen〉 《경》 보지. 5. 〈Pl.〉 《경》 a) 돈. b) 마르크(독일의 화폐).
maus-, Maus- (↑mause-, mäuse-, Mäuse- 도 참조): **~auge**, das 생쥐 눈(작고 단추처럼 둥그란 눈): seine Frau hat -n 그의 부인은 눈이 생쥐같다. **~falle**, die 《österr.》 ↑Mausefalle. **~farben**, **~farbig** ⟨Adj.⟩ ↑~grau (1). **~grau** ⟨Adj.⟩ 쥐색의. **~loch**, das 《지역적》 ↑Mauseloch. **~ohr**, das ↑Habichtskraut. **~tot** ⟨Adj.; nicht adv.⟩ ↑mausetot.
Mauschel ['mauʃl̩], der; -s, - [hebr. Mošeh] 《조롱》(가난한) 유태인. **Mauschelbete** [...bɛːtə], die; -n [카드] (마우셸른 놀이에서의) 두 배의 벌금. **Mauschelei** [mauʃəˈlaɪ], die; -en 《폄》(계속적인) 속임수, 뒷거래, 떳떳치 못한 흥정. **mauscheln** ['mauʃln̩] ⟨h⟩ 1. 《통용어·폄》 a) 속임수를 쓰다, 뒷거래를 하다: im Gemein-

derat wird viel gemauschelt 시 의회에서는 뒷거래가 많이 이루어지고 있다. b) 《통용어》(카드 놀이에서) 속이다. 2. a) 마우셸른(카드 놀이의 일종)을 하다. b) 《카드》 마우셸른 놀이에서 선을 하다: ich mauschle! 내가 선을 한다. 3. 《통용어·농》 a) 유태인 사투리를 쓰다. b) 알아듣지 못하게 말하다. **Mauscheln** [-], das; -s 마우셸른 놀이 (카드놀이의 일종).
Mäuschen ['mɔysçən], das; -s, - 1. a) ↑Maus (1): **M. sein (wollen)(spielen (wollen))** 《통용어》 엿보다. b) ↑Maus (2, 3 b, 4). 2. 《통용어》 〈친근〉 Musikantenknochen. **mäuschenstill** ⟨Adj.⟩ 〈친근·감정〉 쥐 죽은 듯 조용한: es wurde m. 쥐죽은 듯 조용해졌다.
mause-, Mäuse- (↑maus-, Maus-; mäuse-, Mäuse-도 참조): **~falle**, die 생쥐 덫: 〈전의〉 der Stollen wurde für die Überlebenden zur M. 《통용어》 횡갱은 살아남은 사람들에게 함정으로 변했다. **~gesicht**, das 생쥐 상(얼굴)(뾰족하고 작은 얼굴). **~loch**, das 생쥐 구멍: 〈성구〉 ich hätte mich am liebsten in ein M. verkrochen 《통용어》 쥐구멍으로라도 들어가 버리고 싶은 지경이다. **~tot** ⟨Adj.⟩ 완전히 죽은. **~zahn**, der (특히 젖먹이들의) 작고 뾰족한 이. **~zähnchen**, das 〈대개 Pl.〉 [수공] 뜨개질 가장자리의 뾰족한 코.
mäuse-, Mäuse-: **~arm** ⟨Adj.⟩ 〈드물게 schweiz.〉 생쥐같이 가난한(매우 가난한). **~bussard**, der 말똥가리. **~dreck**, der 《경》 유럽산 관상용 관목의 일종. **~dreck**, der 《경》 생쥐 똥. **~falle**, die ↑Mausefalle. **~fang**, der 〈Pl. 없음〉 생쥐 잡기. **~fänger**, der 생쥐를 잡아 먹는 동물. **~fraß**, der 생쥐의 먹이. **~gerste**, die 야생보리. **~gift**, das 생쥐 약. **~jagd**, die 생쥐 사냥. **~loch**, das ↑Mauseloch. **~melken** 〈다음 용법으로〉 **es ist zum M.** 《통용어》 생쥐 젖이라도 짜야 하게 생겼다 (지푸라기라도 잡고 싶은 심정이다). **~nest**, das 생쥐 보금자리. **~öhrchen**, das ↑Mausohr. **~plage**, die 생쥐(로 인한) 피해. **~zähnchen**, das ↑Mausezähnchen.
mäuseln ['mɔyzl̩n] ⟨h⟩ 〈사냥〉 여우를 꾀어내기 위하여 새 앙쥐 소리를 내다. **mausen** ['mauzn̩] ⟨h⟩ 1. 〈친근·농〉 좀도둑질하다, 훔치다: 속담 yamatsz mausen doch alle 그렇것은 훔친 물건이다, 여기는 도둑질 안 하는 놈이 없다. 2. 〈지역적·고어〉(짐승이) 생쥐를 잡다. 3. 〈지역적〉성교하다. 〈날씨〉카. **¹Mauser** ['mauzɐ], der; -s, - 〈schweiz.〉 덫을 놓아 생쥐, 두더지를 잡는 사람.
²Mauser [-], die [lat. mūtāre] (새가) 철에 따라 깃털을 가는 현상: der Vogel ist in der M. 새가 깃털을 갈고 있다.
³Mauser Ⓦ [-], die ↑Mauserpistole의 약칭.
Mauserei [mauzəˈraɪ], die; -en 1. 〈친근·농〉 좀도둑질, 양쥐의 짓. 2. 〈지역적·속어〉 성교(동침)를 자주 하는 것.
Mäuserich ['mɔyzərɪç], der; -s, -e 《통용어》 생쥐 수컷.
mauserig ⟨Adj.⟩ 〈schweiz.〉 1. 귀찮은, 짜증나는, 역겨운. 2. 기가 꺾인, 풀죽은. 3. (날씨) 흐린. **mausern** ['mauzɐn], sich ⟨h⟩ [lat. mūtāre] 1. (새가) 깃털을 갈다: die Kraniche mausern 학이 깃털을 간다. 2. 《통용어》 변모하다, 둔갑하다, 탈바꿈하다: eine Wissenschaft, die sich zu einer neuen m. beginnt 탈바꿈하기 시작하는 학문.
Mauserpistole, die 자동권총의 일종.
Mauserung, die; -en 1. ↑²Mauser. 2. 〈드물게〉 변모, 탈바꿈. **Mauserzeit**, die; -en 깃털갈이 때.
mausig ['mauzɪç] ⟨Adj.⟩ 〈다음 용법으로〉 **sich m. machen** 《경》 젠체하다, 뻔뻔스럽다: mach dich bloß nicht m.! 젠체하지 좀 말아라.

Mäuslein ['mɔyslaɪn], das; -s, - ↑Maus (1): 상구 daß dich das M.beiß' (südd. · 친근·농) 생쥐한테나 물려가거라(농담조로 사람을 겁주는 말).

Mausoleum [mauzo'le:ʊm], das; -s, ...een [..e:ən; lat. Mausōlēum] (건물의 형태를 취하고 있는) 묘.

Maut [maut], die; -en (österr.) **a)** (길, 다리 등의) 통행세. **b)** ↑Mautstelle.

maut-, Maut-: ~**frei** (Adj.) (österr.) 통행세 없는 (반대: mautpflichtig). ~**gebühr**, die (österr.) ↑Maut (a). ~**pflichtig** (Adj.) (österr.) 통행세를 물어야 하는(반대: mautfrei). ~**stelle**, die (österr.) (유료 도로의) 톨게이트. ~**straße**, die (österr.) 유료 도로.

Mautner ['mautnɐ], der; -s, - (österr.) 통행세 징수원.

mauve [moːv] (Adj.) 격변화 없음) [frz. mauve] 홍자색, 담아욱색의.

mauzen ['mautsn̩] (h) ↑maunzen.

Max [maks] (다음 용법으로) **strammer M.** (통용어) 1) 계란프라이와 햄이 든 샌드위치. 2) (드물게) 계란과 다진 고기가 든 샌드위치 식사.

Maxe ['maksə], der; -n (↑Max) (경) 놈, 녀석: den großen -n spielen 큰 놈 행세를 하다. **Maxen** ['maksn̩] (Pl.) (bayr., österr. · 경) 돈.

maxi ['maksi] (Adj.) [lat. maximus] (유행) 맥시(치마, 코트 등이 발뒤꿈치까지 내려오도록 긴): m. tragen 맥시를 입다. **¹Maxi** [-], die; -, -s -, -s [1. 맥시 (다), (매의 관사없이) (유행) **a)** 맥시옷. **b)** 맥시 길이. 2. (통용어) ↑Maxikleid의 약칭. **²Maxi** [-], der; -s, -s (통용어) ↑Maxirock의 약칭.

maxi-, Maxi- (유행): ~**kleid**, das 맥시 원피스. ~**lang** (Adj.) 맥시 길이의. ~**Look** (붙임표와 함께) der (유행) 맥시 룩(치마 길이가 맥시인 패션). ~**mantel**, der 맥시 코트. ~**mode**, die (Pl. 없음) 맥시유행 (형). ~**rock**, der 맥시 치마.

Maxilla [ma'ksɪla], die; ...llae [..le; lat. māxilla] [해부] 윗턱, 윗턱뼈. **maxillar** [maksɪ'laːɐ̯], **maxillär** [...'lɛːɐ̯] (Adj.) [lat. māxillāris] [의학·해부] 윗턱의. **Maxillen** [ma'ksɪln̩] (Pl.) [생물] (절지동물의) 작은 턱.

Maxima: ↑Maximum의 복수형. **maximal** [maksi'maːl] (Adj.) 1. (교양어) **a)** 최고의, 최대의: -er Nutzen 극대의 효용; etw. m. ausnutzen 무엇을 최대한으로 이용하다. **b)** 최고의, 최대의: -er Spiritusverbrauch pro Stunde : 0,37 Liter 시간당 최고 알코올 소모량: 0.37리터; der Kran kann m. zwanzig Tonnen heben 이 크레인은 최고 20톤까지 들어 올릴 수 있다. 2. [청소년] 최고의, 최상의: das ist ja m.! 이거 최고구나!

Maximal-: ~**belastung**, die 최고하중. ~**betrag**, der 최고액(수). ~**dosis**, die [의학] 최고투약량(약어: MD). ~**forderung**, die 최대(한의) 요구(반대: Minimalforderung). ~**geschwindigkeit**, die 최대[고]속도. ~**gewicht**, das 최대 중량. ~**höhe**, die 최고 높이. ~**leistung**, die 최대 출력. ~**note**, die (특히 schweiz.) ↑Höchstnote. ~**preis**, der 최고가격(반대: Minimalpreis). ~**profit**, der [russ. maksimalnaja pribyl] (공산주의·폄) 최대 이익. ~**strafe** (die) [법] 최고형. ~**wert**, der 최고치(반대: Minimalwert), ↑höchst-, Höchst-.

maximalisieren [maksimali'ziːrən] (h) (드물게 교양어) 극대화하다(반대: minimalisieren 1). **Maxime** [ma'ksiːmə], die; -n [frz. maxime] (교양어) 격언, 원(준)칙: die oberste M. seines Handelns lautet: „Leben und leben lassen" 그의 행동의 최고 원칙은 "(나도) 살고 (남도) 살리자"이다; einer M. folgen 격언

을 따르다. **maximieren** [maksi'miːrən] (h) (반대: minimieren) 1. (교양어) 극대화하다: den Gewinn m. 수익을 극대화하다; 전의 Wohlstand minimiert zwar die sozialen Spannungen, aber maximiert die Aufsässigkeit gegen die Führung 풍요는 사회적 긴장을 극소화하지만 지도층에 대한 반항을 극대화한다. 2. [수학] ↑optimieren (2). **Maximierung**, die; -en 극대화[최대화] (반대: Minimierung). **Maximum** ['maksimʊm], das; -s, ...ma [lat. maximum] (반대: Minimum) 1. (교양어) 맥시멈, 최대한, 최고도: ein M. an Sicherheit bieten 최대한의 안전성을 제공하다. 2. **a)** [수학] 최대값: die Maxima und Minima einer Funktion(Kurve) berechnen 함수(곡선)의 최대값과 최소값을 계산하다. **b)** [기상] (온도 등의) 최고치. 3. [기상] 고기압의 중심부: ein barometrisches M. 최고기압. 4. [청소년] 최고, 최상. **Maximum-Minimum-Thermometer**, das 최고최저 온도계.

Maya: ↑Maja.

Mayday ['meɪdeɪ; frz. m'aidez] S.O.S(국제 무선 조난 신호).

Mayonnaise (독어화) Majonäse [majɔnɛːzə, (österr.) ...z], die; -n [frz. mayonnaise] 마요네즈.

Mayor [mɛɐ̯, (engl.) mɛə], der; -s, -s [engl. mayor] (영어권 나라들의) 시장(市長).

MAZ [mats], die; ...anlagen [**m**agnetische Bild**a**uf**z**eichnung] [텔레비전] 녹화 장치.

mazarinblau [mazaˈrɛː-] (Adj.) [frz. (bleu)mazarin] 붉은 기운이 도는 담청색의.

Mazdaznan [masdas'naːn], das, (또한) der; -s [Pers. Ahura Masdah] 배화교의 창시자 차라투스트라의 가르침에 근거한 종교적 구제 운동.

Mazedonien [matse'doːniən] usw. ↑Makedonien usw.

Mäzen [mɛ'tseːn], der; -s, -e (교양어) 패트론, (예술가, 운동가 등의) 후원자, 보호자: der Staat als M. 패트론으로서의 국가. **Mäzenatentum** [mɛtseˈnaːtn̩tuːm], das; -s (교양어) 패트론으로서의 자세. **Mäzenatin**, die; -nen ↑Mäzen의 여성형. **mäzenatisch** (Adj.) (교양어) 패트론다운, 패트론으로서의 자세를 취하는.

Mäzenin, die; -nen ↑Mäzen의 여성형.

Mazeration [matseraˈtsi̯oːn], die; -en [lat. mācerātio] 1. [의학·생물] 침연(浸漣)(식물성 또는 동물성 조직이 액체와 오래 접촉하면서 물러지는 현상). 2. [생물] 해리(解離). 3. [생물·화학] 냉침(冷浸). **mazerieren** [...'riːrən] (h) [lat. mācerāre] [생물·화학] 해리하다, 냉침하다.

Mazis ['matsɪs], der; -, **Mazisblüte**, die; -n [frz. macis] 메이스(육두구(肉荳蔲)의 껍질을 말린 향료).

Mazurka [ma'zʊrka], die; -s; ...ken / -s [poln. mazurka] 마주르카(폴란드의 민속춤의 하나로 3/4 또는 3/8박자).

Mazze, Mazzen: ↑Matze, ↑Matzen.

mb = Millibar 밀리바.

Mbabane: 음바바네(스와질란드의 수도).

mbH = mit beschränkter Haftung 유한책임의.

m.c. = mensis currentis 이번 달의, 금월의.

MD = Musikdirektor 음악 총감독.

Md., Mrd. = Milliarde(n) 십억.

mdal. = mundartlich 방언적.

M.d.B., MdB = Mitglied des Bundestages 연방 의회 의원.

M.d.L., MdL = Mitglied des Landtages 주 의회 의원.

ME = Mache-Einheit 마헤 단위: 온천수 등에 들어 있는 라돈 농도의 단위.

m.E. = meines Erachtens 내 생각으로는.

MEA = Middle East Airlines 레바논 항공 회사.
mea culpa ['meːa 'kʊlpa; lat.] [가] 내 탓이오.
Mechanik [meˈçaːnɪk], die; -en [lat. (ars) mēchanica < griech. mēchanikḗ(téchnē)] **1.** [물리] **a)** 역학(학문으로서의): die Gesetze der M 역학의 법칙들; die M. der flüssigen Körper 액체 역학, 수력학. **b)** 역학(역학 법칙들의 총체): die M. von Körpern dieser Art ist kaum erforscht 이러한 물체의 역학은 거의 연구되어 있지 않다. **2.** [공학] 기계학: diese Maschine ist ein Wunderwerk der M. 이 기계는 기계학의 경이적 산물이다. **3.** 《전문어》 **a)** ↑Mechanismus (1 a): die M. eines Klaviers ausbauen und reparieren 피아노의 기계 장치를 분해하고 수리하다. **b)** 〈Pl. 없음〉↑Mechanismus (1 b): die M. eines Getriebes erklären 기어(연동장치)의 기능을 설명하다. **4.** 〈Pl. 없음〉《교양어》(무엇의 기능 또는 진행 과정의) 기계적인(비정하고 단조로운) 성격: die M. eines Arbeitsvorgangs 작업 과정의 기계적인 성격. **Mechaniker**, der; -s, - 기계공. **Mechanikerin**, die; -nen ↑Mechaniker의 여성형. **Mechanikus** [meˈçaːnɪkʊs], der; -, ...izi [...itsi] / 《고어·통용어·농》-se [lat. mēchanicus] 《고어·통용어·농》 기계공. **Mechanisator** [meçaniˈzaːtɔr, (또한) ...toːɐ̯], der; -s, -en [...zaˈtoːrən, russ. mechanisator] 《구동독》기계일꾼(사회주의 국가의 농·임업 부문에서 기계를 다루는 전문 직업인). **mechanisch** [meˈçaːnɪʃ] 〈Adj.〉 [lat. mēchanicus] **1. a)** [물리] 역학적인: die Überwindung des -en Weltbildes 역학적인 세계상의 극복. **b)** 《전문어》기계적인: -e Abnutzung 기계적인 마모; -e Oberflächenbehandlung 기계적인 표면 처리; -e Reize 물리적인 자극, 외적인 자극. **2.** 《전문어·교양어》기계적인, 기계학적인, 기계학의; 기계학의: -e Kenntnisse 기계학의 지식; -e Fehler 기계의 결함. **3.** 《전문어·교양어》기계적인(기계로 작동하는): -e Fertigung 기계에 의한 제작; der ↑Webstuhl (자동) 직조기; m. funktionieren 기계로 작동하다. **4.** 《교양어》 **a)** (자동적인 뜻에서의) 기계적인: eine -e Bewegung 기계적인 동작. **b)** (무의식적인 반응으로서의) 기계적인: ein Gedicht m. aufsagen 시를 기계적으로 낭송하다. **mechanisieren** [meçaniˈziːrən] 〈h〉 [frz. mécaniser] 《전문어·교양어》기계화하다: die Produktion m. 생산을 기계화하다. **Mechanisierung**, die; -en 《전문어·교양어》 **1.** 기계화. **2.** 〈Pl. 없음〉 기계화(된 상태): ein hoher Grad der M. 고도의 기계화. **Mechanismus** [meçaˈnɪsmʊs], der; -, ...men [frz. mécanisme] **1.** 《전문어·교양어》 **a)** 기계 장치, 기계 장치에 힘입은 운동: der M. der Spieluhr ist abgelaufen 음악 상자의 태엽이 다 풀렸다; einen M. in ein Gerät einbauen 기계를 어떤 도구에 만들어 넣다. **b)** 〈Pl. 없음〉 기계 기능, 자동 기능: die M. eines Maschinentyps studieren 어떤 기계 종류의 자동 기능을 연구하다. **2.** 《전문어·교양어》 조직(기구): ein modernes Staatswesen ist ein komplizierter M. 현대 국가는 복잡한 기구이다. **b)** 기제, 메카니즘: ein gestörter M. 고장난 메카니즘; psychische Mechanismen 심리적 메카니즘. **3.** 《전문어》 기계 기론. **Mechanist**, der; -en, -en 기계론자, 기계론자. **mechanistisch** 〈Adj.〉 **1.** 기계론적인: ein -es Dogma 기계론적인 도그마. **2.** 《교양어·드물게》 단일 기계의, 기계론의: man kann das kindliche Verhalten nicht als -en Vorgang deuten 아동의 행동을 어떤 도구적 과정으로 설명될 수 없다. **Mechanizi** | ↑Mechanikus의 복수형. **Mechanizismus** [...nɪˈtsɪsmʊs], der; - ↑Mechanismus (3). **Mechanizist**, der; -, -en ↑Mechanist. **mechanizistisch** 〈Adj.〉 ↑mechanistisch (1). **Mechanorezeptoren** [meˈça:no-] 〈Pl.〉 《생물》 물리적인 자극을 받아들이는 기관. **Mechano-therapie**, die [의학] 물리 치료.
mechulle [meˈxʊlə] ↑machulle.
meck! [mɛk] 〈Interj.〉 메메(염소의 울음소리).
Mecker- (meckern): ~**abend**, der 《통용어·농》 군소리의 밤(모든 불평불만을 털어놓을 기회를 갖기 위한). ~**buch**, das 《통용어》 불평 신고부. ~**ecke**, die 《통용어》 독자투고란. ~**fritze**, der [↑-fritze] 《펌》 ↑Meckerer. ~**kasten**, der 《통용어》 **1.** 민원함. **2.** ↑~ecke. ~**liese**, die 《펌》 (여자) 군소리꾼. ~**pott**, der 《지역적·펌》 ↑~ecke. ~**spalte**, die 《통용어》 ↑~ecke. ~**tüte**, die 《경》 메가폰, 마이크. ~**ziege**, die 《펌》 **1.** ↑~fritze. **2.** 계속 뻔뻔하게 염소 소리로 웃는 여자.
Meckerei [mɛkəˈraɪ], die; -en 《통용어·펌》 군소리하기, 투덜대기. **Meckerer** ['mɛkərɐ], der; -s, - 《통용어·펌》 군소리꾼. **meckern** ['mɛkɐn] 〈h〉 **1.** 메메하다(염소가 울다). **2.** 쩽쩽하는(쇳소리를 연상케 하는) 목소리로 말하다. **3.** 《통용어·펌》 군소리하다, 투덜대다, 종알거리다: er hat immer etwas zu m. 그는 항상 투덜댄다; gegen die Regierung m. 정부에 대한 불만으로 투덜댄다.
Meckifrisur ['mɛki-], die; -en 《통용어·준고어》 상고머리.
Mecklenburg ['meːklənbʊrk, (또한) 'mɛk...], -s 메클렌부르크(북독 해안 지역의 주). **Mecklenburger** ['meːklənbʊrɡɐ, (또한) 'mɛk...], der; -s, - 메클렌부르크 사람. **mecklenburgisch** ['meːklənbʊrɡɪʃ, (또한) 'mɛk...] 〈Adj.〉 메클렌부르크의.
Medaille [meˈdaljə, meˈdaɪljə], die; -n [frz. médaille] 메달: er hat bei den Olympischen Spielen eine goldene M. gewonnen 그는 올림픽 경기에서 금메달을 하나 땄다.
Medaillen-: ~**gewinner**, der [스포츠] 메달 딴 선수, 메달리스트. ~**kunst**, die 〈Pl. 없음〉 메달 예술(공예). ~**sammlung**, die 메달 수집. ~**spiegel**, der [스포츠] 메달 집계판.
Medailleur [medalˈjøːɐ̯], der; -s, -e [frz. médailleur] **a)** 메달 제작가(예술가로서의). **b)** 메달 만드는 공인.
Medaillon [medalˈjõː, (österr.) medalˈjõː], das; -s, -s / 〈드물게〉 -e [...ˈjoːnə; frz. médaillon] **1.** 〈Pl. -s / -e〉 (목걸이 장식으로서의) 조그만 메달. **2.** 〈Pl. -s〉 [미술] 원형 부조. **3.** 〈Pl. -s〉 [요리] 메다이용: gegrilltes M. vom Kalb 송아지고기 메다이용. **Medaillonteppich**, der 메달 카펫(배경에 주로 별 모양이나 타원형으로 된 메달 장식이 들어 있는).
Medaukeule ['meːdaʊ-], die; -n [스포츠] (체조할 때 쓰는) 곤봉.
¹Media ['meːdia], die; ...diä [...iɛ] / ...dien [...iən; lat. medius] **1.** [음성] 유성 폐색음(b, d, g 등). **2.** [의학] 혈관의 중막. **²Media**: ↑¹Medium의 복수형.
Media- (¹Medium 2 c) [광고]: die 홍보과(부). ~**direktor**, der 홍보과(부)장. ~**fachmann**, der ↑~Mann. ~**forschung**, die 매체연구, PR연구. ~**man** ['miːdiəmən] (붙임표와 함께), der; -, -men [...mən] PR맨. ~**Mann** ['meːdia-], der; -es, -Männer PR 전문가, PR 맨. ~**planer**, der 홍보 기획가.
medial [meˈdiaːl] 〈Adj.〉 **1.** 《교양어》 영매(靈媒)의 힘이 있는: ~e Kräfte 영매의 힘. **2.** [의학] 중간에 위치하는. **3.** [언어] (능동과 수동의) 중간형의(↑Medium (5)), 중간태의. **median** [meˈdiaːn] 〈Adj.〉 [lat. mediānus] [해부] 몸, 또는 기관의 중앙선상에 위치하는. **Median** [-], der; -e [engl. median] 〈Adj.〉 ↑Medianwert (↑Zentralwert). **Mediane** [meˈdiaːnə], die; -n [lat. mediānus] [기하] **1.** (삼각형의) 중선. **2.** (사면체의) 중

선. **Medianebene**, die; -n 〖해부〗 정중면. **Mediante** [meˈdiantə], die; -n [ital. mediante] 〖음악〗 1. 중음, 가온음. 2. 중음[가온음] 삼화음. **Medianwert**, der; -(e)s, -e 〖통계〗 중앙치(中央値). **mediat** [meˈdiat] 〈Adj.〉 [frz. médiat] a) 〖고어〗 간접적인. b) 《역사적》 황제가 직접 다스리지 않고 봉건 영주의 주권하에 있는. **Mediation** [mediaˈtsjoːn], die; -en 〖외교〗 중재(仲裁). **mediatisieren** [...tiˈziːrən] 〈h〉 《역사적》 황제 직속 지위로부터 봉건 영주의 지배로 넘기다. **Mediatisierung**, die; -en 황제 직속 지위[자격] 박탈, 지방 영주 예속.
mediäval [medjeˈvaːl] 〈Adj.〉 《전문어》 중세의. **Mediäval**, [-; 《전문어》 medjaˈvɛl], die 〖인쇄·문어〗 메디에발 활자(안틱 활자의 일종). **Mediävist** [medjeˈvɪst], der; -en, -en 중세 연구가. **Mediävistik**, die 중세 연구, 연구학.
Medien: ↑¹Medium의 복수형.
medien-, Medien- (¹Medium 2 a, b): ~**didaktik**, die 〖교육〗매체 교수법. ~**didaktisch** 〈Adj.〉 〖교육〗매체 교수법상의. ~**pädagogik**, die 대중 매체 교육, 매스 미디어 교육. ~**pädagogisch** 〈Adj.〉 매체 교육적인, 매체 교육상의. ~**spezifisch** 〈Adj.〉 《전문어》 매체의 특성에 맞는: -e Werbemethoden 매체의 특성에 맞는 광고 방식. ~**verbund**, der 《전문어》 1. 시청각 자료들의 복합적 사용(수업에서). 2. 매체 통합. ~**zentrum**, das 매체 문화 공보원, 홍보 센터.
Medikament [medikaˈmɛnt], das; -(e)s, -e [lat. medicāmentum] 약, 의약품: das M. hat keine schädlichen Nebenwirkungen 이 약은 (해로운) 부작용이 없다; jmdm. ein M. (gegen Kopfschmerzen) verabreichen 누구에게 (두통)약을 주다.
medikamenten-, Medikamenten-: ~**abhängig** 〈Adj.〉 약물에 중독된. ~**mißbrauch**, der 〈Pl. 없음〉 약물 오용. ~**schrank**, der 〖의학〗 약장. ~**schränkchen**, das 약상자.
medikamentös [medikamɛnˈtøːs] 〈Adj.〉 [lat. medicāmentōsus] 〖의학〗 약에 의한, 약을 이용한: jmdn. [eine Krankheit] m. behandeln 누구(병)를 약으로 치료하다. **Medikaster** [mediˈkastɐ], der; -s, -e 〖고어·폄〗돌팔이 의사. **Medikation** [medikaˈtsjoːn], die; -en 〖의학〗 1. 약의 조제, 투약(投藥): keiner der Patienten stand unter einer M. 어떤 환자도 투약을 받지 않았다. 2. 투약법, 투약 내용. **Medikus** [ˈmeːdikʊs], der; -, ...izi [...ˈitsi] / 《통용어》 -se [lat. medicus] 《농》 의사.
medio [ˈmeːdjo] 〈Adv.〉 [ital. medio] 〖상〗 (어느 달의) 15일에, 보름에: m. Mai 오월 보름에. **Medio** [-], der; -(s), -s 15일, 보름(그 달의 15일이 휴일일 때는 16일이 됨). **Mediogarn** [ˈmeːdjo-], das; -(e)s, -e 〖섬유〗 중간 굵기의 면사, **mediokor** [medjoˈkeːɐ̯] 〈Adj.〉 [frz. médiocre] 《교양어》 평범한, 범상한, 중간 정도의: ein mediokres Buch 평범한 책. **Mediokrität** [medjokriˈtɛːt], die [frz. médiocrité] 《교양어》 평범성. **Mediothek** [medjoˈteːk], die; -en 시청각 자료실. **Mediowechsel**, der; -s, - 〖상〗 보름에 만기가 되는 어음.
Medisance [mediˈzãːsə], die; -n [frz. médisance] 《교양어·고어》 비방. **medisant** [...ˈzant] 〈Adj.〉 [frz. médisant] 《교양어·고어》 악의에 찬, 꼬집는, 비꼬는. **medisieren** [...ziˈrən] 〈h〉 《교양어·고어》 비방하다, 꼬집다, 비꼬다.
Meditation [meditaˈtsjoːn], die; -en [lat. meditātio] 1. 《교양어》 명상: in M. verfallen[versinken] 명상에 잠기다. 2. 《종교·심리·철학》 명상, 참선. **Meditationstag**, der 명상의 날. **Meditationsübung**, die 명상 연습. **meditativ** [...ˈtiːf] 〈Adj.〉 《교양어·전문

어》 명상적인, 명상을 통한: etw. m. erfassen 무엇을 명상을 통하여 파악하다.
mediterran [mediteˈraːn] 〈Adj.〉 [lat. mediterrāneus] 지중해의.
meditieren [mediˈtiːrən] 〈h〉 [lat. meditāri] 1. 《교양어》 명상하다, 생각에 잠기다. 2. 《전문어》 명상하다, 참선하다.
¹**Medium** [ˈmeːdiʊm], das; -s, ...ien [...jən] / ...ia [...ia] [lat. medium] 1. 〈Pl. ...ien / ...ia〉《교양어》매개체: Gedanken durch das M. der Musik ausdrücken 음악을 매개로 하여 생각을 표현하다. 2. 〈대개 Pl.〉 a) 《교양어》《대중》 매체: die optischen Medien 시각 매체; die akustischen Medien 청각 매체. b) 교재, 시청각 자료. c) 〖광고〗 광고 매체. 3. 〈Pl. ...ien〉 〖물리·화학〗 매질(媒質). 4. 〈Pl. ...ien〉 a) 〖심령〗 영매(靈媒). b) 〖의학·심리〗 실험 대상: sie ist ein geeignetes[schlechtes] M. für Hypnoseversuche 그녀는 최면술 실험에 좋은[나쁜] 실험 대상이다. 5. 〈드물게 Pl. ...ia〉 〖언어〗 중간태(능동과 수동의): dieses Verb kommt nur im M. vor 이 동사는 중간태만 쓰인다.
²**Medium** [-], die [engl.-amerik. medium] 미디엄 활자.
Medizi: ↑Medikus의 복수형. **Medizin** [mediˈtsiːn], die; -en [lat. (ars) medicīna] 1. 〈Pl. 없음〉 의학: die verschiedenen Fachbereiche der M. 의학의 여러 분야; ein Arzt für innere M. 내과의사. 2. 〈물〉《어》 die M. schmeckt bitter 약이 쓰다; 전의 eine heilsame M. 효과 좋은 약(많은 것을 배우게 된 경험).
medizin-, Medizin-: ~**ball**, der 메디신 볼. ~**flasche**, die 약병. ~**fläschchen**, das (작은) 약병. ~**mann**, der 〈Pl. -männer〉 (미개 사회의) 의사를 겸한 무당. ~**schränkchen**, das 약장. ~**student**, der 의학도, 의과대학생. ~**studentin**, die ↑~student의 여성형. ~**studium**, das 의학 공부. ~**technik**, die 〈Pl. 없음〉《구동어》 1. 의료 기공학. 2. 의료 기구. ~**technisch** 〈Adj.〉 a) 의료 공학적인. b) 의료 기구의.
medizinal [ditsiˈnaːl] 〈Adj.〉 [lat. medicīnālis] 1. 약(용)의, 약(품)으로. 2. ↑medizinisch.
Medizinal-: ~**assistent**, der 인턴. ~**beamte**, der [관] 공의(公醫). ~**direktor**, der 〖관〗 과장, 소장 같은 직책을 맡은 공의. ~**praktikant**, der 《드물게》 ↑~assistent. ~**rat**, der 〖관〗 공의의 직급의 일종. ~**statistik**, die 의료 통계. ~**wein**, der 약술, 약이 용해되어 있는 술. ~**wesen**, das 〈Pl. 없음〉 ↑Gesundheitswesen.
Mediziner [mediˈtsiːnɐ], der; -s, - 의과대학생, 의학도. **Medizinerin**, die; -, -nen ↑Mediziner의 여성형. **medizinisch** [mediˈtsiːnɪʃ] 〈Adj.〉 1. 의학의: -e Zeitschriften 의학 잡지. 2. 의학적인, 의학상의. 3. 약용의: eine ~e Zahncreme 약용 치약. **medizinisch-technisch** 〈Adj.〉 의료 기술적인: medizinisch-technische Assistentin 의료 기술 보조원(약어: MTA).
Medley [ˈmɛdli], das; -s, -s [engl. medley] 《교양어》 메들리: ein M. der erfolgreichsten Schlager 힛트곡 메들리.
Medoc [meˈdɔk], der; -s, -s [frz. médoc] 메독 포도주 (프랑스산 붉은 포도주의 일종).
Medrese, Medresse [meˈdrɛsə], die; -n [türk. medrese < arab. madrasa[h]] 회교국의 법과(신학) 대학.
Medulla [meˈdʊla], die [lat. medulla] 〖의학〗 골수(骨髓). **medullär** [medʊˈlɛːɐ̯] 〈Adj.〉 〖의학〗 a) 골수에 관한. b) 골수에 속하는.
Meduse [meˈduːzə], die; -n [griech. Médousa] 〖동물〗 ↑Qualle. **Medusenblick**, der 메두사 눈초리.

Medusenhaupt, das 1. 메두사의 머리. 2. [의학] 메두사의 머리(병 이름). **medusisch** ⟨Adj.⟩ 《교양어》 메두사 같은.

Meer [me:ɐ̯], das; -(e)s, -e 1. 바다: am M. Urlaub machen 바닷가에서 휴가를 보내다; die Sonne steigt über dem M. auf 해가 바다 위에 떠오른다; Cuzco liegt mehr als 3000 Meter über dem M. 쿠스코는 해발 3000미터 지점에 있다. 2. 《아어》 (무엇이 많다는 뜻으로) …의 바다: ein M. blühender Rosen 활짝 핀 장미꽃의 바다.

meer-, Meer- (Meer 1; ↑meeres-, Meeres- 참조): ~**aal**, der 붕장어. ~**brasse**, die, ~**brassen**, der 도미. ~**busen**, der 《준고어》 만(灣). ~**drache**, der ↑Seedrache. ~**echse**, die 바다도마뱀. ~**eiche**, die 갈색 조류(褐藻類)의 일종. ~**eichel**, die ↑Seepocke. ~**eis**, das 바다의 얼음. ~**enge**, die 해협. ~**engel**, der 전자리상어. ~**fahrt**, die 《고어》 항해. ~**farbe**, die 《드물게》 바다 빛깔. ~**forelle**, die 바다송어. ~**frau**, die ↑~jungfrau. ~**gott**, der 바다의 신. ~**göttin**, die ↑~gott의 여성형. ~**grün** ⟨Adj.⟩ 담녹색의. ~**hase**, die ↑Seehase. ~**hecht**, der ↑Seehecht. ~**jungfrau**, die [신화] 인어, ~**katze**, die 긴꼬리원숭이. ~**kohl**, der 바다배추(양배추와 비슷하게 생긴, 대서양 및 독일의 동해의 바닷가에 나는 식물로, 식용으로 재배하기도 함). ~**lavendel**, der ↑Strandflieder. ~**leuchten**, das ↑Meeresleuchten. ~**neunauge**, das 바다칠성장어. ~**ohr**, das ↑Seeohr. ~**otter**, der 바다수달(북태평양 연안에 살며, 털은 붉은 갈색 내지 검정색임. ~**rettich**, der ↑Meerrettich. ~**salat**, der 서양고추냉이. ~**salz**, das 바다소금. ~**schaum**, der 해포석(海泡石). ~**schaumkopf**, der 해포석으로 된 곰방대 통. ~**schaumpfeife**, die 해포석 곰방대. ~**schaumspitze**, die 해포석 물부리. ~**schildkröte**, die ↑Meeresschildkröte. ~**schweinchen**, das 기니아픽, 모르모트. ~**spinne**, die ↑Seespinne. ~**umschlungen** ⟨Adj.⟩ 《시어》 바다에 둘러싸인. ~**ungeheuer**, das [신화] 바다의 괴물. ~**wärts** ⟨Adv.⟩ 바다쪽으로. ~**wasser**, das {대량} 바닷물. ~**wasserwellenbad**, das 바닷물파도풀[수영장]. ~**weib**, das ↑~jungfrau. ~**zwiebel**, die 바다파(지중해 연안의 모래땅에 나는, 약의 원료가 되는 구근류 식물).

meeres-, Meeres- (Meer 1; ↑meer-, Meer-도 참조): ~**alge**, die 《대부 Pl.》 바다말, 해조. ~**arm**, der 《드물게》 협만(峽灣). ~**biologie**, die 해양생물학. ~**boden**, der 바다 밑. ~**bucht**, die 만(灣). ~**fauna**, die 바다의 동물계. ~**flora**, die 바다의 식물계. ~**forschung**, die 바다의 연구, 해양 연구. ~**früchte** 《Pl.》 [↑Frutti di mare] [요리] 해물요리(의 일종). ~**geologie**, die 해양지학. ~**gott**, der ↑Meergott 참조. ~**grund**, der 바다 밑. ~**höhe**, die 《전문어》 ↑~spiegel (2). ~**klima**, das 바다 기후, 바닷가 기후. ~**kunde**, die 해양학. ~**kundler**, der 해양학자. ~**kundlich** ⟨Adj.⟩ 해양학적인. ~**küste**, die ↑~ufer. ~**leuchten**, das; -s 해상의 인광, 특히 열대의 바다에서 밤에 물이 빛을 발하는 현상. ~**luft**, die 1. [기상] 바닷바람(북대서양에서 [독일로] 오는 습하고 온화한 공기). 2. ↑Seeluft. ~**oberfläche**, die 바다의 표면. ~**rauschen**, das; -s 《아어》 바다의 쏴쏴하는 소리. ~**säugetiere**, die 《동물》 바다의 젖먹이 동물. ~**schildkröte**, die 바다거북. ~**spiegel**, der 1. 바다의 표면. 2. 《전문어》 땅의 높이(해발=미터)를 산출하는 기준이 되는 이론상의 바다 표면: Mittenwald liegt 913 Meter über dem M. 미텐발트는 해발 913미터의 높이에 있다. ~**strand**, der 《아어·시어》 ↑Strand. ~**stra-**

ße, die 1. ↑Meerenge. 2. ↑Seeschiffahrtsstraße. ~**strömung**, die 해류(海流). ~**tiefe**, die 바다의 깊이. ~**tier**, das 바다의 짐승. ~**ufer**, das 《아어》 ↑Strand.

Meerrettich, der; -s, -e 1. 고추냉이. 2. a) 고추냉이의 맵고 맛있는 뿌리. b) 가늘게 찧은 고추냉이 뿌리. c) ↑Meerrettichsoße.

Meerrettich- (Meerrettich 3): ~**creme**, die ↑~sahne. ~**sahne**, die [요리] 고추냉이 크림. ~**soße**, die 고추냉이 소스.

Meeting ['mi:tɪŋ], das; -s, -s [engl. meeting] 《교양어》 모임, 회합, 미팅: ein M. vereinbaren 모임을 가지기로 합의하다.

Meg-: ↑²Mega-. **mega-**, ¹**Mega-** [mega-], megalo-, Megalo-, 《모음 앞에서》 megal-, Megal- [megal(o)-; griech. mégas, megál-] "큰", "긴", "힘센"의 뜻을 가진 합성어의, 예컨대) Megalith, megaloman. ²**Mega-**, 《모음 앞에서》 Meg- [meg(a)-, ¹mega-, ¹Mega-] 메가가 "백만"의 뜻을 가진 합성어로 사용됨(기호: M), 예컨대) Megawatt, Megahertz (반대: ²Mikro-). **Megaelektronenvolt**, das; -(e)s, - [물리] 백만 전자볼트(기호: MeV). **Megahertz**, das; -, - [물리] 메가헤르츠(기호: MHz). **megal-, Megal-**: ↑megalo-, Megalo-. **Megalith** [...'li:t, (또한) ...lɪt], der; -s 《또는》 -en, -e(n) [↑-lith] 거석(巨石). **Megalithgrab**, das 거석묘(巨石墓). **Megalithiker** [...'li:tɪkɐ, (또한)...'lɪt...], der; -s, - 거석 문화 시대의 사람. **megalithisch** [...'li:tɪʃ, (또한) ...'lɪtɪʃ] ⟨Adj.⟩ 거석으로 된. **Megalithkultur**, die 거석 문화. **megalo-, Megalo-**: ↑mega-, ¹Mega-. **megaloman** [...'ma:n] ⟨Adj.⟩ [심리] 과대망상증이 있는. **Megalomanie**, die; -n [...iən] = ↑Manie [심리] 과대망상증. **Megalopolis** [...'lo:polɪs], **Megalopole** [...lo'po:lə], die; ...len [engl.-amerik. megalopolis] 《교양어》 메갈로폴리스, 거대 도시. **Megalozephalie** [...tsefa'li:], die; -n [...iən] = Makrozephalie. **Megalozyt** [...'tsy:t], der; -en, -en, 《또한》 **Megalozyte** [...'tsy:tə], die; -n 《대부 Pl.》 [의학] 병적으로 큰 적혈구, 거적혈구(巨赤血球). **Megaohm**, das; -(s), - [물리] 메가옴(백만 옴; 기호: MΩ). **Megaphon**, das; -s, -e 메가폰, 확성기.

Megäre [me'gɛ:rə], die; -n [lat. Megaera, griech. Mégaira] 《아어》 화가 나서 펄펄 뛰는 여자.

Megaron [me'garɔn], das; -s, ...ra [griech. mégaron] [고고·건축] 1. a) 고대 그리스의 집에서 식당 겸 남자들의 모임을 위해 쓰이던 가장 중요한 방. b) 고대의 사원(寺院)에서 가장 중요한 방. 2. 고대에서 화덕이 있는) 방 하나와 현관 하나로 된 살림집.

Megatherium [mega'te:rjʊm], das; -s, ...rien [griech. thēríon] [고고] ↑Riesenfaultier. **Megatonne**, die; -n 메가톤(백만 톤; 기호: Mt). **Megawatt**, das; -s, - [물리] 메가와트(백만 와트; 기호: MW).

Megohm: ↑Megaohm.

Mehl [me:l], das; -(e)s, 《종류》 -e 1. 밀가루, (기타 곡물의) 가루: grobes [feines] M. 거친[고운] 가루; die Hähnchenschlegel in M. wälzen 닭의 다리에 밀가루를 입히다. 2. 가루(무엇을 갈거나 부수어 얻은 것): Knochenabfälle zu M. verarbeiten 뼈를 가공하여 가루로 만들다.

mehl-, Mehl-: ~**artig** ⟨Adj.⟩ 가루 같은. ~**beere**, die 1. a) 마가목. b) 마가목 열매. 2. a) ↑Eberesche. b) 야그배. ~**brei**, der 밀가루죽. ~**dorn**, der ↑Weißdorn. ~**käfer**, der 거저리. ~**kleister**, der 밀가루풀: die Tapete mit M. ankleben 도배지를 밀가루풀로 바르다. ~**milbe**, die 밀가루 진드기. ~**motte**, die 밀가루나방. **~papp,** der 《지역적》 1. ↑~brei. 2. ↑~kleister. **~paps,** der 《지역적》 ↑~brei. **~pilz,** der 침엽수림에서 자라는 식용버섯. **~primel,** die 노루귀, 설앵초. **~sack,** der 1. 밀가루 자루(밀가루를 넣는). 2. 밀가루 자루(밀가루 든): eine Ladung Mehlsäcke 밀가루 한 차. **~schwalbe,** die 바위제비, 흰털발제비. **~schwitze,** die [요리] 버터 또는 그 밖의 기름에 볶은 밀가루. **~sieb,** das 고운 체. **~sorte,** die 가루 종류. **~speise,** die 1. 가루 붙이, 밀가루 음식, 분식. 2. 《österr.》 a) 디저트(밀가루로 만들지 않았어도). b) 케이크: magst du auch ein Stückchen M.? 케이크도 한 쪽 먹겠니? **~speiskoch,** der 《österr.》 케이크 요리사. **~speisköchin,** die 《österr.》 ↑~speiskoch의 여성형. **~speiteller,** der 《österr.》 a) 디저트 접시. b) 케이크 접시. **~staub,** der 밀가루 먼지. **~suppe,** die 1. ↑~brei. 2. 밀가루 수프. **~tau,** der (식물의) 노균병(露菌病). **~taupilz,** der 노균병을 일으키는 균. **~type,** die 밀가루 등급. **~wurm,** der 밀가루 벌레(거저리의 유충).

mehlig ['me:lɪç] 〈Adj.〉 1. 밀가루 묻은: die Hose des Bäckers war ganz m. 빵 굽는 사람의 바지는 밀가루 투성이었다. 2. 밀가루같이 고운: -er Sand 밀가루같이 고운 모래. 3. (물이 없고) 팍팍한, 물기없고 건조한: -e Äpfel 팍팍한 사과. 4. 밀가루같이 하얀: eine -e Hautfarbe 윤기없이 하얀 피부색.

mehr [me:ɐ] I. 〈Indefinitpron. / unbest. Zahlwort〉 더, 더 많은: wir brauchen m. Geld 우리는 돈이 더 필요하다; immer m. Touristen strömen auf die Insel 점점 더 많은 관광객들이 이 섬으로 몰려 온다; der Vorstand besteht aus drei oder m. Personen 회장단은 세 사람이나 그 이상으로 구성된다; m. als die Hälfte 반 이상; m. als genug 충분하고도 남는다; was willst du (noch) m.? 너는 무엇을 더 바라느냐?; ich weiß nicht, ob wir noch m. (für ihn) tun können (그를 위해) 우리가 더 할 수 있는 것이 또 더 있는지 모르겠다(우리가 할 수 있는 건 다했다); man soll nicht m. versprechen, als man halten kann 지킬 수 있는 것보다 더 약속을 해서는 안된다; die Beweise haben den Verdacht m. als gerechtfertigt 증거들은 혐의를 정당화하고도 남는다; dieser Sherry schmeckt nach m. 이 셰리는 맛이 좋아 더 마시고 싶다, 〖성구〗 je m. man hat, je m. man will 〖손:말〗 je m. Geld, desto m. Sorgen 돈이 많을수록 걱정도 많다; **m. und m.** 점점 더; **m. oder minder (weniger)** 어느 정도, 대체로: das Zusammentreffen war m. oder minder zufällig 그 회합은 어느 정도 우연이었다; **nicht m. und nicht weniger als...** 다도 덜도 아니고〖꼭〗: er ist nicht mehr und nicht weniger als ein Narr 그는 꼭 바보다. II. 〈Adv.〉 **1. a)** 더: sie trinkt m. als ich 그녀는 나보다 〈술을〉 더 마신다; er liebte sie darum nur noch m. 그는 그녀를 그 일로 해서 〈오히려〉 더 사랑하게 되었다; nichts ist mir m. zuwider als Schmeichelei 나는 아첨보다 싫은 것이 없다; sie ist mir m. denn je verhaßt 나는 그녀가 지금처럼 미운 적이 없었다. **b)** 더 잘, 더 깊이 있게: du mußt m. aufpassen 너는 더 조심해야 한다; je besser ich sie kenne, den m. respektiere ich ihre Wünsche 그녀를 잘 알게 될수록 나는 그녀가 원하는 바를 더 고려하게 된다. **2. a)** 더(더 많이): die Autobahnen sind m. befahren als üblich 고속도로는 보통 때보다 더 많은 차량으로 붐비고 있다; er ist m. geschätzt als sein Vorgänger 그는 자기의 전임자보다 더 인정을 받는다. **b)** 《술어를 잇는 접속사》…보다 〈차라리〉: m. breit als lang 길기보다는 넓다; die Passagiere verließen das Schiff m. tot als lebendig 손님들은 거의 초죽음이 되어서 배를 내렸다; er ist m.

Künstler als Gelehrter 그는 학자이기보다는 예술가이다. **3.** 《부정하는 낱말과 결합하여》 더 이상…하지 않다: es war niemand m. da 거기에는 더 이상 아무도 없었다; auf die Annonce hat sich keiner m. gemeldet 광고를 보고 연락하는 사람이 이제 더 이상 없었다; sie wußte sich nicht m. zu helfen 그녀는 이미 어쩔 도리가 없었다; das darf nie m. passieren 이런 일은 더 이상 있어서는 안된다; schließlich bist du doch kein Baby m. 너는 이제 갓난애는 아니지 않아?; ich kann noch m. 나는 더는 못하겠다; es dauert nicht m. lange 얼마 더 가지 못한다, 얼마 안 있어 끝난다; ich werd' nicht m.! 내가 미쳐! 〈놀람의 표현〉; der Großvater ist nicht m. (은혜) 할아버지는 이제 안 계시다, 돌아가셨다. **4.** 《nur m. 결합해서》 …밖에는 …하지 않다: ich besitze nur m. fünf Mark 나는 이제 5마르크밖에 가지고 있지 않다. **Mehr,** das; -(s), -e / 《드물게》 en **1.** 《Pl. 없음》 남는 것, 여유: ein M. an Zeit aufwenden 시간을 좀 더 투자하다. **2.** 《schweiz.》 **a)** 〈Pl. 없음〉 득표차(투표의): ein kleines M. 근소한 득표차. **b)** 투표 결과, 다수 득표에 의한 결정. **c)** 〈Pl. 없음〉 투표, 표결: es ist schon lange ein M. vorgesehen 벌써 오래 전부터 표결을 하기로 되어 있다.

mehr-, Mehr-: ~arbeit, die 〈Pl. 없음〉 **1.** 일을 더 하는 것, 과외일: der Besuch, den wir am Wochenende haben, bedeutet wieder M. für mich 주말에 오는 손님 때문에 나는 또 과외일을 하게 된다. 잔업: Sondertarife für geleistete M. 잔업에 대한 별도로 책정된 임금. **2.** 《마르크스주의》 잉여 노동, **~aufwand,** der 추가 비용. **~aufwendung,** die ↑aufwand. **~ausgabe,** die 추가 지출. **~bändig** 〈Adj.〉 여러 으로 된: ein -es Wörterbuch 여러 권으로 된 사전. **~bedarf,** der 추가 수요. **~belastung,** die 추가 부담. **~betrag,** der 초과액. **~decker,** der 날개가 여럿이 포개져 있는 비행기. **~deutig** 〈Adj.〉 **1.** 모호한, 애매한. **2.** 《전문어》 다의적(多義的)인(둘 이상의 해석을 가능하게 하는). **~deutigkeit,** die 모호, 다의성(多義性). **~dimensional** 〈Adj.〉 다차원적인. **~dimensionalität,** die 다차원성. **~ehe,** die [인종학] 일부다처제, 일처다부제. **~eiig** [-|aiɪç] 〈Adj.〉 다란성(多卵性)의. **~einkommen,** das 잉여 소득, 초과 수입. **~einnahme,** die 초과 수입(收入), **~erlös,** der 초과 판매액. **~ertrag,** der 초과 소득, 초과 수확. **~familienhaus,** das 다세대 주택. **~farbendruck,** der 〈Pl. ~farbendrucke〉 **a)** 〈Pl. 없음〉 컬러 인쇄. **b)** 컬러 인쇄물. **~farbig,** 《österr.》 **~färbig** 〈Adj.〉 다색의, 여러 색의. **~farbigkeit,** die 색이 많음, 색이 많이 들어간 것, 총천연색. **~fingrigkeit,** die 《은얘》 ↑Polydaktylie. **~fracht,** die **1.** 화물의 초과분. **2.** 초과 운임. **~gebot,** das 〈경매에서〉 남보다 높이 부른 값. **~geschossig** 〈Adj.〉 이층 이상의. **~gewicht,** das 초과 중량. **~gitterröhre,** die [전기] 다극진공관. **~glied(e)rig** 〈Adj.〉 가지가 많은, 마디가 많은. **~jährig** 〈Adj.〉 **a)** 여러 해 동안의, 다년간의: Berufspraxis 다년간의 직업 경력. **b)** 여러 해 동안 지속된: eine -e Freundschaft 여러 해 동안의 교우 관계. **2.** 《식물》 다년생의. **~kampf,** der 다종 경기. **~kämpfer,** der 다종목 경기 선수. **~klassig** 〈Adj.〉 [학교] 여러 학급으로 이루어진. **~kosten** 〈Pl.〉 초과 비용. **~lader,** der ↑Repetiergewehr. **~leistung,** die (성적, 성과, 능률, 울력 등의) 추가분, 초과분. **~malig** 〈Adj.〉 여러 번의. **~mals** 〈Adv.〉 여러번, 수차. **~mastig** 〈Adj.〉 돛대가 여럿 있는: eine -e Bark 돛대가 여럿 있는 돛배. **~phasenstrom,** der [전기] 다상(多相) 교류. **~preis,** der ↑Aufpreis. **~produkt,** das 잉여 생산물. **~produktion,** die 잉여 생산.

~**schiffig** 〈Adj.〉 (교회 등의) 회당이 여럿인. ~**schneidig** 〈Adj.〉 날이 여럿인. ~**seitig** 〈Adj.〉 여러 면의. ~**silbig** 〈Adj.〉 다음절(多音節)의. ~**sprachig** 〈Adj.〉 **a)** 여러 언어로 된: ein -es Wörterbuch 여러 언어로 된(둘 이상의 언어가 들어간) 사전. **b)** 여러 나라 말을 함. ~**sprachigkeit**, die 여러 나라 말을 함[할 수 있음]. ~**sprung**, der 뜀뛰기. ~**stimmig** 〈Adj.〉 [음악] 다성의. ~**stimmigkeit**, die 다성. ~**stöckig**, 〈Adj.〉 다층의, 이층 이상의. ~**stufe**, die [언어] 비교급. ~**stufenrakete**, die [기술] 다단계 로켓. ~**stufig** 〈Adj.; nicht adv.〉 **a)** ↑-teilig: eine -e Leiter 여러 계단으로 된 사다리. **b)** [기술] 다단계의: eine -e Rakete 다단계 로켓. ~**stündig** 〈Adj.〉 여러 시간에 걸친. ~**tägig** 〈Adj.〉 여러 날에 걸친. ~**teilig** 〈Adj.〉 여러 부분으로 된. ~**verbrauch**, der 초과 소비. ~**völkerstaat**, der ↑Nationalitätenstaat. ~**wert**, der **1.** [경제] 부가 가치. **2.** [마르크스주의] 잉여 가치. ~**wertrate**, die [마르크스] 잉여 가치율. ~**wertsteuer**, die 부가 가치세. ~**werttheorie**, die [마르크스주의] 잉여 가치론. ~**wöchig** 〈Adj.〉 여러 주에 걸친. ~**zahl**, die **1.** [언어] 복수. **2.** 〈Pl. 없음〉 다수. ~**zehigkeit** [-tseː;ҫkait], die ↑Polydaktylie. ~**zeilig** 〈Adj.〉 여러 줄로 된. ~**zeitformen** 〈Pl.〉 [지리] 지층의 여러 형태들. ~**zellig** 〈Adj.〉 다세포의. ~**zelligkeit**, die 다세포성. ~**zweckgebäude**, das 다목적 건물. ~**zweckgerät**, das 다목적 기구. ~**zweckhalle**, die 다목적 공간[홀]. ~**zweckmaschine**, die 다목적 기계. ~**zweckmöbel**, das 다목적 가구. ~**zweckraum**, der 다목적 공간(방(房)). ~**zwecktisch**, der 다목적 테이블. ~**zylinder**, der (통용어) **a)** ↑-zylindermotor. **b)** 자동차(다기통 모터의). ~**zylindermotor**, der 다기통 모터.

mehren ['meːrən] 〈h〉 《아어》 **1.** 늘리다, 증가시키다: den Besitz m. 재산을 늘리다. **2.** 〈m. + sich〉 **a)** 늘어나다, 늘다, 증가하다: die Beschwerden mehrten sich 고통[불평]이 늘어나고 있었다. **b)** 자손을 퍼뜨리다: seid fruchtbar und mehret euch 아이를 낳고 자손을 퍼뜨려라. **mehrenteils** 〈Adv.〉 《österr.·통용어》 대부분, 대개. **mehrer...** 〈Indefiniron. / unbest. zahlw.〉 **1. a)** 〈부가어적〉 몇몇의, 여럿의: -e Leute waren zusammengekommen 여러 몇 사람이 모였다; in seiner Bibliothek wird man -e hundert Bücher finden 그의 서재에는 몇백 권의 책을 볼 수 있다. **b)** 〈명사적〉 몇몇 이, 몇 가지: sie kamen zu -en (뜻을 함께 왔 다; sie äußerte noch -es 그녀는 몇 가지 일을 이야기했다. **2.** 여러, 여러 가지: es gibt -e Möglichkeiten 가능성이 여러 가지다; dieser Text läßt -e Auffassungen zu 이 글을 여러 가지로 파악할 수 있다. **Mehrer** ['meːrɐ], der; -s, - 《아어·고어》늘리는 사람, 세(勢)를 확장하는 사람. **mehrerlei** (부정의 불변화수) 《통용어》 몇 가지의: zwischen m. Möglichkeiten wählen 몇 가지 가능성 가운데서 (하나를) 택하다. **mehrfach** ['meːɐ̯fax] 〈Adj.〉 **1.** 여러 번의, 여러 겹의: -e Änderungen 여러 번에 걸친 개정[수정]; einen Bericht in -er Ausfertigung vorlegen 보고서를 여러 부 제출하다; ein Mehrfaches an Kosten 여러 배의 비용. **2. a)** 여러 번(에 걸쳐서), 여러 가지로: er hat m. bewiesen, daß er es kann 그는 자기가 그것을 할 수 있음을 여러 번 보여 주었다; ein vorbestrafter Sittlichkeitsverbrecher 전과가 여러 번 있는 풍속범. **b)** 《경》 여러 번, 몇 번: nur 53 Prozent der Bundesbürger putzen täglich m. ihre Zähne 독일 국민의 53 퍼센트만이 매일 몇 번씩 이를 닦는다.

Mehrfach-: ~**beschleuniger**, der [물리] 다중 가속기. ~**impfstoff**, der 여러 가지(둘 이상의) 병을 동시에 예방하는 주사약. ~**impfung**, die 종합 예방 주사. ~**sprengkopf**, der 다발탄두. ~**telegraphie**, die [우편] 다중 전신. ~**telephonie**, die [우편] 다중 통화. ~**(ver)packung**, die 다회용 포장. ~**versicherung**, die [보험] 다중 보험(동일한 위험에 대비하여 가입자가 가입할 수 있는 여러 보험).

Mehrheit, die; -en **1.** 〈Pl. 없음〉 **a)** 다수, 대다수: die M. der Einwohner hat sich dafür entschieden 주민 다수가 그쪽으로 결정했다. **b)** 과반수: er konnte die M. der Stimmen auf sich vereinigen 그는 과반수의 표를 확보했다; **die schweigende M.** 말없는 다수(미국식 영어 Silent majority의 차용 역어). **2. a)** (투표에서의) 과반수: für das Gesetz hat sich eine M. gefunden 이 법은 다수의 지지를 받았다; er wurde mit überwältigender M. gewählt 그는 압도적인 다수표로 당선되었다; absolute M. [정치] 절대 다수; einfache [relative] M. [정치] 단순(상대) 다수(반대자는 적으나 가장 많은 수의 표); qualifizierte M. 절대 다수(과반수, 또는 2/3 혹은 3/4의 다수). **b)** 다수표를 얻은 그룹. **mehrheitlich** 〈Adj.〉 **1.** 다수의: -e Zustimmung 다수의 찬성; etw. m. beschließen 무엇을 다수로 결정하다. **2.** 《schweiz.》 대개: m. in den Landzeitungen findet sich diese Ansicht 대개 지방 신문들에 이런 견해들이 나타난다.

Mehrheits-: ~**aktionär**, der (과반수 이상 소유의) 대주주. ~**beschluß**, der 다수결. ~**beteiligung**, die [경제] (회사에서 주식 혹은 발언권의) 다수 보유, 경영권 보유. ~**entscheidung**, die ↑-beschluß. ~**fraktion**, die 다수파. ~**meinung**, die 다수의 의견. ~**partei**, die 다수당. ~**prinzip**, das 다수결 원칙. ~**wahl**, die 직접 선거(반대: Verhältniswahl). ~**wahlrecht**, das 다수 대표제(반대: Verhältniswahlrecht).

Mehrling ['meːɐ̯lɪŋ], der; -s, -e 다생아(多生兒)(쌍둥이 이상) 중의 하나. **Mehrlingsgeburt**, die 다태출산(多胎出産). **Mehrung**, die; -en 《아어》 늘이기, 번식, 자손번성.

meiden ['maɪdən] 〈h〉 《아어》 피하다, 기피하다: die beiden meiden sich 그 둘은 서로 피한다; jmds. Blicke m. 누구의 시선을 피하다; jmdn. [etw.] m. wie die Pest 《과장어·감정》 누구(무엇)를 혹사병처럼 피하다; [전의] das Glück meidet ihn 행운이 그를 비켜간다.

Meier ['maɪɐ], der; -s, - **1.** 《중세》 (영주·대지주의) 집사. **2.** [지역적] (농장, 목장 따위의) 관리인, 소작인. **3. wenn..., dann heiß' ich M. (ich will M. heißen, wenn...)** (↑Emil). **Meierei**, die; -en **1.** (고어) (관리인이 관리하는) 농장, 목장. **2.** [지역적] 젖소 목장, 낙농가. **Meiergut**, das, **Meierhof** (고어) ↑Meierei (1). **Meierin**, die; -nen 《지역적》 ↑Meier의 여성형.

Meile ['maɪlə], die; -n [lat. mīlia] 마일(옛날의 거리 단위): die englische M. entspricht 1609, 30 Metern 영국 도량형으로 1마일은 1609,30미터에 해당한다; **eine M. [drei -n] gegen den Wind** 《과》 (소리가) 매우 크다, (냄새가) 매우 독하다: man hört dich eine M. gegen den Wind 네 목소리는 십리 밖에서도 들린다; drei -n hinter dem Mond leben 세상과 담 쌓고 지내다.

meilen-, Meilen-: ~**lang** [(또한) ˈ--ˈ-] 〈Adj.〉 《드물게》 매우 긴. ~**lauf**, der [육상] 1마일 달리기. ~**läufer**, der 1마일 달리기 선수. ~**stein**, der **1.** (고어) 이정표. **2.** 《아어》 이정표(와 같은 역사상의 중요 사건): dieser Vertrag ist ein M. auf dem Weg in eine friedliche Zukunft 이 조약은 평화로운 미래로 가는 길에 서 있는 이정표다. ~**stiefel** 〈Pl.〉 《드물게》 ↑Sieben-

meilenstiefel. ~weit [(또한)] '--'-'] 〈Adj.〉 몇 마일 씩이나, 수십리나 떨어진: sie sind m. gelaufen, ohne auf eine menschliche Siedlung zu stoßen 그들은 몇 마일 씩이나 걸었어도 인가(人家)를 보지 못했다; 전의 der Kommissar war m. von einer Lösung des Falles entfernt 경감은 그 사건해결의 실마리를 전혀 못찾고 있었다.

¹Meiler ['majlɐ], der; -s, - [lat. mīlle] 1. ↑Kohlenmeiler의 약칭. 2. 《드물게》↑Atommeiler의 약칭.

²Meiler [-], der; -s, - [engl. miler] 【육상】↑ Meilenläufer.

¹mein [majn] 〈Possessivpron.〉 나의, 내, 저의, 제, 본인의. **1. a)** 〈명사 앞에서〉 α) m. Bruder 나의 형(동생); hast du -en Brief bekommen? 내 편지 받았나?; m. English ist nicht sehr gut 나는 영어를 썩 잘하지 못한다; Alma Kubus geht in -e Klasse 알마 쿠부스는 우리 반 학생이다; -e Damen und Herren! 신사・숙녀 여러분!; gestern sah ich -en ersten Toten 어제 나는 처음으로 죽은 사람을 보았다; ich trinke -e fünf Tassen Kaffee am Tag 나는 하루에 커피 다섯 잔을 마신다. β) 〈자기의 습관을 나타냄〉 ich mache dieses Jahr wieder -e Kur 〈통용어〉 나는 올해도 (예년과 같이) 휴양을 간다; ich muß -e Medizin nehmen 〈통용어〉 나는 (현재 복약 중인) 내 약을 먹어야 한다. **b)** 〈명사일이 단독으로〉 나의 것: ist das deine Brille oder -e? 이 안경에 네 것이냐 내것이냐?; **oh, du m.; ach, du m.** 〈통용어〉 아이구!, 아이구 맙소사!: Oh, du m.! -wie kann ich essen, wenn ich deine schmutzigen Finger sehe m 이구 맙소사! 네 그 더러운 손가락을 보고 내가 어떻게 먹겠니?; **m. und dein verwechseln (nicht unterscheiden können)** 〈통용어〉 내 것 네 것을 분간 못하다(남의 것을 제것처럼 함부로 쓰다). **2.** 〈명사화〉〈아어〉 나의 것: sein Stuhl stand unmittelbar neben dem -en 그의 의자는 내것 바로 옆에 있었다; die Meine 나의 아내; die Meinen 나의 가족; ich habe das Meine getan 나는 내가 할 수 있는 것을 했다; in dem Streit geht es um das Mein und Dein 〈아어〉 이 싸움에서는 내 것 네 것(소유 관계)이 문제다.

²mein [-] 〈시어〉↑meiner: vergiß m. nicht 나를 잊지 마오; erbarme dich m. 나를 가엽게 여기소서.

Meineid ['majn|ajt], der; -(e)s, -e 위증, 거짓 맹세: einen M. schwören (leisten) 위증하다; er wurde wegen -s verurteilt 그는 위증죄로 형을 선고 받았다.

meineidig ['majn|ajdɪç] 〈Adj.〉 위증을 하는 (한 일이 있는): ein -er Zeuge 위증을 하는 증인. **Meineidige**, der / die 위증자.

meinen ['majnən] 〈h〉 **1. a)** 〈누구, 무엇에 대해〉 생각[견]을 가지고 있다: meinen Sie, das hätte keiner gemerkt? 그것을 아무도 못 알아챘다고 생각하십니까?; das meine ich auch 나도 같은 생각이다; er meint immer, alle müßten sich nach ihm richten 그는 모두가 자기를 따라야 한다고 생각한다; man könnte m., es wäre als vergebens gewesen 모두가 허사였다고 생각 할 수도 있다; meinst du das im Ernst 진심으로 하는 말이냐?; das will ich m.! 〈통용어〉 그것이 내가 하고자 하는 말이다; was meinst du zu Gänsebraten? 거위구이 어때?; ich meine ja nur (so)! 〈통용어〉 내 생각이 그렇다는 거지 뭐!; meinen Sie? 그렇게 생각하십니까? **b)** …의 뜻으로 이야기하다, 말하다: das habe ich nicht gemeint 나는 그런 뜻으로 이야기한 것이 아니다(내 말은 그 뜻이 아닌데); was meinen Sie? 〈통용어〉 무어요? 방금 무어라고 하셨습니까? **2.** …을 두고 말하다: welches Buch meinst du? 어느 책 말이냐?; meinen Sie mich? 나 말입니까?; wie meinst du das 그게 무슨 뜻이냐? **3.** 〈아어〉 믿다, …라고 생각하다: sich im Recht

m. 자기가 옳다고 믿다; sie meinte zu träumen 그녀(자기가) 꿈을 꾸고 있다고 생각했다. **4.** (어떤 의도[태도]를 가지고) 무엇을 말하다: ein freundlich gemeinter Rat 좋은 뜻에서 한 충고; es gut m. 좋은 뜻으로 말하다; es war wirklich nicht böse gemeint 나쁜 뜻으로 한 말은 정말 아니었다; er hat es nicht so gemeint 〈통용어〉 그 사람이 그런 뜻으로 말한 것은 아니다; er hat es niemals ehrlich mit ihr gemeint 그는 그녀를 진지하게 대한 일이 없다; 전의 das Wetter (die Sonne) meint es heute gut mit uns 〈통용어〉 해가 오늘은 우리를 마음을 쓴다(볕이 잘 날 때 하는 말). **5.** 〈일상어〉 말하다: er meinte zu Thomas, nun habe er Gelegenheit, sich zu bewähren 그는 이제 자기의 능력을 발휘할 기회가 생겼다고 토마스에게 말했다.

meiner ['majnɐ] ("ich"의 2격, 2격지배어와 함께 쓰임) 나를: lachen Sie nicht m., es ziemt sich nicht 나를 비웃지 마시고, 격에 맞지 않습니다. **meinerseits** 〈Adv.〉 나로서는, 내 쪽에서는: ich habe m. nichts gegen die Sache unternommen 나로서는 그것을 막기 위해 아무 조처도 취하지 않았다; „Ich freue mich, Sie kennengelernt zu haben!" — „Ganz m.!" 알게 돼서 반갑습니다! - 저도 그렇습니다. **meinesgleichen** 〈Pron.〉 〈격변화 없음〉 나 같은 사람(들): m. kann sich das nicht leisten 나 같은 사람은 그런 것 살 돈이 없다. **meinesteils** 〈Adv.〉 〈드물게〉 내 쪽에서는, 나 자신은: ich liebe euch zwar, aber m. bin ich leider ein Greuel vor euch 나는 너희들을 사랑하지만, 유감스럽게도 너희들은 나를 꺼려하는구나. **meinethalben** 〈Adv.〉 ↑meinetwegen. **meinetwegen** 〈Adv.〉 [von meinet (meinen) wegen] **1.** 나 때문에, 나야, 내 생각에는: bist du m. gekommen? 나 때문에 왔니? **2.** 〈통용어〉 나는 괜찮다, 반대 안한다: m. kannst du gehen 나로서는 네가 가도 좋다(상관없다). **3.** 예를 들어, 가령 …라고 치자: m. sagt: tagsüber leitest du den Ministerium, m. Maschinenbau 낮에는 네가 한 부처의, 예를 들어 기계 제작성의 장관이라고 치자. **meinetwillen** 〈Adv.〉 〈다음 용법으로〉 **um m.** 나 때문에, 나를 위해서: um m. brauchst du deine Gewohnheiten nicht zu ändern 나 때문에 네 습관(버릇)을 고칠 필요는 없다. **Meinige**, ['majnɪgə], der / die / das 《아어・준고어》 내 남편, 나의 아내, 나의 것: du hast nur an deinen Vorteil gedacht, nicht an den -n 너는 네 이익만 생각했지 내것(내 이익)은 생각하지 않았다; die Meinigen sind wohlauf 나의 가족들은 잘 있다.

Meintat, die; -en 〈고어〉 범죄, 흉행(兇行), 참혹한 짓.

Meinung, die; -en **a)** 생각, 의견, 견해: eine vernünftige M. 합리적인 의견; die -en über den Fall sind geteilt 이 사건에 대한 의견은 여러 가지다; meine unmaßgebliche M. ist, daß … 내 주관적인 생각은 …이다; seine M. sagen 자기의 의견을 말하다; sich eine M. bilden 파악하다; eine bestimmte M. vertreten 어떤 특정한 의견을 지니다[대변하다]; jmds. M. teilen 누구와 의견이 같다; eine schlechte [gute] M. von jmdm. haben 누구를 나쁘게[좋게] 생각하다; an seiner M. festhalten 자기의 생각을 굽히지 않다; niemand hatte sie nach ihrer M. gefragt 아무도 그녀에게 의견을 묻지 않았다; ganz meine M.! 나도 바로 그 생각이다; **jmdm. (gehörig) die M. sagen** 《경》 geigen》 누구에게 입바른 말(바른 소리)을 하다. **b)** 여론: die allgemeine M. durch Umfragen zu ermitteln suchen 일반적인 여론을 설문을 통하여 조사하려고 하다; die öffentliche M. 여론, 공론(公論).

meinungs-, Meinungs-: ~änderung, die 의견 바꾸기. **~äußerung**, die **1.** 의사 표시: das Recht der freien M. 언론의 자유. **2.** 《드물게》 (표명된) 의사:

jmds. M. nicht beachten 누구의 의사를 무시하다. ~**austausch**, der 의견 교환: zwischen ihnen besteht ein reger M. 그들 사이에는 의견 교환이 활발히 이루어지고 있다. ~**befragung**, die ↑~umfrage. ~**bildend** ⟨Adj.⟩ 여론을 조성하는: -e Gruppen der Gesellschaft 사회의 여론을 조성하는 집단들. ~**bildner**, der [커뮤니케이션] 여론 조성자. ~**bildnerisch** ⟨Adj.⟩ ↑~bildend. ~**bildung**, die [커뮤니케이션] 여론 조성. ~**bildungsprozeß**, der 여론 조성 과정. ~**erhebung**, die ⟪드물게⟫ ↑~umfrage 참조. ~**forscher**, der 여론 조사자. ~**forschung**, die 1. ⟨Pl. 없음⟩ 여론 연구. 2. 여론 조사. ~**forschungsinstitut**, das 여론 조사 기관. ~**freiheit**, die ⟨Pl. 없음⟩ 언론의 자유. ~**führer**, der [engl. opinion leader] [커뮤니케이션] ↑~bildner. ~**kampf**, der ⟪드물게⟫ ↑~streit. ~**kauf**, der [증권] 여론 선도자. ~**mache**, die ⟪폄⟫ 여론 조종. ~**macher**, der ⟨대개 Pl.⟩ 여론 조종자: die Medien sind M. in der Gesellschaft 대중 매체들은 사회의 여론 조종의 담당자들이다. ~**monopol**, das ⟪폄⟫ 여론의 독점. ~**pflege**, die ↑Public Relations. ~**streit**, der 의견 충돌, 여론의 대립: um das Problem entbrannte ein heftiger M. 그 문제를 둘러싸고 격렬한 의견 충돌이 일어났다. ~**test**, der, ~**umfrage**, die 여론 조사: die -n haben den Trend bestätigt 여론 조사의 결과 현재의 추세가 입증되었다. ~**umschwung**, der 여론의 급선회. ~**unterschied**, der ⟨대개 Pl.⟩ 의견의 차이. ~**verschiedenheit**, die 1. ⟨대개 Pl.⟩ 의견의 차이, 견해차: unter Teilnehmern bestanden erhebliche ~en 참석자들 사이에는 엄청난 견해차가 있었다. 2. ⟨은폐⟩ 언쟁: die beiden hatten eine kleine(heftige) M. 그 두 사람은 가볍은(심한) 언쟁을 했다; es kam zu ~en zwischen ihnen 그 사람들 사이에 언쟁이 생기게 되었다.

Meiose [maiˈoːzə], die; -n [griech. meíōsis] [생물] 감수분열(減數分裂). **Meiosis** [maiˈoːzɪs], die 1. [수사·문체] 곡언법(曲言法): Litotes에 의한 최상급의 바꾸어 말하기). 2. ↑Meiose. **meiotisch** [maiˈoːtɪʃ] ⟨Adj.⟩ [생물] 감수분열 방식의.

Meiran [ˈmairan], der; -s, -e ↑Majoran.

Meise [ˈmaizə], die; -n 박새: **eine(ˈne) M. haben** ⟪경⟫ 정신이 약간 나갔다: du hast wohl ˈne M.! 너 정신이 약간 돈 것 아냐!

Meisel [ˈmaizl], das; -s [⟨방언⟩ ↑Maus의 축소형] ⟨österr.⟩ 어깨부분 쇠고기.

Meisie [ˈmaizjə], das; -s, -s [niederl. meisje] 네덜란드 처녀.

Meißel [ˈmaisl], der; -s, - 1. 끌: etw. mit dem M. bearbeiten 무엇을 끌로 가공하다. 2. 끌(수술 기구의 한 가지). **meißeln** [ˈmaisln] ⟨h⟩ 1. a) 끌질하다: der Bildhauer meißelt an einer Skulptur 조각가가 작품을 끌질하여 만들고 있다. b) 끌로 가공하다. c) 끌질하여 만들어 내다: eine Statue (aus Marmor) m. 대리석으로 입상을 끌질해 만들다; in den Stein war eine Inschrift gemeißelt 돌에는 글이 새겨져 있었다; sein Kopf war wie gemeißelt 그의 머리는 (고대의) 조각상같이 아름다웠다. 2. 끌로 수술하다. **Meiß(e)lung**, die; -en 끌질.

Meißen [ˈmaisn](엘베 강안의 도시). ¹**Meißener**, der; -s, - 마이센 사람. ²**Meißener** ⟨Adj.; 격변화 없음⟩ 마이센의. **meißenisch** ⟨Adj.⟩ 마이센의, 마이센산의.

Meißner: ↑²Meißener: M. Porzellan 마이센산(産)의 자기(瓷器). **meißnisch**: ↑meißenisch.

meist [maist] ⟨Adv.⟩ 대개: die Besucher sind m. junge Leute 방문객들은 대개 젊은 사람들이다; es war m. schönes Wetter 대개 날씨가 좋았다.

meist… [-] ⟨Indefinitpron. / unbest. Zahlw.⟩ [viel의 최상급] 1. 가장 많은: er hat von uns allen die -en Bücher 그는 우리 모두 가운데 가장 책이 많다; am -en Angst hatte er vor der letzten Prüfung 그가 겁을 가장 많이 냈던 것은 마지막 시험때였다. 2. 대부분의: die -en Tage des Jahres ist er auf Reisen 일년의 대부분 (의 날들)을 그는 여행을 한다; die -en Gäste bleiben nur kurze Zeit 손님들의 대부분은 짧은 시간 동안만 머무른다; die -en haben kein Interesse daran (사람들은) 대부분 그것에 대해 관심이 없다; er hat das -e wieder vergessen 그는 대부분을 다시 잊어 버렸다; du hast das -e(am -en) gegessen 네가 가장 많이 먹었다; die am -en befahrene Straße 가장 차가 많이 다니는 도로.

meist-, Meist-: ~**begünstigt** ⟨Adj.⟩ 가장 우대받는. ~**begünstigung**, die [경제] 최혜국 대우. ~**begünstigungsklausel**, die [경제] 최혜국 조관(條款). ~**beteiligt** ⟨Adj.⟩ 가장 많이 참가하고 있는. ~**bietend** ⟨Adj.⟩ [상] (경매 따위에서) 값을 가장 많이 부르는, 가장 높은 값을 부르는: der -e Interessent bekommt den Zuschlag 가장 높은 값을 부르는 원매자에게 낙찰된다; der Verkauf erfolgt öffentlich m. 판매는 공개 경매 방식으로 이루어진다. ~**bietende***, der / die 가장 높은 값을 부르는 이. ~**diskutiert** ⟨Adj.⟩ 가장 많이 논의되고 있는. ~**gebot**, das 최고가격. ~**gebräuchlich** ⟨Adj.⟩ 가장 많이 쓰이는. ~**gebraucht** 가장 많이 쓰인. ~**gefragt** 가장 많이 수요가 많은. ~**gekauft** 가장 많은 사람이 사는, 가장 잘 팔리는. ~**gelesen** 가장 많이 읽히는. ~**genannt** 가장 자주 거명되는. ~**hin** ⟨Adv.⟩ ⟪드물게⟫ 대개, 일반적으로: m. wird die Sache verschwiegen 대개는 이 일이 거론되지 않고 그냥 넘어간다. ~**stufe**, die [언어] 최상급. ~**verkauft** 가장 많이(= 잘) 팔린.

meistenorts ⟨Adv.⟩ ⟨아이⟩ 거의 어디서나, 도처에서: man findet je. jemanden, der darüber Bescheid weiß 거의 어디서나 그것에 대해 잘 아는 사람을 만날 수 있다. **meistens** [ˈmaistns] ⟨Adv.⟩ 대개, 거의 언제나: m. benutze ich die Straßenbahn 나는 대개 전차를 이용한다. **meistenteils** ⟨Adv.⟩ 대부분, 대개, 대체로: m. war das Wetter schön 대체로 날씨는 좋았다.

Meister [ˈmaistɐ], der; -s, - [lat. magister] 1. a) 장인 (匠人) (일정한 시험에 합격한 후 자기의 점포를 차린 수공업 종사자), 마이스터, 기능장: bei einem tüchtigen M. in die Lehre gehen 좋은 장인의 밑에서 일을 배우다; den(seinen) M. machen ⟪통용어⟫ 장인 시험을 치루다. b) 기능장, (공장) 부서의 책임자: ein M. betreut die Auszubildenden der Firma 기능장 한 사람이 이 회사의 견습공들을 보살피고 있다; M. der volkseigenen Industrie ⟪구동독의 경칭⟫ 인민 소유 산업의 장인; bester M. des Betriebes 공장 최고의 장인. 2. ⟨아이⟩ 대가, 명장, 명인: er ist ein M. (seines Fachs) 그는 (자기 분야의) 대가이다; er ist ein M. der Feder 그는 문필의 대가이다; ⟪속담⟫ es ist noch kein M. vom Himmel gefallen 대가는 하늘에서 떨어지는 것이 아니다(재능은 노력으로 얻어지는 것이지, 타고나는 것이 아니다); **seinen M. finden** 임자를 만나다; **in jmdm. seinen M. gefunden haben** 자기를 능가하는 사람을 만났다; **seinen M. suchen** 적수가 없다, 꺾을 자가 없다; **seiner selbst(einer Sache) M. werden** ⟨아이⟩ 자기 스스로 [무엇]을 잘 통제[극복]하다. 3. 대가(예술 분야의): der bedeutendste M. des Barock 바로크 예술의 가장 중요한 대가; das Werk stammt von einem unbekannten M. 이 작품은 이름 모르는 대가의 것이다. 4. ⟨아이⟩ 스승 (학문, 예술 분야의): sie lauschten den Worten des -s 그들은 스승의 말에 귀를 기울였다; der M. lehrte seine Jünger 스승은 제자들을 가르쳤다; der M. vom Stuhl (프리메이슨 지역 조직의) 주석(主席). 5. [스포츠] 챔피

언, 우승팀: er war zweimaliger deutscher M. im Schwergewicht 그는 두 번 중량급에서 독일 챔피언이 되었었다; die Bayern werden wieder M. 바이에른 팀이 다시 우승할 것이다. **6.** 《경》(모르는 남자를 가볍게 부르는 말) 여보세요! : hallo, M., wie komm' ich zum Bahnhof? 여보세요, 역까지는 어떻게 가지요? **7. M. Lampe** (동화, 우화에서 토끼를 가리키는 말) 토생원; **M. Petz** (동화, 우화에서 곰을 가리키는 말) 곰돌이; **M. Grimbart** (동화, 우화에서) 오소리; **M. Urian** 악마; **M. Hämmerlein** (↑Hämmerlein).

meister-, Meister-: **~arbeit**, die ↑~stück. **~bauer**, der 《구동독》M. der genossenschaftlichen Produktion 협동 생산의 농업 영웅(칭호의 하나). **~bereich**, der 《구동독》공장에서 마이스터가 이끌고 있는 한 부문. **~brief**, der 장인 자격증, 기능장 자격증. **~detektiv**, der 명탐정. **~dieb**, der 큰 도둑. **~elf**, die [축구] 우승 팀. **~gesang**, der 《Pl. 없음》[문예] 직장가인(職匠歌人)의 노래, 장인가(엄격한 율격을 준수함). **~hand**, die 장인의 손. **~klasse**, die **1.** 대가(大家)의 문화(門下)생들. **2.** [스포츠] 우승후보팀들의 그룹: in die M. aufsteigen 우승후보로 떠오르다. **~lehrgang**, der 장인 시험에 대비한 교육 과정. **~leistung**, die 우수한 성적. **~los** 〈Adj.〉《schweiz.》완고한, 자제를 못하는, 제 멋대로의. **~macher**, der 《스포츠 은어》챔피언(우승팀)을 만드는 사람(유능한 감독 · 코치를 가리킴). **~mannschaft**, die [스포츠] 우승팀. **~prüfung**, die 장인 시험, 기능장 시험. **~sang**, der 〈Pl. 없음〉↑~gesang. **~sänger**, der ↑singer. **~sangstrophe**, die 《운율》공장가인들이 사용한 시련(詩聯). **~schule**, die 장인 학교, 기능장 시험 준비 학교. **~schüler**, der 장인 학교 학생. **~schuß**, der 특히 잘 쏜 사격. **~schütze**, der 명사수(名射手). **~singer**, der 직장가인(職匠歌人). **~stück**, das **1.** 장인 시험의 일환으로 제작된 작품. **2.** 걸작: die Torte ist ein wahres M. 이 케이크는 참 걸작품이다; das war ein M. an Diplomatie 그것은 대단히 외교적이었다. **~titel**, der **1.** 장인의 칭호. **2.** [스포츠] 챔피언 타이틀: den M. erringen (erfolgreich verteidigen) 챔피언 타이틀을 차지(방어하는 데에 성공하다). **~werk**, das **1.** 명작, 걸작: ein musikalisches M. 명곡; dieses Bild ist sein M. 이 그림은 그의 대표작이다. **2.** ↑~stück (2): etw. ist ein M. an Präzision 무엇이 정밀의 극치를 이루다. **~würde**, die ↑~titel. **~wurz**, die (특히 알프스에서 자라는) 키가 큰 풀로서, 잎은 연초록색이고 크고 흰 산형화서(繖形花序)를 지님.

meisterhaft 〈Adj.〉**a)** 훌륭한, 탁월한: ein ~es Spiel 훌륭한 게임, 연극; er versteht es m., andere für seine Pläne einzuspannen 《반어》그는 자기 계획에 남들을 끌어들이는 데 명수(名手)다. **b)** 《드물게》훌륭한, 대가다운: ein ~er Klavierspieler (Darsteller) 피아노의 명연주가(훌륭한 배우). **Meisterhaftigkeit**, die 대가다움. **Meisterin**, die; -nen **1.** ↑Meister (1 a, 2, 3)의 여성형. **2.** 《준고어》장인(匠人)의 부인. **meisterlich** 〈Adj.〉(아어) ↑meisterhaft: eine ~e Arbeit 명작. **meistern** ['maistən] 〈h〉 **a)** 극복하다, 제어하다: er hat sein Schicksal gemeistert 그는 자기의 운명을 극복했다. **b)** 통제하다, 다스리다: seinen Zorn nicht m. können 자기의 분노를 억제하지 못하다; du mußt deine Zunge m. 《아어》너는 네 혀를 다스려야 한다; er konnte sich nicht mehr m. 그는 더 이상 자제할 수가 없었다. **c)** (악기, 기계 등을) 다룰 수 알다. **d)** 《드물게》↑schulmeistern 참조: er versucht immer andere zu m. 그는 언제나 남에게 이래라 저래라 하려 한다. **Meisterschaft**, die; -en **1.** 《Pl. 없음》대가다움, 대가의 실력: er spielt mit absoluter technischer M. 그는 절대

적인 기교상의 대가다움을 보이며 연주하고 있다; er hat es im Klavierspiel zu vollendeter M. gebracht 그는 피아노에서 완전한 대가의 경지에 도달했다. **2.** [스포츠] **a)** 타이틀 매치: eine M. gewinnen 타이틀 매치에서 우승하다. **b)** 챔피언 타이틀: die deutsche M. erringen 독일 챔피언 타이틀을 획득하다. **Meisterschaftler**, der; -s, - 《schweiz.》타이틀 매치 참가자.
Meisterschafts-: **~kampf**, der [스포츠] 타이틀 전(戰). **~lauf**, der [자동차 경기] 타이틀 경주. **~spiel**, das [스포츠] 타이틀 경기. **~titel**, der [스포츠] ↑Meistertitel (2). **~wettbewerb**, der [스포츠] 타이틀 전(戰), 챔피언 선발전.
Meistersleute 〈Pl.〉《준고어》장인(匠人)과 그의 아내. **Meisterung**, die 극복, 통제, 다스림, 억제.

¹Mekka 메카(사우디아라비아의 도시).
²Mekka ['mɛka], das; -s, -s [이슬람의 성지 "메카"에서] (무엇에 관한) 가장 중요한 곳, 중심지: die Messe ist das M. für Campingfreunde 그 박람회는 캠핑 좋아하는 사람들의 메카이다.

Mekong ['mekɔŋ, me'kɔŋ], der; -(s) 메콩 강(동남 아시아의 강). **Mekongdelta**, das 메콩 강의 삼각주.
Mekonium [me'ko:niʊm], das; -s [griech. mekónion] [의학] 태변(胎便), 배내똥.
Melamin [mela'mi:n], das; -s 《인공어》[화학] 멜라민.
Melaminharz, das 멜라민 수지(樹脂).
Melancholie [melaŋko'li:], die; -n [심리] [...iən; lat. melancholia < griech. melagcholía] 멜랑꼴리, 우울증: M. befiel ihn 우울증이 그를 엄습했다; etw. erfüllt jmdn. mit M. 무엇이 누구에게 우울증을 몰고 오다; [전의] aus dem unveränderlich blauen Himmel des Südens quillt M. 변함없이 푸른 남국(南國)의 하늘에서 멜랑꼴리가 샘솟는다. **Melancholiker** [...'ko:likɐ], der; -s [히포크라테스가 사람의 기질을 담즙질(Choleriker), 흑담집질(Melancholiker), 다혈질(Sanguiker), 점액질(Phlegmatiker)의 넷으로 나눔] 흑담즙질의 기질이 있는 사람, 우울증 환자. **Melancholikerin**, die; -nen ↑Melancholiker의 여성형. **melancholisch** [...'ko:lɪʃ] 〈Adj.〉 **a)** 우울증이 있는, 우울한: er ist in einer ~en Stimmung 그는 기분이 우울하다; der graue Himmel konnte einen m. machen 회색 하늘이 (사람을) 우울하게 할 수 있다. **b)** 우울을 불러일으키는: ein ~er Anblick 우울하게 만드는 광경.

Melanesien: 멜라네시아 군도(호주의 북동쪽에 있음). **Melanesier**, der; -s, - 멜라네시아 섬의 주민. **melanesisch** 〈Adj.〉멜라네시아의.

Melange [me'lã:ʒ(ə)], die; -n [frz. mélange] (대개 전문어) **1.** 혼합물, 섞은 것, 카테일. **2.** 혼합성, 잡색. **3. a)** 여러 색의 섬유로 만든 실. **b)** 여러 색의 섬유로 만든 실로 짠 천. **4.** 《österr.》밀크를 반쯤 되게 탄 커피(유리 잔으로 마심).

Melanin [mela'ni:n], das; -s, -e [griech. mélas = schwarz] [생물] 멜라닌(생물체에서 만들어지는 검은 색소). **Melanismus** [...'nɪsmʊs], der; -, ...men [생물] 몸의 표면이 검은 색이 되는 현상. **Melanit**, der; -s, -e [지질] 갈색이 도는 흑색 석류석(石榴石). **Melanom** [mela'no:m], das; -s, -e [의학] 피부 또는 점막에 생기는 갈색 내지 검정색의 (악성) 종양.

Melanose, die; -n [의학] 피부가 검어지는 병.
Melaphyr, der; -s, -e [지질] 초록색이 도는 흑색 분출암(岩). **Melasma**, das; -s, ...men [의학] 흑피병, 흑반(黑斑).
Melasse [me'lasə], die; 《종류》-n [frz. mélasse < span. melaza] 《전문어》당밀.
Melatonin [melato'ni:n], das; -s [생물] 멜라토닌(송과선에서 분비되는 호르몬).

Melbourne [...bɐn] 멜버른(오스트레일리아의 도시).
Melchter [ˈmɛlçtɐ], die; -n ⟨schweiz.⟩ (우유 담는) 나무 그릇.
Melde [ˈmɛldə], die; -n 갯는쟁이.
melde-, Melde-: ~**amt**, das ↑ Einwohnermeldeamt. ~**auflage**, die 가석방된 자가 주기적으로 경찰에 출두하여 자기의 그 동안의 행동에 대해 보고할 의무. ~**behörde**, die ↑ Einwohnermeldeamt. ~**bogen**, der 신고 서식. ~**buch**, das 《구동독》 거류 신고부: jmdn. in das polizeiliche M. eintragen 누구를 거류 기록부에 기입하다. ~**fahrer**, der 《군》 전령병(傳令兵). ~**frist**, die 신고 기간. ~**gänger**, der 《군》 전령(병). ~**hund**, der 《군》 전령견(犬). ~**pflicht**, die 신고의 의무. ~**pflichtig** ⟨Adj.⟩ 신고의 의무가 있는. ~**reiter**, der 《군·옛》 기마 전령병. ~**schluß**, der ⟨Pl. 없음⟩ 신고 기간의 끝, 신고 마감. ~**wesen**, das ⟨Pl. 없음⟩ 1. 신고 제도. 2. (한 회사 내의) 보고 체제. ~**zettel**, der 숙박계.
melden [ˈmɛldn̩] ⟨h⟩ 1. 보도하다, 전하다. die Zeitung meldete einen Flugzeugabsturz 신문이 비행기 추락 사고를 보도했다; der Wetterbericht hat Regen gemeldet 일기예보는 비를 예보했다; die Seebäder melden einen Besucherrekord 해수욕장들에서 기록적인 방문객 숫자가 발표되고 있다; **nichts(nicht viel) zu m. haben** ⟨통용어⟩ (↑bestellen 3 b) 말참견할 자격이 없다. 2. 신고하다: den Verlust (der Polizei) m. 피해를 (경찰에) 신고하다; sich polizeilich m. 전입신고를 하다; er ist hier nicht gemeldet 그는 여기에 주민등록이 되어 있지 않다; er ist als vermißt gemeldet 그는 실종된 것으로 신고되어 있다; bald kam das Mädchen und meldete Besuch 얼마 안 있어 하녀가 와서 손님이 왔다고 말했다. 3. ⟨m. + sich⟩ 지원하다, …할 뜻을 밝히다: sich für eine bestimmte Aufgabe m. 어떤 임무를 맡겠다고 나서다; sich zur Prüfung m. 시험에 원서를 내다. 4. ⟨m. + sich⟩ 연락하다, 소식을 전하다: er hat sich lange nicht gemeldet 그는 오랫동안 연락이 없었다; am Telefon meldete sich eine fremde Stimme 전화를 받은 것은 모르는 사람의 목소리였다; wenn du etwas brauchst, mußt du dich m. 무엇이 필요하면 연락해야 해; 전의 der Winter meldet sich 겨울이 다가온다. 5. ⟨m. + sich⟩ (학생이 교실에서) 발언할 의사를 표시하다, 손을 들다: wer etwas sagen will, soll sich m. 무엇을 이야기할 사람은 손을 드시오. 6. (개가) 짖다. 7. (사냥) (사슴, 멧돼지 등이) 발정하여 소리를 지르다.
Melder, der; -s, - 《군》 ↑Meldegänger. **Meldung**, die; -en 1. 신고, 연락, 보도, (발언을 위한) 거수. 2. 보도: die Zeitungen brachten beunruhigende -en 신문들이 사람들을 불안하게 하는 보도를 했다; eine M. im Fernsehen verbreiten 텔레비전으로 무엇을 보도하다; -en unterdrücken 보도를 억압하다. 3. 보고: eine M. entgegennehmen 보고를 받다.
melieren [meˈliːrən] ⟨h⟩ [frz. mêler] 《드물게》 섞다. **meliert** ⟨Adj.⟩ **a)** (천, 실 등에) 여러 가지 색이 섞인: das Garn ist grau meliert 이 실은 회색이 섞여 있다. **b)** (머리가) 희끗희끗한: er hat bereits -es Haar 그는 벌써 머리가 희끗희끗하다; ein -er Herr 머리가 희끗희끗한 신사.
Melioration [meliɔraˈtsjoːn], die; -en [lat. meliōrātio] 1. 《교양어·고어》개량, 개선. 2. 《농업》Bodenmelioration의 약칭. **meliorativ** [...ˈtiːf] ⟨Adj.⟩ [engl. meliorative] 1. 《교양어·고어》개선적인. 2. 《농업》토질 개량에 관련된: -e Maßnahmen 토질 개량 조치. 3. ⟨언어⟩ (낱말의 의미가 옛날보다) 승격(昇格)된 (반대: pejorativ). **Meliorativum** [...ˈtiːvʊm], das; -s, ...va ⟨언어⟩ 의미가 승격된 낱말(예컨대: Marschall (元帥)은 중세 독일어 marschalc(말 관리하는 머슴)가 승격된 것임). **meliorieren** [meliɔˈriːrən] ⟨h⟩ 1. 《교양어·고어》개량(개선)하다. 2. 〔농업〕토질을 개량하다.
Melis [ˈmeːlɪs], der; - [griech. méli] 정당(精糖).
melisch [ˈmeːlɪʃ] ⟨Adj.⟩ [↑Melos] 〔음악·문학〕노래체의: -e Poesie 서정시. **Melisma** [meˈlɪsma], das; -s, ...men [griech. mélisma] 〔음악〕장식선율, 장식음. **Melismatik** [melɪsˈmaːtɪk], die 〔음악〕장식음을 노래하는 법. **melismatisch** ⟨Adj.⟩ 〔음악〕장식음을 넣은.
melismisch ⟨Adj.⟩ 〔음악〕선율적인.
Melisse [meˈlɪsə], die; -n [lat. melissa] 멜리사, 박하.
Melissengeist ⓌⓏ, der ↑Karmelitergeist.
melk [mɛlk] ⟨Adj.⟩ 《고어》젖이 나는: eine -e Kuh 젖이 나는 암소.
Melk- 〔농업〕: ~**anlage**, die 젖짜는 장치〔시설〕. ~**eimer**, der 젖짜는 통. ~**karussell**, das 둥근 모양의(젖짜는) 대(臺). ~**kuh**, die 《드물게》↑Milchkuh: **eine M.** 젖을 내는 소. ~**maschine**, die 착유기(機). ~**schaf**, das 젖이 나는 양. ~**schemel**, der 젖 짜는 의자. ~**stand**, der 착유대, 젖 짜는 대. ~**ziege**, die 젖이 나는 염소.
melken [ˈmɛlkn̩] ⟨h⟩ 1. (젖소 따위의) 젖을 짜다: die Kühe m. 소의 젖을 짜다; er melkt mit der Hand 그는 손으로 젖을 짠다. 2. 《고어》 젖을 내다: die Ziege melkt 그 염소는 젖이 나온다. 3. 《경》누구의 돈을 털다〔뜯다〕: du bist ja ganz schön von ihm gemolken worden 너 그 사람에게 돈을 몽땅 털렸구나. 4. 《속어》 수음하다.
Melker, der; -s, - 목부(牧夫), 젖소 사육자. **Melkerei** [mɛlkəˈraɪ], die ⟨ 《폄》 귀찮은〉 젖짜는 일.
Melkerin, die; -nen ↑Melker의 여성형.
Melodei [meloˈdaɪ], die; -en ⟨ 《시어·고어》↑Melodie (1 b). **Melodie** [...ˈdiː], die; -n [...iən; lat. melōdia < griech. melōidía] 1. **a)** 멜로디, 가락, 선율: eine M. pfeifen 어떤 멜로디를 휘파람으로 불다. **b)** 곡조: das Lied hat eine schöne M. 그 노래는 곡조가 아름답다; 전의 die M. des Windes in den Pappeln 포플러에 부는 바람의 멜로디. **c)** 《대개 Pl.》 (오페라 등 큰 작품에 포함되어 있는 개개의) 악곡, 멜로디: -n aus der Operette „Der Zigeunerbaron" 오페레타 "집시남작"에 나오는 멜로디. 2. 〔언어〕↑Satzmelodie의 약칭.
Melodie- (↑Melodien-도 참조): ~**bogen**, der 〔음악〕멜로디부. ~**gitarrist**, der 멜로디기타 연주자. ~**instrument**, das 멜로디 악기. ~**lehre**, die ⟨Pl. 없음⟩ ↑Melodik (1).
Melodien- (↑Melodie-도 참조): ~**folge**, die 멜로디의 순서. ~**reigen**, der 멜로디의 윤무. ~**strauß**, der 멜로디의 꽃다발.
Melodik [meˈloːdɪk], die 〔음악〕1. 선율학. 2. 선율법, 선율적 특징. **melodiös** [meloˈdiøːs] ⟨Adj.⟩ [frz. mélodieux] 선율적인, 아름다운 곡조의, 아름다운 뉘앙스가 풍부한: eine Stimme 멜로디칼한 목소리. **melodisch** [meˈloːdɪʃ] ⟨Adj.⟩ 듣기 좋은, 아름다운: ein -er Gesang 아름다운 노래; m. sprechen 아름다운 목소리로 말하다. **Melodram** [meloˈdram], das; -s, ...men [frz. mélodrame] 1. 〔음악〕(오페라나 무대 음악의) 멜로드라마적인 부분. 2. ↑**Melodrama**. **Melodrama**, das; -s, ...men 1. 〔문학·음악〕음악극. 2. 〔연극·영화〕《폄》신파극: 전의 die Auseinandersetzung zwischen den beiden war das reinste M. 그 두 사람의 말싸움은 완전히 신파극이었다. **Melodramatik** 〔교양어·대개 반어〕신파적인 요소: eine Szene voller M. 신파적 요소로 가득 찬 장면. **melodramatisch** ⟨Adj.⟩ 《반어》신파적인: seine Worte wirkten m. 그의 말은 신파조로 들렸다.
Melone [meˈloːnə], die; -n [frz. melon < ital. mel-

lone < lat. mēlo] **1. a)** 멜론 넝쿨. **b)** 멜론. **2.** 《통용어·농》↑Bowler. **Melonenbaum**, der 파파이아나무.

Melos ['me:lɔs], das; - [lat. melos < griech. mélos] **1.** [음악] 노래, 선율, 멜로디. **2.** [언어] **a)** 억양, 음조. **b)** 《문학 작품의》 음률.

Melpomene 멜포메네(비극의 여신).

Meltau ['me:l-], der; -(e)s ↑Honigtau.

Melton ['mɛltən], der; -(s), -s [engl. Stadt Melton Mowbray] 멜턴(모직물의 한 가지).

Membra: ↑Membrum의 복수형.

Membran, Membrane [mɛm'bra:n(ə)], die; ...nen [lat. membrāna] **1.** [기술] 진동판. **2.** [해부·생물] 막 (고막, 늑막 등). **3.** [화학·물리] [필터의 역할을 하는 얇은〕 막. **Membranophon** [mɛmbrano'fo:n], das; -s, -e [음악] 멤브라노폰(북과 같이 막을 때려서 소리는 내는 악기의 총칭). **Membrum** ['mɛmbrum], das; -s, ...bra [lat. membrum] [의학] 지체, 팔다리: M. virile [-vi'ri:lə] 남근, 페니스.

Memento [me'mɛnto], das; -s, -s [lat. memento! = gedenke!] **1.** [가] 대원기도(미사에서 병자나 죄인을 위하여 기도하는 것). **2.** 《교양어》 경고. **Memento mori** [-'mo:ri], das; --, -- [lat. = gedenke des Todes!] 《교양어》 죽음에 대한 경고: ein Gedenkstein wurde errichtet als M. m. für die Lebenden 산사람에 대한 죽음의 경고로 비석이 하나 세워졌다.

Memme ['mɛmə], die; -n 《준고어·지역적·폄》 **1.** 겁쟁이, 비겁한 사람: so eine M.! 이런 비겁한 놈! **2.** 《지역적·속어》 《대개 Pl.》 젖통, 유방.

memmeln [mɛm|n] ⟨h⟩ 《bayr., österr.》↑²mummeln (2).

memmenhaft ⟨Adj.; -er, -este⟩ 《준고어·폄》 비겁한, 무섭다는. **Memmenhaftigkeit**, die 비겁함, 소심.

Memo ['me:mo], das; -s, -s ↑Memorandum의 약칭. **Memoire** [me'mo̯a:ʀ], das; -s, -s [frz. mémoire] ↑Memorandum의 프랑스식 말. **Memoiren** [me'mo̯a:rən] ⟨Pl.⟩ [frz. mémoires < lat. memoria] 회고록: seine M. (nieder)schreiben 회고록을 쓰다. **Memoirenband**, der ⟨Pl. -bände⟩ (여러 권으로 된) 회고록의 각권. **Memoirenschreiber**, der 회고록 집필자. **Memorabilien** [memora'bi:li̯ən] ⟨Pl.⟩ 《교양어·준고어》 회고·추억(할 만한 것). **Memorandum** [memo'randʊm], das; -s, ...den / ...da [lat. memorandus] 《교양어》↑Denkschrift: in einem M. zu etw. auffordern 각서로 무엇을 촉구하다. **¹Memorial** [memo'ri̯a:l], das; -s, -e / -ien 《고어》 [지] 일기, 수첩. **²Memorial** [mɪ'mɔ:ri̯əl], das; -s, -s [engl. memorial] 《교양어》 **1.** (유명한 사람을 기념하는) 기념경기. **2.** 《드물게》↑Denkmal (1): die Inschrift am Fuß des -s 기념비의 밑부분의 글. **memorieren** [memo'ri:rən] ⟨h⟩ 《교양어·준고어》 **a)** 외우다, 기억해 두다: er nahm die Blätter aus der Brusttasche und memorierte im stillen 그는 안주머니에서 종이장들을 꺼내어 조용히 외우고 있었다. **b)** 《드물게》 상기하다, 기억을 되살리다. **Memorierstoff**, der 《준고어》 배울 것, 학습 내용.

¹Memphis ['mɛmfɪs], der; -, - 멤피스(미국 텍사스주의 도시); 멤피스 춤(60년대에 유행한 춤으로, 여럿이 한 줄로 서서 똑같은 동작을 함). **²Memphis** [-] 멤피스(나일 강 서안에 있던 고대 이집트의 도시).

Menage [me'na:ʒə, österr. ...ʒ], die; -n [frz. ménage] **1. a)** (식탁 위에 세워두는) 조미료 세트. **b)** 《고어》 보온 도시락. **2.** 《österr.》 식사, 《군부대의》 급식: M. empfangen 배식을 받다. **3.** 《österr.·고어》 살림, 가정(家政). **Menagekosten** ⟨Pl.⟩ 《österr.》 식비.

Menagerie [menaʒə'ri:], die; -n [...i:ən] frz. ménagerie] 《준고어》 동물원, 동물의 우리; der Zirkus zieht mit seiner M. umher 서커스는 동물들을 끌고 유랑한다; sie haben eine ganze M. in ihrer Wohnung 그들은 집에다 동물원을 차렸다. **Menageschale**, die 《österr.》 (군부대의) 식기. **menagieren** [mena'ʒi:rən] ⟨h⟩ **1.** 《고어》 아끼다. **2.** 《österr.》 배식을 받다. **3.** ⟨m. + sich⟩ 《고어》 자제하다.

Menarche [me'narçə], die [의학] 초조(첫 월경)가 있는 시기.

Mendelevium [mɛndəle'vi̯ʊm], das; -s [러시아의 화학자 D. Mendelejew(1834~1907)에 따라] 멘델레비움 (초우라늄에 속하는 화학 물질; 기호: Md).

Mendelismus, der; -s [오스트리아의 유전학자 G. Mendel(1862~1844)에 따라] 멘델의 유전 법칙. **mendeln** ['mɛndl̩n] ⟨h⟩ [생물] (유전형질이) 멘델의 법칙에 따라 나타나다.

Mendikant [mɛndi'kant], der; -en, -en [lat. mendicāns] 탁발승(托鉢僧), 탁발승단 소속의 수도사. **Mendikantenorden**, der 탁발승단, 탁발수도원.

Menetekel [mene'te:kl̩], das; -s, - (곧 닥쳐올) 재앙의 징조, 징후, 경고. **menetekeln** ⟨h⟩ 《통용어》 (불길한 일을) 예언하다, 경고하다: „Das wird böse enden", menetekelte sie "그 일은 끝이 좋지 않을 것이다"하고 그녀가 예언했다.

Meng- (mengen 1 a): **~futter, ~getreide, ~korn**, das ⟨Pl. 없음⟩ [농업] 배합 사료.

Menge ['mɛŋə], die; -n [↑manch 참조] **1. a)** 수량, 양 (量): eine verschwindend kleine M. ist noch da 극소량이 아직 남았다; Ware ist in ausreichender M. vorhanden 물건은 충분히 있다. **b)** 다량, 많은 양: eine M. Leute kam[kamen] 사람이 많이 모였다; eine M. hat《통용어》 haben》 sich beworben 많은 사람이 응모했다; das kostet eine M. Geld 그것은 돈이 많이 든다; hier ist noch Platz für eine M. 《통용어》 여기는 자리가 아직 많다; **eine M.** 《통용어》 다량, 다수: hier kann man eine M. lernen 여기는 배울 것이 많다; **jede M.** 《통용어》 얼마든지, 얼마든지: Arbeit gibt es jede M. 일은 얼마든지 있다; **in rauhen ~n** 《통용어》 억수로 많이: zu essen gab es in rauhen -n 먹을 것이 억수로 많았다. **2.** [수학] 집합: a ist in der M. M als Element enthalten (a ∈ M) a는 집합 M의 원소이다. **3.** 군중: die M. schrie 군중이 외쳤다; sich durch die M. drängen 군중 속을 헤치고 나아가다; der Sieger wurde von einer begeisterten M. gefeiert 우승자는 열광하는 군중의 환호를 받았다.

mengen ['mɛŋən] ⟨h⟩ 《준고어》 **1. a)** 혼합하다, 섞다: Mehl und Wasser zu einem Teig m. 밀가루와 물을 섞어 반죽하다. **b)** …을 …에 섞어 넣다: Rosinen unter den Teig m. 건포도를 반죽에 섞다. **c)** ⟨m. + sich⟩ 섞이다: der Geruch des frischen Brotes mengte sich mit dem des Kaffees 막 구어낸 빵 냄새가 커피 냄새와 섞였다; [전의] Trauer und Erleichterung mengten sich in ihr 그녀의 마음 속에는 슬픔과 안도감이 뒤섞였다. **2.** ⟨m. + sich⟩ 《통용어》↑mischen (5): Flüchtlinge mengten sich unter die Soldaten 피난민들이 군인들 사이에 섞였다. **3.** ⟨m. + sich⟩ 《통용어》 참견하다: meng dich nicht in fremde Angelegenheiten 남의 일에 간섭말아라.

mengen-, Mengen- (Menge): **~angabe**, die 수량표시. **~begriff**, der 집합 개념. **~bezeichnung**, die 집합 명칭. **~konjunktur**, die [경제] 물량 경기. **~lehre**, die ⟨Pl. 없음⟩ [수학·논리] 집합론. **~mäßig** ⟨Adj.⟩ 양적인. **~notierung**, die [증권] 물량표시. **~preis**, der [경제] 도매 가격. **~rabatt**, der [경

제】 도매 할인. **~rechnung,** die 【경제】 물량 계산.
Mengsel [mɛŋz], das; -s, - 〖지역적〗범벅, 혼합물.
Menhir ['mɛnhɪr], der; -s, -e [frz. menhir] 선돌.
Meningitis [menɪŋ'giːtɪs], die; ...tiden [...giːtiːdn; griech. mēnigx (2격: mēniggos)] 【의학】 뇌막염.
Meniskus [me'nɪskʊs], der; -, ...ken [griech. mēnískos] **1.** 【해부·의학】 반월판. **2.** 【광학】 오목[볼록]렌즈. **3.** 【물리】 액체 표면의 오목[볼록]면.
Meniskus-: **~linse,** die ↑Meniskus (2). **~operation,** die 【의학】 반월판 수술. **~riß,** der 【의학】 반월판 파열. **~schaden,** der 【의학】 반월판 손상. **~verletzung,** die 반월판 부상(↑~riß).
Menjoubart ['menʒu:], der; -(e)s, ...bärte [미국의 영화배우 A. Menjou(1890~1963)에 따라] 멘주 수염(좁다랗고 뭉툭한 콧수염).
Menkenke [mɛn'kɛŋkə], die (md.) 혼잡, 장광설, 번거로운 언행: mach keine M.! 번거롭게 굴지 말아라!
Mennige ['mɛnɪɡə], die 연단(鉛丹), 광명단(光明丹)(녹방지 도료). **mennigrot** ['mɛnɪç-] 〈Adj.〉 연단색의, 주색(朱色)의.
Mennonit [mɛno'niːt], der; -en, -en [독일의 신학자 Menno Simons(1496~1561)에 따라] 재세례(再洗禮)파 교도.
meno ['meːno] 〈Adv.〉 [ital. meno < lat. minus] 〖음악〗덜, 더 적게: m. mosso 메노 모소(덜 빠르게).
Menopause [meno'paʊzə], die; -n 【의학】 폐경.
Menora ['meno'raː], die [hebr. mĕnōrāh] 일곱촛대(유태교의 제식에 쓰이는).
Menorca 메노르카 섬(지중해에 있는 스페인령 발레아렌 군도의 한 섬).
Menorrhö, Menorrhöe [meno'røː], die; ...öen [...ø:ən] griech. mēn = Monat + rhoē = Fluß] ↑Menstruation. **menorhöisch** 〈Adj.〉 【의학】 월경의, 경도의. **Menostase,** die; 【의학】 무월경(無月經).
Mensa ['mɛnza], die; -s / ...sen [↑Mensa academica의 약칭] **1.** (대학의) 구내 식당. **2.** 【가】 제단, 성찬대.
Mensa academica [-aka'deːmika], die; ...sae ...cae [...ze ...tse] 〖고어〗 ↑Mensa (1). **Mensaessen,** das 구내 식당의 음식.
¹Mensch [mɛnʃ], der; -en, -en **a)** (종(種)으로서의) 사람, 인간: M. und Natur 사람과 자연; der M. sollte die Krone der Schöpfung sein 인간은 만물의 영장이어야 한다; ein M. von Fleisch und Blut 피와 살이 있는 (진짜) 사람; der künstliche M., der Roboter 인조 인간 로봇. **b)** (개체로서의) 사람, 인간: der moderne M. 현대인; es darf keine -en zweiter Klasse geben 이등 인간이 있어서는 안된다; an das Edle im -en glauben 사람 속에 숨어 있는 고귀한 것(인간의 고귀함)을 믿다; was ist es, was den -en zum -en macht? 사람을 사람답게 하는 것이 무엇인가?; 〖성구〗 der M. ist ein Gewohnheitstier 사람은 습관의 동물이다; kein M. muß müssen 〖농〗 아무도 누구에게 무엇을 하도록 강요할 수 없다(아무도 무엇을 억지로 할 필요가 없다); 〖속담〗 der M. lebt nicht vom Brot allein 사람은 빵만으로 살 수 없다; der M. denkt, Gott lenkt 사람은 생각하고 신은 조종한다; kein M. mehr sein (통용어) 녹초가 되었다; nur noch ein halber M. sein (통용어) 1) 뼈만 앙상하다(피골이 상접해 있다). 2) (정신이 반쯤 나가서) 사람 노릇을 못하다, 반편이 되었다; **wieder M. sein** (통용어) 다시 사람의 몰골을 갖추다; **eine Seele von M. (von einem -en) sein** 사람 좋은(부처님 같은) 사람이다. **c)** (특정 남녀로서의) 사람, 인간: ein in sich gekehrter M. 내성적인 인간; er ist ein M. mit seltsamen Ansichten 그는 생각이 특이한 사람이다;

sehet, welch ein M.! 이 사람을 보라(↑Eccehomo 참조); für andere -en arbeiten 남의 일을 해 주다; mit fremden -en zusammenkommen 모르는 사람들과 접촉하다; sie geht nicht gern unter -en 그녀는 사람들과 섞이기를 좋아하지 않는다; ein Riese von einem -en 큰 사람, 거인; der Platz war schwarz von -en (통용어) 광장에는 사람이 새까맣게 모였다; 〖성구〗 Glück muß der M. haben! 사람은 재수가 있을 일이다; 〖속담〗 des -en Wille ist sein Himmelreich 사람은 자기 뜻대로 할 수 있으면 가장 행복하다; **kein M.** 아무도[한 사람도] …하지 않다; **wie der erste M.** 고문관 같은(모든 것이 서투른); **ein neuer M. werden** 새 사람이 되다, 옛날 버릇을 벗다; **einen neuen -en anziehen, den alten -en ablegen** 개과천선하다; **etw. für den inneren(den äußeren) -en tun** 속[겉]을 다스리다(잘 먹고 마시다 [잘 입고 치장하다]); **von M. zu M.** 인간과 인간으로, 너와 나 사이의 얘긴데. **d)** 〖경〗 야, 이놈아, 이 친구야, 아이구, 윈: M., da hast du aber Glück gehabt! 야, 너 운이 좋았어.!; das war prima, M.! 야, 참 좋았어!; Mensch, ärgere dich nicht 화내기 없기(주사위놀이의 일종); **M. Meier!** 〖경〗야, 놀라겠는 걸! **²Mensch** [-], das; -(e)s, -er 〖폄〗계집, 가시내: wo treibt sich das M. nur schon wieder herum! 야 가시내가 도대체 어딜 또 싸다니나? **menscheln** ['mɛnʃln] 〈h〉 인간적인 약점을 나타내다: er sieht, wie es hier menschelt 그는 여기서 인간적인 약점이 나타나는 것을 본다.

menschen-, Menschen-: **~affe,** der 유인원: die bekanntesten -n sind Schimpanse, Gorilla und Orang-Utan 가장 널리 알려진 유인원으로는 침팬지, 고릴라, 오랑우탕이 있다. **~ähnlich** 〈Adj.〉 사람 비슷한. **~alter,** das 세대: ein M. später 한 세대 후에; vor einem M. hat man noch nichts davon gewußt 한 세대 전만 해도 아무도 그것을 몰랐다. **~ansammlung,** die 군중. **~antlitz,** das 〖아〗 인간의 모습. **~arm** 〈Adj.〉 인적이 드문, 사람이 많이 살지 않는: -e Gebiete 사람이 드문 지역들. **~artige*,** der 〈대규 Pl.〉 영장류. **~auflauf,** der 군중. **~bild,** die 인간상, 인간에 대한 관념: jede Zeit hat ihr eigenes M. 시대마다 특유의 인간상이 있다. **~darsteller,** der 인간을 연기하는 사람. **~darstellerin,** die **~darsteller**의 여성형. **~fang,** der (드물게) 사람잡이(하는 일), 인간 사냥. **~feind,** der 인간 혐오자. **~feindlich** 〈Adj.〉 **a)** 비사교적인, 인간을 혐오하는. **b)** 인간에 유해한, 인간을 억압하는: eine -e Umgebung 반인간적인 환경. **~fleisch,** das 사람고기: Kannibalen essen M. 식인종은 사람고기를 먹는다. **~floh,** der 〖벼룩〗. **~fresser,** der (통용어) 식인종(↑Kannibale (1).: 〖전의〗 der Chef ist kein M. 사장은 사람잡아 먹는 사람은 아니다. **~fresserei,** die 식인풍습(↑Kannibalismus). **~freund,** der 인도주의자, 박애주의자, 인자(仁者). **~freundlich** 〈Adj.〉 박애적인, 인도적인. **~freundlichkeit,** die 〈Pl. 없음〉 박애주의, 인도주의. **~führung,** die 인간 교육. **~gedenken:** **seit M.** 유사 이래: das ist seit M. so (gewesen) 그것은 유사 이래 그래 왔다. **~geist,** der 〈Pl. 없음〉 〖아〗 인간의 정신. **~gemeinschaft,** die 인간 공동체. **~geschlecht,** das 〈Pl. 없음〉 〖아〗 인류. **~gestalt,** die **a)** 인간의 형상: Gott hat in Christus M. angenommen 신은 예수로 통해서 인간의 모습으로 나타났다; 〖성구〗 ein Engel in M. 인간의 모습을 한 천사. **b)** 인간상, 사람의 형상: der Künstler hat wunderbare -en geschaffen 그 예술가는 경이로운 인간상들을 창조해 내었다. **~gestalter,** der ↑**~darsteller**: dieser Schauspieler ist ein begnadeter M. 이 배우는 하늘이 낸 인간 묘사자이다. **~gewimmel,** **~gewühl,** das 인파(人波). **~gruppe,** die 사람의 그룹.

~haar, das 사람의 머리카락. ~hai, der 식인상어. ~hand, die a) 사람의 손. b) 《아어》 사람(의 손), 《행위 자로서의》 인간: Menschenhände zerstören die Natur 인간이 자연을 파괴한다. ~handel, der 1. 인신매매. 2. 《구동독》 구동독 시민을 국외로 빼돌리기. ~händler, der 인신 매매꾼; 인력을 국외로 빼돌리는 사람. ~haß, der 인간 혐오. ~hasser, der 인간 혐오자. ~haufen, der 사람의 무리. ~herz, das 《아어》 사람의 가슴[마음]: das erfreut das M.! 그것은 사람의 마음을 푸근하게 한다. ~hirn, das 사람의 뇌. ~jagd, die 《경》 인간 사냥, 인간에 대한 조직적 박해. ~jäger, der 사람 사냥꾼, 인간 박해자. ~kenner, der 인간을 잘 이해하는 사람: ein guter M. 인간을 잘 이해하는 사람. ~kenntnis, die 인간 이해: Erfahrung und M. haben 경험과 인간에 대한 이해를 지니고 있다. ~kind, das a) 《드물게》 사람의 자식, 아이. b) 인간: diese entmenschten -er 이 인간성을 잃은 인간들. ~klumpen, der 사람의 무리(군중). ~knäuel, das 군중. ~kraft, die 사람의 힘, 체력. ~kunde, die 〈Pl. 없음〉 Anthropologie. ~leben, das 1. 사람의 일생. 2. 《아어》 인간의 생명(사람의 목숨): der Unfall kostete vier M. 그 사고는 네 사람의 목숨을 앗아갔다. 3. 인간의 생활, 삶의 영위: hinein ins volle M.! 인간의 생활 한 가운데로! ~leer 〈Adj.〉 인적이 드문, 사람이 살지 않는, 황량한: die Straße war um diese Zeit fast m. 이 시간대에 그 거리는 거의 텅 비어있었다. ~liebe, die 인간애(이웃). ~los 〈Adj.〉 아무도 없는[살지 않는]. ~los, das 《아어》 사람의 운명. ~masse, die 군중, 다수의 사람. ~material, das 〈Pl. 없음〉 인력 자원. ~mauer, die 사람의 행렬, 인간의 벽: -n säumten die Straßen 도로들의 가장자리에는 사람들이 겹겹이 서 있었다. ~menge, die ↑ ~masse: begeisterte -n 환호하는 군중. ~möglich 〈Adj.〉 인간의 힘으로 가능한: wie ist so etwas m.! 그것이 어떻게 인력으로 가능한가! ~opfer, das 1. 《종교》 인간 제물. 2. 인명 희생, 인명 손실. ~paar, das 한 쌍의 남녀: Adam und Eva gelten als erstes M. 아담과 이브는 최초의 한 쌍으로 알려져 있다. ~pflicht, die 인간의 의무. ~rasse, die 인종. ~raub, der 인신 약취. ~räuber, der 인신 약취범. ~recht, das 《대개 Pl.》 인권: die Achtung vor den -en 인권 존중. ~rechtserklärung, die 인권 선언. ~rechtskommission, die 인권 위원회. ~rechtsverletzung, die 인권 침해. ~reservoir, das 인력 자원. ~scheu 〈Adj.〉 사람과의 접촉을 꺼리는, 사람을 싫어하는: sie war im Laufe ihres Lebens immer -er geworden 그는 살아가면서 점점 더 사람을 꺼리게 되었다. ~scheu, die 인간 혐오증. ~schinder, der 《폄》 사람 등골 빼먹는 놈(↑ Leuteschinder): unser Spieß ist ein ganz schöner M. 우리 대장은 사람 등골깨나 빼먹는다. ~schinderei, die 사람 등골 빼먹는 짓. ~schlag, der 인간 유형. ~schlange, die 장사진. ~seele, die 인간 영혼: die Geheimnisse der M. 인간 영혼의 비밀. 2. keine M.: keine M. war zu sehen 사람이라곤 그림자도 보이지 않았다. ~sohn, der 〈Pl. 없음〉 《기독교》 인간의 아들. ~stimme, die 사람 목소리. ~strom, der 인산인해, 사람의 물결. ~traube, die (포도나무에 포도송이 달리듯) 모여있는 사람. ~typ, der ↑ ~schlag. ~unwürdig 〈Adj.〉 비인간적인, 인간의 존엄성을 해치는. ~verächter, der 인간 멸시자. ~verachtung, die 인간 멸시. ~verluste 《Pl.》 인명 손실. ~vernichtung, die 인간 파괴. ~verstand, der (다음 용법으로) der gesunde M. 건전한 상식: seinen gesunden M. gebrauchen 자기의 상식에 따르다. ~werk, das 《아어》 인간의 (불완전한) 작품. ~we-

sen, das 《아어》 인간. ~witz, der 《아어·준고어》 인간의 재치. ~würde, die 〈Pl. 없음〉 인간의 품위. ~würdig 〈Adj.〉 인간적인, 인간다운, 인간의 품위에 걸맞는: m. leben 인간답게 살다. ~zahl, die 사람 숫구, 인구.

Menschenskind! 〈Pl.: Menschenskinder!〉 《경》 《놀라거나 비난할 때 외치는 표현》 아이고!, 어이쿠!, 이 놈아!: Menschenskinder, das hätte aber schiefgehen können! 이놈들아, 일이 잘못될 수도 있었잖아!
Menschentum, das; -s 인간 존재, 인간 본질.
Menschewik [mɛnʃeˈvɪk], der; -en, -en / -i [russ. menschewik] 멘셰비키, 러시아의 사회민주노동당원.
Menschewismus [...ˈvɪsmʊs], der; - 《역사적》 멘셰비즘, 러시아의 온건 사회주의 노선. **Menschewist,** der; -en, -en ↑ Menschewik. **menschewistisch** 〈Adj.〉 멘셰비스트의, 온건 사회주의의.
Menschheit, die 인류, 모든 인간: die ganze M. 전 인류; zum Wohle der M. 인류의 행복을 위하여; jmdn. auf die M. loslassen 누구(졸업생 등)를 사회에 배출하다. **menschheitlich** 〈Adj.〉 인류에 관계되는: m. gesehen ist das kein Ausweg 인류 전체로 봐서 그것은 타개책이 못된다.
Menschheits-: ~**beglückung,** die 인류에게 큰 기쁨을 줌. ~**entwicklung,** die 인류 발전. ~**geschichte,** die 〈Pl. 없음〉 인류의 역사. ~**ideal,** das 인류의 이상(理想). ~**traum,** der 인간의 소망[꿈]: das Fliegen war ein alter M. (하늘을) 나는 것은 인류의 오랜 꿈이었다.

menschlich 〈Adj.〉 **1. a)** 인간의, 인간적인: der Körper 인체; die -e Natur 인간의 본성; es begegnete uns kein -es Wesen 우리는 어떤 사람도 만나지 못했다; -e Würde 인간의 존엄[품위]; -e Schwächen 인간적 약수, 약점; der Unfall ist auf -es Versagen zurückzuführen 그 사고는 사람의 불완전성에서 그 원인을 찾을 수 있다; -e Beziehungen 인간 관계; sein Zögern ist durchaus m. 그가 주저하는 것은 아주 인간적이다(이해할 수 있다); das ist mir m. sympathisch 그는 인간적으로[인간으로서] 호감이 간다; 쟁구 Irren ist m. 실수는 인간적이다(사람은 잘못을 저지르게 마련이다). **b)** 인간다운, 인간적인, 인간의 욕구에 상응하는: sich m. machen (통행어) 사람답게 되다 (오랜 여행이나 스포츠 활동 후 씻거나 옷을 갈아입다). **2.** 관대한, 너그러운, 인도적인: ein -er Vorgesetzter 관대한 상사; das ist ein -er Zug an ihm 그것이 그의 인간적인(따뜻한) 면모이다; dieser Mann scheint keiner -en Regung fähig zu sein 이 남자는 인간적인 감동을 할 수 있는 능력이 없는 듯하다; er hat seine Leute immer m. behandelt 그는 자기 부하들을 항상 너그럽게 대했다. **Menschliche*,** das **1.** 인간적인 것, 인간성에 관한 것: nichts -s war ihr mehr fremd 하늘 아래에서 일어나는 그 어떤 것도 그 여자에게는 더 이상 낯설지 않았다; ihm ist etwas -s widerfahren 그는 갑자기 변을 당했다; ihm ist etwas -s passiert 《통용어·은폐》 그는 갑자기 방귀를 뀌었다. **2.** 관대한 본성: er hatte etwas beglückend -es an sich 그는 주위 사람들을 행복하게 하는 너그러운 인간성을 지니고 있었다. **Menschlichkeit,** die; -en **1.** 〈Pl. 없음〉 **a)** 인간으로서의 존재, 인간적 존재: Christus in seiner M. 인간으로서의 그리스도. **b)** 인간성, 인정, 동정심: aus reiner M. 순수한 인정에서; Verbrechen gegen die M. 반인간적인 범죄. **2.** 인간의 약점[오류].
Menschsein, das; -s 인간으로서의 삶[실존].
Menschwerdung, die **1.** ↑ Hominisation. **2.** 《기독교》 그리스도의 강생(降生), 하느님께서 그리스도로 인하심.

mensendiecken [ˈmɛnzn̩diːkn̩] 〈h〉 [네덜란드계 미국인

여자 체조 교사 B. Mensendiek의 이름을 따서] 멘센디익 체조를 하다.
Menses ['mɛnzɛːs] ⟨Pl.⟩ [lat. mēnsēs] ↑**Menstruation. mensis currentis** ['mɛnzɪs kʊ'rɛntɪs; lat.] 이 달의, 이 달에(약어: m.c.).
mens sana in corpore sano ['mɛns 'zaːna ɪn 'kɔrporə 'zaːno; lat.] 건강한 신체에 건전한 정신.
menstrual [mɛnstru'aːl] ⟨Adj.⟩ [lat. mēnstruālis; ↑Menses] [의학] 월경의. **Menstruation** [...a'tsioːn], die; -en [의학] 월경. **menstruieren** [...'iːrən] ⟨h⟩ [lat. mēnstruāre] [의학] 월경이 있다, 월경을 가지다.
Mensur [mɛn'zuːɐ̯], die; -en [lat. mēnsūra] 1. [펜싱] 펜싱 선수 사이의 거리: eine enge[weite] M. einnehmen 간격을 좁게[넓게] 잡다; M. halten 간격을 유지하다. 2. (옛 학생 조합 활동 테두리 안에서의) 결투: eine M. austragen 결투로 승부를 가리다. 3. [음악] **a)** 박자, 소절(小節). **b)** (악기의) 음역. **4.** ↑Meßzylinder. **mensurabel** [...zu'raːbl] ⟨Adj.⟩ [lat. mēnsūrābilis] [교양어] 측정 가능한. **Mensurabilität** [...rabili'tɛːt], die [교양어] 측정 가능성. **Mensuralmusik** [mɛnzu'raːl-], die ⟨Pl. 없음⟩ 정량(定量) 음악(박자의 길이를 정확히 기입한 13~16세기의 다성부의 악곡). **Mensuralnotation**, die ⟨Pl. 없음⟩ 정량기보법(定量記譜法).
mental [mɛn'taːl] ⟨Adj.⟩ [lat. mentalis] 《전문어·교양어》 정신의, 마음의; 심중(心中)의: -e Erkenntnisse 정신적 깨달음. **Mentalismus** [mɛnta'lɪsmʊs], der 유심론, 멘탈리즘.
Mentalität [mɛntali'tɛːt], die; -en [engl. mentality] 《교양어》 성향, 기질; 심성(心性), 정신상태. **Mentalreservation**, die; -en [법] 의중 유보(意中留保), 심리 유보(↑Gedankenvorbehalt). **Mentalsuggestion**, die; -en [심령] 정신적 암시.
mente captus ['mɛntə 'kaptʊs; lat.] 《교양어》 1. 우둔한, 이해가 더딘. 2. 책임 능력이 없는; 저능의, 백치의.
Menthol [mɛn'toːl], das; -s [lat. ment(h)a + oleum] [화학] 멘톨, 박하뇌(박하유의 유효 성분으로 화장품과 의약품의 원료).
Mentizid [mɛnti'tsiːt], der, 《또한》 das; -(e)s, -e [engl.-amerik. menticide] 《교양어·드물게》 ↑Gehirnwäsche.
Mentor [mɛntɔr], 《또한》...toːɐ̯], der; -s, -en [...'toːrən] **a)** 멘토르(Odysseus의 친구로 그의 아들 Telemach의 가정 교사), 후원자: jmdm. als M. zur Verfügung stehen 누구를 후원하다. **b)** 《고어》 (가정)교사, 왕자의 교육 담당자. **c)** [교육] 교생주임.
Menu [meˈny]《schweiz.》 ↑Menü. **Menü** [-], das; -s, -s [frz. menu] 1. (음식점의) 정식. (공급된 식재료, 차림표, 메뉴. **Menuett** [meˈnʊɛt], das; -s, -e, 《또한》 -s [frz. menuet] 1. 미뉴에트(3/4박자의 프랑스춤). 2. [음악] 미뉴에트(소나타나 교향곡의 3악장). **Menüladen**, der 《구동독》 (반)완성된 음식 판매소.
mephistophelisch [mɛfistoˈfeːlɪʃ] ⟨Adj.⟩ 《교양어》 메피스토펠레스적, (괴테의 『파우스트』에 나오는 메피스토의 형상에 따라) 악마적인: ein -es Lächeln 악마와 같은 웃음.
Meran [meˈraːn] 메란(지방). ¹**Meraner** [meˈranɐ], der; -s, - 메란(지방) 사람. ²**Meraner** ⟨Adj.; 격변화 없음⟩ 메란(지방)의.
Mercalli-Skala [mɛrˈkali-], die [이탈리아 학자 G. Mercalli(1859~1914)의 이름에서] 메르칼리 지진계.
Mercatorprojektion [mɛrkaˈtoːɐ̯-], die; -en [지리] [네덜란드 지리학자 G. Mercator(1512~1594)의 이름에서] 메르카토르 투영도법.

Mercerie [mɛrsəˈriː], die; -n [...iːən; frz. mercerie] 《schweiz.》 1. ⟨Pl. 없음⟩ 잡화. 2. 잡화점, 잡화상. **Merceriehandlung**, die 잡화점, 잡화상.
Mercerisation usw. ↑Merzerisation usw.
Merchandising [ˈmɜːʁtʃəndaɪzɪŋ], das; -s [amerik. merchandising] [경제] 상품화 계획, 머천다이징.
merci! [mɛrˈsiː]; frz. merci] ⟨Interj.⟩ 《교양어·농》 고마워, 감사합니다.
Mergel [ˈmɛrgl], der; -s, - 《종류》 [lat. margila] [지질] 이회암(泥灰岩). **Mergelgrube**, die 이회암갱. **mergelig**, merglig [ˈmɛrg(ə)lɪç] ⟨Adj.⟩ 이회암질의, 이회암을 함유한. **mergeln** ⟨h⟩ 이회암 비료를 주다. **Mergelung**, die; -en ↑mergeln의 명사형. **merglig**: ↑mergelig.
Meridian [meriˈdiaːn], der; -s, -e [lat. merīdiānus] [지리·천문] 자오선, 경선(經線). **Meridiankreis**, der [천문] 자오환(천체의 자오선 통과 시간과 고도를 동시에 측정하는 기계). **meridional** [...dioˈnaːl] ⟨Adj.⟩ [lat. merīdiōnālis] [지리] **a)** 자오선의. **b)** 《고어》 남쪽의.
Meringe [meˈrɪŋə], die; -n, **Meringel** [...ŋl], das; -s, -, ⟨schweiz.⟩ **Meringue** [meˈrɛŋɡ], 《통용어》 meˈrɛŋ], die; -s [frz. meringue] 메랭(설탕과 계란 흰자위로 만든 크림과자).
Merino [meˈriːno], der; -s, -s [span. merino] 1. (스페인산) 메리노 면양(緬羊). 2. 메리노 모직. **Merinoschaf**, das ↑Merino (1). **Merinowolle**, die 메리노 양모.
Meristem [mɛrɪsˈteːm], das; -s, -e [생물] (식물의) 분열 조직. **meristematisch** [mɛrɪsteˈmaːtɪʃ] ⟨Adj.⟩ [생물] 분열 조직의.
Meriten [meˈriːtn] ⟨Pl.⟩ [frz. mérite] 《아어·준고어》 공로, 공적: er hat sich um die Firma M. erworben 그는 회사에 많을 공을 세웠다(공적을 남겼다. **Meritokratie** [meritokraˈtiː], die; -n [...iːən; engl. meritum u. griech. krateīn] 《교양어》 실력이 있는 계층에 의한 지배. **meritorisch** [meriˈtoːrɪʃ] ⟨Adj.⟩ [lat. meritōrius] 《고어》 공로가 있는.
¹**Merk** [mɛrk], das; -s, -e 《고어》 표, 표지, 기호.
²**Merk** [-], der; -s, -e [식물] 개발나무(속).
merk-, Merk-: ~**blatt**, das 《(인쇄된) 설명서, 메모용지. ~**buch**, das ↑Notizbuch. ~**fähigkeit**, die ⟨Pl. 없음⟩ 인지 능력. ~**heft**, das ↑Buch. ~**hilfe**, die 메모, 비망. ~**mal**, das ⟨Pl. -e⟩ 특징, 표지; 기호; 징후; (유전)형질: typische -e 전형적인 특징. ~**malarm** ⟨Adj.⟩ 특징이 없는. ~**malreich** ⟨Adj.⟩ 특징이 많은. ~**mal(s)bildung**, die 특별한 특징의 형성. ~**mal(s)paar**, das 특징쌍(예컨대: 유전시 나타나는). ~**satz**, der ↑~**spruch**. ~**spruch**, der **a)** 격언, 금언. **b)** 경구. ~**vers**, der ↑~spruch (b). ~**wort**, das ⟨Pl. ...wörter⟩ [연극] (다음 연기자의 등장, 발언 따위의 신호가 되는) 대사의 끝말, 표지어. ~**würdig** ⟨Adj.⟩ 주의할 만한; 기억할 만한, 별다른, 훌륭한; 놀랄 만한, 이상한, 독특한, 진기한, 기묘한: ein -er Mensch 별다른 [유별난] 사람; es ist m. still hier 여기는 이상하리만큼 조용하다; 《비유》 ich habe etwas Merkwürdiges entdeckt 나는 뭔가 진기한 것을 발견했다. ~**würdigerweise** ⟨Adv.⟩ 이상[진기]하게도. ~**würdigkeit**, die; -en **a)** ⟨Pl. 없음⟩ 별다름, 유별남, 독특함, 진기함, 놀랄만함. **b)** 진기한[이상한] 현상. ~**zeichen**, das 특징, 표지, (기억을 일깨우는) 표적: optische[akustische] M. 시각적[청각적] 특징. ~**zettel**, der 메모 쪽지.
merkantil [mɛrkanˈtiːl] ⟨Adj.⟩ [frz. mercantile] 상인의, 상업의. **merkantilisch** 《고어·드물게》 ↑mer-

kantil. Merkantilismus [...tiˈlɪsmʊs], der; - [frz. mercantilisme] 《역사적》중상(重商)주의. **Merkantilist**, der; -en, -en 중상주의자, **merkantilistisch** 〈Adj.〉 중상주의의, 중상주의적인. **Merkantilsystem**, das; -s ↑ Merkantilismus.

Merkaptan [mɛrkapˈtaːn], das; -s, -e 〈대개 Pl.〉【화학】메르캅탄(티오알코올, 산소가 유황으로 대체될 때 생기는 알코 화합물의 일종).

merkbar [ˈmɛrkbaːɐ̯] 〈Adj.〉 **1.** 인지할 수 있는, 알아챌 수 있는; 현저한. **2.** 〈nicht adv.〉 기억할 수 있는.

merken [ˈmɛrkn̩] 〈h〉 **1.** 인지하다, 알아채다: jmds. Absicht m. 누구의 의도를 알아채다; man merkt an ihrer Verlegenheit, daß da etwas nicht stimmt 그녀의 허둥댐에서 무언가 맞지 않는 것이 있음을 알아차린다; das dürfen meine Eltern nicht m. 내 부모님이 그것을 알아채선 안된다; wir wollen das niemanden m. lassen 우리는 그것을 아무도 눈치채지 못하려고 한다; 성구 merkst du was? 《통용어》 뭔가 눈치챘니?; du merkst aber auch alles! 《통용어》 너도 마침내 알아든겠 알게 됐구나！; **sich³ nichts m. lassen** 《통용어》 시치미떼다, 눈치 채이지 않다. **2.** 〈m. + sich〉 기억하다, 명심하다: diese Telefonnummer kann man sich gut m. 이 전화번호는 쉽게 기억할 수 있다; ich werd' mir's m.! 《통용어》 나는 그것을 기억해 두어야겠다; merk dir das! 그걸 명심해 두게!; 《통용어에서는 낮은 가능성도》 diese Zahl ist gut zu m. 〈läßt sich gut m.〉 이 숫자는 기억하기 좋다. **3.** 〈준고어〉무엇에 주의를 기울이다, 주의하다: auf jmds. Erzählungen m. 누구의 이야기[가르침]에 주의하다. **merkenswert** 〈Adj.; nicht adv.〉 기억할 가치가 있는, 주의할 만한, 현저한. **Merker**, der; -s, - **1.** 〈옛〉a) 〈중세 궁정 가인에서〉 좀 스러운 감시자, 질투하는 사람. **b)** 〈중세의 직장 가인들에 대한〉 심사관, 심판관. **2.** 〈통용어·반어〉〈무엇을 가까스로〉눈치챈 사람, **merklich** 〈Adj.〉 눈에 띄는, 알아챌 수 있는, 느낄 수 있는; 현저한: -e Besserung 눈에 띄는 회복; er war m. erleichtert 그는 한결 기분이 가벼워졌다. **Merks** [mɛrks], der; -(es) 〈ostmd.〉 기억(력).

Merkur [mɛrˈkuːɐ̯], der; -s, das; -s [lat. Mercurius] 수은(연금술에서). **Merkurialismus** [mɛrkurjaˈlɪsmʊs], der; - ↑ Quecksilbervergiftung. **Merkurstab**, der; -(e)s, ...stäbe 메르쿠리우스의 지팡이(로마 신화에서 상업의 신 메르쿠리우스가 지닌 지팡이로 상업의 상징).

Merlan [mɛrˈlaːn], der; -s, -e [frz. merlan] ↑ Wittling.

Merle [ˈmɛrlə], die; -n [lat. merula] 〈지역적〉지빠귀(의 일종). **Merlette** [mɛrˈlɛt], die; -s [frz. merlette] (지빠귀, 제비, 오리 종류의) 작은 새.

Merlin [mɛrˈliːn, 〈또한〉 ' ' --], der; -s, -e [engl. merlin/소리개(매)(의 일종).

merokrin [meroˈkriːn] 〈Adj.; nicht adv.〉 〈생물·의학〉 선병(腺病)에서) 세포 성분의 일부를 분비물로 내놓는(반대: holokrin).

Merveilleuse [mɛrvɛˈjøːz], die; -s [frz. merveilleuse] 〈유행〉 기묘한 옷차림의 멋쟁이(여자)(1795년경 프랑스의 집정내각 시절의).

merzen [ˈmɛrtsn̩] 〈h〉 〈농업·고어〉 ↑ ausmerzen (1 b).

Merzerisation [mɛrtsərizaˈtsjoːn], die; -en 〈직물〉 영국의 과학자 Mercer(1791~1866)의 이름에 따라〈면화의 개량과 윤내기〉. **merzerisieren** [...ˈziːrən] 〈h〉 머서처리하다, 비단의 윤을 내다. **Merzerisierung**, die; -en ↑ Merzerisation.

Merzschaf, das; -(e)s, -e 〈농업〉 사육할 수 없는 양, 폐양(廢羊). **Merzung**, die; -en; **Merzvieh**, das; -(e)s 사육할 수 없는 가축, 폐가축.

mes-, Mes-: ↑meso-, Meso-.

Mesalliance [mezaˈli̯ãːs], die; -n [frz. mésalliance] 《교양어》 〈신분상〉 어울리지 않는 결혼.

Mescalin [...] ↑Meskalin.

meschant [meˈʃant] 〈Adj.〉 [frz. méchant] 《교양어·지역적》 심술궂은, 비열한, 불쾌한.

meschugge [meˈʃʊɡə] 〈Adj.〉 [jidd. meschuggo] 《경》 제정신이 아닌, 미친: jmdn. m. machen 누구를 미치게 만들다; sich m. stellen 미친 짓을 하다.

Mesdames: ↑Madame의 복수형. **Mesdemoiselles:** ↑Mademoiselle의 복수형.

Mesenchym [mezɛnˈçyːm], das; -s, -e 〈생물·의학〉 간엽(間葉), 간충직(間充織), 간충 조직(間充組織). **Mesenterium** [mezɛnˈteːri̯ʊm], das; -s [griech. mesentérion] 【해부】↑Gekröse (1 a).

Meseta [meˈzeːta], die; ...ten [span. meseta] 〈스페인의〉고원.

Meskalin [mɛskaˈliːn], das; -s 〈인디언어〉메스칼린(멕시코 선인장으로 만든 마약의 일종).

Mesmer [ˈmɛsmɐ], der; -s, - 〈schweiz.〉 ↑Mesner. **Mesmerismus** [mɛsmɛˈrɪsmʊs], der; - ↑ Heilmagnetismus.

Mesner [ˈmɛsnɐ], der; -s, - [lat. ma(n)sionarius, ↑ Menage] 《지역적》 교회 관리인, 성당지기, 성구(聖具) 관리인. **Mesnerei** [mɛsnəˈrai], die; -en 〈고어〉 **a)** 교회 관리인의 거처. **b)** 교회 관리인의 직(분).

meso-, Meso-, 《모음앞에서》 mes-, Mes- [mɛz(o)-; griech. mésos] "중앙", "중간", "... 가운데" 따위를 뜻하는 규정어로서, 예컨대〉 mesozephal, Mesozoikum, Mesenterium. **Mesoderm** [...ˈdɛrm], das; -s, -e 〈생물·의학〉 중배엽(中胚葉). **Mesokarp** [...ˈkarp], das; -s, -e 【식물】 중과피(中果皮).

Mesokarpium [mezoˈkarpi̯ʊm], das; -s, ...ien [zu griech. karpós = Frucht] 〈식물〉 **mesokephal** usw.: ↑mesozephal usw. **Mesoklima**, das; -s, ...mate [...ˈmaːtə] 〈기상·지리〉 ↑Geländeklima. **Mesolithikum** [...ˈliːtikʊm, 〈또한〉 ...lɪt...], das; -s 중석기 시대(구석기와 신석기 시대의 중간 시대). **mesolithisch** 〈Adj.〉 중석기 시대의. **Mesomerie** [...meˈriː], die 〈화학〉메소머리(두 개 이상의 구조식으로 표현되는 유기화합물에서 나타나는 유기전자론적 이성[異性] 현상). **mesomorph** [...ˈmɔrf] 〈Adj.〉 【의학】건강 체질[격]의. **Mesomorphie** [...morˈfiː], die 【의학】건강 체질[격]. **Meson** [ˈmeːzɔn], das; -s, -en [meˈzoːnən] 〈대개 Pl.〉 [engl. meson] 【물리】중간자, 메손. **Mesophyll** [mezoˈfyl], das; -s, -e [zu griech. phýllon = Blatt] 【식물】 (식물의 잎의) 중간 표피 조직. **Mesophytikum** [...ˈfyːtikʊm], das; -s 〈고생물〉 식물계의 중세(지질사의 진행에 있어서 나자(裸子)식물의 출현으로 특징지어진다). **Mesosphäre**, die 〈기상〉 대기 중간층(전리층과 외기권의 중간).

Mesopotamien [mezopoˈtaːmi̯ən], -s 메소포타미아(지방)(티그리스 강과 유프라테스 강 사이의). **Mesopotamier**, der; -s, - 메소포타미아 사람. **mesopotamisch** [mezopoˈtaːmɪʃ] 〈Adj.〉 메소포타미아(지방)의.

Mesothorium [mezoˈtoːri̯ʊm], das; -s 〈화학〉메소토륨(기호: MsTh). **Mesotron** [ˈmeːzotrɔn], das; -s, -en [mezoˈtroːnən] 〈대개 Pl.〉 [engl. mesotron] 【물리】 ↑Meson의 구명칭. **mesozephal** [mezotseˈfaːl] 〈Adj.〉【의학】(두개골 가운데가 불거진) 중두형(中頭型)의. **Mesozephale***, der / die 【의학】중두형(인 사람). **Mesozephalie** [...faˈliː], die; -, ...i̯ən] 【의학】중두형(두개골 가운데가 불거진 머리). **Mesozoikum** [...ˈtsoːikʊm], das; -s 〈지학〉중생대. **mesozoisch**

⟨Adj.⟩ 【지학】 중생대의. **Mesozone,** die 【지학】 (암석의 변형 과정에서 생긴) 중심부(中深部). **Mesozoon** [...'tsoːɔn], das; -s, ...zoen [...'tsoːən] ⟨대개 Pl.⟩ 【생물】 (대부분 바다동물속에 기생하는) 단순 다세포 동물.

mesquin [mɛsˈkɛː, ⟨attr.⟩ mɛsˈkiːn...] ⟨Adj.⟩ 【frz. mesquin】 ⟨교양어·준고어⟩ 째째한, 좀스런, 인색한.

¹Meß- ['mɛs-] (messen): **~band,** das ⟨Pl. ...bänder⟩ 두루마리 줄자. **~becher,** der 계량컵. **~bild,** das 【측량·지도】 사진 측량도. **~brief,** der 【해양】 톤수증서 (Ton 數證書). **~daten** ⟨Pl.⟩ 측정 자료, 측량 자료. **~einrichtung,** die 【측량】 ↑gerät. **~fühler,** der 【측량】 측정기 촉자(觸子). **~gefäß,** das ↑becher. **~glas,** das 비커, 눈금이 있는 유리잔. **~größe,** die 【측량】 측량〔계량〕 단위. **~instrument,** das 【측량】 ↑gerät. **~kette,** die ⟨측량·옛⟩ 측쇄(測鎖). **~kluppe,** die 【측량】 ↑Schieblehre. **~latte,** die 【측량】 측량 막대. **~leine,** die 측량줄(~band). **~platz,** der 【전기공학】 고정 측량 시설. **~rad,** das Kurvimeter (b). **~schieber,** der 【측량】 ↑ Schieblehre. **~schnur,** die 줄자, 측량줄. **~schraube,** die 【측량】 측량나사. **~sender,** der 【측량】 측정 송신기(라디오와 텔레비전의 수신과 점검을 위한). **~stab,** der 측량막대. **~stange,** die 【측량】 ↑latte. **~stock,** der 【측량】 ↑latte. **~strecke,** die 【측량】 측량 구간. **~technik,** die 측량술. **~technisch** ⟨Adj.⟩ 측량술의. **~tisch,** der 측량용의 탁자(평판(平板)). **~tischblatt,** das 측량용지도(2만 5천분의 1의). **~uhr,** die 【측량】 다이얼 게이지(길이, 두께의 비교나 수축을 측정하는 계기). **~ und Regeltechnik,** die ⟨Pl. 없음⟩ 【측량】 측정제어술(기술적 과정을 측정치에 따라 제어함으로써 감시하고 조정하는). **~verfahren,** das 【측량】 측정(량)법. **~verstärker,** der 【측량】 측정용 증폭기. **~wandler,** der 【측량】 측정용 변압기. **~werk,** das 【측량】 계기에서 역학적으로 움직이는 부분(예컨대: 눈금). **~wert,** der 【측량】 측정치. **~widerstand,** der 【측량】 측정저항(전기계기의 전기적 저항). **~zylinder,** der 액량기, 에스실린더.

²Meß- [-] (¹Messe 1, ²Messe 2): **~besucher,** der 미사 참석자. **~buch,** das 미사 경본. **~diener,** der ↑ Ministrant. **~gebet,** das 미사 기도. **~gefäß,** das 미사용 포도주 그릇. **~gerät,** das ⟨대개 Pl.⟩ 미사 도구. **~gesang,** der 미사가. **~gewand,** das ↑Kasel. **~hemd,** das ↑Albe. **~kännchen,** das ↑gefäß. **~kelch,** der 성찬용의 잔, 성배(聖杯). **~knabe,** der ↑Ministrant. **~opfer,** das 미사의 제물, 미사 성제(聖祭). **~ordinarium,** das ↑Ordinarium missae. **~ordnung,** die 미사 순서. **~platz,** der ⟨지역적⟩ 박람회장, 견본 시장. **~wein,** der 미사용 포도주.

Messa di voce ['mɛsa di 'voːtʃə], das; - - - ↑Messa voce.

Message [ˈmɛsɪdʒ], das; -s [...dʒɪz; engl. message] 【정보】 메시지, 통신, 전갈.

Messalina [mɛsaˈliːna], die; ...nen ⟨교양어⟩ 메살리나 (로마 황제 클라우디우스의 아내), 음탕한(방탕한) 여자, 창부. **Messaline** [...nə], die [frz. messaline] 능직(綾織)의 명주천.

Messa voce ['mɛsa 'voːtʃə], das; - - - [ital] 【음악】 메사 보체(음의 점점 세게, 점점 여리게를 나타내는 말)(기호: < >).

meßbar [ˈmɛsbaːr] ⟨Adj.; nicht adv.⟩ 잴 수 있는, 달수 있는, 측정할 수 있는. **Meßbarkeit,** die ↑meßbar의 명사형.

¹Messe [ˈmɛsə], die; -n **1.** 미사, 미사 성제(聖祭): die tägliche M. 일일 미사; eine M. halten[zelebrieren] 미사를 거행하다; eine M.(für einen Verstorbenen) lesen (죽은 사람을 위해서) 미사를 올리다; zur M. gehen 미사 가다; **schwarze M.** 검은 미사(악마 예배; 악마 숭배자가 가톨릭 미사를 속죄 행하는). **2.** 미사곡: eine M. von Mozart aufführen 모차르트의 미사곡을 연주하다; eine M. komponieren 미사곡을 작곡하다. **²Messe** [-], die; -n [lat. missa] **1.** 견본시, 박람회, 큰 장: eine internationale M. 국제 박람회; die Frankfurter M. 프랑크푸르트 박람회; zur M. fahren 박람회에 가다. **2.** ⟨지역적⟩ 큰 장, 대목장: die Kinder gingen auf die M. 아이들은 대목장에 갔다. **³Messe** [-], die; -n [engl. mess] 【선원】 **1.** (군함 안의)회식장, 장교 집회실. **2.** (해군 병사들의) 함상 회식.

Messe- (²Messe 1): **~amt,** das 박람회 사무소. **~aussteller,** der 박람회 출품자. **~ausweis,** der 박람회장 출입증. **~besucher,** der 박람회 구경꾼. **~gelände,** das 박람회 부지. **~gut,** das 박람회 전시 물품. **~halle,** die 박람회 전시장. **~katalog,** der 박람회 출품 목록. **~leitung,** die **1.** ⟨Pl. 없음⟩ 박람회 진행. **2.** 박람회 진행 요원. **~neuheit,** die 신규 전시 물품. **~pavillon,** der ↑halle. **~schlager,** der ⟨통용어⟩ 박람회 히트 품목. **~stadt,** die 박람회(가 열리는) 도시. **~stand,** der 박람회의 장의 전시대; 박람회의 노점.

messen* [ˈmɛsən] ⟨h⟩ **1. a)** 재다, 달다, 측정하다: die Größe [Länge, Breite, Höhe] von etw. m. 무엇의 크기[길이, 폭, 높이]를 재다; am Morgen wurden schon 20°(Wärme) gemessen 아침에 이미 20°C이었다; er maß die Entfernung mit den Augen ⟨아어⟩ 그는 눈짐작으로 거리를 쟀다. **b)** 양(크기)을 정하다(재다): etw. genau m. 무엇을 정확하게 재다; ein Brett mit dem Bandmaß m. 널판지를 줄자로 재다; Flüssigkeiten mißt man nach Litern 액체는 리터로 양을 잰다; [전의] alle müssen mit gleichem Maß gemessen werden 모두에게 똑같은(공평한) 기준을 적용해야 한다. **2.** 크기가 …이다, 양이 …이다: er mißt 1.85m 그의 키는 1.85미터이다; das Grundstück mißt 600m² 그 토지는 600 평방미터이다. **3. a)** ⟨m. + sich⟩ ⟨아어⟩ 누구와 우열을 다투다, 겨루다: sich im sportlichen Wettkampf m. 운동 경기에서 겨루다, 운동 시합을 하다; **sich mit jmdm. (an[in] etw.) (nicht) m. können** (어떤 일에 있어서) 누구에게 필적하다(누구보다 못하다). **b)** 누구(무엇)를 평가하다: eine Leistung am Ergebnis m. 결과를 가지고 업적을 평가하다; du darfst ihn nicht an seinem älteren Bruder 너는 그를 그 형을 두고 평가해선 안된다, 그의 형과 비교해서는 안된다; gemessen an seinen früheren Leistungen, war dies eine Enttäuschung 그의 예전의 업적과 비교해 볼 때 이것은 실망스러웠다. **4.** ⟨아어⟩ 얕잡아보다: jmdn. mit Blicken von der Seite m. 누구를 곁눈질로 보다.

Messenien [mɛˈseːniən], -s 메세니아 (지방). **messenisch** [mɛˈseːnɪʃ] ⟨Adj.⟩ 메세니아 (지방)의.

¹Messer [ˈmɛsɐ], das; -s, - **a)** 칼, 나이프: er öffnete sein M. 그는 주머니칼을 열었다; ein M. schärfen [zücken] 칼을 갈다[빼다]; er stieß ⟨통용어⟩ rannte, jagte) ihm ein M. in die Brust 그는 그의 가슴을 칼로 찔렀다; das Heft(der Rücken) eines -s 칼자루(칼등); mit M. und Gabel essen 나이프와 포크로 식사하다; jmdm. mit dem M. drohen(jmdm. mit dem M. bedrohen) 누구를 칼로 위협하다; sich mit dem M. rasieren (면도)칼로 면도하다; [성구] auf dem M. kann man (nach Rom) reiten ⟨통용어⟩ 매우 무디다; **jmdm. sitzt das M. an der Kehle** ⟨통용어⟩ 누구는 꼼짝달싹 못한다; **jmdm. geht das M. in der Tasche auf** ⟨경⟩ 매우 분격하다; **jmdm. das M. an die Kehle setzen** ⟨통용어⟩ 누구의 목에 칼을 들이대다(위

²**Messer** 협하다); jmdm. (selbst) das M. in die Hand geben (통용어) 누구의 손에 칼을 쥐어주다(누구에게 논쟁거리를 주다); etw. steht auf des -s Schneide 무엇이 임박해 있다; jmdn. ans M. liefern (통용어) 누구를 배신하여 넘겨주다; bis aufs M. (통용어) 온갖 수단을 다하여, 극단적으로; ein Kampf bis aufs M. 혈전, 백병전; jmdn. ins (offene) M. laufen (통용어) 누구의 (벌린) 칼을 향해 뛰어들다(서투르게 처신하여 스스로 불리하게 만들다). b) 해부도, 외과용 메스; jmdn. unters M. nehmen (통용어) 누구를 수술하다(수술하기 시작하다); jmdn. unter dem M. haben (통용어) 누구를 수술하고 있다; unters M. müssen (통용어) 수술을 받아야 한다; er blieb unter dem M. (통용어) 그는 수술 도중에 죽었다. c) [기계] [기계의] 날붙이.

²**Messer** [-], der; -s, - **a**) 재는 사람, 측량사. **b**) 계량기, 미터.

messer-, Messer- (¹Messer); ~**bänkchen**, das (식탁 위의) 나이프대. ~**fisch**, der (길죽하고 등이 뾰족한 수족관용) 칼 모양의 물고기. ~**formschnitt**, der (면도 칼로 밀어) 짧게 깎은 머리. ~**futteral**, das 칼집. ~**griff**, der 칼자루, 나이프의 자루. ~**haarschnitt**, der ↑~formschnitt. ~**held**, der, (폄) ↑~stecher. ~**klinge**, die 칼날, 나이프의 날. ~**knauf**, der 칼자루 끝부분. ~**kopf**, der [기술] 칼날이 여러 개 달린 윤삭기 (輪削機). ~**rücken**, der 칼등, 나이프의 등. ~**scharf** ⟨Adj.⟩ [정서] 칼처럼 예리한: -e Gräser 칼날 같은 풀잎; [전의] ~e Signale (통용어) 정확한 신호; eine ~e Kritik (통용어) 예리한 비판; der Stürmer wurde m. gedeckt(markiert) [축구] 그 공격수는 철저하게 방어당했다(통용어). ~**scheide**, die 칼집. ~**schmied**, der 도공(刀工). ~**schmiede**, die 대장간. ~**schneide**, die 칼날, 나이프의 날. ~**schnitt**, der 1. 자상(刺傷). 2. ↑~formschnitt. ~**spitze**, die 1. 칼끝, 칼 끝만큼의 양, 일도첨량(칼끝에 묻은 가루의 양으로 약 3～4g정도), 미량: eine M. Salz an die Kartoffeln geben 감자에 미량의 소금을 치다. ~**stecher**, der (폄) 무법자, 난폭자. ~**stecherei** [-ʃteçəˈraɪ], die; -en (폄) 칼을 부림. ~**stich**, der 칼로 찌름, 자상: er hatte mehrere -e in den Rücken erhalten 그는 등 몇 군데를 칼에 찔렸다. ~**werfer**, der 칼 던지는 곡예사.

Messiade [mɛˈsi̯aːdə], die; -n Messias를 주인공으로 한 문학 작품(특히 Klopstock의 서사시 Messias). **messianisch** [mɛˈsi̯aːnɪʃ] ⟨Adj.⟩ 1. 구세주[메시아]의. 2. 메시아주의의, 구세주 신앙의: -e Bewegungen 메시아주의 운동. **Messianismus** [mɛsi̯aˈnɪsmʊs], der 메시아 신앙, 메시아주의. **Messias** [mɛˈsiːas], der; - [lat. Messias < griech. messías] 구세주, 메시아, 그리스도.

Messidor [mɛsiˈdoːɐ̯], der; -(s), -s [frz. messidor] 수확의 달(프랑스 공화력의 6월 19일부터 7월 18일에 해당함).

Messieurs: ↑Monsieur의 복수형.

Messing [ˈmɛsɪŋ], das; -s, ⟨종류⟩ -e 놋쇠, 황동: M. gießen 놋쇠를 붓다.

messing-, Messing-: ~**beschlag**, der 놋쇠 장식. ~**bett**, das 놋쇠 침대. ~**gelb** ⟨Adj.⟩ 황동색의. ~**gießerei**, die 1. ⟨Pl. 없음⟩ 놋쇠 주조. 2. 놋쇠 주조소, 놋쇠 주물 공장. ~**griff**, der 놋쇠 손잡이. ~**haken**, der 놋쇠 갈고리. ~**halter**, der 놋쇠로 된 자루(손잡이). ~**hütte**, die ↑~gießerei (2). ~**klinke**, die 놋쇠로 된 문고리, 꺽쇠, 걸쇠. ~**knopf**, der 놋쇠 단추. ~**lampe**, die 놋쇠등. ~**leuchter**, der 황동 촛대. ~**ring**, der 황동 반지. ~**schale**, die 놋쇠그릇, 사발, 주발. ~**schild**, das (Pl. -er) 황동 표지판(회장, 문패). ~**stange**, die 놋쇠 막대기.

messingen [ˈmɛsɪŋən] ⟨Adj.⟩ 놋쇠(제)의.

Messung, die; -en 1. 측정, 측량, 계량. 2. 측정 결과.

Meste [ˈmɛstə], die; -n 1. 중세 독일의 용량 단위. 2. ⟨지역적⟩ 나무용기(소금 따위를 담는).

Mestize [mɛsˈtiːtsə], der; -n, -n [span, mestizo] 메스티조(백인과 아메리카 인디언과의 혼혈아).

mesto [ˈmɛsto] ⟨Adv.⟩ [ital. mesto] [음악] 비가의, 구슬픈, 애수적인.

Met [meːt], der; -(e)s 꿀술(게르만인의).

met-, Met-: ↑meta-, Meta-. **meta-, Meta-**, ⟨모음 앞에서⟩ **met-, Met-**, (또한) **met(a)-**; griech. metá (〝뒤에, 사이에, 넘어서, 변화한〞 따위를 뜻하는 접두어로서, 예컨대〉 metaphysisch, Metamorphose, metonymisch, Methämoglobin. **Metabasis** [...ˈtaːbazɪs], die; ..basen [..taˈbaːzn̩]; griech. metábasis] [논리] 사고(思考)의 비약. **Metabiose** [...ˈbi̯oːzə], die; -n [zu griech. bíosis = Leben] [생물] 한쪽이 다른 쪽의 발전의 전제가 되는 공생(예컨대: 특정 박테리아 배양의 경우). **metabol**: ↑metabolisch. **Metabolie** [...boˈliː], die; ..i̯ən; griech. metabolía] 1. [동물] ↑Metamorphose (2). 2. [생물] (단세포 생물의) 변형, 변태. 3. [생물·의학] (신진대사에 의거한 조직의) 변화. **metabolisch**, metabol [...ˈboːl(ɪʃ)] ⟨Adj.⟩ 1. [생물] 변하기 쉬운, 변하는. 2. [생물·의학] 신진대사 과정에서 생기는, 신진대사의. **Metabolismus** [...boˈlɪsmʊs], der; - [생물·의학] 신진대사. **Metabolit** [...boˈliːt], der; -en, -en [생물·의학] 물질교대로 생성되는 물질, 신진대사 산물(産物)(비타민, 효소, 호르몬 등). **Metachronismus** [...kroˈnɪsmʊs], der; -, ...men (교양어) 분류 착오(어떤 사건을 제시대보다 뒤에 분류함); ↑Anachronismus (1). **metagam** [...ˈɡaːm] ⟨Adj.⟩ [생물·의학] 수정(受精) 이후의, 수정 이후에 일어나는. **Metagenese**, die; -n [생물] 세대 교번. **metagenetisch** ⟨Adj.⟩ [생물] **a**) 세대 교번의. **b**) 세대 교번을 보이는.

Metageschäft [meˈtaː], das; -(e)s, -e [상] (이익과 손해를 균분하는) 공동 경영.

Metakommunikation [⟨(또한)⟩ '- - - - - - - -], die [커뮤니케이션] **a**) 메타커뮤니케이션(말이 아니라 시선, 동작, 몸짓, 태도 등에 의한). **b**) 개개의 표현과 진술에 관한 커뮤니케이션 또는 커뮤니케이션 그 자체. **Metakritik** [⟨(또한)⟩ '- - - - -], die [철학] 메타 비평(비평의 비평). **Metalepse** [...ˈtaːlɛpsə], die; **Metalepsis** [...ˈtaːlɛpsɪs], die; ..psen [..ˈtaːlɛpsn̩]; griech. metálēpsis] [수사·문체] 대체용법(전의의 하나; 어떤 사건의 결과가 원인을 대체하여 나타나거나(예컨대: 〝죽음〞 대신 〝무덤〞), 다의어가 유사어를 통해 문맥 속에서 뜻하지 않은 뜻으로 대체되는(예컨대: 〝사절〞 대신 〝파견인〞)). **Metalimnion** [...ˈlɪmni̯ɔn], das; -s, ..i̯ən; griech. limníon] [생물·지리] (온도가 급강하하는) 해수층. **Metalinguistik** [⟨(또한)⟩ '- - - - -], die [언어] 1. 메타언어학(언어의 문화면과의 관계를 취급하는 언어학 부문). 2. 메타언어(Metasprache)의 학문.

Metall [meˈtal], das; -s, -e [lat. metallum < griech. métallon] 금속: flachgewalzte ~e 평평하게 압연된 금속; edle -e 귀금속; M. aus dem Erz herausschmelzen 광석에서 금속을 녹여내다; [전의] seine Stimme hat M. 그의 목소리는 금속성이다(소리를 낸다).

metall-, Metall-: ~**ader**, die ↑Erzader. ~**arbeit**, die 금속 세공. ~**arbeiter**, der 금속공, 금속세공사. ~**arbeiterin**, die ↑~arbeiter의 여성형. ~**bearbeitung**, die 금속가공. ~**beschlag**, der 금속장식. ~**block**, der ⟨Pl. -blöcke⟩ 금속괴(金屬塊). ~**dampflampe**, die [기술] 금속가스등(전기방전으로 점화하는). ~**detektor**, der [기술] 금속 탐지기. ~**ermüdung**, die [기술] 금속마모. ~**fabrik**, die 금속 가공공장. ~**faden**, der 금속 필라멘트, 금속실. ~**fa-**

denlampe, die 금속 필라멘트 전구. **~farbe,** die 금속 색, 청동색. **~färbung,** die 금속 착색술. **~folle,** die 금속박(金屬箔). **~gefäß,** das 금속 그릇[용기]. **~gehalt,** der [기술] 금속 함유량. **~geld,** das 〈Pl. 없음〉 금속 화폐, 경화(硬貨). **~gießer,** der ↑Gießer. **~gießerei,** die ↑Gießerei. **~guß,** der ↑Guß (1). **~haltig** 〈Adj.〉 금속을 함유한. **haltigkeit,** die ↑~haltig의 명사형. **~hüttenwerk,** das 제련소, 야금공장. **~hüttenwerker,** der 제련공. **~industrie,** die 금속 공업. **~keramik,** die 〈Pl. 없음〉 ↑Pulvermetallurgie. **~kleber,** der 금속 접착제. **~knopf,** der 쇠단추, 금속 단추. **~köder,** der [낚시] 금속 미끼. **~kunde,** die 〈Pl. 없음〉 금속학, 야금학. **~kundler** [...kʊndlɐ] der; -s, - 금속학자, 금속 전문가. **~legierung** 합금. **~mischung,** die ↑Legierung. **~papier,** das 금속 종이, 금속 박엽지. **~plastik,** die 금속 조각(彫刻). **~platte,** die 금속 판. **~ring,** der 금속 고리. **~salz,** das 금속염. **~scheibe,** die der 금속 조각. **~schiene,** die 금속 레일. **~schild,** das 〈Pl. -er〉 금속 표지판(훈장, 명패). **~schnitt,** der 1. 〈Pl. 없음〉 금속 재단(마름). 2. 금속 절단. 3. (금박 등으로 된 책의) 절단면. **~schließe,** die 금속 고리쇠, 금속 고리쇠. **~schutz,** der 1. (도금 등으로 녹을 방지하는) 금속 보호. 2. 금속 보호제. **~ski,** der (경합금으로 된 스키). **~span,** der 〈대개 Pl.〉 금속 조각. **~stab,** der 봉강(棒鋼). **~stift,** der 금속 핀. **~streifen:** ↑~block. **~stück,** das 도금, 금속 미복. **~teil,** das 철교(鐵橋). **~überzug,** der 도금, 금속피복. **~verarbeitend** 〈Adj.〉 금속 가공의. **~währung,** die 금속 통화, 경화 본위제. **~waren** 〈Pl.〉 금속 제품. **~zeit,** die 금속기 시대.

metallen [meˈtalən] 〈Adj.〉 1. 〈nur attr.〉 금속의, 금속제의: -e Gefäße 금속제 용기. 2. (아어) **a)** ↑metallisch (2 a): ein -er Klang 금속성 소리. **b)** ↑metallisch (2 b). **Metaller,** der; -s, - (은어) 금속공(금속 노조의 여성형. **Metallerin,** die; -nen (은어) ↑Metaller의 여성형. **metallic** [meˈtalɪk] 〈Adj.; 격변화 없음〉 [engl. metallic] 표면 처리를 거친 금속빛의. **Metalliclackierung,** die; -en 금속 침투법에 의한 도장. **Metallisation** [metaliza'tsi̯oːn], die; -en [기술] 금속화(化) 경화(硬化)(고무의). **Metallisator** [...ˈzaːtor, (또한) ...toːɐ̯], der; -s, -en [...zaˈtoːrən] [기술] 금속 도금 분무기. **metallisch** 〈Adj.〉 1. 금속으로 된, 금속을 함유한: ein -er Überzug 금속 도금, 금속 피복; ein -es Element 금속 원소. 2. **a)** 찡컹찡컹 울리는, 쇳소리를 내는: es klirrt m. 쇳소리가 나다 있다. **b)** 〈동사와 함께〉 금속 모양의, 금속 같은: ein -es Dunkelbraun 금속빛 암갈색; die Flügel der Libelle glänzten m. 잠자리의 날개는 금속처럼 반짝였다. **metallisé** [metaliˈzeː] 〈Adj.; 격변화 없음.〉 [frz. métallisé] metallic. **metallisieren** [...ˈziːrən] 〈h〉 [frz. métalliser] [기술] 금속화하다, 금속을 입히다: metallisiertes Asbestgewebe 금속을 입힌 석면 조직. **Metallisierung,** die; -en 【기술】 ↑metallisieren의 명사형. **Metallismus** [...ˈlɪsmʊs], der; - 〈경제ㆍ옛〉 금속 주의, 금속학설. **Metallochromie** [metalokroˈmiː], die; - [기술] 금속 염색. **Metalloge,** der; -n, -n ↑Metallkundler. **Metallogenese** [metalo-], die [지질] 광상(鑛床)형성. **Metallogie,** die [↑-logie] ↑Metallkunde. **Metallograph** [...ˈgraːf], der; -en, -en 1. 금속 조직 검사원. 2. 금속 조직 학자. **Metallographie** [...graˈfiː], die 금속 조직학. **Metalloid** [metaloˈiːt], das; -(e)s, -e 《옛》 비금속, 유(類)금속, 메탈로이드. **Metallurg** [metaˈlʊrk], **Metallurge** [...ˈlʊrɡə] der; ...gen, ...gen 야금학자, 야금가. **Metallurgie** [metalʊrˈgiː],

die 야금학. **metallurgisch** 〈Adj.〉 야금학의.
Metamathematik [----'-, (또한) '----], die 메타수학. **metamer** [...meːɐ̯] 〈Adj.〉 분편(分裂片)의, 체절(體節)의, 이성체(異性體)의. **Metamerie** [metameˈriː], die 1. 【동물】 분열편(分裂片), 체절(體節) (지렁이 곤충 등의). 2. 【물리】 이성체(異性體). **Metametasprache** [--ˈ-ˈ----], die; -n [언어] 메타메타어. **metamorph,** (드물게) **metamorphisch** [...ˈmɔrf(ɪʃ)] 〈Adj.〉 〈전문어〉 변형의, 변태의; metamorphes Gestein 변성암. **Metamorphopsie** [...mɔrfɔˈpsiː], die; -n [...iːən] 【의학】 비뚤어지게 보이는 시력 장애. **Metamorphose** [...ˈmoːzə], die; -n [lat. metamorphōsis < griech. metamórphōsis] 1. 《교양어》 변형, 변화: eine M. durchmachen 변화를 겪다. 2. 【곤충의】 변태, 탈바꿈. 3. 【식물】【식물의】 변태. 4. [지질] 암석 변성. 5. 【신화, 문학】 인간의 (동ㆍ식물, 무생물로의) 변신. 6. 〈Pl. 로만〉 【음악】 변주곡. **metamorphosieren** [...foˈziːrən] 〈h〉 【교양어】 변형[변태, 변성]하다. **metanoeite!** [...noˈaitə, griech. metanoeîte] 회개하라! 참회하라! [마태복음 3 장 2절, 4장 17절]. **Metaphase** [...ˈfaːzə], die; -n 【생물】 (세포의 유사(有絲)분열) 중기(中期). **Metapher** [meˈtafɐ, (또한) mɛ...], die; -n [lat. metaphora < griech. metaphorá] 〈전문어〉 은유, 암유(暗喩), 메타포: blumenreiche -n 화려한 은유; einen Gedanken in eine M. kleiden 어떤 생각을 은유로 나타내다; **Metaphorik** [...ˈfoːrɪk], die 〈문체〉 **a)** 은유법, 은유의 사용[형성]. **b)** 텍스트에 쓰인 은유. **metaphorisch** 〈Adj.〉 [griech. metaphorikós] 〈문체〉 **a)** 은유를 담은: in einer -en Stil 은유적인 문체. **b)** 은유로 쓰인: der -e Gebrauch eines Wortes 한 낱말의 은유적 사용. **Metaphrase,** die; -n [griech. metáphrasis] 1. 〈문예〉 산문 자역(字譯) (운문을 산문으로 낱말에 충실하게 번역하는). 2. [문체] (동의어를 통한 한) 낱말의 반복적 설명. **metaphrastisch** [...ˈfrastɪʃ] 〈Adj.〉 1. 【문예ㆍ문체】 산문자역의. 2. 《교양어》 다르게 표현하는, 바꿔쓰는. **Metaphysik** [----ˈ-, (또한) ˈ----], die 형이상학(形而上學)[philosophia prima]. **metaphysica] a)** 형이상학: die M. Platons[des Aristoteles] 플라톤[아리스토텔레스]의 형이상학. **b)** 형이상학(을 기술한) 책: die M. des Aristoteles 아리스토텔레스의 형이상학(책). **Metaphysiker,** der; -s, - 형이상학자. **metaphysisch** 〈Adj.〉 형이상학적, 형이상학적의: -e Probleme 형이상학적 문제; eine -e Sicht 형이상학적 관점; es fehlt der -e Bezug 형이상학적 연관성이 없다. **Metaplasmus** [metaˈplasmʊs], der; -, ...men [griech. metaplasmós] [수사] 어형변이. **Metapsychik** [...ˈpsyːçɪk], die ↑Parapsychologie. **metapsychisch** 〈Adj.〉 심령술의, 심령술적인. **Metapsychologie,** die 1. 초(超) 심리학. 2. ↑Parapsychologie. **Metasäure** ['----], die; -n 【화학】 메타산(酸)(물이 가장 적게 함유된 상태의 산). **Metasequoia** [meta-zeˈkoːja], die [식물] 메타세쿼이아. **metasomatisch** 〈Adj.〉 [지질] 암석의 변화로 생긴. **Metasomatose** [...zomaˈtoːzə], die [지질] 암석의 변화. **Metasprache** ['----], die [언어ㆍ수학ㆍ인공두뇌] (대상어(Objektsprache)와 구별되는) **metasprachlich** 〈Adj.〉 메타어의. **metastabil** 〈Adj.〉 [물리] 준(準) 안정의. **Metastase** [...ˈstaːzə], der; -n 1. 초(超) 심리학. 2. -n [griech. metástasis] 【의학】 (병소, 암세포 따위의) 전이. **metastasieren** [...staˈziːrən] 〈h〉 【의학】 (병소, 암세포 따위가) 전이하게 되다. **metastatisch** [...ˈstaːtɪʃ] 〈Adj.〉 [의학] 전이(성)의. **Metatheorie** [----ˈ-], die; -n 메타 이론(이론을 대상으로 삼는 이론). **Metathese, Metathesis** [--ˈ---], die; ...thesen [teːzn̩, lat. metathesis < griech. metáthesis] 【언어】 자위(字位)

음위(音位)전환. **Metatropismus** [metatro'pɪsmʊs], der; - 《[조선] 이성화(異性化). **metazentrisch** ⟨Adj.⟩《[조선] 심기(心氣)의. **Metazentrum**, das; -s, ...ren [조선] (부력의) 경심(傾心). **Metazoon**, das; -s, ...zoen [...'tso:ən] ⟨대개 Pl.⟩《[생물] ↑Vielzeller(반대: Protozoon). **Metempsychose** [metɛmpsy'ço:zə], die; -n [griech. metempsýchōsis] ↑Seelenwanderung.

Meteor [mete'o:ɐ̯, ⟨또한⟩ 'me:...], der / ⟨드물게⟩ das; -s, -e [griech. metéoron] [천문] 유성, 별똥별, 운석, 별똥: der Schauspieler stieg mit dieser Rolle wie ein M. am Filmhimmel auf 그 배우는 이 역으로 영화계에서 혜성처럼 떠올랐다. **meteorhaft** ⟨Adj.⟩ 유성같은, 갑작스러운: ein -er Aufstieg 혜성같이 갑작스러운 상승. **Meteoreisen**, das 운철(隕鐵). **meteorisch** ⟨Adj.⟩ 1. [기상] 기상의, 대기현상의. 2. a) ↑meteoritisch (1). b) ↑meteorhaft. **Meteorismus** [meteo'rɪsmʊs], der; -, ...men [griech. meteōrismós] [의학] 풍기, 풍증. **Meteorit** [...o'ri:t, ⟨또한⟩ ...rɪt], der; -en / -s, -e(n) [천문] 운석, 별똥. **meteoritisch** ⟨Adj.⟩ [천문] 1. 유성의, 유성과 같은. 2. 별똥의, 운석과 같은. **Meteorkrater**, der; -s, - 운석화구. **Meteorogramm** [meteoro...], das; -s, -e [기상] 기상자기기의 기록. **Meteorograph** [...'gra:f], der; -en, -en [기상] 기상자기기(氣象自記器). **Meteorologe** [...ro'lo:gə], der; -n, -n 기상학자. **Meteorologie**, die [griech. meteōrología] 기상학. **meteorologisch** ⟨Adj.⟩ 1. 기상학의: -e Observatorien 기상관측기구, 기상대, 관측소. 2. 기상의. **Meteoropathologie**, die [의학] 기상 병리학. **meteorotrop** [...'tro:p] ⟨Adj.⟩ 날씨에 관련된, 날씨에 따른. **Meteorotropie** [...tro'pi:], die; -, **Meteorotropismus** [...'pɪsmʊs], der; - [의학] 기상굴성(屈性), 기상향성(向性) (병이나 생리적 과정에 대한 날씨의 영향). **Meteorstein**, der; -(e)s, -e (지표에 떨어진) 운석[별똥] 조각.

Meter ['me:tɐ], der, ⟨또한⟩ das; -s, - [frz. mètre] 미터 (길이를 재는 단위): ein M. hat hundert Zentimeter 1 미터는 100 센티미터이다; der Schnee liegt einen M. hoch 눈이 1미터 높이로 쌓여 있다; der See ist hier fünf M. tief 여기서는 호수의 깊이가 5미터이다; M. für M. [M. um M] 1미터 1미터씩(차근차근); in hundert M. Höhe 100미터 높이에서; man mißt heute nach -n 사람들은 오늘날 미터법에 따라 치수를 잰다(기호: m); **laufende M.** [경] 계속 이어지는 다수(多數): laufende M. Bockwürste 계속 이어지는 다수의 굵은 소시지. **-meter 1.** [...'me:tɐ] ⟨Adj.⟩ das; -s, - ⟨"[측기](測器)," "[계기](計器)"를 나타내는 복합어의 기간어(其幹語)로서, 예컨대⟩ Barometer, Aerometer, Aktinometer. **2.** [...me:tɐ] ⟨der⟩ ⟨"측정하는 사람"을 나타내는 복합어의 기간어로서, 예컨대⟩ Geometer. **3.** [...me:tɐ] ⟨der; -s, -⟩ ⟨"특정의 박자, 측정치"를 나타내는 복합어의 기간어로서, 예컨대⟩ Hexameter, Parameter.

meter-, Meter-: ~**band**, das ⟨Pl. -bänder⟩ 미터줄자. ~**dick** ⟨Adj.⟩ 매우 두꺼운. ~**gewicht**, das 1미터 옷감의 무게. ~**hoch** ⟨Adj.⟩ 1미터 높이의, 매우 높은: meterhohe Schneewehen 높이 쌓인 눈더미. ~**Kilogramm-Sekunde-System**, das ⟨Pl. 없음⟩ ↑MKS-System. ~**kilopond**, das ↑Kilopondmeter. ~**lang** ⟨Adj.⟩ 매우 긴. ~**maß**, das 미터자. ~**stab**, der ↑ ~maß. ~**stark** ⟨Adj.⟩ ↑ ~dick. ~**tief** ⟨Adj.⟩ 매우 깊은. ~**ware**, die 미터로 파는 상품. ~**weise** ⟨Adv.⟩ 미터로, 미터 단위로, 미터씩(마다). ~**weit** ⟨Adj.⟩ 1미터 넓이의, 폭이 매우 넓은. ~**zentner**, der ⟨österr. · 고어⟩ 100킬로그램(기호: q).

Methämoglobin [methɛmoglo'bi:n], das; -s [의학] 산화 헤모글로빈. **Methan** [me'ta:n], das; -s 메탄가스. **Methanbakterien** ⟨Pl.⟩ [생물] 산화박테리아. **Methangas**, das ↑Methan. **Methanol** [meta'no:l], das; -s 메탄올(↑Methan과 Alkohol의 약칭).

Methexis ['me:tɛksɪs], die [griech. méthexis] [철학] (플라톤 철학에서) 원상(原像)에 대한 모상(模像)의 관계.

Methionin [metio'ni:n], das; -s [생물 · 의학] 메티오닌 (유황을 함유하는 필수 아미노산).

Methode [me'to:də], die; -n [lat. methodus < griech. méthodos] 1. 방법, 방식: eine zuverlässige M. 믿을만한 방법; die sokratische M. [교육] 소크라테스식(法)(소크라테스의 문답법에서 유래하는); eine M. ausarbeiten(auf etw. übertragen) 하나의 방법을 만들어내다(무엇에 응용하다); nach einer M. arbeiten 어떤 방법에 따라 작업하다. 2. 취급 방법, 하는 방법, 계획, 의도: Geld ist immer noch die sicherste M. ⟨통용어⟩ 돈은 여전히 가장 확실한 수단이다; was sind denn das für -n? ⟨통용어⟩ 그게 도대체 무슨 태도냐?; er hat so seine M. ⟨통용어⟩ 그는 자기식의 방법을 갖고 있다; mit den -n des Zwangs[der Willkür] 강요로[제멋대로]; **M. haben** 계획적, 의도적이다: sein Vorgehen hat M. 그의 행동은 계획적이다. **Methodenlehre**, die ↑Methodologie. **Methodik** [me'to:dɪk], die; -en [griech. methodiké (téchne)] 1. 방법론, 방법학. 2. ⟨Pl. 없음⟩ 교육 방법론, 교수법. 3. 실행 방식. **Methodiker**, der; -s, - 1. 방법론자. 2. 한 방법의 창안자. **methodisch** ⟨Adj.⟩ [griech. methodikós] 1. 방법적인: eine m. wichtige Unterscheidung 방법상 중요한 구분; etw. m. begründen 무엇을 방법적으로 증명하다. 2. ⟨…하는 방법의⟩ 조직적인, 질서있는: eine -e Art 조직적인 방식; etw. m. vorbereiten 무엇을 조직적으로 준비하다; die Experimente haben sich m. als Fehlschlag erwiesen 그 실험들은 방법부터 실패였음이 증명됐다. **methodisieren** [metodi'zi:rən] ⟨h⟩ ⟨교양어⟩ …을 방식화하다, 조직화하다. **Methodismus** [...to'dɪsmʊs], der; - [engl. methodism] 메서디스트교 (파), 감리교. **Methodist** [...'dɪst], der; -en, -en [engl. methodist] 메서디스트교도, 감리교 신자. **Methodistenkirche**, die 1. 감리교 교회. 2. 감리교교파: einer M. angehören 감리교 교파에 속하다. **methodistisch** ⟨Adj.⟩ [engl. methodistic] 감리교(파)의. **Methodologie** [...dolo'gi:], die; -n [...i:ən] a) 방법론. b) ↑Methodik (1). **methodologisch** ⟨Adj.⟩ a) 방법론적인. b) 방법학적인.

Methusalem [me'tu:zalɛm], der; -(s), -s [969살까지 살았다고 하는 Noah의 조부 이름에 따라] ⟨통용어⟩ 1. 매우 명이 긴 사람: **(so) alt wie M. sein** 셀 수 없을 만치 나이를 많이 먹다. 2. 셀 수 없을 만치 나이를 먹은 남자.

Methomanie [metoma'ni:], die [의학] 주광(酒狂), 알코올에 대한 병적 욕구.

Methyl [me'ty:l], das; -s [frz. méthyle] [화학] 메틸. **Methylalkohol**, der ⟨Pl. 없음⟩ ↑Methanol. **Methylamin**, das 메틸아민. **Methylen** [mety'le:n], das; -s [frz. méthylène] 메틸렌. **Methylenblau**, das; -s 메델렌 블루, 청색 합성 염료.

Metier [me'tje:], das; -s, -s [frz. métier] 직업, 일, 생업, 손놀리는 직업.

Metist [me'tɪst], der; -en, -en [상] (합작에서의) 계약 상대.

Metöke [me'tø:kə], der; -n, -n [lat. metoecus < griech. métoikos] (고대 그리스 도시국에 정착하는) 정치적 권리가 없는 피보호 이방인.

Metonische Zyklus [me'to:nɪʃə-], der; -n, - [고대

그리스 수학자 Meton의 이름에 따라] 메톤의 주기(메톤기).

Metonomasie [metonoma'zi:], die; -n [...i:ən; griech. metonomasía] 고유명사를 외국어로 번역하기. **Metonymie** [...ony'mi:], die; -n [...i:ən; lat. metonymia < griech. metōnymía] [수사·문체] 환유(換喩)(예컨대; Dolch 대신 Stahl). **metonymisch** ⟨Adj.⟩ [lat. metōnymicus < griech. metōnymikós] [수사·문체] 환유의.

Metope [me'to:pə], die; -n [lat. metopa < griech. metópē] [건축] 메토페(도리아식 건축에서 2개의 기둥 사이의 큰 네모진 벽돌).

Metra, Metren: ↑ Metrum의 복수형. **-metrie** [...me'tri:; griech. -metría] ("측량·측정"을 나타내는 복합어의 기간어로, 예컨대) Geometrie, Alkalimetrie, Barometrie. **Metrik** ['me:trɪk], die; -en [lat. (ars) metrica < griech. metrikḗ (téchnē)] **1.** [운율] **a)** 운율학, 시학. **b)** 운문(韻文) 작품. **2.** [음악] 박절학(拍節學), 절주론(節奏論). **Metriker**, der; -s, - 운율학자, 시학자. **metrisch** ⟨Adj.⟩ [lat. metricus < griech. metrikós] **1.** [운율] 운율학의, 운율법상의: einen lyrischen Text m. analysieren 서정적 텍스트를 운율학적으로 분석하다. **2.** [음악] 박절학[절주론]상의. **3.** 미터(법)의: -es System 미터법.

Metro ['me:tro], die; -s [frz. métro] 지하철(특히 파리, 모스크바의).

Metrologie [metrolo'gi:], die [griech. metrología] 도량형학. **Metronom** [metro'no:m], das; -s, -e [griech. métron u. nómos] [음악] 메트로놈, 박절기(拍節器): **Mälzels M. [M. Mälzel]** (약어: M. M.) [메트로놈의 발명자 멜첼(1772~1838)의 이름에 따라] 멜첼의 메트로놈.

Metronymikon [metro'ny:mikɔn], das; -s, ...ka 모계 이름(모계에서 이어받은 이름)(예컨대: Niobide는 Niobe의 아들)(반대: Patronymikon).

Metropole [metro'po:lə], die; -n [lat. metropolis < griech. mētrópolis] ⟨교양어⟩ 수도, 중심지: die rheinische M. 라인 지방의 중심지; München, die M. Bayerns 바이에른의 수도인 뮌헨. **Metropolis** [me'tro:polɪs], die; ...polen [...ro'po:lən] ⟨교양어·고어⟩ ↑ Metropole. **Metropolit** [metropo'li:t], der; -en, -en [lat. metropolita < griech. mētropolítēs] **a)** [가] 수석 대주교. **b)** [정교] 독립된 지방 교구의 대주교. **Metropolitankirche** [...li'ta:n-], die; -n 수석 대주교(좌) 성당.

Metrum ['me:trʊm], das; -s, ...tren ⟨옛⟩ ...tra [lat. metrum] **1.** [운율] 운율. **2.** [음악] 박자.

Mett [mɛt], das; -(e)s 지방이 없는 저민 돼지고기.

Mettage [mɛ'ta:ʒə], die; -n [frz. mettage] [인쇄] 페이지 조판(組版), 본조판(本組版)(신문 인쇄에서).

Mette ['mɛtə], die; -n [lat. mattīna] [가] 자정 또는 새벽 미사, 자정 예배.

Metteur [mɛ'tø:ɐ], der; -s, -e [frz. metteur] [인쇄] 식자공.

Mettwurst, die; -würste 지방이 없는 돼지고기의 순대.

¹**Metze** ['mɛtsə], die; -n ⟨süddt., österr.⟩ 메체(옛 되의 용량 단위).

²**Metze** [-], die; -n ⟨고어⟩ 창녀.

Metzelei [mɛtsə'laɪ], die; -en ⟨폄⟩ ↑ Gemetzel. **metzeln** ['mɛtsl̩n] ⟨h⟩ **a)** ⟨정서·폄⟩ 살육[학살]하다. **b)** ⟨지역적⟩ 도살하다. **Metzelsuppe**, die ⟨지역적⟩ 갓 잡은 지수프. **Metzeltag**, der ⟨지역적⟩ 도살하는 날. ¹**metzen** ['mɛtsn̩] ⟨h⟩ ⟨지역적⟩ 도살하다.

²**metzen** [-] ⟨h⟩ ⟨고어⟩ 돌에 조각하다.

Metzen [-], der; -s, - ↑ ¹Metze.

Metzg [mɛtsk], die; -en ⟨schweiz.⟩ ↑ Metzge. **Metzge** ['mɛtsgə], die; -n ⟨지역적⟩ **a)** 정육점. **b)** 도살대. **metzgen** ['mɛtsgn̩] ⟨h⟩ ⟨schweiz.⟩ 도살하다. **Metzger** ['mɛtsgɐ], der; -s, - [lat. matiarius] ⟨westmd., südd⟩ ↑ Fleischer. **Metzgerei** [mɛtsgə'raɪ], die; -en ⟨westmd., südd., schweiz⟩ 정육점. **Metzgermeister**, der; -s, - ⟨westmd., südd.,⟩ schweiz.) 도축장인(屠畜匠人), 도살장인(屠獸匠). **Metzig**, die; -en ⟨지역적⟩ ↑ Metzge. **metzgern** ['mɛtsgɐn] ⟨h⟩ ⟨지역적⟩ 도살하다. **Metzgerpalme**, die; -n ⟨지역적⟩ ↑ Schusterpalme. **Metzger(s)gang**, der; -(e)s, ...gänge ⟨지역적⟩ 헛걸음, 헛수고: einen M. machen 헛걸음 하다, 헛수고하다. **Metzgete** ['mɛtsgətə], die; -n ⟨schweiz.⟩ **a)** 도살일, 도살일의 성찬. **b)** 메츠게테(갓 잡은 신선한 고기 요리).

Metzler ['mɛtslɐ], der; -s, - [lat. macellarius] ⟨rhein.⟩ 정육업자, 도살업자.

Meublement [møblə'mã:], das; -s, -s ⟨고어⟩ 가구 집기, 가재 도구.

Meuchelmord ['mɔʏçl̩-], der; -(e)s, -e ⟨폄⟩ 암살. **Meuchelmörder**, der; -s, - ⟨폄⟩ 암살자, 자객(刺客). **meucheln** ['mɔʏçl̩n] ⟨h⟩ ⟨정서·폄·드물게⟩ 암살하다, 불시에 습격하다. **Meuchler** ['mɔʏçlɐ], der; -s, - ⟨고어·폄⟩ ↑ Meuchelmörder. **meuchlerisch** ⟨Adj.⟩ ⟨폄⟩ 암살의, 음흉한, 비열한: jmdn. m. anfallen(überfallen) 누구를 뒤에서 습격하다. **meuchlings** ['mɔʏçlɪŋs] ⟨Adv.⟩ ⟨아어·폄⟩ 불시의 공격으로, 음흉하게, 불시에, 별안간.

Meute ['mɔʏtə], die; -n [frz. meute] **1.** [사냥] 사냥개의 떼: der Jäger ließ die M. auf die Wild los 사냥꾼은 야생동물을 향해 사냥개들을 풀어 놨다. **2. a)** ⟨폄⟩ 폭도: die johlende M. 외쳐대는 폭도. **b)** ⟨통용어⟩ 사람 떼, 군중. **Meuterei** [mɔʏtə'raɪ], die; -en 폭동, 반란, 모반: auf dem Schiff brach eine offene M. aus 배 위에서 공공연한 반란이 일어났다; dieses Vorgehen grenzt an M. 이 행위는 반란에 가까운 짓이다; zur M. aufrufen 반란을 선동하다. **Meuterer** ['mɔʏtərɐ], der; -s, - 반란자, 모반자, 폭도. **meuterisch** ['mɔʏtərɪʃ] ⟨Adj.⟩ ⟨고어⟩ **a)** 반란(폭동)을 일으키는, 반항적인, 선동적인. **b)** ⟨nur attr.⟩ 반란의: eine -e Truppe 반란군. **meutern** ['mɔʏtɐn] ⟨h⟩ **a)** 반란을 일으키다, 모반하다, 반항하다: ein ganzes Regiment meuterte (gegen die Offiziere) 연대 전체가 (장교들에 대항해) 반란을 일으켰다. **b)** ⟨통용어⟩ 불만을 토로하다: gegen Überstunden m. 초과 근무에 대해 불만을 터뜨리다.

MeV = Megaelektronenvolt.

Mexikaner [mɛksi'ka:nɐ], der; -s, - 멕시코 사람[주민]. **mexikanisch** [mɛksi'ka:nɪʃ] ⟨Adj.⟩ 멕시코의. ¹**Mexiko** ['mɛksiko], -s 멕시코(북아메리카의 국가 이름). ²**Mexiko** [-] 멕시코(멕시코의 수도).

MEZ = mitteleuropäische Zeit 중부 유럽 표준시.

Mezzanin [mɛtsa'ni:n], das; -s, -e [ital. mezzanine] (1, 2층 사이 혹은 지붕 바로 밑의 낮은) 중간층(특히 르네상스, 바로크, 고전주의의 건축 양식에서, 현존하는 오지리의 옛 가옥에서). **Mezzaninwohnung**, die ⟨österr.⟩ 중간층에 위치한 아파트. **mezza voce** ['mɛtsa 'voːtʃa] [ital.] [음악] 중간음으로, 부드러운 음으로, 소리를 부드럽게(약어: m. v.).

mezzo-, Mezzo- [mɛtso-; ital. mezzo] "중간", "반"을 뜻하는 규정어로서, 예컨대) mezzopiano. **~forte** ⟨Adv.⟩ 조금 강하게, 메조포르테에. **~forte**, das 조금 셈, 메조포르테. **~piano** ⟨Adv.⟩ 조금 여리게, 메조피아노(약어: mp). **~piano**, das 조금 여림. **~sopran** ⟨또한⟩ [- - -'-], der **1.** 메조소프라노. **2.** ⟨드물게⟩ 메조소프라노 가수. **~sopranstimme** ↑ Mezzo-

sopran (1). ~**tinto** [...'tinto], das; -(s), -s /...ti [ital. mezzotinto] 【예술】 a) 〈Pl. 없음〉메조틴토 조각법(거친 구리판을 연마하여 만드는). b) 메조틴토 판.
mf = mezzoforte.
μF = Mikrofarad.
mg = Milligramm.
Mg = Magnesium.
MG [ɛm'ge:], das; -(s), -(s) 기관총(Maschinengewehr 의 약칭).
Mgr. = Monseigneur, Monsignore.
mhd. = mittelhochdeutsch.
MHz = Megahertz.
mi [mi:; ital. mi] 미(음계 중 세번째 음).
Mia = Milliarde(n).
Miami [mai'æmi] 마이아미(플로리다 소재 해양 도시).
Miasma ['miasma], das; -s, ...men [griech. míasma] 독기(대기중에 있는 전염병독): 〈전의〉 die Miasmen der Politik einatmen 정치의 독기를 들이마시다. **miasmatisch** [...'ma:tɪʃ] 〈Adj.〉 독기의.
miau! ['miau, Interj.〉 야옹(고양이 우는 소리). **miauen** [mi'auǝn] 〈h〉 (고양이가) 야옹하고 울다.
mich [mɪç] 1. 〈인칭대명사 ich의 4격〉 sie mag m. nicht 그 여자는 나를 좋아하지 않는다. 2. 〈재귀대명사의 1인칭 4격〉 ich möchte m. nützlich machen 나는 쓸모있는 사람이 되고 싶다.
Michael [mɪçaˈeːli], **Michaelis** [...lɪs] 〈관사 없이·격변화 없음〉 ↑ Michael(i)stag.
Michaelis-, Michaels-: ~**fest**, das 미카엘 제(祭). ~**ferien**, die 〈지역적〉 가을 방학. ~**tag**, der 미카엘 제일(祭日) (9월 29일).
Michel ['mɪçl], der; -s, - 〈贬〉 1. 우직한, 소박한 사람. **der deutsche Michel** 우직한 독일 사람(우직, 둔중, 인내 따위의 성질을 나타내는 독일 사람의 별명). 2. 독일사람(을 나타낼 때 쓰이는 말). **Michelstag**, der; -(e)s, -e 《지역적》 ↑Michael(i)stag.
Micke ['mɪkǝ], die; -n [mniederd. mikke] 〈nordd.·준고어〉 (나무토막을 비스듬히 서로 맞대어 만든) 시렁, 보관대.
Micker ['mɪkɐ], der 〈또는〉 das; -s, -(n) 《지역적·준고어》 도살용 가축의 내장 주위의 지방층. **Mickerfett**, das 《지역적》 ↑Micker.
mick(e)rig ['mɪk(ǝ)rɪç] 〈Adj.〉 〈(ost)niederd.·통용어·贬〉 초라한, 가엾은, 허약한, 병든; 인색한: ein kleiner, -er Kerl 가엾은 꼬마녀석; ein -es Geschenk 빈약한 선물. **Mick(e)rigkeit**, die ↑mick(e)rig의 명사형.
Mickymaus ['mɪki-], die [nach engl.-amerik. Mickey Mouse] 미키마우스.
micro-, Micro-: ↑mikro-, Mikro-.
Midasohren ['mi:das-] 〈Pl.〉 《교양어》 당나귀의 귀(미다스 왕의 귀가 당나귀 귀라는 전설에서).
Midder ['mɪdɐ], das; -s 〈nordwestd.〉 송아지의 지라 (요리).
Midgard ['mɪtgart], der; - 〔신화〕 인간 세계, 이 세상. **Midgardschlange**, die 〈Pl. 없음〉 〔신화〕 지구를 둘러싸고 있다고 하는 큰 뱀(대양의 상징).
midi ['mi:di, 'mɪdi] 〈Adj.〉 〔의상〕 중간 길이의, 미디의: m. tragen 미디를 입다. **Midi** [-], das; -s, -s 〈대개 Art. 없음〉 〔의상〕 a) 미디. b) 미디의 길이.
Midi- 〔의상〕: ~**kleid** 미디 드레스. ~**mantel**, der 미디 외투. ~**mode**, die 미디 의상. ~**rock**, der 미디 스커트.
Midinette [midi'nɛt], die; -n [frz. midinette] 1. (파리의 옷가게) 여점원, 여자 재봉사. 2. 〈옛·贬〉 경박한 처녀.

Midlife-crisis ['mɪdlaɪf'kraɪsɪs], die [engl. mid-life crisis] 〈Pl. 없음〉 《교양어》 (특히 남자의) 중년의 위기(청년기가 끝남을 자각함으로써 생기는).
Midshipman ['mɪdʃɪpmǝn], der; -s, ...men [...mǝn]; engl. midshipman] 해군 사관 후보생.
mied [mi:t] ↑meiden 참조.
Mieder ['mi:dɐ], das; -s, - 1. 코르셋. 2. (남부 독일 민속의상의) 코르셋형 조끼: ein enggeschnürtes M. 꽉 조이는 코르셋형 조끼.
Mieder-: ~**hose**, die 코르셋 바지. ~**rock**, der 코르셋 치마(여성용). ~**stäbchen**, das 코르셋 대(코르셋 속으로 바느질해 놓은 대). ~**waren** 〈Pl.〉 코르셋 의류.
Mief [mi:f], der; -(e)s 《경·贬》 탁한(나쁜) 공기: in dem Zimmer ist ein fürchterlicher M. 방안은 공기가 대단히 나쁘다; besser warmer M. als kalter Ozon 《농》 차가운 오존보다는 따뜻한 탁한 공기가 낫다(실내공기가 나쁜 문을 열라고 할 때의 말대꾸); 〈전의〉 der M. der Kleinstadt 소도시의 숨막히는 분위기.
Mief-: ~**kiste**, die 〈경〉 침대. ~**koje**, die 〈경〉 ↑~kiste. ~**quirl**, der 〈농〉 환풍기, 환기 장치.
miefen ['mi:fn̩] 〈h〉 《통용어·贬》 악취를 퍼뜨리다: deine Füße miefen 네 발에서 악취가 풍긴다; 〈비인칭〉 es mieft 고약한 냄새가 나다. **miefig** 〈Adj.〉 고약한 냄새가 나는: hier riecht es ganz schön m. 이곳은 아주 고약한 냄새가 난다.
miek(e)rig ['mi:k(ǝ)rɪç] 〈Adj.〉 《지역적》 ↑mick(e)rig.
Miene ['mi:nǝ], die; -n [frz. mine] 얼굴 표정, 안색, 용모, 풍채, 모습: seine M. hellte(klärte sich auf, verdüsterte sich, veränderte sich blitzartig) 그의 표정이 환해졌다(안색이 밝아졌다, 어두워졌다, 금새 변했다); eine eisige M. aufsetzen 냉담한 얼굴을 하다; eine saure M. machen(ziehen) 찌푸린 얼굴을 하다; keine M. verziehen 태연자약하다; mit unbewegter M. hörte er das Gerichtsurteil 변함없는 표정으로 그는 판결문 낭독하는 것을 들었다; 〈속담〉 mit frommen -n kann man den Himmel nicht verdienen 기도만 한다고 천당 가는 것은 아니다; **M. machen, etw. zu tun** 무엇을 할 기색을 보이다: Niemand machte M., sich zu erheben 아무도 일어설 기색을 보이지 않았다; **gute M. zum bösen Spiel machen** 몹시 당하면서도 태연한 표정을 하다. **Mienenspiel**, das 표정의 변화: ein lebhaftes M. haben 표정의 변화가 다양하다.
Miere ['mi:rǝ], die; -n 별꽃.
mies [miːs] 〈Adj.〉 [jidd. mis < hebr. měˈis] 《통용어》 1. 《贬》 후진, 더러운, 나쁜: -es Essen 후진 식사; ein -er Typ 후진 놈; er hatte -e Laune(war in -er Stimmung) 그는 기분이 나빴다. 2. (건강이) 좋지않은: man fühlt sich m. 몸이 별로 좋지 않다.
mies, mies ['miːs 'miːs] 〈Interj.〉 나비야, 야옹(고양이 부르는 소리). ¹**Mies**, die; -en 〈축소형: ↑Mieschen〉 《지역적》 ↑Miez, Mieze (1). ²**Mies** [-], das; -es, -e 〈südd.〉 늪, 소택지.
mies-, Mies- 〈↑mies〉 《통용어·贬》: ~**machen** 〈h〉 a) 헐뜯다, 씹다, 비방하다: er muß immer alles m. 그는 항상 모든 것을 헐뜯지않고는 못 배긴다. b) 헐뜯다, 혹평하다: jmdm. etw. m. 누구의 무엇을 헐뜯다. ~**macher**, der 헐뜯는 사람, 혹평가. ~**macherei** [..maxǝˈraɪ], die 혹평, 비방, 헐뜯기: laß doch deine ewige M.! 제발 끊임없이 헐뜯는 짓은 그만두자!.
Mieschen ['miːsçǝn], das; -s 〈축소형〉 《지역적》 ↑¹Mies.
Miese ['miːzǝ], der; -n [zu ↑mies] 1. 〈은어〉 일 마르크 짜리 동전. 2. 〈Pl.〉 《경》 적자, 부족액: ich habe ganz schön viel M. auf der Stechkarte 나는 출근부상 상당히 많은 외출 시간(봉급 계산에서 제외되는 시간)을 기록하

고 있다; **in den -n sein** 1) 나는 은행 잔고가 마이너스 다. 2) 《카드 놀이에서》 감점을 받다; **in die -n kommen** 1) 빚을 지다. 2) 《카드 놀이에서》 감점을 받게 되다.
Miesekätzchen ['miːzə-], das; -s, - 《(지역적·아동)》 ↑ Miesekatze. **Miesekatze,** die; -n 《축소형: ↑ Miesekätzchen》 《지역적·아동》 ↑ Miezekatze (1).
Miesepeter ['miːzə-], der; -s, - 《통용어·폄》 불평쟁이.
miesepet(e)rig ['miːzəpeːt(ə)rɪç] 〈Adj.〉 《통용어》 불평불만이 많은. **Miesigkeit** ['miːzɪçkait], die 《통용어·폄》 후진 것, 나쁜 상태, 거슬리는 일. **Miesling,** der; -s, -e 《통용어·폄》 후진 놈, 비위에 거슬리는 자: dein Freund ist vielleicht ein M.! 네 친구는 아주 후진 놈이다.
Miesmuschel ['miːs-], die; -n 섭조개.
Miesnik ['miːsnɪk], der; -s, -e 《폄》 ↑ Miesling.
miet-, Miet-: **~ausfall,** der 임대료 결손. **~auto,** das 1. 택시. 2. 렌트카. **~block,** der 〈Pl. ...blöcke / -s〉 임대 주택 단지. **~einnahme,** die 임대료 수입. **~erhöhung,** die 임대료 인상. **~ertrag,** der 임대 수익. **~frei** 〈Adj.〉 임대료가 없는, 집세를 내지않는. **~geld,** das 《고어》 ↑ Miete, **~gesetz,** das 임대차법. **~haus,** das ↑ Mietshaus. **~kaserne,** die 《폄》 ↑ Mietskaserne **~kauf,** der 《경제》 임대 분양(일정 기간 후에 분양을 전제로하는 임대). **~kontrakt,** der **~vertrag. ~partei,** die 《한 임대주택내의》 세입자 가구, 세 든 가구: im Hause wohnen drei -en 이 집에는 세 가구가 세 들어 있다. **~preis,** der ↑ Miete. **~recht,** das 〈Pl. 없음〉 임대차법. **~regelung,** die 임대 규정. **~rückstand,** der 임대료 체불분. **~schuld,** die 임대료 지불 의무. **~schulden**〈Pl.〉체불임대료. **~spiegel,** der 임대료 현황 일람표. **~steigerung,** die ↑ ~erhöhung. **~streitigkeiten**〈Pl.〉임대료 분쟁. **~verhältnis,** das 《관》 임대차 관계: das M. lösen 임대차 관계를 해지하다. **~verlust,** der 임대료 손해. **~verlustversicherung** 《보험》 임대료 손해보험. **~vertrag,** der 임대계약. **~vorauszahlung,** die 임대료 선불. **~wagen,** der ↑ ~auto (2). **~weise** 〈Adv.〉《드물게》임대해서, 빌려서. **~wohnung,** die 셋집. **~wucher,** der 《폄》 임대료 폭리. **~zahlung,** die 임대료 지불: mit der M. im Rückstand sein 임대료가 밀려 있다. **~zins,** der 〈Pl. 없음〉《süddt., österr., schweiz.》집세, 임대료.

¹**Miete** ['miːtə], die; -n 1. 세, 임대료: eine hohe (niedrige) M. für ein Zimmer 높은(낮은) 방세; kalte M. 《통용어》 난방비가 포함되지 않은 집세(난방을 입주자가 할 때); warme M. 《통용어》 난방비가 포함된 집세; die M. ist fällig 집세 낼 때가 되었다; [성구] das ist schon die halbe M. 그러면 일이 벌써 반은 된 셈이다. 2. 〈Pl. 없음〉 빌리기, 세내기: Kauf ist kaum teurer als M. 사는 것이 세 내는 것보다 별로 더 비싸지않다; bei jmdm. zur M. wohnen 누구 집에 세 들어 살다.
²**Miete** [-], die; -n [lat. mēta] 《농》 《감자, 무 등을 저장하는》 구덩이: eine M. anlegen(öffnen) 구덩이를 파서 농작물을 저장하다(구덩이에 묻은 것을 꺼내다). b) ↑ Feime.
¹**mieten** ['miːtn]〈h〉1. 빌리다, 세 내다, 세 들다: ein Haus(ein Boot, ein Klavier) m. 집(배, 피아노)을 세 내다; er mietete sich, auf vier Wochen eine Hütte in den Bergen 그는 4주 동안 산속의 오두막집을 빌렸다. 2. 《고어》 《임시로》 고용하다.
²**mieten** [-] 〈h〉《농업·지역》 ↑ ²einmieten.
Mieter ['miːtɐ], der; -s, - 세입자: dem M. der Wohnung kündigen 세입자에게 집을 비워 줄 것을 요구하다.
Mieter-: **~ausschuß,** der 세입자 위원회. **~initiative,** die 세입자 협의회. **~mitverwaltung,** die 《구동독》세입자의 주택 관리 참여. **~schutz,** der 세입자 보호. **~schutzgesetz,** das 임대차 보호법. **~selbstverwaltung,** die 《구동독》세입자의 자치적인 주택 관리. **~versammlung,** die 세입자 회의.
Mieterin, die; -nen ↑ Mieter의 여성형.
Mietling, der; -s, -e **a)** 《폄·드물게》 하수인: verächtliche -e des Faschismus 파시즘의 가증스러운 《경멸할 만한》 하수인. **b)** 《옛》 하인.
Miets-: **~haus,** das 《상당한 규모의》 셋집. **~kaserne,** die 《폄》 《병영을 연상시키는》 임대 아파트 단지. **~steigerung,** die 임대료 인상.
Mietung, die; -en 《드물게》 빌리기, 세냄.
Miez [miːts], die; -en 《친근》 ↑ Mieze (1). **Miezchen** ['miːtsən], das; -s, - 《친근》 ↑ Mieze. **Mieze** ['miːtsən], die; -n 《축소형: ↑ Miezchen》 1. 《친근》 고양이(의 애칭). 2. 《경》 계집애, 소녀. **Miezekätzchen,** das, **Miezekatze,** die 1. 《친근》 고양이(의 애칭). 2. 《경》 ↑ Mieze (2).
Mignon [mɪnˈjõː, mɪnˈjõ], der; -s, -s [frz. mignon] 《고어》 1. 애인, 귀염받는 사람. 2. 7포인트 활자. **Mignonette** [mɪnjɔˈnɛt], die; -s [frz. mignonette, mignon의 축소형] 미뇨네트 레이스. **Mignonfassung,** die 전구 소켓트. **Mignonne** [mɪnˈjɔn], die; -s [frz. mignonne] 《고어》 애인.
Migräne [miˈgrɛːnə], die; -n [frz. migraine] 편두통: an M. leiden 편두통에 시달리다. **Migräneanfall,** der 편두통의 발작. **Migränestift,** der 《berlin.·농》 《경찰의》 고무 몽둥이, 경찰봉.
Migration [migraˈtsi̯oːn], die; -en [lat. migrātio = (Aus)wanderung] 1. **a)** 《생물·사회》 이동, 이주. **b)** 《사회》 거주지의 변경. 2. 《지질》 《암석층을 통과하는 석유 등 특정물질의》 이동. **migrieren** [miˈgriːrən] 〈h〉 [lat. migrāre] 《전문어》 《기생충 등이 숙주를 바꾸어》 이동하다.
Miinheer [məˈneːɐ̯], der; -s, -s 《농》 네덜란드 사람.
¹**Mikado** [miˈkaːdo], das; -s, -s [jap. mikado, 일본 황제에 대한 옛 명칭] 미카도놀이. **Mikadostäbchen,** das 미카도놀이 막대. ²**Mikado** [-], der; -s, -s 미카도놀이에서 가장 높은 끗수의 막대.
Miko [ˈmiːko], der; -s, -s 《통용어》 열등감(**M**inderwertigkeits**ko**mplex의 약칭).
mikr-, Mikr-: ↑ mikro-, Mikro-. **Mikrat** [miˈkraːt], das; -(e)s, -e 《인공어》 《기록·정보》 《글씨, 그림 등의》 축소판. ¹**Mikro** ['miːkro], das; -s, -s ↑ Mikrophon (마이크)의 약칭. ²**Mikro** [-], die 《타자기의》 마이크로 활자. **mikr-, Mikro-** [mikr(o)-] 《그리스어 mikrós》 《대개 모음 앞에서》 mikr-, Mikr- [mikr(o)-] griech. mikrós] 《반대: makro-, Makro-》미(微), 소(小), 세(細) 따위의 뜻《작다는 뜻의 접두어》. ³**Mikro-** [-] 《물리》 《반대: ²Mega-》 마이크로《해당 단위의 백만분의 일》 《기호: μ》. **Mikroanalyse** [《또한》 ˈmiːkro-], die; -n 《화학》 《반대: Makroanalyse》 미량 분석. **Mikroaufnahme,** die; -n ↑ Mikrofotografie (2). **Mikrobe** [miˈkroːbə], die; -n 《대개 Pl.》 [frz. microbe] ↑ Mikroorganismus. **mikrobiell** [mikroˈbi̯ɛl] 〈Adj.〉 《생물·의학》 **a)** 미생물의. **b)** 미생물성의. **Mikrobiologe** [《또한》 ˈmiːkro-], der; -n, -n 미생물학자. **Mikrobiologie** [《또한》 ˈmiːkro-], die 미생물학. **Mikrobion** [miˈkroːbi̯ɔn, auch: ...ien [...i̯ən; griech. bíon = leben] 〈대개 Pl.〉 ↑ Mikroorganismus. **Mikrochemie** [《또한》 ˈmiːkro-], die 미량화학. **Mikrochip,** der 마이크로칩. **Mikrochirurgie** [《또한》 ˈmiːkro-], die 《의학》현미(경)외과. **Mikrocomputer,** der; -s, - 마이크로 컴퓨터. **Mikrodokumentation,** die; -en 《기록·정보》 축소 기록. **Mikroelektronik** [《또한》

'mi:kro-], die 마이크로 전자공학. **Mikrofarad**, das; -(s), - 【물리】 마이크로파라드(전기의 단위). **Mikrofiche** ['fi:ʃ, 'fiʃ], die 《또는》 der; -s, -s [frz. microfiche] 【기록·정보】 마이크로피시, 마이크로 필름 카드. **Mikrofilm**, der; -(e)s, -e 【기록·정보】 마이크로 필름.

Mikrofon; ↑Mikrophon. **Mikrofotografie**, die; -n [...iən] 1. 〈Pl. 없음〉현미경 사진술. 2. 현미경 사진 촬영. **Mikrogamet** [《또한》'mi:kro-], der; -en, -en 【생물】(하등 생물의) 남성 생식 세포(반대: Makrogamet). **Mikrogramm**, das; -s, -e 마이크로 그램(100만분의 1그램). **Mikrokarte**, die; -n 【기록·정보】 마이크로 카드. **mikrokephal** [...keˈfaːl] ↑mikrozephal. **Mikroklima**, das; -s, -s / ...mate [...kliˈmaːtə] ↑Kleinklima. **Mikrokopie**, die; -n [...iən] 【기록·정보】 축소 복사. **mikrokopieren** ⟨h⟩ 【기록·정보】 축소 복사하다. **mikrokosmisch** [《또한》 'mi:kro-] ⟨Adj.⟩ 소우주의(반대: makrokosmisch). **Mikrokosmos**, **Mikrokosmus** [《또한》'mi:kro-], der; - 1. 【생물】미생물의 세계. 2. 【철학】 소우주. 3. 【물리】 미량 물리학의 영역. **mikrokristallinisch** ⟨Adj.⟩ 미정질(微晶質)의(반대: makrokristallin). **Mikrolith** [...ˈliːt, 《또한》 ...lɪt], der; -s / -en, -e(n) [↑-lith] 1. 【지질】 미세수정석(微細水晶石). 2. 【선사】 부싯돌. **Mikromanie**, die; -n [...iən] 【심리】 미소망상(微小妄想)(증). **Mikrometer**, der / das; -s, - [zu ²Mikro- u. ↑-meter] 마이크로메터(100만분의 1미터)(기호: μm). **Mikrometerschraube**, die ↑Meßschraube. **Mikron** ['miːkrɔn], das; -s, - 〈고어〉 미크론(백만분의 1미터)(약어: My). **Mikronährstoff**, der; -(e)s, -e 〈대개 Pl.〉 ↑Spurenelement(반대: Makronährstoff). **Mikronesien** 미크로네시아(서태평양 적도 이북에 산재하는 작은 섬들의 총칭). **Mikroökonomie**, [《또한》'mi:kro-], die 【경제】 미시경제학(반대: Makroökonomie). **mikroökonomisch** [《또한》 'mi:kro-] ⟨Adj.⟩ 【경제】 미시경제학의(반대: makroökonomisch). **Mikroorganismus** [《또한》 'mi:kro-], der; -, ...men 〈대개 Pl.〉 【생물】 미생물. **Mikrophage** [...ˈfaːgə], der; -n, -n [griech. phageĩn = essen, fressen] 【동물·의학】 ↑Mikrozyt(반대: Makrophage). **Mikrophon**, 《또한》 Mikrofon [...ˈfoːn], das; -s, -e [engl. microphone] 마이크: ins M. sprechen 마이크에 대고 말하 다. **mikrophonisch** [...ˈfoːnɪʃ] ⟨Adj.⟩ 〈드물게〉 확성 기의, 마이크로폰의. **Mikrophotographie** ↑Mikrofotografie. **Mikrophysik** [《또한》 'mi:kro-], die 미소체 물리학(반대: Makrophysik). **mikrophysikalisch** [《또한》 'mi:kro-] ⟨Adj.⟩ 미소체 물리학의. **Mikropräparat**, das; -(e)s, -e 【식물·동물】 (현미경용) 프레파라트. **Mikroprozessor** [...proˈtsɛsɔr, 《또한》 ...soːɐ̯], der; -s, -en [ˈsoːrən; engl. microProcessor]【기술】 마이크로프로세서(초소형 연산 처리 장치). **Mikroskop** ['miːskoːp], das; -s, -e [griech. skopeĩn] 현미경: eine Bakterienkultur durch das M. betrachten 박테리아 배양을 현미경을 통해 관찰하다; ins M. sehen 현미경을 보다. **Mikroskopie** [...skoˈpiː], die 〈전문어〉 현미경 사용, 현미경 검사(법). **mikroskopieren** [...skoˈpiːrən] ⟨h⟩ 〈전문어〉 현미경으로 작업하다. **mikroskopisch** [...ˈskoːpɪʃ] ⟨Adj.⟩ 1. 현미경으로만 알아볼 수 있는. 2. 미소한. 3. a) 현미경의. b) 현미경의 도움으로. **Mikrosmat** [mikrɔsˈmaːt], der; -en, -en [griech. osmé] 후각의 발달이 더딘 동물(반대: Makrosmat). **Mikrosoziologie** ['miːkro-], die 미시사회학(반대: Makrosoziologie). **Mikrospore**, die; -n 〈대개 Pl.〉 【식물】 소포자(小胞子), 작은 홀씨(반대: Makrospore). **Mikrosporie** [...spoˈriː], die; -n [...iən] 【의학】 두피태선(頭皮苔癬). **Mikrotom** [...ˈtoːm], der / das; -s, -e [griech. tomḗ] 마이크로톰(현미경용 박편 절단기). **Mikrowellen** ⟨Pl.⟩ 【전기】 극초단파, 마이크로파. **Mikrowellengerät**, das, **Mikrowellenherd**, der 전자레인지. **Mikrowellentherapie**, die; -n [...iən] 【의학】 마이크로파 치료법. **Mikrozensus**, der; -, - 【통계】 (1957년부터 독일에서 실시되는) 분기별 인구 조사. **mikrozephal** [...tseˈfaːl] ⟨Adj.⟩ [griech. kephalḗ] 【의학】 비정상적으로 두개골이 작은, 소두(小頭)의(반대: makrozephal). **Mikrozephale**, der / die; -n, -n 【의학】 비정상적으로 머리가 작은 사람(반대: Makrozephale). **Mikrozephalie** [...faˈliː], die; -n [...iən] 【의학】 이상 소두(소두증)(반대: Makrozephalie). **Mikrozyt** [...ˈtsyːt], der; -en, -en 〈대개 Pl.〉 [griech. kýtos] 【의학】 비정상적 소형 적혈구.

Milan ['miˌlaːn, miˈlaːn], der; -s, -e [frz. milan] 솔개: Roter M. 붉은솔개.(↑Gabelweihe).

Milbe ['mɪlbə], die; -n 진드기. **milbig** ['mɪlbɪç] ⟨Adj.⟩ a) 진드기 투성이의. b) 진드기 같은.

Milch [mɪlç], die; 〈전문어〉 -e(n) 1. a) 우유: kalte [warme, gekochte, frische] M. 찬[따뜻한, 끓인, 신선한] 우유; gestandene M. 응고된 우유; Kühe geben M. 소는 우유를 낸다; Kaffee mit M. 우유 섞은 커피; 전의 ein Land, darin M. und Honig fließt 젖과 꿀이 흐르는 땅(매우 기름지고 풍요한 땅); aussehen wie M. und Blut 매우 건강하게 보이다, 생기발랄하다; **nicht viel in die M. zu brocken haben** (nordd.) 검소하게 살다, 가난하다. b) 젖, 모유: sie konnte das Kind nicht stillen, weil sie zu wenig M. hatte 그 여자는 젖이 너무 적어서 애를 달랠 수 없었다. 2. 식물의 유액: die M. des Löwenzahns 민들레의 유액. 3. (물고기의) 이리(물고기 수컷의 뱃속에 있는 흰 정액 덩어리). 4. (버물기의) 모이주머니 속에 생기는 치즈 모양의 덩어리. 5. (화장품의) 유액.

milch-, Milch-: **~abscheider**, der ↑~zentrifuge. **~auto**, das 우유차. **~bar**, die 유제품 음료를 파는 작은 카페. **~bart**, der 《폄》 풋나기 소년. **~baum**, der ↑Kuhbaum. **~becher**, der 우유컵. **~bonbon**, der / das 우유사탕. **~brätling**, der ↑Brätling. **~brei**, der 우유죽. **~brötchen**, das 우유빵. **~bruder**, der 〈고어〉 젖형제. **~brustgang**, der 【해부】 유관(乳管). **~diät**, die 우유를 주식으로 하는 다이어트. **~drüse**, die a) 유선(乳腺). b) ↑Brust (2). c) Euter. d) ↑Bries. **~eimer**, der ↑Melkeimer. **~eis**, das 우유 아이스크림. **~eiweiß**, das 【생물】 유 단백질. **~fabrik**, die 〈경〉 유방. **~fett**, das 유지 방. **~flasche**, die a) (아기의) 젖병. b) (판매용) 우유병. **~flip**, der 우유 혼합 음료. **~fluß**, der 【의학】 ↑Galaktorrhö. **~frau**, die 《통용어》 젖짜는 여자. **~gebend** ⟨Adj.⟩ 젖(유액)을 내는. **~gebirge**, das 〈경·농〉 풍만한 젖가슴. **~gebiß**, das 젖니. **~gefäß**, das 우유통, 유조(乳槽). **~geschäft**, das 1. 유제품 상점. 2. 〈경〉 유방. **~geschwister** ⟨Pl.⟩ 젖 동기, ↑~bart. 2. 연약한 얼굴, **~gesicht**, das 1. 《폄》↑~bart. 2. 연약한 얼굴. **~getränk**, das ↑~mixgetränk. **~glas**, das 1. 젖빛 유리. 2. 우유잔. **~glasscheibe**, die 우유빛 판유리. **~grind**, der ↑Milchschorf. **~händler**, der 우유 장수. **~haut**, die 우유막. **~hof**, der 〈옛〉 우유 집하소(集散所)(검사소). **~kaffee**, der 밀크커피. **~kalb**, das 아직 젖을 떼지 않은 송아지. **~kännchen**, das 우유 깡통, 우유 캔. **~kanne**, die a) 우유 통. b) 우유 단지: eine M. für zwei Liter 2리터들이 우유 단지. **~kost**, die 우유 식품. **~kuh**, die 젖소. **~kur**, die ↑~diät. **~laden, der ↑~geschäft. ~leistung, die 우유출량: Kühe mit hoher(geringer] M. 많은(적은) 우유출량을 가진 소. ~mädchen, das 젖짜는 소녀, 우유 파는 아가씨. ~mädchenrechnung, die 〈조롱〉 (그릇된 전제에 근거를 둔) 잘못된 계산, 헛된 희망, 오산. ~mann, der (통용어) 우유 장수, 우유 배달원. ~messer, der ↑ Galaktometer. ~mischgetränk, das ↑~mixgetränk. ~mixgetränk, das 우유 혼합 음료. ~nährschaden, der 유아 영양 장해. ~napf, der 우유 사발(그릇). ~panscher, der (폄) 우유 변조자(우유에 물을 타서 파는). ~produkt, das 유제품. ~pulver, das ↑ Trockenmilch. ~pumpe, die 모유짜는 기구, 흡유기. ~reis, der 우유 쌀죽. ~reizker, der ↑ Reizker. ~saft, der ↑ Milch (2). ~säure, die (화학) 유산. ~säurebakterien 〈Pl.〉유산균. ~schaf, das 젖양. ~schleuder, die ↑~zentrifuge. ~schokolade, die 우유 초콜릿. ~schorf, der 유가(乳痂), 유아 지루성 습진(乳兒脂漏性濕疹). ~schwamm, der 1. ↑Brätling. 2. (지역적) 크림, 유지. ~schwester, die 젖 자매. ~seihe, die, (또는) ~seiher, der (농업) 우유 여과기. ~speise, die 우유 음식. ~spendend 〈Adj.〉 ~gebend. ~stauung, die 젖이 부은 상태(어린이가 젖을 충분히 먹지 않을 때 생기는). ~stern, der 까치무룩속(나리과), 백합의 일종. ~stich, der 상한 포도주의 우유 빛 혼탁. ~straße, die 은하(銀河). ~straßensystem, das (천문) ↑ Galaxie. ~stuhl, der (의학) 유아용 의자. ~suppe, die 우유가 든 수프. ~topf, der 우유 단지. ~treibend 〈Adj.〉 모유의 분비를 촉진하는: -e Mittel 모유 분비 촉진제. ~tuch, das ↑~seihe. ~tüte, die 우유팩. ~untersuchung, die 우유 검사. ~vieh, das 젖을 내는 가축. ~waage, die 우유 비중계 (농도 측정계). ~wagen, der ↑~auto. ~weiß 〈Adj.〉 젖빛의, 유백색의: -e Haut 젖빛의 피부; ein -es Gesicht 젖빛의 얼굴. ~wirtschaft, die 낙농업. ~zahn, der 젖니. ~zentrifuge, die 우유 원심 분리기. ~ziege, die 젖짜는 염소. ~zucker, der (화학) 유당, 락토제. ~zyste, die 유방낭종.

¹**milchen** ['mɪlçn̩] 〈h〉 (지역적) 젖을 내다: ein milchendes Rind 젖소.

²**milchen** [-] 〈Adj.〉 젖이 나는, 유유로 된.

¹**Milcher** ['mɪlçɐ], der; -s, - 1. ↑ Milchling (1). 2. ↑ Milchner.

²**Milcher** [-], der; -s, - (지역적) ↑ Melker. **Milcherin**, die; -nen ↑ Milcher의 여성형.

milchig 〈Adj.〉 1. 젖 같은, 하얗고 탁한 색을 지닌: eine -e Brühe[Flüssigkeit] 젖 같은 수프(액체). 2. 부드럽고 밝은 색의.

Milchling ['mɪlçlɪŋ], der; -s, -e 1. 흰 유액을 함유한 식용 들싸리버섯. 2. (지역적) ↑ Milchner. **Milchner** ['mɪlçnɐ], der; -s, - (동물) 물고기의 수컷.

mild [mɪlt], ((또한) präd. / adv.) **milde** ['mɪldə] 〈Adj.〉 1. a) 온화한, 부드러운, 관대한: ein -er Richter 관대한 재판관; das Urteil ist sehr mild(e) 판결은 매우 관대하다; man ist sehr mild(e) gegen ihn vorgegangen 사람들은 그에게 매우 부드럽게 대했다. b) 자비로운, 동정심이 있는: er fand trotz allem -e Worte 그는 그럼에도 불구하고 자비로운 말을 찾았다; jmdm. -e Vorwürfe (Vorhaltungen) machen 누구에게 온화한 질책을 하다; etw. mild(e) mahnend sagen 무엇을 부드럽게 재촉하면서 말하다. c) 친절한, 상냥한: der Geistliche war ein -er älterer Herr 성직자는 친절한 인상이셨다; seine Stimme war mild und recht angenehm 그의 목소리는 친절하고 정말로 호감이 갔다; mild(e) lächeln 상냥하게 미소짓다. 2. a) 온순한, 온화(溫和)한: das -e Klima der Insel 섬의 온화한 기후; eine Klimazone mit heißen Sommern und -en Wintern 뜨거운 여름과 온화한 겨울을 가진 기후대; ein Zustrom -er Meeresluft 온화한 바다 공기의 유입; es soll wieder -er werden 날씨는 다시금 더 온화해질 것이라고 한다. b) 은은한, 부드러운, 희미한: das -e Licht der Kerzen 촛불의 은은한 빛; mild(e) leuchten [schimmern] 희미하게 비치다(깜박이다). 3. a) (음식의 맛이) 심심한, 부드러운, 담백한, 순한: -e Speisen 심심한 음식; -er Tabak 담백한 담배; diese Käsesorte ist [schmeckt] sehr mild(e) 이 치즈는 맛이 매우 담백하다. b) (화학 약품 등이) 독하지 않은, 자극성이 없는: ein -es, hautfreundliches Spülmittel verwenden 자극성이 없는, 피부를 해치지 않는 세제를 사용하다; das Shampoo ist ganz mild(e) 이 샴푸는 전혀 자극성이 없다. 4. (준교어) 인심이 좋은, 자비로운, 자선을 베푸는: um eine -e Gabe bitten 자비로운 적선을 부탁하다. 5. ↑ gelinde (2) 참조: mild(e) gesagt (gesprochen), ihr Verhalten war eine Dreistigkeit 온건하게 말한다 해도, 그 여자의 태도는 뻔뻔스러운 것이었다.

mild-, Mild-: ~**herzig** 〈Adj.〉 (드물게) 친절한, 자비심이 많은. ~**herzigkeit**, die ↑~herzig의 명사형. ~**tätig** 〈Adj.〉 자비심이 많은, 즐거이 자선을 베푸는: ein -er Mensch 자비심이 많은 사람. ~**tätigkeit**, die (Pl. 없음) 인자, 자비, 자비.

milde ['mɪldə] ↑ mild. **Milde** ['mɪldə], die 1. a) 관대, 온후, 친절, 자비, 자선: M. walten lassen 자비를 베풀다. b) 관용, 너그러움, 용서: väterliche (brüderliche, christliche) M. 부성애적(형제애적, 기독교적) 관용; deine M. war in diesem besonderen Fall nicht angebracht 너의 너그러움은 이러한 특별한 경우에는 적절하지 않았다. c) 친절한 행동: er zwang sich trotz der offensichtlichen Feindseligkeiten zur M. 그는 명백한 적대 행위에도 불구하고 참고 친절한 행위를 억지로 했다. 2. a) 온화함: die M. des Klimas[der Luft] tat ihrer angeschlagenen Gesundheit wohl 기후[공기]의 온화함은 그 여자의 건강에 도움이 됐다. b) 희미함, 은은함: die Farben verschwanden in der M. des Abendlichts 색깔들은 저녁놀의 은은함 속에서 사라졌다. 3. (술 따위의) 순한 맛: die M. des Kognaks begeistert den Kenner 코냑의 순한 맛은 아는 사람을 황홀케 한다. 4. 《준교어》 자비로움, 후함: er war bekannt für seine M. gegen die Armen 그는 가난한 사람들에게 자비로운 것으로 유명하다. **mildern** ['mɪldɐn] 〈h〉 1. 경감하다, 감형하다, 완화하다: eine Strafe[ein Urteil] m. 형을 낮추다, 감형하다. 2. a) 누그러뜨리다, 진정시키다, 가라앉히다: jmds. Zorn[Erregung] m. 누구의 분노[흥분]를 가라앉히다; du solltest deine Ausdrucksweise etw. m. 너는 표현 방법을 좀 부드럽게 해야겠다. b) 〈m. + sich〉 누그러지다, 가라앉다. 3. a) (작용을) 약화시키다; Gegensätze m. 대립을 약화시키다; die Stärke[die Intensität] des Aromas m. 향기의 강도를 약화시키다. b) 〈m. + sich〉 (작용, 감명이) 약화되다: die Verwunderung wird sich m., wenn man erfährt ... ...을 알게 되면 놀라움은 줄어들 것이다. 4. a) ↑ lindern; das Medikament milderte den Schmerz 약은 통증을 누그러뜨린다(진정시킨다). b) 〈m. + sich〉 (통증, 고통 등이) 가라앉다. 5. 〈m. + sich〉 (날씨가) 온화해지다. **Milderung**, die 완화, 경감, 진정. **Milderungsgrund**, der 감형의 사유: etw. als M. bei der Urteilsfindung berücksichtigen[anerkennen] 무엇을 판결시 경감의 사유로 고려하다(인정하다).

Miliaria [mi'lia:ria] 〈Pl.〉 [lat. miliārius] (의학) Friesel. **Miliartuberkulose**, die (의학) 속립결핵(粟粒結核).

Milieu [mi'liø:], das; -s, -s [frz. milieu] 1. 환경, 주위: das soziale[häusliche] M. 사회적(가정) 환경; er ist in einem ärmlichen M. aufgewachsen 그는 불우한 환경에서 자라났다. **2.** 〖생물〗 (동식물의) 생활권, 환경: das spezifische M. eines Tieres[einer Pflanzenart] 어떤 동[식]물의 특수한 환경. **3. a)** 〖특히 schweiz.〗 창녀와 포주의 생활 영역. **b)** 사창가. **4.** 〈österr.·준고어〉 테이블보.

milieu-, Milieu- (Milieu 1): **~darstellung**, die 〈드물게〉 ↑~schilderung. **~drama**, das 〖문예학〗 환경극. **~forschung**, die 환경 연구. **~geschädigt** 〈Adj.〉 환경 파괴적인, 환경을 파괴하는: -e Jugendliche 환경 파괴적인 젊은이들. **~schaden**, der 〖심리〗 환경 피해(나쁜 가정 환경의 영향을 받아 생기는 심리적 손상). **~schilderung**, die 환경 묘사. **~theorie**, die 〖심리〗 환경설.

militant [mili'tant] 〈Adj.〉 [lat. mīlitāns] 전투적인, 투쟁적인, 호전적인: die -esten Hitzköpfe 가장 호전적이며 흥분하기 쉬운 사람들; eine -e Gegenbewegung 투쟁적인 반대 운동. **¹Militär** [mili'tɛ:ɐ̯], das; -s [frz. militaire, lat. mīlitāris] **1.** 군대, 군: er ist beim M. [als Kraftfahrer beim M.] 그는 군복무 중이다(운전병으로 군에 복무하고 있다); nächstes Jahr muß er zum M. 내년에 그는 군에 가야한다. **2.** (집합적인) 군인, 병사: gegen die Streikenden wurde das M. eingesetzt 파업자들에 대항해서 군인들이 투입됐다; das M. war in Alarmbereitschaft 군인들은 비상 경계 근무 중이다. **²Militär**, der; -s, -s 〈대개 Pl.〉 [frz. militaire] 고급 장교: ein alter[erfahrener] M. 나이 든[노련한] 장교.

militär-, Militär- (¹Militär): **~abkommen**, das 군사 협정. **~adel**, der 군인 귀족. **~administration**, die **1.** 군정. **2.** 군정청. **~akademie**, die 사관 학교. **~anwärter**, der 〈옛〉 군속문관. **~arzt**, der 군의관. **~attaché**, der 대사관 부속 무관. **~auto**, das ↑~fahrzeug. **~basis**, die ↑Basis (5). **~behörde**, die 군당국, 군부. **~berater**, der 군사 고문. **~bischof**, der 군종주교. **~block**, der (Pl. -blöcke / 〈드물게〉 -blocks) ↑Block (4 b). **~budget**, das Wehretat. **~bündnis**, das 군사 동맹. **~clique**, die 〖폄〗 군벌. **~dienst**, der 〖폄〗 ↑Wehrdienst. **~dienstpflicht**, die ↑Wehrpflicht. **~dienstpflichtig** 〈Adj.〉 ↑wehrpflichtig 참조. **~diensttauglich** 〈Adj.〉 ↑wehrdiensttauglich 참조. **~dienstzeit**, die ↑Wehrdienstzeit. **~diktatur**, die 군사 독재. **~eskorte**, die 군호위대. **~fahrzeug**, das 군용 차량. **~etat**, der ↑Wehretat. **~flughafen**, der ↑~flugplatz. **~flugplatz**, der 군용 비행장. **~flugzeug**, das 군용 비행기. **~frei** 〈Adj.〉 〈드물게〉 병역 면제의. **~gefängnis**, das 군형무소. **~geistliche**, der 군목, 군종신부. **~geographie**, die 군사 지리학. **~gericht**, das 군법 회의, 군사 재판, 군사 법정. **~gerichtsbarkeit**, die **1.** 군사 재판권. **2.** 군비상 소집, 군대의 동원, 무력(행사): mit M. an die Regierung kommen 무력으로 정권을 장악하다. **~hengst**, der 〖폄〗 ↑Kommißhengst. **~herrschaft**, die 〈Pl. 없음〉 무단 정치, 군부 통치. **~hilfe**, die 군사 원조: einem Land M. leisten 한 나라에 군사원조를 하다. **~hoheit**, die 〈Pl. 없음〉 **1.** 군지휘권, 군사 주권. **2.** ↑Wehrhoheit. **~hospital**, das ↑Lazarett. **~hubschrauber**, der 군용 헬리콥터. **~junta**, die (주로 우익 장교들로 구성된) 군사(혁명) 정부. **~kabinett**, die 군 통수부. **~kapelle**, die 군악대. **~kleid**, das 〈schweiz.〉 Uniform. **~kontrolle**, die 군사 통제. **~konzert**, das 군악대 콘서트. **~krankenhaus**, das ↑Lazarett. **~landeskunde**, die 군사지지(地誌)학. **~lastwagen**, der 군용 트럭. **~macht**, die **1.** 군사 대국, 강대국: dieses Land ist eine M. 이 나라는 군사 강대국이다. **2.** 〖드물게〗 ↑Wehrmacht: der Staat hat eine zuverlässige M. 국가는 믿음직한 국방력을 갖고 있다. **~mantel**, der ↑Uniformmantel. **~marsch**, der 군대 행진곡. **~maschine**, die **1.** ↑~flugzeug. **2.** 〖폄〗 ↑~maschinerie. **~maschinerie**, die 〖폄〗 (전쟁 중의) 군대. **~mission**, die **a)** 군사 고문단. **b)** 군사 고문단 본부. **~musik**, die 군악. **~pakt**, der ↑~bündnis. **~parade**, die 분열 행진. **~paß**, der 〈옛〉 ↑Wehrpaß. **~patrouille**, die 군 정찰(대). **~person**, der 군속. **~pflicht**, die ↑Wehrpflicht. **~pflichtersatz**, der 〈schweiz.〉 병역 의무 면제 대금. **~pflichtig** 〈Adj.〉 ↑wehrpflichtig. **~pflichtige***, der ↑Wehrpflichtige. **~politik**, die 군사 정책. **~politisch** 〈Adj.〉 군사 정책의. **~polizei**, die **1.** 헌병대. **2.** ↑Feldjägertruppe의 그릇된 명칭. **~polizist**, der 헌병. **~posten**, der 군 초소. **~putsch**, der 군사 쿠데타. **~regierung**, die **1.** 군사 정부. **2.** ↑~junta. **~regime**, das 군사 정권. **~revolte**, die 군대 반란. **~richter**, der 〖드물게〗 군사 재판관. **~rock**, der 〖드물게〗 ↑Uniformrock. **~sanitätswesen**, das 군 위생 시설(제도). **~schule**, die 군사 학교, 군간부 양성학교. **~seelsorge**, die 종군사제(목사)의 신앙 상담. **~spiel**, das 〈schweiz.〉 군악대의 행진. **~spital**, das 〈schweiz.〉 ↑Lazarett. **~sprache**, die 〈Pl. 없음〉 군사어. **~staat**, der 군국주의 국가. **~steuer**, die 〈schweiz.〉 ↑~pflichtersatz. **~stiefel**, der 〈대개 Pl.〉 군화. **~strafgesetz**, das 〈schweiz.〉 ↑Wehrstrafgesetz. **~streife**, die 군 순찰대. **~stützpunkt**, der 군사 기지. **~tauglichkeit**, die ↑Wehrdiensttauglichkeit. **~transport**, der 군(물자) 수송. **~übung**, die ↑Wehrübung. **~verhältnis**, das 〈드물게〉 군복무 상황. **~verwaltung**, die **1.** ↑~administration. **2.** 군 보급 행정. **~wesen**, das 〈Pl. 없음〉 군사, 군비, 군제, 병제. **~wissenschaft**, die 〈Pl. 없음〉 군학. **~zeit**, die 군복무 기간.

Militaria [mili'ta:rja] 〈Pl.〉 [lat. mīlitāris, ↑militärisch] 〖서적〗 군 관계 서적. **militärisch** 〈Adj.〉 [lat. mīlitāris] **1.** 군대의, 군사의: -e Einrichtungen [Operationen, Geheimnisse] 군사 시설[작전, 비밀]; der Rundfunk meldete -e Erfolge 라디오 방송은 전과(戰果)를 보도했다. **2.** 군대풍의, 군대식의, 군인다운: jmdm. -e Ehren erweisen 누구에게 군인의 명예를 보여 주다; seine Haltung, seine Gesinnung] ist (ausgesprochen) m. 그의 걸음걸이(태도, 성향)는 〈명백하게〉 군대식이다. **militarisieren** [militari'zi:rən] 〈h〉 [frz. militariser] **1. a)** 군대를 배치하다. 군사 시설을 갖추다, 군사화하다: jetzt wollen sie den Sinai wieder m. 지금 그들은 시나이 반도를 다시 군사화하려 한다. **b)** 군을 조직하다. **2.** 군대화하다, 군대식으로 고취하다. **Militasrisierung**, die **1.** 군사화, 무장화. **2.** 군대화, 군국주의화: die M. der Gesellschaft 사회의 군사화. **3.** 〖드물게〗 군정집. **Militarismus** [milita'rɪsmʊs], der; - [nach frz. militarisme] 〖폄〗 군국주의: der preußische M. 프로이센의 군국주의. **Militarist** [milita'rɪst], der; -en, -en [frz. militariste] 〖폄〗 군국주의자. **militaristisch** 〈Adj.〉 군국주의적인: m. denken 군국주의적으로 생각하다. **Military** ['mɪlɪtɐri], die; -s 〈〈옛〉〉 engl. military] 〖승마〗 종합 마술(馬術). **Military Police** [-pɔˈli:s], die [engl. military police] 헌병(약어: MP).

Miliz [mi'li:ts], die; -en [lat. mīlitia] **1. a)** (역사적) ↑Heer. **b)** 단기간의 군사 교육만 받고 전시에 소집되는 병력. **2.** (사회주의 국가의) 군사 경찰. **3.** 〈schweiz.〉 (스위

스) 병력 의무자만으로 구성된 병력.
Miliz-: **~heer**, das 시민군, 민병대, 예비군. **~parlament**, das 〈schweiz.〉 《비전문 정치인으로 구성된 스위스의》 시민 의회. **~soldat**, der 시민병, 민병, 예비 군인. **~station**, die 군사 경찰서.
Milizionär [militsioˈnɛːɐ̯], der; -s -e **1.** 시민병, 민병, 예비 군인. **2.** 《사회주의 국가의》 《교통》 경찰.
milk! [mɪlk], **milkst** [mɪlkst], **milkt** [mɪlkt] ↑ melken 참조. **Milke** [ˈmɪlkə], die, 《또한》 **Milken** [ˈmɪlkn̩], der; -s 〈schweiz.〉 ↑ Kalbsbries.
Mille [ˈmɪlə], das; -, - [lat. mīlle = tausend] 《통용어》 천 마르크: der Teppich kostet zwei M. 양탄자는 이천 마르크이다. **Millefioriglas** [mɪleˈfjoːri-], das; -es, ...gläser [ital. mille fiori] 모자이크 유리. **¹Millefleurs** [mɪlˈflœːɐ̯], das; - [frz. millefleurs] 천화(千花) 무늬. **²Millefleurs** [-], der; - 천화 무늬의 옷감.
millenar [mɪlǝˈnaːɐ̯] 〈Adj.〉 [lat. millēnārius] 《드물게》 천 배의, 천 겹의. **Millennium** [mɪˈlɛnjʊm], das; -s, ...ien [...i̯ən; lat. mīlle = tausend u. annus = Jahr] **1.** 천 년. **2.** 《종교》 요한계시록의 천년 왕국. **Millennium(s)feier**, die 천년제(千年祭). **¹Millepoints** [mɪlˈpoɛ̃:], das; - [frz. mille-points] 점박이 무늬. **²Millepoints** [-], der; - 점박이 무늬 옷감.
Milli- [mɪli-; lat. mīlle = tausend]: **~ampere**, das [↑ Ampere] 《물리》밀리 암페어(기호: mA). **~bar**, das 《기상》밀리바(기호: MBar, Mb). **~gramm**, das 밀리그람(기호: mg). **~liter**, der, 《또한》 das 밀리리터 (기호: ml). **~meter**, der, 《또한》 das 밀리미터 (기호: mm). **~meterarbeit**, die 《Pl. 없음》 《통용어》 정밀 작업: das war M.! 그것은 정말 작업이었다. **~meterbreite** 《다음 용법으로》 um M. 거의, 하마터면. **~meterpapier**, das 밀리 밀리 모눈종이, 그래프 용지. **~meterwelle**, die 〈대개 Pl.〉 《물리》 밀리메터파(波).
Milliardär [mɪli̯arˈdɛːɐ̯], der; -s, -e [frz. milliardaire] 십억장자, 대부호.
Milliarde [mɪˈli̯ardə], die; -n [frz. milliard] 십억(어: Md., Mrd.): Asien hatte 1970 rund 2 -en Bewohner 아시아는 1970년에 인구가 약 이십억이었다.
Milliarden-: **~anleihe**, die 십억 또는 몇십억 마르크의 차관. **~betrag**, der 십억 마르크의 금액. **~höhe**, die 몇십억 마르크의 높이.
milliardst.... (십억의 서수) 십억번째의. **milliard(s)tel** 십억분의 일의. **Milliard(s)tel**, das / 〈schweiz.〉 der; -s, - 십억분의 일.
Millime [mɪˈliːm], der; -(s), -s [ˈiːm(s)] [arab. millīma] 밀림(튀니지 화폐의 단위, 1000 Millimes = 1 Dinar]
Million [mɪˈli̯oːn], die; -en [ital. mil(l)ione] **1.** 《축소형: Milliönchen》 백만(약어: Mill., Mio.): eine M. Menschen etwa war(waren) auf der Flucht 약 백만 명의 사람들이 도망 중이었다; ein Defizit von fünf -en [mehreren -en, einigen -en] Mark 오백만(약 몇백만 마르크)의 적자. **2.** 〈Pl.〉 **a)** 엄청난 수: -en von Menschen[von Soldaten] 수많은 사람들[군인]. **b)** 엄청난 금액: der Verluste der Firma[die Kosten für das Projekt] gehen in die -en 그 회사의 손실[프로젝트 비용]은 몇억에 달한다.
Millionär [mɪli̯oˈnɛːɐ̯], der; -s, -e 백만장자: sie lebten wie die -e 그들은 백만장자처럼 살았다. **Milliönchen** [mɪˈli̯oːnçən] ↑ Million (1)의 축소.
millionen-, Millionen-: **~auflage**, die 《서적》 백만의 발행부수: das Werk erlebte in wenigen Monaten eine M. 그 작품은 몇 달 후에 발행부수가 백만을 기록했다. **~auftrag**, der 백만 마르크 상당의 주문. **~betrag**, der 백만 마르크(의 금액). **~ding**, das 《통용어》

백여만 마르크가 걸린 일: das Bauvorhaben ist um M. 그 건축계획은 백만 마르크 짜리이다. **~erbschaft**, die 《드물게》 백만 마르크의 유산 상속. **~geschäft**, das 백만 마르크의 사업. **~gewinn**, der 백만 마르크의 이익(이득). **~mal** 〈Adv.〉 백만 번. **~schaden**, der 백만 마르크의 손해. **~schwer** 〈Adj.〉 《통용어》 백만장자의, 굉장한 부자의: ein -er Industrieller 백만장자 사업가. **~stadt**, die 인구 백만의 도시. **~vermögen**, die 백만 마르크의 재산. **~wert**, der 백만 마르크의 가치.
millionenfach 백만 배의. **millionst...** 백만 번째의. **million(s)tel** 백만분의 일의. **Million(s)tel** das / 〈대개 schweiz.〉 der; -s, - 백만분의 일.
Milz [mɪlts], die [mhd. milze, ahd. milzi] 비장(脾臟).
Milz-: **~brand**, der 비탈저(脾脫疽). **~brandbazillus**, der 탄저균. **~entzündung**, die 비장염. **~farn**, der ↑ Schriftfarn. **~kraut**, das 바위취. **~quetschung**, die 비장이 으깨짐. **~riß**, der 비장 파열. **~schwellung**, die 비장 종창. **~stechen**, das ↑ Seitenstechen.
Mime [ˈmiːmə], der; -n, -n [lat. mīmus < griech. mĩmos] 《농》 광대, 배우: ein begnadeter M. 하늘이 낸 배우. **mimen** 〈h〉 **1.** 《드물게》 연기하다: eine Rolle m. 역을 하나 맡다. **2.** 《통용어·멸》 **a)** 《감정 등을》 가장하다, 척하다: Bewunderung m. 경탄하는 척하다. **b)** 누구[무엇]인 척하다: der Unwissenden(Kranken) m. 아무것도 모르는(병자인) 척하다; den starken Mann m. 실권자인 척하다. **Mimese** [miˈmeːzə], die; -n **1.** 《교양어》 ↑ Mimesis (1, 2). **2.** 《동물》 위장, 의태(擬態). **Mimesis** [ˈmiːmezɪs u. ɛn miˈmeːzɪs], die; -, ...mesen [...ˈmeːzn̩; griech. mímēsis] 《교양어》 **1. a)** 《고대 예술에서 자연의》 모방. **b)** 《플라톤 철학》 이데아의 모방, 모상. **2.** [고대·수사] **a)** 《남의 말의 경멸적》 흉내. **b)** 《성격의》 모방. **mimetisch** 〈Adj.〉 [griech. mīmētikós] 《교양어》 **1. a)** 흉내의, 의태의. **b)** 모방적인. **2.** 모방의.
Mimi [ˈmiːmi], die; -s 《경》 ↑ Vulva의 애칭.
Mimik [ˈmiːmɪk], die [lat. (ars) mīmica, ↑ mimisch] **1.** 표정술, 흉내내기, 몸짓: ihr Lachen blieb reine M. 그녀의 웃음은 시종 부자연스러운 (억지) 웃음이었다. **2.** 《통용어》 복잡한 구조물. **Mimikry** [ˈmɪmɪkri], die [engl. mimicry] **1.** 《동물》 위장, 의태. **2.** 《교양어》 위장술, 보신술. **mimisch** 〈Adj.〉 [lat. mīmicus < griech. mīmikós] 《교양어》 **a)** 표정술의, 흉내내는: eine -e Begabung haben 얼굴 표정을 잘 쓰다, 몸짓으로 흉내를 잘 내다. **b)** 얼굴 표정을 통해, 몸짓으로 흉내 내어.
Mimodram, Mimodrama [mimoˈdraːm(a)], das; -s, ...men 《문예학》 무언극. **Mimose** [miˈmoːzə], die; -n [lat. mīmus] **1.** 미모사나무. **2.** 미모사, 함수초: sie ist empfindlich wie eine M. 그녀는 미모사처럼 민감하다. **3.** 민감한[신경이 날카로운] 사람: er ist eine M. 그는 신경이 몹시 날카로운 사람이다. **mimosenhaft** 〈Adj.〉 미모사 같은, 신경이 몹시 날카로운. **Mimosenhaftigkeit**, die 신경 과민.
Minarett [minaˈrɛt], das; -s, -e [frz. minaret] 미나레트(이슬람 사원의 첨탑).
minder [ˈmɪndɐ] 〈Adv.〉 (아어) 덜, 별로... 않게: jmd. [etw.] ist m. angesehen 누구[무엇]가 별로 주목을 받는다; er sagte es nicht m. freundlich(wie vorher) 여느 때와 똑 같이 친절하게 그 말을 했다. **minder...** 〈Adj.〉 (가치, 의미 등에서) 특별히 뛰어나지 않은, 대단치 않은: das sind Fragen von -er Bedeutung 그것은 대단치 않은 문제이다; aber so m. ist der Wanka nicht 그래도 방카는 그렇게 만만치는 않다.
minder-, Minder-: **~bedeutend** 〈Adj.〉 덜 중요한, 대수롭지 않은. **~begabt** 〈Adj.〉 재능이 시원찮은,

~begütert 〈Adj.〉 재산이 별로 많지 않은. ~bemittelt 〈Adj.〉 돈이 별로 없는: 전의 geistig m. sein 《경·쿰》 어리석다, 지능이 모자라다; 〈명사화〉 geistig Minderbemittelte 정신박약자. ~betrag, der 부족액, 차액. ~bewertung, die 《주식 등의》 저평가(低評價). ~bruder, der ↑Franziskaner. ~einnahme, die 결손, 수입 감소. ~ertrag, der 《schweiz.》 ↑Fehlbetrag. ~gebot, das 예상보다 낮게 부른 값. ~gewicht, das 중량 부족. ~jährig 〈Adj.〉 〖법〗 미성년의. ~jährige, der/die 〖법〗 미성년자. ~jährigkeit, die 미성년. ~sinnig 〈Adj.〉 《schweiz.》 호의가 없는, 비우호적인. ~wert, der 《은어》 ↑Wertminderung. ~wertig 〈Adj.〉 《쿰》 ↑Wertminderung. ~wertig 〈Adj.〉 《쿰》 저질의, 질이 낮은: 전의 er ist ein -es Subjekt 그는 개성이 없는 사람이다. ~wertigkeit, die 〈Pl. 없음〉 열등한 것, 열등함. ~wertigkeitsgefühl, das 열등감. ~wertigkeitskomplex, der 〖심리〗 열등 의식 콤플렉스. ~zahl, die 〈Pl. 없음〉 소수: in der M. sein 〈숫자상〉 소수에 머물다.

Minderheit, die; -en [lat. minoritas] 1. 〈Pl. 없음〉 a) 소수: es ist nur eine M. gegen diesen Entwurf 이 안에 반대하는 것은 소수에 불과하다. b) 소수 그룹, 소수 집단, 소수 민족. 2. 소수당: die M. stellt die Regierung 소수당이 정권을 인수했다.

Minderheiten- ~**problem**, das 소수자(민족, 당, 파) 문제. ~**recht**, das 〈대개 Pl.〉 소수자(민족, 당, 파)의 권리. ~**schutz**, der 소수자(민족, 당, 파)의 보호.

Minderheits-: ~**recht**, das 〈대개 Pl.〉 ↑Minderheitenrecht. ~**regierung**, die 소수당 정부. ~**votum**, das 소수 의견.

mindern ['mɪndɐn] 〈h〉 〈아어〉 1. 줄이다, 내리다, 떨어뜨리다: den Wert einer Leistung m. 업적의 가치를 떨어뜨리다; das Tempo m. 속도를 줄이다. 2. 〈m. + sich〉 줄다, 내려가다, 저하하다: die Anziehungskraft der Organisation mindert sich mit der Zeit 그 조직의 매력은 시간이 감에 따라 줄어들고 있다. **Minderung**, die; -en 저하, 감퇴. **Minderungslauf**, der 〖육상〗 속도 줄여 달리기: die M. dient der Schulung des Zeitgefühls 속도 줄여 달리기는 시간 감각을 훈련하는 데 좋다. **mindest...** ['mɪndəst...] 〈Adj.〉 최소의, 극히 적은: ich habe davon nicht die -e Ahnung 나는 그것에 대해서 조금도 아는 바가 없다; **nicht das -e** 조금도 … 않은 바의 것; sie versteht nicht das -e vom Kochen 그녀는 요리에 대해 아무 것도 모른다; **nicht im -en** 전혀 … 않은; **zum -en** 적어도: er hätte sich zum -en entschuldigen können 그는 적어도 사과는 할 수 있었던 덴데.

Mindest-: ~**abstand**, der 최소 간격. ~**alter**, das 최저 연령. ~**anforderung**, die 최소한의 자격. ~**anzahl**, die 최소한의 수. ~**beitrag**, der 최소한의 기여, 회비. ~**besteuerung**, die 최소한의 과세. ~**betrag**, der 최저액. ~**bietende***, der/die 《경매에서》 최저가 신청인. ~**einnahme**, die 최저 수입. ~**forderung**, die 1. 최저 요구. 2. ↑~anforderung. ~**gebot**, das 《경매에서의》 하한가. ~**geschwindigkeit**, die 최저 속도. ~**größe**, die 크기의 하한선. ~**höhe**, die 높이의 하한선. ~**lohn**, der 최저 임금. ~**maß**, das 최소한도, 최저 양. ~**preis**, der 최저 가격. ~**reserve**, die 〈대개 Pl.〉 〖경제〗 《금융 기관의》 최저 준비금. ~**salär**, das 《schweiz.》 최저 임금, 초임. ~**satz**, der 최저액. ~**strafe**, die 최저 형량. ~**wert**, der 최저치. ~**zahl**, die 최소한의 수. ~**zeit**, die 최소한의 시간.

mindestens ['mɪndəstn̩s] 〈Adv.〉 a) 적어도: es waren m. drei Täter 범인은 적어도 세 명이었다. b) 어떻든, 최우간, 적어도: du hättest dich m. entschuldigen müssen 너는 어떻든 사과를 했어야 했다.

¹**Mine** ['miːnə], die; -n [frz. mine] 1. 《드물게》 a) 광산: die Gefangenen arbeiten in den -n 포로들이 광산에서 일한다. b) 갱도. 2. 지뢰, 기뢰: die Minen (vergraben) 지뢰를 놓다[묻다]; auf eine M. treten 지뢰를 밟다; **eine M. legen** 《통용어》 음모를 꾸미다; **allen springen lassen** 《통용어》 백방으로 대책을 강구하다, 온갖 수단을 다 동원하다. 3. 연필, 볼펜의 심: die M. meines Kugelschreibers ist leer 내 볼펜은 심이 다 되었다. 4. 〖생물〗 〖식물의〗 벌레 구멍.

²**Mine** [-], die; -n [lat. mina < griech. mnã] 1. 미나(고대 그리스와 중동의 무게 단위). 2. 미나(고대 그리스의 동전).

Minen- (¹Mine): ~**arbeiter**, der 《드물게》 ↑Bergmann. ~**boot**, das 기뢰부설선. ~**feld**, das 지뢰(기뢰) 밭. ~**leger**, der 〖군〗 기뢰부설차(함). ~**räumboot**, das 〖군〗 소해정. ~**riegel**, der ↑~feld. ~**sperre**, die 지뢰, 기뢰 봉쇄 구역. ~**suchboot**, das 〖군〗 소해정. ~**sucher**, der ↑~suchboot. ~**suchgerät**, das 〖군〗 지뢰 탐지기. ~**werfer**, der 《군·옛》 박격포.

Mineral [mineˈrɑːl], das; -s, -e/-ien [-i̯ən; lat. (aes) minerale = Grubenerz] 광물, 무기물.

Mineral-: ~**bad**, das 광천욕. ~**brunnen**, der ↑~quelle. b) ~**dünger**, der 무기질 비료. ~**öl**, das a) Erdöl. b) 석유류. ~**ölgesellschaft**, die 석유 회사. ~**ölindustrie**, die 석유 산업. ~**ölprodukt**, das 석유 제품. ~**ölsteuer**, die 석유세. ~**quelle**, die 광천. ~**salz**, das 무기염. ~**säure**, die 〖화학〗 무기산. ~**stoff**, der 무기염, 무기질. ~**stofftheorie**, die 〖식물〗 무기염설. ~**theorie**, die ↑~stofftheorie. ~**wachs**, das ↑Erdwachs. ~**wasser**, das 〈Pl. -wässer〉 a) 광천수. b) 미네랄 위터, 탄산수.

Mineraliensammlung, die; -en 광물 수집. **Mineralisation** [mineralizaˈt͡si̯oːn], die; -en 《생물·지질》《유기물의》 무기질화. **mineralisch** 〈Adj.〉 광물성의, 무기질의: -e Substanzen 무기물질. **mineralisieren** [mineraliˈziːrən] a) 〈s〉 무기질화하다. b) 〈h〉 무기질을 생성하다. **Mineralisierung**, die; -en ↑Mineralisation. **Mineraloge**, der; -n, -n 광물학자. **Mineralogie**, die 광물학. **mineralogisch** 〈Adj.〉 광물학상의, 광물학적인.

Minestra [miˈnɛstra], die; ...stren [ital. ministrare, ↑Ministrant] 〖요리〗 미네스트라(쌀과 치즈가 든 야채 수프). **Minestrasuppe**, die 《österr.》 양배추 수프. **Minestrone** [minɛsˈtroːnə], die; -n [ital. minestrone] ↑Minestra.

mini [ˈmini] 〈Adj.〉 [engl. mini, ↑Miniatur] 초미니의, ↑Miniatur 《유행》 미니(스커트, 코트 등의 길이가 짧은): sie geht〔trägt〕m. 그녀는 미니 차림이다. ¹**Mini** [-], das; -s, -s 1. 〈Pl. 없음〉《유행》 a) 미니 의상. b) 미니 길이: Kleider in gemäßigtem M. 지나치지 않은 미니 길이의 옷들. 2. 《통용어》 미니 원피스(↑Minikleid 의 약칭). ²**Mini** [-], der; -s, -s 《통용어》 미니 스커트(↑Minirock의 약칭).

mini-, Mini-: ~**auto**, das 경차동차, 초소형 자동차. ~**bikini**, der 미니 비키니. ~**car**, der [engl. minicar] 소형택시. ~**format**, das 극소판, 소형판. ~**golf**, das 미니 골프. ~**kini** [-kiːni], der; -s, -s 미니키니 수영복. ~**kleid**, das 〖유행〗 미니 원피스. ~**kurz** 〈Adj.〉 ↑mini. ~**mantel**, der 〖유행〗 미니 코트. ~**pille**, die 미니 피임약, 경구 피임약. ~**rock**, der 〖유행〗 미니 스커트. ~**slip**, der 미니 슬립(아주 짧은 팬티). ~**spion**, der 소형 도청 장치.

Miniatur [miniaˈtuːɐ], die; -en [ital. miniatura] 〖회화〗 1. 《중세의 필사본의》 장식화. 2. 세밀화, 축소화.

Miniatur-: ~ausgabe, die 소형판, 극소판. ~bild, ~gemälde, das ↑Miniatur (2). ~golf, das ↑Minigolf. ~maler, der 세밀(미세)화가. ~malerei, die 세밀(미세)화법.
miniaturisieren [miniaturi'zi:rən] ⟨h⟩ [전기] 소형화하다. **Miniaturisierung**, die; -en [전기] (제품의) 소형화.
Minier-: ~arbeit, die ⟨전문어⟩ 갱도 작업. ~fliege, die 애벌레 때 식물의 잎을 파먹는 파리의 일종. ~motte, die 애벌레 때 식물의 잎을 파먹는 나방의 일종.
minieren [mi'ni:rən] ⟨h⟩ [frz. miner] ⟨전문어⟩ 갱도를 파다.
minim [mi'ni:m] ⟨Adj.⟩ (schweiz. · 그외 고어) ↑minimal. **¹Minima** ['mi:nima], die; ...mae [...me] / ...men [lat. minimus, ↑Minimum] [음악] 이분음표. **²Minima**: ↑Minimum의 복수형.
minimal [mini'ma:l] ⟨Adj.⟩ 극소의, 최소의, 최저의, 매우 적은, 미미한: ein -er Unterschied 미미한 차이; ihre Rente ist m. 그녀의 연금은 보잘것 없다.
Minimal-: ~betrag, der 미미한 액수. ~forderung, die 최소한의 요구(반대: Maximalforderung). ~konsens, der [정치] 최소한의 합의점, 의견 일치. ~preis, der 최저가격(반대: Maximalpreis). ~programm, das [정치] 최소 강령. ~wert, der 최저치 (반대: Maximalwert).
Minimal art ['mɪnɪməl 'a:t], die [amerik. minimal art] [예술] (최소한의 조형 수단만을 활용하는 미술 사조인) 미니멀 아트. **minimalisieren** [minimali'zi:rən] ⟨h⟩ **1.** ⟨전문어⟩ 극소화하다(반대: maximalisieren): eine Gleichung m. 방정식을 단순화하다. **2.** ⟨교양어⟩ 경시하다. **minimieren** [mini'mi:rən] ⟨h⟩ (반대: maximieren, optimieren) **1.** [수학] 극소화하다. **2.** ⟨교양어⟩ 최저 수준으로 내리다: Lohnkosten m. 임금비용을 극소화하다. **Minimierung**, die; -en **1.** [수학] 극소화, 최소치 구하기. **2.** ⟨교양어⟩ 극소화. **minimisieren** [minimi'zi:rən] ⟨h⟩ ⟨전문어⟩ ↑minimieren (1). **Minimisierung**, die; -en 극소화. **Minimum** ['mi:nimʊm], das; -s, ...ma [lat. minimum] (반대: Maximum) **1.** ⟨교양어⟩ 미니멈, 최소 한도, 최저 한도: ein M. an Sicherheit erwarten 최소한의 안전을 기대하다; wir konnten die Ausgaben auf ein M. reduzieren 우리는 지출을 최소한도로 줄일 수 있었다. **2. a)** [수학] 최소값: die Minima und Maxima einer Funktion berechnen 함수의 최대값과 최소값을 계산하다. **b)** [기상] (기온, 습도의) 최저치: die Maxima und Minima der Luftfeuchtigkeit 습도의 최고치와 최저치. **3.** 저기압권의 중심부: ein barometrisches M. 최저 기압(↑barometrisch). **Minimumthermometer**, das 최저 온도계.
Minister [mi'nɪstɐ], der; -s, - [frz. ministre, lat. minister = Diener, Gehilfe] 장관: der M. ist zurückgetreten(wurde abgelöst) 장관이 물러났다(경질되었다); der M. des Inneren 내무부 장관.
Minister-: ~amt, das 장관직. ~anklage, die [법] 장관의 탄핵. ~bank, die (국회의) 장관석. ~ebene, die ⟨다음 용법으로⟩ auf M. (당해) 장관급 차원의: Verhandlungen auf M. 장관급의 협상. ~konferenz, die 장관 회의, 장관 회담. ~präsident, der **1.** [독일의] 주 정부 수상. **2.** 수상, 국무총리. ~präsidentin, die ↑Ministerpräsident의 여성형. ~präsidentschaft, die (schweiz.) (수상 ·대통령의 수반이 되는) 내각 평의회 의장. ~rat, der 내각평의회(구동독, 프랑스 등의 정부를 가리킴). ~sessel, der ⟨통용어⟩ ↑~amt: jmdm. einen M. anbieten 누구에게 장관 자리를 제의하다; sein M. wackelt 그의 장관 자리가 위태롭다.

ministerial [mɪnɪste'ria:l] ⟨Adj.⟩ [spät lat. ministeriālis] 정부 부처의, 정부측의: ein -er Kurier 정부측의 사자.
Ministerial-: ~beamte', der 정부 부처의 공무원. ~direktor, der (각 부의) 국장. ~dirigent, der (각 부의) 부국장. ~rat, der (각 부의) 참사관.
Ministeriale [mɪnɪste'ria:lə], der; -n, -n [lat. ministerialis] ⟨역사적⟩ (중세 봉건 영주의) 가신, 공훈 귀족.
ministeriell [mɪnɪste'riel] ⟨Adj.⟩ [frz. ministériel] **a)** ↑ministerial: -e Maßnahmen(Entscheidungen) 정부의 조처(결정). **b)** 장관의: mit -er Genehmigung 장관의 인가를 받아서; das kann nur m. entschieden werden 그것은 장관만이 결정할 수 있다. **Ministerin**, die; -nen ↑Minister의 여성형. **Ministerium** [mɪnɪs'te:riʊm], das; -s, ...ien [...iən; frz. ministère < lat. ministerium] **1.** 행정부(처), 부(部), 성(省). **2.** 부의 청사: er ging ins M. 그는 청사로 들어갔다. **ministrabel** [mɪnɪs'tra:b]] ⟨Adj.⟩ 장관 자격이 있는. **Ministrant** [mɪnɪs'trant], der; -en, -en [lat. ministrāns] [가] (미사 때의) 복사(服事). **ministrieren** [mɪnɪs'tri:rən] ⟨h⟩ [가] (미사 때) 복사(服事)하다.
Mink [mɪŋk], der; -s, -e [engl. mink] **1.** 밍크. **2.** 밍크 모피.
Minna ['mɪna], die; -s [↑Wilhelmine의 약칭] ⟨통용어 ·준고어⟩ 가정부, 식모, 언니(가정부를 부르는 말): jmdn. zur M. machen ⟨통용어⟩ 누구를 몹시 꾸짖다; die grüne M. ⟨통용어⟩ 죄수 호송차, 닭장차.
Minne ['mɪna], die **1.** ⟨중세⟩ (기사의) 사랑, 귀부인을 위한 봉사. **2.** ⟨시어·준고어⟩ 사랑.
Minne-: ~dienst, der ⟨중세⟩ (중세 기사의 귀부인에 대해) 사랑 봉사: [전의] so'n M. ist ganz schön anstrengend 사랑 봉사란 꽤 힘든 것이다; **M. haben** [**zum M. gehen**] ⟨통용어 ·농⟩ 애인을 만나다, 데이트하다. ~glück, das ⟨시어·준고어⟩ 사랑의 행복. ~lied, das [문예학] (중세 기사의) 사랑 노래, 연가. ~sang, der [문예학] (중세 독일의) 연가 문학. ~sänger, der (중세 독일의) 연가 가인. ~singer, der ↑~sänger.
minnen ⟨h⟩ ⟨시어·준고어⟩ 사랑하다. **minniglich** ['mɪnɪklɪç] ⟨Adj.⟩ ⟨시어·준고어⟩ **a)** 사랑스러운, 매혹적인: -e Frauen 사랑스러운 여인들. **b)** 애정있는, 사랑에 가득 찬: jmdn. m. küssen 누구에게 사랑스럽게 키스를 하다.
minoisch [mi'no:ɪʃ] ⟨Adj.⟩ 미노스의, 미노스적인: Funde aus -er Zeit 미노스 시대의 유물.
Minorat [mino'ra:t], das; -(e)s, -e [lat. minor] (반대: Majorat) **1.** 막내아들의 상속권. **2.** 막내아들의 상속 재산. **minorenn** [mino'ren] ⟨Adj.⟩ [lat. minor, ↑minus u. annus = Jahr] ⟨법·고어⟩ 미성년의(반대: Majorenn). **Minorennität** [...reni'tɛ:t], die [lat. minorennitas] ⟨법·고어⟩ 미성년(반대: Majorennität). **Minorit** [...'ri:t], der; -en, -en [zu lat. minoritas = Armut] 프란시스코 수도회의 수도사. **Minorität** [minori'tɛ:t], die; -en [frz. minorité] 소수, 소수파(반대: Majorität): eine starke M. 강력한 소수파.
Minstrel ['mɪnstrəl], der; -s, -s [engl. minstrel] (중세 영국의) 악사, 음유 가인.
Mintsoße ['mɪnt-], die; -n [engl. mintsauce] [요리] 박하소스.
Minuend [mi'nyent], der; -en, -en [lat. minuendus] [수학] 피감수. **minus** ⟨Adv.⟩ [lat. minus = weniger] (반대: plus) **I.** ⟨Konj.⟩ [수학] 빼기, 마이너스: fünf m. drei ist [macht, gibt] zwei 5 빼기 3은 2이다. **II.** ⟨Präp.²⟩ [상] ...을 뺀 차액: dieser Betrag m. der üblichen Abzüge 이 금액에서 통상의 공제액을 뺀 차액.

Minus 1398

III. ⟨Adv.⟩ **1.** [수학] 마이너스로, 음(-)으로, 영하로: fünf weniger acht ist m. 드리 5 빼기 8은 마이너스 3이다; die Temperatur beträgt m. fünf Grad[ist auf m. fünf Grad, fünf Grad m. gesunken] 기온이 영하 5도이다[영하 5도로 떨어졌다]. **2.** [전기] 마이너스, 음(-): der Strom fließt von plus nach m. 전류는 플러스에서 마이너스로 흐른다. **Minus** [-], das; - (반대: Plus) 1. 손실, 적자: ein M. von fünfzig Mark feststellen 50 마르크의 손실을 확인하다. **2.** 단점, 약점: der schlechte Kundendienst dieser Firma ist ein M. 이 회사의 불친절한 고객 봉사는 단점이다.

Minus-: ~**betrag**, der 적자 액수. ~**differenz**, die 적자폭. ~**kavalier**, der 《통용어》여자에게 매우 불친절한 (기사도를 모르는) 남자. ~**pol**, der **a)** [전기] (전기의) 음극. **b)** [물리] (자석의) 음극. ~**punkt**, der (반대: Pluspunkt) **1.** 실점, 감점: er hat für diese Antwort im Examen einen M. bekommen 그는 시험에서 이 답으로 감점을 받았다. **2.** ↑Minus (2). ~**stunde**, die 근무 시간의 부족분: in diesem Monat habe ich mir drei -n eingehandelt 이 달에 나는 근무 시간이 3시간 부족했다. ~**typ**, der 《통용어·폄》(사람 됨이) 나쁜 놈. ~**zähler**, der [스포츠] ↑ -punkt (1). ~**zeichen**, das 뺄셈 부호, 마이너스 부호(반대: Pluszeichen).

Minuskel [mi'nʊsk]], die; -n [lat. minusculus] [인쇄] 소문자(반대: Majuskel). **Minuskelschrift**, die [인쇄] 소문자(로만 인쇄된) 체.

Minütchen [mi'ny:tçən], das; -s, - ↑Minute (1)의 축소형. **Minute** [mi'nu:tə], die; -n [lat. pars minūta prima] **1.** 《축소형: ↑Minütchen》 **a)** (시간의) 분: um M. verging[verstrich] 시간이 일분 일분 지나갔다; es ist jetzt neun Uhr (und) sieben -n 지금 9시 7분이다; ich kam drei -n zu spät 나는 3분 늦게 왔다. **b)** 순간, 잠깐 동안: hast du eine M. Zeit für mich? 너 잠깐 나를 만날 시간 있니?; in der nächsten M. war er verschwunden 다음 순간 그는 사라졌다. **auf die M.** 정확히 시간에 맞추어: er kam auf die M. 그는 정확히 시간에 대서 왔다. **2.** 《전문어》(도의 60분의 1로서의) 분: einen Winkel von vierzig Grad (und) zwanzig -n konstruieren 40도 20분의 각을 구성하다; einundfünfzig Grad zehn -n nördlicher Breite 북위 51도 10분.

minutenlang ⟨Adj.⟩ 몇분간의, 몇분씩 지속되는: -er Applaus 몇분간의 박수 갈채. **Minutenzeiger**, der (시계의) 분침, 긴 바늘. **-minutig** [-minu:tɪç], **-minütig** [-miny:tɪç] 《다음의 합성어로, 예컨데》 zweiminütig 2분간의, mehrminütig 몇분간의. **minutiös**: ↑minuziös. **minutlich** [mi'nu:tlɪç] ⟨Adj.⟩ 《드물게》 매분. **minütlich** [mi'ny:tlɪç] ⟨Adj.⟩ 매분. **Minuzienstift** [mi'nu:tsjən-], der; -(e)s, -e [lat. minūtia, ↑minuziös] 곤충채집용 핀. **minuziös** [minu'tsjø:s] ⟨Adj. -er, -este⟩ [frz. minutieux < lat. minūtia] 《교양어》 **1.** 매우 정확한, 꼼꼼한: eine -e Schilderung der Vorfälle 사건의 정확한 묘사. **2.** 《고어》 좀스러운, 자잘한.

Minze ['mɪntsə], die; -n [lat. menta] 박하.

miozän [mio'tsɛ:n] ⟨Adj.⟩ [지질] 중신세(中新世)의. **Miozän**, das; -s [griech. meîon = kleiner, weniger u. kainós = neu] [지질] 중신세(中新世).

mir [miːɐ̯] **1.** 나에게(인칭대명사 ich의 여격): schick m. doch bitte das Buch zu 나에게 그 책을 좀 보내다오; m. nichts, dir nichts 거리낌 없이, 아무렇게나. **2.** (1인칭 재귀대명사의 여격) ich kämme m. die Haare 나는 머리를 빗는다.

Mir [-], der; -s [russ. mir] 《역사적》 미르(제정 러시아의 촌락 공동체).

Mirabelle [mira'bɛlə], die; -n [frz. mirabelle] 자두. **Mirabellen-**: ~**baum**, der 자두나무. ~**geist**, der 자두 브랜디. ~**schnaps**, der 자두 소주. ~**wasser**, das ⟨Pl. ...wässer⟩ ↑-geist.

mirabile dictu [mi'ra:bilə 'dɪktu; lat. = wundersam zu sagen] 《교양어》놀랍게도. **Mirakel** [mi'ra:k]], das; -s, - [lat. mīrāculum = Wunder] **1.** 《아어·준고어》 기적, 불가사의. **2.** Mirakelspiel, **Mirakelspiel**, das 《역사적》 (중세의) 기적극. **mirakulös** [miraku'lø:s] ⟨Adj.⟩ [frz. miraculeux] 《교양어·준고어》 기적적인, 불가사의한.

mis-, **Mis-**: ↑miso-, Miso- 참조. **Misandrie** [mizan'dri:], die [griech. misandría] 《의학·심리》 남성혐오증. **Misanthrop** [mizan'tro:p], der; -en, -en [griech. misánthrōpos] 《교양어》 ↑Menschenfeind. **Misanthropie** [...tro'pi:], die [griech. misanthrōpía] 《교양어》 ¶Menschenhaß. **misanthropisch** ⟨Adj.⟩ 《교양어》 ¶menschenfeindlich.

misch-, **Misch-**: ~**batterie**, die 냉·온수 혼합 수도꼭지. ~**becher**, der ¶Mixbecher. ~**binder**, der [토건] 혼합 전색제(展色劑). ~**blut**, das 《드물게》 ↑Mischling (1). ~**brot**, das 《호밀가루와 밀가루로 섞어 만든》 혼합 빵. ~**ehe**, die ⟨Adj.⟩ 종교가 다른 사람끼리의 결혼. **b)** 《나치》 인종이 다른 사람끼리의 결혼(특히 아리아인과 유태인간의). ~**element**, das 《화학》 혼합원소(둘 이상의 동위원소로 구성된). ~**erbig** [...ˈɛrbɪç] ⟨Adj.⟩ ↑heterozygot. ~**erbigkeit**, die ↑Heterozygotie. ~**farbe**, die 혼합색. ~**farben**, ~**farbig** ⟨Adj.⟩ 혼합색의. ~**form**, die 혼합형. ~**futter**, das 배합 사료. ~**garn**, das 혼방사. ~**gemüse**, das 모듬야채. ~**geschwulst**, die 《의학》 혼성 종양. ~**getränk**, das ↑Mixgetränk. ~**gewebe**, das 혼방직물. ~**infektion**, die 《의학》 (여러 종류의 박테리아에 의한) 혼합 감염. ~**kaffee**, der 《원두커피와 대용커피를》 섞은 커피. ~**kalkulation**, die [경제] 혼합 계산(어떤 품목에서 본 손해를 딴 품목에서 만회해서 전체적으로는 이익을 보려고 하는 계산법). ~**konzern**, der [경제] 복합 기업. ~**kristall**, der 혼정(混晶). ~**kultur**, die **1.** [농업] 혼합 재배. **2.** 혼합 문화. ~**masch** ↑Mischmasch. ~**maschine**, die [토건] 콘크리트 믹서. ~**polymerisation**, die 《화학》 다중합(多重合). ~**pult**, das [영화·방송] 믹서, 음량 조정 장치. ~**rasse**, die 혼혈인종. ~**sprache**, die 혼성어(混成語). ~**system**, das 혼합체제, 절충체제. ~**trommel**, die 믹서, 혼합기. ~**volk**, das 혼혈족. ~**wald**, der 혼합림.

mischbar ['mɪʃbaːɐ̯] ⟨Adj.⟩ 섞을 수 있는. **mischen** ['mɪʃn] ⟨h⟩ **1. a)** 섞다, 혼합하다, 배합하다: Wasser und Wein m. 물과 포도주를 섞다; den Salat m. 샐러드를 섞다, 버무리다. **b)** 넣다, 타다: ein wenig Zucker in[unter] den Brei m. 설탕을 조금 죽에 넣다. **c)** 조제하다, 만들다: einen Cocktail m. 칵테일을 만들다. **2.** ⟨m. + sich⟩ **a)** 혼합되다: Wasser mischt sich nicht mit Öl 물과 기름은 섞이지 않는다; [전의] Ekel und Verzweiflung mischten sich 역겨움과 절망이 교차했다. **b)** 추가되다: in meine Freude mischte sich Angst 나의 기쁨에 두려움이 섞였다[추가되었다]. **3.** [카드] 패를 섞다: die Karten m. 카드를 섞다. **4.** ⟨m. + sich⟩ 개입하다, 끼어들다, 간섭하다: sich in ein Gespräch m. 대화에 끼어들다; sich in fremde Angelegenheiten m. 남의 일에 간섭하다. **5.** ⟨m. + sich⟩ 다수의 틈에 섞이다: sich unters Volk m. 민중의 틈에 섞이다. **6.** [영화·방송] 믹서로 음향을 배합하다: wenn wir die Aufnahme heute noch fertigbekommen, können wir morgen m. 우리가 오늘 녹음을 끝내면 내

일 소리를 배합할 수 있다. **Mischer** ['mɪʃɐ], der; -s, - **1.** 믹서, 혼합기. **2.** 《전문어》 섞는 사람. **Mischerei** [mɪʃə'raɪ], die; -en 《통용어·폄》 뒤섞기, 섞음질, 버무림질: was bei deiner M. herauskommt, möchte ich nicht trinken 네가 섞어 만드는 것은 마시고 싶지 않다. **Mischling** ['mɪʃlɪŋ], der; -s, -e **1.** 혼혈아: Mulatten sind -e 물라토는 혼혈아들이다. **2.** [생물] 잡종: ein M. aus Schäferhund und Boxer 세퍼드와 복서의 잡종. **Mischmasch** ['mɪʃmaʃ], der; -(e)s, -e 《통용어·폄》 잡탕, 뒤범벅, 혼합물: das Essen war ein M. aus Kartoffeln, Gemüse und Nudeln 식사는 감자, 야채, 국수의 잡탕이었다. **Mischna** ['mɪʃna], die [hebr. mišnā] [종교] 미시너(유태 법령집, 탈무드의 기초가 됨). **Mischpoche** ['mɪʃpɔxə], die; ↑Mischpoke. **Mischpoke** [mɪʃ'poːkə], Muschpoke [mʊʃ'...], Mischpoche [...'poːxə], die [jidd. mischpocho] 《폄》 a) 떨거지, 붙이, 가족: am Sonntag kommt meine ganze M. zum Mittagessen 일요일에 내 떨거지들이 다 점심먹으러 온다. b) 패거리: diese Muschpoke da unten war ja zu allem fähig 저 밑의 패거리들은 못할 짓이 없었다. **Mischung** ['mɪʃʊŋ], die; -en **1.** 혼합, 배합: durch die M. der beiden Farben entstand ein dunkles Grün 두 가지 색의 배합으로 짙은 녹색이 생겨났다. **2. a)** 혼합물, 칵테일: eine M. aus mehreren Kaffeesorten 여러 종류를 섞은 커피. **b)** 절충의 결과로 생겨난 것), 절충형, (반반씩) 합친 것: er sah sie mit einer M. aus Abneigung und Mitleid an 그는 그녀를 혐오감과 동정심이 섞인 마음으로 바라보았다. **Mischungsverhältnis**, das 혼합(배합)의 비율.
Mise ['miːzə], die; -n [frz. mise] **1.** 《생명보험의》 일시불 보험료. **2.** (도박에) 건 돈. **Mise en scène** [mizã'sɛn], die; - [mis...] - - [frz. 〈演劇〉 연출, 연출.
Miselsucht ['miːzl-], die; - 《古語》 ↑Lepra.
miserabel [mizə'raːbl] 〈Adj.; ...bler, -ste〉 [frz. misérable] 《감정》 **a)** 형편없는, 보잘것 없는: er spricht ein miserables Deutsch 그는 형편없는 독일어를 한다; das Wetter ist m. 날씨가 형편없다. **b)** 불쌍한, 가엾은, 비참한: sie ist in einem miserablen Zustand 그녀는 비참한 상황에 처해 있다. **c)** 불량한, 비열한, 야비한: er ist ein ganz miserabler Kerl 그는 아주 비열한 자식이다. **Misere** [mi'zeːrə], die; -n [frz. misère] 《교양어》 곤경, 불행, 비참한 처지: in eine M. geraten 곤경에 빠지다. **Miserere** [mize'reːrə], das; -s [lat. miserēre] **1.** (성경 시편 51편의 첫 구절에서) 미세레레 기도, 미세레레 기도의 곡. **2.** [의학] ↑Koterbrechen. **Misericordias Domini** [mizeri'kɔrdias 'doːmini] 〈관사·격변화 없음〉[lat. = die Barmherzigkeit des Herrn, 시편 89] [신교] 부활절 이후 두번째 일요일. **Miserikordie** [mizeri'kɔrdiə], die; -n [lat. misericordia] 교회 성가대석의 접는 의자 아래의 가로대(의자를 접고 일어서 있을 때 기댄다). **Miserikordienbild**, das ↑Erbarmdebild.
miso-, Miso-, 《모음 앞》 mis-, Mis- [mi(z)o)-] griech. mīsos] ["혐오·증오"의 뜻의 규정어, 예컨대) Misogyn, misanthropisch. **Misogamie** [...ɡa'miː], die [griech. misógamos] [의학·심리] 결혼혐오(증).
misogyn [...'ɡyːn] 〈Adj.〉 [griech. misogýnēs] 《교양어》 여성혐오의, 여자를 싫어하는: er nimmt eine misogyne Haltung an 그는 여성혐오적인 태도를 취하다. **Misogyn** [-], der; -s / -en, -e(n) [griech. misogýnēs] [의학·심리] 여성혐오증 환자. **Misogynie** [...ɡy'niː], die [griech. misogynía] **1.** [의학·심리] 여성혐오증. **2.** 《교양어》 여성혐오, 여성 경시: M. findet ihren Ausdruck im Film und in der Werbung 여성경시 현상이 영화와 광고에 나타난다.

Mispel ['mɪspl], die; -n [lat. mespilus < griech. méspilon] **1.** 서양모과나무. **2.** 서양모과.
miß [mɪs] ↑messen 참조.
Miß, Miss [mɪs], die; Misses [engl. miss] **1.** 〈관사 없음〉 미스(미혼 여성의 호칭). **2.** [고어] 〈영국 용법〉 여자 가정 교사. **3.** 미스(미의 여왕): sie wurde zur M. Germany gewählt 그녀는 미스 독일로 선발됐다.
miß-, Miß- [mɪs-]: **~achten** (mißachtete, hat mißachtet [(또한) '---], mißachtete, hat gemißachtet) **1.** 무시하다, 따르지(지키지) 않다: jmds. Rat m. 누구의 충고를 무시하다(따르지 않다). **2.** 깔보다, 업신여기다, 멸시하다, 경시하다: sich mißachtet fühlen 멸시당하는 느낌을 받다. **~achtung**, die: 무시, 경시, 멸시. **~befinden**, das 《드물게》 탈, 몸[마음]이 좋지 않은 상태. **~behagen** 〈h〉 《드물게》 불쾌하다, 마음에 들지 않다: das mißbehagt mir 그것은 내 마음에 안 든다. **~behagen**, das 불쾌감, 불만. **~behaglich** 〈Adj.〉 《드물게》 불쾌한, 불만스러운: ein -es Gefühl haben 불쾌한 느낌을 갖다. **~beschaffen** 〈Adj.〉 《드물게》 기형의, 꼴사나운, 악성의. **~beschaffenheit**, die 《드물게》 기형, 악성, 잘못됨. **~bildung**, die 기형: eine angeborene M. 선천성 기형. **~billigen** (mißbilligte, hat mißbilligt) 거부하다, 비난하다, 찬성하지 않다: die Familie mißbilligte ihre Heirat 가족은 그녀의 결혼을 찬성하지 않았다. **~billigung**, die 거부, 비난, 불찬성. **~brauch**, der **1. a)** 오용, 악용: er treibt M. mit seiner Stellung 그는 자기의 자리를 악용하고 있다. **b)** 남용: der M. von Medikamenten 약제의 남용. **2.** 《드물게》 강간, 성폭행. **~brauchen** (mißbrauchte, hat mißbraucht) **1. a)** 오용(악용)하다: seine Macht m. 자기의 권력을 악용하다. **b)** 남용하다: Alkohol m. 알코올을 남용하다. **2.** 《아어》 강간하다, 성폭행하다. **~bräuchlich** ['...brɔyçlɪç] 〈Adj.〉 잘못된, 불법적인: die -e Verwendung von Macht 권력의 불법적인 사용. **~deuten** (mißdeutete, hat mißdeutet) 오해(곡해)하다: jmds. Worte m. 누구의 말을 오해하다. **~deutung**, die 오해, 곡해, 잘못 해석. **~ehe**, die 신분에 어울리지 않는 결혼. **~empfindung**, die [의학] 불쾌감. **~erfolg**, der 실패: das Konzert war ein M. 그 음악회는 실패작이었다. **~ernte**, die 흉작: -n und Hungersnot 흉작과 기근. **~fallen¹** (mißfiel, hat mißfallen) 《아어》 마음에 들지 않다, 불만스럽다: sein Benehmen, mißfällt mir 그의 행동은 내 마음에 들지 않는다. **~fallen**, das; -s 불만, 불쾌(감): sein M. äußern 자기의 불만을 토로하다. **~fallensäußerung**, die 불만의 토로. **~fällig** 〈Adj.〉 《준교어》 불만[불쾌감]을 드러내는: eine -e Äußerung 불쾌감을 드러내는 발언. **~farbe**, die; -n 《아어·드물게》 불쾌한(추한) 색. **~farben** 〈Adj.〉 《아어·드물게》 빛깔이 추한. **~farbig** 〈Adj.〉 《아어·드물게》 ↑~farben. **~förmig** 〈Adj.〉 《드물게》 기형적인. **~gebildet** 〈Adj.〉 ↑~gestaltet. **~geburt**, die **a)** [의학] 기형아, 낳구, 괴물: -en sind oft nicht lebensfähig 기형아들은 흔히 생존 능력이 없다; [전의] das Kleid ist eine M. 그 원피스는 완전히 실패작이었다. **b)** 《경멸》 병신, 쌍놈(경감이 안 가는 사람). **~gelaunt** 〈Adj.〉 《아어》 기분이 언짢은. **~gelauntheit**, die 언짢은 기분, 기분이 언짢은 상태. **~geschick**, das 사고, 불행, 재난, 실수: jmdm. passiert ein M. 누구에게 불행이 생기다. **~gestalt** 〈Adj.〉 《드물게》 ↑~gestaltet 참조. **~gestalt**, die 《드물게》 기형아. **~gestaltet** 〈Adj.〉 기형적인, 꼴사나운: eine -e Nase 기형적인 코. **~gestimmt** 〈Adj.〉 기분이 안좋은, 언짢은. **~gewachsen** 〈Adj.〉 《드물게》 기형적인. **~glücken** (mißglückte, ist mißglückt) 안 되다, 실패로 끝나다(반대: glücken): der erste Versuch miß-

glückte 첫번째 시도는 실패로 돌아갔다. ~gönnen 〈mißgönnte, hat mißgönnt〉 시새우다, 시샘하다, 샘내다, 못 보아 주다: jmdm. seine gute Stellung m. 누구의 좋은 자리를 시샘하다. ~griff, der 실책, 오류, 잘못, 과실: der Kauf des Autos war ein M. 차를 산 것은 실책이었다. ~gunst, die 미움, 시기, 눈총: die M. der Kollegen 동료들의 시기; 전의 die M. des Schicksals 운명의 질투. ~günstig 〈Adj.〉 미워하는, 시기(질투)하는. ~handeln 〈mißhandelte, hat mißhandelt〉 학대하다: sein Kind m. 자기의 아이를 학대하다; 전의 er mißhandelt sein Auto 그는 자기 차를 함부로 다룬다. ~handlung, die 1. 〈Pl. 없음〉 학대, 가혹한 대우: die M. von Tieren ist strafbar 동물의 학대는 처벌될 수 있다. 2. 가혹행위: eines Tages ertrug sie die M. nicht mehr 어느날 그녀는 가혹행위를 더이상 참을 수가 없었다. ~heirat, die 〈드물게〉 ↑Mesalliance. ~helligkeit, die 〈대개 Pl.〉〈사소한〉 불화, 다툼: -en vermeiden 불화를 피하다. ~interpretieren 〈h〉 잘못 해석하다. ~klang, der 불협화음: 전의 in ihrer Beziehung gab es Mißklänge 그녀의 교제관계는 원만하지 못했다. ~kredit, der 〈다음 용법으로〉 in M. bringen 누구의 평판을 나쁘게 만들다, 명예를 훼손하다; in M. kommen(geraten) 신용을 잃다, 평판을 망치다. ~launig 〈Adj.〉 ↑~gelaunt. ~laut, der 〈드물게〉 나쁜〈듣기 싫은〉 음향. ~leiten 〈mißleitete, hat mißleitet (또한) mißgeleitet〉〈아어〉 잘못 이끌다〈하다〉: er hat sich m. lassen 그는 잘못된 길로 빠졌다. ~leitung, die 잘못된 인도(지도). ~liebig [...liːbɪç] 〈Adj.〉 미움 받는, 인기 없는: sich m. machen 미움을 사다. ~liebigkeit, die 미움을 사는 것〈상태〉. ~lingen* : ↑mißlingen 참조. ~management, das; -s 〈경제〉 잘못된〈나쁜〉 경영〈관리〉. ~mut, der 언짢은 기분. ~mutig 〈Adj.〉 기분이 언짢은, 불만스러운: ein -es Gesicht machen 언짢은 표정을 짓다. ~pickel. ↑Mißpickel. ~raten 〈mißriet, ist mißraten〉 잘못되다, 빗나가다, 실패로 돌아가다: die Zeichnung ist mißraten 스케치가 잘못됐다; ein mißratenes Kind 행실이 나쁜 아이. ~stand, der 곤경, 폐해, 결점, 무질서: soziale Mißstände 사회적 폐해. ~stimmung, die 언짢은 기분, 불만: keine M. aufkommen lassen 불만이 생겨나지 않게 하다. ~ton, der 불협화음: 전의 er brachte mit seinen Vorwürfen Mißtöne in die Unterhaltung 그는 비난발언으로 대화의 분위기를 망쳤다. ~tönend 〈Adj.〉 귀에 거슬리는, 시끄러운: eine -e Musik 시끄러운 음악. ~tönig [...tøːnɪç] 〈Adj.〉〈드물게〉 ↑~tönend. ~trauen 〈mißtraute, hat mißtraut〉 불신하다, 못믿다: sie mißtraute seinen Worten 그녀는 그의 말을 못믿었다. ~trauen, das; -s 불신, 회의, 의심: sein M. wuchs (schwand) 그의 의심은 더해갔다(사라졌다); M. gegen jmdn. haben 누구를 불신하다. ~trauensantrag, der 불신임안: einen M. einbringen 불신임안을 제출하다. ~trauensvotum, das a) 〈의회〉 불신임 결의. b) 불신임언: er faßte das als M. auf 그는 그것을 불신임 선언으로 받아들였다. ~trauisch [..trauɪʃ] 〈Adj.〉 불신〈의심〉하는: jmdn. m. anschauen 누구를 의심스럽게 바라보다. ~vergnügen, das 〈아이·준교어〉 불만, 분노: etw. verursacht jmdm. M. 무엇이 누구의 불만을 야기시키다. ~vergnügt 〈Adj.〉〈아이·준교어〉 화가 나는, 불만스러운, 기분이 나쁜: jmdn. m. anschauen 누구를 불만스럽게 바라보다. ~verhältnis, das 불균형, 불화: das M. zwischen Armen und Reichen 빈부의 불균형. ~verständlich 〈Adj.〉 모호한, 애매한, 오해의 소지가 있는: eine -e Äußerung 오해의 소지가 있는 발언; etw. m. darstellen 무엇을 모호하게 표현하다.

~verständnis, das 오해: das muß ein M. sein 그것은 오해임에 틀림 없다; ein M. aufklären[aus der Welt schaffen] 오해를 풀다(없애다]. ~verstehen* 〈mißverstand, hat mißverstanden〉 오해하다, 잘못 생각하다: er mißverstand mich 그는 나를 오해했다; verstehen Sie mich bitte nicht miß 〈통용어·농〉 나를 오해하지 마십시오; er lehnte das Angebot in nicht mißzuverstehender Weise ab 그는 그 제의를 명백한 의사로 없게〈분명하게〉 거절했다. ~wachs, der; -es 〈동업〉 흉작. ~wachsen 〈Adj.〉〈드물게〉 ↑~gewachsen. ~weisung, die 〈물리〉 ↑Deklination (3). ~wirtschaft, die 경영부실: Korruption und M. führten zum Zusammenbruch 부패와 경영 부실의 결과는 붕괴였다. ~wuchs, der; -es 발육 부전, 기형. ~zufrieden 〈Adj.〉〈고어〉 만족하지 않는.

Missa ['mɪsa], die; Missae ['mɪse; lat. missa] 미사: M. solemnis 장엄 미사. **Missal** [mɪ'saːl], das; -s, -e, **Missale** [mɪ'saːlə], das; -s, -n /...alien [...iən; lat. missale] 미사책: Missale Romanum 로마 가톨릭 교회의 공식 미사책.

missen ['mɪsn] 〈h〉〈아어〉 1. …없이 지내다, 놓치다: seine Mitarbeit können wir nicht m. 우리는 그의 협력이 없으면 곤란하다; ich möchte diese Erfahrungen nicht m. 나는 이런 경험을 놓치고 싶지 않다. 2. 〈드물게〉〈없음을〉 아쉬워하는, 그리워하는: wir werden ihn nicht m., wenn er nicht mehr hier ist 우리는 그가 없어도 아쉽지 않을 것이다.

Misses : ↑Miß의 복수형.

Missetat ['mɪsə-], die; -en 〈아어·준교어〉 범죄, 범행, 악행, 죄: für seine -en büßen müssen 자기의 죄의 값을 치루어야 하다; die Kinder bereuten ihre -en 〈농〉 아이들이 자기들의 장난질을 후회했다. **Missetäter**, der; -s, - 〈아어·준교어〉 범인, 죄인, 악행자: den M. bestrafen 범인을 처벌하다; wer war der M.? 〈농〉 일을 저지른 것이 누구였나?

Missile ['mɪsail, 'mɪsɪl], das; -s [engl.-amerik. missile] 〈군〉 ↑Flugkörper.

Missing link ['mɪsɪŋ 'lɪŋk], das; - [engl. missing link] 〈생물〉〈동·식물 계통수에서〉 빠진 고리(진화 과정에서 특히 유인원과 인간의 중간에 있었다고 가상되는 동물).

missingsch ['mɪsɪŋʃ] 〈Adj.〉 [niederd. missingsch, eigtl. = meißnisch] 미싱(북부 독일에서 사용되는 고지 독어와 저지 독어가 섞인) 방언의: er spricht m. 그는 미싱 방언을 쓴다. **Missingsch** [-], das; - 미싱 방언(고지 독어와 저지 독어가 섞인 북부 독일에서 쓰는 언어).

Missio canonica [mɪsio ka'noːnika], die [lat. = kanonische Sendung] 〈가〉 미시오 카노니카(천주교의 성경 교육 자격).

Mission [mɪ'sioːn], die; -en [lat. missio] 1. 〈교양어〉 사명, 임무: eine politische M. 정치적인 임무; seine M. ist erfüllt 그의 사명은 완수했다. 2. 〈교양어〉 사절(단), 대표단: er leitete die deutsche M. bei den Olympischen Spielen 그는 올림픽 때 독일 선수단을 이끌었다〈의 단장이었다〉. 3. 〈교양어〉 외교공관, 대사관: die ausländischen -en in der Hauptstadt 수도에 있는 외국 공관들. 4. 〈Pl. 없음〉 포교, 선교, 전도: die äußere M. 대외 선교; die innere M. 대내 선교. **Missionar** [mɪsio'naːʁ], der; -s, -e 선교사: er war als M. in Afrika 그는 선교사로 아프리카에 갔었다. **Missionär** [mɪsio'nɛːʁ], der; -s, -e 〈österr.〉 ↑Missionar. **missionarisch** 〈Adj.〉 선교적인, 포교적인: sie hatten -e Ziele 그들은 선교를 목적으로 하고 있었다; 전의 mit -em Eifer kämpfte er für seine politischen Ziele 그는 선교사와도 같은 열성으로 자기의 정치적인 목표들을 위

해 싸웠다. **missionieren** [misio'niːrən] ⟨h⟩ **a)** 선교(활동)하다: die christliche Lehre verpflichtet die Gläubigen zu m. 기독교의 교리는 신자들의 선교활동을 요구한다. **b)** 개종시키다: afrikanische Völker m. 아프리카의 종족들을 개종시키다. **Missionierung**, die 선교, 포교.

Missions-: ~**anstalt**, die 선교 본부, 선교 학교. ~**bewußtsein**, das ↑Sendungsbewußtsein. ~**chef**, der (외교) 공관장. ~**gesellschaft**, die 전도협회. ~**haus**, das ↑~anstalt. ~**schule**, die 미션스쿨(선교사들이 운영하는 학교). ~**schwester**, die 전도수녀. ~**station**, die 선교 기지. ~**wissenschaft**, die ⟨Pl. 없음⟩ 선교학.

¹**Mississippi** [misi'sipi, (engl.) ..pi], der; -(s) 미시시피 강. ²**Mississippi**, -s 미국의 미시시피 주.

mißlang [mis'laŋ], **mißlänge** [mis'lɛŋə] ↑mißlingen 참조.

mißlich ['mɪslɪç] ⟨Adj.⟩ 불쾌한, 화나는, 불편한: in einer -en Lage sein 곤경에 처해 있다. **Mißlichkeit**, die; -en 불쾌한 일, 곤경: wir müssen einen Ausweg aus dieser M. finden 우리는 이 곤경을 벗어날 길을 찾아 내야 한다. **mißlingen*** [mis'lɪŋən] ⟨s⟩ 실패로 돌아가다, 실패로 끝나다: der Plan mißlang 계획이 실패로 돌아갔다. **Mißlingen**, das; -s 실패. **mißlungen** [mis'lʊŋən] ↑mißlingen 참조.

¹**Missouri** [mɪ'suːri, (engl.) mɪ'zʊəri], der; -(s) (미국 중부의) 미주리 강. ²**Missouri**, -s (미국 중부의) 미주리 주.

Mißpickel, der; -s (고어) ↑Arsenkies.

mißt [mist] ↑messen 참조.

Mißwahl, die; -en 미인 선발 대회.

¹**Mist** [mɪst], der; -(e)s **1. a)** 두엄, 거름: an der M. dampfte 두엄에서 김이 났다; **nicht auf jmds. M. gewachsen sein** (통용어) 누가 제 힘으로 생각해(만들어) 낸 것이 아니다. **b)** ~ Misthaufen의 약칭: der Hahn steht auf dem M. 수탉이 두엄더미 위에 서 있다; [전의] die alten Kleider kannst du ruhig auf den M. werfen 낡은 옷들은 염려말고 내다 버려라. **c)** (österr.) 쓰레기. **2.** (통용어·럼) **a)** 잡 것, 잡동사니, 쓰잘 데 없는 것: was hast du denn da für einen M. gekauft? 너는 도대체 무슨 쓰잘 데 없는 것을 샀니? **b)** 쓸데없는 소리, 헛소리, 잡설, 개소리: er redet den ganzen Tag nur M. 그는 하루종일 쓸데없는 소리만 한다. **c)** 쓸짝 데 없는 일, 성가신 일, 잡일: ich will mit diesem ganzen M. nichts zu tun haben 그따위 쓰잘 데 없는 일에는 관여하고 싶지 않다; so ein M.![M., verdammter!; verfluchter M.!] (욕할 때) 잡것![제기랄!].

²**Mist** [-], der; -s, -e (engl. mist) (선원) 옅은 안개.

¹**Mist-** (Mist 1): ~**beet**, das 온상: Salat im M. vorziehen 상치 모종을 온상에서 기르다. ~**forke**, die (nordd.) ↑~gabel. ~**fuhre**, die 두엄 차. ~**gabel**, die 두엄 치는 쇠스랑, 삼지창. ~**grube**, die 두엄 구덩이. ~**haufen**, der 두엄 더미, 두엄 자리. ~**jauche**, die ↑Jauche (1). ~**käfer**, der (동물) 말똥구리. ~**karre**, die 두엄 차. ~**kübel**, der (österr.) 쓰레통. ~**schaufel**, die (österr.) 넉가래. ~**stapel**, der ↑~haufen. ~**stock**, der (schweiz.) ↑~haufen. ~**wagen**, der ↑~karre.

²**Mist-** (Mist 2): ~**fink**, der 《욕》 **a)** 잡놈. **b)** (드물게) 입이 건 사람. **c)** ↑~kerl. ~**hund**, der 《욕》 더러운 끼. ~**käfer**, der 《욕》 ↑~kerl. ~**kerl**, der 《욕》 더러운 놈: so ein M., er hat uns verraten 그런 더러운 놈, 그놈이 우리를 배반했다. ~**stück**, das 《욕》 더러운 놈, 개새끼. ~**vieh**, das 《욕》 **a)** (짐승을 욕할 때) 못된 놈의 짐승: so ein M. hat schon wieder auf den Teppich gemacht 이 못된 놈의 짐승이 또 양탄자에다 똥을 쌌구나. **b)** ↑~kerl. ~**weib**, das 《욕》 쌍년, 더러운 년. ~**wetter**, das 《경》 더러운 날씨. ~**zeug**, das 《경》 잡것.

Mistel ['mistl], die; -n (식물) 겨우살이, 기생목: das Zimmer an Weihnachten mit -n schmücken 크리스마스에 방을 겨우살이로 장식하다. **Mistelzweig**, der (크리스마스에 방을 장식하는) 겨우살이 가지.

¹**misten** ['mɪstn] ⟨h⟩ **1.** ↑ausmisten (1): den Stall m. 우리를 청소하다. **2.** (밭에) 두엄을 내다. **3.** (전문어) (소, 말 따위가) 배설하다: das Pferd mistet 말이 똥오줌을 눈다.

²**misten** [-] ⟨h⟩ (engl. to mist) (선원) 옅은 안개가 끼다.

Mister ['mɪstə] ⟨관사 없음⟩ (engl. mister) 미스터(남자의 호칭) (약어: Mr.).

misterioso [miste'riozo] ⟨Adv.⟩ (ital. misterioso) (음악) 은밀하게.

¹**mistig** ['mɪstɪç] ⟨Adj.⟩ **1.** 더러운, 똥투성이의: -e Schuhe 더러운 신. **2.** 《경》 개떡 같은: so eine -e Type! 저런 개떡 같은 놈!

²**mistig** [-] ⟨Adj.⟩ (선원) 안개 낀.

Mistral [mis'traːl], der; -s (frz. mistral) 미스트랄 바람 (프랑스 남부의 찬 북서풍).

Mistress ['mistris] ⟨Art. 없음⟩ (engl. mistress) 미세스(부인의 호칭)(약어: Mrs.).

misurato [mizu'raːto] ⟨Adv.⟩ (ital. misurato) (음악) 박자를 정확히.

Miszellaneen [mistsɛla'neːən, (또한) ..la:nean; lat. miscellānea], **Miszellen** [mis'tsɛlən] ⟨Pl.⟩ (교양어) 수필집.

mit [mɪt] **I.** ⟨Prap.³⟩ **1. a)** 와(과), 하고(같이): er war m. uns in der Stadt 그는 우리하고 시내에 갔다 왔다; sie spielt m. den Kindern der Nachbarn 그녀는 이웃 애들하고 논다. **b)** 와(서로), 하고(서로): c) ···의 낀, 끼는, 들어선, 연루된: es gab viele Verkehrsunfälle m. Kindern 아이들이 낀 교통사고가 많았다; ein Stiftungsfest m. Damen 여자들이 끼는 창립 기념 축제. **2.** (반대: ohne) **a)** ···이 있는, 딸린: ein Haus m. Garten 정원이 있는 집; Zimmer m. Frühstück 아침 식사가 나오는 (여관·호텔) 방; Herr Müller m. Frau 뮐러씨 부부. **b)** ···을 합해서, 포함해서: der Preis beträgt 50 Mark m. Bedienung 값은 봉사료를 포함해서 50마르크이다; m. allen Nebenkosten 모든 부대 비용을 합해서; m. mir waren es 10 Teilnehmer 나를 포함해서 참가자가 10명이었다. **3.** ··· 이 든, 들어 있는: ein Glas m. Honig 꿀이 든 병; ein Sack m. Kartoffeln 감자 한 자루. **5.** ···을 가지고, ··· 있게: sie aßen m. Appetit 그들은 맛있게 먹었다; das hat er m. Absicht getan 그는 그것을 고의로 했다; er lag m. Fieber im Bett 그는 열이 나서[열이 있는 채] 자리에 누워 있었다. **5.** ···로, ···을 가지고, ···을 이용해서: m. dem Hammer 망치로; sich die Hände m. Seife waschen 손을 비누로 씻다; der Brief ist m. der Maschine geschrieben 편지는 타자기로 쓰였다; er ist m. der Bahn gefahren 그는 기차로 갔다. **6. a)** ···을 받는 요구하는 동사와 함께: was ist los m. dir? 너 어떻게 되는거냐?; es geht langsam voran m. der Arbeit 일은 서서히 진척되고 있다; er zögerte m. der Zustimmung, er ist 찬성하기를 망설였다; er begann m. seiner Tätigkeit 그는 활동을 시작했다; es geht bergauf m. ihm 그는 사정이 호전되었다; raus m. euch! 너희들 나가라! **b)** (통용어) ···때문에, ···을 생각해서: du m. deinem kranken Bein mußt dich setzen 너는 아픈 다리 때문에 앉아야 한다; der ist ja verrückt m. seinen vielen neuen Autos 그 사람 자꾸 새 차를 사는 것을 보면 미쳤다. **7.** …을 타고, 에 적응해서: sie rudern m. dem Strom 그들은 물의 흐름을 타고 노를 젖는다; sie fliegen m. dem Wind 그들은 바람을 타고 난다. **8.** (사건의 동시성) …과 함께, 더불어, 동시에: m. (dem) Einbruch der Nacht leeren sich die Straßen 땅거미가 지면서 거리가 텅 비었다; m. 20 Jahren machte er sein Examen 스무 살에 그는 졸업을 했다; m. dem heutigen Tag ist die Frist abgelaufen 오늘로 기한이 끝났다. **II.**〈Adv.〉**1.** 또한, 마찬 가지로, 함께, 역시: das gehört m. zu deinen Aufgaben 그것도 마찬가지로 네 임무에 속한다; das mußt du m. berücksichtigen 너는 그것도 역시 고려해야 한다. **2.**《통용어》(최상급과 함께) … 중의 하나: das ist m. das wichtigste der Bücher 그것은 가장 중요한 책 중의 하나이다; seine Arbeit war m. am besten 그의 작품은 가장 좋은 것 중의 하나이었다. **3.** (일시적인 참여) 함께, 같이: er ist bereit, heute m. zu helfen 그는 오늘 같이 도울 생각이 있다. **4.**〈"damit", "womit" 등에서 분리된 "mit"〉: da habe ich nichts m. zu schaffen (원래는: damit habe ich nichts zu schaffen) 거기에는 나는 아무 관계도 없다.

mit-, Mit-: ~**angeklagte***, der / die 공동 피고인. ~**arbeit**, die〈Pl. 없음〉**a)** 일에의 참여: das Honorar für die M. am Lexikon 사전 작업에의 참여에 대한 보수. **b)** 협력: euer M. haben wir die rasche Fertigstellung zu verdanken 일이 빨리 된 것은 너희들의 협력의 덕택이다. **c)** 협조: die Polizei bittet die Bevölkerung um ihre M. bei der Suche 경찰은 주민들에게 수사에 대한 협조를 요청한다. **d)** 참여: seine M. (im Unterricht) läßt zu wünschen übrig 그의 (수업) 참여는 너무 소극적이다. ~**arbeiten** (h) 작업[점원]으로 일하다: im elterlichen Geschäft m. 부모의 가게에서 일하다. **b)** 참여하다, 협조하다: der Junge müßte im Unterricht besser m. 이 아이는 수업에 좀 더 협조적이어야 한다, 수업태도가 개선되어야 한다. ~**arbeiter**, der **a)** (기업체 등의) 직원, 부하 직원: das Unternehmen hat 2000 M. 그 기업은 직원이 2000명이다; darf ich Ihnen meine M. vorstellen 우리 직원을 소개하겠습니다. **b)** 기자, 기고가: er arbeitet als freier M. einer Zeitung 그는 신문사의 자유 기고가로 일하고 있다. ~**arbeiterin**, die ↑~arbeiter의 여성형. ~**arbeiterschaft**, die〈Pl. 없음〉**1.** 직원진, 집필진. **2.** 직원의 자리: jmdm. seine M. aufkündigen 누구에게 해고를 통지하다, 자리를 비울 것을 요구한다. ~**arbeiterstab**, der 직원진, 집필진. ~**autor**, der 공동 저자. ~**begründer**, der 공동 설립자. ~**begründerin**, die ↑~begründer의 여성형. ~**beklagte***, der / die ↑~angeklagte. ~**bekommen*** (h) **1. a)** (집에서 싸 준 도시락 등을) 받아 가지고 나오다: Marschverpflegung m. 행군 식량을 받다. **b)** (부모에게서 혼수로) 받다: sie hat nichts bei ihrer Heirat mitbekommen 그녀는 결혼 때 지참금을 조금도 못 받았다, 전의 von seiner Mutter irisches Blut m. haben 어머니에게서 에이레 사람의 피를 물려 받았다. **2.** 주위 듣다, 알게 되다: die Kinder haben zuviel mitbekommen 아이들이 너무 많이 주워들었다(알게 되었다). **3.** 알아 듣다, 이해하다: es war so laut, daß er nur die Hälfte mitbekam 너무 시끄러워서 그는 반만에는 알아 듣지 못했다. **4.** 참여하다, 관여하다: da er verreist war, hat er von den Feierlichkeiten nichts mitbekommen 그는 여행을 갔었기 때문에 축제에는 전혀 참여하지 못했다. ~**benutzen**,《지역적》~**benützen** (h) 공동으로[함께·같이] 이용하다: sie dürfen den Garten der Nachbarn m. 그들은 이웃집 정원을 같이 쓸 수 있다. ~**benutzung**, die 공동 사용. ~**besitz**, der 공동 소유. ~**besitzer**, der 공동 소유자. ~**bestimmen** (h) 결정에 참여하다, (노동자가) 경영에 참여하다: Schüler und Eltern sollen in Schulfragen künftig mehr m. 앞으로는 학생과 부모들이 학교 문제에 관해 발언권이 더 많아진다; ein mitbestimmtes Unternehmen《은어》공동 결정 기업. ~**bestimmung**, die〈Pl. 없음〉공동 결정, 경영 참여: in ihrer Familie herrscht M.《농》그들의 집에서는 공동결정이 이루어진다. ~**bestimmungsgesetz**, das 공동 결정법. ~**bestimmungsrecht**, das **1.** 공동 결정권. **2.**《구동독》(구동독에서의 국민의 기본권의 하나이) 참정권, 정치 참여권. ~**bewerber**, der (함께 이력서를 낸) 경쟁자. ~**bewerberin**, die ↑~bewerber의 여성형. ~**bewohner**, der 동거인, 같은 집에 사는 사람. ~**bewohnerin**, die ↑~bewohner의 여성형. ~**bieten*** (h) 경매에 참여하다: er hat eine Weile bei der Versteigerung mitgeboten 그는 얼마 동안 경매에 참여했다. ~**bringen*** (h) **a)** 가지고 오다, (같이) 사 오다: etw. aus der Stadt m. 무엇을 시내에서 가지고 오다; hast du Brot mitgebracht? 빵을 사 왔니?; hast du etwas zu essen mitgebracht? 먹을 것 좀 가지고 왔니?; ich werde zum Essen Besuch m. 식사 때 손님을 데리고 오겠소; 전의 eine Neuigkeit m. 새로운 소식을 가지고 오다; er hat (sich) von seiner Reise eine Grippe mitgebracht 그는 여행에서 독감을 얻어 왔다. **b)** 가지고 있다: für eine Arbeit bestimmte Fähigkeiten m. 일을 위한 어떤 능력을 갖추고 있다. ~**bringsel** [-brɪŋzl], das; -s, -(친근)(여행 등의) 작은 선물: etw. als M. mit nach Hause nehmen 무엇을 선물로 집에 가지고 오다. ~**bruder**, der **1.**《아이》동포, 동료. **2.** ↑Konfrater. ~**bürger**, der [관] 동료 시민, 같은 시민. ~**bürgerin**, die ↑~bürger의 여성형. ~**bürgerschaft**, die 전체 시민. ~**denken*** (h) 함께 생각하다, (남의 생각·행동의 동기 등을) 이해하다. ~**dürfen*** (h) (통용어) 따라가도 좋다: er wird diesmal nicht m. 그는 이번에 못 따라 갈 것이다. ~**eidgenosse**, der《schweiz.》동료 시민, 같은 스위스 사람. ~**eigentum**, das [법] 공동[공유] 재산(반대: Alleineigentum). ~**eigentümer**, der [법] 공동소유자. ~**einander**: ↑miteinander. ~**empfinden*** (h) 공감하다, 이해하다: jmds. Schmerz m. können 누구의 고통을 공감할 수 있다. ~**empfinden**, das; -, 공감. ~**erbe**, der [법] 공동 상속인(반대: Alleinerbe). ~**erbin**, die ↑~erbe의 여성형. ~**erleben** (h) **a)** (현장에서) 겪다, 보다, 듣다: sie haben ihn Fernsehen das Zeremoniell der Inthronisation m. können 그들은 텔레비전을 통해 즉위식에 동참할 수 있었다. **b)** (동시대인으로, 생존자로서) 함께 체험하다: er hat den Krieg noch miterlebt 그는 아직 전쟁을 체험한 세대이다. ~**esser**, der [1: von lat. comedo] **1.** 어드름. **2.**《통용어·농》식객: wir haben heute einen M. 우리는 오늘 식객이 있다. ~**fahren** (s) 함께 타다, 동승하다: du kannst (bei mir, in meinem Auto) m. 너는 (내 차를) 함께 타면 된다. ~**fahrer**, der 동승자. ~**fahrerzentrale**, die 동승자 알선소. ~**fahrgelegenheit**, die (돈 내고) 동승할 기회: er sucht eine M. von München nach Hamburg 그는 뮌헨에서 함부르크까지 동승할 수 있는 기회를 찾고 있다. ~**fahrt**, die 동승. ~**finanzieren** (h) 공동 출자하다. ~**fliegen*** (s) (비행기에) 동승하다. ~**freude**, die (아이) 함께 즐거워함. ~**fühlen** (h) 동감하다, 공감하다: jmds. Kummer m. 누구의 고통을 공감하다. ~**fühlend**〈Adj.〉동정적인: -e Worte 동정의 말. ~**führen** (h) **a)** 지참하다, 가지고 가다: seine Papiere m. 서류를 지참하다. **b)** (자갈 등을) 쓸어 내리다: der Fluß führt Sand mit 강물이 모래를 쓸어 내린

다. **~gabe**, die 《드물게》 ↑Mitgift. **~geben*** ⟨h⟩ **a)** 무엇을 주어보내다(떠날 때): kann ich dir einen Brief an meine Eltern m.? 너에게 나의 부모님께 보내는 편지를 부탁해도 되느냐? **b)** 동행을 붙여주다: jmdm. einen Führer m. 누구에게 안내자를 붙여주다. **c)** (지참금을) 딸려 보내다, 갖게하다, 허락하다: der Tochter eine Aussteuer m. 딸에게 지참금을 주다. **~gebringe** [-gəbrɪŋə], das; -s, - (österr.) ↑~bringsel. **~gefangen**: ↑~gehen 참조. **~gefangene***, der / die 동료 포로, 동료 죄수. **~gefühl**, das ⟨Pl. 없음⟩ 동감, 동정: echtes(tiefes) M. 진심어린(깊은) 동정; für jmdn. kein M. aufbringen 누구를 이해하지 못하다; jmdm. sein M. ausdrücken 누구에게 자신의 동정심을 표하다. **~gegangen**: ↑~gehen 참조. **~gehen*** ⟨s⟩ **1.** 함께 가다, 동행하다: willst du m. (ins Kino)? (극장에) 함께 가겠느냐? [성구] mitgegangen (mitgefangen) mitgehangen 함께 가서(함께 잡혀서) 함께 죽다(같이 한 일은 같이 책임진다). **etw. m. heißen(lassen)** 《통용어》 무엇을 몰래 훔치다. **2.** 함께 씻겨내리다: bei dem Hochwasser gingen große Massen von Geröll mit 홍수 때 다량의 자갈이 함께 씻겨 내렸다. **3.** 주의깊게 경청하다, 사로잡히다: die Zuhörer gingen begeistert mit 청중들은 열광했다. **4.** [권투] 상대편의 공격에 대해 공격적 방향으로 몸을 피하다. **~genommen** ⟨Adj.⟩ **1.** ↑mitnehmen 참조. **2.** 《통용어》 훼손된, 파손된(함부로 사용해서): die Bücher sind ein wenig m. 책들은 약간 손상되었다. **~geschöpf**, das 《아이》 ↑~mensch. **~gestalten** ⟨h⟩ 함께 제작하다: ein Programm m. 프로그램을 공동 제작하다. **~gift**, die ↑Mitgift. **~glied**, das **1.** 구성원: ein M. der Familie 가족의 구성원. **2. a)** 회원(기구, 단체, 정당 등의): ein eingeschriebenes M. 등록된 회원; ein aktives M. eines Vereins 능동적인 협회원; sich als M. einschreiben (lassen) 회원으로 등록하다; die -er eines Paktes 협정의 회원국. **b)** 일원, 의원(행정기관·의회의): M. des Landtages 주의회 의원(약어: M.d.L., MdL); M. des Bundestages 연방의회 의원(약어: M.d.B., MdB); M. der Volkskammer(약어: M.d.V., MdV) (구동독) 인민의회 의원. **~gliederliste**, die 회원 명단. **~gliederschaft**, die (총)회원. **~gliederschwach** ⟨Adj.⟩ 회원 수가 적은: -e Partei 당원이 적은 당. **~gliederstark** ⟨Adj.⟩ 회원수가 많은. **~gliederversammlung**, die (회원들의) 집회. **~gliederverzeichnis**, die 회(원)원 명단. **~gliederzahl**, die 회원수. **~gliedsausweis**, der 회원증. **~gliedsbeitrag**, der 회비. **~gliedsbuch**, das 《작은 공책 모양의》 회원수첩. **~gliedschaft**, die 《Pl. 없음》 **1.** 회원 자격: die M. erwerben 회원 자격을 얻다. **2.** 《Pl. 없음》 《드물게》 ↑~gliederschaft. **~gliedskarte**, die 회원증. **~gliedsland**, das 《Pl. ...länder》 가맹국, 회원국. **~glied(s)staat**, der ↑~land. **~haben*** ⟨h⟩ 《통용어》 휴대하다: sie hatten kein Badezeug mit 그들은 수영복을 휴대하지 않았다. **~häftling**, der ↑~gefangene. **~halten*** ⟨h⟩ **a)** 함께 하다, 참가하다: er war nicht in der Lage, bei dem Wettbewerb mitzuhalten 그는 경쟁에 참여할 처지가 아니었다. **b)** (아어) 동참하다. **c)** 《드물게》 견디어내다, 감당하다(경쟁하에): ich habe Not, bis zum Abend das Tempo mitzuhalten 나는 저녁까지 속도를 유지하려고 애쓰고 있다. **~helfen*** ⟨h⟩ 협력하다, 가세하다: im Haushalt m. 집안일을 거들다. **~helfer**, der **1.** 《드물게》 ↑Helfer. **2.** (폄) 하수인, 공범자. **~herausgeber**, der 공동 편집자: es gab bei dem Buch zwei M. 이 책은 두 명의 공동 편집자가 있다. **~hilfe**, die 《Pl. 없음》 협력: auf jmds. M. angewiesen sein 누구의 도움이 필

지하다. **~hin**: ↑mithin. **~hören** ⟨h⟩ **a)** 우연히 듣다: er hatte den ganzen Streit mitgehört 그는 (우연히) 싸우는 소리를 모두 들었다. **b)** 엿듣다, 도청하다: sei leise, man kann hier jedes Wort m. 조용히 해, 여기선 모든 말을 도청할 수 있어; [성구] (Vorsicht,) Feind hört mit! (농) (조심해) 적이 엿듣고 있다. **~hörer**, der 도청하는 사람. **~hörerin**, die ↑~hörer의 여성형. **~inhaber**, der 공동 소유자. **~inhaberin**, die ↑~inhaber의 여성형. **~insasse**, der ↑~fahrer. **~kämpfen** ⟨h⟩ 함께 싸우다, 함께 전투에 참가하다: er hat auf amerikanischer Seite mitgekämpft 그는 미국 편에서 함께 싸웠다. **~kämpfer**, der ↑~streiter. **~kämpferin**, die ↑~kämpfer의 여성형. **~kläger**, der [법] 공동원고(原告). **~klägerin**, die ↑~kläger의 여성형. **~klingen*** ⟨h⟩ 소리가 섞여 들리다. **~kochen** ⟨h⟩ 함께 요리하다. **~kommen*** ⟨s⟩ **1. a)** 함께 오다, 동반하다: seine Freundin ist (zu der Party) mitgekommen 그의 여자친구가 (파티에) 함께 왔다. **b)** 함께 가다: willst du m. ins Kino? 극장에 갈래?; ich komme noch mit bis zur Haustür 문앞까지 바래다 줄게. **c)** 함께 도착하다: die Koffer sind (mit dem Flugzeug) nicht mitgekommen 여행가방이 (비행기)와 함께 도착하지 않았다. **2. a)** 보조를 맞추다, 따라가다: bei diesem Tempo kamen viele nicht mit 이런 속도로는 많은 사람들이 따라오지 못했다; [성구] da komme ich nicht mehr mit! 《통용어》 더 이상 못따라 가겠다(이해할 수 없다). **b)** 따라가다(수업 등을): der Schüler kommt im Unterricht gut mit 그 학생은 학교수업을 곧잘 따라간다. **~können*** ⟨h⟩ **1.** 동행할 수 있다. **2.** 함께 버틸 수 있다. **~kriegen** ⟨h⟩ 《통용어》 ↑~bekommen. **~lassen*** ⟨h⟩ 《통용어》 함께 하게 하다, 따라 가게 하다. **~laufen*** ⟨s⟩ **1.** 함께 달리다(가다): **etw. m. lassen** 업어 버리다(훔쳐가다). **2.** 《통용어》 함께 휩쓸려 처리되다: die Reparaturen müssen nebenher m. 수리는 곁들여서 함께 해야 한다. **3.** (폄·드물게) 들러리 서다: er läuft nur mit, ohne sich zu engagieren 그는 참여하지는 않고 들러리만 섰다. **~läufer**, der (폄) 들러리, 단순 가담자, 어중이 떠중이: er wurde bei der Entnazifizierung als M. eingestuft 그는 나치 청산 작업에서 단순 가담자로 분류되었다. **~laut**, der [von lat. (littera) cōnsōnāns] Konsonant. **~leid**, das [von lat. compassio] 동정, 연민: M. mit jmdm. haben 누구를 동정하다; kein M. haben 동정심이 없다; an jmds. M. appellieren 누구에게 동정을 호소하다; er verdient kein M. 그는 동정 받을 자격이 없다; sein Anblick erregte unser M. 그의 몰골은 우리들의 동정심을 일으켰다. **~leiden*** ⟨h⟩ 함께 괴로워하다, 동정하다: wenn sie andere leiden sieht, leidet sie mit 그녀는 다른 이가 고통스러워 하는 것을 보면 함께 괴로워 한다. **~leiden**, das 《Pl. 없음》 《아어·드물게》 ↑Mitleid. **~leidenschaft**, die 《다음 용법으로만》 **etw. in M. ziehen** 무엇에 더불어 해를 입히다, 함께 피해를 주다; jmdn. in M. ziehen 누구에게 함께 피해를 입히다. **~leiderregend** ⟨Adj.⟩ 동정심을 일으키는, 동정심을 유발하는: ein -er Anblick 동정심을 불러일으키는 광경. **~leidig** ⟨Adj.⟩ 동정심이 있는: sie ist ein -er Mensch 그녀는 동정심이 있는 사람이다; er lächelte m., als er das Ergebnis ihrer Bemühungen sah 《반어》 그는 그녀의 노력의 결과들을 보자 연민의 미소를 지었다. **~leid(s)los** ⟨Adj.⟩ 매정한, 동정심 없는: ein -er Blick 매정한 눈초리. **~leid(s)losigkeit**, die 매정함. **~leid(s)voll** ⟨Adj.⟩ 동정심(자비심)이 많은. **~lesen*** ⟨h⟩ **1.** 빠뜨리지 않고 읽다: du mußt auch das Kleingedruckte m. 너는 잔글씨로 인쇄된 것도 빠뜨리지 않고 읽어야 한다. **2.** 함께 읽다: willst du den

Brief m.? 편지를 함께 읽고 싶으냐? ~**liefern** ⟨h⟩ 함께 배달(납품)하다: ein Teil der bestellten Ware ist nicht mitgeliefert worden 주문된 물건의 일부는 함께 배달되지 않았다. ~**machen** ⟨h⟩ 1. **a)** 함께하다, (적극적으로) 참가하다: er hat den Krieg (in Rußland) mitgemacht 그는 (러시아의) 전쟁에 참가했다. **b)** 〈사업 등에〉 참여하다: da mache ich nicht mehr mit 나는 거기에 동참하지 않는다; 전의 das Wetter macht mit 날씨가 봐주는구먼!; er wird's nicht mehr lange m. 《경》그는 함께 할 날이 얼마 안 남았다(얼마 안 있어 죽을 것이다). **c)** 수강하다: einen Kurs m. 강좌를 듣다. 2. 《통용어》 누구의 일을 함께 해 주다, 대신 해주다: während seiner Krankheit hat ein Kollege seine Arbeit mitgemacht 그가 앓는 동안 동료가 그의 일을 대신 해주었다. 3. 《통용어》 겪다, 당하다, 견디다, 이겨내다: sie haben viele Bombenangriffe mitgemacht 그들은 공습을 여러번 겪었다; er hat im letzten Stadium seiner Krankheit viel mitgemacht 그는 병의 마지막 단계에서 몹시 괴로워했다; 성구 (ich kann dir sagen,) da machst du (vielleicht) was mit! 그러다가 맛을 보게될걸! ~**mensch**, der 〈대개 Pl.〉동료, 동포, 같은 인간, 이웃: auf seine -en Rücksicht nehmen 이웃을 고려하다; die lieben -en 《반어》알량한 이웃. ~**menschlich** 〈Adj.〉이웃의, 같은 인간의: -e Beziehungen 인간적 관계. ~**menschlichkeit**, die 〈Pl. 없음〉이웃간의 정. ~**mischen** ⟨h⟩ 《통용어》**a)** 개입하다, 참견하다: er will überall m. 그는 어디든지 개입하려 든다. **b)** 《스포츠 은어》 힘을 다해 싸우다: der Herausforderer mischte von der ersten Runde an mit 도전자는 1회전부터 격렬하게 싸웠다. ~**mögen*** ⟨h⟩ 함께 가(하)고 싶다. ~**müssen*** ⟨h⟩ 함께 가(하)지 않으면 안된다. ~**nahme** [-naːmə], die 〈Pl. 없음〉《격식독어》휴대, 가지고 가는 것: die Diebe verschwanden unter M. des wertvollen Schmucks 도둑들이 값비싼 보석들을 가지고 사라졌다. ~**nahmeeffekt**, der 《경제》승수(乘數) 효과. ~**nahmepreis**, der 《광고》 (운송비) 할인 가격. ~**nehmen*** ⟨h⟩ 1. **a)** 가지고 가다, 휴대하다: (sich) den Regenschirm m. 우산을 가지고 가다; einen Brief zur Post m. 편지를 우체국에 가져가다. **b)** 데려가다, 동반하다, 동참하게 하다: jmdn. ins Kino m. 누구를 극장에 데려가다; das Frachtschiff nimmt auch Passagiere mit 화물선은 승객도 태운다. **c)** 몰래 가지고 가다, 훔치다: die Einbrecher haben Schmuck mitgenommen 도둑이 보석을 가져갔다. **d)** 《통용어》 (지나가는 길에) 사다: weil das Obst so billig war, hat sie gleich fünf Pfund davon mitgenommen 과일이 너무 싸서 그녀가 바로 5파운드를 샀았다. **e)** 《통용어·농》쓸며 지나가다, 망가뜨리다: du hast die ganze Wand mitgenommen 너는 벽의 칠을 몽땅 쓸고 지나갔구나!; der LKW hat eine Hausecke mitgenommen 트럭이 집 모퉁이를 망가뜨렸다. **f)** 《통용어》 (놓치지 않고) 챙기다: sie nehmen alles mit, was sich ihnen bietet 그들은 자기들에게 주어진 것은 다 챙긴다. 2. 지치게 하다, 피곤하다: die Aufregungen der letzten Zeit haben sie sehr mitgenommen 최근의 흥분이 그들을 몹시 피곤하게 했다. 3. (무엇으로부터) 소득을 얻다, 배우다: aus einem Vortrag etwas m. 강연으로부터 무엇을 배우다. ~**nehmepreis**, der ↑~nahmepreis. ~**nichten**: ↑mitnichten. ~**rauchen** ⟨h⟩ 간접 담배를 피우다: willst du eine m.? 같이 한 대 피울래? 《명사화》 passives Mitrauchen 수동적(간접) 흡연. ~**rechnen** ⟨h⟩ **a)** 함께 계산하다. **b)** 계산에 넣다. ~**reden** ⟨h⟩ **a)** (대화에) 한 몫 끼다: hier kannst du einfach nicht m. 네가 끼어들 자리가 아니야!; er ist zu jung, um m. zu können 함께 대화를 하기에는 그는

너무 어리다. **b)** (결정에) 참여하다, 끼다: er will auch m., wenn es um eine wichtige Entscheidung geht 중요한 결정에는 그도 참여하려 한다. ~**regieren** ⟨h⟩ 통치에 참여하다. ~**reisen** ⟨s⟩ 함께 여행하다. ~**reisende***, der / die 길동무, 같은 여행자. ~**reißen*** ⟨h⟩ 1. 휩쓸어 가다: die Strömung hat Teile der Uferbefestigung mitgerissen 강물결이 제방의 일부를 휩쓸어 갔다. 2. 감동시키다, 열광시키다: der Redner reißt die Zuhörer mit 연사가 청중들을 감동시킨다; ein mitreißendes Spiel 열광시키는 경기. ~**sammen**, ~**samt** ↑mitsammen, mitsamt. ~**schicken** ⟨h⟩ **a)** 함께 보내다, 동봉하다: ein Foto im Brief m. 편지에 사진을 동봉하다. **b)** 딸려 보내다: jmdm. einen Ortskundigen als Führer m. 누구에게 지역사정에 밝은 사람을 안내인으로 딸려 보내다. ~**schleifen** ⟨h⟩ 1. 함께 미끄러지다: der Zug erfaßte das Auto und schleifte es mehrere 100 Meter weit mit 기차는 자동차를 수백미터나 끌고 갔다. 2. 《통용어》 **a)** ↑~nehmen (1 a): warum schleifst du die schwere Tasche überallhin mit? 너는 왜 그 무거운 가방을 어딜가든 질질 끌고 다니냐? **b)** ↑~nehmen (1 b): sie haben ihn zu der Party mitgeschleift 그들은 그를 파티에 데려갔다. ~**schleppen** ⟨h⟩ 《통용어》 1. (불필요한 것을) 끌고(가지고) 다니다: sie schleppen immer viel zu viele Sachen in den Urlaub mit 휴가 때 그들은 항상 물건을 너무 많이 끌고 다닌다; 전의 darum schleppen wir unsere Vergangenheit immer mit 그래서 과거는 항상 우리를 쫓아 다닌다. 2. ↑~nehmen (1 b): er schleppte mich mit ins Kino 그는 나를 극장에 데려갔다. ~**schneiden*** ⟨h⟩ [방송·텔레비전] 녹화[녹음]하다: ein Gespräch m. 대담을 녹화[녹음]하다. ~**schnitt**, der [방송·텔레비전] (실황) 녹화[녹음]. ~**schreiben*** ⟨h⟩ 1. 받아쓰다: den Vortrag m. 강연을 필기하다. 2. 필기 시험에 응시하다. ~**schuld**, die 〈Pl. 없음〉 공범, 같은 죄, 연루: seine M. (an etw.) leugnen 〈무엇에 대한〉 공범임을 부인하다. ~**schuldig** 〈Adj.〉 공범의, 같은 죄가 있는: an etw. m. sein 무엇에 대한 공범이다. ~**schuldige***, der / die [nach lat. correus] 공범자. ~**schüler**, der 같은 학생, 같은 반 학생. ~**schülerin**, die ~schüler의 여성형. ~**schwimmen*** ⟨s⟩ 같이 수영하다: 전의 sie schwammen in dem Menschenstrom mit 그들은 인파 속에서 허우적거렸다. ~**schwingen*** ⟨h⟩ 1. 공명하다, 공진하다: Saiten eines Instruments schwingen mit 악기의 현들이 함께 울린다. 2. 말속에 함께 깃들다: Freude schwang in seinen Worten mit 그의 말에는 기쁨이 섞여 있다. ~**sein*** ⟨s⟩ 《통용어》 함께 가다(있다): er ist beim Betriebsausflug nicht mitgewesen 그는 회사 야유회에 함께 가지 않았다. ~**singen*** ⟨h⟩ **a)** 함께 노래하다: alle sangen mit 모두 함께 노래를 했다; er singt im Chor mit 그는 합창단의 일원이다. ~**sollen*** ⟨h⟩ 함께 해야 한다. ~**spielen** ⟨h⟩ 1. **a)** 함께 놀다: darf ich m.? 함께 해도 될까요?; 전의 das Wetter hat nicht mitgespielt (우리 행사에) 날씨가 나빴다; ich will spiele ich nicht mehr mit 이 판에 더이상 끼기 싫다. **b)** 관여하다: er hat in vielen Filmen mitgespielt 그는 많은 영화에 출연했다. 2. 협력하다, 무엇에 함께 역할을 하다: viele Gründe haben bei der Entscheidung mitgespielt 그 결정에는 여러 요인이 작용했다; der Zufall hat hier mitgespielt 여기에 우연도 일조했다(그가 했다). 3. 누구를 괴롭히다: jmdm. übel m. 누구를 못살게 굴다. ~**spieler**, der 공연자. ~**spielerin**, die ↑~spieler의 여성형. ~**sprache**, die 〈Pl. 없음〉(어떤 일의 결정에) 참여, 발언: er hat keine M. 그는 발언권이 없다. ~**spracherecht**, das 〈Pl. 없음〉 발언권, 참여권, 결정권: jmdm. ein M. einräumen 누

구에게 발언권을 인정하다; ein M. über etw. fordern 무엇에 관한 참여권을 요구하다. **~sprechen*** ⟨h⟩ **1.** 말을 따라하다; ein Gebet m. 기도를 따라하다. **2. a)** ↑~reden (a) 참조: bei etw. nicht m. können 어떤 일에 발언권이 없다. **b)** ↑~reden (b) 참조: sie möchten gefragt werden, möchten m. 그들은 의견을 물어 주기를 원하고 이야기에 참여하기를 원한다. **3.** 함께 역할하다, 작용하다: bei etw. sprechen verschiedene Faktoren mit 어떤 일에 여러 요인이 함께 작용하다. **~stenographieren** ⟨h⟩ 속기로 받아 쓰다. **~streiter**, der 아군, 같은 편. **~streiterin**, die ↑~streiter의 여성형. **~stricken** ⟨h⟩ ⟨경⟩ (어떤 일의 완성에) 참여하다. **~täter**, der 공범자. **~täterin**, die ↑~täter의 여성형. **~täterschaft**, die 공범 관계. **~teilen** ⟨h⟩ **1.** 보고하다, 알리다, 통지하다: jmdm. etw. brieflich m. 누구에게 무엇을 서면으로 알리다; er hat uns seine Erfahrungen mitgeteilt 그는 우리에게 자신의 경험을 이야기해 주었다; amtlich wurde mitgeteilt, daß... ... 이 공식적으로 통보되었다. **2.** (아이) ⟨a⟩ 전달하다. **b)** ⟨경⟩: der Ofen teilt die Wärme dem ganzen Raum mit 난로가 열기를 온 방안에 전달하다. **b)** ⟨m. + sich⟩ (누구에게) 전달되다, 옮겨지다: der Geruch hat sich allen Kleidungsstücken mitgeteilt 냄새가 모든 옷에 배어 있었다. **3.** (아이) ⟨m. + sich⟩ 털어놓다, 고백하다: er hat das Bedürfnis, sich einem Menschen mitzuteilen 그는 다른 사람에게 털어놓고 싶었다. **4.** ⟨아어·고어⟩ 나누어 주다: sie war bereit, anderen etwas von ihrem Reichtum mitzuteilen 그녀는 다른 사람에게 자신의 부에서 얼마를 나누어 줄 각오가 되어 있었다. **~teilsam** [-tajlza:m] ⟨Adj.⟩ 이야기 하기 좋아하는, 숨김없는: m. sein 숨김이 없다. **~teilsamkeit**, die 이야기 좋아하는(숨김없는) 성격. **~teilung**, die 전달, 통지: eine briefliche M. 서면보고(통지); jmdm. eine M. (über, von etw.) machen 누구에게 (무엇에 대해) 알리다, 보고하다; jmdm. eine M. zukommen lassen 누구에게 소식을 전하다; laut amtlicher M. 공고에 따르면; nach M. der Behörden 당국의 보고에 따르면. **~teilungsbedürfnis**, das ⟨Pl. 없음⟩ 전달의 욕구. **~teilungsbedürftigkeit**, die ⟨드물게⟩ ↑~bedürfnis. **~teilungsdrang**, der ⟨Pl. 없음⟩ (내심을) 알리고 싶은 충동. **~tun*** ⟨h⟩ ⟨지역적⟩ ↑~machen (1 b, 2). **~unter**- ↑mitunter. **~unterzeichner**, der / ~unterzeichnete. **~unterzeichnete***, der / die 공동서명자. **~verantwortlichkeit**, die ⟨Pl. 없음⟩ 연대(공동) 책임: sich aus seiner M. herausstehlen 연대 책임에서 몰래 벗어나다. **~verantwortung**, die 공동 책임: eine politische M. 정치적 공동 책임. **~verdienen** ⟨h⟩ 함께 벌다, 맞벌이하다: die mitverdienende Ehefrau 맞벌이하는 부인. **~verdiener**, der 맞벌이하는 사람. **~verdienerin**, die 맞벌이하는 여자. **~verfasser**, der ↑~autor. **~vergangenheit**, die ⟨österr.⟩ ↑ Imperfekt. **~verschulden**, das 공동의 과실: ihn trifft ein M. an dem Unfall 그 사고에서 그도 과실이 있다. **~verschwörer**, der; -s, - 공모자. **~verschworne***, **~verschworene***, der / die / ~verschwörer. **~verwaltung**, die **1.** ⟨Pl. 없음⟩ 관리 참여, 자치: die M. der Schüler fordern 학생 자치를 요구하다. **2.** 자치 기구. **~welt**, die ⟨Pl. 없음⟩ 당대 (동시대)의 사람들: die M. hat sein Genie verkannt 당대의 사람들은 그의 천재성을 알아보지 못했다. **~wirken** ⟨h⟩ **1. a)** 협력하다, 협동하다: verantwortlich bei etw. m. 책임있게 협력하다; er ist nur durch ihr M. zu einer Stellung gekommen 그녀의 도움을 받아 그 자리에 올랐다. **b)** ↑~spielen (1 b): in einem Orchester m. 오케스트라에서 공연하다; die mitwirkenden Schauspieler 공연 배우. **2.** 같이 작용하다, 상호 작용하다: bei der Entscheidung wirkten verschiedene Faktoren mit 그 결정에는 여러 요소가 함께 작용하다. **~wirkende***, der / die 협력자, 공연자(共演者). **~wirkung**, die ⟨Pl. 없음⟩ 협력, 참여, 기여, 출연, 공연: es kommt auf die M. aller an 모두의 협력이 중요하다. **~wirkungsrecht**, das ⟨Pl. 없음⟩ 참여권. **~wisser**, der (부당한 일에 대해서 혹은 남의 비밀을) 아는 사람: jmdn. zum M. machen 누구에게 비밀을 털어놓다. **~wissenschaft**, die 비밀의 공유. **~wollen** ⟨h⟩ 함께 하려 하다. **~zählen** ⟨h⟩ **1.** 고려하다, 계산에 넣다: du mußt auch die nichtaktiven Teilnehmer m. 적극적이 아닌 참석자도 고려해야 한다. **2.** 포함되다: die Sonntage zählen bei den Urlaubstagen nicht mit 일요은 휴가일에 포함되지 않는다. **~ziehen* 1.** ⟨s⟩ 함께 가다, 보조를 맞추어 행진하다: die Kinder zogen ein Stück weit (mit der Musikkapelle) mit 아이들은 한 구간을 (악대) 따라갔다. **2. a)** ⟨통용어⟩ 보조를 맞추다, 동조하다. **b)** [스포츠] (경기에서) 견디다, 우열을 다투다: der Finne stößt vor, der Deutsche zieht mit 핀란드인이 선두고 독일인이 바싹 뒤쫓고 있다.

miteinander ⟨Adv.⟩ **1.** 서로, 함께: m. kämpfen 서로 싸우다; sie kommen gut m. aus 그들은 서로 사이좋게 지낸다; die Zutaten m. vermischen 양념을 섞어 섞다. **2.** 함께, 같이: wir müssen die Aufgabe m. zu lösen versuchen 우리는 과제를 함께 풀도록 해야 한다; sie sind alle m. der gleichen Meinung 그들은 모두가 같은 의견이다. **Miteinander** [(또한)'- - - -], das; -(s) 공동 생활: von den Gefahren des M. wissen 공동 생활의 위험을 알다.

Mitella [mi'tɛla], die; ...llen [lat. mitella] 【의학】 (팔의 상처가 있을 때 대는) 삼각건.

Mitgift, die; -en ⟨준고어⟩ 지참금, 결혼 자금, 혼수: eine stattliche M. mitbekommen 굉장한 혼수를 받다. **Mitgiftjäger**, der ⟨폄·준고어⟩ 지참금을 노린 구혼자.

mithin ⟨Adv.⟩ 그러므로, 따라서, 그래서: er ist volljährig, m. für sein Tun selbst verantwortlich 그는 다 컸으므로 그 자신의 행동에 책임이 있다.

Mithra(s) ['mi:tra(s)] 미트라(고대인도의 빛의 신).

Mitigans ['mi:tigans], das; -, ...anzien [miti'gantsi̯ən] / ...antia [..'gantsi̯a; lat. mitigāns] 【의학】 진정제.

mitnichten [mɪt'nɪçtn] ⟨Adv.⟩ ⟨준고어⟩ 결코 ... 않다: sie ist m. schön 그녀는 결코 아름답지 않다.

Mitochondrium [mito'xɔndri̯ʊm], das; -s, ...rien [...i̯ən] ⟨대개 Pl.⟩ [griech. mítos u. chondríon] 【생물】 미토콘드리아(동식물의 세포 내의). **Mitose** [mi'to:zə], die; -n [griech. mítos] 【생물】 간접 (세포) 핵분열. **Mitosegift**, das 【생물】 정상 핵분열 교란물질. **mitotisch** ⟨Adj.⟩ 【생물】 간접 핵분열의.

Mitra ['mi:tra], die; ...ren [lat. mitra < griech. mítra] **1.** 【가】주교관(主敎冠), 사제관. **2.** 【의학】 (두건 모양의) 머리붕대. **3. a)** (로마와 그리스 시대의 여성의) 머리띠. **b)** (고대 오리엔트 군주의) 머리띠.

Mitrailleuse [mitra(l)'jøːzə], die; -n [frz. mitrailleuse] ⟨역사적⟩ 경기관총, 연발총.

Mitralklappe, die; -n 【의학】 (좌측 심방과 심실 사이에 있는) 심장판막.

Mitropa [mi'tro:pa], die ⟨Mitteleuropäische Schlaf- und Speisewagen-Aktiengesellschaft (der DR)⟩ 중앙 유럽 침대 식당차 주식 회사.

mitsammen [mɪt'zamən] ⟨Adv.⟩ ⟨österr.⟩ 함께, 같이: m. eine Wanderung machen 함께 산행하다.

mitsamt ⟨Präp.³⟩ ⟨강조⟩ 함께, 같이, (을) 포함시켜

das Schiff sank m. der Ladung 배는 화물과 함께 침몰했다.
mitt-, Mitt- [↑Mitte]: **~achtziger**, der 팔십대 중반의 노인. **~achtzigerin**, die ↑~achtziger의 여성형. **~dreißiger**, der 삼십대 중반의 남자. **~dreißigerin**, die ↑~dreißiger의 여성형. **~fasten** 〈Pl.〉【가】사순절의 가운데 날. **~fünfziger**, der 오십대 중반의 남자. **~fünfzigerin**, die ↑~fünfziger의 여성형. **~schiffs** 〈Adv.〉【선원】선체의 중앙부에(서): der m. anstoßende Maschinenraum 선체 중앙위에 닿아있는 기관실; ein Volltreffer m. 중앙에 명중. **~sechziger**, der 육십대 중반의 노인. **~sechzigerin**, die ↑~sechziger의 여성형. **~siebziger**, der 칠십대 중반의 노인. **~siebzigerin**, die ↑~siebziger의 여성형. **~sommer**, der 한 여름, 한여름, 성하. **~sommernacht**, die 1. 한여름밤. 2. 하지의 밤. **~sommers** 〈Adv.〉한여름에. **~vierziger**, der 사십대 중반의 남자. **~vierzigerin**, die ↑~vierziger의 여성형. **~wegs** 〈Adv.〉(지역적) 도중에, 중도에. **~winter**, der 한겨울, 동지. **~winters** 〈Adv.〉한 겨울에, 동지에. **~woch** usw.: ↑Mittwoch usw. **~zwanziger**, der 이십대 중반의 남자. **~zwanzigerin**, die ↑~zwanziger의 여성형.

mittag ['mɪtaːk] 〈Adv.〉 **a)** 정오에: gestern m. 어제 정오에; Montag m. 월요일 정오에. **b)** (지역적) 오후(에): ich komme morgen m. um 15 Uhr 내일 오후 3시에 오겠다. **¹Mittag** [-], der, -s, -e [3: lat. meridies] **1.** 정오, 낮; ein heißer M. 뜨거운 한낮; die Kirchturmuhr schlägt M. 교회 시계는 12시를 치고 있다; ich habe den ganzen M. gewartet 오후 내내 기다렸다; eines (schönen) ~s 어느 (아름다운) 날의 정오에; am hellen M. 훤한 대낮에, 백주에; es geht auf M. zu 12시가 돼 간다; über M. gehen wir schwimmen 우리는 정오경에 수영하러 간다; 전의 im Mittag des Lebens stehen 한창 때이다, 전성기이다; **zu M. essen** 점심식사를 하다. **2.** 〈Pl. 없음〉〈통용어〉낮의 휴식, 점심시간: M. machen 낮 휴식을 취하다; ein Teil der Belegschaft hat um 12 Uhr M., die andere um halb eins 직원 일부는 12시에, 나머지는 12시 30분에 점심 시간을 가진다. **3.** 〈Pl. 없음〉〈고어〉남쪽: die Sonne stand genau im M. 태양은 정남에 있었다. **²Mittag** [-], das, -s 〈통용어〉점심식사: bald gibt es M. 곧 점심식사가 있다; wollen wir zusammen M. essen? 함께 점심식사 하겠습니까?

Mittag- (↑Mittags-): **~brot**, das 〈Pl. 없음〉〈지역적〉↑~essen. **~essen**, das **1.** 〈Pl. 없음〉점심(식사): nach dem M. ein wenig ruhen 점심식사 후 잠깐 휴식을 취하다. **2.** 오찬(점심의 성찬): das M. bestand aus Suppe, Fleisch mit Gemüse, Kartoffeln und einer Nachspeise 오찬은 수프, 야채를 곁들인 고기, 감자 그리고 후식으로 이루어졌다. **~mahl**, das 〈드물게〉↑~essen. **~schicht**, die ↑Mittagsschicht.

mittägig ['mɪtɛːgɪç] 〈Adj.〉 정오의, 낮의: die Stille 정오의 고요. **mittäglich** 〈Adj.〉 **a)** 매일 정오마다의: der -e Schichtwechsel 낮교대; sie treffen sich m. beim Essen 그들은 점심식사 때마다 만난다. **b)** 정오의, 한낮의: im -en Flimmerlicht 정오의 뙤약볕 속에서.

mittags ['mɪtaːks] 〈Adv.〉 정오에: m. um eins 낮 1시에; von morgens bis m. 아침부터 정오까지; m. hatte es geregnet 점심때 비가 왔다. **b)** 〈지역적〉 오후에: er kam m. um 15 Uhr 그는 오후 세시에 왔다.

Mittags- (↑Mittags-): **~brot**, das 점심식사. **~gast**, der 점심 손님. **~glocke**, die (매일 12시에 치는) 낮종. **~glut**, die 정오의 이글거리는 태양. **~hitze**, die 정오의 더위. **~höhe**, die 【천문】 자오선 고도, 태양의 고도.

~kreis, der 〈드물게〉 ↑Meridian. **~läuten**, das; -s 정오의 종. **~linie**, die 【천문】 자오선. **~mahl**, das 〈아어〉 ↑Mittagessen: ein karges M. 간단한 점심. **~mahlzeit**, die 정심, 성찬(따뜻한 요리를 먹는) eine warme M. 따뜻한 점심(요리가 있는). **~pause**, die 낮 휴식, 점심시간: von 12 bis halb eins ist M. 12시부터 12시 30분까지는 낮 휴식 시간이다. **~punkt**, der 【천문】 남점(南點). **~ruhe**, die **a)** 점심 시간의 휴식, 점심 후의 휴식. **b)** 낮의 평화, 고요(1~3시 사이의 비교적 조용한 시간). **~schicht**, die 낮 교대(정오에 시작하는 근무). **2.** 낮 교대조. **~schlaf**, der 낮잠: einen M. machen 낮잠을 자다. **~schläfchen**, das 〈친근〉 낮잠. **~sonne**, die 정오의 태양: das Zimmer hat M. 그 방은 남향이다. **~sperre**, die 〈österr.〉 ↑~pause. **~stille**, die ↑~ruhe (b). **~stunde**, die 정오, 점심때 (점심을 중심으로 1시간 정도): in der M. 정오에. **~tafel**, die 〈아어〉 ↑~tisch. **~tisch**, der **1.** 점심상: die Familie sitzt am M. 가족들은 점심식사 중이다. **2.** 〈준고어〉 점심식사, 오찬, 낮정식: ein studentischer M. 학생용 정식; in diesem Restaurant haben wir einen festen M. 우리는 이 식당에서 단골로 점심을 든다. **~zeit**, die **1.** 〈Pl. 없음〉 정오(경). **b)** 낮 휴식 시간. **2.** ↑~pause. **~zug**, der 【철도】 낮열차, 정오열차.

Mitte ['mɪtə], die; -n **1. a)** 중앙, 중심, 가운데: die M. des Kreises 원의 중심; die M. des Zimmers nimmt ein großer Tisch ein 큰 책상이 방 가운데를 차지하고 있다; jmdn. in die M. nehmen 누구를 자기들 사이에 받아들이다; er wohnt im dritten Stock M. 그는 4층 중앙의 주택에 살고 있다; 전의 sie ist die ruhende M. der Familie 그녀는 가족의 중심이다; die M. zwischen zwei Extremen 양 극단 사이의 중도[중립]는 정치 또 M. 중도 정책; **die goldene M.** 중용; **ab durch die M.!** 꺼져라! **b)** 중반, 중순: M. des Jahres 한 해의 중반; M. des vorigen Jahrhunderts 전세기 중반; M. Mai 5월 중순; er ist (der) Fünfzig 그는 50대 중반이다. **2. a)** 동지, 동료, 한패: endlich können wir dich wieder in unserer M. begrüßen 마침내 다시 우리 사이에 끼게 된 것을 환영한다; der Tod hat ihn[er wurde] aus unserer M. gerissen 〈아어·완곡〉 죽음이 그를 우리에게서 떼어놓았다. **b)** 【정치】 중도진영, 중립당의 입장: M. freyaus 중도파; die M. sucht nach einem Kompromiß 중도파가 타협을 모색한다; er hat immer zur M. tendiert 그는 늘 중도적이다. **3.** 〈고어〉 허리: jmdn. in der[um die] M. fassen 누구의 허리를 껴안다[잡다]. **mittel** ['mɪtl] 〈Adj.〉〈통용어〉중앙의, 중간의, 평균의, 보통의: der neue Roman scheint nicht sehr gut zu sein, höchstens m. 새 소설은 썩 좋아뵈지는 않고 기껏해야 평균작이다. **¹Mittel** [-], das; -s, - **1.** 수단, 방법: hierfür ist jedes M. recht 이것을 위하여는 어떤 수단을 써도 좋다; er ließ kein M. unversucht, mich umzustimmen 그는 내 마음을 돌리기 위해 갖은 수단을 다 썼다; mit allen -n arbeiten 가능한 모든 수단을 다하다; zum letzten M. greifen 최후의 수단을 쓰다; **(nur) zum Zweck sein** 목적을 위한 수단일 뿐이다; **M. und Wege suchen[finden]** 방법을 모색하다[구하다]; **sich (für jmdn.) ins M. legen** 〈아어·준고어〉 중재하다. **2. a)** 약제, 약, 약품: ein schmerzlinderndes M. 진통제; ein M. für die Verdauung einnehmen 약을 복용하다. **b)** 〈화학〉 제제[약]: ein M. zum Entfernen hartnäckiger Flecken 잘 안 지는 얼룩을 제거하는 세제; ich habe die Rosen mit einem neuen M. gespritzt 나는 장미에 새로운 약을 뿌려주었다. **3.** 〈Pl.〉 재력, 자금: meine M. sind erschöpft 내 자금은 바닥났다; keine flüssigen M. mehr haben 더

이상 현금이 없다; das Vorhaben wird mit öffentlichen -n gefördert 그 계획은 공금으로 추진된다; er ist nicht ganz ohne M. 그는 돈이 전혀 없지는 않다. **4.** 평균, 중간치: die Einschaltquote für diese Sendereihe betrug im M. 24% 이 시리즈의 청취율은 평균 24%에 달했다; das arithmetische M. [수학] 산술 평균; das geometrische M. [수학] 기하 평균.

²**Mittel** [-], die; -《인쇄·고어》14 포인트 활자.

Mittelchen ['mɪtlçən], das; -s, - ↑Mittel (2)의 축소형.

mittel-, Mittel-: ~**achse**, die 가운데 축, 중축, 축선. ~**alt**〈Adj.〉《드물게》중년의: dieser Holländer Käse ist m. 이 네덜란드 치즈는 덜 익었다. ~**alter**, das〈Pl. 없음〉[von lat. medium aevum] **1.** 중세: das europäische M. 유럽의 중세; bis zum ausgehenden M. 중세 말기까지; im hohen(frühen, späten) M. 중세 중기(초기, 말기); das ist ja finsteres M.! 암울한 중세와 다름없다(약어: MA). **2.**《통용어·농》중년(의 사람): er ist M. 그는 중년이다. ~**alt(e)rig** [-alt(ə)rɪç]〈Adj.〉《드물게》중년의: eine -e Dame 중년부인. ~**alterlich**〈Adj.〉**1.** 중세의: -e Kunst(Dichtung) 중세 예술(문학); 〈전의〉man lebt und denkt in diesem Land noch ganz m. 이 나라에는 아직도 중세식으로 [시대에 뒤떨어져] 살고 생각한다. **2.** ↑mittelalt(e)rig: jugendliche und -e Gäste 청소년과 중년 손님들. ~**amerika**, -s 중앙 아메리카. ~**bau**, der **1.**〈Pl. -ten〉(건물의) 중앙부: der Vortrag findet im M. des Schlosses statt 강연회는 성의 중앙부에서 개최된다. **2.**〈Pl. 없음〉《대학》(대학 교원의) 중간층(조교, 전임강사 등): Vertreter des -s im Senat 대학 평의회에서의 중간층의 대표. ~**betrieb**, der **a)** 중간 규모 기업, 중기업. **b)** 중농, 중간규모 농가. ~**deck**, das 중갑판. ~**deutsch**〈Adj.〉**1. a)** 중부 독일의: die -en Gebirge 중부 독일의 산악지대. **b)**《구서독·준고어》구 동독의. **2.**〈언어〉중부 독일 사투리의, 중부 독어의: -e Lautung 중부 독일식 발음법; seine Aussprache klingt m. 그의 발음은 중부 독일어 악센트가 있다(약어: md.). ~**deutsch**, das 중부 독일어. ~**deutsche***, das 중부 독일어, 중부 독일적 성격, 중부 독일적인 것. ~**deutschland** ['mɪtdɔʏtʃlant], das **1.** 중부 독일(중부 라인 지방에서 남부 작센 지역. **2.** 뛰링겐과 상부 작센 지역. **3.**《구서독》독일민주공화국(DDR). ~**dick**〈Adj.〉중간 굵기의. ~**ding**, das **a)**《드물게 Pl. -er》어중간한 것. **b)**《드물게 Pl. -e》중간의 가능성, 타협책: hier gibt es nur ein Ja oder Nein, kein M. mehr 여기에는 예, 아니오만 있을 뿐 타협은 없다. ~**drittel**, das [아이스 하키] **1.** 중간 지역, 중전. ~**europa** ['mɪtəyˈroːpa], -s 중부 유럽. ~**europäer**, der 중부 유럽인. ~**europäisch**〈Adj.〉중부 유럽의. ~**fein**〈Adj.〉**a)** 중간 정도로 가는: -es Papier 중간 정도로 고운 종이. **b)** 중질의, 중급 품질의: junge Erbsen, m. 어린 완두콩 중급품. ~**feld**, das **1.**〈Pl. 없음〉《스포츠·축구》중간 지역, 미들 필드. **2.** [해부] M. verteidigen 중간 지역을 방어하다. **2.**《스포츠》중간 그룹, 중간 집단(달리기 등에서 선두 집단 뒤에 따르는): er bleibt eine Figur des -es 그는 중간 그룹의 인물로 남아있다; im M. liegen 중간 집단에 속하다. **3.** [언어] 한 문장의 가운데 부분. ~**feldspieler**, der ↑Halbstürmer. ~**fenster**, das 가운데 창. ~**finger**, der 가운데 손가락, 중지. ~**fristig** [-frɪstɪç]〈Adj.〉《경제·금융》중기간의, 장기와 단기의 중간의: -e Kredite 중기 대부. ~**fuß**, der [해부] 발등(발가락과 발목 사이 부분). ~**fußknochen**, der 가운데 발뼈. ~**gang**, der **a)** 가운데 길. **b)** 중앙 통로, 중랑(中廊): ein Eisenbahnwagen mit M. 중앙 통로 있는 열차. ~**gebirge**, das 중급 산악. ~**gewicht**, das [engl. middle-weight] [중량경기] **1.**〈Pl. 없음〉미들급: im M. antreten(kämpfen) 미들급으로 싸우다. **2.** ↑~gewichtler. ~**gewichtler** [-gəvɪçtla], der; -s, - 미들급 선수. ~**glied**, das **1.** [해부] 가운데 마디, 중절(中節). **2.** 중간 고리, 중간환. ~**gradig**〈Adj.〉《전문어》반 정도의, 중간 정도의: -er Schwachsinn 반 백치. ~**groß**〈Adj.〉중간 크기의. ~**größe**, die **1.** 중간 크기. **2.** 중간 치수, 미디엄(medium): die -n sind am meisten gefragt 중간 치수가 가장 수요가 많다. ~**grund**, der **1.** [회화] 중경(中景)(그림의). **2.** [선원] (왕복 수로의) 얕은 곳. ~**gut**〈Adj.〉《통용어》중급의〈품질 따위의〉. ~**hand**, die **1.** [해부] 장골부(掌骨部), 중수부(中手部). **2.** (포유류, 특히 말의) 몸통. **3.** [카드] (카드) 두 번째로 하는 사람: in der M. sein(sitzen) 두번째 게스트이다. ~**hirn**, das [해부] 중뇌. ~**hoch**〈Adj.〉중간 높이의: ein mittelhoher Schornstein 중간 높이의 굴뚝; der Baum ist m. gewachsen 나무가 중간 크기로 자랐다. ~**hochdeutsch**〈Adj.〉중고(중세고지) 독일어의(약 11세기 중엽~15세기 말): der Text dieser Urkunde ist m. 이 기록의 원문은 중고 독일어이다. ~**hochdeutsch**, das 중고(세)고(기) 독일어. ~**hochdeutsche**, das 중고 독일어적인 것. ~**instanz**, die 중간심급. ~**klasse**, die **1.** 중간층, 중류(산) 계급. **2.** (특히 자동차) 중형, 중급. **3.**〈대개 Pl.〉중급(반). ~**klassehotel**, das 중급 호텔. ~**klassewagen**, der 중형차. ~**kreis**, der [구기] 센터 서클. ~**lage**, die **1. a)** 중앙부. **b)** 구릉. **2.** [음악] 중간 음역. ~**ländische Meer**, das; -n, -(e)s 지중해. ~**landkanal**, der; -s 중부 독일의 (공업지대를 흐르는) 운하. ~**latein**, das 중세 라틴어. ~**lateinisch**〈Adj.〉중세 라틴어의. ~**läufer**, der [축구·핸드볼] 센터 하프. ~**linie**, die **1.** [스포츠] 중앙선, 센터 라인. **2.** [교통] 중앙 분리선. ~**los**〈Adj.〉빈궁한, 돈이 없는, 빈털털이인: ein -er Fremdling 빈털털이 외국인(외지인). ~**losigkeit**, die 빈궁, 무일푼. ~**mächte**〈Pl.〉《역사적》중구제국(제1차 세계 대전 때의 독일과 그 동맹국). ~**maß**, das 《대개 썀》보통, 평범, 평균: über das M. nicht hinauskommen 평균을 벗어나지 못하다. ~**mäßig**〈Adj.〉《대개 썀》보통의, 평범한, 평균적인: -e Zeugnisse 보통 성적; das Wetter war m. 날씨는 그저 그랬다. ~**mäßigkeit**, die《대개 썀》보통, 평범, 평균: in (die) M. versinken 보통 수준으로 떨어지다. ~**meer**, das; -(e)s 지중해. ~**meerfieber**, das〈Pl. 없음〉Maltafieber. ~**meerisch**〈Adj.〉지중해의. ~**meerklima**, das 지중해성 기후. ~**meerländer**〈Pl.〉지중해 연안 제국. ~**meerraum**, der 지중해(문화)권. ~**motor**, der [자동차] 중간 모터(차축 사이에 붙은 모터). ~**niederdeutsch**〈Adj.〉중세 저지 독일어의. ~**niederdeutsch**, das, ~**niederdeutsche**, das 중세 저지 독일어. ~**ohr**, das [해부] 중이(中耳). ~**ohreiterung**, die [의학] 중이염. ~**ohrvereiterung**, die [의학] 중이염. ~**pfeiler**, der [건축·예술] 중앙 기둥, 중앙 교각. ~**platz**, der [스포츠] (운동 경기에서) 순위의 중간, 중간 순위. ~**prächtig**〈Adj.〉《통용어·농》중간의, 보통의. ~**punkt**, der **1.** [수학] 원, 구의 중심점, 중심: 〈전의〉der M. der Erde 지구의 중심. **2.** 중심인물, 초점, 핵심, 중심: er war der (geistige) M. der Gesellschaft 그는 그 사회의 (정신적) 중심인물이다. ~**punktschule**, die (여러 곳에 분교를 둔) 본교. ~**scheitel**, der (가운데) 가리마: (einen) M. tragen 가운데 가리마를 타다. ~**schicht**, die [사회] 중간층, 중산층. ~**schichtorientiert**〈Adj. nicht adv.〉중산층을 지향하는. ~**schiff**, das [건축] ↑Hauptschiff. ~**schlächtig** -ʃlɛçtɪç〈Adj.〉《전문어》(물이

mittelbar 1408

물레방아의 중간 부분에 주입되어 작동하는) 중사식(中射式)의. ~**schmerz**, der 《월경주기 사이 배란시의》 중간통(증). ~**schule**, die **1.** 《독일》 중등학교, 실업학교. **2.** 《österr., schweiz.》 대학과 본과정 사이의 고등학교. ~**schulbildung**, die 중등학교 수료(중). ~**schullehrer**, der 중학교 교사. ~**schwer** 〈Adj.〉 《무게, 중요성, 강도, 난이도》중간 정도인: er wurde m. verletzt 그는 중간 정도의 부상을 입었다. ~**schwergewicht**, das 《중량경기》 **1.** 〈Pl. 없음〉 미들 헤비급. **2.** ↑ ~**schwergewichtler**. ~**schwergewichtler** [-gəvɪçtlɐ], der 미들 헤비급 선수. ~**sorte**, die 중등품, 중급품. ~**stadt**, die 《인구 이만에서 십만 사이의》 중간 도시. ~**stand**, der 〈Pl. 없음〉 중산 계급, 중간층, 중산층: die Parteien werben um den M. 그 당은 중산층의 지지를 얻으려 노력한다. ~**ständig** 〈Adj.〉 《식물》 중위(中位)인(특히 씨방 속의). ~**ständisch** 〈Adj.; nicht adv.〉 중간 계층의, 중산 계층의: eine -e Gesinnung 중간 계층의 성향. ~**ständler** -[ʃtɛntlɐ], der; -s, - 중간계층의 사람. ~**standsbürger**, der 중산층 시민. ~**standskredit**, der 중소 기업 신용 대부. ~**steinzeit**, die ↑ Mesolithikum. ~**steinzeitlich** 〈Adj.〉 중석기 시대의. ~**stellung**, die 중간 위치, 중간점. ~**stimme**, die 《음악》 내성음(다성악곡에서 고음과 저음 사이에 있는 성음, 예컨대 혼성 4부 합창곡에서 알토, 테너). ~**strecke**, die a) 중거리. b) 《스포츠》《육상경기의》 중거리. ~**streckenflug**, der 중거리 비행. ~**streckenflugzeug**, das 중거리 비행기. ~**streckenlauf**, der 《스포츠》 중거리 경주(800 미터, 1500 미터, 3000 미터). ~**streckenläufer**, der 《스포츠》 중거리 주자. ~**streckenrakete**, die 중거리 로켓. ~**streckler** [-ʃtrɛklɐ], der; -s, - 《스포츠 언어》 ↑ ~streckenläufer. ~**streifen**, der 《특히 고속 도로의》 중앙 분리대. ~**stück**, das a) 《여러 부분으로 이루어진 것의》 가운데 부분. b) 중심부. ~**stufe**, die 중등, 중급. ~**stürmer**, der 《스포츠》 센터 포워드. ~**teil**, der / das 중간 부분. ~**tisch**, der 《식당, 카페 등의》 중앙 식탁, 가운데 식탁. ~**tür**, die 중앙 출입문, 현관. ~**wald**, der 《임업》 중간림(교목림과 맹아림 사이에 형성된). ~**wasser**, das 《드물게 Pl. -wasser》 《전문어》 **1.** a) 《만조와 간조 사이의》 중간 수위. b) 《만조와 간조의 평균치인》 평균 수위, 표준 수위. **2.** 《민물의》 평균(중간) 수위. ~**weg**, der **1.** 중앙로. **2.** 중도, 중용, 타협: einen M. suchen 중도를 구하다; **der goldene M.** 중용. ~**welle**, die a) 《물리・무선・방송》 중파. b) 《방송》 중파 구역: diesen Sender bekommt man auch auf M. 중파로도 이 방송을 들을 수 있다. ~**wellensender**, der 《무선・방송》 중파 방송국, 중파 송신기. ~**wert**, der 《수학》 평균치, 평균값. b) 중간차: den M. errechnen 평균을 계산하다. ~**wort**, das 《언어》 ↑Partizip: M. oder M. der Gegenwart (1. Partizip) 분사 또는 현재분사; M. oder M. der Vergangenheit (2. Partizip) 분사 혹은 과거분사. ~**wortgruppe**, die 《현재, 과거》 분사. ~**wortsatz**, der ↑Partizipialsatz. ~**wüchsig** 〈Adj.〉 중(간)키의, 중(간)키로 자란.

mittelbar [ˈmɪt|baːɐ̯] 〈Adj.〉 간접의, 간접적인(반대: unmittelbar): -e Ursachen 간접적 원인들. **Mittelbarkeit**, die 간접성, 간접적임.

Mitte-Links- 《정치》: ~**Bündnis**, das 중도파와 좌파의 연합. ~**Koalition**, die 중도파와 좌파의 연정. ~**Regierung**, die 중도파와 좌파의 연합 정부.

mitteln [ˈmɪt|n] ↑gemittelt 참조. **mittels**, 《준고어》 mittelst [ˈmɪt|s(t)] 〈Präp.²〉 ↑Mittel의 단수 2격 고착형 《격식독어》 …에 의하여, …을 통해서, …의 도움으로: m. elektrischer Energie 전력의 도움으로. **Mittelsmann**, der 《Pl. …männer / …leute》 중개자, 중

매인, 조정자, 대리인: über einen M. Kontakt aufnehmen 중개인을 거쳐 접촉하다. **Mittelsperson**, die ↑~mann. ~**mittelst**: ↑mittels. **mittelst** 〈Adj.〉 ↑mittel의 최상급. **Mittelung** [ˈmɪtəlʊŋ], die; -en 《전문어》 평균치의 산정.

mitten [ˈmɪtn] 〈Adv.〉 한가운데에, 중앙에: m. in der Nacht 한밤중에; der Schuß traf ihn m. ins Herz 총알이 그의 심장 한가운데에 명중했다.

mitten-: ~**drein** 〈Adv.〉 《드물게》 그 한가운데로: immer wieder mischt sie sich m. 그녀는 자꾸만 대화의 한가운데로 끼어든다. ~**drin** 〈Adv.〉 **a)** 중간에, 한가운데서: der Rede wurde m. unterbrochen 연설은 중간에 중단되었다. **b)** 지금, 마침, 막 … 중이다: er ist m., seine erste Oper zu komponieren 그는 막 그의 첫 번째 오페라를 작곡하고 있는 중이다. ~**drunter** 〈Adv.〉 《통용어》 그 한가운데로, 그 가운데, 그 사이로. ~**durch** 〈Adv.〉 **1.** 한가운데를 뚫고: dort war ein Moor und der Weg führte m. 거기엔 늪지대가 있었고 길이 그 한가운데로 나 있었다; etw. m. brechen 무엇의 한가운데를 자르다. **2.** 《통용어》 평균의. ~**inne** 〈Adv.〉 《드물게》 한가운데에, 그 사이로: dieser Kosmos, in dem unser Stern m. schwebt 우리의 별이 그 한가운데를 떠다니는 이 우주. ~**mang** 〈Adv.〉 《nordd., 특히 berlin》 그 가운데에: m. sitzen 그 사이에 앉아 있다.

Mitternacht [ˈmɪtɐ-], die **1.** 한밤중, 자정: es ist [schlägt] M. 밤 12시다; es geht auf M. zu 한밤중이 되어간다; 전의 dieses Volk in seiner tiefen M. 깊은 어둠에 빠진 이 민족. **2.** 《고어》 북쪽, 북방: gen M. ziehen 북쪽으로 가다. **mitternächig** 〈Adj.〉 《드물게》 심야의, 한밤중의: es war m. still 한밤중같이 조용했다. **mitternächtlich** 〈Adj.〉 심야의, 한밤중의: zur -en Stunde erschien das Gespenst 한밤중에 유령이 나타났다. **mitternachts** 〈Adv.〉 심야에, 한밤중에: er kam erst m. nach Hause 그는 한밤중에야 집에 돌아왔다.

mitternachts-, Mitternachts-: ~**blau** 〈Adj.〉 진한 흑청색의. ~**gottesdienst**, der ↑~messe, die ↑Mette. ~**sonne**, die 한밤중에 뜨는 태양(극지의). ~**stunde**, die 한밤중, 야밤, 심야. ~**vase**, die [viell. nach frz. vase de nuit] 《농》 요강. ~**zeit**, die ↑~stunde.

Mittestrich, der; -(e)s, -e ↑Spiegelstrich.

mittig [ˈmɪtɪç] 〈Adj.〉 《전문어》 중심에 있는, 중심의: -er Druck 중심 압력; m. geteilte Schiebefenster 가운데로 나뉜 미닫이 창문. **mittler** [ˈmɪtlɐ] 〈Adj.〉 ↑mittel의 비교급. **a)** 한가운데의, 중앙의, 중간의: -e Fenster 한가운데의 창을 열다; die drei -en Finger 가운데 세 손가락. **b)** 중위의, 중간 정도의, 중규모의, 중등의, 평균의: eine -e Geschwindigkeit 평균 속도; ein Mann -en Alters 중년 남자; die -e Jahrestemperatur 연평균 기온; Ware (von) -er Qualität 중급 상품. **c)** 평범한, 특출한 재능이 없는: ein in jeder Hinsicht -es Wesen 모든 면에서 평범한 존재. **Mittler** [ˈmɪtlɐ], der; -s, - 《아어》 중개인, 중재자, 조정자, 중매인: sich als M. anbieten 중재자 역을 자청하다; ~ zwischen Sprachen und Kulturen 언어는 다른 민족과 문화들을 위한 중재자이다.

Mittler-: ~**amt**, das 중개역, 중개 사무의: ein M. übernehmen 중개역을 떠맡다. ~**funktion**, die 중개자의 기능: eine M. erfüllen 중개자의 기능을 다하다. ~**rolle**, die 중개자 역할. ~**sprache**, die 《다른 언어를 쓰는 사람이나 민족 사이를 중개하는 외국어》.

Mittlerschaft, die 중개역. **Mittlertum**, das; -s 《아어・드물게》 중개자의 특성, 역할. **mittlerweile**

['mɪtlɐ'vaɪlə] ⟨Adv.⟩ [(고형) mittler Weile (3격 Sg.)]
a) 시간이 지나면서, 그 사이에, 점차로: du hast es m. gelernt 그러는 사이에 넌 그걸 알게 됐다; m. entwickelt sie sich zu einer Schönheit 그녀는 점점 아름다워진다. **b)** 그 동안에, 그 사이에: er hatte die neuen Kollegen m. kennengelernt 그는 그 동안에 새 동료들을 사귀었다.
Mittwoch ['mɪtvɔx], der; -(e)s, -e 수요일. **Mittwochabend**, der 수요일 밤. **mittwochs** ⟨Adv.⟩ 수요일에, 수요일마다.
mitunter ⟨Adv.⟩ 때때로, 가끔, 이따금: m. wurde er böse 때때로 그는 화가 났다.
Mix [(engl.) 'mɪks], der; -, -e 《전문어·은어》 혼합 음료, 칵테일.
Mixbecher ['mɪks-], der; -s, - (칵테일용) 셰이커, 교반기(攪拌器). **Mixed** [mɪkst], das; -(s), -(s) [engl. mixed] [테니스·탁구·배드민턴] **1.** 혼합 복식 경기, 혼합 복식: das M. [im M.] gewinnen 혼합 복식에서 승리하다. **2.** 남녀 혼합 복식 팀[조]: ein ausgezeichnet spielendes M. 훌륭하게 경기를 펼치고 있는 남녀 혼합 복식조. **Mixed drink** ['mɪkst 'drɪŋk], der; - -(s), - -s [engl. mixed drink] 칵테일(음료). **Mixed grill** [-'grɪl], der; - -(s), - -s [engl. mixed grill] [요식] (고기) 섞어구이, 칵테일 그릴. **Mixed-media-Veranstaltung** ['- -'miːdɪə -], die; -en ↑Multimediaveranstaltung. **Mixed Pickles** [-'pɪkl̩s], **Mixpickles** ['mɪkspɪkl̩s] ⟨Pl.⟩ [engl. mixed pickles, mixpickles] [요리] 믹스피클(야채를 섞어 식초에 절인 것). **mixen** ['mɪksn̩] ⟨h⟩ [engl. to mix = mischen] **1. a)** 섞다, 혼합하다, 칵테일을 만들다: einen Cocktail [sich einen Drink] m. (마시려고) 칵테일을 만들다; [전의] (통용어) aus Musik und Texten ein unterhaltsames Programm m. 음악과 텍스트를 섞어 오락 프로그램을 만들다. **b)** 믹서로 (갈아) 섞다, 혼합하다: Mandeln mit Milch m. 아몬드를 우유와 함께 갈다. **2.** [영화·무선·텔레비전] ↑mischen. **3.** [아이스하키] 스틱으로 퍽을 이리저리 몰다. **Mixer**, der; -s, - [engl. mixer] **1.** 바텐더. **2.** 믹서: 2∼3 Eier im M. verquirlen 달걀 2∼3개를 믹서로 돌리다. **3. a)** [영화·무선·텔레비전] Tonmischer. **b)** [무선] 믹서. **Mixgetränk**, das; -(e)s, -e 혼합 음료, 칵테일. **Mixpickles**: ↑Mixed Pickles. **Mixtum compositum** ['mɪkstʊm kɔm'poːzɪtʊm], das; - - , ...ta ...ta [lat. = gemischt zusammengesetzt] (교양어) 혼란, 혼잡, 뒤범벅. **Mixtur** [mɪks'tuːɐ̯], die; -en [lat. mixtūra] **1.** 《약학·교양어》 혼합물, 조제 물약(혼합한 물약): eine M. herstellen 혼합 물약을 만들다. **2.** [음악] 혼합음.
Mizell, das; -s, -e, **Mizelle** [mɪ'tsɛl(ə)], die; -n 《대개 Pl.》 [생물·화학] 미셀, 미포(微胞), 교질(膠質) 입자.
Mjöllnir ['mjœlnɪr], der; -s 뇌신(雷神)(Thor)의 쇠망치.
mk = Markka.
MKS-System [ɛmkaː'ɛs-], das; -s 《전문어》 미터법.
ml = Milliliter.
mlat. = mittellateinisch.
Mlle = Mademoiselle.
Mlles = Mesdemoiselles.
mm = Millimeter.
μm = Mikrometer.
mm² (옛: qmm) = Quadratmillimeter.
mm³ (옛: cmm) = Kubikmillimeter.
MM. = Messieurs [↑Monsieur 참조].
m.m. = mutatis mutandis.
M.M. = Mälzels Metronom, Metronom Mälzel.
Mme = Madame.

Mmes = Mesdames.
Mn = Mangan.
Mneme ['mneːmə], die [의학·심리] [griech. mnḗmē] 기억(력). **Mnemonik** [mne'moːnɪk], die [lat. mnēmonica (Pl.) < griech. mnēmoniká (Pl.)] 《전문어》 기억술. **Mnemoniker**, der 《전문어》 기억술가. **mnemonisch** ⟨Adj.⟩ [griech. mnēmonikós] 《전문어》 ↑ mnemotechnisch 참조. **Mnemotechnik**, die; -en 《전문어》 기억술. **Mnemotechniker**, der; -s, - 《전문어》 기억술가. **mnemotechnisch** ⟨Adj.⟩ 《전문어》 기억술의, 기억술에 따른. **mnestisch** ['mnɛstɪʃ] ⟨Adj.⟩ [의학·심리] 기억의, 기억에 따른.
Mo = Molybdän.
MΩ = Megaohm.
Moa ['moːa], der; -(s), -s [Maori (뉴질랜드 토착어) moa] 모아새, 공조(恐鳥)(약 600년 전에 전멸한 뉴질랜드의 타조 비슷한 새).
Moab ['moːap], **-1.** 모아브(사해 동쪽에 있던 모아브인의 왕국). **2.** 모아브(창세기에 나오는 롯(Lot)의 아들). **Moabiter** [moa'biːtɐ], der; -s, - [옛] 모아브인(롯의 아들 모아브의 후손으로 불리는 고대 셈족). **2.** 모아비트(동물원, 형무소, 형사재판소가 있는 베를린의 한 구역 이름).
Moar ['moːaɐ̯], der; -s, -e [↑Meier의 바이에른 방언] [빙상 사격] 4인조 경기의 주장. **Moarschaft**, die; -en [빙상 사격] 4인조 경기.
Mob [mɔp], der; -s [engl. mob] (폄) ↑Pöbel: der M. zieht johlend durch die Straßen 폭도들이 소리를 지르며 거리를 가고 있다.
Möbel ['møːbl̩], das; -s, - (österr., schweiz.) /-n [frz. meuble] **1.** ⟨대개 Pl.⟩ 가구, 집기: M. aus Eiche 참나무로 만든 가구; einen Raum mit -n ausstatten 방에 가구를 비치하다; altes M. 《경》 노목(老僕), 노야(老爺); jmdm. die M. geraderücken (geraderstellen) 《경》 누구를 훈계하다. **2.** ⟨Pl. 없음⟩ 《통용어·농》 (커서 들고 다니기에 불편한) 물건: dieser Regenschirm ist ein groteskes M. 이 우산은 (커서) 들고 다니기에 거추장스럽다.
Möbel-: **~fabrik**, die 가구 공장. **~firma**, die 가구 회사. **~geschäft**, das 가구 상점. **~händler**, der 가구 상인. **~industrie**, die 가구 산업. **~laden**, der ↑~geschäft. **~lager**, das 가구 창고. **~macher**, der (고어) ↑tischler. **~messe**, die 가구 전시회. **~packer**, der 이삿짐 센타 짐꾼. **~politur**, die 가구용 니스. **~räumer**, der [지역적] ↑~packer. **~schreiner**, der [지역적] ↑~tischler. **~spediteur**, der 이삿짐 운반업자. **~stoff**, der 가구용 천. **~stück**, das 가구(하나 하나). **~tischler**, der 소목(장이). **~träger**, der 가구 운반원. **~transporteur**, der 가구 운반업자. **~wagen**, der 가구 운반차: **fliegender M.** 《군·은어》 수송기. **~werker**, der [특히 구동독] ↑~tischler.
mobil [mo'biːl] ⟨Adj.⟩ [frz. mobile] **1.** 《교양어》 **a)** 움직이는, 활발한, 이동성의: ein -es Labor 이동 실험실; -e Büchereien 이동 도서관; Grundbesitz und -er Besitz 부동산과 동산. **b)** [경제] 유동성의, 환금하기 쉬운: -es Kapital 유동 자본. **c)** 《전문어》 가변적인, 유동적인: -e Bücher [서적·구동독] 가철서적, 루스리프식 서적. **2.** [군] 동원된, 출동한: -e Verbände 동원 부대; die Polizei wird m. gemacht 경찰이 동원된다; **m. machen** 동원하다, 출동하다: etw. m. machen 동원하다. **3.** 《통용어》 활발한, 활력이 있는, 원기왕성한: der Kaffee hat mich m. gemacht 커피는 나에게 활력을 준다; nach langer Krankheit ist er nun wieder m. 기나긴 투병 끝에 그는 다시 활기를 되찾았다.
Mobil [-], das; -s, -e [↑Automobil의 약칭] 《통용

어·농》자동차, 승용차.
Mobil- 《전문어》: **~funk,** der 이동 무선 통신. **~heim,** das 《전문어·은어》이동 주택. **~kino,** das 이동 영화관. **~machung,** die; -en 《동원》: die M. anordnen 동원령을 내리다. **~machungsbefehl,** der 동원령. **~machungsplan,** der 동원 계획. **~machungstag,** der 동원 날짜. **~station,** die 이동 방송국, 이동 스튜디오.
Mobile ['moːbilə], das; -s, -s [engl. mobile] 모빌, 유동체. **Mobiliar** [mobiˈliaːɐ̯], das; -s, -e 가구, 가재 도구, 동산: das M. kurz und klein schlagen 가구를 부숴뜨리다. **Mobiliarkredit,** der 《고어》동산 담보 대부. **Mobiliarvermögen,** das 《법·경제》동산(動産). **Mobiliarversicherung,** die 《고어》동산 보험.
Mobilien [moˈbiːliən] 〈Pl.〉 [lat. mobilia] **1.** 《고어》가구. **2.** 《법·경제》동산. **Mobilisation** [mobilizaˈtsioːn], die; -en [frz. mobilisation] **1.** 《생물》활성화. **2.** 《군·정치》동원(반대: Demobilisation) **3.** 《의학》가동화. **Mobilisator** [...ˈzaːtɔr, 《또한》...toːɐ̯], der; -s, -en [...zaˈtoːrən] 《교양어》활성 요인, 동인. **mobilisieren** [...ˈziːrən] 〈h〉 [frz. mobiliser] **1.** 동원하다, 전시동원하다(반대: demobilisieren, entmobilisieren): das Heer m. 군대를 동원하다; jmdn. m. 《고어》누구를 징집하다. **2. a)** 활성화하다, 활기를 띠게 하다: die Gewerkschaften mobilisierten die Massen gegen den Rechtsradikalismus 노동조합은 조합원을 동원하여 극우주의에 맞섰다. **b)** 활동시키다, 작용시키다, 활발하게 하다: alle Kräfte für den (Wieder)aufbau m. 재건을 위해 총력을 기울이다; Kaffee mobilisiert die Lebensgeister 커피는 활력을 일깨우다. **3.** 《경제》유동화(流動化)하다, 현금화하다: für ein Projekt Kapital m. 어떤 계획을 위해 자본을 현금화(동원)하다. **4.** 《의학》 **a)** 《경직된 관절 등을》(다시) 움직이게 하다. **b)** 《특히 치료를 통해》움직이게 하다, 기동하게 하다. **Mobilisierung,** die; -en 동원, 활성화, 유동화, 기동화. **Mobilismus** [mobiˈlɪsmʊs], der; - [지질] 지각변동설(반대: Fixismus). **Mobilist,** der; -en, -en 《통용어·농》《자가》운전자. **Mobilität** [mobiliˈtɛːt], die [lat. mobilitās] **1.** 《교양어》《정신의》유연성, 활발성. **2.** 《사회》사회적 유동성(직업, 사회적 지위, 주소 등의): eine Gesellschaft mit hoher M. 높은 유동성을 지닌 사회. **3.** 《군》 동원 태세, 임전 태세.
möblieren [møˈbliːrən] 〈h〉 [frz. meubler] 가구를 비치하다: eine Wohnung neu [modern] m. 방에 새(현대적) 가구를 비치하다; eine möblierte Wohnung 가구 딸린 집; **ein möblierter Herr** 《통용어·준고어·농》가구 딸린 방에 세들어 사는 남자. **Möblierung,** die; -en **1.** 가구 비치, 가구 설비. **2.** 가구, 세간.
Moçambique [mosamˈbiːk] 모잠비크.
Mocca: ↑Mokka.
Mochaleder [ˈmɔxa-, 《또한》ˈmoka-], das; -s [항구 도시 Mokka의 이름에 따라] (아라비아) 염소가죽.
mochte [ˈmɔxtə], **möchte** [ˈmœçtə] ↑mögen 참조.
Möchtegern, der; -(s), -e / -s 《통용어·조롱》잘난 체하는 사람, ···인 체하는 사람.
Möchtegern- 《인물을 지칭하는 규정어·통용어·조롱》: **~dichter,** der 시인인 체하는 사람. **~künstler,** der 예술가인 체하는 사람.
Mocke, die; -n 《지역적》씨돼지, 종돈.
Mocken, der; -s [-, süd., schweiz. 《방언》] 《큰》덩이 《조각》, 두꺼운 절편.
Mockturtlesuppe [ˈmɔktœrt-l-], die; -n [engl. mock turtle soup] 《요리》쇠고기 버섯 스프 《바다거북 스프를 모방함》.
Mod, der; -(s), -s [engl. mod] 모드(1960년대에 히피와는 반대로 깔끔한 차림을 중시한 십대들).
mod. = moderato 보통 빠르기.
modal [moˈdaːl] 〈Adj.〉 **1.** 〔언어〕양상의, 화법의: -e Konjunktion 양상 접속사. **2.** 〔음악〕선법(旋法)의.
Modal-: **~adverb,** die 〔언어〕양상 부사. **~bestimmung,** die 〔언어〕양상 규정어(부사 및 부사구). **~logik,** die 양상 논리학. **~notation,** die 〔음악〕기보법(리듬양식에 따른 악보 기술법), **~partikel,** die 〔언어〕양상의 불변화 품사. **~satz,** der 〔언어〕양상의 부사절. **~verb,** das 〔언어〕화법조동사.
Modalität [modaliˈtɛːt], die; -en **1.** 〈대개 Pl.〉《교양어》상황, 사정, 방법, 양식: für die anderen Verträge gelten entsprechende -en 다른 조약에는 그에 상응하는 방식이 효력이 있다; mit den -en des Strafprozesses vertraut sein 형사 소송 방식에 정통하다. **2.** 〔철학〕양상, (존재, 가능성 등의) 양태. **3.** 〔논리〕양상, (진술의 정확성, 판단의 타당성 등의) 정도. **4.** 〔언어〕양상(문장의 내용에서 명제를 뺀 부분).
Modalitätenlogik, die ↑Modallogik.
Modder [ˈmɔdɐ], der; -s 〈nordd.〉진창, 수렁, 소택지: der Wagen blieb im M. stecken 차가 진창에 빠져 있었다; [전의] die ganze Bauchhöhle war voller M. 뱃속이 오물로 가득 차 있었다. **modd(e)rig** [ˈmɔd(ə)rɪç] 〈Adj.〉 〈nordd.〉수렁의, 진창의, 더러운.
mode [moːt] 〈Adj.; 격변화없음〉 [engl. mode] 《유행》연한《은은한》따위. **¹Mode** [ˈmoːdə], die; -n [frz. mode] **1. a)** 유행, 풍조: eine praktische M. 실용적인 유행; die M. der Renaissance 르네상스 풍조; jede M. mitmachen 모든 유행을 추종하다 《따르다》; mit der M. gehen 유행을 따르다; etw. ist (in) M. 무엇이 유행하고 있다; etw. ist aus der M. (gekommen) 무엇이 한물가 있다. **b)** 〈Pl.〉유행옷, 유행 의상: die neuesten -n tragen 최신 유행옷을 입다. **2.** 유행, 시류, 풍조: Bungalows in diesem Stil sind jetzt (große) M. 지금 이런 풍의 방갈로가 대유행이다; was sind denn das für neue -n? 《통용어》도대체 무슨 바보같은 짓이냐? **²Mode** [-], der; -(s), -n 《또는》die; -n [engl. mode] 〔전기〕 모드.
mode-, Mode- (**¹Mode**; ↑**Moden-**도 참조): **~artikel,** der **1.** 유행품. **2.** 인기 상품. **~arzt,** der 《편》인기 의사. **~ausdruck,** der 유행하는 표현. **~bad,** das ↑**~badeort. ~badeort,** der 인기있는 해수욕장. **~beruf,** der 인기 직업. **~bewußt** 〈Adj.〉유행을 의식하는. **~blatt,** das 패션 신문. **~branche,** die 패션계 복식(服飾) 부문. **~dame,** die 《조롱》신식 부인《최첨단 유행 차림의》. **~designerin,** die 패션 여디자이너. **~dichter,** der 인기《유행》작가. **~fan,** der 유행광. **~farbe,** die 유행색. **~fimmel,** der 《통용어·농·편》유행 선호증. **~fotograf,** der 유행 전문 사진사《유행을 소개하는》. **~geck,** der 《편》↑Geck (1). **~geschäft,** das 유행품점, 패션 가게. **~gestalter,** der 유행 창안자. **~graphik,** die 상업 그래픽. **~haus,** das **1.** (대규모의) 유행복《패션》전문점. **2.** 패션 전문기업. **~heft,** das ↑**~zeitschrift. ~hund,** der 유행 품종 종견. **~industrie,** die 유행품 (제조) 공업, 패션 산업. **~journal,** das ↑**~zeitschrift. ~journalist,** der 유행전문 기자, 패션 기자. **~journalistin,** die ↑**~journalist**의 여성형. **~katalog,** der 유행품 카탈로그. **~krankheit,** die 유행병. **~narr,** der 《편》↑Geck (1). **~püppchen,** das 《통용어·편》(지나치게 유행을 밝히는) 계집애. **~puppe,** die 《통용어·편》(지나치게 유행을 밝히는) 부인《여자》. **~richtung,** die **1.** 유행의 추세. **2.** 시류, 유행의 흐름. **~sache,** 《다음 용법으로》etw. ist (eine) M. 무엇이 유행(품)이다. **~salon,** der 패션 양장점《살롱》. **~schaffen,** das 유행의 창조. **~schau-**

die ↑Modenschau. ~schmuck, der (비싸지 않은) 유행 장신구. ~schöpfer, der 유행 창안자. ~schöpferin, die ↑~schöpfer의 여성형. ~schöpfung, die 유행의 창안. ~schriftsteller, der 인기[유행] 작가. ~strömung, die 유행 풍조. ~tanz, der 유행춤. ~thema, das 인기[유행] 주제. ~torheit, die (괴팍한 모습의) 극단적 유행. ~ware, die 유행 상품. ~wort, der (Pl. -wörter) 유행어. ~zar, der (은어·농) (유행을 주도하는) 유행의 황제. ~zeichner, der ↑~zeichnerin의 남성형. ~zeichnerin, die ↑ -disignerin. ~zeichnung, die 패션 디자인. ~zeitschrift, die 패션 잡지. ~zeitung, die 패션 신문, 유행전문 신문.

modefarben ['moːt-] ⟨Adj.⟩ ↑mode.

¹Model ['moːdl], der; -s, - [lat. modulus, ↑¹Modul] **1.** (지역어) 목형. **2.** 주형. **3.** (전문어) 원판, 납염무늬의 형판. **4.** (수공) (자수 등의) 형견본, 모형. **5.** (건축) 도(度) (주식(柱式)의 비율 측정 단위). **²Model** ['mɔdl], das; -s, -s [engl. model] 《전문어》 사진 모델. **Modelbuch**, das; -(e)s, -bücher (수공) (자수 등의) 견본책. **Modeldruck**, der; -(e)s (전문어) 날염.

Modell [mɔ'dɛl], das; -s, -e [ital. modello] **1. a)** α) 본보기, 모형, 견본: ein M. entwerfen 모형[견본]을 설계하다. β) (기술·미술) (조각의) 원형, 주형: das M. einer Plastik 조각의 원형. **b)** (학문) 모범, 모형: ein M. des Atomkerns 원자핵 모형. **c)** (수학·논리) 모델. **2. a)** (미술의) 모델, 대상. b) (사진이나 그림의) 직업 모델: jmdm. M. sitzen[stehen] 누구에게 모델이 되다. **c)** ↑Mannequin (1). **d)** ↑Hostess (3). **3. a)** 원형, 형: das M. einer neuartigen Maschine 신형 기계의 모델. **b)** 형, (어떤 제품의) 신형. **4.** (의상) (옷의) 새 모델: ein Pariser M. 파리의 새 모델. **5.** (교양어) **a)** 모범, 견본, 본보기: etw. nach dem M. von etw. einrichten 무엇을 본떠 무엇을 만들다. **b)** 초안, 시안: das M. eines neuen Gesetzes 새로운 법의 초안.

Modell- ~**athlet**, der (스포츠 은어) 이상적인 선수, 모범 육상선수. ~**bauer**, der; -s, - 주형 제작자. ~**baukasten**, der 주형틀. ~**eisenbahn**, die 장난감 기차. ~**fall**, der a) 모범례, 모델 케이스. b) 전형, 범례. ~**flug**, der (Pl. 없음) 모형 비행기 날리기. ~**flugzeug**, das 모형 비행기. ~**jacht**, die 모형 요트. ~**kleid**, das (새 모델로 만든) 견본 의상. ~**puppe**, die **1.** ↑Schneiderbüste. **2.** ↑Schaufensterpuppe. ~**rechnung**, die (경제) 모델 견적(추정 모델을 토대로 하여 뽑은 견적). ~**rennwagen**, der 모형 경주용 자동차. ~**schreiner**, der ↑~tischler. ~**schuh**, der 견본 신발. ~**schutz**, der (법) 모델 보호(원형, 새로운 모형 등의 법률적 보호). ~**segelboot**, das 모형 보트. ~**segeln**, das (스포츠) 모형 보트 경주. ~**theater**, das 모형 극장. ~**tischler**, der 모형 제조인(가구상, 소목장이). ~**versuch**, der **1.** (교양어) 솔선 수범. **2.** (학문·기술) 모형 실험. ~**zeichnung**, die 모형 도면.

Modelleur [mɔdɛ'løːɐ̯], der; -s, -e [frz. modeleur] 모형 제작자. **modellhaft** ⟨Adj.⟩ 《교양어》 모범적인, 본이 되는: dieser Schulversuch ist m.이 실험학교는 모범[표본]적이다.

Modellier- ~**bogen**, der 오림종이(어린이 장난감의 일종). ~**holz**, das 조소용 주걱. ~**klasse**, die (전문어·미술) 조소(彫塑)과. ~**masse**, die (모형 제작용) 재료. ~**ton**, der; (종류) -e 조소용 점토. ~**wachs**, das 조소용 밀랍.

modellieren [mɔdɛ'liːrən] ⟨h⟩ [ital. modellare] **1. a)** (모)형을 만들다, 본을 뜨다: 전의 der Dichter hat seine Figuren nach dem Leben modelliert (교양어) 작가는 작중 인물들을 삶에 맞춰 형상화했다; an einer Plastik m. 조형작업을 하다, 조각하다. **b)** 모형을 가지고 만들다: das hautenge Kleid modellierte ihren Körper 몸에 꼭 달라붙은 옷이 그녀의 몸매를 드러내 보였다. **2.** (경제) 모델(모형)을 설치하다: wirtschaftliche Zusammenhänge in einem Computer m. 컴퓨터로 경제적 연관모델을 만들다. **3.** (특정한 방식으로) 견본을 만들어 내다. **Modellierer**, der; -s, - ↑Modelleur. **Modellierung**, die; -en **1.** 모형 만들기, 조소. **2.** 조형물. **modellig** [mɔ'dɛlɪç] ⟨Adj.⟩ (의상) 견본의, 모범의: -e Kleider[Mäntel] 견본 옷[외투]. **Modellist** [mɔdɛ'lɪst], der; -en, -en (의상) ↑Modelleur. **modeln** ['moːdln] ⟨h⟩ **1.** (교양어) 변형하다, 개조하다: etw. nach einem bestimmten Vorbild m. 무엇을 일정한 본보기에 맞추어 개조하다; er läßt sich nicht m. 그는 억지부리지 않는다. ~**tuch**, das (Pl. ...tücher) [수공] 자수견본 수건. **2.** (수공) (südd.) 본을 뜨다, 형태를 만들다, 모양틀로 누르다. **Modelung**, die; -en ↑ modeln의 명사형.

Modem ['moːdɛm], der; -s, -s [engl. modem; Modulator u. Demodulator의 약칭] (전신) 모뎀(컴퓨터 통신에 필요한 자료 송수신 장치).

Moden- (↑mode-, Mode-): ~**blatt**, das ↑Modeblatt. ~**geschäft**, das ↑Modegeschäft. ~**haus**, das ↑Modehaus (1). ~**journal**, das ↑Modejournal. ~**schau**, die 패션 쇼. ~**zeitschrift**, die ↑Modezeitschrift. ~**zeitung**, die ↑Modezeitung.

Moder ['moːdɐ], der; -s **1.** 부패물, 부패균: es roch nach M. 곰팡이 냄새가 났다. **2.** (지역적) 진흙, 진창, 수렁: im M. versinken 진창에 빠지다.

Moder- ~**geruch**, der 곰팡이 냄새, 퀴퀴한 냄새. ~**hinke** [-hɪŋkə], die (지역적) (양의) 습진, (양 발톱에 생기는) 무좀. ~**käfer**, der 진창에 서식하는 딱정벌레. ~**lieschen**, das 모더리스헨(작은 잉어의 일종).

Moderamen [mɔdeˈraːmən], das; -s, - / ...mina [lat. moderāmen] (신교) (교구 자치회의) 간부단. **moderat** [mɔdeˈraːt] ⟨Adj.⟩ [lat. moderātus] (교양어) 온건한, 신중한, 적당한: eine -e Haltung 신중한 태도; -e Politiker 온건파 정치가. **Moderation** [mɔderaˈtsi̯oːn], die; -en [lat. moderātiōn] **1.** (라디오·텔레비전) 사회, 진행: die M. einer Sendung übernehmen 방송 사회를 맡다. **2.** (교양어·고어) 신중한 행동, 온건함. **moderato** [mɔdeˈraːto] ⟨Adv.⟩ [ital. moderato] (음악) 모데라토, 보통 빠르게. **Moderato** [-], das; -s, -s /...ti 모데라토, 보통빠르기로 연주되는 악곡 또는 그 일부. **Moderator** [mɔdeˈraːtɔr, (또는)...tor], der; -s, -en [...taˈtoːrən; lat. moderātor]. **1.** (라디오·텔레비전) 진행자, 사회자. **2.** (신교) 교구자치회의 의장. **3.** (핵) 감속재: als M. für diesen Reaktor wird Graphit benutzt 원자로용 감속제로 흑연이 사용된다. **Moderatorin** [mɔdeˈraːtorɪn], die; -nen Moderator (1)의 여성형. **moderieren** [mɔdeˈriːrən] ⟨h⟩ [lat. moderāre] **1.** (라디오·텔레비전) 사회를 보다, 진행하다: ein politisches Magazin[die Sportschau] m. 정치 프로[스포츠 중계]를 진행하다. **2.** (교양어·고어) 알맞게 하다, 완화(경감, 조절)하다.

moderig, modrig ['moːd(ə)rɪç] ⟨Adj.⟩ 곰팡내 나는, 부패한, 퀴퀴한: die Luft ist m. 공기가 퀴퀴하다. **¹modern** [ˈmoːdɐn] ⟨h/s⟩ 곰팡이 피다, 썩다; 부패하다: das Laub ist rasch gemodert 그 잎은 빨리 썩었다; 전의 wertvolle Handschriften moderten auf Dachböden 귀중한 필사본들이 다락방에서 썩고 있었다.

²modern [moˈdɛrn] ⟨Adj.⟩ [frz. moderne] **1.** 새 유행의, 최신 유행의(반대: unmodern): solche Handtaschen sind nicht mehr m. 그런 핸드백은 유행이 지났다. **2. a)** 현대의(근대의): das -e Leben 근(현)대 생활;

die -e Welt 근대 세계; -e Anschauungen(Methoden) 근대적 관점들(방법들). **b)** 근대적인(현대적인), 시류를 따르는: ein -er Mensch 현대적인 사람; eine -e Ehe führen 현대적인 결혼 생활을 하다. **3.** 최신의, 최근의: -e Musik(Kunst, Literatur) 현대 음악(예술, 문학); der -e Stil 최신 양식; m. komponieren 현대적 기법으로 작곡하다. **Modẹrne,** die 《교양어》 **1.** 근대(현대) (정신): das Zeitalter der M. 근대(현대). **2.** (문학, 예술, 음악 등의) 근대적(현대적) 경향, 모더니즘, 근대주의. **modernisieren** [modɛrni'ziːrən] ⟨h⟩ [frz. moderniser] **1.** 유행에 따르다, 유행에 맞추어 개조하다. **2.** 현대화(근대화)하다: eine Fabrik(ein Labor) m. 공장(실험실)을 현대화(근대화)하다. **3.** [문학] 근(현)대적 표현으로 고치다. **Modernisịerung,** die; -en 현대화(근대화). **Modernịsmus** [modɛr'nɪsmʊs], der; -, ...men [3: ital. modernismo] **1.** ⟨Pl. 없음⟩ 모더니즘. **2.** [언어·문체·예술] 근(현)대풍, 모더니즘적 양식(요소). **3.** ⟨Pl. 없음⟩ 《20세기초에 등장한 가톨릭 신학상의》 근대주의. **Modernịst** [...'nɪst], der; -en, -en 근대(현대)주의자, 모더니스트. **modernịstisch** ⟨Adj.⟩ **a)** 모더니즘의. **b)** 근(현)대풍의. **Modernität** [modɛrni'tɛːt], die; -en [frz. modernité] 《교양어》 현대(근대)성. **Modern Jazz** ['mɔdən 'dʒæz], der; - - [amerik. modern Jazz] 모던 재즈(1945년 이후 발전한 재즈). **modẹst** [mo'dɛst] ⟨Adj.⟩ 《고어》 겸손한, 신중한, 얌전한. **Mọdewelt,** die ⟨Pl. 없음⟩ 유행(패션)계. **Modi:** ↑ Modus의 복수형. **Modifikation** [modifika'tsjoːn], die; -en [lat. modificatio] **1.** 《교양어》 **a)** 변화, 변경: -en vornehmen 변경하다. **b)** 수식, 꾸밈. **2.** [생물] 경우(境遇)변이. **3.** [화학] 변태(變態). **4.** [심리] 《주위환경의 영향을 받은》 일시적 체질 변화. **Modifikator** [...'kaːtɔr, 《또한》 ...to:ɐ̯], der; -s, -en [...ka'to:rən] lat. modificator] 《교양어·전문어》 변이요소: Gene wirken als -en 특정한 유전자(遺傳子)들은 변이요소로 작용한다. **modifizierbar** [modifi'tsiːɐ̯baːɐ̯] ⟨Adj.⟩ 《교양어》 변화될 수 있는. **Modifizierbarkeit,** die ⟨Pl. 없음⟩ 가변성. **modifizieren** [modifi'tsiːrən] ⟨h⟩ [lat. modificāre] 《교양어·전문어》 **1.** 변화(변경)하다, 수정하다: m. Projekt(Programm, eine These) m. 계획(프로그램, 논제)을 수정하다. **2.** 변화를 일으키다, 변화를 야기하다: etw. kehrt in modifizierter Form wieder 무엇이 모양을 바꿔 되풀이되다. Die modifizierenden Bestimmungen eines Begriffs 개념에 변화를 일으키는 규정들; ein modifizierendes Verb [언어] 한정동사("zu" 부정사를 써서 상태나 사건을 나타내는 동사, 예컨대: pflegen). **Modifizịerung,** die; -en 변화, 수식. **mọdisch** ['moːdɪʃ] ⟨Adj.⟩. **1. a)** (최신) 유행의, 유행에 맞는: eine -e Handtasche (Frisur) 《최신》 유행의 핸드백(머리 모양); sich m. kleiden 유행에 맞게 옷을 입다. **b)** 《드물게》 (최신) 유행을 따르는. **c)** 《최신》 유행에 관련된. **2. a)** 시류에 맞는. **b)** 《드물게》 시류를 따르는. **Modịstin** [mo'dɪstɪn], die; -nen, -nen 모자 만드는 여자. **mọdrig:** ↑ moderig. **¹Mọdul** ['moːdʊl], der; -s, -n [lat. modulus] **1.** [건축] ↑¹Model (5) 참조. **2.** [수학] **a)** 계수. **b)** 공약수. **c)** 절대치. **3. a)** (물리·기술) 율, 계수. **b)** [기술] 모듈(톱니바퀴의 크기를 정하는 수치). **²Mọdul** [...], das; -s, -e [engl.-amerik. module] [전자·전기·기술] 모듈. **modulạr** ⟨Adj.⟩ [engl. modular] 《전문어》 모듈의. **Modulation** [modula'tsjoːn], die; -en [lat. modulātio] 조성, 조절, 조율김, 변조(變調). **Modulatiọnsfähigkeit,** die ⟨Pl. 없음⟩ [음악·수사] (음향, 언어, 목소리의) 가변성. **Modulạtor** [...'laːtɔr, 《또한》

...to:ɐ̯], der; -s, -en [...la'to:rən] [기술] 변조기. **modulatọrisch** ⟨Adj.⟩ 조정(조절)하는, 가변적인. **modulieren** [modu'liːrən] ⟨h⟩ [lat. modulāri] **1. a)** 《교양어》 조정(조절)하다. **b)** [음악·수사] 변조하다: den Ton m. 음을 조절하다. **2.** 《음악》 **a)** 조옮김하다, 전조(轉調)하다: der Organist moduliert von C-Dur nach E-Dur 파이프오르간 연주자가 C 장조에서 E 장조로 조옮김하다. **b)** 조옮김이 이루어지다: die Melodie moduliert von C-Dur nach a-Moll 멜로디가 C장조에서 A단조로 옮겨가다. **3.** [기술] 변조(變調)하다, 주파수를 변조하다: das Signal moduliert die Trägerwelle 그 신호는 반송파(搬送波)를 변조하고 있다. **Modụltechnik,** die 【전기】 모듈 기술. **Modus** ['moːdʊs, 《또한》 'mɔdʊs], der; -, Modi [lat. modus] **1. a)** 《교양어》 방법, 방식, 수단: den M. der Verteilung festlegen 분배방식을 확정하다. **b)** (존재, 사건의) 양식: die Modi des Seins 존재 양식들. **2.** [언어] 화법(話法): das Verb muß hier in einem anderen M. stehen(gebraucht werden) 동사는 여기서 다른 화법으로 쓰여야 한다. **3.** [중세음악] **a)** 멜로디. **b)** 교회선법(旋法), 교회조(調). **c)** 6가지 음쾌를 형성하는 음조직의 하나. **d)** 정량기보법에 있어서 롱가와 브레비스의 관계. **4.** [통계] 중간치. **Modus operandi** [-ope'randi], der; -, Modi - [lat.] 《교양어》 행동 양식. **Modus procedendi** [-protse'dɛndi], der; - -, Modi - [lat.] 《교양어》 진행 방식, 절차. **Modus vivendi** [-vi'vɛndi], der; - -, Modi - [lat.] 《교양어》 공존 체제(특히 정당간의), 협조 방식.

Mọfa ['moːfa], das; -s, -s [**Mo**tor**fa**hrrad의 약칭] 오토바이.
Mọfafahrer, der 오토바이를 타는 사람. **mọfeln** ['moːfl̩n] ⟨h/s⟩ 《통용어》 오토바이를 타고 다니다.
Mofẹtte [mo'fɛtə], die; -n [frz. mofette] [지질] 탄산분기공(화산의).
Mogadịschu [moga'dɪʃu] 모가디슈(소말리아의 수도).
Mogelei [moːgə'laɪ], die; -en ⟨통용어⟩ **1.** ⟨Pl. 없음⟩ 사기 행각. **2.** 속임수, 야바위; kleine -en 작은 속임수.
mogeln ['moːgl̩n] ⟨h⟩ 《통용어》 **1.** 속임수를 쓰다, 교묘하게 속이다, 거짓말하다: beim Kartenspiel m. 카드놀이 때 속임수를 쓰다. **2.** (교묘하게) 끼워 넣다: faule Äpfel unter(zwischen) die einwandfreien m. 썩은 사과를 성한 사과 사이에 교묘히 끼워 넣다. **Mọgelpackung,** die 《경제 은어》 《허위》 과대 포장.
mögen* ['møːgŋ̍] ⟨h⟩ **1.**(화법조동사, 다른 부정형과 결합해서) **a)** …일지도 모른다, …일 것이다: jetzt mag er denken, wir legten keinen Wert auf seinen Besuch 지금 그는 자기 방문에 우리가 아무런 의미도 두지 않고 있다고 생각할지도 모른다; es mochten wohl dreißig Leute sein 아마 30명쯤 되었을 것이다; das möchte sein 《지역적》 그럴지도 모른다; es möchte sein, daß … 《지역적》 …일 가능성이 있다; wenn er sich anstrengt, möchte er es wohl schaffen 그가 노력한다면 해낼 수도 있을 것이다. **b)** 《양보를 나타냄》 er mag sein Bestes geben, aber es ist zwecklos 그가 최선을 다한다 해도 소용없는 일이다; er mag tun, was er will, es gelingt ihm nichts 무엇을 하든 그는 성공하지 못한다. **c)** 《용인, 승인을 나타냄》 …할 수 있다, …해도 좋다; er mag es (ruhig) tun 그는 그것을 해도 된다. 《d》 《schweiz.》 …할 수 있다, 가능성이 있다. **e)** 《접속법 과거, 대개는 직설법 현재의 뜻으로》 《소망을 나타냄》 ich möchte nicht, daß du das tust 네가 그걸 하는 것을 난 바라지 않는다; ich möchte wissen, was er meint 나는 그가 어떤 의견인지 알고 싶다; ich möchte Herrn Schulze sprechen 나는 슐츠씨와 이야기하고 싶습니다; das möchte ich überhört haben 나는 그것을 못들은 것으로 하고 싶다,

ich möchte (gern) eine Tasse Tee 나는 차 한 잔 마시고 싶다. **f)** 원한다, …하고 싶다(특히 부정의 의미로): ich mag nicht (gern) weggehen, möchte nicht weggehen 나는 떠나고 싶지 않다; das hätte ich gehen mögen 그것을 보고 싶었는데; er hat nicht nach Amerika gemocht 그는 미국으로 가고 싶지 않았다; sie mag ihn (gern, gut) leiden 그녀는 그를 좋아한다. **g)** 《요구를 나타냄》…해야 한다: er mag sich ja in acht nehmen! 그는 조심해야 한다!; sag ihm, er möge (möchte) zu mir kommen 나한테 왔으면 한다고 그에게 이야기해라; allerdings möchte hierfür noch eine zusätzliche Bedingung erfüllt sein 물론 여기에는 추가로 한 가지 조건이 더 충족되어야 한다. **2.** 《정동사로서, mochte, hat gemocht》 **a)** 좋아하다, 애호하다: er mag (gern) Rinderbraten 그는 로스트비프를 좋아한다. **b)** 두구를 좋아하고 가지다: ich mag dich 나는 너를 좋아한다; niemand hat ihn (so recht) gemocht 어느 누구도 그를 (그렇게 진정으로) 좋아하지 않았다.

Mogler ['moːɡlɐ], der; -s, - 《통용어》 사기꾼, 야바위꾼 (특히 도박할 때의).

möglich ['møːklɪç] 〈Adj.〉 **1.** 가능한, 할 수 있는, 성취(실행)할 수 있는: Abhilfe war nicht m. 구제할 수 없었다; jmdm. ist etw. m. 누가 무엇을 할 수 있다; es war ihm nicht m. zu kommen 그는 올 수 없었다; er erledigte den Auftrag, so gut es ihm m. war 그는 임무를 자기가 할 수 있는 한 잘 처리하였다; so rasch, so bald wie m. 될 수 있는 대로 빨리; etw. läßt sich m. machen 무엇이 가능하다; 《고어》 du solltest dich wo m. entschuldigen 할 수 있다면 네가 사과를 하는 것이 좋겠다. **2.** 생각할 수 있는, 있을(일어날) 수 있는, 문제되고 있는: ein immerhin m. er Fall 언제라도 있을 수 있는 경우; -e Zwischenfälle einkalkulieren 일어날 수 있는 돌발 사건들을 계산에 넣다; das ist zwar m., aber nicht wahrscheinlich 그것은 생각할 수는 있겠지만, 있을 법하지는 않다; (das ist doch) nicht m.![ist das m.!] 이런 일이 일어나다니! (흥분, 놀라움의 외침). **-möglich** (최상급의 접미사 예컨대) bestmöglich 될 수 있는 한 좋은, größtmöglich 될 수 있는 한 큰. **möglichenfalls** 〈Adv.〉 할 수(만) 있으면, 가능하다면. **möglicherweise** 〈Adv.〉 어쩌면, 아마도, 필시: m. hat er Glück (gehabt) 아마도 그는 운이 좋을 것이다. **Möglichkeit,** die; -en **1. a)** 가능성, 가능한 방법, 가능한 수단: es bleiben noch viele -en (offen) 아직 많은 가능성이 남아 있다[열려 있다]; ich sehe keine andere M. für die Lösung 나는 다른 해결 방안을 알지 못한다; zwischen zwei -en wählen müssen 두 가지 가능성 가운데서 골라야 한다. **b)** 〈Pl. 없음〉 개연성, 있을 수 있음, 실현 가능성: die M. einer Weltregierung bezweifeln 세계정부의 실현가능성을 의심하다; Erfahrung ist die Bedingung der M. von Erkenntnis überhaupt 경험은 인식을 가능케 하는 조건이다; 〖상구〗 ist es die M.![ist (denn) das die M.!] 《통용어》 설마 그럴라구! (흥분, 놀라움의 외침). **2.** 기회, 가능성: ungeahnte -en (der Entfaltung) 예상치 못한 (발전) 기회; die wirtschaftlichen -en eines Landes 나라의 경제적 가능성; eine preiswerte M. zu reisen 값싸게 여행할 수 있는 기회; jede M. (aus)nutzen[ergreifen] 모든 기회를 이용하다[잡다]; er hat wenig[kaum] M., gute Musik zu hören 그는 좋은 음악을 들을 기회가 거의 없다; von einer sich bietenden M. Gebrauch machen 생겨난 기회를 이용하다; die Stürmer vergaben die besten -en 〖스포츠〗 공격수들은 더할이 좋은 기회들을 놓쳐버렸다. **3.** 〈Pl.〉 재력, 능력: diese Wohnung übersteigt seine -en 이 아파트는 그의 능력(재력)을 초과하는 것이다; seine künstlerischen -en nutzen 그의

예술가적 능력을 이용하다. **Möglichkeitsform,** die 〖언어〗 ↑Konjunktiv. **möglichst** ['møːklɪçst] 〈Adv.〉 **1. a)** [↑möglich의 최상급] 될 수 있는 대로, 가급적: er will sich m. zurückhalten 그는 될 수 있는 대로 물러서려고 한다. **b)** 할 수 있다면: das soll m. heute noch erledigt werden 그것은 할 수 있다면 오늘 끝내야 한다. **2.** 《정도를 나타내는 말》 될 수 있는 대로, 가능한 한: er will m. viel mitnehmen 그는 될 수 있는 대로 많이 가지고 가려 한다; etw. mit m. großer Sorgfalt erledigen 무엇을 가능한 한 신중하게 처리하다.

Mogul ['moːɡul], der; -s, -n, 《또한》 [moˈɡuːl], der; -s, -e [engl. Mogul] 《역사적》 (16세기에 인도를 정복한) 무굴 제국(의 황제).

Mohair [moˈhɛːɐ̯], der; -s, 《종류》-e [engl. mohair] **1.** ↑Angorawolle (a). **2.** 모헤어(앙고라 염소의 털). **Mohairwolle,** die ↑Angorawolle (a).

Mohammed ['moːhamɛt] 모하메드(회교의 창시자). **Mohammedaner** [mohameˈdaːnɐ], der; -s, - [회교의 창시자 Mohammed(약 570~632)의 이름에 따라] 《역사적》 회교도. **mochammedanisch** 〈Adj.〉 《역사적》 회교의, 회교도의. **Mohammedanismus** [...daˈnɪsmʊs], der; - 《역사적》 ↑Islam.

Mohär: ↑Mohair의 독일식 표기.

Mohikaner [mohiˈkaːnɐ], der; -s, - [engl., frz. Mohican] 모히칸족(멸망한 북아메리카 인디언의 한 종족): 《다음 용법으로》 **der letzte M.**[《드룸게》 **der Letzte der M.**] 《통용어·농》 최후에 남은 사람, 많은 것 중에서 남은 것, 마지막 한 푼.

Mohn [moːn], der; -(e)s, 《종류》-e **1. a)** 양귀비: M. anbauen 양귀비를 재배하다. **b)** 개양귀비: am Wegrand wächst (der rote) M. 길가에 (빨간) 개양귀비가 자란다. **2.** 양귀비 씨앗(열매). **mohn-, Mohn-:** ~**beugel,** das 《österr.》 양귀비 과자. ~**blatt,** das ~**blättchen,** das 《통용어·조롱》 매우 얇게 자른 빵조각. ~**blume,** die ↑Mohn (1). ~**brötchen,** das 겉에 양귀비 씨앗을 뿌려는 빵. ~**gewächs,** das 〈대개 Pl.〉 〖식물〗 양귀비과 식물. ~**hörnchen,** das 양귀비 씨앗을 뿌려놓은 뿔모양의 빵. ~**kapsel,** die 양귀비의 씨앗주머니. ~**kipferl,** das 《österr.》 뿔모양의 양귀비 과자. ~**korn,** das 〈대개 Pl.〉 양귀비 씨앗. ~**kuchen,** der 양귀비 얹은[넣은] 과자. ~**öl,** das 양귀비 기름. ~**pielen** 〈Pl.〉 [-piːlən]; schles. Piele] 《특히 ostmd.》 양귀비 씨앗, 흰 빵, 설탕 및 다른 재료로 만든 음식. ~**rot** 〈Adj.〉 새빨간. ~**saft,** der 아편. ~**samen,** der 양귀비 씨앗. ~**striezel,** der 《지역적》 ↑~zopf. ~**strudel,** der ↑~beugel. ~**zopf,** der 양귀비 씨를 뿌린 과자(땋은 머리 모양의 빵).

Mohr [moːɐ̯], der; -en, -en [lat. Maurus] 《고어》 흑인, 무어 사람: schwarz wie ein M. sein 1) 매우 심하게 타다. 2) 얼굴이 매우 더럽다. **M. im Hemd** 초콜릿과 크림이 덮인 푸딩; **einen -en weiß waschen wollen** 검둥이를 희게 만들려하다, 거짓 증거로 죄인을 무죄로 보이게 하려 하다.

Möhre ['møːrə], die; -n **1.** 우엉. **2.** 당근: -n ernten 당근을 수확하다.

mohren-, Mohren-: ~**falter,** der 지옥나비. ~**hirse,** die 수수. ~**kopf,** der **1.** 초콜릿, 크림 등을 채운 둥근 과자, 비스킷. **2.** ↑Negerkuß. ~**schwarz** 〈Adj.〉 《고어》 무어인처럼 검은. ~**wäsche,** die 헛수고, 불가능한 일.

Möhrensaft, der; -(e)s, ...säfte 당근즙.

Mohrin, die; -nen 《고어》 ↑Mohr의 여성형.

Mohrrübe ['moːɐ̯-], die; -n 《nordd.》 당근. **Mohrrübensaft,** der 《nordd.》 당근즙.

Mohshärte ['moːs-], die [독일 광물학자 F. Mohs

(1773~1839)에 따라] 【지질】 모스 경도계.
Moira ['mɔyra], die [griech. moĩra] 운명의 여신, 운명.
Moiré [moa're:], das; -s, -s [frz. moiré] **1. a)** 물결 무늬, 파문. **b)** 《또한》 der) 물결 무늬의 천. **2. a)** 〖인쇄〗 물결 무늬. **b)** 〖텔레비전〗 파상. **Moirémuster**, das 물결 무늬. **moirieren** [moa'ri:rən] 〈h〉 [frz. moirer] 〖직물〗 나뭇결 무늬(물결 무늬)를 넣다.
mokant [mo'kant] 〈Adj.〉 [frz. moquant] 〖교양어〗 비웃는 듯한, 조롱하는: -e Mienen(Gesichter) 비웃는 듯한 표정(얼굴).
Mokassin [moka'si:n, 《또한》 'mɔk...], der; -s, -s / -e [engl. moccasin] **1.** (원래 북미 인디언이 신던) 모카신, 사슴 가죽의 구두. **2.** 모카신식 구두(가볍고 편안한, 신축성이 뛰어난 가죽 실내화).
Mokett, **Moquette** [mo'kɛt], der; -s [frz. moquette] 모케트(가구나 테이블보로 쓰이는 천).
Mokick ['moːkɪk], das; -s, -s (페달 시동장치가 달린) 모토바이.
mokieren [mo'ki:rən], sich 〈h〉 [frz. se moquer] 〖교양어〗 조롱하다, 비웃듯이 이야기하다: sich über jmdn. (über jmds. Verhalten, Methoden) m. 누구(누구의 행동, 방법)를 비웃다.
Mokka, 《대개 österr.》 Mocca ['mɔka], der; -s, 《종류》 -s [engl. mocha (coffee)] **1.** 모카 원두. **2.** 모카 커피: den M. servieren 모카 커피를 대접하다.
Mokka-: **~kaffee**, der ↑ Mokka (1). **~löffel**, der (모카 커피잔에 어울리는 작은 차숟가락. **~mühle**, die 모카 커피를 가는 분쇄기. **~tasse**, die (모카 커피용) 작은 찻잔.
Mol [moːl], das; -s, -e [Molekulargewicht의 약칭] 〖화학〗 몰, 그램 분자. **Molalität** [molali'tɛːt], die 〖화학〗 (Kg 당) 몰의. **molar** [mo'laːɐ̯] 〈Adj.〉 〖화학〗 몰의: -e Lösung 몰 용액; -e Größen 몰 부피.
Molar [-], der; -s, -en [lat. molāris] 〖의학〗 어금니.
Molarität [molari'tɛːt], die 〖화학〗 (리터당) 몰농도.
Molarzahn, der; -(e)s, -zähne ↑ Molar.
Molasse [mo'lasə], die [frz. mol(l)assee] 〖지질〗 (남부 독일이나 스위스에 발달한 무른) 사력암층(砂礫岩層).
Molch [mɔlç], der; -(e)s, -e **1. a)** 도롱뇽. **b)** 〖청소년 팜〗 너석: ein trüber M. 흐릿한 너석; ein verstaubter M. 시대에 뒤떨어진 너석, 고루한 너석. **2.** 〖기술 은어〗 (파게 모양의) 관청소 기구.
Moldau ['mɔldau̯], die 몰다우 강(엘베 강의 왼쪽 지류).
¹**Mole** ['moːlə], die; -n [ital. molo] 〖Hafenmole〗 an der M. anlegen 방파제 옆에 정박하다; auf der M. spazierengehen 방파제 위를 산책하다.
²**Mole** [-], die; -n [lat. mola < griech. mýlē] 〖의학〗 기태(奇胎), 무정란.
Molekel [mo'leːkl], die; -n / 《österr.》 das; -s, - ↑ Molekül. **Molekül** [mole'kyːl], das; -s, -e [frz. molécule] 〖화학〗 분자: organische und anorganische -e 유기분자와 무기분자. **molekular** [moleku'laːɐ̯] 〈Adj.〉 [frz. moleculaire] 분자의.
Molekular-: **~bewegung**, die 〖물리·화학〗 분자운동. **~biologe**, der 분자 생물학자. **~biologie**, die 분자 생물학. **~elektronik**, die 《Pl. 없음》 분자 전기학 (약칭: Moletronik). **~genetik**, die 분자 유전학. **~gewicht**, das 분자량. **~kraft**, die 분자력, 분자 응집력.
Molenkopf, der; -(e)s, ...köpfe 방파제의 돌출된 끝머리.
Moleskin ['moːskɪn, 《또한》 'moʊl...], der / das; -s, -s [engl. moleskin] 〖섬유〗 몰레스킨(빌로드 조직으로 된 두꺼운 면직물의 일종).
Molesten [mo'lɛstn] 〈Pl.〉 [lat. molestus] 〖고어·지역적〗 **a)** (가벼운) 육체적 장애: die M. des Alters 노화 (현상). **b)** 성가신 일, 귀찮음, 번거로움: Kinder erschienen, mit ihnen die unvermeidlichen M. 애들이 나타났다, 그들과 아울러 피할 수 없는 성가신 일들도.
molestieren [molɛsˈtiːrən] 〈h〉 [lat. molestāre] 《고어·지역적》 괴롭히다, 짓궂게 굴다: jmdn. mit pausenlosem Gerede m. 쉴 끊임없는 수다로 누구를 괴롭히다.
Moletronik [mole'troːnɪk], die ↑Molekularelektronik.
Molette [mo'lɛtə], die; -n [frz. molette] (날염틀용) 당기.
Moli: ↑Molo의 복수형.
Molinismus [moli'nɪsmʊs], der; - [스페인 예수회의 수도사 L. de Molina(16세기경)에 의거해서] 몰리니즘(신의 은총과 인간의 의지의 자유가 함께 작용한다는 신학 이론).
molk [mɔlk], **mölke** ['mœlkə] ↑melken 참조. **Molke** ['mɔlkə], die 유청(乳淸), 유장(乳漿): die M. ablaufen lassen 유청이 흐르게 하다. **Molken**, der; -s 〈지역적〉 ↑Molke. **Molkenkur**, die 유청요법(乳淸療法)(유청을 약으로 쓰는). **Molkerei** [mɔlkə'raɪ̯], die; -en 낙농업.
Molkerei-: **~betrieb**, der 낙농업. **~butter**, die 중급 버터. **~fachmann**, der 낙농 기술자. **~genossenschaft**, die 낙농 조합. **~produkt**, das 〈대개 Pl.〉 낙농 제품.
molkig 〈Adj.〉 탁한, 유청과 같은: -es Wasser 탁한 물.
¹**Moll** [mɔl], das; - 〔mhd. bëmolle < lat. b molle] 〖음악〗 단조(반대: Dur): eine Rhapsodie in M. 단조의 광상곡; **auf M. gestimmt sein** 《농》 매우 슬프고 우울하다.
²**Moll** [-], der; -(e)s, -e / -s ↑Molton.
Moll- (¹Moll): **~akkord**, der 단화음. **~dreiklang**, der 단삼화음. **~tonart**, die 단조. **~tonleiter**, die 단음계: eine harmonische(melodische) M. 조화로운 [선율적인] 단음계.
Molla ['mɔla] ↑Mullah.
Molle ['mɔlə], die; -n [niederd. molle] **1.** 《berlin.》 맥주 한 잔: wollen wir eine M. zischen? 우리 맥주 한잔 할까?; **mit -n gießen** 《berlin.》 비가 심하게 내리다. **2.** 〈niederd.〉 반죽통. **3.** 〈sächs.〉 침대: in der M. liegen 침대에 눕다. **Mollenfriedhof**, der; 《berlin.· 농》 맥주배, 뚱뚱한 배. **Möller** ['mœlɐ], der; -s, - [제련] 용제(溶劑)을 섞은 광석 덩어리, **möllern** (h) [제련] **1.** 광석에 용제를 섞다. **2.** 용광로에 광석을 채워 넣다.
Möllerung, die; -en 혼광, 용제석기.
mollert ['mɔlɐt] 〈Adj.〉 (bayr., österr. · 통용어) ↑mollig (1). **mollig** ['mɔlɪç] 〈Adj.〉 **1.** 통통한, 포동포동한, 부드러운: ein -es Mädchen 보드러운 소녀; -e Kinderhände 부드러운 아이들 손; sie ist reichlich m. geworden 그녀는 대단히 몸이 불었다; 〈명사화〉 Kleider für Mollige 살찐 부인들을 위한 옷. **2. a)** 온화한: ein -es Zimmer 따스한 방; eine -e Wärme 쾌적한 온도. **b)** 〈의류 등이〉 따뜻한: ein -es Futter 따뜻한 안감.
Molligkeit, die 통통함, 포동포동함.
Mollmaus, der; ...mäuse ↑Schermaus.
Molluske [mɔ'lʊskə], die; -n 〈대개 Pl.〉 [lat. molluscus] 〖생물〗 ↑Weichtier.
Molo ['moːlo], der; -s, Moli (österr.) ↑¹Mole.
Moloch ['moːlɔx, 《또한》 'mɔlɔx], der; -s, -e 〈아이〉 몰로호(몰렉)(아이를 태워 제물로 바친 페니키아인들의 신).
Molotowcocktail ['mɔlotɔf-], der; -s, -s [구소련 외무장관 W. M. Molotow(1890~)의 이름을 따서] 화염병: einen M. in ein Auto werfen 화염병을 자동차 안에다 던지다.

molsch: ↑mulsch.
Moltebeere ['mɔltə-], **Multebeere** ['mʊltə-], die; -n [dän. multebær] **1.** 야생장미과의 식물. **2.** 야생장미과의 식용 딸기.
molto, di molto [(di) 'mɔlto] ⟨Adv.⟩ [ital. (di) molto] [음악] 몰토, 매우, 대단히: m. adagio[adagio(di) m.] 매우 느리게; m. allegro[allegro (di) m.] 매우 빠르게; m. vivace 매우 생동감있게.
Molton ['mɔlton], der; -s, -s [frz. molton] 몰톤(옷의 안감 등으로 쓰이는 부드러운 모직물의 일종).
Moltopren [mɔlto'preːn] ⓌⓏ das; -s, -e ⟨인공어⟩ 몰토프렌(가볍고 거품이 이는 인조 물질).
Molukken [mo'lʊkn̩] ⟨Pl.⟩ 몰루카 제도(인도네시아의 동쪽에 있는 향료의 원산지로 유명한 곳).
molum ['moːlʊm] ⟨Adj.⟩ nur präd.) [hebr. mole] ⟨지역적⟩ 술취한.
Movolumen, das; -s, -/...mina [화학] 몰용적.
Molybdän [mɔlyp'dɛːn], das; -s [griech. molýbdaina] 몰리브덴(원자 기호: Mo).
Mombasa [mɔm'basa, ...'baːza] 몸바사(케냐의 항구 도시).
¹**Moment** [mo'ment], der; -(e)s, -e [lat. mōmentum] **a)** 짧은 순간, 찰나: einen M. zögern[warten] 잠시 머뭇거리다[기다리다]; einen M. bitte! 잠깐 기다려 주십시요!; im gleichen M. 그 순간. **b)** 시점, 시각, 시기: den rechten M. verpassen 적기를 놓치다; im gegebenen M. 임의의 시점에서; die Bombe kann jeden M. explodieren 폭탄은 언제라도 터질 수 있다; M. (mal)! 잠깐!; einen lichten M.[lichte -e] haben 잠깐 제정신이 들다, 좋은 생각이 번쩍 떠오르다 (↑Augenblick). ²**Moment** [-], das; -(e)s, -e [lat. mōmentum] **1.** 결정적 상황, 특징, 관점, 계기, 요인, 동기: ein wichtiges M. 중요한 계기; von künstlerischen -en bestimmt sein 예술적 관점에서 결정되다; ein M. ständiger Unruhe 계속적인 소요 상황; das erregende(retardierende) M. [문예학] 유발점(드라마에서 갈등을 도입하는 장면)[계류점(드라마에서 파국을 의도적으로 지체시키는 장면)]. **2.** [물리] 역률(力率), 능률.
moment-, Moment-: **~aufnahme,** die [사진] 순간 촬영(스냅 사진), [반대: Zeitaufnahme): eine gut gelungene M. 매우 성공적인 순간 촬영. **~bild,** das ⟨드물게⟩ 스냅 사진. **~weise** ⟨Adv.⟩ 잠깐 동안: m. kam die Sonne durch 잠깐 동안 해가 비쳤다.
momentan [mɔmɛn'taːn] ⟨Adj.⟩ [lat. mōmentāneus] **a)** 한 순간의, 현재의, 지금의: die -e Lage 현재의 상황; er ist m. arbeitslos 그는 현재 실업자이다; eine -e Äußerung 즉흥 연설. **b)** 일시적인, 찰나적인: eine Übelkeit 일시적인 역겨움; eine nur -e Besserung 단지 일시적인 회복.
Momentanität [...tani'tɛːt], die 일시성, 순간성, 찰나성.
Moment musical [mɔmāmyzi'kal], das; - -, -s ...caux [...'ko, (frz.)] [음악] 즉흥곡.
mon-, Mon-: ↑mono-, Mono-.
¹**Monaco** ['moːnako, (또한) mo'nako, (frz.) mɔna'ko, (ital.) 'mɔːnako], -s 모나코 왕국(나라 이름). ²**Monaco** 모나코 왕국의 수도. **Monade** [mo'naːdə], die; -n [lat. monas ⟨반대: monadis⟩ < griech. monás] [철학] **1.** ⟨Pl. 없음⟩ 개체, 단일체. **2.** ⟨대개 Pl.⟩ 단자(라이프니츠의 경우), 모나드(존재의 최소 단위). **Monadenlehre,** die ⟨Pl. 없음⟩ 단자론. **Monadologie,** die [frz. monadologie] ↑Monadenlehre. **monadologisch** ⟨Adj.⟩ 단자적.
Monako: ↑Monaco.

Monarch [mo'narç], der; -en, -en [lat. monarcha < griech. mónarchos] 세습 군주, 왕, 황제. **Monarchie** [...ar'çiː], die; -n [...iːən; lat. monarchia < griech. monarchía: eine parlamentarische M. 입헌 군주 정체. **Monarchin,** die; -nen ↑Monarch의 여성형. **monarchisch** ⟨Adj.⟩ [griech. monarchikós] 군주의, 군주정체의, 군주국의: m. regieren 군주주의적으로 통치하다. **Monarchismus** [monar'çɪsmʊs], der; - 군주(정치)주의, 군주제, 군주정체. **Monarchist,** der; -en, -en [engl. monarchist, frz. monarchiste] 군주(정체)주의자. **monarchistisch** ⟨Adj.⟩ 군주(정체)주의(자)의.
Monasterium [monas'teːrɪʊm], das; -s, ...ien [...iən; lat. monastērium] ↑Kloster(kirche), Münster. **monastisch** [mo'nastɪʃ] ⟨Adj.⟩ [lat. monasticus < griech. monastikós] ⟨교양어⟩ 수도사의, 수도자의, 금욕적인.
Monat ['moːnat], der; -(e)s, -e [mānōd, zu ↑Mond] (달력의) 달: alle drei -e 3개월 마다, 석달에 한번씩; viele -e lang 여러 달 동안; am Anfang des -s was ist; Ihr Schreiben vom 10. dieses -s ⟨격식독어⟩ (약어: d. M.) 이번 달 10일자 당신의 편지; sie ist im vierten M. (장애) 그녀는 임신 4개월이다; M. für M. 다달이; der Baubeginn wurde von M. zu M. verschoben 공사의 시작이 이달저달 연기되었다. **monatelang** ⟨Adj.⟩ 수개월간의, 수개월간, 몇달 동안(의). **-monatig** [-monatɪç] ⟨다음의 합성어로, 예컨대⟩ achtmonatig(8 monatig) 8개월된. **monatlich** ['moːnatlɪç] ⟨Adj.⟩ [mhd. mänetlich, ahd. mānōdlīh] 월례적인, 달에 한번의, 다달이; die -e Arbeitsbesprechung(-e Abrechnung) 월례적인 사업 토의[월말 결산]; das Gehalt wird m. überwiesen 봉급은 매달 한번 송금된다. **-monatlich** [-moːnatlɪç] ⟨다음의 합성어로, 예컨대⟩ achtmonatlich 8개월마다.
monats-, Monats-: **~anfang,** der 월초. **~beitrag,** der 월정액(달마다 불입하는 금액). **~binde,** die ↑Damenbinde. **~blutung,** die ↑Menstruation. **~budget,** das ⟨농⟩ 월예산(용도). **~einkommen,** das 월수입. **~ende,** das 월말. **~erdbeere,** die **a)** 작은 딸기넝쿨(여름내내 열매를 맺음). **b)** 작은 딸기(열매). **~erste,** der 한 달의 첫날. **~fluß,** der ⟨고어⟩ ↑Menstruation. **~frist** 1개월의 기간(기한). **~gage,** die ⟨고어⟩ 연예인의 월급. **~gehalt,** das 월급, 달의 월급여[지불]액. **~hälfte,** die 한 달의 반, 반 달: in der ersten [zweiten] M. 달의 전[후]반부에. **~heft,** das 월간 잡지. **~karte,** die 한 달 정기권(월초부터 월말까지 유효한 버스표 등). **~letzte,** der 한 달의 마지막 날. **~lohn,** der ↑~gehalt. **~miete,** die 월세. **~mitte,** die 보름, 중순. **~name,** der 달의 이름. **~produktion,** die ⟨경제⟩ 월(月) 생산량. **~rate,** die 월부(금). **~ration,** die 한달치 배급(량). **~rente,** die 한달치 연금. **~salär,** das ⟨반어⟩ ↑~gehalt. **~schluß,** der 월말. **~schrift,** die ↑~heft. **~verdienst,** der ↑~gehalt. **~wechsel,** der ⟨준고어⟩ (학부모가) 다달이 보내는 학비(생활비). **~weise** ↑monatweise. **~zuteilung,** die ↑~ration. **~zins,** der ⟨südd., österr., schweiz.⟩ ↑~miete.
monatweise, monatsweise ⟨Adv.⟩ 매월, 다달이.
monaural [monau'raːl] ⟨Adj.⟩ ⟨반대: binaural⟩ **a)** ⟨의학·공학⟩ 한 귀의, 한쪽 귀의. **b)** [전자] (테이프나 음반의 녹음과 재생에서) 모노의.
Monazit [mona'tsiːt, ...tsɪt], der; -s, -e [griech. monázein] 모나사이트(광석).
Mönch [mœnç], der; -(e)s, -e [lat. monachus <

griech. monachós》 1. 수도사, 승려: buddhistische -e 중, 스님. 2. [건축] 수키와(↑Nonne (3)). 3. [사냥] ↑Kahlhirsch. 4. [공학] 방류전(放流栓). **mönchisch** 〈Adj.〉[lat. monchicus < griech. monachikós] 승려 (수도사)풍의, 은둔적인, 금욕적인.
Mönchs-: **~geier,** der 콘도르(새)의 일종. **~grasmücke,** die 꾀꼬리의 일종. **~kloster,** das 수도원. **~kutte,** die ↑Kutte (1). **~latein,** das 중세수도사의 파격적인 라틴어. **~orden,** der 승단, 교단, 수도회. **~pfeffer,** der a) 서양모형나무(↑Keuschlammstrauch). b) 매운맛이 나는 서양모형나무의 열매. **~sittich,** der 앵무새의 일종. **~wesen,** das 〈Pl. 없음〉수도승 제도. **~zelle,** die 승방(僧房).
Mönch(s)tum, das; -s a) 수도 생활, 수도원 제도, 승려 사상. b) 수도승 생활, 금욕 생활.
Mönchengladbach 묀헨글라트바하(독일 노르트라인베스트팔렌 주에 있는 도시).
Mond [mo:nt], der; -(e)s, -e 1. 〈축소형: 드물게 Möndchen〉a) 〈Pl. 없음〉달; zunehmender [abnehmender] M. 차는[기우는] 달; der M. geht auf 이 뜨다; der M. hat einen Hof 달무리가 져있다; der Oberfläche des -es 달의 표면; auf dem M. landen 달에 착륙하다; der Hund bellt den M. an 개가 달을 보고 짖다; 〈성구〉der M. geht auf ("머리가 벗겨지다" 또는 "대머리가 온다"의 뜻으로) 달이 뜨다; **den M. anbellen** (통용어)("입으로만 으르렁거리다"의 뜻으로) 달을 보고 짖다; **den M. am hellen Tage suchen** 〈통용어〉대낮에 달을 찾다, 헛수고하다; **jmdn. auf den [zum] M. schießen können [mögen]** 〈경〉 누구를 달로 보내버리고 싶다(성가셔서 곁에 두고 싶지 않다는 뜻); **in den M. gucken** 〈통용어〉 아무것도 얻은 바가 없다, 가는 뚫인 개 지붕 쳐다보기; **etw. in den M. schreiben** 〈통용어〉 무엇을 잃어버린 것으로 간주하다; **nach dem M. greifen** 〈통용어〉 달을 따려 하다(얻기 어려운 것을 바라다); **nach dem M. gehen** 〈통용어〉 〈시계가〉 정확하지 않다. b) [천문] 달(위성): ein künstlicher M. 인공위성. 2. 〈축소형: ↑Möndchen〉 달 모양의 물건: kleine -e backen 달 쿠키를 굽다. 3. 〈시어·고어〉 (달력의) 달.
mond-, Mond-: **~anzug,** der 달 착륙용 우주복. **~aufgang,** der (반대: **~untergang**) 달돋이. **~auto,** das 〈우주〉 (우주선의) 달 자동차, 월면차(月面車). **~bahn,** die (가상의) 달의 궤도. **~beglänzt** 〈Adj.〉 〈시어〉 ↑~beschienen. **~bein,** das [의학] 월상골(月狀骨). **~beschienen** 〈Adj.〉 〈시어〉 달빛에 비추인. **~blindheit,** die [je nach dem Wechsel des Mondes] [수의] (말의) 월맹증. **~erde,** die 달, 흙. **~fähre,** die ↑~landefähre. **~fahrer,** der 달 여행자, 달에 착륙한 우주인. **~finsternis,** die [천문] 월식: eine partielle[totale] M. 부분[개기] 월식. **~fisch,** der 개복치, 달 ↑Mare. **~fleck,** der 달 표면의 반점. **~flug,** der 달 비행. **~förmig** 〈Adj.〉 달 모양의. **~gebirge,** das 달의 산. **~gesicht,** das a) 둥근 얼굴. b) 〈농〉 둥근 얼굴의 사람. **~gestein,** das 달 표면의 암석, 달의 돌. **~globus,** der 달모형, 월구의(月球儀). **~hell** 〈Adj.〉 〈아이〉 달밝은. **~jahr,** das 음력의 한 해, 태음년(太陰年). **~kalb,** das 〈경〉 병신, 천치; 〈욕〉 du M.! 이 병신아! **~knoten,** der [천문] 달의 궤도가 황도면과 만나는 지점. **~krater,** der 달 표면의 분화구(형). **~landefähre,** die 달 착륙선. **~landschaft,** die 1. 달 표면 모습, 달 지면. 2. 〈시어〉 달빛 속의 풍경, 달빛 풍경. **~landung,** die 달 착륙. **~licht,** das 〈Pl. 없음〉 달빛: der See glitzerte silbern im M. 호수는 달빛을 받아 은빛으로 반짝거렸다. **~los** 〈Adj.〉 달이 없는. **~mobil,** das ↑~auto. **~nacht,** die 달(밝은) 밤. **~nah** 〈Adj.〉 [천문] 달 가까이의. **~nähe,** die [천문] ↑Perilun 참조. **~oberfläche,** die 달표면. **~orbit,** der [우주] 달(주위의) 궤도. **~phase,** die 달의 바뀌는 모습(초승, 상현, 보름, 그믐달 등), 월상(月相). **~preis,** der 〈경제 은어〉 a) 일부러 높이 매겨진 정가(나중에 많이 할인해 주기 위해서). b) 턱없이 높은 가격. **~rakete,** die 달 로켓. **~rinde,** die 달 표면의 지층. **~scheibe,** die 쟁반 같은 보름달. **~schein,** der 〈Pl. 없음〉 달빛: ein Spaziergang bei[im] M. 달빛 속의 (달밤의) 산보; **der kann mir im M. begegnen** 〈경〉 그 놈은 나와 상관없다. **~scheintarif,** der 〈구서독〉 야간 전화 할인 요금(표). **~schiff,** das 〈통용어〉 달(착륙) 유선. **~sichel,** die 낫 같은 (초승)달(〈그믐〉달). **~sonde,** die 달 탐사선. **~stein,** der ↑Adular. **~sucht,** die 〈Pl. 없음〉 ↑~süchtigkeit. **~süchtig** 〈Adj.〉 몽유병을 앓는, **~süchtigkeit,** die 몽유병. **~umkreisung,** die 달 둘레의 선회(돌기). **~umlauf,** der 달 둘레의 선회(돌기). **~umlaufbahn,** die 달(의 주위를 도는) 궤도. **~untergang,** der (반대: **~aufgang**) 달이 짐, 월몰. **~wechsel,** der 달의 바뀜(변화).
Mondamin ⓦ [mɔndaˈmiːn], das; -s [인디언어 Mondáwin에서 유래] 옥수수 녹말가루.
mondän [mɔnˈdɛːn] 〈Adj.〉 [frz. mondain < lat. mundānus] 세속적인, 상류 사회풍의, 사교계의: der Badeort ist ein Zentrum der intellektuellen und -en Welt 이 온천장은 지식층과 상류계층의 중심지이다. **Mondänität,** die ↑mondän의 명사형.
Möndchen ['møːntçən], das; -s, - **1.** ↑Mond (1, 2). **2.** ↑Nagelmöndchens의 약칭. **Mondenglanz, Mondesglanz,** der 〈시어〉 달빛. **Mondenschein,** der; -(e)s 〈시어〉 ↑Mondschein.
Mondes-: **~finsternis,** die (österr.) ↑Mondfinsternis. **~glanz,** der 〈시어〉 ↑Mondenglanz. **~licht,** das 〈시어〉 ↑Mondlicht.
mondial [mɔnˈdi̯aːl] 〈Adj.〉 [frz. mondial < lat. mundus] (교양어) 세계적인.
Monegasse [moneˈɡasə], der; -n, -n 모나코 사람. **Monegassin,** die; -nen 모나코 여자. **monegassisch** [moneˈɡasɪʃ] 〈Adj.〉 모나코의.
Monem [moˈneːm], das; -s, -e [frz. monème] [언어] 모넴, 의미소(의미를 지닌 가장 작은 언어 단위).
monetär [moneˈtɛːɐ̯] 〈Adj.〉 [frz. monétaire < lat. monētārius] [경제] 화폐의, 통화의: -es Gold 통화로서의 금(주화); -e Stabilität 통화의 안정성. **Moneten** [moˈneːtn] 〈Pl.〉 [lat. monēta] 〈통용어〉 돈, 화폐: M. scheffeln 돈을 긁어 모으다. **monetisieren** [monetiˈziːrən] 〈h〉 [경제] (노동력, 물질 등을) 화폐화하다, 환금하다. **Monetisierung,** die; -en [경제] 현금화(자본화).
Moneymaker ['mʌnimeɪkə], der; -s, - [engl. money-maker] (통용어·폄) 돈벌이를 잘하는 사람.
Mongölchen [mɔŋˈɡœlçən], das; -s, - [원래 ↑Mongole의 축소형] 몽고인증을 앓는 어린이. **Mongole** [mɔŋˈɡoːlə], der; -n, -n [mong. mongol] 몽고인, 몽고인. **Mongolenfalte,** die **1.** 몽고주벽(蒙古皺襞) (눈꼬리의 주름살). **2.** [의학] (몽고종 환자의 눈시울의) 군살주름, 내안 각췌피(內眥角贅皮). **Mongolenfleck,** der 〈인류〉 몽고반점. **mongolid** [mɔŋɡoˈliːt] 〈Adj.〉 [인류] 몽고인종의.
Mongolide [...ˈliːdə], der; -n, -n [Dekl. ↑Abgeordnete] 몽고인종, 황색 인종. **mongolisch** 〈Adj.〉 몽고인의. **Mongolismus** [mɔŋɡoˈlɪsmʊs], der; - [의학] 몽골리즘, 몽고증, 다운증후군(작은 머리, 짧은 손가락에 눈이 치켜올라가, 인상이 몽고인과 비슷한 선천적인 백치). **Mongolistik** [...ˈlɪstɪk], die 몽고어문학, 몽고학. **mongoloid** [mɔŋɡoloˈiːt] 〈Adj.〉 **1.** 몽고계의, 몽고인

형의. **2.** [의학] 몽골병 징후를 보이는. **Mongoloide** [...'iːdə], der / die 몽골리안(순수한 몽골계는 아니지만 몽고계의 특징을 지닌 사람), 황색인종. **Mongoloidismus**, der; - [의학] ↑Mongolismus.

Monier- [mo'niːɛ-, 《frz.》 mo'nie-; 프랑스의 원예가 J. Monier의 이름에서 유래] [건축] ~**bauweise**, die (Pl. 없음) 철근 콘크리트 건축 방식(에 의한 방식). ~**eisen**, das (준고어) 모니에 철근, 철근 콘크리트 건축에 쓰이는 둥근 강철막대. ~**stahl**, der ↑~eisen. ~**zange**, die 모니에 집게(단단한 철사를 집어서 구부리는데 쓰이는 손잡이가 길고 집게 부분이 짧은).

monieren [mo'niːrən] 〈h〉 [lat. monere] 비난하다, 책망하다, 항의하다, 촉구하다. **Monierung**, die; -en 비난, 항의, 책망, 독촉.

Moniliakrankheit [mo'niːliə-], die 모닐리아병(핵과(核果)에 생기는 반지 모양으로 썩어들어가는 병).

Monismus [moˈnɪsmʊs], der; - 일원론(반대: Dualismus 2). **Monist**, der; -en, -en 일원론자. **monistisch** 〈Adj.〉 일원(론)적인.

Monita: ↑Monitum의 복수형. **Monitor** [ˈmoːnitɔr, (또한) ...toːɐ̯], der; -s, -en [moniˈtoːrən] / -e 〈engl. monitor < lat. monitor〉 **1.** [고어] 경고자, 감독자, 충고자. **2.** [텔레비전] 모니터: die Kunden im Kaufhaus werden durch -en überwacht 백화점 손님들이 모니터로 감시된다. **3. a)** [공학] 전자 장치 감시기. **b)** [의학] [심장 활동, 혈압, 체온 등의 감시를 위한] 모니터. **4.** [물리] 방사능 탐색기. **5.** [광] 석탄[광맥] 탐색기. **6.** [옛] 모니터함[연안 작전용 포함(砲艦)]. **Monitorium** [moniˈtoːrium], das; -s, ...rien [...ri̯ən] [법] 계고장, 최고장, 독촉장. **Monitum** [ˈmoːnitum], das; -s, ...ta (교양어) 경고, 충고, 훈계, 질책, 문책.

mono [ˈmoːno, (또한) ˈmɔno] (은어) ↑ monophon의 약칭. **Mono** [-], das; -s (은어) ↑Monophonie. **mono-, Mono-**, (모음 앞) **mon-, Mon-** [mon(oː)-; griech. mónos] (allein, einzell, einmalig를 뜻하는 규정어로서) (예컨대: ↑monoton, ↑Monarchie).

Monochord [...ˈkɔrt], das; -(e)s, -e [lat. monochordon < griech. monóchordon] [음악] 모노코드(현 하나가 달려있는 음향 측정기). **monochrom** [...ˈkroːm] 〈Adj.〉 [미술·사진] 단색의, 한 가지 색의(반대: polychrom). **monochromatisch** 〈Adj.〉 [물리] 단색의, 스펙트럼선의. **Monochromie** [...kroˈmiː], die [lat. monochroma] [미술·사진] 단색성(반대: Polychromie). **monocolor** [...ˈkoːloːɐ̯] 〈Adj.〉 (österr.) 단독 정당으로 이루어진: eine -e Regierung 한 정당으로 이루어진 정부. **monocyclisch**: ↑ monozyklisch. **Monodie** [monoˈdiː], die / die monódia = griech. monōdía [음악] **1.** 제창곡, 단성악곡. **2.** 독창곡. **monodisch** [moˈnoːdɪʃ] 〈Adj.〉 **a)** 독창의, 단성악곡의. **b)** 독창의(단성악곡) 양식으로 된. **Monodrama**, das; -s, ...men 모노 드라마, 일인극 / Einpersonenstück. **Monoempfänger** [(또한) ˈmɔno-], der; -s, - [방송] 모노 수신기. **monofil** [...ˈfiːl] 〈Adj.〉 [방적] 한가닥의 실로 이루어진. **monogam** [...ˈgam] 〈Adj.〉 (반대: polygam) **a)** 단혼적인, 짝을 바꾸지 않는, 일부일처의, 일웅일자의(一雄一雌)의. **b)** [민속학] 일부일처제의. **c)** (드물게) (생태학에서) 짝을 바꾸지 않는, 한 상대자만 성생활을 하는. **Monogamie** [...gaˈmiː], die 일부일처(제), 단혼제(반대: Polygamie). **monogamisch** 〈Adj.〉 **a)** 일부일처제의. **b)** ↑monogam. **monogen** [...ˈgeːn] 〈Adj.〉 [생물] 단일 유전자에 의해 결정된(반대: polygen). **Monogenese** [monogeˈneːzə], die / **Monogonie** [monogoˈniː], die; -n [생물] 무성생식. **Monogramm**, das; -s, -e [lat. monogramma] 모노그람(성명의 머리글자를 짜맞춘 문자), 화압(花押), 낙관(落款): beiß dir ein M. in den Bauch! 《경》 네 배알꼴리는 대로 해라! **monogrammieren** 〈h〉 [미술] 화압하다, 낙관 찍다, 모노그람으로 사인하다. **Monogrammist**, der; -en, -en [미술] (이름 전체가 아니라) 모노그람으로만 알려진 화가(특히 15, 6세기). **Monographie**, die; -n [...iːən] (한 가지 분야를 집중적으로 다룬) 논문 단행본, 개별 연구논문, 전공 논문: eine M. über Goethe 괴테를 다룬 논문 단행본. **monographisch** 〈Adj.〉 논문 단행본의. **monohybrid** 〈Adj.〉 [생물] 단성잡종의, 일유전자 잡종(반대: polyhybrid). **Monohybride**, die; -n, (또한) der; -n, -n [생물] 단성잡종, 일유전자 잡종(반대: Polyhybride). **monokausal** 〈Adj.〉 『드물게 교양어』 단인성(單因性)의, 한 가지 원인에만 귀착하는[근거한].

Monokel [moˈnɔkl], das; -s, - [frz. monocle] 한쪽 눈 안경, 단안경(單眼鏡)(반대: Binokel 1 a): (sich) sein M. einklemmen 자기의 한쪽 눈 안경을 끼다. **Monokini**, der; -s, -s ↑Minikini. **monoklin** [...ˈkliːn] 〈Adj.〉 **1.** [물리] 단사정계(單斜系)의. **2.** [식물] 암수 한 꽃의. **Monokotyledone** [monokotyleˈdoːnə], die [식물] 단자엽식물. **Monokratie** [...kraˈtiː], die; -n [...iːən] 독재. **monokratisch** [...kraˈtɪʃ] 〈Adj.〉 독재의, 독재적인: -es Prinzip 독재의 원칙, 독재주의. **monokular** 〈Adj.〉 [의학] **a)** 한 눈의, 단안의, 애꾸눈의, 한 눈으로(만). **b)** 한 눈(만)을 위한. **Monokultur**, die [(또한) ˈmɛno-] **1.** (Pl. 없음) 단식(單式) 농업(재배). **2.** 단식 농업(재배)지. **monolateral** 〈Adj.〉 《의학》 반신의, 신체의 한편에만 관계된. **Monolatrie** [...laˈtriː], die [종교] 단일신 숭배, 유일신 사상. **monolith** [...ˈliːt, (또한) ...ˈlɪt] ↑monolithisch. **Monolith** [-], der; -en, -e(n) 통돌(로 된 기둥, 석상 등). **monolithisch** [(또한) ...ˈlɪtɪʃ] 〈Adj.〉 **1.** [건축] 통돌로 된, 이음새 없는: -e Bauweise 모놀리스 건축 양식(이음새 없는). **2.** [전자] 소전자 부품들로 떨어지지 않게 구성된. **Monolog** [...ˈloːk], der; -(e)s, -e [frz. monologue] [문예학] 독백, 혼잣말(반대: Dialog a): einen M. sprechen 혼잣말하다, 독백하다; innerer M. 내적 독백; [전의] 의 혼자서 하는 이야기를 독점했다; spar dir deine -e! 그렇게 혼자서 떠들지 말아라! **monologisch** 〈Adj.〉 《교양어》 독백의, 혼잣말의(반대: dialogisch): die -e Form 독백 형식. **monologisieren** [...lo̯giˈziːrən] 〈h〉 이야기를 독점하다, 혼잣말하다. **Monologist**, der; -en, -en 《농》 독백자, (이야기를) 독점하는 사람. **Monom** [moˈnoːm], das; -s, -e [수학] 단항식. **monoman** [...ˈmaːn] 〈Adj.〉 [심리·의학] 편집광의[적인]. **Monomane**, der; -n, -n 편집광. **Monomanie**, die; -n [...iːən] [심리·의학] 편집망상증, 편집증. **monomanisch** ↑monoman. **monomer** [...ˈmeːɐ̯] 〈Adj.〉 [griech. méros] [화학] 단량체(單量體)의(반대: polymer). **Monomer** [-], das; -s, -e, **Monomere**[*]{.underline}, das (대개 Pl.) [화학] 단량체. **Monometallismus**, der; - (화폐의) 단본위제. **monomisch** [moˈnoːmɪʃ], **mononomisch** 〈Adj.〉 [수학] 단항의. **Mononom**: ↑Monom, **mononomisch** ↑monomisch. **monophag** [...ˈfaːk] 〈Adj.〉 [생물] 단식성의(반대: polyphag). **Monophobie**, die [물리] 고독 공포증. **monophon** 〈Adj.〉 [음향·방송] 모노의(반대: stereophon). **Monophonie**, die [음향·방송] 모노 방송(반대: Stereophonie). **Monophthong** [...ˈftɔŋ], der; -s, -e [griech. monóphthóggos] [언어] 단모음(반대: Diphthong): a, e, i, o, u sind -e a, e, i, o, u는 단모음이다. **monophthongieren** 〈h〉 [언어] **a)** 복모음을 단모음으로 만들다. **b)** 단모음화하다: mittelhochdeutsch ou monophthongiert zu u 중세 고지 독일어의 ou가 u로 단모음화되다. **Monophthongierung**, die; -en 단모음화. **monophthongisch** ⟨Adj.⟩ (반대: diphthongisch) [언어] **a)** 단모음을 지닌. **b)** 단모음으로 발음되는: ie wird neuhochdeutsch m. als langes i gesprochen ie는 신고지 독일어에서는 긴 단모음 i로 발음된다. **monophyletisch** [monofy'le:tɪʃ] ⟨Adj.⟩ ⟨생물⟩ 단일씨(민족)의, 단일 원형에서 배태된. **Monoplatte** [(또한) 'mɔno-], die; -n ⟨통용어⟩ 모노레코드판. **Monoplegie** [...ple'gi:], die; -n [...i:ən] [의학] 부분 마비. **Monopodie** [...po'di:], die; -n [...i:ən]; griech. monopodía] ⟨운율⟩ 단각(單脚)(그리스의 운율)(↑Dipodie, Tripodie). **monopodisch** [...'po:dɪʃ] ⟨Adj.⟩ ⟨운율⟩ 단각의. **Monopol** [mono'po:l], das; -s, -e [lat. monopōlium < griech. monopólion) **1.** ⟨교양어⟩ [경제] 전매(권), 독점, 전유(專有): ein M. ausüben (auf etw. haben) 독점하다(무엇에 대해) 독점적 지위를 누리다). **2.** [경제] 독점[전매] 기업: multinationale -e 다국적 독점기업들.

monopol-, Monopol-: ~ähnlich, ~artig ⟨Adj.⟩ 독점과 같은, 독점 형태의. **~bestimmt** ⟨Adj.⟩ 독점적인, 독점 기업에 좌우되는: -er Kapitalismus 독점적자본주의. **~bourgeoisie**, die 독점 부르주아지. **~brennerei**, die 독점 화주(火酒) 증류장. **~inhaber**, der 독점권 소유자. **~kapital**, das ⟨Pl. 없음⟩ [경제] **1.** 독점자본. **2.** 독점기업. **~kapitalismus**, der ⟨Pl. 없음⟩ ⟨폄⟩ 독점자본주의. **~kapitalist**, der ⟨폄⟩ 독점자본가. **~kapitalistisch** ⟨Adj.⟩ 독점자본주의의, 독점자본주의적인. **~partei**, die 독재정당, 유일정당. **~position**, die ↑**~stellung**. **~preis**, der 독점 가격(독점 기업에 의해 조작되). **~presse**, die ⟨폄⟩ 독점 언론(독점 자본의 이익을 대변하는). **~stellung**, die 독점적 지위(시장이나 경제에서). **~verbot**, das [법률에 의한] 독점 금지. **monopolisieren** [...poli'zi:rən] ⟨h⟩ [frz. monopoliser] [경제] 전매[독점]하다. **Monopolisierung**, die; -en 독점화, 전매화: M. der Wirtschaft 경제의 독점화. **Monopolismus** [...'lɪsmʊs], der; - 독점[전매]제, 독점 [전매]주의. **Monopolist**, der; -en, -en **a)** 독점 기업. **b)** 독점 기업가, 독점 자본가, 독점[전매]업자. **monopolistisch** ⟨Adj.⟩ 독점주의의, 독점의, 독점을 추구하는. **monopoloid** [...lo'i:t] ⟨Adj.⟩ 독점과 같은, 독점과 유사한. **Monopoly** W2 [mo'no:poli], das; - [engl. monopoly] 모노폴리(판돈 등을 걸고 주사위로 여럿이 참여하는 게임의 일종). **Monoposto** [mono'posto], der; -s, -s [ital. monoposto] [스포츠] 모노포스토(바퀴를 노출시킨 1인승 경주용 자동차). **Monopteros** [mo'nɔpterɔs], der; -, ...ren [griech. monópteros] (그리스, 로마의) 원주로 둘러싸인 둥근 모양의 사당(사원). **Monosaccharid, Monosacharid**, das; -(e)s, -e [생화학] (포도당, 과당 등의) 단당류. **monosem** [...'ze:m] ⟨Adj.⟩ [griech. monósēmos] [언어] 한 가지 뜻만을 지닌, 단의적인(반대: polysem). **Monosemantikon** [...ze'mantikɔn], das; -s, ...ka [언어] 모노세만티콘(유일무이한 사물을 가리키는 낱말, 예컨대: 우주). **monosemantisch** ⟨Adj.⟩ ↑monosem. **Monosemie** [...ze'mi:], die [언어] 〈Pl. 없음〉(單義): ↑Polysemie. **2.** (단의화(單義化)를 통한 단어와의 미간의) 명료성. **monosemieren** [...ze'mi:rən] ⟨h⟩ [언어] 단의화하다. **Monosemierung**, die; -en 단의화. **Monosendung** [(또한) 'mɔno-], die; -en 모노 방송. **Monosticha:** ↑Monostichon의 복수형. **monostichisch, monostichistisch** [mono'stɪçɪʃ,...ti'çɪstɪʃ] ⟨Adj.⟩ **1.** 단행시(單行詩)의. **2.** ⟨운율⟩ 동일한 운율의 단행시구들로 이루어진(반대: distich(it)isch 2). **Monostichon** [mo'nɔstiçɔn], das; -s, ...cha [griech.

monóstichon] ⟨운율⟩ 단행시(單行詩). **monosyllabisch** [...zy'la:bɪʃ] ⟨Adj.⟩ [언어] 단음절의: -e Wörter 단음절어(예컨대: 중국어); eine -e Sprache 단음절 언어(중국어 등). **Monosyllabum** [...'zylabʊm], das; -s, ...ba [lat. monosyllabum < griech. monosýllabos] [언어] 단음절 단어. **Monosyndeta:** ↑Monosyndeton의 복수형. **monosyndetisch** [...zyn'de:tɪʃ] ⟨Adj.⟩ [언어] 모노신데톤(Monosyndeton)의. **Monosyndeton** [...'zyndetɔn], das; -s, ...ta [zu griech. sýndetos = verbunden] [언어] 모노신데톤(접속사가 맨나중에 한번만 쓰이는 문장 배열, 예컨대: alles lacht, jubelt und kreischt). **Monotheismus**, der; - 일신교(一神敎), 일신론. **Monotheist**, der; -en, -en 일신론자, 일신교 신자. **monotheistisch** ⟨Adj.⟩ 일신교의, 일신론의.

monoton [...'to:n] ⟨Adj.⟩ [frz. monotone < lat. monotonus < griech. monotónos] **1.** ⟨교양어⟩ 단조로운, 변화가 없는, 지루한: die Arbeit ist ihm zu m. 그 일은 그에게 너무 단조롭다. **2.** [수학] 단조로운. **Monotonie** [...to'ni:], die; -n [...i:ən; lat. monotonia < griech. monotonía] 단조로움, 지루함: die M. des Alltags 일상의 단조로움. **Monotremen** [mono'tre:mən], die ⟨Pl.⟩ ⟨동물⟩ ↑Kloakentiere. **monotrop** [mono'tro:p] ⟨Adj.⟩ ⟨생물⟩ 다소 적응(능)력이 있는. **Monotype** W2 [mono'taip], die; -s [engl. Monotype] [인쇄] 자동주조기, 모노타이프. **Monotypie** [monoty'pi:], die; -n [...i:ən] [제도] 일회용 복제 방식. **monovalent** [monova'lɛnt] ⟨Adj.⟩ ⟨전문어⟩ ↑einwertig. **Monowiedergabe** [(또한) 'mɔno-], die; -n [방송] 모노 재생(스테레오로 녹음된 방송이나 음반의). **Monoxid** ['mɔnɔksi:t, (또한) - - - |-], **Monoxyd**, das; -s, -e [화학] 일산화물(--酸化物). **Monozelle** [(또한) 'mɔno-], die; -n [전기] 소형 건전지(휴대용 라디오에 사용되는). **Monözie** [mønø'tsi:], die [식물] ↑Einhäusigkeit. **monözisch** [mø'nø:tsɪʃ] ⟨Adj.⟩ [식물] ↑einhäusig. **monozyklisch** [화학] monocyclisch [..'tsy:k..., (또한) ...'tsʏk...] ⟨Adj.⟩ [식물] (유기화학 결합에서) 단환(單環)의, 단환식(一環式)의. **Monozytose** [monotsy'to:zə], die; -n [의학] (병으로 인한) 백혈구의 증가. **Monozyt** [...'tsy:t], der; -en, -en ⟨대개 Pl.⟩ [의학] 백혈구. **Monrovia** [mɔn'ro:via, (engl.) mən'roʊvɪə] 몬로비아(라이베리아의 수도).

Monseigneur [mõsɛn'jø:ɐ], der; -s, -s / -s [frz. monseigneur] ⟨Anrede⟩ **a)** ⟨Pl. 없음⟩ 나리, 각하, 전하, 성하(프랑스의 귀족, 대관, 고승(高僧) 등에 대한 경칭). **b)** 귀족, 대관, 고승 등 ↑Monseigneur 칭호 소유자(약어: Mgr.). **Monsieur** [mə'sjø:, (frz.) mə'sjø], der; -(s), Messieurs [me'sjø:, (frz.) me'sjø; (frz.) monsieur] 씨, 군, 님(남성용 칭호) (약어: M., Pl.: MM.). **Monsignore** [mɔnzɪn'jo:rə], der; -, ...ri [ital. monsignore] **a)** ⟨Pl. 없음⟩ 예하(猊下)(이탈리아의 사제의 존칭). **b)** ↑Monsignore의 칭호 소유자. **Monster** ['mɔnstɐ], das; -s, - [engl. monster = frz. monstre] (형상이 크고 끔찍하게 생긴) 괴물, 요괴: 전의 diese kleinen M. bringen einen fast um den Verstand (농)이 조그만한 괴물들(아이들)이 사람의 혼을 거의 빼놓는다.

Monster- (정서·폄): **~anlage**, die 초대형 설비. **~bau**, der (Pl. -ten) 초대형 건축. **~betrieb**, der 대형 기업, 초대형 기업. **~film**, der **1.** 호화판 초대작 영화. **2.** 괴물영화, 괴기영화. **~programm**, das 대규모 프로그램. **~prozeß**, der 대형 소송. **~schau, ~schow**, die 초호화판 쇼. **~unternehmen**, das 대형 사업. **~veranstaltung**, die 대집회, 대규모 행사.

Monstera ['mɔnstera], die; ...rae 몬스테라(열대 아메리카 지역의 덩굴 식물).
Monstra: ↑Monstrum의 복수형.
Monstranz [mɔn'strants], die; -en [lat. monstrantia] 【가】성체현시대(聖體顯示臺).
Monstren: ↑Monstrum의 복수형. **monströs** [mɔn'strø:s] 〈Adj.〉 [lat. mōnstr(u)ōsus] **1.** 《교양어》기괴한, 기형의, 볼품사나운. **2.** 《교양어》거대한, 거액의, 대단한, 끔찍한. **3.** 《교양어·굅》엄청난, 터무니 없는, 패씸한. **4.** 〖의학〗기형의. **Monstrosität** [mɔnstrozi'tɛ:t], die; -en [lat. mōnstrōsitās] 기형, 기괴한 것. **Monstrum** ['mɔnstrʊm], das; -s, ...ren /〈드물게〉..ra [lat. mōnstrum] **1.** 괴물, 요괴. **2.** 〖정서〗거대, 거액, 초대형, 거대한 물건. **3.** 〖의학〗기형아.
Monsun [mɔn'zu:n], der; -s, -e [engl. monsoon < port. monção < arab. mawsim] 〖기상〗계절풍, 몬순, 무역풍. **monsunisch** 〈Adj.〉계절풍의, 몬순의. **Monsunregen**, der 〖지리〗장마(몬순으로 인한). **Monsunwald**, der 〖지리〗열대림.
Montag ['mo:nta:k], der; -(e)s, -e [원래 = Mond(달)의 날] 월요일: **blauer M.** 《통용어》쉬는 월요일. **Montag-**: ↑Dienstag- 참조. **Montagabend** 월요일 저녁.
Montage [mɔn'ta:ʒə, 〈또한〉 mõ'ta:ʒə], die; -n [frz. montage] **1.** 짜맞춤, 조립, 설치: bei der M. der Brücke wurden Fehler gemacht 다리를 조립할 때 실수가 발생했다; **auf M.** 《통용어》조립 작업 현장에, (조립[설치] 작업을 위해) 출장 중인. **2.** 〖제도〗 **a)** 정판(整版), 제판(製版). **b)** 제판자. **3.** 〖영화〗 **a)** 편집. **b)** 몽타주(화면구성). **4.** 〖미술〗 **a)** 몽타주. **b)** 혼성화, 몽타주 작품. **5.** 〖문예학〗몽타주 기법(技法).
Montage- (Montage 1): ~**arbeit**, die 조립[설치] 작업. ~**band**, das 〈Pl. ...bänder〉 ↑Fließband. ~**bau**, der **1.** 〈Pl. 없음〉 조립공법, 조립(식) 건축법. **2.** 〈Pl. -ten〉 조립건축물. ~**bauweise**, die 조립공법, 조립식 건축법. ~**betrieb**, der (건물의) 설치[가설] 전문업체. ~**fabrik**, die 조립 공장. ~**grube**, die 조립(식) 갱. ~**halle**, die 조립(식) 홀. ~**zeit**, die 조립[설치] 시간.
montägig, montäglich, montags 월요일의, 월요일에 개최되는.
Montags- 〈농〉: ~**apparat**, der 월요(일) 기계(결함이 있는 기계). ~**auto**, das ↑~wagen. ~**produktion**, die 월요(일) 제품(결함이 있는 제품). ~**wagen**, der 월요(일) 자동차(결함을 가지고 출고된 차).
montan [mɔn'ta:n] 〈Adj.〉 [lat. montānus] 《전문어》 **1.** 광산의, 광산업의: die -e Industrie 광산업. **2.** 산의, 산지의.
Montana [mɔn'ta:na, 〈engl.〉 mɔn'tænə, 〈frz.〉 mõta-'na] 몬타나(미국의 주).
montan-, Montan-: ~**gesellschaft**, die 광산회사. ~**industrie**, die 광산업. ~**union**, die 유럽 석탄철강 공동체. ~**wachs**, das 몬탄납(蠟)(갈탄에서 추출한 파라핀밀). ~**wirtschaft**, die 광업 경제. ~**wirtschaftlich** 〈Adj.〉 광업 경제적인(의).
Montanist [mɔnta'nɪst], der; -en, -en 채광(야금) 전문가. **montanistisch** 〈Adj.〉 ↑montan (1).
Montblanc [mõ'blã:], der; -(s) 몽블랑봉(알프스의 최고봉).
Montbretie [mõ'bre:tsiə], die; -n [프랑스의 자연과학자 de Montbret의 이름에서] 몽브레치에(남아프리카에 서식하는 관상용 식물의 일종, 붓꽃속).
Monte Carlo ['mɔntə 'karlo, 〈frz.〉 mõtekar'lo, ...'karl] 몬테카를로(모나코의 이웃 도시). **Montenegriner** [mɔntene'gri:nɐ], der; -s, - 몬테네그로 거주민. **montenegrinisch** [mɔntene'gri:nɪʃ] 〈Adj.〉 몬테네그로 거주민의. **Montenegro** [mɔnte'ne:gro] 몬테네그로(유고의 연방).
Monteur [mɔn'tø:ɐ, 〈또한〉 mõ'tø:ɐ], der; -s, -e [frz. monteur] 조립공, 기계조립[설치] 기사. **Monteuranzug**, der 조립 기사 작업복.
Montevideo [mɔntevi'de:o] 몬테비데오(우루과이의 수도).
Montgolfiere [mõgɔl'fi̯e:rə], die; -n [프랑스에서 최초로 열기구(熱氣球)를 띄워 올린 Montgolfier 형제의 이름에서] 열기구(熱氣球).
montieren [mɔn'ti:rən, 〈또한〉 mõ'ti:rən] [frz. monter] 〈h〉 **1.** 〖기술〗 조립하다. **b)** 설치하다, 가설하다: er hat die Antenne auf das [auf dem] Dach montiert 그는 안테나를 지붕 위에 설치했다. **2.** 〖제도〗 제판하다. **3.** 〖영화〗 편집하다. **4.** 〖기술〗 합성하다. **Montierer**, der; -s, - **1.** 제판공. **2.** 조립공. **Montiererin**, die; -nen ↑Montierer (2)의 여성형. **Montierung**, die ~en 《드물게》조립, 설치.
Montreal [mɔnt're:a:l, 〈engl.〉 mɔntri'ɔ:l] 몬트리얼(캐나다의 도시).
Montreux [mõ'trø] 몽트뢰(제네바 호반의 도시).
Montur [mõ'tu:ɐ], die; -en [frz. monture] **1.** 《준고어》근무복, 제복. **2.** 《통용어·농》(특수한 목적을 위한) 복장, 의복: die M. der Straßenarbeiter 도로공사 인부복.
Monument [monu'mɛnt], das; -(e)s, -e [lat. monumentum] **1.** 기념비, 기념 건축물: ein M. für die Gefallenen errichten 전물용사 기념비를 세우다. **2.** 《교양어》(역사적인) 기념물. **monumental** [...men'ta:l] 〈Adj.〉《교양어》기념비와 같은, 장대한, 웅장한, 당당한: die -e Naturkulisse der Alpen 알프스의 웅장한 자연 경관.
Monumental- (monumental): ~**bau**, der 〈Pl. -ten〉 웅장한 건축. ~**gemälde**, das 웅장한[대형] 그림. ~**malerei**, die 웅장한 미술. ~**plastik**, die 웅장한 조형물.
Monumentalität [...mentali'tɛ:t], die 장대함, 웅대함.
Moor [mo:ɐ], das; -(e)s, -e [niederd., asächs. mōr] 늪(지대), 습지, 수령, 소택지: ein M. urbar machen 늪지대를 개간하다; ins M. geraten 수렁에 빠지다.
moor-, Moor-: ~**bad**, das **1.** 이토욕(泥土浴): ins M. steigen 이토욕장에 들어가다. **2.** 이토욕장, 이토욕 치료욕장. ~**baden** 〈h; 부정법으로만 사용됨〉 이토욕을 하다. ~**boden**, der 늪의 바닥. ~**eiche**, die 〈Pl. 없음〉 늪지대 참나무 목재(고급 가구용). ~**erde**, die 진흙. ~**kolonie**, die 늪지대의 마을. ~**kultur**, die 〈Pl. 없음〉소택지 개발, 간척. ~**kur**, die 이토욕 요양. ~**leiche**, die 소택지에서 발견된 (수백년 된, 미이라화된) 시체. ~**packung**, die 이토온엄법(泥土溫奄法). ~**siedlung**, die 늪지대의 마을.
moorig ['mo:rɪç] 〈Adj.〉 늪지대의, 소택지와 같은, 습지인, 늪이 많은.
Moos [mo:s], das; -es, -e / Möser ['mø:zɐ; jidd. moos < hebr. māôt] **1. a)** 〈Pl. -e〉 이끼, 선태류. **b)** 〈Pl. 없음〉 지의류(地衣類), (땅바닥이나 나무등걸을 덮은) 이끼: die Steine haben M. angesetzt 돌에 이끼가 끼어있었다; **M. ansetzen** 《통용어》낡다, 시대에 뒤떨어지다, 시사성을 잃다. **2.** 〈Pl. -e, 〈또한〉 Möser〉 《südd., österr., schweiz.》 습지, 소택지. **3.** 〈Pl. 없음〉《굅》 돈: sein jetztes M. zusammenkratzen 자기 주머니를 털다.
moos-, Moos-: ~**artig** 〈Adj.〉 이끼 같은, 이끼 종류의. ~**beere**, die **1.** 덩굴월귤나무. **2.** 덩굴월귤(열매). ~**bewachsen** 〈Adj.〉 이끼로 덮인. ~**flechte**, die 늪지대의 지의류(地衣類), 나

무이끼. ~**grün** 〈Adj.〉 이끼 같은 녹색의, 암녹색의. ~**krepp**, der 이끼 모양의 크레이트, 축면사(縮緬紗). ~**pflanze**, die 이끼식물. ~**polster**, das 이끼방석(이끼가 방석처럼 덮인). ~**rose**, die 이끼장미. ~**tierchen**, das 《대개 Pl.》 태충류(苔蟲類). ~**überwachsen** 〈Adj.〉 †~bedeckt. ~**überzogen** 〈Adj.〉 † ~bedeckt.

moosig ['moːzɪç] 〈Adj.〉 **1.** 이끼가 낀, 이끼 같은. **2.** 《südd., österr., schweiz.》 늦지대의.

Mop [mɔp], der; -s, -s [engl. mop] 걸레(자루가 달린).

Moped ['moːpɛt, (또한) ...peːt], das; -s, -s [Motor 와 Pedal의 합성어] **1.** 소형 오토바이. **2.** 《준고어》 모터달린 자전거.

Moppel ['mɔpl], der; -s, - [↑Mops (2)의 축소형] 《친근·농》 땅딸보: unser kleiner M. 우리의 꼬마 땅딸보.

moppen ['mɔpn] 〈h〉 [engl. to mop] 《대걸레로》 닦다, 청소하다, 훔치다.

Mops [mɔps], der; -es, Möpse ['mœpsə] [1, 2: niederd., niederl. mops] **1.** 《축소형: ↑Möpschen》 몹스(작고 털이 짧은 개 종류). **2.** 《축소형: ↑Möpschen》 《경》 뚱보, 땅딸보. **3.** 〈Pl.〉 《경》 **a)** 돈. **b)** 마르크(독일의 화폐). **Möpschen** ['mœpsçən], das; -s, - ↑ Mops (1, 2). **möpseln** ['mœpsln] 〈h〉 《지역적》 악취를 풍기다: das Fleisch möpselt schon etwas 그 고기는 벌써 좀 상한 냄새가 난다. **mopsen** ['mɔpsn] 〈h〉 **1.** 〈m. + sich〉 《통용어》 지루해하다. **2.** 《친구》 쌔비다, 훔치다: (jmdm.) einen Bleistift m. (누구의) 연필을 쌔비다. **mopsfidel** 〈Adj.〉 《통용어》 아주 쾌활한, 기분 좋은, 즐거운. **Mopsgesicht**, das; -(e)s, -er 《통용어·폄》 뚱뚱한 얼굴, 뚱뚱부은(뾰로통한) 얼굴. **mopsig** ['mɔpsɪç] 〈Adj.〉 **1.** 《통용어》 땅딸막한, 볼품없는. **2.** 《통용어》 지루한. **3. sich m. machen; m. werden** 《지역적》 뻔뻔스러워지다, 불손하다.

Moquette ↑ Mokett.

¹**Mora** ['moːra], die; ...ren, (또한) More ['moːrə]; -n [lat. mora] 〔운율〕 단위 음량(單位音量) (보통 1음절에 상당하는 길이), 모라: eine metrische Länge besteht aus zwei Moren 한 운율의 길이는 2 모라로 이루어진다.

²**Mora** [-], die [ital. mor(r)a] 이탈리아의 손가락 놀이.

Moral [moˈraːl], die; -en [frz. morale < lat. (philosophia) mōrālis] **1. a)** 도덕, 윤리 규범: die öffentliche (christliche, bürgerliche) M. 공공(기독교, 시민) 윤리. **b)** 예의범절, 도의, 품행, 덕의: **(jmdm.) M. predigen** 《폄》(누구에게) 도덕을 설교하다. **2.** 〔軍隊〕 도덕 철학, 윤리학(칸트의). **3.** 〈Pl. 없음〉 규율, 풍기, 사기, 자신감: die M. der Mannschaft ist gut 팀의 사기가 높다. **4.** 〈Pl. 없음〉 교훈, 우의.

Moral- ~**apostel**, der ↑~prediger. ~**begriff**, der 윤리관, 도덕관, 도덕 개념. ~**gesetz**, das 도덕률. ~**hüter**, der 도덕 수호자. ~**kodex**, der, 도덕률, die 도덕서. ~**pauke**, die 《통용어》 ↑~predigt. ~**philosoph**, der 도덕 철학자. ~**philosophie**, die 도덕 철학, 윤리학. ~**prediger**, der 도덕을 설교하다, 설교하기 좋아하는 사람. ~**predigt**, die 《폄》 설교, 훈계, 비난. ~**prinzip**, das 도덕 원리. ~**psychologie**, die 도덕 심리학. ~**theologie**, die 도덕 신학, 도덕 신학. ~**vorstellung**, die 《대개 Pl.》 윤리관, 도덕관.

Moralin [moraˈliːn], das; -s [aus ↑Moral u. der chem. fachspr. Endung -in 1888 geb. von dem dt. Philosophen Fr. Nietzsche(1844~1900) in der Fügung „moralinfreie Tugend" 《폄·농》 위선, 허위 도덕, 타인의 행태의 도덕적인 분석. **moralinsauer** 〈Adj.〉 《폄·농》 위선의, 위선적인: moralinsaure Worte 위선적인 말. **moralisch** 〈Adj.〉 **1.** 도덕의, 도덕적인, 윤리적인: eine -e Verpflichtung 도덕적인 의무; seine Antwort war eine -e Ohrfeige 그의 대답은 엄한 질책이었다; er fühlt sich m. im Recht 그는 자신을 도덕적으로 옳다고 여겼다; **einen Moralischen haben** 《통용어》 양심의 가책을 느끼다. **2.** 도덕적으로 비난의 여지가 없는, 품행이 방정한: nach all diesem wollte er mir auch noch m. kommen 그리고도 모자라 그는 나에게 훈계를 하려고 했다. **3.** 정신적인, 심적인: die Gefahr des -en Zusammenbruchs 도덕적 붕괴의 위험. **4.** 《드물게》 교훈적인. **moralisieren** [moraliˈziːrən] 〈h〉 [frz. moraliser] **1.** 《교양어》 도덕적 사상을 피력[포함]하다, 도덕적 견해를 고수하다. **2.** 《폄》 공자왈 맹자왈하다, 도학자연하다, 도덕을 설교[설파]하다.

Moralismus [moraˈlɪsmʊs], der; - 《교양어》 **1.** 도덕주의. **2.** 도덕지상주의. **Moralist** [...ˈlɪst], der; -en, -en [frz. moraliste] **1.** 《교양어》 도덕주의자, 모럴리스트, 윤리학자. **2.** 《폄》 도학자, 도덕군자. **moralistisch** 〈Adj.〉 **1.** 《교양》 도덕주의적인, 도덕가다운: etw. m. beurteilen 무엇을 도덕적으로(만) 판단하다. **2.** 《폄》 도덕상주의적인. **Moralität** [...liˈtɛːt], die; -en [frz. moralite < lat. mōrālitās] **1.** 〈Pl. 없음〉 《드물게 교양어》 도덕성, 덕성, 도의, 윤리, 도덕적 행위. **2.** 〔문예학〕 권선징악극(중세의).

Moräne [moˈrɛːnə], die; -n [frz. moraine] 〔지질〕 빙퇴석(氷堆石) (빙하로 생긴 퇴석).

Morast [moˈrast], der; -(e)s, -e / Moräste [moˈrɛstə; mniederd. moras, maras, mniederl. marasch < afrz. maresc] **a)** 수렁, 진창, 소택지, 습지: das Land ist voller Sümpfe und -e(Moräste) 그 지방은 온통 습지와 진창투성이다. **b)** 〈Pl. 없음〉 진창, 진흙, 수렁: 〔전의〕 er sah sich umgeben von einem M. an Neid und Mißgunst 그는 자신이 질투와 시기의 진창에 둘러싸여 있음을 보았다. **morastig** 〈Adj.〉 [niederd. morastich] 습지의, 질퍽질퍽한, 진흙탕의.

Moratorium [moraˈtoːrɪʊm], das; -s, ...ien [...ɪən; lat. morātōrius] 〔경제〕 〔법적인〕 지불유예, 모라토리엄 (특히 국가간의).

Morbi ↑ Morbus의 복수형. **morbid** [mɔrˈbiːt] 〈Adj.〉 [frz. morbide < lat. morbidus] 《교양》 **1.** 병적인, 병약한, 병인, 나약한: 〔전의〕 -e Farbtöne 병(적)인 색(조). **2.** 병든, 부패한, 타락한: eine -e Gesellschaft 병든 사회. **Morbidezza** [mɔrbiˈdɛtsa], die [ital. morbidezza < lat. morbidus] **1.** 〔회화〕 (색깔의) 연함, 부드러움, 은은함. **2.** 부패, 타락 상태. **Morbidität** [mɔrbidiˈtɛt], die; - **a)** 《교양어》 병약, 허약, 나약. **b)** 〔의학〕 이병률(罹病率). **morbiphor** [mɔrbiˈfoːɐ̯] 〈Adj.〉 〔의학〕 전염성의. **Morbosität** [mɔrbozɪˈtɛːt], die [lat. morbositas] 〔의학〕 병약함. **Morbus** [ˈmɔrbʊs], der; -, ...bi [lat. morbus] 〔의학〕 병, 질병.

Morchel [ˈmɔrçl], die; -n 그물우산버섯.

Mord [mɔrt], der; -(e)s, -e **1.** 살인(행위), 살해: ein perfekter M. 완전 범죄의 살인; mehrfacher M. 여러 명에 대한 동시 살인; einen M. begehen 살인을 저지르다; jmdn. zu einem M.[zum M.] anstiften 누구에게 살인을 교사하다; das ist (ja) der reine(glatte) M.! 《통용어》 그것은 정말 정상으로 힘든[위험한] 일이다; es gibt M. und Totschlag 유혈극[큰 싸움]이 벌어진다. **2.** 〔정서·폄〕 살해, 살인, 학살, 살육(행위): die Erschießung der Gefangenen war M. 포로를 총살하는 것은 살인행위였다.

Mord- (Mord 1; ↑mords-, Mords-도 참조): ~**anklage**, die; 살인죄에 의한 기소: M. erheben 살인에 대한 기소를 청구하다. ~**anschlag**, der, 살인 계획(음모, 획책). ~**brenner**, der 《고어》 살인 방화범. ~**bren-**

nerei, die 《Pl. 없음》《고어》살인 방화. **~bube**, der 《준고어》살인자. **~drohung**, die 살해 협박. **~fall**, die 살인 사건: einen M. aufklären 살인 사건을 밝혀내다, 수사하다; in einen M. verwickelt sein 살인사건에 연루되다. **~geschichte**, die 살인담, 공포소설. **~geselle**, der 《준고어·평》1. ↑~bube: ein übler M. 흉악한 살인범. 2. 살인 공범자. **~gier**, die 살의, 살기, 살인욕. **~gierig** 〈Adj.〉 살기등등한, 살의를 느끼는. **~instrument**, das 살인 도구[기구]. **~kommission**, die 살인사건 전담 수사반. **~lust**, die ↑~gier. **~lustig** 〈Adj.〉《드물게》살해욕구로 가득 찬. **~nacht**, die 살인이 일어난 밤. **~prozeß**, der 살인[살해] 과정. **~sache**, die [법] 살인 사건. **~tag**, der 살인이 일어난 날. **~tat**, die 살인 행위. **~verdacht**, der 살인 혐의: unter M. stehen 살인 혐의를 받고 있다. **~versuch**, der 살인 미수[계획]. **~waffe**, die 흉기(살인에 사용한). 살인 도구[기구].

morden ['mɔrdn] 〈h〉 **1. a)** 사람을 죽이다, 살해하다. **b)** 《드물게》↑ermorden: er mordete kaltblütig mehrere Familien 그는 잔혹하게 여러 가족을 살해했다. **2.**《정서·평》죽음의 원인이 되다, 죽이다: unser Kind ist von einem rücksichtlosen Autofahrer gemordet worden 우리 아이는 난폭한 운전자에 의해 죽었다.

Mordent [mɔr'dent], der; -s, -e [ital. mordente] [음악] 장식음, 모르덴트.

Mörder ['mœrdɐ], der; -s, - **1.** 살인자, 살인범: der mutmaßliche M. 살인용의자; 전의 das sind seelische M. 그것은 정신적인 살인자들이다. **2.** [사냥] 사슴, 노루(길고 날카로운 뿔을 가진).

Mörder-: ~bande, die 살인 집단. **~grube**, die ↑ Herz (2). **~hand**《다음 용법으로》 **durch[von]** M. 《아이》살인자의 손에.

Mörderin, die; -nen ↑ Mörder의 여성형. **mörderisch** 〈Adj.〉 **1.**《드물게》잔인한, 잔혹한, 살인의. **2.** 《통용어》**a)** 무서운, 끔찍한, 심한: eine -e Hitze 살인적인 더위. **b)** 굉장한, 지독한, 대단한: ich habe -en Hunger 나는 굉장히 배고프다. **c)**《형용사의 강조》굉장히, 지독하게: es war m. heiß 지독하게 더웠다. **mörderlich** 〈Adj.〉《통용어·드물게》↑mörderisch (2 a, b).

mords-, **Mords-** (↑Mord-도 참조: 통용어에서는 대개 "대단한", "굉장한"의 뜻을 지니는 정서적 표현): **~arbeit**, die 〈Pl. 없음〉 굉장한 작업. **~ding**, das 굉장한[대단한] 물건. **~durst**, der 심한 갈증: einen M. haben 몹시 갈증이 나다. **~dusel**, der ↑~glück. **~gaudi**, die 굉장한 구경거리. **~geschrei**, das 굉장한 고함소리. **~glück**, das 굉장한[뜻밖의] 행운. **~hitze**, die 굉장한 더위[열]. **~hunger**, der 굉장한 배고픔. **~kerl**, der **1.** 건장한 남자. **2.** 굉장한 사나이[녀석], 대단한 친구. **~krach**, der **1.** 엄청난 소리[소음]. **2.** 아주 격렬한 싸움. **~mäßig** 〈Adj.〉 **a)** 대단한, 굉장한, 매우 강한. **b)** 《형용사와 동사의 강조》터무니없이, 지독하게: es war m. kalt 지독하게 추웠다; wir haben uns m. gefreut 우리는 굉장히 즐거웠다. **~rausch**, der 굉장한 황홀감. **~schreck**, der 굉장한. **~schrecken**, der 굉장한 놀라움, 큰 충격. **~spaß**, der 대단한 농담[즐거움]. **~spektakel**, der 엄청난 장면·소란. **~stimmung**, die 최고의 분위기, 들뜬 기분. **~wenig** 〈Adj.〉 극도로 적은. **~wut**, die 격분.

More: ↑¹Mora.

Morelle [mo'relə], die; -n [frz. morelle < lat. maurella] ↑ Süßweichsel.

Moren: ↑¹Mora의 복수형.

morendo [mo'rendo] 〈Adv.〉 [ital. morendo < lat. mori(re)] [음악] 점점 작게, 극히 여리게. **Morendo** [-], das; -s, -s /...di [음악] 모렌도.

Mores ['mo:rɛs] 〈Pl.〉 [lat. mōrēs]《다음 용법으로》 jmdn. M. lehren《통용어》누구에게 버릇을 가르치다, 누구에게 의견을 말하다.

Moresca: ↑ Morisca. **Moreske: ↑** Mareske.

morganatisch [mɔrga'na:tɪʃ] 〈Adj.〉 [lat. (matrimonium ad) morganaticam]《다음 용법으로》**-e Ehe**《역사적》귀천상혼(貴賤相婚)(왕족이 천한 신분의 여자와 결혼하는 것).

morgen ['mɔrgn̩] 〈Adv.〉 **1.** 내일, 명일(明日): m. früh 내일 아침; m. um diese Zeit 내일 이 시간에; er wollte mich auf m. vertrösten 그는 내일의 희망으로 날 위로 하려 했다; das sind eure Aufgaben für 《또한 nordd.》zu》 m. 이것이 내일까지의 너희의 숙제이다; 성구 m. ist auch (noch) ein Tag 내일도 날이다. **2.** 《가까운》장래에, 미래에: das ist der Stil von m. 이것이 미래의 스타일이다; an das Morgen glauben 미래를 믿다. **3.** 아침에, 오전에: heute[gestern] m. 오늘[어제] 아침에; am Dienstag m. treffen wir uns 우리는 화요일 아침에 만난다. **Morgen** [-], der; -s, - **1.** 아침, 오전 (반대: Abend): der M. bricht an 아침이 밝다; den ganzen M. im Bett verbringen 아침[오전]내내 침대에 빈둥대다; den nächsten, M. 《드물게》다음날 아침: des -s 아침에; des -s früh 《아이》아침 일찍; eines -s war er verschwunden 어느날 아침 그는 사라졌다; früh am M. 아침 일찍이; am frühen M. 아침 일찍이; am andern [folgenden, nächsten] M. 다음날 아침에; an einem schönen M. 어느날 아침에; er schlief bis in den hellen M. 그는 한낮까지 잠을 잤다; M. für M. 매일 아침; gegen M. erst schlief sie ein; 그녀는 새벽녘에야 잠이 들었다; vom M. bis zum Abend 아침부터 저녁까지; in den M. des Lebens 《시어》 인생의 아침에, 젊은 시절에; **guten M.** 밤새 안녕하십니까(아침 인사); **schön[frisch] wie der junge M.** 《통용어》새 아침처럼 예쁜[신선한]. **2.** 〈Pl. 없음〉동쪽: gegen [gen] M. 동쪽을 향해; von M. nach Abend 동쪽에서 서쪽으로, 동에서 서로. **3.**《준고어》모르겐(땅 넓이의 단위) (약 2ha): einige M. Land 몇 모르겐의 토지.

morgen-, **Morgen-: ~andacht**, die 아침 예배[기도]. **~ausgabe**, die 조간(판). **~blatt**, das 조간(신문). **~dämmerung**, die 아침 여명. **~duft**, der 커다랗고 동그란 사과의 일종. **~frisch** 〈Adj.〉《아이》생기가 넘치는, 싱싱한, 매우 상쾌한[신선한]. **~frühe**, die 이른 아침, 새벽: in aller M. 아주 이른 아침에. **~gabe**, die 《옛》아침의 선물(결혼 다음날 신랑이 신부에게 주던 선물). **~gebet**, das 아침 기도. **~grauen**, das 새벽, 새벽녘, 먼동: beim [im] M. (어둑한) 먼동 틀 무렵. **~gymnastik**, die 아침 체조. **~himmel**, der 새벽 하늘. **~kaffee**, der **1.** (커피를 곁들인 간단한) 아침 식사. **2.** 아침 식사때 마시는 커피. **~kleid**, das 아침 옷. **~rock**, der. **~land**, das 《고어·고풍》동양, 오리엔트(반대: Abendland). **~länder** [-lendɐ], der 《고어, 고풍》동양. **~ländisch** [-lendɪʃ] 〈Adj.〉《고어·고풍》동양의, 오리엔트의. **~latte**, die 《속어·농》새벽녘 취침 중에 서 있는 성기. **~licht**, das 〈Pl. 없음〉 아침 햇빛[살]. **~luft**, die 아침 공기: M. wittern 《농》좋은 기회(새 시대의 도래를 예감하다. **~messe**, die 아침 미사. **~muffel**, der 《통용어·농》 아침 기상에 투덜대는 사람. **~nebel**, der 아침 안개. **~post**, die 아침에 배달되는 우편. **~rock**, der 아침 가운 노을; 전의 das M. einer neuen Zeit 〈시어〉 새시대의 여명. **~röte**, die《아이》↑~rot. **~schein**, der《아이》서광. **~schlaf**, der 아침 잠. **~sonne**, die 아침해. **~spaziergang**, der 아침 산보. **~stern**, der **1.** 샛별, 금성. **2.** 중세에 쓰여진 무기

(대개 구슬 모양의 윗쪽 끝부분에 철가시가 붙어있는 곤봉형태). **~stunde**, die 《대개 Pl.》아침 시간, 오전: 솜담 M. hat Gold im Munde 아침 시간은 황금 같다. **~tau**, der 《아이》아침 이슬. **~toilette**, die 《아이》 아침 화장. **~wind**, der 아침 바람. **~zeitung**, die 조간 신문. **~zug**, der 아침 열차.

morgend ['mɔrgnt] 〈Adj.〉《(고어·시어)》내일의. **morgendlich** 〈Adj.〉 아침의, 오전의: die -e Kühle 아침의[아침만이 지닌] 신선함. **morgens** ['mɔrgns] 〈Adv.〉 아침마다: m. um sieben Uhr[um sieben Uhr m.] 아침 일곱시에. **morgig** ['mɔrgɪç] 〈Adj.〉 내일의: das -e Datum 내일 날짜. **Moria** [mo'ri:a], die [griech. mōría] 〔의학〕모리아 병(허튼소리를 많이 늘어놓는 정신질환의 일종).

moribund [mori'bʊnt] 〈Adj.〉 [lat. moribundus] 〔의학〕죽어가는, 빈사의: das Krankenzimmer für die Moribunden 죽어가는 사람을 위한 병실.

Morio-Muskat ['mo:rio-], der; - (독일의 식물 재배 전문가 P. Morio의 이름에서) **a)** 마스카트(포도 품종의 일종). **b)** 마스카트 포도주.

Morisca [mo'rɪska], **Moresca** [mo'reska], die [span. morisca] (15~17세기에 걸쳐 전유럽에 퍼져있던) 약간 빠르고 대부분 발에다 방울을 달고 추는 모리스카춤. **Moriske** [mo'rɪskə], der; -n, -n 《대개 Pl.》 [span. morisco] (역사적) 스페인의 무어 인(이슬람의 지배가 무너진 후에 스페인에 남아 기독교로 개종한 아랍 사람). **Moriskentanz**, der ↑Morisca.

Moritat ['mo:rita:t], die; -en 《(또한) mori'ta:t》 **1.** (살인 등 무시무시한 사건을 주제로 담은) 장타령(대체로 수동 풍금에 의해 반주됨). **2.** 위의 장타령 형식을 빌린 시, 노래. **Moritatenlied**, das ↑Moritat. **Moritatensänger**, der 살인극 장타령을 부르는 가수.

Moritz ['mo:rɪts] (독일의 만화가 A. Oberländer의 작중 인물에서 유래된 듯) 《다음의 용법으로》 **wie sich der kleine M. etw. vorstellt** 《통용어·농》 철부지 아이가 생각하듯.

Mormone [mɔr'mo:nə], der; -n, -n [amerik. Mormon, 모르몬교의 창시자 J. Smith(1805~1844)가 쓴 책 Mormon이란 이름에서] 모르몬 교도(북아메리카의 한 종파).

Moroni 모로니(코모렌의 수도).

moros [mo'ro:s] 〈Adj.〉 [lat. mōrōsus] 《(고어)》 무뚝뚝한, 기분이 언짢은. **Morosität** [morozi'tɛ:t], die [lat. mōrōsitās] 《(고어)》 기분이 언짢음, 불쾌함.

Morph [mɔrf], das; -s, -e [↑Morphem] 〔언어〕형태(의미를 지니는 말의 가장 작은 조각, 아직 분류되지 않은 형태소) (예컨대: Schreib-tisch-e는 3개의 형태로 이루어짐). **morph-**, **Morph-**; **~morph** [-] "형태에 관한", "형태의" 뜻을 지닌 형용사 접미어, 예컨대) amorph 특정한 형태가 없는; heteromorph 형태가 다른. **Morphe** [mɔr'fe:], die [griech. morphé]: ↑Eidos (1). **Morphem** [mɔr'fe:m], das; -s, -e [frz. morphème] 〔언어〕형태소(의미를 지니는 가장 작은 단위). **Morphematik** [mɔrfe'ma:tɪk], **Morphemik** [mɔr'fe:mɪk], die 〔언어〕형태소론(형태소와 관계있는, 특히 조어에서 형태소의 기능과 관계있는 학). **morphematisch**, **morphemisch** 〈Adj.〉 **a)** 형태소론적. **b)** 형태소적. **Morphemik**: ↑Morphematik. **morphemisch**: ↑morphematisch.

Morpheus ['mɔrfɔys; lat. Morpheus < griech. Morpheús] 《다음의 용법으로》 **in M.' Armen ruhen (liegen, schlafen)** 《통용어》 편안히 잠들다; **in M.' Arme sinken** 《통용어》 편안히 잠들다; **aus M.' Armen gerissen werden** 《통용어》 갑작스레 깊은 잠

에서 깨다. **Morphin** [mɔr'fi:n], das; -s 〔화학·의학〕↑Morphium. **Morphinismus** [mɔrfi'nɪsmʊs], der; - 〔의학〕↑Morphiumsucht. **Morphinist** [...'nɪst], der; -en, -en 모르핀 중독자. **Morphinistin**, die; -nen ↑Morphinist의 여성형. **Morphinsucht**, die 〔의학〕↑Morphiumsucht. **Morphium** ['mɔrfiʊm], das; -s 모르피움, 모르핀. **Morphiumsucht**, die (Pl. 없음) 모르핀 중독. **morphiumsüchtig** 〈Adj.〉 모르핀에 중독된. **morpho-**, **Morpho-**, 《모음앞》 **morph-**, **Morph-** [mɔrf(o)-]; griech. morphé] ("형태, 형식"을 뜻하는 규정어에서 예컨대) morphologisch, Morphologie. **Morphogenese**, **Morphogenesis**, die; ...nesen [...'ne:zn] 〔생물〕형태 형성(발생). **morphogenetisch** 〈Adj.〉 〔생물〕 개체발생의. **Morphogenie** [...ge'ni:], die; -n [...i:ən] **Morphologe**, der; -n, -n 형태론 연구자. **Morphologie**, die **1.** 〔철학〕형태론(특히 형태의 특성, 발전, 법칙성에 관한). **2.** 〔생물·의학〕(생물체, 유기체의) 외부형태론. **3.** 〔지리·지질〕↑Geomorphologie의 약칭. **4.** 〔언어〕↑Formenlehre (1). **5.** 〔사회〕형태학(사회구조에 관한 사회학의 한 분야). **morphologisch** 〈Adj.〉 형태론에 관한, 형태에 관한. **Morphonem** [...'ne:m], **Morphophonem**, das; -s, -e [↑Morph와 ↑Phonem의 합성어] 〔언어〕형태음소(예컨대: binden, band, gebunden에서 i, a, u 는 형태음소임). **Morphonemik** [...'ne:mɪk], die 〔언어〕형태음소론. **morphonemisch**, **morphophonemisch** 〈Adj.〉 형태음소에 관한. **Morphonologie**, **Morphophonemik**, **Morphophonologie**, die 〔언어〕↑Morphonemik. **Morphophonem**: ↑Morphonem. **Morphophonemik**: ↑Morphonemik. **morphophonemisch**: ↑morphonemisch. **Morphophonologie**: ↑Morphonemik. **morphosyntaktisch** 〈Adj.〉 형태통사론적, 형태통사론의. **Morphosyntax**, die 〔언어〕형태통사론(반대: Nomosyntax).

Mors [mɔrs] ↑²Hummel.

morsch [mɔrʃ] 〈Adj.〉 썩은, 부식한, 무른, 허물어져 가는, 쓰러져 가는: -es Holz 썩은 나무; eine -e Brücke 다 허물어져 가는 다리; das Eis kann m. und burstig sein 얼음이 무르고 깨지기 쉽게 생겼다; inmitten einer -en und rohen Zivilisation 부패한 야만적인 문명의 가운데에서. **morschen** ['mɔrʃŋ] 〈h〉《(아이)》썩다. **Morschheit**, die 썩음, 부식.

Morse-: **~alphabet**, das 모르스 알파벳. **~apparat**, der 모르스 무전기. **~zeichen**, das 모르스 부호.

morsen ['mɔrzn] 〈h〉 **a)** 모르스 무전기로 타전하다: der Funker morst 무전기사가 모르스기로 타전하다. **b)** 모르스 부호로 전하다: SOS m. SOS를 모르스 부호로 타전하다.

Mörser ['mœrzɐ], der; -s, - [lat. mortārium] **1.** 절구. **2.** 〔군〕 **a)** 《옛》 박격포, 구포(臼砲). **b)** ↑Granatwerfer. **mörsern** ['mœrzɐn] 〈h〉《(드물게)》 갈다, 빻다.

Mortadella [mɔrta'dela], die; -s [ital. mortadella] 모르타델라 소시지(파스타치오란 향료를 뿌린 좀 굵은, 끓여 만듦).

Mortalität [mɔrtali'tɛ:t], die [ital. mortalitās] 〔의학〕 사망률.

Mörtel ['mœrtl], der; -s, 《(종류)》 - [lat. mortārium] 회반죽, 모르타르: eine Mauer mit M. verputzen 담에 회칠을 하다.

Mörtel- 〔토건〕: **~gips**, der 회반죽용 석고. **~kalk**, der 회반죽용 석회. **~kelle**, die ↑Kelle (3). **~pfanne**, der 회반죽통.

mörteln ['mœrtln] 〈h〉 **a)** 회반죽일을 하다. **b)** 회를 칠하다: eine Wand m. 벽에 회를 칠하다.

Mortuarium [mɔrtu'a:rɪʊm], das; -s, ...ien [...iən]; lat. mortuārius] **1.** (중세 때 현물로 내는) 상속세. **2. a)** 수도원 안의 묘지. **b)** (공동묘지의) 영안실.

Morula ['mo:rula], die; ...lae [...le; lat. mōrum] [동물·의학] 상실배(桑實胚), 오디배.

Mosaik [moza'i:k], das; -s, -en, (또한) -e [frz. mosaïque] 모자이크: mit -en verzieren 모자이크로 장식하다; [전의] die Erlebnisteile schossen zum M. zusammen 체험의 조각들이 하나의 모자이크를 이루었다.

mosaik-, Mosaik-: ~arbeit, die 모자이크 세공. **~artig** ⟨Adj.⟩ 모자이크 모양의. **~bild**, das 모자이크 화. **~(fuß)boden**, der 모자이크로 장식된 바닥. **~glas**, das (Pl. 없음) ↑ Millefioriglas. **~gold**, das ↑ Musivgold. **~stein**, der 모자이크 돌.

mosaisch [mo'za:ɪʃ] ⟨Adj.⟩ 모세(풍, 식)의, 유태 의 이스라엘의: die -en Gesetze 모세의 율법.

mosaistisch [moza'ɪstɪʃ] ⟨Adj.⟩ 모자이크의. **Mosaizist** [...i'tsɪst], der; -en, -en 모자이크 예술가.

Mosambik [mozam'bi:k] ↑ Moçambique.

Moschaw, der; -s, -wim [hebr. môsâv] 모샤브.

Moschee [mɔ'ʃe:], die; -n [...e:ən; frz. mosquée] 회교 의 전당, 이슬람 사원.

Moschus ['mɔʃʊs], der; - [lat. muscus < griech. móschos] **a)** 수사향노루의 강한 분비물(향수의 원료). **b)** 사향.

moschus-, Moschus-: ~artig ⟨Adj.⟩ 사향 종류의. **~beutel**, der (사향 짐승의) 사향주머니. **~bock**, der 사향나는소. **~böckchen**, das (사향선(腺)을 가진) 아 프리카 영양. **~ochse**, der (북극 지방의) 사향소. **~tier**, das (아시아 지방의) 사향노루.

Möse ['mø:zə], die; -n **1.** (비어) 음문, 보지. **2.** 《비어·욕》 계집, 창녀.

Mose ['mo:zə] ↑ Moses.

¹Mosel ['mo:zl], die 모젤(라인 강의 지류).

²Mosel [-], der; -s, - ↑ Moselwein의 약칭.

Moselaner [mozə'la:nɐ], (또는) **Mosellaner** [mozɛ'la:nɐ], der; -s, - 모젤 지역 사람.

Moselwein, der 모젤 포도주.

Möser: ↑ Moos (2)의 복수형.

mosern ['mo:zɐn] ⟨h⟩ [jidd mōser] 《통용어》 투덜거리 다, 불만을 말하다: über das Essen m. 음식에 대해 불 평하다.

¹Moses ['mo:zəs, ...zɛs, ⟨engl.⟩ 'moʊzɪs] 《초교파》 모세.

²Moses ['mo:zəs], der; -, - **1.** 《선원·조동》 말단 선원, 견습 선원. **2.** [선원] 요트에 선재된 작은 보트.

Moskau ['mɔskaʊ] 모스크바. **¹Moskauer**, der; -s, - 모스크바 사람, 모스크바 주민. **²Moskauer** ⟨Adj.; 격변화 없음⟩ 모스크바의: M. Zeit 모스크바 시각. **moskauisch** ['mɔskaʊɪʃ] ⟨Adj.⟩ 모스크바의.

Moskito [mɔs'ki:to], der; -s, -s 《대개 Pl.》 [span. mosquito] **1.** 모기: die -s bekämpfen[verjagen] 모기 를 퇴치하다, 쫓아내다. **2.** [전문어] ↑ Stechmücke.

Moskito-: ~gitter, das 모기장(↑ ~netz). **~netz**, das 모기장. **~stich**, der 모기에 물린 자리.

Moskowiter [mɔsko'vi:tɐ], der; -s, - (준고어) 모스크바 사람. **moskowitisch** [mɔsko'vi:tɪʃ] ⟨Adj.⟩ (준고어) 모스크바의. **¹Moskwa** [mɔs'kva, ⟨russ.⟩ mas'kva], die 모스크바강. **²Moskwa:** ↑ Moskau의 러시아식 이름.

Moslem ['mɔslɛm], der; -s, -s [arab. muslim] 회교도. **mosleminisch** [mɔsle'mi:nɪʃ], (드물게) **moslemisch** [mɔs'le:mɪʃ] ⟨Adj.⟩ 회교도의. **Moslime** [mɔs'li:mə], die; -n ↑ Moslem의 여성형.

mosso ['mɔso] ⟨Adv.⟩ [ital. mosso] [음악] 활기있 게, 발랄하게: molto m. 매우 빠르게; più m. 보다 빠르 게.

게.

Most [mɔst], der; -(e)s, -e [lat. (vīnum) mustum] **1. a)** 포도즙. **b)** (지역적) ↑ Federweiße. **2.** (지역적) 과 즙. **3.** (südd., schweiz., österr.) ↑ Obstwein.

Most-: ~apfel, der 사과즙을 만드는 사과. **~birne**, die 배즙을 만드는 배. **~kelter**, die 과즙기. **~obst**, das 과즙을 만드는 과일. **~presse**, die ↑ ~kelter.

mosten ['mɔstn] ⟨h⟩ (지역적) 포도즙[과즙]을 만들다. **b)** (포도) 즙으로 가공하다: Äpfel m. 사과를 즙으로 만들다.

Mosterei [mɔstə'raɪ], die; -en 포도즙[과즙] 공장.

Mostert ['mɔstɐt], der; -s -e (nordwestd.) ↑ Senf. **Mostrich** ['mɔstrɪç], der; -s (nordostd.) ↑ Senf.

Motel ['mo:t, (또한) mo'tɛl], das; -s, -s [amerik. motel] 모텔.

Motette [mo'tɛtə], die; -n [ital. motetto] 모텟, 경문가 (經文歌).

Motilität [motili'tɛ:t], die **1.** [의학] 자율 운동. **2.** [생 물] 운동 능력, 운동 기능. **Motion** [mo'tsio:n], die; -en [frz. motion] **1.** (schweiz.) (의회에서의) 동의, 발 의. **2.** (교양어) 운동, 동작. **3.** [언어] **a)** 남성 명사의 여성 명사화. **b)** 형용사의 어미변화. **4.** [펜싱] 검을 잡는 자 세. **Motionär** [motsio'nɛ:ɐ], der; -s, -e (schweiz.) 동의 제출자, 발의인.

Motiv [mo'ti:f], das; -s, -e [...i:və; 1: lat. mōtum; 2: frz. motif] **1.** (교양어) 동기, 동인: das M. dieser Tat war Eifersucht 이 행위의 동기는 질투였다; jmds. -e kennen[verstehen] 누구의 진의를 알다[이해하다]; etw. aus eigennützigen -en (heraus) tun 무엇을 이기 적인 동기에서 행하다. **2. a)** 모티브(문학 또는 예술 작품 의): das M. der bösen Fee im deutschen Märchen 독일동화에서의 사악한 요정의 모티브. **b)** [음악] 동기, 모티브. **3.** (미술의) 동기, 모티브: ländlichee시골 모 티브. **Motivation** [motiva'tsio:n], die; -en **1.** [심리·교육] 자극, 동기화, 동인(動因): extrinsische[intrinsische] M. 외적[내적] 동기화. **2.** [언어] 유 연성(有緣性). **motivational** [...tsio'na:l] ⟨Adj.⟩ [심 리·교육] 동인(動因)이 되는. **Motivforschung**, die; -en 구매행위의 동기 조사. **motivieren** [moti'vi:rən] ⟨h⟩ [frz. motiver] **a)** 이유를 들다: einen Vorschlag (mit etw.) m. 어떤 제안의 동기를 (무엇으로) 제시하다. **b)** 자극하여 하도록 하다: jmdn. zur Arbeit m. 누구가 자극하여 일하도록 하다. **motiviert** [...'vi:ɐt] ⟨Adj.⟩ **1.** (교양어) 동기 유발이 된. **2.** [언어] 유연화된: das Wort Tischbein ist semantisch m. 단어 Tischbein은 의미적으로 유연화된 것이다. **Motiviertheit**, die ↑ Motivation (1, 2). **Motivierung**, die; -en (교양어) **1.** ↑ Motivation (1, 2). **2.** 동기 유발. **Motivik** [mo'ti:vɪk], die (교양어) 모티브 전체. **motivisch** ⟨Adj.⟩ 동기의. **Motivsammer**, der; -s [우표] 모티브별로 우표를 정리하는 수집가.

Moto ['mo:to], das; -s, -s (schweiz.) ↑ Motorrad의 약칭.

Motoball ['mo:to-], der; -s [frz. motoball] ↑ Motorradfußball. **Moto-Cross** [moto'krɔs], das; -, -e [engl. moto-cross] 모터 크로스(오토바이 경주의 일 종). **Motodrom** [...'dro:m], das; -s, -e [frz. motodrome] 오토바이 경기장. **Motor** ['mo:tɔr, (또한) mo'to:ɐ], der; -s, -en [mo'to:rən] / -e [mo'to:rə; lat. mōtor] 발동기, 모터, 엔진: der M. eines Kraftwagens 자동차의 엔진; einen M. anlassen[abstellen] 시동을 걸다[끄다]; den M. eines Wagens warmlaufen 자동차의 엔진을 예열하다; mit laufendem M. parken 시동을 건 채 주차하다; [전의] er ist der eigentliche M. des Unternehmens 그는 기업의 진정한 원동 력이다.

motor-, Motor-: ~aufhängung, die [자동차] 엔진

현가 장치. ~**block**, der 〈Pl. -blöcke〉 [자동차] 엔진 본체. ~**boot**, das 모터 보트. ~**bremse**, die **a)** 엔진 브레이크. **b)** [자동차] 엔진 브레이크 장치. ~**defekt**, der 엔진의 결함. ~**drehzahl**, die [자동차] 동력 회전수. ~**fahrer**, der 〈schweiz.〉 [ган] ↑Kraftwagenfahrer. ~**fahrrad**, das ↑Mofa. ~**fahrzeug**, das **a)** 〈schweiz.〉 [ган] ↑Kraftfahrzeug. **b)** 모터 차량. ~**fahrzeugsteuer**, die 〈schweiz.〉 [ган] ↑Kraftfahrzeugsteuer. ~**flug**, der 엔진이 달린 글라이더 비행. ~**flugzeug**, das 엔진이 달린 글라이더. ~**generator**, der [기술] 전동 발전기. ~**geräusch**, das ↑Motorengeräusch. ~**haube**, die [자동차] ↑Haube (2 a). ~**jacht**, die 모터 요트. ~**kühlung**, die [자동차] 엔진 냉각. ~**leistung**, die [자동차] 엔진의 출력. ~**öl**, das [자동차] 엔진 오일: M. nachfüllen〈wechseln〉 엔진 오일을 보충하다〈갈다〉. ~**panne**, die 〈통용어〉 엔진의 고장. ~**pflug**, der 경운기. ~**pumpe**, die 동력 펌프, 모터 펌프. ~**rad**, das 오토바이: das M. antreten 오토바이를 시동걸다. ~**radbraut**, die 〈통용어・농〉 오토바이 신부(남자 친구의 오토바이에 함께 타는 젊은 여자). ~**radbrille**, die (오토바이 운전자를 위한) 보안경. ~**radfahrer**, der 오토바이 운전자. ~**radfußball**, der [스포츠] 오토바이 축구. ~**radrennen**, das 오토바이 경주. ~**radsport**, der 오토바이 스포츠. ~**raum**, der [자동차] 본네트. ~**roller**, der 스쿠터. ~**säge**, die 기계톱. ~**schaden**, der 엔진의 손상. ~**schiff**, das 발동기선. ~**schlepper**, der [기술] 트랙터. ~**segler**, der 모터 글라이더. ~**sport**, der 자동차 경주. ~**sportveranstaltung**, die 자동차 경주대회. ~**spritze**, die 모터 소방살수기. ~**wagen**, der 동력차. ~**wäsche**, die 엔진 세척.

Motoren-: ~**bau**, der 〈Pl. 없음〉 [기술] 엔진 제작. ~**geräusch**, das 엔진 소리. ~**lärm**, der 〈Pl. 없음〉 엔진 소음. ~**öl**, das [자동차] ↑Motoröl. ~**raum**, der 엔진실.

-motorig [-moto:rɪç] 〈다음과 같은 합성어로, 예컨대〉 einmotorig 단발(單發)의. **Motorik** [mo'to:rɪk] die 1. [의학] 운동(능력). 2. [의학] 운동학. 3. [교양어] 리듬. **Motoriker** [mo'to:rɪkɐ], der; -s, - 〈교양어〉 운동형 인간. **motorisch** [mo'to:rɪʃ] 〈Adj.〉 1. [의학] 운동 (성)의: -e Reflexe 운동성 반사. 2. [교양어] **a)** 모터와 관계된, 엔진의: die -e Überlegenheit eines Rennwagens 경주용 자동차 엔진의 우수성. **b)** 〈드물게〉 모터에 의해 움직이는: eine Kamera mit -em Filmtransport 모터로 필름이 돌아가는 카메라. 3. [교양어] 리드미컬한. **motorisieren** [motori'zi:rən] 〈h〉 1. 기계화하다, 동력화하다: die Landwirtschaft m. 농업을 기계화하다; für motorisierte Besucher sind genügend Parkplätze vorhanden 자동차를 가진 방문객들을 위해 주차장이 충분히 있다; die Jugend ist motorisiert 〈통용어〉 청소년들이 자동차를 갖고 있다. 2. 엔진을 달다: ein Boot m. 보트에 엔진을 달다. 3. 〈m. + sich〉 〈통용어〉 자동차를 구입하다: wir haben uns motorisiert 우리는 자동차를 구입했다. **Motorisierung**, die; -en **a)** 기동화: die M. nimmt weiter zu 자동차 소유가 계속 증가한다. **b)** 동력화.

Motte [mɔtə], die; -n 1. 옷좀나방, 좀: in den Mantel sind -n gekommen 외투에 좀이 생겼다; die Kleider waren von -n zerfressen 옷에 좀이 슬었다; **die -n haben** 〈경〉 폐결핵을 앓다; (ach,) du kriegst die -n! 〈통용어・특히 berlin.〉 놀람을, 당황의 표시; -n (im Kopf) haben 〈통용어〉 기발한 착상(망상)을 갖다. 2. **a)** 〈경〉 소녀, 젊은 여자: eine kesse (tolle) M. 끝내주는(근사한) 여자. **b)** 〈통용어〉 낙천적인 사람. **motten** ['mɔtn] 〈h〉 〈südd., schweiz.〉 타다, 그을다.

motten-, **Motten-** (Motte): ~**bekämpfung**, die 〈Pl. 없음〉 좀퇴치. ~**echt** 〈Adj.〉 ↑~**fest**. ~**fest** 〈Adj.〉 좀먹지 않는. ~**fiffi** [...'fifi], der; -s, -s 〈berlin.・농〉 모피 외투, 모피 재킷. ~**fraß**, der 좀먹음. ~**kiste**, die 〈(Pl. 없음〉 좀방지 옷상자: alte Geschichten aus der M. (hervor)holen 옛날 리짝 같은 이야기를 다시 끄집어내다; nach M. riechen 고리타분한 냄새가 나다. ~**kugel**, die 좀약, 나프탈렌. ~**laus**, die ↑Mottenschildlaus. ~**loch**, das 좀먹은 구멍. ~**pulver**, das 가루 좀약. ~**sack**, der 방충제 주머니. ~**schildlaus**, die 〈좀 비슷한〉 식물을 갉아먹는 해충(학명: Aleurodina). ~**schutzmittel**, das 좀약. ~**sicher** 〈Adj.〉 좀이 슬지 않는. ~**zerfressen** 〈Adj.〉 좀먹은.

Motto ['mɔto], das; -s, -s [ital. motto] 〈교양어〉 **a)** 모토, 좌우명: sich etw. als M. wählen 무엇을 자신의 좌우명으로 삼다; nach einem bestimmten M. leben 어떤 일정한 모토에 따라 살다. **b)** 제사(題詞), 모토.

Motuproprio [motu'pro:prio], das; -s, -s [lat. mōtū- proprīō] [가] 교황의 특별 칙령.

motzen ['mɔtsn̩] 〈h〉 **a)** 〈통용어〉 불평하다, 비난하다: über die Lehrer m. 선생님들에 대해 불평을 하다. **b)** 〈지역적〉 삐치다, 뾰로통하다: er spricht nicht mehr mit mir, er motzt schon seit drei Tagen 그는 더이상 나와 말하지 않는다, 그는 사흘째 뾰로통해 있다.

Motzen [-] 〈《Pl. 용법으로》〉 **bis M. schlafen** 〈berlin.〉 오랫동안 잠을 자다.

motzig ['mɔtsɪç] 〈Adj.〉 〈통용어〉 **a)** 불만족스러운, 뒤틀린. **b)** 삐쳐있는, 뾰로통한.

Mouche [muʃ], die; -n [frz. mouche Fliege] 1. 〈교양어〉 (얼굴에 붙이는) 애교점. 2. [스포츠] 명중. **Mouches volantes** [muʃvo'lãːt] 〈Pl.〉 [frz. mouches volantes] [의학] 비문증(飛蚊症).

mouillieren [muʾjiːrən] 〈h〉 [frz. mouiller] [언어] 자음의 발음을 연하게 하다(예컨대: 프랑스어의 "fille"). **Mouillierung**, die; -en 연하게 발음하기.

Moulage [muˈlaːʒə], der; -, -s, 〈또한〉 die; -n [frz. moulage] [의학] 물라저(해부학 교재용의 납제 인형 모형).

Moulinage [muliˈnaːʒə], die [frz. moulinage] 〈섬유고어〉 생사꼬기, 연사. **Mouliné** [muliˈneː], der; -s, -s [frz. mouliné] [섬유] 1. 연사. 2. 연사로 된 천. **moulinieren** [muliˈniːrən] 〈h〉 [frz. mouliner] [섬유] 〈생사를〉 연사하다.

Mound [maʊnd], der; -s, -s [engl. mound] [인종] 선사 시대 인디언의 토총, 묘지.

Mount Everest [ˈmaʊnt ˈɛvərɪst], der; - - 에베레스트산.

Mousse [mus], die; -s [mus; frz. mousse] [요리] **a)** 전채 요리의 일종. **b)** 무스(크림과 계란 흰자로 된 거품 모양의 요리).

Mousseline: ↑Musselin.

Mousseron: ↑Musseron.

moussieren [muˈsiːrən] 〈h〉 [frz. mousser] (포도주, 샴페인에서) 거품이 일다: 전의 moussierende gute Laune 거품이 이는 듯한 좋은 기분.

Moustérien [musteˈriɛ̃], das; -s [frz. moustérien] [인류] 무스테리안 기(期)(구석기 시대 중기).

Movens ['mo:vɛns], das; - [lat. movēns] 〈교양어〉 동인, 원인. **movieren** [moˈviːrən] 〈h〉 [lat. movēre] [언어] 남성명사가 여성명사화하다. **Movierung**, die; -en ↑Motion (3). **Movimento** [moviˈmɛnto], das; -s, ...ti [ital. movimento] [음악] ↑Zeitmaß, Tempo 의 이탈리아식 표기.

Möwe ['møːvə], die; -n 갈매기.

Möwen-: ~**ei,** das 갈매기 알. ~**schrei,** der 갈매기 소리. ~**vogel,** der 〔동물〕 갈매기과의 새.
Mozambique [mo'zambɪk] ↑Moçambique.
mozarabisch [motsa'ra:bɪʃ] 〈Adj.〉 [span. mozárabe] 모자랍 사람(이슬람 지배하의 스페인의 기독교도)의.
mozartisch ['mo:tsartɪʃ] 〈Adj.〉 모차르트 풍의. **Mozartkugel** ['mo:tsart-], die; -n 모차르트쿠겔(럼주가 든 초콜릿). **Mozartzopf** ['mo:tsart-], der; -(e)s, ...zöpfe 모차르트 변발.
mp = mezzopiano.
m.p. = manu propria.
MP, MPi [ɛm'piː], die; -s **M**aschinen**pi**stole의 약어.
Mr. = Mister.
Mrd. = Milliarde(n).
Mrs. = Mistress.
MS = Motorschiff.
Ms. = Manuskript.
m / s = Meter je Sekunde.
Msgr. = Monsignore.
Mskr. = Manuskript.
Mss. = Manuskripte.
Mt = Megatonne.
MTA = medizinisch-technische Assistentin.
Muck [mʊk], der; -s, -e《통용어》↑Mucks.
¹**Mucke** ['mʊkə], die; -n **1.**《süddt.》↑Mücke. **2.** 〈Pl.〉《통용어》퉁명스러움, 변덕: (seine) -n haben 자기 고집이 있다; jmdm. seine -n austreiben 누구의 고집을 몰아내다;〔전의〕das Auto hat (seine) -n 자동차가 변덕을 부린다(잘 작동하지 않다); die Sache hat ihre -n 이 일은 그다지 쉽지 않다.
²**Mucke** [-], die; -n [engl.-amerik muck] 《음악 은어》↑³Gig (1) 참조.
Mücke ['mʏkə], die; -n **1.** 모기: die -n fressen mich noch auf 《통용어》모기가 나를 매우 귀찮게 문다; **aus einer M. einen Elefanten machen** 《통용어》침소 봉대하여 말하다; **(eine) M. machen**《경》재빨리 사라지다. **2.**《süddt.》↑Fliege (1). **3.**《경》돈: eine Menge -n machen 떼돈을 벌다; -n abharken 돈을 빼앗다. **b)** 마르크.
Muckefuck ['mʊkəfʊk], der; -s《통용어》**a)** 대용 커피, 맥아 커피. **b)** 묽은, 나쁜 커피.
mucken ['mʊkn̩] 〈h〉《통용어》투덜대다.
Mücken-: ~**bekämpfung,** die 〈Pl. 없음〉모기 퇴치. ~**dreck,** der **1.** ↑Fliegendreck. **2.**《통용어·폄》새발의 피, 사소한 일: sich über jeden M. aufregen 모든 사소한 일에 흥분하다. ~**klatsche,** die ↑Fliegenklatsche. ~**kopf,** der 《특히 ostmd.》고집통이. ~**netz,** das ↑Moskitonetz. ~**plage,** die 모기에게 들볶임. ~**schiß,** der **1.**《경》↑~dreck. **2.**《P1.》《지역적》주군감. ~**schutzmittel,** das 모기약. ~**schwarm,** der 모기떼. ~**stich,** der 모기에 물린 자리.
Mucker ['mʊkɐ], der; -s, -《통용어·폄》**1.** 비겁한 사람. **2.**《지역적》불평하는 사람. **muckerisch** ['mʊkarɪʃ] 〈Adj.〉《통용어·폄》위선자 같은, 불평하는. **Muckertum** ['mʊkɐtuːm], das; -s 비겁함, 위선. **muckisch** ['mʊkɪʃ] 〈Adj.〉《고어·아직 지역적》퉁명스러운.
Mucks [mʊks], der; -es, -e 《통용어》투덜거림:〔전의〕 der Motor sagt keinen M. 엔진이 꺽 소리도 안낸다(작동않다). **muckschen** ['mʊkʃn̩] 〈h〉《지역적》(화나) 뾰로통하다. **mucksen** ['mʊksn̩] 〈h〉《통용어》**1.** 꼼작거리다: (대개 m. + sich) die Kinder wagten nicht, sich zu m. 아이들은 감히 꼼짝이려고 하지 않았다. **2.** 대들다, 반항하다, 꺽 소리내다. **Muckser** ['mʊksɐ], der; -

s 《통용어》↑Mucks. **mucksmäuschenstill** 〈Adj.〉《통용어》쥐죽은 듯 조용한: es wurde m. im Saal 홀 안은 쥐죽은 듯 고요해졌다.
Mud, (또한) **Mudd** [mʊt], der; -s 《nordd.》**1.** 진흙땅, 진창: im M. steckenbleiben 진창에 빠져있다. **2.** 앙금, 특히 커피 찌꺼기. **Muddel** ['mʊd], der; -s 《nordd.》 **1.** 흙탕물, 구정물. **2. a)** ↑Mudd (2) 참조. **b)** 구정물 같은 커피. **3. a)** 무질서, 불결. **b)** 엉망진창인 작업. **muddeln** ['mʊdl̩n] 〈h〉《nordd.》**1.** 휘젓다: im Dreck m. 쓰레기 속을 뒤적이다. **2.** 엉망진창으로 만들다. **muddig** ['mʊdɪç] 〈Adj.〉《nordd.》진창의, 질퍽질퍽한.
müde ['myːdə] 〈Adj.〉 **a)** 졸리는: die -n Kinder ins Bett bringen 졸려 하는 아이들을 재우다; er war m. wie ein Hund 《통용어》그는 너무나 졸렸다; ich bin zum Sterben m. 《통용어》난 죽겠다 졸리다; die Kinder sind vom Toben m. 아이들은 뛰놀아서 졸린다; sich m. laufen 뛰어서 졸리다. **b)** 지친, 피곤한: ein -r Wanderer 지친 방랑자; seine -n Glieder ausruhen 지친 사지를 쉬다; sie war m. von der schweren Arbeit 그녀는 힘든 일로 해서 지쳤다;〔전의〕für diese Behauptung hatte er nur ein -s Lächeln 이런 주장에 대해서 그는 힘없는 미소를 보였을 뿐이다; ein -er Motor 힘이 약한 모터; er hatte ganz m. Augen 그는 아주 지친 눈빛을 하고 있었다; mit -n Schritten 지친 걸음으로; **jmdn., etw.** 《(아이)》**jmds., einer Sache》 m. sein [werden]** 누구(무엇)에게 싫증이 나다: ich bin es m., immer die gleiche Arbeit zu tun 나는 항상 똑같은 일을 하는 데에 싫증이 났다; des Lebens m. sein 삶에 싫증이 나다; **nicht m. werden, etw. zu tun** 지칠 줄 모르고 무엇을 하다. -**müde** [-myːdə] 〈Suffixoid〉무엇에 싫증난, 질린: amtsmüde 관직에 싫증난다.
Mudejarstil [mu'dexar-], der; -(e)s 〔미술·건축〕무데자 양식(14, 15세기 스페인의 무어 양식과 고딕 양식에 근거하는 건축, 장식의).
Müdigkeit ['myːdɪçkait], die **a)** 졸림: eine große [tiefe] M. 굉장한(심한) 졸림; M. kam über ihn [legte sich auf ihn] 졸림이 그를 엄습했다; ihre M. war verflogen 그녀의 졸음은 사라졌다; M. verspüren 졸음이 오다; die M. überwinden 졸음을 극복하다; gegen die M. ankämpfen 졸음과 싸우다; von M. übermannt werden 졸음에 취하다; vor M. umsinken [einschlafen] 졸려서 쓰러지다(잠이 들다); **(nur) keine M. vorschützen!** 《통용어》핑계대지 마! **b)** 피로, 지침: aus seinem Gesicht wich jede M. 그의 얼굴에는 피로의 기색이 없었다. -**müdigkeit,** die 〈싫증, 권태를 뜻하는 기근어로서, 예컨대〉Zivilisationsmüdigkeit 문명에 대한 권태.
Mudir [mu'diːɐ̯], der; -s, -e [türk. müdir] **1.** 무디르(이집트의 행정 구역의 장). **2.** 무디르(중동 국가의 관직명).
Müesli ['myːɛsli], das; -s 《schweiz.》↑Müsli.
Muezzin [mu'ɛtsiːn], der; -s, -s [arab. mu'addin] [이슬람] 무에진(회교에서 기도 시각을 알리는 사람).
¹**Muff** [mʊf], der; -(e)s 《nordd.》곰팡내.
²**Muff** [-], der; -s, -e 《nordd.》무뚝뚝한 사람.
³**Muff** [-], der; -(e)s, -e 〈축소형: ↑Müffchen〉 [niederd. muffe] 머프, 여성용 토시: einen M. tragen 머프를 하다. **Müffchen** ['mʏfçən], das; -s, - ↑³Muff의 축소형.
Muffe ['mʊfə], die; -n **1.** 〔기술〕**a)** 이음 파이프. **b)** 연결기, 슬리브. **2. jmdm. geht die M. (eins zu hunderttausend)** 《통용어》겁이 나서 벌벌 떨다; **M. haben**《경》겁내다. **3.** 《속》↑Vulva.
¹**Muffel** ['mʊfl̩], der; -s, - 《통용어》**a)** 무뚝뚝한 사람. **b)** 《무엇에》불감인 사람. **2.** 〔사냥〕(되새김질 동물의) 주

²**Muffel** 둥이, 콧둥. 3. 《동물》↑Nasenspiegel (2).
²**Muffel** [-], der; -s, - 《md.》한 입: ich habe heute noch keinen M. gegessen 나는 오늘 아직 빵 한 조각도 먹지 못했다.
³**Muffel** [-], die; -n 《기술》머플(도자기 가마 등에서의 간접 가열내).
⁴**Muffel** [-], das; -s, - ↑Mufflon.
-**muffel** [-muf|], der; -s, - 《통용어》《다음을 뜻하는 기근어로서》 1. ↑¹Muffel (1 a): ↑Morgenmuffel. 2. ↑¹Muffel (1 b): ↑Krawattenmuffel, ↑Sexmuffel.
Muffelfarbe, die; -n 《대개 Pl.》《공예》《도기의》 구워 낸 색채.
¹**muffelig**, mufflig ['mʊf(ə)lɪç] 〈Adj.〉《통용어・폄》퉁 명스러운, 무뚝뚝한.
²**muffelig**, mufflig [-] 〈Adj.〉《통용어・폄》곰팡이 냄 새가 나는.
¹**muffeln** ['mʊf|n] 〈h〉 a) 《통용어・폄》무뚝뚝하다. b) 《통용어》중얼중얼하다, 투덜대다.
²**muffeln** [-] 〈h〉《지역적》곰팡내가 나다: im Keller muffelt es 지하실에서 곰팡내가 난다.
³**muffeln** [-] 〈h〉《통용어》《가득 입에 넣고》오물거리다.
müffeln ['mʏf|n] 〈h〉《지역적》↑²muffeln.
Muffelofen, der; -s, -öfen 머플 로(爐).
Muffeltier, das; -(e)s, -e《사냥》↑Mufflon.
Muffelwild, das; -(e)s 《사냥》↑Mufflon.
muffen ['mʊfn] 〈h〉《지역적》↑²muffeln.
Muffensausen, das; -s《속어》↑Aftersausen.
¹**muffig** ['mʊfɪç] 〈Adj.〉곰팡내 나는.
²**muffig** [-] 〈Adj.〉《통용어・폄》투명스러운, 투덜거리 는: ein -es Gesicht machen 무뚝뚝한 얼굴을 짓다.
¹**Muffigkeit**, die 《드물게》곰팡내 나는 공기.
²**Muffigkeit**, die 퉁명스러움.
Muffins ['mʌfɪnz] 〈Pl.〉 [engl. muffins] 머핀(둥글납작한 작은 빵).
¹**mufflig**: ↑¹muffelig.
²**mufflig**: ↑²muffelig.
Mufflon ['mʊflɔn], der; -s, -s [frz. mouflon] 사르디니아 섬이나 코르시카 섬의 산 속에 사는 갈색의 야생양(학명: Ovis ammon musimon).
Mufti ['mʊfti], der; -s, -s [arab. mufti] 무프티(이슬람의 법률학자).
Mugel ['mu:g|], der; -s, -(n) 《österr.》작은 언덕.
mugelig, muglig ['mu:g(ə)lɪç] 〈Adj.〉《전문어》《보석이》볼록하게 가공된.
muh! [mu:] 〈Interj.〉《아동어》음매(소의 울음소리): m. machen(schreien) 음매하고 울다.
Mühe ['my:ə], die; -n 노력, 수고, 애씀: große[schwere, vergebliche] -n 대단한[힘든, 헛된] 노력; das ist verlorene M. 그것은 헛수고다; die kleine M. hat (sich) gelohnt 그 작은 노력이 보람이 있었다; er bereitet[kostet, verursacht] M. 무엇에 노력이 들다; er scheute keine M., sein Ziel zu erreichen 그는 목적을 이루는 데 어떤 노력도 아끼지 않았다; machen Sie sich bitte keine M.! 쓰지 마십시오!; ich nehme mir die M. 내가 그 일을 맡겠다; ein Leben voller M. 몹시 힘든 삶; mit äußerster M. etwas schaffen 아주 힘들여 무엇을 해내다; nach vielen -n 많은 노력 끝에; sich M. geben 노력하다: ich gab mir M., laut zu sprechen 나는 크게 말하려고 노력했다; geben Sie sich doch etwas M.! 좀 노력해 보십시오!; **der**《드물게》**die) M. wert sein** 애쓸 가치가 있는: die Sache ist nicht der M. wert, länger behandelt zu werden 그 일은 오래 다룰 가치가 없다; **mit Müh und Not** 간신히, 겨우: er hat die Prüfung mit M. und Not bestanden 그는 시험에 매우 어렵게 합격했다.

mühe-, Mühe: **~los** 〈Adj.〉쉬운, 용이한(반대: mühevoll): etwas m. schaffen 무엇을 힘들지 않고 하다. **~losigkeit**, die 용이함. **~voll** 〈Adj.〉대단히 힘드는, 수고스러운(반대: mühelos). **~waltung** [-valtʊŋ], die 《격식독어》수고, 친절《대부분 사업 편지에서 끝인사로》: für Ihre M. dankend, verbleiben wir... 귀하의 수고에 감사드리며...
muhen ['mu:ən] 〈h〉《의성어》《소가》음매하고 울다.
mühen ['my:ən], sich 〈h〉《대개 아어》 1. 애쓰다, 고생하다: die Männer mühten sich vergeblich 남자들은 헛수고했다. 2. 누구를 위하여《무엇을 얻으려고》노력하다.
Muhkuh, die 《아동어》음매소.
Mühl- (↑Mühlen-도 참조): **~bach**, der 물레방아를 돌리는 개울. **~gang**, der ↑Mahlgang. **~gerinne**, das 물레방아로 가는 물길. **~graben**, der 물레방아가 있는 호(濠). **~rad**, das 물레《방아의》바퀴: 《성구》mir geht (es wie) ein M. im Kopf herum 《통용어》내 머릿속이 빙빙 돈다. **~stein**, der 맷돌, 연자방아. **~wehr**, das 물방아의 둑. **~werk**, das 물레방아.
Mühle ['my:lə], die; -n [lat. molīna] 1. a) 물방아, 제분기, 맷돌: die M. dreht sich 《통용어》방아가 돈다; das Getreide zur M. bringen 곡식을 방앗간에 가져가다; 《속담》Gottes -n mahlen langsam 신의 물방아는 천천히 빻는다《신의 효험은 뒤늦게 나타난다》(↑Gott 1); wenn die M. steht, kann der Müller nicht schlafen 방앗간이 서면《예기치 않은 일이 일어나면》주인은 자지 못한다; 《전의》in die M. der Justiz geraten 법망의 물레방아《오래고는, 가차없는 소송》에 빠지다; **jmds. M. steht selten(niemals) still** 《통용어, 준의》누구의 방아는 쉬지 않는다《끊임없이 말한다》; **Wasser** 《드물게》**Wind) auf jmds. M. sein** 《통용어》누구를 지지하다; **jmdn. durch die M. drehen** 《경》누구를 심하게 조르다. b) 《커피나 후추를 가는》분쇄기. 2. 《물레》방앗간. 3. a) 《Pl. 없음, 관사없이》두 사람이 각기 9개의 돌을 가지고 세 개의 돌이 나란히 되었을 때 상대방의 돌을 떼먹는 말판놀이: M. spielen 말판놀이를 하다. b) 말판놀이에서 돌 세 개가 나란히 된 줄. 4. 《통용어, 폄》낡은 차, 비행기. 5. 《레슬링》둘러 메치기.
Mühlen- (↑Mühl-도 참조): **~bauer**, der 방앗간 짓는 목수. **~bereiter**, der 제지 공장의 직공. **~flügel** 풍차의 날개. **~rad**, das ↑Mühlrad. **~stein**, der ↑Mühlstein. **~wehr**, das ↑Mühlwehr.
Mühlespiel, das; -(e)s, -e ↑Mühle (3 a).
Mühmchen ['my:mçən], das; -s, - ↑Muhme의 축소형. **Muhme** ['mu:mə], die; -n 《고어・농》a) 《외》숙모. b) 아주머니(여자 친척).
Mühsal ['my:za:l], die; -e 《아어》노고, 고난: die M. der ersten Nachkriegsjahre 전후 몇 년간의 고난.
mühsam ['my:za:m] 〈Adj.〉힘이 드는, 어려운: -e Kleinarbeit 힘드는 잔일. **Mühsamkeit**, die 힘듦.
mühselig ['my:zɛlɪç] 〈Adj.〉《대개 아어》심히 고통스러운, 지극히 곤란한: ein -es Leben 힘겨운 생활; sich m. erheben 간신히 일어나다.
Mühseligkeit, die; -en 힘겨움.
mukös [mu'kø:s] 〈Adj.〉 [lat. mūcōsus] 《의학》점액의.
Mulatte [mu'latə], der; -n, -n [span. mulato] 물라토(백인과 흑인과의 혼혈아). **Mulattin**, die; -nen ↑Mulatte의 여성형.
Mulch [mʊlç], der; -(e)s, -e [engl. mulch] 《농업・원예》땅 위에 깔아 주는 짚(건초).
Mulchblech, das 잔디깎기 기계의 낙엽 분쇄 장치.
Mulche ['mʊlçə], die 《농업・지역적》치즈 만드는 우유.
mulchen ['mʊlçən] 〈h〉《농업・원예》《땅 위에》짚(건초)을 깔아 주다.

Mulchen [-], das; -s 《농업·지역적》 유제품의 일정 기간의 총생산고.

Mulde ['mʊldə], die; -n [lat. mulctra] 1. 못, 땅이 우묵한 곳. 2. 《지역적》 길죽한 함지, 반죽 그릇: **wie mit -n regnen(gießen)** 《지역적》 비가 억수같이 내리다.

Muleta, die; -s [span.] 《투우사의》 빨간 수건.

Muli ['muːli], das; -s, -s 《südd., österr.》 버새 (Maulesel).

Mulinee: ↑ Mouline. **mulinieren**: ↑ moulinieren.

¹Mull [mʊl], der; -(e)s, 《종류》-e [engl. mull] 가는 면사: Windeln aus M. 면 포대기, 기저귀.

²Mull [-], der; -(e)s, -e 《nordd.》 부식토.

Mull- (¹Mull): **~binde**, die 무명 붕대. **~gardine**, die 무명 커튼. **~kleid**, das 무명 원피스. **~läppchen**, das 무명 천조각. **~windel**, die 무명 포대기.

Müll [mʏl], der; -s 쓰레기, 폐기물: radioaktiver M. 핵 폐기물.

Müll-: **~abfuhr**, die 1. 쓰레기 수거. 2. 쓰레기 청소국. **~abladeplatz**, der 쓰레기 하치장. **~abladestelle**, die 쓰레기 하치장. **~auto**, das ↑~wagen. **~beutel**, der 쓰레기 수거 봉투. **~deponie**, die 【관】 쓰레기 매립지. **~eimer**, der 쓰레기통: in den M. werfen 무엇을 쓰레기통에 버리다. **~entsorgung**, die a) 】 Entsorgung. b) 쓰레기 영구 처리장. **~fahrer**, der ↑ **~kutscher**. **~grube**, die 쓰레기 구덩이. **~halde**, die 쓰레기 더미. **~haufen**, der 쓰레기 더미. **~kasten**, der 쓰레기 상자. **~kippe**, die (불법) 쓰레기장. **~kutscher**, der 《통용어》 쓰레기 수거인. **~mann**, der 《Pl. -männer》《드물게》 Mülleute) 《통용어》 ↑~werker. **~schippe**, die 쓰레기받기. **~schlucker**, der 쓰레기 투입구. **~tonne**, die 대형 쓰레기통. **~tüte**, die 쓰레기 주머니. **~verbrennung**, die 《Pl. 없음》 쓰레기 소각. **~verbrennungsanlage**, die 쓰레기 소각장. **~verwertung**, die 쓰레기 재활용. **~wagen**, der 쓰레기차. **~werker**, der 쓰레기 수거인.

Mulla ['mʊla] ↑ Mullah.

Mullah ['mʊla], Molla, der; -s, -s [pers. mūlā] 물라 (회교의 법률·종교학자에 대한 경칭).

Mülläppchen, das 무명 천조각.

Müller [mʏlɐ], der; -s, - 제분 기사, 방앗간 주인. **Müllerbursch(e)**, der; -(e)n, -(e)n 방앗간(제분소)의 수련공. **Müllerei** [mʏlə'raɪ], die 제분(업). **Müllerin**, die; -nen 《고어》 방앗간 주인의 아내. **Müllerinart** 《다음 용법으로》 **auf[nach] M.** 〖요식업〗《생선을》 밀가루에 묻혀 버터에 굽는 요리 방식. **müllern** ['mʏlɐn] 〖덴마크 체육 교사인 J. P. Müller〗 〈h〉 뮐러식 체조를 하다.

Müller-Thurgau [-turgau, 《또한》-tuːɐ...], der; -, - a) 〈Pl. 없음〉 뮐러-투르가우종 포도. b) 뮐러-투르가우 포도로 만든 포도주.

Mulm [mʊlm], der; -(e)s 《전문어》 a) 버슬버슬한 흙, 분토. b) 썩어 마른 나무. **mulmen** ['mʊlmən] 1. 〈h〉 부식시키다, 썩히다. 2. 〈s/h〉 부식하다, 풍화하다. **mulmig** ['mʊlmɪç] 《Adj.; nicht adv.》 1. a) 《전문어》 버슬버슬한: die Moos- und Krautschicht erhält den Boden frisch und m. 이끼층과 풀잎층 바닥은 신선하고 보슬보슬하다. b) 《지역적》 썩은: eine -e Holztreppe 썩은 나무 계단. 2. 《통용어》 a) 불쾌한, 꺼림칙한, 위험한: das ist eine (ganz) -e Sache 그건 아주 수상한 일이다; als es m. wurde, verließ er eilig das Lokal 위험해지자 그는 서둘러 술집을 떠났다. b) 심상치 않은, 불안한: ein -es Gefühl haben 느낌이 심상치 않다.

mulsch [mʊlʃ], molsch [mɔlʃ], **mulschig** ['mʊlʃɪç] 《Adj.》 《지역적》 곯은, 썩은.

Multebeere: ↑ Moltebeere.

Multi ['mʊlti], der; -s, -s 《통용어》 multinationaler Konzern의 약칭. **multi-, Multi-** [mʊlti-; lat. multus] 《여럿을 뜻하는 규정어로서》 여러(배)의 뜻. **multidimensional** 〈Adj.〉 《교양어》 여러 차원의, 다층의. **multifaktoriell** 〈Adj.〉 《교양어》 많은 요소의. **multifil** [...'fiːl] 〈Adj.〉 〖섬유〗 《합성 섬유가》 여러 올로 된. **multifunktional** 〈Adj.〉 《교양어》 다기능의. **multikausal** 〈Adj.〉 《전문어》 《복합적인》 원인의. **Multikausalität**, die 《전문어》 원인의 복합성. **multilateral** 〈Adj.〉 〖정치〗 다변적, 다자간의: ein -es Abkommen 다자간의 협정. **multilingual** 〈Adj.〉 a) 여러 언어를 사용하는. b) 여러 언어의 사용에 관한. **Multilingualismus** [...lɪŋɡua'lɪsmʊs], **Multilinguismus** [...lɪŋ'ɡuɪsmʊs], der; - 여러 언어의 구사, 사용. **Multimedia** [...'meːdia] 〈Pl.〉 [engl.-amerik. multimedia] 통합매체 사용, 멀티미디어. **multimedial** 〈Adj.〉 a) 여러 매체의. b) 여러 가지 매체를 위한. c) 여러 매체로 구성된. **Multimedia-Show**, die; -s ↑ Multimediaveranstaltung. **Multimediasystem**, das; -s 〖교육〗 멀티미디어 시스템 (예컨대: 텔레비전, 슬라이드, 책을 이용한 정보나 강의체제). **Multimediaveranstaltung**, die; -en 〖현대 예술〗 여러 매체를 동원하여 상이한 예술 형태를 보여 주는 공연. **Multimillionär**, der; -s, -e 대부호, 억만장자. **multinational** 〈Adj.〉 〖정치·경제〗 다국적의: -e Konzerne 다국적 기업 연합. **Multipack** [...pak], [...peks], der; -s, -s [engl.-amerik. multipack] 종합 포장, 멀티팩. **Multipara** [mʊl'tiːpara], die; ...ren [...ti'paːrən; lat. parere] ↑ Pluripara. **multipel** [mʊl'tiːpl̩] 〈Adj.〉 [lat. multiplex] 《전문어·교양어》 복합적인, 다수의: multiple Sklerose 〖의학〗 복합 경화증 (↑ Sklerose).

Multiple [mʊl'tiːplə], das; -s [frz. multiple] 〖미술〗 여러 벌(본)이 만들어진 예술품. **Multiple-choice-Verfahren** ['mʌltɪpl̩'tʃɔɪs-], das; -s, - [engl. multiple-choice test] 〖심리·교육〗 선다형 테스트 방식. **Multiplett** [mʊl'tiplɛt], der; -s, -s [engl. multiplet] 〖물리〗 복합분광선, 다중선. **multiplex** ['mʊltipleks] 〈Adj.〉 《고어》 많은, 다양한. **Multiplexbetrieb** ['mʊltipleks-], der; -(e)s 〖통신〗 다중 정보 전달 시스템. **Multiplier** [mʌltɪplaɪɐ], der; -s, - [engl. multiplier] 〖물리〗 배율기. **Multiplikand** [mʊltipli'kant], der; -en, -en [lat. multiplieandus (numerus)] 〖수학〗 피승수(被乘數). **Multiplikation** [...ka'tsi̯oːn], die; -en [lat. multiplicātio] 〖수학〗 곱셈 (반대: Division). **multiplikativ** [...'tiːf] 〈Adj.〉 [lat. multiplicātīvus] 《전문어》 곱셈의. **Multiplikativum** [...'tiːvʊm], das; -s, ...va 〖언어〗 배수를 나타내는 수사 (數詞) (예컨대: zweimal, dreifach). **Multiplikator** [...'kaːtor, 《또한》 ...toːɐ̯], der; -en [...ka'toːrən; lat. multiplicātor] 1. 〖수학〗 승수, 곱하는 수. 2. a) 《교양어》 《지식이나 정보의》 확대 재생산자: Journalisten, Taxifahrer als -en von Meinungen 여론의 확대재생산자로서의 언론인과 택시기사. b) 전문 교육을 받은 지식이나 정보의 확대재생산자. **multiplizieren** [...i'tsiːrən] 〈h〉 [lat. multiplicāre] 1. 〖수학〗 곱하다 (반대: dividieren): eine Zahl mit einer anderen m. 어떤 수에 다른 수를 곱하다; 〖전의〗 zwei Faktoren m. 두 인자를 결합하다. 2. 《교양어》 a) 늘리다, 증대시키다: die Abwehrkräfte des Körpers durch Vitamine m. 비타민으로 신체의 저항력을 증대시키다. b) 〈m. + sich〉 배가되다: die Ausgaben multiplizieren sich 지출이 배가된다. **Multiplizität** [...itsi'tɛːt], die; -en [lat. multiplicitās] 《전문어·교양어》 다수, 다양성. **Multipol**, der; -s, -e 〖물리〗 다극성 (多極性). **Multiprogramming** ['mʌltɪ'proʊɡræmɪŋ], das; -s [engl. mul-

tiprogramming】【전산】 멀티프로그래밍, 다중 처리.
multivalent [mʊltiva'lɛnt] 〈Adj.〉【심리】여러 가지 해석이 가능한. **Multivalenz,** die; -en 다변수. **multivariat** [...va'ria:t] 〈Adj.〉 [engl. multivariate] 【통계】다변수의. **Multivibrator,** der; -s, -en 【전기】다 조파 발진기(多調波發振器). **Multivision,** die 〈전문어〉멀티비전. **Multivisionsschau,** die; -en 멀티비전 쇼. **Multivisionswand,** die; ...wände 멀티비전용 스크린.

multum, non multa ['mʊltʊm 'no:n 'mʊlta; lat]《교양어》한 우물을 파라.

Mulus ['mu:lʊs], der; -, Muli [lat. mūlus] **1.** 대학 입학 전의 고등 학교 졸업생(↑Maulesel, -tier)의 라틴어 표기). **2.**《교양어·농》(대학 학기 시작 전의) 고등학교 졸업생.

Mumie ['mu:miə], die; -n [ital. mummia] 미이라: sie lag fest eingemummt wie eine M. 그녀는 미이라처럼 완전히 감싸여 누워 있었다; 전의 im abgeernteten Birnbaum hängen noch einige -n 《과수 재배》수확이 끝난 배나무에 미이라 몇 개가(말라빠진 것 몇 개가) 아직 매달려 있다. **Mumienbildnis, Mumienporträt,** das (특히 이집트 1~4세기) 미이라상. **mumienhaft** 〈Adj.〉 미이라 같은. **Mumifikation** [mumifika'tsi̯o:n], die; -en **1.** 미이라화, 미이라로 만듦. **2.**【의학】건성회저. **mumifizieren** [...i'tsi:rən] **1.** 〈h〉 미이라로 만들다. **2.**【의학】 **a)** 〈h〉 (조직을) 마비시키다, 고사시키다. **b)** 〈s〉 마비되다. **Mumifizierung,** die; -en 미이라화.

Mumm [mʊm], der; -s 〈통용어〉 **a)** 용기, 배짱: M. genug haben, jmdm. die Wahrheit zu sagen 누구에 게 진실을 말할 용기가 충분하다. **b)** 신체적 힘: Fleisch gibt M. 고기는 힘을 나게 해준다.

Mumme ['mʊmə], die; -n 《고어》마스크, 복면.

Mummel ['mʊml], die; -n ↑Teichrose.

Mummelgreis, der; -es, -e 《통용어·폄》노쇠한 늙은이: sich wie ein M. vorkommen 늙은이처럼 여겨지다.

mummelig ['mʊməlɪç] 〈Adj.〉《지역적·친근》따뜻한, 포근한: der Pelzmantel hält m. warm 털외투는 몸을 따뜻하게 해준다.

Mümmelmann ['mʏml-], der; -(e)s, ...männer 《친근·농》토끼.

¹**mummeln** ['mʊm]n] 〈h〉《지역적·친근》따뜻하게 감싸다: ein Kind in eine Decke m. 아이를 이불로 따뜻하게 감싸다.

²**mummeln** [-] 〈h〉《의성어·지역적》 **1. a)** ↑mümmeln (1 a). **b)** ↑mümmeln (1 b). **2. a)** 중얼거리다. **b)** 무언가 이해할 수 없는 것을 말하다. **mümmeln** ['mʏmln] 〈h〉《의성어·친근》 **1. a)** 우물우물 씹다: ein Stück Brot m. 빵조각을 우물우물 씹다. **b)** (특히 토끼가) 오물오물 씹다: das Kaninchen mümmelt im Gras 집토끼가 풀을 우물우물 씹는다. **2. a)** ↑²memmeln (2 a). **b)** ↑²mummeln (2 a).

mummen ['mʊmən] 〈h〉《고어》감싸다. **Mummenschanz** ['mʊmənʃants], der; -es《준고어》 **a)** 가장무도회: 전의 weil ein solcher M. mit diesem Vertrag getrieben wird 그러한 가장무도회(지나친 낭비)는 이 계약으로 추진되기 때문에. **b)** 가장무도회를 위한 변장, 가장.

Mummerei [mʊmə'rai], die; -en《고어》가장무도회.

Mumpf [mʊmpf], der; -(e)s〈schweiz.〉↑Mumps.

Mumpitz ['mʊmpɪts], der; -es [베를린의 증권 은어]《통용어·폄》실없는 말, 루머: der reine M. 진짜 허튼 소리.

Mumps [mʊmps], der /〈지역적〉die [engl. mumps] 유행성 이하선염, 볼거리.

München ['mʏnçṇ] 뮌헨. ¹**Münchener, Münchner,** der; -s, - 뮌헨 사람. ²**Münchener, Münchner** 〈Adj.; 격변화 없음〉뮌헨의.

Münchhausen ['mʏnçhauzṇ], der; -, - (뮌히하우젠 같은) 허풍선이.

Münchhaus(en)iade [mʏnçhauza'nia:də], die; -n 뮌히하우젠류의 황당무계한 이야기.

¹**Münchner** ['mʏnçnɐ] ↑¹Münchener. ²**Münchner**: ↑²Münchener.

¹**Mund** [mʊnt], der; -(e)s, Münder ['mʏndɐ] /《드물게》-e / Münde ['mʏndə] **1. a)**《축소형: ↑Mündchen》입: ein großer M. 큰 입; sein M. verzog sich zu einem spöttischen Lächeln 그의 입은 조롱하는 미소로 일그러졌다; vor Staunen blieb ihm der M. offenstehen 그는 너무 놀라 입이 벌어져 있었다; sein M. ist für immer verstummt 《아어》 그는 영원히 입을 다물었다(죽었다); den M. öffnen 입을 열다; den M. abwischen 입을 닦다; er küßte ihren M. 그는 그녀의 입술에 키스했다; sie hielt ihm den M. zu 그녀는 그의 입을 막았다; stopf dir doch den M. nicht so voll!《통용어》너 그렇게 입속에 가득 처넣지마!; aus dem M. riechen 입냄새가 나다; das höre ich aus deinem M. zum ersten Mal 그 얘기는 네게서 처음 듣는다; mit offenem M. zuhören (놀라서) 일을 벌리고 듣다; der Verunglückte wurde von M. zu M. beatmet 사고를 당한 사람은 구강 대 구강 인공 호흡을 받았다; der Kranke hatte Schaum vor dem M. 환자는 입에 거품을 물었다; 강구 du hast wohl deinen M. zu Hause gelassen《농》너는 집에다 입을 놔두고 온 모양이구나(왜 그렇게 말이 없니?); ein stummer M. ist kein Zeuge 죽은 자는 말이 없다; 전의 sie hat vier hungrige Münder zu stopfen《통용어》그녀는 굶주린 네 개의 입을 먹여 살려야 한다; **jmds. M. steht nicht still** 《통용어》누구의 입이 멈추지 않다(끊임없이 이야기 하다); **den M. nicht aufbekommen(aufkriegen)**《통용어》말문을 열지 못하다; **den M. (nicht) aufmachen (auftun)**《통용어》입을 열다(열지 않다); **den M. aufreißen(voll nehmen)**《통용어》(과장하여) 떠벌리다; **M. und Augen(Nase) aufreißen(aufsperren)**《통용어》놀라서 어리둥절하다; **einen großen M. haben**《통용어》호언장담하다; **den M. auf den rechten Fleck haben**《통용어》말을 잘하다, 입담이 좋다; **den M. halten**《통용어》1) 입을 다물다. 2) 비밀을 지키다; **seinen M. halten**《통용어》비밀을 지키다; **jmdm. den M. öffnen** 누구의 말문을 열게 하다; **sich³ den M. fransig(fusselig) reden**《통용어》↑fransig, fusselig 2); **jmdm. (mit etw.) den M. stopfen**《통용어》누구의 입을 (무엇으로) 막다; **jmdm. den M. verbieten** 누구를 말 못하게 하다; **sich³ den M. verbrennen**《통용어》입을 데다(분별 없는 말을 해서 손해보다); **jmdm. den M. wäßrig machen**《통용어》누구의 입에 군침이 돌게 하다; **sich³ den M. wischen (können)**《지역적》(아무것도 못 받고) 입만 닦다; **an jmds. M. hängen**《정서》누구의 말에 매혹되다; **nicht auf den M. gefallen sein**《통용어》말 재간이 좋다; **wie auf den M. geschlagen sein** 기가 막혀 말문이 막히다; **aus berufenem -e** 확실한 소식통에 의하면; **etw. (jmdn.) dauernd im M. führen** 무엇을(누구를) 계속 입에 올리다; **in aller -e sein** 모두의 입에 오르내리다; **in aller Leute -e sein** 여러 사람의 입에 오르내리다; **etw. in den M. nehmen** 무엇을 입에 올리다; **jmdm. etw. in den M. legen** 1) 누가 무엇을 말하게 하다. 2) 누구를 어떤 대답으로 이끌다; **immer mit dem M. vorneweg sein**《통용어》항상 말만 앞세우다; **jmdm. nach dem**

[zum] M. reden 맞장구치다; jmdm. über den M. fahren 《통용어》 누구의 말을 가로막다, 끊어버리다; von M. zu M. gehen 입에서 입으로 전해지다; sich³ etw. vom[《(드물게》 am] -e absparen 무엇을 위해 먹을 것까지 입에서 아껴 모으다. b) 〔동물〕 ↑Mundöffnung. 2. 〔광〕 ↑Mundloch의 약칭.

²Mund, [-], die 〔역사적〕 (게르만법상의) 가부(장)권, 보호(감독)권.

mund-, Mund-: ~art, die 사투리, 방언: die (nieder)deutschen -en 〔저지〕독어 방언; M. sprechen 사투리로 말하다. ~artdichter, der 방언 작가. ~artdichtung, die 1. 〈Pl. 없음〉 방언 문학. 2. 방언 문학 작품. ~artforscher, der 방언연구가. ~artforschung, die 〈Pl. 없음〉 방언 연구. ~artgeographie, die Dialektgeographie. ~artlich [-a:ɐtlɪç] 〈Adj.〉 방언의, 사투리의. ~artlichkeit, die 사투리 말투. ~artsprecher, der 사투리 쓰는 사람. ~artwörterbuch, das 방언 사전. ~atmung, die 구강 호흡. ~bakterie, die 〈대개 Pl.〉 구강 세균. ~brötchen, das 〔지역적〕 ↑ Brötchen. ~dusche, die 구강 세척기. ~falte, die 〈대개 Pl.〉 입가의 주름. ~faul 〈Adj.〉 《통용어》 말수가 적은, 둔한: ein -er Mensch 둔한 사람; etw. m. brummen 무엇을 말없이 투덜거리다. ~fäule, die 〔의학〕 화농성 구강염. ~faulheit, die 《통용어》 과묵함. ~fertig 〈Adj.〉 《드물게》 능변의, 입심 좋은. ~fertigkeit, die 〈Pl. 없음〉 《드물게》 입바름, 입바른 성격. ~finger, die 〔의학〕 구강세균제. ~gerecht 〈Adj.〉 1. 입에 맞는 크기의. 2. 구미에 맞는: -e Informationen 입에 맞는 정보. ~geruch, der 구취, 입냄새: an M. leiden 구취로 고생하다. ~gliedmaße, die 〈대개 Pl.〉 〔동물〕 (절족동물의) 입. ~harmonika, die 하모니카: die M. ausklopfen 하모니카를 털다; M. spielen 하모니카를 연주하다; auf der M. blasen 하모니카를 불다. ~hobel, der 〔지역적〕 ↑harmonika. ~höhle, die 구강. ~koch 〔고어〕 ↑Leibkoch. ~koitus, der ↑Fellatio. ~linie, die (대개 Pl.) ~falte. ~loch, das 〔광〕 갱의 입구. ~öffnung, die 〔동물〕 (사람, 동물의) 입. ~orgel, die 입풍금. ~partie, die 입부분. ~pflege, die 구강위생. ~propaganda, die '입에서 입으로' 방식의 선전. ~raub, der 〔법〕 음식물 절도, 일용품 절도. ~schenk, der 〔역사적〕 궁정의 음료담당자: 〔전의〕 da macht hier den -en 그는 여기서 음료담당이다. ~schleimhaut, die 구강점막. ~schutz, der 〈Pl. -e〉 1. 〔의학〕 (수술할 때 의사 등이 쓰는) 마스크. 2. 〔권투〕 입마개, 마우스피스. ~spalte, die 〔동물〕 입. ~sperre, die 〔의학〕 ↑ Kiefersperre. ~stellung, die (발음할 때의) 입 모양. ~stück, das 1. a) 악기의 입 대는 구멍. b) 입에 무는 부분: das M. einer Tabakpfeife 파이프의 물부리; das M. einer Filterzigarette 필터담배의 무는 부분. 2. (말의) 재갈. ~tot 〈Adj.〉 《다음 용법으로》 jmdn. m. machen 누구를 말못하게 하다: einen Zeugen m. machen 증인을 입다물게 하다. ~tuch, das 〈Pl. -tücher〉 〔아어〕 냅킨. ~verkehr, der ↑Fellatio. ~voll 〈Adj.〉 -, - 한 입 가득: einige M. essen 몇 입을 먹다. ~vorrat, der ↑Proviant. ~wasser, das 〈Pl. -wässer〉 구강세척수. ~werk, das 〈Pl. 없음〉 《통용어·정서》 혀, 입, 다변: ein flinkes, M. haben 달변; ein großes M. haben 입이 크다, 큰소리하다; jmdm. über das M. fahren 누구의 말을 가로막다. ~werkzeug, das 〈대개 Pl.〉 〔동물〕 (절족동물의) 입. ~winkel, der 입가, 입 언저리: mit der Zigarette im M. 담배를 입에 물고. ~zu-Mund-Beatmung, die 〔의학〕 입에서 입으로 공기를 불어넣는 인공 호흡법. ~zu-Nase-Beatmung 코에 공기를 불어넣는 인공 호흡.

mundan [mʊnˈdaːn] 〈Adj.〉 [lat. mundānus] 〔철학〕 현세의, 세계의.

Mündchen ['mʏntçən], das; -s, - ↑¹Mund (1 a)의 축소형.

Mündel ['mʏndl], das / [BGB] der; -s, - / die; -n 피후견인, 미성년자.

mündel-, Mündel-: ~geld, das 피후견인이 관리하는 피후견인의 돈. ~sicher 〈Adj.〉 〔은행〕 피후견인의 재산투자가 허용되는: -e Wertpapiere 피후견인 재산투자가 허용된 유가증권. ~sicherheit, die 〈Pl. 없음〉 〔은행〕 피후견인의 투자의 안전성, 저당 담보.

munden ['mʊndn̩] 〈h〉 〔언어〕 마음에 들다, 입에 맞다: die Speisen mundeten allen trefflich 음식은 모든 사람의 입에 흡족하게 맞았다; sie haben sich den Kuchen m. lassen 그들은 케이크를 맛있게 먹었다; das mundet aber! 그것은 정말 좋다!; 〔전의〕 diese Arbeit mundet dir wohl nicht so recht? 이 일이 너에게는 아마 마음에 들지 않는 모양이다. münden ['mʏndn̩] 〈s / h〉 a) 흘러 들다: der Fluß mündet ins Meer 강은 바다로 흘러 든다; 〔전의〕 in seine Hände mündeten alle Nachrichten 그의 손으로 모든 소식이 흘러 들어간다. b) (어디로) 통하다, (어디에) 이르다: mehrere Straßen mündeten auf den[dem] Platz 많은 도로가 이 광장으로 통한다. c) 귀결되다, 끝나다: die Erörterungen schienen mir in diese[dieser] Frage zu m. 토론은 내가 보기에 이 문제로 귀결되는 것 같다. mundig ['mʊndɪç] 〈Adj.〉 (sciweiz.) 입에 드는.

mündig ['mʏndɪç] 〈Adj.〉 a) 성년이 된: mit 18 Jahren m. werden 18세로 성년이 되다. b) 판단력이 있는, 성숙한: der -e Mensch 성숙한 인간. Mündigkeit, die 성년, 성숙함. Mündigkeitserklärung, die ↑Mündigsprechung. mündigsprechen 〈h〉 성년 선언을 하다. Mündigsprechung, die; -en 성년 선언.

Mundium ['mʊndɪʊm], das; -s, ...ien [...iən] / ...ia [...ia; lat. mundium] ↑²Mund.

mündlich ['mʏntlɪç] 〈Adj.〉 구두의, 구술의, 대화형식의, 말로 하는(반대: schriftlich): ein -er Gedankenaustausch 말로 하는 생각의 교환; 〔법〕 die -e Verhandlung 구두심리; die mündliche Prüfung 구두 시험; -e Überlieferung 구전; jmdm. etw. m. mitteilen 누구에게 무엇을 구두로 전달하다; alles andere m.! 나머지는 직접 뵙고 말씀드리겠습니다. Mündlichkeit, die 구두, 입으로 함. Mündlichkeitsgrundsatz, der 〈Pl. 없음〉 〔법〕 구두심리의 원칙.

Mundschaft, die 성년(보호)권.

M-und-S-Reifen ['m ʊnt 'ɛs -], der; -s, - [Matsch-und-Schnee-Reifen의 약칭] 스노우 타이어.

Mündung ['mʏndʊŋ], die; -en 1. a) 하구(河口). b) 도로 등이 끝나는 곳. 2. 총구, 포구.

Mündungs-: ~feuer, das 총의 발사시에 일어나는 불꽃. ~gebiet, die 하구 (지역). ~kappe, die 〔군〕 ↑~schoner. ~schoner, der 1. 〔군〕 총구 마개. 2. 〔군·농〕 콘돔. ~trichter, der ↑Trichtermündung.

Mundus ['mʊndʊs], der; - [lat. mundus] 〔철학〕 세계, 우주, 세계 질서. mundus vult decipi [- 'vʊlt deˈtsi:pi, (lat.)] 〔교양어〕 세상은 속기를 원한다.

¹Mungo ['mʊŋɡo], der; -(s), -s [engl. mungo] 1. ↑ Manguste. 2. 〔동물〕 몽구스.

²Mungo [-], der; -(s), -s [engl. mungo] 망고(낡은 직물을 재생한 인도 양털).

Muni ['muːni], der; -s, - 《schweiz.》 가축.

Munition [muniˈtsi̯oːn], die [frz. munition (de guerre)] 탄약: scharfe M. ausgeben 실탄을 지급하다; seine M. verschossen haben 자기 실탄을 다 쏴버렸다; 〔전의〕 seinen Kritikern M. liefern 자기의 비평가들에게

탄약을 공급하다, 꼬리잡힐 말을 하다. **munitionieren** [...tsio'ni:rən] ⟨h⟩ 탄약으로 무장하다. **Munitionierung**, die; -en ↑munitionieren의 명사형.
Munitions-: **~bunker**, der 지하 탄약고. **~depot**, das 탄약고. **~fabrik**, die 탄약 공장. **~kiste**, die 탄약 상자. **~kolonne**, die 탄약 수송 대열. **~ladung**, die 탄약장전. **~lager**, das ↑~depot. **~nachschub**, der 탄약 보급. **~transport**, der 탄약 수송. **~zufuhr**, die 탄약 운반. **~zug**, der 탄약 수송 열차.
munizipal [munitsi'pa:l] ⟨Adj.⟩ [lat. mūnicipālis] 《고어》시 당국의.
Munizipium [...'tsipiom], das; -s, ...ien [...iən; lat. mūnicipium] **1.** 《역사적》 고대 로마의 자치 도시. **2.** 《고어》시청.
Munkelei [muŋkə'laj], die; -en《통용어》귓속말, 밀담.
munkeln ['muŋkəln] ⟨h⟩ [Niederd]《통용어》밀담하다, 소곤거리다: in der ganzen Stadt wird über sie gemunkelt 온 도시가 그녀에 대해 수군거린다; man munkelt schon lange von dieser Sache 이 일에 관해서는 이미 오래 전부터 사람들이 수군거린다.
¹**Münster** ['mynstɐ], das; -[드물게] der; -s - [lat. monastērium] 대성당, 대사원, 주교좌가 있는 성당: das Straßburger M. 슈트라스부르크의 대성당.
²**Münster** 뮌스터(독일 북서부, 노르트라인베스트팔렌 주의 중심 도시). ³**Münster**, der; -s, 《종류》 뮌스터 치즈. ¹**Münsteraner**, der; -s, - 뮌스터 사람. ²**Münsteraner** ⟨Adj.⟩ 《격변화 없음》 뮌스터의.
Münsterkäse, der; -s, - [프랑스의 도시 Munster에서] 뮌스터 치즈(섬세하고 부드러운 맛의 연한 치즈).
Münsterland, das; -(e)s 독일 베스트팔렌 만(灣)의 지역 이름.
Münsterturm, der 대성당의 첨탑(尖塔).
Munt: ↑²**Mund**.
munter ['muntɐ] ⟨Adj.⟩ **1. a)** 기분좋은, 경쾌한, 생생한: ein -es Kind 쾌활한 아이; ihre -en Augen 그녀의 생기있는 눈; sein -es Gesicht 그의 명랑한 얼굴; ein -es Lied 즐거운 노래; -es Hundegebell 즐거운 개 짖는 소리. **b)** 꺼리지 않는, 걱정없는: m. alles ausplaudern 모든 것을 꺼리지 않고 지껄이다; 〖전의〗der Wasserkessel kochte m. vor sich hin 물주전자가 혼자서 경쾌하게 끓고 있었다. **c)** 건강한, 튼튼한: sich gesund und m. fühlen 자신이 건강하다고 느끼다. **2.** 깨어 있는: langsam wieder m. werden 천천히 다시 깨어나다; sich nicht länger m. halten können 더 이상 깨어 있을 수 없다; etw. macht jmdn. m. 무엇이 누구를 (잠)깨게 만들다. **Munterkeit**, die 쾌활함, 건강함. **Muntermacher**, der《통용어 · 농》각성제.
Muntjak ['muntjak], der; -s, -s [engl. muntjak] 남아시아의 사슴(학명: Munticacinae).
Münz- ['mynts-]: **~amt**, das 주화 주조국. **~anstalt**, die ↑~stätte. **~arbeiter**, der 화폐 주조공. **~automat**, der ↑Automat (1 a). **~beamte**, der 화폐 주조 공무원. **~delikt**, das [법] 화폐 범죄(화폐 유통법에 저촉되는). **~einheit** 주화 단위. **~fälscher**, der 주화 위조자. **~fälschung**, die [법] 주화 위조. **~fernrohr**, das 동전 망원경(동전을 넣고 사용하는). **~fernsprecher**, der 공중 전화(동전을 넣고 사용하는). **~fund**, der 발굴된 화폐. **~fuß**, der 화폐 금위, 주화의 금 함유율. **~gaszähler**, der 1 Gasautomat 참조. **~gerechtigkeit**, die ↑~recht. **~gewicht**, das 주화 중량. **~herr**, der 화폐 주조권을 가진 사람. **~hoheit**, die 화폐 주조권. **~kabinett**, das **1. a)** 화폐 진열실. **b)**《옛》(동전을 넣는) 캐비넷. **2.** ↑~sammlung. **~kontrollwaage**, die 화폐 조정 저울. **~konvention**, die ↑~vertrag. **~kunde**, die **1.** ⟨Pl. 없음⟩ 화폐학, 화폐 수집(↑Numismatik). **2.** 화폐학 교재. **~meister**, der 조폐국장. **~prägung**, die 화폐 주조. **~prüfer**, der 화폐 검사관. **~recht**, das ⟨Pl. 없음⟩ **1.** ↑Münzhoheit. **2.** 국가의 조폐권. **~regal**, das **1.** [중세]] 주화주조권. **2.** 국가에서 부여받은 조폐권. **~sammlung**, die ↑Münzensammlung. **~stätte**, die 조폐소. **~stempel**, der 주화의 극인. **~tank(automat)**, der 급유 자판기가 있는 주유소. **~verbrechen**, das ↑~delikt. **~verfälschung**, die 【법】주화 위조. **~vergehen**, das ↑~delikt. **~vertrag**, der 화폐 주조에 관한 조약. **~wardein**, der《옛》주화(분석) 시험관. **~wechsler**, der 주화 자동 교환기. **~wesen**, das ⟨Pl. 없음⟩ 주화 제도. **~zähler**, der 가스나 전기가 나오는 자판기. **~zeichen**, das 동전에 새겨진 무늬.
Münze ['myntsə], die; -n [lat. monēta] **1.** 주화, 경화: eine silberne[echte] M. 은(진짜) 주화; inländische [fremde] -n 내국[외국] 주화; eine M. aus Gold 금화; eine M. in einen Automaten einwerfen 주화를 자판기에 넣다; -n prägen[fälschen] 주화를 찍다[위조하다]; beim öffentlichen Fernsprecher -n nachwerfen 공중 전화에서 주화를 더 넣다; -n sammeln 주화를 모으다; neue -n in Umlauf setzen 새 주화를 통용시키다; -n aus dem Verkehr ziehen 주화를 회수하다; **klingende[bare] M.** 현금: in[mit] klingender M. bezahlen 현금으로 지불하다; **etw. für bare M. nehmen** 누구의 말을 곧이들고 맹신하다; **jmdm. etw. in [mit] gleicher M. heimzahlen** 누구에게 똑같은 방식으로 보복하다. **2.** ↑Münzstätte. **münzen** ['myntsn̩] ⟨h⟩ **1.** 화폐를 주조하다: Gold m. 금화를 주조하다. **2. auf jmdn.[etw.] gemünzt sein** 누구(무엇)를 겨누다, 빗대다: diese Bemerkung war auf seine Person gemünzt 이 언급은 그를 두고 한 말이다.
Münzensammlung, die; -en 주화 수집. **Münzer**, der; -s, -《고어》화폐 주조공.
Muräne ['muːrɛːnə], die; -n 알라공치(큰 바다뱀장어).
mürb [myrp] 《südd., österr.》 ↑**mürbe**《특히》**1**.
mürbe ['myrbə] ⟨Adj.⟩ **1.** 무른, 바삭바삭한, 쉽게 부스러지는, 연한: der Apfel ist sehr m. 사과가 매우 연하다; das Fleisch m. klopfen 고기를 연하게 다지다. **2.** 낡은, 썩은, 해진, 흐늘흐늘한: ein -s Gewebe 해진 옷감. **3.** 느슨한, 녹초가 된, 약해질대로 약해진: völlig m. sein 완전히 녹초가 되다; den Gegner m. machen 상대방을 꺾다[제압하다]. **Müre** [-], die ↑**Mürbheit**.
Mürbebraten, der **a)** 《nordd.》등심구이. **b)** 《사냥》사슴의 넓적다리 부분. **Mürbeteig**, der (케이크 굽기 전의) 무른 반죽. **Mürbfleisch**, das 《지역어》등심구이. **Mürbheit**, die ↑**mürbe**의 명사형. **Mürbigkeit** ['myrbɪçkaɪt], die 《고어》↑**Mürbheit**. **Mürbteig**, der; -(e)s, -e《südd., österr.》↑**Mürbeteig**.
Murbruch ['muːɐ̯-], der; -(e)s, ...brüche ↑**Mure**.
Mure ['muːrə], die; -n 산사태.
muren ['muːrən] ⟨h⟩ [engl. to mur] 〖선원〗 닻을 내리다.
Murgang ['muːɐ̯-], der; -(e)s, ...gänge ↑**Mure**.
muriatisch [mu'riatɪʃ] ⟨Adj.⟩ [lat. muriāticus]《전문어》(온천이) 염분[염산]을 함유한.
murig ['muːrɪç] ⟨Adj.⟩ 산사태가 자주 일어나는.
Muring ['muːrɪŋ], die; -e [engl. muring] 〖선원〗 (닻이 두 개인) 계류[정박] 장치.
Muringboje, Muringsboje, die 〖선원〗계류[정박] 부표.
Muringschäkel, der 〖선원〗계류 셔클(철가(鐵枷)].
Murkel ['mʊrkl̩], der; -s, - [Murk 《고형》의 축소형]《지역어》작은 아이. **murkelig, murklig** ['mʊrk(ə)lɪç],

⟨Adj.⟩ 《지역적·폄》 성장이 더딘, 작고 약한, 빈약한: ein murkliger Weihnachtsbaum 보잘것 없는 크리스마스 나무. **murkeln** ['mʊrkn̩] ⟨h⟩ 《지역적·폄》 고깃고깃하게 구기다, 깨뜨리다, 부수다. **murklig**: ↑murkelig.

Murks [mʊrks], der; -es 《폄》 서투르게 한 일, 엉터리 일, 날림일: er hat M. gemacht 그가 일을 엉터리로 했다. **murksen** ['mʊrksn̩] ⟨h⟩ 《폄》 **1.** 일을 서투르게 하다, (서툴러서) 오래 일하다, 꼼지락거리다: er hat bei dieser Arbeit gemurkst 그는 이번 일을 엉망으로 했다. **2.** 《지역적》 죽이다.

Murmel ['mʊrml̩], die; -n 〈놀이용 유리〉 구슬.

Murmellaut, der; -(e)s, -e 《언어》 ↑Schwa.

¹murmeln ['mʊrml̩n] ⟨h⟩ **a)** 중얼거리다, 웅얼거리다, 수근거리다: etwas Unverständliches (vor sich hin) m. 이해할 수 없는 말을 (혼자) 중얼거리다; sie murmelten Empörung 그들은 웅성거리며 분노를 나타냈다; man hatte davon gemurmelt 사람들이 그것에 대해 수근거렸다; ein leises Murmeln 나직한 중얼거림. **b)** 《시어》 (나뭇잎이) 살랑거리다, (냇물이) 졸졸 흐르다: der Bach murmelt 개울이 졸졸 흐른다.

²murmeln [-] ⟨h⟩ 구슬치기를 하다.

Murmeltier, das; -(e)s, -e 《동물》 마멋(다람쥐과 (科)): schlafen wie ein M. 오랫동안 죽은 듯이 자다.

murren ['mʊrən] ⟨h⟩ **a)** 투덜대다, 불평하다: er murrte über das schlechte Essen 그는 식사가 형편없다고 투덜댔다; murrende Entrüstung wurde laut 분노의 투덜대는 소리가 커졌다. **b)** 《시어》 우르릉[꾸르륵, 삐걱삐걱] 소리를 내다: die Kanonen murrten leise 대포들이 나직하게 우르릉댔다. **mürrisch** ['mʏrɪʃ] ⟨Adj.⟩ 투덜거리는, 기분이 언짢은, 불쾌스러운, 퉁명스러운: ein -es Gesicht machen 언짢은 얼굴을 하다; m. grüßen 퉁명스럽게 인사하다. **Mürrischkeit**, die 언짢음, 불평, 투덜거림. **Murrkopf**, der; -(e)s, ...köpfe 《고어》 불평하는[골을 잘 내는] 사람. **murrköpfig**, **murrköpfisch** [-kœpfɪç] ⟨Adj.⟩ 《고어》 ↑mürrisch.

Mus [muːs], das / 《지역적》 der; -es, -e (끓인 감자, 과일 따위로 만든) 죽, 무스: M. kochen 죽을 끓이다; etw. zu M. rühren 무엇을 저어서 죽을 만들다; 《전의》 das Kind wurde in der Straßenbahn fast zu M. gedrückt 《경》 아이는 전차에서 사람들 사이에 끼어 거의 납작하게 되었다; **jmdn.** [etw.] **zu M. machen** [**schlagen**] 《속어》 누구[무엇]를 곤죽을 만들다.

Mus-: ~**apfel**, der 죽 제조용 (떨어진) 사과. ~**auge**, das 《berlin.·농》 **a)** 염증이 난 눈. **b)** 충혈된 눈. ~**spritze**, die 《통용어·농》 우산. ~**topf**, der 무스 [죽] 단지: **aus dem M. kommen** 《berlin.·경》 아무것도 모르다, 깜깜하다.

Musaget [muzaˈgeːt], der; -en, -en [lat. Mūsagetēs < griech. Mousagétēs] 《고어》 문예 보호자(후원자).

Muscadet [myskaˈdɛ], der; -(s), -s [frz. muscadet] 백포도주(낭트 지방에서 나는).

¹Musche ['mʊʃə] ↑Mouche (1).

²Musche [-], die; -n [ostmd. Mutsche, nd. Mutze] 《지역적·폄》 행실이 단정치 못한 여자, 창녀.

Muschel ['mʊʃl̩], die; -n **1.** 〈축소형: ↑Müschelchen〉 **a)** 조개, 조가비: M. fangen 조개를 잡다. **b)** 조개 껍데기: am Strand -n suchen 해변에서 조개껍데기를 찾다. **2. a)** ↑Hörmuschel의 약칭. **b)** ↑Sprechmuschel의 약칭. **3.** 《드물게》 ↑Ohrmuschel의 약칭. **4.** 《비어》 보지. 5.《österr.·통용어》 양변기통.

muschel-, **Muschel-**: ~**bank**, die 조개류 서식처. ~**blümchen**, das 조개꽃(봄에 피는 꽃의 일종). ~**förmig** ⟨Adj.⟩ 조개 모양의. ~**geld**, das 패각화폐. ~**gold**, das ↑Musivgold. ~**kalk**, der 《지질》 패각

석회암층. ~**kieker**, der 《berlin.·경》 산부인과 의사. ~**krebs**, der 패형류(貝形類)(바다나 밑물에 사는 작은 게). ~**sammlung**, die 조개류[패각] 수집. ~**schale**, die 조가비, 조개껍데기. ~**seide**, die 특정한 조개류에서 생성되는 갈색의 광채가 나는 실. ~**vergiftung**, die 상한 조개류에 의한 식중독. ~**werk**, das 《미술》〈Pl. 없음〉 로코코식의 조개비 모양의 장식.

Müschelchen ['mʏʃl̩çən], das; -s, - ↑Muschel (1).

muschelig, **muschlig** ['mʊʃ(ə)lɪç] ⟨Adj.⟩ 조개 모양의.

muscheln ['mʊʃl̩n] ⟨h⟩ 《berlin.·경》 ↑mogeln.

Muschi ['mʊʃi, 'mu:ʃi], der; -s **1.** [아동] 고양이. **2.** 《비어》 보지.

Muschik ['mʊʃik, 《또한》 —ˈ—], der; -s, -s [russ. muschik] 제정 러시아의 농부.

Muschkote [mʊʃˈkoːtə], der; -n, -n 《군·준고어·폄》 보병 부대의 사병〔졸병〕.

muschlig: ↑muschelig.

Muschpoke ⟨der⟩: ↑Mischpoke.

Muse ['muːzə], die; -n [lat. mūsa < griech. moũsa] 【그리스 신화】 뮤즈(예술을 관장하는 여신): die -n anrufen 뮤즈에게 빌다; **die leichte M.** 오락성 예술, 오페레타; **die zehnte M.** (농) **1.** 카바레. **2.** 영화; **die M. küßt jmdn.** ⟨등⟩ 누가 문학 작품의 영감을 얻다. **museal** [muzeˈaːl] ⟨Adj.⟩ **1.** 박물관의, 미술관의: die Impressionisten bilden dort die größte -e Attraktion 인상주의자들의 작품이 그 박물관의 가장 큰 매력이다. **2.** 박물관적인, 과거의 유산으로 보관되는: -e Kulturgüter 박물관적인 문화재들. **Museen**: ↑Museum의 복수형.

Muselman ['muːzman], der; -en, -en [...ma:nən, 《또한》 — —ˈ—; ital. musulmano, türk. müslüman < pers. mosalmān] 《고어·농》 회교도. **Muselmanin** ['muːzmaːnɪn, 《또한》 — —ˈ—], die; -, -nen ↑ Muselman의 여성형. **muselmanisch** 〈《또한》 — —ˈ—〉 ⟨Adj.⟩ 《고어》 ↑moslemisch. **Muselmann**, der; -(e)s, -...männer 《폄》 ↑Muselman.

musen ['muːzn̩] ⟨h⟩ 《지역적》 무스(죽)를 만들려고 휘젓다, 휘저어 무스(죽)를 만들다.

Musen-: ~**almanach**, der 문학연감(18, 19세기의 (비공개)작품집). ~**sohn**, der 《고어·농》 **a)** 젊은 작가(시인). **b)** 대학생. ~**tempel**, der 《고어·농》 연극 공연장, 극장.

Musette [myˈzɛt], die; -s [frz. musette] **1.** 백파이프(17/18세기 프랑스의). **2.** 뮈제뜨(백파이프로 반주되는 옛 무용 또는 무곡). **Musetteorchester**, das 현악기가 없는 소규모 오케스트라(무도곡과 대중음악을 연주하는).

Museum [muˈzeːʊm], das; -s, Museen [muˈzeːən; lat. mūsēum] 박물관, 미술관: ein naturhistorisches [vorgeschichtliches] M. 자연사[선사 이전] 박물관.

museums-, **Museums-**: ~**aufseher**, der ↑ —wärter. ~**diener**, der 《준고어》 ↑—wärter. ~**führer**, der **1.** 박물관 안내자. **2.** 박물관 안내책자. ~**käfer**, der ↑Kabinettkäfer. ~**katalog**, der 박물관의 전시물 카탈로그(목록). ~**reif** ⟨Adj.⟩ 《통용어·반어》 박물관에 가게 생긴: eine -e Schreibmaschine 박물관에 가게 생긴 타자기. ~**replikat**, das 박물관에 전시된 진품과 똑같은 복사품. ~**stück**, das 전시품, 전시물: 《전의·통용어·반어》 jmdn. [etw.] wie ein M. bestaunen 누구[무엇]를 (박물관 전시품처럼) 신기한 듯이 바라보다. ~**wärter**, der 박물관 감시인. ~**wert**, der 〈Pl. 없음〉 (다음 용법으로만) **M. haben** 박물관에 보존하야 할 정도로 가치가 있다: 《전의》 dein Wagen hat ja schon M. 네 차는 정말 너무 낡았다.

Musica ['muːzika], die [lat. (ars) mūsica < griech. mousikḗ (téchnē)] 음악: Frau M. 음악 《음악을 의인화

한 말); M. antiqua [-an'ti:kva] 옛 음악; M. instrumentalis [instrumen'ta:lɪs] 기악 및 성악; M. mensurata [-mɛnzu'ra:ta] 정량(定量) 음악(박자의 길이를 정밀히 기입한 다성부의 악곡, 13~16세기); M. nova [-'nɔva, (또한) 'no:va] 신음악; M. sacra [-'za:kra] 교회(종교) 음악; M. viva [-'vi:va] 현대음악. **Musical** ['mju:zɪkl], das; -s, -s [amerik. musica] **a)** 〈Pl. 없음〉 뮤지컬. **b)** 뮤지컬(의 작품): ein M. komponieren 뮤지컬을 작곡하다; aus einem Schauspiel ein M. machen 연극 작품을 뮤지컬로 만들다. **Musicalclown**, der; -s, -s 특이한 악기를 연주하여 코믹한 효과를 얻는 어릿광대. **Musicbox** ['mju:zɪk-], die; -en / -es [...ɪz] ↑Musikbox. **musiert** [mu'zi:ɐ̯t] 〈Adj.〉 〈전문어〉 ↑musivisch. **Musik** [mu'zi:k], die; -en [lat. mūsica] **1. a)** 〈Pl. 없음〉 음악: klassische (weltliche) M. 고전(비종교) 음악; die M. des Barock 바로크 음악; M. kennt keine Grenzen 음악에는 국경이 없다; M. studieren 음악을 (대학에서) 전공하다; sie hat in M. eine Zwei 그녀는 음악 과목에서 "우"를 받았다; etw. von M. verstehen 음악을 좀 알다; **M. im Blut haben** 〈정서〉 음악에 천부적 재능을 갖고 있다. **b)** 악곡, 음악(의 개개) 작품: M. (von Bach) erklingt (바흐의) 음악이 울리다; die M. brach ab [setzte wieder ein, drang bis auf die Straße] 음악이 그쳤다 [다시 시작했다, 길까지 울렸다]; jmds. M. aufführen [dirigieren, spielen, singen] 누구의 음악을 공연 [지휘, 연주, 노래]하다; er schreibt [komponiert] die M. zu diesem Film 그는 이 영화의 음악을 작곡한다; M. machen 음악을 연주하다; einen Text in M. setzen 가사에 곡을 붙이다; 〖성구〗 mit M. geht alles besser 음악이 있으면 모든 것이 더 수월해진다; **M. in jmds. Ohren sein** 〈통용어〉 누구의 귀에 듣기 좋은 말[소식]이다; **hinter [in] etw. sitzt [steckt] M.** 〈통용어〉 무엇이 힘[무게]이 있다. **2.** 〈통용어〉 악단: die M. kommt 악단이 온다.

musik-, Musik-: **~akademie**, die 음악(전문)대학. **~automat**, der **a)** 자동전축, 전동식 악기. **b)** ↑~box. **~begabt** 〈Adj.〉 음악에 재능이 있는. **~besessen** 〈Adj.〉 음악에 미친 [매혹된]. **~bibliothek**, die 음악도서관. **~box**, die 뮤직 [쥬크]박스. **~bücherei**, die 음악도서관. **~bühne**, die 주로 오페라가 공연되는 무대. **~direktor**, der (약어: MD) **a)** 〈Pl. 없음〉 음악 감독의 칭호. **b)** 음악 감독. **~drama**, das **a)** 〈Pl. 없음〉 가극(특히 Wagner의). **b)** 가극작품. **~erziehung**, die 〈Pl. 없음〉 음악 교육. **~fest**, das 음악제. **~festspiele** 〈Pl.〉 ↑~fest. **~film**, der 음악 영화. **~freund**, der 음악 애호가. **~geschichte**, die 〈Pl. 없음〉 **a)** 음악의 발달사. **b)** 음악사 (학문으로서). **~geschichtlich** 〈Adj.〉 음악사의, 음악사적인. **~historiker**, der 음악사가. **~historisch** 〈Adj.〉 음악사의. **~hochschule**, die 음악 대학. **~instrument**, das 악기. **~kapelle**, die ↑²Kapelle (2). **~konserve**, die 〈폄〉 음악통조림(음반, 테이프 등에 수록된 음악을 가리킴). **~korps**, das 군악대. **~kritik**, die **a)** 〈Pl. 없음〉 음악 비평업. **b)** 음악 비평. **~kritiker**, der 음악 평론가 (비평가). **~leben**, die 음악〈Pl. 없음〉 음악생활. **~lehre**, die **a)** 〈Pl. 없음〉 음악 이론. **b)** 음악이론서. **~lehrer**, der 음악 교사. **~lexikon**, das 음악 사전. **~liebe**, die 〈Pl. 없음〉 음악 애호. **~liebend** 〈Adj.〉 음악을 애호하는. **~liebhaber**, der ↑~freund. **~literatur**, die 〈Pl. 없음〉 **a)** 음악에 관한 문헌. **b)** 〈드물게〉 ↑Literatur (1 c). **~meister**, der 〖고어〗 군악대의 수장. **~pädagoge**, der **a)** 음악 교사. **b)** 음악 교육학자. **~pädagogik**, die 기악 교육. **~pflege**, die 〈Pl. 없음〉 음악의 육성. **~preis**, der 음악상. **~professor**, der 〈통용어〉 **a)** 음악 대학 교수. **b)** 음악학 교수.

~publikum, das 음악 연주의 청중, 오페라의 관객. **~raum**, der 음악(교)실. **~reiten**, das 음악에 맞춘 (단체) 승마. **~saal**, der **a)** 음악홀. **b)** ↑~raum. **~schaffen**, das 〖구동독〗 음악 창작. **~schauspiel**, das ↑Melodrama (1). **~schrank**, der ↑ ~truhe. **~schule**, die 음악 학교. **~stück**, das 악곡, 음악 작품. **~stunde**, die 음악 수업 시간. **~szene**, die 〈Pl. 없음〉 음악계. **~theater**, das 〈Pl. 없음〉 **1.** 음악극(극예술과 음악의 통합 장르). **2.** 음악극(음악 작품을 연극적으로 연출한 것). **~theorie**, die 〈Pl. 없음〉 **a)** 음악 이론. **b)** 음악 이론(음악 교육의 한 분야로서). **~therapie**, die 〖심리〗 음악 요법. **~truhe**, die 콤퍼넌트 축의 장식장. **~untermalung**, die 배경 음악. **~unterricht**, der 음악 수업. **~verlag**, der 음악 출판사. **~werk**, das **1.** 음악작품. **2.** ↑~automat (a). **~wissenschaft**, die 〈Pl. 없음〉 음악학. **~wissenschaftler**, der 음악학자. **~zeitschrift**, die 음악 잡지. **~zentrum**, das (한 나라의) 음악의 중심지.

Musikalien [muzi'ka:liən] 〈Pl.〉 악보, 악곡류. **Musikalienhandlung**, die 악보점. **Musikalienhändler**, der; -s, - 악보 상인. **musikalisch** 〈Adj.〉 [lat. musicalis] **1.** 음악의, 음악적인: eine -e Begabung 음악적 재능; er ist m. veranlagt 그는 음악에 소질이 있다. **2.** 음악을 이해하는 (아는), 음악에 재능이 있는: er dirigiert m. 그는 음악을 알고 지휘한다. **3.** 음악적인, 음악 같은: eine -e Sprache 음악적인 언어. **Musikalität** [...kali'tɛ:t], die **1.** 음악성, 음악적 재능 [이해]: die M. des Chors 합창단의 음악성; mit M. spielen 음악성있게 연주하다. **2.** 음악과 같은 효과, 음악성: die M. der Sprache Brentanos 브렌타노 언어의 음악성. **Musikant** [...'kant], der; -en, -en [lat. musicans, 1. Part. von: musicare] 악사: ein paar -en spielten auf der Hochzeit 몇 명의 악사가 결혼식 때 연주했다. **Musikantenknochen**, der (바이올리니스트 등의 팔꿈치에 생긴) 악사골(樂師骨). **Musikantentum**, das; -s 악사 기질 (특성). **musikantisch** 〈Adj.〉 영감과 활기를 가지고 연주하는: mit -em Schwung 음악적 활기로써. **Musiker** ['mu:zikɐ], der; -s, - **a)** 음악가: ausübende M. 현역 음악가; ein genialer M. 천재적 음악가. **b)** 교향악단 단원: die M. stimmten ihre Instrumente 교향악단 단원들이 악기들을 조율했다. **Musikerin**, die; -nen ↑Musiker의 여성형. **Musikologe** [muziko'lo:gə], der; -n, -n ↑Musikwissenschaftler. **Musikologie** [...lo'gi:], die ↑Musikwissenschaft. **Musikus** ['mu:zikʊs], der; -, ...izi [...itsi] / -se [lat. musicus] 〈농〉 음악가. **Musique concrète** [myzikkɔ̃'krɛt] die [frz. musique concrète] 구상 음악, 구체 음악. **musisch** 〈Adj.〉 [griech. mousikós] **1.** 예능의, 예술적인, 뮤즈의: die -en Fächer 예능 과목(미술, 음악); ein -es Gymnasium 예술 고등 학교; er ist m. veranlagt 그는 예능에 소질이 있다. **2.** 예술적인 재능이 있는. **musiv-**: ↑musivisch. **Musivarbeit**, die ↑Mosaik. **Musivgold**, das 위금, 채색금, 금분(액자를 채색하는). **musivisch** [mu'zi:vɪʃ], musiv [mu'zi:f] 〈Adj.〉 [lat. mūsīvus] 〈전문어〉 모자이크의.

Musizi: ↑Musikus의 복수형. **musizieren** [muzi'tsi:rən] 〈h〉 [lat. musicare] 연주하다: im häuslichen Kreis m. 집안사람들끼리 연주하다; das Orchester musizierte eine Sinfonie von Bach 오케스트라는 바흐의 교향곡을 연주했다. **musizierfreudig** 〈Adj.〉 연주를 좋아하는. **Musizierfreudigkeit**, die 연주를 좋아함.

Muskarin [mʊska'ri:n], das; -s [lat. musca] 무스카린 (파리버섯의 독).

Muskat [mʊs'ka:t, (österr.) '--], der; -(e)s, -e 육두

Muskat-: ~blüte, die 육두구꽃. ~nuß, die 육두구 열매. ~nußbaum, der 육두구(나무). ~reibe, die 육두구 강판.

Muskate [mʊsˈkaːtə], die; -n 〈고어〉 ↑Muskatnuß.

Muskateller [mʊskaˈtɛlɐ], der; -s, - [ital. moscatello] **a)** 〈Pl. 없음〉 머스캐트 포도. **b)** 머스캐트 포도주. **Muskatellertraube**, die ↑Muskateller (1). **Muskatellerwein**, der ↑Muskateller (2).

Muskel [ˈmʊskl], der; -s, -n [lat. mūsculus] 근육, 근(筋): die -n spannten sich 근육이 긴장했다; beim Schwimmen werden alle -n beansprucht 수영할 때는 모든 근육이 다 쓰인다; einen M. anspannen〔entspannen〕근육을 긴장시키다〔이완시키다〕; er hat sich beim Springen einen M. gezerrt 그는 도약할 때 근육이 끊겼다; bei diesem Training bekommt man -n 이 훈련을 하면 근육이 나온다.

muskel-, Muskel-: ~anstrengung, die 근육 사용 〔혹사〕. ~arbeit, die 〈Pl. 없음〉 육체 노동. ~atrophie, die 〔의학〕 ↑~schwund. ~bepackt 〈Adj.〉〈통용어〉건장한, 근육이 잘 발달된. ~bündel, das 근육다발. ~dystrophie, die 〔의학〕근육 위축. ~elektrizität, die 〔의학〕근육전류(근육 수축시 발생하는). ~entzündung, die 〔의학〕근염(筋炎). ~ermüdung, die 근육 피로. ~faser, die 근육 섬유. ~faserriß, der 근육 섬유 파열. ~fleisch, das 근육살. ~gefühl, die 〔의학〕 ↑~sinn. ~geschwulst, die 『Myom. ~gewebe, das 근육 조직. ~haut, die 〔생물・의학〕근막(筋膜). ~kater, der 근육통. ~kontraktion, die 〔의학〕 근육 수축. ~kraft, die 근력. ~krampf, der 근육 경련: einen M. im Bein haben 다리 근육에 경련이 나다. ~magen, der 〔동물〕 모래주머니(조류의). ~mann, der 〈Pl. -männer〉〈통용어〉 근육이 잘 발달된 사람. ~paket, das 〈통용어〉 **a)** 우람한 근육. **b)** ↑~mann. ~protz, der 〈통용어〉 근육과 힘을 뽐내는 사람, 육체파. ~quetschung, die 근육타박상. ~rheumatismus, der 〔의학〕 근육 류머티즘. ~riß, der 〔의학〕 근육 열상(裂傷): er hat sich beim Sport einen M. zugezogen 그는 운동하다가 근육 파열상을 입었다. ~ruptur, die 〔의학〕 ↑~riß. ~schmerz, der 근육통. ~schwäche, die 〔의학〕 근(육) 무력증. ~schwund, der 〔의학〕 근육위축(증). ~sinn, der 〔생물・의학〕 근육의 감각, 근(육)각. ~starre, die 〔의학〕 근육 경직. ~strang, der 근육의 가닥. ~tonus, der 정상적인 근(육) 긴장(도). ~training, das 근육 단련. ~zerrung, die 〔의학〕 근육의 과도 신장(伸張). ~zuckung, die 근육 경련.

Muskete [mʊsˈkeːtə], die; -n, -n [frz. mousquet < ital. moschetto] 머스켓총(화승총의 일종). **Musketier** [mʊskeˈtiːɐ, 〈또한〉 ˈmʊs...], der; -s, -e 〈옛〉 화승총병, 총사, 보병(머스켓총으로 무장한).

Muskovit [mʊskoˈviːt, 〈또한〉 ...vɪt], der; -s, -e [engl. muscovite] 백운모(전기 절연체로 사용됨).

muskulär [mʊskuˈlɛːɐ] 〈Adj.〉 〔의학〕 힘줄의, 근육(질)의. **Muskulatur** [...laˈtuːɐ], die; -en (신체 일부나 전체의) 근육, 근육 조직. **muskulös** [...ˈløːs] 〈Adj.〉 [frz. musculeux] 근육이 잘 발달된, 아주 힘센.

Müsli [ˈmyːsli], das; -s, - 뮈슬리(날 귀리, 말린 과일 우유에 타서 대개 아침에 먹음).

Muslim usw. : ↑Moslem usw..

Muspelheim [ˈmʊsplhaɪm], die; -(e)s 〈대개 관사없이〉 [anord. muspell(sheimr)] 〔북구 신화〕 불의 나라.

muß [mʊs] ↑müssen 참조. **Muß** [-], das; - 필요, 필수, 필연, 의무, 강제, 어쩔 수 없는〔부득이한〕 일: du kannst mitkommen, aber das ist kein M. 너는 같이 가도 좋지만 강요〔의무〕는 아니다; 〔속담〕 M. ist eine harte Nuß 의무는 괴로운 것.

Muß-: ~Bestimmung, die 〈붙임표와 함께〉 강제 규정(반대: Kann-Bestimmung). ~ehe, die 〈통용어〉 (임신 때문에 하는) 억지 결혼. ~heirat, die ↑~ehe. ~Vorschrift, die 〈붙임표와 함께〉 ↑~Bestimmung (반대: Kann-Vorschrift).

Muße [ˈmuːsə], die 〈아어〉 짬, 틈, 여가, 여유: dazu fehlt mir die M. 나는 그럴 틈이 없다; er betrachtete die Bilder in〔mit〕 M. 그는 여유를 갖고 찬찬히 그림을 살펴보았다.

Musselin [mʊsəˈliːn], der; -s, -e [frz. mousseline < ital. mussolina, 이라크의 도시 Mossul에 따라] 모슬린 면사. **musselinen** 〈Adj.〉 모슬린으로 만든, 모슬린의.

müssen [ˈmʏsn̩] ⟨h⟩ **a)** (외부적인 강제〔강요〕로) …해야 하다, …하지 않으면 안되다: er muß um 8 Uhr im Büro sein 그는 8시에 사무실에 출근해야 한다; ich habe es sagen müssen ich es 그것을 말하지 않을 수 없었다; ich muß in die Stadt 나는 시내에 가야 한다; er hat noch zur Bank gemußt 그는 은행에도 가야만 했다; ich muß, ob ich will oder nicht 나는 원하든 원치 않든 해야 한다. **b)** (도덕적, 규범적으로) …하지 않으면 안된다, …해야 할 의무가 있다: du bist mein Freund, du mußt mir helfen 너 나의 친구니까 날 도와야 한다; ich muß sofort nach Hause (gehen), meine Mutter wartet 나는 곧 집에 가야 한다, 어머니가 기다리고 계신다; sie mußte heiraten 그녀는 결혼해야만 했다(임신한 탓으로). **c)** (사정, 논리적 귀결에 의해) 필수적이다: muß es denn ausgerechnet heute sein 하필이면 오늘 이어야 하나; warum muß gerade mir so etwas passieren müssen 하필이면 왜 그런 일이 나에게 일어나야 했나?; diese Bilder muß man gesehen haben 이 그림들은 꼭 보아야 한다; was habe ich da über dich hören müssen 〈아어〉 너에 관해 좋지 않은 말을 들었다; wenn es denn unbedingt sein muß, komme ich mit 부득이하다면 나도 함께 가겠다. **d)** (nordd.) (nicht와 연결되어) …해서는 안된다: ihr müßt das nicht so ernst nehmen 그것을 그렇게 진지하게 받아들이지는 마라. **e)** (높은 개연성, 강한 추측을 나타냄) …임이 분명하다〔틀림없다〕: so muß es gewesen sein 그랬던 것이 분명하다; das mußte ja so kommen 그렇게 될 수밖에 없었다; er müßte eigentlich schon hier sein 그는 이미 여기 와 있어야 하는 건데; sie muß früher sehr gut ausgesehen haben 옛날에 그녀는 분명히 아름다웠을 것이다. **f)** (가정법 2식으로만) (희망을 표현한) …이면 좋겠다, …이라야 하는 건데: solches Wetter müßte den ganzen Sommer sein 여름에 날씨가 내내 이래야 하는 건데; Geld müßte man haben 돈은 있고 볼 일이야.

Musseron [mʊsəˈrɔː], der; -s, -s [frz. mousseron] 무세롱(식용버섯의 일종).

Mußestunde, die; -n 여가, 한가한 시간: das werde ich in einer M. machen 한가한 시간에 그것을 하겠다.

müßig [ˈmyːsɪç] 〈Adj.〉 〈아어〉 **1. a)** 하는 일 없는, 빈둥거리는: ein -es Leben führen 빈둥거리는 생활을 하다; er ist nie m. 그는 결코 빈둥거리지 않는다. **b)** 한가한, 여유있는: -e Stunden 한가한 시간. **2.** 불필요한, 무의미한, 쓸모없는: sich -e Gedanken machen 쓸데없는 생각을 하다; es ist m., sich darüber Gedanken zu machen 그것에 대해 걱정해 봐야 쓸데없다.

müßig-, Müßig- 〈Adj.〉: ~gang, der 〈Pl. 없음〉 무위, 나태, 게으름: sein Leben im M. verbringen 빈둥거리며 생을 보내다; 〔속담〕 M. ist aller Laster Anfang 게으름은 모든 악덕의 시초. ~gänger, der 빈둥거리는 사람. ~gängerisch 〈Adj.〉 빈둥거리는, 하는 일 없는.

Müßigkeit 1434

~gehen* ⟨s⟩ 빈둥거리다.
Müßigkeit, die ⟨아어⟩ 1. 빈둥거림. 2. ⟪드물게⟫ 무익, 쓸모없음, 헛됨.
mußte ['mʊstə], **müßte** ['mʏstə] ↑ müssen 참조.
Mustang ['mʊstəŋ], der; -s, -s [engl. mustang < span. (mex.) mestengo, mesteño] 무스탕(북미산 야생마).
Muster ['mʊstɐ], das; -s, - 1. 원본, 본, 틀, 형(型), 밑그림: ein Kleid nach einem M. schneidern 옷을 본에 따라 재단하다. 2. 본보기, 모범, 전형(典型): sie war ein M. an Geduld 그녀는 인내의 귀감이다; jmdn. zum M. nehmen 누구를 모범으로 삼다. 3. 무늬: das M. der Tapete gefällt mir 벽지의 무늬가 맘에 든다; ein M. zeichnen 무늬를 그리다; ⟨전의⟩ das läuft immer nach dem gleichen M. ab 그것은 항상 똑같은 순서에 따라 진행된다. 4. 견본, 샘플: M. von Stoffen 옷감의 견본; M. anfordern 견본을 요구하다; M. ohne Wert [우편] 상품 견본 재송.
muster-, Muster-: ~band, der ⟨Pl. ...bände⟩ (책의) 견본. ~beispiel, das a) 딱 들어맞는 예, 범례(範例): ein M. für meine These 나의 명제에 딱 들어맞는 예. b) 전형, 귀감: sie ist das M. einer guten Hausfrau 그녀는 주부의 전형이다. ~betrieb, der 모범업체. ~beutel, der 견본 봉투. ~bild, das 모범, 전형. ~brief, der 모범 서간. ~buch, das 1. [예술] (중세의) 도안집. 2. 벽지[옷감] 견본첩. ~ehe, die 모범적인 결혼 생활. ~exemplar, das 1. 견본, 샘플. 2. ⟪반어⟫ 모범, 귀감, 정수: er ist ein M. von Ehemann 그는 남편의 귀감이다. ~gatte, der ⟪농⟫ 모범적인 남편: mein M. sitzt jeden Abend in der Kneipe ⟪반어⟫ 나의 모범 남편은 저녁마다 술집에 간다. ~gültig ⟨Adj.⟩ 모범(표준)이 되는: hier herrscht eine -e Ordnung 여긴 질서가 잘 잡혀있다; etw. in -er Weise machen 무엇을 모범적으로 하다. ~gültigkeit, die ⟨Pl. 없음⟩ 모범성, 모범임. ~gut, das 모범농장. ~haushalt, der 모범가계, 모범적인 살림살이. ~karte, die 견본 카드, 견본철. ~klammer, die (상품견본을 넣는 봉투의) 쇠붙이. ~knabe, der ⟪폄⟫ 모범생. ~koffer, der 견본상품 가방. ~kollektion, die 견본상품 수집, 수집해놓은 견본 상품. ~land, das ⟨Pl. -länder⟩ 모범국가. ~leistung, die 모범적인 업적. ~messe, die 견본 전시회. ~paß, der [구기경기] 모범적인 정확한 패스. ~prozeß, der 판례가 될 재판. ~rolle, die [선원] 선원 명부. ~sammlung, die ↑ ~kollektion. ~schüler, der 모범(학)생. ~schülerin, die ↑ ~schüler의 여성형. ~schutz, der [법] ↑ Gebrauchsmusterschutz. ~sendung, die 상품 견본 우송. ~stück, das ↑ ~exemplar. ~tuch, das [수공] (뜨개질을 위한) 밑그림 천. ~wirtschaft, die 모범 농업(농장)(↑ ~gut). ~zeichner, der 도안가, 의상 디자이너. ~zeichnerin, die ↑ ~zeichner의 여성형. ~zeichnung, die 의상 디자인, 도안.
musterhaft ⟨Adj.⟩ 모범적인, 전형적인, 훌륭한: eine -e Ordnung 모범적 질서; er hat sich m. benommen 그는 모범적으로 행동했다. **Musterhaftigkeit,** die 모범임임, 모범성. **mustern** ['mʊstɐn] ⟨h⟩ 1. a) 검사하다, 검열하다, 자세히 관찰하다, 유심히 바라보다: er musterte sie von oben bis unten [von Kopf bis Fuß] 그는 그녀를 머리끝에서부터 발끝까지 유심히 살펴보았다; neugierige Blicke musterten mich 호기심있는 눈길이 나를 주시하였다. b) [군] (부대를) 사열하다. 2. 징병 검사하다: er ist schon gemustert worden 그는 이미 징병검사를 받았다. 3. 무늬를 (짜)넣다: ein gemusterte Bluse 무늬있는 블라우스. 4. [지역적] 어울리지 않게 [볼품없이] 옷을 입다: mein Gott, hat der sich

heute wieder gemustert! 맙소사, 저자는 오늘은 옷차림이 저꼴이구만! **Musterung,** die; -en 1. a) 검사, 음미: etw. einer genauen M. unterziehen 무엇을 자세히 검사하다. b) ⟨고어⟩ 점검, 검사, 검열. 2. 징병 검사. 3. 문양, 무늬. **Musterungsbescheid,** der 징병 검사 통지(서).
Mut [mu:t], der; -(e)s 1. a) 용기, 불굴의 정신: M. gehört viel M. dazu 거기에는 커다란 용기가 필요하다; all seinen M. zusammennehmen 있는 용기를 다 내다; sich gegenseitig M. machen[zusprechen] 서로 용기를 북돋아주다; sich den Mut nehmen 용기를 내려고 술을 마시다; mit dem M. der Verzweiflung 절망적인 용기로. b) 의기, 배짱, 담력, 배포: er hatte den M., ihr die Wahrheit zu sagen 그는 그녀에게 진실을 말할 용기를 가졌다; etw. macht[gibt] jmdm. (neuen) M. 무엇이 누구의 (새로운) 용기를 북돋아준다; wieder M. bekommen 다시 용기를 얻다; den M. sinken lassen 용기를 잃다; M. fassen[schöpfen] 용기[기운]를 내다; M. zur Krise 위기를 감당할 용기; nur M.! 용기를 내! 2. ⟪다음 용법으로⟫ **guten ~ es sein(bleiben)** ⟨아어⟩ 좋은 기분이다; **mit gutem M.** ⟨아어⟩ 좋은 기분으로; mit frischem M. an die Arbeit gehen 새로운 기분으로 일에 착수하다.
mut-, Mut-: ~erfüllt ⟨Adj.⟩ ⟨아어⟩ 원기왕성한, 의기 높은, 용감한. ~geld ['mu:tgɛlt], das ⟨고어⟩ 기능장 자격 심사료. ~los ⟨Adj.⟩ 용기없는, 낙심한, 낙담한, 의기소침한: er bekam seinen -en Freund gut zu 그는 의기소침한 친구를 좋은 말로 달랬다; m. die Hände sinken lassen 의기소침해 손을 떨구다. ~losigkeit, die 용기없음, 비굴함. ~maßen ⟨…⟩ ↑ mutmaßen. ~probe, die 담력 시험: eine M. ablegen[bestehen] 담력시험을 치르다(통과하다). ~schein ['mu:tʃaɪn], der [광] 채굴 권리증. ~wille ⟨Pl. 없음⟩ 변덕, 방자, 제멋대로 굶, 의도적인 악의, 경솔. ~willig ⟨Adj.⟩ a) 변덕스런, 제멋대로 구는, 고의적인, 방자한: etw. m. beschädigen 무엇을 고의적으로 훼손시키다. b) ⟨준고어⟩ 경박한, 경솔한. ~willigkeit, die 고의(성), 악의, 방자.
Muta ['mu:ta], die; …tä [lat. mūtus] [언어] 파열음, 폐쇄음: M. cum liquida [-kʊm 'li:kvida] 파열음과 유음의 결합.
mutabel [mu'ta:bl] ⟨Adj.⟩ [lat. mūtābilis, zu: mutāre] ⟨생물·교양어⟩ 변이할 수 있는, 가변적인. **Mutabilität** [mutabili'tɛ:t], die [lat. mūtābilitās] ⟨생물·교양어⟩ 변이가능성, 가변성. **Mutagen,** das, -s, -e ⟨대개 Pl.⟩ ⟨생물⟩ 돌연변이 인자(유발물질). **Mutagenese,** die; -n ⟨생물⟩ 돌연변이의 발생. **Mutagenität** [...geni'tɛ:t], die [영] (생물) 돌연 유발 능력. **Mutant** [mu'tant], der; -en, -en [lat. mūtāns 1. Part. von mūtāre] ⟨österr.⟩ 변성기의 청소년. **Mutante,** die; -n ⟨생물⟩ 돌연변이를 일으킨 개체. **Mutation** [muta'tsjo:n], die; -en [lat. mūtātio] 1. ⟨생물⟩ 돌연변이. 2. [의학] 변성(變聲). 3. ⟨고어⟩ 변화, 변천.
Mutationstheorie, die ⟨생물⟩ 돌연변이설. **mutatis mutandis** [mu'ta:tis mu'tandis; lat.] ⟨교양어⟩ 필요한 변경을 가해(약어: m. m.).
Mütchen ['mʏtçən] ⟨다음 용법으로⟫ **sein M. (an jmdm.) kühlen** (누구에게) 화풀이를 하다.
muten ['mu:tn] 1. [광] ⟨h⟩ 채굴권을 신청하다. 2. ⟪고어⟫ 기능장의 자격을 청구하다. **Muter,** der; -s, - [광] 채굴권 신청자.
mutieren [mu'ti:rən] ⟨h⟩ [lat. mūtāre] 1. ⟨생물⟩ 돌연변이하다. 2. [의학] 변성하다.
mutig ['mu:tɪç] ⟨Adj.⟩ a) 용감한, 용기있는: sich m. verteidigen 용감하게 스스로를 방어하다. b) 대담한:

ein -er Entschluß 대담한 결단; m. seine Meinung vertreten 용기있게 자신의 의견을 주장하다. **-mütig** [-my:tɪç] 《다음의 합성어와 파생어로, 예컨대》 einmütig 같은 의미으로, großmütig 넓은 마음으로.

mutmaßen ['muːtmaːsn] 〈h〉《(아이)》 추측[가정]하다: er mutmaßt, daß es so gewesen ist 그는 그랬으리라고 추측한다. **mutmaßlich** 〈Adj.〉《(아이)》 추측상의, 추측에 의한, 가정적인: der -e Täter[Mörder] 범죄[살인] 용의자. **Mutmaßung**, die; -en 《(아이)》 추측, 가정: -en anstellen 추측하다.

Muttchen ['mʊtçən], das; -s, - ↑Mutter의 애칭.

¹Mutter ['mʊtɐ], die; Mütter ['mʏtɐ] **1. a)** 《축소형: ↑Mütterchen (1)》 엄마, 어머니, 모친: die leibliche M. 친어머니, 생모; ledige Mütter 미혼모들; werdende Mütter sollten nicht rauchen 임산부는 담배를 피우면 안된다; M. Gottes [가] 성모 마리아; sie ist M. von fünf Kindern 그녀는 다섯 아이의 어머니이다; sie fühlt sich M. 그녀는 임신했음을 느낀다; sie ist ganz die M. 그녀는 어머니를 꼭 빼다박았다; grüßen Sie Ihre (Frau) M.! 어머님께 안부 전해주세요!; an Mutters Rockschößen hängen 《(통용어)》 어머니 치마폭에 매달리다; das Essen schmeckt nicht wie bei Müttern 집에서처럼 음식이 맛있지 않다; **bei M. Grün schlafen** 노숙하다; M. Natur 《(아이)》 자연. **b)** 《양육자로서의》 어머니: der Kleine ist bei seiner neuen M. sehr gut aufgehoben 그 아이는 새 엄마 밑에서 잘 보살펴지고 있다; **M. der Kompanie** [군] 중대 선임하사. **c)** 《Muttergesellschaft의 약칭》. **2.** 어미《(동물의)》: das kleine Kätzchen ist von seiner M. verlassen worden 그 새끼 고양이는 어미로부터 버림받았다. **3.** 《공학》↑Matrize (2 b). **²Mutter** [-], die; -n 《(아기를 품고 있는 엄마의 품이나 자궁과 비교하여)》 Schraubenmutter의 약칭: die -n fest anziehen 암나사를 단단히 조이다.

mutter-, Mutter- 《↑mütter-, Mütter-도 참조》. **~band**, das 〈Pl. -bänder〉 [의학] **1.** 자궁인대. **2.** 복대. **~baum**, der [임업] (우량종자 채취용의) 모수(母樹). **~bild**, das [심리·사회] 어머니상. **~bindung**, die [심리] 어머니에의 애착(애정). **~boden**, der 토양의 부식토가 많은 맨 윗층. **~brust**, die 어머니의 젖가슴. **~erde**, die ↑~boden. **~ersatz**, der 대체모(代替母), 어머니를 대신하는 사람. **~freuden** 〈Pl.〉《(다음 용법으로)》**M. entgegensehen**《(아이)》 임신하다; **M. genießen**《(아이)》 막 아기를 낳다. **~garbe**, die [민속] ↑²Alte (6). **~gefühl**, das 〈대개 Pl.〉 모성애, 모정. **~gesellschaft**, die [경제] 모회사. **~gestein**, das [지질] **1.** 모암(母岩). **2.** 석유(천연가스)가 들어있는 바위. **~gewebe**, das [의학] 종양 조직. **~glück**, das 《(아이)》 어머니로서의 행복. **~gottes** [- - ´ - -], die [가] 성모 마리아: die M. anflehen 성모 마리아께 간구하다. **~gottesbild**, das 성모상. **~gottheit**, die 어머니 신. **~haus**, das **1.** 선교사회 봉사원의 본부. **2.** 수도회 본원. **3.** 본사, 본점. **~herrschaft**, die ↑Matriarchat. **~herz**, das 《(아이)》 어머니의 마음[심정]. **~instinkt**, der 어머니의 본능. **~kirche**, die [가] 母(母) 성당. **~komplex**, der **1.** (아들의) 어머니 컴플렉스. **2.** (여성의) 모성 본능. **~korn**, das (지혈제, 자궁수축제의 원료로 쓰이는) 맥각(麥角). **~kornvergiftung**, die 맥각 중독(증). **~kraut**, das **1.** 카밀레속(屬). **2.** 어머니풀 (민간 요법에서 부인병 치료에 사용되는 여러 약초를 부르는 말). **~kreuz**, das 《(나치)》 다산모(多産母) 집자훈장. **~kuchen**, der [의학] ↑Plazenta. **~kult**, das 모성 숭배. **~land**, das 〈Pl. -länder〉 **1.** 본국 (식민지에 대하여). **2.** 모국, (사상, 제도 등의) 발생지: England, das M. des Parlamentarismus 의회 정치의 발생지 영국. **~lauge**, die [화학] 모액, 잿물, 간수. **~leib**, der 자

궁, 모태. **~liebe**, die 모성애, 어머니의 사랑. **~los** 〈Adj.〉 어머니가 없는: m. aufwachsen 어머니없이 성장하다. **~losigkeit**, die 어머니 없음. **~mal**, das 배냇점, 모반. **~milch**, die 모유, 젖: etw. mit der M. einsaugen 무엇을 젖 먹을 때부터 배우다[익히다]. **~mord**, der 어머니 살해. **~mörder**, der 어머니 살해자. **~mund**, der [의학] 자궁구(子宮口). **~partei**, die (산하 단체들의 시각에서 본) 모정당. **~paß**, der ↑Mütterpaß. **~pflanze**, die [농업] (휘묻이 할 나무를 따는) 모수(母樹), (우량종자의) 모주. **~pflicht**, die《대개 Pl.》어머니의 의무. **~recht**, das 모권, (모계사회에서의) 모계 상속. **~rechtlich** 〈Adj.〉 모권 제도의, 모계 상속의. **~ring**, der ↑Pessar. **~rolle**, die **1.** [관] 부동산 대장(시, 읍, 면의). **2.** 어머니로서의 역할. **~sau**, die 어미 돼지. **~schaf**, das 어미 양. **~schiff**, das 모선, 모함. **~schoß**, der 《(아이)》 ↑~leib. **~schutz**, der [법] (법률에 의한) 임산부(모자) 보호. **~schutzgesetz**, das 임산부(모자) 보호법. **~schwein**, das 어미 돼지. **~schwester**, die 《(고어)》 이모. **~seelenallein** 〈Adj.〉 [정서] 완전히 홀로이: ich war m. zu Hause 나는 완전히 홀로 집에 있었다. **~söhnchen**, das 《(통용어)》 응석받이, 자립심 없는 소년(사람): er wurde als M. gehänselt und ausgelacht 그는 응석받이라고 조롱받았다. **~spiegel**, der [의학] ↑Scheidenspekulum. **~sprache**, die 모국어(반대: Fremdsprache): sie sprach die Fremdsprache genausogut wie ihre M. 그녀는 그 외국어를 자신의 모국어만큼이나 잘한다. **~sprachler** [-ʃpraːxlɐ], der; -s, - [언어학] 모국어 사용자, 본토인, 네이티브 스피커. **~sprachlich** 〈Adj.〉 모국어의. **~stelle**《(다음의 용법으로)》**bei[an] jmdm. M. vertreten** 누구의 어머니 역할을 하다. **~stute**, die 어미말. **~tag**, der [amerik. Mother's Day] 어머니날 (5월 둘째 일요일). **~tier**, das **1.** [농업] 종축(씨받이)의 암컷. **2.** 새끼를 낳은 어미. **~trompete**, die 나팔관. **~vieh**, das ↑~tier. **~wahn**, das [사냥] 뿔없는 짐승[사슴]의 어미. **~witz**, der 〈Pl. 없음〉 **1.** 타고난 재치: sie hat M. 그녀는 재치가 있다. **2.** 선천적인 기지, 교활.

mütter-, Mütter- 《↑mutter-, Mutter-도 참조》. **~beratung**, die 임산부 상담. **~beratungsstelle**, die 임산부 상담소. **~feindlich** 〈Adj.〉 어머니에 적대적인. **~freundlich** 〈Adj.〉 어머니에 호의적인. **~fürsorge**, die ↑Mutterschutz. **~genesungsheim**, das 어머니 휴양소. **~heim**, das (미혼)모자의 집, 모자원. **~paß**, der (의사가 발급하는) 임산부 증명서. **~schule**, die 어머니 학교. **~sterblichkeit**, die 산부 사망률.

Mütterchen ['mʏtçən], das; -s, - **1.** ↑Mutter (1 a) 의 축소형. **2.** 나이 많은 부인, 할머니, 아주머니.

mütterlich 〈Adj.〉 **1.** 어머니의, 모계의: die Erbfolge folgt der -en Linie 상속은 모계를 따른다. **2.** 어머니의, 어머니 같은, 자애로운, 모성적인: sie ist ein -e Typ 그녀는 자애로운 어머니형이다; sie war ihm eine -e Freundin 그녀에게 있어서 그녀는 어머니 같은 친구였다. **mütterlicherseits** 〈Adv.〉 외가쪽으로, 어머니쪽으로: mein Großvater m. 나의 외할아버지; die Vorfahren m. 외가쪽 선조들. **Mütterlichkeit**, die 모성애, 어머니다움, 어머니의 자애로움. **Mutterschaft**, die 어머니임, 어머니가 됨, 모성.

Mutterschlüssel, der 나사 돌리개, 스패너.

Mutterschafts-: ~geld, das 출산 수당 (직업 여성이 출산 후에 임금 대신 받는). **~hilfe**, die (사회 보장의) 제공되는 일련의) 출산 부조. **~urlaub**, der 출산 휴가.

Mutti ['mʊti], die; -s **a)** 《(친근)》 엄마. **b)** 《(통용어)》 아내, 부인. **c)** 《(통용어)》 가정주부, 어머니(주부)처럼 보이는 여자.

mutual [mu'tua:l], **mutuell** [mu'tuɛl] 〈Adj.〉 [frz. mutuel] 《교양어·드물게》 상호의, 서로의. **Mutualismus** [mutua'lɪsmʊs], der; -. 1. 《교양어·드물게》 상호 인정, 상호주의. 2. 《생물》 상리공생(相利共生). **Mutualität** [...li'tɛːt], die; -en [frz. mutualité] 《교양어》 상호성, 상호 관계. **mutuell**: ↑mutual.

Mutulus ['muːtulʊs], der; -, ...li [lat. mutulus] 《미술》 무툴루스(도리스식 사원의 추녀돌림띠 아래에 새겨진 장식).

Mutung ['muːtʊŋ], die; -en 《광》 채굴 허가원.

Mutwille ['muːtvɪlə], der 〈Pl. 없음〉 (악의적인) 변덕, 방자, 경솔; 악의: etw. aus -n tun 무엇을 악의에서 행하 다. **mutwillig** 〈Adj.〉 **a)** 고의적인, 악의에서 나온: etw. m. beschädigen 무엇을 고의로 망가뜨리다. **b)** 《준고어》 변덕스러운, 경솔한. **Mutwilligkeit**, die ↑ Mutwille.

Mutz [mʊts], der; -es, -e [mniederd. mutten] 《지역 적》 꼬리가 잘린 동물.

Mützchen ['mʏtsçən], das; -s, - ↑Mütze의 축소형. **Mütze** ['mʏtsə], die; -n 모자: eine wollene M. 털모 자; die M. aufsetzen[abnehmen] 모자를 쓰다[벗다]; eine M. aufprobieren[tragen] 모자를 써 보다[쓰고 있 다]; zum Gruß vor jmdm. die M. ziehen 누구에게 모자를 벗고 인사하다; 전의 die Zaunpfähle trugen alle -n aus Schnee 울타리의 말뚝들은 모두 눈모자를 쓰 고 있었다; **eine M. voll Wind** 《지역적》 산들바람, 미 풍; **etwas[eins] auf die M. bekommen[kriegen]** 《통용어》 야단맞다(↑Deckel); **jmdm. nicht nach der M. sein** 《통용어》 누구의 마음에 안 들다. **Mützenschirm**, der 모자의 챙[차양].

Muzin [muˈtsiːn], das; -s, -e 〈대개 Pl.〉 [lat. mūcus] 《의학·생물》 점액소(粘液素).

m.v. = mezza voce.
MW. = Megawatt.
MwSt., MWSt. = Mehrwertsteuer.

My [myː], das; -(s), -s [griech. mȳ] **1.** 뮤(그리스 알파벳 의 열두 번째 자)(M, μ). **2.** ↑Mikron의 약칭(기호: μ). **my-, My-:** ↑myo-, Myo-: **Myalgie** [myal'giː], die; -n [...iːən] griech. álgos] 《의학》 근육통. **Myasthenie** [myasteˈniː], die; -n [...iːən] 《의학》 근무력 증. **Myatonie** [myato'niː], die 《의학》 근이완증.

myel-, Myel-: ↑myelo-, Myelo-. **Myelitis** [myeˈliːtɪs], die; ...itiden [...liˈtiːdn̩] 《의학》 골수염, 척 수염. **myelo-, Myelo-,** (모음 앞) myel-, Myel-[myel(o)-] griech. myelós] 《다음을 뜻하는 규정어로서》 **1.** 골수의. **2.** 척수의. **Myelomalazie**, die; -n 《의 학》 척수연화증. **Myelopathie**, die; -n 《의학》 척수 [골수]의 병.

myk-, Myk-: ↑myko-, Myko-.
Mykene [myˈkeːnə], **Mykenä** [my'keːnɛ] 미케네(그리스 의 유적지). **mykenisch** [my'keːnɪʃ] 〈Adj.〉 미케네의, 청동기 시대의 그리스 문화[예술, 언어]에 속하는.

myko-, Myko-, (모음 앞에) **myk-, Myk-** [myk(o)-] griech. mýkēs] 《다음을 뜻하는 규정어로서》 균(菌) 의, 세균…. **Mykologe**, der; -n, -n 세균학자. **Mykologie**, die 세균학, 사상(絲狀)균학. **mykologisch** 〈Adj.〉 세균학의. **Mykoplasmen** 〈Pl.〉 《생 물》 마이코플라스마(세포벽이 없는 박테리아의 일종). **Mykorrhiza** [myko'riːtsa], die; ...zen [griech. rhíza] 《식물》 균근(菌根). **Mykose** [my'koːzə], die; -n 《의학》 진균증(眞菌症), 사상균증. **Mykotoxin**, das; -s, -e 《생물·의학》 곰팡이독.

Mylady [mi'leːdi, (engl.) mɪ'leɪdɪ; engl. mylady] 마님 (영국에서 ↑Lady (1 a) 칭호를 가진 여주인에 대한 하인 들의 호칭).

Mylonit [mylo'niːt, (또한) ...nɪt], der; -s, -e [griech. mýlos] [지질] 마일로나이트, 압쇄암(壓碎岩).

Mylord [mi'lɔrt, (engl.) mɪ'lɔːd; engl. mylord] **1.** 영 감 마님, 나으리(영국에서 ↑Lord 칭호를 가진 사람에 대 한 호칭). **2.** 재판관님(변호사의 판사에 대한 호칭).

Mynheer: ↑Mijnheer.

myo-, Myo-, (모음 앞) my-, My- [my(o)-; griech. mȳs (2격: myós)] 근(筋)…. **myoelektrisch** 〈Adj.〉 (배터리가 장치된 의수, 의족이) 근육의 수축에 의해 움직 이는. **Myofibrille**, die; -n 근섬유. **Myogelose** [...ge'loːzə], die; -n [lat. gelāre] 근육경화. **myogen** 〈Adj.〉 근육에서 나오는. **Myoglobin**, das; -s 미오글 로빈(헤모글로빈 비슷한 근육의 붉은 색소). **Myogramm**, das; -s, -e 근육 운동 그래프. **Myographie**, die; -n 근육 운동 기록기. **Myokard** [...'kart], das; -s, -e 심근(心筋). **Myokardie**, die 《의학》 심근비대. **Myokardinfarkt**, der; -(e)s, -e 심근경색. **Myokarditis**, die; ...itiden 심근염(心筋炎). **Myokardium** [myo'kardium], das; -s [gr. ...dia] 《의학》 ↑Myokard. **Myokardose** [myokar'doːzə], die; -n 《의학》 ↑Myokardie. **Myokardschaden**, der 《의학》 심근손상. **Myoklonie** [...kloˈniː], die; -n [...iən] (특히 어린 아기의) 경련, 경기. **Myom** [my'oːm], das; -s, -e 《의학》 근종(筋腫).

Myologie [myolo'giː], die 《의학》 근육학.
Myon [ˈmyːɔn], das; -s, -en [my'oːnən; engl. myon] 《물리》 미온(우주광선의 한 구성 요소).

myop, myopisch [my'oːp(ɪʃ)] 〈Adj.〉 [griech. mýōps (2격: mýopos)] 《의학》 근시의.
Myopathie, die; -n 《의학》 근(육)질환.
Myope, der / die 《의학》 근시안.
Myopie [myo'piː], die [griech. myōpía] 《의학》 근시 (반대: Hypermetropie). **myopisch:** ↑myop.

Myosin [myo'ziːn], das; -s 미오신(근육 단백질의 일종). **Myositis** [my'oːzitɪs], die; ...itiden [...zi'tiːdn̩] 《의학》 근염. **Myotomie** [myoto'miː], die; -n [griech. tomē] 《의학》. 근육 절단 수술. **Myotonie** [myoto'niː], die 《의학》 근육 경련.

Myriade [my'riaːdə], die; -n 〈대개 Pl.〉 [engl. myriad] (아어) 무수, 다수, 셀 수 없이 많은 수: -n Sterne(von Steren) 수 많은 별; die Heuschrecken fielen in(zu) -n über das Land her 메뚜기가 수없이 그 나라를 덮쳤 다. **Myriagramm** [myria-], das; -s, -e 〈aber: 2 Myriagramm〉 1만 그램. **Myriameter**, der; -s, -1. 1만 미터. 2. 만 미터 이정표(바셀과 로터르담 사이의 라인 강 양안에 설치된).

Myriapode [myria'poːdə], **Myriopode** [myrio'poːdə], der; -n, -n 〈대개 Pl.〉 [griech. poūs (2격: podós)] 다족류(多足類).

Myrmekologie [mʏrmekolo'giː], die [griech. mýrmēx u. lógos] 《의학(蟻學)》, 개미학.

Myrobalane [myroba'laːnə], die; -n [lat. myrobalanum < griech. myrobálanos] (무두질액과 약용으로 쓰이는 인도산) 결과.

Myrrhe ['mʏrə], die; -n [lat. myrrha < griech. mýrrha] 몰약, 미르라(아프리카 및 인도산의 수지로서 향료, 약용임). **Myrrhentinktur**, die 몰약 팅크(잇몸 질환의 치료에 사용됨).

Myrte ['mʏrtə], die; -n [lat. myrtus, murtus < griech. mýrtos] 미르테, 은매화(銀梅花), 도금양(挑金 孃). **Myrtengewächs**, das 상록관목의 일종. **Myrtenkranz**, der 은매화관(신부의 화관). **Myrtenzweig**, der 은매화 가지.

Mysterien [2: griech. mystēria] **1.** ↑Mysterium의 복수형. **2.** 비밀 종교 의식, 비제(祕祭), 비교(祕敎): 고대

그리스·로마의). **Mysterienspiel**, das (성경에 기초한) 중세의 종교극. **mysteriös** [mystε'ri̯øːs] ⟨Adj.⟩ [frz. mystérieux, zu: mystère] 비밀의, 신비한, 현묘한, 이해할 수 없는, 불가사의한: er ist auf -e Weise[unter -en Umständen] verschwunden 그는 불가사의한 방법으로[상황 하에서] 사라졌다. **Mysterium** [mʏs'teːri̯ʊm], das; -s, ...ien [...i̯ən; lat. mystērium < griech. mysterion]《교양어》신비; 불가사의, (고대 종교의) 비의(秘儀): das M. der Offenbarung Gottes in Christus 예수에게 나타난 신의 계시의 신비. **Mystifikation** [mʏstifika'tsi̯oːn], die; -en [frz. mystification]《교양어》1. 신비화: er neigt zur M. ganz natürlicher Vorgänge 그는 아주 자연스러운 사건을 신비화시키는 경향이 있다. 2.《고어》현혹, 기만. **mystifizieren** [...'tsiːrən] ⟨h⟩《교양어》1. 신비화하다. 2.《고어》속이다, 기만하다, 현혹하다: er hat sie mit geschickten Worten alle mystifiziert 그는 교묘한 말로 그들 모두를 현혹했다. **Mystifizierung**, die; -en《드물게》↑Mystifikation.

Mystik ['mʏstɪk], die [lat. mysticus] 신비교, 밀교(密敎), 신비주의, 신비론: christliche M. 기독교 신비주의; 전의 diese Theorie ist wissenschaftlich unhaltbar, sie ist die reine M.《교양어》이 이론은 학문적 근거가 없는, 비합리적인 신비론일 따름이다. **Mystiker**, der; -s, - 신비주의자, 신비가. **mystisch** ⟨Adj.⟩ 1. 신비주의적인, 신비주의의: -e Versenkung 신비주의적인 몰입. 2. **a)** 불가사의한, 수수께끼 같은, 신비한: die Spuren verlieren sich in -em Dunkel 그 흔적들은 불가사의한 어둠 속으로 사라진다; etw. m. verhüllen [verschleiern] 무엇을 신비의 베일로 감추다. **b)**《통용어》불명료한, 이해할 수 없는, 불분명한: was er da erzählt von seinen Erlebnissen, klingt doch recht m. 그의 경험담은 아주 이해하기 힘들다. **Mystizismus** [mʏsti'tsɪsmʊs], der; -, ...men《교양어》1. 〈Pl. 없음〉 신비주의. 2.《드물게》신비론, 광신. **mystizistisch** ⟨Adj.〉《교양어》신비주의의, 광신적인. **Mythe** ['myːtə], die; -n《준고어》↑Mythos (1). **Mythen**: ↑Mythos, Mythus의 복수형. **Mythenbildung**, die 신화의 형성. **Mythenforschung**, die 신화 연구. **mythenhaft** ⟨Adj.⟩ 신화적인, 가공의. **mythisch** ⟨Adj.⟩ [griech. mȳthikós] 1. 신화의, 신화적인: -e Symbole 신화에 나오는 상징; aus -er Vorzeit stammen 신화에 나오는 먼 선사 시대에서 유래하다. 2. 신화화한, 전설적인, 신화처럼 된. **mythisieren** [myti'ziːrən] ⟨h⟩《교양어》↑mythologisieren. **Mythisierung**, die; -en《교양어》신화화. **Mythologe** [myto'loːgə], der; -n, -n 신화학자. **Mythologem**, das; -s, -e (전문어) 신화속의 신화적 요소. **Mythologie**, die; -n [...i̯ən; griech. mythología] 1. 신화, 설화, 고대의 문학 작품(전부): Christentum und M.; 기독교와 신화. 2. 신화연구, 신화학: M. betreiben 신화연구를 하다. **mythologisch** ⟨Adj.⟩ 신화의, 신화적인, 신화학의: -e Figuren 신화의 인물. **mythologisieren** [mytologi'ziːrən] ⟨h⟩《교양어》신화화하다, 신화 형태로 서술하다. **Mythologisierung**, die; -en《교양어》신화화. **Mythos** ['myːtɔs], **Mythus** ['myːtʊs], der; -, ...then [griech. mýthos]《교양어》1. 신화, 설화, 전설. 2. 전설[신화]적인 사건[인물]: dieser Politiker ist schon zu seinen Lebzeiten zum Mythos geworden 이 정치가는 살아 생전에 이미 전설적인 인물이 되었다.

Mytilene 미틸렌(소아시아 서해안에 있는 레스보스의 도시).

Myxödem [mʏkso'deːm], das; -s, -e [griech. mýxa u. ↑Ödem] [의학] 점액수종 (갑상선 기능 장애에 의한). **Myxom** [mʏ'ksoːm], das; -s, -e [griech. mýxa] [의학] 점액종양. **Myxomatose** [mʏksma'toːzə], die; [의학] {수의학} (토끼 등의 짐승에 나타나는) 다발성 점액종증(多發性 粘液腫症). **Myxomyzet** [mʏksomy'tseːt], der; -en, -en [griech. mýxa u. mýkēs] ↑Schleimpilz.

Myzel [my'tseːl], **Myzelium** [...li̯ʊm], das; -s, ...ien [...i̯ən; griech. mýkēs u. hélos] [생물] 균사체(菌絲體). **Myzet** [my'tseːt], der; -en, -en [생물·드물게] 버섯. **Myzetismus** [mytse'tɪsmʊs], der; -, ...men [의학] 버섯 중독.

N

n = Nano…; Neutron; 【수학】 유한수를 가르키는 기호.
n, N [ɛn], das; -, - 독일 자모의 열네번째 자.
N = Nahverkehrszug; Nationalstraße; Newton; Nitrogenium; Nord(en).
v, N: ↑Ny.
'n [ŋ] ↑'nen.
Na = Natrium.
na [na] 〈Interj.〉《통용어》(초조, 권유, 결심) 자, 어디; (초조, 위협, 거부) 야, 애, 여봐, 이봐; (놀라움, 의아) 오오, 야, 엣, 어머나; (의혹, 불신) 뭐라구, 설마; (체념) (자) 그러면; (예상의 적중) 그것 봐라, 어때; (내키지 않으나 승락이나 결심한 후) 그러면 할 수 없지[좋아]; (말을 중단할 때) 두고 봐; (말을 걸면서) 에, 저; (말 사이를 메꾸려고) 에, 그런데: na (ja,), gut 그래 좋아; na schön 그래 뭐, 좋아; na, wenn du meinst? 네 뜻이 그렇다면 할 수 없지; na, warum eigentlich nicht? 그래, 도대체 왜 안 된다는 거지?; na, dann mal los 자, 그렇다면 어디 시작해 볼까; na, so was! 참, 기가막혀!; na, wenn das der Alte erfährt! 아이, 노인이 그걸 알게 되면 어쩌나!; na, was soll denn das? 거 무슨 짓이야?; na, endlich hast du kapiert, worum es geht 자, 이젠 무엇이 문제인지 알았겠지; na mach schon! 자, 어서 서둘러!; na, das verbitte ich mir aber! 뭐, 그건 사절이야; na, warte, ich werde mich rächen! 좋다, 기다려라, 내 복수할 테니!; na, da haben wir's 그래, 마침내 올 것이 왔구나; na, wer das glaubt! 설마, 누가 그걸 믿을라구!; na, trinken wir erst mal ein Gläschen 자, 우선 한잔 마십시다; na, wie geht es denn? 그래 어떻게 지내나?; na und? 그래서?(상대의 부정적인 견해에 동조하지 않는 도전적인 반문): „Du bist homosexuell?" „Na und?" 자네 호모지? — 그래서?
Naab ['na:p], die 나프(도나우 강의 지류).
Nabburg ['na:pburk] 나프부르크(나프 강가에 있는 도시).
Nabe ['na:bə], die; -n 〈전문어〉 바퀴통(바퀴 중앙의 축을 끼우는 부분).
Nabel ['na:b]], der; -s, - 배꼽: **der N. der Welt** 《아어》세계의 중심, 가장 중요한 것: sich als den N. der Welt ansehen 자신을 세계의 중심으로 여기다.
Nabel-: **~binde**, die (신생아의) 배꼽싸개(붕대). **~bruch**, der [의학] 배꼽 헤르니아. **~kraut**, die 피막이 풀, 꿩의 비름과(科)의 풀. **~schau**, die《경》**1.** 자기도취, 자기 반성: 전의 nach ihrer Wahlniederlage hielt die Partei N. 《통용어·농》선거에서 패배한 후 당은 패배의 원인을 규명하려고 하였다. **2.**《통용어·농》(수영장 등에서의) 과도한 신체 노출. **~schnur**, die 탯줄: die N. durchtrennen[durchschneiden] 탯줄을 잘라내다. **~strang**, der ↑~schnur.
Nabenbohrer, der 큰 송곳.
Nabob ['na:bɔp], der; -s, -s [engl. nabob] **1.** (인도의) 주지사, 총독, 태수. **2.** 《俗》부호, 큰 부자.
nach [naːx] **I.** 〈Präp.³〉 **1.** (장소적) **a)** (방향) …(으)로, …을 향해서, …로 a) (방향) (방향) …(으)로, …을 향해서, …로. **b)** (목적지) …(으)로, …을 향하여: n. London[Amerika] fliegen 런던[미국]으로 날아가다; n. Hause kommen[gehen] 귀가하다; der Zug fährt von Hamburg n. München 그 열차는 함부르크에서 뮌헨으로 간다. **c)** …(으)로: n. dem Süden fahren 남쪽으로 달리다. **2.** (시간) 후에, 뒤에(반대: vor): n. wenigen Minuten 몇 분 후에; n. Ablauf der Frist 기간이 경과된 후; er fährt erst n. Weihnachten 그는 성탄절이 지나서야 떠난다. n. langem Hin und Her konnte eine Einigung erzielt werden 오랜 설왕설래 끝에 합의가 이루어질 수 있었다; einen Tag n. seiner Rückkehr 그가 돌아온 다음날; n. drei Wochen 삼주 후; 1000 Jahre n. Christi Geburt[n. Christus] 서기 천년; fünf Minuten n. drei 3시 5분. **3.** …에 뒤이어, …씩(같은 명사를 반복하여): Schritt n. Schritt weiche ich zurück 나는 한 발자국씩 뒤로 물러선다. **4.** (특정 동사와 함께) n. etwas greifen[tasten] 무엇을 잡다; n. jmdm. schicken 누구를 부르러 보내다; n. jmdm. rufen[fragen] 누구를 부르다[누구에 대해서 묻다]; n. etwas streben 무엇을 추구하다; sich n. jmdm. sehnen 누구를 동경하다. **5.** (순서, 직위를 나타냄) 뒤에, 다음에: er verließ das Zimmer n. dir 네 뒤를 이어 그가 방을 떠났다; wer kommt n. Ihnen dran? 당신 다음은 누구 차례죠?; eins n. dem andern 하나씩, 차례차례; bitte, n. Ihnen! 당신 먼저! **6. a)** …에 따라, 준하여[의거하여]; …에 따르면[의하면]: meiner Ansicht[meiner Meinung] n. 내 의견[생각]으로는; aller Wahrscheinlichkeit n. 모든 가능성으로 보아서는; (ganz) n. Wunsch 소원대로; n. menschlichem Ermessen 인간적인 척도로는. **b)** (모범, 전형을 나타냄) …에 따르면, …에 따라, …에 의: n. Kants Philosophie 칸트 철학에 따르면; einen Anzug n. Maß arbeiten 치수대로 옷을 만들다; n. Art des Hauses 집안의 방식대로; es duftet n. Veilchen 오랑캐 꽃 향기가 난다; das Essen schmeckte n. nichts 음식이 아무 맛도 없었다; n. altem Brauch 옛 관습에 따라; seinem Wesen n. ist er eher ruhig 그는 성품이 조용한 편이다. n. der Sage (der Sage n.) 전설에 따르면; er ist Schweizer n. Herkunft《아어》그는 출생으로는 스위스 사람이다; er wird n. geltendem Recht bestraft 그는 현행법에 따라 처벌된다; der Größe n.[n. der Größe] antreten lassen 크기 순으로 정렬시키다; die Bücher n. Autoren ordnen 책을 작가순으로 정리하다; jmdm. n. der Leistung bezahlen 일한 업적에 따라 보수를 지급하다; Dienst n. Vorschrift 규정에 따른 복무. **7.** (도량, 단위) …의 단위로: Gase und Flüssigkeiten n. Litern oder Kubikmetern messen 가스와 액체를 리터 혹은 평방미터로 계량하다; n. Stunden einteilen 시간으로 나누다. **8.** (의문사와 함께) n. wem hat er gefragt? 그가 누구에 대해 물어 보았는가?; n. was[《통용어》wonach] suchst du denn? 너 무얼 찾니? **9.** 《관계문에

서) er hat erreicht, n. was〔(통용어) wonach〕 er verlangte 그는 바라던 것을 이루었다. II. 〈Adv.〉 **a)** 누구(무엇)의 뒤를 따라(쫓아): mir n. 나를 따르라!; dem Dieb n., ehe er entwischt 도망치기 전에 도둑을 뒤쫓아라. **b)** α) n. und n. 점차로, 차차, 서서히, 조금씩: sich n. und n. wieder erholen 서서히 회복되다. β) n. wie vor 언제나 처럼, 여전히, 여느 때와 같이: er arbeitet n. wie vor in dieser Firma 그는 여전히 이 회사에 근무한다. **c)** 〈danach, wonach와 같은 부사의 분리형으로〉〈통용어〉 da kannst du nicht immer n. gehen 넌 항상 거기 갈 수 있는 건 아니다.

nachäffen 〈h〉〈경〉 (말투나 태도 등을 우스꽝스럽게) 모방하다, 흉내내다. **Nachäffer,** der; -s, - 〈경〉 흉내꾼, 흉내쟁이. **Nachäfferei,** die; -en 〈경〉 **1.** 〈Pl. 없음〉 흉내질, 흉내내기: du mußt dir diese N. abgewöhnen 넌 이 흉내내는 버릇을 고쳐야 한다. **2.** 흉내내는 행동.

nachahmen ['na:xa:mən] 〈h〉 **1. a)** 흉내내다, 모방하다: jmd. (etw.) ist schwer nachzuahmen 누구(무엇)는 흉내내기 어렵다; einen Künstler[die Natur] n. 어떤 예술가[자연]를 모방하다. **b)** ↑nachäffen. **2.** 누구를 본받다[모범으로 삼다]: er arbeitete, den stillen, zähen Fleiß des Vaters nach 그는 부친의 조용하고도 끈질긴 근면함을 본받았다. **3.** 〈드물게〉 모조하다: nachgeahmter Marmor 인조 대리석. **nachahmenswert** 〈Adj.〉 모방할 가치가 있는, 모범으로 삼을 만한. **Nachahmer,** der; -s, - 모방하는 사람. **Nachahmung,** die; -en **1.** 〈Pl. 없음〉 모방, 흉내, 모조. **2.** 모조(품), 모사(품), 복제(품): die angeblich wertvolle antike Vase entpuppte sich als billige N. 이른바 값진 고대의 꽃병이라는 것이 싸구려 모조품으로 드러났다. **Nachahmungstrieb,** der 〈형태·심리〉 모방 본능. **nachahmungswürdig** 〈Adj.〉 ↑nachahmenswert.

nacharbeiten 〈h〉 **1.** 뒤진 일(빼먹은 작업 시간)을 뒤에 보충하다: zwei Stunden n. 두시간 보충하다. **2.** 다듬다, 손질하다: die aus der Maschine kommenden Stücke müssen (mit der Hand) nachgearbeitet werden 기계에서 나오는 제품은 (손으로) 다듬어야 한다. **3.** 모조[복제]하다: eine antike Plastik n. 고대의 조각을 복제하다. **4. a)** 본받다, 모범으로 삼다: der Lehrling arbeitet dem Meister nach 견습공은 기능장을 본받아 일한다. **b)** (기존의 프로젝트 따위를) 차근차근 다시 실시하다.

nacharten 〈s〉〈아어〉 ↑nachschlagen (2): die Kinder arten ganz dem Vater nach 아이들이 아버지를 꼭 닮았다.

Nachbar ['naxba:ɐ̯], der; -n, / 〈드물게〉 -s, -n / 〈schweiz.〉 -en **a)** 이웃(사람): wir sind n gewor-den[haben neue -n bekommen] 우리는 이웃이 되었다〔새로운 이웃을 맞았다〕; in -s Garten 이웃(옆집)의 정원에; scharf[spitz] wie -s Lumpi sein 〈경〉 섹스에 밝히다, 호색하다. **b)** 옆 사람, 옆에 앉은 사람: mein N. im Kino 극장에서 내 옆자리에 앉은 사람; 〈전의〉 unsere östlichen -n 우리의 동쪽 인접국가들.

Nachbar- (↑Nachbars-도): **~disziplin,** die ↑ **~wissenschaft.** **~dorf,** das 옆마을, 이웃동네. **~garten,** der 옆집 정원. **~gebiet,** das 이웃 지역(영역). **~haus,** das 이웃(옆)집. **~land,** das 이웃(옆)나라, 인접국. **~organ,** das 〔의학〕(인체의) 인접기관. **~ort,** der 이웃(옆) 마을. **~recht,** das 〈Pl. 없음〉[법] 상린권(相隣權). **~staat,** der 인접국, 이웃 나라. **~stadt,** die 옆(이웃) 도시, 이웃 도시. **~tisch,** der 옆탁자. **~volk,** das 이웃 민족. **~wissenschaft,** die 〈대개 Pl.〉 인접 학문. **~zimmer,** das 옆방.

Nachbarin ['naxba:rɪn], die; -nen ↑Nachbar의 여성

형. **nachbarlich** 〈Adj.〉 **1.** 이웃의, 이웃에 속하는: das -e Haus 이웃집. **2.** 이웃간의: -e Beziehungen pflegen 이웃관계를 도탑게 하다.

Nachbars- (↑Nachbar-도): **~familie,** die **a)** 이웃가족. **b)** 옆집에 사는 가족. **~frau,** die 이웃집 부인. **~kind,** das 옆집 아이. **~leute,** die 〈Pl.〉 옆집 사람들.

Nachbarschaft, die **1. a)** 〈Pl. 없음〉 (총칭으로서의) 이웃(들): das hat sich bereits in der N. herumgesprochen 그 소문은 이미 이웃 사람들 사이에 나돌았다. **b)** 이웃 관계: (eine) gute N. halten 좋은 이웃 관계를 유지하다. **2.** 근처, 부근, 인접 지역: die N. von Fabriken meiden 공장 부근을 피하다; in jmds. N. ziehen 누구의 이웃으로 이사가다. **nachbarschaftlich** 〈Adj.〉 ↑ nachbarlich.

Nachbarschafts-: ~haus, das 공회당, 마을 회관. **~heim,** das 〈드물게〉 ↑ **~haus.** **~hilfe,** die (민간 자선 단체의) 노약자(극빈자) 구호. **~verband,** der (바덴뷔르템베르크 주의) 도시권 균형 발전 위원회.

Nachbeben, das 여진(餘震).

nachbehandeln 〈h〉 **1.** 사후 처리하다, 추가로 손질하다. **2.** 사후 치료(처치)하다: die Operationsnarbe muß nachbehandelt werden 수술 자국은 사후 치료가 필요하다. **Nachbehandlung,** die; -en 사후 처리[치료].

nachbekommen 〈h〉〈통용어〉 뒤에 추가로 받다: wenn du noch nicht satt bist, kannst du noch etwas n. 배가 차지 않으면 한 그릇 더 먹어도 좋다. **b)** 나중에 추가로 사다.

nachberechnen 〈h〉 추가로 청구하다, 추가로 계산에 넣다. **Nachberechnung,** die; -en 추가 청구, 추가 계산.

nachbereiten 〈h〉 (반대: vorbereiten) [교육] 복습하다. **Nachbereitung,** die; -en [교육] 복습.

nachbessern 〈h〉 **a)** 수선하다, 수리하다, 개선하다, 개량하다, 교정하다: Transportschäden an den Möbeln n. 운반할 때 생긴 가구의 흠집을 고치다. **b)** 나중에 고치다. **Nachbesserung,** die; -en 추가 수선, 개량.

nachbestellen 〈h〉 추가로 주문하다: Fotos n. 사진을 또 빼달라고 주문하다. **Nachbestellung,** die; -en 추가 주문.

nachbeten 〈h〉 **1.** 〈드물게〉 누구를 따라서 기도문을 외우다(기도하다). **2.** 〈통용어·경〉 남의 말(생각)을 자기 것처럼 말하다. **Nachbeter,** der; -s, - 〈드물게〉 **1.** 따라서 기도하는 사람. **2.** 〈경〉 남의 말을 제 의견인 양 말하는 사람.

nachbezahlen 〈h〉 ↑nachzahlen.

nachbezeichnet 〈Adj.〉 〈상〉 후기(後記)의, 아래에 명시된: wir bitten um Anlieferung -er Waren 우리는 다음에 명시한 상품의 인도를 요청합니다.

Nachbild, das; -(e)s, -er [물리] 잔상(殘像).

nachbilden 〈h〉 모조하다, 복제하다, 모사하다: einen Kunstgegenstand n. 예술 작품을 복제하다. **Nachbildung,** die; -en **1.** 〈Pl. 없음〉 모조, 복제, 모사. **2.** 모조품, 복제품.

nachblättern 〈h〉〈경〉 (무엇을 찾으려고) 책장을 넘기다, 책을 뒤지다.

nachbleiben* 〈s〉 〈지역적〉 **1. a)** 뒤에 남다, 잔류하다, 뒤처지다: einige Läufer waren bereits nachgeblieben 몇몇 주자들이 벌써 뒤처졌다. **b)** (시계가) 늦게 가다. **2.** (정신적으로) 열등하다, 뒤떨어지다. **3.** 방과 후 학교에 남아서 공부하다. **4.** (결과로서) 없어지지 않고 남다, 잔존하다: von dieser Wunde wird eine Narbe n. 이 상처는 흉터가 남는다.

nachblicken 〈h〉 ↑nachsehen (1).

nachbluten 〈h〉 후출혈하다, (피가 멎은 상처에서) 다시

피가 나다. **Nachblutung**, die; -en 후출혈.
nachbohren ⟨h⟩ 1. 다시 구멍을 뚫다. 2. 《통용어》 꼬치꼬치 캐묻다.
Nachbörse, die; -n [증권] 증권 거래소 마감 후의 거래. **nachbörslich** ⟨Adj.⟩ [증권] 증권 거래소 마감 후의 거래의.
nachbrennen* ⟨h⟩ [사냥] (총알이) 늦게 발사되다. **Nachbrenner**, der; -s, - 1. [기술] 재연소 장치. 2. [사냥] 총알이 늦게 발사되는 사격.
nachbringen* ⟨h⟩ 이미 길을 떠난 사람에게 무엇을 가져다 주다.
nachbrummen ⟨h⟩ [학생] 학교에 늦게까지 남다, 방과 후에 남다.
Nachbürge, der; -n, -n [법] 부(副)보증인, 연대 보증인.
nachchristlich ⟨Adj.⟩ 그리스도 탄생 이후의, 기원 후의 (반대: vorchristlich).
nachdatieren ⟨h⟩ a) (편지, 서류 등에 실제 작성일보다) 이전의 날짜를 적어 넣다. b) 《드물게》 (편지, 서류 등에) 나중에 제 날짜를 적어 넣다. **Nachdatierung**, die; -en ↑nachdatieren의 명사형.
nachdem ⟨Konj.⟩ a) (부분문의 시제가 앞섬을 나타냄) …한 후(에): n. ich gegessen hatte, legte ich mich eine Weile hin 식사를 마친 후 나는 잠시 눈을 붙였다. b) …한 뒤(에): achtundvierzig Stunden n. ich in Wien eingetroffen war 내가 빈에 도착한 후 48시간 뒤에. 2. [지역적] (이유, 원인을 나타냄) 때문에, 까닭에.
nachdenken* ⟨h⟩ 1. 숙고하다, 곰곰이 생각하다: über ein Problem n. 어떤 문제에 대해서 숙고하다; er dachte (darüber) nach, ob seine Entscheidung richtig war 자신의 결정이 옳은지 그는 곰곰히 생각했다; denk mal scharf nach, dann wird es dir schon einfallen 잘 생각해 보라, 그러면 생각이 떠오를 것이오; (schweiz.·그 외 사어·준motion어) er dachte diesen Fragen lange nach 그는 이 문제들을 오랫동안 깊이 생각했다; er war in tiefes Nachdenken versunken 그는 깊은 생각에 빠졌다. 2. 《드물게》 (생각 속에서 어떤 일의 과정을) 추적하다, 이해하다. **nachdenklich** [-deŋklɪç] ⟨Adj.⟩ 1. a) 숙고하고 있는, 생각에 잠겨 있는: eine -e Miene machen 심사숙고하는 표정을 짓다; er blickte n. aus dem Fenster 그는 생각에 잠겨 창 밖을 바라보았다; als er von der Sache erfuhr, wurde er n. 그는 그 사실을 알게 됐을 때, 그는 곰곰이 생각하기 시작했다; diese Vorfälle machten[stimmten] ihn n. 이 사건은 그를 심사숙고하게 만들었다. b) 신중한, 사려깊은, 사변적인: er ist sehr n. und klug 그는 아주 진지하고 신중하다. 2. 《아이·준motion어》 숙고할 가치가 있는, 심사숙고하게 만드는, 염려스러운: eine -e Geschichte 숙고할 필요가 있는 이야기. **Nachdenklichkeit**, die ↑nachdenklich의 명사형.
nachdichten ⟨h⟩ [영화] 번안하다, 개작하다. **Nachdichtung**, die; -en 번안, 개작.
nachdieseln [-di:zl̩n] ⟨h⟩ [자동차] (발생하는 소음이 디젤모터의 소음과 비슷한 데서) (스위치를 끈 후에도 엔진의) 회전이 계속되다, 계속 회전하다.
Nachdoppel, das; -s, - (schweiz.) 재사격. **nachdoppeln** ⟨h/s⟩ (schweiz.) (사격 대회에서) 재사격하다.
nachdrängen ⟨h⟩ 뒤에서 밀고 들어가다: obwohl der Raum bereits voll war, drängten immer neue Besucher nach 방이 이미 꽉 찼음에도 방문객들이 계속 밀어닥쳤다.
nachdrehen ⟨h⟩ [영화] 재촬영하다.
¹**Nachdruck**, der; -(e)s, -e [인쇄] 1. a) (기존의 지형에 의한) 재판, 중판. b) 리프린트, 복제, 복사: N. (auch auszugsweise) verboten! (부분) 복제 금지!; N. nur mit Genehmigung des Verlages gestattet 출판사의 허락을 받을 경우에만 복사가 허용됨. 2. (지형이 없는 책의 원형대로의) 재인쇄, 복간(復刊): es gibt mehrere -e von diesem Buch 이 책은 새로 찍은 판이 여럿 있다.
²**Nachdruck**, der; -(e)s 강조, 역점: einem Wunsch [einer Forderung] N. verleihen 소망[요구] 사항을 강한 어조로 피력하다; N. auf etw. legen 무엇을 강조하다, 무엇에 역점을 두다; mit N. auf etw. hinweisen 무엇을 강조해서 지적하다; etw. mit (allem[besonderem]) N. fordern[betonen] 무엇을 강력히 요구하다 [강조하다]; sich mit N. gegen etw. wenden 단호하게 어떤 일에 반대하다.
nachdrucken ⟨h⟩ 재인쇄하다, 복제하다. **Nachdruckerlaubnis**, die 복제 허가.
nachdrücklich [-drʏklɪç] ⟨Adj.⟩ 1. 강조하는, 힘을 준: eine -e Forderung [Ermahnung] 강력한 요구[엄중한 경고]; jmdn. n. auffordern, etw. zu tun 누구에게 무엇을 하라고 강력히 요구하다; jmdn. n. auf etw. hinweisen 누구에게 무엇을 힘주어 지적하다. 2. 《드물게》 ↑nachhaltig (1). **Nachdrücklichkeit**, die ↑nachdrücklich의 명사형: die N. seiner Bitte machte uns stutzig 그의 부탁의 강도가 우리를 당황케 했다.
Nachdruckverfahren, das; -s, - [인쇄] (지형이 없는 책의) 재인쇄 방법.
nachdunkeln ⟨s⟩ (그림, 목재 등이) 낡아 색이 칙칙해지다: nachgedunkelte Fotografien 색이 바랜 사진.
Nachdurst, der; -(e)s (과음 뒤의) 갈증.
nacheichen ⟨h⟩ (도량형기를) 재검정하다.
nacheifern ⟨h⟩ 모범으로 삼은 사람에게 뒤지지 않으려고 노력하다: seinem Lehrmeister n. 스승을 본받으려고 노력하다. **nacheifernswert** ⟨Adj.⟩ 본받을 만한. **Nacheiferung**, die 본받으려고[뒤지지 않으려고] 노력하기.
Nacheile, die [법] (경찰의) 추적. **nacheilen** ⟨s⟩ 급히 뒤쫓다[뒤따르다]: der Wirt eilte ihm mit der Rechnung nach 주인은 계산서를 들고 급히 그를 뒤쫓아갔다. **Nacheilung**, die [기술] 계기에 실제보다 낮은 수치가 나타남.
nacheinander ⟨Adv.⟩ 1. a) 하나씩 차례차례로: sie betraten n. den Saal 그들이 차례차례 홀에 들어섰다. b) 순서대로, 차례로: n. reichte sie uns ihre kleine Hand 그녀는 작은 손을 우리에게 차례로 내밀었다. 2. 잇달아, 연속해서: n. kündigten drei Mitarbeiter in Stellung 직원 세명이 잇달아 사표를 냈다.
nacheiszeitlich ⟨Adj.⟩ 빙하기 이후의.
Nachempfängnis, die; -se [의학] 과임신(過妊娠), 과(중복)수정, 복수태(複受胎).
nachempfinden* ⟨h⟩ 1. 누구의 기분을 알다[이해하다], 동감(同感)하다: jmds. Schmerz[Freude] n. 누구의 고통[기쁨]을 그대로 느끼다; kannst du n., was in mir vorgeht? 나의 기분을 네가 알 수 있을까? 2. (유명 예술품을) 모방하여 만들다: ein Gedicht n. 어떤 시를 모방하여 시를 짓다; diese Dichtung ist Goethe nachempfunden 이 작품은 괴테를 본딴 것이다. **Nachempfindung**, die ↑nachempfinden의 명사형.
nachentrichten ⟨h⟩ 얼마 뒤에[납기 후에] 지불[납부하다, 후불하다. **Nachentrichtung**, die; -en 납기 후 지불, 후불.
Nachen ['naxn̩], der; -s, - 작은 배[보트].
Nacherbe, der; -n, -n [법] 차(후) 순위 상속인. **Nacherbschaft**, die; -en [법] 차(후) 순위 상속 재산.
nacherleben ⟨h⟩ 1. (남이 경험한 것을) 후에 경험하다, 추체험하다. 2. 《드물게》 기억을 새롭게 하다[더듬다]:

die schönen Stunden n. 아름다운 시간들의 추억을 더듬다.

Nachernte, die; -n 이차 수확, 재수(再收).

nacherzählen ⟨h⟩ (누구에게서 들은 것, 읽은 것을 자기 말로) 이야기하다: den Inhalt eines Films n. 영화의 내용을 이야기하다. **Nacherzählung**, die; -en 들은[읽은] 것을 자기말로 재구성하기(다시 쓰기).

Nachf. = Nachfolger(in).

Nachfahr [-faːɐ], der; -s, -en, **Nachfahre**, der; -n, -n [-faːrə] ⟨아어⟩ 후손, 후예(반대: Vorfahr, Vorfahre): unsere Nachfahren 우리들의 후손들. **nachfahren*** 1. ⟨s⟩ a) 차로 뒤쫓아가다, 차를 몰고[타고] 뒤따르다: an den Urlaubsort n. 나중에 휴양지로 뒤따라가다. b) (차가) 뒤따라오다. 2. ⟨h/s⟩ 쓰여진 글자 위로 덧쓰다: zur Übung das Geschriebene n. 연습으로 글씨본 위에 덧쓰다.

Nachfahrentafel, die; -n ⟨아어⟩ 계보, 족보.

Nachfährte, die; -n ⟨사냥⟩ 1. (짐승의) 뒷발자욱. 2. (짐승이 오던 길을 되돌아가면서 남긴) 발자욱.

Nachfall, der; -s ⟨광⟩ (파쇄 석탄 층에 떨어져 작업을 방해하는) 돌더미. **nachfallen*** ⟨s⟩ ⟨사냥⟩ (새가 내려 앉은 자리에 다른 새가) 또 내려 앉다.

nachfärben ⟨h⟩ 한번 더 염색하다: das Haar n.(lassen) 머리를 한번 더 염색하다.

nachfassen ⟨h⟩ 1. 놓았다가 다시 잡다, 고쳐잡다: der Tormann mußte n. 골키퍼가 공을 다시 잡아야 했다. 2. [군] (식사를) 두번째 받다. 3. (통용어) 다그쳐 묻다.

nachfedern ⟨h⟩ [체조] 1. (도약판 따위가) 도약 후에도 계속 흔들리다. 2. (도약 후 균형을 잡기 위해) 팔다리를 젓다.

Nachfeier, die; -n a) 지각[늦] 잔치. b) 뒷풀이, 뒷잔치. **nachfeiern** ⟨h⟩ a) 늦잔치를 하다. b) 뒷풀이하다, 뒷잔치를 벌이다.

Nachfeld, das; -(e)s, -er [언어] 뒷자리(독일어 월에서 정동사 다음의 자리).

nachfiltern ⟨h⟩ 한번 더[두번] 거르다: nachgefilterter Kaffee 한번 더 거른 커피.

nachfinanzieren ⟨h⟩ 무엇을 더 지원하다.

Nachfolge, die 후임, 후계, 계승: jmds. N. antreten 누구의 후임자가 되다: [전의] etw. bleibt ohne N. ⟨아어⟩ 무엇이 계승되지 않다.

Nachfolge-: **~einrichtung**, die ⟨구동독⟩ 신개발 주택지의 편의 시설. **~kandidat**, der 누구의 후임자로 내정된 사람. **~organisation**, die 후계 조직, 계승 단체. **~staat**, der ⟨대개 Pl.⟩ (해체된 대국의 영토에 생긴 작은) 계승[승계]국.

nachfolgen ⟨s⟩ 1. ⟨아어⟩ 따르다, 추종하다: Christus n. 그리스도를 따르다. 2. ↑folgen (1 a, b, 3): die Familie folgte ihm ins Ausland nach 그 가족은 그를 따라 외국으로 갔다; jmdm. im Amt n. 누구의 후임자가 되다; den nachfolgenden Verkehr beobachten 뒤 따라오는 차를 살피다. **Nachfolger**, der; -s, - 계승자, 후계자, 후임자: jmds. N. werden 누구의 후임자가 되다; keinen N. haben 후계자가 없다. **Nachfolgerin**, die; -nen ↑Nachfolger의 여성형. **Nachfolgerschaft**, die 계승자임, 계승자. **Nachfolgerstaat**, der ⟨대개 Pl.⟩ ↑Nachfolgestaat.

nachfordern ⟨h⟩ 추가로 청구하다. **Nachforderung**, die; -en 1. ⟨Pl. 없음⟩ 추가로 청구하기. 2. 추가 청구[계산서].

nachformen ⟨h⟩ 본떠서 만들다.

nachforschen ⟨h⟩ a) 조사하다, 탐색하다: lange[vergebens, überall] n. 오랫동안[헛되이, 샅샅히] 조사하다. b) ⟨아어⟩ 밝히려고 연구[추적]하다: einem Geheimnis n. 어떤 비밀을 밝히려고 추적하다. **Nachforschung**, die; -en ⟨대개 Pl.⟩ 추적, 조사, 연구: gründliche N. betreiben 철저히 추적[조사]하다; -en anstellen[halten] 조사[추적]하다.

Nachfrage, die; -n 1. ⟨준고어⟩ (안부에 대한) 문의: gestatten Sie mir die N. nach Ihrem Wohlbefinden 건강은 어떠십니까; **danke der (gütigen) N.[für die (gütige) N.]** (대개 안부를 묻는 이에게 반어적으로 대답하는 말) 염려해 주셔서 고맙습니다. 2. [상] 수요: die N. nimmt zu[steigt, geht zurück, sinkt] 수요가 증가하다[늘다, 감소하다, 줄다]; es herrscht keine N. in(nach) diesen[(schweiz.)über diese) Waren 이 상품에 대한 수요가 없다; je größer die N., desto teurer die Ware 수요가 많을수록 값이 비싸다; die Preise richten sich nach Angebot und N. 가격은 수요와 공급에 따라 결정된다. 3. ⟨드물게⟩ 추가(보충) 질문. 4. [통계] (선거 결과의) 추정 조사. **nachfragen** ⟨h⟩ 1. a) 문의하다, 조회하다: da müssen Sie beim zuständigen Herrn n. 당신은 결정권이 있는 사람에게 문의해야 합니다; fragen Sie doch bitte nächste Woche einmal nach 다음 주에 다시 한번 문의해 보십시오. b) 청원하다: ich muß erst um Genehmigung n. 나는 우선 허가를 청원해야만 한다. 2. [상] (소비자가 특정 상품을) 찾다: ältere Hammel werden kaum noch nachgefragt 나이든 숫양의 수요는 거의 없다. 3. 거듭 질문하다, 재차 묻다: er mußte mehrmals n., bis sie antwortete 그녀가 대답할 때까지 그는 몇번이나 물어보아야 했다. **Nachfrager**, der; -s, - [경제] 수요자.

Nachfrist, die; -en 기간 연장, 유예[연장] 기간.

nachfühlen ⟨h⟩ ↑nachempfinden (1): jmds. Schmerz n. 누구와 슬픔을 나누다; ich fühle Ihnen das nach 나는 당신과 동감입니다.

nachfüllen ⟨h⟩ 1. 그릇(잔)을 다시 채우다: die Gläser n. 잔을 다시 채우다. 2. 무엇을 무엇에 다시 채우다: Tinte[Benzin] n. 잉크[휘발유]를 보충하다. **Nachfüllung**, die; -en ⟨드물게⟩ 다시 채우기.

Nachfürsorge, die; -n (schweiz.) (의사의) 후치료.

Nachgang ⟨다음 용법으로⟩ **im N.** [관] 추가로, 추후에.

nachgären* ⟨h / s⟩ ⟨전문어⟩ 다시 발효하다. **Nachgärung**, die; -en 재발효.

nachgeben* ⟨h⟩ 1. 누구에게 무엇을 더 주다: sich Kartoffeln n. lassen 감자를 더 달라고 하다. 2. a) (마침내) 양보하다, 동의하다: jmds. Wünschen[Bitten] n. 누구의 소망[부탁]에 응하다; die Mutter gibt (ihm) zuviel nach 어머니는 (그에게) 너무 많이 양보한다. b) 굴복하다, 지다: der Müdigkeit[einer Verlockung] n. 피로 [유혹]에 굴복하다. 3. (외부의 힘을 견디지 못해) 구부러지다, 휘다, 틀어지다, 무너지다: der Boden gibt nach 바닥이 무너지다; seine Knie gaben nach 그는 무릎이 약해졌다; das Seil gibt nach 줄이 느슨하다. 4. 뒤지다, ⟨대개 부정으로⟩ 필적하다: an Fleiß[an Eifer] keinem anderen etw. n. 근면함[열성면]에서 누구에게도 뒤지지 않다. 5. [금융・경제] (가격이) 떨어지다, 하락하다: die Kurse[die Preise] geben nicht nach 시세[가격]가 떨어지지 않는다.

nachgeboren ⟨Adj.) 1. ⟨드물게⟩ 아버지 사후에 태어난, 유복자의. 2. 첫아이 후 (뒤늦게) 태어난. **Nachgeborene***, der / die 1. 유복자. 2. ↑Nachkömmling. 3. ⟨Pl.⟩ ⟨아어⟩ (말하는 이의) 후세대.

Nachgebühr, die; -en ⟨가⟩정(수) 우편료(우표가 없거나 부족한 우편물의 수신자가 내는).

Nachgeburt, die; -en 1. a) 후산(後産) (출산 후 태(胎)를 낳음), 포의(胞衣). b) 태반: die N. muß noch kommen 태가 또 나와야 한다; [성구] bei dir haben sie wohl das Neugeborene[das Kind] weggeworfen

nachgeburtlich ⟨Adj.⟩ [의학] 생후 일년 동안의, 출생 (직)후의, 유아기의.

Nachgefühl, das; -s, -e ⟨아이⟩ 후감, 뒷맛, 남은 감정: -e des Traums 꿈의 뒷감정.

nachgehen* ⟨s⟩ 1. a) 뒤에 가다, 뒤를 따르다: einem Fremden n. 낯선 사람을 뒤쫓다. b) 추적하다, 조사하다: sie gingen dem Wimmern nach 그들은 흐느끼는 소리를 따라갔다; [전의] einem Problem(einer Vermutung) n. 어떤 문제[추측]를 조사하다[파고 들다]; dieser Sache muß man genauer n. 이 일은 엄밀히 조사해야 한다. c) 어떤 일에 몰두[전념]하다. 2. 머리속(마음)에서 떠나지 않다: die Ereignisse des Tages gingen ihr noch lange nach 그날의 사건이 오랫동안 그녀의 머리에 남아 있었다. 3. (직업적) 일[업무]을 규칙적으로 수행하다, (이익·향락을) 추구하다, 좇다: seiner Arbeit [seinen Geschäften] n. 자기 일[사업]에 전념하다; man kann sich immer nur seinen Interessen n. 항상 제 이익만을 추구할 수는 없다. 4. (시계 따위가) 늦게 가다: die Uhr geht (eine[um eine] Viertelstunde) nach 시계가 (15분) 늦게 간다.

nachgelassen ⟨Adj.⟩ 유고의, 유작의: -e Werke 유작.

nachgeordnet ⟨Adj.⟩ [관] 낮은 등급[직급]의, 하위의.

nachgerade ⟨Adv.⟩ 1. 점차, 차츰차츰, 서서히. 2. 본래, 참으로. 3. 정말, 진짜로, 바로, 말하자면: er wurde n. auffallend 그는 정말 눈에 띄게 되었다.

nachgeraten* ⟨s⟩ ↑geraten (3): das Kind ist ganz dem Vater nachgeraten 그 아이는 완전히 아버지를 닮았다.

Nachgeschmack, der; -(e)s 뒷맛: ein schlechter N. 고약한 뒷맛; [전의] eine Schlägerei hinterläßt immer einen unangenehmen N. 싸움질은 언제나 개운찮은 뒷맛을 남긴다.

nachgestalten ⟨h⟩ ⟨드물게⟩ ↑nachbilden.

nachgestellt: ↑nachstellen (2).

nachgewiesenermaßen ⟨Adv.⟩ 증명된 바로는, 입증된 바와 같이: der Schiedsrichter war n. bestochen 입증된 바와 같이 그 심판은 매수되었다.

nachgiebig [-gi:bɪç] ⟨Adj.⟩ 1. ⟨드물게⟩ 잘 휘는(구부러지는), 부드러운. 2. 양보하는, 남의 뜻에 잘 따르는, 관대한: das Kind ist durch die -e Mutter verwöhnt 그 아이는 양보 잘 하는 어머니 때문에 버릇이 나쁘다; nichts vermochte ihn n. zu stimmen 아무것도 그를 양보하도록 생각을 바꾸게 만들 수는 없었다. **Nachgiebigkeit**, die 1. 휨, 휘는 성질. 2. 양보(심): kluge N. 현명한 양보(심); N. gegen jmdn.[gegenüber jmds. Forderungen] zeigen 누구에 대해서[누구의 요구에 대해서] 양보심을 보이다.

nachgießen* ⟨h⟩ 1. a) ...을 더 부어서 채우다: er goß mir Kognak nach 그는 나에게 코냑을 더 따라 주었다. b) 빈 잔을 다시 채우다: ich nehme ihm die Flasche aus der Hand und gieße mein Glas nach 나는 그의 손에서 병을 빼앗아 내 잔을 다시 채운다.

nachgreifen* ⟨h⟩ 1. [체조] 손자세를 조정하다. 2. [사냥] (개끈을) 더 짧게 잡다.

nachgrübeln ⟨h⟩ 무엇에 대해 부단히 곰곰이 숙고하다 (무엇에 대한 해결책을 찾기 위해): über ein Problem n. 어떤 문제를 숙고하다.

nachgucken ⟨h⟩ ⟨지역적⟩ ↑nachsehen (1~3).

nachhakeln, **nachhäkeln** ⟨h⟩ ⟨축구·특히 südd.⟩ ↑nachhaken (2).

nachhaken ⟨h⟩ 1. ⟨통용어⟩ (어떤 점에 대해 더 물어보기 위해) 누구의 말을 중단시키다: in der Sache mußt du noch einmal n. 너는 이 문제를 한번 더 근본적으로 검토해야 한다. 2. [축구] 상대방의 다리를 걸다[걸어 넘어뜨리다].

Nachhall, der; -(e)s, -e ⟨드물게 Pl.⟩ 메아리, 여운.

nachhallen ⟨h/s⟩ 반향[공명]하다, 여운을 남기다: der Schlußakkord hallte lange nach 종결부의 화음은 길게 여운을 남겼다. **Nachhallzeit**, die [물리] 잔향 시간(殘響時間).

nachhalten ⟨h⟩ 장시간 지속하다: die Suppe hält nicht lange nach 그 수프는 잠깐 동안만 배고픔을 잊게 한다. **nachhaltig** ⟨Adj.⟩ 1. 장시간 큰 영향을 미치는: einen -en Eindruck hinterlassen 지속적인 인상을 남기다. 2. [임업] 목재 생산 전용의: -e Forstwirtschaft 목재 생산 전용 임업. **Nachhaltigkeit**, die 1. (장시간의) 지속적 영향. 2. [임업] 목재 생산 전용.

Nachhand, die; hände 짐승의 뒷다리(↑Hinterhand (2)).

nachhängen ⟨h⟩ 1. a) 무엇에 골몰하다: seit Tagen einem Problem nach 그는 며칠 전부터 한 문제에 몰두하고 있다; der Kindheit n. 유년 시절을 회상하다. 2. 표지처럼 따라다니다: der Ruf, ein Falschspieler zu sein, sollte ihm noch lange n. 사기도박꾼이란 평판이 그를 오랫동안 따라다닐 것에 틀림없었다. 3. ⟨통용어⟩ 처지다: in Mathematik[Physik] n. 수학[물리학]에서 처지다. 4. [사냥] (짐승의 발자국을) 개와 함께 추적하다.

Nachhauseweg, der; -(e)s, -e ↑Heimweg.

nachhelfen ⟨h⟩ 누구를 후원하다, 무엇을 촉진하다: der Entwicklung der Arbeiten n. 일들의 진행을 촉진하다; bei ihm muß man ab und zu mal (kräftig) n. 사람들은 그를 가끔 (힘껏) 후원해야 한다.

nachher [(österr.) '--] ⟨Adv.⟩ 1. 잇달아, 그 뒤에, 그 다음에: jetzt mache ich erst mal meine Arbeit fertig, n. kann ich dir helfen 이제 우선 일을 끝내고, 그런 연후에 곧장 너를 도울 수 있다. 2. a) 후에, 가까운 장래에: ich komme n. noch bei dir vorbei 나는 불원간 너를 또 방문하겠다. b) 나중에야말로: ob die Entscheidung richtig war, wirst du erst n. feststellen 그 결정이 옳았는지, 나중에야 비로소 확인할 수 있을 것이다. 3. (지역적) 아마, 결국. **nachherig** [na:xˈheːrɪç] ⟨Adj.⟩ 나중의: wie sich durch -e Beobachtung ergab 나중의 관찰로 드러났듯이.

Nachherbst, der; -(e)s, -e ↑Spätherbst.

Nachhieb, der; -(e)s, -e [펜싱] ↑Reprise (5).

Nachhilfe, die; -n 1. ⟨드물게⟩ 후원, 조력, 도움. 2. ↑Nachhilfestunde. Nachhilfeunterricht의 약칭: N. geben[bekommen] 보충 수업을 해주다[받다].

Nachhilfe-: **~lehrer**, der 과외 선생. **~schüler**, der 과외(보충) 수업 학생. **~stunde**, die, **~unterricht**, der 보충 수업, 과외 수업.

nachhinein ⟨다음 용법으로⟩ **im n.** ⟨특히 österr., schweiz.⟩ 1) 추후에. 2) 나중에, 뒤에: der Verdacht erwies sich im n. als falsch 그 의혹은 나중에 잘못된 것으로 밝혀졌다.

nachhinken ⟨s⟩ ↑hinterherhinken.

Nachhirn, das; -(e)s, -e [해부] (척추 동물과 인간의) 후뇌.

Nachholbedarf, der; -(e)s 보충 수요: einen großen [aufgestauten] N. haben 보충해야 할 수요가 크다; die Sättigung des -s 보충 수요의 충족. **nachholen** ⟨h⟩ 1. 추후에 데려가다: seine Familie an den neuen Wohnort n. 그의 가족을 새로운 거주지로 추후에 데려가다. 2. (밀린 것을) 나중에 해치우다, 만회하다: eine Prüfung n. 추가 시험을 보다; auf medizinischem

Gebiet haben wir einiges nachzuholen[aufzuholen] 의학 분야에서 우리는 몇 가지 뒤떨어진 점을 만회해야 한다. **Nachholspiel**, das 〖구기〗 (제때에 치루지 못한) 추후 보충 경기.

Nachhut, die; -en 〖군〗 후위(반대: Vorhut): die N. angreifen 후위를 공격하다.

nachimpfen 〈h〉 1. 2차 접종을 하다. 2. (접종을 새롭게 하기 위해) 재접종하다. **Nachimpfung**, die; -en 추가 접종, 재접종.

nachjagen 1. 〈s〉 누구(무엇)를 추적하다(추구하다): dem Glück n. 행복을 추구하다. 2. 〈h〉 《통용어》 급히 추송(追送)하다: man hat ihm ein Telegramm nachgejagt 사람들은 그에게 급히 전보를 보냈다.

Nachkaufen 〈h〉 추후에(추가로) 사다: von dem Geschirr kann man alle Teile n. 그 식기세트의 그릇들은 나중에 구입하여 보충할 수 있다.

Nachklang, der; -(e)s, Nachklänge 1. 여운, 반향, 공명: der N. der Musik 그 음악의 여운. 2. 인상.

Nachklapp, der; -s, -s 《통용어》↑Nachtrag.

nachklingen* 〈s〉 1. 여운이 울리다, 반향〖공명〗하다. 2. (한 체험에서) 영향 또는 인상으로 남다: die Begegnung mit ihrem Idol klang noch lange in ihr nach 자기 우상과의 해후는 오랫동안 그녀에게 인상을 남겼다.

nachkolorieren 〈h〉 추가적으로 채색하다: nachkolorierte Ansichtskarten 추가 채색된 그림엽서.

Nachkomme, der; -n, -n 후손, 후예: keine -n haben 후손이 없다. **nachkommen*** 〈s〉 1. a) 나중에 오다〖가다〗: geht schon vor, wir werden bald [in einer Stunde] n. 먼저 가거라, 우리는 곧 (한 시간 후에) 뒤따라가겠다; da kann noch etw. n. 뭔가 (귀찮은 일) 또 뒤따라 일어날 수 있다. b) 누구를 뒤쫓다. 2. (아이) (다른 사람의 요구를) 이행하다, 들어 주다, 따르다: einer Bitte n. 어떤 부탁을 들어 주다; du mußt deinen Verpflichtungen n. 너는 너의 의무를 다 해야 한다. 3. 보조를 맞추기 위해 빨리 행하다: wir kommen mit der Arbeit[mit der Produktion] gerade noch nach 그들은 일〖생산〗을 서둘러 해서 보조를 맞춘다. 4. 〈지역적〉 누구를 닮다: der Sohn kommt ganz dem Vater nach 아들은 아버지를 아주 닮았다. **Nachkommenschaft**, die 후손. **Nachkömmling** [...kœmliŋ], der; -s, -e 터울 큰 늦자식.

Nachkontrolle, die; -n 추가 검사. **nachkontrollieren** 〈h〉 추가 검사하다.

Nachkrieg, der; -(e)s ↑Nachkriegszeit의 약칭.

Nachkriegs-: ~**ära**, die 전후 시대. ~**erscheinung**, die 전후 현상. ~**generation**, die 전후 세대. ~**jahr**, das 전후. ~**wirren** 〈Pl.〉 전후 혼란. ~**zeit**, die 전후 (시대).

Nachkur, die; -en 후요법(後療法), 병후 요양.

nachladen* 〈h〉 〖총기〗 재장전하다.

Nachlaß [...las], der; Nachlasses, Nachlasse / Nachlässe [...lɛsa] 1. 유산, 상속 재산: den N. ordnen 〖verwalten〗 유산을 정리〖관리〗하다; Schriften aus dem N. herausgeben 〖veröffentlichen〗 유고를 출판하다. 2. 〖상〗 할인: beim Kauf eines Autos N. bekommen〖gewähren, fordern〗 자동차의 구입시 할인을 받다〖할인해 주다, 할인을 요구하다〗. 3. 〈드물게〉 사면: an den N. der Sünden glauben 죄의 사면을 믿다.

Nachlaß- (Nachlaß 1): ~**gericht**, das 유산 재판소. ~**gläubiger**, der 유산 채권자. ~**konkurs**, der 파산 집행. ~**pfleger**, der 〖법정〗 유산 관리인. ~**verbindlichkeiten** 〈Pl.〉 유산 부채. ~**verwalter**, der 유산 관리인. ~**verwaltung**, die 채권자의 이해가 충족되도록 상속 문제를 처리하다.

nachlassen* 〈h〉 1. 차츰 강도를 잃다, 진정되다, 쇠퇴하다: der Regen〖der Sturm, die Hitze〗 hat nachgelassen 비〖폭풍우, 더위〗가 수그러졌다; der Schmerz 〖das Fieber〗 hat an Heftigkeit nachgelassen 고통〖열〗의 격렬함이 약해졌다; sein Gehör〖sein Gedächtnis〗 läßt immer mehr n. 그의 청각〖기억력〗이 점점 더 약해진다; die Leistungen der Schüler lassen nach 학생들의 성적이 떨어진다. 2. 〖상〗 할인해 주다: er hat uns keinen Pfennig nachgelassen 그는 우리에게 한 푼도 깎아 주지 않았다. 3. (누구에게 벌, 채무를) 면제해 주다: man läßt mir die Rückzahlung der Raten ein paar Monate nach 나에게 분할금의 지불을 몇 달 면해 준다. 4. 〈지역적〉 (어떤 일을 추구하기를) 그만두다, 중지하다. 5. 느슨히 하다: weißes Seil langsam n. 흰 로프를 천천히 느슨하게 하다. 6. 〖사냥〗 a) (개를) 먹이를 공격하도록 끈에서 풀어 주다. b) (개가) 추격을 멈추다.

Nachlassenschaft, die; -en 〈고어〉 유산. **Nachlasser**, der; -s, - 〈드물게〉 ↑Erblasser. **nachlässig** 〈Adj.〉 1. a) 단정치 못한, 소홀한: der Schüler ist [arbeitet] sehr n. 그 학생은 소홀하다〖아주 소홀하게 공부한다〗. b) 너절한, 비관습적인: n. gekleidet sein 아무렇게나 옷을 입다. 2. 무관심한, 냉담한. **nachlässigerweise** 〈Adv.〉 소홀〖너저분, 냉담〗하게. **Nachlässigkeit**, die; -en 1. 〈Pl. 없음〉 소홀, 무관심, 냉담. 2. 소홀〖무관심, 냉담〗한 태도.

Nachlauf, der; -(e)s, Nachläufe 1. 〖화학〗 후유출액. 2. 〖자동차〗 캐스터. **nachlaufen*** 〈s〉 1. 뒤쫓다: 〖전의〗 er läuft einer Illusion〖einer Idee〗 nach 그는 어떤 환상〖이념〗을 추종한다. 2. 《통용어》↑hinterherlaufen (3): wenn ihr nicht mitmachen wollt, wir laufen euch nicht nach 너희들이 함께 할 의사가 없으면, 우리는 너희들에게 구태여 구걸하지는 않겠다. 3. 추종하다, 따르다: ein falscher Messias, dem das Volk nachzulaufen begann 대중이 따르기 시작한 엉터리 구세주. 4. (계기가) 정상보다 작은 수치를 나타내다: die Uhr läuft nach 시계가 늦게 간다. **Nachlaufen**, das; -s 〖무판적〗 ↑Fangen: die Kinder spielen N. 애들이 술래잡기를 한다. **Nachläufer**, der; -s, - 1. 〖무반적〗 추종. 2. 〖당구〗 다른 볼을 공략한 후에도 계속 굴러가는 볼.

nachlauschen 〈h〉 계속 들리는지 귀기울이다: einem Klang n. 어떤 소리가 계속 들리는지 귀기울이다.

nachleben 〈h〉 누구를 모범으로하여〖규정에 맞게〗 생활하다: seinem Lehrer n. 선생님의 삶을 본받다. **Nachleben**, das; -s (기억 속에 남아 있는) 고인의 생.

nachlegen 〈h〉 더 놓다〖놓아주다〗, 첨부하다: jmdm. ein Stück Kuchen n. 누구에게 케이크를 한 조각 더 놓아주다.

nachlernen 〈h〉 뒤늦게 배우다.

Nachlese, die; -n 1. 추가〖2차〗 수확. 2. (아이) (문학 작품선집 등의) 보유(補遺). **¹nachlesen*** 〈h〉 재독하다, 다시 읽고 검토하다: den Wortlaut der Rede n. 연설문을 읽고 검토하다. **²nachlesen*** 〈h〉 a) 2차 수확을 하다: sie hat (auf dem Feld) nachgelesen 그녀는 (들판에서) 2차 수확 작업을 했다. b) 뒤 가려내다: Erbsen n. 완두콩에서 (나쁜 것을) 다시 가려내다.

nachliefern 〈h〉 a) 나중에〖늦게〗 인도〖공급〗하다: der Rest der Ware wird nachgeliefert 상품의 나머지는 추후에 인도된다. b) 추가로 공급하다: die folgenden Bände des Lexikons werden regelmäßig nachgeliefert 그 사전의 속편들은 정기적으로 추후 공급된다. **Nachlieferung**, die; -en 추후 공급(상품).

nachlösen 〈h〉 나중에 (차 안에서) 차표를 구입하다: im Zug (einen Zuschlag) n. 기차 안에서 추가 승차권을 구입하다.

nachm. = nachmittags.

nachmachen 〈h〉《통용어》 1. a) 따라하다, 모방하다:

das Kind macht den Geschwistern alles nach 그 애는 자매들의 모든 행동을 따라하다. b) 복사하다, 모방하다, 흉내내다: die Kinder machten den Lehrer nach 애들은 선생님을 흉내내었다. c) 모조(위조)하다: nachgemachtes Geld 위조 지폐. 2. 뒤늦게 하다: die Hausaufgaben n. 밀린 숙제를 뒤늦게 하다.

Nachmahd, die〈지역적〉↑Grummet.

nachmalen 〈h〉 1. 그리다, 그림으로 재현하다: etw. aus der Erinnerung n. 무엇을 기억을 통해 그려내다. 2. a) 한번 더 칠해 분명하게 하다: Konturen n. 윤곽을 다시 그려 분명하게 하다. b) 《통용어》한번 더 화장하다: die Lippen n. 입술에 연지를 다시 바르다.

nachmalig 〈Adj.〉〈고어〉나중의: der Kronprinz, der -e Friedrich Wilhelm II. 나중에 프리드리히 빌헬름 II세가 되는 황태자. **nachmals** 〈Adv.〉《드물게 고어》나중에.

nachmessen* 〈h〉 다시 측정하다. **Nachmessung**, die; -en 재측정.

Nachmieter, der; -s, - 후계 임차인.

nachmittag 〈Adv.〉 오후에(항상 어제, 오늘 등의 날 표시와 함께): Montag n. 월요일 오후에. **Nachmittag**, der; -s, -e 1. 오후: ich habe den ganzen N. gewartet 나는 오후내내 기다렸다. 2. ↑Nachmittagsveranstaltung. **nachmittägig** 〈Adj.〉 오후 내내 지속되는, 오후의: die -e Ruhe 오후의 정적. **nachmittäglich** 〈Adj.〉 오후에 일어나는: sie trafen sich zum -en Tanz im Café 그들은 카페에서 오후의 춤을 추기위해 만났다. **nachmittags** 〈Adv.〉 오후에: n. um vier 오후 4시에.

Nachmittags-: **~kaffee**, der 오후 커피. **~kleid**, das 《의상》(우아한) 오후 의상. **~schlaf**, der, **~schläfchen**, das 낮잠. **~sonne**, die 오후의 태양. **~stunde**, die 오후 시간. **~unterricht**, der 오후 수업. **~veranstaltung**, die 오후 행사. **~vorstellung**, die 오후 공연(상연). **~zeit**, die 오후(시간).

Nachnahme, die; -n 1. 대금 교환 우편: eine Sendung(ein Paket) als(mit, per, unter) N. schicken 발송품[소포]을 대금 교환 우편으로 보내다. 2. ↑Nachnahmesendung: eine N. einlösen 돈을 지불하고 대금 교환 우편물을 수취하다. **Nachnahmegebühr**, die 대금 교환 우편 수수료. **Nachnahmesendung**, die 대금 교환 우편물.

Nachname, der; -ns, -n ↑Familienname.

nachnehmen* 〈h〉 1. 더 먹다: nimm dir doch Fleisch(Gemüse, Tee) nach! 고기(야채, 차)를 더 들어! 2. (대금 교환 우편 방식으로) 대금을 받다: der Betrag ist nachzunehmen 대금은 물품 인도시 수취인이 지불해야 한다.

nachnutzen 〈h〉《구동독》《생산에》활용하다: gewonnene und angewandte Arbeitserfahrungen n. 이미 얻어서 적용하는 본 노동 경험들을 활용하다. **Nachnutzung**, die; -en ↑nachnutzen의 명사형.

nachplappern 〈h〉《폄》(앵무새처럼) 남의 말을 되풀이 하다: die Kinder plappern alles nach 애들은 모든 것을 따라 말한다.

nachpolieren 〈h〉 다시 한번 더 광을 내다.

Nachporto, das; -s, -s / ...ti ↑Nachgebühr.

nachprägen 〈h〉 a) 추가로 주조하다: Münzen n. 동전을 추가로 만들다. b) 견본에 따라 새로 새기다. **Nachprägung**, die; -en a) 추가로 주조함. b) 견본에 따라 새로 새김.

nachprellen 〈s〉《사냥》(사냥개가)《야생동물을》뒤쫓다.

nachprüfbar 〈Adj.; nicht adv.〉 검사《확인》할 수 있는: diese Angaben sind nicht n. 이 진술들은 그 진위를 확인할 수 없다. **Nachprüfbarkeit**, die ↑nachprüfbar의 명사형. **nachprüfen** 〈h〉 1. 검사《조사, 확인》하다: jmds. Alibi n. 누구의 알리바이를 조사(확인)하다. 2. 재시험《추가 시험》하다: da er zum Prüfungstermin krank war, wurde er nachgeprüft 그는 시험 기간에 아팠기 때문에 추가 시험을 보았다. **Nachprüfung**, die; -en 재시험《추가 시험》.

Nachrangstraße, die; -n《österr.》진입 우선권이 없는 도로.

Nachraum, der; -(e)s 《임업》↑Ausschuß (3).

nachräumen 〈h〉《통용어》(누가 내버려둔 것을) 치우다: jeden Tag muß ich dir n.! 매일 네 뒤를 따라다니며 치워 주어야 되겠니!

nachrechnen 〈h〉 1. 재계산하다: die Rechenaufgabe n. 계산 문제를 검산하다. 2. 계산하다《산출하다》. **Nachrechnung**, die; -en ↑nachrechnen의 명사형.

Nachrede, die; -n 험담, 비방, 중상: schlechte -n über jmdn. verbreiten. 누구에 대한 나쁜 소문을 퍼뜨리다. **nachreden** 〈h〉 1. 다른 사람들이 말한 것을 비판없이 받아들여 반복하다. 2.《드물게》누구를 험담(악평)하다: die Leute redeten ihm übel nach 사람들은 그에 대해 나쁜 소문을 퍼뜨렸다. 3. ↑nachsagen (2).

nachreichen 〈h〉 추후 보충 제출하다: Unterlagen n. 서류들을 보완하여 추가 제출하다.

Nachreife, die 저장 중의 익음. **nachreifen** 〈s〉 수확 후에 익다: während des Transports reifen die Bananen nach 수송 중에 바나나들이 익는다.

nachreisen 〈s〉 누구를 뒤쫓아 (같은 장소로) 여행 가다: seine Frau reiste ihm heimlich nach 그의 부인은 그의 여행길을 몰래 뒤쫓아갔다.

nachreiten* 〈s〉 말을 타고 뒤쫓다.

nachrennen* 〈s〉《통용어》↑nachlaufen (1, 2).

Nachricht ['naːrɪçt], die; -en 1. 뉴스, 소식: die neueste N. lautet ... 최신 뉴스는 다음과 같다 ···; -en vom Sport 스포츠 소식《뉴스》; die N. von seinem Tode traf alle sehr 그의 죽음에 관한 소식은 모두에게 깊은 충격을 주었다; eine N.(über) bringen 소식을 전해 주다. 2.《Pl.》↑Nachrichtensendung: das wurde in den letzten -en gesagt《gebracht》 그것은 바로 조금 전 뉴스 방송 시간에 말해졌다.

Nachrichten- (Nachricht 1): **~agentur**, die 통신사. **~büro**, das ↑~agentur. **~dienst**, der 1. 국가 비밀 정보 기관《특히 군사, 정치, 경제 분야》. 2. a) ↑~agentur. b)《준> 》↑~sendung. **~magazin**, das 뉴스 잡지. **~politik**, die 보도 정책. **~satellit**, der ↑Kommunikationssatellit. **~sendung**, die《텔레비전과 방송국의》뉴스 방송. **~sperre**, die 보도 관제, 보도 금지. **~sprecher**, der 뉴스 아나운서. **~sprecherin**, die ↑~sprecher의 여성형. **~system**, das 정보 통신 체계. **~technik**, die 정보 통신 기술. **~truppe**, die《군·옛》↑Fernmeldetruppe. **~übermittlung**, die 정보 전달. **~übertragungssystem**, das ↑~system. **~verbindung**, die 통신 연결: eine N. herstellen 통신 연결을 하다. **~wesen**, das 《Pl. 없음》통신 제도《체계》.

Nachrichter, der; -s, - 1.《군·옛》통신 부대원. 2.《통용어》뉴스 종사자, 기자. **nachrichtlich** 〈Adj.〉 뉴스에 관한: -e Sendungen des Hörfunks 라디오의 뉴스 방송.

nachrücken 〈s〉 1. a) ↑aufrücken (1). b) (부대들이) 뒤따라 나아가다《움직이다》: sie rückten der kämpfenden Truppe nach 그들은 전투 부대 뒤를 따라 행군했다. 2. 누구의 후임으로 취임하다: auf den Posten des Direktors n. 지배인의 후임으로 부임하다.

Nachruf, der; -(e)s, -e 추도사: einen N. auf jmdn.

schreiben 누구에 대한 추도사를 쓰다. **nachrufen'** ⟨h⟩ (누구의 등에다 대고) 외치다: „Idiot!" rief er ihm nach "바보"라고 그는 그의 등에다 대고 외쳤다.

Nachruhm, der; -(e)s 죽은 후의 명성: der N. eines Dichters 한 작가의 사후(死後) 명성. **nachrühmen** ⟨h⟩ 누구의 어떤 점을 칭찬하다: man rühmte ihm Wundertaten 사람들은 그가 기적을 행했다고 찬양했다.

nachrüsten ⟨h⟩ **1.** [기술] (성능을 개선하기 위해) 추가 부품으로 보완하다. **2.** 군비를 확장하다. **Nachrüstgerät**, das [기술] 보완 설비. **Nachrüstsatz**, der [기술] 보완 식자(植字). **Nachrüstung**, die; -en [기술] 설비 보완; 군비 확장. **Nachrüstungsbeschluß**, der 군비 확장 결정.

nachsagen ⟨h⟩ **1.** …의 말을 되풀이하다: einen Satz n. 한 문장을 따라 말하다. **2.** 누구에 대해 무엇이라고 말하다: man sagt ihm Hochmut[Geiz, große Fähigkeiten] nach 사람들은 그가 교만하다[인색하다, 능력이 많다]고 주장한다.

Nachsaison, die; -s, ⟨südd., öster. 또한⟩ -en [-zeˡ-zoːnən] (휴양지의) 애프터시즌.

nachsalzen ⟨h⟩ 소금을 더 치다: die Suppe[Soße] n. 수프[소스]에 소금을 더 치다.

Nachsatz, der; -es, Nachsätze **1.** 부록, 추신, 주석. **2.** [언어] 후행문.

nachschaffen' ⟨h⟩ 모조하다.

Nachschau (다음 용법으로) **N. halten** (아어) 확인하다: ich will N. halten, ob er kommt 나는 그가 오는지 확인하겠다. **nachschauen** ⟨h⟩ ⟨südd., österr., schweiz.⟩ ↑nachsehen (13).

nachschenken ⟨h⟩ (아어) 첨잔하다: darf ich dir noch ein wenig Wein n.? 포도주를 좀 더 따라주어도 좋겠니?

nachschicken ⟨h⟩ 추송(追送)하다: sich die Post an den Urlaubsort n. lassen 우편물을 휴가지로 추송시키다.

nachschieben' ⟨h⟩ ⟨은어⟩ (인터뷰 등에서) 질문 등을 추가하다[추가적으로 또하다]: einen Antrag n. 신청을 추가하다.

Nachschlag, der; -(e)s, Nachschläge **1.** [음악] **a)** 뒤꾸밈음, 후타음(後打音). **b)** 트릴러의 장식 종결부. **2.** [특히 (군)] 추가 배식분: einen N. verlangen[bekommen] 추가 배식을 요구하다[받다]. **nachschlagen'** **1.** ⟨h⟩ **a)** (책에서) 찾아보다: in einem Lexikon [in einem Wörterbuch] n. 사전에서 찾다; ⟨통용어·가끔 4격목적어와 함께⟩ ein Lexikon n. 사전에서 찾아보다. **b)** 책에서 (어떤 귀절을) 찾아 읽다: du mußt alle Vokabeln (im Wörterbuch) n. 너는 모든 어휘들을 (사전에서) 찾아보아야 한다. **2.** ⟨아어⟩ 누구를 닮다: er schlägt dem Vater[der Großmutter] nach 그는 아버지[할머니]를 닮아간다. **Nachschlagewerk**, das; -(e)s, -e 참고 서적(사전 등).

nachschleichen' ⟨s⟩ 몰래 누구(무엇)의 뒤를 밟다.

¹nachschleifen ⟨h⟩ 다시 한번 잘 갈다: ein Messer [die Axt] n. 칼[도끼]을 다시 갈다.

²nachschleifen ⟨h⟩ 질질 끌다: sein krankes Bein nur mühsam n. 병든 다리를 겨우 질질 끌다.

nachschleppen ⟨h⟩ ↑²nachschleifen.

Nachschlüssel, der; -s, - (몰래) 복제한 열쇠: der Dieb drang mit einem N. in die Wohnung ein 도둑은 모조열쇠로 집 안으로 침입했다.

Nachschlüsseldiebstahl, der [법] 모조열쇠로 하는 도둑질.

nachschmecken ⟨h⟩ **1.** 어떤 뒷맛이 있다: das Gewürz schmeckt merkwürdig (streng) nach 그 양념은 독특한[곡 쏘는] 뒷맛이 있다. **2.** ⟨농⟩ 다시 한번 맛을 즐기다.

nachschmeißen' ⟨h⟩ ⟨통용어⟩ ↑nachwerfen(1, 2).

nachschminken ⟨h⟩ 추가 화장하다.

nachschneiden' ⟨h⟩ 다시 잘라 원하는 형태가 되게 하다: die Haare n. 머리를 다시 한번 모양 좋게 다듬다.

nachschnüffeln ⟨h⟩ ⟨통용어⟩ 코를 킁킁거리며 수색하다.

nachschreiben' ⟨h⟩ (요점을) 받아쓰다, 보고 쓰다: eine Vorlesung[einen Vortrag] n. 강의[강연] 내용을 받아쓰다.

nachschreien' ⟨h⟩ (누구의) 등에다 대고 소리치다(↑nachrufen).

Nachschrift, die; -en **1.** 필사록, 필사본: die N. der Vorlesung konnte er kaum entziffern 그는 강의 필기한 것을 전혀 알아볼 수가 없었다. **2.** 추신: der Brief hatte noch eine N. 그 편지에는 추신도 있었다(약어: NS).

Nachschub, der; -(e)s, Nachschübe [군] **a)** 보급: der N. an Munition[an Proviant] 탄약(식량)의 보급; 전의 bei der Party war er für den N. an alkoholischen Getränken verantwortlich 파티에서 그는 알코올 보급 담당이었다. **b)** 보급품: N. anfordern(bekommen) 보급품을 요구하다[받다].

Nachschub- [군]: **~einheit**, die 보급 부대. **~kolonne**, die 보급 자동차의 행렬. **~truppe**, die 보급(군수) 부대. **~weg**, der 보급로.

Nachschur, die; -en [농업] (가을에 실시되는) 두번째 양털깎기.

Nachschuß, der; Nachschusses, Nachschüsse **1.** [경제] 추가 투자(액). **2.** [구기] (골대에서 튀어나온 볼을) 다시 받아 넣기. **Nachschußpflicht**, die [경제] 주주의 추가 투자 의무. **Nachschußtor**, das [구기] 다시 숫해서 얻은 골인.

nachschütten ⟨h⟩ 더[다시] 붓다.

nachschwatzen, ⟨⟨지역적⟩⟩ **nachschwätzen** ⟨h⟩ ⟨폄⟩ (다른 사람이 한 말을) 생각없이 반복하다: du schwätzt alles nach, was er sagt 너는 그가 말하는 것을 모두 따라 말한다.

nachschwingen' ⟨h⟩ **1.** 잠깐 더 떨리다(울리다). **2.** ⟨아어⟩ (느낌이) 여운을 남기다: der Schmerz[das Glücksgefühl] schwang in ihr noch nach 고통(행복감)이 그녀의 마음 속에 여운을 남겼다.

nachsehen ⟨h⟩ **1.** 목송(目送)하다: den abreisenden Gästen[dem Zug] n. 떠나가는 손님들[기차]을 눈으로 배웅하다. **2. a)** 확인(검사)하다: sieh mal nach, ob die Kinder schlafen[wer an der Tür ist] 애들이 자는지 [누가 왔는지] 확인해 보아라. **b)** ↑nachschlagen (1 a). **c)** ↑nachschlagen (1 b). **3.** (결점 등이 있는지) 교열하다, 검사하다, 점검하다: sie sieht (ihm) immer die Schularbeiten nach 그녀는 그의 학교 숙제를 항상 점검해 준다. **4.** 누구의 무엇(잘못 따위)을 관대히 보아주다: sie sieht den Kindern alle Unarten nach 그녀는 애들의 모든 버릇없는 행동들을 관대히 보아 넘긴다. **Nachsehen**, das (다음 용법으로) **das N. haben** 아무 소득도 없다, 손해보다; **jmdm. bleibt das N.** 누구에게 아무 소득도 없다(손해).

nachsenden ⟨h⟩ ↑nachschicken. **Nachsendung**, die; -en [우편] (수취인의 주소 변경 후의) 우편물의 추송(追送).

nachsetzen ⟨h⟩ 급히 추적하다: als der Mann flüchten wollte, setzten ihm die beiden Leute nach 그 남자가 도망치려고 하자, 두 사람이 급히 그를 추적했다.

Nachsicht, die 관용; 관대함: mit jmdm. N. haben 누구를 관대히 봐주다; N. üben 관용을 베풀다. **nachsichtig** ⟨Adj.⟩ 관대한: jmdn. n. behandeln 누구를

관대하게 대하다. **Nachsichtigkeit**, die 《드물게》 관대함. **nachsichtsvoll** 〈Adj.〉 《드물게》 관대한.
Nachsichtwechsel, der; -s, - [금융] 일람 후 정기불 [지급] 어음.
Nachsilbe, die; -n [언어] ↑Suffix.
nachsingen* 〈h〉 따라 노래하다: eine Melodie n. 멜로디를 따라 부르다.
nachsinnen* 〈h〉 《아어》 **a)** 심사숙고하다: über ein Problem [eine Frage] n. 어떤 문제[질문]에 대해 숙고하다. **b)** 여러 모로 (돌이켜) 생각하다: ich begann, den Ereignissen des Tages nachzusinnen 나는 그 날의 일들을 돌이켜 생각해 보기 시작했다.
nachsitzen* 〈h〉 벌로서 방과 후 학교에 남아 있다: 《주로 müssen과 결합하여》 er war frech gewesen und mußte n. 그는 불손했기 때문에, 방과 후에도 벌로서 학교에 남아 있어야만 했다.
Nachsommer, der; -s, - 늦여름.
Nachsorge, die [의학] 애프터케어(회복기 환자의 요양).
nachspähen 〈h〉 가는[떠나는] 모습을 엿보다.
Nachspann, der; -(e)s, -e [영화·텔레비전] 영화나 방송국이 끝난 후 작가, 공연자(共演者) 등을 알려 주는 자막 (반대: Vorspann).
Nachspeise, die; -n 후식(後食), 디저트: die N. servieren 후식을 대접하다.
Nachspiel, das; -(e)s, -e **1.** 에필로그, 끝막. **2.** (성교 시) 후희(後戱)(반대: Vorspiel). **3.** (나쁜) 결과, 여파, 후유증: die Sache wird noch ein N. haben 이 일엔 또 후유증이 따를 것이다. **nachspielen** 〈h〉 **a)** 누구를 흉내내어 연기[연주]하다: eine Szene n. 한 장면을 재연하다. **b)** 모방하다. **2.** 초연된 작품을 다른 극장에서 상연하다: die in Berlin uraufgeführte Oper wurde von mehreren Bühnen nachgespielt 베를린에서 초연된 오페라는 많이 다른 무대에서 계속 상연되었다. **3.** [카드] 일정한 카드를 으뜸패를 내고 가져 온 후에 다시 내다. **4.** [특히 축구] 로스타임을 적용하다.
nachspionieren 〈h〉 누구를 염탐하면서 뒤쫓다.
nachsprechen* 〈h〉 따라 말하다: einen Eid [ein Gebet, jmds. Worte] n. 서약[기도, 누구의 말]을 따라 말하다.
Nachsprecher, der 《蔑》 맹종자, 뇌동자(雷同者).
nachsprengen 〈s〉 《아어》 급히 말을 달려 추격하다.
nachspringen 〈s〉 **1.** 뒤쫓아 달리다. **2.** 한번 뛰어 뒤쫓다: er sprang dem Kind ins Wasser nach 그는 그 애의 뒤를 따라 물 속으로 뛰어들었다.
nachspülen 〈h〉 **1.** 다시 한번 헹구다: die Teller sind noch fettig, du mußt sie n. 접시들이 아직 기름기가 있으니 다시 한번 헹구어야 한다. **2.** 한번 더 부어 헹구다. **3.** 《통용어》입가심하다: er trank einen Schnaps und spülte ein Bier nach 그는 소주를 한 잔 마시고 맥주로 입가심하였다.
nachspüren 〈h〉 《아어》 **1.** (주의깊게) 추적[탐색]하다. **2.** 무엇을 탐지해 내려고 노력하다: einem Geheimnis [einer Frage, einem Verbrechen] n. 비밀[의문, 범죄]을 탐지하려고 하다.
nächst [nɛːçst] 〈Präp.³〉 《드물게》 (공간적으로) 바로 옆에. **2.** (지위, 순서, 가치에 있어) 바로 다음의.
nächst... [-] 〈Adj.〉 **1.** ↑nahe의 최상급. **2. a)** 《공간적》 바로 다음의: wir müssen an der nächsten Tankstelle tanken 우리는 다음 주유소에서 기름을 넣어야 한다; **der [die, das] nächste beste** 닥치는 대로(의). **b)** 《시간적》 바로 다음의: nächste Woche 다음 주; nächsten Montag [am nächsten Montag] 다음 주 월요일에; **fürs nächste** 우선, 잠정적으로; **mit nächstem** 《고어》 곧, 가장 먼저.

nächst-, Nächst-: **~besser** 〈Adj.〉 차선의, 제 2 위의. **~beste** 〈Adj.〉 《다음 용법으로》 **der [die, das] n.** 닥치는 대로의, 가까운데 있는: er ging ins n. Hotel 그는 가장 가까운데 있는 호텔로 갔다. **nächstdem** [nɛːçstˈdeːm] 〈Adv.〉 바로 그 후에. **~folgend** 〈Adj.〉 바로 그 다음의. **~gelegen** 〈Adj.〉 가장 가까운. **~höher** 〈Adj.〉 그 다음으로 높은. **~jährig** 〈Adj.〉 다음해에 쳐지는: die -e Jubiläumsfeier 그 다음해에 개최되는 기념 축제. **~liegend** 〈Adj.〉 가장 먼저 대두되는 (떠오르는): die -e Frage 제일 먼저 대두되는 문제. **~liegende***, das 제일 우선적인 문제[일]. **~möglich** 〈Adj.〉 가장 먼저 가능한: zum -en Termin kündigen 가장 빠른 시점에 해약[해고]을 하다.
Nächste* [ˈnɛːçstə], der/die 《아어》이웃사람; 같은 사람; [성구] jeder ist sich selbst der N. 누구든지 우선 자신부터 생각한다.
nachstehen* 〈h〉 **1.** 《준고어》 불리한 대우를 받다: sie stand ihrer hübschen Schwester immer nach 그녀는 항상 그녀의 예쁜 언니 때문에 불리한 대우를 받았다. **2.** 무엇에 있어 누구에 못미치다: jmdm. an Klugheit nicht n. 영리함에 있어 누구에 뒤지지 않다; er steht ihm in nichts nach 그는 그에게 어떤 점에서도 뒤지지 않는다. **nachstehend** 나중에 나오는, 다음의: n. finden Sie einige Anmerkungen 아래에 몇 가지 주해가 있다; -es ist zu beachten 다음 사항에 유의해야 된다; im -en eine Übersicht 아래에 나오는 개요를 보시오; das Nachstehende muß geprüft werden 다음 사항이 검토되어져야 한다.
nachsteigen* 〈s〉 《통용어·농》집요하게 누구를(특히 처녀를) 따라다니며 구혼하다: er steigt der Laborantin schon seit Wochen nach 그는 이미 몇 주 전부터 실험실의 여조수 꽁무니를 쫓아다니며 구애 [구혼]하다.
nachstellen 〈h〉 **1.** 견본에 따라 묘사하다: eine Szene n. 한 장면을 그대로 모방하여 묘사하다. **2.** [언어] 무엇에 후치시키다: eine Präposition dem Substantiv n. 전치사를 명사에 후치시키다; 《대개 과거분사로》 ein nachgestelltes Attribut(Satzglied) 후치된 부가어(문장 성분). **3.** 시계바늘을 뒤로 돌리다 (반대: vorstellen): du mußt die Uhr(den Wecker) (eine Stunde) n. 너는 그 시계[자명종]를 (한 시간) 늦추어야 한다. **4.** 추후에 다시 한번 조정하다: die Bremse(die Kupplung) n. 브레이크(클러치)를 추후에 다시 한번 조정하다. **5. a)** 《아어》 (사람 또는 동물을) 추적하다: dem Wild n. 야생동물을 추적하다; in Ägypten stellte ihm die russische Geheimpolizei nach 이집트에서 러시아 비밀 경찰이 그를 추적했다. **b)** 《통용어》↑nachsteigen: er stellt den Mädchen nach 그는 아가씨들의 꽁무니를 쫓아다닌다.
Nachstellung, die; -en **1.** [언어] 후치(後置): bei N. dieser Präposition steht das von ihr abhängende Substantiv im Genitiv 이 전치사가 후치될 때 명사는 2격이 된다. **2. a)** 추적: sich jmds. -en entziehen 누구의 추적(권)에서 벗어나다. **b)** 《통용어》따라다니며 구애하다.
nächstemal 〈Adv.〉 《다음 용법으로》 das n.; beim [zum] nächstenmal 다음 번에(는).
Nächstenliebe, die 이웃을 사랑하는 마음, 박애; er hat es aus (reiner, christlicher) N. getan 그는 그것을 (순전히, 기독교적인) 이웃사랑의 마음에서 행하였다.
nächstens [ˈnɛːçstəns] 〈Adv.〉 **1.** 근일, 얼마 후에: wir wollen euch n. besuchen 우리는 너희들을 곧 방문하겠다. **2.** 《통용어》 결국.
nachsterben* 〈s〉 《아어》 뒤이어 죽다.
Nachsteuer, die; -n [세무] 추징세.
nachstoßen* **1.** 〈s〉 추격하다. **2.** 〈h〉 《통용어》 (토론, 인터뷰에서) 집요하게 질문을 하다 (주장을 내세우다).

nachstreben ⟨h⟩ ↑nacheifern.
nachstürmen ⟨s⟩ ↑nachstürzen (2).
nachstürzen ⟨s⟩ 1. 다시금 무너져내리다. 2. 《통용어》 누구를 급히 쫓다.
nachsuchen ⟨h⟩ 1. 집중적으로 찾다[수색하다]. 2. 《아어》 무엇을 (형식을 갖춰) 공식적으로 요청하다, 청원(출원)하다: um Bedenkzeit n. 숙고 시간을 요청하다.
Nachsuchung, die; -en 《아어》 공식적 요청, 청원.
nacht [naxt] ⟨Adv.⟩ 밤에: 《항상 "어제", "오늘" 등의 말 뒤에 쓰여서》 heute(gestern) n. 오늘[어제] 밤에; 《österr.·통용어》《시간 뒤에 쓰여서》 12 Uhr n. 밤 12시. **Nacht** [-], die; Nächte ['neçtə] 밤: draußen war schwarze N. 바깥은 아주 어두웠다; es wird schon N. 벌써 밤이 된다; die N. kommt(bricht an) 밤이 온다; eine N. durchfeiern 밤새도록 축연을 즐기다; etw. bereitet jmdm. eine schlaflose N. 무엇이 누구에게 밤을 못 이루게 하다; sie kamen die ganze N. nicht zur Ruhe 그들은 밤새도록 안정을 찾지 못했다; des -s 《아어》 밤에, 밤 동안에; eines -s 《아어》 어느날 밤; N. für N. 매일 밤; in der N. von Sonntag auf Montag 일요일에서 월요일에 이르는 밤에; bei jmdm. über N. bleiben 누구의 집에서 밤을 보내다; 《아어》 밤에; 전의 《시어》 die N. des Todes[des Wahnsinns] 죽음[광증]의 밤; **Heilige N.** 성탄 전야; **gute N.!** 잘 자[안녕히 주무세요]!; na, dann gute N.! 《통용어》《실망, 체념 등에 쓰임》 그래 잘 해 봐라!; N. der langen Messer 《경》 학살; schwarz wie die N. 칠흑 같은, 아주 어두운; häßlich wie die N. 아주 추한; dumm[blöd, doof o.ä.] wie die N. 《통용어》 아주 어리석은; die N. zum Tage machen 밤새도록 일하거나 축연을 즐긴 후에 아침에는 잠자리에 들다; sich³ die N. um die Ohren schlagen 《통용어》 (어떤 이유로) 밤에 잠자리에 들지 않다; bei N. und Nebel 아주 비밀로 (그리고 밤에): sie gingen bei N. und Nebel über die Grenze 그들은 아무도 모르게 국경을 넘었다; über N. 갑자기, 예상 밖에, 단번에: er wurde über N. berühmt 그는 하룻밤새에 유명해졌다; zu N. essen 《시어》 저녁식사하다.
nacht-, Nacht-: **~aktiv** ⟨Adj.⟩ 〖동물〗 야행성의: -e Tiere(Vögel, Insekten) 야행성 동물(새, 곤충). **~angriff**, der 〖군〗 야간 공격. **~arbeit**, die 〖Pl. 없음〗 야업(특히 밤 10시에서 새벽 6시 사이의), 야간 노동(야근). **~asyl**, das 무료 숙박소. **~aufnahme**, die 야간 촬영. **~ausgabe**, die 석간 신문. **~bar**, die 밤늦게(이른 아침)까지 열려있는 바. **~blau** ⟨Adj.⟩ nicht adv.《아어·시어》검푸른(밤하늘색의). **~blind** ⟨Adj.⟩ 야맹의, 야맹증의. **~blindheit**, die ↑Hemeralopie. **~bogen**, der 〖천문〗 지평선 아래의 천체 궤도. **~creme**, die 〖화장〗나이트크림. **~dienst**, der 야근: welcher Arzt(welche Apotheke) hat heute N.? 어떤 의사(약방)가 오늘 야근을 하는가? **~dunkel** ⟨Adj.⟩《아어》밤으로 인해 어두운. **~dunkel**, das《아어》 밤의 어둠. **~essen**, das 《südd., schweiz.》 ↑Abendessen. **~eule**, die 《통용어·농》 밤 늦도록 즐겨 깨어 있는 사람. **~fahrt**, die 야간 주행. **~falter**, der 1. 밤에 활동하는 나방[나방]. 2. ↑~schwärmer (2). **~farben**, **~farbig** ⟨Adj.⟩《아어·시어》 밤하늘색[흑색]의. **~flug**, der 야간 비행. **~frost**, der 밤서리, 밤추위. **~gebet**, das 밤의 기도. **~geschirr**, das《아어》↑~topf. **~gespenst**, das 밤의 유령[도깨비]. **~gewand**, das 《아어》 잠옷(↑~hemd). **~gleiche**, die ↑Tagundnachtgleiche. **~haube**, die 《옛》 잠잘 때 여자들이 쓰는 두건. **~hemd**, das 잠옷. **~himmel**, der 〖Pl. 없음〗 밤하늘. **~himmelslicht**, das 〖Pl. 없음〗〖천문〗 야광(야간의 대기광). **~jacke**, die (여성용) 잠옷으로 입는 재킷. **~jäckchen**, das 《준고어》 ↑~hemd. **~kabarett**, das ↑~bar. **~kasten**, der, 《축소형》 **~kästchen**, das 《südd., österr.》 ↑~tisch. **~kerze**, die 달맞이꽃. **~kerzengewächs**, das 달맞이과 식물. **~klinik**, die 야간 (정신) 병원. **~klub**, der 나이트클럽. **~kühle**, die 밤의 냉기. **~lager**, das 1. 《아어》 잠자리(숙소). 2. ↑Biwak. **~leben**, das 1. (대도시의) 밤의 환락가. 2. 〖농〗 밤의 환락. **~licht**, das 《고어·시어》 침실의 불빛[등불]. **~lokal**, das ↑~bar. **~luft**, die 밤공기. **~mahl**, das 《österr., südd.》 저녁식사. **~mahlen** ⟨h⟩《österr.》저녁식사하다. **~mahr**, der 1. ↑~gespenst. 2. ↑¹Alp (1). **~marsch**, der 야간행군. **~mensch**, der 밤늦게까지 깨어 활동하는 사람. **~musik**, die 《드물게》세레나데, 저녁음악. **~mütze**, die 1. 《옛》 잠잘 때 쓰는 모자. 2. 《통용어·준고어》 게으르고 멍청하고 느린 사람. **~pförtner**, der ↑~portier. **~portier**, der 야간 수위. **~quartier**, das (하룻밤을 위한) 숙소: ein N. suchen 숙소를 찾다. **~raubvogel**, der 《준고어》 ↑Eulenvogel. **~ruhe**, die 밤의 휴식(수면): jmds. N. [jmdn. in seiner N.] stören 누구의 밤의 휴식을 깨뜨리다. **~sanatorium**, das ↑~klinik. **~schicht**, die 1. 윤번 야간근무, 야근: er hat heute N. 그는 오늘 야근을 해야 한다. 2. (한 기업의) 야간 작업원 전체: sie wurden von der N. abgelöst 그들은 야간 작업반에 의해 교대되었다. **~schlaf**, der 밤잠. **~schlafend** ⟨Adj.⟩ 밤에 잠자는. **~schmetterling**, der ↑~falter. **~schränkchen**, das ↑~tisch. **~schwärmer**, der 1. 밤나비. 2. 〖농〗 밤늦게까지 환락을 즐기는 사람. **~schwarz** ⟨Adj.⟩《아어》 아주 검은, 칠흑의. **~schweiß**, der 식은 땀. **~schwester**, die 야근 간호사. **~seite**, die 《시어》 부정적인 면: die N. des Lebens(dieser Zeit) 인생(이 시대)의 부정적인 면. **~sichtigkeit**, die 주맹증(晝盲症). **~speicherofen**, der (밤에 충전했다가) 쓰는 전기난로. **~still** ⟨Adj.⟩《아어·시어》 밤의 정적으로 가득 찬. **~stille**, die 밤의 정적. **~strom**, der 〖Pl. 없음〗 (할인된) 야간 전기. **~stück**, das 1. 〖미술〗 야경그림. 2. ↑Nocturne. 3. 〖문예학〗 밤장면의 문학적 묘사. **~stuhl**, der 환자용 변기. **~stunde**, die 밤시간(까지): zu vorgerückter N. 깊은 밤에. **~tarif**, der 야간 임금율. **~tau**, der 밤이슬. **~tier**, das 야행성 동물. **~tisch**, der 침대옆 협탁. **~tischlampe**, die 침대옆 탁상 전등. **~tischschublade**, die 침대옆 협탁 서랍. **~topf**, der 요강. **~übung**, die 〖군〗 야간 군사 훈련. **~urlaub**, der 〖군〗 하룻밤 휴가. **~viole**, die 노란장대속(屬)의 일종. **~vogel**, der 야조(夜鳥). **~vorstellung**, die 야간 공연(상영). **~wache**, die 1. 야경, 야간 보초: der Soldat ist auf N. 그 병사는 야간 보초 근무 중이다. 2. 야간 보초(야경원). **~wächter**, der 1. 《옛》 야경꾼. 2. (회사 등의) 야경원. 3. 〖경〗 느림보, 미련둥이. 4. 《통용어·농·은혜》 (깊고 어두운 숲 속에 있는) 퉁덩어리. **~wächterlied**, das 야경꾼의 노래. **~wandeln** ⟨h/s⟩ ↑schlafwandeln. **~wanderung**, die 몽유: eine lange N. machen 긴 몽유를 하다. **~wandler** [-vandlɐ], der; -s, - ↑Schlafwandler. **~wandlerin**, die; -nen ↑~wandler의 여성형. **~wandlerisch** ⟨Adj.⟩ schlafwandlerisch. **~wolke**, die 《대개 Pl.》 밤 하늘의 구름. **~zeit**, die 밤시간. **~zeug**, das 《통용어》 밤잠 자는데 필요한 물건들. **~zug**, der 야간열차. **~zuschlag**, der 야간 수당.
Nachteil, der; -(e)s, -e 불리, 단점, 불이익(반대: Vorteil): daraus erwachsen[entstehen] (uns) einige -e 그로 인해 (우리에겐) 몇몇 불리한 사항이 생겨난다;

die Sache hat den(einen) N., daß... 그 일의 결점은 ···이다; etw. gereicht jmdm. zum N.(gereicht zu jmds. N.) (아이) 무엇이 누구에게 불리하게 작용한다. **nachteilig** ⟨Adj.⟩ 불리한, 해로운: -e Folgen 불리한 결과들; etw. wirkt sich n. aus 무엇이 불리하게 작용하다; es ist nichts Nachteiliges über ihn bekannt 그에 대해 불리한 것은 아무것도 알려져 있지 않다.
nächtelang ⟨Adj.⟩ 여러 밤동안 지속되는: -e Diskussionen(Sitzungen) 여러 날 밤 계속되는 토론(회의)들; sie hat n. an seinem Bett gewacht 그녀는 여러 날 밤 을 그의 침대곁에서 새웠다. **nachten** ['naxtn] ⟨h; 비인칭⟩(schweiz. · 그 외 시어) 밤이 되다, 어두워지다: es nachtet schon 이미 날이 저문다. **nächtens** ['nɛçtns] ⟨Adv.⟩ (아이) 밤에. **nächtig** ['nɛçtɪç] ⟨Adj.⟩ (아 어·시어) 밤의, 밤과 같이 어두운: er schaut in den -en Park 그는 밤의 공원을 내다본다; [전의] die Welt war kalt und n. 세계는 차고 어두웠다. **Nachtigall** ['naxtɪgal], die; -en 밤꾀꼬리: sie singt wie eine N. 그녀는 밤꾀꼬리같이 노래를 잘 부른다; [경의] N., ich hör' dir trapsen ⟨경⟩ 나는 너의 의도가 무엇인지 잘 알 겠다. **Nachtigallenschlag**, der 밤꾀꼬리의 노래.
nächtigen ['nɛçtɪgn] ⟨h⟩ (österr. · 그 외 아어) 밤을 지내다: bei jmdm. (in einem Hotel) 누구집(한 호텔) 에서 밤을 지내다. **Nächtigung**, die; -en (österr.) 숙박. **Nächtigungsgeld**, das (österr.) 숙박비 지급.
Nachtisch, der; -(e)s 디저트: zum N. servierte sie Obst 디저트로서 그녀는 과일을 대접했다.
nächtlich ['nɛçtlɪç] ⟨Adj.⟩ 밤의, 밤 동안의: die Stille 밤의 정적; der -e Park 깜깜한 공원. **nächtlicherweile** ⟨Adv.⟩ (아이) 밤에.
nachtönen ⟨h⟩ ⟨드물게⟩ ↑ nachklingen (1).
Nachtrag, der; -(e)s, Nachträge [-trɛːgə] 추서: etw. in einem N. zu einem Aufsatz bemerken 무엇을 한 논문의 추서에서 언급하다. **nachtragen*** ⟨h⟩ 1. 누구의 뒤에서 무엇을 나르다: jmdm. das Gepäck n. 누구의 뒤에서 짐을 운반해주다. 2. a) 추가로 써 넣다: er wollte in seinem(seinen) Aufsatz noch einiges n. 그는 그의 논문에 몇 가지를 추가하려고 했다. b) 추가로 말하다; nachzutragen wäre noch, daß... 덧붙혀 말하자면 ··· 이다. 3. 잘 용서하지 않다: jmdm. sein Verhalten (eine Äußerung) n. 누구의 그 행동(발언)을 계속 용서해 주지 않다. **nachtragend** ⟨Adj.⟩ 잘 용서해 주지 않는, 원한을 잊지 않는: sei nicht so n.! 남의 잘못에 대해 판대하라. **nachträgerisch** ⟨Adj.⟩ (아 어·편) 관대하지 못한. **nachträglich** [-trɛːklɪç] ⟨Adj.⟩ 나중의: n. etw. einsehen 무엇을 나중에서야 깨 닫다.
Nachtrags-: **~etat**, der 【행정】 ↑ ~haushalt. **~haushalt**, der 【행정】 추가 예산. **~verteilung**, die 【법】 추가 배당.
nachtrauern ⟨h⟩ 1. ⟨드물게⟩ 누구의 죽음을 슬퍼하다. 2. 아쉬워하다, 애석하게 여기다: seinem ehemaligen Chef(der alten Stellung, den alten Zeiten) n. 그의 이전 상관(옛 지위, 옛날)을 아쉬워하다; die Schauspielerin trauert ihrem vergangenen Ruhm nach 그 여배우는 그녀의 지나간 명성을 아쉬워한다.
Nachtrupp, der; -s, -e 후위.
nachts [naxts] ⟨Adv.⟩ 밤에: Montag(montags) n. 월 요일 밤에. **nachtsüber** ⟨Adv.⟩ 밤 동안에: er ist n. unterwegs 그는 밤새 길을 가고(오고) 있다.
nachtun* ⟨h⟩ ⟨통용어·드물게⟩ ↑ nachmachen: keiner wagte, ihm den Sturzflug nachzutun 아무도 감히 그 의 급강하 비행을 흉내내지 않았다.
Nacht-und-Nebel-Aktion, die; -en 기습 작전: die Beschlagnahme der Akten war eine regelrechte N. 문서들의 압류는 완전한 전격 작전이었다.
nachuntersuchen ⟨h⟩ 재검진하다. **Nachuntersuchung**, die; -en 재검진.
Nachveranlagung, die; -en 【세무】 추징.
Nachvermächtnis, das; -ses, -se 《schweiz. · 법》 추가 유증.
nachversichern ⟨h⟩ 【보험】 추가 보험을 맺다. **Nachversicherung**, die; -en 【보험】 1. 추가 보험. 2. 보험 확장.
nachvollziehbar ⟨Adj.⟩ 실감되는, 추체험되는: ein leicht -er Gedanke 쉽게 실감되는 사상. **Nachvollziehbarkeit**, die 추체험성, 실감. **nachvollziehen*** ⟨h⟩ 어떤 일을 마치 스스로 한 것처럼 이해하다(실감있게 체험하다): jmds. Gedankengänge n. 누구의 생각을 실감있게 체험하다.
nachwachsen* ⟨s⟩ 다시 자라다: das Gras ist schon nachgewachsen 풀이 벌써 다시 자라났다.
Nachwahl, die; -en 재선거; 보궐선거.
Nachwehen ⟨Pl.⟩ 1. 【의학】 후진통(後陣痛). 2. (아 이) 후유증: die N. einer durchwachten Nacht 철야 의 후유증들.
Nachwein, der; -(e)s, -e 두번째로 거른 포도주.
nachweinen ⟨h⟩ ↑ nachtrauern (2).
Nachweis [-vaɪs], der; -es 증명, 증거: den N. für etw. erbringen(führen, liefern) 무엇에 대한 증거를 대 다. **nachweisbar** [-vaɪsbaːɐ̯] ⟨Adj.⟩ 증명될 수 있는, 명백한: -e Fehler(Mängel) 명백한 실책(결점). **nachweisen*** ⟨h⟩ 1. 증명하다, 입증하다: etw. läßt sich leicht(nur schwer) n. 무엇이 쉽게(단지 어렵게) 증명되 다; jmdm. einen Fehler(einen Irrtum, einen Diebstahl) n. 누구가 잘못(오류, 절도)을 저질렀다는 것을 증 명하다. 2. 【관】 소개(주선)하다: jmdm. eine Arbeitsstelle(ein Quartier, ein Zimmer) n. 일자리(숙소, 방) 을 알선하다. **nachweislich** ⟨Adj.⟩ 증명된, 증명된 바 와 같은: eine -e Falschmeldung 드러난 허위 보고; das ist n. richtig 그것은 증명된 것처럼 옳다.
Nachwelt, die 후세, 후예: etw. der N. überliefern 후세에 전하다.
nachwerfen* ⟨h⟩ 1. 뒤에서 던지다: die Kinder warfen ihm Steine nach 아이들이 그의 등뒤로 돌을 던졌다. 2. ⟨통용어·과장⟩ 쉽게 얻게 하다, 거저 주다, 거저 하다; er hat ihr ja den Schmuck nur so nachgeworfen 그는 그녀에게 그 보석을 그냥 준것과 다름없다. 3. 추가로 넣다(던지다): beim Telefonieren ein paar Münzen n. 전화를 하면 서 몇 개의 동전을 더 넣다.
nachwiegen* ⟨h⟩ 다시 (저울에) 달다.
nachwinken ⟨h⟩ 전송하다: die Kinder haben uns noch lange nachgewinkt 아이들은 우리를 한참 동안이 나 손을 흔들어 전송했다.
Nachwinter, der; -s, - 꽃샘추위, 늦겨울, 여한(餘寒).
nachwinterlich ⟨Adj.⟩ 늦겨울의.
nachwirken ⟨h⟩ 오랫동안 영향을 끼치다: das Medikament wirkt noch (einige Zeit) nach 그 약은 아직 (얼 마 동안은) 효험이 있다. **Nachwirkung**, die; -en 여 파, 결과, 영향: ich spürte keine unangenehmen -en der Operation 나는 그 수술의 후유증을 전혀 느끼지 않 았다.
nachwollen* ⟨h⟩ ⟨통용어⟩ 누구(무엇)의 뒤를 쫓으려하 다: er wollte ihm nach 그는 그를 뒤쫓으려했다.
Nachwort, das; -(e)s, -e 후기(後記), 추기(追記).
Nachwuchs, der; -es 1. 〈친근〉 (한 가족의) 자녀들: bei ihnen hat sich N. eingestellt(ist N. angekommen) 그들은 아이 하나를 얻었다. 2. 후진. 3. ⟨드물게⟩ 재성장.
Nachwuchs-: **~autor**, der 후진 작가. **~bedarf**,

der 후진의 수요[필요]. ~**fahrer**, der [특히 속도경기] 후진 자동차 경주자. ~**förderung**, die 후진 양성. ~**kraft**, die 후진 세력. ~**läufer**, der [스포츠] 후진 경주자(러너). ~**mangel**, der 후진의 결핍. ~**problem**, das 후진의 부족 문제. ~**regisseur**, der 후진 감독. ~**schauspieler**, der 후진 연기자. ~**schwimmer**, der [스포츠] 후진 수영 선수. ~**sorge**, die 후진의 부족 문제. ~**spieler**, der [스포츠] 후진 선수.
nachwürzen ⟨h⟩ 추가로 양념을 치다.
nachzahlen ⟨h⟩ 추가로 지불하다: im Zug den Zuschlag n. 기차 안에서 (급행)추가료를 지불하다. **nachzählen** ⟨h⟩ 다시 세다, 검산하다. **Nachzahlung**, die; -en 1. 후불, 추가 지불. 2. 후불금, 추가 지불금: er hat eine N. bekommen 그는 추가 급료를 받았다. **Nachzählung**, die; -en. 검산.
nachzeichnen ⟨h⟩ 모사하다: ein Bild[die Konturen] einer Figur n. 어떤 인물의 사전[윤곽]을 모사하다. **Nachzeichnung**, die; -en 1. 모사(模寫). 2. 모사된 대상.
Nachzeitigkeit, die [언어] 부문장의 시간적 후속성.
nachziehen* ⟨h⟩ 1. 뒤에 끌다, 끌고가다: er zog das kranke Bein vorsichtig nach 그는 아픈 다리를 조심스럽게 끌고갔다. 2. ⟨h⟩ 덧그려 확실히 나타내다. 3. ⟨h⟩ 더 조이다: die Schrauben(Muttern) müssen nachgezogen werden 나사들[암나사들]은 더 조여져야 한다. 4. ⟨h⟩ 추가 재배하다. 5. ⟨s⟩ a) 뒤쫓다: die Kinder zogen den Musikanten nach 아이들은 악사들을 뒤쫓아갔다. b) 뒤따라 이주하다: die Mutter ist ihrer Tochter schließlich doch dorthin nachgezogen 어머니는 결국 딸을 쫓아 그 곳으로 이주했다. 6. [장기] 상대를 따라 말을 움직이다. 7. ⟨h⟩ (통용어) 다른 쪽의 예를 따르다.
Nachzoll, der 추징 관세.
nachzotteln ⟨s⟩ 느릿느릿 뒤따라가다.
Nachzucht, die 1. 가축의 번식: den Bullen will er zur N. behalten 그 황소를 그는 번식용으로 계속 지니려고 한다. 2. 종자가축의 새끼: die N. eines Rennpferdes 경마용 말의 종자새끼.
Nachzug, der; -(e)s, Nachzüge [철도] 후속 임시 열차 (반대: Vorzug). **Nachzugsverbot**, das 추가 이민 금지.
Nachzügler [-tsy:klɐ], der; -s, - 1. 늦게온 사람, 지각자, 낙오병: der Omnibus wartete noch auf die (letzten) N. 버스는 아직 (마지막) 낙오자들을 기다렸다. 2. ↑Nachkömmling. **nachzüglerisch** ⟨Adj.⟩ 낙오의, 뒤처진.
Nackedei ['nakədaɪ], der; -s, -s 1. 《친근·농》 발가벗은 아이. 2. 《통용어·농》 발가벗은 사람: in diesem Film wird mit -s nicht gegeizt 이 영화에는 누드가 많이 등장한다. **Nackedonien** [nakə'do:niən], 《통용어·농》 누드 해수욕장. **Nackedunien** [...'du:niən] 《통용어·농》 누드 해수욕장. **Nackedonier** [...iɐ], der; -s, - 《통용어·농》 누드 해수욕장에서 수영하는 사람.
Nacken ['nakn̩], der; -s, - 목덜미: jmdm. den N. steifen (아어) 완강히 저항하도록 누구를 격려하다; **den N. steifhalten** 굴복하지 않다; **(vor jmdm.) den N. beugen** (아어) 누구에게 굴복하다; **jmdm. den N. beugen** (아어) 누구를 굴복시키다; **einen unbeugsamen N. haben** (준고어) 불굴의 의지를 갖다; **mit unbeugsamem(steifem) N.** (준고어) 굽히지 않는(불굴의); **jmdm. auf dem N. sitzen** 《준고어》 1) 누구를 바짝 추적하다. 2) 누구의 무거운 부담이 되다; **jmdm. im N. sitzen** 1) 누구를 추적하다. 2) 누구를 곤궁에 빠뜨리다: die Konkurrenz sitzt uns im N. 경쟁이 우리를 궁지에 몰리게 한다. 3) 사로잡다: die Angst saß ihm im N. 그는 아주 불안했다; **jmdn. im N. haben** 누구에 의해 추적당하여 궁지에 몰리다. **Nacken-**: ~**haar**, das 목덜미에 난 털. ~**halte**, die; -n [체조] 두손은 목을 받치고, 머리와 두 팔꿈치를 뒤로 제치는 자세. ~**hebel**, der [레슬링] 목공격, 넬슨. ~**kissen**, das 목받침 쿠션. ~**leder**, das (소방모자의) 목덜미 보호가죽. ~**rolle**, die ↑~kissen. ~**schlag**, der 큰 봉변, 재난(불운): jmdm. einen N. versetzen 누구에게 봉변을 주다. ~**schutz**, der [체조] 목을 받치고 수직으로 몸 뻗치기. ~**stand**, der [체조] 목을 받치고 수직으로 몸 뻗치기. ~**starre**, die [의학] 경부강직(頸部强直). ~**steifigkeit**, die ↑~starre. ~**stütze**, die (좌석의) 목받침. ~**waage**, die [체조] 횡목 위에서 몸을 쉬운채 몸을 수평으로 숙이기. ~**wirbel**, der 경추(頸椎).
nackend ['naknt̩] (고어·지역적) 발가벗은. **nackert** ['nakɐt] (österr.·통용어) ↑nackt의 병용형. **Nackfrosch** ['nak-] 《드물게》 ↑Nacktfrosch. **nackicht** ['nakɪçt] (nordd.), **nackig** ['nakɪç] (md.) ↑nackt의 병용형.
nackt [nakt] ⟨Adj.⟩ 1. 발가벗은: ein -er Mensch [Körper] 발가벗은 사람[나체]; sich n. ausziehen 발가벗다; [전의] etw. mit -em Auge erkennen können 무엇을 육안으로 알아챌 수 있다. 2. a) 털이 없는, 밋밋한: die jungen Vögel sind noch n. 그 어린 새들은 깃털이 아직 하나도 없다. b) 잎이나 가지가 없는, 앙상한. c) 불모의. d) 장식이 없는: eine -e Birne erleuchtete den Kellerraum 갓이 없는 전구만이 지하실을 밝혀 주었다. 3. 덮지 않은, 맨: auf der -en Erde schlafen 맨 땅바닥에 자다. 4. a) 감추지 않은: das sind die -en Tatsachen 그것은 사실 그대로이다; etw. mit -en Worten sagen 무엇을 꾸미지 않고 그대로 말하다. b) 다만 그것뿐인: die -e Existenz retten 단지 목숨만 건지다.
nackt-, Nackt-: ~**amöbe**, die 겉껍질이 없는 아메바. ~**armig** ⟨Adj.⟩ 살을 드러낸 팔을 한. ~**arsch**, der 《속·농》 발가벗은 사람, 특히 발가벗은 아이. ~**baden**, das; -s 나체 수영. ~**badeplatz**, der 나체 수영장. ~**bader**, der 나체 수영자. ~**badestrand**, der 나체 해수욕장. ~**bild**, das ↑~foto. ~**foto**, das 나체 사진. ~**fotografie**, die ↑~foto. ~**frosch**, der (친근·농》 발가벗은 아이. ~**hund**, der (테리어와 같이) 털 없는 작은개. ~**kultur**, die (Pl. 없음) 나체 문화. ~**magazin**, das 《통용어》 누드잡지. ~**modell**, das 누드 모델. ~**revue**, die 나체 남성(여성)이 출연하는 레뷰. ~**samer** [-za:mɐ], der; -s, - 《대개 Pl.》 [식물] 나자(裸子)식물(반대: Bedecktsamer). ~**samig** [-za:mɪç] ⟨Adj.⟩ 나자식물에 속하는. ~**schnecke**, die 겉껍질이 없거나 퇴화된 달팽이. ~**tänzerin**, die 나체로 춤추는 여자.
Nacktheit, die 1. 벌거숭이, 옷을 입지않은 상태: [전의] die N. der winterlichen Landschaft (아어) 불모의 (황량한) 겨울 풍경.
Nadel ['na:dl̩], die; -n 1. (축소형: ↑Nädelchen) 바늘. 2. a) ↑Nähnadel의 약칭: die N. einfädeln(den Faden in die N. einfädeln) 바늘에 실을 꿰다; **etw. mit heißer(mit der heißen) N. nähen** 무엇을 아주 낢림으로 꿰매다. b) ↑Stecknadel의 약칭: [강구] es kann keine N. zur Erde(zu Boden) fallen 입추의 여지없이 빽빽하다; man konnte eine N. hören 아주 조용히 귀를 기울였다; **eine N. im Heuhaufen suchen** 가능성이 없는 일을 시작하다; **jmdn.(etw.) wie eine N. suchen** 샅샅이 찾다; **(wie) auf -n sitzen** 안절부절 못하다, 바늘방석에 앉은 것 같다. c) ↑Anstecknadel, Ziernadel의 약칭. d) ↑Hutnadel의 약칭. e) ↑Haarnadel의 약칭: die Haare

nadel-, Nadel-

mit -n aufstecken 머리에 핀을 꽂다. **f)** ↑Injektionsnadel의 약칭: **an der N. hängen** (은어) (마약, 특히) 헤로인을 상용하다. **g)** ↑Radiernadel의 약칭. **h)** ↑Grammophonnadel의 약칭. **3. a)** ↑Stricknadel의 약칭. **b)** ↑Häkelnadel의 약칭. **4.** [기술] 노즐: die N. eines Ventils 밸브의 노즐. **5.** (시계, 계기의) 바늘, 지침. **6.** 침엽(針葉): der Tannenbaum verliert die -n 전나무가 잎을 떨구다. **7.** ↑Felsnadel의 약칭.

nadel-, Nadel-: ~**arbeit,** die **1.** (옛) (교과목으로서) 수예. **2.** ↑Handarbeit (3, 4). ~**baum,** der 침엽수. ~**brief,** der 바늘쌈. ~**buch,** das 책 모양의 바늘쌈. ~**büchse,** die 바늘갑. ~**düse,** die [기술] 침조정식 노즐. ~**einfädler,** der 바늘귀에 실을 꿰는 보조 기구. ~**eisenerz,** das 침상(針狀)철광석. ~**fein** 〈Adj.〉 바늘처럼 가는. ~**fertig** 〈Adj.〉 [섬유] 바느질 할 채비가 된. ~**förmig** 〈Adj.〉 바늘 모양의. ~**gehölze** ⟨Pl.⟩ ↑Nadelholz의 복수형(반대: Laubgehölze). ~**geld,** das **1.** (고어) 남편이 부인에게 주는 용돈. **2.** (성년이 된) 미혼 공녀(公女)의 연금. ~**holz,** das (반대: Laubholz) **1.** 침엽수 목재: Möbel aus N. 침엽수 목재로 만든 가구. **2.** (대개 Pl.) 침엽수: schnellwachsende Nadelhölzer anbauen 빨리 성장하는 침엽수를 심다. ~**kissen,** das 바늘겨레, 바늘꽂이. ~**kopf,** der ↑Stecknadelkopf. ~**kraut,** das ⟨Pl. 없음⟩ (오스트레일리아 늪지에 자생하는) 바늘풀. ~**lager,** das [기술] 강철침을 압연기로 지닌 롤러-베어링. ~**loch,** das ~**öhr. ~malerei,** die [수공] 자수화(畫). ~**öhr,** das 바늘귀. ~**papier,** das ((전문어)) 바늘 포장지. ~**schrift,** die ⟨Pl. 없음⟩ (드물게) 아주 잔 글씨. ~**spitz** 〈Adj.〉 바늘같이 뾰족한. ~**spitz,** der (schweiz.) ↑¹~**spitze,** die ~**spitze,** die 수제(手製) 레이스. ~**stärke,** die 바늘의 강도. ~**stich,** der **1.** 바늘로 찌르기: [전의] jmdm. im Gespräch -e versetzen 누구에 대해 숨어서 악의를 드러내다. **2.** 바늘구멍, 바늘로 찌른 자리[상처]. **3.** ↑Nähstich. ~**streifen,** der (대개 Pl.) 복지에 길이로 난 가는 줄무늬. ~**stupf,** der (schweiz.) 숨겨진 악의. ~**wald,** der 침엽수림(반대: Laubwald).

Nädelchen ['nɛːdlçən], das, -s, - ↑Nadel (1)의 축소형. **nadelig, nadlig** ['naːd(ə)lɪç] ⟨Adj.⟩ (특히 전문어) 바늘 모양의. **nadeln** ['naːdln] ⟨h⟩ (침엽수가) 잎을 떨구다: der Weihnachtsbaum nadelt 크리스마스트리의 잎이 떨어진다.

Naderer ['naːdərɐ], der; -s, - ⟨österr.·통용어⟩ 탐정, 밀고자.

Nadir [naˈdiːɐ̯, ˈnaːdiːɐ̯], der; -s 〔천문〕 천저(天底).

Nadler ['naːdlɐ], der; -s, - **1.** 핀 수공업자. **2.** ⟨옛⟩ 바늘 제조공. **nadlig:** ↑nadelig.

Nagaika [naˈgaika], die; -s [russ. nagajka] 코작인과 타르트인의 가죽채찍.

Nagana [naˈgaːna], die 〔아프리카 원주민 언어 zulu에서 유래함〕[수의] 아프리카의 가축과 야생동물에 생기는 (치명적인) 전염병.

Nagasaki [nagaˈzaːki] 나가사키(일본의 도시).

Nage-: ~**käfer,** der ↑Klopfkäfer. ~**tier,** das 설치류의 동물. ~**zahn,** der (설치류 동물의) 설치(切齒).

Nagel ['naːɡl̩], der; -s, Nägel ['nɛːɡl̩], **1.** (축소형: ↑Nägelchen) 못: einen N. einschlagen 못을 박다; die Jacke an einen N. hängen 옷을 못에 걸다; das Bild an einem N. aufhängen 그림을 못에 매달다; etw. mit Nägeln beschlagen 무엇에 못을 박다; **ein N. zu jmds. Sarg sein** 〔경〕 누구의 수명을 단축시키다: [전의] jede dieser Aktionen ist ein N. zum Sarg der Demokratie 이 모든 행위는 민주주의 몰락에 기여한다; **den N. auf den Kopf treffen** ((통용어)) 정곡을 찌르다; 핵심을 정확히 말하다; **einen N. im Kopf haben** ((통용어)) 건방지다, 어리석게 교만하다; **Nägel mit Köpfen machen** ((통용어)) 최후까지 해내다; **etw. an den N. hängen** ((통용어)) 무엇을 중간에 그만두다, 돌보지 않다: den Sport(sein Studium) an den N. hängen 스포츠(그의 공부)를 중도에 포기하다. **2.** 〔교통〕 차선표시용 둥근못. **3.** 손톱, 발톱: Schmutz unter den Nägeln haben 손톱(발톱) 밑에 때가 있다; **jmdm. auf (unter) den Nägeln brennen** ((통용어)) 무엇이 누구에게 아주 급한 일이다, 사태가 급박하다; **sich³ etw. unter den N. reißen(ritzen)** 〔경〕 어떤 물건을 후무리다, 날치기하다; **nicht das Schwarze unter dem (unterm) N.** ((통용어)) 전혀 아무것도: er gönnt mir nicht das Schwarze unterm N. 그는 나에게 전혀 아무것도 허용하지 않는다; **die Nägel von etw. lassen** 〔청소년〕 무엇을 차라리 하지 않고 그만 두다.

¹nagel-, ¹Nagel- (Nagel 1): ~**bohrer,** der [수공] (못구멍을 뚫는) 송곳. ~**brett,** das (회의의 탁발승으로 인내심을 시위하는) 못판. ~**eisen,** das [수공] 배척(손잡이가 긴 못뽑이). ~**fest:** ↑niet- und nagelfest. ~**fleck,** der (Pl.) T자형 흰무늬 날개의 나비. ~**fluh,** die 〔지질〕 (알프스 지방에 나타나는) 제3기층 역암(礫岩). ~**heber,** der [수공] 못뽑이. ~**kopf,** der 못대가리. ~**neu** 〈Adj.〉 ((통용어)) 갓 만든, 신품의: [전의] eine -e Freundin 갓 사귄 여자친구. ~**schaft,** der 못대, 못몸. ~**schmied,** der 못제조인. ~**schmiede,** die 못제조공장. ~**schuh,** der 징박은 구두. ~**stiefel,** der 징박은 장화. ~**zange,** die [수공] 집게식 못뽑이. ~**zieher,** der [수공] ↑~heber.

²nagel-, ²Nagel- (Nagel 3): ~**bett,** das ⟨Pl. -en⟩ 〔드물게〕 -e) 손톱밑(발톱밑). ~**bettentzündung,** die 〔의학〕 Paronychie. ~**bürste,** die 손톱솔. ~**feile,** die 손톱용의 줄. ~**festiger,** der 손발톱 파손 및 연화증 치료제. ~**härter,** der ↑~festiger. ~**haut,** die 손톱 아래의 자라는 피부, 손톱 피부. ~**häutchen,** das ↑~haut. ~**hautentferner,** der; -s, - 손톱 피부 연화제. ~**kuppe,** die 손가락끝, 못대가리. ~**lack,** der 매니큐어용 니스. ~**lackentferner,** der; -s, - 매니큐어 제거액. ~**möndchen,** das 속손톱. ~**pflege,** die 매니큐어, 손(발)톱 가꾸기. ~**polierer,** der; -s, - 손톱 다듬고 윤을 내는 사람. ~**politur,** die 매니큐어(액). ~**probe,** die (옛) 술을 다 마셨다는 증거로 비어진 술잔을 엄지손톱위에 뒤집어 놓는 관습: [전의] eine N. auf die Koalition 장래 연립의 시금석; **die N. machen** (준고어) 자신의 술잔을 마지막 방울까지 다 마시다; **bis auf die N.** (준고어) (마시는 술잔의) 마지막 방울까지. ~**rand,** der 손톱의 앞쪽끝. ~**reiniger,** der 손톱 소제용구. ~**schere,** die 손톱가위. ~**wall,** der ↑~wulst. ~**weißstift,** der 〔화장〕 손톱끝의 아랫쪽을 회게 하는 색연필. ~**wulst,** der (또는) die (해부) 손톱 뿌리의 옆부분을 덮고 있는 불룩한 피부. ~**wurzel,** die 〔해부〕 손톱뿌리. ~**zange,** die. 손톱깎이; 못뽑이.

Nägelchen ['nɛːɡlçən], das; -s, - **1.** 작은 못. **2.** (고어·지역적) 정향(丁香). **Nägelkauen,** das; -s (특히 아이들의 병적인) 손톱 물어뜯는 습관. **nageln** ['naːɡln] ⟨h⟩ **1. a)** 못을 박아 고정시키다: ein Schild an die Wand n. 못을 박아 벽에 간판을 달다. **b)** (과거분사형으로) 못(장)을 박은. **c)** 못질해 조립하다. **d)** 못을 박다. **2.** 〔의학〕 못을 사용하여 접골하다: der gebrochene Knochen(das Bein) mußte genagelt werden 부러진 뼈(다리)는 못으로 접골시켜야만 했다. **3.** (전문어·은어) (디젤 기관이) 강하게 박동하다. **Nagelung,** die; -en 못칠.

nagen ['naːɡn] ⟨h⟩ **1. a)** 쏠다, 갉아 먹다: der Hund nagt an einem Knochen 개가 뼈다귀를 핥는다; [전의] die Brandung nagt an der Küste 파도가 해안을 차츰

침식하다; **nichts zu n. und zu beißen haben** 〈통용어〉 먹을 것이 없다, 굶주리다. **b)** 쏠다, 갉다: das Wild hat die Rinde von den Bäumen genagt 야생동물이 나무의 겉껍질을 갉았다. **c)** 갉아 놓다: die Ratten haben Löcher (ins Holz) genagt 쥐들이 (목재에) 구멍들을 갉아 놓았다. **d)** 〈n. + sich〉 갉아 뚫다: die Mäuse haben sich durch die Holzwand genagt 쥐들이 판자벽을 갉아 뚫었다; 〈전의〉 die Säure hat sich durch den Boden des Gefäßes genagt 산이 그릇의 바닥에 구멍을 냈다. **2.** 좀먹다, 괴롭히다: die seelische Belastung nagte an seiner Gesundheit 정신적 부담이 그의 건강을 해쳤다; 〈비인칭〉 es nagte an ihm, daß man ihn nicht eingeladen hatte 사람들이 그를 초대하지 않은 사실이 그를 괴롭게 했다. **Nager,** der; -s, - 〈동물〉설치류의 동물.

nah: ↑nahe.

nah-, Nah-: **~aufnahme,** die **a)** [사진] 클로즈-업, 근접 촬영. **b)** [영화] 근접 촬영, 대사(大寫). **~beben,** das [지질] (관측소로부터 1,000 킬로미터 안에서 일어난) 근접 지진. **~bereich,** der [특히 사진] 근역(近域)(반대: Fernbereich). **~brille,** die 〈통용어〉 원시용 안경, 돋보기. **~einstellung,** die **a)** [사진] 근접 촬영을 위한. **b)** [영화] ↑~aufnahme (b). **~erholung,** die 대도시 주민의 근교에서의 휴양. **~erholungsgebiet,** das 대도시 근처의 휴양지. **~fahrt,** die (화물 자동차나 화물 열차의) 근거리 운행. **~kampf,** der **1.** 근접전, 육박전. **2. a)** [복싱] (몸과 몸을 맞댄) 근접전. **b)** [펜싱] 근접전. **~kampfmittel,** das 근접전 무기(수류탄, 화염방사기 등). **~kauf,** der 〈관용어 없이〉 근동: Waffenlieferungen nach N. 근동 지방으로의 무기 공급. **~östlich** [-ˈ--] 〈Adj.〉 근동 지역에 관한. **~schnellverkehrszug,** der 근거리 급행열차. **~schuß,** der 근접 사격. **~sichtig** 〈Adj.〉 [예술] 바로 앞에서 관찰된. **~transport,** der 근거리 운송. **~verkehr,** der 근거리 교통. **~verkehrsmittel,** das 근거리 교통 수단(반대: Fernverkehrsmittel). **~verkehrszug,** der 근거리 여객열차. ²**~verwandt** 〈Adj.〉 가까운 친척인. **~ziel,** das (반대: Fernziel) **1.** 당면 목표: sein N. ist die Teilnahme an den Olympischen Spielen 그의 당면 목표는 올림픽 경기에의 참가이다. **2.** 《드물게》 근거리 목표 지점. **~zone,** die [교통] 직선 거리 50킬로미터 이내의 구역.

Näh-: **~arbeit,** die 바느질. **~faden,** der 재봉실. **~garn,** das ↑~faden. **~kasten,** der 재봉상, 반짇고리. 〈축소형〉 **~kästchen,** das 작은 재봉갑: aus dem N. plaudern 〈통용어 · 농〉 개인적 비밀을 낯선 사람에게 털어놓다. **~korb,** der 바느질고리. 〈축소형〉 **~körbchen,** das 작은 바느질고리: aus dem N. plaudern 〈통용어 · 농〉 개인적 비밀을 낯선 사람에게 털어놓다. **~kurs,** 《드물게》 **~kursus,** der 재봉 강좌. **~maschine,** die **1.** (옛 · 방언 · 전기) 재봉틀. **2.** 〈군〉 **a)** 기관총. **b)** (2차대전시) 굉음을 내는 러시아 전투기, 정찰기. **~maschinenöl,** das 재봉 기름. **~nadel,** die 바느질 바늘. **~schatulle,** die 《드물게》 ↑~kasten. **~seide,** die 명주실. **~stich,** der 뜸. **~stube,** die (옛) 재봉실. **~stunde,** die 바느질 시간, 재봉 수업 시간. **~tisch,** der 재봉대. **~utensilien,** die ↑~zutate. **~zeug,** das **1.** 재봉 부속 도구(실, 바늘, 가위, 골무 등). **2.** ↑~arbeit. **~zutaten** 〈Pl.〉 재봉 부속 재료(실, 단추, 지퍼 등). **~zwirn,** der ↑~faden.

nahe [ˈnaːə] **I.** (또한) **nah** [naː] 〈Adj.; näher, nächste〉 **1.** 멀지않은, 가까운, 인접한: wo ist denn hier das nächste Kino? 이곳에서 가장 인접한 영화관은 도대체 어디에 있는가?; dieser Weg ist näher 〈통용어〉 이 길이 더 빠른 길이다; komm mir nicht zu n.! 물러

서!; 〈전치사와 함께〉 das Hotel steht n. am Strand 그 호텔은 해변에 인접해 있다; **aus(von) nah und fern; aus(von) fern und nah** 〈아어〉 도처에서; **von nahem** 바로 근처에서, 면전에서; **jmdm. zu n. treten** 누구의 (말이나 태도로) 기분 상하게 하다. **2.** (시간적) 임박한, 가까운: der nahe Abschied[Tod] 임박한 이별[죽음]; der Herbst ist n. 가을이 다가오고 있다; er ist n. an achtzig 〈통용어〉 그는 거의 80세이다; **n. daran sein, etw. zu tun** 거의 …할 뻔하다; **einer Sache n. sein** 거의 …에 사로잡혀[…에 압도되어] 있다; **dem Wahnsinn n.** 거의 광증에 사로잡혀(거의 미쳐). **3.** 누구와 가까운, 혈족의, 근친의: der Verlust eines nahen Angehörigen 한 가까운 친척의 손실[잃음]; n. mit jmdm. verwandt[befreundet] sein 누구와 가까운 친척[친구]이다. **II.** 〈Präp.³〉 〈아어〉 〈통용어 nah〉 무엇[누구의] 근처에: nahe der Stadt[dem Fluß] 도시[강]의 근처에. **Nähe** [ˈnɛːə], die **1.** 멀지 않음, 인접, 가까움, 근접: in nächster[unmittelbarer] N. des Sees 호수 바로 곁에서; das Unglück hat sich (ganz) hier in der N. ereignet 그 불행한 사건은 (바로) 이 부근에서 일어났다; er will das Buch in greifbarer N. haben 그는 그 책을 바로 곁에 두려고 한다; 〈전의〉 aus der N. betrachtet 정확히 관찰하면. **2.** (시간적) 가까움, 임박: er fühlte die N. des Todes 그는 죽음의 다가옴[임박함]을 느꼈다. **3.** 측근; 친밀한 관계: jmds. N. suchen 누구와 가까워지려고 하다.

Nahe [ˈnaːə], die 나에(라인 강의 왼쪽 지류).

nahe-: **~bei** 〈Adv.〉 …의 바로 곁에: er hatte sein Auto n. geparkt 그는 그의 자동차를 바로 곁에 주차해 두었다. **~bringen*** 〈h〉 **1. a)** 가르치다, 흥미와 이해를 일깨우다: den Schülern die moderne Kunst n. 학생들에게 현대 예술을 가르치다. **b)** 가깝게 하다(친하게 하다): gemeinsame Erinnerungen brachten sie einander nahe 공동의 추억이 그들을 서로 가깝게 했다. **2.** 접근시키다; dem Ruin n. 누구를 거의 몰락(파산)시키다. **~gehen*** 〈s〉 (특히 불행 등이) 깊이 감동시키다; 깊은 고통을 주다: der Tod ist ihm außerordentlich nahegegangen 그 죽음은 그에게 특히 큰 슬픔을 주었다. **~kommen*** 〈s〉 **1. a)** 접근하다: diese Summe kam unseren Vorstellungen nahe 이 금액은 우리 추측과 근사했다. **b)** …에 상당하다, …와 다를바 없다: das kommt einer Beleidigung nahe 그것은 하나의 모욕에 상당하다. **2.** 가까워지다, 친숙해지다: sie sind sich während dieser Zeit menschlich nahegekommen 그들은 이 기간 동안에 인간적으로 서로 친숙해졌다. **~legen** 〈h〉 **1.** 종용하다, 권하다, 설득하다: jmdm. den Rücktritt n. 누구에게 퇴진을 권고하다. **2.** 시사하다, 암시하다: diese Vorgänge legen die Vermutung nahe, daß … 이 과정들이 나의 추측을 시사한다. **~liegen*** 〈h〉 떠오르다: die Vermutung liegt nahe, daß … …한 추측이 떠오른다; aus naheliegenden Gründen 비근한 이유로. **~liegend** 〈Adj.; näherliegend, nächstliegend〉 우선 떠오르는; 마땅[자명]한: die nächstliegende Lösung 가장 명백한 해결책; auf das Nächstliegende bist du natürlich nicht gekommen 너는 가장 자명한 것에 생각이 미치지 못했다. **~stehen*** 〈h〉 **1.** 누구와 친밀하다: jmdm. menschlich n. 누구와 인간적으로 친밀하다(가깝다). **2.** 특성이 유사하다: von sich nahestehenden Tierformen 서로 특성이 비슷한 동물 형태들 중에서. **~treten*** 〈s〉 ↑~kommen. **~zu** 〈Adv.〉 거의: es dauerte n. fünf Stunden 그것은 거의 5시간이나 계속되었다.

nahen [ˈnaːən] 〈아어〉 **I.** 〈n. + sich〉 〈h〉 〈문어인〉 접근하다: eine Gestalt naht sich dem Mann 한 사람이 접근한다. **2.** 〈s〉 (시간적으로) 바로 앞에 다가오다: der Winter[der

nähen Morgen, der Abschied) nahte 겨울[아침, 이별]이 다 가왔다.

nähen ['nɛːən] 〈h〉 **1.** 꿰매다: sie hat heute den ganzen Tag (an dem Mantel) genäht 그녀는 오늘 하루종일 (외투를) 꿰매었다. **2. a)** 꿰매어 만들다: aus diesem Stoff hat sie mir[für mich] eine Bluse genäht 이 천으로 그녀는 나를 위해 블라우스 하나를 만들었다. **b)** 꿰매어 달다: Knöpfe(einen Kragen) an das Kleid n. 단추들[한 칼라]을 옷에 달다. **3.** 상처를 꿰매다(봉합하다): der Patient mußte genäht werden 《통용어》 환자는 수술을 받아야만 했다.

näher ['nɛːɐ] 〈Adj.〉 **1.** 더 상세한: -e Auskünfte(Erkundigungen) einholen 더 상세한 정보[조회 결과]를 수집하다; nicht n. auf etw. eingehen 더 상세히 무엇을 다루지 않다; des -en 더 정확히, 자세히. **2.** ↑nahe (I) 의 비교급.

näher-, Näher-: ~**bringen*** 〈h〉 설명하다, 알기 쉽게 하다: er bemühte sich, den Schülern mittelalterliche Dichtung näherzubringen 그는 학생들에게 중세 문학을 알기 쉽게 설명하려고 노력했다. ~**kommen*** 〈s〉 더 친밀해지다: sie sind sich [《아이》 einander] in letzter Zeit (wieder) nähergekommen 그들은 최근에 (다시) 더 가까워졌다. ~**liegen*** 〈h〉 더 합당하다고 생각되다: ich denke, daß es näherliegt zu gehen, als weiter zu warten 나는 계속 기다리는 것보다 가는 것이 더 합당하다고 생각한다. ~**recht,** 〈Adj.〉 《법·고어》 선매권. ~**stehen*** 〈h〉 더 친밀한 관계에 있다: sie hat ihm damals nähergestanden 그녀는 그 당시 그와 더 가까운 사이였다. ~**treten*** 〈s〉 숙고[음미]하다: einem Plan [Vorschlag] n. 어떤 계획[제안]을 숙고하다.

Näherei [nɛːɐˈraj], die; -en **1.** 《Pl. 없음》《자주 폄》 바느질. **2.** ↑Näharbeit. **Näherin** ['nɛːərɪn], die; -nen 여재봉사, 침모(針母).

nähern ['nɛːɐn] 〈h〉 **1.** (n. + sich) **a)** 접근하다, 더 가까이 다가오다: sie näherten sich dem Ziel ihrer Reise 그들은 여행의 목적지에 접근했다; 전의 die Temperatur nähert sich dem Gefrierpunkt 기온이 빙점에 육박하고 있다. **b)** 무슨 시간에 다가가다: der Sommer (unser Aufenthalt) nähert sich dem Ende 여름[우리의 체류]은 끝나가고 있다. **c)** 특별한 의도로 누구와 친교를 맺다: sich einem Mädchen(einer Frau) n. 한 소녀[부인]에게 접근하다. **d)** 근사해지다: ihre Begeisterung näherte sich der Hysterie 그녀의 감격은 거의 히스테리에 이르렀다. **2. a)** 갖다대다, 접근시키다: er näherte seinen Mund dem ihren 그는 입을 그녀의 입에 갖다 대었다. **b)** 《아이》 누구의 의견에 접근시키다. **Näherung,** die; -en 《수학》 정확한 값에의 접근. **Näherungswert** die 《수학》 근사치.

nahm [naːm], **nähme** ['nɛːmə] 〈h〉 nehmen 참조. **-nahme** [-naːmə], die; -n (다음의 합성어와 복합어로, 예컨대) Abnahme 감소, Einflußnahme 영향.

nähr-, Nähr-: ~**becken,** das 《전문어》 빙하의 눈 덮인 상부(上部). ~**bier,** das 맥아제(製) 맥주. ~**boden,** der (버섯, 세균, 세포 조직의) 배지(培地), 배양소(培養素): Bakterien auf einen festen N. bringen 박테리아들을 한 고체 배양소로 옮기다; 전의 Arbeitslosigkeit ist der N. für radikale Ideen 실업이 급진적 이념의 온상이다. ~**bodenschale,** die 배지용 접시. ~**brühe,** die 배양액. ~**creme,** die 피부 영양 크림. ~**einlauf** 〔의학〕 영양 관장(灌腸). ~**flüssigkeit,** die 배양액. ~**gebiet,** das 《전문어》 빙하의 설선(雪線) 상부. ~**gehalt,** der ↑-stoffgehalt. ~**gewebe,** die 〔식물〕 영양 조직. ~**hefe,** die 자양 효모. ~**klistier,** das ↑-einlauf. ~**lösung,** die a) 배양(培養)액. b) (수경 재배에서) 영양액. **c)** 〔의학〕 주사용 영양

용액. ~**medium,** das 〔의학〕 ↑~boden. ~**mehl,** das ↑Kindermehl. ~**mittel** 〈Pl.〉 식료품; 자양물. ~**mittelfabrik,** die 식품 공장. ~**mittelindustrie,** die 식품 산업. ~**mutter,** die 《고어》 양모(養母), 유모. ~**präparat,** das (유아·환자용의) 자양 식품. ~《Pl.》 자양염(塩). ~**schaden,** der 〔의학〕 (젖먹이의) 영양 장애. ~**stand,** der 《Pl. 없음》《고어》 **a)** 생산 계급, 농업·임업 종사자의 총칭. **b)** ~**stoff,** der 《대개 Pl.》 영양소. ~**stoffarm** 〈Adj.〉 영양소가 적은(반대: ~stoffreich). ~**stoffgehalt,** der 영양분. ~**stoffreich** 〈Adj.〉 영양소가 풍부한(반대: ~stoffarm). ~**vater,** der 《고어》 ↑Pflegevater. ~**wert,** der 영양가(價): Zucker hat einen hohen N. 설탕은 높은 영양가를 갖고 있다: das hat keinen N. 그것은 아무런 가치도 없다. ~**zucker,** der (젖먹이용의) 영양당(糖).

nähren ['nɛːrən] 〈h〉 **1. a)** 영양을 공급하다, 기르다, 먹이다: ein Kind mit Muttermilch[Brei] n. 아이에게 모유[죽]를 먹이다. **b)** (n. + sich) 《아이》 먹다, 먹이로 삼다, 영양을 취하다: sich (hauptsächlich) von Fleisch [Gemüse, Reis, Brot] n. (주로) 고기[채소, 쌀, 빵]를 먹다. **2.** 《아이》 **a)** ↑ernähren. **b)** 생계로 삼다. **3.** 영양이 풍부한: Zucker nährt 설탕은 영양이 풍부하다. **4.** 《아이》 어떤 생각을 품다: einen Plan n. 어떤 계획을 가슴에 품다. **Nährer,** der; -s, - [spätmhd. nerer] 《고어·아이》 양육자, 부양자. **Nährerin,** die; -nen ↑Nährer의 여성형. ~**haft** 〈Adj.〉 영양이 풍부한. **nährig** ['nɛːrɪç] 〈Adj.〉 《특히 nordd.》 절약하는: 구두쇠의. **Nahrung,** die; 《Pl. 없음》 양분, 음식물, 먹이: die N. verweigern 음식 섭취를 거부하다; etw. dient jmdm. als [zur] N. 무엇이 누구에게 영양이 되다; 전의 etw. ist jmds. geistige N. 무엇이 누구의 정신적 양분[지주]이다; **einer Sache N. geben**(zuführen, bieten) 무엇을 조장하다; (mit etw.) dem Argwohn einer Mißtrauen, Gerüchten, jmds. Selbstgefühl, einer Sehnsucht) N. geben (무엇으로) 시의[불신, 소문, 누구의 자아의식, 동경)을 조장하다; **N. erhalten (finden)** 확대되다, 강화되다, 격려를 받다: seine Hoffnung hat auf dieser Reise neue N. erhalten 그의 희망은 그 여행에서 새로운 힘을 얻었다.

Nahrungs-: ~**aufnahme,** die 〈Pl. 없음〉 영양 섭취, 음식물 섭취. ~**aufspaltung,** die 《전문어》 (효소를 통한) 음식물의 분해. ~**bedarf,** der 《전문어》 ↑~erwerb,** der 《동물》 양식의 조달. ~**gut,** das 《대개 Pl.》 《구동독》 ↑~mittel. ~**kette,** die 〔생물〕 먹이사슬. ~**mangel,** der 식량의 결핍. ~**mittel,** das 《대개 Pl.》 식량, 음식물. ~**mittelchemie,** die 식품 화학. ~**mittelindustrie,** die 식품 산업. ~**mittelproduktion,** die 식량 생산. ~**mittelvergiftung,** die 〔의학〕 식중독. ~**quelle,** die (자연의) 식량 공급원. ~**saft** 《Pl. 없음》 《전문어》 ↑Speisesaft. ~**sorgen** 《Pl.》 생활고. ~**spaltung,** die ↑~aufspaltung. ~**stoff,** der 《대개 Pl.》 영양소. ~**suche,** die 먹이 찾기. ~**trieb,** der 식욕. ~**verweigerung,** die 음식물 섭취 거부. ~**vorrat,** der 식량 재고. ~**zufuhr,** die 영양 공급.

Naht [naːt], die; Nähte **1. a)** (바느질의) 이은 곳, (옷 따위의) 솔기: **eine N.** 《경·감정》 많이. **b)** 많이 일하다[잠자다, 마시다]; **jmdm. auf den Nähten knien**(jmdm. **auf die Nähte gehen, rücken**) 《경》 누구를 못 살게 굴다; **etw. auf der N. haben** 《경》 많이 갖고 있다, 재력이 있다; **aus den[allen] Nähten platzen** 《통용어》 1) 너무 뚱뚱해지다. 2) 미어 터지다: die Universität[die Stadt] platzt aus den Nähten 대학[도시]이 미어 터질 지경이다. **b)** 〔의학〕 봉합: die N. ist gut verheilt 봉

합된 부위가 완쾌[완치] 되었다. 2. [기술] 잇댄 자리, 접합선: die N. an dem Behälter ist undicht geworden 용기의 잇댄 자리가 풀이 새게 되었다. 3. [해부] ↑Sutur. 4. [군] 책임 작전 지역상의 공동 경계선.
naht-, Naht-: ~**band**, das 〈Pl. -bänder〉 [재단] ↑Eggenband. ~**los** 〈Adj.〉 **1.** 이음새가 없는: [전의] sie ist n. braun 그녀는 온몸이 햇볕에 갈색으로 되었다. **b)** [기술] 접합선이 없는, 이은 곳이 없는. **2.** 흔적없이 결합되는: die einzelnen Phasen gingen n. ineinander über 각 단계들은 흔적없이 서로 연결되었다. ~**stelle**, die **1.** [기술] 용접 자리, 봉합선. **2.** 접합점, 관련점: ~zwischen Staat und Gesellschaft 국가와 사회의 접촉점. ~**zugabe**, die 재단시에 솔기를 위해 덧붙인 천.
Nähterei [nɛːtəˈraɪ], die; -en 〈고어〉 ↑Näherei.
Nähterin, die; -nen 〈고어〉 ↑Näherin.
Nairobi 나이로비(케냐의 수도).
naiv [naˈiːf] 〈Adj.〉 [frz. naïf < lat. nātīvus = durch Geburt entstanden; angeboren, natürlich] **1. a)** 소박한: -e Freude 단순한 기쁨; -er Stolz 천진난만한 자만심; -e Kunst[Malerei] 소박한 예술[그림]. **b)** 〈경〉 어리석은, 분별이 없는: eine -e Selbsttäuschung 어리석은 자기 기만; dieser Vorschlag mutet geradezu n. an 이 제안은 너무나 어리석은 느낌을 준다; sie sagte n., daß ... 그녀는 단순하게도 ...라고 말했다; **den Naiven (die Naive) spielen** 전혀 모르는 체하다; 어리석은 체하다. **2.** [문학] 자연[현실]과 전적으로 일치하는(반대: sentimentalisch b). **Naive*** [naˈiːvə], die 순진한 처녀 역을 하는 여배우. **Naivität** [naiviˈtɛːt], die [frz. naïvité] **a)** 순진성, 소박성. **b) Naivling**, der; -s, -e 〈통용어·경〉 어리석은 인간.
Najade [naˈjaːdə], die; -n [lat. Nāias < griech. naïás] [그리스·로마신화] 물의 요정.
Name [ˈnaːmə], der; -ns, -n, 〈드물게·또한〉 Namen, [ˈnaːmən], der; -s, - **1.** 명칭, 이름: 속명(Gattungsname): wie lautet der N. dieser Tiere? 이 동물들의 이름은 무엇인가?; das Unrecht beim n nennen 불의를 불의라고 부르다; auf diese Art von Kunst paßt keiner der üblichen -n 이런 종류의 예술에는 일반적인 명칭이 어울리지 않는다; die Veranstaltung läuft unter dem -n „öffentliche Hauptprobe" 그 행사는 "공개 총연습"이란 이름 아래 개최된다; [성구] daher der N. Bratkartoffel! [통용어] 그러므로 그것이 참 이유이다!; **etw. beim -n nennen** 무엇을 곧이 곧대로 말하다. **2. a)** 이름, 성(姓): mein N. ist Maier 내이름은 마이어이다; der Name tut doch nichts zur Sache 이름은 중요치 않다; wie war doch gleich Ihr N.? 당신이름이 참 무엇이라고 그랬죠?; dieser N. bürgt für Qualität 이 이름이 품질을 보증한다; einen klangvollen -n tragen 유명한 이름을 지니다; sie haben für ihre Tochter einen hübschen -n ausgesucht 그들은 딸에게 예쁜 이름을 골라 두었다; seinen -n unter ein Dokument [einen Brief] setzen 한 서류[편지] 아래에 그의 서명을 하다; er hat für die Firma nur seinen -n hergegeben 그는 그 회사일에 적극적으로는 참여하지 않았다; sein N. hat in Fachkreisen einen guten Klang 그는 전공 분야에서 유명하다[높이 평가된다]; jmdn. nur dem -n nach kennen 누구를 이름만 알다; das Haus gehört nur dem -n. nach gebessert 그것은 명목상으로 개선되었지, 실제로는 개선되지 않았다; [성구] N. ist Schall und Rauch 이름이란 일컬음에 있는 것이다; mein N. ist Hase 〈통용어·농〉 나는 그 사정에 대해 전혀 모르고, 아무런 관계도 맺고 싶지 않다; in dem Gespräch fiel dein N. 대화 중에 너의 이름도 나왔다; diese -n werden wir nie vergessen 이 사람들을 우리는 절대로 잊지 못할 것이다; **in jmds. -n[im -n von]** 누구를 대신하여, 누구의 위탁으로: viele Grüße, auch im -n meiner Eltern (편지 말미에) 저의 부모님께서도 안부를 부탁하십니다; er begrüßte die Delegation im -n des Bürgermeisters 그는 시장 대신에 대표단을 환영했다; im eigenen -n handeln 대리로서가 아니라, 자기명의로 행동하다. **b)** 명성: er hat noch keinen -n 그는 아직 널리 알려져 있지 않다; der Autor hat bereits einen -n 그 작가는 이미 명성을 누리고 있다; **sich³ einen -n machen** 유명해지다. **Name-dropping** [ˈneɪmdrɒpɪŋ], das; -s, -s [engl. name-dropping] 〈교양어〉 대화 중에 유명 인사들의 이름을 슬쩍슬쩍 들먹이는 것. **Namen:** ↑Name.
namen-, Namen- (↑Namens-도 참조): ~**änderung**, die 〈드물게〉 ↑Namensänderung. ~**deutung**, die 성명 해석. ~**forschung**, die **a)** 성명학. **b)** ↑~**kunde**. ~**gebung**, die; -en **a)** 명명(命名). **b)** 《구교독》 ↑Namensweihe. ~**gedächtnis**, das 인명의 기억력. ~**kundlich** 〈Adj.〉 명칭학의. ~**liste**, die 명부. ~**los** 〈Adj.〉 **1.** 이름이 알려지지 않은, 무명의: die -en Toten 무명의 사자(死者)들; die Verse stammen von einem -en Dichter 그 시구(詩句)들은 무명 시인의 것이다. **2.** 〈아이〉 **a)** (너무 커, 격렬하여, 강하여) 형용키 어려운, 이루 말할 수 없는: -es Elend 형용키 어려운 비참; ihre Freude war n. 그녀의 기쁨은 이루 말할 수 없었다. **b)** (형용사나 동사의 강조) 매우, 극도로: sich n. fürchten 몹시 두려워하다. ~**losigkeit**, die 무명(無名)임; 형언키 어려움. ~**nennung**, die ↑Namensnennung. ~**register**, das 명부. ~**reich** 〈Adj.〉 많은 이름을 가진. ~**stempel**, der 〈드물게〉 ↑Namensstempel. ~**verwechslung**, die 이름의 착오(혼동). ~**verzeichnis**, das ↑~liste 참조. ~**wechsel**, der 개명, 개칭, 명의 변경.
namens [ˈnaːməns] **I.** 〈Adv.〉 ...라는 이름을 가진: ein Mann n. Maier 마이어라는 한 남자. **II.** 〈Präp.²〉 [관] ...의 명의로, ...의 명령[위탁]에 의해서: n. der Regierung 정부의 명의로.
Namens- (namen-, Namen-도 참조): ~**aktie**, die [경제] 기명(記名) 주식. ~**änderung**, die 개명, 명의 변경. ~**bruder**, der 〈아이〉 같은 이름을 가진 사람. ~**deutung**, die 〈드물게〉 ↑Namendeutung. ~**fest**, das ↑~tag. ~**form**, die 한 이름의 언어적 형태. ~**forschung**, die 〈드물게〉 성명학, 지명학. ~**gebung**, die ↑Namengebung. ~**gedächtnis**, das 〈드물게〉 ↑Namengedächtnis. ~**nennung**, die (특히 자신의) 이름을 말함. ~**papier**, das [금융] 기명식 유가증권(반대: Inhaberpapier). ~**patron**, der Form(主保)[수호] 성인(聖人). ~**patronin**, die ↑~patron 의 여성형. ~**schild**, das **a)** 문패. **b)** (점원, 회의 참석자들의) 명찰. ~**schwester**, die 같은 이름을 가진 여자. ~**stempel**, der (이름, 주소, 성명을 새긴) 스탬프, 도장. ~**tag**, der [가] 주보(主保) 성인의 생일. ~**träger**, der 어떤 이름을 지닌 사람: für den Namen „Wilhelm" gibt es viele berühmte N. 빌헬름이란 이름을 지닌 사람들 중에는 유명 인사가 많다. ~**verwechslung**, die ↑Namenverwechslung. ~**verzeichnis** 인명색인. ~**vetter**, der ↑~bruder. ~**wechsel**, der ↑Namenwechsel. ~**weihe**, die 《구교독》 (기독교적 세례 대신에 행해지는) 아기 명명식: sozialistische N. 사회주의 국가의 신생아 명명식. ~**zeichen**, das 자기 이름의 약식 표기. ~**zug**, der **1.** (독특한 필체의) 서명. **2.** [준고어] 예술적으로 그린 두문자들[수결].
namentlich [ˈnaːməntlɪç] **I.** 〈Adj.〉 이름을 들어서의[기명의], 이름순으로 (배열된): die Abstimmung ist [geschieht] n. 투표는 기명으로 진행된다; die Teilnehmer werden n. aufgerufen 참가자들은 호명된다.

II. 〈Adv.〉 특히, 주로: diese Route ist kaum passierbar, n. (dann), wenn es geregnet hat 이 길은 거의 통행이 불가능하다, 특히 비가 온 후에는. **namhaft** 〈Adj.〉 **1.** (특히 예술가, 학자로서) 유명한, 저명한: -e Künstler[Gelehrte] 저명한 예술가들[학자들]. **2.** 큰, 상당한: eine -e Summe 상당한 액수. **3. jmdn.[etw.] n. machen** 《격식독어》누구[무엇]를 찾아내어 이름을 언급하다: einen Schuldigen n. machen 한 죄인을 찾아내어 그 이름을 공표하다. **Namhaftmachung,** die; -en 《격식 독어》누구[무엇]를 찾아내어 이름을 공표하기.
Namibia 나미비아(남서 아프리카 국가).
nämlich ['nɛ:mlɪç] **I.** 〈Adj.〉 (아어·준고어) 상술한, 동일한: die -en Leute bald die 1 사람들; wir alle haben das -e gewollt 우리는 모두 동일한 것을 원했다. **II.** 〈Adv.〉 **1.** (앞에 한 발언의 이유) 왜냐하면: sonntags n. gehen wir immer spazieren 왜냐하면 우리는 일요일에는 항상 산책을 하기 때문이다. **2.** 더 정확히 말하자면, 즉: einmal in der Woche, n. am Dienstag, geht er kegeln 일주일에 한 번, 즉 화요일에 그는 볼링을 하러 간다. **Nämlichkeit,** die 【드물게 관】 동일성: die N. eines Kunstgegenstandes nachweisen 한 예술 작품의 동일품[진품]을 증명하다. **Nämlichkeitsbescheinigung,** die 【관세】동일품 확인 증서. **Nämlichkeitserklärung,** die 【관세】동일품 확인 진술(서).
na, na! [na'na] 〈Interj.〉 ↑na (1).
Nancy ['nã:si] 낭시(프랑스 동부의 도시).
Nandu ['nandu], der; -s, -s [span. ñandú] (남미의 초원에 사는) 타조.
Nänie ['nɛ:niə], die; -n [lat. naenia] (교양어) (고대 로마의) 조가(弔歌).
Nanismus [na'nɪsmʊs], der; - [zu griech. nãnos] 【의학】왜소 체구증(난쟁이(병)](반대: Gigantismus).
Nanking ['naŋkɪŋ] **1.** 중국의 남경(南京). **2.** 【섬유】남경무명(특히 블루진에 사용됨).
nannte ['nantə] ↑nennen 참조.
Nano- [nano-; lat. nānus < griech. nãnos] 〈다음 뜻을 지닌 규정사로서〉 **1.** (물리의 단위 앞에서) 한 단위의 10억분의 1(예컨대: Nanofarad). **2.** 왜소한, 적은(예컨대: Nanosomie). **Nanofarad,** das; -(s), - 10억분의 1패러드(전기 용량의 단위). **Nanometer,** der [또는] das; -s, - 10억분의 1미터(기호: nm). **Nanosomie** [...zo'mi:], die (의학) ↑Nanismus. **Nansen-Paß,** der (노르웨이 극지 탐험가 F. Nansen(1861〜1930)의 이름에서) 무국적자를 위한 증명서(여권).
nanu! [na'nu:] 〈Interj.〉 [niederd.] (놀람의 외침) 원(참), 뭐라구, 어머나: n., du kommst schon zurück? 저런[원], 네가 벌써 돌아오다니?
Napalm ⓦ ['na:palm], das; -s [**Nap**htensäure u. **Palm**itinsäure의 약칭] (소이탄의 장약으로 사용되는) 벤진과 응고제의 혼합물, 네이팜. **Napalmbombe,** die 네이팜 폭탄, 소이탄.
Napf [napf], der; -(e)s, Näpfe ['nɛpfə] (축소형) Näpfchen (지역적) 접시, 대접, 사발: der Katze einen N. mit Milch hinstellen 고양이 앞에 우유가 든 접시를 놓아주다; die Gefangenen erhielten jeweils nur einen N. Suppe 죄수들은 각자 한 접시의 수프만을 받았다.
napf-, Napf-: ~**förmig** 〈Adj.〉 사발 모양의. ~**kuchen,** der (사발 모양의) 카스텔라. ~**kuchenform,** die 사발 모양 카스텔라를 굽는 틀. ~**schnecke,** die 파텔라조개.
Näpfchen ['nɛpfçən], das; -s, - 작은 사발(단지)(↑Napf).
Naphtha ['nafta], das; -s, -s (드물게) die [lat. naphtha < griech. náphtha] **1.** (기술) 나프타유(油). **2.** (고어) 석유. **Naphthalin** [...'li:n], das; -s 나프탈렌. **Naphthene** [naf'te:nə] 〈Pl.〉【화학】일군(一群)의 등환(等環)식 탄화물. **Naphthole** 〈Pl.〉【화학】한둘 내지 여러 개의 수소원소가 수산화물에 의해 대치되어 있는 나프탈렌의 파생물.

Napoleondor [napoleon'do:ɐ̯], der; -s, -e [frz. napoléon d'or] (옛) (나폴레옹 1세 또는 3세의 모습을 새긴) 프랑스 금화. **napoleonisch** [napole'o:nɪʃ] 〈Adj.〉 나폴레옹 시대의.
Napoli 나폴리(이탈리아의 도시). **Napolitain** [napoli'tɛ̃:], das; -s, -s [ital. < Napoli] 작은 초콜릿판.
Nappa ['napa], das; -(s) 〈종류〉 -s, **Nappaleder,** das; -s, - [amerik. napa (leather)] 장갑 제조용 양가죽, 나파 가죽. **Nappatasche,** die 나파가죽으로 된 (손)가방.
Narbe ['narbə], die; -n **1.** 흉터, 상흔: die Wunde hat eine häßliche N. hinterlassen[ist ohne N. verheilt] 그 부상은 추한 상처를 남겼다[상흔없이 나았다]. **2.** (제혁) ↑Narben. **3.** 【식물】암술머리, 주두(柱頭). **4.** ↑Grasnarbe의 약칭. **narben** ['narbn] 〈h〉【제혁】 **a)** 가죽의 털을 없애 우둘투둘한 면이 드러나게 하다. **b)** 가죽의 털을 제거 후 가공하여 우둘투둘한 면이 두드러지게 하다: genarbtes Leder 우둘투둘한 가죽. **Narben** [-], der; -s, - [제혁] (가죽의 털을 제거한 뒤의) 우둘투둘한 면.
narben-, Narben-: ~**bild,** das [제혁] 가죽의 독특한 무늬. ~**bildung,** die 상처 후의 딱지 형성. ~**bruch,** der (의학) 수술 흔적 부분에서의 탈장(脫腸). ~**fistel,** die (의학) 누관(瘻管), 누공(瘻孔). ~**gewebe,** das (의학) 상처의 결체(結體) 조직. ~**leder,** das (제혁) **a)** 우둘투둘한 가죽. ~**plastik,** die (의학) 수술흔 성형. ~**reich** 〈Adj.〉 흉터 투성이의. ~**seite,** die ↑Haarseite (2)(반대: Aas-, Fleischseite).
narbig ['narbɪç] 〈Adj.〉 흉터가 많은: ein -es Gesicht 흉터가 있는 얼굴. **Narbung,** die; -en (제혁) 털을 제거한 가죽의 바깥 무늬.
Narbonne [nar'bɔn] 나르본(프랑스 남부의 도시).
Narde ['nardə], die; -n [lat. nardus < griech. nardos] **a)** 감송(甘松). **b)** 감송유(甘松油). **Nardenöl,** das 감송유. **Nardenwurzel,** die 감송 뿌리.
Nargileh [nargi'le:, (또한) nar'gi:lə], die; -(s) (또는) das; -s, -s [pers. nārgīla] (동양의) 물담뱃대.
Narkoanalyse [narko-], die; -n (의학·심리) 마취 심리 분석. **Narkolepsie** [...le'psi:], die; -n [...i:ən] griech. nárké u. lēpsis) (의학) 수면 발작. **Narkologie** [...lo'gi:], die ↑Anästhesiologie. **Narkomanie,** die (의학) 수면제 중독, 마취제 중독. **Narkose** [nar'ko:zə], die; -n [griech. nárkōsis] 마취: dem Patienten eine N. geben 환자를 마취시키다; aus der N. erwachen 마취에서 깨어나다.
Narkose- [의학]: ~**apparat,** der 마취 기구(장치). ~**arzt,** der ↑~facharzt. ~**facharzt,** der 마취 전문의. ~**gewehr,** das [수의] 마취총, (수의사용의) 마취 주사기. ~**maske,** die 마취 마스크. ~**mittel,** das 마취제. ~**schwester,** die 마취 전문 간호원. ~**tiefe,** die 마취의 심도. ~**überwachung,** die 마취의 감독.
Narkotikum [nar'ko:tikum], das; -s, ...ka **1.** 마취제. **2.** 마약성 진통제(예컨대: 코카인, 모르핀, 아편). **narkotisch** 〈Adj.〉 [griech. narkōtikós] **a)** (의학) 마취시키는: -e Mittel 마취제. **b)** 마취성의: ein -er Duft 마취성 향기. **Narkosearzt.** **narkotisieren** [...'zi:rən] 〈h〉【의학】 ↑Narkosearzt. **narkotisieren** [...'zi:rən] 〈h〉 (의학) 마취시키다: einen Patienten n. 환자를 마취시키다; [전의] das Gewissen n. 양심을 마비시키다[무디게 하다]. **Narkotisierung,** die; -en 마취시킴. **Narkotismus** [...'tɪsmʊs], der; - 마약성 진통제 중독.

Narr [nar], der; -en, -en **1.** 〈축소형: ↑**Närrchen**〉《아어·농어》 바보, 웃기는 인간: er ist ein N., wenn er das glaubt 그걸 믿는다면 그는 바보다; ein N. kann in einer Stunde mehr fragen, als zehn Weise in einem Jahr beantworten können 현자 열 명이 바보 하나의 질문을 당해내지 못한다. **2.** 《옛》익살광대: er machte(spielte) für den Herzog den -en 그는 공작의 익살광대 노릇을 했다; [속담] jedem ein gefällt seine Kappe 제 눈에 안경; jmdn. zum -en haben(halten) 《드물게》, sich aus jmdm. einen -en machen 누구를 조롱하다(바보 취급하다); einen -en an jmdm. gefressen haben 《통용어》누구(무엇)를 지나치게 좋아하다(홀딱 반하다). **3.** 변장 카니발꾼.

narrativ [narati:f]〈Adj.〉[lat. narrātīvus] [언어] 이야기하는, 설화적인, 서술적인: -e Strukturen 설화체 구조들. **Narrativik** [...ti:vɪk], die 서술학, 설화학, 화술학.

Narrator [na'ra:tor, (또한) ...to:ɐ̯], der; -s, -en [...ra'to:rən] [문예학] 이야기하는 사람, 화자, 서술자.

narratorisch 〈Adj.〉[문학] 이야기[서술]에 관한, 서술자[화자]의: n. begabt sein 이야기에 재능이 있다.

Närrchen ['nɛrçən], das; -s, - ↑Narr (1). **narren** ['narən] 〈h〉(아이) 우롱하다, 속이다.

narren-, Narren-: **~fest**, das **a)** 《옛》(허가 기간 동안의) 익살스럽고 방종적인 민속 축제. **b)** 카니발, 사육제. **~freiheit**, die 어릿광대의 자유[특권]: er hat(genießt) N. 그는 어릿광대의 특권을 누리고 있다. **~hände** 〈Pl.〉 [속담] N. beschmieren Tisch und Wände 책상과 벽에는 바보나 낙서를 하는 법이지(남의 물건을 더럽힌 사람을 나무라는 말). **~haus**, das 《고어》정신병원: man kommt sich vor wie in einem N. 사람들은 자신들이 마치 정신병원에 있는 것처럼 느낀다. **~kappe**, die **a)** 《옛》(방울들이 달린) 어릿광대의 벙거지. **b)** 사육제 모자. **~kleid**, das 《드물게 아어》, **~kostüm**, das (사육제의) 가장복장. **~posse**, die 《아어·준교어》어리석은 농담, 허튼 수작: das sind doch -n! 그것은 정말 넌센스다. **~seil**, das 《다음 용법으로》 **jmdn. am N. führen** 《준고어》누구를 우롱하다. **~sicher**〈Adj.〉《통용어》(기계, 기구 따위가) 천치바보라도 쉽게 조작할 수 있는. **~streich**, der 어릿광대의 장난. **~zepter**, das 궁중 익살광대의 (복장에 속하는) 왕홀: 전의 Prinz Karneval führt(schwingt) das N. 지금은 카니발철이다.

narrenhaft〈Adj.〉《드물게》바보 같은: sich n. benehmen 바보같이 행동하다. **Narrensposse**, die ↑Narrensposse. **Narrentum**, das; -s 《드물게》어리석음, 단순함. **Narretei** [narə'tai], die; -en 《아어》**a)** 농담, 지나친 행동, 바보 같은 익살: alle die -en der Faschingszeit 사육제의 모든 바보 같은 익살. **b)** 넌센스, 어리석은 생각: das ist N.! 그것은 무의미하다, 모두 넌센스이다. **Narrheit**, die; -en **a)**〈Pl. 없음〉어리석음, 단순함: etw. aus purer N. tun 순전히 어리석은 탓에 무슨 짓을 하다. **b)** 바보 같은 장난: jmdn. mit allerhand -en necken 누구를 온갖 바보 같은 장난으로 놀리다. **Närrin** ['nɛrɪn], die; -nen ↑Narr의 여성형. **närrisch** ['nɛrɪʃ]〈Adj.〉**1. a)** 바보같이 처신하는, 놀림감이 되는: du bist wohl n., so etwas zu tun! 《통용어》그런 일을 하다니 정신나갔구나! **b)** 《통용어·감정》아주 큰: -e Freude haben 기뻐; er ist n. verliebt 그는 사랑에 푹 빠져있다; **auf jmdn.(etw.)** / 《드물게》**nach jmdm.(etw.) n. sein** 누구(무엇)을 아주 좋아하다: sie ist n. auf Kinder(Süßigkeiten) 그녀는 애들(단것)을 아주 좋아한다. **2.** 사육제의: die -e Zeit 사육제 기간.

Narvik 나르빅(노르웨이의 항구 도시).

Narwal ['narva:l], (또한) 'narval], der; -(e)s, -e [dän.

narhval] 일각(一角) 고래(돌고래과).

Narziß [nar'tsɪs], der; - / ...isses, ...isse [lat. Narcissus, griech. Nárkissos (교양어) 자기 도취자, 나르시스: er ist ein N. 그는 자기만을 사랑하는 그런 종류의 인간이다. **Narzisse**, die; -, -n [lat. narcissus < griech. nárkissos] 수선화. **Narzißmus** [nar'tsɪsmus], der; - (병적인) 자기애, 자기 도취(증). **Narzißt** [nar'tsɪst], der; -en, -en 자기도취자. **narzißtisch**〈Adj.〉**a)** 이기적인, 자기애에 가득 찬. **b)** 자기애에 관한, 자기애에 근거하는.

nas-, Nas- (↑nase-, Nase- / nasen-, Nasen-도 참조): **~führen**〈h〉놀리다, 우롱하다. **~führung**, die 놀리기, 우롱하기. **~horn**, das [lat. rhīnocerōs] 무소. **~hornkäfer**, der 투구풍뎅이(서양장수풍뎅이). **~hornvogel**, der 무소새. **~lang**: ↑nasenlang. **~tuch**, das 《südd., schweiz.》손수건.

NASA, die [영어 National Aeronautics and Space Administration의 약어] 미국의 국립 항공 우주국.

nasal [na'za:l] 〈Adj.〉 [lat. nāsus] **1.** [의학] 코에 관한 (코의). **2.** [언어학] 비음(鼻音)의: mit n. gesprochen werden 이 두 콧소리로 발음해야 한다. **3.** (무의식적으로) 코를 통해 말하는: er spricht mit leicht n. gefärbter Stimme 그는 가벼운 콧소리가 나는 음성으로 말한다. **Nasal** [-], der; -s, -e [언어] 비음(鼻音)(예컨대: m, ng). **nasalieren** [naza'li:rən]〈h〉[언어] 비음을 내다. **Nasalierung**, die; -en [언어] 비음 발음. **Nasallaut**, der; -(e)s, -e [언어] 비음. **Nasalvokal**, der; -s, -e [언어] 비모음(鼻母音).

nasch-, Nasch-: **~katze**, die 《통용어》즐겨 단것을 먹는 사람, 군것질 좋아하는 사람 ↑Naschkatze. **~sucht**, die〈Pl. 없음〉군것질벽. **~süchtig**〈Adj.〉군것질벽(癖)이 있는. **~werk**, das 〈Pl. 없음〉군것질거리(과자 따위).

naschen ['naʃn]〈h〉**1.** 군것질하다: sie nascht gerne [viel] 그녀는 단것을 즐겨(많이) 먹는다; [속담] Naschen macht leere Taschen 군것질을 하면 돈이 남아나질 않는다. **2.** (몰래) 조금 떼어먹다: wer hat vom Kuchen genascht? 누가 케이크를 떼어먹었느냐?

Näschen ['nɛ:sçən], das; -s, - ↑Nase (1)의 축소형.

Nascher ['naʃɐ] 《드물게》**Näscher** ['nɛʃɐ], der; -s, - 군것질쟁이. **Näscherei** [naʃə'rai], die; -en **1.** 〈Pl. 없음〉군것질. **2.** ↑Näscherei **Näscherei** [nɛʃə'rai], die; -en (대개 Pl.) 《아어·준교어》단 것. **Näscherin**, **Näscherin**, die; -nen ↑Nascher의 여성형. **naschhaft**〈Adj.〉군것질을 좋아하는. **Naschhaftigkeit**, die 군것질(버릇).

Nase ['na:zə], die; -n **1. a)** 〈축소형: ↑Näschen〉코: jmdm. läuft die N. 《통용어》누가 콧물감기에 들었다; er hielt sich die N. zu, weil es stank 그는 구린내가 났기 때문에 코를 막았다; sich die N. putzen [schneuzen, schnauben] 코를 풀다; ich faßte mir an die N. 나는 내 코를 잡았다; das Kind ist auf die N. gefallen 《통용어》그 애는 넘어졌다; ich setzte mir die Brille auf die N. 나는 안경을 걸쳤다; **jmdm. paßt [gefällt] jmds. N. nicht** 《통용어》누가 누구를 싫어하다; **von jmdm.[etw.] die Nase (gestrichen) voll haben** 《통용어》누구[무엇]라면 질색이다: von der Arbeit die N. voll haben 그 일이라면 지긋지긋하다; **die N. vorn haben** 《통용어》경연 대회[콩쿠르]에서 입상하다; **seine N. in etw. stecken** 《통용어》자신과 관계없는 일에 참견하다; **nicht weiter sehen als seine N. (reicht)** 《통용어》소견이 좁다; **die N. hoch tragen**(↑ Kopf 1); **die N. hängen lassen**(↑ Kopf 1); **die N. rümpfen** 깔보다, 경멸하다; **sich³ die N. begießen** 《통용어》술을 마시다; **die N. zu**

tief ins Glas stecken 《통용어》 취하도록 마시다; **eine N. bekommen** 《통용어》 책망 받다, 벌 받다(벌 받는 사람의 코를 비틀어 주는 연상에서); **die(seine) N. in ein Buch stecken** 《통용어》 열심히 배우다; **jmdm. eine N. drehen** 《통용어》 누구를 조소하다; **jmdm. eine lange N. machen** 《통용어》 누구를 조롱하다; **die(jmds.) Nase beleidigen** 《아어》 무엇이 고약한 냄새를 풍기다; **immer der N. nach** 《통용어》 항상 똑바로; **jmdm. (etw.) an der N. ansehen** 《통용어》 무엇을 누구의 표정에서 알아내다: ich sehe es dir an der N. an, daß du gelogen hast 나는 네가 거짓말했다는 것을 네 표정으로 알 수 있다; **sich an die(seine) eigene N. fassen / an der eigenen N. (zupfen)** 《통용어》 자신의 과오를 인식하다(다른 사람을 비평하는 대안); **jmdm. an der N. herumführen** 《통용어》 누구를 속이다(오도하다); **auf der N. liegen** 《통용어》 아프다; **auf der N. fallen** 《통용어》 실패하다, 좌절하다; **jmdm. etw. auf die N. binden** 《통용어》 누구에게 알 필요가 없는 무엇을 이야기해 주다; **jmdm. auf der N. herumtanzen** (↑Kopf 1); **jmdm. eins(was) auf die N. geben** 《통용어》 누구를 나무라다; **sich etw. aus der N. gehen lassen** 《통용어》 무엇을 놓치다; **jmdm. etw. aus der N. ziehen** 《통용어》 누구에게 내키지 않는 이야기를 털어놓게 하다; **etw. fährt jmdm. in die N.** 《통용어》 무엇이 누구를 화나게 하다; **etw. sticht jmdm. in die N.** 《통용어》 무엇이 누구에게 썩 마음에 들다; 누가 무엇을 갖고 싶어하다: das Kleid sticht mir schon lange in die N. 그 옷이 오래전에 이미 내 마음에 들었다; **mit langer N. abziehen (müssen)** 《통용어》 실망하며 떠나가(야 하)다; **jmdm. mit der N. auf etw. stoßen** 《통용어》 누구에게 무엇을 하도록 분명히 말해 주다; **immer mit der N. vorn sein** 《통용어》 아주 이기는 체하다, 잘난 체하다; **(nicht) nach jmds. N. sein** 《통용어》 누구의 마음에 들(지 않)다; **nach jmds. N. gehen** 《통용어》 누구의 뜻대로 되다; **pro N.** 1인당; **jmdm. etw. unter die N. reiben** 《통용어》 누구에게 어떤 불유쾌한 일을 분명히 지적하다; **jmdm. etw. unter die N. halten** 《통용어》 무엇을 누구의 코 앞에 쳐들어 보이다; **jmdm. die Tür vor der N. zuschlagen** 《통용어》 1) 누구의 코 앞에서 문을 닫아 버리다. 2) 누구를 매정스럽게 퇴짜놓다; **jmdm. vor der N. wegfahren** 《통용어》 누가 도착하기 직전에 떠나다; **jmdm. jmdn. vor die N. setzen** 《통용어》 누구에게 누구를 상관으로 앉히다; **jmdm. etw. vor der Nase wegschnappen** 《통용어》 다른 사람에 앞서 재빨리 무엇을 가지다; **etw. vor der N. haben** 《통용어》 무엇을 바로 옆에 갖고 있다. **b)** 후각: der Hund hat eine feine N. 개는 예민한 후각을 갖고 있다. **c)** 형안, 예민한 육감: sie hat eine gute(die richtige) N. fürs Geschäft 그녀는 사업에 대한 훌륭한 후각을 갖고 있다. **2. a)** 뱃머리, (비행기나 자동차의) 머리 부분: die N. des Bootes hob sich aus den Wellen 보트의 머리 부분이 파도 위로 솟아올랐다. **b)** (바위나 건물의) 돌출부. **c)** 기와(대패)의 고리. **3.** 《통용어》 흘러내리는 페인트[니스] 방울. **4.** (코처럼 생긴 상악(上顎)을 지닌) 잉어.

nase-, Nase- (↑nas-, Nase-/nasen-, Nasen-도): **~lang** ↑nasenlang. **~rümpfen, das**; -s (경멸의 표시로서) 코를 찌푸리기. **~rümpfend** ⟨Adj.⟩ 코를 찌푸리면서(경멸의 표시로): n. ging er aus dem Zimmer 경멸하면서 그는 방 밖으로 나가 버렸다. **~weis** [...vajs] ⟨Adj.⟩ (대개 애들) 호기심이 많은, 주제넘은: sei nicht so n.! 그렇게 주제넘게 행동하지 말아라! **~weis, der**; -es, -e 주제넘은 아이, 되바라진 녀석.

näseln ['nɛːz(ə)ln] ⟨h⟩ 비음으로 말하다: eine näselnde Stimme 비음이 섞인 음성. **Näselung, die**; -en ↑ Nasalierung.

nasen-, Nasen-: **~affe, der** (보르네오 산(産)의) 코원숭이. **~bär, der** (남아메리카 산(産)의) 코곰. **~bein, das** 비골(骨). **~beinbruch, der** 비골골절. **~beinfraktur, die** 비골골절. **~bluten, das**; -s 코피가 나옴[코출혈]. **~bohrer, der** 《통용어·농》 콧구멍이나 후비고 있는 녀석. **~dusche, die** 《의학》 코 세척(滌). **~fahrrad, das** 《통용어·농》 (코)안경. **~flügel, der** 비익(鼻翼). **~gang, der** 비도(鼻道). **~gruß, der** (인종) 서로 코를 비비는 인사. **~hai, der** (삼 모양의 주둥이를 지닌) 코상어. **~heilkunde, die** 비과학(鼻科學). **~höhle, die** [해부] 비강. **~katarrh, der** (고어) 코감기. **~klammer, die** (서적) 휜 괄소. **~korrektur, die** 코 성형. **~kuß, der** ↑~gruß. **~lang, (또한)** naselang, naslang (다음 용법으로) **alle n.** 《통용어》 짧은 시간 간격으로 반복되는; 계속적으로; 자꾸만 다시: er hat alle n. andere Ideen 그는 매 순간마다 생각이 달라진다. **~länge, die a)** 간발의 차: er war mir beim Mieten der Wohnung um eine N. voraus 그는 나보다 한 순간 앞서서 그 셋집을 차지하게 되었다. **b)** [경마] 말머리 하나의 길이: das Pferd gewann mit zwei -n 그 말은 말머리 두 개의 차로 이겼다. **~laut, der** [언어] 비음. **~loch, das** 콧구멍. **(jmdm.) verliebte Nasenlöcher machen** 《통용어》 반해서 (누구를) 정신없이 쳐다보다. **~nebenhöhle, die** [해부] ↑ Nebenhöhle. **~öl, das** (코감기용) 점비약(点鼻藥). **~plastik, die** [의학] 코의 성형. **~quetscher, der** 《통용어·농》 **1.** 안경, 코안경. **2.** (뚜껑이 납작한) 관(棺). **~rachenraum, der** [의학] 비인강(鼻咽腔). **~Rachen-Raum der** [의학] 비강과 인두강(咽頭腔). **~ring, der 1.** 쇠코뚜레. **2.** [인종] 코고리. **~rücken, der** 코마루. **~sattel, der** 콧잔등, 코허리. **~scheidewand, die** 비격막(鼻膈膜). **~schleim, der** 비점액(鼻粘液). **~schleimhaut, die** 비점막(鼻粘膜). **~schleimhautentzündung, die** 비점막염(鼻粘膜炎). **~schmuck, der** [인종] 코 장신구. **~sekret, das** [의학] ↑~schleim. **~spiegel, der 1.** [의] 조비경(照鼻鏡). **2.** [동물] (포유동물의 털이 없는) 콧등. **~spitze, die** 코끝: **nicht weiter sehen, als die N. reicht** 매우 단견인, 소견이 매우 좁은; **jmdm. etw. an der N. ansehen** 《통용어》 누구의 표정을 보고 무엇을 알아채다. **~spray, der / das** (코감기 때의) 코 스프레이약. **~spülung, die** [의학] ↑~dusche. **~stüber, der 1.** 손가락으로 코끝을 튕김: **jmdm. einen N. geben(versetzen)** 누구의 코를 가볍게 튕기다. **2.** 《통용어》 비난, 질책. **~tamponade, die** [의학] 코에 박는 면구(棉棋)(↑Tamponade). **~tropfen (Pl.)** (특히 코감기 때의) 코에 넣는 물약, 점비약(点鼻藥). **~wand, die** ↑~scheidewand. **~wärmer, der** 《통용어·농》 담배 파이프. **~winkel, der** 코의(鼻翼)와 뺨이 이루는 각도. **~wurzel, die** 코 비근(鼻根).

-nasig [-naːzɪç] ("...한 코"라는 뜻의 합성어로, 예컨대) breitnasig 넙적코의.

Nasi-goreng ['naːzi goˈrɛŋ], das; -(s), -s [indon. nasi goréng] 쌀, 야채, 육류로 만든 인도네시아 음식.

Näsling ['nɛːslɪŋ], der; -s, -e ↑Nase (4).

naß [nas] ⟨Adj.⟩; nasser, nasseste, (또한) nässeste [mhd., ahd. naʒ] **1.** 축축한, 젖은: nasse Haare 젖은 머리카락; sie bekamen nasse Füße 발이 축축해졌다; sie nahmen mit nassen Augen voneinander Abschied 《아어》 그들은 눈물을 흘리며 서로 작별했다; das Kind hat die Hose(das Bett) n. gemacht 그 애는 바지(침대)에 오줌을 쌌다; 장구 ich werde mich n. machen 《지역적》 나는 (그것을 하지 않

도록) 조심하겠다; genauso n. (wie vorher) sein (여전히) 어리석다, 아직도 철이 나지 않았다; **jmdn. n. machen** 〈스포츠 은어〉 1) 〈상대방을〉 데리고 놀다. 2) 누구에게 압승하다; **Geld[Scheine] n. machen** 〈지역적〉 술로 돈[지폐]을 당진하다. **2.** 비가 많은: **ein nasser Sommer** 비가 많은 여름. **3. für n.** 〈지역적〉 입장료를 지불치 않고, 공짜로. **Naß** [-], das; **Nasses** 〈시어〉 a) 수영하는 물: **wir sprangen hinein ins erfrischende [kühle] N.** 우리는 상쾌한[시원한] 물 속으로 뛰어들었다; **gut N.!** 안녕하세요! 〈수영하는 사람들의 인사말〉. b) 비: **die Bauern warteten auf das lebensspendende N.** 농부들은 생명을 주는 비를 기다렸다. c) 〈포도주, 맥주 등〉 술: **paß auf, daß du das kostbare N. nicht verschüttest** 비싼 술을 쏟지 않도록 주의하라.

naß-, Naß-: ~**fäule**, die [식물] 습기로 인한 〈감자의〉 부패. ~**fest** 〈Adj.〉 내습(耐濕)의: -es Papier 내습지(耐濕紙), 습기에 강한 종이. ~**forsch** 〈Adj.〉 〈볍〉 지나치게 단호한: **n. fragen** 아주 대어놓고 질문하다. ~**galle**, die [농업] 지하수로 축축한 지대. ~**geschwitzt** 〈Adj.〉 땀으로 축축한: **ich war n.** 나는 땀에 젖어 있었다. ~**in-Naß-Druck** der [인쇄] 〈색도 인쇄에서의〉 반복 인쇄. ~**kalt** 〈Adj.〉 비가 오면서 추운, 습냉한. ~**rasierer** 〈면도 비누 따위를 써서〉 젖은 면도하는 사람. ~**rasur**, die 젖은 면도. ~**schleifen**, das; -s 습식(濕式) 연마. ~**schleifmaschine**, die 습식 연마기. ~**schleifpapier**, das 습식 연마지. ~**schnee**, der 반쯤 녹은 눈. ~**schneelawine**, die 반쯤 녹은 눈사태. ~**wäsche**, die 〈세탁소에서 세탁만 한〉 축축한 세탁물. ~**zelle**, die [토건] 수도관이 들어가는 공간.

¹**Nassau** ['nasaʊ], -s 나사우〈독일의 옛 공작령〉.

²**Nassau** ['næsɔ:] 나소〈바하마의 수도〉. ¹**Nassauer** ['nasaʊər], der; -s, - 나소 사람.

²**Nassauer** ['nasaʊər], der; -s, - [지명 Nassau를 농담삼아 ↑**naß**와 결부시켜] 〈통용어·농〉 소나기: **du kannst den Schirm ruhig offen lassen, der nächste N. kommt gleich** 너는 우산을 쓰지 않아도 된다, 곧 또 소나기가 올테니.

³**Nassauer** [-], der, -s, - [↑**naß** (3)] 〈통용어·폄〉 식객, 얌체〈주〉: **er ist ein richtiger N.** 그는 정말 염치없이 얻어 먹고 다니는 사람이다. **nassauern** ['nasaʊərn] 〈h〉 〈통용어·폄〉 남에게 폐를 끼치다, 염치없이 얻어 먹고 다니다.

nassauisch [nasaʊɪʃ] 〈Adj.〉 나사우〈독일의 옛 공작령〉의.

Nässe ['nɛsə], die 축축함, 심한 습기: **die N. dringt durch die Kleider** 물기가 의복 속으로 스며든다; **bei dieser N. kann man nicht im Wald spazierengehen** 이러한 습기 찬 날씨에는 숲 속에서 산보할 수 없다; **etwas vor N. schützen** 무엇을 물기에 젖지 않게 보호하다. **nässeln** ['nɛsln] 〈h〉 〈고어·지역적〉 a) 이슬비가 내리다. b) 약간 진물이 나다: **die Wunde nässelt** 그 상처에서 진물이 난다. **nässen** ['nɛsn̩] 〈h〉 **1.** 〈아어〉 축축하게 하다, 적시다: **der Tau näßte unsere Füße** 우리의 발은 이슬에 젖었다. b) 〈아어〉 침대에 오줌을 싸다: **das Bett n.** 〈아어〉 침대에 오줌을 싸다. **2. a)** 진물이 나다, 삼루(滲漏)하다: **die Wunde näßt** 상처에서 진물이 나다. b) 〈사냥〉 〈동물이〉 오줌 싸다: **der Hirsch näßt** 사슴이 오줌 싸다. **näßlich** ['nɛslɪç] 〈Adj.〉 〈드물게〉 약간 축축한.

Nastie [nas'ti:], die [zu griech. nastós] [식물] 경성(傾性).

naszierend [nas'tsi:rənt] 〈Adj.〉 [lat. nāscī] 〈화학적으로〉 발생 중인, 생성 중에 있는. **Natalität** [natali'tɛ:t], die [lat. nātālis] [통계] 출생률. **Nation** [na'tsjo:n], die; -en [frz. nation] a) 민족〈국가〉, 국민: **die deutsche N.** 독일 민족, 독일; **eine geteilte N.** 분단 민족. b) 국가: **in der Stadt hingen die Fahnen vieler -en** 그 도시에는 많은 나라의 국기들이 게양되어 있었다; **die Vereinten -en** 유엔. c) 〈통용어〉 국민: **die ganze N. verfolgte die Ereignisse am Bildschirm** 전국민이 텔레비전 화면을 통해 그 사건들을 주시하고 있었다. **national** [natsjo'na:l] 〈Adj.〉 [frz. national] a) 국민의, 국가의, 민족의: **die -e Selbständigkeit** 국가의 자주성; **die -e Kultur** 민족 문화; **eine Minderheit** 소수 민족. b) 국내의: **industrielle Erfolge auf -en und internationalen Märkten** 공업제품들의 국내 및 국제 시장에서의 성공. c) 자국의 이익을 중시하는, 애국적: **eine -e Partei** 민족주의적 정당; **n. denken** 애국적으로 생각하다.

national-, National-: ~**bank**, die 〈Pl. -banken〉 〈한 나라의〉 중앙 은행. ~**bewußt** 〈Adj.〉 국민[국가]의 의식을 지닌: **-es Denken** 국민[국가]을 의식하는 사고. ~**bewußtsein**, das 국민〈국가〉 의식. ~**bibliothek**, die 국립도서관. ~**charakter**, der 국민성: **Sparsamkeit gehört zum N. der Schotten** 절약은 스코틀랜드인들의 국민성에 속한다. ~**demokratisch** 〈Adj.〉 a) 민족민주주의[국민민주주의]적인: **-e Politik** 민족민주주의적 정책. b) 민족민주당[국민민주당] 소속의: **ein -er Abgeordneter** 국민[국가] 민주당 국회의원. ~**denkmal**, das 국민〈민족〉 의식을 나타내는 기념비. ~**dreß**, der 국가 대표팀의 유니폼〈여성용〉. ~**einkommen**, das ↑**Volkseinkommen**. ~**elf**, die [축구] 국가 대표 11명. ~**epos**, das 민족〈국민〉 서사시. ~**farben** 〈Pl.〉 국기의 색깔들. ~**feiertag**, der 국경일. ~**figur**, die 한 국가를 상징하는 인물. ~**flagge**, die 국기〈國旗〉. ~**galerie**, die 국립미술관. ~**garde**, die **1.** 〈프랑스 혁명 때 형성된〉 시민군. **2.** 〈미국의〉 민병대. ~**gardist**, der 프랑스 시민군; 미국 민병대원. ~**gefühl**, das 국민〈민족〉 감정. ~**gericht**, das 국가 고유[전통] 음식. ~**getränk**, das 민족 특유[고유] 음료. ~**heiligtum**, das 민족 성지(聖地)〈성전(聖殿)〉. ~**held**, der 민족 영웅. ~**hymne**, die 국가〈國歌〉. ~**kirche**, die 〈독립된〉 국가 교회. ~**kirchlich** 〈Adj.〉 국가 교회의. ~**kommunismus**, der 민족공산주의. ~**konzil**, das [가] 〈어느 국가의〉 주교 회의. ~**kultur**, die 국민 문화〈민족 문화〉. ~**liberal** 〈Adj.〉 a) 민족 자유주의적인. b) 민족 자유당 소속의. ~**liga**, die [축구] 국가 리그〈전〉. ~**mannschaft**, die 국가 대표팀. ~**museum**, das 국립 박물관. ~**ökonom**, der ↑**Volkswirtschaftler**. ~**ökonomie**, die ↑**Volkswirtschaftslehre**. ~**ökonomisch** 〈Adj.〉 ↑**volkswirtschaftlich**. ~**park**, der 국립 자연 공원. ~**politisch** 〈Adj.〉 국가 정치에 관한. ~**preis**, der [구동독] 국가 대상〈大賞〉. ~**preisträger**, der 국가 대상 수상자. ~**rat**, der **1.** 〈오스트리아와 스위스의〉 국회. **2.** 국회의원. ~**sozialismus**, der 〈역사적〉 a) 〈1차 세계 대전 후 독일의〉 사회주의, 나치즘. b) 나치스의 지배〈통치 체제〉: **in der Zeit des N. waren die Gewerkschaften verboten** 나치 시대에는 노동 조합들이 금지되었다. ~**sozialist**, der 국가 사회주의자: **sein Vater war überzeugter N.** 그의 아버지는 신념이 투철한 나치였다. ~**sozialistisch** 〈Adj.〉 국가 사회주의의, 나치스의: **er hat eine -e Vergangenheit** 그는 나치당원이었다. ~**speise**, die ↑~**gericht**. ~**spieler**, der [스포츠] 국가대표선수. ~**sport**, der 국기(國技). ~**sprache**, die [언어] 민족어. ~**Standardsprache**, die ↑**Standardsprache**. ~**staat**, der 단일 민족 국가〈반대: **Nationalitätenstaat**〉. ~**staatlich** 〈Adj.〉 단일국가의. ~**stolz**, der 민족〈국민〉적 자부심. ~**straße**, die 〈schweiz.〉 고속 도로, 자동차 전용 도로. ~**tanz**, der 민족무용. ~**theater**, das 국립극장. ~**tracht**, die ↑**Volks-**

tracht. ~trainer, der [스포츠] 국가 대표팀의 트레이너. ~trikot, das [스포츠] 국가 대표팀의 유니폼: im N. spielen 국가 대표팀에서 뛴다. ~versammlung, die 1. (몇몇 나라의) 국회의 명칭. 2. 국민의회, 국민회의.

Nationale [natsio'na:lə], das; -s, - ⟨österr.⟩ **a)** 신상 명세: das N. aufnehmen 신상 명세를 기록하다. **b)** 신상 명세서 서식. **nationalisieren** [natsionali'zi:rən] ⟨h⟩ **1.** †verstaatlichen: die Banken wurden nationalisiert 은행들은 국유화되었다. **2.** †einbürgern (1). **Nationalisierung**, die; -en 국유화; 귀화시킴. **Nationalismus** [natsiona'lismus], der; - [frz. nationalisme] **a)** ⟨폄⟩ 국수주의(국가주의): ein engstirniger N. 편협한 국수주의. **b)** ⟨드물게⟩ 민족국가 형성 의식. **Nationalist** [...'list], der; -en, -en 국수주의자, 민족주의자. **nationalistisch** ⟨Adj.⟩ 국수주의의: -e Ziele verfolgen 국수주의적 목표들을 추구하다. **Nationalität** [natsionali'tɛ:t], die; -en [frz. nationalité] **1.** ⟨교양어⟩ **a)** 국적: englischer N. sein 영국 국적이다. **b)** ⟨고어⟩ 민족고숙성. **2.** (한 국가내의) 소수 민족. **Nationalitätenfrage**, die 국적 문제. **Nationalitätenstaat**, der 다민족 국가. **Nationalitätsprinzip**, das [법] 국적주의.

nativ [na'ti:f] ⟨Adj.⟩ [lat. nativus] [화학] 자연 상태 그대로의, 천연의. **Native** ['neitiv], -s, -s (특히 옛날 영국 식민지들의) 원주민. **Native speaker** ['neitiv 'spi:kə], der; - -s, - - [engl. native speaker] [언어] †Muttersprachler. **Nativismus** [nati'vismus], der; - **1.** [심리] 생득설(生得說), 선천설. **2.** [인종] 전통 문화 보호주의. **Nativist** [nati'vist], der; -en, -en 생득설 신봉자. **nativistisch** ⟨Adj.⟩ **1.** 생득의, 선천적인. **2.** [의학・생물] 유전에 의한, 타고난. **Nativität** [nativi'tɛ:t], die; -en [lat. nativitas] [점성] (한 인간의) 출생시의 별의 위치, 운수.

NATO, ⟨또한⟩ **Nato** ['na:to], die [North Atlantic Treaty Organization의 약어] 북대서양 조약 기구.

Natrium ['na:trium], das; -s 나트륨(기호: Na).

Natrium- [화학] ~**chlorid**, das 염화나트륨, 식염. ~**hydroxyd** [화학] ~hydroxid, das 수산화나트륨, 가성소다. ~**karbonat**, das †Soda. ~**nitrat**, das 질산나트륨. ~**salz**, das 나트륨염. ~**silikat**, das 규산나트륨. ~**sulfat**, das 황산나트륨.

Natron ['na:tron], das; -s 나트륨염, 중탄산소다. **Natronbleichlauge**, die [화학] 가성소다액에 염소를 넣어 생겨나는 액체. **Natronlauge**, die 가성소다액.

Natschalnik, der; -s, -s [russ. načal'nik] 우두머리(상관의 러시아 명칭).

Natté [na'te:], der; -(s), -s [frz. natté, 2. Part. von: natter] 격자무늬의 면[모]직물.

Natter ['natɐ], die; -n 뱀목이과의 뱀, 독사: eine N. am Busen nähren 은혜를 원수로 갚을 사람을 먹여 살리다.

Nattern-: ~**biß**, der 뱀이 문 상처. ~**brut**, die ⟨폄⟩ 악당의 무리. ~**gezücht**, das †~brut. ~**hemd**, das 뱀껍질.

Natur [na'tu:ɐ], die; -en **1.** ⟨Pl. 없음⟩ 자연, 모든 현상계의 재료(질료): [전의] die N. hat sie stiefmütterlich behandelt(bedacht) 그녀는 불구이다(추하다); im Buch der N. lesen[blättern] (아이) 자연을 연구(관찰)하다. **2.** ⟨Pl. 없음⟩ (인간이 거의 살지 않는 지역의) 자연(계): der geht schlafen (시어) 가을이 지난다; in die freie N. [ins Freie] hinauswandern 야외로 산책 나 가다; die Pflanzen[Tiere] gedeihen nur in freier Natur 식물들[동물들]은 대자연 속에서만 번성한다; (etw.) nach der N. zeichnen[malen] (무엇을) 사생(寫生)하다; zurück zur N. 자연으로 돌아가라. **3. a)** 천성(天性), 기질, 소질, 성질, 체질, 성격: die weibliche [männliche, tierische] N. 여자의[남자의, 동물의] 본성; sie hat eine gesunde[kräftige, labile] N. 그녀는 건강한[힘이 센, 약한] 체질이다; er hat eine gutmütige [kindliche, gesellige] N. 그는 천성이 착하다[순진하다, 사교적이다]; sein Verhalten ist wider die N. 그의 행실은 인간의 본성에 배치된다; [정규] die N. verlangt ihr Recht 본능은 충족되어야 한다; sie ist von N. aus blond 그녀의 머리칼은 원래부터 금발이다; er ist von N. aus(her) ein gutmütiger Mensch 그는 천성이 착한 인간이다; **jmdm. gegen(wider) die N. gehen (sein)** 누구에게 천성적으로 거슬리다; **jmdm. zur zweiten N. werden** 누구의 제2의 천성이 되다. **b)** 인간유형(類型): er ist eine ernste[choleferische, kämpferische] N. 그는 진지한(창조적, 투쟁적) 인간 유형이다. **4.** ⟨Pl. 없음⟩ (어떤 사물의 고유한) 특징, 특성: ihre Verletzungen waren nur leichter N. 그들의 부상은 단지 가벼운 종류의 것이었다; **in der N. von etw. liegen** 무엇의 특성(본질)에 속하다; das liegt doch in der N. der Dinge(der Sache) 그것은 당연한 일이다. **5.** ⟨Pl. 없음⟩ (어떤 사물의) 천연(자연) 상태: N. sein 진짜이다, 인공적이 아니다(반대: Kunst 3): mein Haar ist N. 나의 머리카락은 원래의 것 그대로다. **6.** ⟨지역적・준고어・은폐⟩ **a)** (남성 또는 여성의) 성기. **b)** ⟨Pl. 없음⟩ 정액.

natur-, **Natur-**: ~**anlage**, die †Veranlagung. ~**apostel**, der ⟨폄⟩ (조롱) 자연의 사도, 반(反)문명 생활 신봉자. ~**arzt**, der 자연 요법주의 의사. ~**auffassung**, die 자연관. ~**begabung**, die 타고난 비범한 재능, 천부의 비범한 재능을 가진 사람. ~**beherrschung**, die (인간에 의한) 자연의 지배. ~**belassen** ⟨Adj.⟩ 자연 그대로의. ~**beobachtung**, die 자연 관찰. ~**beschreibung**, die 자연 기술(記述), 박물지(誌). ~**blond** ⟨Adj.⟩ 원래가 금발인. ~**bühne**, die †Freilichtbühne. ~**bursche**, der 자연아(兒), 야성아. ~**darm**, der 가축의 창자로 된 소시지껍질. ~**denkmal**, das 자연기념물. ~**dünger**, der 퇴비. ~**ereignis**, das 자연 현상. ~**erlebnis**, das 자연 체험. ~**erscheinung**, die 자연 현상. ~**erzeugnis**, das 천연산물. ~**farbe**, die **1.** 자연색, 천연색. **2.** †~farbstoff. ~**farben** ⟨Adj.⟩ 자연색의. ~**farbendruck**, der 원색 인쇄. ~**farbstoff**, der 천연 염료. ~**faser**, die 천연 섬유. ~**film**, der 자연영화. ~**forscher**, der 자연 과학자, 자연 연구가. ~**forschung**, die 자연 연구, 자연 과학. ~**freund**, der 자연의 벗, 자연애호가, 자연 애호 행위. ~**gabe**, die 천부의 재능. ~**gas**, das 천연가스(↑Erdgas). ~**gefühl**, das **1.** 자연과의 일체감, 자연 감정. **2.** 자연관, 자연에 대한 태도. ~**gegeben** ⟨Adj.⟩ 피할 수 없는, 숙명적. ~**gemäß I.** ⟨Adj.⟩ 자연에 부합된, 자연에 합당한: eine -e Lebensweise 자연에 합당한 생활 방식. **II.** ⟨Adv.⟩ 자연에 합당하게, 자연스럽게. ~**geschehen**, das 자연 현상. ~**geschichte** ⟨Pl. 없음⟩ **1.** ⟨고어⟩ †~kunde. **2.** 발생학: die N. der Säugetiere 포유동물의 발생학. ~**geschichtlich** ⟨Adj.⟩ 발생학적. ~**gesetz**, das 자연 법칙. ~**gesetzlich** ⟨Adj.⟩ 자연 법칙의. ~**gesetzlichkeit**, die 자연 법칙성. ~**getreu** ⟨Adj.⟩ 자연그대로의, 사실적인: etw. n. darstellen 무엇을 있는 그대로 묘사하다. ~**gewalt**, die (대개 Pl.) 자연력. ~**gottheit**, die [종교] 자연종교의 신(神). ~**haar**, das (가발이 아닌) 자연두발. ~**harz**, das 자연송진. ~**heilkunde** ⟨Pl. 없음⟩ 자연요법. ~**heilkundig** ⟨Adj.⟩ 자연요법에 경험이 있는. ~**heilkundige***, der / die 자연치료사, 자연요법사. ~**heilkundlich** ⟨Adj.⟩ 자연요법에 관한, 자연요법에 속하는. ~**heilverfahren**, das 자연요법. ~**histo-**

risch ⟨Adj.⟩ 자연과학의, 발생학의. **~horn**, das **1.** 자연뿔, 천연뿔. **2.** [음악] 조성판이 없는 호른. **~katastrophe**, die 천재(天災). **~kautschuk**, der 천연 고무 액체. **~kind**, das ↑**bursche**. **~konstante**, die [물리] 불변의 상수(常數). **~kraft**, die ⟨대개 Pl.⟩ 자연력. **~kraus** ⟨Adj.⟩ 타고난 곱슬머리의. **~krause**, die 타고난 곱슬머리. **~kunde**, die ⟨Pl. 없음⟩ ⟨고어⟩ 박물학, 자연 과학(생물학, 지질학, 광물학). **~kundige*** , der / die ⟪준고어⟫ 자연 과학에 정통한 사람. **~kundlich** ⟨Adj.⟩ 자연 과학의, 자연 과학에 속하는. **~landschaft**, die 처녀지, 인적미답(人跡未踏)의 땅(반대: Kulturlandschaft). **~lehre**, die ⟨Pl. 없음⟩ ⟨고어⟩ 자연과목의 일부로서의 물리학[화학]. **~lehrpfad**, der 자연교육 산책로. **~locken** ⟨Pl.⟩ 타고난 곱슬머리. **~mensch**, der 자연인, 원시인. **~nah(e)** ⟨Adj.⟩ 자연과 밀접한. **~nahe**, die 실물[실제]과 같음, 자연 그대로임. **~notwendig** ⟨Adj.⟩ 절대로 필요한, 자연 필연적인. **~notwendigkeit**, die 자연적 필연성, 인과율(因果律), 물리적 필연. **~park**, der 자연공원. **~perle**, die 자연진주. **~phänomen**, das ↑**erscheinung**. **~philosoph**, der 자연 철학자. **~philosophie**, die 자연 철학. **~philosophisch** ⟨Adj.⟩ 자연 철학의. **~produkt**, das **a)** 천연자원. **b)** 농산품. **~recht**, das ⟪윤리학⟫ 자연법. **~rechtlich** ⟨Adj.⟩ 자연법의. **~reich**, das 자연계. **~reichtum**, der ⟨대개 Pl.⟩ 천연자원. **~rein** ⟨Adj.⟩ 천연의, 인공첨가물이 첨가되지 않은: -er Honig 천연꿀. **~reis**, der 현미. **~religion**, die 자연숭배종교. **~reservat**, das ↑**Naturschutzgebiet**. **~schätze** ⟨Pl.⟩ ↑**reichtum**. **~schauspiel**, das 대자연의 장관(壯觀). **~schilderung**, die 자연 묘사. **~schönheit**, die ⟨대개 Pl.⟩ 자연미. **~schutz**, der 자연 보호: ein Gebiet unter N. stellen 어떤 지역을 자연 보호 구역으로 지정하다. **~schutzgebiet**, das 자연 보호(지정) 구역. **~schutzpark**, der ⟨고어⟩ 자연 보호 구역. **~schwärmer**, der 자연 탐닉자. **~schwärmerei**, die 자연 탐닉. **~seide**, die 천연견사. **~spiel**, das ⟨아어⟩ 기형(아). **~stein**, der 자연석. **~stoff**, der 천연물질, 자연재료. **~talent**, das ↑**begabung**. **~theater**, das ⟨고어⟩ ↑Freilichttheater (a). **~ton**, der [음악] [취주악기를 그냥 불어서 나는] 자연음. **~treue**, die 실물 그대로의 묘사. **~trieb**, der ⟨고어⟩ ↑Instinkt (1). **~trompete**, die 자연음 트럼펫. **~trüb** ⟨Adj.⟩ ⟪전문어⟫ (과즙이) 원래 탁한 색인. **~uran**, das 천연 우라늄. **~verbundenheit**, die 자연과 밀접한. **~verbundenheit**, die 자연과의 친밀성. **~volk**, das ⟨대개 Pl.⟩ ⟪인종·준고어⟫ 원시[미개] 민족. **~vorgang**, der 자연 현상. **~wein**, der 무가당 포도주. **~widrig** ⟨Adj.⟩ 자연법칙에 어긋나는, 부자연스러운. **~wissenschaft**, die ⟨대개 Pl.⟩ **a)** 자연과학(반대: Geisteswissenschaften). **b)** 자연과학 중의 개별학문. **~wissenschaftler**, der 자연과학자. **~wissenschaftlich** ⟨Adj.⟩ 자연과학적인. **~wüchsig** ⟨Adj.⟩ **a)** 자연산의, 야생의. **b)** ⟪드물게⟫ 자연발생적인. **~wüchsigkeit**, die 자연발생적임. **~wunder**, das 자연계의 경이. **~zustand**, der ⟨Pl. 없음⟩ 자연[원시]상태.

Natural- [natu'ra:l-]: **~abgaben** ⟨Pl.⟩ 물납(物納). **~bezüge** ⟨Pl.⟩ 현물 지급, 현물 급여. **~einkommen**, das, **~einkünfte** ⟨Pl.⟩ 현물 수입[소득]. **~leistung**, die 현물 급부(現物給付). **~lohn**, der 현물 급여. **~obligation**, die [법] (청구권이 없는) 자연 채무. **~pacht**, die 현물 임대차(계약). **~restitution**, die [법] 등가 보상. **~steuer**, die 현물세. **~werte** ⟨Pl.⟩ ↑Naturalien. **~wirtschaft**, die 물물 교환 경제.

Naturalien [natu'ra:liən] ⟨Pl.⟩ [lat. nātūrālia] **1.** (지불 또는 교환 수단으로 사용되는) 농산물, 식료품, 원료: in N. bezahlen 현물로 지불하다; ⟨전의⟩ sie hat ihn für seine Hilfe beim Umzug in N. bezahlt. ⟨농⟩ 그녀는 그가 이사를 도와준 대가로 그와 동침했다. **2.** ⟪드물게⟫ 박물 표본. **Naturalienkabinett**, das 박물 표본실. **Naturaliensammlung**, die 수집된 박물 표본. **Naturalisation** [naturaliza'tsioːn], die; -en [frz. naturalisation] **1.** ↑Einbürgerung (1) (반대: Denaturalisation). **2.** ⟨생물⟩ ↑Einbürgern (2). **3.** 실물 그대로의 박제. **naturalisieren** [naturali'zi:rən] ⟨h⟩ [frz. naturaliser] **1.** ↑einbürgern (1) 참조(반대: denaturalisieren): er wurde während des Krieges in Schweden naturalisiert 그는 전쟁 동안에 스웨덴에 귀화하였다. **2.** [생물] ↑einbürgern (2) 참조. **3.** ⟪드물게⟫ 실물 그대로 박제하다. **Naturalisierung**, die; -en ↑Naturalisation. **Naturalismus** [natura'lɪsmus], der; -, ...men [frz. naturalisme] **1. a)** ⟨Pl. 없음⟩ 자연주의. **b)** 자연주의적 요소. **2.** ⟨Pl. 없음⟩ 자연주의의 예술 양식. **3.** 자연주의적 세계관. **Naturalist** [...'lɪst], der; -en, -en [frz. naturaliste] 자연주의자. **naturalistisch** ⟨Adj.⟩ **1.** ⟨교양⟩ 자연주의에 가까운, 자연 그대로의. **2.** 자연주의에 대한, 자연주의적인: der -e Roman 자연주의 소설. **nature** [na'ty:r] ⟨Adj.; 격변화없이 대개 후치됨⟩ [frz. nature] [요식업] 특별한 양념 없이 그냥 만든. **naturell** [natu'rɛl] ⟨Adj.; 격변화없이 대개 후치됨⟩ [frz. maturel] [요식업] ↑nature. **Naturell** [-], das; -s, -e [frz. naturel] ⟨교양⟩ 기질, 본성, 성격: ein heiteres N. haben 명랑한 기질이다. **Nature morte** [natyr'mɔrt], die [frz.] 정물화(의 불어 명칭). **naturhaft** ⟨Adj.⟩ ⟪교양⟫ 천성적인: seine -e Lebenskraft 그의 천성적인 생명력. **Naturismus** [natu'rɪsmus], der; - ↑Freikörperkultur. **Naturist** [...'rɪst], der; -en, -en ⟪드물게⟫ 나체주의자. **naturistisch** ⟨Adj.⟩ ⟪드물게⟫ 나체문화의. **natürlich** [na'ty:rlɪç] **I.** ⟨Adj.⟩ **1. a)** 자연의, 천연의, 자연계의: in -er Umgebung lebende Tiere 자연 그대로의 환경에 사는 동물. **b)** 자연법적적인: eines -en Todes sterben 자연사하다; der Sohn ⟨법·고어⟩ 사생아(남아). **c)** 있는 그대로(사실적인): ein Standbild in -er Größe 실물크기의 입상. **2.** 타고난, 선천적인: er hat eine -e Begabung 그에겐 타고난 재능이 있다. **3.** (인간) 본래의, 본능적인: seine -en Bedürfnisse befriedigen 그의 본능적 욕구를 충족시키다. **4.** 자명한(당연한). **5.** 순진한, 꾸밈없는, 부자연치 않은: ein -es Benehmen haben 꾸밈없는 태도를 갖고 있다. **II.** ⟨Adv.⟩ **1.** 물론, 당연히. **2.** 예상대로: er kam n. wieder zu spät 그는 (예상대로) 다시 지각했다. **3.** ⟨발언의 제한을 나타냄⟩ …하지만. **natürlicherweise** ⟨Adv.⟩ 당연히. **Natürlichkeit**, die **a)** 자연스러움, 사실성. **b)** 순진함, 자명성. **c)** 소박성, 순진성.

Naue ['nauə], die; -n ⟪südd.⟫ ↑Nauen (1). **Nauen** ['nauən], der; -s, - ⟪südd.·schweiz.⟫ 작은 보트, 나룻배. **2.** ⟪schweiz.⟫ 큰 짐나르는 배.

'nauf [nauf] ⟪südd.⟫ ↑hinauf.

Nauplius ['nauplius], der; -, ...ien [...iən; lat. nauplius < griech. naúplios] [동물] 갑각류의 유충.

Nauru [na:'u:ru; ⟨engl.⟩ na'u:ru:], -s 나우루(태평양의 도서(성)공화국). **Nauruer** [na'u:ruɐ], der; -s, - 나우루의 주민. **nauruisch** [na'u:ruiʃ] ⟨Adj.⟩ 나우루의.

naus [naus] ⟪südd.⟫ ↑hinaus.

Nausea [nau'ze:a, 'nauzea], die [griech. nausía] [의학] 구토증, 배멀미.

-naut [-naut] [griech. naútés](다음의 복합어로, 예컨대) Astronaut 우주비행사, Kosmonaut 우주비행사.

Nautik ['nautɪk], die [griech. nautikḗ(téchnē)] **1.** 항해학. **Nautiker**, der; -s, - [해양] 항해사. **Nautilus** ['nautɪlus], der; -, -/-se [lat. nautilus < griech. nautílos] 앵무조개. **Nautilusbecher**, **Nautiluspokal**, der 〔예술〕 앵무조개(껍데기로 만든) 잔. **nautisch** 〈Adj.〉 [lat. natuicus < griech. nautikós] 항해의, 항법상의.

Navajo [(engl.) 'nævəhov, (또한) na'vaxo], der; -(s), -(s) 북미 인디언 부족의 구성원[일족].

Navel ['na:vl, (또한) 'neɪvəl], die; -s, **Navelorange**, die; -n [engl.-amerik. navel (orange)] 네이블 오렌지.

Navigation [naviga'tsi̯o:n], die [lat. nāvigātio] 〔해양·항공〕항법(航法), 항해술.

Navigations- 〔해양·항공〕: **~ausrüstung**, die 항법장비[설비]. **~fehler**, der 항법 실수. **~instrument**, das 항법 도구, 항법용 계기. **~karte**, die 〔해양[항공]〕지도. **~offizier**, der 〔해양·항공〕(일등) 항해사, 항해장. **~raum**, der 해도실. **~schule**, die 항해 학교.

Navigator [navi'ga:tɔr, (또한) …to:r], der; -s, -en [...ga'to:rən; lat. nāvigātor] 〔해양·항공〕항해사; 항공사(항법사). **navigatorisch** [naviga'to:rɪʃ] 〈Adj.〉 〔해양·항공〕 항법에 관한, 항법상의. **navigieren** [navi'gi:rən] 〈h〉 〔해양·항공〕(배나 비행기를) 조종하다; nach der Sonne u. den Sternen n. 해와 별을 길잡이로 하여 항진하다.

naxisch ['naksɪʃ] 〈Adj.〉 낙소스의. **Naxos** ['naksɔs], Naxos' 그리스의 섬 낙소스.

Nazarener [natsa're:nɐ] 〈Pl.〉 (기독교 예술의 갱신을 추구하였던) 낭만주의 화가의 일단.

Nazareth ['na:tsaret] 나자렛(이스라엘의 도시).

Nazi ['na:tsi], der; -s, -s (略) ↑Nationalsozialist의 약칭.

Nazi- (略): **~bonze**, der 나치 수령[보스]. **~diktatur**, die 나치 독재. **~führer**, der 나치 지도자[총통]. **~herrschaft**, die 나치 지배[정권]. **~ideologie**, die 나치 이념, 나치 이데올로기. **~partei**, die 나치당. **~regime**, das 나치 정권. **~terror**, der 나치 공포 정치. **~verbrechen**, das 나치 범죄. **~zeit**, die 나치 시대.

Nazismus [na'tsɪsmʊs], der; - (略) ↑Nationalsozialismus의 약칭. **Nazisse**, die [na'tsɪsə], die; -n (드물게 略) 나치여자당원. **Nazist** [na'tsɪst], der; -en, -en (드물게 略) ↑Nationalsozialist. **Nazistin**, die; -nen ↑Nazist의 여성형. **nazistisch** 〈Adj.〉 (略) ↑nationalsozialistisch의 약칭.

Nb = Niob 화학 원소 니옵.

NB = notabene 주의!

n.Br. = nördlicher Breite 북위.

Nchf. = Nachfolger 후계자.

n. Chr. = nach Christus 기원후. **n. Chr. G.** = nach Christi Geburt 기원후.

Nd = Neodym 화학 원소 네오딤.

nd. = niederdeutsch 저지 독어.

NDB = Neue Deutsche Biographie 신판 독일 인명 사전.

N'Djamena [ndʒame'na] 은자메나(차드의 수도).

NDR = Norddeutscher Rundfunk 북부 독일 방송국.

Ne = Neon 화학 원소 네온.

ne!, **nee!** [ne:], **nein!** [nɛ:n] (통속어).

ne [nə] (통속어) **1.** (대화 불변화품사) 이전에 말한 것의 확인[강조]. **2.** (의문 불변화품사) 그렇지 않아요?

'ne [nə] (통속어) eine의 약칭.

Neandertaler [ne'andatɐ:lɐ], der; -s, - [인류] (구석기 시대의) 네안데르탈 인(종).

Neapel 나폴리(이탈리아의 도시). **Neapeler** [ne'a:pəlɐ], **Neapler** [ne'a:plɐ], der; -s, - u. **¹Neapolitaner** [neapoli'ta:nɐ], der; -s, - 나폴리 사람.

neapelgelb [ne'a:pəl-] 〈Adj.〉 밝은 노랑색.

²Neapolitaner [neapoli'ta:nɐ], der; -s, - 나폴리의. **³Neapolitaner** [neapoli'ta:nɐ], der; -s, - (대개 Pl.) (österr.) 속을 채운 와플과자. **Neapolitanerschnitte**, die (österr.) ↑³Neapolitaner. **neapolitanisch** [neapoli'ta:nɪʃ] 〈Adj.〉 나폴리(풍)의.

Nearktis, die 신북구(新北區)(멕시코 이북 지역).

nebbich! ['nɛbɪç] 〈Interj.〉 (경) 이제, 이미 그렇다면. **Nebbich**, der; -s, -e (jidd.) 중요하지 않은 사람.

Nebel ['ne:bl], der; -s, - **1.** (대개 Sg.) 안개, 운무, 연무 (煙霧): dicker N. 짙은 안개; N. löst sich auf 안개가 사라진다; [전의] ein N. von Zigarettenrauch 자욱한 담배연기; in einem N. von Unwissenheit leben 완전한 무지(無知)에 살다; ausfallen wegen N.(-s) (통용어·농) 안개 때문에 갑자기 이행되지 못하다. **2.** [천문] 성운(星雲).

nebel-, **Nebel-**: **~bank**, die 〈Pl. -bänke〉 안개군, 수평으로 깔린 짙은 안개. **~bild**, das [기상] 안개 낀 풍경, 희미한 상. **~bildung**, die 안개의 생성[형성]. **~bogen**, der [기상] 안개 속에 나타나는 무지개. **~boje**, die **1.** [해양] 무적부표(舞笛浮標). **2.** [군] 해상 연막탄, 농무부표. **~bombe**, die [군] ↑~boje. **~decke**, die 짙게 깔린 안개층. **~dunst**, der 엷은 안개. **~düse**, die 물분사기. **~feld**, das 안개 구역. **~fetzen**, der 안개의 잔재. **~feucht** 〈Adj.〉 안개로 축축한. **~fleck**, der 〈Pl. -flecke〉 [천문] ↑Nebel (2). **~frei** 〈Adj.〉 안개가 걷힌, 안개가 없는. **~glocke**, die **1.** 짙은 안개. **2.** [해양] 무종(霧鐘). **~granate**, die [군] ↑~bombe. **~grau** 〈Adj.〉 안개로 인해 흐릿한, 회백색의. **~haufen**, der [천문] 성운(星雲). **~horn**, das 〈Pl. -hörner〉 [해양] 무적(霧笛). **~kammer**, die [해] 안개상자(윌슨의). **~kappe**, die [신화] (쓴 사람을 보이지 않게 하는) 도깨비 모자. **~kerze**, die [군] 인공 안개 발사기. **~krähe**, die 뿔까마귀. **~lampe**, die ↑~scheinwerfer. **~leuchte**, die ↑~scheinwerfer. **~licht**, das (드물게) ↑~scheinwerfer. **~meer**, das [시어] (땅에까지 깔린) 짙은 안개. **~monat**, **~mond**, der [고어] 11월. **~nässe**, die 안개로 인한 습기. **~nässen**, das 〈Pl. 없음〉짙은 안개 속의 보슬비. **~pfeife**, die ↑~horn. **~rauch**, der (드물게) 피어오르는 안개. **~regen**, der 짙은 안개 속의 가랑비. **~rückleuchte**, die ↑~schlußleuchte. **~scheinwerfer**, der (대개 Pl.) [자동차] 안개등. **~schleier**, der (아어·시어) 안개의 베일. **~schlußleuchte**, die [자동차] 안개 후조등. **~schwaden**, der (대개 Pl.) 짙은 안개군. **~signal**, das [해양] 무종(霧中) 신호. **~spalter** [-ʃpaltɐ], der; -s, - (농) 큰 모자, 삼각모자. **~stern**, der [천문] 성운(星雲)의 중심별. **~stoff**, der [화학] 인공 안개(연기)를 만드는 화학물질. **~streifen**, der 안개의 띠. **~tag**, der 안개 낀 날. **~verhangen** 〈Adj.〉 (아어) 안개에 둘러싸인, 안개로 덮인. **~vorhang**, der (아어) 안개 장막[커튼]. **~wald**, der [지리] 열대 원시림. **~wand**, die 짙은 안개벽. **~werfer**, der (軍·준고어) 로켓포, (원래는) 연막탄 발사기. **~wetter**, das 안개 낀 날씨. **~wolke**, die 안개구름.

nebelhaft 〈Adj.〉 **1.** (드물게) 안개 낀, 안개가 짙은. **2.** 불명료한, 희미한, 몽롱한: eine ~e Erinnerung 〔희미한〕 기억. **Nebelhaftigkeit**, die (드물게) 안개가 짙음. **nebelig**, **neblig** ['ne:b(ə)lɪç] ↑neblig 참조.

nebeln ['ne:bln] 〈h〉 **1.** (아어) **a)** (비인칭) 안개가 끼다: es nebelt heute 오늘은 안개 낀 날씨다. **b)** (안개가

발생시키다. 2. 《전문어》 (식물 보호용 방충제를) 분무하다. **Nebelung**, Neblung, der; -s, -e 《고어》 11월.
neben ['ne:bn] 〈Präp.³/⁴〉 **1. a)** 〈장소 표시는 3격과 함께〉 바로 옆에, 밀착하여: auf dem Foto sitzt er n. seinem Bruder 그 사진에서 그는 형(동생) 옆에 앉아 있다; [전의] er duldet keinen Konkurrenten n. sich 그는 주변에 경쟁자를 용납지 않는다. **b)** 〈방향 표시는 4격과 함께〉 바로 곁에, 밀착되게: er stellte seinen Stuhl n. den meinen 그는 그의 의자를 내 의자 바로 곁에 놓았다. **2.** 〈3격과 함께〉 …와 동시에, …밖에도: n. seinem Gehalt hat er noch weitere Einnahmen 그는 봉급 이외에도 다른 수입이 있다. **3.** 〈3격과 함께〉 …와 비교하면: n. ihm ist er ein Waisenknabe 그와 비교하면 그는 고아나 마찬가지이다.

neben-, Neben-: **~abrede**, die [법] 〈계약서 이외의〉 구두 약속. **~absicht**, die 부수적 의도, 저의. **~akzent**, der [음성] 부강음. **~altar**, der ↑Seitenaltar. **~amt**, das 겸직, 부직. **~amtlich** 〈Adj.〉 겸직(부직)의. **~anschluß**, der ↑Fernsprechnebenstelle. **~arbeit**, die 부업, 겸업. **2.** 덜 중요한 일. **~arm**, der 〈강(운하)의〉 지류. **~ausgabe**, die **1.** 〈대개 Pl.〉 부대(별도) 지출. **2.** 신문의 지역판. **~ausgang**, der 옆문(출구). **~bahn**, die 철도의 지선. **~bau**, der 〈Pl. -ten〉 ↑~gebäude. **~bedeutung**, die **1.** 부대적(부차적) 의미. **2.** 《드물게》 ↑~sinn (2). **~bemerkung**, die 부수적 언급. **~beruf**, der 부업, 부직. **~beruflich** 〈Adj.〉 부업의. **~beschäftigung**, die 부대적(추가적) 활동, 부직(부업). **~blatt**, das [식물] 탁엽(托葉). **~buch**, das [상] 보조장부. **~buhler**, der ↑Rivale(戀敵). **2.** [동물] 연적(수컷). **3.** 《통용어 · 폄》 경쟁자. **~buhlerin**, die ↑~buhler (1)의 여성형. **~buhlerschaft**, die 경쟁, 연적(관계). **~ding**, das 〈대개 Pl.〉 〈아이〉 부차적인 것, 사소한 것. **~effekt**, der 부차적 효과. **~eingang**, der 옆문(입구). **~einkommen**, das ↑~einkünfte. **~einkünfte** 〈Pl.〉 부(副)수입. **~einnahme**, die 〈대개 Pl.〉 부수입. **~erscheinung**, die 부수 현상. **~erwerb**, der 부업. **~erwerbsbetrieb**, der 부업으로 하는 농업. **~erwerbslandwirt**, der 농업을 부업으로 하는 사람. **~erwerbslandwirtschaft**, die 부업 농업. **~erzeugnis**, das ↑~produkt. **~fach**, das 부전공. **~figur**, die 부차적 인물, 조연자. **~flügel**, der 〈건축〉 ↑Seitenflügel. **~fluß**, der [지리] 〈강의〉 지류. **~form**, die 부차적인 변형. **~frage**, die 부수적 문제, 지엽적 문제. **~frau**, die 첩. **~funktion**, die 부차적 기능. **~gang**, der 측랑(側廊). **~gasse**, die 《드물게》 ↑Seitengasse. **~gebäude**, das 부속 건물. **~gedanke**, der 부수적 생각, 저의. **~gegenstand**, der (österr.) ↑Nebenfach. **~gelaß**, das 〈준고어〉 ↑~raum. **~geleise**, das ↑~gleis. **~geordnet** ~ordnen 참조. **~geräusch**, das: störende -e bei einer Tonbandaufnahme 녹음시의 방해 잡음. **~geschäft**, das 부업. **~geschmack**, der 《드물게》 ↑Beigeschmack. **~gestein**, das [철도] 주위와 다른 암석층. **~gleis**, das [철도] 측선(側線), 대피선. **~handlung**, die 삽화, 문학작품의 부수적인 줄거리. **~haus**, das ↑부교련(副牽련). **~hoden**, der 〈대개 Pl.〉 부고환(副睾丸). **~höhle**, die 〈대개 Pl.〉 부강(副腔), 비강(鼻腔). **~interesse**, das 부차적 관심(흥미). **~klage**, die [법] 부대소송(附帶訴訟). **~kläger**, der [법] 부대 소송의 원고. **~klägerin**, die [법] ↑~kläger의 여성형. **~klang**, der 《드물게》 ↑Beiklang. **~kosten** 〈Pl.〉 **1.** 부대 비용, 잡비, 임시비. **2.** 월세 이외의 부대 비용. **~krater**, der [지리] 부수 분화구. **~kreis**, der ↑Kleinkreis. **~kriegsschauplatz**, der 부차적인 전쟁터. **~leitung**, die 〈물, 가스, 전기, 전화의〉 부도선(副導線). **~leute**: ↑~mann의 복수형. **~linie**, die [철도] **1.** ↑~strecke. **2.** 〈혈통상의〉 방계. **~mann**, der 〈Pl. -männer / -leute〉 옆사람: sich mit seinem N. am Tisch unterhalten 식탁에서 그의 옆사람과 담소하다. **~meer**, das [지리] 내해(內海). **~mensch**, der 《드물게》 **a)** 동포, 이웃. **b)** 〈좌석에서〉. **~metall**, das 부수적 금속. **~niere**, die 〈대개 Pl.〉 부신(副腎). **~nierenhormon**, das 부신 호르몬. **~nierenrinde**, die 부신피질(副腎皮質). **~nierenrindenhormon**, das 부신피질 호르몬. **~ordnen** 〈h〉 [언어] 〈단어, 문장을〉 병렬시키다. **~ordnung**, die; -en [언어] 병렬(등위) 관계. **~person**, die ↑~figur. **~portal**, das 〈건물의〉 옆 입구. **~produkt**, das 부산물. **~punkt**, der 부차적 문제(점). **~raum**, der **1.** 인접공간, 옆방: aus dem N. hörte man lautes Weinen 옆방에서 큰 울음소리가 들렸다. **2.** 〈한 주택에 딸린〉 부속실. **~rolle**, die 조역(助役): [전의] er spielte in den Verhandlungen nur eine N. 그는 협상에서 단지 조역을 했다. **~sache**, die 부차적인 것, 덜 중요한 것, 지엽 말단의 일: ob dir das paßt oder nicht, ist N. 《통용어》 그것이 네게 맞든 안 맞든 그것은 부차적인 문제다. **~sächlich** 〈Adj.〉 중요치 않은, 부차적인, 지엽 말단의. **~sächlichkeit**, die; -en **1.** 〈Pl. 없음〉 중요치 않음, 부차적임. **2.** 중요치 않은 것. **~saison**, die 비수기 계절. **~satz**, der **1.** [언어] 부문장(副文章), 종속문장(반대: Hauptsatz). **2.** 《드물게》 ↑~bemerkung. **~schalten** 〈h〉 ↑parallelschalten. **~schaltung**, die ↑Parallelschaltung. **~schiff**, das [건축] 〈교회의〉 측랑(側廊). **~schilddrüse**, die 〈대개 Pl.〉 부갑상선(副甲狀線). **~sinn**, der 함축 의미, 부수 의미. **~spieler**, der [팀경기] 경기 중 바로 옆의 동료선수. **~stehend** 〈Adj.〉 옆에 있는, 곁에 있는. **~stelle**, die **1.** ↑Fernsprechnebenstelle. **2.** 지점, 지국. **3.** 〈지역명〉 부직 일자리, 겸직. **~stellenanlage**, die 구내 교환(전화)기. **~strafe**, die [법] 부가형(附加刑). **~straße**, die 옆골목, 옆길, 골목길, 사잇길, 지선 도로. **~strecke**, die **1.** ↑~bahn. **2.** 지선 도로. **~tätigkeit**, die ↑~beschäftigung. **~tisch**, der 옆탁자. **~ton**, der **1.** ↑~akzent. **2.** 배음, 공명음, 제2음정. **~tonart**, die [음악] 평행조(平行調). **~tonig** [-to:niç] 〈Adj.〉 [음성] 제2강음을 가진. **~trakt**, der 부측 측랑(側廊). **~treppe**, die 옆계단, 뒷계단. **~tür**, die **1.** 옆문, 뒷문. **2.** 바로 옆에 있는 문. **~umstand**, der 부수적 상황. **~verdienst**, der 부수입. **~vorstellung**, die 부수적 관념. **~weg**, der 《드물게》 ↑Seitenweg. **~winkel**, der [기하] 보각(補角). **~wirkung**, die 〈대개 Pl.〉 부작용. **~wohnung**, die 《드물게》 ↑Nachbarwohnung. **~zimmer**, das 옆방. **~zweck**, der 부수적 목적. **~zweig**, der 옆가지, 방계(傍系), 자회사.

nebenan 〈Adv.〉 바로 옆에, 옆방에, 옆집에서: die Wohnung n. steht leer 옆집은 비어 있다; die Kinder von n. 《통용어》 이웃집 애들; 〈명사화〉 sein Nebenan 그의 이웃. **nebenbei** 〈Adv.〉 **1.** 그 밖에, 별도로, 틈틈히: er arbeitet n. als Kellner 그는 틈틈히 급사로 일한다. **2.** …하는 김에, 아울러, 덧붙여. **nebeneinander** 〈Adv.〉 **1.** 서로 바로 옆에, 나란히: etw. n. anordnen 무엇을 나란히 놓다; 〈명사화〉 das Nebeneinander von Altbauten und modernen Hochhäusern 옛날 건물들과 현대식 빌딩들의 병존(공존). **2.** 동시에 있는.

nebeneinander-: **~halten*** ↑aneinanderhalten. **~legen** 〈h〉 병치하다. **~liegen*** 〈h〉 서로 나란히 누워 있다. **~schalten** 〈h〉 ↑parallelschalten. **~setzen** 〈h〉 나란히 앉히다. **~sitzen*** 〈h〉 나란히 앉아 있다.

~stellen 〈*h*〉 나란히 세우다.
nebeneinanderher 〈Adv.〉 서로 나란히: die Gleise verlaufen n. 궤도는 나란히 나있다. **nebenher** 〈Adv.〉 **1.** ↑nebenbei (1). **2.** 《드물게》↑nebenbei (2).
nebenher-: **~fahren*** 〈*s*〉 누구〔무엇〕옆에 타고 가다. **~gehen*** 〈*s*〉 나란히 걷다. **~laufen*** 〈*s*〉 **1.** 나란히 달리다. **2.** 다른 것과 동시에 진행되다〔행해지다〕.
nebenhin 〈Adv.〉《드물게》↑nebenbei (2).
ne bis in idem ['neːbɪs ɪn 'iːdɛm; lat.] 【법】일사부재리원칙(一事不再理原則).
neblig, neblig 〈Adj.〉 안개가 짙은, 안개 낀. **Neblung**, der ↑Nebelung.
Nebraska [ne'braska, 〈engl.〉nɪ'bræskə], -s 네브래스카(미국의 주).
nebst [neːpst] 〈Präp.³〉《준고어》…와 함께, …와 나란히, …에 부가해서, …을 포함해서: Haus n. Garten zu verkaufen 정원을 포함한 집을 판니다. **nebstbei** (österr.) ↑nebenbei. **nebstdem** (schweiz.) ↑außerdem.
nebulos [nebu'loːs], **nebulös** [...'løːs] 〈Adj.〉 [lat. nebulōsus (< frz. nébuleux)]《교양어》애매한, 몽롱한, 불분명한, 막연한.
Necessaire [nesɛ'sɛːɐ], das; -s, -s [frz. nécessaire < lat. necessārius] **1.** ↑Reisenecessaire. **2.** 바느질 도구 상자.
Neck [nɛk], der; -en, -en [schwed. näck] ↑Nöck.
Neckar ['nɛkar], der; -s 네카 강(라인 강의 오른쪽 지류).
Neckball, der; -(e)s 애들 공놀이의 일종. **necken** ['nɛkŋ̍] 〈*h*〉 조롱하다, 놀리다, 야유하다: die beiden necken sich gern 그 두 사람은 서로 잘 놀려 댄다다; in neckendem Ton reden 조롱하는 어조로 말하다.
Necken, der; -s, - ↑Nöck.
Neckerei [nɛkə'raɪ], die; -en **1.** 우롱, 조롱, 놀림. **2.** 조롱하는 말〔농담〕.
Necking ['nɛkɪŋ], das; -(s), -s [engl.-amerik.]《젊은 이들의》애무.
neckisch 〈Adj.〉 **1.** 놀리기 좋아하는, 입버릇이 나쁜, 유쾌하고 놀기 좋아하는, 장난스러운, 음험한: sie sah ihn n. an 그녀는 그를 짓궂게 쳐다보았다. **2.** 《의복》자극적인.
Neckname, der; -s, -《드물게》↑Spitzname.
nee!: ↑ne!.
Need [niːd], das; -(s) [engl. need] 【심리】 인간의 욕구〔욕망〕.
Neer [neːɐ̯], die; -en [nordd.] 소용돌이, 여울. **Neerstrom**, der, **Neerströmung**, die (nordd.) 만에서 생기는 소용돌이, 역류(逆流).
Neese ['neːzə] (berlin.)《다음 용법으로》**N. sein** 아무 것도 못받다, 그냥 지나치다; **jmdm. N. sein** 누구를 돌보지 않고 그냥 지나치다((berlin.) Neese = Nase).
Nefas ['neːfa(ː)s], das; - [lat. nefās] 부정(로마 시대 신들에 의해 금지된 것).
Neffe ['nɛfə], der; -n, -n 조카(반대: Nichte).
Negation [nega'tsi̯oːn], die; -en [lat. negātio] **1. a)** 《교양어》(방향, 질서, 가치의) 부인(否認), 거부. **b)** 【철학】부정(반대: Position 5): der Tod als N. des Lebens 생의 부정으로서의 죽음. **2.** 【논리】(발언의) 부정(否定)(반대: Affirmation). **3.** 【언어】 **a)** 《독음》 부정(否定). **b)** 부정사(否定詞). **Negationswort**, das 《Pl. -wörter》↑Negation (3 b). **negativ** ['neːgatiːf, 〈또한〉 negaˈtiːf, 'negatiːf] 〈Adj.〉 [lat. negātīvus] **1. a)** 거부적인, 부정의, 부정적인(반대: positiv 1): sich n. zu etw. stellen 무엇에 대해 부정적인 입장을 취하다. **b)** 【논리】부정(否定)의(반대: affirmativ). **2.** 《반대: positiv 2》 **a)** 불리한, 바람직하지 않은: sich n. auf jmdn. (etw.) auswirken 누구〔무엇〕에게 불리한 영향을

끼치다. **b)** 저질의, 나쁜: etw. n. bewerten 무엇을 나쁘게 평가하다. **3.** 【수학】마이너스의, 음수의(반대: positiv 3). **4.** 【물리】음성(전기)의, 음극의(반대: positiv 4). **5.** 【사진】음화의(반대: positiv 5). **6.** 【의학】음성 반응의(반대: positiv). **Negativ** ['neːgatiːf, 〈또한〉nega'tiːf, 'negatiːf], das; -s, -e [frz. négatif, engl. negative < lat. negātīvus] 【사진】음화(陰畫).
¹Negativ- 〈부정의 뜻을 나타내는 규정어〉: **~auswahl**, die 부정적 선택(품). **~beispiel**, das 부정적인 예. **~bilanz**, die 적자결산(赤字決算). **~rekord**, der 부정적 기록. **~image**, das 부정적〔불리한〕인상. **~steuer**, die 《경제》(국가가 지급하는) 생활 보조금. **~werbung**, die 부정적인 광고.
²Negativ-: **~aufnahme**, die 【영화】원판 촬영. **~bild**, das 《특히 사진》음화의 상, 원판. **~druck**, der 《Pl. -e》 **1.** 《Pl. 없음》 요형(凹型) 활자, 음각(陰刻). **2.** 철형(凸型)식 인쇄. **~farbfilm**, der 색채 필름. **~film**, der 판 필름(반대: Umkehrfilm). **~material**, das 【사진】재고 원판.
Negative [nega'tiːvə, 〈또한〉'neːgatiːvə, 'neːga...], die; -n《드물게》부정, 부인, 거부(반대: Affirmative): sich in der N. halten 최후까지 반대하다. **Negativismus** [negati'vɪsmus], der; - [심리]거절증(청소년의 반항적 태도). **negativistisch** [negati'vɪstɪʃ] 〈Adj.〉 [심리] **a)** 거부증의. **b)** 거부증적인. **Negativität** [negativi'tɛːt], die 《Pl. 없음》부정적 행동, 부정성. **Negativum** ['neːgatiːvʊm], das; -s, -va《교양어》부정적〔나쁜〕 특성〔요소〕, 나쁜것(반대: Positivum). **Negator** [ne'gaːtor], der; -s, -en [...ga'toːrən; lat. negātor] [논리학] 부정 기호.
Negeb, Negev, der / die 네게브(이스라엘 남쪽의 사막 지대).
neger ['neːgɐ] 《다음 용법으로》 **n. sein** (österr. · 통용어) 돈이 없다, 파산 상태이다. **Neger**, der; -s, - [frz. nègre < span., port. negro < lat. niger] **1.** 흑인, 니그로, 아프리카인, 검둥이: er kam schwarz wie ein N. aus dem Urlaub zurück 《통용어 · 농》그는 아주 까맣게 타서 휴가로부터 돌아왔다; 〈성구〉das haut den stärksten N. um! 《통용어》그것은 믿을 수 없는 이야기이다!; angeben wie zehn nackte N. 《통용어》 몹시 으시대다《호언장담하다》. **2.** 《전문 용어》조명조절용》 흑판(黑板). **3.** 【텔레비전 용어】(기억 보조용으로 대사를 써놓은) 판(板).
Neger-: **~haar**, das 《통용어》흑인과 같은 머리칼. **~kind**, das 흑인 아동. **~kral**, der 흑인들의 원형 마을. **~krause**, die 《Pl. 없음》《통용어》심한 곱슬머리. **~kuß**, der 크림이 든 초콜릿 과자. **~lippen** 〈Pl.〉 불룩한 입술. **~musik**, die 《Pl. 없음》 **1.** 아프리카 특유의 음악. **2.**《준고어 · 폄》↑Jazz. **~sänger**, der 흑인 가수. **~schaumkuß**, der ↑**~kuß**. **~schweiß**, der 《농》(나쁜) 커피. **~sklave**, der 흑인 노예. **~stamm**, der 흑인 종족(혈통). **~volk**, das 흑인 민족.
negerhaft 〈Adj.〉《드물게》↑negroid. **Negerin**, die ↑Neger의 여성형. **negerisch** 〈Adj.〉《드물게》흑인의, 흑인에 관한.
Negev ['neːgef, 'nɛgef] ↑Negeb.
negieren [neˈgiːrən] 〈*h*〉 [lat. negāre] **1.** 《교양어》부인하다, 부정하다. **2. b)** 거부하다, 거절하다. **b)** 무시하다: einen Befehl n. 명령을 무시하다. **2.** 【언어】부정하다.
Negierung, die; -en ↑das negieren의 명사형.
Negligé (schweiz.) **Négligé** [negli'ʒeː], das; -s, -s [frz. (habillement) négligé] 실내복, 네글리제. **negligeant** [negli'ʒant] 〈Adj.〉 [frz. négligeant]《교양어 · 드물게》부주의한, 무책임한, 소홀한, 태만한. **negligente** [negli'dʒɛntə] 〈Adv.〉 [ital.]【음악】네글리

젠테(아무렇게나). **negligieren** [negli'ʒiːrən] ⟨h⟩ [frz. négliger < lat. negligere]《교양어·드물게》소홀히[등한시]하다, 간과하다.

negoziabel [nego'tsi̯aːbl] ⟨Adj.⟩ [frz. négociable]《경제》(상품, 유가증권) 매각[환금]이 가능한, 매매가 가능한. **Negoziation** [negotsi̯a'tsi̯oːn], die; -en [frz. négociation] 《경제》**1.** (은행을 통한) 유가증권 매각. **2.** 어음의 발행[양도, 매각]. **negoziieren** [...tsi'iːrən] ⟨h⟩ [frz. négocier, ital. negoziare < lat. negōtiāri 《경제》**1.** 어음을 발행[양도]하다. **2.**《고어》장사를 하다, 상거래를 하다.

Negrettischaf [ne'grɛti-], das 네그레티 면양.

negrid [ne'griːt] ⟨Adj.⟩ [zu span. negro] 《인류》흑인종의. **Negride*** [ne'griːdə], der / die 《인류》아프리카 대륙의 원주민 흑인(종). **Negrito** [ne'griːto], der; -(s), -(s) 동남 아시아에 사는 난쟁이 흑인 종족. **Negritude** [negri'tyd], die ⟨Pl. 없음⟩ [frz. négritude] 《역사적》(흑인의) 아프리카 문화 전통주의. **negroid** [ne-gro'iːt] ⟨Adj.⟩ 《인류》흑인종의, 흑인 같은: sie ist ein -er Typ 그녀는 흑인종의 유형이다(순수 흑인은 아니나 흑인과 닮은). **Negroide*** [negro'iːdə], der / die 《인류》흑인계의 사람. **Negro Spiritual** ['niːgroʊ 'spɪrɪtjʊəl], das, ⟨또한⟩ der; -s, -s [engl.-amerik. (negro) spiritual 흑인 영가.

Negus ['neːɡʊs], der; -, - / Negusse [amharisch negus] 에티오피아 왕의 옛 칭호.

nehmen* ['neːmən] ⟨h⟩ **1. a)** (사람이나 물건을) 잡다, 쥐다, 붙잡다: er nahm seinen Mantel und ging 그는 그의 외투를 쥐고 갔다. **b)** 받다, 얻다, 취하다: er nahm alles, was er bekommen konnte 그는 그가 얻을 수 있는 모든 것을 받았다; 성구 woher n. und nicht stehlen? 어디서 얻을 수 있단 말인가? **2.** 받다, 수령하다: er nimmt keine Geschenke 그는 선물을 받지 않는다. **3. a)** 빼앗다, 탈취하다: er hatte ihre Ersparnisse genommen und war damit verschwunden 그는 그녀의 저금을 빼앗아 사라졌다; 전의 der Krieg hat ihr den Mann genommen 전쟁이 그녀의 남편을 빼앗아 갔다. **b)** (누구에게서 무엇을) 빼앗아 가다, 제거하다: jmdm. die Sicht[die Aussicht] n. 누구의 시야[전망]를 빼앗다; **sich³ nicht n. lassen, etw. zu tun** (누구를 위해) 기꺼이 무엇을 하다. **c)** (누구로부터 무엇을) 없애 주다: die Angst von jmdm. n. 누구로부터 불안을 없애 주다. **4.** (특별한 목적을 위해) 이용하다, 사용하다: sie nimmt nur Öl zum Braten 그녀는 고기를 구울 때 기름만 이용한다. **5. a)** (붙잡아) 취하다, 옮기다: den Rucksack auf die Schultern n. 배낭을 어깨에 메다. **b)** 끄집어 내다: Geld aus der Brieftasche n. 돈을 지갑에서 꺼내다; 전의 sie haben das Kind aus der Schule genommen 그들은 그 애를 퇴학시켰다. **6.** 채용하다, 고용하다, 이용하다: (sich) einen Anwalt n. 변호사를 채용하다; das Flugzeug n. 비행기를 이용하다. **7.** 고르다, 선택하다, 결정하다: diese Wohnung nehmen wir 이 집을 선택합시다; er nahm ein Zimmer im besten Hotel 그는 최고의 호텔에 방을 잡았다(선택했다). **8.** 유숙시키다, 맞이들이다: sie nahm ihre alte Mutter zu sich 그녀는 그녀의 노모를 자기집에 모셔왔다. **9.** (책임 등을) 떠맡다. **10.** (요구하여) 받다: Unterricht n. 수업을 받다; Urlaub n. 휴가를 얻다. **11.** (무엇의 값을 요구하여) 받다: was nehmen Sie für eine Stunde? 당신은 한 시간당 얼마 받으시는지요? **12.** (아이) **a)** (식사를) 들다, 먹다: wir werden das Frühstück um neun Uhr (auf der Terrasse) n. 우리는 아침식사를 9시 정각에 (발코니에서) 먹을 것이다. **b)** (음식, 음료 등을) 섭취하다: einen Kaffee n. 커피 한 잔을 마시다; **einen n.**

《통용어》술을 마시다. **13.** (약을) 복용하다: sie nimmt die Pille 그녀는 피임약을 복용한다. **14. a)** …으로 간주하다[보다, 여기다]: etw. als gutes Zeichen n. 무엇을 좋은 징조로 여기다. **b)** (…으로) 해석하다, 판단하다, 생각하다: etw. (sehr) ernst n. 무엇을 (너무) 진지하게 여기다; du nimmst alles zu wörtlich 너는 모든 일을 너무 문자 그대로 해석한다; 성구 wie man's nimmt《통용어》어떻게 생각하든; **jmdn. nicht für voll n.**《통용어》누구를 하찮게 여기다. **15.** (있는 그대로) 받아들이다: eine Sache so n., wie sie ist 어떤 일을 있는 그대로 받아들이다. **16.** 상상하다, 생각하다: nehmen wir einmal eine Gestalt wie Caesar 시저와 같은 인물을 한번 상상해 봅시다. **17.** 다루다, 대우하다, 취급하다: der Lehrer nimmt seine Schüler richtig 선생님은 학생들을 옳게 다스린다. **18. a)** (장애를) 극복하다, 뛰어 넘다: das Pferd hat den Graben ohne Fehler genommen 그 말은 도랑을 실수없이 뛰어 넘었다. **b)** (군) (적진지를) 정복하다, 점령하다. **19.** (여자와) 성교하다: er nahm sie mit Gewalt 그는 그녀를 강간했다. **20.** 녹음[녹화]하다: ein Konzert auf Band n. 한 음악회를 녹음하다. **21.** [구기] 거칠게 반칙[파울]하다. **22.** [구기] ↑annehmen (10): der nimmt den Ball aus der Luft, schießt 그는 그 볼을 공중에서 받아 찬다. **23.** (권투) (강타와 명중타를) 감수하다. **24.**《퇴색》den(seinen) Abschied n. (아이) 해고되다, 퇴직(사직)하다; Abschift n. [관] 베끼다; etw. in Arbeit n. 무슨 일을 하기 시작하다; etw. in Betrieb[in Benutzung, in Dienst] n. 무엇을 이용하기 시작하다; auf jmdn. [etw.] Einfluß n. 누구[무엇]에 영향을 끼치다; in. Gebrauch n. 무엇을 사용하기 시작하다; seinen Rücktritt n. (어떤 직책에서) 물러나다; jmdn. ins Verhör n. 누구를 심문하다. **Nehmer** ['neːmɐ], der; -s, - **1.** (고어) 받는 사람. **2.** (드물게) 사는 사람, 매주(買主). **Nehmerqualitäten** ⟨Pl.⟩ (권투) 상대의 명중타를 영향없이 받아들이는 능력, 맷집.

Nehrung ['neːrʊŋ], die; -en 사주(砂洲).

Neid [naɪt], der; -(e)s **a)** 질투, 시기: der N. frißt an jmdm. 질투심이 그를 좀먹다; vor N. nicht n. sein《정서》질투심으로 창백해지다; **vor N. erblassen** (경쟁 상대의 업적을) 시기하여 창백해지다. **b)** (드물게) 선망(羨望), 질투가 심한 경탄.

neid-, Neid-: **~erfüllt** ⟨Adj.; -er, -este⟩ 질투에 가득 찬. **~erregend** ⟨Adj.⟩ 질투심을 불러일으키는. **~erweckend** ⟨Adj.⟩ 질투심을 일깨우는. **~gefühle** ⟨Pl.⟩ 질투 감정[질투심]. **~hammel**, der (폄) 질투심 많은 사람. **~hart**, der; -s, -e (고어·지역적) ↑ ~hammel. **~kopf**, der (건축·민속) 액막이용 짐승(사람)의 얼굴(교회, 농가 따위에 장식함). **b)** (지역적·폄) ↑ ~hammel. **~los** ⟨Adj.⟩ 부러워하지 않는, 시기하지 않는: eine gute Leistung n. anerkennen 좋은 업적[성과]을 시기심없이 인정하는. **~losigkeit** ⟨die⟩ 시기심 없음[없는 상태]. **~nagel**, der (드물게) ↑ Niednagel. **~sack**, der (폄) ↑~hammel. **~voll** ⟨Adj.⟩ 질투가 심한.

neiden ['naɪdn̩] ⟨h⟩ (아이) (누구의 무엇을) 시기하다, 부러워하다: jmdm. den Erfolg(Gewinn) n. 누구의 성공[이익]을 시기하다. **Neider**, der; -s, - (대개 Pl.) 시기하는 사람: er hat viele N. 그를 시기하는 사람이 많다. **neidhaft** ⟨Adj.⟩ ⟨schweiz.⟩ ↑neidisch. **Neidhaftigkeit**, die ⟨Pl. 없음⟩ ⟨schweiz.⟩ 시기하는 성질. **neidig** ['naɪdɪç] ⟨Adj.⟩ ⟨지역적⟩ ↑neidisch. **neidisch** ⟨Adj.⟩ 시기심[질투] 많은: auf jmdn. [etw.] n. sein 누구[무엇]에 대하여 질투[시기]하다. **Neidling**, der; -s, -e 《통용어·폄》↑Neidhammel.

Neige ['naɪɡə], die; -n 《아이》《통의》찌꺼기[앙금], 나머

지: er hat sein Glas bis zur [bis auf die] N. geleert 그는 그의 잔을 완전히 비웠다; 전의 den Nationalismus haben wir bis zur bitteren N. kennengelernt 국수주의를 우리는 마지막 쓰라린 단계까지 알게 되었다; **auf die [zur] N. gehen** 〈아어〉 1) 끝나다, 다되다, 바닥이 나다: die Vorräte gingen auf die [zur] N. 재고품이 거의 바닥이 났다. 2) 어떤 시간(상태)이 끝나가다: der Tag geht auf die [zur] N. 해가 기운다. **neigen** ['naɪɡn̩] 〈h〉 **1. a)** (수직 또는 수평에서) 기울이다, 비스듬하게 하다: die Flasche n. 병을 기울이다. **b)** (수직 또는 수평에서) 숙이다, 구부리다: den Kopf zum Gruß n. 머리를 인사하기 위해 숙이다; jmdm. [jmds. Worten] sein Ohr n. (고어) 누구의 말에 귀기울이다. **2.** 〈n. + sich〉 **a)** 기울다: das Schiff neigte sich zur Seite 배가 옆으로 기울었다; der Zeiger neigt sich nach Norden (드물게) 지침(指針)이 북쪽을 가리킨다. **b)** (약간) 숙이다, 절하다, 〈자신을〉 굽히다: sie neigt sich über das Kind 그녀는 그 아이 위로 몸을 굽힌다; 전의 sich vor jmds. Fachwissen anerkennend n. (아어) 누구의 전문 지식을 인정하면서 몸을 숙여 인사하다. **3.** 〈n. + sich〉 비스듬하게 경사지다: das Gelände neigt sich zum Fluß 지면은 강을 향해 경사져 있다. **4.** 〈n. + sich〉 〈아어〉 (시간(상태)이 끝나가다: das Jahr hat sich geneigt 한해가 저물었다(다갔다); der Urlaub neigt sich dem Ende 휴가는 끝나가고 있다. **5. a)** (…병에) 잘 걸리는 체질이다: er neigt zu Erkältungen 그는 감기에 잘 걸리는 체질이다; ein zum [zu] Jähzorn neigender Mensch 불끈 화를 잘 내는 인간. **b)** 성향이 있다, 무엇에 기울다(애착을 가지다), 경도(傾倒)하다: zu der Ansicht n. 어떤 견해로 기울다. **Neigung, die; -en 1.** 〈Pl. 없음〉 기울임, 숙임, 구부림. **2.** 〈Pl. 없음〉 경사, 비탈: die N. des Turmes beträgt 18 Grad 탑의 경사도는 18도이다. **3.** 경향, 성향, 소질, 취미: er hat künstlerische -en 그는 예술적 소질을 갖고 있다. **4.** 〈Pl. 없음〉 **a)** (육체적 또는 심리적 이유로 나타나는) 성향, 벽(癖): die N. zur Korpulenz (Trunksucht) 비만증(음주벽). **b)** (행위와 사고의) 경향(성향), 애착: er spürte wenig N., diesem Plan zuzustimmen 그는 이 계획에 찬성하고 싶은 마음이 별로 없었다. **5.** 애착(심): N. zu jmdm. fühlen ((아이) fassen) 누구에 대해 애착을 느끼다(누구가 마지다, 누구에게 반하다); er gewann ihre N. 그는 그녀의 애정을 획득했다.

Neigungs-: ~ehe, die 연애 결혼. **~gruppe,** die 같은 취미의 집단. **~heirat,** die 연애 결혼. **~messer,** der (전문어) ↑Gefällemesser. **~meßgerät,** das ↑Gefällemesser. **~winkel,** der 경사각.

nein [naɪn] 〈Adv.〉 **1. a)** (예 또는 아니오로 답해야 하는 질문에 대한 부정) 아니오, 그렇지 않습니다 (반대: ja 1 a): „Bist du fertig?" - „Nein." 너 준비 다 되었어? - 아니; **n. (zu etw.) sagen** (무엇을) 거부하다; **nicht n. sagen können** 마음이 너무 좋아 거절하지 못하다. **b)** (양태부사와 또는 nicht와 함께 부정의 강조) 아니고 말고; n., gewiß nicht! 아니, 확실히 아니야!; n., natürlich nicht 아니, 물론 아니야; oh, n.! 아, 아니야!; n. doch! 그럼 아니고 말고. **2.** (강세) (부정문 뒤에 수사적 의문으로 나오며, 긍정이 기대됨) 안 그래?: du gehst doch jetzt noch nicht, n.? 너 지금 가지 않지, 안 그래? **3.** (불변화로서 비강세) (경탄, 기쁨, 표현하기 어려울 정도의 놀라움을 외치기 전에) 설마 그럴리가: n., so ein Glück! 설마, 그런 행운이! **4.** (비강세) (보다 더, …라고까지, 차라리) 그것은 아니, 그보다 풀 수 없는 과제이다. **5.** (강세 또는 비강세) (선행하는 발언을 부인하는 문장 앞에서, 그 부인을 강조함) 아니: ihn verraten, n. das kann ich nicht 그를 배반하다니, 아

니, 나는 그런 일은 할 수 없어. **6.** (단독으로) (통용어) (의혹을 나타내면서 더 상세히 알고 싶어함) 그럴수가, 그럴리 없어: „Jetzt hat er sich auch noch ein Motorboot gekauft!" 이제 그는 모터보트까지 샀어! - 그럴수가! **Nein** [-], das; -(s), -(s) 부(否), 부정, 부인, 반대: ein eindeutiges N. 분명한 거부(반대); jmdm. ein N. entgegensetzen 누구에게 반대하다; bei seinem N. bleiben 계속 반대하다; 숙담 **ein N. zur rechten Zeit erspart viel Widerwärtigkeit** 알맞은 때에 거절하는 것은 많은 귀찮은 일을 면하게 한다.

'nein [-] (특히 südd.) ↑hinein.

Neinsager, der; -s, - 〈폄〉 (의도, 계획의) 반대자, 부정자. **Neinstimme,** die; -n 반대표.

Neiße ['naɪsə], die **1.** 오더(Oder) 강 중류의 지류(Lausitzer Neiße). **2.** 오더(Oder) 강 상류의 지류(Glatzer Neiße).

nekr-, Nekr-: ↑nekro-, Nekro-. **nekro-, Nekro-,** (모음앞) nekr-, Nekr- [nekr(o); griech. nekrós] („죽은 사람, 시체"의 뜻을 지닌 복합어의 규정어로서, 예컨대) Nekromantie, Nekroskopie. **Nekrobiose** [...'bio:zə], die [zu griech. bíosis] (의학·생물) 세포의 소멸(사멸), 회사과정. **¹Nekrolog** [...'lo:k], der; -(e)s, -e [zu griech. lógos] (교양어) ↑ Nachruf: ein N. auf jmdn. 누구에 대한 추도사(애도사). **²Nekrolog** [-], das; -(e)s, -e, (또한) **Nekrologium** [...'lo:gium], das; -s, ...ien [...iən] (수도원 등에 있는) 사망자 명단(명부). **Nekromant** [...'mant], der; -en, -en [lat. necromantius < griech. nekrómantis] 무당, 교령술사(交靈術者), 영매(靈媒). **Nekromantie** [...man'tiː], die [lat. necromantīa < griech. nekromanteía] 교령(영매)을 통한 예언(무술(巫術)), 강신술. **Nekropie:** ↑Nekropsie. **Nekrophilie** [...fiˈliː], die [zu griech. philía] (심리) 사체성애(死體性愛), 시체에 대한 변태성욕, 시간(屍姦). **Nekrophobie** [foˈbi], die; [심리] 죽음(죽은자)에 대한 병적 불안. **Nekropole** [...'poːlə], die, **Nekropolis** [nɛˈkroːpolis], die; ...polen [...kroˈpoːlən]; griech. nekrópolis] (고대와 선사 시대의) 광대한 묘지(공동묘지). **Nekropsie** [nɛkroˈpsiː], Nekropie [...'piː], die; -n [...iːn; zu griech. ópsis] ↑Leichenschau. **Nekrose** [neˈkroːzə], die; -n [griech. nékrōsis] (의학) 회사(壞死), 세포(조직 부분)의 사멸, 회(괴)저(壞疽). **Nekrospermie,** die (의학) 정자 사멸(증), 사정자(死精子)(증). **nekrotisch** 〈Adj.〉 (의학) 괴(회)저성의, (조직이) 죽은.

Nektar ['nektar], der; -s, -e [lat. nectar < griech. néktar] **1.** 〈Pl. 없음〉 (그리스 신화) (불로장수의) 신주(神酒), 신들의 음료: N. und Ambrosia 신(神)들의 불로의 술과 음식. **2.** (식물) 화밀(花蜜), 꽃의 꿀. **3.** (전문어) 넥타(음료), 탄산수의 일종. **Nektarvogel,** der 벌새와 닮은 새(화밀을 먹고 삶). **Nektarien:** ↑Nektarium의 복수형. **Nektarine** [nekta'riːnə], die; -n 승도복숭아. **nektarisch** [nekˈtaːrɪʃ] 〈Adj.〉 (시어·고어) 신주(神酒)와 같은(감미로운). **Nektarium** [nɛkˈtaːrɪʊm], das; -s, ...ien [...iən] (식물) (꽃의) 밀선(蜜腺), 꿀샘. **nektarn** ['nɛktarn] 〈Adj.〉 (시어·고어) ↑nektarisch.

Nektion [nɛkˈtsioːn], die; -en [zu lat. nectere] (언어) (등위접속사에 의한) 병렬 결합. **Nektiv** [nɛkˈtiːf], das; -s, -e [...və] (언어) (병렬) 접속사 (und, oder). **Nekton** ['nɛkton], das; -s [griech. nēktón] (동물) 유영(遊泳) 동물(특히 물고기). **nektonisch** [nɛkˈtoːnɪʃ] 〈Adj.〉 (동물) 유영 동물의.

Nelke ['nɛlkə], die; -n [2: niederd. negelke] **1.** 패랭이꽃과의 식물(예컨대: 패랭이꽃, 술패랭이꽃, 카네이션 따

위): ein Strauß ~n 카네이션 한다발. **2.** ↑Gewürznelke: Glühwein mit Zimtstangen u. ~n würzen 적(赤)포도주를 계피와 정향(丁香)으로 가미하다.

Nelken-: ~**gewächs**, das 〈대개 Pl.〉 [식물] 패랭이꽃과의 식물. ~**öl**, das 정향유. ~**pfeffer**, der ↑Piment. ~**rinde**, die 정향나무의 껍질(이전에 향료로 사용되었음). ~**strauß**, der 패랭이꽃의 꽃다발. ~**wurz**, der 뱀무속(장미과). ~**zimt**, der ↑~rinde. ~**zimtbaum**, der ↑Sassafrasbaum.

Nell [nɛl], das; -a [niederl. nel] (schweiz.) Jaß(스위스 카드놀이) 게임 때의 으뜸패 9: **jmdm. das N. abstechen** (schweiz.) 누구를 능가하다.

Nelson ['nɛlzən], der; -(s), -s [engl.-amerik. nelson] (레슬링) ↑Nackenhebel (1).

Nematode [nema'to:də], der; -n, -n 〈대개 Pl.〉 [zu griech. nēma] [동물] ↑Fadenwurm.

Nemesis ['ne:mezɪs], die [griech. Némesis = 복수의 여신] (교양어) 천벌, 응보, 정의.

NE-Metall [ɛn'|e:-], das; -s, -e ↑Nichteisenmetall의 약칭.

'nen [nən] ↑einen.

Nenn-: ~**betrag**, der [경제] ↑~wert. ~**fall**, der [언어] ↑Nominativ. ~**form**, die [언어] ↑Infinitiv. ~**formsatz**, der [언어] ↑Infinitivsatz. ~**gebühr**, die [스포츠] ↑~geld. ~**geld**, das [스포츠] (한 팀의) 경기 참가비(신청료). ~**größe**, die [기술] 출력 수량. ~**leistung**, die [기술] 정격(定格) 출력, 정격 용량. ~**onkel**, der (일반적으로 쓰이는) 아저씨 (반대: ~tante). ~**spannung**, die [기술] 정격 전압, 공칭 전압. ~**tante**, die (일반적으로 쓰이는) 아주머니 (반대: ~onkel). ~**wert**, der [경제] (화폐, 지폐, 유가증권의) 액면가, 명목 가치(반대: Ausgabewert). ~**wort**, das [언어] ↑Substantiv.

nennbar ['nɛnba:ɐ] 〈Adj.〉 이름 붙일 수 있는, 이름이 있는. **nennen***['nɛnən] 〈h〉 **1. a)** 이름짓다, 명명하다, …이라고 부르다: wie wollt ihr das Kind n.? 너희들은 그애를 무엇이라고 이름 부르려고 하느냐?; er wurde Johann genannt, nach seinem Großvater 그는 그의 할아버지를 따라 요한이라고 불렀다. **b)** (…라고) 부르다: sie nannte ihn einen Lügner 그녀는 그를 거짓말쟁이라고 불렀다; das nenne ich eine Überraschung 그것은 참으로 놀라운 일이다; schön kann ich das gerade nicht n. 나는 그것을 아름답다고는 볼 수 없다; das nenne ich Mut(mutig) 그것은 정말 용기이다. **c)** (예술작품에) 이름을 붙이다: Nenn's(= das Buch) doch einfach: Arzt am Scheideweg 그 책의 이름을 간단히 기로에선 의사라고 해라. **d)** 무슨 말로 말을 걸다(상대를 부르다): sie nannte ihn bei seinem(mit seinem) Vornamen 그녀는 그의 이름을 불러 그에게 말을 걸었다. **2. a)** …을 알려 주다; 통지하다, 말해 주다: jmdm. den Grund für etw. n. 누구에게 무엇에 대한 이유를 말해 주다; kannst du mir dort ein gutes Hotel n.? 너는 나에게 저곳의 한 좋은 호텔을 알려 줄 수 있느냐? **b)** 언급하다, 이름을 들다: sein Name wurde an erster Stelle genannt 그의 이름은 첫번째로 언급되었다; n. Sie die wichtigsten Punkte 요점들만 말해보십시오. **c)** ↑benennen (2); 어떤 자리에 적합한 후보자나 대표자 따위를 지명하다; die Wahl 그 당은 선거를 위한 후보들을 지명했다. **3.** 〈n. + sich〉 **a)** …라는 이름을 갖고 있다; …라고 불리다: "Silver-Jet" nannte sich der neue Reisenvogel 그 새로운 새는 실버-젯트라고 불렀다. **b)** …(직업)이라고 자칭하다: er nennt sich freier Schriftsteller 그는 자신이 자유 작가라고 주장한다. **4.** [스포츠] (경기에) 참가 신청하다. **nennenswert** 〈Adj.〉 비중있는, 중요한, 언급할 만한: er hat keinen -en Einfluß 그는 아무런 큰 영향력이 없다; etwas Nennenswertes zu berichten haben 중요한 보고거리가 있다. **Nenner**, der; -s, - [lat. denominator의 차용 역어] [수학] 분모(반대: Zähler): Brüche auf einen(denselben) N. bringen 분수들을 공통분모를 갖게 하다(통분하다); **einen (gemeinsamen) N. finden** 공통적인 토대(근거)를 발견하다; **etw. auf einen (gemeinsamen) N. bringen** 반대점에서 공통점을 찾아 일치시키다. **Nennung**, die; -en 통지, 명명, 언급, 지명; 참가 신청. **Nennungsgeld**, das [스포츠] ↑Nenngeld. **Nennungsschluß**, der [스포츠] (경기) 참가 신청 마감.

neo-, Neo- [neo-; griech. néos] ("새로운, 신(新), 젊은"의 뜻을 지닌 복합어의 규정어로서, 예컨대) neolithisch, Neologismus. **Neodarwinismus**, der; - **1.** (동물학자 A. Weismann(1834~1914)에 의한) 신진화론. **2.** 신다윈설, 네오 다위니즘. **Neodym** [...'dy:m], das; -s [화학] 네오듐, 네오디뮴(기호: Nd). **Neofaschismus**, der; - 신(新)[네오] 파시즘. **Neofaschist**, der; -en, -en 신파시즘주의자. **neofaschistisch** 〈Adj.〉 **a)** 신파시즘의, 신파시즘에 속하는: eine -e Partei 신파시즘당. **b)** 신파시즘 원칙에 입각한, 신파시즘에 따르는: eine -e Gesinnung 신파시즘적 신념. **Neofascist**, der; -en, -en (schweiz.) ↑Neofaschist. **neogen** 〈Adj.〉 [지질] 신제3기의. **Neogen**, das; -s [지질] 신제3기(新第三紀). **Neoimpressionismus**, der; - 신인상파(新印象派). **Neoklassizismus**, der; - 신고전주의(新古典主義). **neoklassizistisch** 〈Adj.〉 신고전주의의. **Neokolonialismus**, der; - 신식민지주의. **neokom** [...'ko:m] 〈Adj.〉 [지질] 네오콤계의. **Neokom(ium)** [...'ko:m(ium)], das; -s [스위스 Neuenburg의 라틴 명칭인 Neocomium에 따라] [지질] (중생대 백악(白堊)층의 최하부) 네오콤계(階). **Neolamarckismus**, der; - [생물] (19세기말의) 신라마르크 설, 네오라마르키즘. **Neoliberalismus**, der; - [경제] (경제학의) 신(新)자유주의. **Neolithiker** [...'li:tɪkɐ, 《또한》...'lɪt...], der; -s, - 신석기 시대의 인간. **Neolithikum** 《또한》...'lɪt...], das; -s [zu griech. líthos] [선사] 신석기 시대. **neolithisch** 〈Adj.〉 [선사] 신석기 시대의. **Neologismus**, der; -s, ...men [frz. néologisme] [언어] 신조어(新造語). **Neomarxismus**, der; - 신(新)마르크스주의. **neomarxistisch** 〈Adj.〉 신마르크스주의의.

Neon ['ne:ɔn], das; -s [engl. neon] [화학] 네온(원소명; 기호: Ne).

Neon-: ~**fisch**, der (인기있는 수족관 물고기인) 네온테트라(neon tetra). ~**lampe**, die 네온등(燈), 네온램프. ~**leuchte**, die 〈전문어〉 ↑Neonlampe. ~**leuchtröhre**, die ↑~röhre. ~**licht**, das 네온사인. ~**reklame**, die 네온광고. ~**röhre**, die 네온관, 형광등. ~**schrift**, die 네온(사인) 글자.

Neonazi, der; -s, -s ↑Neonazist. **Neonazismus**, der; - 신나치즘. **Neonazist**, der; -en, -en 신나치즘 신봉자. **neonazistisch** 〈Adj.〉 신나치즘의. **Neophyt** [...'fy:t], der; -en, -en [griech. neóphytos] **1.** [기독교] 성년세례자. **2.** Adventivpflanze, **Neophytikum** [...'fy:tikum], das; -s [zu griech. phytón] ↑Känophytikum. **Neoplasma**, das; -s, ...men [의학] 종양(腫瘍) 형태의 신생물(新生物), 이상형성물(異狀形成物). **Neoplastizismus** [...plasti'tsɪsmʊs], der; - [frz. néoplasticisme] (네덜란드화가 P. Mondrian(1872~1944)에 의한) 신조형주의, 네오플라스티시즘. **Neopositivismus**, der; - 신실증주의. **Neorealismus**, der; - ↑Neoverismus. **Neotenie** [...te'ni:], die [zu griech. teínein] [동물] 유형성숙(幼形成熟). **Neoverismus**, der; - [ital. neoverismo] 신사실주의. **Neovitalismus**, der; -

【생물】 신(新)활력설, 신 생기론. **Neozoikum** [...'tso:ɪkʊm], das; -s [zu griech. zōon] 【지질】 ↑Känozoikum. **neozoisch** [neo'tso:ɪʃ] ⟨Adj.⟩ 【지질】 ↑känozoisch.

Nepal [ne'pa:l], -s 네팔(중앙 아시아의 국가). **Napaler** [ne'pa:lɐ], der; -s, -, **Nepalese** [nepa'le:zə], der; -n, -n 네팔인. **nepalesisch** ⟨Adj.⟩ 네팔(인)의. **Nepali** [ne'pa:li], das; - 네팔의 공용어(公用語). **nepalisch** [ne'pa:lɪʃ] ⟨Adj.⟩ 《드물게》 네팔(인)의.

Neper ['ne:pɐ], das; -, - [스코틀랜드 수학자 J. Neper (1550~1617)에 따라] 【물리】 (감쇠 비율의 단위) 네퍼(기호: N).

Nephelin [nefe'li:n], das; -s, -e [zu griech. nephélē] 하석(霞石). **Nephelometer** [...lo'me:tɐ], das; -s, - 【화학】 비탁계(比濁計), 혼탁계(混濁計). **Nephelometrie**, die 【화학】 비탁법(比濁法), 비탁분석. **nephisch** ['ne:fɪʃ] ⟨Adj.⟩ 【기상】 구름에 관한, 구름의. **Nephograph** [nefo'gra:f], der; -en, -en [zu griech. gráphein] 【기상】 구름사진 촬영기. **Nephoskop** [nefo'sko:p], das; -s, -e [zu griech. skopeīn] 【기상】 운측계(雲測計), 측운기(測雲器).

nephr-, Nephr-: ↑nephro-, Nephro-. **Nephralgie** [nefral'gi:], die; -n [..i:ən; griech. algós] 【의학】 신통(腎痛), 신장통(Nierenschmerz). **Nephridium** [ne'fri:diʊm], das; -s, ...ien [..iən; griech. nephrídios] 【동물】 (무척추동물의) 배설(排泄) 기(器). **Nephrit** [ne'fri:t, (또한) ne'frɪt], der; -s, -e [zu griech. nephrós] 【광물】 연옥(軟玉)(석). **Nephritis** [ne'fri:tɪs], die; ...itiden [..ri'ti:dn] 【의학】 신장염. **nephro-, Nephro-**, 《모음 앞》 nephr-, Nephr- [nefr(o)-; griech. nephrós] 《「신장(腎臟)의 뜻을 지닌 복합어의 규정어로서》 **nephrogen** ⟨Adj.⟩ 【의학】 신장에서 생겨나는. **Nephrolith** 《(또한) ...'lit], der; -s / -en, -e(n) 【의학】 신장결석(結石). **Nephrom** [ne'fro:m], das; -s, -e 【의학】 신장종양. **Nephrose** [ne'fro:zə], die; -n 【의학】 네프로제(비염증성의 신장병).

Nepotismus [nepo'tɪsmʊs], der; - [ital. nepotismo] 《교양어》 정실(情實)등용, 친족 등용주의. **nepotistisch** ⟨Adj.⟩ 친족 등용에 관한; 족벌주의의, 정실의.

Nepp [nɛp], der; -s 《통용어·폄》 폭리를 취하기(바가지 씌우기), 사기, 기만, 협잡.

Nepp-: **~bude**, **~laden**, der ↑ **~bude**. **~lokal**, das 바가지 술집. **~preis**, der ⟨대개 Pl.⟩ 바가지 가격.

neppen ['nɛpn] ⟨h⟩ 《통용어·폄》 바가지를 씌우다, 속이다: der Souvenirladen hat den Kunden um 100 Mark genepft 기념품 가게는 고객에게 100마르크를 바가지 씌웠다. **Nepper**, der 《통용어·폄》 바가지 씌우는 악덕상인, 사기꾼. **Nepperei**, die 《통용어·폄》 바가지 씌우기, 사기.

Neptun [nɛp'tu:n] 로마의 해신(海神)(그리스의 Poseidon에 대응); 해왕성: 《다음 용법으로》 **(dem) N. opfern** 《농》 난간 위로 몸을 급혀 토하다. **neptunisch** ⟨Adj.⟩ 1. 해왕성의. 2. 【지질·고어】 침전에 의해 생긴: -es Gestein 침전암, 수성암. **Neptunium** [nɛp'tu:niʊm], das; -s [amerik. neptunium] 【화학】 넵투늄(방사성 원소)(기호: Np).

Nereide [nere'i:də], die; -n ⟨대개 Pl.⟩ [lat. Nēräis < griech. Nērēís] 【그리스 신화】 바다의 요정. **Nereus** ['ne:rɔys] 【그리스 신화】 그리스(의 옛) 해신(海神).

Nerfling ['nɛrflɪŋ], der; -s, - ↑ Aland.

nergeln ['nɛrgln] ⟨h⟩ 【고어】 ↑ nörgeln.

Nernstlampe ['nɛrnst-], die; -n [독일 물리학자·화학자인 W. Nernst(1864~1941)에 따라] 【물리】 네른스트 전구.

Neroliöl ['ne:roli-], das; -s, -e [이 기름을 사용 보급했다는 17세기 Nerola 후작 부인에 따라] 등화유(橙花油)(향수 제조용).

Nerthus ['nɛrtʊs] 네르투스(게르만족의 여신(女神)).

Nerv [nɛrf], der; -s,-en [lat. nervus] 1. 신경(神經): den N. (im Zahn) töten (이빨의) 신경을 죽이다; 【전의】 in jedem Nerv spürte er die Krise 그는 온 신경으로 위기를 느꼈다; **den N. haben, etw. zu tun** 《통용어》 …할 용기(뱃심)가 있다; **jmdm. den N. töten** 《통용어》 누구를 성가시게[신경질나게] 하다. 2. 정수[중수], 핵심: das Buch trifft den N. der Zeit 이 책은 그 시대의 핵심을 찌르고 있다(맞추고 있다). 3. ⟨Pl.로만⟩ 신경 조직, 신경계통: -n aus Stahl 《통용어·감정》 강심장(체질); seine -en waren zum Zerreißen gespannt 그는 극도의 긴장 상태에 놓여 있었다; das kostet -en 그것은 신경을 긁는 일이다; er kennt keine -en 《통용어》 그는 신경이 아주 튼튼하다; **für[zu] etw. nicht die -en haben** 무엇이 요구하는 정도의 강한 신경을 갖고 있지 않다; er hat die -en verloren 그는 자기통제[평정]를 잃었다; der Lärm zerrt an meinen -en 소음이 나의 신경을 산란하게 한다; **(vielleicht) -en haben** 《통용어·감정》 (아마) (그의 행위 따위에) 이상하게 생각하다; **-en haben wie Drahtseile(Stricke)** 《통용어·감정》 강철 같은 신경을 갖고 있다; **-en zeigen** 《통용어》 신경질적으로 되기 시작하다; **jmdm. auf die -en gehen(fallen)** 《통용어》 견딜 수 없을 정도로 누구를 귀찮게 하다. 4. a) 【식물】 ↑Blattader, Blattrippe. b) 【동물】 ↑Ader (3 b). **nerval** [nɛr'va:l] ⟨Adj.⟩ 【의학】 a) 신경계통(조직)의. b) 신경에 의한. **Nervatur** [nɛrva'tu:ɐ], die; -en a) 【식물】 엽맥(葉脈). b) 【동물】 (곤충날개의) 시맥(翅脈), 날개맥. **nerven** ['nɛrfn] ⟨h⟩ 《통용어》 a) 누구의 신경을 건드리다: der Kerl nervt mich 그 녀석이 내 신경을 건드린다. b) 누구를 피곤하게 하다: ich bin ganz genervt 나는 (신경이) 아주 지쳤어. c) 집요하게 괴롭히다[조르다].

nerven-, Nerven-: **~anspannung**, die 1. ⟨Pl. 없음⟩ 신경 긴장. 2. 신경 집중(분발). **~arzt**, der 신경과 의사. **~aufpeitschend** ⟨Adj.⟩ 신경을 자극하는(흥분시키는). **~aufreibend** ⟨Adj.⟩ 신경을 극도로 소모시키는. **~bahn**, die 【해부·생리】 신경삭(神經索). **~belastung**, die 신경의 부담. **~beruhigend** ⟨Adj.⟩ 신경을 안정(진정)시키는. **~beruhigung**, die 신경 안정. **~beruhigungsmittel**, das ↑Beruhigungsmittel. **~bündel**, das 1. 【해부】 ↑strang. 2. 《통용어·감정》 극도로 신경질적인[신경과민의] 사람. **~chirurgie**, die ↑Neurochirurgie. **~entzündung**, die 신경염. **~faser**, die 【해부】 신경섬유. **~fieber**, das ⟨Pl. 없음⟩ 【고어】 티푸스. **~gas**, das 신경가스. **~geflecht**, das 【해부·생리】 신경망상 조직. **~gewebe**, das 신경조직. **~gift**, das 신경독(神經毒)(예컨대: 마취제). **~heilanstalt**, die 《준고어》 신경(정신)과 병원. **~heilkunde**, die a) ↑Neurologie. b) 신경 정신과. **~kern**, der 【해부·생리】 신경핵. **~kitzel**, der 《통용어》 스릴, 전율. **~klinik**, die 신경과 병원. b) 《통용어》 정신 병원. **~knoten**, der 【해부·생리】↑ Ganglion. **~kollaps**, der 《통용어》 ↑ **~zusammenbruch**. **~kostüm**, das 《통용어》 (신경 조직의 강도): ein schwaches N. haben 약한 신경 조직을 갖고 있다. **~kraft**, die 신경 소모, 정신력: dazu gehört die größte N. 그것에는 아주 많이 쓰인다. **~krank** ⟨Adj.⟩ 신경병(질환)의. **~kranke'**, der / die 신경 병 환자. **~krankheit**, die a) 신경질환, 신경병(예컨대: 중풍, 간질). b) 정신병, 노이로제. **~krieg**, der (감정) 신경전(神經戰). **~krise**, die 1. 【의학】 위기적 신경통. 2. 신경성 위기(危期). **~lähmung**, die 신경마비.

~**leiden**, das ↑~krankheit. ~**leidend** ⟨Adj.⟩ 신경병의, 신경을 앓는. ~**mittel**, das 《통용어》↑Beruhigungsmittel. ~**mühle**, die 《경》 a) 신경을 소모시키는 일. b) 신경을 소모시키는 직장. ~**nahrung**, die 신경강장제. ~**netz**, das 【해부·생리】 신경망. ~**probe**, die 신경을 쓰게 하는 시련. ~**reizung**, die 【생리】 신경자극. ~**sache**, die 《다음 용법으로》 (eine) reine N. sein 《통용어》 순전히 신경의 문제이다. ~**säge**, die 《경·감정》 신경쓰이는 사람[일]. ~**sanatorium**, das 《은폐》 정신병원. ~**schmerz**, der 《대개 Pl.》 신경통. ~**schock**, der 신경 쇼크(흥분 또는 놀람으로 일어남). ~**schwach** ⟨Adj.⟩ 신경 쇠약의, 신경질적인. ~**schwäche**, die a) ↑Neurasthenie. b) 신경 쇠약. ~**stark** ⟨Adj.⟩ 신경이 강한. ~**stärke**, die 신경의 강함: in einer Situation N. zeigen 어떤 상황에서 신경의 강함을 보이다. ~**stärkend** ⟨Adj.⟩ eine ~es Präparat 신경강장제. ~**strang**, der 【해부】 신경삭(索)(신경섬유의 묶음). ~**system**, das 【해부·생리】 신경계(통). ~**zelle**, die 【해부·생리】 신경 세포. ~**zentrum**, das 【해부·생리】 신경 중추. ~**zucken**, das; -s (근육의) 신경 경련. ~**zusammenbruch**, der 신경 쇠약, 허탈.

nervig ⟨'nɛrfɪç, 《또한》 'nɛrvɪç⟩ ⟨Adj.⟩ 힘줄이 툭툭 불거진, 강건한, 힘찬: ~e Hände 힘줄이 불거진 손; 전의 der Autor hat eine ~e Sprache 그 작가는 힘찬 언어를 구사한다. **nervlich** ⟨Adj.⟩ 신경(계)의, 신경에 관한: die ~e Belastung war zu groß 신경적 부담이 너무 컸다. **nervös** ⟨nɛr'vøːs⟩ ⟨Adj.⟩ [frz. nerveux, engl. nervous] **1.** ⟨주로⟩ 신경쇠약(과민)의 사람, 신경질적인 사람; mit der Zeit wurde er immer ~er 시간이 감에 따라 그는 점점 더 신경질적으로 되었다; 전의 der Zeiger vibrierte n. hin und her 시침(時針)이 신경질적으로 이러저러 진동했다. **2.** 【의학】 신경계의, 신경성의: die Kopfschmerzen sind n. bedingt 그 두통은 신경성으로 인한 것이다. **Nervosität** ⟨nɛrvozi'tɛːt⟩, die [frz. nervosité] **1.** 신경질, 신경과민 (쇠약)(상태): ihre N. steigerte sich von Stunde zu Stunde 그녀의 신경질은 매시간 증가되었다. **2.** 《준고어》↑Neurasthenie. **nervtötend** ⟨Adj.⟩ 신경을 피곤하게 하는(혹사시키는): das lange Warten war n. 오래 기다리는 것은 신경을 피곤하게 했다. **Nervus** ['nɛrvus], der; -, ..vi [lat. nervus] 【해부·생리】 **Nervus probandi**, der; - - [lat.] 《교양어·드물게》 결정적 논거, 주요 증거. **Nervus rerum** ['rɛːrum], der; - - [lat.] 모든 노력의 목적(로서의 돈), 만물의 근원(특히 금전).

Nerz ⟨nɛrts⟩, der; -es, -e **1.** 밍크(족제비의 일종). **2. a)** 밍크털가죽: ~e verarbeiten 밍크털가죽을 가공하다. **b)** 밍크가죽 모피 제품: sie trägt einen N. 그녀는 밍크모피 옷을 입고 있다.

Nerz-: ~**besatz**, der 밍크가죽으로 된 가장자리(테두리). ~**farm**, die 밍크 사육장. ~**fell**, das ↑Nerz (2 a). ~**kragen**, der 밍크 깃(칼라(옷깃)). ~**mantel**, der 밍크(가죽) 외투. ~**stola**, die 밍크숄, 밍크목도리.

Nescafe ['nɛskafe, ...feː], der; -s, -s ↑Pulverkaffee.

Neschi ['nɛski, 'nɛsçi], das 《또는》 die; - [arab. nashi] 아라비아의 곡선문자.

¹**Nessel** ['nɛsl], die; -n **1.** ↑Brennnessel: sich an einer N. verbrennen 쐐기풀에 쏘이다; **wie auf ~n sitzen** 《통용어》 불안하게(참을성 없이) 앉아 있다, **sich (mit etw.) in die ~n setzen** 《통용어》 무엇으로 어려움을 겪다(궁지에 빠지다). **2.** 유사 쐐기풀속(예컨대: Goldnessel). ²**Nessel** [-], der; -s, - (원래 쐐기풀섬유로 짠 책 제본용) 직물(클로드).

Nessel-: ⟨¹Nessel⟩: ~**ausschlag**, der ↑~sucht. ~**faden**, der 【동물】 자사(刺絲) (해파리의). ~**faser**, die 쐐기풀과의 섬유. ~**fieber**, das (열이 난) 두드러기, 심마진. ~**friesel**, der 《또는》 das 《대개 Pl.》 ↑~sucht. ~**garn**, das 쐐기풀 섬유나 무명으로 제조된 실. ~**gewächs**, das 《대개 Pl.》 【식물】 쐐기풀과 식물. ~**kapsel**, die 【동물】 (유자포류(有刺胞類)의) 포낭(쏘고 마비시키는 액체). ~**pflanze**, die ↑¹Nessel. ~**qualle**, die (북해산의) 푸른 해파리. ~**schön**, das; -s, -e 속새과 식물. ~**stoff**, der ↑²Nessel. ~**sucht**, die 《Pl. 없음》 두드러기, 담마진(심마진). ~**tier**, das 《대개 Pl.》 유자포류(有刺胞類).

Nessusgewand ['nɛsus-], das; -(e)s -gewänder, **Nessushemd**, das; -(e)s, -en [그리스 신화에서 Nessus가 복수 행위로 Herakles의 옷에 자기 피로 독을 묻힌 데에서] 《교양어》 파멸을 가져다 주는 선물.

Nest [nɛst], das; -(e)s, -er **1.** ⟨축소형: ↑Nestchen⟩ (새, 곤충과 작은 짐승의) 집(둥우리), 둥지, 보금자리: die Vögel bauen ihre ~er 새들은 그들의 보금자리를 짓는다; die Kinder haben ein N. ausgenommen 애들은 새 둥우리에서 알을 꺼내었다; 전의 das junge Paar hat sich ein N. gebaut 그 젊은 쌍은 보금자리를 차렸다; **das eigene(sein eigenes) N. beschmutzen** 자신의 가족(국가, 서클)에 대해 나쁘게 말하다; **das (eigene) N. reinhalten** 자신의 집안 단속을 하다; **aufs leere N. kommen** 《통용어》 집에서 아무도 만나지 않게 되다; **sich ins warme(gemachte) N. setzen** 《통용어》 결혼을 통해 경제 사정이 좋아지다. **2.** 《친근》 침상(침대): ins N. gehen 잠자리로 가다(자러 가다). **3.** 《통용어·폄》 작은 도시, 벽지(마을): in diesem N. gibt es nicht mal ein Café 이 벽지마을에는 카페마저 하나도 없다. **4. a)** 《감정》 (범죄자들의) 소굴; 은신처 (피난처): ein N. von Schmugglern ausheben 밀수업자들의 소굴을 소탕하다. **b)** 《군》 (잘 은폐된) 군사 기지(거점, 진지): ein N. von MG-Schützen 기관총 사수들의 차폐(遮蔽)된 진지. **5.** 여인의 땋아올린 머리, 반발(髷髪), 쪽, 낭자. **6. a)** 함께 뒤얽혀 있는 것(무리, 떼), 함께 모아(짜)놓은 것: ~er von Läusen 이 떼; Wörter gleicher Herkunft im Wörterbuch in ~ern zusammenfassen 사전에 있는 어원이 같은 단어들을 같이 묶어 놓다. **b)** 【광·지질】 소광상(小鑛床), 광소(鑛巢): ~er von Bergkristal 수정 소광상.

nest-, **Nest-**: ~**bau**, der ⟨Pl. 없음⟩ 보금자리(새집) 짓기. ~**beschmutzer**, der; -s, - 《폄》 자신의 집안(국가 따위)을 부끄럽게 하는 사람. ~**flüchter**, der; -s, - 【동물】 부화 후 곧 둥지를 나올 수 있는 새(닭, 오리 등), 이소류(離巢類)(반대: ~hocker). ~**häkchen**, das 《친근》 (버릇 없는) 막내둥이. ~**hocker**, der 【동물】 부화 후 오랫동안 새집에서 어미새에 의해 키워지는 조류, 유소류(留巢類)(비둘기 등)(반대: ~flüchter). ~**junge**, das 【동물】 (아직 새집에 묶여 있는) 어린둥류(새끼새). ~**küken**, das 《친근》 ↑~häkchen. ~**räuber**, der 【동물】 둥우리를 약탈하는 동물. ~**treue**, die 자신의 둥우리(보금자리)에 대한 애착. ~**warm** ⟨Adj.⟩ 둥우리의 온기를 지닌; 방금 둥우리를 떠난 관계로 아직 따뜻한. ~**wärme**, die 한 아이가 가족적 분위기 안에서 느끼는 안락감(보금자리의 따뜻함).

Nestchen ['nɛstçən], das; -s, - / Nesterchen ↑Nest (1)의 축소형.

Nestel ['nɛstl], die; -n (지역적) (단추 또는 고리가 달린) 띠, 끈; (바지의) 매는 끈; (구두)끈. **nesteln** ['nɛstln] ⟨h⟩ **a)** 손가락으로 무엇을 매만지다: an einer Schnur n. 끈을 매만지다. **b)** 매뜨려 떠다(붙이다): sie nestelte sich eine Nadel ins Haar 그녀는 머리를 매만져 핀을 꽂았다.

Nesterchen: ↑Nestchen의 복수형.

Nestling ['nɛstlɪŋ], der; -s, -e 채 날 수 없는 새 새끼.
Nestor ['nɛstɔr, 《또한》...toːr], der; -s, -en [...'toːrən]; lat. Nestor < griech. Néstōr》《교양어》원로, 노대가(老大家): er galt als N. der deutschen Physik 그는 독일 물리학의 대가로 간주되었다.
Nestorianer [nɛsto'riːnɐ], der; -s, - 【신학】 네스토리우스파(교도), 경교도(景敎徒). **Nestorianismus** [nɛstoriaˈnɪsmʊs], der; - 【신학】 (Konstantinopel 총대주교) 네스토리우스의(381~451)의 교의(敎義), 경교(景敎).
netig ['neːtɪç] 〈Adj.〉 (nordd.》 극도로 절약하며 인색하고 자신의 이익만 생각하는.
Netsuke ['nɛtske], die; -(s), 《또한》 das; -(s), -(s) [jap.] (일본인의 허리띠에 세밀 조각이 새겨진 나무, 상아, 비취로 된 단추) 네츠케.
nett [nɛt] 〈Adj.〉 [frz. net, ital. netto] **1. a)** 친절하고 사랑스러운, 호감이 가는: die Leute waren sehr n. zu ihm 사람들은 그에게 아주 친절하였다; das ist aber furchtbar n. von dir 너가 그렇게 한 것은 정말 친절한 일이다; seien Sie bitte so n., und reichen Sie mir das Buch 그 책을 나에게 건네주는 친절을 베풀어 주십시오; er wollte ihr was Nettes sagen 그는 그녀에게 뭔가 마음에 드는 얘기를 말하려고 했다. **b)** 귀여운, 상냥한, 애교 있는, 말쑥한(산뜻한): ein -es Mädchen 귀여운 소녀; ein -es Städtchen 산뜻한 소도시; sie sieht n. aus mit dieser Frisur 그녀는 이 머리형을 하면 애교있게 보인다; das machst du ganz n. 너는 그것을 아주 잘 한다; ich habe etwas Nettes erlebt 나는 어떤 흡족한 일을 체험했다. **2.** 《통용어》 **a)** 꽤 큰, 상당한: ein -er Profit 상당한 이익; einen -en Schrecken kriegen 꽤 많이 놀라다. **b)** 《동사 강조》 아주, 상당히 많이: Sie schwitzen selbst ganz n. 당신은 땀을 꽤 많이 흘리는군요. **3.** 《통용어·반어》 불유쾌한; 별로 기쁘지 않은: das sind ja -e Aussichten 그것은 정말 불쾌한 전망들이다. **netterweise** 〈Adv.〉 《통용어》 친절하게도. **Nettigkeit** ['nɛtɪçkaɪt], die; -en **1.** 〈Pl. 없음〉 친절함; 친절한 태도. **2.** 〈대개 Pl.〉 **a)** 상냥한(친절한) 말; 아첨(하려는 말): jmdm. ein paar -en sagen 누구에게 몇 마디 듣기 좋은 말을 하다. **b)** 어떤 말쑥한(산뜻한) 것. **netto** ['nɛto] 〈Adv.〉 [ital. netto] 〈상〉 (반대: brutto) 순 포장을이: das Gewicht beträgt n. 500 kg 그 무게는 포장을 제하고 500 kg이다. **b)** 비용과 세금을 공제하고 순(액으로): sein Gehalt beträgt n. 3400 Mark [3400 Mark n.] 그의 순(純)봉급은 3400 마르크이다(약어: nto).

Netto-: ~**betrag**, der 순량(純量), (제경비와 세금을 공제한) 실액(實額). ~**einkommen**, das 순수입[소득]. ~**einkünfte** 〈Pl.〉 순수입[소득]. ~**ertrag**, der 순소득(실수입). ~**gehalt**, das (세금을 공제한) 순봉급[급료]. ~**gewicht**, das 실(제)중량. ~**gewinn**, der 순(이)익. ~**lohn**, der (세금 따위를 공제한) 실수(實收)임금. ~**preis**, der 실제가격, 정가(正價). ~**registertonne**, die 【해양】 등록 톤(수), 순 톤수(약어: NRT). ~**sozialprodukt**, das 【경제】 순(純) 사회 생산액. ~**verdienst**, der 순수입, 순소득. ~**wert**, der [구동독 경제] (감가상각비를 제한) 순 고정자산.

Netz [nɛts], das; -es, -e **1. a)** 그물, 네트, 망(網): ein N. flicken 그물을 깁다; -e auswerfen 어망을 던지다; sie trägt ein N. über dem Haar 그녀는 헤어네트를 머리 위에 쓰고 있다; der Ball berührte das N. [테니스·배구·탁구·배드민턴] 볼이 네트에 닿았다; der Ball ging durch das N. [농구] 볼이 네트를 통과했다; den Ball ins N. schießen [축구·농구·송구] 볼을 네트에 꽂다; den Koffer ins N. legen 가방을 (기차, 버스의) 그물 선반에 놓다; der Ball N. einkaufen gehen 그물 가방을 갖고 장보러 가다; 〈전의〉 er versuchte das N. ihrer Lügen zu zerreißen 그는 그들의 거짓말 주머니를 찢으려고 노력했다; er hat überall seine -e ausgeworfen 그는 여러 (친분) 관계를 동시에 맺었다; den Zollfahndern durchs N. gehen 세관원의 감시망을 통과하다; **jmdm. ins N. gehen** 누구의 올가미(함정)에 빠지다. **b)** 거미줄: die Spinne lauert in ihrem N. 거미가 거미줄 안에서 잠복하고 있다. **2. a)** 그물 모양의 조직; 수도[전기, 가스] 공급망, 운하망, 방송망: ein Telefon an das N. anschließen 전화를 통신망에 연결시키다. **b)** 교통망: ein N. von Schienen durchzieht das Land 철도망이 그 나라를 이리저리 관통하고 있다. **c)** 【지리】 (지도의) 경위선(經緯線). **d)** 조직망: das N. der sozialen Sicherung 사회 보장 조직망. **3. a)** 【기하】 (입체의) 전개도. **b)** 【수학】 방안(모눈)도(예컨대: Koordinatennetz). **4.** 【해부】 ↑Omentum.

netz-, Netz-: ~**anschluß**, der 배전망 접속. ~**anschlußgerät**, das [전기] ↑ -gerät. ~**artig** 〈Adj.〉 망상(網狀)의, 그물 모양의. ~**ätzung**, die ↑Rasterätzung. ~**auge**, das [동물] ↑Facettenauge. ~**ball**, der [스포츠] 네트볼. ~**fahrkarte**, die ↑ -karte. ~**flügler**, der [동물] 맥시류(脈翅類)(잠자리 따위). ~**förmig** 〈Adj.〉 (드물게) 그물 모양의. ~**frequenz**, die [전기] (교류) 배전망 주파수. ~**garn**, das 어망용 방사(紡絲). ~**gerät**, das [전기] 변압기. ~**gewebe**, das 그물 직물. ~**gewölbe**, das [예술] 후기고딕의 통형(筒形) 아치 형식(그 뼈대가 그물 모양의 무늬를 이룸). ~**glas**, das (그물 모양으로 겹쳐지고, 나선의 실을 넣은) 섬유유리. ~**gleichrichter**, der 전원(電源) 정류기(整流器). ~**haut**, die (눈의) 망막. ~**hautablösung**, die 망막박리. ~**hautentzündung**, die 망막염. ~**hemd**, das 그물[망]런닝. ~**karte**, die 회유(回遊) 차표(일정한 기간 일정 구역 내에서 임의로 기차를 탈 수 있는 승차권). ~**magen**, der [동물] 봉소위(蜂巢胃) (반추동물의 둘째 위). ~**plan**, der [경제] 선형계획도(線形計畫圖). ~**plantechnik**, die 〈Pl. 없음〉 [경제] 선형계획법(노동 과정의 분석 및 시간 계획에 쓰임). ~**python**, der ↑ ~schlange. ~**schlange**, die (동남 아시아산의 흑갈색 그물 무늬를 가진) 큰 구렁이. ~**schnur**, die ↑ ~garn. ~**spannung**, die [전기] 공중배전전압(공共配電電壓), 회로망전압. ~**spiel**, das [스포츠] **1.** 네트를 이용한 구기. **2.** 〈Pl. 없음〉 [테니스] 네트플레이. ~**spieler**, der **1.** [테니스] 네트플레이를 선호하는 경기자. **2.** [배구] 전위(前衛). ~**stecker**, der [전기] 플러그. ~**strumpf**, der 그물 울무(코)양말. ~**werk**, das **1.** 그물 모양으로 결합된 도관(導管), 전선(電線), 혈관등(네트워크). **2.** [전기] 배전망. ~**werkanalyse**, die ↑ ~werktechnik. ~**werktechnik**, die 〈Pl. 없음〉 [경제] ↑ ~plantechnik. ~**zwirn**, der ↑ ~garn.

netzen ['nɛtsn̩] 〈h〉 **1. a)** (아이) 적시다, 축이다: Tränen netzten ihre Wangen 눈물이 그녀의 두 뺨을 적셨다. **b)** 〈südwestd.》 비가 내리다. **2.** [섬유] (유기를 내고 염색이 잘 되게) 축축하게 하다.
netzhaft 〈Adj.〉 (드물게) ↑netzartig.
Netzmittel, das; -s, - 〈전문어〉 습윤제.
neu [nɔy] 〈Adj.〉 **1.** 새로운, 새 (반대: alt 3 b): -e Schuhe 새 신발; das Auto sieht noch (wie) n. aus 그 자동차는 아직 새것처럼 보인다; etw. auf n. herrichten 무엇을 새롭게 차리다(꾸미다); n. für alt [상] 헌 것을 새 것과 교환; 〈전의〉 sie ist nicht mehr ganz n. 《롬》 그녀는 이제 아주 젊지는 않다. **2.** 행, 신선한(반대: alt 4 b): -e Kartoffeln 햇 감자; 〈명사화〉 Neuen trinken 햇포도주를 마시다. **3.** (반대: alt 5) **a)** 최신의, 전에 없던; 현대적인, 당대풍(當代風)의: eine -e Frisur 최신 헤어스타일; ein -er Staat 신흥 국가; die -e Mode 최신 유행; er ist ein -er Mensch geworden 그는 새 사람이 되었다; die Neuen 현대 예술. **b)** 신참의, 신규의: ich

bin n. in dieser Gegend 나는 이 지방이 아직 낯설다; ich bin n. in diesem Beruf 나는 이 직업에 아직 정통하지 못하다; 〈명사화〉 das ist der Neue 〈통용어〉그는 새로 입사(입회, 입학)한 사람이다. **c)** 처음 듣는, 진기한, 기한: daß er so etwas kann, ist mir n. 그가 그런 일을 할 수 있다는 사실은 나로서는 처음 듣는 일이다; 〈명사화〉 das ist mir nichts Neues 그것은 내가 처음 듣는 것이 아니다; was gibt es Neues? 무엇인가 새로운 것이 있나요? **4.** 최근의〈반대: alt 6 a〉: in -er[-erer, -ester] Zeit 최근에; etw. ist -eren Datums 무엇이 비교적 최근 날짜의 것이다; seit neuestem 근래, 요즈음. **5. a)** 새로워진, 갱신된〈반대: alt 8〉: wir haben einen -en Englischlehrer 우리는 새 영어 선생을 갖게 되었다; des -e Jahr 새해; die -e Woche 막 시작한 주(일). **b)** 추가된, 그 밖의: eine -e Flasche Wein auf den Tisch stellen 또 한병의 포도주를 식탁 위에 놓다; ist ein -er Einstein다 는 제 2 의 아인슈타인이다; aufs neue 새로이; auf ein neues! 자 다시 한번 시작해 보세요; von neuem 다시 한번, 처음부터. **6.** 새로이, 새롭게: ein Zimmer n. tapezieren 방을 새로 도배하다; etw. entsteht n. 무엇이 새 모습으로 나오다. **7.** 막, 갓, 방금: eine Stelle n. antreten 어떤 자리에 갓 부임하다; n. erschienene Bücher 신간 서적. **8.** 다시, 재차: das Buch wird n. aufgelegt 그 책은 재판이 나온다.

neu-, Neu-: **~anfertigung,** die **1.** 새로 제작함; 신제(新製). **2.** 신제품. **~ankömmling,** der 갓 온 사람, 신참자. **~anschaffung,** die **1.** 새로 구입함, 새로 맞춤(가구 및 도구 따위를). **2.** 새로 구입한 것. **~apostolisch** 〈Adj.〉 〔기독교〕 신 사도신경〈新使徒信經〉의. **~artig** 〈Adj.〉 신종의, 신식의. **~artigkeit,** die 신종, 신형, 신식. **~aufbau,** der 〈Pl. 없음〉 재건, 재조직, 재편성: der wirtschaftliche N. des Landes 나라의 경제적 재건. **~aufführung,** die 〔연극·음악〕 재공연. **~auflage,** die **a)** 신판, 중판. **b)** 재간본, 중쇄본: 전의 die kürzlich gegründete Partei ist die[eine] N. der KPD 최근에 생긴 그 당은 독일공산당의 재판이다. **~aufnahme,** die **1.** 새로운 수용: die N. von Wörtern in ein Wörterbuch 사전에 단어들을 새로 수록함. **2.** 새로 수용되는 사람. **3.** 〔전문어〕 재촬영, 재녹음. **~ausgabe,** die 신판. **~backen** 〈Adj.〉 ↑frischbacken. **~barock** 〈Adj.〉 신 바로크의. **~barock,** das / der 〔미술〕 (19세기 후반의) 신 바로크. **~bau,** der **1.** 〈Pl. 없음〉 **a)** 신축: den N. einer Brücke planen 다리의 신축을 계획하다. **b)** 재건. **2.** 〈Pl. -ten〉 **a)** 건축(신축) 중인 건물: auf dem N. hat sich ein Unfall ereignet 신축 중인 건물에서 사고가 일어났다. 성구 wir wohnen doch nicht in N. 〈통용어·농〉 우리는 새집에 살고 있지 않아 문을 잘 닫아라! (문을 닫지 않을 때 하는 말); im N. geboren sein 〈통용어·조롱〉 문을 열어두고 다니다. **b)** 신축 가옥, 신축 건물〈반대: Altbau〉. **c)** 〈Pl. 《또한》-e〉 〔기술〕 신모델. **~bauer,** der 〈구동독·옛〉 (1945년의 농지 계획으로 토지를 얻어 농부가 된) 신농민〈반대: Altbauer 2〉. **~bauernhof,** der 신농민의 농가. **~bauernland,** das 〈Pl. 없음〉 신농민의 경지〔토지〕. **~bauernsiedlung,** die 신농민촌. **~bauernstelle,** die 신농민을 위한 토지〔가옥〕. **~bauernwirtschaft,** die 신농민 경제. **~bauviertel,** das 신축 건물 지역. **~bauwohnung,** die 신축 건물 내의 집〈반대: Altbauwohnung〉. **~bearbeitet** 〈Adj.〉 개정된. **~bearbeitung,** die **1.** 개정〈改訂〉: den Text bei der N. stark verändern 개정할 때에 이 텍스트를 많이 변경하다. **2.** 개정판, 신판. **~bedeutung,** die 〔어〕 (단어의) 새로운 의미. **~beginn,** der 새로운 시작. **~bekehrt** 〈Adj.〉 새로 〔요즘〕 개종한. **~bekehrte*,** der / die 신〈新〉개종자,

새 신자. **~belebung,** die 부흥, 재건〔재생〕, 리바이벌. **~besetzung,** die 충원, 보충. **~bildung,** die **1. a)** 새로운 것의 형성(발생). **b)** 개조, 신조〈新造〉. **c)** 개조, 변형: die N. der Regierung 개각〈改閣〉. **2. a)** 새로 형성된 것. **b)** 신조물〔어〕: -en als Stichwörter ins Wörterbuch aufnehmen 신조어들을 표제어로 사전에 수록하다. **~bruch,** der 〔농업〕 새 개간지. **~bürger,** der 〈新〉 이주 시민. **~bürgerfeier,** die 《schweiz.》 새로 귀화한 외국인을 위한 축제. **~deutsch** 〈Adj.〉 《렴》 신독일적, 신독일의: die -e Industriegesellschaft 신독일적 산업 사회. **~druck,** der 신판, 신쇄〈新刷〉. **~einkauf,** der 〔스포츠〕 **1.** 새 선수의 스카우트. **2.** 새로 스카우트된 선수. **~einrichtung,** die 새로운 설립. **~einstellung,** die **1.** 새 직원의 고용, 신규 채용: eine N. vornehmen 신규 채용하다. **2.** 새로 고용된 근로자. **~einstudierung,** die 새로 익혀 읽(연습함). **~englisch** 〈Adj.〉 **1.** 근대영어의. **2.** 뉴잉글랜드의. **~entdeckung,** die **1. a)** 신 발견, 새로운 것의 발견. **b)** 신 발견물. **2.** 재발견: die N. Amerikas 미국의 재발견. **~entwicklung,** die **1.** 새로운 것의 발전〔전개, 개발〕. **2.** 새로 개발된 것. **~eröffnet** 〈Adj.〉 **1.** 방금 문을 연. **2.** 다시 문을 연. **~eröffnung,** die **1.** 신규 개업: die N. einer Filiale 지점의 개점. **2.** 다시 문을 엶. **~erscheinung,** die 신간서적〔레코드〕: -en über Hölderlin 횔더린에 관한 신간서적. **~erwerb,** der ↑ **~erwerbung.** **~erwerbung,** die **1. a)** 새것의 구입: die N. von Büchern für eine Bibliothek 도서관을 위한 새책의 구입. **b)** 방금 구입한 것. **2.** 〔스포츠〕 ↑ **~einkauf.** **~fassung,** die **1.** 〈Pl. 없음〉 개정판, 개작본. **2.** 새 판〈版〉, 새 형태, 새로운 표현법, 개역본〈改譯本〉〈개정판〉. **~festsetzung,** die 새 확정, 새로운 결정. **~fundländer,** ↑ Neufundländer. **~französisch** 〈Adj.〉 근대불어의. **~gebacken** 〈Adj.〉 《통용어》 새로〔방금〕…이 된: ein -er Ehemann 갓 결혼한 사람. **~geboren** 〈Adj.〉 갓 태어난: das Neugeborene 갓 태어난 애〔동물〕; wie n. 육체적〔정신적〕으로 새로 태어난 사람처럼; 아주 상쾌한〔참신한〕. **~geburt,** die 〔아이〕 신생〈新生〉, 부활; 갱신. **~geschaffen** 〈Adj.〉 방금 창조된. **~gestaltung,** die 재편성〔구성〕, 개조〈改造〉. **~gewürz,** das 〈Pl. 없음〉 《österr.》 Piment. **~gier,** die **~gierde** [-giːɐdə], die 호기심; 지식욕: sexuelle N. 성〈性〉에 대한 호기심; jmdn. packt die N. 호기심이 누구를 사로잡는다; etw. weckt jmds. N. 무엇이 누구의 호기심을 일깨우다; vor N. brennen 호기심에 타오르다. **~gierig** 〈Adj.〉 호기심〔지식욕〕이 강한; 캐기 좋아하는: sei nicht so n.! 그렇게 호기심을 갖지마라!; alle waren sehr n. auf den Ausgang des Wettbewerbs 모두는 그 경쟁의 결과에 관심이 아주 많았다; ich bin n., wie das ausgehen wird 나는 그것이 어떻게 결말이 날지 알고 싶다; 〈명사화〉 der Vorfall lockte viele Neugierige an 그 돌발 사건은 많은 호기심에 찬 사람들을 유혹하여 끌었다. **~gliederung,** die 새로운〔다른〕 구분, 재편성. **~gotik,** die 〔건축〕 신고딕의, 신고딕 양식. **~gotisch** 〈Adj.〉 신 고딕식의. **~grad,** der 〔수학〕 ↑ Gon의 옛날 명칭(기호: g). **~griechisch** 〈Adj.〉 근대 그리스어의. **~griechisch,** das -(s), 〈정관사와 함께〉 **~griechische,** das; -n 근대 그리스어. **~gründung,** die **1. a)** 신설〈新設〉, 창립. **b)** 새로 창설된 것. **2.** 재창설: 1945 kam es zur N. der SPD 1945년 SPD는 재창설되었다. **~hebräisch** ['nɔyhebreːɪʃ] 〈Adj.〉 근대 히브리〔이스라엘〕어의. **~hebräisch,** das, 〈정관사와 함께〉 **~hebräische,** das; -n 근대 히브리어. **~hegelianer,** der 신〈新〉헤겔학파 사람. **~hegelianisch** 〈Adj.〉 신헤겔학 파의. **~hegelianismus,** der 〈20세기의〉 신헤겔주의.

~heide, der 신이단자[이교도]. ~heidentum, das [가] (기독교의 퇴보로 발생한) 신이단(新異端). ~herausgabe, die 개정판 출판. ~hochdeutsch 〈Adj.〉 [1819년 독일의 언어학자이며 문학자인 J. Grimm (1785~1863)이 명명] 신고(新高) 독일어의. ~hochdeutsch, das 신고(지) 독일어. ~hochdeutsche, das 신고 독일어. ~humanismus, der 《교양어》 신인문주의. ~humanistisch 〈Adj.〉《교양어》 신인문주의의. ~inszenierung, die [연극] 신 연출, 새로운 해석에 의한 연출(공연). ~jahr [(또한) -'-], das 신년, 새해, 정월 초하루, 설: prosit N.! 새해에 복많이 받으세요!
~jährchen [-'--], das 〈지역명〉 (우체부 등에게 주는) 새해 선물[복돈]. ~jahrsabend, der 제야(除夜), 섣달 그믐날밤. ~jahrsansprache, die 〈신년의〉 연두사. ~jahrsbotschaft, die 신년 기념사. ~jahrsempfang, der 신년 하례식. ~jahrsfest, das 《준고어》 ↑~jahr. ~jahrsglückwunsch, der 연하(年賀). ~jahrsgruß, der 《대개 Pl.》 신년 인사.
~jahrskarte, die 연하장. ~jahrsmorgen, der 설날 아침. ~jahrsnacht, die 설날 전날밤(이때부터 설날이 시작된). ~jahrstag, der ↑~jahr. ~jahrswunsch, der ↑~jahrsglückwunsch. ~kantianer, der 〈칸트학파의 학자〉. ~kantianisch 〈Adj.〉 신칸트학파의.
~kantianismus, der 신칸트주의. ~kauf, der [상] 새상품의 구입. ~klassik, die (특히 문학의) 신고전주의. ~klassizismus, der 1. 신고전주의. 2. [건축] ↑Neoklassizismus. ~konstruktion, die 신형, 새 구조. ~land, das 《Pl. 없음》 1. 신개발지. 2. a) 〈드물게〉 처녀지, 미지의 지역. b) 미개척 분야: N. betreten 미개척 분야를 건드리다. ~landgewinnung, die 〈전문어〉 간척, 신개발지. ~latein, das 근세 라틴어. ~lateinisch 〈Adj.〉 근세 라틴어의. ~lehrer, der (구동독·엣) (구소련 점령 지역 학교의) 단기 양성 이념 교사.
~licht, das 《Pl. 없음》 〈고어〉 ↑Neumond. ~minute, die 〈수학〉 1/100 Gon (1 Gon = 90°의 1/100). ~modisch 〈Adj.〉《폄》 새로 유행하는(반대: altmodisch). ~mond, der 《Pl. 없음》 초승[초생달]. ~ordnung, die 새로운 배열[규정, 질서]. ~organisation, die 새로운 조직. ~orientierung, die 《교양어》 새로운 상황 파악. ~philologe, der 근대언어학자. ~philologie, die 근대(유럽) 언어학. ~philologisch 〈Adj.〉 근대언어학의. ~platoniker, der 신플라톤주의자. ~platonisch 〈Adj.〉 신플라톤주의의. ~platonismus, der 신플라톤주의(3세기부터 6세기까지의).
~positivismus, der 《드물게》 ↑Neopositivismus. ~prägung, die [언어] 1. (새 단어의) 신조(新造). 2. 신조어. ~priester, der 갓 축성 받은 신부[목사]. ~produktion, die (영화, 방송, 텔레비전의) 새 작품. ~pythagoreer, der 신(新)피타고라스주의자. ~pythagoreisch 〈Adj.〉 신피타고라스주의[학파]의. ~pythagoreismus, der 신피타고라스주의(학설).
~reg(e)lung, die 새로 규정함, 재조정: die N. der Arbeitszeit fordern 작업 시간의 재조정을 요구하다. ~reich 〈Adj.〉《폄》 벼락부자인, 새로 부자가 된 (매너가 덜 되먹은): (명사화) Neureiche ohne Manieren 매너가 없는 신흥 부자들; Herr Neureich 전형적 벼락부자; Familie N.《총칭어》 (die) Neureichs 전형적 신흥 부자 가정. ~renaissance, die [건축·가구] (19세기의) 신르네상스의 양식. ~ries, das 〈전문어〉 1000장 분의 전지(全紙) (전지 한 장은 책의 16쪽분). ~romantik, die 1. 신낭만주의(19세기말 독일의). 2. (근대음악의) 신낭만주의. ~romantiker, der 신낭만주의자. ~romantisch 〈Adj.〉 신 낭만의. ~satz, der 《Pl. 없음》 [인쇄] 1. (동일한 활판면의) 새로운 조판(組版): den N. durchführen 조판을 새로하다. 2. 다시 짠 판: den N.

korrigieren 다시 짠 판을 수정하다. ~schaffen 〈Adj.〉《schwiez.·그 외 드물게》 새것인, 사용하지 않은.
~schnee, der 새로[막] 내린 눈(반대: Altschnee). ~schneedecke, die 새로 내린 눈의 층. ~scholastik, die (19세기 후반과 20세기 초 독일의) 신(新)스콜라 철학. ~scholastisch 〈Adj.〉 신스콜라학파의.
~schöpfung, die 1. a) 새 것의 창조: N. von Kunstwerken 새로운 예술 작품의 창조. b) 새로운 (종류의) 창조물: dieses Kunstwerk ist eine N. 이 예술 작품은 새로운 종류의 창작물이다. 2. 〔《언어》↑~prägung. ~sekunde, die [수학] 1/10 Gon의 1/100. ~siedler, der 신단지 입주자. ~silber, das 양은(구리, 니켈, 아연의 합금). ~silbern 〈Adj.〉 양은제 (洋銀製)의. ~sprachler [-ʃpraːxlɐ], der; -s, - 근대 외국어학자(특히 영어(불어)교사). ~sprachlich 〈Adj.〉 근대 외국어의. ~stadt, die 《드물게》 신시가지. ~testamentler [-testamentlɐ], der; -s, - 《교양어》 신약성서가. ~testamentlich [-testamentlɪç] 〈Adj.〉 신약성서의.
~thomismus, die 신(新)토마스아퀴나스 학파. ~thomist, der 신토마스아퀴나스 학파의 신봉자[학자]. ~thomistisch 〈Adj.〉 신토마스아퀴나스 학파의.
~töner [-tøːnɐ], der; -s, - 1. (자주 조롱) 신음악의 작곡가. 2. 신경향의 예술가. ~tönerisch [-tøːnərɪʃ] 〈Adj.〉 신음악 작곡가의; 새로운 형태의 작품을 창조하는 예술가의. ~vermählt 〈Adj.〉《아어》 갓 결혼한[신혼 의]. ~verpflichtung, die 1. a) 새 인물의 고용. b) 고용(계약) 갱신. 2. [스포츠] 새로 기용된 선수. ~verschuldung, die 추가로 부채얻기. ~wagen, der 새 차. ~wahl, die 재선거(재투표). ~waschen 〈Adj.〉 〈지역명〉 새로 세탁한, 세탁해 놓은: die Schürze ist n. 그 앞치마는 깨끗이 빨아놓은 것이다. ~weltaffen 〈Pl.〉 [동물] ↑Breitnasen. ~weltlich 〈Adj.〉 신세계(아메리카)의. ~wert, der 1. 신품(新品) 가격(반대: Zeitwert): der N. des Autos beträgt 10000 Mark 그 차의 신품값은 10000마르크이다. 2. 〈마르크스주의〉 (노동을 통한 생산 과정에서) 새로 창조된 가치. ~wertig 〈Adj.〉 신품 가격의: -es Fahrrad zu verkaufen 신품이나 다름 없는 자전거 매매. ~wertversicherung, die 신품 가격 보험. ~wort, das 《Pl. -wörter》 [언어] 신어(新語). ~zeit, die 《Pl. 없음》 1. 근대: die Baukunst der N. 근대의 건축술. 2. 《드물게》 현대. ~zeitlich 〈Adj.〉 1. 근대의, 근대적인. 2. 현대의, 현대적인: eine n. eingerichtete Drogerie 현대적 시설을 갖춘 잡화점.
~zugang, der 1. 신규 입원. 2. 새로 추가로 온 사람[물 건]. ~zulassung, die [관] 1. 자동차의 신규 인가. 2. 새로 인가된 자동차: die Zahl der N. steigt ständig 새로 인가된 차들의 수가 끊임없이 증가하고 있다. ~zustand, der 《Pl. 없음》 신품의 상태.

Neubrandenburg [nɔyˈbrandnbʊrk] 1. 노이브란덴부르크(구동독의 도시). 2. 노이브란덴브르크(구동독의(14개 행정 구역 중의) 한 행정 구역). 3. 노이브란덴부르크 구역 안의 하급 행정 구역.
Neuchâtel [nøʃaˈtɛl] ↑ Neuenburg의 프랑스어형.
Neu-Delhi [nɔyˈdɛːli] 뉴델리(인도의 수도).
Neue [ˈnɔyə], die 《사냥》 신설(新雪). **neuerdings** [ˈnɔyɐdɪŋs], 〈Adv.〉 1. 최근에, 요즈음: er fährt n. im eigenen Auto 그는 최근 자가용을 타고가다. 2. (südd., österr., schweiz.·그 외 준교어) 새로이, 다시. **Neuerer** [ˈnɔyərɐ], der; -s, - [russ. nowator] 1. 개혁자, 혁신자. 2. (구동독) (기술적, 학문적 진보에 기여하는) 노동자.
Neuenburg [ˈnɔyənbʊrk] 노이엔부르크(스위스의 서부 도시 및 주(州)). ¹**Neuenburger** [ˈnɔyənbʊrgɐ], der; -s, - 노이엔부르크 주민. ²**Neuenburger** 〈Adj.〉: 격변화 없음〉 노이엔부르크의.

Neuengland ['nɔyɛŋlant], -s 뉴 잉글랜드(미국의 북동부 지역).

Neuerer- (Neuerer 2) 《구동독》 ~**bewegung**, die 기술 개혁 운동. ~**brigade**, die 기술 개혁 운동 협의 기구 (사회주의 산업체의). ~**geist**, der 《Pl. 없음》 기술 개혁 정신. ~**kollektiv**, das 기술 개혁 노동〔생산〕 공동체. ~**methode**, die 기술 개혁 방법. ~**vorschlag**, der 기술개혁제안. ~**wesen**, das 《Pl. 없음》 기술 개혁 조직〔제도〕. ~**zentrum**, das (한 지역 경제 위원회의) 기술 개혁 센터.

neuerlich ['nɔyɐlıç] 〈Adj.〉(한참 후에) 새롭게 생기는; -es Auftreten 재등장; er ist n. ausgezeichnet worden 그는 또 다시 표창 받았다. **neuern** ['nɔyɐn] 〈h〉《드물게》새로운 것을 도입하다; 개혁가로 활동하다(개혁, 갱신하다). **Neuerung**, die; -en 1. 새 제도, 개정(개혁) 된 것: technische -en 기술적으로 갱신된 것들; die jetzige Verfassung enthält bedeutsame -en 지금의 헌법은 중요한 개혁안들을 포함하고 있다; -en einführen (durchsetzen) 개혁안(개선책)을 도입〔관철〕하다. 2. 《Pl. 없음》(새것의 도입을 통한) 개선, 갱신, 개혁. **Neuerungssucht**, die 《Pl. 없음》《폄》 개혁〔혁신〕 열 (熱). **neuerungssüchtig** 〈Adj.〉 개혁열에 사로잡힘. **neuestens** ['nɔyəstns], neustens ['nɔystns] 〈Adv.〉《드물게》최근, 요즈음: n. fährt er mit dem Auto zur Arbeit 최근에 그는 자동차를 타고 직장에 간다.

Neufundland ['nɔyfʊntlant], -(s) 뉴펀들랜드(캐나다의 주(州)). **Neufundländer** [nɔy'fʊntlɛndɐ], der; -s, - 1. 뉴펀들랜드 인(人). 2. [이 종은 유럽산으로 처음으로 뉴펀들랜드에서 사육되었음](검은색 긴털의 큰) 호위견. **neufundländisch** 〈Adj.〉 뉴펀들랜드의.

Neugierde ↑ Neugier. **Neuheit** ['nɔyhait], die; -en 1. 《Pl. 없음》(새로움, 새것임, 참신함: die N. einer Erfindung bezweifeln 발명의 새로움을 의심하다. 2. 새것, 새로운 종류의 사물, (특히) 새 상품: eine technische N. 기술적으로 새로운 상품; auf der Messe werden viele -en gezeigt 무역 박람회에서는 많은 새 상품들이 전시된다.

Neuguinea [nɔygi'ne:a], -s 뉴기니(오스트레일리아 북동의 섬)〔호주 북쪽의 섬〕. **Neuigkeit** ['nɔyıçkait], die; -en 1. 새로운 사건〔정보〕, 뉴스: die -en des Tages 그 날의 새로운 사건〔뉴스〕들; woher hast du diese N.? 너는 이 뉴스를 어디에서 들었니?; eine N. erfahren 새로운 정보를 알게 되다. 2. a) 《Pl. 없음》《드물게》 새로움, 새것임: die N. der Nachricht war die Hauptsache 그 뉴스가 새 소식이란 점이 가장 중요한 포인트였다. b) 《전문어 · 그 외 드물게》 새것, 새 상품: die -en im Buchhandel 서점의 신간서적들. **neulich** ['nɔylıç] 〈Adv.〉 [mhd. niuwelîche] 얼마전에, 일전에, 최근에: ich habe ihn n. (erst) gesehen 나는 그를 최근에야 (비로소) 보았다; n., als ich in Köln war 최근에 내가 쾰른에 갔었을 때에; erinnern Sie sich an unser Gespräch von n.? 최근의 우리 대화를 기억〔상기〕하십니까?

Neukaledonien [nɔykale'do:niən], -s 호주 동쪽의 도서 〔섬들〕. **Neuling** ['nɔylıŋ], der; -s, -e 〔spätmhd. newlinge〕 신참자, 신출내기, 초심자, 무(미)경험자, 미숙자, 풋내기: (ein völliger) N. auf einem Gebiet sein 한 분야의 (완전한) 신참자이다; darin bin ich N. 그 점〔분야〕에서 나는 무경험자이다.

Neume ['nɔymə], die; -n (대개 Pl.) [lat. p(n)eumа < griech. pneũma = Atem; 이 기호는 음조의 길이의 표기에 이용되었음] [음악] (악보법 발견 전에 사용된) 중세의 단음 음악의 표기에 사용된 기호, 네우마. **Neumenschrift**, die 중세의 단음 음악의 기보 기호.

neun [nɔyn] 〈기수〉 [mhd. ahd. niun] (숫자: 9); 아홉, 9: die n. Musen (문예, 학술을 관장하는) 아홉 여신;

alle -(e) 1) [독일식 볼링] (제 1 구로 9개의 핀을 쓰러뜨렸을 때의 외침) 스트라이크. 2) 〈농〉(실수로 물건들이 소란스럽게 무너져 내릴 때의 외침) 스트라이크. **Neun** [-], die; -en a) 숫자 9. b) 9가 있는 카드. c) (통용어) 9번선의 전차〔버스〕. d) ach, du grüne Neune! (통용어) (깜짝 놀랐을 때의 외침) 아이고 이런.

neun-, Neun-: ~**auge**, das [몸의 좌우에 있는 각각 하나의 눈, 하나의 콧구멍과 7개의 아가미구멍을 9개의 눈으로 세어짐] 칠성장어. ~**bändig** 〈Adj.〉 9권으로 되어 있는. ~**eck**, das 9 각형. ~**eckig** 9각형의. ~**einhalb** 9와 1/2. ~**hundert** 9백(의). ~**jährig** 9살의; 9년 계속되는. ~**jährlich** 〈Adj.〉 9년마다 반복되는. ~**mal** 9번. ~**malig** 〈Adj.〉 (부호: 9 malig) 9번 일어나는(생기는). ~**malgescheit**, ~**malklug**, ~**malweise** 〈Adj.〉《조롱》 다른 사람보다 더 영리하다고 생각하는; 아는 체하는: ein neunmalkluges Kind 영리하다고 자부하는 아이. ~**monatig** 〈Adj.〉 9개월 된; 9개월간 계속되는. ~**monatlich** 〈Adj.〉 9개월마다 반복되는. ~**schwänzig** -[ʃvɛntsıç] ↑ Katze. ~**tägig** 〈Adj.〉 9일간 계속되는. ~**täglich** 〈Adj.〉 9일마다 되풀이되는. ~**tausend** 9천(의). ~**tötor**, der 〔옛날 민간 신앙에 따르면 이 새는 매일 9마리의 동물을 죽임〕 때까치속의 일종. ~**und ein halb** 9와 1/2 (분수). ~**undsechzig**, die ↑ Sixty-Nine. ~**zehn** 19.

Neuner ['nɔynɐ], der; -s, - (통용어) ↑ Neun (a, c). **neunerlei** 아홉 종류의. **Neunerprobe**, die 〔수학〕 9제법(除法). **Neunerrest**, der 〔수학〕 전체수를 9로 나눌 때의 나머지. **neunfach** 9배의, 9겹의. **Neunfache** 9곱(배)의. **neunt-...** [nɔynt...] (↑ neun의 서수) [mhd. niunte, ahd. niunto] (숫자: 9) 제 9의, 9번째의. **neuntel** ['nɔynt!] 〈분수〉 (기호: /9)1/9의. **Neuntel** [-], das 〈schweiz.〉 -s, - 1/9. **neuntens** 〈Adv.〉 9번째로서, 제 9번째로. **neunzig** ['nɔyntsıç] 〈기수〉 [mhd. niunzec, ahd. niunzug] (숫자: 90) 90의. (명사화) **die** 90. **neunziger** ['nɔyntsıgɐ] 〈Adj.; 격변화 없음〉 90의, 90년의; 90년에서 99년까지의.

Neunziger [-], der; -s, - 90대의 남자; 제 90 연대의 사병; (천 및 백) 90년대의 포도주; 〈Pl.〉 90년대에서 99세까지의 연령(Neunzigerjahre)의 약칭. **Neunzigerin** 90대의 여자. **Neunzigerjahre** 90대의 연령. **neunzigst-...** [...'nɔyntsıçst-...] 〈↑ neunzig의 서수〉 (숫자: 90) 제90의.

neur-, Neur-: ↑ neuro-, Neuro-. **neural** [nɔy'ra:l] 〈Adj.〉 (의학) a) 신경(성)의. b) 신경 조직에서 출발하는. **Neuralgie** [nɔyral'gi:], die; -n [...i:ən; zu griech. álgos = Schmerz] (의학) 신경통. **Neuralgiker** [nɔy'ralgikɐ], der; -s, - (의학) 신경통 환자. **neuralgisch** 〈Adj.〉 1. (의학) 신경통성의: die Beschwerden sind rein n. 그 병고는 순전히 신경성(性)이다. 2. 《교양어》특히 방해(교란)에 민감한: -e Punkte im Verkehr einer Stadt in der 도시의 교통에서 특히 잘 마비되는 지점들. **Neuralleiste** [nɔy'ra:l-], die [생물] (신경세포들이 형성되어 나오는) 배(胚)조직. **Neuraltherapeut**, der; -en, -en 신경 치유법을 적용하는 사람. **Neuraltherapie**, die; -n (국소적 신경 조직에 영향을 끼쳐 병원체를 제거하는) 의학적 신경 치유법. **Neurasthenie** [nɔyraste'ni:], die; -en [...i:ən] (의학) 1. 《Pl. 없음》 신경 쇠약(증). 2. 신경 쇠약〔달진〕 상태. **Neurastheniker** [...'te:nikɐ], der; -s, - (의학) 신경 쇠약 환자. **neurasthenisch** 〈Adj.〉 신경 쇠약의.

neurerisch [nɔyrərıʃ] 〈Adj.〉《드물게 폄》 개혁적, 혁신적.

Neurin [nɔy'ri:n], das; -s [zu griech. neũron = Nerv] 노이린(부패시 생기는 강한 독(毒)).

Neurit [nɔy'ri:t], der; -en, -en [zu griech. neũron = Nerv] (해부) ↑01 Nervenfaser. **Neuritis** [nɔy'ri:tıs], die; ...tiden [...ri'ti:dn] [의학] 신경염. **neuro-, Neuro-**, 《모음 앞》**neur-, Neur-** [nɔyr(o)-; griech. neûron = Nerv] 《복합어의 규정어로서 다음의 뜻임》신경, 신경 조직(의): Neurologie, Neuralgie, Neurom). **Neuroblastom**, das; -s, -e [의학] ↑ Neurom. **Neurochirurg**, der; -en, -en 신경 외과 의사. **Neurochirurgie**, die 신경 외과(학). **neurogen** [...'ge:n] 〈Adj.〉[의학] 신경으로 인한, 신경성의. **Neuroglia** [nɔyro'gli:a], die [zu griech. glía = Leim] [해부·생리] 신경교(膠), 신경지지질. **Neurologe**, der; -n, -n [↑-loge] ↑ Nervenarzt. **Neurologie**, die [↑ -logie] 1. 신경학. 2. (병원의) 신경과. **neurologisch** 〈Adj.〉 1. 신경 조직의 구조와 기능에 관한; 신경학의: -e Untersuchungen 신경 조직에 관한 연구들. 2. 신경 질환에 관한, 신경 의학의: die -e Abteilung eines Krankenhauses 한 병원의 신경과. **Neurom** [nɔy'ro:m], das; -s, -e [의학] 신경종(神經腫). **Neuron** [nɔyrɔn], das; -s, -e / -en [...'ro:na(n)] [해부·생리] 신경세포, 노이론[신경 단위]. **Neuropathie**, die; -n [...iən; ↑ -pathie] [의학] 신경병. **neuropathisch** [...'pa:tɪʃ] 〈Adj.〉[의학] a) 신경병의. b) 노이로제의. **Neuropathologie**, die 신경병리학. **Neurophysiologie**, die 신경생리학. **neuropsychisch** 〈Adj.〉[의학] 신경 과정과 심리적 과정 사이의 관계에 관한. **Neuropsychologie**, die 신경심리학(신경조직과 심리 과정 사이의 관계를 연구). **Neuropteren** [nɔyrɔp'te:rən] 〈Pl.〉[zu griech. Pterón = Flügel] [동물] 맥시류(脈翅類)(예컨대: 잠자리 따위). **Neurose** [nɔy'ro:zə], die; -n [engl. neurosis] [의학·심리] 신경증(노이로제]: eine leichte[schwere] N. 가벼운[심한] 노이로제; eine N. behandeln 노이로제를 치료하다. **Neurotiker** [nɔy'ro:tike], der; -s, - [의학] 노이로제 환자. **neurotisch** [nɔy'ro:tɪʃ] 〈Adj.〉[의학·심리] a) 노이로제와 관계있는, 노이로제로 인해 일어나는: eine -e Erkrankung 노이로제로 인한 발병; -e Angst vor dem Fliegen 비행에 대한 노이로제적인 불안; die Symptome sind n. 그 증세들은 노이로제와 관계있는 것이다. b) 노이로제를 앓고 있는: ein -er Mensch 노이로제를 앓고 있는 사람; 전의 die Leute sind ja alle völlig n. 그 사람들은 모두 비정상적이다[미쳤다]. **neurotisieren** [nɔyroti'zi:rən] 〈h〉 노이로제를 일으키다: seine Erziehung hat ihn neurotisiert 그의 교육이 그를 노이로제에 걸리게 하였다. **Neurotisierung**, die; -en 노이로제를 유발하기. **Neurotomie** [...to'mi:], die; -n [...i:ən; zu. griech. tomḗ] [의학] 신경의 절단 수술(신경통의 고통을 제거하기 위한). **Neurotoxin**, das; -s, -e [의학] 신경 조직을 우선적으로 공격하는 동물. **neurotrop** [...'tro:p] 〈Adj.〉[zu griech. tropḗ] [의학] 신경(조직)에 영향을 끼치는: -e Viren 신경에 영향을 주는 바이러스들.

Neuseeland [nɔyze:lant], -s 뉴질랜드. ¹**Neuseeländer**, [nɔyze:lɛndɐ], der; -s, - 뉴질랜드인. ²**Neuseeländer** 〈Adj.; 격변화 없음〉 《드물게》 뉴질랜드의. **neuseeländisch** [nɔyze:lɛndɪʃ] 〈Adj.〉 뉴질랜드의.

Neusiedl [nɔyzi:dl] 노이지들(오스트리아의 도시). ¹**Neusiedler** [nɔyzi:dlɐ], der; -s, - 노이지들 시민. ²**Neusiedler** 〈Adj.; 격변화 없음〉 노이지들(시)의: der N. See 노이지들의 호수.

neustens: ↑ neuestens.

Neuston ['nɔystɔn], das; -s [griech. neustón = das Schwimmende] [생물] 수면에 부유하는 미생물.

Neutra: ↑ Neutrum의 복수형. **neutral** [nɔy'tra:l] 〈Adj.〉 [mlat. neutralis = keiner Partei angehörend < lat. neutralis = sächlich, zu: neuter] **1. a)** 중립의(비교전(非交戰)의): ein -es Land 중립국; sich n. verhalten 중립적으로 처신하다; eine -e Zone 중립 지대. **b)** 불편부당의, 공평한, 비편파적: das Fußballspiel findet auf -em Platz statt 축구경기는 제 삼의 장소에서 거행된다; eine -e Ecke [권투] 중립 코너; über ein -es Thema sprechen 논쟁의 여지가 없는 테마에 대해 말하다. **2.** 두드러지지 않고 다른 것과 조화를 이루는(무난한): eine -e Farbe 무난한 색; der Raum ist farblich sehr n. gehalten 공간은 색조가 아주 무난하게 유지되어 있다. **3.** 피해나 영향을 끼치지 않는: -es Geld [경제] 다른 국민 경제 단위에 영향을 미치지 않는 돈; -er Ertrag [경영] 경영업적의 결과로 볼 수 없는 소득; der Wagen verhält sich in Kurven n. 그 차는 커브에서 안쪽으로도 바깥쪽으로도 치우치지 않는다. **4. a)** [화학] 산도도 알카리성도 아닌: eine -e Reaktion 중성 반응; n. reagieren 중성으로 반응한다. **b)** [물리] 중성의, 대전(帶電)하지 않은: das Atom ist (elektrisch) n. 원자는 중성[전기를 띠지 않은]이다. **5.** [언어] ↑ sächlich. **-neutral** [-] 〈Suffixoid〉 **a)** ···에 아무런 영향을 갖지 않는: eine kostenneutrale Schulreform 비용에 영향을 미치지 않는 학제 개편. **b)** ···에 의해 결정되지 않는: geruchsneutrale Seife 냄새없는 비누. **Neutrale**, der 《스포츠 은어》 심판. **Neutralisation** [nɔytraliza'tsjo:n], die; -en [frz. neutralisation] 1. 중립화, 중성화[무효화]; (증폭기의 출구 전압의) 원치않은 입구로의 되돌아감을 막기. **2.** [화학] 중화(中和): der kalkhaltige Dünger bewirkt eine N. des zu sauren Bodens 석회질 비료는 지나치게 산성의 땅을 중화시킨다. **3.** [스포츠] (평점 사정이 잠정적으로 중단되는) 경기의 중단: nach einer 10 minütigen N. wurde das Rennen fortgesetzt 10분간의 경기 중단 후에 달리기는 계속되었다. **neutralisieren** [nɔytrali'zi:rən] 〈h〉 [frz. neutraliser] **1.** 중립화하다: ein Land n. 한 나라를 중립화하다. **2.** (교양어) 중립성 을 효과를 상쇄하다[무효화시키다]: ein Gift n. 독(毒)을 중화시키다. **3.** [화학] 산성(알카리성)을 중화시키다: -eine Säure n. 산성을 중화시키다. **4.** [전기] (증폭기의 출력 전압의) 원치 않은 입구로 되돌아감을 막다. **5.** [스포츠] (달리기를) 일시 중단하다: **Neutralisierung**, die; -en ↑ neutralisieren의 명사형. **Neutralismus** [...'lɪsmʊs], der; - 중립주의, 중립 정책. **Neutralist** [...'lɪst], der; -en, -en 중립주의자. **Neutralistin**, die; -nen ↑ Neutralist의 여성형. **neutralistisch** 〈Adj.〉 중립주의(정책)의. **Neutralität** [...ali:tɛ:t], die; -en [lat. neutralitas] **1. a)** 중립(中立), 국외(局外) 중립: die N. eines Landes garantieren[verletzen] 한 나라의 중립을 보장[존중, 위반]하다; strikte N. einhalten 엄격한 중립을 지키다; bewaffnete N. (자기 방어를 위한) 무장 중립; aktive[positive] N. 적극적 중립 정책(세계 평화 유지의 수단으로). **b)** 불편부당(不偏不黨), 공평무사: N. des Schiedsrichters 그 심판의 공평성. **2.** 특별하지 않고 다른 것과 조화를 이룸, 무난함: farbliche N. 색채의 무난함. **3.** (전기나 원소의) 중성(中性): chemische N. 화학적 중성.

Neutralitäts- (Neutralität 1 a): **~abkommen**, das 중립 협정. **~bruch**, der 중립 파기, 중립 침범. **~erklärung**, die 중립 선언. **~politik**, die 중립 정책. **~verletzung**, die 중립 위반.

Neutralsalz, das [화학] 중성염(中性塩).

Neutren: ↑ Neutrum의 복수형. **Neutrino** [nɔy'tri:no], das; -s, -s [ital. neutrino = kleines Neutron] [핵] 중성미자(中性微子). **Neutron** [nɔytrɔn], das; -s, -en [...'tro:nən; engl. neutron] [핵] 중성자(中性子).

Neutronen-: **~beschuß**, der [핵] 중성자 충격. **~bombe**, die 중성자 폭탄. **~waffe**, die 중성자 무기. **~strahlen** 〈Pl.〉 중성자선(中性子線). **~strahlung**, die 중성자 방출(방사(放射)). **~zahl**, die [핵물리] **a)** (한 원자핵 안의) 중성자 수. **b)** (한 원자핵 안의) 중성자

수를 나타내는 숫자.
Neutrum ['nɔytrʊm, (österr.) 'neːutrʊm], das; -s, ...tra (österr.)/...tren [lat. neutrum(genus)] **1.** [언어] **a)** 〈Pl. 없음〉중성(中性). **b)** 중성명사. **2. a)** 〈교양어·편〉성적(性的) 매력이 없는 사람, 중성적인 사람. **b)** (기회주의나 이기주의로) 결정을 회피하는 사람.
Nevada [ne'vaːda, 〈engl.〉 ne'vaːdə, 〈span.〉 ne'βaða] 네바다(미국의 주).
Newcomer ['njuːkamə], der; -(s), -(s) [engl. newcomer] 신참자(新參者): ein N. im Schlagergeschäft 유행가 업계의 새싹; [전의] dieses Modell ist ein N. auf dem Automarkt 이 모델은 자동차 시장에 새로 등장한 신형이다.
New Hampshire [njuː'hæmpfə], -s 뉴햄프셔(미국의 주). **New Jersey** [njuː'dʒɜːzɪ], -s 뉴저지(미국의 주).
New Look [njuː'lʊk], der; -(s) [engl.-amerik. new look] 〈교양어〉새로운 노선, 새 스타일, 신형(新型): der N. L. in der Literatur 문학계의 신경향.
New Orleans [njuː'ɔːlɪənz, njuː'ɔːliənz] 뉴올리언스(루이지아나의 도시). **New-Orleans-Jazz** [njuː'ɔːliːnz-], der; - [amerik. New Orleans jazz] 뉴올리언스에서 미국 흑인들에 의해 즉흥적으로 연주된 최초의 재즈 유형.
News ['njuːz] 〈Pl.〉 [engl. news] 〈은어〉(물의를 일으키는) 보도, 뉴스.
Newton ['njuːtn̩], das; -s, - [engl. newton 영국의 물리학자 뉴턴(1643~1727)에 따라서] 뉴튼(힘의 단위; 기호: N.). **Newtonmeter** ['njuːtn̩...], der; 〈또한〉 das 에너지의 물리적 단위(=Nm.).
¹New York ['njuː'jɔːk] 뉴욕(미국의 도시). **²New York** -s 미국의 뉴욕 주. **¹New Yorker**, der; - -s, - - 뉴욕 인. **²New Yorker** 〈Adj.〉 격변함 없음〉 뉴욕의.
Nexus ['nɛksʊs], der; -, - ['nɛksuːs; lat. nexus] 〈전문어〉관계, 관련, 연계, 결합: hier besteht ein logischer N. 여기에 논리적 연관[결합]이 성립된다.
N. F. = Neue Folge 속편.
n-fach [수학] n 배[곱]의.
N. H. = 수준원점(水準原点)(Normalhöhenpunkt의 약).
nhd. = neuhochdeutsch 신고(지)(新高(地)) 독일어의.
Ni = Nickel 니켈.
Niamey [nja'mɛ] 니아메(니제르의 수도).
nibbeln 〈h〉 [engl. nibble] 《전문어》(양철 등을) 자르다, 끊다. **Nibbler**, der; -s, - [금속] 자르는 도구.
nibeln ['niːbl̩n], 〈h〉 〈지역적〉 이슬비가 내리다.
Nibelungen ['niːbəlʊŋən] 〈Pl.〉 니벨룽엔 족.
Nibelungentreue ['niːbəlʊŋən-], die 〈(13세기초) 니벨룽엔 노래에서 칭송된 "영웅적 충성"을 본떠 독일 제국 재상 B. v. Bülow(1849~1929)가 독일 제국과 오스트리아-헝가리 사이의 보스니아 위기(1908~9) 때 동맹에의 충성을 위해 사용한 표현] 〈폄〉죽을 때까지의 절대적 충성.
Niblick ['nɪblɪk], der; -s, -s [engl. niblick] [골프] 쇠로 된 머리 부분을 가진 무거운 골프채.
Nicäa [niˈtsɛːa] usw. = Nicäa usw.
Nicaragua [nika'raːgua, 〈span.〉 nika'raɣua], -s 니카라과(중미의 국가). **Nicaraguaner**, der; -s, - 니카라과인. **nicaraguanisch** [nikara'ɣuaːnɪʃ] 〈Adj.〉 니카라과의.
Nice [niːs] 니스(프랑스 남동부의 도시).
nicht [nɪçt] 〈Adv.〉 **1.** 《부정에 쓰임》…않다, (…이) 아니다: ich weiß es n. 나는 그것을 모른다; die Pilze sind n. eßbar 그 버섯들은 먹을 수 없다; wir haben n. genug Zeit 우리는 충분한 시간이 없다; sie wünschten sich einen Jungen, n. (aber) ein Mädchen 그들은 사내아이를 원했지, 계집애를 원했던 것이 아니었다; bitte n. berühren 건드리지 마시오; 강조 wirklich n. [gar

n., gewiß n., bestimmt n., durchaus n.; absolut n.] 전혀[결코] …않다(아니다); n. doch! 《강력한/농담조의 부정, 거절 및 분노를 나타냄》결코 그렇지 않다, 절대로 안돼; er kann(noch) n. (ein)mal seinen Namen schreiben 그는 (아직) 자기 이름조차 쓸줄 모른다; 〈in mehrteiligen Konj.〉 n. nur …, sondern auch[n. nur … auch) …뿐만 아니라, …도; n. …, sondern …이 아니고, 오히려 …이다; n. … noch …도 아니고, …도 아니다. **2.** 《긍정적 대답을 바라는 의문문에서 쓰임》 willst du n. mitkommen? 너는 함께 가는 거지?; das ist doch dein Bruder, n.? 저 사람이 너의 형(동생)이지? **3.** 《부정적 의미의 형용사 앞에서 제학적 긍정 또는 인정을 표현함》: er ist n. unfreundlich 그는 불친절하지는 않아; die Sache ist n. übel[n. schlecht] 괜찮은 편이군; er ist gar n. dumm 그는 생각보다 영리하다.
¹nicht-, Nicht- 〈명사와 형용사 앞에 오는 규정어로서, 기근어의 내용이 부정됨, 예컨대〉 Nichtbeteiligung 비참여; Nichteignung 부적합성; Nichtlieferung 인도(引渡) 안함.
²nicht-, Nicht-: ~achtung, die **1.** 무시함, 모른 체함: jmdn. mit N. strafen 누구를 의도적으로 못본 체하다. **2.** 경시, 불경(不敬), 존경심의 결핍: jmdn. mit N. behandeln 누구를 경시(輕視)하다. **~amtlich** 〈Adj.〉 비공식(非公式)의, 사적(私的)인: eine -e Darstellung der Vorgänge 그 사건경과들의 비공식적 설명. **~anerkennung**, die 불승인(不承認): N. eines Staates 한 국가의 불승인. **~angriffspakt** [-'- - -], der 불가침 협정. **~arbeitend** 〈Adj.〉 비노동(무직)의: der -e Teil der Bevölkerung 비노동 인구. **~arier**, der 〈나치〉 비(非)아리아 사람. **~arisch** 〈Adj.〉 〈나치〉 비아리아 인종의. **~beachtung**, die 경시, 무시. **~beamtet** 〈Adj.〉 공무원이 아닌. **~befolgung**, die 준수하지 않음, 위배. **~berufstätig** 〈Adj.〉 무직의: -e Hausfrauen 무직의 가정 주부들. **~berufstätige'**, der / die 무직자. **~christ**, der 비(非)기독교도. **~christlich** 〈Adj.〉 비기독교도적[의]. **~ehelich** 〈Adj.〉 [법] ↑unehelich (반대: ehelich): ein -es Kind 사생아(私生兒). **~einbringungsfall**, der 〈다음 용법으로〉 **im N.** 〈österr.·관〉 지불 불능의 경우에는. **~einhaltung**, die 〈관〉 준수하지 않음, 불이행: die N. der Vorschriften 규정의 불이행. **~einmischung**, die [국제법] 불간섭, 불개입. **~eisenmetall**, das 비(非)철금속. **~erfüllung**, die 불이행[실행]: bei N. der Bedingungen 조건을 불이행할 경우에는. **~erscheinen**, das; -s [관] 불참, 결석, 불출두: er wurde wegen -s vor Gericht bestraft 그는 법정 불출두 때문에 벌을 받았다. **~euklidisch** 〈Adj.〉 [수학] 비(非)유클리드의: die -e Geometrie 비유클리드 기하학. **~fachmann**, der 비(非)전문가, 문외한. **~flektierbar** 〈Adj.〉 [언] 〈한 단어가〉 어형변화하지 않는. **~gefallen**, das 불만족: bei N. nehmen wir die Ware zurück [상] 물건이 마음에 들지 않을 경우 반환 가능. **~geschäftsfähige'**, der 〈법률적 행위의〉 무능력자. **~gewünschte**, das; -n [상] 〈주문서 위의〉 바라지 않는 것, 필요없는 물건: -s bitte streichen 원치않는 물건은 지우시오. **~ich**, das [철학] 비(非)아(非我), 외계(外界), 사물 세계. **~inanspruchnahme**, die [관] 요구하지 않음. **~katholik**, der 비(非)가톨릭 신자. **~kommunistisch** 〈Adj.〉 공산주의가 아닌. **~kriegführend** 〈Adj.〉 전쟁에 참여하지 않은, 비교전의, 중립의. **~leitend** 〈Adj.〉 [물리] 부도체의, 절연체의. **~leiter**, der [물리] 부도체, 절연체. **~metall**, das 비금속. **~mitglied**, das 비회원(非會員). **~öffentlich** 〈Adj.〉 비공개의, 비밀의. **~organisiert** 〈Adj.〉 비노조의: -e Arbeiter 노조에

가입하지 않은 노동자들. **~organisierte**', der / die 비노조원. **~paktgebunden** 〈Adj.〉《구동독》↑ blockfrei: -e Staaten 비동맹 국가들. **~raucher**, der **1.** 담배를 안피우는 사람(반대: Raucher). **2.** 《Art. 없음》《통용어》↑~raucherabteil의 약칭: hier ist N. 여기는 금연칸이다. **~raucherabteil**, das (기차의) 금연칸(반대: Raucherabteil). **~rauchergaststätte**, die 비흡연자 전용 음식점. **~raucherin**, die ↑~raucher (1)의 여성형. **~rostend** 〈Adj.〉 녹슬지 않는: -er Stahl 녹슬지 않는 강철. **~rußend** 〈Adj.〉 그을음을 내지 않는: -e Kerzen 그을음을 내지 않는 양초들. **~schwimmer**, der **1.** 수영 못하는 사람. **2.** ↑~schwimmerbecken의 약칭. **~schwimmerbecken**, das 수영 못하는 사람을 위한 물이 얕은 풀장. **~sein**, das 비존재(非存在), 비실존, 무, 공(空). **~selbständig** 〈Adj.〉 독립[자립]하지 못한. **~seßhafte**' der / die 《관》 주거[주소] 부정자(不定者). **~tänzer**, der 춤을 못추는 사람. **~verbal** 〈Adj.〉《드물게》 nonverbal. **~weitergabe**, die 계속 전달치 않음: die N. von Atomwaffen 핵무기를 확산치 않음. **~zielend** 〈Adj.〉 《언어》 자동사의. **~zulassung**, die 입장 금지; 불승인. **~zünftig** 〈Adj.〉 어떤 조합에도 가입치 않은. **~zutreffende**, das; - 《형용사적 어미변화》 적확[적절]하지 않은 것: -s bitte streichen 적절치 않은 것을 지우시오. **~zustandekommen**, das 불성립, 발생치 않음.

Nichte ['nɪçtə], die; -n 〈niederd. nichte〉 조카딸, 질녀 (반대: Neffe).

nichtig ['nɪçtɪç] 〈Adj.〉 **1.** 《아어》 **a)** 사소한, 무가치한, 중요치 않은: -e Dinge 무가치한 물건들. **b)** 전혀 중요치 않은: ein -er Grund 전혀 중요치 않은 이유; etw. kommt jmdm. schal und n. vor 무엇이 누구에게 공허하고 전혀 중요하지 않게 보이다. **2.** 《법》 무효의: einen Vertrag für n. erklären 한 계약을 무효라고 선언하다. **Nichtigkeit**, die; -en **1.** 《아어》《Pl. 없음》 내용이 없음. **2.** 무가치함[중요치 않은] 것. **3.** 《Pl. 없음》《법》 무효. **Nichtigkeitsklage**, die 《법》 무효 확인 소송. **Nichtigkeitsurteil**, das 《법》 무효 판결.

nichts [nɪçts] 〈Indefinitpron.〉 **a)** 단독으로 《무엇이 전혀 없음을 표현함》 조금도 …도 아니다, 아무것도 …않다(없다): n. zu essen haben 먹을 것이 전혀 없다; „Habt ihr etwas gefunden?" – „Nein, n.!" 너희들은 무엇인가를 발견했니? – 아니, 아무것도 발견하지 못했습니다; n. nützen 아무 쓸모가 없다; gar n. 전혀 아무것도 없다; er unterscheidet sich in n. von seinem Vorgänger 그는 그의 전임자와 전혀 차이가 없다; er ist um n. besser als andere 그는 다른 사람들보다 조금도 나을 것이 없다. **b)** 《명사, 형용사, 대명사 앞에서 부가어로》 아무 물건[일]도 아니다(없다): n. ist so einfach wie das 그것처럼 쉬운 일은 없다; es soll dir an n. fehlen 너에게는 아무것도 결핍되어서는 안된다; er ist mit n. zufrieden 그는 무엇에도 만족하지 않는다; sie hatten mit der Sache n. (anderes) als(=nur) Ärger 그들은 그 일로 걱정거리만 얻었다; die Angelegenheit ist n. weniger als schön 그 일은 전혀 근사하지 않다; n. wie ins Bett 《통용어》 무조건 빨리 취침해; **정구** aus n. wird n. 무에서 유가 나올 수는 없다; n. da! 《통용어》 그것은 문제도 되지 않는다; **wie n.** 번개처럼 빠른: wie n. war er weg 번개처럼 빠르게 그는 떠나가 버렸다. **Nichts**, das; -, -e **1.** 《Pl. 없음》《철학》 무(無), 공(空), 존재의 반대: nach der Bibel hat Gott die Welt aus dem N. erschaffen 성경에 의하면 하느님이 이 세상을 무(無)에서 창조하여 내었다. **b)** 《우주의》 빈 공간: er war wie aus dem N. aufgetaucht 그는 사람들이 못 보는 가운데 갑자기 나타났다. **2.** 《Pl. 없음》 극소량(수): sein Vermögen war zu einem N. zusammengeschrumpft 그의 재산은 아주 줄어들었다; **vor dem N. stehen** 갑자기 알거지가 되다; **ein N. an(von) etw. sein** 무엇을 아주 적게 지니다: sie trug ein N. von einem Bikini 그녀는 비키니 한 조각만 걸치고 있었다. **3.** 《폄》 보잘것없는 사람(존재).

nichts-, Nichts-: **~ahnend** 〈Adj.〉 《무엇에 관해》 아무것도 모르는: die -en Zuschauer 아무런 예감도 없는 관객. **~destominder** [-- -'--] 〈Adv.〉 《드물게》 ↑~destoweniger. **~destotrotz** [----'--] 〈Adv.〉 《통용어·농》 그럼에도 불구하고: so ist das Leben n. eine große Sache 그래서 인생은 그 모든 것에도 불구하고 큰 일이다. **~destoweniger** [----'-- -] 〈Adv.〉 그럼에도 불구하고. **~könner**, der 《폄》 무능력자; 미숙한(서투른) 사람: diesem N. darfst du die Arbeit nicht anvertrauen 이 무능한 사람에게 너는 그 일을 맡겨서는 안된다. **~nutz**, der; -es, -e 《준고어·폄·욕》 변변찮은 사람, 쓸모없는 사람, 건달. **~nutzig** [-nʊtsɪç] 〈Adj.〉 《준고어·폄》 쓸모없는, 건달의, 무능한: er ist ein Kerl 그는 건달이다; **전의** nutzt -es Zeug 순전히 가치없는《쓸모없는》 물건들〔잡동사니〕. **~nutzigkeit**, die; -en 쓸모없음, 무능함. **~sagend** 〈Adj.〉 공허한, 내용이 없는: eine -e Äußerung 내용이 없는 발언; **전의** n. aussehen 아무런 인상을 주지 못하다. **~tuer** [-tu:ɐ], der; -s, - 《폄속적》 게으름뱅이. **~tuerei** [----'-], die 〈Pl. 없음〉《폄》 아무일도 하지 않음, 게으름부림. **~tuerisch** 〈Adj.〉 아무일도 하지 않는, 게으른. **~tun**, das **a)** 무위(無爲). **b)** 나태, 게으름 부림: sie geben sich dem (süßen) N. hin 그들은 (달콤한) 나태에 빠져든다. **~würdig** 〈Adj.〉 《아어·폄》 비열한, 하찮은, 천한, 보잘것없는: n. handeln 천하게 행동하다; ein Nichtswürdiger hat das getan 한 비열한 인간이 그짓을 하였다. **~würdigkeit**, die; -en **1.** 〈Pl. 없음〉 비열함. **2.** 비열한 행위.

nick-, Nick- (¹nicken): **~bewegung**, die 〔기술〕 운행 중에 차가 앞뒤로 흔들거림. **~koppen** [...kɔpn̩], **~köppen** [...kœpn̩] 〈h〉 [niederd. Koppl 〔nordd.〕 ↑¹nicken (1 a). **~krampf**, der 〔의학〕 점두(點頭) 경련. **~moment**, das 〔기술〕 (차의) 수평축(횡축) 주위에 작용하는 회전력의 모멘트.

¹**Nickel** ['nɪkl̩], das; -s 〔schwed. nickel〕 니켈(금속원소)(기호: Ni.). ²**Nickel** [-], der; -s, - 《통용어·고어》 니켈(백통화), 10 페니히 백통화.

³**Nickel** [-], der; -s, - [욕설로서 통용되는 남자 이름 Nikolaus의 약칭] (지역적) 고집이 센 사람.

Nickel- (¹Nickel): **~brille**, die 금속테 안경. **~eisen**, das ↑Meteoreisen. **~erz**, das 니켈을 함유한 광석. **~hochzeit**, die 《지역적》 (12 ½년만에 맞는) 니켈 혼식. **~geld**, das ↑~münze. **~legierung**, die 니켈 합금. **~münze**, die 니켈화. **~stahl**, der 철과 니켈의 합금.

¹**nicken** ['nɪkn̩] 〈h〉 **1. a)** 《긍정, 동의, 이해의 표시로》 끄덕이다; 머리를 숙여 인사하다: zustimmend n. 동의의 표시로 고개를 끄덕이다; ein ermunterndes Nicken 격려하는 끄덕임; **전의** 《시어》 die reifen Ähren nicken im Wind 익은 이삭들이 바람에 이리저리 움직인다〔흔들린다〕. **b)** 《아어》 고개를 끄덕 표현하다: jmdm. Dank n. 누구에게 고개를 끄덕여 감사를 표시하다. **c)** (말이 걸으면서) 고개를 율동적으로 끄덕끄덕하다. **d)** 《축구·은어》 (볼)을 헤딩해서 어디로 보내다. **e)** 〔기술〕 (자동차가) 횡축을 중심으로 진동하다. **2.** 《친근》 꾸벅꾸벅 졸다: nach dem Essen nickte er ein Weilchen in seinem Sessel 식사 후에 그는 안락의자에서 잠깐 꾸벅꾸벅 졸았다.

²**nicken** [-] 〈h〉 〔사냥〕 ↑abnicken.

¹**Nicker** ['nɪkɐ], der; -s, - **1.** 《통용어》 한번 고개를 끄덕

임: er grüßte mit einem kurzen N. 그는 짧게 고개를 끄덕여 인사했다. **2.** 《편》(호텔 등) 수위. **3.** ↑Nickerchen.
²Nicker [-], der; -s, - [사냥] ↑Genickfänger.
Nickerchen [...çən], das; -s, 《친근》 잠깐 눈을 붙임, 꾸벅임: ein (kleines) N. machen 잠깐씩 눈을 붙이다.
Nickfang, der; -s, ...fänge [사냥] ↑Genickfang.
Nickfänger, der; -s, - [사냥] ↑Genickfänger.
Nickhaut, die; ...häute [nlat. membrana nictitans] 순막(瞬膜).
Nicki ['nɪki], der; -(s), -s [남자 이름 Nikolaus의 약칭] 플러시류(類)의 목면으로 만든 풀오버.
Nicki-: ~**bluse,** die 플러시류의 목면으로 된 블라우스. ~**hemd,** das 플러시류의 목면으로 된 셔츠. ~**pullover,** der ↑Nicki.
Nicol ['niːkɔl, 《engl.》'nɪkəl], Nikol, das; -s, -s [영국의 물리학자 W. Nicol(1768~1851)의 이름에서 유래] [광학] 니콜의 편광 프리즘.
Nicosia [niko'ziːa, 《또한》ni'koːzia, 《engl.》nɪkoʊ'siːə, 《ital.》niko'ziːa] 니코시아(키프로스의 수도).
Nicotin: ↑Nikotin.
nid [nɪt] 〈Präp.³〉《südd.·schweiz.·고어》아래에, 하부에.
Nidation [nida'tsjoːn], die; -en [lat. nīdus] [의학] 수정란의 자궁 내 착상. **Nidationshemmer** [...hɛmɐ], der [의학] 수정란의 자궁 착상을 방해하는 피임약.
Nidel ['niːdl], der; -s, 《또는》die 《schweiz.》크림, 유지(乳脂).
Nidwalden ['niːtvaldn] 숲 아래쪽의 주(州)의 반쪽(반대: Obwalden).
nie [niː] 〈Adv.〉**a)** ~한 적이 없다, 어떤 때에도 ~않다: er hat sie n. verstanden 그는 그녀를 이해한 적이 없었다; eine n. wiederkehrende Gelegenheit 다시 돌아오지 않을 기회; das Interesse war n. größer als heute 관심이 오늘보다 더 큰 때가 없었다. **b)** 한 번도 ~도 않다, 전혀 ~않다: ich bin dort n. gewesen 나는 그곳에 한 번도 가본 적이 없다; so was habe ich noch n. gesehen 그런 것을 나는 여태껏 한번도 본 적이 없다; n. wieder Krieg! 다시는 전쟁이 일어나지 않기를! **c)** Quasi ~않다; 절대로 ~않다: das schafft er n. 그는 그것을 결코 해내지 못할 것이다; **n. und nimmer** 어떤 경우에도 ~못하다(않다).
nieder ['niːdɐ] **I.** 〈Adj.〉 **1.** 《지역적》**a)** ↑niedrig (1 a). **b)** ↑niedrig (1 b). **c)** ↑niedrig (1 c). **2.** 《지역적》↑niedrig (2): -e Löhne 저(低)임금. **3. a)** 계급이 낮은[하급의]: -e Beamte 하급 관리. **b)** ↑niedrig (3). **4.** 《드물게》↑niedrig (4): Ein -er Mensch 저열한 사람; -e Triebe 저열(低劣)한 충동. **5.** 《전문어》하등의; 단순한: -e Tiere[Pflanzen] 하등동물[식물]. **II.** 〈Adv.〉아래로, 낮은 쪽으로, 땅 쪽으로: n. mit den Waffen 무기를 버려라; auf und n. 《上下》로; [전의] n. mit den Militaristen 군국주의자들을 타도하라.
nieder-, Nieder-: ~**beugen** 〈h〉《아어》아래로 굽히다[구부리다], 꺾어 내리다[낮추다]; 《대개 n. + sich》sich über einen Abgrund n. 절벽 위로 몸을 굽히다. ~**brechen*** 《아어》무너뜨리다. **a)** 〈h〉 Mauern n. 담을 무너뜨리다. **b)** 〈s〉무너지다: eine niedergebrochene Wand 무너진 벽. **c)** 〈s〉쓰러지다: erschöpft n. 지쳐서 땅에 쓰러지다. ~**brennen* 1.** 〈s〉소실(燒失)되다: die Kerze ist niedergebrannt 초가 다 탔다. **2.** 〈h〉불사르다, 태워서 없애다: im Krieg ein Dorf n. 전쟁해 한 마을을 불질러 없애다. ~**bringen*** 《광》수갱[천개공(穿開孔)]을 파다. ~**bringung,** die 수갱[천개공]을 파기. ~**brüllen** 〈h〉《통용어》고함쳐 말을 못하게 하다: der Redner wurde niedergebrüllt 《통용어》고함소리로 연설이 중단되었다.

~**bügeln** 〈h〉《통용어》**1.** 날카롭게 비판하여 침묵시키다: jmdn. in einer Diskussion tüchtig n. 누구를 토론에서 호되게 비판하여 더이상 말을 못하게 만들다. **2.** 《스포츠 용어》압승하다: die Mannschaft wurde niedergebügelt 그 팀은 크게 졌다[대패했다]. ~**deutsch** 〈Adj.〉[언어] 저지(低地) 독일어의(반대: hochdeutsch b). ~**deutsch,** das 저지 독일어. ~**donnern 1.** 〈s〉쾅하고 떨어지다: die Lawine ist ins Tal niedergedonnert 그 눈사태는 계곡으로 쾅 소리내며 굴러 떨어졌다. **2.** 〈h〉《통용어》고함처 꾸짖어 아무 말 못하게 하다. ~**druck,** der (Pl. -drücke) [기술] 저압. ~**druckdampfmaschine,** die 저압 증기 기관. ~**drücken** 〈h〉 **1.** ↑herunterdrücken (1): die Türklinke n. 문의 손잡이를 아래로 누르다. **2.** (아이) 의기소침하게 하다, 우울하게 하다: der Mißerfolg drückte ihn nieder 실패로 인하여 그는 풀이 죽었다. ~**drückend** 〈Adj.〉기를 죽이는: -e Erlebnisse 기죽이는 체험들. ~**druckheizung,** die 저압 증기 난방. ~**druckreifen,** der 저압 타이어. ~**ducken,** sich 〈h〉 쭈그리다; 굴종하다. ~**entern** [선원] 한 배의 돛대[색구]로부터 기어내려오다(반대: aufentern). ~**fahren*** 〈s〉《아어》(탈것에서) 내려가다, 강하(降下)하다: ein Blitz fuhr nieder 번개가 떨어졌다. ~**fallen*** 〈s〉《아어》(아래로) 떨어지다, 낙하하다: 무릎을 꿇다, 엎드리다; 침강(침전)하다. ~**flurwagen,** der [기술] (발판없이) 땅에 바로 오를 수 있는 전차. ~**frequent** 〈Adj.〉[물리] 저주파의. ~**frequenz,** die [물리] 저주파(低周波). ~**gang,** der **1.** 〈Pl. 없음〉《아어》하강, 몰락[沒落]; der N. des römischen Reiches 로마제국의 몰락. **2. a)** [선원] 배 위의 (좁고 가파른) 계단. **b)** 《드물게》아래로 향한 계단. ~**gedrückt** 〈Adj.〉우울한, 풀이 죽은. ~**gedrücktheit,** die 〈Pl. 없음〉의기소침. ~**gehen*** 〈s〉 **1.** 착륙하다: ein Flugzeug geht nieder 비행기가 착륙한다. **2. a)** (격렬하게 하늘에서) 떨어지다, 낙하하다: in einem Gewitterregen geht nieder 뇌우가 쏟아진다. **b)** 《드물게》(막 따위가 천천히) 내려오다. **c)** 《드물게》(해가) 지다: die niedergehende Sonne 지는 해; eine niedergehende Epoche 끝나가는 시대. **3.** [복싱] 쓰러지다. ~**gelassene*,** der / die 《schweiz.》(한 도시의) 정주자(定住者). ~**geschlagen** 〈Adj.〉(실패, 실망 등으로) 의기소침한, 낙담한, 상심한, 어찌할 모르는, 슬픈: er macht einen -en Eindruck 그는 의기소침한 인상을 준다; sie waren alle sehr n. 그들은 모두 아주 낙담하였다. ~**geschlagenheit,** die 낙심, 상심, 의기소침: eine tiefe N. ergriff sie 깊은 상심이 그녀를 사로잡았다. ~**gleiten*** 〈s〉(아이) 미끄러져 내려오다. ~**hageln** 〈h〉《아어》우박이 떨어지다, 우박처럼 퍼붓다. ~**halten*** 〈h〉 **1.** 바닥[에] 묶어두다: sie legten Steine auf die Seile, um sie niederzuhalten 그들은 밧줄들이 떠오르지 않도록 그 위에 돌을 올려놓았다. **2. a)** 억압하다: ein Volk n. 어떤 민족을 억압하다. **b)** 진압하다, (불안·격정을) 억누르다: den Widerstand n. 저항(반항)을 진압하다. ~**haltung,** die (Pl. 없음) 억압, 진압, 억제. ~**hängen*** 〈h〉 아래로 쳐져 있다. ~**hauen** 〈h〉베어[쩍어] 넘어뜨리다, 때려눕히다. ~**hocken,** sich 〈h〉《지역적》↑setzen (1). ~**holen** 〈h〉(돛 따위를) 내리다. ~**holz,** das 《드물게》 ↑Unterholz. ~**jagd,** die 작은 짐승의 사냥(반대: Hochjagd). ~**kämpfen** 〈h〉 **a)** 《드물게》싸워 이기다, 타도[제압]하다: einen Gegner n. 《스포츠》상대를 제압하다. **b)** (감정을) 억제[제어]하다: Erregung(Müdigkeit, Ärger) n. 흥분(피로, 불쾌감)을 억제하다. ~**kantern** 〈h〉《스포츠 용어》압승(낙승)하다. ~**kauern,** sich 〈h〉 ↑kauern (2). ~**knallen** 〈h〉 《경》~**schießen.** ~**knien a)** 〈h / s〉↑knien (1 a): am

Altar n. 제단 앞에 무릎을 꿇다. **b)** ⟨h⟩ ⟨n. + sich⟩ ↑ knien (1 b): er kniete sich demütig nieder 그는 겸손하게 무릎을 꿇었다. **~knüppeln** ⟨h⟩ (몽둥이로) 때려 눕히다: die Demonstranten wurden niedergeknüppelt 시위자들은 곤봉으로 때려눕혀졌다. **~kommen*** ⟨s⟩ **1.** (아이·준고어) 분만(출산)하다: sie ist vor zwei Stunden (mit einem Mädchen) niedergekommen 그녀는 두시간 전에 (계집아이를) 출산했다. **2.** 《드물게》 내려오다, 강하하다. **~kunft** [-kʊnft], die; -künfte [-kʏnftə] 《아이·준고어》 출산, 분만. **~lage**, die **1.** 패배, 패전(반대: Sieg): eine schwere N. 대패(참패); eine N. erleben[erleiden] 패배당하다; jmdm. eine N. zufügen[beibringen, bereiten] 누구를 패배시키다; kannensische N. 《교양어》 참패. **2.** 창고, (특히 맥주의 임시) 저장소. **3.** 《준고어》 지점, 지사(支社). **~lande** (관사와 함께만, Pl.) 네덜란드. **~länder** der; -s, - 네덜란드인. **~ländisch** ⟨Adj.⟩ 네덜란드(인, 어)의. **~ländisch**, das; -(s) ⟨단지 정관사와 함께⟩ **~ländische**, das -n 네덜란드어. **~lassen*** ⟨h⟩ **1.** (고어) 내리다: den Vorhang n. 커튼을 내리다. **2.** ⟨n. + sich⟩ 《아이》 앉다: er ließ sich auf eine[einer] Bank nieder 그는 벤치에 앉았다. **3.** ⟨n. + sich⟩ 정주(定住)하다: 자리잡다[개업하다]: sich in Bonn als Arzt n. 본에 의사로서 자리잡다[개업하다]. **~lassung**, die; -en **1.** (Pl. 없음) 정주(거주); (의사, 변호사 등의) 개업. **2.** 【경제】 공장소재지, 영업장소. **3.** 【경제】 지점, 대리점. **~lassungsfreiheit**, die 【법】 거주이전의 자유. **~lassungsrecht**, das 【법】 거주권. **~legen** ⟨h⟩ **1.** 《아이》 내려놓다: einen Kranz am Ehrenmal n. 기념비에 헌화하다: 전희 die Soldaten legten die Waffen nieder 그 군인들은 싸우기를 멈추었다. **2.** 《아이》 눕히다: das Kind n. 아이를 침대에 눕히다; ⟨n. + sich⟩ 눕다: sich nach dem Essen ein bißchen n. 식사 후에 잠깐 눕다. **3.** (관직, 일을) 그만두다: das Amt n. 퇴직하다; die Arbeiter legten aus Protest die Arbeit nieder 노동자들은 항의의 표시로 파업했다. **4.** 《드물게》 (건물 등을) 허물다; (나무를) 쓰러뜨리다: ein Haus n. 집을 허물다; einen Baum n. 나무를 쓰러뜨리다. **5.** 《아이》 적어두다, 기록해두다: der im Testament niedergelegte letzte Wille 유언장에 수록된 유지(遺志). **6.** (고어) (안전하게) 보관시키다: Geld bei jmdm. [an einem sicheren Ort] n. 돈을 누구에게[안전한 장소에] 보관시키다. **~legung**, die; -en 내려놓음; 그만둠; 철거(허물기); 보관시킴. **~machen** ⟨h⟩ (통용어) (무방비한 사람들을) 학살하다. **~mähen** ⟨h⟩ 대량 사살(射殺)하다. **~metzeln** ⟨h⟩ 도살[학살]하다. **~ohmig** ⟨Adj.⟩ [↑²Ohm] 【전기】 전기 저항이 적은: -e Leitungen 전기 저항이 적은 도선(導線). **~österreich** -s 오스트리아의 주. **~prasseln** ⟨s⟩ (비나 우박이) 후두두 떨어지다: Regen[Hagel] prasselt nieder 비(우박)가 후두두 퍼붓는. **~rauschen** ⟨h⟩ 쏴하고 떨어지다. **~regnen** ⟨h⟩ 비처럼 떨어지다. **~reißen*** ⟨h⟩ **1.** (건물을) 허물다, 파괴하다: ein Haus [eine Mauer] n. 집[벽]을 허물다. **2.** 《드물게》 땅에 쓰러뜨리다. **~reiten*** ⟨h⟩ 말을 타고 짓밟다(유린하다). **~rhein** der; -s 라인강 하류. **~rheinisch** ⟨Adj.⟩ 라인강 하류(지방)의. **~ringen*** ⟨h⟩ ~kämpfen n. **~ringung**, die 타도[제압]; (감정의) 억제. **~sachse** der; -n, -n 니더작센인. **~sachsen** -s 독일의 주 니더작센. **~sächsisch** [ˌzɛksɪʃ] ⟨Adj.⟩ 니더작센(방언)의. **~sausen** ⟨s⟩ 격렬하게 (위에서 누구에게) 내리닥치다. **~schachtofen**, der 【제련】 갱도 속의 낮은 용광로. **~schießen*** ⟨h⟩ **1.** (잔인하게) 쏘아넘어뜨리다[사살하다]. **2.** 쏜살같이 내려가다[急降下]하다. **~schlag**, der **1.** 【기상】 강수(降水) (예컨대 눈, 비, 강설 따위); heftiger N. 많은 강우[설량]; es sind zeitweise Niederschläge zu erwarten 때때로 비[눈]가 예상된다. **2. a)** 【화학】 침전(물). **b)** 《드물게》 (유리표면 따위 위의) 얇은 수증기층[흐림, 이슬]. **3.** 【복싱】 (상대를 쓰러뜨리는) 강타. **4.** (사고, 이념 등의) 문자로 기록된 표현: etw. findet seinen dichterischen N. 무엇이 작품화된다. **~schlagen*** ⟨h⟩ **1. a)** 누구를 쳐서 넘어뜨리다: er wurde nachts auf dem Heimweg überfallen und niedergeschlagen 그는 밤에 집으로 가는 중에 습격당하여 쓰러졌다. **b)** 쓰러뜨리다: der Regen hat das Getreide niedergeschlagen 비가 곡물을 쓰러뜨렸다. **2.** 진압하다: einen Streik [eine Revolte] blutig n. 동맹 파업[폭동]을 무자비하게 진압하다. **3.** 【법】 **a)** (재판 따위를) 중지하다. **b)** 면세하다. **c)** (드물게) 약하게 하다 [풀다]: einen Verdacht n. 의혹을 풀다. **4.** (눈, 시선을) 내리깔다: beschämt schlug sie den Blick nieder 그녀는 부끄러워 시선을 내리깔았다. **5.** 《준고어》 진정시키다: das Fieber n. 열을 내리다. **6.** ⟨n. + sich⟩ 수증기층이 생기다. **7.** ⟨n. + sich⟩ 문자로 표현되다: seine Betroffenheit schlug sich in den Briefen nieder 그의 당황함이 편지에 반영되었다. **8.** 【화학】 ↑ausfällen (1). **~schlagsarm** ⟨Adj.⟩ 강수량이 적은, 건조한(반대: ~reich). **~schlagsfrei** ⟨Adj.⟩ 강수(비 또는 눈)가 없는. **~schlagshäufigkeit**, die 【기상】 강수(降水)의 빈도. **~schlagsmenge**, die 【기상】 강수량. **~schlagsmesser**, der 강수량 측정기, 측우기. **~schlagsreich** ⟨Adj.⟩ 강수량이 많은: ein -es Gebiet 강수량이 많은 지역(반대: ~arm). **~schlagung**, die; -en **1.** 진압: die N. eines Aufstands 봉기의 진압. **2.** 면소(免訴), 폐기. **~schmettern** ⟨h⟩ **1.** 무자비하게 쳐서 쓰러뜨리다; jmdn. mit einem Faustschlag n. 누구를 주먹질을 하여 쓰러뜨리다. **2.** 의기소침하게 하다: die Nachricht schmettert ihn nieder 그는 그의 기(氣)를 다 꺾어놓았다. **~schreiben** ⟨h⟩ (체험 또는 생각한 것을 보관하기 위해) 기록해두다: seine Gedanken [Erlebnisse] n. 그의 생각[체험]들을 기록해두다. **~schreien*** ⟨h⟩ 고함을 질러 누가 말을 못하게 하다. **~schrift**, die **1.** 집필: bei der N. seiner Erinnerungen erlebte er alles noch einmal 그는 회고록을 집필하면서 모든 것을 다시 한번 체험했다. **2.** 기록, 문서, 의사록(議事錄). **~schweben** ⟨s⟩ ↑herabschweben. **~sehen*** ⟨h⟩ 내려다보다. **~setzen** ⟨h⟩ **1.** ⟨n. + sich⟩ 앉다: sich an einem Tisch [auf einen Stuhl] n. 탁자[의자]에 앉다. **2.** 내려놓다: einen Koffer n. 가방을 내려놓다. **~sinken*** ⟨s⟩ **1.** (아래로) 가라앉다: in einen Sessel n. 안락의자에 푹 파묻히다. **2.** 《드물게》 침몰하다. **~sitzen*** ⟨s⟩ (südd.·österr.·schweiz.) 앉다. **~spannung**, die 【전기】 (250 볼트까지의) 저전압(低電壓). **~sprung**, der 【기계체조】 뛰어내림. **~stampfen** ⟨h⟩ (발로) 짓밟아 납작하게 하다. **~stechen*** ⟨h⟩ 찔러 죽이다. **~steigen*** ⟨s⟩ 《아이》 내려오다. **~stellen** ⟨h⟩ 내려놓다. **~stimmen** ⟨h⟩ 투표로 부결[거부]하다: einen Antrag [Vorschlag] n. 신청[제안]을 부결(否決)하다. **~stoßen* 1.** ⟨h⟩ 찔러 넘어뜨리다: jmdn. mit dem Messer n. 누구를 칼로 찔러 넘어뜨리다. **2.** ⟨s⟩ 급히[신속히] 날아 내려오다. **~strecken** ⟨h⟩ 《아이》 **1.** (누구를 총살 또는 주먹으로) 때려눕히다, 베어[쏘] 넘어뜨리다. **2.** ⟨n. + sich⟩ 드러눕다, 팔다리를 쭉 뻗고 눕다: sich auf dem [auf das] Sofa n. 소파 위에 드러눕다. **~sturz**, der 《드물게》 추락(낙하). **~stürzen** ⟨s⟩ 《아이》 **1.** 땅에 쓰러지다: ohnmächtig n. 졸도[기절]하여 쓰러지다. **2.** 낙하[추락]하다. **~tourig** [-tuːriç] ⟨Adj.⟩ 【기술】 회전수가 적은. **~tracht** usw. ↑Niedertracht usw. **~trampeln** ⟨h⟩ 《통용어》 ↑~treten (1). **~treten*** ⟨h⟩ **1.** 짓밟아 납작하게 하다: Gras n. 풀을 짓밟다. **2.** 《드물게》 ↑festtreten. **3.** 《아이》 ↑abtre-

Nieselpriem

ten (4 a, b). ~**wald**, der [임업] (쓰러진 나무의 뿌리나 줄기에서 싹이 나서 이루어지는) 활엽수림, 맹아림(萌芽林) (반대: Hochwald 2). ~**walzen** ⟨h⟩ (롤러로) 고르다; 파괴하다: die Panzer walzten alles nieder 장갑차들이 모든 것을 납작하게 만들었다[파괴시켰다]. ~**wärts** ⟨Adv.⟩ (아어) 아래로. ~**wasser**, das ↑Niedrigwasser. ~**werfen*** ⟨h⟩ **1.** (n. + sich) 넓죽 엎드리다, 무릎을 꿇다. **2.** (아어) 이기다. **3.** (아어) ↑~schlagen (2). **4.** (아어) **a)** 병상에 눕히다, 약하게 하다: das Fieber [die Krankheit] wirft ihn nieder 열(병)이 그를 병상에 눕게 한다. **b)** 깊은 충격을 주다: die Nachricht hat sie niedergeworfen 그 뉴스는 그녀에게 깊은 충격을 주었다. ~**werfung**, die; -en 승리; 진압. ~**wild**, das [사냥] 작은 사냥거리(예: 작은 사슴, 토끼, 집토끼). ~**ziehen*** ⟨h⟩ 아래로 끌어당기다, 끌어내리다. ~**zischen** ⟨h⟩ 쉬 소리를 내어 계속 말하지 못하게 하다. ~**zwingen*** ⟨h⟩ 강제로 쓰러뜨려 승리하다.

Niedertracht, die [↑niederträchtig의 역어구] (아어) **a)** 비열한 생각: etw. aus N. tun 무엇을 비열한 생각에서 행하다. **b)** 비열한 행위: eine N. (gegen jmdn.) begehen[verüben] (누구에 대해) 비열한 행위를 저지르다. **niederträchtig** ⟨Adj.⟩ **1. a)** 비열한: ein -er Charakter 비열한 성격. **b)** 비열한 생각을 드러내는: eine -e Verleumdung 비열함을 증명하는 비방; jmdn. n. hintergehen 누구를 비열하게 속이다. **2. a)** (통용어) 지독하게 큰[강한]: eine -e Kälte 지독한 강추위. **b)** (형용사와 동사를 강조하며) 아주, 극도로: es war n. kalt 날씨가 아주 추웠다.

Niederträchtigkeit, die; -en **a)** (Pl. 없음) 비열한 존재, 비열함. **b)** 비열한 행위.

Niederung ['niːdərʊŋ], die; -en (강줄기나 해안의) 저지(低地), 낮은 곳, 골짜기: in den -en weidet Vieh 골짜기에서는 가축이 풀을 뜯어먹고 있다; [전의] in den -en der Gesellschaft 사회적으로 하층계급에서는. ~**Niederungsmoor**, das [농업] Flachmoor. ~**Niederungsvieh**, das [농업] 저지(低地)에서 사육되는 소의 종류.

niedlich ['niːtlɪç] ⟨Adj.⟩ **a)** 귀여운, 매력적인, 사랑스러운: ein -es Kind 귀여운 아이; ist die Kleine nicht n.? 그 계집애는 귀엽지 않니?; das kleine Mädchen tanzt so n. 그 계집애는 아주 매력적으로 춤춘다. **b)** (지역적·농) 약한, 자그마한 것에 비해서 아주 큰(극소의). **Niedlichkeit**, die ⟨Pl. 없음⟩ 귀여움; 극소임.

Niednagel ['niːt-], der; -s, ...nägel [niederl. nijdnagel] [절투의 시선을 받으면 거스러미가 생긴다는 민간 신앙에 따라] (손가락 끝의) 거스러미.

niedrig ['niːdrɪç] ⟨Adj.⟩ **1. a)** 낮은(반대: hoch 1 a): ein -es Haus 낮은 집; dieser Hügel ist am niedrigsten 이 언덕은 가장 낮다. **b)** 낮은 곳에 있는(반대: hoch 1 b): ein -es Dach 낮은 지붕; ein n. fliegendes Flugzeug 낮게 날아가는 비행기. **c)** 비교적 낮은, 평균보다 낮은(반대: hoch 1 c): sie hat eine -e Stirn 그녀는 이마가 좁다; der Stuhl ist mir zu n. 그 의자는 나에게 너무 낮다. **2.** (수나 양이) 적은(반대: hoch 2 a): ein -es Einkommen 적은 수입; -e Mieten[Preise] 싼 집세[값]; wir hatten die Kosten zu n. angesetzt 우리는 비용을 너무 낮게 책정했다. **3.** (신분, 계급이) 낮은, 천한, 하등의: ein Mensch von -er Herkunft [Geburt] 비천한 혈통의 인간; das -e Volk ⟨고어⟩ 무지한 백성; die Arbeit war ihr zu n. 그 일은 그녀에게 수준이 너무 낮았었다. **4.** (대개 인간의 마음씨와 행동 방법이) 야비한, 비열한, 천박한: -e Triebe 천박한 충동.

niedrig-, **Niedrig-** ⟨앞가지⟩: ~**haltung**, die ⟨Pl. 없음⟩ die N. der Kosten 비용 억제. ~**lohn**, der 저임금. ~**lohnland**, das 저임금국. ~**preis**, der 염가: wir verkaufen zu -en 우리는 염가로 판매한다. ~**preis-**

land, das 물가 저렴국. ~**prozentig** ⟨Adj.⟩ 비율이 낮은. ~**stehend** ⟨Adj.⟩ 하급의, 미개한: ein -es Volk 미개한 민족. ~**wasser**, das ⟨Pl. 없음⟩ **a)** (강, 호수의) 낮은 수위. **b)** 썰물 때의 최저 수위: um 16 Uhr ist N. 오후 4시에 최저 수위가 된다.

Niedrigkeit, die; -en **1.** ⟨Pl. 없음⟩ 낮음, 저렴. **2.** 천박.

niellieren [nieˈliːrən] ⟨h⟩ [ital. niellare] [예술] 니엘로 [흑색 합금]으로 상감하다. **Niello** [ˈnielo], das; -(s), -s / ...len / ...li [ital. niello] [예술] **1.** 니엘로, 흑색합금 (유황에 납, 동, 은을 첨가하여 만듦). **2.** 니엘로 장식 금속물(대개는 금, 은). **3.** 니엘로 상감용 판으로 찍은 판화. **Nielloarbeit**, die 니엘로 장식 금속물.

Nielsbohrium [niːlsˈboːriʊm], das; -s [덴마크의 물리학자 Niels Bohr(1885~1962)에서] 닐스보리움.

niemals [ˈniːmaːls] ⟨Adv.⟩ (강조) ↑nie: so etwas hatte er noch n. gesehen 그런 것을 그는 아직 한번도 본 적이 없다.

niemand [ˈniːmant] ⟨Indefinitpron.⟩ **a)** 아무도 ···않다: das weiß n. besser als er 아무도 그것을 그보다 더 잘 알지 못한다; er ist -(e)s Feind 그는 적이 전혀 없다; ein N. sein 전혀 중요치 않다. **b)** 한사람도 ···않는: im ganzen Haus war n. außer mir 온 집안에 나밖에는 아무도 없었다; es kann n. ander(e)s gewesen sein als du 그것은 너 이외의 다른 사람일 수가 없다; er hat mit n. [n. anders / mit n. anderem] gesprochen 그는 아무하고도 말하지 않았다. **Niemandsland**, das ⟨Pl. 없음⟩: [전의] das N. der Träume 꿈나라.

Niere [ˈniːrə], die; -n **a)** 신장(腎臟), 콩팥: seine -n haben versagt 그의 신장들이 제대로 기능을 발휘하지 않았다; er hat es an den -n [hat es mit den n zu tun] ⟨통용어⟩ 그는 신장병을 앓고 있다; [전의] an die künstliche N. angeschlossen werden 인공신장에 연결하다; jmdm. an die -n gehen ⟨통용어⟩ 누구를 격양시키다(괴롭히다). **b)** (대개 Pl.) (요리용) 콩팥: ein Pfund -n kaufen 한 파운드의 콩팥을 사다.

nieren-, **Nieren-** ⟨앞가지⟩: ~**baum**, der 카슈(나무). ~**becken**, das [해부] 신우(腎盂). ~**beckenentzündung**, die ↑Pyelitis. ~**braten**, der [요리] 송아지 콩팥구이. ~**entzündung**, die ↑Nephritis. ~**fett**, das 콩팥에 붙은 기름(지방). ~**förmig** ⟨Adj.⟩ 신장(콩팥) 모양의. ~**grieß**, der ↑Harngrieß. ~**infarkt**, der [의학] 신장경색. ~**insuffizienz**, die [의학] 신부전(腎不全). ~**kolik**, die 신장산통(疝痛). ~**krank** ⟨Adj.⟩ 신장병을 앓고 있는. ~**krankheit**, die 신장병. ~**schale**, die [병원에서 사용되는] 납작한 신장모양의 그릇(피나 개운 것을 받는). ~**schmerz**, der (대개 Pl.) 신장통(痛). ~**schrumpfung**, die 신장 위축. ~**senkung**, die [의학] 신장하수. ~**stein**, der 신장 결석(結石), 신석(腎石). ~**steinkrankheit**, die 신장 결석증. ~**steinleiden**, das 신장 결석증. ~**stück**, das (특히 송아지의) 콩팥이 달린 등심. ~**tisch**, der 신장 모양의 원반 상판을 가진 낮은 소형탁자. ~**transplantation**, die 신장이식(移植). ~**tuberkulose**, die 신장 결핵.

nierig [ˈniːrɪç] ⟨Adj.⟩ ⟨전문어⟩ (특히 광물이) 신장 모양으로 둥근.

Nies- [ˈniːs-] : ~**pulver**, das 재채기 유발제. ~**reiz**, der 재채기[유발] 자극. ~**wurz**, der 미나리아재비과(科)의 식물(약초).

nieseln [ˈniːzl̩n] ⟨h, 비인칭⟩ 보슬비가 내리다: den ganzen Tag über hatte es genieselt 하루종일 보슬비가 내렸다.

Nieselpriem, der; -(e)s, -e ⟨경·폄·농⟩ 지겹고 재미없는 사람.

Nieselregen, der; -s, - 보슬[이슬]비.
niesen ['ni:zṇ] ⟨h⟩ 재채기하다: er nieste dem Kind ins Gesicht 그는 그애의 얼굴에 대고 재채기했다. **Nieser**, der; -s, - 《통용어》 단 한번으로 끝나는 재채기: plötzlich machte er einen N. 갑자기 그는 재채기를 했다.
nieß-, Nieß- ['ni:s-] 《합》: **~brauch**, der 《Pl. 없음》 용익권(用益權). **~brauchen** ⟨h⟩ 《대개 부정형으로만 통용됨》 《드물게》 …의 용익권을 갖고 있다. **~braucher**, der 용익권자(用益權者). **~nutz**, der 《드물게》 ↑ **~brauch**. **~nutzen** ⟨h⟩ 《대개 부정형으로만 사용됨》 《드물게》 ↑**~brauchen**. **~nutzer**, der 《드물게》 ↑**~braucher**.
Niet [ni:t], der, 《또한》 das; -(e)s, -e 《전문어》 ↑ ²**Niete**.
niet-, Niet-: **~fest**: ↑niet- und nagelfest. **~hammer**, der 리벳 해머. **~kopf**, der 리벳 머리. **~naht**, die 리벳 조임. **~verbindung**, die 리벳 접합.
¹**Niete** ['ni:tə], die; -n [niederl. niet] **1.** (복권에서) 꽝: ich habe bei der Lotterie eine N. gezogen 나는 복권 뽑기에서 꽝이 나왔다. 《전의》 sein letzter Film war eine N. 《통용어》 그의 최근(마지막) 필름은 실패작이었다. **2.** 《통용어》 아무 쓸모없는 사람, 무능력자: im Sport war er eine N. 스포츠에서 그는 아무것도 할 줄 몰랐다.
²**Niete** [-], die; -n 리벳(대가리가 둥글고 두툼한 버섯 모양의 굵은 못): -n in die Schiffswand schlagen (hämmern, einziehen) 리벳을 선벽에 박아넣다. **nieten** ['ni:tṇ] ⟨h⟩ 리벳을 박아죄다[접합시키다]: Bleche n. 양철판들에 리벳을 박아 접합시키다. **Nietenhose**, die; -n (여러 봉합선에) 일종의 리벳 장식을 한 진바지. **niet- und nagelfest** 《다음 용법으로》 **(alles,) was nicht niet- und nagelfest ist** 《통용어》 가져갈 수 있는 모든 것: die Einbrecher hatten alles mitgenommen, was nicht niet- und nagelfest war 도둑들은 가져갈 수 있는 모든 것을 몽땅 가져갔다. **Nieter**, der; -s, - 리벳공(工). **Niethose**, die 《드물게》 ↑Nietenhose. **Nietnagel**, der 《드물게》 ↑²Niete. **Nietpresse**, die 리벳 압착기. **Nietung**, die; -en **1.** 리벳을 박아 죄기. **2.** 리벳 접합.
Nietzsche ['ni:tʃə, 'ni:tsʃə] Friedrich Wilhelm ~ (1844~1900) 니체(독일의 철학자).
Nife ['ni:fə, (또한) -fe], das; - [Nickel die lat. ferrum = Eisen의 약칭] [지질] (아마도 니켈과 철로 된) 지구의 중심핵. **Nifekern** der ⟨Pl. 없음⟩ 니켈과 철로 된 지구의 중심핵.
Niflheim ['ni:fl-, (또한) 'nifl-], das; -(e)s 《대개 Art. 없음》 [북구(北歐) 신화] 니플하임(전쟁에서 죽지 아니한 주검들이 사는 어둡고 차가운 연무의 저승).
nigelnagelneu ['ni:gl'na:gl'nɔy] ⟨Adj.⟩ ⟨schweiz.·통용어⟩ ↑ funkelnagelneu.
¹**Niger** ['ni:gɐ, (frz.) ni'ʒɛ:r], der; -(s) 니제르 강(아프리카 서부로 흐름).
²**Niger** 《또한 관사와 함께》 der; -s 니제르(서아프리카의 공화국).
Nigeria [ni'ge:ria, (engl.) naɪ'dʒɪəria], -s 나이지리아 (서아프리카의 연방공화국). **Nigerianer**, der; -s, - 나이지리아인. **nigerianisch** ⟨Adj.⟩ 나이지리아(인)의.
Nigger ['nɪɡɐ], der; -s, - [amerik. nigger] 《폄》 검둥이, 니그로.
Nightclub ['naɪtklʌb], der; -s, -s [engl. night club] 나이트 클럽.
Nigrer ['ni:ɡrɐ], der; -s, - 니제르인. **nigrisch** ['ni:grɪʃ] ⟨Adj.⟩ 니제르(인)의.
Nigromant [nigro'mant], der; -en, -en 《교양어·준고어》 영매(靈媒), 무당, 점쟁이, 마법사. **Nigromantie** [...man'ti:], die [mlat. nigromantia] 《교양어·준고어》 영매술, 무술(巫術), 강신술, 마법. **Nigrosin** [...'si:n],

das; -s, -e 니그로진(합성 염료의 일종).
Nihilismus [nihi'lɪsmʊs], der; - [lat. nihils] 《교양어》 **a)** 허무주의, 니힐리즘. **b)** 허무주의적 태도, 절대 부정. **Nihilist** [...'lɪst], der; -en, -en 《교양어》 **a)** 허무주의자. **b)** 절대부정론자. **nihilistisch** ⟨Adj.⟩ 《교양어》 **a)** 허무주의의. **b)** 절대부정(론)적: eine -e Weltanschauung 허무주의적 세계관; sich n. äußern 허무주의적 발언을 하다. **Nihilitis** [...'li:tɪs], die [lat. nihil] 《의학·농》 피병. **nihil obstat** ['nɪ:hɪl 'ɔpstat; lat. = es steht nichts im Wege] [가] 출판상 무해함.
Nikäa [ni'kɛ:a, ⟨neugr.⟩ 'nɪkɛa] ↑ Nizäa.
Nike ['ni:kə] ↑ Nicol.
Nikol: ↑ Nicol.
Nikolaus ['nɪkolaus, (또한) 'ni:ko...], der; -, -e / ...läuse [Myra주(546년 사망)의 이름에서] **1.** 니콜라우스, 산타클로스. **2.** ↑ Nikolaustag: morgen ist N. 내일이 니콜라우스 축일이다. **Nikolausabend**, der 니콜라우스 축일(12월6일) 전날 저녁. **Nikolaustag**, der 니콜라우스 축일. **Nikolo** ['nɪkolo], der; -s, -s [ital. Niccolo] (bayr., österr.) ↑ Nikolaus.
Nikotin, Nicotin [niko'ti:n], das; -s [frz. nicotine] 《화학》 니코틴: Das N. hat auf die Leber keine direkte Wirkung 니코틴은 간장에 아무런 직접적 영향을 미치지 않는다.
nikotin-, Nikotin-: **~arm** ⟨Adj.⟩ 니코틴을 적게 함유한: eine -e Zigarette 니코틴이 적은 담배. **~frei** ⟨Adj.⟩ 니코틴 없는. **~gehalt**, der 니코틴 함유량. **~haltig** ⟨Adj.⟩ 니코틴을 함유한: stark -er Tabak 니코틴을 많이 함유한 엽연초. **~haltigkeit**, die 니코틴 함유. **~vergiftung**, die 니코틴 중독: akute [chronische] N. 급성[만성] 니코틴 중독.
Nil [ni:l] der; -(s) 나일강.
Nikotinismus [nikoti'nɪsmʊs], der; - ↑ Nikotinvergiftung.
Nil-: **~gans**, die 나일거위(붉은 주둥이와 발을 가진 아프리카 서식 황갈색의 거위). **~gau** ['nɪlɡau], der; -(e)s, -e [Hindi nilgāw] 인도산 영양(羚羊). **~grün** ⟨Adj.⟩ 회녹색의: ein Kleid aus -er Seide 회녹색 비단으로 만든 옷. **~pferd**, das 하마. **~pferdpeitsche**, die 《전에는》 하마의 가죽으로 만든 채찍.
Nille ['nɪlə], die; -n 《속어》 **a)** 《속어》 ↑ Penis. **Nillenflicker**, der **a)** 《속어·농》 성병 전문의. **b)** 《군·준고어》 위생병.
Nilote [ni'lo:tə], der; -n, -n 나일강 상류의 흑인종. **nilotisch** [ni'lo:tɪʃ] ⟨Adj.⟩ 나일강 상류 흑인종의: -e Sprachen 나일강 상류 흑인종 언어.
Nimbostratus [nɪmbo-], der; -, ...ti 《기상》 난층운(亂層雲). **Nimbus** ['nɪmbʊs], der; -, -se [lat. nimbus] **1.** ⟨Pl. 없음⟩ 《교양어》 명성(名聲), 영광, 명망: sein N. als großer Dichter 위대한 시인으로서의 그의 명성; er steht in N. der Heiligkeit 그는 성인과 같은 명망을 누리고 있다. **2.** [특히 미술] (성상의 주위에 가려진) 후광(後光): wie ein N. umgab das weiße Haar seinen Kopf 백발이 후광처럼 그의 머리를 감쌌다. **3.** 《기상·고어》 ↑ Nimbostratus.
nimm! [nɪm] nehmen 참조.
nimmer ['nɪmɐ] ⟨Adv.⟩ **1.** 《아어·준고어》 결코 …아니(하)다(nie, niemals). **2.** 《südd., österr.》 더 이상 …아니(in)다: sie wollte n. daran denken 그녀는 더 이상 그것을 생각하려 하지 않았다.
nimmer-, Nimmer-: **~mehr** ⟨Adv.⟩ **1.** 《준고어》 결코 …아니하다. **2.** 《südd., österr.》 다시는 …아니하다: wenn du das wirklich machst, komme ich n. zu dir 네가 정말 그것을 한다면, 나는 다시는 너에게 오지 않겠다. **~mehrstag**: ↑ Nimmerleinstag. **~müde**

⟨Adj.⟩ 〔아이〕 전혀 지치지 않는, 피로를 모르는: er hat sich n. für sie eingesetzt 그는 그녀를 위하여 지칠줄 모르게 진력하였다. ~satt ⟨Adj.⟩ 〔친근〕 만족을 모르는, 항상 배고픈. ~satt, der; -/-(e)s, -e 1. 〔친근〕 만족을 모르는 사람, 항상 배고픈 사람. 2. [동물] 탄탈스속(屬) (아프리카, 아시아, 아메리카에 서식). ~wiedersehen [--'----] 〔다음 용법으로만〕 auf N. 《통용어·농》 (다시는 돌아오지 않고 영원히 떠나갈 때) 영원한 안녕!: auf N. verschwinden 영원히 사라지다.

Nimmerleinstag ['nɪmelains-] 《다음과 같은 통용어적 농담조의 용법으로》 am (Sankt) N. 결코 (다시는) …않다(nie, nicht wieder): von ihm bekommst du dein Geld am (Sankt) N. 그로부터 네 돈을 절대 받지 못할거야; auf den(bis zum) (Sankt) N. 무기한 영원히: die ganze Angelegenheit wurde auf den(bis zum) (Sankt) N. verschoben 그 사건은 모두 무기한 영원히 연기되었다.

nimmst [nɪmst], nimmt [nɪmt] ↑nehmen 참조.
Nimrod ['nɪmrɔt], der; -s, -e [...roːdə] 구약성서에 나오는 전설적인 독재자이자 사냥꾼의 이름에서》《교양어·농》 수렵광.
Ninive ['niːnivə] 니네베(고대 앗시리아 왕국의 수도). Ninivit [nini'viːt], der; -en, -en 니네베 인(人). ninivitisch ⟨Adj.⟩ 니네베의.
Ninoflex Ⓦ [nino'flɛks], der / das; - 〔인공어〕 니노플렉스(영업상의 상품).
Niob [nioːp], ⟨또한⟩ Nobium ['noːbiʊm], das; -s [그리스 신화의 인물인 Tantalus의 딸 Niobe의 이름에서] 니오븀(화학 원소; 기호: Nb).
Nipf [nɪpf], der; -(e)s [bayr. Nipf = Pips] (österr. · 통용어) 용기, 원기(元氣), 기력.
Nippel ['nɪpl], der; -s, - [engl. nipple] 1. [기술] 니플 (파이프의 연결부). 2. a) (통용어) (연결된) 작은 돌기(突起)〔꼭지〕: er drückte auf den N. am Blitzlichtkabel 그는 플래시 줄 꼭지를 꽉 눌렀다. b) ↑Penis. 3. ↑Schmiernippel.
nippen ['nɪpn̩] ⟨h⟩ [niederd.] 홀짝홀짝 마시다: an einem Glas[am Wein] n. 술잔[포도주]을 홀짝홀짝 마시다.
Nippes ['nɪpəs, 《또한》 nips / nɪp] ⟨Pl.⟩ [frz. nippes] (대개 도자기로 만든) 작은 장식품.
Nippfigur, die ↑Nippes.
Nippflut ['nɪp-], die; -en 소조(小潮).
Nippon ['nɪpɔn] 일본.
Nippsachen ⟨Pl.⟩ ↑Nippes.
Nipptide, die; -n ↑Nippflut.
nirgend ['nɪrgn̩t] ⟨Adv.⟩ ↑nirgends. nirgends ['nɪrgn̩ts] ⟨Adv.⟩ 어디에서도 …않다: er war n. zu finden 아무 곳에서도 그를 찾을 수가 없었다.
nirgend- (드물게) nirgends-: ~her ⟨Adv.⟩ 아무 곳으로부터도 …않다. ~hin ⟨Adv.⟩ 어디로도 …않다. ~wo ⟨Adv.⟩ 어디에도 …않다, 아무데서도 …않다[없다]: nirgendwo auf diesem Platz war Schatten 이 장소에는 어디에도 둘 곳이 없었다. ~woher ⟨Adv.⟩ ↑~her. ~wohin ⟨Adv.⟩ ↑~hin.
Nirwana [nɪr'vaːna], das; -(s) 열반(涅槃).
Nische ['niːʃə], die; -n [frz. niche] a) 벽감(壁龕)(꽃병 따위를 놓는 벽의 오목한 부분). b) 공간의 (작은) 확장부분: der Altar stand in einer N. 제단은 공간의 확장부에 있었다 〔전의〕 eine ökologische N. 〔생물〕 니쉐(일정한 동·식물이 살아갈 수 있는 생태적 여건이 주어진 지역).
Nischel ['nɪʃl], der; -s, - 〔지역적·경〕 ↑Kopf.
Nischenaltar, der; -s, -e 공간 확장부에 있는 제단.
Niß [nɪs], die; Nisse 〔준고어〕 Nisse ['nɪsə], die; -n 서캐.
Nissenhütte ['nɪsn̩-] die; -n [engl. Nissen hut] 《준고어》 골함석으로 된 반원형의 가병사(假兵舍), 콘세트: sie hausten jahrelang in einer N. 그들은 다년간 콘세트에 기거했다.
nissig ['nɪsɪç] ⟨Adj.⟩ 서캐투성이의, 서캐 슨: -e Haare 서캐투성이의 머리칼.
Nist- ['nɪst-]: ~höhle, die (나무 구멍) 새집. ~kasten, der 인공 새둥우리. ~platz, der; ~stätte, die 〔아이〕 새가 새끼치는 장소, 새둥우리. ~zeit, die 새가 둥우리를 트는 기간.
nisten ['nɪstn̩] ⟨h⟩ (새들이) 둥우리를 틀고 서식하다: unter dem Dach nisten viele Schwalben 지붕 밑에 많은 제비들이 둥우리를 틀고 서식한다.
Nisus ['niːzʊs], das; -, - [niːzuː; lat. nīsus] [의학·심리] (심리적) 충동〔자극〕: N. sexualis [-zɛ'ksŭaːlɪs] [의학·심리] 성충동.
Niton ['niːtɔn], das; -s [engl. niton] 〔고어〕 ↑Radon.
Nitrat [ni'traːt], das; -(e)s, -e [↑Nitrum] 질산염. Nitrid [ni'triːt], das; -s, -e 질화물(窒化物).
nitrier-, Nitrier-: ~härten ⟨h; 부정형과 분사형으로만 사용〕 [기술] 질소를 사용하여 강철 표면을 단단하게 하다, 질화경화(窒化硬化)하다. ~säure, die [화학·기술] (질산과 황산으로 만든) 니트로화용 혼합산(酸). ~stahl, der [기술] 질화강(窒化鋼).
nitrieren [ni'triːrən] ⟨h⟩ 1. [화학] 질산으로 처리하다, 니트로화(化)하다. 2. [기술] ↑nitrierhärten. Nitrifikation [nitrifika'tsĭoːn], die; -en [frz. nitrification] [화학·농업] 질화 작용. nitrifizieren [...fi'tsiːrən] ⟨h⟩ [화학·농업] 질화 작용을 하다: nitrifizierende Bakterien 질화 박테리아. Nitrifizierung, die; -en [화학·농업] ↑Nitrifikation. Nitril [ni'triːl], das; -s, -e 〈대개 Pl.〉 [화학] 니트릴. Nitrit [ni'triːt, 《또한》 ni'trɪt], das; -s, -e [무색, 수용성의 아(亞)질산염. Nitro- [ni'troː-, nitro'-; ↑Nitrogen] ("니트로기(期)를 포함하는"을 뜻하는 규정어로서) Nitrobakterien ⟨Pl.⟩ [화학·농업] 니트로박테리아(질화(窒化) 작용을 일으키는 박테리아). Nitrobenzol, das; -s [화학] 니트로벤졸. Nitrofarbstoffe ⟨Pl.⟩ [화학·섬유] 니트로염료. Nitrogen, Nitrogenium [...'geːn(iʊm)], das; -s [frz. nitrogène] ↑Stickstoff(기호: N). Nitroglyzerin, das; -s 니트로글리세린. Nitrogruppe, die; -n [화학] 니트로기(期). Nitrolack, der 니트로에나멜. Nitrophosphat, das; -(e)s, -e (질소, 인(燐), 가성칼리와 석회를 포함하는) 복합 비료. nitros [ni'troːs] ⟨Adj.⟩ [화학] 산화질소(질소산화물)을 함유하는. Nitrosamin, das; -s, -e [화학] 질산아민. Nitrose [ni'troːzə], die; -n [화학] 질산함유황산. Nitrozellulose, die [화학] 니트로셀룰로오스, 질산섬유소. Nitrum ['niːtrʊm], das; -s [lat. nitrum] 〔고어〕 ↑Salpeter.
nitscheln ['nɪtʃl̩n] ⟨h⟩ [섬유] 원사(原絲)를 가공하다.
nitschewo! [nitʃe'voː] ⟨Interj.⟩ [russ. nitschewo] 《통용어·농·준고어》 아무것도 아니야, 괜찮아.
nival [ni'vaːl] ⟨Adj.⟩ [lat. nivālis] [기상] 눈의, 빙설(氷雪)의, 얼음의: -es Klima 빙설 기후.
Niveau [ni'voː], das; -s [frz. niveau] 1. 수평면(水平面), 고도(高度): Straße und Bahnlinie haben das gleiche N. 거리와 철로는 높이가 같다. 2. 수준, 정도: das N. der Preise 가격 수준. 3. (정신적) 수준, 정도: das wissenschaftliche N. 학문적 수준; das N. halten [heben, senken] 수준을 유지하다〔높이다, 낮추다〕.
niveau-, Niveau-: ~differenz, die ↑~unterschied (1). ~fläche, die [수학·지리] 수준면(水準面). ~frei ⟨Adj.⟩ [교통] 입체 교차의: die Kreuzung

ist n. 그 교차로는 입체 교차로이다. ~gefäß, das 〔기술〕 ↑Ausgleichsgefäß. ~gleich 〈Adj.〉〔교통〕같은 수평면 위에 있는〔교차하는〕(반대 ~verschieden). ~kreuzung, die 〔교통〕(도로, 선로의) 교차〔점〕. ~linie, die 〔Höhenlinie. ~los 〈Adj.〉(정신적) 수준이 낮은; 저급의: eine -e Unterhaltung 수준 낮은 환담. ~senkung, die 수준(수평)의 낮음: die N. einer Straße 도로 수준면(고도)을 낮춤. ~übergang, der 〔교통〕 평면 교차. ~unterschied, der 1. 수평면(고도) 차이. 2. 수준 차이. ~verschieden 〈Adj.〉〔교통〕 같은 수평면에 있지 않는, 입체 교차의(반대: ~gleich): eine -e Kreuzung 입체 교차로. ~voll 〈Adj.〉 수준 높은: ein -er Vortrag 수준 높은 강연.

Nivellement [nivɛlə'mãː], das; -s, -s [frz. nivellement] 1.《교양어》평준화. 2.〔측량〕a) 수준 측량. b) 수준 측량치(値). **nivellieren** [nive'liːrən]〈h〉[frz. niveler] 1.《교양어》평준화하다. 2.〔측량〕수준 측량하다, 수준기로 고도의 차이를 재다. 3.〔드물게〕평평하게 하다〔고르다〕: einen Platz n. 장소를 평평하게 하다. **Nivelliergerät**, das〔측량〕 ↑Nivellierinstrument. **Nivellierinstrument**, das〔측량〕 ↑Nivelliergerät. **Nivellierung**, die; -en 평준화. **nivellitisch** [nive'liːtɪʃ]〈Adj.〉〔교양〕수준 측량의.

Nivôse, der; -, - [frz. nivôse] 설월(雪月)《프랑스 혁명력(革命曆)의 제 4월이며, 12월 21일부터 1월 19일까지에 해당됨》.

nix [nɪks] [↑nichts의 별형]《통용어》↑nichts: das macht n. 아무 걱정마, 괜찮아.

Nix, der; -es, -e, **Nixe** ['nɪksə], die; -, -n [게르만 신화] 인어, 바다의 요정〔전의〕er betrachtete gern die -n am Strand 그는 해변에서 목욕하는 처녀들을 즐겨 관찰했다. **nixenhaft**〈Adj.〉《아어》물의 요정을 닮은, 물의 요정처럼.

Nizäa [nits'ɛːa] 니케아《터키 북서부의 시골 Isnik의 고대 이름, 325년에 여기에서 니케아 종교회의가 개최되었음》.

Nizza ['nɪtsa] 니스《프랑스 도시》. **Nizzaer** ['nɪtsau̯ər], der; -s, - 니스의 주민. **nizzaisch** ['nɪtsaɪ̯ʃ]〈Adj.〉니스의.

n. J. = nächsten Jahres 내년의〔에〕.

nkr. = norwegische Krone 노르웨이의 크로네《화폐 단위》.

nlat. = neulateinisch 신 라틴어의.

nm. nachm. = nachmittags 오후에.

n. M. = nächsten Monats 다음 달에〔의〕.

Nm. = Newtonmeter 뉴톤미터(에너지의 단위).

N. N. = nomen noscio [lat.] / nomen nominandum [lat.] 성명 미정《예컨대: Herr N. N. 모씨(某氏)》.

N. N., NN = Normalnull (고도 측량의 기점이 되는) 평균 해면.

NNO = Nordnordost(en) 북북동.

NNW = Nordnordwest(en) 북북서.

No = Nobelium 노벨리움(인공 방사성 원소명).

No, N° = Numero 넘버(번호).

NO = Nordost(en) 북동.

nobel ['noːbl̩]〈Adj.〉[frz. noble < lat. nōbilis, 원래= bekannt] 1.《아어》고결〔고귀〕한, 품위있는〔고매한〕: ein nobler Charakter 고결(高潔)한 성격. 2.《종종 조롱》고상한; 호사한: ein nobles Hotel 비싼 호텔; noble Passionen 고상하고 돈이 많이 드는 열정〔취미〕. 3.《통용어·감정》관대한: ein nobles Trinkgeld 관대한〔푸짐한〕팁; sich n. zeigen 관대하게 보이다.

Nobel-《종종 조롱》("사치스러운, 고상한"을 뜻하는 규정어로서, 예컨대) Nobelball, der (österr.《종종 조롱》) 상류 사회 무도회. Nobelgegend, die 상류층 거주 지역. Nobelherberge, die《종종 농》고상하고 호사스러운 호텔. Nobelhotel, das 호사한 호텔. Nobelmarke, die 고 상하고 비싼 상표. Nobelrestaurant, das 호사한 레스토랑.

Nobelium [no'beːli̯ʊm], das; -s 인공 방사성 원소. 노벨리움(기호: No). **Nobelpreis** [no'bel-], der; -es, -e 노벨상: der N. für Literatur 노벨 문학상. **Nobelpreisträger**, der 노벨상 수상자. **Nobelpreisträgerin**, die ↑~preisträger의 여성형.

Nobiles ['noːbileːs]〈Pl.〉[lat. nōbilēs]《역사적》고대 로마의 관직 귀족. **Nobili** ['noːbili]〈Pl.〉[ital. nobili]《역사적》 옛 이탈리아 공화국가들의 귀족. **Nobilität** [nobili'tɛːt], die; - [lat. nobilitās] a)《역사적》고대 로마의 관직 귀족. b)《교양어·고어》↑Adel. **Nobilitation** [nobilita'tsi̯oːn], die; -en [lat. nobilitatio]《교양어》 ↑Adelung. **nobilitieren** [nobili'tiːrən]〈h〉[lat. nōbilitāre]《교양어》 ↑adeln. **Nobilitierung**, die; -en《교양어》 ↑Adelung. **Nobility** [nou'bɪlɪtɪ], die [engl. nobility]《교양어》대영 제국의 명문 귀족.

Nobiskrug ['noːbɪs-], der; -(e)s, ...krüge [niederd.]《민속》지옥. **Nobiswirt**, der; -(e)s, -e《민속》악마.

Noblesse [no'blɛsə], 《또한》 no'bles], die; -n [frz. noblesse] 1.《고어》 ↑Adel (1, 2). 2. 〈Pl. 없음〉《교양어》a) 고상한 태도; 고귀한 기품. b) 고상한 모습: die (natürliche) N. seines Auftretens 그의 행동의 고상한 모습. **noblesse oblige** [noblɛs'obliːʒ; frz.]《교양어·종종 농》신분이 높으면 의무도 또한 무겁다.

noch [nɔx] I. 〈Adv.〉 1. a) 아직, 아직도 여전히(반대: nicht mehr): du bist n. zu jung dafür 너는 그것을 하기에는 아직 너무 어리다; es regnet kaum n. 비가 이제는 거의 더이상 내리지 않는다;〔강세, 대개 문장 첫자리에〕n. regnet es nicht 아직은 비가 오지 않아. b)《비교세, 동의, 인정, 열망을 표현》das ist n. Qualität! 그것은 정말 훌륭하다〔우량품이다〕! c)《비강세, 일부가 남아 있음을 표현》ich habe (nur) n. zwei Mark, 내겐〔단지〕2마르크만 남았다. 2. a)《"어떤 다른 일이 있기 전에"를 표현》ich mache das (jetzt) n. fertig 나는 그것을 지금 완수해 놓겠다; ich möchte (bevor du gehst) n. etwas fragen 나는 (너가 가기 전에) 무엇을 좀 묻겠다. b)《무엇이 미래의 언젠가에 확실히 일어날 것임을 표현》언젠가 한번; 결국: er wird n. Weltmeister 그는 언젠가는 세계챔피언이 될 것이다. c)《"비강세, 흥분"을 표현》du wirst es n. bereuen! 너는 그것을 후회하고 말거야! d)《"예방 못하면"을 표현》du erkältest dich n. (wenn du nicht aufpaßt) 너는 (조심하지 않으면) 감기를 들 수도 있어. 3. a) ...까지도: gestern habe ich n. [n. gestern habe ich] mit ihm gesprochen (heute ist er tot) 어제까지도 나는 그와 이야기를 했다(오늘은 그는 죽고 없다); in Köln lief der Motor n. einwandfrei 우리가 쾰른에 있을 때까지도 차는 이상이 전혀 없었다. b)《비강세 시간 및 장소의 강조》das muß n. diese Woche erledigt werden 그것은 이번 주 중에 해결되어야 한다. c)《조금만 더 늦었어도 불가능했음을 표현》er hat den Krieg n. miterlebt 그는 그래도 전쟁을 같이 체험했다. d)《가능성의 여지가 있음〔있었음〕을 나타냄》아직, 그래도: das wirst du n. (alleine) schaffen! 너는 아직 그것을 (홀로) 해낼 수 있을 것이야!; er hat n. Glück gehabt 그는 그래도 재수가 좋았다. e)《"비강세, 놀라움, 분개"를 표현》das kostet n. fünf Mark 그것은 5 마르크 안 돼; n. in der größten Hitze trägt er seinen Pullover 그토록 심한 더위에도 그는 스웨터를 입는다. 4. a) 뿐만 아니라, 또, 게다가: 《möchtest du) n. ein Bier? 맥주 한 잔 더 하고 싶어?; dumm und dazu n. [n. dazu] frech 바보같고 게다가 뻔뻔하기조차 하는; n.! 《아동》더 요! b) n. (ein)mal so lang wie 두 배로 긴; n. **und n.**《《통용어·농》 **n. und nöcher**》아주 많이, 다량으로: er hat Geld n. und nöcher 그는 돈을 아주

이 갖고 있다; n. und nochmals(n. und n. einmal) 번번히, 다시, 거듭. b) 《비교급과 결합하여 이것을 강조》 es ist heute n. wärmer als gestern 오늘은 어제보다 훨씬 더 따뜻하다. 5. 〈n. + so〉《다음 단어를 강조하고 인용[양보] 관계를 나타냄》 du kannst n. so (sehr) bitten, es wird dir nichts nützen 너가 그렇게 간절히 요청하더라도, 너에게 그것은 도움이 되지 않을 것이다. 6. 《의문문에서 원래 잘 알지만 기억이 잘 나지 않는 것을 물을 때》 wie heißt(hieß) er n.? 그의 이름이 도대체 무엇이었더라? II. 〈Konj.〉《선행하는 부정사와 대응하여 부정을 되풀이함》 그리고 또한 아니다; weder groß n. klein 크지도 않고 작지도 않은; das kann niemand wissen n. (auch nur) ahnen 아무도 그것을 알 수 없고 예감할 수도 없다. Nochgeschäft, das 〔증권〕 배증(倍增) 거래(특수 거래의 일종). nochmalig [...maːlɪç] 〈Adj.〉 다시 한번[재차]의. nochmals [n..maːls] 〈Adv.〉 a) 다시 한번 더: ich möchte das n. betonen 나는 그것을 한번 더 강조하고 싶다. b) 《이미 끝마친 것을 다시 한 대는 것을 표현》 da mußte er das mit viel Mühe verschnürte Paket n. aufmachen 그는 힘들여 〔간신히〕 단단히 묶은 소포를 다시 풀어야 했다. ¹Nock [nɔk], das; -(e)s, -e, die; -en [niederd.] 〔선원〕 a) 둥근 돛대목의 끝. b) 《함상(艦上)의》 사령교(司令橋)의 측면 돌출부, 현익(舷翼). ²Nock [-], der; -s, -e 〈bayr., österr.〉 바위머리, 언덕.
Nöck [nœk], der; -en, -en [게르만 신화] 《노래로 사람들을 물 속으로 유혹하는》 물의 요정.
Nocke ['nɔkə], die; -n, ¹Nocken ['nɔkn̩], die 〈bayr., österr.〉 1. 〔드물게〕 ↑Nockerl. 2. 〔땐〕 잘난체하는 여리석은 여자.
²Nocken [-], der; -s, -e 〔기술〕 회전축(굴대)의 돌출부, 캠.
Nocken- (²Nocken): ~schalter, der 〔전기〕 캠 스위치. ~scheibe, die 〔기술〕 캠 판(板). ~steuerung, die 〔기술〕 캠 조종(제어). ~welle, die 〔기술〕 캠이 달린 회전축(돌대).
nöckerig: ↑nöckrig.
Nockerl ['nɔkɐl], das; -s, -n 〈österr., bayr.〉 1. 〈대개 Pl.〉 〔요리〕 작은 경단(수프에 넣는 알맹이). 2. 〔통용어·농〕 〔철없는〕 소녀. Nockerlsuppe, die 경단을 넣은 수프.
nöckrig, 〈드물게〉 nöckerig ['nœk(ə)rɪç] 〈Adj.〉 〈지역적·땐〉 〈항상〉 불만인, 불평의.
Nocturne [nɔk'tyrn], das; -s, -s 〈또는〉 die; -s [frz. nocturne] 〔음악〕 1. 녹턴(비가적 환상적 악곡). 2. 〔드물게〕 ↑Notturno.
Nodi [¹Nodus의 복수형. Nodus ['noːdʊs], der; Nodi [lat. nōdus] 1. 〔의학〕 결절(結節). 2. 〔식물〕 〔잎의〕 절(節). 3. 〔예술〕 〔잔, 촛대 등의〕 자루에 달린 꽃지.
Noem [noˈeːm], das; -s, -e 〔언어〕 최소 개념 단위, 개념소(素); Semem 〔의미소〕의 최소 의미 요소. Noema ['noːema], das; -s, Noemata [noˈeːmata]; griech. nóēma] 〔철학〕 1. 사고의 대상, 사상. 2. 〔현상학에서 사색 과정과 대조를 이루는〕 노에마(의식의 객관적 측면), 사색의 내용. Noematik [noeˈmaːtɪk], die 〔언어·소통〕 Noem들의 관계와 결합가능성을 연구 대상으로 하는 이론. Noesis ['noːezɪs], die [griech. nóēsis] 〔철학〕 1. 정신 활동, 사색. 2. 〔현상학 사색의 내용에 대조되는〕 사색 과정. Noetik [noˈeːtɪk], die 〔철학〕 인식론, 사유론. noetisch [noˈeːtɪʃ] 〈Adj.〉 1. 인식론(사유론)의. 2. 사색 (과정)의.
Noir [noaːr], das; -s [frz. noir] 룰렛트의 검은 색〔숫자〕.
no iron ['noʊʔaɪən] 〔섬유〕 ↑bügelfrei. No-iron-Bluse, die 다리미질이 필요없는 블라우스. No-iron-Hemd, das 다리미질이 필요없는 셔츠.

Noisette [noaˈzɛt], die [frz. noisette] 1. ↑Noisette-schokolade의 약칭. 2. 〈대개 Pl.〉 〔요리〕 ↑Nüßchen (2). Noisetteschokolade, die 《개암 가루를 섞은》 우유 초콜릿.
NOK = Nationales Olympisches Komitee 국가올림픽위원회.
Noktambulismus [nɔktambuˈlɪsmʊs], der; - 〔의학〕 ↑Somnambulismus. Nokturne [nɔkˈtʊrnə], die; -n 〔드물게 음악〕 ↑Nocturne의 독어화.
Nöl- 〔특히 nordd.·땐〕: ~liese, die ↑~suse. ~peter, der 느림보 녀석. ~suse, die 느림보 계집애.
nölen ['nøːlən] 〈h〉 [niederd.] 〔특히 nordd.·땐〕 《화나 계집》 느럭느릿하게 ...을 하다: nöl nicht so lange! 그렇게 오래 꾸물대지 마라!
nolens volens ['noːlɛns 'voːlɛns; lat.] 〔교양어〕 싫든 좋든 〈간에〉: er mußte es n. v. zugeben 그는 그것을 싫든 좋든간에 인정해야 했다.
Nöler ['nøːlɐ], der; -s, - 〔특히 nordd.·땐〕 느림보. Nölerei [nøːləˈraɪ], die [nøːl·ərai] 꾸물대기. nölig ['nøːlɪç] 〈Adj.〉 〔특히 nordd.·땐〕 굼뜬, 느림보의: er ist schrecklich n. 그는 무척 느림보이다.
Nolimetangere ['noːlimeˈtaŋgərə], das; -, - [1: 〈lat.〉 = berühre mich nicht!] 1. 〔식물·고어〕 ↑Rührmichnichtan. 2. 〔예술〕 부활한 예수가 마리아 막달라에게 나타났던 성경 장면의 묘사.
Nom. = ↑Nominativ의 약어.
Nomade [noˈmaːdə], der; -n, -n [lat. nomades] 유목(遊牧民)의 일원.
Nomaden-: ~dasein, das 유목 생활. ~leben, das 〈Pl. 없음〉 ↑~dasein. ~stamm, der 유목 종족. ~volk, das 유목 민족. ~zelt, das 유목민 천막.
nomadenhaft 〈Adj.〉 유목민다운. Nomadentum, das; -s 1. ↑Nomadismus (1). 2. ↑~dasein. nomadisch 〈Adj.〉 유목민의, 유목민에 속하는: die -e Daseinsform 유목 생활 형식. nomadisieren [nomadiˈziːrən] 〈h〉 a) 유목민 생활을 하다, 유랑하다: nomadisierende Stämme 유목 생활하는 부족(종족)들. b) 유목민으로 만들다. Nomadisierung, die 유목 이동. Nomadismus [...ˈdɪsmʊs], der; - 1. 유목민의 경제·사회·생활 형태. 2. 〔동물〕 〔먹이 추구와 운동 욕구로 인한〕 끊임없는 이동.
No-Maske ['noː-], die; -n [jap. nō] 《일본》 노극의 배우들이 쓰는 가면.
Nom de guerre [nõd'gɛːr], der; - - -, -s - - [nõdˈgɛːr; frz.] 가명, 예명〔아호〕, 별명이란 뜻의 프랑스어 표기.
Nomen ['noːmən], das; -s, Nomina [lat. nomen = Name] 〔언어〕 1. ↑Substantiv: N. acti [- 'akti] 〔언어〕 《동사에서 파생된》 사건의 결과를 나타내는 명사(예컨대: Bruch < brechen); N. actionis [- akˈtsioːnɪs] 〔언어〕 《동사에서 파생된》 행위〔동작〕 명사(예컨대: Schlaf < schlafen); N. agentis [- 'aːgɛntɪs] 〔언어〕 《동사에서 파생된》 행위자명사(예컨대: Läufer < laufen); N. gentile [-gɛnˈtiːlə] 〈Pl. Nomina gentilia〉 《고대 로마인 이름의 두 번째 자리에 위치한》 씨족명(예컨대: Gaius Julius Caesar); N. instrumenti [-instruˈmɛnti] 〔언어〕 《동사에서 파생된》 도구명사(예컨대: Bohrer < bohren); N. proprium [-ˈproːprɪʊm] 〈Pl. Nomina propria〉 〔언어〕 ↑Eigenname. 2. 《대명사도 관사도 아닌》 격변화 단어(명사와 형용사의 총칭). nomen est omen [- 'ɛst 'oːmən; lat.] 〔교양어〕 그 이름이 이미 암시하듯이. Nomenklator [nomɛnˈklaːtor, /...toːɾ], der; -s, -en [...klaːtoːran; lat. nōmenclātor] 〔학문〕 ↑Nomenklatur (b). nomenklatorisch [nomɛnklaˈtoːrɪʃ] 〈Adj.〉 〔학문〕 전문 용어의: diese Schreibung

ist n. festgelegt 이 철자[정서]법은 전문 용어적으로 확정되었다. **Nomenklatur** [nomenkla'tu:ɐ̯], die; -en [lat. nōmenclātūra] 【학문】 a) 전문 용어 체계: der N. der Chemie 화학의 전문 용어 체계. b) 학술용어집, 전문용어[어휘]집: in einer N. nachschlagen 전문용어집을 찾아보다. **Nomenklatúra**, die [russ. nomenklatura] 《구소련》 1. 최고 직책 목록. 2. 상류층[지도층]. **Nomina** ↑Nomen의 복수형. **nominal** [nomi'na:l] 〈Adj.〉 [frz. nominal] 1. a) 【언어】 Nomen(명사와 형용사의 총칭)의. b) ↑substantivisch: -er Stil (↑Nominalstil). 2. 【경제】 명목 가치에 따른, 액면가의(반대: real 3): -e Lohnerhöhungen 명목상의 임금 인상. **Nominál-**: ~**abstraktum**, das 【언어】 명사나 형용사(Nomen)에서 파생된 추상명사(예컨대: „Schwärze" zu „schwarz"). ~**betrag**, der ↑Nennbetrag. ~**definition**, die 【철학】 유명적(唯名的) 정의(단어의 의미만 제시)(반대: Realdefinition). ~**einkommen**, das 【경제】 명목 소득(반대: Realeinkommen). ~**form**, die 【언어】 동사의 부정형(부정사·분사와 같은)(예컨대: erwachend). ~**gruppe**, die 【언어】 ~phrase. ~**kapital**, das 【경제】 a) 주식 회사의 설립 자본금. b) 유한 회사의 창립 자본금 총액. ~**kompositum**, das 【언어】 (명사나 형용사를 구성 요소로 갖는) 명사류(類) 복합어(예컨대: Wassereimer, wasserscheu). ~**lohn**, der 【경제】 명목 임금. ~**phrase**, die 【언어】 명사구. ~**präfix**, das 【언어】 Nomen(명사나 형용사) 앞에 오는 전철(예컨대: Ur-, ur- in Urbild, uralt). ~**satz**, der 【언어】 a) (명사는 없고 명사만으로 된) 체언문(體言文)(예컨대: Viel Feind, viel Ehr'!). b) (술부가 sein 동사와 주격보어로 이루어진) 문장(예컨대: er ist Bäcker), ~**stil**, der 〈Pl. 없음〉【언어】 명사 문체. ~**wert**, der 【경제】 ↑Nennwert.

nominalisieren [nominali'zi:rən] 〈h〉【언어】 1. 명사화하다. 2. 한 문장을 명사구로 바꾸다(예컨대: der Hund bellt → das Bellen des Hundes). **Nominalisierung**, die; -en 【언어】 명사화, 명사구화. **Nominalísmus** [...'lɪsmʊs], der; - 【철학】 유명론(唯名論), 명목론(名目論)(반대: Realismus 3). 2. 【경제】 (화폐 가치론의) 명목주의(名目主義)(반대: Metallismus). **Nominalist** [nomina'lɪst], der; -en, -en 1. 【철학】 유명[명목]론자. 2. 【경제】 명목주의자. **nominalístisch** 〈Adj.〉 유명론의; 명목주의의. **Nomination** [nomina-'tsjo:n], die; -en [lat. nōminātio = Benennung] a) 【가】 역사적인 임명. b) 〈역사적〉 (영주에 의한) 주교 후보자 지명. c) 〈드물게〉 ↑Nominierung. **Nominatív** ['no:minati:f]; der; -s, -e [...i:və; lat. (cāsus) nōminātīvus] [어원] 1. 〈Pl. 없음〉 주격(主格), 1격: das Substantiv steht im N. 명사는 주격이다(약어: Nom.). 2. 주격의 단어: der Satz enthält zwei -e 이 문장은 두 개의 주격 단어를 포함하고 있다; absoluter N. 절대적 주격. **nominatívisch** [...vɪʃ] 〈Adj.〉 【언어】 주격의, 1격의. **nominéll** [nomi'nɛl] 〈Adj.〉 1. 《교양어》 명목[명의]상의: der Verein hat 200 -e Mitglieder 그 단체는 200명의 명의상 회원을 가지고 있다. N. ist er nur Berater des Präsidenten 명목상으로 그는 단지 대통령의 자문역에 지나지 않는다. 2. 【경제】 ↑nominal (2). **nominieren** [nomi'ni:rən] 〈h〉 [lat. nōmināre] (후보자로) 지명하다: jmdn. (als Kandidaten) für eine Wahl n. 누구를 선거의 후보자로 지명하다; einen Nachfolger n. 후계자를 지명하다; einen Fußballspieler[für ein Spiel] n. 어떤 축구선수를 경기의 참가[출전]선수로 지명하다. **Nominierung**, die; -en a) 지명, 임명. b) 지명 받음.

Nomográmm [nomo-], das; -s, -e 【수학】 계산도표, 노모그램: ein N. aufstellen 계산도표를 만들다.

Nomographíe [nomo-], die; -n [...iːən;] 【수학】 계산도표학, 도표계산. **nomográphisch** [nomo-] 〈Adj.〉【수학】 계산도표의: eine Gleichung n. lösen 방정식을 계산도표식으로 풀다. **Nomokratíe** [...kra'ti:], die; -n [...iːən] 【법】 법치(法)정치. **Nómos** ['nɔmɔs], der; -, Nomoi [...mɔy; griech. nómos] 1. 【철학】 (자연법, 신적인 법에 대해 인간이 만든) 법(률)질서. 2. 【음악】 (고대 그리스 음악의) 선율정식(定式). **nomosyntáktisch** 〈Adj.〉 내용 구문론의. **Nomosýntax**, die 【언어】 내용 구문론(반대: Morphosyntax). **nomothétisch** [nomo'te:tɪʃ] 〈Adj.〉 【학문론】 법칙 정립학의, 보편 법칙 연구의.

Non [nɔ:n], die; -en ↑None (1). **Nonagon** [nona-'go:n], das; -s, -e [lat. nōnus / griech. gōnía] 【수학】 구각형. **nonagonal** [...go'na:l] 〈Adj.〉 구각형의.

Non-book ['nɔn'bʊk], das; -s, -s [engl.-amerik. non book] ↑Non-book-Artikel. **Non-book-Abteilung**, die; -en (서점에 딸린) 비서적류 판매실. **Non-book-Artikel**, der; -s, - 〈대개 Pl.〉 (서점에서 제공되는) 비(非)서적류 상품(레코드판 등).

Nonchalánce [nɔ̃ʃa'lã:s], die [frz. nonchalance] 《교양어》 자족적 태만성, 무관심, 느릿느릿함: jmdm. mit gemachter[gespielter] N. entgegentreten 누구를 무관심한 체 대하다. **nonchalánt** [nɔ̃ʃa'lã:; nɔ̃ʃa'lãnt...] 〈Adj.〉 [frz. nonchalant] 게으른, 무관심한.

Nóne ['no:nə], die; -n [1: lat. nona] 1. 【가】 구시과(九時課)/(성무일과의 제 9시의 기도)(오전 6시부터 계산하므로 오후 3시). 2. 【음악】 a) 9도(음정). b) 9도 음정. **Nónen** ['no:nən] 〈Pl.〉 [lat. Nōnae (前)] 고대 로마력의 3·5·7·10월의 7일 및 다른 달의 5일(Iden의 날보다 9일 전). **Nónenakkord**, der; -(e)s, -e 9도 화음(4개의 3도 음정으로 구성). **Nonétt** [nɔ'nɛt], das; -s, -e [ital. nonetto] 【음악】 a) 9중주곡: ein N. spielen 9중주곡을 연주하다. b) 9중주단.

Non-fíction [nɔn'fɪkʃən], das; -s, -s [engl.-amerik. non fiction] 《교양어》 논픽션.

nonfiguratív [nɔnfigura'ti:f, (또한) nɔ:n-; lat. non = nicht + ↑figurativ] 〈Adj.〉 【미술】 비구상적, 추상적.

Non-food-Abteilung ['nɔn'fuːd-], die; -en [engl. non food] 《슈퍼마켓의》 비식료품 매장. **Non-food-Artikel**, der; -s, - 〈대개 Pl.〉 (슈퍼마켓에서 제공되는) 비식료품 상품. **Non-foods** 〈Pl.〉 ↑Non-food-Artikel.

non-íron usw. ['nɔn'aɪən] ↑no iron usw.

Nónius ['no:njʊs], der; -, Nonien [...jən] / -se 포르투갈의 수학자 P. Nunes(1492~1578)의 이름에 따라] 【기술】 노니스, 부척(副尺).

Nonkonformísmus [nɔn-, (또한) noːn-], der; - [engl. nonconformism] 《교양어》 비추종주의(非追從主義), 비타협적 태도(반대: Konformismus): politischer N. 정치적 비추종주의. **Nonkonformíst** [nɔn-, (또한) noːn-], der; -en, -en [2: engl. nonconformist] 1. 《교양어》 비추종주의자, 독자주의의자(獨自主義者)(반대: Konformist 1). 2. 《영국의》 비국교도(非國敎徒)(반대: Konformist 2). **nonkonformístisch** 〈Adj.〉 (반대: konformistisch). 1. 《교양어》 a) 비추종주의적: -e Politik 비추종주의 정책. b) 비추종주의자로 사고[행동]하는: sich n. verhalten 비추종주의자의 태도를 취하다. 2. a) 《영국의》 비국교파의. b) 비국교파로서 사고[행동]하는. **Nonkonformität** [nɔn-, (또한) noːn-], die 〈Pl. 없음〉 《교양어》 비동조성(非同調性), 비협조성(반대: Konformität).

non multa, sed multum ['noːn 'mʊlta 'zɛt 'mʊltʊm] ↑ multum, non multa.

Nönnchen ['nœnçən], das; -s, - ↑Nonne (1). **Non-

ne ['nɔnə], die; -n [spätlat. nonna; 2: 색(色)이 수녀의 복장을 연상시킨다는 데에서] **1.** 수녀, 여승(Klosterfrau): wie eine N. leben 수녀처럼 살다, 은둔 생활을 하다, 검소하게 살다. **2.** 논네나방(독나방과의 일종). **3.** [토목] 암키와(위로 굽어진 기와).

Nọnnen-: **~chor,** der (수도원 교회의 합창대석에 위치한) 수녀들의 예배 장소. **~furz,** der, **~fürzchen** [..fʏrtsçən], das; -s, - (지역적·경) 효모반죽으로 만든 도넛츠. **~kloster,** das 수녀원. **~orden,** der ↑Frauenorden. **~schule,** die 《통용어》 수녀원 학교. **~tracht,** die 수녀복. **~ziegel,** der [토건] ↑Nonne(3).

nonnenhaft 〈Adj.〉 (드물게) 수녀 같은.

non olet ['nɔn 'oːlet; lat.] (교양어) 돈은 냄새가 안 난다 (↑Geld stinkt nicht).

Nonpareille [nɔpa'rɛːj], die [frz. nonpareille] **1.** (과자류에 뿌리는) 색설탕. **2.** [인쇄] 6포인트 활자.

Nonplusultra [nɔnplʊs'ʊltra, (또한) nɔːn-], das; - [lat. nōn plūs ultrā = nicht noch weiter] (교양어·농·조롱) 최상, 정상, 극도, 극치: dieser Korkenzieher ist auch (noch) nicht das N. 이 코르크 마개뽑개는 최고품은 아니다.

Nonproliferation ['nɔnproʊlifə'reɪʃən], die [engl.-amerik. nonproliferation] (정치) (핵무기의) 비확산.

non scholae, sed vitae discimus ['nɔːn 'sçɔːle 'zet 'viːte 'dɪstsɪmʊs, (또한) - 'skɔːlɛ - 'lat.] (교양어) 사람이 무엇을 배우는 것은 자신(의 이익)을 위해 배운다.

Nonsens ['nɔnzens], der; -, (또한) -es [engl. nonsense] (교양어·폄) 넌센스, 무의미한(비논리적, 불합리한) 일, 어리석은 언행: das ist doch purer N. 그것은 정말 순전히 넌센스이다. **Nonsensdichtung,** die [문예학] 넌센스 문학. **Nonsensvers,** der (대개 Pl.) [문예학] 넌센스 시구(詩句).

nonstop [nɔn'stɔp, (또한) nɔn'ʃtɔp] 〈Adv.〉 [engl.] 중단(휴식) 없는: n. fliegen 중간 착륙 없이 비행하다. **Nonstop** [-] (다음 용법으로) **in N.** 중간 착륙 없이 (nonstop): die Gesellschaft fliegt in N. nach New York 그 여행단은 중간 기착 없이 뉴욕으로 날아간다. **Nonstopflug,** der 중간 착륙지 없는 비행. **Nonstopkino,** das 연속 상영 영화관.

non tanto ['nɔːn 'tanto; ital.] [음악] ↑ma non tanto. **non troppo** ['nɔːn 'trɔpo; ital.] [음악] ↑ma non troppo.

Nonvaleur [nõva'løːɐ̯], der; -s, -s [frz. non-valeur] **1.** [경제] **a)** 무가치해진 유가증권. **b)** 수익성 없는 투자. **2.** (교양어·준고어) **a)** (Pl. 또한) -e) (폄) 무능력자, 실패자. **b)** 무가치한 것, 쓸모없는 것.

nonverbal [nɔn-, (또한) nɔːn-] 〈Adj.〉 [lat. non] (전문어) (제스츄어, 표정을 통해 전달되는) 언어의 도움을 받지 않은.

noogen [noo'geːn] 〈Adj.〉 [심리] 정신적 문제(실존적 위기)가 원인인. **Noologie** [noolo'giː], die [철학] 정신론(精神論). **noologisch** 〈Adj.〉 [철학] 정신론의.

Noor [noːɐ̯], das; -(e)s, -e [dän. nor.] (nordd.) 해안호(湖) (Haff).

Noppe ['nɔpə], die; -n (대개 Pl.) **1.** (피륙 표면의) 작은 마디. **2.** 돌기(돌출발판 따위의): die Gummimatte hat an der Unterseite -n 그 고무 매트의 밑 바닥은 오돌도돌하다. **Noppeisen,** das; -s, - [섬유] 작은 마디, 괴깔을 제거하는 도구. **noppen** ['nɔpn] 〈h〉 (전문어) **a)** (피륙의) 괴깔(마디)을 없애다: einen Stoff n. 천의 괴깔을 제거하다. **b)** 괴깔을 입히다: ein genoppter Wollfaden 괴깔을 입힌 양모사(털실).

Noppen- [섬유] **~garn,** das 산모(散毛) 섬유. **~gewebe,** das 산모오돌도돌한 유리. **~stoff,** der 산모섬유천. **~streichgarn,** das 산모섬유 소모사(梳毛絲). **~tweed,** der 산모섬유 트위드(스코치직(織)의 일종). **~zwirn,** der 산모섬유 연사(撚絲).

noppig ['nɔpɪç] 〈Adj.〉 [↑Noppe] [섬유] 괴깔이 달린, 마디가 많은; 오돌도돌한 돌기가 있는. **Noppzange,** die [섬유] Noppeisen.

Nor [noːɐ̯], das; -s [Noricum (동 알프스의 고대 로마 지방)의 약칭] [지질] 상부(上部) 3첩기층의 三疊紀層).

Nörchen ['nœːɐ̯çən], das; -s, - (nordwestd.) ↑ Nickerchen.

Nord [nɔrt], der; -(e)s, -e [mhd. nort, ahd. nord, 원래 = weiter nach unten (Gelegenes)] (반대: Süd) **1.** 〈Pl. 없음; 격변화·관사없음〉 **a)** [선원·기상] ↑Norden (1): **b)** (보통 전치사와 결합하여) nach N. 북쪽으로; der Wind kommt aus(von) N. 바람이 북쪽에서 불어온다. **b)** (지명 뒤에 사용되어 그 지명의 북부 또는 북쪽을 나타냄) die Autobahnausfahrt Frankfurt -N. 프랑크푸르트 고속도로 출구(약어: N.). **2.** 〈선원·시어〉 ↑Nordwind: es wehte ein eisiger N. 얼음같이 찬 북풍이 불었다.

nord-, Nord-: **~amerika,** -s 북아메리카. **~amerikanisch** 〈Adj.〉 북아메리카의. **~atlantikpakt** ['nɔrt'lantikpakt], der [NATO. **~dakota,** -s (미국의 주명) 노스다코타. **~deutsch** 〈Adj.〉 **a)** 북부 독일의, 북부 독일에서 유래하는: -e Mundarten 북독 방언들. **b)** 북독(북독인들)의 특징을 나타내는: er sprach mit -em Akzent 그는 북부 독일 특유 악센트로 말했다. **~deutschland,** -s 독일 북부(지역). **~eingang,** der 북쪽 입구. **~europa,** -s 북유럽. **~europäisch** 〈Adj.〉 북유럽의. **~fenster,** das 북쪽 창문. **~flanke,** die ↑~seite. **~flügel,** der 건물의 북쪽 측면. **~friesisch** 〈Adj.〉 북프리스란트섬들의. **~friesland,** -s 북프리스란트. **~grenze,** die 북쪽 경계. **~halbkugel,** die (지구의) 북반구. **~hang,** der 북쪽경사. **~irland,** -s (영국에 속하는) 북아일랜드. **~karolina,** -s (미국의 주) 노스캐롤라이나. **~korea,** -s 북한. **~koreaner,** der 북한 사람. **~koreanisch** 〈Adj.〉 북한의. **~küste,** die 북부 해안. **~land,** das 〈Pl. -länder; 대개 Pl.〉 (드물게) 북국(北國), 북구, 스칸디나비아. **~länder** [-lɛndɐ], der 북유럽 사람. **~landfahrt,** die 북국 여행. **~ländisch** 〈Adj.〉 북국의, 북국(北國)의. **~landreise,** die ↑~landfahrt. **~licht,** das 〈Pl. -lichter〉 [1: dän., norw. nordlys] **1.** 북극광(北極光). **2.** (반어적·경멸적; 남독일 특히 바이에른의 관점에서) 북독인, 북쪽출신의 말씨를 잘 나 체하는 정치가. **~nordost** [--'-], der **1.** 〈Pl. 없음; 격변화·관사없음〉 [선원·기상] 《보통 전치사와 결합하여》 ↑ ~nordosten(약어: NNO). **2.** [선원] 북북동풍. **~nordosten** [--'--], der 〈대개 관사 없음〉 《보통 전치사와 결합하여》 북북동(약어: NNO). **~nordwest** [--'-], der **1.** 〈Pl. 없음; 격변화·관사 없음〉 [선원·기상] 《보통 전치사와 함께》 ↑ ~nordwesten(약어: NNW). **2.** [선원] 북북서풍. **~nordwesten** [--'--], der 〈대개 관사 없음〉 《보통 전치사와 결합하여》 북북서(약어: NNW). **~ost** [--], der **1.** 〈Pl. 없음; 격변화·관사없음〉 **a)** [선원·기상] ↑ Nordosten (1). **b)** (지명 뒤에 사용되어 그 지명의 북부 또는 북쪽을 나타냄) (약어: NO). **2.** 〈선원·시어〉 북동풍. **~osten** [-'--], der **1.** 〈대개 관사 없음〉 《보통 전치사와 결합하여》 북동쪽(약어: NO). **2.** 북동 지역. **~östlich** [-'-] **I.** 〈Adj.〉 북동(으로부터)의. **II.** 〈Präp.[2]〉…의 북동쪽에. **~Ostsee-Kanal** der; -s 북해와 동해(발트해)를 잇는 운하. **~ostwind** [-'--], der 북동풍. **~pol,** der **1.** 북극: eine Expedition zum N. 북극 탐험. **2.** (자석의) 북극. **~polargebiet,** das 북극

지역. ~polarland [--'--], das 〈Pl. ...länder; 대개 Pl.〉 북극 지방. ~polarmeer, das 북극해. ~polarstern [--'--], der ↑Polarstern. ~polexpedition, die 북극 탐험(대). ~punkt, der 〖지리〗 북점(北點). ~rand, der 북쪽 가장자리. ~rhein-Westfalen ['nortrajnvest'faːlən] -s 노르트라인-베스트팔렌(독일의 주). ~rhein-westfälisch 〈Adj.〉 노르트라인-베스트팔렌(주)의. ~see ['nortze:], die 〈Pl. 없음〉 북해(대서양의 북동쪽 끝에 있는 바다). ~seegarnele, die 북해산의 작은 새우(Granat). ~seekrabbe, die ↑seegarnele. ~seite, die 북쪽, 북면. ~seitig 〈Adj.〉 북쪽의. ~spitze, die 북쪽끝(섬 따위의). ~stern, der ↑Polarstern. ~Süd-Dialog, der 〈Pl. 없음〉 〖정치〗 남북 대화(북반구 경제선진국과 남반구 저개발국가들간의). ~Süd-Gefälle, das 〈Pl. 없음〉 〖정치〗 남북격차. ~Süd-Konflikt, der 〖정치〗 남북 갈등. ~südlich 〈Adj.〉 정남(正南)의. ~südrichtung, die 정남향. ~teil, der (나라와 도시의) 북부. ~ufer, das 북쪽 해안. ~vietnam, -s 북베트남. ~wand, die (건물, 산 따위의) 북벽. ~wärts 〈Adv.〉 [↑-wärts)a) 북쪽으로. b) 〈드물게〉 북쪽에. ~west [-'-], der 1. 〈Pl. 없음; 격변화·관사 없음〉 a) 〖원형·기상〗 Nordwesten (1). b) 〈지명 뒤에 사용되어 그 지명의 북부 또는 북쪽을 나타냄〉 (약어: NW). 2. 〖원형·시어〗 북서풍. ~westen [-'--], der 1. 〈대개 Art. 없음〉 〈보통 전치사와 결합하여〉 북서(약어: NW). 2. 북서 지역. ~westlich [-'--] I. 〈Adj.〉 북서쪽(으로부터)의. II. 〈Präp.²〉 ...의 북서쪽에. ~westwind [-'--], der 북서풍. ~wind, der 북풍. ~zimmer, das 북쪽방.

norden ['nordn] (h) 〈드물게〉 북쪽으로 향하게 하다. Norden [-], der; -s 1. 〈대개 Art. 없음〉 a) 북, 북쪽, 북방 《보통 전치사와 결합하여》 (약어: N)(반대: Süden): nach N. fahren 북쪽으로 타고가다. 2. a) 북쪽 지역, 북부: im N. Frankfurts 프랑크푸르트 북부에. b) 북쪽 나라, 북국, 북유럽: er kommt aus dem N. 그는 북국(구) 출신이다. Nordersonne ['nərdə-], die [niederl. norderzon] 〖원형〗 ↑Mitternachtssonne. nordisch ['nordɪʃ] 〈Adj.〉 (반대: südlich.) 1. 북국의, 북유럽의, 스칸디나비아의: die -en Länder 북유럽 국가들; die -en Sprachen 북유럽 언어들(노르웨이어, 스웨덴어, 덴마크어, 아이슬란드어). 2. 북유럽[북유럽]사람의. b) 〈나치〉 ↑arisch (2). Nordist [nor'dɪst] der; -en, -en 북구어 문학(語文學) 연구가. Nordistik, die 북구 어문학. nördlich ['nœrtlɪç] I. 〈Adj.〉 (반대: südlich.) 1. 북쪽 [북방]의, 북쪽에 있는: das -e Italien 북부 이탈리아; 〈"von"과 결합하여〉 A liegt 25km n. von B. A는 B의 북쪽 25 km 지점에 있다. 2. a) 북향의: einen -(er)en Kurs einschlagen 북쪽 코스로 접어들다. b) 북쪽으로부터의: -e Winde 북풍. 3. a) 북국의. b) 북쪽에 속하는, 북쪽 출신의: die -en Völker 북방 민족. b) 북유럽[북유럽 사람] 특유의: ein kühles, -es Temperament 냉담한 북유럽 사람 기질. II. 〈Präp.²〉 ...의 북쪽에: (20 km) n. der Grenze 국경의 (20 km) 북쪽에; n. Hamburgs 함부르크 북쪽에(드물게; nördlich von Hamburg).

nören ['nøːrən] 〈h〉 〈nordwestd.〉 선장 자다, 졸다.

Nörgelei [nœrgə'laj], die; -en 〖佛〗 1. 〈Pl. 없음〉 흠잡기, 불평하기. 2. 불평. Nörgelfritze, die 〈통용어·俗〉 불평꾼(Nörgler). nörgelig, nörglig ['nœrg(ə)lɪç] 〈Adj.〉 〖俗〗 불평[불만]이 많은, 트집잡는. nörgeln ['nœrgln] (h) 〖俗〗 투덜거리다, 불평을 말하며, 흠 잡다: an jmdm. [über alles] n. 누구[모든 것]에 대해 불평하다. Nörgler [nœrglɐ], der; -s, - 《俗》 투덜

대는 사람, 불평꾼. Nörglerin, die; -nen ↑Nörgler 의 여성형. nörglerisch 〈Adj.〉 불평꾼다운. nörglig: ↑nörgelig.

Norm [norm], die; -en [lat. nōrma] 1. 〈대개 Pl.〉 준칙, 규범, 규격, 규정: ethische -en 윤리적 규범들. 2. 표준. 3. a) 책임량. b) 〈구동독〉 생산비 기준치. 4. [스포츠] (경기 참가 자격) 기준 기록. 5. 기준: für etw. -en festsetzen[aufstellen] 무엇을 위한 기준들을 설정하다; etw. entspricht einer N. 무엇이 기준에 들어맞다. 6. [서적] (인쇄전지의) 권두사(見出) 약호.

norm-, Norm-: ~abweichung, die 규준(규범)에서 벗어남. ~blatt, das 표준 규격 명세서. ~druck, der 〖물리·기술〗 기준(표준) 압력. ~erfüllung, die 책임량 달성. ~erhöhung, die 책임량 증대. ~gerecht 〈Adj.〉 책임량에 알맞는. ~stunde, die (1시간의) 기준 시간. ~temperatur, die 〖물리·기술〗 정상 온도. ~widrig 〈Adj.〉 규준(규범)에 어긋나는: 책임량에 어긋나는. ~widrigkeit, die ↑~widrig의 명사형. ~zeit, die 기준 시간: die N. für diesen Arbeitsgang beträgt 10 Minuten 이 공정에 소요되는 기준 시간은 10분이다. ~zustand, der 〖물리·기술〗 (온도, 압력 따위의) 정상 상태.

normacid, normazid [norma'tsi:t] 〈Adj.〉 〖의학〗 (위액의) 산성 함유가 정상임. Normacidität, Normazidität [normatsidi'tɛːt], die 〈Pl. 없음〉 〖의학〗 ↑normacid의 명사형.

normal [nor'maːl] 〈Adj.〉 [lat. nōrmālis] 1. a) 〈nicht adv.〉 표준의, 규정대로의, 정상의, 준칙에 의한: eine -e Größe 표준치의 크기; der Puls ist n. 맥박은 정상이다. b) 보통의, 통상의, 정규[정식]의: unter -en Umständen 통상적 상황 아래에서는. 2. (성장이) 정상의, (정신이) 건강한[건전한]: der Junge ist absolut n. 그 소년은 매우 건강하다; bist du noch n.? 〈통용어〉 너 제 정신이냐[미치지 않았냐]? Normal [-], das; -s, -e 1. 《전문어》 원기(原器). 2. 〈관사없이〉 〈통용어〉 ↑Normalbenzin의 약칭: tanken Sie N. oder Super? 보통을 넣으시겠어요, 고급을 넣으시겠어요?

normal-, Normal-: ~auslage, die 〖권투〗 ↑Linksauslage. ~bedingung, die 〈대개 Pl.〉 〖수학·기술〗 정상 조건. ~benzin, das 보통 휘발유. ~druck, der 〖기술〗 정상 압력. ~fall, der 보통의 경우. ~film, der (35mm 표준 필름. ~form, die 1. 〖스포츠〗 표준 능력. 2. 〖수학〗 표준형(標準形). ~format, das 1. 표준형(型). 2. 〖전문어〗 (독일 공업 규격에 따른) 표준 척도. ~gewicht, das 표준 중량, 평상 체중; 표준 형기(衡器). ~größe, die 표준 체격, 표준의 크기. ~höhe, die 1. 〖인쇄〗 (활자의) 표준높이. 2. 《전문어》 ↑~null. ~höhenpunkt, der 〖전문어〗 수준 원점(약어: NH). ~horizont, der 《전문어》 수준면. ~lösung, die 〖화학〗 규정 용액. ~maß, das 1. 표준 도량(척도). 2. 원기(原器). ~null, das 〖측지학〗 (고저측량의 기점) 평균 해면(약: NN, N. N.). ~nullpunkt, der 〈드물게〉 ↑~null. ~profil, das 〖토목〗 a) 표준 단면(건축물·교량·도로·차량의 적하 따위의). b) 터널[지하도]의 최저 높이. ~schule, die 〈schweiz.〉 1. 교육 대학. 2. 국립 교원 양성소. ~sichtig 〈Adj.; nicht adv.〉 정상 시력의. ~sichtigkeit, die 정상 시력. ~spur, die 〈Pl. 없음〉 표준 궤도(軌間)[선로 간격]. ~spurig 〈Adj.; nicht adv.〉 표준 궤간의. ~temperatur, die 정상 온도. ~ton, der 1. 〖음향〗 (일정한 진동수와 진폭의) 표준음. 2. 《음악》 ↑Kammerton. ~uhr, die 1. 표준 시계. 2. (거리, 광장 따위에 설치된 현지시각을 알리는 전자식) 표준 시계. ~verbraucher, der a) 표준적 소비자. b) 〖俗〗 (정신적 요구가 평균을 넘지않는) 보통인, 세간의 범인(凡人).

~wert, der 표준 가치(가격); 정상 가치. ~zeit, die 표준시. ~zustand, der 1. 정상 상태. 2. 《전문어》 (1기압·0°C의) 표준 상태.

Normale [nɔr'maːlə], die; -n 〔수학〕 법선(法線). normalerweise 〈Adv.〉 통상, 보통의 경우에는. Normalien [nɔr'maːliən] 〈Pl.〉 1. 원형, 규준, 규정. 2. 〔기술〕 (모형·공작 기구 등을 위한 체제적인) 모델. normalisieren [nɔrmaliˈziːrən] 〈h〉 [frz. normaliser] 1. a) 정상화하다, 규격 통일을 하다, 준칙에 맞추다, 정상 상태로 회복하다. b) 〈n. + sich〉 정상화되다, 정상 상태로 회복되다. 2. 〔화학〕 규정 용액을 생산하다. Normalisierung, die; -en 정상화! 표준화, 규격화. Normalität, die 1. 정상 상태. 2. 《전문어》 〔드물게〕 규정대로임.

Normandie [nɔrman'diː], 〈frz.〉 nɔrmaˈdi], die 〈Pl. 없음〉 노르망디(프랑스 북서 지방).

Normanne [nɔr'manə], der; -n, -n 노르만(북게르만족) 사람. normannisch [nɔr'maniʃ], 〈Adj.〉 노르만인[어]의.

normativ [normaˈtiːf] 〈Adj.〉 〔교양어〕 표준(규준)이 되는, 규범적인: eine -e Grammatik 규범 문법. Normativ [-], das; -s, -e 〔구동독〕 지침, 규정, 규범. Normative [...ˈtiːvə], die; -n 〔교양어〕 기본 규정 (Grundbestimmung). Normativismus [nɔrmatiˈvɪsmus], der; - 〔철학〕 (존재보다 당위[규범]가 우선하고, 이론적 이성보다 실천 이성이 우선한다는) 규범주의.

normazid ↑normacid. Normazidität: ↑Normacidität.

normen ['nɔrmən] 〈h〉 〔전문어〕 규격을 통일하다, 규격화하다, 표준화하다: Papierformate n. 지형(紙型)을 규격화하다; genormte Maschinenteile 규격화된 기계 부품들.

Normen-: ~ausschuß, der 규격 통일 위원회. ~kontrolle, die 〔법〕 규범 통제(헌법 재판소의 법령 심사권). ~kontrollklage, die 〔법〕 (헌법 재판소의) 법령 심사. ~kontrollverfahren, das 〔법〕 법령 심사 소송.

normieren [nɔr'miːrən] 〈h〉 [frz. normer < lat. nōrmāre = korrekt einrichten] 〔교양어〕 a) 단일화하다, 규격을 통일하다, 일률적으로 규정하다. b) ↑normen. Normierung, die; -en a) 규격을 통일하기. b) 규격이 통일되어 있음.

Nomozyt [nɔmoˈtsyːt], der; -en, -en 〈대개 Pl.〉 〔의학〕 1. 정상 세포. 2. 정상 적혈구.

Normung, die; -en 〔전문어〕 a) 규격 통일, 규격 표준화. b) 규격화되어 있음.

Norne ['nɔrnə], die; -n 〔북구 신화〕 운명의 여신 (Schicksalsgöttin).

Norwegen ['nɔrveːɡn̩], -s 노르웨이. Norweger [-, -s, - 노르웨이 사람. norwegisch ['nɔrveːɡɪʃ] 〈Adj.〉 노르웨이의. Norwegisch, das; -(s) (단지 정관사와 함께) 노르웨이 어(語). Norwegische, das; -n 노르웨이 어.

Norwegermuster ['nɔrveːɡɐ-], das; -s, - 〔수공〕 노르웨이 뜨개본.

Nosemaseuche [noˈzeːma-], die [nlat. Nosema = Name des Krankheitserregers < griech. nósēma] 노세마병(곤충병의 일종).

Nosologie [nozoloˈɡiː], die 〈Pl. 없음〉 〔의학〕 질병 분류학. nosologisch [nozoˈloːɡɪʃ] 〈Adj.〉 〔의학〕 질병 분류학의.

No-Spiel [noː-], das; -(e)s, -e [jap. nō, 원래 = Fähigkeit, Talent] 능악(能樂).

Nößel ['nøːs], der 〔또는〕 das; -s, - 〔옛〕 적은 액량(液量)의 단위.

nostalgico [nɔsˈtaldʒiko] 〈Adv.〉 [ital. nostalgico] 〔음악〕 동경심을 가득히 품고, 연모하면서(sehnsüchtig). Nostalgie [nɔstalˈɡiː], ...ien [...iːən] 〈Pl. 안 쓰임〉 [nlat. nostalgia, griech. nóstos] 1. 〔교양어〕 향수, 노스탤지어. 2. 〔교양어·준고어〕 향수병, 회향병(懷鄕病).

Nostalgiewelle, die 향수[노스탤지어]의 유행, 복고조 [풍]의 유행. Nostalgiker [...ɡɪkɐ], der; -s, - 향수(鄕愁)의 감정에 잘 젖어드는 사람. nostalgisch 〈Adj.〉 향수(鄕愁)의; 회구의; 향수에 젖은: eine -e Stimmung 향수에 젖은 기분.

Nostrifikation [nɔstrifikaˈtsioːn], die; -en 1. 〔법〕 귀화(시킴), 국적 편입. 2. 〔관〕 외국 학위(시험)의 승인. nostrifizieren [nɔstrifiˈtsiːrən] 〈h〉 [lat. noster] 1. 〔법〕 귀화시키다, 국적에 편입시키다. 2. 〔관〕 외국 학위 [시험]를 인정하다. Nostrokonto ['nɔstro-], das; -s, -ten, -ti [ital.(il) nostro conto = unser Konto] 〔금융〕 (거래 은행간의) 당점(當店) 계정(반대: Lorokonto).

not [noːt] (다음의 용법으로) n. tun[sein] 〔교양어·준고어·지역적〕 필요하다: Hilfe tut n. 도움이 필요하다; das tut doch nicht n.! 꼭 그래야 하는 것은 아니다; jmdm. n. tun 〔준고어〕 누구에게 필요하다. Not [-], die; Nöte ['nøːtə] 1. 궁지, 위기, 고난: jmdm. in der Stunde der N. helfen 어려울 때 누구를 돕다; sie waren in diesem Moment wirklich in N. 그들은 이 순간에 실제로 위기 상황에 처해 있었다; 성구 (da (jetzt, bei ihm) ist) Holland in N. [Nöten] 《반어》 야단났다, 큰일났다; N. lehrt beten 다급하면 하느님을 찾는다. 속담 Wenn die N. am größten, ist Gottes Hilf' am nächsten 고난이 최고에 달하면, 하느님의 도움이 가장 가까이 있다; in N. und Tod 〔아어〕 아무리 어려운 상황에서도, 아무리 위험해도. 2. 〈Pl. 없음〉 궁핍; 비참, 극도의 빈곤: N. leiden 〔아어〕 가난에 시달리다; jmdm. aus der N. helfen 누구를 도와 가난을 벗어나게 하다; 성구 N. macht erfinderisch 궁(窮)하면 통(通)하는 방법이 떠오른다; N. kennt kein Gebot 필요 앞에는 법률 없다; in der N. frißt der Teufel Fliegen 〔통용어〕 평소에 구들며 보지 않던 것도 궁하면 구하다. 3. a) 〈Pl. 없음〉 곤경, 난처: in höchster[tiefster] N. sein 극도의 곤경에 처해 있다; jmdm. in der N. beistehen 곤경에 처한 누구를 돕다. b) 〈대개 Pl.〉 고민거리, 어려운 문제; 걱정거리: die Nöte des Alltags 일상의 걱정거리들; in (höchsten, tausend) Nöten sein 많은 고민을 갖고 있다. 4. 신고(辛苦), 노고[수고], 노력: seine(liebe) N. mit jmdm.(etw.) haben 누구(무엇)의 일로 큰 어려움을 겪고 있다; mit knapper[〔드물게〕 genauer〕 N. 간신히, 겨우; ohne N. 〔저절〕 거리낌[거림] 없이. 5. 〈Pl. 없음〉 〔준고어〕 위급, 급박, 비상; 필요: damit hat es keine N. 그것은 급한 일이 아니다; 성구 der N. gehorchend 〔아어〕 부득이; wenn[wo] N. am Mann ist 피할 길 없는[막다른] 궁지에 처할 경우에는: aus der N. eine Tugend machen 전화 위복이 되게 하다; ohne N. 〔아어〕 까닭없이; 필요 없이. zur N. 필요로서.

not-, Not-: ~abitur, das 전시(戰時) 아비투어(대입 자격 고사). ~adresse, die a) 〔재정〕 (어음의) 비상 지불 인명(名), 예비 지불 인명. b) 비상[예비] 주소(수신인의). ~aggregat, das 〔기술〕 ~stromaggregat. ~anker, der 〔해양〕 비상[예비] 닻; 최후의 희망. ~arzt, der a) 대기 근무 의사. b) 〔구조〕 구급의. ~arztwagen, der 〔구조〕 구급의(醫)차. b) ↑Klinomobil. ~aufnahme, die 1. 〔구서독〕 a) (구동독 피난민의) 긴급 수용, 긴급 귀화의 허가. b) 긴급 귀화 허가소. 2. 〔건강〕 긴급 환자 수용. b) 긴급 환자 입원실, 응급실. ~aufnahmelager, das 긴급 귀화인 수용소. ~ausgang, der 비상구. ~ausstieg, der 비상 해

치, 긴급 탈출구. ~baracke, die 가건물. ~behelf, der 응급 수단, 임시 조치. ~beleuchtung, die 예비등. ~bett, das (병원의) 응급 침대. ~bremse, die 1. [철도] 비상제동기[브레이크]: die N. ziehen 비상 브레이크를 당기다. 2. 승강기의 비상 제동기. ~bremsung, die 비상제동. ~brücke, die 가교(假橋). ~dach, das 임시 지붕. ~dienst, der ↑Bereitschaftsdienst. ~durft usw. ↑Notdurft usw. ~erbe, der [법] (유언에 관계없이) 필연상속인, 법정 추정 상속인. ~erbin, die [법] ↑-erbe의 여성형. ~fall, der a) 응급인 경우, 비상시. b) 필요한 경우. ~fallarzt, der ↑-arzt. ~fallausweis, der [구조] 구급 치료용 신분 증명서(소지자의 혈액형 등이 기재된). ~falldienst, der (의사의) 대기 근무. ~falls 〈Adv.〉 필요한 경우에는, 만일의 경우에는. ~feuer, das a) 비상 신호불. b) [민속] 영험이 있는 불. ~flagge, die 조난 신호기(긴급 발신용) 주파수. ~frequenz, die [무선] 조난 신호기(긴급 발신용) 주파수. ~frist, die [법] 확정[불변] 기간. ~gedrungen 〈Adv.〉 부득이한, 어쩔 수 없는. ~geld, das [화폐] 긴급 화폐, 임시 보조 화폐, 대용 화폐. ~gemeinschaft, die a) (긴급 상황 타개를 위한) 조성(助成) 단체. b) 곤경 극복 협의회. ~gesetz, das 긴급 법령. ~gespräch, das [전화] 긴급 통화. ~groschen, der 비상용 저금. ~hafen, der [해양] 긴급 피난항. ~helfer, der a) 곤궁을 구하여 주는 사람, 구원자, 구호자. b) [가] 구난 성인. ~hilfe, die [법] 긴급 구조, 비상 구제. ~jahr, das 〈대개 Pl.〉 흉년, 곤궁(궁핍)한 해. ~lage, die 궁지, 궁경(窮境): aus einer N. herauskommen 궁지에서 빠져 나오다; sich in einer N. befinden 궁경에 처해있다; in eine N. geraten 궁지에 빠져들다. ~lager, das 간이침대; 임시 숙박소. ~landen, g) 비상 착륙하다. b) 〈h〉 비상 착륙시키다. ~landung, die 불시착, 비상 착륙. ~leidend 〈Adj.〉 곤궁한, 궁핍한; 조난당한, 재해를 입은. ~leiter, die ↑Feuerleiter (1). ~licht, das ↑-beleuchtung. ~lösung, die 임시 해결책, 방편, 편법. ~lüge, die 궁여지책의 거짓말, 둔사. ~maßnahme, die 비상[긴급] 조치, 응급 조치. ~mast, der 비상 돛대, 예비돛대. ~mutter, die 양육모. ~nagel, der (통용어·폄) 임시 변통의 대역(代役). ~name, der [예술] 미확인 작가의 대용 명칭. ~operation, die 구급(응급) 수술. ~operieren 〈h〉 응급 수술을 하다. ~opfer, das [세무] 긴급구제세. ~parlament, das [헌법] 비상의회. ~pfennig, der ↑-groschen. ~proviant, der 비상 식량. ~quartier, das 임시(간이) 숙박소. ~recht, das [스위스 헌법] ↑-standsrecht. ~reif 〈Adj.〉 [농업] (가뭄으로) 곡식이 여물지 않고 익은, 조숙의. ~reife, die [농업] 채여물지 않고 익음. ~reifen 〈s〉 [농업] 채 여물지 않고 익다. ~ruf, der a) 구조를 청하는 외침, 비상 경보; (전화를 통한) 비상호출. b) ↑-rufnummer. c) (동물, 특히 새의) 구조를 청하는 울부짖음. ~rufanlage, die. ~rufmelder, der [전화] 비상 호출 전화(장치). ~rufnummer, die 비상 호출 전화 번호. ~rufsäule, die (고속 도로나 터널 속의) 비상 호출 전화대. ~schalter, der 비상 스위치. ~schlachten 〈h〉 (병들거나 상처난 가축을) 비상 도살하다. ~schlachtung, die 긴급 도살. ~schrei, der a) 〈아어·준고어〉 구조를 요청하는 외침 (비명). b) ↑-ruf (c). ~segel, das [선원] 비상돛. ~sender, der 비상 호출 송신기. ~situation, die ↑-lage. ~sitz, der 예비 보조(의자). ~stand, der a) 궁지, 위기. b) [법] 비상[긴급] 사태, 긴급 상태: den (nationalen) N. ausrufen[verkünden] (국가적) 비상 사태를 선포하다. ~standsgebiet, das 긴급 사태 발생 지역, 재해(災害) 지역. ~standsgesetz, das 〈대개 Pl.〉 비상 사태(조치)법, 긴급 법률[법령]. ~standsgesetz-

gebung, die 긴급 입법. ~standsrecht, das 비상 대권. ~standsverfassung, die 비상 조치법들과 관련한 헌법 규정. ~strom, der 비상(용 예비) 전기. ~stromaggregat, das 비상용 발전기. ~taufe, die 긴급 세례, 사(私)세례(빈사 상태의 아이에게 일반인이 행하는 세례). ~taufen 〈h〉 긴급 세례[사(私)세례]를 행하다. ~testament, das [법] 비상 유언. ~trauung, die 긴급 혼인. ~tür die 비상구. ~unterkunft, die 비상[피난] 숙박(소). ~verband, der 구급 붕대. ~verkauf, der 비상 매각, 자조(自助) 매각 (Selbsthilfeverkauf). ~verordnung, die [헌법] 긴급 명령. ~voll 〈Adj.〉 〈아어〉 위기(고난·빈곤)에 찬. ~vorrat, der 비상 식량. ~wassern 〈h〉 [항공] 불시 착수(不時着水) 하다. ~wasserung, 〈드물게〉 ~waßrung, die [항공] 불시 착수. ~wehr, die [법] 정당 방위: aus[in] N. handeln 정당 방위로 행하다. ~wehrhandlung, die [법] 정당 방위 행위. ~wendig, ↑notwendig. ~wohnung, die 임시 주거, 비상용[피난] 주택. ~zeichen, das 비상 신호. ~zeit, die 〈대개 Pl.〉 궁핍(곤궁)의 시기, 비상시. ~zucht, die [법] 성폭행, 강간: N. an jmdm. begehen[verüben] 누구를 강간하다. ~züchtigen 〈notzüchtigte, hat genotzüchtigt, notzuzüchtigen〉 [법] 성폭행하다, 강간하다. ~zuchtverbrechen, das 강간죄.

Nota ['noːta], die; -s [lat. notā] 1. 〈교야어〉 기호, 부호 (Zeichen), 주해(Anmerkung). 2. 〈상·준고어〉 a) 주문(Auftrag): etw. in N. geben 무엇을 주문하다; etw. in N. nehmen 무엇을 주문받다(주문받은 것을 기록해 두다). b) 계산서. notabel [noˈtaːbl] 〈Adj.〉 [frz. notable < lat. notābilis] 〈교야어·준고어〉 중요한, 언급할 만한: Er empfängt notable Gäste 그는 저명한 손님들을 영접한다. Notabeln [noˈtaːbln] 〈Pl.〉 [frz. notables] 《역사적》 (프랑스 상류 사회의 구성원인) 명사(名士), 유력자들, 저명 인사. notabene [notaˈbeːnə] 〈Adj.〉 [lat. notābene] 〈교야어·준고어〉 잘 기억해 두; 그 밖에도: ich will, n., nichts damit zu schaffen haben 잘 기억해 두어라, 나는 그것과 아무런 관계를 갖고 싶지 않아〈略: NB〉. Notabene [-], das; -(s), -(s) (교야어·드물게〉 주의의 부호, 주해[비고]. Notabilität [notabiliˈtɛːt], die; -en [lat. notābilitās] 1. 〈Pl. 없음〉 (교야) 고귀함, 저명. 2. 〈대개 Pl.〉 저명인사.
Notar [noˈtaːɐ̯], 〈österr.·통용어·준고어〉 Notär, der; -s, -e [lat. notārius] 공증인(公證人). Notargehilfe, der [공증인의 서기(조수). Notariat [notariˈaːt], das; -(e)s, -e [lat. notariatus] a) 공증인의 직책. b) 공증인 사무소. Notariatsgehilfe, der 공증인의 서기(조수). Notariatskanzlei, die 공증인 사무소. notariell [notaˈri̯ɛl] 〈Adj.; nicht präd.〉 [법] 공증인이 작성한, 공증인의 증명이 있는: etw. n. beglaubigen lassen 무엇을 공증인에게 확인[공증] 시키다. notarisch 〈Adj.〉 ↑notariell.
Natation [notaˈtsi̯oːn], die; -en [lat. notātio] 1. 〈전문어〉 기록; [도서 정리 따위의] (분류) 기호법. 2. [음악] a) 〈Pl. 없음〉 기보법(記譜法). b) 악보. 3. [장기] (서양 장기) 박보(博譜).

Notdurft [-dʊrft], die 〈Pl. 없음〉 1. 〈아어〉 배설(물), 분비(물): seine große[kleine] N. verrichten 〈아어〉 대변[소변]을 보다. 2. 〈아어·고어〉 생활 필수품. 3. 〈드물게〉 ↑Notdürftigkeit. notdürftig 〈Adj.〉 부족한, 궁핍한; 임시 변통의, 응급의, 아쉬운대로 쓸 수 있는. Notdürftigkeit, die 〈Pl. 없음〉 〈드물게〉 궁핍, 빈곤.

Note ['noːtə], die; -n [mhd. note < lat. notā] 1. a) (음악의) 음표[음부](音符): ganze[halbe] ~n 전[2분] 음부; Gedichte in -n setzen 〈준고어〉 시(詩)에 곡을 붙이다. b) 〈Pl.〉 악보(Notenblatt): nach -n singen 악보

에 따라 노래하다; **(wie) nach -n** 《통용어·농》완벽하게, 철저하게: das ging wie nach -n 그것은 착착 진행되었다; er hat ihn nach -n verprügelt 그는 그를 몹시 매질했다. **2. a)** 평점(Zensur), 학점, 점수: die schriftliche N. 논문[작문] 점수; er hat für den Aufsatz die N. Eins bekommen 그는 작문에 수(秀)를 받았다; etw. mit der N. „ungenügend" bewerten 무엇을 F 학점으로 평가하다; [전의] er teilt gern schlechte -n aus 그는 비판하기를 좋아한다. **b)** 《스포츠》(포인트로 계산한) 점수. **3.** 〈대개 Pl.〉 [금융] ↑Banknote의 약칭. **4.** [국제법] 문서, 각서, (외교상의) 통첩: -n (über etw.) austauschen (무엇에 관해) 외교 문서를 교환하다. **5.** 〈교양어·드물게〉메모, 비망록. **6.** 〈Pl. 없음〉특색, 특징; 색조; 가락(Flair): ein Anzug mit sportlicher N. 스포티한 분위기의 양복.

Noten-: **~austausch**, der 외교 문서 교환, 통첩 교환. **~bank**, die 〈Pl. : ..banken〉은행권 발행은행, 발권은행. **~blatt**, das 악보를 기입한 오선지. **~buch**, das 악보책. **~druck**, der **1.** 은행권 인쇄. **2.** 악보 인쇄. **~durchschnitt**, der 점수의 평균, 평균점. **~gebung**, die 채점, 성적 부여. **~heft**, das **1.** ↑~buch. **2.** 오선지(五線紙) 노트. **~linie**, die 〈대개 Pl.〉악보의 선. **~papier**, das 악보 용지, 오선지. **~pult**, das / **~ständer**. **~satz**, der 악보 조판[식자]. **~schlüssel**, der [음악] 음부의 기호. **~schrift**, die 기보법(記譜法), 악보법. **~ständer**, der 악보대. **~stecher**, der 악보 판각공(板刻工). **~system**, das 성적 평점의 체계. **~wechsel**, der ↑~austausch. **~wert**, der [음악] 음표로 표기된 음(音)의 길이와 높이. **~zeichen**, das [음악] ↑Note (1 a).

notieren [no'ti:rən] 〈h〉 [lat. notāre] **1.** 적어 두다, 기입[기록]하다, 기장[기재]하다, 부기(附記)하다; 기보(記譜)하다; (sich) etw. genau n. 무엇을 정확하게 기록해 두다; er hat (sich) das Datum in seinen[seinem] Kalender notiert 그는 날짜를 달력에 적어 두었다; ein Musikstück n. 음악 작품을 기보[記譜]하다; jmdn. für etw. n. 무엇을 위해 누구 이름을 미리 적어두다; [전의] er hat die Vorgänge überhaupt nicht notiert 〈드물게〉그는 그 사건들을 전혀 알기[인지하기] 못했다. **2.** [증권·경제] **a)** 시세[가격]를 정하다: die Börse notiert die Aktie mit 50 Mark 증권 시장은 주식의 시세를 50마르크로 확정한다. **b)** (특정의) 시세[가격]를 유지하다: der Dollar notierte zum Vortageskurs 달러는 전날 시세를 유지했다. **Notierung**, die; -en **1. a)** 〈Pl. 없음〉 기입, 기장(記帳), 기재. **b)** ↑Notation (1). **2.** ↑Notation (2). **3.** ↑Notation (3). **4.** [증권·경제] **a)** 시세 결정. **b)** 시가.

Notifikation [notifika'tsjo:n], die; -en [frz. notification] **1.** 〈고어〉공고, 통고; 통지, 보고. **2.** [외교] 수교(手交)(Übergabe). **notifizieren** [notifi'tsi:rən] 〈h〉 [lat. nōtificāre] **1.** 〈고어〉공고하다(anzeigen); 통지하다[고시하다]. **2.** [외교] 수교(手交)[전달]하다. **notig** 〈Adj.〉 **a)** (österr.·통용어) 인색한. **b)** 〈südd.·통용어〉가난한, 곤궁한.

nötig ['nø:tɪç] 〈Adj.〉 필요한(erforderlich), 꼭 있어야 할, 꼭 해야 할, 만부득이한: dazu ist viel Ausdauer n. 그것을 위해서는 많은 인내[끈기]가 필요하다; nicht mehr als (unbedingt) n. (꼭) 필요한 만큼 (이다); deine Aufregung war gar nicht n. 너는 전혀 흥분할 필요가 없었다; er hat es für..n. halten 무엇을하다고 여기다; die Lage macht sofortige Schritte n. 상황은 즉각적인 조치를 필요로 한다; etw. [jmdn.] n. haben 무엇[누구]을 필요로 하다; etw. zu tun n. haben 무엇을 해야만 한다; er hat es von allen am -sten 〈통용어〉그가 그것을 가장 절실하게 도움이 필요하다; er hat es manchmal

n., daß man ihm die Meinung sagt 《통용어》그에게는 이따금씩 의견을 말해주어야 한다; er hielt es nicht einmal für n., sich zu entschuldigen 그는 사과조차하지 않았다; er braucht n. Ruhe 그는 절실하게 휴식을 필요로 한다; das ist doch nicht n. [das wäre doch nicht n. gewesen] 그렇게 하시지 않아도 될 텐데! (선물을 수령할 때의 겸손의 미사여구); hast du das n.? 꼭 그래야 되겠니? (그럴 필요가 전혀 없다는 의미임); 《명사화》ich werde das Nötige veranlassen 내가 필요한 조치를 취하겠다. **nötigen** ['nø:tɪgŋ] 〈h〉 **1.** (마음없는 일을) 하게 하다, 강요하다: er nötigte ihn, das Papier zu unterschreiben 그 남자는 그로 하여금 서류에 서명하게 했다; er ist zu dieser Tag genötigt worden. 그는 이렇게 하도록 강요당했다. **2.** 〈상황이〉..하도록 만들다: die Umstände nötigen mich zu dieser Maßnahme 사정이 나로 하여금 이런 조치를 취하게 한다; eine plötzliche Erkrankung nötigte ihn, den Termin abzusagen 갑작스런 발병이 그로 하여금 시간 약속을 취소하게 만들었다. **3. a)** 간절히 부탁하다, 자꾸 권하다: er nötigte uns zum Sitzen 그는 우리에게 앉으라고 권했다; er nötigte den Besucher, Platz zu nehmen 그는 방문객에게 앉으라고 자꾸 권했다; laß dich nicht n.! 사양하지 말아라. **b)** 간청하여 ...로 가게 하다: er nötigte uns ins Wohnzimmer 그는 우리를 거실로 들어오라고 했다. **nötigenfalls** 〈Adv.〉 부득이할 경우에는, 필요한 경우에는. **Nötigung**, die; -en **1.** [법] 협박: jmdn. wegen N. verurteilen 누구를 공갈죄로 유죄 판결을 내리다. **2.** 〈Pl. 없음〉(아이) 강요, 강제, 편견(성): ich empfinde keine N., mich zu entschuldigen 나는 사과해야 할 하등의 필요를 느끼지 않는다. **3.** 간청, 권권.

Notio ['no:tsjo], die; -nes [no'tsjo:ne:s], **Notion** [no'tsjo:n], die; -en [lat. nōtio] [철학] 개념(Begriff), 사상(Gedanke).

Notiz [no'ti:ts, 〈또한〉 ...'tɪts], die; -en [lat. nōtitia] **1.** 〈대개 Pl.〉메모, 비망록; 각서, 주해: sich eifrig -en machen 열심히 메모하다. **2.** 〈대개 Sg.〉보도, 통지, 공시, 고지: in der Zeitung fand sich nur eine knappe N. über den Vorfall 신문에는 그 사건에 관해 단지 간략한 보도만이 실려있었다. **3.** 〈증권〉 ↑Notierung (4). **4.** N. von jmdm.[etw.] nehmen 누구[무엇]에 주의를 기울이다.

Notiz- (Notiz 1): **~block**, der 〈Pl. -blocks, 《schweiz.》 -blöcke〉떼어 쓸 수 있는 노트. **~buch**, das 노트, 공책, 수첩. **~zettel**, der 메모 용지.

Notizensammlung, die; -en 메모 수집.

notorisch [no'to:rɪʃ] 〈Adj.〉 [lat. notōrius] **1.** 〈교양어·평〉 상습적인(gewohnheitsmäßig), 불변의(ständig): ein -er Trinker 상습적 음주가; er ist n. pleite 그는 무일푼이다. **2.** 〈교양어·준고어〉 주지(周知)의, 공공연한: Es ist n., daß sie in Armut lebte 그녀가 가난하게 살았다는 것은 주지의 사실이다. **3.** [법] 법원이 알고 있는.

Notturno [nɔ'turno], das; -s, -s /..ni [ital. notturno] [음악] **1. a)** 야상곡. **b)** 세레나데 유사곡. **2.** 〈드물게〉 ↑Nocturne (1).

notwendig [〈또한〉 --'--] 〈Adj.〉 **1. a)** 피할 수 없는, 불가피한; 꼭 필요한; 불가결의: er hat nicht die da zu (dafür) -en Fertigkeiten 그는 그것에 대한 필요한 재주를 갖고 있지 않다; etw. für (politisch) n. erachten 무엇을 (정치적으로) 불가피하다고 여기다. **b)** 〈adv.〉무조건, 절대적으로 필요한. **2.** 필연적인, 필연적인: das war die -e Folge 그것은 필연적인 결과였다; daraus folgt n., daß ... 그것에서 필연적으로 ...의 결론이 나온다. **notwendigenfalls** 〈Adv.〉 불가피한 경우에는. **notwendigerweise** 〈Adv.〉 필연적으로, 당연히, 어떻게든지,

반드시. **Notwendigkeit** [《또한》 -'---], die; -en 1. 〈Pl. 없음〉 필연성, 불가피성, 필수(必須), 필요: dazu besteht (für jmdn.) keine N. (누가) 그것을 꼭 해야 할 필요는 없다; etw. aus (zwingender) N. tun 무엇을 (강제적) 필연성으로 인해 하다. 2. 필수품, 꼭 필요한 일: 10 Stunden Schlaf sind für sie eine N. 10시간의 잠은 그녀에게 꼭 필요한 것이다.

Nougat, [-'---] Nugat ['nu:gat], der, 《또한》 das; -s 〈종류〉-s [frz. nougat] (호도, 편도, 설탕, 카카오로 만든) 누가(과자): die Pralinen sind mit N. gefüllt 사탕 절임판도는 누가로 채워져 있다.

nougat-, Nougat-: ~**braun** 〈Adj.〉 누가처럼 갈색인. ~**füllung**, die 누가로 된 속알맹이. ~**schokolade**, die 누가로 채워진 초콜릿.

Nous. ↑Nus.

Nouveau roman [nuvoro'mã], der; - - [frz. nouveau roman] 【문예학】 누보 로망, 새 소설.

Nouveauté [nuvo'te:], die; -s [frz. nouveauté] 《근고어》 (유행에 있어) 새로운 것, 신제품.

Nouvelle cuisine [nu'vɛl kɥi'zi:n] die [frz.] (음식물의 고유한 맛을 알맞은 양념으로 살려주는) 요리의 새 방향.

¹Nova ['no:va], die; Nova [lat. nova (stella)] 【천문】 신성(新星). **²Nova** [-, 《또한》 'nova] ↑Novum의 복수형. **Novation** [nova'tsio:n], die; -en [spätlat. novātio] 【법】 (채무의) 경개(更改).

Novecento [nove'tʃɛnto], das; -(s) [ital. novecento] 20세기.

Novelle ['nɔvɛlə], die; -n [1: ital. novella; 2: lat. novella (lēx)] 1. 단편 소설, 노벨레. 2. 【정치·법】 개정 법(改正法), 수정 법령: eine N. zum Bundesbaugesetz 독일 연방 건축법의 개정법.

novellen-, Novellen- (Novelle 1): ~**artig** 〈Adj.〉 노벨레적인, 단편 소설류[식]의. ~**band**, der 단편 소설[노벨레] 집. ~**dichter**, der 단편[노벨레] 작가. ~**form**, die 단편 소설[노벨레] 형식. ~**sammlung**, die 단편 소설[노벨레] 모음집. ~**schreiber**, der 단편 소설[노벨레] 작가. ~**zyklus**, der 단편 소설[노벨레] 총집.

¹Novellette [novɛ'lɛta], die; -n [ital. novelletta] 【문예학】 소단편소설.

²Novellette [-], die; -n 【영국 여가수 C. Novello(1818~1908)의 이름에서】 노벨레테, 서정소곡(小曲).

novellieren [novɛ'li:rən] 〈h〉 【정치·법】 (법률을) 수정[보충]하다. **Novellierung**, die; -en 【정치·법】 법률 수정[개정]. **Novellist**, der; -en, -en 단편 소설가. **Novellistik**, die 1. 단편 소설[노벨레] 기법[작법]. 2. 단편 소설[노벨레]류. **Novellistin**, die; -nen Novellist의 여성형. **novellistisch** 〈Adj.〉 a) 단편 소설(기법)의. b) 단편 소설(기법)에 고유한, 단편 소설풍의.

November [no'vɛmbɐ], der; -(s), - [lat.(mēnsis) November] 11월(약어: Nov.).

November-: ~**abend**, der 11월의 저녁. ein trüber N. 어느 흐린 11월 저녁. ~**nebel**, der 11월 안개. **Novemberrevolution**, die 〈Pl. 없음〉 (1918년 독일과 오스트리아의) 11월 혁명. ~**sturm**, der 11월 폭풍(우).

Novendiale [novɛn'dia:lə], das; -n [lat. novendiale] 【가】 (고인의 된 교황을 위한) 9일장(葬). **Novene** [no've:nə], die; -n [mlat. novena] 【가】 9일 기도.

Novilunium [novi'lu:nium], das; -s, ...nia [spätlat. novilunium] 【천문】 (그믐달이후) 첫 초생달.

Novität [novi'tɛ:t], die; -en [lat. novitās] 1. (책, 술, 유행 등의) 새로운 것: -en unseres Verlags 우리 출판사의 신간 서적들. 2. 《준고어》 뉴스. **¹Novize** [no'vi:tsə], der; -n, -n [lat. novīcius] 1. 【가】 수련사[예비신

부]. 2. 《교양어》 초심자, 신참자. **²Novize** [-], die; -n 【가】 수련녀[예비수녀]. **Noviziat** [novi'tsia:t], das; -(e)s, -e 【가】 1. 수련기. 2. 수련원. **Noviziatjahr**, das 수련의 해. **Novizin**, die; -nen ↑¹Novize의 여성형. **Novocain** ⓌⓇ [novoka'i:n], das; -s [lat. novus와 Cocain] ↑Procain. **Novum** ['nɔ:vʊm, 《또한》 novʊm], das; -s, Nova [lat. novum] 《교양어》 새로운 것: etwas stellt ein N. dar 무엇이 새로운 것이다.

Noxe ['nɔksə], die; -n [lat. noxa] 【의학】 유해(有害)물질(상황), 병인(病因), 병독. **Noxin** [nɔ'ksi:n], das; -s, -e 〈대개 Pl.〉 【의학】 녹신(유기체 안에서 파괴된 강한 유독성의 단백질).

Np = Neptunium; Neper.

NPD = National demokratische Partei Deutschlands 독일 민족 민주당.

Nr. = Nummer. **Nrn.** = Nummern.

NRT = Nettoregistertonne 순 등록 톤수.

NS = Nachschrift 추신; 《어음면에서》 nach Sicht 일람 후; Nationalsozialismus 국가 사회주의.

n. St. = neuen Stils(시간 계산; 그레고리오력(曆)에 따라).

N. T. = Neues Testament 신약성서.

n-t... [ent...] 【수학】 n분 의 서수.

nu [nu:] 〈Adv.〉 《지역적·경》 지금. **Nu** [-] 《전치사 "in"과 결합하여》 **im Nu / in einem Nu** 《통용어》 순식간에, 아주 빠르게.

Nuakschott 누악쇼트(모리타니의 수도).

Nuance ['nyã:sə], 《österr.》 'nyã:s], die; -n [frz. nuance] 《교양어》 1. 뉘앙스, 미묘한(정도의) 차이: eine kaum merkliche N. zwischen Blaßblau und Weißblau 담청색과 백청색 사이의 거의 알아챌 수 없는 미묘한 차이. 2. 약간: dieser Wein ist um eine N. herber 이 포도주는 약간 더 떫은 맛이 난다. 3. (한 예술 작품 안에서의) 뉘앙스. **nuancenreich** 〈Adj.〉 《교양어》 뉘앙스가 풍부한: eine -e dichterische Sprache 뉘앙스가 풍부한 문학적[시적] 언어. **Nuancenreichtum**, der 〈Pl. 없음〉 《교양어》 뉘앙스의 풍부성. **nuancieren** [nyã'si:rən] 〈h〉 [frz. nuancer] 《교양어》 a) 거의 알아보지 못하게 변화시키다, 뉘앙스를 주다: Farben n. 색들에 뉘앙스를 주다. b) 섬세한 차이를 파악하게; 뉘앙스를 주어 표현하다: Begriffe n. 개념들의 미세한 차이를 묘사하다. **nuanciert** [nyã'si:ɐt] 〈Adj.〉 1. 극도로 구별된, 섬세한(미묘한), 뉘앙스를 준. 2. 요점이 강조된: die Pianistin spielte das Larghetto sehr n. 그 여자 피아니스트는 라르게토 악곡의 중요 포인트들을 아주 강조하여 연주했다. **Nuanciertheit**, die 뉘앙스를 띠고 있음. **Nuancierung**, die; -en 뉘앙스 부여, 미세한 차이의 표현.

'nüber ['ny:bɐ] 《südd.》 ↑Hinüber.

Nubien ['nu:biən], -s 누비아(북아프리카의 지명). **Nubier** ['nu:biɐ], der; -s, - 누비아 인. **nubisch** ['nu:bɪʃ] 〈Adj.〉 누비아의.

Nubuk ['nu:bʊk], das; -(s) [engl. nubuck] ↑Nubukleder. **Nubukleder**, das (비단같게 표면 처리된) 고급 소가죽.

nüchtern ['nʏçtɐn] 〈Adj.〉 [lat. nocturnus] 1. 취하지 않은, 정신이 말짱한: nicht mehr (ganz) n. sein 약간 취해 있다. 2. 조반전의[식전의, 공복의]: 전의 das war ein Schreck auf -en Magen 《경》 그것은 예기치 못한 불쾌한 사건이었다. 3. a) 객관적인: eine -e Einschätzung der Lage 그 상황의 객관적 평가; etwas n. beurteilen 무엇을 객관적으로 판단하다. b) 장식이 없는, 무미 건조한, 단순한: -e Wände 황량한 벽; ein -er Raum 불편함을 느끼게 하는 공간. 4. 맛없는, 싱거운, 양념을 안한, 간이 안 맞는: die Suppe schmeckt sehr n. 그 수프

는 아주 싱겁다. **Nüchternheit**, die **1.** 말짱한 정신; 공복. **2. a)** 객관적 사고 방식[행동 양식]. **b)** 무장식, 무미건조, 몰취미(성): die sterile N. moderner Wohnstädte 현대 주거 도시들의 불모의 몰취미성.

Nucke ['nʊkə], **Nücke** ['nʏkə], die; -n 《대개 Pl.》 [niederd.] 《nordd.》 변덕, 까다로움(다루기에): dieser Motor hat seine Nücken 이 모터는 다루기 까다롭다; **seine Nücken und Tücken haben; voller Nücken und Tücken stecken** 정상이 아니어서〔누구에게〕곤란함을 끼치다.

Nuckel ['nʊkl̩], der; -s, - 《지역적·친근》 ↑Schnuller.

nuckeln ['nʊkl̩n] 〈h〉《의성어·통용어》 **1.** 빨아먹다: am Schnuller n. 고무젖꼭지를 빨다. **2.** 천천히 조금씩 마시다: er nuckelte eine Limonade 그는 레몬수를 조금씩 마셨다.

Nuckelpinne, die; -n 《경》(성능이 시원찮은) 작은 차〔배〕, 똥차: überhole diese N. doch endlich! 이 똥차 좀 추월해버려!

nuckisch ['nʊkɪʃ], **nückisch** ['nʏkɪʃ] 〈Adj.〉《nordd.》 변덕스러운, 다루기 어려운.

Nuddelei [nʊdəˈlai], die 《nordd.》 (지속적으로) 돌리기; 단조로운 음악의 지속적인 연주(방송); 느린 이동. **Nuddelkram**, der; -(e)s 《nordd.》 가치없는 중고품. **nuddeln** ['nʊdl̩n] 《nordd.》 **1.** 〈h〉 ↑drehen. **2.** 〈h〉 ↑dudeln: das Radio nuddelt den ganzen Tag 그 라디오는 하루종일 단조롭고 지루한 음악을 내보낸다. **3.** 〈s〉 천천히 이동하다: der Bummelzug nuddelt von Station zu Station 완행열차는 역에서 역으로 천천히 이동한다.

Nudel ['nuːdl̩], die; -n **1.** 《대개 Pl.》 국수: -n kochen 국수를 끓이다. **2.** (특히 거위를 살찌게 하기 위해 먹이는) 밀가루 단자. **3.** 《대개 Pl.》 《지역적》 (기름에 튀기고) 효모로 부풀은 구은 빵. **4.** 《통용어》 《대개 형용사와 결합하여 여성을 표현》: eine dicke N. 뚱뚱보. **5.** jmdn. **auf die N. schieben** 《드물게 통용어》 누구를 우롱하다. **-nudel**, die; -n 《Nudel (4)의 의미로 쓰이는 복합어의 기조어, 예컨대》 Skandalnudel 추문쟁이, Ulknudel 익살꾼.

nudel-, **Nudel-**: **~auflauf**, der 《계란노른자를 발라 햄을 곁들여 구운》 서양국수 부플린것. **~brett**, das **1.** 《지역적》 제면판, 국수미는 판. **2.** 《농》 아주 작은 연극 무대. **~brühe**, die 국수가 든 육즙. **~dick** 〈Adj.〉 《통용어》 (특히 사람이) 아주 뚱뚱한. **~gericht**, das 면요리. **~holz**, das 국수방망이. **~salat**, der 국수 샐러드. **~satt** 〈친근〉 국수 배부른. **~suppe**, die 국수 수프. **~teig**, der 국수 반죽. **~topf**, der 《농》 사람으로 가득 찬 공간, 초만원의 방. **~walker**, der 《österr., bayr.》 ↑~holz.

nudeln ['nuːdl̩n] 〈h〉 **1.** (가축 특히 거위를) 밀가루단자를 먹여 살찌우다: ich bin wie genudelt 《통용어》 나는 배터지게 먹었다〔포식했다〕. **2.** 《고어》 면반죽을 국수방망이로 눌러 납작하게 하다. **3.** 《지역적》 애무하며 포옹하다.

Nudismus [nuˈdɪsmʊs], der; - [lat. nūdus] 《교양어》 나체주의(건강 생활법으로서). **Nudist** [nuˈdɪst], der; -en, -en 나체주의자. **nudistisch** 〈Adj.〉《교양어》 나체주의(자)의. **nudis verbis** ['nuːdiːs 'vɛrbiːs; lat.] 《교양어》 솔직히 말해. **Nudität** [nudiˈtɛːt], die; -en [frz. nudité] 《교양어》 **1.** 《Pl. 없음》 벌거숭이, 나체. **2.** 《대개 Pl.》 나체화(사진), 나체상.

Nugat: ↑Nougat.

Nugget ['nagɪt], das; -(s), -s [engl. nugget] (자연 속에 나타나는) 작은 순금덩어리.

nuklear [nukleˈaːɐ̯] 〈Adj.〉 [engl.-amerik. nuclear] **1.** 《핵물리》 원자핵의: -e Spaltung 핵분열. **2.** 《핵기술》 핵에너지의: -e Waffen 핵무기; n. angetrieben werden 핵에너지로 운전되다. **3.** 《교양어》 **a)** 핵무기의: n. bedroht sein 핵무기의 위협을 받고 있다. **b)** 핵무기로 무장된: -e Staaten 핵무기 보유국들.

nuklear-, **Nuklear-** 《전문어》: **~krieg**, der ↑Atomkrieg. **~macht**, die ↑Atommacht (1, 2). **~medizin**, die 핵[방사선]의학. **~medizinisch** 〈Adj.〉 **a)** 핵[방사선]의학의. **b)** 핵의학의 인식을 응용하는. **~physik**, die ↑Kernphysik. **~strategie**, die 핵전략. **~technik**, die ↑Kerntechnik. **~technisch** 〈Adj.〉 ↑kerntechnisch. **~test**, der ↑Atomtest. **~waffe**, die ↑Atomwaffe.

Nuklease [nukleˈaːzə], die; -n [lat. nucleus] 《생화학》 핵산 분해 효소. **Nuklein** [nukleˈiːn], das; -s, -e 《생화학·고어》 ↑Nukleoprotid. **Nukleinsäure**, die 《생화학》 핵산(核酸). **Nukleole** [nukleˈoːlə], die; -n [nukleˈoːlʊs], der; -, ...li / ...olen [nukleˈoːlən; lat. nucleolus] ↑Kernkörperchen. **Nukleon** ['nuːkleɔn], das; -s, ...onen [nukleˈoːnən] 《핵물리》 핵자(核子) (양자·중성자). **Nukleonik** [nukleˈoːnɪk], die 핵공학. **Nukleoproteid** [nukleoproteˈiːt], das; -(e)s, -e 《생화학》 핵단백질. **Nukleotid** [nukleoˈtiːt], das; -(e)s, -e 《생화학》 누클레오티드(인산염, 핵산에 포함된 당분과 염기성 구성 요소의 화합물). **Nukleus** ['nuːkleʊs], der; -, ...ei [...eiː; lat. nucleus] **1.** 《생물》 ↑Zellkern. **2.** 《해부·생리》 ↑Nervenkern. **3.** 《선사》 석핵(石核). **4.** 《언어》 (한 언어 단위의) 핵. **Nuklid** [nuˈkliːt], das; -(e)s, -e 《핵》 핵종(核種).

Nukualofa 《engl.》 nuːkʊəˈloʊfə] 누쿠알로파(통가의 수도).

null [nʊl; lat. nūllus] 《기수》 (기호로서) 0: das Thermometer zeigt n. Grad an; 온도계가 0도를 가리키고 있다; **n. und nichtig** 《감정적으로 강조해서》 《법적으로》 무효인. **¹Null**, die; -en [ital. nulla(figura)] **1. a)** (숫자 기호) 0: da mußt du noch einige -en anhängen, wenn... 《농》 만약 …이라면, 너는 상당한 액수의 돈을 더 내어야 한다; **Nummer N.** 《통용어》 변소; **↑Null-Null; die Stunde N.** (무엇인 전적으로 새로 시작되는) 영(零)시점; **gleich N. sein** 전무(全無)와 다름없다; **N. für N. aufgehen** 옳은 것으로 증명되다; **N. Komma nichts** 《통용어》 전혀 없음; **in N. Komma nichts** 《통용어》 놀랄만큼(아주 빠르게). **b)** 《Pl. 없음; 관사없음》 (척도의 기준이 되는) 영(零度): der Zeiger der Waage steht auf N. 저울눈은 0을 가리킨다; Temperaturen unter N. 영하의 기온; 《전의》 jmds. Hoffnung sinkt unter N. 누구의 희망의 실현 가능성이 희박해진다. **2.** 《통용어·폄》 무가치한 사람, 무능한 사람. **²Null** [-], der, 《또한》 das; -(s), -s 《카드》 으뜸패를 내지않고 이기는 스카트놀이: **N. Hand** 남겨놓은 다른 카드(스카트 카드)를 집어서는 안되는 Null 스카트놀이. **¹Null-** 《"취소 또는 없음"을 뜻하는 규정어로서, 예컨대》 Nullarbeitslosigkeit 0 % 실업(失業).

null-, **²Null-**: die 일종의 피스톨. **~achtfünfzehn** 〈Adj.〉 《격변화 없음》 〔군인어에서 유래함; 1908년 독일 군대에 도입되고 1915년에 개조된 기관총에서 이루어진 교육의 천편일률성으로 전의되었으므로》 《기호: 08/15》 《통용어·폄》 독창성이 없는, 특성[개성]이 없는; 평범하여 지루한: n. gekleidet sein 개성없이 평범하게 옷을 입었다. **~achtfünfzehn-** 〔자주 "진부한"이란 의미의 규정어로서, 예컨대〕 Nullachtfünfzehn-Aufführung 평범한 공연. **~bock**, der 《Pl. 없음》 《청소년》 완전한 무관심. **~diät**, die 《물, 무기물, 비타민을 제외한》 단식. **~fehlerritt** [-'---], der 《승마》 (실수 없는) 완전 장애물 비월(完全障碍物飛越). **~instrument**, das 〔전기〕 영위검출기(零位檢出器). **~lage**, die 〔붙여서〕 Nullage. ↑Nullstellung. **~leiter**, der 〔붙여서:

Nulleiter) 〔전기〕 중성선(中性線). ~leitung, die (붙여서; Nulleitung) 중성선. ~linie, die (붙여서; Nullinie) 영위선(零位線), 기준선; 중립축(軸). ~menge, die 〔수학〕 공집합(空集合) (기호: ∅). ~meridian, der 〔지리〕 본초(本初)자오선. ~morphem, das 〔언어〕 영 형태소(기호: ∅; 예컨대: 명령형 lauf!, 복수형 die Schlüssel과 같이 음성적으로 표현되지 않았으나 내용적으로 있다고 보아 되는 형태소). ~Null (붙임표와 함께) das; -, -(s) (기호: 00)《통용어》번소. ~nummer, die 〔인쇄〕 〔신문이나 잡지의 제1판전의 무료로 배부되는) 견본. ~option, die 〔정치〕 ↑Nullösung. ~ösung, die 〔정치〕 제로선택(전역핵(戰域核) 전면 폐기안). ~punkt, der 영; 영도, 빙점: 전의 unsere Stimmung sank auf den N. [erreichte den N.] 우리 기분은 가장 나쁜 상태에 이르렀다. ~serie, die 〔산업〕 (새로 개발된 기구, 자동차의 합리적 제조 및 성능을 시험하기 위한) 견본 시리즈. ~spiel, das 〔카드〕 ↑²Null. ~stellung, die 영위(零位), 영점(계기의 침위치). ~tarif, der (보통 무료가 아닌 서비스의) 무료. ~wachstum, das 〔경제〕 (경제 등의) 성장 정지. ~wurf, der 〔볼링〕 점수가 0점인 잘못던지기.

nulla poena sine lege ['nʊla 'poːna 'ziːnə 'leːgə; lat. = keine Strafe ohne Gesetz] 〔법〕 죄형법정주의(罪刑法定主義).

nullen ['nʊlən] ⟨h⟩ **1.** 《통용어·농》꼭 예순이 되다: er nullt dreimal in diesem Jahr 그는 올해 만 30세가 된다. **2.** 〔전기〕 중성선에 접속시키다. **Nuller** ['nʊlɐ], der; -s, - **1.** 〔승마〕↑Nullfehlerritt. **2.** 〔schweiz.·사격〕 ↑Fehlschuß. **3.** 〔schweiz.·육상〕 ↑Fehlsprung. **Nullerl** ['nʊlɐl], das; -s, -n 〔österr.·통용어·펌〕 ↑¹Null (2). **Nullifikation** [nʊlifikaˈtsioːn], die; -en [lat. nūllificātio] 〔법·고어〕 법적 폐기; 무효 선언. **nullifizieren** [...iˈtsiːrən] ⟨h⟩ [lat. nūllificāre] 〔법·고어〕 법적으로 무효를 선언하다, 파기[폐기]하다. **Nullipara** [nʊˈliːpara], die; ...ren [nuliˈpaːrən; lat. nūllus / parere] 〔의학〕 미산녀(未産女). **Nullität** [nʊliˈtɛːt], die; -en [mlat. nūllitēs] **1.** 〔법·고어〕 법적 무효. **2.** 〔교양어·드물게〕 무가치한(하찮은) 것(사람). **Null ouvert** [nʊlʔuˈvɛːɐ̯, 또한, 또는 ~ ~'~], der, (또한) das; - -(s) [-ʔuˈvɛːɐ̯(s), -uˈvɛːɐ̯(s)], - -s [-ʔuˈvɛːɐ̯s, -uˈvɛːɐ̯s; frz. ouvert] 〔카드〕 패를 펴서 내놓는 Null 스카트놀이: N. o. Hand 남겨 놓은 카드(스카트 카드)를 집어서 안되는 Null overt 놀이. **nullt...** ['nʊlt...] ⟨↑null의 서수⟩ (기호: 0.) [자연과학·수학] 0번(출발점)인. **nullum crimen sine lege** ['nʊlʊm 'kriːmən 'ziːnə 'leːgə; lat. = kein Verbrechen ohne Gesetz] 〔법〕 ↑nulla poena sine lege. **Nullung** ['nʊlʊŋ], die; -en 〔전기〕 중성선 접속.

Nulpe ['nʊlpə], die; -n 《통용어·펌》바보, 형편없는 녀석.

Numen ['nuːmən], das; -s [lat. numen] 〔신학〕 신적 존재, 신령(神靈).

Numerale [numeˈraːlə], das; -s, ...lien [...liən] / ...lia [spätlat. (nōmen) numerāle] 〔언어〕 수사(數詞). **Numeri:** ↑Numerus의 복수형. **numerieren** [numəˈriːrən] ⟨h⟩ [lat. numerāre] 일련번호를 붙이다: die Seiten eines Manuskripts n. 원고의 페이지에 번호를 매기다. **Numerierung**, die; -en **1.** ⟨Pl. 없음⟩ 번호 매김. **2.** 번호가 매겨져 있음. **Numerik** [nuˈmeːrɪk], die ⟨Pl. 없음⟩ 수치제어(數値制御). **numerisch** [nuˈmeːrɪʃ] ⟨Adj.⟩ **a)** 숫자상의, 수에 의한. **b)** 숫자를 사용해서 생기는: in -er Reihenfolge 숫자 순서대로. **c)** 〔전산〕 숫자들로만 된. **Numero** ['nʊmərо, (또한) 'nuːm...], das; -s, -s [ital. numero] 《준고어》 Nummer: das ist N. zwei 그것은 2번째이다(약어:

No., N). **Numerus** ['nʊmərʊs, (또한) 'nuːm...], der; -, ...ri [lat. numerus] **1.** 〔언어〕 수(단수·복수의). **2.** 〔수학〕 진수(眞數). **Numerus clausus** [- ˈklaʊzʊs], der; - - [lat.] 〔직업 훈련생 및 대학생의) 입학 정원제.

numinos [numiˈnoːs] ⟨Adj.⟩ [lat. nūmen] 〔신학〕 경외롭고 매혹적인, 신비로운, 성스러운. **Numinose** [numiˈnoːzə], das; -n 〔신학〕 《불가사의하며 경외로운 것》의 신성(神聖).

Numismatik [numɪsˈmaːtɪk], die [frz. numismatique] 고전학(古錢學); 동전학(銅錢學). **Numismatiker**, der; -s, - 고전학자(古錢學者); 동전 수집가. **numismatisch** ⟨Adj.⟩ 고전[동전]학의.

Nummer ['nʊmɐ], die; -n [ital. numero] **1. a)** 번호: ein Wagen mit Münchner N. 뮌헨의 차번호를 가진 차; bin ich unter der N. ...zu erreichen 나의 전화번호는 ···이다; er ist seit Jahren Fußballer N. eins 《통용어》 그는 수년 전부터 가장 유명한(인기있는) 축구선수이다; (nur) eine N. sein 주의를 받지못하다, 개인으로 대우받지 못하다; N. Null 《통용어》 변소(↑Null-Null); (bei jmdm.) eine große(gute, dicke) N. haben 《통용어》 (누구에게서) 좋은 점수[신임]를 받고 있다; auf N. Sicher sein(sitzen) 《통용어·반어》 감옥에 있다; auf N. Sicher gehen 《통용어》 (일을 수행함에 있어) 아무런 모험도 감행하지 않다. **b)** (잡지·신문의) 호(號): die ersten beiden -n der neuen Zeitschrift sind erschienen 신간잡지의 첫 두호가 출간되었다. **c)** (구두·옷의) 치수, 사이즈: Haben Sie die Schuhe eine N. größer? 치수가 하나 더 큰 구두를 갖고 있습니까?; **eine N. [einige, ein paar -n] zu groß (für jmdn.) sein** 《통용어》 (누구에게) 지나치다. **d)** 〔지역적〕 ↑Zensur: eine gute N. bekommen 좋은 성적을 받다. **2. a)** (서커스, 쇼 등의) 각(各) 프로그램: eine N. proben 한 프로그램을 시연하다. **b)** 《통용어》 (오락) 음악 작품. **3.** 《통용어》 유별난 사람: er galt als große N. im Verkaufen 그는 좋은 판매인으로 인정 받았다; er ist eine N. für sich 그는 기인이다. **4.** 《속어》 성교: eine N. machen(schieben) 〔경〕 성교하다.

nummerisch: ↑numerisch. **nummern** ['nʊmɐn] ⟨h⟩ ↑numerieren.

Nummern-: ~girl, das (서커스, 쇼에서) 프로그램 안내양, 라운드 걸. **~konto,** das 〔금융〕 무기명 번호 계좌. **~oper,** die 〔음악〕 번호 오페라. **~salat,** der 《통용어》 뒤섞인 숫자들. **~scheibe,** die (전화기의) 번호판, 다이얼. **~schild,** das **a)** 자동차 번호판. **b)** 번호판. **~schlüssel,** der 〔전산〕 분류 번호. **~stempel,** der 번호인(番號印). **~tafel,** die 번호판.

Nummulit [nʊmuˈliːt, (또한) ...lɪt], der; -en, -en [lat. nummulus] 〔고생물·지질〕 (제 3기 하층의) 석화(石化) 근족류.

nun [nuːn] I. ⟨Adv.⟩ **1.** 지금, 이제: n. bist du an der Reihe 이제 네 순서이다; **n. und nimmer(mehr)** (강조) 전혀 ··· 않다. **2.** 이런 상황에서는: was n.? (당황한 경우의 질문) 이런 상황에서 우리가 무엇을 할 수 있단 말인가?; was sagst du n.? 〔예기치못한 일에 대한 해) 그건 미처 생각못했지! **3.** 그 동안에: die Lage hat sich n. stabilisiert 사정은 그 동안에 안정되었다. **4.** (과거와 대조되는 현재) 오늘날: vor Jahren Wüste, n. blühendes Land 수년 전에는 황야였으나, 오늘날에는 꽃피는 땅. II. ⟨Partikel⟩ **1.** (비강세; 기대와 현실, 주장과 사실 사이의 모순을 표현) 그러나, 그렇지만: inzwischen hat sich n. herausgestellt, daß ... 그동안에 그렇지만 ···가 밝혀졌다. **2.** (비강세; 부정적 대답을 내포 내지 암시) 아마: hältst du das n. für richtig? 설마 너 그것을 옳다고 생각하는 건 아니겠지? **3.** (비강세) **a)** (어떤 사실이 변경될 수 없다고 봄을 표현) 바로, 정말: siehst du, so ist das n. 봐라, 그게 바로 그런거야. **b)** 《당황이나 체념을 표현》 da stehe ich n. und weiß nicht weiter 이제 나는 멀거니 서서 어찌할 바를 모른다. **4.** 《비강세; 강조를 표현》 **a)** 《의문문에서》 도대체: muß das n. ausgerechnet jetzt sein? 그것이 도대체 하필이면 지금이어야 하나? **b)** 《서술문에서》 좌우간, 뭐니뭐니해도: solche Zweifel waren n. wirklich unberechtigt 그러한 의심들은 뭐니뭐니해도 정말 부당했다. **5.** 《문장 앞에 따로 나와, 중요하게 여겨지는 서술, 결론, 요약 등을 준비》 그러므로. **a)** 《강세》 n. darüber ist man sich einig 그러므로, 그것에 관해서는 의견이 일치된다. 《항의 또는 강조를 표현》 n., n.! 허어, 이런, 자 자 ! **b)** 《비강세》 《격려의 표현으로서》 n. denn! 자 그럼!; n. gut[n. schön]! 좋습니다; n. ja 《주저하면서 동의함을 표현》 글쎄, 뭐. **6.** 《비강세; 초조, 의구심, 실망의 표현》 kommst du n. heute abend mit oder nicht? 너 오늘저녁 올거야 안 올꺼야? **7.** 《비강세》 대화의 연결과 계속을 위해》 자, 그래서, 그런데: dieses Kind n. verlief sich eines Tages im Wald 이 애는 그런데 어느날 숲속에서 길을 잃었습니다. **III.** 《Konj.》 《아어·준고어》 **1.** 《원인의 뜻을 가진 시간 접속사로》 …뒤에, …이므로. **2.** 《시간적》 …했을 때: n. sie es erfuhr, war es bereits zu spät 그녀가 그것을 들었을 때에는, 이미 너무 늦었다.

Nunatak ['nunatak] der; -s, -s / -(e)r 《에스키모어·지리》 누나탁(대륙 빙하로 둘러싸인 산).

nunmehr 〈Adv.〉 〈고어〉 이제, 지금부터: der Krieg dauert n. drei Jahre 전쟁은 이제 3년이나 계속되고 있다. **nunmehrig** 〈Adj.〉 《드물게·아어》 ↑jetzig.

'nunter 〈Adv.〉 《지역어·특히 süddt.》 ↑hinunter.

Nuntiatur [nuntsja'tu:ɐ̯], die; -en [ital. nunziatura] **a)** 교황 대사의 직(職). **b)** 교황 대사관. **Nuntius** ['nʊntsiʊs], der; -, ...ien [...iən; lat. nūntius] 교황 대사.

nuptial [nup'tsia:l] 〈Adj.〉 [lat. nūptiālis] 〈고어〉 결혼의, 혼례의, 결혼식의; 부부의.

nur [nu:ɐ̯] 〈Adv.〉 **1. a)** 《언급된 것에만 한정됨을 표현》 오직 …일뿐, 단지: ich bin auch n. ein Mensch 나 또한 단지 하나의 인간일뿐이다; ich wollte n. sagen, daß … 나는 단지 …를 말하고자 했을 뿐이다. **b)** 《일정한 정도나 양에 한정됨을 표현》 …만, 겨우 …밖에, 고작해서, 간신히: ich habe n. (noch) 10 DM 나는 10마르크밖에 갖고 있지 않다; er siegte mit n. knappem Vorsprung 그는 간신히 앞질러서 승리했다. **2.** 《배타성을 표현》 바로 그렇게만, 바로 그것만, 바로 그 사람만: da kann man n. staunen 그러면 사람이 놀랄 수밖에 없다; geliefert wird n. gegen bar 현금 지불에 대해서만 인도됨; n. der Fachmann kann das beurteilen 전문가만이 그것을 판단할 수 있다; n. (dann), wenn… …할 때에만; 《여러 부분으로 된 접속사 안에서》 nicht n. …, (sondern) auch …뿐만 아니라, …도; ich habe das einfach n. so gesagt 나는 그것을 어떤 특별한 이유가 있어 말한 것은 아니다. **3.** 《질문, 진술, 요구, 소원을 강조》 도대체, 제발: mein Gott, warum hat er das n. getan? 하느님 맙소사, 도대체 왜 그가 그런 일을 했을까?; wenn es dem Jungen n. schmeckt 제발 그 애가 맛있게끔만 먹는다면; 《비교급 앞에서 „noch"와 결합하여》 er wurde n. noch frecher 그는 더욱더 뻔뻔해졌을 뿐이다. **4.** 《격려를 표현》 자, 어서: n. Mut! 자, 용기를 내라구!; essen Sie n., wir haben noch reichlich zu n. 어서 많이 드십시오, 우리는 아직 충분히 갖고 있습니다. **5.** 《선행하는 주문장의 진술을 한정함》 그러나, 다만: sie ist hübsch, n. müßte sie intelligenter sein 그녀는 이쁘기는 하지만, 조금더 지성적이었으면 좋을텐데.

Nürnberg ['nyrnbɛrk] 뉘른베르크. **¹Nürnberger** ['nyrnbɛrɡɐ], der; -s, - 뉘른베르크인. **²Nürnberger** 〈Adj., 격변화 없음〉 뉘른베르크의: N. Lebkuchen 뉘른베르크의 렙쿠헨(달콤한 특산품 과자).

Nurse [nœ:ɐ̯s, nœrs, 〈engl.〉 nəːs], die; -s [ˈnəːsɪz] / -n [ˈnœːɐ̯sn, ˈnœrsn …zn; engl. nurse] 유모, 보모.

Nus, Nous [nu:s], der; - [lat. nūs < griech. noũs] 【철학】 **a)** 정신, 이성. **b)** ↑Demiurg.

nuscheln [ˈnʊʃln] 〈h〉 《통용어》 **a)** 불분명하게 말하다, 우물우물 말하다: vor sich hin n. 혼잣말로 불분명하게 말하다. **b)** 무엇을 불분명하게 이야기하다.

Nuß [nus], die; Nüsse [ˈnʏsə] **1.** (축소형: ↑Nüßchen) **a)** 【식물】 견과(堅果). **b)** ↑Walnuß, Haselnuß의 약칭: welsche Nüsse 〈고어〉 호두들; eine N. knacken 호두를 깨다; 전의 du bist eine taube N. 너는 실패자이다; **(für jmdn.) eine harte N. sein** 《통용어》 (누구에게) 아주 어렵다, 큰 문제이다; **jmdm. eine harte N. zu knacken geben** 《통용어》 누구에게 어려운 과제[문제]를 부과하다; eine harte N. zu knacken haben[bekommen] 《통용어》 어려운 과제[문제]를 풀어야한다. **c)** 호두 알맹이: Nüsse knabbern 호두들을 까먹다. **2.** 《욕》 놈, 자식: du dumme N.! 너, 이 바보 같은 자식아 ! **3.** 〈지역어〉 ↑Kopfnuß (1). **4.** 【요리】 (도축[屠畜]의) 넓적다리고기. **5.** 【사냥】 (개, 여우, 늑대의) 음문(陰門). **6.** 【기술】 (교체 가능한) 스패너 머리. **7. jmdm. eins[eine] auf[vor] die N. geben** 《경》 누구의 머리[얼굴]를 때리다.

nuß-, Nuß-: ~baum, der **a)** ↑Walnußbaum의 약칭. **b)** 〈Pl. 없음〉 호두나무 재목. **~baumholz**, das 호두나무 재목. **~baummöbel**, das 《대개 Pl.》 호두나무 가구. **~beugel**, das (österr.) 호두빵. **~braun** 〈Adj.〉 밤색의, 적갈색의. **~brikett**, das 《전문어》 호두 모양의 조개탄. **~butter**, die **a)** ↑Erdnußbutter. **b)** 【요리】 (가열하여 밤색이 된) 액체버터. **~füllung**, die 호두소. **~gebäck**, das 호두과자. **~kern**, der 《Pl. 없음》 ↑Nuß (1. c). **~kipferl**, das (österr.) ↑~beugel. **~knacker**, der **1.** 호두까개. **2.** 〈지역어〉 《분개한 표정의》 노인. **~kohle**, die 《전문어》 거친 입자(粒子)의 석탄. **~kuchen**, der 호두케이크. **~öl**, das 호두기름. **~schale**, die 호두껍데기; 전의 das Schiff, mit dem sie fuhren, war eine N. 그들이 타고 간 배는 아주 작았다. **~schinken**, der 넓적다리살 햄. **~schokolade**, die 호두초콜릿. **~torte**, die 호두쇼트케이크.

Nüßchen ['nʏsçən], das; -s, - **1.** ↑Nuß (1). **2.** 【요리】 ↑Nuß (4).

Nüster ['nyːstɐ, 《또한》 'nyːstɐ], die; -n 《대개 Pl.》 [niederd.] (큰 동물들, 특히 말의) 콧구멍: geblähte -n 부풀어오른 말 콧구멍; mit bebenden -n 콧구멍을 벌름거리며(흥분하고 긴장하여).

Nut [nuːt], die; -en 《전문어》 길쭉한 홈(끼워 맞추기 위한): Bretter auf N. einschieben 널빤지들을 길쭉한 홈에 삽입하다.

Nutation [nutaˈtsjoːn], die; -en [lat. nūtātio] **1.** 【생물】↑Nutationsbewegung. **2.** 【천문】 장동(章動)(지축의 진동). **Nutationsbewegung**, die 【생물】 (식물의) 전두(轉頭) 운동(성장 운동의 일종).

Nute ['nuːtə], die; -n 《비전문어》 ↑Nut. **Nuteisen**, das 홈을 파는 끌(그라인더). **nuten** ['nuːtn̩] 〈h〉 …에 홈을 파다. **Nutenfräser**, der; -s, - 홈을 파는 천공기(穿孔機) 《프레이즈 반》. **Nuthobel**, der; -s, - 홈을 다듬는 대패.

¹Nutria [ˈnuːtria], die; -s [span. nutria] (남아메리카산의 설치류동물인) 누트리아. **²Nutria** [-], die; -s **a)** 누트리아의 모피. **b)** 누트리아 모피외투. **Nutriamantel**, der 누트리아 모피외투.

nutrieren [nu'triːrən] 〈h〉 [lat. nūtrīre] 〈고어〉 …에 영양을 주다. **Nutriment** [nutriˈmɛnt], das; -(e)s, -e,

Nutrimęntum, das; -s, ...ta [lat. nūtrīmentum] [의학] 양분, 영양물. **Nutrition**, die 〈Pl. 없음〉 [lat. nūtrītio] [의학] 영양 공급. **nutritiv** [...'ti:f] 〈Adj.〉 [의학] **a)** 영양이 많은, 자양분이 되는. **b)** 영양상, 영양의.

Nutsch [nuːtʃ], der; -(e)s, -e 〈지역적〉 고무젖꼭지. **Nųtsche**, die; -n 〈전문어〉 흡인 깔때기(여과 장치). **nųtschen** 〈h〉 **1.** 〈지역적〉 (쪽쪽) 빨다. **2.** 〈전문어〉 필터로 여과하다.

Nųttchen ['nutçən], das; -s, - ↑ Nutte. **Nutte** ['nutə], die; -n 〈속어·펌〉 매춘부, 창녀. **nųttig** 〈Adj.〉 〈속어·펌〉 창녀와 같은.

nutz: ↑ nütze. **Nutz** [nuts] 〈다음 용법으로만〉 **zu jmds. [jmdm. zu] N. und Frommen** 〈준고어·농〉 누구의 이익이 되게, 누구를 위하여.

nųtz-, Nutz-: ∼**anwendung,** die (우화 따위에서 끝에 얻을 수 있는 유익한) 교훈: eine N. aus etw. ziehen 무엇에서 유익한 교훈을 끌어내다. ∼**bau,** der 〈Pl. -ten〉 〈드물게〉 ↑ Zweckbau. ∼**bringend** 〈Adj.〉 유익한, 유용한, 유리한: etw. n. verwenden 무엇을 유용하게 사용하다. ∼**effekt,** der 효용. ∼**fahrzeug,** das [교통] (물자 또는 사람들을 수송하는 데 쓰이는) 실용차. ∼**fisch,** der 식용어(食用魚). ∼**fläche,** die (토지, 공간, 건물의) 가용 면적. ∼**garten,** der 실용원(實用園). ∼**holz,** das [임업] 건축용 목재, 유용 목재. ∼**kilometer,** der 적재차량 주행거리 〈반대: Leerkilometer〉. ∼**land,** das 〈Pl. 없음〉 가용 토지. ∼**last,** die 〈전문어〉 **1.** (화물차의) 적재 중량, 실하중(實荷重). **2.** (건물의) 하중. ∼**leistung,** die [기술] 유효 출력(동력), 실상효율(實能率), 실용공률(工率). ∼**los** 〈Adj.〉 무익한, 쓸모없는, 궁정적 결과가 없는, 헛된: es ist völlig n., das zu probieren 그것을 시험해보는 것은 전혀 쓸데없는 것이다. ∼**losigkeit,** die 무익함, 쓸모없음, 헛됨. ∼**nießen** [-niːsn] 〈h〉 〈거의 부정형과 현재분사형으로만 통용됨〉 〈드물게·아어〉 ∼에서 이익을 얻다. ∼**nießer** [-niːsɐ], der; -s, - 수익자(受益者), 용익권자, 부당이득자. ∼**nießung,** die; -en **1.** 〈드물게·아어〉 이용(利用), 용익(用益), 수익. **2.** 〈법〉 취면(就眠)운동. **Nyktophobie,** die [의학·심리] 암소(暗所)〔야간〕 공포증. **Nykturie** [nyk'tyːri], die; -n [...iən; griech. oúron] [의학] 야간다뇨증(多尿症), 야간빈뇨증(頻尿症).

Nylon Ⓦ ['nailɔn], das; -s [amerik. nylon 〈인공어〉] 나일론. **Nylons** ['nailɔns] 〈Pl.〉 〈통용어·준고어〉 (여자용) 나일론 스타킹. **Nylonstrumpf,** der 〈대개 Pl.〉 나일론 스타킹.

Nymphäum [nʏm'fɛːʊm], das; -, ...äen [lat. nymphaeum < griech. nymphaîon] **1.** 〔신화〕 님프 성전 (聖殿). **2.** 〔예술〕 (로마 시대의 기념비적) 분수(噴水). **Nymphe** ['nʏmfə], die; -n [lat. Nymphē < griech. nýmphē] **1.** 〔그리스·로마 신화〕 님프, 요정. **2.** 〔동물〕 번데기, 약충(若蟲). **nymphenhaft** 〈Adj.〉 우아한, 님프 같은. **nymphoman** [nʏmfoˈmaːn], **nymphomanisch** 〈Adj.〉 [의학·심리] (여성의) 이상〔과다〕 성욕증의. **Nymphomanie,** die [의학·심리] (여성의) 이상성욕증〔색정증〕. **Numphomanin** [...'maːnɪn], die; -nen [의학·심리] 이상〔異常〕 성욕증의 여자, 여자 색정광. **nymphomanisch:** ↑ nymphoman.

Nynorsk, das; - [norw. 뉘노르스크(Bokma 1과 대등한 노르웨이 방언으로 기초한 노르웨이 문어).

Nystagmus [nys'tagmus], der; - [griech. nystagmós] [의학] 안구진탕(증)(眼球震盪(症)).

으로 완전히 개발되어 큰 수익을 낸다. **b)** 가능성을 활용[이용]하다; 무엇을 특별한 목적을 위해 사용하다: einen Vorteil klug nutzen 장점을 영리하게 이용하다; sie nützt jede Gelegenheit, sich hervorzutun 그녀는 기회 있을 때마다 자신을 내세운다. **Nutzen** [-], der; -s 유익, 이익, 유용, 이득: N. von etw. haben 무엇에서 이득을 얻다; aus etw. seinen N. ziehen 무엇을 이용하다; seine Sprachkenntnisse waren ihm sehr von N. 그의 언어지식들은 그에게 아주 큰 도움이 되었다. **Nųtzer,** der; -s, - 〔관〕 이용권자: die Stadt selbst ist der N. dieses Gebäudes 그 도시 자체가 이 건물의 이용권자이다. **nützlich** ['nʏtslɪç] 〈Adj.〉 유용한, 유익한, 유리한: einer -en Beschäftigung nachgehen 어떤 의미있는 일을 하다; du warst mir bei dieser Arbeit sehr n. 너는 이 일에서 내게 큰 도움이 되었다; er versucht immer das Angenehme mit dem Nützlichen zu verbinden 그는 항상 쾌적한 것을 유익한 것과 결합시키려 시도한다; **sich n. machen** 유익한 일을 하다, 무엇을 돕다. **Nützlichkeit,** die 유용성, 유익성. **Nützlichkeits-:** ∼**denken,** das; -s 실용〔실리〕주의 사고. ∼**erwägung,** die 〈대개 Pl.〉 실용성의 고려. ∼**prinzip,** das 〔철학〕 ↑ Utilitarismus. ∼**standpunkt,** der 실리적 관점.

Nützling ['nʏtslɪŋ], der; -s, -e 〔농업·임업〕 유용 생물 (익충(益蟲), 익조(益鳥), 익수(益獸))〈반대: Schädling〉; **Nutzung,** die; -en 이용, 수익; 용익: die friedliche N. der Kernenergie 원자력의 평화적 이용. **Nutzungsrecht,** das 〔법〕 이용권, 용익권.

NVA = Nationale Volksarmee 〈국가〉 인민군(구동독의 군대).

NW = Nordwest(en) 북서쪽.

Ny [ny:], das; -(s), -s [griech. nỹ] 그리스어의 13번째 알파벳(N, ν).

Nyktalopie [nyktalo'piː], die [griech. nýx, alaós / óps] [의학] 주맹증(晝盲症). **Nyktinastie** [nʏkti-], die; -n [...iən; griech. nyx, alaós / óps] [식물] 취면(就眠)운동. **Nyktophobie,** die [의학·심리] 암소(暗所)〔야간〕 공포증. **Nykturie** [nyk'tyːri], die; -n [...iən; griech. oúron] [의학] 야간다뇨증(多尿症), 야간빈뇨증(頻尿症).

O

o, O [oː], das; -, - 《독일 자모의 열다섯 번째 자, 모음계열 a, e, i, o, u의 네 번째 모음》: ein kleines o[ein großes O] schreiben 소문자 o[대문자 O]를 쓰다.

O = Osten; Oxygenium.

o, O = ↑Omikron.

Ω = ²Ohm.

O' 아일랜드 사람 이름의 구성 요소(예컨대: O'Neill).

ω, Ω: ↑Omega.

o! [oː] 〈Interj.〉《기쁨, 경탄, 동경, 거부, 경악 등을 나타낼 때 내는 소리》! 아! : o weh! 아이 괴롭다; o welche Freude! 오오 얼마나 기쁜 일이냐!

o. a. = oben angeführt 상술(上述).

o. ä = oder ähnliche(s) 혹은 비슷한 것.

OAMTC = Österreichischer Automobil-, Motorrad- und Touring-Club 오스트리아 자동차 오토바이 여행 클럽.

OAPEC, die = Organization of the Arab Petroleum Exporting Countries 아랍 석유 수출국 기구.

Oase [oˈaːzə], die; -n [lat. Oasis < griech. Óasis] 오아시스: die Karawane erreichte die O. 대상(隊商)이 오아시스에 이르렀다; [전의] eine O. der Ruhe (아직은 남아 있는) 쉴 수 있는 곳(환대해 주는 곳).

¹ob [ɔp] 〈Konj.〉 **1.**《불확실성이나 의심을 나타내는 문장 및 간접의문문의 문두에 놓임》…인지 아닌지: er fragte sie, ob sie noch käme 그는 그녀도 올 것인지를 그녀에게 물었다; ich weiß nicht, ob die Zeit dafür noch reicht 시간이 충분할지 모르겠다. **2.**《als와 결합하여 비현실적 비교 문장에서》마치 …처럼: sie taten so, als ob nichts passiert sei 그들은 아무 일도 없었던 것처럼 행동했다. **3.**《auch와 결합하여 · 준교》비록 …지언정: Soldaten, die nichts mehr kennen als blinden Gehorsam, ob sie auch in den Tod führt 죽음에 이르는 길일지라도 맹목적인 복종밖에 모르는 군인들. **4. a)**《oder와 결합하여》…하든지 아니 하든지: sie mußten sich fügen, ob es ihnen paßte oder nicht 마음에 들든 들지 않던 그들은 따라야 했다. **b)**《반복해서 사용되어》ob - ob …이든 …이든: ob arm, ob reich, ob Mann, ob Frau, alle waren betroffen 가난한 사람이든 부자이든 남자든 여자든 모두에게 관계되는 문제였다. **5.**《und와 결합하여 자명한 긍정이나 확인의 표현》물론: „Kommst du mit?" „Und ob!" 너도 오는 거지? 물론이지!

²ob [-] 〈Präp.〉 **1.** 〈Präp.²,《드물게》Präp.³〉《아어 · 준고어》 때문에: sie fielen ob ihrer sonderbaren Kleidung auf 그들은 기이한 옷차림 때문에 눈에 띄었다. **2.** 〈Präp.³〉 (schweiz. · 그외 고어) 위에: das Land ob den Enns(*Oberösterreich*) 엔스 강 위의 지방(상부 오스트리아).

Ob [ɔp, ɔpjˈ], der; -(s) 오브 강(시베리아의).

OB = Oberbürgermeister.

o. B. = ohne Befund 명백한 질병은 없음.

Obacht [ˈoːbaxt], die 〈südd.〉 주의, 조심: O., da kommt ein Auto 조심해, 저기 차가 오고 있어; **auf jmdn.(etw.) O. geben** 누구[무엇]에 주의(유의)하다.

ÖBB = Österreichische Bundesbahnen 오스트리아 국영 철도.

Obdach [ˈɔpdax], das; -(e)s《관, 그외 준고어》(일시적인) 숙소(주거): kein O. haben 숙소(피난처)를 갖지 못하다.

obdach-, Obdach-《대부분 관》: ~**los** 〈Adj.〉 (일시적으로) 잠잘(머지할) 곳이 없는. ~**lose**, der/die 잠잘 곳[집]이 없는 사람. ~**losenasyl**, das 잠잘 곳[집]이 없는 사람들을 위한 숙소. ~**losenbaracke**, die 집이 없는 사람들을 위한 바라크. ~**losenfürsorge**, die 집이 없는 사람들의 국가적 구호. ~**losenheim**, das ↑~losenasyl. ~**losigkeit**, die 무숙(無宿).

Obduktion [ɔpdukˈtsjoːn], die; -en [lat. obductio] [의학 · 법] (재판부에서 명한) 시체 해부, 부검(剖檢): eine O. anordnen(durchführen) 부검을 지시하다[행하다]. **Obduktionsbefund**, der 부검 소견. **Obduktionsbericht**, der 부검 결과 보고. **Obduzent** [ɔpduˈtsɛnt], der; -en, -en [의학 · 법] 부검의(醫), 검시의(檢屍醫). **obduzieren** [ɔpduˈtsiːrən] 〈h〉 [lat. obducere] [의학 · 법] 검시[부검]하다: eine Leiche o. 부검하다.

Obedienz [obeˈdiɛnts], Obödienz, die; -en [lat. oboedientia] [가] 순종, 복종 의무(상급 성직자에 대해).

O-Beine 〈Pl.〉 (통용어) O형 다리, 밖으로 굽은 무릎: vom Reiten bekommt man O. 말을 타서 O형 다리가 되다. **O-beinig** 〈Adj.〉 (통용어) O형 다리를 가진.

Obelisk [obeˈlɪsk], der; -en, -en [lat. obeliscus < griech. obelískos] 오벨리스크, 네모진 뾰족한 탑.

oben [ˈoːbn̩] 〈Adv.〉 (반대: unten) **1. a)** 위에, 높은 곳에: die Gläser stehen o. im Schrank 잔들은 장 속의 윗단에 놓여 있다; der Taucher kam wieder nach o. 잠수자는 다시 수면으로 올라왔다; sie ist o. sehr wohlgeformt (운예) 그녀의 상체(젖가슴)가 근사하게 생겼다; [성구] o. hui und unten pfui 양두구육(羊頭狗肉); **o. ohne** 《통용어 · 농》젖가슴을 드러내고: in dieser Bar wird o. ohne bedient 이 바에서는 젖가슴을 드러낸 여급들이 시중을 든다; **von o. bis unten** 완전히, 철두철미: ich war von o. bis unten mit Öl verschmiert 나는 머리 끝에서부터 발끝까지 기름투성이가 되었다; **von o. herab** ↑herab 참조. **b)** 위쪽 끝에: den Sack o. zubinden 자루 위쪽을 묶어 매다. **c)** 윗면에: der Tisch ist o. furniert 그 테이블은 윗면에 합판이 대어져 있다. **d)** 위로: er lag mit dem Gesicht nach o. auf dem Bett 그는 얼굴을 위로 하고 침대에 누워 있었다. **e)** 매우 높은 곳에: hoch o. am Himmel flog ein Adler 하늘 높이 독수리 한 마리가 날고 있었다. **f)** 위층에: er ist noch o. 그는 아직 위층에 있다. **2.** (통용어) 북쪽에 (걸려 있는 지도에서와 같이): in Dänemark o. 저 위 덴마크에서는. **3. a)** (통용어) (말하는 사람보다 더) 높은 자리에, 상부에: die da o. haben doch keine Ahnung 저 높은 자리에 있는 분들은 아무것도 모르고 있다; [성구] nach o. buckeln und nach unten treten 윗사람에겐 굽실거리고 아랫사람은 짓밟는다. **b)** (사회적 혹은 서열에서) 객관적으로; 높은 자리에: nach einigen Jahren harten Trainings war sie o. 몇 년 동안의 격심

한 훈련 뒤에 그녀는 높은 자리에 올라 있었다; **sich o. halten** 난관이 있음에도 불구하고 성공적으로 지탱하다. **4.** (텍스트의) 앞에서, 위에서: siehe o. 위(앞)를 참조할 것.

oben-: **~an** ⟨Adv.⟩ 선두에: sein Name steht o. auf der Liste 그의 이름이 명단의 제일 앞에 적혀 있다. **~auf** ⟨Adv.⟩ **1.** (지역적) ↑~drauf: einen Zettel o. legen 쪽지를 맨 위에 놓다. **2. a)** 건강하게, 기분좋게: nach der Krankheit ist er jetzt wieder ganz o. 병을 앓고 난 후에 그는 이제 다시 완전히 건강하다. **b)** 자기의 힘을 의식하고; er ist immer o. 그는 언제나 기운차고 자신만만하다. **~drauf** ⟨Adv.⟩ 맨 위에, 표면에: o. (auf dem Brötchen) waren Tomatenscheiben (빵의) 맨 위에 얇게 자른 토마토 조각들이 놓여 있었다. **~drein** ⟨Adv.⟩ 그 위에, 게다가: er verlangte Schadenersatz und o. noch Schmerzensgeld 그는 손해 배상에다가 위자료까지 요구했다. **~drüber** ⟨Adv.⟩ 그 위로: o. streichen 그 위를 쓰다듬다. **~durch** ⟨Adv.⟩ 위로 (무엇을) 통하여. **~erwähnt** ⟨Adj.⟩ 상기한, 전술된: der -e Grund 상기한 이유. **~genannt** ⟨Adj.⟩ ↑~erwähnt. **~herum** ⟨Adj.⟩ (통용어) 무엇의 윗부분에서, 상체에서: sie ist o. füllig 그녀는 상체가 풍만하다. **~hin** ⟨Adj.⟩ 피상적으로, 적당히 얼버무려: etw. o. ansehen 무엇을 피상적으로 관찰하다. **~hinaus** ⟨Adv.⟩ 《다음의 용법으로》 **o. wollen** 야심을 품다(↑ hoch 4 참조). **~rum** ⟨Adv.⟩ (통용어) ↑obenherum. **~stehend** ⟨Adj.⟩ ↑~erwähnt. **~zitiert** ⟨Adj.⟩ 앞에서 인용한.

Oben-ohne-Badeanzug, der; -(e)s, ...anzüge 토플리스(수영복). **Oben-ohne-Bedienung**, die 젖가슴을 드러낸 채 접대하는 여급. **Oben-ohne-Lokal**, das 여급들이 젖가슴을 드러낸 채 접대하는 술집.

Obenwerk, das 〖해양〗 수평면상의 선체(船體), 건현(乾舷).

ober ['o:bɐ] ⟨Präp.³⟩ ⟨österr.⟩ ↑über.

ober... [-] ⟨Adj. 비교급 없음; 최상급은 ↑oberst...⟩ **1. a)** (둘 이상의 것 중에서) 위의, 위에 있는: er drückte auf den -en knopf 그는 위의 단추를 눌렀다; am -en Rand des Briefbogens 편지지의 상단에; das oberste Stockwerk 제일 위층; 〔전의〕 die Wahrheit ist oberstes Gebot 진실이 최고의 계명이다; **das Oberste zu unterst kehren** 마구 뒤범벅을 만들다. **b)** (강 따위의) 상류의: die -e Elbe 엘베 강 상류. **2.** (계급 제도 등에서) 상류의, 상부의: die -en Schichten der Gesellschaft 사회의 상류층.

Ober [-], der; -s, - [↑Oberkellner의 축소형] **1.** 급사(장); Herr O., bitte ein Bier 웨이터, 맥주 한 잔! **2.** (독일 트럼프에서) 장군 패 (여왕에 해당).

ober-, **Ober-**: **~ammergau** [o:bɐ'amɐgau] 바이에른주의 지방. **~arm**, der 상박(上膊). **~arzt**, der (과장 의사 Chefarzt를 보좌하는) 수석 의사; ⟨군⟩ 군의 중위. **~aufseher**, der 감독장, 총감독. **~aufsicht**, die 총감독, 총지휘. **~bau**, der ⟨Pl. -bauten⟩ **1.** (건축물의) 상부 (구조). **2. a)** 〖도로〗 상부층, 아스팔트층. **b)** 〖철도〗 레일, 침목 및 도상(道床). **~bauch**, der 상복부(배꼽위의). **~befehl**, der 총(최고) 사령(권): den O. haben 총사령권을 가지다, 통수하다. **~befehlshaber**, der 〖군〗 총사령관. **~begriff**, der 대개념(大概念), 상위 개념. **~bekleidung**, die 겉옷. **~bergamt**, das 상급 광산 감독소. **~bett**, das 이불, 이불 대신 새털 이불. **~bewußtsein**, das 〖심리〗 (명료한) 의식, 자각 의식(반대: Unterbewußtsein). **~boden**, der ↑Mutterboden. **~bootsmann**, der ⟨Pl. ...leute⟩ 해군 상사. **~bundesanwalt**, der 연방 검찰청 최고위 검사. **~bürgermeister**, der (대도시의) 시장. **~deck**, das **a)** 상갑판.

b) (이층 버스의) 위층. **~deutsch** ⟨Adj.⟩ 〖언어〗 고지 〔남부〕 독일어의(오스트리아 및 스위스 포함). **~dorf**, das 마을의 위쪽, 윗마을. **~faden**, der (재봉틀에서) 위에서부터 꿰진 실. **~faul** ⟨Adj.⟩ (통용어) 완전히 썩은; (도덕적으로) 부패한: das ist eine -e Angelegenheit 그것은 매우 수상한 일이다. **~feldarzt**, der 군의(軍醫) 중령. **~feldwebel**, der 상사. **~fläche**, die **1.** 수면: Blasen steigen an die O. 거품이 수면으로 올라온다; 〔전의〕 das Gespräch plätscherte an der O. dahin 대화는 피상적인 데에 그쳤다. **2.** 표면, 외면: die O. der Erde 지표면. **~flächenbehandlung**, die 표면 처리. **~flächenbeschaffenheit**, die 표면 상태. **~flächenhärtung**, die 〖기술〗 (금속의) 표면 경화. **~flächenspannung**, die 표면 장력: dieser Zusatz setzt die O. des Wassers herab 이 부가물은 물의 표면 장력을 떨어뜨린다. **~flächenstruktur**, die **1.** 표면 구조. **2.** 〖언어〗 표층 구조(구체적 언설에서 나타나는 그대로의 문장 형식; 반대: Tiefenstruktur). **~flächig** ⟨Adj.⟩ (드물게) ↑~flächlich (1). **~flächlich** [-flɛçlɪç] ⟨Adj.⟩ **1.** 〖전문어〗 표면에 있는: Kalkböden mit einer -en dünnen Sandschicht 표면에 엷은 모래층이 있는 석회질 토양. **2. a)** 피상적인, 날림의: etw. o. betrachten 무엇을 피상적으로 관찰하다. **b)** 외면에 집착하는, 정신적 깊이가 없는, 천박한: ein -er Mensch 천박한 인간. **~flächlichkeit**, die; -en 피상적임, 천박. **~förster**, der (전문 학교 교육을 받은) 구역 상급 산림 감시인. **~forstmeister**, der (대학 교육을 받은) 산림 감독관. **~gärig** ⟨Adj.⟩ 표면(상부) 발효의: -es Bier 표면 발효의 효모로 양조한 맥주. **~gefreite'**, der 〖군〗 병장. **~gericht**, das ⟨schweiz.⟩ ↑Kantonsgericht. **~geschoß**, das 위층. **~gewalt**, die 〖고어〗 최고 권력, 대권. **~gewand**, das 〖아어〗 ↑~bekleidung. **~grenze**, die 상한(上限). **~haar**, das ↑Deckhaar. **~halb** ↑oberhalb. **~hand**, die 우위, 우세: 《다음 용법으로》 **die O. gewinnen〔bekommen / erhalten〕** 우위를 차지하다, 압도하다; **die O. haben** 우세 〔우월〕하다; **die O. behalten** 우위를 견지하다. **~haupt**, das 〖아어〗 원수, 수령: das O. der Familie 〔des Staates〕 가장(국가 원수). **~haus**, das **a)** (양원제 의회의) 상원. **b)** ⟨Pl. 없음⟩ 영국 상원. **~haut**, die 〖생물·의학〗 ↑Epidermis. **~hemd**, das 와이셔츠. **~herrschaft**, die 최고 통치권, 지배: er beanspruchte die O. über das ganze Reich 그는 제국 전체에 대한 최고 통치권을 요구했다. **~hirte**, der 〖아어〗 (한 구역에서의) 최고 성직자, 고위 성직자(주교, 교황). **~hitze**, die (빵을 굽는 가마의) 위쪽에서 오는 열. **~hoheit**, die 통치권(속국에 대한). **~ingenieur**, der 기사장, 주임 기사. **~inspektor**, der 감독관(중·상위직 관리). **~irdisch** ⟨Adj.⟩ 〖전문어〗 지상의: -e Rohrleitungen 지상 도관. **~italien** [o:bɐˈiːtaːljən], -s 상부(북부) 이탈리아. **~kante**, die 위쪽 가장자리: die O. des Tisches 테이블의 위쪽 가장자리; **jmdm. bis (zur) O. Unterlippe stehen** 〖경〗 몹시 싫다, 진절머리나다. **~kellner**, der 급사장(손님과 계산할 수 있는 권한을 가진 급사). **~kiefer**, der 상악(上顎), 위턱. **~kirchenrat** [[또한] --'---], der **a)** 개신교 최고 관리 위원회. **b)** 위의 위원. **~klasse**, die **1.** 상급년. **2.** ~schicht (1). **~kleidung**, die ↑~bekleidung. **~kommandierende'**, der ↑~befehlshaber. **~kommando**, das **a)** ↑~befehl. **b)** 총(최고) 사령부. **~körper**, der 상체: er beugte den O. nach vorn 그는 상체를 앞으로 굽혔다. **~kreisdirektor**, der (군(郡)의회의) 사무국장. **~land**, das ⟨Pl. 없음⟩ 고지: das Berner O. 베른 고지. **~länder**, der 고지 주민. **~landesgericht**, das (구서독 각 주의) 고등 법원.

~länge, die 〖활자〗 (소문자들의) 위쪽 경계선 위로 솟아 있는 글자 부분, 상단 돌출부. ~lastig 〈Adj.〉〖해양〗 중심(重心)이 위쪽에 있는, 뒤집힐 듯한. ~lauf, der (강의) 최상류. ~leder, das (구두의) 윗가죽. ~lehrer, der a) 〖옛〗↑Studienrat. b) 〖옛〗연세가 좀 높은 국민학교 교사의 칭호. c) 〖구동독〗교사에 대한 경칭. ~lehrerhaft 〈Adj.〉정교사식의, 좀스럽게 헐뜯으며 설교조의: sein -es Gerede geht mir auf die Nerven 그의 좀스러운 설교가 내 신경을 건드린다. ~leitung, die 1. 총지휘〔감독〕: er hat die O. übernommen 그가 총지휘를 맡았다. 2. (전차의) 공중 가선(架線). ~leitungsmast, der 공중 가선 마스트. ~leitungsomnibus, der 무궤도 전차, 트롤리 버스(약칭: Obus). ~leutnant, der a) 〈Pl. 없음〉중위(계급으로서). b) 중위 계급의 장교. ~licht, das a) 〈Pl. 없음〉 위쪽에서 내리비치는 빛: das Zimmer hat gutes O. 그 방은 위에서 빛이 잘 비쳐든다. b) 〈Pl. -lichter, 드물게 -lichte〉 천창(天窓): die -er öffnen 천창들을 열다. c) 〈Pl. -lichter〉 천장 램프. ~lid, das 윗 눈꺼풀. ~liga, die 〖스포츠〗 상급 리그(연방 리그(Bundesliga)가 있는 스포츠 종목에서 두 번째로 높은 경기 등급). ~ligist, der 상급 리그 소속자. ~lippe, die 윗 입술. ~maat, der a) 〈Pl. 없음〉 해군 하사(계급으로서). b) 하사 계급의 해군. ~mann, der 1. 〖레슬링〗상대방 위에서 공격 자세에 있는 레슬러. 2. 〖곡예 스포츠〗 (밑에 있는 사람의) 위에 있는 사람. ~material, das (구두의) 윗부분 재료. ~matrose, der 〖구동독〗a) 해군 병장(계급으로서). b) 이 계급의 군인. ~offizial, der (österr.) a) 〈Pl. 없음〉 행정직의 관직(명칭). b) 이 직급의 소유자. ~österreich, -s 오스트리아의 주(州) 이름. ~pfarrer, der 〖가〗주임 신부. ~postdirektion [−−'−−−], die 체신청. ~priester, der (고대 가톨릭), (고대 로마의) 제사장. ~prima, die 《준고어》 (고등 학교의) 최상급반. ~primaner, der 《준고어》 최상급반 학생. ~primanerin, die 《준고어》 최상급반 여학생. ~primaner, die 〖옛〗↑Realgymnasium. ~regierungsrat, der 고위 행정관. ~rhein, der 라인 강 상류. ~rheinisch 〈Adj.〉 라인 강 상류의. ~richter, der 재판장, 부장 판사. ~schenkel, der 허벅다리, 대퇴. ~schenkelbruch, der 대퇴 골절. ~schenkelhals, der 대퇴(골) 경부(頸部). ~schenkelhalsbruch, der 대퇴 경부 골절. ~schenkelhalsfraktur, die ↑schenkelhalsbruch. ~schenkelknochen, der 대퇴골. ~schenkelkopf, der 대퇴(골) 두부(頭部). ~schicht, die 1. 상층 사회(반대: Unterschicht). 2. 《드물게》(무엇의) 상층. ~schlächtig [-ʃlɛçtɪç] 〈Adj.〉 〖전문어〗 상사식(上射式)의 (위에서 물을 떨어뜨려 물방아를 회전시키는 방식) († mittel-, rücken-, unterschlächtig 참조). ~schlau 〈Adj.〉 《통용어·반어》 아주 약다고 자처하는. ~schnabel, der 윗 부리. ~schule, die 1. 《통용어》 (여러 형태의) 고등 학교. 2. 《구동독》 모든 아동들에게 의무적인 보통 학교. ~schulbildung, die 〈Pl. 없음〉 고등 학교 교육. ~schüler, der 고등 학교 학생. ~schülerin, die 고등 학교 여학생. ~schulrat, der 교육청의 고위 관리, 장학관. ~schwester, die 간호부장, 수간호원. ~seite, die 윗면: die nach O. eines Stoffes 천의 겉쪽 윗면. ~seits 〈Adv.〉 윗면에. ~sekunda, die 《준고어》 고등 학교 7학년. ~sekundaner, der 《준고어》 고등 학교 7학년생. ~sekundanerin, die 고등 학교 7학년의 여학생. ~spielleiter, der 〖연극〗 선임 연출자. ~staatsanwalt, der 검사장. ~stadt, die 도시의 위쪽, 윗도시. ~stadtdirektor, der 시 행정국장. ~ständig 〈Adj.〉 〖식물〗 상생(上生)의, 꽃받침 위에 있는 (자방의). ~steiger, der 〖광〗 갱부장(坑夫長). ~stimme, die 〖음악〗 최고 성음, 소프라노, 최고 성부(다성악 중의). ~stock, der ↑-geschoß. ~stübchen, das 《통용어》머리: (다음 용법으로) nicht (ganz) richtig im O. sein 머리가 좀 돌았다. ~studiendirektor, der 1. 고등 학교 교장. 2. 《구동독》 교사에 대한 최고 경칭. ~studienrat, der 1. 일급 정교사. 2. 《구동독》 교사에 대한 경칭. ~stufe, die 1. 고등 학교의 상급 3개 학년 (Obersekunda, Unterprima, Oberprima). 2. 상급, 상단(上段). ~stufenreform, die (고등 학교의) 상급 학년 교육 개혁(진로에 따른 수업 과목의 자유 선택). ~tasse, die 찻잔(받침 접시 Untertasse에 대하여). ~taste, die (피아노의) 검은 건(鍵). ~teil, das 《또한》der 상부(上部): das O. des Kleides ist grün 그 원피스의 상부는 초록색이다. ~tertia, die 《준고어》 (고등 학교의) 5학년. ~tertianer, der 《준고어》 5학년생. ~tertianerin, die 5학년 여학생. ~titel, der 큰 제목 (각 장의 제목들을 총합하는). ~ton, der (대개 Pl.) 〖물리·음악〗 상음(上音), 배음(倍音). ~verwaltungsgericht, das 상급 행정 재판소. ~volta ['oːbɛvɔlta], -s 오트볼타(서아프리카의 국가). ~voltaer, der, -s 오트볼타 사람. ~voltaisch 〈Adv.〉 오트볼타(인)의. ~wärts 〈Adj.〉 위쪽으로, 위로 향하여. ~wasser, das 〈Pl. 없음〉 (댐·방죽의) 위쪽에 고인 물: das O. ist [steht] zu niedrig 댐의 수량이 너무 적다; (wieder) O. haben 《통용어》(다시) 유리한 위치를 점하고 있다; (wieder) O. bekommen 《통용어》(다시) 우세[우월]해지다. ~weite, die 1. 가슴둘레: die O. messen 가슴둘레를 재다. 2. 《통용어·농》 젖가슴. ~zeile, die ↑Dachzeile.

Obere* ['oːbərə], der 1. 상관, 장(長). 2. 수도원장, 고위 성직자: er wurde -r eines Klosters 그는 수도원장이 되었다.

oberhalb I. 〈Präp.[2]〉 …의 상부에, 위쪽에: o. des Dorfes beginnt der Wald 마을 위쪽에서 숲이 시작한다. II. 〈Adv.〉(von과 결합하여) …의 위쪽에: das Schloß liegt o. von Heidelberg 성은 하이델베르크 시 위쪽에 있다. **Oberin**, die; -nen 1. ↑Oberschwester: sie arbeitet als O. in einem großen Krankenhaus 그녀는 큰 병원에서 수간호원during으로 일하고 있다. 2. 수녀원장; (수녀들에 의해 경영되는 요양원 등의) 원장.

Obers ['oːbɐs], das; - (österr.) 유지(乳脂), 크림.

Oberst ['oːbɛst], der; -en / -s, -en 〈드물게〉-e a) 〈Pl. 없음〉 육군 대령(계급으로서). b) 대령 계급의 장교.

oberst... ['oːbɛst...] 〈Adj.〉 ↑ober-의 최상급.

Oberstleutnant, der a) 〈Pl. 없음〉 육군 중령(계급으로서). b) 중령 계급의 장교.

Obfrau, die; -en ↑Obmännin.

obgenannt 〈Adj.〉 (österr. · 관) ↑obengenannt.

obgleich 〈Konj.〉 ↑obwohl: er kam sofort, o. er nicht viel Zeit hatte 시간이 많지 않았음에도 불구하고 그는 곧장 왔다.

obhanden: (oberdt.) ↑vorhanden.

Obhut, die (아이) 보호, 비호, 감독, 후견: sich jmds. O. anvertrauen 누구의 보호에 자신을 맡기다; sie nahmen die Waise in ihre O. 그들이 그 고아를 돌보아 주었다.

Obi ['oːbi], die (또는) das; (-s), -s [jap. obi] 1. (일본옷 기모노에 딸린 넓은) 허리띠. 2. [유도] (유도복의) 허리띠.

obig ['oːbɪç] 〈Adj.〉 상술한, 전술한: schicken Sie Ware bitte an -e Adresse 위에 적은 주소로 물품을 보내주세요.

Ob.-Ing. = Oberingenieur.

Objekt [ɔp'jɛkt], das; -s, -e [lat. obiectum.] 1. a) (관심, 사유, 행위의) 대상: ein lohnendes O. der For-

schung 보람있는 연구 대상; [전의] die Frauen waren nur -e für ihn 여자들이란 그에게는 다만 (쾌락의) 대상에 지나지 않았다; jmdn. zum O. seiner Aggressionen machen 누구를 그의 공격의 대상으로 삼다. b) [철학] 객체(반대: Subjekt). 2. a) [특히 상] (흥정의 대상으로서의) 물건(토지, 가옥 등): in der Auktion sind einige interessante -e 경매에는 몇 개의 흥미있는 물건들이 나와 있다. b) (österr.·관) 건물. c) 《구동독》 공용 시설(특히 매점, 음식점 등). 3. [미술] 오브제, 대상 예술품(여러 가지 재료를 조합해서 만든 현대적 조형 예술품). 4. [언어] 목적어, 보족어: ein Satz mit mehreren -en 여러 개의 목적어를 가진 문장.
Objekt-: ~erotik, die [심리] 대상 성애. ~glas, das 〈Pl. -gläser〉 ↑~träger. ~kunst, die 대상(오브제) 예술. ~libido, die [심리] 대상 성욕. ~satz, der [언어] 목적문(장). ~schutz, der (경찰, 군등에 의한) 시설 보호(반대: Personenschutz). ~sprache, die [언어] (연구) 대상 언어(관찰의 대상이 되는). ~steuer, die [세무] 대물세(對物稅), 물세. ~tisch, der (현미경의) 재물대(載物臺). ~träger, der (현미경 재물대의) 유리판, 슬라이드.
Objektemacher, der; -s, - 대상(오브제) 예술가.
objektiv [ɔpjɛk'tiːf] 〈Adj.〉《교양어》1. 물적인, 대상의, 실재의: die -en Bedingungen erkennen 실재의 조건들을 인식하다. 2. 객관적인, 편견없는, 공평한: eine -e Untersuchung 객관적인 조사. Objektiv [-], das; -s, -e [...iːvə] 대물(對物) 렌즈: das O. einer Kamera 카메라의 대물 렌즈; die Brennweite des -s verändern 대물 렌즈의 초점 거리를 변화시키다. Objektivation [ɔpjɛktiva'tsjoːn], die; -en 《교양어》 객관화된 묘사. objektivierbar [...'viːɐbaːɐ] 〈Adj.〉 [물리] 있는 그대로 묘사될 수 있는. objektivieren [...viːran] 〈h〉 1. 《교양어》 객관화하다: Wahrnehmungsprozesse o. 인지 과정을 객관화하다. 2. [물리] 무엇을 있는 그대로 묘사하다(측량기나 관찰자의 영향을 받음이 없이): physikalische Vorgänge o. 물리적 경과를 있는 그대로 묘사하다. Objektivierung, die; -en ↑objektivieren의 명사형. Objektivismus ['vɪsmʊs], der; -, - 1. [철학] 객관주의(반대: Subjektivismus). 2. 《마르크스주의·편》 객관주의(관찰자의 가치 표상이나 사회적 현실과는 상관없이 학문적 객관성이 존재할 수 있다는 학문 원칙). Objektivist [...'vɪst], der; -en, -en 객관주의자. objektivistisch 〈Adj.〉 객관주의적인. Objektivität [...tiˈvɪtɛːt], die; 객관성, 객체성; 공정함: sich um O. bemühen 객관성을 얻으려 애쓰다.
Objektsgenitiv, der [언어] 2격 목적어.
Oblast ['ɔblast], die; -e [russ. oblast] (소련의) 중간 행정 구역.
¹Oblate [o'blaːtə], die; -n 1. [종교] 제병(祭餠). 2. a) 여러 가지 과자의 재료가 되는 밀가루 반죽의 얇은 조각. b) 웨이퍼 비슷한 둥글고 납작한 과자: Karlsbader ~ 칼스바트 산(產) 과자. 3. [지역적] 조그만 그림(기념시첩에 붙이는).
²Oblate, der; -n, -n [가] [lat. pueri oblati 고대 및 중세 교회에서 양친에 의해 수도원 생활을 하도록 결정되어진 아이들] 1. 교단원, 수도원 학교의 학생. 2. 교단이나 수도원의 준회원.
Oblation, die; -en [lat. oblatio] [가] 봉헌; 공물품.
Obleute: ') ↑Obmann의 복수형.
obliegen['] [(도); -'---] a) 《아어》 누구의 책임[의무] 이다: Die Beweislast liegt der Anklagebehörde ob (obliegt der Anklagebehörde) 기소 관청에 입증 책임이 있다; (비인칭) es obliegt mir, dies zu tun 이것을 행하는 것은 나의 의무이다. b) 《고어》 전념하다. Obliegenheit die; -en 《대개 Pl.》《아어》 의무, 책임;

seine -en zur Zufriedenheit erfüllen 그의 책임을 만족스럽게 다하다.
obligat [obli'gaːt] 〈Adj.〉 [lat. obligātus] 1. 《교양어》 a) 《준고어》 필요적인, 필요한. b) 《조롱》 통례적인, 습관적인: er brachte ihr den -en Blumenstrauß mit 그는 통례적인 꽃다발을 그녀에게 가지고 왔다. 2. [음악] (반주로서) 빠뜨릴 수 없는: eine Arie mit -er Violine 반드시 바이올린 반주를 곁들여야 하는 아리아. Obligation [obliga'tsjoːn], die; -en 1. [법·고어] 의무, 책무. 2. [경제] 채무(증서), 채권(券), 증권, 사채(社債). Obligationär [...tsjoˈnɛːɐ], der; -s, -e (schweiz.) 채권자(債權者).
Obligationenrecht, das; -(e)s (schweiz.)》 Schuldrecht. obligatorisch [...'toːrɪʃ] 〈Adj.〉《교양어》1. 의무적인, 필수적: eine -e Vorlesung 필수 강의; für diese Ausbildung ist das Abitur o. 이 교육을 받기 위해서는 고등 학교 졸업이 필수적이다. 2.《조롱》 obligat (1 b): die Idiotie des -en Smalltalk 통례적인 잡담의 무의미함. Obligatorium [...'toːrjʊm], das; -s, ...ien [...iən] (schweiz.) 의무, 필수 과목. Obligo ['oːbligo, 'ɔb...], das; -s, -s [ital. ob(b)ligo] [경제] 1. 지불 의무(책임), 채무. 2. 보증, 담보: O. für etw. übernehmen 무엇을 보증하다, 무엇의 보증을 떠맡다; ohne O. 무담보로(약어: o. O.).
oblique [ɔˈbliːk] 《다음의 용법으로》 -r Kasus ↑Casus obliquus.
Obliteration [oblitera'tsjoːn, ɔpl...], die; -en 1. [경제] 청산, 상각, 반제. 2. [의학] (염증 따위로 인한) 맥관(脈管) 폐색. obliterieren [oblite'riːran, ɔpl...] 〈h〉 1. [경제] 청산(반제, 상각)하다. 2. [의학] 맥관을) 폐색(閉塞)하다, 폐쇄하다.
Oblomowerei [oblomo've'raɪ], die; -en [러시아 작가 I. A. Gontscharow(1812~1891)의 소설 주인공 Oblomow에서] 《교양어》 무감각(무관심한)한 태도, 비활동적 몽상.
oblong [ɔp'lɔŋ] 〈Adj.〉 [lat. oblongus] 《고어》 a) 길쭉한. b) 장방형의. Oblongtablette die [약학] 길쭉한 정제.
Oblt. = Oberleutnant.
Obmann, der; -(e)s, -männer / -leute 1. (österr.) (협회, 조합의) 장(長). 2. [스포츠] 주심. Obmännin ['ɔpmɛnɪn], die; -nen ↑Obmann의 여성형.
Obödienz [obøˈdjɛnts] 〈h〉 ↑Obedienz.
Oboe [o'boːə], die; -n [ital. oboe] 1. 오보에(목제 고음 관악기). 2. 오르간 음전(音栓)(같은 음색을 내는 둥근 소의 음관열(音管列)). Oboe da caccia [- da 'katʃa], die; - - -, - - - [ital.] 5도 저음의 오보에. Oboe d'amore [- da'moːra], die; - - -, - - - [ital.]. Oboe d'amour [- daˈmuːɐ], die; - -, - -n - [frz.] 《부드럽고 온화한 소리를 내는》 3도 저음의 오보에. Oboer [o'boːɐ], der; -s, - ↑Oboist. Oboist [oboˈɪst], der; -en, -en 오보에 취주자(吹奏者).
Obolus ['oːbolʊs], der; -, - / -se [lat. obolus < griech. obolós] 1. 고대 그리스의 작은 은화(후에는 동화). 2. 《교양어》 소액의 기부: seinen O. entrichten 자기 몫으로도 지불해야 할 돈을 지불하다.
Obotrit [obo'triːt], der; -en, -en 오보트리트 인(서 슬라브계의 종족).
Obrigkeit ['oːbrɪçkaɪt], die; -en 《준고어》 (정부, 교회의) 당국: sich bei seiner O. beschweren 《농》 자기의 상관에게 불만을 토하다. obrigkeitlich 〈Adj.〉《준고어》 (관계) 당국의, 당국으로부터의: -e Verordnungen 당국의 지시; die o. reglementierte Öffentlichkeit 당국으로부터 규제받는 공중[사회].
obrigkeits-, Obrigkeits-: ~denken, das; -s 당국을 무조건 인정하는 사고 방식. ~glaube, der 당국에

의 신뢰. **~gläubig** ⟨Adj.⟩ 당국을 신뢰하는. **~hörig** ⟨Adj.⟩ 당국에 맹종하는. **~staat**, der (비민주적인) 관료주의 국가. **~staatlich** ⟨Adj.⟩ ↑~staat의 형용사형.

Obrist [o'brɪst], der; -en, -en 1. ⟨고어⟩ 육군 대령 (Oberst). 2. ⟪펌⟫ 군사 정부 구성원: die griechischen -en 그리스 군사 정부의 각료들.

obschon ⟨Konj.⟩ ⟨아어⟩ ↑obwohl: er kam, o. er krank war 그는 아팠지만 왔다.

Obsequien [ɔp'ze:kviən] ⟨Pl.⟩ [lat. obsequium] ↑ Exequien.

Observanz [ɔpzɛr'vants], die; -en [lat. observantia] 1. ⟪교양어⟫ 특색, 형식: er ist Sozialist strengster O. 그는 아주 엄격한 사회주의자다. 2. ⟪법⟫ 관습법. 3. ⟪교단의⟫ 계율 준수.

Observation [ɔpzɛrva'tsjo:n], die; -en [lat. observātio] 1. 학문적 관찰(관측소 등에서). 2. 감시(경찰에 의한). **Observatorium** [ɔpzɛrva'to:rjʊm], das; -s, ...ien [...iən; lat. observātor] 관측소, 측후소, 기상대. **observieren** [ɔpzɛr'vi:rən] ⟨h⟩ 1. (학문적으로) 관찰하다. 2. (범법 혐의자를) 감시하다: jmd. o. lassen 누구를 감시하게 하다. **Observierung**, die; -en ↑observieren의 명사형.

Obsession [ɔpzɛ'sjo:n], die; -en [lat. obsessio] ⟪심리⟫ 강박 관념, 불수의(不隨意) 행위. **obsessiv** [ɔpzɛ'si:f] ⟨Adj.⟩ ⟪심리⟫ **a)** 강박 관념에 이끌린. **b)** 강박 관념 양태의.

obsiegen [(또한) ' - - -] ⟨h⟩ ⟨분리 또는 비분리 동사⟩ ⟨아어·존고어⟩ 이기다, 승리를 거두다: er obsiegte endlich in der letzten Instanz 결국 그는 최상급심에서 이겼다.

obskur [ɔps'ku:ɐ] ⟨Adj.⟩ [lat. obscūrus] ⟪교양어⟫ 의심스러운, 모호한: eine -e Person 의심스러운 인물. **Obskurantismus** [ɔpskuran'tɪsmʊs], der ⟪교양어⟫ 비개화론, 반 계몽주의. **Obskurität** [...ri'tɛ:t], die ⟪교양어⟫ 암흑; 불명료.

obsolet [ɔpzo'le:t] ⟨Adj.⟩ [lat. obsolētus] ⟪교양어⟫ 시대에 뒤떨어진, 낡은, 진부한: ein -es Wort 시대에 뒤진 단어; die Kontroverse war o. geworden 그 논쟁은 시대에 뒤져 버렸다.

Obsorge, die ⟪(österr.·관)⟫ 보호, 돌봄, (보호적) 감독.

Obst [o:pst], das; -(e)s (대개 즙액이 많은) 과일; 과일나무: O. pflücken(schälen) 과일을 따다(껍질을 벗기다); ⟨성구⟩ (ich) danke für O. und Südfrüchte ⟨통용어⟩ 그만 두겠네, 딱 질색이야, 그런 건 알고 싶지도 않아.

obst-, **Obst-**: **~anbau**, der ⟨Pl. 없음⟩, **~bau**, der ⟨Pl. 없음⟩ 과수 재배. **~baugesellschaft**, die 과수 재배 조합. **~baulich** ⟨Adj.⟩ 과수 재배의. **~baum**, der 과수. **~baumgarten**, der 과수원. **~blüte**, die 과수의 꽃철. **~diät**, die 주로 과일만 먹는 다이어트. **~ernte**, die 과실 수확. **~essig**, der 과일로 만든 초(酢). **~fleck**, der 과일즙 얼룩. **~frau**, die ⟪통용어⟫ 과일 파는 여인. **~garten**, der 과수원. **~gehölz**, das ⟨대개 Pl.⟩ ⟪전문어⟫ 과목(果木)(총칭). **~geist**, der ↑~wasser. **~handel**, der 과일 장사, 과일 상점. **~händler**, der 과일 장수. **~horde**, die 과일 저장용 상자. **~jahr**, das 과일 농사의 일년: ein gutes O. 과일 대풍년. **~kern**, der 과심(果心). **~konserve**, die 과일 통조림. **~korb**, der 과일 바구니. **~kuchen**, der 프루트-케이크. **~kultur**, die ↑~bau. **~kur**, die 과일 요법. **~markt**, der 과일 시장. **~messer**, das 과일 나이프. **~most**, der 과일즙. **~pflücker**, der 1. 과일을 따는 데에 사용되는 긴 장대. 2. (보수를 받는) 과일 채취인. **~plantage**, die 큰 과일 농장(열대 지방의). **~reich** ⟨Adj.⟩ 과일이 풍부한: ein -es Jahr 과일 풍년. **~saft**, der 과즙. **~salat**, der 과일 샐러드. **~schale**, die 1. 과일 껍질. 2. 과일(이 담긴) 접시. **~schaumwein**, der 과일 샴페인 술. **~schnaps**, der 과일 화주(火酒). **~schwemme**, die 과일의 공급 과잉. **~sekt**, der 과일 샴페인. **~sorte**, die 과일 종류. **~spalier**, das (과수를 올린) 격자 울타리, 받침 시렁. **~steige**, die (과일을 담아 파는) 납작한 상자. **~tag**, der (다이어트를 위해) 과일만 먹는 날. **~teller**, der 과일 접시(쟁반). **~torte**, die 과일을 넣은 케이크(파이). **~verkäufer**, der 과일 판매자. **~wasser**, das 과일 브랜디. **~wein**, der (포도 이외의 과일을 발효시킨) 과실주. **~zeit**, die 과실 수확기. **~züchter**, der 과수 재배자.

obstinat [ɔpsti'na:t] ⟨Adj.⟩ [lat. obstinātus] ⟪교양어⟫ 완고한, 고집 센: er beharrte o. auf seiner Idee 그는 자기의 생각을 완강하게 고집했다.

Obstipation [ɔpstipa'tsjo:n], die; -en [lat. obstipātio] ⟪의학⟫ 변비증. **obstipieren** [...'pi:rən] ⟨h⟩ ⟪의학⟫ 변비시키다.

Obstler ['o:pstlɐ], der; -s, - ⟨지역적⟩ 1. ↑Obstwasser. 2. ↑Obsthändler. **Obstler**, der; -s, - ⟨österr.⟩ ↑Obsthändler. **Obstlerin**, **Obstlerin**, die; -nen ↑Obstler (2), Obstler의 여성형.

obstruieren [ɔpstru'i:rən] ⟨h.⟩ [lat. obstruere] 1. ⟪교양어·고어⟫ 저지(저해)하다. 2. ⟪의회⟫ (장시간 연설 등으로) 의사 진행을 방해하다. 3. ⟪의학⟫ 변비가 되게 하다. **Obstruktion** [ɔpstrʊk'tsjo:n], die; -en 1. ⟪교양어·고어⟫ 저지, 저해. 2. ⟪의회⟫ 의사 진행 방해. 3. ⟪의학⟫ 변비증. **Obstruktionspolitik**, die 의사 진행 방해 정책. **Obstruktionstaktik**, die 의사 진행 방해 전술. **obstruktiv** ⟨Adj.⟩ 1. 방해가 되는, 의사 진행의 방해가 되는.

obszön [ɔps'tsø:n] ⟨Adj.⟩ [lat. obscoenus, obscēnus] 1. ⟪교양어⟫ 음란한, 외설한, 파렴치한: eine -e Fotografie 음란한 사진; ein -er Film 외설 영화. 2. ⟪은어⟫ (도덕적) 분노를 불러 일으키는, 불쾌한: dieses Lokal hat -e Preise 이 술집은 지독히 비싸게 받는다. **Obszönität** [ɔpstsøni'tɛ:t], die; -en 1. ⟨Pl. 없음⟩ 음란, 외설, 파렴치: die O. einer Darstellung 묘사의 음란함. 2. 음란한 묘사, 음담 패설(猥談褻說): ein Buch voller -en 음란한 묘사로 가득한 책.

Obus ['o:bʊs], der; -ses, -se ↑Oberleitungsomnibus 참조.

Obwalden ['ɔpvaldn̩] ↑Unterwalden 참조.

obwalten [(또한) - ' - -] ⟨h⟩ ⟨아어·존고어⟩ 존재하다, (어떤 조건, 상태하에) 있다, 지배하다: hier walten andere Regeln ob 여기서는 다른 규칙들이 지배하고 있다.

obwohl ⟨Konj.⟩ ⟨양보의 부문장을 이끌어서⟩ …임에도 불구하고, 비록 …일지언정, …이기는 하지만: o. es regnete, ging er spazieren 비가 오는데도 불구하고 그는 산보했다.

obzwar ⟨Konj.⟩ ⟨아어⟩ ↑obwohl: Glücklicherweise lebt Venedig, o. es eine sterbende Stadt ist 베니스는 죽어가고 있는 도시지만 다행히도 살아 있다.

Occamismus ↑Ockhamismus.

Occasion [ɔka'zjo:n] ⟨österr., schweiz.⟩ ↑Okkasion (2). **Occasionsangebot**, das ⟨österr., schweiz.⟩ 특히 유리한 공급(품), 특매품. **occasionsweise** ⟨Adv.⟩ ⟨schweiz.⟩ 사정에 따라, 형편상.

Occhiarbeit, die; -en, **Occhispitze** ['ɔki-], die; -n: ↑Okkiarbeit, -spitze.

Ocean-Liner ['oʊʃənlaɪnɐ], der; -(s), -s [engl. ocean liner] ↑Liner.

och [ɔx] ⟨Interj.⟩ ⟨통용어⟩ ↑ach.

Ochlokratie [ɔxlokra'ti:], die; -n [...iən; griech. ochlokratia] ⟪고대 그리스의 국가 철학에서⟫ 서민(천민)

정치, 중우(衆愚) 정치. **ochlokratisch** [...'kra:tɪʃ] 〈Adj.〉 ↑Ochlakratie의 형용사형.

Ochrea ['ɔkrea:], die; Ochreae [...reɛ; lat. ocrea] [식물] 초상탁엽(鞘狀托葉).

Ochs [ɔks], der; -en, -en 《süddt., österr., schweiz. 통용어》 ↑Ochse. **Öchschen** ['œksçən], das; -s, - ↑Ochse (1). **Ochse** [ɔksə], der; -n, -n **1.** 《축소형: ↑Öchschen》 거세한 황소: der O. brüllt 황소가 운다; die -n vor den Pflug spannen 황소들을 쟁기에 매다; 속담 du sollst dem -n, der da drischt, nicht das Maul verbinden 곡식을 밟아 떠는 소의 입에 망을 씌우지 말라(구약 신명기 25장 4절에서—힘든 일을 하는 자가 거기서 좀 이득을 취한다 해도 나쁘게 생각해서는 안된다는 뜻); **dastehen wie der O. vorm neuen Tor [vorm Scheunentor / vorm Berg]**(↑**Kuh** 참조) 《새로운 상황 등에 직면해서》 어찌할 바를 모르다; **zu etw. taugen wie der O. zum Seiltanzen**《통용어》 무엇에 전혀 쓸모가 없다; **einen -n auf der Zunge haben**《통용어》 심리적 위축으로 말을 잘 못하다; **den -n hinter den Pflug spannen[den Pflug vor die -n spannen]**《통용어》 본말(本末)을 전도하다, 무엇을 거꾸로 시작하다. **2.** 《욕설, 대개 남자에 대해》 멍청이, 바보, 미련통이: du blöder O.! 이 미련한 놈아! **ochsen** ['ɔksn̩] 〈h〉 [원래 대학생이 · 수레를 끄는 황소처럼 심하게 일하다]《통용어》 지독하게 공부하다, 벼락 공부하다: ich mußte gestern noch Vokabeln o. 나는 어제까지도 아직 어휘 공부를 하지 않으면 안되었다.

Ochsen-: **~auge,** das [frz. oeil-de-bœuf의 차용역어] **1.** [건축] (특히 바로크 시대 건물의) 둥근(타원형의) 창(天窓). **2. a)** 《지역적·농》 에그-프라이. **b)** 《지역적》 살구를 넣은 둥근 과자. **3.** [식물] (엉거시과에 속하는) 프랑스 국화. **4.** [동물] 갑똑나비의 일종. **~blut,** das 소의 피. **~brust,** die [요리] 황소 갈비고기. **~fiesel** ['fi:zl̩] der; -s, - [süddt. Fi(e)sel = Penis des Ochsens]《지역적》↑~ziemer. **~fleisch,** das 황소의 고기, 쇠고기. **~frosch,** der [동물] 식용 개구리(북미산). **~fuhrwerk,** das 황소가 끄는 짐차. **~galle,** die [의학] 소의 쓸개즙. **~gespann,** das (한 수레를 끄는 두 마리 이상의) 소 1조(一組). **~herz,** das [의학] 심장 비대. **~karren,** der (한 마리 혹은 두 마리의) 황소가 끄는 수레. **~kopf,** der [기하] 편능형(偏菱形). **~maul,** das 황소의 처진 입술을 소금에 절인 고기. **~maulsalat,** der [요리] 소금에 절여서 삶은 황소 입술 고기의 얇은 조각들로 만든 샐러드. **~schlepp,** der 《österr.》 ↑~schwanz. **~schleppsuppe,** die ↑~schwanzsuppe. **~schwanz,** der 황소 꼬리 (고기). **~schwanzsuppe,** die [engl. oxtail soup의 차용역어] [요리] 황소 꼬리 수프. **~tour,** die 《통용어》 **a)** 힘든 일, 천천히 승급해 올라가는 힘든 인생 경로(특히 관리나 장교의): er will auf der O. nach oben 그는 힘든 직업 전선에서 윗자리로 오르려 한다. **~wurzel,** die ↑ Schminkwurz. **~ziemer,** der 쇠좆매(소의 음경을 말려서 만든 매). **~zunge,** die **1.** [요리] 소의 혀 요리. **2.** [식물] 《지역적》 **a)** 서양 지치. **b)** ↑Leberpilz.

Ochserei [ɔksə'raɪ], die; -en 《통용어》 **a)** 지속적으로 지독히 공부함: diese O. fürs Examen macht mich noch ganz krank 이 지독한 시험 공부가 나를 아주 병들게 만든다. **b)** 어리석음, 미련한 짓. **ochsig** ['ɔksɪç] 〈Adj.〉 《통용어》 명청이 같은; 우악스러운, 둔중한.

Öchsle ['œkslə], das; -s, - [독일의 역학자 F. Öchsle (1744~1852)의 이름에서] [포도] 포도즙의 비중 단위: Qualitätswein muß ein Mostgewicht von 65 Grad Ö. haben 우량 포도주는 65° 외슬러의 즙무게가 가져야 한다. **Öchslegrad,** der ↑Öchsle. **Öchslewaage,** die 외슬러 저울(외슬러 도수를 측정하는 저울).

ocker ['ɔkɐ] 〈Adj.〉 《드물게》 대자(代赭)색의, 황갈색의. **Ocker** [-], der 《또는》 das; -s, - **a)** (산화철 광물에서 뽑은) 황갈색의 혼합물, 황토. **b)** 황갈색의 채료(彩料). **c)** 황갈색.

ocker-, Ocker-: **~braun** 〈Adj.〉 황갈색[대자색]의. **~farbe,** die 황갈색[대자색]의 그림 물감. **~farben, ~farbig** 〈Adj.〉 대자색[황갈색]의. **~gelb** 〈Adj.〉 황[대자]색의. **~rot** 〈Adj.〉 색조가 황갈색 채료와 비슷한 적색의.

Ockhamismus [ɔka'mɪsmʊs, 《또는》 ɔkɛ...], der; - [철학] 오컴주의(유명론(唯名論)을 주장한 영국 스콜라 신학자 Ockham(1285~1350)의 이론).

Ockiarbeit, Ockispitze: ↑Okkiarbeit, -spitze. **Octan**: ↑Oktan (1).

Od [o:t], das; -(e)s [독일의 자연 철학자인 Reichenbach (1780~1869)에 의한 조어] 인체에서 방사되어 삶을 조종한다고 하는 힘.

öd [ø:t] (아이, öde 보다 더 강한 감정 표현) ↑öde.

od. = oder.

Odal [o:da:l], das; -s, -e [anord. ōðal] [고대 게르만 귀족 가문의] 세습지(世襲地).

Odaliske [oda'lɪskə], die; -n [frz. odali(s)que] 《옛》 터키 후궁(後宮)의 백인 여자 노예.

Odd Fellow, Oddfellow ['ɔdfɛloʊ], der; -s -s 〈대개 Pl.〉 [engl. Odd Fellow, Oddfellow] 프리메이슨 비밀 결사단 비슷한, 영국에서 창립된 비밀 공제 조합의 회원.

Odds [ɔts, ɔdz] 〈Pl.〉 [engl. odds] [스포츠] **a)** (약한 편에 주어지는) 유리한 조건, 핸디캡(특히 경마에서). **b)** (경마에서) 마권(馬券) 영업자가 정한, 거는 돈과 복금의 비율.

Ode ['o:də], die; -n [lat. ōdē < griech. ōdē] 송가, 송시(頌詩): diese O. ist in freien Rhythmen geschrieben 이 송시는 자유율로 쓰여져 있다.

öde ['ø:də] 〈Adj.〉 **1.** (정치) 황량한, 적막한: ö. nächtliche Straßen 적막한 밤의 거리들. **2.** 불모의, 황폐한, 거친: eine ö Gebirgslandschaft 불모의 산악 지방. **3.** 지루한, 단조로운, 내용 없는: Einerlei des Alltags 천편 일률적인 일상 생활의 단조로움. **Öde** [-], die; -n **1.** 황량, 적막: die endlose Ö. des Ozeans 끝없이 황량한 대양. **2.** 황야, 황무지: in dieser Ö. kann man nicht leben 이런 황무지에서는 사람이 살 수 없다. **3.** 〈Pl. 없음〉 단조, 지루함: geistige Ö. 정신적인 공허.

Odeen: ↑Odeon, Odeum의 복수형.

Odeion [o'daiɔn], das; -s, Odeia ↑Odeum.

Odem ['o:dəm], der; -s [↑Atem의 병용형] 《시어·준고어》 ↑Atem: jmdm. den O. des Lebens einhauchen 누구에게 생명의 숨결을 불어넣다.

Ödem [ø'de:m], das; -s, -e [griech. oídēma] [의학] 스럼, 수종(水腫), 부종(浮腫): -e in der Lunge 폐의 부종. **ödematisch** [ødema'ti:tɪʃ], **ödematös** [ødema'tø:s] 〈Adj.〉 [의학] 부종 증세의.

Ödendichter, der 송시 작가.

öden ['ø:dn̩] 〈h〉 **1.** 《통용어》 지루하게 하다, 싫증나게 하다: du ödest mich mit deinem Gerede 네 지껄임이 나를 지루하게 한다. **2.** 《지역적》 ↑roden.

Odenwald ['o:dn̩valt], der; -(e)s 라인 강 상류 저지 동쪽의 산지.

Odeon [o'de:ɔn], das; -s, Odeen [o'de:ən; frz. odéon] 《교양어》 음악당, 영화나 무도회를 위한 큰 건물(= Odeum).

oder ['o:dɐ] 〈Konj.〉 **1. a)** 《둘 혹은 그 이상의 것에서 하나만이 문제가 됨을 표현함》 또는, 혹은, 아니면: wohnt er in Hamburg o. in Lübeck? 그는 함부르크에서 살고 있습니까 아니면 뤼베크에서 살고 있습니까? **b)** 혹은(···

라고도 불리는): die Anemonen o. Buschwindröschen gehören zu den Hahnenfußgewächsen 아네모네 혹은 부쉬빈트뢰스헨이라 불리는 것은 미나리아재비과 식물에 속한다. c) 《선택 혹은 문제가 될 수 있는 둘 이상의 가능성을 결합시켜 줌》…이거나 또는, …이든 혹은 …이든: ich werde ihn anrufen o. ihm schreiben 나는 그에게 전화를 걸거나 편지를 쓰겠다. 2. 《앞의 진술을 문제 삼아서 약간의 변수가 가능함을 표현》혹은 그 비슷하게: er hieß Schymanski o. so 그의 이름은 쉬만스키 혹은 그 비슷했다. 3. 《일정한 태도나 사건이나 행위의 있을 수 있는 귀결을 표현》그렇지 않으면: du kommst jetzt mit mir, o. es passiert etwas! 너는 지금 나하고 같이 가야 한다. 그렇지 않으면 무슨 일인가 일어날 것이다. 4. a)《상대방의 항변이 가능하지만 기대되지는 않음을 표현》아니면: natürlich hat er es getan. O. glaubst du es etwa nicht? 물론 그가 그 짓을 했다. 아니면 너는 그렇게 생각지 않느냐? b) 《문장 뒤에 와서》《통용어·상대방의 항변이 가능하지만 사실은 동의를 구하고 있음을 표현》그렇지?: du gehst doch mit zum Schwimmen, o.? 너도 함께 수영하러 가는 거지, 그렇지?

Oder [ˈoːdɐ], die 오데르 강(중부 유럽 동부의).

Odermennig [ˈoːdɐmɛnɪç], der; -(e)s, -e [식물] 짚신나물.

Odessa [oˈdɛsa, aˈdjɛsa, ouˈdɛsə] 오데사(구소련 흑해 연안의 항구 도시).

Odeum [oˈdeːʊm], das; -s, Odeen [oˈdɛːən] [lat. ōdēum < grlech. ōdeîon] (고대의) 원형 연기장(演技場)(음악 및 연극 상연을 위한 원형 건물, ↑Odeon).

Odeur [oˈdøːɐ], das; -s, -s / -e [frz, odeur] a) 《교양어》향기, 방향(芳香), 방향물: desodorierendes O. 불쾌한 체취를 막아 주는 방향물. b) 《통용어·편》기이한 냄새: was ist das für ein O.? 이거 무슨 이상한 냄새야?

Ödgartenwirtschaft, die [농업] ↑Feldgraswirtschaft. **Ödheit**, die, 《드물게》**Ödigkeit** [ˈøːdɪçkaɪt], die 황량, 적막: eine Landschaft von bedrückender Ödheit 우울해지도록 황량한 풍경.

Odin [ˈoːdɪn] ↑Wodan의 북구어.

odios [oˈdjøːs; lat. odiōsus], 《드물게》**odiös** [oˈdjøːs; frz. odieux] 〈Adj.〉《교양어·준고어》싫은, 미운, 불쾌한: -e Namen 싫은 이름들. **Odiosität** [odjosiˈtɛːt], die; -en《드물게》↑odios의 명사용.

ödipal [ødiˈpaːl] 〈Adj.〉[정신 분석] 에디푸스 콤플렉스적: die -e Phase 에디푸스 콤플렉스적 단계. **Ödipuskomplex** [øˈdiːpʊs-], der; -es [테베의 전설적 왕 에디푸스의 이름에서] [정신 분석] 에디푸스 콤플렉스(사내아이가 아버지를 배척하고 어머니를 좋아하는 경향)(↑Elektrakomplex 참조).

Odium [ˈoːdjʊm], das; -s [lat. odium] 《교양어》증오, 혐오; 악평, 불쾌한 뒷맛: von einem O. loskommen 오명(汚名)을 씻다.

Ödland, das; -(e)s, -länder [산림·농업] 황무지, 불모지.

Ödnis, die 《아이》↑Öde.

Odontalgie, die; …gien 치통.

odonto-, Odonto- [odɔnto-; griech. odoús] 〈치아라는 의미의 복합어 규정사〉: **Odontoblast** [...ˈblast], der; -en, -en [의학·생물학] 치골(齒骨)[상아질]이 형성되는 세포. **odontogen** 〈Adj.〉[의학] [병이] 치아에서 생기는, 치아가 원인이 되는. **Odontologe** [...ˈloːgə], der; -n, -n《드물게》치과 의사. **Odontologie**, die; …gien 치과학. **Odontom** [...ˈtoːm], das; -s, -e [치과] 치아종(齒牙腫), 치아 외골증(外骨症).

Odontometer, der; -s, - [우표] ↑Zähnungsschlüssel. **Odontometrie**, die; -n [법의학] 악골(치열)의 압형(押型)에 의한 사체 신원 확인법.

Odor [ˈoːdɔr, 《또한》ˈoːdoːɐ̯], der; -s, -es [oˈdoːrɛːs; lat. odor] [의학] 냄새, 향기. **odorieren** [odɔˈriːrən, odo...] 〈h〉[화학] (냄새 없는 가스를) 냄새가 나게 하다. **Odoriermittel**, das [화학] 취기제(臭氣劑). **Odorierung**, die; -en [화학] 냄새나게 함, 취기화(臭氣化).

Ödung [ˈøːdʊŋ], die; -en 《드물게》↑Ödland.

Odyssee [odyˈseː], die; -n [...eːən; frz. odysēe < lat. odyssēa < griech. odýsseia, 전설적 영웅 오디세우스의 모험을 그린 호머의 서사시의 이름에서] 오랜 표박(漂泊), 방황, (수많은 난관과 결부된) 모험적인 긴 여행: eine (lange, abenteuerliche) O. hinter sich haben 모험적인 긴 표박[여정]을 뒤로 하다. **odysseisch** 〈Adj.〉오디세우스적. **Odysseus** [oˈdʏsɔys], 오디세우스(Ithaka의 왕).

OECD, die; Organization for Economic Cooperation Development 경제 협력 개발 기구.

Oeynhausen [ˈøːnhaʊzn] ↑Bad Oeynhausen.

Oesophagus = ↑Ösophagus.

Œuvre [ˈøːvrə, ˈøːvr, 《frz.》œːvr], das; -, -s [-; frz. œuvre] 《교양어》(한 예술가의) 전작품: ein umfangreiches Œ. hinterlassen 대단한 양의 작품을 남기다. **Œuvrekatalog**, der, **Œuvreverzeichnis**, das 작품 목록.

OEZ = osteuropäische Zeit 동부 유럽 표준시(MEZ + 1 시간).

Öfchen [ˈøːfçən], das; -s, - ↑Ofen (1), **Ofen** [ˈoːfn], der; -s, Öfen [ˈøːfn] 1. (축소형: ↑Öfchen) 난로, 가마: der O. ist ausgegangen 난로가 꺼졌다; den O. anzünden 난로에 불을 붙이다; [전의] wenn du nur immer hinter dem O. hockst, wirst du nie ein Mädchen kennenlernen 언제나 집에 처박혀만 있으면 여자 친구를 사귀지 못할 것이다; **ein heißer O.** 《경·청소년》1) 강력한 모터의 승용차. 2) ↑Feuerstuhl; **der O. ist aus** 《경》끝장이다, 다 틀렸다. 2. 《드물게》↑Kochherd: einen Kessel auf den O. stellen 주전자를 곤로 위에 올려 놓다.

ofen-, Ofen-: ~**bank**, die 《Pl. -bänke》《옛》난로 곁의 벤치. ~**bauer**, der; -s, - 《지역적》↑~setzer. ~**blech**, das 1. 난로 앞에 부친 방화용 양철. 2. 《지역적》↑Kuchenblech. ~**ecke**, die 난로 벽난로가 있는 모서리. ~**farbe**, die ↑Eisenschwarz (3). ~**fertig** 〈Adj.〉난로의 땔감으로 준비된, 잘게 빠갠: Brennholz o. schneiden 장작을 난로 땔감으로 잘게 쪼개다. ~**feuer**, das 난로불. ~**frisch** 〈Adj.〉갓 구워낸: -es Brot 갓 구워낸 빵; [전의] ein -er Formel-I-Wagen 갓 출고된 일급 경주용차. ~**füllung**, die [계량] ↑Charge (4). ~**gabel**, die 《지역적》↑Schürhaken. ~**glanz**, der ↑~farbe. ~**haken**, der 《지역적》↑Schürhaken. ~**heizung**, die 난로에 의한 난방. ~**hocker**, der 《통용어·편》↑Stubenhocker. ~**kachel**, die 난로 제조용 타일. ~**kitt**, der 난로용 접착제. ~**klappe**, die 1. 난로의 조온(調溫) 장치, 환기 조절기. 2. 난로의 문. ~**knie**, das "ㄱ"자 연통(직각으로 된 이음부). ~**lack**, der 난로에 칠하는 검은 라크. ~**loch**, das 1. 노구(爐口). 2. (난로 연통을 연결시키는) 벽 구멍. ~**platte**, die ↑Herdplatte (b). ~**ring**, der ↑Herdring. ~**rohr**, das 난로 연통. ~**röhre**, die ↑Bratröhre: **in die O. gucken** ↑Röhre 3 참조. ~**sau**, die 〈Pl. 없음〉[제련] (용광로의 바닥에 남아있는) 광재. ~**schirm**, der 난로의 방열용 금속제판, 차열판(遮熱板). ~**schwärze**, die ↑~farbe. ~**setzer**, der 난로 놓는 사람. ~**stein**, der ↑Schamottestein. ~**tür**, die 난로의 문. ~**warm** 〈Adj.〉갓 구워내서 아직 따뜻한: der Kuchen ist noch o. 그 케이크는 갓 구워내서 아직 따뜻하

다. ~**wärme**, die 난로의 열. ~**winkel**, der ↑ ~ecke.
off [ɔf] ⟨Adv.⟩ [engl. off] 【텔레비전·영화·연극】 (반대: on) **a)** (화자가) 화면 밖에 위치해서 말 소리만 들리게. **b)** 무대 뒤에서. **Off** [-], das; - 【텔레비전·영화·연극】 화자(해설자)의 모습이 보이지 않는 상태.
Off-, Off-: ~**Beat** [⟨(또한) -'-⟩], der 《붙임표와 함께》 [engl.-amerik. offbeat] 【재즈】 강세 박자들 사이에 선율적 강세를 놓는 리듬 기법. ~**Kommentar**, der 《붙임표와 함께》 ↑ ~stimme. ~**shore-Bohrung** [-ʃoːɐ-], die 《붙임표와 함께》 [engl.-amerik. offshore drilling] 【기술】 (석유 채굴을 위한) 근해 천공(近海穿孔). ~**side** [-zaɪt] ⟨Adv.⟩ [engl. offside] 【스포츠】 ↑ abseits ~. ~**Sprecher**, der 《붙임표와 함께; 텔레비전·영화·연극》 그 모습이 보이지 않는 상태에서의 해설자. ~**Stimme**, die 《붙임표와 함께; 텔레비전·영화·연극》 화자의 모습이 보이지 않는 해설하는 말소리. ~**white** [-waɪt] ⟨Adj.⟩ [격변화 없음] [engl. offwhite] 회색 또는 황색을 띤 흰빛의.
offen [ˈɔfn̩] ⟨Adj.⟩ **1. a)** 열린, 닫히지 않은: aus dem -en Fenster schauen 열린 창 밖으로 내다보다; die Bahnschranken sind o. 건널목 차단기들이 열려 있다; sie trägt ihr Haar o. 그녀는 묶지 않은 머리를 하고 있다; -e Wunden 아물지 않은 상처; 전의 mit -en Augen ins Verderben rennen 맹목적으로 파멸 속으로 뛰어들다; mit -en Augen durch die Welt gehen 정신차리고 세상을 살아가다; **o. für(gegenüber) etw. [gegenüber jmdm.] sein** 무엇에 대하여 민감하다(감수력 있다), 누구에게 마음을 터놓다. **b)** 잠그지 않은, 폐쇄되지 않은: ein -er Umschlag 봉하지 않은 봉투; dieser Laden hat[ist] auch sonntags o. 이 가게는 일요일에도 연다; 전의 eine Politik, die den Wandel zur -en Gesellschaft wagt 개방 사회에로의 변화를 감행하는 정책; er hat ein -es Haus 그는 손님을 후대한다. **c)** 덮지 않은: an einem -en Grab stehen 덮이지 않은 무덤 곁에 있다; er läuft in -en Schuhen 《통용어》 그는 구두끈을 매지 않은 채로 달린다. **2. a)** 막히지 않은, 자유로이 출입할 수 있는: -es Fahrwasser 얼어 붙지 않은 수로(水路); die Pässe in den Alpen sind wieder o. 알프스를 넘는 통로들이 (눈이 녹아서) 다시 통행이 가능해졌다; die Jagd ist o. 【사냥】 금렵기가 지나서 다시 사냥이 자유롭게 되다. **b)** (참가 자격에) 제한을 두지 않은: ein -er Wettbewerb 누구나 참가할 수 있는 경쟁. **c)** 빈틈이 있는, 밀집하지 않은: eine -e Bauweise 집과 집 사이에 공지를 두는 도시 건축 방식. **3. a)** (액체를, 병에 넣어서가 아닌: -er Wein 술통에서 직접 내온 포도주. **b)** (지역적) 포장하지 않은: Zucker o. verkaufen 설탕을 포장하지 않은 채로 팔다. **4. a)** 미해결의, 불확실한: es bleiben noch viele -e Fragen 아직도 해결되지 않은 의문들이 남아 있다; ein Kampf mit -em Ausgang 결말이 어떻게 날지 모르는 싸움. **b)** 미불의, 미결제(未決濟)의: eine -e Rechnung 미결산[미불] 계정. **c)** 비어 있는, 결원의: -e Stellen 비어 있는 자리들. **5. a)** 솔직한, 숨김없는, 정직한: er hat ein -es Gesicht 그는 정직한 얼굴을 하고 있다; etw. o. bekennen 무엇을 솔직히 고백하다; o. gesagt, ich bin müde 솔직히 말해서, 나는 피곤하다; er hat etwas Offenes in seinem Wesen 그는 어딘가 믿음직한 인상을 주는 사람이다. **b)** 명백한, 공공연한: es liegt doch o. auf der Hand, daß er lügt 그가 거짓말을 하고 있다는 것은 명백하다; seine Abneigung o. zeigen 그의 반감을 노골적으로 드러내다. **c)** 공개의: er wurde in -er Abstimmung gewählt 그는 공개 투표에서 선출되었다; -e Wertung 【스포츠】 공개 채점. **6.** 【구기】 방어가 충분하지 못한: Kölns Abwehr spielte zu o. und mußte so zwei Gegentreffer hinnehmen 쾰른 팀의 방어는 너무 불충분했고 그래서 상대 팀에게 두 골이나 허용하여야 했다. **7.** 【언어】 **a)** (모음이) 개구음(開口音)의: ein -es e 개구음 e. **b)** (음절이) 모음으로 끝나는.
offen-, Offen-: ~**bleiben*** ⟨s⟩ **1.** 열린 채로 있다: der Mund ist ihm vor Staunen offengeblieben 그는 놀란 나머지 입이 떡 벌어져 있었다. **2.** 미결인 채로 남아 있다: diese Frage blieb offen 이 문제는 미결인 채로 남아 있었다. ~**halten*** ⟨h⟩ **1. a)** (다른 사람을 위해) 열어 놓다: (jmdm.) die Haustür o. (누구를 위해) 대문을 열어 놓고 기다리다; **die Hand o.** 《통용어》 손을 벌리고 있다, 팁을 아주 좋아하다. **b)** 출입이 가능하게 하다, 닫지 않다: eine Gaststätte auch am Feiertag o. 휴일에도 음식점을 열어 놓다. **2.** ⟨o. + sich³⟩ 보류하다: sich eine Antwort(eine Entscheidung) über etw. o. 무엇에 대한 대답[결정]을 보류하다. ~**haltung**, die ⟨Pl. 없음⟩ 열어 놓음. ~**herzig** ⟨Adj.⟩ **a)** 숨김없는, 솔직한: o. reden 숨김없이 말하다. **b)** (반어·선고어) 사적 (私的)인 일을 거리낌없이 말하는, 이야기하기 좋아하는: o. wie sie war, konnte sie nichts für sich behalten 저렇듯 이야기하기를 좋아하니, 그녀는 아무것도 비밀로 할 수가 없었다; 전의 die jungen Mädchen trugen ein -es Kleid 《농》 그 녀는 가슴이 깊이 패인 원피스를 입고 있었다. ~**herzigkeit**, die ~herzig의 명사형. ~**kundig** ⟨Adj.⟩ **a)** 누구나 알아챌 수 있는, 아주 명백한: eine -e Lüge 공공연한 거짓말; eine o. Verrat 명백히 그런 배신. **b)** 《다음 용법으로》 **o. werden** (준고어) 널리 알려지다; **o. machen** (준고어) 널리 알리다. ~**kundigkeit**, die ↑ ~kundig의 명사형. ~**lage**, die (대륙을 위한 위치, 명료한 공표. ~**lassen*** ⟨h⟩ **1.** 열린 채로 두다: ich habe den Briefumschlag offengelassen 나는 그 편지 봉투를 봉하지 않았다; 전의 sich alle Möglichkeiten o. 모든 가능성을 다 보다. **2. a)** 비워 두다: eine frei gewordene Arbeitsstelle o. 결원이 된 일자리를 비워 두다. **b)** 기입해 넣지 않다, 비워 놓다: tragen Sie Ihren Namen bitte in das offengelassene Feld 빈칸에 이름을 적어 넣으시오. **c)** 미해결인 채로 두다: eine Frage o. 어떤 문제를 미해결인 채로 두다. ~**legen** ⟨h⟩ 공개하다, 명료하게 설명하다: Ursachen o. 원인을 명료하게 드러내다. ~**legung**, die ↑ ~legen의 명사형. ~**legungspflicht**, die ⟨Pl. 없음⟩ 【금융】 공시(公示) 【공개】 의무. ~**liegen** ⟨h⟩ (관) 열람을 위해 내놓여 있다, 전시되어 있다: die Bebauungspläne werden ab Juni im Rathaus o. 도시 (개발) 설계도는 6월부터 시청에 전시될 것이다. ~**marktpolitik**, die [engl.-amerik. open market policy] 【경제】 공개 시장 정책. ~**sichtlich I.** ⟨Adj.⟩ 분명한, 명백한: ein -er Irrtum 분명한 오류. **II.** ⟨Adv.⟩ 《드물게》 보아하니: er hat o. nicht mehr daran gedacht 보아하니 그는 더 이상 그것을 생각하지 않았던 것 같다. ~**sichtlichkeit**, die 분명함, 명백함. ~**stall**, der 【농업】 지붕이 있고 한 쪽으로 열려 있는 가축우리(특히 새끼들을 위한). ~**stehen*** ⟨h⟩ **1. a)** 열려 있다: laß den Kühlschrank nicht so lange o.! 냉장고를 저렇게 오래 열려 있는 채로 두지 마라!; 전의 nach ihrem olympischen Sieg standen der jungen Sportlerin alle Türen offen 올림픽에서 승리한 후 그 젊은 여선수에게 모든 문이 활짝 열려 있었다. **b)** 이용하도록 주어져 있다: 전의 alle Möglichkeiten stehen dir offen, eine große Künstlerin zu werden 위대한 예술가가 될 모든 가능성들이 네게 주어져 있다. **2. a)** (자리가) 비어 있다: im Handwerk stehen noch viele Lehrstellen offen 수공업 분야에서는 도제가 될 수 있는 자리가 아직도 많이 있다. **b)** 결정이 맡겨져 있다, 자유이다: es steht dir offen, zu kommen oder nicht (zu kommen) 오든지 말든지 네 자유이다. **3.** 미불

offiziell

[미결제] 상태이다: auf Ihrem Konto stehen noch 1000,- DM offen 당신의 계정에는 아직 1000마르크가 미불 상태입니다.
Offenbach am Main 마인 강 하류의 도시.
offenbar [ɔfnˈbaːɐ, (또한) --'-] **I.** ⟨Adj.⟩ 공공연한, 주지의, 명백한, 확실한, 눈에 보이는: ein -es Mißverständnis 명백한 오해; einen Sachverhalt o. machen 어떤 사태를 명백하게 하다. **II.** ⟨Adv.⟩ 보아하니, 추측컨대: der Zug hat o. Verspätung 추측컨대 기차는 연착인 것 같다. **offenbaren** [ɔfnˈbaːrən] ⟨h⟩ (아어) **1. a)** 드러내다, 발견하다, 공개하다: ein Geheimnis o. 비밀을 폭로하다. **b)** (o. + sich) 나타나다, 판명되다, 현현(顯現)하다: seine Worte offenbarten sich als Lüge 그의 말은 거짓으로 판명되었다. **2.** 누구에게 마음 속을 털놓다: er hat sich mir offenbart 그는 나에게 속 마음을 털어 놓았다. **Offenbarung,** die; -en **1.** (아어) 드러냄, 공개, 누설: die O. eines Geheimnisses 비밀의 폭로. **2.** [종교] 계시, 묵시: die O. des Johannes 요한 묵시록(默示錄) (신약 성경의); 전의 Marrs Schriften wurden damals als höchste O. der Sprachwissenschaft gepriesen 마르의 저술들은 그 당시에는 언어학의 최고 계시로 찬양되었다. **Offenbarungseid,** der [법] 공시(公示) 선서, 공식 파산 선언: den O. leisten 공시 선서를 하다; 전의 die Regierung sich gezwungen, den O. zu leisten 정부는 자신의 정책이 끝장나버렸음을 인정하지 않을 수 없다고 생각했다.
Offenheit, die **1.** 솔직, 정직, 공명 정대: deine O. schadet dir noch 네 솔직함이 네게 해가 되고 있다; etwas in schonungsloser O. sagen 무엇을 아주 솔직하게 말하다. **2.** 개방성, 편견 없이 논의할 용의: O. für Probleme besitzen 문제들을 터놓고 논의할 용의를 갖다.
offensiv [ɔfɛnˈziːf, (또한) --'-] ⟨Adj.⟩ [lat. offensum] (반대: defensiv) **a)** 공격적인, 공세의: -e Kriegführung 공격적 전쟁 수행; mit -er Taktik vorgehen 공세를 취하다. **b)** [스포츠] 공격 우선적인, 공격 위주의: die Verteidiger übernahmen -e Aufgaben 수비진이 공격 위주의 과제를 떠맡았다.
Offensiv- ~**allianz,** die ↑~bündnis. ~**boxer,** der 공격 위주의 권투 선수. ~**bündnis** [스포츠][공격] 동맹. ~**krieg,** der 공격전. ~**spiel,** das [스포츠] 공격 위주의 경기. ~**spieler,** der 공격수. ~**stellung,** die 공격 포진(자세). ~**taktik,** die 공격 전술. ~**verteidiger,** der [축구] 자주 공격에 참여하는 수비수. ~**waffe,** die 공격 무기.
Offensive [ɔfɛnˈziːvə], die; -n [frz. offensive] (반대: Defensive) **1.** 공격 위주의 전투 방식; 공격, 공세: eine O. planen[durchführen] 공격을 계획하다[행하다]; 전의 eine O. gegen den Drogenmißbrauch 약물 남용과의 전투(전쟁). **2.** ⟨Pl. 없음⟩ [스포츠] 공격 위주의 경기 방식: die O. bevorzugen 공격을 더 좋아하다; zur O. übergehen 공격을 취하다.
öffentlich [ˈœfntlɪç] ⟨Adj.⟩ **1.** 공공연한, 주지의, 공개적인: eine -e Verhandlung[Hinrichtung] 공개 협상(처형); ein -es Geheimnis 공개의 비밀; ü. über etw. abstimmen 무엇에 대해 공개적으로 투표하다; sie tritt zum erstenmal ö. auf 그녀는 처음으로 공중 앞에 나선다. **2.** 공공용(公共用)의, 공중용(公衆用)의: -e Anlagen (공원, 녹지 등의) 공공 시설; ein -er Fernsprecher 공중 전화; Das sind ganz -e Damen ⟨은폐⟩ 저 사람들은 창부들이다. **3. a)** 사회의, 일반의, 국민의, 공적인: die -e Meinung 여론; im -en Leben stehen 공적 생활을 하다. **b)** 국가의, 정부의, 공동체의, 공공(公共)의: -e Gelder 공공 자금; die Privatisierung -er Unternehmen fordern 공영 기업들의 사영화를 요구하다. **Öffentlichkeit,** die **1.** 공중, 사회, 세상: die Ö. erfährt [weiß] nichts von diesen Dingen 세상사람들은 이 일들에 대해서 아무것도 알지 못하다; die Ö. von einer Verhandlung ausschließen 어떤 심리의 방청을 금지하다; etw. an die Ö. bringen 무엇을 사회에 널리 알리다; sie küßten sich in aller Ö. 그들은 모든 사람들 앞에서 키스했다; **die Flucht in die Ö. antreten** 공중에 호소하여 어떤 목적을 달성하려 하다. **2.** 공개(성): das Prinzip der Ö. in der Rechtsprechung 재판에 있어서의 공개 원칙.

öffentlichkeits-, Öffentlichkeits-: ~**arbeit,** die ⟨Pl. 없음⟩ **1.** (조직체나 공공 기관의 대민) 홍보(弘報) 활동: unternehmenspolitische Ö. 기업 정책적 홍보 활동; Ö. machen[betreiben] 홍보 활동을 하다. **2.** (구동독) (여론 형성과 문제 해결에의 참여를 유도하기 위한 정부의 대민) 홍보 활동. ~**grundsatz,** der ⟨Pl. 없음⟩ [법] 재판 공개주의. ~**referent,** der 홍보 담당자. ~**scheu** ⟨Adj.⟩ 공중(公衆)을 꺼리는. ~**scheu,** die 공중에 대한 수줍음(두려움).
öffentlich-rechtlich ⟨Adj.⟩ öffentliches Recht [법] 공법(公法)상의: -er Vertrag 공법상의 계약.
Offerent [ɔfeˈrɛnt], der; -en, -en [lat. offerēns] [상] (팔 물건의) 제공자, 공급자. **offerieren** [ɔfeˈriːrən] ⟨h⟩ [lat. offerre] **a)** [상] (팔기 위해) 내놓다, 제공하다; 신청하다, 살[팔] 값을 부르다: ein Sonderangebot (in der Zeitung) o. (신문에) 특매[바겐세일] 광고를 내다. **b)** (준고어) 제공하다, 권하다: eine Zigarette o. 담배를 권하다. **c)** ⟨o. + sich⟩ (schweiz.) (어떤 목적에) 자신을 이용하게 하다, 스스로 나서다. **Offert** [ɔˈfɛrt], das; -(e)s, -e (österr.) ↑Offerte. **Offerte** [ɔˈfɛrtə], die; -n [frz. offerte] [상] (문서로의) 매매를 위한 제공[표시]: jmdm. eine O. machen 누구에게 매매 가격을 제시하다; die -n in der Zeitung lesen 신문에서 매매 광고를 보다. **Offertingenieur,** der; -s, -e [경제] 대형 기계 등의 판매를 위한) 선전 도안 작성 전문 기사. **Offertorium** [ɔfɛrˈtoːriʊm], der; -s, ...ien [...iən; lat. offertorium] [가] 미사에서 빵과 포도주 봉헌식에 드리는 기도, 제헌경(祭獻經), 봉헌문(奉獻誦).
¹Office [ˈɔfɪs], das; -, -s [ˈɔfɪsɪs, ˈɔfɪsɪz; engl. office] 사무실, 사무소. **²Office** [ˈɔfɪs], das; -, -s [ˈɔfɪs; frz. office] (schweiz.) **a)** (여관 따위의) 조리실(調理室). **b)** (드물게) 사무실. **Officium** [ɔˈfiːtsiʊm], das; -s, ...ia **1.** ↑Offizium (1). **2.** ↑Offizium (2). **Officium divinum** [-diˈviːnʊm], das; - - [lat. officium(↑Offizium) u. divinus] [가] ↑Offizium (1.b).
Offiz [ɔˈfiːts], das; -es, -e (고어) ↑Offizium (2).
Offizial [ɔfiˈtsiaːl], der; -s, -e [lat. officiālis] **1.** [가] (대)주교구 재판소의 주석(主席) 판사. **2.** ⟨österr.⟩ (중간 직위의).
Offizial- [법]: ~**delikt,** das 공공 범죄 (피해자의 고소나 고발이 없이도 공소되는). ~**maxime,** die ↑~prinzip. ~**prinzip,** das (소송의) 직권(職權)주의. ~**vergehen,** das ↑~delikt. ~**verteidiger,** der ↑Pflichtverteidiger.
Offizialat [ɔfitsiaˈlaːt], das; -(e)s, -e [가] (대)주교구의 재판소.
Offiziant [ɔfiˈtsiant], der; -en, -en [mlat. officians] **1.** (고어) 사제. **2.** (고어) 하급 관리. **b)** (südd.) 학교 건물의 관리인. **offiziell** [ɔfiˈtsiɛl] ⟨Adj.⟩ [frz. official] (반대: inoffiziell) **1. a)** 직무상의, 공무의: die -e Reise des Kanzlers nach Peking 북경으로의 수상의 공무 여행; bei der Eröffnung der Olympischen Spiele marschieren mehr Offizielle als Sportler an 올림픽 경기의 개막식에서는 운동 선수보다 임원들이 더 많이 행진해 들어온다. **b)** 관(官)의, 공(公)의, 공인(公認)의: eine -e Verlautbarung 공식 성

명; etw. o. bestätigen 무엇을 공적으로 확인하다. **2.** 공식(정식)의, 격식을 차린: eine -e Feier 공식적인 축제; plötzlich wurde der Abteilungsleiter ganz o. 과장은 갑자기 아주 공식적이 되어버렸다(냉정해졌다). **Offizier** [ɔfiˈtsiːɐ̯, (österr.) ɔfiˈsiːɐ̯], der; -s, -e [frz. officier] **1. a)** 〈Pl. 없음〉 장교: O. vom Dienst 주번 장교(약자: OvD, O. v. D.) **b)** 장교(계급)의 소유자. **2.** 〈서양 장기의〉 졸(Bauer)과 왕(König) 이외의 말(장교들).

Offiziers- [군에서는 대개: Offizier-]: **~anwärter,** der 사관 후보생. **~aufstand,** der 장교 반란. **~ausbildung,** die 장교 훈련(양성). **~bursche,** der 《옛》당번병. **~dienstgrad,** der 장교 계급. **~familie,** die 장교 가문. **~kasino,** das ↑Kasino (2 a). **~korps,** das **a)** 〈군 전체의〉 장교단. **b)** 〈전에는〉 〈한 연대의〉 장교단. **~kreise** 〈Pl.〉 장교 사회: in -n verkehren 장교 사회에서 교제하다. **~laufbahn,** die 장교 경력. **~lehrgang,** der 장교 과정. **~matratze,** die 〈군·멸〉 장교만 상대하는 창부. **~messe,** die 장교실, 장교 식당(군함의) (↑³Messe). **~puff,** der 《속어》 장교들이 드나드는 창가. **~rang,** der 장교 계급, 장교 지위. **~schärpe,** die 장교 견대(肩帶) (19세기까지의 장교복과 그 후의 사열복의). **~schule,** die **a)** 사관 학교. **b)** 장교의 연수를 위한 학교. **~schüler,** der ↑~schule의 학생. **~stellvertreter,** der (österr.) 주임 상사, 고급 하사관. **~uniform,** die 장교복.

Offizin [ɔfiˈtsiːn], die; -en [lat officina] **1. a)** [약학] (약국의) 약제실. **b)** 〈고어〉 약국. **2.** 〈고어〉 (재벌 큰) 인쇄소. **offizinal** [ɔfitsiˈnaːl], **offizinell** [...ˈnɛl] 〈Adj.〉 [약학] 약용의, 약제의. **offiziös** [ɔfiˈtsiøːs] 〈Adj.〉 [frz. officieux] 〈교양어〉 ↑ halbamtlich(반대: inoffiziös): eine -e Nachricht(Zeitung) 반(半) 공식적 뉴스(반관반민의 신문). **Offizosität** [...ioziˈtɛːt], die **1.** 〈드물게 교양어〉 공(公)적인 외양(인상). **2.** 〈고어〉 친절함, (남의 일을) 돌보기 좋아함. **Offizium** [ɔˈfiːtsiʊm], das; -s, ...ien [...iən; lat. officium] **1.** [가] **a)** 〈Pl. 없음〉 〈옛〉 교황청의 최고 관청: das Heilige O. (교황청의) 최고위의 추기경 회의. **b)** (특히 큰 축제일의) 미사: die Offizien des Osterfestes zelebrieren 부활제의 미사를 올리다. **c)** 정시과(定時課). **d)** 성무 일과. **2.** 《고어》 복무 의무, 직무 의무.

off limits! [ˈɔfˈlimits; engl.] 출입 금지! **off line** [ˈɔfˈlain; engl.] [전산] (컴퓨터에서 어떤 기계가) 주(主) 계산기와는 따로 작동하는, (중앙 처리 장치에) 비직결(非直結)의(반대: on line).

öffnen [ˈœfnən] 〈V.〉 **1. a)** 열다, 개봉하다, 따다(반대: schließen 1): die Tür ö. 문을 열다; ein Paket ö. 소포를 풀다; einen Wasserhahn ö. 수도꼭지를 틀다; den Mantel ö. 외투의 단추를 끄르다; die Bahnschranken ö. 건널목 차단기를 들어 올리다; mit geöffnetem Mund atmen 입을 벌리고 숨쉬다; ein Geschwür ö. 종양(腫瘍)을 째다; eine Leiche ö. 《온어》 시체를 해부하다. **b)** (누구에게 문을) 열어 주다: die Hausfrau hat ihm selbst geöffnet 여주인 자신이 그에게 문을 열어 주었다; [전의] sie öffnete ihm ihr Herz 〈아어〉 그녀는 그에게 애정을 바쳤다. **c)** (상점을) 열다: das Geschäft wird um acht Uhr geöffnet 그 상점은 8시에 문을 연다. **2.** 〈ö. +sich〉 **a)** 열려지다: die Tür öffnet sich (automatisch) 문이 (자동적으로) 열려진다. **b)** 퍼지다, 벌어지다: die Blüten öffnen sich 꽃이 핀다; [전의] vor ihnen öffnete sich eine weite Ebene 그들 앞에 넓은 평야가 전개되었다; der Himmel öffnet sich (아어) 비가 오기 시작한다. **c)** 마음을 열어 놓다, 수용 태세가 되어 있다: sich einer Idee ö. 어떤 생각에 대해 개방적이다; sich jmdm. ö. 〈아어〉 누구에게 마음 속을 터놓다. **d)** 누구에게 열려지다, 제공되어지다: hier öffnen sich uns

völlig neue Wege 이 곳에서 완전히 새로운 길(가능성)들이 우리에게 열려진다. **Öffner,** der; -s, -. **1.** 따는 도구, 따개: die Dose mit dem Ö. aufmachen 따개로 통조림을 따다. **2.** Türöffner. **Öffnung,** die; -en **1.** 〈Pl. 없음〉 **a)** 엶, 개봉, 개방, 개시, 개문: die Ö. des Ventils 통풍관을 엶; er tritt für die Ö. der Grenzen ein 그는 국경 개방에 찬성한다. **b)** 개방적임, 수용 태세를 갖춤: die Ö. der Kirche für Reformen 개혁에 대한 교회의 수용 태세. **2.** 트인 곳, 구멍, 입구, 틈, (숲속의) 공지: eine schmale Ö. (in der Wand) (벽에 난) 좁은 구멍; die Ö. der Blende einstellen (사진기의) 조리개를 맞추다.

Öffnungs-: ~frist, die 개회[개관] 기간. **~winkel,** der [광학·사진] 화각(畫角), 사각(寫角)(조리개를 통해서 들어오는 빛과 광학기의 축(軸)이 이루는 각도). **~zeit,** die 개점[개관] 시간.

Offsetdruck [ˈɔfsɛt-], der; -(e)s, -e [engl. offset] **1.** 〈Pl. 없음〉 오프셋 인쇄. **2.** 〈드물게〉 오프셋 인쇄물. **Offsetdruckmaschine,** die 오프셋 인쇄기. **Offsetdruckverfahren,** das ↑Offsetdruck (1). **Offsetpapier,** das; -s, -e [인쇄] 오프셋 인쇄지(다색 인쇄에 적합한).

O.F.M. = Ordinis Fratrum Minorum 프란체스코 교단의; 프란체스코 교단의 수도사.

O. (F.) M. Cap. = Ordinis (Fratrum) Minorum Capucinorum 카프친 교단의; 카프친 교단 수도사.

Q-förmig 〈Adj.〉 O형의, O의 모양을 한.

oft [ɔft] 〈Adv. ↑öfter, am öftesten〉 **a)** 자주(반복해서), 여러 번(반대: selten): oft krank sein 자주 아프다; eine schon oft besprochene Angelegenheit 이미 여러 번 논의되었던 일(문제); wie oft muß ich dir das denn noch sagen? 도대체 몇 번이나 더 말해야 알아 듣겠냐?; den Film habe ich schon oft und oft gesehen 그 영화는 이미 아주 여러 번 보았다. **b)** 자주(많은 경우에): so etwas gibt es oft 그런 일은 자주 있다; Schmerzen vergehen oft von allein 고통은 많은 경우에 저절로 가라앉는다. **c)** 자주(짧은 시간 간격으로): die Anfälle kommen jetzt immer öfter 발작이 이제는 점점 더 자주 찾아온다. **öfter** [ˈœftɐ] 〈Adv.〉 **1.** 〈절대적 비교급〉 **a)** 여러 번, 여러 가지 기회에, 비교적 자주: dieser Fehler kommt ö. vor 이 오류는 비교적 자주 나타난다. **b)** 〈통용어·부가적 형용사로서〉 여러 번의, 빈번한: seine -en Besuche 그의 빈번한 방문; **des -en** 〈강조〉 종종, 빈번히. **2.** ↑oft의 비교급. **öfters** [ˈœftɐs] 〈Adv.〉 〈지역적〉 여러 번, 비교적 자주. **oftmalig** 〈Adj.〉 〈격식독어〉 여러 차례의, 자주 일어나는: ein -es Thema zwischen Vater und mir 아버지와 나 사이에서 자주 문제가 되는 테마. **oftmals** 〈Adv.〉 여러 번; 많은 경우에서: das habe ich schon o. gesagt 나는 이미 그것을 여러 번 말했다.

ÖGB = österreichischer Gewerkschaftsbund 오스트리아 노동 조합 총연맹.

Oger [ˈoːɡɐ], der; -s, - [frz.] (동화에서) 사람을 먹는 귀신.

ogival [oɡiˈvaːl, oʒi...] 〈Adj.〉 [frz. ogival] 【예술】 첨두형(尖頭形)의, 고딕식의: ein -es Fenster 고딕식 창문. **Ogivalstil,** der [예술] 첨두식, 고딕식(건축 양식).

ogottogott! [oˈɡɔtɔɡɔt] 〈Interj.〉 「o Gott!"의 반복》《통용어·거부, 공포, 경악을 과도하게 강조해서 외치는 소리》 오 맙소사!, 아니아니!

oh! [oː] 〈Interj.〉 **a)** 《놀람, 경탄 등의 외침》 ↑o!: oh, wie schön! 오, 얼마나 아름다운가!; oh, Verzeihung, das konnte ich nicht wissen! 아, 용서해 주세요, 저는 그것을 알 수가 없었습니다. **b)** 《거부, 거절의 외침》 Oh, diese Männer! 원, 이런 남자들 좀 봐! **Oh,** das; -s, -s

↑oh의 명사형: die Ohs und Ahs der Zuschauer 관객들이 지르는 감탄[놀람]의 소리들. **oh!** [o'ha] 〈Interj.〉《통용어·경탄 혹은 가벼운 책망의 외침》오!, 야!: oha, das ging aber schnell! 야, 그것 참 빨리 되었군!

Oheim ['o:haim], der; -s, -e 《고어》백부, 숙부.

OHG = Offene Handelsgesellschaft 합명 회사.

OH-Gruppe [o'ha:-], die; -n 【화학】수산기(水酸基).

¹Ohio [o'haio], der; -(s) 오하이오 강(미시시피 강의 지류). **²Ohio**; -s 오하이오 주(미국의).

oh, là, là [ola'la] 〈Interj.〉[frz.] 《경탄, 놀람의 외침》오 그렇지!: oh, là, là, das ist eine Frau! 오 그렇지, 저 여자 참 멋쟁이구나!

¹Ohm [o:m], das; -(e)s, -e [lat. (h)ama < griech. ámé] 《옛》(주마다 차이가 있지만 약 150리터 상당의) 액량(특히 포도주의) 단위.

²Ohm [-], das; -(s), - [독일 물리학자 G. S. Ohm(1789~1854)의 이름에서] 【물리】전기 저항의 실용 단위(기호: Ω).

³Ohm [-], der; -(e)s, -e [↑Oheim의 축소형] 《고어》숙부, 백부. **Öhm** [ø:m], der; -(e)s, -e (westd.) ↑ ³Ohm.

Öhmd [ømt], das; -(e)s (südwestd.) ↑Grummet. **öhm(d)en** ['ø:mdn, 'ø:mən] 〈h〉(südwestd.) 두 번째 건초를 만들다(일년에).

Ohmmeter, das; -s, - 【물리】옴계(計)(전기 저항 측정기). **ohmsch** [o:mʃ] 〈Adj.〉《다음 용법으로》 **er Widerstand** 【물리】옴의 법칙에 의한 전기 저항; **Ohmsches Gesetz** 옴의 법칙.

ohne ['o:nə] **I.** 〈Präp.⁴〉 **1.** 《지금 이 자리에 없음을 나타냄》…없이, 갖지 않고, …없어서(는): er ist (seit vier Wochen) o. Arbeit 그는 (4주 전부터) 무직이다; o. Ansehen der Person urteilen 인물이 누구든 고려함이 없이 판결하다(법원의); alle o. Unterschied 일률적으로; o. mich! 《거부의 외침》나는 빼라구!, 나는 그 일에 관여하지 않겠어!; o. weiteres 즉석에서, 간단히, 갑자기; o. viel Mühe 그렇게 힘들이지 않고; nicht o. Schönheit 상당히 아름다운; er schläft am liebsten o. 그는 발가벗고 자기를 제일 좋아한다. o. 젖가슴을 드러내고; **nicht (so) o. sein** 《통용어》1) 그렇게 무해하지만은 않다: eine verschleppte Erkältung ist gar nicht so o. 질질 끄는 감기는 정말로 해로워질 수 있다. 2) 생각보다는 뭔가 있다: dieser Mann(der Vorschlag) ist durchaus nicht o. 이 사람[그 제안]은 제법 훌륭하다. **2. a)** 《원래는 딸려 있는 것이 빠져 있다는 뜻》…없이(않는): ein Kleid o. Ärmel 소매 없는 원피스; Vierer o. (Steuermann) 키잡이 없이 4인승 경기용 보트(노젓기). **b)** …외에, …을 제외하고: Preise o. Mehrwertsteuer 부가 가치세를 제외한 가격. **II.** 〈Konj.〉daß나 zu-Inf.와 결합하여 《어떤 일이 일어나지 않거나 행해지지 않음을 나타냄》하지 않고: o. daß der Hebel angerührt wurde, flammten die Scheinwerfer auf 지레를 건드리지 않았음에도 탐조등들이 갑자기 켜졌다; helfen, o. zu zögern 주저함이 없이 돕다.

ohne-, Ohne-: **~dem** 〈Adv.〉《고어》↑~hin. **~dies** 〈Adv.〉↑~hin: das habe ich o. schon gewußt 그렇지 않아도 나는 이미 그것을 알고 있었다. **~einander** 〈Adj.〉상대없이, 따로 떨어져서. **~gleichen** 〈Adv.〉비할 바 없는, 비길 수 없는, 무적의: ihre Freude war o. 그녀의 기쁨은 비길 데 없었다. **~haltflug**, der ↑Nonstopflug. **~hin** 〈Adv.〉그렇지 않아도, 어차피: das hätte uns o. nichts genützt 어차피 그것은 우리에게 아무 쓸모도 없었을 것이다. **~mich-Bewegung**, die 《통용어·농》사회적 무관심주의(운동)(일체의 사회적 과제에서 손을 떼고 완전히 자신의 자아와 개인적 삶으로 물러서려는 운동). **~michel**, der [„ohne mich"]《통용어·농》사회적 무관심주의자. **~mich-Standpunkt**, der《연결 부호와 함께》사회적 무관심주의. **~weiters**〈Adv.〉(österr.) = ohne weiteres.

Ohnmacht ['o:nmaxt], die; -en **1.** 기절, 졸도: eine plötzliche O. befiel[überkam] ihn 그는 갑자기 실신을 했다; in O. fallen[《아이》sinken] 실신[기절]하다; **aus einer O. in die andere fallen**《통용어·농》끊임없이 깜짝깜짝 놀라며 매우 격노해 있다. **2.** 무력, 무기력: er erkannte seine O. gegenüber dem Staat 그는 국가에 대한 자신의 무력을 인식했다. **ohnmächtig**〈Adj.〉**1.** 기절한, 일시적으로 의식을 잃은: er wurde o. 그는 기절했다; einem Ohnmächtigen Erste Hilfe leisten 졸도한 사람에게 응급 처치를 하다. **2.** 무력한, 무기력한: -e Wut hatte ihn erfaßt 그는 어쩔 줄 모르는 노여움에 사로잡혔다.

Ohnmachts-: **~anfall**, der 실신: einen O. haben[bekommen] 실신[기절]하다. **~happen**, der《통용어·농》(기운을 차리기 위한) 이따금씩의 소량의 식사. **~schnaps**, der 이따금씩 마시는 소량의 화주.

oho! [o'ho:] 〈Interj.〉**1.**《불쾌, 분노의 외침》원, 저런: o., so geht das nicht! 원, 그래서는 안되지! **2. klein, aber o.!**《통용어》작지만 대단해!, 작은 고추가 매운 법!

Ohr [o:ɐ], das; -(e)s, -en《축소형:↑Öhrchen》귀; 청각: die -en schmerzen mir 나는 귀가 아프다; mein O. läuft 내 귀에서 분비물이 나온다; gute -en haben 귀가 밝다; sich die -en zuhalten 귀를 막고 있다; jmdn. an O. ziehen 누구의 귀를 잡아당기다; auf dem linken O. ist er taub 그는 왼쪽 귀가 먹었다; für heutige -en klingt das altmodisch 오늘날의 사람들에겐 그것은 시대에 뒤진 것으로 들린다; jmdm. etwas ins O. flüstern 누구의 귀에 대고 무엇을 속삭이다; 《경고》es gibt (gleich) rote -en!《통용어·농》따귀 맛을 좀 봐야겠군!; dir fehlt bald ein Satz -en (경·농) 너 곧 혼 좀 나봐야 되겠어; 《질의》wo hast du denn deine -en?《통용어》귀는 어디다 두고 왔어? 주의해서 들을 수 없냐?; das Kind hat (anscheinend) keine -en 그 아이는 전혀 들으려고 하지 않는다; **ganz O. sein** 주의 깊게 경청하다; **jmdm. klingen die -en**《통용어》누구의 귀가 가렵다(남이 자기에 대해 말함을 느끼다); **ein (feines) O. für etw. haben** 무엇에 대해 예민한 감각을 갖고 있다; **-en wie ein Luchs haben** 귀가 아주 밝다; **lange -en machen**《통용어》호기심에 차서 귀를 기울이다; **die -en auftun[aufmachen, aufsperren]**《통용어》정확하게 귀기울여 듣다; **die -en spitzen**《통용어》주의 깊게 귀기울여 듣다; **die -en auf Empfang stellen**《통용어·농》정확하게 귀기울여 듣다; **die -en auf Durchfahrt(Durchzug) stellen**《통용어·농》경고를 흘려 듣다[유의하지 않다]; **jmdm. sein O. leihen** 누구의 말에 귀를 기울이다, 누구의 청을 들어주다; **ein offenes O. für jmdn. haben** 누구의 청을 들어주다; **bei jmdm. ein geneigtes[offenes, williges] O. finden** 누구에게서 귀를 받고 도움을 약속 받다; **(vor jmdm.) die -en verschließen** 누구의 청이나 하소연을 들어주지 않다; **jmdm. die -en kitzeln[pinseln]**《통용어》누구에게 아첨의 말을 하다; **sich³ die -en melken lassen**《통용어》아첨에 귀기울이다가 속임을 당하다; **die -en steifhalten**《통용어》굴복하지 않다, 용기를 잃지 않다 《보통 작별에서 소망을 나타내는 말로》also, halt die -en steif! 자, 용기를 잃지 말아!; **die -en anlegen**《통용어》(어려운 상황을 이겨내기 위해) 힘을 기울이다; **die -en hängenlassen**《통용어》의기 소침해 있다, 낙심하여 축 늘어져 있다; **jmdm. die -en langziehen**《통용어》누구를 엄하게

꾸짖다; jmdm. die -en voll jammern 《통용어》 끝임없는 하소연으로 누구를 괴롭히다; jmdm. die -en voll blasen 《통용어》 끊임없이 말을 해서 누구에게 귀찮게 굴다; jmdm. ein O.[die -en] abreden 《통용어》 누구에게 끊임없이 설득을 해대어 그가 더 이상 듣고 있지 않게 되다; tauben -en predigen 쇠귀에 경읽기다; seinen -en nicht trauen 《통용어》 귀를 의심하다; jmds. -en schmeicheln 누구의 귀에 기분좋게 들리다; sich aufs O. legen[《경》hauen] 《통용어》 잠자리에 들다; sich³ die -en brechen 《경》지극히 어렵고 곤란한 일로 매우 애를 쓰다; auf den -en sitzen [누구의 말에] 주의하지 않다, 듣지 않다; auf dem[diesem] O. nicht[schlecht] hören[taub sein] 《통용어》이면 일을 알려고 하지 않다, 딱 질색이다; jmdm. bei den -en nehmen ↑ jmdm. die -en langziehen; nichts für fremde -en sein 다른 사람들이 들어서는 안될 일이다; nichts für zarte -en sein 《통용어》 상당히 야비하게 [음탕하게] 들리다; jmdm. eins[ein paar] hinter die -en geben 누구의 따귀를 때리다; eins[ein paar] hinter die -en bekommen 따귀를 얻어맞다; sich³ etw. hinter die Ohren schreiben 무슨 잘못을 명심하다《또 다시 견책을 당하지 않도록》; noch feucht [noch nicht trocken] hinter den -en sein 《통용어》 아직 풋나기다, 미숙하다; es (faustdick, knüppeldick) hinter den -en haben 《통용어》 보기와는 딴 판으로 교활하고 기지가 있다; jmdm. (mit etw.) in den -en liegen 《통용어》 끊임없이 청으로 누구에게 귀찮게 굴다[조르다]; etw. im O. haben 1) 무엇이 귀에 쟁쟁하다, 무엇을 글자 그대로 기억하다. 2) 선율을 (배우지 않고도) 제대로 들어 알다; ins O. gehen[im O. bleiben] 귀에 쏙쏙 들어오다, 매우 마음에 들어 인상을 남기다; mit den -en schlackern 《통용어》 놀라서 어찌할 바를 모르다; mit halbem O. zuhören[hinhören] 제대로 주의하지 않고[명하니] 듣다; jmdm. übers O. hauen 《통용어》 누구를 속이다, 사기하다; bis über die -en in der Arbeit[in Schulden] sitzen [stecken] 《통용어》 일 속에 파묻혀 있다[잔뜩 빚을 지고 있다]; bis über die[über beide] -en verliebt sein 《통용어》 홀딱 반해 있다; viel um die -en haben 《통용어》 해야 할 일과 신경 쓸 일이 매우 많다; um ein geneigtes O. bitten 《아어》호의적인 청정을 청하다, 청허를 빌다; von einem O. zum anderen strahlen 《통용어》 너무 기뻐서 활짝 웃다; jmdm. zu -en kommen 누구의 귀에 들어가다(특히 부정적인 일에서); zum einen O. herein-, zum anderen wieder hinausgehen 《통용어》 한쪽 귀로 들어와서 다른 귀로 빠져 나가다, 제대로 듣지 않아서 곧 잊혀지다. Öhr [ø:ɐ̯], das; -(e)s, -e 바늘 구멍, 바늘귀.

ohr-, Ohr- (Ohren-, Ohren-): ~feige, die 따귀 때림: jmdm. eine O. geben[verpassen] 누구의 따귀를 때리다; -n einstecken 《통용어》 따귀를 얻어맞다. ~feigen [-faiɡn̩] 〈h〉 따귀를 때리다: er ohrfeigte sie vor allen Leuten 그는 모든 사람들 앞에서 그녀의 따귀를 때렸다; 《성》 dafür hätte ich mich (selbst) o. können[mögen]《통용어》 나는 내 자신의 어떤 언동에 대해 몹시 화가 난다. ~feigengesicht, das 《경》 뻔뻔스럽고 도전적인 얼굴. ~fluß, Ohrenfluß, der 〈Pl. 없음〉 《의학》 귀젖. ~gehänge, das 귀걸이, 귀고리. ~klipp, Ohrenklipp, der ↑ Klipp (2). ~läppchen, das 귓불. ~locke, die 귀 위로 늘어진 고수머리. ~luftdusche, die 《의학》 ↑ Luftdusche. ~marke, die 《농업》 귀표지[종축(種畜)의 인식 표지로 귓바퀴에 끼우는]. ~muschel, die 귓바퀴. ~perle, die 귓불에 달고 다니는 진주, 진주 귀고리. ~pfropf, der 《의학》 귀지 덩어리. ~ring, der 귀걸이. ~schmuck, der 귀 장신구. ~speicheldrüse, die 【해부】이하선(耳下腺). ~speicheldrüsenentzündung, die 《의학》 ↑ Mumps. ~spülung, die 《의학》 외이도(外耳道) 세척. ~trompete, die ↑ Eustachische Röhre. ~waschel [...vaʃl], das; -s, -n 《bayr., österr.》 ↑ ~läppchen. ~wurm, der [1: 귓속으로 들어가기를 좋아한다는 미신에서] 1. 집게벌레. 2. 《준고어·평》 아첨자, 비굴한 자. 3. 《귀에 쏙 들어오는》 히트곡(曲).

Öhrchen ['ø:ɐ̯çən], das; -s, - ↑ Ohr.

ohren-, Ohren- (ohr-, Ohr-): ~arzt, der 《약칭》 ↑ Hals-Nasen-Ohren-Arzt. ~beichte, die 《가》 비밀 고해. ~betäubend 〈Adj.〉 《통용어·과장》 엄청나게 큰 소리의: ein -er Lärm 귀가 먹먹해질 만큼 큰 소음. ~bläser, der 《평·준고어》 밀고자, 중상자. ~bläserei, die 밀고, 중상, 악담. ~entzündung, die 이염(耳炎). ~fällig 〈Adj.〉 귀에 잘 들리는: das -ste Beispiel 명백히 들을 수 있는 예(例). ~fluß, der ↑ Ohrfluß. ~heilkunde, die 이과학(耳科學). ~klappe, die (모자의 양쪽에 붙어서 추위를 막아 주는) 귀덮개. ~klingeln, ~klingen, das; -s ↑ ~sausen. ~klipp, der ↑ Klipp (2). ~krank 〈Adj.〉 귓병을 앓는. ~krankheit, die 귓병, 귀앓이. ~kriecher, der 《통용어》 ↑ Ohrwurm (1, 2). ~laufen, das; -s ↑ Ohrfluß. ~leiden, das 귓병. ~mensch, der 《통용어》 청각이 특히 발달되어 있는 사람, 청각적인 사람. ~robbe, die (작고 뾰족한 귓바퀴를 가진) 물개(학명: otariidae). ~sausen, das; -s 이명(耳鳴): O. haben [bekommen] 귀가 윙윙거린다, 이명증을 느끼다. ~schmalz, das 귀지. ~schmaus, der 《통용어》 귀의 향연, 감미로운 음악: die Übertragung aus Salzburg war ein O. 잘츠부르크로부터의 중계는 귀의 향연이었다. ~schmerz, der 《대개 Pl.》 이통(耳痛). ~schützer 〈Pl.〉 귀덮개. ~sessel, der (높은 등받이에 양 옆으로 머리받이가 달려 있는) 안락의자. ~spiegel, der 이경(耳鏡). ~stuhl, der ↑ ~sessel. ~wärmer 〈Pl.〉 ~schützer. ~zeuge, der 직접 들은 것을 증언할 수 있는 증인.

o. J. = ohne Jahr 발행 연도 표시가 없이.

oje!, ojemine! [o'je:(mine)] 〈Interj.〉 《준고어·당황, 경악의 외침》 오오, 어머, 저런: „Oje, oje!" rief er bestürzt 저런, 저런! 하며 그는 놀라서 외쳤다. ojerum [o'je:rʊm] 〈Interj.〉 《lat. o. Jesu!》 《고어》 ↑ ojemine.

o. k., O. K. = okay.

Okapi [o'ka:pi], das; -s, -s 《afrik. Sprache》 【동물】오카피(중앙 아프리카산 기린과의 일종).

Okarina [oka'ri:na], die; -s / ...nen 《ital. ocarina》 오카리나(특히 어린이를 위한 거위알 모양의 도토(陶土)로 만든 관악기), 구적(鳩笛).

okay [o'keː, 'oʊˈkeɪ] 〈Adv.〉 《amerik. okay》《약어: o.k., O.K.》 I. 〈Adv.〉 《통용어》 좋아, 알았어: o., das machen wir so 좋아, 그건 그렇게 하자구. II. 〈Adj.〉 a) 《통용어》 제대로 되어 있는, 좋은: es ist alles o. 모든 것이 다 잘 되어 있[다]; das Mädchen ist wirklich o. 그 소녀는 정말 친구같이 대해 준다. b) 《항공·은어》 확인된, 승인된: Ihr Flug nach Kairo ist [geht] o. 당신의 카이로 행 비행 예약은 확인되었습니다. Okay [-], das; -(s), -s 《통용어》 동의, 승낙: sein O. geben 찬성[승인]하다.

Okeanide [okea'niːdə], die; -n 《대개 Pl.》 [griech. Ōkeanís] 【신화】 바다의 요정(妖精)(바다의 신 Okeanos의 딸).

Ökelname ['ø:k[-], der; -ns, -n 《nordd.》 ↑ Ekelname.

ökern (nordd.) 근면한, 열심인, 끈기 있는.

Okkasion [ɔka'ziːn], die; -en [frz. occasion] 1. 《고어》 기회, 동기. 2. 《상》 특매품: eine einmalige O. 한 번뿐인 특매. **Okkasionalismus** [...zionaˈlɪsmʊs], der; -, ...men 1. 《Pl. 없음》 [철학] 기회 원인론, 우인론(偶因論). 2. 《언어·준고어》 일시적 조어(造語). **Okkasionalist**, der; -en, -en 기회 원인론자. **okkasionalistisch** 〈Adj.〉 기회 원인론의. **okkasionell** [...'nɛl] 〈Adj.〉 [frz. occasionnel] [학문] 우연한, 그 때 그 때의, 임시의(반대: usell).

Okkiarbeit ['ɔki-], die; -en [ital. occhi] 배 모양의 북을 사용하여 레이스를 짜는 뜨개질. **Okkispitze**, die; -n 위의 뜨개질로 짜낸 레이스.

okkludieren [ɔkluˈdiːrən] 〈h〉 [lat. occlūdere] 《고어》 가두다, 에워싸다; 폐쇄[폐색]하다: die Fremdkörper werden vom Gewebe okkludiert 이물(異物)들이 조직에 의해 에워싸여진다. **Okklusion** [...u'zioːn], die; -en 1. 《고어》 포위, 감금; 폐쇄, 저지. 2. [의학]장기(藏器) 폐색. 3. [치과] (상하 치열의) 교합(咬合), 정상 배열. 4. [기상] 난류와 한류의 충돌. **okklusiv** [...ˈziːf] 〈Adj.〉 폐색[폐쇄]하는. **Okklusiv** [-], der; -s, -e [...iːvə] [언어] ↑Verschlußlaut. **Okklusivpessar**, das [의학] (피임용) 페서리, 자궁륜(輪). **Okklusivverband**, der [의학] 석고대나 빳빳하게 풀을 먹인 붕대 등으로) 빈틈없이 감는 붕대, 밀봉 붕대.

okkult [ɔ'kʊlt] 〈Adj.〉 [lat. occultus] 감추어진, 잠재[잠복]한; 비밀의, 신비적인: -e Kräfte 신비로운 힘. **Okkultismus** [...ˈtɪsmʊs], der [의학] 신비학, 심령론, 심령설. **Okkultist**, der; -en, -en 신비학 신봉자, 심령론자. **okkultistisch** 〈Adj.〉 신비학의, 심령론적인; 신비로운, 초감각적인. **Okkultologe**, der; -n, -n 신비학[심령론] 연구자.

Okkupant [ɔkuˈpant], der; -en, -en 《대개 Pl.》 [russ. okkupant] 《펌》 점령자; 점령국(의 소속원). **Okkupation** [...pa'tsioːn], die; -en [lat. occupātio]. 《펌》 (타국 영토의) 점령: sich an einer O. beteiligen 점령에 관여[협력]하다. 2. [법·준고어] (불법적) 점유, 선점 (특히 무주물(無主物)의). 3. 종사; 업무, 직업. **okkupationistisch** 〈Adj.〉 《준고어》 점유[선점]적인.

Okkupations- 《대개 펌》: **~behörde**, die 점령군 당국. **~gebiet**, das 점령 지역. **~heer**, das 점령군. **~macht**, die 점령국. **~politik**, die 점령 정책. **~truppe**, die 점령 부대.

Okkupativ [ɔkupaˈtiːf], das; -s, -e [...iːvə] [언어] 활동의 동사(예컨대: tanzen, lernen). **okkupatorisch** [...ˈtoːrɪʃ] 〈Adj.〉 [lat. occupātōrius] 점유[점취]하는, 점령[점유] 방식의. **okkupieren** [ɔkuˈpiːrən] 〈h〉 [lat. occupāre] 1. 《펌》 점령하다: okkupierte Gebiete befreien 점령 지역을 해방하다. 2. 《법·고어》 (불법적으로) 점유(선점)하다; vom Staat okkupierte Liegenschaften 국가에 의해 점유된[몰수된] 토지. **Okkupierung**, die; -en 1. 점령, 2. 점유, 선점. **Okkurrenz**, die; -en [engl. occurrence] [언어] (어떤 텍스트에) 일정한 언어 단위의 출현.

Oklahoma [oklaˈhoːma, 《engl.》 ouklə'houmə] 오클라호마(미국의 주).

öko-, Öko- [øko-; griech. oîkos = Haus(haltung)]: **Ökoladen**, der 《Pl. ...läden》 무공해 상품 가게(생태계 유지 관념에 맞는 상품만 판매하는 가게). **Ökologe**, der; -n, -n 생태학자(生態學者). **Ökologie**, die 1. 생태학: er ist Fachmann auf dem Gebiet der Ö 그는 생태학 분야의 전문가이다. 2. 생물과 환경과의 상호 관계, 생태(生態): die Ö. (in einem Moor) stören (한 늪의) 생태계를 파괴하다. **ökologisch** 〈Adj.〉 1. 생태학적인: -e Untersuchungen 생태학적 연구[조사]. 2. 생태의, 생태계적인: Störungen des -en Gleichgewichts 생태계 균형의 파괴. **Ökonom** [...'noːm], der; -en, -en [griech. oikonómos = Haushalter, Verwalter] 《준고어》 **a)** 농업가, 농장 경영자, 농장 관리인, 집사. **b)** 《특히 구동독》 경제학자. **Ökonometrie** [...nomeˈtriː], die 계량 경제학. **Ökonomie** [...noˈmiː], die; -n [...iːən; lat. oeconomia = gehörige Einteilung] 1. 《준고어》 경제학, 경제 이론: politische Ö. 정치 경제학. 2. 경제, 경제적 구조(일정한 지역의). 3. 《Pl. 없음》 검약, (경비) 절약, 경제성: sprachliche Ö. 언어의 절약. 4. 《österr., 그 고어》 농업 경영. **Ökonomierat**, der 《österr.》 **a)** 《Pl. 없음》 농업 고문관(공로가 있는 농업가에게 주는 칭호). **b)** 위의 칭호의 소유자. **ökonomisch** 〈Adj.〉 die [lat. oeconomicus] 1. 경제학의, 경제 이론. 2. **a)** (한 나라, 국민 경제의 한 분야 등에서의) 경제, 경제 상태: die Ö. eines Betriebes untersuchen 한 기업의 경제 상태를 조사하다. **b)** 《구동독》 (한 사회 체제의) 생산 방식, 경제 구조: sozialistische Ö 사회주의적 경제 구조. 3. 《구동독》 한 경제 부문의 이론적 분석. **Ökonomin**, die; -nen ↑Ökonom의 여성형. **ökonomisch** 〈Adj.〉 [lat. oeconomicus] 1. 경제적인, 경제상의, 경제에 관한: ein -er Sachverständiger 경제 전문가; die -e System des Sozialismus 사회주의의 경제 체제[조직]. 2. 검약한, 절약하는, 경제적인, 최소의 경비로 최대의 이득을 올리는: eine -e Arbeitsweise 경제(원칙)적 노동 방식. **ökonomisieren** [...nomiˈziːrən] 〈h〉 경제적인 토대 위에 세우다, 경제화하다, 비용을 절약하다. **Ökonomisierung**, die; -en ↑ökonomisieren의 명사형. **Ökonomismus** [økonoˈmɪsmʊs], der [-] [정치경제학] 경제주의(사회 발전의 관찰에서 경제적 요소의 과도한 강조). **Ökonomist**, der; -en, -en 《준고어》 경제학자. **Ökopaxbewegung**, die 생태계 유지 및 평화 수호 운동. **Ökosystem**, das; -s, -e 생태계(生態系). **Ökotop** [...ˈtoːp], das; -s, -e [griech. tópos = Ort, Gegend] 생태학상 최소의 지역 단위. **Ökotrophologe**, der; -n, -n 영양학자, 가정경제학자. **Ökotrophologie**, die 영양학, 가정 경제학. **Ökotrophologin**, die; -nen ↑Ökotrophologe의 여성형. **Ökotypus**, der; ...pen 《생물》 (일정한 지역의 서식 조건에 적응한) 생태형(型).

Okt. = Oktober.

Oktaeder [ɔktaˈleːdɐ], das; -s, - [griech. októedron] [수학] 정 8 면체. **oktaedrisch** [...ˈleːdrɪʃ] 〈Adj.〉 정 8 면체의. **Oktagon** = ↑Oktogon. **Oktan**, 《화학 전문어》 Octan [ɔk'taːn], das; -s, -e [lat. octō = acht; 분자 속에 그 때 그 때 8개의 탄소원자가 결합되어 있음] 1. 옥탄. 2. 《자동차》 (옥탄가(價)를 표시하는 숫자 뒤에서): dieser Motor braucht (ein Benzin von) mindestens 92 Oktan 이 모터는 적어도 옥탄가 92(의 휘발유)를 필요로 한다. **Oktant** [ɔk'tant], der; -en, -en [lat. octāns] 1. [수학] **a)** 8분원(원주의). **b)** (데카르트 좌표계에서의) 8 분 공간. 2. 《항해》 옥탄트, 8분의(分儀); 《천문》 8분의 자리. **Oktanzahl**, die; -en 옥탄가(價)(약어: OZ).

¹Oktav [ɔk'taːf], das; -s [lat. octāvus = der achte] 8 절판(折判)(기호: 8°). **²Oktav** [-], die; -en [...aːvn] 1. 《österr.》 ↑Oktave. 2. [가] **a)** 《크리스마스 및 부활제》 대축제일 뒤의 일주간의 축제 주간. **b)** 위의 축제 주간 마지막 날의 축제. 3. [펜싱] 제 8 (방어) 자세(어깨에서부터 밑으로 향해진 칼끝까지 일직선이 되는 자세).

Oktav- (¹Oktav): **~band**, der 《Pl. -bände》 8 절판의 책. **~bogen**, der 8 절로 인쇄된 전지(全紙). **~format**, das 8 절판[의 형[型]]. **~heft**, das 8 절판의 노트. **~seite**, die 8 절판의 페이지.

Oktava [ɔk'taːva, die; ...ven [lat. octāva = die achte] 《österr.》 인문 고등 학교 8학년. **Oktavaner** [ɔkta-

'va:nrl, der; -s, - 《österr.》인문 고등 학교 8학년 학생.
Oktave [...və], die; -n [음악] **a)** 제8음. **b)** 8도 음정, 옥타브: eine O. höher(tiefer) 한 옥타브 높여서(낮추어). **2.** ↑Stanze. **3.** 〔가〕대축제의 8일간 및 그 축후일. **Oktavenzeichen,** das [음악] 옥타브 기호(악보에서 한 옥타브를 높이거나 낮추라는 기호). **oktavieren** [okta'vi:rən] 〈h〉(관악기를 지나치게 세게 불어서) 1옥타브 높은 음을 내다. **Oktett** [ɔk'tɛt], das; -(e)s, -e [lat. octō = acht] **1.** [음악] **a)** 8중주곡, 8중창곡. **b)** 8중주단: es spielt das O. des Philharmonischen Orchesters 필하모닉 오케스트라의 8중주단이 연주한다. **2.** 【핵】(원자 외각의) 8개의 전자단. **Oktober** [ɔk'to:bɐ], der; -(s), - [lat. (mēnsis) Octōber = achter Monat (로마력)] 10월(약어: Okt.). **Oktoberrevolution,** die (Pl. 없음) 10월 혁명(1917년 10월 러시아에서). **Oktoberfest,** das 10월축(祭)(1810년 이래 매년 뮌헨에서 행하여지는 15일간의 축제). **Oktode** [ɔk'to:də], die; -n [griech. októ + hodós] 八 Achtpolröhre. **Oktodez** [ɔkto'de:ts], das; -es, -e [lat. das achtzehnte] 전지 18절판(切判). **Oktogon** [ɔkto'go:n], **Oktagon** [ɔkta'go:n], das; -s, -e [lat. octōgōnum] **a)** 8각형. **b)** 8각형 건물. **oktogonal** [...go'na:l] 〈Adj.〉 8각형의. **Oktonar** [ɔkto'na:ɐ̯], der; -s, -e [lat. octōnārius] 【고대 운율】 8운각 시행. **Oktopode** [ɔkto'po:də], der; -n, -n 《대개 Pl.》 [griech. oktṓpous = achtfüßig] 【생물】 낙지.

Oktroi [ɔk'trɔa], der 《또는》 das; -s, -s [frz. aus lat.] **1.** 승낙. 허가. **2.** 시(市)에서 부과하는 식료품세.

oktroyieren [ɔktrɔa'ji:rən] 〈h〉 [lat. auctor = Förderer, Urheber] 〔교양어〕 ↑aufoktroyieren: eine oktroyierte Verfassung 흠정(欽定) 헌법.

okular [oku'la:ɐ̯] 〈Adj.〉 〔전문어〕 눈에 관한, 눈에 의한, 눈으로의, 시각(視覺)의: die Störung wird o. sichtbar 장애[고장]가 육안으로도 명백해진다. **Okular** [-], das; -s, -e [okularglas od modern]〔광학 기계의〕 접안 렌즈: ein Mikroskop mit verschiedenen -en 각종의 접안 렌즈들을 갖춘 현미경. **Okularlinse,** die 접안 렌즈. **Okulation** [...la'tsio:n], die; -en 눈접, 눈접, 아접(芽接). **Okuli** [ˈoːkuli] 《관사·격변화 없음》 [lat. oculus = Auge] 【신교】 사순절(四旬節)의 제3의 주일. **okulieren** [oku'li:rən] 〈h〉 〔원예·농업〕 접목하다: die Rosen o. 장미를 접목하다. **Okuliermesser,** das 접목용의 칼. **Okulierreis,** das 접목가지, 접지(接枝). **Okulierung,** die; -en 눈접.

Ökumene [øku'me:nə], die (spät)lat. œcūmenē < griech. oikouménē(gḗ) = bewohnt(e Erde)] **1.** [지리] (사람이 사는) 지구, (인간) 세계. **2.** [기독] **a)** 세계 기독교도 및 기독교회의 전체. **b)** 기독교 통합 운동, 세계 교회 운동. **ökumenisch** 〈Adj.〉 **1.** [지리] 전세계의, 세계적인, 전반적인, 보편적인. **2.** 〔가〕전공의회, 세계 가톨릭교도의: ein es Konzil 공회의(公會議), 만국 주교 회의. **3.** 〔신학〕 **a)** 전세계 기독교 종파들의 공동 행동에 관한: die -e Bewegung 세계 교회 운동(↑Ökumene 2.b 참조). **b)** 신구교 공동 주최의, 신구 양교 대표자들에 의해 행해지다. **Ökumenismus** [...me'nɪsmʊs], der; - [1964년 제2 바티칸 공회의에 기인하는 명칭] 〔가〕초교파적 교회 통일 운동.

Okzident [ˈɔktsident, (또한) --'-], der; -s [lat. (sōl) occidēns] **1.** 《교양어》 서양(반대: Orient) : Orient und O. 동양과 서양. **2.** 〔문학〕 서양. **okzidental,** 〔드물게〕 **okzidentalisch** [...ˈtaːl(ɪʃ)] 〈Adj.〉 [lat. occidentālis] **1.** 《교양어》 서양의. **2.** 《고어》서쪽의.

ö. L. = östlicher Länge 동경(東經).

Öl [ø:l], das; -(e)s -e [lat. oleum = (Oliven)öl] **1.** 《일반적》기름: Fette und -e 유지(油脂); Öl auf die Lampe gießen 《통용어》 화주를 한 잔 혹은 몇 잔 마시다; Öl auf die Wogen gießen 흥분을 가라앉히다, 진정시키다, 《분쟁을》조정하다; Öl ins Feuer gießen 《통용어》불에 기름을 붓다, 격정(흥분, 분쟁)을 부채질하다, 상황을 더 악화시키다. **2. a)** 석유, 광유: nach Öl bohren 석유 탐사를 위해 시추하다. **b)** 연료유. **c)** 윤활유: die Maschine mit Öl schmieren 기계에 윤활유를 바르다. **d)** 식물성 기름: ätherische -e 방향유(芳香油). **e)** 식용유, 샐러드 기름: Salat mit Essig und Öl anmachen 샐러드에 초와 기름을 치다. f) 〔성경〕das geht mir runter wie Öl 《통용어》그 소리를 듣는다는 것은 내게는 매우 기분 좋은 일이다. **f)** 〔햇볕에 대해〕피부 보호용 기름. **3.** 《다음 용법으로》Öl 기름 물감으로: er malt in Öl 그는 유화(油畫)를 그린다.

öl-, Öl-: ~abscheider, der [기술] 기름 분리기. **~alarm,** der 석유 따위의 유출로 인한 오염 경보. **~anstrich,** der 기름 물감으로 칠하기. **~artig** 〈Adj.〉기름 모양의. **~bad,** das [의학] 유욕(油浴). **~baron,** der 《준고어》유전(油田)의 소유자. **~baum,** der 올리브나무. **~bedarf,** der 석유 수요. **~behälter,** der 기름 통, 기름 탱크. **~berg,** der [성경] 올리브 산, 감람산 (Jerusalem의 동쪽의 산 이름). **~bild,** das ↑~gemälde. **~blatt,** das 올리브의 잎(흔히 평화의 상징). **~bohrung,** die 석유 시추. **~boykott,** der ↑~embargo. **~druck,** der **1.** ↑~farbendruck. **2.** [자동차] 유압(油壓). **~druckbremse,** die [자동차] 유압 제동기[브레이크]. **~druckkontrollampe,** die [자동차] 저유압(低油壓) 표시등(燈). **~embargo,** das 석유 수출 금지. **~export,** der 석유 수출. **~exportierend** 〈Adj.〉 석유를 수출하는: die -en Länder 석유 수출국들. **~fang,** der ↑~abscheider. **~farbe,** die **1.** 유성 페인트. **2.** 기름 물감, 유채료(油彩料). **~farbendruck,** der 유성 인쇄법(印畫法), 유화식 착색(着色) 석판화(인쇄법). **~feld,** das ↑Erdölfeld. **~feuerung,** die 기름 난방; 《중》어 연소(燃焼). **~film,** der (다른 액체나 고체의 표면에 형성된 얇은) 기름 막. **~fleck,** der 기름 얼룩(점). **~förderung,** die 채유(採油). **~frucht,** die 기름이 나는 열매. **~funzel,** die 《경》↑~lampe. **~gas,** das 오일 가스. **~gemälde,** die 유화(油畫). **~gesellschaft,** die ↑Mineralölgesellschaft. **~gewinnung,** die 채유(採油). **~götze,** der [그리스도의 제자들(↑Matth. 26, 40 ff. 참조)에 대한 통속적 명칭인 Ölberggötze의 약칭으로 추측]《약간 쿰》뻣뻣한 인상을 주는 사람, er sitzt[steht] da wie ein Ö. 그는 우두커니〔멍하니〕앉아 있다(서 있다). **~hafen,** der 유조선 전용 항구. **~haltig** 〈Adj.〉 유성의, 기름을 함유한. **~haut,** die **1.** ↑~film. **2.** 유포(油布). **~heizung,** die 기름 난방. **~höffig** ↑erdölhöffig. **~import,** der 석유 수입. **~industrie,** die ↑Mineralölindustrie. **~jacke,** die 방수 재킷. **~käfer,** der [동물] 땅가뢰. **~kanister,** der 기름 통. **~kanne,** die 기름 통, 주유기(注油器). **~konzern,** der 석유 판매 콘체른. **~krise,** die 석유 위기(석유 부족으로 인한). **~krug,** der [성경] 기름 단지. **~kuchen,** der **1.** 기름으로 튀긴 과자. **2.** 기름을 짜고 난 찌꺼기, 깻묵. **~lack,** der 유성(油性) 와니스. **~lager,** das 석유 기름 창고. **~lampe,** die ↑Petroleumlampe. **~leitung,** die 송유관(送油管). **~löslich** 〈Adj.〉 기름에 용해되는. **~luftpumpe,** die [기술] 기름(으로 밀폐한) 배기 펌프. **~magnat,** der 석유 귀족. **~malerei,** die 유화(油畫). **~meßstab,** der [자동차] 윤활유 측량 막대. **~motor,** der (고어) 오일 엔진(디젤 엔진 따위). **~mühle,** die 착유(搾油). **~multi,** der 《대개 Pl.》 《통용어》다국적 석유 콘체른. **~ofen,** der 석유 난로. **~palme,** die 기름야자. **~papier,** das 기름종이. **~pest,** die 유

출된 석유에 의한 오염. ~pflanze, die 식용유를 채취하는 식물. ~preis, der 유가(油價). ~presse, die 착유기(搾油器). ~produzent, der 1. 《드물게》식용유 생산자. 2. ↑Erdölerzeuger. ~produzierend〈Adj.〉↑erdölproduzierend. ~pumpe, die〔자동차〕급유 펌프. ~quelle, die 유천(油泉). ~raffinerie, die ↑Erdölraffinerie. ~sand, der 함유(含油)모래. ~sardine, die 기름 속에 담근 정어리. ~säure, die 유산(油酸). ~scheich, der 석유가 나서 부자가 된 추장. ~schicht, die 기름 층. ~schiefer, der 함유 혈암(含油頁岩), 유질(油質)혈암. ~schläger, der 착유공(搾油工). ~sicher 방유(防油)(성)의. ~sockel, der 페인트 칠을 한 벽 아랫 부분. ~spur, die 유출된 기름으로 인해 생긴 흔적. ~stand, der 모터 속의 윤활유의 양: den Ö. prüfen 모터 속의 윤활유의 양을 점검하다. ~ständig 내유(耐油)(성)의. ~süß, das〔古語〕글리세린. ~tank, der 기름 탱크. ~tanker, der 유조선(油槽船). ~tuch, das 유포(油布), 기름에 절은 베. ~verbrauch, der 기름 소비. ~versorgung, die 기름 공급, 급유(給油). ~vorkommen, das 석유 산출. ~wanne, die〔자동차〕(모터나 기계의 아래 쪽에 붙어 있는) 기름 받이 통. ~wechsel, der〔자동차〕(모터 속의)윤활유 교체. ~weide, die (남 유럽산) 보리수의 일종. ~zeug, das (선원들의) 방수(防水)복. ~zweig, der 올리브나무의 가지(평화의 상징).

¹**Oldenburger** ['ɔldnburgɐ], der; -s, - 1. 올덴부르크 사람. 2. 갈색 혹은 흑색의 힘센 온혈종의 말. ²**Oldenburger** [-]〈Adj.〉올덴부르크의. **oldenburgisch** ['ɔldnburgɪʃ]〈Adj.〉올덴부르크의. **Oldenburg** ['ɔldnburk] 니더작센 주의 도시.
Oldie ['ɔʊldɪ], der; -s, -s [engl.-amerik. oldie] 《통용어》a) 되살아난 홀러간 옛 노래[옛 영화]: -s der Beatles sind ein großer Erfolg 비틀즈의 되살린 옛 노래들이 큰 성공을 거두고 있다. b) 구세대 인물: ein Tanz für unsere -s 우리들을 구세대를 위한 춤. **Oldtimer** ['ɔʊldtaɪmɐ], der; -s, - [engl.-amerik. old-timer] 1. a) (수집 가치가 있고 잘 보존된) 구식 모델: ein Museum mit -n 구식 모델 자동차들의 소장 박물관. b) 구식 모델에 따라 생산된 물건(전화, 가구 등). 2.《농》a) 고참: 믿을 만한 협력자(선수 등): er ist einer der O. in der Fußballmannschaft 그는 그 축구 팀에서 고참 중의 하나이다. b) 나이 지긋한 사람(대개 남자). **Oldtimer-** (대개 붙임표와 복합하여 구식의 것을 나타냄(예컨대: Oldtimer-Modell 구식 모델, Oldtimer-Rennen 구식 모델 자동차들의 경주). **Oldy**: ↑Oldie.
olé! [o'le]〈Interj.〉[span. olé] 시작!; 나아가라!; 만세!
Olea: ↑Oleum의 복수형.
Oleander [ole'andɐ], der; -s, - [ital. oleandro] 협죽도 속(夾竹桃屬)〔관상용〕. **Oleanderschwärmer**, der 박각시(나비)의 일종(그 유충이 협죽도의 잎을 먹음).
Oleat [ole'aːt], das; -(e)s, -e [lat. oleum]〔화학〕유산염(油酸鹽). **Olefin** [ole'fiːn], das; -s, -e [frz. oléfiant]〔화학〕불포화 탄화수소. **Olein** [ole'iːn], das; -s, -e [frz. oléine]〔화학〕올레인. **ölen** ['øːlən]〈h〉a) 기름을 바르다, (기계에) 주유(注油)하다: die Tür muß geölt werden 문에 기름을 쳐야겠다. b) ↑einölen (a): den Fußboden ö. 마룻바닥에 기름을 문질러 바르다. **Oleum** ['oːleʊm], das; -s, Olea [lat. oleum]〔화학〕발연 황산.
olfaktorisch [ɔlfak'toːrɪʃ]〈Adj.〉[lat. olfacere = riechen]〔의학〕후각의, 후신경의.
OLG = Oberlandesgericht 고등〔항소〕법원.
Olifant ['oːlifant, (또한) oli'fant], der; -(e)s, -e [lat. elephantus]〔요란하게 장식된〕상아제의 중세 사냥용 신호 나팔.
ölig ['øːlɪç]〈Adj.〉1. a) 기름에 젖어 있는, 기름이 묻어 있는: Vorsicht, meine Hände sind ö.! 조심해, 내 손이 기름 투성이야! b) 기름을 함유한, 기름기가 있는, 유질의: eine -e Substanz[Lösung] 기름을 함유한 물질[용액]. 2. 기름처럼 걸쭉한, 끈적끈적한; 기름 같은, 기름 모양의. 3. 《佛》솔직하지 못하게 부드러운, 점잔 빼는; 알랑거리는: er hat eine -e Stimme 그는 알랑거리는 목소리를 갖고 있다.
olig-, Olig-: ↑oligo-, Oligo- 참조; **Oligämie** [olige'miː], die; -n [...iːən; griech. haīma = Blut]〔의학〕급성 빈혈(심한 출혈 후의). **Oligarch** [oli'garç], der; -en, -en [griech. oligárchēs]《교양어》a) 과두 정치가. b) 과두 정치주의자. **Oligarchie**, die; -n [...iːən; griech. oligarchía] 1.《Pl. 없음》과두 정치〔정체〕. 2. 과두 정치 국가〔사회〕. **oligarchisch**〈Adj.〉[griech. oligarchikós]《교양어》↑oligarchie의 형용사.
oligo-, Oligo-,《모음 앞에서는》: olig-, Olig- [olig(o)-; griech. olígos]〈wenig, gering을 뜻하는 규정어로서, 예컨대》Oligopol, oligophag, Oligarchie. **Oligodynamie** [...dyna'miː], die [griech. dýnamis = Kraft]〔화학〕극미(極微)작용〔액체 속에서 금속 이온의 살균 작용〕. **oligodynamisch**〈Adj.〉〔화학〕a) 극미 작용의. b) 미량(微量) 유효의. **Oligokratie**, die 과두 정치〔정체〕. **oligophag** [...'faːk]〈Adj.〉[griech. phageīn = fressen]〔동물〕몇 안되는 식물 혹은 동물의 종류만 영양으로 섭취하는. **Oligophrenie** [...fre'niː], die; -n [...iːən; griech. phrēn = Gemüt]〔의학〕정신 발육 부전증, 정신 박약. **Oligopol** [...'poːl], das; -s, -e〔경제〕소수 독점, 과점(寡占)(반대: Oligopson). **Oligopolist**, der; -en, -en〔경제〕소수 독점자, 과점자. **oligopolistisch** [...po'lɪstɪʃ]〈Adj.〉〔경제〕소수 독점 시장 형식의.
Oligopson [...'psoːn], das; -s, -e [griech. opsōnia = Einkauf] 구매자 과점(寡占), 소수에 의한 수요 독점(반대: Oligopol). **oligotroph** [...'troːf]〈Adj.〉[griech. trophḗ = Nahrung]〔생물·농업〕(토지나 하천의) 영양소가 적은, 부식토가 적은. **oligozän** [...'tsɛːn]〈Adj.〉〔지질〕점신세(漸新世)의. **Oligozän** [-], das; -s [griech. kainós = neu]〔지질〕점신세〔지질 시대 제3기 중기의 1구분〕.
Olim [oːlim]《다음 용법으로》**seit[zu] -s Zeiten**(lat. olim = ehemals)《농》아주 먼 옛날부터〔옛날에〕.
oliv [o'liːf]〈Adj.; 격변화 없음〕올리브 색의: ein o. Kleid 올리브 색의 원피스. **Oliv** [-], das; -s, -, 《통용어》-s 올리브 색: ein Kleid in hellem O. 밝은 올리브 색의 원피스.
oliv-, ↑oliven-, Oliven-도 참조;~**braun**〈Adj.〉올리브 갈색의. ~**farben**, ~**farbig**〈Adj.〉↑oliv. ~**grau**〈Adj.〉올리브 회색의. ~**grün**〈Adj.〉올리브 색의, 황록색의.
Olive [o'liːvə], die; -n [lat. olīva] 1. 올리브 열매. 2. 올리브나무. 3.〔건축〕(미닫이, 창 등의) 달걀 모양의 손잡이. 4.〔해부〕감람체(橄欖體)〔연수(延髓)의 일부〕. 5.〔동물〕올리브조개.
oliven-, Oliven-: ~**baum**, der ↑Ölbaum. ~**ernte**, die 올리브 열매 수확. ~**farben**, ~**farbig**〈Adj.〉↑oliv. ~**holz**, das 올리브 목재. ~**öl**, das 올리브 기름.
Olivin [oli'viːn], das; -s, -e〔지질〕감람석(橄欖石).
oll [ɔl]〈Adj.〉〔지역적·경〕1. ↑alt (1): 《성구》je er, je doller! 나이든 사람들이 자주 인생을 가장 즐겁게 산다! 2. ↑alt (3 b): ich trage nun mal lieber meine -en

Blue jeans 나는 이젠 차라리 내 낡은 블루진을 입겠어. 3. a) 《친근》 (허물없는 사이에서) na, -er Seebär, wie fühlst du dich? 어이, 늙은 물개야, 기분이 어떠냐? b) 《폄》 (부정적인 인물 규정이나 욕설을 강화하며) 노회한, 밉살스러운: dieser -e Geizkragen! 이 밉살스러운 구두쇠!

Olla podrida [ˈɔla poˈdriːda], die [span. olla podrida] 고기·이집트 콩·소시지의 혼합 요리(스페인의).

¹Olle* [ˈɔlə], der; 《지역적·경》 ↑ ¹Alte (1~5). **²Olle*** [-], die 《지역적·경》 **1.** ↑ ²Alte (1~4). **2.** 여자 친구, 애인: ich hab' meine feste O. in Berlin 베를린에 내 고정 애인이 있다.

Olm [ɔlm], der; -(e)s, -e 동굴영원(도롱뇽과).

Ölung, die 《드물게》 기름을 치기, 주유, 급유; 도유(塗油): **die Letzte O.** [가] 종부 성사(終傅聖事).

Olymp [oˈlʏmp], der; -s [griech. Ólympos] **1.** [신화] 그리스의 신(神)들이 사는 산. **2.** 《통용어·농》 갤러리(극장 맨 위층의 가장 싼 관람석). **Olympia** [oˈlʏmpia], das; -(s) 《대개 관사 없이》 [griech. Olýmpia 고대 그리스의 올림픽 경기장이었던 도시 올림피아(Elis 지방)에서 유래하여] 《아어》 ↑ Olympiade (1).

olympia-, Olympia-: ~**auswahl**, die 올림픽 참가 선발 팀. ~**delegation**, die 올림픽 경기 파견 대표단. ~**dorf**, das 올림픽 촌(村). ~**jahr**, das 올림픽 (개최의) 해. ~**kämpfer**, der 올림픽 (경기 참가) 선수. ~**mannschaft**, die 올림픽 선수단. ~**medaille**, die 올림픽 메달. ~**norm**, die 올림픽 참가 기준 기록. ~**qualifikation**, die 올림픽 참가 자격. ~**reif** 〈Adj.〉 올림픽 경기에서 우승할 만한 기록을 갖춘. ~**sieg**, der 올림픽에서의 우승. ~**sieger**, der 올림픽에서의 우승자. ~**siegerin**, die ↑ ~sieger의 여성형. ~**stadion**, das 올림픽 경기장. ~**stadt**, die 올림픽 (개최) 도시. ~**teilnehmer**, der 올림픽 참가자. ~**verdächtig** 〈Adj.〉 《농》 운동을 썩 잘하는: dein Ritt war o. 네 승마는 아주 좋았다. ~**zweite***, der / die; -n, n 올림픽에서의 준우승자.

Olympiade [olʏmˈpiaːdə], die; -n [1, 2: griech. Olympiás; 3: russ. olimpiada] **1.** 올림픽 경기 대회: er hat auf[bei] der letzten O. zwei Medaillen gewonnen 그는 지난번 올림픽 경기에서 메달 2개를 획득했다. **2.** 《드물게》 (고대 그리스의) 올림피아기(紀), 4년기. **3.** 《특히 구동독》 경쟁(어떤 학문 영역이나 전문 분야에서의 학생들 혹은 아마추어들간의). **-olympiade** [-olʏmpiaːdə], die; -n 「특정 낱말과 함께 이루는 복합어의 기근어(基根語)로서, 올림픽과 비슷한 경쟁이 일어남을 표현함. 예컨대: Schlagerolympiade, Bücherolympiade]. **Olympier** [oˈlʏmpiɐ], der; -s, - 《교양어·고어》 사계(斯界)의 권위자, 대가(大家), 거장(巨匠) (원래는 올림포스 산의 신). **Olympionike** [olʏmpioˈniːkə], der; -n, -n [l: griech. olympioníkēs] **1.** 올림픽 경기 승리자. **2.** 올림픽 경기 참가자. **Olympionikin**, die; -nen ↑ Olympionike의 여성형. **olympisch** [oˈlʏmpɪʃ] 〈Adj.〉 **1.** 올림포스 산의, 신들의: -er Nektar 올림포스 산의 신주(神酒). **2. Olympische Spiele**: ↑ Olympiade (1). **3.** 올림픽 (경기)의, 올림픽의: einen -en Rekord aufstellen 올림픽 기록을 세우다; der -e Gedanke 올림픽 정신; den -en Eid schwören 올림픽 정신을 지킬 것을 맹세하다; das -e Feuer 올림픽 성화(聖火); olympische Ringe 오륜(五輪); das -e Dorf: ↑ Olympiadorf. **4.** 《아어》 숭고하고 위엄 있는, 존엄한: ein fast -es Wesen, das alles wußte 모든 것을 다 알고 있었던 거의 신적인 존재.

Oma [ˈoːma], die; -s [Großmama의 변형] **1.** 《아동》 할머니: wir fahren zur O. 우리는 할머니에게 간다. **2. a)** 《통용어·자주 농 혹은 폄》 노파, 중년 여자: 전의 einmal Urlaub wie O. und Opa machen 언젠가는 옛날처럼 휴가를 갖다. **b)** 《청소년》 성인 여자, 부인. **Omama** [ˈoːmama], die; -s 《아동》 할머니.

Oman [oˈmaːn], der (아라비아 반도의 국가), **Omaner**, der; -s, - 오만 사람. **omanisch** 〈Adj.〉 오만의.

Ombré [õˈbreː], der; -(s), -s [frz. ombré] 색깔의 농담 [음영] 효과를 내는 직물이나 양탄자. **ombriert** [õbriˈeːt] 〈Adj.〉 [frz. ombrer] (직물, 양탄자, 유리 등의 색조에) 농담[음영]을 넣은.

Ombrograph [ɔmbroˈgraf], der; -en, -en [griech. ómbros = Regen] [기상] 강수량 측정 자동 기록기. **Ombrometer** [ɔmbro-], das; -s, - [기상] 측우기, 우량계. **Ombrometrie**, die 우량 측정(술).

Ombudsmann [ˈɔmbʊts-], der; -(e)s, ...männer / ...leute [schwed. ombudsman] (관청의 횡포에 대처하여 시민 권익을 옹호하는) 민원 봉사 수임자.

O. M. Cap.: ↑O. (F.) M. Cap.

Omega [ˈɔːmega], das; -(s), -s [griech. ō méga] 그리스 자모의 마지막 자(Ω, ω).

Omelett [ɔm(ə)ˈlɛt], das; -(e)s, -e / -s [frz. omelette] ↑ Eierkuchen. **Omelette** [-], die; -n 《전문어·지역적》 ↑ Eierkuchen.

Omen [ˈoːmən], das; -s / Omina [lat. ōmen] 《교양어》 전조, 징후, 조짐: ein schlechtes[gutes] O. 흉조[길조].

Omentum [oˈmɛntʊm], das; -s, ...ta [lat. ōmentum] [해부] 복막(腹膜)의 한 부분, 망막(網膜)(복강 내장기가 위와 연결되는).

Omi [ˈoːmi] ↑ Oma (1)의 애칭.

Omikron [oˈmikrɔn], das; -(s), -s [griech. ò mikrón] 그리스 자모의 열 다섯째 자(O, o).

Omina [ˈoːmina] ↑ Omen의 복수형.

ominös [omiˈnøːs] 〈Adj.〉 [frz. omineux] **a)** 흉조의, 불길한: sein -es Lächeln erschreckte uns 그의 불길한 미소가 우리를 경악케 했다. **b)** 의심스러운, 예사롭지 않은, 수상한; 악평이 있는: ein -er Beigeschmack 예사롭지 않은 뒷맛[낌새].

Omissivdelikt [ɔmɪtˈsiːfdelɪkt], das; -(e)s, e [lat. omissio = Unterlassung] [법] 부작위(不作爲) 범(죄).

Omnibus [ˈɔmnibʊs], der; -ses, -se [frz. (voiture) omnibus] 승합 자동차, 버스: der O. verkehrt nicht mehr[fällt aus] 버스는 더 이상 운행하지 않는다[운행을 결한다]; den O. nehmen[verpassen] 버스를 이용하다[놓치다].

Omnibus-: ~**bahnhof**, der 버스 터미널. ~**fahrt**, die 버스 운행[여행]. ~**haltestelle**, die 버스 정류소. ~**hof**, der 버스 주차 및 대기장. ~**linie**, die ↑ Buslinie. ~**reise**, die 버스 여행. ~**schaffner**, der 버스 차장.

Omnien: ↑ Omnium의 복수형. **omnipotent** [ɔmni-] 〈Adj.〉 [lat. omnipotēns] 《교양어》 전능한: ein -er Herrscher 전능한 지배자. **Omnipotenz**, die [spätlat, omnipotentia] 《교양어》 **a)** 신(神)의 전능. **b)** 절대적 권세 (의 지위): die O. der Wirtschaftsbosse 경제계 보스들의 절대적 권세. **omnipräsent** 〈Adj.〉 [lat. omnis = all- u. ↑ präsent] 《교양어》 편재(偏在)하는. **Omnipräsenz**, die 《교양어》 (신의) 편재. **Omnium** [ˈɔmniʊm], das; -s, Omnien […iən; lat. omnis = jeder] **1.** [사이클] 다종목 트랙 경기. **2.** 《승마》 총마 경마(總馬競馬)(연령, 성별, 체중에 관계없이 모두 어느 말이나 참가할 수 있는). **3.** 차입된 제주(諸株)의 (유식과 초식을 겸한) 총괄 가격. **omnivor** [ɔmniˈvoːɐ̯] 〈Adj.〉 [lat. omnis = alles u. vorāre = fressen] 《교양어》 (유식과 초식을 겸한) 잡식의. **Omnivore**, der; -n, -n 《대개 Pl.》 잡식(雜食) 동물. **Omnizid** […ˈtsiːt], der/das; -(e)s [lat. caedere =

töten》《교양어》인류 전멸: der nukleare O. 핵에 의한 인류 전멸.

Omphalitis [ɔmfa'li:tis], die; ...itiden [griech. omphalós = Nabel] [의학]《신생아의》배꼽염.

on [ɔn] 〈Adv.〉 [engl. on] [텔레비전·영화·연극] (반대: off). **a)** 《말하는 사람이》 화면에 나타나는. **b)** 무대에 등장해 있는. **On** [-], das; - [텔레비전·영화·연극] 해설자가 화면이나 무대에 나타나 있음(반대: Off.).

Onager ['o:nagɐ], der; -s - [lat. onager, onagrus < griech. ónagros] **1.**《서남 아시아를 원산지로 하는》반당귀. **2.** 《고대 로마에서의》 투사(투석)기.

Onanie [ona'ni:], die 《성서(1. Mos. 38, 8f.)의 인물 Onan에 따라》수음(手淫), 자위 행위: 전의 geistige O. betreiben 정신적인 자위를 행하다(↑Masturbation). **onanieren** [ona'ni:rən] 〈h〉 **1.** 수음을 행하다, 자위하다: heimlich o. 남몰래 수음을 행하다. **2.** 《드물게》↑ masturbieren (2). **Onanist** [ona'nɪst], der; -en, -en 수음자. **onanistisch** 〈Adj.〉 수음의, 수음에 관한.

ÖNB = Österreichische Nationalbank 오스트리아 국립 은행; Österreichische Nationalbibliothek 오스트리아 국립 도서관.

on call [ɔn'kɔ:l; engl.] [상]《상품 인도》요구에 따라.

ondeggiamento [ɔndedʒa'mento], **ondeggiando** [ɔnde'dʒando; lat. unda = Welle, Woge] [음악]《현악기 연주에서 그 음량의 규칙적인 조정에 의해》물결이 치듯.

Ondit [õ'di:], das; -(s), -s [frz. on-dit] 《교양어》 소문, 풍문: einem O. zufolge 사람들 말에 의하면.

Ondulation [ɔndula'tsjo:n], die; -en [frz. ondulation] 《준고어》 **1.** 퍼머넌트 웨이브(머리카락의), 퍼머넌트 웨이브로 함. **2.** 《음향 따위의》 파동. **ondulieren** [ɔndu'li:rən] 〈h〉 [frz. onduler] 《준고어》 **a)**《머리카락을》퍼머넌트 웨이브로 하다: onduliertes Haar 퍼머넌트 머리. **b)** 누구의 머리카락을 퍼머넌트 해주다. **Ondulierung**, die; -en 《준고어》↑ Ondulation.

One-man-Show ['wʌn'mæn,ʃou], die; -s [engl.] 《음악가, 가수 등의》단독 출연.

Onestep ['wʌnstep], der; -s, -s [eng. one-step] 원스텝 (2/4 혹은 6/8 박자의 사교 댄스).

¹Onkel [ɔŋk], der; -s, -, 《통용어》-s **1.** 백부, 숙부, 의숙부, 고모부, 이모부: es waren alle O. und Tanten eingeladen 모든 숙부 숙모들이 다 초대되었다. **2. a)** 《아동》《이웃의》아저씨: sag dem O. guten Tag! 아저씨께 인사하야지!; zum O. Doktor gehen 아저씨 의사에게 가다. **b)** 《통용어, 폄》남자, 사람: dieser komische O. wollte uns linken 이 우스꽝스런 사람이 우리를 속일려고 했어요. **²Onkel** [-] 《다음 용법으로》**großer (dicker) O.** 《통용어》 엄지발가락; **über den großen O. gehen(latschen)** 《통용어》 안짱다리로 걷다 (손톱, 발톱의 뜻인 프랑스어의 ongle에서 온 것인데, 잘못 ¹Onkel에 연관). **-onkel** [-ɔŋk], der; -s, -s 《복합어의 기근어(基根語)로서 통용어·폄》 ~남자, ~사람: Provinzonkels 시골뜨기 남자들.

Onkelehe, die; -n 《통용어》《미망인 연금 혹은 그 비슷한 것을 잃지 않기 위하여 정식 결혼을 하지 않은》 내연 관계. **onkelhaft** 〈Adj.〉 《대개 폄》 아저씨 같은; 보호자연 하는 (또한 교만한): er klopfte mir o. auf die Schulter 그는 아저씨 같은 태도로 내 어깨를 두드렸다. **onkeln** ['ɔŋkl̩n] 〈h〉 《통용어》 안짱다리로 걷다.

onkogen [ɔŋko'ge:n] 〈Adj.〉 [griech. ógkos = geschwollen] [의학] 악성 종양을 유발하는. **Onkogenese** [ɔŋko-], die; -n [의학] 《악성》종양의 발생. **Onkologe**, der; -n, -n 종양학 전문의. **Onkologie**, die 종양학.

on line [ɔn 'laɪn; engl.] [전산] 《자료 처리에 있어서》 주(主) 컴퓨터에 직결되어 있는(반대: off line).

Önologie [ønolo'gi:], die [griech. oînos = Wein] 포도 재배 및 포도주 양조학.

Önomanie [ønoma'ni:], die [드물게 의학] 주객섬망(酒客譫妄).

Onomasiologie [onomazio̯lo'gi:], die [griech. onomasía = Benennung] [언어] ↑Bezeichnungslehre (반대: Semasiologie). **onomasiologisch** 〈Adj.〉 [언어] 명칭론적, 명칭론의. **Onomastik** [ono'mastik], die [griech. onomastiké(téchnē) = (Kunst des) Namengeben(s)] [언어] ↑Namenkunde. **Onomastikon** [...tikɔn], das; -s, ...ken / ...ka [griech. onomastikón] **1.** 《고대나 중세의》 명부(名簿) 또는 어휘표. **2.** 성명축일시(聖名祝日詩). **Onomatologie** [onomatolo'gi:], die [griech. ónoma = Name] [언어] ↑Onomastik. **onomatopoetisch** [...po'e:tɪʃ] 〈Adj.〉 [언어] ↑lautmalend. **Onomatopöie** [...pø'i:], die; -n [...i̯ən; griech. onomatopoiía] [언어] 의성(擬聲), 의음(擬音).

Önometer [øno-], das; -s, - [griech. oînos = Wein] 포도주의 알코올 함량 측정기.

Önorm ['ø:-], die [Österreichische **Norm**의 약칭] 《독일의 DIN에 해당하는》 오스트리아 표준 규격.

On-Sprecher, der; -s, - [텔레비전·영화·연극] 화면이나 무대에 그 모습을 드러내는 해설자(반대: Off-Sprecher). **On-Stimme**, die; -n [텔레비전·영화·연극] 화면이나 무대에 그 모습을 드러내는 해설자의 목소리(반대: Off-Stimme).

Ontarioapfel [ɔn'ta:ri̯o-], der; -s, ...äpfel 캐나다의 주(州) Ontario에서 온타리오사과.

on the rocks [ɔn ðə'rɔks; engl. 원래 바위 덩어리 위에라는 뜻]《위스키 따위에》얼음 조각을 넣어.

ontisch ['ɔntɪʃ] 〈Adj.〉 [철학] 존재적; 존재에 따른. **Ontogenese** [ɔnto-], die [griech. ōn = sein의 현재분사] [생물] 개체 발생(사). **ontogenetisch** 〈Adj.〉 [생물] 개체 발생(사)의. **Ontogenie** [...ge'ni:], die [생물] ↑Ontogenese. **Ontologe** [...'lo:gə], der; -n, -n [철학] 존재론자. **Ontologie** [...lo'gi:], die [철학] 존재론, 본체론. **ontologisch** 〈Adj.〉 [철학] 존재론의.

Onus ['o:nus], das; -s, Onera [lat. onus = Mühe] 무거운 짐, 부담, 의무; 조세(租稅).

Onyx ['o:nʏks], der; -(es), -e [lat. onyx < griech. ónyx = (Finger)nagel, 아마도 손톱과 비슷한 색깔 때문에] **1.** [광물] 줄무늬가 있는 마노(瑪瑙). **2.** [의학] 각막 충간농양(角膜層間膿瘍).

o. O. = **1.** ohne Ort 발행지가 기재되지 않은. **2.** ohne Obligo 무담보로.

OÖ = Oberösterreich.

Oogamie [ooga'mi:], die [griech. ōón = Ei u. gamós = Befruchtung] [생물] 난자 수정(卵子受精). **Oogenese**, die; -n [의학·생물] 난(卵)형성. **oogenetisch** 〈Adj.〉 난(卵) 형성의. **Oolith** [oo'li:t, 《또한》 ...lɪt], der; -s / -en, -e(n) ↑Erbsenstein. **Oologie** [oolo'gi:], die [동물] 난학(卵學).

o. ö. Prof. = ordentlicher öffentlicher Professor 국공립 대학 정교수.

o. O. u. J. = ohne Ort und Jahr 발행지 및 발행 연도가 기재되지 않은.

op. = opus(↑Opus).

o. P. = ordentlicher Professor 정교수.

OP [o'pe:], der; -(s), -(s) ↑Operationssaal의 약칭.

O. P., O. Pr. = Ordinis Praedicatorum 도미니크 교단의; 도미니쿠회 수도사.

Opa ['o:pa], der; -s, -s [Großpapa의 변형] **1.** [아동] 할아버지: die Kinder besuchen ihren O. 아이들이 그들

의 할아버지를 찾아 뵙는다. **2. a)** 《통용어·자주 농 혹은 펌》 노인, 중년 남자: von jungen Männern ... bis zum 70 jährigen O. 젊은이로부터 …70세의 노인에 이르기까지; 전의 -s Kino[Theater] 옛 시대의 영화관[극장]. **b)** [청소년] 성인 남자: was will denn der O.! 저 "늙은이" 대체 뭘 하자는 거야!

opak [oˈpaːk] ⟨Adj.⟩ [lat. opācus = schattig, dunkel] 《전문어》 불투명한: -es Glas 불투명한 유리. **Opakglas**, das ⟨Pl. 없음⟩ 불투명 유리.

Opal [oˈpaːl], der; -s, -e [lat. opalus = Stein] **1.** 오팔, 단백석(蛋白石). **2.** (특수 처리로 젖빛처럼 불투명한) 고급 샴펠. **opalen** [oˈpaːlən] ⟨Adj.⟩ 오팔로 된. **b)** 오팔색의, 오팔처럼 희미하게 빛나는: ein -es Blau 오팔 청색. **opaleszent** [opalesˈtsɛnt] ⟨Adj.⟩ 젖빛을 내는. **Opaleszenz** [...nts], die [광학] 단백광(光), 유광(乳光). **opaleszieren** [...ˈtsiːrən] ⟨h⟩ [광학] 단백광[유광]을 내다. **Opalglas**, das ⟨Pl. 없음⟩ 오팔빛[젖빛] 유리. **opalisieren** [...liˈziːrən] ⟨h⟩ 오팔빛[젖빛]을 내다: opalisierendes Glas 젖빛 유리.

Opanke [oˈpaŋkə], die -n 뒤축이 없고 가벼운 부인용 구두.

Opapa [ˈoːpapa], der; -s, -s ↑Opa (1).

Op-art [ˈɔpla̩rt], die [amerik. op art] 시각 미술(기하학적 디자인으로 착시(錯視)를 일으키는 현대적 추상 미술). **Op-Artist** [ˈɔplaˈtɪst], der; -en, -en [amerik. op(tical) artist] ⟨은어⟩ 시각 미술가. **op-artistisch** ⟨Adj.⟩ 시각 미술의.

Opazität [opatsiˈtɛːt], die [lat. opācitās = Beschattung, Schatten] **1.** [광학] 불투명(도)(度). **2.** [의학] 불투명한 상태(예컨대: 각질 피부).

OPD = Oberpostdirektion.

OPEC, die; Organization of the Petroleum Exporting Countries 석유 수출국 기구.

Open-air-Festival [ˈoʊpn ˈɛːʁ-], das; -s, -s [engl. open-air] 옥외 축제. **Open-air-Film**, der; -(e)s, -e 옥외 상영 영화.

open end [ˈoʊpn ˈend; engl.] (집회의) 종결 시간이 확정되어 있지 않은 상태. **Open-end-Diskussion**, die 종결 시간 미정의 토론.

Open Shop [ˈoʊpn ˈʃɔp], der; - -(s), - -s [engl.-amerik. open shop] **1.** [전산] 오픈숍(이용자의 직접 기계 조작이 허락되어 있는 운영 방식의 전자 계산소)(반대: Closed Shop 1). **2.** 개방적 공장(노동 조합에 가입되어 있지 않은 사람도 고용하는 공장―미국)(반대: Closed Shop 2).

Oper [ˈoːpɐ], die; -n [ital. opera] **1. a)** ⟨Pl. 없음⟩ (장르로서의) 가극, 오페라: die komische O. (독일 비더마이어 시대의) 희가극. **b)** (개개 작품으로서의) 오페라: morgen wird eine O. gegeben[aufgeführt, gespielt] 내일 오페라 하나가 상연된다; sie sangen Arien aus verschiedenen -n 그들은 여러 오페라에서 뽑은 아리아들을 노래했다; **-n erzählen[reden]** ⟨경⟩ 장황하게 넌센스를 늘어놓다. **c)** 오페라 상연. **2.** ⟨Pl. 없음⟩ **a)** ↑Opernhaus의 약칭: die O. wurde nach dem Krieg wieder aufgebaut[ist heute geschlossen] 그 오페라 극장은 전쟁 뒤에 다시 세워졌다(오늘은 공연하지 않는다). **b)** (기업 내지 문화 기관으로서의) 오페라단(團): eine städtische[private] O. 시립[사립] 오페라단; zur O. gehen 오페라 가수가 되다. **c)** 오페라단(단원들): die Hamburger O. gastiert an der Met. ...[ging auf Tournee] 함부르크 오페라단이 메트로폴리탄 오페라 극장에서 특별 출연하고 있다[여행을 떠났다]. **Opera:** ↑Opus의 복수형. **operabel** [opeˈraːbl̩] ⟨Adj.⟩ [frz. opérable] **1.** [의학] 수술 가능한(반대: inoperabel). **2.** 《전문어》 실행[조작] 가능한: operable Un-

terrichtsplanung 실행 가능한 수업 계획. **Operabilität** [opɐabiliˈtɛːt], die [의학] 수술 가능(성). **Opera buffa** [ˈoːpəra ˈbufa], die; ...re buffe [...re ...fe; ital. buffo = komisch] (이탈리아의) 희가극. **Opéra comique** [opeʁaˈmik], die; -s, -s [opeʁaˈmik; frz. opéra-comique] (프랑스의) 희가극. **Operand** [opaˈrant], der; -en, -en [lat. operandum] [전산] 령어의 구성 부분, 연산수(演算數). **operant** [-] ⟨Adj.⟩ [lat. operāns] [응용심리·사회] (반응 등이) 자발적인, 자발적인 행동, 오페란트. **Opera seria** [ˈoːpəra ˈzɛːria], die; ...re ...rie [...re ...rje; ital. opera seria] 정(正)가극(희가극과 구별하여). **Operateur** [opaʁaˈtøːɐ], der; -s, -e [frz. opérateur] **1.** 수술 의사. **2.** (준고어) 카메라맨. **3.** 영사(映寫) 기사. **4.** 《드물게》 전자 계산기 조작원. **Operation** [...tsjoːn], die; -en [lat. operātio] **1.** [의학] 수술: eine O. ausführen[durchführen, vornehmen] 수술을 하다; sich einer O. unterziehen 수술을 받다; 성구 O. gelungen, Patient tot 《통용어》 수술은 성공으로 환자는 죽었다(어떤 일을 완벽하게 수행했음에도 원래의 목표에는 도달하지 못했음을 이른 말). **2. a)** [군] 작전: eine O. durchführen[leiten] 작전을 실시하다[지휘하다]; das Mißlingen einer O. 작전 실패. **b)** (교양어) 행위, 활동, 기도(企圖). **3. a)** [수학] 운산(運算), 연산(演算). **b)** [학문] 학문적으로 재검 가능한 처치, 일정한 원칙에 따라 행해진 절차, 조작(操作). **operational** [...tsjoˈnaːl] ⟨Adj.⟩ 《전문어》 《학문적인》 조작을 통해 이루어지는, 조작상의. **operationalisieren** [...naliˈziːrən] ⟨h⟩ **1.** 《전문어》 《학문적인》 조작의 진술을 통해 정확히 나타내다(개념을 규격화·규격화하다), 조작화하다. **2.** [교육] 학습자에게 재검 가능한 형태의 변화를 일으키다. **Operationalismus** [...ˈlɪsmʊs], der; - [학문 이론] 조작(操作)주의. **operationell** [...ˈnɛl] ⟨Adj.⟩ ↑operational. **Operationismus** [...ˈnɪsmʊs], der; - ↑Operationalismus. **Operations-**: **~basis**, die [군] 작전 근거지. **~bericht**, der [의학] 수술 보고. **~dauer**, die 수술에 걸리는 시간. **~feld**, das **1.** [의학] 수술 부위. **2.** 행동 범위. **~gebiet**, das [군] 작전 지역. **~lampe**, die 수술용 램프. **~narbe**, die 수술 자국. **~plan**, der 작전 계획. **~raum**, der ↑~saal. **~risiko**, das 수술에서 오는 위험. **~saal**, der 수술실. **~schwester**, die 수술 간호원. **~team**, das 수술 팀. **~tisch**, der 수술대. **~trakt**, der (병원의) 외과동(外科棟). **~ziel**, das 작전 목표. **Operations-research** [opəˈreɪʃənzriˈsɜːtʃ], die [engl.-amerik. operations research] 조업도(操業度)(기업) 연구. **operativ** [opaˈtiːf] ⟨Adj.⟩ **1.** [의학] 수술상의, 수술의: dringende -e Fälle 수술을 요하는 긴급한 경우들. **2.** [군] 작전상, 전략상. **3.** 《교양어》 구체적 조처로서 직접적으로 작용하는, 실제의: Tätigkeit als Leiter des -en Führungsorgans 구체적 조처를 결정하는 지휘부의 장(長)으로서의 활동. **Operativismus** [...tiˈvɪsmʊs], der 조작(操作)주의. **Operativität** [...viˈtɛːt], die 《교양어》 직접적 효력[작용성]: die O. von Werbemethoden steigern 광고 방법의 직접적 효력을 높이다. **Operator** [opaˈraːtɔr, (또한) ...toːɐ], der; -s, -en [...ˈraːtoʁən; 1: lat. operātor = Arbeiter, Verrichter; 2: engl. operator] **1.** (특히 수학·언어) 연산자(演算子), 연산 기호, 작용소(作用素). **2.** [(또한) ˈɔpəreɪtə], der; -s, -s [전산] 전자 계산기 조작 전문요원. **Operatorin** [opaˈtoːrɪn], die; -nen ↑Operator (2)의 여성형. **Operette** [opeˈrɛtə], die; -n [ital. operetta] **a)** ⟨Pl. 없음⟩ (장르로서의) 소가극, 희가극, 오페레타: die klassische[Wiener] O. 고전주의[비엔나] 경가극. **b)** (개개 작품으로서의) 경가극: das Textbuch einer O. 경가극의 대본. **c)** 경가극 상연: ihre Eltern nahmen

sie mit in die O. 부모가 그들을 경가극 공연에 데려가 주었다.
Operetten-: ~**film**, der 오페레타 영화. ~**führer**, der 오페레타 안내서[해설서]. ~**konzert**, das 오페레타 음악 연주회. ~**melodie**, die 〈대개 Pl.〉 오페레타의 악곡. ~**musik**, die 오페레타 음악. ~**sänger**, der 오페레타 가수. ~**sängerin**, die 오페레타 여가수. ~**schlager**, der 오페레타에서 나온 유행가. ~**staat**, der 《농》하찮은 소국가. ~**tenor**, der 오페레타 테너. ~**theater**, das 오페레타 극장.
operettenhaft 〈Adj.〉 오페레타식의, 오페레타 같은.
operierbar [opəˈriːɡbaːɐ̯] 〈Adj.〉 ↑ operabel (1).
Operierbarkeit, die 수술 가능(성). **operieren** [opəˈriːrən] [lat. operārī] **1.** 〈h〉 누구[무엇]를 수술하다: einen Patienten[am Magen] o. 환자[환자의 위]를 수술하다; 《4격 목적어 없이도 쓰임》 der Arzt hatte schon den ganzen Tag über operiert 그 의사는 이미 하루 종일 수술을 했었다. **2.** 〈군〉 작전하다: die Truppen operieren zur Zeit 군대는 지금 작전 중이다; 전의 als Libero (an der Außenlinie) o. 리베로(공격수 겸 방어수)로서 (외곽선에서) 작전하다. **3.** 《교양어》 **a)** (일정한 방식으로) 행동하다, 처리하다: sie haben gemeinsam gegen ihn operiert 그들은 공동으로 그와 맞서는 행동을 했다. **b)** 무엇을 다루다, 조작(操作)하다, 작업하다: mit bestimmten Begriffen o. 일정한 개념들을 갖고 작업하다.
Operment [opɛrˈmɛnt], das; -(e)s [lat. auripigmentum = Rauschgelb] 〖광물〗 웅황(雄黃), 석황(石黃).
Opern-: ~**arie**, die 오페라 아리아. ~**ball**, der 오페라 극장에서의 무도회. ~**bühne**, die 오페라 극장. ~**direktor**, der 오페라단 단장(총감독). ~**film**, der 오페라 영화. ~**freund**, der 오페라 팬[애호가]. ~**führer**, der 오페라 안내서[해설서]. ~**glas** 참조. das 오페라 글라스, 관극용 쌍안경. ~**gucker**, der 《통용어》 ↑ ~glas. ~**haus**, das 오페라 극장, 가극장. ~**komponist**, der 오페라 작곡가. ~**konzert**, das 오페라 음악 연주회. ~**musik**, die 오페라 음악. ~**regie**, die 오페라 연출. ~**regisseur**, der 오페라 연출(자). ~**sänger**, der 오페라 가수(배우). ~**sängerin**, die 오페라 여가수. ~**text**, der 가극 대본(악보가 없는).
opernhaft 〈Adj.〉 가극 같은, 가극풍의, 오페라에서 같이 큰 비용을 들인.
Opfer [ˈɔpfɐ], das; -s, - **1. a)** (신에게) 제물을 바침: den Göttern O. bringen 신들에게 제물을 바치다; sie glaubten, die Götter durch O. zu versöhnen 그들은 제물을 바쳐서 신들을 달랜다고 믿었다; jmdm. etw. zum O. bringen 누구를 위하여 무엇을 희생하다: er brachte der Partei seine Überzeugung zum O. 그는 당을 위해 자기의 신념을 희생했다. **b)** 제물, 공물(供物): ein Tier als O. auswählen 어떤 동물을 제물로 선택하다. **2.** 희생, 타인을 위해 감수하는 비용: für etw. O. an Geld und Zeit bringen[auf sich nehmen] 무엇을 위하여 돈과 시간상의 희생을 치르다[떠맡다]; die Eltern scheuen keine O. für ihre Kinder 부모는 자식을 위하여서는 어떠한 희생도 꺼리지 않는다; für sie war diese kleine Spende bereits ein O. 이 조그마한 희사도 그들에게는 이미 하나의 희생이었다(그들의 경제 상태로 보아서). **3.** 희생자(물), 순교자: die O. eines Verkehrsunfalls[einer Lawine, des Faschismus, eines Regimes] 교통 사고 [눈사태, 파시즘, 정권의 희생자들: Sie sind also das arme O. 《통용어, 농》 그러니까 당신이 바로 불쌍한 희생자이시군; 전의 der Bauernhof wurde ein O. der Flammen 그 농장은 화염의 희생물이 되었다; jmdm.[einer Sache] zum O. fallen 누구[무엇]의 희생물이 되다: einem Verbrechen zum O.

fallen 한 범죄의 희생물이 되다; das alte Häuserviertel ist der Spitzhacke zum O. gefallen 그 낡은 가옥군(群)은 헐려버렸다.
Opfer-, Opfer-: ~**bereit** 〈Adj.〉 기꺼이 희생하는, 헌신적인: ein -er Mensch 희생할 준비가 되어 있는 사람; o. für etw. eintreten 무엇을 위해 희생을 각오하고 나서다. ~**bereitschaft**, die 희생의 용의. ~**bereitung**, die 〖가〗 (원래의 성찬식 시작시의) 제병(祭餠)과 포도주의 봉헌. ~**büchse**, die (예배식에서 사용되는) 헌금 상자. ~**freudig** 〈Adj.〉 기꺼이 희생하는. ~**freudigkeit**, die 기꺼이 희생함. ~**gabe**, die 제물, 공물. ~**gang**, der **1.** 〖가〗 예배식에서 모아진 헌금을 제단으로 가져가는 관습. **2.** 《아어》 희생의 걸음: einen O. antreten 희생의 걸음을 내딛다. ~**geist**, der (Pl. 없음) 희생 정신. ~**geld**, das 헌금. ~**kult**, der 제물을 바치는 제식(祭式). ~**lamm**, das **1. a)** 희생의 양(羊): wie ein O. stillhalten 《통용어·감정》 저항없이 유순하게 꾹 참다. **b)** 〈Pl. 없음〉 그리스도. **2.** 《통용어·감정》 희생자. ~**messer**, das 제도(祭刀), 제물을 찌르는 칼. ~**mut**, der 《아어》 희생심, 희생의 용기. ~**pfennig**, der (교회에서의) 소액 헌금. ~**rauch**, der 산 제물을 제단 위에서 태우는 연기. ~**schale**, die 제물의 피를 받는 그릇, 헌주(獻酒)잔. ~**sinn**, der 〈Pl. 없음〉 ↑ Opfergeist. ~**stätte**, die 제물을 바치던 장소. ~**stock**, der 〈Pl. -stöcke〉 (교회의) 헌금함: Geld in den O. legen [werfen] 돈을 헌금함에 넣다. ~**tier**, die 산 제물, 제물로 바치는 짐승. ~**tod**, der 《아어》 희생의 죽음, 순사(殉死), 순교. ~**wille**, der 희생 의지. ~**willig** 〈Adj.〉 기꺼이 희생하는. ~**willigkeit**, die 기꺼이 희생함.
opfern [ˈɔpfɐn] 〈h〉 [lat. operārī] **1.** (신에게) 바치다, 헌하다: ein Lamm (am Altar) o. 어린 양을·(제단에서) 제물로 바치다; 《4격 목적어 없이》 dann opfert der Priester dem Herrn 그리고나서 사제는 주님께 봉헌한다 (성찬식에서 그리스도의 십자가의 죽음을 생생하게 나타낸다). **2.** (다른 것을 위해서) 값진 어떤 것을 희생하다, 희생으로 바치다: Geld[seinen Urlaub, seine Gesundheit, sein Leben] für etw. o. 어떤 것을 위해서 돈[그의 휴가, 그의 건강, 그의 생명]을 바치다[희생하다]; im Krieg wurden Tausende sinnlos geopfert 전쟁에서 수천 명이 무의미하게 희생되었다. **3.** 〈o. + sich〉 **a)** 몸[목숨]을 바치다, 전력을 다하다, 스스로를 희생하다; die Mutter opfert sich für ihre Kinder 어머니는 자식들을 위해서 목숨을 바친다[전력을 다한다]. **b)** 《통용어·농》 남을 대신해서 싫은 일을 떠맡다: ich habe mich geopfert und den Brief für ihn geschrieben 나는 싫었지만 그를 대신해서 편지를 써주었다. **4.** ↑ Neptun opfern(의 약칭).
Opferung, die; -en **1. a)** (신에게) 바침, 봉헌. **b)** 〖가〗 제병(祭餠)과 포도주의 봉헌. **2.** 희생, 희생으로 바침.
Ophianer [ofiˈaːnɐ], der; -s, - [griech. óphis = Schlange] 뱀을 숭배하는 사람, 〈Pl.〉 배사(拜蛇) 교도.
Ophiolatrie [ofiolaˈtriː], die [griech. óphis = Schlange u. latreía = Verehrung] 〖드물게〗 (인식의 중개자로서의) 뱀의 숭배.
Ophit [oˈfiːt], der; -en, -en ↑ Ophianer.
Ophthalmiatrie [ɔftalmiaˈtriː], **Ophthalmiatrik** [...ˈmiːatrik], die [griech. ophthalmós = Auge u. iatreía = Heilkunst] ↑ Ophthalmologie. **Ophthalmie** [-ˈmiː], die -n [...iːən] 안질(眼疾).
Ophthalmologe [ɔftalmoˈloːgə], der; -n, -n 〖의학〗 안과 의사. **Ophthalmologie** [...loˈgiː], die 〖의학〗 안과학. **Ophthalmoskop** [...ˈskoːp], das; -s, -e [griech. skopeīn = betrachten] 〖의학〗 ↑ Augenspiegel.
Opiat [oˈpiːat], das; -(e)s, -e 아편 함유 마취약, 아편제.
Opinio communis [oˈpiːnioko̝ˈmuːnɪs], die [lat.] 《교

양어》 여론. **Opinion-Leader** [ɔ'pɪnjən-], der; -(s), - [engl.-amerik. opinion leader] 여론 지도자.
Opium ['o:pium], das; -s [lat. opium < griech. ópion] 아편. O. rauchen(nehmen, schmuggeln) 아편을 피우다(취하다, 밀수하다).
Opium-: **~handel**, der 아편 매매. **~höhle**, die 《폄》 아편굴. **~pfeife**, die 아편 파이프. **~raucher**, der 아편 중독자. **~rausch**, der 아편에 취함. **~schmuggel**, der 아편 밀수. **~sucht**, die 아편 중독. **~vergiftung**, die 아편 중독.
Opodeldok [opo'deldok], der 《또는》 das; -s [griech. opós = Saft] 비누와 장뇌(樟腦)로 만든 도찰제(塗擦劑) (류머티스 약).
¹Opossum [o'pɔsum], das; -s, -s [engl. opossum] 1. 주머니쥐[식용유대류(食內有袋類)]. 2. 주머니쥐의 가죽.
²Opossum [-], der, 《또한》 das; -s, -s 주머니쥐의 모피로 만든 외투.
Opponent [opo'nɛnt], der; -en, -en [lat. oppōnēns] 반대자, (토론의) 논적(論敵): in einer politischen Auseinandersetzung jmds. O. sein 정치적 논쟁에서 누구의 반대자가 되다. **opponieren** [...'ni:rən] 〈h〉 [lat. oppōnere = entgegensetzen; einwenden] 반대하다, 논박하다, 저항하다: gegen jmdn.(eine Sache, einen Plan) o. 누구(어떤 일, 어떤 계획)에게 반대하다. **opponiert** 〈Adj.〉 [생물] 1. 대생(對生)의(식물잎의). 2. 대측(對側)의(엄지손가락으로서 나머지 손가락들과 대립하여 있는).
opportun [ɔpɔr'tu:n] 〈Adj.〉 [lat. opportūnus] 《교양어》 시기에 알맞은, 편의(便宜)의, 기회를 잘 탄(반대: inopportun): etw. scheint außenpolitisch o. [zur Zeit nicht o.] 무엇이 외교 정책상 시기에 알맞은 것으로 보인다[지금은 시기에 맞지 않은 것으로 보인다]. **Opportunismus** [...tu'nɪsmus], der; - [frz. opportunisme] 1. 《교양어》 기회주의, 임기응변주의, 편의주의: etw. aus O. tun 어떤 것을 기회주의적 발상에서 행하다. 2. [마르크스주의] (마르크스주의적 입장에서 본) 기회주의(노동 운동을 분열시키려는). **Opportunist** [...'nɪst], der; -en, -en [frz. opportuniste] 1. 《교양어》 기회주의자, 편의주의자. 2. [마르크스주의] (노동 운동을 분열시키려는) 기회주의자. **opportunistisch** 〈Adj.〉 1. 기회주의적, 기회주의의. 2. 기회주의자같이 행동하는.
Opportunität [...ni'tɛ:t], die; -en [frz. opportunité] 《교양어》 좋은 기회, 편의, 유리(반대: Inopportunität). **Opportunitätsprinzip**, das; -s 〈Pl. 없음〉 [법] 기소 편의주의.
Opposition [ɔpozi'tsjo:n], die; -en 1. 《교양어》 반대, 적대; 항론: in vielen Kreisen der Bevölkerung regte sich O. 많은 그룹의 주민들에서 반대가 일어났다; O. betreiben(treiben, 《통용어》machen) 반대하다; zu jmdm. [einem System] in O. stehen 누구[어떤 체계]와 반대의 입장에 서다. 2. (정부의) 반대당, 야당: eine innerparteiliche O. 당내 야당, 비주류(非主流);die außerparlamentarische O. (z. B. Bürgerinitiativen, Verbandsproteste, Apo) 원외(院外) 야당(예컨대: 시민 운동, 단체 항의, 60년대말의 반정부 단체인 Apo 등). 3. [천문] 충(衝)(행성과 태양의 적경의 차가 180°가 되는 상태), 대일조(對日照). 4. [언어] **a)** 반(말), 반대 관계. **b)** 대립(같은 상황에 나타날 수 있지만 또한 상호 배제적인 언어 단위들의 계열적 관계) (예컨대: grünes Tuch/rotes Tuch). 5. [해부] 대측(對側) (다른 손가락들에 대한 엄지손가락의 대립적 위치). 6. [장기] (같은 선상에서 한 칸을 사이에 둔) 두 궁(宮)의 대치. 7. [펜싱] 오뽀지시옹(상대방 칼날을 누르는 반대 압력).
oppositionell [...tsjo'nɛl] 〈Adj.〉 1. 《교양어》 반대의, 적대의, 저항하는: o. eingestellte Jugendliche 반대의 입장에 선 젊은이들; dem Regime o. gegenüberstehen 정부에 반대하여 맞서다. 2. 반대당의, 야당의: -e Parteien 야당들.
Oppositions-: **~führer**, der 야당 당수: der englische(liberale) O. 영국의 야당 당수[야당으로서의 자유당 당수]. **~parade**, die 〔펜싱〕 (상대의 칼날을 누르는) 반대 압력에 의한 방어, 오뽀지시옹 방어. **~partei**, die 야당. **~politiker**, der 야당 정치가. **~wort**, das 〈Pl. ...wörter〉 [언어] 반대말.
oppositiv [ɔpozi'ti:f] 〈Adj.〉 [언어] 반대[대립]의, 반대[대립]에 의한.
Oppression [ɔprɛ'sjo:n], die; -en [lat. oppressio] 《고어》 1. 압박, 억압; 압력. 2. [의학] 압박(중압)[감].
O. Pr.: ↑ O. P.
OP-(OP): **~Raum**, der ↑ Operationsraum의 약칭. **~Saal**, der ↑ Operationssaal의 약칭. **~Schwester**, die ↑ Operationsschwester의 약칭.
Optant [ɔp'tant], der; -en, -en [lat. optāns] 선택자, 국적선택자. **optativ** ['ɔptati:f] 〈Adj.〉 [언어] 원망법(願望法)의, 소망을 표현하는. **Optativ** [-], der; -s, -e [...i:və] [언어] 원망법(동사 접속법의 용법 중의 하나). **optieren** [ɔp'ti:rən] 〈h〉 [lat. optāre = wählen] 1. 국적을 선택[결정]하다: die Bewohner haben damals für Polen optiert 주민들은 그 당시 폴란드 국적을 선택했다. 2. [법] 최초 요구권[선택권]을 행사하다, 선택 매매권을 행사하다: auf ein Grundstück optieren 토지에 대해 선택권을 행사하다.
Optik ['ɔptɪk], die; -en [lat. opticē < griech. optikḗ] 1. 〈Pl. 없음〉 광학(光學): die physikalische(physiologische) O. 물리(생리) 광학. 2. 〈은어〉 ↑ Objektiv: die O. einer Kamera(eines Fernglases) 카메라(망원경)의 대물 렌즈. 3. 〈Pl. 없음〉 (일정한 방식으로의) 시각적 표현: [전의] etw. in subjektiver O. wiedergeben 무엇을 주관적인 관점에서 재현하다. 4. 〈Pl. 없음〉 (일정한 시각적 인상과 효과를 주는 외적인) 현상형, 외적인 모형: die O. von etw. betonen 무엇의 시각적 외형을 강조하다. **Optiker**, der; -s, - 광학 기계 제조·판매자(특히 안경상).
Optima: ↑ Optimum의 복수형. **optima fide** ['ɔptima 'fi:də; lat.] 《교양어》 최고의 신뢰로. **optima forma** [-'fɔrma; lat.] 《교양어》 최고의 형식으로. **optimal** [ɔpti'ma:l] 〈Adj.〉 최상의, 최적의, 가장 좋은: -er Schutz 최선의 보호; der -e Zeitpunkt 최적의 시점; ein Problem o. lösen 어떤 문제를 가장 좋게 해결하다. **optimalisieren** [...mali'zi:rən] 〈h〉 《교양어》 ↑ optimieren (a). **Optimat** [...'ma:t], der; -en, -en [lat. optimās] 고대 로마의 귀족. **optimieren** [...'mi:rən] 〈h〉 《교양어》 **a)** 극대화하다, 최선을 기하다: die Erziehung in der Gruppe o. 집단 안에서의 교육에 최선을 기하다; [수학] eine Funktion o. 어떤 함수의 극대값을 구하다. **b)** (o. + sich) 극대화되다, 최선으로 되다. **Optimierung**, die; -en (반대: Minimierung) 《교양어》 ↑ optimieren의 명사형: die O. der schriftlichen Kommunikation 문서 통신의 최고도화. **Optimismus** [...'mɪsmus], der; - [lat. optimus] (반대: Pessimismus) **a)** 〈인생관으로서의〉 낙천주의: sich seinen O. bewahren 자기의 낙천주의를 지키다. **b)** [철학] 낙천론(관): der fortschrittsgläubige O. der Aufklärung 계몽주의의 진보를 믿는 낙천관. **c)** 낙천적 태도: **Optimist** [...'mɪst], der; -en, -en 1. 낙천가, 낙관자(반대: Pessimist): du bist vielleicht ein O.! 너는 사태를 너무 낙천적으로 보고 있어! 2. [요트] 어린이용 일인승 요트(표지: 돛에 검은 글자로 OP).
Optimistin, die; -nen ↑ Optimist의 여성형. **optimistisch** 〈Adj.〉 (반대: pessimistisch) **a)** 낙천주의적

(인생관의): er gehört zu denen, die alles im Leben o. betrachten 그는 인생의 모든 것을 낙천주의적으로 생각하는 사람들 중의 하나이다. **b)** (태도가) 낙천적인: ihre Folgerung[Prognose] ist mir zu o. 그녀의 추론[예측]은 내가 보기에는 너무 낙천적이다. **Optimum** ['ɔptimʊm], das; -s, ...ma [lat. optimum] **1.** 최상의 것(정도), 가장 효과적인 것, 최적도: das Gerät bietet ein O. an Präzision 그 기구는 정확성에 있어 최상의 상태를 보여 주고 있다. **2.** 〖생물〗(성장, 번식의) 최적 조건 (반대: Pessimum).

Option [ɔp'tsio:n], die; -en [lat. optio = freier Wille, Belieben] **1.** 국적 선택(권): die O. für einen Staat 한 국가에 대한 국적 선택권. **2.** 〖법〗최초 요구권[선택권], 선택 매입(옵션 거래)권: -en für etw. vergeben 무엇에 대한 선택권을 주다.

optisch 〈Adj.〉 [griech. optikós] **1.** 광학의, 시각(기술)상의: o. vergrößernde Instrumente 확대용 광학 기구들; o. wahrnehmbar sein 시각적으로 인지할 수 있다. **2.** 시각 효과의: die -e Gestaltung eines Raumes 공간의 시각 효과적 구성. **Optoelektronik** [ɔpto-], die 광전자(光電子) 공학. **optoelektronisch** 〈Adj.〉 광전자(공학)의, 광전자를 이용한. **Optometer** [ɔpto-], das; -s, - 〖의학〗시력계, 시력 측정 장치. **Optometrie** [...me'tri:] die 〖의학〗**1.** 시력 측정. **2.** 최고 시력의 검사. **Optronik** [ɔp'tro:nɪk], die; Optoelektronik의 약칭. **optronisch** 〈Adj.〉 optoelektronisch의 약칭.

opulent [opu'lɛnt] 〈Adj.〉 [lat. opulentus] 《교양어》**a)** (식사가) 풍성하고 고급인: ein -es Mahl 진수 성찬. **b)** (고어) 화려한, 사치스러운: der Stil des Hauses war zugleich zwanglos und o. 그 건물의 양식은 자유 분방하면서도 호사스러웠다. **Opulenz** [...nts], die 《교양어》**a)** (식사가) 풍성하고 고급임. **b)** (고어) 화려함, 사치스러움.

Opuntie [o'pʊntsiə], die; -n 〖고대 그리스의 도시 Opoũs의 이름에서 옴〗선인장의 일종.

Opus ['ɔ:pʊs], das; -, Opera ['ɔ:pəra; lat. opus] **a)** (예술적) 작품, (학문적) 저서: das neueste O. des Schriftstellers 그 작가의 최신 작품. **b)** 악곡(창작 연대순으로 매겨진 번호와 함께 쓰여): Beethovens Streichquartette O. 18, (Nummer) 1~6 베토벤 현악 사중주, 작품 제 18 번의 1-6(약어: Op.).

OR = Obligationenrecht.

ora et labora! ['o:ra ɛt la'bo:ra; lat.] bete und arbeite! 《교양어》(특히 베네딕트파와 수도사들의 옛 기독교 원칙). **Orakel** [o'ra:kl], das; -s, - [lat. ōrāculum = Sprechstätte] **1. a)** (특히 옛 그리스의) 신탁소(神託所): das[ein] O. befragen 신탁소에 묻다; 전의 das O. Montesquieu 《교양어·준고어》 몽테스키외(신탁소)(충고를 주고 판단을 내려주는 권위자로서의 몽테스키외). **b)** 신탁, 예언; 수수께끼 같은 말: das O. erfüllte sich 신탁이 들어맞았다; 전의 in -n sprechen 수수께끼 같은 말을 하다. **orakelhaft** 〈Adj.〉 신탁 같은; 심오한; 수수께끼 같은, 애매한: seine Bemerkung klang reichlich o. 그의 소견 진술은 아주 수수께끼같이 들렸다. **Orakelhaftigkeit**, die 신탁 같음; 수수께끼 같음, 애매함. **orakeln** [o'ra:kln] 〈h〉《통용어》신탁을 내리다, 신탁처럼 애매하게 말하다, 예언하다: man orakelte, daß ... ...라고 신탁처럼 예언했다. **Orakelspruch**, der ↑ Orakel (1 b). **Orakelstätte**, die ↑ Orakel (1 a). **oral** [o'ra:l] 〈Adj.〉 [lat. ōs = Mund] 〖의학〗**a)** 경구 투약의, 먹는; -e Verhütungsmittel 경구 피임약, 먹는 피임약. **b)** 〖해부〗입의, 입에 의한, 입으로 하는: die -e Phase (정신분석학에서 성욕 발전의 첫 단계로서) 입에 의해 쾌락을 얻는 단계. **2.** 〖언어〗구음(口音)의, (코를 통하지 않고) 입으로만 소리를 내는. **3.** 〖성교육〗입으로 하는: mit jmdm. o. verkehren 누구와 구강 성교를 하다. **4.** 《전문어》구두(口頭)의. **oral-genital** 〈Adj.〉 〖성교육〗구강 성교의. **Oralverkehr**, der 구강 성교(口腔性交).

orange [o'rã:ʒ(ə), (또한) o'raŋʒ(ə)] 〈Adj.; 격변화 없음〉 [frz. orange] 오랜지색의, 등색의: der Untergrund ist o. 바탕은 오랜지색이다 (통용어로는 변화도 함) ein -s Chiffontuch 오랜지색의 인조 모슬린 천. **¹Orange** [-], das; -, -, 《통용어》 -s 오랜지색, 등색(橙色). **²Orange** [o'rã:ʒə, (또한) o'raŋʒə], die; -n (südd., österr., schweiz.) ↑ Apfelsine, **Orangeade** [orã'ʒa:də, (또한) oraŋʒ...], die; -n 밀감수(蜜柑水), 오랜지에이드(음료의 이름). **Orangeat** [...'ʒa:t], das; -s, 《종류》 -e 오랜지 껍질을 설탕물에 절인 것.

orange-, Orange- (↑ orangen-, Orangen-도 참조.): **~buch**, das 《제정 러시아의》 오랜지색 표지의 외교 문서. **~farben**, **~farbig** 〈Adj.〉 오랜지색의. **~filter**, der, 《전문어로는 대개》 das 〖사진〗오랜지색 필터. **~gelb** 〈Adj.〉 오랜지 황색의. **~rot** 〈Adj.〉 오랜지 적색의.

orangen [o'rã:ʒən, (또한) o'raŋʒən] ↑ orange.

orangen-, Orangen- (↑ orange-, Orange-도 참조): **~baum**, der ↑ Apfelsinenbaum. **~blüte**, die 오랜지꽃(신부의 화관에 쓰임). **~blütenöl**, das 등화유(橙花油)(향수의 원료). **~farben**, **~farbig**: **1.** ↑ orangefarben, ~farbig. **~haut**, die 〖의학〗**1.** 오랜지색 피부. **2.** 표면이 오랜지 껍질 비슷한 사람 피부. **~kern**, der 오랜지 씨. **~konfitüre**, die (통째로의 열매로 만든) 오랜지 잼. **~marmelade**, die 오랜지 잼. **~renette**, die ↑ Cox' Orange. **~saft**, der 오랜지즙. **~schale**, die 오랜지 껍질. **~scheibe**, die 둥글게 썰은 오랜지 조각.

Orangerie [orã:ʒə'ri:, (또한) oraŋʒ...], die; -n [...i:ən; frz. orangerie] (바로크 시대 공원 시설에 오랜지 따위의) 온실.

Orang-Utan ['o:raŋ|utan], der; -s, -s [malai. orang (h)utan = Waldmensch] 오랑우탄, 성성(猩猩)이(보르네오와 수마트라에 사는 유인원의 일종).

Orans ['o:rans], **Orant** [o'rant], der; Oranten, Oranten, **Orante** [...tə], die; -n [lat. ōrāns = der, die Betende] 〖미술〗(초기 기독교 예술에서) 기도하는 사람. **Orantenhaltung**, die; **Orantenstellung**, die (초기 기독교 예술에 나타나는) 기도 자세. **ora pro nobis!** [o:ra pro:'no:bɪs; lat.] bitte für uns! 우리를 위하여 기도하소서! (가톨릭 예배식의 연도(連禱)에서 마리아와 성자들에게 향해지는 공식적인 청원). **Oration** [ora'tsio:n], die; -en [lat. ōrātio = Gebet] 〖가〗 신부가 행하는 엄격한 형식의 종결 기도. **Oratio obliqua** [o'ra:tsio o'bli:kva], die [lat.] 〖언어〗 간접화법. **Oratio recta** [-'rɛkta], die [lat.] 〖언어〗직접화법. **Orator** [o'ra:tor, (또한) ...to:r], der; -s, -en [ora'to:rən; lat. ōrātor] **1.** 고대의 웅변가(연설가). **2.** 《교양어·드물게》연설가, 연사. **Oratorianer** [orato'ria:nɐ], der; -s, - 성직 ილი가 톨릭 설교사 연합회의 회원. **oratorisch** [ora'to:rɪʃ] 〈Adj.〉 **1.** 《교양어》연설가로서의 능력을 보여 주는, 연설적의, 웅변술의. **2.** 오라토리오의, 성담곡(聖譚曲)같은. **Oratorium** [...'to:riʊm], das; -s, ...ien [...iən; lat. ōrāre = bitten, beten] **1. a)** (Pl. 없음) (장르로서의) 오라토리오, 성담곡, 성악곡(聖譚곡). **b)** (개개 작품으로서의) 오라토리오: ein O. von Händel 헨델의 성담곡. **2. a)** (작은) 예배당, (가정) 예배실. **b)** (높은 계급의 예배자를 위해 회중석과 분리시켜 놓은) 고단(高壇). **3. a)** 비성직 설교사 연합회의 집회서[기도실]. **b)** (Pl. 없음) 비성직 가톨릭 설교사 연합회.

Orbis ['ɔrbɪs], der; - [lat. orbis] **1.** ↑ Kreis (원(圓))의

라틴어: O. pictus [-'pɪktʊs; lat. = gemalte Welt] Comenius(1592~1670)에 의해 만들어져 17/18세기에 인기를 끌었던 그림을 넣은 교과서; O. terrarum [-te'raː rʊm; lat.] (인간이 사는) 지구, 세계. 2. [점성술] (혹성들 상호간의 위치에서 생겨나는) 세력 범위, 영향권. **Orbit** ['ɔrbɪt], der; -s, -s [engl. orbit] (위성 운행의 타원형) 궤도. **orbital** [ɔrbi'taːl] ⟨Adj.⟩ [engl. orbital] 1. 궤도의, 궤도를 운행하는, 2. 안와(眼窩)의. **Orbital** [-], das; -s [engl. orbital] [물리・양자화학] **a)** 원자핵을 둘러싼 세력 범위(궤도). **b)** 원자각 내에서의 전자의 에너지론적 상태.

Orbital-: **~bahn**, die ↑Orbit. **~bombe**, die [군] 궤도 폭탄. **~rakete**, die [군] 대륙간 로켓. **~station**, die ↑Raumstation.

Orbiter ['ɔrbɪtɐ], der; -s, - [amerik. orbiter] [우주] 선회체, 인공 위성.

Orchester [ɔr'kɛstɐ, 《또한》 ɔr'çe...], das; -s, - [ital. orchestra: 극장 앞 쪽의, 원로원 의원을 위한 상석; 앞무대의 높여진 부분] 1. 관현악단: ein O. dirigieren [verstärken] 관현악단을 지휘(보강)하다; Werke für O. schreiben 관현악곡들을 작곡하다; im O. (mit)spielen 관현악단의 일원으로 연주하다. 2. ↑Orchestergraben.

Orchester-: **~begleitung**, die 관현악단의 반주. **~besetzung**, die 관현악단의 구성. **~fassung**, die 관현악단을 위한 곡. **~graben**, der (극장의) 오케스트라석, 주악석(奏樂席). **~instrument**, das 관현악단 악기. **~klang**, der 관현악단의 연주 소리. **~konzert**, das 관현악 연주회. **~leiter**, der 관현악단 지휘자. **~loge**, die 오케스트라석 위의 간막이 좌석. **~musik**, die 관현악. **~musiker**, der ↑Musiker (b). **~sitz**, der 오케스트라석 옆의 제일 앞줄 좌석.

Orchestra [ɔr'çestra], die; ...ren [griech. orchēstra] **a)** (고대 그리스 극장 무대 전면의) 합창석. **b)** (15/16세기 극장의 무대와 관객석 사이의) 귀빈석. **c)** (17세기 극장 무대 전면의) 연주자석. **orchestral** [ɔrkɛs'traːl, 《또한》 ɔrçe...] ⟨Adj.⟩ 관현악(풍)의: ein -es Divertimento 관현악 오락곡. **Orchestration** [...ra'tsioːn], die; -en [음악] **a)** ↑Instrumentation (a). **b)** 관현악으로의 편곡. **orchestrieren** [...'triːrən] ⟨h⟩ [음악] **a)** ↑instrumentieren (1 a): die Komposition muß orchestriert werden 그 악곡은 관현악단의 개개 악기에 맞추어 소리가 분배되어야 한다. **b)** 어떤 곡을 관현악곡으로 편곡하다: ein Klavierquartett o. 피아노 4중주를 관현악곡으로 편곡하다. **Orchestrierung**, die; -en [음악] ↑orchestrieren의 명사형. **Orchestrion** [ɔr'çɛstriɔn], das; -s, ...ien [...iən] 오케스트리온(자동 악기).

Orchidee [ɔrçi'deː(ə)], die; -n [frz. orchidée] [열대와 아열대의) 난초과 식물. **¹Orchis** ['ɔrçɪs], der; -, ...ches [...çəs; griech. órchis] [의학] 고환(睾丸), 불알. **²Orchis** [-], die [식물] 난초의 일종. **Orchitis** [ɔr'çiːtɪs], die; ...itiden [...çiːtiːdn] [의학] 고환염.

Ordal [ɔr'daːl], das; -s, -e [en [-iən] 신재(神栽), 신명 재판 (神明裁判)] (중세의 게르만 법.

Orden ['ɔrdn], der; -s, - [1: lat. ōrdo = Reihe; Ordnung; Rang, Stand; 2: 특히 어떤 교단에의 소속 표식에서] 1. 교단(敎團), 승단(僧團), 수도회; 기사단; 결사, 조합: einem O. angehören[beitreten] 어떤 교단에 소속(가입)하다. 2. 회장, 훈장, 공로장: jmdm. einen O. verleihen[anheften] 누구에게 훈장을 수여하다[달아주다]; er war mit vielen O. geschmückt[dekoriert] 그는 많은 훈장을 달고 있었다.

Ordens-: **~band**, das ⟨Pl. ...bänder⟩ 1. 훈장의 수(緩). 2. 밤나방류의 일종. **~bruder**, der (수도회의) 수도사; 결사원, 조합원. **~burg**, die 기사단의 성. **~frau**, die (아어・고어) ↑~schwester. **~geistliche***, der 수도회 신부. **~gemeinschaft**, die 수도회, 교단(敎團). **~kette**, die 훈장을 다는 쇠사슬. **~kleid**, das 《아이》 ↑~tracht. **~kreuz**, das 십자 휘장(훈장). **~mann**, der ⟨Pl. ...männer / ...leute⟩ (아어・고어) ↑~bruder. **~provinz**, die 수도회 관구(管區). **~regel**, die 수도회 계율(戒律), 단규(團規). **~ritter**, der 기사단 소속의 기사. **~schnalle**, die 훈장 부착용 죔쇠. **~schwester**, die 수녀. **~spange**, die 훈장 부착용 핀. **~stern**, der 1. 성형(星形) 훈장. 2. ↑Stapelia. **~tracht**, die 수도회복, 교단복. **~verleihung**, die 훈장 수여.

ordentlich ['ɔrdntlɪç] I. ⟨Adj.⟩ 1. **a)** 질서를 지키는, 규율이 바른, 단정한: er ist ein sehr -er Mensch 그는 아주 규율이 바른 사람이다. **b)** 정돈된, 질서있는, 치워진: die Bücher o. ins Regal stellen 책들을 반듯하게 서가에 꽂다. 2. 착실한, 품행 방정한, 점잖은, 정직한: ein -es Leben führen 착실한 삶을 영위하다. 3. 정식의, 정규의: -es Mitglied eines Vereins sein 협회의 정회원이다; ein -es Gericht 정규 재판소(특별 재판소가 아닌, 형사 및 민사 재판소); er ist -er Professor 그는 정교수이다(약자: o. Prof.). 4. (통용어) **a)** 진정한, 본격적인: ohne Musik ist das kein -es Fest 음악이 없이는 진정한 축제가 못된다. **b)** 적당한, 상당한, 충분한: dem hat er es o. gegeben! 그는 그 사람을 꾸짖을 만큼 꾸짖었다! (혼을 내 주었어!) **c)** (아주) 좋은: ihr Mann verdient ganz o. 그녀의 남편은 수입이 아주 좋다. II. ⟨Adv.⟩ (통용어) 정말, 참으로, 매우: ich war o. gerührt 나는 정말 감동하였다; du bringst einen o. in Verlegenheit 너는 정말 사람을 당황하게 만든다. **Order** ['ɔrdɐ], die; -s / -n [frz. ordre] 1. (군사 및 직무상의) 명령, 지시: O. geben(bekommen, haben), den Abmarsch vorzubereiten 행군을 준비하라는 명령을 내리다[받다]; O. parieren (준교어) 명령을 이행하다(↑²parieren). 2. ⟨Pl. -s⟩ [상] 주문, 위탁: (어음의) 지정(指定): telegrafisch erteilte -s 전신에 의한 주문들.

Order-: **~buch**, das ⟨대개 Pl.⟩ [상] 주문(수주) 장부. **~eingang**, der [상] 수주(受注). **~klausel**, die [금융] (유가 증권의 수취인) 지시 문구. **~papier**, das [금융] 지시 증권.

ordern ['ɔrdɐn] ⟨h⟩ [상] (상품을) 주문하다; ⟨4격 목적어 없이도 쓰임⟩ Bitte ordern Sie ohne Verzögerung 지체 없이 주문하십시오. **Ordinale** [ɔrdi'naːlə], das; -(s), ...lia ⟨대개 Pl.⟩ ↑Ordinalzahl. **Ordinalzahl**, die; -en 서수(序數). **ordinär** [...'nɛːɐ] ⟨Adj.⟩ [frz. ordinaire] (교양어) I. **a)** ⟨대개 겹⟩ 태도나 태도가 천한, 상스러운, 거친: eine -e Visage[Art] haben 거친 상판을 하다[태도를 취하다]; jmdn. o. finden 누구를 천하게 여기다. **b)** 저급한 취향의: ein -es Parfüm 저급한 취향의 향수. 2. 아주 일상적인, 보통의, 평범한. **Ordinariat** [...na'riaːt], das; -(e)s, -e 1. [가] 주교구 사무국. 2. 대학 정교수의. **Ordinarium** [...'naːriʊm], das; -s, ...ien [...iən; lat ōrdinārius] 1. [가] 예배 의식 규정서 (시간 분배). 2. [관] (국가나 지방 자치 단체의) 경상 예산, (관청의) 경상비. **Ordinarium missae** [-'mɪsɛ], das; - - [kirchenlat.] [가] ↑Ordo missae를 작곡한 것. **Ordinarius** [...'naːriʊs], der; -, ...ien [...iən]; 1, lat. ōrdinārius = ordentlich; mlat. ordinarius = zuständiger Bischof] 1. 대학 정교수. 2. (가톨릭 교회법) 교회 재치(裁治)권자(교황, 주교, 수도원장 등). 3. (고어) 학급 담임 교사(고등 학교의). **Ordinärpreis**, der; -es, -e [상] (서적의) 정가(正價), 소매가. **Ordinate** [...'naːtə], die; -n [lat.(līnea) ōrdināta] [수학] 종 (縱)좌표, 세로 좌표. **Ordinatenachse**, die [수학]

축(縱軸), 세로축, y축. **Ordination** [...naˈtsioːn], die; -en [lat. ōrdinātio] **1. a)** 【신교】 목사 취임식. **b)** 【가】 서품식(叙品式), 신품(神品), (주교의) 서계식(叙階式). **2.** 【의학】 **a)** 처방. **b)** 【고어】 진찰 시간. **c)** 《österr.》 진찰실, 치료실. **Ordinationshilfe**, die 《의학·österr.》 진찰실 간호원. **Ordinationszimmer**, das 《의학·고어》 진찰실. **Ordines**: ↑Ordo의 복수형. **ordinieren** [...ˈniːrən] ⟨h⟩ [1: lat. ōrdināre] **1. a)** 【신교】 목사의 성직을 주다, 안수례를 베풀다. **b)** 【가】 성직에 임명하다, 서품(叙品)하다; jmdn. zum Priester o. 누구를 신부(神父)에 서품하다. **2.** 【의학】 **a)** (약을) 처방하다. **b)** 진찰하다.

ordnen [ˈɔrdnən] ⟨h⟩ **1. a)** (일정한 순서에 따라) 배열하다, 가지런히 하다, 정리(정돈)하다: etw. sorgfältig (chronologisch) o. 무엇을 꼼꼼하게 (연대순으로) 정리하다; die einzelnen Teile der Größe nach o. 개개 부분들을 크기에 따라 정리하다; das Material in die Mappen o. 자료들을 서류철에 분류해 넣다. **b)** (일정한 관점에 따라) 체계화하다, 일목요연하게 종합하다: seine Gedanken o. 자기의 생각을 체계화(정리)하다. **c)** (흐트러진 것을) 바로 하다, 단정한 상태로 돌리다: sie versuchte, ihr wirres Haar zu o. 그녀는 흐트러진 머리칼을 바로 하려고 했다. **2.** 적합하게 조정(정리)하다: (대개 과거분사로) in geordneten Verhältnissen leben 잘 정돈된 상태에서 살다. **3.** ⟨o. +sich⟩ 나란히 서다, 정렬하다: der Demonstrationszug ordnet sich 시위 행렬이 줄을 짓는다; 전의 alles hatte sich sinnvoll geordnet 모든 것이 의미 있게 짜맞춰졌다. **Ordner** [ˈɔrdnɐ], der; -s, - **1.** (큰 행사의) 정리원, 질서 유지 담당자, 단속자: er wurde von -n gepackt und abgeführt 그는 정리원들에게 잡혀서 끌려갔다. **2.** 서류철, 파일: das Zimmer war mit -n angefüllt 그 방은 파일로 가득 차 있었다. **Ordnerbinde**, die 정리원 완장. **Ordnung** [ˈɔrdnʊŋ], die; -en **1.** ⟨Pl. 없음⟩ 질서, 질서 있는 (정리된, 일목요연한) 상태: hier herrscht ja eine schöne O.! 《반어》 여기는 질서가 기막히게 잘 잡혀 있군!《온통 엉망이군!》; O. halten(machen, schaffen) 질서를 지키다(잡다); ich frage nur der O. halber(wegen) 다만 형식상 묻습니다; die in O. bringen 《통용어》 **1)** 무엇을 정리(정돈)하다. **2)** (불쾌한 돌발사를 납득할 만큼) 해명하다; jmdn. in O. bringen 《통용어》 누가 (육체적으로나 정신적으로) 다시 건강해지도록 돌보다; in O. kommen 《통용어》 다시 정상 상태로 되다: ihre Ehe ist wieder in O. gekommen 그들의 결혼 생활은 다시 정상 상태로 돌아왔다; in O. sein 《통용어》 **1)** 나무랄 데 없다, 잘 되어 있다: hier ist etwas nicht in O. 여기는 뭔가가 잘못 되어 있어. **2)** 건강하다, 컨디션이 좋다: **jmd. ist in O.** 믿을 수 있는 사람이다; **in schönster(bester) O.** 《통용어》 질서 정연한, 일사불란한; **in O. gehen** 《통용어》 일이 약속(주문)대로 끝나지다; **etw. (ganz) in (der) O. finden** 《통용어》 무엇을 완전히 좋은 것(적합한 것)으로 생각하다; **in O.!** 《통용어》 좋아! 동의했어!. **2.** ⟨Pl. 없음⟩ 《드물게》 정리 (배열, 체계화, 조정)함: er hatte Mühe mit der O. des Materials 그는 자료를 정리하느라 애를 썼다. **3.** ⟨Pl. 없음⟩ **a)** 질서 있는 생활(방식): ich will Ihre häusliche O. nicht stören 나는 당신 가정의 질서 있는 생활을 방해하고 싶지 않습니다. **b)** 규칙 엄수: O. in die Klasse bringen 학급의 규율을 바로잡다; jmdn. zur O. rufen 누구에게 언동을 신중하도록 공식적으로 경고하다. **c)** 시민 질서: Ruhe und O. stören (사회의) 안녕 질서를 해치다. **4.** ⟨Pl. 없음⟩ **a)** ↑Gesellschaftsordnung. **b)** ↑Gesetz (3); das ist(verstößt) gegen jede O. 그것은 모든 원칙(기준)에 위배된다. **5. a)** ⟨Pl. 없음⟩ 배열, 순서: eine alphabetische(chronologische, vorbildliche) O. 알파벳 순(연대순, 모범적) 배열. **b)** ↑Formation (2 a). **6.** 【수학】 목(目). **7.** ⟨Pl. 없음⟩ 【수학】 위수(位數), 차수(次數): Kurven(Ableitungen) erster(zweiter) O. 일차(이차) 곡선(도함수). **8.** 【집합명】 순서 집합. **9.** ⟨Pl. 없음⟩ 등급, 서열: Straßen dritter(fünfter) O. 3급(5급) 도로; 전의 ein Mißerfolg erster O. 《통용어》 어림도 없는 실패.

ordnungs-, Ordnungs-: **~amt**, das 시 공안국. **b)** 시 공안국 (건물). **~dienst**, der **a)** (큰 행사의) 정리원 직(職): den O. beim Fußballspiel übernehmen (versehen, besorgen) 축구 경기에서 정리원 직을 넘겨받다(맡아보다). **b)** 정리원. **~fimmel**, der 《통용어·폄》 지나친 질서벽. **~gemäß** ⟨Adj.⟩ 규정대로의, 순서에 따른, 제대로의: etw. o. anmelden 무엇을 규정대로 신고하다. **~halber** ⟨Adj.⟩ 형식상, 요식 행위로서: ich habe nur o. gefragt 내가 물은 것은 다만 요식 행위에 지나지 않습니다. **~hüter**, der 《농, 반어로도》 경찰관. **~liebe**, die 질서애, 질서 엄수의 성향. **~liebend** ⟨Adj.⟩ 질서를 잘 지키는, 규율이 바른. **~macht**, die 【정치】 질서와 치안 담당 국가 기관 (특히 경찰, 군), 공권력. **~mäßig** ⟨Adj.⟩ **1.** 일정한 원칙(기준)에 따른. **2.** 《통용어》 ↑~gemäß. **~polizei**, die 교통 경찰 및 치안 경찰. **~prinzip**, das 배열(정리) 원칙. **~ruf**, der 공식적인 규칙 엄수 경고, 언동을 신중하도록 하라는 의장의 주의: jmdm. einen O. erteilen 누구에게 규칙 엄수의 경고를 발하다, 언동을 신중히 하라고 하다. **~sinn**, der 질서 정신. **~strafe**, die 【법】 법령 위반의 벌(징계, 과료): eine O. erhalten(verhängen) 법령 위반의 벌을 받다(주다). **~system**, das 배열(조직) 체계(방식). **~widrig** ⟨Adj.⟩ 【법】 법령(규정) 위반의, 불법적인: -es Verhalten im Verkehr 교통 법규 위반 행위. **~widrigkeit**, die 법령 위반, 불법. **~zahl**, die ↑Ordinalzahl.

Ordo [ˈɔrdo], der; -, Ordines [ˈɔrdineːs; lat. ōrdo] **1.** (고대 로마의) 계급, 사회 계급: die O. der Ritter 기사 계급. **2.** 【생물】 (분류학상의 단위로) 목(目). **3.** 【가】 신품(神品), 성품(聖品). **Ordo missae** [-misɛ], der; - - [kirchenlat.] 【가】 미사 규정. **Ordonnanz** [ɔrdɔˈnants], die; -en [lat. ōrdināre] **1.** 《장교 구락부에서 근무하는》 사관 후보생; 전령. **2.** 【고어】 명령. **Ordonnanzoffizier**, der 【군】 참모부 배속 장교.

Or doublé [ɔrduˈbleː], das; - [frz. or doublé] 도금(鍍金)한 비(卑)금속.

Ordovizium [ɔrdoˈviːtsiʊm], das; -s 〔오늘날의 북웨일즈 지방에 살았던 켈트 종족인 Ordovices의 이름에서〕【지질】 오르도비스기(紀)(계(系)).

Ordre [ˈɔrdrə], die; -s [frz. ordre] ↑Order.

Öre [ˈøːrə], die; -s, - (또한) die; - [lat. (nummus) aureus = Golddenar] 덴마크, 노르웨이, 스웨덴의 최소액 화폐 (동전·동화) (100 Öre = 1 Krone).

Oreade [oreˈaːdə], die; -n ⟨대개 Pl.⟩ [lat. oreās < griech. oreiás] 【신화】 산의 요정.

Oregano [oˈreːgano], der; -s ↑Origano.

Oregon [ˈɔrigɔn], das; -s 오리건(미국의 주).

oremus! [oˈreːmʊs; lat.] *laßt uns beten!* 기도합시다! (가톨릭 신부의 기도 권유).

ORF = Österreichischer Rundfunk 오스트리아 라디오 방송.

Orfe [ˈɔrfə], die; -n ↑Aland.

Organ [ɔrˈgaːn], das; -s, -e [lat. organum = (Musik)instrument, Orgel] **1.** (인체 및 동식물체의) 기관, 장기 (臟器): ein natürliches O. durch ein künstliches ersetzen 타고난 장기를 인공 장기로 대치하다, **(k)ein O. für etw. haben** 무엇에 대해 이해력(감수성)이 있다

[없다]. 2. 《통용어》 목소리: ein lautes O. haben 큰 목소리를 갖다. 3. 〈드물게 Pl.〉《교양어》 기관지: das wöchentlich erscheinende O. der Gewerkschaft 주 1회 발행의 노동 조합 기관지. 4. 《교양어》(공적 조직으로서의) 기관: -e der Arbeiterschaft(Gesetzgebung, Verwaltung) 노동자(입법, 행정) 기관들.

Organ-: **~auspflanzung**, die ↑Explantation. **~bank**, die 〈Pl. -banken〉 [의학] (장기 이식을 위한) 기관(器官)(장기) 은행. **~behandlung**, die [의학] ↑Organotherapie. **~einpflanzung**, die [의학] 장기 이식 Implantation. **~empfänger**, der [의학] 장기 이식 수술을 받는 자. **~entnahme**, die [의학] 장기 적출(摘出). **~fett**, das [생물·의학] 세포의 신진 대사에 필요 불가결한 지방질, 세포 지방질. **~funktion**, die 장기 기능. **~gesellschaft**, die [경제·세무] (법적으로는 독립적인) 자회사(子會社), 기관(機關) 회사. **~gymnastik**, die [스포츠] 신체 기관 강화 체조. **~konservierung**, die [의학] (이식을 위해) 보존된 장기. **~konservierung**, die [의학] 장기(臟器) 보존. **~mandat**, das 《österr.·관》 (경찰에 의한) 즉결 처분의 벌. **~mandatsweg**, der 〈Pl. 없음〉 《österr.·관》 (경찰에 의한) 즉결 처분. **~präparat**, das 동물의 장기에서 얻어내진 약제. **~schwund**, der [의학] Atrophie. **~spender**, der [의학] (이식을 위한) 장기의 기증자. **~therapie**, die [의학] ↑Organotherapie. **~transplantation**, die [의학] 장기(臟器) 이식. **~übertragung**, die [의학] 장기 이식. **~verpflanzung**, die [의학] 장기 이식.

Organa: ↑Organum 의 복수형. **organal** [ɔrga'naːl] 〈Adj.〉 [음악] 1. (중세) 다성부 음악의. 2. 오르간 식의.

Organdin [ɔrgan'diːn], der; -s 《österr.》 Organdy. **Organdy** [ɔr'gandi], der; -s [engl. organdy] 오건디(반투명의 얇은 모슬린).

Organell [ɔrga'nɛl], das; -s, -en, **Organelle**, die; -n [생물] **a)** (단세포 생물의) 세포내 소기관(小器官). **b)** 동물 혹은 식물 생체의 정밀 구조.

Organigramm [ɔrgani'gram], das; -s, -e 한 조직체의 작업 분담을 표시한, 계통수 모양의 도식(↑Organogramm 참조). **Organiker** [ɔr'gaːnikɐ], der; -s, - 유기화학자.

Organisation [ɔrganiza'tsi̯oːn], die; -en [frz. organisation] 1. 〈Pl. 없음〉 조직의 일, 체계화: ihm oblag die O. der Veranstaltung 그 행사를 조직하는 일이 그의 책임이었다. 2. 〈Pl. 없음〉 기구, 편제: der Konzern erhält eine neue O. 그 콘체른은 새로운 편제를 얻는다. 3. **a)** (일정한 사회·정치적 관심의 관철을 위한) 연합, 조직체: durch die O. weiter Bevölkerungsschichten konnte der Bau des Kernkraftwerks verhindert werden 폭넓은 주민층의 조직화를 통해 원자력 발전소의 건설이 저지될 수 있었다. **b)** (사회·정치적 관심의 관철을 위한) 조직체, 동맹, 조합, 단체: eine O. gründen 하나의 조직체를 설립하다; sich in einer O. [zu einer O.] zusammenschließen 어떤 조직체에 가입하다.

Organisations-: **~büro**, das 1. 조직 사무실. 2. (정치) 조직체 사무실. **~fehler**, der 조직상의 오류[결함]. **~form**, die 조직 형식. **~gabe**, die ↑**~talent**. **~grad**, der 조직화의 강도. **~plan**, der 조직 구조 및 작업 진행의 도표. **~struktur**, die 조직 구조. **~talent**, das 1. 조직력. 2. 조직의 재사(才士), 조직 능력자.

Organisator [ɔrgani'zaːtɔr, 《또한》 ...toːɐ̯], der; -s, -en [...zaˈtoːrən] 1. **a)** 조직자. **b)** 조직 능력자: er war ein ausgezeichneter[ausgesprochener] O. 그는 탁월한[명백한] 조직 능력자였다. 2. [생물] 편성원(編成原), 형성체. **organisatorisch** [...zaˈtoːrɪʃ] 〈Adj.〉 조직적

인, 조직상의: die -e Leitung übernehmen 조직의 지휘를 맡다; sich o. betätigen 조직상의 일을 하다. **organisch** [ɔrˈgaːnɪʃ] 〈Adj.〉 [lat. organicus < griech. organikós = mechanisch] 1. (반대: anorganisch 1 a) **a)** 《교양어》 〈생물체적〉 유기(체)의: -e Substanzen 유기물. **b)** [화학] (탄화물적) 유기의: die -e Chemie 유기 화학. 2. [의학·생물] (신체) 기관(器官)의, 기질성 (器質性)의; -es Leiden 기질성의 질환. 3. 《교양어》 일정한 (자연) 법칙에 따르는, 유기적인(반대: anorganisch 2): ein -es Wachstum 유기적 성장. 4. 《교양어》 긴밀한 통일을 이루고 있는, 전체와 조화롭게 결합되어 있는, 유기적인, 구성적인: der Aufbau des Romans ist nicht sehr o. 그 소설의 구성은 그렇게 유기적이지 않다. **organisierbar** [ɔrganiˈziːɐ̯baːɐ̯] 〈Adj.〉 (일정한 목적을 위하여 단체를) 조직하기에 적합한, 조직할 수 있는. **Organisierbarkeit**, die 조직 가능성. **organisieren** [...iːrən] 〈h〉 [frz. organiser] 1. **a)** 계획[준비]하다: eine Party o. 파티를 계획·준비하다; es ist alles ganz großartig organisiert 모든 것이 아주 훌륭하게 계획·준비되었다; das war organisierter Massenmord 그것은 계획된 대량 학살이었다. 〈o. + sich〉 der Widerstand organisiert sich 저항이 계획·준비된다. **b)** 조직[편성, 편제]하다, 체계화하다: die Armee neu o. 군을 새로 편제하다; die neu organisierten Kriminalbehörden 새로 조직된 범죄 수사대들. 2. **a)** (일정한 사회·정치적 관심의 관철을 위하여) 조합[단체]으로 조직하다; gewerkschaftlich organisierte Arbeiter 노동 조합으로 조직된 노동자들. **b)** 〈o. + sich〉 (사회·정치적 관심의 관철을 위한) 조직체[조합]의 일원이 되다, 조직적으로 단결하다: die meisten Betriebsangehörigen haben sich inzwischen gewerkschaftlich organisiert 대부분의 공장 소속원들이 그 동안 노동 조합으로 조직되었다; er will sich o. 그는 노동 조합의 일원이 되려고 한다; gewerkschaftlich organisiert sein 노동 조합으로 조직되어 있다, 노동 조합의 일원이 되어 있다. 3. 《통용어》 (불순한 수단으로) 손에 넣다, 조달하다: ich habe mir[für mich] ein Fahrrad organisiert 나는 자전거 한 대를 슬쩍했다. 4. [의학] 생체 조직이 되다. **Organisiertheit**, die 조직[계획, 준비, 편성] 상태. **Organisierung**, die; -en 〈드물게 Pl.〉 조직[계획, 준비, 편성](함). **organismisch** [ɔrgaˈnɪsmɪʃ] 〈Adj.〉 《교양어》 유기체적, 유기체의. **Organismus** [...ˈnɪsmʊs], der; -, ...men [frz. organisme] 1. **a)** 유기체: der menschliche(tierische, pflanzliche) O. 인간(식물, 동물)의 유기체. **b)** 〈대개 Pl.〉 [생물] Bakterien sind winzige Organismen 박테리아는 미세한 생물체들이다. 2. 〈드물게 Pl.〉 《교양어》 (유기적인) 구조물[조직체, 기구]: ein politischer(sozialer) O. 정치적[사회적] 조직체. **Organist** [...ˈnɪst], der; -en, -en (직업적인) 파이프 오르간 연주자. **Organistin**, die; -nen ↑Organist의 여성형. **organogen** [ɔrganoˈɡeːn] 〈Adj.〉 1. [화학] 유기물로 된, 유기 화합물의. 2. [생물] 기관을 이루는, 기관으로 이루어진. **Organogramm**, das; -s, -e [심리] (유기체에서의) 정보 처리 표시 도표(↑Organigramm 참조). **Organographie**, die; -n [...iːən] 1. [의학·생물] 기관 형태 기재학(記載學)(기관학의 일부분야). 2. [음악] 악기 구조학. **organographisch** 〈Adj.〉 ↑Organographie의 형용사형. **Organologie**, die 1. [의학·생물] 기관학. 2. ↑Organographie (2). **organologisch** 〈Adj.〉 기관학의, 악기 구조학의. **Organotherapie**, die; -n [...iːən] [의학] 장기(臟器)요법. **Organschaft**, die; -en [경제·세무] (한 자회사의 모기업에의) 편입 상태, 의존 관계.

Organsin [ɔrganˈziːn], der 《또는》 das; -s [frz. organsin] [섬유] (날실용의) 꼰 비단실.

Organtin [ɔrgan'ti:n], der 《또는》 das; -s 《österr.》 ↑ Organdin.

Organum ['ɔrganʊm], das; -s, ...na [lat. organum] [음악] **1.** (중세의) 다성부 음악. **2.** (중세 음악에서) 악기, 특히 파이프 오르간.

Organza [ɔr'ganʦa], der; -s [ital. organza] 풀을 세게 먹인 얇은 견직물.

Orgasmus [ɔr'gasmʊs], der; -, ...men [griech. orgasmós] 성적 극쾌감, 오르가슴: den O. auslösen 오르가슴을 불러일으키다; zum O. kommen 오르가슴에 이르다. **orgastisch** [ɔr'gastɪʃ] 〈Adj.〉 《교양어》 오르가슴의.

Orgel ['ɔrgl], die; -n 파이프 오르간, 오르간, 풍금: die O. braust 파이프 오르간 소리가 웅웅거린다; eine O. bauen 파이프 오르간을 제작 설치하다.

Orgel-: ~bauer, der; -s, - 오르간 제작 설치자. **~klang**, der 오르간 소리. **~konzert**, das 오르간 협주곡, 오르간 연주회. **~musik**, die 오르간 음악. **~pfeife**, die 오르간 음관(音管); (dastehen) **wie die ~n** 크기에 따라 열 지어 (서 있다) (통상 아동들에 대해 씀). **~prospekt**, der ↑ Prospekt (4). **~punkt**, der [음악] 저속음(低續音), 낮은 끔. **~register**, das 오르간 음전(音栓)(같은 음색을 내는 음관열(音管列)). **~spiel**, das 오르간 연주. **~spieler**, der 오르간 연주자. **~ton**, der 오르간 음. **~werk**, das 오르간 곡.

orgeln [ɔrgln] 〈h〉 **1. a)** 오르간(핸들 오르간)을 연주하다. **b)** 《지역적·폄》 지루하고 서툴게 연주하다. **2.** (통용어) 낮은 소리로 윙윙거리다: in den Bäumen orgelt der Wind 나무가 바람에 흔들려 낮게 쏴쏴거린다; das Orgeln des Anlassers (자동차 따위) 시동기의 붕붕거림. **3.** 《속어》 성교하다. **4.** 〈사냥〉 (사슴이) 발정해 울다.

Orgiasmus [ɔr'giasmʊs], der; -, ...men [griech. orgiasmós] 상궤를 벗어난 방종한 잔치를 벌임(특히 고대 그리스 축제의). **orgiastisch** [ɔr'giastɪʃ] 〈Adj.〉 열광적인, 방종한, 전혀 제어 없는: -e Tänze 열광적인 춤.

Orgie ['ɔrgiə], die; -n [lat. orgia] 망아적인 방탕한 축제: eine wilde O. 광란의 축제(주연); **(wahre) -n feiern** 무절제하다, 한계를 모르다.

Orient [o:'riɛnt, 《또한》o'riɛnt], der; -s [lat. (sōl) oriēns] **1.** 동양, 근동 및 중동 각국(반대: Okzident): **der Vordere O. 2.** 《고어》동쪽. **Orientale** [orien'ta:lə], der; -n, -n 동양인, 근동 사람. **Orientalin**, die; -nen ↑Orientale 의 여성형. **orientalisch** 〈Adj.〉 동양(의), 근동의. **orientalisieren** [...tali'zi:rən] 〈h〉 **a)** 동양화(東洋化)하다, 동양의 영향을 받다. **b)** (어떤 지역 등에) 동양적 색채를 주다. **Orientalistik** [...'lɪstik], die 동양학, 동양어 문학. **orientalistisch** 〈Adj.〉 동양(어문)학의. **Orientbeule**, die; -n [특히 근동에서 자주 나타나므로] 동방종(東方腫) (열대성 피부 질환), 예리호 종양.

orientieren [orien'ti:rən] 〈h〉 [frz. (s')orienter] **1.** 〈o. + sich〉올바른 방향을 찾다, (낯선 곳에서) 방위를 알게 되다: sich in einer Stadt schnell o. können 어떤 도시의 지리를 재빨리 (쉽사리) 알 수 있다. **2.** 《교양어》**a)** 알려 주다, 가르치다, 예비 교육을 시키다: er hat mich über Einzelheiten orientiert 그는 나에게 세세한 일들을 알려 주었다; [4격 목적 없이도 쓰임] er orientierte über neue Tendenzen in der Literatur 그는 문학의 새로운 경향에 대해서 알려 주었다. **b)** 〈o. + sich〉 개관하다; 알아보다: o. sich über die wirtschaftliche Lage der Bauern o. 농부들의 경제적 상황에 대해 알다. **3. a)** 〈o. + sich〉《교양어》무엇(누구)에 주의(생각)를 두다, 무엇에 따라서(누구를 기준으로 해서) 입장을 취하다, 누구를 모범으로 하다: sich am Gesamtwohl des Volkes o. 민족의 공익에 생각을 두다; die Jungen orientierten sich allmählich mehr nach dem Vater 사내애들은 점차로 아버지를 더 모범으로 삼았다. **b)** 《구동독》 목표로 하다; 염두에 두다; 무엇에 집중하다; 《또한》 〈o. + sich〉 vorerst wird der Betrieb nicht sofort auf industriemäßige Produktion o. 많은 공장이 곧장 공업적 대량 생산을 목표로 하지는 못할 것이다. **-orientiert** [-oriɛnti:ɐt] 《접미사적 사용》 (단어의 전반부에서 든 것을) 목적(기준)으로 한, (그것의) 입장에서, 성향의: konsumorientiert 소비를 목적으로 한, 소비 성향의; linksorientiert 좌익의 입장에 선, 좌익 성향의. **Orientiertheit**, die 알고 있음, 바른 방향을 잡고 있음. **Orientierung**, die 《반대: Desorientierung》 **1.** 올바른 방향을 찾는 능력, 방향 감각: er hat eine gute O. 그는 방향 감각이 있다. **2.** 《교양어》알려 줌, 가르침, 계도: die öffentliche O. über dringende Gemeindegeschäfte 긴박한 지역 사회 사업에 대한 공중의 계도. **3. a)** 《교양어》모범(기준)으로 함, 생각을 둠, (정신적) 입장(태도): die O. der Bundesregierung an der Politik der USA 미국의 정책을 기준으로 해서 나온 독일 연방 정부의 태도 결정. **b)** 《구동독》 목표로 함, 염두에 둠, 집중함.

orientierungs-, Orientierungs-: ~daten 〈Pl.〉 [경제] (한국가의) 경제 발전에 대한 데이터. **~hilfe**, die 방향 판단 보조물, 계도 보조물: die gelben Lampen sind als O. gedacht 황색 램프들은 방향 판단을 위한 보조물로 안출된 것이다. **~lauf**, der [스포츠] 나침반의 도움으로 지도상에 표시된 일정 지점들을 반드시 통과해야 하는 경주. **~los** 〈Adj.〉방향 감각이 없는, 계도되어 있지 않은, 모르고 있는. **~marsch**, der [군사] 정해진 지점 통과 행군. **~punkt**, der 표지(標識) 지점, 기준점. **~sinn**, der 1. 방향 감각. 2. [의학] 부위감(部位覺). **3.** [동물] 귀소 본능, 귀가 능력(비둘기, 벌의). **~stufe**, die [학교] ↑Förderstufe. **~vermögen**, das ~sinn. **~zeichen** 방향 표지.

Orientteppich, der; -s, -e 동양 융단(터키 혹은 페르시아 무늬의).

Origano [o'ri:gano], der; - [ital. origano] (조미료로 사용되는) 마요라나(꽃박하)의 말린 잎과 가지랖. **Origanum** [o:'ri:ganʊm], das; -(s) ↑Dost.

original [origi'na:l] 〈Adj.〉 [lat. orīginālis] **1.** 원래의, 본원의, 출처상 진짜의; 원본의, 복사되지 않은: o. indische Seide 진짜 인도산 비단; eine -e griechische Plastik 원본의 그리스 조각품; der Text ist o. 그 텍스트는 원래의 것이다. **2.** 고유의, 독창적인, 독특한: der Mann mit der -sten Sprachkraft 독창적인 언어 구사력을 가진 사람. **3.** (상황이) 원래적인, 직접적인: der Rundfunk überträgt die zweite Halbzeit o. 라디오가 후반전을 직접(생방송으로) 중계한다; 《통용어》 정말로: ein o. Verrückter 정말로 미친 사람. **Original** [-], das; -s, -e **1.** 원본, 원문, 원화, 원작, 원본, 본물(本物): die Vase ist ein O. aus dem 18. Jahrhundert 그 화병은 18세기의 본물이다; das Bild ist eine Fälschung, das O. hängt im Louvre 그 그림은 모조품이며, 원화는 루브르 박물관에 걸려 있다; er las Homer im O. 그는 호머를 원어로 읽었다. **2.** 《교양어》모델: sie war das O. des Gemäldes 그녀가 그 그림의 모델이었다. **3.** 《통용어》 별난 사람, 기인(奇人): er ist ein richtiges O. 그는 진짜 기인이다.

original-, Original-: ~aufnahme, die **1.** 원반 녹음, 원판 필름. **2.** 원판 사진. **~ausgabe**, die (서적의) 원판(原版). **~beitrag**, der 원본 (으로서의) 기고(寄稿). **~dokument**, das 원본 기록 문서. **~druck**, der (인쇄의) 원판(原版). **~fassung**, die 원본고(原本稿). **~flasche**, die 원병(原瓶). **~gemälde**, das 원화. **~getreu** 〈Adj.〉원본(원작)과 일치하는: eine -e Wiedergabe der Zeichnung 원본을 충실하게 따른 도안 재현(모사). **~packung,** die (약제 제조자에 의한) 원포장 (약자: OP). **~sprache,** die (번역문의) 원어. **~text,** der 원문. **~übertragung,** die (방송·텔레비전) ↑ Direktsendung. **~zeichnung,** die 원본 소묘.

Originalität [originali'tɛ:t], die; -en 〈드물게 Pl.〉〔frz. originalité〕 (교양어) **1.** 본원적임, 원형임, 순수성, 참됨: an die O. des Dokumentes zweifelt niemand 그 기록 문서가 진짜임을 의심하는 사람은 아무도 없다. **2.** 창의성, 독창성, 기발〔奇拔〕: im Schriftsteller fehlt es an O. 그 작가에게는 독창성이 없다. **originär** [...'nɛ:ɐ] 〈Adj.〉〔frz. originaire〕(교양어) 본원의, 근본적으로 새로운; 독자적인: -e Erfindungen 근본적으로 새로운 발명. **originell** [...'nɛl] 〈Adj.〉〔frz. originel〕 **1.** 독창적인, 창의적인: deine Geschichte ist nicht gerade o. 네 얘기는 별로 독창적이 못된다. **2.** (통용어) 독특한, 기묘한, 별난, 우스꽝스런: er machte die -sten Bewegungen 그는 아주 기묘한 몸짓을 했다.

Orinoko [ori'no:ko], der; -(s) (남미의) 오리노코 강.

Orion [o'ri:on], der; -(s) 오리온 자리.

Orkan [ɔr'ka:n], der; -(e)s, -e 〔niederl. orkaan〕 구풍(颶風), 허리케인: ein furchtbarer O. 무시무시한 허리케인; der Sturm entwickelte sich (steigerte sich) zum O. 폭풍이 구풍으로 발전(상승)되었다; [전의] ein O. des Beifalls[der Leidenschaft, der Entrüstung] 폭풍과도 같은 박수[격정, 분노]. **orkanartig** 〈Adj.〉 구풍과도 같은: [전의] -er Beifall 구풍[폭풍]과도 같은 박수.

Orkanstärke, die 허리케인의 위력: Böen, die O. erreichen 허리케인의 위력에 달하는 돌풍(突風).

Orkus ['ɔrkʊs], der; - 〔lat. orcus〕 (신화) ↑ Hades: jmdn. (etw.) **in den O. schicken (stoßen, befördern o. ä.)** (교양어·아어) 누구[무엇]를 파멸시키다; etw. in den O. versenken (im O. verschwinden lassen) (교양어·농) 무엇을 흔적도 없이 사라지게 하다.

Orlean [ɔrle'an], der; -s 〔frz. orléan, 스페인식 발견자인 F. de Orellana (대략 1511~1549)의 프랑스식 이름에서 유래〕 오를레안(황등색의 자연산 염료). **Orleanstrauch,** der 오를레안 관목(열대 지방 식물로서 오를레안 염료가 추출됨).

Orleaner [ɔrle'a:nɐ], der; -s, - 오르레앙 사람. **¹Orleans** [ɔrle'ã, 'ɔrleã, (프랑스식 철자로는)] Orléans 오를레앙(Loire 강가의 프랑스 도시). **²Orleans** [...'leã], der; -s (섬유) 반혼방 모직물.

Orlogschiff, das [niederl. oorlogsschip] (고어) 군함.

Orlon Ⓦ ['ɔrlɔn], das; -(s) (인공어) 합성 섬유의 일종.

Ornament [ɔrna'mɛnt], das; -(e)s, -e [lat. ōrnāmentum] 〔예술〕(대개 기하학적 모티브나 식물 모티브로 조각, 상감하거나 또는 그린) 장식물, 치례: eine Vase mit linearen -en (선(線) 장식이 되어 있는 화병.

ornament-, Ornament-: **~artig** 〈Adj.〉 (문양) 장식과 같은. **~stich,** der [그래픽] (조각가나 건축가를 위한 본보기로서) 하나의 장식이 설계되어 있는 동판화. **~stil,** der 장식 문체.

ornamental [...'ta:l] 〈Adj.〉 (예술) (문양) 장식이 되어 있는, 장식의.

ornamentieren [...'ti:rən] 〈h〉 (예술) 장식하다: etw. mit Gold o. 무엇을 금으로 장식하다. **Ornamentik** [...'mɛntik], die (예술) **1.** (한 시대나 어떤 공예품에 전형적인) 장식의 총체: keltische o. 켈트족의 장식들. **2.** 장식술: die O. des Barock. 바로크 시대의 장식술.

Ornat [ɔr'na:t], der; -(e)s, -e [lat. ōrnātus] (교양어) 직복(職服), 예복, 제복(祭服): im O. einziehen 예복을 입고 입장하다. **ornativ** [ɔrna'ti:f] 〈Adj.〉 [lat. ōrnātīvus] (언어) 비여(備與)동사적, 비여동사적. **Ornativ** [-], das; -s, -e [...i:və] (언어) 비여(備與)동사(예컨대: kleiden = mit Kleidern versehen).

Ornis ['ɔrnɪs], die [griech. órnis] (동물·생물) (한 지방의) 조류계(鳥類界). **Ornithogamie** [ɔrnitoga'mi:], die [griech. gamós] (생물) 조류를 통한 꽃의 수정(受精), 조매(鳥媒). **Ornithologe,** der; -n, -n 조류학자. **Ornithologie,** die 〈o.Pl.〉 Vogelkunde. **ornithologisch** 〈Adj.〉 조류학의, 조류학적. **Ornithophilie** [...fi'li:], die [griech. philía] ↑ Ornithogamie.

oro-, Oro- [oro-, griech. óros] ("산, 산악"을 뜻하는 규정어로, 예컨대) orographisch, Orogenese. **orogen** 〈Adj.〉 (지질) 조산 작용으로 생긴. **Orogenese,** die; -n (지질) 조산(造山) 작용. **orogenetisch** 〈Adj.〉 (지질) 조산 작용의. **Orographie,** die; -n [...i:ən] (지리) 산악학(山岳誌). **orographisch** 〈Adj.〉 (지리) **a)** 산악지의. **b)** 지표면의 평탄 및 요철에 관계되는.

Orphik ['ɔrfik], die [griech. tà Orphiká] (고대 그리스에서 원죄와 영혼 윤회를 가르쳤던) 오르페우스 비교(秘敎). **Orphiker,** der; -s, - 오르페우스 교도. **orphisch** ['ɔrfiʃ] 〈Adj.〉 **a)** 오르페우스 비교의. **b)** (교양어) 신비적인, 영묘한.

¹Ort, der; -(e)s, -e / Örter **1.** 〈축소형: ↑ Örtchen〉 **a)** 〈Pl. -e, 선원어·수학·천문: Örter〉 (일정한) 장소, 곳: O. und Zeit werden noch bekanntgegeben 장소와 시간은 추후 알릴 예정이다; an einem dritten O. 제 삼의 장소에서; an öffentlichen -en 공공의 장소에서; etw. an seinem O. lassen 무엇을 제자리에 두다; [전의] er ist jetzt am rechten O. eingesetzt 그는 이제 적소에 앉혀졌다; es ist hier nicht der O., etwas dazu zu sagen 여기서는 그것에 대해 말할 자리가 아니다; **geometrischer O.** (수학) 궤적(軌跡); **astronomischer O.** (천문) (천구의의 좌표로 표시된) 성좌의 위치; **an O. und Stelle** 1) 정해진 장소에. 2) 현장에서 바로, 즉석에서. **höheren -(e)s** 상부 관청에서, 상부 부서에서; **am angegebenen (angezogenen) O.** [문헌·인쇄] 앞서 말한 부분에(약어: a.a.O.); **der gewisse (stille, bewußte) O.** (통용어·완곡) 화장실, 변소. **b)** 〈Pl. -e〉 (어떤 공간 안에서 그 상태가 특별한) 장소, 곳: ein windgeschützter O. 방풍이 되는 장소. **2.** 〈Pl. -e, 축소형: ↑ Örtchen〉 읍, 촌락, 도시 동: ein O. [an der Grenze] 국경 마을; an O. leben 이 도시[마을]에서 살다; [전의] der ganze O. lacht darüber 온 마을 사람들이 그것을 비웃는다. **3.** 〈(또한) das; Pl. -e〉 (schweiz.·옛) 주(州): die fünf inneren -e 내지(內地)의 다섯 주(Uri, Schwyz, Unterwalden, Luzern, Zug). **²Ort** [-], der; 〔또한〕 das; -, -e 〔고어〕 **1.** (신기료 장수의) 돗바늘. **2.** 첨단, 끝: an allen -en und Enden 도처에서. **³Ort** [-], das; -(e)s, Örter ['œrtɐ] 갱도, 막장: (대개 다음 組合으로) **vor O.** 1) (광) 광산에서. 2) (통용어) 현장에서 바로. **Ortband,** das 〈Pl. ...bänder〉 칼집 끝에 씌운 두겁. **Örtchen** ['œrtçən], das; -s, - ↑ ¹Ort (1, 2). **2.** (친근·완곡) 화장실, 변소: aufs O. müssen 화장실에 가야 하다. **orten** ['ɔrtn] 〈h〉 (항공·해양) 무엇의 현재의 위치를 알아내다: eine Rakete o. 미사일의 현 위치를 알아내다. **Orter,** der; -s, - (배나 비행 물체 따위의) 위치 탐지사 (探知士), 레이더 담당자. **örtern** ['œrtɐn] 〈h〉 (광) 갱도를 건설하다. **Örterbau,** der 〈Pl. 없음〉 (광) 광상의 일부를 남겨두는 채굴 방식.

orth-, Orth-: ↑ ortho-, Ortho- 참조: **Orthese** [ɔr'te:zə], die; -n [의학] (사지나 척추의 기능 결손을 보충하기 위한) 인공 보장(補裝)(예컨대: 척추 소아마비의 경우). **Orthetik** [ɔr'te:tik], die [의학] 사지(척추) 인공 보장학. **Orthikon** ['ɔrtikɔn], das; -s, -e [...'ko:nə] / -s

[engl. orthicon] [텔레비전] 오르티콘, 활상관(撮像管). **ortho-, Ortho-,** (모음 앞에서는) orth-, Orth- [ɔrt (o)-; griech. orthós] 《"곧은, 똑바른, 옳은" 등을 뜻하는 규정어로서, 예컨대》 orthographisch, Orthopädie, orthonym, Orthoptik. **Orthochromasie** [...kroma'ziː], die [griech. chrōma] [사진] (적색 이외의 모든 색을 재현해 주는) 정색성(整色性). **orthochromatisch** 〈Adj.〉 [사진] 정색성의.
orthodox [...'dɔks] 〈Adj.〉 [griech. orthódoxos] **1.** [종교] 정교를 신봉하는, 정통파의. **2.** †griechisch-orthodox: **-e Kirche** 그리스 정교회, 동방 교회. **3. a)** 《교양어》 엄격한 학설[교의]에 따르는, 정통의: der -e Marxismus 정통 마르크스주의. **b)** 《교양어·편》 경직한, 고집 센: eine -e Position beziehen 경직한 태도를 취하다. **Orthodoxie** [...dɔ'ksiː], die [griech. orthodoxía] **1.** [종교] 정교 (신봉), 정통 고수. **2.** [신교] (루터나 칼빈의) 순수 이론 고수. **3.** 《교양어·편》 (편협한) 정통 학설[교의]의 고수. **Orthodrome** [...'droːmə], die; -n [griech. orthodromeīn] [항해] 대권(大圈) (지표면상의 두 점 사이의 최단 연결선). **Orthoepie** [...e'piː], 《또한》 **Orthoepik,** die [griech. orthoépeia] [언어] 정음학(正音學), 정칙 발음론, 표준 발음법. **orthoepisch** 〈Adj.〉 [언어] 정음학[표준 발음]의. **Orthogenese** [ɔrtoge'neːzə], die; -n [그물] 정향진화(定向進化)[설(說)]. **Orthognathie** [ɔrtogna'tiː], die [griech. gnáthos = Kinnbacken] [의학] 정악(定顎), 곧 바른 턱. **Orthogneis,** der; -es, -e [지질] [마그마 암괴에서 나온] 정(正) 편마암. **Orthogon** [...'goːn], das; -s, -e [lat. orthogōnium < griech. orthogónion] [기하] 장방형. **orthogonal** [...go'naːl] 〈Adj.〉 [기하] **a)** 장방형의; 직각의. **b)** 수직의. **Orthographie,** die; -n [...iːən; lat. orthographía < griech. orthographía] [언어] 정서법(正書法), 철자법. **orthographisch** 〈Adj.〉 정서법(상)의: -er Fehler 정서법상의 잘못. **Orthoklas** [...'klaːs], der; -es, -e [griech. klásis] [지질] 정장석(正長石). **orthonym** [...'nyːm] 〈Adj.〉 [griech. ónyma] 《교양어》 작가의 진짜 이름을 붙인. **Orthopäde** [...'pɛːdə], der; -n, -n 정형 외과의. **Orthopädie** [...pɛ'diː], die [frz. orthopédie] 정형 외과(학). **Orthopädiemechaniker,** der (인공의 사지나 코르셋 등을 제조하는) 정형 외과공(工). **Orthopädieschuhmacher,** der 정형 외과 구두공. **orthopädisch** [...'pɛːdɪʃ] 〈Adj.〉 정형 외과의; -es Turnen (자세 교정을 위한) 정형 외과적 체조 연습. **Orthopädist** [...pɛ'dɪst], der; -en, -en 정형 외과용 기구 제조자. **Orthoptere** [ɔrtɔp'teːrə], der; -n, **Orthopteron** [ɔr'tɔpterɔn], das; -s, ...pteren [ɔrtɔp'teːrən] 《대개 Pl.》 [griech. pterón] [동물] 직시류(直翅類)의 곤충(귀뚜라미, 여치 따위). **Orthoptik** [ɔr'tɔptɪk], die [의학] (안근(眼筋) 훈련을 통한) 사시(斜視) 교정. **Orthoptist,** der; -en, -en (안과의) 시력 측정 및 사시 교정 (남자) 간호원. **Orthoptistin** [ɔrtɔp'tɪstɪn], die; -nen †Orthoptist의 여성형. **Orthosäure,** die [화학] 오르토산(酸), 정산(正酸). **Orthoskop** [ɔrto'skoːp], das; -s, -e [griech. skopeīn] 정상경(正像鏡) (결정학적(結晶學的) 관찰을 위한 기구). **Orthoskopie** [...sko'piː], die (렌즈를 통한) 정시(正視). **orthoskopisch** [...'skoːpɪʃ] 〈Adj.〉 **a)** 정시의, 정시(正視)의. **b)** 정상경(正像鏡)의. **Orthozentrum,** das; -s, ...ren [기하] 수심(垂心).
örtlich [ˈœrtlɪç] 〈Adj.〉 **1.** 국부적: -e Betäubung [의학] 국부 마취. **2.** (일정한) 장소의, 지방적: ö. begrenzte Kampfhandlungen 지역적으로 제한된 전투 행위; das ist ö. verschieden 그것은 지방에 따라 다르다.
Örtlichkeit, die; -en **1. a)** 지역, 지방, 토지; 지형: mit der Ö. [den -en] vertraut sein 지역[지형]에 익숙해 있다. **b)** †¹Ort (1). **2.** 《근귄·은폐》 변소.
Ortolan [ɔrto'laːn], der; -s, -e [ital. ortolano] 멧새류의 작은 새.
orts-, Orts-: ~ablage, die (schweiz.) (지방의) 지점, 지사, 지소. **~älteste,** der [광업] 십장(什長)의 지위에 있는 막장 광부, 최고참 광부. **~angabe,** die 장소의 지시(기재), 주소. **~ansässig** 〈Adj.〉 지방(시, 읍, 면)에 정주하는. **~arme˚,** der / die; -n, -n 《시, 읍, 면의》 요구호 빈민. **~ausgang,** der (경계를 벗어나는) 마을 [읍, 면]의 변두리 지점. **~behörde,** die 지방 관청, 읍·면 사무소. **~beschaffenheit,** die 토질, 지형. **~beschreibung,** die 지방지(誌), 풍토기(記). **~bestimmung,** die **1.** [지리] (천문학적 관찰을 통한) 지표 면상의 위치 결정. **2.** [문법] 장소를 나타내는 상황어. **~beweglich** 〈Adj.〉 [기술] (기계 등에) 장치해 넣은 [내장된] 것이 아닌, 붙박이가 아닌, 분리 이동이 가능한 (반대: ~fest). **~eingang,** der 마을[읍, 면]의 입구. **~fest** 〈Adj.〉 [기술] (기계 등에) 내장된, 붙박이의, 고착된(반대: ~beweglich): -e Lautsprecher 붙박이[확성]기. **~fremd** 〈Adj.〉 **a)** 그 곳 출신(주민)이 아닌, 그 곳 출신이 아닌. **b)** 그 곳 사정에 밝지 않은, 그 곳에 낯선. **~gedächtnis,** das 장소에 관한 기억[력]. **~gespräch,** das 시내 통화(반대: Ferngespräch). **~gruppe,** die (지방) 분회, 지구당. **~kenntnis,** die 어떤 지방에 관한 지식. **~klasse,** die 《대개 Pl.》 (지역 수당 결정을 위해 생활비의 고저에 따라 결정해 놓은) 지급(地級) (1급지, 2급지 따위). **~krankenkasse,** die [보험] 지역 의료 보험 (조합) (약어: AOK). **~kundig** 〈Adj.〉 어떤 지방의 사정에 밝은. **~name,** der 지명. **~namenforschung, ~namenkunde,** die 지명 연구, 지명학. **~netz,** das **a)** [전화] 지역 전화망(網). **b)** (전기 공급을 위한) 지역 도선망. **~netzkennzahl,** die [전화] 지역 번호. **~polizei,** die 지방 경찰. **~präsident,** der 《schweiz.》 시참사회 의장. **~sinn,** der †Orientierungssinn. **~teil,** der (읍, 면 내의) 한 지역, 일부 (一部). **~üblich** 〈Adj.〉 그 지방의 관례인: -e Mieten 그 지방의 일반적 임대료. **~umgehung,** die 시(마을) 중심부 우회 도로. **~vektor,** der [기하·물리] †Leitstrahl (2 a, b). **~verbindung,** die 이전; 전지(요양). **~verkehr,** der 시내 교통(우편, 통화). **~vorsteher,** der 읍[면]장. **~wechsel,** der † ~veränderung: sie braucht dringend einen O. 그녀는 전지를 긴급하게 필요로 한다. **~wehr,** die (schweiz.) 지역 민방위대. **~zeit,** die 지방시(地方時); 국소시(局所時); 현지 시간. **~zulage,** die † ~zuschlag. **~zuschlag,** der 지역 수당, 근무지 수당. **Ortschaft,** die; -en 읍, 부락, 마을. **Ortscheit** [ˈɔrtʃait], das 《Pl.: -e》 (말이 끄는 밧줄을 매는) 마차의 횡목.
Ortstein [ˈɔrtʃtain], der [지리] **1.** 적갈색 내지 흑색의 불침투성 지층, 소철광(沼鐵鑛). **2.** 주춧돌, 초석.
Ortung [ˈɔrtʊŋ], die; -en [항공·해양] 현 위치 측정(확인). **Ortziegel,** der 《고어》 기와.
Os = Osmium.
Os [ˈɔːs], das 《또는》 das; -(e)s, -er [지질] 빙하기의 녹은 물로 생겨난 구릉대.
Osaka [oˈzaːka] 오사카(일본의 도시).
OSB = Ordo [Ordinis] Sancti Benedicti 성 베네딕트 수도회[수도회의]; 성 베네딕트 교단의 수도사.
Oscar [ˈɔskar], der; -(s), -(s) 오스카상(賞) 《미국 최초 영화상, 도금한 작은 입상(立像)의 형태로 수여됨》: er bekam den O. für die männliche Hauptrolle 그는 오스카상 남우 주연상을 받았다.
Öse [ˈøːzə], die; -n **1.** (직물류나 가죽 제품에서의) 작은 금속 고리, 후크의 고리쇠. **2.** [선원] **a)** 밧줄 끝의 올가미.

ösen b) 밧줄 끝부분에 엮어 넣은 눈 모양의 금속. **3.** (망치, 도끼의) 자루를 끼는 구멍.
ösen ['øːzn̩] ⟨h⟩ (nordd.) (보트 속으로 들어온) 물을 퍼내다.
Osiris [oˈziːrɪs] 고대 이집트의 명부(冥府)의 신.
Oskar ['ɔskar] 《다음 용법으로》 **frech wie O.**: ↑frech (a) 참조.
Osker ['ɔsku], der; -s, - 오스카 인(중부 이탈리아의 종족). **Oskisch** ['ɔskɪʃ] ⟨Adj.⟩ 오스카 인의.
Oskulation [ɔskulaˈtsi̯oːn], die; -en [lat. ōsculātiō] [수학] (두 곡선의) 접촉. **Oskulationskreis**, der ↑ Krümmungskreis. **oskulieren** [...ˈliːrən] ⟨h⟩ [수학] 접촉을 이루다.
Oslo ['ɔslo, norw. uslu] 오슬로(노르웨이 수도). **¹Osloer**, der; -s, - 오슬로 사람. **²Osloer** ⟨Adj.: 격변화 없음⟩ 오슬로의.
Osmane [ɔsˈmaːnə], der; -n, -n 오스만 제국(터키) 사람. **osmanisch** [ɔsˈmaːnɪʃ] ⟨Adj.⟩ 오스만 제국 (사람)의: **das Osmanische Reich** 오스만 제국.
Osmium ['ɔsmi̯ʊm], das; -s [griech. osmḗ= 독특하고 도 강한 냄새 때문에] 오스뮴(금속 원소의 이름)(기호: Os.). **Osmologie** [ɔsmoloˈgiː], die [griech. osmḗ] 향료학(香料學), 후각론.
Osmose [ɔsˈmoːzə], die; -n [griech. ōsmós] [화학·식물] 삼투(滲透). **osmotisch** [ɔsˈmoːtɪʃ] ⟨Adj.⟩ [화학·식물] 삼투(성)의: **-er Druck** 삼투 압력.
Osnabrück [ɔsnaˈbrʏk] 오스나브뤼(니더작센 주의 도시).
Ösophagus, 《해부학 전문어》 **Oesophagus** [øˈzoːfagʊs], der; -, ...gi [griech. oisophágos] [해부] 식도(食道).
Ossarium [ɔˈsaːri̯ʊm], **Ossuarium** [ɔˈsu̯aːri̯ʊm], das; -s, ...i̯en; lat. oss(u)ārium] **1.** [중세] 납골당(納骨堂). **2.** (특히 옛 팔레스티나에서) (유골을 보관하기 위해 돌이나 도자기로 만든) 작은 관. **Ossifikation** [ɔsifikaˈtsi̯oːn], die; -en [lat. os u. facere] [의학] 골화(骨化). **ossifizieren** [...ˈtsiːrən] ⟨h/s⟩ [의학] 골화(骨化)하다, 뼈로 화하다. **Ossuarium**: ↑Ossarium.
Ost [ɔst, 무선 통신 등에서 방위 진술을 명료하게 하기 위해서는: ɔːst], der; -(e)s, -(반대: West) **1.** ⟨Pl. 없음, 격변화·관사없이⟩ **a)** [선원·기상] ↑**Osten** (1): (보통 전치사와 결합하여) **der Wind kommt aus (von) O.** 바람이 동쪽에서 불어온다; **die Grenze zwischen O. und West** 동부 지역과 서부 지역 사이의 경계; **der Konflikt zwischen O. und West** [정치] 동서 양 진영 사이의 갈등. **b)** (지명 뒤에 붙어서 동쪽 부분, 동쪽 위치 혹은 동쪽 방향을 나타냄) **er wohnt in Neustadt (O.)** [Neustadt-O.] 그는 노이슈타트 (동부)에 거주하고 있다; **die Arbeiter kamen aus dem Tor O.** 노동자들은 동쪽 성문으로 나왔다(약어: O). **2.** ⟨드물게 Pl.⟩ ⟨선원·시어⟩ 동풍: **es wehte ein kühler O.** 서늘한 동풍이 불어왔다.
ọst-, Ọst-: **~agent,** der 공산주의 첩자, 동구 첩자. **~asiạtisch** ⟨Adj.⟩ 동 아시아의. **~asien** 동 아시아. **~Berlin** 동 베를린. **~berliner** 동 베를린 사람. **~block,** der ⟨Pl. 없음⟩ 《구서독》동구 블록(동유럽 및 아시아의 공산주의 동맹국 그룹). **~blockland,** das ⟨Pl. länder⟩ 《특히 구서독》 동구권국(Ostblockstaat. **~blockstaat,** der ⟨대개 Pl.⟩ 《구서독》동구 블록국가. **~deutsch** ⟨Adj.⟩ **a)** 《준구어》 옛 동부 독일의. **b)** 옛 동부 독일 출신의. 옛 독일 민주공화국의, 구동독산(출신)의. **c)** 《구서독·준구어》 오데르 나이세 국경선 동부의 옛 독일땅(출신)의. **~deutschland** 옛 동부 독일; 구동독. **~ende** [ɔstˈɛndə, frz. ɔsˈtɑ̃ːd] 오스텐데(오스탕드)(벨기에의 해수욕장 도

시). **~europa,** -s 동 유럽. **~europäisch** ⟨Adj.⟩ 동 유럽의. **~fale** [ɔstˈfaːlə], der; -n, -n 오스트팔레 사람(저지 작센의 종족). **~flanke,** die 동측(東側)(특히 고기압 및 저기압 지역의). **~flüchtling,** der 동구 피난민(특히 구동독으로부터). **~flügel,** der **a)** 동쪽 부간(週間), 동쪽 측면 건물. **b)** (군부대나 팀 등의) 동쪽 측면. **~friese,** der; -n, -n 오스트프리스란트의 사람. **~friesenwitz,** der 오스트프리스란트 사람을 대상으로 한 위트(지둔한 사고, 문명의 낙후 따위와 연관해서). **~friesisch** ⟨Adj.⟩ 오스트프리스란트의. **~friesland** ['ɔstˈfriːslant], -s 오스트프리스란트(저지 작센의 북서 지방). **~front,** die 동부 전선. **~gebiet,** das **1.** ⟨대개 Pl.⟩ 동부 지역. **2.** ⟨Pl.⟩ 《구서독·고어》 오데르나이세 국경선 동부의 옛 독일 동부 지역. **~geld,** das 구동독의 돈. **~grenze,** die 동쪽 경계선. **~hang,** der (산의) 동쪽 경사면. **~jude,** der; -n, -n 동유럽 유태인. **~kirche,** die 동방 교회, 그리스 정교회. **~küste,** die 동해안. **~mark,** die 《구서독·통용어》 구동독 마르크화(貨). **~nordost** [--ˈ-] **1.** ⟨Pl. 없음; 격변화, 관사 없음⟩ [선원·기상] ↑**~nordosten** (보통 전치사와 결합하여)(약어: ONO). **2.** ⟨드물게 Pl.⟩ [선원] 동북동. **~nordosten** [--ˈ--], der (대개 관사 없음) 동북동 (보통 전치사와 결합하여)(약어: ONO). **~politik,** die 《특히 구서독》 동방 정책: **die deutsche O.** 독일의 동방 정책. **~preußen,** -s 동 프로이센. **~preußisch** ⟨Adj.⟩ 동 프로이센의. **~punkt,** der [지리] 정동(正東), 동점(東點). **~rand,** der 동쪽 변두리[끝]: **am O. der Stadt [des Parks]** 시(공원)의 동쪽 변두리[끝]에. **~rom,** -s 동로마 제국. **~römisch** ⟨Adj.⟩ 동로마(제국)의. **~see,** die 동해, 발트 해. **~seite,** die 동면: **an der O. des Hauses [des Sees, des Berges]** 집(호수, 산)의 동면에. **~seitig** ⟨Adj.⟩ 동편의, 동편에 있는: **während es noch heftig regnete, hellte sich der Himmel o. wieder auf** 비가 여전히 억수로 쏟아지고 있는데, 동편에는 하늘이 다시 맑아졌다. **~spitze,** die (특히 섬이나 호수 등의) 동쪽 끝. **~südost** [--ˈ-], der **1.** ⟨Pl. 없음; 격변화·관사 없음⟩ [선원·기상] ↑**~südosten** (보통 전치사와 결합하여)(약어: OSO). **2.** ⟨드물게 Pl.⟩ [선원] 동남동. **~südosten** [--ˈ--], der (대개 관사 없음) 동남동 (보통 전치사와 결합하여)(약어: OSO). **~teil,** der 동부, 동쪽 부분(건물, 호수, 나라, 도시 등의). **~ufer,** das (호수, 강, 만 등의) 동안(東岸). **~wand,** die 동쪽 벽[she]. **~wärts** ⟨Adv.⟩ **a)** 동쪽으로: **o. ziehen[blicken]** 동쪽으로 이동하다[동쪽을 보다]. **b)** 《드물게》 동쪽에: **o. (am Horizont) wetterleuchtete es** [지평선상의]동쪽에서 번개가 쳤다. **~West-Dialog,** der 《붙임표와 함께》 [정치] 동서 대화[회담](동서 양 진영 사이의 분쟁 해결을 위한). **~West-Gegensatz,** der 《붙임표와 함께》 [정치] 동서 대립. **~West-Gespräch,** das 《붙임표와 함께》 ⟨대개 Pl.⟩ [정치] 동서 대화. **~West-Konflikt,** der 《붙임표와 함께》 [정치] 동서 분쟁. **~westlich** ⟨Adj.⟩ 동쪽에서 서쪽으로의: **in -er Richtung** 동쪽에서 서쪽 방향으로. **~westrichtung,** die 동서 방향; **in O. verlaufen** 동서 방향으로 진행하다. **~wind,** der 동풍. **~zonal** ⟨Adj.⟩ 《구서독·준구어》 소비에트 점령 지역(출신)의. **~zone,** die **a)** [고어] 《제 2차 대전 후의 독일의》 소비에트 점령 지구. **b)** 《구서독·준구어·폄》 구동독.

Ostalgie [ɔstalˈgiː], die; -n […i̯ən; griech. ostéon u. álgos] [의학] 골통(骨痛).
Ostelbier ['ɔstɛlbi̯ɐ], der; -s, - ⟨옛⟩ 엘베 강 동부 출신의 대지주. **ostelbisch** ⟨Adj.⟩ 엘베 강 동부 지방 (출신) 대지주의.
osten ['ɔstn̩] ⟨h⟩ 《토목·드물게》 동쪽으로 향하게 하다: **eine Kirche o.** 교회를 동향(東向)으로 세우다. **Osten**

['ɔstn̩], 《무선 통신 등에서 방위 진술을 명료하게 하기 위해 서는》['ɔːstn̩], der; -s [mhd. ōsten, ahd. ōstan] **1.** 《대개 관사 없이》 동쪽, 동방 (보통 전치사와 결합하여)《반대: Westen》: im O. zieht ein Gewitter auf 동쪽에 뇌우가 일고 있다; der Himmel (lichtet sich) im O. 동편이 훤히 밝아 온다; das Zimmer geht nach O. 그 방은 동향이다(약어: O). **2.** (한 지역의) 동부: das Haus steht im O. Frankfurts 그 집은 프랑크푸르트 동부에 있다. **3. a)** 동 유럽, 동양: Überlieferungen aus dem O. 동구(동양)로부터의 전승; **der Ferne O.** 극동(특히 한국, 일본, 중국); **der Mittlere O.** 중동(이란에서 미얀마까지); **der Nahe O.** 근동(아시아 서남부 지역). **b)** 《구서독》 동 유럽과 아시아의 공산주의 국가들: er hat für den O. spioniert 그는 동구 블록을 위해서 스파이 활동을 했다.

ostensibel [ɔsten'ziːbl̩] 〈Adj.〉 [frz. ostensible] 《교양어》 눈에 띄는, 겉치레의, 겉보기만의. **ostensiv** [...'ziːf] 〈Adj.〉《교양어·준고어》 **a)** 명백한, 공공연한. **b)** ↑ ostentativ. **Ostentation** [...taˈtsi̯oːn], die; -en [lat. ostentātio] 《교양어》 겉치레, 과시, 허풍. **ostentativ** [...'tiːf] 〈Adj.〉《교양어》도발적인, 과시하는, 강조된: er wandte sich o. ab 그는 도발적으로 몸을 돌려버렸다.

osteo-, Osteo- [ɔsteo-; griech. ostéon (뼈를 뜻하는 규정어로서, 예컨대) Osteologie, Osteologie. **osteogen** [...'geːn] 〈Adj.〉 【의학】 **a)** (조직이) 골질이 되는. **b)** (일정한 병이) 뼈에서 오는. **Osteologie** [...loˈgiː], die. **Osteom** [...'oːm], das; -s, -e 【의학】 양성 골종(良性骨腫). **Osteomalazie**, die; -n [...i:ən] 【의학】 골연화증(骨軟化症). **Osteomyelitis** [...myeˈliːtɪs], die; ...itiden [...liˈtiːdn̩; griech. myelós] 【의학】 골수염(骨髓炎). **Osteoplastik**, die; -en 【의학】 ↑Knochenplastik. **osteoplastisch** 〈Adj.〉 【의학】 골성형술(骨成形術). **Osteoporose** [...poˈroːzə], die; -n [griech, porós] 【의학】 골다공증(骨多孔症), 골조송증(骨粗鬆症). **Osteosarkom**, das; -s, -e 【의학】 악성 골종(骨腫). **Osteosynthese**, die; -n 【의학】 골접합(부러진 뼈의). **osteosynthetisch** 〈Adj.〉 【의학】 골접합의. **Osteotomie** [...toˈmiː], die; -n [...iːən; griech. tomé] 【의학】 골절제술(骨切除術), 절골(술).

Oster- [ˈoːstə-]: die **~blume**, die 《민속》 부활절 무렵에 피는 각종 꽃(특히 수선화, 할미꽃). **~brauch**, der 부활절 풍습. **~ei**, das 부활절 염란(染卵)(아이들에게 선물로 주는 색칠한 달걀 또는 달걀 모양의 과자): der erste O. 부활절 당일(일요일). **~ferien** 〈Pl.〉 부활절 방학. **~fest**, das ↑Ostern. **~feuer**, das 부활제 전야의 축화(祝火)(부활제 전야의). **~insel**, die 이스터 섬(남 태평양상의 칠레령, 거석 문화 유적으로 유명). **~kerze**, die [가] 부활제의 초. **~glocke**, die 수선화. **~hase**, der 부활절 토끼(부활절 염란을 가져온다고 함; 토끼 모양의 과자). **~lamm**, das **a)** 부활절 어린 양(부활절에 잡아 먹음); 유대인의 유월절을 위한 어린 양에서 기원). **b)** 부활절에 구워 먹는 어린 양 모양의 빵과자. **~luzei** (또한) [————'—], die; -en [lat. aristolochia < griech. aristolochía] 【식물】 쥐방울. **~marsch**, der 부활절 행진(부활절 무렵에 벌어지는, 전쟁 및 핵무장 반대 시위). **~marschierer**, der 부활절 시위 행진자. **~monat**, **~mond**, der (드물게 月), (옛날) 4월. **~montag**, der 부활절 월요일[제 2제일(祭日)]. **~nacht**, die **1.** 부활절 전야(前夜). **2.** [가] 부활절 전야의 예배 의식. **~putz**, der 부활절 (전의) 대청소. **~samstag**, der 《특히 südd., österr., schweiz.》. **~sonnabend**, der 《특히 norddt.》 부활절전 토요일. **~sonntag**, der 부활절 일요일(당일). **~spiel**, das 【문예학】 부활절극(그리스도의 부활을 내용으로 하는 중세 종교극). **~verkehr**, der 부활절 교통(지옥). **~woche**, die 부활절 (전의) 주간. **~zeit**, die 부활절 무렵(특히 부활절 전의).

Osteria [ɔsteˈriːa], die; -s, **Osterie** [...ˈriː], die; -n [...iːən; ital. osteria] (이탈리아에서) 작은 음식점, 여관, 주막집.

österlich [ˈøːstɐlɪç] 〈Adj.〉 부활절의, 부활절에 일어나는: -e Zeit 부활절(일요일) 전야로부터 성령강림절 후의 일요일 끝까지의 기간; das in der Bibel beschriebene -e Geschehen 성경에서 묘사된 부활절 사건; das Zimmer war ö. geschmückt 그 방은 부활절 관습대로 장식되어 있었다. **Ostern** [ˈoːstɐn], das; -, - 《대개 관사 없이》, 《südd., österr., schweiz.》에서는 Pl.로도 쓰임》 부활절(3월 21일 이후 첫 만월 다음에 오는 첫 일요일): O. fällt [ist] dieses Jahr sehr früh 올해는 부활절이 매우 빨리 온다; vorige [letzte] O. war er in Paris 지난 부활절에 그는 파리에 있었다; ich wünsche euch frohe O.! 즐거운 부활절을 맞기를!; dieses Jahr hatten wir weiße O. 올해 부활절에는 눈이 왔었다; bis O. ist es noch lange 부활절까지는 아직 멀었다; **wenn O. und Pfingsten(Weihnachten) zusammenfallen[auf einen Tag fallen]** 《통용어》 결코 … 않(못)한다.

Österreich [ˈøːstɐraɪ̯ç], -s 오스트리아. **Österreicher** [ˈøːstɐraɪ̯çɐ], der; -s, - 오스트리아 사람. **österreichisch** 〈Adj.〉 오스트리아의. **österreichisch-ungarisch** 〈Adj.〉 오스트리아·헝가리의. **Österreich-Ungarn** [...'ʊŋgarn], -s 오스트리아·헝가리 (이중) 왕국.

ostinat [ɔstiˈnaːt] 〈Adj.〉 【음악】 끊임없이 반복하는: ein -es Thema im Baß 저음에서의 반복 테마. **Ostinato** [ɔstiˈnaːto], der 또는 das; -s, -s /...ti 【음악】 ↑ Basso ostinato (반복저음).

ostisch [ˈɔstɪʃ] 〈Adj.〉 알프스계(인종)의, 유럽-남유라시아 인종의(땅딸막한 체구에 흑갈색 머리칼이 특징인).

Ostitis [ɔsˈtiːtɪs], die; ...titiden [...tiˈtiːdn̩; griech. ostéon] 【의학】 골염(骨炎).

Ostler [ˈɔstlɐ], der; -s, - 《통용어》 동구 블록 사람, 구동독인(반대: Westler).

östlich [ˈœstlɪç] **I.** 〈Adj.〉《반대: westlich》 **1.** 동쪽의, 동쪽에 있는: die -e Grenze 동쪽 경계선(국경선); das -e Frankreich 프랑스 동부; [지리] 15 Grad -e Länge 동경(東經) 15°, (von과 결합하여) ö. von Mannheim 만하임 동쪽에. **2. a)** 동쪽으로 향한: in -er Richtung 동쪽 방향으로; die Grenze verläuft genau ö. 경계선은 정확하게 동쪽으로 뻗어 있다. **b)** 동쪽에서 오는: -e Winde 동풍. **3. a)** 동유럽[동양]의, 동유럽[동양] 출신의: -e Völker 동유럽[동양]의 민족들. **b)** 동유럽[동양]에 특징적인. **c)** 《구서독》 동구 블록 국가들의, 동구 블록에 특징적인: die -en Machthaber 동구 블록의 권력자들; ö. geprägte(gefärbte) Ausdrücke 동구 블록으로 특징지워진(채색된) 표현들. **II.** 〈Präp.[2]〉 …의 동쪽에: 3 km ö. der Stadt 도시 동쪽 3 km 지점에; ö. Frankfurts 프랑크푸르트 동쪽.

Ostrakode [ɔstraˈkoːdə], der; -n, -n [griech. ostrakódēs] ↑Muschelkrebs. **Ostrakon** [ˈɔstrakɔn], das; -s, ...ka [griech. óstrakon] 《역사적》 (고대에) 패기 재료로 사용된 깨진 질그릇 조각. **Ostrazismus** [...ˈtsɪsmʊs], der; - [griech. ostrakismós] 패각(貝殼) 추방(고대 아테네에서 위험 인물의 이름을 조개 또는 사기 조각에 적어서 투표하여 국외로 추방하는 일종의 인민 재판제도).

Östrogen [ɔstroˈgeːn], das; -s, -e [griech. oîstros] 【의학】 여성 발정(發情) 호르몬(반대: Androgen).

Ostung, die [토목] (건축물 특히 교회의 축을) 동쪽으로 향하게 함.

Oszillation [ɔstsɪlaˈtsi̯oːn], die; -en [lat. oscillātio] **1.**

【물리】 진동. **2.** 【지질】 **a)** 파상(波狀)을 이루는, 지각의 융기와 함몰. **b)** 해면의 동요. **c)** 빙하설(舌)들의 돌출과 후퇴. **Oszillator** [ɔ'lɑːtor, (또한) ...toːɐ̯], der; -s, -en [...la'toːrən] 【물리·기술】 발진기(發振器), 진동자(振動子). **oszillatorisch** [...la'toːrɪʃ] 〈Adj.〉 【전문어】 진동의, 진동하는. **oszillieren** [...'liːrən] 〈h〉 [lat. oscillāre] **1.** 【물리】 진동하다: ein oszillierendes Gerät 진동 장치. **2.** 【지질】 **a)** (지각이) 융기하거나 함몰하다. **b)** 빙하설(舌)들이 돌출하여 녹아 버리다. **Oszillogramm**, das; -s, -e 【물리】 오실로 그램(오실로그래프로 기록한 도형). **Oszillograph**, der; -en, -en 【물리】 진동 기록기, 오실로 그래프. **Oszillometrie**, die; -n 【의학】 (진동 기록기에 의한) 맥박 측정.

ot-, Ot-, ↑oto-, Oto- 참조. **Otalgie** [otal'giː], die; -n [...iːən; griech. álgos] 【의학】 귀앓이. **Otiater** [o'tiːatɐ], der; -s, - [griech. iatrós] 이과(耳科) 전문의. **Otiatrie** [otja'triː], die [griech. iatreía] 【의학】 이과(耳科學), 이질학(耳疾學). **Otitis** [o'tiːtɪs], die; ...itiden [oti'tiːdn̩] 【의학】 이염(炎). **Otium** [ˈoːtsi̯ʊm], das; -s [lat. ōtium] 【고어】 한가, 정온(靜穩): O. cum dignitate / -kum dɪgniˈtaːte] 유유자적(悠悠自適).

oto-, Oto-, (모음 및 h 앞에서는) ot-, Ot- [ot(o)-; griech. oũs (2격: ōtós)] 【의학】 (귀를 뜻하는 규정어로서, 예컨대) otologisch, Otalgie. **Otolith** [...liːt, (또한) ...lɪt], der; -s / -en, -e(n) 【의학】 이석(耳石). **Otologe** [...'loːɡə], der; -s, -n ↑Otiater. **Otologie** [...lo'ɡiː], die; -n [...iːən] ↑Otiatrie. **Otosklerose**, die; -n 【의학】 (중)이경화증(中耳硬化症). **Otoskop** [...'skoːp], das; -s, -e [griech. skopeĩn] 【의학】 검이경(檢耳鏡). **Otoskopie** [...skoˈpiː], die; -n [...iːən] 검이경 검사.

ottava [ɔ'taːva] ↑all'ottava. **Ottaverime** [ɔtaveˈriːmə] 〈Pl.〉 [ital. ottave rime] ↑Stanze. **Ottawa** ['ɔtava, 'ɔtəwə] 오타와(캐나다의 수도).

¹Otter ['ɔtɐ], der; -s, - 수달(水獺).

²Otter [-], die; -n ↑Viper. **Otternbrut**, die, **Otternzücht**, das 살무사의 무리들; 악인들.

Otto [ˈɔto], der; -s, -s 【남자 이름 Otto에서 나온 것으로 예전엔 흔히 나타난 이름이었기 때문에 통용어에서는 자주 '저 뭐라고 했던 그것'의 뜻으로 사용되었음】 **1.** 《경》 크기나 경기함으로 해서 세인의 주목을 끄는 것: die Kürbisse in seinem Garten sind solche -s 그의 정원의 호박들이 그런 물건이다; seine Freundin hat einen strammen (mächtigen) O. 그의 여자 친구는 팽팽한(풍만한) 물건(젖가슴)을 갖고 있다. **2. O. Normalverbraucher** 보통 사람[아마도 「Berliner Ballade」(1948)라는 영화의 주인공에서 유래]. **3. den flotten O. haben** 《경》 설사하다.

Ottoman [otoˈmaːn], der; -s, -e [frz. ottoman] 【섬유】 (특히 커튼 천으로 사용되는) 물결 무늬의 직물. **¹Ottomane**, die; -n [frz. ottomane] 【옛】 (등받이가 없고 속을 넣은 터키식의) 긴 의자. **²Ottomane**, der; -n, -n ↑Osmane.

Ottomotor [ˈɔto...], der; -s, -e(n) 독일의 기사(技師) N. Otto(1832~1891)의 이름에서] 오토모터(전기 불꽃으로 점화되는 내연 기관).

out [aut] 〈Adv.〉 〈engl. out〉 **1.** 《구기·전문어·고어》 아웃, 그라운드(코트) 밖에 〈der Ball war〉 o. 그 공[볼]은 아웃이었다. **2. o. sein** 〈통용어〉 〈반대: in sein〉 1) (특히 연예계 인물이) 관심의 초점에서 벗어나 있다, 인기가 다 떨어지다: der Schlagersänger ist schon seit einiger Zeit o. 그 유행 가수는 벌써 얼마 전부터 인기가 없다. 2) 유행이 지나다. **Out** [-] das; -(s), -(s) 《구기·오스트리아·고어》 ↑Aus (1, 2). **Outcast** [ˈautkaːst], der; -s, -s [engl. outcast] 《교양어》 **1.** 사성(四姓)에 끼지 못하는 인도인(인도에서 카스트에 속하지 않은 신분의 인도인). **2.** (사회에서) 추방된[버림 받은] 사람. **Outeinwurf** [ˈaut-], der; -(e)s, ...würfe 《구기·오스트리아》 아웃 상태에서 불을 던져 넣음, 드로인. **Outfit** [ˈautfɪt], das; -(s), -s [engl. outfit] 《드물게》 장비, 채비, (배의) 艤装(艤裝). **Outgroup** [ˈautɡruːp], die; -s [engl. out-group] 《사회》 외(外) 집단(소속성을 느끼지 못하고 거리를 두는)〈반대: Ingroup〉. **Outlaw** [ˈautloː, ˈautlɔ], 〈engl.〉 -s, -s [engl. outlaw] 《교양어》 **a)** 법률상의 보호를 박탈당한 사람, 추방된 사람. **b)** 불한당, 무법자. **Outline** [ˈaut-], die; -n 《구기·오스트리아·고어》 ↑Auslinie. **Output** [ˈautput], der; -s, -s [engl. output = Ausstoß] **1.** 【경제】 (한 기업의) 총산(반대: Input 1). **2.** 【전산】 출력(정보)(반대: Input 2). **3.** 【전자·전기】 발전력, 출력.

outrieren [uˈtriːrən] 〈h〉 [frz. outrer] 《교양어·준고어》 과장하다, 과장하여 표현하다: sie ist stets geneigt, die Dinge zu o. 그녀는 언제나 일을 과장하는 경향이 있다. 〈대개 과거분사로〉 **outriert** 과장된, 과도한. **Outrierung**, die; -en 《교양어, 준고어》 과장.

Outsider [ˈautzaidɐ], der; -s, - [engl. outsider] 《교양어》 **1**↑Außenseiter. **Outwachler** [ˈautvaxlɐ], der; -s, - 《구기·오스트리아·통용어》 선심(線審).

Ouvertüre [uvɛrˈtyːrə], die; -n [frz. ouverture] **a)** 서곡, 전주곡: die O. zu „Carmen" 「칼멘」 서곡; 서장(序章), 서문. **b)** (19세기의) 일 악장짜리 협주곡.

Ouzo [ˈuːzo], der; -s, -s [griech. oũzo(n)] 그리스산 아니스 화주(火酒).

Ova ↑**Ovum**의 복수형. **oval** [oˈvaːl] 〈Adj.〉 [lat. ōvālis] 타원형의, 달걀 모양의: eine -e Gesichtsform 타원형 얼굴 모양. **Oval** [-], das; -s, -e 타원형(평면, 시설), 달걀꼴. **Ovar**, das; -s, -e ↑Ovarium (1). **Ovarektomie** ↑Ovariektomie. **ovarial** [ovaˈri̯aːl] 〈Adj.〉 【의학·생물】 난소의, 자방(子房)의. **Ovarialgravidität**, die 【의학】 ↑Eierstockschwangerschaft. **Ovarialhormon**, das 【차】 난소(卵巢) 호르몬. **Ovarialtumor**, der 【의학】 난소 종양. **Ovariektomie** [ovari-], die; -n 【의학】 난소 절제 수술. **ovariell** [ovaˈri̯ɛl] 〈Adj.〉 ↑ovarial. **Ovarium** [oˈvaːri̯ʊm], das; -s, ...ien [...i̯ən; lat. ōvārium] **1.** 【의학·동물】 난소. **2.** 【식물】 자방(子房), 씨방.

Ovation [ovaˈtsi̯oːn], die; -en [lat. ovātio] 《교양어》 대갈채, 열렬한 환영: jmdm. -en bereiten 누구를 열렬히 환영하다.

Ovd, O.v.D. = Offizier vom Dienst 당직 장교.

Overall [ˈoʊvɐrɔːl], der; -s, -s [engl. overall] (아래 위가 붙은) 작업복, 겉옷. **overdressed** [ˈoʊvɐdrɛst] 〈Adj.〉 [engl. overdressed] 《교양어》 (일정한 계기에) 지나치게 옷치장한, 과도하게 성장(盛裝)한. **Overdrive** [ˈoʊvɐdraɪv], der; -s, -s [engl. overdrive] 【기술】 (빠른 속도를 위한) 보충 기어, 변속기. **Overflow** [ˈoʊvɐfloʊ], der; -s, -s [engl. overflow] 【전산】 (컴퓨터의) 기억용량 초과. **Overkill** [ˈoʊvɐkɪl], das (또한) der; -(s) [amerik. overkill] 【군사】 (적국을 전멸시키고도 남을) 무기(특히 핵무기) 과잉 보유. **Overstatement** [ˈoʊvɐˈsteɪtmənt], das; -s, -s [engl. overstatement] 과장(誇張)〈반대: Understatement a〉. **Overheadprojektor** [ˈoʊvɐhɛd-], der 오버헤드 프로젝터(배후 벽면으로의 투영 장치).

Ovidukt [oviˈdʊkt], der; -(e) s, -e [lat. ōvum u. ductum] 【의학】 난관(卵管), 나팔관(喇叭管). **ovipar** [oviˈpaːr] 〈Adj.〉 [lat. parere] 《생물》 난생(卵生)의. **Oviparie** [ovipaˈriː], die 【생물】 난생 번식(생식). **Ovizid** [oviˈtsiːt], das; -(e)s, -e [lat. caedere] 벌레알 박멸제. **ovoid** [ovoˈiːt], **ovoidisch** [ovoˈiːdɪʃ] 〈Adj.〉 [griech. -oeidés] 【생물】 알 모양의, 난형(卵形)의.

ovovivipar [ovo-] ⟨Adj.⟩ [생물] 난태생(卵胎生)의. **Ovoviviparie,** die 난태생(卵胎生).

ÖVP = Österreichische Volkspartei 오스트리아 인민당. **Ovulation** [ovula'tsɪon], die; -en [동물·의학] 배란(排卵). **Ovulationshemmer** [...hɛmɐ], der; -s, - 배란 억제제, 피임제. **Ovulum** ['o:vulum], das; -s, ...la [lat. ōvum] 1. [의학] 난자(卵子), 난세포. 2. [식물] 배주(胚珠). 3. [드물게 의학] (특히 질(膣) 속으로 삽입해 넣는) 좌약(坐藥). **Ovum** ['o:vum], das; -s, Ova [lat. ōvum] [생물·의학] 난자, 난세포.

Oxalat [ɔksa'la:t], das; -(e)s -e [lat. oxalis] 수산염(蓚酸鹽), 수산 에스테르(승아에서와 같은). **Oxalsäure** [ɔk'sal-], die; -n 수산(蓚酸).

Oxer ['ɔksɐ], der; -s, - [engl. oxer] 1. [승마] (앞뒤 제 목들 사이에 덤불을 세운) 울타리, 장애물, 옥서. 2. 《드물게》 방목지(放牧地)들 사이의 차단 횡목.

Oxford ['ɔksfɔrt, ⟨engl.⟩ 'ɔksfəd] 옥스퍼드(영국의 도시).

Oxhoft ['ɔkshɔft], das; -(e)s, -e 옛 독일의 액량(液量) 단위(200~240 리터, 일설(一說)로는 400~500 리터).

Oxid usw. ↑Oxyd usw.

Oxtailsuppe ['ɔkstɛil-], die; -n [engl. oxtail soup] 소꼬리 수프.

oxy-, Oxy- [ɔksy- griech. oxýs] (다음을 뜻하는 규정) 1. 날카로운, 신랄한(예컨대: Oxymoron). 2. 산소를 내포한, 산소를 필요로 하는(예컨대: Oxyhämoglobin). **Oxyd** [ɔ'ksy:t], Oxid [ɔ'ksi:t], das; -(e)s, -e [frz. oxyde, oxide] 산화물. **Oxydase** [ɔksy'da:zə], Oxidase [ɔksi...], die; -n [화학] 산화 작용을 일으키는 효소. **Oxydation** [ɔksyda'tsɪo:n], Oxidation [ɔksi...], die; -en [frz. oxydation] (반대: Reduktion 4) 1. [화학] 산화, 산화물. 2. [화학·물리] 다른 물질로부터 전자를 내어 일어나는 화학적 과정. **Oxydativ** [ɔksyda'ti:f], oxidativ [ɔksi...] ⟨Adj.⟩ [화학] 산화 작용으로 야기된, 산화에 기인하는. **Oxydator** [ɔksy'da:tɔr, 《또한》 ɔksi...], oxidator [ɔksi...], der; -s, -en [...da'to:rən] [기술] 로켓 추진 연료의 산소 함유 성분, 산화제(酸化劑). **oxydieren** [ɔksy'di:rən], oxidieren [ɔksi...] ⟨h/s⟩ [frz. oxyder] 1. [화학] **a)** 산화하다, 산소를 받아들이다: das Metall oxydiert sehr schnell an der Luft 금속은 공기에 접해서 매우 빨리 산화한다. **b)** 산화시키다: Ozon oxydiert viele Metalle bereits bei Zimmertemperatur 오존은 실온(室温)에서 이미 많은 금속을 산화시킨다. 2. [화학·물리] 다른 물질의 받아들이는 전자를 내어 주다. **Oxydierung,** Oxidierung, die; -en 산화. **oxydisch** [ɔ'ksy:dɪʃ], oxidisch [ɔ'ksi:...] ⟨Adj.⟩ [화학] 산화물을 함유한. **Oxygen** [ɔksy'ge:n], Oxigen [ɔksi'ge:n],

Oxygenium [ɔksy'ge:nɪʊm], Oxigenium [ɔksi...], das; -s [frz. oxygène] [화학] 산소(기호: O). **Oxyhämoglobin,** das; -s [의학] 산화 헤모글로빈. **Oxymoron** [ɔ'ksy:mɔrɔn], das; -s, ...ra [griech. oxýmōron] [수사·양식] 당착어법(撞着語法)(예컨대: bittersüß). **Oxytonon** [ɔ'ksy:tɔnɔn], das; -s, ...tona [griech. oxýtonon] [언어] (그리스어에서) 마지막 강음절에 예음(銳音)을 갖는 단어.

Ozean [o:tsea:n], der; -s, -e [lat. ōceanus < griech. ōkeanós] 대양, 해양; 광대한 면적, 대량: sie fliegen über den O. 그들은 대양을 넘어 날아간다.

Ozean-: ~dampfer, der 원양(遠洋) 항해 기선. **~frachter,** der 원양 화물(기)선. **~riese,** der 초대형(超大型) 원양 항해 기선.

Ozeanarium [otsea'na:rɪʊm], das; -s, ...ien [...ɪən; ↑Aquarium 을 본떠 형성된 것으로 보임] 대형 수족관 건물을 갖춘 시설. **Ozeanaut** [...'naut], der; -en, -en [engl. oceanaut] 수중 탐사자, 해저 탐험가. **Ozeaner,** der; -s, - 원양 항해 기선. **Ozeanide** [...'ni:də] ↑Okeanide. **Ozeanien** [otsea'a:nɪən] 오세아니아(남태평양 상에 산재하는 섬들의 총칭); 오세아니아 주, 대양주. **ozeanisch** [otse'a:nɪʃ] ⟨Adj.⟩ 1. 대양의, 해양성의: -es Klima 해양성 기후. 2. 오세아니아 주(州)의, 대양주의(태평양상의 여러 섬들의): die -en Sprachen 남도 어족(南島語族); die -e Kunst 오세아니아 예술. **Ozeanograph** [...no'gra:f], der; -en, -en 해양학자. **Ozeanographie** [...gra'fi:], die 해양학. **ozeanographisch** ⟨Adj.⟩ 해양학의. **Ozeanologe** [...'lo:gə], der; n, -n 《드물게》↑Ozeanograph. **Ozeanologie** [...lo'gi:], die 《드물게》↑Ozeanographie. **ozeanologisch** ⟨Adj.⟩ 《드물게》↑ozeanographisch.

Ozelle [o'tsɛlə], die; -n [lat. ocellus] [동물] ↑Punktauge.

Ozelot ['o:tsəlɔt, 'ɔts...], der; -s, -e / -s [frz. ocelot] 1. (중남미 산의) 표범고양이. 2. **a)** 표범고양이 가죽. **b)** 표범고양이 가죽으로 만든 옷.

Ozokerit [otsoke'ri:t, 《또한》 ...rɪt], der; -s [griech. ózein] ↑Erdwachs.

Ozon [o'tso:n], der 《또는》 das; -s [griech. (to) ózon] 1. 오존. 2. [통용어·농] 신선한 공기.

ozon-, Ozon- (Ozon 1): **~gehalt,** der 오존 함유량. **~reich** ⟨Adj.⟩ 오존이 풍부한. **~schicht,** die [기상] (대기권의) 오존층.

ozonisieren [otsoni'zi:rən] ⟨h⟩ (미생물을 죽이기 위해) 오존으로 처리하다, 오존화(化)하다: Trinkwasser o. 식수를 오존으로 처리하다. **Ozonosphäre** [otsono-] die [기상] ↑Ozonschicht.

Ozonkiller, der 《구어》 오존층 파괴 물체[물질].

P

[pe:], das; -, - 독일 자모의 열 여섯째 자, 자음: ein .eines p(ein großes P) schreiben 소문자 p(대문자 P)를 쓰다.
p = ¹Para; Penni; Penny; piano; Pond; Punkt (6).
P = Papier (주식, 환 등의 독일 시세표에서; = B(rief)); Phosphor; Poise.
π, Π: ↑Pi.
p. = pinxit; Pagina.
P. = Pastor; Pater; ²Papa.
¹Pa = Protactinium; Pascal.
²Pa [pa:], der; -s, -s 《친구》 ↑Papa의 약칭.
p. a. = pro anno.
p. A. = per Adresse.
Päan [pɛ'a:n], der; -s, -e [griech. paián] (고대 그리스의 아폴로) 찬가; 전승가.

¹paar [pa:ɐ] 〈Indefinitpron.; 격변화 없음〉《대개 die, diese, alle, meine, deine 등과 결합하여》적은, 많지 않은: warte doch ein p. Minuten! 몇 분만 기다려라!; er besucht uns alle p. Wochen 그는 몇 주마다 한 번씩 우리를 방문한다; ein p. 몇몇의, 몇 안 되는; ein p. hundert Bücher 몇 백권의 책들; in ein p. Tagen 며칠 내로; ein p. (gelangt) kriegen 《통용어》따귀를 몇 대 얻어맞다; 《지역적·ein paar의 약칭》 p. Mark 몇 마르크.
²paar [-] 〈Adj.〉《생물·드물게》짝을 이룬, 한 쌍[쌍]의, 쌍생(雙生)의, 대생(對生)의(반대: unpaar): -e Blätter (Flossen) 대생의 잎(짝을 이룬 지느러미).
Paar [-], das; -(e)s, -e [lat. pār] **1.**《축소형: ↑Pärchen》**a)** 쌍을 이룬 두 사람, 부부: die beiden werden bald ein P. 그 두 사람은 곧 부부가 될 것이다; die -e drehen sich im Kreise 춤추는 쌍들이 원을 그리며 돌고 있다; ein P. (에) -en aufstellen 짝을 지어 정렬하다; **(mit jmdm.) ein Paar[Pärchen] werden** (지역적·반어적) 누구와 반목하다. **b)** 쌍을 이룬 두 마리, 자웅: die beiden Tauben sind ein P. 그 두 마리의 비둘기는 한 쌍의 자웅이다; **jmdn. zu -en treiben** (준고어) 누구를 궁지에 몰아넣다, (적을) 쾌주시키다. **2.** 짝을 이룬 두 개, 벌, 쌍, 켤레: ein P. seidene[《아이·드물게》 seidener] Strümpfe 비단 양말 한 켤레; ein P. Schuhe kostet[kosten] 80 Mark 구두 한 켤레가가 80 마르크이다; ein P. Unterhosen 팬티 네 벌; 《전문어》 geordnetes P. 《집합론》순서쌍(順序雙).

paar-, Paar-: **~bildung**, die **1.** (사람 혹은 동물이) 짝을 지음. **2.** [물리] **a)** 대(對)생성(광에너지가 질량으로 변할 때 입자와 반입자의 동시 생성). **b)** 대(對)생성(원자핵 안에서 반대되는 전하를 가진 동종의 핵자들의 동시 생성). **~erzeugung**, die [물리] ↑~bildung (2 a). **~hof**, der (특히 동알프스 지방에서 주택과 가축우리가 따로 나란히 세워져 있는) 농가. **~hufer** [-hu:fɐ], der; -s, - [동물] 우제류(偶蹄類). **~hufig** [-hu:fɪç] 〈Adj.〉 [동물] 우제류의 발을 가진, 우제류의 발 모양의. **~kreuzsystem**, das [탁구] 복식 교차 경기. **~lauf**, der 2인조 피겨 스케이팅[롤러 스케이팅], 페어 스케이팅 (반대: Einzellauf): Weltmeisterschaften im P. 2인조 피겨 스케이팅 세계 선수권 대회. **~laufen*** 〈h/s〉

[피겨[롤러] 스케이팅] 2인조 피겨[롤러] 스케이팅을 하다. **~laufen**, das; -s ↑~lauf. **~läufer**, der 2인조 피겨[롤러] 스케이팅을 하는 남자. **~läuferin**, die ↑ ~läufer의 여성형. **~mal** (대개 부사적 규정어로서; die, diese, alle 등과 결합하여) [paar Mal(e)에서 생겨남] 몇 번: die ersten p. hat er gefehlt 그는 첫 몇 번 빠졌다; ein p. 몇 번, 두서너번; 《지역적, ein paarmal의 약칭》 p. ist er zu spät gekommen 그는 두서너번 지각했다. **~reim**, der [운율] 쌍운(雙韻). **~vernichtung**, die [물리] 대(對) 소멸(질량이 광에너지로 변할 때 입자와 반입자로 된 쌍이 소멸됨). **~weise** 〈Adv.〉 한 쌍씩, 두 개(사람)씩: sich p. aufstellen 두 사람씩 정렬하다; 〈명사화된 동사와는 부가어로도 쓰임〉 -s Zusammengehen 두 사람씩 함께 감. **~zeher** [-tse:ɐ], der; -s, - [동물] ↑~hufer.

paaren ['pa:rən] 〈h〉 **1. a)** (p. + sich) 성교하다, 교접[교미]하다, 짝이 되다: im Frühjahr, wenn die Tiere sich paaren 동물들이 교미하는 봄이면. **b)** (동물 사육에서) 교미를 위해 짝 지우다: Tiere mit verschiedenen Eigenschaften p. 상이한 특질을 가진 동물들을 짝지우다. **2. a)** (거의 과거분사로만) [동물] 쌍으로 결합하다, 쌍을 이루다. **b)** 두개(사람)씩 편성하다[짝지우다]: rote und grüne Kugeln p. 빨간 공들과 초록의 공들을 두 개씩 짝지워 편성하다. **3. a)** 행동 방식이나 특성의 융합을 보여 주다: er paart Höflichkeit mit Unnachgiebigkeit 그는 정중하면서도 굽히지 않는 면을 보여 준다. **b)** 〈p. + sich〉(쌍을 이루도록) 결합하다.
paarig ['pa:rɪç] 〈Adj.〉 〈생물·해부〉 쌍으로의, 한 쌍의, 두 개씩 있는: -e Organe wie Augen und Ohren 눈이나 귀와 같은 쌍으로 된 기관들. **Paarigkeit**, die ↑paarig의 명사형. **Paarung**, die; -en **1. a)** 짝이 됨, 짝지움, 교미, 교배: die P. der Singvögel 지저귀는 새들이 짝을 이룸. **b)** (사육상으로) 교접[시킴]: durch P. bestimmter Tiere eine leistungsfähigere Rasse erzielen 일정한 동물들을 교접시켜 보다 우수한 품종을 얻어내다. **2. a)** 두 개(사람)씩 짝지움[편성함]: durch (die) P. ungleicher Mannschaften 같지 않은 팀들을 짝지워내다(대전 상대자로). **b)** (쌍으로의) 결합: die P. von Teilchen [물리] 입자들의 대생성(對生成). **3.** 쌍으로 결합해 있는 상태: chemische Elemente in wechselnden Paarungen 일정하지 않은 결합을 이루고 있는 화학 원소들.

paarungs-, Paarungs- (Paarung 1 a): **~aufforderung**, die [동물] 교미 요구. **~bereit** 〈Adj.〉 [동물] -en -es Weibchen 교미할 준비가 된 암컷. **~trieb**, der [동물] 교미 충동. **~verhalten**, das [동물] 교미 태도(행동). **~zeit**, die [동물·사냥] 교미기.

Pace [peɪs], die [engl. pace] [스포츠] 달리기 속도(특히 말달리기의), 보도(步度): die P. ist nicht besonders hoch 달리기 속도가 특히 높지는 않다; **(die) P. machen** 빠른 속도를 보여 줌으로써 경기 속도를 결정해 주다, 선두에서 속도를 조정하다. **Pacemacher** ['peɪs-], der [경마] 선두에서 속도를 조정해 주는 말(馬). **Pacemaker** ['peɪsmeɪkɐ], der; -s, - [engl. pacemaker]

【경마】 ↑Pacemacher. **2.** 〖의학〗 심장 페이스 메이커 (전기 자극으로 심장의 박동을 지속시키는 장치). **Pacer** ['peɪsə], der; -s, - [engl. pacer] 같은 쪽의 두 다리를 동시에 올려서 뛰는 네 발 짐승(특히 말).

Pacht [paxt], die; -en ⟨1. 〈Pl. 잘 안 쓰임〉 **a)** 임대차, 소작: **in P. nehmen** 임차하다; **in P. haben** 임차하고 있다; **in P. geben** 임대하다. **b)** (현) 임대차 (계약): die P. läuft ab 임대차 계약 기한이 만료되다: die P. kündigen 임대차 계약을 취소하다. **2.** ↑Pachtzins: die P. zahlen 임차료(소작료)를 지불하다.

pacht-, Pacht-: ~**betrieb,** der 임차 경영[체], 임차 농장 경영. ~**bewerber,** der 임차 지원자. ~**brief,** der 임대차[소작] 계약서. ~**geld,** das ↑~zins. ~**gut,** das 임차지, 소작지. ~**hof,** der 소작 농장. ~**land,** das ⟨Pl. 없음⟩ ↑~gut. ~**summe,** die 임차료, 소작료. ~**vertrag,** der 임대차[소작] 계약. ~**weise** ⟨Adv.⟩〖드물게〗임대차에 의하여, 임대차로: jmdm. etw. p. überlassen 누구에게 무엇을 임대차로 넘겨 주다. ~**zeit,** die 임대차 기간. ~**zins,** der ⟨Pl. -en⟩ 임차료, 소작료, 지대(地代).

pachten ['paxtṇ] ⟨h⟩ **1.** 임차하다, 소작하다: ein Grundstück[einen Betrieb] p. 토지[공장]를 임차하다. **2.** (완료형이나 과거완료형으로) 〖통용어·과장적〗 무엇 [누구]을 독점하다: das Glück gepachtet haben 지속적으로 운이 좋다; er tut so, als habe er die Klugheit für sich gepachtet 그는 자기 혼자만이 똑똑한 것처럼 행동한다. **Pächter** ['pɛçtɐ], der; -s, - 임차인, 소작인. **Pächterin,** die; -nen ↑Pächter 의 여성형. **Pachtung,** die; -en 임차, 소작.

Pachulke [pa'xʊlkə], der; -n, -n 〖지역적·폄〗 거칠은 [버릇 없는] 녀석(사람).

¹**Pack** [pak], der; -(e)s, -e / Päcke [pɛkə] ⟨축소형: ↑Päckchen⟩ 꾸러미, 뭉치, 다발: ein P. alte(r) Bücher 고서(古書) 한 뭉치. ²**Pack** [-], das; -(e)s 〖폄〗 천민, 상놈, 무뢰한: so ein P.! 상놈의 자식: 〖속담〗 P. schlägt sich, P. verträgt sich 천민은 싸울도 잘하고 화해도 잘 한다.

pack-, Päck-: ~**eis,** das (겹겹이 겹쳐 모여 있는) 얼음 덩어리, (유빙이 모여 얼어 붙은) 총빙(叢氷): im P. festsitzen 총빙에 좌초하였다. ~**esel,** der 〖통용어〗 ↑Lastesel: 〖전의〗 ich bin doch nicht dein P.! 나는 네 짐꾼이 아니란 말이다! ~**film,** der [사진] 시트 필름, 팩 필름(낱장으로 된, 대형 카메라용의). ~**kiste,** die 짐상자, 포장용 상자. ~**lage,** die [토목] 도로 하부 구조로서의 자갈층. ~**leinen,** das [옛] 짐(마)차. ~**werk,** das 〖수리(水利)〗 제방 축조용의 편비내, 돌, 자갈 등의 층들. ~**leinwand,** die 포장용의 천(아마포). ~**maße** ⟨Pl.⟩ 〖전문어〗 포장(한 상태에서의) 도량(度量)(치수). ~**meister,** der 짐꾸리는 인부의 장(長), 수하물계 감독. ~**nadel,** die 포장용의 큰 바늘. ~**papier,** das 포장지. ~**pferd,** das ↑Lastpferd. ~**raum,** der **1.** 포장실. **2.** 짐을 넣는 곳(예컨대: 마차의 마부석 아래). ~**sattel,** der 길마, 짐 싣는 안장. ~**schnee,** der 바람을 등진 산비탈의 고운 눈. ~**tasche,** die 안낭(鞍囊). ~**tisch,** der 포장용 테이블. ~**wagen,** der **1.** ↑Gepäckwagen. **2.** (옛) 짐(마)차. ~**werk,** das 〖수리(水利)〗 제방 축조용의 편비내, 돌, 자갈 등의 층들. ~**zettel,** der 〖경제〗 **1.** (포장물품에 첨부된) 목록 쪽지, 꼬리표. **2.** 품질 내용을 적어 포장물 안에 넣는 쪽지.

Packagetour ['pɛkɪtʃ-, ⟨engl.⟩ 'pækɪdʒ-], die; -en [engl.-amerik. package tour] (여비, 숙박비, 식비 따위) 일체의 경비를 여행사가 부담하는 여행.

Päckchen ['pɛkçən], das; -s, - **1. a)** 소포, 작은 뭉치: die P. für den Julklapp in den Sack tun 크리스마스 선물용 소포들을 자루 속에 집어 넣다; **sein P. zu tragen haben** 〖통용어〗 걱정거리가 있다, 져야 할 짐이 있다. **b)** 〖선원〗 유니폼과 작업복 꾸러미. **2.** (일정한 수량의 상품을 포장하는) 갑, 곽, 작은 포장물: ein P. Tabak [Zigaretten] 담배 한 쌈지[갑]. **3.** (대개 2kg 이내의) 우편 소포: ein P. packen[zur Post bringen, jmdm. zustellen] 소포를 싸다[우체국으로 가져가다, 누구에게 배달하다].

Packelei [pakə'laj], die; -en 〈österr.·통용어·폄〉 (지속적인) 공모. **packeln** ['pakḷn] ⟨h⟩ 〈österr.·통용어·폄〉 (몰래) 약정하다, 공모하다, 타협하다: die Regierung packelt (im geheimen) mit der Opposition 정부가 (비밀리에) 야당과 공모하다.

Packeln [-] ⟨Pl.⟩ [↑¹Pack의 축소형; 원래는 징을 박은 등산화, 다루기 힘든 둔중한 모양의] 〈österr.·경〉 축구화.

¹**packen** ['pakṇ] ⟨h⟩ **1. a)** 싸다, 채워 넣다, 짐을 꾸리다 (반대: auspacken) 〖전의〗: den Schulranzen (voll(er) Bücher) p. 책가방을 (책으로 가득) 싸다; seine Sachen p. (여행을 위해) 짐을 꾸리다; ⟨4격 목적어 없이도⟩ ich muß noch p. 나는 여행 가방을 싸야 해, 여행 준비가 아직이다 〖전의〗 etw. ist gepackt voll 〖통용어〗 무엇이 빽빽하게 꽉 차 있다. **b)** 짐에 넣다, 챙겨 넣다: Kleider in den Koffer p. 의류(衣類)를 트렁크에 챙겨 넣다; das Instrument aus dem Kasten p. 악기를 상자에서 꺼내다; den Kranken ins Bett[fest in die Decke] p. 〖통용어〗 병자를 침대에 눕히다[이불로 꼭 싸다]; sich aufs Sofa p. 소파에 들다. **2. a)** 움켜쥐다, 잡다, 붙잡다: das Raubtier packt mit seinen Zähnen die Beute 맹수가 이로 먹이를 꽉 문다; jmdn. beim [am] Arm p. 누구의 팔을 잡다; jmdn. an[bei] der Schulter p. 누구의 어깨를 잡다 〖전의〗 der Sturm packte ihn und riß ihn zu Boden 그는 폭풍에 휩쓸려 바닥에 내동댕이쳐졌다. **b)** (감정, 정서 및 육체적 변화에 대하여) 덮치다, 사로잡다, 일어나다 (정유어), 치밀다 (화가): ein heftiges Fieber packte ihn 심한 열병이 그를 덮쳤다; von Entsetzen gepackt werden 공포에 사로잡히다; (자주 비인칭) es hat ihn gepackt 그는 병에 걸렸다, 걱정에 사로잡혔다; die beiden hat es ganz schön gepackt 〖통용어〗 그 두 사람은 아주 사랑에 빠졌다. **c)** 감동시키다, 감명을 주다: er versteht es, seine Zuhörer zu p. 그는 청중의 마음을 사로잡을 줄 알고 있다; (자주 현재분사로) ein packender Roman 감동적인 소설. **d)** 하도록 만들다, 공략해서 자기뜻에 따르게 하다: er weiß genau, wo er einen p. kann 그는 사람의 어떤 점을 공략해서 자기 뜻에 따르게 할 수 있는 가를 정확히 알고 있다. **e)** α) 〖통용어〗 (온 힘을 다해서) 성취하다, 도달하다: den Bus gerade noch p. 버스에 겨우 대다; (자주 4격목적어로서의 es 와 함께) packen wir's noch? 시간 내에 해낼까? β) 〖스포츠 은어〗 이겨내다: wir glauben, auch diesen Gegner p. zu können 우리는 이 적수도 이겨낼 수 있다고 생각한다. **f)** (대개 4격목적어로서 es 을과 함께) ⟨경⟩ 이해하다, 파악하다: hast du's endlich gepackt? 이젠 알았냐? **3.** (p. + sich) 〖속〗 급히 떠나다, 내빼다(명령문에서): pack dich (zum Teufel)! 꺼져라. ²**Packen** [-], der; -s, - ⟨축소형: ↑Päckchen⟩ 꾸러미, 뭉치, 다발: ein P. Geldscheine 지폐 한 다발 〖전의〗 er hat sich einen großen P. Arbeit aufgehalst 그는 많은 일을 떠맡았다. **Packenelchen** [pakə'nɛlçən] ⟨Pl.⟩ (nordd.) 작은 짐보통이, 휴대일 일체: zwei alte Leutchen mit ihren P. 작은 짐보통이를 든 두 노인. **packenweise** ⟨Adv.⟩ 뭉치로, 다발로: die Bücher p. wegtragen 책을 뭉치로 날라가 버리다. **Packer** ['pakɐ], der; -s, - **1. a)** 포장하는 사람, 짐꾸리는 인부. **b)** ↑Möbelpacker. **2.** 〈사냥〉 멧돼지 사냥에 쓰는 개. **3.** 시계 도매상(Schwarzwald 지방의). **4.** 화물열차의 차장. **Packerei** [pakə'raj], die; -en **1.** 포장실

(室). 2. 〈Pl. 없음〉《통용어·팸》(지속적인) 짐꾸리기, 포장. **Packerin**, die; -nen ↑Packer (1 a)의 여성형.
Packfong ['pakfɔŋ], das; -s [chin.] (18세기에 중국에서 도입한) 양은(구리, 아연, 니켈의 합금). **Packung**, die; -en **1. a)** 갑(匣), 봉지, 작은 상자(일정한 양의 상품을 포장하는): Tee in einer grünen P. 초록색 봉지의 차. **b)** (내용물이 든) 갑, 봉지: reich mir bitte die P. 그 봉지를 좀 건네 줘!; er raucht täglich eine P. 그는 매일 담배 한 갑을 피운다. **2.** 포전법(包纏法), 엄법(罨法), 찜질붕대: warme [feuchte] -en 온포법(溫布法)[습포법(濕布法)]. **3.** 《통용어》 **a)** 심한 구타: eine tüchtige P. kriegen 심한 구타를 당하다, 호되게 얻어 맞다. **b)** 《스포츠·은어》 완패, 대패: unsere Mannschaft hat eine böse P. bezogen [bekommen] 우리 팀은 완패를 당했다. **4.** 《schweiz.》 **a)** 쌀 짐: nur die nötigste P. mitnehmen 꼭 필요한 짐만 휴대하다. **b)** 《군》 무장, 장비: Soldaten in leichter P. 경무장의 병사들. **5.** 《토목》(도로, 둑 따위의 기초 공사로서의) 돌의 층. **6.** 《기술》 충전(充塡)물, 충전층.

Pädagoge [pɛda'go:gə], der; -n, -n [lat. paedagōgus < griech. paidagōgós] 《교양이》 **1.** 교육가, 교육자: er ist P. an einem Internat 그는 기숙 학교 교사이다. **2.** 교육학자. **Pädagogik**, die [griech. paidagōgikḗ] 교육학: P. lehren 교육학을 가르치다; Vorlesungen in P. 교육학 강의들. **Pädagogikum** [pɛda'go:gikum], das; -s, ...ka [lat: paedagogicum] 《대학》 (교직을 위한 1차 국가 고시에서의) 교육학 시험. **Pädagogin**, die; -nen ↑Pädagoge의 여성형.

pädagogisch 〈Adj.〉 **1.** 교육학적, 교육학상의: die -en Hochschulen 교육 대학들; p. fundierte Überlegungen 교육학에 기초된 숙고. **2. a)** 교육적인, 교육에 관계되는: -e Gesichtspunkte 교육적 관점. **b)** 교육적으로 필요한, 교육을 목적으로 한(반대: unpädagogisch): -e Maßnahmen 교육적으로 필요한 조치들; es ist nicht sehr p. von ihm, seinen Sohn vor anderen Leuten zu bestrafen 그가 다른 사람들 앞에서 아들을 벌하는 것은 교육적이지 못한 짓이다. **pädagogisieren** [pedagogi'zi:rən] 〈h〉 **a)** 교육적 관점에서 보다. **b)** 교육적 목적으로 이용하다. **Pädagogisierung**, die ↑pädagogisieren의 명사형. **Pädagogium** [pɛda'go:gium], das; -s, ...ien 〈Pl.〉 **1.** 교육 고등 학교, 교육 대학의 예과. **2.** 교육 시설, 학교.

Padauk: ↑Padouk.

Padde ['padə], die; -n [niederd. padde] **1.** 《berlin.》 두꺼비, 개구리. **2.** 《수의》 소의 고창(鼓腸).

Paddel ['pad()], das; -s, - [engl. paddle] (카누 따위의 물을 젓는) 짧고 넓적한 노: das P. gleichmäßig durchs Wasser ziehen 일정하게 노를 젓다.

Paddel-: **~boot**, das 파들보트, 작은 보트. **~bootfahrer**, der 파들보트를 젓는 사람. **~bootfahrt**, die 파들보트놀이, 주행(舟行) 〈Pl.〉 《청소년·조통》 과도하게 긴 발. **~sport**, der 파들보트 스포츠.

paddeln ['padln] [engl. to paddle] **a)** 〈h/s〉 파들로 젓다, 파들보트를 타다: wir haben [sind] gestern gepaddelt 우리는 어제 파들보트를 저었다; [전의] er paddelt mit den Händen in der Luft 그는 손으로 허공을 휘젓는다. **b)** 〈s〉 파들보트를 저어 어디로 가다: wir sind über den See gepaddelt 우리는 파들보트를 저어 호수를 건너갔다; [전의] der Hund paddelt ans Ufer 개가 물가로 헤엄쳐 간다. **Paddler**, der; -s 파들보트를 젓는 사람.

Paddock ['pɛdɔk], der; -s, -s [engl. paddock] 마구간에 연결하여 말을 쉬게 뛰어놀 수 있도록 한 땅(말의 운동장), 양마장(養馬場).

¹**Paddy** ['pɛdi], der; -s [engl. paddy] **1.** 벼. **2.** 일종의 쌀로 만든 요리.

²**Paddy** ['pædi], der; -s, -s / ...dies [...dɪz / ...dɪs; engl. Paddy; 원래 남자 이름 Patrick (아일랜드의 국가적 성인 (聖人))의 애칭] 《농》 아일랜드 사람.

Päderast [pɛdə'rast], der; -en, -en [griech. paiderastḗs] 남색가(男色家), 소년애호자. **Päderastie** [...ra'sti:], die [griech. paiderastía] 남색, 계간(鷄姦), 소년애(少年愛). **Pädiater** [pɛ'dia:tɐ], der; -s, - [griech. iatrós = Arzt] 《의학》 소아과 의사. **Pädiatrie** [pɛdia'tri:], die [griech. iatreía] 《의학》 소아과학(學). **Pädogenese**, 《또한》 **Pädogenesis** [pɛdo-], die 《생물》 유생(幼生) 생식(단성 생식의 일종). **Pädolinguistik**, die 《언어》 아동 언어학. **Pädologie**, die 아동 [청소년]학(學). **pädophil** [pɛdo'fi:l] 〈Adj.〉 《의학·심리》 **a)** 소아성애(性愛)적, 소아성애에 관한[의한]: -e Neigungen 소아성애적 경향. **b)** 소아성애를 보여 주는, 소아성애적: -e Männer 소아성애적 남성들. **Pädophile***, der 소아성애자[애호자]. **Pädophilie** [pɛdofi'li:], die [griech. philía] = [의학·심리] 소아성애(性愛)[애호].

Pädosexuelle*, der ↑Pädophile.

Padischah [padi'ʃa:], der; -s, -s [pers.] 《옛》 **a)** 〈Pl. 없음〉 대왕(터키·페르시아 군주의 칭호). **b)** 위 칭호의 소유자.

Padouk [pa'dauk], das; -s [eng. padouk] (아프리카와 아시아를 원산지로 한 나무) 자단(紫檀)(속(屬))의 목재.

Padre ['padrə], der; -, ...dri [lat. pater] (이탈리아와 스페인에서의) 신부(神父), 사제(司祭).

Padua [pa:dua] 이탈리아의 고(古)도시. **Paduaner** [pa'dua:nɐ], der; -s, - 파두아 사람. **Paduanisch** [pa'dua:nɪʃ] 〈Adj.〉 파두아 사람의.

Paella [pa'elja], die; -s [lat. paella] **1.** 육류, 어패류, 야채 등을 넣은 스페인의 쌀밥. **2.** 파엘라(조리에 사용되는) 프라이팬.

Pafel ['pa:fl] ↑Bafel.

Pafese [pa'fe:zə], die; -n 〈대개 Pl.〉 [ital. pavese] 《bayr., österr.》 기름에 튀겨서 잼이나 송아지 머릿골을 사이에 넣어 두 쪽을 겹쳐 놓은 식빵.

paff [paf] **1.** 〈Interj.〉 《총성 등의 의성어로》 탕, 빵, 확: p.! ging der Schuß los 탕 하고 총소리가 났다. **2.** 《지역적》 **↑baff**. **Paffe** ['pafə], die; -n 《청소년》 담배, 궐련.

paffen ['pafn] 〈h〉 《의성어·통용어》 **a)** 담배 연기를 푹푹 내뿜다: er raucht nicht, er pafft nur 그는 담배 연기를 들이마시지 않고 내뿜기만 한다; mußt du den ganzen Tag p. 《퀽》 하루종일 담배를 피워야 하겠느냐? **b)** (연기를 푹푹 내뿜으면서) 무엇을 피우다: eine Zigarre p. 연기를 푹푹 내뿜으면서 여송연을 피우다. **c)** 연기를 푹푹푹푹 어딘가로 불어대다.

pag. = Pagina.

Pagaie [pa'gaiə], die; -n [frz. pagaie] 〔카누〕 한쪽 끝에 납작한 블레이드를 가진 外날 노.

pagan [pa'ga:n] 〈Adj.〉 [lat. pāgānus] 《교양어》 이교(도)의, 사교의. **paganisieren** [pagani'zi:rən] 〈h〉 [lat. paganizare] 이교(도)화하다. **Paganismus** [...ˈnɪsmus], der; -, ...men [1: lat. paganismus] **1.** 〈Pl. 없음〉 이교(異敎), 사교(邪敎). **2.** 기독교적 신앙과 관습 속에 포함된 이교적 요소.

Pagat [pa'ga:t], der; -(e)s, -e [ital. bagattino] 타로크(Tarock: 이탈리아 카드놀이의 일종)의 가장 낮은 으뜸패.

pagatorisch [paga'to:rɪʃ] 〈Adj.〉 [ital. pagatura] 《경제》 지불 및 부가기장의 청산에 관한[의한]: -e Buchhaltung 청산상의 부기.

Page ['pa:ʒə], der; -n, -n [frz. page] **1.** 급사, 메신저 보이(호텔). **2.** 《옛》 시동(侍童), 시중드는 귀족 자제. **3.**

옷자락을 추켜 올리는 끈.
Pagen-: **~dienst,** der 시동(侍童) 근무. **~frisur,** die ↑~kopf. **~kopf,** der 단발머리.
Pagina ['pa:gina], die; -s / ...nä [lat pāgina] (고어) 페이지, 쪽(대개 약어로 p(ag). =S.): Band III, pag. 84 3권 84쪽.
paginieren [pagi'ni:rən] ⟨h⟩ [문헌·서적] 페이지를 매기다: ein Manuskript p. 원고에 페이지를 매기다. **Paginiermaschine,** die [문헌·서적] (장부 등에) 페이지 인쇄기. **Paginierstempel,** der [문헌·서적] 페이지 타인구(打印具). **Paginierung,** die; -en [문헌·서적] 1. ⟨Pl. 없음⟩ 페이지 매기기. 2. 일련(一連)의 페이지 번호: ein Manuskript ohne P. 페이지 번호가 없는 원고.
Pagode [pa'go:də], die; -n 1. 탑, 보탑(寶塔). 2. (또한) der; -n, -n (österr.·그 외에는 고어) 신불좌상(神佛座像)(특히 머리를 끄덕이고 손을 움직이는 모습의 도자기제). 3. 인도의 옛 금화(신상이 각인된). 4. (드물게) 인도의 불교 사원(성유물을 위한). 5. 남이 시키는 대로 하는 사람. **Pagodenärmel,** der (유행·옛) 부인복의 소매(18세기 초에는 시접이 넓은 반소매, 그 후에는 밑으로 갈수록 넓은 3/4 길이의 소매).
pagodenhaft ⟨Adj.⟩ 신불 좌상 모양의. **Pagodenkragen,** der [유행] 탑의 층처럼 몇 단계 겹쳐져 있는 옷깃.
pah! [pa:] ⟨Interj.⟩ 《경멸, 거절을 나타냄》 피, 체, 흥: pah, diese Leute interessieren mich nicht 피, 난 이런 사람들한테는 관심이 없어.
Pahlstek: ↑Palstek.
Pahöll [pa'hœl] ↑Bahöl.
paille ['pa:jə, (또한) paj] 짚 빛깔의, 담황색의.
Paillette [paj'jetə], die; -n [frz. paillette] (옷에 자수로 박는) 금은박(金銀箔). **paillettenbesetzt** ⟨Adj.⟩ 금은박으로 장식한.
pair ⟨Adj.; 대개 술어적⟩ [frz. pair < afrz. per < lat. pār] (룰렛놀이에서) 짝수의(반대: impair). **Pair** [-], der; -s, -s [frz. pair] (역사적) (프랑스의) 상류 귀족; 상원 의원, 귀족원 의원. **Pairie** [pɛ'ri:], die; -n [...i:ən; frz. pairie] (역사적) 귀족의 지위, 작위(爵位). **Pairing** ['pɛ:rɪŋ], das; -s [engl. pairing] (의회에서) 의회에서 협정을 통해 결자가 다수파의 의원 부재 등을 고려해 주는) 반려(伴侶)적 태도. **Pairskammer,** die 《구제》 상원, 귀족원. **Pairsschub,** der 《구제》 일시에 다수의 상원 의원을 임명하는 일(반대 세력을 누르기 위해). **Pairswürde,** die ↑Pairie.
Pak [pak], die; - / -s [군] 1. ↑Panzerabwehrkanone의 약칭. 2. ⟨Pl. 없음⟩ 대전차포대(對戰車砲臺).
Paket [pa'keːt], das; -(e)s, -e [frz. paquet] 1. 소포, 상자, 뭉치(종이 등으로 싸서 꾸리어 묶은): das P. aufschnüren 상자(뭉치)의 끈을 끄르다; das Kind hat ein P. in der Hose 《친근·농》 그 아이는 바지에 싼 바가지를 썼다; das ist ja ein wonniges (kleines) P. 《친근》 그 녀석 참 귀염둥(갓난아이를 두고). 2. (제법 많은 일정한 양의 상품이 포장된) 통, 상자: ein P. Waschpulver [Zündhölzer] 가루비누[성냥] 한 통. 3. 우편소포, 소화물(2kg 내지 20kg): ein P. mit Büchern 책이 든 소포; ein P. packen 소포를 싸다. 4. 《경제·정치·운어》 세트, 한 벌, 일습(一襲), 일관 처리된 제안들(법안들): ein P. Fertigteile für den Ausbau eines Hauses 건물 중축용 조립식 부분품 일습. P. Aktien 다수의 동종주권(同種株券) 일조(一組); ein P. von Forderungen 일괄(一括) 요구들. 5. [럭비] 공을 가진 선수를 둘러싸고 양팀 선수들이 서로 엉켜붙음. 6. **P. setzen** [인쇄] (정판 전에) 행을 긋지 않고 연속으로 짜다.
Paket- [우편]: **~adresse,** die (우편 소포에 붙이기 위

해 미리 인쇄해서 고무풀칠을 해놓은) 주소 용지. **~annahme,** die 1. ⟨Pl. 없음⟩ (우편) 소포의 접수 및 발송. 2. (우편) 소포의 접수 창구[소(所)]. **annahmestelle,** die 소포 접수처. **~aufschrift,** die 소포 주소. **~ausgabe,** die 1. ⟨Pl. 없음⟩ 소포의 인도(引渡). 2. ↑ **~ausgabestelle, ~ausgabestelle,** die 소포 인도 창구[처], **~beförderung,** die 소포 발송(우송). **~boot,** das (옛) 우편선. **~karte,** die 소포표(주소 및 수령 확인란이 있고, 따로 떼낼 수 있는 접수증이 붙어 있는). **~post,** die 1. 소포 우편. 2. 소포 우편달(배달국). **~schalter,** der 소포 접수 창구. **~sendung,** die 소포 우편물. **~wagen,** der 1. 소포 우편 운송 및 배달차. 2. ↑Gepäckwagen. **~zusteller,** der 소포 우편 배달부. **~zustellung,** die 소포 우편 배달.
paketieren [pake'ti:rən] ⟨h⟩ [전문어] 소포로 포장하다, 짐을 꾸리다. **Paketiermaschine,** die [기술] 소포 포장기. **Paketierung,** die 소포 포장.
Pakgeschütz, das; -es, -e [군] 대전차포대의 포.
Pakistan ['pa:kıstan] 파키스탄. **Pakistaner** [pakıs'ta:nɐ] der; -s, - **Pakistani** [pakıs'ta:ni], der; -(s), -(s) 파키스탄인.
Pako ['pako], der; -s, -s [span. paco < Ketschua (südamerik. Indianerspr.) paco] ↑¹Alpaka.
Pakt [pakt], der; -(e)s, -e [lat. pactum] 1. (국가간의) 동맹 (조약): einen P. mit einem Staat (ab)schließen 어떤 국가와 동맹 조약을 맺다; einem P. beitreten 동맹에 가입하다(속하다). 2. 계약, 협정: Fausts P. mit dem Teufel 파우스트의 악마와의 계약. **paktieren** [pak'ti:rən] ⟨h⟩ [경멸] 협정(계약)을 맺다; 제휴[타협]하다: mit dem Feind p. 적과 제휴하다. **Paktierer,** der; -s, - [경멸] 협정 당사자, 제휴자.
palä-, Palä-: ↑paläo-, Paläo- 참조. **Paläanthropologie,** die (화석에 근거한) 고인류학(古人類學).
Paladin [pala'di:n, (또한) '- - -], der; -s, -e [frz. paladin] 1. (bei (Karl) 대제를 섬긴 12용사의 하나. 2. (교양어·편) 충신, 측근자. **Palais** [pa'lɛ:], das; - [...ɛ:s], - [...ɛ:s; (a) frz. palais] 궁전, 궁성, 큰 저택.
Palankin [palaŋ'ki:n], der; -s, -e / -s [인도의 관청어] (인도의) 가마, 보교(步轎).
paläo-, Paläo-, (모음 앞에서는 때로) **Palä-** [pale(o)-; griech. palaiós] 《"고(古)···, 원(原)···"을 뜻하는 규정어로서》. **Paläobiologie,** die 고생물학. **Paläobotanik,** die 고식물학. **paläogen** ⟨Adj.⟩ [지질] 제 3기 (紀)의, 제 3기계(系)의. **Paläogen,** das; -s 제 3기 (계). **Paläogeographie,** die 고지리학. **Paläograph,** der; -en, -en 고문서학자(古文書學者). **Paläographie,** die [고문서학(古文書學)]. **paläographisch** ⟨Adj.⟩ 고문서학의. **Paläohistologie,** die 고생물 조직학. **Paläoklimatologie,** die 고기후학. **Paläolith** [[(또한) ...'lıt] der; -en, -en 구석기 시대의 석기, 구석기. **Paläolithiker** [...'li:tikɐ, (또한) ...lıt...], der; -s, - 구석기 시대인. **Paläolithikum** [...'li:tikʊm, (또한) ...lıt...], das; -s [griech. líthos] 구석기 시대. **paläolithisch** [...'li:tıʃ, (또한) ...lıt...] ⟨Adj.⟩ 구석기 시대의. **Paläontologe,** der; -n, -n 고생물학자. **Paläontologie,** die 고생물학. **paläontologisch** ⟨Adj.⟩ 고생물학(상)의. **Paläophytikum** [...'fy:tikʊm], das; -s [griech.·lat. phytón] 고식물계.
paläozän [...'tsɛ:n] ⟨Adj.⟩ [지질] 효신세(曉新世)의. **Paläozän,** das; -s [griech. kainós] [지질] 효신세(제 3기 최고의 지질 시대). **Paläozoikum** [...'tsoikʊm], das; -s [griech. zōon] 고생대. **paläozoisch** [...'tsoiʃ] ⟨Adj.⟩ 고생대의. **Paläozoologie,** die 고동물학.
Palas ['palas], der; -, -se [건축] 중세 때 성(城)의 본관.
Palast [pa'last], der; -(e)s, **Paläste** [pa'lɛstə], lat.

palātium (원래 아우구스투스 황제와 그의 후계자들의 저택이 있었던, 로마의 일곱 언덕 중 하나의 이름)》《역사적》 왕궁, 궁전, 호화 저택.

palast-, Palast-: **~artig** ⟨Adj.⟩ 궁전 같은, 궁전풍의, 호장(豪壯)한. **~revolution,** die 〖정치〗 (측근에 의한) 궁중 혁명: **~wache,** die 왕궁 위병(소).

palästern [pa'lɛstɐn] ↑**ballestern.**

Palästina [palɛ'sti:na], -s 대략 이스라엘과 서부 요르단지역. **Palästinenser** [palɛsti'nɛnzɐ], der; -s, - 팔레스티나인. **palästinensisch, palästinisch** ⟨Adj.⟩ 팔레스티나인.

Palästra [pa'lɛstra], die; ...stren [griech. palaístra] (고대 그리스의) 투기(鬪技) 연습장.

palatal [pala'ta:l] ⟨Adj.⟩ [lat. palātum] **1.** 〖의학〗 구개(口蓋)의, 구강(口腔)의. **2.** 〖언어〗 경구개음의.

Palatal [-], der; -s, -e 경구개음(硬口蓋音)(예컨대: k). **palatalisieren** [...tali'zi:rən] ⟨h⟩ 〖언어〗 **1.** (자음을) 읽음(濕音)으로하다[부드럽게 하다]. **2.** (경)구개음화하다. **Palatalisierung,** die; -en 〖언어〗 ↑**palatalisieren**의 명사형. **Palatallaut,** der 〖언어〗 ↑**Palatal.**

Palatin [pala'ti:n], der; -s, -e [lat. palatinus] 《역사적》 **1.** 궁중백(宮中伯), 명정백(帝領伯). **2.** (고대 로마의) 대관, 고관. **3.** 로마 7언덕의 하나. **Palatinat** [palati'na:t], das; -(e)s, -e 《역사적》 궁중백(宮中伯)의 지위[영지]. **Palatinisch** ⟨Adj.⟩ **1.** 궁중백의. **2.** 궁중백령(領)의.

Palatschinke [pala'tʃiŋkə], die; -n ⟨Pl.⟩ [ung. palacsinta] 《österr.》 팔라칭케(잼이나 고기 따위를 싸서 엷게 말은 밀가루 계란 부침).

Palaver [pa'la:vɐ], das; -s, - [engl. palaver] 《통용어·펌》 **1.** 장황설, 수다, 공담(空談); 장황한 회담; 많은 말이 오가는 집회: ein langes P. abhalten 장황한 회담을 하다. **2.** 《지역적》 떠듦, 외쳐댐. **palavern** [-n] ⟨h⟩ 《통용어·펌》 쓸데없이 오래 대화(협상)하다.

Palazzo [pa'latso], der; -s, ...zzi [ital. palazzo] Palast의 이탈리아식 명칭; 궁전풍의 공공 건물.

Pale ['pa:lə], die; -n 〈어원불명〉 [nordd.〉 (콩의) 깍지.

Pale Ale ['peɪl'eɪl], das; -, - 《종류》 - - [engl. pale ale] 일종의 담색(淡色) 맥주.

palen ['pa:lən] ⟨h⟩ 〈nordd.〉 콩깍지를 까다: Erbsen p. 완두콩깍지를 까다.

Paleozän [paleo'tsɛ:n] ↑**Paläozän.**

Palermer [pa'lɛrmɐ], der; -s, - 팔레르모 인. **Palermisch** ⟨Adj.⟩ 팔레르모의. **Palermo** [pa'lɛrmo] 시실리 섬의 도시.

Paletot ['palɛto, 〈österr.〉 pal'to:], der; -s, -s [frz. paletot] **1.** (두 줄 단추의) 신사용 외투. **2.** 반코트(남녀용).

Palette [pa'lɛtə], die; -n [frz. palette] **1. a)** 팔레트, 조색판(調色板), 화구판: die Farben auf der P. mischen 조색판에서 채료를 섞다; 〖전의〗 eine bunte P. von Melodien 선율들의 다채로운 조합. **b)** 〈교양어·광고 따위〉 다양한 선택, 다채로움: eine breite P. von Verbrauchsgütern 갖가지 다양한 소비재. **2.** 〖기술·경제〗 팔레트(소화물 운반 및 적재용 받침대). **palettieren** [palɛ'ti:rən], ⟨또한⟩ **palettisieren** [palɛti'zi:rən] ⟨h⟩ 〖기술·경제〗 무엇을 팔레트(받침대)에 적재하다: Güter p. 화물을 팔레트에 적재하다.

paletti 《다음 용법으로》 (es ist) alles p. [청소년] 모든 것이 정상이다, 만사 해결되어 있다.

Pali [pa:li], das; -(s) 팔리어(語)(스리랑카와 인도차이나 불교도들의 문어(文語))(Sanskrit).

Palimpsest [pa'lɪmpsɛst], der 《또는》 das; -(e)s, -e [lat. palimpsēstos < griech. palímpsēstos] 재록(再錄) 양피지(원래의 글자가 지워지고 그 위에 새로이 다른 것을 쓴 옛 문서).

Palindrom [palɪn'dro:m], das; -s, -e [griech. palíndromos] 앞뒤 어디서부터 읽어도 의미가 있는 말 또는 구 (예컨대: Regen — Neger). **Palingenese,** die; -n [griech. pálin] **1.** 〖종교〗 (영혼의) 재생, 부활(영혼 윤회를 통하여). **2.** [생물] 반복 발생(태아 발생에 있어 조상의 특징들이 나타나는 현상). **3.** [지질] 반복 발생(마그마의 재형성에 이르게 되는, 암석의 완전한 용해). **Palinodie** [palino'di:], die; -n [...iːən; griech. palinōidía] 〖문학〗 앞선 작품에서 주장하던 내용(비방 등)을 동일 작가가 같은 형식으로 취소하는 시(특히 인문주의와 바로크 시대에), 개영시(改詠詩).

Palisade [pali'za:də], die; -n [frz. palissade] **1.** 〈대개 Pl.〉 위가 뾰족하고 긴 보루용 말뚝: die -n überklettern [niederreißen] 말뚝 보루를 기어오라 넘다[허물다]. **2.** 울짱, 방책(方柵). **3.** 【경마】 장애물.

Palisaden-: ~gewebe, das 〖식물〗(식물 잎의) 책상 조직(柵狀組織). **~pfahl,** der ↑**Palisade** (1). **~wand,** die 울짱 벽. **~wurm,** der (흡혈충으로) 선충류(線蟲類)의 일종(특히 포유동물이나 조류의 체내에 기생하는). **~zaun,** der 울짱, 방책.

Palisander [pali'zandɐ], der; -s, - [frz. palissandre] (남 아메리카산의) 자단(紫檀) 목재. **Palisanderholz,** das ↑**Palisander. palisandern** ⟨Adj.⟩ 자단 목재재의, 자단으로 되어 있는.

palisieren [pali'zi:rən] ⟨s⟩ (원래는 아마도 울타리를 넘어 도망치다라는 뜻에서) 《österr.·준고어》 달아나다.

Pall [pal], das / der; -(e)s, -en [niederd.] 〖선원〗 착공기, 양묘기(揚錨機) 등의 역전(逆轉) 멈추개.

Palladium [pa'la:diʊm], das; -s, ...ien [...iən; lat. Palladium] **1. a)** 여신 팔라스의 상(像). **b)** 수호신(상), 성역: 〖전의〗 das Manifest ist ihr P. 그 선언은 그녀에겐 절대적으로 신성하다. **2.** 〈Pl. 없음〉 팔라듐(백금속의 원소의 하나, 기호: Pd).

Pallas ['palas] **1.** Athene(지혜의 여신)의 별명. **2.** 〖천문〗 팔라스 성좌.

Pallasch ['palaʃ], der; -(e)s, -e (옛날 기병용의) 묵직하고 날이 넓은 긴 광.

Pallawatsch ['palavatʃ], Ballawatsch ['ba...], der; -s, -e 《österr.·통용어》 **1.** 〈Pl. 없음〉 난잡함, 뒤죽박죽임; 우둔. **2.** 무능력자, 둔재.

palletti [pa'lɛti] 《다음 용법으로》 (es ist) alles p. 《통용어》 모든 것이 정상이다.

palliativ [palja'ti:f] ⟨Adj.⟩ [lat. palliāre] 〖의학〗 잠깐 진정시키는, 고식적인: -e Medikamente [Maßnahmen] 진정제, 완화제(고식적 처치). **Palliativ** [-], das; -s, -e [...i:və], **Palliativum** [...'ti:vʊm], das; -s, ...va 〖의학〗 진정제, 완화제.

Pallino [pa'li:no], der; -s, -s [ital. pallino] 보차 (Boccia) 놀이에서 목표가 되는 공.

Pallium ['paliʊm], das; -s, ...ien [...iən; lat. pallium] **1.** 〖가〗 (미사복 위에 걸치는) 교황 및 대주교용 목도리. **2. a)** (중세에 왕이나 황제의) 대관(戴冠)용 망토. **b)** (고대 로마의 남성용) 긴 어깨걸이 웃옷. **3.** 〖생물〗 ↑**Großhirnrinde.**

Pallottiner [palɔ'ti:nɐ], der; -s, - [창설자인 이탈리아 신부 V. Pallotti(1795~1850)의 이름에서] 팔로티 가톨릭 신부회 회원(약어: SAC). **Pallottinerin,** die; -nen 팔로티 수녀회 회원. **Pallottinerorden,** der; -s 팔로티 교단.

Palm [palm], der; -s [지역에 따라 쓰이는, ↑**Palme**의 병용형. 부활절 직전 일요일의 예배식에서 진짜 종려 가지 대용으로 쓰이기 때문]] 《남독·스위스》 Palmsonntag의 예배식에 쓰이는 회양목가지나 버들가지.

Palm- (↑**palmen-, Palmen-**도 참조): **~art,** die ↑

Palmenart. ~**baum,** der 《고어》↑Palme (1). ~**blatt,** das 종려 잎. ~**blattkapitell,** das ↑Palmenkapitell. ~**buschen,** der (südd., österr.) Palmsonntag의 예배식에 쓰이는, 여러 가지 가지들을 막대기에 매어 다채롭게 장식한 것. ~**esel,** der 《다음 용법으로》 **heraus-[auf] geputzt wie ein P.** 《지역적·조롱》 지나치게 치장(성장)한(Palmsonntag의 축제 행렬 때 예수의 예루살렘 입성을 회상하며 사용된, 그리스도 상(像)을 싣는 장식된 목제 노새에서). ~**farn,** der 소철이나 목생고사리 비슷하며 구과(毬果)를 맺는 양치류. ~**faser,** die (새끼에 쓰이는) 거치른 야자잎 섬유. ~**fett,** das 종려기름, 야자유. ~**herzen** 〈Pl.〉 [요식] (야채, 사라다로 조리된) 야자 잎줄기(엽병)의 내조직. ~**kätzchen,** das 버들가지, 유제화서. ~**kern,** der 종려 열매. ~**kohl,** der 종려 캐비지(종려의 잎눈으로 된 야채). ~**lilie,** die (중미산(中美産)의) 유카(Yucca). ~**mark,** das 야자수(또는 그 잎줄기의) 내조직. ~**öl,** das 종려기름(액체의), 야자유. ~**sonntag** 《또한》'---」, der 《가톨릭 관습에 따라 이 날에 예수의 예루살렘 입성(요한복음 12장 13절 등)을 회상하여 일요일이 축성된다》[기독교] 부활 직전의 일요일. ~**wedel,** der 종려나무 잎. ~**weide,** die ↑Salweide. ~**wein,** der 종려(야자) 술. ~**zucker,** der 종려 사탕, 야자 당. **P. der 1.** 종려가지. **2.** 《지역적》↑Palm.

Palmarum [pal'ma:rʊm] (관사, 격변화 없음) ↑Palmsonntag. am Sonntag P. [zu P.] 성지 주일에.
Palme ['palmə], die, -n [1 : lat. palma: 종려 잎이 편손 바닥과 비슷한 데서. 2.: 종려 잎으로 승리자에게 경의를 표하는 고대 로마의 관습에서] **1.** (종려과의 식물) 종려, 야자: **jmdn. auf die P. bringen** (통용어) 누구를 화나게 하다; **auf die P. gehen** (통용어) 화내다, 분개하다; **auf die P. sein** (통용어) 화가 나 있다; **von der P. (wieder) herunterkommen** (통용어) (다시) 진정하다; **sich einen von der P. locken[schütteln]** 《속어》수음(手淫)하다, 용두질[자위]하다. **2.** (아어) 승리의 영예(영관): ihm gebührt die P. (des Siegers) 그는 (승리의) 영관을 받을 만하다; **jmdm. die P. zuerkennen.** 누구에게 승리의 영관을 주다(인정하다).

palmen-, Palmen- (↑Palm- 도 참조): ~**art,** die 종려의 종류. ~**artig** 〈Adj.〉 종려 모양의. ~**blatt,** das ↑Palmblatt. ~**blattkapitell,** das ↑~kapitell. ~**bohrer,** der [종려 바구미(그 유충이 종려의 내조직을 후벼내는 데서). ~**dieb,** der [힘찬 집게발로 야자 열매를 깰 수 있는데서] 소라게. ~**faser,** die ↑Palmfaser. ~**hain,** der 《고어》종려 숲. ~**haus,** das 종려 및 기타 열대 식물의 온실. ~**herzen** 〈Pl.〉 ↑Palmherzen. ~**kapitell,** das [이집트 건축] 종려 주두 (柱頭)(종려잎 다발 모양의). ~**mark,** das ↑Palmmark. ~**roller,** der (남아시아 산의 갈색을 띤) 사향삵쾡이. ~**wedel,** der ↑Palmwedel. ~**wein,** der ↑Palmwein. ~**zweig,** der ↑Palmzweig (1).
Palmette [pal'mɛtə], die, -n [frz. palmette.] **1.** [예술] 종려잎 무늬(장식). **2.** [원예] 대개 격자 울타리에 기대서 종려잎꼴(U형) 가지로 가꾼 과일나무. **Palmitin** [palmi'ti:n], das, -s 팔미틴 (야자 기름의 성분). **Palmitinsäure,** die 팔미틴 산(酸)(고형의 포화 지방산).
Palmyra [pal'my:ra] 시리아 사막의 폐허 도시 이름. **Palmyrapalme,** die 키 큰 선상엽(扇狀葉)의 종려.
Palolowurm [pa'lo:lovʊrm] der [폴리네시아의 산호초에 사는] 녹색 환충(環蟲).
palpabel [pal'pa:bl] 〈Adj.〉 [lat. palpābilis] [의학] **a)** (조직 등을) 피부 밑으로 느낄 수 있는. **b)** (맥박 등이) 손에 잡힐 듯한, 만질 수 있는. **Palpation** [palpa'tsjo:n], die, -en [lat. palpātio] [의학] 촉진(觸診). **palpieren** [pal'pi:rən] 〈h〉 [lat. palpāre] [의학] 촉진하다.

Palpitation [palpita'tsjo:n], die, -en [lat. palpitatio] [의학] 동계(動悸), 심계항진(心悸亢進). **palpitieren** [palpi'ti:rən] 〈h〉 [lat. palpitare] [의학] 맥박이 뛰다; 동계[고동]하다. **Palpus,** der; -, Palpi / Palpen [lat. palpus] [동물] (무척추 동물의 머리에 붙어 있는) 촉각 기관.
Palstek ['pa:lstɛk], der; -s, -s [선원] (배를 붙들어 매는 데에 쓰는 오그라들지 않는) 올가미 매듭.
PAL-System ['pa:l-], das; -s [engl. Phase Alternating Line = phasenverändernde Zeile] [텔레비전] 팔방식(컬러 텔레비전 수상 방식의 하나).
Pamir ['pa:mi:ɐ̯, 《또한》pa'mi:ɐ̯], der / das; -(s) 파미르 고원.
Pamirschaf ['pa:mi:ɐ̯-], das -(e)s, -e 파미르 고원산(産)의 야생 양.
Pamp [pamp], der; -s (nordd., ostd.) ↑Pamps.
Pampa [pampa], die; -s 〈대개 Pl.〉 [span. pampa] (남미의) 대초원. **Pampasgras,** das 팜파스 풀(잎이 길고 키가 큰 아르헨티나 산의 관상 식물). **Pampashase,** der (토끼 비슷한, 남미산의) 긴줄쥐(醫齒類).
Pampe [pampə], die 《지역적》 **1.** (더러운) 모래진탕. **2.** 된 죽: eine P. aus Nudeln und Kartoffeln 국수와 감자로 만든 죽.
Pampel ['pampl], der; -s, - [Bampel의 병용형] 《지역적·폄》 서투르고 미숙한 젊은이.
Pampelmuse ['pampl̩muːzə, 《또한》 --'--], die; -n [frz. pamplemousse] **1.** 오렌지 비슷한 매우 큰 열대 과일. **2.** [특히 식물] 위의 과일나무. **Pampelmusensaft,** der ↑Pampelmuse의 과즙.
pampeln ['pampl̩n] 〈s〉 《지역적》부딪혀 튕기다.
Pampf [pampf], der; -s (südd.) ↑Pamps. **pampfen** ['pampfn̩] 〈h〉 (südd.) ↑mampfen.
Pamphlet [pam'fle:t], das; -(e)s, -e [frz. pamphlet] 《교양어·폄》논박서, 비방하는 책자: ein P. gegen jmdn. schreiben[verfassen] 누구를 비방하는 책을 쓰다 [작성하다]. **Pamphletist** [pamfle'tɪst], der; -en, -en 《교양어·폄》비방 책자 전문 필자. **pamphletistisch** 〈Adj.〉 《교양어·폄》비방 책자 형태[식]의.
pampig ['pampɪç] 〈Adj.〉 **1.** 《지역적·특히 nordd., ostd.》죽 같은, 걸쭉한: die Suppe ist p. 그 수프는 걸쭉하다. **2.** 《통용어·폄》뻔뻔스러운: er wurde richtig p. 그는 정말 뻔뻔스러워졌다. **Pamps** [pamps], der; -(es) (nordd., ostd.) 된 반죽.
Pampusche [pamˈpʊʃə, 《또한》...ˈpuːʃə], die; -n 《지역적·특히 nordd.》↑Babusche.
¹Pan [paɪn] (그리스 신화에서) 목동과 사냥꾼의 수호신, 목양신(牧羊神).
²Pan [pan], der; -s, -s 《폴란드에서》 **1.** 《구제》소지주, 작은 장원 주인. **2.** (관사 없이; Pl. 없음) 씨(氏, Herr), 나리(이름과 결합해서).
pan-, Pan- [pan-; griech. pān] 《다음의 뜻을 가진 규정 어로서》전(全)···, 범(汎)···.
Panade [pa'naːdə], die; -n [frz. panade] [요리] **a)** 흰 빵부스러기와 계란 노른자위로 된 죽(고기 등을 굽기 전에 묻히기 위해). **b)** (밀가루, 계란, 기름, 양념 등을 섞어 만든) 죽 같은 혼합물(소로 쓸 다진고기 등에 묻히기 위해).
Panadelsuppe [pa'naːdl-], die; -n 《südd., österr.》흰 빵을 재료로 한 알맹이가 든 수프(육즙).
panafrikanisch [...afri'kaːnɪʃ] 〈Adj.〉 [↑pan-, Pan- 참조] 범 아프리카적. **Panafrikanismus** [...ka'nɪsmʊs], der; - 범 아프리카주의(모든 아프리카 국가들의 정치·경제적 협력 강화 운동).
Pan Am ['pænɛm], die [영어의 Pan American World Airways의 약어] 미국 항공사의 하나.
¹Panama ['panama], das; -s 파나마의 (중미의 국가). **²Panama**

파나마의 수도.
³**Panama** [-], der; -s, -s [중앙 아메리카의 파나마 시(市)에서] 1. 【섬유】 파나마직(織). 2. ↑Panamahut. **Panamaer** ['panamaɐ], der; -s, - 파나마 인. **Panamaisch** [pana'ma:ɪʃ] 〈Adj.〉 파나마의.
Panama-: ~**bindung**, 〈직조〉 파나마직 짜임새(정육면체형의 무늬가 생기도록 짜여진). ~**hut**, der 파나마 모자. ~**kanal**, der; -s 파나마 운하. ~**palme**, die 파나마 풀(파나마 모자의 재료가 되는 긴 잎을 가진). ~**rinde**, die ↑Quillajarinde.
panamerikanisch [...|ameri'ka:nɪʃ] 범 아메리카의.
panarabisch [...|a'ra:bɪʃ] 범 아랍의.
Panaritium [pana'ri:tsi̯ʊm], das; -s, ...ien [...i̯ən; lat. panaricium] 【의학】 표저(瘭疽)(손가락 및 손톱 밑의 염증).
Panasch [pa'naʃ], der; -(e)s, -e [frz. panache] (새)깃 장식(모자 따위의). **Panaschee** [pana'ʃe:], das; -s, -s [frz. panaché] (고어·지역적)1. 여러 가지 과일을 설탕물에 삶은 혼성 잼, 여러 가지 과즙 젤리, 잠색 아이스크림. 2. 혼합 음료, 특히 맥주와 레몬수. **panaschieren** [pana'ʃi:rən] 〈h〉 [frz. panacher] 1. (시의회 의원 등의 선거에서) 여러 당의 후보들에게 연기(連記)로 투표하다. 2. (직물에) 줄 무늬를 짜넣다. **Panaschiersystem**, das 〈Pl. 없음〉 여러 당 후보의 연기 투표제. **panaschiert** 〈Adj.〉 【식물】 (녹색 잎에)흰 무늬가 져 있는, 흰 얼룩이 있는. **Panaschierung**, die; -en 1. 여러 당 후보의 연기 투표. 2. 【식물】 녹색 잎에 나 있는 흰 무늬 [얼룩, 띠]. **Panaschüre** [...'ʃy:rə], die; -n [frz. panachure] ↑Panaschierung (2).
Panathenäen [pan|ate'nɛ:ən] 〈Pl.〉 [griech.] (고대 아테네에서) 아테네 여신을 위한 대축제.
Panazee [pana'tse:(ə)], die; -n [...'tseən; lat. panacēa < griech. panákeia] 《교양어》 만병통치약.
panchromatisch 〈Adj.〉 【사진】 (필름이나 인화지가) 전정색(全整色)의, 팬크로의(모든 빛에 감응하는).
Panda ['panda], der; -s, -s **a**) (주로 히말라야에 사는) 팬더. **b**) 귀, 다리, 눈의 흉채는 검고 나머지 털은 노란 색을 띤 백색의 작은 곰.
Pandämonion [pandɛ'mo:ni̯ɔn], **Pandämonium** [pandɛ'mo:ni̯ʊm], das; -s, ...ien [...i̯ən; griech. pandaimónion] 《교양어》 **a**) 악마의 나라, 복마전(伏魔殿), 지옥. **b**) 악마(악령)의 무리 전체.
Pandekten [pan'dɛktn̩] 〈Pl.〉 [lat. pandectēs < griech. pandéktēs] 1. (로마법 대전의 주요부인) 판례집, 학설휘찬(彙纂). 2. (일반적으로) 법령전서.
Pandemie [pandɛ'mi:], die; -n [...i̯ən; griech. pān (↑pan-, Pan-) u. dēmos = Volk] 【의학】 전국적(세계적) 유행병. **pandemisch** [pan'de:mɪʃ] 〈Adj.〉 【의학】 널리 퍼진, 대유행의.
Pandit ['pandɪt], der; -s, -e [Hindi paṇḍit < sanskr. paṇḍita = klug, gelehrt] 1. 〈Pl. 없음〉 바라문 학자의 칭호. 2. 위 칭호의 보지자.
Pandora [pan'do:ra] 인류에게 화해(禍害)를 주기 위해 제우스 신에 의해 지상으로 보내진 미인(↑Büchse (1. a)).
Pandschab [pan'dʒa:p], das; -s 편자브 지방(인도 반도 서북부). **Pandschabi** [pan'dʒa:bi], das; -s 편자브어(語)(북인도와 파키스탄의).
Pandur [pan'du:ɐ], der; -en, -en [ung. pandúr] 《헝가리·구제》 **a**) 무장 하인. **b**) 보병.
Paneel [pa'ne:l], das; -s, -e [mniederl. pan(n)ēl **a**) (틀을 제외하고 가운데 부분만의) 벽판(壁板), 머름, 벽널. **b**) (틀까지 포함한) 벽판 전체. **paneelieren** [...neˈli:rən] 〈h〉 벽판(벽널)을 짜 대다.
Panegyrika [...] ↑Panegyrikon의 복수형. **Panegyriken**: ↑Panegyrikus의 복수형. **Panegyriker** [pan-

e'gy:rikɐ], der; -s, - 찬사를 하는 사람, 송시(頌詩) 작가.
Panegyrikoi: ↑Panegyrikos의 복수형. **Panegyrikon** [...kɔn], das; -(s), ...ka [griech. panēgyrikón] (성자 찬사를 포함한) 그리스 정교회의 예배서. **Panegyrikos** [...kɔs], der; -, ...koi [...kɔy], **Panegyrikus** [...kʊs], der; -, ...ken / ...zi [lat. panēgyricus < griech. panēgyrikós] 【수사·문예학】 축사, 찬사, 송시 (頌詩). **panegyrisch** 〈Adj.〉 찬사(송시)의, 칭찬하는, 지나친 청찬의.
Panel ['pɛnl], das; -s, -s [engl. panel] 【여론 조사】 회답자 집단. **Paneltechnik**, die 《Pl. 없음》 패널 방식(일정 기간내에 여러 번 동일 대상에 대해 동일인들에게 묻는 방식).
panem et circenses ['pa:nɛm ɛt tsɪr'tsɛnze:s; lat. = 고대 로마 민중이 위정자에게 요구할 수 있었던 빵과 원형 경기장에서의 시합: Martial의 격언시 10.81에서] (대중을 만족시키기 위한 수단으로서의) 생계와 오락의 보장.
Panentheismus [pan|ɛnte'ɪsmʊs], der; - [griech. pān(↑pan-, Pan-), -en = in u. ↑Theismus] 《종교·철학》 만유 재신론(萬有在神論). **panentheistisch** 〈Adj.〉 만유 재신론의.
Paneuropa 《관사 없음: 2격: -s》 범 유럽주의, 유럽 연방주의. **Paneuropa-Bewegung**, die 〈Pl. 없음〉 범 유럽주의 운동. **paneuropäisch** 〈Adj.〉 범 유럽주의의.
Panfilm ['pan-], der; -(e)s, -e [panchromatischer Film의 약칭] 【사진】 전정색(全整色) 필름, 팬크로 필름.
Panflöte ['pan-], die; -n [고대 그리스의 목양신 Pan에서] 【음악】 목적(牧笛).
Pangermanismus, der; - [↑pan-, Pan- 참조] 《역사적》 **a**) 범 게르만주의(게르만 민족의 공통성을 강조한 19세기 정치적 태도). **b**) 전 독일어 인구의 통합을 지향했던 범 독일주의적 태도(나치 체제에서).
Panhas ['panhas], der 【요리】 순대국과 잘게 저민 고기와 메밀가루로 만든 베스트팔렌 지방의 요리.
panhellenisch [...hɛ'le:nɪʃ] 〈Adj.〉 전 그리스인의. **Panhellenismus**, der; - [↑pan-, Pan- 참조] (전 그리스 국가들을 하나의 국가로 통일시키려 했던 운동).
¹**Panier** [pa'ni:ɐ], das; -s, -e 1. (고어) 기(旗), 군기, 정기(旌旗); **etw. auf sein P. schreiben** (아어) 무엇을 목표로 추구하다, 무엇을 표지로 삼다. 2. (아어) 표어, 모토: Ehre sei dein P.! 명예를 너의 표어로 삼아라!
²**Panier** [...], die (österr.) 비프(돈, 생선)가스에서 고기에 덮씌운 껍질. **panieren** [pa'ni:rən] 〈h〉 【요리】 고기(생선)를 튀기기 전에) 계란 노른자위와 우유로 만든 점액에 담그고 빵가루를 묻히다: paniertes Schnitzel 비프(돈)가스. **Paniermehl**, das 빵가루. **Panierung**, die; -en 1. ↑panieren하기 2. ↑panieren하는 재료(계란 노른자위, 우유, 빵가루로 만든 죽 모양의 것).
Panik [pa'ni:k], die; -en [frz. panique] (급작스런) 큰 공포, (특히 군중의 급작스런) 경악: der brennende Vorhang löste eine P. unter den Zuschauern aus 불타는 커튼이 관객들 사이에 경악을 불러 일으켰다; jmdn. in P. versetzen 누구를 급작스런 공포 속에 빠뜨리다; (통용어) er kriegt es mit der P. 그는 공포에 사로잡힌다.
panik-, **Panik-**: ~**artig** 〈Adj.〉 공포에 사로잡힌, 겁을 집어 먹은, 무서워 마비가 된: -e Reaktionen 공포에 사로잡힌 반응. ~**mache**, die 《蔑》(이유 없는) 공포 분위기 조성(어떤 사태를 과장 묘사하는 것 등으로). ~**stimmung**, die 공포 분위기: in P. geraten 공포 분위기에 휩쓸리다.
panisch 〈Adj.〉 [frz. panique] 급작스럽고 격렬한, 급작스런 공포에 사로잡힌, 급작스런 공포에 의한: von -em Entsetzen befallen werden 불의의 격렬한 공포에 사로잡히다.

Panislamismus, der; - 범 이슬람주의.
Panje ['panjə], der; -s, -s [poln. panie] 《고어·농》폴 란드나 러시아의 농부. **Panjepferd**, das 《중간 크기의 매우 강인한》 동 유럽의 말(馬). **Panjewagen**, der 《단순하고 작은》 마차.
Pankarditis [pankar'di:tɪs], die; …itiden […di'ti:dn; ↑pan-, Pan- u. griech. kardía = Herz] 【의학】 범심염(汎心炎)《심장 전체의 미만성 염증》.
Pankreas ['pankreas], das; -, …kreaten […e'a:tn; griech. págkreas] 【의학】 췌장(膵臟). **Pankreatin** […a'ti:n], das; -s 【의학】 판크레아틴《동물 췌장에서 뽑은 장(腸) 소화 효소》. **Pankreatitis** […'ti:tɪs], die; …itiden […ti'ti:dn] 【의학】 췌장염.
Panlogismus, der; - 【철학】 범논리주의, 범이성론(汎理性論).
Panmixie [...mɪ'ksi:], die; -n [...i:ən; griech. pān u. míxis] 【생물·발생학】 잡혼(雜婚) 번식.
Panne ['panə], die; -n [frz. panne] **a)** 《자동차》 고장: der Wagen hatte unterwegs eine P. 그 차는 도중에 고장이 났다. **b)** 가동 정지, 기계 고장: eine P. legte de Stromversorgung lahm 고장이 나서 전력 공급이 중단되었다. **c)** 실수, 과오: eine unverzeihliche P. 용서할 수 없는 과오.
pannen-, Pannen- (Panne a): **~dienst**, der 자동차 응급 수리 서비스. **~frei** 〈Adj.〉 《자동차》 고장이 없는. **~hilfe**, die 자동차 응급 수리: P. leisten 자동차 응급 수리를 해주다. **~koffer**, der 【자동차】 고장 수리 공구함(工具函). **~kurs**, der 【자동차】 고장 수리 교습 과정.
Panoptikum [pa'nɔptikʊm], das; -s, …ken [griech. pān u. optikós] 납인형 전기품 진열관. **Panoptikumsfigur**, die 《납인형 진열관의》 납인형. **panoptisch** 〈Adj.〉 《교양어》 어느 지점에서부터도 볼 수 있는, 한 지점에서 다 볼 수 있는: -es System 《감옥 건축에서》 방사상(放射狀) 감방 배치 방식.
Panorama [pano'ra:ma], das; -s, …men [griech. pān u. hórama] **1.** 파노라마, 전경(全景): vom Turm aus öffnet sich ein herrliches P. 탑에서 보면 멋진 전경이 펼쳐진다; 전의 das ganze P. des Weltgeschehens 세계사적 대사건들의 파노라마. **2.** 전경화(全景畵), 파노라마 사진: ein P. von Heidelberg 하이델베르크 전경화.
Panorama-: **~aufnahme**, die 파노라마 촬영. **~bild**, das 전경화(사진). **~bus**, der 전망창(展望窓)을 갖춘 관광 버스. **~fenster**, das 《넓은 시야를 열어 주는》 전망창(展望窓). **~karte**, die: eine P. von den Ötztaler Alpen 외츠 계곡 알프스의 파노라마식 관광 안내 지도. **~kopf**, der 《영화·사진》 Kinokopf. **~objektiv**, das 360° 방향 전환이 가능한 광각대물렌즈 《카메라의》. **~scheibe**, die 《넓은 시야를 열어 주는 커다란》 방풍 유리《자동차 등의》. **~spiegel**, der 《자동차》 《방풍 유리 위에 장치되어 운전자에게 넓은 시야를 가능하게 해 주는》 전경(全景) 백-미러.
panoramieren [panora'mi:rən] 〈h〉 《영화·사진》 《카메라를 천천히 돌려》 전경(全景)을 보여 주다.
Panplegie […ple'gi:], die; -n […i:ən; griech. pān u. plēgē = Schlag] 【의학】 전신 마비.
Panpsychismus, der; - 【철학】 범심론(汎心論).
panschen ['panʃn̩] 〈h〉 《의성어》 **1.** (알코올, 우유 등에) 물을 타다, 변조(僞造)하다: wer Wein panscht, macht sich strafbar 술을 변조하는 자는 벌을 받는다; 《4격 목적 없이도》 der Wirt hat gepanscht 그 술집 주인은 술을 변조했다. **2.** 《통용어》 첨벙거리며 놀다: die Kinder panschen im Wasser 아이들이 물에서 첨벙거리며 논다.
Panscher, der; -s, - 포도주(우유 등의) 변조자. **Panscherei** [panʃə'rai], die; -en 《통용어·폄》 포도주(우유

등의》 변조 행위; 물을 계속해서 첨벙거리는 동작.
Pansen ['panzn̩], der; -s, - [lat. pantex] **1.** 【동물】 반추 동물의 제 1위(胃), 유위(瘤胃). **2.** 《nordd.》 위(胃): sich den P. vollschlagen 포식하다.
Pansexualismus [panzɛksŭa'lɪsmʊs], der; - 【정신 분석】 범성욕설(汎性慾說)《지그문트 프로이트의》.
Pansflöte, die ↑Panflöte.
Panslavismus usw.: ↑Panslawismus usw.
Panslawismus […sla'vɪsmʊs], der; - 《역사적》 범 슬라브주의《전 슬라브 민족의 정치·문화적 결속 운동》. **Panslawist**, der; -en, -en 범 슬라브주의자. **panslawistisch** 〈Adj.〉 범 슬라브주의적.
Pansophie [panzo'fi:], die [griech. pān u. sophía] 범지학(汎知學)《모든 학문을 하나로 종합하려는, 16~18세기의 신비적 자연 철학적 운동》. **pansophisch** [pan'zo:fɪʃ] 〈Adj.〉 범지학의.
Panspermie [panspɛr'mi:], die 배종(胚種) 발달설《지구상의 생명이 타 혹성들로부터의 싹을 통해 발생했다는》, 포자(胞子) 가설.
Pantalone [panta'lo:nə], der; -s, -s / …ni [ital. Pantal(e)one] 판탈로네《이탈리아 민중희극 코메디아 델라르 테에서 등장하는, 사랑에 빠진 인색한 베니스의 노(老) 상인역》. **Pantalons** [pāta'lɔ̃:s, 《또한》 panta'lɔ̃s] 〈Pl.〉 [frz. pantalons] 판탈롱《남자용 긴 통바지》.
panta rhei [panta'rai]; griech. = alles fließt] [기원전 5~6세기 그리스 철학자 헤라클레이토스의 사상] 만물은 유전(流轉)한다.
Pantheismus, der; -, - [↑pan-, Pan- 참조] 【철학·종교】 범신론(汎神論), 만유신론(萬有神論). **Pantheist**, der; -en, -en 범신론자. **pantheistisch** 〈Adj.〉 범신론의. **Pantheon** ['pantĕɔn], das; -s, -s [1 a: griech. pánthe(i)on(hierón); 1 b: frz. panthéon] **1. a)** 《모든 신들을 다 모신》 만신전(萬神殿)《고대 로마 등의》. **b)** 위령묘(慰靈廟), 명사(名士) 기념묘《파리 등의》. **2.** 【종교】 《한 민족의》 신(神)들 전체.
Panther ['pantɐ], der; -s, - [lat. panthēr(a) < griech. pánthēr] ↑Leopard. **Pantherfell**, das 표범의 가죽. **Pantherpilz**, der [비옥 갓 윗면이 표범 모양으로 얼룩져 있는 데서] 독성(毒性)을 들시리버섯.
Pantine [pan'ti:nə], die; -n 《대개 Pl.》 [frz. patin 《nordd.》 목제(木製) 실내화, 밑바닥이 나무로 된 신; klappernde -n 덜그럭거리는 나막신; **aus den -n kippen** 《통용어》 기절[실신]하다, 아연 실색하다.
Pantoffel [pan'tɔfl̩], der; -s, -n 《대개 Pl.》 축소형: ↑ Pantöffelchen [frz. pantoufle] 슬리퍼, 반화(半靴): **in die -n schlüpfen** 슬리퍼를 신다; **den P. schwingen** 《통용어》 내주장(內主張)하다, 남편을 쥐어 살다, **unter dem P. stehen** 《통용어》 엄처시하(嚴妻侍下)이다; **unter den P. kommen[geraten]** 《통용어》 지배욕이 강한 여자와 결혼하게 되다, 아내에게 쥐여 살게 되다.
pantoffel-, Pantoffel-: **~blume**, die 칼세올라리아《슬리퍼 모양의 꽃을 가진, 남미 원산의 현삼과의 분재(盆栽) 식물》. **~förmig** 〈Adj.〉 슬리퍼 모양의. **~held**, der 《통용어·폄》 엄처시하의 남자. **~kino**, das 《통용어·농》 텔레비전(수상기). **~tierchen**, das 【생물】 짚신벌레.
Pantöffelchen [pan'tœfl̩çən], das; -s, - ↑Pantoffel. **pantöffeln** 〈h〉 【제혁】 가죽을 문질러 매끈하고 부드럽게 만들다.
Pantograph [panto'graːf], der -en, -en [↑pan-, Pan- u. ↑-graph] 팬토그래프, 사도기(寫圖器)《그림을 자유로이 확대·축소하여 쓰게 그리는》. **Pantographie**, die; -n 팬토그래프[사도기]의 확대(축소)도(圖).
Pantolette [panto'lɛtə], die; -n 《대개 Pl.》 《대개 굽이

높은 슬리퍼형의) 여름용 구두.

¹**Pantomime** [panto'mi:mə], die; -n [frz. pantomime] 무언극(無言劇), 묵극(默劇): eine P. einstudieren(aufführen, geben] 무언극을 연습하여 익히다 [연기(演技)하다, 보여 주다]. ²**Pantomime**, der; -n, -n 무언극 배우. **Pantomimik, die 1.** 무언극술. **2.** [심리] (표정, 몸짓, 자세, 걸음걸이 등) 신체적 표현 동작 전체. **pantomimisch** 〈Adj.〉 **1.** 몸짓의, 몸짓에 의한, 무언극의: etw. p. darstellen 무엇을 몸짓으로 표현하다 [무언극으로 구현하다]. **2.** [심리] 신체적 표현 동작의: jmdn. an seiner -en Besonderheit erkennen 신체적 표현 동작이 특수한 데서 누구를 알아보다.

Pantothensäure [panto'te:n-], die; -n [engl. pantothenic acid] 판토텐산(酸).

Pantry ['pɛntri], die; -s [engl. pantry] (배, 비행기 등에서) 요리 및 식기를 두는 방.

pantschen ['pantʃn] usw. ↑**panschen** usw.

Pantschen-Lama ['pantʃn-], der; -(s), -s [tibet. pan-chen(b)lama; ↑²Lama 참조] 라마교의 교회 수장(首長)(정치적 수장인 Dalai-Lama 다음의 부교주(副敎主)인 셈).

Panty ['pɛnti], die; ...ties [..ti:s; engl. panty] 팬티 거들, 팬티 스타킹.

Pänultima [pɛ'nʊltima, pɛn|ʊ..], die ...mä / ...men [lat. paenultima] [언어] 한 단어의 끝에서 둘째 음절.

Panzen ['pantsn], der; -s, - [↑Pansen의 병용형] [지역적·범] 비계가 두껍게 앉은 배, 북통배: er hat sich den P. vollgeschlagen 그는 배가 불룩 먹었다. **Panzer** ['pantsɐ], der -s, - **1.** (옛) 갑옷: einen P. tragen [anlegen] 갑옷을 입다; [전의] einen P. um sich legen 주위 사람들과 담을 쌓고 지내다. **2.** 갑각(甲殼)(연체 동물 등의): der P. einer Schildkröte 거북의 갑각, 갑껍. **3.** 철갑, 철판: ein Kernreaktor muß einen besonders dicken P. haben 원자로는 특히 두꺼운 철갑으로 되어 있어야 한다. **4.** 전차, 탱크: P. rollen vor 탱크들이 앞으로 굴러간다; einen P. abschießen(knacken] [군] 탱크를 격파하다. **5.** 〈Pl.〉 [군] 기갑 부대: er wurde zu den -n eingezogen 그는 기갑 부대에 정집되었다.

panzer-, Panzer-: ~abwehr, die [군] **a)** 대전차 방어: Spezialwaffen zur P. 대전차 방어용 특수 무기. **b)** 대전차 방어 부대. **~abwehrkanone,** die 대전차포(약어: ↑Pak (1)). **~abwehrrakete,** die 대전차 미사일. **~angriff,** der 전차(에 의한) 공격. **~artillerie,** die [군] 전차 포병대. **~aufklärer** 〈Pl.〉 [군] 전차 정찰대. **~aufklärungstruppe,** die [군] 전차 정찰대. **~brechend** 〈Adj.〉 [군] 전차를 격파하는: -e Munition 전차 격파용 탄약. **~division,** die [군] 기갑 사단. **~echse,** die ↑Krokodil. **~einheit,** die [군] 전차 중대. **~faust,** die [군] (보병의 휴대 화기로서] 대전차 로켓 포. **~fisch,** der 갑주어(甲胄魚)의 일종(화석 동물). **~förderer,** der [광](채굴 석탄 등의) 운반용 강철 홈. **~glas,** das 〈Pl. 없음〉 방탄 유리. **~graben,** der [군] 대전차호(壕). **~grenadier,** der [군] 기갑 보병 부대의 병사. **~grenadierdivision,** die 기갑 보병 사단. **~hemd,** das ↑Kettenhemd. **~jäger,** der [군] 대전차병(대전차용 전차로 무장한 보병 부대의 병사). **~kampfwagen,** der ↑Panzer (4). **~kolonne,** die [군] 전차들의 종대, 전차 대열. **~kreuzer,** der (군·옛) 장갑 순양함. **~lurch,** der 견두류(堅頭類)(카본기(紀)의 양서류 화석 동물). **~pioniere** 〈Pl.〉 [군] 전차 공병대. **~platte,** die 장갑판(裝甲板). **~regiment,** das 〈Pl.〉 [군] **1.** (전에는) 기갑 사단 연합. **2.** (오늘날에는) 군단장의 가용 예비대. **~schiff,** das 〈옛〉 장갑함, 장갑함. **~schlacht,** die [군] 전차전(戰車戰). **~schrank,** der ↑Geldschrank. **~schreck,** der [군] ↑Bazooka. **~schüt-**ze, der 전차병(戰車兵). **~spähwagen,** der [군] 정찰용 장갑차. **~sperre,** die [군] 대전차 장애물: -n errichten 전차 저지용 장애물을 구축[설치]하다. **~spitze,** die [군] 전차 대열의 선두. **~stahl,** der 초경질(超硬質) 강철. **~truppe,** die [군] 기갑[전차] 부대. **~turm,** der (전차의) 장갑 포탑(砲塔). **~verband,** der (대개 Pl.) [군] 전차 부대. **~wagen,** der [군] **1.** ↑Panzer (4). **2.** (장갑 열차의) 장갑 차량. **~zug,** der [군] 장갑 열차.

panzern ['pantsɐn] 〈h〉 [↑Panzer (1–3) 참조] **a)** 철갑으로 싸다, 장갑을 하다: Eisbrecher müssen stark gepanzert sein 쇄빙선은 철갑으로 튼튼하게 싸여져 있어야 한다. **b)** (옛) 갑옷을 입히다: sich vor dem Kampf p. 전투 전에 갑옷을 입다. **c)** 〈p. + sich〉 무감각[무관심]해지다: sie panzerte sich gegen alle Fragen 그녀는 모든 질문에 끄떡도 하지 않았다. **Panzerung,** die; -en **1.** 장갑. **2.** ↑Panzer (3): eine dicke P. aus Stahlplatten 강철판으로 된 두꺼운 철갑.

Päonie [pɛ'o:niə], die; -n [lat. paeōnia < griech. paiōnía ↑Pfingstrose.

¹**Papa** ['papa, 〈준교어·아이〉 pa'pa:], der; -s, -s [frz. papa] (친근한) 아빠: der P. wird bald kommen 아빠가 곧 오실거야. ²**Papa** ['pa:pa], der; -s [lat. papa] 교황: habemus -m! [lat.) 교황이 나셨네! (교황 선거가 잘 끝난 뒤의 환호). **Papabili** [pa'pa:bili] 〈Pl.〉 [ital. papabili] [가] 교황직 후보의 물망에 오른 추기경들. **Papachen** [pa'pa:çən], das; -s, - ↑¹Papa의 애칭.

Papagallo [papa'galo], der; -(s), -s / ...lli [ital. pappagallo] (여성 관광객들과의 정사를 노리는) 불량 (특히 이탈리아의). **Papagei** [papa'ɡai], (österr.)'--], der; -en / -s, -en, 〈드물게〉-e [frz. papegai] 앵무새: der P. sitzt auf der Stange 앵무새가 홰에 앉아 있다; plappern wie ein P. 앵무새처럼 재잘거리다.

papageien-, Papageien-: ~grün 〈Adj.〉 앵무새 초록색의. **~grün,** das 앵무새 초록색. **~krankheit,** die 〈Pl. 없음〉 [의학] 앵무병(폐렴의 일종: Psittakose). **~schnabel,** der 앵무새 부리.

papageienhaft 〈Adj.〉 **a)** 앵무새처럼 치장한: sich p. anziehen 앵무새같이 눈부시게 차려 입다. **b)** 생각 없이 재잘거리는(앵무새같이). **Papageifisch,** der; -(e)s, -e 비늘돔.

papal [pa'pa:l] 〈Adj.〉 [lat. papalis] 〈드물게〉 교황의. **Papalismus** [papa'lɪsmʊs], der; - [가] (최고 교권은 교황에게 있다는) 교황 수위설(首位說)(반대: Episkopalismus). **Papalsystem,** das; -s 교황 중심 체제(산 제단은 중심이 아니라).

Paparazzo [papa'ratso], der; -s, ...zzi [ital. paparazzo] (농) (끈질기게 달라붙는) 사진 기자, 스캔들 기자.

Papat [pa'pa:t], der, (또한) das; -(e)s [lat. papatus] [가] 교황직, 교황의 지위.

Papaverazeen [papavera'tse:ən] 〈Pl.〉 [lat. papavēr = Mohn] [식물] 양귀비과(科). **Papaverin** [..'ri:n], das; -s 파파베린(진경(鎮痙) 작용을 하는 아편 염기).

Papaya [pa'pa:ja], die; -s [span. papaya] **1.** ↑Melonenbaum. **2.** 파파야 열매. **Papayafrucht,** die ↑Papaya (2).

Papchen ['papçən], das; -s, - ↑¹Papa의 애칭.

Papel ['pa:pl], die; -n, Papula ['pa:pula], die; ...ae [...lɛ; lat. papula] [의학] 구진(丘疹).

Paper ['peɪpɐ], das; -s, -s [engl. paper] 종이 증거 문서, 서류; 논문, 초안, 리포트: -s und Handouts als Unterlagen 논거가 되는 서류들과 정보 자료들. **Paperback** [-bæk], das; -s, -s [engl. paperback] 종이 표지 책(반대: Hard cover).

Papeterie [papetə'ri:], die; -n [..i:ən; frz. papeterie <

lat. papỹrus, ↑Papier] (schweiz.) a) 지물(紙物) 및 문구(文具) b) 지물 및 문방구점.
Papi ['papi], der; -s, -s 《친근한》 ↑Papa ['papa].
Papiamento, das; - [span. (südamerik.) Papiamento] 네덜란드령 서인도 제도의 혼성어(포르투갈어에서 발전되었고, 네덜란드어, 영어, 스페인어의 요소들이 혼합된).
Papier [pa'piːɐ], das; -s, -e [lat. papỹrum < griech. pápyros] 1. 〈Pl. 없음〉 종이: ein Blatt[Fetzen] P. 종이 한 장[조각]; P. mit Wasserzeichen 내비치는 무늬를 넣은 종이; es ist kein P. mehr da 《통용어》 (화장실에) 휴지가 없다; etwas in P. einwickeln [einschlagen] 무엇을 종이에 싸다[포장하다]; [성구] P. ist geduldig 종이에 쓰여져 있다고 모든 것이 다 맞거나 의미 있는 것은 아니다; (nur) auf dem Papier stehen[existieren] 다만 서류상으로만[형식적으로만] 존속할 뿐 실행되고 있지 않다; etw. aufs Papier werfen 《아어》 급히 적다, 개략적으로[요점만] 적다, 초안하다; etw. zu P. bringen 무엇을 적다. 2. 글 쓴 것, 문서, 서류, 기록물, 초안, 논문, 연구서: etw. in P. niederzeichnen 서류에 서명하다; in alten -en kramen 고문서들을 뒤적거리다. 3. 《대개 Pl.》 신분 증명서, 여권, 면허증, 허가증: seine -e vorzeigen 그의 신분 증명서를 내보이다; er bekam seine -e 《통용어》 그는 제대했다[면직·해고되었다]. 4. 《재정》 유가 증권, 어음, 주식, 채권: die -e sind gestiegen (gefallen) 주가(株價)가 올랐다(내렸다); sein Geld in -en anlegen 증권에 투자하다.
papier-, Papier-: ~**abfall**, der 휴지. ~**artig** 〈Adj.〉 종이 모양의. ~**bahn**, die ↑Bahn (4). ~**band**, das 〈Pl. -bänder〉 종이 테이프. ~**block**, der (Pl. -blocks) (뜯어 쓸 수 있는) 종이 철(綴). ~**blume**, die 1. (말라도 색과 모양이 변하지 않는) 수레바퀴국화의 일종(학명: Xeranthemum) 2. 조화(造花). ~**bogen**, der 전지(全紙). ~**brei**, der (제지용) 펄프 용액. ~**deutsch**, das 《폄》 격식 독어(딱딱하고 생동감이 없는). ~**erzeugung**, die 제지(製紙). ~**fabrik**, die 제지 공장. ~**fabrikation**, die 제지(製紙). ~**fähnchen**, das 종이기(旗). ~**fetzen**, der 종이 조각, 휴지. ~**form**, die 《스포츠·은어》 (여태까지의 성적으로 미루어 알 수 있는) 경기 능력. ~**format**, das 종이의 크기[치수]. ~**garn**, das 종이 노끈. ~**geld**, das 〈Pl. 없음〉 지폐. ~**geschäft**, das 지물 상[점]. ~**gewicht**, das [권투·레슬링] 1. 〈Pl. 없음〉 최경량급 체급. 2. 최경량급 선수. ~**gewichtler**, der; -s, - [권투·레슬링] 최경량급 선수. ~**girlande**, die 꽃줄(꽃술). ~**handlung**, die ↑~geschäft. ~**handtuch**, das (흡수성의) 종이(손)수건. ~**herstellung**, die 종이 제조, 제지. ~**industrie**, die 제지 공업. ~**kohle**, die ↑Dysodil. ~**korb**, der (종이) 쓰레기통: etwas in den P. werfen 무엇을 쓰레기통에 버리다. ~**kragen**, der 종이 칼라(옷깃): jmdm. platzt der P. 《농》 참을 수 없도록 몹시 노하다. ~**kram**, der 《통용어·폄》 《번거로운》 문서. ~**krieg**, der 《통용어·폄》 서신[문서] 전쟁(관청과의 대결에서 오래 끄는 소모성의 문통(文通). ~**kugel**, die 종이공: die Kinder warfen mit -n 아이들이 종이 공을 던졌다. ~**laterne**, die 『Lampion. ~**maché**: ↑Papiermaché. ~**manschette**, die 종이 커프스[소매부리], (화분, 꽃다발 등을 예쁘게 싸는) 커프스 식 포장지. ~**maschine**, die 제지기(製紙機). ~**messer**, das { Brieföffner (a). ~**mühle**, die a) ↑Holländer (4). b) 《폄고어》 ↑~fabrik. ~**mütze**, die 종이 모자. ~**rolle**, die 종이 두루마리, 권지(卷紙). ~**sack**, der a) 종이 부대. b) 《österr.》 ↑~tüte. ~**schere**, die 종이 자르는 가위. ~**schlange**, die 색종이 테이프(사육제 등에서 사용하는): mit -n werfen 색종이 테이프를 던지다. ~**schnipsel**, ~**schnitzel**, das 종이 조각. ~**serviette**, die 종이 냅킨. ~**staude**, die ↑Papyrusstaude. ~**streifen**, der (좁고 긴) 종이 띠. ~**taschentuch**, das 종이 손수건. ~**tiger**, der [engl.-amerik. paper tiger] 종이 호랑이(겉으로만 강하고 실제로는 약한). ~**tuch**, das 〈Pl. -tücher〉 종이 수건. ~**tüte**, die 종이 봉지. ~**verarbeitend** 〈Adj.〉 종이로 가공하는: ~e Industrie 종이 가공 공업. ~**verarbeitung**, die 종이 가공. ~**währung**, die 지폐 본위(制). ~**waren** 〈Pl.〉 지류(紙類), 지제품(紙製品). ~**warenhandlung**, die ↑~geschäft. ~**weiß** 〈Adj.〉 《드물게》 ↑kalkweiß.
papieren 〈Adj.〉 1. 종이로 된: ein papier(e)nes Tischtuch 종이 식탁보. 2. a) 종이 같은, b) 《폄, 표현이》 무미 건조한, 생기 없는: seine Worte waren viel zu p. 그의 말은 너무 무미 건조했다. **Papiermaché** [papiemaʃeː], (österr.) [...], das; -s, -s [frz. papier mâché 혼응지(混凝紙)(펄프에 아교를 섞어 만든 연한 종이 덩어리, 여러 가지 지기(紙器)의 재료): Kasperlepuppen aus P. 혼응지로 된 어릿광대 인형.
papillar [papi'laːɐ] 〈Adj.〉 [의학] 젖꼭지(사마귀) 모양의. **Papillargeschwulst**, die [의학] ↑Papillom. **Papillarkörper**, der [의학] ↑Papillarschicht. **Papillarlinien** 〈Pl.〉 [해부] 피부소릉(小陵), 피부융선(隆線)(손바닥, 발바닥 및 특히 손가락 끝의). **Papillarschicht**, die (진피(眞皮)의) 유두상돌기층(乳頭狀突起層). **Papille** [pa'pɪlə] die; -n [lat. papilla] [해부] 돌기, 유두(乳頭), 젖꼭지. **Papillom** [...'loːm], das; -s, -e [의학] 유두종, 유두종(乳頭腫).
Papillon [papi'jõ], der; -s, -s [frz. papillon] 1. (벨기에 산의 작은) 스파니엘 종의 개. 2. 파피용 천(소모사(梳毛絲), 명주 등으로 된 부드러운 천).
Papillote [papi'jotə], die; -n [frz. papillote] 1. (요리) 은박지 등에 싸서 구운 고기 요리. 2. (머리를 지지는 데 쓰는) 컬-페이퍼.
Papirossa [papi'rɔsa], die; ...ssy [...si; russ. papirosa] (종이로 된 긴 물부리가 달린) 러시아 궐련.
Papismus [pa'pɪsmʊs], der; - (폄) a) 《경멸하여》 가톨릭주의(교의), 교황 정치. b) 교황 신성설(神聖說)의 절대 복종, 교황 대변설(代辯說). **Papist** [pa'pɪst], der; -en, -en 《폄》 교황 정치[제도] 예찬자, 교황권 신봉자. **papistisch** 〈Adj.〉 《폄》 교황 정치적, 교황 제도[가톨릭교의(教義)] 예찬적, 교황 신봉적(대변적).
papp [pap] 〈Interj.〉 《다음 용법으로》 **nicht mehr p. sagen können** 《통용어》 배가 잔뜩 부르다(입이 가득 차서 papp하고 말할 수 조차 없다는 데서). **Papp**, der; -s, -e 《지역적》 1. (끈기 있는) 밀가루 죽. 2. 풀(糊).
Papp- (Pappe): ~**band**, der 〈Pl. ...bände〉 판지 표지 철(綴). 판지 표지 책. ~**becher**, der (일회용) 종이 컵. ~**deckel**, der ↑Pappendeckel. ~**kamerad**, der 《통용어》 (마분지로 된) 등신 대상(等身大像), (사격 연습용) 인형 표적: auf -en schießen 인형 표적을 겨누어 쏘다. ~**karton**, der 마분지 상자: alles in -s verstauen 모든 것을 마분지 상자에 쓸어 넣다. ~**kasten**, der 판지(板紙) 상자. ~**koffer**, der 판지 가방. ~**maché**, das ↑Papiermaché. ~**nase**, die (변장에 사용되는) 판지 코. ~**plakat**, das 판지 플래카드. ~**schachtel**, die 판지 상자(갑)(匣). ~**schild**, das 〈Pl. ...schilder〉 판지 간판(판지·레테르). ~**teller**, der 판지의 접시.
Pappatacifieber [papa'taːtʃi], das; -s [ital. pappataci] [의학] (열대와 남유럽에서 모기를 통해 옮겨지는 독감 증세의) 삼일열(三日熱).
Pappe ['papə], die; -n 1. 판지, 마분지: ein Bild auf P. aufkleben 사진을 판지에 붙이다. 2. 《통용어》 ↑Papp

(1, 2): **nicht von[aus] P. sein** 《통용어》 강하다, 견고하다, 얕볼 수 없다: **der Neue ist nicht von[aus] P.** 그 신참자는 만만치 않다; **jmdm. P. ums Maul schmieren** 《지역적》 누구에게 아양 떨다, 아첨하다.
Pappel ['papl], die; -n [lat. pōpulus] **1.** 포플러. **2.** ⟨Pl. 없음⟩ 포플러 재목: **ein Hammerstiel aus P.** 포플러나무로 된 망치 자루.
Pappel-: ~allee, die 포플러 가로수 길. **~bock**, der ↑Holzbock (3). **~holz**, das 포플러 재목. **~spinner**, der 흰나비의 일종〔학명: Stilpnotia salicis〕.
pappeln ['papln] ⟨Adj.⟩ ⟨드물게⟩ 포플러 재목의.
päppeln ['pɛpln] ⟨h⟩ 《통용어》 (아이나 병자에게) 죽을 먹여 돌보다, 애지중지 기르다: **artgerechtes Rehkitz mit der Flasche p.** 버려진 노루새끼에게 주둥이 달린 그릇으로 죽을 먹이다; 전의 **jmds. Eitelkeit p.** 누구에게 아첨하다, 아양 떨다. **pappen** ['papp] ⟨h⟩ 《통용어》 **1.** (풀로) 붙이다: **einen Aufkleber ans Auto p.** 스티커를 자동차에 붙이다. **2.** (뭉쳐서) 들러붙어 있다: **der Schnee pappt (unter den Schuhsohlen)** 눈이 덩어리로 (구두창 밑에) 들러붙어 있다. **Pappdeckel**, der; -s 《또한》 **Pappdeckel**, der; -s 표지용, 덮개용) 판지, 판지 표지〔책의〕.
Pappenheimer ['papnhaɪmɐ] ⟨다음 용법으로⟩ **seine P. kennen** 《통용어》 다른 사람(자식, 제자, 부하, 이웃 등)의 성격, 특히 약점을 잘 알다(쉴러의 희곡 『발렌슈타인의 죽음』 II, 15에서 유래).
Pappenstiel ['papn-] ⟨다음 용법으로⟩ **das ist (doch) kein P.** 《통용어》 그것은 하찮은 것이 아니다: **dreitausend Mark Schulden sind kein P.** 삼천 마르크의 빚은 사소한 것이 아니다; **keinen P. wert sein** 《통용어》 아무런 가치도 없다; **für[um] einen P.** 아주 싸게, 헐값으로.
papperlapapp ['paprela'pap] ⟨Interj.⟩ 《무의미한 지껄임이나 평계를 거부할 때》 쓸데없는 소리 그만 둬〔Unsinn!〕; 《명사화》 **das ist doch alles bloß P.!** 그것은 모두가 허튼 소리에 지나지 않아.
pappig ['papɪç] ⟨Adj.⟩ 《통용어》 **a)** 쉽게 뭉쳐지는(그래서 들러붙어 있는): **-er Schnee** 쉽게 덩이가 되는 눈. **b)** 끈적끈적한, 점착성의: **mußt du alles mit deinen -en Fingern anfassen?** 모든 것을 그 끈적끈적한 손으로 잡아야겠느냐? **c)** 살 구어지지 아니한. **d)** 죽 같은, 정형(定形)이 없는: **das Gemüse war zerkocht und p.** 그 야채는 삶겨 흐무러져 죽 같았다. **Pappschnee**, der; -s 뭉쳐서 〔스키에〕 들러붙을 물기 있는 눈.
Pappus ['papʊs] der; -, - / -se [lat. pappus < griech. pappós = Großvater] 〔식물〕 관모(冠毛), 깃털.
Paprika ['paprika], der; -s, -(s) **1.** 서양 고추(가지과 식물), 피망. **2.** 서양 고추, 피망(열매로서의): **heute mittag gibt es P.** 오늘 점심엔 피망이 나온다; **gefüllter P.** 다진 고기로 속을 채워서 찐 피망. **3.** ⟨Pl. 없음⟩ 피망 가루: **mit P. würzen** 피망 가루로 양념하다.
Paprika-: ~gemüse, das 피망 요리. **~gulasch**, das, 《또한》 der 피망 가루를 친 스튜. **~salat**, der 피망 샐러드. **~schnitzel**, das 〔요리〕 피망 슈닛첼〔로스구이〕. **~schote**, die 피망(열매).
paprizieren [papri'tsiːrən] ⟨h⟩ 《요리·특히 österr.》 피망 가루를 치다.
¹**Paps** [paps] 〈관사·격변화 없음; 대개 호칭으로만〉 ↑¹Papa의 애칭.
²**Paps** [-], der; -es, -e ⟨지역적⟩ ↑Papp.
Papst [paːpst], der; -(e)s, Päpste ['pɛpstə; lat. pāpa] 교황: **eine Audienz beim P.** 교황 알현; 성구 **in Rom gewesen sein und nicht den P. gesehen haben** ⟨교양어⟩ 가장 중요한 것을 놓쳤다; 전의 **die roten Päpste im Kreml** 크레믈린의 붉은 권력자들; **päpstlicher sein als der P.** 필요 이상으로 엄격하다; 어떤 노선을 지나치게 독단적으로 지지하다. **-papst** [-paːpst], der; -(e)s, -päpste 《통용어·농》 ~의 일인자〔예컨대: Kunst-, Kultur-, Ski-, Sex-, Dudenpapst〕.
Papst-: 〔가〕: **~familie**, die 성직자와 평신도로 구성된 교황청 궁정. **~katalog**, der ↑Papstliste. **~krone**, die (로마 교황의) 3중보관(寶冠), 교황관(冠). **~liste**, die (베드로로 시작되는) 역대 교황 명단. **~messe**, die 교황 집전 미사. **~name**, der (교황으로 선출된 뒤에 갖는) 교황명(名). **~ornat**, der 교황의 법복(法服). **~urkunde**, die 교황 이 썼거나 서명한 문서(칙서, 교서 등). **~wahl**, die 교황 선거.
Päpstin ['pɛːpstɪn], die; -nen 여교황. **päpstlich** ['pɛːpstlɪç] ⟨Adj.⟩ 비교급: ↑**Papst** 참조, 최상급 없음⟩ **a)** 교황의, 교황직의: **die -e Würde** 교황의 위엄. **b)** 교황에게서 나오는: **eine -e Enzyklika** 교황 교서. **c)** 교황 신봉의, 교황 정치 예찬의: **p. gesinnt sein** 교황 신봉적인 생각을 갖다. **Papsttum**, das; -s 교황직, 교황권; 교황 제도, 교황 정치.
Papua ['paːpua, ⟨또한⟩ pa'puːa], der; -(s), -(s) 뉴기니의 원주민. **Papua-Neuguinea**, -s 파푸아 뉴기니. **papuanisch** [pa'puaːnɪʃ] ⟨Adj.⟩ 파푸아인의. **Papuasprache**, die 파푸아어.
Papula: ↑Papel.
Papyri: ↑Papyrus의 복수형. **Papyrin** [papy'riːn], das; -s 유산지(紙). **Papyrologie** [papyrolo'giː], die 파피루스 고문서학(古文書學). **Papyrus** [pa'pyːrʊs], der; -, ...ri [lat. papyrus] **1.** ↑Papyrusstaude. **2.** (고대의) 파피루스(紙). **3.** 파피루스 고문서(古文書).
Papyrus-: ~blatt, das 파피루스 지로 된 고문서장. **~kunde**, die ↑Papyrologie. **~rolle**, die 파피루스 지로 된 고문서 두루마리. **~sammlung**, die 파피루스 고문서 수집(품). **~staude**, die (아프리카 산의) 지사초(紙莎草), 파피루스(고대 이집트의 제지 원료). **~text**, der 파피루스 고문서의 글.
Par [paːr], das; -(s), -s [engl. par] 〔골프〕 기준 타수(打數), 파.
¹**Para** [paːra], der; -, - [slowen., serbokroat. para < türk. para = Geld, Münze] 파라(유고슬라비아의 화폐 단위: 100 Para = 1 Dinar).
²**Para** [-], der; -s, -s [frz. Para] 낙하산〔공수〕 부대원.
para-, Para- [para-; griech. pará] 〈합성어의 규정어로서〉 **1.** 병렬·부가·부(副)·종(從)의 뜻〔예컨대: Paramedizin 준〔유사〕 의학). **2.** 부정(不正), 과실, 착오의 뜻〔예컨대: Paraplasie 기형〕. **3.** 역(逆), 반대, 대립의 뜻〔예컨대: paradox 역설적이〕.
Parabase [para'baːzə], die; -n [griech. parábasis] 〔문예학〕 (고대 그리스 희극에서) 코러스와 코러스 대장이 직접 관객에게 노래와 서창조로 말을 거는 부분(주로 시대 풍자 및 작가의 의도 설명).
Parabel [pa'raːbl], die; -n [lat. parabola, parabolē < griech. parabolḗ] **1.** 〔문예〕 비유담(談), 우화. **2.** 〔수학〕 포물선: **eine P. konstruieren** 포물선을 작도하다.
Parabellum Ⓦ [para'bɛlʊm], die; -s 자동 (장전) 권총. **Parabellumpistole**, die ↑Parabellum.
Parabiose [para'bɪoːzə], die; -n [griech. pará u. bíōsis] 〔동물〕 **1.** (기형으로서 몸이 붙은 두 동물의) 연신공생(連身共生). **2.** 병체유합(並體癒合)(산 동물을 수술로 결합, 인공적으로 연신 쌍생아를 만드는 실험).
Parabolantenne [parabo'lantɛnə], die; -n 〔기술〕 (초단파 포착용) 포물선 면경형(面鏡形) 안테나. **parabolisch** ⟨Adj.⟩ **1.** 〔교양어〕 비유담〔우화〕적인: **etw. p. sagen** 무엇을 비유담적으로 말하다. **2.** 〔수학〕 포물선 모양의. **Paraboloid** [parabo'iːt] das; -(e)s, -e 〔수학〕 포물선 면(面), 포물선 체(體). **Parabolspiegel**, der; -s, -

[기술] 포물선 면경(面鏡).

Parade [pa'ra:də], die; -n [frz. parade] **1.** [군] 사열식, 열병식; 분열식: am 1. Mai wird eine große P. abgehalten 5월 1일에 대 사열식이 거행된다. **2. a)** [펜싱] 파라드 방어, 공격을 받아 넘기거나 피함: eine P. schlagen(ausführen) 공격을 받아 넘기다, 방어하다. **b)** [구기] 골키퍼에 의한 방어: eine hervorragende (gewandte, glänzende) P. 키퍼 선방(善防); **jmdm. in die P. fahren** [통용어] 누구에게 단호히 반대하다, 누구의 어떤 계획을 저지하다. **c)** [장기] 공격 저지, 멍군. **3.** [승마] (말고삐를 죔에 의한) 정지, 감속(減速). **4.** 과시, 장관(壯觀): mit et. P. machen 무엇을 자랑삼아 보이다. 무엇으로 강한 인상을 심어 주다.

Parade-. ~beispiel, das 전형적인 예(例), 범례(範例). **~bett**, das 《준고어》 호화 침대. **~kissen**, das (수를 놓아 원래의 베개 위에 놓는) 장식용 베개. **~marsch**, der [군] 분열 행진, 사열 행진: im P. 분열(사열) 행진으로. **~pferd**, das **1.** 의장마(儀仗馬). **2.** [통용어] 모범생, 견본용 특선품: dieser Wagen gilt als das P. der Firma 이 차는 그 회사가 자랑하는 특선품으로 간주된다. **~schritt**, der [군] 분열(사열) 행진 보조. **~stück**, das 비장품(秘藏品)(자랑하며 내 보일 수 있는): das Gemälde ist das P. seiner Sammlung 그 그림은 그가 소장하고 있는 것 중의 비장품이다. **~uniform**, die [군] 사열식 복장, 예장(禮裝), 정장.

Paradeis- [para'dais-] 《österr.》: **~apfel**, der 《고어》 토마토. **~mark**, das 농축한 토마토 과육. **~salat**, der 토마토 샐러드. **~soße**, die 토마토 소스. **~suppe**, die 토마토 수프.

Paradeiser [para'daizɐ], der; -s, - 《österr.》 토마토.

Paradentitis [paraden'ti:tis] 《고어》 ↑Parodontitis.

Paradentose [paraden'to:zə] 《고어》 ↑Parodontose.

paradieren [para'di:rən] ⟨h⟩ [frz. parader] **1.** [군] 분열(사열) 행진을 하다: die Truppen paradierten vor dem Oberbefehlshaber 부대는 총사령관 앞에서 분열 행진을 했다. **2.** (아이) 진열되어 있다. **3.** (아이) 과시하다, 자랑삼아 보이다, 감명을 주려하다: er paradiert gerne mit seinem Wissen 그는 그의 지식을 과시하기를 좋아한다.

Paradies [para'di:s], das; -es, -e [lat. paradisus < griech. parádeisos] **1.** 《Pl. 없음》 [종교] a) (구약에서) 낙원, 에덴 동산: die Vertreibung des Menschen aus dem P. 낙원에서의 인간의 추방. **b)** 천국, 극락, 천당; dereinst ins P. eingehen 언젠가 하늘 나라로 가다, 죽다; **das P. auf Erden haben** ↑Himmel (2 a) 참조. **2. a)** 낙원(살기에 아주 좋은 곳으로서의): diese Südseeinsel ist ein (kleines) P. 남 태평양의 이 섬은 (작은) 낙원이다. **b)** ↑Eldorado: ein P. für Angler 낚시꾼들의 천국. **3.** ↑Atrium (2).

Paradies-. ~apfel, der **1.** (발칸 유럽의 작은) 야생 사과. **2.** 《지역적》 토마토. **3.** 《지역적·준고어》 Granatapfel. **~fisch**, der (인도산 완상용의) 극락어(極樂魚, 학명: Makropode). **~gärtlein** [-gertlain], das; -s, - [가톨릭] **1.** [미술] 소낙원(높은 담으로 둘러싸인, 꽃이 만발한 정원 안에서 아기 예수를 안고 있는 성모 마리아의 그림). **~spiel**, das [문예학] 낙원극(인간 창조, 타락, 낙원 추방 등을 내용으로 한 중세 무대의 종교극), 낙원 추방극. **~vogel**, der [그 현란한 깃털 때문에] (뉴기니 원산의) 극락조, 풍조(風鳥).

paradiesisch ⟨Adj.⟩ **1.** 낙원의, 천국의의 ursprüngliche, -e Zustand des Menschen 낙원에서의 인간의 원래 상태. **2.** 지락(至樂)의, 더 없이 즐거운; 절미, 매혹적인, 천국과 같은: ein -es Leben führen 낙원에서와 같은 삶을 영위하다.

Paradigma [para'dɪgma], das; -s, ...men, 《또한》 -ta [lat. paradigma < griech. parádeigma] **1.** 《교양어》 모범, 본보기, 범례(範例). **2.** [언어] 어형 변화례, 어형 변화 일람(표). **3.** [언어] 파라디그마, 계열체(수직적 차원에서 치환될 수 있는, 동일 품사의 단어들, 예컨대: der Mann geht langsam, schnell, wackelig, gemessen).

paradigmatisch [...'gma:tɪʃ] ⟨Adj.⟩ **1.** 《교양어》 모범적인, 전형적인: der -e Fall einer umweltgesteuerten Anpassung 환경에 따른 적응의 모범적인 경우. **2.** [언어] 어형 변화례의: die -e Darstellung eines Wortes 어떤 단어의 어형 변화 일람. **3.** 《nicht adv.》 계열체적인: -e Beziehungen sprachlicher Elemente 언어 요소들의 계열체적인 관계들.

paradox [para'dɔks] ⟨Adj.⟩ [lat. paradoxus < griech. parádoxos] **1.** 《교양어》 역설적인; 배리의, 모순된, 불합리한: eine -e Äußerung 역설적 발언. **2.** 《통용어》 기묘한; 어처구니 없는, 완전히 모순된: hör auf, das ist doch P.! 그만 해, 그건 허튼 소리야! **Paradox** [-], das; -es -e **1.** 《교양어》 역설적인(모순된) 것. **2.** [철학·문체] ↑Paradoxon (2). **paradoxerweise** ⟨Adv.⟩ **1.** 《교양어》 역설적으로, 모순되게. **2.** 《통용어》 기묘하게, 어처구니 없게. **Paradoxie** [paradɔ'ksi:] die; -n [...i:ən]; griech. paradoxía 《교양어》 역설(모순)성; 역설적(모순된) 사태: die P. einer Aussage(seiner Handlungsweise) 어떤 진술(그의 행실)의 역설성. **Paradoxon** [pa'ra:dɔkson], das; -s, ...xa [spätlat. paradoxon < griech. parádoxon] **1.** 《교양어》 ↑Paradox (1). **2.** 《철학·문체》 파라독스, 어역리순(語逆理順), 역설, 모순론, 기론(奇論).

Paraffin [para'fi:n], das; -s, -e [lat. parum u. affinis] **1.** 파라핀, 석랍(石蠟). **2.** 《대개 Pl.》 지방 함유 포화 탄화수소(飽和炭水水素)(methan 따위). **paraffinieren** [...fi'ni:rən] ⟨h⟩; -[e]s 《공업》 파라핀으로 처리(가공)하다. **Paraffinöl**, das; -[e]s 파라핀유(油), 유동(流動) 파라핀(시계에 치는 기름 등).

Paragenese, Paragenesis [para-], die [지질] 《암석 속에 일정한 광물들의 규칙적인》 공존(共存).

Paragneis ['pa:ra-], der; -es, -e [지질] 준 편마암(準片麻岩).

Paragramm [para'gram], das; -s, -e [lat. paragramma < griech. parágramma] 《우스꽝스럽거나 조롱적 효과를 갖기 위해 어떤 단어나 이름에서의》 문자 치환(예컨대: Tiberius 대신에 Biberius [= 술고래, von lat. bibere = trinken]).

Paragraph [para'gra:f], das; -en, -en [lat. paragraphus < griech. parágraphos] **a)** 단락, 절; 관행(款項), 조항, 항(목), 개조(箇條): einen -en in der Hausordnung ändern(beseitigen, anschaffen) 사내(舍內) 규칙의 한 조항을 수정하다(없애다, 폐지하다); 《숫자 앞에서는 관사 없이 불변화》 nach P. 8 제 8조[항]에 따라[의하면]. **b)** ↑Paragraphzeichen.

Paragraphen-. ~dickicht, das 《퓸》 (법률문이나 조약 등의) 많은 복잡한 조항들. **~gestrüpp**, das 《퓸》 ↑~dickicht. **~hengst**, der 《퓸》 법률학자. **~labyrinth**, der 《퓸》 ↑~dickicht. **~reiter**, der 《퓸》 ↑~hengst. **b)** 지나치게 규칙이나 법조문 문구에 얽매이는 사람. **~zeichen**, das ↑Paragraphzeichen.

Paragraphie [paragra'fi:], die; -n [...i:ən]; griech. pará = gegen u. gráphein = schreiben] [의학] 착자(서)증(錯字[書]症), 오기증(誤記症).

paragraphieren [...'fi:rən] ⟨h⟩ 조항으로 나누다, 단락을 짓다. **Paragraphierung**, die; -en ↑paragraphieren의 명사형. **Paragraphzeichen**, das; -s - 단락(절, 조항) 기호(§), 둘 이상의 단락일 때는 §§.

¹Paraguay [para'guaɪ, 《또한》 §pagvaɪ], der; -(s) Paraná 강(남미)의 오른쪽 지류. **²Paraguay**, -s 파라과

이(남미의). **Paraguayer** [para'gua:jɐ, 《또한》 'para-gvajɐ], der; -s, - 파라과이 사람. **paraguayisch** [para-'gua:jɪʃ, 《또한》 'paragvajɪʃ] ⟨Adj.⟩ 파라과이(인)의.
Paragummi, Parakautschuk ['pa:ra-], der; -s [브라질의 도시 이름 Pará에서] 파라고무. **Parakaut-schukbaum**, der; -(e)s, -bäume 파라고무나무.
Parakinese [paraki'ne:zə], die; -n [griech. pará = gegen. u. kínēsis = Bewegung] 【의학】 (근육의) 운동실조증, 운동 착오증.
Paraklase [para'kla:zə], die; -n [griech. pará = entlang u. klásis = Bruch 【지질】 암석균열(틈새가 벌어진).
Paraklet [para'kle:t], der; -(e)s / -en, -e(n) [lat. paraclētus < griech. paráklētos] 【신학】 조력자, 위안자, (하느님 앞에서의) 변호자[성령(聖靈)].
Paralalie [parala'li:], die [griech. pará = gegen u. laleīn = (viel) reden] 【의학】 착음증(錯音症), 발음 착오.
Paralexie [paralɛ'ksi:], die [griech. pará = gegen u. léxis = Wort] 【의학·심리】 착독증(錯讀症).
paralingual [para-] ⟨Adj.⟩ [griech. pará = neben u. ↑lingual 참조] 【언어】 (소리가) 발음 기관에서 나왔지만 언어 기능이 없는. **Paralinguistik**, die (언어 행위를 동반하지만 좁은 의미에서의 언어 기능은 없는 현상들 즉 억양, 몸짓 등을 연구하는) 준(準) 언어학. **paralingui-stisch** ⟨Adj.⟩ 준(準) 언어학적인.
Paralipomenon [parali'po:menɔn], das; -s, ..na ⟨대개 Pl.⟩ [griech. paralipómenon] **1.** 【문예】 부록(付錄), 보유(補遺)(주저(主著)에 대한). **2.** (구약 성경의) 역대 사략(歷代史略).
paralisch [pa'ra:lɪʃ] ⟨Adj.⟩ [griech. páralos] 【지질】 해안산(産)의, 해안 퇴적의(반대: limnisch 2): -e Kohle 해안산 석탄.
parallaktisch [para'laktɪʃ] ⟨Adj.⟩ 【물리·천문·사진】 시차(視差)의. **Parallaxe** [..'laksə], die; -n [griech. parállaxis] **1.** 【물리】 시차(視差), 시차각(角). **2.** 【천문】 (시차에 의해 측정하는) 별까지의 거리. **3.** 【사진】 파인더상의 상(像)과 필름상의 상(像)간의 차이. **Parallaxenausgleich**, der 【사진】 (파인더의) 시차 조정 장치.
parallel [para'le:l] ⟨Adj.⟩ [lat. parallēlus < griech. parállēlos] **1.** 평행의, 병렬의: -e Linien 평행선. **2.** 동시적인, 병행의; 상사(相似)의, 유사한: zwei -e Handlungen in einem Roman 하나의 소설에서 동시적인 두 사건들의 진행.
parallel-, Parallel-: ~**entwicklung**, die 병행 발전. ~**epiped** [para'le:l|epi'pe:t], das; -(e)s, -e, ~**epipedon** [paralele'pi:pedɔn], das; -s, ...da / ...peden [...pi'pe:dn; griech. epípedon = Fläche] 【수학】 ↑~flach. ~**erscheinung**, die 병행 현상. ~**fall**, der 유례(類例). ~**flach**, das 【수학】 평행 6면체. ~**klasse**, die 동학년 학급. ~**klemme**, die 【기술】 ↑ Froschklemme. ~**kreis**, der 【지리】 ↑ Breitenkreis. ~**laufend**, ⟨Adj.⟩ 평행하는: -e Geraden 평행 직선들. ~**linie**, die 평행선. ~**projektion**, die 【수학】 평행 투영(投影). ~**schalten** ⟨h⟩ 【전기】 병렬 접속으로 연결하다, 병렬하다: Widerstände p. 저항기들을 병렬하다. ~**schaltung**, die 【전기】 병렬 접속. ~**slalom**, der [스포츠] 평행 슬랄롬(두 스키어가 동시에 벌이는 회전 활강 경기). ~**straße**, die Parallel 병행 도로: Er wohnt nicht hier sondern in der P. 그는 여기에 살고 있는 것이 아니라 (이 도로와) 평행 도로에 살고 있다. ~**tonart**, die 【음악】 병행조(調), 평행조(같은 조표를 쓰는 장조와 단조, 예컨대: 다 장조와 가 단조).
Parallele [para'le:lə], die; -n ⟨aber: zwei -(n)⟩ **1.** 【수학】 평행선: zu einer Geraden die P. ziehen 하나의 직선에 평행선을 긋다. **2.** 유례(類例), 유사(상사(相似))한 것; 비교, 대비; 상응: eine geschichtliche[biologische] P. 역사적인[생물학적인] 유례; **etw.(jmdm.) mit etw.(jmdm.) in Parallele bringen[setzen / stellen]** 무엇[누구]을 무엇[누구]과 동일시하다[비교, 대비하다]. **3.** 【음악】 평행(병행적 성부 진행). **Parallelenaxiom**, das ⟨Pl. 없음⟩ 【수학】 평행선 공리. **parallelisieren** [...leli'zi:rən] ⟨h⟩ 【교양어】 나란히 놓다, 비교[대비]하다. **Parallelismus** [...'lɪsmʊs], der; -, ...men **1** 【교양어】 평행, 병행; 비교, 대비; 일치, 유사, 동형(同形), 상응: ein P. in der Entwicklung der beiden Völker 두 민족의 발전에 있어서의 유사성. **2.** 【언어·양식】 대구법(對句法), 동일 구문[構文]. **Parallelität** [...li'tɛ:t], die; -en **1.** ⟨Pl. 없음⟩ 【수학】 평행(직선)성(性). **2.** 【교양어】 평행성, 유사성, 상사성(相似性): die P. dieser Ereignisse ist auffallend 이 사건들의 유사성이 눈에 띈다. **Parallelo** [...'le:lo], der; -(s), -s [ital. parallelo] 【고어】 (소매 끝을 잘라낸 가로무늬의) 스웨터. **Parallelogramm** [...lelo'gram], das; -s, -e 【수학】 평행사변형.
Paralogie [paralo'gi:], die; -n 【교양어】 반리(反理), 배리(背理); 【의학】 착화(착답)증(錯話[錯答]症).
Paralogismus, der; -, ...men 【논리】 오류 추리(誤謬推理), 틀린 결론.
Paralyse [para'ly:zə], die; -n [lat. paralysis < griech. parálysis] 【의학】 (완전) 마비(痲痺); 뇌연화[腦軟化](매독성의): progressive P. 진행성 뇌연화. **paralysieren** [...ly'zi:rən] ⟨h⟩ **1.** 【의학】 마비시키다: Das Gift hatte ihn vollständig paralysiert 독이 그를 완전히 마비시켰다. **2.** 《교양어》 무력하게 하다, 소용없게 하다, 약화시키다. **Paralytiker** [..'ly:tikɐ], der; -s, - [교양] 진행성(진행) 마비환자, 뇌연화증 환자. **paralytisch** ⟨Adj.⟩ 【의학】 마비성(性)의; 마비증에 걸린, 마비된.
paramagnetisch [para-] ⟨Adj.⟩ 【물리】 상자성(常磁性)의, 향자성(向磁性)의. **Paramagnetismus** [para-], der; - 【물리】 상자성(常磁性), 향자성.
Paramaribo [parama'ri:bo, ⟨niederl.⟩ pa:ra:'ma:ri:bo:] 파라마리보(Surinam의 수도).
Paramedizin ['para-], die (학교 의학과는 그 진단법이나 치료법이 다른) 준(準)의학, 유사[類似] 의학.
Parament [para'mɛnt], das; -(e)s, -e ⟨대개 Pl.⟩ [lat. paramentum] 【종교】 예배용 장식품(제복(祭服), 휘장, 예배실 장식물 등).
Parameter [pa'ra:metɐ], der; -s, - [griech. pará u. métron] **1.** 【수학】 **a)** 매개 변수, 파라미터. **b)** (원뿔곡선의) 통경(通徑), 수직 지름. **2.** 【기술】 (기계나 도구 등의 구조 및 성능을 표시하는) 제원(諸元). **3.** 【경제】 (경제활동 과정에 영향을 주는) 변수(시간, 재료비 등). **4.** 【음악】 (음높이, 음량, 음색 등의) 변수.
paramilitärisch ['pa:ra-] ⟨Adj.⟩ 준(準) 군사적인: eine -e Organisation 군준사적 조직.
Paraná [⟨span.⟩ para'na, ⟨port.⟩ para'na] der; -(s) 파라나 강(남미의).
Paramnesie [paramne'zi:], die; -n [...i:ən] griech. pará u. mnēsis = Erinnerung] 【의학·심리】 기억 장애증, 기억 착오.
Paränese [parɛ'ne:zə], die; -n [lat. paraenesis < griech. paraínesis = Ermahnung] 【교양어】 **1.** 설유(說諭), 설득, (설교나 편지 등에서) 훈계(경고, 격려). **2.** 교훈의 실제적 적용. **paränetisch** [...'ne:tɪʃ] ⟨Adj.⟩ 《교양어》 **1.** 설유적인, 훈계적인. **2.** 경고적인.
Parang ['pa:raŋ], der; -s, -s [malai.] (말레이의) 나무덩쿨을 쳐내는 칼날이 넓은 칼.
Paranoia [para'nɔya], die [griech. paránoia] 【의학】

편집병(偏執病). **paranoid** [...no'i:t] ⟨Adj.⟩ 〖의학〗 편집병 비슷한, 병적 망상증의: -e Zustände 편집병 비슷한 상태. **Paranoiker** [...'no:ikɐ], der; -s, - 〖의학〗 편집병 환자. **paranoisch** ⟨Adj.⟩ 〖의학〗 편집병의, 편집병적인; 정신 착란의.

paranomal [para-] ⟨Adj.⟩ 〖심령〗 정상적으로는 설명할 수 없는, 초감각적인.

Paranthropus [pa'rantropus], der; -, ...pi [griech. pará = neben u. ánthrōpos = Mensch] 파란트로푸스 (두개골이 작고 이가 강한 남아프리카 원시인).

Paranuß ['pa:ra-], die; ...nüsse [브라질의 항구 도시 Pará에서] 브라질호두. **Paranußbaum**, der 브라질호두나무.

Paraphasie [parafa'zi:], die; -n [...i:ən; griech. pará u. phásis] 〖의학〗 (단어, 음절, 소리 등을 혼동하는) 언어 장애, 착어(症), 부전실어(不全失語)(증).

Paraphe [pa'ra:fə], die -n [frz. paraphe] 1. 《교양어》 수결(手決), 수결 도장. 2. 〖외교〗 이름의 두(頭) 문자(전권 대사의 약식 서명용). **paraphieren** [para'fi:rən] ⟨h⟩ [frz. parapher] 〖외교〗 수결 두다, (머리글자로) 서명하다; (외교 문서에) 조인하다(비준 전에). **Paraphierung**, die; -en 수결 둠, 서명; 조인.

Paraphonie [parafo'ni:], die; -n [...i:ən; griech. pará u. griech. phoné] 1. 〖음악〗 a) (고대 음악 이론에서) 4도와 5도의 음정(音程)(협화음). b) 4도와 5도의 병행 가창. 2. 〖의학〗 음성 변화(예컨대: 변성기에).

Paraphrase [para'fra:zə], die; -n [lat. paraphrasis < griech. paráphrasis] 1. 〖언어〗 a) 석의(釋義), 의역(意譯). b) 의역(意譯). 2. 〖음악〗 패러프레이즈, 부연곡(敷衍曲). **paraphrasieren** [...fra'zi:rən] ⟨h⟩ 1. 〖언어〗 a) 석의[해의]하다. b) 의역하다. 2. 〖음악〗 패러프레이즈하다, 부연 편곡하다. **paraphrastisch** [...'frasti∫] ⟨Adj.⟩ 석의[해의]적인, 의역의, 부연곡적인.

Paraphysik ['para-], die 의사(擬似) 물리학, 초(超)물리학 (자연 심리학의 일분야로서, 자연 법칙으로 설명할 수 없는 것처럼 보이는 물리적 현상을 다룸).

Paraplasie [parapla'zi:], die; -n [...i:ən; griech. pará u. plásis] 〖의학〗 기형(畸形).

Paraplasma [para-], das; -s, ...men ↑Deutoplasma.

Paraplegie [paraple'gi:], die; -n [...i:ən; griech. pará = nebeneinander u. plēgé = Schlag] 〖의학〗 대마비(對麻痺)(하지의 양측 마비).

Parapluie [para'ply:], das; (또한 der) -s, -s [frz. parapluie] 《고어·농》 우산.

parapsychisch [para-] ⟨Adj.⟩ 〖심령〗 초감각적인. **Parapsychologie**, die (심령 현상을 다루는) 의사(擬似) 심리학, 초(超) 심리학. **parapsychologisch** ⟨Adj.⟩ 〖심령〗 의사(초) 심리학의.

Parasit [para'zi:t], der; -en, -en [lat. parasītus < griech. parásitos = Tischgenosse] 1. 〖생물〗 기생 생물, 기생충. 2. 〖문예〗 (고대 희극에서 아첨으로 부자의 환심을 사는) 식객, 기식자(寄食者). 3. 〖지질〗 측화구(側火口), 기생 화구. **parasitär** [...zi'tɛ:ɐ̯] ⟨Adj.⟩ [frz. parasitaire] 1. 〖생물〗 기생 생물의, 기생적인; 기생 생물에 원인이 있는: viele Würmer leben p. 많은 벌레들이 기생으로 살고 있다. 2. 《교양어·폄》 기생충같이 사는, 식객 근성의: -e Lebensweise 기생충적인 생활 방식. **Parasitentum** [...s tənˌtuːm], das -s 기생(기식) (생활). **parasitieren** [...'ti:rən] ⟨h⟩ 〖생물〗 기생하다, 기식하다. **parasitisch** ⟨Adj.⟩ 기생 생물의, 기생적인; 식객 근성의. **Parasitismus** [...zi'tɪsmʊs], der -, - 〖생물〗 기생(기식), 기생(기식) 생활. **Parasitologe** [...to'lo:gə], der; -n, -n 《생물》 기생충 학자, 기생충 학자. **Parasitologie**, die 기생충학, 기생충학.

Paraski, der; - 낙하 회전 스키(낙하산 강하와 거대 슬랄롬을 조합한 경기).

¹Parasol [para'zo:l], der 《또는》 das; -s, -s [frz. parasol] 《고어》 파라솔, 양산. **²Parasol** [-], der; -s, -e, **Parasolpilz**, der; -es, -e 〈식용의 대형〉 삿갓버섯.

Parästhesie [parɛstɛ'zi:], die; -n [...i:ən; griech. pará u. aísthēsis] 〖의학〗 감각 이상(異常), 지각 이상(예컨대: 사지의 마비).

Parasympathikus, der; - 〖해부·생리〗 부교감신경(副交感神經). **parasympathisch** ⟨Adj.⟩ 〖해부·생리〗 부교감신경의.

parat [pa'ra:t] ⟨Adj.⟩ [lat. parātus] **a)** 준비된: Schreibzeug p. haben[halten] 필기 도구를 준비해 갖고 있다. **b)** 《준고어》 떠날 채비가 된, 여행 준비가 된: wir sind p. 우리는 떠날 채비가 되어 있다.

parataktisch [para'takti∫] ⟨Adj.⟩ 〖언어〗 병렬적인(반대: hypotaktisch): -e Sätze 병렬적 문장들. **Parataxe**, die; -n [griech. parátaxis] 〖언어〗 병렬(竝列)(반대: Hypotaxe). **Parataxie** [parata'ksi:], die; -n [...i:ən; griech. pará = neben u. táxis = Ordnung] 〖심리〗 소외(疎外), 위화(違和). **Parataxis**, die; ...xen 《고어》 ↑Parataxe.

Paratyphus ['pa:ra-], der 〖의학〗 파라티푸스, 의사(擬似) 티푸스.

Paravent [para'vã:], der, 《또한》 das; -s, -s [frz. paravent] 《österr.·그 외 고어》 병풍, 간막이(특히 난로의 방열용).

par avion [para'vjõ; frz.] 〖우편〗 항공편으로(항공 우편의 표기).

parazentrisch [para-] ⟨Adj.⟩ 〖수학〗 중심점 주위의, 중심점 주위를 도는.

parbleu! [par'blø:] ⟨Interj.⟩ [frz. parbleu] (고어·농·경탄·경악·불쾌의 표시) 아무렴, 저런, 원, 제기랄, 빌어먹을.

Pärchen [ˈpɛːɐ̯çən], das; -s, -: ↑Paar (1)의 축소형.

Parcours [parˈkuːɐ̯], der; -s [...ɐ̯(s)], -s [...ɐ̯s; frz. parcours] 〖경마〗 장애물 경마 주로(走路): einen P. aufbauen 장애물 경마 주로를 구축하다; den P. fehlerfrei überwinden 장애물 경마 주로를 완벽하게 통과하다.

Pard [part], der; -en, -en [lat. pardus], **Pardel** ['pardl], **Parder** ['pardɐ], der; -s, - 《고어》↑Leopard.

pardauz! [parˈdaʊts] ⟨Interj.⟩ 《고어·누가 혹은 무엇이 갑자기 넘어질 때 놀라거나 해서 외치는 소리》 어이쿠, 저런: p.!, da lag er auf der Nase. 어이쿠! 그가 엎어졌네.

Pardel: ↑Pard. **Pardelkatze**, die; -n 1. 《준고어》↑Raubkatze. 2. 《드물게》↑Ozelot. **Parder**: ↑Pard.

par distance [pardis'tã:s; frz.] 《교양어·준고어》 일정한 거리를 두고, 먼 곳에서부터.

Pardon [par'dõ:, 《österr.》 par'do:n], der, 《또한》 das; -s [frz. pardon] 《준고어》 용서, 관용; 면죄, 사죄(赦罪): jmdm. P. geben[gewähren] 누구를 용서하다; keinen[kein] P. kennen 가차없이 처리(응징)하다; P.! 용서하세요, 실례합니다. **pardonieren** ⟨h⟩ 《고어》 **a)** 용서하다. **b)** 사면하다, 은사(恩赦)하다.

Pardun [par'du:n], das; -(e)s, -s, **Pardune**, die; -n [선원] (마스트를 뒤쪽에서 유지해 주는) 뒤쪽 밧줄.

Parenchym [parɛn'çy:m], das; -s, -e [griech. pará u. égchyma] 1. 〖의학·생물〗 실질(實質) 조직(결체 조직이나 지지(支持) 조직과는 다름). 2. 〖식(植)〗 유(柔) 조직, 유연(柔軟) 조직. 3. 〖동물〗 (편충류에서 장벽(腸壁)과 체벽 사이를 채우고 있는) 체강(體腔) 조직. **parenchymatös** [...çyma'tø:s] ⟨Adj.⟩ 〖의학·생물〗 실질 조직이 많은, 실질 조직의.

parental [parɛn'ta:l] ⟨Adj.⟩ [lat. parentālis] 〖발생학〗

a) 양친(세대)의. b) 양친 세대에서 유전된. **Parentalgeneration**, die ↑Elterngeneration. **Parentalien** [...'tɑ:liən] 〈Pl.〉 [lat. parentālia] (고대 로마에서 2월에 거행된 죽은이에 대한 제).

Parentel [...'te:l], die; -en [lat. parentēla] [법] 친족, 동족, 일족; 후손[자손] 전체. **Parentsystem**, das; -s [법] 상위 등급 계열 우선 상속 순위제(1등급 : 자식 및 그 자손, 2등급 : 부모 및 그 자손, 3등급 : 조부모 및 그 자손).

parenteral [parente'ra:l] 〈Adj.〉 [의학] (특히 약품 투여에서) 비경구적(非經口的)인, 장관외(腸管外)의.

Parenthese [parɛn'te:zə], die; -n [lat. parenthesis < griech. parénthesis] [언어] 삽입구[문]: ein Wort [einen Satz] in P. setzen 단어[문장]을 괄호 안에 넣다; **in P.** 《교양어》 아울러, 부가적으로. **parenthetisch** [...'te:tɪʃ] 〈Adj.〉 **1.** [언어] 삽입한, 괄호에 넣은; 삽입구 [문]의: ein eingeschalteter Satz 삽입해 넣은 문장. **2.** 《교양어》 부수적인, 주석적인; 아울러, 겸해서: eine -e Äußerung 곁들인[주석적인] 언급.

Parere [pa're:rə], das; -(s), -(s) **1.** [고어] (상업 분쟁에서) 전문적 제 3자의 감정[견해 표시]. **2.** (österr.) 《정신병원으로의 인도를 허락하는》 의사의 감정[판정].

Parerga: ↑Parergon의 복수형. **Parergon** [par'|ɛrgɔn], das; -s, ...ga 〈대개 Pl.〉 [griech. párergon = Nebensache, Anhang] 《고어》 **a)** 부록, 추록, 보유(補遺). **b)** 소논문집, 소품집.

Parese [pa're:zə], die; -n [griech. páresis] [의학] 부전 (不全) 마비, 경증 마비; (근육의) 이완(弛緩). **paretisch** [pa're:tɪʃ] 〈Adj.〉 [의학] **a)** 가볍게 마비된. **b)** 부전(不全) 마비에 온.

par excellence [parɛksɛ'lɑ̃:s; frz.] 《교양어》《언제나 후치》 뛰어나게, 특히 뛰어난, 한마디로: ein Renaissancefürst p.e. 르네상스 군주의 전형.

par force [par'fɔrs; frz.] 《교양어》 강제적으로, 무리하게; 무조건, 절대적으로. **Parforcejagd** [par'fɔrs-], die; -en 《사냥·옛》 (말을 타고 사냥개를 쓰는) 몰이 사냥. **Parforceritt** [par'fɔrs-], der; -(e)s, -e 《교양어》 강행군, 강행군으로 이룬 업적.

Parfum [par'fœ:], das; -s, -s : ↑Parfüm의 프랑스어형. **Parfüm** [par'fy:m], das; -s, -e / -s [frz. parfum] 향수, 향료; 방향(芳香): kein P. nehmen(tragen) 향수를 사용하지 않다; 〖전의〗(아이) das süße P. der Linden hing in der Luft 보리수의 달콤한 향기가 대기 중에 퍼져 있었다. **Parfumflasche** usw.: ↑Parfümflasche usw.

Parfüm-: **~flakon**, der (작은) 향수병. **~flasche**, die 향수병. **~öl**, das 향유(香油). **~wolke**, die (분무된) 향수 안개. **~zerstäuber**, der 향수 분사기.

Parfümerie [parfymə'ri:], die; -n [...i:ən] **1.** 향수 및 화장품점. **2.** 향수[향료] 제조 공장. **Parfümeriewaren** 〈Pl.〉 화장품. **Parfümeur** [...'møːɐ], der; -s, -e 향수 제조 전문가, 조향사(調香師). **parfümieren** [...'mi:rən] 〈h〉 [frz. parfumer] **a)** 향수를 뿌리다[바르다]: sie parfümierte sich 그녀는 향수를 뿌렸다. **b)** 향료를 섞다: (대개 과거분사로) parfümiertes Briefpapier 향료를 넣은 편지지.

pari ['pa:ri; ital. pari] **1. zu(über, unter) p.** 《증권》 액면 가격[이상, 이하]으로. **2. p. stehen** 동등하다, 미결 (미정)이다: die Chancen der beiden Mannschaften stehen p. 양 팀의 우승 찬스는 동일하다.

Paria ['pa:ria], der; -s, -s [engl. pariah] **1.** (인도의) 하층 계급 소속인; 4성 이 외의 최하층 백성(Outcast). **2.** 《교양어》 천민, 부랑민.

¹**parieren** [pa'ri:rən] 〈h〉 [1: ital. parare 2: frz. parer] **1.** [스포츠] 막아내다, 방어하다: einen Hieb [Stoß] (beim Fechten) p. (펜싱에서) 치는 것[찌르는 것]을 막아내다; der Torwart hat den Schuß glänzend pariert 골키퍼가 슛을 멋있게 막아냈다. **2.** [승마] (말을)서게 하거나 천천히 하게 하다: ²**parieren** [-] 〈h〉 [lat. pārēre] 《통용어》 순종하다, 무조건 복종하다: er pariert ihr aufs Wort 그는 그녀의 말에 그대로 순종한다.

Parierstange, die; -n [↑¹parieren (1) 참조] 칼의 날밑, (손의 보호를 위한) 십자(十字)형 칼자루 목.

parietal [parie'ta:l] 〈Adj.〉 [lat. parietālis] **1.** [생물·의학] 기관(체강, 혈관)벽의, 측벽의. **2.** [의학] 두정골(頭頂骨)의. **Parietalauge**, das [동물] 두정안(頭頂眼) (파충류의). **Parietalorgan**, das [동물] 두정 기관(하급 척추 동물에 있어서 감광성의 감각 기관).

Parikurs, der; -es, -e [경제] 액면 가격, 평가(平價).

Paris [pa'ri:s, (frz.) pa'ri] 파리(프랑스의).

parisch 〈Adj.〉 파로스(Paros) 섬의.

¹**Pariser** [pa'ri:zɐ], der; -s, - 파리 사람. ²**Pariser** 〈Adj.; 격변화 없음〉 파리의: P. Verträge 파리 조약. ³**Pariser** [-], der; -s, - [Paris산의 피임 기구로서] 〈경〉 콘돔. **pariserisch** 〈Adj.〉 파리(인)풍의. **Parisienne** [pari'zien], die [frz. parisienne] **1.** 금속실로 작게 무늬를 짜넣은 비단. **2.** (1830년의) 프랑스 혁명가(歌). **parisisch** [pa'ri:zɪʃ] 〈Adj.〉 파리의.

parisyllabisch 〈Adj.〉 [언어] (단·복수 모든 변화형에서) 동수(同數) 음절의. **Parisyllabum** [pari'zylabʊm], das; -s, ...ba [언어] (단·복수 모든 변화형에서) 동수 음절의 명사.

Parität [pari'tɛ:t], die; -en [lat. paritās] **1.** 《교양어》 동등, 평등; 동권(同權), 대등한 자격: gesellschaftliche [rechtliche, wirtschaftliche] P. 사회적[법적, 경제적] 평등. **2.** [경제] 평가(平價), 등가, 환(換) 시세의 평준. **paritätisch** 〈Adj.〉 《교양어》 등가의, 동권의, (숫자상) 동등한: die Ausschüsse müssen p. besetzt werden 위원회는 각자 동수로 구성되어야 한다. **Pariwert**, der [경제] 액면 가격, 평가(平價), 등가(等價).

Park [park], der; -s, -s 〈드물게〉-e, (schweiz.) 대개: Pärke ['pɛrkə; Y- und P. frz. parc] **1.** 공원, 정원, 유원지. **2.** ↑Fuhrpark, Maschinenpark, Wagenpark의 약칭.

park-, ¹**Park-** (Park 1): **~anlage**, die 유원지, 공원. **~artig** 〈Adj.〉 공원 같은: eine -e Landschaft 공원 같은 풍경. **~bank**, die 〈Pl. -bänke〉 공원 벤치. **~fest**, das 공원 축제. **~landschaft**, die 공원 풍경. **~restaurant**, das 공원 식당. **~teich**, der 공원 (연)못. **~theater**, das 공원 극장. **~tor**, das 공원 입구문. **~wächter**, der 공원지기(경비원). **~weg**, der 공원 길.

²**Park-** (parken): **~bahn**, die 〔우주〕 (우주선 등의 출발 지점이 되는) 인공 위성의 운행 궤도, 대기(待機) 궤도. **~bucht**, die 〕Haltebucht. **~dauer**, die 주차 시간: die zulässige P. beträgt eine Stunde 허락된 주차 시간은 한 시간이다. **~deck**, das 주차 건물의 층. **~gebühr**, die 주차 요금. **~haus**, das (다층(多層)) 주차 건물. **~hochhaus**, das ↑~haus. **~leuchte**, die (어두운 곳에서 주차할 때 켜는) 스몰 라이트, 주차등. **~licht**, das ↑~leuchte. **~lücke**, die (주차되고 있는 차들 사이의) 주차 여지(餘地). **~plakette**, die (주차 금지 구역 연도민(沿道民) 차량에 발부) 주차 허용 표찰. **~platz**, der **1.** 주차장. **2.** (차 한 대의) 주차 장소: er suchte verzweifelt einen P. 그는 절망적으로 주차 장소를 찾았다. **~platznot**, die 주차난, 주차장 부족. **~raum**, der 주차용 공간. **~raumnot**, die 주차 부족. **~scheibe**, die (주차 시간 제한 구역에서 운전자가 유리창에 붙여 두어야 하는) 주차 개시 시각 표시판.

~schein, der (유료 주차장에서 교부된) 주차증(주차 개시 시각이 표시된). ~student, der (통용어) 대기 수학 과목(待機修學科目) 이수 학생. ~studium, das (통용어) (대학 지망학과의 입학 허가를 기다리는 동안 타학과에서 대학하는) 대기 수학 과목(待機修學科目). ~sünder, der (통용어) 주차 위반자. ~uhr, die 파킹(주차) 미터 (주차장에 세워져 있는 동전 투입용의): die P. ist abgelaufen 파킹 미터가 멎었다(시간이 다 되어서). ~verbot, das 1. 주차 금지: in der ganzen Straße besteht P. 도로 전체에 주차가 금지되어 있다. 2. 주차 금지 구역. ~verbotsschild, das ⟨Pl. -er⟩ 주차 금지 표지판. ~zeit, die ↑~dauer. ~zeituhr, die ↑~uhr.

Parka ['parka], der; -s, -s, ⟨또한⟩ die; -s [engl.-amerik. parka] 파카(무릎까지 오는 따뜻하게 안을 넣은 두건 달린 반코트).

Park-and-ride-System ['pɑːkənd'raɪd-], das; -s [engl.-amerik. park-and-ride-system] 자가용 전철[버스] 연계 제도(시내 진입시 대중 교통 수단 이용 제도). **parken** ['parkn] ⟨h⟩ [engl.-amerik. to park] 1. 주차시키다. (주차장에) 세워두다: sein Auto am Straßenrand p. 그의 차를 도로변에 주차시키다. 2. (차량들이) 주차하다: der Wagen parkt immer direkt vor der Haustür 그 차는 언제나 집문 바로 앞에 주차하고 있다. **Parker**, der; -s, - 주차자(駐車者). **Parkett** [par'kɛt], das; -(e)s, -e [frz. parquet] 1. (일정한 무늬로 짜맞추어진) 쪽매 널마루. 2. 일층 앞쪽 관람석(상등석): vom P. aus hört man besser 일층 관람석에서는 더 잘 들을 수 있다(전의 Loge 참조). 3. 일층 앞좌석의 관객들이 박수갈채했다. 3. 【증권】공공 주식 거래소에서의 거래. **Parkett-**: ~**boden**, der, ~**fußboden**, der 쪽매 널마루 바닥. ~**leger**, der 쪽매 널마루(를 놓는) 목공. ~**platz**, der 일층 상등석 자리. ~**reihe**, die 일층 앞쪽 열(列). ~**sessel**, der 일층 상등석 의자. ~**sitz**, der 일층 상등석 자리. ~**stab**, der 쪽매 널마루의 개개 널빤지. **Parkette** [par'kɛtə], die; -n ⟨österr.⟩ ↑ Parkettstab. **parkettieren** [parke'tiːrən] ⟨h⟩ [frz. parqueter] 쪽매 널마루를 놓다. **parkieren** [par'kiːrən] ⟨h⟩ ⟨schweiz.⟩ ↑parken. **Parkingmeter** ['parkɪŋ-], der; -s, - [engl. parking meter] ⟨schweiz.⟩ ↑Parkuhr.

Parkinsonismus [parkɪnzo'nɪsmus], der; - [영국 의사 J. Parkinson(1755~1824)의 이름에서] 파킨슨 증후군(群). **Parkinson-Krankheit** ['parkɪnzɔn-], die, **Parkinsonsche Krankheit** ['parkɪnzɔnʃə '— —], die; -n - 파킨슨 병, 진전(震顫) 마비.

Parkometer [parko-], das, ⟨통용어로는⟩ der; -s, - ↑ Parkuhr.

Parlament [parla'mɛnt], das; -(e)s, -e [engl. parliament] 1. 국회, 의회: das P. verabschiedet ein Gesetz 국회[의회]가 법률을 의결하다; 2. das P. einberufen(auflösen) 의회를 소집(해산)하다. 2. 국회 의사당: das P. ist mit Fahnen geschmückt 국회 의사당에 국기들이 꽂혀 있다. **Parlamentär** [...'tɛːɐ], der; -s, -e [frz. parlamentaire] ⟨군사⟩(軍使): einen P. entsenden 군사(軍使)를 파견하다. **Parlamentärflagge**, die 군사기(軍使旗)(백색의). **Parlamentarier** [...'taːriɐ], der; -s, - 국회의원: einzelne P. stimmten gegen das Gesetz 몇 의원들이 그 법안에 반대 투표했다. **Parlamentarierin**, die; -nen 여성 국회 의원. **parlamentarisch** ⟨Adj.⟩ 국회의, 의회 제도에 의한: die -e Demokratie 의회 민주주의. **Parlamentarismus** [...taˈrɪsmus], der; 의회 정치[주의], 대의 정치. **parlamentieren** [...tiːrən] ⟨h⟩ [1: frz. parlementer] 1. ⟨고어⟩협상(담판, 교섭, 토의)하다. 2. ⟨지역적⟩끝도 없이(결론이나 합의에 도달함이 없이) 말하다, 이러쿵 저러쿵 이야기하다.

Parlaments- (Parlament 1): ~**abgeordnete**', der / die 국회[의회] 의원. ~**auflösung**, die 국회[의회] 해산. ~**ausschuß**, der 국회[의회]의 위원회. ~**beschluß**, der 국회[의회] 결의. ~**debatte**, die 국회[의회]의 토론, 논쟁. ~**ferien** ⟨Pl.⟩ 국회[의회] 휴회 기간. ~**fraktion**, die 국회[의회] 정파, 원내 교섭 단체. ~**gebäude**, das 국회 의사당. ~**mehrheit**, die 국회[의회]의 다수 의석: die konservative Fraktion hat die P. 보수 정파가 다수 의석을 점하고 있다. ~**mitglied**, das 국회[의회] 의원. ~**präsident**, der 국회[의회] 의장. ~**reform**, die 국회[의회] 개혁. ~**sitz**, der 국회[의회] 의석. ~**sitzung**, die 국회[의회] 회의[심의], 국회 회기. ~**wahl**, die 국회[의회] 의원 선거.

parlando [par'lando] ⟨Adj.⟩ [ital. parlando] 【음악】이야기하듯이, 낭독하듯이: eine Arie p. singen 아리아를 이야기하듯이 부르다. **Parlando** [-], das; -s, -s / ...di 【음악】낭독조의 노래. **parlante** [par'lantə; ital. parlante] ↑parlando. **parlieren** [par'liːrən] ⟨h⟩ [frz. parler] **a)** (어떤・군고어) 가볍게 때하다, 지껄이다: zusammensitzen und munter p. 모여 앉아 유쾌하게 떠들어대다. **b)** 외국어로 말하다(대화하다): Französisch p. 불어로 대화하다.

Parma ['parma] 파르마(이탈리아의 도시). **Parmaer**, der; -s, - 파르마 사람. **parmaisch** ⟨Adj.⟩ 파르마의.

Parmäne [par'mɛnə], die; -n [frz. permaine] ↑Goldparmäne의 약칭.

Parmesan [parme'zaːn], der; -(s) [frz. parmesan] 이탈리아 파르마산(産) 치즈. **Parmesaner** [parme'zaːnɐ], der; -s, - 파르마 사람. **parmesanisch** ⟨Adj.⟩ 파르마의. **Parmesankäse**, der ↑Parmesan.

Parnaß [par'nas], der; - / ...nasses [griech. Parnas(s)ós (아폴로 및 뮤즈 신들이 산다는 그리스 중부의 산)] ⟨시어・고어⟩【문학】본산; 문학계, 문단: auf die Höhe des Parnaß gelangen 문학적 완성의 경지에 도달하다. **Parnassos** [par'nasɔs, (neugr.) parna'sɔs], **Parnassus** [par'nasus], der; - ↑Parnaß.

parochial [paro'xiaːl] ⟨Adj.⟩ 교구(教區)의, 본당구의. **Parochialkirche**, die 교구(教區) 교회, 본당(本堂). **Parochie** [paro'xiː], die; -n [...iən; lat. parochia] (소)교구(教區), 본당구.

Parodie [paro'diː], die; -n [frz. parodie < griech. parōdía] 1. (교양어) 파로디, 희작(戲作)(유명한 예술[문학] 작품의 형식을 모방하고 내용은 익살스럽게 고친 것): eine P. auf einen Roman(ein Drama) schreiben 어느 소설(희곡)을 파로디화하는 작품을 쓰다. 2. 파로디(익살과 조롱 효과를 내기 위해 곡은 그대로 두고 새로운 가사로 교체함). 3. 【음악】**a)** 악곡의 부분적 개작(타 악곡의 부분적 삽입). **b)** 종교곡 또는 종교적 가사를 세속곡 또는 세속적 가사와 교체한 것. **Parodiemesse**, die 【음악】파로디 미사곡(기존의 악곡을 사용해 작곡한 미사곡). **parodieren** [...diːrən] ⟨h⟩ [frz. parodier] 희작(戲作)하다, 파로디화하다: jmds. Sprechweise p. 누구의 말투를 조롱조로 흉내내다. **Parodist** [...'dɪst], der; -en, -en [frz. parodiste] 파로디 작가, 희시(戲詩) 작가. **Parodistik** [paro'dɪstɪk], die; 파로디[희작을](術), 파로디 응용. **parodistisch** ⟨Adj.⟩ 파로디적인, 파로디 풍의; 풍자적으로 모방하는, 조롱하는.

Parodontitis [parodɔn'tiːtɪs], die; ...itiden ...tiˈtiːdn] 【치과】치주염(齒周炎). **Parodontose** [...'toːzə], die; -n 【치과】치주증(齒周症)(비염증성).

Parodos ['paːrɔdɔs], der; -, - [griech. párodos] (고대 그리스극의) 합창대 등장가(登場歌)(반대: Exodos).

¹**Parole** [pa'roːlə], die; -n [frz. parole] 1. 표어, 모토, 슬로건: der Parteitag stand unter der P. „Freiheit und Sozialismus" 전당 대회의 슬로건은 자유와 사회주

의였다. 2. ↑Kennwort (2 a): wie heißt die P.? 암호가 무엇이냐?; die P. lautet „Nachteule" 암호는 "올빼미"이다. 3. 오ىل(誤動), (허위) 주장: aufwieglerische -n verbreiten 선동적 주장을 퍼뜨리다. ²**Parole** [pa'rɔl], die [frz. parole; 스위스 언어 학자 F. de Saussure(1857~1913)가 처음 사용] [언어] 파롤(개인에 의해 구체적으로 말해진 언어)(↑Langue 참조). **Parole d'honneur** [parɔldɔ'nœːr; frz.] 《교양어·드물게》서약, 서언(誓言), 선서.

Paroli [pa'ro:li] 《다음 용법으로》 jmdm. [einer Sache] P. bieten 《교양어》 누구[무엇]에게 같은 것으로 응수하다, 대갚음하다, 효과 있게 저항하다. [frz. paroli] sie bot ihm P. 그녀는 그에게 대갚음했다(똑같이 응수했다).

Parömie [parø'mi:], die; -n [...i:ən; lat. parœmia < griech. paroimía] 《교양어》 격언, 좌우명. **Parömiologie** [parømjolo'gi:], die 격언학.

Paronomasie [paronoma'zi:], die; -n [...i:ən; lat. paronomasia < griech. paronomasía] [수사·문체] 유음 중첩법(類音重疊法). **paronomastisch** 〈Adj.〉 [언어] 유음중첩법의.

Paronychie [parony'çi:], die; -n [...i:ən] [의학] 조구(爪溝)염(손톱 밑 염증).

Paronyma, Paronyme ↑Paronymon의 복수형. **Paronymie** [parony'mi:], die 《언어·고어》 파생. **Paronymon** [pa'ro:nymɔn], das; -s, ...ma / ...me [paro'ny:mə; griech. parốnymon] [언어·고어] 파생어, 동원어(同原語), 동근어(同根語).

par ordre [pa'rɔrdr; frz. par ordre] 《교양어》 명령에 의하여. **par ordre du mufti** [- - dy mufti] 상부의 명령에 의하여.

Paros ['pa:rɔs, (neugr.) 'parɔs], Paros' 파로스(그리스의 섬).

Parotitis [paro'ti:tɪs], die; ...itiden [...ti'ti:dn̩] [의학] 이하선염(耳下腺炎).

Paroxysmus [parɔ'ksysmʊs], der; -, ...men [griech. paroxysmós] 1. [의학] 발작, 병세의 突然한 악화. 2. [지질] (지각(地殼)) 구조적 혹은 화산 작용의 격동(激動). **Paroxytonon** [parɔ'ksy:tɔnɔn], das; -s, ...tona [griech. paroxýtonos] [언어] 끝에서 둘째 번 음절에 강음이 있는 말(예컨대: manía = Manie).

Parse ['parzə], der; -n, -n [pers. Pārsī = Perser] (인도의) 조로아스터(배화) 교도.

Parsec [par'zɛk], das; -, - [*parallax second*] [천문] 천체(天體) 거리 단위(3.26광년)(약어: pc).

parsisch 〈Adj.〉 배화교(도)의. **Parsismus** [par'zɪsmʊs], der; - 조로아스터(배화)교.

Pars pro toto ['pars pro: 'tɔtɔ], das; - - - [lat. = ein Teil für das Ganze] [언어] 부분으로 전체를 대표시킴(예컨대: unter dem *Dach* = im eigenen *Haus*).

Part [part], der; -s, -s 《또한》 -e [lat. pars] 1. a) [음악] (기악곡·가곡의) 성부(聲部), 분보(分譜). b) (연극의) 역(役): er spielte den P. des Helden 그는 주인공 역을 했다. 2. 부분, 몫. 3. 〈Pl. -en〉 [상] (선박의) 분담 출자분.

part. = parterre. **Part.** = Parterre (1).

¹**Parte** ['partə], die; -n 〈österr.〉 부고(訃告). ²**Parte** [-], die; -n [ital. parte] 《지역적》 임차 세대(賃借世帶), 임차자. **Partei** [par'tai], die; -en [lat. partīrī] 1. a) 정당(政黨): eine P. gründen 정당을 창설하다, in eine P. eintreten 입당하다. b) 〈Pl. 없음; 정관사와 함께만〉 (일당 체제 국가에서의) 국가당, (구동독의) 통일당: die P. hat immer recht 당이 언제나 옳다. 2. (소송, 계약에서의) 당사자: die P. des Klägers(des Beklagten) 원고(피고)측: die -en zu einem Vergleich bringen 분쟁 당사자들을 화해[타협]시키다. 3. ↑Mietpartei의 약칭: in unserem Haus wohnen zehn -en 우리 집에는 열 세대가 세들어 있습니다. 4. (뜻을 같이 하는 자들의 집단) 파, 파벌, 당파: im Verlauf der Diskussion bildeten sich zwei -en 토론이 진행되는 중에 두 파가 생겼다; P. sein 중립이 아니다, 편파적이다; jmds. P.[für jmdn. P.] ergreifen[nehmen] 누구의 편을 들다, 누구의 입장을 옹호하다; über den -en stehen 편파적이 아니다, 당파를 초월하다. 5. (시합, 경기 등의) 편, 팀.

partei-, Partei- (↑Parteien-도 참조): ~**abzeichen**, das 당 휘장(徽章). ~**aktiv**, das 《구동독》당 활동반(특수 임무를 띤). ~**amt**, das 당직(黨職): er hatte ein hohes P. inne 그는 고위 당직(高位黨職)을 가지고 있었다. ~**amtlich** 〈Adj.〉 당무상의, 당 공식적인. ~**anhänger**, der 당 지지자(추종자). ~**apparat**, der 당 기구(黨機構). ~**arbeit**, der 〈Pl. 없음〉 (당원이) 당을 위해 수행하는) 당 업무. ~**aufbau**, der 〈Pl. 없음〉 1. 정당의 내적 조직. 2. 창당. ~**auftrag**, der 당명(黨命), 당에서 위임받은. ~**ausschluß**, der (당에서의) 제명, 출당(黜黨). ~**ausschlußverfahren**, das (당에서의) 제명 처리(절차). ~**basis**, die 당저변(黨底邊). ~**beschluß**, der 당결의(決議). ~**blatt**, die ↑~zeitung. ~**bonze**, der 《평》↑~funktionär. ~**buch**, das 당원 수첩: sein P. zurückgeben 《통용어》 탈당하다. ~**büro**, das 당사무국. ~**bürokratie**, die 당 관료적 당행정. ~**chef**, der 당수. ~**chinesisch**, das; -〈s〉 《통용어·농》 (외부 사람은 이해할 수 없는) 당의 은어(隱語) [전의] das ist für mich P. 그것을 나는 이해할 수 없다. ~**dienst**, der 당 결의의 엄수. ~**dokument**, das 《구동독》 (마르크스·레닌 당의) 당원 수첩. ~**fähig** 〈Adj.〉 [법] 소송 당사자의 자격(법적 권능)이 있는: der Verein ist p. 그 협회는 소송 당사자의 자격이 있다. ~**fähigkeit**, die 〈Pl. 없음〉 소송 당사자 자격. ~**feind**, der 《공산주의》 (마르크스·레닌 당의 전적 당원으로서 후에 당의 반대자가 된) 당적(黨敵). ~**feindlich** 〈Adj.〉 당에 적대적인. ~**freund**, der 당동료. ~**führer**, der 당 지도자, 당수. ~**führung**, die 당 지도(지휘)부. ~**funktion**, die 당 직무(기능): eine P. übernehmen 당의 직무를 떠맡다. ~**funktionär**, der 당 간부. ~**gänger**, der 《평》 당 추종자: Strauß und seine P. 슈트라우스와 그의 동조자들. ~**genosse**, der a) 《옛》 나치당원. b) 《오늘날은 더 물게》 (노동) 당원(특히 호칭으로). ~**genossin**, die ↑~genosse의 여성형. ~**gründung**, die 창당(創黨). ~**gruppe**, die 《구동독》 당소조(小組) (독일 사회주의 통일당 조직의 최소 단위). ~**hochschule**, die 《구동독》 당원 대학(마르크스·레닌 당 간부 양성 기관). ~**ideologe**, der 당 이론가. ~**intern** 〈Adj.〉 당내의: -e Auseinandersetzungen 당내 논쟁. ~**kabinett**, das 《구동독》 (독일 사회주의 통일당의) 당교육 및 지도 본부. ~**kader**, der ↑Kader (5). ~**konferenz**, die 당회의. ~**kongreß**, der 당 대의원 대회. ~**leitung**, die 당 지도(지휘)부. ~**linie**, die 당의 (정치적) 노선. ~**lokal**, das 당 집회실. ~**los** 〈Adj.〉 무소속의, 중립의: ein -er Abgeordneter 무소속 의원. ~**lose'**, der / die 무소속 의원, 무소속의 사람. ~**losigkeit**, die 무소속, 중립. ~**mann**, der 〈Pl. -leute, 《드물게》-männer〉 (준고어) 활동 당원[당인]. ~**mäßig** 〈Adj.〉 당 노선에 맞는. ~**mitglied**, das 당원. ~**mitgliedschaft**, die 당원 자격. ~**nahme**, die 편들, 가담. ~**organ**, das 당 기관, 당 집행부; 당 기관지. ~**organisation**, die 당 조직(기구). ~**politik**, die a) 당 정략. b) 당내 정책. ~**politisch** 〈Adj.〉 당 정책적인, 당략상의. ~**präsidium**, das 당 간부 회의, 당무 회의. ~**presse**, die 당보(黨報) (총칭으로). ~**programm**, das 당의 강령, 정강(政綱).

~propaganda, die 당선전(이념, 목표 등의). **~schädigend** ⟨Adj.⟩ 해당적(害黨的)인. **~schule**, die 당정치 연수원(훈련원). **~sekretär**, der 당서기(사무국원). **~statut**, das 당규, 당칙. **~tag**, der 1. (당최고 의결 기구로서의) 전당 대회. 2. 전당 대회의 회의: der P. findet jährlich statt 전당 대회는 매년 개최된다. **~tagsbeschluß**, der 당최고 의결 기구(전당 대회)의 결정. **~verfahren**, das (당원에 대한) 당기 위원회의 심사. **~vernehmung**, die [법] 당사자 심문(審問)(민사소송에서 당사자가 증인처럼 심문받는 증거 방법). **~versammlung**, die (전)당 대회. **~vorsitzende'**, der / die 당수, 당 총재. **~vorstand**, der 당 수뇌부, 당 간부회. **~zeitung**, die 당지(黨誌), 당보(黨報). **~zugehörigkeit**, die 당 소속.

Parteien– (↑partei-, Partei-도 참조): **~hader**, der 정당간의 불화[반목, 논쟁]. **~kampf**, der 정당간의 논쟁, 당쟁. **~landschaft**, die (한 나라의) 정당 판도. **~raum**, der 《österr.》 (관청의) 민원실(창구). **~staat**, der 정당 국가. **~system**, das 정당 조직(체계). **~verkehr**, der 《österr.》 (관청의) 업무 시간; 창구 집무 시간.

parteiisch ⟨Adj.⟩ 편파적인, 중립이 아닌: eine -e Haltung 편파적 태도; der Schiedsrichter war p. 심판이 편파적이었다. **parteilich** ⟨Adj.⟩ [2: russ. partiny] 1. 당(파)의: -e Interessen 당(파)의 이해. 2. a) (공산주의) 특정 계급 대변적인: jede Wissenschaft ist p. 모든 학문은 특정 계급을 대변한다. b) (구동독) 노동자 계급의 당을 대변하는, 혁명적[진보적]인. 3. (준고어) ↑parteiisch. **Parteilichkeit**, die 편파성, 편당적임, 편파적임. **Parteiung**, die, -en (고어) 당파[패] 형성, (당파로의) 분열; 불일치.

parterre [par'tɛr] ⟨Adv.⟩ [frz. par terre] 일층에(서): p. wohnen 일층에 거주하다. **Parterre** [-], das, -s, -s [2: frz. parterre] 1. 일층: die Wohnung liegt im P. 그 집은 일층에 있다. 2. 일층 좌석[열]. **Parterreakrobatik**, die 지면(地面) 곡예. **Parterrewohnung**, die (아파트의) 일층의 주거(住居).

Partezettel, der, -s, - 《österr.》 ↑¹Parte.

Parthenogenese [parteno-], die; -n [griech. parthénos] 1. [신학] (동정녀의) 무염(無染) 출산. 2. [생물] ↑Jungfernzeugung. **parthenogenetisch** ⟨Adj.⟩ [생물] 무배(無配) 생식의, 처녀 생식의.

Parthenokarpie [...kar'pi:], die [griech. karpós] [식물] ↑Jungfernfrüchtigkeit.

Parther ['partɐ], der; -s, - 파르티아 사람(북 이란 종족). **Parthien** ['partjən], -s 파르티아(기원 전 3세기에서 기원 후 3세기까지 이란 고원에 있었던 고대 국가).

partial [par'tsi̯aːl; lat. partiālis] ↑partiell. **Partial-**: **~bruch**, der (수학) 부분 분수. **~obligation**, die (금융) 일부 사채권(社債券). **~ton**, der (대개 Pl.) ↑Teilton. **~trieb**, der (심리) 부분 충동(프로이트 심리학에서 성 충동의 여러 성분들 중의 하나).

Partie [par'ti:], die, -n [...i:ən; frz. partie; 6: frz. parti] 1. 부분(部分), 개소(個所), 곳: die obere P. des Gesichts 얼굴의 상부; das Kleid sollte die schmalen -n Figur betonen 그 원피스는 신체의 날씬한 부분을 강조하도록 해야 한다. 2. (경기[놀이]에서의) 한판 (승부): eine P. Schach spielen 장기 한 판을 두다; eine gute P. liefern 한 판을 잘 두다, 한 게임을 잘하다. 3. (가극에서의) 역: er übernahm die P. des Othello 그는 오셀로의 역을 맡았다. 4. (상) (상품 거래의) 큰 단위량, 덩이, 뭉치: eine P. Hemden 셔츠 한 뭉치. 5. (준고어) (다수인의) 일행: P. aufs Land machen 여럿이 함께 시골로 소풍 가다; **mit von der P. sein** (통용어) 무슨 일을 함께하다, 무엇에 참가하다. 6. **eine gute P. sein** 결혼할 때 지참금을 많이 가지고 가다; **eine schlechte P. sein** 결혼할 때 지참금을 많이 가져 가지 않다; **eine gute P. machen** 재산이 있는 결혼 배우자를 얻다; **eine schlechte P. machen** 재산이 없는 결혼 배우자를 얻다. 7. 《österr.》 (특정한 작업을 위하여 조직된 노동자들의) 반(班), 조(組).

Partie-, Partie-: **~bezug**, der (상) 대량 구입. **~chef**, der (요식) (큰 식당에서 주방장 아래의) 분임 요리장. **~führer**, der 《österr.》 (노동자들의) 반장, 조장, 십장(什長). **~mann**, der (광·준고어) 도급 광부조의 조장(대변인). **~preis**, der (상품의) 큰 단위량 가격. **~ware**, die (상) (싸게 파는) 떨이 물건. **~weise** ⟨Adv.⟩ 부분부분으로, 구분하여, (상품을) 대 단위로, 대량으로: eine Ware p. einkaufen 어떤 상품을 대량으로 구입하다.

partiell [par'tsi̯ɛl] ⟨Adj.⟩ [frz. partiel] (교양어) (국부의), 부분(국부)적인: eine -e Lähmung 국부 마비. **partienweise**: ↑partieweise.

¹Partikel [par'tikɐl], (도한) ...tɪkl], die; -n [lat. particula] (언어) 불변화 (품)사(예컨대: 전치사, 접속사).

²Partikel [-], das; -s, - / die; -n (전문어) 소부분, 조각; 미립자, 입자: radioaktive P. 방사능 입자. **partikular** [partiku'laːɐ] ⟨Adj.⟩ [lat. particulāris] (교양어) 부분적인, 개별적인, 일부의, 소수의: -e Interessen 일부 사람들의 이해 관계. **Partikular** [-], der; -s, -e 《schweiz.》 ↑ Partikülier. **partikül̇ier**. **partikül̇ier** [...'lɛːɐ] ↑partikular. **Partikularismus** [...laˈrɪsmʊs], der; - (폄) 지방 분권주의, 각주 분립주의. **Partikularist** [...ˈrɪst], der; -en, -en 지방 분권주의자, 각주 분립주의자. **partikularistisch** ⟨Adj.⟩ 지방 분권(각주 분립)주의의; 편협한, 옹졸한. **Partikularrecht**, das 《고어》 특별법(독일 연방 각 주의), 지방법. **Partikulier** [partiku'liːɐ], der; -s, -e (하천, 호수를 운항하는 배의) 선주 겸 선장. **Partikülier** [partiky'liːeː], der; -s, -s [frz. particulier] (고어) 사인(私人), 재야인(在野人); 연금(年金) 생활자.

Partisan [parti'zaːn], der; -s / -en, -en [frz. partisan] 게릴라 대원, 빨치산: er hat als P. gekämpft 그는 빨치산으로서 싸웠다. **Partisane** [parti'zaːnə], die; -n, pertuisane] (옛) 쌍 갈고리 양날 창. **Partisanen-** (Partisan): **~einheit**, die 빨치산 부대. **~gruppe**, die 유격대. **~kampf**, der 유격 전투(투쟁). **~krieg**, der 게릴라전, 유격전.

Partita [par'tiːta], die; ...ten [ital. partita] (음악) 조곡 (組曲). **Partition** [parti'tsi̯oːn], die; -en [lat. partitio] (전문어) 분할, 구분, 분류(특히 어떤 개념 내용을). **partitiv** [...'tiːf] ⟨Adj.⟩ [lat. partitīvus] (언어) 구분 (부분)을 나타내는: -er Genitiv 부분의 2격(↑Genitivus partitivus). **Partitiv**, der; -s, -e (언어) 1. 부분 표시격(핀란드어 등에서). 2. 부분 표시 격어(語). **Partitivzahl**, die (드물게) 부분수. **Partitur** [...'tuːɐ], die; -en [ital. partitura] (음악) 총보(總譜). **Partizip** [...'tsiːp], das; -s, -ien [...pi̯ən; lat. participium] (언어) 분사: die Form des -s Perfekt(des P. Perfekts) 과거 분사형. **Partizipation** [partitsipa'tsi̯oːn], die; -en [lat. participātio] (교양어) 관여, 참여; 이윤 배당. **Partizipationsgeschäft**, das (경제) (손익 분담의 약속 하에 행해지는 일시적인) 공동 계산 사업. **Partizipationskonto**, das (경제) (공동 계산 사업 참여자들의) 공동 계정. **partizipial** [...'pi̯aːl] ⟨Adj.⟩ [lat. participiālis] (언어) 분사의, 분사적의.

Partizipial- (언어): **~gruppe**, die 분사구(句). **~konstruktion**, die 분사 구문(構文). **~satz**, der 분사구(문).

partizipieren [partitsi'piːrən] ⟨h⟩ [lat. participāre]

Partizipium

《교양어》 관여[참여]하다; 분배 받다: er partizipiert am Gewinn des Unternehmens 그는 그 기업의 이익을 분배 받는다. **Partizipium** [...'tsi:pi̯um], das; -s, ...pia 《고어》 ↑Partizip. **Partner** ['partnɐ], der; -s, - [engl. partner] **1. a)** (공동의 목적을 추구하는) 동아리, 짝, 파트너, 한 편 사람: der ideale P. beim Tanzen sein 이상적인 댄스 파트너이다; sie sind seit längerer Zeit P. im Doppel 그들은 오래 전부터 복식 경기의 파트너이다; das Verhältnis der europäischen P. ist getrübt 유럽 동맹 파트너들의 관계가 흐려져 있다. **b)** 반려: einen P. fürs Leben suchen 인생의 반려를 구하다. **c)** 공연자, 상대역 (연극, 영화에서): als P. von jmdm. einspringen 누구의 상대역으로 뛰어들다. **d)** 〔스포츠〕 상대편, 적수. **2.** (사업의) 공동 출자자.
Partner-: ~land, das 〈Pl. -länder〉 ↑~staat. **~look,** der 파트너 룩(파트너와 같은 모양의 옷). **~staat,** der (경제적, 정치적, 문화적으로 밀접한 관계를 갖고 있는) 동반국, (동맹 기구의) 참가국. **~stadt,** die 자매 도시. **~tausch,** der 상대편(성 관계에서). **~übung,** die 〔스포츠〕 (두 사람이 행하는) 동반(同伴) 훈련. **~wahl,** die 배우자 선택. **~wechsel,** der 파트너 교체(댄스 등에서), 성(性) 파트너 교체. **Partnerin,** die; -nen ↑Partner의 여성형. **Partnerschaft,** die; -en 파트너 관계, 협력 관계, (노동 조합의) 경영 참가, (결혼에 의한) 연대 관계. **partnerschaftlich** 〈Adj.〉 ↑Partnerschaft의 형용사형: ein -es Verhältnis haben 파트너(협력) 관계를 갖다.
partout [par'tu:] 〈Adv.〉 [frz. partout] 《통용어》 전혀, 전연; 절대로, 어떤 일이 있든: das will mir p. nicht in den Kopf 그 것은 전혀 이해가 되지 않는다.
Partus ['partus], der; -, - ['partu:s; lat. partus] 〔의학〕 분만, 출산.
Partwork ['pɑ:twə:k], das; -s, -s [engl.-amerik. partwork] 〔서적〕 분책, 시리즈로 출판된 책 한 권.
Party ['pɑ:ti], die; -s / ties [engl.-amerik. party] 파티, 사교 모임: eine P. geben[veranstalten] 파티를 열다; auf eine P.[zu einer P.] gehen 파티에 가다.
Party-: ~girl, das (영) 파티 걸(파티에서 잘 가는). **~löwe,** der (반어) (파티에서 여자의 이목을 잘 끄는) 파티 왕. **~mädchen,** das ↑~girl. **~spießchen,** das (파티에서 작은 꼬챙이에 꿴 한 입거리의) 음식 꼬치. **~tanz,** der 파티 유행 춤.
Parusie [paru'zi:], die [griech. parousía] **1.** 〔기독교〕 그리스도의 재림. **2.** 〔철학〕 (사물 속에 이념의) 임재(臨在).
Parvenü, (österr.) **Parvenu** [parvə'ny:], der; -s, -s [frz. parvenu] 《교양어》 벼락 출세한 사람, 벼락 부자, 졸부(猝富).
Parze ['partsə], die; -n [lat. Parca] 〔로마 신화〕 운명의 여신(Klotho, Lachesis, Atropos).
Parzellarvermessung, die 토지 분할을 위한 측량.
Parzelle [par'tsɛlə], die; -n [frz. parcelle] 한 구획(필지)의 토지(부지, 대지(垈地)): einige -n von seinem Landbesitz verkaufen 그의 소유 토지의 몇 필지를 팔다. **Parzellenbauer,** der 《옛》 영세 농민. **Parzellenwirtschaft,** die 《옛》 영세 농지 경영. **parzellieren** [partsɛ'li:rən] 〈h〉 (토지를) 분할[분획]하다. **Parzellierung,** die; -en 《교양어》 (토지의) 분할[분획].
Pas [pa], der; -, - [pa(s), -s [pas; frz. pas] 〔발레〕 발걸음, 보조, 스텝(↑Pas de deux 참조).
Pascal [pas'kal], das; -s, - [프랑스의 철학자요 물리학자인 Blaise Pascal(1623~1662)의 이름에서] 〔물리〕 파스칼 (압력 단위; 기호: Pa).
Pasch [paʃ], der; -(e)s, -e / Päsche ['pɛʃə; frz. passedix] **1.** (주사위놀이에서) 몇 개의 주사위에 같은 곳으로 나옴. **2.** (도미노놀이에서) 양면이 같은 수의 점으로 된 패(牌).

¹**Pascha** ['paʃa], der; -s, -s [türk. paşa] **1.** (옛) **a)** 〈Pl. 없음〉 터키 및 이집트 문무 고관의 칭호; 사령관. **b)** 문무 고관 칭호의 보지자. **2.** (멸) (여자에 대한) 폭군: er spielt zu Hause gern den P. 그는 집안에서 폭군 노릇을 잘 한다.
²**Pascha** ['pasça], das; -s [lat. pascha < griech. páscha] 《초교파적》 ↑Passah.
Paschalik [paʃa'lik], das; -s, -e / -s [türk. paşalık] (옛) 터키 Pascha의 직 및 통치 구역.
¹**paschen** ['paʃn] 〈h〉 〔부랑자〕 《통용어》 밀수하다.
²**paschen** [-] 〈h〉 주사위놀이를 하다.
³**paschen** [-] 〈h〉 (österr.) 박수치다.
Pascher ['paʃɐ], der; -s, - 《통용어》 밀수(업)자. **Pascherei** [paʃə'raɪ], die; -en 밀수.
pascholl! [paʃ'ɔl] 〈Interj.〉 [russ. poscholl] 《통용어・준고어》 앞으로!
Paschtu, das 파슈투어(아프가니스탄의 공용어).
Pas de deux [padə'dø], der; - -, - - - [frz. pas de deux] 〔발레〕 2인 무용, 대무(對舞).
Paslack ['paslak], der; -s, -s (nordostd.) 종, 머슴; (남을 위해) 힘들여 일하여야 하는 사람.
Paso doble ['pazo 'do:blə], der; - -, - - [span. paso doble] (2/4 박자의 빠른) 사교춤.
Paspel ['paspl], die; -n / der; -s, - [frz. passepoil] (옷의) 가장자리 장식, 깃가의 장식[레이스]: ein Kleid mit Stulpen und -n 가장자리를 접어 레이스를 단 원피스. **paspelieren** [paspa'li:rən] 〈h〉 가장자리 장식을 붙이다: Kragen p. 옷깃에 가장자리 장식을 붙이다. **Paspelierung,** die; -en ↑paspelieren의 명사형. **paspeln** ['paspln] 〈h〉 ↑paspelieren.
Pasquill [pas'kvɪl], das; -s, -e [ital. pasquillo] 《교양어・준고어》 (대개 익명의) 비방문, 풍자문. **Pasquillant** [...'lant], der; -en, -en 《교양어・준고어》 비방문의 작가(유포자). **Pasquinade** [paskvi'naːdə], die; - [frz. pasquinade] 《교양어・고어》 ↑Pasquill.
Paß [pas], der; Passes, Pässe ['pɛsə; 1: frz. passeport; 2: frz. pas; 3: engl. pass] **1.** 여권, 패스포트; 신분 증명서; 통행증: der P. ist abgelaufen 그 여권은 유효 기간이 끝났다; einen P. beantragen[verlängern] 여권을 신청하다(연장하다); gefälschte Pässe besitzen 위조 여권들을 소지하다; **jmdm. die Pässe zustellen** (한 국가의 외교 대표부에 주어진) 아그레망을 취소하다. **2.** (산과 산, 산과 바다 사이의) 협로, 샛길, 고갯길, 통로: die wichtigsten Pässe der Alpen sind verschneit 알프스의 가장 중요한 통로들이 눈으로 막혀 있다. **3.** 〔구기〕 패스: einen P. schlagen[geben] 패스를 하다; seine Pässe kamen nicht an 그의 패스들은 적중되지 못했다. **4.** 〔금속〕 고드닉의 꽃잎 모양으로 된 원형 무늬 장식. **5.** 〔사냥〕 작은 동물의 통로. **6.** 측대보(側對步): 같은 쪽 앞뒤 다리를 동시에 내밀어 걷기: im P. gehen 측대보로 걷다.
¹**Paß-** (Paß): **~amt,** das 여권과. **~bild,** das 여권[신분 증명서]의 사진. **~foto,** das ↑~bild. **~gang,** der [frz. pas] (네발 짐승의) 측대보(側對步): 같은 쪽의 앞 뒤 다리를 동시에 내밀어 걷기, 그 걸음걸이. **~gänger,** der 측대보로 걷는 말(Pacer). **~höhe,** die 고개, 재. **~kontrolle,** die **1.** 여권 검사. **2.** 여권 검사대[검문소]: durch die P. gehen 여권 검문소를 통과하다. **~stelle,** die ↑~amt. **~straße,** die 고갯길, 협곡 도로. **~wärts** 〈Adv.〉 고갯길[통로] 쪽으로의, 고갯길[통로]을 향하여. **~zwang,** der 여권 휴대 의무.
paß-, ²**Paß-** (passen): **~form,** die (옷의) 몸에 딱 맞는 모양. **~gerecht** 〈Adj.〉 ↑maßgerecht: Jeans mit

Weste-p. für Sie! 진과 조끼-당신에게 딱 맞는군!
~**recht** 〈Adj.〉 ↑~gerecht.
Passa: ↑Passah.
passabel [pa'saːbl] 〈Adj.〉 [frz. passable] 상당한, 팬찮은, 받아들일 만한: das Hotel ist p. 그 호텔은 팬찮다; sie hat die Rolle p. gespielt 그녀는 그 역할을 그럴 듯하게 해냈다.
Passacaglia [pasa'kalja], die; ...ien [...jən; ital. passacaglia] 〔음악〕파사칼리아(원래 스페인 무도곡에서 나온 3/4박자의 완만한 기악곡).
Passage [pa'saːʒə, 〈österr.〉 pa'saːʒ], die; -n [frz. passage] **1.** 〈Pl. 없음〉통행, 통과: dem Schiff wurde die P. durch den Kanal verwehrt 그 배는 운하 통과가 거부되었다. **2. a)** 좁은 통로, 해협: der Lotse steuerte das Schiff sicher durch die enge P. 수로 안내인은 안전하게 배를 조종하여 좁은 해협을 통과했다. **b)** (두 도로를 연결하는, 유리로 된 지붕이 있는) 짧은 상점가(商店街), 아케이드 상가. **3.** 해외 여행: eine P. buchen 해외 여행을 예약하다. **4.** 문구, 구절; 연관 부분: eine längere P. aus einem Buch zitieren 책에서 좀 긴 구절을 인용하다; sie hatte schwierige -n in ihrer Kür 그녀는 〈체조의〉 선택 종목에서 어려운 부분들을 갖고 있었다. **5.** 〔음악〕경과구(經過句), 패시지. **6.** 〔천문〕자오선 통과. **7.** 〔승마〕패시지(속보의 일종). **passager** [...'ʒeːɐ̯] 〈Adj.〉 [frz. passager] 〔의학〕(질병이나 증상이) 일시적으로만 나타나는, 일과성의. **Passagier** [pasa'ʒiːɐ̯], der; -s, -e [frz. passager] 여객, 선객, 승객: die -e gehen über die Gangway 승객들이 트랩을 내리다(오르다); **ein blinder P.** 무임 승객, 도둑 승선자.
Passagier-: ~**dampfer**, der 여객선. ~**flugzeug**, das 여객기. ~**gut**, das 여객 수하물. ~**kai**, der 여객선 부두. ~**liste**, die 여객[승객] 명단. ~**maschine**, die ↑~flugzeug. ~**schiff**, das 여객선.
Passah ['pasa], das; -s [hebr. pesaḥ] 〔유태교〕**1.** 유월절(逾越節)(출애굽을 기념하는 제전). **2.** 유월절에 잡아 먹는 어린 양. **Passahfest**, das 유월절. **Passahlamm**, das 유월절 성찬의 어린 양고기. **Passahmahl**, das 유월절 성찬.
Passant [pa'sant], der; -en, -en [frz. passant] **1.** 통행인: der Dieb konnte mit Hilfe einiger -en gestellt werden 몇몇 통행인의 도움으로 그 도둑의 도주가 저지될 수 있었다. **2.** 〔스케이트〕통과 여객, 여행객.
Passat [pa'saːt], der; -(e)s, -e [niederl. passaat] 무역풍. **Passatwind**, der 무역풍.
Passau ['pasau] 파사우(Inn 강과 Ilz 강이 도나우 강으로 흘러드는 강어귀의 도시). ¹**Passauer** ['pasauɐ], der; -s, - 파사우 사람. ²**Passauer** 〈Adj.; 격변화 없음〉 파사우의.
passe [pas; frz. passe] (룰렛의) 19~36의 숫자와 관계되는.
Passe ['pasə], die; -n (옷에서) 치수에 맞게 재단된 어깨나 허리 부분의 천. **passé** [pa'seː] 〈Adj.〉 [frz. passé] (통용어) 지나간, 과거의; 시대에 뒤진; 끝이 난: diese Mode ist endgültig p. 이 유행은 결정적으로 끝나버렸다; er ist als Politiker p. 그는 정치가로서는 끝났다.
Pässe: ↑Paß의 복수형.
passen ['pasn] 〈h〉 [frz. passer; 7: engl. to pass] **1. a)** (옷 따위가) 꼭 맞다: das Kleid paßt ausgezeichnet 옷이 아주 잘 맞는다. **b)** 어울리다, 상응하다, 적합하다, 걸맞다: die Farbe der Schuhe paßt nicht zum Anzug 구두 색깔이 양복에 어울리지 않는다; das paßt zu ihm! (통용어) 그 사람다운 일이다; sie paßt nicht zu uns 그녀는 우리에게는 적합한 표현을 찾다; haben Sie's passend? (통용어) (지불시에 판매자가 손님에게) 그 액수를 (잔돈으로) 정확하게 맞추어서 주실 수 있습니까? **2. a)** (무엇에) 맞다: dieser Deckel paßt nicht auf den Topf 이 뚜껑은 그 남비에 맞지 않는다; der Ball paßte 《축구 은어》 볼이 골인했다. **b)** 맞추다, 맞춰 넣다: Bolzen in die Bohrlöcher p. 볼트를 천개공에 맞춰 넣다. **3. a)** 마음에 들다, 성미에 맞다: der neue Mann paßte dem Chef nicht 그 새로 온 사람은 과장의 마음에 들지 않았다; würde Ihnen mein Besuch morgen abend p.? 내일 저녁에 찾아 뵈어도 괜찮습니까?; [성구] das könnte dir so p. 《조롱》 그러면 네게는 좋겠지. **b)** 〈p. + sich〉〔통용어〕↑gehören (5). **4.** 〈지역적〉 맞다: vielleicht meinst du Stadtmitte, das könnte noch eher p.! 너 아마 시 중심부를 말하는 것이지, 그게 오히려 맞을꺼야! **b)** 일치하다. **5. a)** 〈지역적〉↑aufpassen (1 b). **b)** 〈österr.〉 (초조하게) 기다리다: den ganzen Vormittag habe ich auf dich gepaßt 오전 내내 너를 기다렸다. **c)** 〈österr.〉 기다리다, 귀를 기울이다, 동정을 살피다: er hat zwei Stunden umsonst hinter dem Vorhang gepaßt 그는 커튼 뒤에서 두 시간이나 기다렸으나 소용 없었다. **6. a)** 〔카드〕자기의 차례를 거르다, 패스하다: (ich) passe! (나는) 패스! **b)** 〔통용어〕답을 몰라 포기하다: da muß ich p., das weiß ich nicht 포기 해야겠어, 모르겠으니. **7.** 〔구기〕 (겨냥해서) 패스하다: den Ball zum Torwart p. 공을 골키퍼에게 패스하다. **Passepartout** [paspar'tuː, 〈schweiz.〉 'paspartu], das, 〈schweiz.〉 der; -s, -s [frz. passe-partout] **1.** (마분지로 만든) 액자. **2.** 〈schweiz.〉 그 외 고어〉 정기 (입장)권. **3.** 〈schweiz.·그 외 드물게〉 마스터키, 어미 열쇠, 곁쇠, 맞쇠. **Passepartout-Karton**, der 액자 마분지. **Passepartout-Rand**, der 마분지 액자 테두리.
Passepied [pas'pjeː], der; -s, -s [frz. passe-pied] **1.** (브레타뉴 지방의 빠른) 무용. **2.** 〔음악〕조곡(組曲)의 비고정 구성 부분에 속하는 춤(대개 사라반데 무곡과 지구 무곡 사이에 삽입됨). **Passepoil** [pas'poal], der; -s, -s [frz. passepoil] 〈österr.〉 ↑ Paspel. **passepoilieren** [...'liːrən] 〈h〉 [frz. passepoiler] 〈österr.〉 가장자리 장식을 붙이다.
Passier-: ~**ball**, der 〔정구〕↑~schlag. ~**gewicht**, das [주전] (통용 주화의) 쳐진 기준 중량. ~**maschine**, die (음식을 체 같은 것으로 걸러 죽을 만드는) 음식 여과기 (부엌 도구). ~**schein**, der 통행증; 통행 면장: den P. vorzeigen 통행증을 제시하다. ~**scheinabkommen**, das (60년대에 구동독과 서백림 사이에 맺어진) 통행증 협정. ~**scheinstelle**, die 통행증 발급소(통관 면장). ~**schlag**, der 〔정구〕패싱 쇼트(상대가 못 받게 치는 타구). ~**schuß**, der 〔정구〕↑~schlag. ~**sieb**, das (음식 여과기).
passierbar [pa'siːɐ̯baːɐ̯] 〈Adj.〉 통과[통행]할 수 있는, 빠져나갈 수 있는. **passieren** [pa'siːrən] [frz. passer; 2: frz. se passer] **1.** 〈h〉 **a)** (차단, 경계와 관련하여) 지나가다: der Zug hat gerade die Grenze passiert 기차가 막 국경을 통과했다; [전의] der Film hat die Zensur passiert 그 영화는 검열을 통과했다; diese Ware passiert zollfrei 이 물건은 관세를 물지 않고 통과된다. **b)** (가운데로 또는 넘어서) 통과하다: eine Brücke p. 다리를 통과하다. **c)** (옆을) 지나가다: der Pförtnerloge p. 수위실을 지나가다. **2.** 〈s〉 **a)** ↑geschehen (1 a): dort ist ein Unglück passiert 거기서 사고가 일어났다. **b)** ↑geschehen (1 b): in dieser Angelegenheit muß endlich was p.! 이 문제에서는 결국 무엇인가 일어나야 되겠어! **c)** ↑geschehen (1 c): mir ist eine Panne passiert 고장이 일어났다; so was ist mir in meinem ganzen Leben noch nicht passiert 그런 일은 내일생동안 당해보지 못했다. **3.** (체로, 음식 여과기로) 거르다, 걸

러서 죽 같은 것을 만들다: Spinat p. 시금치를 음식 여과기로 거르다. **4.** 〖정구〗〈*h*〉 패싱하다(네트 플레이를 위해 다가선 상대가 공을 못 받도록 비껴치다): er passierte den Australier mit einem Drive 그는 드라이브로 그 호주인 옆으로 패싱했다.

passim ['pasım] 〈Adj.〉 [lat.] 〖문헌·인쇄〗 (해당 저서의) 도처에, 여기저기에.

Passion [pa'si̯oːn], die; -en [1: frz. passion; 2: lat. passio] **1. a)** (강한) 애착, 편애, 성벽(性癖), 경도, 탐닉; 취미, 도락: die Philatelie ist seine P. 우표 수집은 그의 취미이다; eine P. für etw. haben 무엇에 강한 애착을 갖다. **b)** 격정, 열정, 열광: er spielte mit P. 그는 열정적으로 게임을 했다. **2.** 〖기독교〗 **a)** (Pl. 없음) 그리스도의 수난(← 난부): 전의 die P. der osteuropäischen Juden 동구 유태인들의 수난. **b)** 그리스도 수난화[수난상, 수난곡].

passionato [pasi̯o'naːto; ital. passionato] 〖음악〗↑ appassionato. **Passionato** [-], das; -s, -s / ...ti 〖음악〗 열정적 연주. **passioniert** [pasi̯o'niːɐt] 〈Adj.〉 [frz. passionner] 정열적인, 열광적인, 열성적인: 전의 ein -er Junggeselle 열렬한 독신주의자.

Passions-: **~blume**, die 〖꽃의 여러 부분이 그리스도의 가시면류관과 십자가의 못같이 보이는 데서〗〖식물〗시계초(屬). **~frucht**, die (대개 Pl.) (여러 종류의) 시계초 열매. **~sonntag**, der 〖가〗(그리스도) 수난의 주일(主日). **~spiel**, das 〖가〗그리스도 수난극(劇). **~weg**, der (예수의) 수난의 길(↑ Leidensweg. **~werkzeug**, das (대개 Pl.) 〖예술〗수난 도구(그리스도 수난의 상징물로서 십자가, 가시면류관, 채찍 등). **~woche**, die 수난주(週)(부활제의 1주간). **~zeit**, die **a)** 〖기독교〗수난절(節). **b)** 사순절(四旬節).

passiv ['pasiːf, (또한) --'-] 〈Adj.〉 [lat. passīvus] **1. a)** 소극적인, 퇴영(退嬰)적인: sie sie eine -e Natur 그녀는 소극적인 성격의 사람이다; in einer Sache p. sein 어떤 일에 소극적이다. **b)** 수동의, 수동적인(반대: aktiv 1 b): -e Bestechung 수회죄(罪); -es Mitglied 비활동적 회원(회비만 내고 활동에는 참여 않는); -es Wahlrecht 피선거권; -er Wortschatz 소극적 사용 어휘(= 이해하고 있지만 구사는 하지 않는 어휘). **2.** 〖스포츠〗현역이 아닌 (훈련이나 시합에 참여하지 않는)(반대: aktiv 3 b). **3.** (드물게) ↑passivisch. **4.** 결손(缺損)의. **Passiv**, das; -s, -e [...vә] 〖lat. (genus) passīvum〗〖언어〗 (동사의) 수동형: das Verbstehen im P. 그 동사는 수동형으로 되어 있다.

Passiv-: **~geschäft**, das 〖금융〗수신 업무(반대: Aktivgeschäft). **~handel**, der 〖상〗수입 무역(수동무역)(반대: Aktivhandel). **~legitimation**, die 〖법〗피고 적격(민사 소송에서 피고가 자기 권리를 관철시키는)(반대: Aktivlegitimation). **~masse**, die 〖법〗대변[부채] 총액(파산에서). **~posten**, der 〖상〗대변 항목. **~prozeß**, der 〖법〗피고 수동(受動) 소송(피고의 입장에서의)(반대: Aktivprozeß). **~rauchen**, das; -s 간접 흡연(남이 피우는 담배의). **~saldo**, der 〖상〗대변 잔고. **~seite**, die 〖상〗대변(대차 대조표의 우측). **~zinsen** (Pl.) 〖상〗부채 이자.

Passiva [pa'siːva], (österr.) **Passiven** [pa'siːvn̩] 〈Pl.〉〖상〗대변에 기입된 자기 자본 및 타인 자본. **passivieren** [pasi'viːrәn] 〈*h*〉 **1.** 〖상〗대변에 기입하다(반대: aktivieren 4). **2.** 〖화학〗 (비(卑)금속을) 부동태화(不動態化)하다. **Passivierung**, die; -en ↑passivieren의 명사형. **passivisch** 〈Adj.〉〖언어〗수동태[형]의: den Satz p. konstruieren 문장을 수동형으로 구성하다. **Passivismus** [pasi'vɪsmus], der; - 수동성, 소극성; 수동[소극]주의. **Passivität** [...viːtɛːt], die; **1.** 비능동[소극]성, 수동적[소극적] 태도(반대: Aktivität 1).

aus der politischen P. heraustreten 정치적으로 수동적인 태도에서 벗어나다. **2.** 〖화학〗 (비(卑)금속의) 부동태(不動態).

paßlich ['paslıç] 〈Adj.〉(준고어) 적합한, 알맞은; 편리한. **Passung**, die; -en 〖기술〗 (기계 부품들이) 끼워 맞춤, 끼워 맞춤 방식.

Passus ['pasʊs], der; -, - ['pasuːs; lat. passus] 〖교양어〗구절, 구(문장)의: einen P. streichen[auslassen] 한 구절을 지우다[빠트리다].

Pasta ['pasta], die; Pasten (드물게) **1.** ↑Paste. **2.** ↑Zahnpasta의 약칭. **Pasta asciutta** ['-a'ʃʊta], ...te ...tte [...tә ...tә], **Pastasciutta** [pasta'ʃʊta], die; ...tte [...tә; ital. pasta asciutta] 파스타슈타(다진고기와 토마토와 양파로 된 소스에 국수를 버무린 이탈리아 음식).

Paste ['pastә], die; -n [lat., ital. pasta] **1.** 반죽(고기 등으로 된). **2.** 〖약학〗 연고, 파스타제(劑). **Pastell** [pas'tɛl], das; -(e)s, -e (또한 Pl. 없음) 파스텔 화법(畫法): in P. malen 파스텔 화법으로 그리다. **2.** 파스텔 화(畫). **3.** ↑Pastellfarbe (2): ein zartes P. 부드러운 파스텔 색조.

pastell-, **Pastell-**: **~bild**, das 파스텔 화(畫). **~farbe**, die **1.** 파스텔(물감). **2.** (대개 Pl.) (부드럽고 밝은) 파스텔 색조. **~farben** 〈Adj.〉 파스텔 색조의. **~maler**, der 파스텔 화가. **~malerei**, die ↑Pastell (1, 2). **~stift**, der (크레용 형의) 파스텔. **~ton**, der ↑farbe (2). **~zeichnung**, die ↑Pastell (2).

pastellen [pas'tɛlәn] 〈Adj.〉 **1.** 파스텔로 그린. **2.** 파스텔 색조의: ein -er Himmel (파스텔로 그린 것 같이) 부드럽고 밝은 색조의 하늘. **pastellig** 〈Adj.〉(드물게) 파스텔 색조의.

Pastetchen [pas'teːtçәn], das; -s, - ↑Pastete (a, b). **Pastete** [pas'teːtә], die; -n [lat. pasta] **a)** (대개 실린더 모양의 밀가루 반죽으로 된) 파이 껍질, 만두 피. **b)** (스튜를 넣은) 파이, 고기만두. **c)** 잘게 썬 고기소를 밀가루 반죽에 싸서 구운 음식.

Pasteurisation [pastøriza'tsi̯oːn], die; -en [frz. pasteurisation, 프랑스 화학자 L. Pasteur(1822~1895)의 이름에 따라〗파스퇴르씨 법, 저온 살균법(약 65℃에서). **pasteurisieren** [...'ziːrәn] 〈*h*〉 [frz. pasteuriser] (에) 파스퇴르씨 법을 쓰다, 저온 살균하다: Milch p. 우유에 파스퇴르씨 살균법을 쓰다; 전의 Sektierer, politisierende Pastoren und pasteurisierte Politiker 분파주의자, 정치 목사들 그리고 비생산적인 정치가들. **Pasteurisierung**, die; -en ↑Pasteurisation.

Pasticcio [pas'tɪtʃo], das; -s, -s / ...cci [...tʃi; ital. pasticcio] **1.** 〖미술〗 (유명 화가의) 기법 모방 위조화. **2.** 〖음악〗 **a)** (여러 오페라의 부분들을 모아서 독자적인 제목과 가사를 부쳐 새 작품으로 만든) 혼성곡. **b)** (여러 작곡가들이 새로 만든) 혼성곡.

Pastille [pas'tɪlә], die; -n [lat. pāstillus] (빨아먹는) 정제(錠劑), 환약(丸藥); 단 것.

Pastinak ['pastinak], der; -s, -e, **Pastinake** [pasti'naːkә], die; -n [lat. pastināca] **1.** 아메리카방풍(미나리과). **2.** 아메리카방풍의 뿌리.

Pastmilch ['past-], die 〈schweiz.〉 (파스퇴르씨 법을 쓴) 살균 우유.

Pastor ['pastor, (또한) ...to:ɐ, pas'to:ɐ], der; -s, -en [...'to:rәn] / (nordd.) (또한) -e [...'to:rә] / (방언) (또한) ...töre [...'tøːrә; lat. pastor] (특히 nordd.) 성직자, 목사, 신부: ein streitbarer P. 논쟁적인 목사. **pastoral** [pasto'ra:l] 〈Adj.〉 [3: lat. pāstōrālis] **1.** 목사(직)의, 종교상의. **2.** (부자연스럽게) 위엄 있는, 장중한, 엄숙한: ein -es Gehabe 엄숙하게 거드름 빼는 태도. **3.** 전원풍의, 목가적인: -e Dichtungen 전원 문학. **Pastoral**, die ↑Pastoraltheologie.

Pastoral-: ~**brief**, der 〈대개 Pl.〉【기독교】목회 서간(牧會書簡)(사도 바울의 디모데전후서(前後書)와 디도서). ~**medizin**, die 【가】사목(司牧) 의학(의학과 신학에 공통으로 관계되는 문제를 다루는). ~**theologie**, die 【가】사목(司牧)[목직(牧職)] 신학.

¹**Pastorale** [pasto'ra:lə], das; -s, -s, 《또한》die; -n [ital. pastorale] **1.** 【음악】**a)** 전원곡(6/8박자의 기악곡), 목가. **b)** 전원풍의 소 노래극, 노래 목자극(牧者劇). **2.** 【문예】전원극; 전원풍 장면. **3.** 【회화】목자화.

²**Pastorale** [-], das; -s, -s [ital. (bastone) pastorale] 【가】주교 권장(權杖). **Pastoralsinfonie**, die 【음악】전원곡풍의 악장을 가진 교향곡. **Pastorat** [pasto'ra:t], das; -(e)s, -e 〈고어·아직 지역적〉**1.** 목사(신부)직. **2.** 목사관(館). **Pastorelle** [...'rɛlə], die; -n [ital. pastorella] 목가. **Pastorentochter**, die 목사 딸. **Pastorin** [pas'to:rɪn], die; -nen **a)** (nordd.) 여목사, 여성직자(신교의). **b)** 〈지역적〉목사의 아내.

pastos [pas'to:s] 〈Adj.〉 [ital. pastoso] **1.** 걸쭉한, 죽 같은. **2.** 【회화】두껍게 칠한.

pastös [pas'tø:s] 〈Adj.〉 **1.** 【의학】(피부가) 반죽같이 부풀은(부은). **2.** ↑pastos (1).

Patagonien [pata'go:niən], -s 파타고니아(남미의 최남단).

Patchen ['pa:tçən], das; -s, - 〈친근〉↑Patenkind.

Patchwork ['pætʃwɔːk], das; -s [engl. patchwork] **1.** 쪽매 붙임 기술(여러 다른 색깔과 모양의 조각을 이어붙여 벽걸이, 덮개 등을 만드는 기술). **2.** 쪽매 붙임 제작품.

¹**Pate** ['pa:tə], der; -n, -n [lat. pater] **1.** 대부, 교부: (bei) jmdm. P. stehen 누구의 대부가 되다; jmdn. zum - n bitten 누구를 대부로 청하다; **bei etw. P. stehen** 〈통용어〉무엇에 영향을 주는 막후 인물이다; **jmdm. die -n sagen** 〈지역적·준고어〉누구를 꾸짖다. **2.** 〈축소형: ↑Patchen.〉↑Patenkind. **3.** 〈구동독〉(사회주의 의미에서의) 대부. ²**Pate** [-], die; -n 대모(↑Patin).

Patella [pa'tela], die; ...llen [lat. patella] 【의학】슬개골(膝蓋骨). **patellar** [pate'la:ɐ] 〈Adj.〉【해부】슬개골의. **Patellarreflex, Patellarsehnenreflex**, der 【의학】↑Kniesehnenreflex.

Paten-: ~**betrieb**, der 〈구동독〉협력 기업. ~**brief**, der 〈구동독〉(대자가 대부로부터 축하금과 함께 받는) 대부(代父) 증서. ~**brigade**, die 〈구동독〉협력 작업반. ~**geschenk**, das (대부모로부터 받는) 세례 축하 선물. ~**kind**, das 대자(代子), 대녀; (사회주의적 의미에서) 대자. ~**kindergarten**, der 〈구동독〉협력 계약 유치원. ~**klasse**, die 〈구동독〉협력 계약 학급. ~**onkel**, der ↑Pate (1, 3). ~**schule**, die 〈구동독〉협력 계약 학교. ~**sohn**, der 대자. ~**stadt**, die ↑Partnerstadt. ~**tante**, die ↑Patin. ~**tochter**, die 대녀.

Patene [pa'te:nə], die; -n [lat. patena] 【기독교】성반(聖盤).

Patenschaft, die; -en [2: russ. schefstwo에서] **1.** 대부모 관계: 전의 die Klasse hat die P. für behinderte Menschen übernommen 그 학급은 장애자들을 돌볼 책임을 넘겨 받았다. **2.** 〈구동독〉(계약상의) 협력 관계(기업이나 직업인이 누구를 돕기 위한). **Patenschaftsvertrag**, der 〈구동독〉협력 관계 계약.

patent [pa'tɛnt] 〈Adj.〉〈통용어〉**1.** 능란하고 호감이 가는, 쌍쌍한: sie ist ein -er Kerl 굉장한 녀석. **2.** 아주 실용적인, 매우 쓸모 있는: das ist eine -e Methode 그것은 아주 실용적인 방법이다. **3.** 〈지역적〉멋진, 맵시 있는, 쪽, 세련된: der junge Herr ist p. angezogen 그 젊은 신사는 쪽 빼서 입었다.

Patent [-], das; -(e)s, -e [lat. (littera) patens] **1. a)** 특허(권): er hat seine Erfindung zum P. angemeldet 그는 그의 발명의 특허를 출원한다. **b)** 특허증. **c)** 특허 발명, 특허품: er hat ein neues P. entwickelt 그는 새로운 특허품을 개발했다. **2.** 사령장, 임명장: das P. als Steuermann erwerben 조타수 사령장을 받다. **3.** 《schweiz.》면허(장), 허가(서)(일정한 직업 수행을 위한). **4.** 〈역사적〉(종교 자유의 승인과 같은) 권리 인정서; 칙서.

patent-, Patent-: ~**amt**, das 특허청. ~**amtlich** 〈Adj.〉특허청의. ~**anwalt**, der 변리사. ~**fähig** 〈Adj.〉특허권을 받을 조건을 갖춘, 특허 자격이 있는. ~**gesetz**, das 특허법. ~**ingenieur**, der (특허 문제를 다루는) 특허 기사. ~**inhaber**, der 특허권 소유자. ~**knopf**, der 딱 단추(금속제의 암수 단추). ~**lösung**, die 전면 해결, 이상적 해결. ~**recht**, das **1.** 특허법. **2.** 특허권. ~**rechtlich** 〈Adj.〉특허법(상)의. ~**register**, das 《österr., schweiz.》↑~rolle. ~**rezept**, das 이상적 해결 방안. ~**rolle**, die 특허 원부, 특허 목록[등록부]. ~**sache**, die 특허에 관한 건(件). ~**schrift**, die 특허 출원시 제출하는 특허 명세서. ~**schutz**, der 특허권 보호. ~**urkunde**, die 특허증, 사령장. ~**verschluß**, der 특허를 받은 덮개.

patentierbar 〈Adj.〉특허를 줌에 적합한.

patentieren [patɛn'ti:rən] 〈h〉**1.** 특허[특허권]를 주다. **2.** 【기술】(강선에) 페튼팅 처리를 하다.

Pater ['pa:tɐ], der; -s, - / Patres ['patres:; lat. pater] (수도회의) 신부(약어: P.). **Paterfamilias** ['pa:tɐfa'mi:lias], der; -, - [lat. pater familiās] 《교양어·농가》家長. **Paternität** [patɛrni'tɛ:t], die 〈고어〉(아버지의 신분, 부권. ¹**Paternoster** [pa:tɐ'nɔstɐ], das; -s, - [lat. pater noster] 주기도문; 묵주. ²**Paternoster** [-], der; -s, - [묵주처럼 연결된 데서] 자동 순환식 엘리베이터. **Paternosteraufzug**, der ↑²Paternoster.

pater, peccavi [-pe'ka:vi; lat. = Vater, ich habe gesündigt] 아버지시여, 내가 죄를 얻었아오니(죄의 고백을 시작하는 기도 형식, 누가 복음 15장 18절): **p., p. sagen** 《드물게·교양어》용서를 간청하다. **Paterpeccavi** [-], das; -, - 《교양어·드물게》참회.

patetico [pa'te:tiko] 〈Adj.〉 [ital. patetico] 【음악】격정적으로, 장중하여.

-path- [-'pa:t], der; -en, -en 〈접미사〉**1.** 어떤 병을 앓는 자(예컨대: Psychopath 정신 병자). **2.** 어떤 의학설이나 병리학의 대표자; 전문의(예컨대: Homöopath 유사 요법 의사). **Pathetik** [pa'te:tɪk], die [frz. pathétique] (과장된) 엄숙함, 비장함: in seinen Worten lag etwas P. 그의 말에는 좀 과장된 비장한 면이 있었다.

pathetisch [pa'te:tɪʃ] 〈Adj.〉 [lat. pathēticus < griech. pathētikós] (과장된) 엄숙한, 장중한, 비장한, (과도하게) 엄숙한: eine -e Ausdrucksweise 비장한 말투; sein Stil ist p. 그의 문체는 장중하다.

-pathie [-pa'ti:; lat. -pathia < griech. -patheia], die; -n ...iən] 〈접미사〉**1.** 병(예컨대: Psychopathie 정신병). **2.** 〈Pl. 없음〉의학설, 병리학; 치료법(예컨대: Homöopathie 유사 요법). **3.** 감정, 경향(예컨대: Sympathie 공감). **patho-, Patho-** [pato-; griech. páthos] "병(病)"의 뜻을 가진 규정어로서, 예컨대) pathogen, Pathopsychologie. **pathogen** 〈Adj.〉【의학】병원성(病原性)의, 병인성(病因性)의. **Pathogenese**, die; -n 병인론(病因論), 질병 발생론. **Pathogenität** [...geni'tɛ:t], die 【의학】(미생물의) 질병 유발력. **pathognomonisch** [patogno'mo:nɪʃ], **pathognostisch** [pato'gnɔstɪʃ] 〈Adj.〉 [griech. gnōmonikós] 【의학】어떤 질병에(질병의 증상에) 특징적인. **Patholinguistik**, die 【언어】이상(병리) 언어학(언어 장애와 장애 언어를 다루는 응용 언어학의 일 분야). **Pathologe**, der; -n, -n 【의학】병리학자. **Pathologie**, die **1.**

pathologisch 〈Pl. 없음〉병리학. 2. 병리학과, 병리학 연구소. **pathologisch** 〈Adj.〉 1. [의학] 병리학적인, 병리학의. 2. [의학] krankhaft (1): -e Veränderungen des Gewebes 조직의 병적인 변화. 3. ↑krankhaft (2): eine geradezu -e Reizbarkeit 바로 병적인 그의 민감성. **Pathophysiologie**, die 이상(병태(病態)) 생리학.
Pathos ['pa:tɔs], das; - [griech. páthos] 《교양어·펌》 격정, 열정, 격앙; 장중, 비장: eine Rede voller P. 지나치게 격정적인 연설.
Patience [pa'siɑ:s], die; -n [frz. patience] 1. 페이션스 (혼자서 하는 카드놀이), 패 떼기 놀이: die P. geht nicht auf 패가 떨어지지 않는다. 2. 《전문어》《여러 가지 모양의》형상 과자. **Patiencebäckerei**, die 《österr.》 ↑Patience (2). **Patiencespiel**, das ↑Patience (1).
Patiens ['pa:tsiɛns], das; -, - [lat. patiēns] [언어] 피동자(被動者)(반대: Agens 4). **Patient** [pa'tsiɛnt], der; -en, -en [lat. patiēns] (의사의 치료를 받는) 환자, 병자: ich bin P. bei Dr. Beck 나는 벡 박사의 환자이다. **Patientenisolator**, der [의학] 《영》Life-island. **Patientin**, die; -nen ↑Patient 의 여성형.
Patin ['pa:tɪn], die; -nen ↑Pate (1, 3)의 여성형.
Patina [pa'ti:na], die [ital. patina] 푸른 녹, 녹청(綠青) (청동기 따위의): 〈전의〉sein Charme hat P. angesetzt 그의 매력에는 녹이 슬었다(더 이상 젊고 신선한 맛이 없다). **patinieren** [pati'ni:rən] 〈h〉〈전문어〉(인공으로) 푸른 녹이 생기게 하다; 고색(古色)을 띠게 하다.
Patio ['pa:tio], der; -s, -s [span. patio] [건축] (특히 스페인과 남미 가옥의) 안뜰, 안마당.
Patisserie [patisəˈri:], die; -n [...i:ən; frz. pâtisserie] 1. (호텔, 식당 등의) 제과부. 2. 《schweiz.·그 외 고어》고급 제과점. 3. 《schweiz.·그 외 고어》고급 과자(케이크). **Patissier** [pati'sie:], der; -s, -s [frz. patissier] (호텔의) 케이크(생과자) 제조 업자.
Patmos ['patmɔs], Patmos' 파트모스 섬(그리스의).
Patnareis ['patna-], der; -es [인도의 도시 Patna에서] 낱알이 길쭉한 쌀, 안남미.
Patois [pa'toa], das; -, - [frz. patois] 《드물게·교양어·펌》 (프랑스의) 방언; 부정확해서 알아 듣지 못할 말.
Patres: ↑Pater의 복수형. **Patriarch** [patri'arç], der; -en, -en [lat. patriarcha < griech. patriárchēs] 1. [종교] ↑Erzvater. 2. 〔가〕 a) 〈Pl. 없음〉 몇몇 (대)주교의 칭호(명예 칭호). b) 위 칭호의 보지자. 3. [정교회] a) 〈Pl. 없음〉 총주교의 칭호. b) 위 칭호의 보지자. 4. 가부장. **patriarchal** [patriar'ça:l] ↑patriarchalisch (1). **patriarchalisch** 〈Adj.〉 [1 b: lat. patriarchālis] 1. a) 가부장(제도)적인, 부권(父權)적인: die ~e Ordnung der Gesellschaft 부권(제)적 사회 질서. b) 족장(대주교, 총주교)의. 2. 가부장처럼 엄격한, 가부장다운, 위엄 있는: er gibt sich sehr p. 그는 매우 가부장답게(위엄 있게) 행동한다. **Patriarchalkirche**, die 〔가〕(로마의) 교황 직속 성당(예컨대:성 베드로 성당). **Patriarchat** [...'ça:t], das, (또한) der; -(e)s, -e 1. (족)주교의 직(관할 구역). 2. 가부장제, 부권제. **patriarchisch** 〈Adj.〉〈고어〉↑patriarchalisch (1 b). **patrilineal, patrilinear** 〈Adj.〉 [lat. pater u. linea] 〔민·문화 인류〕부계 승계의(반대: matrilineal, matrilinear). **patrimonial** [...mo'nia:l] 〈Adj.〉 [lat. patrimōniālis] a) (지배자의) 사유 재산의, 상속 재산의. b) 세습의, 선조 전래의, 이 세상 쪽의. **Patrimonialgerichtsbarkeit**, die [lat. patrimoniālis] 〔옛〕영주 재판권. **Patrimonialstaat**, der 《중세》가산(家産)국가, 세습 영주 국가. **Patrimonium** [...'mo:nium], das; -s, ...ien [...iən; lat. patrimōnium] (로마법에서) 지배자의 사유 재산, 세습 영지, 부계 유산. **Patriot** [patri'o:t], der; -en, -en [frz. patriote] 애국자: ein begeisterter P. 열렬한 애국자. **Patriotin**, die; -nen ↑Patriot의 여성형. **patriotisch** 〈Adj.〉 [frz. patriotique] 애국적인, 애국심이 있는, 우국의: die Schüler sangen -e Lieder 학생들은 애국적인 노래들을 불렀다; p. gesinnt sein 애국심이 있다. **Patriotismus** [patrio'tɪsmʊs], der; - [frz. patriotisme] 애국심, 우국(憂國)의 정(情): von glühendem P. erfüllt sein 애국심에 불타다. **Patristik** [pa'trɪstɪk], die [lat. pater] [신학] 교부(教父) 신학; 초기 기독교 문학사. **Patristiker**, der; -s, - 교부 신학자. **patristisch** 〈Adj.〉 교부 신학(상)의. **Patrize** [pa'tri:tsə], die; -n [lat. pater] [인쇄] 활자 모형(母型) 제작용의 주형(鑄型), 부형(父型). **Patriziat** [patri'tsia:t], das; -(e)s, -e [lat. patriciātus] 1. 〔역사적〕 (고대 로마의) 세습 귀족(총칭). 2. 《드물게》 (중세) 명문 시민 (총칭); 도시 귀족. **Patrizier** [pa'tri:siɐ], der; -s, - [lat. patricius] 1. 〔역사적〕 (고대 로마의) 세습 귀족. 2. (특히 중세의) 명문 시민, 도시 귀족. **Patriziergeschlecht**, das 명문족. **Patrizierhaus**, das 도시 귀족 (명문) 저택, 명문가(家). **patrizisch** 〈Adj.〉세습(도시) 귀족적인, 명문의; 세습(도시) 귀족풍의. **Patrologe** [patro'lo:gə], der; -n, -n [griech. patḗr] ↑Patristiker. **Patrologie**, die ↑Patristik. **patrologisch** 〈Adj.〉 ↑patristisch. **Patron** [pa'tro:n], der; -s, -e [lat. patrōnus] 1. a) (고대 로마의) 해방 노예의 보호자, 평민 비호 주인. b) (그 외 시대의) 보호자, 후원자. 2. (교회, 신분 계급, 도시 등의) 수호 성인(聖人). 3. 교회 창립자. 4. 〈프랑스의〉가게(여관) 주인. 5. 《통용어·펌》놈, 녀석(부정적 형용사와 결합하여서만): ein langweiliger P. 지겨운 녀석. **Patrona** [...na], die; ...nä [lat. patrōna] 여(女) 수호 성인; 여 비호(보호)자.
Patronage [patro'na:ʒə], die [frz. patronage] 정실 사(人事), 측근 정치. **Patronanz** [patro'nants], die 《österr.》↑Patronat. **Patronat** [...'na:t], das; -(e)s, -e [lat. patrōnātus] 1. (고대 로마의) 해방 노예 보호권 (직). 2. (교회의) 후원, 비호, 보호: die Ausstellung stand unter dem P. des Bundeskanzlers 전시회는 수상의 후원하에 있었다. 3. [기독교] 교회 창립자(후원자)의 법적 지위[권리, 의무]. **Patronatsfest**, das 〔가〕(교회의) 수호 성인 축제일. **Patronatsherr**, der 《드물게》교회 보호자(후원자). **Patrone** [pa'tro:nə], die; -n [frz. patron] 1. 탄환, 탄약통(대포의): bis zur letzten P. kämpfen 최후까지 싸우다. 2. (발파용 폭약 장전 구멍에 넣기 위한) 약포(藥包). 3. a) (만년필 속에 넣는 실린더 모양의 플라스틱제) 잉크 용기. b) (소형 카메라용의 빛이 투과하지 않는) 필름 캡슐. 4. [섬유] (직물 조직의) (原型) 도안, 형지(型紙).
Patronen-: ~**füller**, der 《통용어》↑~**füllhalter**. ~**füllhalter**, der 실린더형 잉크 용기식 만년필. ~**gurt**, der a) (금속제의) 기관총용 탄대. b) (가죽제의) 탄띠, 탄대(帶). ~**gürtel**, der ↑~gurt (b). ~**hülse**, die 탄피, 약협(藥莢). ~**kammer**, die 약실(藥室). ~**lager**, das ↑~kammer. ~**magazin**, das ↑Magazin (3 a). ~**tasche**, die (허리띠에 부착시키는) 탄약 주머니. ~**trommel** (연발 권총의) 회전 탄창.
patronieren [patro'ni:rən] 〈h〉 [frz. patronner] 《österr.》 형판(型板)을 써서 채색하다(형을 잡다). **Patronin**, die; -nen ↑Patron (2, 1 b)의 여성형. **patronisieren** 〈h〉 보호(비호)하다; 조장하다, 지원하다. **Patronymikon** [patro'ny:mikɔn], **Patronymikum** [...'ny:mikum], das; -s, ...ka [griech. patrōnymikós] 아버지(조상)의 이름을 따라 지은 이름(예컨대: Petersen = Peters Sohn; 반대: Metronymikon).
Patrouille [pa'trʊljə, 《österr.》 pa'truja], die; -n [frz. patrouille] 1. 정찰, 척후, 순찰: auf P. sein(gehen) 정찰(순찰) 중에 있다(정찰 나가다). 2. 정찰(척후, 순찰)대;

eine P. zusammenstellen 정찰대를 조직하다. **Patrouillen-**: ~**boot**, das 초계정, 순시정, 페트롤 선(船). ~**fahrt**, die (탈것에 의한) 정찰(순찰). ~**flug**, der 정찰 비행. ~**führer**, der 정찰(순찰) 대장. ~**gang**, der ↑Patrouille (1). **patrouillieren** [patrul'jiːrən] ⟨h/s⟩ [frz. patrouiller] 정찰(척후, 순찰)하다, 초계하다: Soldaten patrouillierten durch die Straßen 군인들이 도로를 지나며 순찰하고 있었다; 전의 sie patrouillierte an der Haltestelle auf und ab 그녀는 정류장에서 순찰하듯 왔다갔다 했다. **Patrozinium** [patro'tsiːnium], das; -s, ...ien [...jən]; lat. patrōcinium] 1. [가] a) (수호 성인의) 교회 수호권. b) (교회의) 수호 성인 축제일. 2. (고대 로마에서 해방 노예에 대한) 보호 귀족의 면호. **patsch!** [patʃ] ⟨Interj.⟩ (손뼉, 수면 충돌 등의 의성어) 찰싹, 철썩; 첨벙, 철벙: p., da lag das Kind im Dreck 철썩, 그러더니 그 아이가 오물에 빠져 있었다. ¹**Patsch**, der; -(e)s, -e 1. 찰싹(첨벙)하는 소리: mit einem P. fiel er in die Pfütze 철썩하면서 그는 물웅덩이에 넘어졌다. 2. ⟨통용어⟩ 진창, 진흙길. ²**Patsch**, der; -en, -en ⟨österr.·통용어⟩ 투박한 사람, ⟨통용어⟩ 조야하고 어색한 사람. **pątsch-, Pątsch-**: ~**hand**, die, ~**händchen**, das [아동] (아이의) 작은 손. ~**naß** ⟨Adj.⟩ ⟨통용어·정서⟩ 흠뻑 젖은. ~**wetter**, das (도로가 진창이 된) 매우 나쁜 날씨. **Patsche** ['patʃə], die; -n ⟨통용어⟩ 1. (아이의) 손: komm, gib mir deine P.! 이리와, 손 줘! 2. ↑ Feuerpatsche; der P. das Feuer löschen 소화 도구로 불을 끄다. 3. ↑¹Patsch (2). 4. 곤경, 궁지: in eine P. geraten 궁지에 빠지다; jmdm. aus der P. helfen 누구를 도와 궁지를 벗어나게 하다. **patschen** ['patʃn] ⟨h/s⟩ ⟨통용어⟩ 1. **a)** ⟨h⟩ 철썩, 철벅, 첨벙하고 소리나다: das Wasser patscht unter seinen Stiefeln 그의 장화 밑에서 철벅거리는 물소리가 난다. **b)** ⟨s⟩ 철썩하며 무엇(에) 부딪치다; der Regen patscht gegen die Scheiben 빗방울이 탁탁거리며 유리창을 때린다. 2. ⟨h⟩ (손바닥이나 발, 혹은 비슷한 것으로) 찰싹하며 무엇을 치다: jmdm. mit (den Händen) ins Gesicht p. (손으로) 누구의 얼굴을 찰싹하며 때리다; das Kind patschte vor Vergnügen in die Hände 아이는 기쁜 나머지 손뼉을 쳤다. 3. ⟨s⟩ (물, 진창 속을) 철벅철벅 걷다: er patschte durch die Pfützen 그는 철벅거리며 웅덩이 가운데를 지나갔다. **pätscheln** ⟨지역적⟩ 1. ⟨h/s⟩ 노를 젓다[저어 가다]. 2. ⟨h⟩ 가볍게 찰싹 치다, 쓰다듬다. **Patschen** [-], der; -s, - ⟨österr.⟩ 1. 실내화, 슬리퍼. 2. 타이어의 빵꾸: er muß das Rad wechseln, er hat einen P. 그는 타이어를 갈아야 한다, 빵꾸가 났으니. **patschenaß**: ↑patschnaß. **Patscherl** ['patʃel], das; -s, -n ⟨österr.·통용어⟩ (행동이) 서투르고 어색한 아이, 투박한 아이. **patschert** ['patʃet] ⟨Adj.⟩ ⟨österr.·통용어⟩ 서투른, 어색한, 투박한. **Patschuli** ['patʃuli], das; -s [frz., engl. patchouli] **a)** 파슬리(향료). **b)** ↑Patschuliöl. **Pątschuliöl**, das 파슬리 향유(香油). **Patschulipflanze**, die 파슬리(아시아 열대산(産) 꿀풀과의 향료 식물). **patt** [pat] ⟨Adj.⟩ [frz. pat] [장기] (움직이면 왕이 위태로워지도록) 수가 막힌, 꼼짝 못하게 된. **Patt**, das; -s, -s 1. [장기] 빅수. 2. ⟨비유⟩ 무승부: die Partie ging mit einem P. aus 그 판은 무승부로 끝났다. 2. (정치·군사적) 무승부 상태, 정돈(停頓)상태, 우열 미정 상태: ein militärisches P. 군사상의 균형 상태. **Patte** [patə], die; -n [frz. patte] (옷의) 호주머니 뚜껑. **Pattentasche**, die 뚜껑 달린 호주머니.

Pattern ['petɐn], das; -s, -s [engl. pattern] 1. [심리·사회] 행동 양식, 사고(思考)형(모델); 도식, 형(型). 2. [언어] 문형(文型). **Patternpraxis**, die [engl.-amerik. pattern practice] [언어] 문형 연습. **Pattinando** [pati'nando], das; -s, -s /...di [ital. pattinando] [펜싱] 한 발 앞으로 찌르기. **Pąttsituation**, die; -en ↑Patt (2). **patzen** ['patsn] ⟨h⟩ 1. ⟨통용어⟩ 실수를 범하다, 서투르게 일하다: die deutsche Meisterin patzte bei der Kür 그 독일의 여자 선수권자는 자유 선택 종목에서 실수를 범했다. 2. ⟨österr.⟩ 서툴게 글씨를 쓰다[그림을 그리다], 얼룩지게 하다: ich habe beim Schreiben gepatzt 나는 글씨를 잘못 썼다. **Patzen** [-], der; -s, - ⟨österr.⟩ 얼룩, 오점. **Patzer** ['patsɐ], der; -s, - 1. ⟨통용어⟩ 실수, 작은 오류: ein P. kostete den Gesamtsieg 한가지 실수가 종합 우승을 놓치게 했다. 2. ⟨통용어⟩ 서투른 사람, 실수를 잘 하는 사람. 3. ⟨österr.⟩ 악필가, 서투른 화가. **Patzerei** [patsə'rai], die; -en 1. ⟨통용어⟩ 실수의 연발. 2. ⟨österr.⟩ 번번이 더럽히기, 서투른 글씨[그림]. **patzig** ['patsɪç] ⟨Adj.⟩ ⟨통용어·펌⟩ 1. 예의없이 하는, 무뚝뚝한, 쌀쌀한, 뻔뻔스러운, 오만한: eine -e Antwort 무뚝뚝한(버릇 없는) 대답. 2. ⟨österr.⟩ 끈적끈적한, 걸쭉한; 얼룩진. **Patzigkeit**, die; ⟨Pl. 없음⟩ 예의 없음, 뻔뻔스러운 태도. **b)** 예의 없는(뻔뻔스러운) 개개 행동. **patzweich** ⟨Adj.⟩ ⟨österr.⟩ 아주 부드러운: er hat ein -e Herz 그의 마음씨는 아주 온화하다. **Pauk-** (pauken 3) [대학생] ~**arzt**, der (학생의) 결투 입회 의사. ~**boden**, der (학생 조합의) 결투장. ~**brille**, die (학생의 결투시) 보안용 안경. ~**tag**, der 결투일. **Paukant** [pau'kant], der; -en, -en [대학생] (학생의) 결투자. **Pauke** ['paukə], die; -n 1. 팀파니(반구형의 북): die P. schlagen 팀파니를 치다; **auf die P. hauen** ⟨통용어⟩ 1) 요란하게 잔치를 벌이다. 2) 호언 장담하다. 3) (비판 등을) 목청 돋구어 말하다; **mit -n und Trompeten durchfallen** ⟨통용어⟩ (시험 등에서) 보기좋게[무참하게] 낙방하다(실패하다); **jmdn. mit -n und Trompeten empfangen** 누구를 떠들썩하게 환영하다. 2. ⟨드물게⟩ ↑Standpauke. **pauken** ['paukn] ⟨h⟩ 1. ⟨통용어⟩ **a)** (특히 시험 전에) 벼락 공부(집중적인 공부)로 습득하다: Französisch p. 불어를 벼락 공부로 습득하다. **b)** 집중적으로 공부하다, 파고들다; 누구의 집중적 공부를 도와 주다: für das Examen p. 시험을 위해서 (밤새도록) 파고들다; der Englischlehrer paukte mit uns 영어 선생님이 우리의 집중적인 공부를 도와 주셨다. 2. 팀파니를 치다: 전의 er paukt auf dem Klavier ⟨펌⟩ 그는 감정도 없이 피아노를 쾅쾅 친다. 3. [대학생] 결투하다: heute wird gepaukt 오늘 결투가 있다. 4. ⟨통용어⟩ ↑herauspauken. **Pauken-**: ~**fell**, das 1. 팀파니의 가죽. 2. [의학] 고막. ~**höhle**, die [해부] (중이(中耳)의) 고실(鼓室). ~**schlag**, der 팀파니 소리: 전의 mit einem P. ging ihre Liaison zu Ende 그들의 정사(情事)가는 스캔들과 함께 끝났다. ~**schläger**, der ⟨드물게⟩ ↑Paukist. ~**schlegel**, der ⟨대개 Pl.⟩ (팀파니의) 북채. ~**wirbel**, der 팀파니의 연타(連打). **Pauker**, der; -s, - [2 a: Arschpauker의 약칭] 1. 팀파니 고수(鼓手). 2. [학생] **a)** 교사. **b)** 공부벌레. **Paukerei** [paukə'rai], die; -en ⟨통용어·펌⟩ (지속적인) 벼락 공부, 악고드는 공부; (학생의) 결투. **Paukist** [pau'kɪst], der; -en, -en (직업적인) 팀파니 고수(鼓手). **paulinisch** [pau'liːnɪʃ] ⟨Adj.⟩ [사도 바울의 이름에서] [신학] 성 바울의 가르침에 의한[따른]. **Paulinismus** [pauli'nɪsmus], der; - [신학] 성 바울의 가르침[교의(教

義)]. **Paulusbrief**, der 〈대개 Pl.〉〈신약의〉성 바울 서한.

pauperieren [paupe'ri:rən] 〈h〉 [lat. pauper] [생물] (이종(異種) 교배로 인해) 열등하게 성장하다, 열등종(種)이 되다. **Pauperismus** [...'rɪsmʊs], der; -《대중어·준고어》(특히 19세기에 넓은 주민층의) 사회적 빈곤화[빈궁].

Pausback ['pausbak], der; -s, -e 〈친근〉뺨이 포동포동한 사람[아이]. **Pausbacke**, die; -n 〈대개 Pl.〉《친근》(특히 아이의) 붉고 포동포동한 뺨: er hat -n wie ein Barockengel 그는 바로크 미술의 천사처럼 붉고 포동포동한 뺨을 하고 있다. **pausbackig** 〈드물게〉↑pausbäckig. **pausbäckig** 〈Adj.〉뺨이 포동포동한: ein -es Kind 뺨이 포동포동한 아이.

Pausch- ['pauʃ-] 〈전문어〉: **~besteuerung**, die 〔세무〕일괄 과세(납세 총액의 확정을 통한). **~betrag**, der ↑Pauschalbetrag. **~quantum**, das 총량. **~summe**, die ↑~betrag.

pauschal [pau'ʃa:l] 〈Adj.〉 **1.** 전체적인, 세분하지 않은, 합산한; 통틀어서, 일괄하여: eine -e Summe 총액, 개산액; die Frage kann ich nur p. beantworten 그 문제에 대해서 나는 일괄적으로만(상세한 사항들은 접어 두고) 대답할 수 있다. **2.** 《교양어》 (상세하게 구별하지 않은) 매우 일반적인, 싸잡아서 (판단을) 내리는, 일괄적인: ein allzu -es Urteil 너무 싸잡아서 내리는 판단.

Pauschal-: **~abfindung**, die 일괄 타협[변제]. **~abschreibung**, die 〔경제〕일괄 상계〔공제〕. **~betrag**, der 총액. **~bewertung**, die (기업 재산액의) 일괄 평가〔사정〕. **~gebühr**, die 총합〔일괄〕요금, 정액 요금. **~preis**, der 균일〔일괄〕가격. **~reise**, die 총여행 비용 일괄 지불 여행. **~summe**, die ↑Pauschale. **~tarif**, der 일괄 임금률. **~urteil**, das 《평》싸잡아서 내리는 판단(누구를 욕되게 하는 것). **~vergütung**, die 일괄 변상[지급]. **~versicherung**, die 포괄 보험.

Pauschale [pau'ʃa:lə], die; -n /《고어》das; -s, ...lien [...iən] **1.** 〔변제〕총액, 개산액, (제 잡비가 다 포함된) 합계액: für die Nebenkosten ist eine monatliche P. von 100 Mark zu zahlen 잡비로 매월 총 100 마르크가 지불되어야 한다. **2.** ↑Pauschalurteil. **pauschalieren** [pauʃa'li:rən] 〈h〉 총계를 내다, 총합하다: die Nebenkosten p. 잡비를 총합하다. **Pauschalierung**, die; -en 총계를 냄, 일괄함. **pauschalisieren** [...li'zi:rən] 〈h〉《교양어》구분 없이 일괄적(일률적)으로 다루다(판단하다), 매우 강하게 일반화하다: in deinem Urteil hast du viel zu sehr pauschalisiert 너의 판단은 너무 개별적인 것을 무시한 일괄적 판단이다. **Pauschalisierung**, die; -en 일괄화, 일괄적 취급(판단), 일반화: sich vor einer P. (vor -en) hüten 일괄적 판단을 하지 않도록 조심하다. **Pauschalität** [...li'tɛːt], die 《교양어》일괄성, 일률성. **Pausche**, die; -n **1.** 말의 안장 밑에 까는 쿠션. **2.** 〔체조〕(안마의) 손잡이.

Päuschel ['pɔyʃl] ↑Bäuschel.

Pauschenpferd, das; -(e)s, -e 《체조·특히 schweiz.》↑Seitpferd.

¹Pause ['pauzə], die; -n [lat. pausa] **1. a)** 휴식, 휴게, 막간: die große[kleine] P. 큰[작은] 휴식(수업 시간 사이의 10분 내지 5분간의 휴식); eine schöpferische P. 창조적 휴식(새로운 힘이나 아이디어를 얻기 위한 좀긴 휴식); (eine) P. machen 휴식하다; wir haben eben P. 우리는 막 쉬는 참이다; es klingelt zur P. (학교 등에서) 휴식을 알리는 종이 울린다. **b)** (의도하지 않은 짧은) 중단, (일시적) 중지: plötzlich entstand eine peinliche P. in der Unterhaltung 대화 도중에 갑자기 고통스러운 중단이 생겼다. **2.** 〔음악〕 **a)** 휴지 부분: die Singstimme hat hier eine P. von 3 Takten 성(악)부는 여기서

세 박자의 휴지 부분을 갖는다. **b)** ↑Pausenzeichen (1): eine ganze[halbe] P. 전[이분] 휴지부(符). **3.** 〔운율〕 휴지 부분(언어로 채워지지 않은).

²Pause [-], die; -n 투사도(透寫圖), 복사도, 청사진.

pausen 〈h〉 ↑Pause 베끼다, 아래에 대고 베끼다.

pausen-, Pausen- 〈¹Pause〉: **~brot**, das (아침) 휴식 시간용 빵. **~füller**, der (은어) (각종 공연이나 행사에서) 막간(채우기) 오락물(연예물, 단편 영화 따위). **~gymnastik**, die 휴식 시간 체조(자세 교정이나 긴장 완화를 위한). **~halle**, die (비오는 날 학생들이 휴식 시간을 보낼 수 있는) 휴식관. **~hof**, der 학교 운동장. **~los** 〈Adj.〉 **a)** 중단(휴식) 없는: -es Motorengedröhn 중단 없는 모터 소리. **b)** 《통용어·평》(귀찮을 정도로) 끊임없는: eine -e Fragerei 끊임없이 해대는 (귀찮은) 질문. **~pfiff**, der 〔스포츠〕휴식 시작을 알리는 호각 소리. **~raum**, der 휴식실. **~stand**, der 〔스포츠〕전반전 스코어. **~tee**, der (스포츠 은어) 전반전 끝난 뒤 휴식 시간에 마시는 차. **~zeichen**, das **1.** 〔음악〕쉼표, 휴지부(休止符). **2.** (방송에서 청각적 혹은 시각적인) 방송 기관(프로그램) 표시 신호.

pausieren [pau'zi:rən] 〈h〉 [spätlat. pausāre] **a)** 잠시 중단[중절]하다: bei einer Rede P. 연설을 잠시 중단하다. **b)** 잠시 쉬다(휴식하다): er mußte wegen seines Rückenleidens einige Zeit p. 그는 등 부분이 아파서 잠시 쉬어야 했다.

Pauspapier, das; -s, -e **1.** 트레이싱 페이퍼, 투사지. **2.** 카본지.

Pavane [pa'va:nə], die; -n [frz. pavane] 〔음악〕 **1.** (옛) 느린 궁중 무도. **2.** 조곡의 도입 악곡.

Pavese [pa'veːzə], die; -n (아래쪽에 뾰족한 철침이 붙어 있어 땅에 꽂을 수 있는) 중세 방패.

Pavian ['pa:viaːn], der; -s, -e [niederl. bavian] (아프리카 원산의 원숭이) 비비(狒狒).

Pavillon ['pavɪljoŋ, 《또한》'pavɪljõ, ...'jõː], der; -s, -s [frz. pavillon] **1.** (공원 등의) 정자(亭子). **2.** 〔건축〕(큰 건물의 중앙부나 가장자리에 위치해 두드러진 모양의 지붕을 한) 익부(翼部), 돌출부. **3.** 〔건축〕(병원, 학교 등 복합 건물에 속하는) 독립 건물. **4.** (박람회장의) 일실(一室) 전시관. **5.** (사각의) 대형 천막. **Pavillonbau**, der 〈Pl. -bauten〉 〔건축〕분파식. **Pavillonsystem**, das 〔건축〕(학교나 병원 건물의) 분파식, 각과 독립 건물 체제.

Pavor ['pa:vor, 《또한》...voːɐ̯], der; -s [lat. pavor] 〔의학〕(발작적) 불안, 공포심: **P. nocturnus** [- nɔk'tʊrnʊs], der; - - [lat. nocturnus] 〔의학〕야간 공포증(어린아이가 놀라서 잠에서 깨는 증상).

Pawlatsche [pa'vla:tʃə], die; -n [tschech. pavlač] 《österr.·Jugendspr.》 **a)** 개방 낭하(건물 둘 쪽의) 통로. **b)** 가설 무대. **c)** 가설 무대. **Pawlatschentheater**, das 《österr.》(교외의) 가설 무대 극장.

Pax [paks], die [lat. pāx] [가] 평화의 인사, 평화의 입맞춤(미사에서 성직자들 사이의 가벼운 포옹). **Pax vobiscum!** [- vo'bɪskʊm] 너희에게 평강이 있을지어다(가톨릭 예배식에서의 인사; 누가복음 24장 36절).

Paying guest ['peiŋ 'gɛst], der; - -, - -s [engl. = zahlender Gast] 민박 외국인.

Pazifik [pa'tsi:fɪk, 《또한》'pa:tsɪfɪk], der; -s 태평양. **Pazifikation**, die; -en 〈고어〉 ↑Pazifizierung.

pazifisch [pa'tsi:fɪʃ] 〈Adj.〉 태평양의: -e Inseln 태평양 제도(諸島). **Pazifische Ozean**, der; -n -s 태평양.

Pazifismus [patsi'fɪsmʊs], der; - [frz. pacifisme] **a)** 평화주의: ein Anhänger des P. 평화주의 신봉자. **b)** 평화주의적 태도: sein P. erlaubt ihm nicht, eine militärische Ausbildung mitzumachen 그의 평화주의적 태도가 군사 교육에 참여하는 것을 그에게 허락하지 않는

다. **Pazifist** [...'fɪst], der; -en, -en [frz. pacifiste] 평화주의자, 평화 운동가(반대: Bellizist). **Pazifistin,** die; -nen ↑Pazifist의 여성형. **pazifistisch** ⟨Adj.⟩ 평화주의의, 평화주의적인: -es Denken 평화주의적 사고. **pazifizieren** [...fiˈtsiːrən] ⟨h⟩ [frz. pacifier] ⟨교양어·준고어⟩ 진정시키다, 평화롭게 하다, 평정하다. **Pazifizierung,** die; -en 평화 회복, 화해, 진정시킴.
Pb = Plumbum 납.
P. b. b. (österr.) = Postgebühr bar bezahlt 우편료 현금 지불.
pc = Parsec.
p. c. = pro centum 백분율, 퍼센트(%).
p. Chr. (n.) = post Christum (natum) 서력 기원(nach Christi Geburt)
Pd = Palladium 팔라듐.
PdA = Partei der Arbeit 노동당(스위스의).
Peak [piːk], der; -s, -s [engl. peak] 【특히 화학】 (곡선 상의) 최고치.
Pecannuß usw.: ↑Pekannuß usw.
Pech [pɛç], das; -s, (드물게) -es, ⟨종류⟩ -e [lat. pix]
1. 피치, 역청(瀝青): etw. mit P. abdichten 역청으로 무엇의 틈을 메우다; 〈속담〉 wer P. angreift, besudelt sich 근묵자흑(近墨者黑); **zusammenhalten wie P. und Schwefel** 〈통용어〉 찰거머리 같이 붙어 있다, 일치 단결하다; **P. an den Hosen**(((통용어)) **am Hintern,** 〈속어〉 **am Arsch) haben** 〈통용어〉 궁둥이가 무겁다(손님으로서). 2. ⟨Pl. 없음⟩ 불운, 곤경, 궁지 (반대: Glück 1): das war wirklich P.! 그건 정말 불운이었다; P. gehabt! 〈통용어〉 운이 나빴어!(조롱조나 별 동정심 없이 말하는 제 삼자의 확인); P. für dich 〈통용어〉 어떻게 달리 할 도리가 없어(불운을 감수하는 수 밖에 없다); sie hat P. beim Examen gehabt 그녀는 시험에서 떨어졌다; mit jmdm. (etw.) P. haben 사람을 잘못 만나다(기대에 어긋나다), 잘못된 물건[일]에 걸려들다; seit einiger Zeit ist er von(vom) P. verfolgt 얼마 전부터 그에게는 계속 불운이 겹쳐진다. 3. ((südd., österr.)) 수지, 송진: aus den Stämmen tritt P. aus 나무줄기에서 수지가 흘러나온다.
pech-, Pech-: ~**blende,** die 역청 우라늄광(鑛), 피치블렌드. ~**draht,** der 수지랍을 칠한, 구두 깁는 실. ~**fackel,** die 역청을 칠한 횃불. ~**finster** ⟨Adj.⟩ 캄캄한. ~**kohle,** die 역청탄. ~**männlein,** das 【민속】 어린아이가 잠들 때 감기는 눈을 역청으로 봉해버리는 인물. ~**nase,** die (대형품 제조시에 끓는 역청을 붙부기 위해 설치된) 역청 투하용 성벽 돌출부. ~**nelke,** die 【식물】 끈끈이대나물. ~**rabenschwarz** ⟨Adj.⟩ 〈통용어·강서〉 ↑kohl(pech)rabenschwarz. ~**schwarz** ⟨Adj.⟩ 〈통용어·강서〉 새까만, 칠흑의. ~**stein,** der ⟨Pl. 없음⟩ 【광물】 송지암(松脂岩). ~**strähne,** die 불운의 연속(반대: Glückssträhne): eine P. haben 불운을 연속으로 당하다. ~**vogel,** der 불운한 사람(반대: Glückspilz).
pechig ⟨Adj.⟩ ⟨드물게⟩ 역청[피치]처럼 검은, 역청질의, 검고 끈적끈적한.
Peda: ↑Pedum의 복수형. **Pedal** [peˈdaːl], das; -s, -e [lat. pedālis]. 1. (자전거의) 페달, 발걸이: tüchtig [kräftig] in die -e treten 힘차게 페달을 밟다(보다 빨리 달리다); er hat sich in die -e gelegt 〈통용어〉 그는 온 몸을 페달에 실었다(전력을 다해 달렸다). 2. (자동차의) 페달(가속 페달, 클러치 페달, 브레이크 페달): den Fuß aufs P. setzen(vom P. nehmen) 발을 페달에 올려놓다 [페달에서 떼다]. 3. (여러 가지 기구에서) 발판. 4. 피아노, 하프 등 악기의) 페달: mit P. spielen 페달로 연주하다. 5. a) ⟨파이프 오르간의⟩ 각건반(脚鍵盤). b) ⟨각건반의⟩ 개개 건(鍵). 6. 〈통용어·농〉 발, 다리.
Pedal-: ~**flügel,** der ↑~**klavier.** ~**harfe,** die 페달하프(페달로 반음(半音)을 내는). ~**klaviatur,** die 각건반(脚鍵盤). ~**klavier,** das 각건반 피아노. ~**pauke,** die 페달 팀파니. ~**ritter,** der 《농》 자전거 타는 사람, 자전거 경주 선수. ~**weg,** der 〔자동차〕 제동 거리.
pedalen [peˈdaːlən] ⟨h / s⟩ (schweiz.) 자전거를 타고 가다. **Pedalerie** [pedalǝˈriː], die; -n [...iːən] (자동차 은어)(한 자동차 안의) 페달 전체: in einen Fahrschulwagen eine zweite P. einbauen 운전 교습용 차에 또 한 벌의 페달들을 장치하다.
pedant [peˈdant] ⟨Adj.⟩ ⟨österr. 통용어⟩ ↑pedantisch. **Pedant** [-], der; -en, -en [frz. pédant] 《병》 지나치게 꼼꼼한[융통성 없는] 사람, 세세한 일에 얽매이는 사람; 소인; 현학자(衒學子): er ist ein schrecklicher P. 그는 지독하게 꼼꼼한 사람이다. **Pedanterie** [pedantǝˈriː], die; -n [...iːən] [frz. pédanterie] **a)** ⟨Pl. 없음⟩ 사소한 일에 얽매임, 꼼꼼함[융통성 없는] 태도, 소인 근성: mit äußerster P. vorgehen 극도로 꼼꼼하게 처리하다. **b)** 꼼꼼한[좀스러운] 행위: seine -n gehen mir auf die Nerven 그의 좀스러운 행위는 내 신경을 건드린다. **pedantisch** ⟨Adj.⟩ [frz. pedantesque] 《병》 지나치게 정확한, 잔 일에 구애되는, 좀스러운, 옹졸한, 소인배의, 현학적인: er ist ein überaus -er Mensch 그는 지나치게 꼼꼼한 사람이다; ein p. aufgeräumtes Zimmer 아주 깨끗하게 치워진 방. **Pedantismus,** der ⟨준고어⟩ ↑Pedanterie (a).
Peddigrohr [ˈpɛdɪç-], das; -(e)s [niederd. pe(d)dik] 등나무의 심: Stühle aus P. 등나무 의자들.
Pedell [peˈdɛl], der; -s, -e, / (österr.·대개) -en, -en [lat. pedellus, bedellus] 학교 건물 관리인, 학교 수위.
Pedicatio [pediˈkaːtsi̯o], die [lat. pēdicāre] 【의학·성교육】 항문 성교.
Pedigree [ˈpɛdigri], der; -s, -s [engl. pedigree] (동물과 식물의) 계통수(樹), 계보도, 혈통서.
Pedigreezüchtung [pɛdigri-], die; -en ↑Stammbaumzüchtung.
Pediküre [pediˈkyːrǝ], ⟨österr.⟩ ...kyːr], die; -n [frz. pédicure] 1. ⟨Pl. 없음⟩ 발의(특히 발톱의) 치료(미용): zur P. gehen 발 손질[치료]을 하러 가다. 2. 페디큐어사 (여자). **pediküren** ⟨h⟩ 발을 손질하다, 발톱 화장을 하다: sich[seine Füße] p. lassen 자기 발을 손질하게 하다.
Pediment [pediˈmɛnt], das; -s, -e 【지리】 산록 평지.
Pedograph [pedoˈgraːf], der; -en, -en (전문어) (걸은 길을 재는) 거리 측정기.
Pedologie [pedoloˈgiː], die [griech. pédon] ↑Bodenkunde.
Pedometer [pedo-], das; -s, - [lat. pēs] 《전문어》 보수(步數) 기록계.
Pedum [ˈpeːdʊm], das; -s, Peda [lat. pedum] 【가】 ↑Hirtenstab (2).
Peeling [ˈpiːlɪŋ], das; -s, -s [engl. peeling] (미용상의) 최상부 피부층 제거 치료.
Peep-Show [ˈpiːp-], die; -s [engl. peep show] (구멍을 통해 들여다보는) 나체 여인 쇼, 스트립 쇼.
Peer [piːɐ̯], der; -s, -s [engl. peer] 1. (영국의) 상급 귀족. 2. (영국의) 상원 의원. **Peerage** [ˈpɪ̯ərɪdʒ], die [engl. peerage] 1. 상급 귀족의 작위[지위]. 2. 상급 귀족계급(사회). **Peereß** [ˈpiːrɛs, (또한) ˈpɪ̯ərɪs], die; ...resses [...rɛsɪs, (또한) ...rɪsɪz] 상급 귀족 부인, 여 귀족. **Peer-group** [ˈpiːɐ̯gruːp], die; -s [amerik. peer-group] 【심리·사회】 (부모로부터 독립하려는 청소년들의) 동배(同輩) 집단. **Peerswürde** [ˈpiːɐ̯s...], die 상급 귀족의 작위[지위].
Pegasos [ˈpeːgazɔs], **Pegasus** [...zʊs], der; - [lat. Pēgasus < griech. Pḗgasos] ⟨교양어⟩ (시문학의 상징

Pegel 1550

으로서의) 날개 달린 천마(天馬); 시흥(詩興), 시적 정열: **den P. besteigen[reiten]** 《교양어·농》 시(詩)를 짓다.
Pegel ['pe:gl], der; -s, - [niederd. pegel] **1. a)** 수위계, 검조의(檢潮儀): das P. zeigt Hochwasser 수위계가 만조를 표시하고 있다. **b)** 수위: 전의 der P. seines Alkoholkonsums stieg immer höher 그의 주량이 점점 늘어났다. **2.** [기술·물리] 동종의 두 물리적 현상(전력, 전압 등) 사이의 관계 대수(對數). **Pegelhöhe**, die ↑Pegelstand. **Pegelstand**, der 수위(水位).
Pegmatit [pɛgma'ti:t, 《또한》 ...tit], der; -s, -e [griech. pēgma] [지질] 페그마타이트(맥석(脈石)).
Pehlewi ['peçlevi], das; -s 중세 페르시아어.
Peies ['paiəs] 〈Pl.〉 [jidd. pejess] (동유럽 유태인의) 관자놀이에 기른 긴 곱슬머리.
Peil-: **~antenne**, die [무선·해양] 루프 안테나, 방향 탐지기 안테나. **~deck**, das [해양] 방향 탐지 갑판(레이다나 무선 시설이 있는, 배의 최상부). **~frequenz**, die 방향 탐지 주파수. **~gerät**, das [무선] 방향 탐지기, 수심(水深) 측정기. **~rahmen**, der [무선] 루프 안테나, 프레임 안테나. **~stange**, die, **~stock**, der [해양] 수심 측정 막대.
peilen ['pailən] 〈h〉 [niederd. pegelen] **1.** [해양] (나침반이나 무선 공학적 장비로) 위치(방위)를 측정하다: den Standort eines Schiffes p. 어떤 배의 위치를 측정하다; 《4격 목적어 없이도》 der Kutter peilt 그 어선은 위치를 측정한다. **2.** [해양] 수심(水深)을 측정하다. **3.** 《통용어》 시선을 (어디로) 향하다, 살피다: neugierig durchs Schlüsselloch p. 호기심에 차서 열쇠 구멍으로 살피다.
Peiler, der; -s, - **1.** 방향[수심] 측정 기사. **2.** 무선 방향 탐지기, 수심 측정기. **Peilung**, die; -en [해양] 방위 [방향, 수심] 측정.
Pein [pain], die; -en [lat. poena < griech. poinḗ] (아이) (심한) 고통, 고뇌, 고민: körperliche[seelische] P. 육체적[정신적] 고통; der Ort der ewigen P. 《종교·시어》 고통의 지옥. **peinigen** ['painiɡn̩] 〈h〉 《아이》 **a)** 《준고어》 고통을 가하다: der Aufschrei der gepeinigten Kreatur 고통을 받은 피조물의 비명. **b)** 들볶다, 귀찮게 굴다; jmdn. mit seinen Fragen p. 질문을 퍼부어 누구를 귀찮게 굴다. **c)** 피롭히다, 심히 불쾌하게 하다: der Durst peinigte sie 갈증이 그녀를 피롭혔다. **d)** (마음을) 괴롭게 하다, 번민케 하다: das schlechte Gewissen peinigt ihn 양심의 가책이 그를 괴롭힌다; peinigende Zweifel 고통스러운 의심. **Peiniger**, der; -s, - 고통을 주는 사람, 괴롭히는 사람, 귀찮게 구는 사람. **Peinigerin**, die; -nen ↑Peiniger의 여성형. **Peinigung**, die; -en 고통을 줌, 괴롭힘, 들볶음; 고통[괴로움]을 당함, 번책. **peinlich** ['painlɪç] 〈Adj.〉 **1.** 고통스러운, 괴로운; 불쾌한, 귀찮은, 수치스러운: eine -e Frage 고통스러운 질문; sein Benehmen war[wirkte] p. 그의 행동거지가 불쾌했다; er war von dem Vorfall p. berührt [betroffen] 그는 그 사건을 매우 고통스럽게 느꼈다. **2. a)** 지나치게 면밀한; 극도로 정확한: überall herrscht eine -e Ordnung 도처에 조금도 흐트러짐이 없는 질서가 자리하고 있다; etw. p. befolgen 무엇을 아주 정확하게 지키다. **b)** 아주, 극도로, 지나치게: alles ist p. sauber 모든 것이 지나칠 정도로 깨끗하다. **3.** 《법·고어》 형사상의: das -e Gericht 형사 재판[법원]; ein -es Verhör 고문하의 심문. **Peinlichkeit**, die; -en **1.** 〈Pl. 없음〉 고통스러움, 불쾌함, 수치스러움: er suchte die P. der Situation zu überspielen 그는 그 상황의 고통스러움을 슬쩍 넘기려 했다. **2.** 고통스러운[불쾌한] 언설[행위, 상황]: es gab viele -en 많은 불쾌한 일들이 있었다.
peinsam 〈Adj.〉 《드물게》 ↑peinlich (1).
Peinture [pɛ̃ty:ɐ̯], die [frz. peinture] [회화] 대개 엷은

세련된 채색 방식.
peinvoll 〈Adj.〉 《아이》 고통스러운, 고뇌에 찬: eine -e Zeit der Ungewißheit 고통스러운 불확실성의 시대.
Peirĕskia ↑Pereskia.
Peitsche ['paitʃə], die; -n [poln. bicz, tschech. bič] 채찍, 회초리: dem Pferd die P. geben 말에 채찍을 가하다; das Personal muß die P. im Rücken fühlen 종업원은 기율을 엄격히 지키게 해야 한다. **peitschen 1.** 〈h.〉 채찍질하다: die Pferde p. 말들을 채찍질하다; 전의 der Sturm peitscht die Bäume 폭풍이 나무를 들이친다; von Angst gepeitscht 불안에 사로잡힘. **2.** 〈s〉 **a)** 후두둑 때리다: der Regen peitschte an[gegen] die Scheiben 비가 창문을 때렸다. **b)** 채찍 소리처럼 들리다: Schüsse peitschten durch die Nacht 총성이 어둠을 뚫고 채찍 소리처럼 들렸다. **3.** 《탁구 은어》 〈h〉 힘차게 치다 (대개는 깎아서): den Ball p. 공을 힘차게 (깎아) 치다.
Peitschen-: **~hieb**, der 채찍으로 때림; 편달(鞭撻). **~knall**, der 채찍 소리. **~lampe**, die (기둥의 윗부분이 도로 쪽으로 휘어져 있는) 상부 만곡형 가로등. **~leuchte**, die ↑**~lampe**. **~mast**, der **1.** [전원] (고물 쪽으로 휘어진) 상부 만곡형 돛대. **2.** ↑**~lampe**. **~schlag**, der ↑**~hieb**. **~schnur**, die 채찍끈. **~stiel**, der (구부리기 쉬운) 채찍 자루. **~wurm**, der 편충(鞭蟲).
Pejoration [pejora'tsio:n], die; -en [언어] 어의(語義)의 평가 절하(부정적 의미로). **pejorativ** [...'ti:f] 〈Adj.〉 [lat. pēiōrātus] [언어] 어의 하락적, 부정적 의미를 갖는(반대: meliorativ 3). **Pejorativum** [...'ti:vʊm], das; -s, ..va [언어] 멸칭어(蔑稱語), 부정적 의미의 단어(예컨대: Jüngelchen, frömmeln).
Pekannuß ['pe:kan-, die; ...nüsse [engl. pecan] 피칸 열매. **Pekannußbaum**, der 피칸나무(북미산의 호두나무과).
Pekesche [pe'kɛʃə], die; -n [1: poln. bekiesza] **1.** (폴란드 남성용으로 장식끈과 술이 달린) 모피 외투. **2.** (19세기 학생 조합 소속의, 장식끈이 달린) 예복.
Pekinese [peki'ne:zə], der; -n, -n (중국 수도 북경이라는 뜻이) 페키니즈(애완용 개 발바리의 일종). **Peking** ['pe:kɪŋ] 북경. **¹Pekinger**, der; -s, - 북경인. **²Pekinger** 〈Adj.〉 (격변화 없음) 북경의. **Pekingmensch** ['pe:kɪŋ-], der; -en, -en [인류] 북경원인(原人). **Pekingoper**, die; -n 경극(京劇)(중국의 대표적 전통 연극).
Pektenmuschel ['pɛktn̩-], die; -n [lat. pecten] ↑Kammuschel.
Pektin [pɛk'ti:n], das; -s, -e [griech. pēktós] [생물] 펙틴(젤리화 촉진 물질).
pektoral [pɛkto'ra:l] 〈Adj.〉 [lat. pectorālis] [해부] 가슴의, 흉부의. **Pektorale**, das; -(s), -s / ...lien [...liən; 1: ↑pektoral; 2: lat. pectorālia] **1.** (가톨릭 고위 성직자의) 가슴에 거는 십자가. **2.** (고대와 중세에) 가슴에 단 장식.
pekuniär [peku'niɛ:ɐ̯] 〈Adj.〉 [frz. pécuniaire] 금전상의, 재정상의, 경제적인: jmds. -e Lage ist schwierig 누구의 경제 상태가 곤란하다; es geht ihm p. nicht gut 그의 경제 상태가 좋지 않다.
pekzieren [pɛk'tsi:rən], pexieren [pɛ'ksi:rən] 〈h〉 [lat. peccāre] 《지역적·친근》 어리석은[그릇된] 짓을 하다, 과오를 범하다, 나쁜 일을 저지르다: was habt ihr denn wieder pekziert? 너희들 또 무슨 일을 저질렀느냐?
pelagial [pela'gia:l] 〈Adj.〉 ↑pelagisch. **Pelagial** [-], das; -s [lat. pelagus < griech. pélagos] **1.** [생태] (바다·강의) 물, 유역(遊域) 생물 구역. **2.** [생물] 물에 사는 생물(총칭), 유영 생물. **3.** [지질] 원양 구역. **pelagisch** [pe'la:gɪʃ] 〈Adj.〉 **1.** [생물] 유영성(遊泳性)의;

-e Pflanzen(Tiere) 유용 식물[동물]. 2. [지질] 심해 침적(深海沈積)의, 원양성의.
Pelargonie [pelar'go:niə], die; -n [griech. pelargós] 양아욱속(屬).
pêle-mêle [pɛl'mɛl] ⟨Adv.⟩ [frz. pêle-mêle] 《드물게》 뒤죽박죽으로, 난잡하게. **Pelemele** [-], das; -. 1. 《교양어·드물게》 혼잡, 뒤범벅, 난잡. 2. 바닐라크림과 과일쩔리를 섞은 디저트.
Pelerine [pelə'ri:nə], die; -n [frz. pèlerine] 《유행》 a) 망토 위에 걸치는, 케이프 비슷한 허리 길이의 숄: ein Kutschermantel mit P. 케이프형 숄이 달린 마부 외투. b) 《준고어》 소매없는 넓은 숄(비옷).
Pelikan ['pe:lika:n], der; -s, -e [lat. pelicānus < griech. pelekán] 사다새속(屬)(희생적 모성애의 상징).
Pellagra ['pɛlagra], das; -(s) [griech. pélla u. árga] [의학] 펠라그라(비타민 결핍으로 생기는 피로증, 불면, 소화 장애, 피부병 등).
Pelle ['pɛlə], die; -n [lat. pellis] (nordd.) 1. (감자, 과일 등의) 얇은 껍질: die P. abziehen 껍질을 벗기다; jmdm. auf die P. rücken 《통용어》 1) 누구에게 가까이 접근하다. 2) 누구에게 귀찮게 조르다. 3) 누구에게 대들다[공격하다]; **jmdm. auf der P. sitzen (liegen) / jmdm. nicht von der P. gehen** 누구를 졸졸 따라다니며 성가시게 굴다, 누구를 가만히 내버려두지 않는다. 2. 순대 껍질: die Wurst mit der P. essen 순대를 껍질 채로 먹다. **pellen** ['pɛlən] ⟨h⟩ (nordd.) 1. a) 껍질을 벗기다: die gekochten Kartoffeln p. 삶은 감자의 껍질을 벗기다. b) ⟨p. + sich⟩ 껍질이 벗겨지다: die Kartoffeln pellen sich schlecht 감자들은 껍질이 잘 벗겨지지 않는다. c) 무엇에서 싸개를 제거하다, 떼 내다, 벗겨 내다. d) 무엇의 껍질(싸개)을 조심스럽게 벗겨 내다: [전의] sich aus den Kleidern p. 천천히 옷을 벗다. 2. ⟨p. + sich⟩ a) (피부가) 벗겨지다: nach dem Sonnenbrand pellt sich seine Haut 그의 살갗이 햇볕에 타서 벗겨진다. b) 허물이 벗겨지는 살갗을 하고 있다: er beginnt sich (am Rücken) zu p. 그는 (등의) 허물이 벗겨지기 시작한다. **Pellkartoffel**, die 〈대개 Pl.〉 껍질째 삶은 감자.
Peloponnes [pelopo'ne:s], der; -(es)/〈전문어〉 〈관사와 함께만〉 펠로포네스(남부 그리스의 반도). **Peloponnesisch** ⟨Adj.⟩ 펠로포네스의.
Pelota [pe'lota], die [span. pelota] (스페인이나 남미에서의) 벽치기 구기. **Peloton** [pelo'tõ:], das; -s, -s [frz. peloton] 1. 〈옛〉 산개 〈산개(散開小隊)〉, 사격반. 2. 형 [刑] 집행반: das P. zusammenstellen 형 집행반을 편성하다. 3. [자전거] (덩어리를 이루고 있는) 주자(走者) 무리. **Pelotte** [pe'lotə], die; -n [frz. pelote] [의학] (공 모양의) 압박 쿠션(탈장대에 쓰는 것과 같은).
Pelseide ['pe:lzaidə], die [ital. pelo] (저급 고치에서 얻어 낸) 생사(生絲).
Peltast [pɛl'tast], der; -en, -en [griech. peltastḗs] (고대 그리스의) 경무장 보병.
Peluschke [pe'lʊʃkə], die; -n [슬라브어에서] 〈지역적·준고어〉 (사료용의) 갈색 반점의 회록색 씨앗을 갖는 완두.
Pelz [pɛlts], der; -es, -e [lat. pellicia (vestis)] 1. a) (동물의) 모피(毛皮), 털: der dicke P. eines Bären 곰의 두터운 모피. b) 〈Pl. 없음〉 가공 모피: etw. mit P. besetzen(füttern) 무엇에 모피 가장자리[모피의 안]를 대다. 2. ↑Pelzmantel, Pelzjacke 등의 약칭: sie trägt einen echten P. 그녀는 진짜 모피 외투를 입고 있다. 3. 〈고어·아직 속담·숙어〉 (사람의) 피부: 속담 wasch mir den P., aber(und) mach mich nicht naß 내 피부를 씻어다오, 하지만 물은 적시지 말고(불가능함을 나타냄); jmdm. auf den P. rücken(kommen, auf dem Pelz sitzen) 《통용어》 누구에게 무엇을 졸라 대다, 성가시게 굴다; jmdm. eins auf den P. geben 《통용어》 누구에게 한 대 먹이다, 때리다; jmdm. eins auf den P. brennen 《통용어》 누구를 겨누어 쏘다, 쏘아 맞히다; jmdm. den P. waschen 《통용어》 누구를 거칠게 꾸짖다, 마구 때려 주다. 4. [섬유] 두꺼운 섬유[피깔]층.

pelz-, Pelz-: ~**artig** ⟨Adj.⟩ 모피 모양의, 모피성(性)의. ~**besatz**, der (의복의) 모피 가장자리. ~**besetzt** ⟨Adj.⟩ 모피로 가장자리 장식을 한. ~**biene**, die 청줄벌의 일종. ~**boa**, die (호스 모양의 부인용) 모피 목도리. ~**bock**, der (nordostd.) 산타 클로스 할아버지. ~**fresser**, der (포유동물의 털 속에 사는) 이. ~**futter**, das (의복의) 모피 안감. ~**gefüttert** ⟨Adj.⟩ 모피 안에 모피를 댄. ~**handschuh**, der 〈대개 Pl.〉 가죽[모피] 장갑. ~**imitation**, die a) 인조 모피. b) 인조 모피 제품[외투 등]. ~**jacke**, die 모피제 웃옷. ~**käfer**, der 딱정벌레의 일종(모직물 해충)(학명: Attagenus pellio). ~**kappe**, die 털 모자. ~**kragen**, der 털가죽 옷깃. ~**krawatte**, die (외투 위에 걸치는 부인용) 모피 목도리. ~**mantel**, der 모피 외투. ~**märte** 산타 클로스 할아버지. ~**märtel**, der ↑Pelzmärte. ~**motte**, die (주로 모직물을 갉아 먹는) 좀의 일종, 옷좀 나방. ~**mütze**, die 털 모자. ~**nickel**, der ↑Belznickel. ~**robbe**, die 물개. ~**schädling**, der 모피 해충. ~**schaf**, das 그 털가죽이 모피로 가공되는 양. ~**stiefel**, der 〈대개 Pl.〉 a) 모피 장화. b) 모피로 안을 댄 장화. ~**stola**, die (폭넓은) 모피 숄. ~**tier**, das 모피 수류(獸類). ~**tierfarm**, die 모피수 사육장. ~**tierjäger**, der (직업적인) 모피수 사냥꾼. ~**tierzucht**, die 모피수 사육. ~**tierzüchter**, der 모피수 사육자. ~**verbrämt** ⟨Adj.⟩ 모피 테두리 장식을 한. ~**verbrämung**, die 모피 테두리 장식. ~**veredelung**, die 모피 가공. ~**ware**, die 〈대개 Pl.〉 모피 제품. ~**werk**, das 〈Pl. 없음〉 [모피] 모피(총칭). ~**weste**, die 모피 조끼.
¹**pelzen** ['pɛltsn̩] ⟨Adj.⟩ 《드물게》 모피제의. ²**pelzen** [-] ⟨h⟩ 1. 《전문어》 (모피수의) 털가죽을 벗기다. 2. 《지역적》 게으름을 피우다, 빈둥거리다. ³**pelzen** [-] ⟨h⟩ (bayr., österr.) 접목하다. **pelzig** ⟨Adj.⟩ 1. a) 모피 모양의, 모피성(性)의: das Material fühlt sich p. an 그 물건은 촉감이 모피같다. b) 짧은 털이 많고 껍질한: der Pfirsich hat eine -e Haut 복숭아는 털이 많고 껍질한 과피를 갖고 있다. 2. 《지역적》 a) 섬유질의 퍼석퍼석한: -e Äpfel 수분이 없어 퍼석퍼석한 사과들. b) 마른, 시든: -e Radieschen 마른 무. 3. a) (설태가 끼어) 입안이 까슬까슬하고 마른: eine -e Zunge haben 혀가 말라 까슬까슬하다; sein Mund war p. 그의 입이 말라서 까슬까슬했다. b) 촉감이 마비된.
Pelzmärte [-mɛrtə], der; -s, -n, **Pelzmärtel** [-mɛrtḷ], der; -s, - (südd.) 산타클로스 할아버지. **Pelznickel**, der: ↑Belz(e)nickel.
Pemmikan ['pɛmikan], der; -s [engl. pemmican] (북 아메리카 인디언의) 육포, (으깨서 딸기와 섞어 만든) 말린 고기.
Pemphigus ['pɛmfigus], (또한) pɛm'fi:gus], der; - [griech. pémphix] [의학] 천포창(天疱瘡).
Penalty ['pɛnəlti], der; -(s), -s [engl. penalty] [스포츠] 페널티 킥: einen P. geben(verhängen) 페널티 킥을 주다[선언하다].
Penaten [pe'na:tn̩] ⟨Pl.⟩ [lat. penātēs] [로마 신화] 1. 가정의 수호신들, 가신(家神)들. 2. 주거, 가정.
Pence: ↑Penny의 복수형.
Penchant [pã'ʃã:], der; -s, -s [frz. penchant] 《고어》 경향, 성벽, 기호, 편애.

PEN-Club ['pɛn-], der; -s [engl. poets, essayists, novelists u. ↑Club] 국제 펜 클럽.
Pendant [pã'dã:], das; -s, -s [frz. pendant] 《교양어》 1. 짝이 되는 것, 상대물; 보충(물), 대응(물): das P. zu etw. sein(bilden) 무엇의 짝[상대물]이다. 2. 《고어》 귀걸이. **Pendel** ['pɛndl], das; -s, - [lat. pendulum] 〔물리〕 진자(振子), 추: das P. schwingt[steht still] 진자가 흔들린다[정지해 있다]; [전의] die Uhr des Wohlstands schlug das P. nach der entgegengesetzten Seite aus 복지의 시대가 지나간 다음 상황은 반대편으로 기울었다.
Pendel-: **~achse,** die 〔자동차〕 현수축(懸垂軸)(주로 후축). **~antrieb,** der 진자 구동(장치). **~bewegung,** die 진자 운동. **~lampe,** die 현수등(懸燈) [민]등. **~leuchte,** die ↑~lampe. **~säge,** die 왕복 회전톱. **~schwung,** der 〔스포츠〕 진자 운동. **~staffel,** die 〔스포츠〕 두 개의 표지물 사이에서의 왕복 릴레이. **~tür,** die 내외로 열리는 문. **~uhr,** die 추시계. **~verkehr,** der a) 〔직장 등과 주거지 사이의 연속적인〕 정기 운행. b) 〔짧은 구간에서의 끊임없는〕 왕복 운행. **~wanderung,** die 《전문어》 통근, 통학. **~zug,** der 〔단거리의〕 왕복 운행 열차.
pendeln ['pɛndln] 1. 〈h〉 이리저리 흔들리다, 진자처럼 움직이다: die Beine p. lassen 다리를 흔들거리다. 2. 〈s〉 〔직장 등과 주거지 사이를〕 내왕하다: er ist fast täglich zwischen Bonn und Bochum gependelt 그는 거의 매일 본과 보훔 사이를 내왕했다. 3. 〔권투〕 〈h〉 상체를 이리저리 흔들다: der Herausforderer pendelte ständig und war nur schwer zu treffen 도전자는 끊임없이 상체를 흔들어대서 맞히기가 어려웠다.
pendent [pɛn'dɛnt] 〈Adj.〉 [lat. pendēns] (schweiz.) 미해결의, 미필의: ein -es Strafverfahren 미해결의 형사 소송.
Pendentif [pãdã'ti:f], das; -s, -s [frz. pendentif] 〔건축〕 〔다각형의 하부 구조와 반구형 천장 사이를 연결시켜 주는〕 구면 삼각형 부분, 원개(圓蓋) 받침, 귀퉁이올리기.
Pendenz [pɛn'dɛnts], die; -en (schweiz.) 미해결 문제[안건]. **Pendler** ['pɛndlɐ], der; -s, - 〔교외〕 통근자 〔통학자〕. **Pendule** [pã'dy:lə], die; -n ↑Pendüle. **Pendüle** [pɛn'dy:lə], die; -n [frz. pendule] 《고어》 추시계.
Peneplain ['pi:nɪpleɪn], die; -s [engl. peneplain] [지리] ↑Fastebene.
Penes: ↑Penis의 복수형.
penetrabel [pene'tra:bl] 〈Adj.〉 [frz. pénétrable] 《교양어·고어》 관통[침투]할 수 있는. **penetrant** [...'trant] 〈Adj.〉 [frz. pénétrant] a) 〔특히 냄새가〕 찌르는 듯한: -er Leichengeruch 코를 찌르는 듯한 송장 냄새; das Essen schmeckt p. nach schlechtem Fett 그 음식은 좋지 않은 지방질 맛이 지독하게 난다. b) 《폄》 끈질긴, 추근대는, 성가신; 극심한(추위): sein -er Edelmut ging uns auf die Nerven 그의 끈질긴 고결함이 우리의 신경에 거슬렸다; ein -er Mensch 성가신 사람. **Penetranz** [...ts], die; -en 1. a) 〔냄새가〕 찌르는 듯함. b) 추근 댐, 끈질김, 〔행동이〕 거슬림: die P. einer Aufführung 거슬리는 행동. 2. 〔발생〕 〔한 유전자 특징의〕 현출(顯出) 빈도. **Penetration** [...tra'tsjo:n], die; -en [lat. penetrātiō] 1. 〔기술〕 a) 〔한 물질의 다른 물질로의〕 침투, 관통. b) 〔지방(脂肪) 농도의 척도로서, 지방 속으로의 시험 물체의 침입도(貫入度). 2. a) 《전문어》 침투. 3. 《교양어》 〔음경의〕 삽입. 4. 〔의학〕 천공(穿孔). **penetrieren** [...'tri:rən] 〈h〉 [lat. penetrāre] 《교양어》 a) 침투하다, 관통하다: vom Staatssicherheitsdienst penetrierte Ministerien 국가 공안국(구동독)이 침투한 정부처들. b) 〔질에〕 음경을 삽입하다: er penetrierte sie 그는 그녀의 질에 음경을 삽입했다. **Penetrierung,** die; -en ↑penetrieren의 명사형.
peng! [pɛŋ] 〈Interj.〉 1. 〔총소리 등〕 탕, 팡, 탁! 2. 〔갑작스러운 불쾌한 사건의 표현〕 팡, 탁: ... und p. war's passiert 그리고는 팡 하고 사건이 터졌다.
Penholder ['pɛnhoʊldɐ], der; -s, **Penholdergriff,** der; -(e)s [engl. penholder] 〔탁구〕 ↑Federhaltergriff.
penibel [pe'ni:bl] 〈Adj.〉 [frz. pénible] 《교양어》 a) 지독히 면밀한[꼼꼼한, 정확한]: er ist in Geldangelegenheiten überaus[schrecklich] p. 그는 돈 문제에 있어서는 지독히 면밀하다. b) 〔지역적〕 불쾌한, 고통스러운, 귀찮은. **Penibilität** [penibili'tɛ:t], die; 《교양어》 지독한 면밀성, 꼼꼼한 태도.
Penicillin: ↑Penizillin.
Peninsula [pɛn'ɪnzula, 《또는》 pɛ'nɪnzula], die; ...l(e)n [lat. paenīnsula] 《교양어》 반도. **peninsular, peninsularisch** 〈Adj.〉 반도의.
Penis ['pe:nɪs], der; -, -se / Penes ['pe:ne:s; lat. pēnis] 〔의학·교양어〕 음경, 남근. **Penisneid,** der 〔정신 분석〕 〔소녀의〕 남근 선망(↑Kastrationsangst 참조).
Penitentes [peni'tɛntes] 〈Pl.〉 [lat. paenitentēs] ↑Büßerschnee.
Penizillin [penɪtsɪ'li:n], das; -s, -e, 《전문어·외스터.》 Penicillin (engl. penicillin) 〔의학〕 페니실린. **Penizillinampulle,** die 페니실린 주사. **Penizillinspritze,** die 페니실린 주사.
Pennal [pɛ'na:l], das; -s, -e [lat. pennale] 1. (외스터., 그 외 고어) ↑Federbüchse. 2. 〔학생·고어〕 고등 학교. **Pennäler** [pɛ'nɛ:lɐ], der; -s, - (통용어) 고등 학교 학생: schon als P. habe ich Geld verdienen müssen 고교생이었을 때 벌써 나는 돈을 벌어야 했었다. **Pennälergehalt,** das (통용어) 〔국가가 주는〕 학생 보조금. **pennälerhaft** 고교생 같은: sich p. benehmen 고교생처럼 행동하다.
Pennbruder ['pɛn-], der; -s, ...brüder (통용어·폄) 1. 부랑자, 떠돌이. 2. 잠꾸러기. **¹Penne** ['pɛnə], die; -n 〔부랑자에서〕 1. 《통용어·폄》 임시 숙박소, 집없는 사람 수용소, 여인숙. 2. 《고》 창녀.
²Penne [-], die; -n 〔학생〕 고등 학교: von der P. fliegen 퇴학 처분을 당하다.
pennen ['pɛnən] 〈h〉 《경·폄》 1. 자다: ich habe bis 10 Uhr gepennt 나는 10시까지 잤다. 2. 부주의하다, 방심하다. 3. 성교하다: die Telefonistin pennt mit jedem 그 전화 교환양은 누구하고나 잔다. **Penner,** der; -s, - 〔폄〕 1. 부랑자, 떠돌이. 2. 잠꾸러기.
Penni ['pɛni], der; -(s), -(s) [finn. penni < dt. Pfennig] 핀란드의 화폐 단위(100 Pennis = 1 Markka)〔약어: p). **Pennies**: ↑Penny의 복수형. **Penny** [pɛni], der; -s, 《개개 동전》 Pennies ['pɛni:s] / 《가격 표시》 Pence [pɛns; engl. penny, ↑Pfennig와 동족] 영국과 기타 제국의 화폐 단위(100 Pence = 1 Pfund) (약어: p).
Pennsylvania [pɛnsɪl'veɪnjə], 〔독어화〕 **Pennsylvanien** [...zɪl...], -s 펜실베이니아(미합중국의 주). **pennsylvanisch** 〈Adj.〉 펜실베이니아의.
Pensa: ↑Pensum의 복수형.
pensee [pã'se:] 〈züs. 청변화 없음〉 [frz. pensée] 진보라색의: ein p. Kleid 진보라색 원피스. **Pensee** [-], das; -s, -s [frz. (herbe de la) pensée; 이 꽃은 회상과 추념의 상징] 팬지. **penseefarbig** 〈Adj.〉 진보라색의.
Pensen: ↑Pensum의 복수형.
Pension [pã'zjo:n, 《또한》 pã'sjo:n, 《통용어》 paŋ'zjo:n, 《südd., österr., schweiz.》 pɛn'zjo:n], die; -en [frz. pension; 1: "연수입"이라는 원래의 의미에서, 2:3의 의미에서 전의] 1. a) 〈Pl. 없음〉 〔공무원의〕 은퇴, 연금 생

활: in P. gehen(sein) (정년) 퇴직하다[연금 생활을 하고 있다]. **b)** (퇴직 공무원 등의) 연금: eine kleine P. bekommen(beziehen, haben) 조그만 연금을 받고 있다. **2.** 하숙집, 숙박소; 기숙사, 기숙 학교: in einer P. übernachten 어떤 숙박소에서 묵다. **3.** 하숙비, 숙식비: volle(halbe) P. 세 끼에 대한(점심 제외 두 끼에 대한) 하숙비. **Pensionär** [pãzio'nɛːɐ, (또한) pãsio'nɛːɐ, (통용어) paŋzio'nɛːɐ, (südd., österr., schweiz.) penzio'nɛːɐ], der; -s, -e [frz. pensionnaire] **1. a)** (공무원 정년)퇴직자. **b)** (지역적) ↑ Rentner. **2.** (schweiz., 그 외 고어) 하숙인, 기숙생. **Pensionärin**, die; -nen ↑ Pensionär의 여성형. **Pensionat** [pãzio'naːt, (또한) pãsio'naːt, paŋzio'naːt, (südd., österr., schweiz.) penzio'naːt], das; -(e)s, -e [frz. pensionnat] (준고어) 기숙(여)학교. **pensionieren** [pãzio'niːrən, (또한) pãsio'niːrən, (통용어) paŋzio'niːrən, (südd., österr., schweiz.) penzio'niːrən] (h) [frz. pensionner] 누구에게 연금을 주고 퇴직시키다: sich p. lassen (연금을 받고) 퇴직하다; pensionierte Beamte (연금을 받는) 퇴직 공무원. **Pensionierung**, die; -en 연금부 퇴직. **Pensionierungstod**, der 퇴직 후에 여러 가지 문제로 때 이르게 찾아드는 죽음. **Pensionist** [pãzio'nɪst, (또한) pãsio'nɪst, (통용어) paŋzio'nɪst, (südd, österr., schweiz.) penzio'nɪst], der; -en, -en (südd., österr., schweiz.) ↑ Pensionär (1): P. sucht Nebenbeschäftigung 연금 생활자가 부업을 찾고 있음. **Pensionistenehepaar**, das (österr.) 연금 생활자 부부. **Pensionistin**, die; -nen ↑ Pensionist의 여성형.

pensions-, Pensions-: ~**alter**, das 연금 수령 연령: das P. erreichen(haben) 연금 수령 연령에 달하다. ~**anspruch**, der 연금 청구권. ~**berechtigt** (Adj.) 연금을 받을 자격이 있는. ~**berechtigung**, die 연금을 받을 자격. ~**fonds**, der 연금 기금: ein betrieblicher P. 기업의 연금 기금. ~**gast**, der 하숙인, 숙박인. ~**geschäft**, das [금융] (어음이나 유가 증권을 담보로 한) 대부금 기채. ~**kasse**, die (보험) 연금 공제 금고(共濟金庫), 연금 기금. ~**preis**, der (하숙의) 숙식비. ~**reif** (Adj.) (통용어) 연금 수령 연한의 연금 수령 요건을 갖춘: er ist schon p. 그는 이미 연금 수령 연한에 달했다. ~**rückstellungen** (Pl.) [경제] (기업의) 연금 적립금.

Pensum ['pɛnzʊm], das; -s, Pensen / Pensa [lat. pēnsum] **a)** (일정 시간 내에 끝내야 할) 일, 과제, 숙제: sein P. erfüllen(schaffen, erledigen) 그의 과제를 끝마치다. **b)** (교육·준고어) 교재: das P., das wir aufhatten, war zu groß 우리가 끝내야 했던 교재는 너무 방대했다.

pent-, Pent-: ↑penta-, Penta- 참조. **penta-, Penta-,** (모음 앞에서는 또한) pent-, Pent- [pɛnt(a)-; griech. pénte] (5를 뜻하는 규정어로서, 예컨대) Pentameter, pentagonal, Penthemimeres. **Pentachord** [pɛnta'kɔrt], das; -(e)s, -e [lat. pentachordos < griech. pentáchordos] [음악] 5 현금(絃琴). **Pentade** [pɛn'taːdə], die; -n [griech. pentás] [기상] 5일간. **Pentaeder** [pɛnta'eːdɐ], das; -s, - [griech. hédra] [기하] 5면체. **Pentagon** [pɛnta'goːn], das; -s, -e [griech. pentágōnos = fünfeckig] **1.** [기하] 5각형. **2.** (《또한》 'Pentagon) 펜타곤(미국 국방성 건물). **pentagonal** [...go'naːl] (Adj.) [기하] 5각형의. **Pentagondodekaeder**, das; -s, - [기하] 5각 12면체. **Pentagramm**, das; -s, -e [griech. pentágrammos] 5각의 별표(민간 신앙에서 마귀를 쫓는 부호: ★). **Pentalpha** [pɛn'talfa], das; -, -s [별표 속에 5개의 A(↑ Alpha)가 들어 있는 데서] ↑ Pentagramm. **pentamer** [pɛnta'meːɐ] (Adj.) [griech. méros] [특히 식물] 다섯 부분으로 이루어진. **Pentameter** [pɛn'taːmetɐ], der; -s, - [lat. pentameter < griech. pentámetros] [운율] 5보격(步格)(게르만 어권에서는 강음 6개의 시행). **Pentan** [pɛn'taːn], das; -s, -e [화학] 펜탄(휘발성이 강한 탄화수소). **Pentarchie** [pɛntarˈçiː], die; -n [...iːən; griech. pentarchía] (교양어) 오두(五頭) 정치; 5대 강국 지배(특히 1860년에서 1914년까지 영·불·독·러시아에 의한 유럽 지배). **Pentateuch** [pɛnta'tɔyç], der; -s [lat. pentateuchus < griech. pentáteuchos] [기독교] 모세의 5경(經)(구약 성서의 첫 5권). **Pentathlon** ['pɛntatlɔn, (또한) 'pɛntlatlɔn, pɛn'tlatlɔn], das; -s [griech. péntathlon] (고대 그리스의) 5종 경기. **Pentatonik** [pɛnta'toːnɪk], die [griech. pentátonos] [음악] 5음 음계(音階)(↑ Heptatonik 참조). **pentekostal** [pɛntekɔs'taːl] (Adj.) [lat. pentēcostális < griech. pentēkosté] [종교] ↑ pfingstlerisch. **Pentekoste**, die [griech. pentēkosté(hēméra), ↑ Pfingsten] 오순절(五旬節), 성령 강림절. **Pentere** [pɛn'teːrə], die; -n [lat. pentēris < griech. pentērēs (naus)] (고대) 5단도(段櫂)의 군선(軍船). **Penthemimeres** [pɛntemime'reːs], die; - [griech. penthēmimerēs] (고대 운율에서) 5개의 반운각(제 3 운각 전반부) 뒤에 오는 휴지(특히 Hexameter oder jambischer Trimeter에서)(↑ Hephthemimeres, Trithemimeres 참조).

Penthaus ['pɛnt-], das; -es, ...häuser ↑ Penthouse. **Penthouse** ['pɛnthaus], das; -, [...haʊzɛ; engl. -amerik. penthouse] (다층 건물의) 옥상 가옥. **Pentimenti** [pɛnti'mɛnti] (Pl.) [ital. pentimenti] [미술] 나중에야 다시 나타나는 변경 이전의 원래의 선이나 윤곽. **Pentlandit** [pɛntlan'diːt, (또한) ...dɪt], der; -s, -e [지질] 적황색 내지 황갈색의 니켈 광(鑛)(Eisennickelkies). **Pentode** [pɛn'toːdə], die; -n [Penta- u. griech. hodós] [전기] 5극(極) 진공관. **Penumbra** [pe'nʊmbra], die [lat. paene u. umbra] [천문] (태양 흑점의) 주변 반암부(半暗部). **Penunse** [pe'nʊnsə] ↑ Penunze, **Penunze** [pe'nʊntsə], die; -n (대개 Pl.) [poln. pieniądze (Pl.)] (통용어) 돈. **penzen** ['pɛntsn] ↑ benzen.

Peon [pe'oːn], der; -en, -en [span. peón] **1.** (빚 때문에 대개 노예가 된, 남미 인디언) 날품팔이 꾼. **2.** (아르헨티나와 멕시코의) 마부, 가축지기. **Peonage** [peo'naːʒə, (engl.) 'piːənɪdʒ], die [amerik. peonage] (옛) (빚을 지워 노예가 되게 만든) 급료 지불제.

Pep [pɛp], der; -(s) [engl.-amerik. pep] (은어) 활기, 박력, 열광적(감격적) 효과. **Peperone** [pepe'roːnə], der; -, ...ni, (자주) **Peperoni** [pepe'roːni], die; - (대개 Pl.) [ital. peperone] (식초에 담근, 매우 매운) 고추껍질.

Pepita [pe'piːta, der / das; -s, -s [span. pepita] **a)** 닭 발자국 무늬. **b)** 닭 발자국 무늬의 천. **Pepita-:** ~**hose**, die 닭 발자국 무늬 천의 바지. ~**hut**, der 닭 발자국 무늬 천의 모자. ~**kleid**, das 닭 발자국 무늬 천의 원피스. ~**kostüm**, das 닭 발자국 무늬 천의 투피스. ~**muster**, das ↑ Pepita.

Peplon [pe'plɔn], das; -s, ...len, (또한) **Peplos** ['peːplɔs], der; -, ...len / - [griech. péplos] (고대 그리스 부인의) 소매없고 주름진 긴 옷. **Pepmittel** ['pɛp-], das; -s, - (은어) 정제로 된 흥분제. **Peppille**, die; -n (은어) 정제로 된 흥분제. **Pepsin** [pɛ'psiːn], das; -s, -e [1: griech. pépsis] **1.** [의학·생물] 펩신, 위액소(素). **2.** [생화학] (Pl. 없음) 펩신으로 만든 약. **Pepsinwein**, der 펩신 함유의 식후

포도주. **Peptid** [pɛp'tiːt], das; -(e)s, -e [griech. peptós] 〖생화학〗 단백질 분해의 산물(아미노산 결합물). **peptisch** ['pɛptɪʃ] 〈Adj.〉 〖생화학〗 소화를 돕는, 소화성의. **Pepton** [pɛp'toːn], das; -s, -e 〖생화학〗 펩톤(단백질 분해 산물). **Peptonurie**, die [griech. oûron = Harn] 〖의학〗 뇨 속의 펩톤 배설.

per [pɛr] 〈Präp.⁴〉 [lat. per] **1. a)** (mit) …으로, …에 의하여: p. Bahn[Post, Schiff] 철도(우편, 배]로; einen Brief p. Einschreiben schicken 편지를 등기로 부치다; per hektographiertes Rundschreiben 젤라틴 판으로 복사한 회람장으로. **b)** (durch) …으로, …을 통하여: p. Adresse (편지 겉봉의 표기) …의 주소로, …전교, …방(方)(약어: p.A.); (mit. jmdm.) p. du sein 말을 놓는 사이다, 허교하다. **2.** 〖상〗 (날짜나 시간 표시=zum, für) …에, …까지: die Ware ist b. ersten Januar lieferbar 물품은 1월 1일까지 인도 가능; **p. sofort** 곧, 즉각. **3.** 〖상〗 (pro) …마다, …당.

per acclamationem [pɛr aklamaˈtsioːnɛm] 〖교양어〗 구두 표결로: eine Wahl p. a. 구두 표결에 의한 선거.

per annum [pɛr ˈanʊm; lat.] 〈상‧고어〉 1년마다, 1년에 (약어: p. a.).

per anum [pɛr ˈaːnʊm; lat.] 〖의학〗 ↑rektal (b).

per aspera ad astra [pɛr ˈaspera at ˈastra; lat.] 〖교양어〗 고진감래(苦盡甘來).

Perborat, das; -(e)s, -e (대개 Pl.) 〖화학〗 과붕산염(過硼酸鹽).

per cassa [pɛr ˈkasa] 〖상〗 현금으로.

Perche-Akt ['pɛrʃ-], der; -(e)s, -e [frz. perche] 장대곡예.

Perchlorat, das; -(e)s, -e 〖화학〗 과염소산염.

Perchten ['pɛrçtn̩] 〈Pl.〉 마귀〔망령〕들(알프스 지방의 민간 신앙에서).

Perchten-: **~gestalten** 〈Pl.〉 마귀들 역의 형상들(알프스 지방의 사육제 행렬에서). **~lauf**, der 마귀들 행렬(알프스 지방의 사육제 기간에 행해지는, 춤을 동반한). **~masken** 〈Pl.〉 마귀들 역의 가면들. **~tanz**, der 마귀들의 춤.

per conto [pɛr ˈkɔnto; ital.] 〖상〗 외상으로.

per definitionem [pɛr definiˈtsioːnɛm] 〖교양어〗 표현된 말의 의미대로; 명백히.

perdendo, perdendosi [pɛrˈdɛndozi] 〈Adv.〉 [ital. perdendosi] 〖음악〗 점점 약하게, (소리가) 매우 낮아져 가면서.

perdu [pɛrˈdyː] 〈Adj.〉 [frz. perdu] 〈통용어〉 잃어버린, 사라져버린: die Hoffnung ist p. 희망은 사라져 버렸다.

pereant! ['peːreant] 〈Interj.〉 [lat.] 〖대학생〗 그들을 해치워라(타도하라). **pereat!** [ˈpeːreat] 〈Interj.〉 [lat. = er möge zugrunde gehen] 〖대학생〗 그를 해치워라(타도하라). **Pereat** [-], das; -s, -s "타도"무가 고함.

Perem(p)tion [pɛrɛm(p)ˈtsioːn], die; -en [lat. perēmptio] 〖법‧고어〗 시효 소멸, 무효. **perem(p)torisch** [pɛrɛm(p)ˈtoːrɪʃ] 〈Adj.〉 〖법〗 무효로 하는, 실효시키는; 결정적인, 최종적인, 절대적인: eine -e Einrede 무효 청구의 항변(반대: dilatorische Einrede).

perennierend [pereˈniːrənt] 〈Adj.〉 [lat. perennis] **1.** 〖식물〗 겨울을 나는, 다년생의. **2.** (개울 등이) 연중 물이 흐르는.

Pereskia [peˈrɛskia], Peireskia [paɪ...], die; -ien [...iən; 프랑스 학자 N. C. F. de Peiresc(1580∼1637)의 이름에서] (아메리카와 서인도 제도가 원산인) 관목형 선인장.

per exemplum [pɛr ɛˈksɛmplʊm] 〈교양어‧준고어〉 예를 들어(zum Beispiel).

per fas [pɛr ˈfaːs] 〈교양어‧고어〉 합법적으로(↑per nefas 참조).

perfekt [pɛrˈfɛkt] 〈Adj.〉 [lat. perfectus] **1.** 완벽한, 흠없는; 뛰어난, 탁월한: das ist eine -e Planung 그것은 완벽한 계획(안)이다; er spricht ein -es[p.] Englisch 그는 영어를 완벽하게 한다; etw. p. beherrschen 무엇을 완벽하게 해내다(구사하다). **2.** 〖통용어〗 완결된, 확정된, 〖법률상〗 유효한: der Abschluß [Vertrag] ist p. 체결[조약]이 확정되었다; er hat den Kauf p. gemacht 그 는 매매 계약을 종결지었다. **Perfekt** [ˈpɛrfɛkt], das; -s, -e [lat. perfectum] 〖언어〗 **1.** 완료(특히 현재 완료). **2.** 완료 시칭: das Verb steht im P. 동사는 (현재) 완료 시칭으로 되어 있다. **Perfekta**: ↑Perfektum의 복수형.

perfektibel [...ˈtiːbl̩] 〈Adj.〉 [frz. perfectible] 〖교양어‧고어〗 완전하게 할 수 있는, 완성할 수 있는. **Perfektibilismus** [...tibiˈlɪsmʊs], der; - 〖철학〗 완전설(完全說), 완전 지향 사관(史觀). **Perfektibilist** [...lɪst], der; -en, -en 〖철학〗 완전설(완전 지향 사관(史觀)] 신봉자. **Perfektibilität** [...liˈtɛːt], die [frz. perfectibilité] 〖철학〗 완성 능력, 완전 지향 능력. **Perfektion** [pɛrfɛkˈtsioːn], die [frz. perfection] 완전 무결, 완벽: sie zeigte hinreißende P. in ihren Darbietungen 그녀가 보여 준 연기는 매혹적이며 완벽했다; P. anstreben 완벽을 기하다; etw. mit P. ausführen 무엇을 완벽하게 수행하다. **perfektionieren** [...tsioˈniːrən] 〈h〉 [frz. perfectioner] 〈교양어〉 완전하게 하다, 완벽한 상태에 이르게 하다: ein System[eine Technik] p. 하나의 체계[기술]를 완전하게 하다. **Perfektionismus** [...ˈnɪsmʊs], der; - **1.** 〖교양어〗 완벽주의. **2.** 〖철학〗 완전설(完全說), 완전 지향 사관(계몽주의 시대의). **Perfektionist** [...ˈnɪst], der; -en, -en **1.** 〖폄〗 (극도의) 완전주의자, 완벽주의자. **2.** 〖철학〗 완전설(완전 지향 사관) 신봉자. **perfektionistisch** 〈Adj.〉 **1. a)** 〖폄〗 (극도의) 완전(완벽)주의적인. **b)** 세목에 이르기까지 완전하고 포괄적인. **2.** 〖철학〗 완전설의, 완전 지향 사관적의. **perfektisch** 〈Adj.〉 〖언어〗 완료 시칭의, 완료 시칭으로 된. **perfektiv** [ˈpɛrfɛktiːf, (또한) - - - ˈ-] 〈Adj.〉 〖언어〗 완료적인, 완료를 뜻하는: -e Aktionsart (동사의) 완료적 동작 양태(예컨대: entbrennen, verbrennen). **perfektivieren** [...tiˈviːrən] 〈h〉 〖언어〗 (불변화사 등의 도움으로 어떤 동사를) 완료적 동작 양태로 바꾸다(예컨대: einschlafen←schlafen). **perfektivisch** [...ˈtiːvɪʃ, (또한) ˈ----] 〈Adj.〉 〖언어〗 **1.** ↑perfektisch. **2.** (고어) ↑perfektiv. **Perfektum** [pɛrˈfɛktʊm], das; -s, ...ta 〖언어‧고어〗 ↑perfekt.

perfid [pɛrˈfiːt], **perfide** [pɛrˈfiːdə] 〈Adj.〉 [frz. perfide] 〈교양어〉 음험한, 비열한, 악의있는; 불성실한: eine perfide Lüge[Verleumdung] 비열한 거짓말[중상]. **Perfidie** [pɛrfiˈdiː], die; -n [...iən; frz. perfidie] 〈교양어〉 **a)** 〈Pl. 없음〉 음험함, 비열함, 악의, 불성실: seine P. trat offen zutage 그의 음험함이 만전하에 드러 났다. **b)** 개개의 음험한[비열한, 불성실한] 행위: das war eine P. von ihm 그의 그 짓은 비열한 행위였다. **Perfidität** [...diˈtɛːt], die; -en 〈교양어‧드물게〉 ↑Perfidie.

Perforation [pɛrforaˈtsioːn], die; -en [lat. perforātio] **1. a)** 〖전문어〗 (종이나 마분지에서 깨끗하게 잘라내기 위한) 절취선. **c)** 〖우표〗 가장자리 톱니들. **d)** 〖사진〗 (필름을 감기 위해 내놓은) 가장자리 구멍들. **2.** 〖의학〗 **a)** (궤양 등의) 천공(穿孔). **b)** (수술시의 실수로 생기는) 내장 기관벽의 상처. **Perforator** [...ˈraːtɔr, (또한) ...ˈtoːɐ̯], der; -s, -en [...raˈtoːrən] 〖특히 전산‧인쇄〗 천공기(穿孔器). **Perforatortaster**, der 〖특히 전산‧인쇄〗 **a)** ↑Perforator. **b)** 천공기 조작자. **perforieren** [...ˈriːrən] **1.** 〈h〉 〈전문어〉 **a)** (무엇에 일정한 간격으로) 구멍을 내다: perforierte Schuhe (일정한 간격으로) 구멍을 낸 구두. **b)** (У

명을 일렬로 내서) 절취선을 만들다: perforierte Blätter 절취선을 낸 종이들. **2.** 〖의학〗 **a)** 〈*s*〉 (특히 궤양에서) 천공이 되다: das Ulkus war perforiert 그 궤양은 천공이 되었다. **b)** 〈*h*〉 (내장 기관 벽에) 상처를 내다. **c)** 〈*h*〉 죽은 태아의 머리를 잘게 자르다(적출을 쉽게 하기 위하여). **Perforiermaschine,** die 천공기(穿孔機). **Perforierung,** die; -en 구멍을 냄, 천공이 됨, 상처를 냄.

Performanz [pɛrfɔr'mants], die; -en [engl.-amerik. performance] 〖언어〗 언어 운용(↑Kompetenz (2) 참조). **performativ** [...ma'ti:f], **performatorisch** [...'to:rɪʃ] 〈Adj.〉 〖언어〗 수행적인(말로 표현된 행위를 동시에 수행하는)(예컨대: ich gratuliere dir).

perfundieren 〈*h*〉 [lat. perfundere] 〖의학〗 (기관, 조직에 인공적으로) 액체를 관류시키다. **Perfusion,** die; -en [lat. perfūsio] 〖의학〗 (기관, 조직으로의 인공적인) 액체 관류(특히 이식할 신장의 혈관에).

pergamenen [pɛrɡaˈmeːnən] 〈Adj.〉 ↑pergamenten. **Pergament** [pɛrɡa'mɛnt], das; -(e)s, -e **1.** 양피지. **2.** (양피지에 쓴) 고문서(古文書), 고사본(古寫本).

pergament-, Pergament-: ~**artig** 〈Adj.〉 양피지 모양의. ~**band,** der 〈Pl. -bände〉 양피지철의 서적, 양피지 본(本). ~**einband,** der 양피지의 표지, 양피지 장정. ~**handschrift,** die ↑Pergament (2). ~**papier,** das (특히 식품 포장용으로 반투명 내지성(耐脂性)의) 유산지(硫酸紙).

pergamenten [pɛrɡaˈmɛntn̩] 〈Adj.〉 **a)** 양피지로 만든; -e Seiten 양피지로 된 면들. **b)** 양피지 같은. **Pergamin** [pɛrɡa'miːn], **Pergamyn** [pɛrɡaˈmyːn], das; -s (매끄러운 반투명의) 유산지(硫酸紙). **Pergamon** ['pɛrɡamɔn], **Pergamum** [...mʊm] 페르가몬(소아시아 북서 지방의 고대 도시).

Pergel ['pɛrɡl̩], das; -s, - [↑Pergola] 《südd.》 포도덩굴에 덮인 정자(亭子).

Pergola ['pɛrɡola], die; ...len [ital. pergola] 덩굴이 우거진 그늘길(덩굴시렁 아래의), 포도덩굴을 올린 정자.

perhorreszieren [pɛrhɔrɛs'tsiːrən] 〈*h*〉 [lat. perhorrēscere] 《교양어》 역겨워 물리치다, 단호히 거부하다; 꺼리다, 기피하다.

Perianth [peri'ant], das; -s, -e [griech. perí u. ánthos] 〖식물〗 화피(花被), 꽃덮이, 화개(花蓋).

Periarthritis [peri|ar...], die; ...itiden [...tri'ti:dn̩; griech. perí] 〖의학〗 관절 주위염(炎).

Pericardium [...], ↑Perikardium.

Perichondritis [periçɔn'driːtɪs], die; ...itiden [...driˈtiːdn̩] 〖의학〗 연골막염(軟骨膜炎). **Perichondrium** [peri'çɔndrium], das; ...ien [...iən; griech. perí u. griech. chóndros] 〖의학〗 연골막.

Periculum in mora [peˈriːkulum ɪn 'moːra; lat.] 지체하면 위험이 생긴다, 좋은 일은 서둘러라(Gefahr ist im Verzug).

Periderm [peri'dɛrm], das; -s, -e [griech. perí u. dérma] 〖식물〗 주피(周皮).

Peridot [peri'doːt], der; -s, -e [frz. péridot] 〖지질〗 ↑Olivin. **Peridotit** [...do'tiːt], 《또한》 [...tɪt], der; -s, -e 〖지질〗 감람암, (감람석이 주성분인) 거무스레한 심성암(深成岩).

Periegese [periˌɛˈɡeːzə], die; -n [griech. periḗgēsis] (특히 고대 그리스의) 경관 묘사(기행문류의 문학 장르로서). **Perieget** [...'ɡeːt], der; -en [griech. periēgētḗs] (특히 고대 그리스의) 경관 묘사 작가. **periegetisch** 〈Adj.〉 [griech. periēgētikós] 경관 묘사적인, 경관 묘사 작가의.

perifokal [peri-] 〈Adj.〉 [griech. perí u. ↑fokal] 〖의학〗 병소(病巢) 주위에 있는.

Perigastritis [peri-], die; ...itiden [...stri'tiːdn̩; griech. perí u. ↑Gastritis] 〖의학〗 위주위염.

Perigäum [peri'ɡɛːʊm], das; -s, ...äen [...ɛːən; lat. perigaeum, perigeum] 〖천문·우주〗 근지점(近地點) (특히 달의)(반대: Apogäum).

periglazial [peri-] 〈Adj.〉 〖지리〗 내륙 빙하 주변적인 (기후 현상 등).

Perigon [peri'ɡoːn], das; -s, -e, **Perigonium** [...'ɡoːnium], das; -s, ...ien [...iən; griech. perí u. gonḗ] 〖식물〗(같은 모양의 총포엽들로 된) 화피(花被), 화개(花蓋).

Perigramm [peri-], das; -s, -e 〖통계〗 (원과 부채꼴을 통해서 크기의 비례를 표시한) 원도표.

Perihel [peri'heːl], das; -s, -e, **Perihelium** [...'heːlium], das; -s, ...ien [...iən; griech. perí u. hḗlios] 〖천문〗 (어떤 유성의) 근일점(近日點)(반대: Aphel).

Perikard [peri'kart], das; -(e)s, -e, **Perikardium** [...'kardium], das; -s, ...ien [...iən; griech. perí u. kardía] 심낭(心囊). **Perikarditis** [perikar'diːtɪs], die; ...itiden [...di'tiːdn̩] 심낭염.

Perikarp [peri'karp], das; -(e)s, -e [griech. perí u. karpós] 〖식물〗 과피(果皮).

Periklas [peri'klaːs], der; - / -es, -e [griech. perí u. klásis] 〖지질〗 천연 마그네시아.

Perikope [peri'koːpə], die; -n [lat. pericopē < griech. perikopḗ] **1.** 〖신학〗 (예배시 낭독이나 설교에 쓰이는) 성경 구절. **2.** 〖운율〗 시련군(詩聯群). **Perikopenbuch,** das 성경 구절 모음집(예배서).

Perikranium [peri-], das; -s [해부] 두개골막(膜).

Perimeter [peri-], das; -s, - 〖고어〗 (도형의) 주위의 길이. **Perimeter,** der; -s, - 〖의학〗 시야계(視野計). **perimetrieren** [...meˈtriːrən] 〈*h*〉 〖의학〗 (시야계로) 시야를 알아내다. **perimetrisch** 〈Adj.〉 시야의.

perinatal [perinaˈtaːl] 〈Adj.〉 〖의학〗 출산 직전 기간의: -e Mortalität 출산 직전 기간의 사망률.

Periode [pe'rioːdə], die; -n [lat. periodus < griech. períodos] **1.** 《교양어》 **a)** 시대: eine neue (fruchtbare) P. beginnt 새로운(결실의) 시대가 시작된다; die P. der Weimarer Republik (nach 1945) 바이마르 공화국[1945년 이후의] 시대; eine P. tiefster Resignation 극도의 체념의 시대. **b)** 시기, 기(期). **2. a)** 〖수학〗 (순환소수의) 순환 마디(예컨대: 1.717 177 ···에서 17). **b)** 〖화학〗 주기 (원소 주기율표상의 횡렬, 한 주기에서 나타나는 원소 전체). **3. a)** 〖물리〗 진동 주기. **b)** 〖천문〗 (유성의) 운행 주기. **4.** 〖기상〗 기간: die -n der Hitze 더위의 주기들. **5.** 〖지질〗 기(紀), 대(代): die paläozoische P. 고생대. **6.** 월경: sie hat (bekommt) ihre P. 그녀는 월경 중이다. **7.** 〖언어·수사〗 (정교한 구성의, 긴) 복합복합문, 완전문, 쌍대문(雙對文). **8. a)** 〖음악〗 악단(樂段), 완전 악장(8 또는 16소절로 이루어지며, 전악절·후악절로 구분됨). **b)** 〖운율〗 몇 개의 콜라(Kola: 최소의 리듬 단위)가 합하여 이루어진 단위.

Perioden-: ~**bau,** der 〈Pl. 없음〉 〖언어〗 복잡 복합문[완전문]의 구조. ~**dauer,** die 〖물리〗 ↑Schwingungsdauer. ~**erfolg,** der 〖경제〗 기별(期別)성과(일정 기간 내의 손익). ~**leistung,** die 〖경제〗 ↑~erfolg. ~**rechnung,** die 〖경제〗 기별(손익) 계산. ~**system,** das [↑Periode (2 b)] 〖화학〗 원소의 주기 체계.

Periodik [pe'rioːdɪk], die 《교양어》 ↑Periodizität. **Periodikum** [pe'rioːdikum], das; -s, ...ka 〈대개 Pl.〉 《전문어》 정기 간행물: monatlich erscheinende Periodika für Naturwissenschaften 자연 과학 월간지(誌). **periodisch** 〈Adj.〉 [lat. periodicus < griech. periodikós] 《교양어》 **a)** 주기적인, 정기적인: p. auftretende Krankheiten 주기적으로 나타나는 질병들; diese Zeitschrift erscheint p. (alle 14 Tage) 이 잡지는

정기적으로 (2주마다) 발행된다. b) 《드물게》때때로 나타나는. **periodisieren** [periodi'zi:rən] ⟨h⟩ 《교양어》시대[시기]를 구분하다: die Sprachgeschichte p. 언어사를 시대별로 구분. **Periodisierung**, die 시대[시기] 구분. **Periodizität** [...tsi'tɛ:t], die 《교양어》주기성(週期性), 순환성: die P. der Ereignisse 사건들의 주기성. **Periodogramm** [...do'gram], das; -s, -e [↑-gramm] 《경제·기술》주기 도표.
Periodontitis [periodɔn'ti:tis], die; ...itiden [griech. perí u. odoús(2격: odóntos) = Zahn] 《의학》치주염, 치근막염(齒根膜炎).
Perióke [peri'|ø:kə], der; -, -n [griech. períoikos] (고대 그리스 스파르타의 참정권 없는) 자유 시민.
Periost [peri'|ɔst], das; -(e)s, -e [griech. perí u. ostéon] 골막(骨膜). **Periostitis** [periɔs...], die; -itiden [...sti'ti:dn] 《의학》골막염.
Peripatetiker [peripa'te:tikɐ], der; -s, - 《대개 Pl.》 [lat. peripatēticus < griech. peripatētikós] 《철학》 a) 아리스토텔레스 학파[소요(逍遙) 학파]의 사람. b) 아리스토텔레스학파의 신봉자. **peripatetisch** ⟨Adj.⟩ [lat. peripatēticus < griech. peripatētikós] 《철학》아리스토텔레스 학(파)의. **Peripatos** [pe'ri:patɔs], der; - [griech. peripatos] 아리스토텔레스 학파, 소요 학파.
Peripetie [peripe'ti:], die; -n [...iːən; griech. peripéteia] 《특히 문예학》(희곡에서의) 전회점(轉回點)(파국 직전의), 국면의 급전(急轉).
peripher [peri'fe:ɐ̯] ⟨Adj.⟩ 《반대: zentral》1. 《교양어》 a) 주위의, 주변의, 변두리의, 교외의: -e Stadtteile 도시 변두리. b) 지엽적인, 부차적인: -e Fragen (Probleme) 지엽적인 문제들. 2. 《의학》외면의, 말초의: das -e Nervensystem 말초 신경계. 3. 《전산》주변 장치의: -e Geräte 주변기기(장치)들. **Peripherie** [perife'ri:], die; -n [...iːən; lat. peripherīa < griech. periphéreia] 1. 《교양어》주변, 주위; 변두리, 교외: an der P. der Stadt 도시 변두리에; 《전의》machtpolitisch an die P. gerückt sein 권력 정치에서 주변으로 밀려나 있다. 2. 《기하》(도형의) 둘레, 원주(圓周). 3. 《전산》주변 장치(기기). **Peripheriegerät**, das 《전산》주변장치 (기기). **peripherisch** 《고어》↑peripher.
Periphrase [peri-], die; -n lat. periphrasis < griech. períphrasis] 《수사》완곡법(婉曲法), 특징을 통한 우회 표현법(예컨대: der Allmächtige = Gott). **periphrasieren** ⟨h⟩ 《수사》에둘러 말하다, 우회적으로 표현하다. **periphrastisch** [...'frastɪʃ] ⟨Adj.⟩ [griech. periphrastikós] 《수사》에둘러 말하는, 완곡 어법의.
Peripteraltempel [perɪpte'ra:l-], der; -s, -, **Peripteros** [pe'rɪpterɔs], der; -, - 《또는》...eren [perɪp'te:rən] [griech peripteros] (주랑으로 둘러싸인, 고대의) 주랑(柱廊) 신전.
Periskop [peri'sko:p], das; -s, -e [griech. perí u. skopeĩn] (잠수함의) 잠망경: das P. einziehen 잠망경을 끌어들이다. **periskopisch** ⟨Adj.⟩ 잠망경으로의, 잠망경 모양의.
Perispomenon [peri'spo:menɔn], das; -s, ...na [lat. perispōmenon < griech. perispōmenon] 《언어》(그리스어의) 최후 음절 곡(曲) 악센트(⁀) 단어(예컨대: philō = ich liebe)(↑ Properispomenon 참조).
Peristaltik [peri'ʃtaltik], die [griech. peristaltikós] 《의학》연동(蠕動) 운동(소화·배설 기관의). **peristaltisch** ⟨Adj.⟩ 《의학》연동 운동의.
Peristase [peri'sta:zə], die; -n [griech. perístasis] 《의학》(생명체의 성장에 영향을 미치는) 주위 세계[환경]. **peristatisch** ⟨Adj.⟩ 환경의, 환경 영향적인.
Peristyl [peri'sty:l], das; -s, -e, **Peristylium** [...'sty:liʊm], das; -s, ...ien [...iən] lat. peristȳlium <

griech. peristýlion] (고대 가옥의) 주랑으로 둘러싸인 안마당.
Perithezium [peri'te:tsiʊm], das; -s, ...ien [...iən] [식물] (자낭균류의) 공 모양 내지 병 모양의 열매 몸체, 피자기(被子器).
peritoneal [peritone'aːl] ⟨Adj.⟩ 《의학》복막의. **Peritoneum** [perito'ne:ʊm], das; -s, ...neen [...ne:ən; griech. peritónaion] 《의학》복막. **Peritonitis** [perito'ni:tis], die; ...itiden [...ni'ti:dn] 《의학》복막염.
Perkal [pɛr'kaːl], der; -s, -e [frz. percale] 《섬유》(거칠지 않고 배게 짠) 고급 무명. **Perkalin** [pɛrka'liːn], das; -s, -e 《책 표지용의》광택을 낸 직물, 퍼컬린 직물.
Perkolat [pɛrko'laːt], das; -(e)s, -e 《약학》침제(浸劑), 삼출액(滲出液). **Perkolation** [...la'tsi̯oːn], die; -en [lat. percōlātio] 1. 《약학》삼출법(滲出法). 2. 《토양》침투, 투수(透水). **Perkolator** [...'laːtɔr, 《또한》 ...toːɐ̯], der; -s, -en [la'toːrən] 《약학》여과 삼출기. **perkolieren** [...'liːrən] ⟨h⟩ [lat. percōlāre = durchseihen] 《약학》삼출되도록 하다, 삼출법으로 식물 추출물을 얻다.
Perkussion [pɛrkʊ'si̯oːn], die; -en [lat. percussio] 1. 《의학》타진(打診)(법). 2. 《음악》(풍금의) 추타(搥打) 장치. 3. 《음악》(재즈 밴드의) 타악기군(群). 4. 《무기》 (총의) 격발.
Perkussions-: **~gewehr**, das 《무기》(19세기의) 격발총 (대개 전장총(前裝銃)). **~hammer**, der 《의학》타진추(打診錘), 타진 망치. **~instrumente** (Pl.) 《음악》타악기 전체. **~waffe**, die 격발 무기. **~zündung**, die 《Perkussion (4).
perkussorisch [...'soːrɪʃ] ⟨Adj.⟩ 《의학》 a) 타진으로 확인 가능한. b) 타진(상)의.
perkutan [pɛrku'taːn] ⟨Adj.⟩ 《의학》피부를 통한.
perkutieren [...'tiːrən] ⟨h⟩ [lat. percutere] 《의학》타진(打診)하다: die Brust p. 가슴을 타진하다. **perkutorisch** [...'toːrɪʃ] ⟨Adj.⟩ 《의학》↑perkussorisch.
Perl [pɛrl], die 《인쇄》5포인트 활자.
perl-, Perl- 《↑perlen-, Perlen-도 참조》: **~boot**, das 앵무조개. **~förmig** ⟨Adj.⟩ 진주 모양의. **~garn**, das 《섬유》진주실(광택이 있는 자수용 실). **~grau** ⟨Adj.⟩ 진주색의, 은회색으로 빛나는. **~graupe**, die 《대개 Pl.》곱게 찧은 보리(수프용). **~hirse**, die 《식물》수수. **~huhn**, das (아프리카 산의) 주계(珠鷄)(학명: Numidinae). **~kaffee**, der 둥근 커피 열매. **~leim**, der 작은 공 모양의 아교. **~muschel**, die 진주조개. **~mutt** [pɛrl'mʊt, 《또한》'--], das; -s '~mutter. **~mutten** ⟨Adj.⟩ ↑~muttern, **~mutter** [--'--, 《또한》'---]; spätmhd. perlīn muoter : 어머니가 아기를 낳듯 진주를 낳는 조개라는 뜻에서, 진주와 같은 성분의 물질로 되어 있는 조개 내층에 전의되어] 1. die 《또는》 das; -s 진주모(조개껍데기의 광택이 나는 최내층(最內層)), 진주층, 나전(螺鈿): ein mit P. eingelegtes Taschenmesser 진주모를 상감한 주머니칼. 2. das; -s 진주(모)색, 진주 광택. **~mutterfalter**, der 표범나비. **~mutterfarbe**, die 진주모(층)색(色). **~mutterfarben** ⟨Adj.⟩ 진주모(층)색의: ein -er Knopf 진주모색의 단추. **~mutterglanz**, der 진주모(층) 광택. **~muttergriff**, der 나전 손잡이. **~mutterknopf**, der (인조) 나전 단추. **~muttern** ⟨Adj.⟩ [spätmhd. berlīnmuoterīn] 1. 진주모로 된: -e Verzierungen 진주모로 된 장식. 2. 진주 모양의, 진주모색의. **~muttfarben** ⟨Adj.⟩ ↑~mutterfarben. **~muttgriff**, der ↑~muttergriff. **~muttknopf**, der ↑~mutterknopf. **~pilz**, der (살이 두껍고 큰 식용의) 들싸리버섯의 일종. **~reis**, der 세립질(細粒質)의 쌀. **~schrift**, die ⟨Pl. 없음⟩ ↑ Elite (2)의 옛 명칭.

stein, der ↑Perlit (2). **~stich**, der (같은 방향으로 반쯤 비스듬하게 처리된 짧은) 고블랭직(織) 바늘땀. **~stickerei**, die ↑Perlenstickerei. **~wein**, der 탄산 함유 포도주. **~weiß** 〈Adj.〉 진주 같은 은백색의. **~wulstling**, der ↑~pilz. **~zwiebel**, die 식초에 담근 작은 염교 구근(球根); 염교. **~zwirn**, der [섬유] ↑ **~garn**.

Perlator Ⓦ [pɛr'la:tɔr, 《또한》...tɔ:ɐ], der; -s, -en [pɛrla'to:rən] 펠라토아(물이 일정하게 흐르도록 하기 위해 수도꼭지에 부착하는 기구). **Perle** ['pɛrlə], die; -n 1. a) 진주: -n auf eine Schnur (auf)reihen(auf)ziehen) 진주를 실에 꿰다; -n züchten 진주를 양식하다; nach -n tauchen 진주를 찾아 잠수하다; 속담 -n bedeuten Tränen 진주를 선물로 받으면 걱정거리가 뒤따른다; jmdm. fällt keine P. aus der Krone 《경》 (그 일을 한다고) 체면을 손상하는 않는다; **-n vor die Säue werfen** 《경》 돼지에게 진주를 던지다(마태복음 7: 6). b) (구멍을 낸) 구슬(유리, 나무 등의): bunte -n aus Glas 알록달록한 유리구슬들; die Perlen des Rosenkranzes 묵주의 구슬들. c) 진주 모양의 것(물방울, 작은 물거품 등). d) 【사냥】 사슴 등의 뿔에 난 작은 융기. 2. a) ↑²Juwel: das Werk gehört zu den -n der deutschen Literatur 그 작품은 독일 문학 중의 보배이다; ich habe eine P. von Tochter 내게는 구슬 같은 딸이 하나 있다. b) (통용어·농) (일 잘 하는) 하녀. c) 【청소년】 진실한 애인(여자 친구): das ist meine P. 저 여자가 내 애인이다. 3. (관사, Pl. 있음) **a)** 【포도】 독일 지방 포도와 뮐러 투르가우 포도의 교배로 이루어진 포도. **b)** 위의 포도주(특히 부드럽고 좋은 향기가 남). **¹perlen** ['pɛrlən] **1. a)** 〈h /s〉 방울지다, 방울이 맺히다: Schweißtropfen perlten ihm auf der Stirn 그의 이마에 땀방울이 맺혔다. **b)** 〈s〉 방울져 떨어지다(듣다): Tautropfen perlen von den Blättern 이슬방울들이 잎에서 굴러 떨어진다. **c)** 〈h〉 구슬을 굴리 듯 (아름다운) 소리를 내다. 2. 〈h〉 거품이 일다, 방울 같은 것으로 덮여 있다: der Sekt perlt (im Glas) (잔 속의) 샴페인에 거품이 인다; die Wiese perlt vom[von] Tau 풀밭이 이슬로 덮여 반짝인다. **²perlen** [-] 〈Adj.〉 《드물게》 진주로 만든.

perlen-, Perlen- (↑perl-, Perl-도 참조): **~ähnlich** 〈Adj.〉 진주 비슷한. **~arbeit**, die 진주(로 만든, 장식된) 공예품. **~besetzt** 〈Adj.〉 진주로 장식된. **~bestickt** 〈Adj.〉 진주로 수(繡)를 놓은. **~fischer**, der 진주(조개) 채취자. **~fischerei**, die 진주(조개) 채취(장). **~förmig**: ↑perlförmig. **~gestickt** 〈Adj.〉 진주 자수(刺繡)로 장식된. **~glanz**, der (흐릿한 진주) 광택. **~gleich** 〈Adj.〉 (아이) 진주 같은. **~halsband**, das 〈Pl. ...bänder〉. **~halskette**, die ↑ **~kette**. **~kette**, die 진주 목걸이. **~hochzeit**, die 결혼 30주년 기념일. **~kollier**, das 진주 목걸이. **~schmuck**, der 진주 패물. **~schnur**, die 진주를 꿴 끈. **~stickerei**, die **1.** 진주(를 사용한) 자수(刺繡). **2.** 진주 자수품: kostbare-en 값진 진주 자수품들. **~taucher**, der 진주조개 채취 잠수부. **~vorhang**, der 진주 끈(으로 된) 커튼. **~züchter**, der 진주 양식 업자.

perlig ['pɛrlɪç] 〈Adj.〉 진주 같은, 진주 모양의. **Perlit** [pɛr'li:t, 《또한》pɛr'lɪt], der; -s, -e **1.** 【금속】 펄라이트(순수철과 철카바이드의 혼합 구조물). **2.** [지질] 진주암 (회청색의 유리 모양의 돌). **Perlitguß**, der 펄라이트 주철(鑄鐵).

perlokutionär [pɛrlokutsi̯o'nɛːɐ̯] 〈Adj.〉 [lat. per- (↑per) u. ↑lokution어], **perlokutiv** [...'ti:f] 〈Adj.〉 《다음 용법으로》 **perlokutionärer(perlokutiver) Akt** 【언어】 발어(發語) 매개 행위(진술 효과의 관점에서의 발어 행위).

Perlon Ⓦ ['pɛrlɔn], das; -s (인공어) 페를론, 펄론(합성 섬유): Strümpfe aus P. 펄론 양말. **Perlonstrumpf**, der 펄론 양말. **perlonverstärkt** 〈Adj.〉 펄론으로 보강된(실로 된).

Perlustration [pɛrlʊstra'tsi̯o:n], die; -en 《österr.》 ↑ Perlustrierung. **perlustrieren** [...'tri:rən] 〈h〉 [lat. perlūstrāre] 《österr.》 정확히 조사(검사, 검문)하다, (혐의자 등을) 정사(精査)하다. **Perlustrierung**, die; -en 《österr.》 정확한 조사[검문], 정사.

¹Perm [pɛrm], das; -s [지질] 2첩계(疊系), 2첩기(紀) (고생대의 마지막기).

²Perm [-], das; -(s), - [↑permeabel의 약칭] [물리·화학] 고체 소재의 가스 침투도 단위(약어: Pm).

permanent [pɛrma'nɛnt] 〈Adj.〉 [frz. permanent] 《교양어》지속적인, 항구적인, 상설(常設)의: eine -e Gefahr[Bedrohung] 지속적인 위험[위협]; eine -e Institution 상설 기관. **Permanentgelb**, das (퇴색되지 않는) 내구(耐久) 황색. **Permanentweiß**, das 내구 백색(염료). **Permanentmagnet**, der 영구 자석. **Permanenz** [...nts], die [frz. permanence] 《교양어·전문어》영속, 지속, 항구, 불변: die P. der supranationalen Beziehungen 초국가적 관계의 지속; **in P.** 《교양어》 지속적(영구적)으로, 상설로: sich in P. erklären 【정치】 영구 불폐회를[회의 지속을]선언하다. **Permanenzkarte**, die 《österr.·관·고어》 정기(승차, 입장)권.

Permanganat [pɛr-], das; -s, -e [화학] 과망간산염. **Permangansäure**, die; -n [화학] 과망간산.

permeabel [pɛrme'a:bl̩] 〈Adj.〉 [lat. permeābilis] 《전문어》 뚫고 들어갈 수 있는, 삼투(투과, 침투)성의. **Permeabilität** [...abili'tɛ:t], die; -[전문어] 투과성, 삼투성. **2.** [물리] 도자율(導磁率), 투자율(透磁率).

per mille: ↑pro mille.

permisch ['pɛrmɪʃ] 〈Adj.〉 [지질] 이첩계[기](二疊系 [紀])의.

Permission [pɛrmɪ'si̯o:n], die; -en [lat. permissio] 《교양어》허가, 허락, 승인.

permissiv [pɛrmɪ'si:f] 〈Adj.〉 [lat. permissum] [사회·심리] 관대한, 통제가 덜한, 자유롭게 놓아 두는. **Permissivität** [...sivi'tɛ:t], die [사회·심리] 관대한 태도.

Permit ['pəːmɪt], das; -s, -s [engl. permit] 허가(증). **permittieren** [pɛrmɪ'ti:rən] 〈h〉 [lat. permittere = erlauben] 《교양어》 허가[허락]하다.

permutabel [permu'ta:bl̩] 〈Adj.〉 [lat. permūtābilis] 《전문어》 교환[치환]할 수 있는, 바꾸어 놓을 수 있는. **Permutation** [...ta'tsi̯o:n], die; -en [1: lat. permūtātio] **1.** 《교양어·전문어》 교환, 치환. **2.** [수학] 순열(順列); 치환. **3.** [언어] 도치, (배어상의) 치환. **permutieren** [...'ti:rən] 〈h〉 [lat. permūtāre] 《교양어·전문어》 교환하다, 치환하다, 뒤바꾸다.

Pernambukholz [pɛrnam'buːk-], das; -es (적색 염료용의) 브라질 다목[소방목].

per nefas [per 'nɛːfa(ː)s] 《교양어·고어》 불법으로, 비합법적 수단으로 (↑per fas 참조).

Pernio ['pɛrni̯o], der; -, ...iones [pɛr'ni̯o:neːs] / ...nen [lat. pernio] 【의학】 동상. **Perniosis** [pɛr'ni̯o:zɪs], die; ...sen **1.** 동상 발생. **2.** 동상에서 오는 피부병.

perniziös [pɛrni'tsi̯øːs] 〈Adj.〉 [lat. perniciosus] 《교양어》파멸의, 파멸의 원인이 되는, 위험한; 악성의, 치사(致死)의: -e Anämie 악성 빈혈.

Pernod [pɛr'no], der; -(s), -(s) (프랑스 산의) 아니스 리큐르(혼성주).

Peronismus [pero'nɪsmʊs], der; - 페론(아르헨티나 대통령(1895~1974))주의. **Peronist**, der; -en, -en 페론주의자. **peronistisch** 〈Adj.〉 **1.** 페론주의의. **2.** 페론주의

Peronospora

적: eine -e Einstellung 페론주의적 입장[태도].
Peronospora [pero'nɔspora], die 《식물》 《식물의 병을 야기하는》 반점곰팡이.
peroral [pɛr|o'ra:l] 〈Adj.〉 [lat. per (↑per) u. ↑oral] 《의학》 경구(經口)의, 입을 통한. **Peroration** [pɛr|ora'tsjo:n], die; -en [2: lat. perōrātio (《교양어·준고어》) **1.** 열변. **2.** 연설의 결미[결론부]. **perorieren** [pɛr|o'ri:rən] 〈h〉 [lat. perōrāre] 《교양어·준고어》 **1.** 열변을 토하다. **2.** 연설을 마치다. **per os** [pɛr 'o:s; lat.] 《의학》 경구(經口)의; 입을 통해.
Peroxid ['pɛr|ɔksi:t, (또한) ─'─], **Peroxyd**, das; -s, -e [lat. per (↑per) u. ↑Oxyd] 《화학》 과산화물.
per pedes (apostolorum) [pɛr 'pe:dɛs (aposto'lo:rʊm); lat.] 《교양어》 《사도(使徒)처럼》 걸어서, 도보로.
Perpendikel [pɛrpɛn'di:kl, (또한) ...dɪk], der 《또는》 das; -s, - [lat. perpendiculum] **1.** 《준고어》 《시계의》 추, 진자. **2.** 《조선》 흘수선상에서 선수재와 선미재를 가르는 양 수직선 중의 하나(그 두 수직선 사이의 간격이 선박의 길이를 표시). **3.** 측연(測鉛). **perpendikular** [...diku'laːɐ̯], **perpendikulär** [...'lɛːɐ̯] 〈Adj.〉 [lat. perpendiculāris] 《전문어》 수직의, 연직의.
perpetuell [pɛrpe'tuɛl] 〈Adj.〉 [frz. perpétuel] 《교양어·고어》 지속적인, 항구적인, 끊임없는, 부단한. **perpetuieren** [...tu'i:rən] 〈h〉 [lat. perpetuāre] 《교양어》 지속적이 되게 하다, 뿌리를 내리게 하다, 정착이 되게 하다: durch diese Mechanismen wird das bestehende Normensystem perpetuiert 이러한 메카니즘을 통해서 현행의 규준체계가 뿌리를 내리게 된다. **Perpetuierung**, die ↑perpetuieren의 명사형. **Perpetuum mobile** [pɛr'pe:tuʊm 'mo:bilə], das; - - 〈Pl.〉 /...tua ...lia [...tua mo'bi:lia] [lat.] **1.** 영구 기관(永久機關)(에너지 공급 없이 작동한다는 가상의). **2.** 《음악》 무궁동(無窮動), 상동곡(常動曲).
perplex [pɛr'plɛks] 〈Adj.〉 [frz. perplexe] 《통용어》 당황한, 어리둥절한, 깜짝놀란: ganz p. (über etw.) sein (무엇에 대해) 아주 당황하다; (드물게 부가어적으로) ein p-es Gesicht machen 당황한 얼굴을 하다. **Perplexität** [pɛrplɛksi'tɛt], die; -en 당황, 아연실색, 어찌할 바를 모름.
per procura [pɛr pro'kuːra; lat. ↑Prokura] 《상》 대리로(서)(대리인이 서명시에)(약어: pp(a).): pp(a). Meyer 마이어가 대리해서.
per rectum [pɛr'rɛktʊm] 《의학》 직장(直腸)을 통한(통해서(일어나는)].
Perron [pɛ'rõː, (또한) pɛ'rɔŋ, (österr.) pɛ'roːn], der; -s, -s [frz. perron] **1.** 《고어·österr. 준고어·아직 schweiz.》 승강장, 플랫폼: auf dem P. stehen [warten] 플랫폼에 서 있다[기다리다]. **2.** 《고어》 《전차의》 승강단.
per saldo [pɛr 'zaldo; ital.; ↑Saldo] 《상》 차감해서, 결산하여 《전의》 p. s. bleiben noch viele Probleme ungelöst 최종 결과로서 아직도 많은 문제들이 미결인 채로 남아 있다.
per se [pɛr 'zeː; lat. = durch sich(selbst)] **1.** 《교양어》 자명하게, 물론: das versteht sich p. se 그것은 자명한 일이다. **2.** 《교양어·드물게》 그 자체(an sich): die Sprache p. se 언어 그 자체.
Persenning [pɛr'zɛnɪŋ], die; -e(n) / -s [niederl. presenning] **1.** 《특히 선원》 방수 범포로 된 보호 커버(갑판의 승강구 등을 위한). **2.** 〈Pl. 없음〉 《섬유》 방수 범포(防水帆布)(천막용 등).
Persephone [pɛr'zeːfonə] 페르세포네(저승의 여왕(이름))(그리스 신화에서).
Persepolis [pɛr'zeːpolɪs] 페르세폴리스(고대 페르시아 제국의 수도). **Perser** ['pɛrzɐ], der; -s, - **1.** 페르시아인.

2. 《통용어》 ↑Perserteppich의 약칭.
Perser-: ~brücke, die 페르시아 양탄자(폭이 좁고 긴). **~katze**, die 페르시아 고양이. **~teppich**, der 《값진 수제의》 페르시아 양탄자.
[1]**Perseus** ['pɛrzɔys] 《신화》 페르세우스(영웅의 이름, Zeus와 Danae 사이의 아들). [2]**Perseus**, der; - 페르세우스 자리(성좌).
Perseveranz [pɛrzeve'rants], die [lat. perseverantia] 《교양어》 지구력, 불요불굴, 지속성. **Perseveration** [...ra'tsjo:n], die; -en [lat. perseverātiō] **1.** 《심리》 《상념, 어법, 선율 등이》 의식 속에의 계속적 잔류, 지속적 반복 출현. **2.** 《의학·심리》 보속증(保續症), 일정한 행동 방식의 고정적 반복, 한 가지 상념에의 병적인 집착. **perseverieren** [...'ri:rən] 〈h〉 [lat. perseverāre] **1.** 《교양어·준고어》 고집(고수)하다; 무엇을 부단히 반복하다. **2.** 《심리》 《상념, 어법, 선율 등이》 의식 속에 남아 있다, 지속적으로 반복되다.
Pershing ['pəːʃɪŋ], die; -s [미국의 장군 J. J. Pershing (1860~1948)의 이름에서] 사정거리 900 km의 미사일.
Persianer [pɛrzi'aːnɐ], der; -s, - **1.** 카라쿨양의 곱슬 털가죽. **2.** 카라쿨양의 모피. **Persianerjacke**, die 카라쿨양 모피 웃옷. **Persianermantel**, der 카라쿨양 모피 외투.
Persien ['pɛrzjən] 페르시아(이란의 옛 명칭).
Persiflage [pɛrzi'flaːʒə], die; -n [frz. persiflage] 《교양어》 《과장법, 반어법을 통한》 재치 있는 조롱, 야유, 풍자: dieses Fernsehspiel ist eine gekonnte P. auf das moderne Wohlstandsbürgertum 이 텔레비전 드라마는 현대의 유복한 시민 계급에 대한 수준 높은 풍자다. **persiflieren** [...li:rən] 〈h〉 [frz. persifler] 《교양어》 《재치있게》 조롱하다, 비꼬다, 풍자하다: einen Roman p. 어떤 소설을 풍자하다; jmdn p. 누구를 《재치 있게》 조롱하다.
Persiko ['pɛrziko], der; -s, -s [frz. persicot] **1.** 《옛》 도인주(桃仁酒)(복숭아씨로 만든 술). **2.** (복숭아, 레몬, 육계의 추출물을 탄》 과일주: P. sauer[Saurer mit P.] (일종의) 버찌 브랜디.
Persilschein [pɛr'zɪl-], der; -(e)s, -e 《세제(洗劑)인 Persil Ⓦ의 이름과 깨끗이 해진다는 생각에서》 원래 탈 나치스화 당국의 증명서로부터) 《통용어·농》 결백증명서: jmdm. einen P. ausstellen 누구에게 결백 증명서를 발행하다.
Persimone [pɛrzi'moːnə], die; -n [engl. persimmon] **1.** 《북미산의》 감나무, 고욤나무. **2.** 감, 고욤.
Persipan [pɛrzi'paːn, (또한) '- - -], der; -s, -e [lat. persicus (↑Pfirsich) u. Marzipan] 복숭아씨나 살구씨를 갈아 만든 과자(Marzipan의 대용물).
persisch ['pɛrzɪʃ] 〈Adj.〉 페르시아의.
persistent [pɛrzɪs'tɛnt] 〈Adj.〉 spätlat. persistēns] 《특히 의학·생물》 지속적인, 집요한, 끈질긴, 난치의. **Persistenz** [...ts], die; -en **1.** 《특히 의학·생물》 《한 상태의》 계속(지속)(성). **2.** 《고어》 지구력, 불요불굴, 끈기. **persistieren** [...'ti:rən] 〈h〉 [lat. persistere] **1.** 《의학》 《병적 상태가》 지속(계속)하다, 오래 끌다. **2.** 《교양어·준고어》 고집(고수)하다; 무엇을 주장하다.
Person [pɛr'zoːn], die; -en [lat. persōna] **1. a)** 《개체로서의》 사람, 인간, 인물, 개인, 인원: eine (un)bekannte P. 잘 알려진[잘 모르는] 사람; im ganzen Haus war keine P. zu finden 온 집 안에 사람이라곤 찾아볼 수 없었다; die P. des Kanzlers 수상(이라는 인물); seine P. [die eigene P.] in den Vordergrund stellen 자기 자신을 전면에 내세우다; juristische P. 《법》 법인(法人) (반대: natürliche Person); natürliche P. 《법》 자연인; die drei göttlichen -en 《기독교》 《성부, 성자, 성령의》 삼위(三位); ich für meine P. stimme zu 나 개인으

로서는 동의한다; sich in der P. irren 사람을 혼동하다; sie mußten Angaben zur P. machen 그들은 자기 신상에 관하여 진술하여야 했다; jmd. in (eigener / (준고어·농) höchsteigener) P. 몸소, 자신이, 친히: der Minister in P. war anwesend 장관이 몸소 참석해 있었다. etw. in P. sein 무엇의 화신이다, 무엇 그 자체다: er ist die Gründlichkeit in P. 그는 대단히 철저한 사람이다; etw. in einer P. sein 동시에 무엇이다, 한 몸에 겸하고 있다: er ist Dichter und Schauspieler in einer P. 그는 작가이자 동시에 배우이다. b) 《드물게》인격, 인품: sich mit seiner ganzen P. für etw. einsetzen 무엇을 위해 온 힘을 다 쏟다. 2. (몸집, 풍채, 외모의 면에서의) 사람: eine männliche[weibliche] P. 한 남자[여자]. 3. 등장 인물, 역(役): die (auftretenden [handelnden]) -en eines Dramas[Romans] 어떤 희곡[소설]의 등장 인물들; stumme P. [연극] 묵역(默役), 단역(端役); lustige P. 《연극·고어》어릿광대 역. 4. 《속소형》↑Persönchen 《감정적》 여자, 소녀: so eine (freche) P.! 저런 뻔뻔스러운 여자가! 5. 〈Pl. 없음〉[언어] 인칭: die erste P. 제 1 인칭; das Verb steht in der zweiten P. Plural 동사는 2인칭 복수형이다. **Persona grata** [per'zo:na 'gra:ta], die [lat.] 〔외교〕(주재국 정부로부터) 환영받는 외교관, 호감이 가는 인물. **Persona ingrata** [- ɪn'gra:ta], die [lat.] 〔외교〕기피 인물(외교관으로서). **personal** [perzo'na:l] ⟨Adj.⟩ [1 a, 2: lat. persōnālis] 1. 《교양어》a) 사람의, 인격(人的)인, 인격체로서의: ein -er Gott 인격적 신(神). b) 《드물게》↑personell. [언어] 인칭(상)의: temporale, modale und -e Präzisierungen 시제상의, 상황상의 그리고 인칭상의 정확한 규정. **Personal** [-], das; -s [lat. persōnālis] a) (총칭의) 인원, 직원, 종업원: das fliegende P. 항공기 승무원; das P. eines Kaufhauses [eines Betriebes] 한 백화점[기업체]의 종업원; P. einstellen[entlassen] 종업원을 채용[해고]하다. b) ↑Dienstpersonal.

personal-, Personal- (personal, Personal): ~**abbau**, der 감원. ~**abteilung**, die 인사과[부]. ~**akte**, die 인사 기록 카드. ~**angaben** ⟨Pl.⟩ 신상 명세서. ~**angelegenheiten** ⟨Pl.⟩ 인사 문제. ~**ausgaben** ⟨Pl.⟩ ↑~kosten. ~**ausweis**, der 신분 증명서. ~**bearbeiter**, der 인사 문제 담당자. ~**beschreibung**, die 인상서(人相書), 인상 기록. ~**bestand**, der 종업원 수. ~**bogen**, der 인사 기록지[용지]. ~**büro**, das ↑~abteilung. ~**chef**, der ↑~leiter. ~**daten** ⟨Pl.⟩ ↑~angaben. ~**debatte**, die 〔특히 정치〕(한 인물의) 공직 적합성 토론. ~**direktor**, der ↑~leiter. ~**dokumente** ⟨Pl.⟩ ↑~papiere. ~**einsatz**, der 인원 투입. ~**einsparung**, die 감원. ~**endung**, die [언어] (동사의) 인칭 어미. ~**form**, die [언어] 정형 동사. ~**frage**, die (대개 Pl.) 인사 문제: -n erörtern 인사 문제를 논의하다. ~**führung**, die 인사 관리. ~**gesellschaft**, die ↑Personengesellschaft. ~**hoheit**, die 〔정치·법〕 1. 독자 인사권(지방 자치 단체) 등의. 2. 대인고권(對人高權), 대인 주권(主權). ~**intensiv** ⟨Adj.⟩ 〔경제〕 인력 집약적, 많은 인력을 필요로 하는: -e Postdienste 인력 집약적 우편 업무. ~**kontakter**, der 〔경제〕(종업원과 경영층 사이의) 중개 전문가. ~**kosten** ⟨Pl.⟩ 〔경제·행정〕 인건비. ~**kredit**, der 〔경제〕 대인(對人) 신용, 신용 대출. ~**kürzung**, die 인원 감축. ~**leiter**, der 인사과[부]장. ~**leitung**, die 인사 행정 간부진. ~**liste**, die 직원 명부. ~**mangel**, der 인력 부족. ~**papiere** ⟨Pl.⟩ 개인 신분 증명서. ~**planung**, die 〔특히 경제〕 인사 계획. ~**politik**, die 〔특히 경제〕 인사 정책. ~**politisch** ⟨Adj.⟩ 인사 정책의. ~**pronomen**, das [언어] 인칭 대명사: das P. der ersten Person 일인칭 대명사. ~**rat**, der ↑~vertretung (2). ~**referent**, der 〔행정〕 인사 담당자. ~**steuer**, die ↑Personensteuer. ~**union**, die 1. 《교양어》 겸무: zwei Funktionen in P. ausüben 두 기능을 겸무로 수행하다. 2. 《역사적》 군합국(君合國), 인적 동군 연합(人的同君聯合)(둘 이상의 독립국이 한 군주를 모시는 명목상의 연합)(↑Realunion 참조). ~**vertretung**, die 〔행정〕 1. 〈Pl. 없음〉 공직자들(의) 이익 대표[대변]: ein Gesetz, das die P. regelt 공직자들의 이익 대표를 규정하는 법. 2. (공직자들의, 선출된) 이익 대표 기관. ~**verwaltung**, die 〔경제〕 ↑~abteilung. ~**wechsel**, der 인사 이동.

Personale [perzo'na:la], das; -s, ...lia / ...lien [...iən] 1. [언어] 인칭 동사. 2. [고어] 인적 사항, 신상 명세. **Personalie** [...liə], die; -n [lat. persōnālia] 1. ⟨Pl.⟩ 인적 사항, 신상 명세: die -n angeben 인적 사항을 진술[신고]하다; die Polizei hat seine -n aufgenommen 경찰이 그의 인적 사항을 작성했다. 2. 《드물게》 개인적인[사적인] 일. **personalisieren** [...li'zi:rən] ⟨h⟩ 《교양어》 (본제를 벗어나서) 개개 인물을 겨냥하다, 인물에 초점을 맞추다: personalisierte Verhältniswahl 인물 중심의 비례 대표제. **Personalismus** [...'lɪsmʊs], der; - 1. 〔철학·신학〕 인격신(人格神) 신앙. 2. 〔철학〕 인격주의. 3. 〔심리〕 인격주의(경험하는 인간 '나'와 주위 세계에 대한 그 관계를 연구하는). **Personalist** [...'lɪst], der; -en, -en 인격주의자. **personalistisch** ⟨Adj.⟩ a) 인격주의적인. b) 개인(인격) 관념을 강조하는. **Personalität** [...'tɛ:t], die; 〔교양어〕 개성, 인격, 인물됨. **personaliter** [...'na:litɐ] ⟨Adj.⟩ [lat. persōnāliter] 《교양어·고어》 스스로, 몸소, 친히. **Personality-Show** [pɐːsəˈnælitiʃoʊ, der; -s [amerik. personality show] 〔텔레비전〕 스타쇼(한 스타의 다양한 재주를 보여주는). **Persona non grata** [pɛrˈzoːna ˈnɔn ˈgraːta], die [lat.] ↑Persona ingrata. **Personarium** [pɛrzoˈnaːriʊm], das; -s, ...ien [...iən] 〔연극〕 a) 공연자(共演者) 명단. b) (총칭) 공연자. **Personbeschreibung**, die ↑Personenbeschreibung. **Persönchen** [perˈzøːnçən], das; -s, - 귀여운 작은 소녀, 작고 우아한 여인. **personell** [pɛrzoˈnɛl] ⟨Adj.⟩ [frz. personnel] 1. 인원[직원, 종업원]의: die -e Zusammensetzung der Regierung 정부의 인적(人的) 구성; -e Veränderungen im Betrieb 기업의 인사 변동. 2. 〔심리〕 사람의, 개인적인, 일신상의.

personen-, Personen-: ~**aufzug**, der 승용 승강기, 엘리베이터. ~**auto**, das ↑~wagen (1). ~**automobil**, das 〔스위스〕 승용차. ~**beförderung**, die 〔교통〕 여객 수송. ~**beschreibung**, die 〔오스트리아〕 ↑Personsbeschreibung, die 인물 기술: eine genaue [lückenhafte] P. geben 정확하게[불완전하게] 인물 기술[묘사]을 하다. ~**dampfer**, der 여객선. ~**fahndung**, die 인물 수배. ~**fähre**, die 여객 수송용 나룻배. ~**fahrzeug**, das 여객 수송용 차량[선박]. ~**firma**, die 〔경제〕 인명(人名)을 사명(社名)으로 하는 회사(반대: Sachfirma). ~**gebunden** ⟨Adj.⟩ 특정 인물에 매인[한정된]: eine Genehmigung p. erteilen 특정 인물에 한하여서 허가하다. ~**gedächtnis**, das 인물 기억력. ~**gesellschaft**, die 〔경제〕 인적 회사(人的會社), 합명(合名) 회사. ~**gruppe**, die: steuerlich begünstigte -n 조세상 혜택 받는 인간들. ~**kennzahl**, die ↑~kennziffer. ~**kennzeichen**, das [신고] 개인 번호(컴퓨터 정보 처리를 위한). ~**kennziffer**, die ↑~kennzeichen. ~**konto**, das 〔부기〕 인적(人的) 계정(고객이나 공급자에 대한)(반대: Sachkonto). ~**kraftwagen**, der 〔특히 관〕 ↑~wagen (1)(약어: Pkw, PKW). ~**kreis**, der (관련되는) 인적 범위: einen P. abgrenzen 인적 범위를 제한하다. ~**kult**, der 《폄》 개

Personifikation 1560

인 숭배: P. treiben 개인 숭배를 하다. ~**lift**, der ↑~aufzug. ~**name**, der 인명(人名). ~**recht**, das [법] 신분법[권]. ~**rechtlich** 〈Adj.〉 신분법(권)상의. ~**register**, das 인명 색인(반대: Sachregister). ~**schaden**, der [보험·법률] 인적 손실[손해](반대: Sachschaden): Verkehrsunfälle mit P. 인적 손실을 동반한 교통 사고. ~**schiffahrt**, die 여객 수송 항해. ~**schutz**, der 대인(對人) 보호(경찰, 군 등의)(반대: Objektschutz). ~**stand**, der 〈Pl. 없음〉 ↑Familienstand. ~**standsbuch**, das 호적부. ~**standsregister**, das 호적, 교적(教籍). ~**steuer**, die [세무] 대인세(對人稅), 인세. ~**suchanlage**, die 심인(尋人) 장치 (건물이나 공장 내에서 청각 신호로). ~**verkehr**, der [교통] 여객 수송. ~**versicherung**, die 인적 보험 (人保險). ~**verwechslung**, die 인물 혼동. ~**verzeichnis**, das 인명록, 승객 명부, 등장 인물표. ~**waage**, die 체중계. ~**wagen**, der 1. 승용차. 2. 객차(客車). ~**zahl**, die 사람수, 인원. ~**zug**, der 1. 보통(여객) 열차(모든 역에 정차하는). 2. (드물게) 여객 열차(화물 열차가 아닌).

Personifikation [pɛrzonifika'tsi̯oːn], die; -en [frz. personnification] 1. (교양어) **a)** 인격화, 인간화, 의인화(擬人化): die P. von Naturkräften 자연력의 인격화. **b)** (인격화의 결과로서의) 화신(化身): Neptun ist die P. des Meeres 넵튠(海神)은 바다의 화신이다. 2. (교양어) (추상적 특질의) 체현(體現), 화신, 권화(權化).

personifizieren [...'tsiːrən] 〈h〉 [frz. personnifier] (교양어) 1. 인격화하다, 의인화(擬人化)하다: mit ihrer Göttin Justitia personifizierten die alten Römer die Gerechtigkeit 고대 로마인들은 정의의 여신으로 정의를 인격화했다. 2. 체현(體現)하다, (…의) 화신이다: sie ist die personifizierte Geduld 그녀는 인내의 화신이다.

Personifizierung, die; -en (교양어) 1. ↑Personifikation (1). 2. (드물게) ↑Personifikation (2). **persönlich** [pɛr'zøːnlɪç] 〈Adj.〉 1. **a)** 개인적인, 개인적으로 독특한: eine sehr -e Handschrift haben 매우 독특한 필체를 갖고 있다. **b)** [철학·종교] 인격적인: an einen -en Gott glauben 인격적인 신(神)을 믿다. **c)** [언어] 인칭의: -es Fürwort 인칭 대명사. **2. a)** 개인적인, 사적(私的)인: eine -e Unterredung[Zusammenkunft] 사적인 상의(회합). **b)** 인간적인, 우호적인, 온정의: das Gespräch war sehr p. 대화는 매우 우호적이었다. **c)** 개인에 향해져 있는, 개인 비판적인, 인신 공격적인: eine -e Anspielung[Beleidigung] 개인에 대한 암시[모욕]; nimm das nicht p. 그것을 개인을 두고 한 말로 생각지 말아라!; **p. werden** 객관성이 없이 인신 공격적이 되다, 개인 감정을 드러내다. **3.** 몸소, 친히, 직접: p.! 친전(親展)(편지 겉봉에); der Minister kam p. 장관이 친히 왔다; der Angriff richtet sich gegen ihn p. 그 공격은 그 사람 자신에게 향해진 것이다. **4. a)** 자신의, 고유의, 소유의: jmds. -e Meinung 누구 자신의 의견; gestatten Sie mir eine ~e Bemerkung? 내 개인적인 소견을 말씀드려도 좋겠습니까?; das ist mein -es Eigentum 그것은 내 소유물이다. **b)** 자신의, 자신에 관한: -e Angelegenheiten(Verhältnisse, Interessen) 자신의 일(사정, 관심); seine -e Freiheit wahren 자신의 (개인적인) 자유를 지키다. **Persönlichkeit**, die; -en **1.** (Pl. 없음) 사람됨, 인격, 인품, 개성: die freie Entfaltung der (eigenen) P. (자신의) 개성의 자유로운 전개; die Wirkung seiner P. 그의 인격의 영향. **2.** 개성적 인간: jmdn. zu einer selbständigen P. erziehen 누구를 자주적인 개성적 인간으로 키우다; er ist eine eigenwillige starke P. 그는 개성이 강한 고집스런 인물이다. **3.** (사회 생활에서의) 지도적 인물: prominente -en des öffentlichen Lebens 공공 생활의 저명한 인물

들. **persönlichkeits-, Persönlichkeits-**: ~**bewußt** 〈Adj.〉 자각한, 자부하는. ~**bild**, das 인격상(人格像), (인물의) 이미지. ~**bildung**, die 인격 형성. ~**entfaltung**, die, ~**entwicklung**, die 인격 계발(발전). ~**formung**, die 인격 형성. ~**kult**, der (드물게) ↑Personenkult. ~**recht**, das [법] 인격권(人格權). ~**spaltung**, die 인격 분열. ~**struktur**, die 인격 구조, 인격상. ~**verfall**, der [심리] 인격 와해. ~**wahl**, die [정치] 인물 선거(비례 대표제 선거가 아닌). ~**wert**, der 인격 가치: den P. des anderen achten 타인의 인격 가치를 존중하다.

Personsbeschreibung, die (österr.) 인물 기술[묘사], 인상서(人相書).

Perspektiv [pɛrspɛkˈtiːf], das; -s, -e [iːvə; lat. perspectivus] 망원경(소형의).

perspektiv-, Perspektiv-: ~**agent**, der 대기 정보 요원(미확정 임무를 위한). ~**los** 〈Adj.〉 (구동독) 전망[관점] 없는. ~**losigkeit**, die 무전망성, 무관점성. ~**plan**, der (구동독) 국가 발전 장기 계획(경제, 과학, 문화 등의). ~**planung**, die (구동독) ↑~plan. ~**programm**, das ↑~plan. ~**zeitraum**, der (구동독) 국가 발전 장기 계획 기간.

Perspektive [pɛrspɛkˈtiːvə], die; -n [lat. perspectiva(ars)] **1.** 원근법, 투시 화법; 원경, 조망: die P. dieser Skizze stimmt nicht 이 스케치의 원근법은 맞지 않는다; -n von unglaublicher Schönheit 말할 수 없이 아름다운 조망; [전의] unser Menschenbild wurde angefüllt mit Details, bekam P. 우리의 인간상은 세부 사항까지 채워져서 실감을 더했다. **2.** (교양어) 시각(視角), 시점: der Fotograf nahm das Bauwerk in (aus) einer anderen P. auf 사진사는 그 건물을 하나의 다른 시각에서 찍었다; in(bei) dieser P. erscheint der Fall als eine Ausnahme 이 관점에서는 그 경우가 하나의 예외로 나타난다. **3. a)** (교양어) (미래에 대한) 전망, 가망, 희망: hier eröffnen sich neue -n für die deutsche Wirtschaft 여기서 독일 경제의 새로운 전망이 열린다; (k)eine P. für etw. sehen 무엇의 전망(가망성)을 보다(보지 못하다). **b)** (예견 가능한) 장래 발전, 발전 가능성: jmdm. eine P. geben 누구에게 직업상의 발전 가능성을 주다. **c)** (구동독) ↑Perspektivplan. **perspektivisch** 〈Adj.〉 **1.** (교양어) 원근법의, 원근의 구별이 있는, 원경의: -e Wirkung(Verkürzung) 원근법적인 효과(축소); etw. p. sehen[zeichnen] 무엇을 원근법으로 보다[그리다]. **2.** (교양어) 관점(시각)상의: die eigentliche und die -e Zeit der Erzählung 소설의 본래의 시간과 관점상의 시간. **3.** (구동독) 장래를 내다보는. **Perspektivismus** [...tiˈvɪsmʊs], der; - [철학] 관점주의.

Perspiration [pɛrspiraˈtsi̯oːn], die [lat. perspiráre] [의학] ↑Hautatmung. **perspiratorisch** [...ˈtoːrɪʃ] 〈Adj.〉 [의학] 피부 호흡의.

Persuasion [pɛrzu̯aˈzi̯oːn], die; -en [lat. persuásio] (교양어) 설득(술). **persuasiv** [...ˈziːf], (고어) **persuasorisch** [...ˈzoːrɪʃ] 〈Adj.〉 [lat. persuásōrius] (교양어) 설득적인, 설득에 적합한.

Pertinenz [pɛrtiˈnɛnts], die; -en [frz. pertinence] (교양어·고어) 소속, 속물[품]. **Pertinenzdativ**, der [언어] 소유의 3격(예컨대: der Regen tropfte *mir* auf den Hut = auf meinen Hut).

Pertubation [pɛrtubaˈtsi̯oːn], die; -en [의학] 난관 통기(通氣)(법).

Perturbation [pɛrtʊrbaˈtsi̯oːn], die; -en [lat. perturbátio] [천문] 섭동(攝動)(천체가 다른 천체의 인력으로 하여 궤도를 벗어나는 일).

Pertussis [pɛr'tusɪs], die; ...sses [...'tʊsɛːs] 【의학】 백일해.

Peru [pe'ruː, (또한) 'peːru], -s 페루(남미의). **Peruaner** [pe'ruːanɐ], der; -s, - 페루 사람. **peruanisch** [pe'ruːanɪʃ] 페루(인)의. **Perubalsam** [pe'ruː-, (또한) 'peːru-], der; -s 페루발삼(외상용 약과 향료로 사용).

Perücke [pe'rʏkə], die; -n [frz. peruque] **1.** 가발: eine P. tragen 가발을 쓰다. **2.** 〔사냥〕 (사슴 등의 뿔에 병적으로 생긴) 혹, 혹뿔.

perücken-, Perücken- (Perücke 1): **~artig** 〈Adj.〉 가발 모양의. **~macher**, der 가발 제조자. **~macherin**, die; -nen ↑~macher의 여성형. **~strauch**, der 황로목(黃櫨木), 거짓옻나무.

per ultimo [pɛr 'ʊltimo] 〔상〕 월말에(지불 요).

pervers [pɛr'vɛrs] 〈Adj.〉 [frz. pervers] **1.** 거꾸로의, 비꼬인, 천리(자연)에 위배되는, 변태의, 성 도착(性倒錯)의: -e Liebespraktiken 도착적인 성행위. **2.** 〔통용어〕허용 한도를 넘어서는, 대단히 나쁜. **Perversion** [pɛrvɛr'zjoːn], die; -en [lat. perversio] 〔교양어〕 변태적 느낌(행동), 성 도착증 (병적인 것, 비정상적인 것으로의) 전도, 왜곡, 곡해; 악용: sexuelle〔geistige, moralische〕 P. 성적〔정신적, 도덕적〕 도착(倒錯). **Perversität** [...rzi'tɛːt], die; -en [lat. perversitās] 〔교양어〕 **1.** 〈Pl. 없음〉 도착(변태)성: die P. eines Verhaltens 어떤 행동의 도착성. **2.** 〈대개 Pl.〉 도착 현상, 도착적 언동(행동). **pervertieren** [...'tiːrən] [lat. pervertere] 〔교양어〕 **1.** 〈h〉 도착(굴절)시키다, 타락시키다, 전도〔왜곡]하다: den ursprünglichen Sinn von etw. p. 무엇의 원래 의미를 왜곡하다. **2.** 〈s〉 도착(전도)하다, 타락하다. **Pervertiertheit**, die; -en **1.** 〈Pl. 없음〉 도착성, 전도성, 타락성. **2.** ↑Perversität (2). **Pervertierung**, die; -en 도착, 전도, 왜곡, 타락.

Perzent [pɛr'tsɛnt], das; -(e)s, -e [ital. per cento] (österr. · 준교어) ↑Prozent. **-perzentig** [-pɛrtsɛntɪç] (österr. · 준고어) ↑-prozentig. **perzentuell** [pɛrtsɛn'tuɛl] 〈Adj.〉 (österr.) ↑prozentual.

perzeptibel [pɛrtsɛp'tiːbl] 〈Adj.〉 [lat. perceptibilis] 〔심리 · 철학〕 지각(知覺)할 수 있는(반대: imperzeptibel). **Perzeptibilität** [...tibili'tɛːt], die 〔심리 · 철학〕 지각(인지) 가능성; 지각〔인지〕 능력. **Perzeption** [...'tsjoːn], die; -en [lat. perceptio] **1.** (반대: Apperzeption) **a)** 〔철학〕 지각(知覺). **b)** 〔심리〕 (홀짓 볼 때처럼 의식적인 파악이 이루어지지 않은) 감각적 인지. **2.** 〔의학 · 생물〕 (감각 기관에 의한) 자극의 감지, 감수(感受). **perzeptiv** [...'tiːf] 〈Adj.〉 〔심리〕 지각(감수)성의, 지각적인. **Perzeptivität** [...tivi'tɛːt], die 〔특히 의학 · 생물〕 (감각 기관의) 자극 감지 능력, 지각성(知覺性).

perzeptorisch [...'toːrɪʃ] 〈Adj.〉 ↑perzeptiv. **Perzipient** [pɛrtsi'pjɛnt], der; -en, -en [lat. percipiēns] 〔전문어 · 그외 고어〕 감수자(感受者), 수취인. **perzipieren** [...'piːrən] 〈h〉 [lat. percipere] **1.** 〔철학 · 심리〕지각(인지)하다. **2.** 〔의학 · 생물〕(감각 기관을 통하여) 자극을 수용하다, 감수(感受)하다.

Pesade [pe'zaːdə], die; -n [frz. pesade] 〔승마〕 프자드 (말이 앞발을 끌어 넣고 뒷발로 서는 자세).

pesante [pe'zantə] 〈Adj.〉 [ital. pesante] 〔음악〕 장중하게, 중후하게. **Pesante** [-], das; -s, -s 〔음악〕 장중한 악곡.

Pese ['peːzə], die; -n 〔기술〕 (영사기에서같이 평행 회전축에서) 운전 모멘트의 전이(轉移)용 벨트(스프링).

Pesel ['peːzl], der; -s, - (nordd.) (홀슈타인 지방 농가의 화려하게 장식한) 거실(居室).

pesen ['peːzn] 〈s〉 〔통용어〕 뛰다.

Peseta [pe'zeːta], **Pesete** [...tə], die; ..ten [span. peseta] **1.** 스페인 화폐 단위(1 Peseta = 100 Céntimos) (약어: Pta). **2.** 〈Pl.〉〔경〕돈: dazu fehlen mir die Peseten 내게는 그럴 돈이 없다. **Peso** ['peːzo], der; -(s), -(s) [span. peso] 중남미와 필리핀의 화폐 단위.

Pessar [pɛ'saːɐ], das; -s, -e [lat. pess(āri)um < griech. pessón, pessós] 〔의학〕 (피임용의) 자궁전 (栓), 페서리.

Pessimismus [pɛsi'mɪsmʊs], der; - [lat. pessimus] (반대: Optimismus) **a)** 염세관(인생관으로서의): zum P. neigen 염세관의 경향이 있다. **b)** (철학적 주의로서의) 염세주의(론): Schopenhauers P. 쇼펜하우어의 염세주의. **c)** 비관(적 태도). **Pessimist** [...'mɪst], der; -en, -en 염세가, 비관론자. **Pessimistin**, die; -nen ↑Pessimist의 여성형. **pessimistisch** 〈Adj.〉 (반대: optimistisch) **a)** 염세관적인: ein stark -er Grundzug lag in seinem Wesen 그의 본질에는 강한 염세관적 특징이 있었다. **b)** 비관적인: Ihre Prognose ist mir zu p. 당신의 예측은 내가 보기에는 너무 비관론적입니다. **Pessimum** ['pɛsimʊm], das; -s, ...ma [lat. pessimum] 〔생물〕 (생물의 생존에) 최악의 환경 조건(반대: Optimum 2).

Pest [pɛst], die [lat. pestis] 페스트, 흑사병; 역병, 악역(惡疫): die P. bricht aus〔geht um〕 페스트가 나타나고 있다〔나 돌고 있다〕; etw. wie die P. meiden〔fürchten, hassen〕 무엇을 몹시 기피하다〔두려워하다, 미워하다〕; 〔성구〕 jmdm. **die P. an den Hals wünschen** 〔경〕 누가 잘못 되기를 바라다; **wi die P. stinken** 〔경〕 지독한 냄새를 풍기다; **faul wie die P. sein** 〔경〕 매우 썩어 있다; **wie die P. arbeiten** 매우 열심히 일하다; **er fährt wie die P.** 그는 매우 빨리 차를 몬다.

pęst-, Pęst-: ~artig 〈Adj.〉〔경〕(냄새가) 지독한, 역겨운. **~beule**, die **1.** 페스트 선종(腺腫). **2.** (내부의) 부패, 해독, 악덕. **~fetzen**, der (österr. · 속어 · 욕) 흉측한 놈. **~geruch**, der 지독한〔역겨운〕 냄새. **~gestank**, der ↑~geruch. **~hauch**, der (아어) 독기(毒氣), 장기(瘴氣). 〔성구〕der P. seiner Lehre 그의 가르침의 악영향. **~krank** 〈Adj.〉 페스트에 걸린. **~kreuz**, das 페스트 극복 기념 십자가. **~säule**, die 〔예술〕 페스트 극복 기념주(柱).

pesten ['pɛstn] 〈h〉〔경〕악의적인 비방을 하다, 중상하다. **Pestilenz** [pɛsti'lɛnts], die; -en [lat. pestilentia] (고어) 페스트. **pestilenzartig** 〈Adj.〉〔경 · 드물게〕↑pestartig. **pestilenzialisch** [...'tsjaːlɪʃ] 〈Adj.〉〔경〕↑pestartig: ein -er Gestank 지독한 악취. **Pestizid** [...'tsiːt], das; -s, -e 살충제.

Pętajoule [-dʒaul, (또한) -dʒuːl], das [아마도 griech. penta- = fünf의 변형 (어떤 물리적 단위의 10^{15}을 표시) u. ↑Joule] 〔물리〕 천조(兆) 줄(기호: PJ).

Petarde [pe'tardə], die; -n [frz. pétard] **1.** (옛) (원추형의) 폭뢰(爆雷) (성책 폭파용). **2.** 폭죽.

Petasos ['peːtazɔs], der; -, - [griech. pétasos] (고대 그리스에서 특히 여행시에 쓴) 챙 넓은 모자.

Petechien [pe'tɛçjən] 〈Pl.〉 [ital. petechie] 〔의학〕 (모세혈관에서의) 반점형의 출혈.

Petent [pe'tɛnt], der; -en, -en [lat. petens] 〔관 · 법〕 청원자.

Peter ['peːtɐ], der; -s - [lat. Petrus < griech. Pétros] (통용어 · 결합어에서 인명과 결합하여) 사람, der einfältige P. 어리석은 놈; **jmdm. den Schwarzen P. zuschieben〔zuspielen〕** 누구에게 무엇의 책임을 전가하다, (드물게) 누구에게 큰 부담을 지우다(Schwarzer P. 라는 어린이들의 카드놀이에서 나온 말). **Peterle** [...lə], das; -(s) 〔지역적〕↑Petersilie. **Petermännchen**, das; -s, - 두라둘머리(둥지느러미에 가시가 있는) 〔학명: Trachinus draco〕. **Petersfisch**, der; -(e)s, -e ↑Heringskönig. **Petersil** [pe'tɐːzil], der; -s (österr.)

↑Petersilie. **Petersilie** [petɐˈziːliə], die; -n 〈Pl. 잘 쓰이지 않음〉 [lat. petroselīnon < griech. petrosélinon] 【식물】 파슬리: ein Bund P. 파슬리 한 묶음; **jmdm. ist die P. verhagelt** 〈통용어〉 실망해서 언짢은 얼굴을 하다, 일이 잘 안되어 의기소침해지다.

Petersilien-: ~**kartoffeln** 〈Pl.〉 【요리】 파슬리로 고명한 감자. ~**soße**, die 【요리】 〈잘게 썬〉 파슬리 양념의 소스. ~**wurzel**, die 파슬리 뿌리.

Peterspfennig, der; -s, -e 【가】 교황에의 헌금.

Peterwagen, der; -s - 〈통용어〉 무선 순찰차.

Petit [pəˈtiː], die [frz. petit] 【인쇄】 8포인트 활자.

Petitesse [patiˈtɛs], die; -n [frz. petitesse] 〈교양어〉 사소한 일, 하찮은 것.

petita: Petitum의 복수형. **Petition** [petiˈtsi̯oːn], die; -en [lat. petitio] 【관】 청원(서), 진정(서): eine P. abfassen〈einreichen〉 청원서를 작성하다〈제출하다〉. **petitionieren** [...tsi̯oˈniːrən] 〈h〉 (um et.) 청원하다, 청원서를 제출하다. **Petitionsausschuß**, der 〈의회의〉 청원 처리 위원회. **Petitionsrecht**, das 청원권. **Petitio principii** [peˈtiːtsi̯o prɪnˈtsiːpiː], die [lat.] 【철학】 ↑Zirkelschluß.

Petit mal [pətiˈmal], das; - - [frz. petit mal] 【의학】〈간질병의〉 약한 발작.

Petitor [peˈtiːtɔr, (또한) ...toːr], der; -s, -en [...ˈtiːtoːrən; lat. petītor] 〈교양어·고어〉 **1.** 〈공직〉 지원자. **2.** 사소원고(私訴原告). **petitorisch** [...ˈtoːrɪʃ] 〈Adj.〉 〈다음 용법으로〉 -**e Ansprüche** 【법】 점유권 주장.

Petit point [pətiˈpoɛ̃], das, 〈또한〉 der; - - [frz. petit point.] 〈또한 쁘띠뽀앵〉 고블랭직 바늘땀으로 자수하는 매우 섬세한 바느질. **Petitsatz** [pəˈtiː-], der; -es 【인쇄】 **a)** 8포인트 활자로의 조판. **b)** 8포인트 활자로 조판된 것. **Petitschrift** [pəˈtiː-], die; -en 8포인트 활자 인쇄물. **Petits fours** [pətiˈfuːr] 〈Pl.〉 [frz. petits fours (Pl.)] 〈당의(糖衣)를 입힌〉 작은 케이크.

Petitum [peˈtiːtʊm], das; -s, ...ta [lat. petītum] 〈관·고어〉 청원, 신청, 출원.

petr-, Petr-: ↑Petro-, Petro- 참조; **Petrefakt** [peˈtreˈfakt], das; -(e)s, -e(n) [lat. petra 〈 griech. pétra〉 u. lat. facere] 〈고생물·고어〉 화석. **Petrifikation** [petrifikaˈtsi̯oːn], die; -en 〈고생물·고어〉 석화(石化), 화석화 작용. **petrifizieren** [...ˈtsiːrən] 〈교양어〉 **a)** 〈s〉 석화하다, 화석이 되다. 〈전의〉 petrifizierte kirchliche Strukturen 석화된 교회 구조. **b)** 〈h〉 석화시키다.

Petri Heil! [ˈpeːtri-; 어부의 수호 성도 Petrus〈2격: Petri〉의 이름에서 많이 잡으십시오!〈낚시꾼 사이의 인사〉. **Petrijünger**, der; -s, - 〈통용어·농〉 취미 낚시꾼, 낚시 광.

Petrischale, die [독일 세균학자 R. J. Petri〈1852~1921〉의 이름에서] 페트리〈유리〉접시〈세균 배양용〉.

petro-, Petro-, 〈모음 앞에서는〉 **petr-, Petr-** [petr(o)-; griech. pétros] 〈돌을 뜻하는 규정어로서, 예컨대〉 petrographisch, Petrologie, petroleum. **Petrochemie**, die **1.** 암석 화학. **2.** 〈운어〉 ↑Petrolchemie. **petrochemisch** 〈Adj.〉 **a)** 암석 화학의. **b)** 〈운어〉 ↑petrolchemisch. **Petrodollar**, der; -(s), -s 〈대개 Pl.〉 〈경제 은어〉 석유〈오일〉 달러〈산유국들의〉. **Petrogenese**, die; -n 암석 성인론(成因論). **petrogenetisch** 〈Adj.〉 암석 성인론의. **Petroglyphe**, die; -n [그고] 〈선사 시대의〉 암석 벽화. **Petrograph**, der; -en, -en [↑-graph] 암석〈분류〉학자, 암석 기재 학자 (記載學者). **Petrographie**, die [↑-graphie] 암석〈분류, 기재〉학(學). **petrographisch** 〈Adj.〉 암석〈분류, 기재〉학(상)의. **Petrol** [peˈtroːl], das; -s 〈schweiz〉 ↑Petroleum. **Petroläther**, der; -s [화

학] 석유 에테르〈용해제나 추출제로 사용되는 액체〉. **Petrolchemie**, die 석유 화학. **petrolchemisch** 〈Adj.〉 석유 화학(상)의. **Petroleum** [peˈtroːleʊm] das; -s [lat. oleum] **1.** 〈준고어〉 ↑Erdöl. **2.** 등유(燈油).

Petroleum-: ~**funzel**, die 어두침침한 석유 램프. ~**kocher**, der 석유 풍로. ~**lampe**, die 석유 램프. ~**licht**, das 〈Pl. 없음〉 석유 등불. ~**ofen**, der 석유 난로.

Petrologe, der; -n, -n 암석학자. **Petrologie**, die [↑-logie] 암석학. **petrophil** [...ˈfiːl] 〈Adj.〉 【생물】 〈식물이〉 암석지반을 좋아하는.

Petrusbrief [ˈpeːtrʊs-], der 〈신약 성서의〉 베드로 서한.

Petschaft [ˈpɛtʃaft], das; -s, -e 인장, 도장. **petschieren** [pɛˈtʃiːrən] 〈h〉 날인하다, 봉인하다: **petschiert sein** 〈österr.·통용어〉 어려운 상황에 처해 있다, 몰락해 있다〈아마도 그 도장 압류품의 봉인을 한 데서〉.

Petticoat [ˈpɛtikɔʊt], der; -s, -s [engl. petticoat] 〈유행〉 페티코트, 속치마〈빳빳하고 넓은〉.

Petting [ˈpɛtɪŋ], das; -(s), -s [engl. -amerik. petting] 페팅, 애무.

petto: ↑ in petto.

Petunie [peˈtuːni̯ə], die; -n [frz. pétunia] 페튜니아〈일종의 나팔꽃〉.

Petz [pɛts], der; -es, -e ↑Meister.

¹**Pètze** [pɛtsə], die; -n 〈지역적〉 암캐.

²**Pètze**, die -n [↑petzen] 〈학생·편〉 고자질하는 사람, 밀고자. ¹**petzen** [ˈpɛtsn̩] 〈h〉 [hebr. paẓah] 〈학생·편〉 〈어른에게〉 고자질하다, 밀고하다.

²**petzen** [-] 〈h〉 [↑pfetzen의 병용형] 〈westmd.〉 〈옷 등이〉 아프게 꽉 죄다.

Petzer, der; -s, - [↑¹petzen] 〈학생·편〉 고자질하는 사람.

peu à peu [pøaˈpø; frz.] 조금씩, 점차로, 서서히.

pexieren [pɛˈksiːrən] ↑pekzieren.

pF = Picofarad.

Pf = Pfennig.

Pfad [pfaːt], der; -(e)s, -e 〈축소형: ↑Pfädchen〉 좁은 길, 오솔길: der P. schlängelte sich durch Wiesen 오솔길이 초원을 뚫고 꾸불꾸불 나 있었다; 〈전의〉 **ein dorniger P.** 〈아이〉 가시밭 길; **krumme -e [auf krummen -en] wandeln** 〈아이〉 부당한 짓을 하다; **die ausgetretenen -e verlassen** 〈아이〉 도식적인 사고나 행위를 벗어나다, 독창적인 착상을 하다; **auf dem P. der Tugend wandeln** 〈아이〉 미덕의 길을 걷다, 품행이 방정하다; **jmdn. auf den P. der Tugend zurückführen** 〈아이〉 누구를 다시 미덕의 길에 들어서게 하다. **Pfädchen** [ˈpfɛːtçən], das; -s, - ↑ Pfad. **pfaden** [ˈpfaːdn̩] 〈h〉 〈schweiz.〉 〈눈 따위에서〉 길을 내다〈트다〉. **Pfader**, der; -s, - 〈schweiz.〉 ↑Pfadfinder의 약칭. **Pfadfinder**, der; -s, - **1.** 보이스카우트 대원, 소년 단원. **2.** 개척자, 선구자. **pfadlos** 〈Adj.〉 〈드물게·아이〉 길이 없는.

Pfäffchen [ˈpfɛfçən], das; -s, - ↑ Pfaffe. **Pfaffe** [ˈpfafə], der; -n, -n 〈축소형〈반어〉: ↑Pfäfflein, 〈드물게〉 Pfäffchen〉 [lat. papas < griech. papãs] 〈편〉 〈세속적인〉 성직자, 중: die nabrangi-을 yoak ada: **auf die -n schimpfen** 중 나부랑이를 욕하다.

Pfaffen-: ~**gerede**, das, ~**geschwätz**, das 〈편〉 승려들의 수다〈요설〉. ~**hütchen**, das 【식물】 구주화살나무〈학명: *Euonymus europaeus*〉. ~**knecht**, der 〈준고어·편〉 교회 맹신자, 승려에게 굴종적인 태도를 취하는 사람.

Pfaffentum, das; -s 〈편〉 **1.** 성직자 풍, 승려 기질. **2.** 성직자 계급, 승려 사회. **pfäffisch** [ˈpfɛfɪʃ] 〈Adj.〉 성직자(풍)의, 승려 티가 나는, 승려 같은. **Pfäfflein**

['pfeflaɪn], das; -s, - ↑Pfaffe.
Pfahl [pfaːl], der; -(e)s, Pfähle ['pfɛːlə; lat. pālus]**1.** 말뚝, 기둥, 지주(支柱): Pfähle einschlagen[einrammen, in den Boden treiben] 말뚝을 때려박다[땅 속에 쳐박다]; **ein P. im Fleische** 살속의 가시, 늘 마음에 걸리는 일(고린도 후서 12장 7절); **in seinen eigenen vier Pfählen** 《준고어》 제 집에, 제 세력권에. **2.** [문장 (紋章)] 방패 가운데에 수직으로 그어진 굵은 세로줄.
Pfahl-: ~**bau**, der (Pl. -ten) (물 속이나 습지에 박은) 말뚝 위의 건물, 수상 가옥. ~**bauer**, der; -s, - 수상 가옥 건축자, 수상 가옥 생활자. ~**bürger**, der **1.**《중세》(시민권을 가진) 성밖 거주 시민. **2.**《럄·준고어》속물(俗物), 고루한 사람. ~**dorf**, das (선사 시대의) 수상 가옥 마을. ~**gründung**, die [토목] 말뚝[파일]을 박아 이루는 기초(공사). ~**muschel**, die ↑Miesmuschel. ~**rost**, der [토목] (구축물의 기초가 되는) 말뚝 다지기 공사 등의 토대). ~**schuh**, der [토목] 나무 말뚝의 뾰족한 끝(쇠를 씌운). ~**werk**, das [토목] 말뚝 버팀벽, 울짱. ~**wurzel**, die [식물] 직근(直根), 주근(主根).
pfählen ['pfɛːlən] 〈h〉 **1.** 《전문어》**a**) 말뚝을 박다, 말뚝으로 굳건히 하다. **b**) 말뚝으로 떠받치다: Obstbäume p. 과일 나무들에 버팀목을 세우다. **2.** (중세에) 말뚝(창)으로 찔러 죽이다, 처형하다. **Pfählung**, die; -en 말뚝[파일] 박기; 말뚝에 의한 처형.
¹Pfalz ['pfalts], die; -en [lat. palātium] (중세에 왕이나 황제가 지방순시 때 일시적으로 사용했던) 지방 왕성(王城). **²Pfalz** [-], die; 라인란트 팔츠 지방. **¹Pfälzer** ['pfɛltsɐ], der; -s, - **1.** 팔츠 지방 사람. **2.** 팔츠 산(產) 포도주. **²Pfälzer** 〈Adj.; 격변화 없음〉 팔츠 지방의, 팔츠 지방산(產)의: der P. Wald 팔츠 숲. **Pfalzgraf**, der 《역사적》 궁중백(宮中伯), 제령백(帝領伯)(왕이나 황제의 지방 주재 대리인). **pfalzgräflich** 〈Adj.〉 궁중백의.
Pfand [pfant], das; -(e)s, Pfänder ['pfɛndɐ] **1. a**) 저당물, 담보물: ein P. geben[einlösen] 담보물을 넣다[회수하다]. **b**) 보증금, 예치금(상품 구입시 빈병 등에 지불했다가 돌려받는): ist auf den Flaschen P.? 병 보증금을 내야 합니까? **2.**《아어》증거, 표시: das ist ein P. meiner Treue 그것이 내 신의의 증거이다; etw. als [zum] P. geben 무엇을 증거로 주다.
pfand-, Pfand-: ~**brief**, der [경제·금융] 저당 증권(채권), 담보 증권. ~**bruch**, der [법] (고의적인) 저당물 훼손. ~**effekten** 〈Pl.〉 [금융] 대출 상환 보증 유가 증권. ~**flasche**, die (상품값에 보증금을 붙여 파는) 회수 가능한 병. ~**geld**, das ↑Pfand (1 b). ~**gläubiger**, der [법] 저당권자, 담보권자, 질권자(質權者). ~**haus**, das 《준고어》전당포. ~**kehr**, die [법] (저당권자로부터의) 저당물 부당 탈취. ~**leihanstalt**, die 공설 전당포. ~**leihe**, die 전당업: (eine) P. betreiben 전당업을 영위하다. **b**) 전당포: etw. auf(in) die P. bringen 무엇을 전당 잡히다. ~**leiher**, der 전당포 영업자. ~**recht**, das [법] 저당권, 담보권, 질권(質權). ~**schein**, der 전당표. ~**schuldner**, der 저당권(질권) 설정자; 전당을 잡히는 사람. ~**siegel**, das ↑Kuckuck (2). ~**summe**, die 전당 대출금액(저당물의 가치에 따라 계산된). ~**verkauf**, der 저당물 매각 처분. ~**vertrag**, der 저당 계약. ~**weise** 〈Adv.〉《고어》저당물로서, 담보로. ~**zettel**, der ↑Pfandschein.
pfandbar ['pfantbaːɐ] 〈Adj.〉저당물로 압류할 수 있는, 압류의 대상이 되는. **Pfandbarkeit**, die 압류 적합성, 압류 대상이 됨. **pfänden** ['pfɛndn̩] 〈h〉 **a**) (금전 요구를 위한) 저당물로서 압류하다(사법적으로): Bilder(Möbel, den Lohn] p. 그림(가구, 급료)을 저당물로서 압류하다. **b**) 누구의 재산을 사법적으로 압류하다(jmdn.): einen säumigen Zahler p. lassen 체납자(지불 연체자)의 재산을 압류하게 하다. **¹Pfänder** ['pfɛndɐ], der; -s,
- 《südd.》집달리(執達吏). **²Pfänder**: ↑Pfand의 복수형. **Pfänderspiel**, das; -(e)s, -e 벌금[담보물]놀이(잘못을 범한 유희자가 자기 소유물을 맡겼다가 놀이 끝에 가서 일정한 요구를 들어준 다음 되돌려 받는 단체 유희). **Pfandl** ['pfandl], das; -s, -(n) 《österr.·통용어》↑Pfandleihanstalt의 약칭. **Pfändung**, die; -en 압류.
Pfändungs- [법]: ~**auftrag**, der 압류 위탁. ~**beschluß**, der 압류 결정. ~**schutz**, der (과도한 압류로부터의) 채무자 보호. ~**verfügung**, die 압류 처분.
Pfännchen ['pfɛnçən], das; -s, - ↑Pfanne (1). **Pfanne** ['pfanə], die; -n [nat. patina < griech. patánē] **1.** 〈축소형〉↑Pfännchen (운두가 낮은) 냄비, 프라이 팬: die P. auf den Herd stellen 레인지에 프라이 팬을 올려놓다; Eier in die P. schlagen 《통용어》hauen) 계란을 프라이 팬에 깨어 넣다; **jmdn. in die P. hauen**《통용어》1) 엄하게 꾸짖다, 신랄히 비판하다. 2) 누구의 저항력을 꺾어버리다, 섬멸하다; **die P. in die P. treten**《통용어·준고어》↑Fettnäpfchen 참조. **2.**《옛》(구식 화승총의) 점화관(點火管): etw. auf der P. haben 《통용어》《놀라운》어떤 것을 준비해 갖고 있다(원래는 총에 장전해서 곧 사격 태세를 갖춘다는 뜻). **3.** [제련] (선광, 야금용의) 큰 가마솥. **4.** [토목] ↑Dachpfanne. **5.** [해부] 관절와(關節窩), 관골구(髖骨臼). **6.** [지리] (건조 지대의) 소분지(小盆地). **7.** ↑Bettpfanne의 약칭.
Pfannen-: ~**dach**, das [토목] 물결형 기와 지붕. ~**gericht**, das [요리] 프라이팬 요리. ~**stiel**, der 프라이팬의 자루.
Pfänner ['pfɛnɐ], der; -s, -《옛》제염업자, 제염소 주주(株主). **Pfännerschaft**, die; -en《옛》제염업(자) 조합. **Pfannkuchen**, der; -s, - **1.**《südd.》팬케이크(고기소 등을 넣어 둘둘 말아 놓은), 계란이 든 구운 과자: P. backen 팬 케이크를 굽다; **platt sein wie ein P.**《경》매우 당황하다, 깜짝 놀라다. **2.** 기름에 튀겨 잼을 넣은 과자(공 모양의): Berliner P. 《속》(들어 있는》도넛; **aufgehen wie ein P.**《구》뚱뚱해지다. **Pfannkuchengesicht**, das 둥글 넙적한 얼굴. **Pfannkuchenteig**, der 팬 케이크 반죽.
pfarr-, Pfarr- (Pfarre/): ~**administrator**, der ↑Administrator (b). ~**amt**, das **1.** 목사[주임 신부]관(館), 목사[주임 신부]의 집무소: aufs P. gehen 목사관에 가다. **2.** 목사[주임 신부]의 직: er wurde feierlich in sein P. eingeführt 그는 엄숙하게 목사직에 취임했다. ~**bezirk**, der 목사 관구(管區), 교구, 본당구. ~**familie**, die 《아어》↑Gemeinde (1 b). ~**frau**, die 목사부인. ~**gehilfin**, die 여 목사 시보; (목사의) 여 보조자 (평신도로서). ~**gemeinderat** [가] 본당구 평신도 위원회. ~**haus**, das 목사[주임 신부]관. ~**helfer**, der 목사[주임 신부]의 보조자(평신도로서). ~**helferin**, die ↑~helfer의 여성형. ~**herr**, der 《고어》목사, 주임 신부. ~**herrlich** 〈Adj.〉목사[주임 신부]의, 목사[주임 신부] 같은. ~**hof**, der 《고어》(시골의) 재법 큰 목사[주임 신부]관. ~**kirche**, die 교구 교회, 본당(本堂). ~**konvent**, der ↑Konvent (2). ~**stelle**, die 목사[주임 신부]의 직(지위). ~**verweser**, der 목사 대리 목사[신부]. ~**vikar**, der **a**) [가] 보좌 신부. **b**) [신교] 부목사, 목사 시보. ~**zentrum**, das ↑Gemeindezentrum.
Pfarre ['pfaɾə], die; -n《(지역적·그외 고어)》↑Pfarrei. **Pfarrei** [pfa'ɾaɪ], die; -en **a**) (최소 단위의) 교구(교회), 본당(구): eine P. von 2000 Seelen 신도 2,000명의 교구; eine große P. übernehmen 큰 교구를 맡다. **b**) 목사[주임 신부]의 직: zur P. gehen 목사[주임 신부]관으로 가다. **Pfarrer** ['pfaɾɐ], der; -s, - 목사, 주임 신부: ein katholischer P. 가톨릭 주임 신부. **Pfarrerin**, die; -nen 여목사.
Pfarrers-: ~**frau**, die ↑Pfarrfrau. ~**köchin**, die 목

사대 참모, ~**tochter**, die 목사의 딸: **unter uns (katholischen) Pfarrerstöchtern** 《통용어·농》 우리끼리 얘기지만.
Pfarrerschaft, die 목사(주임 신부)(계급)(총칭). **pfarrlich** ['pfarlɪç] 〈Adj.〉《드물게》**a)** 목사(주임 신부)의. **b)** 교구(본당구)의, 목사(주임 신부)관의: **ein -es Mitteilungsblatt** 교구 소식지(紙).
Pfau [pfau], der; -(e)s -en / (österr.) -en, -e [lat. pāvō] 공작: **der P. schlägt ein Rad** 공작이 꼬리깃을 부채꼴로 편다; 전의 **er ist ein (eitler) P.**《아어·폄》그는 허영심이 매우 강하다.
pfauchen ['pfauxn̩] 〈h〉(südd., österr.·그 외 고어) ↑ **fauchen**.
Pfauen-: ~**auge**, das **1.** 공작나비. **2.** 눈 모양의 무늬(옷감에). ~**feder**, die 공작의 (꼬리)깃. ~**hahn**, der ↑Pfauhahn. ~**henne**, die ↑Pfauhenne. ~**rad**, die 활짝 편 공작의 꼬리깃. ~**thron**, der 〈Pl. 없음〉(옛 이란 지배자들의) 화려한 옥좌. ~**wedel**, der 공작 깃으로 만든 총채.
Pfauhahn, der; -(e)s, -hähne 공작의 수컷. **Pfauhenne**, die; -n 공작의 암컷.
Pfd., ℔ = **Pfund**.
Pfeffer ['pfɛfɐ], der; -s, 《종류》- [lat. piper < griech. péperi] **1.** 후추(의 열매): **gemahlener P.** 가루 후추; **der P. brennt auf der Zunge** 후추가 혀를 쏘아서 알알하다; **P. und Salz** [섬어] 깨소금 무늬, 희끗희끗한 무늬; **hingehen(bleiben), wo der P. wächst**《통용어》〈저주의 말〉사라져(꺼져) 버리다, 멀리 떨어져 있다: **geh hin, wo der P. wächst!** 어디든 멀리 꺼져 버려라!; **jmdm. P. geben**[《속어》**in den Hintern pusten,**《속어》**unters Hemd blasen**] 《통용어》누구를 호되게 몰아서 무엇을 하도록 하다; **P. im Hintern**[《속어》**Arsch**] **haben**《경》↑ **¹Hummel** 참조; **es gibt P.** [군] 맹렬한 포격이 있다. **2.** 《통용어》활기, 자극, 날카로움: **seinen Schlägen fehlt der P.** 그의 매질에는 날카로운 맛이 없다. **3. roter(spanischer, türkischer) P.** 매운 고추 양념.
Pfeffer-: ~**fresser**, der [전에는 이 새가 고추껍질을 먹는다고 잘못 생각했다] 큰부리새(Tukan). ~**gewächs**, das 후추과 식물(Piperaceae). ~**gurke**, die 후추에 절인 오이. ~**korn**, das 〈Pl. -körner〉후추알. ~**kraut**, das 세이보리(꿀풀과 탑꽃속의 식물). ~**kuchen**, der ↑ Lebkuchen. ~**kuchenhaus**, 〈축소형〉~**kuchenhäuschen**, das 집 모양의 후추(가루가 든) 과자. ~**minz** usw. ↑ Pfefferminz usw. ~**minze** [《다한》——'——], die 박하. ~**mühle**, die 후추알을 가는 도구, 후추 분쇄기. ~**nuß**, die (하얀 당의를 입힌) 작고 둥근 후추 과자. ~**sack**, der (준교어·폄》거상(巨商), 실업가. ~**schinken**, der (준교어·폄》거상(巨商) 뿌린) 햄. ~**schote**, die 고추 껍질. ~**soße**, die 후추 소스. ~**steak**, das (양념한) 후추 고기. ~**strauch**, der 후추나무. ~**streuer**, der 후추 가루 뿌리개. ~**und-Salz-Muster**, das 깨소금 무늬.
pfefferig: ↑ pfeffrig. **Pfefferling** ['pfɛfɐlɪŋ], der; -s, -e 《드물게》↑ Pfifferling. **¹Pfefferminz** ['pfɛfɐmɪnts, 《또한》——'——] 〈관사, 격변화 없음〉박하향(맛): **etw. riecht nach P.** 무엇이 박하 냄새가 난다. **²Pfefferminz** [-], der; -es, -e ↑ Pfefferminzlikör.
³Pfefferminz [-], das; -es, -e 박하 봉당.
Pfefferminz-: ~**aroma**, das 박하 향. ~**bonbon**, der, 《또는》das 박하 봉당. ~**bruch**, der 〈Pl. 없음〉박하 사탕 조각. ~**geschmack**, der 박하 맛. ~**likör**, der 박하향 리큐르. ~**öl**, das 박하유(油). ~**pastille**, die 박하향 정제(錠劑). ~**plätzchen**, das 박하향 비스켓. ~**tee**, der **a)** 박하차(茶). **b)** 말린 박하잎.

pfeffern ['pfɛfɐn] 〈h〉 **1.** 후추로 조미하다: **eine Suppe p.** 수프에 후추를 치다; 전의 **er pfefferte seine Rede mit allerlei Zitaten** 그는 갖가지 인용문으로 그의 연설에 맛을 더 했다. **2.** 《통용어》힘주어 내던지다: **er pfefferte seine Schultasche in die Ecke** 그는 책가방을 구석에다 팽개쳤다. **3. jmdm. eine p.** 《경》누구에게 (따귀를) 한 대 때리다; **eine gepfefferte kriegen** (따귀를) 한 대 얻어 맞다. **Pfefferone** [pfɛfɐ'ro:nə], der; -, ...oni / 《드물게》-n, **Pfefferoni** [pfɛfɐ'ro:ni], der; -, - (österr.) ↑ Peperoni. **pfeffrig**, pfefferig ['pfɛf(ə)rɪç] 〈Adj.〉후추를 많이 친, 강한 후추 맛(냄새)이 나는: **das ist[schmeckt] mir zu p.** 그것은 내 입맛에는 후추를 너무 많이 쳤다.
Pfeif-: ~**ente**, die 홍머리오리. ~**geräusch**, das ↑ ~ton. ~**hase**, der 새앙토끼과(학명: Ochotonidae). ~**kessel**, der 빼빼 주전자. ~**konzert**, das (경멸이나 불만의 표시로 한꺼번에 불어대는) 지속적인 휘파람 소리. ~**laut**, der ↑ ~ton. ~**signal**, das 휘파람[피리] 신호. ~**ton**, der 〈Pl. ...töne〉휘파람[피리] 소리.
Pfeifchen ['pfaifçən], das; -s, - ↑ Pfeife (1, 2). **Pfeife** ['pfaifə], die; -n **1. a)**〈축소형: ↑Pfeifchen〉피리: **er bläst die P.** 그는 피리를 분다; **nach jmds. P. tanzen** 누구의 장단에 춤추다(이솝 우화에서 나온 말). **b)** ↑ Orgelpfeife의 약칭. **c)**《백파이프의》피리. **d)**〈축소형: ↑Pfeifchen〉호각: **die P. des Schiedsrichters** 심판관의 호각. **e)** 뻐삐 (소리를 내는) 장치. **2.** 〈축소형: ↑Pfeifchen〉파이프, 담뱃대: **die P. ist ausgegangen** 파이프 불이 꺼졌다; **sich eine P. stopfen** 파이프에 담배를 담다; **an der P. ziehen** 파이프 연기를 빨아 들이다; 성구 **da kann einem die P. ausgehen** 《경》그것은 너무 오래 걸린다. **3.** ↑Glasbläserpfeife의 약칭. **4.** Luftpfeife의 약칭. **5.** 《속어》음경, 남근. **6.** 《폄》무능한 사람, 겁쟁이, 실패자: **du alte P.** 이 겁쟁이야.
pfeifen* ['pfaifn̩] 〈h〉 [lat. pīpāre] **1. a)** 휘파람을 불다: **leise vor sich hin p.** 혼자서 나직이 휘파람을 불다; **auf zwei Fingern p.** 손가락 두 개를 써서 휘파람을 불다. **b)** 휘파람으로 소리를 내다: **eine Melodie p.** 어떤 곡조를 휘파람으로 부르다; **sich eins p.**《통용어》1) 혼자서 휘파람을 불어내다. 2) 모르는 체하다, 상관 않는 체하다. **2. a)** 호각을 불다: **auf einer Trillerpfeife p.** 호루라기를 불다. **b)** 호각으로 소리를 내다: **er pfiff ein Signal** 그는 호각을 불어 신호를 했다. **3. a)** 《드물게》피리를 불다. **b)** 피리로 소리를 내다: **auf seiner Pfeife ein Lied p.** 피리로 노래 한 곡조를 연주하다. **4.** 빼빼 장치로 빼빼 소리를 내다: **die Lokomotive pfeift** 기관차가 빼빼거린다. **5. a)** (동물이) 울다, 빼빼거리다: **die Pfeiente pfeift** 홍머리오리가 빼빼거린다. **b)** 빼빼 비슷한 소리를 내다: **das Murmeltier pfiff einen Warnruf** 마모트가 (그 특유의) 경고의 소리를 냈다. **6.** 피리 같은 소리를 내다(바람, 탄환 둥): **draußen pfeift ein kalter Wind** 밖에는 찬 바람이 쌩쌩 분다; **der Verstärker pfeift** 증폭기가 빼빼거린다; **wenn er einatmet, pfeift es in seiner Brust** 그가 숨을 들이마시면 가슴 속에서 그르렁거린다. **7.** 《스포츠》《심판이》호각을 불어 선언하다: **ein Foul p.** 호각을 불어 파울을 선언하다. **b)** 심판을 보다: **wer pfeift?** 누가 심판을 봅니까? **c)** 심판으로서 경기를 이끌다: **ein Spiel p.** 어떤 경기의 심판을 보다. **8.** 휘파람(호각)으로 부르다: **er pfiff (nach) seinem Hund** 그는 휘파람으로 그의 개를 불렀다. **9.** 《경》공범 자백을 하다. **10.** 《통용어》누설하다: **wer hat dir das gepfiffen?** 누가 그것을 네게 누설했냐? **11. einen p.** 《경》술 한 잔하다; **jmdm. (et)was** 《드물게》**eins p.** 《통용어·조롱》1) 빼삐 2 참조; **auf jmdn. [etw.] p.** 《통용어》누구(무엇)를 무시하며 없다고 아주 위하지 않다: **ich pfeife auf (dein) Geld** 나는 (네) 돈 따

Pferde-

위는 무시하며 조금도 아쉽지 않다.
Pfeifen-: ~**besteck,** das 파이프 용구 한 벌. ~**deckel,** der 파이프 대통 뚜껑. ~**heini,** der 《팸》↑ Pfeife (6). ~**kopf,** der **1.** 파이프 대통. **2.** 《팸》↑ Pfeife (6). ~**mann,** der 《스포츠 은어》 심판(判). ~**putzer,** der ↑~reiniger. ~**qualm,** der 파이프 연기. ~**raucher,** der 파이프 애용자. ~**reiniger,** der 파이프 설대 청소 기구. ~**rohr,** das 파이프 설대. ~**ständer,** der 파이프 걸이. ~**stopfer,** der 파이프에 담배를 채워 넣는 기구. ~**strauch,** der [그 속 빈 가지가 파이프 제작에 이용되었다] 고광나무속의 관목. ~**tabak,** der 파이프 담배. ~**werk,** das 《전문어》 파이프 오르간의 음관(音管) 장치(총칭).
Pfeifer ['pfaifɐ], der; -s, - **1.** 피리 연주자, 적수(笛手): Trommler und P. 고수와 적수. **2.** 휘파람을 부는 사람. **3.** (중세의) 관악기 연주자; (길드 소속의) 악사. **Pfeiferei** [pfaifə'rai], die; -en 《팸》 (특히) 지속적으로 부는 휘파람: hör endlich mit deiner ewigen P. auf! 제발 그 끝없는 휘파람 그만 불어!
Pfeil [pfail], der; -(e)s, -e [lat. pīlum] **1.** 화살, 살: der P. schwirrt von der Sehne 화살이 시위에서 튕겨 나간다; schnell wie ein P. 《아이》 쏜살같이; einen P. aus dem Köcher ziehen 화살통에서 화살을 뽑다; 〔전의〕 -e des Spotts 지독한 조롱(경멸); **alle(seine) -e verschossen haben** 그에게는 더 쏠 화살이 없다, 말문이 막혀 버렸다. **2.** 화살표: der P. zeigt nach Norden 화살표가 북쪽을 가리킨다; wir gingen in Richtung des schwarzen -es weiter 우리는 검은 화살표 방향으로 계속 갔다. **3.** ↑Haarpfeil의 약칭.
pfeil-, Pfeil-: ~**artig** ⟨Adj.⟩ 화살 같은. ~**diagramm,** das 《수학》 (집합론의) 화살선도. ~**flügel,** der 《기술》 (비행기의) 후퇴익(後退翼); 전진각(前進角) 〔앞제침〕 날개. ~**förmig** ⟨Adj.⟩ 화살 모양의. ~**gerade,** ⟨Adj.⟩ ~**grade** ⟨Adj.⟩ 화살같이 곧게 진행되는: die Rakete schoß p. in den Himmel 미사일이 화살같이 곧게 하늘로 솟아 올랐다. ~**geschwind** ⟨Adj.⟩ 《지역적》 ↑~schnell. ~**gift,** das 독화살용의 독. ~**grade:** ↑~gerade. ~**hecht,** der 꼬치고기(육식어) 〔학명: Sphyraenidae〕. ~**höhe,** die 《건축》 아치의 높이. ~**köcher,** der 화살통, 전통(箭筒). ~**kraut,** das 쇠귀나물. ~**naht,** die 《해부》 (두정골 (頭頂骨) 사이의) 시상(矢狀) 봉합. ~**richtung,** die 화살표 방향: in P. gehen 화살표 방향으로 가다. ~**schaft,** der 화살대. ~**schnell** ⟨Adj.⟩ 쏜살같이 빠른: in -em Flug 쏜살같이 날아서. ~**schuß,** der 화살쏘기. ~**spitze,** die 화살촉. ~**wurz,** die (열대산의) 마란타속(학명: *Maranta arundinacea*).
Pfeiler ['pfailɐ], der; -s, - [lat. pilarium, pilarius] **1.** 기둥, 지주, 교각, 대각(臺閣): die P. tragen das Gewölbe 기둥들이 둥근 천장을 떠받치고 있다; 〔전의〕 die Richter waren die wichtigsten P. der alten Ordnung 판사들은 구질서의 가장 중요한 기둥이었다. **2.** 【광】 **a)** 광주(鑛柱). **b)** 채굴로 생긴 공간들이나 갱도들을 둘러싸여 곧 채굴될 부분.
Pfeiler-: ~**basilika,** die 《건축》 각주랑(角柱郎) 성당. ~**bau,** der 〈Pl. 없음〉 【광】 광주식(鑛柱式) 채굴. ~**brücke,** die 《건축》 교각다리.
Pfelzen ['pfɛltsn̩] (österr.) ↑³pelzen.
Pfennig ['pfɛnɪç], der; -s, -e ⟨그러나: 5 Pfennig⟩ 페니히(독일의 화폐 단위): (100 Pfennig = 1 Mark[↑¹Mark]; 약어: Pf): ein Brötchen kostet 20 P. 하드 롤 하나에 20페니히이다; hast du ein paar einzelne -e? 너 동전 몇 개 있니?; damals war ich auf jeden P. angewiesen 당시 나는 한푼이 아까울 때였다; er war ohne einen P. 그는 한 푼도 없었다; 〔속담〕 wer den P. nicht ehrt, ist des Talers nicht wert 한 푼을 업신여기는 자는 큰 돈을 가질 자격이 없다; **keinen P. wert sein** 《통용어》 한 푼의 값어치도 없다; **für jmdn. [etw.] keinen P. geben** 누구〔어떤 것〕을 포기해 버리다; **jeden P. (dreimal) umdrehen / auf den P. sehen** 《통용어》 매우 절약하다, 인색하다; **bis auf den letzten P.** 《통용어》↑Heller 참조; **nicht für fünf P.** 《통용어》 전혀 ... 않다; **mit dem P. rechnen müssen** 한 푼이라도 절약해야 한다.
pfennig-, Pfennig-: ~**absatz,** der 높고 좁은 뒷굽. ~**artikel,** der 몇 푼 안하는 물건. ~**betrag,** der 몇 페니히 안되는 금액. ~**fuchser** [-fʊksɐ], der; -s, - 《통용어》 구두쇠, 수전노. ~**fuchserei** [...so'rai], ⟨또한⟩ '- - - -'], die; -en 《통용어》 인색. ~**groß** ⟨Adj.⟩ 동전만한. ~**kraut,** die 동전. **1.** 말냉이. **2.** 좁가지풀속의 덩굴풀. ~**stück,** das ↑Einpfennigstück. ~**ware,** die ↑~artikel. ~**weise** ⟨Adv.⟩ 1페니히씩.
Pferch [pfɛrç], der; -(e)s, -e **1.** 울타리 친 곳, 우리: den P. öffnen 우리를 열다. **2.** 〔고어〕 울짱 안에 갇힌 가축 때. **pferchen** ['pfɛrçn̩] ⟨h⟩ 좁은 울타리 안으로 몰아넣다, 많은 수를 좁은 곳에 밀어넣다: Gefangene in Waggons p. 포로들을 화차 속으로 몰아넣다.
Pferd [pfeːɐ̯t], das; -(e)s, -e **1.** 〈축소형: ↑Pferdchen〉 말: ein P. zureiten 말을 타서 길들이다; dem P. in die Zügel fallen 고삐를 움켜잡아 말을 세우다; sich aufs P. schwingen 훌쩍 말에 올라타다; ein mit -en bespannter Wagen 말을 메운 마차; 〔성구〕 das hält ja kein P. aus! 《통용어》 그것은 참을 수 없는 일이다; ich denke, mich tritt ein P.! 〔경〕 너무도 놀라운 일이다, 이럴 수는 없다!; man hat schon -e kotzen sehen 《통용어》 불가능한 것은 아무 것도 없다; immer sachte mit den jungen -en! 《통용어》 너무 성급히 굴지 말아라!; **Trojanisches P.** 《통용어》 ↑Danaergeschenk; **das beste P. im Stall** 《통용어》 가장 유능한 협력자〔직원, 부하〕; **wie ein P. arbeiten** 지칠 줄 모르고 억척같이 일하다; **keine zehn -e bringen jmdn. irgendwohin〔dazu, etw. Bestimmtes zu tun〕** 절대로 어디로 가지 않는다, 결코 무엇을 하지 않는다; **jmdm. gehen die -e durch** 《통용어》 누가 자제력을 잃다; **die -e scheu machen** 《통용어》 불안을 조성하다, 겁을 주다; **das P. beim〔am〕Schwanz aufzäumen** 《통용어》 일을 거꾸로 시작하다, 본말을 전도하다; **mit jmdm. -e stehlen können** 《통용어》 누구하고라면 무슨 일이든 할 수 있다; **aufs falsche〔richtige〕P. setzen** 《통용어》 상황을 잘못〔옳게〕 판단해서 행동하다; **auf dem hohen P. sitzen** 《통용어》 ↑Roß 참조. **2.** 안마(鞍馬) (기구). **3.** 〈축소형: ↑Pferdchen〉 (장기의) 말. **Pferdchen,** das; -s, - **1.** ↑Pferd (1, 3). **2.** 《은어》 (포주에게 딸린) 매춘부. **Pferdchensprung,** der 【체조】 평균대 뜀.
Pferde-: ~**apfel,** der (사과 모양의) 말똥. ~**arbeit,** die 《통용어》 중노동, 고역. ~**bahn,** die (옛) 마차 철도. ~**bohne,** die ↑Saubohne. ~**bremse,** die ↑Biesfliege. ~**decke,** die 질이 나쁜 모포. ~**dieb,** der 말도둑. ~**droschke,** die ↑Droschke (1). ~**dung,** der 말똥거름. ~**esel,** der ↑Halbesel. ~**fleisch,** das 말고기. ~**fuhrwerk,** das 짐마차. ~**fuß,** der **1. a)** 말발. **b)** 말(목양이 등)의 발. **c)** 마각(馬脚), 저의, (숨겨진) 결점, 불리한 점: Die Reform hat einen (schlimmen) P. 그 개혁은 (좋지 않은) 저의를 내포하고 있다. **2.** 【해부】 ↑Spitzfuß. ~**galopp,** der (말의) 질구(疾驅). ~**gebiß,** das 《통용어》 말 이빨 모양의 커다란 치열. ~**geruch,** der 말 냄새. ~**geschirr,** das 마구(馬具). ~**gesicht,** das 《통용어》 말상(相). ~**gespann,** das 마

차. ~**getrappel**, das 말 달음박질; 말발굽 소리. ~**haar**, das 말털: 전의 sie hat P. 그녀의 머리카락 올 은 매우 굵다. ~**haltung**, die 말 사육. ~**handel**, der 〈Pl. 없음〉 마필 매매, 말 장사. ~**händler**, der 말 장수. ~**heilkunde**, die 말 수의학. ~**huf**, der 말굽. ~**kadaver**, der 말의 시체. ~**knecht**, der 《준이어》마부. ~**kopf**, der 1. 말머리. 2. 《통용어》↑~**gesicht**. ~**koppel**, die (울타리를 친)말의 방목장. ~**kraft**, die 《고어》↑~**stärke**. ~**kunde**, die 〈Pl. 없음〉 마학(馬學). ~**kur**, die 《통용어》↑Roßkur. ~**kutsche**, die 마차. ~**länge**, die 말의 몸길이, 마신(馬身). ~**lotto**, das 경마 복권의 일종. ~**markt**, der 말 시장. ~**mist**, der ~~dung. ~**narr**, der 말에 미친 사람. ~**natur**, die 《통용어》 a) 강인한 체질. b) 강인한 체질의 소유자. ~**rennbahn**, die 경마 트랙. ~**rennen**, das 경마. ~**rücken**, der 말등. ~**schlachter**, ~**schlächter**, der 《지역적》 말 백정, 말 도축업자. ~**schlachterei**, ~**schlächterei**, die 《지역적》말 도축업. ~**schlitten**, der 말 썰매. ~**schwanz**, der 1. 말 꼬리. 2. (여자의) 말 꽁지 머리, 포니 테일. ~**schweif**, der (아이) ↑~schwanz (1). ~**schwemme**, die ↑Schwemme (1). ~**sport**, der 말이 사용되는 스포츠, 마술(馬術). ~**stall**, der 마굿간, 외양간. ~**stärke**, die (기술·준이어) 마력(馬力)(기호:PS). ~**staupe**, die ↑Staupe. ~**striegel**, der 말 솔. ~**toto**, das, 《옛》der 경마 복권의 하나. ~**wagen**, der 말 마차. ~**wechsel**, der 《옛》말을 갈기. ~**wette**, die 경마 도박. ~**woilach**, der 말 안장 방석(밑담요). ~**zahn**, der 《통용어》말 이빨처럼 크고 누런 이. ~**zucht**, die 말 사육. ~**zunge**, die 《그 모양에서》(지역적) 헬리버트(북해양의 큰 넙치).

Pferdsprung, der; -(e)s, -sprünge 【체조】 a) 안마 도약. b) 〈Pl. 없음〉 안마 도약하기: er gewann eine Medaille im P. 그는 안마 도약에서 메달을 하나 땄다.

Pfette ['pfɛtə], die; -n [lat. patena] 도리(서까래를 받치는 나무).

pfetzen ['pfɛtsən] 〈h〉 《지역적》 ↑kneifen (1).

pfiff [pfɪf] ↑pfeifen 참조. **Pfiff** [-], der; -(e)s, -e [1: ↑pfeifen의 역조어, 2: 새 잡는 사람의 유혹의 소리나 요 술쟁이가 주의를 돌리기 위해서 내지르는 소리에 연관되어 서; 3: 지역에 따라 Pfiff는 사소한 것, 무가치한 것] 1. 짧고 날카로운 휘파람[호각 등]의 소리: der P. der Lokomotive 기관차의 기적소리; die Worte des Redners gingen größtenteils in -en unter 연사의 말은 대부분 휘파람 소리 속에 묻혀 버렸다. 2. 《통용어》 a) 매력: der Einrichtung fehlt noch der letzte P. 이 실내 장치에는 화룡점정적인 매력이 결여되어 있다, ein Modell, das Chic und P. hat 세련되고 매력적인 모델. b) 《준고어》책략, 계략, 간책; 요령: im Aufsatz hatten wir schnell den P. raus 우리는 재빨리 작문의 요령을 알아냈다. 3. 《지역적》 적은 액량(液量)(포도주, 맥주).

Pfifferling ['pfɪfɐlɪŋ], der; -s, -e 살구버섯: **keinen [nicht einen] P.** 《통용어》 조금도 …않다: das ist keinen P. wert 그것은 조금의 가치도 없다.

pfiffig ['pfɪfɪç] 〈Adj.〉 빈틈없는, 영리한, 총명한; 교활한, 간사한: ein -er Junge 총명한 소년; sich p. anstellen 빈틈없이 일을 처리하다; jmdn. p. ansehen 누구를 간사한 눈짓으로 보다. **Pfiffigkeit**, die; p 와 pfiffig의 명사형.

Pfiffikus ['pfɪfɪkus], der; -(ses), -se [라틴어 어미를 붙인 빈정거리는 조어] 《통용어·농》빈틈없는 사람(남자), 교활한 녀석.

Pfingst- ['pfɪŋst-]: ~**bewegung**, die 【종교】 성령 강림 운동. ~**feiertag**, der 성령 강림제날: erster P. 성령 강림제일 첫날, ~**fest**, das ↑Pfingsten. ~**montag**, der 성령 강림제 월요일(둘째날). ~**nelke**, die [↑~rose 참조] 수염패랭이꽃(Federnelke의 통속명). ~**ochse**, der 성령 강림제의 소(장식을 하고 그 해 처음으로 방목장으로 내몰아지는): er sah aus wie ein P. 《통용어·편》 그는 과도하게 치장한 성령 강림제의 소처럼 보였다. ~**rose**, die [성령 강림제 때 피며 장미 비슷함] 작약. ~**samstag** (특히 südd., österr., schweiz.), ~**sonnabend** (특히 norddt.), der 성령 강림제의 전 토요일. ~**sonntag**, der 성령 강림제 일요일(첫날). ~**verkehr**, der 성령 강림제 때의 혼잡한 교통. ~**woche**, die 성령 강림제 (전)주간. ~**zeit**, die 성령 강림제의 시기.

Pfingsten ['pfɪŋstn̩], das; -s, - 〈대개 관사 없음; 특히 (südd., österr., schweiz. · 소망어법: Pl. 로도)〉 [griech. pentēkostḗ (hēméra)] 성령 강림제, 오순절(五旬節): P. fällt dieses Jahr in den Juni 금년에는 성령 강림제가 6월이다; habt ihr schöne P. gehabt? 너희들 성령 강림제를 잘 지냈느냐?; wir werden dieses Jahr zu [an] P. zu Hause bleiben 우리는 금년 성령 강림제에는 집에 있을 것이다. **pfingstlerisch** [...lərɪʃ] 〈Adj.〉 【종교】 성령 강림 운동의. **pfingstlich** 〈Adj.〉 성령 강림제의, 오순절의; 성령 강림제다운.

Pfirsich ['pfɪrzɪç], der; -s, -e [lat. persica arbor] 이 과일은 중국에서 페르시아를 경유 유럽에 전래되었다] 1. 복숭아: jetzt gibt es die späten -e 지금은 만생종 복숭아들이 있다. 2. ↑Pfirsichbaum의 약칭: die -e blühen schon 복숭아꽃이 벌써 피어 있다.

pfirsich-, **Pfirsich-**: ~**baum**, der 복숭아나무. ~**blüte**, die 복숭아꽃. ~**bowle**, die 복숭아를 넣은 포도주 혼합 음료. ~**farben** 〈Adj.〉 복숭아 색의, 담홍색의. ~**haut**, die 1. 복숭아 껍질: die P. abziehen 복숭아 껍질을 벗기다; 전의 sie hat eine P. 그녀의 얼굴 피부는 부드럽고 장미빛이다. 2. 《고어》 [섬유] 튀벨빈(표면에 보푸를 세운 천). ~**kern**, der 복숭아 씨.

Pflanz [pflants], der; - [장식으로 꽂은 식물이라는 뜻에서 미화의 의미로 전의] 《österr.·통용어》 속임수, 기만, 현혹.

Pflanz-(pflanzen 1): ~**garten**, der 【임업】 묘포(苗圃), 종묘원(種苗園). ~**gut**, das 〈Pl. 없음〉 종묘, 묘목, 씨모. ~**holz**, das 파종꼬쟁이. ~**kartoffel**, die 씨감자. ~**maschine**, die 파종기(機). ~**stadt**, die (아·준고어) (고대 그리스의) 식민 도시. ~**stätte**, die (아이) 1. 재배지. 2. 양성소. ~**stock**, der 〈Pl. -stöcke〉 ↑~holz. ~**trog**, der 식물 재배용 큰통.

Pflänzchen ['pflɛntsçən], das; -s, - ↑Pflanze (1).

Pflanze ['pflantsə], die; -n [lat. planta] 1. 《축소형: ↑Pflänzchen》 식물, 초목: die P. wächst wild 식물이 야생으로 멋대로 자란다; die Wiederkäuer ernähren sich von -n 반추동물은 식물을 먹고 산다; 전의 sein Glaube war erst eine zarte P. 그의 믿음은 연약한 새싹에 불과했다. 2. 《통용어·편》제멋대로 되먹은 사람, 후레 자식: sie ist eine verdorbene P. 그녀는 타락한 사람이다; eine Berliner P. 전형적인 베를린의 여자, 베를린 토박이 여자. **pflanzen** ['pflantsn̩] 〈h〉 1. 심다, 재배하다, 식수(植樹)하다: auf dieses [diesem] Beet wollen wir Astern p. 이 화단에는 과꽃을 심읍시다; 전의 da wir den Sinn für gute Form in Dich gepflanzt haben 우리가 좋은 형식에 대한 감각을 네 머리 속에 심었기 때문이다. 2. a) 〈p. + sich〉 《통용어》 넓게 자리잡고 앉다: sie pflanzte sich sofort in den Sessel 그 여자는 안락 의자에 파묻러 앉았다. b) 꽂아 넣다, 붙박아 놓다: sie pflanzten die Trikolore auf das Gebäude 그들은 건물에 삼색기를 꽂았다. 3. 《österr.·통용어》놀리다, (장난으로) 속이다.

pflanzen-, **Pflanzen-**: ~**anatomie**, die 〈Pl. 없음〉 식물 해부학. ~**arzt**, der 식물 의사. ~**asche**, die 초목(을 태운) 재. ~**ausdünner**, der 【농업】 ↑Ausdünner. ~bau, der 〈Pl. 없음〉 식물 재배. ~bestand, der (현재의) 식물의 총수, 임목수(立木數). ~bestimmung, die 식물 규정(소속, 명칭 등의). ~butter, die 야자유, 식물성 버터. ~decke, die (일정한 지역을) 뒤덮고 있는 식물. ~extrakt, der / 〈전문어 또한〉 das 식물 추출물. ~familie, die 식물의 과(科). ~farbstoff, der 1. 식물성 염료. 2. 식물 색소. ~faser, die 식물성 섬유. ~fett, das 식물성 지방(脂肪). ~formation, die 【식물】↑Formation (5). ~fressend 〈Adj.〉 초식의 (↑phytophag). ~fresser, der 초식 동물(↑Phytophage). ~geographie, die ↑Geobotantik(↑Phytogeographie). ~geographisch 〈Adj.〉 식물 지리학의: -e Region: ↑Florengebiet. ~gesellschaft, die 〖생물〗 식물 군락(群落). ~gift, das 1. 식물성 독(毒). 2. 잡초 제거제. ~haar, das 〈대개 Pl.〉【식물】↑Haar (3). ~heilkunde, die ↑Phytotherapie. ~hormon, das ↑Phytohormon. ~hygiene, die 식물 위생학. ~kohle, die 숯, 목탄. ~kost, die 식물성 식품. ~krankheit, die 식물의 병. ~krebs, der (식물의) 동고병(胴枯病). ~kunde, die ↑Botanik. ~laus, die 진디. ~lehre, die ↑Botanik. ~medizin, die ↑Phytomedizin. ~milch, die 유유 비슷한 식물 체내액, 유액(乳液). ~nabel, der 【식물】Hilum. ~öl, das 식물성 기름. ~parasit, der 식물 기생충. ~pathologie, die 식물 병리학. ~physiologie, die 식물 생리학. ~reich 〈Adj.〉 식물이 많은. ~reich, das 〈Pl. 없음〉 식물계. ~sauger, der 동시류(等翅類), 횐개미목(目)(학명: Homoptera). ~schädling, der 식물에 가해하여 해를 주는 동식물. ~schutz, der 식물 보호(조치). ~schutzmittel, das 식물 보호 약제, 농약. ~soziologie, die 식물 사회(군락)학(↑Phytosoziologie). ~teil, der 식물의 부분. ~welt, die 〈Pl. 없음〉↑Flora. ~wespe, die 막시류(膜翅類)(벌목(目))의 일종(학명: Symphyta). ~wuchs, der 식물의 생장(일정한 곳의) 생장 식물. ~zucht, die ↑~züchtung. ~züchter, der 식물 재배자. ~züchtung, die 식물 재배(품종 개량, 육종).

pflanzenhaft 〈Adj.〉 식물적인, 식물에 비견되는: -e Hohltiere 식물적인 강장(腔腸) 동물. **Pflanzer**, der, -s, - 1. 식수(植樹)하는 사람, 재배자. 2. (해외의) 농장 소유자. **pflanzlich** 〈Adj.〉 식물(성)의: -e Fette 식물성 지방(질); kosmetische Präparate auf -er Basis 식물성 화장품; sich p. ernähren 식물성 영양을 취하다, 채식하다. **Pflänzling** ['pflɛtsliŋ], der; -s, -e 묘목, 모나무, 모. **Pflanzung**, die; -en 1. 식수, 식물심기, 재배. 2. 농장.

Pflaster ['pflastɐ], das; -s, - [lat. emplastrum < griech. émplast(r)on (phármakon)] 1. 포석(鋪石), 포장, 포장도로; 곳, 도시: P. legen 포석을 깔다, 포장하다; das P. aufreißen 포장(포석)을 파헤치다; der Verunglückte lag auf dem P. 사고를 당한자가 포장도로에 누워 있었다; 〖전의〗 ein gefährliches (teures) P. 《통용어》 위험이 많은(《생활비가 비싼》 곳; Berlin ist für mich nicht mehr das richtige P. 베를린은 내가 살기 적합한 도시가 아니다; **P. treten** 《통용어》 장시간 시가를 배회하다; **jmdm. aufs P. werfen[setzen]** 《통용어·준고어》 누구를 길거리로 내쫓다, 해고하다; **(wieder) auf dem P. sitzen** 《통용어·준고어》 (다시) 실업자가 되다. 2. 《축소형》↑Pflästerchen)↑Heftpflaster: das P. hält nicht 반창고가 잘 붙지 않는다; ein P. auflegen [aufkleben] 반창고를 붙이다; 〖전의〗 jmdm. etw. als P. geben 누구에게 무엇을 보상으로 주다.

pflaster-, Pflaster-: ~**geld**, das 〈옛〉 도로 유지세(稅). ~**kelle**, die (schweiz.) 흙손. ~**maler**, der 보도화가. ~**malerei**, die 보도화(步道畫). ~**müde** 〈Adj.〉 《통용어》 포도를 오래 걸어서 지친: nach den Weihnachtseinkäufen waren sie p. 그들은 크리스마스 쇼핑을 하러 포도를 오래 걸어서 지쳐 버렸다; 〖전의〗 -e, wohlhabende Bürger 대도시 생활에 싫증난 부유층 시민들. ~**stein**, der 1. 포석(鋪石): auf den -en ausrutschen 포석에서 미끄러지다. 2. 후추과자. ~**treter**, der 《통용어·준고어·폄》 빈둥거리는 사람.

Pflästerchen ['pflɛstəçən], das; -s, - ↑Pflaster (2). **Pflasterer** ['pflastərɐ], (südd., schweiz.) **Pflästerer** ['pflɛ...], der; -s, - 포장공, 포장업자. **Pflasterer** ['pflasten], (südd., schweiz.) **pflästern** ['pflɛ...] 〈h〉 1. 포장하다, 포석을 깔다: eine schlecht gepflasterte Straße 포장이 잘 안된 도로; 〖전의〗 das Kleidungsstück, ganz mit Diamanten gepflastert 온통 다이아몬드로 칠갑을 한 옷. 2. 《드물게·통용어》 반창고를 붙이다: eine Wunde p. 상처에 반창고를 붙이다; **jmdm. eine p.** 《경》 누구의 따귀를 때리다. **Pflasterung**, (südd., schweiz.) **Pflästerung**, die; -en 1. 포장, 포석 깔기. 2. 포장 도로: die Pflasterung ausbessern 포장 도로를 보수하다.

Pflatsch [pflatʃ], der; -(e)s, -e, **Pflatschen** ['pflatʃn], der; -s, - 〈지역적〉 1. 액체가 흘러 생긴 반점(斑点), 얼룩. 2. 소나기, 억수로 퍼붓는 비. **pflatschen** [-] 〈h〉 [↑platschen의 남독 병용형] 〈지역적〉 1. 비가 억수로 퍼붓다. 2. 철썩하고 떨어지다.

Pfläumchen ['pflɔymçən], das; -s, - ↑¹Pflaume (1). ¹**Pflaume** ['pflaumə], die; -n [lat. prūnum < griech. proûmnon] 1. 〈축소형: ↑Pfläumchen〉 자두, 오얏: -n (vom Baum) schütteln 자두를 (나무에서) 흔들어 떨어뜨리다; -n einmachen 자두를 병조림하다; 〖경〗 die ersten -n sind madig 《통용어》 처음에 딴 돈은 별 가치가 없다. 2. ↑Pflaumenbaum의 약칭: dieser Baum ist eine späte P. 이 나무는 만생종 자두나무다. 3. 《속어》 질(膣), 외음부. 4. 《폄》 무능하고 유약한 사람. ²**Pflaume** [-], der; -n 〈통용어〉 빈정거림, 야유. **pflaumen** ['pflaumən] 〈h〉 《통용어》 빈정거리다, 야유하다.

pflaumen-, Pflaumen- (¹Pflaume 1): ~**baum**, der 자두나무. ~**blau** 〈Adj.〉 푸른 자두색의. ~**kern**, der 자두 씨. ~**kuchen**, der 자두 과자. ~**marmelade**, die 자두 마멀레이드(잼). ~**mus**, das 자두 잼. ~**schnaps**, der 자두 화주(火酒). ~**wickler**, der 자두 엽권충(葉捲蟲).

Pflaumenaugust, der; -s, -e 《폄》 주견이 없는 남자. **pflaumenweich** 〈Adj.〉 《통용어·폄》 우유부단한, 유약한: ein -er Typ 우유부단형(型).

Pflege ['pfle:gə], die 1. **a)** 돌봄, 양육, 부양, 보호, 간호, 간병(看病), 후견: die P. eines Kranken übernehmen 병자의 간병을 떠맡다; bei jmdm. in P. sein 누구의 보호를 받고 있다; ein Kind in P. nehmen 남의 아이를 데려다 기르다, 양자로 받아들이다: der Verunglückte kam erst spät in ärztliche P. 사고를 당한 자는 늦게야 비로소 의사의 처치를 받게 되었다. **b)** 손질, 돌봄, 관리: die P. des Körpers 신체 관리. **c)** 보존, 육성, 진흥, 장려: die P. der Kulturgüter 문화재의 보존. 2.

pflege-, Pflege-: ~**arbeit**, die [농업] (김매기, 북돋우기 등의) 일. ~**arm** 〈Adj.〉 손질을 별로 필요로 하지 않는: -er Fußbodenbelag 손질을 별로 필요로 하지 않는 바닥 깔개. ~**bedürftig** 〈Adj.〉 **a)** 보호(돌봄)를 필요로 하는. **b)** 손질을 필요로 하는: diese Maschine ist wenig P. 이 기계는 별로 손질이 필요하지 않다. ~**befohlene***, der/die 피보호자, 피부양자, 담당 환자. ~**dienst**, der 자동차 애프터 서비스, 자동차 손질. ~**einheit**, die [의학] 의료인 병동. ~**eltern** 〈Pl.〉 양

부모, 양육 부모. **~fall**, der 사회 복지 사업 대상자. **~geld**, das 생계 부조금. **~heim**, das 구호 시설. **~kind**, das 양자, 피양육 아동. **~leicht** 〈Adj.〉 손질이 쉬운: eine -e Bluse 손질이 쉬운 블라우스. **~leichtigkeit**, die 손질의 쉬움. **~mutter**, die a) 양어머니. b) 남의 아이를 데려다 기르는 여자, 보모. **~nest**, das (온어) ↑~stelle. **~personal**, das 간호 요원. **~satz**, der 입원비 일일 지급 기준액. **~sohn**, der 양자. **~stätte**, die 《아이》 문화재 보존소. **~stelle**, die 보육가(家). **~tochter**, die 양녀. **~vater**, der 양부.

pflegen[*] ['pfle:gn̩] 〈h〉 **1. a)** 돌보다, 간호하다, 보호하다, 양육하다: jmdn. aufopfernd p. 누구를 헌신적으로 돌보다. **b)** 손보다, 손질하다, 가꾸다, (건강을) 관리하다: sein Äußeres p. 그의 외모를 단정히 하다; du mußt dich mehr p. 너는 좀더 건강에 유의해야 한다, 좀더 외모에 신경을 써야 한다. **2. a)** 육성, 진흥, 장려, 촉진]하다: internationale Zusammenarbeit p. 국제적 협력을 촉진하다; die Sprache, Künste und Wissenschaften p. 언어, 예술 및 학문을 장려하다. **b)** 《2격 목적어와 함께》 (고어·아어) 몰두하다, 빠지다, 열중하다: der Ruhe[der Selbstbetrachtung] p. 느긋하게 쉬다[자기 관조에 빠지다]. **3.** 《Inf. + zu》 …하곤 하다, …하는 것이 예사이다, 늘 …하다: er pflegt zum Essen Wein zu trinken 그는 식사 때 포도주를 마시곤 한다; wie man zu sagen pflegt 흔히 말하듯이. **Pfleger**, der; -s, - **1. a)** ↑Krankenpfleger의 약칭. **b)** ↑Tierpfleger의 약칭. **2.** [법률] 보호자, 후견인, 관리인. **3.** (schweiz.) **a)** 조직자, 준비인: der P. der Festspiele 축제 공연의 조직자. **b)** [권투] 세컨드: der P. warf das Handtuch 세컨드가 수건을 던졌다. **Pflegerin**, die; -nen **a)** 《드물게》 간호원. **b)** ↑Pfleger (1 b)의 여성형. **c)** ↑Kinderpflegerin의 약칭. **pflegerisch** 〈Adj.〉 **a)** 양육(자)의, 간호(인)의, 보호적인, 남을 돌보는: -e Berufe 남을 돌보는 직업들. **b)** 관리하는, 손질하는. **pfleglich** ['pfle:klɪç] 〈Adj.〉 관리를 잘하는, 조심스러운, 소중히 하는: mit Möbeln p. umgehen 가구를 조심스럽게 다루다. **Pflegling** ['pfle:klɪŋ], der; -s, -e **1.** 피보호(피양육)자, 양자, 기르는 동[식]물: der P. einer Familie in 가정에서 맡아 기르는 피양육 아동; die -e eines Heims 한 보호 시설의 피보호자들. **2.** [법] 피후견인, 피보호자. **Pflegschaft**, die; -en [법] 후견, 보호, 재산 관리.

Pflicht [pflɪçt], die; -en **1.** 의무, 책무, 본분, 책임; 직무, 직책: eheliche -en 부부간의 의무, 《자주 은폐》 부부 상호간의 성교 의무; die P. ruft 일러가 가야 한다, 일이 기다리고 있다; -en übernehmen[auf sich nehmen] 책무를 떠맡다; jmdm. eine P. auferlegen 누구에게 어떤 의무를 과하다; seine P. erfüllen 자기의 의무를 다하다; wir haben die traurige P., Ihnen mitzuteilen, daß… 유감스럽게도 …라는 슬픈 소식을 전해드려야겠습니다; du entledigst dich deiner -en sehr nachlässig 너는 네 책무를 아주 소홀히 해치운다; etw. nur aus P. tun 무엇을 의무감에서만(자발적이 아니라) 행하다; jmdn. seiner P. lossprechen 누구의 의무를 면제하다; **es ist jmds.** 《《감정》 **verdammte, verfluchte》 P. und Schuldigkeit, etw. zu tun** (강조) 무엇을 한다는 것은 누구의 당연한 의무이다; **jmdn. in (die) P. nehmen** (아어) 누구에게 책무를 지우다. **2.** [스포츠] 규정(연기) 종목: die P. im Kunstturnen 기계 체조에서의 규정 종목; das sowjetische Paar führt in der P. 규정 종목에서는 구 소련인 쌍이 선두에 서 있다.

pflicht-, **Pflicht-**: **~arbeit**, die 의무적 작업, 의무 노동. **~beitrag**, der 책임 기여금. **~besuch**, der 의무적[의례적] 방문. **~bewußt** 〈Adj.〉 의무감[책임감] 있는: -es Handeln 책임감 있는 행동. **~bewußtsein**, das 의무 관념, 책임 의식. **~eifer**, der 의무에 대한 열의, 직무 수행 열성. **~eifrig** 〈Adj.〉 의무감이 강한, 직무에 열성적인: P. stürzten sie sich in die neue Aufgabe 그들은 강한 의무감을 갖고 새로운 과제에 뛰어들었다. **~eindruck**, der 〈Pl. -e〉 (드물게·서적) Impressum. **~einlage**, die [경제] 의무 출자금. **~einstellung**, die 의무 고용. **~erfüllung**, die 〈Pl. 없음〉 의무(직무) 수행: in treuer, gewissenhafter P. 성실하고 양심적인 직무 수행에서. **~exemplar**, das [서적] 납본(納本), 헌본(獻本). **~fach**, das 필수 과목: Latein ist P. 라틴어는 필수 과목이다. **~figur**, die [스포츠] 규정 피겨. **~gefühl**, das 〈Pl. 없음〉 ↑~bewußtsein: etw. aus bloßem P. tun 무엇을 단순한 책임감에서 행하다. **~gegenstand**, der (österr.) 필수 과목. **~gemäß** 〈Adj.〉 의무에 따른(상응하는), 당연한. **~innung**, die 의무(동업) 조합. **~jahr**, das 〈Pl. 없음〉 《나치》 (소녀의) 의무 가사(家事) 노동의 해(1년간). **~kür**, die [피겨] Kurzprogramm. **~lauf**, der 규정 피겨 연기. **~laufen**, das; -s ↑Pflichtlauf. **~läufer**, der 규정 피겨 연기자. **~läuferin**, die ↑~läufer의 여성형. **~leistung**, die ↑Regelleistung. **~lektüre**, die 필독서(必讀書). **~mäßig** 〈Adj.〉 ~gemäß. **~mensch**, der 의무에 충실한 사람. **~mitglied**, das 의무 회원. **~platz**, der 신체 장애자에게 배당되어야 할 일자리. **~reserve**, die 〈대개 Pl.〉 [경제] (주식 회사의) 책임 준비금. **~schuldig(st)** 〈Adv.〉 의무상[예의상] 당연한, 의례적인: pflichtschuldigst lachen 의례적으로 웃다. **~schule**, die 의무 교육 학교. **~schuljahr**, das 의무 교육 시절. **~schulzeit**, die 의무 교육 기간. **~stunde**, die 기준 수업 시간. **~tanz**, der **1.** [피겨·댄스] 규정 댄스. **2.** 의례상 추는 춤. **~teil**, der, 《또한》 das 유류분(遺留分): jmdn. aufs P. setzen 누구에게 유류분만을 유산으로 남기다. **~treu** 〈Adj.〉 의무에 충실한, 본분을 지키는: ein -er Beamter 의무에 충실한 관리. **~treue**, die 의무에의 충실, 책임감. **~übung**, die [스포츠] ↑Pflicht (2). **~umtausch**, der 의무 환전(換錢額). **~vergessen** 〈Adj.〉 의무[본분]을 잊은, 본분 태만의. **~vergessenheit**, die 본분의 망각, 직무 태만. **~verletzung**, die 의무[직무] 태만. **~versäumnis**, das 의무[직무] 태만. **~versichert** 〈Adj.〉 의무(강제) 보험에 가입한. **~versicherung**, die 의무(강제) 보험(책임 보험, 사회 보험). **~verteidiger**, der [법] 국선 변호인. **~verteidigung**, die [법] 국선 변호인의 변호. **~vorlesung**, die 필수 강의 과목. **~widrig** 〈Adj.〉 의무(본분)에 어긋나는: p. handeln 본분에 어긋나게 행동하다. **~widrigkeit**, die 의무 위배.

Pflichtenkreis, der; -es, -e ↑Aufgabenbereich: etw. fällt[liegt] in jmds. P. 무엇이 누구의 책임 범위에 속한다. **-pflichtig** [-pflɪçtɪç] …의 의무가 있는 《다음의 합성어로, 예컨대》 anzeigepflichtig 신고 의무가 있는; gebührenpflichtig 수수료 지불 의무가 있는; schulpflichtig 취학 의무가 있는.

Pflock [pflɔk], der; -(e)s, Pflöcke ['pflœkə] (작은)말뚝, 핀. Pflöcke: einen P. in die Erde schlagen[treiben] 작은 말뚝을 땅에다 박다; sie befestigten das Zelt an Pflöcken 그들은 천막을 작은 말뚝에 고정시켰다; **einen P.[einige, ein paar Pflöcke] zurückstecken müssen** (통용어) 요구를 완화하다, 한발짝 양보하다. **pflocken** ['pflɔkn̩], **pflöcken** ['pflœkn̩] 〈h〉 나무못에 [나무못으로] 고정시키다.

pflog [pflɔːk], **pflöge** ['pfløːgə] ↑pflegen (2).

Pflotsch [pflɔtʃ], der; -(e)s [↑Pflatsch, Platsch의 지역에 따른 병용형] 《schweiz.》 **a)** 질척질척한 눈. **b)** 진

창, 진흙.
Pflück- (pflücken): ~**apfel**, der 따낸 사과. ~**korb**, der 따낸 과일을 담는 바구니. ~**maschine**, die 과일 수확기(機). ~**obst**, das 따낸 과일. ~**reif** ⟨Adj.⟩ 따도 좋을 만큼 익은. ~**salat**, der 상치.
Pflücke ['pflʏkə], die; -n ⟨지역적⟩ 과일을 땀, 과일 따위의 수확. **pflücken** ['pflʏkn] ⟨h⟩ **1.** 따다, 따내다, 꺾어내다: Äpfel p. 사과를 딴다. **2.** ⟨고어⟩ 쥐어뜯다, 뽑다.
Pflücker, der; -s, - 과일을 따는 사람[기구].
Pflückerin, die; -nen ↑Pflücker의 여성형.
Pflug [pflu:k], der; -(e)s, Pflüge ['pfly:gə] **1.** 쟁기, 가래: das Pferd zieht den P. 말이 쟁기를 끈다; **unter den P. kommen(unter dem P. sein)** ⟨아이⟩ ⟨처음으로⟩ 갈아지다, 경작지로 이용되다. **2.** 【스키】 ↑Schneepflug (2).
Pflug-: ~**baum**, der 쟁기의 쇠막대, 성에. ~**bogen**, der 【스키】 ↑Schneepflugbogen의 약칭. ~**messer**, das 쟁기의 종(縱)날(칼 모양의). ~**schar**, die / das 보습. ~**scharbein**, das 【동물】 (코의) 서골(鋤骨). ~**sterz**, der 쟁기자루.
pflügen ['pfly:gṇ] ⟨h⟩ a) 쟁기질을 하다: mit Ochsen p. 소로 쟁기질을 하다. b) 갈다, 경작하다: der Acker war frisch gepflügt 그 밭은 금방 갈았다; 전의 das Wasser p. 물을 가르며 나아가다. c) 쟁기질로 고랑을 만들다: gerade Furchen p. 쟁기로 곧바른 고랑을 만들다.
Pflüger, der; -s, - 쟁기질하는 사람, 밭 가는 사람; 농부.
Pfortader ['pfɔrt-], die; -n 【의학】 문맥(門脈), 문정맥(門靜脈). **Pförtchen** ['pfœrtçən], die; - ↑Pforte (1 a). **Pforte** ['pfɔrtə], die; -n [lat. porta] **1.** a) ⟨축소형: Pförtchen⟩ 작은 문: die P. aufstoßen 문을 차서 열다; 전의 die ~n der Hölle ⟨아이⟩ 지옥의 문; **seine -n schließen** ⟨아이⟩ 폐점[폐업]하다. b) 입구: sich an der P. melden 입구에서 신고하다. **2.** 산협, 좁은 분지: die Burgundische P. 부르군트 산협. **Pförtnering**, der 【드물게】 (문의) 노커, 문 두드리는 고리쇠. **Pförtner** ['pfœrtnɐ], der; -s, - **1.** 수위, 문지기; 접수원: sich beim P. melden 수위에게 신고하다. **2.** [해부] 유문(幽門)(위의 발단부). **Pförtnerhaus**, das; -es, -häuser 수위실, 수위가(家). **Pförtnerin**, die; -nen ↑Pförtner의 여성형. **Pförtnerloge**, die; -n 수위실.
Pfosten ['pfɔstṇ], der; -s, - [lat. postis] a) ⟨짧은⟩ 기둥, 지주; 버팀목: der P. des Bettes 침대다리. b) 【구기】 ↑Torpfosten의 약칭: für den geschlagenen Tormann rettete der P. ⟨은어⟩ 공이 골대로 가지 않고 골문으로 들어가지 않다; **zwischen den P. stehen** 골키퍼로 기용되다. **Pfostenschuß**, der 【구기】 골대에 맞는다 슛.
Pfötchen ['pfø:tçən], das; -s, - ↑Pfote (1, 2): der Hund gibt P. 개가 작은 앞발을 내민다. **Pfote** ['pfo:tə], die; -n **1.** ⟨축소형: ↑Pfötchen⟩ (동물의) 발, (특히) 앞발: die Katze leckt sich die -n 고양이가 앞발을 핥는다. **2.** ⟨축소형: ↑Pfötchen⟩ 〈경·자주 폄〉손: du kriegst gleich eins auf die -n! 너 곧장 혼내줄테야!; **sich³ die -n verbrennen** (↑Finger 1 참조); **jmdm. auf die -n klopfen** (↑Finger 1 참조); **sich³ unt. aus den -n saugen** (↑Finger 1 참조). **3.** ⟨약간 폄⟩ 악필(惡筆): der schreibt vielleicht eine P.! 저 사람 아마 악필일꺼야!
Pfriem [pfri:m], der; -(e)s, -e 송곳: Meister P. ⟨옛⟩ 구두방 아저씨. **pfriemeln** ['pfri:mḷn] ⟨h⟩ ⟨지역적⟩ 손가락 끝으로 이리저리 돌리다, 비비 꼬다. **Pfriemengras**, das 【식물】 나래새의 일종(학명: Stipa).
Pfrille ['pfrɪlə], die; -n 연준모치(학명: Phoxinus phoxinus).

Pfropf [pfrɔpf], der; -(e)s, -e 뭉친 덩어리, 혈전(血栓): in der Vene hatte sich ein P. gebildet 정맥 속에 혈전이 형성되었었다. **¹pfropfen** ['pfrɔpfṇ] ⟨h⟩ [lat. propago] 접붙이다, 접지(接技)로 개량하다, 접목하다: Obstbäume p. 과일나무를 접붙이다. **²pfropfen** [-] ⟨h⟩ **1.** 마개를 하다: Flaschen p. 병을 마개로 막다. **2.** ⟨통용어⟩ 억지로 집어 넣다, 쑤셔 넣다: die Sachen in den Koffer p. 물건들을 가방에 쑤셔넣다; 전의 der Saal war gepfropft voll 홀이 꽉 차 있었다. **Pfropfen** [-], der; -s, - 마개, 코르크마개: den P. aus der Flasche ziehen 병에서 마개를 뽑다; die P. knallen lassen 샴페인을 마구 터뜨리다.
Pfröpfling ['pfrœpflɪŋ], der; -s, -e ↑Pfropfreis.
Pfropfmesser, das; -s, - 접지용 칼. **Pfropfreis**, das; -es, -er 접지(接枝), 접수(接穗). **Pfropfung**, die; -en **1.** 접지, 접목. **2.** 【의학】 피부 이식(술).
Pfründe ['pfrʏndə], die; -n [mlat. provenda] **[가] a)** 성직록(聖職祿), 교회록, ⟨녹(祿)을 받는⟩ 성직(聖職): eine gute P. haben 좋은 녹의 성직을 갖고 있다; 전의 der neue Posten ist eine einträgliche(⟨통용어⟩ fette) P. für ihn 새 부서는 그에게는 하는 일없이 수입이 좋은 직이다. **b)** 녹을 받는 성직 자리. **Pfründer**, der; -s, - (schweiz.) ↑Pfründner. **Pfründhaus**, das ⟨지역적⟩ 양로원, 구빈원(救貧院). **Pfründner** ['pfryndnɐ], der; -s, - **1.** 성직록 수령자, 수록(受祿) 성직자. **2.** ⟨지역적⟩ 양로원 [구빈원] 입원자. **Pfründnerin**, die; -nen ↑Pfründner (2)의 여성형.
Pfuhl [pfu:l], der; -(e)s, -e **1.** 작은 못, 큰 웅덩이: Enten schwammen auf einem P. 오리들이 더러운 못에서 헤엄을 치고 있었다; 전의 ein P. der Sünde 죄악의 늪. **2.** ⟨지역적⟩ 물거름, 분뇨.
Pfühl [pfy:l], der; -(e)s, -e [lat. pulvīnus] ⟨시어·고어⟩ ⟨크고 푹신한⟩ 베개, 쿠션, ⟨푹신한⟩ 침대⟨잠자리⟩: auf einem P. ruhen 푹신한 침대에서 쉬다.
pfuhlen ['pfu:lən] ⟨h⟩ ⟨지역적⟩ 물거름〈분뇨거름〉을 주다.
pfui [pfʊɪ] ⟨Interj.⟩ ⟨불쾌, 혐오, 도덕적 분노의 표현⟩ 퉤, 피, 쳇: p., faß das nicht an! 퉤, 그걸 잠지 말어!; p., schäm dich! 퉤, 부끄럽지도 않느냐!; einige am Publikum haben p. gerufen 관중의 몇 사람이 피하며 외쳤다. **Pfui** [-], das; -s, -s 퉤〈피, 쳇〉하는 소리: ein verächtliches P. ertönte 경멸적으로 퉤하는 소리가 들렸다. **pfuien** ['pfʊɪən] ⟨h⟩ ⟨드물게⟩ 퉤〈피, 쳇〉하다.
Pfuiruf, der ↑Pfui.
Pfulmen ['pfʊlmən], der; -s, - (schweiz.) ⟨폭이 넓은⟩ 베개.
Pfund [pfʊnt], das; -(e)s, -e ⟨그러나: 5 Pfund⟩ [lat. pondō] **1.** ⟨축소형: ↑Pfündchen 참조⟩ 파운드(500 g): fünf P. Kartoffeln 감자 5파운드; ein P. Bohnen wird ⟨⟨드물게⟩ werden⟩ auf kleiner Flamme gekocht 한 파운드의 콩을 약한 불에 삶는다; die überflüssigen -e loswerden 과도한 몸무게를 줄이다; den -en zu Leibe rücken 체중을 줄이려고 하다; wieviel Äpfel gehen auf ein P.? 사과 몇 개가 한 파운드가 됩니까?(기호: ℔). **2.** 파운드(화폐 단위): ein P. (Sterling) = 100 Pence (영국); in P. (mit englischen -en) zahlen 파운드로(영국 파운드로) 지불하다(기호: £); ⟨원래 ↑Livre⟩; **sein P. vergraben** 자기 재능을 썩히다(마태복음 25장 18절); **mit seinem -e wuchern** 자기 재능을 발휘하다(누가복음 19장 11절). **3.** ⟨축구·은어⟩ a) 강슛: jmdm. ein P. ins Netz setzen 강문에 강슛을 넣다. b) ⟨Pl. 없음⟩ 강한 슛력(力): der Libero hat ein unwahrscheinliches P. im Bein 그 공격 가담 수비(수)는 엄청나게 강한 슛력을 갖고 있다.
Pfündchen ['pfʏntçən], das; -s, - ↑Pfund (1). **pfun-**

den ['pfʊndn̩] 〈h〉 《축구 은어》 공을 강하게 차다: der Libero pfundet aufs Tor 공격 가담 수비(수)가 골을 향해 강슛을 한다. **-pfünder** [-pfʏndɐ], der; -s, - 《다음의 합성어로, 예컨대》 Dreipfünder(3pfünder) 3 파운드짜리(식빵 따위). **pfundig** ['pfʊndɪç] 〈Adj.〉 《통용어》 대단한, 굉장한, 훌륭한: ein -er Kerl 믿음직한 녀석; -e Profite 높은 이익. **-pfündig** [-pfʏndɪç] 《다음의 합성어로, 예컨대》 achtpfündig(8pfündig) 8 파운드의. **Pfundnote**, die; -n 1파운드 짜리 지폐. **Pfunds-** 《통용어》 《대단한, 굉장한 이라는 뜻의 규정어로서, 예컨대》: **~kerl**, der 《통용어》 굉장한 녀석, 믿음직한 사나이. **~spaß**, der 《통용어》 굉장한 재미. **Pfund Sterling** ↑Pfund (2). **pfundweise** 〈Adj.〉 파운드로; 대량으로: ich könnte die Schokolade p. essen! 나는 초콜릿이라면 엄청나게 먹을 수 있을거야!

Pfusch [pfʊʃ], der; -(e)s 1. 《통용어·폄》 서투르고 칠칠치 못한 일, 날림일. 2. 〈österr.〉 부정(불법) 노동, 무허가 공사. **Pfuscharbeit**, die 〈Pl. 없음〉 《통용어·폄》 ↑Pfusch. **pfuschen** ['pfʊʃn̩] 〈h〉 1. **a)** 《통용어·폄》 날림으로 일하다: er hat bei der Reparatur gepfuscht 그는 그 수리를 날림으로 했다. **b)** 〈österr.〉 불법 노동을 하다, 무허가 공사를 하다. 2. 〈지역적·준어〉 속임수를 쓰다. 3. 〈지역적·준어〉 훔치다, 횡령하다. 4. 〈지역적〉 커닝하다. **Pfuscher**, der; -s, - 《통용어·폄》 날림일을 하는 사람, 서투른 사람, 속임수를 쓰는 사람, 야바위꾼. **Pfuscherei** [pfʊʃəˈraɪ], die; -en 〈지속적이〉 서투름, 날림일, 졸작. **pfuscherhaft** 〈Adj.〉 《통용어·폄》 서투른, 졸렬한, 날림의: ein -es Produkt 졸작품, 날림치. **Pfuscherhaftigkeit**, die 《통용어·폄》 서투름, 졸렬함, 날림. **Pfuscherin**, die; -nen ↑Pfuscher의 여성형. **pfutsch** [pfʊʃ] 〈österr.〉 ↑futsch.

Pfützchen ['pfʏtsçən], das; -s, - ↑Pfütze. **Pfütze** ['pfʏtsə], die; -n 《축소형》: ↑Pfützchen〉 (더러운 물이 괸) 웅덩이: die letzte P. austrinken 마지막 남은 모금을 마셔 치우다; der Hund hat in der Küche eine P. gemacht 개가 부엌에 오줌을 싸놓았다; über die große P. fahren 《농》 해외로 가다, 대양을 건너가다. **Pfützeimer**, der; -s, - 〖광〗 두레박, 물을 퍼내는 통.

PGH = Produktionsgenossenschaft des Handwerks 《구동독》 수공업 생산 협동 조합.

ph = Phot 포트(조도(照度) 단위).

PH = pädagogische Hochschule 교육 대학.

Phäake [fɛˈaːkə], die; -n, -n [그리스 전설에서 특히 행복한 것으로 간주되는 페아케 족의 이름에서] 《교양어》 아무 걱정 없이 삶을 즐기는 사람, 향락주의자. **Phäakenleben**, das 〈Pl. 없음〉 사치와 유일(逸樂)의 생활.

Phage [ˈfaːɡə], der; -n, -n [griech. phageīn] = Bakteriophage. **Phagozyt** [faɡoˈtsyːt], der; -en, -en 《대개 Pl.》 〖의학〗 식세포(食細胞)(백혈구).

Phakom [faˈkoːm], das; -s, -e [griech. phakós] 〖의학〗 수정체의 종양.

Phalanx [ˈfaːlaŋks], die; ...langen [faˈlaŋən] lat. phalanx < griech. phálagx] 1. (고대 그리스군의) 밀집방진(密集方陣). 2. 《교양어》 공고한 결속, 일치 단결된 저항: in geschlossener P. auftreten 일치 단결된 모습으로 나타나다.

phallisch [ˈfalɪʃ] 〈Adj.〉 1. 《교양어》 음경(陰莖)의, 음경같은: -e Symbole 음경 상징들. 2. 음경에 관한: die -e Stufe[Phase] 〖정신분석〗 남근기(期). **Phallokrat** [falo-], der; -en, -en 《폄》 남성우위(優位)주의자. **Phallokratie**, die 남성우위주의. **phallokratisch** 〈Adj.〉 남성우위주의의. **Phalloplastik** [falo-], die; -en 〖의학〗 남근성형(술)(成形術). **Phallos** [ˈfalɔs], der; -, ...lloi [...lɔy] / ...llen, **Phallus** [ˈfalʊs], der; -, ...lli / ...llen, 《또한》 -se [lat. phallus < griech. phallós] 《교양어》 (발기된) 음경, 남근. **Phalluskult**, der 남근 숭배. **Phallussymbol**, das 〖심리〗 남근 상징.

Phän [fɛːn], das; -s, -e 〖생물〗 어떤 생물의 현형(顯型)을 이루는 (유전적) 특징, 형질. **Phanerogame** [fanero-ˈɡaːmə] die; -n 〈대개 Pl.〉 〖식물〗 현화(顯花)식물, 꽃식물. **phaneromer** [...ˈmeːɐ] 〈Adj.〉 〖지질〗 육안으로 볼 수 있는 (↔ kryptomer). **Phänologie** [fɛnoloˈɡiː], die 생물 계절학(季節學). **phänologisch** 〈Adj.〉 생물계절학의. **Phänomen** [fɛnoˈmeːn], das; -s, -e [lat. phaenomenon < griech. phainómenon] 1. 《교양어》 현상; 특이한 사건: ein biologisches P. 생물학적 현상; das P. des Blindflugs der Fledermäuse erklären 박쥐의 맹목 비행 현상을 설명하다. 2. 〖철학〗 현상, 의식 내용(인식의 대상으로서의). 3. 《교양어》 비범한 인물, 천재: auf seinem Fachgebiet ist er ein P. 그는 그의 전문 분야에서는 뛰어난 인물이다. **Phänomena**: ↑Phänomenon의 복수형. **phänomenal** 〈Adj.〉 [frz. phénoménal] 1. 〖철학〗 현상적인, 감각 및 인식의 대상이 되는. 2. 비범한, 탁월한, 놀랄 만한: er hat ein -es Gedächtnis 그는 놀랄 만한 기억력을 갖고 있다; sie hat p. gesungen 그녀의 노래는 탁월했다. **Phänomenalismus** [...naˈlɪsmʊs], der; - 〖철학〗 현상론(現象論). **phänomenalistisch** 〈Adj.〉 현상론적인. **Phänomenologie** [...noloˈɡiː], die 〖철학〗 1. (헤겔의) (정신)현상학. 2. (훗설의) 현상학. **phänomenologisch** 〈Adj.〉 〖철학〗 현상학적인. **Phänomenon** [fɛˈnoːmenɔn, ...ˈnɔ...], das; -s, ...na 〈전문어〉 ↑Phänomen (2). **Phänotyp** [fɛno-], der; -s, -en 〖생물〗 ↑Phänotypus. **phänotypisch** 〈Adj.〉 〖생물〗 표현형(型)의, 현형(顯型)의. **Phänotypus**, der; -, ...pen 〖생물〗 표현형, 현형.

Phantasie [fantaˈziː], die; -n [...iːən; lat. phantasia < griech. phantasía] 1. **a)** 〈Pl. 없음〉 상상(력), 표상(력), 공상(력): an dieser Geschichte entzündete sich seine dichterische P. 이 이야기에서 그의 문학적 상상력이 불타올랐다; keine P. haben 상상력이 없다; du hast eine schmutzige P. 너는 점잖지 못한 생각을 하는구나; Musik erregt[beflügelt] die P. 음악이 상상력을 자극한다; der P. die Zügel schießen lassen[freien Lauf lassen] 상상의 나래를 펴다; du hast ja eine blühende P.! 너는 과장이 너무 심하구나! **b)** 〈대개 Pl.〉 상상력의 산물, 환상(幻想): alles, was er sagt, ist bloße[reine] P. 그가 말하는 모든 것은 순전한 환상이다; er ergeht sich in wunderlichen -n 그는 기이한 환상을 즐긴다. 2. 〈Pl.〉 〖의학〗 환각, 환영(幻影). 3. 〖음악〗 환상곡.

phantasie-, Phantasie- (Phantasie 1 a): **~arm** 〈Adj.〉 상상력이 빈곤한(↔ ~reich). **~begabt** 〈Adj.〉: -e Kinder 상상력이 풍부한 아이들. **~bild**, das 상상의 모습, 상상 심상(心像) -er von einer besseren Welt 보다 나은 세계에 대한 상상의 모습들. **~blume**, die 공상화(花), 공상의 꽃. **~garn**, das 〖섬유〗 Effektgarn. **~gebilde**, das 상상력의 산물, 환영(幻影). **~gestalt**, die 상상의 형상(인물). **~kostüm**, das 1. 환상적 의상. 2. (재단·의상) 고전적 전형을 따르지 않고 유행을 가미한 환상적 재단의 여성옷. **~los** 〈Adj.〉 상상력이 없는, 상상력의 결여를 보여주는. **~losigkeit**, die 상상력의 결여. **~preis**, der 《통용어》 터무니없이 비싼 값: -e verlangen 터무니없이 비싼 값을 요구하다. **~reich** 〈Adj.〉 상상력이 풍부한, 공상이 많은 (↔ ~arm). **~voll** 〈Adj.〉 **a)** 풍부한 상상력을 가진: ein -es Kind 풍부한 상상력을 타고난 아이. **b)** 풍부한 상상력을 보여 주는: p. schreiben 풍부한 상상력으로

쓰다. **~vorstellung**, die ↑Phantasie (1 b). **~welt**, die환상의 세계: in einer P. leben 환상[공상]의 세계에서 살다.

phantasieren [fanta'zi:rən] ⟨*h*⟩ [lat. phantasiari] **1.** 상상의 나래를 펴다, 공상에 잠기다, 몽상하다: phantasierst du, oder sagst du die Wahrheit? 너 헛소리를 하는 거냐, 진실을 말하는 거냐? **2.** [의학] 헛소리하다: der Kranke phantasierte die ganze Nacht 환자는 밤새도록 헛소리했다. **3.** [음악] 즉흥적으로 연주하다: er phantasierte über ein Thema von Bach 그는 바흐의 한 주제로 즉흥 연주를 했다. **Phantasma** [fan'tasma], das; -s, ...men [lat. phantasma < griech. phántasma] [심리] 환영(幻影), 환각, 환상, 망상. **Phantasmagorie** [fantasmago'ri:], die; -n [...iːən] **1.**《교양어》환상, 환영. **2.** [연극] 마술 환등, (조명 따위로) 환영(유령)의 투영(投影). **phantasmagorisch** [...'po:rɪʃ] ⟨Adj.⟩《교양어》환영(유령) 같은, 기괴한; 꿈을 같은. **Phantast** [fan'tast], der; -en, -en [lat. phantasta < griech, phantastḗs]《驛》공상가, 몽상가, 망상가; 기인, 괴짜: ein harmloser P. 천진한 몽상가. **Phantasterei** [fantastə'raj], die; -en《驛》공상, 망상, 기상천외, 넌센스: das ist doch reine P. 그건 정말 순전한 넌센스다. **Phantastik** [fan'tastɪk], die《교양어》환상[환상]적인 것, 비현실적인 것, 환상성(性): von der P. einer Szene gefesselt sein 어떤 장면의 환상성에 매료되다. **phantastisch** ⟨Adj.⟩ [lat. phantasticus < griech. phantastikós] **1.**《교양어》공상[환상]적인, 현실과 동떨어진, 가공적인, 기발한: er erzählte -e Geschichten 그는 환상적인 이야기를 했다; dein Vorhaben erscheint mir p. und unrealisierbar 네 계획은 내게는 환상적인 것으로 여겨진다; das klingt reichlich p. 그것은 매우 현실과 동떨어진 것으로 들린다. **2.**《통용어》**a)** 경이적인, 훌륭한, 굉장한, 멋있는: sie hat eine -e Figur 그녀는 더없이 아름다운 몸매를 하고 있다; (es war einfach) p.! (정말) 멋있었어!; sie tanzt p. 그녀는 춤을 썩 잘 춘다. **b)** 터무니없는, 엄청난, 믿을 수 없는: die Preise sind geradezu p. gestiegen 물가가 정말 엄청나게 올랐다. **Phantom** [fan'to:m], das; -s, -e [frz. fantôme] **1.** 환영, 환상(幻像), 허깨비, 유령: einem P. nachjagen 환영을 뒤쫓다. **2.** [의학] **a)** ↑Phantomerlebnis. **b)** (실습용) 인체 모형.

Phantom-: **~bild**, das [범죄] (범인의) 몽타주 사진, 인상화(人相畵). **~erlebnis**, das [의학] (절단된 지체가 아직 있는 것 같은) 환각(환상) 체험. **~kampf**, der [권투] 가상 권투시합. **~schmerz**, der [의학] 환지통(幻肢痛), 환각통.

¹**Pharao** ['fa:rao], der; -s, -nen [fara'oːnən; griech. pharaṓ] **1.** 《Pl. 없음》고대 이집트 왕의 칭호. **2.** 이 칭호의 소유자. ²**Pharao** [-], das; -s ↑Pharo. **Pharaoameise**, die 팽이개미의 일종.

Pharaonen-: **~grab**, das 파라오의 무덤. **~ratte**, die ↑Ichneumon. **~reich**, das (고대 이집트의) 파라오 제국. **~tempel**, der 파라오의 신전.

pharaonisch ⟨Adj.⟩ 파라오의.

Pharisäer [fari'zɛːɐ], der; -s, - [lat. Pharisaeus < griech. Pharisaîos; 2: 누가복음 18장 10절; 3: 술이 아니라 커피만 마시는 것 같이 천겨지도록 하려는 데서] **1.** 바리새 인, 바리새파의 사람. **2.**《아이》위선자: er ist weit entfernt davon, ein P. zu sein 그는 전혀 위선자가 아니다. **3.** 럼과 크림을 친 뜨거운 커피. **pharisäerhaft** ⟨Adj.⟩ 위선적인, 독선적인. **Pharisäertum**, das; -s《아이》바리새주의; 위선, 독선. **pharisäisch** ⟨Adj.⟩《아이》**1.** 바리새파[인]의. **2.** ↑pharisäerhaft. **Pharisäismus** [...zeˈɪsmʊs], der; -《아이》↑Pharisäertum. **Pharmaka**: ↑Pharmakon의 복수형. **Pharmakant** [farma'kant], der; -en, -en 제약 기술자. **Pharmakeule**, die《은어》((정신) 치료에 투입되는) 과량의 약. **Pharmakodynamik** [farmako-], die 약물학, 약역학 (藥力學). **pharmakodynamisch** ⟨Adj.⟩ 약물[역]학적인, 약물 작용의. **Pharmakognosie** [...gnoˈziː], die 생약학. **pharmakognostisch** [...'gnɔstɪʃ] ⟨Adj.⟩ 생약학적인. **Pharmakologe**, der; -n, -n 약리학자(藥理學者), 약물학자. **Pharmakologie**, die 약리학, 약물학. **pharmakologisch** ⟨Adj.⟩ 약리적인, 약리[약물]학상의. **Pharmakon** ['farmakon], das; -s, ...ka [griech. phármakon]《교양어》약, 약제(藥劑). **Pharmakopöe** [...'pøː, (드물게)...'pøːə], die; -n [...'pøːən] 약전(藥典). **Pharmakotherapie**, die; -n [의학·심리] 약물 요법. **Pharmareferent** ['farma-], der; -en, -en《교양어》↑Ärztevertreter. **Pharmazeut** [farma'tsɔyt], der; -en, -en [griech. pharmakeutḗs] 약(제)학자, 약사, 약학생. **Pharmazeutik** [...tɪk], die ↑Pharmazie. **Pharmazeutikum**, das; -s, ...ka (교양어》약, 약품, 약제. **pharmazeutisch** ⟨Adj.⟩ [lat. pharmaceuticus < griech. pharmakeutikós] 약학의, 제약의: die -e Industrie 제약 산업. **Pharmazie** [...'tsiː], die [lat. pharmacīa < griech. pharmakeía] 약학, 제약학, 조제학.

Pharo ['fa:ro], das; -s [engl. faro, frz. pharaon; 아마도 영국으로 도입된 프랑스 카드장에 왕 대신에 그려진 파라오의 초상에서] 《아이》카드 도박의 일종.

pharyngal [farʏŋˈɡaːl] ⟨Adj.⟩ [언어] 인두(咽頭)의, 인두음의. **pharyngalisieren** [farʏŋɡaliˈziːrən] ⟨*h*⟩ [언어] 인두음화(咽頭化)을 하면서 발음하다, 인두음화하다. **Pharyngen**: ↑Pharynx의 복수형. **Pharyngismus** [farʏŋˈɡɪsmʊs], der; -, ...men [의학] 인두 경련. **Pharyngitis** [...ˈɡiːtɪs], die; ...itiden [...giˈtiːdən] [의학] 인두염. **Pharyngologe** [farʏŋɡoˈ...], der; -n, -n 인두학자(咽頭學者), 인두 전문의. **Pharyngologie**, die 인두학(咽頭學). **Pharyngoskop** [...ˈskoːp], das; -s, -e [의학] ↑Rachenspiegel. **Pharyngoskopie** [...skoˈpiː], die; -n [...ˈiːən] [의학] 인두경(咽頭鏡)(에 의한) 검사법. **Pharyngotomie** [...toˈmiː], die; -n [...iːən] [의학] 인두절개(술)(切開術). **Pharynx** ['faːrʏŋks], der; -, ...ryngen [faˈrʏŋən; griech. pháryx] [의학] 인두(咽頭).

Phase ['faːzə], die; -n [frz. phase] **1.**《교양어》단계, 국면, (짧은) 시기: eine dramatische P. beginnt 극적인 국면이 시작된다; -n des Aufschwungs und der Krisen 상승과 위기의 단계들; die Verhandlungen sind in die entscheidende P. getreten 협상은 결정적인 단계에 접어들었다. **2.** [물리] (음파, 광파 등의) 위상(位相). **3.** [화학] 상(相), 형상(形相): die feste[flüssige, gasförmige] -e 고상(固相)[액상(液相), 기상(氣相)]. **4.** [천문] (위성의) 상(相), 위상. **5.** [전기] 삼상(三相) (교류) 회로.

Phasen-: **~änderung**, die (파동의) 위상변이(變移). **~bild**, das [영화] 동화(動畵)의 낱 장면. **~geschwindigkeit**, die [물리] 위상 속도. **~kontrastmikroskop**, das 위상차(位相差) 현미경. **~messer**, der [전기] 위상계(位相計). **~spannung**, die [전기] 상전압(相電壓). **~sprung**, der [물리] (파동의) 갑작스런 위상변이. **~verschiebung**, die [물리] **1.** (위)상차(位相差). **2.** ↑~sprung.

-phasig [-faːzɪç] [(다음의 합성어로, 예컨대) einphasig (숫자: 1 phasig) 1상(相)의 -의. **phasisch** ['faːzɪʃ] ⟨Adj.⟩ 단계적인, 주기적인.

Phelonion [feˈlɔnjʊm, das; -s, ...ien [...iən; griech. phelónion] (그리스 정교회 사제의) 미사복(服).

Phenacetin [fenatseˈtiːn], das; -s [약학] 페나세틴(해

Phenol [fe'no:l], das; -s [frz. phénol, 전철 Phen-은 대개 등용(燈用) 가스 제조의 부산물을 뜻한다] 페놀, 석탄산. **Phenole** 〈Pl.〉 페놀류(類). **Phenolharz**, das 페놀수지(樹脂). **Phenolphthalein**, das; -s 페놀프탈레인. **Phenoplast**, der -(e), -e [화학] ↑Phenolharz. **Phenylgruppe** [fe'ny:l-], die; -n [화학] 페닐기(基) (원자단). **Phenylketonurie** [...ketonu'ri:], die; -n [...i:ən] [의학] 페닐케톤 뇨증(尿症).

Pheromon [fero'mo:n], das; -s, -e 〈대개 Pl.〉 [생물] 페로몬.

Phi [fi:], das; -s, -s [griech. phī] 그리스 자모의 스물 한 번째 자(Φ, φ).

Phiale ['fi̯a:lə], die; -n [griech. phiálē] 고대 그리스의 제사 용구로) 평평한 접시.

phil-, Phil- ↑Philo-, Philo- 참조. **Philanthrop** [filan'tro:p], der; -en, -en [griech. philánthrōpos] 《교양어》 박애주의자, 자선가. **Philanthropie** [...tro'pi:], die [griech. philanthrōpía] 《교양》 박애, 자선심, 인애(仁愛). **Philanthropinismus** [...tropi'nɪsmʊs], Philanthropismus, der; - 범애주의(汎愛主義)(교육). **Philanthropinist** [...'nɪst], der; -en, -en 범애주의 교육의 신봉자. **philantropisch** 〈Adj.〉 《교양》 박애주의적인, 자비로운: eine -e Einrichtung 자선 시설. **Philanthropismus**: ↑Philanthropinismus. **Philatelie** [filate'li:], die [frz. philatélie] ↑Briefmarkenkunde. **Philatelist** [...'lɪst], der; -en, -en [frz. philatéliste] 우표 연구가(수집가). **philatelistisch** 〈Adj.〉 우표 연구가(수집)의. **Philharmonie** [fɪlharmo'ni:, 'fi:l-], die; -n [...i:ən] 1. 관현악단이나 음악(애호) 단체의 이름. 2. 음악당. **Philharmoniker** [...'mo:nikɐ, 'fi:l-], 〈österr. 또한〉 '-----', der; -s, - a) 필하모니 관현악단원. b) 〈Pl.〉 대규모 관현악단: die Wiener P. 빈 필하모니 관현악단. **philharmonisch** 〈Adj.〉 《대개 다음의 용법으로》 -es Orchester 필하모니 교향악단.

Philhellene [fɪlhɛ'le:nə, 'fi:l-], der; -n, -n [griech. philéllēn] 그리스 독립 운동 후원자) 〈古語〉 그리스 (문화) 애호자. **Philhellenismus**, der; - (19세기 전반의 정치적 문학적) 그리스 독립 후원 운동.

Philipperbrief, der 빌립보서(書). **Philippi** [fi'lɪpi], 고대 마케도니아의 도시.

Philippika [fi'lɪpika], die; ...ken [griech. (tà) Philippiká, 마케도니아의 왕 필립에 대한 그리스의 데모스테네스의 공격 연설에서] 《교양어》 《격렬한》 공격(탄핵) 연설.

Philippinen [filɪ'pi:nən], die 〈Pl.〉 필리핀(군도). **Philippiner**, der; -s, - 필리핀 인. **philippinisch** [filɪ'pi:nɪʃ] 〈Adj.〉 필리핀 인(의)의.

Philister [fi'lɪstɐ], der; -s, - [griech. Philistieím < hebr. Pĕlištím, 팔레스티나 해안의 비유대 민족의 이름] 1. 《교양・폄》 고루한(소견 좁은) 사람, 속물: gegen die P. wettern 속물들을 격렬히 꾸짖다. 2. 《대학생》 (학생 조합의) 구정회원(舊正會員)(생업에 종사하는). 3. 《대학생・준고어》 대학생이 아닌 사람. **Philisterei** [filɪsta'raɪ], die; -en 《교양・폄》 a) 〈Pl. 없음〉 속물 근성, 편협, 고루. b) 속물적 언동. **philisterhaft** 〈Adj.〉 《교양어・폄》 속물 같은, 속물적인, 고루한. **Philisterium** [filɪs'te:riʊm], das; -s 《대학생》 1. 직업인(사회인) 생활. 2. (총칭적) 대학생이 아닌 사람들. **Philistertum**, das; -s 《교양・폄》 속물 근성, 편협, 고루, 범속성. **philistrieren** [...'tri:rən] 〈h〉 《대학생》 구(舊)정회원(선배 회원)으로 추대하다. **philiströs** [filɪs'trø:s] 〈Adj.〉 《프랑스어적 조어》《교양어・폄》 속물적인, 편협한, 고루한, 소견 좁은.

Phillumenie [filume'ni:], die 《드물게・교양어》 성냥갑 (상표) 수집. **Phillumenist** [...'nɪst], der; -en, -en 《드물게・교양어》 성냥갑(상표) 수집가.

philo-, Philo- 《모음 앞》 phil-, Phil [fɪl(o)-, fɪl-; griech. phílos]《친구, 사모자, 애호자, 사랑, 애착, 학문 연구를 뜻하는 규정어로서, 예컨대》 Philosophisch, Philologe, Philanthrop. **Philodendron** [...'dɛndrɔn], der; -s, ...dren [griech. phílos. déndron; 나무에 붙어 높이 자라나기를 좋아하기 때문에] 서양 토란의 일종(관엽 식물). **Philologe**, der; -n, -n [lat. philologus < griech. philólogos] 어문학자, 문헌학자. **Philologie**, die; -n [...i:ən; lat. philologia < griech. philología] 어문학, 문헌학. **Philologin**, die; -nen ↑Philologe의 여성형. **philologisch** 〈Adj.〉 a) 어문학의, 문헌학의: eine -e Untersuchung 어문학적 연구. b) 정확한, 정밀한: mit -er Akribie 지나치게 정밀하게.

Philomela [filo'me:la], **Philomele** [...lə], die; ...len [lat. philoméla < griech. Philoméla, 아테네 왕 Pandion의 딸로 나이팅게일로 변신하였던 함]《시어・고어》나이팅게일.

Philosemit, der; -en, -en [lat. 유태인 옹호자, 친 유태주의자. **philosemitisch** 〈Adj.〉 유태인 옹호(운동)의, 친 유태주의적인. **Philosemitismus** [...zemi'tɪsmʊs], der; - a) (특히 17, 18세기의) 유태인 옹호 운동, 친 유태주의. b) 《폄》 (무조건적, 무비판적인) 친 이스라엘 성향.

Philosoph [filo'zo:f], der; -en, -en [lat. philosophus < griech. philósophos] 1. 철학자, 철학 교수: er ist ein großer P. 그는 위대한 철학자이다. 2. 《통용어》 명상가, 철인: er ist ein (rechter) P. 그 사람이야말로 (진정한) 철인이다. **Philosophem** [...zo'fe:m], das; -s, -e [griech. philosóphēma] 철학적 명제(학설, 주장). **Philosophie** [...'fi:], die; -n [...i:ən; lat. philosophia < griech. philosophía] 1. 철학: die materialistische [idealistische] P. 유물론(관념론) 철학. 2. 인생(세계)관: seine P. lautet: leben und leben lassen 각자가 자기 방식대로 살아감을 인정한다는 것이 그의 인생관이다. **philosophieren** [...'fi:rən] 〈h〉 철학하다, 사색을 하다, 척학하고 논하다: über das Leben, Gott und die Welt p. 인생과 신(神)과 세계에 대하여 사색하다. **Philosophikum** [...'zo:fikʊm], das; -s, ...ka [lat. philosophicum] 《대학》 1. (교원 임용 국가 시험의) 철학 시험. 2. 사제직 예비 시험. **philosophisch** 〈Adj.〉 [lat. philosophicus] 1. 철학적인, 철학(상)의: nicht p. denken können 철학적인 사고를 할 수 없다. 《전의》 auf -en Höhen wandeln 현실과 동떨어진 사고를 하다. 2. a) 사색적인, 명상적인, 사려 깊은: ein -er Mensch 철학적인 (사색적인) 인간. b) 냉정하고 침착한, 현명한: etw. p. betrachten 무엇을 냉정하고 침착하게 관찰하다.

Phimose [fi'mo:zə], die; -n [griech. phímōsis] [의학] 포경.

Phiole [fi'o:lə], die; -n [lat. phiala < griech. phiálē] 목이 긴 병, 플라스코.

Phlebitis [...'bi:tɪs], die; ...itiden [...bi'ti:dən] [의학] 정맥염. **Phlebogramm**, das; -s, -e [의학] 정맥 뢴트겐 사진.

Phlegma ['flɛgma], das; -s, 〈österr. 또한〉 - [lat. phlegma < griech. phlégma = 차가운 점착성의 체액; 고대인들의 생각으로는 점착성의 체액과 둔중한 기질이 상응한다] 점액질, 둔중한 기질; 무기력; 무관심, 냉담: sein P. ist durch nichts zu erschüttern 그의 점액질은 요지부동이다. **Phlegmatiker** [flɛ'gma:tikɐ], der; -s, - [고대 그리스의 의사 Hippokrates의 유형학에 따라] 흥분하지 않는 조용한 기질의 인간형(↑Choleriker, Melancholiker, Sanguiniker 참조). **Phlegmatikus** [...kʊs], der; -, -se 《통용어・농》 점액질의(둔중한) 사

람. **phlegmatisch** [fle'gma:tɪʃ] 〈Adj.〉 [lat. phlegmaticus < griech. phlegmatikós] 점액질의, 둔중한, 무관심한, 무기력한: man sagt, dünne Menschen seien zäh, dicke p. 마른 사람은 강인하고 뚱뚱한 사람은 점액질이라고 한다. **Phlegmone** [fle'gmo:nə], die; -n [griech. phlegmoné] [의학] 봉와직염(蜂窩織炎), 급성결체조직염. **phlegmonös** [flegmo'nø:s] 〈Adj.〉 [의학] 봉와직염성(性)의, 봉와직염을 동반하는.
Phloem [flo'e:m], das; -s, -e [식물] 사부(部), 체관부.
phlogistisch [flo'gɪstɪʃ] 〈Adj.〉 [의학] 염증의. **Phlogiston** ['flo:gɪston], das; -s [griech. phlogistón] 연소(燃素). **Phlox** [flɔks], der; -es, -e, (또한) die; -e [griech. phlóx] 플록스, 풀협죽도.
Phnom Penh [pnɔm'pɛn] 프놈펜.
Phöbe ['fø:bə] 그리스의 달의 여신.
Phobie [fo'bi:], die; -n [...i:ən; griech. phóbos] [의학] 공포증.
Phokomelie [fokome'li:], die; -n [...i:ən; 기형의 사지가 바다표범의 지느러미같다] [의학] 해표(상)지증(海豹狀肢症).
Phon [fo:n], das; -s, -s 〈그러나: 50 Phon〉 [griech. phōnḗ] 폰(소리의 강도 단위)〈기호: phon〉. **-phon**〈명사와 형용사에서 나타나는, "소리" 혹은 "소리의"라는 뜻의 접미어, 예컨대〉 Megaphon, monophon. **phon-, Phon-** 〈↑phono-, Phono- 참조. **Phonation** [fona'tsio:n], die; -en [의학] 조음(調音), 발성. **Phonem** [fo'ne:m], das; -s, -e **1.** [언어] 음소(音素). **2.** [의학] 〈Pl. 로만〉 환청(幻聽).
Phonem- [언어] **~analyse**, die 음소 분석. **~inventar**, das 〈한 언어의〉 음소 목록. **~system**, das 음소 조직.
Phonematik [fone'ma:tɪk], die ↑Phonologie. **phonematisch** 〈Adj.〉 [언어] 음소의; 음소론[음운론]적인. **Phonemik** [fo'ne:mɪk], die ↑Phonologie. **phonemisch** 〈Adj.〉 ↑phonematisch. **Phonendoskop**, das; -s, -e [의학] 확성 청진기. **Phonetik** [fo'ne:tɪk], die 음성학. **Phonetiker**, der; -s, - 음성학자. **phonetisch** 〈Adj.〉 음성학의, 발음상의: -e Schrift 표음 문자. **Phoniater** [fo'nia:tɐ], der; -s, - 음성의학 전문가. **Phoniatrie** [fonia'tri:], die 음성의학. **phonisch** ['fo:nɪʃ] 〈Adj.〉 음성의, 음향의.
Phönix ['fø:nɪks], der; -(es), -e [lat. phoenix < griech. phoínix] [신화] 불사조: wie ein P. aus der Asche (auf)steigen(emporsteigen, sich erheben) (아이) 불사조처럼 다시 소생하다.
Phönizien [fø'ni:tsiən], -s 페니키아. **Phönizier**, der; -s, - 페니키아 사람. **phönizisch** 〈Adj.〉 페니키아의, 페니키아 인[어]의.
phono-, Phono-, 《모음 앞》 **phon-, Phon-**, [fon(o)/ griech. phōnḗ] 〈소리, 목소리를 뜻하는 규정어로서, 예컨대〉 phonological. **Phonograph. Phonodiktat**, das; -(e)s, -e 구술용 녹음기를 통한 구술. **Phonogerät**, das; -(e)s, -e 음향기기. **Phonogramm**, das; -s, -e [전기] 녹음, 음파 기록. **Phonograph**, der; -en, -en 〈옛〉 (납판) 축음기. **Phonographie**, die; ...ien [...i:ən] **1.** 표음법(表音法), 표음속기술. **2.** 축음술. **phonographisch** 〈Adj.〉 표음법의, 표음 기록술(상)의; 녹음(상)의. **Phonokoffer**, der; -s, - 휴대용 전축. **Phonola** [Ⓦ] ['fo:nola], das; -s, -s, (또한) die; -s 〈인공어〉 [음악] 반자동 피아노〈참조: Pianola〉. **Phonolith** [...'li:t, (또한) ...lɪt], der; -s / -en, -e(n) 향석(響石). **Phonologie**, die 음소론, 음운학, 음소론. **phonologisch** 〈Adj.〉 [언어] 음운론의, 음소론의. **Phonometer**, das; -s, - 측음기(測音器). **Phonometrie** [...me'tri:], die **1.** 음향 자극 측정. **2.** 계량(計量) 음성학.

Phonothek [...'te:k], die; -en 음성[녹음] 자료관. **Phonotypistin** [...ty'pɪstɪn], die; -nen 구술 녹음 여타자수(타이피스트). **Phonzahl**, die; -en 폰수(폰으로 표시된 소리의 강도).
Phorminx ['fɔrmɪŋks], die ...mingen [fɔr'mɪŋən/ griech. phórmigx] [음악] 고대 그리스의, 현을 튀기는 현악기.
Phoronomie [forono'mi:], die [lat. phoronomia] **1.** 《드물게》 ↑Kinematik. **2.** [노동학·심리] 일 및 에너지 소모학[론].
Phosgen [fɔs'ge:n], das; -s [engl. phosgene] 포스겐 (일산화탄소와 염소의 화합물로 무색 독가스). **Phosphat** [fɔs'fa:t], das; -(e)s, -e 인산염. **phosphathaltig** 〈Adj.〉 인산염을 함유한. **phosphatieren** [fɔsfa'ti:rən] 〈h〉 [기술] 인산염 처리를 하다. **Phosphid** [fɔs'fi:t], das; -(e)s, -e 인화물(燐化物). **Phosphit** [-], das; -s, -e 아인산염(亞燐酸塩). **Phosphor** ['fɔsfɔr, (또한) ...fo:ɐ̯], der; -s, -e [fɔs'fo:rə/ griech. phōsphóros] **1.** 인(燐)〈기호: P〉. **2.** 인광(燐光) 물질, 인광제.
Phosphor-: **~bombe**, die 황린(黃燐) 소이탄. **~säure**, die 인산(燐酸). **~vergiftung**, die 인중독(燐中毒). **~wasserstoff**, der 인화 수소.
Phosphoreszenz [fɔsfores'tsɛnts], die [frz., engl. phosphorescence] 인광(성). **phosphoreszieren** [...'tsi:rən] 〈h〉 인광을 발하는(어두운 곳에서): die Zahlen auf dem Zifferblatt der Uhr phosphoreszieren 시계 문자판의 숫자가 인광을 발한다. **phosphorig** [...fɔrɪç] 〈Adj.〉 인광의, 인을 함유한: -e Säure 아린산(亞燐酸). **Phosphorit** [...'ri:t, (또한) ...rɪt], der; -s, -e [지질] 인회토(燐灰土) (비료용).
Phot [fo:t], das; -s, - 포트(조도(照度) 단위], 1 Phot = 10000 Lux〉〈기호: ph〉. **Photo**, das ↑Foto.
photo-, Photo- [foto-] 〈↑foto-, Foto- 참조〉: **~album**, das ↑Fotoalbum. **~biologie**, die 광생물학. **~biologisch** 〈Adj.〉 광생물학적의. **~chemie**, die 광화학. **~chemigraphie**, die 사진 제판(製版). **~chemisch** 〈Adj.〉 광화학적인. **~effekt** ['fo:to-], der [전기] 광전(光電) 효과. **~elektrizität**, die [전기] 광전기. **~elektron** ['fo:to-], das [전기] 광전자. **~element** ['fo:to-], das [전기] 광전지(光電池). **~gramm**, das Meßbild. **~grammetrie** [...gra'me'tri:], das [측량] 사진 측량(법), 사진 지도 작성(법). **~gravüre**, die ↑Heliogravüre. **~lyse**, die [griech. lýsis = Auflösung] [생물] 광분해. **~mechanisch** 〈Adj.〉 [인쇄] 사진 제판(복사)의: ein -es Verfahren 사진 복사술. **~meter**, der [물리] 측광기, 광도계(光度計). **~metrie**, die [물리] 광도 측정(술), 측광. **~metrisch** 〈Adj.〉 [물리] 광도 측정(술)의, 측광(상)의. **~satz**, der ↑Fotosatz. **~sphäre**, die 〈Pl. 없음〉[천문] 광구(光球)(태양 표면의 흰 빛을 발하는 층). **~synthese**, die [생물] 광합성. **~taktisch** 〈Adj.〉 [생물] 주광성의. **~taxis**, die [생물] 주광성(走光性). **~therapie**, die [의학] ↑Lichtbehandlung. **~widerstand** ['fo:to-], der [전기] 광저항. **~zelle** ['fo:to-], die [전기] 광전지, 광전관(光電管). **~zinkographie**, die 〈인쇄·고어〉**1.** 〈Pl. 없음〉 사진 아연(철)(凸)판술. **2.** 사진 아연(철)판.
photochrom [...'kro:m] 〈Adj.〉 [griech. phōs] [물리·광학] 〈안경알 등〉 광호변성(光互變性)의. **photogen** usw.: ↑fotogen usw. **Photograph** usw.: ↑Fotograf usw. **Photon** ['fo:ton], das; -s, -en [fo'to:nən; griech. phōs] [물리] 광자(光子), 광양자(光量子). **Photothek**: ↑Fothothek. **phototrop** [...'tro:p] 〈Adj.〉 [griech. tropḗ] **1.** [물리·광학] ↑photochrom. **2.** ↑phototropisch. **phototropisch**

⟨Adj.⟩ [griech. tropé] 【생물】 굴광성(屈光性)의: -e Pflanzen 굴광성 식물들. **Phototropismus** [...tro'pismus], der; [생물] 굴광성(屈光性). **Phototypie** [...ty'pi:], die; -n [...i:ən]; ↑Type] (인쇄·고어) 1. (Pl. 없음) 사진 철판술(凸版術). 2. 사진 철판.

Phrase ['fra:zə], die; -n [1: frz. phrase; 2, 3: lat. phrasis < griech. phrásis] 1. a) (폄) 상투어, 빈말, 헛언: das ist doch nur eine billige P. 그 것은 흔해 빠진 상투어에 지나지 않는 다. **-n dreschen** (통용어) 의미도 없는 듣기좋은 말만 늘어 놓다, 빈말을 늘어놓다. b) (준고어) 판에 박힌 문구, 숙어, 관용구, 성구(成句). 2. 【언어】 문장 성분, 구(句). 3. 【음악】 악구(樂句), 악절. **Phrasendrescher**, der; -s, - 【폄】 미사 여구를 늘어놓는 사람, 공론가. **Phrasendrescherei** [...dreʃə'raɪ], die; -en (폄) 상투적인(빈) 말을 늘어놓기, 헷언을 농하기. **phrasenhaft** ⟨Adj.⟩ (폄) 내용 없는, 무의미한: < Reden(Dankesworte) 공허한 연설(판에 박은 감사의 말). **Phrasenhaftigkeit**, die ↑phrasenhaft의 명사형. **Phrasenstrukturgrammatik**, die 【언어】 구(句) 구조 문법(構造文法)(PS-Grammatik). **Phraseologie** [frazeolo'gi:], die; -n [...i:ən] 【언어】 a) (한 언어의) 관용어법, 숙어(전체). b) 숙어집, 관용어집(集). **phraseologisch** ⟨Adj.⟩ 【언어】 관용어(법)의: ein -es Wörterbuch 관용어 사전. **Phraseologismus**, der; -, ...men 【언어】 ↑Idiom (2). **Phraseonym** [...'ny:m], das; -s, -e [griech. ónyma] 【문예학】 어법 필명(어떤 어법을 저자의 가명으로 사용하는)(예컨대: "von einem, dem das Lachen verlernt hat"). **phrasieren** [fra'zi:rən] ⟨h⟩ [↑Phrase (3) 참조] 【음악】 (악곡의 연주시에) 악절[악구]로 나누다, 악구에 맞추어 해석하다. **Phrasierung**, die; -en [음악] 1. 구절법(句節法), 분절법(分節法). 2. (분절법 기호로 표시된) 악절(악구). **Phrasierungszeichen**, das 분절법 기호.

Phratrie [fra'tri:], die; -n [...i:ən; griech. phratreía] (고대 그리스의) 씨족 공동체.

Phrenalgie, die; -n [griech. phrén = Zwerchfell u. álgos = Schmerz] 【의학】 횡격막통(橫膈膜痛). **Phrenektomie**, die; -n [↑Ektomie] 【의학】 횡격막 일부가 극히 악성 종양의 제거 수술.

Phrygien ['fry:giən], -s 프리지아(고대 소아시아의 나라 이름). **Phrygier**, der; -s, - 프리지아 사람. **phrygisch** ['fry:gɪʃ] ⟨Adj.⟩ 프리지아(사람)의: -e Mütze 꼭대기 부분이 앞으로 접히는 원추형 모자(프랑스 혁명 때의 자코뱅 당의 모자, 자유의 상징); -er Kirchenton(-e Kirchentonart) 프리지아 교회 선법(旋法)(e를 기음으로 하는).

Phthalein [ftale'i:n], das; -s, -e 프탈레인(Eosin 같은 합성 염료). **Phthalsäure** ['ftal:-], die; -n 프탈산(酸).

Phthise ['fti:zə], **Phthisis** ['fti:zɪs], die; ...sen [griech. phthísis] 【의학】 1. 육체나 개개 기관의 전반적 쇠퇴. 2. 폐결핵.

pH-Wert [pe'ha:-], der; -(e)s, -e [lat. potentia Hydrogenii] 【화학】 페 하(페 에이치)가(價) (수소 이온 농도).

Phykologie [fyko-], die ↑Algologie. **Phykomyzet**, der; -en, -en ⟨생물⟩ ↑Algenpilz.

Phyla: ↑Phylum의 복수형.

Phylakterion [fylak'te:rjɔn], das; -s, ...ien [...jən; 1: griech. phylaktérion] 1. 【종교】 (유대인의) 부적, 액막이. 2. ⟨대개 Pl.⟩(유대인의) 호부(護符), 경패(經牌).

Phyle ['fy:lə], die; -n [griech. phylé] (고대 그리스의 도시 구가의 하부 조직으로서) 부족주(部族州). **phyletisch** [fy'le:tɪʃ] ⟨Adj.⟩ 【생물】 계통의, 계통사[종족사]적인.

Phyllit [fy'li:t, (또한) fy'lɪt], der; -s, -e [griech. phýllon] 【지질】 천매암(千枚岩). **Phyllokaktus** [fylo-],

der; -, ...teen [griech. phýllon] 【식물】 (남아메리카산의) 잎선인장. **Phyllokladium** [...'kla:dium], das; -s, ...ien [...jən; griech. phýllon] 【식물】 엽상지(葉狀枝). **Phyllotaxis**, die; ...xen 【식물】 Blattstellung. **Phylloxera** [fylɔ'kse:ra], die; ...ren [griech. xērós] 【생물】 포도혹벌레.

Phylogenese [fylo-], die; -n [griech. phýlon] 【생물】 ↑Phylogenie. **Phylogenetik**, die 【생물】 계통학. **phylogenetisch** ⟨Adj.⟩ 계통 발생의, 계통학(상)의.

Phylogenie [...ge'ni:], die; -n [...i:ən] 【생물】 계통 발생(사). **Phylum** ['fy:lum], das; -s, Phyla [lat.] 【생물】 (동식물 분류상의) 문(門).

Physalis ['fy:zalɪs], die; ...alen [fy'za:lən; 1: griech. physalís] 1. ↑Judenkirsche. 2. ↑Lampionblume.

Physik [fy'zi:k, (또한) fy'zɪk], die [lat. physica < griech. physiké (theōría)] 물리학: experimentelle (angewandte, theoretische) P. 실험(응용, 이론) 물리학.

Physik-: **~ingenieur**, der 물리 공학 기사. **~laborant**, der 물리 공학 숙련공(실험실 조수). **~laborantin**, die ↑-laborant 의 여성형. **~lehrer**, der 물리학 교사. **~unterricht**, der 물리학 수업.

physikalisch [fyzi'ka:lɪʃ] ⟨Adj.⟩ a) 물리적인, 물리학의: -e Formeln (Experimente, Gesetze) 물리학 공식 (실험, 법칙들); -e Geräte 물리학용 기계. b) 물리적 법칙을 따르는: ein rein -er Prozeß 순전히 물리적인 과정. c) 물리(법칙 및 인식)을 응용한: eine Krankheit p. behandeln 병을 물리적으로 치료하다. d) (준고어) ↑physisch (2). **Physiker** ['fy:zikə], der; -s, - 물리학자. **Physikerin**, die; -nen ↑Physiker의 여성형. **physiko-, Physiko-** [fyziko-] (물리학을 뜻하는 규정어로서) **Physikochemie**, die 물리 화학. **physikochemisch** ⟨Adj.⟩ 물리 화학(상)의. **Physikotheologie**, die 물리 신학. **Physikotherapie**, die 《드물게》 물리(적) 치료.

Physikum ['fy:zikum], das; -s, ...ka [lat.(testamen) physicum] 【의학】 대학생의 예과 졸업 시험(4학기 수료 후 치르는 의학 기초 과목 시험). **Physikus** ['fy:zikus], der; -, -se [lat. physicus] (고어) 공의(公醫), 보건소 의사. **Physiognom** [fyzio'gno:m], der; -en, -en 관상(골상)학자, 관상가. **Physiognomie** [...gno'mi:], die; -n [...i:ən; griech. physiognōmía] 1. (교양어) 인상, 골상, 용모: (전의) die P. einer Stadt [einer Landschaft] 한 도시(경관)의 모습. 2. (전문어) (동식물의 특징적) 외관, 외모, 형상. **Physiognomik** [...'gno:mɪk], die 【심리】 1. (내적 특성을 추론할 수 있게 해 주는) 인상. 2. 인상(골상)학. **Physiognomiker** [...'gno:mike], der; -s, - 인상(골상)학자. **physiognomisch** ⟨Adj.⟩ (교양어) 인상의; 인상학상의. **Physiokrat** [fyzio'kra:t], der; -en, -en [frz. physiocrate] 중농(重農)주의자, 중농학파의 사람. **physiokratisch** ⟨Adj.⟩ 중농주의의. **Physiokratismus** [fyziokra'tɪsmus], der; - 중농주의.

Physiologe [fyzio'lo:gə], der; -n, -n 생리학자. **Physiologie**, die [griech. physiología] 생리학. **physiologisch** ⟨Adj.⟩ 생리학(상)의. **Physiotherapeut**, der; -en, -en 물리 요법 전문가, 물리 치료가. **Physiotherapeutin**, die; -nen ↑Physiotherapeut의 여성형. **Physiotherapie**, die 물리 요법, 물리 치료. **Physis** ['fy:zɪs], die [griech. phýsis] (교양어) 신체, 육체(적 조건, 특질), 체질: eine gesunde P. haben 건강한 신체를 갖고 있다. **physisch** ⟨Adj.⟩ [lat. physicus < griech. physikós] 1. 육체적인, 신체의: -e Kraft 육체적인 힘; ein -er Schmerz 육

체적 고통; die -e Liebe [Vereinigung] 육체적 사랑[결합]. 2. 〈nur attr.〉 [지리] 자연의(지형학적, 기후학적, 수문학적): -e Geographie 자연 지리학; -e Karte 지형도(圖).

phyto-, Phyto- [fyto-; griech. phytón] 〈식물을 뜻하는 규정어로서〉 **phytogen** 〈Adj.〉 식물성의, 식물질의, 식물 기원의. **Phytogeographie,** die 식물 지리학. **Phytohormon,** das; -s, -e 식물(성) 호르몬. **Phytohygiene,** die 식물 위생학. **Phytolith** [...'lɪt, (또한) lɪt], der; -s 《또는》-en, -e(n) 《대개 Pl.》 [↑-lith 참조] [지질] 식물암(巖), 식물단백석. **Phytologie,** die 식물학. **Phytomedizin,** die 식물 의학. **Phytomediziner,** der; -s, - 식물 의사. **Phytopathologie,** die 식물 병리학. **phytophag** ['fa:k] 〈Adj.〉 [griech. phageīn] 《생물》 초식(草食)의. **Phytophage** [...'fa:gə], der; -n, -n 초식 동물. **Phytopharmazie,** die 식물 약학(藥學)(식물 의학의 한 분야). **Phytoplankton,** das; -s 식물성 플랑크톤. **Phytosoziologie,** die 식물 사회학, 식물 군락(群落)학. **Phytotherapie,** die 식물 요법. **Phytotoxin,** das; -s, -e 〔의학·생물〕 식물 독소. **Phytotron** [fyto'tro:n, (또한) 'fy:...], das, -s, ...'tro:nə; griech. -tron] (온도, 습도, 광도의 조절이 가능한 현대적인) 식물 연구 실험실. **Phytozoon** [fyto'tso:ɔn], das; -s, ...zoen [griech. zōon = Tier, Lebewesen] 〔고어〕식물성 동물(해양 동물).

Pi [pi:], das; -(s), -s [1: griech. pī; 2: 1737 스위스 수학자 L. Euler (1707~1783)가 처음 씀]. 1. 그리스 자모의 열 여섯째 자(Π, π). 2. 〈Pl. 없음〉 〔수학〕 원주율(기호: π (π = 3, 1415···)): **Pi mal Daumen [Pi mal Schnauze]** 《통용어》 대충 어림잡아.

piacevole [pia'tʃe:volə] 〈Adv.〉 [ital. piacevole] 〔음악〕 기분좋게, 사랑스럽게.

Piaffe ['piafə], die; -n [frz. piaffe] 〔승마〕 피아페(빠른 걸음의 박자로 제자리 걷기). **piaffieren** [pia'fi:rən] 〈h〉 [frz. piaffer] 〔승마〕 빠른 걸음의 박자로 제자리 걷기를 하다.

piangendo [pian'dʒɛndo] 〈Adv.〉 [ital. piangendo] 〔음악〕 탄식하듯, 흐느끼듯.

Pianino [pia'ni:no], das; -s, -s [ital. pianino] 〔음악〕 소형 피아노. **pianissimo** 매우 약하게(약어: pp.). **Pianissimo,** das; -s, -s / ...mi 〔음악〕 매우 약하게 연주함(노래함). **Pianist** [pia'nɪst], der; -en, -en [frz. pianiste] 피아노 연주자: ein berühmter [gefeierter] P. 유명한[고명한] 피아니스트. **Pianistin,** die; -nen ↑ Pianist의 여성형. **pianistisch** 〈Adj.〉 피아노 연주(기법)상의: eine P. grandiose Leistung 피아노 연주 기법 상으로 대단한 업적. **piano** ['pia:no] 〈Adv.〉 비교급 più piano [piu:-], 최상급 pianissimo [pia'nɪsimo]) [ital. piano] 〔음악〕 약하게. ¹**Piano** [-], das; -s, -s / ...ni 〔음악〕 약주(弱奏). ²**Piano** [-], das; -s, -s [frz. piano, piano-forte의 약칭] 〈준고어·아직 농〉 피아노. **Pianochord** [piano'kɔrt], das; -s, -e [griech. chordē] (클라비코드 비슷하며 6 ⅔ 옥타브의) 소형 피아노. **Pianoforte** [piano'fortə], das; -s, -s [ital. pianoforte < ital. piano forte: 스피네트나 클라비코드와는 달리 건반을 약하게도 세게도 두드릴 수 있는 데서] 〔고어〕 피아노. **Pianola** [pia'no:la], das; -s, -s [ital. pianola] 〔음악〕 자동 피아노.

Piassava [pia'sa:va], **Piassave** [...və], die; ...ven [port. piassaba < Tupi piassába] (남미산의) 종려 잎 섬유. **Piassabesen,** der 종려 잎 섬유로 만든 비.

Piaster ['piastɐ], der; -s, - [engl. piaster, piastre, frz. piastre, ital. piastra] 피아스터(이집트, 시리아, 레바논, 수단의 화폐 단위, 100 Piaster = 1 Pfund).

Piazza ['piatsa], die; Piazze [ital. piazza] 광장, 시장. **Piazzetta** [pia'tsɛta], die; ...tte [ital. piazzetta] 작은 광장.

Pica ['pi:ka], die [engl. pica] (타자기용의) 표준 규격 활자.

Picador, 《독일어화》 Pikador [pika'do:ɐ], der; -s, -es [...'do:rɛs; span. picador] 피카도르(말을 타고 창으로 소의 목을 찔러 소를 자극하는 투우사).

Picassofisch [pi'kaso-], der; -(e)s, -e 피카소어(魚)(인도양과 태평양에 사는 대조적이며 두드러진 무늬를 한 고기).

Piccolo 《österr.》 ↑ ¹Pikkolo.

Pichel ['pɪçl̩], das; -s, - 〔지역적〕 턱받이.

Pichelei [pɪçə'lai], die; -en 《통용어》 폭음, 통음. **Picheler:** ↑ Pichler. **picheln** ['pɪçln̩] 〈h〉 《통용어》 장시간 술을 많이 마시다. **Pichler,** Picheler ['pɪç(ə)lɐ], der; -s, - 술꾼, 술고래.

Pichelsteiner ['pɪçl̩ʃtainɐ], der; -s, **Pichelsteiner Fleisch,** das; - -(e)s, **Pichelsteiner Topf,** der; - -(e)s 네모로 자른 쇠고기와 야채 및 감자의 스튜.

pichen ['pɪçn̩] 〈h〉 〔지역적〕 역청을 칠하다(칠해서 틈을 메우다).

¹**Pick** [pɪk] ↑ ¹Pik (2).
²**Pick** [-], das; -s [↑ ²picken] 《österr.·통용어》 접착제.
Picke ['pɪkə], die; -n ↑ ¹Pickel (b). ¹**Pickel** ['pɪkl̩], der; -s, - **a)** ↑ Spitzhacke. **b)** ↑ Eispickel.
²**Pickel** [-], der; -s, - 작은 종양, 부스럼, 여드름: einen P. ausdrücken 종양의 고름을 짜다. ³**Pickel** [-], der; -s, - [niederd. pickel] 〔제혁〕 (가죽 보존을 위해 쓰이는) 식염 및 유황 용액.
Pickelflöte: ↑ Pikkoloflöte.
pickelhart 〈Adj.〉 《schweiz.》 매우 단단한.
Pickelhaube, die; -n (꼭지에 뾰족한 창끝 같은 쇠붙이를 붙인) 가죽 헬멧.
Pickelhering, der; -s, -e [engl. pickleherring] 어릿광대(17~18세기 무대에서).
picklig, picklig ['pɪk(ə)lɪç] 〈Adj.〉 작은 종양이 난, 여드름 투성이의.
pickeln ['pɪkl̩n] 〈h〉 피켈로 쪼다.
¹**picken** ['pɪkn̩] 〈h〉 [아마도 새가 부리로 빠르게 먹이를 쪼아 먹을 때 나는 소리에서] **1. a)** (빠른 동작으로) 쪼아 먹다: die Hühner picken (Körner) 닭들이 (곡식알을) 쪼아 먹는다. **b)** (뾰족한 부리로) 쪼다: die Spatzen picken an (gegen) die Fensterscheibe 참새들이 유리창을 쪼아댄다. **2.** 《통용어》 (뾰족한 것이나 손가락 끝으로) 끄집어 내다: 〔전의〕 Wörter sinnentstellend aus einem Text p. 어떤 텍스트에서 단어들을 집어내어 의미를 왜곡하다.
²**picken** [-] 〈h〉 《österr.·통용어》 접착하다, 붙다; 달라붙다. **pickenbleiben** 〈s〉 《österr.·통용어》 **1.** 붙어 있다. **2.** 의도했던 것보다 더 오래 머물다. **Pickerl,** das; -s, -n 《österr.》 (붙일 수 있는) 쪽지, 표찰, 레텔, 기념 배지.
Pickhammer ['pɪk-], der; -s, - 〔광부〕 ↑ Abbauhammer.
Pickles ['pɪkl̩s] 〈Pl.〉 ↑ Mixed Pickles의 약칭.
picklig: ↑ pickelig.
Picknick ['pɪknɪk], das; -s, -e / -s [engl. picnic, frz. pique-nique] 야외식, 소풍: auf einer Wiese P. (ab)halten [machen] 풀밭에서 야외회를 갖다.
Picknick-: ~besteck, das 소풍 식사 용구, **~koffer,** der 소풍용 트렁크, **~korb,** der 소풍용 바구니, **~platz,** der 야외회(소풍) 장소.
picknicken ['pɪknɪkn̩] 〈h〉 야외회(피크닉)를 갖다.
Pick-up ['pɪk'ap, 《engl.》 'pɪkʌp], der; -s, -s [engl.

pick-up]《전문어》픽업(전축의). **Pick-up-Shop,** der; -s, -s 원래 배달 상품인 것을 고객이 직접 운반하는 가게.

Pico-: ↑Piko-.

picobello ['pi:koˈbɛlo, (또한) 'pɪk...] 〈Adj.〉; 격변함 없음》 [niederd. pük (↑piekfein) u. ital. bello]《통용어》나무랄 데 없는, 아주 좋은, 세련된, 말쑥한: ein p. Wein 최상등품 포도주.

Picofarad: ↑Pikofarad.

Picot [piˈko:], der; -s, -s [frz. picot] [수공] 피코(레이스 가장자리에 도드라지게 실로 만든 동그라미).

Pidgin ['pɪdʒɪn], das; - [↑Pidgin-Englisch 참조] [언어] 피진어, 혼성어(극도로 단순화된 형태의 외국어와 현지어의).

Pidgin-Englisch ['pɪdʒn-], **Pidgin-English** ['pɪdʒɪn'ɪŋglɪʃ], das; - [영어 pidgin is business의 중국어 사투리, ↑Busineß]《교양어》피진 영어(매우 단순화된 문법 및 극도로 제한된 어휘의 영어와 동아시아나 아프리카 언어가 혼합된 변형 상업 영어). **pidginisieren** [pɪdʒɪn...] 〈h〉[언어] 피진어[혼성어]화하다.

Piece ['pi:s(ə)], die; -n [frz. pièce]《교양어》(소품의) 악품, 간주곡;《소품의》희곡. **pièce touchée, pièce jouée** [pjɛstuˈʃe pjɛsˈʒue; frz.] 일단 건드려진 말은 움직여져야 된다는 서양 장기의 원칙(↑j'adoube 참조).

Piedestal [pjedɛsˈta:l], das; -s, -e [frz. piédestal] **1. a)** [건축] 주각(柱脚), 대석(臺石), (벽, 기둥의) 받침. **b)**《교양어》대(臺), 가대(架臺), 받침대(꽃병, 조각품 따위의): eine Statuette steht auf dem P. 작은 인상이 받침대 위에 세워져 있다. **2.**《교양어》(서커스의 동물들이 그 위에서 연기하는) 높은 대(臺).

Piedmontfläche ['pi:dmənt-], die; -n [engl. piedmont] [지질] (산록 앞의) 완만한 경사의 평지.

Piefke ['pi:fkə], der; -s, -s **1.** (nordd.·퍾) 잘난 체하는 허풍선이, 몸 모자라게 빼기는 사람. **2.** (österr.·퍾) (북) 독일 사람.

Piek [pi:k], die; -en [engl. peak] [선원] **1.** (배의 앞뒤의) 최하단부(배의 안정을 위한 물탱크로 이용되는). **2. a)** 기움돛대의 끝. **b)** 기움돛[종범(縱帆)]의 최상단[最上端).

Pieke ['pi:kə], die ↑¹Pik (2).

piekfein ['-'-]〈Adj.〉《통용어》**1.** (치장, 장식이) 아주 좋은, 최상의, 아주 세련된: ein -es Restaurant 최고급 식당; p. eingerichtet sein 설비가 매우 훌륭하다. **pieksauber** ['-'-']〈Adj.〉《통용어》더 없이 깨끗한, 나무랄 데없이 손질된[정돈된]: -e Wäsche 아주 깨끗한 세탁물.

Piemontit [pi-emɔnˈti:t, (또한) ...tɪt], der; -s, -e [지질] 홍렴석(紅簾石).

pieno ['pje:no]〈Adv.〉[ital. pieno] [음악] 충만한 소리로.

piep!, pieps! [pi:p(s)]〈Interj.〉[어린 새나 쥐새끼 따위가 우는 소리를 모방해서] p., p.! 삐악삐악, 짹짹: **nicht (einmal) p. sagen**《통용어》찍 소리도 하지 않다, 찍 소리도 않다; **nicht mehr p. sagen können**《통용어》1) (놀라거나 당황해서) 아무 말도 할 수 없다. 2) 죽어 있다. **Piep** [-] der; -s, -e ↑Pieps: **keinen P. mehr sagen**《통용어》1) 아무 말도 더 이상 하지 않다. 2) 죽어 있다; **keinen P. mehr machen(tun)**《통용어》죽어 있다; **einen P. haben**《통용어·퍾》머리가 좀 돌았다, 제 정신이 아니다.

piep-, Piep-: ~**egal** 〈Adj.〉《통용어》아무래도 좋은, 전혀 상관 없는: das ist mir p.! 그것은 내게는 아무래도 좋다. ~**hahn,** der [아동] (특히 어린아이의) 자지. ~**laut,** der 삐악(짹) 소리. ~**matz,** der [아동] 작은 새, 새 새끼: **einen P. haben**《친근·농》제 정신이 아니다, 머리가 돌았다. ~**vogel,** der [아동] ↑~matz.

piepe ['pi:pə] 〈Adj.〉《통용》↑piepegal.

Piepel ['pi:pl], der; -s, -(s) [ostmd. piepelig] 《지역적》**1.** 어린 소년: die -s spielten im Hinterhof Fußball 어린 소년들이 뒷뜰에서 축구를 하고 있었다. **2.** 자지.

piepen ['pi:pn] 〈h〉 [niederd.] (특히 새 새끼나 작은 동물이) 짹짹 울다, (병아리가) 삐약삐약 울다: 전의 in der Sache Bjuschew hat er nicht mehr gepiept《통용어》뷰쉐브의 건에서는 그는 더 이상 아무 소리도 하지 않았다; **bei jmdm. piept es**《통용어》누가 제 정신이 아니다, 머리가 돌다; **zum Piepen (sein)**《통용어》매우 우스꽝스러운, 웃기는[웃긴다]. **Piepen** [-] 〈Pl.〉《경》**a)** 돈. **b)** 마르크. **pieps** [pi:ps] ↑piep. **Pieps** [-], der; -es, -e 《통용어》(특히 새끼나 작은 동물이) 우는 소리: 전의 keinen P. von sich geben 찍 소리도 내지 않다; **keinen P. mehr sagen** (↑Piep 참조); **keinen P. mehr machen(tun)** (↑Piep 참조). **piepsen** ['pi:psn] 〈h〉 **1.** ↑piepen. **2. a)** 높고 가는 목소리로 얘기하다[노래하다]. **b)** (무엇을) 높고 가는 목소리로 말[노래]하다. **Piepser,** der; -s, -《통용어》**1.** ↑Pieps. **2.** 삐, 소형 호출 수신기. **piepsig** 〈Adj.〉《통용어》**1.** (소리가) 가늘고 높은, 높고 날카로운. **2.** 작고 연약한, 아주 작은. **Piepsigkeit,** die 《드물게》↑piepsig의 명사형. **Piepsstimme,** die; -n 높고 날카로운 목소리.

¹Pier [pi:ɐ], der; -s, -e / -s, [선원] die; -s [engl. pier] 선창, 잔교(棧橋), 부두: das Schiff liegt an(der) P. 배가 잔교에 대어 있다.

²Pier [-], der; -(e)s, -e (nordd.) 갯지렁이(학명: *Arenicola marina*).

Pierrette [piɛˈrɛtə], die; -n ↑Pierrot의 여성형.

Pierrot [piɛˈro:], der; -s, -s [frz. Pierrot] 광대역(프랑스 희극의).

piesacken ['pi:zakn] 〈h〉 [niederd.]《통용어》끊임없이 괴롭히다, 귀찮게 굴다: die Stechmücke hat mich ganz schön gepiesackt 모기가 끈질기게 나를 괴롭혔다. **Piesackerei** [pi:zakəˈraj], die; -en 끊임없이 괴롭힘.

pieseln ['pi:zln] 〈h〉 《친근》 **1.** 보슬비가 지속적으로 오다. **2.** 오줌 누다.

Piesepampel ['pi:zəpampl], der; -s, - 《지역적·퍾》자의식이 별로 없는 좀팽이, 소견 좁고 비사교적인 사람.

Pieta, (ital.) **Pietà** [pjeˈta], die; -s [ital. pietà] [미술] 예수의 시체를 안고 슬퍼하는 마리아 상(像). **Pietät** [pjeˈtɛ:t], die [lat. pietās] 《교양어》경건, 외경, 숭배의 념, 감은(感恩): etw. aus P. tun(unterlassen) 무엇을 숭배의 념에서 행하다[행하지 않다].

pietät-, Pietät- (아이) ~**los** 〈Adj.〉경건치 못한, 신앙심이 적은: ~**losigkeit** die; - ↑~los의 명사형. ~**voll** 〈Adj.〉독실한, 경외심으로 가득 찬.

Pietismus [pieˈtɪsmʊs], der; - [lat. pietās, ↑Pietät] 경건주의(17세기 말에서 18세기 중엽까지 있었던 독일 프로테스탄티즘의 종교 운동으로 개개인의 심화된 경건성과 이웃 사랑의 실천을 중시). **Pietist,** der; -en, -en 경건주의자. **Pietistin,** die; -nen ↑Pietist의 여성형. **pietistisch** 〈Adj.〉 **a)** 경건주의의: -e Reformbestrebungen 경건주의적 개혁 노력. **b)** 경건주의자적인. **pietoso** [pieˈto:zo] 〈Adv.〉 [ital. pietoso] [음악] 동정심을 갖고, 경건하게.

Pietsch [pi:tʃ], der; -(e)s, -e 《지역적》 술꾼, 술고래.

pietschen ['pi:tʃn] 〈h〉 《지역적》 폭음하다.

Pieze ['pi:tsə], die; -n [지역적·속어] (여자의) 젖(꼭지).

piezo-, Piezo- [pietso-; griech. piézein] 〈압력을 뜻하는 규정어로서〉 **piezoelektrisch** 〈Adj.〉 [물리] 압전(壓電)의. **Piezoelektrizität,** die [물리] 압전기(壓電氣), 피에조 전기. **Piezometer,** das; -s, - [물리] 유압계(流壓計)(액체의 압력을 측정하는). **Piezoquarz** ['-

――], der; -(e)s, -e 〖물리·기술〗압전성 수정(水晶)판.
piff, paff(puff!)! ['pɪf 'paf('pʊf)] 〈Interj.〉 《아동》 (총소리의 의성어) 빵빵, 땅탕.
Pigeon-Englisch ['pɪdʒɪn-] ↑ Pidgin-Englisch.
Pigment [pɪ'gmɛnt], das; -(e)s, -e [lat. pigmentum] 1. 〖생물·의학〗(세포액 중의) 색소. 2. 〖화학〗(불용해성이나 아주 미세하게 분산되는) 안료(顏料), 염료, 색가루.
pigment-, Pigment-: **~arm** 〈Adj.〉 (세포액 중의) 색소가 적은(반대: ~reich). **~bildung,** die 색소 형성. **~druck,** der 1. 〖기술〗〈Pl. 없음〉 안료 날염법. 2. 《사진·기술》 a) 〈Pl. 없음〉 카본 사진법[인화법]. b) 카본 사진. **~farbstoff,** der 안료, 색소. **~fleck,** der 〖의학〗 색소반(斑). **~frei** 〈Adj.〉 ↑~los. **~gen,** das 〖생물·의학〗 색소 유전자. **~los** 〈Adj.〉 (세포액 중의) 무색소의. **~mal,** das 〈Pl. -male〉 (아이) ↑~fleck. **~papier,** das 〖사진·인쇄〗 카본지(紙), 카본 인화지, 카본 티슈. **~reich** 〈Adj.〉 (세포액 중의) 색소가 많은 (반대: ~arm). **~schwund,** der: krankheitsbedingter P. 질병에서 오는 색소 소멸.
Pigmentation [pɪgmɛnta'tsi̯oːn], die; -en 〖생물·의학〗 색소 침착(沈着), 착색. **pigmentieren** [...'tiːrən] 〈h〉 《드물게·생물·의학》 1. (육체에 고유한) 색소를 형성하다. 2. (이질적 색소가 기어들어와 피부에 채색하다).
pigmentiert 〈Adj.〉 색소가 침착(沈着)한 (피부 따위에), 착색된: stark[schwach] p. 강하게[약하게] 착색한. **Pigmentierung,** die; -en 〈Pl. 없음〉 색소 형성, 색소 침착.
Pignole, (österr.) **Pignolie** [pɪn'joːl(i̯)e], die; -n [ital. pi(g)nole] 잣. **Pignolenkipferl, Pignolikipferl,** das (österr.) ↑ Pinienkipferl.
Pijacke ['piːjakə], die; -n [engl. pea-jacket] (선원·준고어) ↑ Kolani.
¹Pik [piːk], der; -s, -e / -s [1: frz. pic, 2: frz. pique] 1. 산정, 산꼭대기. 2. **einen (kleinen, richtigen) P. auf jmdn. haben** 누구에게 남몰래 (조그만·진짜의) 원한(앙심)을 품다. **²Pik** [-], das, gen., -s, -s [frz. pique] a) 창끝 모양의 검은 도형(스페이드형). b) 〈Pl. 없음·판사없이〉 (카드놀이에서 두 번째로 높은 패인) 스페이드. c) 〈Pl. Pik〉 스페이드 으뜸패의 카드놀이. d) 〈Pl. Pik〉 스페이드 패의 카드.
Pik(²Pik): **~as** [(또한) ―'―], das 스페이드 에이스. **~bube** [(또한) ―'――] , **~dame** [(또한) ―'――], die 스페이드 여왕(퀸). **~könig** [(또한) ―'――], der 스페이드 킹. **~sieben** [(또한) ―'――], die: **dastehen (dasitzen, gucken) wie P.** 《통용어·농》 (예기치 않은 일로) 어찌할 바를 모르고 서 있다 (앉아 있다·바라보고 있다).
Pikador ↑ Picador.
pikant [pi'kant] 〈Adj.〉 [frz. piquant] 1. 맛있게 매운, 양념이 잘 쳐진, 아주 맛있는: eine -e Soße 적당히 매운 소스; etw. schmeckt p. 무엇이 알맞은 맛이 난다. 2. 《준고어》 매혹적인. 3. 가볍게 야비한(외설스런): -e Witze erzählen 좀 외설스런 재담을 늘어놓다. **Pikanterie** [pikantə'riː], die; -n [...i̯ən] 《교양어》 1. 〈Pl. 없음〉 매혹적인 특질, 독특한 매력: etw. entbehrt nicht einer gewissen P. 무엇은 어떤 독특한 매력이 없지 않다. 2. 좀 외설스런 이야기. 3. 〈Pl. 없음〉 독특하게 맛갈있게 쳐진 양념: Speisen von aparter P. 독특하게 맛있는 양념의 음식. **pikanterweise** 〈Adv.〉 《교양어》 독특한 매력이 없지 않게.
pikaresk [pika'rɛsk], **pikarisch** [pi'kaːrɪʃ] 〈Adj.〉 [frz. picaresque < span. picaresco] 〖문예학〗 악한(식)의: -er Roman 악한 소설.

Pikazismus [pika'tsɪsmʊs], der; -, ...men [frz. pica = abnorme Eßlust < lat. pica] 1. 〖의학〗 (진기한 음식에 대한 임산부의) 이상 식욕. 2. 《성교육》 변태 식욕(성 상대자의 질이나 직장 속으로 집어 넣어선 음료나 음식을 취하는).
Pike ['piːkə], die; -n [frz. pique] (중세 말기 보병용) 창(槍): **von der P. auf dienen(lernen, etw. erlernen)** 《통용어》 직업 교육 수련을 기초부터 시작하다, 직업 경력을 최하단에서부터 쌓아 나가다. **¹Piké** [pi'keː], der, (österr. 또한) das; -s, -s [frz. piqué] 〖섬유〗 피케, (불룩한 벌집 무늬의) 이중직 직물. **²Pikee**: ↑ ¹Piqué. **Pikeekragen,** der 피케 칼라.
Pikeeweste, die 피케 조끼. **piken** ['piːkn] 〈h〉 [↑ ¹picken의 병용형] 《통용어》 1. 찌르다: sich mit(an) etw. p. 무엇으로 자신을 찌르다[무엇에 찔리다]. 2. (무엇의 뾰족한 끝으로) 가볍게 찌르다. **Pikenier** [pikə'niːɐ], der; -s, -e [frz. piquier] (옛) 창병(槍兵).
Pikett [pi'kɛt] das; -(e)s, -e [frz. piquet] 1. 으뜸패가 많은 2인 내지 4인의 카드놀이. 2. (schweiz.) a) (군대·소방대에서) 출동 가능 부대. b) 준비, 대기. 3. 《고어》 전초(前哨)(부대). **Pikettstellung,** die (schweiz.) 《출동》 준비. **pikieren** [pi'kiːrən] 〈h〉 [frz. piquer] 1. 〖원예〗(묘목을) 이식하다, 간격을 두고 옮겨 심다. 2. (빳빳하게 하기 위해 옷 안에) 딱딱한 천을 대다. **Pikierkasten,** der **Pikierkiste,** die 〖원예〗 묘목 재배 상자. **pikiert** 〈Adj.〉 [frz. piquer] 《교양어》 마음을 상한, 좀 모욕감을 느낀: (über etw.) ein bißchen p. sein (무엇 때문에) 좀 기분이 상하다.
¹Pikkolo ['pɪkolo], der; -s, -s [ital. piccolo] 견습 급사. **²Pikkolo** [-], das; -s, -s [1: ital.(flauto) piccolo 2: ital.(cornetto) piccolo] 1. ↑ Pikkoloflöte. 2. 아주 작은 코넷(고음의 금관 악기). **³Pikkolo** [-], die; -(s) 《통용어》 ↑ Pikkoloflasche의 약칭.
Pikkolo-: ~flasche, die (1인분) 작은 샴페인 병. **~flöte,** die 피콜로, 작은 플루트. **~sekt,** der 작은 병의 샴페인.
Piko-, Pico- [piko-; ital. piccolo] 〖물리〗〈1/10¹² 을 뜻하는 규정어로서〉 (기호: P): **Pikofarad,** das; -(s), - 〖물리〗 1/10¹² 페러드 (기호: P^F).
Pikör [pi'køːɐ], der; -s, -e [frz. piqueur] (사냥·옛) 개 떼의 감시자.
Pikrinsäure [pi'kriːn-], die; -n [griech. pikrós] 〖화학〗 피크린 산(酸).
piksen [pi'ksn] 〈h〉 ↑ piken.
Piktogramm [pɪkto'gram], das; -s, -e [lat. pictum] 픽토그램, 심볼 디자인, 그림 문자(교통 표지 따위).
Pikul ['pɪkʊl], der / das; -s, - [malai.] 동아시아의 무게 단위.
Pilar [pi'laːɐ], der; -en, -en [span. pilar] 〖승마〗 (고급 마술용의) 조마주(調馬柱). **Pilaster** [pi'lastɐ], der; -s, - [frz. pilastre < ital. pilastro] 〖건축〗 벽기둥, 간주(間柱).
Pilatus: ↑ Pontius.
Pilau [pi'laʊ], **Pilaw** [pi'laf], der; -s [türk. pilâv] 양고기나 닭고기와 부스러뜨린 쌀로 만든 근동(近東) 음식.
Pilchard [pɪltʃɐt], der; -s, -s [engl. pilchard] ↑ Sardine.
Pile [paɪl], der / das; -s, -s [engl. pile] 원자로.
Pileolus [pi'leːolʊs], der; -, ...li [en. pile'iːlən; lat. pileolus, griech. pĩlos] ↑ Kalotte (4 a).
Pilger ['pɪlgɐ], der; -s, - [lat. peregrīnus] (성지) 순례자.
Pilger-: ~fahrt, die 순례(여행). **~gewand,** das 순례자의 가운. **~hut,** der (중세 때 차양이 넓고 조개 장식이 붙은) 순례자의 모자. **~kirche,** die 《드물게》 ↑

Pilgerin

Wallfahrtskirche. ~**mantel**, der 순례자 망토. ~**muschel**, die ↑Kammuschel. ~**reise**, die 순례 여행. ~**schar**, die 순례자의 무리. ~**stab**, der (중세에) 순례자의 지팡이. ~**zug**, der 순례 대열; 성지 순례 특별 열차.

Pilgerin, die ↑Pilger의 여성형. **pilgern** ['pɪlɡən] ⟨s⟩ 1. 순례하다: [전의] als alter Wagnerianer pilgerte er jedes Jahr nach Bayreuth 그는 오랜 바그너 숭배자로서 해마다 바이로이트로 순례 여행을 했다. 2.⟪통용어⟫ 먼 길을 도보로 여행하다. **Pilgerschaft**, die 1. 순례 여행: eine P. antreten 순례를 떠나다. 2. 순례자인 것. **Pilgersmann**, der; -(e)s, ...männer / ...leute ⟨고어⟩ 순례자. **Pilgrim** ['pɪlɡrɪm], der; -s, -e ⟨고어⟩ 순례자.
pilieren [piˈliːrən] ⟨h⟩ [frz. piler] ⟨전문어⟩ 빻아 부수다, 잘게 썰다(특히 향료를 넣기 위해 비누를).
Pilke ['pɪlkə], die; -n ⟨낚시⟩ (4개의 갈고리가 달린) 고기 모양의 큰 금속제 미끼. **pilken** ['pɪlkən] ⟨h⟩ 어형(魚形) 금속 미끼로 낚시하다.
Pille ['pɪlə], die; -n [lat. pilula] 1. a) 경구용 환약, 알약: -n drehen 알약을 굴려서 만들다. b) ⟪통용어⟫ (환약, 당의정, 정제, 캡슐형의) 고체 약: eine P. gegen Kopfschmerzen [zum Schlafen] 머리에 두통용의 알약(수면제)을 먹다; [성구] da[bei jmdm.] helfen keine -n (u. keine Medizin) ⟪통용어⟫ 거기서는 [누구에게서는] 모든 노력이 허사다; **eine bittere P. (für jmdn.) sein** ⟪통용어⟫ (누구에게) 극도로 언짢은 일이다[받아들이기 어려운 일이다]; **die[eine] bittere P. schlucken** ⟪통용어⟫ 감내하기 어려운 일[고언]을 받아들이다; **jmdm. eine (bittere) P. zu schlucken geben** ⟪통용어⟫ 누구에게 언짢은[불쾌한] 일을 말하다[만들어 주다]; **jmdm. bittere Pillen versüßen** ⟪통용어⟫ 누구에게 듣기싫은 말을 완곡하게 말하다(덜 불쾌하게 만들다). 2. ⟨Pl. 없음·정관사와 함께만⟩ ⟪통용어⟫ ↑Antibabypille의 약칭: (regelmäßig) die P. nehmen (규칙적으로) 경구 피임약을 복용하다. 3. ⟨구기·은어⟩ 공, 볼.

pillen-, Pillen-: ~**dreher**, der 1. 장수풍뎅이. 2. ⟪통용어·농⟫ 약제사. ~**knick**, der (인구 통계 도표상에 나타난) 경구 피임약 보급에 의한 출산율 저하. ~**müde** ⟨Adj.⟩ ⟪통용어⟫ 경구 피임약 기피증의. ~**müdigkeit**, die ⟪통용어⟫ 경구 피임약 기피증. ~**samen**, der (영양소 덩이로 싸서) 정제화된 씨앗. ~**schachtel**, die 환약갑(匣).

Piller ['pɪlɐ], der; -s, -, **Pillermann**, der; -(e)s, -männer ⟪아동·지역적⟫ 자지.
pillieren [pɪˈliːrən] ⟨h⟩ ⟨농업⟩ (파종 씨앗을) 영양소 덩이로 싸서 둥그렇게 하다. **Pilling** ['pɪlɪŋ], das; -s [engl. pilling] ⟨섬유⟩ (직물류 표면에) 작은 매듭의 형성.
Pilokarpin [pilokarˈpiːn], das; -s [griech. pílos u. karpós] ⟨이것이 추출되는 유향과 식물의 털난 열매에서⟩ 필로카르핀(약약이나 발모제로 사용되는 알칼로이드).
Pilot [piˈloːt], der; -en, -en [frz. pilote < ital. pilota; 4: frz.(drap) pilote] 1. a) ⟨항공⟩ 조종사, 파일럿: er ist P. bei der Lufthansa 그는 루프트한자 항공사의 조종사이다. b) ⟨자동차, 오토바이의 경주 순어⟩ 자동차 경주자. 2. ⟨선원·고어⟩ 수로 안내인. 3. ↑Lotsenfisch. 4. ⟨섬유⟩ ↑Moleskin.

Pilot- [engl. pilot]: ~**anlage**, die (실험실과 대량 생산의 연결고리가 되는) 화학 공업 시험 설비. ~**ballon**, der ⟨기상⟩ 측풍기구(測風氣球). ~**betrieb**, der 시험 공장. ~**film**, der ⟨텔레비전⟩ 시험 상영 필름(시청자의 관심을 미리 알아보려는). ~**projekt**, das 시험 프로젝트. ~**sendung**, die ⟨방송⟩ 시험 방송. ~**studie**, die 예비 연구(어떤 프로젝트를 선행하는). ~**ton**, der ⟨Pl. -töne⟩ 1. ⟨영화·텔레비전 공학⟩ 파일럿 고주파음(화면과 소리의 분리 재현시 동시 조정에 이용되는). 2. ⟨전자⟩ 파일럿 톤(스테레오 프로그램에서 추가적으로 방사되어 전체 신호의 해독을 실현시켜 주는 고주파 신호).

Pilote [piˈloːtə], die; -n [frz. pilot] ⟨토목⟩ (기초 공사용) 말뚝.
Piloten- (Pilot 1 a; ⟨항공⟩): ~**kabine**, die 조종사석. ~**kanzel**, die ↑Cockpit. ~**schein**, der 조종사 면허증. ~**sitz**, der 조종사석.
¹**pilotieren** [piloˈtiːrən] ⟨h⟩ ⟨항공·자동차 경주⟩ 조종하다.
²**pilotieren** [-] ⟨h⟩ [frz. piloter] ⟨토목⟩ (기초 공사용) 말뚝을 박다.
Pilotin, die; -nen ↑Pilot (1 a)의 여성형.
Pils [pɪls], das; -, -, **Pils(e)ner** [pɪlz(ə)nɐ], das; -s, - [Pils(e)ner Bier의 약칭] 필젠(산) 맥주(담색에 거품이 많고 좀 쓴).
Pilz [pɪlts], der; -es, -e [lat. bōlētus < griech. bōlítēs] 1. 버섯: -e suchen[sammeln] 버섯을 따다; sie gehen in die -e ⟪통용어⟫ 그들은 버섯을 따러 숲으로 간다; **in die -e gehen** ⟪드물게·통용어⟫ 은둔하다, 공식 석상에 나타나지 않다; **wie -e aus der Erde (dem Erd)boden schießen** [⟪드물게⟫ **wachsen**] 우후죽순처럼 생겨나다, 순식간에 퍼지다. 2. 균류(菌類), 진균(眞菌). 3. ⟨Pl. 없음⟩ ⟪통용어⟫ ↑Hautpilz의 약칭.

pilz-, Pilz-: ~**art**, die 버섯 종류. ~**artig** ⟨Adj.⟩ 버섯 모양의, 버섯 같은. ~**befall**, der 균류에 의한 발병(특히 식물의). ~**beratungsstelle**, die 버섯 상담소. ~**erkrankung**, die 진균에 의한 발병. ~**faden**, der 균사(菌絲). ~**flechte**, die 균류에 의한 태선(苔癬). ~**förmig** ⟨Adj.⟩: eine -e Rauchsäule 버섯 모양의 연기 기둥. ~**gericht**, das 버섯 요리. ~**gift**, das 버섯 독(毒). ~**kopf**, der ⟪통용어·준고어⟫ a) ↑Pilzkopffrisur의 약칭. b) 버섯머리 두발형(헤어 스타일)을 한 사람. ~**kopffrisur**, die [버섯의 갓 비슷한 헤어 스타일에서] 버섯 머리 두발형. ~**krankheit**, die 진균성 질환. ~**kultur**, die 진균 배양. ~**kunde**, die 균학(菌學). ~**sammler**, der 버섯 따는 사람. ~**schwamm**, der ⟪통용어⟫ ↑Hausschwamm. ~**suppe**, die 버섯 수프. ~**tötend** ⟨Adj.⟩ 살균의. ~**vergiftung**, die 독(毒)버섯 중독.

pilzlich ⟨Adj.⟩ ⟨전문어⟩ a) 균류[진균]의: -e Erreger 진균성 병원체. b) 진균에 의한: eine -e Erkrankung 진균에 의한 발병. **Pilzling** ['pɪltslɪŋ], der; -s, -e ⟨österr.⟩ ↑Pilz (1).
Piment [piˈmɛnt], der ⟨또는⟩ das; -(e)s, -e [frz. piment] 자마이카 후추.
Piment-: ~**baum**, der (중앙 아메리카산의) 피멘트나무. ~**korn**, das 피멘트 열매알. ~**öl**, das 피멘트 정유(精油).
Pimme ['pɪmə], die; -n ⟨청소년⟩ 궐련, 담배.
Pimmel ['pɪml], der; -s, - ⟨속어·자주 친근⟩ 자지.
Pimpelei [pɪmpəˈlaɪ], die; -en ⟪통용어·폄⟫ 푸념, 넋두리, (지속적으로) 우는 소리. **pimpelig**, **pimplig** ['pɪmp(ə)lɪç] ⟨Adj.⟩ ⟪통용어·폄⟫ 과민한, 신경질적인, 병약한, 우는 소리 잘하는. **Pimpeligkeit**, **Pimpligkeit**, die ⟪통용어⟫의 명사형. **pimpeln** ['pɪmpln] ⟨h⟩ [아마도 ↑bimmeln의 지역에 따른 병용형, 원래는 작은 종처럼 지속적으로 날카롭게 울린다는 뜻] ⟪통용어·폄⟫ 우는 소리를 하다, 과민 반응을 하다; 병약하다, 앓기 일쑤다.

Pimpelnuß ['pɪmpl-] ⟨niederd.⟩ ↑Pimpernuß.
Pimperlinge ['pɪmpəlɪŋə] ⟨Pl.⟩ 마르크, 돈.
¹**pimpern** [ˈpɪmpɐn] ⟨h⟩ [의성어·bayr., österr.] 짤랑짤랑[달각달각] 거리다.

²**pimpern** [-] ⟨h⟩ (비어) 성교하다.
Pimpernell [pɪmpɐˈnɛl], der; -s, -e ↑Pimpinelle.
Pimpernuß [ˈpɪmpɐ-], die; ...nüsse 서양고추나무.
Pimpf [pɪmpf], der; -(e)s, -e 1. **a)** (1920년경) 청년 운동의 최연소 회원. **b)** (나치) 소년 단원. **2.** ⟨österr.·통용어⟩ 꼬마, 어린 소년.
Pimpinelle [pɪmpiˈnɛlə], die; -n [lat. pimpinella] 수박풀.
pimplig: ↑pimpelig.
Pin [pɪn], der; -s, -s [engl. pin] **1.** [볼링] (맞힌) 핀. **2.** [의학] 뼈 고정용의 가는 못.
Pinakoid [pinakoˈiːt], das; -(e)s, -e [griech. pínax]【광물】탁면(卓面); 다면중 2면이 대칭인 결정체형).
Pinakothek [pinakoˈteːk], die; -en [lat. pinacothēca < griech. pinakothékē] ⟨교양어⟩ 회화관(繪畫館), 화랑(특히 뮌헨의).
Pinasse [piˈnasə], die; -n [franz., niederl. pinasse] [선원] (군함에 적재된) 경정(輕艇).
pincé [pɛˈseː] ⟨Adv.⟩ [frz. pincé, pincer] [음악] ↑pizzicato. **Pincenez** [pɛsˈneː], das; - [...'neːs; frz. pince-nez] ⟨교양어·고어⟩ 코안경.
Pincheffekt [ˈpɪntʃ-], der; -(e)s, -e [engl. pinch] [물리] 핀치 효과(핵 융합에서).
Pinealauge [pineaˈl-], das; -s, -n [lat. pīnea]【동물】송과안(松果眼). **Pinealorgan**, das; -s, -e【생물】(간뇌의) 송과체(松果腺).
Pinge [ˈpɪŋə]: ↑Binge.
pingelig [ˈpɪŋəlɪç] ⟨Adj.⟩ ⟨통용어⟩ 아주 정확한, 너무 꼼꼼한; 지나치게 한 조항의 자구 집착적 해석: die -e Auslegung eines Paragraphen 한 조항의 자구 집착적 해석. **Pingeligkeit**, die ↑pingelig의 명사형.
Pingpong [ˈpɪŋpɔŋ], ⟨österr. 또한⟩ --ˈ-, das; -s [engl. pingpong] ⟨통용어·준고어·자주 폄⟩ (경기 규칙에 맞게 운영되지 않은) 탁구: P. spielen 탁구를 하다.
Pinguin [ˈpɪŋguiːn, ⟨드물게⟩ --ˈ-], der; -s, -e 펭귄 (남극산의).
Pinie [ˈpiːniə], die; -n [lat. pīnea] (지중해 연안산의) 소나무, 잣나무: **jmdn. auf die P. bringen** ↑Palme 참조; **auf die P. klettern** ↑Palme 참조; **auf der P. sein** ↑Palme 참조.
Pinien-: ~**kern**, der 잣나무의 씨앗, 잣. ~**wald**, der 잣나무 숲. ~**zapfen**, der 잣나무 솔방울.
Piniole [piˈnioːlə], die; -n ↑Pignole.
pink [pɪŋk] ⟨Adj.; 어변화 없음; 술어적으로만⟩ [engl. pink] 핑크색의, 분홍색의. ¹**Pink** [-], das; -s, -s 핑크색, 분홍색.
²**Pink** [-], die; -en, ¹**Pinke** [ˈpɪŋkə], die; -n [niederl. pink] ⟨해양·옛⟩ (북해와 발트해에서 사용된 돛대 3개의) 범선.
²**Pinke** [-], **Pinkepinke** [ˈ--ˈ--], die [아마도 동전이 내는 소리에서] ⟨통용어⟩ 돈.
¹**Pinkel** [ˈpɪŋkl], der; -s, -, ⟨또한⟩ -s ⟨통용어·폄⟩ 중요하지 않은 남자: das ist doch ein ganz kleiner P.! 그 사람이야말로 아주 평범한(하찮은) 사람일 뿐이야; ein feiner P. 멋쟁이, 고상하고 돈 많은 체하는 사람.
²**Pinkel** [-], der; -n [ostfries. pinkel] ⟨nordd.⟩ 양배추와 함께 요리한 훈제 소시지.
Pinkel- (pinkeln): ~**becken**, das ⟨경⟩ (남자용) 소변기. ~**bude**, die ⟨경⟩ (남자용) 공중 변소. ~**pause**, die [특히 군인] 소변을 보기 위한 (행군 도중 등의) 휴식.
Pinkelei [pɪŋkəˈlaɪ], die ⟨경⟩ 지속적인 방뇨(하러 감).
pinkeln [ˈpɪŋkln] ⟨h⟩ ⟨경⟩ **1.** 오줌을 소량으로 찔금찔금 누다. **2.** (비인칭) 비가 조금씩 내리다.
Pinkelwurst, die; -würste ↑²Pinkel.
pinken [ˈpɪŋkn], die ⟨의성어⟩ ⟨nordd.⟩ 딱딱 (땅땅) 치다.

Pinkepinke: ↑²Pinke.
pinkern [ˈpɪŋkɐn] ↑pinken.
pinkfarben ⟨Adj.⟩ 핑크색의.
Pinkler [ˈpɪŋklɐ], der; -s, - ⟨경⟩ 오줌을 자주 누는 사람.
pink, pink! [ˈpɪŋk ˈpɪŋk] ⟨Interj.⟩ 딱딱, 땅땅(대장간의 망치소리 같은).
pinkrot ⟨Adj.; nicht adv.⟩ ↑pinkfarben.
Pinkulatorium [pɪŋkulaˈtoːrɪʊm ↑pinkeln에서 라틴어화적 조어], das; -s, ...ien [...jən] ⟨농⟩ 화장실, (남자용) 공중 변소.
Pinne [ˈpɪnə], die; -n **1.** [선원] 키의 손잡이. **2.** 나침반의 추축(樞軸). **3.** ⟨nordd.⟩ 압정, 제도용 핀. **4.** (쇠망치 대가리의, 못을 뽑는) 뾰족 부분. **pinnen** [ˈpɪnən] ⟨h⟩ **1.** ⟨통용어⟩ 고정시키다, (압정 따위로): ein Poster an die Wand p. 포스터를 벽에다 붙이다(압정으로). **2.** [의학] ↑nageln (2). **Pinnwand**, die (압정을 꽂을 수 있는) 게시판.
Pinole [piˈnoːlə], die; -n [ital. pi(g)nola] [기술] (선반 심압대(心押臺)의) 스프링 잭(기구 고정 장치).
Pinscher [ˈpɪnʃɐ], der; -s, - **1.** 핀셔(사냥개의 일종). **2.** ⟨통용어·폄⟩ (지식도 능력도 없는) 하찮은 사람.
Pinsel [ˈpɪnzl], der; -s, - [lat. pēnicillus; 2: 원래【대학생어】] **1.** 붓, 모필: mit dem P. Farbe auftragen 붓으로 색을 칠하다; 전의 einen Maler an seinem P. erkennen 필법에서 화가를 알아보다. **2.** ⟨통용어·폄⟩ 바보, 멍청이; (어린 남자 어리석은 바보. **3.** [특히 사냥] 덥수룩한 털: der Luchs hat P. an den Ohren 스라소니는 귀 옆에 덥수룩하게 털이 나 있다. **4.** (속의) 자지, 음경. **5. auf den P. drücken(treten)** ⟨경⟩ 악셀을 밟다, 속력을 내다.
Pinsel-: ~**äffchen**, das 비단원숭이. ~**führung**, die 모필(화필)의 사용법, 필법, 운필(運筆): eine bestimmte(feine) P. 조심스러운(섬세한) 필법. ~**schimmel**, der 사상균(絲狀菌)(음식물에 곰팡이를 쓸게 하는, 필상(筆狀)곰팡). ~**stiel**, der 붓대. ~**strich**, der **1.** 일필(一筆)(함), 터치: an einem Gemälde den letzten P. tun 그림에 마지막 터치를 하다. **2.** ↑~führung. ~**technik**, die 필법. ~**zeichnung**, die (붓으로 그린) 자필 소묘.
Pinselei [pɪnzəˈlaɪ], die; -en ⟨통용어·폄⟩ **1. a)** (Pl. 없음)(지속적인) 서투른 붓질. **b)** 서투른 그림. **2.** ⟨통용어·준고어⟩ 어리석은 짓. **Pinseler**, **Pinsler** [ˈpɪnz(ə)lɐ], der; -s, - ⟨통용어·폄⟩ 서투른 화가. **pinselig**, pinslig [ˈpɪnz(ə)lɪç] ⟨Adj.⟩ ⟨통용어⟩ 지나치게 정확한(꼼꼼한).
pinseln [ˈpɪnzln] ⟨h⟩ **a)** ⟨통용어⟩ 붓으로 그리다: ein Bild(eine Landschaft) p. 그림(풍경)을 붓으로 그리다. **b)** ⟨통용어⟩ 칠하다: das Geländer neu p. 난간을 새로 칠하다. **c)** 붓으로 쓰다: politische Parolen an die Hauswände p. 정치적인 구호를 건물 벽에 붓으로 쓰다. **d)** ⟨통용어⟩ 천천히 아주 조심스럽게 쓰다. **e)** ⟨통용어·농⟩ 액체 화장품을 (붓으로) 바르다: der Fußnägel p. 발톱에 에나멜을 칠하다. **f)** 액체약을 (붓으로) 바르다: das Zahnfleisch (mit einer Tinktur) p. 잇몸에 (팅크제를) 바르다. **Pinselung**, **Pinslung** [ˈpɪnz(ə)lʊŋ], die; -en 액체약을 바르다. **Pinsler**: ↑Pinseler. **pinslig**: ↑pinselig. **Pinslung**: ↑Pinselung.
¹**Pint** [paɪnt], das; -s, -s [engl. pint < frz. pinte] **1.** 영국의 양의 단위(기호: pt (1 pt = 0.568 l)). **2.** 미국의 양의 단위 **a)** 액체 양의 단위(기호: liq pt (1 liq pt = 0.473 l)). **b)** 고체 양의 단위(기호: dry pt (1 dry pt = 0.550 l)).
²**Pint** [pɪnt], der; -s, -e ⟨지역적·속어⟩ Penis.
Pinte [ˈpɪntə], die; -n **1.** ⟨schweiz.⟩ 주점, 선술집. **2.** 옛 액량 단위(0.9 l). **Pintenkehr**, der ⟨schweiz.⟩ 술집 순례(특히 그 순서 또는 술집으로).
Pin-up-Girl [pɪnˈap-], das; -s, -s [engl.-amerik.

pinxit

pin-up-girl] 1. (핀으로 벽에 붙여 놓은) 매혹적인 여자 사진. 2. 그 사진의 모델.

pinxit ['pɪŋksɪt; lat.] 누가 그리다(그림 따위에 그 예술가의 서명 뒤에)(약어: p. 또는 pinx).

Pinzette [pɪn'tsetə], die; -n [frz. pincette = pince의 축소형] 핀세트.

Pion ['pi:ɔn, 《또한》pi'o:n], das; -s, -en [pi'o:nən] 《대개 Pl.》 《물리》 파이 중간자.

Pionier [pio'ni:ɐ], der; -s, -e [frz. pionnier] 1. 《군》 공병; die -e bauten[sprengten] eine Brücke 공병들이 다리를 세웠다[폭파했다]. 2. 《교양어》 개척자, 선구자: er gilt als P. der Raumfahrt 그는 우주 비행의 선구자로 간주된다. 3. 《구동독》 소년 소녀(개척) 단원.

Pionier-: ~**abzeichen**, das 《구동독》das P. „Für gutes Wissen" erwerben "학업 우수" 소년단 휘장을 받다. ~**arbeit**, die 〈Pl. 없음〉 1. 선구적인 일[연구]: P. leisten 선구적인 일을 하다. 2. 《구동독》 소년 소녀(개척) 단원으로서의 활동. ~**auftrag**, der 《구동독》 소년단원 임무. ~**brücke**, die 〖군〗 공병대가 세운 다리. ~**freundschaft**, die 《구동독》 Freundschaft (1 c). ~**geist**, der 개척 정신: dieses Volk hat P. 이 민족은 개척 정신이 있다. ~**gerät**, das 《군》 공병대 장비. ~**gruppe**, die 《구동독》 학급 소년단. ~**haus**, das 《구동독》 소년단 회관. ~**lager**, die 《구동독》 소년단원들의 야외 수련장. ~**leistung**, die ↑~arbeit (1). ~**leiter**, der 《구동독》 학급 소년단 지도자. ~**organisation**, die 《구동독》 소년 소녀(개척)단. ~**palast**, der ↑~haus. ~**park**, der 소년단 공원. ~**pflanze**, die 《대개 Pl.》 〖식물〗 개척 식물(식물이 없는 땅에 처음 자란다). ~**tat**, die 《교양어》 선구적 행위. ~**treffen**, das 《구동독》 소년단 회합[대회]. ~**truppe**, die 《군》 공병대.

Pipa ['pi:pa], die; -s [chines. p'i-p'a] 비파(현 4개의 중국 악기).

Pipapo [pipa'po:], das; -s 《경》 (없어도 될) 일체의 부수물: ein Hotel mit allem P. 온갖 부수물을 가진 호텔.

¹Pipe ['pi:pə], die; -n [ital. pipa] (österr.) 통마개, 수도꼭지. **²Pipe** [paɪp], das (또는) die; -, -s [engl. pipe] 옛 영국의 포도주 액량 단위(기호: P.(1 P. Portwein = 115 Gallons; 1 P. Sherry = 92 Gallons)).

Pipeline ['paɪplaɪn], die; -s [engl. pipeline = 송유관, 천연가스 수송관, 파이프라인]: eine P. bauen[verlegen] 송유관을 부설하다. **Pipelinepionier**, der 《군》 1. 야전 공급관로 부설 공병 대원. 2. 《Pl.》 야전 공급관로 부설 공병대. **Pipette** [pi'petə], die; -n [frz. pipette] 흡액기(吸液器), (소량의 액체를 빨아올리는) 이액관(移液管).

Pipi [pi'pi:], das; -s [아마도 아동어 감탄사 „pi"의 중복] 〔아동〕 오줌: P. machen 오줌누다, 쉬하다. **Pipimädchen**, das 어린 미성숙 소녀.

Pippau ['pɪpaʊ], der; -(e)s [niederd. pippaw] 《식물》 뽀리뱅이.

Pips [pɪps], der; -es [niederd.] (조류의) 병적인 설태(舌苔), 비강염, 구강염.

¹Piqué ↑**Pikee**. **²Piqué** [pi'ke:], das; -s, -s [frz. piqué] 《전문어》 피케(숙어로 알아볼 수 있는, 다이아몬드의 이물질 혼입도): Der Stein ist erstes P. 그 보석은 제1급 피케다(이물질 혼입이 육안으로 알아보기 매우 어렵다)(약어: P I, II, III). **Piqueur** ↑**Pikör**.

Piranha [pi'ranja], der; -(s), -s [port. piranha < Tupi piranha] 피라니아(남아메리카 강에 사는 육식어).

Pirat [pi'raːt], der; -en, -en [ital. pirata] 《옛》 해적.

Piraten-: ~**ausgabe**, die 《은어》 (책의) 해적판. ~**schiff**, das 해적선. ~**sender**, der 《은어》 (불법적인) 해적 방송국(대개 공해상에서).

Piraterie [piratə'riː], die; -n [...iːən; frz. piraterie] 1. 《옛》 해적 행위. 2. **a)** 선박[비행기] 납치. **b)** 〖해상법〗 중립 선박 공격(전쟁 수행 군함에 의한).

Piraya [pi'raːja] ↑**Piranha**.

Piroge [pi'roːɡa], die; -n [frz. pirogue < span. piragua] 통나무배(인디언들의).

Pirogge [pi'rɔɡə], die; -n [russ. pirog] 러시아식 파이(고기를 넣은 효모 반죽의).

Pirol [pi'roːl], der; -s, -e 꾀꼬리.

Pirouette [piru'etə], die; -n [frz. pirouette] 1. 〔피겨 몰리〕 스케이팅·발레〕 피루에트(한쪽 발끝으로 서서 선회하기). 2. 〔조마〕 (말이) 안쪽 뒷다리를 중심으로 선회하기. **pirouettieren** [pirue'tiːrən] 〈h〉 [frz. pirouetter] 발끝으로 서서 급선회하다.

Pirsch [pɪrʃ], die 〔사냥〕 (천천히 조심스럽게 행하는) 수렵, 사냥: auf die P. gehen 사냥하러 가다. **pirschen** ['pɪrʃn] 〈h / s.〉 [frz. berser] **a)** 〔사냥〕 (몰래 사냥감에 접근하여) 사냥하다: auf Rehwild p. 노루를 사냥하다. **b)** 몰래 살금살금 다가가다: (또한 p. + sich) ich pirschte mich in die Nähe des Hauses 나는 그 집 가까이 살금살금 다가갔다. **Pirschgang**, der 〔사냥〕 ↑Pirsch: auf nächtlichem P. sein 야간 사냥을 하다.
Pirschjagd, die ↑Pirsch.

Pisa ['piːza, (ital.) 'piːsa] 피사(이탈리아의 도시).

Pisang ['piːzaŋ], der; -s, -e [malai. pisang] 바나나. **Pisangfaser**, die 바나나나무 섬유. **Pisanghanf**, der ↑Manilahanf.

Piseebau [pi'zeː-], der; -(e)s [frz. pisé] 연토(練土) 공법 (판벽 사이로 흙을 다져 넣어 담을 만드는).

pispern ['pɪspɐn] 〈h〉 《의성어·지역적》 속삭이다, 소곤거리다.

Piß [pɪs], der; Pisses (드물게·속어) ↑Pisse.

piß-, Piß-: ~**becken**, das 《속어》 ↑Pinkelbecken. ~**bude**, die 《속어》 ↑Pinkelbude. ~**nelke**, die 《속어·폄》 새침떠기, 점잔빼는 여자. ~**pott**, der 《지역적·속어》 실내용 변기, 요강. ~**warm** 〈Adj.〉 《속어》 불쾌하게 따뜻한: der See ist p. 호숫물이 기분나쁘게 따뜻하다.

Pisse ['pɪsə], die 《속어》 오줌, 소변. **pissen** ['pɪsn] 〈h〉 [frz. pisser < ital. pisciare 《의성어》] 1. 《속어》 오줌 누다: an den Baum p. 나무에 대고 오줌을 누다. 2. 《비인칭》 《경》 비가 퍼붓다. **Pissoir** [pɪ'soaːɐ], das; -s, -e / -s [frz. pissoir] 《준고어》 (남자용) 공중변소.

Pistazie [pɪs'taːtsi̯ə], die; -n [lat. pistacia < griech. pistákē] 1. (지중해 지방산) 유향수(乳香樹)속. 2. 유향수 열매(씨앗). **Pistazienbaum**, der ↑Pistazie (1). **Pistazienmuß**, die ↑Pistazie (2).

Piste ['pɪstə], die; -n [frz. piste < ital. pista] 1. 〔스키〕 스키활강로, 슬로프: eine harte P. 단단한 활강로; über die -n rasen 활강로를 빠르듯이 달리다. 2. 〔스포츠〕 자동차(자전거) 경주로. 3. 〔항공〕 활주로: sicher auf die P. aufsetzen 안전하게 활주로에 착륙하다. 4. 비포장 도로. 5. 〔펜싱〕 ↑Fechtbahn. 6. 서커스 연기장 둘레의 관람석.

Pisten-: ~**fahrer**, der 활강로를 달리는 스키어. ~**sau**, die 《은어·폄》 활강로의 무법자(너무 빨리 달려 타인을 위태롭게 하는). ~**schwein**, das ↑~sau. ~**walze**, die ↑Schneeraupe.

Pistill [pɪs'tɪl], das; -s, -e [lat. pistillum] 1. 《약학》 유봉(乳棒), 공이, 막자. 2. 〔드물게 식물〕 암술.

Pistol [pɪs'toːl], das; -s, -en 《고어》 ↑¹Pistole.

¹Pistole [pɪs'toːlə], die; -n [tschech. pištala] 권총, 피스톨: die P. laden[entsichern, ziehen] 권총에 장전하다[…의 안전 장치를 풀다, …을 뽑다]; mit der P. auf jmdn. zielen[schießen] 권총을 누구에게 겨누다[쏘다]; **jmdm. die P. auf die Brust setzen** 《통용어》 누구를 위협해서 어떤 결정을 하도록 강요하다; **wie aus der**

P. geschossen 《통용어》 주저 없이, 오래 생각지 않고, 순식간에. **²Pistole** [-], die; -n [frz., engl. pistole] 《옛》 《원래 스페인의》 권화.
Pistolen- (¹Pistole) **~duell**, das 권총 결투. **~griff**, der 권총의 손잡이. **~held**, der 《팔》 권총 머리(↑ Revolverheld). **~knauf**, der 권총 탄알. **~kugel**, die 권총 탄알. **~lauf**, der 권총 총신. **~mündung**, die 권총 총구. **~schießen**, das; -s [스포츠] 권총 사격 시합. **~schuß**, der 권총 사격. **~tasche**, die 권총집.
Piston [pɪs'tõ:], das; -s, -s [frz. piston < ital. pistone, 《도관》 pestone] **1.** 코넷(고음의 금관 악기). **2.** [음악] (금관 악기의) 피스톤, 조성판(調聲瓣). **3.** [무기] 화문(火門), 문관(門管). **Pistonbläser**, der 코넷 취주자.
Pitaval [pita'val], der; -(s), -s [프랑스 법학자 F. G. de Pitaval(1673~1743)의 이름에서] 피타발 형사 판례집.
pitchen ['pɪtʃn] 〈h〉 [engl. pitch] [골프] 깃발을 향해 공을 짧게 치다. **Pitcher** ['pɪtʃɐ], der; -s, - [engl. pitcher] [야구] ↑ Werfer.
Pitchpine ['pɪtʃpaɪn], die; -s [engl. pitchpine] **a)** [북미산의] 리기다(脂松). **b)** 응봉목(脂松木). **Pitchpineholz**, das ↑ Pitchpine b).
Pithecanthropus: ↑ Pithekanthropus. **Pithekanthropus** [pite'kantropus], der; -, ...pi [griech. píthēkos] [인류] 직립원인(猿人)(자바와 중국에서 발견 됨). **Pithekoid** [piteko'it] 〈Adj.〉 [griech. -oeidés = ähnlich] [인류] 직립원인 비슷한.
pitoyabel [pitoa'ja:bl] 〈Adj.〉 [frz. pitoyable] 《고어》 가엾은, 동정이 가는.
pitschenaß ['pɪtʃənas] ↑ pitschnaß. **pitschepatschenaß** ['pɪtʃə'patʃə'nas] 《통용어·감정강화적》 ↑ pitschpatschnaß. **pitschnaß** ['pɪtʃ'nas] 〈Adj.〉 《통용어·감정》 흠뻑 젖은. **pitsch, patsch!** ['pɪtʃ'patʃ] 〈Interj.〉 【아동】 (물로 인해 나는 소리) 첨벙첨벙, 철벅철벅. **pitschpatschnaß** ['pɪtʃ'patʃnas] 〈Adj.〉 《통용어·감정강화적》 ↑ pitschnaß.
pittoresk [pɪto'rɛsk] 〈Adj.〉 [frz. pittoresque < ital. pittoresco] 《교양어》 그림 같은, 그림처럼 아름다운: ländliches Volk in -er Tracht 그림 같은 민속 의상을 입은 시골 사람들; das Panorama ist p. 전경(全景)이 그림처럼 아름답다.
più [pi̯u:] 〈Adj.〉 [ital. più] [음악] (연주 방식의 지시어로) 더(예컨대: più forte 더 세게).
Pivot [pi'vo:], der (또는) das; -s, -s [frz. pivot] (대포나 기중기의) 회전축.
Piz [pɪts], der; -es, -e [ladin. piz.] 산정(대개 산 이름의 일부로서).
Pizza ['pɪtsa], die; -s / Pizzen [ital. pizza] 피자(파이). **Pizzabäcker**, der 피자(파이) 제조업자. **Pizzabäckerei**, die ↑ Pizzeria. **Pizzeria** [pɪtse'ri:a], die; -s [ital. pizzeria] 피자(파이) 식당.
pizzicato [pɪtsi'ka:to] 〈Adv.〉 [ital. pizzicato] [음악] (현을) 손가락으로 뜯어서(약어: pizz.). **Pizzicato**, **Pizzikato** [-], das; -s, -s / ...ti [음악] (현을) 손가락으로 뜯어내는 소리.
PJ = Petajoule.
Pjöngjang [phjʌŋ'jaŋ] 평양.
Pkt. = Punkt.
Pkw, (또한) **PKW** ['e:ka:ve, (또한) --'-], der; -(s), -(s): Personenkraftwagen.
pl. = pluralisch, Plural; **Pl.** = Plural.
Placebo [pla'tse:bo], das; -s, -s [lat. placebo] [의학] 의사약(擬似藥)(외형이나 맛이 진짜약과 같지만 효력이 없는).
Placement [plasə'mã:], das; -s, -s [frz. placement] [경제] **1. a)** 투자. **b)** 판매, 매각, 처분. **2.** 《드물게》 ↑ Plazierung.
Placet: ↑ Plazet.
plachandern [pla'xandɛrn] 〈h〉 (ostd.) 지껄이다, 수다 떨다.
Plache ['plaxə], die; -n (österr.) ↑ Blahe.
placieren: ↑ plazieren.
Plack [plak], der; -s, -s 《드물게 Pl.》 (ostmd.) 중노동, 노고. **placken** ['plakn], sich 〈h〉 [↑ plagen의 강의형] 《통용어》 매우 고생하다, 녹초가 되도록 일하다, 매우 애쓰다.
Placken [-], der; -s, - (nordd.) **1.** 오점, 얼룩, 반점: eine alte Tapete mit häßlichen P. 보기 흉한 얼룩이 진 낡은 양탄자. **2.** 덧대 기운(헝겊, 가죽) 조각: einen P. auf der Hose haben 바지에 덧대 기운 자리가 있다. **3.** 동글납작한 조각.
Plackerei [plakə'raɪ], die; -en 《통용어》 노고, (지속적인) 고생, 힘든 일.
pladauz! [pla'daʊts] 〈Interj.〉 (nordwestd.) ↑ pardauz.
pladdern ['pladɐn] 〈h〉 《의성어·nordd.》 **1.** 〈비인칭〉 비가 죽죽 내리다, 억수로 퍼붓다: das ganze Wochenende pladderte es pausenlos 주말 내내 쉬임없이 비가 쏟아졌다. **2.** 비가 무엇에 떨어져 후두둑 소리를 내다: der Regen pladderte an die Scheiben 비가 후두둑 거리며 유리창을 때렸다.
plädieren [plɛ'di:rən] 〈h〉 [frz. plaider] **1.** [법] 《변호사가》 변론하다, 《검사가》 논고(論告)하다: auf[für] „schuldig" p. 유죄의 논고를 하다; der Verteidiger plädierte auf[für] Freispruch 변호사는 변론에서 무죄를 주장했다. **2.** 《교양어》 지지[찬성]하다: für die Gleichberechtigung der Frau[für jmds. Beförderung] p. 여성 평등권(누구의 승진)을 찬성하다. **Plädoyer** [plɛdoa'je:], das; -s, -s [frz. plaidoyer] **1.** [법] 《변호사의》 변론, 《검사의》 논고: ein glänzendes P. halten 훌륭한 변론을 하다. **2.** 《교양어》 《찬성·반대의》 의견 표명[연설]: ein leidenschaftliches P. für soziale Gerechtigkeit[gegen die Todesstrafe] halten 열정적으로 사회 정의의 옹호 연설(사형(제)의 반대 연설)을 하다.
Plafond [pla'fõ:], der; -s, -s [frz. plafond] **1.** (südwested., österr.) 천정. **2.** [경제] 신용 대부의 최고 한도액. **plafonieren** [plafo'ni:rən] 〈h〉 [frz. plafonner] 《특히 schweiz.》 상한을 두다. **Plafonierung**, die ↑ plafonieren의 명사형.
Plage ['pla:gə], die; -n [lat. plāga < griech. plagá (plēgḗ)] (지속적인) 걱정(거리), 귀찮은 일; 피로움, 고민, 고통(거리): die vielen Mücken sind eine richtige P. geworden 많은 모기들이 진짜 고통거리가 되었다; sie hat ihre P. mit den Kindern 그녀는 자식들로 해서 애를 많이 쓴다. **Plagegeist**, der 《친군》 괴롭히는 《귀찮은》 사람, 귀찮게 구는 사람, 학대자. **plagen** ['pla:gn] 〈h〉 [lat. plāgāre] **1. a)** 귀찮게 굴다, 들볶다, 몹시 곤란하게 하다: die Kinder plagen die Mutter den ganzen Tag mit ihren Fragen 아이들이 질문을 퍼대면서 하루종일 엄마를 들볶는다. **b)** 괴롭히다, 불쾌감을 주다, 육체적 고통을 주다: mich plagt die Hitze 더위가 나에게 고통을 준다. **c)** 걱정(근심)시키다, 불안하게 하다, 괴롭히다. **2.** 〈p. + sich〉 애쓰다, 고생하다, 악착같이 일하다: ich plage mich von morgens bis abends für die Familie 나는 가족을 위해서 아침부터 저녁까지 고생하고 있다. **Plagerei** [pla:gə'raɪ], die; -en 끊임없는 고생[노고].
Plagge ['plagə], die; -n (nordd.) **1.** 넝마 조각, 걸레. **2.** (떼어낸) 뗏장, 떼흙.

Plagiar [plaˈgiːɐ], der; -s, -e / **Plagiarius** [plaˈgiːarius], der; -, ...rii (고어) ↑Plagiator.

Plagiat [plaˈgiaːt], das; -(e)s, -e [frz. plagiat] 《교양어》 **a)** 표절: ein P. begehen[aufdecken] 표절을 행하다[밝혀내다]. **b)** 표절 작품: das Buch ist ein eindeutiges P. 그 책은 명백한 표절 작품이다. **Plagiator** [plaˈgiaːtɔr, 《또한》 ...toːɐ], der; -s, -en [...i̯aːtoːrən] lat. plagiātor] 《교양어》 표절자. **plagiatorisch** [plagi̯aˈtoːrɪʃ] 〈Adj.〉 《교양어》 표절자식의. **plagiieren** [plagiˈiːrən] 〈h〉 [lat. plagiāre] 《교양어》 표절하다, 도작(盜作)하다: ein Werk p. 어떤 작품을 표절하다.

Plagioklas [plagioˈklaːs], der; -es, -e [griech. plágios, 결정체의 쪼개진 면이 비스듬한 데서] 〖광물〗 사장석(斜長石).

Plaid [plɛːt, 《engl.》 pleɪd], das 《또는》 der; -s, -s [engl. plaid] **1.** 체크 무늬의 여행용 모포. **2.** 대형 모직 숄.

Plakat [plaˈkaːt], das; -(e)s, -e [niederl. plakaat < frz. placcard] 플래카드, 게시, 벽보, (선전용) 포스터, 방문: -e an den Litfaßsäulen anbringen 광고탑들에 포스터를 붙이다.

Plakat-: ~farbe, die 포스터화용의 강한 색채. **~gestaltung**, die 포스터 구성. **~kleber**, der (직업적으로) 포스터를 붙이는 사람. **~kunst**, die ↑Plakatmalerei. **~maler**, der 광고 그림[포스터] 화가. **~malerei**, die 포스터화, 광고 그림. **~säule**, die 광고탑, 광고 기둥. **~schrift**, die [인쇄] 광고 대형 활자. **~tafel**, die **a)** 광고탑, 포스터용 벽. **b)** 샌드위치맨. **~wand**, die 포스터용벽, 게시판. **~werbung**, die 포스터에 의한 선전.

plakatieren [plakaˈtiːrən] 〈h〉 **1.** 《드물게》 **a)** 무엇에 포스터를 붙이다, 게시하다: in der ganzen Stadt war für das Länderspiel plakatiert 온 도시에 국제 경기의 포스터가 나붙었다. **b)** 포스터로 알리다, 선전[광고]하다: eine Kundgebung p. 정치 집회를 포스터로 알리다. **2.** 《교양어》 명백히 밝히다, 두드러지게 묘사하다. **Plakatierung**, die; -en ↑plakatieren의 명사형. **plakativ** [plakaˈtiːf] 〈Adj.〉 《교양어》 **1.** 포스터 식의, 선전 효과가 큰: p. wirken 선전 효과 있게 작용하다. **2.** 의도적으로 강조된, 아주 두드러진, 인상 깊은. **Plakette** [plaˈkɛtə], die; -n [frz. plaquette] **1.** 기념 배지, 기장, 휘장: eine P. anstecken[tragen] 배지를 달다. **2.** [예술] 기념패, 기념 메달.

Plakodermen [plakoˈdɛrmən] 〈Pl.〉 [griech. pláx ↑Panzerfische. **Plakodont** [plakoˈdɔnt], der; -en, -en [griech. odoús (2격: odóntos)] 《화석 동물》 3첩기층의 파충류. **Plakoidschuppe** [plakoˈiːt-], die; -n [griech. -oeidés] 상어 비늘.

plan [plaːn] 〈Adj.〉 [lat. plānus] 《교양어》 **1.** 평평한, 평탄한: eine -e Fläche 평면; p. liegen 평평하게 놓여 있다. **2.** 《폄》 생각이 깊지 않은, 피상적인. **3.** 명백한, 단순하고 복잡하지 않은: eine -e Erklärung 명백한 설명.

¹Plan [-], der [lat. plānus] 〈아•고어〉 평지, 넓적한 곳, 경기장: 《다음 용법으로》 jmdn.[etw.] auf den P. rufen 누구(무엇)를 등장하게 해서 일에 개입(반대)하도록 도발하다(원래는 누구를 경기장으로 불러내다의 뜻): auf den P. treten[auf dem P. erscheinen] 나타나다, 등장하다.

²Plan [-], der; -(e)s, Pläne [ˈplɛːnə 1 a: frz. plan] **1. a)** 《축소형: ↑Plänchen 참조》 계획, 구상, 복안, 계략; 의도, 기도: sein P. nimmt feste Formen an 그의 계획은 확고한 틀을 갖춘다; der P. zerschlägt sich 계획이 수포로 돌아간다; sie hatten keine Pläne für die Zukunft 그들은 미래에 대한 어떠한 계획도 없었다; einen P. fassen[befolgen, in die Tat umsetzen] 계획을 세우다[따르다, 실천에 옮기다]; jmds. Pläne durchkreuzen[grundlegend ändern] 누구의 계획을 방해하다[근본적으로 바꾸다]; an seinen Plänen festhalten 자기의 계획을 고수하다; er scheiterte mit seinen Plänen 그의 계획은 실패했다; **einen P. [Pläne] schmieden** 어떤 (여러) 계획을 세우다(구리하다); **Grüner P.** 《구서독》 녹색 계획(매년 작성되는 서독 정부의 농업 및 식량 정책 보고서). **b)** 《구동독》 《일정 기간 내의》 국민 경제 개발 지침[계획]. **2.** 《축소형: ↑Plänchen 참조》 설계도: einen P. für ein Theater entwerfen 극장 설계도를 작성하다; **auf dem P. stehen** 계획되어 있다: als nächstes steht eine Reise durch Europa auf dem P. 다음으로는 유럽 여행이 계획되어 있다. **3.** 《비교적 소지역의》 지도.

¹plan-, Plan- (plan): **~drehen** 〈h; 부정형과 과거분사로만〉 [기술] (면에 선반으로) 평면 작업을 하다. **~drehen**, das; -s 평면 작업. **~film**, der [사진] (대형 사진 카메라용) 판(板) 필름. **~heit**, die 《드물게》 평평함(Plansein, Ebenheit). **~konkav** 〈Adj.〉 《광학》 (렌즈)평요(凹凸)의 《반대: plankonvex》. **~konvex** 〈Adj.〉 《광학》 (렌즈)평철(凸凹)의 《반대: plankonkav》. **~parallel** 〈Adj.〉 《전문어》 (평면이) 평행으로 배열된. **~spiegel**, der 《전문어》 평면경.

²plan-, Plan- (²Plan): **~ablauf**, der [구동독 경제] **1.** 계획의 수립 과정. **2.** 계획의 실행(수행). **~aufgabe**, die [russ. planowoe sadanie] [구동독 경제] (특정 업소 등에 부여되는) 계획 과제(업무). **~auflage**, die [구동독 경제] ↑aufgabe. **~diskussion**, die [구동독 경제] 계획의 토론. **~disziplin**, die [russ. planowaja disziplina] [구동독 경제] 계획 준수 원칙. **~erfüllung**, die [russ. wypolnenie plana] 《구동독 경제》 계획 달성. **~feststellung**, die [관·법] 공공 건설 계획을 위한 관청의 계획 확정. **~feststellungsverfahren**, das 계획 확정 절차. **~gemäß** 〈Adj.〉 《드물게》 ↑~mäßig (a). **~jahr**, das [구동독 경제] 계획 연도. **~jahrfünft**, das [russ. pjatiletka] 《구동독》 5개년 계획 [기간]. **~**↑Fünfjahre(s)plan. **~kalkulation**, die [구동독 경제] 계획(예정) 비용 산출(평가). **~kontrolle**, die [구동독 경제] 계획의 통제(감독). **~kosten**, die [경제] 계획(예정) 비용. **~kostenrechnung**, die [경제] 계획(예정) 비용 산정(계산). **~los** 〈Adj.〉 무계획한, 무방침의, 막연한, 무분별한 《반대: planmäßig b》: ein -es Vorgehen 무계획한 행동; p. arbeiten 계획 없이 일[작업]하다. **~losigkeit**, die ↑~los의 명사형. **~mäßig** 〈Adj.〉 **a)** (운행) 계획에 따른, 정기적인: -er Zugverkehr 정기적인 열차 운행(철도 교통) **b)** 계획대로의 조직적인, 정연한 《반대: planlos》: -e Vernichtung unterwegs 조직적으로 파괴(섬멸, 제거)하다. **~mäßigkeit**, die ↑mäßig의 명사형. **~preis**, der [경제] (예정 비용 산정의 기초가 된) 계획(예정) 가격. **~quadrat**, das [지도상의] 바둑판 눈(금). **~rückstand**, der [구동독 경제] 계획 실시의 미달(량). **~schießen**, das; -s [군] (관측소 없이 실시하는) 도상(圖上) 계측 사격. **~schulden** 〈Pl.〉 [구동독 경제] ↑~rückstand. **~soll**, das [구 동독 경제] 계획 목표(량), 계획 달성 기준. **~spiel**, das 도상 연습, 도상(圖上) 훈련. **~stelle**, die [예산에 반영되어 있는] 정규 정원(定員), 일자리: -n schaffen 공공 분야의 일자리를 마련하다. **~voll** 〈Adj.〉 ↑~mäßig (b): man erwartet -e Arbeit 계획성 있는 작업을 기대하다. **~vorschlag**, der [구동독 경제] 계획 제의(안). **~vorsprung**, der [구동독 경제] 계획의 초과 달성. **~wirtschaft**, die [경제] 계획 경제 《반대: Marktwirtschaft》. **~zeichnen** 〈부정형으로만〉 [전문어] 약도 [평면도]를 기초(작성)하다. **~zeichnen**, das; -s 제도(製圖), 설계. **~zeichner**, der 제도자, 도면 제작자. **~zeichnung**, die 제도, 설계. **~zeiger**, der 《전문

plappern

어)》《지도상의 지점을 재는》 직각 측도기. **~ziel**, das 〖구 동독 경제〗 계획 목표: das P. nicht erreichen 계획 목표를 달성하지 못하다.

Planarie [pla'na:riə], die; -n [...jən; lat. plānārius] 플라나리아 《편형》 동물의 일종》.

planbar〈Adj.〉계획〖기획〗가능한: neue Technologien sind langfristig p. 새로운 공업 기술들은 장기적인 계획 수립이 가능하다. **Plänchen** ['plɛ:nçən], das; -s, - ↑ ²Plan.

Planche [plã:ʃ], die; -n [frz. planche] 〖펜싱〗 펜싱〖경기〗장. **Planchette** [plã'ʃɛtə], die; -n [frz. planchette] 〖전문어〗 코르셋 받침살.

Plane ['pla:nə], die; -n 덮개, 포장: etw. mit einer P. abdecken 무엇을 덮개로 싸다.

Pläne [plɛ:nə], die; -n [frz. plaine] 〖고어〗평지, 평야 (Ebene).

planen [pla:nən] 〈h〉 **a)** 계획〖입안〗하다, 기획하다: den Bau eines Kernkraftwerks p. 핵발전소의 건설을 계획하다; jeder seiner Schritte war sorgfältig geplant 그가 취한 조치들은 하나하나가 면밀하게 계획된 것이었다. **b)**…할 의도이다, 계획〖예정〗이다: die Stadt plant, in dem Gebiet Hochhäuser zu bauen 시 당국은 그 지역에 고층 건물들을 지을 계획이다. **Planer**, der; -s, - 계획자, 입안자. **planerisch**〈Adj.〉계획상의, 계획으로 확정된: -e Maßnahmen 계획상의 조치들. **Pläneschmied**, der; -(e)s, -e 《통용어》 열성적〖광적〗인 계획〖기획〗가. **Pläneschmieden**, das; -s 《통용어》 계획, 기획.

Pläner ['plɛ:nɐ], der; -s 〖지질〗《공업 원료의 일종》플래너 이회토(泥灰土).

Planet [pla'ne:t], der; -en, -en 〖천문〗 **a)** 혹성, 유성, 행성(반대: Fixstern). **b)** (Pl. 없음) 지구: der blaue P. 푸른 행성, 지구(우주에서 보면 지구가 청색이므로). **planetar** [plane'ta:ɐ]〈Adj.〉↑ planetarisch. **planetarisch** [...'ta:rɪʃ]〈Adj.〉 **a)** 혹성〖행성〗의, 혹성〖행성〗에 관한: -e Nebe 〖천문〗행성상 성운(行星狀星雲). **b)** 〖무겁게·교양어》〗지구에 관한, (전)지구상의: ein -er Konflikt 지구상〖지구 전체〗의 갈등. **Planetarium** [...'ta:riʊm], das; -s, ...ien [...jən] **1.** 천상의(天象儀), 플라네타륨. **2.** 천문관(天文館), 플라네타륨.

Planeten-: **~bahn**, die 행성〖혹성〗의 궤도. **~getriebe**, das 〖기술〗유성(遊星) 기어 장치. **~jahr**, das 〖천문〗행성년, 유성년(행성의 공전 주기). **~konstellation**, die 〖천문〗행성계의 위상〖위치〗. **~system**, das 〖천문〗행성계, 혹성계.

Planetoid [planeto'i:t], der; -en, -en 〖천문〗소행성(小行星), 소혹성.

planieren [pla'ni:rən]〈h〉 [lat. planare] 평평〖판판〗하게 하다, 정지〖정리〗하다: die Straße p. 도로를 평평하게 고르다. **Planierraupe**, die 불도저. **Planierschild**, der 〖기술〗 불도저의 철판. **Planierung**, die; -en 정지 작업. **Planifikateur** [planifika'tø:ɐ], der; -s, -e [frz. planificateur] 《전문어》 경제 기획 전문가, 경제 기획관. **Planifikation** [...'tsjo:n], die; -en [frz. planification] 《전문어》 《시장 경제 원리에 기초한 국가의》 (장기) 경제 계획. **Planiglob** [plani'glo:p], das; -s, -en (고형) **Planiglobium** [...'glo:bjʊm], das; -s, ...ien [...jən; lat. plānus + globus] 《지구의》 반구 평면도(半球平面圖). **Planimeter**, das; -s, - 〖기하〗 플래니미터, 면적계. **Planimetrie**, die 〖기하〗 **1.** 면적 측정〖계산〗. **2.** 평면 기하학. **planimetrisch**〈Adj.〉〖기하〗평면 기하학의.

Planke ['plaŋkə], die; -n [frz. planche] **1.** 《조선, 울타리용의》 두꺼운 나무판, 선판(船板): auf den glitschigen n ausrutschen 미끈거리는 판자〖선판〗위에서 미끄러지다. **2. a)** 《높은》 판자 울타리〖담〗: über die P. klettern ~에 기어오르다. **b)**《Pl.》《승마·마술(馬術)》 횡목 장애.

Plänkelei [plɛŋkə'lai], die; -en ↑Geplänkel (1, 2). **plänkeln** ['plɛŋkln]〈h〉 **1.** 《군·준고어》소규모 전투〖가벼운 분쟁〗을 벌이다. **2.** 《심하지 않게》 다툼질하다, 티격태격하다.

Plankenzaun, der; -(e)s, ...zäune **1.** 횡목〖판자〗 울타리: ein geteerter P. 타르 칠을 한 횡목 울타리. **2.** ↑ Planke (2 b).

Plänkler ['plɛŋklɐ], der; -s, - 《군·준고어》 가벼운 분쟁의 당사자〖참가자〗.

Plankter ['plaŋktɐ], der; -s, - [griech. plagktēr] 〖생물〗 ↑Planktont의 드문 별형. **Plankton** ['plaŋktɔn], das; -s [griech. plagktón] 〖생물〗 《집합적》 플랑크톤, 부유 생물, 뜬사리: pflanzliches〖tierisches〗 P. 식물성〖동물성〗 플랑크톤. **planktonisch** [...'to:nɪʃ]〈Adj.〉〖생물〗플랑크톤의. **Planktonnetz**, das 플랑크톤 《채집용》 그물. **Planktont** [...'tɔnt], der; -en, -en 〖생물〗 《개체로서의》 플랑크톤.

plano ['pla:no]〈Adv.〉[lat. plāno] 〖제본〗접지(摺紙)하지 않은, 접지하지 않은 채.

Planschbecken, das; -s, - 《유원지 등의 아이들이 놀 수 있는 얕은 수조〗풀》. **planschen** ['planʃn]〈h〉[↑platschen의 의성어·비음화 별형] 물장구치다, 물장난하다, 찰방〖철벙〗거리다: die Kinder planschen in der Badewanne 아이들의 욕조 안에서 찰방거린다. **Planscherei** [planʃə'rai], die; -en 《계속》 찰방〖철벙〗거리기.

Plantage [plan'ta:ʒə, 《österr.》...a:ʒ], die; -n [frz. plantage] 《열대 지방의》 농장, 대농원.

Plantagen-: **~arbeiter**, der 농장 고용원〖노동자〗. **~besitzer**, der 농장주. **~wirtschaft**, die 농장 경영, 대규모 농원 경영.

plantar [plan'ta:ɐ]〈Adj.〉[lat. plantāris] 〖의학〗발바닥의.

plantschen: ↑planschen.

Planula ['pla:nula], die; -s [lat. plānus] 유자포류(有刺胞類) 동물의 유충. **Planum** ['pla:nʊm], das; -s [lat. planum] 《도로 등의》 노반(路盤), 《신축 건물의》 시공 상면(施工上面), 기면(基面).

Planung ['pla:nʊŋ], die; -en **1.** 계획 수립[das Planen (a, b)]: die mittelfristige P. 중기 계획〖수립〗; er hat weder mit der P. noch mit der Ausführung des Verbrechens zu tun gehabt 그는 그 범죄의 모의와 실행 그 어느 쪽과도 무관했다. **2.** 《수립된》 계획, 계획된 일: sich an der P. halten 계획에 따르다.

Planungs-: **~abteilung**, die 기획부, 기획과. **~kommission**, die 기획 위원회. **~methode**, die 《구동독 경제》 계획〖기획〗 방법. **~rechnung**, die 〖수학〗 계획 산법《크기, 특성 따위의 최적 확정을 다루는 수학의 한 분야》. **~stadium**, das 계획 단계: etw. ist noch im P. 무엇이 아직 계획 단계에 있다. **~team**, das 기획진〖陣〗.

Planwagen, der; -s, - [↑Plane] 포장 마차.

Plapper-: **~maul**, das 《통용어·폄》 수다쟁이, 떠버리. **~mäulchen**, das 《축소형》《통용어·폄》 **1.** 수다떠는 아이. **2.** 입, 주둥이. **~tasche**, die 《통용어·폄》↑ ~maul.

Plapperei [plapə'rai], die; -en 《통용어·폄》↑ Geplapper. **Plapperer** ['plapərɐ], Plapprer, der; -s, - 《통용어·폄》 수다쟁이, 떠버리. **plapperhaft**〈Adj.〉《통용어·폄》 수다스러운. **Plapperhaftigkeit**, die 《통용어·폄》 수다스러움. **Plapperin**, die; -nen 《통용어·폄》↑Plapperer의 여성형. **plappern** ['plapɐn]〈h〉《의성어》 **a)** 《통용어·폄》 수다떨다. **b)** 《통용어·폄》 말하다

Plapperer 1584

(reden): nur Unsinn p. 허튼소리만 해대다.
Plapperer: ↑Plapperer.
Plaque [plak], die; -s [plak; frz. plaque?] 1. [의학] (피부의)(돌출) 반점, 반(斑). 2. [치과] 치석.
plärren ['plɛrən] ⟨h⟩ (의성어·펌) 1. a) 울부짖다, 으르렁거리다, 빽빽 소리지르다: wir hörten, wie sie im Haus (nach dem Kind) plärrte 그녀가 집 안에서 (아이에게) 크게 소리치는 것이 들렸다: das Radio plärrt 라디오가 우르릉 거리고 있다. b) 울부짖으 말하다: er plärrte unflätige Ausdrücke durch den Saal 그는 음란(추잡)한 말들을 홀에 떠들썩하게 내뱉었다. 2. (감정) 큰 소리로 엉엉 울다: das Kind fing sofort an zu p. 아이가 엉엉 울기 시작했다. **Plärrer**, der; -s, - (통용어·펌) 울부짖는 (아는)이.
Pläsanterie [plɛzantəˈriː], die; ...ien [frz. plaisanterie] (고어) 농담, 희롱, 장난.
Pläsier [plɛˈziːɐ], das; -s, -e / (österr.) -s [frz. plaisir] (지역적) (특별한 개인적) 즐거움, 재미: sein P. (an etw.) haben (무엇에) 특별한 재미를 느끼다. **pläsierlich** ⟨Adj.⟩ (지역적) 유쾌한, 즐거운.
Plasma ['plasma], das; -s, ...men [griech. plásma] 1. [생물] ↑Protoplasma의 약칭. 2. [의학] ↑Blutplasma의 약칭. 3. [물리] 플라스마.
Plasma-: **~brenner**, der [물리] (잘 녹지 않는 물질의 용해, 기화 따위에 사용하는) 플라스마로(爐). **~chemie**, die 플라스마 화학. **~physik**, die 플라스마 물리학.
plasmatisch [plasˈmatɪʃ] ⟨Adj.⟩ 플라스마의(에 관한).
Plasmodium [plasˈmoːdiʊm], das; -s, ...ien [...iən] [생물] 플라스모디움, 변형체(다혈(多核)의 원형질덩이).
Plasmon [plasˈmoːn], das; -s [생물] 플라스몬(세포질 속의 유전자 총체).
Plast [plast], der; -(e)s, -e (구동독) ↑Kunststoff. **Plaste** ['plastə], die; -n (구동독·통용어) ↑Kunststoff. **Plastics** ['plæstɪks] ⟨Pl.⟩ [engl. plastics] ↑Kunststoffe의 영어 표기. **Plastide** [plasˈtiːdə], die; -n (대개 Pl.) [식물] (세포의) 색소체(色素體), 원형체(原形子), 형성체.
Plastifikator [plastifiˈkaːtor], der; -s, ...to:rɛ], -en [...kaˈtoːrən] [기술·화학] ↑Weichmacher. **plastifizieren** [...ˈtsiːrən] ⟨h⟩ [기술·화학] 부서지기 쉬운 합성수지를 유연하게 하다.
¹Plastik ['plastɪk], die; -en [frz. plastique] 1. a) 조소(彫塑), 조각(품): eine moderne P. 현대 조각. b) ⟨Pl. 없음⟩ 조형 미술의 표기, **Plastik**의 r네상스 조형 예술. 2. ⟨Pl. 없음⟩ 표현력, 구상성(具象性). 3. [의학] 정형(成形) 수술: eine P. an der Nase ausführen 코를 정[성]형 수술하다. **²Plastik** [-], das; -s (대개 관사 없이) [engl.-amerik. plastic(s)] 플라스틱, 합성수지: Behälter aus (rotem) P. (적색) 플라스틱으로 만든 용기, 플라스틱 통.
Plastik- (²Plastik): **~beutel**, der 플라스틱(비닐) 봉지 (주머니). **~bombe**, die 플라스틱 폭탄. **~eimer**, der 플라스틱 양동이. **~einband**, der 플라스틱(비닐) 제본, 비닐 봉지. **~folie**, die 비닐 포장지. **~handschuh**, der 비닐 장갑. **~helm**, der 플라스틱 헬멧. **~röhrchen**, das 플라스틱 파이프(관). **~sack**, der 플라스틱 자루(부대). **~(trage)tasche**, die 비닐 손가방. **~tüte**, die 비닐 봉지.
Plastiker, der; -s ↑Bildhauer.
Plastilin [plastiˈliːn], das; -s, **Plastilina** [...ˈliːna], die 조소용(수공용) 점토(粘土). **plastisch** ⟨Adj.⟩ [frz. plastique] 1. ↑bildhauerisch: -es Können 조형미술적 재능(역량). 2. 유연한, 성형(成形) 가능한: ein Stoff, der bei allen Temperaturen p. bleibt 어떤 온도에서나

성형 가능한 재료. 3. a) 입체적인, 돌출해 보이는: sein aristokratisches Profil mit dem -en Kinn 두드러진 턱을 지닌 그의 귀족적인 옆얼굴. b) 구상적인, 분명히 드러나 보이는: eine -e Schilderung von etw. geben 무엇을 선명하게 서술하다. **plastizieren** [plastiˈtsiːrən] (전문어) ↑plastifizieren. **Plastizität** [...tsiˈtɛːt], die 1. 구상성, 입체성. 2. (재료의)유연성, 조형 가능성.
Plastom [plasˈtoːm], das; -s [griech. plastós] (식물) 원형자(Plastide)의 유전인자군(群). **Plastoponik** [plastoˈpoːnɪk], die [lat. põnere] [농업] 자양염이 든 해면질을 이용한 박토 경작법.
Plastron [plasˈtrɔ̃ː]; (österr.) ...ˈtroːn], der (또는) das; -s, -s [frz. plastron] 1. a) (옛) (남자 예복의) 넓은 비단 넥타이. b) 승마복의 넓고 흰 넥타이. c) (육서복의 레이스와 주름이 있는) 가슴받이. 2. (중세의) 흉갑(胸甲). 3. [펜싱] a) (정확한 득점 연습을 위해 부착하는) 완충대 (袋), 가슴받이. b) (보호용) 가슴받이.
Plätäa [plaˈtɛːa] 플라타이아이(Plataiai) (고대 그리스 보이오티아 지방의 도시).
Platane [plaˈtaːnə], die; -n [lat. platanus < griech. plátanos] [식물] 플라타너스. **Platanenblatt**, das 플라타너스 잎. **Platanengewächs**, das [식물] 플라타너스과(科).
Plateau [plaˈtoː], das; -s, -s [frz. plateau] 1. 고원, 고지대. 2. 산정(山頂)의 평탄지.
plateau-, **Plateau-**: **~basalt**, der ↑Trapp. **~förmig** ⟨Adj.⟩ 고원 모양의, 고원형(形)의. **~gletscher**, der 고지 빙하(氷河). **~sohle**, die 플래토우 구두창(두꺼운 유행 구두창).
Plateresk [plateˈrɛsk], das; -(e)s [span. (estilo) plateresco] [예술] 플라테레스코식(式) (스페인의 후기 고딕 및 이탈리아의 초기 르네상스 건축 양식).
Platin [plaˈtiːn, (südd., österr.) plaˈtiːn], das, -s [span. platina] [화학] 백금(기호: Pt).
platin-, **Platin-**: **~blond** ⟨Adj.⟩ a) (모발 색깔) 백금빛(밝은 은색) 금발의. b) 백금빛 금발을 한. **~draht**, der 백금선(線). **~erz**, das 백금 광석. **~fuchs**, der 1. 백금색 여우(은색 여우의 일종). 2. 백금색 여우 모피(옷). **~haltig**, (österr.) **~hältig** ⟨Adj.⟩ 백금을 함유한. **~hochzeit**, die 백금혼일(70회 결혼 기념일). **~ring**, der 백금 반지. **~schmuck**, der 백금 장신구.
Platine [plaˈtiːnə], die; -n [frz. platine] [전기] (구리 또는 은을 입힌) 전자회로판, 플라틴. **platinieren** [platiˈniːrən] ⟨h⟩ 백금을 입히다. **Platinoid** [platinoˈiːt], das; -(e)s, -e [...iːdə] 플라티노이드(합금의 일종). **Platitüde** [platiˈtyːdə], die; -n [frz. platitude] (아어·펌) 진부(범용)한 어구(문구): sich in -n ergehen 진부한 상투적 문구를 늘어놓다.
Platoniker [plaˈtoːnikɐ], der; -s, - [그리스 철학자 Platon(B.C. 428~347경)에 따라] 플라톤 학파 사람, 플라톤 주의자. **platonisch** [plaˈtoːnɪʃ] ⟨Adj.⟩ [griech. Platōnikós] 1. 플라톤 철학(학파)의, 플라톤적인. 2. (교양어) a) 정신적인, 비관능적인, 플라토닉: -e Liebe 정신적 사랑, 플라토닉 러브. b) (반어) 실속 없는, 공허한, 빈말의: der Diplomat gab nur eine P. Erklärung dazu ab 그 외교관은 그 일에 관해 공허한 해명을 내놓았을 뿐이다. **Platonismus** [platoˈnɪsmʊs], der; - 플라톤 철학 (주의).
platsch! [platʃ] ⟨Interj.⟩ (의성어; 물건이 수면에 부딪히거나 젖은 물건이 바닥에 떨어지는 소리) 철벙! 텀벙! 풍덩! 철썩! **Platsch** [-], der; -(e)s (verstmd.) ↑Pflatsch (1, 2). **platschen** ['platʃn] (의성어) 1. (통용어) a) ⟨h⟩ 철벙[찰랑] 소리를 내다. b) ⟨s⟩ 찰싹찰싹 부딪히다: der Regen platscht monoton gegen die Scheiben 비가 유리창에 부딪혀 단조롭게 후두두거린다.

2. 《통용어》 〈h / s〉 물 속에서 철벙거리다: die Kinder platschen fröhlich durch den Bach 아이들이 즐겁게 철벙거리며 냇물을 지나간다. 3. 《통용어》 〈s〉 (무거운 것이) 철벙[털썩] 소리를 내며 떨어지다: fast gleichzeitig platschte das Geschoß zischend ins Wasser 거의 동시에 포탄이 쌕쌕 소리를 내며 물 속으로 풍덩 떨어졌다. 4. 〈비인칭·h〉 (지역적) 비가 세차게 내리다: es platscht schon den ganzen Tag 온종일 비가 억수로 쏟아지고 있다. **plätschern** ['plɛtʃɛn] (의성어) 1. 〈h〉 a) 졸졸[콸콸, 찰싹찰싹] 소리를 내다: der Springbrunnen plätschert friedlich und beschaulich 분수가 평화롭고 조용하게 쪼록쪼록 소리를 내고 있다. b) 〈s〉 찰싹[철썩]거리며 움직이다: die Kinder plätschern im seichten Wasser 아이들이 얕은 물에서 철썩[철벙]거리고 있다. 2. 〈s〉 졸졸 흐르다: der Bach plätschert munter über die Steine 시냇물이 즐겁게 바위 위를 졸졸 흐른다; [전의] das Gespräch plätscherte die Unterhaltung 대화가 가볍고 알맹이 없이 진행되고 있다. **platschnaß** 〈Adj.〉 《지역적》 ↑klatschnaß. **Platschregen**, der; -s, - 《지역적》 ↑Platzregen.

platt [plat] 〈Adj.〉 [niederd. plat(t)] 1. 평탄[평평]한, 편평한: sich die Nase an der Fensterscheibe p. drücken 코를 창유리에 대고 누르다; sie ist p. wie ein [Bügel]brett 그녀는 젖가슴이 거의 없다; der Reifen ist p. 타이어가 납작하다, 타이어에 바람이 거의 [전혀] 없다; ich mußte noch das Rad wechseln, wir hatten einen Platten 나는 타이어를 바꿔야지 갈아야 되는 참이었다. 타이어가 터졌던 것이다; p. sein 《통용어》 (예상 밖의 일에) 깜짝 놀라다. 2. 《폄》 피상적인, 물쿠러[천박], 무미 건조한: eine -e Konversation 무미건조한 좌담; dieses Gedicht ist inhaltlich p. 이 시는 내용이 무미건조하다. 3. 명백한, 노골적인, 순전한: eine -e Lüge 새빨간 거짓말. **Platt** [-], das; -(s) 저지 독일어(das Plattdeutsche).

platt-, Platt-: ~**bauch**, der 【동물】 장수잠자리(의 일종). ~**bodenboot**, das 【요트】 (바닥이 거의 수평으로 낮은)소형 보트, 평저선. ~**deutsch** 〈Adj.〉 [언어] ↑ niederdeutsch. ~**deutsch**, das ↑Niederdeutsch. ~**deutsche**, das ↑Niederdeutsche. ~**erbse**, die [식물] 연리초속(屬). ~**fisch**, der 【동물】 넙치속(屬). ~**form**, die [frz. plate-forme] 1. 옥상 테라스, 옥상 전망대. 2. a) (구식 전차나 철도 차량의) 승강대[승강기], 발판. b) (화물 차량의 지붕이 없이 하역시에 쓰는) 개폐식 발판. 3. (의도, 행동, 목표 설정 등의) 기반, 토대: eine gemeinsame P. finden 공통의 기반을 찾아내다. ~**formball**, der [권투], ~**formbirne**, die (권투용어) 편칭볼. ~**formwagen**, der (적재함에 목책을 두른) 농사용 난간 차량. ~**frost**, der 서리. ~**fuß**, der 1. 〈대개 Pl.〉 [의학] 편평족. 2. 《통용어》 바람 빠진 타이어. ~**füßig** 〈Adj.〉 편평족의, 발바닥이 편평한. ~**fußindianer**, der a) 《경》 편평족인 사람[놈, 녀석]. b) (남자에 대한 욕 놈, 녀석이). c) [군] 보병(Infanterist). ~**gat(t)**, das [선원] 거룻배의 고물[선미]. ~**hirsch**, der [사냥] 뿔이 없는 수사슴. ~**käfer**, der (대개 나무껍질 속에서 사는) 풍뎅이의 일종. ~**machen**: ↑plattmachen. ~**nasig** 〈Adj.〉 납작코의[코가 가진]. ~**stich**, der [수공] 박음질, 새틴스티치(공단처럼 보이게 하는 자수). ~**(stich)stickerei**, die [수공] a) 〈Pl. 없음〉 박음질 자수(刺繡). b) 박음질 자수품. ~**wurm**, der 【동물】 편충(扁蟲).

Plätt- ['plɛt-] (plätten[nordd., md.]): ~**bolzen**, der [고어] ↑~**stahl**. ~**brett**, das ↑Bügelbrett. ~**eisen**, das ↑Bügeleisen. ~**maschine**, die ↑ Bügelmaschine. ~**stahl**, der (고어) 다리미의 가열용 쇠막대기. ~**wäsche**, die 다림질 세탁물(다림질을 해야 되는 다림질된 것).

Plättchen ['plɛtçən], das; -s, - ↑Platte (1). **Platte** ['platə], die; -n [mlat. plat(t)a] 1. 〈축소형: Plättchen〉 (금속, 목재, 석재 등의 납작한 판(板), 금속판, 박(箔), 포석(鋪石), 타일, 널빤지: eine P. gießen (금속)판을 주조하다; eine Wand mit -n verkleiden 벽에 타일을 입히다[널판을 대다]. 2. ↑Schallplatte의 약칭: eine P. auflegen 음반을 올려놓다; etw. auf P. aufnehmen 무엇을 음반에 취입하다; **ständig dieselbe die gleiche / die alte) P. (laufen lassen)** 《통용어》 늘 똑같은 말(을 하다); **eine neue(andere) P. auflegen** 《통용어》 새로운(다른) 이야기를 하다; **die P. kennen** 《통용어》 (누구의 말이나 행동에 대해) 무슨 말[일]인지 알다; **etw. auf der P. haben** 《통용어》 무엇을 훤히 알다[익히 할 수 있다]. 3. a) (음식, 음료를 놓은) 쟁반, 받침. b) 쟁반[에 담은] 요리: **gemischte[kalte] P.** [요리] (햄 등) 냉육에 샐러드를 곁들인 요리, 냉육 요리. 4. ↑Tischplatte의 약칭. 5. ↑Herd-, Kochplatte의 약칭. 6. 《통용어》 대머리, 머리가 벗겨진 곳. 7. (사진·준고어) (유리) 건판, 감광판: **jmdn. auf die P. bannen** (준고어) 누구의 사진을 찍다; **nicht auf die P. kommen** 《통용어》 허락[용인]될 수 없다, 절대 불가(능)하다. 8. ↑Grabplatte의 약칭. 9. ↑Druckplatte의 약칭. 10. [등산] (잡거나 디딜 수 없는) 미끄러운 암벽[바위]. 11. (österr.) 갱단, 범죄자 집단. 12. **die P. putzen** (부랑자) (어떤 일에서) 슬그머니 손을 떼고 (몰래) 떠나다[내빼다]. **Plätte** ['plɛtə], die; -n [lat. plat(t)a] 1. 《지역적》 ↑Bügeleisen. 2. (österr.) 평저선(平底船). **Plattei** [pla'tai], die; -en 〈전문어〉 (인쇄기용) 주소카드. **platteln** ['platln] 〈h〉 (südd.) (손바닥으로 무릎, 무릎, 가죽바지 등을 치며 추는 민속춤인) 구두칙기춤을 추다. **platten** ['platn] 〈h〉 《지역적》 a) 편편하게 만들다, 고르다. b) 판(石板, 타일, 판자)을 깔다[붙이다]. **plätten** ['plɛtn] 〈h〉 (nordd., md.) ↑bügeln (1) 참조: geplättet sein 《경》 (예기치 못한 난처한 일로) 어안이 벙벙하다.

Platten-: ~**album**, das (앨범식의) 음반집, 레코드 앨범. ~**archiv**, das (체계적으로 수집된) 음반 모음, 음반 보관실. ~**aufnahme**, die 1. 음반[레코드] 취입. 2. ↑ Aufnahme (8 b). ~**bar**, die 음악 감상을 겸한 바. ~**bauweise**, die 조립식(철근 콘크리트) 건축법. ~**belag**, der 판자를 깐 마루(바닥). ~**cover**, das ↑ Schallplattenhülle. ~**elektrode**, die [기술] 판형전극(板形電極). ~**gießer**, der (인쇄용) 판형 주조공. ~**hülle**, die ↑Schallplattenhülle. ~**jockey**, der ↑ Diskjockey. ~**kondensator**, der [기술] 평판(平板) 축전기. ~**leger**, der ↑Fliesenleger. ~**sammlung**, die ↑Schallplattensammlung. ~**schrank**, der (전축에 딸린 음반 [레코드], 보관함, 레코드 장(欌). ~**spieler**, der 레코드 플레이어, 전축. ~**ständer**, der 음반대(臺). ~**stecher**, der [인쇄] 동판공(銅版工). ~**tasche**, die 음반 겉집. ~**teller**, der (전축의) 턴테이블, 회전판. ~**wagen**, der ↑Plattformwagen. ~**wechsler**, der [레코드] 자동 교환 연주기, 오토 체인저. ~**weg**, der 포석(鋪石)을 깐 길.

Plattensee ['platnze:], der 발라톤(Balaton) 호수(헝가리의).

Plätter ['plɛtɐ], der; -s, - (nordd., md.) ↑Bügler. **platterdings** ['platɐdɪŋs] 〈Adj.〉 《통용어》 ↑glatterdings. **Plätterei** [plɛta'rai], die; -en (nordd., md.) 1. 〈Pl. 없음〉 《통용어》 다림질. 2. 세탁소. **Plätterin**, die; -nen ↑Plätter의 여성형. **Plattheit**, die -en 《폄》 ↑Flachheit (2). **plattieren** [pla'ti:rən] 〈h〉 [↑Platte] 1. [기술] 귀금속을 입히다, 도금하다. 2. [섬유] 섞어 짜다, 혼방하다. **Plattierung**, die; -en ↑ plattieren의 명사형. **Plattierverfahren**, das 혼방 처

리. **plattig** ['platɪç] 〈Adj.〉 【등산】 (바위가) 매끄러운, 미끄러운. **Plattler** ['platlɐ], der; -s, - 〈südd.〉 ↑ Schuhplattler.

plattmachen 〈/r〉 《지역적》 (일[학교]에서) 몰래 도망치다[빠지다], 살그머니 일을 피하다. **Plattmacher**, der; -s, - 회피하는 사람, 뺑소니꾼.

Platz [plats], der; -es, Plätze [lat. platēa < griech plateĩa] **1. a)** 〈축소형: ↑Plätzchen 참조〉 광장, 넓은 골목, 네거리: der P. vor dem Schloß 성문 앞 광장; sämtliche Straßen münden auf diesen[diesem] P. 모든 도로가 이 광장으로 통한다. **b)** 공지, 빈터, 운동장: der P. ist gesperrt 그 운동장은 폐쇄되었다; der Schiedsrichter stellte den Verteidiger wegen eines Fouls vom P. 심판은 반칙 선수를 반칙 때문에 퇴장시켰다. **2.** 〈축소형: ↑Plätzchen 참조〉 (무엇이 있는, 무엇을 위한) 장소, 곳, 위치, 소재(지): ein windgeschützter P. (바람을 받지 않는) 아늑한 장소; in solcher Lage ist sein P. bei der Familie 그런 상황에서 그가 있을 곳은 가정이다; die Bücher stehen nicht an ihrem P. 책들이 제자리에 있지 않다; das beste Hotel am -(e) 당 지역 [이곳]의 가장 좋은 호텔; auf die Plätze, fertig, los! 〈육상 경기, 단거리 경주의 출발 명령〉 제자리로, 준비, 출발!; **ein P. an der Sonne** 《제국 수상 Fürst Bülow (1849~1929)의 (모든 사람들이 양지 바른 곳을 추구한다): alle streben nach einem P. an der Sonne》는 명언에 따라〉 양지 바른 곳, 인생에서의 행복과 성공; **in etw. keinen P. haben** 무엇에는 이제는 (설)자리가 없다[어울리지 않다]: Träume haben in seinem Leben keinen P. 꿈은 이제 그의 인생에 어울리지 않는다; **(nicht[fehl]) am -(e) sein** 적합하다(적합하지 않다): Milde ist in diesem Fall absolut fehl am P. 밀데는 이 경우 전혀 적격이 아니다다. **3.** 좌석, 자리: wir sitzen fünfte Reihe, P. 27 und 29 우리는 다섯째 줄, 27번과 29번 좌석에 앉을거야[앉아 있다]; ist dieser P. noch frei? 이 자리[좌석]는 아직 비었습니까?; einen P. für jmdn. freihalten 좌석을 누구를 위해 비워두다; die Besucher werden gebeten, ihre Plätze einzunehmen 방문객[입장객]께서는 착석하시기 바랍니다, 방문객들이 자리에 앉으라는 요청을 받는다; sich einen P. sichern 앉을 자리를 확보하다; jmdm. einen P. anweisen 누구에게 좌석을 안내하다; auf seinen P. gehen 자기 좌석에 가다; er sprach vom P. aus, ohne ans Rednerpult zu gehen 그는 연단으로 가지 않고 앉은 자리에서 발언했다; P.! 〈개에게 앉으라고 명령할 때〉 앉아!; **P. nehmen** 〈격식〉 앉다: **P. behalten** (아이) 자리에 남아 있다, 일어서지 않다. **4.** (무슨 일에 참여할 수 있는 가능성으로서의) 자리: im Kindergarten einen P. bekommen 유치원의 자리를 얻다. **5.** 지위, 신분, 직무, 위치: den ersten P. einnehmen 가장 높은 지위[수석]를 차지하다. **6.** 〈Pl. 없음〉 빈 자리, 공석, 공간, 여지: wir haben noch P. 차에는 아직 (빈) 자리가 있다; ist bei euch noch P. (für mich)? 너희 있는 데에 (내가 앉을) 자리가 아직 있어?; ich habe keinen P. mehr für neue Bücher 나는 이제 새 책들을 놓을 자리가 없다; der Schrank nimmt zuviel P. ein (옷)장이 자리를 너무 많이 차지하다; jmdm. [für jmdn.] P. machen 1) (앉거나 지나갈 수 있게) 누구에게 자리를 비켜 주다. 2) 누구에게 자리를 내주다[양보하다]. 3) P. da! 《자리를 비키라는 불손한 요구》 거기 비켜요!; **P. greifen** 〈준고어〉 퍼지다, 전파되다, 생기다. **7.** 【스포츠】 경기에서 획득한 순위: den ersten P. erobern 1등을 차지하다; auf P. laufen 〈육상〉 다음 단계 출전 자격(순위)을 얻을 만큼 달리다; auf P. wetten 〈경마〉 특정 말의 특정 순위 달성에 도박을 걸다; **jmdn. auf die Plätze verweisen** 누구를 따돌리다, 경쟁자들을 차순위로 따돌

리고 우승하다.

platz-, ¹Platz- (Platz): **~angst,** die **1.** 〈통용어〉 폐소공포증(閉所恐怖症). **2.** 【의학】 ↑ Agoraphobie. **~anweiser,** der; -s, - 〈드물게〉 ↑ ~anweiserin의 남성형. **~anweiserin,** die; -nen 좌석 안내원. **~bedarf,** der 좌석[공간] 수요, 소요 면적(所要面積). **~deckchen,** das (식탁보 대신 좌석마다 까는)식탁의 받침(판), 접시 받침판 (↑Set (2)). **~ersparnis,** die 〈Pl. 없음〉 장소[공간] 절약: aus Gründen der P. 장소 절약상, 장소 절약을 위해. **~hahn,** der 【사냥】 (교미장의) 우두머리 수탉. **~halter,** der **1.** 〈드물게〉 자리를 잡아 주는 사람. **2.** 【언어】 허사(虛辭), 상관사(相關詞)〈예컨대: es freut mich, daß sie gesund ist에서 es). **~herr,** der 【구기 은어】 ↑~mannschaft. **~hirsch,** der 【사냥】 (교미장(交尾場)에서 제일 강한) 우두머리 수사슴(반대: Beihirsch). **~karte,** die 【철도 여행시】 좌석권, 좌석 지정권. **~kartenschalter,** der 좌석권 매표구. **~kommandant,** der 〈schweiz.〉 ↑ Standortkommandant. **~kommission,** die 【구기】 경기장 심사[평가] 위원회. **~konzert,** das (주로 공공장소단에 의한) 야외 연주회. **~kostenrechnung,** die 【경제】 (업체의 개별부서까지 분류된) 작업 경비 산출[계산]. **~mangel,** der 장소 부족. **~mannschaft,** die 【구기】 근거지 팀 [경기 단체], 홈[본고장] 팀. **~meister,** der ↑ ~wart. **~miete,** die **1.** 장소 사용료[임대료], 자리세. **2.** (특히 극장의) 정기 입장료[좌석료]. **~ordner,** der (스포츠 행사에서) 경기장 질서 유지인. **~regel,** die 【골프】 현장 규칙, 그라운드 룰. **~runde,** die **1.** 【육상】 경기장(트랙) 돌기: zum Aufwärmen einige -n laufen 워밍 업[예비 운동]으로 트랙을 몇 바퀴 달리다. **2.** 【골프】 코스의 전장(全長). **3.** 【항공】 **a)** (비행장 상공의) 지정 선회 비행. **b)** (소규모 비행장에서 착륙시의) 지정(착륙) 항로. **~sparend** 〈Adj.〉 공간[장소] 을 절약하는 붙박이 가구. **~sperre,** die 【스포츠】 (경기 단체에 대한) 연고지 경기 금지. **~tausch,** der ↑ ~wechsel. **~teller,** der 큰 접시, 요리 받침 접시. **~tritt,** der 【럭비】 플레이스 킥, 놓고 차기. **~verein,** der 【구기】 ↑ ~mannschaft. **~verhältnisse** 〈Pl.〉 【스포츠】 경기장 상태. **~vertreter,** der 【상】 (지역) 대리업자, (현지) 대리인. **~vertretung,** die 【상】 대리업, 대리점. **~verweis,** der 【스포츠】 ↑Feldverweis. **~vorschrift,** die (전문어) 좌석 배치 규정. **~vorteil,** der 〈Pl. 없음〉 【구기】 홈 그라운드[본거지]의 이점(利點). **~wahl,** die 【구기】 (경기 시작 전의) 사이드 택[결정]. **~wart,** der 경기장 관리인. **~wechsel,** der 【구기】 (팀 내의) 자리 바꿈, 위치 변경. **~wette,** die 【경마】 (복식 마련을 사서 하는) 입상(入賞)을 건 도박, 순위 걸기. **~ziffer,** die 【스포츠】 (다수의 심판이 순위를 매기는 방식의) 득점, 순위점(順位點).

²Platz- (platzen): **~patrone,** die **a)** 〈옛〉 (연습·훈련용) 공포(空包). **b)** 【군】 ↑Übungsmunition. **~regen,** der 폭우, (집중) 호우, 억수같이 쏟아지는 비. **~wunde,** die 열상(裂傷).

Plätzchen ['plɛtsçən], das; -s, - **1.** Platz (1 a, 2, 5) 의 축소형. **2.** 납작한 과자. **3.** (동글납작한 작은 과자류) 쿠키, 크래커.

Platze, die (다음 용법으로) **die P. kriegen** 〈지역적〉 몹시 화를 내다, 격노하다; **sich³ die P. (an den Hals) ärgern** 〈지역적〉 ↑ die Platze kriegen); **P. schieben** 〈지역적〉 〈격분·당황하여〉 얼굴이 시뻘개지다. **¹platzen** ['platsn̩] 〈s〉 〈의성어〉 **1. a)** 파열[폭발]하다, 터지다, 부서지다, 펑[빵]하고 터지다: der Ballon platzte mit lautem Knall 풍선이 빵하고 요란하게 터졌다 [전의] wenn ich noch einen Bissen esse, platze ich 나는 입[조각]만 더 먹으면 (배가) 터질 거야, mir platzt die Blase! 《통속어》 (소변이 급해서) 나는 방광이 터질 것 같아! b) 파열하다, 찢어지다: mir ist die Naht geplatzt 나의 옷솔기가 터졌다. 2. 《통속어》 좌절 [무산]되다, 허사가 되다: der Betrug platzte 그 속임수[사기]는 들통이 났다; beinahe wäre unser Urlaub geplatzt 우리들의 휴가 여행은 하마터면 허사가 될 뻔했다; einen Wechsel p. lassen 〈전문어·은어〉 어음을 부도내다. 3. 《통속어》 ↑hineinplatzen: er platzte (unangemeldet) in die Versammlung 그는 (예고도 없이) 회의장에 불쑥 나타났다.

²**platzen** [-], sich 〈h〉 《통속어》 앉다, 착석하다, 자리를 잡다: Platzen Sie sich doch irgendwo 어디든 좀 앉으시오(좌정하시오).

plätzen ['plɛtsn̩] 〈h〉 **1.** 〈지역적〉 탕[쾅]하고 발사하다. **2.** 【사냥】 (사슴, 멧돼지 등이) 앞발로 땅을 긁다[파다, 후비다].

-**plätzer** [-plɛtsɐ] 〈schweiz.〉 ↑-sitzer. -**plätzig** [-plɛtsɪç] 〈schweiz.〉 ↑-sitzig. **Platzke** ['platskə] 〈Pl.〉 〈österr.〉 (감자·밀가루로 구운) 동글납작한 과자. **Plätzli**, das; -s, - 〈schweiz.〉 **1.** 납작한 고기 조각. **2.** 납작한 과자류, 쿠키, 비스킷. **3.** 슈니첼(커틀릿의 일종).

Plauder-: ~**stündchen**, das, ~**stunde**, die 잡담 시간, 잠시 동안의 잡담. ~**tasche**, die 〈농·폄〉 (특히 여자) 수다쟁이, 잡담꾼. ~**ton**, der 〈Pl. 없음〉 잡담조(調): etw. in P. berichten[schildern] 무엇을 잡담[한 담]조로 보고하다[묘사하다].

Plauderei [plaudə'raɪ], die; -en 수다, 잡담, 만담, 요설. **Plauderer** ['plaudərɐ], der; -s, - **1.** 수다쟁이, 만담[만필]가, 요설가. **2.** (비밀 등을)퍼뜨리는 사람. **Plauderin**, die; -nen ↑Plaudrerin의 여성형. **plaudern** ['plaudɐn] 〈h〉 **1. a)** 재잘거리다, 지껄이다, 잡담[한담, 담소]하다: sie plauderten über ihre Ferienerlebnisse 그들은 방학동안 겪은 일에 관해 잡담을 나눴다. **b)** 재미있고 천연스럽게 이야기하다: sie konnte lustig p. 그녀는 재미있게 얘기하는 재주가 있었다. **2.** ↑ausplaudern (1): wir bringen den Popen ins Plaudern 우리는 그 목사(승려)로 하여금 이야기를 털어놓게 할 거야. **Plaudrer**, der; -s, - 〈드물게〉 ↑Plauderer. **Plaudrerin**, die; -nen ↑Plauderer의 여성형.

Plausch [plauʃ], der; -(e)s, -s, -e 〈드물게 Pl.〉 〔↑plauschen 참조〕 〈südd., österr.〉 **1.** 담소, 잡담: mit jmdm. einen kleinen P. halten 누구와 잠시 담소하다. **plauschen** ['plauʃn̩] 〈h〉 〔의성어〕 ↑plaudern과 동족〕 **1.** 〈südd., österr.〉 담소[잡담]하다: er nahm sich die Zeit, mit den Freunden noch ein Stündchen zu p. 그는 시간을 내어 친구들과 한 시간 가량 더 잡담을 나눴다. **2.** 〈österr.〉 과장하다, 속이다: du hast du aber geplauscht! 너 지금 정말 허풍이 심했구나! **3.** 〈österr.〉 털어놓다, 지껄이다.

plausibel [plau'ziːbl̩] 〈Adj.〉 〔frz. plausible〕 명백〔분명〕한, 납득〔수긍〕이 가는, 그럴듯한: keinen plausiblen Grund für etw. haben 무엇에 대해 납득할 만한 근거가 없다; jmdm. etw. p. machen 누구에게 무엇을 납득시키다〔납득할 수 있게 하다〕. **plausibilisieren** 〈h〉 《교양어》납득할 수 있게 하다, 수긍이 가게 하다. **Plausibilität** [...zibili'tɛːt], die 명백함, 그럴듯함. **Plausibilitätsanalyse**, **Plausibilitätsprüfung**, die 〔engl.-amerik. plausibility analysis에 따라〕 〔전산〕 〈자료의〉 신뢰도〔신빙성〕 분석.

plaustern ['plaustɐn] 〈h〉 〈지역적〉 ↑plustern.

plauz! [plauts] 〈Interj.〉 《통속어·의성어》 《떨어지거나 부딪히는 소리》 쿵, 쾅. **Plauz** [-], der; -es, -e 《통속어》 쿵〔쾅〕하고 떨어지다〔부딪히다〕 소리.

Plauze ['plautsə], die; -n 〔poln. pluco〕 《속어, ostmd.》 **1.** 허파, 폐: **es auf der P. haben 1)** 천식(성)이다, 천식이 있다. **2)** 감기와 기침이 심하다. **2.** 배, 복부. **3. auf der P. liegen** 아파 누워 있다, 병이 났다.

plauzen ['plautsn̩] 〈지역적〉 〈h〉 **a)** 쿵〔쾅〕하고 울리다, 쿵쾅하는 소리를 내다. **b)** 쿵〔쾅〕하는 소리를 내다. **2. a)** 〈h〉 쿵〔쾅〕 소리가 나게 부딪다〔떨어뜨리다〕. **b)** 〈s〉 쿵〔쾅〕하고 떨어지다〔넘어지다〕.

Play- ['pleɪ; 〈engl.〉 pleɪ]: ~**back** [-'-] das; -s, -s 〔engl. playback〕 〈전문어〉 **1. a)** 플레이백(가수가 노래할 때 재생되는) 녹음 반주: gegen die überlauten -s ansingen 몹시 시끄러운 녹음 반주에 따라 노래하다. **b)** 플레이 백, 녹음〔녹화〕 반주〔연주〕 (녹음된 가곡 또는 텔레비전 제작물로서 가수는 여기에 맞춰 연기만 하면 된다. **2.** 〈Pl. 없음〉 ↑Playbackverfahren (a)의 약칭. ~**backverfahren**, das 〈전문어〉 **a)** (음악 또는 말의) 더빙. **b)** 오케스트라에 성악을 더빙함(또는 성악에 오케스트라를 더빙함). ~**boy**, der 〔engl.-amerik. playboy〕 플레이 보이, 한량, (돈과 시간이 있는) 도락자. ~**girl**, das 〔engl.-amerik. playgirl〕 **1.** 플레이 걸, (부호를 동반해 다니는) 유녀〈遊女〉. **2.** ↑Hostess (3). ~**mate** [...meɪt], das; -s, -s 〔engl. playmate〕 플레이 메이트, 플레이 보이의 동반녀. **Play-off**, das; -s, - [engl. play-off] 〔스포츠〕 (준)결승, 경기, 플레이 오프. **Play-off-Runde**, die 〔스포츠〕 (준) 결승 대회, 플레이 오프 라운드.

Plazenta [pla'tsɛnta], die; -s / ...ten [lat. placenta < griech. plakoûnta] **1.** 〔의학〕 태반(胎盤). **2.** 〔식물〕 (암술의 한 부분) 태좌(胎座), 태자리. **plazental** [...'taːl], **plazentar** [...'taːɐ̯] 〈Adj.〉 〔의학〕 태반의(에 관한), 태반에 속하는. **Plazentatier**, das; -(e)s, -e 〈대개 Pl.〉 〔동물〕 유태반류(有胎盤類).

Plazet ['plaːtsɛt], das; -s, -s [lat. placet] 〈교양어〉 동의, 재가(裁可), 비준(批准): jmds. P. einholen 누구의 동의〔재가·허가〕를 얻다.

plazieren [pla'tsiːrən] 〈h〉 〔frz. placer〕 **1.** (어떤 곳에) 두다, 배치하다, 앉히다: an allen Ausgängen wurden Polizisten plaziert 모든 출구에는 경찰(관)이 배치되었다. **2.** 〈schweiz.〉 숙소를 지정하다, (어디에서) 묵게 하다. **3. a)** 〔구기〕 차〔쳐〕넣다: plaziert schießen 겨냥하여 차다〔차 넣다〕. **b)** 〔펜싱·권투〕 명중시키다, 득점하다. **c)** 〔테니스〕 패싱볼을 치다. **4.** 〈p. + sich〉 〔스포츠〕 일정한 등위〔순위〕를 차지하다: der Läufer plazierte sich nicht unter den ersten zehn 그 달리기 선수는 상위권 10위 이하로 들지않았다. **5.** 〔상〕 (자본을) 투자하다: sie plazierten ihr Geld am dem Grundstücksmarkt 그들은 돈을 토지(부동산) 시장에 투자했다. **Plazierung**, die; -en ↑plazieren의 명사형.

Plebejer [ple'beːjɐ], der; -s, - [lat. plēbēius] **1.** 〔고대 로마의〕 평민의 일원. **2.** 〈교양어·폄〉 천박(무식, 조야)한 인간. **plebejisch** [ple'beːjɪʃ] 〈Adj.〉 [lat. plēbēius] **1.** 〔역사적〕 평민계층에 속하는, 평민의. **2.** 〈교양어·폄〉 비천(천박)한, 세련되지 못한. **Plebiszit** [plebɪs'tsiːt], das; -(e)s, -e [frz. plébiscite < lat. plēbiscītum] 〔전문어〕 국민(인민, 주민) 투표, 〔고대 로마의〕 평민 결의. **plebiszitär** [...tsi'tɛːɐ̯] 〈Adj.〉 [frz. plébiscitaire] 〔전문어〕 국민(주민) 투표에 관한(의거한). ¹**Plebs** [plɛps, 〈또한〉 pleːps], die [lat. plēbs] (고대 로마의) 평민(계층), 서민. ²**Plebs** [-], der; -es, 〈österr.〉 die; - 〈교양어·폄〉 민중, 우민, 천민, 야비〔조야, 무식〕한 무리.

Pleinair [plɛˈnɛːɐ̯], das; -s, -s [frz. plein air] 〔미술〕 **1.** ↑Freilichtmalerei. **2.** 외광(外光)회(繪)화〈畫〉, 외광 기법에 의한 그림. **Pleinairismus** [plɛˈrɪsmus], der; -en, -en [frz. pleinairiste] 〔미술〕 화가. **Pleinairmalerei**, die -en 〔미술〕 ↑Pleinair.

Pleinpouvoir [plɛpu'voa:ʀ], das; -s [frz. plein pouvoir] 《교양어・고어》《무제한의》전권(全權).

pleistozän [plaisto'tsɛ:n] 〈Adj.〉 [지질] 홍적세(洪積世)의. **Pleistozän** [-], das; -s [griech. pleîstos] [지질] 홍적세, 갱신세(更新世), 빙하기.

pleite ['plaitə; ↑Pleite] 《다음 용법으로》 **p. sein** 《통용어》 1) (기업인이나 기업이) 파산(상태)이다. 2) 《농》《당장은 돈이 없다는 뜻으로》무일푼이다; **p. gehen** 《통용어》지불 불능이 되다, 파산하다, 망하다. **Pleite** [-], die; -n [jidd. plejte < hebr. pelētāh][경] **1.** 지불 불능(파산) 상태, 파산: **P. machen[eine P. schieben]** 파산하다(↑Bankrott (2 a)). **2.** 실패(작), 파탄. **Pleitegeier**, der 《통용어》(파산의 상징으로서의) 독수리: der P. schwebt über einer Firma 회사가 파산에 몰려 있다, 회사에 파산의 망령이 맴돌고 있다.

Plektron ['plɛktrɔn], **Plektrum** ['plɛktrʊm], das; -s, -s, ...tren / ...tra [lat. plēctrum < griech. plêktron] [음악] 현악기의 채, 양금채, 픽.

plem : ↑plemplem.

Plempe ['plɛmpə], die; -n **1.** 《지역적・폄》멀건(물을 너무 많이 탄) 음료. **2.** 《농・조롱조, 고어》칼, 군도, 패검(佩劍). **plempern** ['plɛmpɐn] 〈h〉《경》 **1.** (물을 붓다, 뿌리다. **2.** 빈둥빈둥거리다, 쓸데없는 일로 시간을 보내다.

plemplem, 《또한》 plem [plɛm('plɛm)] 〈Adj.〉《경》명청한, 우둔한, 미친.

Plenar- [lat. plēnus]: **~entscheidung**, die [법] 연방법원의 합의(평결(評決)). **~konzil**, das [가] (대주교) 관구 종교 회의. **~saal**, der 전체 회의장, 총회장. **~sitzung**, die 본(총)회의실. **~tagung**, die ↑versammlung. **~versammlung**, die 총회, 전체 회의, 본회의, 전원 집회.

plenipotent [plenipo'tɛnt] 〈Adj.〉《고어》무제한 전권을 가진, 전능한. **Plenipotenz**, die 《고어》 **1.** 무(제)한 전권(全權). **2.** 전능, 전지능력.

pleno organo ['plenno 'ɔrgano; lat.] [음악] 풍금, 오르간의 음전(音栓)을 모두 사용하여.

pleno titulo [-'ti:tulo] (österr.)(성명 앞에 붙여) 칭호 생략(약어: P.T.).

Plente ['plɛntə], die; -n [ital. polenta] (südd.・ 중고어) 된 옥수수가루 죽의 이름.

Plenterbetrieb ['plɛntɐ-], der; -(e)s, -e [임업] ↑Femelbetrieb. **plentern** ['plɛntɐn] 〈h〉 《(또한)》 blendern; ↑Blende (1) [임업] (삼림을) 간벌(택벌)하다.

Plenum ['ple:nʊm], das; -s [engl. plenum < lat. plēnum] (정치) 단체, 특히 의회 의원의 총회, 전체 회의.

pleo-, Pleo- [pleo-; griech. pléon pleîon] ("다(多), 중복"을 뜻하는 규정어로서, 예컨대) Pleochroismus, pleomorph. **Pleochroismus** [...kro'ɪsmʊs], der; -[griech. chrós] [물리] (수정의) 다색성(多色性). **pleomorph** usw. : ↑polymorph usw. **Pleonasmus** [...'nasmʊs], der; -, ...men [lat. pleonasmos < griech. pleonasmós] [수사・문법] 중복어법(重複語法), 췌어(贅語)법, (동의어의) 중복, 중어(重語), 췌언(대개, 상이한 품사이지만 의미가 같거나 비슷한 단어들의 반복. 예컨대: ein alter Greis, sich einander gegenseitig). **pleonastisch** [...'nastɪʃ] 〈Adj.〉 《수사》위의, 중복된. **Pleonexie** [...nɛ'ksi:], die [griech. pleonexíā] **1.** 《교양어・고어》탐욕(Habsucht). **2.** [심리] 발언벽(發言癖), 간섭벽. **Pleoptik** [ple-], die [의학] 플레옵틱, 안구근(眼球筋) 운동을 통한 약시(弱視) 치료법.

Plerem [ple're:m], das; -s, -e [griech. plḗrēs] [언어] (코펜하겐 학파의 이론에서 Kenem과 함께 Glossem을 형성하는) 내용소(素).

Plethi : ↑Krethi.

Plethora [ple'to:ra], die; ...ren /《전문어》...rae [griech. plēthṓrā] 다혈증(多血症).

Plethysmograph [pletysmo'gra:f], der; -en, -en [griech. plēthysmós] [의학] 플레시스모그래프, (기관의) 용적 변화 측정기.

Pleuel ['plɔyəl], der; -s, - [기술] ↑Pleuelstange. **Pleuellager**, das [기술] 연결봉(Pleuelstange) 베어링(축받이). **Pleuelstange**, die [기술] (피스톤과 크랭크 축을 연결하는) 연결(접)봉(棒).

Pleura ['plɔyra], die; ...ren [griech. pleurá] [의학] **1.** 늑막(Rippenhaut). **2.** 흉막(胸膜)(Brustfell).

Pleureuse [plø'rø:zə], die; -n [frz. pleureuse] 《옛》(여성 모자에 드리운) 타조의 깃.

Pleuritis [plɔy'ri:tɪs], die ...ritiden [...ri'ti:dn; griech. pleurá] [의학] 늑막염, ↑Rippenfellentzündung. **Pleurodynie** [plɔyrody'ni:], die; -n [zu griech. odýnē = Schmerzen (통증)] [의학] 측흉통(側胸痛)(늑간근에 격심한 통증이 일어나는 근류머티스). **Pleuropneumonie** [plɔyro-], die; -n [의학] 늑막 폐렴.

Pleuston ['plɔystɔn], das; -s [griech. pleúston] [생물] 수면부유 생물.

plexiform [plɛksi'fɔrm] 〈Adj.〉 [의학] 총상(叢狀)의, 덩굴 모양의.

Plexiglas W̲z̲ ['plɛksi-], das; -es [lat. plexus] (비행기 창유리 등으로 쓰는) 플렉시[플라스틱] 유리, 그 상표 이름. **Plexus** ['plɛksʊs], der; -, - ['plɛksu:s; lat. plexum] [생리] [신경・혈관의] 총(叢), 망상(網狀) 조직.

Pli [pli:], der; -s 《지역적》세련, 재치: (viel) P. haben (매우) 세련되다.

Plicht [plɪçt], die; -en [선원] ↑Cockpit (3).

Plierauge ['pli:ɐ̯-], das; -s, -n (nordd.) 울어서 부어 오른 눈. **plierāugig** 〈Adj.〉 (nordd.) ↑Plierauge의 형용사적. **plieren** ['pli:rən] 〈h〉 (nordd.) **1.** 실눈으로 응시하다, 깜박거리다: um die Ecke p. 실눈으로 모퉁이를 돌아보다. **2.** 울다: sie pliert bei jeder Kleinigkeit 그 여자는 사소한 일에도 늘 운다. **plierig** ['pli:rɪç] 〈Adj.〉 **1.** (nordd.) **a)** ↑plierāugig. **b)** (울어서) 붉어진: ein -es Gesicht 울어서 붉어진 얼굴. **2.** (ostmd.) 더러운, 축축한.

plietsch [pli:tʃ] 〈Adj.〉 (nordd.) 영리한, 교활한, 약삭 빠른: er ist ein -es Kerlchen 그는 교활한 녀석이야.

plinkern ['plɪŋkɐn] 〈h〉 [niederd. plinken] (nordd.)(눈을) 깜박거리다: sie plinkerte vieldeutig mit den Augen 그 여자는 의미심장하게 두 눈을 깜박거렸다.

Plinse ['plɪnzə], die; -n (ostmd., ostniederd.) **a)** (설탕에 잰 과일 등이) 속을 넣어 구운 과자, 팬 케이크. **b)** 감자로 만든 팬 케이크(Kartoffelpuffer).

plinsen ['plɪnzn] 〈h〉 (nordd.・폄) (특히 아이가) 요란하게 울다, 징징거리다.

Plinsenteig, der (ostmd., ostniederd.) 팬 케이크용 감자 반죽.

Plinthe ['plɪntə], die; -n [lat. plinthus < griech. plínthos] [전문어] (기둥의) 근석(根石), (석판으로 된) 초석(주춧돌) 받침.

Plinze [ˈplɪntsə] ↑Plinse.

pliozän [plio'tsɛ:n] 〈Adj.〉 [지질] 선신세(鮮新世)의. **Pliozän**, das; -s [gr. pleíōn] [지질] 선신세(鮮新世): 신생대 제3기 최후의 지질 시대.

Plissee [plɪ'se:], das; -s, -s [frz. plissé] **a)** (옷감, 옷의) 주름: ein Stoff mit P. 주름 잡힌 천・**b)** 주름 잡힌 천. ein Rock aus P. 주름 스커트, 주름 치마.

Plissee-: **~brenner**, der [섬유] 천의 주름을 잡는 공원. **~falte**, die (주름이 잡힌 옷감에서 개개의) 주름.

~rock, der 주름 스커트, 주름 치마. ~stoff, der 주름 천(옷감).
plissieren [plɪ'siːrən] ⟨h⟩ [frz. plisser] (천, 옷감에) 주름을 잡다[만들다]: einen Stoff p. 천(옷감)에 주름을 잡다; ⟨전의⟩ ein plissiertes Gesicht ⟨통용어·농⟩ 주름투성이 얼굴.
plitz, platz ['plɪts 'plats] ⟨의성어·통용어⟩ 갑자기, 휙, 홀쩍: er ist p. abgereist 그는 훌쩍 떠나갔다.
PLO, die; - [engl. Palestine Liberation Organization의 약자] 팔레스타인 해방 기구.
Plockwurst ['plɔk-], die; ...würste [길쭉한 모양에서] (쇠고기, 돼지고기, 비계로 만든) 보존용 소시지(순대).
Plombe ['plɔmbə], die; -n [frz. plombe] 1. 납 봉인(封印): eine P. anbringen 납으로 봉인하다, 납 봉인을 달다. 2. ⟨준고어⟩ ↑Füllung (2 b). plombieren [plɔm'biːrən] ⟨h⟩ [frz. plomber] 1. 납으로 봉인하다, 납 봉인을 달다: Stromzähler p. 전력계를 납으로 봉인하다. 2. ⟨준고어⟩ 충전물을 채우다, 충전(充塡)하다: einen Zahn p. 치아에 봉박다. Plombierung, die; -en 납 봉인, 충전(하기).
Plörre ['plœrə], die; -n ⟨드물게 Pl.⟩ ⟨nordd.·폄⟩ 멀건 음료(커피).
plosiv [plo'siːf] ⟨Adj.⟩ [lat. plōsum] [언어] 파열(폐색)음의; -e Laute 파열음, 폐색음(閉塞音). Plosiv [-], der; -s, -e [...iːvə] [언어] ↑Plosivlaut. Plosivlaut, der [언어] ↑Verschlußlaut.
Plot [plɔt], der; -s, -s [engl. plot] 1. [문예학] ⟨서사·희곡 문학의⟩ 플롯, 줄거리. 2. ⟨전문어⟩ 자동제도기(Plotter)로 제작한 도면(圖面).
Plotte ['plɔtə], die; -n ⟨폄⟩ 싸구려 영화(따위).
plotten ['plɔtn] ⟨h⟩ [engl.-amerik. plot] ⟨전문어⟩ 자동제도기(Plotter)로 작업하다. Plotter, der; -s, - [engl.-amerik. plotter] 1. [전산] (컴퓨터 보조 장치로 도면을 작성하는) 자동 제도기, 플로터. 2. [항해·항공] 항로 관제 모니터, 플로터.
Plötze ['plœtsə], die; -n 황어(黃魚)속.
plotzen ['plɔtsn] ⟨h⟩ ⟨지역적⟩ 1. (대개 과거분사로) 나무 열매가 툭 떨어지다: geplotzte Äpfel 낙과한 사과. 2. (특히 권련을) 피우다, 흡연하다(rauchen): eine (Zigarette) p. (담배)한 대 피우다. Plotzer, der; -s, - ⟨지역적⟩ 1. 쿵(광)하고 떨어짐[넘어짐]: das Kind hat einen P. gemacht 아이가 쾅하고 넘어졌다. 2. (유리로 만든) 큰 튀김돌(Murmel). plötzlich ['plœtslɪç] ⟨Adj.⟩ 갑자스러운, 돌연한: sein -er Tod 그의 돌연한 죽음. Plötzlichkeit, die; -en a) 갑작스러움, 돌연함: die P. seines Todes hat uns erschüttert 급작스러운 그의 죽음으로 우리는 충격을 받았다. b) ⟨드물게⟩ 돌발적인 사건.
Pluderhose ['pluːdə-], die; -n (무릎 아래 또는 발목에 묶는 끈이 달린) 헐렁한 바지. pluderig, pludrig ['pluːd(ə)rɪç] ⟨Adj.⟩ (옷 등이) 헐렁한, 불룩한. pludern ['pluːdən] ⟨h⟩ 옷이 헐렁헐렁하다. pludrig: ↑pluderig.
Plumbum ['plʊmbʊm], das; -s [lat. plumbum] 납(Blei)의 라틴어 표기(화학 기호: Pb).
Plumeau [ply'moː], das; -s, -s [frz. plumeau] 깃털(새털) 이불(요).
plump [plʊmp] ⟨Adj.⟩ [niederd. plump] a) 뚱뚱한, 볼품(모양) 없는: ein -er Mensch(Körper) 뚱보. b) (동작이) 지둔한, 굼뜬, 우둔한: er hat einen -en Gang 그는 걸음걸이가 굼뜨다. c) 서투른, 재치 없는, 졸렬한: ein -er Trick(Betrug) 서투른 술책[속임수].
Plumpe ['plʊmpə], die -n 펌프(Pumpe). plumpen ['plʊmpn] ⟨h⟩ ↑pumpen.
Plumpheit, die; -en 1. ⟨Pl. 없음⟩ ↑plump의 명사형.

2. ⟨폄⟩ 조야한[거친] 행동[언행]: durch seine -en hat er sich überall unbeliebt gemacht 그는 거친[버릇없는] 언행으로 도처에서 미움을 샀다.
plumps! [plʊmps] ⟨Interj.⟩ ⟨의성어; 둔중한 물체가 떨어지는 소리⟩ 쿵, 쾅, 풍덩, 털썩! Plumps [-], der; -es, -e ⟨통용어⟩ a) 쿵(쾅, 털썩). b) 쿵(쾅)하고 떨어짐(부딪힘): mit einem lauten Plumps landete er auf dem Boden 쿵 소리를 내며 그는 바닥에 떨어졌다.
Plumpsack, der; -(e)s, -säcke 1. ⟨고어⟩ 육중하고 둔한 사람. 2. a) der P. geht um(rum) 수건돌리기(수건 따위를 매듭지어 술래가 들고 돌아떨어뜨리는 어린이 단체 유희). b) (수건돌리기 놀이에 사용하는) 매듭지은 수건: den P. fallen lassen 매듭 지은 수건을 떨어뜨리다. c) ⟨위 놀이의⟩ 술래: er ist P. 그가 수건돌리기의 술래다.
plumpsen ['plʊmpsn] ⟨통용어⟩ 1. ⟨h; 비인칭⟩ 쿵[탁]하는 소리가 나다: als er fiel, hat es richtig geplumpst 그가 넘어지자 정말 쿵하는 소리가 크게 났다. ein plumpsendes Geräusch 쿵(쾅)하는 소리. 2. ⟨s⟩ 쿵(쾅)하며 넘어지다(부딪히다): der Sack plumpste auf den Boden 자루가 쿵(털썩)하고 바닥에 떨어졌다. Plumpsklo, das; -s, -s, Plumpsklosett, das; -s/-e ⟨통용어⟩ (구덩이 위에 설치한) 간이 화장실.
Plumpudding ['plʌmpʊdɪŋ], der; -s, -s [engl. plumpudding] (영국에서 크리스마스에 먹는) 플럼푸딩.
plump-vertraulich ⟨Adj.⟩ 거칠게 허물없는[친밀한]: er klopfte ihm p. auf die Schulter 그는 거칠고 허물없이 그 사람의 어깨를 쳤다.
Plunder ['plʊndɐ], der; -s, -en 1. ⟨Pl. 없음⟩ ⟨통용어·폄⟩ 잡동사니, 허섭쓰레기: morgen fahre ich den ganzen P. auf den Müll 나는 내일 그 잡동사니를 몽땅 쓰레기장에 싣고 가겠다. 2. a) ⟨Pl. 없음⟩ ↑Plunderteig. b) ⟨Pl. 없음⟩ ↑Plundergebäck. c) ⟨드물게⟩ ↑Plunderstück.
Plunder-: ~brezel, die ↑ ~gebäck. ~gebäck, das 파이 과자의 일종, 플룬더 파이. ~kammer, die ⟨폄⟩ ↑Rumpelkammer. ~kipferl, das ⟨österr.⟩ (판상(版狀) 반죽으로 구운) 뿔 모양의 빵. ~markt, der ⟨고어⟩ ↑Flohmarkt. ~stück, das 플룬더 파이 한 쪽. ~teig, der 효모를 넣은 판상(板狀) 반죽, 플룬더 반죽.
Plünderei [plyndə'raɪ], die; -en ⟨폄⟩ (계속적인) 약탈(행위): es kam zu wüsten -en 난폭한 약탈이 자행되었다.
Plünderer, Plündrer ['plynd(ə)rɐ], der; -s, - 약탈자. plündern ['plyndɐn] ⟨h⟩ a) 약탈하다: die Soldaten plünderten die ganze Stadt 병사들이 시 전 지역을 약탈했다. ⟨전의⟩ den Kühlschrank p. ⟨농⟩ 냉장고를 다 들어먹다; sein Sparkonto p. ⟨농⟩ 저금 통장을 완전히 털다(여기 쓰려고 저축액을 (거의) 모두 찾는다는 뜻); ein literarisches Werk p. ⟨폄⟩ 어떤 문학 작품을 표절하다; den Weihnachtsbaum p. ⟨농⟩ 크리스마스 트리에 달린 과자류를 다 따먹다. b) ⟨고어⟩ (누구의 소지품을) 모조리 빼앗다: er wurde von Wegelagerern völlig geplündert 그는 노상강도들에게 완전히 털렸다. Plünderung, die; -en 약탈: nach dem Erdbeben kam es vielerorts zu -en 지진이 있은 뒤 여러 곳에서 약탈이 자행되었다. Plündrer: ↑Plünderer.
Plunger ['plʌndʒɐ], Plunscher ['plʊnʃɐ], der; -s, - [engl. plunger] [기술] (펌프, 압기기 따위의 피스톤의) 플런저.
Plünnen ['plʏnən] ⟨Pl.⟩ ⟨nordd.·경⟩ 의복, 옷, 누더기: zieh dir die nassen P. aus! 젖은 넝마(옷)나 좀 벗으라구!
Plunscher: ↑Plunger.
Plunze ['plʊntsə], Plunzen ['plʊntsn] ↑Blunze, Blunzen.

Plur. = Plural.
plural [plu'ra:l] 〈Adj.〉《교양어》↑pluralistisch. **Plural** ['plu:ra:l], der; -s, -e 〔언어〕 〈반대: Singular〉 1. 〈Pl. 없음〉 복수: das Wort gibt es nur im P. 그 단어는 복수로만 있다; das Prädikat steht in der ersten Person P. 그 술어는 1인칭 복수형이다. 2. 복수 단어, 〈단어의〉 복수형: das Wort Chemie hat(bildet) keinen P. 단어 Chemie에는 복수형이 없다.
Plural- 〔언어〕: **~bildung**, die 복수(형)만들기, 복수화. **~endung**, die 복수 어미. **~form**, die 복수형.
Pluraletantum [plurələ'tantʊm], das; -s, -s / Pluraliatantum [plurəlia't...; lat. plūrālis u. tantum] 〔언어〕 복수로만 쓰이는 명사(예컨대: Eltern, Leute): "Unkosten" ist ein P. "Unkosten"은 복수로만 쓰이는 명사다. **Pluraliatantum** [plurəlja'tantʊm] ↑Pluraletantum의 복수형. **Pluralis** [plu'ra:lɪs], der; -, ...les [...le:s; lat. plūrālis] 〈언어·고어〉↑Plural: P. majestatis [-majes'ta:tɪs] 군주가 자기를 지칭하는 복수형 (wir): *Wir*, Wilhelm, von Gottes Gnaden deutscher Kaiser 신의 은총으로 독일 황제인 짐(影) 빌헬름은; P. modestiae [-mo'dɛstie] 겸양의 복수(작가, 연사 등이 겸양의 표시로 ich 대신 쓰는 wir): *wir* kommen damit zum Schluß unserer Ausführungen 이로써 우리는 상술한 내용의 결론에 이르게 됩니다. **pluralisch** [plu'ra:lɪʃ] 〈Adj.〉 〔언어〕 복수(형)의, 복수로 표현된: -e Wörter(Endungen) 복수 단어(어미). **pluralisieren** [plurali'zi:rən] 〈h〉 〔언어〕 복수화하다: ein Wort p. 어떤 단어를 복수로 만들다. **Pluralisierung**, die; -en 《언어》 복수화. **Pluralismus** [plura'lɪsmʊs], der; - 1. 《교양어》 a) 다원주의: kultureller P. 문화적 복수주의; der P. der Interessengruppen 이해 집단의 다원성. b) 〈정치적 신조로서의〉 다원론, 복수주의: ein radikaler P. 극단적 다원론. 2. 〔철학〕 다원론(공통의 기본 원칙 대신 다수의 자주적 세계 원칙들에 따라 현실을 파악하는 관점·이론). **Pluralist** [...'lɪst], der; -en, -en 〔교양어〕 다원론자, 복수주의자. **pluralistisch** 〈Adj.〉 1. 《교양어》 a) 다원론적인, 다수(복수)주의의: eine P. aufgebaute Gesellschaft 다원론적으로 구성된 사회. b) 〈정치적〉 복수주의의: eine -e Haltung 다원론적(복수주의적)인 자세; p. eingestellt sein 다원론적(복수주의적)인 관점을 지니고 있다. 2. 〔철학〕 다원론의: eine -e Philosophie 다원론(적) 철학; ein -er Standpunkt 다원론적 입장. **Pluralität** [...li'tɛ:t], die; -en 《교양어》 1. 다원(다양)성. 2. 《드물게》 다원론, 다수(복수)주의. 3. 《드물게》 **Pluralwahlrecht**, das; -(e)s 〔법학〕 복수 투표(선거)권(불평등 선거 제도의 일종으로 특권층이 2개 이상의 투표권을 가짐). **pluriform** [pluri'fɔrm] 〈Adj.〉 《교양어》 다양한, 다면적인: unsere Gesellschaft ist p. 우리 사회는 다면적이다. **Pluripara** [plu'ri:para], die; ...ren [pluri'pa:rən] 〔의학〕 다산모(多産母) ↑Nullipara, Primipara.
Plurre ['plurə], **Plürre** ['plYrə] ↑Plörre.
plus [plʊs; lat. plūs] 〈반대: minus〉 **I.** 〈Konj.〉 [수학] 플러스(기호: +), 더하기, 더하여(und); 다음의 p. drei ist(macht, gibt) acht 5 더하기 3은 8이다; Abweichungen von maximal p./minus 5% 《통용어》 최대한 5% 내외의 오차. **II.** 〈Präp.³〉 〔상〕〈금액의 증가를 표시〉 더한, 합한: den Betrag p. den Zinsen 원금 플러스 이자. **III.** 〈Adj.〉 1. [수학] (보다 큰 수치를 표시) 정(正), 플러스: minus drei mal minus drei ist p. neun 마이너스 3 곱하기 마이너스 3은 플러스 9이다; die Temperatur beträgt p. fünf Grad 기온은 영상 5도이다. 2. [전기] 양(플러스)극의, 플러스 전압이 있는(곳)(기호: +): der Strom fließt von p. nach minus 전류는 양(플러스)극에서 음(마이너스)극으로 흐른다. **Plus** [-],

das; - 〈반대: Minus〉 1. 초과(액), 잉여, 흑자: ein P. von fünfzig Mark feststellen 50 마르크의 이익을 확인하다; im P. sein 잉여(플러스) 잔고(잔액)가 있다, 흑자를 보고 있다. 2. a) 이점, 장점. b) 긍정적인 평가, (좋은) 점수: der Sonnenenergie ein großes P. einräumen 태양열에 아주 긍정적인 평가를 내리다.
Plus- = **~betrag**, der 잉여(이익)액, **~differenz**, die 잉여 차액 (↑~betrag). **~pol**, der a) 〔전기〕 양극(陽極) b) 〔물리〕 〈자석의〉 플러스[+]극, 북극, N극. **~punkt**, der 〈반대: Minuspunkt〉 1. 득점, 점수: einen P. erzielen 1점을 얻다. 2. ↑Plus (2 a) 참조: neben diesem Nachteil hat er aber auch viele -e 이러한 단점과 함께 그는 많은 장점도 지니고 있다. **~zeichen**, das 〔수학〕〈반대: Minuszeichen〉 플러스 기호(+).
Plüsch [ply:ʃ, plʏʃ], der; -(e)s 〈종류〉 -e [frz. pluche, peluche] 1. 플러시(벨벳과 비슷한 직물의 일종): mit rotem P. bezogene Polstermöbel 빨간 플러시 천을 씌운 쿠션 가구; 〔전의〕 etw. gilt als abgestanden und (펌) 무엇이 때가 지난 것으로 간주되다; **P. und Plümowski** (지역적·농) 완전히 퇴색한 호화로움: die Einrichtung des Hotels ist P. und Plümowski 그 호텔의 시설은 완전히 찌들어버린 현란함을 보여 준다. 2. (특히 욕실용 화장복 등쪽에 붙이는, 리본이 달린) 플러시 천 조각. **¹Plüsch-** 〈반어〉〈구시대의 통속적 가치관을 의미하는 복합어의 규정어로서, 예컨대〉 Plüschkrimi 속물적 범죄물(범죄 소설, 범죄 영화).
²Plüsch-: **~augen** 〈Pl.〉《통용어》 몽상에 잠긴 큰 눈. **~bär**, der 봉제 곰. **~decke**, die 플러시 보자기(식탁보). **~möbel**, das 〈대개 Pl.〉 플러시 천을 씌운 쿠션 가구. **~ohren** 〈Pl.〉〈다음 용법으로〉 **Klein Doofi mit P.** (↑Doofi) 〈통용어·농〉 멍청이: mit dem Hut siehst du aus wie klein Doofi mit P. 그 모자를 쓰니 너는 아주 멍청해 보인다. **~sessel**, der 플러시(제)를 입힌 안락의자. **~sofa**, das 플러시(제) 소파. **~teppich**, der 《드물게》 프러시(제) 양탄자. **~tier**, das 봉제 동물(인형).
plüschen ['ply:ʃn, 'plʏʃn] 〈Adj.〉 a) 플러시 천으로 만든, 플러시제의: ein -er Vorhang 플러시(제) 커튼. b) 〈반어〉 속물적인, 소시민적인. **plüschig** ['ply:ʃɪç, 'plʏʃɪç] 〈Adj.〉 a) 플러시(천) 비슷한(같은). b) 〈반어〉 ↑plüschen (b).
Plusquamperfekt ['plʊskvampɛrfɛkt], das; -s, -e [lat. plusquamperfectum] 〔언어〕 1. 과거 완료 (시제). 2. 동사의 과거 완료형: das P. von „essen" lautet „ich hatte gegessen"; „essen"의 과거 완료형은 „ich hatte gegessen"이다. **Plusquamperfektum** [plʊskvampɛr'fɛktʊm], das; -s, ...ta 〈언어·고어〉↑Plusquamperfekt.
plustern ['plu:stən] 〈h〉 [niederd. plüsteren] 1. ↑aufplustern (1): das Gefieder p. 깃털을 펴다; 〔전의〕 der Wind plusterte sein Haar 바람이 그의 머리털을 일으켜 세웠다. 2. 〈p. + sich〉 a) ↑aufplustern (2 a): die Spatzen schütteln und plustern sich 참새들이 몸을 흔들며 깃털을 편다. b) 《드물게 펌》 ↑aufplustern (2 b): „ich habe Familie", plusterte er sich „나는 가족이 있소"라고 그가 거드름피우며 말했다.
¹Pluto ['plu:to] 〔신화〕 1. 플루토(그리스 신화에서 저승의 신 Hades의 별명). 2. 플루토(부(富)와 풍요의 그리스 신). **²Pluto**, der; - 〔천문〕 명왕성.
Plutokrat [pluto'kra:t], der; -en, -en 《교양어》 금권(金權) 정치가, 부호: die Macht in Staate lag in den Händen einiger weniger -en 국가 권력은 몇 안되는 금권 정치가들 손아귀에 들어 있었다. **Plutokratie** [...kra'ti:], die; -en [...i:ən; frz. plutocratie <] griech. ploutokratía] 《교양어》 1. 〈Pl. 없음〉 금권 정치, 금권정

의, 부호[재벌] 지배 체제: die P. abschaffen 금권 정치를 철폐하다. **2.** 금권 정치 국가: das Land war damals eine P. 그 나라는 당시 금권 사회였다. **plutokratisch** 〈Adj.〉 [교양어] 금권 정치의.
Pluton ['plu:tɔn] ↑ ¹Pluto.
plutonisch [plu'to:nɪʃ] 〈Adj.〉 **1.** [종교] 저승(세계)의, 지하 세계의. **2.** [지질] 심성(深成) 활동에 의한, 저저(地底)의: -e Gesteine 심성암(深成岩). **Plutonismus** [pluto'nɪsmʊs], der; - [지질] 심성(深成) 활동. **Plutonium** [plu'to:niʊm], das; -s [화학] 플루토늄(기호: Pu). **Plutoniumbombe**, die 플루토늄 원자탄.
Plutzer ['plʊtsɐ], der; -s, - [↑Plotzer의 병용형] (österr.) **a)** 표주박(Kürbis). **b)** (폄) 머리, 대가리, 대갈통(Kopf). **c)** (석제의) (큰)병(瓶). **d)** [지역적] 큰 실수(실책), 과오.
pluvial [plu'via:l] 〈Adj.〉 [lat. pluviālis] [지질] 비의, 강우 작용에 의한: -es Abflußregime 강우량에 만 좌우되는 수위(水位). **Pluviale** [plu'via:lə], das; -s, -(s) [lat. pluviālis, ↑pluvial] [가] (사제들의) 예배용 외투, 반원피(半圓被)(일명: 가빠). **Pluvialzeit**, die -en [지질] (고위도 지역의 빙하기에 해당하는 저위도 지역의) 다우기(多雨期). **Pluviograph** [pluvio'gra:f], der; -en, -en [기상] 우량계(雨量計). **Pluviometer**, das; -s, - [기상] ↑ Niederschlagsmesser. **Pluvionivometer** [pluvjonivo'me:tɐ], das; -s, - [기상] (비와 눈에 반응하는) 우량계, 강우강설량 측정기. **Pluviose** [ply'vjoz], der; -, -s [...o:z; frz. pluviôse] 우월(雨月), (프랑스 혁명력(革命曆)의 5월(1월 20일~2월 18일)).
Plzeň ['plzɛnj] ↑ Pilsen의 체코어.
p.m. = post meridiem (오후); post mortem 사후(死後); pro memoria (기념 위하여); per mille 천(千)에 대하여, 천당(千當); pro mille 천(千)에 대하여, 천당(千當).
Pm = Promethium.
P-Marker ['pi:-], der; -s, -(s) [P = engl. phrase] [언어] (생성 문법에서 통사론적 범주의)마디[어구] 표지.
Pneu [pnɔy], der; -s, -s **1.** (österr.; schweiz.) ↑ ²Pneumatik의 약칭. **2.** 《의학·은어》 ↑ Pneumothorax의 약칭. **Pneuma** ['pnɔyma], das; -s [griech. pneûma] **1.** [철학] (스토아 학파에서)프뉴마, 기(氣), 정신. **2.** [신학] 성령, 성신(Heiliger Geist). ¹**Pneumatik** [pnɔy'ma:tɪk], die; -en [griech. pneumatikḗ] **1.** 〈Pl. 없음〉 [물리] 기체 역학. **2.** [기술] 공기 압축기, 송풍 장치: die P. einer Orgel 오르간의 송풍 장치. ²**Pneumatik** [-], der; -s, -s, (österr.) die; -en [engl. pneumatic] (österr., schwweiz.) ↑ Luftreifen (약칭: Pneu). **pneumatisch** 〈Adj.〉 [lat. pneumaticus < griech. pneumatikḗ φοs] **1.** [철학] 프뉴마의, 영[정신]적인, 정령의. **2.** [신학] 성령(성신)에 의한. **3. a)** [기술] 압축 공기(풍압)에 의한: -e Bremsen 기압식 제동 장치; -e Kammer 기압 조정 밀폐실. **b)** [생물] 함기성(含氣性)의: -e Knochen 함기골(含氣骨), 기공(氣孔)이 생긴 뼈. **Pneumo-** [pnɔymo-] griech. pneúmōn] 《"폐, 공기, 호흡"의 뜻을 나타내는 규정어로서, 예컨대》 Pneumothorax. ¹**Pneumograph** [pnɔymo'gra:f], der; -en, -en [의학] 호흡 운동 묘화기(描畵器), 프뉴모 그래프. **Pneumokokke**, die; -n, **Pneumokokkus**, der; -, ...kokken [의학] 폐렴구균(肺炎球菌). **Pneumokoniose**, die; -n [의학] 진폐(증)(塵肺症)). **Pneumolyse**, die; -n [의학] (특히 결핵 치료에서) 흉강수축술(胸腔萎縮術). **Pneumonie** [pnɔymo'ni:], die; -n [...i:ən] [의학] ↑Lungenentzündung. **Pneumonik** [...'mo:nɪk], die [기술] 기압식 제어법. **Pneumoperikard** [pnɔymoperi'kart], das; -(e)s [의학] 심낭기종(心囊氣腫). **Pneumopleuritis** [pnɔymoplɔy'ri:tɪs], die; ...itjden [의학] 폐렴병발[폐렴성] 늑막염. **Pneumothorax**, der; -(es), -e [의학] 기흉(술)(氣胸(術)).

¹**Po** [po:], der; -(s) 포 강(江) (이탈리아 북부에 있는 강).
²**Po** [-], der; -s, -s ↑Popo의 친근한 약칭.
³**Po** = Polonium.
P.O. = Professor ordinarius (ordentlicher Professor) 정교수.
Po- 〈친근한 표현〉: ~**backe**, die (옆)엉덩이. ~**falte**, die 엉덩이 주름(살). ~**ritze**, die 엉덩이(둔부) 균열.
Pöbel ['pø:bl], der; -s [frz. peuple] (폄) 천민, 하층민, 상민, 폭도: jmdn. der Wut des -s ausliefern 누구를 천민(폭도)들의 분노에 내맡기다. **Pöbelei** [pø:bə'lai], die; -en 〈Pl. 없음〉 **1.** 〈Pl. 없음〉 천민(근성), 야비함. **2.** 조야[천박, 난폭]한 행동. **pöbelhaft** 〈Adj.〉 천민 같은, 비천(야비, 난폭)한: sich p. benehmen 야비(난폭)하게 처신하다. **Pöbelhaftigkeit**, die ↑pöbelhaft의 명사형. **Pöbelherrschaft**, die ↑Ochlokratie. **pöbeln** ['pø:bln] 〈h〉 [통용어] 야비하게 굴다, 천박한 언행을 하다.
Poch [pɔx], das / der; -(e)s [카드] 포흐(카드놀이).
Poch-: ~**brett**, das 포흐에 사용되는 놀이판. ~**erz**, das [광] 쇄광(碎鑛), 쇄광기로 부순 광석. ~**käfer**, der ↑ Klopfkäfer. ~**mühle**, die 《광》~**werk**. ~**spiel**, das ↑ Poch. ~**stempel**, der (옛·광) (쇄광기의) 쇄광봉(棒). ~**werk**, das [광] 쇄광장, 쇄광 시설.
pochen ['pɔxn] 〈h〉 [의성어] **1.** (대개 아어) **a)** klopfen (1 a): an die Tür[gegen die Wand] p. 문을[벽을] 두드리다. **b)** anklopfen (1): leise[kräftig] p. 낮으막하게[힘차게] 노크하다. **c)** ↑klopfen(1 h): einen Nagel in die Wand p. 벽에 못을 (두드려) 박다. **2.** (아어) ~klopfen (2): mein Herz pochte vor Angst 나는 겁이 나서 가슴이 두근거렸다. **3.** (아어) **a)** 주장[고집]하다: auf seine Unschuld p. 자신의 무죄를 주장하다. **b)** 집요하게 요구하다: auf seine Ansprüche p. 자기의 요구에 내세우다. **4.** (옛·광) 쇄광하다, 잘게 부수다. **5. a)** 포흐(놀이)를 하다. **b)** 포흐에서 최고 패를 가졌다고 걸다. **6.** [지역적] 두들겨 패다.
pochieren [pɔ'ʃi:rən] 〈h〉 [frz. pocher (des œufs)] [요리] (달걀을) 깨어 끓는 물에 데치다: pochierte Eier 끓는 물에 깨어 넣은 달걀(verlorene Eier).
Pocke ['pɔkə], die; -n 천연두 부스럼, 우두 자국. **Pocken** ['pɔkn] 〈Pl.〉 천연두, 마마: (die) P. haben 천연두에 걸렸다; gegen P. geimpft sein(werden) 천연두 예방 주사(우두)를 맞았다(맞다).
Pocken-: ~**epidemie**, die 유행성 천연두. ~**holz**, das ↑Pockholz. ~**impfung**, die ↑~schutzimpfung. ~**narbe**, die 두흔, 마마 자국. ~**narbig** 〈Adj.〉 얼굴이 얽은, 마마 자국이 있는. ~**schutzimpfung**, die 종두(種痘), 천연두 예방 접종. ~**virus**, das 천연두 바이러스.
Pocketbook ['pɔkɪtbʊk], das; -s, -s [engl. pocket book] 포켓 북. **Pocketkamera** ['pɔkɪt-], die; -s 포켓 [휴대용] 카메라.
Pockholz, das; -es [의학] (옛날 천연두 치료제로 사용된) 유창목(癒瘡木). **pockig** ['pɔkɪç] 〈Adj.〉 ↑pokkennarbig.
poco ['pɔko] 〈Adv.〉 [ital. poco] [음악] 조금: p. forte 조금 강하게; **p. a p.** 조금씩.
Podagra ['po:dagra], das; -s [lat. podagra < griech. podágra] [의학] (엄지) 발(가락)의 통풍, 족통풍. **podagrisch** [po'da:grɪʃ] 〈Adj.〉 족통풍의[에 걸린]. **Podalgie** [podal'gi:], die; -n [griech. álgos] [의학] 족통(足痛).

Podest [po'dεst], das 《드물게》 der; -(e)s, -e [griech. poús, ↑**Podium**] 1. 연단, 교단, 단, 대: das P. betreten 연단에 올라서다, 등단하다; auf ein P. steigen 연단에 올라가다; sich auf ein P. stellen 연단에 서다. 2. 《지역적》 ↑Treppenabsatz.

Podesta̱, (ital.) **Podestà** [podεs'ta], der; -(s), -s [ital.] 시장(市長)의 이탈리아어 명칭.

Podex ['po:dεks], der; -(es), -e [lat. pōdex] 《친근》 엉덩이.

Podium ['po:dium], das; -s, ...ien [...iən; lat. podium < griech. pódion] **a)** (극장 이외의 장소에 설치된) 무대: die Trachtengruppe geht aufs P. 민속 무용단이 무대에 올라간다. **b)** 연단, 지휘대. **c)** [건축] (건축물의 주춧돌, 주각(柱脚). **Po̱diumsdiskussion,** die 단상(壇上) 토론. **Po̱diumsgespräch,** das ↑Podiumsdiskussion.

Podometer [podo'me:tɐ], das; -s, - 만보계.

Podoskop [podo'sko:p], das; -s, -e [griech. poús] 《옛》 구두 속의 발 크기를 재는 기계.

Podsol [pɔ't'sɔl], der; -s [russ. podsol] [토양] 포드졸 (토양). **Podsolierung** [pɔtsɔ'li:rʊŋ], die; -en 포드졸화(化).

Poem [po'e:m], das; -s, -e [lat. poëma < griech. poíēma] 《교양어‧준고어》시, 시가: **Poesie** [poe'zi:], die; -n [...iən; frz. poésie] 《교양어》 1. 《Pl. 없음》 시문학. 2. 시작품, 시문. 3. 《Pl. 없음》 시정(詩情), 시적 분위기: die P. der Liebe 사랑의 시정.

poesie-, Poesie-: ~album, das (어린이나 소녀들의) 추억의 문집. **~los** 〈Adj.〉시정이 없는, 무미건조한: ein ~er Mensch[Stil] 무미건조한 인간[문체][양식]. **~losigkeit,** die ↑~los의 명사형.

Poet [po'e:t], der; -en, -en [lat. poēta < griech. poiēts] 《교양어‧고어‧농》시인. **Poeta doctus** [po'e:ta 'dɔktʊs], der; - -, ...tae ...ti [...te ...ti; lat.] [문예학] 교양 시인, 학자(的) 시인.

Poeta laureatus [-laurε'a:tʊs], der; - -, ...tae ...ti [...te ...ti; lat.] **a)** 《Pl. 없음》 계관(桂冠) 시인(청호). **b)** 계관 시인. **Poetaster** [poe'tastɐ], der; -s, - 《드물게‧교양어》↑Dichterling. **Poetik** [po'e:tik], die; -en [lat. poētica < griech. poiētikḗ(téchnē)] **a)** 시학, 시론, 작시법, 문학론: die P. der Klassik 고전주의 시학. **b)** 시학서, 시 이론서: der Verfasser einer P. 시학(시 이론서)의 저자. **poetisch** 〈Adj.〉 [frz. poétique] 《교양어》 1. 시가(시문학)의: jmds. -e Kraft 누구의 시(인)적 역량; er hat eine -e Ader 《농》 그에게는 시적인 피가 흐르고 있다. 2. 시정이 있는, 시적인, 문학적인: ein -er Film 시정이 담긴 영화. **poetisieren** [poeti'zi:rən] 〈h〉 [frz. poétiser] 《교양어》 시화하다, 시로 표현하다: die Welt[das Leben] p. 세계[인생]를 시화하다. **Poetisierung,** die; -en 시화. **poetologisch** [poeto':lɔgɪʃ] 〈Adj.〉 시학(Poetik)의에 관한(근거한).

Pofel ['po:fl], der; -s 〈südd., österr.〉 1. ↑Bafel (1). 2. 무리, 떼.

pofen ['po:fn] 〈h〉 〈지역적‧경〉 (잠)자다.

Pofese [po'fe:zə] ↑Pafese.

Pogatsche [po'ga:tʃə], die; -n [ung. pogácsa] 《österr.》 (베이컨을 썰어 넣어 만든 다음 납작하게) 계란 생과자.

Pogrom [po'gro:m], das 《또는》 der; -s [russ. pogrom] 소수 인종[민족, 종교 집단] 박해(학살): -e gegen Juden 유태인 박해. **Pogro̱mhetze,** die 위의 선동(사주). **Pogro̱mstimmung,** die 위의 분위기.

poikilotherm [pɔykilo'tεrm] 〈Adj.〉 [griech.] 《동물》냉혈의.

Poil [pɔal], der; -s, -e ↑²Pol. **Poilu** [pɔa'ly:], der; -(s), -s [frz. poilu] 1차 세계 대전시 프랑스 병사의 별명.

Point [pɔε:], der; -s, -s [frz. point] **a)** [카드] 점(수)‧득점: **auf den letzten P.** 《통용어》 마지막 순간에, 가까스로. **b)** 《주사위의》 눈, 점. **Point d'honneur** [pɔεdɔ'nœ:ɐ̯], -, - - [frz.] 《고어》 명예, 체면. **Pointe** ['pɔε:tə], die; -n [frz. pointe] 요점, 핵심, 정곡: eine geistreiche[gute] P. 재치 있는[멋진] 급소; die P. verderben 요점[핵심]을 망치다. **Pointer** ['pɔynte], der; -s, - [engl. pointer] 포인터(사냥개). **pointieren** [pɔε'ti:rən] 〈h〉 [frz. pointer] 1. 《교양어》 강조하다, 부각시키다, 역점을 찌르다: der Redner wußte zu p. 그 연사는 핵심을 지적할 줄 알았다[지적하는 데 능했다]; eine Sache p. 어떤 일을 부각시키다, 어떤 일에 역점을 두다; 〈또는 p. + sich :〉 sich in etw. P. 무엇을 특별히 강조하다. 2. 《준교어》 (도박 등에서) 걸다. **pointie̱rt** 〈Adj.〉 《교양어》 부각된, 강조된, 재치 있는, 핵심을 찌른: eine -e Bemerkung 핵심을 찌른[신랄한] 발언; p. antworten 요점에 맞게[정곡을 찔러] 답변하다. **Pointie̱rung,** die; -en ↑pointiert의 명사형. **Pointillismus** [pɔεti'jɪsmʊs], der; - [frz. pointillisme] 점묘(화)법(點描(畫)法), 점묘파(派)(19세기 말 신인상주의의 일파). **Pointillist** [...'jɪst], der; -en, -en [frz. pointilliste] 점묘파의 화가. **pointillistisch** 〈Adj.〉 점묘파의, 점묘화에 속하는.

Poise [pɔa:z(ə)], das; -, - [프랑스 의사 Poiseuille(1799~1869)의 이름의 약칭] [물리] 《구체》 포아즈[액체, 기체의 점도(粘度) 단위; 기호: P].

Pojatz [po:jats], der; -, -e [(또한) Pajatz, ↑Bajazzo의 《ostniederd.》 병용형] 《지역적》 어릿광대.

Pokal [po'ka:l], der; -s, -e [it. ital. boccale] 1. **a)** 굽이 긴 잔, 큰 잔. **b)** 우승배[컵]: einen P. stiften 우승배를 기증[설립]하다. 2. 〈Pl. 없음〉 ↑Pokalwettbewerb의 약어.

Pokal- [스포츠] **~endspiel,** das 우승배 결승전(↑Pokalspiel). **~sieger,** der 우승배 쟁탈전 우승팀. **~spiel,** das 우승배 쟁탈전(경기). **~system,** das 우승배 쟁탈전(운영) 방식. **~verteidiger,** der 우승배 쟁탈전 방어팀[전회 우승팀]. **~wettbewerb,** der 우승배 쟁탈 경쟁.

Pökel ['pø:k], der; -s, - [niederd. pekel] 《드물게》 (절인 것의) 간국, 소금 국물.

Pökel-: ~faß, das 소금절이 통. **~fleisch,** das 소금에 절인 고기. **~hering,** der 소금에 절인 청어. **~lake,** die ↑Pökel. **~salz,** das 절임용 소금. **~zunge,** die 소금에 절인(소의) 혀.

pökeln ['pø:kln] 〈h〉 [niederd. pekeln] ↑einpökeln: Schweinefleisch p. 돼지고기를 소금에 절이다; gepökelte Rinderzunge 소금에 절인 소의 혀.

Poker ['po:ke], das, 《대개 전의사》 der; -s [engl.-amerik. poker] [카드] 포커: **P.(eine Runde P.) spielen** 포커[한판의 포커]를 하다; 전의 sich mit jmdm. auf einen P. einlassen 누구와 도박(승부)을 걸다, 위험을 각오하다 누구와 관계하다.

Pöker ['pø:kɐ], der; -s, - ↑Podex의 북독 지역 아동어.

Poker-: ~gesicht, das ↑Pokerface (1). **~miene,** die ↑Pokerface. **~spiel,** das ↑Poker. **~tisch,** der 포커용 탁자.

Pokerface ['poʊkɐfeɪs], das; -s, -s [-fei̯sɪz; engl. pokerface] 1. 포커 페이스, 시치미를 떼는 얼굴. 2. 시치미를 떼는 사람, 내심을 드러내지 않는 사람. **pokern** ['po:kɐn] 〈h〉 1. 포커를 하다. 2. 《사업, 협상 등에서》 모험[도박]을 하다, 위험을 무릅쓰다.

Pöks [pø:ks], der; -es, -e ↑Podex의 북독 지역 아동어.

pokulieren [poku'li:rən] 〈h〉 《교양어‧고어》 폭음(통음)하다(zechen).

¹Pol [po:l], der; -s, -e [lat. polus < griech. pólos] 1.

a) (지축의) 극(極): der nördliche P. der Erde 지구의 북극(Nordpol). **b)** 〖천문〗 천극(天極), 천구의 극. **2. a)** 〖물리〗 자극(磁極): der positive[negative] P. 양극[음극]; gleiche -e stoßen sich ab, ungleiche ziehen sich an 같은 (자)극은 서로 밀어내고, 다른 (자)극은 서로 당긴다. **b)** 〖전기〗 전극: einen Draht am positiven P. anschließen 전선을 양극[플러스 극]에 연결하다; 전의 sein Leben schwingt zwischen zwei -en, etwa dem Trieb und dem Geist 그의 생활은 양극[극단] 사이, 말하자면 본능과 정신 사이를 오가고 있다. **3.** 〖수학〗 극(極), 극점: der P. der Kugel 구(球)의 극; **der ruhende P.** [Schiller의 작품 „Spaziergang" 134행에서] (격동기 등에도 동요되지 않는) 안정의 중심(인물).

²**Pol** [-], der; -s, -e [frz. poil] (우단, 양탄자 따위의) 괴깔솔, 겉면.

Pol-: ~**flucht**, die 〖지질〗 (지구 자전에 의한 대륙들의) 극 이탈. ~**höhe**, die 〖지리〗 극의 고도, 위도. ~**reagenzpapier**, das 〖물리·화학〗 (색채 변화에 의해 양, 음극의 확인에 사용하는) 전극 시험지(紙). ~**schuh**, der 〖물리〗 (전자석의 철심에 씌운) 극편(極片), 자극편. ~**sucher**, der 〖물리·전기〗 검극기(檢極器), 극성(極性) 표시기. ~**wanderung**, die 〖지리〗 지축[지구 회전축]의 이동. ~**wechsler**, ~**wender**, der; -s, - 〖전기〗 전극기(轉極器)(직류를 교류로 바꾸는 장치).

Polacca [po'laka], die; -s [ital. polacca] ↑Polonaise 의 이탈리아어 표기. **Polack(e)** [po'lak(ə)], der; ...cken, ...cken [poln. Polak] **a)** 〖통용어·폄〗 폴란드 사람[놈]. **b)** 〖욕설〗 바보, 명청이.

polar [po'laːɐ̯] 〈Adj.〉 **1. a)** 극(極地)의, 양극의, 극지의. **b)** 〖천문〗 천극(天極)의. **2.** 〖교양어〗 정반대의, 양극적인.

Polar-: ~**achse**, die 지축, 지구 자전축. ~**eis**, das 극지의 얼음. ~**expedition**, die 극지 탐험. ~**forscher**, der 극지 탐험가. ~**front**, die 〖기상〗 (기후의) 극전선(極前線). ~**fuchs**, der 흰여우. ~**gebiet**, das 극지대, 극지방. ~**gegend**, die ↑Polargebiet. ~**hase**, der (북미산) 산토끼. ~**hund**, der 에스키모 개, 극지 탐험용 개. ~**kälte**, die 극지의 혹한. ~**kreis**, der (북극권). ~**land**, das ↑Polargebiet. ~**licht**, das 〈Pl. -er〉 극광. ~**luft**, die 극지의 대기(공기). ~**meer**, das ↑ Eismeer. ~**nacht**, die **1.** 극지의 밤. **2.** 〈Pl. 없음〉 극야(極夜)(반대: Polartag). ~**schnee**, der 극설(極雪) (혹한에 구름 없는 하늘에서 내리는 싸라기눈).
~**station**, die 극지 탐험 기지. ~**stern**, der 북극성. ~**tag**, der 백야(白夜)(반대: Polarnacht). ~**zone**, die 한대(寒帶).

Polare [po'laːrə], die; -n 〖수학〗 극선(極線). **Polarimeter** [polari-], der; -s, - 〖물리〗 편광계(偏光計). **Polarimetrie**, die; ...n [...iən] 〖물리〗 편광 측정. **polarimetrisch** 〈Adj.〉 〖물리〗 편광계로 측정한. **Polarisation** [...zaˈtsi̯oːn], die; -en **1. a)** 〖화학〗 분극(分極)(작용), 성극(成極)(작용), 편극(偏極). **b)** 〖물리〗 편광(偏光). **2.** 〖교양어〗 대립, 양극화, 분극화.

Polarisations-: ~**ebene**, die 〖물리〗 편광면. ~**filter**, der 〖전문어로는 대개〗 das 〖사진〗 편광 필터, 여광기(濾光器). ~**mikroskop**, das 편광 현미경. ~**strom**, der 분극 전류(電流).

Polarisator [polanˈzaːtoːɐ̯, (또한) ...toːɐ̯], der; -s, -en [...zaˈtoːrən] 〖물리〗 편광자(偏光子)(자연광을 편광으로 바꾸는 장치). **polarisieren** [...ˈziːrən] 〈h〉 **1. a)** 〖화학〗 (전기, 자석에) 극성(極性)을 주다, 분극시키다. **b)** 〖물리〗 편광시키다. **2.** 〈p. + sich〉 〖교양어〗 대립하다, 양극화한 입장이 되다. **Polarisierung**, die; -en **1.** 〖화학·물리〗 분극(화), 편광. **2.** 〖교양어〗 첨예한 대립, 상(양)극화: die P. des Wahlkampfes 선 거 운동[선거전]의 첨예화. **Polarität** [...ˈtɛːt], die; -en **1.** 〖지리·천문·물리〗 극성(極性), 양극(對極)성, 분극성. **2.** 〖교양어〗 (양극적인) 대립성, 대립관계, 상반성: die P. der Geschlechter (남녀) 양성의 대립(관계). **Polarium** [poˈlaːri̯ʊm], das; -s, ...ien [...iən] 〖교양어〗 (동물원의) 극지 동물관[구역]. **Polaroidkamera** [polaroˈiːt- (또한) ...roˑyt], die; -s [사진] 폴라로이드 카메라. **Polaroidverfahren**, das; -s 〖사진〗 폴라로이드 방식(즉석 인화 방식).

Polder [ˈpɔldɐ], der; -s, - [ostfries., (m)niederl. polder] 간척지. **Polderdeich**, der 간척지 방조제(防潮堤).

Pole [ˈpoːlə], der; -n, -n 폴란드 사람.

Polei [poˈlaj], der; -(e)s, -e, **Poleiminze**, die; -n [lat. pūle(g)ium] 〖식물〗 박하속(屬), 폴라이 박하.

Polemik [poˈleːmɪk], die; -en [frz. polémique] 논쟁, 논전, 필전(筆戰), (인신)공격: die -en Lessings gegen Gottsched 고췌드에 대한 레싱의 논박; eine P. entfachen[führen] 논쟁을 야기하다[벌이다]. **polemisch** 〈Adj.〉 [frz. polémique] 논쟁적인, 논쟁을 의도한: -e Äußerungen 논쟁[공격]적인 발언들; sich p. gegen jmdn. äußern 누구에 대해 논쟁적인 발언을 하다, 누구를 논박하다. **polemisieren** [polemiˈziːrən] 〈h〉 누구(무엇)를 논박[공격]하다, 누구(무엇)에 대해 논쟁(반박)하다: gegen einen politischen Gegner P. 어느 정적을 논박[공격]하다; sie polemisieren, statt sachlich zu argumentieren 그들은 객관적으로 논증하는 대신 논쟁만 벌인다.

polen [ˈpoːlən], 〈h〉 〖물리·전기〗 전극에 연결하다.

Polen [-], -s 폴란드: (다음 용법으로) **noch ist P. nicht verloren** [1797년 Joseph Wybicki(1747~1822)가 작사한 Dabrowski 행진곡의 첫 부분에 나와 아직 완전히 망한 것은 아니다, 아직 완전히 절망적인 상황은 아니다; **da[dann] ist P. offen** 이제[그렇다면] 야단 법석[소동·난장판]이 벌어진다.

Polenta [poˈlɛnta], die; -s / ...ten [ital. polenta] (이탈리아의) 옥수수 죽.

Polente [poˈlɛnta], die; - 〈경〉 경찰.

Polentum, das; -s 폴란드적임, 폴란드 기질[국민성], (어느 나라에 거주하는) 폴란드 인(전체).

Pole-position [ˈpoʊlpəˈzɪʃən], die [engl.-amerik. pole position] 〖모터스포츠〗 (연습에서 최고 기록을 얻은 선수의) 선두 출발 순위(위치), 폴 포지션.

Police [poˈliːsə], die; -n [frz. police] 보험증(서): eine P. der Unfallversicherung 상해[재해] 보험 증서.

Policinello [poliˈtʃinɛlo], der; -s, ...lli 〖고어〗 폴리치넬로, 어릿광대(이탈리아 민속 희극의 우스꽝스런 하인).

Polier [poˈliːɐ̯], der; -s, -e [mhd. parlier(er)] 십장, 직공장, 작업 반장, 현장 감독(건축, 토목에서 작업 책임을 맡고 도장(都匠)을 대리함).

Polier-: ~**bürste**, die (구두 등의) 윤(광)을 내는 솔. ~**maschine**, die 연마기(硏磨機). ~**mittel**, das **1.** 연마제, 광택제. **2.** ↑Politur (2). ~**stahl**, der 연마용 줄. ~**tuch**, das 〈Pl. ...tücher〉 윤(광)을 내는 천. ~**wachs**, das 윤(광)을 내는 왁스.

polieren [poˈliːrən] 〈h〉 [lat. polīre] 갈다, 닦다, 광(윤)을 내다: 매끄럽게 다듬다, 마무르다, 마무리하다: das Auto p. 자동차에 윤(광)을 내다; sich die Fingernägel p. (자신의) 손톱을 다듬다; polierte Möbel 광택 난 가구; 전의 einen Aufsatz (stilistisch) noch etwas p. 논문을 (문체면에서) 다듬다[추고하다].

Polierer, der; -s, - 연마공, 마무리 공.

-polig [ˈpoːlɪç] 〖(다음의 복합어로, 예컨대) zweipolig[2 polig] 양극의, 2개의 극을 가진.

Poliklinik [ˈpoːli-, (또한) ˈpɔli-], die; -en [griech.

pólis》 《종합 병원의) 외래(환자) 진료소, 《외래 환자 전문의) 종합병원. **poliklinisch** ['po:likli:nɪʃ] 〈Adj.〉 【의학】 ↑Poliklinik의 형용사형.

Polin, die; -nen ↑Pole의 여성형.

Polio ['po:lio], die ↑Poliomyelitis의 약칭. **Poliomyelitis** [poliomyelitis], die; ...itiden [...li'ti:dn̩]; griech. poliós u. myelós] 【의학】 척수성 소아마비, 회백수염(灰白髓炎), 회백수염(灰白髓炎). **Polioinfektion,** die 【의학】 회백수염균 감염.

Polis ['polis], die; Poleis ['poleis; griech. pólis] 《고대 그리스의) 도시 국가, 폴리스.

polit-, Polit- [po'lɪt-; 〈russ.〉 polit-, polititscheskij에서] "정치적[정치에 관한, 정치에 의한]"을 뜻하는 규정어로서, 예컨대》 politpubertär, politökonomisch, Politprofi. **Politbüro,** das; -s, -s [russ. politbjuro] 《공산당의) 정치국. **Politoffizier,** der 《구동독》 《군부내의) 정치부 장교. **Politpornographie,** die 정치 외설(포르노) 《정치적 주제의 외설적인 묘사). **Politrevue,** die 정치 레뷔, 정치적 주제의 레뷔.

¹**Politesse** [poli'tesə], die; -n [↑Polizei u. ↑Hostess의 인조어] 《특히 주차위반 단속 등을 맡는) 보조 여경(女警).

²**Politesse** [-], die [frz. politesse] 《고어》 겸손, 정중함.

politieren [poli'ti:rən] 〈h〉 《österr.》 《가구에) 윤(광)을 내다.

Politik [poli'ti:k, 《또한》 ...tɪk], die; -, -en 《드물게 Pl.》 **1.** 정치, 정책; 《또한》 die innere[auswärtige] P. 대내[대외] 정책; die internationale P. 국제 정치; eine P. der Entspannung 긴장 완화 정책; eine P. auf weite Sicht 거시적 정책; sich aus der P. zurückziehen 정계에서 물러나다[은퇴하다], 정치에서 손을 떼다; in die P. gehen 정계에 들어서다, 정치 활동을 하다; 성구 P. ist ein schmutziges Geschäft 정치는 추잡한 사업이다; die P. verdirbt den Charakter 정치는 성격을 망친다. **2.** 정략, 책략, 권모 술수: das ist bei ihm doch alles nur P.! 그가 하는 짓은 모두 술수(술책)에 불과하다니까! **-politik** [-politi:k, ...tɪk], die 《다음의 복합어로서, 예컨대》 Freizeit-, Struktur-, Wissenschaftspolitik. **Politikaster** [...it'kaste], der; -s, - 《閏》 대포로 정담가, 허풍선이 정론가(政論家) 《정치를 모르면서 정치에 대해 말이 많은 사람). **Politiker** [po'li:tike, 《또한》 ...lɪt...], der; -s, - [lat. politicus < griech. politikós] 정치가, 정론가, 정객: ein konservativer P. 보수적인 정치가; ein führender englischer P. 영국의 지도적인 정치가. **Politikerin,** die; -nen ↑Politiker의 여성형. **Politikum** [po'li:tikum, 《또한》 ...'lɪt...], das; -s, ...ka [lat. polīticus] 정치적 사건[문제]: die Angelegenheit wird zu einem P. 그 일이 정치 문제화[쟁점화]한다. **Politikus** [po'li:tikus, 《또한》 ...'lɪt...], der; -se 《통용어·농》 아마추어 정치인, 정치꾼. **Politikwissenschaft,** die 정치학. **Politikwissenschaftler,** der; -s; - 정치학자. **politikwissenschaftlich** 〈Adj.〉 정치학(상)의. **politisch** [po'li:tɪʃ, 《또한》 ...lɪt...] 〈Adj.〉 [frz. politique] **1.** 정치(상)의, 정치적인: -e Parteien 정당; die -e Lage 정치적 상황; die -en Hintergründe 정치적 배경; eine -e Karte von Europa 《국경이 표시된》 유럽의 정치 지도[정치 판도]; -e Häftlinge (Gefangene) 정치범; seine Rede war rein p. 그의 연설은 순전히 정치(정략)적이었다; p. interessiert sein 정치에 관심이 있다; jmdn. p. unterstützen 누구를 정치적으로 지원하다. **2.** 정략(정책)적인, 노회한, 현명한: diese Entscheidung war nicht sehr p. 이 결정은 그다지 현명하지 못했다. **-politisch** [politɪʃ, 《또한》 ...lɪt...] 《준접미사》 ...정책[정치]적인 《예컨대》 grundsatz-, sportpolitisch. **Politische,** die; -n, -n 《대개 Pl.》 《통용어》 (Politscher Häftling의 약칭) 정

치범. **politisieren** [politi'zi:rən] 〈h〉 **1. a)** 정치 이야기를 하다, 아마추어 정론(政論)[정담(政談)]을 하다: am Stammtisch wurde wieder politisiert 단골 식탁[술좌석]에서는 다시 정치 얘기가 오갔다. **b)** 정치 활동을 하다: er will wieder p. 그는 다시 정치 활동을 하려 한다. **2. a)** 정치적 관심을 눈뜨게 하다[불러일으키다]: die Arbeiterschaft p. 노동자 계층의 정치 의식을 일깨우다; 《또한》 p. + sich die Grünen politisieren sich zunehmend 녹색 당원들이 정치 활동을 점차 증대하고 있다. **b)** 《정치 분야가 아닌 것을) 정치화하다, 《정치적 관점에 따라 처리하다: alle Lebensbereiche p. 모든 생활 영역을 정치화하다. **Politisierung,** die 정치(의식)화.

Pologe [polito'lo:gə], der; -n, -n 정치학자. **Politologie,** die; - ↑Politikwissenschaft. **politologisch** 〈Adj.〉 정치학(상)의. **Politruk** [poli'truk], der; -s, -s [russ. politrúk] 《구제》 《구소련군의 부대 지휘관에게 배속된) 정치 장교.

Politur [poli'tu:ɐ], die; -en [lat. polītūra] **1.** 《가구 등의) 윤, 광택, 니스(호마이카): den am Klavier war zerkratzt 피아노의 광택(호마이카) 막이 긁혀 있다. **2.** 연마제, 와니스, 셀락. **3.** 〈Pl. 없음〉 《고어》 세련(됨), 우아(고상)함, 예의 범절.

Polizei [poli'tsai], die; -en [lat. policia < griech. politeía] **1.** 《조직으로서의) 경찰(당국): politische P. 정치 경찰, 비밀 경찰(Geheimpolizei); sich der P. stellen 경찰에 출두하다[자수하여 나오다]; bei der P. sein 경찰에 근무하고 있다, 경찰관이다(Polizist sein); 성구 dümmer sein, als die P. erlaubt 《통용어·농》 몹시 어리석다. **2.** 〈Pl. 없음〉《총칭으로서) 경찰관, 경찰: die P. regelt den Verkehr 경찰이 교통을 정리한다; die P. fahndet nach dem Verbrecher 경찰이 범인을 수배한다; jmdm. die P. auf den Hals hetzen 누구를 경찰에 고발하다[경찰의 추적을 받게 하다]; 전의 für jmdn. die P. spielen 누구에게 경찰 노릇을 하다, 누구를 감시하며 행동을 지시하다. **3.** 〈Pl. 없음〉《略》 파출소: sich bei der P. melden 경찰(서)에 출두하다; zur P. gehen. 경찰서[파출소]에 가다.

polizei-, Polizei-: **~akte,** die 《대개 Pl.》 경찰 문서(조서). **~aktion,** die 경찰 작전. **~apparat,** der 경찰기구(조직). **~arrest,** der 경찰서 구류(구금). **~aufgebot,** das 경찰의 출동, 출동 경찰대. **~aufsicht,** die 경찰의 감시. **~auto,** das 경찰차(량). **~beamte,** der 경찰관. **~behörde,** die 경찰(관)서, 경찰 당국. **~bekannt** 〈Adj.; nicht adv.〉 경찰에 알려진, 경찰에 포착(파악)된: p. sein(werden) 경찰에 알려져 있다[알려지다]. **~boot,** das 경찰 순시선(船). **~chef,** der 《통용어》 ↑~präsident. **~dienst,** der 〈Pl. 없음〉 경찰 근무(직무). **~dienststelle,** die 파출소. **~direktion,** die 경찰국. **~einheit,** die 경찰대. **~einsatz,** der 경찰의 투입(출동). **~eskorte,** die 경찰의 호위. **~funk,** der 경찰 무전(통신). **~gesetz,** das 경찰법. **~gewahrsam,** der 《경찰의) 유치장, 감금. **~gewalt,** die **a)** 《법적 권한으로서의) 경찰권: P. (in der Universität) ausüben 《대학 구내에서) 경찰권을 행사하다. **b)** 〈Pl. 없음〉 《개별 상황에 행사된) 경찰력, 경찰의 힘: etw. mit P. verhindern 무엇을 경찰력으로 저지하다. **~griff,** der 《범인 등의 저항을 막기 위해) 팔을 등 뒤로 돌려 포박함, 포박. **~haft,** die ↑~gewahrsam. **~hauptwachtmeister,** der 경사. **~hund,** der 경찰견. **~inspektion,** die 지서(支署). **~knüppel,** der ↑Gummiknüppel. **~kommando,** das 《출동) 경찰대. **~kommissar,** der 《südd., österr., schweiz.》 **~kommissär,** der 경감. **~kommissariat,** das 《österr.》 ↑Kommissariat (2). **~kontrolle,** die 경찰의 검문(통제). **~kordon,** der 경찰의 차단(선)《감시

(선)). **~korps**, das 경찰(부)대. **~kräfte** ⟨Pl.⟩ (국가권력 수단으로서의) 경찰(력). **~meister**, der 경위. **~methoden** ⟨Pl.⟩ 〖법〗 경찰 방식(권위적이고 거친 취급). **~notruf**, der 1. 경찰 호출용 긴급 전화. 2. 경찰 긴급 호출 번호. **~obermeister**, der 경찰 간부. **~organ**, das ⟨대개 Pl.⟩ 경찰 기구(기관). **~posten**, der 1. 파출소, 경찰 초소. 2. 경찰 부서. **~präsident**, der 경찰서장(국장). **~präsidium**, das 경찰서, 경찰국, 경시청. **~recht**, das (경찰의 의무, 조직, 작전 등을 규정하는) 경찰 법규, 경찰법. **~revier**, das 1. 관할 경찰서[지서]. 2. 경찰 관구(管區). **~schutz**, der 경찰의 보호. **~sirene**, die 경찰(차)의 사이렌. **~spitzel**, der 경찰의 밀정[정보원]. **~staat**, der 경찰 국가. **~streife**, die 1. 순찰 경찰(대); das Auto wurde von einer P. angehalten 그 자동차는 순찰 경찰에 의해 정차 당했다. 2. (경찰의) 순찰. **~stunde**, die (요식업소 따위의) 법정 폐점 시각: um ein Uhr nachts ist P. 밤 1시에는 폐점 시각이다. **~uniform**, die 경찰 제복. **~verfügung**, die 경찰 처분[조치]. **~verordnung**, die 경찰 명령(관할 구역에 대한 일반적 경찰 하명이나 경찰 허가). **~wache**, die **~dienststelle**, die 경찰서. **~wesen**, das ⟨Pl. 없음⟩ 경찰 제도[조직]. **~widrig** ⟨Adj.⟩ 경찰의 지시에 위배된: sich p. verhalten 경찰의 지시에 위배된 행동을 하다.

polizeilich ⟨Adj.⟩ **a)** 경찰의: -e Aufsicht 경찰의 감시; ein -es Führungszeugnis 경찰에 의한 품행 증명〔신원 조회서〕; etw. ist p. verboten 무엇이 경찰에 의해 금지되어 있다. **b)** 경찰(관서)에서의: die ~Meldepflicht 경찰에의 신고 의무; sich p. anmelden [abmelden] 경찰에 전입을 신고하다[전출을 신고하다].

Polizist [poli'tsɪst], der; -en, -en 경찰관, 순경: einen -en nach dem Weg fragen 경찰관에게 길을 묻다. **Polizistin**, die; -nen ↑Polizist의 여성형.

Polizze [po'lɪtsə], die; -n [ital. polizza, ↑Police] (österr.) ↑Police.

Polje ['pɔljə], die; -n [russ. pole] [지리] 석회암 분지(盆地), 폴리에(평평한 석회암 지반의 길고 폐쇄된 분지).

Polk [pɔlk] ↑Pulk.

Pölk [pœlk], das / der; -(e)s, -e (nordd.) 거세된 수퇘지.

Polka ['pɔlka], die; -s [tschech. polka] 폴카(유무 이름, 또는 그 악곡): (eine) P. tanzen 폴카를 추다.

polken ['pɔlkn] ⟨h⟩ (nordd.·경) **a)** 손가락으로 후비다[파다]: in der Nase p. 코를 후비다. **b)** 후벼내다, 파내다: (sich) Popel aus der Nase p. 코에서 코딱지를 후벼내다.

Poll [poʊl], der; -s, -s [engl. poll] 《시장·여론 조사》 1. 여론 조사. 2. 투표, 표결. 3. 선거인 명부, (여론 조사에서) 질문 대상자 명부.

Pollack ['pɔlak], (engl.) 'pɔlæk], der; -s, -s [engl. pollack] 〖동물〗 (동부 대서양산의) 대구(류).

Pollen ['pɔln], der; -s, - [lat. pollen] 〖식물〗 꽃가루, 화분(花粉).

Pollen- 〖식물〗: **~analyse**, die 꽃가루[화분] 분석(특정 시대의 식물 분포와 기후를 추정하기 위한 화석 꽃가루의 연구). **~blume**, die 화분화(花粉花)(장미, 양귀비처럼 꿀이 없고 곤충에게 꽃가루만 내는 꽃). **~korn**, das ⟨Pl. -körner⟩ 화분립(花粉粒)(종자 식물의 무성〔단성〕생식 세포). **~sack**, der 꽃밥, 꽃가루주머니, 약(葯). **~schlauch**, der 꽃가루관(管), 화분관.

Poller ['pɔlɐ], der; -s, - [niederl. polder] **a)** [선원] 계선주(繫船柱). **b)** (도로 교통을 유도하기 위해 늘어세우는) 표지 말뚝.

Pollution [pɔlu'tsi̯oːn], die; -en [lat. pollūtio] [의학] 유정(遺精), 몽정.

¹**Pollux** ['pɔlʊks] 폴룩스(그리스 신화에서 Zeus와 Leda 사이의 쌍둥이의 하나): wie Kastor und P. sein 《교양어·고어》 서로 떨어질 수 없는 친한 친구 사이이다. ²**Pollux**, der; - [천문] 폴룩스(쌍둥이 자리의 베타성(星)).

polnisch ['pɔlnɪʃ] ⟨Adj.⟩ 폴란드(Polen)의, 폴란드어[사람]의. **Polnisch**, das, ⟨정관사와 함께만⟩ **Polnische**, das; -n 폴란드어.

Polo ['poːlo], das; -s [engl. polo] 폴로(넷씩 편을 지어 말을 타고 긴 채로 공을 치는 경기). **Polohemd**, das 폴로 셔츠.

Polonaise, 《독어화》 **Polonäse** [polo'nɛːzə], die; -n [frz. polonaise] 폴로네즈(무도회 개막시에 자주 추는 3/4박자의 무도): sie tanzten [통용어] [machten] (eine) Polonäse durch das ganze Haus 그들은 온 집안을 돌며 폴로네즈를 추었다. **Polonia** [po'loːni̯a, (poln.) pɔlɔnja] ↑Polen의 라틴어 명칭. **polonisieren** [poloni'ziːrən] ⟨h⟩ [둘다게] 폴란드화하다. **Polonist** [polo'nɪst], der; -en, -en 폴란드어 문학자. **Polonistik**, die 폴란드어 문학. **polonistisch** ⟨Adj.⟩ ↑Polonistik의 형용사형. **Polonium** [po'loːni̯ʊm], das; -s [lat.; 발견자인 프랑스 과학자 Curie(1867~1934) 부인의 고국 폴란드의 라틴어 표기 Polonia에 따라] [화학] 폴로늄(기호: Po).

Poloschläger, der; -s, - 폴로 채. **Polospiel**, das 폴로 경기.

Polster ['pɔlstɐ], das, 《österr.·또한》 der; -s, -, 《österr.·또한》 Pölster 1. (의자 따위의) 충전 재료, 속에 채워 넣는 물건[털, 솜], 속을 넣은 피복(被覆), 의자 포단, 쿠션, 깔개, 방석: ein weiches, P. 부드러운[푹신한] 깔개[쿠션]; sich in die P. lehnen 쿠션에 등을 기대다; [전의] der Glaube ist ein bequemes P. 믿음[신앙]은 편안한 의지물이다. 2. **a)** (의복의 특정 부위를 돋보이게 하려고 넣는) 심, 패드: P. betonen die Schultern 심이 어깨를 강조한다[돋보이게 한다]. **b)** [식물] 방석(포석) 모양(특정 식물의 생장 형태): Steinbrech bildet P. 범의귀[호이초(虎耳草)]는 푹신한 방석 모양을 이룬다. **c)** (경제적인) 뒷받침, 여유: ein finanzielles P. besitzen 재정적인 뒷받침[여력]이 있다. 3. 《österr.》 베개, 쿠션(Kissen).

polster-, Polster-: **~bank**, die ⟨Pl. -bänke⟩ 쿠션이 있는 긴 의자. **~bestuhlung**, die 쿠션 의자(의 설비). **~bildend** ⟨Adj.⟩ [식물] 방석[쿠션] 모양을 이루는. **~garnitur**, die 쿠션[피복] 가구 세트(소파와 안락의자). **~klasse**, die ⟨옛⟩ 쿠션 좌석이 설치된 객차(쿠션이 없는 객차의 1·2등실). **~lehne**, die 쿠션 등받이. **~möbel**, das 쿠션[피복] 가구, 천을 씌운 가구. **~pflanze**, die 방석 모양을 이루는 식물. **~sessel**, der 쿠션이 있는 안락의자. **~stuhl**, der 쿠션 의자. **~tür**, die 방음문, 방음재를 넣고 가죽을 씌운 문.

Polsterer, der; -s, - (의자 등의) 피장공(被裝工).

polstern ['pɔlstɐn] ⟨h⟩ **a)** 쿠션을 붙이다, (의자 따위의) 속을 넣다. etw. mit Roßhaar p. 무엇에 말총을 넣고 싸다; sie ist gut gepolstert 《통용어·농》(상당히 뚱뚱하다는 뜻으로) 그녀는 극히 살이 좋다; für ein solches Geschäft muß man gut gepolstert sein 《통용어, 농》 그런 사업에는 뒷심이 좋아야 한다[예비자금·여력이 충분해야 한다]. **b)** 속(심)을 넣다: die hohen gepolsterten Schultern 심을 넣은 높은 어깨. **Polsterung**, die; -en 1. (좌석 따위의) 쿠션, 깔개: die P. der Stühle erneuern 의자들의 쿠션을 갈다. 2. 피장(被裝)하기, 속 넣기.

Polter·['pɔltɐ], der ⟨또는⟩ das; -s, -(süd(west)d.) (불 놓기?위해 쌓은) 장작더미. **Polterabend**, der; -s, -e 결혼식 전날 밤의 떠들썩한 모임(옛 풍습에 따라 축하객이 신부 집앞에서 병·사기 그릇 따위를 깨뜨리며 법석을 떨면서 신랑 신부에게 행운을 기원함). **Polterer**, der; -s, - 《통용어》(악의 없이) 호통[야단]치는 사람, 호통장이. **Poltergeist**, der; -(e)s, -er ↑ Klopfgeist 참조. **polterig**, poltrig ['pɔit(ə)riç] 〈Adj.〉 떠들썩한, 덜거덕거리는, 큰 소리로 야단치는. **poltern** ['pɔltɐn] 〈h〉 [niederd. bolderen; 의성어] **1. a)** 덜커덩[덜컥, 쿵쾅]거리다, 시끄러운 소리를 내다: die Familie über uns poltert den ganzen Tag 우리 윗집 사람들이 온종일 쿵쾅거린다(소란을 피운다); draußen polterte es 밖이 떠들썩했다. **b)** 덜커덩[덜거덕]거리며 오가다(움직이다): der Karren polterte über das holprige Pflaster 수레가 울퉁불퉁하게 포석(鋪石)이 깔린 길을 덜거덕거리며 지나갔다; Erdbrocken polterten auf den Sarg 흙덩이는 이 관 위에 덜컥 소리를 내며 떨어졌다. **2. a)** (악의 없이) 호통[야단]치다, 소리치다, 큰 소리로 말하다: der Großvater poltert gern 할아버지는 호통치기를 좋아한다. **b)** 무엇을 호통치며, 큰 소리로 꾸짖다: der Chef des Stabes polterte Grobheiten und Flegeleien 참모장은 거칠고 천박한 욕설들을 큰 소리로 내뱉았다. **3.** 《통용어》결혼 전날 밤을 축하하다: heute abend wird bei uns gepoltert 오늘 저녁 우리집에서 혼인 전야제가 있다. **poltrig**: ↑ polterig.

poly-, Poly- [pɔly; griech. polýs] 《"다(多), 복(複)"을 뜻하는 규정어로서, 예컨대》 polyglott, Polyphonie, Polytechnikum. **Polyacryl** [pɔlya'a'kry:l], das; -s 〔화학·기술〕폴리아크릴. **Polyaddition**, die 〔화학·기술〕고분자 화합물 제조(법). **Polyammid**, das; -(e)s, -e 〔화학·기술〕폴리아미드(합성 섬유의 재료로 쓰이는 고분자 화합물). **Polyandrie** [...an'dri:], die [griech. polyandreīn] 〔민속〕일처 다부제(一妻多夫制)(원시 민족에게서 드물게 나타남)(반대: Polygynie). **Polyarthritis**, die; ...itiden [...i'ti:dn] 〔의학〕다발관절염(多發關節炎). **Polyästhesie** [pɔly|este'zi:], die 〔의학〕다감각(多感覺)(실제는 하나뿐인 물체가 피부 여러 부분에서 느껴지는 것). **Polyäthylen**, das; -s, -e 〔화학·기술〕폴리에틸렌(에틸렌 분자가 200∼1,000 단위로 중합되어 합성된 수지). **polychrom** [...'kro:m] 〈Adj.〉 [griech. crōma] 〔사진·미술〕다색(多色)의 (vielfarbig) (반대: monochrom): eine -e Aufnahme 다색 촬영. **Polychromie** [...kro'mi:], die 〔사진·미술〕다색, (자기 따위의) 다색 구성(장식)(반대: Monochromie). **polychromieren** [...kro'mi:rən] 〈h〉 (드물게) (건물 내벽 따위를) 모자이크나 다색 대리석으로 다채롭게[다색으로] 칭장하다. **polycyclisch**: ↑ polyzyklisch. **Polydaktylie** [...dakty'li:], die; -n [...i:ən; griech. dáktylos] 〔의학〕다지증(多指症). **Polydämonismus**, der 다수 귀신 숭배, 다수 귀신론 (사신교(邪神敎)). **Polydeukes** [pɔly'dɔykɛs] ↑ ¹Pollux의 그리스어형.

Polyeder [...'e:dɐ], das; -s, - [griech. polýedros] 〔수학〕다면체: der Würfel ist ein regelmäßiges P. 주사위는 규칙적인 다면체이다. **Polyederkrankheit**, die 다각체병(多角體病)(누엣병의 하나). **polyedrisch** [...'e:drıʃ] 〈Adj.〉 〔수학〕다면체의: einer Körper mit den [...]en 체, 다면체. **Polyembryonie** [...embryo'ni:], die; ...[...i:ən] 〔의학·생물〕다배(多胚) 현상, 다배 생식. **Polyester**, der; -s, - 〔화학·기술〕폴리에스터. **polygala** [pɔ'ly:gala], die; -s 〔식물〕애기풀속(屬). **polygam** [...'ga:m] 〈Adj.〉 [griech. gámos] **1.** (반대: monogam) **a)** 〔동물·식물의〕다혼(성)의, 일부다부(一婦多夫)의. **b)** 〔민속〕복혼(제)의: -e Kulturen 복혼 문화. **c)** 《드물게》여러 상대자와 성 관계를 갖다: sie wohnen zusammen, leben aber beide p. 그들은 동거하지만 둘 다 여러 상대자와 성 관계를 한다. **2.** 〔식물〕자웅잡성(雌雄雜性)의, 양성화(兩性花)와 단성화 (單性花)를 가진. **Polygamie** [...ga'mi:], die **1.** (반대: Monogamie) **a)** 〔민속〕일부다처(제), 일부다부(제), 복혼. **b)** 여러 이성과의 동거(성교제). **2.** 〔식물〕자웅잡성(雜性). **Polygamist** [...ga'mist], der; -en, -en 《교양어》일부 다처(주의)자. **polygen** 〈Adj.〉 **1.** 〔생물〕(유전 현상에서) 다원발생(多元發生)의(반대: monogen). **2.** 〔지질〕다원(성)의, 다원성의. **polyglott** [...'glɔt] 〈Adj.〉 [griech. polýglōttos] 《교양어》 **1.** 다국어(여러 나라 말)로 쓰여진; die -e Ausgabe der Bibel 다국어본 성서. **2.** 여러 나라 말에 능통한(말을 하는). ¹**Polyglotte** [...'glɔtə], der / die 《교양어》다국어에 능통한 사람. ²**Polyglotte** [-], die; -n **1.** 《전문어》다국어 국어로 쓰인 책(특히 성경), 대역 성경. **2.** 〔고어〕다국어 대역 사전, 여러 언어를 대비한 사전. **Polyglottenbibel**, die (다국어) 대역 성경, 다국어본 성서. **polyglottisch** 〈Adj.〉 〔고어〕 ↑ polyglott. **Polygon** [...'go:n], das; -s, -e [griech. polýgōnon] 〔수학〕 ↑ Vieleck. **polygonal** [...go'na:l] 〈Adj.〉 〔수학〕다각(형)의, 다변의. **Polygonausbau**, der (Pl. 없음) 〔광〕다각 채광(채굴). **Polygonboden**, der 〔지질〕다각 무늬 지면(地面)(결빙과 해빙이 교차하여 형성된 다각형 무늬의 지면). **Polygraph** [...'gra:f], der; -en, -en [griech. polygráphein] **1.** 폴리그래프, 다원(多元) 기록기(의학에서 심장의 박동, 혈압을 측정하는 카르디오그래프나 범죄학에서 거짓말 탐지기로 쓰는 기록 장치). **2.** 《구동독》그래프 종사자(전문가). **Polygraphie** [...gra'fi:], die [griech. polygraphía] **1.** 〔의학〕폴리그래피, 다원(多元) 기록법, 복사법(내장 운동을 묘화하기 위한 엑스선 진찰법). **2.** 《구동독》그래픽 분야. **polygraphisch** 〈Adj.〉 《구동독》그래픽 분야의: die -e Industrie 그래픽 산업. **Polygynie** [...gy'ni:], die [griech. polygýnaios] 〔민속〕일부다처(제)(반대: Polyandrie). **Polyhistor** [...'hıstɔr, ...'to:r], der; -s, -en [...'to:rən; griech. polyhístōr] 《교양어·준고어》박식한 사람, 박식가. **polyhybrid** 〈Adj.〉 〔생물〕다성잡종(多性雜種)의(양친이 3종 이상의 다른 성질을 가졌을 때 생기는 잡종에서)(반대: monohybrid). **Polyhybride**, die; -n, (또한) der; -n, -n 〔생물〕다성잡종(반대: Monohybride).

Polyhymnia [pɔly'hymnia], **Polymnia** 〔신화〕폴리힘니아 [폴림니아] (그리스 신화에서 서정시[찬가]의 뮤즈(Muse) 여신; 9뮤즈의 하나).

polykarp [pɔly'karp], **polykarpisch** [pɔly'karpıʃ] 〈Adj.〉 〔식물〕다심피(多心皮)의 (속씨 식물에서 심피가 여러 개인 경우). **Polykladie** [pɔykla'di:], die 〔식물〕손상부위의 발아(현상). **Polykondensation**, die 〔화학·기술〕중축합(重縮合), 폴리 축합(고분자 소재의 제조 방식). **polymer** [...'me:ɐ] 〈Adj.〉 [griech. méros] **1.** 〔화학·기술〕중합(체)의, 이양체(異量體)의(반대: monomer): -e Verbindungen 중합 화합물. **2.** 《전문어》여러 부분으로[마디로] 된, 다절도(多節)의: -e Fruchtknoten (암꽃술의) 겹씨방, 복자방(複子房). **Polymer** [-], das; -s, -e, **Polymere** [...'me:rə], das; -n, -n 《대개 Pl.》〔화학〕중합체, 이양체. **Polymerie** [...me'ri:], die; -n [...i:ən] **1.** 〔화학〕중합(重合)(상태). **2.** 〔생물〕동의인자성(同義因子性), 동의(중복) 유전자성, 다(多)인자 유전. **Polymerisat** [...ri'za:t], das; -(e)s, -e [griech. méros] **1.** 〔화학·기술〕중합체(重合體), 중합물. **Polymerisation** [...za'tsjo:n], die 〔화학·기술〕중합(작용). **polymerisierbar** 〈Adj.〉 중합 가능한, 중합할 수 있는. **polymerisieren** [...'zi:rən] 〈h〉 〔화학·기술〕중합하다. **Polymerisierung**, die; -en 중합(하기). **Polymeter** [pɔly'me:tɐ], das; -s, - 〔기상〕모발(毛髮) 습도계. **Polymetrie** [...me'tri:], die; -n **1.** griech. polymetría **1.** 〔운율〕복수 운율[율격], 다(多)운율(같

은 시에서 다양한 운율을 사용하는 것). **2.** 〖음악〗 복박절 (複拍節)(다성악에서 여러 가지 박자가 동시에 어울리는 것).

Polymnia [po'lymnia] ↑Polyhymnia.

polymorph [〈Adj.〉 [griech. polýmorphos] 〖광물·생물〗 다형(多形)의, 다형성의. **Polymorphie** [...mɔr'fiː], die **Polymorphismus** [...mɔr'fɪsmʊs], der; -《전문어》다형(성)(多刑(性)), 다형 현상.

Polynesien [poly'neːziən], -s 폴리네시아. **Polynesier** [poly'neːziɐ], der; -s, - 폴리네시아 사람. **polynesisch** [poly'neːzɪʃ] 〈Adj.〉 폴리네시아의(풍(風), 어(語))의.

Polynom [...'noːm], das; -s, -e [lat. nōmen] 〖수학〗 다항식. **polynomisch** 〈Adj.〉 〖수학〗 다항(식)의.

polynuklear 〈Adj.〉 [lat. nucleus] 〖의학〗 다핵(성)의, 복핵(複核)의: -e Zellen 다핵 세포. **Polyp** [po'lyːp], der; -en, -en [lat. polypus < griech. polýpous] **1.** (고착) 폴립, 해파리, 히드라. **2.** 《통용어》 ↑Krake. **3.** 〖의학〗 폴립, 용종(茸腫), 코 점막의 (양성) 종기: dem Kind die -en (aus der Nase) herausnehmen 아이의 (코에서) 점막 종기를 떼어내다. **4.** 《경》 경관, 순경, 형사. **polypenartig** 〈Adj.〉 폴립(Polyp)과 유사한. **polyphag** [...'faːk] 〈Adj.〉 [griech. phageîn] 〖생물〗 잡식성의(반대: monophag). **Polyphage** [poly'faːgə], der; -n, -n 잡식 동물. **Polyphagie** [polyfa'giː], die 잡식성. **Polyphem** [poly'feːm], der 〖신화〗 폴리페모스(그리스 신화에서 하나의 눈만을 가진 거인; Odysseus에 나오는 외눈의 거인들인 Zyklopen 가운데 하나). **Polyphemos** ↑Polyphem의 그리스어 형.

polyphon [...'foːn] 〈Adj.〉 [griech. polyphōnos] 〖음악〗 다성(多聲)(다성(부)음악)의, 다음(多音)의(반대: homophon): -e Musik 다성부 음악(多聲部音樂), 다성악. **Polyphonie** [...fo'niː], die [griech. polyphōnía] 〖음악〗 다성(부)작곡법, 다성(부)음악(반대: Homophonie). **polyphonisch** 〈Adj.〉〈준고어〉 ↑polyphon 참조. **Polypionie**, die 〖의학〗 비만(중). **polyploid** [...plo'iːt] 〈Adj.〉 〖생물〗 배수성(倍數性)의(염색체 수가 보통 경우의 배수로 되어 있는 현상). **Polypol** [...'poːl], das; -s, -e 〖경제〗 다점(多占). **Polypragmasie** [...pragma'ziː], die; -n [...iːən; griech. polypragmateîn = vielerlei unternehmen] 〖전문어〗 복합 요법, 다약(多藥)요법. **Polypropylen**, das; -s 〖화학·기술〗 폴리프로필렌(프로필렌의 중합으로 제조되는 가소성 합성 수지). **Polyptychon** [po'lyptyçɐn], das; -s, ...chen [1: griech. polýptychon] 〖예술〗 **1.** 다엽(多葉) 목재 비망록(3장 이상의 목판으로 된 고대 및 중세 초기의 비망록의 일종). **2.** (2개 이상의 문짝이 달린) 대형 제대(祭臺)(제단·강대(講臺)). **Polyreaktion**, die; -en 〖화학〗 종합 반응. **Polyrhythmik**, die 〖음악〗 (개별 성부에 서로 다른 리듬들이 동시에 나타나는) 다(多)리듬(법), 복합 절주(節奏). **ployrhythmisch** 〈Adj.〉 〖음악〗 ↑Polyrhythmik의 형용사형. **Polysaccharid, Polysacharid**, das; -(e)s, -e 〖생화학〗 다당류(多糖類), 중(重)당유. **polysem** [...'zeːm], **polysemantisch** 〈Adj.〉 [griech. polýsemos, polýsēmantos] 〖언어〗 다의(多義)의(반대: monosem, monosemantisch). **Polysemie** [...ze'miː], die 〖언어〗 다의(성)(예컨대: Pferd = Tier, Turngerät, Schachfigur)의(반대: Monosemie 1). **Polystyrol**, das; -s, -e 〖화학·기술〗 폴리스티렌, 스티롤수지(스티롤의 교중합체). **polysyllabisch** 〈Adj.〉 [lat. polysyllabus < griech. polysýllabos] 〖언어〗 다음절의. **Polysyllabum** [...'zylabum], das; -s, ...ba 〖언어〗 다음절어. **Polysyllogismus**, der; -, ...men 〖철학〗 복합적 삼단 논법, 연쇄 추리(하나의 삼단 논법의 결론이 다음 삼

단 논법의 전제가 되는 추리 형태). **polysyndetisch** 〈Adj.〉 〖언어〗 접속사 반복법의. **Polysyndeton** [...'zyndeton], das; -s, ...ta [griech. polysýndeton, 원래 = das vielfach Verbundene] 〖언어〗 접속사 반복법, 반복 접속 어구(접속사로 결합된 일단의 단어, 어구 또는 문장들). **polysynthetisch** 〈Adj.〉 다종(多種) 종합의, 복합의, 합성의 一특히로: -e Sprachen 포합어(包合語)(세계 언어의 한 부류로, 인디언어와 같이 문장의 여러 구성 요소들이 결합하여 한 단어로서 문장이 되는 언어). **Polysynthetismus** [polyzynte'tismus], der; - 〖언어〗 포합(성), 포합. **Polytechnik**, die 《구동독》종합 기술 교육〔시설〕, 폴리테크니즘. **Polytechniker**, der; -s, - ↑Polytechnikum의 학생. **Polytechnikum**, das; -s, ...ka 《또한》...ken 공업 전문 학교(Ingenieurschule). **polytechnisch** 〈Adj.〉 여러 기술 분야를 갖춘〔포괄하는〕: -er Unterricht 종합 기술 학습(수업); eine -e Schule 종합 기술 학교. **Polytheismus**, der; - 다신교(多神教), 다신론, 다신적 신앙(반대: Monotheismus). **Polytheist**, der; -en, -en 다신론자, 다신교도. **polytheistisch** 〈Adj.〉 다신론(다신교)의, 다신교를 신봉하는: -e Religionen 다신(론적)종교, 다신교. **polytonal** 〈Adj.〉 〖음악〗 다조(多調)의: -e Musik 다조 음악. **Polytonalität**, die 〖음악〗 다조성(多調性)(현대 다성 음악의 한 기법). **polytrop** [poly'troːp] 〈Adj.〉 [griech. tropé] 〖생물〗 적응력이 강한. **Polyurethan** [...ure'taːn], das; -s, -e (대개 Pl.) [lat. urea] 폴리우레탄(합성수지(고무)의 하나). **polyvalent** 〈Adj.〉 〖심리〗 多multivalent. **Polyvinylacetat**, das; -s, -e 〖화학·기술〗 폴리비닐아세탈(접착제·섬유 따위에 쓰이는 합성수지). **Polyvinylchlorid**, das; -(e)s -e ↑PVC. **polyzentrisch** 〈Adj.〉 《전문어》 다중심(多中心)의. **Polyzentrismus**, der; - **1.** 〖정치〗 다핵(多核) 권력 체제, 폴리센트리즘(다원주의). **2.** 다핵 도시 설비. **polyzyklisch**, 《화학 전문어》 polycyclisch [...'tsyːk..., 《또한》 ...'tsyk...] 〈Adj.〉 〖화학〗 다환식(多環式)의.

pölzen [pœltsn] 〈h〉 《österr.》 (벽 따위를) 지주〔판자〕로 받치다: eine Mauer p. 벽을 지주로 받치다. **Pölzung**, die; -en 《österr.》 지주로 받치기.

pomade [po'maːdə] 〈Adj.〉 《지역적·준고어》 **1.** 느린, 게으른(träge), 느긋한(gemächlich). **2.** jmdm. p. sein 누구에게 아무래도 좋다, 누구의 흥미〔관심〕를 끌지 못하다. **Pomade** [-], die; -n [frz. pommade] **1.** 포마드(남자용) 머릿기름. **2.** 《드물게》↑Lippenpomade의 약칭. **Pomadenhengst**, der 《통용어·조롱》 (포마드를 흠뻑 바른) 멋쟁이, 맵시꾼. **pomadig** 〈Adj.〉 **1.** 포마드를 바른: -es Haar 포마드를 바른 머리. **2.** 《지역적》 거만(오만)한, 주제넘은; 냉담한: seine -e Art ist unerträglich 그의 건방진 꼴은 참을 수 없다. **3.** 《통용어》 느린, 게으른, 느긋한. **pomadisieren** [pomadi'ziːrən] 〈h〉 포마드를 바르다.

Pomeranze [pomə'rantsə], die; -n [ital. pommerancia] **1.** 등자나무. **2.** 등자(橙子). **Pomeranzenöl**, das 등피유(橙皮油).

¹Pommer ['pɔmɐ], der; -s, - [frz. bombarde] 포머 (1400년경 개발된 목제 취악기로서 후에 파곳과 오보에로 대체됨).

²Pommer [-], der; -n, -n 포메른 사람. **pommerisch** ['pɔmərɪʃ] 〈Adj.〉 포메른 지방의. **Pommerland** ['pɔmɐlant], das; -(e)s, ...länder 《드물게》 Pommern 포메른. **Pommern** ['pɔmɐn], -s 포메른(발트해에 면한 옛 독일 제국의 지방 이름). **pommersch** ['pɔmɐʃ] 〈Adj.〉 ↑pommerisch.

Pommes croquettes [pɔmkro'kɛt] 〈Pl.〉 [frz.] 〖요리〗 감자 크로켓(고기, 감자 따위를 버무려 만든 완자에 빵

가루를 묻혀 튀긴 것). **Pommes Dauphine** [pɔmdo-'fin] 〈Pl.〉 [frz.] 〖요리〗 으깬 감자와 치즈로 만든 크로켓. **Pommes frites** [pɔm'frit] 〈Pl.〉 [frz.] 〖요리〗 감자 튀김, 폼 프리트, 포테이토 칩(감자를 가늘게 썰어 기름에 튀긴 것).

Pomologe [pomo'lo:gə], der; -n, -n [lat. pōmum] 과실 학자, 과실[과수] 전문가. **Pomologie** [...lo'gi:], die 과실학, 과수 재배학.

Pomp [pɔmp], der; -(e)s [frz. pompe] 〖감정〗 화려, 장려, 장관(壯觀), 호화(Gepränge): übertriebener P. 과장된 호화, 지나친 과시.

Pompadour ['pɔmpadu:ɐ̯], der; -s, -e / -s [Marquise de Pompadour(1721-1764)에 따라] 〖옛〗 퐁파두르 핸드백, (여성용) 편물 주머니.

Pompeji [pɔm'pe:ji] 폼페이(서기 79년에 Vesuvius 화산의 폭발로 매몰되었던 이탈리아의 옛 도시). **pompejisch** [pɔm'pe:jiʃ] 〈Adj.〉 폼페이(풍)의.

pomphaft 〈Adj.〉〖폄〗 화려(장려)한, 호화스러운, 겉치레의, 거드름 빼는: p. ausgestattete Räume 요란하게 장식된 실내(공간). **Pomphaftigkeit**, die 〖pomphaft의 명사형〗. **Pompon** [põ'põ, (또한) pɔm'põ:], der; -s, -s [frz. pompon] [모자, 실내화 따위의] 술, (깃)장식, 리본 (대개 작은 공 모양이며 실크, 털실 따위로 만듬). **pompös** [pɔm'pø:s] 〈Adj.〉 [frz. pompeux] 〖감정〗극히 호화(사치)스러운, 눈에 띄게 화려한, 야단스런(prächtig). ein -er Wagen 으리으리한 승용차; sie war geradezu p. aufgemacht 그 여자는 정말 현란하게 치장되어 있었다, 〖전의〗 ein -er Titel 과장(과식)된 제목(표제). **pomposo** [pɔm'po:zo] 〈Adv.〉 [ital. pomposo] 〖음악〗 폼포조, 화려(성대)하게(feierlich).

Pomuchel [po'mʊxl], der; -s, - [lit. pomúkolis] 〈nordostd.〉〖동물〗대구(Dorsch). **Pomuchelskopp** [...skɔp], der; -s, ...köppe [...kœpə] 〈nordostd.〉〖욕〗바보, 멍청이, 얼간이(Dummkopf).

Pön [pø:n], die; -en 〈범주어〉 ↑Pönale (1). **pönal** [pø'na:l] 〈Adj.〉 [lat. poenālis] 〖법·고어〗 형벌의, 형사(법)상의. **Pönale**, das; -s, ...lien [...liən] / 〈österr.〉 - 〈österr.〉**1.** 형벌, 보상, 배상(Buße). **2.** 벌금(Strafgeld). **Pönalgesetz**, das 〖가〗 (신자로서 준수의 의무가 있으나 어기더라도 죄가 되지는 않는 규정), 의무 규정. **pönalisieren** [pø'na:li'zi:rən] 〈h〉**1.** 〈교양어〉 처벌하다. **2.** 〖경마〗 (능력이 앞선 말에게) 핸디캡을 부과하다. **Pönalisierung**, die; -en **1.** 〈교양어〉 처벌(하기), **2.** 〖경마〗 (능력이 앞선 말에 대한) 핸디캡 부과. **Pönalität** [...'tɛ:t], die; -en [lat. poenalitas] 〖경마〗 (우승 기회를 균등하게 하기 위한) 핸디캡 중량 부담.

ponceau [põ'so:] 〈Adj.〉 [frz. ponceau] 진홍[주홍] (색) 의. **Ponceau** [-], das; -s, -s 진홍[주홍]색.

Poncho ['pɔntʃo], der; -s, -s [span. ponchp] **1.** 판초 (중남미에서 입는 외투, 가운데에 머리가 들어가는 구멍이 있고 소매가 없는 사각형 모양). **2.** 판초, 어깨망토(특히 여성·어린이용으로 소매가 없고 종 모양으로 흘러내림).

poncieren [põ'si:rən] 〈h〉**1.** 속돌(경석(輕石))로 갈다. **2.** 숯가루를 담은 주머니로 문질러 베끼다(모사하다).

Pond [pɔnt], das; -s, - [lat. pondus] 〖물리〗 폰드(1그램의 중량을 나타낸 이학상(理學賞) 단위(기호: p)); 1977년까지 허용되다가 뉴튼(N)으로 대체됨). **ponderabel** [pɔndə'ra:bl] 〈Adj.〉 [lat. ponderābilis] 〈교양어·고어〉 계량(계측)할 수 있는, 달 수 있는(wägbar). **Ponderabilien** [...ra'bi:liən] 〈Pl.〉 〈드물게·교양어〉 계량할(달) 수 있는 것, 중량이 있는 물체(물질)(반대: Imponderabilien). **Ponderation** [...'tsi̯o:n], die; -en [lat. ponderātio] 〖조각〗 (조상(彫像)의 제작, 설치에) 중량의 균형 배분, 무게 균형.

Pongé [põ'ʒe:], der; -(s), -s [frz. pongé(e)] ↑ Japanseide.

Pönitent [pøni'tɛnt], der; -en, -en [lat. poenitens] 〖가·준고어〗 고해자(告解者)(Beichtender), 참회(속죄)자. **Pönitentiar** [...'tsi̯a:ɐ̯], der; -s, -e [lat. poenitentiarius] 〖가·준고어〗 고해 신부, 청죄사(聽罪師). **Pönitenz** [...'tɛnts], die; -en [lat. poenitentia] 〖가·준고어〗 (고해에서 부과되는) 참회, 속죄.

Ponor ['pɔnɔr], der; -s, -e [po'nora; serbakroat. ponor] 〖지리〗 (석회암 지대의) 물줄기가 지하로 스며들어 사라지는 곳.

Pons [pɔns], der; -es, -e [lat. pons asinorum] 〈지역적·학생〉고대어 원문의 (부정 행위용) 번역본. **ponsen** ['pɔnzn̩] 〈h〉 (시험에서) 번역본(Pons)을 사용하다. **Ponte** ['pɔnta], die; -n [frz. pont] 〈rhein.〉 (넓고 평평한) 나룻배(Fähre). **Ponticello** [pɔnti'tʃelo], der; -s, -s / ...lli [ital. ponticello] 〖음악〗 (일부 현악기의) 줄받침, 폰티첼로. **Pontifex** ['pɔntifɛks], der; -, Pontifizes [pɔn'ti:fitses; lat. pontifex] (고대 로마의) 대신관(大神官), 사교(司教), 주교. **Pontifex maximus** ['maksimus], der; - -, ...fizes ...mi [...'ti:fitse:s ...mi; lat.] **1.** (고대 로마의) 대신관장(長). **2.** 〈Pl. 없음〉 로마 황제의 칭호. **3.** 〈Pl. 없음〉〖가〗교황의 칭호(약어: P. M.). **pontifikal** [...fi'ka:l] 〈Adj.〉 [lat. pontificālis] 〖가〗 주교(소속·관할)의. **Pontifikalamt**, das 주교직. **Pontifikale** [...'ka:la], das; -s, ...lien [...liən; lat. pontificāle] 〖가〗**1.** 주교용(집무) 의전서(儀典書). **2.** 〈Pl. 없음〉**a)** 주교의 제복(祭服) 및 복식(服飾)(특히 주교관(主敎冠)과 주교 목장(牧杖)). **b)** (복식을 갖추고 행하는) 주교의 제식(祭式)[의식(儀式)]. **Pontifikalien**: ↑ Pontifikale의 복수형. **Pontifikalmesse**, die 〖가〗 주교가 집전하는 대미사, 주교 대미사. **Pontifikat** [...'ka:t], das 〈또는〉 der; -(e)s, -e [lat. pontificātus] 〖가〗 교황(주교)의 임기. **Pontifizes**: ↑ Pontifex의 복수형.

pontisch ['pɔntiʃ] 〈Adj.〉 〔옛날에 주요 분포 지역이던 흑해의 라틴어 이름 Pontus(Euxinus)에 따라〕 〖지리〗 (식물의) 초원지(스텝) 원산의, 초원성의.

Pontius ['pɔntsi̯us] 〈다음의 용법으로〉 **von P. zu Pilatus laufen** [pi'la:tus] 〈통용어〉 (무슨 일로) 바쁘게 (이리저리) 돌아다니다(보내어지다), 이리 닫고(뛰고) 저리 닫다(뛰다)(본래 누가복음 23장 7절 이하에서: von Herodes zu Pontius Pilatus laufen; 나중에 당시 팔레스티나 주재 로마 총독 Pontius Pilatus(기원 39년 사망) 의 이름에 따라 두운(頭韻)을 맞추며 변형됨).

Ponton [põ'tõ, (또한) pɔn'to:, 'pɔntɔŋ, 〈südd., österr.〉 pɔn'to:n], der; -s, -s [frz. ponton] 〖해상·군〗 교(船橋)용의 납작한 배, 가교(架橋)용의 경주정(輕舟艇) 또는 고무 보트, (수면에 임시로 만든) 부교(浮橋). **Pontonbrücke**, die 배다리, 선교(船橋), 주교(舟橋). **Pontonform**, die 선교(船橋)용의 작은 배 모양, (임시용의) 부교 형태: ein Anleger in P. 부교(浮橋) 모양의 선착장.

¹**Pony** ['pɔni], das; -s, -s [engl. pony] 〖동물〗 포니(작은 품종의 말): auf einem P. reiten 포니를 타다. ²**Pony** [-], der; -s, -s [¹Pony의 갈기에 따라] 포니 머리(대개 고르게 잘라 이마에 드리운 머리). **Ponyfransen** 〈Pl.〉〈통용어〉포니식(式) 술(頭) 장식. **Ponyfrisur**, die 포니식 이발(머리형, 헤어 스타일).

¹**Pool** [pu:l], der; -s, -s ↑ Swimmingpool의 약칭. ²**Pool** [-], der; -s, -s [engl.-amerik. pool] 〖경제〗**1.** 풀제(制)(일종의 기업 연합). **2.** 풀 평균제(平儘制). ³**Pool** [-], das; -s ↑ Poolbillard의 약칭. **Poolbillard**, das 〖가〗 (Pl. 없음〗 (다양하게 점수가 정해진 공들을 구멍에 쳐 넣는) 풀 당구(Lochbillard (1)). **poolen** ['pu:lən] 〈h〉 [engl. pool] 〖경제〗**1.** (한 기업내의 여러 기업주들의 출자금을) 공동 계산으로 하다, 합동하다. **2.**

(풀 평준제의) 공동 기금을 설치하다, 공동 출자[부담]이 다. **Poolung,** die; -en 【경제】 ↑poolen의 명사형.
Pop [pɔp], der; -(s) [1 : engl.-amerik. pop] **1.** 팝, 통속 예술(Popkunst, -musik, -literatur 따위의 총칭). **2.** ↑Popmusik. **3.** 《통용어》 눈에 띄는[현란한, 요란한] 모습 [특징] : modisch mit P. und Pep bekleidet einhergehen 유행에 맞춰 현란하고 자극적인 옷차림으로 나타나다.
pop-, Pop-: ~**art,** ↑Pop-art. ~**fan,** der 팝팬, 대중 연예 애호가. ~**farbe,** die 현란한 색(채). ~**farben** 〈Adj.〉 현란한[자극적인] 색의. ~**festival,** das 대중 음악제, 팝 페스티발. ~**gruppe,** die 팝송 공연단. ~**konzert,** das 팝 연주회, 통속[대중] 음악회. ~**kultur,** die 팝 문화, 통속 문화. ~**kunst,** die 팝[통속] 예술. ~**literatur,** die 통속 문화. ~**mode,** die 팝유행[모드]. ~**musik,** die 팝뮤직, 통속[대중] 음악. ~**musiker,** der 통속[대중] 음악가. ~**sänger,** der 팝송 가수, 유행가 가수. ~**sängerin,** die ↑~sänger 의 여성형. ~**star,** der 팝송 스타, 팝송 인기 가수. ~**szene,** die 팝 송계, 대중 연예계.
Popanz ['poːpants], der; -es, -e [tschech. bubák] **1. a)** 《지역적》 무서운 형상, 도깨비(형상), 인형. **b)** 《교양어·멸》 허수아비, 허깨비, 허상(虛像)[겉보기에만 겁나고 경외스러운 것) : etw. zum P. machen 무엇을 공연히 두려워하다(까닭없이 무섭게 하다). **2.** 《멸》 (피동적으로 남의 뜻에 따라 움직이는) 꼭두각시, 괴뢰 : ich bin doch nicht dein P.! 나는 너의 꼭두가시가 아니라구!
Pop-art ['pɔp|a:ɐ̯t], die [engl.-amerlk. pop art] **1.** 팝 아트, 대중 예술. **2.** 팝아트 작품, 대중[통속] 예술 작품 : dieses Bild ist P. 이 그림은 팝아트[통속 예술] 작품이 다.
Popcorn ['pɔpkɔrn], das; -s [engl.-amerik. popcorn] 튀김 옥수수, 팝콘.
Pope ['poːpə], der; -n, -n [russ. pop] **1.** (슬라브어 지역의) 평신도 사제(司祭). **2.** 《멸》 신부, 목사, 성직자.
Popel ['poːpl], der; -s, - **1.** 《통용어》 코딱지. **2.** 《지역적》 **a)** 코흘리개, 지저분한 아이. **b)** 《멸》 보잘 것 없는[천한] 사람 : was will denn dieser P.! 이 못난 인간이 대체 뭘 하겠다는 거야! **Popelfahne,** die 《지역적·속어》 손수건, 코수건. **popelig,** poplig ['poːp(ə)lɪç] 〈Adj.〉 《통용어·멸》 **1.** (가치나 질이) 초라한, 볼품없는 : so ein -es Geschenk! 이런[그런] 형편없는 선물이라니! **2.** 천박한, 대수롭지 않은, 보잘것 없는 : -e Durchschnittsbürger 평범한 보통 시민들. **3.** 《드물게》 좀스러운, 편협한, 인색한(geizig). **Popeligkeit,** Popligkeit, die ↑popelig의 명사형.
Popelin [popə'liːn], 《외스터.》 pop'liːn], der; -s, -e **Popeline** [-], der; -e, [...'liːnə], die; -, - [frz. popeline] 포플린(직물) : ein Hemd aus Popeline 포플린 셔츠.
popeln ['poːp|n] 〈h〉 《통용어》 손가락으로 콧구멍을 후비다 : das Kind popelt wieder (in der Nase) 그 아이가 또 코를 후빈다. **poplig,** ↑popelig.
Popo [po'poː], der; -s, -s 《아동어에서, ↑Podex의 약칭의 중복》 《친근》 엉덩이, 둔부(Gesäß) : er kniff sie in den P. 그는 그녀의 엉덩이를 꼬집었다. **Popocatepetl** [popokate'petl], der; -(s) 포포카테페틀산(山) (멕시코 남동부의 화산). **Poposcheitel,** der [머리 한 가운데의 가리마를 엉덩이 분리선과 농담조로 비교한 데서] 《통용어·농》 (남자의) 머리 한 가운데의 곧은 가리마.
¹poppen ['pɔpn] 〈h〉 《구동독·통용어》 효과적[인상적]이다 : der Text poppt nicht besonders 그 글은 별로 인상적이지[뛰어나지] 못하다.
²poppen [-] 〈h〉 《지역적·군·속어》 《누구와》 성교하다,

붙다.
Popper ['pɔpɐ], der; -s, -s [engl. popper] (은어) (흥분제, 마약으로 쓰이는) 아질산아밀(Poppers)의 용기(容器)(통). **Poppers** [-] der; - (은어) 아질산아밀 (증기를 흡입하는 흥분제). **poppig** ['pɔpɪç] 〈Adj.〉 팝아트풍의, (색채와 구성이) 현대적인, 자극적인, 기발한 : -er Stil 통속적인 양식, 팝아트 스타일; eine p. aufbereitete Inszenierung 팝아트풍으로 각색된 공연[연출]. **Popular** [popu'laːɐ̯], der; -s, -en / -es [...'laːrəs; lat. popularis] (고대 로마의) 국민당원.
populär [...'lɛːɐ̯] 〈Adj.〉 [frz. populaire] **1. a)** 인기[인망] 있는, 대중(민중)에게 잘 알려진, 대중적인 : ein -er Künstler(Politiker) 대중에게 인기 있는 예술가(정치가); das Buch hat den Autor p. gemacht 그 책은 저자를 인기 있게[유명하게] 만들었다. **b)** 평판이 좋은, 대중(민중)의 찬성하는 : dieses Gerichtsurteil ist nicht p. 이 법원 판결은 평이 좋지 않다. **c)** 통속적인, 민중적인, 일반적으로 통용되는, 널리 유포된. **2.** 평이한, 민중에게 친근한 : eine -e Ausdrucksweise 평이한 표현 방식.
Popularisator [...lari'zaːtɔr, 《또한》...toːɐ̯], des, -en [...za'toːrən] (난해한 사물, 학술 지식 따위의) 대중적인 보급인(普及人). **popularisieren** [...lari'ziːrən] 〈h〉 [frz. populariser] 《교양어》 **1.** 인기 있게 하다, 민중(대중, 일반)에게 보급(유포)하다 : politische Ziele p. 정치적 목표들을 널리 대중에게 친근하게 만들다. **2.** 통속화 (대중화)하다, 평이하게 하다 : eine Philosophie p. 어떤 철학을 (일반이 이해할 수 있게) 통속화하다. **Popularisierung,** die; -,통속[대중]화, 일반화. **Popularität** [...'tɛːt], die [frz. popularité] **1.** 인기, 명망(名望), 호평, 대중성 : seine P. ist gestiegen 그의 인기가 높아였다; keine P. genießen 인기를 누리지 못하다. **2.** 《드물게》 통속, 평이함. **populärwissenschaftlich** 〈Adj.〉 통속 과학의 : etw. p. darstellen 무엇을 통속 과학적으로 서술하다. **Population** [popula'tsi̯oːn], die; -en [lat. populātiō] **1.** 〖생물〗 (한 구역 내의) 개체군(個體群), 집단 : geschlossene -en 폐쇄된 개체군(집단); in dichter P. leben 밀집하여 군생(群生)하다. **2.** 〖천문〗 성단(星團) (천구의 일부에 모여 있는 별들의 집단). **3.** 《드물게·교양어》 인구(Bevölkerung), 주민. **Populismus** [popu'lɪsmʊs], der; - **1.** 〖정치〗 (대중) 영합주의(迎合主義). **2.** 포퓰리즘, 대중주의(20세기 문학의 한 유파, 소박한 민중의 생활을 객관적으로 사실적인 문제로 묘사를 얼은 표방함). **Populist** [popu'lɪst], der; -en, -en 포퓰리스트, 대중주의자. **populistisch** 〈Adj.〉 대중주의의.
Pore ['poːrə], die; -n [lat. porus < griech. póros] (피부 따위의) 미세한 구멍, 털구멍, 땀(숨)구멍 : Kälte schließt die -n der Haut 추위는 피부의 털[땀]구멍을 닫히게 한다; der Schweiß brach ihm aus allen -n 그의 모든 땀구멍에서 비지땀이 흘러나왔다. **porentief** 〈Adj.〉 (광고) 미세한 구멍 깊이까지 미치는 : -e Reinigung 찌든 때까지 완전히 제거하는 세탁. **Porenziegel,** der 〖토건〗 다공(多孔) 벽돌. **porig** ['poːrɪç] 〈Adj.〉 **1.** (미세한) 구멍이 있는, 구멍이 많은, 다공질(多孔質)의 : -es Holz 구멍이 많이 있는 목재. **2.** 털(땀)구멍이 큰 (großporig) : -e Haut 땀구멍이 큰 피부. **Porigkeit,** die 다공성, 다공질.
Pörkel(t) ['pœrk(t)], **Pörkölt** ['pœrkœlt]; das; -s [ung. pörkölt] 헝가리식 스튜(요리).
Porling ['pɔːrlɪŋ], der; -s, -e 다공(多孔)버섯.
Porno ['pɔrno], der; -s, -s 《통용어》 ↑Pornofilm, ↑Pornoroman 따위의 약칭.
Porno- 《통용어》 : ~**bild,** das 도색 사진[그림]. ~**film,** der 도색[외설] 영화. ~**foto,** das 도색 사진. ~**händler,** der 도색물[외설물] 장사꾼. ~**heft,** das 도색 책자(팜플렛). ~**laden,** der 외설물 상점.

~literatur, die 외설 문학. ~magazin, das 도색 잡지. ~roman, der 도색 소설. ~shop, der ↑~laden. ~welle, die 외설의 풍미[유행]. ~zeitschrift, die 도색 잡지.

Pornograph, der; -en, -en [frz. pornographe]《교양어》외설물[포르노] 제작자, 도색 작가[화가]. **Pornographie,** die; -n [...i:ən; frz. pornographie]《교양어》1.《Pl. 없음》외설, 외설적인 묘사: dieser Roman ist P. 이 소설은 외설이다. 2. 외설물, 외설 작품. **pornographisch**〈Adj.〉《교양어》외설[도색]적인, 외설의: der Autor schreibt vorwiegend p. 그 작가는 주로 외설적으로 저술한다[외설적인 작품을 쓴다]. **pornophil** [...'fi:l]〈Adj.〉[griech. phileīn]《교양어》외설(물)을 선호하는, 외설적 경향의.

Porokrepp ['poːro-], der; -s《종류》-s / -e [↑Pore u. ↑Krepp의 인공어] 다공(多孔)[유공(有孔)] 크레이프 고무(구두·신발창 제작에 쓰이는 고무의 일종). **Porokreppsohle,** die 다공 크레이프 고무 구두[신발]창. **Poromere** [poroˈmeːrə]〈Pl.〉[griech. méros] 통기성 인조 가죽(제화업에서 가죽 대신 사용). **porös** [poˈrøːs]〈Adj.〉[frz. poreux] 1. 다공(多孔) 통기(투과)성의, 침투성의: -es Gestein 다공질의 암석. 2. 통기 구멍이 있는, 기공이 있는: ein -es Hemd 통기성이 좋은 셔츠. **Porosität** [porozi'tɛːt], die [frz. porosité]《전문어·교양어》다공성, 통기[투과]성.

Porphyr ['pɔrfyːɐ / 《österr.》—ˈ—], der; -s《종류》-e [pɔrˈfyːra; ital. porfiro] [지질] 반암(斑岩)(화성암의 일종). **Porphyrie** [pɔrfyˈriː], die; -n [의학] 포르피린증(포르피린이 혈액과 조직에 침적하는 질환). **Porphyrin** [pɔrfyˈriːn], das; -s, -e《대개 Pl.》[griech. porphýra] [의학·생물] 포르피린. **porphyrisch**〈Adj.〉[지질] **a)** 반암으로 이루어진. **b)** 반암질의. **Porphyrit** [pɔrfyˈriːt, 《또한》...rɪt], der; -s, -e [지질] 반암(玢岩)(고생대에 이루어진 분출 화성암의 일종).

Porree ['pɔre], der; -s, -s [frz. porrée] [식물] 포레(파 종류): (drei Stangen) P. kaufen (세 뿌리의) 포레를 사다.

Porridge ['pɔrɪtʃ], der《고형》-s [engl. porridge] 포리지(특히 영국에서 아침 식사에 먹는 오트밀).

Porst [pɔrst], der; -(e)s, -e [niederd. pors] [식물] 백산다(白山茶).

Port [pɔrt], der; -(e)s, -e [frz. port] 1.《시어·고어》피난처, 휴식처: im sicheren P. landen 안전한 피난처에 내리다. 2.《고어》항구(Hafen).

Portable ['pɔrtabl], der,《또한》das; -s, -s [engl. portable] 휴대용 텔레비전.

Portal [pɔrˈtaːl], das; -s, -e [lat. portale] 1. (교회, 궁전 따위의 우람하게 장식된) 주현관, 정면 입구: das P. einer Kirche 교회의 주현관. 2. [기술] (특정 기중기의) 교형(橋形) 구조물. **Portalkran,** der 교형 기중기. **Portalverzierung,** die 주현관의 장식.

Portament, das; -(e)s, -e《대개》**Portamento** [pɔrtaˈmento], das; -s, -s / -...ti [ital. portamento] [음악] 포르타멘토, 운음(運音)(한 음에서 다른 음으로 부드럽게 넘어가는 창법(연주법)). **Portativ** [...ˈtiːf], das; -s, -e [...iːvə; lat. portativum] 휴대용 소형 오르간, 포르타멘토. **portato** [pɔrˈtaːto]〈Adv.〉[ital. portato] [음악] 포르타토, 활주(滑奏)하지 않으며 폭 넓게 지속적으로.

Port-au-Prince [pɔrtoˈprɛ̃ːs] 포르토프랭스(아이티의 수도).

Portechaise [pɔrtˈʃɛːzə], die; -n [frz. porter u. chaise]《고어》가마, 교자(轎子). **Portefeuille** [pɔrt(ə)ˈfœːj]; das; -s, -s [frz. portefeuille] 1. **a)**《아어·고어》지갑(Brieftasche). **b)**《고어》서류 가방(Aktenmappe). 2. [정치] 장관의 관할(범위)[소관 사항]: ein Minister ohne P. 무임소 장관. 3. [경제] (은행, 기관 따위가) 소유하고 있는) 유가 증권의 현재고: die Aktien im P. einer Bank 어느 은행의 보유 주식. **Portemonnaie** [pɔrtmɔˈneː,《또한》ˈ———], das; -s, -s [frz. portemonnaie] (돈)지갑, 돈 주머니: Geld ins P. stecken 돈을 지갑에 넣다; **ein dickes P. haben**《통용어》지갑이 두툼하다, 돈이 많다. **Portepee** [pɔrtaˈpeː], das; -s, -s [frz. porte-épée] (장교, 하사관의 표식으로) 군도 자루에 매단 술 장식: Unteroffizier mit P. 군도(軍刀)에 장식을 단 하사관; **jmdn. beim P. fassen**《준고어》(본래 = jmdn. bei der Offizierssehre packen) 누구의 (장교로서의) 명예(의무감)에 호소하다. **Portepeeträger,** der《군·옛 아어》장교. **Portepeeunteroffizier,** der [군] (상사급 이상의) 상급 하사관. **Porter** ['pɔrtɐ], der; -s《또한》-《österr.》das; -s, - [engl. porter] (영국산) 흑맥주의 일종, 포터 맥주. **Porterhousesteak** ['pɔːtahauz-], das; -s, -s [engl. porterhouse steak] [요리] 포터하우스 스테이크(등심과 갈비뼈가 붙은 두툼한 로스트 비프).

Porteur [pɔrˈtøːɐ], der; -s, -s [frz. porteur]《schweiz.》수하물 운반인. **Portfolio** [pɔrtˈfoːlio], das; -s, -s [ital. portafoglio] [서적] 영인본 화집(畫集)[사진집]. **Porti:** ↑Porto의 복수형.

Portier [pɔrˈtieː,《또한》 《österr.》[pɔrˈtiːɐ], der; -s, -e《드물게》-s [frz. portier] 1. 문지기, 수위, 현관지기: der P. des Hotels 호텔의 수위[안내인]; die Loge des -s 수위실. 2.《준고어》(건물의) 관리인 (Hausmeister); **stiller P.**《특히 berlin·준고어》(건물 현관의) 세입자[거주자] 명부. **Portiere** [pɔrˈtieːrə,《또한》[pɔrˈtiɛːra], die; -n [frz. portière] 문간의 커튼 (Türvorhang). **portieren** [pɔrˈtiːrən]〈h〉[frz. porter]《schweiz.》후보로 추천하다[내세우다]: sein Vater wurde als Großrat portiert 그의 부친은 주(州)의회의원 후보로 추천되었다. **Portierloge,**《드물게》**Portiersloge,** die; -n 수위실. **Portiersfrau,** die; -en 1. 수위[문지기]의 아내. 2. 여자 수위[문지기]. **Portierung,** die; -en《schweiz.》(후보) 추천.

Portikus ['pɔrtikʊs], der《전문어로는 또한》die; -[...kuːs] / -...ken [lat. porticus] [건축] 회랑(廻廊), 주랑(柱廊)(현관).

Portiokappe ['pɔrtsio-], die; -n [lat. portio] [의학] (피임용으로 자궁 경부에 씌우는) 자궁전(子宮栓), 페서리. **Portion** [pɔrˈtsioːn], die; -en《축소형》↑Portionchen [lat. portio] 1. (특히 음식에서) 정량, 한사람 몫(의 음식), 한 접시(의 음식): eine große P. 많은 양의 일인분 음식; eine P. Eis 아이스크림 일인분; **eine halbe P.**《통용어·조롱》보잘 것[볼품] 없는 사람. 2.《통용어》일정량, (적지 않은) 양(Menge): eine reichliche P. Schnaps 꽤 많은 양의 술(소주); dazu gehört eine (große) P. Geduld(Frechheit) 그러기에는 상당한[대단한] 인내가(뻔뻔함이) 필요하다. **Portiönchen** [pɔrˈtsiœnçən], das; -s, -《drol.》↑Portion. **portionenweise:** ↑portionsweise. **portionieren** [pɔrtsioˈniːrən]〈h〉《전문어》일인분씩[한 접시씩] 나누다, 일정량씩 계량하다: Milch p. 우유를 한 사람 몫의[일정량씩] 나누다. **Portionier,** der; -s, - 몫을 나누는 도구(아이스크림 주걱 따위). **Portionierung,** die; -en 일정한 양(몫)으로 나누기. **Portionsweise,** die; -n [농업] 균량식 목축(방목지를 매일 일정 시간 일부씩만 이용하는 목축법). **portionsweise,** portionenweise〈Adv.〉한 사람 몫씩, 한 접시씩, 일정량씩: das Essen p. ausgeben 음식을 일인분씩 제공하다.

Portjuchhe [pɔrtjʊxˈheː,《또한》ˈ———], das; -s, -s《통용어·농·준고어》(돈)지갑(Portemonnaie).

Portlandzement ['pɔrtlant-], der; -(e)s [engl. Portland cement; 영국의 섬 포틀랜드에 따라] 포틀랜드 시멘트, 인조 시멘트(약어: PZ).

Port Louis ['pɔːt'luːɪs] 포트루이스(모리셔스의 수도).

Port Moresby ['pɔːt'mɔːzbɪ] 포트모르즈비(파푸아뉴기니의 수도).

Porto ['pɔrto], das; -s, -s / ...ti [ital. porto] 우편료: das P. für den Brief beträgt 90 Pfennig 그 편지의 우편료는 90페니히이다.

Port of Spain ['pɔːt əv 'speɪn] 포트오브스페인(트리니다드 토바고의 수도).

porto-, Porto-: **~buch**, das [경제] 우편료 지출부[대장(臺帳)]. **~frei** ⟨Adj.⟩ 우편료가 면제된[없는] (반대: portopflichtig). **~kasse**, die [경제] 우편료 지불구. **~kosten** ⟨Pl.⟩ 우편료, 우편 비용. **~pflichtig** ⟨Adj.⟩ 우편료를 필요로[내야] 하는 (반대: portofrei).

Porto Rico ['pɔrto'riːko], - -s ⟪독어화⟫ **Portoriko**, -s 푸에르토리코(Puerto Rico) 옛 이름.

Portrait [pɔr'trɛː], das; -s, -s ↑ Porträt의 옛 표기. **Porträt** [-], das; -s, -s ⟪또한⟫ [pɔr'trɛː], das; -, -e [frz. portrait] 초상(화), 화상(畫像), 반신상; 성격 묘사, 인물평: ein fotografisches P. 사진 초상, 인물 사진; von jmdm. ein P. machen 누구의 초상화를 하나 그리다; ein kurzes P. von jmdm. geben 누구의 짤막한 성격 묘사를[인물평을] 하다; **jmdm. P. sitzen** [미술] 누구에게 자신의 초상화를 그리게 하다.

Porträt-: **~aufnahme**, die 인물 사진 촬영. **~büste**, die [미술] 상반신 초상화, 흉상(胸像). **~fotograf**, der 인물 사진가. **~kunst**, die 초상화법. **~maler**, der 초상화가. **~malerei**, die ⟨Pl. 없음⟩ 초상 회화, 초상화법. **~statue**, die [미술] 인물 조상(彫像)[입상(立像)]. **~studie**, die 초상화 습작, 인물 소묘. **~zeichnung**, die 인물 소묘.

porträtieren [pɔrtrɛ'tiːrən] ⟨h⟩ 누구의 초상을 그리다: [전의] der Schriftsteller porträtierte in seinem Roman einige bekannte Politiker 그 작가는 자신의 소설에서 몇몇 저명한 정치가들에 관한 인물 묘사를 했다[정치가들의 면모를 묘사했다]. **Porträtist** [...'tɪst], der; -en, -en [frz. portraitiste] 초상화가.

Portugal ['pɔrtugal ⟨port.⟩ purtu'ral], -s 포르투갈. **Portugaleser** [pɔrtuga'leːzɐ], der; -s, - 옛 금화 이름. **Portugiese** [pɔrtu'giːzə], der; -n, -n 포르투갈 사람. **Portugieser** [pɔrtu'giːzɐ], der; -s, - **a)** ⟨Pl. 없음⟩ 포르투갈 포도(흑포도의 일종; 원산지는 포르투갈이 아님). **b)** 포르투갈 포도주(지명과는 무관한 적포도주의 일종). **Portugiesin**, die; -nen Portugiese의 여성형. **portugiesisch** [pɔrtu'giːzɪʃ] ⟨Adj.⟩ 포르투갈(사람, 말)의. **Portugiesisch**, das; -(s), ⟨정관사와 함께⟩ 포르투갈어. **Portugiesische**, das; -n 포르투갈어. **Portugiesisch-Guinea**, -s 포르투갈령 기니(Gunea-Bissau의 이름).

Portulak ['pɔrtulak], der; -s, -e / -s [lat. portulāca] [식물] 쇠비름[과].

Portwein ['pɔrt-], der; -(e)s ⟪종류⟫ -e [포르투갈의 도시 Porto 이름에서] 포르토(Porto) 산(産) 적포도주, 포트와인.

Porzellan [pɔrtse'laːn], das; -s, -e [ital. porcellana] **1.** (도)자기, 사기, 도기: P. brennen 도자기[사기]를 굽다; sie ist wie aus[wie von] P. 그 여자는 (사기처럼) 부서질 듯 가냘프다. **2.** ⟨Pl. 없음⟩ 자기제(製) 식기, 사기 그릇: chinesisches P. 중국산 자기; **P. zerschlagen** ⟨통용어⟩ (서툴고 거친 언행으로) 일을 그르치다, 망치다, 손해를 끼치다. **3.** ⟨대개 Pl.⟩ ⟨전문어⟩ 자기류(類).

porzellan-, Porzellan-: **~artig** ⟨Adj.⟩ 자기 모양의[같은]. **~blume**, die, **~blümchen**, das (사기 같은 꽃에 따라) 바위취(속의 일종). **~brenner**, der 사기장(匠). **~erde**, die ↑ Kaolin. **~fabrik**, die 도자기[사기] 공장. **~figur**, die 도자기 상(像). **~gefäß**, das 사기 그릇(병, 통 따위). **~geschirr**, die 도자기(제) 식기. **~hose**, die ⟨통용어·농⟩ 흰색 바지(정구복 따위). **~industrie**, die 도자기 제조업. **~krug**, der 도자기 항아리, 단지. **~kiste**, die 도자기(를 담은) 상자. **~kitt**, der 사기 접착제. **~krone**, die (치아의) 사기질. **~laden**, der 도자기 가게, 사기점(店). **~maler**, der 도자기 화공(畫工). **~malerei**, die 도자기화(畫). **~manufaktur**, die 도자기 수공업, 자기소(所). **~marke**, die 도자기 상표. **~masse**, die 사기 덩이. **~schale**, die 사기 접시. **~schnecke**, die [동물] 자패속(紫貝屬). **~service**, das (도)자기 그릇 한 벌(세트). **~tasse**, die 사기 잔. **~teller**, der 사기 접시(쟁반). **~vase**, die 자기 꽃병[화병]. **~waren** ⟨Pl.⟩ 도자기[사기] 제품. **~weiß** ⟨Adj.⟩ 사기처럼 하얀. **~werk**, das ↑ ~fabrik.

porzellanen ⟨Adj.⟩ 도(자)기[자기, 사기]의, 깨어지기 쉬운.

pos. = Position.

Posada [po'zaːda], die; ...den [span.] (스페인어 사용 지역에서) 여관, 음식점(Gasthaus).

Posament [poza'mɛnt], das; -(e)s, -en ⟨대개 Pl.⟩ [niederd. pasement] (옷깃, 벽, 창, 쿠션이 있는 가구 따위의) 가장자리 장식, 깃 장식, 드린(긴)장식, 레이스. **Posamenter**, der; -s, - 깃 장식[장식끈] 제조 판매인. **Posamenterie** [pozamɛntə'riː], die; -n **1.** ⟨대개 Pl.⟩ 장식끈[레이스] 제품. **2.** 장식끈[레이스] 가게. **Posamentier** [pozamɛn'tiːɐ̯], der; -s, -e ↑ Posamenter. **Posamentierarbeit**, die; -en 장식끈[레이스] 제조, 가장자리 장식 세공(품). **posamentieren** [...'tiːrən] ⟨h⟩ **a)** 가장자리 장식[레이스, 장식끈]을 제작하다. **b)** 레이스, 장식끈 따위를 붙이다(~로 치장하다). **Posamentierer** [pozamɛn'tiːrɐ], der; -s, - ⟨österr.⟩ ↑ Posamenter.

Posaune [po'zaʊnə], die; -n [frz. buisine] [음악] 트롬본, 나팔: (die) P. blasen 나팔을 취주하다(불다); die P. des Jüngsten Gerichts 최후 심판의 나팔(고린도 전서 15장 52절). **posaunen** ⟨h⟩ **1.** ⟨통용어⟩ 트롬본[나팔]을 불다. **2.** ⟨통용어·펌⟩ **a)** 떠들썩하게 퍼뜨리다: eine Neuigkeit in die Welt[in aller Welt] p. 어떤 소식을 세상에[온 세상에] 떠들썩하게 알리다. **b)** ⟨드물게⟩ 큰 소리로 알리다, 떠벌리다: „Ich bin der Größte!" posaunte er „내가 가장 (키)가 커요!" 하고 그가 떠벌렸다.

posaunen-, Posaunen-: **~artig** ⟨Adj.⟩ 트롬본(나팔) 같은. **~bläser**, der 트롬본 연주(취주)자. **~chor**, der 트롬본 합주(대), der **1.** (회화, 조각에서) 나팔을 든 천사. **2.** ⟨통용어·농⟩ 볼이 볼록한 사람, (특히) 볼이 포동포동한 아이. **~schall**, der 트롬본의 음향. **~suppe**, die ⟨농⟩ (걸쭉질이 있는 것이) 배를 부풀리는 수프, 거친 수프. **~ton**, der 트롬본의 음조.

Posaunist [pozaʊ'nɪst], der; -en, -en 트롬본 주자(奏者).

¹**Pose** ['poːzə], die; -n [frz. pose] (특정 효과를 노려 의도적으로 꾸민) 자세, 몸가짐, 포즈: eine P. annehmen 어떤 자세를 취하다; bei ihm ist das keine P. 그는 건성으로 그러는 것이 아니다; sich in der P. des Siegers gefallen 승자(勝者)인 체(승자의 태도를 보이며) 우쭐대다.

²**Pose** [-], die; -n [Niederd.] **1.** [낚시] ↑ Floß (2). **2.** **in die[in den, aus den] -n** ⟨nordd.⟩ 잠자리[이불] 속으로[속에서, 속으로부터].

Poseidon [po'zaɪdɔn], der; -s 포세이돈(그리스 신화에서 바다의 신).

Posemuckel [po:zə'mʊkl], 〈또한〉 '- - - -] 〈지명; 관사 없이; 2격: -s〉〈팜〉외딴 마을, 벽지: aus P. kommen 외딴 구석에서 오다, 벽지 출신이다. **Posemukel** ['po:zəmʊkl] ↑ Posemuckel.

posen ['po:zn] 〈h〉 ↑ posieren. **Poseur** [po'zø:ɐ̯], der; -s, -e [frz. poseur] 〈교양어·팜〉젠 체하는 사람, 거드름쟁이(Wichtigtuer). **posieren** [po'zi:rən] 〈h〉 [frz. poser] 〈교양어〉 자세[포즈]를 취하다: vor dem Spiegel p. 거울 앞에서 포즈를 취하다.

Position [pozi'tsio:n], die; -en [lat. positio] **1. a)** 〈직업상의〉지위, 직위, 직책, 위치(Stellung): eine leitende P. haben 지도적 지위[위치]에 있다; ein Mann in gesicherter P. 확고한[안전한] 직위에 있는 남자. **b)** 〈기관, 관청, 조직 따위의〉 직책, 부서, 자리(Stelle): die wichtigsten -en in diesem Staat sind vom[mit] Konservativen besetzt 이 나라의 최고 요직들은 보수주의자들로 채워져 있다; der Weltmeister lag in dem Rennen lange in führender (dritter) P. 〈스포츠〉 그 세계 선수권자는 달리기에서 오랫 동안 정상[3위]에 있었다. **c)** 여건, 상황, 처지(Lage): jmd. befindet sich jmdm. gegenüber in einer starken P. 누가 누구에 대해 유리한 상황에 있다. **d)** 관점, 태도, 입장(Standpunkt): in einer Angelegenheit eine bestimmte P. einnehmen 어떤 문제에서 특정의 관점을 취하다. **2.** 〈공간적〉 위치, 자리, 장소: die verschiedenen -en beim Koitus 성교시의 여러 가지 체위; in [auf] P. gehen 1) 정해진 위치로 가다. 2) 〈옛전〉 태세를 갖추다. **3.** (특히 교통 수단의) 현 위치: die P. eines Schiffes [Flugzeugs] angeben 선박[항공기]의 현재 위치를 알리다. **4.** 〈경제〉 (약어: Pos.) (계정의) 항목, 조항, 내역, 품목: die -en eines Haushaltsplans 예산의 항목들; einige -en streichen 일부 항목들을 삭제하다. **5.** 〈철학〉 명제(의 설정), 긍정 〈반대: Negation (1 b)〉. **positionell** [...tsio'nɛl] 〈Adj.〉〈전문어·교양어〉 지위[위치]에 관한. **positionieren** [...'ni:rən]〈h.〉〈전문어·교양어〉일정한 지위[위치]를 부여하다, 적당한 장소에 두다; 배치[배열]하다(einordnen).

positi̯ons-, Positi̯ons-: ~**angriff**, der 〈핸드볼·농구〉세트 오펜스, 지공법(遲攻法)(정해진 전략에 따라 선수들이 위치를 택하거나 바꾸며 공격함). ~**bestimmung**, die (선박, 항공기 따위의) 위치 지정. ~**lampe**, die ↑ licht. ~**länge**, die (운율) 위치상 장음절. ~**laterne**, die ↑ licht. ~**leuchte**, die ↑ licht. ~**licht**, das 【해양·항공】 (선박의) 항해등, 현등(舷燈); (비행기의) 위치(표시)등. ~**meldung**, die 【해양·항공】 위치 보고. ~**wechsel**, der **a)** 직위[위치 따위의] 교체. **b)** 〈배구〉 ↑ Rotation. ~**wurf**, der 〈농구〉 세트 슛, 장거리 슛.

positiv ['po:ziti:f, 〈또한〉 pozi'ti:f] 〈Adj.〉 [lat. positīvus] **1.** 긍정적인, 긍정[수긍]하는, 적극적인 〈반대: negativ 1 a〉: eine -e Antwort 긍정적 답변; eine -e Einstellung (zum Leben) (인생에 대해) 적극적인 [낙천적인] 자세; sich p. zu etw. stellen 무엇에 적극[긍정]적인 태도를 보이다. **2.** 〈반대: negativ 2〉 **a)** 유리한 (günstig), 바람직한: eine -e Entwicklung 유리한 사태 진전; sich p. auf jmdn. [auf etw.] auswirken 누구 [무엇]에게 유리한 효과를 발휘하다 [가져오다]. **b)** (가치의 서열로 보아) 우수한, 좋은(gut): -e Charaktereigenschaften 우수한 성품들. **3.** 【수학】 영(零)보다 큰, 양(플러스)의: -e Zahlen 양수; 1 ist eine -e Zahl 1은 양수이다. **4.** 【물리】양(성)의, 양전기의 〈반대: negativ 4〉: der -e Pol 양극(陽極); p. geladen sein 양전기를 띠

다. **5.** 【사진】 양화(陽畫)의 〈반대: negativ 5〉. **6.** 【의학】 양성(陽性)의, 실제로 나타나는 〈반대: negativ 6〉: ein -er Befund 양성의 소견(진단 결과). **7. a)** 〈교양어〉실제의(wirklich), 구체적인, 실증적인: -e Kenntnisse 실제적인 지식; -es Recht 【법】 실정법, 성문법; -e Theologie 실증 신학. **b)** 〈통용어〉 확실한(bestimmt), 실질적인, 사실의: ich weiß das p. 나는 그것을 분명히 안다; ist es schon p., daß du abreist? 네가 (떠날) 떠나는 것은 이미 확정되었는가? **¹Positiv** [-], der; -s, -e [...i:və; lat. (gradus) positīvus] 〈언어〉 (형용사의) 원급. **²Positiv** [-], das; -s, -e [...i:və; lat. positivum (organum)] **1.** 소형 오르간(페달이 없고 건반은 한 벌뿐임). **2.** 【사진】 양화(陽畫) 〈반대: Negativ〉.

positiv-, Positiv-: ~**bild**, das 【사진】 ↑ ²Positiv (2). ~**film**, der 【사진】 (음화에서 슬라이드를 만드는 데 쓰는) 양화 필름. ~**(kopier)verfahren**, das 【사진】 사진 원판 복제법(양화에서 양화를, 음화에서 음화를 복제).

Positivismus [poziti'vɪsmʊs], der; - 실증철학, 실증주의, 실증론. **Positivist**, der; -en, -en 실증주의(철학)자, 실증론자. **positivistisch** 〈Adj.〉 **1.** 실증주의의, 실증주의적의. **2.** 〈팜〉 (학문 연구에서) 실증에만 주력하는, 실증 위주의. **Positivum** [po'zi:tivʊm], das; -s, ...va 〈교양어〉 (전반적으로 부정적인 면모를 완화시켜 주는) 긍정적 특성[요인] 〈반대: Negativum〉. **Positron** ['po:zitron, po'zi:tron], das; -s, -en [pozi'tro:nən; ↑ positiv u. ↑ Elektron] 【핵물리】양전자(기호: e⁺).

Positur [pozi'tu:ɐ̯], die; -en [lat. positūra] **a)** 〈조롱〉의도적인 자세(태도, 몸가짐): in lässiger P. 일부러 조심성 없는 자세로; 〈대개 다음 용법으로〉 **sich in P. setzen(stellen, werfen]** 〈통용어·조롱〉 짐짓 잘난 체하다, 젠체하다, 거드름 부리다. **b)** 〈권투·펜싱〉 응전 자세 [포즈]: die P. des Boxers 권투 선수의 포즈(경기) 자세; **in P. gehen(sein)** 응전 자세를 취하다[취하고 있다].

Posse ['posə], die; -n [↑ Possenspiel의 약칭] 익살극, 소극(笑劇)(조야하고 희극적인 민속극): eine P. aufführen 익살극을 공연하다.

Possekel [po'se:kl], der; -s, - [lit. posëkelis] (nordostd.) 대장간의 큰 망치.

Possen ['posn], der; -s, - [frz. bosse] 《준고어》 **1.** 〈Pl.〉 농지거리, 장난, 희롱, 놀림, 실없는[허튼] 소리 (Unsinn): P. treiben 허튼 소리를 지껄이다; **P. reißen** 야비한 농담을 지껄이다, 익살 떨다, 웃기다. **2.** jmdm. einen P. spielen 누구에게 못된 장난을 하다, 누구를 골탕 먹이다[놀리다].

Possen-: ~**dichter**, der 익살극 작가. ~**macher**, ~**reißer**, der 《준고어》익살[재담]꾼. ~**spiel**, das (고어) 익살극(Posse).

possenhaft 〈Adj.〉 익살맞은, 익살극 같은, 우스꽝스러운, 실없는: -e Übertreibung 우스꽝스러운 과장. **Possenhaftigkeit**, die; 〈en 1. 〈Pl. 없음〉 ↑ possenhaft 의 명사형. **2.** 익살 맞은 일[성향].

Possession [pose'sio:n], die; -en [lat. possessio] 【법】 소유(Besitz). **possessiv** ['posesi:f, 〈또한〉 '- - '-] 〈Adj.〉 [lat. possessivus] 【언어】 소유를 나타내는. **Possessiv** [-], das; -s, -e [...i:və], **Possessivpronomen** 〈또한〉 - - '- - -], das; -s, - / ...mina. **Possessivum** [pose'si:vʊm], das; -s, ...va 【언어】 소유대명사(예컨대: mein, dein). **possessorisch** [pose'so:rɪʃ]〈Adj.〉 [lat. possessōrius] 【법】 소유에 관한, 소유상의: -e Ansprüche 소유권 주장.

possierlich [po'si:ɐ̯lɪç]〈Adj.〉 〈대개 작은 동물들에 관해〉 재미있는, 귀엽고 익살맞은: ein -es Äffchen 익살스러운 원숭이 새끼; p. aussehen 익살스러워 보이다. Possierlichkeit, die ↑possierlich의 명사형.

¹Post [post], die; -en 1. 체신, 우편: er ist bei der P. 그는 우편 업무에 종사한다; etw. mit der(durch die, per) P. schicken 우편으로 보내다[우송하다]. 2. ↑Postamt (b): auf die[zur] P. gehen 우체국에 가다; etw. zur P. bringen 무엇을 우체국으로 가져가 가다. 3. 〈Pl. 없음〉 우편물: ist P. für mich da? 나에게 온 우편물이 있습니까?; mit gleicher P. 동시의 별도 우편[우편물]으로. 4. 〈Pl. 없음〉《통용어》 우편물의 배달: auf (die) P. warten 우편물[우편물이 오기]를 기다리다. 5. a)《구체》↑Postkutsche: ab (geht) die P.《통용어》1) 지체 없이 출발하다. 2) 즉시 길을 떠나라[일을 시작해라]! b)《전문어》↑Postbus: in dem Bezirk verkehren nur noch wenige -en 이 구역에서는 겨우 몇 대밖에 안되는 우편 차량이 운행될 뿐이다. 6.《고어》소식, 전갈, 보도, 통신(Nachricht): jmdm. eine bessere P. versprechen 누구에게 더 나은 소식을 약속하다. ²Post [poust], der; -s, -s [engl. post] [농구] (포스트 플레이에서의) 센터, 포스트.

post-, Post-: ~abholer, der 우편물을 우체국에서 직접 받아오는 사람. ~ablage, die 1. 우편물 보관실, 우편물을 두는 곳. 2.《schweiz., österr.》간이 우체국. ~adresse, die ↑~anschrift. ~agentur, die 《고어》↑Poststelle (1). ~amt, das a) (업무 장소로서의) 우체국: der Brief trägt den Stempel des -s 3 그 편지에는 제 3 번 우체국의 소인이 찍혀 있다. b) (공간적 의미의) 우체국(건물): zum[aufs] P. gehen 우체국에 가다; ich habe ihn im[auf dem] P. getroffen 나는 그를 우체국에서 만났다. ~amtlich〈Adj.〉우편 당국에 의한[의해 규정된]. ~angestellte', der / die 우편 당국의 직원. ~anschrift, die (우편) 통신용 주소. ~anstalt, die [우편] 우편(체신) 시설. ~anweisung, die a) (우편환의 일종) 현금 배달(우편환). b) (현금 배달) 우편환 용지. ~arbeit, die 〈österr.·통용어·군대어〉시급한 일. ~auftrag, der 《구체》 (우편환의) 특수 배달(신청), 수금(收金)(집금(集金))환, 추심환. ~ausgang, der [사무] (반대: ~eingang) a) 〈Pl. 없음〉우편물의 발송. b) 〈대개 Pl.〉발송(할) 우편물: die Postausgänge sortieren 발송할 우편물들을 분류하다. c) (1회의) 발송할 우편물의 양, 우편물 발송고: der P. der letzten drei Tage 지난 3 일간 발송된 우편물의 양. ~auto, das a) ↑Postwagen (a). b)《드물게 통용어》↑~bus. ~barscheck, der 현금 지불 대체환(代替換). ~beamte, der 우체국원, 체신 공무원. ~beamtin, die ↑~beamte의 여성형. ~bearbeitungsmaschine, die 우편물 자동 처리기. ~bedienstete', der / die 우체국 사원. ~beförderung, die 우편물 운송(송달). ~behörde, die 우편(체신) 당국. ~benutzer, der 우편 이용자. ~beutel, der ↑~sack. ~bezirk, der ↑Zustellbezirk. ~bezug, der 우편 구입(주문). ~boot, das ↑~schiff. ~bote, der (통용어) 우체부, 우편 배달부[집배원]. ~briefkasten, der 우체통. ~bub: ↑Postbub. ~bus, der 우편 노선 버스. ~car, der (schweiz.) ↑~bus. ~dampfer, der ↑~schiff. ~dienst, der 1.〈Pl. 없음〉우편(우체국) 근무: ein Beamter im P. 체신 공무원. 2. a)〈Pl. 없음〉우편[체신] 우편 사무. b) (일정한 우편 영역을 담당하는) 우편[체신] 부서: einzelne -e wie z. B. der Postsparkassendienst 예를 들어 우편 저금 업무와 같은 개별적 체신 부서. ~direktion, die 우편 본국(本局), 체신국. ~direktor, der 우체국장(따위의 상위적 체신 공무원). ~eigen〈Adj.〉우편(체신) 당국 소유의: -e Eisenbahnwagen 우편 철도 차량. ~eingang, der [사무] (반대: ~ausgang) a)〈Pl. 없음〉우편물 접수. b)〈대개 Pl.〉접수(된) 우편물. c) (일정 기간 동안의) 우편물 접수

량. ~fach, das a) (우편) 사서함. b) (호텔 등의 개인별) 우편(물)함. ~fertig〈Adj.〉우송[발송] 준비가 된. ~flagge, die 우편기(旗). ~flugzeug, das 우편 비행기. ~formblatt, das 우편 서식 용지. ~frei〈Adj.〉우편료를 납부한, 우표를 붙인. ~frisch〈Adj.〉[우표] (우표에) 소인이 찍히지 않은, (우표가) 새 것인. ~gebäude, das 우체국(건물). ~gebühr, die 우편료. ~geheimnis, das [법] 통신(通信)의 비밀. ~gewerkschaft, die 우체국 노동 조합. ~gut, das〈Pl. 없음〉1. (드물게) 우편물, 우송 화물. 2. [우편] (경우에 따라 특별 할인 요금이 적용되는) 특수 할인 소포. ~halter, der《구체》1. 역참장(驛站長). 2. (부업으로 같이 우체국 따위를 운영하는) 우체 분국장[지국장]. ~halterei [-haltəˈraj], die; -en《구체》(역마차 따위를 관리하던) 역참, 역사(驛舍). ~hilfsstelle, die [우편] (오지의) 우체국 출장소[분국]. ~hoheit, die (국가의) 우편 전유권(專有權). ~horn, das a)《구체》우편마차 마부의 신호 나팔, 우편 마차의 나팔. b) 우편 나팔(우편 업무를 상징하는 양식화된 그림). ~hörnchen, das ↑Postillion (2). ~hornschnecke, die [동물] 민물 달팽이 소포. ~inspektor, der (우편 분야의 상위 공무원) 우편 사무관. ~karte, die a) 우편 엽서. b) 그림 엽서: eine P. vom Heidelberger Schloß 하이델베르크 성(城)의 그림 엽서. ~kartengröße, die 그림 엽서의 크기. ~kartengruß, der 그림 엽서로 보낸 인사(편지). ~kartenkalender, der (한 장씩 떼어내어 쓸 수 있게 만든) 그림 엽서 달력. ~kasten, der (nordd.) ↑Briefkasten (a). ~kind ↑Postkind. ~kolli, das《österr.·준고어》↑~paket. ~konferenz, die 우편물(우편 관계) 회의(우편물을 다량 접수하는 회사에서 매일 열리는). ~kunde, der 우체국 방문자(이용자). ~kutsche, die《구체》(우편물과 여행객을 동시에 나르던) 역마차, 승합 우편 마차. ~kutschenzeit, die (대개 급속한 현대 생활에 비해 여유가 있었다는 뜻으로) 역마차 시절. ~kutscher, der《구체》↑Postillion (1). ~lagernd〈Adj.〉[frz. poste restante] [우편] (우체국 주소로 보내져 수신인이 직접 수령해 가는) 유치(留置) 우편의: -e Sendungen 유치 우송물. ~leitzahl, die [우편] 우편 번호. ~linie, die《구체》우편 노선(우편 당국이 관장하는, 주로 육로의 교통망). ~mappe, die (사무실 등의) 우편물 수신철(綴). ~meister, der《구체》우체국장. ~mietbehälter, der [구동독 우편] (우체국이 유상으로 빌려주는) 대여 수송 용기(容器)[우편물 포장재]. ~minister, der 체신부 장관, 우정 장관. ~ministerin, die ↑~minister의 여성형. ~ministerium, das 체신부, 우정성(郵政省). ~museum, das 우편 박물관, 체신 기념관. ~nebenstelle, die [우편] ↑~hilfsstelle. ~omnibus, der ↑~bus. ~ordnung, die 우편 법규. ~ort, der 독립 우편(번호) 지역(고유의 우체국과 우편 번호가 있는). ~paket, das ↑Paket (3). ~rat, der 체신(우정) 참사관(체신부 고위직 공무원). ~regal, das《준고어》↑~hoheit. ~reisedienst, der [우편] 우편 차량, 승객 수송(업무). ~reiter, der《구체》기마 우편배달부. ~reklame, die ↑~werbung. ~sache, die 1. ↑~sendung. 2. [우편] (요금이 없이 우체국이 보내는) 체신(부 발송) 우편물. ~sack, der 우편낭(囊). ~schaffner, der [우편] 우편 집배원, 우체국 하급 직원. ~schalter, der 우체국 창구. ~scheck, der (우편)대체환(對替換). ~scheckamt, das (우편) 체신국(局)[PSchA]. ~scheckbrief, der [우편] 대체환 편지(대체환국에 가입자가 연락할 때 보내는 편지로, 규정된 봉투가 사용되며 요금이 면제됨). ~scheckdienst, der [우편] (우편)대체환 업무. ~scheckkonto, das (우편)대체 구좌(약어): PSchKto). ~scheckkunde, der ↑~scheckteilnehmer. ~**scheckteilnehmer**, der [우편] 우편 대체 가입자. ~**scheckverkehr**, der 〈Pl. 없음〉 (우편) 대체환의 유통, 대체 우편. ~**schiff**, das 우편선(船). ~**schließfach**, das ↑~fach의 고형. ~**schluß**, der [우편] (당일 발송) 우편물 접수 마감: für Briefe ist um 14 Uhr P. (당일 발송분) 편지의 접수 마감은 14시이다. ~**sendung**, die 우송물, 우편물. ~**sparbuch**, das 우편 저금 통장. ~**spareinlage**, die 우편 저금액. ~**sparen**, das; -s 우편 저금. ~**sparer**, der 우편 저금 가입자. ~**sparguthaben**, das 우편 저금 잔고. ~**sparkasse**, die 우편 저금 (제도) (저금국, 우편 창구). ~**sparkassenamt**, das 우편 저금국(局). ~**sparkassendienst**, der 우편 저금 업무. ~**sparkassenkonto** das; ~**sparkonto**, das 우편 저금 구좌. ~**station**, die [구제] 역마차(우편 마차)의 역참(驛站). ~**stelle**, die 1. [우편] 우편 출장소, 간이 우체국. 2. (기업체 따위의) 우편 담당 부서. ~**stempel**, der a) (우편물의 소인을 찍는) 인장(스탬프). b) (찍힌) 소인. ~**straße**, die 《옛》 우편 마차도(로). ~**tag**, der (우편물이 매일 배달되지 않은 지역의) 우편물 배달일. ~**tarif**, der 우편 요금표 (↑~gebühr). ~**taxe**, die 《schweiz.》↑~gebühr. ~**technik**, die 우편 [통신] 기술. ~**technisch** 〈Adj.〉 ↑~technik의 형용사형. ~**überwachung**, die (교도소 등에서의) 우편 [통신] 감시, 서신 검열. ~**überweisung**, die a) 우편환, 우편 대체. b) 우편환 용지. ~**uniform**, die 우체국원의 제복. ~**verbindung**, die a) 〈구제〉 우편 교통망. b) 우편 연락. ~**verein**, der 우편 연합 (동맹). ~**verkehr**, der a) 우편 업무. b) (개인간의) 우편 연락, 서신 교환: der P. der Häftlinge wird überwacht 수감자들의 우편 연락은 감시받는다. c) 우편(차량 편의) 교통. ~**versand**, der 우편(을 이용한) 발송. ~**versandform**, der (우편) 발송 양식. ~**verträger**, der 《schweiz.》↑Briefträger. ~**verwaltung**, die 우편 행정, 우편 행정 당국. ~**verwaltungsgesetz**, das 우편 관리법. ~**verwaltungsrat**, der 우편 관리 위원회. ~**vollmacht**, die a) 우편물 수취 위임: jmdm. eine P. erteilen 누구에게 우편물 수취를 위임하다. b) 우편물 수취 위임장. ~**wagen**, der a) 우편(업무) 차량, 우체국의 차량. b) (철도의) 우편차, 우편용 화차. c) 〈구제〉↑~kutsche. ~**weg**, der a) ↑~straße. b) 우편에 의한 송달: etw. auf dem P. [-e] schicken 무엇을 우편으로 (우편편으로) 보내다. ~**wendend** 〈Adv.〉 (서신 왕래에 답신을) 지체 없이, 즉시, 곧: die Antwort auf meinen Brief kam p. 내 편지에 대한 답장이 즉시 왔다; [전의] der Vergeltungsschlag erfolgte p. 보복 공격이 즉각 가해졌다. ~**werbung**, die 1. 우편 안내, 우편에 관한 광고 (선전). 2. [우편] (체신 수단에 의한) 체신 광고: die Anzeigen in Telefonbüchern gehören zur P. 전화번호부의 광고들은 체신 광고의 일부이다. ~**wertzeichen**, das [우편] 우표. ~**wesen**, das 〈Pl. 없음〉 우편제도(사무, 사업). ~**wurfsendung**, die [우편] (우편을 통해 특정 집단이나 일정 지역의 각 가정에 배달되는) 대량의 (선전용) 인쇄 우편물. ~**zeitungsdienst**, der 《우편 구제》 신문 판매 우편 업무 (부서). ~**zeitungsvertrieb**, der 《우편 구제》 우편에 의한 신문 판매. ~**zensur**, die 우편 검열. ~**zug**, der 우편 열차. ~**zusteller**, der [구동독 우편] ↑Briefzusteller. ~**zustellung**, die 우편물 배달. ~**zwang**, der [법] (특정 발송물의 송달에 행해지는) 우편 이용 의무.

postalisch [pɔsˈtaːlɪʃ] 〈Adj.〉 [frz. postal] a) 우편에 관한, 우편의: -e Zwecke 우편의 목적. b) 우편에 의한: auf -em Wege 우편으로, 우편에 의하여. **Postament** [pɔstaˈmɛnt], das; -(e)s, -e 《교양어》 (동상, 기념비, 기둥 따위의) 받침돌, 대좌(臺座), 주각(柱脚): das P. trägt eine Inschrift 주각에 비명(碑銘)이 새겨져 있다; [전의] jmdn. von seinem P. (herunter)holen 누구를 지위에서 끌어내리다.

Postbub, der; -en, -en 《schweiz.》 사환, 급사, (가게의) 사동(使童)(Laufbursche).

Pöstchen [ˈpœstçən], das; -s, - ↑Posten (2, 3).

post Christum (natum) [pɔst ˈkrɪstʊm (ˈnaːtʊm)]. lat.] 서력 기원, 서기: im Jahre 1979 post Christum natum 서기 1979년에 (약어: P. Chr(n)).

postdatieren 〈h〉 [lat. post] 《고어》 a) (문서 따위의) 날짜를 실제보다 앞당기다, 실제보다 빠른 날짜를 쓰다. b) (문서 따위의) 날짜를 실제보다 늦추다.

postembryonal 〈Adj.〉 [lat. post u. embryonal] 《생물·의학》 태아기 이후의.

posten [ˈpɔstn̩] 〈h〉 《schweiz.》 1. (일용품, 식료품을) 구입하다, 사다(einkaufen): ein Kilo Äpfel p. 사과 1킬로그램을 사다. 2. 심부름 가다, 주문(위임) 받은 일을 시행하다.

Posten [-], der; -s, - [1, 2: ital. posto; 3: ital. posta; 4: frz. poste] 1. 《군》 a) 초소, 위병소: seinen P. verlassen 자기의 초소를 이탈하다; auf P. stehen (ziehen) 보초서다 (초병으로 나가다); P. fassen (nehmen) 《군》 자기의 초소로 가다; auf dem P. sein 《통용어》 1) 건강하다, 잘 지내다. 2) 조심하다, 방심하지 않다; sich nicht (ganz) auf dem P. fühlen 《통용어》 건강(기력)이 (별로) 좋지 못하다; auf verlorenem P. stehen (kämpfen) 가망 없는 싸움 (전투)을 벌이다, 성공의 전망이 없다. b) 보초, 초병(哨兵), 위병: der P. am Kasernentor 부대(병영) 정문 앞의 보초 (위병), 위병소의 보초. P. ausstellen (보)초병을 배치하다; die P. ablösen 초병(보초)들을 교대시키다; P. stehen [[군] schieben] 보초서다, 보초 (위병) 근무를 하다. 2. 《축소형: ↑Pöstchen 참조》 a) (직업상의) 지위, 직위, 자리, 부서, 관직(Stellung): ein ruhiger P. 《통용어》 (별로 힘이 들지 않으면서도 수입이 괜찮은) 편한 자리; bei einem P. sitzen 《통용어·폄》 어떤 자리 [직위]를 깔고 앉아 있다; von einem P. zurücktreten 어떤 직위 [관직]에서 사퇴하다. b) 간부직, (명예로운) 요직 [직책]: ein P. in der Gewerkschaft 노조의 간부직; einen P. abgeben 어떤 직책 [요직]을 내어놓다 [내주다]. c) 《스포츠》 (선수단 안에서의) 자리, 선수의 위치 (역할): die Mannschaft mußte auf drei P. umbesetzt werden 그 팀은 자리 (선수) 셋을 교체해야 했다. 3. 《축소형: ↑Pöstchen 참조》 a) 【상】 (1회에 거래하는) 일정한 상품량, 한 건, 한 조 (組)(Partie): einen (größeren) P. Strümpfe bestellen (꽤 큰) 한 뭉치의 양말을 주문하다. b) (계산서, 총액 따위의) (개별) 내역 항목: die einzelnen P. zusammenrechnen 개별 항목들의 (금액)을 합산하다. 4. 【경찰】 경찰(순찰) 초소: dieser P. ist nur am Tage besetzt 이 초소에는 낮(주간)에만 경찰이 배치되다. 5. 《사냥》 대형(大型) 산탄: mit P. schießen 산탄을 쏘다.

Posten-: ~**dienst**, der 《군》 보초(초병) 근무. ~**jäger**, der 《폄》 야심적인 구직자, 엽관(獵官) 운동자, 출세주의자. ~**kette**, die 《군》 보초선(線). ~**stand**, der 《군》 감시 초소, 고정 초소.

Poster [ˈpoːstɐ, 《engl.》 ˈpoʊstɐ], das 《또는》 der; -s, - /《영어식 발음시》 -s [engl. poster] 포스터: politische P. 정치적인 포스터.

poste restante [ˈpɔst resˈtãːt; frz. poste u. restante] ↑postlagernd의 프랑스어 표기.

Posteriora [pɔsteˈri̯oːra] 〈Pl.〉 [lat. posteriōra] 1. 《교양어·고어·농》 둔부, 엉덩이(Gesäß). 2. 《교양어·고어》 후발 현상(後發現象), 뒤따르는 일: die P. dieses Vorgangs kennen wir 이 사태의 후속 현상들을 우리는 안다. **Posteriorität** [pɔsteri̯oriˈtɛːt], die 《교양어·고

어》 (관직이나 계급의)뒤쳐짐, 하위(下位). **Posterität** [pɔsteri'tɛːt], die [frz. posterité] 《교양어·고어》1. ↑ Nachwelt. 2. ↑ Nachkommenschaft.

post festum [pɔst 'fɛstʊm; lat. = nach dem Fest] 《교양어》 뒤늦게, 뒷북 치는 격의, 행차 후 나팔격의: ein Vorgehen p.f. legalisieren 어떤 행위[조치]를 사후에 합법화하다.

postglazial 〈Adj.〉 [lat. post] [지질] ↑nacheiszeitlich(반대: präglazial). **Postglazial**, das; -s [지질] 후빙기(後氷期)(빙하기 이후 시대)(반대: Präglazial).

postgradual 〈Adj.〉 [lat. post] [구동독 교육] 학사(學士) 과정 다음의: ein -es Studium 대학원[석·박사] 과정의 교육.

posthum [pɔst'huːm, pɔs'tuːm; lat. posthumus] ↑postum.

Postiche [pɔs'tɪʃə, 《또한》 pɔs'tiːʃə], die; -s [frz. postiche] ↑Haarteil. **Posticheur** [pɔsti'ʃøːɐ̯], der; -s, -e [frz. posticheur] ↑Perückenmacher. **Posticheuse** [pɔsti'ʃøːzə], die; -n ↑Posticheur의 여성형.

postieren [pɔs'tiːrən] 〈h〉 [frz. poster] 1. 《누구를 어떤 자리[부서]에》배치하다, 세우다, 앉히다(aufstellen): an jedem(jeden) Eingang zwei Ordner 입구마다 두 사람씩 질서 유지인(안내인)을 배치하다. 2. 《드물게》 《무엇을 어떤 위치에》놓다, 두다, 세우다: er postierte den Leuchter auf dem (den) runden Tisch 그는 촛대를 둥근 탁자 위에 놓았다. **Postierung**, die; -en 1. 배치, 세우기. 2. 배치되어(세워져) 있음.

Postille [pɔs'tɪlə], die; -n [lat. postilla] 1. 종교사(史) 기도서. 2. 설교집, 설교서. 3. 《조롱·폄》 (특정 계층을 위한) 잡지[신문]: Pornohefte und ähnliche -n 춘화집과 그 비슷한 잡지들.

Postillion [pɔstɪl'joːn, 《또한 österr.》'---], der; -s, -e [1: frz. postillon; 2: 옛 우편 마차의 황색 빛깔에 따라] 1. 《구제》 우편 마차(역마차)의 마부: der P. bläst sein Horn 역마차 마부가 그의 (우편) 나팔을 분다. 2. 노랑나비(Posthörnchen). **Postillon d'amour** [pɔstijõda'muːɐ̯], der; - -, -s [...jõ] - [frz. postillon u. amour] 《농》사랑의 사자(使者), 연애 편지(를 나르는) 심부름꾼.

postkapitalistisch 〈Adj.〉 [lat. post] [사회] (사회의 발전 단계에서) 자본주의 이후의.

postkarbonisch 〈Adj.〉 [lat. post] [지질] 석탄기(石炭期)(카본기)(Karbon) 이후의(반대: präkarbonisch).

Postkind, das; -(e)s, -er 《schweiz.》↑Postbub.

Postkommunion [pɔstkɔmu'njoːn], die; -en [가] 영성체 후의 기도.

postkulmisch 〈Adj.〉 [lat. kpost] [지질] 하부 석탄기(Kulm) 이후의(반대: präkulmisch).

Postler ['pɔstlɐ], der; -s, - 《südd., österr.·통용어》 우편 종사자, 우체국원. **Pöstler** ['pœstlɐ], der; -s, - 《schweiz.·통용어》↑Postler.

Postludium [pɔst'luːdjʊm], das; -s, ...ien [...jən] lat. post와 함께 ↑Präludium의 반대로 형성] [음악] 후주(曲)(後奏曲)(Nachspiel).

post meridiem [pɔst me'riːdiɛm; lat.] (특히 영국에서 시각 표시에 사용) 오후의(nach Mittag)(반대: ante meridiem (약어: p.m.): elf Uhr p.m. 오후(밤) 11시.

postmodern 〈Adj.〉 [engl. post-modern] 탈근대(주의)적, 근대주의(모더니즘) 이후의. **Postmoderne**, die 〈o. Pl.〉 a) 근대주의(모더니즘)(근대 예술, 특히 건축의 양식적 특징 내지 조류). b) 근대 이후(의 시기), 탈근대(다양성과 정치의 민주적 통제를 지향하는 복수성을 특징으로 하는 시대).

postmortal [pɔstmɔr'taːl] 〈Adj.〉 [lat. post u. mortalis] [의학] 사후(死後)의, 사후(시체)에 나타나는(반대: prämortal): -e Veränderungen des Gewebes 조직의 사후 변화. **post mortem** [pɔst 'mɔrtɛm; lat.] 《교양어》사후에(nach dem Tode): jmdn. p. m. rehabilitieren 누구를 사후에 복권시키다.

postnatal [pɔstna'taːl] 〈Adj.〉 [lat. post u. nātālis] [의학] 산후(출생 후) (신생아와 산모의 몸에) 나타나는 (반대: pränatal): -e Medizin 산후 의학(의술), 신생아 및 산모에 관한 의술.

postnumerando [pɔstnume'rando] 〈Adv.〉 [lat. post u. numerāre] [경제] 후불로, 수취[인수]한 뒤에(반대: pränumerando): p. zahlen 후불하다. **Postnumeration** [pɔstnumera'tsjoːn], die; -en [경제] 후불(Nachzahlung)(반대: Pränumeration).

Posto ['pɔsto; ital. = posto] (《다음 용법으로》 **P. fassen** 《고어》1) 《군》자기 위치로 가다(↑Posten 1 a). 2) 자리를 잡다, 서다.

postoperativ 〈Adj.〉 [lat. postt] [의학] 수술 후의, 수술 후에(결과로) 나타나는(반대: präoperativ): -e Blutungen 수술 후의(수술로 인한) 출혈.

Postposition, die; -en [lat. post와 함께 ↑Präposition의 반대어로 형성] [언어] 후치 전치사(예컨대: der Ehre *wegen*).

Postskript [pɔst'skrɪpt], das; -(e)s, -e, 《österr.》 **Postskriptum** [...tʊm], das; -s, ...ta [lat. postscrīptum] ↑Nachsatz (1), Nachschrift (2)(약어: PS).

Postszenium [pɔst'stseːnjʊm], das; -s, ...ien [...jən; lat. post + scena] [연극] 무대 후면(반대: Proszenium 1).

posttertiär 〈Adj.〉 [lat. post] [지질] 제삼기(第三期) 이후의(이후에 속하는).

posttraumatisch 〈Adj.〉 [lat. post] [의학] 부상에 따른, 부상으로 인한: eine -e Erkrankung 부상 후 발병.

Postulant [pɔstu'lant], der; -en, -en [lat. postulāns] 1. 《교양어·고어》지원자(Bewerber). 2. [가] 수도사 수습 기간 이수자, 수도사 지원자. **Postulantin**, die; -nen ↑Postulant의 여성형: 수녀 지원자. **Postulat** [...'laːt], das; -(e)s, -e [lat. postulātum] 1. 《교양어》(불가결한) 요청(Forderung), 요구: ein p. Der Vernunft 이성(理性)의 요구. 2. 《교양어》(특정 행동을 요구하는) 명령, 계명(Gebot): ein P. befolgen 어떤 계명에 따르다. 3. [철학] 공준(公準)(증명하기 어려우나 이론·사색의 불가결한 전제로서 인정되는 전제 또는 명제), 요청: die Existenz Gottes ist ein P. der praktischen Vernunft 신(神)의 존재는 실천적 이성의 공준(요청)이다. 4. 【스위스 헌법】심의 요청(법안이나 특정 조치의 필요성을 검토하도록 의회가 연방 참의원에 위임하는 절차). 5. [가] 수도사(수녀) 수습 기간(Noviziat(수련 기간)에 앞선). **postulieren** [...'liːrən] 〈h〉 [lat. postulāre] 1. 《교양어》요구(요청)하다(fordern), 필요성(불가결함)을 선언하다: die in der Verfassung postulierte Gleichberechtigung der Frau 헌법에 (그 필연성이) 선언된, 여성의 평등한 권리. 2. 《교양어》(무엇이 진실·기정 사실임을) 확언(주장)하다(feststellen). 3. [철학] 공준으로 삼다, 진실(기정 사실)로 가정하다. **Postulierung**, die; -en ↑postulieren (1~3)의 명사형.

postum [pɔs'tuːm] 〈Adj.〉 [lat. postumus] 《교양어》 **a)** 사후의: ein Werk p. veröffentlichen 어떤 작품을 저자 사후에 출판하다. **b)** 유고(遺稿)[유작]의, 저자 사후에 출판된: -e Werke 유작(遺作). **c)** 아버지 사망 후에 태어난, 유복(遺腹)의. **Postumus** ['pɔstumʊs], der; -, ...mi (드물게 교양어》 아버지가 죽은 후에 난 자식, 유복자.

Postur [pɔs'tuːɐ̯], die; -en [ital. postura < lat. positūra] 《schweiz.》모습, 체격.

Postvention [pɔstvɛn'tsjoːn], die; -en [lat. post] [의

학】 a) ⟨Pl. 없음⟩ 병[수술] 후 진료(↑Nachsorge). b) 병[수술] 후 진료를 위한 조치.

Postverbale, das; -(s), ...hia 【언어】 동사 파생 명사(예컨대: "kaufen"에서 나온 "Kauf").

¹Pot [pɔt], das; -s [amerik. pot] 《은어》 마리화나, 대마초. **²Pot** [-], der; -s [engl.-amerik. pot] 《포커》 판돈 전액. **³Pot** [po], der; -, -s [frz. pot < lat. pōt(t)us] 《schweiz.》 단지, 항아리, (우묵한) 남비.

Potassium [po'tasɪʊm], das; -s [frz., engl. potassium] 칼륨(Kalium)의 프랑스어·영어 명칭.

Potaufeu [poto'fø:], der; -(s), -s [frz. pot au feu] 【요리】 포토푀, (고기와 채소를 넣어 끓인) 간단한 냄비 요리.

Potemkinsch [po'tɛmki:nʃ, ⟨ russ.⟩ pa'tjɔmkɪnʃ] ⟨Adj.⟩ (다음 용법으로) **(das sind) -e Dörfer** 포템킨 촌락, (실제로는 없는) 허구, 기만, 걷치레, 꾸민것(러시아 정치가 Potemkin이 1787년에 여왕 Katharina 2세에게 남러시아의 번영상을 보이려고 황무지에 촌락을 급조한 데서 유래).

potent [po'tɛnt] ⟨Adj.⟩ [lat. potēns] 1. (남자가) 성(교)능력[생식력]이 있는. 2. 《교양어》 a) 힘센, 세력 있는, 강력한. b) 재력(지불 능력)이 막강한, 부유한. 3. (드물게·교양어》 (창조적) 역량[능력]이 있는. **Potentat** [poten'ta:t], der; -en, -en [lat. potentātus] 《교양어·폄》 실력자, 세력가, 지배자. **potential** [...'tsia:l] ⟨Adj.⟩ [lat. potentiālis] 1. 《교양어》 잠재적인, 잠재하는, 가능성이 있는: die -e Leistung einer Maschine 어떤 기계의 잠재적 성능. 2. 【철학】 잠재적 가능성에 관한, 가능성으로 (만) 존재하는(반대: aktual 1). 3. 【언어】 가능성을 나타내는, 가능법으로 되어 있는: ein -er Konditionalsatz 가능성을 표현하는 조건문. **Potential** [-], das; -s, -e 1. 《교양어》 가용 수단(자원), 잠재력, 가능성: das P. an Energie ist erschöpft (잠재) 에너지 자원이 고갈되었다. 2. 【물리】 a) 전위(電位). b) 【기계】 (어떤 물체의) 잠재 에너지. **Potentialdifferenz**, die; **Potentialgefälle**, das 【물리】 전위차(電位差). **Potentialis** [...'tsia:lɪs], der; -, ...les [...leːs] 【언어】 가능법(可能法)(가능성을 표현하는 동사의 용법, 예컨대: Man könnte es annehmen). **Potentialität** [...tsialɪ'tɛːt], die 【철학】 실현 가능성, 잠재성, 가능성(반대: Aktualität 3). **potentiell** [...'tsiɛl] ⟨Adj.⟩ [frz. potentiel < lat. potentiālis] 《교양어》 가능한, 있을[일어날] 수 있는, 잠재하는, 가상의: ein -er Käufer 예상[예견]되는 구매자, -e Energie 【물리】 위치 에너지, 잠세력(潛勢力). **Potentilla** [poten'tɪla], die; ...llen [lat. potens] 十 Fingerkraut. **Potentiometer** [...tsio...], das; -, - 《전기》 전위차계(電位差計). **Potentiometrie** [...tsio..., die; -n [...iən] 《화학》 (용액내 전극의) 전위차 분석(측정). **potentiometrisch** [...tsio...] ⟨Adj.⟩ 전위차 분석[측정]에 관한(의한). **Potenz** [po'tɛnts], die; -en [lat. potentia] 1. -en ⟨Pl. 없음⟩ a) (남자의) 성교 능력, 생식력(반대: Impotenz). b) 정력, 성적 능력. 2. 《교양어》 a) 힘, 능력, 역량, 잠재력: prospektive P. 【생물】 (배(胚)) 세포의 분화능; ökologische P. 【생물】 생태학적 능력[잠재력](유기체가 특정 환경 요소를 이용하거나 견디내는 능력). b) 실력자, 강자. 3. 【수학】 거듭제곱, 누승(累乘), 멱(冪): eine Zahl in die zweite [fünfte] P. erheben 어떤 수를 2[5]제곱하다, 어떤 수에 (누승)지수 2[5]를 붙이다; 전의 das ist Blödsinn in (höchster) P. 그것은 극히 어리석은 일이다. 4. 【의학】 호메오파티(동종(同毒)요법·동종(同種)요법) 약제의 희석도(稀釋度).

potęnz-, **Potęnz-**: **~angst**, die (성교 전 남자의) 성불능 공포. **~exponent**, der 【수학】 지수(指數) ↑Exponent (2 a)). **~protz**, der 《경·폄》 성능력[정력] 과시자. **~reihe**, die 【수학】 멱급수(冪級數) (수열의 하나

로 그 형식은 $a_0 + a_1x + a_1x^2 + \cdots$). **~schwäche**, die 성기능[정력] 쇠약(증), 정력 부족. **~steigernd** ⟨Adj.⟩ 성기능[정력]을 증진시키는: ein -es Mittel 성기능[정력] 증진제, 최음제(催淫劑). **~störung**, die ⟨대개 Pl.⟩ 성기능 장애.

potenzieren [potɛn'tsiːrən] ⟨h⟩ 1. 《교양어》 a) 강화[증강]하다, 증가시키다. b) ⟨P.+sich⟩ 강해지다, 증가하다, 고조되다. 2. 【수학】 (어떤 수를) 제곱[누승]하다: eine Zahl mit 5 p. 어떤 수를 5승[제곱]하다. **Potenzierung**, die; -en 1. 《교양어》 강화, 증가, 증대 2. 【수학】 제곱[누승]하기.

Poterie [potə'riː], die; -n [...iːən; frz. poterie] 《고어》 1. 도기류[陶器類]. 2. 도기 제조소, 도기소. **Potpourri** ['pɔtpuri, ⟨österr.⟩ ...'riː], das; -s, -s / ⟨österr.⟩ die; -s [frz. potpourri] 접속곡, 혼성곡, 모음곡: 전의 die Sendung war ein reines P. aus Scherz, Satire und Musik 그 방송은 재담과 풍자와 음악으로 엮어진 혼성물이었다.

Potpourrivase, die (더운 야채 요리를 담아두는) 사기(자기) 단지. **Potschamber** [pɔt'ʃambɐ], der; -s, - [frz. pot de chambre] 《지역적·준교어·농》 요강.

Pott [pɔt], der; -(e)s, Pötte ['pœtə; mniederd. pot < mniederl. pot < lat. pōt(t)us] 1. 《통용어·nordd.》 a) 단지, 항아리, 사기[도기] 주전자, 우묵한 냄비: ein P. Tee 차 한 주전자[그릇]. b) 요강: **zu P.(-e) kommen** (똥때 따위를) 끝내다, 성취하다. 2. 《통용어·nordd.》 배, 기선.

Potsdam ['pɔtsdam, ⟨engl.⟩ ...dæm] 포츠담(독일 베를린 남서쪽의 도시; 독일 동부를 유 생겨난 브란덴부르크 주의 수도). **¹Potsdamer** ['pɔtsdamɐ], der; -s, - 포츠담 시민(주민). **²Potsdamer** ⟨Adj.⟩ 〈격변화 없음〉 포츠담(시민, 주민)의.

pǫtt-, **Pǫtt-**: **~asche**, die [niederd. potasch] ↑ Kaliumkarbonat. **~bäcker**, der ↑Töpfer. **~fisch**, der ↑~wal. **~ha(r)st** [-ha(r)st], der; -(e)s, -e [요리] (독일 Westfalen 지역의) 각종 야채를 넣은 쇠고기 요리. **~häßlich** ⟨Adj.⟩ 《통용어》 몹시 추한(흉한). **~hast**: ↑~ha(r)st. **~sau**, die ⟨Pl. -säue⟩ 《거친 욕》 a) (외모가) 너절한 놈[년], 똥 칠한 돼지 같은 놈[년]. b) (도덕적으로) 더러운 인간, 쓰레기 같은 자. **~wal**, der 《고어》 niederl. potswal] 향유고래.

potz [pɔts] ⟨Interj.⟩ (다음 용법으로) **p. Blitz!** ↑Blitz 1. **pǫtztausend!** ⟨Interj.⟩ 《고어》 a) 《의외의 일·경악을 나타냄》 어럽쇼, 원, 참, 아이고! b) 《불만, 분노를 나타냄》 제기랄, 이거젠, 빌어먹을.

Poujadismus [puʒa'dɪsmʊs], der; - [frz. poujadisme; 프랑스의 문구 및 서적상 Pierre Poujade (1920~)에 따라] 【정치】 푸자다즘(극단적 파쇼주의 경향을 띤 프랑스의 소시민적 저항 운동).

Poulard [pu'laːɐ̯], das; -s, -s, **Poularde** [pu'laːɐdə], die; -n [frz. poularde < lat. pulla] 살찌운 어린 닭(암탉), 영계. **Poule** [puːl], die; -n [frz. poule] 도박(내기)에 건 돈. **Poulet** [pu'leː], das; -s, -s [frz. poulet] 아주 어린 햇닭, 영계.

Pour le mérite [purləmeˈrit], der; - - - [frz. = für das Verdienst] 1. 《구제》 (프로이센의 고급) 무공(武功) 훈장. 2. (독일의 고급) 학예 공로훈장.

Pourparler [purparˈleː], das; -s, -s [frz. pourparler] 《고어》 외교상의 토의[의견 교환].

Poussage [puˈsaːʒə, puˈs...], **Poussage** [puˈs...], die; -n 《통용어·고어》 1. 애정 관계, 정사(情事), (젊은 남녀, 특히 학생 사이의) 사랑의 희롱, 노닥거림, 시시덕거리기: eine P. mit jmdm. haben 누구와 연애[애정] 관계를 가지다, 누구와 노닥거리다(재미보다). 2. 《폄》 연인, 애인. **poussé** [puˈseː, puˈsːe] ⟨Adv.⟩ [frz. poussé 【음악】 (현악기 연주에서) 활을 켜 올려[올리며]

상궁(上宮)으로. **poussez!** [pu'se:, pu'se:] [frz. poussez] [음악] 활을 켜 올려 연주(하시오)! **poussieren** [pu'si:rən, pu's...] ⟨h⟩ [frz. pousser] 1. 《통용어·준고어·지역어》누구와 시시덕거리다, 노닥거리다, 사랑을 하기다. 2. 《준고어》구애하다, 아양떨다, 누구의 환심을 사려고 애쓰다. **Poussierstengel,** der 《통용어·준고어·농》(처녀들과 노닥거리기를 좋아하는 젊은이·학생) 연애대장, 난봉쟁이. **Poussiertuch,** das ⟨Pl. ...tücher⟩, **Poussiertüchelchen, -tüchlein,** das 《통용어·준고어·농》웃으머니(에 꽂는) 손수건.

Povese [po'fe:zə] ↑ Pafese.

power ['po:vɐ] ⟨Adj.⟩ [frz. pauvre < lat. pauper] (지역적) 궁색(궁핍)한, 가난한, 가련한: eine pow(e)re Gegend 빈한[빈궁]한 지역.

Power ['pauɐ], die (은어) 힘, 성능, 출력: die Stereoanlage hat P. 그 스테레오 음향기기는 출력이 좋다[높다]. **Powerplay** ['pauɐpleɪ], das; -(s) [engl.-amerik. power play] [아이스하키] 파워플레이, 총공세: ein P. aufziehen 강공을 펼치다. **Powerslide** ['pauɐslaɪd], das; -(s) [engl. power slide] [모터 스포츠] 파워 슬라이드, 고속 커브 활주법.

Powidl ['povɪdl, 'po:vɪdl], der; -s [tschech. povidla (Pl.)] 《österr.》 자두(오얏) 잼: (jmdm.) P. sein 《österr.·경》(누구에게는) 아무래도 좋다(상관없다).

Powidl- 《österr.》: ~**knödel,** der 자두잼(을 넣은) 경단. ~**kolatsche,** die 자두 잼 과자. ~**tascherl,** das, ~**tatscherl,** das 자두 잼 감자 요리.

Pozz(u)olan [pots(u)o'la:n] ↑ Puzzolan.

pp = pianissimo (음악) 아주 여리게.

pp. = perge, perge [lat., eigtl. = fahre fort] 기타 등등.

pp., ppa. = per procura.

pp = polierte Platte.

pp. = Patres.

p.p. = praemissis praemittendis.

ppa., pp. = per procura.

Pr = Praseodym.

PR = Public Relations.

PR- [pe:'ɛr-] ⟨Pl.⟩ 《Public Relations의 약어》.《경제·은어》: ~**Abteilung,** die ↑ Public-Relations-Abteilung. ~**Arbeit,** die 공보(홍보, 섭외) 직원, 피 아르 직원.

Prä [prɛː], das; -s [lat. prae] 우선 순위, 우선(권), 우위: sein Laden hatte P. 그의 가게에 우선권이 있었다(그의 가게가 우선적으로 배달받았다).

Präambel [prɛ'ambl], die; -n [lat. praeambulum] 1. (헌법, 조약 따위의) 전문(前文), 서문. 2. (15~16세기 오르간 및 라우테(Laute) 음악의) 전주곡.

Präbende [prɛ'bɛndə], die; -n [lat. praebenda] ↑ Benefizium (3).

Pracher ['praxɐ], der; -s, - [mniederd., mniederl. pracher] ⟨nordd.⟩ (성가시게 달라 붙는) 거지. **prachern** ['praxɐn] ⟨h⟩ [mniederd. prachen, mniederl. prachem] ⟨nordd.⟩ (성가시게) 구걸하다.

Pracht [praxt], die 화려, 호화, 휘황, 현란, 찬란, 장(위)관: diese Räume waren nur kalte P. 이 방(공간)들은 화려하긴 해도 을씨년스러웠다; die Obstbäume standen in voller P. 과일 나무들의 꽃이 만개했다; **etw. ist eine (wahre) P.** 《통용어》무엇이 (참으로) 훌륭하다[장관이다]; **daß es (nur so) eine P. ist** 《통용어》경탄(찬탄)을 금치 못할 (정도일 정도이다).

pracht-, Pracht-: ~**ausgabe,** die (책의) 호화판, 특제본. ~**band,** der 호화 장정본. ~**bau,** der ⟨Pl. -ten⟩ 호화 건축(물). ~**entfaltung,** die 화려의 과시, 화려하게 꾸미기. ~**exemplar,** das 《통용어》 호화(특제) 견본, 우등(상등)품, 특제본(本): wahre -e von Kindern 진짜 모범적인(멋진) 아이들. ~**fink,** der 피리새를 닮은 화려한 색채의 열대산 새. ~**junge,** der 《통용어》(바람직한 자질을 다 갖춘) 기특한(모범적인) 사내아이. ~**käfer,** der 비단벌레. ~**kerl,** der 《통용어》(바람직한 자질을 모두 갖춘) 모범적인 인물, 멋진 남자, 쾌남아. ~**kleid,** das [동물] ↑ Hochzeitskleid (2). ~**liebe,** die 화려함을(사치를) 좋아하는 것[좋아하는 마음]. ~**liebend** ⟨Adj.⟩ 화려함을(사치를) 좋아하는. ~**mädel,** das 《통용어》 기특한[착한, 뛰어난] 여자아이. ~**mensch,** der 《통용어》 ~**kerl. ~sohn,** der 훌륭한 (기특한) 아들. ~**straße,** die 번화가, 화려한 중심가. ~**stück,** das 《통용어》 ↑~exemplar: dieses P. Frau (놈) 이 멋진 여자. ~**voll** ⟨Adj.⟩ **1.** 화려한, 호화로운. **2.** 훌륭한, 뛰어난, 멋진. ~**weib,** das 《통용어》 멋진[모범적인] 여자. ~**werk,** das 호화품, 특제품.

prächtig ['prɛçtɪç] ⟨Adj.⟩ **1.** 화려한, 호화(사치)스러운, 장려(웅장)한. **2.** 훌륭한, 뛰어난, 멋진: ein ~e Junge 뛰어난[모범적인] 사내아이; sie verstehen sich p. 그들은 서로 마음이 아주 잘 통한다. **Prächtigkeit,** die ↑ prächtig의 명사형.

pracken ['prakn] ⟨h⟩ [↑ brechen의 병용형] ⟨österr.·통용어⟩ **a)** 때리다, 치다. **b)** (누구에게 무엇을) 주입시키다, 훈련시키다. **Pracker,** der; -s, - ⟨österr.·통용어⟩ **1.** 양탄자 털개. **2.** 타격, 때리기, (걸어)차기, 밀치기.

Prädestination, die [lat. praedestinātio] **1.** (특히 Calvin이 학설로 내세운) (신의) 예정, 숙명. **2.** (교양어) 자질, 재능, 적성: er hat die P. zum Politiker 그는 정치가적 자질이 있다. **Prädestinationslehre,** die ⟨Pl. 없음⟩ 예정설(신이 인간의 구원과 벌을 미리 정해놓고 있다는, Calvin이 주장한 학설(學說)). **prädestinieren** [predɛstiˈniːrən] ⟨h⟩ [lat. praedestināre] (교양어) 예정하다, 운명을, 무엇에 적합하게 하다: ⟨p. + sich⟩ etw. ist für etw. prädestiniert 무엇이 무엇에 특별히 적합하다.

Prädetermination, die [lat. prae + Determination] **1.** 이미(미리) 결정되어 있음, 예정됨. **2.** [생물] 결정(決定)[발생 과정이 배(胚) 또는 난세포에 확정되어 있음].

Prädikabilien [prɛdikaˈbiːliən] ⟨Pl.⟩ [lat. praedicabilis] [철학] **1.** 아리스토텔레스의 논리적 (수) 개념. **2.** 칸트의 오성(悟性) 개념. **Prädikament** [...'ment], das; -(e)s, -e [lat. praedicamentum] [철학] 예고, 예시(Platon과 Aristoteles에 따라 스콜라 철학에서 계승된 6개 범주의 하나). **Prädikant** [...'kant], der; -en, -en [lat. praedicans] [신교] (부)목사, 설교사. **Prädikantenorden,** der; -s ⟨드물게⟩ ↑ Dominikanerorden. **prädikantisch** ⟨Adj.⟩ ⟨고어⟩ 설교식[풍]의, 설교 같은. **Prädikat** [prɛdiˈkaːt], das; -(e)s, -e [lat. praedicātum] **1.** 평점, 점수, 성적: Qualitätswein mit P. 품질 표시가 된 고급 포도주. **2.** ↑ Adelsprädikat. **3.** [언어] 술어 술부(述部)(예컨대: der Bauer *pflügt den Acker*) **4.** [논리·철학] 빈사(賓辭), 빈개념, 객어(客語). **Prädikatenlogik,** die 빈사(賓辭) 논리학. **Prädikation** [...kaˈtsi̯oːn], die; -en [lat. praedicātio] [논리·철학] 빈술(賓述). **prädikatisieren** [...tiˈziːrən] ⟨h⟩ (특히 영화에) 품평을 하다, 평점을 주다. **prädikativ** [...ˈtiːf] ⟨Adj.⟩ [언어] 술어적인, 술어에 속하는, 계사(繫辭) sein, werden 따위)와 결합되어 나타나는: -e Ergänzungen 술어적 보족어. **Prädikativ** [-], das; -s, -e [...i̯va] [언어] ↑ ~um, 술어 내용어(사), 술어 명사(형용사)(예컨대: Karl ist *Lehrer*; das Kleid ist *neu*). **Prädikativsatz,** der; -es, -sätze [언어] 술어문(장) (술어(Prädikativ)를 대신하는 부문장, 예컨대: er bleibt, *was er immer war*). **Prädikativum** [...ˈtiːvʊm], das; -s, ...va ⟨언어·고어⟩ ↑ Prädikativ.

Prädikator [...'ka:tor, 《또한》 ...to:ɐ̯], der; -s, -en [...ka'to:rən; lat. praedicātor] [논리·철학] 술어(述語) 빈사(Prädikat (4)의 일부로서, 주사(Subjekt)에 관하여 긍정 또는 부정 등의 언명(立言)을 하는 개념).

Prädikats-: ~**examen**, das 평점 "양(良)"(befriedigend) 이상으로 합격한 시험. ~**nomen**, das [언어] 술어 명사(예컨대: er wird Arzt). ~**wein**, der (독일의) 품질 표시가 된 고급 포도주.

prädiktabel [prɛdɪk'ta:bl̩] ⟨Adj.⟩ [lat. praedicatare] (《교양어》) (학문적 일반화에 의거해서) 예언할 수 있는.

Prädiktabilität [...tabili'tɛ:t], die 《교양어》 (학문적 일반화에 의한) 예언 가능성. **Prädiktion**, die; -en [lat. praedictio] 《교양어》 (학문적 일반화에 의한) 예언, 예견. **prädiktiv** [prɛdɪk'ti:f; engl. predictive] ⟨Adj.⟩ 《교양어》 ↑ prädiktabel.

prädisponieren ⟨h⟩ [lat. prae + ↑ disponieren] 1. 《교양어》 미리 확정하다, 예정하다. 2. [의학] (병에) 걸리기 쉽게 하다, 소질[소인(素因)]을 부여하다: manche Menschen sind prädisponiert für Magengeschwüre 적지 않은 사람들이 위궤양에 걸릴 소질을 다분히 지니고 있다. **Prädisposition**, die; -en [lat. prae + ↑ Disposition] [의학] (특정 질병에 걸릴) 소인, 소질, 소지, 성향.

prädizieren [prɛdi'tsi:rən] ⟨h⟩ [lat. praedicere] [논리·철학] 빈사(賓辭)를 붙이다, (어떤 개념을) 빈사로서 규정하다, 빈술하다, 판단(단언)하다: prädizierendes Verb [언어] 술어 동사(술어 명사와 결합된 동사).

Prädomination, die [lat. prae + ↑ Domination] 《교양어》 우월, 우세, 우위(를 차지하기). **prädominieren** ⟨h⟩ [lat. prae + ↑ dominieren 참조] 《교양어》 우월[우세]하다, 우위를 차지하다.

Praeceptor Germaniae [prɛ'tsɛptɔr gɛr'ma:niɛ; lat.] 독일의 스승: Hrabanus Maurus, Melanchthon 같은 위대한 인물들의 존칭.

praemissis praemittendis [prɛ'mɪsɪs prɛmɪ'tɛndɪs] [고어] 의당한 칭호를 먼저 말씀드린 것으로 하옵고 (회람에서 개별적인 서두 대신 쓰던 말; 약어: P.P.).

Praesens historicum ['prɛ:zɛnshɪs'to:rikum], das; -, -, ...sentia ...ca [prɛ'zɛntsia ...ka; lat.] 역사적(서사적) 현재(과거 사건을 생동감 있게 상상하거나 묘사할 때 사용하는 현재 시제).

Präexistenz, die [lat. prae + ↑ Existenz] [철학·신학] (질료적·시간적 발현에 앞선 이념으로서의) 선재(先在).

präfabrizieren ⟨h⟩ [lat. prae + ↑ fabrizieren] 《교양어》 (형식, 방법을) 미리 확정[제작, 제조]하다, 조립식으로 만들다: 《대개 과거분사로》 eine präfabrizierte Theses 미리 확정된 명제[논제, 주장].

Präfation [prɛfa'tsio:n], die; -en [lat. praefātio] [가] 성찬식 서문경(序文經), [신교] 성찬 예배 서언(序言).

Präfekt [prɛ'fɛkt], der; -en, -en [lat. praefectus] 1. (고대 로마의) 지사, 지방 장관. 2. (프랑스, 이탈리아의) 지방 장관, 현(縣) 지사, 도지사. 3. (선교 구역의) 지도 신부. 4. (기숙사의 하급 학생들을 감독하는) 생도 사감, 고참 학생, 고참생. 5. (합창 지휘자(Kantor)를 대리하는) 부지휘자, 대리 지휘 생도. **Präfektur** [prɛfɛk'tu:ɐ̯], die; -en [lat. praefectūra] **a)** 지사[지방 장관]의 직, 지사의 관할구. **b)** 지사의 관저(官邸), 지사관, 현청(縣廳).

präferentiell [prɛferɛn'tsiɛl] ⟨Adj.⟩ [경제] 최혜국 대우에 관한(근거한): -e Zölle 특혜 관세. **Präferenz** [...'rɛnts], die; -en [frz. préférence] 1. [경제] 특혜 (최惠國) 대우, 특혜. 2. [경제] (특정 상품에 대한 수요자의) 선호, 애호, 우선. 3. [법] (세법상의) 특혜, 우대. 4. **a)** 《교양어》 (특정 가치, 목표의) 우선, 선호. **b)** [사회 측정] (접촉 인물들의) 상대적 선호.

Präferenz-: ~**liste**, die 우선 순위 목록[명부]. ~**spanne**, die 《경제》 특혜 관세와 일반 관세의 세율차, 특혜 세율차. ~**stellung**, die 《경제》 최혜국 지위. ~**system**, das 《경제》 특혜 제도. ~**zoll**, der 《경제》 특혜 관세.

präfigieren [prɛfi'gi:rən] ⟨h⟩ [lat. praefigere] [언어] 접두사[전철(前綴)]을 붙이다. **Präfigierung**, die; -en [언어] 접두사[전철] 첨가. **Präfix** [prɛ'fɪks], das; -es, -e [lat. praefixum] [언어] 1. 접두사[어], (비분리) 전철(예컨대: begraben, unschön). 2. 《준고어》 ↑ Präverb. **präfixoid** [...so'i:t] ⟨Adj.⟩ [언어] 접두사와 같은[유사한]. **Präfixoid** [-], das; -(e)s, -e [griech. -oeidēs] [언어] 의사(疑似)[준(準)] 접두사(예컨대: blutarm). **Präfixverb**, das / der; -s, -en [언어] 접두 동사, 접두어[전철]를 가진 동사.

Präformation [prɛfɔrma'tsio:n], die 《교양어·생물》 전성(설)(前成(說)), 전정(前定)(설) (생물의 각 부분은 이미 배(胚)세포 중에 기존한다는 학설).

präformieren ⟨h⟩ [lat. praeformāre] 1. 《교양어》 미리 형성[조성, 확정]하다. 2. 《생물》 (형태, 구조를) 배자(胚子) 속에서 미리 형성하다, 전성(前成)하다.

Prag [pra:k] 프라하(체코의 수도).

prägbar ['prɛ:kba:ɐ̯] ⟨Adj.⟩ 주조[인각]할 수 있는, (성격, 특징 따위에) 영향을 미칠 수 있는, (특정의 모습으로) 형성할 수 있는. **Prägbarkeit**, die ↑ prägbar의 명사형. **Präge** ['prɛ:ɡə], die; -n Prägeanstalt의 약칭(↑ Münzstätte).

Präge-: ~**bild**, das [주전] (주화 표면의) 각인(刻印) (된 상(像)). ~**druck**, der 《Pl. 없음》 1. [인쇄] (종이, 가죽 따위의) 양각(陽刻)[음각(陰刻)] [인쇄]. 2. [섬유] 압판으로 무늬 박기, 주름잡기. ~**eisen**, das ↑ ~stempel. ~**form**, die [주전] (주화의) 주형(鑄型). ~**maschine**, die ↑ Prägestock. ~**presse**, die [인쇄] 타인기(打印機). ~**siegel**, das 압인(壓印), 철(鐵)압인. ~**stätte**, die 화폐 주조소, 주화(鑄貨) 제작소. ~**stempel**, der [인쇄·금속] 각인(刻印)[압인, 타인(打印)](의 주형), 타형(打型). ~**stock**, der [인쇄·금속] 타인기(打印機), 압인기.

prägen ['prɛ:ɡn̩] ⟨h⟩ **1. a)** 타인(打印)[각인]하다, 무늬 [인장(印章)]를 누르다. **b)** (화폐를) 주조하다, 인각하여 만들다: Münzen (in Silber, Gold) p. 주화를 (은, 금으로) 제조하다[찍다]. **c)** (그림, 글자 따위를) 압인하다, 찍어 넣다: das Staatswappen auf die Münzen p. 국가 휘장을 주화에 찍다(새겨 넣다). **2. a)** 인상을 남기다, 감명을 주다, (영향을 끼쳐) 특징 짓다: (als Künstler) von einer Epoche geprägt sein (예술가로서) 한 시대의 특징을 지니고 있다. **b)** [행태] (동물의 행태를 어떤 대상에) 적응시키다: junge Wölfe auf den Menschen p. 어린 늑대들을 사람에게 적응(순응)시키다. **3.** (어휘를) 만들다, 창안하다, 처음으로 사용하다. **4.** 《드물게》 명심시키다, 마음에 깊이 새기다: sich etw. ins Gedächtnis p. 무엇을 기억에 새기다, 명심하다. **5.** (p. + sich) 《드물게》 ~이 형성되다.

prägenital ⟨Adj.⟩ [lat. prae + ↑ genital] 《전문어》 성기 발육(기) 이전의.

¹**Prager** ['pra:ɡɐ], der; -s, - 프라하 시민[주민]. ²**Prager** ⟨Adj.⟩ 격변화 없음 프라하의.

Präger, der; -s, - 타인공(打印工), 주조공(鑄造工).

präglazial ⟨Adj.⟩ [lat. prae + ↑ glazial] [지질] 빙하기 이전의(반대: postglazial). **Präglazial**, das; -s [지질] 빙하기 전시대(반대: Postglazial).

Pragmalinguistik [pragma-], die [언어] 실용언어학 (화용론의 관점에서 언어를 사회학적으로 밀착함), 화용론. **Pragmatik** [pra'gma:tɪk], die; -en [griech. pragmatikē (téchnē)] 1. 《Pl. 없음》 《교양어》 실용[실익]주의, 실용

[사실] 위주. 2. 《österr.·판》 (공무원의) 복무 규정. 3. 〈Pl. 없음〉 [언어] 화용론(話用論). **Pragmatiker** [...tikɐ], der; -s, - 《교양어》실용주의자, 실제(실무)적인 사람. **pragmatisch** 〈Adj.〉 [lat. prāgmaticus < griech. pragmatikós] 1. 실제(실무, 실용)적인, 실용주의의: -e Geschichtsschreibung 실용주의적인(실제 교훈적인) 역사 기술(記述); P -e Sanktion 《구체》국본조서(國本詔書) (특히 독일 황제 Karl 6세가 1713년에 낸). 2. [언어] 화용론의(에 관한). **pragmatisieren** [...mati'zi:rən] 〈h〉 《österr.·판》 (공무에 숙달된 사람을) 정식 채용[임용]하다. **Pragmatisierung**, die; -en 《österr.·판》(공무원의) 정식 임용. **Pragmatismus** [...'tɪsmʊs], der; - a) 실용주의, 실제주의, 프래그머티즘. b) 실용(주의)적 관점(사고 방식, 행동 방식]. **Pragmatist** [...'tɪst], der; -en, -en 실용주의자, 실용론자.
prägnant [prɛ'gnant] 〈Adj.〉 [frz. prégnant < lat. praegnāns] 간명한, 명확한, 의미 심장한, 함축성 있는. **Prägnanz** [...nts], die ↑prägnant 의 명사형.
Prägung, die; -en 1. a) 주입(타인), (화폐의) 주조. b) 각인[양인]된 것(글자, 무늬 따위), 각인, 압인: die P. auf der Münze ist unscharf 그 주화의 부조(浮彫)가 선명하지 못하다. 2. a) 특징. b) [행태] 적응(시키기). 3. a) 신조(新造), 창안: das Wort Ideologie erfährt seine P. erst im 18. Jh. 이데올로기란 단어는 18세기에야 비로소 만들어진다. b) 신조어, 새로운 표현.
Praha ['praha] ↑Prag의 체코어 형태.
Prähistorie [prɛ..., (또한) 'prɛ:...], die [lat. prae + ↑ Historie] 선사(先史) (시대), 선사 시대사, 선사학. **Prähistoriker** [prɛ..., 'prɛ:...], der; -s, - 선사학자. **prähistorisch** [prɛ..., (또한) 'prɛ:...] 〈Adj.〉 유사 이전의, 선사(시대)의, 선사학의.
prahlen ['pra:lən] 〈h〉 a) 자랑[자만]하다, 뽐내다, 과시하다: mit seinem Auto[seinen Kenntnissen] p. 자기의 자동차[지식]를 자랑[과시]하다; das ist geprahlt 《통용어》그건 너무 과장되었다. b) 자랑스럽게[뽐내며] 말하다, 떠벌리다. **Prahler** [...], der; -s, - 자만가, 호언 장담가, 허풍선이. **Prahlerei** [pra:lə'rai], die; -en 《평》 1. 〈Pl. 없음〉 떠벌리기, 자랑하기, 뽐내기. 2. 허풍(스런 말), 호언 장담, 자만. **prahlerisch** 〈Adj.〉 자랑[자만]하는, 허풍스런, 떠벌리는, 뽐내는. **Prahlhans**, der; -es, ..hänse 《통용어》 허풍선이, 떠벌리, 자만가, 호언 장담가. **Prahlsucht**, die 자만벽(癖), 떠벌리는(호언 장담하는) 버릇. **prahlsüchtig** 〈Adj.〉 자만벽이 있는, 허풍떠는 버릇이 있는.
Prahm [pra:m], der; -(e)s, -e / Prähme ['prɛ:mə; aus dem Niederd. < mniederd. prām, aus dem Slaw., vgl. tschech. prám] 평저(平底) 화물선.
Praia 《port.》 ['praiɛ] 프라이아(베르데 갑제도(岬諸島)).
Prairial [prɛ'ri̯al], der; -(s), -s [frz. prairial, 본래 = „Wiesenmonat"] 프랑스 혁명력(革命曆)의 9월(5월 20일 ~ 6월 18일).
Präjudiz [prɛju'di:ts], das; -es, -e [lat. praeiūdicium] 1. [법] 판례, 선례. 2. [정치] 선결, 예단(豫斷), 선입견. **präjudizial** [...di'tsi̯a:l] 〈Adj.〉 [법] ↑präjudiziell 참조. **präjudiziell** [...'tsi̯ɛl] 〈Adj.〉 [frz. préjudiciel < lat. praeiūdiciālis] 1. [법] 판례가 되는, 판례(선례)에 해당하는. 2. 《교양어》 예단(豫斷)의. **präjudizieren** [...'tsi:rən] 〈h〉 [lat. praeiūdicāre] [법·정치] 선결[예단]하다.
präkambrisch 〈Adj.〉 [lat. prae + ↑kambrisch] [지질] 선(先) 캄브리아기(紀)의(에 속하는). **Präkambrium**, das; -s [지질] 선(先) 캄브리아기(紀)(시생대와 원생대의 통칭).
Präkanzerose [prɛkantsə'ro:zə], die; -n [의학] 암전 구증(癌前驅症), 전암(前癌) 상태.

präkarbonisch 〈Adj.〉 [지질] 석탄기(石炭紀)[카본기] 이전의(반대: postkarbonisch).
präkardial, präkordial 〈Adj.〉 [의학] 심장의 복측에 있는, 심장에서 복부 쪽의.
Präkaution [prɛkaʊ'tsi̯o:n], die; -en [lat. praecautio] 《교양어·고어》 사전 조치, 예방, 예비.
präkludieren [prɛklu'di:rən] 〈h〉 [lat. praeclūdere] [법] (제척 기간(除斥期間)의 초과로) 실권(失權)으로 하다, 실권이 되다, 배제하다. **Präklusion** [prɛklu'zi̯o:n], die; -en [lat. praeclūsio] [법] 배제, 실권, 제권(除權), 실천, (저당물 따위의) 되찾을 권리의 배제, 제권 판결. **präklusiv** [...'zi:f], präklusivisch [...'zi:vɪʃ] 〈Adj.〉 [법] 제권(除權)[실권(失權)]의, 배제하는. **Präklusivfrist**, die; -en [법] 제척(除斥) 기간, 제권(除權)[실권(失權)] 기간. **präklusivisch**: ↑präklusiv.
Präkognition, die [lat. praecognitio] [심령] (미래 사태의) 초감각적 인지(지각), 선지(先知), 선각(先覺).
präkolumbisch 〈Adj.〉 《전문어》 콜럼버스(의 아메리카 대륙 발견) 이전의.
Prakrit ['pra:krɪt], das; -s 《집합적》 인도 중부의 제방언 (기원전 5세기 경부터 10세기까지 표준어 Sanskrit 와 병용됨).
prakt. Arzt 일반의(一般醫).
präkordial: ↑präkardial.
praktifizieren [praktifi'tsi:rən] 〈h〉 [Praxis + lat. facere] 《교양어》 실행[실천]하다, 실제로 응용하다. **Praktifizierung**, die; -en 실행, 실천, 실용화. **Praktik** ['praktɪk], die; -en [lat. practica] 1. a) 실행[실천] 방법, 조작법, 처치 방식, 처방. b) 〈대개 Pl.〉 술책, 술수, 간계, 책략. 2. (15~17세기에 농사 지침, 기후, 점성, 건강법, 조언따위를 기록한) 농민력(農民曆), 월령(月令). **Praktika**: ↑Praktikum의 복수형. **praktikabel** [...ti'ka:bl] 〈Adj.〉 [frz. praticable < lat. practicābilis] 1. (일정한 목적에) 실용적인, 유용[유익]한, 실행이 가능한: dieser Plan war nicht p. 이 계획은 실행할 수 없었다. 2. [연극] (무대 장치가) 실제로 사용할 수 있는: eine praktikable Tür (배경에 그린 것이 아니라) 출입할 수 있는 문. **Praktikabel** [-], das; -s, - [frz. praticable] [연극] (그린 것이 아닌) 실물(같이 만든) 무대 장치 (무대 골격, 암벽, 발코니 따위). **Praktikabilität** [...kabili'tɛ:t] die [frz. praticabilité] 《교양어》실용성, 실행 가능성. **Praktikant** [...'kant], der; -en, -en [lat. practicans] 실습생, 견습생, (관리)시보, 도제(徒弟). **Praktikantin**, die; -nen ↑Praktikant 의 여성형. **Praktiker**, der; -s, - 1. 실지(實地) 경험자, 실무자, 수완가, 실무에 노련한 사람. 2. 《의학 은어》 (전과목을 담당하는) 개업 의사, 일반의(一般醫). **Praktikum** ['praktikʊm], das; -s, ...ka (현장) 실습, 연습. **Praktikus** [...kʊs], der; -, -se [농] 실제[실무]에 능통한 사람, 만물[척척] 박사. **Praktizi** ['praktɪʃ] [lat. practicus < griech. praktikós] I. 〈Adj.〉 1. a) 실제[실무]적인, 실질적, 현실적인: -e Erfahrung 실제[실무] 경험; -er Arzt (전과목을 담당하는) 일반의(一般醫), 개업의(사); ein Jahr ableiten 1년의 실습 과정을 치르다; imds. Fähigkeiten p. erproben 누구의 실무 능력을 시험하다. b) 실제[실제]의, 사실의, 실지의, 실제로 나타나는: p. heißt das, daß... 실제로[사실상] 그것은 …라는 뜻이다. 2. 실용적인, 유용한, 편리한, 유익한, 쓸모 있는: etwas Praktisches schenken 실용적인[쓸모 있는] 선물을 선물하다. 3. 노련한, 숙련된, 실무에 정통한, 수완이 있는: -er Mensch 수완가, 재간 있는 사람. II. 〈Adv.〉 《통용어》 사실상, 실제로. **praktizieren** [prakti'tsi:rən] 〈h〉 [lat. practicāre] 1. 실제로 행하다, 실행[실천]하다, 실현하다: eine Idee[Politik] 어떤 생각[정책]을 실현하다[실제에 적용하다]. 2. a) (의사로) 개업[진료]하고 있다: in

einer Großstadt p. 대도시에서 개업의로 일하다[개업하고 있다]; -der Arzt 개업의(開業醫), 진료의. b) 《드물게》실습하다, 실습 과정을 밟다. 3. 《통용어》《무엇을 어떤 장소로》살그머니《재치 있게, 몰래》가져가다[넣다, 숨기다). **Praktizismus** [...'tsɪmɔs], der; - 《구동독》《이론적, 이념적 토대를 소홀히 하는》실무 우선(주의). **praktizistisch** 〈Adj.〉《구동독》실무 우선(주의)적인.

präkulmisch [prɛˈkulmɪʃ] 〈Adj.〉 [lat. prae + kulmisch] [지질] 하기(下期) 석탄기 이전의(반대: postkulmisch).

Prälat [prɛˈlaːt], der; -en, - en [lat. praelatus] 1. [가] 고위성직자(주교, 수도원장, 교황청 고관 따위). 2. [신교] 감독, 교구장. **Prälatur** [prɛlaˈtuːɐ̯], die; -en [lat. praelatura] a) 고위 성직, 감독직. b) 고위 성직자(감독)의 직무실[공간].

Präliminarfrieden [prɛlimiˈnaːɐ̯-], der; -s, - [국제법] 가(假)평화 조약, 잠정[임시] 평화 조약. **Präliminarien** [...ˈnaːrjən] 〈Pl.〉 준비; 예비(회담).

Praline [praˈliːnə], die; -n 〈österr., schweiz., 그 외 준고어〉 **Praliné, Pralinee** [praliˈneː, (또한)'- - -], das; -s, -s [frz. praline, 프랑스 원수(元帥) du Plessis-Praslin의 이름에서 유래] (호두, 크림, 브랜디 따위로) 속을 넣은 초코릿 봉봉.

Pralinen-: **~kasten**, der ↑~schachtel. **~packung**, die ↑~schachtel. **~schachtel**, die a) 초콜릿 과자(를 담은) 상자. b) 초콜릿 과자용 상자.

prall [pral] 〈Adj.〉 [Niederd. < mniederd. pral] 1. 팽팽한, (속이) 가득 찬, 통통[탱탱]한, 포동포동한, 부풀어 오른, (의복 따위가) 꼭 끼는 듯한: eine p. gefüllte Brieftasche 미어지게 가득 (돈을) 채운 가방; der Mantel saß p. auf ihm 외투가 그의 몸에 꼭 달라붙어 있었다. 2. 《햇빛이》 직접 내리쬐는: in der -en Sonne liegen 땡볕에 누워 있다. **Prall** [-], der; -(e)s, -e 충돌, 충격, 되튀김, 반동.

prall-, Prall-: **~hang**, der [지리] 강 외안(外岸)의 급경사면(반대: Gleithang). **~topf**, der 《자동차》 《핸들과 축사이에 설치되어 충돌시 파손되며 완충 작용을 하는》 조종간[핸들] 완충 장치. **~triller**, der [음악] 상방회음(上方回音), 역회음. **~voll** 〈Adj.〉 《통용어》 꽉 찬, 가득 찬.

prallen ['pralən] 1. 〈s〉 (꽝 소리를 내며) 부딪치다, 충돌하다: im Dunkeln auf(gegen) jmdn. p. 어둠 속에서 누구와 부딪치다. 2. 〈h.〉 (해가) 강렬하게 《쨍쨍》 내리쬐다.

prälogisch 〈Adj.〉 [철학·교육] 사고가 유치한, 아직 비논리적인.

präludieren [prɛluˈdiːrən] 〈h〉 [lat. praelūdere] (피아노, 오르간으로) 전주하다, 전주곡을 연주하다, 즉흥적으로 연주하다. **Präludium** [prɛˈluːdjʊm], das; -s, ...ien [...jən; lat. praeludium] a) (전주(곡). b) 전주곡, 서곡 (본곡에 앞선, 형식상 자유롭고 대개 푸가와 결합된 건반 악곡). c) 서곡(피아노, 관현악단을 위한 독립된 곡).

Prämaturität, die [의학] 조숙.

Prämeditation, die; -en [lat. praemeditātio] [철학] 사전의 숙고.

Prämie ['prɛːmjə], die; -n [lat. praemia] 1. a) (특정 업적에 대한) 특별 수당, 사례. b) (은행이나 국가 기관에서 특정 예금에 대해 지급하는) 장려금, 보조금. 2. [경제] (없어주는) 초과(작업) 수당, 업적 장려금, 상여금. 3. [보험] 보험료. 4. (복권 따위의) 할증 배당, 특별 상품, 액면 초과금, 프레미엄.

prämien-, Prämien-: **~anleihe**, die [경제] 할증 금부(付) 채권 (이자가 없는 대신 추첨에 의해 할증금이 주어지는 공채·사채). **~auslosung**, die 할증금 추첨. **~begünstigt** 〈Adj.〉 장려금 혜택이 있는. **~brief**, der [상] 선택(특권) 거래 계약(서). **~depot**, das [보험] 보험료 선납금. **~fonds**, der a) [경제] 장려 기금 (基金). b) [구동독 경제] 업적 장려 기금, 초과 수당 기금. **~frei** 〈Adj.〉 배당금(장려금)이 없는. **~geschäft**, das [상] 특권 거래, 선택거래, 프레미엄 거래 《상대방에게 프레미엄은 위약금, 해약금)을 치르는 조건으로 일방적 해약을 할 수 있는 거래》. **~lohn**, der [경제] 능률급부(付)임금. **~lohnsystem**, das [경제] a) 〈Pl. 없음〉능률급부 임금 제도. b) 능률 보수 산정법. **~los**, das 할증금부 채권(의 증서). **~mittel**, das 《대개 Pl.》 [구동독 경제] 업적 장려 기금을 위한 자금. **~rückgewähr**, die 보험료 환불 보증. **~sparen** 〈h; 대개 부정형으로〉 장려금이 있는 저축을 하다. **~sparen**, das; -s 장려금이 있는 저축. **~sparer**, der 장려금이 있는 저축의 가입자. **~sparvertrag**, der 장려금이 있는 저축의 가입 계약. **~vereinbarung**, die [구동독 경제] 업적 장려금에 관한 약정. **~zahlung**, die 장려금(따위의) 지불. **~zeitlohn**, der 능률급이 붙는 시간급(時間給). **~ziehung**, die (복권 따위에서의) 할증금[상품] 추첨.

prämieren [prɛˈmiːrən] ↑**prämiieren**. **Prämierung**, die; -en ↑**Prämiierung**. **prämiieren** [prɛmiˈiːrən] 〈h〉 [lat. praemiāre] (상을 주어) 표창하다, 상(금)을 주다: einen Film 어떤 영화에 상을 주다. **Prämiierung**, die; -en 표창(하기).

Prämisse [prɛˈmɪsə], die; -n [lat. praemissa] 1. [철학] [논리적 추론의] 전제. 2. 《교양어》 전제(조건), 가정, 가설.

Prämonstratenser [prɛmɔnstraˈtɛnzɐ], der; -s, - [lat. Ordo Paemonstratensis: 프랑스 수도원 Prémontré에 따라] 프레몽트레 (수도) 회원(약어: O. Praem.).

prämortal [prɛmɔrˈtaːl] 〈Adj.〉 [의학] 사망 전의, 사망 전에 나타나는(반대: postmortal).

pränatal [prɛnaˈtaːl] 〈Adj.〉 [의학] 출생 전의(반대: postnatal).

prangen ['praŋən] 〈h〉 1. 화려하여 눈에 띄다, 눈에 띄게 부착[게재]되어 있다. 2. 《아이》 화려[휘황찬란]하다, 찬란하게 빛나다, 화려[휘황]하게 장식되어 있다. 3. 《방언》 mit jmdm. [etw.] p. 누구[무엇]를 자랑(파시)하다.

Pranger ['praŋɐ], der; -s, - 《옛》 (대중의 조소를 받도록 범 자를 묶어 두던) 형벌 말뚝[기둥]: jmdn. (etw.) an den Pranger stellen 누구(무엇)을 공공연하고 탄핵(비판, 폭로)하다, 누구(무엇)에게 치욕을 주다; an den P. kommen 질책(비난, 비판, 조소)의 대상이 되다, 비난(조소)을 받게 되다; am P. stehen 비난(조소)을 받고 있다.

Pranke ['praŋkə], die; -n [lat. branca] 1. (맹수의) 앞발, 발톱. 2. 《경·멸》 크고 거친 손, 우악스런 손. 3. [사냥] 《엽수의》 다리의 아래 부분. **Prankenhieb**, der; **Prankenschlag**, der (맹수의) 앞발 공격, 앞발로 후려 침.

Pränomen, das; -s, ...mina [lat. praenomen] (고대 로마인들의) 앞 이름, 성(姓) 앞의 이름《예컨대: Gaius Julius Caesar》.

pränumerando [prɛnumeˈrando] 〈Adv.〉 [경제] 선불로, 선금으로(반대: postnumerano). **Pränumeration** [prɛnmeraˈtsjoːn], die; -en [경제] 선불(반대: Postnumeration).

Pranz [prants], der; -es 《ostmd.》 떠벌리기, 뽐내기. **pranzen** ['prantsn̩] 〈h〉 (ostmd.) 떠벌리다, 자랑(파시)하다, 뽐내다. **Pranzer**, der; -s, - 《ostmd.》 허풍선이, 떠버리.

präoperativ 〈Adj.〉 [의학] 수술 전의(반대: postoperativ).

Präparand [prɛpaˈrant], der; -en, -en 1. 《구제》 교원 양성소 수험 준비생. 2. 《지역적》 견진 성사 준비 수업 일

년차(一年次) 이수자. **Präparande** [prɛpa'randə], die; -n《통용어》, **Präparandenanstalt**, die; -en《구제》교원 양성소 초급 과정. **Präparandenunterricht**, der; (-e)s, -e《지역적》견진 성사 준비 수업. **Präparat** [...'ra:t], das; -(e)s,-e [lat. praeparātum] **1.**《전문어》조제품(調製品), 제제(製劑), 약제, 의약품, 《화학》제품. **2.**【생물·의학】《연구 및 학습용》표본(標本), 실물, (현미경용) 프레파라트: makroskopische -e 육안(검사)용 표본. **Präparation** [...ra'tsjo:n], die; -en [1: lat. praeparātio] **1.**《교양어·고어》준비, 예비, 준비. **2.**【생물·의학】조제, 표본 제작. **präparativ** [...ra'ti:f] 〈Adj.〉 조제(표본 제작)에 관한. **Präparator** [...'ra:tor, 《또한》...to:ɐ], der; -s, -en [...ra'to:rən; lat. praeparātor] 표본 제작자. **präparieren** [...'ri:rən] 〈h〉 [lat. praeparāre] **1.**《생물·의학》**a)**(죽은 생물이나 그 일부를) 표본으로 만들다: einen Vogel p. 어떤 새를 박제[표본]로 만들다. **b)** 해부하다; 해부 실습을 하다. **2.**《교양어》조제[제작]하다, 손질하다: eine Steinfläche mit Säure p. 암석 표면을 산(酸)으로 처리하다. **3.**《교양어》**a)**(무엇을) 준비하다[예습]하다: er hat seine Lektion schlecht präpariert 그는 수업 준비를 잘 하지 못했다. **b)**〈p.+sich〉 준비하다: ich habe mich für den Unterricht präpariert 나는 수업을 위해 준비[예습]했다. **Präpariermesser**, das【생물·의학】해부도, 해부 칼. **Präparierung**, die; -en《전문어·교양어》표본[박제]화(化), 표본 제작, 해부, 조제.
präpeln ['prɛ:pln] 〈h〉《지역어》(좋은 음식을) 먹다.
Präponderanz [prɛpɔnde'rants], die [frz. prépondérance < lat. praeponderāns] 우위, 우세, 우월.
Präposition, die; -en [lat. praepositio]【언어】 전치사. **präpositional** [prɛpozitsjo'na:l] 〈Adj.〉【언어】 전치사(격)의. **Präpositivus** [prɛpozi'ti:f], der; -s, -e【언어】**1.** 전치사격. **2.** 전치사격의 단어. **Präpositur** [prɛpozi'tu:ɐ], die; -en 수석 신부의 직(職). **Präpositus** [prɛ'po:zitus], der; -, ...ti《주교좌 성당(참사회)·성직자 회의의》수석 신부, (신교의) 감독 교구장.
Präpositional-【언어】~**attribut**, das 부가어적 전치사구. ~**fall**, der ↑~kasus. ~**gefüge**, das 전치사구. ~**kasus**, der 전치사격. ~**objekt**, das 전치사(격) 목적어.
präpotent 〈Adj.〉 [1: lat. praepotēns] **1.**《고어》우세[우월]한, 막강한, 압도적인. **2.**《österr.·폄》주제넘은, 불손한. **Präpotenz**, die [1: lat. praepotentia] **1.**《고어》우세, 우월, 막강함. **2.**《österr.·폄》뻔뻔스러움, 불손.
Präputium [prɛ'pu:tsjʊm], das; -s, ...ien [...jən; lat. praepūtium]【의학】(음경의) 포피(包皮).
Präraffaelit [prɛrafae'li:t], der; -en, -en《대개 Pl.》[이탈리아의 르네상스 화가 Raffael의 이름에서 유래]【예술】라파엘 전파(前派)의 화가.
Prärie [prɛ'ri:], die; -n [...jən; frz. prairie < lat. prātum](북아메리카의) 대초원, 프레리.
Prärie-: ~**auster**, die [engl.-amerik. prairie oyster] 프레리 오이스터, 난황주(卵黃酒). ~**gras**, das 대초원 프레리의 목초. ~**hund**, der 프레리 도그《영어: prairie dog》(다람쥐의 일종으로 북미의 대초원에 군서하며 개처럼 짖음). ~**indianer**, der(북미의 대초원 지대의 인디언. ~**wolf**, der 코요테(Kojote)《북미 대초원에 사는 늑대의 일종》.
Prärogativ [prɛroga'ti:f], die; -s, -e [...i:və], **Prärogative** [...i:və], die; -n [lat. praerogātīva] **a)**《고어》특권, 우선권. **b)**《구제》군주의 대권(大權).
Präsens ['prɛ:zɛns], das; -, ...sentia [prɛ'zɛntsia, 《또한》...senzien [prɛ'zɛntsiən; lat. (tempus) praesēns]

【언어】**1.** 현재(시제). **2.**(동사의) 현재형: historisches P. 역사적 현재. **Präsensform**, die【언어】(동사의) 현재형. **Präsenspartizip**, das【언어】현재분사. **präsent** [prɛ'zɛnt] 〈Adj.〉《교양어》현재(거기(여기)) 있는, 현존(존재)하는: etw. p. haben 무엇을 현재 가지고[기억하고] 있다. **Präsent** [-], das; -(e)s, -e [frz. présent]《교양어》선물, 선사: jmdm. ein P. machen 누구에게 선물을 주다[하다]; jmdm. etw. zum P. machen 누구에게 무엇을 선물로 주다. **präsentabel** [...'ta:bl] 〈Adj.〉 [frz. présentable]《교양어·건고어》**1.** 내놓을[내보일] 수 있는. **2.** 남 앞에 내보일 만한, 당당한, 훌륭한. **Präsentant** [...'tant], der; -en, -en《경제》어음 제시자[제시인], **Präsentation** [...ta'tsjo:n], die; -en [frz. présentation] **1.**《교양어》제시, 제출, (관직 따위의) 추천, 천거. **2.**《경제》어음의 제시. **Präsentationsrecht**, das (Pl. 없음) (관직 따위의) 추천권,《가》(후견인, 정부 등의) 성직(자) 추천권. **Präsentationszeit**, die【생리】자극 반응 순간 (특정 자극이 감지되거나 반응을 일으키는 데 필요한 최단 작용 시간). **Präsentator** [...'ta:tɔr,《또한》...to:ɐ], der; -s, -en [...ta'to:rən](방송 따위의) 진행자, 사회자. **Präsentia**: ↑Präsens의 복수형.
Präsentier-: ~**brett**, das ↑~teller. ~**gebärde**, die【행태】(동물의 수컷이 다른 부류의 동물에게 보이는) 음경 과시 행위. ~**griff**, der【군】받들어총; den P. ausführen 받들어총[집총 경례]을 하다. ~**marsch**, der【군】열병(閱兵) 행진곡. ~**teller**, der (다음 용법으로) auf dem P. sitzen《통용어·폄》뭇사람의 주목을 받다, 구경거리가 되다, 모두에게 시선이 미치는 곳에 앉아 있다.
präsentieren [prɛzɛn'ti:rən] 〈h〉 [(a)frz. présenter < lat. praesentāre] **1.**《교양어》**a)** 내놓다, 제공하다, 바치다, 증정하다, 건네 주다. **b)**(지불 요구 문서를) 제시하다: jmdm. die Rechnung (für etw.) p. 누구에게 (무엇의) 어떤 행동에 대한 책임[보상]을 요구하다. **2.**〈p.+sich〉《교양어》드러내 보이다, (어떤 모습, 인상을) 주다. **3.**《군》받들어총[집총 경례]을 하다: präsentiert das Gewehr! 받들어 총! **Präsentierung**, die; -en《교양어》↑Präsentation. **präsentisch** [prɛ'zɛntɪʃ] 〈Adj.〉【언어】현재(시제)의. **Präsentkorb**, der; -(e)s, -körbe 별식을 담은 선물 바구니. **Präsentpackung**, die 한 상자에 넣은 선물 용품, 선물용 종합 세트. **Präsenz** [prɛ'zɛns], die [frz. présence < lat. praesentia]《교양어》출석, 임석(臨席), 주둔, 현존.
Präsenz-: ~**bibliothek**, die《교양어》(관외 대출을 하지 않는)(관내) 열람제[식] 도서관. ~**diener**, der《österr.·관》(오스트리아의) 연방군 병사, 현역병. ~**dienst**, der《österr.·관》(오스트리아의) 연방군 복무, 병역. ~**liste**, die 출석부, 참석자 명부. ~**pflicht**, die (Pl. 없음) 출석(입회·참석) 의무. ~**stärke**, die (군 부대의)(현)병력,(경기 단체 따위의) 현인원.
Präsenzien: ↑Präsens의 복수형.
Praseodym [prazeo'dy:m], das; -s [riech. praseíos]【화학】프라세오딤(희토류(稀土類) 원소의 하나; 기호: Pr).
Präser ['prɛ:zɐ], der; -s, - ↑Präservativ의 약칭. **präservativ** [prɛzɛrva'ti:f] 〈Adj.〉《전문어》(특히 질병을) 예방하는. **Präservativ** [-], das; -s, -e [...i:və; frz. préservatif < lat. praeservāre](남성용) 피임(성병 예방)용구, 콘돔. **Präserve** [prɛ'zɛrvə], die; -n《대개 Pl.》[engl. preserve < frz. préservé]《전문어》반(半)저장[보존]식품. **präservieren** [prezɛr'vi:rən] 〈h〉 [lat. praeservāre]《고어》**1.** 보호하다, 지키다. **2.** 간수[보존]하다, 갈무리하다. **Präservierung**, die; -en《전문어》↑präservieren의 명사형.
Präses ['prɛ:zɛs], der; -, - Präsides ['prɛ:zides;《또한》

Präside

Präsiden [prɛ'zi:dn̩; lat. praeses] 1. (로마 제국의) 지방 총독, (최하위의) 지방관. 2. a) [가] 주교구 평위원회 의 장, 지도 사제. b) [신교] 종교 회의 의장. **Präside** [prɛ'zi:də], der; -n, -n [대학생] 숟자리(연회)의 좌장.
Präsident [prɛzi'dɛnt], der; -en, -en [frz. président < lat. praesidents] 1. 대통령(공화국의 국가 원수). 2. a) (협회, 의회 따위의 단체의) 의장, 회장, 이사장, (회사의) 사장, (은행의) 총재, 은행장, 재판장, 좌장, 사회자: der P. des Internationalen Olympischen Komitees 국제 올림픽 위원회 위원장; der P. des Bundestages (독일 의) 연방 의회 의장. b) (대학교의) 총장. **Präsidentenwahl**, die 대통령 선거, 의장(회장, 총장) 선거. **Präsidentin**, die; -nen ↑Präsident의 여성형. **Präsidentschaft**, die; -en a) 대통령(의장, 총장)의 직(職) (지위). b) 대통령(의장, 총장)의 임기. **Präsidentschaftskandidat**, der 대통령(의장 따위의) 후보(자). **Präsides**: ↑Präses의 복수형. **präsidial** [prɛzi'di̯a:l] 〈Adj.〉 [lat. praesidiālis] [정치] 대통령의, 대통령 중심제의.
Präsidial- [정치]: ~**demokratie**, die 대통령제 민주 주의. ~**gewalt**, die 대통령의 권한. ~**kabinett**, das 대통령이 임명하는 내각. ~**regierung**, die 대통령 중심제 정부(↑~kabinett). ~**system**, das 1. ~demokratie. 2. 1인 의결제(단체(법인) 내에서 1인만이 단독으로 결정권을 갖는 제도).
Präsidien: ↑Präsidium의 복수형. **präsidieren** [prɛzi'di:rən] 〈h〉 [frz. présider < lat. praesidēre] 주재(사회)하다, 의장(위원장)을 맡아 보다: einem Ministerium p. 부처(회의)를 주재하다. **Präsidium** [prɛ'zi:di̯ʊm], das; -s, ...ien [..i̯ən; lat. praesidium = Vorsitz] 1. a) 회장단, 의장단, 간부진: im P. sitzen 의장단 (화장단)의 일원이다. b) 의장역(役), 지휘, 감독: das P. übernehmen(führen, abgeben) 의장역(의사(議事)) 진행)을 맡다(수행하다, 내놓다). 2. 경찰서, 경찰국, 경찰 본부.
Präsidiums- (Präsidium 1): ~**mitglied**, das 의장단 (회장단)의 일원. ~**sitzung**, die 의장단(회장단) 회의 (회합). ~**tagung**, die 의장단(회장단) 회의. ~**tisch**, der 의장단(회장단) 회의 탁자(회의장).
präsilurisch [prɛzi'lu:rɪʃ] 〈Adj.〉 [지질] 실루리아기(紀)(Silur) 이전의.
präskribieren [prɛskri'bi:rən] 〈h〉 [1: lat. praescrībere] 1. 《교양어》 규정(지정)하다, 명령하다. 2.《법·고어》시효를 만료시키다, 시효 만료 판결을 내리다. **Präskription** [...rip'tsi̯o:n], die; -en [1: lat. praescriptio] 1. 《교양어》규정, 규칙, 지시, 명령. 2. 《법·고어》시효, 소멸 시효.
präskriptiv [...'ti:f] 〈Adj.〉《교양어·전문어》규범적인 (반대: deskriptiv): -e Grammatik [언어] 규범 문법.
Praß [pras], der; Prasses [Niederd. < mniederd., mniederl. bras] 《고어》잡동사니, 쓸데없는 물건, 허섭 스레기.
prasseln ['prasl̩n] 〈h〉 1. 후두둑 소리나다(쏟아지다), 따닥따닥 울리다: [전의] prasselndes Beifall entgegennehmen 요란한 박수갈채를 받다. 2. (불이) 탁탁 소리를 내며 타다.
prassen ['prasn̩] 〈h〉 [Niederd. < mniederd. brassen] 호사스럽게 지내다, 흥청거리다, 미식하다, 술타령하며 지내다. **Prasser**, der; -e, - [mniederd. brasser] 사치스 럽게(흥청거리며) 사는 사람. **Prasserei** [prasə'raj], die; -en 흥청거리며 지내기.
prästabilieren [prɛstabi'li:rən] 〈h〉《교양어·고어》예정하다, 미리 확정(규정)하다: die Lehre von der prästabilierten Harmonie [철학] 예정 조화설. **Prästant** [prɛs'tant], der; -en, -en [ital. prestante, frz. préstant] [음악] ↑²Prinzipal (1).

präsumieren [prɛzu'mi:rən] 〈h〉 [lat. praesūmere] 《교양어·철학·법》전제(예상)하다, 가정(추정)하다. **Präsumtion** [prɛzum'tsi̯o:n], die; -en [lat. praesūmptio] 《교양어·철학·법》전제, 예상, 가정, 추정. **präsumtiv** [...'ti:f] 〈Adj.〉 [lat. praesūmptīvus] 《교양어·철학·법》예상한, 가정적인, 추측상의, 개연성이 있고 예상된.
Präsupposition, die; -en 1. 《교양어》(묵시적인) 전제, 가정, 추정. 2. [언어] (어떤 문장·진술의 근거로서) 기성 사실로 간주되는) 전제.
Prätendent [prɛtɛn'dɛnt], der; -en, -en [frz. prétendant] (《교양어》(관직, 요직, 특히 왕위를 바라는) 요구자, 왕위(계승) 요구자: ein P. auf die Staatsmacht 국권(대권) 요구자, 대권을 노리는 사람. **prätendieren** [...'di:rən] 〈h〉 [frz. prétendre < lat. praetendere] 《교양어》요구(주장)하다, 자부하다. **Prätention** [...'tsi̯o:n], die; -en [frz. prétention] 《교양어》요구, 요망, 참칭, 주제 넘음, 자부. **prätentiös** [...'tsi̯ø:s] 〈Adj.〉 [frz. prétentieux] 《교양어》주제 넘은, 외람된, 자만하는, 거드름 피우는, 요구가 많은, 야심적인.
Prater ['pra:tɐ], der; -s 프라터(오스트리아의 수도 빈에 있는 공원).
präterital [prɛteri'ta:l] 〈Adj.〉 [언어] 과거시(시제)의.
Praeteritio [prɛte'ri:tsi̯o], die; ...itionen, Präteritition [prɛteri'tsi̯o:n], die; -en [lat. praeteritio] [수사] 암시적 간과법(강조하기 위해 일부러 탈락시키는 방법). **Präteritopräsens** [prɛterito'prɛ:zɛns], das; -, ...ntia [...prɛ'zɛntsi̯a], [또한] ..., ... [prɛ-] [언어] 과거형 현재동사(원래 강변화 과거형이나 오늘날 현재의 의미로 쓰이는 동사, 예컨대: können - er kann; mögen - er mag 따위의 화법조동사와 wissen - er weiß).
Präteritum [prɛ'te:ritʊm], das; -s, ...ta [lat. (tempus) praeteritum] [언어] 1. 과거(시제). 2. (동사의) 과거형.
präterpropter ['prɛtɐ'prɔptɐ] 〈Adv.〉 [lat. praeterpropter] 《교양어》약, 대략, 대충.
Prätor ['prɛ:tɔr], der; -s, ...to:r̩], -en; -en [prɛ'to:rən; lat. praetor] (고대 로마의) 대법관, 집정관. **Prätorianer** [prɛto'ri̯a:nɐ], der; -s, - [lat. praetōriāni (Pl.)] (고대 로마 황제의) 근위병, 친위병. **Prätorianergarde**, die (고대 로마의) 근위(친위)대. **Prätorianerpräfekt**, der (고대 로마의) 근위(친위) 대장. **Prätur** [prɛ'tu:ɐ̯], die; -en [lat. praetūra] (고대 로마의) 대법관(집정관)직.
Pratze ['pratsə], die; -n [ital. braccio < lat. bracchium] ↑Pranke.
Prau [prau], die; -e [niederl. prauw, engl. proa < malai. perahu] (말레이 사람들의) 돛단배, 프로아 선 (船).
prävenieren [prɛve'ni:rən] 〈h〉 [frz. prévenir < lat. praevenīre] 《교양어》1. (누구를) 앞지르다, 선수치다. 2. 예고하다. **Prävention** [prɛvɛn'tsi̯o:n], die; -en [frz. prévention < lat. praeventio] (질병 따위의) 예 방(조치), 방역, 방지.
präventiv [...'ti:f] 〈Adj.〉 [frz. préventif] 《교양어》예 방의, 앞지르는, 선제(先制)하는: -e Maßnahmen 예방 조치, 예방책.
Präventiv-: ~**behandlung**, die [의학] 예방 처치. ~**krieg**, der 예방 전쟁, 선제 공격. ~**maßnahme**, die 예방 조치, 예방(방어)책. ~**medizin**, die 의방 학. ~**mittel**, das [의학] 예방약, 예방책. ~**verkehr**, der [성교육] 피임(예방을 세운) 성교.
Präverb [prɛ'vɛrp], das; -s, -ien [...rbi̯ən] [언어] 분리 동사의 전철, 동사의 분리 전철.

präverbal [prɛvɛrˈbaːl] ⟨Adj.⟩ 【심리】언어 습득 이전의.

Praxis [ˈpraksɪs], die; …xen [lat. prāxis < griech. prâxis] **1. a)** ⟨Pl. 없음⟩ 실제, 실지; 실행, 실천, 실습, 실무; 응용, 운용(반대: Theorie): etw. in die P. umsetzen 무엇을 실행[실천]에 옮기다. **b)** 처리[취급] 방법. **2.** ⟨Pl. 없음⟩ (실무) 경험, 숙련. **3. a)** (의사, 변호사의) 활동 범위, 영업 범위, 환자층, 의뢰인층: er hat eine gutgehende P. 그는 환자[의뢰인]가 많다[영업이 잘 된다]. **b)** 개인 병원, 진료실, 변호사 사무실.

praxis-, Praxis-: **~bezug**, der 실제[실지]와 관련된. **~bezug**, der 실제[실지]와의 연관. **~fern** ⟨Adj.⟩ 실제[실지]와는 먼. **~fremd** ⟨Adj.⟩ 실제에 생소한. **~gerecht** ⟨Adj.⟩ 실제[실지]에 적합[합당]한. **~nah** ⟨Adj.⟩ 실제[실지]에 가까운. **~orientiert** ⟨Adj.⟩ 실제에 근거한[따른]. **~verbunden** ⟨Adj.⟩ 실제와 결합한.

Präzedens [prɛˈtseːdɛns], das; -, …nzien [...tseˈdɛntsi̯ən; lat. praecēdēns] 【교양어】선례, 전례. **Präzedenz** [prɛtseˈdɛnts], die; -en [lat. praecēdēns] 【교양어】우선(권), 상위. **Präzedenzfall**, der 【교양어】↑ Präzedens. einen P. schaffen 선례를 만들다[남기다]. **präzedenzlos** ⟨Adj.⟩ 【교양어】전례(가) 없는.

Präzeptor [prɛˈtsɛptɔr, (또한) …toːr], der; -s, -en [...ˈtoːrən; lat. praeceptor] 《옛》교사, 가정 교사.

Präzession [prɛtseˈsi̯oːn], die; -en [lat. praecessio] **1.** 【천문】(지구의) 자전축이 이동하는 세차(歲差)(운동). **2.** 【물리】세차 운동(넘어지려는 팽이의 축이 그리는 원추형의 운동).

Präzipitat [prɛtsipiˈtaːt], das; -(e)s, -e **1.** 【의학】**a)** (특히 혈청 속 단백질의) 침전물. **b)** (연두색 또는 갈색을 띤 작은 반점 모양의) 각막 남면 침착물. **2.** 【화학·고어】화학적 침전물. **3.** 【농업】속효성 비료. **Präzipitation** [...taˈtsi̯oːn], die [lat. praecipitātio] 【의학·화학】침전, 침강, 석출(析出). **präzipitieren** [...ˈtiːrən] ⟨h⟩ [lat. praecipitāre] 【의학·화학】침전[석출]하다. **Präzipitin** [...ˈtiːn], das; -s, -e 【의학】혈액의 침강소(沈降素).

präzise [prɛˈtsiːzə], (österr.) **präzis** [prɛˈtsiːs] ⟨Adj.⟩ [frz. précis < lat. praecīsus] 【교양어】정확[정밀, 엄밀]한, 조금도 틀리지 않는, 명확한: etw. präzise ausdrücken 무엇을 정밀하게 표현하다. **präzisieren** [prɛtsiˈziːrən] ⟨h⟩ [frz. préciser] 【교양어】(앞서보다) 좀 더 정확[분명]하게 규정[표현]하다. **Präzisierung**, die; -en 《교양어》↑ präzisieren의 명사형. **Präzision** [...ˈzi̯oːn], die [frz. précision] 【교양어】정확, 명확, 정밀, 엄밀, 간명.

Präzisions-: **~arbeit**, die 정밀(기계) 작업, 정밀 작품[제품]. **~gerät**, das ↑ Feinmeßgerät. **~guß**, der 【주물】↑ Feinguß. **~instrument**, das 정밀 기구(↑ ~gerät). **~meßgerät**, das 정밀 측정 기구(↑ ~gerät). **~uhr**, die 정밀 시계. **~waage**, die 정밀 저울.

Precancel [priˈkænsəl], das; -(s), -s [engl. precancel] 【우표】**a)** (특히 미국에서) 부착 전에 (우표에) 소인을 찍기, 부착 전 소인. **b)** (발송자가) 부착 전에 소인을 찍음.

precipitando [pretʃipiˈtando] ⟨Adv.⟩ [ital. precipitando < lat. praecipitāre] 【음악】프레시피탄도, 가속적으로, 점점 빠르게.

Précis [preˈsiː], der; - [...iː(s)], - [...iːs; frz. précis] 【양식】대의(大意), 개략, 개요, 적요.

Predella [preˈdɛla], die; -s / …len, (또한) **Predelle** [...lə], die; -n [(frz. predelle <) ital. predella] 【예술】(고딕식) 제단대(祭壇臺), 익제단(翼祭壇)의 밑받침 (장식).

predigen [ˈpreːdɪɡn̩] ⟨h⟩ [lat. praedicāre] **1. a)** 설교하다, 전도하다: er predigte einer(vor einer) großen Gemeinde 그는 많은 교구민에게[교구민 앞에서] 설교했다; gegen Selbstgerechtigkeit p. 독선(獨善)에 반대하여 설교하다. **b)** 알리다, 전파(공포)하다: das Evangelium p. 복음을 전(파)하여다. **2.** 《통용어》훈계하다, 설유(說諭)하다, 간곡히 촉구하다, 호소하다: Toleranz [die Liebe] p. 관용(사랑)을 권면하다. **b)** 훈계조로 말하다, 타이르다. **Prediger**, der; -s, - 1. 설교자, 목사, 사제; (성서의) 예언자, 전도자: jmdn. als P. einsetzen 누구를 설교자(목사)로 임명하다; 【성구】ein P. in der Wüste 독터인[성과없이] 경고하는 사람; der P. Salomo 전도자 솔로몬, (구약의) 전도서. **2.** 《통용어》훈계자, 권면[경고]하는 사람. **Predigerorden**, der 도미니코 수도회. **Predigerseminar**, das 【신교】신학교. **Predigt** [ˈpreːdɪçt], die; -en **1.** 설교, 설법: heute wird der Dekan die P. halten 오늘은 수석 사제가[감독이] 설교할 예정이다. **2.** 《통용어》훈계, 설유(說諭), 권면, 경고: ich bin deine endlosen -en leid 나는 너의 끝없는 설교[훈계]에 염증이 난다.

Predigt-; **~amt**, das (대개 목사직을 겸한) 설교사직, 성직. **~artig** ⟨Adj.⟩ 설교와 같은, 설교식의, 설교조의. **~gottesdienst**, der 설교 중심의 예배. **~sammlung**, die 설교집. **~stil**, der 설교 어법[문체·방식]. **~stuhl**, der 【고어】설교단, 강단. **~text**, der 설교에 쓰이는 성경 본문.

Preemphasis [priːˈɛmfazɪs], die [engl. preemphasis] 【무전】(송신할 때 잡음을 제거하기 위한) 고음 증폭.

Preference [prefeˈrɛ̃ːs], die; -n [frz. préférence < lat. praeferre] 【카드】프레페랑스(세 사람이 32장의 카드로 하는 프랑스의 카드놀이).

preien [ˈpraɪən] ⟨h⟩ [niederl. praaien] 【선원】↑ anpreien.

Preis [praɪs], der; -es, -e [lat. pretium] **1.** 값(매매), 가격, 시세, 가치: ein hoher(niedriger) P. 높은(낮은) 가격; stabile -e 안정된 가격; feste -e 고정 가격, 정가, 정찰; zivile -e 비교적 싼(받아들일 만한) 가격; das ist ein stolzer P. 그것은 아주 비싼 가격이다[아주 비싸다]; die -e sind gestiegen(gefallen, gesunken) 물가가 올랐다[떨어졌다, 하락했다]; die -e haben angezogen(aufgeschlagen) 물가가 상승(등귀)했다; e auszeichnen 【경제·은어】(상품에) 가격표를 붙이다; jmdm. einen guten P. machen 누구에게 싼 가격을 적용하다; Freiheit hat ihren Preis 자유에는 대가가 따른다; sie sieht beim Einkaufen nicht auf den P. 그 여자는 물건을 살 때[장을 볼 때] 값을 따지지 않는다; eine Ware unter(m) P. verkaufen 어떤 상품을 정가 이하(헐값)으로 팔다; 【속담】wie der P., so die Ware 물건마다 제 값이 있다, 싼 것이 비지떡; **hoch(gut) im P. stehen** 값(시세)이 좋다[높은 값에 쉽게 팔 수 있다는 뜻); **um jeden P.** 반드시, 어떤 경우에라도 어떤 대가(희생)를 치르더라도; **um keinen P.** 결코 …하지 않다. **2. a)** 상, 상금, 포상, 보상: einen P. vergeben 상을 주다(수여하다); der Architekt(der Entwurf) errang einen P. 그 건축가(그 설계)가 상을 획득했다; einen P. im Hochsprung bekommen 높이뛰기에서 수상하다; einen P. auf den Kopf des Attentäters aussetzen 암살자의 목에 현상금을 걸다; jmdn. mit einem P. ehren 누구에게 상을 주어 존경을 표하다. **b)** (상(상금)을 건) 경기. **3.** (아어) 찬양, 찬미, 칭찬: jmdm.[Gott] P. und Dank singen 누구[신]를 찬양하다; Gott (dem Herrn) sei P.!【주】하느님께 영광이 있으라!

¹preis-, Preis- (Preis 1): **~abbau**, der 가격 인하. **~abrede**, die ↑ **~absprache**. **~abschlag**, der 【상】

²preis-, Preis- (가격) 할인[인하], 감가(減價), 감액. ~absprache, die [경제] (생산자들간의) 가격 협정[담합]. ~angabe, die ↑~auszeichnung. ~anstieg, der 가격[물가] 상승. ~aufschlag, der 가격 할증. ~auftrieb, der [경제] (전반적인) 물가 상승[등귀]. ~auszeichnung, die (상품의) 가격 표시. ~auszeichnungspflicht, die 〈Pl. 없음〉 가격 표시 의무. ~behörde, die 물가(통제[감독]) 당국. ~bewegung, die 물가 동향. ~bewußt 〈Adj.〉 (물건을 살 때) 가격을 중시하는[의식하는]. ~bildung, die [경제] 가격[물가] 형성. ~bindung, die [경제] (법적 규제나 협정에 따른) 가격[판매가] 준수 의무. ~brecher, der 협정 가격 위반자(합의된 가격을 크게 할인하여 파는 사람). ~differenz, die 가격차. ~disziplin, die (기업측의) 가격 인상 억제[자제]. ~druck, der [경제] (경쟁 상대자나 수요자에 대한) 가격 압력, 시세의 압박. ~einbruch, der [경제] (특정 상품 종류의) 시세 폭락. ~empfehlung, die [상] (생산자측의) 권장 소비자 가격. ~entwicklung, die 물가[가격] 추세[동향]. ~erhöhung, die 가격[물가] 인상. ~ermäßigung, die 가격 할인. ~ermittlung, die 가격[물가]조사, 시세 확인. ~explosion, die 물가[가격] 폭등. ~forderung, die 가격의 요구, 값을 부름, 호가(呼價). ~frage, die 1. ↑²preis-, Preis-. 2. 가격에 좌우되는) 문제. ~gebunden 〈Adj.〉 [경제] 가격준수 의무가 있는, 지정 가격에 묶인. ~gefälle, die 가격차. ~gefüge, das [경제] 물가[가격] 구조, 가격 관계. ~gesenkt 〈Adj.〉 [상] 가격이 인하된. ~gestaltung, die 가격 형성[조성], 가격 정책. ~grenze, die 가격의 한계, 한계 가격. ~günstig 〈Adj.〉 가격이 유리한, 유리한 가격의. ~günstigkeit, die ↑~günstig의 명사형. ~index, der [경제] 물가 지수, 가격 지수(↑Index (3)). ~kalkulation, die 가격 산출. ~kartell, das [경제] 가격 카르텔[협정](↑Kartell (1)). ~klasse, die 가격 등급. ~konjunktur, die [경제] 가격 경기(물가 상승에 자극되어 생산이나 거래량이 더해가는 호경기 상태). ~konkurrenz, die 가격 경쟁. ~kontrolle, die 물가[가격] 통제. ~konvention, die [경제] 가격 협정[담합]. ~korrektur, die 가격 수정[변경]. ~kurant [-kurant], der; -(e)s, -e [frz. courant] (österr.) ↑~liste. ~lage, die 시세, 가격 수준[등급]. ~lawine, die (통용어) 통제[억제] 불능의 물가 상승, 눈사태 같은 물가 폭등. ~limit, das ↑Limit (b). ~liste, die 가격표, 시세표, (상회의) 품목별 가격 목록. ~Lohn-Spirale, die [경제] ↑Lohn-Preis-Spirale. ~manipulation, die (교양어) 가격 조작. ~minderung, die 가격 저하[인하]. ~nachlaß, der 할인, 에누리. ~niveau, das [경제] 가격[물가] 수준. ~notierung, die [증권] 외화를 기준으로한 환율 책정 (예컨대: 100 달러당 내화 가격을 정하는 방식)(반대: Mengennotierung). ~politik, die 물가 정책. ~politisch 〈Adj.〉 물가 정책상의[적인]. ~recht, das 〈Pl. 없음〉 물가(관리) 법규, 물가법. ~rechtlich 〈Adj.〉 물가(관리) 법규에 의한[관한]. ~regulierung, die 물가[가격] 조절[조정]. ~relation, die [경제] 가격 비교 상황. ~rückgang, der 물가[가격] 하락. ~schere, die [경제] 협상(鋏狀) 가격차, 가위다리값차 (특히 농산물과 공업 제품의 가격 사이에 나타나는 뚜렷한 가격차): die P. öffnet[schließt] sich 협상 가격차가 벌어진다[좁아진다]. ~schild, das 〈Pl. -er〉 (축소형) ~schildchen 상품의 가격표, 정찰(正札). ~schlager, der (통용어) 염가품(특가)품, 특별 할인품. ~schleuderei [---'-], die [법] (생산가 이하의) 투매(投賣), 부당 염매(廉賣), 덤핑. ~schraube, die (경제·은어) (나선형의) 가격[물가] 상승 곡선: an der P. drehen 가격[물가]을 끌어올리다. ~schwankung,

die 〈대개 Pl.〉 가격 변동. ~senkung, die 가격 인하[하학]. ~spirale, die 물가[가격] 상승 곡선. ~stabil 〈Adj.〉 가격이 안정된, 안정된 가격의. ~stabilität, die 가격의 안정(성). ~steigerung, die 물가[가격] 상승[등귀]. ~steigerungsrate, die [경제] 가격 상승률. ~stopp, der (정부 당국의) 가격 동결: ein P. für Lebensmittel 식료품 가격의 동결. ~stufe, die 가격 범위[수준, 등급](↑~lage). ~sturz, der 가격 급락[폭락]. ~tafel, die 가격(정가)표시판. ~tendenz, die 가격[물가] 경향[동향·추세]. ~theorie, die 가격[물가] 이온. ~treibend 〈Adj.〉 물가를[가격을] 부추기는[인상시키는]. ~treiber, der (贉) 값을 부추겨 올리는 사람. ~treiberei [----'-], die (贉) 값을 부추겨 올리기. ~treiberisch 〈Adj.〉 (贉) 가격 인상을 노리는. ~überwachung, die (국가의) 물가 감시. ~untergrenze, die 하한 가격. ~verfall, der [경제] (대개 초과 설비로 인한 특정 상품의) 가격 붕괴[폭락]. ~vergehen, das [법] 물가 법규[물가법] 위반. ~vergleich, der 가격 비교. ~vergünstigung, die 가격 할인, 특가. ~verordnung, die 물가 관리법[규정]. ~verstoß, der ↑~vergehen 참조. ~verzeichnis, das ↑~liste. ~vorschrift, die ↑~verordnung. ~vorteil, der 염가 매입에 따른 이득[이익]. ~welle, die 물가 폭등. ~wert 〈Adj.〉 알맞은[적당한] 가격의, 비싸지 않은. ~wucher, der (贉) 바가지가격, 지나치게 높이 부르는 가격. ~würdig 〈Adj.〉 1. (고어) ↑preiswert. 2. 상을 받을 만한(자격이 있는). ~würdigkeit, die 《아어》 적정한[알맞은] 가격, 가격이 적당함. ~zuschlag, der 가격 할증.

²preis-, Preis- (Preis 2, 3): ~aufgabe, die 현상 문제, 현상 모집 과제. ~ausschreiben, das 현상 모집. ~boxer, der 《영》 상금을 위해 경기하는 권투 선수. ~fahren, das; -s (자동차 따위의) 현상 경주. ~frage, die 1. 현상 문제: 전의 ob ich ja dazu sagen soll, ist allerdings eine P. 《통용어》 내가 거기에 과연 답해야 할 것인지는 사실 까다로운 문제다. 2. ↑¹preis-, Preis-. ~gekrönt 〈Adj.〉 상을 받은, 수상(受賞)한. ~geld, das [모터 스포츠] (현)상금. ~gericht, das 〈Jury (1 a). ~jassen, das; -s [카드] 현상(상금이 걸린) 야스슬이. ~kegeln 〈h; 부정형과 과거분사로만〉 상금이 걸린 볼링경기를 하다[열다]. ~kegeln, das; -s ↑~kegeln의 명사형. ~lied, das 1. a) (게르만 문학의 가곡 형식) 찬가. b) (사람·사물을 기리는 시가로서의) 찬가, 송가. 2. 현상 모집 가곡 (가요·시). ~rätsel, das ↑~aufgabe. ~richter, der (현상 경기·경연 대회의) 심사 위원, 현상 대회 심사 위원, 현상 경기 심판원. ~richterkollegium, das 현상 대회 심사 위원회[심판진]. ~schießen, das a) (현상) 사격 대회. b) [경기] 현상 골 숫 시합. ~schrift, die (논문 따위에) 수상작 (품). ~skat, der [카드] 상금이 걸린 스카트놀이. ~tanz, der, ~tanzen, das; -s 무용 경연 대회. ~träger, der 수상자, 현상 모집 당선자. ~verdächtig 〈Adj.〉 (농) (선수·학자·예술가나 작품이) 수상 가능성[전망]이 있는. ~verleih, der, ~verleihung, die 상품[상금] 수여, 수상. ~verteilung, die ↑~verleihung. ~würdig 〈Adj.〉 1. ↑¹preis-, Preis-. 2. 《아어》 칭찬할 만한.

Preiselbeer-: ~kompott, das 월귤 설탕에 졸인 월귤. ~kraut, das 〈Pl. 없음〉 월귤나무 딸기. ~marmelade, die ~~. ~saft, der 월귤 즙.

Preiselbeere ['praizl-], die; -n 1. 월귤나무. 2. 월귤.

preisen* ['praizn] 〈h〉 [lat. pretiāre] 《아어》 칭찬[칭송] 하다, 찬양(찬미)하다: jmdn. [sich] glücklich p. (können) 누구[자신]를 행복하다고 평하다[평할 수 있다].

preisenswert 〈Adj.〉 《아어》 칭송[찬미]될 만한, 칭찬

할 만한.

Preisgabe ['praɪs-], die **a)** 포기, 단념. **b)** (비밀 따위의) 누설. **preisgeben'** ⟨h⟩ [frz. donner (en) prise] **1.** 넘 맡기다, 넘겨 주다, 희생하다: jmdn. dem Elend p. 누구를 빈곤에 내맡기다; man gab ihn dem Gelächter der Leute preis 그는 사람들의 웃음거리가 되었다. **2.** 포기하다, 체념[단념]하다, 내던지다: seine Ideale p. 자기의 이상들을 포기하다; sie gibt sich für Geld den Männern preis (아아) 그 여자는 돈을 위해 남자들에게 몸을 내맡긴다[매춘을 하다]. **3.** (비밀을) 지키지 못하다, 누설하다.

preislich ⟨Adj.⟩ 가격의, 가격에 관한: ein p. günstiges Angebot 가격면에서 유리한 제안[판매품].

prekär [preˈkɛːr] ⟨Adj.⟩ [frz. précaire < lat. precārius] (교양어) 난처한, 곤란한, 불확실[불안정]한, 어찌해야 할지 모를, 난감한.

Prell-: ~**ball**, der ⟨Pl. 없음⟩ [스포츠] 프렐발(경기장 중간에 횡목이나 줄을 설치하고 공을 바닥에 튀겨 상대편 쪽으로 넘기는 단체 경기). ~**bock**, der **1.** [철도] (선로가 끝나는 곳에 설치하는) 열차 정지 장치: 전의 als P. dienen 모든 걱정 거리를 떠맡다[책임지다]. **2.** [프렐발 (Prellball) 경기장의] 중앙 분리대, 횡목. ~**schuß**, der 튀어오르는 탄환, 튀겨쏘기, 도탄(跳彈) 사격. ~**stein**, der (건물 모퉁이나 진입로의) 방축석(防畜石), 연석(緣石). ~**wand**, die [스포츠] (테니스 따위의) 연습 벽(壁).

prellen ['prɛlən] **1.** ⟨h⟩ 속이다, 속여 빼앗다: jmdn. um sein Erbe 누구의 유산을 사취하다. **2. a)** ⟨s⟩ 부딪치다, 충돌하다: gegen die Wand p. 벽에 부딪치다. **b)** ⟨h⟩ 강하게 치다, 차다. **c)** ⟨h⟩ 세게 부딪쳐 상처를 입히다. **d)** ⟨h⟩ 세게 부딪혀 다치다[부상하다]: ich habe mir das Knie geprellt 나는 무릎을 부딪쳐 다쳤다. **3.** [사냥] (예) 개 (여우를) 팽팽한 모포 위에 올려 놓고 공중에 튀겨 올리다. **4. a)** [핸드볼] 공을 튀기다. **b)** [스포츠] 공을 쳐서 튀겨 넘기다. **Preller**, der; -s, - 사기꾼 (Betrüger), **Prellerei** [prɛləˈraɪ], die; -, -en 부딪치기, 사기, 기만. **Prellung**, die; -, -en 멍(충돌, 타격으로 인한 내출혈): bei dem Unfall hat er mehrere -en erlitten 그 사고로 그는 여러 군데 멍이 들었다.

Prélude [preˈlyd], das; -s, -s [frz. prélude < lat. praeludium] ↑Präludium의 프랑스어 표기.

Premier [prəˈmieː, pre...], der; -s, -s [engl. premier-(minister) < frz. premier] ↑Premierminister의 약 칭. **Premiere** [..ieːrə, ..ieːrə, ..ieːrə, ⟨österr.⟩ ...ieːrə], die; -, -n [frz. première(représentation) < lat. prīmārius] [극, 영화, 악곡의] 초연(初演), 첫 흥행.

Premieren-: ~**abend**, der 초연[개봉] 저녁. ~**besucher**, der 초연[개봉 영화] 관객[관중]. ~**fieber**, das (은어) (배우, 연주자 등의) 초연을 앞둔 초조감[신경과민]. ~**karte**, die 초연[개봉 영화] 입장권. ~**publikum**, das 초연[개봉 영화] 관객[관중]. ~**tiger**, der (은어·반어) 초연 미치광이, 초연 섭렵가(연극 초연을 빠짐없이 보려는 사람).

Premierleutnant [prəˈmieː-, pre...], der; -s, -s (옛) ↑Oberleutnant. **Premierminister**, der; -s, - ↑Ministerpräsident (2).

Preprint ['priːprɪnt], das; -s, -s [engl. preprint] [서적] 논문 따위의 단행본에 앞선) 사전(事前) 인쇄본.

Presbyopie [prɛsbyoˈpiː], die [griech. présbys] [의학] ↑Alterssichtigkeit. **Presbyter** ['prɛsbyˌtɐ], der; -s, - [lat. presbyter] **1.** (원시 기독교) 장로. **2.** [신교] 장로, (교구에서 선출되는) 장로회의 위원, 교회 관리 위원. **3.** [가] 사제 (↑Priester (2)의 라틴어 표기). **presbyterial** [..teˈriːaːl] ⟨Adj.⟩ [신교] 노회(老會)[장로회]의[에 관한]. **Presbyterialverfassung**, die [신교] 노 회 제도, 장로 제도, 장로회 체제(성직자와 장로의 합의제로 교구를 관리하는 교회 제도). **Presbyterianer** [..teˈriːanɐ], der; -s, - [engl. Presbyterian] (특히 영국, 미국의) 장로교[장로교회파] 신도. **presbyterianisch** ⟨Adj.⟩ [2: engl. presbyterian] **1.** [신교] 장로 제도의, 장로교 교회의. **2.** 장로교(회파) 신도의, 장로 교회의. **Presbyterium** [..ˈteːriʊm], das; -s, ...ien [..ian; lat. presbyterium < griech. presbytérion]. **1.** [신교] **a)** 노회(老會), 장로회, 교회 관리 위원회. **b)** 노회의장(회의실). **2.** [구교] **a)** 교구(소속) 사제좌. **b)** 제단실, 사제석.

preschen ['prɛʃn] ⟨s⟩ 급히 서둘러 가다, 뛰다, 달리다, 질 주하다, 뒤쫓다: ein Reiter preschte durch die Straße 말을 탄 사람이 거리를 질주해 지나 갔다.

Presenning [preˈzɛnɪŋ] ↑Persenning.

Pre-shave ['priːˌʃeɪv], das; -(s), -s, **Pre-shave-Lotion** ['priːʃeɪvˌloʊʃən], die; -s [engl. pre, shave u. lotion] 프리셰이브로션, 면도 전 로션(반대: After-shave-Lotion).

preß [prɛs] ⟨Adv.⟩ [구기] 근접한, 밀착된: jmdn. p. decken 누구를 밀착 방어하다.

¹Preß- (pressen): ~**automat**, der [기술] 압축 성형기 (成形機). ~**ball**, der [축구] 두 사람에 동시에 찬 공. ~**deckung**, die [구기] 밀착 대인 방어. ~**form**, die [기술] 압형(壓型), 압착용의 틀. ~**glas**, das ⟨Pl. ...gläser⟩ 압착하여 만든 경질(硬質) 유리, 압착 유리(그릇). ~**harz**, das [기술] 압착 가공용 합성 수지. ~**hefe**, die (빵 제조에 쓰는) 압착 효모(酵母). ~**holz**, das (나무 부스러기로 만든) 압착 목재. ~**holzplatte**, die 압착 목판(판자). ~**kohle**, die 압착 석탄(조개탄, 탄 따위). ~**kopf**, der ⟨Pl. 없음⟩ 머리고기 소시지. ~**kuchen**, der ↑Ölkuchen. ~**luft**, die ⟨Pl. 없음⟩ [Druckluft, 압축 공기. *hierzu* 다음의 도표 공사용의] 압축 공기식 착암기. ~**luftflasche**, die [기술] (금속제의) 압축 공기통. ~**lufthammer**, der [토목] 공기 해머. ~**masse**, die [기술] 소성(塑性) 가공 재료. ~**sack**, der ⟨Pl. 없음⟩ ↑-kopf. ~**schlag**, der [축구] 두 사람이 동시에 공을 참. ~**schweißen**, das; -s [기술] 압착 용접법. ~**span**, der 광택 판지, 압착 판지. ~**stoff**, der ↑-masse. ~**stroh**, das 압착된 (밀)짚, 눌러서 다발로 묶은 짚. ~**vergoldung**, die [제본] [책표지 따위의] 금박압인. ~**wehe**, die (대개 Pl.) [의학] 분만 직전의 진통. ~**wurst**, die ↑-kopf.

preß-, **²Preß-** (Presse 2): ⟨고형⟩ ↑presse-, Presse-.

pressant [prɛˈsant] ⟨Adj.⟩ [frz. pressant] [지역적] 급한, 긴급[절박]한: er hatte es p. 그는 사정이 급했다.

Presse ['prɛsə], die; -n [lat. pressūra] **1. a)** 압착기, 압축기, 성형기, 프레스. **b)** 과즙기, 쥬서. **c)** [인쇄] (준 교어) 인쇄기: das Manuskript in die P. geben 원고를 인쇄에 부치다(돌리다). **2.** ⟨Pl. 없음⟩ **a)** 출판[언론] 계, 신문(업, 계), 출판신문, 잡지, 정기 간행물: die Presse griff den Fall auf 언론이 그 사건을 다루었다; die Freiheit der P. 언론[출판]의 자유; im Spiegel der P. 언론에 비친; es stand in der P. 그것이 언론에 보도되었다(신문에 났다); er ist von der P. 그는 언론계 사람이다. **b)** 신문[잡지]의 평: der Schauspieler hatte eine gute P. 그 배우는 신문에서 좋은 평을 받았다. **3.** (통용어·준고어) 수험[시험] 예비 학교(성적이 나쁜 학생들을 위한 사립 학교).

presse-, **Presse-** (Presse 2; ↑preß-, ²Preß-): ~**agentur**, die ↑Nachrichtenagentur: Deutsche P.(DPA) 독일 통신(사). ~**aktiv**, das (구동독) ²Aktiv. ~**amt**, das (정부의) 공보실, 홍보실. ~**aussendung**, die ⟨österr.⟩ 언론[신문]을 위한 통보[발표], 보도 자료 통보. ~**ausweis**, der 기자증. ~**ball**, der 언

pressen

론인(을 위한) 무도회. **~bericht,** der 언론[신문] 보도. **~berichterstatter,** der 신문 보도자, 통신원. **~büro,** das 통신사. **~chef,** der (정부의) 공보실장, 홍보실장. **~dienst,** der 홍보 자료(집). **~empfang,** der 언론인 연회(디너). **~erklärung,** die 보도용 성명. **~erzeugnis,** das 출판물. **~foto,** das 보도용 사진, 신문 사진. **~fotograf,** der 사진 기자, 카메라맨. **~freiheit,** (südd., schweiz.) Preßfreiheit, die 〈Pl. 없음〉 언론, 출판의 자유. **~geheimnis,** das (언론계 종사자들의) 보도 자료에 대한 진술 거부권. **~gesetz,** das (신문) 출판법. **~gesetzgebung,** die (신문) 출판 입법. **~gespräch,** das 기자 대담, 기자 회견. **~information,** die **a)** (신문) 보도용 자료(정보). **b)** 신문 보도, 신문에 발표된 정보. **~jargon,** der 신문 은어, 기사체 특유의 은어. **~kampagne,** die 신문[언론] 캠페인, 언론 기관의 선전[홍보] 활동. **~karte,** die 보도[언론] 기관용 무료 입장권, 기자용 입장권. **~kommentar,** der 신문 논평, 기사 해설, 사설. **~konferenz,** die (관청, 단체 따위 기관의) 기자 회견: eine P. abhalten 기자 회견을 하다[갖다]. **~konzentration,** die (소수의 대규모 신문사주에 의한) 출판[언론] 독점. **~konzern,** der 출판[언론] 재벌. **~korrespondent,** der ↑ Korrespondent (1). **~kritik,** die (연극, 예술, 서적 따위의) 신문 비평. **~mann,** der 〈Pl. -leute〉 〈통용어〉 기자, 언론인. **~meldung,** die 신문[언론] 보도. **~notiz,** die ↑ Notiz (2). **~organ,** das 기관지. **~politik,** die (출판) 정책. **~recht,** das 언론 출판법. **~rechtlich** 〈Adj.〉 언론 출판법의(에 관한). **~referent,** der (홍보실의) 보도 담당자(관). **~schau,** die **1.** [경제] (패션쇼, 전시회 따위의) 보도진을 위한 사전 공개. **2.** [방송・텔레비전의] 신문 논평, 신문 보도 요약. **~sprecher,** der (관청, 기업 따위의) 홍보[공보]관, 홍보 담당자, 보도 담당관. **~stelle,** die 홍보실, 공보실. **~stimme,** die 〈대개 Pl.〉 신문 논평, (기관지에 게재된) 견해. **~tribüne,** die (행사장의) 언론[보도] 기관 대표석. **~veröffentlichung,** die 신문 보도[광고]. **~vertreter,** der 출판사[언론 기관] 대표(기자). **~wesen,** das 〈Pl. 없음〉 ↑ Zeitungswesen. **~zensur,** die 〈Pl. 없음〉 출판[언론] 검열, 보도 기사 검열. **~zentrum,** das 프레스 센터, 언론(기관) 중앙 기구, 보도 본부.

pressen ['prɛsn̩] 〈h〉 **1. a)** (내리)누르다, 압착하다: Blumen in einem Buch p. 꽃들을 책갈피에 끼어 누르다. **b)** 눌러 짜(내)다: Obst p. 과일을 눌러 짜서 즙을 내다. **c)** ↑ herauspressen: Saft aus einer Zitrone p. 레몬에서 즙을 짜내다. 〈전의〉 Entschlüsse aus jmdm. p. 누구(누구에게서) 결단을 얻어내다. **d)** 눌러짜서 얻다: Most p. 포도즙을 짜다. **e)** 압착하여 만들다, 찍어내다: Schallplatten p. 음반을 찍어내다. **2.** (어떤 방향으로) 누르다, 눌러(밀어) 넣다: die Hände vor das Gesicht p. 두 손을 얼굴에 대고 누르다(두 손으로 얼굴을 누르다); jmdm. an sich(sich an jmdn.) p. 누구를 끌어안다[누구에게 바짝 달라붙다]; er hielt den Kopf zwischen beide Hände gepreßt 그는 두 손으로 머리를 감싸 쥔 채로 있었다; jmdm. die Hand auf den Mund p. 손으로 누구의 입을 꽉 막다; 〈전의〉 etw. in ein logisches System p. 무엇을 논리 체계 속으로 밀어 넣다; mit gepreßter Stimme 억제된 목소리로. **3. a)** (무엇을 하도록) 강요하다: jmdn. zum Kriegsdienst p. 누구에게 병역(의 시 근무)를 강요하다. **b)** 〈고어〉 억압[핍박]하다: die Herren haben den Knechte gepreßt 주인들은 종들을 억압했다. **Presser,** der; -s, - 압착공(壓搾工), 압제자, 박해자, 강요자. **Presseur** [prɛˈsøːɐ̯], der; -s, -e [frz. presseur] (인쇄) (요판(凹版)인쇄기에서 판목에 종이를 밀착시키는) 압착봉(棒), 압착 롤러. **Preßfreiheit** ↑ Pressefreiheit. **pressieren** [prɛˈsiːrən] 〈h〉 [frz.

presser] 《südd., österr., schweiz.》 급하다, 바쁘다, 절박하다: die Angelegenheit pressiert 그 일은 시급하다; mir pressiert's heute sehr 나는 오늘 몹시 바쁘다; er ist[tut] heute sehr pressiert 그는 오늘 매우 바쁘다. **Pression** [prɛˈsi̯oːn], die; -en [frz. pression] (교양어) 압력, 압박, 강제, 강요: eine P. (-en) auf jmdn. ausüben 누구에게 압력을 가하다. **Pressionsgruppe,** die ↑ Pressure-group. **Pressionsmittel,** das 압박수단. **Preßling** [ˈprɛslɪŋ], der; -s, -e 압착[프레스] 가공품: -e aus Metall 압연 금속 제품. **Pressung,** die; -en 압력, 압박, 압제, 억압, 강제, 강요. **Pressuregroup** [ˈprɛʃəgruːp], die; -s [engl.-amerik. pressure group] 압력 단체.

Presti: ↑ Presto의 복수형.

Prestige [prɛsˈtiːʒə], das; -s [frz. préstige] (교양어) 신망, 명망, 위신, 면목, 체면: nationales P. 국위(國威): sein persönliches P. ist gewachsen(gesunken) 그의 개인적인 명망이 높아졌다(하락했다); P. bei jmdm. besitzen 누구의 신망을 받고 있다; an P. gewinnen (verlieren) 명망을 얻다(위신을 잃다).

Prestige-: ~denken, das; -s 체면[위신]에 대한 생각: nur von P. bestimmt sein 단지 위신[체면]에 대한 생각에 좌우되다. **~frage,** die 위신(의) 문제. **~gewinn,** der 위신의 증대, 인기 상승. **~grund,** der 〈대개 Pl.〉 위신을 세우려는 동기: etw. aus Prestigegründen tun 무엇을 위신 때문에 하다. **~objekt,** das 위신[체면]을 세워 줄 물건. **~sache,** die ↑ ~frage. **~streben,** das 명망[인기]의 추구. **~verlust,** der 위신[명망]의 상실.

prestissimo: ↑ presto의 최상급; 프레스티시모, 매우 빠르게. **Prestissimo,** das; -s, -s /…mi [음악] **1.** 매우 빠른 템포. **2.** 프레스티시모(템포의) 악곡(부분). **presto** [ˈprɛsto] 〈Adv.〉 《비교급》 più presto [pi̯uː-], (최상급) prestissimo [prɛsˈtɪsimo] [ital. presto] [음악] 프레스토, 빠르게, 급하게. **Presto** [-], das; -s, -s /…ti **1.** 빠른 템포. **2.** 프레스토(템포의) 악곡(부분).

Prêt-à-porter [prɛtapɔrˈteː], das; -s, -s [frz. prêt-à-porter] **a)** 〈Pl. 없음〉 (남녀 모두의) 기성복. **b)** 패션 디자이너의 기성(숙녀)복.

Pretest [ˈpriːtɛst], der; -s, -s [engl.-amerik. pretest] [사회] 예비 조사.

Pretiosen, Preziosen [preˈti̯oːzn̩] 〈Pl.〉 [lat. pretiōsa, zu: pretiōsus] 귀중품, 금은 장신구.

Pretoria [preˈtoːri̯a, 〈engl.〉 prɪˈtɔːrɪə, 〈afr.〉 prəˈtɔːrja] 프리토리아(남아프리카 공화국의 행정 수도).

Preuße [ˈprɔʏsə], der; -n, -n [군국주의와 엄격한 행정 및 관료제로 널리 알려졌던 Preußen에 따라] **1.** 〈준고어〉 프러시아인, (의무감, 엄격성에 있어서) 프러시아적인 사람: er ist ein richtiger P. 그는 융통성이 없는 진짜 프러시아 사람이다. **2.** 〈Pl.〉 **a)** 〈통용어・준고어〉 군대, 군복무: er muß zu den -n 그는 군에 입대해야 한다; 〈사람 없이 통용어적 어미 늘 〈본래 옛 단수 2격 어미〉와 함께〉 bei Preußens muß man trinkfest sein 군대에서는 술이 세어야 한다. **b)** 〈정어〉 so schnell schießen die -n nicht 일이 그렇게 빨리 되지는 않는다, 인내심을 가져라, 너무 성급한 결론을 내려서는 안된다.

Preußen [ˈprɔʏsn̩], -s 프러시아(왕국 및 독일 제국의 주). **Preußentum,** das; -s 프러시아적임, 프러시아 기질(근성). **Preußin,** die ↑ Preuße (1)의 여성형. **preußisch** 〈Adj.〉 프러시아의, 프러시아적인, 프러시아 사람다운: das -e Kasernenhofton 프러시아풍의 군대식 어조.

preziös [prɛˈtsi̯øːs] 〈Adj.〉 [frz. précieux] (교양어) 멋부린, 억지로 꾸민, 부자연스런: ein -er Stil 멋부린 문체.

Preziosen: ↑Pretiosen. **Preziosität** [...iozi'tɛːt], die 《교양어》거드름 피우는[잘난 체하는] 태도.
Priamel [pri'aːm], die; -n (또한) das; -s, - [문예학] (대개 쌍운(雙韻)형식의 1연으로 된 중세 후기의) 격언시, 프리아멜.
priapeisch [pria'peːɪʃ] 〈Adj.〉 1. 프리아푸스의. 2. 《고어》음란(음탕)한.
Priapos [pri'aːpɔs, 'priːapɔs], **Priapus** [pri'aːpʊs] 프리아푸스(그리스·로마 신화에서 풍요의 신).
Pricke ['prɪkə], die; -n [niederd. pricke] 【해양】(얕은 바다의) 물길 표지목(標識木). **prickelig**, **pricklig** ['prɪk(ə)lɪç] 〈Adj.〉〈드물게〉 1. 따끔거리는, 얼얼한, 찌르는 듯한, 아린: -e Fingerspitzen 따끔거리는 손가락 끝. 2. 흥분시키는, 자극성의: eine -e Atmosphäre 들뜨게하는 분위기. **prickeln** ['prɪkln̩] 〈h〉 [niederd. prickeln, zu: pricken] 1. 따끔거리다, 얼얼하다: die Hände prickelten ihm 그는 손이 따끔거렸다; es prickelte ihm in den Fingerspitzen 그는 손가락 끝이 따끔거렸다; die Kohlensäure prickelt auf der Zunge 탄산이 혀를 싸하게 자극한다; das leichte Prickeln des Weines 가볍게 싸한 느낌을 주는 포도주 맛. 2. 기포를 일으키다, 방울지다. 3. 가볍게 흥분시키다, 자극하다: eine prickelnde Unruhe 마음을 뒤숭숭하게 하는 불안감; ein prickelndes Spiel mit dem Feuer 짜릿하게 자극하는 불장난. **pricken** ['prɪkn̩] 〈h〉 1. 【해양】 (물길 따위에) 표지목(標識木)을 세우다. 2. 〈지역적〉 찌르다, 꿰뚫다, 후벼 파내다. **pricklig:** ↑prickelig.
Priel [priːl], der; -(e)s, -e 개펄의 수로(水路)[물줄기].
Priem [priːm], der; -(e)s, -e [niederd. pruim, 모양과 색깔이 말린 자두와 닮은데서] **a)** ↑Kautabak: ein Stück P. abschneiden 씹는 담배 한 입 분량을 잘라내다. **b)** 한 입 분량의 씹는 담배. **priemen** ['priːmən] 〈h〉 씹는 담배를 씹다. **Priemtabak**, der 씹는 담배.
pries [priːs] ↑preisen 참조.
Prießnitzumschlag ['priːsnɪts-], der; -(e)s, ...umschläge [독일의 자연요법가 Vinzenz Prießnitz에 따라] 【의학】프리스니쯔씨 냉습포.
Priester ['priːstɐ], der; -s, - 1. 사제, 성직자, 승려, 신관: altägyptische P. 고대 이집트의 사제들; die P. des Lamaismus 라마교의 승려들. 2. 【가】(서품을 받은) 신부, 사제: er wurde zum P. geweiht 그는 사제 서품을 받았다.
Priester-: ~**amt**, das 신부[사제, 성직자, 승려]의 직. ~**gewand**, das 신부[사제, 성직자, 승려]의 옷, 사제복, 승려복, 법복, 법의(法衣). ~**seminar**, das 【가】신학교. ~**weihe**, die 서품식(敍品式), 신품성사, 성품성사, 성직수여: die P. empfangen 신품성사를 받다. ~**würde**, die 신부[사제, 성직자]의 직 위.
priesterhaft 〈Adj.〉 성직자풍(風)의, 성직자다운.
Priesterin, die ↑Priester (1)의 여성형. **priesterlich** 〈Adj.〉 사제[성직자]의, 성직자에 관한. **Priesterschaft**, die (총칭으로) 성직자, 성직자 계급. **Priestertum**, das; -s 성직자의 직[신분, 지위].
prillen ['prɪlən] 〈engl. to prill〉 【기술】(고농도 염류 용액을) 분무 건조 방식으로 결정화하다.
prim [priːm] 〈Adj.〉 [↑Primzahl의 격으로] 【수학】소수(素數)의. **Prim** [-], die; **Prim**(1)의 어음. 1. 【가】조과(朝課), 아침 기도. 2. [펜싱] 제1의 자세, 프라임(내리치는 자세). 3. 【음악】↑Prime (1).
Prim. = Primar, Primararzt, Primarius.
prima [priːma] 〈Adj.〉 [격변화 없음] [ital. prima, prima sorte 따위 어구의 단축, zu: primo] 1. 〈상·준교어〉최고(最高)의, 제1급의(약어: pa., Ia): wir führen nur p. Ware 우리는 1급 상품만 취급합니다. 2. 〈통용어〉뛰어난, 탁월한, 우수한, 훌륭한: er ist ein p. Kerl 그는

멋진 녀석이야; das schmeckt ja p. 이건 정말 굉장히 맛있군요; ich habe p. geschlafen 나는 아주 잘 잤다.
Prima [-], die; Primen [lat. prima(classis); a: 과거에 학생을 위에서 아래로 센 데서] **a)** 《종전》(독일 인문고등학교의) 상급 2학년(12,13 학년) 중의 하나. **b)** 〈오스트리아 인문고등학교의〉 1학년. **Primaballerina**, die; ...nen [ital. primaballerina] 발레리나. **Primadonna** [priːma'dɔna], die; ...nen [ital. prima donna] 1. (가극의) 제1여가수, 주역 여가수, 프리마돈나. 2. 《비유》우쭐거리는 사람, 잘난 척하는 사람: der Wirtschaftsminister galt als die P. des Kabinetts 경제부 장관은 내각의 프리마돈나[제1 인자]인양 우쭐거리는 인물로 통했다. **Prima-facie-Beweis** [...ˈfaːtsi̯ə-], der; -es, -e [lat. facies] 【법】일견(하여) 확실한 증거.
Primage [priːˈmaːʒə], die [frz. primage] ↑Primgeld, **Primamalerei**, die ↑alla prima. **Primaner** [priːˈmaːnɐ], der; -s, - 고등학교 최상급생(Prima의 학생): ihr gegenüber benahm er sich wie ein P. 그녀 앞에서 그는 고등학생처럼 (서툴게) 행동했다(수줍어했다). **primanerhaft** 〈Adj.〉(학생처럼) 미숙한, 서툰, 수줍은, 어쩔줄 모르는. **Primanerin**, die; -nen ↑Primaner의 여성형. **Primar** [priːˈmaːr], der; -s, -e [lat. prīmārius] 〈österr.〉 ↑Primararzt의 약칭. **primär** [priːˈmɛːr] 〈Adj.〉 [frz. primaire] 1. 《교양어》**a)** 처음의, 최초[원초]의, 초보[초기]의, 원래의; das -e Stadium einer Krankheit 질병의 초기 단계[제1기]. **b)** 우선적인, 일차적인, 본질[근본]적인: etw. ist von -er Bedeutung 무엇이 근본적[우선적]으로 중요하다; etw. richtet sich p. gegen die Religion 먼저 일차적으로 종교를 겨냥하고 있다. 2. 【화학】(특정 화합물에 대해) 1차의: -e Alkohole 1차 알코올(메틸알코올 따위). 3. 【전기】(엘리미네이터 따위에서) 1차의, 전원(電源) 연결부의: die -e Spannung 1차 전압.
Primar-: ~**arzt**, der 〈österr.〉(병원의) 과장(의사). ~**lehrer**, der 〈schweiz.〉 국민학교 교사. ~**schule**, die 〈schweiz.〉 국민학교. ~**schüler**, der 〈schweiz.〉 국민학생. ~**stufe**, die 초등교육[국민학교](과정) (1~4 학년).
Primär-: ~**affekt**, der 【의학】(전염병의) 초기 증상, (특히 매독의 제1기 증상인) 초기경결(初期硬結). ~**energie**, die 【기술】(가공하지 않은 자연 상태의 연료에서 얻는) 1차 에너지. ~**gruppe**, die 【사회】(가족·이웃 따위와 같은) 기초적 집단. ~**krebs**, der 【의학】1차 tumor. ~**literatur**, die 【학문】(학술연구서의 참고로서의) 1차(기초) 문헌. ~**seite**, die 【전기】(엘리미네이터의) 전원(電源) 연결부. ~**spannung**, die 【물리】1차 전압. ~**spule**, die 【전기】1차 권선(捲線). ~**statistik**, die 1차 통계. ~**strahlung**, die ↑Höhenstrahlung. ~**tumor**, der 【의학】원발암(原發癌). ~**wicklung**, die 【전기】1차 권선.
primarate, die [금융·경제] ↑Prime rate.
Primaria, die; ...iae ↑Primar의 여성형.
Primarius [priːˈmaːrius], der; -, ...in [lat. prīmārius] 1. 【음악】(현악 4중주 따위의) 제1바이올린 주자. 2. 〈österr.〉 ↑Primararzt. 3. 《고어》수석[담임] 목사, 주임 신부.
Primary ['praɪmərɪ], die; ...ries [engl.-amerik. primary (election)] (미국의 선거 제도에서 특히 대통령 후보 선출을 위한) 예비 선거.
Primas [priːmas], der; -, -se / Primaten [priːˈmaːtn̩] [lat. prīmās] 1. 〈Pl. -se / Primaten〉 【가】 **a)** 〈Pl. 없음〉 프리마스(수도(首都)대주교의 칭호). **b)** (한 나라, 교구의) 수도(수좌, 수석) 대주교. 2. 〈Pl. -se〉 (집시 악단의) 제1바이올린 주자. ¹**Primat** [priːmaːt], der / das; -(e)s, -e [lat. prīmātus] 1. 《교양어》우위, 우선, 우세,

우월: der P. des Geistigen (vor dem Materiellen [über das Materielle]) 물질적인 것에 대한 정신적인 것의 우위; den P. haben 우선하다, 우위를 지니다. **2.** 『가』 (주교 등에 대한) 교황의 수위(首位權). **²Primat** [-], der; -en, -en (대개 Pl.) [lat. prīmātes, prīmās의 복수형] 『동물』 영장류(靈長類). **Primatologe** (primato 'lo:gə], der; -n, -n 영장류(동물)학자. **Primatologie**, die 영장류(동물)학. **prima vista**: ↑a prima vista. **Primaware**, die 『상』 1급[최고급] 상품. **Primawechsel**, der; -s, - [ital. prima (di cambio)] 『상』 1호 어음. **Prime** ['pri:mə], die; -n [lat. prīma] **1.** 『음악』 **a)** 같은 두 음 사이의 간격, 동음 화음. **b)** (전음계(全音階)의 제1음, 기음(基音). **2.** 『인쇄·서적』 프라임 기호(인쇄 전지(全紙)의 첫 페이지 하단에 기재되는 전지 번호 따위). **Primel** ['pri:ml], die; -n [lat. primula veris] 『식물』 앵초: **eingehen wie eine P.** 《경》《스포츠 따위에서》 대패하다, (사업에서) 엄청난 손실을 입다, 망하다. **Primelkrankheit**, die (Pl. 없음) 앵초의 피부병. **Primeltopf**, der 앵초 화분(花盆): **grinsen[strahlen] wie ein P.** 《통용어》 얼굴 전체로 희죽희죽[환희] 웃다[희색이 만연하다]; **eingehen wie ein P.** ↑Primel. **Primen**: ↑Prim, Prima, Prime의 복수형. **Prime rate** ['praɪm 'reɪt], die [engl. prime rate] 『금융·경제』 프라임 레이트, 기준 이율, 표준금리. **Primgeiger**, der; -s, - [lat. prīmus] 『음악』 ↑Primarius의 복수형. **Primgeld**, das (하주(荷主)가 선장에게 주는) 사례금, 할증 운임. **Primi** ↑Primus의 복수형. **Primipara** [pri'mi:para], die; ...ren [primi'pa:rən] ; lat. parere] 『의학』 초산부(初産婦). **primissma** [pri'missma] ⟨Adj.; 격변화 없음⟩ [↑prima의 이탈리아어식 최상급] 『농』 탁월한, 아주 멋진, 최상의. **primitiv** [primi'ti:f] ⟨Adj.⟩ [frz. primitif] **1. a)** 원시적인, 원시(시대)의, 미개한 (상태의): -e Völker 원시[미개] 종족; **auf einer -en Stufe stehen** 미개한 단계에 있다; die Primitiven dieses Kontinents 이 대륙의 미개인(민족, 부족)들. **b)** 원초의, 기본적인, 소박한, 세련되지 못한: -e Bedürfnisse 기본적인 욕구; -e Kunst 유치한 예술. **2. a)** 단순한, 간단[간결]한: -e Werkzeuge 간단한 도구들; die -sten Regeln des Anstands mißachten 지극히 단순한[기본적인] 예의범절을 무시하다. **b)** 《폄》 초라한, 궁색한, 빈한한: -e Unterkünfte 초라한 숙소; man lebt dort erschreckend p. 거기 사람들은 놀랄만큼 궁핍하게 [원시적으로] 살고 있다. **3.** 《폄》 (정신적·문화적으로) 저급한, 유치한, 치졸한: -e Ansichten von etw. haben 무엇에 관해 유치한 견해를 가지고 있다; p. daherreden 치졸한 말을 늘어놓다. **Primitiva**: ↑Primitivum의 복수형. **primitivieren** [...ti'vi:rən], **primitivisieren** [...vi'zi:rən] ⟨h⟩ 《교양어》 지나치게 단순화하다. **Primitivierung**, **Primitivisierung**, die; -en 《교양어》 단순화. **Primitivismus** [...'vɪsmʊs], der; - 『예술』 원초주의(原初主義) (원시 문화를 전거로 단순·소박화하는 현대예술의 경향). **Primitivität** [...vi'tɛ:t], die; -en **a)** (Pl. 없음) 원시성, 미개, 단순, 소박. **b)** 유치[치졸]한, 소박한 견해[언행]. **Primitivkultur**, die 『전문어』 원시[미개]문화. **Primitivling** [primi'ti:flɪŋ], der; -s, -e 《폄》 치졸한[무식한, 어리석은] 사람, 야만인. **Primitivum** [...'ti:vʊm], das; -s, ...va 『언어』 (복합어에 대립되는) 어간어. **Primiz** [pri'mi:ts], die; -en [lat. prīmitiae (Pl.)] 『가』 신임 신부의 첫 미사. **Primiziant** [primi'tsi̯ant], der; -en, -en 『가』 신임 신부. **Primjzien** [pri'mi:tsi̯ən] ⟨Pl.⟩ 『종교』 (로마의 신들에게 바치는) 첫 제물. **Primogenitur** [primogeni'tu:ɐ̯], die; -en [lat. primogenitus, zu lat. prīmus u. genitus] 『법·구제』 상속, 특히 왕위 계승시의 장자 상속권. **primordial** [prɪmɔr'di̯a:l] ⟨Adj.⟩ [lat. prīmōrdiālis] 『자연과학·철학』 원시(태고)의, 원초의, 최초의. **Primton**, der; -(e)s, ...töne ↑Prime (1 b). **Primus** ['pri:mʊs], der; -, Primi / -se [lat. prīmus] 《준고어》 (특히 중·고등학교의) 반(班) 수석 학생. **Primus inter pares** [-'ɪntɐ 'pa:rɛs], der; - - -, Primi - - [lat.] 《교양어》 동료 중의 제1인자. **Primzahl**, die; -en 『수학』 소수(素數).

principiis obsta! [prɪn'tsi:piːs 'ɔpsta; lat.] 《교양어》 (위험한 사태는) 시작부터[초기에] 막아라! **Printe** ['prɪntə], die; -n (대개 Pl.) [niederl. prent] 프린테(향료와 시럽 따위를 넣어 구운 쿠키). **Printed in...** ['prɪntɪd ɪn...; engl.] 『서적』 ...에서 인쇄된 (국가명과 함께 써서 책이 인쇄된 곳을 표시, 예컨대: Printed in Germany). **Printer** ['prɪntɐ], der; -s, - [engl. printer] 『사진』 인화기. **Prinz** [prɪnts], der; -en, -en **1. a)** (Pl. 없음) (칭호로서) 왕자, 공(公). **b)** 왕자, 공자, 친왕. **2.** ↑Karnevalsprinz의 약칭. **Prinzengarde**, die 카니발 왕자(부부)의 친위대. **Prinzenpaar**, das 카니발[사육제] 왕자 부부 (축제 행사의 일부로 선출됨). **Prinzeps** ['prɪntsɛps], der; -, Prinzipes [...tsi:pɛs; lat. prīnceps] (역사적) **a)** (고대 로마의) 수석원로(元老). **b)** (Pl. 없음) 황제 (Augustus 이래 로마 황제의 칭호). **Prinzeß** [prɪn'tsɛs], die; Prinzessen 《고어》 ↑Prinzessin (1). **Prinzeß-**: **~bohne**, die 〈대개 Pl.〉 까지 않고 요리하는 풋콩. **~form**, die 『의상』 프린세스형. **~kleid**, das 『의상』 (허리를 암시하고 허리띠가 없는) 프린세스형 여성복(원피스, 외투). **Prinzessin**, die; -nen **1.** 공주, 왕자비, 왕녀. **2.** ↑Karnevalsprinzessin의 약칭. **Prinzgemahl**, der; -(e)s, -e 여왕의 부군(夫君): 『전의』 der Mann des Stars wollte nicht länger P. sein 그 인기 여배우의 남편은 더 이상 아내의 그늘에 가려있기 싫었다. **Prinz-Heinrich-Mütze**, die; -n [해군 대장이었던 Prinz Heinrich von Preußen에 따라] ↑Schiffermütze.

Prinzip [prɪn'tsi:p], das; -s, -ien [-i̯ən] 《드물게》 -e [lat. prīncipium zu: prīnceps] **a)** 원칙, 주의(主義), 신조, 절조: moralische -ien 도덕적 신조; einem P. treu sein 어떤 주의에 충실하다; an seinen -ien festhalten 자신의 신조[원칙]를 고수하다; er handelt stets nach dem gleichen P. 그는 늘 똑같은 원칙에 따라 행동한다; ein Mann mit[von] -ien 신조가 있는 사람; sich etw. zum P. machen 무엇을 신조로 삼다; **aus P.** 원칙[신조]에 따라; er hat es als P. 그는 신조에 따라 그것을 한다; **im P.** 원칙적[근본적]으로(는), 근본에 있어서, 실제로는, 원래: im P. ist dagegen nichts einzuwenden 원칙상 그 일에 대해서는 아무런 이의도 제기할 수 없다. **b)** 원칙, 법칙, 규범: ein politisches [demokratisches] P. 정치적[민주주의의] 원칙; das P. der Gewaltenteilung 권력 분립의 원칙; sich zu einem bestimmten P. bekennen 어떤 특정의 규범[원칙]을 신봉[인정]하다. **c)** 원리: der Motor ist nach einem neuen P. gebaut 그 엔진은 새로운 원리에 따라 제작되었다. **¹Prinzipal** [prɪntsi'pa:l], der; -s, -e [lat. prīncipālis] **1.** (극단의) 단장, 극장장. **2.** 가게주인, 사장, 고용주, (도제의) 스승. **²Prinzipal** [-], das; -s, -e 『음악』 **1.** (오르간의) 기본음전(音栓). **2.** 《옛》 저음 트럼펫. **Prinzipalgläubiger**, der 『주』 채권자. **Prinzipalin**, die; -nen ¹Prinzipal의 여성형. **prinzipaliter** [...'pa:litɐ] ⟨Adv.⟩ [lat. prīncipāliter] 《교양어·고어》 무엇보다도 먼저, 우선, 특히. **Prinzipat** [...'pa:t], das; -(e)s, -e [lat. prīncipātus] (Augustus 황제가 이룩한 고대 로마의) 초기 제정(帝政). **Prinzipes**: ↑Prinzeps의 복수형. **prinzipiell** [...'pi̯ɛl] ⟨Adj.⟩ [lat. prīncipiālis] **a)** 원칙적인, 원칙[신조]에 따르는: so etwas tut er p.

nicht 원칙적으로 그는 그런짓은 하지 않는다; etw. endet p. mit Mißerfolgen 무엇은 예외없이 실패로 끝난다. **b)** 원칙(원리)상의, 근본(본질)적인: ein -er Unterschied 근본적인(원칙상의) 차이; diese Auslegung ist p. möglich 이러한 해석은 근본적으로 가능하다.

prinzipien-, Prinzipien-: ~**fest** 〈Adj.〉 원칙(신조)을 고수하는, 원칙에 확고한. ~**festigkeit**, die ↑~fest 의 명사형. ~**frage**, die 원칙상의 문제. ~**los** 〈Adj.〉 원칙(방침)이 없는, 지조가 없는. ~**losigkeit**, die ↑ ~los의 명사형. ~**reiter**, der 《폄》원리 원칙만 따지는 사람, 융통성없는 원칙론자, 독단가. ~**reiterei**, die 《폄》융통성없는 원칙의 고수. ~**streit**, der 원칙에 관한 논쟁. ~**treu** 〈Adj.〉 원칙에 충실한. ~**treue**, die 원칙에의 충실성.

prinzlich 〈Adj.〉 왕자(공자)의(에 관한, 속하는), 왕자 같은: die -e Familie 왕자의 가족. **Prinzregent**, der; -en, -en 섭정(攝政), 섭정 친왕(殿下).

Prior ['pri:ɔr, 'pri:o:r], der; -s, -en [pri'o:rən; lat. prior, zu lat. prior] 〔가〕 **a)** (도미니코회 등 특정 교단의) 수도원장. **b)** (대수도원 산하 분원의) 원장, 수도분원장. **c)** 수도원 부원장. **Priorat** [prio'ra:t], das; -(e)s, -e [lat. prioratus] **1.** ↑Prior의 직위. **2.** 수도[수녀]원 분원. **Priorin** [pri'o:rɪn, 'pri:orɪn], die; -nen **a)** 수녀원 분원장. **b)** 수녀원(수녀회) 부원장. **Priorität** [priori'tɛ:t], die; -en [frz. priorité] 〈교양어〉 **1.** 〈Pl. 없음〉 (시간적으로) 앞섬, 선재(先在)(性): die eindeutige P. (einer) Erfindung 어떤 발명이 확실히 시간적으로 앞서 있음. **2. a)** 〈Pl. 없음〉 상위, 우위(성): ihm wurde (die) absolute P. eingeräumt 그에게[그의] 절대적인 우위가 인정되었다. **b)** 〈Pl.〉 (우선) 순위: bei etw. -en festlegen[setzen] 어떤 일에서 우선 순위를 정하다. **c)** [법·경제] 우선권, 선취권(Vorrecht): die patentrechtliche P. 특허법상의 우선권. **3.** 〈Pl.〉 [경제] 우선주(優先株), 우선 채권.

Prioritäts-: ~**aktie**, die 〈대개 Pl.〉 [경제] ↑Vorzugsaktie. ~**obligation**, die 〈대개 Pl.〉 [경제] ↑ Vorzugsobligation. ~**prinzip**, das [동물] 최초 학명 우선 원칙.

Prischen ['prɪsçən], das; -s, - ↑Prise (1). **Prise** ['pri:zə], die; -n [frz. prise, prendre의 명사적 과거분사] **1.** 〈축소형: ↑Prischen〉 (두 세 손가락으로 집을 만한 분말 따위의 분량) 조금: eine P. Salz 한 줌의 소금; er nimmt eine P. 그는 코담배 한 줌을 들이 마신다. **2.** [해양법] 나포선(船), 나포물, 포획물[선]: eine P. aufbringen[machen] (배를) 나포[포획]하다.

Prisen- (Prise 2) [해양] ~**geld**, das [포획, 나포물에 대해 승무원에게 주는] 포획(상)금. ~**gericht**, das 포획 심판소.(재판소). ~**kommando**, das 포획 작전 부대, 포획단[대]. ~**recht**, das [법] 포획권. ~**verfahren**, das 포획 심판.

Prisma ['prɪsma], das; -s, ...men [lat. prisma < griech. prísma (2격: prísmatos)] **1.** [수학] 각주(角柱). **2.** [광학] 프리즘: weißes Licht wird durch ein Prisma in seine Spektralfarben zerlegt 백색광은 프리즘에 의해 스펙트럼 빛깔로 나누어진다. **prismatisch** [prɪs'ma:tɪʃ] 〈Adj.〉 **a)** 프리즘 모양의, 삼릉형의. **b)** 프리즘에 의한: die P. Brechung des Lichtes 프리즘에 의한 분광. **Prismatoid** [prɪsmato'i:t], das; -(e)s, -e [griech. -oeidḗs] [수학] 모뿔대, 각뿔대(角錐臺). **Prismen**: ↑Prisma의 복수형.

prismen-, Prismen-: ~**brille**, die (사시(斜視)) 교정용의) 프리즘 안경. ~**fernrohr**, das ↑~glas. ~**förmig** 〈Adj.〉 ↑prismatisch (1). ~**glas**, das 프리즘 쌍안경. ~**sucher**, der [사진] (리플렉스 카메라의) 핀트 글래스(, 피사체) 투시경.

Prismoid [prɪsmo'i:t], das; -(e)s, -e ↑Prismatoid. **Pritsche** ['prɪtʃə], die; -n **1.** 나무 침상, 간이 침대. **2.** (화물차의) 개폐식 적재함. **3.** (어릿광대의) 몽둥이(마분지나 판자 조각을 포개어 만든 것으로, 사람을 때리거나 특한 소리를 내는 도구). **4.** (통용어·폄) 매춘부, 갈보. **pritschen** ['prɪtʃn] (h) **1.** (지역적) (어릿광대의) 몽둥이로 때리다. **2.** [배구] 손가락을 구부려 토스하다. **Pritschenaufbau**, der; -s, -ten [기술] ↑ Pritsche (2). **Pritschenwagen**, der; -s, - (개폐식 적재함이 있는) 화물차.

Pritschmeister, der 《지역적》 어릿광대. **Pritstabel** ['prɪtʃtabl; aus dem Slaw.], der 《구제》 (Mark Brandenburg 지역의) 어로(漁撈) 감시인.

privat [pri'va:t] 〈Adj.〉 [lat. prīvātus zu: prīvāre] **1. a)** 개인의, 개인적인: das sind meine ganz -en Angelegenheiten 그것은 전적으로 나 개인의 문제이다; er sprach über seine -esten Gefühle 그는 자신의 극히 사사로운 감정들을 이야기했다. **b)** 친밀한, 은밀한, 마음을 터놓는: eine Feier in -em Kreis 친근한 사람들끼리의 축하연; es herrschte in -er Ton 친밀한 어조가 흐르고 있었다. **2.** 사적인, 비공식의, 공무(근무) 외의: -e Mitteilungen 비공식 통보; ein -er Brief 사신; um ein -es Gespräch bitten 개인적인 면담을 청하다; das ist meine -este Meinung 그것은 나의 극히 사적인 견해이다; ich bin p. hier 나는 개인적인 용무로 여기에 와 있다. **3. a)** 비공개[공용]의, 사용[임대]의, 전용(專用)의: ein -er Eingang (관계자) 전용 출입구; der Künstler gab eine -e Vorstellung 그 예술가는 비공개 발표회를 열었다; p. wohnen 민박하다, 개인집에서 하숙하다. **b)** 사립 [사설]의, 사유의, 사영(私營)의, 사비(자비)의: -es Eigentum 사유 재산; ein -es Unternehmen 사(기업(私企業); eine -e Schule 사립학교; diese Projekte wurden p. finanziert 이 계획들은 사비로 추진되었다; wir verkaufen auch p. 우리는 개인 고객에게도 판매한다; **an Privat** 개인 고객 대상의[으로]; **von Privat** (위탁 판매가 아닌) 개인(자영)판매의: nur von Privat angeboten werden 개인(자영) 판매(업)자에 의해서만 제공되다.

privat-, Privat-: ~**adresse**, die 집[자택] 주소. ~**angelegenheit**, die 사적인 일[용무]: sich in jmds. -en mischen 누구의 사적인 일에 간섭하다. ~**anschrift**, die ↑~adresse. ~**audienz**, die 비공식 알현(접견). ~**bahn**, die 사유 철도, 사철(私鐵). ~**bank**, die 민영 은행. ~**besitz**, der 사유물, 사유 재산. ~**brief**, der 사신(私信). ~**detektiv**, der 사립 탐정. ~**dinge** 〈Pl.〉 사적인 일. ~**dozent**, der **a)** 〈Pl. 없음〉 (대학의) 강사(비전임 교수에 대한 호칭). **b)** 대학 강사, 시간 강사. ~**druck**, der 〈Pl. -e〉 (판매를 목적으로 하지 않는) 자비 출판본(本). ~**eigentum**, das **1.** 사유 재산. **2.** 《마르크스주의》 생산 수단과 사회적으로 창출된 생산품의 사유(私有). ~**fehde**, die 자카용 차(량). ~**fernsehen**, das 민영 텔레비전. ~**flugzeug**, das 자가용 비행기. ~**gebrauch**, der 사용(私用), 자가용. ~**gelehrte**, der (준교어) 재야 학자. ~**gemach**, das (아이) 사실(私室). ~**gespräch**, das 사담(私談), 사적인 전화 통화. ~**hand** (다음 용법으로만) **aus[von]** P. 개인 소유에서, 개인으로부터: ein Gemälde aus [von] P. erwerben 어떤 그림을 개인 소장자로부터 구입하다. **in** P. 사유 (상태)로 있는: das Gebäude ist [befindet sich] noch in P. 그 건물은 아직 개인 소유로 있다. ~**haus**, das 개인집, 사택, 사저. ~**industrie**, die 사유(민간) 산업. ~**initiative**, die 개인적인[사적인] 이니시어티브(발의, 제안). ~**interesse**, das 사적인 이해(관계). ~**klage**, die [법] 사소(私訴). ~**kläger**, der [법] 사소인(私訴人), 사소원고. ~**klageverfah-**

Privatier

ren, das 〖법〗 사소절차. ~klinik, die 개인〔의원〕병원. ~krankenhaus, das 개인〔민간〕종합 병원. ~krieg, der 장기간의 격심한 암투〔불화〕. ~leben, das 〈Pl. 없음〉사생활, 개인 생활: Beruf und P. sind bei ihm nicht zu trennen 그 사람에게 있어서 직업과 개인생활을 분리할 수 없다; kein P. mehr haben 더 이상 개인생활이 없다; in jmds. P. eingreifen 누구의 사생활에 간섭하다; sich ins P. zurückziehen 공직에서 은퇴하다. ~lehrer, der 개인〔가정〕교사. ~lektüre, die 개인〔교양〕독서. ~leute: ↑~mann의 복수형. ~mann, der 〈Pl. -leute / 〖드물게〗 -männer〉 **a)** 사인(私人), 개인: er ist als P. hier 그는 개인 자격으로 이곳에 와 있다. **b)** 직업 없이 재산으로 살아가는 남자, 연금생활자(Privatier). ~mensch, der ↑~person. ~mittel 〈Pl.〉 사비(私費), 자비. ~patient, der 비보험〔保險〕환자. ~person, die 사인, 개인: -en haben hier keinen Zutritt 이곳은 관계없는 사람에게는 출입 금지이다. ~quartier, das 민박, 민가 숙소. ~raum, der 사실(私室), 개인이 쓰는 방. ~recht, das 〈Pl. 없음〉 사법(私法). ~rechtlich 〈Adj.〉 〖법〗 사법(상)의. ~sache, die ↑~angelegenheit. ~sammlung, die 개인 수집〔소장〕〔품〕. ~schatulle, die 〈준고어〉 왕후(王侯)의 사재, 내탕(금). ~schule, die 사립학교. ~sekretär, der 개인 비서. ~sekretärin, die ↑~sekretär의 여성형. ~sphäre, die 개인의〔사적인〕영역. ~station, die 비보험〔保險〕환자용 병동. ~stunde, die 〔개인〔가정〕교사의〕개인 지도〔교수, 교습〕: -n geben〔nehmen〕개인 지도를 해주다〔받다〕. ~unterhaltung, die 사담, 〔사적인〕담소. ~unterricht, der ↑~stunde. ~unterkunft, die ↑~quartier. ~vergnügen, das 〈통용어〉 개인적인 일〔즐거움, 재미〕: was Sie hier tun, ist nicht Ihr P. 당신이 여기에서 하는 일은 개인적인 일이 아니오; ich mache das nicht zu meinem P. 그건 내가 좋아서 하는 일이 아니다. ~vermögen, das 개인 재산, 사재. ~versichert 〈Adj.〉 〔의무보험에〕사보험에 가입한. ~versicherung, die 사보험(私保險). ~weg, der 사용〔私用〕〔사설〕도로. ~wirtschaft, die 사경제(私經濟), 민간 경제. ~wirtschaftlich 〈Adj.〉 사〔민간〕경제의. ~wohnung, die 개인 아파트 사저. ~zimmer, das 사실(私室), 개인방. ~zweck, der 사적인 목적〔용도〕.

Privatier [priva'tje:], der; -s, -s [↑privat에 대한 프랑스식 조어] 〈준고어〉 ↑Privatmann (b). **privatim** [pri'va:tɪm] 〈Adv.〉 [lat. prīvātim] 〈교양어〉 사적인, 내밀한, 비공식(비공개)의, 단 두 사람 사이의. **Privation** [priva'tsio:n], die; -en [lat. privatio] 〈고어〉 박탈, 약탈, 강탈. **privatisieren** [privati'zi:rən] 〈h〉 [↑ privat에 대한 프랑스식 조어] **1.** 〖경제〗 사유화〔민영화〕하다〔반대: entprivatisieren〕. **2.** 〈교양어〉 직업없이 재산〔연금〕으로 살아가다. **Privatisierung**, die; -en 〖경제〗 사유화, 민영화: die P. öffentlicher Unternehmen 공기업의 민영화. **privatissime** [...'tɪsɪmə] 〈Adv.〉 [lat. prīvātissimē, prīvātissimus의 Adv., prīvātus의 최상급] 〈교양어·준고어〉 아주 친밀〔은밀〕하게, 극히 사적으로, 가장 가까운 사이에서. **Privatissimum** [...'tɪsɪmʊm], das; -s, ...ma 〈교양어·준고어〉 **1.** 소규모 청중을 위한 강의, 사강의(私講義), 특별 강의. **2.** 〈농〉 개인적인 훈계, 귀찮은 설교. **Privatist** [...'tɪst], der; -en, -en 〈österr.〉 〔학교에 다니지 않고 자가 학습으로 졸업 시험을 준비하는〕 독학생. **Privatistin**, die; -nen 〈österr.〉 ↑ Privatist의 여성형. **privativ** [...'ti:f] 〈Adj.〉 〖언어〗 **a)** 박탈적인, 결여적(缺如的)인〔본래 구비하여야 할 성질의 결여를 나타내는〕: -e Affixe 결여접사〔接辭〕〔예컨대: un–, -los〕. **b)** 결여어(缺如語)의. **Privativ** [-], das; -s, -e [...i:və

lat. prīvātīvus] 〖언어〗 결여동사(박탈, 제거를 뜻하는 동사, 예컨대: häuten).

Privileg [privi'le:k], das; -(e)s, -ien [..'le:giən], 〈또한〉 〈교양어〉 특권, 특전: ein P. haben〔erhalten, genießen〕특권을 가지고 있다〔획득하다, 누리다〕. **privilegieren** [...le'gi:rən] 〈h〉 〈교양어〉 〈누구에게〉 특권을 부여하다: die Statuten lassen es nicht zu, einzelne zu P. 규약에 따르면 개인에게 특권을 부여하는 것은 허용되지 않는다; eine privilegierte Stellung 특권이 있는 지위; die Privilegierten 특권〔특전〕을 누리는 사람들. **Privilegierung**, die; -en 〈교양어〉 특권의 부여. **Privilegium** [...'le:gium], das; -s, ...ien [...iən] 〈교양어·고어〉 ↑ Privileg.

Privilegium Paulinum [...–], das; -s, - [사도 바울에 따라] 〖가〗 바울 윤허(允許) 〔영세를 받지 않고 결혼한 부부 중 한 쪽이 가톨릭으로 개종했을 때 이혼할 수 있다는 것〕.

Prix [pri:], der; - [pri:(s)], - [pri:s frz. prix] ↑ Preis (2 a)의 프랑스어 표기.

PR-Mann [pe:'ɛr-], der 〈경제 은어〉 섭외〔홍보, 광고〕 담당자〔요원〕.

pro [pro:; lat. prō = vor, für, anstatt] **I.** 〈Präp.⁴〉 …마다, …에, …당: der Preis beträgt 20 Mark p. Stück 값은 1개에 20마르크이다; p. Person (und Jahr) 1인당 (연간); p. Kopf (und Nase) 〈통용어〉 1인당, 두당; 100 km p. Stunde 시속 100km; er rasiert sich einmal p. Tag 그는 하루에 한 번씩 면도한다. **II.** 〈Adv.〉 찬성하여〈반대: kontra II〉: junge Leute sind selten p. (eingestellt) 젊은이들은 찬성하는 〔입장일〕 때가 거의없다; die pro und (das) Kontra einer Sache bedenken 어떤 일의 가부(可否)를 고려하다. **pro-**[-] 친(親) 〈형용사와 함께 사람, 사물에 대해 호의적인 자세를 뜻하는 규정어로서, 예컨대〉 prokommunistisch, prowestlich.

pro anno [lat.] 〈고어〉 1년마다, 매년〔약어: p. a.〕.

probabel [pro'ba:bl] 〈Adj.〉 [frz. probable] 〈교양어·고어〉 그럴 듯한, 있을 법한: wenig probable Gründe 별로 믿어지지 않는 이유들. **Probabilismus** [probabi'lɪsmʊs], der; - **1.** 〖철학〗 개연론(蓋然論) 〔학문과 철학에는 절대적 진리가 없고 개연성만 있다는 관점〕. **2.** 〖가〗 개연설〔론〕, 결의론〔도덕적 규범과 양심이 충돌할 때 규범에 반하여 행동할 수 있다는 원칙〕. **Probabilität** [...li'tɛ:t], die; -en [lat. probābilitās] 〖철학〗 개연성. **Proband** [pro'bant], der; -en, -en [lat. probandus, probāre의 Gerundivum **1.** 〖심리·의학〗 〔심리 조사나 약품 시험에서〕 시험〔검사, 조사〕 대상자. **2.** 〖계보〗 족보에 의해 혈통이 증명되는 사람. **3.** 보호 관찰 대상 가석방자, 보석 출소자. **probat** [pro'ba:t] 〈Adj.〉 [lat. probātus] a) 시험을 거친, 신뢰(성) 보증된, 확실한: eine -e Methode 확증된 방법. b) 〔경험에 비추어〕 적합한, 유용한: wenig -e Maßnahmen 그다지 적절하지 못한 조치들. **Pröbchen** ['prœpçən], das; -s, - ↑ Probe (2). **Probe** ['pro:bə], die; -, -n **1.** 시험, 검사, 시련, 음미, 시도: eine P. machen〔vornehmen〕 시험해보다; eine P. bestehen 검사〔시험〕에 합격하다; etw. einer P. unterziehen 무엇을 시험하다; der Wein hat bei der P. gut〔schlecht〕abgeschnitten 그 포도주는 시음(회)에서 좋은〔나쁜〕 평가를 받았다; eine P. auf einer Rechnung die P. machen (미지수가 있는) 수식을 검산하다, 방정식에 계산된 근을 대입해보다; die P. aufs Exempel machen (어떤 주장, 생각 따위가 적합한지) 면밀히 검토해 보다; **jmdn. auf die P. stellen** (지조, 성실성을 알아보기 위해) 누구를 시험하다; **etw. auf die P.[auf eine harte P.] stellen** 무엇을 시련을 겪게 하다, 시험하다: seine Liebe〔Geduld〕 wurde auf die P. [auf eine harte P.] gestellt 그의 사랑〔인내심〕은 시련〔혹독한 시

런]을 겪었다; **auf P.** 시험적으로: jmdn. auf P. anstellen 누구를 시험적으로 채용하다. **2.** 〈축소형: ↑ Pröbchen〉 견본, 표본, 증거: eine P. Urin (검사용의) 소변 표본; eine P. des Stoffes zum Einkaufen mitnehmen 옷감을 사기 위해 견본을 가지고 가다; 전의 eine P. seines Muts ablegen 자신의 용기를 증명해 보이다[실제로 보이다]. **3.** (공연을 위한) 연습, 연습 공연[활영], 예행 연습: die -n für die Uraufführung haben begonnen 초연을 위한 연습이 시작되었다; den -n beiwohnen 공연[무대] 연습을 참관하다; der Chor hat jeden Tag P. 그 합창단은 매일 연습을 한다.

probe-, Probe-: **~abstimmung**, die [특히 정치] 예비 표결[투표]. **~abzug**, der **1.** [인쇄] 시험적인 인쇄본, 견본. **2.** [사진] 시험삼아 뽑은 사진. **~alarm**, der 연습 경보. **~arbeit**, die **a)** (능력을 시험하기 위한) 시작(품)[試作(品)]. **b)** 습작(품). **~aufführung**, die 시연(試演), 시사(試寫). **~aufnahme**, die **1.** 시험 촬영, (악단·음반의) 시험(적인) 취입[녹음]. **2.** 시험 촬영[녹음]물, 시험적인 취입작품. **~auftrag**, der [기계] 시험하주(荷重). **~belastung**, die [기계] 시험하중(荷重). **~betrieb**, der ↑ **~lauf** (1). **~bogen**, die [전지(全紙)의] 견본쇄. **~bohrung**, die [기술] 시추. **~druck**, der 〈Pl. -e〉 [인쇄] 시험 인쇄본, 견본쇄. **~ehe**, die 시험 결혼, 시험적인 동거생활. **~exemplar**, das 견본. **~exzision**, die [의학] 시험 절제(切除)[절채(切採)]. **~fahren*** 〈대개 부정형, 과거 분사로만〉 **a)** 〈s〉 시운전을 하다: gestern bin ich (mit dem neuen Wagen) probegefahren 어제 나는 (새 자동차로) 시운전을 해 보았다. **b)** 〈h〉 (자동차를) 시운전하다. **~fahrt**, die 시운전, 시승(試乘). **~flug**, der **a)** (조종사의) 첫 비행. **b)** 시험 비행. **~galopp**, der [승마] (출발전에 관중에게 말들을 선보이기 위한) 시험 질주(疾走). **~halber** 〈Adv.〉 시험하기 위해, 시험삼아. **~haltig** 〈Adj.〉《고어》시험을 견디어 내는, 시험에 통과하는: -es Gold 품질 검사에 합격한 금. **~jahr**, das 1년의 견습(기간), [시보] 기간, 견습년. **~lauf**, der **1.** [기술] (기계, 설비의) 시운전, 시험가동. **2.** [육상] **a)** (운동장 코스를 익히기 위한) 시주(試走). **b)** (선수의 능력을 평가하기 위한) 시주. **~laufen*** 〈s; 대개 부정형, 과거분사로만〉**1.** (기계, 설비가) 시험 가동되다. **2.** [육상] (주자가) 시주(試走)하다. **~lehrer**, der 《österr.》 (정식 임용 전의 고등학교) 수습 교사. [드물게] ↑ Lehrprobe. **~nummer**, die (신문, 잡지의) 견본호(號). **~röhrchen**, das 《österr.》 ↑ Reagenzglas. **~schreiben*** 〈h; 대개 부정형, 과거분사로만〉 (비서 등이 능력을 보이기 위해) 타자를 해보(이)다. **~schuß**, der 시험 사격. **~seite**, die (조판된 인쇄물의) 견본 페이지. **~sendung**, die (상품의 견본 송부, 송달된 견본. **~singen*** 〈h; 부정형·과거분사로만〉 노래를 해 보(이)다. **~spiel**, das [스포츠] 연습 경기, 시범 경기. **~sprung**, der [육상·체조] (시험) 도약. **~stoß**, der (포환 던지기) 시투(試投), 던지기 연습. **~stück**, das ↑ **~exemplar**. **~turnen** 〈h; 대개 부정형·과거분사로만〉 (본 경기에 앞서) 연습으로 연기하다. **~versuch**, der [육상] 본 경기전의 연습. **~weise** 〈Adv.〉 시험삼아, 시험적으로: jmdn. p. einstellen 누구를 견습으로 고용하다. **~wurf**, der [육상] (던지기 경기의) 시투(試投). **~zeit**, die **1.** 견습기, 시용(시험, 가임용) 기간. **2.** 〈schweiz.·법〉 집행 유예 기간.

pröbeln [ˈprøːbəln] 〈h〉《schweiz.》온갖 (성과없는) 시도를 해보다. **proben** [ˈproːbn̩] 〈h〉 **a)** (연극 따위를 시험적으로) 연습하다, 익히다: eine Szene p. 한 장면을 연습하다; den Ernstfall p. 위기 상황에 대비하다[대비하여 연습하다]. **b)** 공연을 위해 연습하다, 공연 연습을 하다: das Ensemble probt schon sechs Wochen (für diese Inszenierung) 그 극단은 벌써 6주째 (이번 공연을 위해) 연습하고 있다. **Probenarbeit**, die; -en (총체적인) 공연 연습 작업. **Probeentnahme**, die; -n 시험하기 위해 작은 양을 받음.

Probier-: **~glas**, das 〈Pl. ...gläser〉**1.** 시음용 잔. **2.** 시험관. **~kunst**, die 〈Pl. 없음〉《전문어》시금(법)(試金法). **~stein**, der《옛》시금석. **~stube**, die (음료, 특히 포도주를 사기전에 시음할 수 있게 설치된) 시음실.

probieren [proˈbiːrən] 〈h〉 **1.** (시도) 해 보다: habt ihr schon probiert, ob es geht? 그것이 가능한지 너희들 이미 (시도) 해 봤어?; laßt mich mal p., ob der Motor anspringt 엔진이 시동되는지 어디 내가 한 번 해 보자; 속담 Probieren geht über Studieren 학식보다 실제로 해 보는 것이 낫다. 백문불여일견. **2.** (적합한지) 시험[검사, 조사]하다: ein neues Medikament p. 새로운 약품을 시험해 보다; sie probierte das neue Kleid 그녀는 새 옷을 입어 보았다. **3.** 맛을 보다, 시음[시식]하다: diesen Wein mußt du unbedingt p. 너는 이 포도주를 꼭 마셔 봐야 해. **4.** 〈연극·은어〉 ↑ proben (a, b) 참조: eine Szene p. 어떤 장면을 연습하다.

Problem [proˈbleːm], das; -s, -e [lat. problēma < griech. próblēma] **1.** 《교양어》문제(점), 과제, 난제: das ist (absolut) kein P. für mich 그것은 나에게 (전혀) 문제가 안 된다; ein P. taucht auf[stellt sich ein] 어떤 문제가 생기다; das größte P. liegt darin, daß ... 가장 큰 문제는 …인[라]는 (데에) 있다; ein P. anschneiden[behandeln, lösen] 어떤 문제를 제기하다[다루다, 해결하다]; einem P. ausweichen 어떤 문제를 회피하다; ein P. herangehen 어떤 문제[과제]에 착수하다; sich mit einem P. auseinandersetzen[befassen] 어떤 문제와 씨름하다[문제를 다루다]; vor einem P. stehen 어떤 문제에 직면해 있다; **-e wälzen** 해결되지 않은 문제들에 관해 고심하다; **nicht jmds. P. sein** 누구의 문제가 아니다, 누가 할[관여할] 바가 아니다; **kein P.!** (통용어) (쉽게 처리·해결할 수 있다는 뜻으로) 문제없어 ! **2.** 〈Pl.〉 어려운 문제, 곤란: sie hat -e mit ihrem Freund 그 여자는 애인과 문제가 있다; mit seinen -en allein fertig werden 자신의 어려운 일들을 혼자 힘으로 해결하다. **Problem-** (명사와 함께 규정어로서 기근어에 지적된 대상에 문제점이 있음을 표현, 예컨대) Problemgruppe, Problemsituation.

problem-, Problem-: **~bereich**, der 문제 영역. **~bewußtsein**, das 문제 의식, 문제의 인식. **~fall**, der 난제, 문제 거리, 문제 인물: sie ist ein P. für das Heim 그 여자는 기숙사의 골칫거리이다. **~feindlich** 〈Adj.〉 어려운 문제들을 회피하는(거리는). **~film**, der (사회 문제 따위를 다룬) 문제 영화. **~geladen** 〈Adj.〉 문제(문제점)가 많은. **~kind**, das 〈대개 Pl.〉 문제아. **~komplex**, der ↑ **~kreis**. **~kreis**, der 상호 관련된 문제들, 복합적인 문제. **~los** 〈Adj.〉 문제[어려움]가 없는. **~orientiert** 〈Adj.〉 **a)** (특정의) 문제에 따른[대응한]. **b)** [전산] 특정 과제의 해결과 관련된. **~reich** 〈Adj.〉 많은 문제점을 내포한, 문제가 많은. **~roman**, der 문제 소설. **~schach**, das [서양 체스] 묘수 풀이, 박보 장기. **~stellung**, die **a)** 문제 제기. **b)** 토의 주제, 제기된 문제: eine schwer zu lösende P. 해결하기 어려운 문제. **~stück**, das (문예학) 문제 희곡.

Problematik [probleˈmaːtɪk], die; - 문제성, (특정 사안에 관련된 총체적인) 문제(점): eine P. umreißen 어떤 문제를 요약하다; auf eine P. hinweisen 어떤 문제를 지적 [암시]하다. **problematisch** [...ˈmaːtɪʃ] 〈Adj.〉 [lat. problēmaticus < griech. problēmatikós] **1.** 곤란한, 어려운, 문제가 많은: er ist eine -e Natur 그는 본성부터 문제가 많은 사람이다; das Kind ist p. 그 아이는 다루기가 어렵다. **2.** 의심스러운, 불확실한: sein Einspruch macht die Einigung p. 그의 이의제기로 합의가 불확실해지고 있다. **problematisieren** [...mati'zi:rən] ⟨h⟩ (무엇을) 문제화하다, (무엇의) 문제점을 드러내다[토론하다]. **Problematisierung**, die; -en 문제화.

Procain Ⓦ [proka'i:n], das; -s ⟨인공어⟩【약학·의학】프로카인(국소 마취제).

Procedere [pro'tse:dərə], ⟨독일어화⟩ Prozedere [-], das; -, - [lat. prōcēdere] ⟨교양어⟩ 절차, 취급 방법.

pro centum [- 'tsentʊm; lat.] ⟨고어⟩ 백분율, 퍼센트(약어: p.c.; 기호: %).

Prodekan, der; -s, -e 부학장.

Prodigium [pro'di:giʊm], das; -s, ...ien [...iən; lat. prōdigium] 알리는 (불길한[기이한, 불가사의한]) 전조[정조].

pro domo [- 'do:mo; lat. = für das (eigene) Haus] ⟨교양어⟩ 자신의 일로, 자신(의 이익)을 위하여.

Prodrom [pro'dro:m], **Prodromalsymptom** [prodro'ma:l-], das; -s, -e [griech. pródromos] 【의학】 전구(前驅) 증세, 전징(前徵).

Producer [pro'dju:se], der; -s, - [engl. producer] 1. 생산자, 제조인. 2. 영화 제작자. **Produkt** [pro'dʊkt], das; -(e)s, -e [lat. prōductum, prōdūcere의 과거분사] 1. 〈생산품, 제작물, 제품, 소산, 작품〉 tierische [pflanzliche] -e 동물성[식물성] 제품; ein P. der Landwirtschaft[der Industrie] 농산물[공산품]; 전의 der Mensch ist das P. seiner Erziehung 인간은 교육의 산물이다. 2. 【수학】 a) 곱, 적(積): das P. aus[von] drei mal vier ist zwölf 3곱하기 4는 12이다. b) 곱하기 표시(예컨대: a·b, a×b). 3. 【신문】 (신문, 잡지의) 한 공정으로 인쇄되어 나오는 부분.

Produkten-: ~**börse**, die 【경제】 상품[산물] 거래소, 농산물 거래소[경매장]. ~**handel**, der 【상】 (농)산물 거래. ~**kunde**, die 〈드물게〉 ↑Warenkunde. ~**markt**, der (농)산물 시장.

Produktion [prodʊk'tsio:n], die; -en [lat. production] 1. 〈Pl. 없음〉【경제】a) 생산, 산출, 제조, 제작, 창작: die industrielle P. 공업 생산; die laufende P. von Autos 현재의 자동차 생산; die P. läuft[gerät] ins Stocken 생산이 정체 상태에 빠지고 있다; die P. steigern[aufnehmen, drosseln] 생산을 증가시키다[개시하다, 감축하다]; der Film geht in P. [ist bereits in P.] 그 영화는 제작에 들어간다[이미 제작 중이다]. b) 〈제작물〉 작품, 수확, 생산고: die gesamte P. 총생산(고); eine P. des italienischen Fernsehens 이탈리아 텔레비전 방송국의 제작물. c) 〈공연〉 생산 분야[부서]: in der P. arbeiten 생산부에서 일하다. 2. 〈준고어〉 공연, 연기, 연주.

produktions-, **Produktions-** (Produktion 1): ~**ablauf**, der 생산 공정: den P. automatisieren 생산 공정을 자동화하다. ~**abteilung**, die 생산부. ~**anlage**, die 〈대개 Pl.〉 생산 시설. ~**arbeiter**, der 【구동독】 생산직 노동자. ~**ausfall**, der 생산의 결손. ~**ausstoß**, der (일정 기간의) 산출고. ~**beratung**, die [russ. proiswodstwennoe soweschtschanie] 【구동독】 (노동자와 지도부 사이의) 생산 협의. ~**betrieb**, der 생산업체. ~**brigade**, die 【구동독】 ↑Brigade (3). ~**einstellung**, die 생산 중단. ~**erfahrung**, die 〈대개 Pl.〉 (분야의) 경험. ~**faktor**, der 생산 요소. ~**fluß**, der 생산의 흐름. ~**fonds**, der 【구동독】 생산 기금. ~**form**, die 생산 형식[양식]. ~**gang**, der ↑~ablauf. ~**geheimnis**, das 생산 기밀. ~**genossenschaft**, die 【구동독】 생산 협동 조합. ~**güter** ⟨Pl.⟩ 【경제】 생산재(반대: Konsumgüter). ~**instrumente** ⟨Pl.⟩ 【구동독】 생산 도구. ~**kapazität**, die ↑Kapazität (2 a). ~**kollektiv**, das 【구동독】 생산 공동체[집단]. ~**kosten** ⟨Pl.⟩ 생산비. ~**kraft**, die ↑Kapazität (2 a). ~**leistung**, die 생산 실적[업적, 능률]. ~**leiter**, der (영화) 제작자, 《구동독》 생산 지도원. ~**leitung**, die 생산 지도(부). ~**menge**, die 생산량, 생산고. ~**methode**, die 생산 방법. ~**mittel** ⟨Pl.⟩ 1. ↑~faktoren. 2. 《마르크스주의》 생산 수단. ~**plan**, der [2: russ. proiswodstwenny plan] 1. (기업의) 생산[작업] 계획. 2. 《구동독》 (양과 가격으로 표시된) 생산 계획. ~**programm**, das ↑Fertigungsprogramm. ~**prozeß**, der 생산 과정. ~**reserve**, die 〈대개 Pl.〉 비축 생산품. ~**stätte**, die 제작소, 작업장. ~**steigerung**, die 생산의 증가. ~**straße**, die ↑Fertigungsstraße. ~**team**, das 생산[제작] 조(組). ~**technik**, die 제조[제작] 기술. ~**technisch** ⟨Adj.⟩ ↑technologisch. ~**verfahren**, das ↑Fertigungsverfahren. ~**verhältnisse** ⟨Pl.⟩ 《마르크스주의》 생산 관계. ~**volumen**, das (기업체의 일정 기간의) 생산량, 산출량. ~**weise**, die 생산 양식[방식]. ~**wert**, der 【경제】 (일정 기간의) 총생산액. ~**zahlen** ⟨Pl.⟩ 생산량, 생산고. ~**zeit**, die 생산[제작] 시간: die P. durch Automatisierung herabsetzen 자동화로 생산 기간을 단축하다. ~**ziel**, das 생산 목표(량). ~**ziffer**, die 〈대개 Pl.〉 생산량. ~**zuwachs**, der 생산의 증대. ~**zweig**, der 생산 부문.

produktiv [prodʊk'ti:f] ⟨Adj.⟩ [frz. productif] a) 생산적인, 업적이 있는, 수확[수익]이 많은: eine Tätigkeit 생산적인 활동; p. zusammenarbeiten 생산적으로 협동하다; -e Suffixe 【언어】 생산적인[조어능력이 있는] 접미어. b) 창조적인 있는: -e Kräfte frei machen 창조적인 역량을 발휘시키다[발휘하다]; e Kritik 생산적 비판. **Produktivität** [...tivi'tɛ:t], die a) 생산성, 생산력, 성과, 수확[수익]이 많음: eine geringe (große) P. 낮은[높은] 생산성; die wirtschaftliche P. steigern 경제[분야]의 생산성을 높이다. b) 창조력: die (geistige) P. anregen (지적) 창조력을 고무하다.

Produktivitäts- (Produktivität a): ~**analyse**, die 생산성 분석. ~**effekt**, der 생산성의 효과. ~**ermittlung**, die 생산성 조사. ~**messung**, die 생산성 측정. ~**rente**, die 생산성 연동 연금. ~**steigerung**, die 생산성 향상: eine P. um 20% 20%의 생산성 향상. ~**stufe**, die 생산성의 단계.

Produktivkraft, die; -kräfte 〈대개 Pl.〉 《마르크스주의》 생산력. **Produktivkredit**, der 【경제】 생산 금융. **Produktmenge**, die; -n 【수학】 곱(적) 집합. **Produzent** [produ'tsɛnt], der; -en, -en [lat. prōdūcēns (2격: prōdūcentis), prōdūcere의 현재분사] 1. 【경제】 생산자, 제작자, 제조인(반대: Konsument 1): der P. von Waren (eines Films) 상품의 생산자[영화의 제작자]; wir kaufen die Eier direkt beim -en 우리는 달걀을 생산자에게서[농가로부터] 직접 구입한다. 2. 【생물】 (먹이 사슬에서 유기 영양물의) 생산자. **produzieren** [...'tsi:rən] ⟨h⟩ [lat. prōdūcere] 1. 【경제】 생산[산출]하다, 제작[제조]하다: nach Bedarf p. 【경제】 생산[산출]하다, 【경제】 제조[제작]하다; die Industrie produziert mehr, als sie absetzen kann 산업계는 판매할 수 있는 양보다 더 많이 생산하고 있다; 전의 dauernd Kinder p. 계속 아이를 낳다. 2. (통용어) (행)하다, 발생[야기]시키다: was hast du denn wieder für (einen) Unsinn produziert! 너는 도대체 무슨 어리석은 짓을 또 한거야!; großen Lärm p. 큰 소음을 내다. 3. (P. + sich) ⟨통용어⟩ (주목을 끌기 위해) 눈에 띄게 처신하다, 재주[역량]를 내보이다: sich gern (vor anderen) p. (다른 사람들 앞에) 나서기를 좋아하다; sich als Clown p. 어릿광대로 등장하다. 4. (schweiz.) (꺼내) 보이다, 제시[제출]하다.

Proenzym, das; -s, -e 【생화학】 전효소(前酵素), 효소원(原).

Prof. = Professor.

profan [pro'fa:n] 〈Adj.〉 [lat. profānus] 《교양어》 1. 세속적인, 신성하지 않은, 비종교적인: ein -es Bauwerk 세속적인 용도의 건축물; -e Musik 비종교적인 음악. 2. 평범한, 범속한, 일상의: ganz -e Sorgen 아주 일상적인 걱정; sich p. ausdrücken 평범하게[속되게] 표현하다. **Profanation** [profana'tsio:n], die; -en [lat. profanātio] 《드물게》 ↑Profanierung. **Profanbau**, der; -(e)s, -ten [건축·예술] 비종교적인 (용도의) 건축물(반대: Sakralbau). **Profane***, der / die 《교양어·전문어》 (세)속인. **profanieren** [profa'ni:rən] 〈h〉 [lat. profānāre] 《교양어》 1. 신성을 모독하다, 품위를 떨어뜨리다, 창피를 주다: die Liturgie p. 예배식을 욕되게 하다. 2. ↑säkularisieren 참조. **Profanierung**, die; -en 《교양어》 (신성) 모독, 세속화, 비종교화. **Profanität**, die; -en [lat. profānitās] 《교양어》 〈Pl. 없음〉 세속성, 비종교성.

profaschistisch 〈Adj.〉 친(親)파쇼[파시슴]적인.

Proferment, das; -s, -e 《준고어》 ↑Proenzym.

¹**Profeß** [pro'fɛs], der; ...fessen, ...fessen [lat. professus, zu lat. profitērī 【가】 수도서원자, 서원수도사.

²**Profeß** [-], die; ...fesse 【가】 수도서원(식). **Professe***, der / die 〈↑¹Profeß. **Profession** [profe'sio:n], die; -en [frz. profession] 1. 《österr.》 직업, 생업, 본업. 2. 《드물게》 ↑Passion (1 a): ein Schauspieler aus P. 애착을 가진[타고난] 배우; aus P. 《드물게》 천직의, 소명을 받은. **professional** [...sio'na:l] 《드물게》 ↑professionell. **Professional** [-, 《한》 pro'fɛʃənal, 《engl.》 prə'fɛʃənəl], der; -s, -e / 《영어식 또는 영어 발음》 -s [engl. professional] ↑Profi.

professionalisieren [...nali'zi:rən] 〈h〉 《교양어》 1. 직업(생업)으로 삼다: sie hat ihr Hobby professionalisiert 그녀는 취미 활동을 생업으로 삼았다. 2. 《드물게》 직업화하다, 직업으로 인정하다. **Professionalisierung**, die; -en 직업(생업)화. **Professionalismus** [...'lɪsmʊs], der; - 직업으로서의 (스포츠) 활동, 직업선수의 기질(신분). **professionell** [...'nɛl] 〈Adj.〉 [frz. professionnel] 1. a) 직업적인, 본업(천직)의: -e Freundlichkeit 직업상의[과시적인] 친절. b) 직업화된, 직업으로 행해지는: -er Sport 직업적인(프로) 스포츠. 2. 적문적인, 전문가용의: ein -es Urteil 전문적인 판단(평가). **professioniert** [...'ni:ɐt] 〈Adj.〉 《드물게》 직업(생업)상의, 직업적인. **Professionist** [...'nɪst], der; -en, -en 《österr.》 기능공. **professionsmäßig** 〈Adj.〉 직업상의, 직업적인.

Professor [pro'fɛsor, 《또한》 ...so:ɐ̯], der; -s, -en [...'so:rən; lat. professor] 1. a) 〈Pl. 없음〉 《대학 교수, 엄적이 뚜렷한 학자·예술가에 대한 칭호로서의》 교수: Prof.: jmdn. mit P. anreden 누구를 교수로 호칭하다; Frau P.(여교수 또는 교수 부인에 대한 호칭) 교수님, 교수 부인. b) 대학 교수: ordentlicher öffentlicher Professor (약어: o. ö. Prof.) ordentlicher Professor (약어: o. Prof.) 정교수; außerordentlicher Professor (약어: a. o. Prof.) (독립 예산이 없는 정원외) 교수; die Herren -en Meier und Schulze 마이어 교수와 슐체 교수; er ist P. für Philosophie an der Universität Heidelberg 그는 Heidelberg 대학의 철학 교수이다; 〔전의〕 ein zerstreuter P. 《통용어·농》 정신이 산만한[멍한] 사람. 2. 《österr.》 중·고등학교 (Gymnasium) 교사.

professoral [profeso'ra:l] 〈Adj.〉 《교양어》 a) 교수의, 교수(직)에 상응하는, 교수다운: die -e Würde 교수의 위[품위]. b) 《폄》 교수(학자) 연하는, 근엄한(체하는), 점잔 빼는: in -em Ton(fall) sprechen 점잔 빼는 어조로 말하다. c) 《폄》 현실과 거리가 먼, 세상 물정에 어두운.

professoren-, **Professoren-**: **~austausch**, der 교수의 (상호)교환. **~kollegium**, das (한 대학의) 전 교수진. **~mensa**, die 교수용 구내식당. **~mäßig** 〈Adj.〉 ↑professoral (a). **~titel**, der 교수의 칭호. **~würde**, die 교수의 직위[품위].

professorenhaft 〈Adj.〉 《폄》 ↑professoral (b, c). **Professorenschaft**, die; ↑Professorenkollegium. **Professorin** [profɛ'so:rɪn, 《또한》 pro'fɛsorɪn], die; -nen ↑Professor (1 b, 2)의 여성형. **Professorsfrau**, die; -en 《통용어》 교수 부인. **Professorswitwe**, die; -n 《통용어》 교수의 미망인. **Professortitel**, der; -s, - ↑Professorentitel. **Professur** [profɛ'su:ɐ̯], die; -en 교수의 직[자리]. **Profi** [ˈpro:fi], der; -s, -s [↑Professional의 약칭] 1. 직업(프로) 선수(반대: Amateur b): ein hochbezahlter P. 돈을 많이 받는 직업 선수; er spielt wie ein P. 그는 직업선수처럼 경기를 잘한다. 2. 전문가, 능통한 사람, 프로: -s in Rufmord 명예 훼손의 명수들; eine Kamera für -s 전문가용 카메라. **Profi-**: **~boxen**, das; -s 프로 권투. **~boxer**, der 프로 권투 선수. **~boxsport**, der 프로 권투. **~fußball**, der 프로 축구. **~fußballer**, der 프로 축구 선수. **~lager**, das 《은어》 (총칭으로서의) 직업 선수: ins P. (über) wechseln 프로로 전향하다. **~laufbahn**, die: die P. einschlagen 직업 선수의 길에 들어서다. **~spieler**, der 프로 선수. **~sport**, der 프로 스포츠.

proficiat! [pro'fi:tsiat; lat.] 《교양어·고어》 (식사할때) 자, 많이 드십시오!, (축배할 때) 건강을 빕니다. **profihaft** 〈Adj.〉 직업 선수다운, 프로 특유의.

Profil [pro'fi:l], das; -s, -e [frz. profil < ital. profilo, zu: profilare] 1. 옆 얼굴, 옆 모습, 프로필: ein scharfes[schönes] P. 선이 뚜렷한(아름다운) 옆 얼굴; jmdn. im P. malen[fotografieren] 누구의 옆 모습을 그리다(사진 찍다). 2. 《교양어》 (뚜렷한) 성격, 개성, 특징, 신망, 명망: P. haben 개성(특색)이 있다; der Schauspieler gab der Rolle P. 그 배우는 자신의 역에 개성을 부여했다; die Regierung hat an P. gewonnen [verloren] 정부는 체면(신망)을 얻었다(잃었다); ein Staatsoberhaupt mit P. 개성이 뚜렷한(신망이 있는) 국가 원수. 3. a) 【기술·건축】 측면(도), 종단면(縱斷面), 윤곽. b) 【지질】 (지층의) 단면도. 4. 《기술·은어》 (다양한 횡단면의) 성형 건축재, 성형 단면재. 5. (타이어, 구두창의) 홈이 파인 부분: das P. ist schon (stark) abgefahren 타이어의 홈이 (심하게) 마모되었다. 6. [건축] (돌림띠 따위의) 측면 돌출부. 7. 《교통·준고어》 (통로의) 높이와 폭, 종단면: das P. eines Tunnels verengt sich 터널의 종단면이 좁아진다.

profil-, **Profil-**: **~ansicht**, die 측면의[측면에서 본] 모습(광경). **~bild**, das 측면 그림(사진)(↑~zeichnung). **~eisen**, das 《기술 고어》 ↑~stahl. **~los** 〈Adj.〉 ↑Profil (1, 2, 5)이 없는. **~neurose**, die [심리] 특히 직장에서 인정을 받지 못하는 데 대한 병적인 불안감. **~sohle**, die 홈이 파인 구두창. **~stahl**, der 【기술】 (T, I형 같은 특정의 횡단면을 가진) 형강(形鋼). **~tiefe**, die: die P. der Reifen 타이어 홈의 깊이. **~träger**, der 형강(形鋼) 지주[대들보]. **~verengung**, die 《교통·준고어》 통로가 좁아지는 곳, 통로 종단면의 축소. **~zeichnung**, die ↑Profil (1, 3, 4, 6)의 그림(도면), 옆얼굴의 그림, 측면[단면]도.

profilieren [profi'li:rən] 〈h〉 [frz. profiler] 1. 옆 모양을 돋보이게 만들다: die Sohle p. 신바닥에 홈을 파다; Bilderrahmen p. 그림액자를 올록볼록하게 만들

다; profilierte Reifen 홈이 있는 타이어. 2. a) 〈무엇에〉 개성[특징]을 부여하다: eine (Fernseh) sendung p. (텔레비전) 방송을 특징 있게 하다; etw. profiliert jmdn. 무엇이 누구를 부각시킨다. b) 〈p. + sich〉 능력을 발휘하여 인정을 받다, 명망을 얻다: sich als Politiker p. 정치가로서 자신을 부각시키다. 3. 〈p. + sich〉 옆 모습이 드러나다. **profiliert** 〈Adj.〉 특색이 있는, 개성적인, 탁월한: ein -er Künstler 뛰어난 예술가; eine -e Zeitschrift 개성적이고 인정을 받는 잡지. **Profilierung,** die 1. 옆 모습을 드러내기. 2. 능력의 발휘. **Profilierungssucht,** die 〈Pl. 없음〉 과시욕(벽), 자신을 드러내려는 욕구.

Profit [pro'fit, 《또한》...fi:t], der; -(e)s, -e [niederl. profit < niederl. profijt < (m)frz. profit] **1.** 《축소형: ↑ Profitchen 참조》《폄》이득, 이익, 득, 덕: ein hoher(kleiner) P. 높은(적은) 이익; P. machen 이익을 보다, 벌다; P. aus etw. (heraus)schlagen(ziehen) 무엇에서 이익을 얻다((이)득, 덕을 보다); etw. mit P. verkaufen 무엇을 이익을 보며 팔다. **2.**《전문어》수익, 이윤: große((통용어))dicke, fette) -e erzielen(einstecken) 많은(두둑한) 수익을 올리다.

profit-, Profit-: ~bringend 〈Adj.〉 이익을 가져주는, 수익(성)이 있는. **~gier,** die 《폄》이윤 추구(적인 이기[이윤] 추구). **~gierig** 〈Adj.〉 이익을 탐하는. **~interesse,** das 이윤에 대한 관심, 이익 추구. **~jäger,** der 《폄》잇속꾼, 돈벌레, 모리배. **~macher,** der 《폄》이득 추구자, 잇속꾼. **~macherei,** die 《폄》돈벌이, 이윤 추구. **~rate,** die 【경제】이윤율, 수익률. **~streben,** das 《폄》이윤(이득)추구, 이익 추구차리기. **~sucht,** die 〈Pl. 없음〉《폄》↑~gier. **~wirtschaft,** die 이윤 추구 경제.

profitabel [profi'ta:bl] 〈Adj.〉 [frz. profitable] 《아어·준고어》이익(수익)이 있는, 남는: ein profitables Geschäft 수익성이 좋은 사업, 남는(이익이 있는) 장사. **Profitchen,** das; -s, - [2: niederd. profitje] **1.** ↑ Profit (1)의 축소형; 약간의 이익(벌이). **2.** 《영》《폄》(추가 끝까지 탈수가 있게 만든) 초짤이 못. **Profiteur** [...tø:g], der; -s, -e [frz. profiteur] 《교양어·폄》수익자, 부당 이득자. **profitieren** [...'ti:rən] 〈h〉 [frz. profiter] 이익을 얻다, 득을 보다: von einem Konkurs viel (nichts) p. 파산으로 많은 이익을 보다(아무 이득도 못 보다); wir haben viel von ihm profitiert 우리는 그의 덕을 많이 보았다(그에게서 유익한 것을 많이 배웠다. **profitlich** 〈Adj.〉《고어·아직 지역어·폄》a) 자기의 이익만을 꾀하는, 이득을 탐하는. b) 이익이 있는.

Pro-Form, die 〈언어 대용(代用) 형(식)〉(예컨대: "das Auto" 대신 쓰는 "es" 또는 "das Fahrzeug").

pro forma [pro: 'fɔrma; lat.] **a)** 형식상, 규정상: etw. p. f. unterschreiben 무엇을 형식상(형식을 갖추기 위해) 서명하다. **b)** 외견(체면)상(으로만): sie heirateten p. f. [ließen sich p. f. scheiden] 그들은 외견상으로만 결혼 [이혼]했다. **Pro-Fọrma-Rechnung,** die 【경제】가 (假) 계산(서), 견적용 계산(서).

Profos [pro'fo:s], der; -es / -en, -e(n) [niederl. provoost < afrz. prévost] (16-17세기의 군(軍) 검찰(법무)관, 군영파소 교도관(Stockmeister). **Profoß** [pro'fɔs], der; ...fossen, ...fosse(n) ↑Profos.

profund [pro'fʊnt] 〈Adj.〉 [frz. profond] **1.** 《교양어》 깊은, 심오한, 근본적인, 철저한, 포괄적인: -e Kenntnisse 심오한 지식. **2.** 【의학】심부(深部)의, 심재(성)의: eine -e Vene 심부 정맥. **Profundal** [profʊn'da:l], das; -s **a)** 【지리】(대개 식물이 자라지 않는) 호저 (湖底深部), 호저 평원. **b)** 【생물】호저(심부) 생태계. **Profundalzone,** die 【생물】호저 심부[평원].

Profundität [...di'tɛːt], die [lat. profunditās] 《교양 어》깊이, 심오함, 철저: (die) P. seiner Gedanken 그의 생각의 깊음.

profus [pro'fu:s] 〈Adj.〉 [lat. profūsus] 【의학】풍부한, 과도한, 격렬한, (출혈 따위가) 심한.

Progesteron [...] das; -s 〈인공어〉【의학·약학】프로게스테론(황체호르몬의 일종).

Prognose [prɔ'gnoːzə], die; -n [lat. prognōsis < griech. prógnōsis] 《교양어·전문어》예측, 예보, 예후(豫後): die ärztliche P. über den Verlauf der Krankheit 병상(病狀)의 경과에 관한 의사의 예후(전망); eine P. stellen(wagen) 예측(예보)을 하다((감히) 해 보다); die P. für die Zukunft 미래의 예측(예상). **Prognostik** [prɔ'gnɔstik], die 【특히 의학】예후학(豫後學), 예후검진; 예언학, 운세 판단. **Prognostikon** [...kɔn], **Prognostikum** [...kum], das; -s, ...ken /...ka [griech. prognōstikón] 【특히 의학】징후, 전조. **prognostisch** 〈Adj.〉 [lat. prognōsticus < griech. prognōstikós] 《교양어·전문어》예측(예언)하는, 예후 판정의: eine -e Beurteilung 예후 판정(진단). **prognostizieren** [prɔgnɔsti'tsi:rən] 〈h〉 [lat. prognosticare] 《교양어·전문어》예측(예견, 예언)하다, 예후를 판정하다. **Prognostizierung,** die; -en 예측(하기), 예후 판정.

Programm [pro'gram], das; -s, -e [unter Einfluß von frz. programme] **1. a)** 〈연극, 영화, 방송 따위의〉프로그램, 공연(방송) 내용(계획): das P. der neuen Spielzeit(für die kommende Woche) 다음 공연 기간 (내주)의 프로그램; das erste P. eines Senders 어떤 방송(국)의 제1프로그램; ein P. ausstrahlen(empfangen) 어떤 프로그램을 방송하다(청취, 시청하다); einen Film in das P. aufnehmen 어떤 영화를 프로그램에 넣다. **b)** 공연(방송), 행사) 순서, 차례, 연주 곡목: ein gutes(abwechslungsreiches) P. 잘 짜여진(다채로운) 식순(행사 일정); das P. der Olympischen Spiele 올림픽 경기의 진행 순서; unser P. beginnt(endet) um ... 우리의 공연(행사, 방송)은 ...시에 시작된다(끝난다); der Conférencier führte gekonnt durch das P. 《카바레 따위》사회자는 능숙하게 프로그램을 진행했다. **c)** (어떤 계획의) 실행 순서, 일정, 예정, 계획; 오늘 vie sieht mein P. (für) heute aus? 나의 오늘 일정은 어떻지요?; das P. unserer Reise 우리의 여행 일정; nach P. 예상(예정, 기대)한 대로: das Spiel verlief (ganz) nach P. 그 경기는 (완전히) 예상대로 진행되었다. **d)** (자동 기계의 고정된) 작동 단계(순서), 운용 과정: diese Waschmaschine besitzt drei -e 이 세탁기에는 3가지의 세탁 과정이 있다. **2.** 식순, 행사 계획서, 예정표, 공연 안내장: was kostet ein P.? 프로그램 1부에 얼마입니까?; **auf jmds.(auf dem) P. stehen** 예정(계획)되어 있다: für morgen stehen einige Einkäufe auf dem P. 내일은 몇가지 물품 구입이 예정되어 있다. **3.** (정당 따위의) 정강, 강령, 기본정책: das P. einer Partei 어떤 정당의 정강 정책; ein P. zur Bekämpfung des Hungers in der dritten Welt 제3세계의 굶주림을 퇴치하기 위한 기본 정책(구상). **4.** 【전산】프로그램: dem Computer ein P. eingeben 컴퓨터에 어떤 프로그램을 입력한다. **5.** 《폄》 콜렉션, 수집품, 다양하게 모아 놓은 같은 종류의 상품.

programm-, Programm-: ~abfolge, die 공연 (행사)의 개별 순서. **~ablauf,** der 프로그램의 진행(과정). **~änderung,** die 프로그램의 변경. **~anzeiger,** der 프로그램 안내판, (텔레비전의) 방송 안내 화면. **~ausschnitt,** der 방송된 공연(행사) 프로그램 내용의 단편. **~beirat,** der 【라디오·텔레비전】프로그램 편성 위원회. **~direktor,** der 【텔레비전】프로그램(방송) 편성 국장. **~folge,** die ↑~abfolge. **~füller,** der 【텔레비전】a) 여백용 단편 영화, 막간물. **b)** ↑ Pausenfüller. **~gemäß** 〈Adj.〉 프로그램대로의, 순서

[예정]대로의: p. verlaufen 프로그램에 맞춰 진행되다. **~gestaltung**, die 프로그램 편성. **~gesteuert** 〈Adj.〉 [전산]프로그램에 의해 제어[운용] 되는. **~heft**, das ↑Programm (2). **~hinweis**, der 방송 [프로그램] 안내. **~koordination**, die [라디오·텔레비전] 프로그램 조정[배열]. **~mäßig** 〈Adj.〉 [분절하지 않을 때: programmäßig) **a)** 〈대개 adv.〉 프로그램에 관하여[관해서는]: p. könnte das Konzert noch besser gewesen sein 연주 곡목의 측면에서 그 음악회는 좀더 나을 수도 있었을 텐데. **b)** 〈통용어〉↑~gemäß. **~musik**, die 〈분절하지 않을 때: Programmusik〉 표제 음악. **~punkt**, der 표제 음악: diesen P. abschließen 프로그램의 이번 순서를 마치다. **~steuerung**, die [전산] 프로그램에 의한 자동 제어. **~vorschau**, die 프로그램(프로그램) 예고. **~wechsel**, der 프로그램 교체[개편]. **~zeitschrift**, die 방송(프로그램) 안내 잡지; **~zettel**, der 예정표, 프로그램.
Programmatik [progra'ma:tɪk], die; -en 《교양어》 목표 설정. **Programmatiker**, der; -s, - 《교양어》 강령 [정강 정책] 입안자[개발자]. **programmatisch** 〈Adj.〉 《교양어》 **1.** 강령[정강]에 일치하는, 강령의: die Ziele einer Partei p. festlegen 어느 정당의 목표를 정강 정책으로 확정하다. **2.** 방향을 제시하는, 목표를 설정하는, 근간이 되는: -e Erklärungen abgeben 강령적인 선언을 발표하다. **programmierbar** [...'miːɐ̯baːɐ̯] 〈Adj.〉 기획할 수 있는, 프로그래밍이 가능한. **programmieren** [...'miːrən] 〈h〉 **1.** 프로그램을 짜다, (방침에 따라) 계획[기획]하다: eine seit Wochen programmierte Besuchsreise 수주 전부터 계획된 방문 여행. **2.** [전산] 프로그래밍하다, 프로그램에, (컴퓨터에) 정보를 입력하다: programmierter Unterricht 프로그램 학습. **3.** (특정의 행태를) 미리 확정하다, 예정하다: die auf die Werbung programmierte Bedürfnisse 선전[광고]에 의해 예정된 욕구; die Fußballmannschaft ist auf Erfolg programmiert 그 축구팀의 성공은 필연적이다. **Programmierer**, der; -s, - (컴퓨터) 프로그래머. **Programmiererin**, die; -nen ↑Programmierer의 여성형. **Programmiersprache**, die; -n [전산] 프로그래밍언어. **Programmierung**, die; -en 프로그래밍, 프로그램 짜기.

Progredienz [progre'diɛnts], die [lat. prōgredi] [의학] (질병의) 진행, 악화. **Progreß** [pro'grɛs], der; ...gresses, ...gresse [lat. prōgressus, zu: prōgressum] 《교양어》 진보, 진전, 진행. **Progression** [progre'sioːn], die; -en [1: lat. prōgressiō] **1.** 《교양어》 진보, 전진, 발전, 점진, 진도. **2.** [수학·준[음]어] 수열. **3.** [세무] 누진(累進). **Progressismus** [progrɛ'sɪsmʊs], der; - [frz. progressisme] 〈교양어·폄〉 (극단적인) 진보주의, 진보(지상)주의. **Progressist** [progrɛ'sɪst], der; -en, -en [frz. progressiste] 《교양어》 진보주의자, 혁신정당의 당원. **progressistisch** 〈Adj.〉 〈드물게〉 (극단적으로) 진보적인, 진보주의의. **progressiv** [progrɛ'siːf] 〈Adj.〉 [frz. progressif] 《교양어》 **1.** 진보적인, 진보주의의: der Teil der Partei fordert Reformen 정당의 진보파(派)가 개혁을 요구한다. **2.** 점진적인, 진보[발전]하는, 누진[단계]적인, 진행성의: die -e Gestaltung der Steuern 세금의 누진적 구성; eine -e Gehirnlähmung 진행성 뇌신경 마비.

Progressive Jazz [prə'grɛsɪv 'dʒæz], der; - - [engl.-amerik.] [음악] 진보적 재즈(유럽 음악과의 종합을 추구하는 근대 음악적 구상의 재즈로서 1944년경부터 Stan Kenton 등이 시도). **Progressivismus** [progrɛsi'vɪsmʊs], der; - 《교양어》 ↑Progressismus. **Progressivist** [...'vɪst], der; -en, -en 《교양어》 ↑Progressist. **Progressivsteuer** [progrɛ'siːf-], die; -n [세무] 누진

세.
Progymnasium, das; -s, ...ien 《드물게》 (9년제인 중·고등학교(김나지움)과 달리 상급 3년(Oberstufe)과 정이 없는) 6년제 김나지움.
prohibieren [prohi'biːrən] 〈h〉 [lat. prohibēre] 《교양어·고어》 저지[방지]하다, 금(지)하다. **Prohibition** [...bi'tsi̯oːn], die; -en [1: lat. prohibitiō; 2: engl. prohibition < lat. prohibitio, zu: prohibitum] **1.** 《교양어·고어》 금지, 저지, 방지. **2.** 〈Pl. 없음〉 주류(酒類) 제조판매 금지, 금주령. **Prohibitionist** [...tsi̯o'nɪst], der; -en, -en [engl. prohibitionist] 금주론자 《주의자》. **prohibitiv** [...'tiːf] 〈Adj.〉 《전문어》 저지[방지, 예방]하는. **Prohibitiv** [-], der; -s, -e [...iːvə] [[언어]] 〈동사에서 금지·경고·주의를 표현하는〉 금지법, 부정 명령형. **Prohibitivsatz**, der [언어] 금지문 (禁止文)(금지, 경고 따위를 표현하는 부문장). **Prohibitivzoll**, der [경제] 보호(금지) 관세. **prohibitorisch** [...'toːrɪʃ] 〈Adj.〉 [lat. prohibitōrius] ↑prohibitiv.

Projekt [pro'jɛkt], das; -(e)s, -e [lat. prōiectum] 《교양어》 (대개로 연구, 사업의) 계획, 기획, 프로젝트: ein kühnes (gigantisches) P. 대담한[거대한] 계획; ein P. zur Erschließung der Sonnenenergie 태양 에너지 개발 계획; sich mit einem P. der Raumfahrt beschäftigen 우주여행 계획에 종사하다. **Projekt-**: **~gruppe**, die 기획[계획]진(陣), 프로젝트를 맡은 팀. **~kunde**, die (경제 따위의) 기획론, 기획학. **~leiter**, der 기획 지휘자[책임자], 프로젝트 책임자. **~management**, das 기획 관리, 프로젝트 관리. **~planung**, die 기획 입안[수립].
Projektant [projɛk'tant], der; -en, -en [토건] 기획자, 입안자. **Projektemacher**, der; -s, - ↑Projektemacherei. **Projektemacherei**, die; -en ↑Projektenmacherei. **Projektenmacher**, der; -s, - 《폄》 끊임없이 사업 계획을 세우나 구체화하지 못하는 사람. **Projektenmacherei** [...maxa'raɪ], die; -en 《폄》 비현실적인 사업계획 수립, 탁상공론. **Projekteur** [projɛk'tøːɐ̯], der; -s, -e [frz. projeteur] [기술] 기획자, 설계자. **projektieren** [...'tiːrən] 〈h〉 [frz. projeter] 《교양어》 기획[계획]하다, 구상[설계]하다: einen Bau p. 건축을 기획하다. **Projektierung**, die; -en 기획[구상][하기]. **Projektil** [...'tiːl], das; -s, -e [frz. projectile] 《전문어》 **1.** 총탄, 탄환: das P. drang in das Holz ein 총알이 목재를 뚫고 들어갔다. **2.** 〈은어〉↑Rakete. **Projektion** [...'tsi̯oːn], die; -en [lat. prōiectiō] **1.** 《광학》 투사, 영사(映寫): die P. von Dias auf eine Leinwand 슬라이드 필름을 영사막에 비추기. **b)** 《드물게》 투사된 그림, 투사도. **2.** [수학] **a)** 투영(법), 사영(射影). **b)** 투영(도)법, 투사도, 사영. **3.** [지리] **a)** 지도 투영법, 투영(도)법. **b)** 투영[투사] 지도, 투영[투사]도. **4.** 《교양어》 전이(轉移), 전염, 투영: die P. menschlicher Eigenschaften in das Tier 인간의 특성을 동물에 투영하기. **5.** 《교양어·드물게》 계획, 기획, 구상.
Projektions-: **~apparat**, der ↑Projektor. **~ebene**, die [수학] 투영면. **~fläche**, die 투사에 적합한 평면, 투사(영사)막. **~gerät**, das ↑Projektor. **~lampe**, die 환등기[영사기] 전구. **~schirm**, der [과학] 투사(영사)막, 스크린. **~strahl**, der **1.** [광학] 환등기의 광선, 투사 광선. **2.** [수학] 투영선, 입사선. **~verfahren**, das 투영(도)법. **~wand**, die 투사[영사]막[기].
projektiv [projɛk'tiːf] 〈Adj.〉 [수학] 투영(사영)(射影)의[에] 의한]: -e Geometrie 사영 기하학.
Projektor [pro'jɛktor, (또한) ...'toːɐ̯], der; -s, -en [...'toːrən] 환등기, 영사기, 투영기. **projizieren** [proji'tsiːrən] 〈h〉 [lat. prōicere] **1.** [광학] 투사[영사]하다:

Dias auf eine Leinwand p. 슬라이드 필름을 영사막에 비추다. **2.** [수학] 투영(사영(射影))하다. **3.** 《교양어》 전이(전염)시키다, 옮기다, 투영하다: Ängste in einen anderen(auf die Außenwelt) p. 공포감을 다른 사람에게(외부 세계에) 전염시키다. **Projizierung**, die; -en ↑projizieren의 명사형.

Prokaryonten [proka'ryontn] 〈Pl.〉 [griech. pró n. káryon] [생물] 원시핵 생물(세포에 핵막이 없는 유기체의 총칭)(반대: Eukaryonten).

Proklamation [proklama'tsio:n], die; -en [frz. proclamation] 《교양어》 포고, 공포, 고시, 선언, 성명: die P. der Menschenrechte 인권 선언. **proklamieren** [...'mi:rən] 〈h〉 [lat. prōclāmāre] 《교양어》 포고[공포, 고시]하다, 선언[성명]하다: den Kriegszustand 전시 상태를 포고하다; den Anspruch auf etw. p. 무엇에 대한 권리를 선언하다. **Proklamierung**, die; -en ↑proklamieren의 명사형.

Proklise [pro'kli:zə], **Proklisis** ['pro:klizɪs], die; ...sen [pro'kli:zn̩; griech. proklínein] [언어] 후접(後接)(단음절어가 바로 이어지는 말에 밀착되어 그 자신의 강세를 잃게 되는 것)(예컨대: der Tisch, am Ende; 반대: Enklise).

Proklitikon [pro'kli:tikɔn], das; -s, ...ka [언어] 후접어(後接語)(이어지는 말에 밀착되어 강세가 없는 단음절어). **proklitisch** [pro'kli:tɪʃ] 〈Adj.〉 [언어] 후접(後接)의(반대: enklitisch).

prokommunistisch 〈Adj.〉 친(親)공산주의의[적인].

Prokonsul, der; -s, -n [lat. prōcōnsul] (로마 제국의) 전 집정관(前執政官), 집정관 출신 지방 총독(집정관에서 물러난 후 지방 태수가 된 사람). **Prokonsulat**, das; -(e)s, -e [lat. prōcōnsulātus] 전 집정관(Prokonsul)의 직위.

Pro-Kopf- (붙임표와 함께 명사 기간어 앞에 붙어 「개인 [1인]당」을 뜻하는 규정어로서, 예컨대) Pro-Kopf-Einkommen 일인 평균 소득(액); Pro-Kopf-Verbrauch 일인 평균 소비(액).

Prokrustesbett [pro'krʊstes-], das; -(e)s [lat. Procrūstēs, griech. Prokroústēs, 그리스 전설에서, 여행객을 쇠침대에 눕혀 키가 침대보다 크면 사지를 자르고 짧으면 잡아 늘여 죽였다는 Attica의 강도] 《교양어》 프로크루스테스의 침대, 융통성이 없는 규칙(형식, 체제): die Überschrift in ein P. zwängen 억지로 정해진 틀에 제목을 맞추다.

Proktalgie [prɔktal'gi:], die; -n [griech. prōktós u. álgos] [의학] 직장(항문) 신경통.

Proktitis [prɔk'ti:tɪs], die; ...titiden [...ti'ti:dn̩; griech. prōktós] [의학] 직장염.

Proktologe [prɔkto'lo:gə], der; -n, -n [의학] 직장(항문)병 전문의, 항문외과의. **Proktologie** [...lo'gi:], die [의학] 직장(항문)병학, 항문외과학.

proktologisch 〈Adj.〉 직장(항문)병학(에 의거한).

Proktospasmus [prɔkto'spasmʊs], der; -, ...men [의학] 직장(항문) 경련. **Proktostase** [prɔkto'sta:zə], die; -n [의학] 직장성 변비.

Prokulation, die; -en **1.** 전권 위원[위임자]에 의한 대리. **2.** 전권(全權).

Prokura [pro'ku:ra], die; ...ren [ital. procura, zu: procurare] [상] 대리[대행](권), 업무 대리권(독일 상법상의 특수한 전권 대리권).

Prokurator [proku'ra:tor, ...to:ɐ̯], der; -s, -en [...'to:rən; 1: lat. prōcūrātor; 2: ital. procuratore] **1.** (로마 제국의) 지방 총독. **2.** 《중세》 베네치아 공화국의 최고 관리(9인이 있고 그 가운데서 Doge(도제)가 선출됨). **3.** [가] (수도회에서, 로마에 거주하며 교황과 교류를 갖는) 총대리인. **Prokuren**: ↑Prokura의 복수형.

Prokurist [proku'rɪst], der; -en, -en (업무) 대리인, 지배인. **Prokuristenstelle**, die 대리인 자리. **Prokuristin**, die; -nen ↑Prokurist의 여성형.

Prokyon ['pro:kyon], der; -s [천문] 프로키온(작은 개자리의 알파성(星))으로 1등성).

prolabieren [prola'bi:rən] 〈h/s〉 [lat. prōlābi] [의학] (장기의 일부가) 탈출[이탈]하다.

Prolaktin [prolak'ti:n], das; -s, -e [lat. prō(↑pro) u. lāc (2격: lactis)] [생물·의학] 프로락틴(유즙 분비를 촉진시키는 호르몬).

Prolamin [prola'mi:n], das; -s, -e 〈대개 Pl.〉 《인공어》 프롤라민(곡물에 함유된 단백질).

Prolaps [pro'laps], der; -es, -e, **Prolapsus** [pro-], der; -, -..psus; lat. prōlāpsum] [의학] (장기의) 탈출(자궁 탈락, 탈항(脫肛) 따위].

Prolegomena [prole'go:mena, prole'go:mena] 〈Pl.〉 [griech. prolegómena zu: prolégein] [학문] **a)** (논문 따위의) 서론, 서문, 머리말. **b)** (임시적인 초고 단계의) 학술 논문. **Prolegomenon** [prolɛ'gɔnɔmən, prole'go:menɔn], das; -s, ...mena 《드물게·학문》 서론, 서문.

Prolepse [pro'lɛpsə], **Prolepsis** ['pro:lɛpsɪs, pro'lɛpsɪs], die; ...sen [pro'lɛpsn̩; lat. prolēpsis < griech. prólēpsis] **1.** [언어] 선취적(先取的) 객어 용법(후속 부문장의 주어를 선행하는 주문장에서 미리 4격으로 언급하는 구문법; 예컨대 A: Hast du den Kerl gesehen, wie er aussieht?; B: Hast du gesehen, wie der Kerl aussieht?에서 A의 경우). **2.** [철학] 프롤렙시스(스토아 학파와 에피쿠로스주의자들에 있어, 지각(知覺)에 의해 직접 성립하는 보편 개념). **proleptisch** [pro'lɛptɪʃ] 〈Adj.〉 [griech. prolēptikós] [언어] (객어를) 선취하는, 선취의, 앞서는.

Prolet [pro'le:t], der; -en, -en [↑Proletarier의 역조어] **1.** (통용어·준고어) 프롤레타리아, 무산(계급)자. **2.** 《폄》 무식한, 천박(비천)한 인간; 무뢰한: er ist ein richtiger P. 그는 정말 상놈이다. **Proletariat** [proleta'ria:t], das; -(e)s, -e [frz. prolétariat, zu: prolétaire] **1.** (마르크스주의) 프롤레타리아트, 무산(노동자)계급: das industrielle P. 산업 노동자 계급; dem P. angehören 무산계급에 속하다; [전의] akademisches P. 고학력 실업자 집단. **2.** [역사적] (고대 로마의) 최하층 계급, 천민층. **Proletarier** [...'ta:riɐ̯], der; -s, - [lat. prōlētārius, zu: prōlēs] **1.** 《교양어》 프롤레타리아, 임금 노동자, 무산자. **2.** 《역사적》 (고대 로마의) 최하층민, 천민.

Proletarier-: ~**familie**, die 무산(노동자) 가정. ~**kind**, das 무산계급 출신의 아이(자식).

Proletarierin, die; -nen ↑Proletarier의 여성형. **proletarisch** [prole'ta:rɪʃ] 〈Adj.〉 무산 계급의(에 속하는): ein -es (Klassen)bewußtsein 무산 계급 의식; eine -e Revolution 프롤레타리아 혁명; er gibt sich gern p. 그는 무산자로 행세하기를 좋아한다. **proletarisieren** [...tari'zi:rən] 〈h〉 《교양어》 (어떤 주민 집단을) 무산자로 만들다, 무산계급화하다: Teile des Mittelstandes wurden proletarisiert 중산층의 일부가 프롤레타리아화했다. **Proletarisierung**, die 《교양어》 무산계급화.

Proletenbagger, der; -s, - 《통용어·농》 주기도문, 천주경. **prolętenhaft** 〈Adj.〉 〈폄〉 무식자 같은, 천박[조야]한 (사람처럼 행동하는): sich p. aufführen 상놈 없는 천민처럼 처신하다. **Proletkult**, der; -(e)s [russ. Kurzwort aus *proletarskaja kultura*] (10월 혁명기 러시아의) 프롤레타리아 문화 혁명.

¹**Proliferation** [prolifera'tsio:n], die; -en [lat. Bildung zu lat. prōlēs u. ferre] [의학] (세포 증가에 의한

조직의) (병적인) 증식, 세포 증식. ²**Proliferation** [proulifə'reɪʃən], die [engl.-amerik. proliferation < frz. prolifération] [정치] (제조 능력이 없는 국가에 핵무기 및 그 제조 수단을 제공함으로써 야기되는) 핵(무기) 확산. **proliferativ** [prolifera'ti:f] 〈Adj.〉 [의학] (조직이 병적으로) 증식하는. **proliferieren** [...'ri:rən] 〈h〉 [의학] 증식하다.

Prolog [pro'lo:k], der; -(e)s, -e [lat. prologus < griech. prólogos] **1.** (반대: Epilog) **a)** 머리말, 서언, 개회사, (희곡의) 서막, 서곡: der P. zu Goethes Faust 괴테의 파우스트 서곡. **b)** (문학 작품의) 서언, 머리말. **2.** [사이클 경기] 개막 경기(여러 단계로 이루어진 경기를 최초로 개시하는 다음 첫 단계의 경기에서 최우수선수의 경기복을 입게 됨).

Prolongation [prolɔŋga'tsjo:n], die; -en **a)** [경제] (지불의) 유예, 연기, (어음 따위의) 갱신: einem Schuldner P. gewähren 채무자에게 지불 기한을 연장해 주다. **b)** (österr.・그 외 교양어) (기한, 특히 영화 따위의 상영 기간의) 연장. **Prolongationsgeschäft**, das [경제] 이연(移延) 거래. **Prolongationswechsel**, der [금융] 갱신 어음. **prolongieren** [...'gi:rən] 〈h〉 [lat. prōlongāre] **a)** [경제] (지불 기한을) 연기(연장)하다, 유예하다, (어음 따위를) 갱신하다: einen Kredit [Wechsel] p. 신용 대부(어음)의 결제 기일을 연장하다. **b)** (österr.・그 외 교양어) (기한, 특히 영화 따위의 상영 기간을) 연장하다: der Film ist für eine Woche prolongiert worden 그 영화의 상영은 1주일 연장되었다. **Prolongierung**, die; -en **a)** [경제] ↑ Prolongation (a). **b)** (österr.・그 외 교양어) ↑ Prolongation (b).

pro memoria [pro: me'mo:rja; lat.] 〈교양어〉 기념으로(약어: p. m.). **Promemoria** [prome'mo:rja], das; -s, ...ien [...jən] -s 〈교양어・고어〉 **a)** 건의(진정)서, 청원서, 각서. **b)** 메모, 비망록.

Promenade [promə'na:də], die; -n [frz. promenade, zu: promender] **1.** (원어지 따위에 설치된) 산책로: ich traf ihn auf der P. am See 나는 그를 호수가의 산책길에서 만났다. **2.** (아어・준고어) (가꾸어진 산책로에서의) 산책: eine P. machen 산책을 하다.

Promenaden-: ~**deck**, das (여객선의) 유보(遊步)(산보) 갑판. ~**konzert**, das 산책로(야외) 연주회. ~**mischung**, die (농・펌) 잡종. ~**weg**, der 산책로.

promenieren [promə'ni:rən] [frz.(se) promener] (아어) **a)** 〈h〉 산책(소요)하다: an Sommermittagen hatten sie eine Stunde promeniert 여름의 오후가 되면 그 들은 한 시간 동안 산책했었다. **b)** 〈s〉 (어디로) 산책가다: durch den Park p. 공원 안을 산책하다.

Promesse [pro'mεsə], die; -n [frz. promesse, zu: promettre] [법] (문서상의) 약속, 약속 문서, 약속 어음.

prometheisch [prome'te:tɪʃ] 〈Adj.〉 [그리스 신화에 나오는 거인 Prometheus에 따라] 〈교양어〉 프로메테우스(Prometheus) 같은, 거인적인: eine -e Tat 응대한 행위; -er Trotz 프로메테우스적인(하늘을 거역하는) 반항. **Promethium** [pro'me:tjʊm], das; -s [화학] 프로메튬 (화학 기호: Pm).

pro mille [pro: 'mɪlə; lat.] (〈lat.〉) [상] **1. a)** 1000에 대하여, 1000마다(약어: p. m.): für die Schrauben zahle ich p. m. 50 Mark 그 나사 값으로 나는 1000개 당 50마르크를 내겠다. **b)** 1000분의(약어: p. m.; 기호: ‰): er hat 1,8 p. m. Alkohol im Blut 그의 혈중 알코올 농도는 1.8 프로밀이다. **Promille** [pro'mɪlə], das; -(s), - **a)** 매(每) 1000, 1000분율, 1000분의 1(기호: ‰): er hatte über 1,8 P. (Blutalkohol) 그는 (혈중 알코올 농도가) 1.8 프로밀 이상이었다. **b)** 〈Pl.; 수치 없이 사용〉 (통용어) 혈중 알코올(함량): er fährt nur ohne P. 그는 혈중

알코올이 없는 채로만 운전한다. **Promillegrenze**, die (자동차 운전자에 대한) (법정) 혈중 알코올 한계량: die P. liegt bei 0,8 Promille (법정) 혈중 알코올 한계량은 0.8 프로밀이다. **Promillesatz**, der 1000분율.

prominent [promi'nεnt] 〈Adj.〉 [lat. prōminēns (2격: prōminentis)] **1.** 걸출(탁월)한, 저명(유명)한, 권위(영향력) 있는: -e Persönlichkeiten aus Politik und Wirtschaft 정치 경제계의 저명 인사들; es waren auch einige Prominente anwesend 몇몇 저명 인사들도 참석해 있었다. **2.** (교양어) 현저한, 중요한: er hat bei der Affäre eine -e Rolle gespielt 그 사건에서 그는 중요한 역할을 했다.

Prominenten-: ~**absteige**, die 《농・조롱》명사들이 찾는 호텔, 고급 호텔. ~**herberge**, die 《농》 ↑~absteige. ~**mannschaft**, die [스포츠] 일류(유명) 선수들로 구성된 (축구)팀. ~**spiel**, das [스포츠] 유명 선수들의 (축구)경기. ~**treffen**, das 《스포츠 은어》 ↑ ~spiel.

Prominenz [promi'nεnts], die; -en [lat. prōminentia] **1.** 〈Pl. 없음〉 (집합적) (특정 분야의) 명사진(名士陣): 각 학문과 기술 분야의(영화와 텔레비전계의) 모든 유명 인사들: die gesamte P. aus Wissenschaft und Technik[von Film und Fernsehen] zur (politischen) P. gehören (정계의) 중진에 들다, 저명 인사의 일원이다. **2.** 〈Pl. 없음〉(교양어) **a)** 저명(함), 탁월(함). **b)** (드물게) 중요성: er hat die P. dieser Frage erkannt 그는 이 문제의 중대성을 알아차렸다. **3.** 〈Pl.〉 특출한 인물들, 저명(유명) 인사들.

promiscue [pro'mɪskuε] 〈Adv.〉 [lat. prōmīscuē] (드물게・교양어) 혼합되어, 뒤섞여.
Promiskuität [...kui'tε:t], die [lat. promiscuus] 《교양어》 난혼(제)(亂婚制), 난교, 성적 무질서. **promiskuitiv** [...kui'ti:f] 〈Adj.〉 〈교양어〉 난혼(난교)의. **promiskuos** [...'kuo:s], **promiskuös** [...'kuø:s] 〈Adj.〉 (교양어・뜀) ↑ promiskuitiv.

promissorisch [promɪ'sɔ:rɪʃ] 〈Adj.〉 [lat. promissio] (법・고어) 약속(확약)하는: -er Eid 진술 전의 선서.

Promoter [pro'mo:tɐ, (engl.) pro'mouta], der; -s, - [engl. promoter] **1.** [스포츠] (직업 스포츠 경기의) 주최자, 프로모터. **2.** [흥행업] 흥행주. **3.** [경제] ↑ Salespromoter. **¹Promotion** [promo'tsjo:n], die; -en [lat. prōmōtio] **1.** (교양어) **a)** 박사 학위 취득(수여): jmds. P. (zum Doktor der Philosophie) feiern 누구의 (철학 박사) 학위 취득을 축하하는 모임, 행사를 가지다. **b)** (österr.) 박사 학위 수여식. **²Promotion** [prə'moʊʃən], die [engl. promotion] [경제] 판촉, 선전, 광고: für ein Erzeugnis(eine Gesangsgruppe) P. machen 어떤 제품(합창단)을 선전하다. **Promotionaktion**, die [경제] 판촉(선전) 활동.

promotions- (¹Promotion) [대학]: ~**ordnung**, die 박사 학위(심사) 규정. ~**recht**, das 〈Pl. 없음〉 박사 학위 수여권. ~**verfahren**, das 박사 학위 취득 절차.

Promotor [pro'mo:tor, (또한) pro'mo:tor], der; -s, -en [promo'to:rən; lat. prōmōtor] **1.** 〈교양어〉 후원자, 지지자, 장려자. **2.** (österr.・대학) 학위 수여(의식)을 담당하는 교수. **Promovend** [promo'vεnt], der; -en, -en [lat. prōmovēre] (구동사) 박사 학위 취득 예정자. **promovieren** [...'vi:rən] 〈h〉 [lat. prōmovēre] 〈교양어〉 **1. a)** (박사) 학위를 취득하다: er hat (zum Doktor der Philosophie in Geschichte) promoviert 그는 (철학(역사학) 박사) 학위를 받았다. **b)** (어떤 주제에 관해) (박사) 학위 논문을 쓰다. **2.** 박사 학위를 수여하다: er wurde zum Doktor der Medizin promoviert 그는 의학박사 학위를 수여받았다. **3.** 〈교양어・준고어〉 촉진하다, 후원(지원)하다.

prompt [prɔmpt] 〈Adj.〉 [frz. prompt] **1.** 지체없는, 신속(민첩)한, 즉각적인: -e Bedienung 신속한 접대, 눈치 빠른 서비스; einen Auftrag p. ausführen 어떤 지시[주문]를 즉각 시행하다. **2.** 《통용어·반어》 여지없이, 어김없이, 예상대로: er ist auf den Trick p. herein gefallen 그는 그 속임수에 여지없이 걸려들었다. **Promptheit**, die 신속(성), 민활(함).

Promulgation [promʊlgaˈtsi̯oːn], die; -en [lat. prōmulgātio] 《교양어·준고어》 (법령 따위의) 공포, 발포, 포고. **promulgieren** [...ˈgiːrən] 〈h〉 [lat. prōmulgāre] 《교양어·준고어》 (법령 따위를) 공포(발포)하다, 선포하다(bekanntmachen, verkünden).

Pronomen [proˈnoːmən], das; -s, - / ...mina [lat. prōnōmen] 【언어】 대명사(Fürwort): ein adjektivisches P. 형용사적 대명사. **pronominal** [pronomiˈnaːl] 〈Adj.〉 [lat. prōnōminālis] 【언어】 대명사의, 대명사적인. **Pronominaladjektiv**, das 【언어】 대명사적 형용사(예컨대: beide, mehrere, kein). **Pronominaladverb**, das 【언어】 대명사적 부사(예컨대: "über es", "über das"를 대신하는 "darüber" 따위). **Pronominale** [pronomiˈnaːlə], das; -s, ...lia [...li̯a] / ...lien [...li̯ən] 【언어】질량(표시) 대명사(예컨대: lat. qualis, tantus).

pronóncieren [pronõˈsiːrən] 〈h〉 [frz. prononcer < lat. prōnūntiāre] 《교양어·고어》 **1.** 공언(선언)하다. **2.** 명확하게[강하게] 발음하다, 강조[역설]하다. **pronónciert** [pronõˈsiːɐ̯t] 〈Adj.〉 《교양어》 **a)** 명확(명백)한, 단호한: sich p. für(gegen) etw. aussprechen 무엇에 대해 찬성을(반대를) 분명히 표명하다. **b)** 뚜렷하게 드러나는, 두드러진. **Pronunciamiento** [pronunθi̯aˈmi̯ento], **Pronunziamento** [...tsi̯aˈmento], **Pronunziamiento** [...ˈmi̯ento], das; -s, -s [span. pronunciamiento < lat. prōnūntiāre] 【스페인 및 스페인어를 사용하는 남미 국가에서】 **a)** (정부의 타도를 촉구하는) 격문, 혁명 선언(서). **b)** 군사 쿠데타. **pronunziato** [pronunˈtsi̯aːto] 〈Adv.〉 [ital. pronunciato] 【음악】 프로눈치아토, 분명하게, 강조하여.

Proömium [proˈøːmi̯ʊm], das; -s, ...ien [...i̯ən; lat. prooemium < griech. prooímion] 【문예학】 **1.** (고대 그리스의 음유 시인이 서사시 초두에 음송하던) 서곡, 서막, 발단부. **2.** (고대 문헌의) 서언, 서론, 모두(冒頭).

Propädeutik [propɛˈdɔy̯tɪk], die; -en [griech. propaideúein] 【학문】 **a)** 〈Pl. 없음〉 (특정 학문 분야의) 예비 교육, 입문: philosophische P. 철학 입문. **b)** 입문서, 개론서: eine P. zur Philosophie schreiben 철학 입문서를 집필하다. **Propädeutikum** [...ˈdɔy̯tikʊm], das; -s, ...ka 《schweiz.·대학》의학 예비(1차) 시험. **propädeutisch** [...ˈdɔy̯tɪʃ] 〈Adj.〉 《교양어》준비 교육의, 예비 지식의, 입문을 위한.

Propaganda [propaˈganda], die [lat. Congregatio de propaganda fide의 단축, 포교성성(布敎聖省)(1622년 창립)] **1.** (특정 사상, 이념 따위의) 선전(활동): P. machen (treiben) 선전 활동을 벌이다; das ist (doch) alles nur P. 《통용어》 그것은 전부 선전[거짓 주장]에 불과하다. **2.** 【특히 경제】선전, 광고.

propaganda-, Propaganda-: **~apparat**, der 《교양어》선전 기관(기구). **~blatt**, der 《폄》선전지(紙). **~chef**, der 선전부장. **~feldzug**, der ↑ ~kampagne. **~film**, der 선전 영화. **~kampagne**, die 《교양어》 선전 활동[유세], 선전전. **~kompanie**, die 【군】(2차 세계 대전 중 독일군의) 선전 중대(군사 보도를 위한 정보 수집 임무를 가짐). **~krieg**, der (특히 정치 세력간의) 선전전(戰). **~lüge**, die 《폄》선전을 위한 허위 사실, 허위 선전. **~manöver**, das 《폄》선전 책략(작전). **~maschine**, die 《교양어》 ↑ ~apparat. **~maschinerie**, die 《교양어》 ↑ ~maschine. **~material**, das 선전 자료. **~minister**, der 《나치·은어》선전장(宣傳相). **~ministerium**, das 《나치·은어》선전성(宣傳省), 선전부. **~mühle**, die 《통용어·폄》선전 기관, 선전 제조소. **~rummel**, der 《통용어·폄》선전을 위한 소동, 요란한 선전. **~schrift**, die 선전 문서, 선전물. **~sender**, der 선전 방송국. **~sendung**, die 선전 방송. **~tätigkeit**, die 선전 활동. **~trommel**, die 《다음 용법으로만》 die P. rühren[schlagen] 선전을 펼치다. **~wirksam** 〈Adj.〉 선전[광고] 효과가 있는. **~zentrale**, die 선전(기관) 지휘부. **~zweck**, der 〈대개 Pl.〉 선전 목적: zu -en 선전용으로, 선전 목적으로.

propagandieren [propaganˈdiːrən] 〈h〉 《교양어》 ↑ propagieren. **Propagandist** [...ˈdɪst], der; -en, -en [2: russ. propagandist < frz. propagandiste] **1.** 선전자(원). **2.** 《구동독》 (정치적 이념 따위를 교육, 홍보하는) 선전 담당자. **3.** 《교양어》후원자, 옹호자, 장려자. **4.** 【경제】 (제품의) 선전원, 광고 계원. **Propagandistin**, die; -nen ↑ Propagandist의 여성형. **propagandistisch** 〈Adj.〉 **1.** 선전의[에 관한], 선전을 일로 하는: -e Zwecke[Mittel] 선전 목적[수단]. **2.** 【경제】상품 선전[광고]에 관한. **Propagator** [propaˈgaːtɔr], der; -s, -en [...gaˈtoːrən] 《교양어》↑Propagandist (3). **propagieren** [propaˈgiːrən] 〈h〉 [lat. prōpāgāre] 《교양어》 선전[권유]하다, 보급(강화)시키다, 무엇을 위해 노력하다: eine Ansicht p. 어떤 견해를 널리 알리다. **Propagierung**, die; -en 《교양어》선전, 권유.

Propan [proˈpaːn], das; -s [↑Propylen u. ↑Methan의 약칭] 프로판 (가스). **Propangas**, das 〈Pl. 없음〉 ↑ Propan. **Propangasflasche**, die 프로판 가스 용기. **Propangaskocher**, der 프로판 가스 레인지.

Proparoxytonon [proparˈɔksyːtonɔn], das; -s, ...tona [griech. proparoxýtonon] 【언어】프로파뤽시토논 ((그리스어에서) 끝에서부터 셋째음절에 악센트를 갖는 말)(예컨대: análysis)(↑Oxytonon, Paroxytonon).

pro patria [pro, (또한)ˈpaːtria; lat.] 《교양어》 조국을 위하여.

Propeller [proˈpɛlɐ], der; -s, - [engl. propeller < lat. propellere] **1.** 프로펠러, 추진기. **2.** 《전문어》 스크루, 나선 추진기.

Propeller-: **~antrieb**, der 프로펠러 추진 (장치). **~blatt**, das 프로펠러의 날개. **~flugzeug**, das 프로펠러기. **~maschine**, die ↑ ~flugzeug. **~schaden**, der 프로펠러의 손상. **~schlitten**, der 프로펠러 썰매(터보건). **~turbine**, die 【기술】 프로펠러 터빈. **~wind**, der 프로펠러 (바람에 의해 생기는) 기류(氣流). **-propell(e)rig** [proˈpɛl(ə)rɪç] 《다음의 합성어로, 예컨대》 vierpropell(e)rig(propell(e)rig) 4발(發) 프로펠러의, 프로펠러가 4개 달린.

Propen [proˈpeːn], das; -s [화학] ↑Propylen.

proper [ˈprɔpɐ] 〈Adj.〉 [frz. propre < lat. proprius] 《통용어》 **a)** (외모가) 조촐한, 참한. **b)** 조촐한, 깔끔(말쑥)한, 정돈된. **c)** 세심한, 세심(견실)하게 만든: da hat er -e Arbeit geleistet 그는 일을 꼼꼼히 처리했다. **Propergeschäft**, das 《또한》 Propregeschäft, das 【경제】 자가 영업, 자영 상업. **Properhandel**, der 《또한》 Proprehandel, der 【경제】 자영 상업.

Properispomenon [properiˈspoːmenɔn], das; -s, ...na [griech. properispómenon] 【언어】 프로페리스포메논(그리스어에서, 끝에서 둘째 음절에 시르콤플렉스(곡) 악센트 부호: ῀)를 갖는 말(예컨대: dōron)(↑Perispomenon 참조).

Prophet [proˈfeːt], der; -en, -en [lat. prophēta < griech. prophḗtēs] **1.** 예언자, 선지자, 경고자: die -en des Alten Testaments 구약 성서의 선지자들; der P. (Allahs) 알라의 사도(이슬람교에서 마호메트를 가리키는 명칭); 속담 der P. gilt nichts in seinem Varterland(e) 선지자는 자기 고향에서 존경받지 못한다(마태복음 13장 57절에 따라); er ist ein falscher P. 그는 거짓 선지자다, 그는 못 믿을 사람이다(마가복음 13장 22절에 따라, 언행에 신뢰성이 없는 사람을 가리키는 말); ich bin doch kein P.! 《통용어》 나는 예언자가 아니라구!, 내가 그걸 알 리가 있나!; man braucht kein P. zu sein, um das vorauszusehen 예언자가 아니래도 그것쯤[그 일이 닥쳐올 것]은 내다볼 수 있다. 2. 《종교》《대개 Pl.》 구약의 예언자(대 선지자 네 사람과 소 선지자 열두사람을): die großen(kleinen) -en 대[소] 예언자. **Prophetengabe**, die 〈Pl. 없음〉(아이) 예언자적 재능, 예지(豫知) 능력, 예견력. **Prophetie** [profe'ti:], die; -n [...ŋən] lat. prophētia < griech. prophēteía](아이) (선지자의) 예언, 예견: die Gabe der P. besitzen 예언 능력을 지니다. **Prophetin**, die; -nen ↑Prophet (1)의 여성형. **prophetisch** [pro'fe:tɪʃ] 〈Adj.〉 [lat. prophēticus < griech. prophētikós] **1.** 예언자(선지자)의: die -en Bücher des Alten Testaments 구약의 예언서들. **2.** 예언적인, 예지적[예견적]인. **prophezeien** [profe'tsajən] 〈h〉 예언하다, 예견하다: jmdm. eine große Karriere p. 누가 크게 출세한을 예언하다. **Prophezeiung**, die; -en **1.** 예언, 예견, 예보: seine P. ist eingetroffen 그의 예언이 적중했다. **2.** 〈Pl. 없음〉《드물게》예언(하기).

Prophylaktikum [profy'laktikʊm], das; -s, ...ka [griech. prophylaktikós] [의학] 예방약, 예방제: ein P. gegen Grippe 독감 예방약. **prophylaktisch** [...'laktɪʃ] 〈Adj.〉 [griech. prophylaktikós] **1.** [의학] 예방의: das Mittel wirkt p. gegen Infektionen 그 약은 감염을 예방하는 효과가 있다. **2.** 《교양어》 (어떤 사태를) 방지하는: ich habe mir den Abend p. freigehalten 〈농〉 나는 만일을 위해 저녁 시간을 비워두었다. **Prophylaxe** [...'laksə], die; -n [griech. prophýlaxis] [의학] **a)** 〈Pl. 없음〉 방지, 예방: ein Mittel zur P. (gegen Grippe) (독감) 예방약. **b)** 예방 치료(법), 예방법.

Proponent [propo'nɛnt], der; -en, -en [lat. proponens, proponere의 현재분사] [고어] 제안자, 신청자. **proponieren** [...ni:rən] 〈h〉 [1 a: lat. propōnere] **1. a)** [고어] 제안[제의]하다. **b)** 《schweiz.》 (후보자로) 추천하다. **2.** [고어] 신청[출원]하다. ↑Proposition.

Proportion [propɔr'tsio:n], die; -en [lat. prōportio] **1.** 《교양어》 **a)** (사물, 특히 전체와 부분 사이의) 비례적 관계, 비율, 균형: sie hat(besitzt) beachtliche -en 〈농〉 그녀는 균형이 잘 잡힌 몸매를 지니고 있다. **b)** 전의의 P. von Einnahmen und Ausgaben 수입과 지출의 균형(비율). **b)** 〈Pl. 없음〉《교양어》균형이 잡힘, 조화. **2.** [수학] **a)** 비례, 비(比): die P. zwei zu drei(2:3) 2와 3에 대한 비(2대 3). **b)** 비례식: a:b = 2:3 ist eine P. a:b = 2:3은 비례식이다. **3.** [음악] (정량 음악 기보법(記譜法)의) 비례. **proportional** [...tsio'na:l] 〈Adj.〉 [1: lat. prōportiōnālis] **1.** 《교양어》 비례하는, 균형이 잡힌: Druck und Dichte des Gases sind (direkt) p. zueinander 기체의 압력과 밀도는 (정)비례한다; a ist (direkt) p. b a는 b에 (정)비례한다; a und b sind p. (zueinander) a와 b는 (서로) 비례한다; x und y sind umgekehrt(indirekt) p. zueinander x, y는 서로 반비례한다.

Proportional-: **~satz**, der [언어] 비례문(예컨대: je älter er wird, desto bescheidener wird er). **~steuer**, die [세무] 비례세(반대: Progressivsteuer). **~wahl**, die 《österr., schweiz.》 ↑Verhältniswahl. **~wahlrecht**, das 《österr., schweiz.》 비례 대표제 선거권. **~wahlsystem**, das 《österr., schweiz.》 비례 (대표)제 선거 제도.

Proportionale [proportsio'na:lə], die; -n 〈zwei -(n)〉 [수학] 비례항(比例項). **Proportionalität** [...tsionali'tɛ:t], die; -en [1: lat. prōportiōnālitās] **1.** 《교양어》 비례, 균형, 조화, 상응. **2.** [수학] (변수 사이의) 비례 관계: die P. von x zu y x의 y에 대한 비례 관계. **proportionell** [...tsio'nɛl] 〈Adj.〉 [frz. proportionnel < prōportiōnālis] 《österr., schweiz.》 비례의[에 의한]. **proportionieren** [...tsio'ni:rən] 〈h〉 (고어) 비례시키다, 균형을 잡다[유지시키다]. **proportioniert** [...tsio'ni:ɐt] 〈Adj.〉 (어떤) 비례 관계에 있는, 균형이 잡힌: sie ist gut p. 그녀는 몸매가 예쁘다. **Proportioniertheit**, die ↑proportioniert의 명사형. **Proportionierung**, die [미술] 비례(맞추기), 균형(잡기), 안배. **Proportionsgleichung**, die; -en 《수학》 ↑Proportion (2 b). **Proporz** [pro'pɔrts], der; -es, -e [↑Proportionalwahl의 약칭] **1.** 《정치·österr.》 (득표수 따위에 준한 의석·관직의) 비례 배분: Ämter in [nach] dem P. besetzen 비례 배분제로 관직을 채우다. **2.** 《österr., schweiz.》 비례 대표제, 비례 선거. **Proporzdenken**, das; -s 《교양어·폄》 비례 배분적 사고 방식. **Proporzwahl**, die 《österr., schweiz.》 비례 선거.

Proposition [propozi'tsio:n], die; -en [lat. prōpositio] **1.** 《교양어·고어》 제의, 제안, 신청. **2.** 《승마》 경기 (조건)의 공시(公示). **3.** [문예학] (고대 수사학에서 연설·논문 모두에 주제가 담긴) 서언[머리말]. **4.** [언어] 명제, 문장(진술) 내용. **propositional** [...tsio'na:l] 〈Adj.〉 [언어] 명제[문장 내용]에 관한. **Propositum** [pro'po:zitʊm], das; -s, ...ta [lat. prōpositum] (고어) 발언, 진술.

Proppen ['prɔpn̩], der; -s, - [niederd.] 《nordd.》 (병) 마개, 코르크 마개. **proppenvoll** 〈Adj.〉 [s.ebd., (병의) 코르크 마개까지 가득 채워진] 《통용어》 가득[꽉] 찬.

Proprätor, der; -s, -en [lat. prōpraetor] (고대 로마의) 지방 총독(집정관을 지낸 사람이 임명됨).

propre: ↑proper. **Propregeschäft**: ↑Propergeschäft. **Proprehandel**: ↑Properhandel. **Propretät** [propre'tɛ:t], die [frz. propreté] (고어·지역적) 청결, 깔끔함. **Proprietär** [proprie'tɛ:ɐ̯], der; -s, -e [frz. propriétaire < lat. proprietārius] (고어) 소유주. **Proprietät** [proprie'tɛ:t], die; -en [frz. propriété < lat. proprieta s̄] (고어) 소유물, 소유권. **Proprietätsrecht**, das [고어] 소유권. **Proprium** ['pro:priʊm], das; -s [lat. proprium] **1.** 《드물게·심리》 인간 고유의 특성. **2.** [가] (교회력이나 경축일에 따라 바뀌는) 교체 미사곡.

proprialisieren 〈h〉 [lat. proprium] [언어] 고유명사화하다.

Propst [pro:pst], der; -(e)s, Pröpste [prø:pstə: lat. prōpos(i)tus] **1.** [가] **a)** 〈Pl. 없음〉 (주교좌 성당의) 수석 신부(칭호). **b)** 대성당(주교좌 성당) 수석 신부. **2.** [신교] **a)** 〈Pl. 없음〉 감독, 교구장, 총회장(칭호). **b)** 위의 칭호를 가진 성직자. **Propstei** [pro:ps'taɪ], die; -en **a)** ↑Propst의 직위[교구]. **b)** ↑Propst의 사택. **Pröpstin** ['prø:pstɪn], die; -nen [신교] ↑Propst (2 b)의 여성형.

Propusk ['pro:pʊsk, 《또한》 'prɔp..., pro'pʊsk], der; -s, -e [russ. propusk] 신분증의 러시아어 표기.

Propyläen [propy'lɛ:ən] 〈Pl.〉 [lat. propylaea < griech. propýlaia] [건축] (대 건축물, 특히 고대 신전의) 열주(列柱)가 있는 입구, 주랑(柱廊) 현관, 열주문(門).

Propylen [propy'le:n], das; -s [griech. prōtos] [화

학] 프로피렌.
pro rata temporis [pro: 'ra:ta 'temporıs; lat.] 《상·준고어》 시간의 경과에 상응하여(약어: p. r. t.).
Prorektor, der; -s, -en (대학) 학장[총장] 대리. **Prorektorat**, das; -s, -e **1.** 위의 직[지위]. **2.** 위의 집무실.
Prorogation [proroga'tsjo:n], die; -en [lat. prōrogātio] **1.** 《고어》 **a)** 연기, 정회(停會). **b)** (기한·임기의) 연장. **2.** 〖법〗 (민사소송 당사자간의) 관할(법원에 관한) 합의. **prorogativ** [...'ti:f] 〈Adj.〉 [lat. prōrogātīvus] 《고어》 연기[정회]하는, 연장하는. **prorogieren** [...'gi:rən] 〈h〉 [b: lat. prōrogāre] 《고어》 **a)** 연기[정회]하다. **b)** (기한 따위를) 연장하다.
Prosa ['pro:za], die [lat. prōsa (ōrātio)] 산문; 무취미, 무미건조함; ein Epos in P. 산문 서사시; ein Stück P. 산문 작품; ein Band mit P. 산문집; 전의 die P. des Alltags 《아어》 일상의 단조로움[무미건조함], 산문적인 일상.
Prosa-: **~band**, der 〈Pl. -bände〉 산문집. **~dichtung**, die 산문시, 산문체 시작품. **~erzählung**, die 산문 단편(소설). **~schriftsteller**, der 산문 작가. **~schriftstellerin**, die ↑~schriftsteller의 여성형. **~stil**, der 산문체. **~stück**, das 산문 작품. **~text**, der 산문 텍스트(작품). **~übersetzung**, die (시 작품의) 산문역, 산문 번역본. **~übertragung**, die **1.** ↑~übersetzung. **2.** ↑Metaphrase (1). **~werk**, das 산문 작품.
Prosaiker [pro'za:ıkɐ], der; -s, - [lat. prōsaicus] **1.** 《준고어》 ↑Prosaist. **2.** 《아어·폄》 산문적인[무미건조한] 사람. **prosaisch** [pro'za:ıʃ] 〈Adj.〉 [lat. prōsaicus] **1.** 《드물게》 산문의, 산문으로 쓰인. **2.** 《아어·폄》 산문적인, 무미건조한, 범속한: ein -er Mensch 몰취미한 사람. **Prosaist** [proza'ıst], der; -en, -en 《교양어》 ↑Prosaschriftsteller. **Prosaistin**, die; -nen 《교양어》 ↑Prosaist의 여성형.
Prosektor, der; -s, -en [lat. prōsector] 〖의학〗 **1.** 해부 담당 의사, 집도의. **2.** 병리해부학, 병리해부과장. **Prosektur** [prozɛk'tu:ɐ], die; -en 〖의학〗 (종합병원의) 병리해부과.
Prosekution [prozeku'tsjo:n], die; -en [lat. prosecutio] 《드물게·법》 기소, 소추(訴追). **Prosekutor** [prose'ku:tɔr, (또한) ...to:ɐ], der; -s, -en [...ku'to:rən; lat. prosecutor] 《드물게·법》 기소[소추]자, 소추자로서의 검사.
Proselyt [proze'ly:t], der; -en, -en [lat. proselytus < griech. prosélytos] **1.** 〖종교〗 유태교로 개종한 이방인, 개종자. **2.** 《교양어》 갓 귀의(歸依)한 사람, 전향자, 변절자: **-en machen** 《폄》 끈질기게 《성급하게》 개종[전향] 운동을 벌이다, (억지로) 개종[전향]시키다. **Proselytenmacher**, der 《교양어·폄》 집요한 개종 운동가, 전향사(轉向師). **Proselytenmacherei**, die 《교양어·폄》 집요한 개종[전향] 활동.
Proseminar, das; -s, -e 〖대학〗 초급 세미나(연습)〔↑ Hauptseminar의 전 단계).
Prosenchym [prozɛn'çy:m], das; -s, -e [griech. prós u. égchyma] 〖식물〗 방추 조직.
Proserpina [pro'zɛrpina] 프로세르피나(로마 신화에서 명부(冥府)의 여신; 그리스 신화의 ↑Persephone에 해당).
Prosimetrum [prozi'me:trum], das; -s, ...tra 〖문예학〗 (특히 고대 문학에서) 운문과 산문의 혼용, 산문 운율.
prosit! ['pro:zıt], (통속적) prost! [prɔst], 〈Interj.〉 [lat. prōsit] 《축배 용어》 건강을 기원하네[기원합니다]!: p.(,Leute)! [p. allerseits!] 여러분의 건강을 위하여!; p. Neujahr! 새해 축하합니다!; **na denn [dann] prost!** 《통속어·반어》 그렇다면 문제가 아직 남았군!, 일이 재미있게 될지도 모르겠군! **Prosit** [-],

das; -s, -s, 《통속어》 Prost [-], das; -(e)s, -e 축배의 말 (인사): ein P. dem Gastgeber (초대해 주신) 주인을 위해 건배!; ein Prosit (auf jmdn.) ausbringen (누구를 위해) 축배(건배)하다.
proskribieren [prɔskri'bi:rən] 〈h〉 [lat. prōscrībere] 《교양어》 추방하다, (누구의) 법률 보호 정지를 공표하다. **Proskription** [prɔskrıp'tsjo:n], die; -en [lat. prōscrīptio] 《교양어》 추방(의 공고), 법률 보호의 박탈. **Proskriptionsliste**, die 추방자[법률 보호 박탈자] 명단.
Proskynese [prɔsky'ne:zə], **Proskynesis** [prɔs'ky:nezıs], die; ...nesen [...ky'ne:zn; griech. proskýnēsis] 무릎을 꿇고 이마를 바닥에 대는 경배, 부복(俯伏), 복례(伏禮).
Prosodem [prozo'de:m], das; -s, -e 〖언어〗 운율소(韻律素). **Prosodie** [prozo'di:], die; -n [...i:ən; lat. prosōdia < griech. prosōdía], 《드물게》 **Prosodik** [pro'zo:dık], die; -en **1.** 〖운율〗 **a)** (고전 운율학의) 음조론, 음절의 장단과 고저. **b)** (음절의 장단, 억양, 음조 따위에 관한) 운율(시형)학, 운율론. **2.** 〖음악〗 멜로디(음율)와 가사의 조화. **3.** 〖언어〗 음조(론)(악센트, 억양, 음조 따위를 다룸).
Prosodion [pro'zo:djon], das; -s, ...ia [griech. prosódion] 프로소디온(합창 중에 부르는 고대 그리스의 행진곡).
prosodisch [pro'zo:dıʃ] 〈Adj.〉 〖운율·음악·언어〗 ↑Prosodie의에 관한.
prosowjetisch 〈Adj.〉 친소(親蘇)적인.
Prospekt [pro'spɛkt], der / (또한 《외스터.》 das); -(e)s, -e [lat. prōspectus] **1.** 안내서, (내용) 설명서, 취지서, 요강: -e über den 《통용어》 vom Bodensee 보덴제 관광 안내서. **2.** 〖연극〗 (무대의) 배경도. **3.** 〖미술〗 (회화, 동판화, 소묘 따위로 그린 도시나 광장 따위의) 전경도(全景圖), 개관도. **4.** 〖파이프 오르간의〗 전면관(前面管). **5.** 〖경제〗 (기업의) 재정 상황표(일람표). **6.** 《러시아어 표기》 중앙로. **prospektieren** [prɔspɛk'ti:rən] 〈h〉 [lat. prōspectāre] 〖광〗 탐사(탐광, 채광, 시굴)하다. **Prospektierung**, die; -en 〖광〗 ↑prospektieren의 명사형. **Prospektion** [...'tsjo:n], die; -en [lat. prōspectio] **1.** 〖광〗 탐광, 채광, 시굴. **2.** 〖상〗 (설명서와 주문표로 이루어진 광고용의) 상품 안내서. **prospektiv** [...'ti:f] 〈Adj.〉 [lat. prōspectīvus] 《교양어》 **a)** 장래를 향한, 예견(전망)하는(반대: retrospektiv). **b)** 예상(측)할 수 있는, 가망이 있는. **c)** 앞으로의 발전에 관한. **Prospektor** [pro'spɛktɔr, (또한) ...to:ɐ], der; -s, -en [...'to:rən; engl. prospector] 〖광〗 탐광(채광)자, 시굴자.
prosperieren [prɔspe'ri:rən] 〈h〉 [frz. prospérer < lat. prōsperāre] 《교양어》 **a)** 〖경제〗 번영(번창)하다, 성공하다: das Unternehmen prosperiert 그 기업은 번창하고 있다. **b)** (경제·재정적으로) 번영하다, 부유해지다. **Prosperität** [...ri'tɛ:t], die [frz. prosperité < lat. prōsperitās] 《교양어》 번영, 융성, 호경기.
Prospermie [prɔspɛr'mi:], die; -n 〖의학〗 조루(早漏), 조기 사정.
prost! usw.: ↑prosit! usw.
Prostaglandine [prostagla'ndi:nə] 〈Pl.〉 〖의학·약학〗 프로스타글란딘(호르몬과 유사한 유효 성분으로 혈관 확장·진통 유발 작용을 함).
Prostata ['prostata], die; ...tae [engrieh. prostátēs] 〖생물〗 전립선. **Prostatahypertrophie**, die 〖의학〗 전립선 비대증. **Prostatakrebs**, der 전립선암(癌). **Prostatektomie** [prostatɛkto'mi:], die; -n [...i:ən; 〖의학〗] 전립선 절제술(切除術). **Prostatiker** [pro'sta:tikɐ], der; -s, -e 〖의학〗 전립선 비대증 환자. **Prostatitis**

[prɔstɑ'ti:tis], die; ...titiden [...ti'ti:dn] 【의학】 전립선염.

prosten ['pro:stn] 〈h〉 축배의 말을 하다, 축배하다: auf seinen Erfolg p. 그의 성공을 위해 건배하다. **prösterchen!** [prœstɐçən] 〈Interj.〉 〈친근〉 ↑prosit. **Prösterchen** [-], das; -s, - 〈친근〉 ↑Prosit.

prosthetisch [prɔs'te:tɪʃ] 〈Adj.〉 [griech. prósthetos] 《다음 용법으로》 **-e Gruppe** 【생화학】 배합군(配合群), 보결 분자족.

prostituieren [prɔstitu'i:rən] 〈h〉 [2: frz. se prostituer < lat. prōstituere] 1. 《교양어》 더럽히다, 욕되게 하다. 2. 〈p. + sich〉 매음(매춘)하다. **Prostituierte*** [...'i:ɐtə], die 매춘부: sich mit -n einlassen 창녀들과 놀아나다(관계를 갖다). **Prostitution** [...'tsjo:n], die [frz. prostitution < lat. prōstitūtio] 1. 매춘(제도): weibliche P. (be)treiben 매춘 행위를 하다. 2. 《드물게·교양어》 절조의 포기, 타락. **prostitutiv** [...'ti:f] 〈Adj.〉 매춘의(에 관한).

Prostration [prostra'tsjo:n], die; -en [lat. prōstrātio] 1. 【가】 ↑Proskynese. 2. 【의학】 (중병으로 인한) 허탈, 탈진.

Prosyllogismus [prozylo'gɪsmʊs], der; -men [griech. prosyllogismós] 【논리】 전삼단논법(前三段論法)(결론이 다음 삼단논법의 전제가 됨).

Proszenium [pro'stse:njʊm], das; -s, ...ien [...jən; lat. prōsc(a)ēnium < griech. proskēnion] 1. 【연극】 무대의 앞쪽(막에서 각광이 있는 т대 전면까지)(반대: Postszenium). 2. 【건축】 (고대 극장의) 앞무대. 3. 〈드물게〉 ↑Proszeniumsloge의 약칭. **Proszeniumsloge**, die 【연극】 무대 앞 양쪽의 관람석, 귀빈석.

prot-, Prot-: ↑proto-, Proto-. **Protactinium** [protakˈtiːnjʊm], das; -s 【화학】 프로트악티늄(방사성 원소; 기호: Pa).

Protagonist [protago'nɪst], der; -en, -en [griech. prōtagōnistḗs] 1. (고대 그리스 극에서 연출자를 겸한) 제1배우, 주역, 주연배우(↑Deuteragonist, Tritagonist). 2. 《교양어》 a) 중심(핵심) 인물: der P. eines Geschehens 어떤 사건의 주역. b) 주창자, 선구자. **Protagonistin**, die; -nen 《교양어》 ↑Protagonist (2, 3)의 여성형.

Protaktinium ↑Protactinium.

Protegé [prote'ʒe:], der; -s, -e [frz. protégé] 《교양어》 피보호자, 측근자, 심복. **protegieren** [prote'ʒi:rən] 〈h〉 [frz. protéger < lat. prōtegere] 《교양어》 후원(장려)하다, 비호하다, 돌봐 주다.

Proteid [prote'i:t], das; -(e)s, -e 【생화학】 프로테이드(비단백질 성분을 함유한 단백질, 예컨대: Lipoproteid). **Protein** [prote'i:n], das; -s, -e [griech. prōtos 【생화학】 (주로 아미노산으로 합성된) 단백질(예컨대: Blobulin). **Proteinfaserstoff**, der 【섬유】 ↑Eiweißfaserstoff.

proteisch [pro'te:iʃ] 〈Adj.〉 《교양어》 ↑Proteus적인, 변하기 쉬운, 변덕스러운, 믿을 수 없는.

Protektion [protɛk'tsjo:n], die; -en [frz. protection < spätlat. prōtēctio] 1. 후원, 장려, 애호: jmds. P. genießen 누구의 후원을 받다. 2. 《고어》 보호, 비호. **Protektionismus** [...tsjo'nɪsmʊs], der; - [경제] 무역주의(정책), 보호주의. **Protektionist**, der; -en, -en 【경제】 보호주의자, 보호무역 옹호자. **protektionistisch** 〈Adj.〉 보호주의의. **Protektionskind**, das; -(e)s, -er 〈반어〉 피보호자, (부당하게) 두둔을 받는 사람. **Protektionswirtschaft**, die 《폄》 연고 등용, 정실 정치, 측근 정치. **protektiv** [protɛk'ti:f] 〈Adj.〉 [engl. protective, frz. protectif] 보호하는: ein Mittel p. benutzen 어떤 수단을 보호막으로 이용하다.

Protektor [pro'tɛktɔr, 《또한》 ...to:ɐ], der; -s, -en [...'to:rən] 1. 《교양어》 a) 보호[비호]자, 옹호자. b) 후원자, 패트런, 명예 회장. 2. 【국제법】 보호국. 3. 【기술】 타이어의 요철 바닥면. **Protektorat** [protɛkto'ra:t], das; -(e)s, -e 1. 《교양어》 후원, 보호. 2. 【국제법】 a) 보호(정치). b) (피)보호국(보호조약에 의해 간섭을 받는 나라). **Protektoratsgebiet**, das ↑Protektorat (2 b).

Proteolyse [proteo'ly:zə], die 【생화학】 단백질 분해.

Proterozoikum [protero'tsoːikʊm], das; -s 【지질】 ↑Algonkium, Archäozoikum. **proterozoisch** 〈Adj.〉 원생대의.

Protest [pro'tɛst], der; -(e)s, -e [2: ital. protesto < lat. prōtēstāri] 1. 항의, 항변, 이의(신청): ein flammender P. (아이) 불길 같은 항의; es hagelte -e 항의가 빗발치듯했다; P. gegen etw. erheben(anmelden) 무엇에 항의하다; aus P. der Sitzung fernbleiben 항의의 표시로 회의에 불참하다; unter P. den Saal verlassen 항의하여 회의장에서 나가다. 2. 【경제】 (어음이나 수표의) 인수[지불] 거절, 거절 증서: einen Wechsel zu P. gehen lassen 어떤 어음의 거절 증서를 작성하다; den P. auf den Wechsel setzen 어음의 인수[지불]를 거절하다. 3. 《구둔독·법》 (검사의) 항소: P. einlegen 항소하다.

Protest- (Protest 1): **~aktion**, die 항의 운동[행위]. **~bewegung**, die 항의 운동. **~brief**, der ↑~schreiben. **~demonstration**, die ↑~kundgebung. **~erklärung**, die 항의[반대] 성명. **~haltung**, die 항의의 자세. **~kampagne**, die ↑~aktion. **~kundgebung**, die 항의의 시위. **~marsch**, der 항의 행진. **~note**, die 항의 각서. **~resolution**, die 항의 결의(안). **~ruf**, der (연설 등에서 청중이 지르는) 항의의 고함 소리. **~sänger** 사회 비판 가수, 저항곡 가수. **~schreiben**, das 항의서, 항의문. **~song**, der 사회 비판적인 노래, 저항곡(가요). **~streik**, der 항의 파업. **~sturm**, der 질풍 같은 항의. **~versammlung**, die 항의 집회. **~welle**, die 파상적인 항의. **~zug**, der 항의 행렬.

Protestant [protɛs'tant], der; -en, -en [lat. prōtēstāns] 1. 신교도, 프로테스탄트. 2. 《드물게》 항의자, 이의 제기자. **Protestantin**, die; -nen ↑Protestant의 여성형. **protestantisch** 〈Adj.〉 a) 【교】 신교(교회)의; prot.): **-es** Christentum 신교. b) 신교도적인, 신교도 특유의. **protestantisieren** [protɛstanti'tsi:rən] 〈h〉 《옛》 (어떤 지역을, 누구를) 신교화하다. **Protestantisierung**, die 《옛》 신교화. **Protestantismus** [...'tɪsmʊs], der 신교, 프로테스탄티즘. **Protestation** [...ta'tsjo:n], die; -en 〈h〉 ↑Protest (1): die P. von Speyer im Jahre 1529 1529년 Speyer의 이의 (Speyer에서 열린 제국회의에서 1521년의 보름스 칙령을 고수한다는 다수의 결의에 대해 신교측이 제기한 이의). **protestieren** [protɛs'ti:rən] 〈h〉 [frz. protester < lat. prōtēstāri] 1. a) 항의(항변)하다, 불복하다: ich protestiere dagegen, daß ... 나는 ...이라는 사실에 항의한다. b) (주장, 요구, 제안 따위에) 이의를 제기하다, 불평하다. 2. 【경제】 (어음의) 인수[지불]을 거절하다, 거절증서를 작성하다. **Protestler** [pro'tɛstlɐ], der; -s, - 〈자주 폄〉 항의자, 이의 제기자, 불평꾼.

¹Proteus ['proːtɔys] 프로테우스(그리스 신화에서, 예언과 변신술에 능한 바다의 신).

²Proteus [-], der; -, - [변신술에 능했다는 바다의 신 Proteus의 이름에서 유래] 《교양어》 변덕스러운 사람, 주견 없는 사람.

Protevangelium [protevaŋ'ge:ljʊm] ↑Protoevangelium.

Prothallium [pro'taljʊm], das; -s, ...ien [...jən] 【식

물】 양치류(羊齒類)의 포자[홀씨].

Prothese [pro'te:zə], die; -n [1: griech. prósthesis] **1.** 인공 보장구(補裝具)[보정기(補整器)], 의지(義脂) (따위): die P. drücket(sitzt gut) 의족(따위)가 맞지 않는다[잘 맞는다]; eine P. tragen 의족(따위)를 달고 다니다. 《(a)~c)의 약칭》 **a)** Zahnprothese 의치. **b)** Beinprothese 의족. **c)** Armprothese 의수. **2.** [언어] 어두음(語頭音) 첨가(단어 앞에 모음 또는 음절이 첨가되는 현상, 예컨대: lat. stella : span. estella).

Prothesen- (Prothese 1): **~halterung**, die 의족(따위)의 고정 장치. **~klammer**, die [치과] 의치 걸쇠[클립]. **~träger**, der 의족 따위를 달고 다니는 사람.

Prothetik [pro'te:tık], die [의학] 보철학(補綴學), 보장구학(補裝具學). **prothetisch** 〈Adj.〉 [의학] **1.** 보철학의[에 관한]. **2.** 의족(따위)의. **3.** [언어] 어두음 첨가 (Prothese 2)의.

Protist [pro'tıst], der; -en, -en 〈대개 Pl.〉 [griech. prōtistos] ↑Einzeller. **proto-, Proto-**, 《모음 앞》 prot-, Prot- [prot(o)-; griech. prōtos] 《"최초의, 가장 중요한, 원시(原始)의" 따위를 뜻하는 규정어로서, 예컨대》 prototypisch, Protagonist. **Protoevangelium**, das; -s [가] 복음(메시아의 예고로 해석되는 창세기 3장 15절을 가리킴). **protogen** [...'ge:n] 〈Adj.〉 [griech. prōtogenḗs] [지질] (특히 광석이) 현재의 출토지에서 생성된, 초생(初生)의. **Protokoll** [proto'kɔl], das; -s, -e [lat. protocollum < griech. prōtókollon] **1. a)** 조서(調書); 의사록, 회의록: ein polizeiliches P. 경찰 조서; ein P. anfertigen 조서(따위)를 작성하다, 조서를 꾸미다; etw. ins P. aufnehmen 무엇을 조서에 기록하다; **(das) P. führen** 회의록[조서]을 작성하다, 기록을 맡다; **etw. zu P. geben**《(드물게) bringen》 조서에 기록하도록 진술[말]하다; **etw. zu P. nehmen** 무엇을 조서로 꾸미다. **b)** 〈전문어〉 (실험, 진료, 수술 따위의) 기록. **2.** 의정서(議定書), 외교 문서; 의전, 외교 의례. **3.** (지역적) 교통 법규 위반에 대한 처벌.

protokoll-, Protokoll-: **~abteilung**, die (외무부의) 의전실(儀典室). **~aufnahme**, die 기록(의사록·조서) 작성. **~aussage**, die 〔자연과학〕 기록 내용. **~chef**, der 의전실장[과장]. **~führer**, der 기록계(係), 조서 작성자. **~widrig** 〈Adj.〉 의전(儀典)에 배치되는.

Protokollant [protokɔ'lant], der; -en, -en 기록계(係), 조서 작성자. **protokollarisch** [...'la:rıʃ] 〈Adj.〉 **1. a)** 조서[의사록] 형식의: etw. p. festhalten 무엇을 조서로 기록해 두다. **b)** 조서에 기록된[의거한]. **2.** 조서 [기록]들의. **protokollieren** [...'li:rən] 〈h〉: **1.** lat. protocollare] **a)** 기록하다, (무엇의) 의정서[회의록, 조서]를 작성하다: eine Vernehmung(Aussage) p. 심문[진술] 내용을 조서로 꾸미다. **b)** 기록(을 담당)하다. **Protokollierung**, die; -en ↑protokollieren의 명사형. **Proton** ['pro:tɔn], das; -s, ...onen [pro'to:nən] griech. prōton] [물리] 양자(陽子), 프로톤(기호: p)(↑Protium). **Protonenbeschleuniger**, das [핵물리] 양자 가속기. **Protonensynchrotron**, das [핵물리] ↑Protonenbeschleuniger. **Protonotar** [protono'ta:r], der; -s, -e [중세] 왕궁(교황청)의 서기장. **2.** [가] 교황청 고관. **Protophyton** [pro'to:fyton], das; -s, ...yten [생물] 원생식물. **Protoplasma** [proto'plasma], das; -s [생물] 원형질. **protoplasmatisch** 〈Adj.〉 [생물] **a)** 원형질의[로 이루어진]. **b)** 원형질에 속하는. **Prototyp** ['pro:toty:p], (드물게) proto'ty:p], der; -s, -en [lat. prōtotypos < griech. prōtótypos] **1.** 〈교양어〉 전형(적인 인물), 모범: er ist der P. des Schürzenjägers[eines Gelehrten] 그는 난봉꾼[학자]의

전형이다. **2.** 견본, 원형, 기본형. **3.** [기술] (차량·기계 따위의) 시제품, 시작품, 원형. **4.** [스포츠] (주문 제작된) 경주용 자동차. **5.** 〈전문어〉 ↑Normal (1). **prototypisch** 〈Adj.〉 전형의, 전형[모범]적인. **Protozoen**: ↑Protozoon의 복수형. **Protozoologe**, der; -n, -n 원생 동물 학자. **Protozoologie**, die 원생동물학. **Protozoon**, das; -s, ...zoen [...'tso:ən] 〈대개 Pl.〉 [생물] 원생 동물, 원충(原蟲)(반대: Metazoon).

protrahieren [protra'hi:rən] 〈h〉 [lat. prōtrahere] 〔의학〕 (약효 따위를) 지연시키다. **Protuberanz** [protube'rants], die; -en [lat. prōtūberāre] **1.** 〈대개 Pl.〉 [천문] (태양의) 홍염(紅焰). **2.** [해부] (뼈의) 돌기, 융기(부).

¹Protz ['prɔts], der; -en / -es, -e(n) 〈통속어〉 **1.** 허풍선이, 호언가, 뽐내는 사람(↑-protz). **2.** 〈Pl. 없음〉 ↑ Protzerei (3).

²Protz [-], der; -en / -es, -en [임업] 기형으로 웃자란 나무.

-protz [-prɔts], der; -en / -es, -e(n) 〈통속어; 다음의 복합어로, 예컨대〉 Bildungs-, Energie-, Würdeprotz.

Protze ['prɔtsə], die; -n [ital. birazzo < lat. birotium] 〈군·옛〉 포 앞차(탄약 운반 및 화포 견인용의 2륜 차량).

protzen ['prɔtsn̩] 〈h〉 〈통속어〉 **1. a)** 뽐내다, 자랑하다: mit seinem Vermögen p. 재물을 자랑하다. **b)** 허풍떨다. **2.** 위풍을 드러내다, 우쭐거리다. **protzenhaft** 〈Adj.〉 〈통속어〉 우쭐거리는, 허풍선이 같은. **Protzenhaftigkeit**, die 우쭐거리기, 허풍떨기. **Protzentum**, Protzertum, das; -s 〈통속어〉 자만, 오만, 허풍, 자랑. **Protzerei** [prɔtsə'raj], die; -en **1.** 〈Pl. 없음〉 자랑, 뽐내기. **2.** 허풍, 호언장담. **3.** 〈Pl. 없음〉 호화, 화려, 사치. **Protzertum**: ↑Protzentum. **protzig** [prɔtsıç] 〈Adj.〉 〈통속어·편〉 **1.** 뽐내는, 우쭐거리는, 돈 자랑하는. **2.** 거창한, 호화로운, 사치로운. **Protzigkeit**, die ↑protzig의 명사형.

Protzkasten ['prɔts-], der; -s, ...kästen 〈군·옛〉 포 앞차의 탄약 상자. **Protzwagen**, der; -s, - 〈군·옛〉 ↑ Protze.

Prov. = Provinz.

Provence [prɔ'vã:s], die 프로방스(프랑스 남동쪽의 지방 이름).

Provenienz [prove'niɛnts], die; -en [lat. prōvenīre] 〈교양어〉 원산지, 출처, 출신지, 유래, 기원: Weine französischer P. 프랑스산 포도주.

Provenzale [proven'tsa:lə], 〈또한〉 proven'sa:lə, va'sa:lə], der; -n, -n 프로방스 사람. **Provenzalin**, die; -nen ↑Provenzale의 여성형. **provenzalisch** [proven'tsa:lıʃ], 〈또한〉 proven'sa:lıʃ, prova'sa:lıʃ] 〈Adj.〉 프로방스(사람, 말)의.

Proverb [pro'verp], das; -s, -en [lat. prōverbium] 〈드물게·교양어〉 ↑Sprichwort. **Proverbe dramatique** [pro'verb drama'tik], das; -(s) -, -s -s [pro'verb drama'tik; frz. proverbe dramatique] [문예학] 격언극(18~19세기 프랑스 문학에서, 격언을 주제로 한 1~2막의 소희극). **proverbial** [prover'bja:l]; lat. prōverbiālis], **proverbialisch**, **proverbiell** [...'bjɛl] 〈Adj.〉 〈드물게·교양어〉 ↑sprichwörtlich 참조. **Proverbium** [pro'verbium], das; -s, ...ien [...iən] [고형] ↑ Proverb.

Proviant [pro'viant], der; -s, -e [ital. provianda < lat. praebenda] (탐험, 여행 따위를 위한) 준비[비축] 식량, 휴대 식량, 양식.

Proviant-: **~beutel**, der 식량 주머니. **~kiste**, die 식량 상자. **~korb**, der 식량 바구니. **~meister**, der 〔해양·구제〕 병참[식량계] 상사, 식량 조달관. **~sack**,

der 식량 자루. ~**tasche,** die 식량 주머니.
proviantieren [provi̯an'tiːrən] ⟨h⟩ 《드물게》 ↑verproviantieren.
Provinz [pro'vɪnts], die; -en [lat. prōvincia] **1.** (행정구획의 하나) 도, 주, 성(省); [가] 대주교 관할구, 수도회 관구(管區)(약어: Prov.): 전의 alle -en der Liebe 사랑의 모든 영역들. **2.** ⟨Pl. 없음⟩ 《펌》 지방, 시골: dieser Vortrag ist P. 이 강연은 촌스럽다[수준이 낮다]; er kommt aus der P. 그는 시골 출신이다.
Provinz-: ~**bewohner,** der 《펌》 지방[시골] 사람[주민]. ~**blatt,** das **1.** 지방 신문. **2.** 《펌》 저급 신문. ~**bühne,** die 《펌》 ↑~theater (2). ~**hauptstadt,** die 지방 수도, 주[성]의 수도. ~**nest,** das 《통용어·펌》 시골 구석. ~**stadt,** die 지방 도시. ~**theater,** das **1.** 지방 극장. **2.** 《펌》 촌스러운 극장.
Provinzial [provɪn'tsi̯aːl], der; -s, -e 수도회 관구장. **Provinziale,** der; -n, -n [lat. provincialis] 《고어·펌》 시골 사람, 촌뜨기. **Provinzialismus** [...tsi̯a'lɪsmʊs], der; -, ...men **1.** [언어] 지방 사투리, 방언적 어법(예컨대: "allenfalls(vorkommend), eventuell" → (österr., schweiz.) "allfällig"). **2.** ⟨Pl. 없음⟩ 《교양어·펌》 지방색, 지방(인) 근성, 편협(성). **Provinzialist,** der; -en, -en 《고어·펌》 지방민, 시골뜨기. **Provinzialität** [...li'tɛːt], die 《교양어·펌》 **a)** 지방 기질, 시골[촌]티. **b)** 촌스러운 상태. **Provinzialsynode,** die; -n 대주교[수도회] 관구(管區) 종교 회의. **provinziell** [...'tsi̯ɛl] ⟨Adj.⟩ [lat. prōvinciālis] **1.** 《펌》 지방[시골]의; 시골티가 나는, 촌스러운, 고루[편협]한. **2.** 지방의, 사투리의. **Provinzler** [pro'vɪntslɐ], der; -s, - 《통용어·펌》 (사고 방식이) 촌스러운 사람, 촌놈, 시골뜨기. **provinzlerisch** ⟨Adj.⟩ 《통용어》 **1.** 《펌》 촌놈 같은, 고루[편협]한. **2.** 시골[풍]의.
Provision [provi'zi̯oːn], die; -en [ital. provvisione < lat. prōvīsio] **1.** 〔상〕 (판매·중개에 대한) 수수료, 구전, 코미션, 이익 배당: auf[gegen] P. arbeiten 수수료를 받고 일하다. **2.** [가] 성직[교회]록(錄) 서임(敍任). **Provisionsbasis,** die 《대개 다음 용법으로》 **auf P.** 〔상〕 (중개) 수수료 방식으로, 구전제로: auf P. arbeiten 수수료를 받는 조건으로 일하다. **Provisionsreisende*,** der 〔상〕 수수료를 받는 외무[외판] 사원, 코미션제의 세일즈맨. **Provisor** [pro'viːzor], der; -s, ...oren [provi'zoːrən < lat. prōvīsor] **1.** (또한) ...so:ɐ̯], der; -s, ...oren [provi'zoːrən < lat. prōvīsor] **1.** (또한) ...so:ɐ̯], der; -s, (österr.) 성당구 임시[대리] 사제, 교구 관리자. **2.** 〈고어〉 (약국의) 고용 약가. **provisorisch** [provi'zoːrɪʃ] ⟨Adj.⟩ [frz. provisoire] 일시적인, 잠정의, 임시(방편)의: eine -e Unterkunft[Regierung] 임시 숙소[정부]. **Provisorium** [...'zoːri̯ʊm], das; -s, ...ien [...i̯ən] 《교양어》 **1.** 임시[응급]조치, 가처분; 잠정적[과도적] 제도, 잠정 협약, 응급시설. **2.** [우표] ↑Aushilfsausgabe.
Provitamin, das; -s, -e 〔화학〕 프로비타민(비타민의 전구물(前驅物)).
Provo ['proːvo], der; -s, -s [niederl. provo] 프로보 (1965년 암스테르담에서 시작된 반시민 저항 운동을 지지하는 사람). **provokant** [provo'kant] ⟨Adj.⟩ [(frz. provocant <) lat. prōvocāns] 《교양어》 선동[도발]적인. **Provokateur** [...ka'tøːɐ̯], der; -s, -e [frz. provocateur < lat. prōvocātor] 《교양어》 선동자, 교사자, 도발자, 유발자, 첩자. **Provokation** [...'tsi̯oːn], die; -en [lat. prōvocātio] **1.** 《교양어》 도전, 도발, 자극, 선동: auf eine P. antworten(reagieren) 어떤 도전에 답변하다(응수·반응하다). **2.** 〔의학〕 (진단이나 치료를 위한 증상·징후의) 유발. **provokativ** [...'tiːf] ⟨Adj.⟩ [engl. provocative] 《교양어》 도발[선동]적인. **provokatorisch** [...'toːrɪʃ] ⟨Adj.⟩ 《교양어》 도발[선동]적인, 도발[선동] 목적의. **provozieren** [provo'tsiːrən] ⟨h⟩ [lat.

prōvocāre] 《교양어》 **1. a)** 선동[고무, 교사]하다: jmdn. zu beleidigenden Äußerungen p. 누구를 선동[자극]하여 모욕적인 말을 하게 하다. **b)** 유발[도발]하다, 초래하다: einen Angriff p. 공격을 유발하다. **2.** [의학] (진단, 치료의 목적으로 증상을) 일으키다, 유발하다: für einen Hauttest eine Allergie p. 피부 시험을 위해 알레르기를 유발하다. **Provozierung,** die; -en ↑provozieren의 명사형.
proximal [prɔksi'maːl] ⟨Adj.⟩ [lat. proximus] [의학] 중추에 가까운, 근위(近位)의, 인접면의.
Prozedere: ↑Procedere. **prozedieren** [protse'diːrən] ⟨h⟩ [lat. prōcēdere] 《교양어·드물게》 (특정의 방식으로)진행하다, 조치[처리·수속]하다. **Prozedur** [...'duːɐ̯], die; -en [2: engl. procedure] **1.** 《교양어》 (대개 번잡한) 절차, 수속, 조치, 처리 방식. **2.** [전산] 일괄처리, 배치 처리. **prozedural** [...du'raːl] ⟨Adj.⟩ 《교양어》 절차[처리]에 관한.
Prozent [pro'tsɛnt] das; -(e)s, -e 〈그러나: 5 Prozent〉 [ital. per cento] **1.** (略號: 백분(율), 100분의 1, 분(分) 〈약어: p., v.H. (= von Hundert); 기호: %⟩: der Cognac hat(enthält) 43 P. Alkohol 코냑은 43 퍼센트의 알코올을 함유하고 있다; er bekommt auf diese Waren 10 P. 그는 이 상품들에 대해 10퍼센트를 할인받는다. **2.** ⟨Pl.; 수치 없이⟩ 《통용어》 (일정한 퍼센트의) 이윤, 구전: er hat an diesem Geschäft seine -e 그는 이 거래에서 자기 몫의 구전을 받는다.
Prozent- (Prozent 1): ~**kurs,** der [증권] (액면가에 대한) 백분율 주식 시세(반대: Stückkurs). ~**punkt,** der 퍼센트 수치(의 차이). ~**rechnung,** die ⟨Pl. 없음⟩ 백분율[이식] 계산. ~**satz,** der 백분비, 백분율, 퍼센티지: der P. an jugendlichen Drogensüchtigen ist (liegt) hoch 청소년 마약환자의 비율이 높다. ~**spanne,** die [상] 백분율 표시 가격차. ~**wert,** der 백분율 표시 가치. ~**zahl,** die 백분율 수치.
-**prozentig** [-prɔtsɛntɪç] (다음의 합성어로, 예컨대) fünfprozentig (숫자와 함께: 5 prozentig 또는 5%ig) 5퍼센트의, hochprozentig 높은 퍼센티지[비율]의. **prozentisch** [...tɪʃ] ⟨Adj.⟩ 《교어》 ↑prozentual. **prozentual** [...'tu̯aːl], ((österr.) prozentuell [...'tu̯ɛl] ⟨Adj.⟩ 《교양어》 백분율의, 퍼센티지의(로 나타낸). **prozentualiter** [...tu̯a'liːtɐ] ⟨Adv.⟩ (교양어·준고어) 백분율[퍼센티지]로(보아). **prozentuell:** ↑prozentual. **prozentuieren** [...tu'iːrən] ⟨h⟩ 〔전문어〕 백분율 [퍼센티지]로 나타내다(나타내다). **Prozentuierung,** die; -en ↑prozentuieren의 명사형.
Prozeß [pro'tsɛs], der; ...zesses, ...zesse [md. process < lat. processus] **1.** 소송, 심리, 재판: gegen jmdn. einen P. führen 누구를 상대로 소송을 하다; einen P. gewinnen(verlieren) 승소(패소)하다; 속담 besser ein magerer Vergleich als ein fetter P. 화해보다 득있는 송사는 없다; **jmdm. den P. machen** 누구에게 소송을 제기하다; **(mit jmdm.(etw.)) kurzen Prozeß machen** 《통용어》 (누구[무엇]를 가지고) 단숨에 해치우다, 과감하게 처리하다. **2)** 〈경〉 누구를 주저[가차]없이 살해하다. **2.** 과정, 공정[工程], 경과, 진행: ein historischer P. 역사적 과정, 역사의 진행중; ein chemischer P. 화학 작용.
prozeß-, **¹Prozeß-** (Prozeß 1): ~**akte,** die 소송 서류[기록]. ~**antrag,** der 〔법〕 제소(提訴). ~**ausgang,** der 소송 결과. ~**beginn,** der 소송 개시. ~**bericht,** der 소송에 관한 보도[보고]. ~**beteiligte*,** der / die 소송 관계인. ~**bevollmächtigt** ⟨Adj.⟩ 〔법〕 소송 대리권을 가진. ~**bevollmächtigte*,** der [법] 소송 대리인. ~**fähig** ⟨Adj.⟩ 〔법〕 소송 능력이 있는(반대: ~unfähig). ~**fähigkeit,** die ⟨Pl. 없음⟩ 소

²Prozeß- 송 능력(반대: ~unfähigkeit). **~führend** 〈Adj.〉 [법] 소송 관계에 있는, 소송 중인: die ~en Parteien 소송 당사자들. **~führung**, die 소송[심리] 진행. **~gegner**, der ↑~partei. **~gericht**, das [법] 판결 법원. **~handlung**, die [법] 소송 행위. **~hansel**, der 《통용어》소송을 좋아하는 사람, 소송광(狂). **~kosten** 〈Pl.〉 소송 비용. **~kostenhilfe**, die 〈Pl. 없음〉 [관] 소송 비용 보조(금). **~material**, das 소송 자료. **~ordnung**, die [법] 소송 절차(예컨대: Zivilprozeß-, Strafprozeßordnung). **~partei**, die [법] (민사 소송에서의)소송 당사자. **~recht**, das 〈Pl. 없음〉 [법] ↑Verfahrensrecht. **~rechtlich** 〈Adj.〉 [법] ↑verfahrensrechtlich. **~unfähig** 〈Adj.〉 [법] 소송 능력이 없는(반대: ~fähig). **~unfähigkeit**, die 소송 능력 결여[불능](반대: ~fähigkeit). **~vergleich**, der [법] 재판상의 화해. **~verlauf**, der 소송 경과. **~verschleppung**, die [법] 소송 지연[연기]. **~vollmacht**, die [법] 소송 대리권.

²Prozeß- (Prozeß ②): **~dampf**, der 공정열[工程熱] 발생 수증기. **~rechner**, der [전산] 프로세스 컴퓨터. **~wärme**, die 공정열(工程熱), 반응열.

prozessieren [protse'si:rən] 〈h〉 **1.** 소송을 제기하다: gegen jmdn. p. 누구를 상대로 소송을 제기하다; mit jmdm. um[wegen] etw. p. 누구를 상대로 무엇에 관해 소송하다. **2.** 《고어》누구를 고소하다. **Prozession** [protse'sio:n], die; -en [lat. prōcessio] (가톨릭·정교회에서 축제나 의식 따위의) 행렬, 행진: eine P. zog durch die Innenstadt (축제) 행렬이 도심을 지나갔다; mit der P. gehen 행렬을 짓다.

Prozessions-: **~kreuz**, das (축제) 행렬의 (대형) 십자가. **~spiel**, das [문예학] 성체 축제극(성체 축제일의 행진에서 발전된 중세의 성극 형식). **~spinner**, der 행렬 나방(밤나방의 일종으로 애벌레가 행렬을 지어 이동함).

Prozessor [pro'tsesɔr, 《또한》 ...so:ɐ̯], der; -s, -en [...'so:rən] [전산] (전자계산기의) 연산 처리 장치, 프로세서. **prozessual** [...'suaːl] 〈Adj.〉 **1.** [법] **a)** 소송(상)의. **b)** ↑prozeßrechtlich. **2.** 과정[경과]에 관한, 과정상의.

prozyklisch [《또한》 ...'tsyk..., '---] 〈Adj.〉 [경제] 경기(景氣) 상태에 준한(반대: antizyklisch ②): -e öffentliche Ausgaben 경기에 맞춘 공공 지출.

prüde ['pry:də] 〈Adj.〉 [frz. prude < afrz. prod] 《폄》 (성적인 측면에서) 정숙[얌전]한 체하는, 점잔 빼는, 새침한.

¹Prudel ['pru:dļ], der; -s, - **1.** 《지역적》 소용돌이, 비등(沸騰). **2.** 【사냥】 (멧돼지가 뒹구는) 웅덩이, 진창.

²Prudel [-], der; -s, - 《지역적》 (뜨개질, 자수 따위에서의) 실수. **Prudelei** [pruːdə'laj], die; -en 《지역적》 서투름, 졸렬, 졸작. **prudelig**, prudlig ['pru:d(ə)lɪç] 〈Adj.〉 《지역적》 (뜨개질 따위가) 잘못된, 서툰, 솜씨없는.

¹prudeln ['pruːdļn] 〈h〉 ↑brodeln의 병용형 **1.** 《지역적》 ↑brodeln. **2.** 〈p. + sich〉 【사냥】 (멧돼지가) 진창 속을 뒹굴다.

²prudeln [-] 〈h〉 《지역적》 (뜨개질 따위에서) 실수하다, 잘못[솜씨없게] 만들다.

Prüderie [pryːdəˈriː], die [frz. pruderie] 《교양어》새침함, 시치미떼기, 얌전[근엄]한 체하기.

prudlig: ↑prudelig.

Prüf- (↑Prüfungs-도 참조): **~automat**, der [기술] (제품 따위의) 자동 검사[시험]장치. **~belastung**, die [기술] 시험 적재, 하중[적재력] 시험. **~bericht**, der 검사 보고서, 검사표. **~dienststelle**, die 《구동독》 검사[시험]소. **~feld**, das [기술] (자동차, 전자 제품 따위의) 검사장[실], 시험장: [전의] Der Rundfunk soll als P. der öffentlichen Meinung wirken 라디오 방송은 여론의 점검 장소 역할을 할 것이 요구된다. **~gerät**, das [기술] 검사기(器). **~last**, die [기술] 시험 중량[적재량]. **~maschine**, die (제품의 성능을 시험하는) 검사 기계. **~methode**, die 〈전문어〉검사[시험] 방법. **~muster**, das 〈전문어〉검사 견본[표본]. **~norm**, die 검사 기준. **~pflicht**, die 검사 의무, 검사의무. **~platz**, der [기술] (제조 공정의 일부로서의) 검사장. **~röhrchen**, das 《전문어》가스 분석봉(奉)[관(管)], 검사봉. **~spannung**, die [전기] 시험 전압(↑Betriebsspannung(사용 전압)보다 높음). **~stand**, der [기술] 검사대. **~stein**, der [원래 = Probierstein] 시금석, (시험·비판의) 기준: ein P. für etw. sein 무엇의 시금석이다. **~stelle**, die (품질) 검사소, 시험소. **~stück**, das 《전문어》↑Prüfling (2). **~verfahren**, das 시험 절차, 검사 방법. **~vorschrift**, die 검사 규정. **~zeugnis**, das 《구동독 전문어》(제품의 품질, 성능에 관한) 검사증.

prüfbar ['pry:fbaɐ̯] 〈Adj.〉 검사[시험]할 수 있는. **prüfen** ['pry:fņ] 〈h〉 [lat. probāre] **1. a)** (기계 따위의 성능을) 검사[시험]하다: etw. auf seine Festigkeit p. 무엇의 견고성을 검사[시험]하다. **b)** (무엇의 진위, 타당성을) 조사[심사]하다: 〈4격 목적어 없이도〉 man sollte erst kritisch p., bevor man ein Urteil fällt 우리는 판단을 내리기에 앞서 우선 비판적으로 조사해 보아야 할 것이다. **c)** (제안 따위를) 검토[정사(精査), 분석]하다: [성구] drum prüfe, was sich ewig binde (ob sich nicht noch was Beßres findet) 그러므로 영원을 두고 약속하는 자는 신중하게 생각해 보라; 〈4격 목적어 없이도〉 erst p., dann kaufen 먼저 찬찬히 살펴본 다음에 사라. **d)** (특성, 상태를) 확인[타진]하다, 알아보다, 맛보다, 시식하다: den Geschmack einer Speise p. 어떤 음식의 맛을 보다. **2. a)** (누구를) 시험해 보다: jmdn. auf seine Reaktionsfähigkeit p. 누구의 반응력을 시험해 보다; 〈자주 현재분사로〉 jmdn. prüfend[mit prüfenden Blicken] ansehen 누구를 꼼꼼히[꼼꼼한 눈초리로] 보다. **b)** (p. + sich) 자성(自省)하다. **3. a)** (누구의 지식, 능력 따위를) 시험[평가]하다: jmdn. mündlich [schriftlich] p. 누구에게 구두[필답] 시험을 치르게 하다; 〈4격 목적어 없이도〉 scharf[streng] p. 날카롭게[엄격하게] 평가하다, 날카로운[엄격한] 시험관이다; ein geprüfter Elektrotechniker 유자격[자격] 시험을 거친 전기 기술자. **b)** (특정 분야의) 시험을 실시하다: Latein p. 라틴어 시험을 실시하다. **4.** (아이) 시련을 주다[겪게 하다]. **5.** [스포츠] (상대편을) 시험해 보다, 최고의 기량을 발휘하도록 몰아붙이다. **Prüfer**, der; -s, - **1.** 검사[심사]자, (회계)검사원(예컨대: Werkstoffprüfer, Buchprüfer). **2.** 시험관(官). **Prüferbilanz**, die [경제] 회계사 결산 보고서. **Prüferin**, die; -nen ↑Prüfer의 여성형. **Prüfling** ['pry:flɪŋ], der; -s, -e **1.** 수험자, 수험생. **2.** 《전문어》시험품. **Prüfung**, die; -en **1.** 검사, 조사, 심사: die P. der Qualität 품질 검사; die P. auf Haltbarkeit 보존성 검사; etw. einer gründlichen P. unterziehen[unterwerfen] 무엇을 철저히 조사하다. **2.** 시험해보기, 테스트: jmdn. einer P. [auf besondere Fähigkeiten] unterziehen 누구의[누구의 특별한 능력을] 시험해보다[알아보다]. **3.** 시험, 고사(考查): eine P. ablegen[machen] 시험을 치르다; eine P. (mit "gut") bestehen 시험에 ("우"를 받아) 합격하다; sich einer P. unterziehen 시험을 치르다; bei[in] einer P. versagen [durchfallen] 시험에서 실패하다. **4.** (아이) 시련, 간난, 고난. **5.** [스포츠] (특정 경기 종목의) 평가전, 역량을 시험받는 경기.

Prüfungs- (↑Prüf-도 참조): **~anforderungen** 〈Pl.〉 시험[수험] 요건. **~angst**, die 시험에 대한 불안감, 시험 공포증. **~arbeit**, die 시험 답안. **~aufgabe**,

Pseudokrise

die 시험 문제. ~**aufsatz**, der 시험 논문, 작문 시험. ~**ausschuß**, der ↑~kommission. ~**bedingungen** ⟨Pl.⟩ ↑~anforderungen. ~**bestimmung**, die 시험 규정. ~**bilanz**, die ↑Prüferbilanz. ~**ergebnis**, das 시험[검사] 결과. ~**fach**, das 시험 과목. ~**frage**, die 시험 문제. ~**gebühr**, die 수험료. ~**kandidat**, der 응시자, 수험자. ~**kommissar**, der (교육 당국의) 시험 관리 위원(장학관). ~**kommission**, die 시험[심사] 위원회. ~**note**, die 시험 점수. ~**ordnung**, die 시험(실시) 규정. ~**resultat**, das ↑~ergebnis. ~**termin**, der 시험 일정[기간]. ~**thema**, das 시험 주제[논제]. ~**unterlagen** ⟨Pl.⟩ 시험 관계 서류. ~**verfahren**, das 시험 방법, 시험 절차. ~**vermerk**, der 시험 채점(표시). ~**vorbereitung**, die 시험 준비. ~**zeugnis**, das 시험 성적표, 합격 증명서.

Prügel ['pry:gl], der; -s, - **1. a)** 몽둥이, 막대기, 곤봉, 매: jmdm. P. zwischen die Beine werfen (통용어) ↑Knüppel 1 a. **b)** (속어) 좆, 음경. **c)** (드물게) ↑Schießprügel의 약칭. **2.** ⟨Pl.⟩ (통용어) 매질: P. austeilen 매질하다; von jmdm. P. bekommen [beziehen] 누구에게 매를 맞다.

Prügel-: ~**junge**, der (드물게) ↑~knabe. ~**knabe**, der [왕후(王侯) 자제의 학우로서 그 자제 대신 징계를 받았다는 평민 계층의 소년] (통용어) 남의 잘못을 늘 뒤집어 쓰는 사람, 남 대신 희생되는 사람. ~**stock**, der 매, 몽둥이. ~**strafe**, die 태형(笞刑), 매질: die P. ist an den Schulen verboten 학교에서의 체벌은 금지되어 있다. ~**suppe**, die (속어・고어) 구타, 매질. ~**szene**, die **1.** (영화・연극의) 구타[격투] 장면. **2.** 구타 사건, 싸움판.

Prügelei [pry:gə'laɪ], die; -en **a)** 구타, 매질. **b)** 싸움질, 드잡이, 격투, 난투. **prügeln** ['pry:gl̩n] ⟨h⟩ **1. a)** (몽둥이로 또는 체벌로) 때리다, 구타하다, 때려서 혼내 주다: ⟨4격 목적어 없이도⟩ ohne nichtigem Anlaß p. 하찮은 일로 매질하다; sich um die besten Plätze p. 서로 제일 좋은 자리를 차지하려고 드잡이하다. **b)** 때려서 어떤 상태로 만들다: jmdn. windelweich[zu Tode, zum Krüppel] p. 누구를 녹초가 되도록[죽도록 병신이 되도록] 때리다. **c)** 때려 내쫓다: jmdn. aus dem Lokal p. 누구를 술집에서 때려 내쫓다. **2.** ⟨p. + sich⟩ 서로 치고받고 싸우다, 드잡이하다. sich mit jmdm. (um etw.) p. 누구와 (무엇 때문에) 드잡이를 벌이다.

Prüll [prʏl], der; -s [mniederd. prul(l)] (nordd., westd.) 잠동사니.

Prünelle [pry'nɛlə], Brünelle [br...], die; -n [frz. prunelle < lat. prūnum] 씨를 빼어 말린 자두.

prünen ['pry:nən] ⟨h⟩ [niederd. prēn] (nordd.・몸) 엉성하게[아무렇게나] 깁다.

Prunk [prʊŋk], der; -(e)s [niederd. prunk] 화려, 호화, 사치: P. entfalten 화려한 미관(美觀)을 드러내다.

prunk-, Prunk-: ~**ball**, der 호화 무도회. ~**bau**, der ⟨Pl. -ten⟩ 호화 건축물. ~**bett**, das (왕후(王侯)의) 장식 침대. ~**gemach**, das (아이) (궁성 따위의) 호화 방, 귀빈실. ~**gewand**, das 성장(盛裝), 예복. ~**liebe**, die ⟨Pl. 없음⟩ 화려[호사]를 좋아함. ~**liebend** ⟨Adj.⟩ 호사(豪奢)스럽게 좋아하는. ~**los** ⟨Adj.⟩ 호사스럽지 않은, 겉치레가 없는, 수수한. ~**losigkeit**, die 호사스럽지 않음, 검소함. ~**raum**, der (궁성의) 화려한 방(공간). ~**saal**, der 호화로운 홀. ~**sarg**, der 호화로운 관(棺). ~**sessel**, der (왕・제후의) 호화 안락의자. ~**sitzung**, die 호화로운 사육제 회합. ~**stück**, das 호화 소장품, 자랑거리: das ist das P. des Museums 이것이 박물관의 자랑거리이다. 전의 du bist mein P.! (농) 너는 내 보물이야! ~**sucht**, die ⟨Pl. 없음⟩ (명)

과시벽(癖), 호사벽. ~**süchtig** ⟨Adj.⟩ 과시[호사]벽이 있는. ~**treppe**, die 화려한 층계. ~**villa**, die 호화 별장. ~**voll** ⟨Adj.⟩ 호화로운, 화려한. ~**wagen**, der 호화 승용차. ~**zimmer**, das 호화로운 방.

prunken ['prʊŋkn̩] ⟨h⟩ [niederd. prunken] **1. a)** 화려하여 눈을 끌다(눈에 띄다). **b)** (아이) 화려하다, 눈부시게 빛나다. **2.** 자랑(과시)하다, 자랑하여 보이다: mit seinem Besitz [seinen Erfolgen] p. 소유물[성공]을 자랑하다; ⟨전치사격 목적어 없이도⟩ sie prunkt gerne 그 여자는 자랑을 좋아한다. **prunkhaft** ⟨Adj.⟩ (드물게) 화려한, 호화로운.

pruschen ['pru:ʃn̩] ⟨h⟩ [↑prusten의 병용형] (nordd.) **1.** 헐레벌떡거리다. **2.** 세게 재채기하다. **prusten** ['pru:stn̩] ⟨h⟩ [niederd. prüsten, (의성어)] **1.** 헉헉[헐레벌떡]거리다, 숨을 급하게 내뿜다. **2.** 푸 하고 내뿜다: jmdm. Wasser ins Gesicht p. 누구의 얼굴에 물을 푸 하고 내뿜다.

Prytane [pry'ta:nə], der; -n, -n [griech. prýtanis] 프리타니스(고대 그리스 도시 국가의 시의원). **Prytaneion** [pryta'naɪɔn], **Prytaneum** [pryta-'ne:ʊm], das; -s, ...een [griech. prytaneîon] 프리타네이온(고대 그리스의 시의사당).

¹PS [peː'ʔɛs], das; -, - **1.** ↑**Pferdestärke**(= 마력)의 기호: eine Maschine mit einer Leistung von einem PS 1마력의 성능을 가진 기계. **2.** ⟨Pl.⟩ (은어) ↑PS-Leistung.

²PS = Postskriptum.

PS-: ~**Leistung**, die 마력 표시 성능[출력]. ~**stark** ⟨Adj.⟩ 마력 표시 출력이 강한: PS-starke Motoren 마력이 높은 엔진들. ~**Zahl**, die ⟨Pl. 없음⟩ 마력 수(數).

Psalm [psalm], der; -s, -en [lat. psalmus < griech. psalmós] (구약성서 시편의 노래 하나하나의) 시(편): die -en Davids 다윗의 시(편); das Buch der -en 시편. **Psalmendichter**, der; **Psalmensänger**, der; **Psalmist** [psal'mɪst], der; -en, -en [lat. psalmista < griech. psalmistḗs] [종교] 시편 작가(영창자). **Psalmodie** [psalmo'diː], die; -n [...i:ən; lat. psalmōdia < griech. psalmōdía] [종교] 시편 낭송[諷誦] (영창과 낭독의 중간 창법). **psalmodieren** [...'diːrən] ⟨h⟩ [종교] (시편을) 낭송[낭독]하다, 읊조리다. **psalmodisch** [psal'moːdɪʃ] ⟨Adj.⟩ [종교] (시편) 낭송 방식의, 읊조리는. **Psalter** [psaltɐ], der; -s, -[lat. -terium < griech. psaltḗrion] **1.** 중세 수금(竪琴)의 일종. **2.** [종교] **a)** (구약성서의) 시편. **b)** (중세의) 시편 찬송가집. **3.** [생물] ↑Blättermagen. **Psalterium** [psal'teːriʊm], das; -s, ...ien [...iən] ↑Psalter (1~3) 1. 악기. 형식.

PSchA = Postscheckamt.

pscht! [pʃt, 음절적 [ʃ]와 함께] ↑pst!

pseud-, Pseud-: ↑pseudo-, Pseudo- 참조. **Pseudarthrose**: ↑Pseudoarthrose. **Pseudepigraph**, das; -s, -en ⟨대개 Pl.⟩ **1.** [고고학] (원작자의 이름이 잘못 전해진) 위서(僞書). **2.** ↑Apokryph. **pseudo** ['psɔy-do] ⟨Adj.⟩ (구어) 가짜의, 모조(模造)의. **pseudo-, Pseudo-**, (모음 앞) pseud-, Pseud- [psɔyd(o)-; griech. pseúdein] **1.** [전문어] ⟨형용사・명사와의 복합어에서⟩ "가짜의, 허위의, 사이비(falsch, schein-, Schein-)"를 뜻하는 규정어. **2.** (교양어) ⟨형용사・명사와의 복합어에서⟩ "가짜의, 허위의, 사이비"를 뜻하는 규정어로서, pseudodchristlich, -legal; Pseudohomosexualität, -kritik. **Pseudoarthrose** [(또한) ---'--], die; -n [의학] (골절의 치유장애시에 볼 수 있는) 위(僞) 관절. **Pseudokrise** [---'--], die; -n [의학] 가성분리(假性分離) (급성 질환에서 고열이 일시적으로 갑자기 내리는 것). **Pseudo-**

krupp, der; -s 【의학】 가성 크룹[위막성 후두염].
Pseudolegierung [(또한) ---'--], die; -en 〈전문어〉 소결(燒結)〖분말〗합금. **Pseudolismus** [...'lɪsmʊs], der; - 【심리·의학】 가상(假想)〖의사(擬似)〗성욕 충족증. **Pseudolist** [...'lɪst], der; -en, -en 【심리·의학】 가상[의사] 성욕 충족증 환자. **Pseudologie** [psɔydolo'giː], die; ...ien [griech. pseudología] 【심리·의학】 (병적인) 과장증, 허언증. **pseudologisch** 〈Adj.〉 【심리·의학】 과장증[허언증]이 있는. **pseudomorph** [...'mɔrf] 〈Adj.〉 【광물】 가성(假晶)의, 가상(假像)의. **Pseudomorphose** [...mɔr-'foːzə], die; -n 【광물】 가정(假晶), 가상(假像), 위상(僞像). **pseudonym** [...'nyːm] 〈Adj.〉 [griech. pseudōnymos] 《교양어》 익명의, 가명(假名)의: das Buch ist p. erschienen 그 책은 가명으로 출판되었다. **Pseudonym** [-], das; -s, -e 가명, (저자의) 필명, 아호: das Buch erschien unter einem P. 그 책은 가명으로 출판되었다. **Pseudopodium** [psɔydo'poːdiʊm], das; -s, ...ien 〈생물〉 가족(假足), 헛발. **Pseudosäure**, die; -n 【화학】 의산(擬酸). **Pseudowissenschaft**, die; -en 《교양어·폄》 사이비 학문. **pseudowissenschaftlich** 〈Adj.〉 《교양어·폄》 사이비 학문적인[학문의].
PS-Grammatik [peː'ɛs-], die 【언어】 ↑Phrasenstrukturgrammatik의 약어.
Psi [psiː], das; -(s), -s [1: griech. psī; 2: 1942년 미국 심리학자 B. P. Wiesner 및 R. Thouless에 의해 그리스어 psyche (= 영혼, 정신)의 첫 글자에 따라 형성] 1. 그리스어 자모의 스물 셋째 자(Ψ, ψ). 2. 〈대개 관사, Pl. 없음〉 【심령】 프시(심령학적 과정들을 결정하는 요소). **Psiphänomen**, das 【심령】 심령학적 현상.
Psittakose [psita'koːzə], die; -n [griech. psíttakos] 【의학】 앵무병.
Psoriasis [psoːˈriːazɪs], die; ...asen [psoˈrĭazn] griech. psōrá] 【의학】 마른 버짐, 건선(乾癬).
pst! [pst, 음절을 형성하는 [s]와 함께] 〈Interj.〉 쉿!, 조용히 해!

psych-, Psych-: ↑psycho-, Psycho-. **Psychagoge** [psyça'goːgə], der; -n, -n [grieche. psychagōgós (Hermes의 별명)] 심리(교육)〖정신 지도〗요법(療法) 전문가. **Psychagogik** [...'goːgɪk], die 심리(교육)〖정신 지도〗요법(療法). **Psychagogin**, die; -nen ↑Psychagoge의 여성형. **psychagogisch** 〈Adj.〉 심리(교육) 요법의[에 관한]. **Psyche** ['psyːçə], die; -n [1: griech. psychḗ; 2: frz. psyché < lat. Psȳchē < griech. Psychḗ, 기원 2세기의 로마 시인 Apulejus의 우화에서 Amor의 아내이자 가장 완벽한 미녀인 Psyche의 이름에 따라] 1. 《전문어·교양어》 영혼, 정신; 심리, 정서, 마음: die weibliche P. 여성 특유의 심리. 2. (österr.) 《겨울이 달린》 화장대. **psychedelisch** [psyçe'deːlɪʃ] 〈Adj.〉 [amerik. psychedelic] **a)** 환각을 일으키는, 사이키델릭한: -e Drogen 환각제. **b)** 환각 상태에 빠진. **Psychiater** [psy'çĭaːtɐ], der; -s, - [griech. iatrós] 정신병 의사, 정신과 전문의. **Psychiatrie** [psyçĭa'triː], die; -n [...ĭən] griech. iatreía] 1. 〈Pl. 없음〉 정신병학, 정신의학. 2. 〈은어〉 정신병원, (병원의) 정신과. **psychiatrieren** [...'triːrən] 〈h〉 (österr.·전문어) 《전문어의》 정신 감정을 받게 하다. **Psychiatrierung**, die; -en ↑psychiatrieren의 명사형. **psychiatrisch** 〈Adj.〉 【의학】 정신병학의[에 관한]: eine -e Klinik 정신병원 / -e Krankheiten 정신 질환. **psychisch** ['psyːçɪʃ] 〈Adj.〉 [griech. psychikós] 《교양어》 심리의, 심리적인, 정신상의, 정신적인: -e Störungen 정신 장해[착란]; unter -em Druck stehen 심리적 압박을 받고 있다; das Psychische des Menschen 인간의 심리(작용). **Psycho** ['psyːço], der; -s 《서석·은어》 심리(범죄)소설. **psycho-, Psycho-**, 《모음 앞》 psych-, Psych- [psyç(o)-, 'psyːco-, griech. psychḗ] 《전문어·교양어》 《"심리, 심리"를 뜻하는 규정어로서, 예컨대》 Psychogramm, Psychagoge. **Psychoanalyse** [(또한) '-------], die; -n [오스트리아의 정신병 및 신경과 전문의 S. Freud (1856~1939)에 의해 형성] 【심리】 1. 정신 분석(학), 사이코아날리시스. 2. 정신분석(에 의한) 진료. **psychoanalysieren** 〈h〉 (누구를) 정신 분석에 의해 진료하다. **Psychoanalytiker** [(또한) '--------], der; -s, - 【심리】 정신분석의(醫)[분석가]. **psychoanalytisch** [(또한) '-------] 〈Adj.〉 【심리】 정신분석의[에 관(의)한]. **Psychochemie**, die 정신 화학(정신질환 치료제 개발에 관한 학문). **Psychochirurgie**, die 정신외과. **psychodelisch**: ↑psychedelisch 참조. **Psychodiagnostik**, die 정신 진단학[진단법]. **Psychodrama**, das; -s, ...men 1. 【문예학】 심리극, 사이코드라마. 2. 【심리】 정신(연)극(환자로 하여금 자신의 갈등을 연극으로 표현케 하는 정신 요법). **psychogalvanisch** 〈Adj.〉 《다음 용법으로》 **-e Reaktion** [-er Reflex] 【의학·물리】 정신 전류 반응[반사] (강한 흥분시 땀 분비의 증가로 생긴의 피부 전기저항의 하강 현상; 예컨대: 거짓말 탐지기에서). **psychogen** 〈Adj.〉 [↑-gen] 【의학·물리】 심인성(心因性)의, 정신 작용에 의한. **Psychogenese, Psychogenesis**, die; ...ge'neːzn; griech. génesis] 【심리】 정신 발생(학). **Psychogramm**, das; -s, -e [↑-gramm] 【심리】 심리학적 인격 연구. 2. 심리(心誌), 심리학적 인격 프로필, 심리(묘사)도(描寫圖). **Psychograph**, der; -en, -en [griech. gráphein] 【심리】 정신 묘사기(描寫器), 사이코그래프. **Psychographie**, die; ...n [...ĭən; ↑-graphie] 【심리】 심지법(心誌法), 정신도법(精神圖法). **Psychohygiene**, die 정신위생(학). **psychoid** [psyçoˈiːt] 〈Adj.〉 [griech. -oeidés] 【심리】 정신류(精神類)의, 정신[영혼]과 유사한. **Psychokinese**, die [griech. kinésis] 【심령】 염력(念力) (약어: PK). **Psychokrimi**, der; -(s), -(s) ↑Psycho의 심리 추리(범죄)영화[소설, 극]. **Psycholinguistik**, die 【언어】 심리언어학. **Psychologe**, der; -n, -n [↑-loge] 1. 심리학자. 2. 인간 심리에 정통한 사람. **Psychologie**, die [↑-logie] 1. 심리학: allgemeine[angewandte] P. 일반[응용] 심리학. 2. 심리적 통찰(력). 3. 《통용어》 심리(상태). **Psychologin**, die; -nen ↑Psychologe의 여성형. **psychologisch** 〈Adj.〉 1. **a)** 심리학의[에 관한]: die -e Forschung 심리학 연구. **b)** 심리학적인, 심리학에 의한: jmdn. p. testen 누구를 심리학적으로 시험하다. 2. **a)** 심리적인, 심리의 통찰에 관한: ein -er Roman 심리소설. **b)** 《통용어》 심리 파악에 능숙한. 3. **a)** 심리적인: die -en Hintergründe einer Tat 어떤 행위의 심리적 동기들. **b)** 《통용어》 psychisch: eine große -e Belastung 큰 정신적 부담. **psychologisieren** [...loˈgiːzɪrən] 〈h〉 《교양어·폄》 (과도하게) 심리적으로 처리[묘사, 구성]하다. **Psychologisierung**, die; -en ↑psychologisieren의 명사형. **Psychologismus** [...loˈgɪsmʊs], der; - 심리주의. **Psychometrie**, die [↑-metrie] 【심리】 정신 측정(학). **Psychomotorik**, die 【심리·의학】 수의운동(隨意運動)(의 총체). **Psychoneurose**, die; -n 【심리·의학】 정신 신경증(S. Freud의 용어). **Psychonomie** [...noˈmiː], die [griech. nómos] 【심리】 정신작용학. **Psychopath**, der; -en, -en [↑-path (1)] 【심리·교양어】 정신질환자. **Psychopathie**, die; -n [...ĭən; ↑-pathie (1)] 【의학】 정신병질. **Psychopathin**, die; -nen ↑Psychopath의 여성형. **psychopathisch** [...'paːtɪʃ] 〈Adj.〉 【심리·교양어】 정신병질의, 정신질환의

중세가 있는. **Psychopathologie**, die [심리·의학] 정신 병리학. **psychopathologisch** ⟨Adj.⟩ 정신 병리학(상)의. **Psychopharmakologie**, die 정신 약리학. **Psychopharmakon**, das; -s, ...ka [griech. phármakon] [의학·심리] 향정신약(向精神藥)(진정제, 수면제, 환각제 따위). **Psychophysik** [(또한) -fy'zɪk], die [심리·의학] 정신 물리학. **psychophysisch** ⟨Adj.⟩ 정신 물리(학)의, 물심(物心) 양쪽의: -er Parallelismus [심리] 정신 물리적 병행론, 심신[물심] 평행론. **Psychopolitik** [(또한) -poli'tɪk], die **1.** 심리학적 정책[정치]. **2.** 정치심리학. **Psychoprophylaxe**, die [심리] **1.** (출산 따위에 대한) 정신[심리]적 예비. **2.** 정신 위생상의 예방 조치. **Psychose** [psy'ço:zə], die; -n **1.** [심리·의학] 정신병, 정신 이상[장해]. **2.** (급격한) 흥분 상태, 이상 심리. **Psychosomatik** [...so'ma:tɪk], die [griech. sōma] [의학] 정신 신체(심신 상관(心身相關)) 의학. **Psychosomatiker** [...'ma:tikɐ], der; -s, - [의학] 정신 신체 의학자[의료인]. **psychosomatisch** ⟨Adj.⟩ [의학] 정신 신체(의학)의, 심신 상관의. **psychosozial** ⟨Adj.⟩ [사회심리] (심리적 요인, 역량 따위가) 사회 여건(언어, 문화 등)에 좌우되는, 심리 사회적인. **Psychoterror**, der; -s (특히 정치 투쟁에서의) 심리적 테러, 정신적 폭력. **Psychotest**, der; -(e)s, -s, (또한) -e 심리(학)적 시험[테스트]. **Psychotherapeut**, der; -en, -en 정신심리요법 의사[전문가]. **Psychotherapeutik** [psyçotera'pɔytɪk], die [의학] 정신 치료법, 실용 정신요법. **psychotherapeutisch** ⟨Adj.⟩ [심리·의학] 정신요법의. **Psychotherapie**, die [심리·의학] 정신(심리)요법. **Psychothriller**, der; -s, - 심리 공포 소설[영화, 극]. **Psychotiker** [psy'ço:tikɐ], der; -s, - [심리·의학] 정신병 환자, 정신 이상자. **psychotisch** ⟨Adj.⟩ [심리·의학] **a)** 정신병(증)의. **b)** 정신질환에 걸린. **psychotrop** [...'tro:p] ⟨Adj.⟩ [griech. tropé] [의학] 정신(심리)에 작용하는[영향을 미치는).
Psychrometer [psyçro'me:tɐ], das; -s, - [griech. psychrós] [기상] 습도계.
Pt = Platin.
pt. = Pint.
P.T. = pleno titulo.
Pta = Peseta.
Pteranodon [pte'ra:nodɔn], das; -s, ...donten [griech. pterón] 프테라노돈(백악기의 익룡(翼龍)).
Pterosaurier [ptero'zauriɐ], der; -s, - 프테로사우르(고생물 익룡의 일종).
Pterygium [pte'ry:giʊm], das; -s, ...ia [griech. pterýgion] [동물] **a)** 비막(飛膜). **b)** 물갈퀴.
ptolemäisch [ptole'mɛ:ɪʃ] ⟨Adj.⟩ [천문학자 Ptolemäus의 따라] 프톨레마이우스의: das -e Weltsystem 프톨레마이우스 우주 체계(천동설).
Ptomain [ptoma'i:n], das; -s, -e [griech. ptōma] [의학] 프토마인, 시독(屍毒). **Ptose** ['pto:zə], **Ptosis** ['pto:zɪs], die; ...sen ['pto:zn̩; griech. ptōsis] [의학] 안검하수(眼瞼下垂).
PTT = ⟨schweiz.⟩ Post, Telefon, Telegraf의 약어.
PTT-Bus, der; -ses, -se ⟨schweiz.⟩ ↑ Postbus.
Ptyalin [ptya'li:n], das; -s [griech. ptýalon] [생화학] 프티알린(타액 속의 전분 분해 효소).
Pu = Plutonium.
Pub [pap, ⟨engl.⟩ pʌb], das, ⟨또한⟩ der; -s, -s [engl. pub, public house의 약칭] 술집, 대폿집(Kneipe, Wirtshaus의 영어 명칭).
pubertär [pubɐr'tɛ:ɐ̯] ⟨Adj.⟩ ⟨교양어⟩ **a)** 사춘기 특유의: = Störungen 사춘기 장해. **b)** 사춘기의(에 있는): ein -er Jüngling 사춘기의 사내아이. **Pubertät** [...'tɛ:t], die [lat. pūbertās] 사춘기, 성적 성숙, 성숙기.

Pubertätsjahre ⟨Pl.⟩; **Pubertätszeit**, die ⟨Pl. 없음⟩ 사춘기. **pubertieren** [...'ti:rən] ⟨h⟩ ⟨교양어⟩ 사춘기를 맞다, 사춘기이다. **Pubeszenz** [pubɛs'tsɛnts], die [lat. pūbēscere] [의학] 성적 성숙, 사춘기에 들어섬, 파과(破瓜).
publice ['pu:blitsə] ⟨Adv.⟩ [lat. pūblicē] ⟨교양어·준고어⟩ 공개적으로, 공공연히. **Publicity** [pʌ'blɪsɪti], die [engl. publicity < frz. publicité] **a)** 널리 알려짐, 유명함, 명성, 주지(周知): als Filmschauspieler P. genießen 영화배우로 명성을 누리다. **b)** 광고, 선전.
publicity-, Publicity-: ~**rummel**, der ⟨통용어·폄⟩ 떠들썩한 선전, 인기를 위한 법석. ~**scheu** ⟨Adj.⟩ 널리 알려지기를 꺼리는. ~**süchtig** ⟨Adj.⟩ ⟨폄⟩ 인기욕이 강한.
Public Relations ['pʌblɪk rɪ'leɪʃənz] ⟨Pl.⟩ [engl.-amerik. public relations] ↑ Öffentlichkeitsarbeit(약어: PR). **Public-Relations-Abteilung**, die 홍보[공보, 섭외]부. **publik** [pu'bli:k] ⟨Adj.⟩ [frz. public < lat. pūblicus] ⟨교양어; 다음 용법으로⟩ **p. werden (sein)** (일반에게 알려지지 않았던 것이) 공개[공표]되다(되어 있다); **etw. p. machen** (일반에게 알려지지 않았던) 무엇을 공개[공표]하다: Dokumente p. machen 기록 문서들을 (일반에게) 공개하다. **Publikation** [publika'tsio:n], die; -en [frz. publication < lat. pūblicātio] **1.** (저자의) 출판물, 간행물. **2.** 출판, 간행, 발행, 발표.
publikations-, Publikations-: ~**mittel**, das 출판매체(신문, 잡지, 기관지 따위). ~**organ**, das 출판 기관지(참조: ~mittel). ~**reif** ⟨Adj.⟩ (원고 따위가) 출판 단계에 있는, 출판 준비가 된. ~**reihe**, die (일련의 서적 따위의) 출판 시리즈. ~**verbot**, das 출판 금지.
Publikum ['pu:blikʊm], das; -s [lat. publicum (vulgus)] **a)** 관객, 청중, 시청자; 공중, 세간(世間): der Autor saß im P. 작가가 관객 가운데 앉아 있었다; er las vor einem sachverständigen P. 그는 전문 지식이 있는 청중 앞에서 작품을 읽었다. **b)** (예술, 학문 따위에) 관심을 가진 사람들, 독자, 애호가: der Schriftsteller eroberte sich(verlor) sein P. 그 작가는 자신의 독자를 확보했다[잃었다]; solche Bücher finden immer ihr P. 그런 책들에는 늘 독자가 따르기 마련이다; ein breites P. haben 폭넓은 독자층을 가지다. **c)** (요식업소, 휴양지 따위의) 손님, 방문객. **d)** ⟨통용어⟩ 경청자(傾聽者).
publikums-, Publikums-: ~**erfolg**, der **a)** 관객[청중, 독자 사이에서의] 성공: seinen größten P. hatte er in diesem Film 그는 관객 동원의 가장 큰 성공을 이 영화에서 거두었다. **b)** 관객(청중, 독자)에게 인기 있는 성공작(성공적인 행사). ~**geschmack**, der 관객(청중, 독자)의 취향: sein Werk orientiert sich stark (nicht) am P. 그의 작품은 독자의 취향을 강하게 따른다[따르지 않는다]. ~**interesse**, das ⟨Pl. 없음⟩ 관객[청중, 독자]의 관심. ~**liebling**, der 인기 연예인[배우, 가수, 선수]. ~**verkehr**, der ⟨Pl. 없음⟩ (관공서 따위에서의) 대민(對民)업무; 민원 사무: heute kein P. 그날 대민 봉사는 없음! ~**wirksam** ⟨Adj.⟩ 관객(청중, 독자)에게 영향력이 있는. ~**wirksamkeit**, die ↑ ~wirksam의 명사형.
publizieren [publi'tsi:rən] ⟨h⟩ [lat. pūblicāre] 출판[간행]하다, (논문·문학 작품 따위를) 발표하다: einen Artikel (zu einem Thema) p. (어떤 주제에 관하여) 논설을 발표하다. **publizierfreudig** ⟨Adj.⟩ 글을 발표하기 좋아하는. **Publizierung**, die; -en 출판, 간행, 발표.
Publizist [...'tsɪst], der; -en, -en **a)** 시사 평론가, 시평(時評)기자. **b)** 신문방송학자, 신문방송학 전공 학생. **Publizistik** [...'tsɪstɪk], die **a)** 보도 출판업, 신문(방송)업, 저널리즘, 시평(時評). **b)** 신문방송학, 정보학. **Pu-**

blizistikwissenschaft, die ↑Publizistik (b).
Publizistin, die; -nen ↑Publizist의 여성형. **publizistisch** 〈Adj.〉 **a)** 신문 잡지의, 보도 매체에 의한: etw. p. verbreiten 무엇을 신문, 방송으로 널리 알리다. **b)** 신문방송학의, 정보학의. **Publizität** [...tsi'tɛːt], die **1.** (교양어) 널리 알려짐, 공공연함, 주지(周知), 지명도(知名度). **2. a)** (대중 매체와 그 내용의) 공공성, 대중성. **b)** 【경제】 (기업 현황의) 공개, 공시.

p.u.c. = post urbem conditam.

Puck ['pʊk], der; -s, -s [1: engl. puck; 2: engl. puck] **1.** 장난꾸러기 꼬마 요정(셰익스피어의『한 여름밤의 꿈』에 나오는 인물). **2.** 【아이스하키】 퍽.

puckern ['pʊkɐn] 〈h〉 [niederd. pucken] (통용어) 고동(맥박)치다: sein Herz puckert 그의 심장이 뛴다; 《(또한) 비인칭》 es puckert in der Wunde 상처가 욱신거린다.

Pud [puːt], das; -, - [russ. pud < lat. pondus] 푸트(옛 러시아의 중량 단위; 16.38kg).

Puddel ['pʊdl], der; -s, - [niederd. pudel] (südwestd.) 물구덩, 똥오줌. **¹puddeln** ['pʊdln] 〈h〉 (südwestd.) **a)** 무엇에 물거품을 주다. **b)** 물 속에서 첨벙첨벙 대다(튀기다).

²puddeln [-] 〈h〉 [engl. to puddle] 【제련】 (옛) 퍼들러(勞) 속에서 휘어어 정련(精鍊)하다, 선철을 연강(鍊鋼)으로 제련하다, 란련한다. **Puddelofen,** der [제련] (옛) 퍼들로(爐), 교련로(攪鍊爐).

Pudding ['pʊdɪŋ], der; -s, -e / -s 〈engl. pudding < frz. boudin〉 푸딩: [전의] bei ihm ist alles nur P. (경) 그는 온몸이 푸딩처럼 물렁하다(몸에 근육이 없다); **auf den P. hauen** (경) ↑Putz. **2.** 푸딩(빵, 고기, 생선, 채소를 중량으로 조리한 혼합 음식).

Pudding-, das (↑Pudding의 복합어) **~abitur,** das (농) (푸딩학교 졸업장) 여자 직업 학교(전문 학교) 졸업장. **~akademie,** die (농) (푸딩 대학) 여자 직업 학교(전문 학교). **~form,** die 푸딩 틀. **~pulver,** das 푸딩 파우더.

Pudel ['puːdl], der; -s, - **1.** 푸들(삽살개의 일종): das also war des -s Kern 이것이 그러니까 복슬개의 정체였구나(Goethe의『Faust』에서), 이것이 그러니까 (내 일의 진상(요점)이었구나; [전의] die Hälfte der Lehrzeit hindurch muß er Handlangerdienste tun und den P. machen 수업 기간의 절반 동안 내내 그는 조수일을 해야 하고 또 시종 노릇도 해야 한다; **wie ein begossener P.** (경) (물벼락 맞은 삽살개처럼) (주의·훈계를 받은 뒤) 어쩔 줄 모르며, 몹시 부끄러워하며, 당황하여: er stand da [zog ab] wie ein begossener P. 그는 (물벼락 맞은 삽살개처럼) 전전긍긍하며 서 있었다(꽁무니를 뺐다). **2.** (통용어) (볼링, 구주희에서의) 잘못 던지기, 실패, 실책: einen P. schießen[werfen] 잘못 던지다, 빗나가다. **3.** (통용어·약칭) ↑Pudelmütze.

pudel-, Pudel- (↑Pudel의 복합어에서 강조의 뜻으로, 예컨대:) pudelwohl. **~haube,** die (österr.) **~mütze. ~mütze,** die (귀밑까지 내려 쓰는, 뜨개질한) 털실 모자. **~nackt** 〈Adj.〉 (삽살개의 발가벗은(뒷몸의 털을 깎인 삽살개처럼). **~närrisch** 〈Adj.〉 (고어·지역적) 몹시 어리석은[익살스러운]. **~naß** 〈Adj.〉 (통용어) 흠뻑 젖은. **~wohl** 〈Adv.〉 (통용어) 아주 기분좋은: sich p. fühlen 기분이 썩 좋다.

pudeln ['puːdln] 〈h〉 **1.** (통용어) (볼링·구주희에서) 빗맞히다, 잘못 던지다. **2.** (지역적) 물 속에 철벙철벙 걷다 (planschen).

Puder ['puːdɐ], der / (통용어) das; -s, - [frz. poudre] 고운 가루, (화장)분, (옛날 머리 및 가발에 뿌리던) 머리분, 파우더, 가루약: talkumhaltiger[weißer] P. 활석을 함유한[백색의] 분; P. auftragen[auflegen] 분을 바르다; P. auf[über] eine Wunde streuen 상처에 가루약을 뿌리다.

Puder-: ~creme, die 【화장】 색소농축크림. **~dose,** die 분통, 휴대용 분곽, 콤팩트. **~quaste,** die 분첩(粉貼). **~schicht,** die 분(가루약)을 바른 켜, 가루층. **~zucker,** der 분말 설탕(Farinzucker).

puderig, pudrig ['puːd(ə)rɪç] 〈Adj.〉 가루같은, 가루 모양의: pudriger Staub 가는 먼지, 분진. **pudern** ['puːdɐn] 〈h〉 **1.** 분을 뿌리다[바르다]: einen Säugling p. 젖먹이에게 아기분을 뿌려주다; sie pudert sich 그녀는 분으로 화장하고 있다; sie war stark gepudert 그 여자는 짙은 분화장을 하고 있었다. **2.** 《(지역적·속어)》 ↑koitieren.

Pueblo ['puːeblo, 〈engl.〉 pʊ'eblɔʊ, 〈span.〉 'pueβla], der; -s, -s [span. pueblo] 푸에블로(푸에블로 인디언의 촌락). **Puebloindianer,** der; -s, - 푸에블로 인디언(미국 남서부의 인디언 부족).

pueril [pue'riːl] 〈Adj.〉 [lat. puerilis] 【심리·의학】 어린애의, 어린애 같은(특유의)(kindlich): -e Züge 소아의 특징들. **Puerilismus** [...ri'lɪsmʊs], der; -, ...men 【심리·의학】 **1.** 〈Pl. 없음〉 소아증(小兒症). **2.** 소아증 증세, 유치한 언동. **Puerilität** [...li'tɛːt], die [lat. puerilitas] 【심리·의학】 유치(幼稚), 유아의 본성, 어린애 같음. **Puerpera** ['puɐrpera], die; ...rā [...rɛ; lat. puerpera] 【의학】 산욕부(産褥婦)(Wöchnerin). **Puerperalfieber,** das; -s 【의학】 산욕열(Wochenbettfieber). **Puerperium** [puɐr'pɛːriʊm], das; -s, ...ien [...iən; lat. puerperium] 【의학】 산욕기(Wochenbett).

Puertoricaner [pʊɐrtori'kaːnɐ], der; -s, - 푸에르토리코 사람. **puertoricanisch** 〈Adj.〉 푸에르토리코(사람)의.

Puerto Rico ['puɐrto 'riːko, 〈span.〉 'pʊɐrto 'rriko, 〈engl.〉 'pwɑːtəʊ 'riːkɔʊ] -s 푸에르토리코(중미 카리브해의 미국 자치령).

puff! [pʊf] 〈Interj.〉 (의성어) (둔탁한 폭음·총소리·날아오는 총탄 소리) 탕!, 빵!, 펑!, 딱!, 칙!(↑piff, paff 참조). **¹Puff** [-], der; -(e)s, Püffe ['pʏfə] (드물게) -e (통용어) **a)** (축소형) ↑Püffchen 참조) (주먹(팔꿈치)으로 치기: Püffe austeilen[bekommen] 주먹이나 팔꿈치로 때리다[맞다]; jmdm. einen P. (in die Rippen) geben[versetzen] 누구의 옆구리를 한 차례 탁 치다; **einen P.[einige Püffe] vertragen (können)** 주먹 한 대[몇 대]는 견디다[견딜 수 있다], 웬만해서는 끄떡도 않는다. **b)** 둔탁한 폭음, 탕(탁·퍽)하는 소리. **²Puff** [-], der (또는) das; -s, -s (축소형: ↑Püffchen 참조) (경·팸) 갈보집, 매춘굴(Bordell): in den P. gehen 갈보집에 가다(다니다). **³Puff** [-], der; -(e)s, -e / -s (축소형: ↑Püffchen 참조) **1.** 〈Pl. (또한) -s〉 **a)** 세탁물 담는 통, 빨랫감 통(Wäschepuff). **b)** (등받이와 다리가 없는) 둥근 쿠션 의자. **2.** 〈Pl. -e〉 (고어) 불룩한 옷소매, 어깨심(Bausch). **⁴Puff** [-], das; -(e)s 서양 주사위놀이(주사위 숫자에 따라 판 위에서 말을 움직이는 유희).

Puff- (³Puff 2): **~ärmel,** der 불룩한 (윗)소매. **~bohne,** die ↑Saubohne. **~mais,** der 튀긴 옥수수, 팝콘. **~otter,** die 아프리카산 독사의 일종(성나면 소리를 내며 몸을 부풀림). **~reis,** der 튀밥, 쌀 튀긴 것.

Püffchen ['pʏfçən] ↑¹Puff (a), ²Puff, ³Puff. **Puffe** ['pʊfə], die; -n [spätmhd. buffe] ↑³Puff (2). **puffen** ['pʊfn] **1.** 〈h〉 (통용어) **a)** (친근감의 표시로) 주먹으로 가볍게 치다, 팔꿈치로 밀치다: jmdn. [jmdm.] in die Seite p. 누구의 옆구리를 툭툭 치다. **b)** 〈p. + sich〉 서로 밀치다, 주먹으로 때리다: er hat sich mit ihm gepufft 그는 그 남자와 주먹질을 벌였다. **c)** 주먹과 팔꿈치로 밀어내다: jmdn. zur Seite p. 누구를 옆으로 밀쳐

내다. 2. 《통용어》 a) ⟨h⟩ (압축 공기가 갑자기 새어 나가는 소리) 치익(피익)하는 소리를 내다: die Dampflok pufftte 증기기관차가 치익 소리를 냈다. b) ⟨s⟩ 척하는 소리를 내며 움직이다. 3. ⟨h⟩ (옷감 따위에 쉽을 넣어) 부풀리다(bauschen): ⟨과거 분사로⟩ ein Sommerkleid mit weiten, gepufften Ärmeln 넓고 부풀린 소매를 단 여름옷. 4. ⟨h⟩ (옥수수, 쌀 따위 곡물을) 튀기다. **Puffer**, der; -s, - 1. (철도 차량의 앞뒤에 달린) 완충기: die P. der Waggons 객차의 완충 장치. 2. (축소형: ↑Pufferchen) ↑Kartoffelpuffer의 약칭. 3. ↑Pufferspeicher의 약칭. 4. 《준말》 ↑Pufferbatterie.
Puffer-: **~batterie**, die [기술] 완충 축전지. **~speicher**, der [전산] (서로 다른 속도의 두 디지털 계산기가 사이에 설치하는) 완충 기억 장치. **~staat**, der 완충국. **~zone**, die 완충 지대.
Püfferchen ['pʏfɐçən], das; -s, - ↑Puffer (2). **Puffmutter**, die; -mütter (경·펌) 포주. **Puffspiel**, das; -(e)s, -e ↑⁴Puff.
Pugilismus [pugi'lɪsmʊs], der; - [lat. pugil] 《고어》 권투(Boxsport). **Pugilist** [...'lɪst], der; -en, -en 《고어》 권투선수(Boxer). **Pugilistik**, die 《고어》 ↑Pugilismus. **pugilistisch** ⟨Adj.⟩ 《고어》 권투 경기의.
puh! [puː] ⟨Interj.⟩ 《불쾌한 일·사람으로부터의 거리감을 표현하거나 힘든 일을 끝낸 뒤 안도의 한숨을 내쉴 때 내는 소리》 휴!, 피!, 체!, P ..., war das vorhin ein Regen! 후유, 비가 참 억세게도 내렸네!
Pülcher ['pʏlçɐ], der; -s, - 《österr.·통용어》 뜨내기, 떠돌이, 부랑자(Strolch).
Pulcinella [pʊltʃi'nɛla], der; -(s), ...elle [ital. Pulcinella] 《문학어》 풀치넬라(이탈리아 나폴리 민속 희극의 우스꽝스런 하인, 어릿광대).
pulen ['puːlən] ⟨h⟩ (nordd.) a) (손가락으로) 집다, 뜯다, (이, 코 따위를) 후비다: an einer Narbe p. 흡터를 집어뜯다; pul dir nicht an(in) der Nase! 코를 후비지 말아라! b) (손가락으로) 집어(뜯어, 후벼)내다.
Pulk [pʊlk], der; -(e)s, -s / ⟨드물게⟩ -e [poln. pulk] 1. (전투기, 군용 차량 따위의) 편대, 대열: ein geschlossener P. von Bombern 일단의 밀집한 폭격기 편대. 2. (사람, 짐승, 차 따위의) 밀집한 무리, 집단: ein P. von Fußgängern vor der Ampel 신호등 앞에 빽빽이 무리 지어 선 보행자들.
Pull [pʊl], der; -s, -s [engl. pull] 〔골프〕 풀, 왼쪽으로 꺾어치기.
Pulle ['pʊlə], die; -n 《경》 술병(Flasche): eine P. Sekt 샴페인 한 병; einen Schluck aus der P. nehmen 술병에서 한 모금을 마시다; **volle P.** 전력을 다하여(mit vollem Einsatz), 전속력으로: die Mannschaft muß volle P. spielen 그 팀은 전력을 다해 경기하지 않으면 안된다; auf der Autobahn fuhr er volle P. 고속도로에서 그는 전속력으로 달렸다.
¹**pullen** ⟨h⟩ [engl. to pull] 1. 〔선원〕 노를 젓다(rudern). 2. 〔승마〕 (말이) 돌진하다. 3. 〔골프〕 왼쪽으로 꺾어치기, 풀(Pull)을 하다.
²**pullen** ⟨h⟩ (지역적·속어) 오줌 누다(urinieren). **pullern** ['pʊlɐn] ⟨h⟩ (지역적·친근) 쉬하다, 오줌 누다(urinieren).
Pulli ['pʊli], der; -s, -s 《통용어》 ↑Pullover의 약칭.
Pullman ['pʊlman, (engl.) 'pʊlmən], der; -s, -s ↑Pullmanwagen의 약칭. **Pullmankappe**, die; -n 《österr.》 (바스크인의 챙 없는 모자) 바스크 모자, 베레모. **Pullmanwagen**, der; -s, - [amerik. pullman (car)] 풀먼 차(편의 시설과 침대를 갖춘 특수 객차).
Pullover [pʊ'lɔvɐ], der; -s, - [engl. pullover] (머리 위로 끼어 입는) 쉐터, 풀오버: ein weiter(englanliegender) P. 헐렁한(꼭 달라붙는) 쉐터; einen P. stricken(häkeln) 털쉐터를 뜨다; in Rock und P. gehen 스커트와 쉐터 차림으로 다니다. **Pullunder** [pʊ'lʊndɐ], der; -s, - 털식 조끼, 풀언더(대개 셔츠, 블라우스 속에 입는 소매 없는 풀오버).
pulmonal [pʊlmo'naːl] ⟨Adj.⟩ [lat. pulmo] 〔의학〕 폐(肺)의.
Pulmonie [pʊlmo'niː], die; -n 〔의학·고어〕 폐결핵.
Pulp [pʊlp], der; -s, -en [engl. pulp] 1. 쟁음 과육(果肉). 2. (사료용) 감자 찌끼(전분을 빼고 남은 덩어리).
Pulpa ['pʊlpa], die; ...pae ['pulpɛ; lat. pulpa] 1. 〔의학〕 a) 치수(齒髓)(Zahnmark). b) (비장, 부신 등의) 수질(髓質), 수(髓). 2. 〔식물〕 (바나나 따위에서 내과피(內果皮)로 형성된) 과육(果肉), 과수(果醬). **Pulpe** ['pʊlpə], **Pülpe** ['pʏlpə], die; -n [frz. pulpe] ↑Pulp. **Pulpitis** [pʊl'piːtɪs], die; ...itiden [pulpi'tiːdn̩] 〔의학〕 치수염(齒髓炎). **pulpös** [pʊl'pøːs] ⟨Adj.⟩ [lat. pulpōsus] 〔의학〕 수질(髓質)의, 수질 모양의, 육질(肉質)의.
Pulque ['pʊlkə], der; -(s) [span. pulque] 풀크, 용설란주(酒)(중미, 특히 멕시코에서 즐겨 마심).
Puls [pʊls], der; -es, -e [lat. pulsus] 1. a) 맥, 맥박, 박동; (생명·감정 따위의) 맥동, 생기: ein schwacher (un)regelmäßiger P. 약한((불규칙적인) 맥박; der P. klopft(setzt aus) 맥이 뛴다(끊어진다); jmdm. (sich) den P. fühlen 누구(자신)의 맥을 짚어보다; er las mit fliegenden -en ⟨아이⟩ 그는 고동치는 가슴으로 [극도로 흥분하여] 읽었다; **jmdm. den P. fühlen** 〔통용어〕 1) 누구의 의향(성향)을 넌지시 떠보다. 2) 누가 혹시 제 정신이 아닌지 알아보다. b) (1분당) 맥박수: wie ist der P.? 맥박은 얼마지요?; den P. messen 맥박을 재다. c) 손목의 맥이 뛰는 자리: nach dem[jmds.] P. fassen(greifen) [누구] 손의 진맥하는 곳을 잡다. 2. 〔전기·통신〕 펄스.
Puls-: **~ader**, die 동맥(Schlagader): sich die -n aufschneiden (자살하려고) 자신의 손목 동맥을 끊다. **~beschleunigung**, die 빈맥(頻脈), 맥박 상승. **~frequenz**, die 〔의학〕 (1분간의) 맥박수. **~schlag**, der a) ↑Puls (1 a): einen schnellen P. bekommen 맥박이 빨라지다; 〔전의〕 man spürte den P. der Erde 대지가 고동치는 것이 느껴졌다. b) 한 번의 맥박: seine Pulsschläge zählen 자기의 맥박수를 세다. **~wärmer**, der 토시. **~zahl**, die 〔의학〕 ↑Frequenz.
Pulsar [pʊl'zaːɐ̯], der; -s, -e [engl. pulsar] 〔천문〕 펄사, 맥동성(脈動星). **Pulsation** [pʊlza'ts̩i̯oːn], die; -en [lat. pulsātio] 1. 〔의학〕 박동(搏動). 2. 〔천문〕 맥동(脈動)(예컨대, 유동적인 성단(星團)의 규칙적인 수축·팽창 작용). **Pulsator** [pʊl'zaːtɐ], der; -s, ...to̱re], der; -s, -en [...zaˈtoːrən; lat. pulsātor] 〔기술〕 맥동기(脈動器), 펄세이터(착유기에서처럼 압력의 주기적인 변화나 파동을 일으키는 장치).
pulschen ['pʊlʃn̩] ⟨s⟩ (nordd.) (물이) 철썩 부딪치다: eine Welle pulschte über die Reling 파도가 배 난간 위에 철썩 부딪쳤다. **pulsen** ['pʊlzn̩] ⟨h⟩ [Puls] 1. ↑pulsieren: das Blut pulst in den Adern(Schläfen) 피가 혈관(관자놀이)에서 뛰고 있다; 〔전의〕 das Leben pulste schnell und stoßweise 생명이 빠르고 힘차게 약동했다. 2. 〔의학·통용어〕 맥박을 재다. 3. 〔통신〕 (전파를) 개개의 파동으로 나누어 내보내다: shnell gepulste Strahlungen 빠른 속도로 분할 발사된 전파. **pulsieren** [pʊl'ziːrən] ⟨h⟩ [lat. pulsāre] 1. 맥이 뛰다, 박동하다, 고동치다: das gestaute Blut pulsiert wieder 막혔던 피가 다시 맥동한다; 〔전의〕 pulsierendes Leben 약동하는 생명. **Pulsion** [pʊl'zi̯oːn], die; -en [pulsio] 〔전문어〕 박동, 고동, 진동(振動). **Pulsometer** [pʊlzo'meːtɐ], das; -s, - [lat. pulsus] 〔기술〕 기압 양수기(揚水機), 고동펌프.

Pult [pʊlt], das; -(e)s, -e [lat. pulpitum] **a)** 사면(斜面) 책상, 교탁, 서대(書臺), 설교단, 강대상(講臺床): er trat als nächster Redner ans (hinter das) P. 그는 다음 차례의 연사로서 연단에 올랐다. **b)** ↑Dirigentenpult: am P. stand ein bekannter Gastdirigent 지휘대에는 유명한 객원 지휘자가 섰다(유명한 객원 지휘자가 지휘를 맡았다). **c)** ↑Notenpult, -ständer. **d)** ↑Schaltpult. **Pultdach**, das [토건] (대개 달아 지은 부속 건물의) 경사진 외쪽 지붕, 달개지붕. **Pultdeckel**, der 사면(斜面) 책상 (따위)의 덮개판.

Pulver [pʊlfɐ, (또한)...lvɐ], das; -s, - [lat. pulvis] **1. a)** 가루, 분말: ein P. (aus)streuen 가루를 뿌리다; etw. zu P. zerreiben[mahlen] 무엇을 갈아 으깨어(빻아) 가루로 만들다. **b)** 〈축소형:〉↑Pülverchen 참조〉 가루약, 독약 가루: ein P. gegen Kopfschmerzen 분말 두통약; ein P. in Wasser auflösen 가루약을 물에 녹이다; ein P. einnehmen 가루약을 복용하다. **c)** ↑Schießpulver: das P. entzündet sich 화약이 발화한다; das P. trocken halten 화약을 젖지 않게 간수하다; **das P. (auch) nicht (gerade) erfunden haben** 〈통용어:〉(화약을 발명한 것도 아니다) 별로 대단한(약은, 기발한) 사람이 아니다, 우둔하다, **kein P. riechen können** 〈통용어·고어〉화약 냄새도 못 맡는다, (군인으로서) 비겁하다; **sein P. verschossen haben** 〈통용어:〉1) (탄약을 다 쏴버렸다) 일찌감치 기력을 다 써버려 기진맥진해있다. 2) 말 밑천을 올려도 없이 미리 다 써버렸다, 모든 노력(수고)이 다 허사가 되었다; **sein P. trocken halten** 항상 대비하다, 늘 (전투) 준비를 갖추고 있다; **keinen Schuß P. wert sein** 한 푼의 가치도 없다, 전혀 쓸모가 없다. **2.** 〈경〉 돈(Geld): mir ist das P. ausgegangen 나는 돈이 떨어졌다.

pulver-, Pulver-: ~**dampf**, der 포연(砲煙), 화약 연기: eine Wolke aus Staub und P. 먼지와 포연이 뒤섞인 구름. ~**faß**, das 〈옛〉화약통: [전의] das war der Funke im P. 그것이 화약고에 불을 붙인 셈이었다(극적 사건의 원인이었다); **einem P. gleichen** 화약고와 같다, 일촉즉발의 상태에 있다: der Nahe Osten gleicht einem P. 중동의 상황은 화약고나 다름없다; **auf einem (dem) P. sitzen** 화약고에 앉아 있다, 위기에 처해 있다. ~**fein** 〈Adj.〉가루처럼 고운: Kaffee p. mahlen 커피 원두를 갈아 고운 가루로 만들다. ~**form**, die (대개 다음 용법으로) **in P.** 분말 형태의: Milch in P. 가루우유, 분유. ~**geruch**, der 화약 냄새. ~**gestank**, der 〈폄〉역겨운 화약 냄새. ~**kaffee**, der 가루[인스턴트] 커피. ~**kammer**, die **1.** (함선의) 화약고, 탄약고. **2.** (군사·고어) (총의) 약실. ~**kuchen**, der 베이킹 파우더로 구운 양과자. ~**magazin**, das ↑~**kammer** (1). ~**metallurgie**, die [금속] 분말야금(Metallkeramik). ~**mühle**, die 〈옛〉화약 공장. ~**rauch**, der ↑~dampf. ~**sand**, der 가는 모래. ~**schnee**, der 가루눈, 분설(粉雪). ~**schorf**, der [농업] (감자의) 가피병(痂皮病). ~**trocken** 〈Adj.〉바짝 마른, 몹시 건조한: die Erde war p. 흙먼지가 일만큼 땅이 말라 있었다. ~**turm**, der 〈옛〉화약고가 있는 탑, 화약고 탑.

Pülverchen ['pʏlfɐçən, (또한)...lvɐ...], das; -s, - [↑Pulver (1 b)의 축소형] 〈종롱〉**a)** 〈대개 Pl.〉가루약. **b)** 독약 가루. **pulverig, pulvrig** ['pʊlf(ə)rɪç, 'pʊlv(ə)rɪç] 〈Adj.〉분말(모양)의, 분쇄된. **Pulverisator** [pʊlveri'zaːtɔr], der; -s, ...**oren** 분쇄기, 제분기. **pulverisieren** [pʊlveri'ziːrən] 〈h〉 [frz. pulvériser] 가루로 만들다, 갈다, 빻다, 분쇄하다: ein Stück Kreide p. 분필 한 개를 부숴 가루로 만들다. **Pulverisierung**, die; -en ↑pulverisieren의 명사형. **pulvern** ['pʊlfɐn, (또한) 'pʊlvɐn] 〈h〉 **1.** (드물게 통용어) **a)** (총을 쏘다, 사격하다(schießen). **b)** (무엇을 어디에)

쏘다: [전의] zuviel Geld in die Rüstung p. 너무 많은 돈을 군비(軍備)에 쏟아넣다. **2.** 《고어》↑pulverisieren. **pulvrig**: ↑pulverig.

Puma ['puːma], der; -s, -s 퓨마, 아메리카 사자 (Silberlöwe).

Pummel, der; -s, -, 〈축소형〉**Pümmelchen** ['pʊm(çən)], das; -s, -. 〈통용어〉동보(여자)아이, 동보 처녀. **pummelig**, 〈드물게〉**pummlig** ['pʊm(ə)lɪç] 〈Adj.〉 〈통용어〉토실토실 살찐, 통통한: ein pummeliges Mädchen 통통한 여자아이; ihre Figur ist ein wenig p. 그 여자의 몸매는 약간 똥똥하다.

Pump [pʊmp], der; -s 〈경〉 돈 꾸기, 외상질(das Pumpen (2)): (bei jmdm.) einen P. aufnehmen (누구로부터) 돈을 꾸다; **auf P.** 외상으로, 꾼 돈으로: etw. auf P. kaufen 무엇을 외상으로 사다.

Pump-: ~**speicherwerk**, das 양수(揚水) 발전소. ~**station**, die 양수장. ~**werk**, das ↑~station. **Pumpe** ['pʊmpə], die; -n **1. a)** 펌프, 펌프 우물: sich die Hände unter der P. waschen 펌프 물에 손을 씻다; Wasser von der P. holen 펌프로 물을 긷다, 펌프 우물에서 물을 길어오다. **b)** (전동) 펌프: eine elektrische P. 전동 펌프; die P. fördert Öl 이 펌프는 석유를 뽑아 올린다. **2.** 〈경〉염통(Herz (1 a)): die P. jagt 가슴이 펄떡거린다. **3.** 〈경〉(관장제용〉주사기. **pumpen** ['pʊmpn] 〈h〉 **1. a)** *a)* 펌프로 퍼올리다(퍼내다, 밀어보내다): Luft in den Fahrradschlauch p. 펌프로 자전거 타이어에 공기를 넣다; Wasser aus dem Keller[Schiff] p. 지하실[선박]에서 튜브에 공기를 넣다; [전의] Millionen in ein Unternehmen p. 어떤 기업에 수백만을 투자하다. *β)* 펌프의 작용을 하다: die Maschine pumpt zu langsam 그 기계는 펌프작용이 너무 느리다; [전의] sein Herz pumpte 그의 심장이 펌프질을 했다. **b)** 〈체조·운어〉팔굽혀펴기를 하다. **c)** [요트] (속도를 올리기 위해) 돛의 조정밧줄을 당겼다 놓았다 하다, 돛 조정밧줄을 조작하여 속도를 높이다. **d)** [물리·운어] (레이저 원자의 에너지 수준을 높이기 위해) 여기(勵起)하다: einen Laser p. 레이저를 여기하다. **2.** 〈경〉**a)** 빌려 주다, 꾸어 주다 (leihen, borgen): kannst du mir dein Fahrrad p.? 네 자전거 좀 빌려 줄래? **b)** 빌(리)다, 꾸다: sich (bei Freunden, von jmdm.) Geld p. (친구들에게서, 누구로부터) 돈을 꾸다; ich habe mir einen Schirm gepumpt 나는 우산을 빌렸다.

Pumpen-: ~**haus**, das 펌프실. ~**kasten**, der (펌프를 감싸고 있는) 펌프집. ~**schwengel**, der 물펌프의 손잡이.

pumpern ['pʊmpɐn] 〈h〉 (südd., österr.·통용어) 쾅쾅 두드리다, 쿵(광, 퉁탕) 소리를 내다. **Pumpernickel**, das; -s, - 품퍼니겔, 호밀가루 빵(거친 호밀 가루로 만든 검은 빵).

Pumphose, die; -n 무릎 밑에서 매는 헐렁한 반바지. **Pumps** [pœmps], der; -, - [engl. pumps] 펌프스(굽이 조금 높고 끈과 쇠가 없는 여성용 구두).

Puna [puːna], die [span. puna] 푸나(남미 안데스 산맥의 초원성 고원 지대).

¹**Punch** [pantʃ], der; -s [ital. Pulcinella] 펀치(영국 희극, 인형극의 어릿광대).

²**Punch** [-], der; -s, -s [engl. punch] [권투] **a)** 펀치, 타격력: einen harten P. haben 강한 타격력을 지니고 있다. **b)** 펀치, 타격. **Puncher** ['pantʃɐ], der; -s, - [권투] 강펀치를 가진 권투선수. **Punchingball** ['pantʃɪŋ-], der; -(e)s, -..**bälle**, **Punchingbirne**, die; -n (권투 연습용의) 펀칭볼.

Punctum puncti ['pʊŋktʊm 'pʊŋkti], das; - - [lat. punctum puncti] (교양어) (특히 돈을 지정하여) 주요점, 문제점: ob wir Urlaub machen können, hängt vom P. p. ab 우리가 휴가를 갈 수 있을지는 주요 문제인 돈에 달려 있다. **Punctum saliens** [- 'za:liens], das; - - [lat. punctum saliēns] 《교양어》 요점, 주안점, 문제의 핵심.

Punier ['pu:niɐ], der; -s, - ↑Karthager.
punisch ['pu:nɪʃ] 〈Adj.〉 ↑Karthagisch.
punitiv [puni'ti:f] 〈Adj.〉 [lat. pūnītum] 《교양어》 처벌의, 처벌하기 위한: -es Erziehungsverhalten 처벌 위주의 교육 태도.
Punk [paŋk], der; -(s), -s [engl.-amerik. punk] **1. a)** 〈Pl. 없음; 대개 관사 없음〉 펑크(1970년대 후반 영국에서 대두한 청소년의 반체제적 풍속 현상). **b)** 펑크족(族). **2.** 〈Pl. 없음〉 ↑Punkrock. **Punker**, der; -s, - 펑크 족(Punkrock) 가수[연주자]. **Punkrock**, der 펑크 록(평크족 특유의 록 음악). **Punkrocker**, der ↑Punker.
Punkt [pʊŋkt], der; -(e)s, -e [/ - [lat. pūnctum] **1.** 〈Pl. -e, 축소형: ↑Pünktchen 참조〉 점, 작은 반점(斑點), 미세한 것: die Erde ist nur ein winziger P. im Weltall 지구는 우주 속의 아주 작은 점에 불과하다; weißer Stoff mit blauen -en 청색의 반점 무늬가 있는 하얀 천; **der springende P.** ↑Punctum saliens; **ein dunkler P. (in jmds. Vergangenheit)** (아무개 과거의) 불미스러운 일. **2.** 〈Pl. -e〉 **a)** 마침표, 종지부, 피리어드, 서수점, 생략점: drei -e bedeuten eine Lücke im Zitat 점 3개는 인용문 가운데 생략된 부분을 뜻한다; einen P. setzen[machen] 마침표[구두점]를 찍다, 결말을 짓다, 끝내다, 그만두다(aufhören); [성구] nun mach mal einen P.! 〈통용어〉이제 그만 둬! , 그것으로 충분해! ; P., Schluß, Streusand drauf! 〈준고어〉 (점 찍고 끝내고 모래 뿌려) 그 일은 이제 끝났어! [다 지나갔어! , 잊어야 해!] (문서의 채 마르지 않은 잉크를 모래로 제거하던 옛 풍속에서); **ohne P. und Komma reden** 〈통용어〉 쉴새없이[끝없이] 말을 늘어놓다. **b)** 〈축소형: ↑Pünktchen 참조〉 i자(字) 위의 점(I-Punkt): du hast den P. auf dem i vergessen 너는 i자 위의 점을 빠뜨렸구나; **der P. auf dem i** 미세한 점, 마지막 점, 끝마무리(↑i, I 참조). **c)** 〈음악〉 부점(附點), 음표점. β) 부점, 스타카토, 끊음표. 〈수학〉 김셈표, 곱셈점(두 숫자 사이 한 가운데에 찍음; 예컨대: 2·2 = 4). **3.** 〈Pl. -e〉 **a)** (공간의 어떤) 점, 지점, 장소(Stelle, Ort): der höchste P. (산 따위의) 최고 지점; ein strategisch wichtiger P. 전략적 요충지; von diesem P. kann man alles gut überblicken 이 지점에서는 모든 것이 잘 내려다보인다; in diesem P. bin ich empfindlich 이 점에서 나는 민감하다; über einen bestimmten P. nicht hinauskommen (작업이나 사고의 과정에서) 어떤 특정한 곳을 넘어서지 못하다; **ein schwacher P.** 약점, 단점, 결점; **ein wunder P.** (건드리면) 아픈 데, 예민한 곳, 약점, 급소; **ein neuralgischer P.** 애로 지점, 민감한 곳; **toter P.** [기계] 사점(死點), 휴지의 극물, 막판, 암초: das Gespräch war an einem toten P. angekommen 대화가 막다른 곳에 이르렀다; ein starker Kaffee sollte ihm über den toten P. hinwegheifen 그는 생각이 막힌 것을 진한 커피의 힘으로 극복하려 했다. **b)** [수학] (길이 · 면적이 없는 위치만으로서의) 점(點): zwei Gerade schneiden sich in einem P. 두 직선이 한 점에서 교차한다. **c)** 시점, 순간: jetzt ist der P. gekommen, an dem ich mich entscheiden muß 이제 내가 결단을 내려야 할 때가 왔다; der Zug kam auf den P. genau an 기차는 정확히 정시에 도착했다; 〈p. + 시각〉 die Konferenz beginnt P. elf Uhr 회의는 정각 11시에 시작한다; **den toten P. überwinden[überwunden haben]** (극도의 피로 따위로 아무것도 더 할 수 없는) 막다른 순간을 극복하다[극복했다]. **4.** 〈Pl. -e〉 **a)** (문제가 되는) 점, 문제(점), 논점, 주제: ein strittiger P. 쟁점; das ist der vordringliche P. auf der Tagesordnung 이것이 의사 일정 가운데 특히 긴급한 문제점이다; auf einen P. zurückkommen 어떤 논점으로 돌아가다; bei diesem P. konnten sie sich nicht einigen 그들은 이 점에 관해 합의에 이르지 못했다; sich in allen -en einig sein 모든 점에 합의하다. **b)** (글, 강연 따위의) 항목, 조목, 세목: die einzelnen -e eines Programms durchgehen 어떤 행사 일정의 개별 항목을 면밀히 검토하다; etw. P. für P. besprechen 무엇을 조목조목[한점 한점, 하나하나, 차례로, 자세하게] 논의하다. **5.** 〈Pl. -e〉 **a)** 평점, 득점, 점수: -e sammeln [machen] 점수를 따다; er erhielt drei -e 그는 3점을 받았다; mit 5, 200 -en wurde er Meister im Fünfkampf 그는 5 200점으로 5종 경기에서 선수권자가 되었다; nach -en führen[vorn liegen] 점수에서 앞서다; [권투] seinen Gegner nach -en besiegen 상대 선수를 판정으로 이기다; diese Aktie wurde an der Börse um 2 -e niedriger gehandelt 이 주식은 증권시장에서 2 포인트 떨어진 가격으로 거래되었다; die Mehrwertsteuer wurde um einen P. erhöht 부가세가 1포인트 인상되었다. **b)** 상품권, 교환권, 배급표: wer zwanzig -e gesammelt hat, erhält eine Gutschrift 교환권 20장[점]을 모은 사람은 일정액을 보상받는다; Textilien konnte man im Krieg nur auf -e kaufen 전시에 섬유 제품의 의류 배급표 점수에 따라서만 살 수 있었다. **6.** 〈Pl. -〉 [인쇄] 포인트(활자 크기의 단위: 0.376mm): Perlschrift hat eine Größe von 5 P. 퍼얼형 활자의 크기는 5포인트이다.(↑in puncto 참조).

punkt-, Punkt- (↑Punkte도 참조): **~auge**, das [동물] (절족동물의) 단안(單眼), 홑눈. **~ball**, der **1.** [권투] 소형 펀칭 볼(대략 테니스 공 크기로 타격의 정확도 연습용). **2.** [당구] 제 2 구(球)(검은 점으로 표시된, 상대방의 흰색 공). **~feuer**, das [군] 집중 포화, 집중 사격. **~förmig** 〈Adj.〉 **1.** (반)점처럼 작은. **2.** 점처럼 배열[분산]된, 점상(點狀)의: -e Ansiedlungen 점상촌(村), 점점이 분산된 정착 단지(斷地)(농가)들. **~gewinn**, der [특히 구기] 승점(勝點): Sieg bedeutet doppelten, Unentschieden einfachen P. 승리하면 승점 2점을 얻고 무승부는 승점 1점을 얻게 된다. **~gleich** 〈Adj.〉 [스포츠] (승점으로) 동점인: -e Mannschaften 승점의 팀들; mit jmdm. ~ gleich P. sein 누구와 승점이 같다. **~gleichheit**, die 승점이 같음: bei P. entscheidet das Torverhältnis 승점이 같을 때에는 골 수가 좌우한다. **~haus**, das [토목] (층계와 승강기를 모든 세대가 공동으로 사용하는) 단일 입구식 고층 아파트. **~karte**, die (전시, 비상시의) 점수식 배급표. **~konto**, das ↑Punktekonto. **~landung**, die [우주] 정밀 착륙. **~lieferant**, der ↑Punktelieferant. **~nachteil**, der [스포츠 · 학교] (유리한 시발점을 조정하기 위한) 감점, 공제(Malus 2). **~niederlage**, die [레슬링 · 권투 따위] 판정패. **~richter**, der (체조 등 점수제 경기에서 채점을 맡은) 심판. **~roller**, der **a)** (표면에 점 모양의 돌출부들이 있는) 맛사지용 고무봉. **b)** 〈통용어 · 농〉 (고무로) 경찰봉(Gummiknüppel). **~schrift**, die ↑Blindenschrift. **~schweißen** 〈V.〉 [부정형 및 과거분사로만] [기술] 점용접하다. **~schweißung**, die 점 용접. **~sieg**, der 판정승(↑~niederlage). **~sieger**, der [레슬링, 권투 따위] 판정승 승자. **~spiel**, das [단체경기] 리그전 경기] 판정승 승자. **~strahler**, der [광학 · 기술] 점광원(點光源), 아크등. **~system**, das **1.** (시험 · 경쟁 따위에서) 득점 또는 감점 방식에 의한 평가. 감점제, 점수제, 승점제. **2.** [인쇄] (활자 크기의) 포인트 방식. **~tabelle**, die [권투] 점수표, 득점[채점]표. **~verhältnis**, das [스포츠] 득점 상황. **~vorsprung**, der 점수[득점]상의 우위.

~vorteil, der [스포츠] 가산점, 보너스(Bonus (2)). **~wertung**, die 점수 평가(제). **~zahl**, die 득점, 점수, 스코어: eine hohe P. erreichen 높은 점수를 얻다.

Punktalglas Ⓦ₂ [puŋkˈtaːl-], das; -es, …gläser [광학] 풍크탈 렌즈, 점상(點像) 렌즈(상의 일그러짐을 방지하는 특수 안경 렌즈). **Punktat** [puŋkˈtaːt], das; -(e)s, -e [의학] 천자(穿刺)로 얻는 체액, 천자액. **Punktation** [puŋktaˈtsjoːn], die; -en 1. [법] 가(잠정)계약, 계약(협약) 초안. 2. [언어] 모음 점법(點法)(헤브라어에서 자음의 상하에 점과 획으로 모음을 표시하는 방법).

Pünktchen ['pyŋktçən], das; -s, - ↑Punkt (1, 2 b).

Punkte- (↑punkt-, Punkt-도 참조). **~fahren**, das; -s [자이동차 경주] 득점 경주, 포인트 레이스. **~kampf**, der ↑Punktspiel. **~konto**, das [스포츠·은어] 점수 대차(貸借), 득점(면수). **~lieferant**, der [단체경기·은어] 1. 득점(한) 선수, 우수 선수. 2. 늘 저쪽 상대편 수만 올려주는 팀, 하위 팀. **~spiel**, das ↑Punktspiel.

punkten [ˈpuŋktn̩] 〈h〉 1. [스포츠] 점수로 평가하다, 점수를 주다: er punktet sehr streng 그는 매우 엄격하게 점수를 매긴다. 2. [특히 권투] 점수를 따다. 3. (무엇에) 점을 찍다: gepunkteter Stoff 물방울 무늬 옷감.

Punktier- (↑Punkt-, Punkt-도 참조). **~kunst**, die 점복술(點卜術)(땅바닥이나 종이에 무심코 그린 점이나 획을 보고 치는 점술(點術)). **~manier**, die 〈Pl. 없음〉 [예술] (동판) 점각법(点刻法)(점묘법). **~maschine**, die [미술] 점각기(點刻機). **~nadel**, die [미술] 천자송(穿刺用) 바늘(침).

punktieren [puŋkˈtiːrən] 〈h〉 [lat. punctare] 1. 점으로 표현하다, (무엇에) 점을 찍다: eine Linie p. 점선을 긋다; 〈자주 과거분사로〉 punktierte Blütenblätter 점을 찍어(점묘법으로) 그린 꽃잎. 2. [음악] a) (음표에) 부점을 찍다: an dieser Stelle muß punktiert werden 이 자리에 부점이 있어야 한다(대개 과거분사로) ein punktiertes Achtel 점 8분음표. b) (오페라 따위의 가장 부분을) 가수의 음역에 맞춰 바꾸다: die Rolle der Carmen wird häufig punktiert 카르멘역은 자주 가수의 음역에 따라 조가 바뀌어 공연된다. 3. [조각] 모델의 정점(定點)들을 보내는 재료에 모사하다, 점각(點刻)하다. 4. [의학] 천자(穿刺)하다: das Rückenmark p. 척수를 천자하다. **Punktierung**, die; -en a) 〈Pl. 없음〉 ↑punktieren (1~3)의 명사형. b) 점으로 표시된 장소(위치). **Punktion** [puŋkˈtsjoːn], die; -en [lat. punctio] [의학] 천자(법)(穿刺法): eine P. vornehmen 천자하다. **pünktlich** [ˈpyŋktlɪç] 〈Adj.〉 1. (약속)시간(기한)을 엄수하는, 정시의, 정확한: für -e Lieferung sorgen 납품 기일이 정확히 지켜지게 하다; der Zug ist heute nicht p. 기차가 오늘은 정각에 오지 않는다; p. aus die Minute 일분도 틀리지 않게; das Konzert beginnt p. um 20 Uhr [um 20 Uhr p.] 연주회는 정각 20시에 시작된다. 2. [고어] 양심적인, 성실한, 올바른. **Pünktlichkeit**, die ↑pünktlich의 명사형: militärische P. 군대식의 정확성[시간 엄수]; mit großer P. 기일을 아주 잘 지켜서, 매우 정확하게; 정규 P. ist die Höflichkeit der Könige 시간을 지키는 것은 군왕의 예의이다(프랑스 국왕 루이 십팔세(1755~1824)의 말에서). **punkto** [ˈpuŋkto] 〈Präp.²〉 [고어] …에 관하여(betreffs): p. gottloser Reden 불경스러운 언사에 관하여; 〈관사·형용사를 동반하지 않은 단수 강변화 명사는 어미 없이〉 P. Geld 금전상의 문제로. **Punktualität** [puŋktualiˈtɛːt], die 〈교양어·고어〉 정확, 엄밀, 엄격(Genauigkeit, Strenge). **punktuell** [puŋkˈtuɛl] 〈Adj.〉 [lat. punctualis.] 개개의, 항목별의. **Punktum!** [ˈpuŋktum; lat. pūnctum] 〈Interj.〉 [다음 성구로] **(und) damit) P.!** 그것으로 끝이다!, 그만둬! [Schluß!, basta!]: du bleibst hier, (und damit) P.! 넌 여기 있어, 말갖 말고! **Punktur** [puŋkˈtuːɐ̯], die; -en [lat. punctūra] [드물

게] ↑Punktion. **punktweise** [ˈpuŋktvaɪzə] 〈Adj.〉 개개의, 세목(항목, 요점)별의, 상세한.

Punsch [punʃ], der; -(e)s, -e (또한) Pünsche [ˈpynʃə; engl. punch] 펀치(럼주 또는 아락(Arrak), 설탕, 레몬즙, 물(차), 향료 따위로 만드는 혼합 음료): er bestellte drei P. 그는 펀치 세 잔을 주문했다.

Punsch-: **~essenz**, die; **~extrakt**, der (물만 타면 펀치가 되는) 펀치 엑스, 농축 펀치. **~glas**, das 〈Pl. -gläser〉 펀치 잔. **~schüssel**, die 펀치 단지, 펀치 볼. **~terrine**, die ↑~schüssel.

punta d'arco [ˈpunta ˈdarko] [ital.] [음악] (바이올린 연주법) 활 끝으로.

Punze [ˈpuntsə], die; -n [ital. punzone] 1. 각인기, 타인기(打印器) (금속, 가죽, 동판의 각인 또는 타출 세공용 공구). 2. 特히 österr., schweiz.〉 (귀금속의 순도, 세공인, 산지 따위를 표시하는) 각인, 압인(押印). 3. 〈속어〉 질(膣) (Vagina). **Punzarbeit**, die 〈전문어〉 타각(打刻) 세공(품). **punzen** [ˈpuntsn̩] 〈h〉 1. 타인(각인)하다. 2. (귀금속 순도 따위를 표시하는) 각인(검인)을 찍다. **Punzen**, der; -s, - [드물게] ↑Punze. **Punzenhammer**, **Punzhammer**, der 타각 망치, 타인기(Punze)용 망치. **Punzenmanier**, die 〈Pl. 없음〉 ↑Punktiermanier. **punzieren** [punˈtsiːrən] 〈h〉 ↑punzen.

Pup [puːp], der; -(e)s, -e, Pups [puːps], der; -es, -e, Pupser [ˈpuːpsɐ], der; -s, - 〈의성어·유아〉 Furz.

Pupe [ˈpuːpə], der; -n, -n / die; -n 1. 〈경·멸〉 동성애자(Homosexueller). 2. 〈특히 berlin.〉 상한 (쉰)맥주.

pupen [ˈpuːpn̩], **pupsen** [ˈpuːpsn̩] 〈h〉 〈친근〉 큰 소리로 방귀 뀌다.

Pupenbier, das; -(e)s (berlin.) ↑Pup (2). **Pupenjunge**, der; -n, -n 〈경·멸〉 ↑Strichjunge. **pupig** [ˈpuːpɪç] 〈Adj.〉 〈지역적〉 보잘것없는.

pupillar [pupɪˈlaːɐ̯] 〈Adj.〉 [의학] 동공(瞳孔)의. **Pupille** [puˈpɪlə], die; -n [lat. pūpilla] 동공(瞳孔): die -n weiten [verengen] sich 동공이 넓어지다(좁아지다); eine P. hinschmeißen 〈통용어〉 주의(주시)하다, 관찰하다; **eine P. riskieren** 흠쳐보다(↑Auge 1 참조); **sich³ die P. [die -n] verstauchen** 〈통용어·농〉 알아보기 힘든 것을 읽으려고 애쓰다, 눈 빠지게 들여다보다. **Pupillenerweiterung**, die 동공 산대(散大)(확대). **Pupillenverengung**, die 동공 축소.

pupinisieren [pupiniˈziːrən] 〈h〉 [전화] (전화선에) 장하(裝荷) 코일을 삽입하다, 장하하다: eine Überlandleitung p. 장거리 전화선을 장하하다. **Pupinisierung**, die; -en ↑pupinisieren의 명사형. **Pupinspule** [puˈpiːn-], die; -n [전기·전화] 장하(裝荷) 코일.

pupipar [pupiˈpaːɐ̯] 〈Adj.〉 [lat. pupa] [동물] (곤충의 애벌레가) 태어난 즉시 번데기가 되는.

Püppchen [ˈpypçən], das; -s, - ↑Puppe (1 a, 2).

Puppe [ˈpupə], die; -n [lat. pŭp(p)a] 1. a) 〈축소형: ↑Püppchen 참조〉 (장난감) 인형: mit -n spielen 인형을 가지고 놀다; [전의] sie sieht aus wie eine P. 그 여자는 인형이다 (예쁘지만 무표정하다). b) (인형극의) 인형, 꼭두각시, 피뢰(Marionette): -n schnitzen 인형(꼭두각시)을 깎아 만들다; die -n führen (인형극에서) 인형(꼭두각시)을 조종하다; [전의] eine willenlose P. in der Hand der Mächtigen 지배자들의 손아귀에 잡혀 있으면서 의지가 없는 허수아비; **die -n tanzen lassen** 1) 꼭두각시들을 마음대로 부리다, 아랫사람에게 가차없이 영향력을 행사하다. 2) 흥청거리다, 즐겁게 떠들어대다. c) ↑Kleiderpuppe: neue P. für das Schaufenster anschaffen 진열창에 놓을 마네킹들을 새로 구입하다. 2. 〈축소형: ↑Püppchen 참조〉 〈경〉 처녀, 아가씨, 애인: hör mal, P.! 이봐요, 아가씨!; er ging mit seiner P. spazieren

그는 자기 애인과 산책했다. **3.** 【동물】 번데기: die Raupe wird zur P. 애벌레가 자라 번데기가 된다. **4.** 《지역적》 ↑ ¹Hocke (1): -n aufstellen (보릿단 따위의) 낟가리를 쌓다. **5. bis in die -n** 《통용어; 원래 berlin.》한없이 오래(sehr lange): bis in die -n schlafen 굉장히 오래 자다.
puppen 〈h〉 《지역적》 인형을 가지고 놀다.
puppen-, Puppen-: **~bett,** das 《장난감》 인형 침대. **~bühne,** die ↑~theater. **~doktor,** der 《통용어》 인형 수선공. **~film,** der 인형극 (만화)영화. **~geschirr,** das 인형놀이 그릇. **~gesicht,** das 인형 같은 얼굴, (예쁘지만 무표정한) 인형 같은 얼굴. **~haus,** das **a)** 《장난감》 인형의 집. **b)** 《농》 장난감 같은 집, 아주 작은 집. **~herd,** der 인형놀이 (가스[전기])레인지. **~hülle,** die 【동물】 번데기 껍질. **~kind,** das 《통용어》 아기(인형놀이에서 아이의 아기가 되는 인형). **~kleid,** das 인형 옷. **~klinik,** die 인형 병원[수선집] (↑~doktor). **~kokon,** der 【동물】 번데기 껍질, 고치. **~kopf,** der 인형의 머리. **~küche,** die **a)** 《장난감》 인형의 집 부엌. **b)** 《장난감》 같은 부엌, 아주 작은 부엌. **~lustig** 〈Adj.〉 《지역적》 매우 즐거운[재미있는]. **~möbel,** das 《장난감》 인형의 집 가구. **~mutter,** die 《통용어》 인형 엄마(인형놀이에서 아이의 어머니인 아이). **~räuber,** der 【동물】 (번데기를 먹이로 하는) 딱정벌레의 일종. **~ruhe,** die 【동물】 (곤충 번데기의) 휴면기. **~spiel,** das **b)** ↑~theater. der **P.** betreiben 인형극장을 운영하다. **c)** 인형극 작품. **~spielen,** das; -s **1.** 인형놀이. **2.** 인형극[꼭두각시놀음] 연회. **~spieler,** der 《꼭두각시놀음》 인형자. **~stube,** die 《장난감》 인형의 방. **~theater,** das 인형극장. **~wagen,** der 《장난감》 인형(을 싣는) 유모차. **~wiege,** die 【동물】 (애벌레가 만드는) 번데기 구멍. **~wohnung,** die 《농》 인형의 집(실내).
puppenhaft 〈Adj.〉 인형 같은: ein -es Gesicht 인형 같은 얼굴.
puppern ['pʊpɐn] 〈h〉 《의성어 · 지역적》 (특히 심장이) 쿵쿵거리다, 떨리다, 고동치다.
puppig ['pʊpɪç] 〈Adj.〉 (↑ **Puppe** (1 a)) 《통용어》 인형 같은, 귀여운, 곰상한: das sieht p. aus. 그것은 보기에 예쁘다.
Pups: ↑Pup. **pupsen** ↑pupen **Pupser** ↑Pup.
pur [puːɐ] 〈Adj.〉 [lat. pūrus] **a)** 깨끗한, 순수한, 꾸밈없는, 철두철미한: -es Gold 순금; [전의] das ist die -e Wahrheit 그것이 있는 그대로의 사실이다. **b)** 《어미없이 명사와 추지시켜》 (대개 술 종류가) 혼합[희석]하지 않은: Whisky p. 물을 타지 않은 위스키, 스트레이트 위스키; den Rum p. trinken 럼을 희석하지 않은 채 마시다. **c)** 《통용어》 순전한, 전적인: ein p. er Zufall 순전한 우연; sie taten es aus -em Neid 그들은 단순히 시기심에서 이 짓을 했다.
Püree [py'reː], das; -s, -s [frz. purée] 【요리】 퓌레(감자, 껍질콩, 야채, 고기 따위를 이겨 만든 죽): ein P. aus Erbsen kochen 완두콩 퓌레를 만들다; Äpfel zu P. verarbeiten 사과를 갈아 퓌레로 만들다. **Purgans** ['pʊrgans], das; -, ...nzien [...'gantsjən] / ...ntia [...'gantsɪa] 《대개 Pl.》 [lat. pūrgāns pūrgāre] 【의학】 (중간 정도 효력의) 하제(下劑)(Abführmittel). **Purgation** ...ga'tsjoːn], die; -en [lat. pūrgātiō] 〈고어〉 **1.** 【의학】 (하제에 의한) 변통(便通), 정화(작용). **2.** 【법】 혐의(嫌疑) 소멸, 무죄 인정. **purgativ** [...'tiːf] [lat. pūrgātīvus] 〈Adj.〉 【의학】 설사를 일으키는, 변통(便通)의, 정화시키는. **Purgativum** [...'tiːvʊm], das; -s, ...va 【의학】 (강성의) 하제(下劑). **Purgatorium** [...'toːrɪʊm], das; -s [lat. purgatorium] 《아어 · 교양어》 Fegefeuer: Dantes Schilderung des -s 단테의 연옥

(煉獄) 묘사. **purgieren** [...'giːrən] 〈h〉 [lat. pūrgāre] **1.** 《교양어 · 준고어》 정화하다, (무엇의 불순물, 이물을) 제거하다: die purgierte Fassung eines Textes 어떤 글의 외설 또는 불온하다고 생각되는 부분을 정리한 정화본 [수정본]. **2.** 【의학】 변통(便通)하게 하다, 하제를 복용하다: der Patient muß vor der Untersuchung p. 환자는 이 진찰에 앞서 우선 변통을 해야 한다. **Purgierkreuzdorn,** der 갈매나무과(열매가 하제로 쓰임). **Purgiermittel,** das 【의학】 하제(下劑). **pürieren** [py'riːrən] 〈h〉 【요리】 **a)** (무엇을 퓌레(Püree)로 만들다: Kartoffeln p. 감자(를 이겨) 퓌레를 만들다. **b)** 퓌레를 만들다. **Purifikation** (purifika'tsjoːn], die; -en [lat. pūrificātiō] 【가】 (미사에서 영성체 다음에 행하는) 성배(聖杯)의 세정(洗淨). **purifizieren** [...fi'tsiːrən] 〈h〉 [lat. pūrificāre] 《교양어》 정화하다, 깨끗이 하다.
Purim [puˈriːm, (또한) 'puːrɪm], das; -s [hebr. pûrîm] 퓌림절(節) (유태인의 연례 축제; Haman이 시도한 유태인 학살을 피하게 된 것(구약, 에스더서 9장)을 기념함.
Purin [puˈriːn], das; -s, -e 《대개 Pl.》 [lat. purinum] 【화학】 푸린. **Purismus** [puˈrɪsmʊs, auch 'puːrʊs] **1.** 【언어】 (특히 외국어를 배척하는) 국어 정화 운동, 언어 순수주의. **2.** 【예술】 순수주의, 순수파. **Purist** [puˈrɪst], der; -en, -en [frz. puriste] 〈국어〉 정화론자, 순수주의자. **puristisch** 〈Adj.〉 〈언어〉 정화론의, 순수주의의. **Puritaner** [puriˈtaːnɐ], der; -s, - [engl. puritan] **a)** 청교도, 퓨리턴. **b)** 《조롱》 청교도적인 사람, 엄격한 도덕주의자. **puritanisch** 〈Adj.〉 **a)** 청교도의, 청교도적인: die -e Revolution in England (17세기) 영국의 청교도 혁명. **b)** 《조롱》 (도덕적으로) 엄격한, 엄정한, 근엄한: eine -e alte Jungfer 청교도적인 노처녀. **c)** (생활 방식이) 간소한, 금욕적인: eine -e Einrichtung 극도로 간소한 시설. **Puritanismus** [...taˈnɪsmʊs], der; - [engl. puritanism] (16~17세기 영국의) 청교(도)주의, 퓨리터니즘, 엄정주의.
Purität [puriˈtɛːt], die 《교양어 · 고어》 (도덕적) 순결, 품행 방정.
Purpur ['pʊrpʊr], der; -s [lat. purpura < griech. porphýra] **1. a)** 자색, 보라색, 심홍색: Samt mit P. färben 우단을 보라색으로 물들이다. **b)** (다소 강한 푸른 빛이 섞인) 심홍색소: der Maler verwendete einen feierlichen P. 화가는 장중한 심홍색을 사용했다. **2.** 자색 천, 자포(紫袍), (왕의) 자색옷: der P. war ihm von den Schultern gefallen 자의가 그의 어깨에서 떨어졌다; den P. tragen 《아어》 추기경[제왕]이다.
purpur-, Purpur-: **~bekleidet** 〈Adj.〉 자의를 입은. **~farben, ~farbig** 〈Adj.〉 자색의, 보라색(빛)의, 심홍색의. **~mantel,** der (왕의) 자포, 자의. **~rot** 〈Adj.〉 심홍색의, 보라빛의, 자색의. **~röte,** die 《시어》 심홍색, 보라빛, 자색. **~schnecke,** der 【동물】 바다에 사는 가시 껍데기를 가진 조개류(그 점액이 햇빛에 심홍색을 띠므로).
purpurn ['pʊrpʊrn] 〈Adj.〉자색의, 심홍색의, 보랏빛의: ein -es Gewand 보라색의 옷, 자의(紫衣).
purr [pʊr] 〈Interj.〉 brr!
¹purren ['pʊrən] ↑burren.
²purren [-] 〈h〉 [niederd. purren] **1.** (nordd.) **a)** 뾰족한 물로 쑤시다, 쑤시다. **b)** 놀리다, 우롱하다. **2.** 【선원】 (근무교대를 위해) 깨우다.
Purser ['pɜːsɐ], der; -s, - **a)** (선박의) 출납원. **b)** (비행기의) 급사장(給仕長).
purulent [puruˈlɛnt] 〈Adj.〉 [lat. pūrulentus] 【의학】 화농성의, 곪은.
Purzel ['pʊrts(ə)l], der; -s, - [↑ purzeln] 《친근》 (귀엽고 재미있는) 아이, (꼬마)녀석. **Pürzel** ['pʏrts(ə)l], der; -s, - 【사냥】 ↑Bürzel (2). **Purzelbaum,** der; -(e)s, -

bäume 《통용어》 재주넘기, 공중제비: einen P. machen 재주를 넘다. **purzeln** ⟨s⟩ 《친근》 **a)** (엎어지며, 비틀거리며) 떨어지다, 곤두박히다, 쿵 넘어지다: die Kinder purzeln in den Schnee 어린애들이 눈 속에 곤두박혔다; 전의 die Preise purzeln 물가가 뚝 떨어졌다. **b)** 굴러떨어지다, 굴러내려오다: zwei Tränen purzelten aus deinen Augen 눈물 두 방울이 너의 눈에서 굴러떨어졌다.

Puschel ['pʊʃl], **Püschel** ['pʏʃl], der; -s, - / die; -n [↑Büschel] 《지역적》 **1.** (장식의) 술: eine Wolldecke mit -n 술이 달린 모포. **2.** 고착 관념, 취미, 도락(道樂).

püscheln ['pʏʃln] ⟨h⟩ 《nordostd.》 가볍게 닦아내다, 살짝 털어내다: sie püschelte mir die Schuppen vom Kragen 그 여자는 내 옷깃에서 아주 큰 비듬을 가볍게 털어냈다.

¹puschen ['pʊʃn] ⟨h⟩ 《의성어·지역적·친근》 (특히 소녀가) (소리나게 요강에) 오줌누다.

²puschen [-] ⟨h⟩ [↑pushen] 《교양어》 촉진시키다, 분발시키다: jmds. Leistungsfähigkeit p. 누구의 능력을 고무시키다.

Puschen ['pʊːʃn, 'pʊʃn], der; -s, - 《nordd.》 ↑Babusche.

Push [pʊʃ], der; -(e)s, -es [...ɪs, ...ɪz; engl. push] **1.** (운어) 선두에 의한 지나친 장려(촉진). **2.** [골프] 오른손 또는 왼손으로 치기(이때 공이 오른쪽 또는 왼쪽으로 너무 멀리감). **Pushball**, der; -s [engl.-amerik. pushball] [스포츠] 푸시볼(미국의 구기도 아주 큰 공을 선이나 문으로 밀어넣는 경기). **pushen** ['pʊʃn] ⟨h⟩ [engl. push] **1.** (운어) 지나친 선전에 의해 구매자의 주의를 끌다. **2.** [골프] 오른쪽 또는 왼쪽으로 너무 멀리 가는 공을 치다. **3.** (운어) 마약을 밀매하다, 마약 장사를 하다. **Pusher** ['pʊʃɐ], der; -s, - [engl.-amerik. pusher] 마약 밀매꾼, 마약 상인.

Pusselarbeit ['pʊs-], die; -en 힘드는 일, 까다로운 일: diese Näherei ist wirklich eine P. 이 바느질은 정말 힘드는 일이다. **Pusselchen** ['pʊsl̩çən], das; -s, - 《친근》 안아 주고 싶을 정도로 귀엽게 생긴 여아(女兒). **Pusselei** [pʊsəˈlaɪ], die; -en **a)** (Pl. 없음) 안달, 하찮은 일에 줄곧 마음을 씀: deine P. geht mir auf die Nerven 너의 안달은 내신경을 거스른다. **b)** ↑Pusselarbeit. **pusselig, pußlig** ['pʊs(ə)lɪç] ⟨Adj.⟩ **1.** 인내와 정확성과 숙련을 요구하는, 까다로운. **2.** 옹졸한, 세세한, 까다로운. **Pusselkram** ['pʊsl̩-] ⟨h⟩ ↑Pusselarbeit. **pusseln** ['pʊsl̩n] ⟨h⟩ 《통용어》 하찮은 일에 몹시 마음을 쓰다, 잔손질을 하다: ich pussele [puβle] gern 나는 잔 손질하기를 좋아한다. **pußlig**: ↑pusselig.

Puβta ['pʊsta], die; ...ten [ung. puszta] (헝가리의) 대초원, 목장지, 방목지.

Puste ['puːstə], die; [↑pusten] **1.** 《경》 숨, 호흡: ich bin ganz aus der P. 나는 완전히 숨이 차 있다; jmdm. geht die P. aus 누구에게 자력이 다하다, 누가 경제적으로 빼어나다. **2.** (운어) 권총, 피스톨: wirf die P. weg! 권총을 버려!

Puste-: ~**blume**, die (아동) 꽃이 진 민들레(둥근 모습으로 씨만 붙어 있는). ~**kuchen**, der [다음 용법으로:] **(ja) P.!** 《통용어》 아니야, 그렇지 않아. ~**rohr**, das (아동) (장난감) 꼬마총(Blasrohr).

Pustel ['pʊstl], die; -n [lat. pustula] [의학] 농진(膿疹), 농포(膿疱), 작은 종양.

pusten ['puːstn̩] ⟨h⟩ 《통용어》 **1. a)** (입으로 바람을) 불다: ins Feuer p. 불을 불다; er pustete in die Trompete 그는 트럼펫[나팔]을 불었다; zur Kühlung in die Suppe p. 식히기 위해 수프에 불다. **b)** (무엇에서) 불어 날리다[제거하다], (무엇 안으로) 불어 넣다: Krümel vom Tisch p. 빵 부스러기를 식탁에서 불어 날리다; puste mir nicht den Rauch in die Augen! 내 눈에 연기를 불어넣지 말아라!; 전의 jmdm. ein Loch in den Schädel p. (경) 누구의 머리에 총을 쏘다. **c)** (바람이) 세차게 불다: der Wind pustet mir ins Gesicht 바람이 내 얼굴에 세차게 분다; (비인칭) es pustet draußen ganz schön 밖에는 바람이 아주 세차게 불고 있다. **2.** 헐떡이다: er pustet vom schnellen Lauf 그는 빨리 달려서 숨을 헐떡인다. **3.** (무선 은어) (전화·전신을) 보내다, 발송신하다.

pustulös [pʊstuˈløːs] ⟨Adj.⟩ [lat. pūstula] [의학] **a)** 농진[농포]의, 농진[농포]성의. **b)** 농포를 수반하는.

putativ [puˈtaːtiːf] ⟨Adj.⟩ [lat. putāre] [법] 오상(誤想)의, 추정(상)의, 억측의: der Polizist hat in -er Notwehr geschossen 경찰관이 오상 방어로 총을 쏘았다. **Putativehe**, die [독어 가톨릭 교회법] 오상 혼인[결혼]. **Putativnotwehr**, die [법] 오상 방위(정당 방위의 조건이 있다고 잘못 생각한 방어 행위).

Pute ['puːtə], die; -n [Niederd., ↑put] **1.** 칠면조(암컷) (특히 구이로서): eine P. braten 칠면조를 굽다. **2.** (팸) (어리석고 교만스럽게 보이는 여자; (욕) du dumme P.! 이 멍청한 계집! **Puter**, der; -s, - 칠면조(수컷) (특히 구이로서): vor Zorn wurde er rot wie ein P. 분노로 그는 칠면조의 부풀어 오른 볏처럼 붉어졌다. **puterrot** ⟨Adj.⟩ (얼굴이) 새빨간(특히 분노, 수치 때문에). **put, put!** ['pʊt'pʊt] ⟨Interj.⟩ 구구 구구(닭 따위를 부르는 소리). **Putput** [pʊt'pʊt], das; -s, -(s) **1.** "구구 구구"(닭 따위를 부르는 소리). **2.** (아동) 닭.

Putrefaktion [putrefak'tsi̯oːn], die; -en [aus lat. putrefactioz], **Putreszenz** [putrɛsˈtsɛnts], die; -en [lat. putrēscere] [의학] 부패, 사멸. **putreszieren** [...ˈtsiːrən] ⟨s⟩ [의학] 부패하다, 썩어 없어지다. **putrid** [puˈtriːt] ⟨Adj.⟩ [의학] **a)** 부패한, 악취가 나는. **b)** 부패에 기인한.

Putsch [pʊtʃ], der; -(e)s, -e [schweiz. bütsch] **1.** (정치적, 군사적) 전복(행위), 쿠데타: ein mißglückter P. 실패한 모반; einen P. anzetteln 모반을 꾸미다; der Diktator ist durch einen P. an die Macht gekommen 그 독재자는 반란에 의해 정권을 잡았다. **2.** 《schweiz.》 찌름, 때림, 타격: jmdm. einen P. (mit der Faust) versetzen 누구를 (주먹으로) 때리다. **putschen** ⟨h⟩ 모반 [혁명]을 일으키다: eine Gruppe von Offizieren hat geputscht 장교들의 한 집단이 쿠데타를 일으켰다.

pütscherig ['pʏtʃərɪç] ⟨Adj.⟩ 《nordd.》 사소한 일에 지나치게 꼼꼼한; 양심적인(성실한) 체하는.

pütschern ['pʏtʃɐn] ⟨h⟩ 《niederd. Pütscher》 《nordd.》 사소한 일에 지나치게 꼼꼼하게 일하다.

Putschist [pʊˈtʃɪst], der; -en, -en 모반자, 쿠데타의 주동자: wir haben den Rundfunksender in ihre Gewalt gebracht 쿠데타모반자들이 방송국을 장악했다. **Putschplan**, der; -(e)s, -pläne 반란[쿠데타] 모의. **Putschversuch**, der; -(e)s, -e 반란[쿠데타] 음모.

Putt [pʊt], der; -(s), -s [engl. putt] [골프] 그린(홀 주위의 평탄한 잔디)으로 공을 가볍게 치기.

Pütt [pʏt], der; -(e)s, -e / -s [lat. puteus] 《rhein., westfäl.·광》 광산, 수갱(豎坑), 탄갱(炭坑): auf dem P. sein 광산에서 일하고 있다.

Puttchen ['pʊtçən], das; -s, - [↑Putte] 《친근》 (귀엽고 연약한) 여자(특히 어린 소녀): ein sentimentales P. 감상적인 소녀. **Putte** ['pʊtə], die; -n, **Putto** ['pʊto], der; -s, ...tti /...tten [ital. putto] [예술] (특히 바로크나 로코코양식의 날개달린) 벌거벗은 동자상(童子像); ein Rokokoschlößchen mit Putten auf dem Dach 지붕 위에 동자상들이 있는 로코코식 작은 성.

putten ['pʊtn̩] ⟨h⟩ [골프] 그린 위에서 공을 가볍게 치다.

Putten: ↑Putte의 복수형.

Putter ['pʊtɐ], der; -s, - [골프] 1. (그린에서 공을 치기 위한) 골프채. 2. (그린에서) 공을 치는 사람.
Putti: ↑Putto의 복수형. **Putto**: ↑Putto.
Putz [pʊts], der; -es [↑putzen] 1. (벽에 바르는) 칠, 회칠, 벽회, 모르타르: der P. bröckelte von den Wänden 칠이 벽에서 부스러져 떨어졌다; auf den P. hauen 《통용어》 1) 자랑하다, 허풍치다, 과장하다. 2) 오만하게 (제멋대로) 굴다; 기분을 내며 많은 돈을 쓰다(원래는 벽회가 부스러져 떨어지도록 벽을 친다는 뜻에서 유래함). 2. 《고어》 a) (장식이 있는) 좋은 옷, 나들이 옷. b) (의복의) 장식, 장식(물): sie hatte sehr viel P. auf dem Hut 그 여자는 모자에 아주 많은 장식물을 달았다. 3. 《통용어》 격렬한 논쟁, 말다툼: P. machen 《통용어》 1) 싸움(시비)을 시작하다. 2) 법석을 떨다, 매우 흥분하다.
Pütz [pʏts], die; -en [niederl. puts] [선원] 작은 (물)통, 바께쓰.
putz-, Pütz-: ~**fimmel**, der ⟨Pl. 없음⟩ 《통용어· 폄》 화장에 대한 열정: einen P. haben 화장하는 데에 넋이 빠져 있다. ~**frau**, die 청소(소제)부(婦). P.: gesucht 청소부(婦) 구함. ~**hilfe**, die ↑~frau. ~**kasten**, der (지역적) 청소 용구 보관함. ~**kolonne**, die 건물 청소 작업반. ~**lappen**, der 걸레, 마른 걸레. ~**lappengeschwader**, das ⟨농⟩ ↑~kolonne. ~**leder**, das ↑Fensterleder. ~**lumpen**, der ⟨지역적⟩ ↑~lappen. ~**macherin**, [-maxərɪn] die ↑Hutmacherin. ~**mittel**, das ↑Reinigungsmittel. ~**mörtel**, der [토건] 벽칠 모르타르. ~**munter** ⟨Adj.⟩ 《통용어》 아주 쾌활한, 최고 컨디션의. ~**sucht**, die ⟨Pl. 없음⟩ 《폄》 (옷) 치장 벽(癖), 치장을 지나치게 좋아함. ~**süchtig** ⟨Adj.⟩ ↑~sucht의 형용사형. ~**tag**, der 《통용어》 (대)청소일. ~**teufel**, der 《폄》 a) 지나치게 닦는 사람(대개 여자). b) 청소벽(癖): vom P. besessen sein 지나치게 닦는 성벽이 있다. ~**tick**, der ⟨Pl. 없음⟩ ↑~fimmel. ~**träger**, der [토건] 칠을 받는 바탕. ~**tuch**, das ⟨Pl. -tücher⟩ 닦는(문지르는) 걸레. ~**waren** ⟨Pl.⟩ 《준고어》 장식품, 치장품. ~**wolle**, die 기계를 닦는 실뭉치. ~**wut**, die ↑~fimmel. ~**zeug**, das ⟨Pl. 없음⟩ 닦는 도구, 청소도구.
Putze, die; -n 《통용어》 청소부(婦)(putzfrau).
Pütze ['pʏtsə], die; -n ↑Pütz.
putzen ['pʊtsn̩] ⟨h⟩ 1. a) (마른 걸레, 솔 따위로) 문질러 닦다: Schuhe p. 구두를 문질러 닦다; 《통용어》 er hat den Teller blank geputzt 그는 접시의 음식을 말끔히 다 먹었다. b) 닦다, 손질하다: ich muß mir die Nase p. 나는 코를 닦아야 한다; hast du dir die Zähne geputzt? 너는 이를 닦았느냐?; ein Pferd p. 말을 손질하다; die Katze putzt sich 고양이가 자신의 몸을 깨끗이 핥는다. c) (야채 따위를) 다듬다, 손질하다: Spinat p. 시금치를 다듬다. d) 자르다: eine Kerze p. 양초의 심지를 자르다. e) (rhein., südd., schweiz.) 청소하다, 소제하다, 깨끗하게 치우다(정돈하다): die Küche p. 부엌을 청소하다(깨끗하게 하다); sie geht p. 그녀는 청소부로 일한다; ich muß noch p. 나는 아직 청소해야 한다. f) 《österr.》 드라이크리닝하다: den Anzug p. lassen 양복을 드라이크리닝하게 하다. 2. a) 《준고어》 치장하다, 꾸미다: den Christbaum festlich p. 크리스마스트리를 화려하게 장식하다. b) 어떤 것에 장식이 되다, 치레가 되다. 3. 《옛 스포츠 은어》 ~ ↑Putzer, der; -s, - 1. 《통용어》 a) (무엇을) 닦는 사람, 청소하는 사람(예컨대: Schuhputzer 구두닦이). b) ↑Stukkateur, Gipser. c) 닦는 도구, 청소 도구. 2 [군·고어》 장교 사환병. **Putzerei** [pʊtsəˈraɪ], die; -en 1. 《통용어·폄》 a) ⟨Pl. 없음⟩ 지긋지긋한 청소. b) 청소(행위), 닦는 일: ich habe keine Lust zu diesen täglichen -en 나는 이런 매일 같은 청소에는 질렸다. 2. 《österr.》 세탁소. **Putzete** ['pʊtsətə], die; -n (südd., schweiz.) 대청소, 집안 청소.
putzig ['pʊtsɪç] ⟨Adj.⟩ [↑¹Butz] 《통용어》 a) (작은 몸집이 귀여워서) 깜찍한, 즐겁게 하는: -e Tiere 재미나게 하는 동물들. b) 기이한, 기묘한, 익살스러운, 우스꽝스런. **putzigerweise** ⟨Adv.⟩ 기이(기묘)하게도, 우습게도.
puzzeln ['pazl̩n, 'pasln] ⟨h⟩ 퍼즐을 짜맞추다. **Puzzle** ['pazl̩, 'pasl̩], das; -s, -s [engl. puzzle] (작은 조각들을 짜맞추어 그림을 완성하는 놀이). **Puzzler** ['pazlɐ, 'paslɐ], der; -s, - 퍼즐을 짜맞추는 사람. **Puzzlespiel**, das 퍼즐놀이.
Puzzolan [pʊtsoˈlaːn], das; -s, -e [ital. puzzolana] a) 이탈리아산 화산 응회암(凝灰岩). b) 물 속에서도 굳게 하는 시멘트 응집제.
PVC [peːfauˈtseː], das; -(s) [Polyvinylchlorid의 약어] 폴리염화비닐.
Pyelitis [pyeˈliːtɪs], die; ...itiden [...iːdn̩; griech. pýelos] [의학] 신우염(腎盂炎). **Pyelogramm** [pyeloˈgram], das; -s, -e [의학] 신장(특히 신우)의 뢴트겐 사진. **Pyelographie** [...graˈfiː], die; -n [...iːən] [의학] 신장(특히 신우)의 뢴트겐 사진술.
Pygmäe [pyˈgmɛːə], der; -n, -n [griech. Pygmaíos] Homer의 Ilias에 나오는 전설적 민족》 난쟁이, 피그미족. **pygmäenhaft** ⟨Adj.⟩ 난쟁이 같은. **pygmäisch** ⟨Adj.⟩ a) 피그미족의. b) 왜소한, 아주 작은.
Pyjama [pyˈdʒaːma, pyˈʒaːma, 《österr.》 piˈdʒaːma, piˈʒaːma, 《드물게》 pyˈjaːma, piˈjaːma, der /《österr.》, schweiz.》 das; -s, -s [engl. pyjama < Hindi pāejāma] 잠옷, 파자마. **Pyjamahose**, die 잠옷 바지. **Pyjamajacke**, die 잠옷 상의.
Pykniker ['pʏknikɐ], der; -s, - [griech. pyknós] [의학·인류] 힘세고 땅딸막한 비만형(型)의 사람. **pyknisch** ⟨Adj.⟩ ['pʏknɪʃ] ⟨Adj.⟩ [의학·인류] 땅딸막하고 살찐. **Pyknometer** [pʏknoˈmeːtɐ], das; -s, - [물리] (액체) 비중계, 밀도계.
Pylon [pyˈloːn], der; -en, -en, **Pylone**, die; -, -n [griech. pylṓn] 1. 이집트 사원(寺院)의 탑문(塔門). 2. 줄다리의 탑문, 교탑(橋塔). 3. (도로 차단에 사용하는) 원추형 표지. 4. (비행장의) 지시탑. **Pylonbrücke**, die 탑문다리(橋).
Pylorus [pyˈloːrʊs], der; -, ...ren [griech. pylōrós] [해부] 유문(幽門).
[pyoˈgeːn] ⟨Adj.⟩ [griech. pýon] [의학] 화농성(化膿性)의. **pyorrhö, pyorrhöe** [pyɔˈrøː], die; -n [griech. pyon] [의학] 농루(膿漏).
pyramidal [pyramiˈdaːl] ⟨Adj.⟩ [lat. pyramidālis] 1. 피라미드 모양의, 첨탑(형)의. 2. 《통용어·준고어》 거대한, 굉장한, 웅대한, 엄청 큰. **Pyramide** [pyraˈmiːdə], die; -n [lat. pýramis ⟨2격: pýramidis⟩ < griech. pyramís] 1. [수학] 각추(角錐), 모뿔. 2. 피라미드(특히 고대 이집트 왕의 무덤); 금자탑, 첨탑 (尖塔). 3. 피라미드 모양의 것: die Gewehre in -n setzen [군] 피라미드 모양으로 총을 세우다. 4. [의학] 추체(錐體).
pyramiden-, Pyramiden-: ~**bahn**, die [해부·생리] 추체로(錐體路). ~**förmig** ⟨Adj.⟩ [금자탑, 첨탑] 모양의, 각추상(角錐狀)의. ~**stumpf**, der [기하] 각추대, 각뿔대.
Pyranometer [pyranoˈmeːtɐ], das; -s, - [griech. pȳr (↑Pyrit); ánó = oben] [기상·천문] 수평면 일사계.
Pyrenäen [pyreˈnɛːən] ⟨Pl.⟩ (스페인과 프랑스 사이의) 피레네 산맥. **Pyrenäenhalbinsel**, die 피레네 반도, 이베리아 반도. **pyrenäisch** [pyreˈnɛːɪʃ] ⟨Adj.⟩ 피레네 산맥의.

Pyrethrum ['py:retrʊm], das; -s, ...ra [griech. pýrethron] 1. 《준고어》 국화. 2. 제충국(除蟲菊)의 말린꽃으로 만든 살충제.
Pyretikum [py're:tikʊm], das; -s, ...ka [griech. pyretós] 【의학】 발열제. **Pyrexie** [pyre'ksi:], die; -n 【의학】 발열. **Pyrit** [py'ri:t, py'rɪt], der; -s, -e [lat. pyrítēs < griech. pyrítēs] 【광】 황철광. **Pyrmont** [pyr'mɔnt, '—-; pɪr'mɔnt] ↑ Bad Pyrmont. **pyro-**, **Pyro-** [pyro-; griech. pỹr (2격: pyrós)] 《"불(火)…, 열(熱)…"을 뜻하는 복합어의 규정어로서, 예컨대》 pyrophor, Pyrometer. **Pyrolyse**, die; -n 【화학】 열분해. **pyrolytisch** [...'ly:tɪʃ] 〈Adj.〉 【화학】 열분해의. **Pyromane** [...'ma:nə], der; -n, -n 【의학·심리】 방화벽(放火癖)에 걸린 사람. **Pyromanie**, die 【의학·심리】 방화벽, 방화광(狂). **Pyromanin**, die; -nen ↑ Pyromane의 여성형. **Pyrometer**, das; -s, - 【기술】 고온계. **pyrophor** [...'fo:ɐ] 〈Adj.〉 【화학】 공기 중에서 보통 온도에 스스로 발화하는.
Pyrophor [-], der; -s, -e 【화학】 발화물, 발화합금(라이터 돌 따위). **Pyrotechnik**, die ↑ Feuerwerkerei. **Pyrotechniker**, der; -s, - ↑ Feuerwerker (a). **pyrotechnisch** 〈Adj.〉 연화(煙火)(술)의, 꽃불 제조(술)의; 꽃불 같은, 찬연한.

Pyrrhussieg ['pyrʊs-], der; -(e)s, -e [기원전 280/279년에 로마를 공격한 Pyrrhus von Epirus(319-272) 왕의 손실이 큰 승리에 따라] 《교양어》 피러스의 승리, 많은 희생으로 얻은 유명무실한 승리.
Pyrrol [pʏ'roːl], das; -s [griech. pyrrhós = feuerrot u. lat. oleum] 【화학】 피롤(예컨대: Blut-, Gallenfarbstoffe, Blattgrün).
Pythagoreer [pytago're:ɐ], 《österr.》 **Pythagoräer** [...'rɛːɐ], der; -s, - 【철학】 피타고라스학파의 철학자. **pythagoreisch**, 《österr.》 **pythagoräisch** 〈Adj.〉 피타고라스(학설)의: -er Lehrsatz 【기하】 피타고라스 정리.
Pythia ['py:tia], die; ...ien [...jən; 델판의 신관 Pythia의 이름에서] 《교양어》 미래를 점치는 여자. **pythisch** ['py:tɪʃ] 〈Adj.〉 《교양어》 신탁(神託) 같은(orakelhaft), 모호한, 분명치 않는, 풀기 힘든: -e Worte 모호한 말.
Python ['py:tɔn], der; -s, -s / -en [py'to:nan]; Apollo가 죽인 뱀 Pytho] 거대한 뱀, (열대산의) 이무기. **Pythonschlange**, die ↑ Python.
Pyxis ['pyksɪs], die; ...iden [pʏ'ksiːdn̩] / ...ides [...'pʏksideːs]; lat. pyxis < griech. pyxís] ↑ Hostienbehälter.

Q

q, Q [kuː; ↑ a, A], das; -, - [lat. qu] **1.** 독일 알파벳의 제17자; 자음의 하나: ein kleines q schreiben 소문자 q 를 쓰다. **2.** 《구둣독》 최고 품질에 대한 표시.
q = Quintal, 《österr.》 Meterzentner.
Q, Ǭ = ²Quetzal.
qcm: ↑ cm². **qdm**: ↑ dm² 참조.
q.e.d. = quod erat demostrandum 이상 증명필.
Q-Fieber ['kuː-], das; -s [의학] Q 열(熱), 유행성 감기류의 증세를 가진, 대개는 양성(良性)의 전염병.
Qindar ['kındar], der; -(s), -ka [...'darka; (alban.)] 알 바니아의 화폐 단위(100 Qindarka = 1 Lek; 약어: q).
qua [kva; lat. quaː] 《교양어》 **I.** 〈Präp., 대개 격변화 없는 명사와 함께〉 **a)** 《또한》 Präp.² ···에 의하여: etwas qua Entscheidungsbefugnis festsetzen 무엇을 결정권에 의해 확정하다. **b)** ···에 따라서, ···에 응하여. **II.** 〈방법의 Konj.〉 ···으로서, ···의 자격으로: q. Beamter 공무원 (관리)의 자격으로.
Quabbe ['kvabə], die; -n [niederd. quabbe] 《nordd.》무른 덩어리; 비계[지방] 덩어리; 아교질 물체(Gallert), 젤리. **quabbelig**: ↑ quabblig. **quabbeln** ['kvabḷn] 〈h〉 《nordd.》 물렁물렁한 덩어리로 이리저리 움직이다, 흐늘흐늘하다, 어른거리다. **quabbig** ['kvabɪç] 〈Adj.〉 《지역적》 ↑ quabblig. **quabblig**, quabbelig ['kvab(ə)-lɪç] 〈Adj.〉 《nordd.》 무른, 물렁물렁한, 흐늘흐늘한, 걸쭉한, 질퍽질퍽한; 살찐, 뚱뚱한; 부드러운, 축 처진: -e Froschlaich 물컹물컹한 개구리 알; -e Quallen 흐늘흐늘한 해파리.
quack! [kvak] 〈Interj.〉 《통용어》 시시한[실없는] 소리!
Quackelei [kvakə'laɪ], die; -en 《지역적》 수다, 요설.
Quackeler, Quackler ['kvak(ə)lɐ], der; -s, - 《지역적》 수다쟁이, 요설가; 불평가, 잔소리꾼; 우유부단한 사람. **quackeln** ['kvakḷn] 〈h〉 《nordd.》 수다 떨다, 잔소리하다; 투덜거리다; 망설이다, 주저하다; 회갈겨 쓰다; 돈을 허비하다; 인색하다. **Quackler**: ↑ Quackeler.
Quacksalber ['kvakzalbɐ], der; -s, - [niederl. kwakzalver] 《멸》 돌팔이 의사, 무면허 의사. **Quacksalberei** [kvakzalbə'raɪ], die; -en 《멸》 돌팔이 의사 행위, 엉터리 치료. **quacksalberisch** 〈Adj.〉 《멸》 돌팔이 의사식의, 엉터리 치료의. **quacksalbern** ['kvakzalbɐn] 〈h〉 《멸》 엉터리 치료[진단]을 하다.
Quaddel ['kvadl̩], die; -n 〈알레르기의, 특히 곤충에 쏘여〉 피부에 가렵게 부풀어 오른 것, 소수포(小水疱), 발반(發斑), 구반(丘斑).
Quader ['kvaːdɐ], der; -s, - / 《드물게》 die; -n / 《österr.》 der; -s, -n [lat. quadrus] **a)** 네모돌, (네모진) 마름돌: ein aus gewaltigen -n erbauter Tempel 거대한 네모돌로 지은 사원. **b)** [기하] 직육면체: der Holzklotz ist ein Q. 그 통나무는 직6면체이다.
quader-, Quader-: ~**bau**, der 〈Pl. -ten〉 **1.** 〈Pl. 없음〉 네모돌 건축. **2.** 네모돌 건물. ~**bauweise**, die ~bau (1). ~**form**, die 직6면체 모양. ~**förmig** 〈Adj.〉 직6면체꼴의. ~**stein**, der ↑ Quader (a).
Quadragesima [kvadra'geːzima], die [lat. quadragesima] [가] ↑ Fastenzeit (b). **Quadrangel** [kva-'draŋəl], das; -s, - 《고어》 ↑ Viereck. **qua-**

drangulär [kvadraŋgu'lɛːɐ] 〈Adj.〉 [frz. quadrangulaire] 《고어》 4각형의, 네모꼴의. **Quadrant** [kva-'drant], der; -en, -en [lat. quadrans (2격: quadrantis)1. **a)** [기하·지리·천문] 원호(圓弧) 1) [수학] 자오선권, 적도의). **b)** [수학] 4분원(四分圓). **c)** [수학] 원을 4등분한 하나, 상한(象限). **2.** [천문·해양] 사분의 (儀), 상한의(象限儀)(오늘날 더 이상 사용되지 않는 천체 고도 측정기). **Quadrantenelektrometer**, das [전기] 상한 전위계(象限電位計).
Quadrat [kva'draːt], das; -(e)s, -e / -en [lat. quadrātum] **1.** 〈Pl. -e〉 **a)** 정사각형, 네모꼴, 정방형: die Grundfläche des Hauses ist ein Q. 가옥대지는 정사각형이다. **magisches Q.** 〈마〉방진((魔)方陣) 1) [수학] 가로, 세로, 모로 헤아려서 그 합계가 어느 것이나 동수가 되는 배수표(Hexeneinmaleins). 2) 가로, 세로의 개개의 자모가 같은 글자가 되도록 배치한 표. **b)** 4개의 거리에 의해 구획된 4각형의 도심 지역: er wohnt im selben Q. 그는 도시의 같은 구역에 살고 있다. **c)** [수학] 제곱, 자승, 평방: das Q. von drei ist neun 3의 제곱은 9이다; eine Zahl ins Q. erheben 어떤 수를 제곱하다; drei im Q. 3²; **im Q.** [통용어] 유별난 형식의, 특히 드러난: das war Pech[Glück] im Q. 그것은 지독한 불운[엄청난 행운]이었다. **b)** 〈Pl. -e〉 [점성] 유성들간의 90°각도. **3.** 〈Pl. -en〉 [인쇄] 식자용 공목(空木).
Quadrat-: ~**dezimeter**, der 《또는》 das 평방데시미터(약어: dm², 《옛》 qdm). ~**fuß**, der 〈Pl. -fuß〉 평방피트. ~**kilometer**, der 평방킬로미터. ~**latschen** 〈Pl.〉 **1. a)** 《경》 구두. **b)** 《감정》 눈에 띄게 큰 구두. **2.** 《경》 구두를 신고 있는 (크고 넓은) 발. ~**meile**, die 평방마일. ~**meter**, der 《또는》 das 평방미터(약어: m², 《옛》 qm). ~**millimeter**, der 《또는》 das 평방 밀리미터(약어: mm², 《옛》 qmm). ~**schädel**, der 《통용어》 **a)** 네모난 머리. **b)** 《감》 고집불통, 고집쟁이. ~**schnauze**, die [《경》 입(쓸데없는 소리를 지껄이는). ~**wurzel**, die [수학] 평방[제곱]근(根) (기호: √ ̄, ²√ ̄): die Q. aus neun ist drei 9의 제곱근은 3이다. ~**zahl**, die [수학] 평방수, 자승수: 1,4,9,16 sind -en 1,4,9,16은 다 평방수이다. ~**zentimeter**, der 《또는》 das 평방센티미터(약어: cm², 《옛》 qcm). ~**zoll**, der 평방인치.
quadrätelen [kva'drɛːtl̩n] 〈h〉 《인쇄·은어》 《놀이로서》 공목(空木)들을 던지다. **Quadratenkasten**, der; -s, ...kästen [인쇄] 공목(空木) 보관상자. **quadratisch** [kva'draːtɪʃ] 〈Adj.〉 정4각형의, 정방형의: eine -e Tischplatte 정4각형의 탁자판; das Zimmer ist fast q. 그 방은 거의 정방형이다. **b)** [수학] 자승의, 제곱의, 2차의: eine -e Größe 자승치; eine -e Gleichung 2차 방정식. **Quadrato** [kva'draːto], die 타자기의 규정된 활자 크기. **Quadratur** [kvadra'tuːɐ], die; -en **1.** [수학] **a)** 정4각형 만들기(원, 곡선형과 같은 넓이의): die Q. eines Rechtecks ist relativ einfach, die Q. eines Kreises dagegen unmöglich 장방형의 4각형 만들기는 비교적 간단하나 원의 4각형 만들기는 불가능하다; **etw. ist (bedeutet) die Q. des Kreises[Zirkels]** 《교양어》 무엇이 불가능하다, 풀 수 없는 과제이다. **b)** 구적법(求積

法): geometrische Q. 기하학적 구적법. **2.** 〖천문〗(지구에서 봐서 태양과 90°의 각도를 이루는 유성 또는 달의 위치) 구(矩), 구상(矩象); (달의) 현(弦): der Mond steht in (westlicher) Q. (zur Sonne) 달은 (태양과) 서쪽으로 90°각도의 위치에 있다. **3.** 〖건축〗(특히 로마네스크 건축 예술에 사용된) 장방형 구성 형식. **Quadraturmalerei**, die 〖예술〗**a)** 〈Pl. 없음〉원근법으로 그린 벽화와 천장화에 의해 내부를 시각적으로 넓게 하려는 미술. **b)** 위의 작품. **Quadriennale** [kvadriɛ'na:lə], die; -n 〖ital. quadriennale〗 4년마다 열리는 전람회(특히 조형 미술과 영화의). **Quadriennium** [kvadri'ɛnjum], das; -s, …ien […jən; lat. quadriennium] (고어) 4년의 기간. **quadrieren** [kva'dri:rən] 〈h〉 [lat. quadrāre] **1.** 〖수학〗 제곱(자승)하다: eine Zahl q. 어떤 수를 제곱(자승)하다. **2.** 〖예술〗 (평면을) 정4각형으로 나누다, 정방형으로 만들다: eine Wand für ein Fresko q. 벽을 프레스코 그림을 위해 정4각형으로 나누다. **3.** 〖예술〗 (네모꼴로 쌓은 벽의 사이사이를 그럴듯하게 보이도록) 선으로 마름질하다; 〈대개는 과거분사형으로〉 eine quadrierte Wand 마름돌 모양으로 선을 그은 벽. **Quadrierung**, die; -en **1.** 제곱하기. **2.** 제곱한 수. **Quadriga** [kva'dri:ga], die; …gen [lat. quadrīga] (옛 로마의) 말 4필이 끄는 2륜마차. **Quadrille** [ka'drɪljə, 〖또한〗 kva…, 〖österr.〗 ka'drɪl], die; -n [frz. quadrille] **a)** 카드리유(4쌍에 의해 4인조로 마주보고 추는 춤)(3/8 또는 2/4박자). **b)** 카드리유에 맞는 악곡. **Quadrillion** [kvadrɪl'jo:n], die; -en [frz. quadrillion] 백만의 4제곱. **Quadrinom** [kvadri'no:m], das; -s, -e 〖수학〗 4항(四項). **Quadrireme** [kvadri're:mə], die; -n [lat. quadrirēmis] (옛 그리스, 로마의) 4층 노젓는 좌석을 가진 전함(군함). **Quadrivium** [kva'dri:vium], das; -s [lat. quadrivium] 중세대학의 고등 4학(學)(산술, 기하, 천문, 음악)의 총칭. **quadro** ['kvadro] 〈Adj.〉 (은어) ↑quadrophon의 약칭. **Quadro** [-], das; -s (은어) ↑Quadrophonie의 약칭.

Quadro-: **~anlage**, die 4개 확성기로 음을 내는 장치. **~aufnahme**, die 4개 확성기 장치를 위한 녹음. **~effekt**, der 4개 확성기로 내는 음향 효과. **~kassette**, die 4개 확성기로 출력되는 카세트. **~kassettengerät**, das, **~kassettenrecorder**, der 4개 확성기로 트는 카세트 녹음기. **~platte**, die 4개 확성기로 트는 레코드(판). **~plattenspieler**, der 4개 확성기로 트는 레코드 플레이어. **~schallplatte**, die ↑~platte. **~sound**, der 4개 확성기로 내는 음(향). **~technik**, die 4개 확성기로 내는 음향술. **~wiedergabe**, die 4개 확성기로 음을 냄. **quadrophon** 〈Adj.〉 〖음향·방송〗 4개의 확성기로 소리를 내는: eine -e Sendung 4개 확성기로 음을 내는 방송. **Quadrophonie** [-fo'ni:], die 〈Pl. 없음〉 4개 확성기로 음을 냄(방송함). **quadrophonisch** [-'fo:nɪʃ] 〈Adj.〉 〖음향·방송〗 4개 확성기로 음을 내는(방송하는). **Quadrupede** [kvadru'pe:də], der; -n, -n [lat. quadrupes (2격: quadrupedis)] 〖동물·고어〗 네발 짐승, 4지 동물(四肢動物). **¹Quadrupel** [kva'dru:pl], das; -s, - [frz. quadruple] 〖수학〗 일정한 순서로 나열된 4개의 복합수(x_1, x_2, x_3, x_4). **²Quadrupel** [-], der; -s, - [span. cuádruplo] (오늘날 더 이상 통용되지 않는) 스페인 금화. **Quadrupelallianz**, die; -en (역사적) 4국 동맹.

Quaestio ['kvɛ(:)stio], die; -nes [kvɛs'tio:ne:s] ↑Quästion. **Quaestio facti** [- 'fakti], die; -nes - [kvɛs'tio:ne:s -] 〖법〗 사실상의 쟁점, 사실의 유무에 관한 문제. **Quaestio juris** [- 'ju:rɪs], die; -nes - [kvɛs'tio:ne:s -] 〖법〗 법률상의 문제, (주로) 법률 적용상의 문제. **Quagga** ['kvaga], das; -s, -s [afrikan.] 얼룩말 종류의 야생마(오늘날 종류 멸종되었음).

Quai [ke:, 〖또한〗 kɛ:], der 〖또는〗 das; -s, -s [frz. quai] 〖schweiz.〗 **a)** ↑Kai. **b)** 물가(강가, 바닷가) 도로.

quak! 〈Interj.〉 **1.** [kva:k] 〖의성어〗 개굴개굴(개구리의 우는 소리). **2.** [kva(:)k] 〖의성어〗 꽥꽥(오리 따위의 우는 소리). **Quäke** ['kvɛ:ka], die; -n [zu ↑quäken] 〖사냥〗 ↑Hasenquäke. **Quakelchen** ['kva:k|çən], das; -s, - (친근·농) 어린아이: euer Q. könnt ihr doch mitbringen 너희들은 어린아이를 데리고 올 수 있어. **quakeln** ['kva:kln] 〈h〉 (nordd.) **a)** (폄) 너무(과도하게) 많이 말하다(지껄이다). **b)** (일반적) 말하다, 얘기하다: ich möchte noch etwas mit ihm q. 나는 아직 그와 좀 얘기하고 싶다. **quaken** ['kva:kn] 〈h〉 **a)** (개구리, 오리 따위가) 꽥꽥 울다: auf der Terrasse quakte ein Kofferradio 테라스에서 휴대용 라디오가 빽빽 시그럽게 소리를 냈다. **b)** (폄) (시그럽게) 말하다, 떠들어 대다: Kinder, hört bitte auf mit dem Q.! 얘들아, 그만 떠들어! **quäken** ['kvɛ:kn] 〈h〉 (폄) **a)** (불쾌하게) 찌지는(날카로운) 소리가 나다: drinnen quäkte ein Grammophon 안에서 전축 소리가 시그럽게 났다; aus dem Hörer quäkte eine Stimme 수화기에서 찌지는 목소리가 있다. **b)** (어린아이가 불만의 표현으로) 칭얼거리다, 껭낑 울다: das kranke Kind quäkt den ganzen Tag 이 환 아이가 온종일 칭얼거려댔다. **Quäkente**, die; -n 〖아동〗 오리. **Quäker** ['kvɛ:kɐ], der; -s, - [engl. Quaker] 퀘이커 교도(17세기 중엽 영국의 George Fox가 창시한 기독교의 일파). **Quäkerhut**, der (초기 퀘이커 교도들이 썼던) 약간 휘고 넓은 차양이 달린 편편하고 둥근 펠트 모자. **Quäkerin**, die; -nen ↑Quäker의 여성형. **quäkerisch** 〈Adj.〉 **a)** 퀘이커의: die -e Lehre 퀘이커교의 교리. **b)** 퀘이커 교도식(풍)의: -e Anspruchslosigkeit 퀘이커 교도식의 겸허. **Quäkertum**, das; -s **a)** ↑Quäkerei: die Entstehung des -s 퀘이커교의 발생 경위. **b)** 퀘이커 교도의 신분: dieses Verhalten erklärt sich aus seinem Q. 이러한 태도는 그가 퀘이커 교도인 것으로 설명한다.

Quakfrosch, der; -(e)s, -frösche 〖아동〗 개구리. **quäkig** ['kvɛ:kɪç] 〈Adj.〉 〖폄〗 빽빽 하는 소리의: eine -e Stimme 빽빽 하는 목소리. **Qual** [kva:l], die; -en **a)** 〈Pl. 없음〉 고통: die Prüfung war eine Q. 시험은 고통이었다; die lange Krankheit war für ihn eine (einzige) Q. 지병은 그에게 (유일한) 고통이었다; **die Q. der Wahl** 〖농〗 똑같이 갖고 싶은 여러 개의 물건 중에서 하나를 고르는 어려움: die Q. der Wahl haben 선택의 어려움에 직면하고 있다. **b)** 〈대개 Pl.〉 지속적이고 견디기 힘든 아픔, 고통, 괴로움, 고민, 번민, 고뇌, 가책, 상심, 근심, 우수: unsagbare -en 말할 수 없는 괴로움; die -en des Gewissens 양심의 가책; jmdm. -en(Q.) bereiten[zufügen] 누구에게 아픔(고통)을 주다(끼치다); jmds. -en(Q.) lindern[mildern] 누구의 고통을 덜어주다. **quälen** ['kvɛ:lən] 〈h〉 **1. a)** 괴롭히다, 학대하다: jmdn. [ein Tier] (grausam) q. 누구 [동물]를 (잔인하게) 괴롭히다; sie quälten ihr Opfer unmenschlich 그들은 그들의 희생물을 비인간적으로 학대했다. **b)** (정신적) 고통을 주다: nur um sie zu q., versetzt er sie in Angst und Unruhe 단지 그 여자를 괴롭히기 위해서 그는 그 여자를 불안에 빠뜨린다. **2. a)** 성가시게 굴다, 귀찮게 하다: das Kind quälte die Mutter so lange, bis sie es schließlich erlaubte 아이는 허락을 받을 때까지 어머니를 들볶았다. **b)** 불쾌감을 주다, 애를 먹이다: ihn quält seit Tagen ein hartnäckiger Husten 며칠 전부터 그는 집요한 기침에 시달리고 있다. **c)** 불안하게 하다: ihn quälte der Gedanke an seine Schuld 죄책감이 그를 불안하게 했다. **3.** 〈q. + sich〉 **a)** 괴로워하다, 고통스러워하다, 고민하다: in den letzten Tagen vor seinem Tod mußte er sich sehr q. 그는 죽기 전 며칠 동안 괴로워해야 했다. **b)** 고생하다, 애쓰다: sich mit der Hausarbeit q. 숙제로 고생하다. **4. a)** 〈q. + sich〉 애쓰며 나아가다: mühsam quälten wir uns durch den hohen Schnee [über den Berg] 간신히 우리는 애를 써서 높이 쌓인 눈을 헤쳐 나갔다 [산을 넘었다]. **b)** (무리하게) 주어진 곳에 가져가다, 주어진 곳에서 데려오다: er quälte den defekten Wagen noch bis zur nächsten Werkstatt 그는 고장난 차를 가까운 정비 공장까지 무리하게 끌고 갔다; 전의 ein gequältes Lächeln 억지 미소. **5.** (사진·은어) (노출이 불충분한 인화지를) 보통보다 오래 현상기에 놓아두고 손 따위로 문질러 명암을 고치다. **Quäler**, der; -s, - 고통을 주는 [괴롭히는] 사람. **Quälerei** [kvɛːləˈraj], die; -en **1.** 괴롭히기, 학대: hör auf mit der Q., laß das Tier laufen! 괴롭히는 것을 그만두고 그 짐승을 가게 해라! **2.** 성가시게 굴기, 들볶음: seine dauernde Q. geht mir auf die Nerven 그의 계속적인 들볶음은 내 신경을 건드린다. **3.** (Pl. 없음) **a)** 괴로움, 고통, 고뇌, 가책: das Leben ist für das kranke Tier nur noch eine Q. 산다는 것이 그 병든 짐승에겐 단지 고통일 뿐이다. **b)** (통용어·감정) 힘드는 일, 고역: das Treppensteigen ist [für den alten Mann] eine Q. 층계를 오르는 것은 (노인에게) 고역이다. **quälerisch** 〈Adj.〉 (아이) 고통스러운, 괴로운, 괴롭히는, 귀찮은, 성가신. **Quälgeist**, der; -(e)s, -er (친근) 귀찮게 구는 사람(특히 아이).

Qualifikation [kvalifikaˈtsjoːn], die; -en [frz. qualification] **1.** ↑ Qualifizierung. **2. a)** (교육, 경험에 의해 얻은) 능력, 자격, 권한: seine Q. steht außer Frage 그의 능력은 의심할 여지가 없다. **b)** 자격 조건, 자격증: einzige erforderliche Q. ist das Abitur 유일한 필수 자격 조건은 고등 학교 졸업 시험이다. **3.** (스포츠) **a)** 경기 참가 권한, 참가 자격. **b)** 참가 자격 경기: die Q. gewinnen 참가 자격 경기에 이기다.

Qualifikations-: ~**kampf**, der [스포츠] 자격 획득 경쟁, 예선. ~**lauf**, der [스포츠] 자격 획득 경주. ~**niveau**, das (구동독) 자격 [능력] 수준. ~**rennen**, das [스포츠] 자격 획득 경주. ~**runde**, die [스포츠] 더 높은 경기조에 참가할 자격을 얻는 경기조(組). ~**spiel**, das [스포츠] 자격 획득 경기: ein Q. zur [für die] Weltmeisterschaft 세계 선수권전에 참가하는 자격 획득 경기. ~**stand**, der ↑ ~niveau.

qualifizieren [kvalifiˈtsiːrən] 〈h〉 [lat. qualificare] **1.** 〈q. + sich〉 **a)** 자격 [권한]을 얻다: sich als Wissenschaftler q. 학자의 자격을 얻다. **b)** [스포츠] 참가 자격을 (싸워서) 얻다, 예선을 통과하다: die Mannschaft hat sich für die Weltmeisterschaft qualifiziert 그 선수단은 세계 선수권전에 참가 자격을 획득했다. **2. a)** (구동독) (더 높은) 자격을 얻도록 훈련하다 [교육하다, 연습하다]. **b)** 자격을 주다, 자격 [권한] 을 부여 [증명] 하다: seine Berufserfahrung qualifiziert ihn für diesen Posten 그의 직업 경험으로 그는 이 직책에 적격이다. **c)** 《교양어》 규정하다, 확정적인 것으로 분류해 내다, (법률관계의 성질을) 결정하다: die Polizei qualifizierte die Tat als einfachen Diebstahl 경찰은 이 범행을 단순한 절도로 판정한다. **qualifiziert 1.** ↑ qualifizieren 참조. **2.** 〈Adj.〉 (특별한 능력 [자격]을 요하는, 적임의: ein -er Posten 자격을 요하는 직책. **b)** 《교양어》 전문 지식이 있는, 적합한: er hat sich dazu sehr q. geäußert 그는 그 점에 대해 매우 적합하게 말했다. **c)** (전문어) 실질적인, 결정적인: -e Mitbestimmung 결정적 동조, 실질적 참여권; -e Straftat [법] 정상 가중죄 (불리한 정상(情狀)을 수반하는 범죄). **Qualifizierung**, die; -en **1.** 자격 [권한] 획득. **2.** (구동독) **a)** 더 높은 자격을 얻는 훈련 (교육). **b)** 자격 획득. **3.** 《교양어》 규정, 단정: die Q.

dieser Tat als Mord 이 범행의 살인 행위로의 규정. **Qualifizierungs-**: ~**lehrgang**, der (직업적·전문적) 자격 취득 교육 과정. ~**maßnahme**, die 자격 취득 조치. ~**möglichkeit**, die 자격 취득 가능성: keine -en haben 자격 취득의 가능성이 없다.

Qualität [kvaliˈtɛːt], die; -en [lat. quālitās] **1. a)** 《교양어》 (사물, 사람의) 질, 성질, 소질. **b)** [언어] 음질, 음색 (반대: Quantität): offenes und geschlossenes o sind Laute verschiedener -en 개음 o와 폐음 o는 서로 다른 음질의 소리들이다. **c)** [섬유] (일정한 성질의) 재료: eine strapazierfähige Q. 많이 이용할 수 있는 재료. **2. a)** 《교양어》 (사물, 사람의) 특성, 특질, 속성, 자질: die auffallendste Q. des Bleis ist sein hohes Gewicht 납의 가장 현저한 속성은 무게가 많이 나간다는 것이다. **b)** (대개 Pl.) (사물, 사람의) 양질, 우수성, 재능: ich schätze ihn besonders wegen seiner verborgenen -en für Q. 나는 특히 그의 숨은 우수성 때문에 평가한다. **3. a)** 품질: Waren guter Q. 좋은 품질의 상품; der Name des Herstellers bürgt für Q. 생산자의 이름이 품질이 좋은 것을 보증한다. **b)** 질이 좋은, 일정한 질을 갖춘 것: er kauft nur Q. 그는 질이 좋은 상품만을 산다. **4.** [체스] (체스 놀이에서) 탑이 비숍프나 말보다 더 높은 가치: die Q. gewinnen (체스 놀이에서) 비숍프나 말보다 희생하여 상대방의 탑을 잡는다. **qualitativ** [...taˈtiːf] 〈Adj.〉 《교양어》 성질(상)의, 음질의 질적인: quantitative Veränderungen schlagen an einem gewissen Punkt in -e um 양적 변화는 일정한 시점에서 질적 변화로 바뀐다. **b)** 양질의. **Qualitativ** [-], das; -s, -e [...iv] (드물게 언어) ↑ Adjektiv.

qualitäts-, Qualitäts-: ~**arbeit**, die ↑ Wertarbeit. ~**bezeichnung**, die 상품의 등급 표시. ~**erzeugnis**, das 고급 품질의 생산물, 우량품. ~**garantie**, die (상품의) 품질 보증. ~**klasse**, die ↑ Güteklasse. ~**kontrolle**, die (상품의) 품질 검사. ~**merkmal**, das 상품 품질의 특징. ~**minderung**, die ↑ ~verminderung. ~**norm**, die 상품 품질의 규준 (규격, 표준). ~**prüfung**, die ↑ ~kontrolle. ~**siegel**, das ↑ Gütezeichen. ~**steigerung**, die 품질의 높힘 [향상]. ~**stufe**, die 품질의 도(度). ~**umschlag**, der 질의 변동. ~**unterschied**, der 품질의 차이. ~**untersuchung**, die ↑ ~kontrolle. ~**verbesserung**, die 품질 개선 [개량]. ~**verminderung**, die 품질의 저하. ~**ware**, die ↑ ~erzeugnis. ~**wein**, der (독일의 포도주 법규에 따라) 일정 등급 이상의 포도주 (수확기, 품질, 투명, 색깔, 염색, 맛 등의 일정 등급 조건들을 충족시키는). ~**wettbewerb**, der **a)** 《구동독》 (가능한 한 우량 상품을 생산하려는) 품질 경쟁. **b)** [경제] (경쟁 적수가 자기 생산품의 품질을 개선하여 경쟁에 이기려고 하는) 품질 경쟁.

Quall [kval], der; -(e)s, -e (고어) 솰솰 솟아나오는 물, 분수(噴水), 용천(湧泉). **Qualle** [ˈkvalə], die; -n 해파리(Meduse). **quallig** [ˈkvalɪç] 〈Adj.〉 해파리 같은, 교질(膠質)의, 아교 모양의. **Qualm** [kvalm], der; -(e)s [niederd. qual(le)m] **1.** (불쾌감을 주는) 뭉게뭉게 피어 오르는 짙은 연기: schwarzer Q. 자욱한 검은 연기; **bei jmdm.[irgendwo] ist Q. in der Küche [Bude]** (통용어) 누구의 집에는 [어떤 곳에는] 집안 싸움이 있다 [긴장된 분위기이다]; **(viel) Q. machen** (통용어) 과장해서 말하다, 잘난 체 큰소리치다; **jmdm. Q. vormachen** (통용어) 무엇을 하여 누구를 속이다 [골리다]. **2.** (지역적) (짙은) 증기, 김: aus der Waschküche kam heißer Q. 세탁장에서 뜨거운 김이 나왔다. **qualmen** [ˈkvalmən] 〈h〉 **1.** 자욱하게 연기를 내다: der Ofen qualmt 난로가 뭉게뭉게 연기를 낸다; qualmende Schornsteine 자욱한 연기를 내는 굴뚝; in der Küche qualmt es 부엌에서 자욱한 연기가 난다; **es**

qualmt 〈통용어〉 싸움[소동]이 벌어지다. **2.** 《통용어·펌》**a)** 심히[지나치게] 담배 연기를 내뿜다: er qualmt den ganzen Tag 그는 온종일 심히 담배 연기를 내뿜는다. **b)** 〈일반적〉 담배 피우다: eine (Zigarette) q. 〈궐련〉 담배를 피우다. **qualmig** ['kvalmɪç] 〈Adj.〉 연기가 자욱한(가득 찬, 뽀얗게 김이 낀[서린]. **Qualmwolke**, die; -n 연기 구름: dicke -n 짙은 연기 구름.

Qualster ['kvalstɐ], der; -s, - [niederd. qualster] (nordd., 속어·펌) 가래, 담(痰). **qualsterig:** ↑ qualstrig. **qualstern** ['kvalstɐn] 〈h〉 (nordd., 속어·펌) 가래(담)를 뱉다. **qualstrig, qualsterig** ['kvalst(ə)rɪç] 〈Adj.〉 (nordd., 속어·펌) **a)** 가래(담) 같은, 끈적끈적한. **b)** 가래(담)이 가득 찬, 가래(담)로 더럽혀진.

qualvoll 〈Adj.〉 **a)** 고통에 찬, 고통이 큰: ein -er Tod 고통에 찬 죽음; elend und q. zugrunde gehen 비참하고 고통스럽게 몰락하다. **b)** 〈걱정, 불안 따위로 인해〉 고뇌에 찬, 괴로운, 번민이 많은, 답답한: er verbrachte -e Stunden an ihrem Krankenbett 그는 그녀의 병상 옆에서 괴로운 시간을 보냈다.

Quandel ['kvandl], der; -s, - 〈전문어〉 숯 굽는 가마의 중앙에 있는 아궁이[화실(火室)].

Quant [kvant], das; -s, -en [lat. quantum] 【물리】양자(量子). **quanteln** ['kvantln] 〈h〉 【물리】**1.** 양자 생물학. (특히 에네르기 양)을 양자(量子)로 나누다, 양자화하다. **2.** (이론에서) 양자의 존재에 입각한 물리적 조건을 끌어들이다. **3.** 고전 물리학의 기술 방법에서 양자론의 기술 방법으로 이행하다. **Quantelung**, die; -en 【물리】↑quanteln의 명사형. **¹Qnanten**: ↑Quant, Quantum의 복수형.

²Quanten ['kvantn̩] 〈Pl.〉 〈경·펌〉 (모양 없는 큰) 발(足).

quanten-, Quanten- 〈Quant〉: **~biologie**, die 양자 생물학. **~chemie**, die 양자 화학. **~mechanik**, die 【물리】 양자 역학. **~mechanisch** 〈Adj.〉 【물리】 양자 역학의. **~physik**, die 양자 물리학. **~physikalisch** 〈Adj.〉 양자 물리학의. **~sprung**, der 〈일반〉 양자 상태의 감작스런 천이(遷移). **~theorie**, die 【물리】 양자론. **~theoretisch** 〈Adj.〉 양자론의. **~zustand**, der 【물리】 양자 상태.

Quantifikation [kvantifika'tsjo:n], die; -en **1.** 〈교양어〉 정량화, 수량화. **2.** 【논리】 양화(量化) (빈사, 명제의 논리량을 정함). **quantifizierbar** [...'tsi:ɐba:ɐ] 〈Adj.〉 〈교양어〉 수량을 정(제시)할 수 있는. **quantifizieren** [...fi'tsi:rən] 〈h〉 [lat. quantificare] 〈교양어〉 양(수 단위)으로 나타내다; 양(수, 빈도수, 정도)을 정하다[제시하다, 재다, 표시하다]. **Quantifizierung**, die; -en **1.** 〈교양어〉 ↑quantifizieren의 명사형. **2.** ↑Quantifikation (2). **quantisieren** [...ti'zi:rən] 〈h〉 **1.** 〈전문어〉 고전 물리학적 기술에서 양자론적 기술로 이행하다, 진폭 영역을 더 작은 부분 영역으로 세분하다. **2.** ↑quanteln (1, 2). **Quantisierung**, die; -en **1.** 【물리】 〈전문어〉 고전 물리학적 기술에서 양자론적 기술로 이행, 양자화. **2.** 연속적으로 진행하는 신호의 진폭 영역을 유한수의 더 작은 부분 영역으로 세분. **3.** ↑Quantelung. **Quantität** [...'tɛːt], die; -en [lat. quantitās] 〈교양어〉 **1. a)** 〈Pl. 없음〉 양(量), 수(數), 정도: es kommt weniger auf die Q. als vielmehr auf die Qualität an 양보다는 질이 중요하다. **b)** 일정량, 분량, 복용량, 액수: eine kleine Q. Nikotin 적은 분량의 니코틴. **2. a)** 【언어】 음량(반대: Qualität): die a in Faß und Fraß haben verschiedene -en Faß [fas]와 Fraß [fra:s]에서 a는 음량이 서로 다르다. **b)** 〈운율〉 (한 음절의) 길이[장단]. **quantitativ** [...taˈtiːf] 〈Adj.〉 〈교양어〉 양의, 양적인, 분량(상)의, 정량의: -e Analysen 정량 분석; q. sind sie uns überlegen 양적으로 그들은 우리를 능가하고 있다.

Quantitätstheorie, die; -n 【경제】 〈화폐〉 수량설.
Quantité négligeable [kātiteneglɪˈʒabl], die [frz.] 〈교양어〉 근소하거나 중요치 않아 무시할 수 있는 것[양·수], 하찮은 일, 사소한 것. **quantitieren** [kvanti'ti:rən] 〈h〉 〈교양어〉 단어의 음절을 그것의 (강약에 따라서 아니라) 장단(길이)에 따라 정하다[재다]. **Quantor** ['kvantor, 〈또한〉...to:ɐ̯], der; -s, -en [...'to:rən] 【논리】 (진술을 결정하는) 논리적 한정사, 양(量) 기호(예컨대: "für kein", "für alle"). **Quantum** ['kvantum], das; -s, Quanten [lat. quantum] 일정량, 할당량, 적정량 액수: ich brauche mein tägliches Q. Kaffee 나는 매일 일정량의 커피를 필요로 한다; er hat sein volles Q. bekommen 그는 그의 완전한 몫을 받았다; 〈전의〉 ein Q. Humor gehört dazu 거기에는 얼마간의 유머가 필요하다.

Quappe ['kvapə], die; -n [niederd. quappe] **1.** 모캐 (담수어) = eine 대구의 일종)(Aalquappe). **2.** 올챙이.

Quarantäne [karan'tɛːnə, 〈österr.〉 kva...], die; -n [frz. quarantaine, 전염병 혐의가 있는 승객이 타고 있는 배를 40일간 항구에 격리시켜 놓은 옛 습관에 따라] (전염병 예방을 위한) 격리, 정선(停船) 기간: über ein Schiff Q. verhängen 어떤 배에 검역 (격리) 기간을 선포하다; die Q. aufheben 검역 격리 기간을 해제하다; jmdn. unter (eine vierwöchige) Q. stellen 누구를 (4주간) 격리시키다. **~flagge**, die 【해양】 검역 (신호)기(旗). **~lager**, das ↑~station. **~station**, die 검역소, 검역 대상 수용소.

Quargel ['kvargl̩], der / das; -s, - 〈österr.〉 산유(酸乳)로 만든 냄새가 심히 나는 치즈. **¹Quark** [kvark], der; -s **1.** 응유(凝乳), 흰 치즈: vollfetter Q. 지방이 많은 흰 치즈. **2.** 〈통용어·펌〉 잡동사니, 하찮은 것, 엉터리없는 일, 진창: so ein Q.! 저런 엉터리없는 것!; red nicht solchen Q.! 그런 시시한 소리하지 마라!; seine Nase in jeden Q. stecken 상관없는 일에 호기심을 가지다; sich über jeden Q. aufregen 대수롭지 않은 일에 흥분하다; **einen Q.** 〈통용어〉 전혀 ...하지 않다: das geht dich einen Q. an 그건 너와 전혀 상관없는 일이다; das interessiert mich einen Q. 나는 그것에 전혀 흥미가 없다.

²Quark [kwɔːk], das; -s, -s [engl.-amerik. quark; 1964년 미국 물리학자 M. Gell-Mann이 소설가 James Joyce (1882–1941)의 소설 "Finnegan's Wake」에 나오는 도깨비 같은 존재의 이름에 따라 붙임] 【물리】 가설적 소립자[素粒子](쿼크).

Quark- 〈¹Quark〉: **~auflauf**, der 구워서 부풀린 흰 치즈 음식. **~brot**, das 흰 치즈를 바른 빵. **~käulchen**, das (ostmd.) ↑Käulchen. **~kuchen**, der ↑Käsekuchen. **~speise**, die 흰 치즈와 여러 다른 원료로 만든 후식(디저트). **~tasche**, die 〈Pl.〉 〈속어〉 여자의 가슴. **~torte**, die ↑~kuchen.

quarkig ['kvarkɪç] 〈Adj.〉 응유(흰 치즈) 모양의, 쓸데없는.

Quarre ['kvarə], die; -n (nordd. · 펌) **a)** 빽빽 울어대는 아이. **b)** 잔소리 심한(바가지 긁는) 여자. **quarren** ['kvarən] 〈h〉 [niederd. quarren] **1.** (nordd. · 펌) 빽빽거리며 울다, 우는 소리를 하다. **2. a)** (개구리, 새 따위가) 쉰 시끄러운 소리를 내다: die Elster quarrt 까치가 시끄럽게 운다. **b)** 〈사냥〉 ↑quorren. **quarrig** ['kvarɪç] 〈Adj.〉 (nordd. · 펌) **a)** 빽빽 우는 경향이 있는. **b)** 빽빽 우는, 징징 우는.

¹Quart [kvart], die; -en **1.** 【음악】 ↑Quarte. **2.** 【펜싱】 앞으로 향한 칼 끝이 펜싱 선수로부터 볼 때 왼쪽 위를 가리키는 검의 위치. **²Quart** [-], das; -s, -e [lat. quārta (pars)] **1.** 독일의 옛 용량 단위(0.24~1.1ℓ).

⟨Pl. 없음⟩ 【출판】 4절판(의 종이[책]): ein Buch in Q. 4절판의 책(기호: 4°). **³Quart** [kvɔːt], das; -s, -s [engl. quart] **a)** 영국의 용량 단위(1.136ℓ) (기호: qt). **b)** 미국의 용량 단위(액체 0.946ℓ) (기호: liq qt). **c)** 미국의 용량 단위(건조 물질) 1.101dm³) (기호: dry qt).

Quart- (²Quart 2) 【출판】 ~**band,** der ⟨Pl. -bände⟩ 4절판의 책. ~**blatt,** das 4절판의 종이. ~**bogen,** der 4절판 인쇄 전지(全紙) (기호: 4°). ~**format,** das 4절판(의 형(型)): ein Buch im[in] Q. 4절판의 책. ~**heft,** das 4절판의 공책. ~**seite,** die 4절판의 쪽[페이지].

Quarta ['kvarta], die; …ten [lat. quarta (classis)] **a)** 《준고어》 김나지움[인문계 고등학교]의 제 3 학급. **b)** ⟨오스트리아에서⟩ 김나지움[인문계 고등학교]의 제 4 학급. **Quartal** [kvar'taːl], das; -s, -e (달력의) 4분의 1년(예컨대: 4월~6월), 4분기, 3개월: das letzte[vierte] Q. beginnt mit dem ersten Oktober 마지막[네 번째]의 4분의 1년은 10월 1일에 시작한다.

Quartal(s)-: ~**abschluß,** der 【경제·상】 3개월 마다의 결산, 4분기 결산. ~**ende,** das 4분의 1년의 끝, 4분기의 말. ~**plan,** der 〈구동독〉 (공장 생산의 1년 계획중) 4분기 계획. ~**saufen,** das; ⟨의학 은어⟩ 주기적인 무절제한 음주. ~**säufer,** der ⟨통용어⟩ ↑Dipsomane. ~**weise** ⟨Adv.⟩ ⟨드물게⟩ 3개월마다, 4분기마다: die Miete q. bezahlen 집세[임대료]를 3개월마다 지불하다.

Quartana [kvar'taːna], die; …nen [lat. quārtāna] ⟨의학⟩ 매 4일 간격으로 열이 나는 말라리아형 열병, 4일열(四日熱). **Quartanafieber,** das ⟨의학⟩ ↑Quartana.

Quartaner [kvar'taːnɐ], der; -s, - 김나지움[인문계 고등학교]의 제 3 학급[⟨österr.⟩ 제 4 학급]의 학생. **Quartanerin,** die; -nen ↑Quartaner의 여성형. **Quartanfieber,** das; -s ⟨의학⟩ ↑Quartana. **Quartant** [kvar'tant], der; -en, -en ↑Quartband.

quartär [kvar'tɛːɐ̯] ⟨Adj.⟩ **1.** 【지질】 제 4 기층의: -e Gesteinsbildungen 제 4 기층의 암석 형성. **2.** ⟨드물게⟩ 네 번째의, 순서[열]의 네째 자리에 있는, 4 번째의. **3.** 【화학】 **a)** 4차(次)의, 4원의. **b)** (화학 결합에서) (제)4기(基)의. **Quartär** [-], das; -s 【지질】 제 4 기(층). **Quarte** ['kvartə], die; -n [lat. quārta] 【음악】 **a)** 음계의 4 번째 음. **b)** 4도 음정. **Quartel** [kvar'tel], das; -s, - [↑²Quart] ⟨bayr.⟩ 맥주·포도주의 적은 액량 단위. **Quarten**: ↑¹Quart, Quarte, Quarta의 복수형. **Quartenakkord,** der; -(e)s, -e 【음악】 4도 화음. **Quarter** ['kwɔːtə], der; -s, - [engl. quarter] **1.** 영국의 무게 단위(12.7 kg). **2.** 영국의 용량 단위(290.95 dm³). **3.** 미국의 곡량 단위(21.75 kg). **Quarterdeck** ['kvartɐ-], das; -s, -s [engl. quarterdeck] 【해양】 (배의) 후[고물] 갑판. **Quartermeister** ['kvartɐ-], der; -s, - [engl. quartermaster] 【해양】 조타수(操舵手). **Quartett** [kvar'tɛt], das; -(e)s, -e [ital. quartetto] **1.** 【음악】 **a)** 4중주(창)곡. **b)** 4중주(창). **2.** (반어) 4인조: kriminelles Q. hinter Gittern 철창에 갇힌 4인조 범죄단. **3.** 【시학】 소네트의 두 4행연 중의 하나. **4. a)** ⟨Pl. 없음⟩ 완전히 네 짝을 가능한 한 많이 모으는 카드 놀이. **b)** 네 짝을 많이 모으는 놀이를 위한 카드. **c)** 네 짝을 많이 모으는 카드 놀이에서 하나의 네 짝. **Quartier** [kvar'tiːɐ̯], das; -s, -e [frz. quartier] **1.** 숙(박)소, 거처, 하숙, 숙영(宿營): bei den Sportlern im olympischen Dorf 올림픽촌의 선수들 숙소; hast du schon ein Q.? 너 숙소는 정했느냐?; jmdm. Q. geben[gewähren] 누구를 숙박시키다. **Q. machen** 1) ⟨군·준고어⟩ 부대의 숙영을 마련하다. 2) ⟨준고어⟩ 숙소를 마련하다. **Q. nehmen** (아이) 숙박하다; **in Q. liegen** ⟨군·준고어⟩ 숙영[사영(舍營)]하고 있다: die Kompanie lag in einer Schule in Q. 중대는 어느 학교에 숙영하고 있었다. **2.** ⟨schweiz., österr.·준고어⟩ 시구(市區): in einem vornehmen Q. wohnen 도시의 부촌 지역에 살다. **3.** 【원예】 묘포(苗圃)[과수원]의 한 구역. **quartieren** [kvar'tiːrən] ⟨h⟩ **a)** (일정한 곳에) 숙박시키다, 숙영시키다. **b)** ⟨드물게⟩ 숙영하다: wir quartierten in einer Scheune 우리는 광[헛간]에서 숙박했다. **c)** ⟨q. + sich⟩ ⟨드물게⟩ 숙박하다.

Quartier-: ~**macher,** der ⟨군·고어⟩ 설영병(設營兵). ~**meister,** der ⟨군·고어⟩ 참모부 보급 장교. ~**schein,** der 【군】 사영증(권), 숙영 허가 증명서. ~**suche,** die: auf Q. sein[gehen] 숙소를 찾고 있다 [찾으러 가다].

Quartiers- ⟨고어⟩: ~**frau,** die ↑Zimmervermieterin. ~**wirt,** der 숙(박)소의 주인. ~**wirtin,** die ↑~wirt의 여성형.

Quarto ['kvarto], das; - 【출판·고어】 ↑²Quart (2). **Quartole** [kvar'toːlə], die; -n 【음악】 4 연음부(四連音符). **Quartsextakkord,** der; -(e)s, -e 【음악】 4·6도 화음.

Quartz: ↑Quarz의 영어 표기. **Quarz** [kvaːɐ̯ts], der; -es, -e **a)** 【광물】 석영(石英). **b)** ↑Quarzkristall.

quarz-, Quarz-: ~**faden,** der 【기술】↑~faser. ~**faser,** die 【기술】 석영으로 만든 섬유(절연체로서 쓰임). ~**filter,** der/das 【전기】 석영 (결정)으로 만든 여파기(濾波器). ~**gang,** der 【지질】 석영 광맥. ~**gesteuert** ⟨Adj.⟩ 수정(水晶)[석영] 조종[조절](장치)의, 수정 제어의: -e Armbanduhren 수정 손목시계. ~**glas,** das ⟨Pl. 없음⟩ 【기술】 (유유빛으로 투명한) 석영 [수정] 글라스. ~**gut,** das ⟨Pl. 없음⟩ 【기술】 석영(수정) 도자기. ~**haltig,** ⟨österr.⟩ ~**hältig** ⟨Adj.⟩ 석영을 함유한. ~**katzenauge,** das 【광물】 ↑Katzenauge (3). ~**kristall,** der 수정(水晶), 석영 결정. ~**lampe,** die 【기술】 석영등, 자외선을 많은 수은 증기등. ~**porphyr,** der 【지질·광물】 석영 반암(斑岩). ~**steuerung,** die 【전기】 수정 조정[제어] 장치. ~**uhr,** die 수정 (조종) 시계.

quarzen ['kvaːɐ̯tsn̩] ⟨h⟩ ⟨통용어⟩ (심하게) 연기가 나다, 담배를 피우다.

quarzig ['kvaːɐ̯tsɪç] ⟨Adj.⟩ **a)** ↑quarzhaltig. **b)** 석영(질)의, 석영과 같은: -es Gestein 석영질의 암석. **Quarzit** [kvar'tsiːt, …tsɪt], der; -s, -e 【지질·광물】 석영암, 규암(珪岩). **quarzitisch** ⟨Adj.⟩ 【지질·광물】 규산 접합질을 함유한.

Quas [kvaːs], der; -es, -e (지역적) 연회, (특히 성령 강림제의) 주연(酒宴).

Quasar [kva'zaːɐ̯], der; -s, -e [amerik. quasar] 【천문】 준항성체, 준성(準星).

quasen ['kvaːzn̩] ⟨h⟩ [niederd. quāsen] ⟨지역적·준고어⟩ ↑prassen.

quasi ['kvaːzi] ⟨Adv.⟩ [lat. quasi] 말하자면(sozusagen), 거의, …와 같은, 마치, 흡사, 외견상으로는: die beiden sind q. verlobt 두 사람은 말하자면 약혼한 사이다; er kommt (so) q. alle drei Tage 그는 거의 3일의 한 번씩 온다. **¹quasi-, Quasi-**: ("거의, 대략, 가(假), 준(準), 유사, 사이비"의 뜻하는 규정어로서, 예컨대) quasiautomatisch, quasimilitärisch, Quasisynonym.

²quasi-, Quasi-: ~**offiziell** ⟨Adj.⟩ 말하자면(거의, 준(準)] 공식적인. ~**optisch** ⟨Adj.⟩ 【물리】 빛처럼 퍼지는: -e Wellen 빛처럼 퍼지는 파동. ~**quadrophonie,** die 4개 확성기 두 채널의 입체음. ~**religiös** ⟨Adj.⟩ 준(기의), 말하자면 종교적인. ~**souverän** ⟨Adj.⟩ 준 주권의, 거의 절대적인, 거의 자주적인. ~**souveränität,** die 준 주권, 준 절대주권. ~**stellar** ⟨Adj.⟩ 【천문】 별과 같은, 별과 유사한: -e Objekte 별과 유사한 물체.

Quasimodogeniti [kvazimodo'ge:niti] 〈Pl.〉 [lat. quasi modo geniti (infantes)] [신교] 부활절 다음의 첫 일요일, 사백주일(卸白主日).

Quassel- ['kvasl-; ↑ quasseln] 《통용어》: **~bude**, die 《폄》의회, 국회. **~fritze**, der [↑-fritze] 《폄》수다스러운 남자, 수다쟁이. **~kopf**, der 《폄》↑-fritze. **~strippe**, die 1. 《통용어·농》 전화기, 전화기. 2. 《폄》 요설(饒舌)가: sie ist eine furchtbare Q. 그 여자는 대단한(지독한) 요설가이다. **~tante**, die 《폄》수다스러운 여자, 수다쟁이. **~wasser**, das 《통용어·농》↑ Brabbelwasser.

Quasselei [kvasə'laj], die; -en 《통용어·폄》 수다, 요설. **quasseln** ['kvasln] 〈h〉 [niederd. quassen] 《통용어·폄》 쉬지 않고 빨리 말하다, 수다 떨다, 지껄이다: hör auf zu q.! 수다 떨지 말아라!; dummes Zeug q. 어리석은 말을 지껄이다.

Quassie ['kvasiə], die; -n [Surinam의 의사 Graman Quassi(18. Jh.)에 따라] 쿠아시아, (남미산) 소태나무과 (약용) 식물; 여기서 얻은 쓴 액(강장제, 구충제).

Quast [kvast], der; -(e)s, -e 〈축소형: ↑ Quästchen〉 (nordd.) **a)** 넓은 솔, 다방, (화)필. **b)** ↑ Quaste (1 a), **c)** 괴상한 사람(기인], 익살광대. **Quästchen** ['kvɛstçən], das; -s, - ↑ Quast, Quaste. **Quaste** ['kvastə], die; -n 〈축소형: ↑ Quästchen〉 **1. a)** (커튼 따위의 장식용) 술(Troddel): ein Vorhang mit dicken -n 굵은 술이 달린 커튼. **b)** 술 모양의 다발(머리칼 따위의), 우관(羽冠): der Schwanz des Löwen endet in einer dicken Q. 사자의 꼬리는 그 끝이 술같은 다발이다. **2.** 〈nordd.〉 ↑ Quast (a).

Quastenbehang, der 술달린 커튼[장막]. **Quastenflosser** [...flɔsə], der; -s, - 술 모양의 지느러미를 가진 경골류 물고기. **quastenförmig** 〈Adj.〉 술 모양의, 술 같은.

Quästion [kvɛs'tio:n], die; -en [lat. quaestio] [철학] (토론으로 해결된 학문적) 논쟁 문제, 의문, 질문, [논]쟁점, 문제. **Quästor** ['kvɛ(:)stɔr, ...to:ɐ], der; -s, -en [kvɛs'to:rən; lat. quaestor] **1.** (고대 로마의) 재무관[문서 과장]. **2.** [대학] 회계(경리) 과장. **3.** 〈schweiz.〉 (협회의) 회계(출납) 담당자. **Quästur** [kvɛs'tu:ɐ], die; -en **1. a)** 〈Pl. 없음〉 (고대 로마의) 재무직[문서직]. **b)** (고대 로마의) 재무[문서]부(국, 과). **2.** [대학] 회계[경리]과.

Quatember [kva'tɛmbɐ], der; -s, - [lat. quattuor tempora] [가] (교회 역년에 따른) 각 계절의 개시(단식)일. **quaternär** [kvatɐr'nɛ:ɐ] 〈Adj.〉 [lat. quaternārius]" [화학] 4개 원소[성분]으로 합성된, 제 4(차·위)의. **Quaterne** [kva'tɛrnə], die; -n [ital. quaterna] (고어) (숫자 맞추기 복권의) 네 개의 맞는 번호, 4개자리 맞는 숫자의 당첨. **Quaternio** [kva'tɛrnio], der; -s, -nen [...'nio:nən] **1.** 〈드물게〉 4개 요소로 된 것, 네 개의 한 조의 것, 네 개짜리, 네 개의 복합숫자. **2.** [출판] 4개의 2절지에 (보관용으로) 묶어 놓은 중세 필사본. **Quaternionen** [kvatɐr'nio:nən], die; -en [수학] 4원수(四元數). **Quatrain** [ka'trɛ̃], das / der; -s, -s / -en [ka'trɛ:nən; frz. quatrain] [운율] (특히 프랑스 문학에서) 4행절(예컨대: Quartett 3).

quatsch! [kvatʃ] 〈Interj.〉 《의성어·드물게》철썩, 철벙. **Quatsch** [-], der; -(e)s **1.** 《통용어》 **a)** 《폄》 (화나게 하는) 어리석은[허튼] 소리; Q. erzählen(reden, verzapfen) 허튼 얘기[소리]를 하다; **Q. (mit Soße)** 《감정적 강조》 재발 그런 소리(하지) 마. **b)** 《폄》 잘못된[경솔한, 부주의한] 행위, 어리석은 짓: hier habe ich Q. gemacht 여기서 난 잘못을 저질렀다. **c)** 악의 없는 장난, 농담: ich habe das nur aus Q. gesagt 나는 그것을 단지 농담으로 말했다. **d)** 《폄》시시한[쓸데없는] 것: was für einen Q. man in der Schule lernt 학교에서 얼마나 시시한 것을 배우는가. **2.** 《지역적》↑ Matsch.

quatsch-, Quatsch-: **~bude**, die 《통용어·폄》↑ Quasselbude. **~kommode**, die (berlin. · 폄) 라디오(청취기), 무선 전신(전화)기. **~kopf**, der 《폄》어리석은(허튼) 소리를 (하여 남을 골나게) 하는 사람, 바보같은 수다쟁이. **~macher**, der (악의 없는) 장난(농담)을 하는 사람. **~naß** 〈Adj.〉 《통용어·감정적 강조》 (빗물에) 흠뻑[몹시] 젖은. **~tüte**, die《통용어》익살꾼 (Spaßvogel), 농담하는 사람.

quatschen ['kvatʃn] 〈h〉 [niederd. quat] 《통용어》 **a)** 《폄》 쓸데없는(시시한, 허튼] 소리를 (마구) 지껄이다: ihr sollt (im Unterricht) nicht dauernd q. 너희들 (수업 중에) 계속 지껄여선 안된다; quatsch nicht so dämlich(dumm)! 그런 어리석은 소리하지 마!; [생구] quatsch nicht, Krause! 《berlin.》 조용히 하자! **b)** 《무엇을》 떠벌리다: dummes Zeug q. 어리석은 말을 하다. **c)** 《드물게·폄》 시시한[허튼] 소리를 하여 누구를 어떤 상태로 몰아넣다. **2.** 《통용어·폄》(현장에 없는 사람을 두고) 수군거리다, 뒷공론을 하다: alle quatschen über mich 모두가 나를 두고 쑤군거린다. **3.** 《통용어》 비밀로 해야 할 것을 퍼뜨리다[소문 내다]; wer hat denn da wieder gequatscht? 도대체 누가 다시 비밀을 떠들어 댔느냐? **4.** 《통용어》 담소하다, 유쾌하게 얘기하다, 노닥거리다. **5.** 《지역적》 (진창 따위가) 질척거리다: der Boden quatschte unter meinen Füßen 땅바닥이 내 발 아래에서 질척거렸다; es quatscht in Schuh und Socken 구두와 양말 속에서 질척거리는 소리가 난다.

Quatscherei [kvatʃə'raj], die; -en 《통용어·폄》↑ quatschen(1 a, 2, 3)의 명사형. **quatschig** ['kvatʃıç] 〈Adj.〉 **1.** 《통용어·폄》 어리석은, 우둔한: -e Reden führen 어리석은 말을 하다. **2.** 《지역적》 (비, 범람에 의해) 진창의, 진흙투성이의: ein -er Feldweg 진창이 된 들길.

Quattrocentist [kvatrotʃɛn'tıst], der; -en, -en [ital. quattrocentista] 이탈리아 초기 르네상스(15세기)의 예술가. **Quattrocento** [...'tʃɛnto], das; -(s) 〈Pl.〉 [예술·문학] 이탈리아의 초기 르네상스[15세기].

¹Quebec [kwɪ'bɛk], -s 퀘벡(캐나다의 주). **²Quebec**: 퀘벡의 이름. **Quebecer**, der; -s, - 퀘벡 사람.
Quebracho [ke'bratʃo], das; -s [span. quebracho] **1.** 케브라초 나무의 적(갈)색 목재. **2.** ↑ Quebrachorinde. **Quebrachobaum**, der 케브라초 나무(중·남미의 옻나무과 식물). **Quebrachorinde**, die 케브라초 나무 껍질(유피제와 알칼로이드가 풍부함).

¹Quechua ['ketʃua], der; -(s), -(s) 케추아족(페루의 인디언 종족).
²Quechua, das; -(s) 케추아어(남미의 인디언어)[페루의 제2공용어].

queck [kvɛk; ↑ keck] 《지역적》↑ quick. **Quecke** ['kvɛkə], die; -n 개밀(잡초). **Queckengras**, das ↑ Quecke. **queckig** ['kvɛkɪç] 〈Adj.〉 개밀이 무성한. **Quecksilber**, das; -s 수은(水銀) [기호: Hg; 〈Hydrargyrum〉]: das Q. im Thermometer steigt [fällt] 온도계의 수은주가 올라간다[내려간다]; [전의] das Kind ist ein (richtiges) Q. 《친근》 그 아이는 잠시도 가만히 있지 못한다; **Q. im Leib(im Hintern) haben** 《통용어》 침착하지 못하다, 안절부절 못하다 (↑ ¹Hummel 참조).

quecksilber-, Quecksilber-: **~barometer**, das 수은 기압계. **~chlorid**, das [화학] 염화 제 2수은. **~dampf**, der 수은 증기. **~dampflampe** die [기술] 수은(증기)등. **~fulminat**, das [화학] 뇌산(雷酸) 수은. **~haltig**, 〈österr.〉 **haltig** 〈Adj.〉 수은을 함유한. **~kur**, die (옛) 수은 요법. **~lampe**, die [기술] ↑-dampflampe. **~legierung**, die [화학] 수은

합금, 아말감. ~**manometer**, das 수은 압력계. ~**präparat**, das 《옛》수은(약, 소독)제. ~**salbe**, die 《옛》수은 연고. ~**säule**, die (온도계 따위의) 수은주(柱). ~**verbindung**, die 수은 화합(물). ~**vergiftung**, die 수은 중독(Merkurialismus).

quecksilberig ↑quecksilbrig. **quecksilbern** 〈Adj.〉↑quecksilbrig. **quecksilbrig**〈Adj.〉 **1.** 수은 같은, 수은(질)의, 은빛처럼 빛나는. **2.** 침착하지 못한, 안절부절 못하는.

Queder ['kve:dɐ], der; -s, - [↑Keder] [재단] (옷소매 따위의) 단, 띠, 끈.

Queen ['kwi:n], die; -s [engl. queen] **1.** (영국의) 여왕. **2.** 《통용어》(어떤 단체 따위에서) 가장 인기있는[중심이 되는] 여자(꽃). **3.** 《은어》남성 역할을 하는 여성 동성 연애자.

Queene, die; -n [niederd. quene]《nordd.》새끼를 낳지 않은 (어린) 암소.

Quell [kvɛl], der; -(e)s, -e (아어) **1.** 〈드물게〉 샘, 우물, 시내(Bach). **2.** 근원, 기원, 원천, 출처: der Q. des Lebens 생명의 근원(원천).

¹**quell-, Quell-** (Quelle; ↑quellen-, Quellen-도 참조): ~**bach**, der [지리] 샘에서 생긴 시내. ~**fassung**, die 우물 테두리(가장자리). ~**fluß**, der [지리] (강의) 원류, 수원(水源). ~**frisch**〈Adj.〉샘물처럼 신선한(상쾌한). ~**gebiet**, das [지리] 수원지. ~**klar**〈Adj.〉(아어) 샘처럼 투명한(맑은). ~**moos**, das (샘 따위에) 자라는 이끼. ~**nymphe**, die [그리스·로마 신화] 우물(샘)의 요정, 물의 요정(Najade). ~**topf**, der (특히 석회암 지대의) 동굴질의 샘이 지표에 솟아나는 샘. ~**verkehr**, der [교통] 일정한 장소에서 출발하는 교통(반대: Zielverkehr). ~**wasser**, das 〈Pl. -wasser〉샘물.

²**quell-, Quell-** (¹·²quellen): ~**auge**, das [지역의] 툭 튀어나온 눈, 퉁방울눈. ~**bewölkung**, die [기상] 뭉게구름(적운)(이 긴 날씨). ~**fähig**〈Adj.〉부풀어 오를 수 있는, 팽창할 수 있는. ~**fähigkeit**, die 〈Pl. 없음〉↑~fähig의 명사형. ~**fest**〈Adj.〉[섬유] (직물을 빨아도) 줄거나 늘어나지 않는, 방축(防縮)의. ~**festausrüstung**, die [섬유] 방축(防縮)가공. ~**festigkeit**, die 방축성. ~**kartoffel**, die [지역의] ↑Pellkartoffel. ~**kuppe**, die [지리] 용회암으로 덮인 화산 봉우리. ~**wolke**, die [기상] 작은, 뭉게구름(Kumulus).

quellbar ['kvɛlba:ɐ]〈Adj.〉부풀어 오를 수 있는, 팽창할 수 있는: Gelatine ist q. 젤라틴(아교)은 부풀어 오를 수 있다. **Quellbarkeit**, die ↑~의 명사형.

Quelle ['kvɛlə], die; -n **1.** 샘, 원천, 샘물, 분수: eine warme[heiße] Q. 온천; mineralhaltige -n 광천(泉); Die Q. sprudelt aus einem Felsen hervor) 샘물이 (바위 에서) 솟아나온다; eine Q. fassen [물을 얻기 위해] 우물가를 쌓다; [전의] die -n des Lebens 생명의 원천. **2.** 기원, 원인, 동기: eine Q. des Vergnügens(der Sorgen) sein 기쁨(근심)의 근원이다. **3.** 전거(典據), 원전: historische -n 사료(史料); -n benutzen[zitieren] 전거를 이용(인용)하다. **4.** 소식통, 원산지: eine Information aus sicherer(zuverlässiger) Q. haben (erfahren) 확실한(믿을 만한) 소식통으로부터 정보를 갖고(알고) 있다. **an der Q. sitzen**《통용어》상품(소식)을 (생산자 따위에) 직접 구하다(얻다). **5.** [물리] (힘, 에너지 따위의) 근원. ¹**quellen** ['kvɛlən]⟨s⟩ 〈h〉 **a)** 솟아나오다, 내뿜다: Wasser quillt aus der Erde 물이 땅에서 솟아나다; Blut quillt aus der Wunde 피가 상처에서 흐르다; [전의] Musik quoll aus den Lautsprecher 음악이 확성기에서 흘러나왔다. **b)** 툭 튀어나오다, 솟아오르다, 불룩하게 나오다: die Augen quollen ihm (fast) aus dem Kopf 그의 두 눈은 툭 불거져 나온 것처럼 보였다. **2.** (습기에 의해) 팽창하다, 부풀어오르다: Gelatine quillt im Wasser 젤라틴(아교)이 물 속에서 부푼다; die Fensterrahmen sind durch den anhaltenden Regen gequollen 창문들이 장마에 의해 부풀어올랐다. ²**quellen** [-] 〈h〉 **a)** (물에 쟁겨 하여) 부풀리다, 팽창시키다: Hülsenfrüchte müssen vor dem Kochen gequellt werden 콩과 식물 열매는 삶기 전에 물에 쟁겨야 한다. **b)**〈지역적〉삶다: Kartoffeln q. 감자를 삶다.

quellen-, Quellen- (↑¹quell-, Quell-도 참조): ~**angabe**, die 〈대개 Pl.〉 전거[출전] 제시. ~**forschung**, die 자료[문헌]의 연구. ~**kritik**, die (역사 문헌학의 방법에 따른) 문헌의 비평. ~**kunde**, die 문헌학. ~**mäßig**〈Adj.〉문헌을 기초로한, 근거있는. ~**material**, das 자료, 문헌 자료. ~**nachweis**, der ↑~angabe. ~**reich**〈Adj.〉샘이 많은, 전거가 풍부한: ein -es Gebiet 샘이 많은 지역. ~**sammlung**, die 문헌집(集). ~**steuer**, die [세무] 원천 과세. ~**studium**, das 문헌 연구. ~**text**, der 문헌 텍스트. ~**verzeichnis**, das 문헌 부록. ~**werk**, das ↑~sammlung.

Queller, der; -s, - [식물] 퉁퉁마디.

Quellung ['kvɛlʊŋ], die; -en 팽화(膨化), 팽창, 부풀어 오름.

Quempas ['kvɛmpas], der; - [라틴어 가요 quem pastores laudavere에 따라] (옛 크리스마스 송가 "Den der Hirten lobten sehre"와 "In dulci jubilo"로 구성된) 크리스마스 미사에 부르는 교대 합창.

Quempas-: ~**heft**, das 크리스마스 미사에 부르는 교대 합창곡집. ~**lied**, das 크리스마스 미사에 부르는 교대 합창곡. ~**sänger**, der 크리스마스 미사에 교대 합창을 부르는 아이들. ~**singen**, das; -s 크리스마스 미사나 집집마다 돌아다니며 교대 합창을 부르는 것.

Quendel ['kvɛndl], der; -s, - [lat. cunila < griech. konílē] [식물] 백리향(百里香).

Quengelei [kvɛŋəˈlaɪ], die; -en 《통용어》 **1.**〈Pl. 없음〉 쩔얼거림, 투덜거림. **2.** 〈대개 Pl.〉 우는 소리, 불평, 불만, 잔소리: man hört nur -en von dir 너한테서는 우는 소리만 듣는다. **queng(e)lig** ['kvɛŋ(ə)lɪç]〈Adj.〉《통용어》 **1.** 쩔얼거리는, 우는 소리를 잘 하는. **2.** 불평(불만)의, 투덜거리는. **quengeln** ['kvɛŋln]〈h〉《통용어》 **1. a)** 하소연하며 울다, 쩔얼거리다: das Baby quengelte 어린아이는 쩔얼거렸다. **b)** (아이들이 우는 소리를 하며 무얼 달라고) 졸라대다. **2.** 투덜거리다, 불평을 말하다. **Quengelsucht**, die 〈Pl. 없음〉《통용어·팜》불평벽(癖), 불만의 버릇. **quengelsüchtig** 〈Adj.〉《통용어·팜》불평벽이 있는, 불만의 버릇이 있는. **Quengler** ['kvɛŋlɐ], der; -s, - 불평가, 잔소리하는 사람. **quenglig** ↑quengelig.

Quent [kvɛnt], das; -(e)s, -e [lat. quintus] 옛날 독일의 중량 단위(1.67 g). **Quentchen**, das; -s, - [↑Quent] 《준고어》 아주 적은 양(量), 미량(微量): ein Q. Zucker hinzufügen 약간의 설탕을 치다; [전의] (아어) ein Q. Glück 약간의 행복; sich kein Q. abhandeln lassen 한치도 양보하지 않다(자신의 신념을 굽히지 않다). **quentchenweise**〈Adv.〉조금씩(더 많이): er überwand seine Scheu nur q. 그는 두려움을 조금씩 극복해 갔다.

quer [kve:ɐ; md. quer(ch)] **I.**〈Adv.〉 **1.** (위치에 관련) 가로로(반대: längs), 가로질러, 비스듬히, 대각선상의: der Wagen steht q. auf der Fahrbahn 자동차가 차도 위에 가로로 서있다; sich q. auf den Stuhl setzen (두 다리를 옆으로) 비스듬히 의자에 앉다. **2.** ("durch" 또는 "über"와 결합하여) (방향에 관련) 가로질러, 횡단하여: q. durch den Garten laufen 정원을 가로질러 달리다. **II.**〈Adj.〉《드물게》 **1.** 비스듬한, 기울어진. **2.** 거꾸로의, 반대의, 잘못된, 비틀린, 일그러진, (성격이) 비뚤어

진, 심술궂은: -e Vorstellungen 비틀린 생각; jmdn. q. ansehen 누구를 의심하다.

quer-, Quer- ~**ab** 〈Adv.〉 [선원] 가로질러. ~**achse**, die 횡[수평]축(반대: Längsachse). ~**balken**, der a) 가로 들보, 대들보, 가름보. b) 〔음악〕 Balken (2 c). c) 〔스포츠〕 ↑~latte (2). ~**band**, das 〈Pl. -bänder〉 ↑~streifen. ~**bau**, der 〈Pl. -ten〉 ↑ ~**gebäude**. ~**baum**, der 〔스포츠·옛〕 수령 봉(대). ~**beet** 〈Adv.〉 〔통용어〕 곧장[무작정] 가로질러: q. durch den Wald laufen 곧장 숲을 가로질러 달리다; [전의] in seiner Rede sprach er q. über Außenpolitik 그의 연설에서 그는 무작정 외교 정책에 대해 말했다. ~**binder**, der 〔고어〕 ↑**durch** 〈Adv.〉 가로질러. ~**einstieg**, der 〔대학·온어〕 학점 인정 전과 (轉科). ~**fahren**, das; -s 〔스키〕 최단 거리 횡단 활강. ~**falte**, die 가로 주름. ~**feldein** 〈Adv.〉 (일정한 목표를 향해) 들[판]을 가로질러. ~**feldeinlauf**, der 〔육상경기〕 단교(斷郊) 경주, 크로스 컨트리(레이스). ~**feldeinrennen**, das 크로스 컨트리 자전거 경주. ~**feldeinstrecke**, die 〔승마〕 (군대의 시험으로 행해진) 크로스 컨트리 경마. ~**flöte**, die 횡적(横笛), 독일 플루트. ~**format**, das a) 가로가 세로보다 더 긴 (형)型의 (인쇄물 따위의) 형(型). b) 가로가 세로보다 더 긴 (형)型의 그림[인쇄물]. ~**fortsatz**, der 〔해부〕 (척추의) 횡돌기(横突起). ~**frage**, die 반문, 힐문. ↑~**falte**. ~**furche**, die ↑~falte. ~**gang**, der 〔등산〕 횡도(橫道), 기로(岐路). ~**gasse**, die 교차로, 골목. ~**gebäude**, das 본 건물에 직각으로 연이어진 건물. ~**gehen*** 〈s〉 〔통용어〕 1. 뜻[생각]대로 되어가지 않다: von dem Tag an ging alles quer 그날부터 모든 것이 뒤틀렸다. 2. 〔누구에게〕 거슬리다. ~**gestreift** 〈Adj.〉 횡선이 있는, 가로로 줄무늬가 있는. ~**grätschen** 〔기계체조〕 1. 〈h〉 두 다리를 동시에 앞뒤로 벌리다. 2. 〈s〉 두 다리를 동시에 벌리고 도약하다. ~**haus**, das 〔건축〕 교회당의 익당(翼堂), 측랑(側廊). ~**hin** 〈Adv.〉 〔고어〕 가로질러. ~**holz**, das 가로 들보, 횡목. ~**kommen*** 〈s〉 〔통용어〕 (어떤 일이) 들어가다, 난처하게 되다. ~**kopf**, der 〔통용어·폄〕 심술궂은 사람, 괴팍한 사람. ~**köpfig** 〈Adj.〉 〔통용어·폄〕 심술궂은, 괴팍스러운. ~**köpfigkeit**, die 심술궂음, 괴팍스러움. ~**lage**, die 〔의학〕 (태아의) 횡위(横位). ~**latte**, die 1. 목책 n eines Zaunes 울타리의 횡목. 2. 〔축구·핸드볼〕 골문 위의 횡목. ~**legen**, sich 〈h〉 〔통용어〕 (누구의 의도에) 저항하다, 반항하다, 방해하다. ~**leiste**, die ↑~latte (1): die -n einer Stuhllehne 의자 등받이의 횡목. ~**linie**, die 횡선, 사선(斜線), 교차선, 대각선. ~**paß**, der 〔축구·핸드볼〕 크로스 패스. ~**pfeife**, die (군대 음악에서 사용되는 대개 높고 날카로운 소리를 내는) 작고 간단한 횡적[플루트]. ~**richtung**, die 가로방향(반대: Längsrichtung). ~**rille**, die 가로 도랑(홈). ~**ruder**, das 〔항공〕 보조익(翼). ~**sack**, der 〔옛〕 배낭, 휴대용 주머니, 작은 연장 넣는 자루. ~**schießen*** 〈h〉 〔통용어〕 (다른 사람의 의도를) 방해하다, 훼방을 놓다. ~**schiff**, das 〔건축〕 ↑~haus. ~**schiffs** 〈Adv.〉 〔선원〕 배를 가로질러(배의 용골선에 대해 직각을 이루고)(반대: längsschiffs). ~**schlag**, der 〔광〕 횡(수평) 갱도: einen Q. vor treiben 횡 갱도를 파(나가)다. ~**schläger**, der 1. 비스듬히 맞은 총탄. 2. 〔통용어〕 반대하는 사람. ~**schlägig** 〈Adj.〉 〔광〕 광맥을 가로지른. ~**schnitt**, der 1. (반대: Längsschnitt) a) 가로자름: einen Q. durch einen Stengel machen 줄기를 가로 자르다. b) 횡단면: der Q. einer Pyramide 피라밋의 횡단면. 2. 시대상(相)의 축도, (어떤 국면·집단의) 특징(연구): das Buch gibt[bietet] einen Q. durch die Literatur des Barock 이 책은 바로크 문학의 특징을 보여준다. ~**schnitt(s)gelähmt** 〈Adj.〉

〔의학〕 하반신 불수의. ~**schnitt(s)gelähmte***, der / die 하반신 불수의 사람. ~**schnitt(s)lähmung**, die 〈Pl. 없음〉 〔의학〕 하반신 불수. ~**schreiben*** 〈h〉 〔금융〕 수표를 발행하다, (어음을) 인수하다. ~**schreiben**, das 〔금융〕 (어음의) 인수, 수령(↑Akzept a). ~**schuß**, der 〔통용어〕 다른 사람의 계획을 좌절시키는 행위. ~**seite**, die ↑~wand (반대: Längsseite). ~**sitz**, der 〔승마〕 부인용 안장의 기마자세. ~**straße**, die 십자로, 옆골목. ~**streifen**, der 가로줄(무늬)(반대: Längsstreifen): ein Kleid mit Q. 가로 줄무늬의 옷. ~**strich**, der 횡선, 교차선. ~**summe**, die 〔수학〕 여러 자리 수의 가로 합계: die Q. von[aus] 312 ist 6. 312의 자리수의 합계는 6이다. ~**tal**, das 〔지리〕 산맥을 가로지른 골짜기, 횡곡(橫谷)(반대: Längstal). ~**trakt**, der ↑~gebäude. ~**treiber**, der 〔통용어·폄〕 방해자, 훼방꾼. ~**treiberei**, die 방해 (운동), 음모. ~**über** 〈Adv.〉 마주보고, 비스듬히, 가로질러. ~**verbindung**, die 1. (여러 주제·분야 사이의) 상호 연결, 횡적 관계. 2. 한 지역을 가로지른 직접 연결선(線)(교통선). ~**verhalten**, das 〔기계체조〕 체조자의 직각의 종축(세로 축)에 대한 체조자의 직각의 자세. ~**verweis**, der 책의 한 장소에서 다른 장소로의 참고 지시. ~**wand**, die 가로벽, 격벽(隔壁)(반대: Längswand).

Quere ['kveːrə], die 〔통용어〕 가로, 비스듬함, 엇갈림: etw. der Q. nach 〔드물게〕 durchschneiden 무엇을 가로로 자르다; **jmdm. in die Q. kommen** 〔드물게〕 **geraten, laufen** 〔통용어〕 1) 누구의 계획[일]을 방해하다. 2) 누구를 우연히 만나다. 3) 누구의 길을 가로막(다); **jmdm. geht alles der Q.** 〔통용어·군어〕 누구의 경우는 만사가 실패다(↑verquer 참조).

Querele [kveˈreːlə], die; -n 〔대개 Pl.〕 〔lat. querēla〕 〔교양어〕 다툼, 싸움, 논쟁.

queren ['kveːrən] 〈h〉 1. 〔드물게·아어〕 a) 건너가다, 횡단하다: die Fähre quert den Fluß 나룻배가 강을 건너간다. b) 가로지르다: die Bundesstraße quert der Bahnlinie 연방도로가 선로를 가로지른다: (q. + sich) Linien queren sich 선(線)이 교차하다. 2. 〔등산〕 일정한 노정(路程)을 가로지르며 나아가다.

Querulant [kveruˈlant], der; -en, -en 〔lat. querulans ↑querulieren〕〔교양어·폄〕 불평가, 불만이 많은 사람. **Querulantentum**, das; -s 〔교양어·폄〕 소송을 즐기는 태도, 소송벽. **Querulantenwahn** der 〔의학〕 소송 망상, 소송을 즐기는 병. **Querulantin**, die; -nen ↑Querulant 의 여성형. **querulantisch** 〈Adj.〉 (schweiz. 폄) ↑querulantisch. **Querulanz** ['...lants], die 〔의학·폄〕 (병적 정의감에 의한) 소송벽(癖). **Querulation** [...laˈtsi̯oːn], die; -en 〔법·고어〕 고소, 소송, 항고. **querulatorisch** ['...toːriʃ] 〈Adj.〉 〔교양어·폄〕 소송을 잘하는, 불평하는: -e Neigungen 소송을 잘하는 성벽. **querulieren** [...ˈliːrən] 〈h〉 〔lat. queri〕 불평을 잘하다, 쓸데없이 소송을 일으키다.

Querung ['kveːrʊŋ], die; -en 1. 건너감, 횡단. 2. 〔교통〕 교차로.

Querzetin [kvɛrtseˈtiːn], das; -s 케르세틴(황색 염료).

Querzitron [kvɛrtsiˈtroːn], das; -s 〔lat. quercus u. frz. citron〕 케르시트론(황색 색소).

Quesal [keˈzaːl] die ↑¹Quetzal.

Quese ['kveːzə], die; -n 〔norddt.〕 1. a) 혈포(血疱), 마찰성 수포(水疱). b) 경피(硬皮), 경결(硬結), (살가죽에 생긴) 못. 2. 〔양에 기생하는 촌충 (조충)의 애벌레.

quesen ['kveːzn̩] 〈h〉 〔norddt.〕 투덜거리다, 불평을 말하다. **Quesenbandwurm**, der; -(e)s, ...würmer 개의 장에 기생하는 촌충, 구장조충(拘腸條蟲). **Queser** ['kveːzɐ], der; -s, - 〔norddt.〕 불평가, 잔소리하는 사람.

quesig ['kveːzɪç] 〈Adj.〉 〔norddt.〕 1. 불평의, 투덜거리

리는. **2.** 못이 생긴, 멍이 있는: -e Hände 못이 생긴 손. **3.** 회선증(廻旋症)에 걸린: ein -es Schaf 회선증에 걸린 양.

Quetsch ['kvɛtʃ], der; -(e)s, -e 《westmd., südd.》 서양 자두로 만든 맑은 화주(火酒).

Quetsch- (quetschen) **~falte**, die **1.** 【재단】 《스커트 등의》 맞주름. **2.** ↑Knitterfalte. **~grenze**, die 【기술】 압축 항복점(降伏點). **~hahn**, der 【기술】 물리개(고무호스 따위의), 압협자(壓挾子), 핀치-콕. **~kartoffeln** 〈Pl.〉 (berlin.) 감자죽. **~kasten**, der, **~kommode**, die 〈농〉 손풍금, 아코디온. **~wunde**, die 【의학】 짓찧인 상처, 좌창.

¹Quetsche ['kvɛtʃə], die; -n 《süd(west)d., westmd.》 ↑Zwetsche.

²Quetsche [-], die; -n **1.** 《지역적》 ↑Presse: eine Q. für Kartoffeln 감자 으깨는 도구; **in einer Q. sein** 곤경에 처해 있다; **in eine Q. kommen(geraten)** 딜레마〔곤경〕에 빠지다. **2.** 《통용어·폄》 작은 지역〔장사, 가게, 주막). **quetschen** ['kvɛtʃn] 〈h〉 **1. a)** 힘을 가하여 누르다, 죄다: die Nase gegen die Fensterscheibe q. 유리창에 코를 대고 누르다. **b)** 비좁은 곳에 간신히 집어넣다, 억지로 자리를 마련하다: ein Kind an den vollbesetzten Tisch q. 아이를 꽉 찬 식탁에 들어 앉히다; den Bademantel noch mit in den Koffer q. 수영복 위에 걸치는 외투를 트렁크 속에 힘껏 쑤셔 넣다. **c)** 〈q. + sich〉 힘껏 밀치고 나아가다: sich durch die Sperre q. 밀치며 개찰구를 통과하다. **2. a)** 좌창(挫創)〔압상(壓傷), 타박상〕을 입히다: sich den Finger q. 손가락을 찧다. **b)** 눌리어 다치게 하다: der herabstürzende Balken quetschte ihm den(seinen) Brustkorb 떨어진 들보에 그는 가슴팍을 다쳤다. **3.** 《통용어》 《신체의 부분을》 손으로 힘껏 누르다: jmdm. bei der Begrüßung die Hand q. 인사할 때 누구의 손을 힘껏 쥐다; 전의 mit gequetschter Stimme sprechen 목메인 목소리로 말하다. **4.** 《지역적》 **a)** 《압착기로》 으깨다, 눌러 부수다, 빻다: Kartoffeln (zu Püree) q. 감자를 (죽이 되도록) 으깨다. **b)** 《즙 따위를》 짜(내)다: den Saft aus der Zitrone q. 레몬에서 즙을 짜내다. **Quetschung**, die; -en **1.** 으깸, 짓찧음, 분쇄. **2.** 좌창, 타박상, 절피상.

¹Quetzal [ke'tsal], der; -s, -s [span. quetzal] 《중미의》 꼬리 긴 고운새(과테말라의 문장(紋章)새)(pharomachrus mocinno). **²Quetzal** [-], der; -(s), -(s) 《aber : 5 Quetzal》 과테말라의 화폐 단위(1 Quetzal = 100 Centavos)(약어 : Q).

¹Queue [kø:], das 《österr.》 der; -s, -s [frz. queue] 【당구】 큐. **²Queue** [-], die; -s **1.** 《교양어·준고어》 기다리는 사람들의 긴 열, 장사진: eine Q. bilden 장사진을 이루다. **2.** 《군·준고어》 행렬《종대》의 끝(후미). **Queueleder**, das 【당구】 큐의 (가죽으로 된) 머리.

Quezon City [ke'eɔn 'sɪtɪ] 《필리핀의》 명몰상의 수도.

Quiche [kiʃ], die; -s [kiʃ; frz. quiche] 【요리】 키시〔치즈, 베이컨 등으로 맛을 낸 파이의 일종〕.

Quiche Lorraine [-lɔˈrɛn], die; - -, -s -s [-lɔˈrɛn; 《frz.》] 【요리】 키체로렌(팬 케이크의 일종).

quick [kvɪk] 〈Adj.〉 《niederd., ↑keck》 《nordd.》 발랄한, 활발한, 생기있는, 재빠른. **Quickborn** ['kvɪkbɔrn], der 《고어》 (전설의) 젊어지는 샘(Jungbrunnen). **Quickheit**, die 발랄함, 생기, 활달(함). **quicklebendig** 〈Adj.〉 아주 활달한, 매우 명랑한〔쾌활한〕: sie ist in ihrem Alter immer noch q. 그녀는 그녀의 나이에도 여전히 아주 활달하다. **Quickstep** ['kvɪkstɛp], der; -s, -s [engl.-amerik. quick step] 퀵 스텝(빠르고 짧은 걸음으로 추는 폭스 트롯).

Quicktest, der 【미국의 의사 A. J. Quick(geb. 1894)에 따라】 【의학】 퀵 테스트. **1.** 혈액 응고 시간 (규정) 검사. **2.** 간장 이상 검사. **Quickwert**, der 퀵 테스트 수치 〔결과〕: bei erhöhtem Q. darf dieses Medikament nicht eingenommen werden 퀵 테스트 수치가 높을 때 이 약을 복용해서는 안된다.

Quidam ['kvi:dam], der; - [lat. quidam] 《교양어·고어》 아무개, 모씨(某氏), 어떤 사람.

Quiddität [kvɪdiˈtɛ:t], die; -en [lat. quid? = was?] 【철학】 (스콜라 철학에서) 사물의 본질.

Quidproquo [kvɪtproˈkvo:], das; -s, -s [lat. quid prō quō? = (irgend) etwas für (irgend) etwas] 《교양어》 (사물에 대한) 혼동, 착각, 착오.

quiek! [kvi:k] 〈Interj.〉 《의성어》 《특히 돼지 새끼 따위의》 꺽꺽, 꽥꽥, 꿀꿀. **quiek(s)en** ['kvi:k(s)n] 〈h〉 《특히 돼지, 쥐 따위가》 꿀꿀·꺽꺽거리다: die Ferkel quiekten 돼지 새끼들이 꿀꿀거렸다; 전의 vor Vergnügen q. 만족하여 몹시 웃다; **zum Quieken (sein)** 매우 우습다 (↑Piepen). **Quiekser**, der; -s, - 《통용어》 날카로운 소리: sie gab einen Q. von sich 그녀는 날카로운 소리를 질렀다.

quiemen ['kvi:mən], **quienen** ['kvi:nən] 〈h〉 (nordd.) 병약하여 신음 소리를 내다, 아파서 낑낑거리다: ein quiemender Hund 아파서 낑낑거리는 개.

Quietismus [kvieˈtɪsmʊs], der; - [lat. quiētus = ruhig] **1.** 정적(靜寂)주의(예컨대, 스토아 학파에서). **2.** 【종교】 (17세기 가톨릭 교회의) 정관파〔靜觀派〕 신비주의. **Quietist** [...'tɪst], der; -en, -en 정적주의자, 정관파 신비주의자. **Quietistin**, die; -nen ↑Quietist의 여성형. **quietistisch** 〈Adj.〉 정적주의의. **Quietiv** [kvieˈti:f], das; -s, -e 【의학·약학】 진정제. **quieto** [kvi'eto] 〈Adv.〉 [ital. quieto < lat. quiētus] 【음악】 조용히, 침착하게.

quietsch-, Quietsch-: **~fidel** 〈Adj.〉 《통용어·감정적 강조》 매우 유쾌〔쾌활, 명랑〕한. **~lebendig** 〈Adj.〉 《통용어·감정적 강조》 매우 활달한, 매우 활기있는: er hat sich von der Grippe schnell erholt, ist wieder q. 그는 유행성 감기로부터 빨리 회복하여 다시 매우 활기가 있다. **~naß** 〈Adj.〉 《지역적·감정적 강조》 흠뻑 젖은. **~ton**, der 《통용어》 날카로운 음(향). **~vergnügt** 〈Adj.〉 《통용어·감정적 강조》 아주 기쁜, 최고로 기분 좋은.

quietschen ['kvi:tʃn] 〈h〉 **1.** (마찰에 의해) 길게 날카로운 소리를 내다: die Bremsen des Autos〔Zuges〕 quietschen 자동차〔기차〕의 브레이크가 길게 날카로운 소리를 내다. **2.** 《통용어》 (감정, 느낌의 표현) 날카로운 소리를 지르다: **zum Q. (sein)**: ↑Piepen.

quill! [kvɪl] 매우 우습다 (↑¹quellen 참조).

Quillaja [kvɪˈla:ja], die; -s [span. quillaja] 【식물】 장미과에 속한 남미의 무환자(비누) 나무(Seifenbaum). **Quillajarinde**, die 무환자(비누) 나무 껍질(여기서 뽑은 추출물이 세탁제로 쓰임)(Panamarinde, Seifenrinde).

quillen ['kvɪlən] 《부정법과 현재형에만 사용》 《시어·고어·자주 지역적》 ↑¹quellen. **quillst** [kvɪlst], **quillt** [kvɪlt] ↑¹quellen 참조.

Quinar [kvɪˈnaːɐ̯], der; -s, -e [lat. quīnārius = Fünfer] 고대 로마의 은화.

quinkelieren [kvɪŋkəˈli:rən] [...ki'li:rən] 〈h〉 [niederd. quinkeleren] 《특히 nordd.》 **1.** (새가) 마치 환호하듯 고운 소리를 내다, 지저귀다: eine Lerche quinquiliert in den Lüften 종달새가 공중에서 지저귀었는데; 전의 eine quinkelierende Geige 고운 소리를 내는 바이올린. **2.** 구실을 붙이다, 핑계대다. **Quinquagesima** [kvɪŋkvaˈgezima] (관사, 격변화없음) [lat. quinquagesima] (교회 달력에서) 부활제 전의 7 번째 일요일, 오순절 주일: Sonntag Q. [Quinquagesimā [...mɛ] 오

순절 알요일(↑Estomihi). **Quinquennium** [kvɪŋ-'kvɛniʊm], das; -s, …ien [..iən; lat. quīnquennium] 《고어》 5년(간). **quinquilieren**: ↑quinkelieren. **Quinquillion** [kvɪŋkvɪ'liɔːn], die; -en ↑Quintillion. **Quint** [kvɪnt], die; -en [lat. quintus = der fünfte] **1.** ↑Quinte. **2.** 《펜싱》 제 5 자세(오른쪽 가슴 옆을 향해 찌르기[치기]): **jmdm. die -n austreiben** 《통용어·고어》 누구를 제정신으로 돌아가게 하다[누구의 흥분을 가라앉히다]; da ist mir die Q. gesprungen 나는 인내력을 잃었다(그리고 그를 처벌했다). **Quinta** ['kvɪnta], die; …ten [lat. quinta (classis) = fünfte (Klasse)] **a)** 김나지움[인문계 고등학교]의 제 2 학년. **b)** 《österr.》 김나지움[인문계 고등학교]의 제 5 학년. **Quintal** 《frz.》 kɛ'tal, 《span., port.》 bras.) kin'tal], der; -s, -e / 《또한》 5 Quintal [frz., span., port. quintal] (스위스, 프랑스, 스페인, 포르투갈 및 중남미의) 옛 중량 단위 (= 100 kg(약어: q)↑Meterzentner 참조).

Quintana [kvɪn'taːna], die [lat. quīntānus = dem fünften (Tag) gehörig] 5일열(↑wolynisches Fieber). **Quintanafieber,** das 《의학》 5일열(熱)(↑Quintana). **Quintaner** [kvɪn'taːnɐ], der; -s, - **a)** 인문계 고등학교의 2학년 학생. **b)** 《österr.》 인문계 고등학교의 5학년 학생. **Quintanerin,** die; -nen ↑Quintaner의 여성형. **Quinte** [kvɪntə], die; -n [lat. quinta = fünfte] 《음악》 **a)** 제 5 음, 바이올린의 5현(弦). **b)** 5 도 음정. **Quintenschritt,** der 《음악》 ↑Quinte (b). **Quintenzirkel,** der 《음악》 오도권(五度圈). **Quinterne** [kvɪn'tɛrnə], die; -n 《고어》 (Lotto 복권에서) 5 개의 당첨 숫자. **Quintessenz** ['kvɪntɛsɛnts], die; -en [mlat. quinta essentia] 《교양어》 본질, 핵심, 정수(精髓), 엑기스: die Q. einer Diskussion 토론의 본질; die Q. aus etw. ziehen 무엇에서 핵심을 끌어내다. **Quintett** [kvɪn'tɛt], das; -(e)s, -e [ital. quintetto < lat. quīntus] 《음악》 **a)** 5중주(곡), 5중창(곡). **b)** 5중주[창](단). **quintieren** [kvɪn'tiːrən] 〈h〉 《음악》 **1.** (취주 악기를 불 때 8도 음정 대신) 12도 음정을 내다. **2.** 기본 성음(聲音)에 대성음(對聲音)을 나란히 제 5 음으로 노래 부르다. **Quintillion** [kvɪntɪ'liɔːn], die; -en [lat. quīntus] 10의 5제곱(쓰기: 10³⁰). **Quintole** [kvɪn'toːlə], die; -n [geb. nach ↑Triole] 《음악》 5연음(連音). **Quintsextakkord,** der; -(e)s, -e 《음악》 5·6도 화음. **Quintupel** [kvɪn'tuːpl̩], das; -s, - [spätlat. quīntuplex = fünffältig] 《수학》 5배수(관, 액). **Quintus** ['kvɪntʊs], der - [lat. quīntus = fünfte] 《음악》 (16, 17 세기의 악곡에 종종 나중에 첨가되는) 제 5 의 소리.

Quiproquo [kvipro'kvoː], das; -s, -s [lat. quī prō quō] 《교양어》 (사람에 대한) 혼동, 착각, 오인(↑Quidproquo 참조).

Quipu ['kvɪpu], das; -(s), -(s) (잉카인의) 결승(結繩) 문자.

quirilieren [kviri'liːrən] 〈h〉 ↑quinkelieren.

Quirinal [kviri'naːl], der; -s, **Quirinalspalast,** der 이탈리아 대통령 관저.

Quirite [kvi'riːtə], der; -n, -n [lat. Quirītīs] 고대 로마의 (국민 회의에 사용된) 정시민(正市民)에 대한 칭호.

Quirl [kvɪrl], der; -(e)s, -e **1.** 《요리용》 교반봉(攪拌棒), 나무공이: Eier, Milch und Mehl mit dem Q. verrühren 달걀, 우유와 밀가루를 교반봉으로 휘젓다. **b)** 《통용어·농》 선[통]풍기, 환기 장치. **c)** 《항공·윤어》 프로펠러, 추진기. **2.** 침착하지 못한 사람, 덜렁쇠. **3.** 《식물》 윤생(輪生), 돌려나기: einen Q. bilden 윤생의 모양을 하다. **quirlen** [ˈkvɪrlən] h〉 교반봉으로 휘젓다(교반하다), 쑤다: sie hat Eigelb und [mit] Zucker schaumig gequirlt 그녀는 달걀 노른자와 설탕을 거품이 일게 휘저었다. **2. a)** 〈h〉 무질서하게 돌다, 소용돌이치다, 빠르게 선회하다: in der Schlucht quirlt das Wasser 협곡에서 물이 소용돌이친다; 《전의》 das geschäftige quirlende Rom 바쁘게 돌아가는 로마; 《비인칭》 an der Rezeption quirlte es von Menschen 응접(접수)실에 사람들이 바글거렸다. **b)** 〈s〉 소용돌이치며 나아가다. **quirlig** 〈Adj.〉 **1.** 덜렁거리는, 침착하지 못한, 매우 활기있는. **2.** 《식물》 ↑quirlständig. **quirlständig** 〈Adj.〉 《식물》 윤생(輪生)의, 윤상(輪狀)의.

Quisel ['kviːzl̩], **Quissel** ['kvɪs], die; -n [niederl. kwezel] 《rhein.·편》 지나치게 독신(篤信)자 연하는 (미혼 중년) 여자, 거짓 여신자, 완고한 여신자, 위선자(여자).

Quisling ['kvɪslɪŋ], der; -s, -e [노르웨이 파시스트 지도자인 V. Quisling(1887~1945)에 따라] 《편》 적과 협력하는 사람, 매국노, 배반자.

Quisquilien [kvɪs'kviːliən] 〈Pl.〉 [lat. quisquilia] 《교양어》 시시한[하찮은] 것[일], 폐물, 쓰레기, 잠동사니.

Quissel: ↑Quisel.

Quito ['kiːto] 키토(에콰도르의 수도).

quitschnaß ['kvɪtʃˈnas] ↑quietschnaß.

quitt [kvɪt] 〈Adj.〉 《통용어》 자유로운, 해방된; (책임, 의무 따위를) 면한; 같은, 동등한: ich mache hier alles q. und fange an zu studieren 나는 여기서 모든 것을 정리하고 공부를 시작한다; 《다음 용법으로》 (**mit jmdm.) q. sein 1)** 누구에 대해 아무런 문제[빚]이 없다. **2)** 누구와 관계를 끊다; **mit jmdm. q. werden** 누구와 일치하다[같은 의견이다, 뚜렷한 관계를 이루다]; **jmdm. (etw., 《준고어》 jmds., einer Sache) q. sein [werden]** 누구에게서[무엇으로부터] 벗어났다[나다], 누구에게서[무엇으로부터] 해방되었다[되다]. **2)** 누구[무엇]를 잃었다[잃다]: seine Stellung q. sein [werden] 그의 지위를 잃었다[잃다].

Quitte ['kvɪtə, 《또한 österr.》 'kɪtə], die; -n **1.** 유럽 모과[마르멜로] 나무. **2.** 유럽 모과[마르멜로] 열매. **quittegelb** 〈Adj.〉 《감정적 강조》 밝은 노란색의.

quitten-, Quitten-: ~**baum,** der ↑Quitte (1). ~**brot,** das (특히 크리스마스 때의 과자로서) 유럽 모과 마멀레이드로 만든 작은 과자. ~**gelb:** ↑quittegelb. ~**gelee,** der / das 유럽 모과 젤리. ~**käse,** der 《österr.》 ↑~brot. ~**marmelade,** die ~**mus,** das 유럽 모과 마멀레이드. ~**vogel,** der ↑Eichenspinner.

quittieren [kvɪ'tiːrən] 〈h〉 [frz. quitter] **1.** 받았음을 증명[확인]하다: jmdm.) den Empfang des Geldes q. (누구에게) 돈을 받았음을 증명하다; auf der Rückseite (der Rechnung) q. (계산서의) 뒷면에 수령했음을 증명하다. **2.** (어떤 태도 따위에) 대응하다: eine Kritik mit einem Achselzucken q. 비평에 대해 어깨를 움츠하여 반응을 보이다(응답하다). **3.** 《준고어》 (공직, 직업 활동을) 수행하지 않다; 포기하다, 그만두다: der Offizier quittierte den Dienst 장교가 퇴역했다. **Quittung** ['kvɪtʊŋ], die; -en **1.** 영수[수령]증: jmdm. eine Q. ausstellen 누구에게 영수증을 교부하다; etw. (nur) gegen Q. abgeben 무엇을 영수증과 교환하여(서 만이) 내주다. **2.** (누구의 태도로 인해 나타나는) 좋지 않은 결과, 벌: das ist die Q.[nun hast du die Q.] für deine Faulheit 그것은 너의 게으름[나태]에 대한 결과[네[의] 응보]이다. **Quittungsblock,** der 〈Pl. …blocks〉 영수용지 책. **Quittungsbuch,** das 영수부(簿), 영수 대장. **Quittungsformular,** das, **Quittungsmarke,** die, **Quittungsstempel,** der 영수(수령)인(印).

Quivive [ki'viːf] 《다음 용법으로》 **auf dem Q. sein (müssen)** 《통용어》 조심해야 한다, (손해가 없도록) 조심하다(frz. être sur le quivive; qui vive? = wer da?).

Quiz [kvɪs], das; -, - [amerik. quiz] 퀴즈 (놀이), (텔레비전, 라디오에서 행하는) 질문·응답 놀이: an einem Q. teilnehmen 퀴즈 놀이에 참가하다.

Quiz-: **~frage**, die 퀴즈 문제. **~master**, der 퀴즈의 사회자. **~runde**, die 퀴즈 게임: in vier Wochen findet die nächste Q. statt 4주 후에 다음 퀴즈 게임이 열린다. **~sendung**, die 퀴즈 방송. **~veranstaltung**, die 퀴즈 행사.

quizzen ['kvɪsn] ⟨h⟩ 《통용어》 **1.** 퀴즈 사회를 보다, 퀴즈 문제를 내다. **2.** 퀴즈에서 답을 하다: er quizzte zehn Richtige 그는 퀴즈에서 10개의 답을 맞추었다.

quod erat demonstrandum ['kvɔt 'eːrat demon'strandʊm; lat. = was zu beweisen war] 《교양어》 이상으로 명백해졌음(증명되었음)(약어: q.e.d.).

Quodlibet ['kvɔtlibet], das; -s, -s [lat. quod libet = was beliebt] **1.** [음악] 해학 혼성곡. **2.** 3명 내지 5명의 카드 놀이. **3.** ⟨Pl. 없음⟩ 《고어》 혼란, 뒤죽박죽, 혼효(混淆)(물), 임의적 선택.

quod licet Jovi, non licet bovi ['kvɔt 'liːtset 'jovi 'noːmi 'liːtset 'bovi; lat. = was Jupiter erlaubt ist, ist nicht dem Ochsen erlaubt] 《교양어》 (쥬피터에게 허락된 것이 소에게 허락되지 않는다는 뜻에서) 십인십색(十人十色), 누구에게나 똑같은 규범을 사용할 수 없다.

quoll [kvɔl], **quölle** ['kvœlə] ↑ ¹quellen 참조.

quorren ['kvɔrən] ⟨h⟩ 《의성어》 【사냥】 (도요새가) 짝을 부르는 소리를 내다.

Quorum ['kvoːrʊm], das; -s [lat. quōrum] (의결에 필요한) 정족수(定足數).

Quotation [kvota'tsjoːn], die; -en 【증권】 (거래소에서) 시세의 기록. **Quote** ['kvoːtə], die; -n [lat. quotus = der wievielte?] 몫, 할당, 배당; (배)분수(分數): eine hohe Q. 높은 배당; die Q. der Arbeitslosen ist gestiegen(gesunken) 실업자의 수가 올라갔다(내려갔다). **Quotelung** ['kvoːtəlʊŋ], die; -en 【경제】 할당하기, 배분. **Quotenaktie**, die 【경제】 비례주(株). **Quotenmethode**, die; -n (여론 조사에서 성, 나이, 교육 정도에 따른) 할당 방법(반대: Arealmethode). **Quotient** [kvo'tsi̯ent], der; -en, -en [lat. quotiēns] 【수학】 **a)** 분수의 분자와 분모. **b)** 상(商), 몫: den -en ermitteln 상(商)을 알아내다. **quotieren** [kvo'tiːrən] ⟨h⟩ [↑Quote] 【경제】 시세(값)를 기록하다(알리다). **Quotierung**, die; -en 【경제】 ↑quotieren의 명사형. **quotisieren** [kvoti'ziːrən] ⟨h⟩ 몫으로 나누다, 분배(할당)하다. **Quotisierung**, die **1.** 분배. **2.** 【법】 (그 해의) 세율 결정.

quo vadis? ['kvoː 'vaːdis; lat. 베드로가 예수에게 던진 질문 "어디로 가시나이까?"에서] 《교양어》 (대개 걱정, 회의의 표현으로) 어떻게 될 것인가?

R

r, R [ɛr, ↑a, A], das; -, - 독일 자모의 제18자, 자음: ein kleines r schreiben 소문자 r을 쓰다.
R = Rand 여백(가장자리); Reaumur (온도계의) 열씨(列氏).
ρ, P [roː] = Rho.
r. = rechts.
r, R = Radius 반지름.
R., Reg(t)., **Rgt.** = Regiment 연대.
¹Ra [raː], -s 이집트의 태양신.
²Ra: Radium 라듐.
Rabat [ra'baːt, (또한) ra'bat, (frz.) ra'ba] 라바트(모로코의 수도).
Rabatt [ra'bat], der; -(e)s, -e [ital. rabatto] 할인, 감가(減價), 값 깎기, 에누리: hohe(niedrige) -e 높은(낮은)(율의) 할인; bei Barzahlung gewähren wir R. 현금 지불시 할인한다. **Rabatte** [ra'batə], die; -n [niederl. rabat] 화단(花壇)[종종 길·풀밭의 경계로서]. **rabattieren** [raba'tiːrən] ⟨h⟩ [상] 할인(감가)하다, 에누리하다. **Rabattierung**, die; -en [상] ↑rabattieren의 명사형. **Rabattkartell**, das; -s, -e [경제] (여러 기업의) 할인 협정(合의). **Rabattmarke**, die; -n 할인권.
Rabatz [ra'bats], der; -es (통용어) **1.** 소음, 소란, 야단법석, 소동: was ist denn das hier für ein R.? 도대체 여기서 무슨 소란인가?; sie machten großen R. 그들은 큰 소동을 벌였다. **2.** 격렬한 항의(이의): die Atomkraftwerksgegner haben R. gemacht 원자력 발전소 반대자들이 격렬하게 항의했다.
Rabauke [ra'baukə], der; -n, -n [niederl. rabauw, rabaut] (통용어) 버릇없는 사람(특히 청소년), 불량배, 깡패.
Rabbi ['rabi], der; -(s), -nen [ra'biːnən], (또한) - [lat. rabbi < griech. rabbi < hebr. ravvī] **a)** ⟨Pl. 없음⟩ 랍비, 유태의 선생((율법)학자)의 칭호(존칭). **b)** 유태의 (율법)학자(선생). **Rabbinat** [rabi'naːt], das; -(e)s, -e 랍비의 직(위). **Rabbiner** [ra'biːnɐ], der; -s, - [lat. rabbinus, ↑Rabbi] 유태의 율법학자(신학자, 목사). **rabbinisch** ⟨Adj.⟩ : -e Sprache 랍비어(신 히브리말).
Räbchen ['rɛːpçən], das; -s, - **1.** ↑Rabe의 축소형. **2.** (지역적·대개 농) 악동. **Rabe** ['raːbə], der; -n, -n (축소형: ↑Räbchen) (까마귀과의) 크고 힘센 까마귀: ein zahmer R. 길든 큰 까마귀; **ein weißer R.** 기인, 별난 사람, 진기(珍奇), 희귀함; **schwarz wie ein R.** (wie die -n) (통용어) 1) 아주 어두운, 새까만. 2) (흔히 농) 아주 더러운, 흙탕으로 범벅이 된: **stehlen** ((경)) **klauen) wie ein R.** (wie die -n) (통용어) 자주(많이, 멋대로) 훔치다.
raben-, Raben-: **~aas**, das (폄·욕) 음험한(교활한) 사람: so ein R.! 저런 교활한 녀석! **~bein**, das [동물] 척추동물의 견갑골. **~eltern** ⟨Pl.⟩ (폄) 무정한 양친. **~krähe**, die (큰)까마귀. **~mutter**, die (까마귀에 대한 옛 민간 신앙에 따라) (자식을 등한히 하는) 무정한 어머니(어미). **~schnabelbein**, das, **~schnabelfortsatz**, der (까마귀의 부리와 유사함에 따라) [동물·해부] 오탁골, 오훼골, 오훼돌기. **~schwarz** ⟨Adj.⟩ 새까

만, 칠흑의. **~vater**, der (폄) 무정한 아버지(아비). **~vieh**, das, **~viech**, das (österr.·폄) ↑~aas. **~vogel**, der (까마귀과의 새(예컨대: Dohlen, Elstern, Krähen, Raben).
rabiat [ra'biaːt] ⟨Adj.⟩ [lat. rabiēs = Wut, Tollheit] **a)** 무분별한, 거친, 난폭한: ein -er Kerl 무분별한 녀석. **b)** 광란하는, 격분한, 사나운: sie schrie ihn r. an 그녀는 격분하여 그에게 소리쳤다. **c)** (드물게) 엄격한, 혹심한: eine -e Methode 엄격한 방법. **Rabiatheit**, die ↑rabiat의 명사형. **Rabies** ['raːbiɛs], die [lat. rabiēs] (드물게·의학) 광견병, 공수병(恐水病).
Rabitzdecke ['raːbɪts-], die; -n [↑Rabitzwand 참조] 라비츠 천장(지붕) (철망이 든 석회 천장(지붕)). **Rabitzwand**, die; ...wände [1878년 이 벽을 발명한 베를린의 벽돌공 K. Rabitz에 따라] [토건] 라비츠 벽(철망이 든 엷은 석회벽).
Rabulist [rabu'lɪst], der; -en, -en [lat. rabula] (교양어·폄) 법률 곡해자, 꼬치꼬치 캐는(따지는) 사람. **Rabulistik**, die (교양어·폄) 법률 곡해(자의 논증), 꼬치꼬치 캐기(따지기), 억지설을 늘어놓음. **rabulistisch** ⟨Adj.⟩ (교양어·폄) 법률 곡해의, 억지설을 늘어놓는, 꼬치꼬치 캐는(따지는).
Racemat usw.: ↑Razemat usw.
rach-, Rach- (↑rache-, Rache-도 참조): **~begierde**, die, **~gier**, die (격렬한 복수심(욕). **~rig** ⟨Adj.⟩ 복수심에 불타는, 복수욕에 찬. **~sucht**, die ⟨Pl. 없음⟩ (아어) ↑~gier. **~süchtig** ⟨Adj.⟩ (아어) 복수심에 찬: -e Gedanken 복수심.
Rache ['raxə], die 복수, 보복, 앙갚음, 분풀이, 징벌: eine grausame(blutige) R. 참혹한(유혈의) 복수; R. planen(schwören) 복수(보복)를 계획하다(맹세하다); R. üben (아어) 누구에게 복수하다; R. ist süß ((통용어·농)) ist Blutwurst) (대개는 진정이 아닌 위협으로) 복수할 테야; **die R. des kleinen Mannes** (통용어·농) 가벼운 보복(분풀이); **(an jmdm.) R. nehmen** (강조) 누구에게 복수하다.
rache-, Rache- (↑rach-, Rach-도 참조): **~akt**, der (아어) 복수 행위, 보복, 앙갚음. **~durst**, der (아어) ↑ Rachgier. **~dürstend**, **~durstig** ⟨Adj.⟩ (아어) ↑ rachgierig. **~engel**, der 징벌(복수)의 천사. **~gedanke**, der (대개 Pl.) 복수심, 원한: -n stiegen in ihm auf 복수심이 그의 마음 속에 일어났다. **~gefühl**, das (대개 Pl.) ↑~gedanke. **~geist**, der ↑~gedanke. **~gelüst**, das (대개 Pl.) (아어) 복수욕. **~gott**, der 복수의 신. **~göttin**, die 복수의 여신(↑~gott의 여성형). **~plan**, der 복수의 계획. **~schnaubend** ⟨Adj.⟩ (시어) ↑ rachsüchtig. **~schreiend** ⟨Adj.⟩ 복수하겠다고 외치는. **~schwur**, der (아어) 복수의 맹세.
Rachen ['raxn̩], der; -s, - **1.** (포유동물, 인간의) 인두(咽頭)(Pharynx), 인후(咽喉), 목구멍, 구강: der R. ist gerötet(schmerzt) 목구멍이 빨개져 있다(아프다). **2.** (벌린) 입, (큰 동물, 특히 맹수의) 아가리: der aufgerissene R. eines Löwen(eines Krokodils) 사자(악어)의 딱 벌린 입; [전의] der R. der Hölle (아어) 지옥의

심연; den R. weit aufreißen 허풍치다, 떠벌리다; **jmdm. den R. stopfen** 《경》1) 누구를 침묵시키다. 2) 누구의 욕심[욕망]을 만족시키다; **den R. nicht voll (genug) kriegen (können)** 《경》욕심이 한이 없다 《물릴 줄 모르다》; **jmdm. etw. aus dem. R. reißen** 《경》누구에게서 무엇을 빼앗다[탈취하다]; **jmdm. etw. in den R. werfen[schmeißen]** 《경》누구에게 너무 많은 돈을 주다(부자에게 더 많은 돈을 주다).

Rachen-: ~**blume, die** 【식물】1. 순형화관(脣形花冠). 2. 물꽈리아재비속(屬). ~**blüte, die** ↑~blume (1). ~**blütig** 〈Adj.〉순형(脣形)의, 개구상(開口狀)의. ~**blütler, der** 【식물】현삼과(玄蔘科) 식물. ~**bräune, die** 《준고어》↑Diphtherie. ~**enge, die** 【해부】구멍(口峽). ~**entzündung, die** 인후통(咽喉痛)(Angina), 인두염(咽頭炎). ~**förmig** 〈Adj.〉목구멍 모양의, 순형(脣形)의, 개구상(開口狀)의. ~**höhle, die** 인두강(咽頭腔). ~**katarrh, der** 【의학】인두 카타르[염] (Angina, Pharyngitis). ~**lehre, die** 【기술】캘리퍼스. ~**mandel, die** 인두편도선. ~**putzer, der** 《통용어·농》**a)** 매우 신 포도주. **b)** 독한 화주(火酒). ~**raum, der** ↑~höhle. ~**schnitt, der** 【의학】Pharyngotomie. ~**spiegel, der** 【의학】인두(내시)경(鏡)(Pharyngoskop). ~**tonsille, die** 【해부】↑~mandel.

rächen ['rɛçn̩] 〈h〉《고어·농》gerochen) **1. a)** 복수하다: sich fürchterlich[auf grausame Art] (an jmdm. für etw.) r. (누구에게 무엇에 대해) 혹독하게[무자비하게] 복수하다. **b)** (무엇에 대해) 보복[앙갚음]하다, 분풀이하다, 모욕을 가하다: eine Beleidigung[ein Verbrechen] r. 모욕을 앙갚음하다[범죄를 징벌하다]. **2.** 〈r. + sich〉나쁜 결과를 가져오다(초래하다), 벌 받다, 보복이 돌아오다: Fehler rächen sich 잘못은 벌을 받는다; es wird sich noch r. ..., daß du so leichtfertig mit diesen Dingen umgehst 네가 이 일들을 그렇게 가볍게 다루는 것은 좋지 않을 것이다. **Rächer, der; -s, -** 《아이》복수하는 사람, 징벌자. **Rächerin, die; -nen** ↑Rächer의 여성형.

Rachitis [ra'xi:tɪs, ra'xɪtɪs], die; ...itiden [...i'ti:dn̩; griech. rhachītis (nósos) = das Rückgrat betreffend(e Krankheit)] (비타민 D의 결핍으로 인한) 구루병(佝瘻病), 곱사병, 척추염. **rachitisch** [《또한》ra'xɪtɪʃ] 〈Adj.〉**a)** 곱사(구루)병을 앓는, 곱사병 증세가 있는; ein -es Kind 곱사병을 앓는 아이. **b)** 곱사동이의, 구루병의.

Racingreifen ['reɪsɪŋ-], der; -s, - (특히) 경주용 자동차 타이어.

Rack [rɛk, 《engl.》ræk], das; -s, -s [engl. rack] 스테레오(기계) 설치대[스탠드], 스테레오 레크, 선반.

Racke ['rakə], die; -n 《의성어》비둘기 크기의 다색의 새.

rackeln ['rakl̩n] 〈h〉《의성어》《사냥》(산짐 따위가 교미기에) 소리를 지르다[내다]. **Rackelwild, das; -(e)s** (산짐과에 속한) 뇌조(雷鳥)의 잡종.

Rackenvogel ['rakn-], der; -s, ...vögel 《동물》크고 오색찬란한 새(예컨대: Racken, Eisvögel).

Racker ['rakɐ], der; -s, - 《친근》못된 장난을 하는 사람 (특히 아이), 개구쟁이, 장난꾸러기, 건달, 불량배, 깡패: so ein R.! 저런 건달[개구쟁이]!. **Rackerei** [rakə'raɪ], 〈h〉《통용어》힘든 일을 하다, 혹사하다, 분골쇄신하다: für jmdn. schuften und r. 누구를 위해 부지런히 힘든 일을 하다.

¹Racket ['rɛkət, 'rakət], das; -s, -s [engl. racket < frz. raquette] 라켓(Tennisschläger).

²Racket ['rɛkət], das; -s, -s [engl. racket] (특히 미국에서) 범죄단, 갱단. **Racketeer** [rɛkə'tiːɐ̯], der; -s, -s [engl. racketeer] (특히 미국에서) 범죄자, 갱, 협박군(공

갈)자.

Rack-jobber ['rɛk'dʒɔbɐ], der; -s, - [amerik. rack jobber] 【경제】 랙 조버(↑Rack-jobbing 판매 형태를 사용하는 도매상 또는 생산자). **Rack-jobbing** ['rɛk-'dʒɔbɪŋ], das; -(s) [amerik. rack jobbing] 【경제】 랙 조빙 판매.

Raclette ['raklɛt, ra'klɛt], das; -s, -s 《또한》 das; -s, -s [frz. raclette] 라클렛(스위스 음식의 일종, 불에 녹인 치즈를 긁어 삶은 감자와 함께 먹음).

¹Rad [rat], das; -(s), - [engl. rad, radiation absorbed dosis의 약어] 래드(방사선의 흡수선량의 단위)(기호: rad, rd).

²Rad [raːt], das; -es, Räder ['rɛːdɐ] **1.** 《축소형: ↑Rädchen》바퀴, 수레바퀴: ein R. des Wagens ist gebrochen 차의 바퀴 하나가 부서졌다; ein R. am Auto austauschen[wechseln] 자동차의 바퀴 하나를 교환하다[바꾸다]; die Speichen[Felgen, die Achse] eines -es 바퀴의 살[테, 축]; das R. des Lebens 《아이》 인생의 수레바퀴; das R. der Geschichte[der Zeit] läßt sich nicht anhalten[nicht zurückdrehen] 《아이》 역사[시간]의 수레바퀴는 멈추게 할 수 없다[되돌릴 수 없다]; **das fünfte R.[fünftes R.] am Wagen sein** 《통용어》(어떤 사회, 집단, 회사 따위에서) 무용지물이다 《쓸모 없다》; **unter die Räder kommen** 《통용어》 (경제적, 윤리적으로) 파멸하다[영락하다]. **2.** 《축소형: ↑Rädchen》 《통용어》 톱니바퀴, 기계의 바퀴 모양의 부분: die Räder der Maschine surren[stehen still] 기계의 바퀴들이 윙윙거리다[정지해 있다]; **nur[bloß] ein R.[ein Rädchen] im Getriebe sein** 하위의 지위를 갖고 있다[평범한 직무를 갖고 있다]; **bei jmdm. ist ein R. [ein Rädchen] locker[fehlt ein R., ein Rädchen]** 《통용어》 누구는 정상이 아니다[머리가 좀 모자라다]. **3.** 《축소형: ↑Rädchen》 《Fahrrad의 약칭》 자전거: sich aufs R. schwingen 자전거에 훌쩍 뛰어오르다. **4.** 《중세의》 환형(輾刑)의 형차(刑車): 《jmdn. aufs R. binden[flechten, spannen] 누구를 환형(輾刑)에 처하다. **5.** 【체조】 손과 발을 한 간격으로 뻗고(원형을 그리며) 옆으로 재주넘기: ein R. am Boden[auf dem Schwebebalken] ausführen 마루에서[평균대 위에서] 손과 발을 뻗고 원형을 그리며 옆으로 재주넘기하다; **ein R. schlagen** 옆으로 재주넘기하다. **6.** (숫놈 새의) 원형[부채꼴 모양]으로 편 꼬리, 원형: das R. eines Pfaus 공작의 활짝 편 꼬리; **ein R. schlagen** 꼬리를 부채 모양으로 활짝 펴다.

rad-, Rad- 《↑Räder-도 참조》 ~**abweiser, der** 차량 제지기(剉止機). ~**achse, die** 【기술】 차축(車軸). ~**aufhängung, die** 〈Pl. 없음〉 (자동차) 차륜 현가(車輪繫架). ~**ball, der** 〈Pl. 없음〉 (스포츠) 자전거 구기(자전거의 바퀴로 가죽 공을 치는 공놀이). **2.** 자전거 구기에 사용하는 공. ~**baller, der** 자전거 구기(공기)를 하는 사람. ~**bruch, der** 【해양】 외륜(外輪)의 깨짐. ~**dampfer, der** 【해양】 외륜선 편 꼬리, 원형: 《Rad를 대문자로》 **1.** 자전거를 타고 가다: sie will r. lernen 그녀는 자전거 타기를 배우려고 한다. **2.** 《통용어·폄》 윗사람에게 공손(아부)하다(그러나 아랫사람에게 불친절하다[트집잡다]). ~**fahrer, der 1.** 자전거 타는 사람. **2.** 《통용어》 윗사람에게는 굽신거리고 아랫사람은 억누르는 (그로 인해 인기없는) 사람. ~**fahrerin, die** ↑~fahrer의 여성형. ~**fahrweg, der** ↑~weg. ~**felge, die** ↑Felge (1). ~**fenster, das** 【토건】 바퀴꼴·장미꽃꼴의 창문. ~**fernfahrt, die** 【스포츠】 장거리 자전거 경주. ~**förmig** 〈Adj.〉 바퀴꼴의. ~**gabel, die** ↑Gabel (3 c). ~**gehäuse, das** 《통용어》 (기선의) 외륜 덮개. ~**gelenk, das** 【해부】 회전 관절, 전동(全動) 관절. ~**kappe, die** (자동차의) 바퀴 덮개. ~**kasten, der**

[자동차] 예비 바퀴[스페어타이어] 칸. ~kranz, der [기술] a) 바퀴의 바깥 테두리. b) 톱니바퀴의 뾰족한 가장자리. ~kurve, die 《수학》 ↑Zykloide. ~last, die [기술] 자동차 바퀴의 압력. ~leier, die ↑Drehleier. ~macher, der [지역적] 수레 목수. ~mantel, der 1. ↑Mantel (3). 2. 《옛》 원형의 소매없는 외투. ~melde, die 작고 좁고 비단 같은 털이 달린 잎과 수수한 꽃이 피는 초본식물(Kochie). ~mutter, die 《자동차 바퀴를 고정시키는》 6각형 머리가 있는 큰 나사[6각 볼트]. ~nabe, die 바퀴통. ~netz, das [동물] 십자거미[왕거미]의 바퀴 모양의 거미줄. ~netzspinne, die ↑Kreuzspinne. ~partie, die 《준고어》 ↑~tour. ~polo, das 자전거 폴로(자전거 위에서 공을 치는 하키 비슷한 여자의 구기). ~rennbahn, die 자전거 경주로[장]. ~rennen, das 자전거 경주. ~rennfahrer, der 자전거 경주자. ~schlagen* 《분리에만 Rad는 대문자》 옆으로 재주넘기하다, 축회전하다. ~schläger, der [체조] 옆으로 재주넘기하는 사람. ~schuh, der 제동[브레이크] 발판, 제동기. ~sport, der 자전거 경기[경주]. ~sportler, der 자전거 경기[경주]자. ~stand, der ↑Achsstand. ~stern, der 수레바퀴의 별모양의 살. ~sturz, der ↑Achssturz. ~tour, die 자전거 소풍 [하이킹]. ~wanderung, die ↑~tour. ~wasser, das 물방아 돌리는 물. ~wechsel, der 자동차의 바퀴 교환[교체]. ~weg, der 자전거 길.

Radar [ra'daːr], das, 《또한》 'raːdaːr], -s, -e [amerik. radar, radio detecting and ranging의 약어] [기술] 1. 〈Pl. 없음〉 전파 탐지 기술[법]: den Standort von etw. durch R. (mittels -s) feststellen 무엇의 위치를 전파 탐지 기술에 의해 확인하다. 2. 레이더(장치) 전파 탐지기: das R. tastet den Luftraum ab 레이더가 공중을 탐지한다.

Radar- : ~**anlage**, die 레이더(장치). ~**astronomie**, die 전파 탐지법에 의한 천문 연구, 레이더 천문학. ~**bug**, der [항공] ↑Radom. ~**falle**, die 《통용어》 《자동차 운전자가 즉시 알 수 없는》 전파 탐지기에 의한 경찰의 속도검사. ~**gerät**, das 전파 탐지기[레이더]. ~**kontrolle**, die [교통] 전파 탐지기에 의한 경찰의 속도 검사. ~**meteorologie**, die 레이더 기상학. ~**nase**, die [항공] ↑Radom. ~**netz**, das 레이더망. ~**peilung**, die 레이더에 의한 위치[수심] 측정. ~**schirm**, der 레이더 스크린. ~**station**, die 레이더 관측소. ~**system**, das 레이더 시스템. ~**technik**, die ↑Funkmeßtechnik. ~**techniker**, der 레이더 기사 〈엔지니어〉, 전파 탐지 전문가. ~**wagen**, der 전파 속도 탐지기를 장치한 경찰차. ~**welle**, die 〈대개 Pl.〉[물리·기술] 레이더 전파.

Radau [ra'dau], der; -s 시끄러운 소리, 소음, 소란[소동], 야단 법석, 행패: der R. der Kinder[der Maschinen] war unerträglich 아이들[기계들]의 소음이 참을 수 없었다; R. machen(schlagen) 《통용어》 떠들어 대다, 행패를 부리다. **Radaubruder, Radaumacher, Radauschläger**, der 소란자, 소동자, 소요자, 행패자.

Rädchen ['rɛːtçən], das; -s, - / Rädchen [rɛːdvçən] 1. 〈Pl. -/ Räderchen〉 ↑²Rad(1~3)의 축소형. 2. 〈Pl. -〉 a) (반죽을 자르기 위한) 작은 회전 바퀴 〈도구〉. b) 종이 위에 절취선[재단본]을 긋기 위한 회전 톱니 바퀴 (도구).

Rade ['raːdə], die; -n 1. 【식물】 (패랭이꽃과에 속한) 큰 진홍색 꽃이 피는 식물. 2. ↑Kornrade의 약칭.

Radeber, die; -en, **Radeberge**, die; -n 《ostmd.》 바퀴가 하나의 손수레(Schubkarre).

radebrechen ['raːdəbrɛçn̩] (radebrecht, radebrechte, hat geradebrecht, zu radebrechen) 외국어를 서투르게 [더듬거리며] 말하다: sie radebrechte das Deutsche auf drollige Weise 그녀는 독일어를 우스꽝스럽게 더듬거리며 말했다.

Radehacke, die 《sächs.》↑Rodehacke.

radeln ['raːdl̩n] 〈s〉 《통용어·südd.··농》 a) 자전거를 타다[타고 있다]: wir sind 50 km geradelt 우리는 50 km 자전거를 탔다. b) 자전거를 타고 가다: durch den Wald[nach Hause] r. 숲을 통해[집으로] 자전거를 타고 가다. **rädeln** ['rɛːdl̩n] 〈h〉 1. 물결 모양의 가장자리가 있는 회전 바퀴 도구로 자르다[잘라내다]. 2. 톱니 가장자리가 있는 회전 바퀴 도구로 본을 뜨다: das Schnittmuster sorgfältig r. 톱니 가장자리가 있는 회전바퀴도구로 재단본을 조심스럽게 뜨다. **Rädelsführer** ['rɛːdl̩s-], der; -s, - (폄) (모반, 반란, 음모의) 주모자[지휘자], 괴수: der R. einer Bande 도당의 괴수; die R. bestrafen 주모자들을 처벌하라.

Räder- ['rɛːdɐ-] (↑rad-, Rad-도 참조): ~**dampfschiff**, das ↑Raddampfer. ~**fahrzeug**, das 바퀴로 움직이는 차량(선박). ~**getriebe**, das [기술] 톱니바퀴 전동 장치. ~**tier**, das 〈대개 Pl.〉【동물】윤충류(輪蟲類)(Rotatorien). ~**werk**, das (기계의) 톱니바퀴장치: das R. einer Uhr 시계의 장치; [전의] (폄) das R. der Justiz[der Behörden] 사법[관청]의 톱니장치.

Räderchen ['rɛːdɐrçən] ↑Rädchen (1)의 복수형. **-räderig**; -rädrig. **rädern** ['rɛːdɐn] 〈h〉 (중세에서) 환형(輪刑)에 처하다: **wie gerädert sein** 《통용어》녹초가 된.

Radi ['raːdi], der; -s, - [↑Rettich의 방언형] (bayr., österr.·통용어) 무(Rettich): **einen R. kriegen** (bayr., österr.·통용어) 질책 (비난)을 받다.

radial [ra'diaːl] 〈Adj.〉 [lat. radius] [특히 기술] 1. 방사선의, 방사상(狀)의, 복사상(輻射狀)의: ringförmig und r. verlaufende Straßen 원형과 방사상의 도로. 2. [해부] 요골(橈骨)의.

radial-, Radial- 〈~ / -〉: ~**arterie**, die [해부] 요골 동맥. ~**geschwindigkeit**, die [물리·천문] 동경(動徑) 속도, 시선 속도. ~**linie**, die 《österr.》방사상 도로(전차선 따위). ~**reifen**, der 레이디얼 타이어(Gürtelreifen). ~**symmetrie**, die [동물] 방사 대칭(Strahlensymmetrie). ~**symmetrisch** 〈Adj.〉방사 대칭의. ~**turbine**, die [기술] 방사류 터빈.

Radialität [radiali'tɛːt], die [↑radial] [특히 기술] 방사상의 배치[방향, 진행]. **Radiant** [ra'diant], der; -en, -en [lat. radiāns] 1. 〈수학〉 라디안(각의 단위)(기호: rad). 2. 〈천문〉 유성군의 복사점. **radiär** [ra'diɛːr] 〈Adj.〉 [frz. radiaire] 〈전문어〉 방사[복사]상의, 광선상의, 광선의. **Radiästhesie** [radiɛste'ziː], die [lat. radius u. griech. aísthēsis = Wahrnehmung] 방사감지(전자를 이용 땅 속에서 나오는 빛을 알아내는 능력). **Radiation** [radia'tsioːn], die; -en [lat. radiātio = das Strahlen] 방(복)사, 발광(發光). **Radiator** [ra'diaːtor, 《또한》…toːɐ], der; -s, -en [radia'toːrən] (중앙 난방의) 방열기[라디에이터].

Radicchio [ra'dɪkio], der; -s [ital. radicchio 치커리(Zichorie) 종류의 식물(잎은 샐러드로 쓰임).

Radien: ↑Radius의 복수형.

Radier- : ~**grund**, der [기술] 식각(蝕刻)판용 도포제(塗布劑). ~**gummi**, der; -s, -s 고무 지우개. ~**kunst**, die 부각술(腐刻術), 에칭. ~**messer**, das 글자 지우는 날카롭고 작은 칼. ~**nadel**, die 에칭용 철심(鐵針), 부각침(腐刻針).

radieren [ra'diːrən] 〈h〉 [lat. rādere = (aus)kratzen, (ab)schaben] 1. (글자 따위를) 지우다, 삭제하다: diese Tinte läßt sich nicht r. 이 잉크는 지워지지 않는다. 2. [미술] (동판에) 부각[식각]하다[에칭하다]: der Künstler hat viel radiert 그 예술가는 에칭을 많이 해왔다. **Radierer**, der; -s, - 식각사, 부식 동판 제작자. Ra-

dierung, die; -en [미술] **1.** ⟨Pl. 없음⟩ 부각술, 에칭. **2.** 부각[식각] 동판(화).

Radieschen [ra'diːsçən], das; -s, - **1.** 무(과 식물): R. anbauen 무를 재배하다; sich³ die R. von unten ansehen[besehen, betrachten] ⟨경⟩ 죽었다[땅에 묻혔다]. **2.** 무(뿌리).

radikal [radi'kaːl] ⟨Adj.⟩ [frz. radical] **1. a)** 뿌리까지의[완전한], 철저한, 근본적인: eine -e Umgestaltung [Änderung] der Lebensgewohnheiten 생활 습관의 철저한 개혁[변화]; ein -er Bruch mit der Vergangenheit 과거와의 완전한 결별. **b)** 단호한, 엄격한: sich in -er Weise jmds. entledigen 단호하게 누구에게서 빠져 나오다; r. gegen jmdn.[etw.] vorgehen 누구에게 [무엇에 대해] 엄격한 행동을 취하다. **2.** ⟨정치·사상계⟩ 급진적인, 극단적인, 과격한: der -e linke[rechte] Flügel einer Partei 정당의 극단적 좌익[우익]. **Radikal** [-], das; -s, -e **1.** [화학] 기(基), 원자단. **2.** [수학] 근(根).

Radikal-: **~essig**, der [화학] 빙초산. **~kur**, die 근본적 치료, 원인(근치)요법: er versuchte, mit einer R. gegen die Erkältung anzugehen 그는 감기에 대해 근본적 치료를 하려고 했다. **~mittel**, das 근본적 치료, 발본적 수단. **~operation**, die [의학] 근치적 수술.

Radikale' [radi'kaːlə], der / die 정치적 급진주의자(급진당원), 과격론자(극단론자). **Radikalenerlaß**, der 과격파 공직 금지령. **Radikalinski** [radika'linski], der; -s, -s ⟨통용어·폄⟩ 소요[폭동]을 일으키는 급진주의자(과격론자). **radikalisieren** [...liːziːrən] ⟨h⟩ 과격하게 하다, 급진화시키다; ⟨또한⟩ r. + sich⟩ nach welcher Richtung radikalisieren sie sich? 그들은 어떤 방향으로 과격화하는가? **Radikalisierung**, die; -en 급진화, 극단화, 과격화. **Radikalismus** [...'lismʊs], der; -, ...men **1.** 과격한 태도[입장], 극단적 태도[사고 방식]. **2.** ⟨정치적, 사상적⟩ 극단주의, 과격론, 급진주의. **Radikalist**, der; -en, -en ↑Radikale. **radikalistisch** ⟨Adj.⟩ 급진[극단]주의적, 과격한: sich r. gebärden 극단주의적 태도를 취하다. **Radikalität** [...liːtɛːt], die 과격(급진)성. **Radikand** [radi'kant], der; -en, -en [lat. rādicandus] [수학] 피개법수(被開法數).

Radio [ra'diːo], das; -s, -s [amerik. radio] **1.** das / der ⟨südd., schweiz.⟩ 라디오(청취기): das R. einschalten[ausschalten] 라디오를 켜다[끄다]; aus dem R. tönte Musik 라디오에서 음악이 흘러 나왔다. **2.** ⟨Pl. 없음⟩ **a)** 라디오(방송): er hört immer nur R. 그는 항상 라디오만 듣는다. **b)** ⟨관사 없이, 도시와 나라 이름과 결합하여⟩ 방송국: er arbeitet bei R. Bremen 그는 브레멘 방송국에서 일한다.

¹Radio- (Radio): **~amateur**, der 아마추어 무선사, ⟨자기가 조립하는⟩ 라디오 애호가. **~apparat**, der 라디오, 방송 수신기. **~durchsage**, die 라디오 보도. **~gerät**, das ↑~apparat. **~meldung**, die 라디오 방송. **~musik**, die 라디오 음악. **~phonie**, die 무선 전화(술). **~programm**, das ↑Rundfunkprogramm. **~recorder**, der 라디오 레코더(카세트 레코더와 라디오가 붙어 있는 기계). **~röhre**, die [기술] 진공(전자)관. **~sender**, der ↑Rundfunksender. **~sendung**, die ↑~meldung. **~sonde**, die [기술·기상] 무선 상층 기상 탐측기, 라디오 존데. **~sprecher**, der ↑Rundfunksprecher. **~sprecherin**, die ↑~sprecher의 여성형. **~station**, die ↑Rundfunkstation. **~technik**, die ⟨Pl. 없음⟩ ↑Rundfunktechnik. **~telefon**, das ↑Funktelefon. **~telefonie**, die ↑Radiophonie. **~telegrafie**, die ↑Funktelegrafie. **~wecker**, der 라디오 타이머, 시계 ⟨대개 Pl.⟩ [기술·물리] 전(자)파. **~zeit**, die ⟨통용어⟩ 라디오에서 알려주는 정확한 시간.

radio-, **²Radio-** [radi̯o-; lat. radius = Strahl] ⟨"광선, 발광(發光)"을 뜻하는 규정어로서, 예컨대⟩ **radioaktiv**, **Radiometer**, **Radiotherapie**. **radioaktiv** ⟨Adj.⟩ [특히 물리] 방사성(능)의, 방사능이 있는: -e Stoffe [Elemente] 방사능 물질[원소]; r. verseuchte Luft 방사능에 오염된 공기. **Radioaktivität**, die [특히 물리] **a)** 방사성(능), 원자핵 붕괴[변환]: künstliche R. 원자핵 인공 변환. **b)** 방사(능)선. **Radioastronomie**, die ⟨천문⟩ 전파 천문학. **radioastronomisch** ⟨Adj.⟩ ⟨천문⟩ 전파 천문학의. **Radiobiologie**, die ↑Strahlenbiologie. **Radiochemie**, die 방사(능) 화학. **radiochemisch** ⟨Adj.⟩ [물리·화학] 방사(능) 화학의. **Radioelement**, das; -(e)s, -e [화학] 방사능 원소. **Radiofenster**, das; -s ⟨천문·은어⟩ 전파 창문[탐문]. **Radiofrequenzstrahlung**, die; -en [천문·물리] 고주파 방사. **radiogen** ⟨Adj.⟩ [물리·화학] 방사능(붕괴)에 의해 생긴. **Radiogramm**, das; -s, -e **1.** 방사선[뢴트겐] 사진, 라디오 그램. **2.** ⟨옛⟩ 무선 전보[전신]. **Radiographie**, die **1.** 방사선[뢴트겐] 사진(술), 라디오 그래프. **2.** ⟨생물체 안의⟩ 방사능 조사. **Radioindikator**, der; -s, -en [기술·화학·물리·생물] 방사성 지시약. **Radiojodtest**, der; -(e)s, -s / -e [의학] 방사성 요드 검사[테스트]. **Radiokarbonmethode**, die [화학·지질] 라디오 카본 테스트(방사성 탄소의 함량에 의한 연대 측정법). **Radiolarie** [...'laːri̯ə], die; -n ⟨대개 Pl.⟩ ↑Strahlentierchen, **Radiolarienschlamm**, der [지질] 방산충 연니(放散蟲軟泥). **Radiolarit** [...laˈriːt, ...rɪt], der; -s [지질] 방산층 판암(板岩). **Radiologe**, der; -n, -n 방사선 전문의(사). **Radiologie**, die 방사선[X선]학[과]. **radiologisch** ⟨Adj.⟩ ⟨전문어⟩ 방사선[X선]학(과)의. **Radiometeorologie**, die 전파 기상학. **Radiometer**, das; -s, - [물리] 라디오 미터, 복사[방사]계. **Radiometrie**, die [물리] (열)복사 측정. **2.** 방사선 측정. **Radionuklid**, das; -(e)s, -e [핵물리] 방사성 핵종(核種). **Radioquelle**, die; -n [천문·은어] 전파원. **Radiostern**, der [천문·준고어] 전파별[성(星)]. **Radiostrahlung**, die; -en ↑Radiofrequenzstrahlung. **Radiosturm**, der; -(e)s, -stürme ⟨천문·은어⟩ 방사능 폭풍. **Radioteleskop**, das; -s, -e [천문] 전파 망원경. **Radiotherapie**, die [의학] 방사선 요법.

Radium [ˈraːdi̯ʊm], das; -s [lat. radius] [화학] 라듐(방사능 원소), ⟨약어: Ra⟩.

radium-, **Radium-**: **~bestrahlung**, die ⟨특히 옛⟩ 라듐 조사(照射). **~emanation**, die [화학] ↑Radon; ↑Emanation (3). **~haltig** ⟨Adj.⟩ 라듐을 함유한. **~therapie**, die ⟨Pl. 없음⟩ [의학] 라듐 요법.

Radius [ˈraːdi̯ʊs], der; -, ...ien [...i̯ən; lat. radius = Stab, Strahl] **1.** [수학] 반경, 반지름(약어: r): den R. eines Kreises berechnen 원의 반지름을 산출하다. **2.** 행동 반경(↑Aktionsradius (1, 2)의 약칭): der R. eines Schiffes 배의 행동 반경. **Radiusvektor**, der [수학·물리] 동경(動徑)(벡터).

Radix [ˈraːdɪks], die; ...izes [raˈdiːtseːs; lat. radix] **1.** [식물·약학] 뿌리(Wurzel). **2.** [해부] ⟨신경·기관·신체 부분의⟩ 뿌리, 근(根). **radizieren** [radiˈtsiːrən] ⟨h⟩ [수학] 어떤 수의 근(根)을 구하다.

Radler [ˈraːdlɐ], der; -s, - **1.** ↑Radfahrer (1). **2.** ⟨südd.⟩ (맥주와 레몬수로 만든) 청량 음료. **Radlermaß**, die ↑Radler (2). **Radlerin**, die; -, -nen ↑Radler (1)의 여성형.

Radom [raˈdoːm], das; -s, -s [engl. radome] 레이더 도움(덮개) (특히 항공기, 선박의 레이더의 보호용 덮개).

Radon [ˈraːdɔn, ⟨또한⟩ raˈdoːn], das; -s [화학] 라돈(방사성 원소), ⟨약어: Rn⟩; ↑Emanation (3), Radium-

-rädrig 1662

emanation).
-rädrig, 《드물게》-räderig [-rɛːd(ə)rɪç] 《다음의 합성어로, 예컨대》vierrad(e)rig 4륜의.
Radscha ['radʃa, 《또한》'raːdʒa], der; -s, -s [engl. raja(h)] **a)** 〈Pl. 없음〉인도의 제후 칭호. **b)** Radscha (a) 칭호를 가진 사람.
Radula ['raːdula], die; ...lae [...lɛ; lat. rādula] 《동물》(연체동물의) 치설(齒舌).
RAF = Rote-Armee-Fraktion (구서독의) 적군파(赤軍派).
R.A.F. = Royal Air Force 영국 공군.
Räf [rɛːf], das; -s, -e (schweiz.) ↑ ^{1,2}Reff.
raff-, Raff- (raffen) 《폄》: **~gier**, die 억제할 수 없는 소유욕, 탐욕, 탈취욕. **~gierig** 〈Adj.〉↑~gier의 형용사형. **~sucht**, die 〈Pl. 없음〉↑~gier. **~süchtig** 〈Adj.〉↑~gierig. **~zahn**, der 《통용어》**1.** (잇)앞니. **2.** 탐욕스런 사람, 욕심쟁이[꾸러기].
Raffel ['rafl], die; -n 《지역적》**1.** 갈퀴, 삼 따위를 훑는 빗. **2.** ↑Raffeleisen. **3.** 《폄》**a)** 흥하게 보이는 큰 입. **b)** 경솔한 입(말버릇), 수다. **c)** 잔소리하는(수다 떠는] 여자 노파. **Raffeleisen**, das 〈지역적〉(감자, 야채 따위를) 가는 부엌용구, 강판, 줄. **raffeln** ['rafln] 〈h〉〈지역적〉**1.** 딸랑 울리다(딸가닥 딸가닥) 소리나다(울리다). **2.** (과일, 야채를) 잘게 자르다, 문지르다, 깎다, 훑다. **3.** 《폄》수다 떨다, 재잘거리다, 잔소리하다.
raffen ['rafn] 〈h〉**1. a)** 《폄》탐욕스럽게 소유하다, 탈취하다. **b)** 무엇을 한꺼번에 급히 낚아채다: ich raffte mit zitternden Fingern die Kleider aus dem Schrank 나는 떨리는 손가락으로 옷장에서 급히 낚아챘다. **2.** 한데 모으다, 걷어 올리다, 주름지게 하다: sie raffte den Rock und rannte weiter 그 여자는 치마를 걷어 올리고 계속 달렸다. **3.** 요약하다: den Bericht r. 보고를 요약하다. **4.** 〈r. + sich〉재빠르게 일어서다. **raffig** ['rafɪç] 〈Adj.〉〈지역적·폄〉↑raffgierig.
Raffinade [rafi'naːdə], die; -n [frz. raffinade] 《전문어》정제 설탕. **Raffinage** [rafi'naːʒə], die; -n [frz. raffinage] (고어·아직 전문어》정제, 정련, 정화, 순화. **Raffinat** [rafi'naːt], das; -(e)s, -e 《전문어》정제된 제품. **Raffination** [rafina'tsi̯oːn], die; -en 《전문어》정제, 정련. **Raffinement** [rafinə'mãː], das; -s, -s [frz. raffinement] 《교양어》**1.** (특히 예술적, 기술적인 것에 관하여) 세련(미), 섬세, 우아, 정교: sein Roman beweist artistisches R. 그의 소설은 예술적 세련미를 보여 준다. **2.** 〈Pl. 없음〉↑Raffinesse (1). **Raffinerie** [rafinə'riː], die; -n [...ɪən; frz. raffinerie] 정제(정련)소, 정련 장치, 정유공장. **Raffineriegas**, das 정유소 가스. **Raffinesse** [rafi'nɛsə], die; -n **1.** 〈Pl. 없음〉《교양어》교활, 술책, 책략, 흉계: er scheiterte an der R. seines Kontrahenten 그는 그의 상대의 술책에 걸려 실패했다. **2.** 〈대개 Pl.〉↑Finesse (2). **Raffineur** [rafi'nøːɐ̯], der; -s, -e [제재기] 제재기(製材機). **Raffinieren** [rafi'niːrən] 〈h〉[frz. raffiner] 《전문어》**a)** (설탕·광석 따위를) 정제[정련]하다. **b)** (석유를) 정유하다: Rohöl zu Treibstoff r. 원유를 발동 재료(중유, 휘발유 등)로 정유하다. **Raffinierofen**, der 〈제련〉정련 용광로. **Raffinierstahl**, der 정련 강(鋼). **raffiniert** [rafi'niːɐ̯t] 〈Adj.〉**1. a)** 정제[정련]된; 정밀한, 세밀한: ein -er Plan 정밀한 계획. **b)** 교활한, 노회한: sie ist eine -e Person 그 여자는 교활한 사람이다. **2.** 세련된, 우아한. **Raffiniertheit**, die; -en **a)** 〈Pl. 없음〉정교, 세련, 교활. **b)** 《드물게》세련된 행동. **Raffinose** [rafi'noːzə], die [화학] 라피노스(사탕무, 면화씨 따위에서 얻은 희고 약간 달콤한 맛이 나는 가루).
Raffke ['rafkə], der; -s, -s 《통용어·폄》탐욕스런 사람, 욕심쟁이, (무식한) 벼락부자. **Raffung**, die; -en 탐욕,

탈취.
rafraîchieren [rafrɛ'ʃiːrən] 〈h〉[frz. rafraîchir] [요리] ↑abschrecken (2 b).
Raft [raːft], das; -s, -s [engl. raft] 뗏목, 부교.
Rag [ræg], der; -s ↑Ragtime의 약어.
Rage ['raːʒə], die [frz. rage] 《통용어》격노, 격분, (자제력을 잃은) 분노, 흥분 상태: **in R. sein** 격노해 있다; **jmdn. in R. bringen** 누구를 자제력을 잃을 정도로 격분시키다; **in R. kommen[geraten]** 자제력을 잃을 정도로 격분하다; **in der R.** 들뜬[서두른] 나머지: in der R. habe ich das vergessen 들뜬[서두른] 나머지 나는 그것을 잊었다.
ragen ['raːgn] 〈h〉우뚝[높이] 솟다, 돌출하다; 빼어[뛰어]나다, 두드러지다, 결출하다: vor uns ragt das Gebirge 우리 앞에 산맥이 우뚝 솟는다.
Ragione [ra'dʒoːnə], die; -n 〈schweiz.〉상업 등기부에 등록된 회사. **Ragionenbuch**, das 〈schweiz.〉상업 등기부에 등록된 회사들의 목록.
Raglan ['ragla(ː)n, 〈engl.〉'ræglən], der; -s, -s 라글란 (외투). **Raglanärmel**, der 〈대개 Pl.〉라글란식 소매 [슬리브]. **Raglanschnitt**, der 〈Pl. 없음〉라글란식 재단.
Ragnarök ['ragnarœk], die [aisl. ragna rök] [북구 신화] 세계의 멸망(몰락).
Ragout [ra'guː], das; -s, -s [frz. ragoût] [요리] 스튜 (양념한 고기를 찐 고기 요리), 라구(프랑스 요리). **Ragoût fin** [ragu'fɛ̃], das; - -, - -s [frz ragufɛ̃; frz. fin] [요리] 파이(또는 조개 껍데기 속에 구운) 스튜, 라구펭.
Ragtime ['rægtaɪm], der; - [engl.-amerik. ragtime] [음악] **a)** 래그타임(미국 흑인의 싱코페이션이 많은 음악 형태, 재즈 음악의 시초). **b)** 래그타임 리듬의 음악.
Ragwurz ['raːkvʊrʦ], die 중부 유럽산 난초과 식물(오색 꽃이 피고 곤충처럼 보임).
Rah, Rahe ['raː(ə)], die; Rahen [선원] (마스트의) 활대.
Rahm [raːm], der; -(e)s 〈südd., österr., schweiz.〉Sahne: **den R. abschöpfen** 《통용어》최대의 이익을 도모하다, 가장 좋은 것을 차지하다.
Rahm--- **apfel**, der [식물] (아열대 식물인) 번려자(蕃荔枝)의 과실(Chirimoya). **~butter**, die 크림 버터. **~käse**, der 크림 치즈. **~soße**, die 크림 소스.
Rähm [rɛːm], der; -(e)s -e [토건] (길고 수평한) 지붕들보. **Rähmchen** ['rɛːmçən], das; -s, - ↑Rahmen (1 a, c)의 축소형. **¹Rahmen** ['raːmən] 〈h〉↑einrahmen: gerahmte Fotos 틀에 낀 사진들.
²rahmen [-] 〈h〉〈südd., österr., schweiz.〉↑entrahmen: die Milch r. 우유에서 기름기(크림)를 빼내다.
Rahmen [-], der; -s, - **1. a)** 《축소형: ↑Rähmchen》(그림 따위의) 틀, 테, 테두리: die Fotografie aus dem R. nehmen 사진을 액자에서 빼내다. **b)** 창틀, 문틀, 문설주: sie stand im R. der Schlafzimmertür 그 여자는 침실 문설주에 서 있었다. **c)** 〈축소형: ↑Rähmchen〉(자)수틀, 캔버스틀: die Leinwand sitzt zu locker im R. 아마포가 틀에 너무 느슨하게 끼어 있다. **2. a)** [기술] (자동차, 기계 따위의) 틀, 뼈대, 프레임: der R. des Autos ist bei dem Unfall beschädigt worden 차체가 사고시 훼손되었다. **b)** ↑Fahrradrahmen의 약칭. **3.** 〈Pl. 없음〉**a)** 규격, 골자, 규범: **aus dem R. fallen** 일정한 규범 따위에서 크게 어긋나다; **nicht in den R. passen** 일정한 규격 따위와 일치하지 않는다. **b)** 범위, 윤곽, 환경, 경우: **im R.** 1) 범위 내에서: etw. im R. des Möglichen tun 가능한 범위 내에서 무엇을 하다. 2) 관련하여: sein Verhalten läßt sich nur im R. seiner Entwicklung verstehen 그의 태도는 그의 발전과 관련하여서만이 이해될 수 있다. 3) 진행 중에: im R. unse-

rer Veranstaltung 우리 행사의 진행 중에. c) 한정[한계]: einen zeitlichen R. setzen 시간적 한계를 정하다; im R. bleiben 일정한 한도를 벗어나지 않다; etw. im R. halten 무엇을 한정시키다; den R. sprengen 상궤를 크게 벗어나다. 4. 【문예】 (틀 소설의) 틀.

Rahmen-: ~**antenne**, die 【무선】 루프 안테나. ~**bau**, der 〈Pl. 없음〉 ↑Fachwerk (1 a). ~**bedingung**, die 【법】 한정 조건. ~**bestimmung**, die 개괄적[근본] 규정. ~**bruch**, der (자전거 따위의) 체대(차대) 파손. ~**erzählung**, die 【문예】 틀 소설(한 소설 속에 여러 개의 이야기가 들어있는 소설 형식). ~**genäht** 〈Adj.〉 《전문어》 (구두의) 봉합선이 있는. ~**gesetz**, das (다수의 법규를 총괄하는) 근본법, 원칙법, 외곽 법률(Manteigesetz). ~**naht**, die 《전문어》 (구두창과 외피를 잇는) 봉합선. ~**plan**, der (종합적) 기본 계획[마스터 플랜]. ~**programm**, das 보조 프로그램. ~**richtlinie**, die (대개 Pl.) (학교 교육의) 개괄적 원칙, 근본 방침. ~**tarif**, der ↑Manteltarif. ~**tarifvertrag**, der 총괄적 임금 계약, 외곽 계약.

rahmig ['ra:mɪç] 〈Adj.〉《südd., österr., schweiz.》↑ sahnig.

Rahmung, die; -en **1.** (드물게) ↑Rahmen (1). **2.** 틀에 끼움(Einrahmen).

rahn ['ra:n] 〈Adj.〉《지역적》 얇은, 훌쭉한, 가냘픈, 여윈.

Rahne ['ra:nə], die; -n《südd.》 빨강무(rote Rübe).

Rahsegel, das; -s, - 【선원】 활대에 맨 4각 돛, **Rahsegler**, der; -s, - 【선원】 활대에 맨 4각 돛을 단 범선.

Raid [reid], der; -s, -s [engl.(schott.) raid] 국한된 군사 작전, 기습, 습격.

Raife ['raifə], die; -n 【동물】 (곤충의 복부 말단부에 있는 한 쌍의) 돌기.

Raigras ['rai-], das; -es [1: engl. raygrass < niederl. raai u. engl. grass] **1.** ↑Lolch. **2.** 독보리속 호밀풀.

Raillerie [rajə'ri:], die; -n [...iən; frz. raillerie]《고어》 조롱, 야유, 농담.

Rain ['rain], der; -(e)s, -e **1.** 밭[논]둑, 논밭의 경계. **2.** 《südd., schweiz.》 비탈(Abhang), 언덕, 경사면, 산비탈. **rainen** ['rainən] 〈h〉《고어》 경계를 긋다, 구획하다, 한계를 긋다. **Rainfarn**, der 쑥국화. **Rainung**, die 《고어》 경작지 경계 확정. **Rainweide**, die ↑Liguster.

Raison [re'zɔː] ↑Räson.

rajolen [ra'jo:lən] 〈h〉↑rigolen.

Rake ['ra:kə] ↑Racke.

Rakel ['ra:k|], die; -n [frz. racle] 【인쇄】 **a)** (요판 인쇄 때 남은 색을) 닦아 내는[긁어 내는] 강판[연장]. **b)** (스크린 인쇄 때 스크린을 통해 색을) 문지르는 고무[나무]칼 모양의 도구.

räkeln ['rɛːk|n], sich: ↑rekeln, sich.

Rakeltiefdruck, der; -(e)s 【인쇄】 윤전 요판 인쇄[그라비아 인쇄].

Rakete [ra'keːtə], die; -n [ital. rocchetta] **1. a)** (군사 무기로 사용되는) 로켓: der Junge fegte wie eine R. davon 《통용어》 소년은 재빨리 달아났다; der Wagen geht ab wie eine R.《통용어》 그 자동차는 큰 속력을 가지고 있다. **b)** (우주 비행에 사용되는) 로켓, 분사식 엔진: eine R. in den Weltraum schießen 로켓을 우주 공간으로 쏘아 올린다. **2.** (로켓 모양의) 불꽃, 화전(火箭)-n stiegen in den Himmel und zerplatzten 불꽃이 하늘로 올라가 터졌다. **3.** (카니발 행사 때 내는 꽃불 같은) 열광의 환내함 소리.

raketen-, Raketen-: ~**abschußbasis**, die 【군】 로켓 발사 기지. ~**abschußrampe**, die ↑~startrampe. ~**abwehr**, die 【군】 로켓 방어. ~**antrieb**, der 【기술】 로켓[분사식] 추진(력). ~**apparat**, der 【해양】 (해난)구조(를 위한) 밧줄 발사기. ~**artig** 〈Adj.〉 **a)** 로켓과 비슷한, 로켓식의. **b)** 로켓처럼 빠른. ~**artillerie**, die 로켓 포병(대). ~**auto**, das 【기술】 로켓[분사식] 자동차. ~**basis**, die 【군】 ↑~abschußbasis. ~**bestückt** 〈Adj.〉: -e U-Boote 로켓으로 무장한 잠수함. ~**endstufe**, die 【기술】 (다단식) 로켓 추진의 최종 단계. ~**entwicklung**, die 로켓 발전. ~**flugzeug**, das 로켓[분사식] 비행기. ~**forscher**, der 로켓 연구가. ~**forschung**, die 로켓 연구. ~**geschoß**, das 【군】 ↑~waffe. ~**geschütz**, das 로켓 포. ~**getrieben** 〈Adj.〉 로켓에 의해 추진된. ~**kreuzer**, der 【군】 로켓을 장비한 순양함. ~**motor**, der ↑~triebwerk. ~**schlitten**, der 【기술】 (우주 여행 연구에서) 속도 영향 연구용 로켓 추진 궤도차. ~**schub**, der 【기술】 로켓 추진력. ~**sonde**, die 【우주】 (대기의 상층 연구용) 무인 탐색 로켓. ~**spitze**, die 로켓 탄두. ~**start**, der 로켓 발사. ~**startrampe**, die 로켓 발사대. ~**station**, die 【군】 ↑~abschußbasis. ~**stufe**, die 【기술】 다단식 로켓의 각 단(계). ~**stützpunkt**, der 【군】 ↑~abschußbasis. ~**technik**, die 로켓 기술. ~**träger**, der 【군】 로켓 장비 전함[차량, 탱크, 비행기]. ~**treibstoff**, der 로켓 발동재료[연료]. ~**triebwerk**, das 【기술】 로켓 연동기. ~**truppe**, die 【군】 로켓 부대. ~**waffe**, die 【군】 로켓 병기. ~**wagen**, der 【기술】 ↑~auto. ~**werfer**, der 【군】 로켓포(Nebelwerfer). ~**zeitalter**, das 로켓 시대. ~**zentrum**, das ↑~abschußbasis.

Rakett [ra'kɛt], das; -(e)s, -e / -s ↑¹Racket.

Raki ['ra:ki], der; -(s), -s [türk. rakı] (아니스와 건포도로 만든) 터키 화주.

rall. = ↑rallentando의 약어.

Ralle ['ralə], die; -n [frz. râle] 뜸부기(속).

rallentando [ralɛn'tando] 〈Adv.〉 [ital. rallentando] 【음악】 점점 느리게(약어: rall.).

ralliieren [rali'iːrən] 〈h〉 [frz. rallier] 《군·고어》 흩어진 군단을 모으다[재편성하다]. **Rallye** ['rali, 《또한》 'rɛli], die; -, -s /《schweiz.》 das; -, -s [engl., frz. rallye] 《스포츠》 랠리(자동차 경주의 일종): eine internationale R. gewinnen 국제 랠리에서 이기다. **Rally-Cross** [-krɔs], das; -, -e 랠리 크로스(모터 크로스와 비슷한 자동차 경주). **Rallyefahrer**, der; -s, - 랠리 선수.

Ramadan [rama'daːn], der; -(s) [arab. ramadān] 회교도의 사순절 달(회교력 제9월).

Ramaneffekt ['raːman-], der; -(e)s 【물리】 라만 효과(광선을 물질의 분자로 산란시키면 그 스펙트럼 속에 라만선이 나타남).

ramassiert [rama'siːɐt] 〈Adj.〉 [frz. ramassé] 《지역적》 땅딸막한, 작달막한.

Ramasuri [rama'zuːri], die;《또한》 Remasuri [re...], die 《österr.·통용어》 대혼란, 혼잡.

Rambouilletschaf [rabuˈjɛː-], das; -(e)s, -e [프랑스의 도시명 Rambouillet를 따라] 랑부에 양(양질의 털이 난 양).

Rambur [ram'buːɐ], der;-s, -e [프랑스의 지명 Rambures를 따라] ↑Winterrambur.

ramenten [ra'mɛntn], **ramentern** [ra'mɛntɐn] 〈h〉 《지역적》 떠들다, 시끄러운 소리를 내다.

Ramie [ra'miː], die; -n [...iən; engl. ramie] 라미, 모시풀(Chinagras). **Ramiefaser**, die 라미사(絲)(섬유).

Ramm [ram], der; -(e)s, -e《옛》 ↑Rammbug.

ramm-, Ramm-: ~**balken**, der ↑Rammbock (2). ~**bär**, der 【토건】 ↑²Bär. ~**bock**, der **1. a)** Schafbock, Widder. **b)** ↑¹Bulle(1 a), Stier. **2.** ↑Mauerbrecher. **3. a)** ↑~klotz. **b)** ↑Ramme. ~**bug**, der 《옛》 (군함의) 충각(衝角). ~**dösig** 〈Adj.〉

《경》 a) (머리가) 혼미한, 몽롱한, 흐릿한; 무감각한: in der Sonne r. werden 햇빛에 머리가 혼미해지다. b) 어리석은, 멍(청)한: stell dich doch nicht so r. an 그렇게 어리석은 체하지마. ~hammer, der [토건] ↑ ²Bär. ~klotz, der [토건] 말뚝 박는 메[망치], (흙을 다지는) 달구. ~maschine (비분리시): Rammaschine, die [토건] ↑ Ramme. ~pfahl, der [토건] 지면을 단단하게 하기 위해 박은 말뚝[기둥]. ~schädel, der 《경》 고집장이, 어리석은[완고한] 사람. ~sporn, der 〈Pl. -e〉 《옛》 (적함을 파괴하려고 군함의 뱃머리에 장치한) 충각.

Ramme ['ramə], die; -n [토건] (말뚝 박는) 메, 철퇴, 망치, 기계, (흙을 다지는) 달구. ¹Rammel ['ram], die; -n 〈고어〉 ↑ Ramme. ²Rammel [-], der; -s, - 〈bayr.・펌〉 버릇없는[조야한] 놈, 바보.

Rammel-: ~kiste, die 《속어》 침대(Bett). ~platz, der 《사냥》 교미 장소. ~zeit, die [사냥] 교미기.

Rammelei [ramə'lai], die; -en 발정, 교미; 싸움(질), 충돌. rammeln ['ramļn] 〈h〉 1. a) [사냥] (특히 토끼가) 교미하다. b) 《속어》 성교하다. 2. (통용어) 밀치며 나아가다: durchs Gebüsch r. 덤불을 뚫고 나아가다. 3. 〈r. + sich〉 《통용어》 a) 격투하다, (맞잡고) 싸우다: die Kinder haben sich auf dem Hof gerammelt 아이들이 뜰에서 맞잡고 싸웠다. b) 무엇에 부딪치다, 충돌하다: ich habe mich an der Eisenstange gerammelt 나는 철봉에 부딪쳤다. 4. (지역적) [무엇을] 심히[마구] 흔들다: an der Tür r. 문을 마구 흔들다. rammen ['ramən] 〈h〉 1. (무엇을 땅 따위에) 힘껏 (때려) 박다[찌르다], 땅을 쳐서 다지다: Pfähle in den Boden r. 말뚝을 땅에 박다. 2. a) 힘껏 무엇에 부딪뜨리다(부딪치다, 충돌하다): auf eine Mole r. 방파제에 부딪치다. b) (고의로) 차[배]의 옆을 (손상되도록) 부딪뜨리다. Ramming ['ramiŋ], die; -s [engl. ramming] [선원] 충돌 (Kollision). Rammler ['ramlɐ], der; -s, - [사냥] (토끼의) 수컷. Rammskopf ['rams-], der; -(e)s, -...köpfe 크게 구부러진[휘어진] 콧마루의 말머리. Rammsnase, die; -n (말의) 크게 구부러진[휘어진] 콧마루.

Rampe ['rampə], die; -n [frz. rampe] 1. a) (창고 옆의 차에서 짐싣고 내리는) 수평면, (철)판, 짐 싣는[내리는] 곳; 잔교(棧橋), 승강장. b) 경사면, 차 대는 곳, 비탈진 찻길: das Auto auf eine R. schieben 자동차를 비탈진 곳으로 밀다. c) ↑ Startrampe의 약칭. d) [등산] 가파른 암벽의 경사진 암붕(岩棚), 암벽의 선반같이 내민 넓은 부분. 2. [연극] 무대의 앞 가장자리: Den Beifall rief die Darsteller an die R. 박수갈채가 연기자들을 무대로 나오게 했다; (nicht) über die R. kommen [gehen] 청중에게 호평을 받다(받지 못하다), 성공하다(실패하다). Rampenlicht, das [연극] a) 《Pl. 없음》 무대 앞에 설치된 전등에 의한 빛, 각광: der Schauspieler trat ins R. 배우가 등장했다; im R.(der Öffentlichkeit) stehen[sein] 주목을 받다, 각광을 받다. b) 무대 앞에 설치된 (전)등.

ramponieren [rampo'niːrən] 〈h〉 《통용어》 손상시키다, 훼손하다, 파손시키다 《대개 과거분사형으로》 er ließ sich in den ramponierten Sessel fallen 그는 파손된 안락의자에 털썩 앉았다; ihr Selbstbewußtsein ist ziemlich ramponiert 그녀의 자부심이 상당히 손상되었다.

¹Ramsch [ramʃ], der; -(e)s, -e [frz. ramas] 《통용어・펌》 a) 팔다 남은 싸구려(떨이) 상품, (잡동사니) 찌꺼기, 투매품: im R. (ver)kaufen 다른 것과 함께 한꺼번에 몰아서 헐값[투매 가격]으로 사다(팔다). b) 가치없는 것, 잡동사니, 허접쓰레기, 고물. ²Ramsch [-], der; -(e)s, -e [카드] Skat 카드놀이의 한판 게임 《으뜸패를 적게 낸 사람이 이김》. ³Ramsch [-], der; -(e)s, -e《대학생・

옛》 결투의 약속[신청], 도전.

Ramsch- (¹Ramsch.) 《통용어・펌》: ~bude, die, ~laden, der 싸구려로 파는 상점(가게). ~preis, der 헐값, 투매 가격. ~verkauf, der 싸구려로 팔기, 투매. ~ware, die 싸구려(떨이) 상품, 투매품.

¹ramschen ['ramʃn] 〈h〉 《통용어・펌》 1. 떨이로 싸게 사다. 2. 탐욕스럽게 긁어 모으다(낚아채다). ²ramschen [-] 〈h〉 [카드] Skat 카드의 한판 게임(²Ramsch)을 하다. ³ramschen [-] 〈h〉《대학생・옛》 도전하다. Ramscher ['ramʃɐ], der; -s, - (통용어) 싸구려 상품을 (떨이로) 사는 사람.

ran [ran] 〈Adv.〉 (통용어) ↑ heran.

ran- (↑ heran-도 참조): ~gehen* 〈s〉 《통용어》 a) herangehen (1). b) 계획을 수행하기 위해 직접[단도직입적으로] 목표를 향해 가다. ~halten*, sich 〈h〉 《통용어》 (집중적으로 일하면서 동시에) 서두르다: Sie müssen sich tüchtig [ein bißchen] r. 당신은 힘을[약간] 서둘러야 합니다. ~kloppen 〈h〉 (nordd., md.) ↑ ~klotzen. ~klotzen 〈h〉 《경》 돈을 벌기 위해 (육체적으로) 중노동을 하다. ~kommen* 〈s〉 《통용어》 ↑ herankommen (1, 3). ~können* 〈h〉 《통용어》 ↑ herankönnen. ~kriegen 〈h〉 《통용어》 1. 누구에게 노력을 요하는 일을 맡기다, 누구를 꾀어 일을 하게 하다. 2. 누구로 하여금 그가 어떤 일에 책임을 지도록 요구[강요]하다. ~lassen* 〈h〉 1. 《통용어》 a) ↑ heranlassen (1). b) 누구에게 적소[알맞는 자리]에서 일하며 그의 능력을 인증[증명]할 기회를 주다: laßt den Nachwuchs ran! 후진 (後進)에게 기회를 주어라! 2. ↑ heranlassen (2). ~machen, sich 〈h〉《통용어》 ↑ heranmachen (1, 2). ~müssen* 〈h〉 《통용어》 ↑ heranmüssen. ~nehmen* 〈h〉 《통용어》 ↑ herannehmen. ~pirschen 〈h〉 《통용어》 ↑ heranpirschen, ~schaffen 〈h〉《통용어》 ↑ heranschaffen. ~schleichen* 〈s/h〉 《통용어》 ↑ heranschleichen. ~schleppen 〈h〉 《통용어》 ↑ heranschleppen. ~schmeißen*, sich 〈h〉 《통용어》 체면 없이 직접적으로 누구와 더 밀접하고 개인적인 접촉을 피하다. ~trauen, sich 〈h〉 《통용어》 ↑ herantrauen. ~wollen* 〈h〉 무엇을 착수[시작]하려 하다, 무엇을 다루려, 무엇에 관계하다.

Ranch [rɛntʃ, (또한) raːntʃ], die; -(e)s [amerik. ranch] 북아메리카의 목장(농장). Rancher ['rɛntʃɐ, 《또한》 raːntʃɐ], der; -s, -(s) [amerik. rancher] 북아메리카의 목장(농장)주(경영자).

¹Rand [rant], der; -(e)s, Ränder [rɛndɐ] 1. a) (한 면, 지역의) 가, 가장자리, 변두리, 외곽(지대): an südlichen R. der Stadt wohnen 도시의 남쪽 외곽 지대에 살다; am -e 덧붙여, 곁들여, 부차적으로(nebenbei): dieses Problem liegt mehr am -e 이 문제는 그렇게 중요하지 않다. b) (축소형) ↑ Rändchen) 테(두리), 울타리: eine Brille mit dicken Rändern 굵은 테를 한 안경; außer R. und Band geraten《통용어》1) 상규를 벗어나다, 방종하다. 2) 어떤 이유로 어쩔 줄을 모르다: vor Freude[Wut] ganz außer R. und Band geraten 기뻐서[분노로] 어쩔 줄을 모르다. 2. a) 〈축소형: ↑ Rändchen〉 (그릇, 위) 위쪽 끝: das Wasser schwappte über den R. der Wanne 물이 통 위로 흘러 넘쳤다; etw. versteht sich am -e 무엇이 자명하다. b) (심연, 절벽 따위의) 언저리: 전의 jmdn. an den R. des Wahnsinns[des Ruins] bringen 누구를 거의 미치게 하다[거의 파멸시키다]; am -e des Grabes (stehen) 죽음에 가까운(위독한) (상태다); jmdn. an den R. des Grabes bringen 누구를 거의 죽게 하다. 3. 〈축소형: ↑ Rändchen〉 (서류, 책 페이지 따위의) 여백, 난외 (欄外): etw. an den R. des Briefes schreiben 편지의 여백에 무엇을 쓰다. 4. 둥근 모양으로 생긴 것: er hatte

rote Ränder um die Augen 그는 눈가에 둥근 빨간 테가 있었다. **5.**《경》입(Mund), 주둥이: halt deinen R.! 입 닥쳐; Mensch, hat der einen R.! 제기랄, 허풍떠는군. **6. mit etw. (nicht) zu -e kommen** 무엇을 잘 해낼 수(성취할 수) 있다(없다); **mit jmdm. (nicht) zu -e kommen** 누구와 사이좋게 지내다(못 지내다).

²**Rand** [rænd], der; -s, -(s) 〈그러나: 5 Rand〉 [engl. Rand = Medaille, Schild] 남아프리카의 화폐 단위(1 Rand = 100 Cents)(약어: R).

rand-, Rand- (¹Rand): **~ausgleich**, der 타자 친 텍스트의 오른쪽 여백 조정(고르게 하기). **~beet**, das [Rabatte. **~bemerkung**, die **1.** 부수적 소견. **2.** 난외의 주석, 방주(傍註). **~bezirk**, der 변두리 지역. **~blüte**, die [식물] (영거시과에서) 주변화(周邊花). **~ereignis**, das 부수(중요치 않은) 사건. **~erscheinung**, die 부수(중요치 않은) 현상. **~feuer**, das [항공] 활주로의 경계 표시 조명[등]. **~figur**, die ↑Nebenfigur. **~gebiet**, das **1.** 변경, 변두리 지역, 교외. **2.** 중요치 않는 지역, 두메. **~gebirge**, das 변두리 산맥 (산악). **~glosse**, die ↑~bemerkung (2). **~gruppe**, die [사회] 사회적으로 격리(고립)된 집단(예컨대: 부랑자). **~lage**, die ↑~gebiet (1). **~leiste**, die 테두리, 둘레 장식; 윤곽용 장식. **~los** 〈Adj.〉 끝없는. **~löser**, der (타자기의) 폭 확장장치[마진 릴리스]. **~meer**, das [지리] ↑Nebenmeer. **~moräne**, die [지질] 빙하의 가장자리에 있는 빙퇴석(氷堆石). **~notiz**, die ↑~bemerkung (2). **~person**, die 사회적으로 격리[고립]된 인물. **~problem**, das 부수(중요치 않은) 문제. **~seiter** [-zaɪtɐ], der; -s, - [사회] 사회적 고립[격리]자. **~seitertum**, das; -s 사회적 격리[고립] (상태, 층). **~siedlung**, die 교외의 부락(소주택지). **~staat**, der 주변국, 위성국. **~ständig** 〈Adj.〉 [사회] 사회적으로 고립[격리]된 집단의. **~ständige**', der / die 〈대개 Pl.〉 [사회] 사회적으로 격리[고립]된 집단의 사람. **~ständigkeit**, die 사회적 격리[고립]. **~stein**, der ↑Bordstein. **~steller** [-ʃtɛlɐ], der; -s, - (타자기의) 여백 조절기. **~stellung**, die 중요치 않은 지위, 한직(閑職). **~störung**, die ↑~tief. **~streifen**, der 도로의 통행할 수 없는 선. **~tief**, das [기상] 저기압권의 지류. **~verzierung**, die 둘레 장식. **~voll** 〈Adj.〉 넘칠 듯이 가득 찬: 전의 er ist r. 그는 몹시 취했다. **~zeichnung**, die 난외의 삽화. **~zone**, die ↑~gebiet.

Randal [ran'daːl], der; -s, -e 〈대학생·고어〉야단법석, 소란, 소동, 행패. **Randale** [-], die 〈특히 다음 용법으로〉**R. machen**〈경〉↑**randalieren. randalieren** [randa'liːrən] 〈h〉(다른 사람들과 함께) 소란(소동)을 피우다, 법석을 떨다, 행패를 부리다: (명사화) Halbstarke wegen Randalierens verhaften 불량소년들을 소란을 이유로 체포하다. **Randalierer**, der; -s, - 소란 피우는 자.

Rändchen ['rɛntçən], das; -s, - ↑Rand (1 b, 2 a, 3)의 축소형.

Rande ['randə], die; -n 〈schweiz.〉사탕무(rote Rübe).

Rändel [rɛndl], das; -s, - (지역적) [기계] **1.** 룰레트 롤러(두 개의 톱니바퀴가 달린 공작 기계). **2.** (룰레트 롤러의) 톱니 달린 부분.

Rändel- [기계]: **~eisen**, das ↑Rändel. **~mutter**, die 〈Pl. ...muttern〉 톱니 모양 머리의 암나사. **~rad**, das 룰레트(톱니바퀴). **~schraube**, die 톱니 모양 머리의 나사.

rändeln ['rɛndln] 〈h〉(기계) (가장자리를) 톱니 모양으로 새기다, 톱니자국을 내다, 깔죽깔죽하게 하다. **Ränder**: ↑Rand의 복수형. **rändern** ['rɛndɐn] 〈h〉(드물게) ↑

장자리를 붙이다, 테를 두르다, 둘레 장식을 하다: in Blatt Papier r. 종이에 테두리를 하다; 〈대개 과거분사형으로〉ihre Augen waren rot gerändert 그녀의 눈언저리에 붉은 테가 났다. **-randig** [-randɪç] (다음의 합성어로, 예컨대) breitrandig 가장자리가 넓은.

randomisieren [randomiˈziːrən] 〈h〉 [engl.-amerik. to randomize] [통계] 우연히 뽑다, 우연히 선택하다. **Randomisierung**, die; -en randomisieren의 명사형.

Ranft [ranft], der; -(e)s, Ränfte ['rɛnftə] 〈축소형: ↑Ränftchen〉(지역적) **a)** 빵의 끄트머리, 자른 빵 조각. **b)** 빵 껍질. **Ränftchen** ['rɛnftçən], das; -s, - 〈(지역적)↑Ranft의 축소형.

rang [raŋ] ↑ringen 참조.

Rang [raŋ], der; -(e)s, Ränge ['rɛŋə]; frz. rang] **1.** 서열, 지위, 신분, 차례, 순서, 계급(Grad), 관등(官等), 위계(Würde), 작위, 고위, 고관: er hat den R. (ist, steht im R.) eines Generals 그는 장군의 신분이다; jmdm. den R. streitig machen 누구의 지위를 차지하려 하다 [누구와 겨루다]; **alles, was M. und Namen hat** 모든 명사(名士)들; **zu R. und Würden (Ehren) kommen** 영향력을 가지게〔유명하게〕되다. **2.**〈Pl. 없음〉품격, 우위, (일)류, 등급, 순위: diese Erzählung hat einen außerordentlichen künstlerischen R. 이 소설은 탁월한 예술적 수준을 갖고 있다; **von R. (sein)** 중요한(중요하다): ein Physiker von (hohem) R. 중요한(일류의) 물리학자; **ersten -es** 대단히 중요한: ein gesellschaftliches Ereignis ersten -es sein 대단히 중요한 사회적 사건이다. **3.** 관람석의 층(상석): einen Platz im zweiten R. haben 2등석에 자리를 갖다. **4.** (복권의) 당첨 등수. **5.**〔스포츠〕↑Platz (9). **6. jmdm. den R. ablaufen** 누구를 능가하다[누구보다 앞서다].

rang-, Rang-: **~abzeichen**, das 〈옛〉↑Dienstgradabzeichen. **~älteste**', der / die 고참, 같은 지위나 신분에 가장 오래 된 사람. **~erhöhung**, die ↑Beförderung (2). **~folge**, die ↑~ordnung. **~gleich**〈Adj.〉지위, 순위, 등수가 같은. **~höchste**', der / die 지위가 가장 높은 사람. **~höhere**', der / die 지위가 비교적 높은 사람. **~krone**, die 왕, 제후 등의 신분을 표시하는 관(冠). **~liste**, die **1.**〔스포츠〕순위표. **2.** 장교와 고위 관리의 명부. **~loge**, die 상등석. **~mäßig**〈Adj.〉지위, 서열에 의한, 등급순의. **~niedere**', der / die 지위가 낮은 사람. **~ordnung**, die 순위, 서열, 계급: in der R. die höchste Stufe einnehmen 순위에서 최고 지위를 차지하다. **~streit**, der 〈드물게〉↑streitigkeit. **~streitigkeit**, die 〈대개 Pl.〉순위[등급] 다툼. **~stufe**, die ↑~ordnung. **~unterschied**, der 지위, 신분, 계급의 차이(구별).

Range ['raŋə], die; -n / 〈드물게〉der; -n, -n 〈지역적〉 말썽꾸러기, 개구쟁이, 장난꾸러기, 말괄량이.

ränge ['rɛŋə] ↑ringen 참조.

Rangelei, die; -en 〈통용어〉싸움질, (그칠 줄 모르는) 격투(Balgerei).

rangeln ['raŋln] 〈h〉〈통용어〉맞잡고 싸우다, 격투하다: die Kinder rangelten (miteinander) 아이들이 맞붙어 싸웠다.

Ranger ['reɪndʒɐ], der; -s, -s [engl.-amerik. ranger] (미국에서) **1.** 특수 공격대원. **2.** 기마 순찰대원.

Rangier- [raŋ'ʒiːɐ̯-] der 전조(操車) 시설(장場). **~bahnhof**, der 전조(편성)역. **~gleis**, die 조차용 선로. **~lok**, **~lokomotive**, die 조차용 기관차. **~meister**, der 전조계장.

rangieren [raŋ'ʒiːrən], 〈드물게〉rāː'ʒiːrən] 〈h〉[frz. ranger] **1.** (열차를) 조차(操車)하다, 편성하다. **2.** 어떤 지위

[자리]를 차지하다: hinter [vor] jmdm. r. 누구의 뒷[앞] 자리를 차지하다. **3.** 《지역적》 무엇을 가지런히 하다, 정리[정돈, 배열] 하다: sie rangiert ihre Kleidung 그녀는 옷을 가지런히 한다. **Rangierer** [raŋˈʒiːrɐ], der; -s, - 철도 조차(操車)계]원. **Rangierung**, die 《드물게》《일정한》지위 획득, 자리를 차지함. **-rangig** [-raŋiç] 《다음의 합성어로, 예컨대》 erstrangig 일등의, 최상의.

Rangun [raŋˈguːn] 랑군(미얀마의 수도 양곤의 옛 이름).

rank [raŋk] 〈Adj.〉 《아어》 (특히 젊은이가) 날씬한 (schlank), 가냘픈, 유연한, 나긋나긋한, 날씬, 민첩한: ein Knabe von -em Wuchs 날씬한 몸매의 소년; 전의 -e Birken 쭉 뻗은 자작나무; **r. und schlank** 날씬하고 유연한.

Rank [-], der; -(e)s, Ränke [ˈrɛŋkə] **1.** 〈Pl.〉《아어·준고어》음모(Intrigen), 간계, 간책: auf Ränke sinnen 음모를 꾀[계획]하다; **Ränke schmieden** 《드물게》 **spinnen**) 음모를 꾸미다. **2.** (schweiz.) **a)** 길의 굴곡(만곡), 커브(Kurve). **b)** 책략(Kniff), 술책(Trick): den(rechten) R. finden 적합한 길[방책]을 찾다 [요령을 알게 되다].

Ranke [ˈraŋkə], die; -n [식물] 덩굴(손): die -n eines Weinstocks 포도나무의 덩굴.

Ränke: ↑Rank의 복수형.

ränke-, Ränke- 《아어·준고어》: **~schmied**, der 음모가. **~spiel**, das 음모, 술수, 책략, 간책. **~spinner**, der 음모[책략]가. **~sucht**, die 〈Pl. 없음〉 음모(꾸미기)를 좋아함. **~süchtig** 〈Adj.〉 음모를 좋아하는, 교활한, 술수를 부리는. **~voll** 〈Adj.〉 음모[술수]에 능한, 엉큼한, 맘놓을수 없는.

ranken [ˈraŋkn̩] **1. a)** 〈r. + sich〉 〈h〉 덩굴로 높이 자라다, 기어오르다, 휘감기다: an der Hauswand rankt sich wilder Wein in die Höhe 집의 벽을 타고 머루나무가 높이 자란다; 전의 um das alte Schloß ranken sich viele Sagen 《아어》 그 옛 성은 많은 전설의 중심지이다. **b)** 《드물게》 〈s〉 ↑ranken (1 a): über das Grab rankte Efeu 묘 위를 송악(Efeu) 덩굴이 휘감았다. **2.** 〈h〉 덩굴을 뻗다, 덩굴식물처럼 자라다.

Ranken [-], der; -s, - 《지역적》 거칠고 굵은 빵덩어리.

ranken-, Ranken- (Ranke): **~artig** 〈Adj.〉 덩굴 모양의. **~gewächs**, das 덩굴 식물. **~ornament**, das 덩굴 무늬. **~pflanze**, die ↑~gewächs. **~werk**, das 〈Pl. 없음〉 **a)** 서로 얽힌 많은 덩굴: eine von dichtem R. überwucherte Ruine 빽빽히 얽힌 덩굴로 뒤덮인 폐허. **b)** 소용돌이 무늬, 덩굴 무늬의 장식, 당초문(唐草紋).

Rankheit, die 《아어》 날씬함, 유연.

rankig [ˈraŋkɪç] 〈Adj.〉 덩굴(손)의, 덩굴 모양의, 덩굴로 자라는, 반요적인.

Ranküne [raŋˈkyːnə], die; -n [frz. rancune] 《교양어·준고어》**1.** 〈Pl. 없음〉 적개심, 원한, 앙심, 악의, 증오, 숙원(宿怨). **2.** 복수(행위).

rann [ran], **ränne** [ˈrɛnə] ↑rinnen 참조.

rannte [ˈrantə] ↑rennen 참조.

Ranula [ˈraːnula], die; ...lae [...lɛ: lat. rāna = Frosch] [의학] ↑Froschgeschwulst. **Ranunkel** [raˈnʊŋkl̩], die; -n [lat. rānunculus] [식물] 미나리아재비과(科) (Hahnenfuß). **Ranunkelstrauch**, der ↑Kerrie. **Ranunkulazeen** [...kulaˈtseːən] 〈Pl.〉 [식물] 미나리아재비과 식물(Hahnenfußgewächse).

Ränzchen [ˈrɛntsçən], das; -s, - ↑Ranzen (1, 2, 3)의 축소형.

Ränzel [ˈrɛntsl̩], das / (nordd.) der; -s, - 《고어》 작은 배낭: **sein R. schnüren(packen)** 1) 여장을 꾸리다. 2) 일자리를 떠나다.

¹**ranzen** [ˈrantsn̩] 〈h〉 [사냥] 교미[교접]하다, 발정하다.

²**ranzen** [-] 〈h〉 《경》 퉁명스럽게[큰소리로] 말하다, 호통치다, 꾸짖다.

Ranzen [-], der; -s, - **1.** 〈축소형: ↑Ränzchen〉 학교 가방, 란도셀. **2.** 〈축소형: ↑Ränzchen〉 《드물게》 배낭 (Rucksack, Tornister): er nimmt das Beil aus dem R. 그는 배낭에서 손도끼를 꺼낸다. **3.** 〈축소형: ↑Ränzchen〉 《경》 (뚱뚱한) 배(Bauch): sich den R. vollschlagen 《경》 아주 많이 먹다. **4.** 《경》 등 (Rücken): jmdm. eins auf den R. geben 누구를 때리다; **jmdm. den R. voll hauen** 누구를 마구 때리다; **den R. voll kriegen** 늘씬하게 맞다.

Ranzer [ˈrantsɐ], der; -s, - 《경》 ↑Anranzer.

ranzig [ˈrantsɪç] 〈Adj.〉 [niederd. ransig] (지방, 기름이) 썩어서 냄새[맛]가 고약한, 나쁜 맛과 악취가 나는: das Öl riecht(schmeckt) (leicht(etwas)) r. 기름이 썩어서 (약간) 냄새[맛]가 고약하다. **Ranzigkeit**, die ↑ ranzig의 명사형.

Ranzion [ranˈtsioːn], die; -en [niederd. ranzūn] 《옛》 (전쟁 포로나 나포된 배에 대한) 속전(贖錢), 몸값 (Lösegeld). **ranzionieren** [rantsioˈniːrən] 〈h〉 《옛》 몸값을 치루고 석방시키다(freikaufen).

Ranzzeit [ˈrants-], die; -en [↑¹ranzen] [사냥] 《맹수의》 교미[발정]기(期).

Rap [ræp], der; -(s), -s [engl. rap] (랩 음악에서 낭독조의 가요).

Rapfen [ˈrapfn̩], der; -s, - [동물] 잉어의 일종.

Raphiabast [ˈrafia-], der; -(e)s, -e [engl. raffia] 라피아 야자나무의 속껍질. **Raphiapalme**, die; -n 라피아 야자(나무).

Raphiden [raˈfiːdn̩] 〈Pl.〉 [griech. raphís = Nadel] [식물] (잎의 점액 세포 내에 있는) 침상(針狀) 결정(체), 침정(針晶).

rapid [raˈpiːt] 〈südd., österr.〉, **rapide** [raˈpiːdə] 〈Adj.〉 [frz. rapide] (특히 발전, 변화 따위가) 매우[놀라울 정도로] 빠른, 재빠른, 신속한: ein rapider Anstieg der Produktion 생산의 빠른 성장. **Rapidentwickler**, der 【사진】 급속 현상액. **Rapidität** [rapidiˈtɛːt], die [frz. rapidité] 《드물게·교양어》 신속, 급속, 빠르기: die Bevölkerung wächst mit einer erstaunlichen R. 인구가 놀라울 정도로 빠르게 증가한다. **rapido** [ˈraːpido] 〈Adv.〉 [ital. rapido] [음악] 매우[아주] 빠르게.

Rapier [raˈpiːɐ̯], das; -s, -e [frz. rapière] **a)** 《옛》 가볍고 가느다란 칼[검](의 일종). **b)** 《고어》 ↑Schläger (4).

rapieren [raˈpiːrən] 〈h〉 [frz. râper] **1.** 【요리】 **a)** 살코기를 (살가죽 따위에) 떠내다[썰어 내다]. **b)** 감자나 야채를 잘게 토막치다[썰다]. **2.** (코담배를 만들려고) 담뱃잎을 빻다. **Rapp** [rap], der; -s, -e 《방언》 포도송이의 (열매를 따고 남은) 줄기(↑Kamm 8). ¹**Rappe** [ˈrapə], die; -n [frz. râpe] **a)** 《westmd.》 (과일, 야채 따위를) 잘게 써는 강판[줄] (↑¹Raspel 2). **b)** 《westmd., südd.》 ↑Rapp.

²**Rappe** [-], der; -n, -n 가라말(털빛이 검은 말).

Rappel [ˈrapl̩], der; -s, - 《경》 **a)** 〈통용어·펌〉 발작, 발광, 정신 착란, 미친 듯한 열정, 망상: einen R. kriegen 미치다 [머리가 돌다]; den(seinen) R. bekommen 발광하다.

rappel-, Rappel-: **~dürr** 〈Adj.〉 《지역적·감정》 ↑klapperdürr. **~kasten**, der, **~kiste**, die 《통용어·펌》 ↑Klapperkasten. **~kopf**, der 《고어·펌》 **a)** 머리가 돈 사람. **b)** ↑Dickkopf (a). **c)** 성(화) 잘 내는 사람. **~köpfig, ~köpfisch** 〈Adj.〉 《고어·펌》 미친, 발광한, 고집스런, 화를 잘 내는. **~trocken** 〈Adj.〉 《지역적》 바싹 마른[건조한]: -es Holz 빠싹 마른 나무[목재].

Rappelchen [ˈrapl̩çən], das 《다음 용법으로》 (ein) R.

machen 《지역적·아동》 오줌 누다(urinieren). **rapp(e)lig** ['rap(ə)lɪç] 〈Adj.〉《지역적》**a)** 미친, 발광한: ganz r. im Kopf sein 머리가 완전히 돌다. **b)** ↑ klapprig (1). **c)** 불안한, 산만한: er ist ein schrecklich -es Kind 그는 아주 산만한 아이이다. **rappeln** ['rapḷn] **1.** 〈h〉《통용어》**a)** 덜커덩덜커덩《딸랑딸랑, 덜컥덜컥》 소리나다(내다): die Fensterläden rappeln im Sturm 창의 덧문이 폭풍에 덜컥덜컥 소리를 낸다; (벨인 첼) es rappelt an der Tür 문에서 덜커덕덜커덕 소리가 난다; **bei jmdm. rappelt es** 《경》 누가 제 정신이 아니다[머리가 돌았다]: bei dir rappelt's wohl 넌 머리가 좀 돈 모양이군. **b)** 흔들어 덜커덩덜커덩《딸랑딸랑》 소리를 나게 하다: ich rappelte an der Klinke 나는 문의 손잡이를 흔들어 달가닥 소리가 나게 했다. **2.** 〈s〉《통용어》 덜커덩 덜커덩《딸랑딸랑》 소리를 내며 움직이다: der Zug rappelt über die Weiche 기차가 달가닥달가닥 소리를 내며 전철기 위로 지나간다. **3.** 〈h〉 (österr.) 제 정신이 아니다, 미쳐 있다, 이상한 짓을 하다. **4.** 〈h〉《지역적·아동》 오줌 누다. **5.** 〈r. + sich〉〈h〉《통용어》**a)** 움직이다, 활동하다. **b)** 가까스로 일어나다(일어서다): sich aus dem Bett r. 침대에서 간신히 일어나다. **6. gerappelt voll** 가득 찬.

rappen ['rapn̩] 〈h〉《westmd.》 강판으로 잘게 썰다.
Rappen [-], der; -s, - 스위스의 화폐 단위(100 Rappen = 1 Franken) 《약어: Rp.》. **Rappenspalter**, der 《schweiz.·펌》 구두쇠, 수전노, 욕심 꾸러기. **rappenspalterisch** 〈Adj.〉《schweiz.·펌》 구두쇠의, 욕심을 탐내는, 욕심부리는. **Rappenstück**, das 동전(Rappen). **Räppler** ['rɛplɐ], der; -s, - 《schweiz.》 ↑Rappenstück: keinen R. mehr haben 한 푼도 없다. **Räppli** ['rɛpli], das; -s, - 《schweiz.·농》 ↑ Rappen.
rapplig: ↑rapp(e)lig.
Rapport [ra'pɔrt], der; -s, -e [frz. rapport] **1.** 〈상관에게 하는 업무상의〉 보고(서), 복명: jmdm. R. erstatten 보고하다; er wurde von seinem Minister zum R. befohlen 그는 장관으로부터 보고하라는 명령을 받았다. **2. a)** (교양어·준고어) 〈상호〉 관계, 관련. **b)** 〈심리〉 두 사람《특히 정신분석가와 환자 따위》 사이의 강한 심리적 접촉(관계), 교감, 소통성, 신뢰(감): mit jmdm. in R. stehen 누구와 교감하고 있다. **3.** 〈예술〉 **a)** 〈직물, 양탄자에서〉 무늬의 반복, 순환. **b)** 무늬의 모티브(Motiv).
rapportieren [rapɔr'ti:rən] 〈h〉 [frz. rapporter] **1.** (준고어) 보고하다, 알리다, 전달하다: jmdm. r. 누구에게 보고하다; (jmdm.) etw. r (누구에게) 무엇을 믿고하다. **2.** (전문어) 《무늬의 한 모티브에 의해》 계속 반복되다.
Rappschimmel, der; -s, - 가라말(²Rappe)로 태어나 아직 완전히 하얗지 않은 백마(Schimmel).
Raps [raps], der; -es, -e [niederd. rapsād] **1.** [식물] 평지. **2.** 평지의 씨.
Raps-: **~acker**, der 평지밭. **~blüte**, die **a)** 평지꽃. **b)** (Pl. 없음) 평지꽃의 핌: zur Zeit der R. 평지꽃이 필 때. **~feld**, das 평지밭. **~kuchen**, der 〔농업〕 평지 기름을 짜낸 찌꺼기. **~öl**, das 평지의 기름, 채종유(菜種油). **~pflanze**, die [식물] 평지(식물). **~saat**, die 평지 씨앗. **~samen**, der 평지 씨.
rapschen ['rapʃn̩], **rapsen** ['rapsn̩] 〈h〉《지역적》 ↑ grapschen (a).
Raptus ['raptʊs], der; -, - [tu:s] /-se [lat. raptus] **1.** (Pl. Raptus) [의학] 갑작스런 격분, 발작. **2.** 《드물게》 Pl. -se) 《교양어·농》 ↑ Rappel.
Rapünzchen [ra'pʏntsçən], das; -s, - 《대개 Pl.》《지역적》 ↑Rapunzel. **Rapünzelsalat**, der 《지역적》 들상치샐러드. **Rapunze** [ra'pʊntsə], **Rapunzel** [ra'pʊntsl̩], die; -n 《대개 Pl.》 [lat. rapuncium, rapun-

tium] 들상치(Feldsalat). **Rapunzelsalat**, der 들상치 샐러드.
Rapusche [ra'puːʃə], **Rapuse** [ra'puːzə], die 《다음 용법으로》 **in die R. kommen(gehen)** 《지역적》 (혼란 속에) 없어지다, 잃다: mein Radiergummi ist in die R. gekommen 내 지우개가 없어졌다; **in die R. geben** 《지역적》 포기하다, 버리다.
rar [raːɐ̯] 〈Adj.〉 [frz. rare] **a)** 적은((소)량의), 희소한, 희귀한, 손에 넣기 어려운, 구하기 힘든, 값비싼: eine -e Briefmarke 희귀한 우표; schöne Mädchen sind in dieser Stadt r. 아름다운 소녀가 이 도시에는 적다; **sich r. machen** 《통용어》 좀처럼 나타나지 않다. **b)** 《드물게》 드문, 드물게 나타나는(일어나는, 생기는), 유례없는: eine -e Gelegenheit 드물게 생긴 기회; Erdbeben sind hier (glücklicherweise) r. 여기서는 (다행히) 지진이 드물다. **Rara**: ↑Rarum의 복수형. **Rarissimum** [ra'rɪsimʊm], das; -s, ...ma 《대개 Pl.》《전문어》 희귀한 것 (특히 책)(↑Rarum). **Rarität** [rari'tɛːt], die; -en [lat. rāritās = Seltenheit] **1.** 《드물게》 드묾, 희귀, 진귀. **2.** 최소한[희귀한, 구하기 힘든, 드문] 것: große Wohnungen sind in der Innenstadt eine R. 큰 집들은 도심에서는 희소하다. **b)** 드문[희소한, 희귀한] 일: Schneefälle sind in diesen Breiten eine R. 눈 내리는 것이 이 지역에서는 드문 일이다. **3.** 희귀품, 진(귀)품, 골동품, 수집 대상품: diese Briefmarke ist eine ausgesprochene R. 이 우표는 그야말로 희귀품이다.
Raritäten-: **~kabinett**, das 골동품[진귀품] 보관(진열)실. **~sammler**, der 골동품[희귀품] 수집가. **~sammlung**, die 골동품[희귀품] 수집.
Rarum ['raːrʊm], das; -s, Rara 《대개 Pl.》 [lat. rārum] 《전문어》 희귀한 것(특히 책)(↑Rarissimum).
rasant [ra'zant] 〈Adj.〉 [frz. rasant] **1.** 《통용어》 **a)** (기막히게) 빠른, 눈에 띄게 빠른, 번개 같은: seine -e Fahrweise 그의 기막히게 빠른 운전. **b)** (특히 자동차의) 날렵하게 생긴: ein -er Sportwagen 날렵하게 생긴 스포츠카. **c)** (특히 사건, 발전의) 급속도의, 신속한, 맹렬한: die Bevölkerung nimmt r. zu 인구는 급속도로 증가한다. **d)** 굉장한, 대단한: eine -e Show 굉장한 쇼. **e)** 감동을 주는, 훌륭한: sie trug ein -es Sommerkleid 그녀는 훌륭한 여름옷을 입었다. **2.** [탄도] **a)** 〈탄도의〉 편평한, 수평의, 직선의. **b)** (탄환, 날으는 물체의) 직선을 그리고 매우 빨리 날으는. **Rasanz** [...ts], die **1.** 《통용어》 **a)** 〈놀라운 정도로〉 빠름, 신속: mit R. in die Kurve gehen 빠르게 커브를 돌다. **b)** 《드물게》 날렵한 모습. **c)** (사건, 발전의) 경이적 빠름: die atemberaubende R. dieser Entwicklung 이 숨가쁘게 빠른 발전. **d)** (속도, 긴장 따위에) 의한 매료, 굉장함, 웅장: eine Show voller R. 굉장한 쇼; sie war eine Frau von seltener R. 그녀는 드물게 보는 훌륭한 여성이다. **2.** [탄도] **a)** 탄도의 수평(직선) 진행. **b)** 물체의 직선상의 빠른 비행(날기).
rasaunen [ra'zaʊnən] 〈h〉《지역적》 **a)** 떠들다, 야단법석하다. **b)** 떠들며(야단 법석하며) 나아가다.
rasch [raʃ] 〈Adj.〉 **1. a)** (움직임이) 빠른, 신속한, 민첩한: er hat einen -en Gang 그는 발걸음이 빠르다. **b)** ↑ schnell (1 b): ein -er Entschluß 빨리 내린 결정; sich r. ausbreiten 급속히 퍼지다; so r. macht ihm das keiner nach 누구도 그렇게 쉽게 그를 흉내내어 그것을 하지 못한다. **2.** ↑ schnell (4): -es Handeln ist erforderlich 민첩한 행동이 필요하다; er ist nicht sehr r. 그는 일이 약간 느리다; das geht mir zu r. 나는 따라가지 못한다; er muß noch r. zur Bank gehen 그는 아직도 급히 은행에 가야 한다.
rasch-, Rasch- 《드물게》: **~füßig** 〈Adj.〉 ↑ schnellfüßig. **~füßigkeit**, die ↑ ~füßig의 명사형. **~lebig** 〈Adj.〉 ↑schnellebig. **~lebigkeit**, die ↑ ~lebig의

명사형. ~wüchsig 〈Adj.〉 ↑schnellwüchsig.
~wüchsigkeit, die ↑~wüchsig의 명사형.
Raschelmaschine ['raʃ-]-], die; -n [섬유] 라셀 편물기계(여러 무늬가 만들어지는 편물 기계).
rascheln ['raʃln] 〈h〉 **a)** 바스락바스락[바삭바삭] 소리가 나다, 바스락거리다: das Laub raschelt im Wind 나뭇잎이 바람에 바스락거린다; raschelnde Seidengewänder 바스락거리는 명주옷; 〈비인칭〉 es raschelte im Stroh 짚에서 바스락 소리가 났다. **b)** 바스락[바삭] 거리는 소리를 내다: unter den Dielen raschelt eine Maus 마루바닥 아래에서 쥐가 바스락 소리를 낸다.
raschest ['raʃəst] 〈Adj.〉 〈↑rasch의 최상급〉(österr.) ↑raschestens, **raschestens** ['raʃəstṇs] 〈Adv.〉 가능한 한 빨리[곧], 즉시로. **Raschheit**, die 신속, 민첩, 빠름.
rasen ['raːzṇ] **1.** 〈s〉 《통용어》 매우 빠르게[급히] 움직여 나아가다, 고속으로 달리다, 질주[돌진]하다: mit ihm gehe ich nicht gern spazieren, er rast immer so《과장·폄》나는 그와 산책가기를 좋아하지 않는다, 그는 항상 너무 빨리 걷는다; Autofahrern, die so rasen, sollte man den Führerschein abnehmen《폄》그렇게 무책임하게 차를 모는 운전자에게서는 운전 면허증을 빼앗아야 한다; er ist mit seinem Wagen gegen einen Baum gerast 그는 그의 자동차로 나무 쪽으로 돌진했다; 〈전의〉 die Zeit rast 시간이 아주 빨리 지나간다; sein Puls raste 그의 맥박이 몹시 빨리 뛰었다. **2.** 〈h〉 정신이 없다, 미친 듯 날뛰다, 미친 날뛰다, 광란하다: vor Wut [im Fieber] r. 분노로 제 정신이 아니다[열병으로 의식을 잃고 있다]; das Publikum raste (vor Begeisterung) 청중이 (열광하여) 미친 듯이 날뛰었다; die Schmerzen machen mich rasend 고통이 나를 미치게 한다; 〈전의〉 ein Sturm [die See] raste in jener Nacht 폭풍[바다]이 그날 밤 행위를 떨쳤다.
Rasen [-], der; -s, - **1.** 잔디(떼), 잔디밭: den R. pflegen 잔디밭을 가꾸다; einen R. anlegen 잔디를 입히다; nach dem Foul mußte der Spieler den R. verlassen 《스포츠·완어》반칙을 범한 후 그 선수는 경기장을 떠나야 했다; **jmdn. deckt der kühle (grüne) R.** 《아어·완어》누가 죽어서 묻혀 있다; **unter den [unterm] R. ruhen** 《아어·완어》죽어 묻혀 있다. **jmdn. unter den R. bringen** 《은페》누구를 죽게 하다. **2.** 〈광〉 지표(지구의 표면).
rasen-, Rasen-: ~**bank**, die 〈Pl. -bänke〉 《준고어》 잔디의자(잔디가 자란 앉기에 알맞는 곳). ~**bedeckt** 〈Adj.〉 잔디로 뒤덮인. ~**besen**, der ↑Fächerbesen. ~**bewachsen** 〈Adj.〉 잔디가 난. ~**decke**, die 잔디로 빽빽이 덮인 땅. ~**dünger**, der 잔디용 비료. ~**eisenerz**, das, ~**eisenstein**, der 〈화학〉 소철광(沼鐵鑛). ~**fläche**, die 잔디가 난 평지, 잔디밭. ~**garten**, der 잔디밭 정원. ~**hängebank**, die 〈광〉(지표에 접한) 수갱 언저리[주변]. ~**mäher**, der, ~**mähmaschine**, die 잔디 깎는 기계. ~**narbe**, die 잔디가 빽빽이 자란 땅. ~**pflege**, die 잔디 재배[가꾸기]. ~**plagge**, die (nordd.) ↑Plagge (2). ~**platte**, die ↑~sode, ~**platz**, der **1.** ↑Rasenfläche. **2.** [스포츠] 잔디 운동장. ~**schere**, die 잔디 깎는 가위. ~**sode**, die (nordd.) (잔디) 뗏장. ~**spiel**, das 그 잔디밭 경기. ~**sport**, der 잔디밭에서 하는 모든 스포츠. ~**sprenger**, der 잔디밭 살수기. ~**streifen**, der 잔디 선(線)(줄). ~**stück**, das 잔디가 난 작은 부분, 잔디 떼[뗏장]. ~**tennis**, das 잔디밭에서 하는 테니스(Lawn-Tennis). ~**teppich**, der 《아어》 융단 같은 잔디밭.
rasend ['raːzṇt] 〈Adj.〉 **1.** 매우 빠른, 맹렬한: in -er Geschwindigkeit 맹렬한 속도로. **2.** 〈a〉 매우 강한, 격렬한, 심한, 미친 듯한: -e Schmerzen 심한 고통. **b)** 《형용사·분사의 강조》《통용어》매우, 극도로, 엄청나게: das

war r. teuer 그것은 엄청나게 비쌌다.
¹**Raser** ['raːzɐ], der; -s, - 《통용어·폄》(자동차 등의) 과속 운전자, 폭주자.
²**Raser** ['reːzɐ], der; -s, - [engl.-amerik. raser, ratio amplification by stimulated emission of radiation의 약칭] [물리] 뢴트겐 선의 증폭 장치[발생 강화기].
Raserei [raːzəˈraɪ], die; -en **1.** 〈Pl. 없음〉 광란, 광기, 미친 짓, 미치광이의 행위: er bringt[treibt] mich noch zur R. 그는 나를 미치게 한다; er liebt sie bis zur R.《감정적 과장》그는 그녀를 열렬히 사랑한다. **2.** 《통용어·폄》질주, 돌진, 과속 운전: mit deiner blödsinnigen R. gefährdest du dich und andere 너의 어리석은 과속 운전으로 너는 너 자신과 다른 사람들을 위태롭게 한다.
Rasier-: ~**apparat**, der **1.** 안전 면도기. **2.** (작은) 전기 면도기: eine Steckdose für den R. 전기 면도기의 소켓. ~**creme**, die 면도용 크림. ~**flechte**, die 백선(白癬)[버짐]. ~**klinge**, die 안전 면도날: **scharf wie eine R. sein**《경》 정욕에 가득 차 있다[색정적이다]. ~**krem**, die ↑~creme의 독일어화. ~**messer**, das 《주머니 칼처럼 접는》면도칼: **scharf wie ein R. sein**《경》정욕에 가득 차 있다[색정적이다]. ~**pinsel**, der 면도솔. ~**schaum**, der 면도 비누거품. ~**seife**, die 면도 비누. ~**sitz**, der 영화관의 제1열에 있는 (값이 싼) 좌석 (제1열에서는 면도할 때처럼 고개를 뒤로 젖혀야 하기 때문). ~**spiegel**, der 면도용 거울. ~**wasser**, das 면도용 화장수. ~**zeug**, das 면도 도구.
rasieren [raˈziːrən] 〈h〉 **1. a)** 면도하다: jmdn. r. 누구를 면도하다: ich habe mich gründlich rasiert 나는 철저히 면도했다; er hat sich beim Rasieren geschnitten 그는 면도할 때 상처를 입었다. **b)** 깎다: jmdm. den Bart r. 누구의 수염을 깎다. **c)** 면도기[칼]의 털을 깎다: sich die Beine r. (자신의) 다리의 털을 깎다. **d)** 털을 깎아 생기게 하다: sich eine Glatze r. 자신의 털을 깎아 대머리가 되게 하다. **2.** 《경》속임수를 쓰다, 속이다: jmdn. beim Pokern r. 포커놀이 때 누구를 속이다. **3.** 땅을 고르다[평평하게 하다], 완전히 파괴하다, 분쇄하다: der Wagen geriet ins Schleudern und rasierte einen Laternenpfahl 자동차가 튕기어 가로등 기둥을 쓰러뜨렸다. **Rasierer**, der 《통용어》 전기 면도기.
rasig ['raːzɪç] 〈Adj.〉 《드물게》 잔디가 난: ein -es Ufer 잔디가 깔린 강가.
Räson [rɛˈzɔŋ, reˈzɔː], die [frz. raison] 《다음 용법으로》 **zur R. kommen**《(준고어)》 **R. annehmen** 누구의 기대[요구]에 어긋나지 않게 행동하다, 도리를 따르다, 분별[이성]있게 행동하다; **jmdn. zur R. bringen** 누구를 타일러 이성[분별]있는 행동을 하게 하다. **Räsoneur** [rɛzoˈnøːɐ], der; -s, -e [frz. raisonneur] 《교양어·준고어·폄》 다변가, 꼬치꼬치 따지는 사람[이론가], 요설가, 억설가, 불평가, 혹평가. **räsonieren** [rɛzoˈniːrən] 〈h〉 [frz. raisonner] 《교양어·준고어·폄》 **a)** 많은 말을 늘어 놓다, 지나치게 많은 말을 하다, 꼬치꼬치 따지다, 억설[요설]하다. **b)** 불만[불평]을 말하다, 투덜거리다, 흠잡다, 헐뜯다: er räsoniert den ganzen Tag 그는 온종일 투덜거린다. **Räsonnement** [rɛzɔnəˈmãː], das; -s, -s [frz. raisonnement] 《교양어·준고어》 (이성적) 숙고 [고려], 이성적 판단, 추리, 추론.
Raspa ['raspa], die; -s 《통용어》 der; -s, -s [span. raspa] 라틴아메리카의 사교춤(대개 6/8박자).
¹**Raspel** ['raspl], die; -n **1.** (특히 나무 따위를 다듬기 위한) 이가 굵은 줄: Holz mit der R. bearbeiten 나무를 줄로 다듬다. **2.** 부엌용 강판.
²**Raspel** [-], der; -s, - 〈대개 Pl.〉 부엌용 강판에 의해 자른 토막[조각]. **raspeln** ['rasplṇ] 〈h〉 **1.** 무엇을 이가 굵은 줄로 쓸다[다듬다], 줄질하다[줄질하여 매끄럽게 하다]:

Holz r. 나무를 줄질하여 다듬다; eine scharfe Kante rund r. 날카로운 가장자리를 줄질하여 둥글게 하다. 2. 부엌용 강판으로 잘게 썰다: Gemüse r. 야채를 부엌용 강판으로 자르다. 3. 《준고어》 긁는[깎는] 소리를 내다, 바삭바삭 소리를 내다.

raß [raːs], **räß** [rɛːs] 〈Adj.〉《südd., österr., schweiz.》 **a)** (진한 양념으로) 얼얼한, 매운: ein -es Gulasch 얼얼한 쇠고기 스튜. **b)** 혹독한, 찌르는 듯한, 살을 에는 듯한: ein raßer Wind 살을 에는 듯한 바람. **c)** 매서운, 물어뜯는 듯한: ein raßer Hund 매서운 개. **d)** (말이) 야성의, 사나운, 고약한, 버릇이 나쁜. **e)** (특히 여자가) 과감한, 독설의, 비꼬는, 불친절한: eine -e Kellnerin 불친절한 여종업원.

Rasse ['rasə], die; -n [frz. race] **1.** [생물] (동·식물의 사육[재배]) 품종(Zuchtrasse): eine reine R. 순종; eine neue R. züchten 신종을 재배(사육)하다; zwei-n miteinander kreuzen 두 품종을 서로 교배하다; was für eine R. ist der Hund? 이 개는 어떤 품종입니까? **2.** [생물] ↑ Unterart. **3.** [인류] ↑ Menschenrasse: die weiße R. 백인종; niemand darf wegen seiner R. benachteiligt werden 누구도 종족 때문에 불이익을 당해서는 안된다; 전의 die Inselbewohner sind eine seltsame R. 섬 사람은 독특한 인종이다; die menschliche R. 인류. **4.** (다음 용법으로) **R. haben**[**sein**] (통용어) 명문 출신이다; 훌륭하다[순종이다, 상등품이다]: die Frau hat[ist] R. 이 여자는 명문 출신이다; **von** [**mit**] **R.** (통용어) 명문 출신의, 건실한, 훌륭한, 상등품의(rassig).

rasse-, Rasse- (↑rassen-, Rassen-도 참조): ~**frau**, die; ~**weib. ~geflügel**, das 순종의 새. ~**hund**, der 순종의 개. ~**katze**, die 순종의 고양이. ~**pferd**, das 순종의 말. ~**rein** 〈Adj.〉 reinrassig. ~**reinheit**, die 순종. ~**vieh**, das 순종의 가축. ~**weib**, das 《경》 훌륭한[명문의] 여자.

Rassel ['rasl], die; -n **1.** 흔들어 딸랑딸랑 소리 내는 간단한 악기. **2.** 딸랑이, 딸랑거리는 장난감. **Rasselbande**, die; -n 《통용어·농》 개구쟁이 패거리, 장난꾸러기 떼거리, 난감한 어린이 패거리. **Rasselei** [rasə'laj], die (줄임 없이) 딸랑거림. **Rasselgeräusch**, das; -(e)s, -e 딸랑거리는 소리. **rasseln** ['rasln] **1.** 〈h〉 **a)** 딸랑딸랑[딸그락 딸그락] 소리가 나다: die Ketten der Gefangenen rasseln 죄수들의 쇠사슬이 짤그락거린다; 전의 die Kranke atmet rasselnd 환자가 그르렁거리며 숨을 쉰다. **b)** 딸랑딸랑[쩔그럭] 소리를 내다: ungeduldig mit dem Schlüsselbund r. 초조하며 열쇠다발로 쩔그럭 소리를 내다. **2.** 〈s〉 **a)** 쩔그럭 소리를 내며 움직이다(가다, 오다): Panzer rasseln durch die Straßen 장갑차가 쩔그럭 소리를 내며 거리를 통과한다; er ist mit seinem neuen Wagen gegen einen Baum gerasselt 《통용어》 그는 새 자동차로 나무 쪽을 향해 달렸다. **b)** 《경》 (시험에) 합격하지 못하다[떨어지다], 실패하다: er ist durch die Fahrprüfung gerasselt 그는 운전 면허 시험에 떨어졌다.

rassen-, Rassen- (↑rasse-, Rasse- 참조): ~**diskriminierung**, die 인종 차별. ~**fanatiker**, der 광신적 인종차별주의자. ~**forscher**, der 인종학자. ~**forschung**, die 인종[민족] 연구. ~**frage**, die 인종 문제. ~**genese**, die [인류] (진화에 의한) 인종의 발생[기원]. ~**gesetz**, das 〈대개 Pl.〉 인종(차별)법. ~**gesetzgebung**, die 인종법의 제정. ~**haß**, der 인종적 증오, 민족적인 반감. ~**hetze**, die 《법》 인종 차별 선동. ~**hygiene**, die [의학] (인종[민족]) 우생학. ~**ideologie**, die 인종[민족]주의자. ~**integration**, die [사회] (한 국가 내에서) 인종간의 평화적 공존. ~**kampf**, der 인종(간의) 투쟁. ~**konflikt**, der 인종(간의) 분쟁. ~**krawall**, der 〈대개 Pl.〉 인종 폭동[소요]. ~**kreis**, der [인류] 〈세계의 인류를 3개로 나눌 때의〉 인종(권): der negride R. 흑인종. ~**kreuzung**, die 혼혈, 잡종, 이종의 교배. ~**kunde**, die 인종학. ~**merkmal**, das 인종의[적] 특징[특질]. ~**mischung**, die 인종의 혼화. ~**politik**, die 인종 정책. ~**problem**, das ↑~**frage**. ~**schande**, die 《나치》 (특히 유태인과 아리아인간의) 인종 상간. ~**schranke**, die 〈대개 Pl.〉 인종 격리 방책. ~**trennung**, die 인종의 (차별적) 격리[분리]. ~**unruhen** 〈Pl.〉 인종 분쟁으로 인한 소요[폭동]. ~**unterschied**, der 인종[품종]간의 차이[구별]. ~**vorurteil**, das 인종적 편견. ~**wahn**, der 《쎔》 광신적 (자기) 종족 우월강. ~**zugehörigkeit**, die 종족 소속(성).

rassig ['rasıç] 〈Adj.〉 훌륭한, 우수한, 경탄스러운, 열렬한, 열렬한: ein-es Pferd 훌륭한 말; eine -e Südländerin 정열적인 남국 여인; der Sekt hat eine -e Note 이 샴페인은 독특한 점이 있다. **rassisch** ['rasıʃ] 〈Adj.〉 인종[종족, 민족]의, 인종적: -e Merkmale 인종적 특징; aus -en Gründen diskriminiert werden 인종적 이유로 차별 대우를 받다. **Rassismus** [ra'sısmʊs], der; - **1.** 인종[민족] 차별론. **2.** 인종[민족](차별)주의: die offene R. der weißen Regierung (der Nazis) 백인 정부[나치]의 공공연한 인종 차별주의. **Rassist** [ra'sıst], der; -en, -en 인종[민족] 차별주의자. **rassistisch** 〈Adj.〉 인종[민족]주의(적)의.

Rast [rast], die; -en **1.** (특히 여행, 소풍 중의) 휴식, 휴게, 쉼, 쉴 사이: wir machten (eine Stunde) R. 우리는 (한 시간 동안) 쉬었다; er gönnte den Arbeitern(sich) keine Minute R. 그는 일꾼들에게 조금도 쉴 틈을 주지 않았다[그는 조금도 쉬지 않았다]; **ohne R. und Ruh** (아이) 쉬지 않고[쉴 사이 없이] 계속; ein Leben ohne R. und Ruh 쉴 사이 없는 생활; **weder R. noch Ruh haben**[**finden**] 쉴 틈이 없다. **2.** [기술] ↑ **Raste**. **3.** [제련] 용광로의 원뿔형 중간 부분, 용광로의 복부.

rast-, Rast-: ~**haus**, das 도로변(특히 고속도로변)의 음식점[휴게소]. ~**hof**, der ↑ Autobahnrasthof. ~**los** 〈Adj.〉 **a)** 쉬지 않는, 부단한, 끊임없는: sein-er Eifer wurde schließlich belohnt 그의 끊임없는 열의가 결국 보람이 있었다. **b)** 꾸준히 일하는, 끈기 있는: r. arbeiten 꾸준히 일하다. **c)** 불안한, 안절부절 못하는, 차분하지 않는, 방랑하는: ein -es Leben führen 방랑 생활을 하다. ~**losigkeit**, die ↑ ~**los**의 명사형. ~**platz**, der **a)** 휴식할[쉴] 만한 장소, 휴식소: wir suchten uns einen schattigen R. 우리는 그늘진 휴식처를 찾았다. **b)** 장거리 도로(특히 고속도로)변의 (휴게 시설을 갖춘) 주차장, 휴게소. ~**stätte**, die ↑ Autobahnraststätte. ~**tag**, der (여행 중의) 휴식일: nach drei Tagen Fahrt legten wir einen R. ein 3일간의 여행 후 우리는 하루를 쉬었다.

Raste ['rastə], die; -n [기술] 안전 장치, 제동기.

Rastel ['rastl], das; -s, - [ital. rastello] 《österr.》 (받침 따위로 사용하는) 세공품, 철사로 만든 격자, 철망, 쇠그물. **Rastelbinder**, der 《österr.·고어》 **a)** ↑ Siebmacher. **b)** ↑ Kesselflicker.

rasten ['rastn] **1.** 〈h〉 쉬다, 휴식하다, 쉬기 위해 여행을 중단하다: unter einem schattenspendenden Baum rasteten wir ein wenig 그늘진 나무 아래에서 우리는 약간 휴식을 취했다; 속담 wer rastet, der rostet 쉬면 녹이 슨다; **nicht ruhen und r.** 쉬지 않고 활동[일]하다. **2.** 〈s〉 (드물게) 서로 맞물려 고정되다(einrasten).

¹**Raster** ['rastɐ], der; -s, - [lat. raster] **1.** [인쇄] **a)** 망판(용 스크린), 패선판, 점선이 그어져 있는 판. **b)** 망판의 패선. **c)** ↑ Rasterung (2): ein feiner R. 섬세한 점선

구성. 2. 《교양어》 (범주[사고]) 체계[방식]: etw. in einen R. einordnen 무엇을 (사고) 체계로 배열하다. 3. 《전문어》 격자 모양의 판[조리개]. 4. 【건축】 《철골 건축의 평면도 또는 정면도에서 직각으로 교차하는》 선 구조[뼈대]. ²Raster [-], das; -s, - 【기술】 1. 주사선(走査線) (텔레비전 영상을 합성시키는 점들). 2. 주사선의 시험 영상(Testbild).

Raster-: ~ätzung, die 망판 에칭, 부식 동판(법). ~fahndung, die 【형사】 컴퓨터 자료에 의한 범인 탐색 (수사). ~mikroskop, das 주사(走査)형 전자현미경. ~punkt, der 주사 영상의 (각각의) 점.

rastern ['rasten] ⟨h⟩ (그림을) 수많은 점으로 쪼개다, 망판을 만들다: das Bild wird in der Fernsehkamera gerastert 그림이 텔레비전 카메라에 수많은 점으로 쪼개진다. Rasterung, die; -en 1. 망판을 만듦, 망판으로 됨. 2. 수많은 점으로 (그림)구성, 점선 구조: bei genauem Hinsehen erkennt man die (feine) R. des Bildes 자세히 살펴보면 그림의 (섬세한)점 구성을 알게 된다. Rastral [ras'tra:l], das; -s, -e [lat. rāstrum] a) (목판에) 오선을 새기는 도구. b) 오선을 긋는 펜. rastrieren [ras'tri:rən] ⟨h⟩ 악보의 선을 긋다, 오선을 긋다.

Rasur [ra'zu:ɐ̯], die; -en [lat. rāsūra] 1. a) 면도하기, 면도질: die Haut nach der R. eincremen 면도한 후 피부에 크림을 바르다. b) 면도의 결과, 면도한 방식(모양): eine saubere R. 깨끗한 면도. 2. a) 깎기, 삭제. b) 깎아 낸[삭제한] 부분.

Rat [ra:t], der; -(e)s, Räte ['rɛ:tə] 1. ⟨Pl. 없음⟩ 충고, 조언, 권고, 신의 의지, 심의, 상의[상담], 협의, 숙고[숙의], 신중, 제안[계획]: jmdm. einen guten R. geben 누구에게 좋은 충고를 하다; sich bei jmdm. R. holen 누구에게 조언을 구하다; (bei jmdm.) R. suchen (누구에게) 조언을 구하다; des -es bedürfen (아어) 조언을 필요로 하다; auf den R. des Arztes hin ließ er sich operieren 의사의 권고에 따라 그는 수술을 받았다; es ist bestimmt in Gottes R. 그것은 신의 의지에 의한 것이다; [성구] da ist guter R. teuer 아주 어려운 상황이다(어떻게 해야 할지 아무도 모른다); 《아어》 R. halten((고어) -s pflegen) 상의[상담]하다; mit jmdm. R. halten 어떤 문제를 철저히 숙고하다; mit R. und Tat 조언과 행동(원조)으로: jmdm. mit R. und Tat zur Seite stehen 조언과 행동으로 누구를 돕다; zu -e gehen (존 고어) 무엇에 대해 누구와 상의에 착수하다[상의하다]; mit sich zu -(e) gehen 어떤 문제를 철저히 숙고하기 시작하다[숙고하다]; zu -(e) sitzen ⟨준고어⟩ 함께 앉아 상의[상담]하다; jmdn. zu -(e) ziehen 누구에게 조언을 청하다; etw. zu -(e) ziehen (어떤 정보를 얻기 위해) 무엇을 이용하다: ein Lexikon zu -e ziehen 사전을 이용하다. 2. ⟨Pl. 없음⟩ 출구, 타개(해결)책, 방책, 방도, 방법, 수단: da bleibt nur ein R.: wir müssen das Haus verkaufen 이제 단 하나의 해결책만이 있다: 우리는 집을 팔아야 한다; R. schaffen 방도(방책)을 강구하다; (sich³) (keinen) R. wissen (어려운 상황에서) 방책을 알다(속수무책이다): ich wußte (mir) keinen R. mehr 나는 어찌할 바를 몰랐다. 3. a) 〖예컨대 전문가들의〗심의회, 협의(평의)회, 자문회: ein pädagogischer R. 교육 심의회. b) 【정치】(자치 단체의) 행정 및 입법 문제를 다루는 위원회(회의): der Rat der Stadt 시의회; der R. tagt 위원회가 열리다; jmdn. in den R. wählen 누구를 의원[위원]으로 선출하다; im R. sitzen 의원[위원]이다. c) ⟨대개 Pl.⟩ 프롤레타리아 독재 정치 위원회, 인민 위원회, 인민 대표자 회의. 4. 평(심)의원, 위원회의 구성원(위원), 회의원, 고문(관): jmdn. zum R. wählen[berufen] 누구를 위원으로 선출[초빙]하다. 5. a) ⟨Pl. 없음⟩ ⟨대개 형용사와 결합하여⟩ 관리의 칭호, 명예 칭호: Geheimer R. 추밀 고문관; Akademischer R. 대학 중급 교원[별정직 대학 교원]. b) 위의 칭호의 보유자: die Räte versammelten sich 고문들이 모였다.

rat-, Rat-: ~geber, der 1. 고문(관), 조언자, 상담원. 2. 안내 책자, 참고 책자, 지도서: ein nützlicher R. für die Küche 요리를 위한 유용한 책자. ~geberin, die ~geber (1)의 여성형. ~haus, das 시청, 읍[면] 사무소: jmdn. ins R. wählen 누구를 시[읍, 면]의원으로 선출하다. ~hausfraktion, die 시[읍, 면] 의회 교섭 단체. ~hauspartei, die ⟨대개 Pl.⟩ 시[읍, 면] 의회의 대표적인 당. ~haussaal, der 시(읍, 면) 의회의 회의를 위한)시청[읍·면 사무소]의 집회[회의]실. ~hausturm, der 시청의 (종·시계) 탑. ~hausuhr, die 시청 건물 바깥 편에 설치한 큰 시계. ~los ⟨Adj.⟩ a) 어찌할 바 모르는, 조언[충고]하는 사람이 없는: er war r., was zu tun sei 그는 어찌할 바를 몰랐다. b) 당황한, 어리둥절한: ein -es Gesicht machen 당황한 표정을 짓다; r. die Achseln zucken 어리둥절해 어깨를 으쓱하다. ~losigkeit, die ↑~los의 명사형. ~schlag, der 충고, 조언, 권고: jmdm. Ratschläge geben[erteilen] 누구에게 조언하다; ich kann auf deine Ratschläge verzichten 《반어》 내 일[문제]에 참견[간섭]하지 말아라. ~schlagen ⟨h⟩ (준고어) 상의[심의, 숙의, 협의, 상담]하다: sie hatten miteinander geratschlagt, wie sie ihm helfen könnten 그들은 어떻게 그를 도울 수 있을까에 대해 서로 상의했다. ~schluß, der 〈아어〉 (신의) 결정(의지): nach Gottes unerforschlichem R. ist er für immer von uns gegangen 신의 신비한 뜻에 따라 그는 영원히 우리에게서 가버렸다. ~suchend ⟨Adj.⟩ 조언[충고]을 구하는, 상의를 원하는: -e Eltern können sich an die Erziehungsberatungsstelle wenden 조언을 구하는 부모는 교육 상담소에 문의할 수 있다; er erhält Briefe von Ratsuchenden aus aller Welt 그는 온 세계의 상담을 원하는 사람들의 편지를 받는다.

rät [rɛ:t] ↑raten 참조.

Rät [rɛ:t], das; -s 【지질】 삼첩기(三疊記) 후기(後期), 삼첩계(系)의 최상층.

Ratanhiawurzel [ra'tania...], die [Ketschua(südamerik. Indianerspr.) rataña] (치약에 혼합하는, 수렴제, 유피제로 사용되는 남미산 식물 뿌리) 라타니아 뿌리.

Rate ['ra:tə], die; -n [ital. rata] 1. 분할 불입금(액), 분할 (지불)금(Teilzahlung), 분액(分額), 분할분, 부금: die nächste R. ist am 1. Juni fällig 다음 분할금은 6월 1일이 만기다; etw. auf -n kaufen 무엇을 분할불로 사다; in sechs monatlichen -n zu 100 Mark bezahlen 6개월 월부로 100마르크씩 지불하다; mit drei -n im Rückstand sein 3번의 불입금을 체납하고 있다. 2. 율, 비율: weder bei den Geburten noch bei den Sterbefällen haben sich die augenblicklichen -n wesentlich geändert 출산이나 사망이나 현재의 비율이 근본적으로 변하지 않았다. 3. 《전문어》 (일정률의) 화물 수송 가격 (특히 선박 편의).

räte-, Räte- 【정치】: ~bewegung, die 프롤레타리아 독재 정치 운동, 인민 민주주의 독재 운동. ~demokratie, die 인민 민주주의. ~demokratisch ⟨Adj.⟩ 인민 민주주의의. ~diktatur, die 인민 민주주의 독재(정치), 소비에트 독재. ~regierung, die 인민 대표자 정부, (러시아의) 소비에트 정부. ~republik, die 인민 대표자 공화국, 인민공화국: die Münchener R. von 1919 1919년 Bayern주의 München에 2주간 지속된 인민공화국. ~staat, der 인민 대표자 회의[소비에트] 국가, 프롤레타리아 독재 국가. ~system, das 소비에트[인민 대표자 회의] 체제, 프롤레타리아 독재 체제.

raten ['ra:tn̩] ⟨h⟩ 1. a) 누구에게 충고[조언]하다: jmdm. richtig r. 누구에게 올바르게 충고하다; laß dir von einem erfahrenen Freund r.! 경험있는 친구의 말을 들

어라! ; er läßt sich nicht[von niemandem] r. 그는 누구의 충고도 받아들이지 않는다; 속담 wem nicht zu r. ist, dem ist (auch) nicht zu helfen 충고를 듣지 않는 사람은 도와줄 수(도) 없다; **sich³ nicht zu r. wissen** 어찌할 바를 모르다. **b)** 누구에게 어떤 일을 권(유)[충고]하다: er riet ihm zur Vorsicht 그는 그에게 조심하라고 권했다; ich rate dir, sofort damit aufzuhören! 《위험》부디 그것을 즉시 그만두어라[중지해라]! ; laß dir das geraten sein!《위험》부디 그것에 따르라! ; ich rate dir zu einer dunklen Farbe 나는 너에게 어두운 색을 (고를 것을) 권한다; ich würde zu diesem Bewerber raten 내보고 권하라면 이 지망자를 결정할 것이다. **2. a)** 올바른 답을 알아내려고 노력하다, 추측하다, 짐작하다, 미루어 헤아리다: richtig[falsch] r. 옳게[잘못] 짐작하다; rat mal, wen ich heute getroffen habe 《통용어》내가 오늘 누구를 만났는지 네가 들으면 놀랄 거야; 성구 dreimal darfst du r. 《통용어·반어》그건 뻔한 일이다 《거의 자명하다》. **b)** 알아맞히다, 풀다: er hat mein Alter richtig geraten 그는 내 나이를 정확히 알아맞혔다; das rätst du nie 너는 그것을 맞히기에는 거리가 멀다 《결코 그것을 생각해 내지 못한다》; ein Rätsel r. 수수께끼를 풀다. **c)** 《지역적》《헤아려》누구임[무엇임]을 알아내다: schon nach wenigen Takten riet er auf Chopin 불과 몇 박자 듣고 난 후 그는 쇼팽인 줄 알아냈다.

raten-, Raten- (Rate 1): **~agent,** der (österr.》할부 구매 대리상(인). **~betrag,** der [분할]액, 부불[할부]액. **~geschäft,** das 분할 지불(상)행위, 부불[할부]거래[장사]. **~kauf,** der 분할 지불 구입[구매], 부불[할부] 구매. **~wechsel,** der [금융] 분할 지불 어음. **~weise** 〈Adv.〉분할하여, 할부[부불]로: Schulden r. abtragen 부채[빚]를 부불로 갚다; eine r. Zahlung ist nicht möglich 분할식의 지불은 불가능하다. **~zahlung,** die **a)** 분할 지불, 분할불, 부불. **b)** (만기) 분할금 지불[불입]: mit der dritten R. im Rückstand sein 제 3차 분할금 불입을 체납하고 있다. **~zahlungskredit,** der ↑Teilzahlungskredit.

Rater, der; -s, - 예측[추측]하는 사람, 예언자, 수수께끼를 푸는 사람.

Räter [re:tɐ], der; -s, - ↑Rätien의 사람.

Ratespiel, das; -(e)s, -e 알아맞추기 놀이, 퀴즈 게임.

Rateteam, das 퀴즈 게임의 답변 팀.

Rätien [rɛ:tsjən] **1.** 고대 로마의 주(州). **2.** Graubünden (스위스 동부의 주).

ratierlich [ra'ti:ɐ̯lɪç] 〈Adj.〉《상·관》분할금으로, 부불로. **Ratifikation** [ratifika'tsi̯o:n], die; -en [lat. ratificatio] 《국제법》비준, 재가(裁可), 승인, 인가. **Ratifikationsurkunde,** die 비준서. **ratifizieren** [...'tsi:rən] 〈h〉[lat. ratificare] 《국제법》비준(재가)하다, 승인[인가]하다. **Ratifizierung,** die; -en ↑ratifizieren의 명사형.

Rätikon ['rɛ:tikɔn], der; -(s), (또한) das; -(s) 레티콘(오스트리아와 스위스 국경에 있는 알프스 산맥).

Rätin ['rɛ:tɪn], die; -nen ↑Rat (4 b, 5)의 여성형.

Ratiné [rati'ne:], der; -s, -s [frz. ratiné] 《섬유》곱슬곱슬한 괴물이 있는 직물, 보풀이 곱슬곱슬한 나사.

Rating ['rɛɪtɪŋ], das; -s, -s [engl. rating] 《심리·사회》평가(법), 견적, 점수(등급)를 매김. **Ratingmethode,** die ↑Rating.

ratinieren [rati'ni:rən] 〈h〉[frz. ratiner] 《섬유》(모직물에) 보풀을 곱슬곱슬하게 하다, 매듭 또는 물결 무늬가 일게 하다.

Ratio ['ra:tsi̯o], die [lat. ratio] 《교양어》이성, 분별력, 지력, 도리: sein Handeln ist von der R. bestimmt 그의 행위는 이성에 의한 것이다. **Ration** [ra'tsi̯o:n], die;

-en [frz. ration] 분배[할당, 배급]량, (특히 군인의) 하루 양식[식량]: eine doppelte R. 두 배의 분배량; eine R. Brot 하루분의 빵; die -en kürzen müssen 배급량을 줄여야 한다; jmdn. auf halbe R. setzen 《통용어》누구의 일상 분배량(특히 식사)를 크게 줄이다; mit seiner R. auskommen 그의 할당량으로 그럭저럭 살아가다; **eiserne R.** [군] 비상용 양식. **rational** [ratsi̯o'na:l] 〈Adj.〉[lat. rationālis] (반대: irrational) 《교양어》**a)** 이성적, 이성이 있는, 분별있는: der Mensch als -es Wesen 이성적 존재로서의 인간; -e Zahlen 《수학》유리수; etw. r. erklären 무엇을 이치에 맞게 설명하다. **b)** 합리적인, 합당한, 합목적적인: der Verband war r. organisiert 협회는 합리적으로 편성되었다. **Rationalisator** [...nali'za:tɔr], der; -s, ...to:rə], der; -s, -en [...za'to:rən] 《경제》합리적 경영 임무를 맡은 사람[합리적 경영 수임자]. **rationalisieren** [...'zi:rən] 〈h〉[frz. rationaliser] **1. a)** 이성적으로[목적에 맞게, 합리적으로] 하다, 단일화(통일)하다: die Haushaltsarbeit r. 가정일을 단일화하다. **b)** (산업을) 합리화[경제적으로 재조직]하다: der Betrieb hat mit Erfolg rationalisiert 그 기업은 합리화하는 데 성공했다. **c)** 《드물게》↑wegrationalisieren. **2.** [심리] 충동적 행위, 생각 따위를 합리적으로 설명하다. **Rationalisierung,** die; -en 합리화. **Rationalisierungsmaßnahme,** die 《대개 Pl.》합리화 조처[방책]. **Rationalismus** [...'lɪsmʊs], der; - **1.** [철학] 이성론, 유리론(唯理論), 합리주의. **2.** 합리주의적 성격[방법]. **Rationalist** [...'lɪst], der; -en, -en **1.** [철학] 합리주의자. **2.** 《교양어》이성론자. **rationalistisch** 〈Adj.〉**1.** [철학] 합리주의[의]. **2.** 《교양어》이성론의, 이성에 따르는: eine -e Architektur 이성론적 건축 양식[술]. **Rationalität** [...li'tɛ:t], die; - [lat. rationalitas] **1.** 《교양어》(계획 따위의) 합리성. **2.** [심리] 합당한[이성적] 태도[행동]. **3.** 《수학》(수의) 유리(有理)성. **rationell** [ratsi̯o'nɛl] 〈Adj.〉[frz. rationnel] 절약하는, 검소한, 경제적인, 합목적적인: eine -e Bauweise 경제적 건축 방식; r. laufen 힘을 아끼며 달리다. **rationieren** [...'ni:rən] 〈h〉[frz. rationner] (위급한 시기에) 정량을 제한하여 배급[할당]하다, 식량을 제한해서 주다, 통제 배급하다, 휴가를 (통제하여) 주다: im Krieg waren Butter, Fleisch und Zucker rationiert 전쟁 중에 버터, 육류와 설탕이 배급제였다; 전의 eine streng rationierte Freizeit 엄격히 제한하여 주는 휴가. **Rationierung,** die; -en ↑rationieren의 명사형.

rätisch ['rɛ:tɪʃ] 〈Adj.〉↑Rätien의.

rätlich ['rɛ:tlɪç] 〈Adj.〉《준고어》권(장)할 만한, 추천할 만한, 상책의, 유익한, 쓸모있는: etw. für r. halten 무엇을 권할 만하다고 생각하다.

Ratonkuchen [ra'toːn-], der; -s, - [frz. raton] 《지역적》(대접 모양의) 일종의 카스텔라.

Rätoromane [retoro'maːnə], der; -n, -n [Rätien, Südtirol 등지에 사는] 레토로만 사람. **rätoromanisch** [retoro'maːnɪʃ] 〈Adj.〉레토로만(인·어)의. **Rätoromanisch,** das; -(s), (정관사와 함께만) **Rätoromanische*,** das; -n 레토로만어.

rats-, Rats- (Rat 3 a, b): **~diener,** der 《준고어》시의회 직원(급사). **~herr,** der 《또한》시의회 의원. **~keller,** der 시청의 지하 식당. **~präsident,** der 〈시〉의회 의장. **~schreiber,** der 《고어·지역적》시의회의 서기. **~sitzung,** die 〈시〉의회 회의. **~stube,** der 〈시〉의회(위원회)의 회의실, 시청 회의실. **~verfassung,** die 지방 의회의 법규[규약]. **~versammlung,** die 시[읍, 면] 의회 회의[집회]. **~vorsitzende*,** der / die 협[병]의회 의장, 시[읍, 면] 의회 의장.

ratsam ['raːtzaːm] 〈Adj.〉권(장)[충고]할 만한, 유익한,

ratsch [ratʃ] 〈Interj.〉 《의성어》 《종이, 천 따위를 찢을 때 나는 소리》 쭉쭉, 직직, 박박, 쫙쫙: r., waren die Haare ab 찍익, 머리털이 뽑혔다; r., war der Vorhang zu 찌익, 커튼이 닫혔다. **Ratsche** ['raːtʃə] 〈südd., österr.〉, **Rätsche** ['rɛːtʃə] 〈südd.〉, die; -n **1.** 땡땡이 《딸랑이》장난감(톱니바퀴의 이에 막대기를 때려 소리내는 도구). **2.** 《뺨》 수다스러운《떠벌리기를 좋아하는》 여자, 수다쟁이(여자). **3.** 《기술》 래치트(톱니바퀴식 제동기, 예컨대: 자동차의). **¹ratschen** ['ratʃn] 〈h〉《통용어》 **1.** 쫙쫙《찢는》 소리를 내다: die Schere ratscht (durch den Stoff) 가위가 천을 가르며 쫙쫙 소리를 내다. **2.** 〈r. + sich〉《지역적》 피부가 찢어지다, 무엇에 피부를 찢기다: sich am Finger r. 손가락에 찢기다. **²ratschen** ['raːtʃn] 《특히 südd., österr.》, **rätschen** ['rɛːtʃn] 《südd.》 〈h〉 **1.** 땡땡이 장난감을 돌리다. **2.** 《통용어》 재잘거리다, 지껄이다, 수다 떨다. **Ratscher**, der; -s, - 《지역적》 ↑ **¹Kratzer** (1).

Rätsel ['rɛːtsl], das; -s, - **1.** 수수께끼, 퀴즈, 알아맞추기 문제, 어려운 문제: das R. der Sphinx 스핑크스의 수수께끼; R. raten[lösen] 수수께끼를 풀다; die Kinder gaben einander R. auf 아이들은 서로 수수께끼를 냈다; 성구 das ist des -s Lösung! 그것이 난문제의 열쇠이다!; jmdm. ein R. sein[bleiben] 누구에게 이해할 수 없는《수수께끼 같은》 일이다; jmdm. R.[ein R.] aufgeben 누구에게 어려운 문제《수수께끼》를 내놓다; in -n sprechen 이해할 수 없는 일을 말하다; vor einem R. stehen 무엇을 이해[설명]할 수 없다. **2.** 이해할 수 없는《사람》, 비밀〈신비〉《스러운 일》, 정체불명의 사람: das R. des Todes 죽음의 비밀〈신비〉; das R. löste sich 비밀〈스러운 것〉이 풀렸다.

rätsel-, Rätsel-: **~ecke**, die 《통용어》신문, 잡지의 문제풀이〈퀴즈〉란. **~frage**, die 알아맞추기《퀴즈》 문제, 수수께끼 문제. **~freund**, der 수수께끼《퀴즈》 풀기를 좋아하는 사람. **~raten**, das; -s **1.** 수수께끼 풀기〈해결〉. **2.** 무엇에 대한 추측〈억측〉: das R. über diese Frage war zu Ende 이 문제에 대한 추측은 끝났다. **~voll** 〈Adj.〉 비밀에 싸인, 풀기 어려운, 측량할 수 없는, 깊이를 알 수 없는: ein -es Schloß 비밀에 싸인 성. **~zeitschrift**, 수수께끼《퀴즈》 잡지《수수께끼《퀴즈》만을 실은 정기 간행물》. **~zeitung**, die 수수께끼《퀴즈》 신문.

rätselhaft 〈Adj.〉 수수께끼 같은, 이해할 수 없는〈난해한〉, 불가사의한, 신비스러운, 영문을 알 수 없는, 애매한: sein Tod blieb r. 그의 죽음은 불가사의한 일로《수수께끼같은 일로》 남았다; das ist mir r. 그것은 나에게 알 수 없는 일이다. **Rätselhaftigkeit**, die ↑rätselhaft의 명사형. **rätseln** ['rɛːtsln] 〈h〉 모르는 것을 오랫동안 이리저리〔골똘히〕 생각〔추측〕해 보다, 알아맞히려고 노력하다: lange über das Motiv eines Entschlusses r. 결정의 모티브에 대해 오래 생각하다; sie rätselten, wer der eigentliche Drahtzieher war 그들은 배후의 조정자가 누구였는지에 대해 이리저리 추측해 보았다.

Rattan ['ratan], das; -s, 《종류》-e [engl. rat(t)an] 등나무의 골수(↑ Peddigrohr).

Ratte ['ratə], die; -n **1.** 쥐: -n nagen 쥐들이 갉다; -n vertilgen 쥐를 박멸하다; schlafen wie eine R. 《통용어·감정》 숙면하다〔깊이 오래 잠자다〕; 성구 die -n verlassen das sinkende Schiff 신뢰할 수〔신용〕 없는 사람〔비겁자〕들은 불행스러운 일이 닥치면 떠나버린다〔관계를 끊는다〕; auf die R. spannen 《지역적·경》 정신을 바짝 차리다. **2.** 《속어》 역겨운〔싫은〕 사람, 《종종 욕설로서》〔메스꺼운〕 놈〔녀석〕: diese miese R. hat uns verraten 이 더러운 놈이 우리를 배반했다.

Ratten- (Ratte 1): **~bekämpfung**, die 쥐 없애기《운동》. **~falle**, die 쥐 덫. **~fang**, der 《Pl. 없음》 쥐잡이; die Katze geht auf R. 고양이가 쥐를 잡으러 간다. **~fänger**, der 《뺨》 민중〔민족〕 유혹자〔유괴자〕: der R. aus Braunau 히틀러. **~fraß**, der 《저장물 따위의》 쥐의 먹이. **~gift**, das 쥐약. **~könig**, der **1.** 《오래 함께 누워 있어서》 꼬리《와 뒷다리》가 서로 유착된 몇 마리의 어린 쥐, 어린 쥐들의 엉킴. **2.** 《경》 서로 뒤엉킨 여러《좋지 않은》 사건, 여러 분규 사건의 얽힘. **~loch**, das 쥐구멍: 전의 die müssen doch mal aus ihren Rattenlöchern kriechen 언젠가 하지만 그들은 답변을 해야 한다. **~nest**, das 쥐의 굴〔집〕. **~pinscher**, der ↑Rattler. **~plage**, die 쥐가 끼치는 해《재앙, 재액》. **~schwanz**, der **1.** 쥐꼬리. **2.** 서로 뒤엉킨 여러《좋지 않은》 사건: ein R. von Prozessen eine R. von Gerüchten nach sich 그녀의 갑작스런 여행은 복잡하게 얽힌 소문들을 초래했다. **3.** 《또한 축소형으로》 **~schwänzchen**, das 《농》 짧고 가느다란 땋은 머리〔편발〕. **~zahn**, der 쥐의 이〔齒〕.

Rätter ['rɛtɐ], der; -s, - / die; -n 《기술》 《광석의》 선별기, 체.

rattern ['ratɐn] 《의성어》 **a)** 〈h〉 딸그닥딸그닥《따따따따》《금속성》 소리를 내다: die Nähmaschine rattert 재봉틀이 달달거린다. **b)** 〈s〉 딸가닥〔덜거럭〕거리며 나아가다: der Wagen ratterte über das Pflaster 차가 덜거덕거리며 포도를 지나갔다; er rattert mit seinem alten Motorrad ins Grüne 그는 그의 낡은 오토바이로 털털거리며 초원으로 간다.

rättern ['rɛtɐn] 〈h〉 《광석 선별기》 체질하여 내다, 체질하다. **Rätterwäsche**, die 《기술》 광석 선별기로 광석의 분리《세광(洗鑛)》.

Rattler ['ratlɐ], der; -s, - 《고어》 쥐 잡는 데 적합한 개〔테리어〕. **Ratz** [rats], der; -es, -e **1.** 《지역적》 ↑Ratte (1). **2.** 《사냥》 족제비. **3.** 《민중》 《늦》잠꾸러기: schlafen wie ein R. 《경》 숙면하다《오래 깊이 잠자다》. **¹Ratze** ['ratsə], die; -n 《통용어》 ↑Ratte. **²Ratze** [-], der; -s, -〈s〉 《südd.》 -r ↑Ratzefummel 의 약칭. **Ratzefummel**, der; -s, - 《학생》 고무지우개.

ratzekahl 〈Adv.〉 《↑radikal의 민간어원형》 《통용어·감정》 완전히 빈〔없어진〕, 민둥한; 《없는 것에 관련하여》 전혀〔몽땅〕: die Schädlinge hatten die Kohlpflanzen r. abgefressen 해충이 배추를 몽땅 갉아먹었다. **Rätzel** ['rɛtsl], das; -s, - 《지역적》 **1.** 유착(된) 눈썹. **2.** 유착 눈썹의 사람. **¹ratzen** ['ratsn] 〈h〉 《통용어》 숙면하다〔깊이 오래 잠자다〕.

²ratzen [-] 〈h〉 《지역적》 **1.** ↑¹ratschen (1). **2.** ↑¹ratschen (2), ↑ritzen (2 a). **Ratzer**, der; -s, - 《지역적》 ↑Kratzer (1).

Raub [raup], der; -(e)s **1.** 빼앗음, 강탈, 약탈, 탈취, 절취, 강도짓, 불법착취, 유괴: einen R. begehen〔verüben〕 약탈하다; auf R. ausgehen〔ausziehen〕 강도짓 하러 나가다. **2.** 빼앗은 것, 약탈물, 노획〔전리〕품: den R. untereinander teilen 약탈물을 서로 나누다〔분배하다〕; etw. wird ein R. der Flammen 《아어》 무엇이 불에 타서 없어지다.

raub-, Raub-: **~bau**, der 〈Pl. 없음〉 《광, 농업, 임업》 《어떤 것의 존립을 위태롭게 하는》 극단적인〔지나친〕 경제적 이용, 지나친 채굴, 과도한 경작, 남벌(濫伐), 남용, 혹사: R. am Wald 숲의 남벌; er treibt R. mit seiner Gesundheit 그는 자신의 건강을 고려하지 않고 일한다〔혹사한다〕. **~beutler** [-boytlɐ], der; -s, - 《동물》 오스트레일리아에 그 대부분이 사는《하복부에 육아낭이 있는》 유대류(有袋類)《동물》: 예컨대: 캥거루, 주머니 쥐 등이 여기에 속한다. **~druck**, der 〈Pl. -drucke〉 해적판

[불법적 인쇄]. **~fisch,** der 육곽[포식]어(반대: Friedfisch). **~fliege,** die 【동물】왕파리. **~gier,** die 약탈욕, 탐욕, 착취욕, 소유욕. **~gierig** 〈Adj.〉 약탈욕에 가득 찬, 탐욕적인. **~käfer,** der 육식충. **~katze,** die 살 쾡이. **~krieg,** der 《軍》침략[약탈]전. **~lust,** die ↑~gier. **~lustig** 〈Adj.〉 ↑~gierig. **~mord,** der 강도 살인. **~mörder,** der 강도 살인범. **~möwe,** die 【동물】맹큐류의 큰 갈매기. **~pressung,** die 음반[카세트]의 해적판. **~ritter,** der (14, 15세기의) 약탈[도둑] 기사. **~rittertum,** das 약탈[도둑] 기사 시대. **~schiff,** das ↑Piratenschiff. **~tier,** das 맹수, 육식 짐승. **~tierfütterung,** die 맹수 사육. **~tierkäfig,** der 맹수의 우리. **~tierwärter,** der 맹수 사육사. **~tierzirkus,** der 맹수 서커스. **~überfall,** der 약탈 습격[침입]: einen R. verüben[machen] 약탈하러 기습[침입]하다. **~vogel,** der 【동물·고어】맹금, 육식조. **~vogelblick,** der ↑Adlerblick. **~wild,** das 【사냥】(유익 동물을 해치는) 해로운 사냥 대상 동물(예컨대: 여우, 족제비). **~zeug,** das 〈Pl. 없음〉[사냥] (유익 동물을 해치는 사냥 대상이 안되는 해로운 동물(예컨대: 들개, 들 고양이). **~zug,** der 약탈 행각.

rauben ['raubn̩] 〈h〉 **1. a)** 남의 것을 불법[강압]적으로 빼앗다, 약탈[강탈]하다, 강도질하다, 수탈하다: jmdm. alle Wertsachen r. 누구에게서 모든 귀중품을 빼앗다; das Kind des Fabrikanten wurde geraubt 공장주의 아이가 유괴되었다; die feindlichen Horden raubten und plünderten 적의 무리가 강탈과 노략질을 했다; [전의] er raubte ihr einen Kuß 《아어·농》그는 강제로 그녀에게 키스했다; der Krieg hatte ihm seine Angehörigen geraubt 《아어》그의 가족들이 전쟁 중에 모두 죽었다. **b)** 빼앗아[약탈해] 가다, 먹이로 잡아가다: etw. raubt jmdm. den Schlaf 무엇이 누구의 잠을 빼앗다; sich durch nichts seine Überzeugung r. lassen 그 무엇에 의해서도 그의 신념을 빼앗기지 않다. **Räuber** ['rɔybɐ], der; -s, - 빼앗는 사람, 약[강]탈자, 도둑, 강도: [전의] na, du kleiner R. 《친근》이봐, 이 어린 녀석; **R. und Gendarm** [(지역적) Polizei] 도둑잡기[술래잡기] 놀이; **unter die R. gefallen sein** 《통용어》뜻밖에 착취 당하다[약탈 당하다]. **b)** 【양】 Episit.

Räuber-: ~bande, die 《軍》강도단, 도둑의 떼[일당]. **~braut,** die 【고어】강도[도둑]의 애인. **~geschichte,** die **a)** 도둑[강도](에 관한) 이야기[전설]. **b)** 《통용어》지어낸[꾸며 낸] 이야기, 황당무계한 이야기[Lügengeschichte], 거짓말. **~hauptmann,** der 【고어】도둑 (단)의 괴수[두목]. **~höhle,** die 《고어》(숲속의) 도둑 소굴: hier sieht es ja aus wie in einer R. 《통용어》여기는 아주 무질서하게[너저분하게] 보인다. **~horde,** die 도둑의 떼[무리, 집단]. **~pistole,** die ↑~geschichte. **~roman,** der [문예](18세기 말에 나타난 대중 소설로) 의적 소설. **~zivil,** das 《통용어》수상 제멋대로의 옷을 입고 돌아다니다.

Räuberei [rɔybə'raɪ], die; -en 《軍》약탈[강탈] 행위(-노상) 강도질. **räuberisch** 〈Adj.〉《고어》 reubisch, mhd. röubisch, roubisch, ↑Raub] **a)** 약[강]탈적인, 도둑[강도] 같은: ein ~er Krieg 약탈 전쟁. **b)** 육식성의: -e Tiere 육식 동물. **räubern** ['rɔybɐn] 〈h〉 약탈하다, 강도짓을 하다: einen Laden r. 상점을 털다.

rauch [raux] 〈Adj.〉 털이 많은, 털[솜]이 많은, 텁수룩한: das Fell ist r. 그 모피는 털이 촘촘하다.

Rauch [-], der; -(e)s 연기, 연기 같은 것: schwarzer R. 검은 연기; der R. beißt (mir) in den Augen 연기가 (내) 눈을 쏘신다; den R. einatmen 담배 연기를 빨아들이다; Wurst in den R. hängen 소시지를 훈제하다;

alles roch nach R. 모든 것에서 담배연기 냄새가 났다. [속담] **kein R. ohne Flamme** 아니 땐 굴뚝에 연기 날까 [모든 것에는 그 원인이 있다]; [전의] **in R. (und Flammen) aufgehen** 완전히 타버리다[불에 타 완전히 파괴되다]; **sich in R. auflösen** [**in R. aufgehen**] 연기로 화하다[수포로 돌아가다]: alle ihre Pläne haben sich in R. aufgelöst 그들의 모든 계획이 수포로 돌아갔다.

rauch-, **¹Rauch-** (Rauch): **~abzug,** der 연기 배출 장치, 굴뚝. **~abzugskanal,** der 【토목】연기 배출구. **~bier,** das 내운 《비유》맥주. **~bombe,** die 연막탄, 발연탄. **~entwicklung,** die 발연(發煙). **~faden,** der 한 줄의 연기. **~fahne,** die (수평으로) 길게 뻗은 연기. **~fang,** der **1.** (옛) (화덕 위쪽 사이의 깔때기 모양의) 연도(煙道). **2.** 《österr.》굴뚝, 연통. **~fangkehrer,** der; -s, - 《österr.》굴뚝 청소부. **~farben,** 【드물게】 **~farbig** 〈Adj.〉 연기색[색깔]의. **~faß,** das 【가】향로. **~fleisch,** das 훈제(쇠, 돼지)고기. **~gas,** das 〈대개 Pl.〉연기 가스, 매연. **~gasprüfer,** der 【기술】매연 측정기. **~geschmack,** der 내운 맛: der R. des Whiskys 위스키의 내운 맛. **~geschwängert** 〈Adj.〉 (아이) 연기로 가득 찬. **~geschwärzt** 〈Adj.〉 그을어 거멓게 된. **~glas,** das 〈Pl. 없음〉【기술】흐린[부옇게 된] 유리. **~glocke,** die 대도시(공업 지대) 상공의 뿌연 공기층, 매연층, 스모그. **~grau** 〈Adj.〉↑~farben: -e Wolken 연기색의 구름. **~kammer,** die **1.** 【기술】 (증기기관차의) 연실(煙室). **2.** (드물게) ↑Räucherkammer. **~kappe,** die 굴뚝 위의 삿갓, 전향 장치. **~los** 〈Adj.〉 연기 없이 타는, 연기 없는: -es Pulver 무연 화약. **~maske,** die (소방관의) 호흡 보호 마스크, 가스 마스크. **~melder,** der 연기 경보기. **~opfer,** das ↑Brandopfer (1). **~pause,** die 담배를 짧은 휴식 시간. ~**pilz,** der (폭발시에 생기는) 버섯 모양의 연기구름. **~quarz,** der 연(煙)수정. **~rakete,** die 발연 로켓. **~ring,** der 담배연기로 만든 동그라미. **~salon,** der 흡연실. **~säule,** die 연기기둥. **~schleier,** der 연막. **~schwach** 〈Adj.〉 약한 연기를 내는[내며 타는]. **~schwaden,** der 짙은 연기. **~schwalbe,** die 바늘꼬리 칼새. **~service,** das 흡연용구 일습(재털이+담배 넣는 칸+탁상 라이터). **~signal,** das 연기 신호. **~speck,** der (드물게) ↑Räucherspeck. **~tabak,** der 담배. **~tee,** der 내운 (냄새)가 나는 차. **~tisch,** der 흡연용구(를 놓는 작고 둥근) 탁자. **~topas,** der 《민중》↑~quarz. **~utensilien** 〈Pl.〉 흡연 용구. **~verbot,** das 금연. **~vergiftung,** die 매연 중독. **~verzehrer,** der; -s, - 소연(消煙)장치[기]. **~vorhang,** der 연막. **~waren** 〈Pl.〉담배(유의 총칭). **~wolke,** die 연기 구름. **~wurst,** die 훈제 소시지. **~zeichen,** das ↑~signal. **~zeug,** das 《특히 schweiz.》↑~waren. **~zimmer,** das ↑~salon.

²Rauch- (rauch): **~nächte** 〈Pl.〉Rauhnächte. **~ware** 〈대개 Pl.〉 모피, 모피 제품. **~warenzurichter,** der 모피 조제인. **~werk,** das 〈Pl. 없음〉 [모피] 모피 제품.

rauchen ['rauxn̩] 〈h〉 **1. a)** 연기를 내다[내뿜다], 김을 내다: der Schornstein raucht 굴뚝이 연기를 내뿜는다; [전의] unser Lehrer rauchte vor Zorn 선생님이 몹시 화를 냈다; die Nachrichtenabteilung raucht vor Arbeit 보도국은 매우 분주하다. **b)** (비인칭) (어떤 곳에) 연기가 나다[발생하다]: es rauchte in der Küche [aus dem Ofenrohr] 부엌[난로 연통]에서 연기가 났다; **es raucht** 《통용어》 **1)** 맹렬히 일어나다. **2)** 싸움[시비]이 생기다. **2.** 담배를 피우다, 흡연하다: eine Zigarre r. 여송연을 피우다; Opium r. 아편을 피우다; im Sessel sitzen und r. 안락의자에 앉아 담배를 피우다; wie ein Schlot r. 《통용어》지독하게[심하게] 담배를 피우다; 〈명

사화) das Rauchen wurde ihm vom Arzt untersagt 그는 의사에게서 흡연을 금지 당했다; ein Schild mit der Aufschrift „Rauchen verboten!" "금연"이라고 쓰여진 표지판. **3.** 《전문어》 훈제로 하다, 훈증하다(räuchern).
Raucher, der; -s, - 〈반대: Nichtraucher〉**1.** 흡연자, 담배 피우는 사람. **2.** 〈관사없이〉↑Raucherabteil의 약칭.
Raucher- (rauchen 2): **~abteil,** das 〔열차의〕 끽연[흡연]실(반대: Nichtraucherabteil). **~bein,** das 〔심한 흡연에 의한〕 다리 혈관 협착. **~husten,** der 심한 흡연에 의한 만성 해수(咳嗽). **~karte,** die 〔전쟁, 공황 때의〕 담배 배급표. **~krebs,** der 심한 흡연에 의한 암. **~lunge,** die 심한 흡연에 의해 손상된 폐. **~marke,** die 담배 배급표〔의 각 절단면〕. **~zimmer,** das 끽연[흡연]실.
Räucher- (räuchern 1, 2): **~aal,** der 훈제 뱀장어. **~faß,** das ↑~gefäß. **~fisch,** der 훈제 물고기. **~flunder,** die 훈제 넙치. **~gefäß,** das 향로. **~hering,** der 훈제 청어. **~kammer,** die 훈제[훈증]실. **~kate,** die, **~katen,** der (nordd.) ↑~kammer. **~kerze,** die 원추형의 향료, 향기를 내는 초. **~lachs,** der 훈제 연어. **~männchen,** das 향기 내는 초를 안에서 켜는 남자상(像). **~mittel,** das 향료. **~pfanne,** die ↑~gefäß. **~pulver,** das 가루향료, 향분(香粉). **~schale,** die 향 그릇. **~schinken,** der 훈제한 허벅지 고기〔햄〕. **~speck,** der 훈제한 비계살[베이컨]. **~stäbchen,** das 막대기 모양의 향료. **~werk,** das 〈Pl. 없음〉 훈향류, 향료. **~wurst,** die 훈제한 소시지.
Räucherei, die; -en **1.** 〈Pl. 없음〉《드물게》 훈제, 훈증. **2.** 훈제업, 훈제 제조 공장.
räucherig ['rɔyçərɪç] 〈Adj.〉 연기에 거멓게 된, 그을은, 연기 투성이의. **Raucherin,** die; -nen ↑Raucher (1)의 여성형. **rauchern** ['rauxən] 〈h; 비인칭〉〈지역어〉 담배 피우고 싶다: mich rauchert (es) 나는 담배 피우고 싶다. **räuchern** ['rɔyçən] 〈h〉 **1.** 훈제로 하다, 훈증하다, 훈증 소독하다: Aale r. 뱀장어를 훈제로 하다; geräucherte Kalbsleberwurst 훈제한 송아지 간 소시지. **2.** 향료를 태우다, 향을 피우다: zur Vertilgung von Ungeziefer r. 해충을 박멸하려고 향을 피우다. **3.** 〔목공〕 (특히 떡갈나무 재를) 암모니아로 검게 부식시키다. **Räucherung,** die; -en ↑räuchern의 명사화. **rauchig** ['rauxɪç] 〈Adj.〉 **1.** 연기에 가득 찬: eine -e Kneipe 연기로 가득 찬 술집. **2.** 연기처럼 흐린, 연기색[빛]의: -es Glas 연기빛 유리〔잔〕. **3.** 내운, 연기맛이 나는: -er Whisky 내운 〔맛이 나는〕 위스키. **4.** 〔목소리가〕 낮고 거칠은: eine -e (Gesangs)stimme 낮고 거친 〔노랫〕소리.
Räude ['rɔydə], die; -n (가축의 병) 비루(Krätze): der Hund hat die R. 개가 비루 먹다(비루에 걸리다). **räudig** ['rɔydɪç] 〈Adj.〉 비루 먹은, 비루에 걸린: ein -er Hund 비루 먹은 개; 전의 er ist ein -es Schaf 그는 주위 사람을 망치는 놈이다.
rauf [rauf] 〈Adv.〉 〈통용어〉 ↑herauf, hinauf 〈반대: runter〉.
¹rauf- 〈통용어〉 ↑herauf-, hinauf- (예컨대: raufkommen, rauflaufen).
²rauf-, Rauf- (raufen): **~bold,** der ↑Raufbold. **~handel,** der 〈Pl. ...händel〉 드잡이, 싸움, 격투. **~lust,** die 〈Pl. 없음〉 드잡이[싸움]를 좋아함, 투쟁욕. **~lustig** 〈Adj.〉 〈쀍〉 드잡이[싸움]를 좋아하는.
Raufbold [...bɔlt], der; -(e)s, -e 〔쀍〕 싸움쟁이, 드잡이꾼, 깡패: nimm dich vor diesen -en in acht 이 깡패들을 조심해라.
Raufe [raufə], die; -n (격자로 된) 사료[꼴] 선반(시렁).
raufen ['raufn] 〈h〉 **1.** (식물, 줄기를) 잡아 뽑다, 쥐어뜯다, 잡아당기다, 훑다: Unkraut (aus den Beeten) r.

(화단에서) 잡초를 뽑다; **sich³ die Haare[den Bart] r.** 당황하여(깜짝 놀라) 어찌할 바를 모르다(그래서 머리카락[수염]을 쥐어뜯다). **2.** 싸움질〔드잡이〕을 하다, 누구와 치고 받으며 싸우다: er hat mit ihm geraufr 그는 그와 격투했다; die Hunde raufen um einen Knochen 개들이 뼈를 놓고 싸우다; 《또한》 r. + sich 《die Burschen raufen sich》 사내 녀석들이 서로 치고 받으며 싸운다.
Raufer, der; -s, - 싸움쟁이, 드잡이꾼, 깡패. **Rauferei** [raufə'rai], die; -en 격심한 싸움[격투], 드잡이.
Raugraf ['rau-], der; -en, -en 〔역사의〕 **1.** 〈Pl. 없음〉 〔중세의〕 백작 칭호. **2.** 위의 칭호의 소유자.
rauh [rau] 〈Adj.〉 **1.** (표면이) 거친, 우툴두툴[울퉁불퉁]한, 평평하지 않은, 갈라진, 껄걸한, 매끄럽지 못한: -es Papier 우툴두툴한 종이; -e Haut haben 피부가 매끄럽지 않다; durch die Kälte sind meine Hände r. geworden 추위 때문에 내 손이 터졌다; eine -e See 거친 바다. **2. a)** (날씨가) 사나운, 험악한, 혹독한 추운: das -e Klima des Nordens 북쪽의 혹독한 기후. **b)** 〔풍경 따위가〕 황량한, 살풍경한, 한적한: eine -e Gegend 한적한 지방. **3. a)** 〔목소리가〕 탁한, 불분명한: seine Stimme klingt r. 그의 목소리는 탁하게 울린다. **b)** 목쉰, 귀에 거슬리는: einen -en Hals haben 목이 쉬어 있다. **4.** 거친, 무뚝뚝한, 조야한, 버릇없는, 난폭한, 사나운, 불친절한: er ist r., aber herzlich 그는 무뚝뚝하나 인정이 많다; man hat sie zu r. angefaßt 사람들은 그녀를 너무 난폭하게 다루었다. **5.** 〔구기〕 거친, 깨끗치 못한, 깊지 못한, 부정의: die Gäste spielten ziemlich r. 손님들은 상당히 거칠게 경기했다.

rauh-, Rauh-, ~bank, die 〈Pl. -bänke〉〔수공〕 장대패. **~bauz** [-bauts], der; -es, -e 〈통용어〉 거칠고 난폭한 사람. **~bauzig** [...tsɪç] 〈Adj.〉 〈통용어〉 거친, 버릇없는, 난폭한. **~bein,** das **1.** 〈통용어〉 무례한 사람, 무뚝뚝하나 호감이 가는 사람. **2.** 〔구기·운어〕 거칠게 경기하는 선수. **~beinig** 〈Adj.〉 **1.** 무례한, 조야한, 무뚝뚝하나 호감이 가는. **2.** 〔구기·운어〕 거칠게 경기하는. **~bewurf,** der ↑~putz. **~blattgewächs,** das 〈대개 Pl.〉〔식물〕강엽(剛葉)식물. **~borstig** 〈Adj.〉 〈통용어〉↑~beinig. **~faser,** die 거친 칠[도배](벽지나 직접 벽에 바르는 칠로 표면을 거칠게 하려고 톱밥을 넣음). **~fasertapete,** die 거친〔칠의〕벽지. **~frost,** der 〈지역어〉 ↑~reif. **~fußhuhn,** das 〈대개 Pl.〉 〔들짐승에 속하는〕 뇌조(雷鳥)(예컨대: Auerhuhn). **~füßig** 〈Adj.〉 〔동물〕 깃털 난 발을 가진. **~futter,** das 〔농업〕 섬유질이 많은 마른 사료(예컨대: 짚, 왕겨, 건초). **~haardackel,** der 센 털을 가진 닥스훈트(Dachshund). **~haarig** 〈Adj.〉 (대개 가축의) 털이 뻣뻣한, 털이 세고 곱슬곱슬한. **~nächte,** die 〔민속, 지역적〕 성탄절과 공현축일(1월 6일) 사이의 열두 밤. der, 《전문어》 표면이 거친 칠[회칠]. **~reif,** der 거친 서리[흰 서리]. **~wacke,** die 구멍이 많은 백운석 또는 석회석. **~ware,** die 〈대개 Pl.〉 〈지역적〉 ↑Rauchware. 〔섬유〕 괴털〔산모섬유〕 직물.
Rauhe ['rauə], die 〔사냥〕 물〔늪〕새의 털갈이. **Rauheit,** die; -en 거칠음, 울퉁불퉁함, 목이 쉼, 무례함, (날씨의) 혹독함, 난폭함 (↑rauh의 명사형). **rauhen** ['rauən] 〈h〉 (표면을) 거칠게〔꺼끌꺼끌하게〕 하다, 우툴두툴하게 하다, 괴깔이 일어나게 하다. **Rauhigkeit** ['rauɪçkait], die; -en ↑Rauheit.
Rauke ['raukə], die; -n [lat. ērūca] 겨자.
raum [raum] 〈Adj.〉 〔선위〕 **a)** (바다가 사방) 탁 트인(offen), 넓은(weit): die -e See 공해(公海)[대해(大海)]. **b)** 뒤에서 비스듬히 오는: -er Wind 뒤에서 부는 바람[순풍]; -e See haben 순풍의 항로로 항해하다. **Raum** [-], der; -(e)s, Räume ['rɔymə] **1.** 〈축소형: ↑Räumchen〉 건물의 바

닥, 벽, 천정에 둘러쌓인 곳, 방, 실(室)(내): einen R. möblieren 방에 가구를 설치하다; im R. stehen 문제 따위가 제기되어 해결을 갈구하다; im R. stehen bleiben 문제 따위가 (일단) 미결로 있다; etw. im R. stehen lassen 무엇의 문제 따위를 (우선) 미결로 놓아두다. 2. (확정 없는) 공간: der unendliche R. des Universums 우주의 무한한 공간. R. und Zeit bestimmen die Form unseres Denkens [철학] 공간과 시간이 우리 사고의 형을 규정한다. 3. 〈Pl. 없음〉(확정된) 공간, 연장, 범위, 틈, 간격, 여지, 용적, 체적: umbauter R. [토목] 건물의 용적[건물에 둘러싸인 공간]; ein luftleerer R. [물리] 진공; [전의] im luftleeren R. operieren 현실과 관계없이 작전하다. 4. 〈Pl. 없음〉(아이) 장소, 활동 여지, 기회: viel R. einnehmen 많은 장소를 차지하다; R. finden 활동 여지를 발견하다; freier R. [구기] 경기장 [경기 코트] 안의 빈 곳; Raum! (범주 경기 때 다른 보트에게 자신의 통행권을 주의시키는 외침) 비켜!; (den) R. decken [구기] 경기장의 어떤 곳을 상대 선수가 경기를 펼칠 수 없도록 방어[차폐]하다; einer Sache R. geben [아이] 어떤 일을 가능하게 하다[허락하다]. 5. 〈Pl. 없음〉 우주(공간) (↑Weltraum의 약칭): mit Raketen in den R. vordringen 로켓으로 우주에 돌진하다. 6. a) [정치적, 지리적 단위로의] 지역, 구역: der mitteleuropäische R. 중부 유럽 지역; im Hamburger R. [im R. Humburg] waren die Winterstürme am heftigsten 함부르크 지역에 겨울 한파가 가장 심했다. b) 영향권, 세력 범위, (활동) 영역: der politische R. 정치적 영향권. 7. [수학] a) (세 좌표에 의해 묘사할 수 있는 모든 점들의 집합체로서의) 공간: der dreidimensionale R. 3차원의 공간. b) 입체.

raum-, Raum-: ~akustik, die 1. [물리] 실내 음향 (효과) 학. 2. 실내 음향 효과. ~angabe, die [언어] 장소적 상황(규정). ~anzug, der 우주복. ~aufteilung, die 공간 분배. ~ausstatter, der 1. (바닥, 벽의) 실내 장식가. 2. 실내 장식상(商)(예컨대: 커튼, 양탄자 따위). ~beständigkeit, die [전문어] (온도 작용에 의한) 체적 팽창시의 (공간) 재료의 지구력. ~bild, das [광학] 입체상, 입체 사진. ~bildverfahren, das 입체상[입체 사진] 제작법. ~deckung, die [구기] 경기장 내 일정 장소의 방어(차폐). ~entweser, der [드물게] 실내 소독자, 건물 내의 해충을 박멸하는 사람. ~entwesung, die [드물게] 실내 소독, 실내 해충 구제(驅除). ~ersparend 〈Adj.〉 [드물게] ↑sparend. ~ersparnis, die 공간 절약. ~fähre, die 소형 유인 우주(왕복)선. ~fahrer, der ↑Astronaut. ~fahrt, die 1. 우주(로의) 비행[여행]. 2. [드물게] ↑-flug. ~fahrtbehörde, die 우주 항공국. ~fahrtindustrie, die 우주 (비행) 산업. ~fahrtmedizin, die 우주 의학. ~fahrtprogramm, das 우주 비행 프로그램(설계). ~fahrttechnik, die 우주 비행 기술[공학]. ~fahrttechniker, der 우주 비행 기술자[공학자]. ~fahrtunternehmen, das 우주 비행 사업(기도). ~fahrzeug, das (장기간 우주 패도 비행을 위한) 유인 우주선[우주 비행기]. ~film, der 입체 영화. ~flieger, der [드물게] ↑-fahrer. ~flug, der 우주 궤도 비행. ~flugkörper, der 우주 궤도 비행선. ~flugmedizin, die ↑-fahrtmedizin. ~flugnavigation, die 우주 항공(술). ~forschung, die 1. a) 우주 연구. b) 우주 비행 연구. 2. ↑Regionalforschung. ~gefühl, das 〈Pl. 없음〉 공간 감각. ~gestalter, der 실내 장식가. ~gestaltung, die 실내 장식. ~gewinn, der [특히 구기] 공간 획득. ~gitter, das [화학] Kristallgitter. ~greifend 〈Adj.〉 [구기] 일정한 간격의, 일정한 간격을 취하는: ~e Schritte 일정한 간격의 발걸음. ~inhalt, der [수학] 체[용]적, 입방체의

부피. ~kabine, die 우주선 선실[탑승실]. ~kapsel, die 1. (기구 장치를 한) 소형 무인 우주선. 2. 동물 시험용 우주선. 3. (큰 비행선의 독립적 부분으로 지구로 돌아오고 기구와 사진 카세트를 장비한) 우주(선) 캡슐. 4. ↑-kabine. ~klang, der 입체음(향). ~klima, das 실내 기후(온도, 습도 따위). ~klimatisch 〈Adj.〉 실내 기후의. ~kunst, die 실내 장식(술), 공간 예술. ~kurve, die [수학] 공간 곡선. ~labor, das 작은 우주 정류장. ~ladung, die [물리] 공간 전하(電荷). ~lehre, die 〈Pl. 없음〉 [드물게] ↑Geometrie. ~los 〈Adj.〉 [드물게] 공간적으로 한정되지 않은, 공간[장소]을 차지하지 않는, 공간(장소, 여지)이 없는. ~losigkeit, die 《[드물게]》 ↑-los의 명사형. ~lufttemperatur, die 실내 공기 온도. ~mangel, der ↑Platzmangel. ~maß, das 용량(Kubikmaß)(↑Hohlmaß (a)). ~meter, der / das 1m³[입방미터] 쌓아 올린 목재(중간틈을 포함)의 용적 단위(반대: Festmeter), (약어: rm). ~modell, das [제도법] 공간도형(모델). ~not, die ↑Platzmangel: unter R. leiden 장소[좌석]의 부족을 겪다[당하다]. ~ordnung, die [관] 공간(대지)이용 계획 [법규, 설계]. ~ordnungsplan, der [관] 공간(대지) 이용 계획안. ~pendler, der [우주] (우주 정류장과 지구 사이의 연락 인공위성) 우주 연락선. ~pflegerin, die ↑Putzfrau. ~pilot, der ↑-fahrer. ~planung, die [관] ↑-ordnung. ~programm, das [관] (학교 신축 등의 경우) 공간 (설치) 계획. ~schiff, das (큰) 우주선. ~schiffahrt, die 〈Pl. 없음〉 우주 비행[여행]. ~sinn, der 〈Pl. 없음〉 공간(지)각, 입체 지각력. ~sonde, die 무인 우주 탐측기. ~sparend 〈Adj.〉 공간 절약의. ~station, die 우주 정류장. ~teiler, der 방안을 여러 구역으로 나누는 시설물, 공간 분리물(예컨대: 서가, 커튼 따위). ~temperatur, die 실내[방안] 온도. ~tiefe, die 공간의 깊이(높이). ~ton, der ↑-klang. ~transporter, der [반복 사용이 가능한] 우주선 운반체. ~verschwendung, die 공간 낭비. ~verteilung, die 공간(방)의 배치[분배]. ~vorstellung, die 공간 표상. ~wahrnehmung, die 공간인지[지각]. ~winkel, der [수학] 입체각. ~wirkung, die 입체 효과. ~wirtschaftstheorie, die [경제] 공간 경제론(공간 분배와 물가, 소득과의 상호 관계에 관한 이론). ~Zeit-Welt (붙임표와 함께), die [물리] 시공 (時空) 세계, 4차원 세계, 4차원 공간. ~zeitlich 〈Adj.〉 [물리] 시공 (時空)의[시간과 공간의 좌표에 놓인]. ~zelle, die [구동독 토목] 조립식용(공장 생산) 주택 부분(예컨대: 부엌, 욕실).

Räum-: ~boot, das ↑Minenräumboot. ~fahrzeug, das 도로의 장애물(예컨대: 눈)을 제거하는 차(량), 청소차. ~kolonne, die, ~kommando, die 청소(부)(대)[隊]. 청소반. ~maschine, die 청소기(계).

Räumchen ['rɔymçən], das; -s, - ↑Raum (1)의 축소형.

räumen ['rɔymən] 〈h〉 1. a) 무엇을 치우다, 없애다, 제거하다, 떼어 내다: etw. aus dem Weg r. 무엇을 제거하다; Bücher vom Tisch r. 책을 책상에서 치우다. b) 무엇을 어떤 곳에 옮기다: seinen Kram auf die Seite r. 그의 잡동사니를 옆으로 치우다. 2. (장소, 자리를) 비워 주다, 떠나다: die Wohnung muß bis Ende des Monats geräumt sein 집은 월말까지 비워 주어야 한다; die Firma konnte während des Schlußverkaufs ihre Lager r. 회사는 재고품을 아직 비워 주어야 했다; die meisten Felder sind bereits geräumt 대부분의 전답은 이미 작물을 거두어 들였다. 3. a) (장소, 자리, 지위를) 비워놓다, 비워 주다, 물러나다, 그만두다: den Saal r. 홀을 비워 주어야 하다; er muß seine Stellung als Generaldirektor r. 그는 총

지배인의 자리를 물러나야 한다. **b)** 《힘을 사용하여 누구에게》 자리(장)를 떠나게(물러나게) 하다. **Räumer,** der; -s, - 《드물게》 **a)** 치우는 사람, 청소부, 청소반원. **b)** ↑ Räumfahrzeug. **räumig** ['rɔymɪç] 〈Adj.〉 《드물게》 ↑geräumig. **räumlich** ['rɔymlɪç] 〈Adj.〉 **1.** 공간(장소)의, 공간적: eine -e Ausdehnung 공간 확장(체적 팽창). **2.** 입체적, 3차원의: -es Sehen 입체시(立體視). **Räumlichkeit,** die; -en **1.** 《대개 Pl.》 큰 방(공간, 장소, 실(室), 간(間)). **2.** 《Pl. 없음》【예술】입체 효과(묘사). **Räumte** ['rɔymtə], die; -n [2: niederd. rŭmte] [선원] **1.** 선창(船倉). **2.** 《고어》 공해(公海), 대해(大海). **Räumung,** die; -en 치움, 제거, 없앰, 소개(疎開), 물러남, 퇴거, 철거(시킴), 쫓아냄.

Räumungs-: **~arbeiten** 〈Pl.〉 철거 작업. **~ausverkauf,** der 《경제》 ↑~verkauf. **~frist,** die 【법】《집의》명도 기간. **~hieb,** der 《Pl. 없음》【임업】벌채(채벌). **~klage,** die 【법】《집의》 퇴거 요구 소송. **~schlag,** der ↑~hieb. **~termin,** der 《집의》 명도 기한. **~verkauf,** der 《경제》 재고 정리 대매출, 투매, 떨이(로 팔기).

raunen ['raʊnən] 〈h〉《아어》 낮게 중얼거리며 말하다, 속삭이다, 중얼거리다: man raunt, daß … … 이라는 소문이다; 〈또한 비인칭으로〉 es raunte auf den Leitungen 전화선에서 중얼거리는 소리가 났다; 전의 raunende Wälder 윙윙 소리 내는 숲.

Raunze ['raʊntsə], die; -n (österr.·통용어) 우는 소리를 하는 여자, 비통해 하는 여자. **raunzen** ['raʊntsn̩] 〈h〉 **1.** (bayr., österr. · 통용어) 우는 소리로 하소연하다, 비통해 하다, 투덜거리다, 불평하다, 푸념하다, 흠을 잡다. **2.** (통용어) ↑ranzen: „reden Sie keinen Unfug!" raunzte der lange Mensch "헛소리하지 말아요!" 하고 키다리가 통명스럽게 말했다. **Raunzer,** der; -, - (bayr. · österr. · 통용어) 불평가, 투덜거리는(헐뜯는) 사람. **Raunzerei** [raʊntsəˈraɪ], die; -en (계속적인) 불평, 불만, 헐뜯음. **raunzig** ['raʊntsɪç] 〈Adj.〉 (bayr., österr. · 통용어) 불평불만의, 헐뜯는.

Räupchen ['rɔʏpçən], das; -s, - ↑ Raupe (1)의 축소형. **Raupe** ['raʊpə], die; -n 《축소형: Räupchen》(나비의) 유충(애벌레), 모충(毛蟲): **-n im Kopf haben** (통용어) 이상한(웃기는) 생각(망상)을 품고 있다; **jmdm. -n in den Kopf setzen** (통용어) 누구에게 (마음이) 편치 못한 말을 하다(불안한 생각을 갖게 하다). **2. a)** ↑Planierraupe의 약칭. **b)** ↑Raupenkette. **3.** 금속을 입힌 실로 짠 견장. **raupen** 〈h〉《고어·지역적》(수목의) 유충(모충)을 구제(驅除)하다.

raupen-, Raupen-: (통용어): **~ähnlich** 〈Adj.〉 ↑~artig. **~artig** 〈Adj.〉 **a)** 유충(모충)의. **b)** 유충(모충)과 같은. **~bagger,** der 무한 궤도(캐터필러) 굴착기(준설기). **~fahrzeug,** das 무한 궤도(캐터필러) 차량 《장갑차, 전차(戰車) 따위》. **~fliege,** die 침(針)파리. **~fraß,** der 유충(모충)의 피해. **~kette,** die 무한 궤도(캐터필러). **~leim,** der 유충(모충) 방지(잡는) 끈끈이. **~nest,** das (특히 월동하기 위해 나뭇잎에 짓는) 유충(모충)의 집. **~schlepper,** der 무한 궤도(캐터필러) 트랙터.

raus [raʊs] 〈Adv.〉 (통용어) **1.** ↑heraus: r. mit der Sprache! 숨김없이 말하라(털어놓아라); nichts wie r. aus den nassen Kleidern. 그저 빨리 젖은 옷을 벗다. **2.** ↑hinaus: r. aufs Meer 바다로 나가다.

raus-, Raus- (통용어): **~ekeln** 〈h〉 ↑~graulen. **~feuern** 〈h〉 ↑herausfeuern (1, 2). **~fliegen*** 〈s〉 **1.** ↑herausfliegen (1, 3). **2.** ↑hinausfliegen (1, 3, 4). **3.** 내던져지다, 제거되다, 쫓겨 나다. **~futtern** 〈h〉 **1.** ↑auffüttern (b). **2.** (r + sich) ↑herausfressen (2). **~gehen*** 〈s〉 **1.** ↑herausgehen(1, 2). **2.** ↑hinausgehen (1~3). **~graulen** 〈h〉 ↑hinausgraulen.

~halten* 〈h〉 **1.** ↑heraushalten (1, 2). **2.** ↑hinaushalten. **~knobeln** 〈h〉 곰곰히 생각하여 찾다, 궁리하여 찾아내다. **~kommen*** 〈s〉 **1.** ↑herauskommen (1~4, 5 a, 6~8). **2.** ↑hinauskommen (1, 3, 4). **~kriegen** 〈h〉 ↑herauskriegen (1~4). **~rücken** 〈h /s〉 **1.** ↑herausrücken (1, 2). **2.** ↑hinausrücken (1 a, 2, c). **~schmeißen*** 〈h〉 **1.** ↑herauswerfen (1). **2.** ↑hinauswerfen (1 a, 2, 3). **~schmeißer,** der 술집에서 행패 부리는(소란 피우는) 손님을 내쫓는 사람. **2.** (무도회 따위의) 마지막 춤. **~schmiß,** der 내쫓음, 해고, 해직. **~schmuggeln** 〈h〉 ↑heraus-, hinausschmuggeln. **~werfen*** 〈h〉 **1.** ↑herauswerfen (1). **2.** ↑hinauswerfen (1 a, 2, 3).

Rausch [raʊʃ], der; -(e)s, Räusche ['rɔʏʃə] **1.** 《축소형: Räuschchen》(술, 약물 따위에 의해) 취함, 취한 상태, 명정(酩酊): einen ordentlichen R. haben 거나하게 취하다(거나하다); sich einen R. antrinken (술에) 취하다(명정하다); sich einen R. kaufen 《경》일부러 (고의로) 취하다; seinen R. ausschlafen 잠을 자서 술에서 깨나다; in seinem R. wußte er nicht, was er sagte 술에 취하여 그는 그가 무슨 말을 했는지 몰랐다. **2.** 도취(상태), 황홀, 무아지경, 열광, 흥분: im R. des Erfolgs(des Sieges) 성공(승리)에 도취하여; in einen wilden R. versetzen 억제할 수 없게 열광시키다.

rausch-, Rausch-: **~arm** 〈Adj.〉【기술】 잡음이 적은, 소음을 내지 않는. **~beere,** die **1.** 시로미(Krähenbeere)(암고란). **2.** 위의 열매. **~brand,** der (소, 양의) 탄저병(炭疽病), 소의 탈저(脫疽), 비탈저(脾脫疽). **~gelb,** das 【광물】석웅황(石雄黃), 석황, 웅황. **~gift,** das 마취제, 마약, 환각제, 흥분제. **~giftbekämpfung,** die 마약 퇴치. **~gifthandel,** der 마약 거래〈장사〉. **~gifthändler,** der 마약 상인(장수). **~giftsucht,** die 마약(상습)벽. **~giftsüchtig** 〈Adj.〉 ↑~giftsucht의 형용사형. **~gold,** das 엷게 압연한 금속판 (Knistergold), 《장식용의》 금박 조각. **~goldengel,** der (성탄절 때의) 금박(으로 만든) 천사. **~mittel,** das ↑~gift. **~narkose,** die 【의학】 잠깐 동안의 가벼운 마취. **~rot,** das 【광물】 계관석. **~silber,** das 엷게 압연한 양은판, 은박. **~tat,** die 【법】 취중 범행. **~zeit,** die 【사냥】 (산돼지의) 교미기. **~zustand,** der 취한 상태, 도취(황홀) 상태.

Räuschchen ['rɔʏʃçən], das; -s, - ↑ Rausch (1)의 축소형. **Rauschebart** ['raʊʃə-], der; -(e)s, …bärte 《농》 **1.** 얼굴의 털(수염). **2.** 털보. **rauschen** ['raʊʃn̩] **1.** 〈h〉 (바람, 물결 따위가) 쏴쏴(콸콸) 소리 내다, (나뭇잎이) 살랑거리다: der Bach rauscht 냇물이 콸콸거린다; die Blätter rauschen im Wind 나뭇잎이 바람에 살랑거린다; die Seide ihres Kleides rauschte 그녀의 비단옷자락이 바스락거렸다; 〈또한 비인칭으로〉 es rauschte in den Muscheln der Fernsprecher 수화기에서 쏴쏴 소리가 났다; 전의 rauschenden Beifall haben 우뢰와 같은 박수갈채를 받다; sie gaben rauschende Feste 그들은 화려한 축제를 열었다. **2.** 〈s〉 쏴쏴(콸콸, 살랑살랑) 소리를 내며 움직이다(가다, 흐르다, 불다): das Boot rauscht durch das Wasser 보트가 쏴쏴 물을 가르며 간다; das Wasser rauscht in die Wanne 수도물이 욕탕 속에 쏟아진다; der Ball rauschte ins Tor 《구기·은어》 공이 맹렬히 골문 안으로 날아갔다. **3.** 〈s〉 (여자들이) 눈에 띄는 거동을 하며 급히 움직이다(가다): erhobenen Hauptes rauschte sie aus dem Saal 머리를 쳐들고 그녀는 방에서 급히 나갔다. **4.** [사냥] (산돼지가) 발정하다. **Rauscher,** der; -s, - 《지역적》 ↑Federweiße. **rauschhaft** 〈Adj.〉 도취한 듯 같은, 도취한. **rauschig** 〈Adj.〉 《지역적》 취한(기분의).

Räusperer ['rɔʏspərɐ], der; -s, - 《통용어》 잔기침, 헛기

침. **räuspern** ['rɔyspǝn], sich ⟨h⟩ (목을 트려고) 헛기침하다, (가래를 없애려고) 기침하다: ich räusperte mich einige Male, bevor ich zu sprechen begann 나는 말을 시작하기 전에 몇 번 헛기침을 했다; ⟨명사화⟩ ein lautes Räuspern unterbrach seine Rede 큰 헛기침 소리가 그의 말을 중단했다.

¹Raute ['rautǝ], die; -n 운향과(식물), 루타.

²Raute [-], die; -n 【기하】 마름모꼴(Rhombus), 사방형 (斜方形).

¹Rauten- (¹Raute): **~kranz**, der 【문장】 운향 및 장식이 있는 평행사선, 운향화관. **~öl**, das 운향유(芸香油), 루타 기름.

rauten-, **²Rauten-** (²Raute): **~bauer**, der ⟨⟨지역적⟩⟩ 【카드놀이의】 다이아(몬드)의 잭(Karobube). **~fläche**, die 【기하】 1. 마름모의 면. 2. (다면체 특히 보석의) 깎은[작은] 면, 여러 마름모로 구성된 면. **~förmig** ⟨Adj.⟩ 마름모꼴의, 사방형(斜方形)의. **~grube**, die 【해부】 (마름모꼴의) 뇌실(腦室). **~muster**, das 마름모꼴의 뜨개본.

rautiert ⟨Adj.⟩ [↑²Raute] 《전문어》(종이에) 모눈이 찍힌.

Ravenna [ra'vena, ⟨ital.⟩ ra'vɛnna, ⟨engl.⟩ rǝ'vɛnǝ] 라벤나(이탈리아의 도시).

Ravioli [ra'vjo:li] ⟨Pl.⟩ [ital. ravioli] 【요리】 라비올리(이탈리아 요리의 일종).

ravvivando [ravi'vando] ⟨Adj.⟩ [ital. ravvivando] 【음악】 다시 더 빠르게 되는.

Rayé [rɛ'je:], der; -(s), -s frz. rayé] 가는 줄무늬의 직물.

Raygras: ↑Raigras.

Rayon [rɛ'jõ:, ⟨österr.⟩대개⟩ ra'jo:n], der; -s / ⟨österr.⟩ -e [frz. rayon] 1. 백화점의 부(部). 2. ⟨österr., schweiz.⟩ 관할 구역(지구), 책임 부문, 담당 부서. **Rayonchef**, der 백화점의 부(部)의 책임자[부장(部長)]. **rayonieren** [rɛjo'ni:rǝn, ⟨österr.⟩ rajo'ni:rǝn] ⟨h⟩ ⟨österr.⟩ 담당 지구[구역]으로 나누다, 구획하다, 구역에 따라 분배[할당]하다. **Rayonsgrenze**, die; -n ⟨österr.⟩ 담당[관할] 구역의 경계[한계]. **Rayonsinspektor**, der; -s, -en ⟨österr.⟩ 관할 지역 담당 경찰관.

Razemat [ratse'ma:t], das; -(e)s, -e 【화학】 라세미 화합물. **razemisch** [ra'tse:mɪʃ] ⟨Adj.⟩ 【화학】 라세미 화합물의 성질을 나타내는. **razemos** [ratse'mo:s], **razemös** […'mø:s] ⟨lat. racēmōsus⟩ 【식물】 포도송이 모양의, 총상화서(總狀花序)의, 총상으로 배열된: -e Blüten 총상화(總狀花).

Ražnići ['raʒnitʃi], die; -(s), -(s) [serbokroat.] 【요리】 라즈니치(맵게 양념을 친 유고슬라비아의 고기 요리).

Razzia ['ratsja], die; …ien […jǝn]/《드물게》 -s [frz. razzia] 1. 경찰의 기습 수색, 일제 검거: eine R. veranstalten (durchführen) 경찰의 일제 검거를 행하다[실시하다]; (eine) R. machen 수색하다. 2. 수색 경찰대.

Rb: 【화학】 Rubidium의 약어.

RB = Radio Bremen 브레멘 방송.

Rbl.: (러시아 화폐) Rubel의 약어.

rd.: **rund**의 약어.

re [re:; ⟨ital.⟩ re] 【음악】 레.

Re: 【화학】 Rhenium의 약어.

¹Re [-], das; -s, -s 【카드】 콘트라(Kontra)에 대한 응수, 레(배의 점수로 계산하는 콘트라의 배의 음수로, 이기면 4개가 됨): Re bieten 레로 응수하여 치다.

²Re [-], -s 레(이집트의 태양신).

re-, **Re-** [-; lat. re-] "뒤로, 제자리로, 반대로, 다시, 새로이"와 같은 뜻의 접두사, 예컨대 reagieren, Regeneration.

Reader ['riːdɐ], der; -s, - [engl. reader] 문학서[학술서]에서 발췌한 독본, 리더.

Ready-made ['rɛdɪmeɪd], das; -, -s [engl. ready-made] 【예술】 전시용 제작품, 기성품, 레디 메이드.

Reafferenz [reafe'rɛnts], die 【의학·생물】 되먹이기, 피드 백. **Reafferenzprinzip**, das ⟨Pl. 없음⟩ 【생물】 되먹임[피드백] 원리.

Reagens, das; -, …genzien, **Reagenz** [rea'gɛnts], das; -es, -ien […tsjǝn] 【화학】 (화학 반응을 일으키는) 시(험)약, 시험액. **Reagenzglas**, das 시험관(Probierglas). **Reagenzpapier**, das ↑Indikatorpapier.

reagibel [rea'giːbl] ⟨Adj.⟩ 《교양어》 민감한, 예민한. **Reagibilität** [reagibili'tɛːt], die ⟨교양어⟩ 민감[예민]성, 감수성. **reagieren** ⟨h⟩ 1. 무엇에 반응을 나타내다, 반작용하다: (auf etw.) sauer r. 《경》 (무엇에) 싫은 표정을 하다; er konnte nicht schnell genug r. 그는 충분히 빨리 반응을 나타낼 수 없었다. 2. 【화학】 반응하다: die Lauge reagiert basisch 잿물은 염기성 반응을 한다. **Reaktanz** [reak'tants], die; -en 【전기】 리액턴스, 교류 저항. **Reaktion**, die; -en 1. 반응, 반작용: keine R. zeigen 아무런 반응도 보이지 않다. 2. 【화학】 반응: eine (chemische) R. findet statt 《화학》 반응이 일어나다. 3. ⟨Pl. 없음⟩ 【평】 a) 반동. b) 보수주의. **reaktionär** […'nɛːɐ̯] ⟨Adj.⟩ [frz. réactionnaire] 《평》 보수적, 반동적: -e Ziele verfolgen 보수적 목표를 추구하다. **Reaktionär** [-], der; -s, -e [frz. réactionnaire] 《평》 보수(반동)주의자.

reaktions-, **Reaktions-**: **~fähig** ⟨Adj.⟩ 1. 반응을 나타내기 쉬운, 반발하는. 2. 【화학】 반응의: -e Elemente 반응 원소. **~fähigkeit**, die 반응성, 반발, 반동성. **~geschwindigkeit**, die 반응 속도. **~motor**, der 반동 전동기. **~norm**, die 반응 기준. **~psychose**, die 【심리】 (큰 실망 따위에 대한 반발로 생긴) 반발 정신 이상. **~schnell** ⟨Adj.⟩ 반응이 빠른, 좋은 반응력을 가진. **~schnelligkeit**, die **~schnell**의 명사형. **~träg(e)** ⟨Adj.⟩ 【화학】 화학 작용을 하지 않는, 불활성(不活性)의. **~turbine**, die 【기술】 반동 터빈. **~vermögen**, das 반발력[반응]. **~wärme**, die 【화학】 반응열. **~zeit**, die 【생리】 ↑Latenz (2).

reaktiv ⟨Adj.⟩ 1. 【심리】 (자극에 대해) 반응을 나타내는, 반동적, 반발의. -e Abwehrhandlungen 반동적 방어 행위. 2. 【화학】 반응의. **reaktivieren** ⟨h⟩ [frz. réactiver] 1. a) 다시 채용하다, 복직시키다. b) 다시 활동(시키)다, 다시 이용하다. 2. 【화학】 화학적으로 다시 작용하다. 3. 【의학】 신체의 기능을 정상으로 회복시키다(치유하다). **Reaktivierung**, die; -en ↑reaktivieren의 명사형. **Reaktivität**, die 1. 【심리】 반응(성), 반발. 2. 【핵】 반응도, 반응성. **Reaktor** [re'aktɔɐ̯, 《또한》 …toːɐ̯], der; -s, -en […'toːrǝn; engl. reactor] 【물리】 1. 원자로. 2. 반응장치, 반응기.

Reaktor-: **~gift**, das 원자로 독물질. **~kern**, der ↑Core. **~physik**, die 원자로 물리학. **~technik**, die 원자로 공학(기술). **~unfall**, der 원자로 재해(사고).

real [re'aːl] ⟨Adj.⟩ [lat. reālis] 1. 《교양어》 현실의, 실재의, 실제의, 물적인, 물질의, 사실상의, 객관적인(반대: ideal 2): -e Werte 실재 가치; in der Welt 현실 세계. 2. 《교양어》 현실적, 실재적(반대: irreal): ein r. denkender Politiker 현실적으로 생각하는 정치가. 3. 【경제】 실질적인, 실질의(반대: nominal 2): -es Einkommen der Arbeitnehmer 고용인의 실질 수입.

¹Real [re'aːl], das; -(e)s, -e ⟨지역적⟩ ↑¹Regal.

²Real [-], der; -s, ⟨span.⟩ -es / ⟨port.⟩ Reis [rajs; span., port. real]

real-, **Real-**: **~akt**, der 1. 【법】 사실 행위. 2. ⟨österr.·관⟩ 부동산에 관한 재판. **~aufnahme**, die

Realgar 1678

[영화] 실물 촬영. ~**büro**, das 《österr.》 부동산 중개소, 복덕방. ~**definition**, die [철학] 실질적 정의(반대: Nominaldefinition). ~**einkommen**, das [경제] 실수(입)(반대: Nominaleinkommen). ~**enzyklopädie**, die ↑~lexikon. ~**gymnasium**, das 《구제》 자연 과학과 근대 언어들을 중시한 고등 학교, 실과 고등 학교(근대어학 고등 학교). ~**index**, der 〈고어〉 (학술서의) 사항 색인, 전문어 목록. ~**injurie**, die 《법》 폭행에 의한 모욕[명예 훼손](반대: Verbalinjurie). ~**kanzlei**, die 《österr.》 ↑~büro. ~**kapital**, das [경제] 물적(物的) 자본. ~**katalog**, der [도서] 전문 분야별 서적 목록. ~**konkordanz**, die 《학문》 (전문 분야 책에서 알파벳순의) 용어 색인. ~**konkurrenz**, die [법] ↑Tatmehrheit. ~**kontrakt**, der [법] 요물(要物)계약, 천성계약(반대: Konsensualkontrakt). ~**kredit**, der [화폐] 대물(對物)[물적] 신용. ~**last**, die (대개 Pl.) [화폐] 토지 부담. ~**lexikon**, das 《학문 분야의》 백과 사전, 전문어 사전. ~**lohn**, der [경제] 실질 임금. ~**obligation**, die [화폐] 저당[전당] 증권(채권). ~**politik**, die 현실(주의)적 정치. ~**politiker**, der 현실주의 정치가. ~**politisch** 〈Adj.〉 현실주의 정치의. ~**präsenz**, die [그리스] 그리스도의 실재(루터의 이론에 따라 성찬식 때 그리스도의 살과 피의 실재설). ~**produkt**, das [경제] 실질 국민총생산. ~**recht**, das [법] 물권(物權). ~**schule**, die 》 Mittelschule. ~**schüler**, der ↑~schule의 학생. ~**schullehrer**, der ↑~schule의 선생. ~**steuer**, die [세무] 물세(物稅), 대물세. ~**teil**, der [수학] (복소수의 부분으로서) 실수(實數). ~**union**, der 《구제》 정합국(政合國), 실(實)합국, 물(物)합국. ~**vertrag**, der [법] ↑~kontrakt. ~**wert**, der 실가(實價), 실질 가치, 진가(眞價). ~**wörterbuch**, das ↑~lexikon.

Realgar [real'ga:ɐ̯], der; -s, -e [frz. réalgar] 【광물】 계관석.

Realien [re'a:liən] 《Pl.》 1. 실(재)물, 실체, 사실. 2. 전문 지식. 3. 〈고어〉 교양 기초와 교과 및 시험 과목으로서 자연 과학. **Realienbuch**, das 〈고어〉 자연 과학 교과서.

Realignment ['ri:əˈlaɪnmənt], das; -s, -s [engl.-amerik. realignment] 【경제】 (환 유동 시기 후) 환시세의 재평가.

Realisation [realiza'tsjoːn], die; -en [frz. réalisation] 1. ↑Realisierung. 2. [영화・텔레비전] 영화(텔레비전 방송)의 제작[상영]. **Realisator** [...ˈza:tɔr, 《또한》 ...to:ɐ̯], der; -s, -en [...za'toːrən] 【영화・텔레비전】 (텔레비전 방송)의 제작자(감독). **realisierbar** [...'ziː-ba:ɐ̯] 〈Adj.〉 실현할 수 있는, 실행할 수 있는. **Realisierbarkeit**, die ↑realisierbar의 명사형. **Realisieren** [...ˈziːrən] 〈h〉 [1: frz. réaliser; 2: engl. to realize] 1. 〈교양어〉 a) 〈생각, 계획을〉 실현하다, 실행으로 옮기다, 현실화하다: Ziele r. 목표를 실행에 옮기다; diese Vorhaben ist technisch nicht zu r. 이 계획은 기술적으로 실현될 수 없다. b) 〈r. + sich〉 실현되다. 2. 분명히 인식하다, 깨닫다, 이해하다: ich kann das alles noch nicht recht r. 나는 그 모든 것을 아직도 잘 파악할 수 없다. 3. [경제] 현금[돈]으로 바꾸다, 환금하다, 팔아서 돈으로 만들다: Gewinne r. 이득을 현금으로 바꾸다. **Realisierung**, die; -en 1. 실현, 현실화, 현금으로 바꿈. 2. [언어] 언어의 실현, 구체어화(추상적 언어(Langue)의 구체어(Parole)로의 실현). **Realismus** [...ˈmʊs], der; -, ...men 《Pl. 없음》 a) 현실[심리]주의, 현실감. b) 〈드물게〉 (있는 그대로의) 실재(Realität). 2. a) 〈문학, 미술의〉 사실주의[문학]. b) [문학, 미술의] 사실(寫實)주의, 리얼리즘: sozialistischer R. 사회주의 리얼리즘. c) 사실주의 시대(기간) (특히 1830년과 1880년사이의 유럽 문학 시기). 3. 〈Pl. 없음〉 【철학】 실재론, 실념(實念)론(반대: Nominalismus 1): naiver R. [철학] 소박 실재론; kritischer R. [철학] 비판적 실재론. **Realist** [rea'lɪst], der; -en, -en 1. 현실[심리]주의자(반대: Idealist 1): er ist (ein) R. 그는 현실주의자다. 2. 사실주의자, 사실주의 작가. **Realistik** [rea'lɪstɪk], die 사실성, 현실주의 경향, 사실적 묘사: krasse R. 극단적 사실성. **realistisch** 〈Adj.〉 1. a) 현실과 일치하는, 현실적, 사실적: etw. r. darstellen 무엇을 사실적으로 묘사하다. b) 객관적, 공평한, 현실주의적(반대: idealistisch 1): ein -er Mensch 현실주의 인간. **Realität** [reali'tɛ:t], die; -en [frz. réalité] 1. 〈Pl. 없음〉 현실(성)(반대: Irrealität). 2. 〈Pl. 없음〉 실재(성), 실제 (반대: Idealität): die R. der platonischen Ideen 플라톤 이념의 실재성. 3. 사실. 4. 〈Pl.〉 《österr.》 부동산, 토지(Grundstück). **Realitätenhändler**, **Realitätenvermittler**, der 《österr.》 토지(부동산) 중개업자. **realitäts-**, **Realitäts-** (Realität 1): ~**anpassung**, die 현실 적응[순응]. ~**bezogen** 〈Adj.〉 현실적, 현실과 관계한. ~**fern** 〈Adj.〉 현실과 먼(반대: realitätsnah). ~**gerecht** 〈Adj.〉: eine Aufgabe r. lösen 문제를 현실에 맞게 해결하다. ~**nah** 〈Adj.〉 (반대: realitätsfern): -e Ansichten 현실적[사실적으로 가까운] 의견. ~**prinzip**, das [심리] 현실 원칙[원리]. ~**sinn**, der 〈Pl. 없음〉 현실감(각).

realiter [re'a:litɐ] 〈Adv.〉 [lat. realiter] 《교양어》 실은, 사실로, 실제로는.

reamateurisieren [re|amatøri'zi:rən] 〈h〉 [스포츠] 직업 선수[프로]를 다시 아마추어로 만들다, 프로를 아마로 복귀시키다. **Reamateurisierung**, die; -en ↑reamateurisieren의 명사형.

Reanimation, die; -en [의학] (인공 호흡 따위에 의한) 소생[회생].

Reanimations- [의학] ~**bett**, das 소생 시술 침대. ~**tisch**, der 소생 시술대. ~**zentrum**, das 소생 시술 병동.

reanimieren 〈h〉 [의학] 소생시키다, 다시 살아나게 하다. **Reanimierung**, die; -en ↑Reanimation.

Reassekuranz, die; -en 〈고어・경제〉 재보험.

reassumieren [re|asuˈmiːrən] 〈h〉 [lat. assumere] 《법・고어》 (수속, 심리 따위를) 재개하다, 재심하다.

Reaumur [re'oːmyːɐ̯; 프랑스 물리학자 R. A. Ferchault de Réaumur(1683~1757) 이름에서] 【물리】 (온도계의) 열씨(例氏)(약어: R). **Reaumurskala**, die 【물리】 열씨 온도계 눈금(물의 빙점과 비등점 사이를 80도로 하는 눈).

Reb- (↑Reben-도 참조): ~**bau**, der 〈Pl. 없음〉 《schweiz.》 포도 재배(Weinbau). ~**bauer**, der 《schweiz.》 포도 재배자. ~**berg**, der 《schweiz.》 포도원. ~**besitzer**, der 《schweiz.》 포도원 소유자. ~**fläche**, die [포도재배] 포도 재배지. ~**garten**, der 《schweiz.》 포도원, 포도밭. ~**gebiet**, das 《schweiz.》 포도 재배 지역. ~**gelände**, das 《schweiz.》 포도 재배 지대. ~**gut**, das 《schweiz.》 포도원, 포도밭. ~**halde**, die 《schweiz.》 ↑~hang. ~**hang**, der 《schweiz.》 포도 재배 산비탈. ~**huhn**, das ↑Rebhuhn. ~**land**, das 〈Pl. 없음〉 포도 재배지, 포도산지(産地). ~**laub**, das 《schweiz.》 포도의 잎(군엽). ~**laus**, die 포도나무의 잎과 뿌리에 생기는 진디. ~**pfahl**, der [포도재배] 포도나무 받침 기둥. ~**schnitt**, der [포도재배] 포도나무의 옆가지치기. ~**schnur**, die ↑Rebschnur. ~**schule**, die [포도재배] 포도 묘목 재배지. ~**sorte**, die (재배된) 포도나무 종류. ~**stecken**, der (포도재배・südd., schweiz.》 ↑~pfahl. ~**stock**, der 포도나무(줄기).

Rebbach: ↑Reibach.
Rebbe ['rɛbə], der; -(s), -s 《jidd.》 ↑Rabbi.
rebbeln ['rɛb]n] ⟨h⟩ 《nordd.》 ↑rebeln (1).
Rebbes ['rɛbəs], der; - [jidd. rebbes < hebr. ribiṯ (Pl.) = Zinsen] 《통용어·고어》 ↑Reibach.
Rebe ['re:bə], die; -n **1.** 포도의 덩굴. **2.** 《아어》 포도나무(줄기).
Rebell [re'bɛl], der; -en, -en [frz. rebelle] **1.** 반란자, 모반자, 폭도(반도), 교란자: die -en haben den Fernsehender besetzt 폭도들은 텔레비전 방송국을 점령했다. **2.** 《교양어》 반항자, 반대자: er gehört zu den -en innerhalb der Partei 그는 당내의 반대파에 속한다.
rebellieren [rebɛ'li:rən] ⟨h⟩ [(frz. rebeller <) lat. rebellāre] **1.** 봉기하다, 반역하다, 모반[폭동]을 일으키다, 반란을 일으키다: gegen den Diktator r. 독재자에 대항하여 봉기하다. **2.** 《교양어》 《누구에게》 반항하다, 반대하다. **Rebellin**, die; -nen ↑Rebell의 여성형. **Rebellion** [rebɛ'lio:n], die; -en [(frz. rebellion <) lat. rebellio] **1.** 폭동, 모반, 반란, 봉기, 반역: eine bewaffnete R. 무장 봉기; eine R. unterdrücken 폭동을 진압하다. **2.** 《교양어》 반항, 반대, 대항. **rebellisch** ⟨Adj.⟩ **1.** 반란[폭동]을 일으킨, 반역의, 모반하는: -e Truppen [Soldaten] 반란군. **2.** 반항[거역]하는; 반항적인: eine -e Jugend 반항하는 청소년; mein Magen wird r. 내 위가 거부 반응을 일으키게 된다.
rebeln ['re:b]n] ⟨h⟩ **1.** 《südd.》 문지르다, (손가락으로) 문질러 으깨다. **2.** 《südd., österr.》 《포도 따위의 열매를》 따다, 뜯어내다: Trauben (vom Weinstock) r. 《포도나무에서》 ↑
Reben- (↑Reb-b 참조): **~blatt**, das 포도잎. **~blut**, das 《시어·고어》《붉은》 포도주. **~blüte**, die 포도꽃. **~hügel**, der **1.** 《아어》 포도덩굴로 덮힌 산비탈. **2.** 《지역خ》 포도원[산]. **~laub**, das 포도의 군엽[잎]. **~mehltau**, der 《식물》 포도 노균병(露菌病). **~saft**, der 《Pl. 없음》 《아어·시어·고어》 포도주. **~stecher**, der 포도잎말이 바구미. **~vered(e)lung**, die 《포도재배》 포도 접목.
Rebhendl ['re:p-], das; -s, -(n) 《österr.》 ↑Rebhuhn. **Rebhuhn** ['re:p-, (또한) 'rɛp-], das; -(e)s, ...hühner 《동물》 《메추리과에 속하는》 자고.
Rebling ['re:plɪŋ], der; -s, -e 《포도재배》 포도나무의 어린 가지.
Rebound [ri'baunt], der; -s, -s [engl. rebound] 《농구》 **1.** 리바운드 《골인하지 않고 링이나 백보드를 맞고 튀어나온 공》. **2.** 리바운드 싸움: die Mannschaft war im R. sehr stark 그 팀은 리바운드 싸움에 매우 강했다. **Rebounder** [...ndɐ], der; -s, - [engl.-amerik. rebounder] 《농구》 리바운드 싸움을 하는 선수. **Rebounding** [...ndɪŋ], das; -s, -s [engl.-amerik. rebounding] 《농구》 ↑Rebound (2).
Rebschnur ['re:p-], die; ...schnüre 《österr.》 ↑Reepschnur.
Rebus ['re:bʊs], der / das; -, -se [frz. rébus] ↑Bilderrätsel (1).
Rec. = recipe.
Receiver [ri'si:vɐ], der; -s, - [engl. receiver] 《방송》 리시버(증폭기가 달린 방송 수신기).
Rechaud [re'ʃo:], der; -s, -s [frz. réchaud] **1.** 【요식업】 음식 보온 전열기, 접시 데우는 기구. **2.** 《südd., österr., schweiz.》 《가스》레인지.
rechen ['rɛçn] ⟨h⟩ 《지역어, 특히 südd., md.》 갈쿠로 긁다《긁어 모으다》, 갈퀴로 땅을 고르게 하다. **Rechen** [-], der; -s, - **1.** 《südd., md.》 갈퀴[레이크]. **2.** (갈퀴 모양의) 옷걸이 못이 붙은 판. **3.** (쓰레기, 강에서 불순물을 제거하는) 격자 모양의 장치, (수문 따위의) 방진(防塵)격자.

rechen-, Rechen- (rechnen 1 a; ↑Rechnungs-도 참조): **~anlage**, die (전자)계산기, 컴퓨터. **~art**, die 산법(算法), 연산(운산)법. **~aufgabe**, die 계산(산수) 문제. **~automat**, der 자동계산기. **~brett**, das 주판. **~buch**, das 《준고어》 산술책(교과서). **~exempel**, das 산술 문제와 그 풀이. **~fehler**, der 계산 착오, 오산 (誤算). **~fertigkeit**, die 《Pl. 없음》 속산 재주[재능]. **~gerät**, das 계산기. **~geschwindigkeit**, die [전산] (자동 계산기의) 계산 속도. **~heft**, das 계산 노트, 산술장(帳). **~kniff**, der 계산[암산] 요령. **~kopfsäule**, die (주유소의) 급유 펌프(대) (이것의 윗부분에 급유량과 가격 표시가 나옴). **~kunst**, die 계산술, 산수. **~künstler**, der 산술가, (빠른) 산술가. **~künstlerin**, die ↑~künstler의 여성형. **~lehrer**, der 《준고어》 산술(산수) 교사(선생). **~lehrerin**, die ↑~lehrer의 여성형. **~maschine**, die **1.** 계산기(계): elektronische R. 전자 계산기. **2.** 주판. **~meister**, der **1.** 뛰어난 계산가, 계산[산술]의 명수(대가). **2.** 《고어》 ↑~lehrer. **~operation**, die **1.** 《전문어》 연산(演算), 운산(運算). **2.** 《수학》 ↑~art. **~papier**, das (계산용) 격자무늬 종이. **~pfennig**, der 《옛》 모조화폐, (도박·계산에 셈하여서 사용하는). **~scheibe**, die 동그라미[원형] 계산자(척). **~schieber**, der (막대 모양의) 계산자(척). **~stab**, der ↑~schieber. **~stift**, der (계산기의) 석필: (대개 전의적으로만 사용) den R. ansetzen 계산(산출)하다. **~stunde**, die 산술(산수)(수업) 시간. **~tafel**, die **1.** 계산(도)표(예컨대: 대수표). **2.** ↑~brett. **~technik**, die **1.** [수학] 계산(기)술. **2.** 《Pl. 없음》 (계산기) 특히 컴퓨터를 다루는 계산[전산] 공학. **~technisch** ⟨Adj.⟩ 계산[전산] 공학의. **~unterricht**, der 산술(산수) 수업(의 수업). **~verfahren**, das 계산법, 계산 처리. **~werk**, das [전산] 전산기의 계산 장치 부분. **~zeichen**, das 연산(演算) 부호. **~zentrum**, das 전산 센터.
Rechenei, Rechnei [rɛç(ə)'naɪ], die; -en 《고어》 경리과, 회계 감사실. **rechenhaft** ⟨Adj.⟩ 《드물게》 계산상의, 타산적인, 계산에 입각한: eine -e Betriebsführung 계산에 입각한 경영. **Rechenhaftigkeit**, die 《드물게》 ↑rechenhaft의 명사형. **Rechenschaft**, die 전말, 시말, 해명, 변명: 《특정 동사와만 결합하여 사용》 jmdm. [von] etw. R. geben 누구에게 무엇에 대해 변명 [해명]하다; über[von] etw. R. ablegen 무엇에 대해 해명하다; jmdn. (für etw.) zur R. ziehen 《무엇에 대해》 누구를 문책하다[누구에게 책임을 묻다]; sich der R. entziehen 《아어》 해명할 의무를 면하다.
rechenschafts-, Rechenschafts-: **~ablage**, die 《schweiz.·판》 ↑~legung. **~bericht**, der 해명서, 변명서, 전말(시말)서: der Vereinsvorsitzende gab einen R. 협회의장은 해명서를 냈다. **~legung**, die 해명[변명](하기), **~pflicht**, die 《Pl. 없음》 해명(답변, 변명) 의무. **~pflichtig** ⟨Adj.⟩ 해명[변명]할 의무가 있는.
Recherche [re'ʃɛrʃə], die; -n 《대개 Pl.》 [frz. recherche] 《교양어》 조사, 탐구, 탐색, 수사: über einen Fall [über jmdn.] -n anstellen 어떤 사건에 대해[누구에 대해] 조사[수사]하다. **Rechercheur** [...'ʃø:ɐ], der; -s, -e 《교양어》 《직업적》 조사자, 탐색자. **recherchieren** [...'ʃi:rən] ⟨h⟩ [frz. rechercher] 《교양어》 **a)** 조사하다, 탐색하다 f: gründlich r. 철저히 조사하다. **b)** 조사하여 해 밝혀 내다(알아내다): die Hintergründe eines Falles r. 사건의 배경을 밝혀 내다.
Recherl ['rɛçɐl], das; -s, -n, **Rechling** ['rɛçlɪŋ], der; -s, -e 《österr.》 식용버섯의 일종(Pfifferling), 챈터렐.
Rechnei: ↑Rechenei.

rechnen ['rɛçnən] ⟨h⟩ **1. a)** (수, 수치를) 셈하다, 계산하다: falsch [im Kopf] r. 틀리게 [머릿속으로] 셈하다; mit dem Rechenschieber r. 계산자로 셈하다; ⟨das Fach⟩ Rechnen unterrichten 산수 (과목)을 가르치다. **b)** 계산하다, 세다, 헤아리다: wir rechnen von Christi Geburt an 우리는 그리스도 탄생부터 센다; eins zum anderen r. (양자를) 합산[합계]하다; (또한 4격 목적어와 함께) wir rechnen die Entfernung nach [in] Lichtjahren 우리는 거리를 광년으로 계산한다. **c)** 《통용어》(계산을 근거로, 셈) 산출하다: den Fahrkilometer zu 80 Pfennig r. 운행 킬로미터당 80페니어로 계산한다. **2.** (검약하게) 살림[살림살이]를 하다: sie versteht [weiß] zu r. 그녀는 살림을 줄 안다; mit jedem Pfennig r. müssen (한 푼이라도) 검약[절약]해야 한다. **3. a)** (계산하여) 평가하다, 견적하다, 어림잡다: wir rechnen pro Person drei Flaschen Bier 우리는 1인당 맥주 3병으로 잡는다; alles in allem gerechnet 합계해놓고 (총계하여), gut gerechnet 많이 잡아서. **b)** 고려 (참작) 하다: ich rechne es mir zur Ehre 《아어》 나는 그것을 내 명예로 생각한다. **c)** 추정 (추량) 하다, 예측하다, 깊이 생각하다: er ist ein klug rechnender Kopf 그는 생각이 깊은 사람이다. **4. a)** (누구 [무엇] 로) 누구 [무엇] 에 넣어 [포함시켜] 헤아리다: jmdn. zu den Fachleuten [unter die Fachleute] r. 누구를 전문가 속에 포함시키다. **b)** 누구 [무엇] 에게 속하다: die Affen rechnen zu den Primaten 원숭이는 영장목 (靈長目) 에 속한다. **c)** 중요하다 간주 [고려] 되다. **5. a)** 누구 [무엇] 을 신뢰하다: er ist ein Mensch, auf den man immer r. kann 그는 사람들이 항상 신뢰할 수 있는 인간이다; er rechnet auf meine (mit meiner) Diskretion 그는 나의 비밀 엄수를 신뢰한다. **b)** 가능하다고 여기다, 있을 [일어날] 것으로 보다, 예상하다, 고려하다: mit jmds. Sieg r. 누구의 승리를 예상하다; man muß mit allem [mit dem Schlimmsten] r. 모든 것 [최악의 것] 을 고려해야 한다. **Rechner**, der; -s, - **1.** 계산가, 산술가, 회계원: ein guter R. 훌륭한 계산가. **2.** 전자 계산기 [장치]. **Rechnerei** [rɛçnə'raɪ], die; -en 《통용어·편》 **1.** (Pl. 없음) 계산하는 짓거리. **2.** 계산 결과. **rechnergesteuert** ⟨Adj.⟩ 《전자》 전산기에 의한: -e Meßsysteme 전산기에 의한 측정 시스템. **Rechnerin**, die; -nen ↑Rechner (1) 의 여성형. **rechnerisch** ⟨Adj.⟩ **1. a)** 회계상의: -e Kontrolle 회계 감사. **b)** 계산상의, 계산에 의한: der -e Wert einer Sache 어떤 물건의 계산상의 가치. **c)** 계산상: etw. ist r. falsch 무엇은 계산이 틀리다. **2.** 《드물게》 타산적: etw. mutet r. an 무엇이 타산적인 인상을 준다. **rechnerunterstützt** ⟨Adj.⟩ 《전문어》 전산기 [컴퓨터] 에 의한: -e fachsprachliche Lexikographie 컴퓨터에 의한 전문어 사전 편찬. **Rechnung**, die; -en **1.** 계산, 셈, 산출: die R. stimmt 계산이 맞다; **jmds. R. geht (nicht) auf** 누구의 계산이 맞아 떨어지다 (떨어지지 않다); 누구의 계획이 이루어지다 (이루어지지 않다); **(jmdm.) eine R. aufmachen** (누구에게) 얼마를 지불해야 하는가를 말하다. **2.** (Pl. 없음) 대차의 계정 [계산], 회계: laufende R. 【경제】당좌 계정, 상호 계산; R. führen 【경제】 출납 [회계] 를 맡다. **3.** 계산 [청구] 서: gepfefferte (gesalzene) R. 터무니 없이 비싼 (엄청난) 계산서; eine unbezahlte (offene) R. 미불 계산서; die -en kassieren 계산액을 받다 (영수하다); etw. kommt [geht] auf jmds. R. 무엇이 누구 지불로 된다; etw. auf R. bestellen 무엇을 계산서 청구 지불로 주문하다; Waren für [auf] R. eines Dritten kaufen 상품을 제 3자의 부담으로 사다; für [auf] eigene R. arbeiten (손익에 관해) 자신의 책임 하에 일하다; **jmdm. die R. (für etw.) präsentieren** 누구에게 (무엇에 대해) 지불 청구서를 제시하다; **die R. ohne den Wirt machen** (아주 중요한 것을 빠뜨려) 잘못 계산함으로써 기대가 어긋나다. **(mit jmdm.) eine (alte) R. begleichen** (무슨 일로) 누구와 청산해서 책임을 묻다; **etw. kommt [geht] auf jmds. R.** 무엇은 누구의 탓으로 돌려다 [누구에게 무엇에 대한 책임을 전가하다]; **etw. auf seine R. nehmen** 무엇 (의 결과) 에 대해 책임을 지다; **auf die R. kommen** 《schweiz.》 《auf die》 **R. kommen** 그의 기대대로 되다 (무엇에서 이득이나 기쁨을 얻다); **auf [für] eigene R.** 자신의 부담 [책임] 으로; **(jmdm.) etw. in R. stellen** (누구에게) 무엇의 계산을 부담시키다. **4.** 추정, 고려, 기대, 예상, 계획: etw. außer R. lassen 무엇을 도외시하다 (고려하지 않다, 기대하지 않다); **einer Sache R. tragen** (강조) 무엇을 그것에 상응한 관점에서 고려하다 (참작하다); **etw. in R. ziehen [stellen / setzen]** 무엇을 고려하다 (참작하다). **5.** 《schweiz.》 (재무상의) 해명 [보고], 청산: 《보통 다음 용법으로》 **(über etw.) R. (ab) legen** 1) (무엇에 대해) 수지를 분명히 하다. 2) (무엇에 대해) 해명하다.

Rechnungs- (↑rechen-, Rechen-도 참조): **~abgrenzung, die** 【부기】 계정 항목의 분리 (구분). **~ablage, die** 【사무】 **1.** 계산 서류. **2.** 계산 서류 보관함 (상자). **~amt, das** 회계 감사원 (院). **~art, die** ↑Rechenart. **~betrag, der** 계산서의 총액. **~block, der** ⟨Pl. ...blocks⟩ 계산 용지책. **~buch, das 1.** 회계 (계산) 장부. **2.** 《schweiz.》 산술책 (교과서). **~einheit, die** 【화폐】 계산 단위. **~fehler, der** 《schweiz.》 계산 착오, 오산. **~führer, der 1.** ↑Kassenwart. **2.** 【농업】 부기 (장부) 원 (Buchhalter). **~führung, die** 부기, 경리. **~gemeinde, die** 《schweiz.》 지방 자치 단체 예산 심의회. **~heft, das** 회계 장부. **~hof, der** 국가 회계 감사원 (院). **~jahr, das** 회계 연도. **~kammer, die** ↑ ~hof. **~legung, die** -en 회계 보고, 결산. **~maschine, die** 《schweiz.》 ↑ Rechenmaschine. **~nummer, die** 계산서의 일련 번호. **~periode, die** ↑ ~jahr. **~posten, der** 계산서의 항목 (내역). **~prüfer, der** 회계 검사관, 회계 감사역. **~prüfung, die 1.** 【경제】 회계 검사 (감사). **2.** 【정치】 예산 집행 감사. **~stunde, die** 《schweiz.》 ↑ -e Rechenstunde. **~wesen, das** ⟨Pl. 없음⟩ 【경제】 회계 제도, 출납 사무.

recht [rɛçt] ⟨Adj.⟩ **1. a)** (꼭) 알맞은, 적합한, 올바른: er ist der -e Mann für diese Aufgabe 그는 이 일에 적임자이다; ihm ist jedes Mittel r. (그의 목적을 달성하기 위해) 그는 수단을 가리지 않는다; (du) kommst mir gerade r. 《통용어·반어》 너 때맞춰 오는구나 (오지 말았어야 할 때 오는구나). **b)** 옳은, 올바른, 틀림없는, 정확한: ganz r. 맞아; das ist r. [so ist es r. / r. sd] ! 좋아, 됐어; verstehe mich bitte r. 내 말을 오해하지 마; habe ich r. gehört? 정말 그런가, 맞은가?; ⟨명사화⟩ das Rechte treffen 정곡을 찌르다; du bist mir der Rechte! 《통용어·반어》 네가 하는 것은 전혀 옳지 않아; da bist du (bei mir) an den Rechten geraten [gekommen] 너는 (나를) 잘못 봤다 [너에겐 속지 않는다]; 《속담》 das ist (ja alles) r. und schön, aber ... 그건 (확실히) 그래, 그러나 ...; **r. daran tun** 어떤 일에 올바르게 행동하다; **r. haben [behalten]** (↑ Recht 4); **nach dem Rechten sehen** 모든 것이 잘되어 있는가를 살피다 (감시하다). **c)** 당연한, 정당한, 공정한, 온당한, 지당한 (반대: unrecht): es ist nicht r. (von dir), so zu sprechen (네가) 그렇게 말하는 것은 온당하지 않아; etw. ist (nur) r. und billig 무엇은 당연한 일이다; es geschieht dir r., daß du getadelt wirst 네가 꾸지람을 듣는 것은 마땅한 벌이다 (당연한 응보이다); [속담] tue r. und scheue niemand! 정당하게 행하고 아무도 두려워 말라; was dem einen r. ist, ist dem andern billig 올바름에 두 가지가 없다(네게 올바른 것은 내게도 올바르다); 성구 alles, was r. ist 《통용어》 1) 확실히 그렇긴 하지만: alles, was r. ist, aber das geht zu weit 확실히 그렇긴 하지만 그러나 그건 너무 지나친다. 2) 인정해야만 하는: alles, was r. ist, als Mozartinterpret ist er immer noch einer der Besten 그건 인정해야만 해, 모차르트 연구자로서는 그는 여전히 최상의 연구자에 속해. d) 바라는 대로의, 만족스러운, 요구에 맞는, 동의하는: etw. ist jmdm. r. 무엇이 누구에게 만족스럽다(누구의 마음에 든다); wenn es (dir) r. ist, besuche ich dich morgen (네가) 좋다면 나는 내일 너를 방문하겠다; es soll(kann) mir r. sein 《통용어》 나는 동의(찬성)한다; mir ist heute gar nicht r. 《지역적》 나는 오늘 컨디션이 좋지 않다; man kann ihm nichts[es ihm nicht] r. machen 아무리 해도 그를 만족시킬 수가 없다; 속담 allen Menschen r. getan ist eine Kunst, die niemand kann 모든 사람을 만족스럽게 하는 것은 아무도 할 수 없는 재주이다. 2. a) 진짜의, 사실의, 실제의, 진정한, 참된: ein -er Jammer 진정한 비참; jmds. -er Vater 《드물게》 누구의 친아버지; da schrie er erst r. 그러자 그는 더욱 (크게) 소리질렀다; nun[jetzt] erst r.! 이제 한층 더(바로); 《부정사와 결합하여 약화》 keine -e Lust haben 마음이 썩 내키지 않다; 《명사화》 das ist ja was Rechtes 《통용어·반어》 그것은 사실 특별한 것이 아니야. b) 상당한, 꽤(큰), 대단한: noch ein -es Kind sein 아직도(상당히) 아이이다; r. gut[schön] 썩(대단히) 좋은; **r. und schlecht** 소박하게, 그럭저럭, 되는 대로. **recht...** [rɛçt...] ⟨Adj.⟩ **1.** (반대: link...) **a)** 오른쪽[의]: die -e Hand 오른손; -er Außenstürmer 〖축구〗 포워드[전위]의 라이트 윙(우익(수)); -er Haken 〖권투〗 라이트 후크; **-er Hand** 오른 손[쪽]에 있는, 우상(右上) 내의 따위의 것 (바깥쪽의), 표면의; die -e Seite eines Pullovers 풀오버의 표면. **c)** 〖농〗 (정치적으로) 우익의, 우익 정당에 속하는, 우익 성분의: -e Abgeordnete[Zeitungen] 우익 국회 의원[신문] **2.** 〖기하〗 90°의, 직각의. **Recht** [-], das; -(e)s, -e **1. a)** 〖격〗 -s; Pl. 없음〗 법, 법규, 법률: positives R. 실정법(인정(人定)법); bürgerliches R. 민법(Zivilrecht); öffentliches R. 공법(公法); kanonisches R. 가톨릭 교회법; das R. handhaben[mißachten, verletzen] 법을 다스리다[경시하다, 법에 저촉되다]; das R. beugen 법을 자의로 왜곡하다; gegen R. und Gesetz verstoßen 법에 어긋나다[저촉하다]; **R. sprechen** 판결을 내리다; **von -s wegen** 법률상(당연히). **b)** 〖Pl.〗 〖고어〗 법(률)학(Jura): die -e studieren 법학을 공부(전공)하다; Doktor beider -e 로마법과 교회법 박사(양법 박사). **2.** 권리, 권한, 권능, 자격: ein unveräußerliches R. 양도할 수 없는 권리; R. der ersten Nacht [Jus primae noctis, ↑¹Jus] 〖옛〗 초야권(初夜權)(봉건 군주가 신하의 신부와 첫날밤 자는 것을 요구했던 권리); das R. (jedes Menschen) auf Arbeit (인간의) 근로권(노동권); das ist sein (gutes) R. 그것은 그의 (당연한) 권리이다; dazu hat er kein R. 그것에 대하여 그는 아무런 권리도 없다; ein R. geltend machen [ausüben] 권리를 관찰하다(행사하다); jmdm. die staatsbürgerlichen -e aberkennen 누구의 공민권을 박탈하다; sein R. aneignen 권리를 획득하다; alle -e vorbehalten 판권 보유(소유); in jmds. -e eingreifen 누구의 권리를 침해하다; 속담 gleiche -e, gleiche Pflichten 동등한 권리에 동등한 의무(권리가 있는 것만큼 의무도 따른다); **sein R. fordern[verlangen]** 권리를 요구하다; der Körper verlangt sein R. (auf Schlaf) 몸은 (수면의) 권리를 요구한다; **zu seinem R. kommen** 당연한 권리를 보장받다: auch der Magen muß zu seinem R. kommen 위(胃)도 자체의 권리를 보장받아

야 한다(공복을 채워 주어야 한다); **auf sein R. pochen** 그의 권리를 강력히 주장하다. **3.** 〖Pl. 없음〗 옳음, 정당함, 정의, 공정(공평) (반대: Unrecht): das R. war auf seiner Seite 정의는 그의 편이었다; etw. mit (gutem, vollem) R. tun[behaupten] können 무엇을 정당하게 행(주장)할 수 있다; nach R. und Billigkeit etw. tun 공명정대하게 무엇을 행하다; 성구 was R. ist, muß R. bleiben 옳은 것은 마땅히 옳아야 한다; **etw. für R. erkennen** 〖관〗 재판으로[법원의 판결에 의해] 결정하다[판결하다]; **im R.** 옳은 입장에: sich im R. fühlen 옳다고 느끼다; im R. sein 옳다[올은 견해를 가지다, 옳게 행하다]; **zu R.** 정당하게, 당연히. **4.** 〈명사로서는 약화되어 첫 글자가 소문자인 경우〉 **recht haben** (의견, 말, 행동이) 옳다; **recht behalten** 결국 옳았음이 증명되다; **jmdm. recht geben** 누구의 언행이 옳았음을 시인(인정)하다; **r. bekommen** 옳았음을 인정받다. **¹recht-, Recht-** (recht): **~denkend** ⟨Adj.⟩ 올바르게 생각하는. **~drehend** ⟨Adj.⟩ 〖기상〗 (바람의) 시계 바늘 방향으로 도는(반대: rückdrehend). **~fertigen** 〈h〉 **1. a)** 무엇의 정당함을 증명[인정]하다, 무엇이 옳다고 시인하다: 어떤 비난[이의]에 대해 변호하다: sein Handeln ist durch nichts zu r. 그의 행위는 무엇으로도 용서 받을 수 없다. **b)** ⟨r. + sich⟩ 어떤 비난에 대해 변명하다, 자기의 정당함을 밝히다: damit kannst du dich nicht r. 그것으로써 너는 네 자신의 정당함을 밝힐 수 없다. 2. 정당함을 보여 주다, 확증하다, 굳게 하다: er hat sich bemüht, das in ihn gesetzte Vertrauen zu r. 그는 그에게 주어진 신뢰를 굳게 하려고 노력했다; unser Mißtrauen war nicht gerechtfertigt 우리의 불신은 옳지 못했다. **~fertigung, die 1.** 정당함의 증명(인정), 변명(변호): er hatte nichts zu seiner R. vorzubringen 그는 그의 정당함을 증명하는 데 아무것도 제시할 수 없었다. 2. 정당성, 권리: diese Maßnahme entbehrte völlig der R. 이 조치는 전혀 정당성이 없다. **~fertigungsgrund**, der 변명의 근거[이유]. **~fertigungsschrift**, die 변명서. **~fertigungsversuch**, der 변명의 시도. **~gläubig** ⟨Adj.⟩ 신앙이 굳은, 정교(正敎)를 신봉하는, 정통파의. **~gläubigkeit**, die 정교(正敎)(신봉). **~haber~** ↑³recht-, Recht- 참조. **~läufig** ⟨Adj.⟩ 〖천문〗 (반대: rückläufig 2) **1.** (태양계의 천체와 그 궤도) 황도(黃道) 위에서 보아 시계 바늘 방향으로 진행하는. 2. (혹성 운동) 서쪽에서 동쪽으로 운행하는, 순행하는. **~lautung**, die 〖언어〗 정식 발음, 규범 발음 (Hochlautung). **~schaffen** ⟨Adj.⟩ **1.** 성실한, 곧은, 정직한, 단정한, 올바른: ein -er Mann 곧은 사람. **2. a)** 상당한, 대단한, 혹독한: einen -en Hunger haben 몹시 배가 고프다. **b)** 매우, 대단히, 지독히: sich r. plagen müssen 매우 괴로워해야 한다. **~schaffenheit**, die 성실, 정직, 단정함, 공정, 올바름. **~schreib(e)buch**, das 정서법(정자법) 교본(사전). **~schreiben** (부정형으로만 사용) 정자법에 따라 쓰다, 정서법상 올바르게 쓰다: er kann nicht r. 그는 철자법을 옳게 쓸 수 없다; im Rechtschreiben ist er schwach 그는 철자법에 약하다. **~schreibfehler**, der 철자의 틀림, 정서법상의 오류. **~schreibfrage**, die (대개 Pl.) 정서법 문제. **~schreiblich** ⟨Adj.⟩ 정서법상의, 철자법의. **~schreibreform**, die 정서법 개혁. **~schreibung**, die **1.** 정서(정자)법, 철자법, 맞춤법. **2.** 〖Pl. 없음〗 정서법 과목. **3.** ↑ ~schreib(e)buch. **~schreibungsfehler**, der ↑ ~schreibfehler. **~schreibungsreform**, die ↑ ~schreibreform. **~schreibungsregel**, die 정서법 규칙. **~schreibwörterbuch**, das 정서법 사전. **~weisend** ⟨Adj.⟩ 〖특히 해양〗 〖지리의〗 북극 방향의: ein -er Kurs 북극 방향의 항로. **~zeitig** ⟨Adj.⟩ (시간의 여유가 있을 정도로) 시간 맞춘,

적시의: -e Benachrichtigung 시간의 여유가 충분한 통지. ~**zeitigkeit**, die 적시, 시간의 여유가 충분함.

²**recht-, Recht-** (recht...): ~**drehend**: ↑¹recht-, Recht- 참조. ~**eck**, das 직사각형. ~**eckig** ⟨Adj.⟩ 직사각형의. ~**kant**, das / der; -(e)s, -e 《드물게》↑ Quader (b). ~**läufig**: ↑¹recht-, Recht- 참조. ~**wink(e)lig** ⟨Adj.⟩ 직각의: etw. steht r. zu einer Wand 무엇이 벽에 직각으로 서 있다.

³**recht-, Recht-** (Recht): ~**haber**, der; -s, - 《팩》독선가(獨善家), 항상 자기의 입장이 옳다고 하는 사람. ~**haberei** [-habə'raj], die 《팩》독선, 완고, 항상 자기의 주장이 옳다는 태도. ~**haberisch** ⟨Adj.⟩ 《팩》독선의, 독선적인, 항상 자기가 옳다고 주장하는: r. sein 독선적이다. ~**los** ⟨Adj.⟩ 권리(가) 없는, 공권 상실의, 법률의 보호를 받지 못하는. ~**losigkeit**, die 권리의 없음, 공권 상실. ~**mäßig** ⟨Adj.⟩ 합법적인, 적법의, 정당한. ~**mäßigkeit**, die 합법성, 적법, 정당성. ~**sprechung**, die; -en 판결, 재판(권). ~**suchend** ⟨Adj.⟩: der -e Bürger 법적 해결을 요구하는 시민.

Rechte' ['rɛçtə], die; -n, -n **1. a)** 오른손: etw. in der -n halten 무엇을 오른손에 쥐다; **zur -n** 오른쪽[편]에: sie saß zu seiner -n 그 여자는 그의 오른편에 앉았다. **b)** 《권투》오른손 타격. **2.** (정당의) 우익(右翼), 《공산주의와 사회주의에 반대하는) 보수파. **Rechtehandregel**, die ⟨Pl. 없음⟩ 《물리》오른손 법칙(자장 안에 움직이는 도체에서 감응 전류의 방향을 오른손 세 손가락으로 나타내 주는 법칙). **rechten** ['rɛçtn̩] ⟨h⟩ (아이) (시비를 가리기 위해) 다투다, 싸우다, 논쟁하다, 말다툼하다, 소송을 일으키다: mit jmdm. über[um] etw. r 누구와 무엇에 대해 논쟁하다. **Rechtens** ⟨Adv.⟩ **1.** ↑rechtmäßig 참조: R. wäre er dazu verpflichtet 법률상 그는 그럴 의무가 있다. **2.** 당연히, 정당하게. **rechtens** ⟨Adv.⟩ ↑Rechtens (2): die Sache gilt r. als fragwürdig 그 일은 당연히 물을 만하다. **rechter Hand**: ↑Hand (1), **rechterseits** ⟨Adv.⟩ 오른편[쪽]에(반대: linkerseits): die Tür r. 오른쪽 문. **rechtlich** ⟨Adj.⟩ **1.** 법률상의, (합)법적인, 정당한: eine -e Grundlage für etw. schaffen 무엇에 대한 법적 근거를 마련하다. **2.** 《군고어》정직한, 성실한, 공정한: ein -er Mensch 정직한 사람. **Rechtlichkeit**, die **1.** ↑Rechtmäßigkeit. **2.** 정직, 성실, 공정. **rechts** [rɛçts] **I.** ⟨Adv.⟩ **1. a)** 오른쪽[편]에, 오른손에, 우로(반대: links I 1 a): r. fahren, links überholen! 우행은 우측, 앞지르기는 좌측으로!; r. abbiegen 우회전하다; die Augen r.! 《군》우로 봐!; r. um! 《군》우로 돌아!; von r. nach links 우측에서 좌측으로; auf dieser Kreuzung gilt r. vor links 《교통》이 네거리에서는 우회전 차량이 우선권이 있다; weder r. noch links (weder links noch r.) schauen 옆을 보지 않고 똑바로 자기의 길을 가다; **nicht (mehr) wissen, was r. und (was) links (was links und (was) r. ist** 《통용어》어쩔 바를 모르다. **b)** 바깥쪽에(서), 겉에(반대: links I 1 d): den Stoff (von) r. bügeln 천을 바깥쪽에서 다리다. **c)** [수공] (뜨개질할 때) 겉뜨기로 (반대: links I 1 d): ein r. gestrickter Schal 오른코로 뜨개질한 목도리; zwei r., zwei links stricken 오른쪽으로 두 코, 왼쪽으로 두 코 (교대로) 뜨개질하다(두 코 고무뜨기로 뜨다). **2. a)** 우익쪽에, 우파에, 보수파에(반대: links I 2). **b)** (weit) r. stehen (열렬한) 우익쪽이다; empfindlich gegen Kritik von r. sein 우파의 비판에 민감하다; r. sein 《통용어》우익이다. **b)** 《공산주의·편》↑rechtsopportunistisch. **II.** ⟨Präp.²⟩ 《드물게》무엇의 오른쪽[편]에(반대: links II): r. des Rheins[der Straße] 라인강[거리]의 오른쪽에.

¹**rechts-, Rechts-** (rechts): ~**abbieger**, der [교통] (자동차로) 우회전하는 사람. ~**abbiegerspur**, die 《차도의) 우회전 차선. ~**abweichler**, der 《공산주의·편》우익 편향자(당이 허용하는 것보다 더 강한 우익 경향을 가진 반동 분자). ~**ausfall**, der 《권투》오른발의 빠른 전진 동작(반대: Linksausfall). ~**auslage**, die 《권투》왼손잡이 복서의 (기본) 자세(오른발과 오른쪽 주먹이 몸의 앞에 있음): in der R. boxen 왼손잡이의 자세로 권투하다. ~**ausleger**, der 왼손잡이 (자세의) 복서[권투수], 사우드 포(반대: Linksausleger). ~**außen** [-'-ˌ-] ⟨Adv.⟩ [구기] 경기장의 맨 오른쪽에, 우익[라이트 윙]에(반대: linksaußen): r. durchbrechen 우익쪽을 돌파하다; [전의] 《정치·은어》r. stehen 극우(파)이다. ~**außen** [-'-ˌ-ˌ-], der [구기] 우익, 라이트 윙: (als) R. spielen 우익을 맡다. ~**drehend** ⟨Adj.⟩ 《전문어》오른쪽 경계선에 연결된(반대: linksbündig). ~**bürgerlich** ⟨Adj.⟩ 《구동독》우익적 중산[서민]계급의. ~**drall**, der (반대: Linksdrall) **1.** 《전문어》(총의) 우회전식 강선(腔線). **2.** (통용어) 우측으로 쏠리는 경향: der Wagen hat einen R. 이 자동차는 우측으로 쏠리는 경향이 있다. **3.** 《정치·은어》우익 경향. ~**drehend** ⟨Adj.⟩ **1.** [특히 기술] 오른쪽으로 감기는, 우측으로 선회하는. **2.** [화학·물리] 우선성(右旋性)의. ~**drehung**, die ↑~drehend의 명사형. ~**extrem** ⟨Adj.⟩ 《드물게》↑~extremistisch. ~**extremismus**, der [정치] 극우주의. ~**extremist**, der [정치] 극우주의자. ~**extremistisch** ⟨Adj.⟩ [정치] 극우주의의. ~**galopp**, der 《승마》(말의) 오른쪽 앞발이 왼쪽발보다 앞으로 나아가는 갤럽. ~**gängig** ⟨Adj.⟩ [기술] ↑~drehend (1). ~**gerichtet** ⟨Adj.⟩ ↑~orientiert. ~**gewinde**, das [기술] 오른 나사. ~**händer** [-hɛndɐ], der; -s, - 오른손잡이. ~**händig** ⟨Adj.⟩ (반대: linkshändig) **1.** 오른손을 더 잘 쓰는, 오른손잡이의. **2.** 오른손의, 오른손을 이용한. ~**händigkeit**, die ↑~händig의 명사형. ~**her** ⟨Adv.⟩ 《고어》오른쪽에서 [으로부터]. ~**herum** ⟨Adv.⟩ 오른쪽(으)로 돌아, 우회로: etw. r. drehen 무엇을 오른쪽으로 돌리다. ~**hin** ⟨Adv.⟩ 《고어》오른쪽[우측]으로. ~**innen** [-'-ˌ-], der [구기] 라이트 인사이드, 라이트 인너. ~**koalition**, die [정치] 우익 연합(제휴, 동맹). ~**konter**, der 《권투》오른쪽 주먹의 카운터(편치). ~**kräfte** ⟨Pl.⟩ 우익 세력. ~**kurs**, der **1.** [경마] 오른쪽으로 돌아 달리는 코스. **2.** [정치] (정부의) 우익 정책 노선. ~**kurve**, die 우측 커브. ~**lastig** ⟨Adj.⟩ **1.** 오른쪽에 과중한 짐을 실은. **2.** 《정치·은어·편》극우의. ~**lastigkeit**, die ↑~lastig의 명사형. ~**läufig** ⟨Adj.⟩ [기술] ↑~drehend (1). **2.** 《전문어》(특히 글에서) 왼쪽에서 오른쪽으로 읽는: die lateinische Schrift ist r. 라틴어 글은 왼쪽에서 오른쪽으로 쓴다. **3.** [필적학] **a)** 《필적이》오른쪽으로 쓴. **b)** (필적이) 오른쪽으로 쓴 필적이 많은: eine (stark) -e Handschrift 오른쪽으로 쓴 필적이 (매우) 많은 원고[수기]. ~**lenker**, der [자동차] 오른쪽에 운전대가 있는 자동차. ~**links-Naht**, die 《붙임표와 함께》↑Doppelnaht. ~**opportunismus**, der 《공산주의·편》(노동 운동에 있어서) 반 마르크스주의 우익 기회주의. ~**opportunistisch** ⟨Adj.⟩ 《공산주의·편》우익 기회주의의. ~**opposition**, die [정치] 우익 야당, 우익적 반대당[파]. ~**orientiert** ⟨Adj.⟩ 우익(입장)의, 우익적: -e Politiker 우익 정치가. ~**orientierung**, die ⟨Pl. 없음⟩ [정치] 우익적 입장[태도]. ~**partei**, die [정치] 우익(보수) 정당. ~**radikale'**, der / die 극우(익)주의자, 극우(익)파. ~**radikalismus**, der [정치] 극우주의. ~**rechts-Ware**, die 《붙임표와 함께》안팎 구별없는 직물[편물]. ~**regierung**, die [정치] 우익(보수) 정부. ~**rheinisch** ⟨Adj.⟩ 《독일》라인강 오른

쪽[우측]의. **~ruck,** der 《정치·은어》 **a)** (선거에서) 우익의 우세(한 득표). **b)** (정당, 정부 내에서) 우파 세력의 득세. **~rum** 〈Adv.〉 《통용어》 ↑ **~herum**. **~schnitt,** der [특히 테니스·탁구] 오른쪽으로 깎아치기, 오른쪽 슬라이스. **~schuß,** der [축구] 오른발 슛. **~schwenkung,** die 우측으로 선회[방향 전환]. **~seitig** 〈Adj.〉 오른쪽[편]의, 우측의: r. gelähmt sein 오른쪽이 마비되어 있다. **~stehend** 〈Adj.〉 《정치》 (대개 사람, 단체 따위가) 우익의, 우익의 입장에 있는. **~steuerung,** die [자동차] 오른쪽[우측] 핸들(운전). **~ufrig** 〈Adj.〉 오른쪽 강변에 놓여 있는, 우측 강변의. **~um** [(또한) -'-] 〈Adv.〉 [특히 군] 우향우, 우로 돌아: r. kehrt! 우로 돌아! **~umkehrt** 《다음 용법으로》 **r. machen** (schweiz.) 180도로 돌다. **~unterzeichnete',** der / die (서류의) 오른쪽에 서명한 사람. **~verbinder,** der [구기] 라이트 인사이드(Rechtsinnen), 라이트 이너. **~verkehr,** der [교통] 우측 우측 통행. **~vortritt,** der 《스위스의 교통》 우회전 차량의 통행 우선. **~wendung,** die 우측으로 방향 전환.

²**rẹchts-, Rechts-** (Recht): **~abteilung,** die (기업의) 법무 담당실. **~angelegenheit,** die 《대개 Pl.》 법무, 사법 사건(사항), 법률 문제. **~anschauung,** die 법률에 관한 견해, 법 해석, 옳고 그름에 관한 견해. **~anspruch,** der 법적 요구, 법률상의 청구권, 권리의 주장: einen R. gerichtlich durchsetzen 권리의 주장을 재판으로 관철시키다. **~anwalt,** der 변호사: (sich) einen R. nehmen 변호사를 채용하다. **~anwältin,** die ↑ **~anwalt**의 여성형. **~anwaltsbüro,** das ↑ Anwaltsbüro. **~anwaltschaft,** die (집합적으로) 변호사(업). **~anwaltsgebühr,** die ↑ Anwaltsgebühr. **~anwaltskammer,** die ↑ Anwaltskammer. **~anwaltskanzlei,** die ↑ Anwaltskanzlei. **~anwaltskollegium,** das [구동독] (공동 작업을 위한) 변호사 연맹(체). **~anwaltspraxis,** die 변호사 업무(사무실). **~anwendung,** die [법] 법률의 적용. **~auffassung,** die [법] 법률 해석. **~aufsicht,** die (하급 관청에 대한 상급 관청의) 법 집행 감독. **~auskunft,** die 법률 문의[상담]. **~auskunftsstelle,** die [구동독] 법률 상담소. **~ausschuß,** der 법사 (분과) 위원회: R. des Deutschen Bundestages 독일 연방 국회의 법사 위원회. **~begriff,** der 1. 법(률) 개념: den R. definieren 법 개념을 정의하다. 2. ↑ **~auffassung**. **~behelf,** der [법] (당국, 법원의 결정에 대한) 이의 신청. **~beistand,** der 법률 고문. **~belehrung,** die [법] 법률상의 해당 규정 교시(가르쳐 줌). **~berater,** der 법률 고문, 법률 상담자. **~beratung,** die 1. 법률 상담, 법률 문제 상의. 2. ↑ **~beratungsstelle**. **~beratungsstelle,** die 법률 상담소. **~beschwerde,** die [법] 법률상 소원(訴願). **~bestimmung,** die [법] 법률의 규정, 법규. **~beugung,** die [법] 고의적 법의 왜곡(행위), 법률의 남용. **~bewußtsein,** das 법의식, 옳고 그름에 대한 의식, 정의감. **~beziehung,** die 법적 관계. **~boden,** der ↑ **~grundlage**. **~bot(t),** das (schweiz.) (특히 빚을 지불하라는) 법원의 최고(催告)[재촉 통지]. **~brecher,** der 위(범)법자, 위(범)법자. **~bruch,** der 법 위반(침해): einen R. begehen 범법하다[법을 위반하다]. **~disziplin,** die [법] 법학 분야. **~domizil,** das (schweiz.) [법] 재판 관할 (구역), 소속 법원. **~einwendung,** die [법] 항변, 이의(신청). **~empfinden,** das 옳고 그름을 식별하는 감각, 정의감. **~erfahren** 〈Adj.〉 [법] 법에 밝은(정통한). **~erheblich** 〈Adj.〉 [법] 법적으로[법률상] 중요(대)한. **~erheblichkeit,** die ↑ **~erheblich**의 명사형. **~experte,** der 법률 전문가. **~fähig** 〈Adj.〉 [법] (법률상) 권리 의무의 능력이 있는, 권리를 가지는: -e Vereine 사 단법인들. **~fähigkeit,** die 《Pl. 없음》 권리 능력. **~fall,** der [법] 법률 사건, 소송 사건. **~findung,** die 《Pl. 없음》 [법] (현행)법에 맞는 판결을 찾아내는 일, 적법 결단. **~folge,** die [법] 법률 효과. **~form,** die 《Pl. 없음》 법률(상) 형식. **~formel,** die (중세의 법 전에 사용된) 법률 성구(예컨대: Haut und Haar). **~frage,** die 법률 문제. **~gang,** der 《Pl. 없음》 [법] 소송 절차. **~gebiet,** das [법] ↑ **~disziplin**. **~gefühl,** das 《Pl. 없음》 ↑ **~empfinden**. **~gelehrsamkeit,** die 《고어》 ↑ **~wissenschaft**. **~gelehrt** 〈Adj.〉 법률학에 박식한, 법률 지식이 있는. **~gelehrte',** der / die 《고어》 법률학자, 법률가. **~gemeinschaft,** die [법] 법률 공동체(공통 법률의 사회). **~geschäft,** das [법] 법률 행위. **~geschäftlich** 〈Adj.〉 법률 행위의. **~geschichte,** die 1. 《Pl. 없음》 법률사. 2. 법제사(法制史): eine R. schreiben 법제사를 쓰다. **~geschichtlich** 〈Adj.〉 법률사(법제사)의. **~grund,** der [법] 법적 근거. **~grundlage,** die [법] 법적 토대(기초). **~grundsatz,** der 법원리, 법리(法理). **~gültig** 〈Adj.〉 [법] 법률상 유효한(타당한, 적법한)(반대: ~ungültig). **~gültigkeit,** die ↑ **~gültig**의 명사형. **~gut,** das [법] 법적 보호의 대상(예컨대: 사람의 생명, 건강, 자유, 재산). **~gutachten,** das 법적 감정(鑑定). **~handel,** der 《Pl. ...händel》 (아이) 소송. **~handlung,** die [법] 법률 행위. **~hängig** 〈Adj.〉 [법] 소송계속(係屬)중인, 심리 중의, 미결의. **~hängigkeit,** die; - [법] 소송 계속, 권리 구속. **~hilfe,** die 《Pl. 없음》 [법] 법률상의 공조(共助), 사법 공조. **~hilfeabkommen,** das [법] 법률상의 공조 협정. **~hilfeersuchen,** das [법] 법률상의 공조 청원(의뢰). **~historiker,** der 법사학자. **~institut,** das [법] ↑ Institut (2). **~irrtum,** der [법] 법률의 착오. **~konsulent,** der 《österr.》 ↑ **~beistand**. **~kraft,** die 《Pl. 없음》 [법] 확정력, 기판력(旣判力). **~kräftig** 〈Adj.〉 [법] 확정적, 최종적, 항소할 수 없는: eine -e Entscheidung 확정 판결; r. verurteilt sein 확정적으로 판결이 내려져 있다. **~kräftigkeit,** die ↑ **~kräftig**의 명사형. **~kundig** 〈Adj.〉 법(률)에 정통한(반대: ~unkundig). **~lage,** die [법] 법적 상황, 법률적으로 본 사태: die R. in diesem Fall ist kompliziert 이 경우의 법적 상황은 복잡하다. **~leben,** das 《Pl. 없음》 법률의 세계. **~lehre,** die 법률학(Jurisprudenz). **~lehrer,** der 《고어》 법(률)학 교수. **~mißbrauch,** der [법] 법률의 남용(악용). **~mittel,** das [법] 상소(上訴): ein R. einlegen 상소하다. **~mittelbelehrung,** die [법] 상소 가능성을 가르쳐 줌, 상소 차 지시. **~mittelgericht,** das 상소 법원. **~mittelinstanz,** die 《schweiz.·법》 ↑ **~mittelgericht**. **~nachfolge,** die [법] 권리 계승(승계). **~nachfolger,** der [법] 권리 계승자(승계인). **~norm,** die [법] 법(률) 규범. **~öffnung,** die 《schweiz.·법》 (강제 집행에 대한) 이의 신청, 기각(각하). **~ordnung,** die 법 질서, 법규: die bestehende R. 현행 법규. **~person,** die [법] 법인(法人). **~persönlichkeit,** die ↑ **~person**. **~pflege,** die 《Pl. 없음》 [법] 법의 집행, 사법(司法)(Justiz). **~pfleger,** der 사법관(리). **~pflicht,** die 법적 의무. **~philosophie,** die 법철학. **~politik,** die 법적 제도 정책. **~politisch** 〈Adj.〉 법률 정책의. **~position,** die [법] 법적(법률상의) 지위: die R. des Eigentümers 소유자의 법적 지위. **~positivismus,** der 법실증주의. **~sache,** die [법] 사법(소송) 사건. **~satz,** der ↑ **~norm**. **~schutz,** der [법] 권리 보호, 법적(법률상)의 보호. **~schutzversicherung,** die 권리 보호(재판) 보험(변호사 비용 등에 대비한). **~sicherheit,** die 《Pl. 없음》

[법] 법적 안전성. **~sinn,** der 〈Pl. 없음〉↑empfinden. **~soziologie,** die 법사회학. **~sprache,** die [언어] 법률(용)어. **~sprichwort,** das 법에 관한 격언 [속담], 법언(法諺)(법률의 원리를 담고 있는 격언). **~spruch,** der 판결, 선고. **~staat,** der [정치·법] 법치국가. **~staatlich** 〈Adj.〉 법치 국가의. **~staatlichkeit,** die 법치 국가적 상태(법을 이바르게 이행되고 있는). **~standpunkt,** der 법적 입장[견해]. **~status,** der [법] 법적 상태[지위, 신분]. **~stellung,** die [법] 법률상의[법적] 지위[신분]: die R. des Ausländers 외국인의 법적 지위. **~streit,** der [법] 소송(Prozeß). **~streitigkeit,** die ↑~streit. **~subjekt,** das [법] 법인, 법의 주체. **~symbol,** das 법적 상징. **~system,** das 법체제[체계, 질서]. **~theorie,** die [법] 법이론. **~titel,** der ↑~anspruch. **~träger,** der [법] ↑~person. **~ungültig** 〈Adj.〉 [법] 법률상 무효한, 적법하지 않는. **~ungültigkeit,** die ↑~ungültig의 명사형. **~unkundig** 〈Adj.〉 법(률)에 정통하지 못한. **~unsicherheit,** die 〈Pl. 없음〉 [법] 법적 불안정성. **~unwirksam** 〈Adj.〉 법률상 무효한, 법적 효과가 없는. **~unwirksamkeit,** die ↑~unwirksan의 명사형. **~verbindlich** 〈Adj.〉 [법] 법률상 의무(구속력)가 있는, 강제적. **~verbindlichkeit,** die 〈Pl. 없음〉 [법] 법적 의무(구속력, 책임). **~verdreher,** der 1. (물) 법률의 곡해자, 법률을 의도적으로 왜곡하는 사람. 2. 《통용어·농》법률가, 변호사. **~verdrehung,** die (물) 법(률)의 곡해, 법의 의도적 왜곡(적용). **~verfahren,** das [법] 소송 절차. **~verhältnis,** das [법] 1. 법(률)관계, 권리 의무 관계: das R. zwischen Schuldner und Gläubiger 채무자와 채권자 간의 권리 의무 관계. 2. 〈Pl.〉법적 상태[상황]. **~verkehr,** der [법] 〈국제간의〉사법·법률 관계 교류. **~verletzend** 〈Adj.〉 [법] 법을 해치는, 법에 어긋난, 위법의: -e Maßnahmen 법에 어긋난 조처. **~verletzer,** der [법] 위법자. **~verletzung,** die [법] 위법, 법률 침해. **~verordnung,** die [법] 법규 명령. **~vertreter,** der [법] (공인된) 법률 대행인, 법정 대리인(변호사, 법률 고문). **~vertretung,** die [법] 법률 대행, 법정 대리. **~verweigerung,** die [법] 재판(법적 보호) 거부. **~vorgänger,** der [법] 법적 지위의 전임자(前任者). **~vorschlag,** der 《schweiz·법》 (강제 집행에 대한) 채무자의 이의(항변). **~vorschrift,** die [법] 법규. **~vorstellung,** die 법과 그름에 관한 생각(견해). **~weg,** der [법] 소송(재판)의 방법, 법률적 방도(수단): den R. gehen[einschlagen, beschreiten] 소송하다. 재판을 요구하다. **~wesen,** das 〈Pl. 없음〉 법률 제도, 법제(法制). **~widrig** 〈Adj.〉 위법의, 법에 어긋난, 불법의: das Verbot ist r. 그 금지는 위법이다. **~widrigkeit,** die 1. 〈Pl. 없음〉 위법[불법]. 2. 위법 [불법] 행위. **~wirksam** 〈Adj.〉 [법] 법률상 유효한, 법적으로 효과가 있는. **~wirksamkeit,** die ↑~wirksam의 명사형. **~wissenschaft,** die 〈Pl. 없음〉 법(률) 학(Jura). **~wissenschaftlich** 〈Adj.〉 법률학의. **~zug,** der [법] 1. ↑Instanz (2): das gerichtliche Verfahren beginnt im ersten R. 재판은 제 1 심에서 시작한다. 2. 특별한 소송 방도, 심급 순서.

Rechtser ['rɛçtsɐ], der; -s, - 《지역적》 오른손잡이(반대: Linkser).

Recife [re'sifi] 레시페(브라질 북동부 Pernambuco의 수도).

recipe ['reːtsipe; lat., recipere. ↑rezipieren] 《의사의 처방 지시》 복용하시오(nimm!)(약어: Rec., Rp.).

Recital [rɪ'saɪtəl], das; -s, -s, Rezital [retsiˈtaːl], das; -s, -e / -s [engl. recital] 독주(독창)회, 한 작곡가의 작품만의 연주회.

Reck [rɛk], das; -(e)s, -e / -s [체조] 철봉: mit einem Salto vom R. abgehen 공중제비를 하며 철봉에서 뛰어내리다.

Reck: ~stange, die (체조용) 철봉. **~turnen,** das 철봉 체조. **~übung,** die. 철봉 체조 훈련.

Recke ['rɛkə], der; -n, -n (아어) (옛 전설에서) 용사, 전사, 영웅.

recken ['rɛkn] 〈h〉 1. a) (몸·신체의 일부를) 뻗다, 펴다: den Hals r., um besser sehen zu können 더 잘 보려고 목을 뻗다; sich (im Bett) r. und strecken (침대에서) 몸을 쭉 뻗다. b) 어떤 곳으로 펴다[뻗다]: den Kopf aus dem Fenster r. 창 밖으로 머리를 내밀다; den Arm in die Höhe r 팔을 위로 뻗다. 2. a) (지역적) (빨래를 원래의 모습으로) 펴다: Wäsche r. 빨래를 잡아 펴다. b) (전문어) (망치, 압연기 따위로) 때려[늘어] 늘이다, 넓게 [길게] 늘이다: einen Werkstoff r. 재료를 늘이다.

reckenhaft 〈Adj.〉 《아어》 용사(영웅, 전사) 같은, 용맹한, 대담한. **Reckentum,** das; -s 《아어》 용사(영웅, 전사)의 기질(태도).

Recklinghausen [rɛklɪŋˈhaʊzn] 레클링하우젠(루르 지역의 도시). **Recklinghäuser,** der; -s, - 레클링하우젠 사람.

Reckmaschine, die; -n [기술] (쇠 따위를) 늘이는 기계, 압연기.

Recorder [rɛˈkɔrdɐ], der; -s, - [engl. recorder] 녹음기, (테이프) 레코더.

recte ['rɛktə] 〈Adv.〉 [lat. rēctē] (정정하는 자리 앞에) (올)바르게는, 정확하게는. **Recto:** ↑Rekto. **Rector magnificus** ['rɛktɔr maˈɡniːfikʊs], der; - -, -es ...ci [rɛkˈtoːrɛs ...itsi; lat.] 대학교 총장(의 칭호).

Recycling [riˈsaɪklɪŋ], das; -s [amerik. recycling] 재순환, (자원 등의) 재생 이용, 리사이클링. **Recyclinganlage,** die 재생 시설[공장]. **Recyclingpapier,** das 재생 종이(再生紙).

Redakteur [redakˈtøːɐ], der; -s, -e [frz. rédacteur] 편집(편찬)자[인], (신문의) 주필, (신문사) 각 부의 부장: er ist R. bei[an] einer großen Zeitung 그는 대신문의 주필이다; R. für Politik (신문사의) 정치부 부장. **Redakteurin,** die; -nen ↑Redakteur의 여성형. **Redaktion** [redakˈtsjoːn], die; -en [frz. rédaction] 1. 〈Pl. 없음〉 편집, 편찬. 2. a) (집합적으로) 편집인, 편집부원: die R. zu einer Besprechung zusammenrufen 편집인 회의를 소집하다. b) 편집실: 그의 R. 편집실에는 아무도 없다. c) 편집국(부): die politische R. der Zeitschrift leiten 잡지사의 정치부를 맡다. 3. (전문어) 출판, 간행, (서적의 판)版. **redaktionell** [...tsjoˈnɛl] 〈Adj.〉 a) 편집에 관한, 편집(상)의: die -e Verantwortung tragen 편집 책임을 지다. b) 편집부에서 나온: der -e Teil einer Zeitung 신문의 편집자란.

Redaktions-: ~arbeit, die 편집일. **~assistent,** der 편집 조수. **~besprechung,** die 편집 회의. **~büro,** das 편집 사무실. **~geheimnis,** das 편집인의 증언 거부권. **~gemeinschaft,** die 지방면만 독자적으로 편집하는 신문사의 지국 연합. **~kollegium,** das (schweiz.) 편집진. **~kommission,** die (schweiz.) 법정 편찬 위원회. **~lesung,** die (schweiz.) (법률안의) 독회(讀會). **~mitglied,** das 편집 위원, 편집부원. **~schluß,** der 편집 종료(마감). **~sitzung,** die 편집 회의. **~statut,** das (발행인(방송국)과 편집인간의) 편집 규약(협약).

Redaktor [reˈdaktɔr, (또한) ...toːɐ], der; -s, -en [...ˈtoːrən] 1. (문학 작품, 학술서의) 발행인[자], 편찬자, 출판자. 2. (schweiz.) ↑Redakteur. **Redaktrice** [redakˈtriːsə], die; -n [frz. rédactrice] (österr.·준고어) ↑Redakteurin.

Redder ['rɛdɐ], der; -s, - [niederd. redder] (nordd.

거리 이름에서만》《생울타리 사이의》좁은 길.
Reddition [rediˈtsi̯oːn], die; -en [lat. redditio] 《고어》 반환(Rückgabe).

Rede [ˈreːdə], die; -n **1. a)** 연설(강연), 담화, 인사말, 얘기: eine langweilige(trockene, zündende) R. 지루한[무미건조한, 선동적인] 연설; eine R. vor dem Parlament halten 국회에서 연설하다; **eine R. schwingen** 《통용어》 연설을 떠벌리다. **b)** 능변, 웅변, 달변, 구변, 화술: die Kunst der R. 웅변술; die Gabe der R. haben 언변의 재간(말재주)이 있다. **2. a)** 말(함), 대화, 의견, 견해, 주장, 의론, 해명[설명]: R. und Gegenrede 《찬·반》토의, 토론; plötzlich verstummten alle -n 갑자기 모든 대화가 그쳤다; (das war schon immer!) meine R.! 《통용어》 내가 늘 말해왔지[그것은 항상 내 의견이었다]; er brachte die R. auf anderes Thema 그는 대화를 다른 테마로 돌렸다; vergiß deine R. nicht! 네가 말하고자 하는 바를 잊지 말라; **von jmdm.(etw.) ist die R.** 누구(무엇)에 대한 말이다; **von etw. kann keine R. sein** 그것은 전혀 말도 안돼(그것은 맞지 않아); **große -n schwingen** 《통용어》 호언장담하다[큰소리 치다]; **jmdm. die R. verschlagen** 《통용어》 무엇 때문에 (놀란 나머지) 말문이 막히다; **nicht der R. wert sein** 말할 가치도 없다《중요치 않다》; **etw. nicht an der R. haben wollen** 《schweiz.》etw. nicht ↑Wort haben wollen) 무엇을 시인[인정]하지 않다; **jmdm. in die R. fallen** 〔jmdm. ins ↑Wort fallen〕누구의 말을 가로채다; **jmdm. R. (und Antwort) stehen** 누구에게 자기의 태도를 해명[변명]하다; **jmdn. zur R. stellen** 누구에게 해명[변명]을 요구하다. **b)** 소문(풍문), 평판: kümmere dich nicht um die -n der Leute 사람들의 평판을 개의치 말아라; **es geht die R., daß ...** …라는 소문이다〔…라고 들 말한다〕; **von jmdm. geht die R. ...** 누구에 관해 …라고 들 말한다. **3.** 〔언어〕**a)** 말씨, 화법: direkte R. 직접화법; indirekte[abhängige] R. 간접[종속]화법; erlebte R. 체험화법. **b)** 《작품의》 언어, 형식, 문체: gebundene R. 운문; ungebundene R. 산문; die geblümte R. 미화법[체](특히 중세 문학에서 인위적으로 미장한 언어 형식) **c)** ↑²Parole.

rede-, Rede-: **~blume**, die 《고어》 미사여구(Floskel). **~blüte**, die ↑Stilblüte. **~duell**, das 논쟁, 토론: ein R. im Bundestag 연방 국회에서의 논쟁. **~fertigkeit**, die 《드물게》↑~gewandtheit. **~figur**, die 〔수사·양식〕 수사학적 표현. **~fluß**, der 《罰》 수다, 요설(Suada), 유창한 말. der 《罰》 장광설. unterbrechen 누구의 수다를 가로막다. **~freiheit**, die 〈Pl. 없음〉**a)** 《기본권에 속하는》 언론의 자유. **b)** 《집회 따위에서》 발표권. **~freudig** 〈Adj.〉 말하기 좋아하는. **~gabe**, die 〈Pl. 없음〉↑Rednergabe. **~gewaltig** 〈Adj.〉 설득력 있는, 말로 마음을 사로잡는(감동시키는). **~gewandt** 〈Adj.〉 능변의, 말재간 있는. **~gewandtheit**, die ↑~gewandtheit의 명사형. **~kunst**, die 수사학(Rhetorik), 웅변술. **~lustig** 〈Adj.〉 ↑~freudig. **~schlacht**, die ↑~duell. **~schwall**, der 《罰》 장광설, 끊임없는 변설(지껄임). **~spiel**, das 《대화 참가자만이 말의 숨은 뜻을 아는》 서로 주고받는 말놀이. **~stil**, der 말하는 양식. **~streit**, der ↑~duell. **~strom**, der ↑~fluß. **~talent**, das 말 재주[재간](꾼). **~verbot**, das 연설(강연) 금지. **~weise**, die 말하는 방법, 어법. die **a)** 〔언어〕성구, 관용구(句), 숙어, 어법, (관습적) 표현법. **b)** 미사여구(Floskel), 빈말. **~zeit**, die 《토론 따위에서》 발언 시간: die R. auf fünf Minuten festsetzen 발언 시간을 5분간으로 확정하다.

Redemptorist [redɛmptoˈrɪst], der; -en, -en [lat. redemptor = Erlöser] (1732년에 창립된) 구세주 가톨릭 수도회원[레뎀토리스트 회원]. **Redemptoristin**, die; -nen ↑Redemptorist의 여성 회원.

reden [ˈreːdn̩] 〈h〉**1.** 말(을) 하다, 지껄이다: kein Wort r. 한 마디도 하지 않는다; in einer fremden Sprache r. 외국어로 말하다; er redet mit den Händen 그는 손짓을 많이 하며 말한다; vor sich hin r. 혼잣말을 하다. **2.** 이야기하다, 논하다, 《자기의 생각을 연관성 있게》 말하다: er redete nur Unsinn 그는 실없는 소리만을 했다; hier kannst du ruhig[ohne Scheu] r. 여기서는 너는 마음놓고 얘기할 수 있다; laß doch die Leute r. 남들의 얘기를 개의치 말아라; es wird immer viel geredet 항상 말들이 많다; 성구 wenn die Wände r. könnten! 이곳에서 일어난 모든 것을 얘기할 수 있다면[이곳에서 많은 일이 일어났다]; 촉담 Reden ist Silber, Schweigen ist Gold 웅변은 은이고 침묵은 금이다; 전의 die Steine reden 돌들이 과거지사를 말하여 준다; **gut r. haben** 말하기는 쉽다《당해 보지 않아서 간단하게 생각한다》. **3.** 강연(연설)하다, 담화하다: er hat frei geredet 그는 원고없이 강연했다. **4.** 말을 《너무》 하여 어떤 육체적〔정신적〕 상태가 되다《결과를 나타내는 말과 함께》: sich heiser r. 말을 하여 목이 쉬다; er redete sich in Wut[in Begeisterung] 말을 하다가 격노[열광]했다. **5.** 누구에《무엇/누구》에 대해) 자신의 생각을 표명하다, 의논하다, 대담하다: wir müssen noch miteinander r. 우리는 서로 얘기를 나누어야 한다; man kann mit ihm über alles r. 그와는 모든 것을 의논할 수 있다; sie reden nicht mehr miteinander 그들은 사이가 좋지 않다; so lasse ich nicht mit mir r.! 《분노·거절의 표현》 그런 식으로 나와 말하게 하지 않겠어!; er redet gern mit sich selbst 그는 혼잣말을 즐겨 한다; über diesen Vorschlag läßt sich r. 이 제안은 아주 좋다[토의할 만하다]; von wem redest du da eigentlich? 도대체 누구를 두고 하는 말이냐; nicht zu r. von ... 은 말할 필요도 없이, …은 고사하고; **mit sich r. lassen** 《다른 사람의 입장을》 인정할 자세가 되어 있다[이야기가 통하다]; **von sich r. machen** 주목을 끌다[알려지다]; du redest, wie du's verstehst 《통용어》 조용히 해, 너는 그 일에 관해 아무것도 모른다. **Redensart**, die 〔frz. façon de parler의 차용 역어〕**a)** 어투, 어법, 숙어, 관용구. **b)** 〈Pl.〉 빈말, 허튼 소리, 상투어: das sind doch nur ausweichende -en 그것은 그저 회피하는 상투어일 뿐이다. **redensartlich** 〈Adj.〉 《드물게》 말투의, 상투어적인, 어법(상)의: eine -e Ausdrucksweise 상투어적 표현 방법. **Rederei** [reːdəˈraɪ], die; -en **1.** 〈Pl. 없음〉 연설, 수다, 상투어적 말. **2.** 풍문, 소문, 평판: die -en über seine Vergangenheit wollten nicht verstummen 그의 과거에 대한 풍문이 그칠 줄 몰랐다. **Rederitis** [redəˈriːtɪs], die 《통용어·농》 요설(수다)벽, 줄곧 지껄이기 좋아하기.

redigieren [rediˈgiːrən] 〈h〉[frz. rédiger] 〔전문어〕**a)** (편집인이) 출판 원고를 정리하다: ein Manuskript für eine Zeitschrift r. 원고를 잡지에 게재하기 위해 정리하다. **b)** 편집하다: eine Zeitschrift r. 잡지를 편집하다.

Redingote [redɛˈgot, 〈또한〉 raːd...], die; -n [frz. redingote < engl. riding coat] 허리가 꼭 끼는 숙녀용 외투, 乘馬 코트.

Rediskont, der; -s, -e 〔화폐〕 재할인. **rediskontieren** 〈h〉 〔화폐〕 재할인하다.

Redistribution, die; -en 〔경제〕 재분배《경제 조치에 의해 소득 분배의 수정》.

redivivus [rediˈviːvʊs] 〈Adj.〉 《격변화 없음》 [lat. redivīvus] 〔교양어〕 부활 인물.

redlich [ˈreːtlɪç] 〈Adj.〉 **1.** 성실한, 솔직한, 정직한, 신뢰할 수 있는: ein -er Mensch 성실한 사람; bleibe im

Lande und nähre dich r. 시골에 머물러 성실하게 살아라. 2. 대단히[몹시], 대단한: jetzt bin ich r. müde 지금 나는 대단히 피곤하다. **Redlichkeit**, die 성실성, 정직성, 신뢰성. **Redner** ['reːdnɐ], der; -s, - **a)** 강연자, 연사: der R. tritt ans Pult 연사가 연단으로 나온다. **b)** 응(능)변가: dieser Pfarrer ist kein R. 이 목사는 설교를 잘 못한다.

Redner-: **~bühne**, die ↑~tribüne. **~gabe**, die 화술의 재능, 웅변의 재주. **~kanzel**, die (드물게) ↑~pult. **~liste**, die 강연자(연사)의 명단. **~podest**, **~podium**, das 연단: das R. betreten(verlassen) 연단에 오르다(연단을 떠나다). **~pult**, das 강연대, 설교단, 연설대. **~talent**, das ↑~gabe. **~tribüne**, die 연단, 강단.

Rednerin, die; -nen ↑Redner의 여성형. **rednerisch** ⟨Adj.⟩ 연설가로서의, 웅변의, 수사학적인: sich r. betätigen 연사의 활동을 하다.

Redopp [re'dɔp], der; -s [ital. raddoppio] [승마] 4분의 1박자의(가장 짧은) 갤럽.

Redoute [re'duːtə], die; -n [frz. redoute] 1. (고어) 무도회(연회)장. 2. (österr.) 가장무도회: auf die R. gehen 가장무도회에 가다. 3. (옛) 각면보(角面堡).

Redox- [re'dɔks-; Reduktion u. Oxydation의 합성약칭으로 산화와 환원이 동시에 일어남을 뜻함]: **Redoxsystem**, das; -s [화학] 산화 환원 시스템.

Red Power ['red 'pauə], die; [engl.-amerik. red power] 레드파워(백인의 억압에 대항하여 문화적 독립과 정치적 자율을 쟁취하려는 북 아메리칸 인디언의 저항 운동).

Redressement [redresə'mãː], das; -s, -s [frz. redressement] [의학] **a)** (골절, 탈구 따위의) 정골(접골). **b)** (신체 결함의 정형외과적) 교정. **redressieren** [...'siːrən] ⟨h⟩ [frz. redresser] [의학] 정골(접골)하다, 교정하다 [바로 잡다].

redselig ['reːt-] ⟨Adj.⟩ (종종 폄) 말하기(수다 떨기를) 좋아하는, (잔)말이 많은, 수다스러운: vom Wein wurde er r. 술 때문에 그는 말이 많아졌다. **Redseligkeit**, die ↑redselig의 명사형.

Reduit [re'dyiː], das; -s, -s [frz. réduit < lat. reductum] 1. (옛) 요새 안의 보루: [전의] das R. in den Alpen sicherte die Schweizer Neutralität 알프스의 험난한 산악이 스위스의 중립을 보장해 주었다. 2. 은신처, 피난처, 보루. **Reduktion** [reduk'tsjoːn], die; -en [lat. reductio] 1. (교양어) 축소, 감소, 삭감, 인하(할인), 감축, 제한: eine R. der Kosten 경비의 삭감. 2. R. auf das Wichtigste 가장 중요한 것으로 제한. 3. [특히 철학] 환원법, 귀납적 추론, 단순화. 3. [언어] **a)** (문장에서 그 문법 구조를 바꾸지 않고 낱말을 줄이는) 문의 단축. **b)** 모음의 약화(소멸). 4. (반대: Oxydation) **a)** [화학] 환원. **b)** [화학·물리] 환원. 5. [생물] (분열 때) 염색체의 감수. 6. [물리·기상] 환산. **Reduktionismus**, der; - (교양어) 환원주의. **reduktionistisch** ⟨Adj.⟩ (교양어) 환원주의의, 단순[간소]화의.

Reduktions-: **~diät**, die [의학] (감식 요법을 위한) 칼로리가 적은 식품(음식), 다이어트 식품. **~kost**, die ↑~diät. **~mittel**, das **a)** [화학] 환원제(다른 물질에 환원을 일으키게 하는 물질). **b)** [생물·물리] 환원제(원소나 화합물에 전자를 부가하여 원자간의 양성도를 감소시키는 물질). **~ofen**, der [기술] 환원 용광로. **~stufe**, die [언어] (모음 교체 (Ablaut)에서 모음의) 환원[제생] 단계. **~teilung**, die [생물] 1. ↑Meiose. 2. (감소(분원) 분열의) 이형(異型) 분열. **~zirkel**, der 비례 콤파스.

reduktiv [reduk'tiːf] ⟨Adj.⟩ (교양어·전문어) 축소[감소]에 의한, 환원에 의해 생기는, 감소[환원]하는.

redundant [redʊn'dant] ⟨Adj.⟩ [lat. redundāns] (전문어) 과잉[잉여]의, 과다한, 여분의, 불필요한, 중요치 않는. **Redundanz** [...nts], die; -en [lat. reduntantia = Überfüllt] [언어·커뮤니케이션] (정보, 표현 중에서 불필요한) 중복, 잉여, 과잉. **redundanzfrei** ⟨Adj.⟩ 불필요한것이 없는, 아주 중요한 것만을 집약한.

Reduplikation [reduplika'tsjoːn], die; -en [lat. reduplicātio] [언어] (음, 음절, 낱말의) 반복(중복). **reduplizieren** [...i'tsiːrən] ⟨h⟩ [lat. reduplicāre] [언어] 반복하다, 중복시키다, 되풀이하다: reduplizierende Verben 반복 동사.

Reduzent [redu'tsɛnt], der; -en, -en [lat. redūcēns] [생물] 분해자(환원자)(유기물을 다시 무기물로 바꾸는 세균, 예컨대: 박테리아[곰팡이]). **reduzibel** [...'tsiːbl] ⟨Adj.⟩ [철학·수학] 원형으로 소급하는, 환원하는, 약분(환산)하는(반대: irreduzibel).

Reduzier-: **~stück**, das [기술] 지름 줄임 이음관(지름이 다른 두 개의 관을 연결하는) (↑Muffe (1 a)). **~ventil**, das [기술] 감압판. **~verfahren**, das [제련] 지름 줄임 처리법.

reduzieren [redu'tsiːrən] ⟨h⟩ [lat. redūcere] 1. (가치, 수량을) 줄이다, 감하다, 축소하다, 제한하다, 약분하다: die Preise(den Energieverbrauch) r. 가격을 내리다[에너지 소모를 줄이다]; die Firma hat die Zahl der Beschäftigten um ein Viertel reduziert 회사는 종업원 수를 1/4 감원했다; reduzierter Bruch (=약분한 분수(분모와 분자에 공약수가 없는 분수). 2. 단순화하다, 보다 단순한 형으로 환원시키다: etw. auf seine Grundelemente r. 무엇을 그 근본 요소로 단순화하다. 3. (r. + sich) 약해지다, 적어지다, (가치, 수량이) 떨어지다, 줄어들다: die Zahl der Unfälle hat sich reduziert 사고 건수가 줄어들었다. 4. [언어] (모음을) 약화시키다: ein e wird auslautend zu einem bloßen Murmel-e reduziert e음은 끝음에서 그저 웅얼거림의 e로 약화된다. 5. [화학] 환원하다: CO_2 zu Kohlenmonoxyd r. CO_2를 일산화탄소로 환원하다. 6. [물리·기상] 환산하다. **Reduzierung**, die; -en ↑reduzieren의 명사형.

Ree!, Rhe! [niederd. rêde] 돌려!(범선 회전시의 명령).

Reede ['reːdə], die; -n (항구 밖의) 정박장, 묘박지(錨泊地): das Schiff liegt auf der R. 배가 정박장에 있다. **Reeder** ['reːdɐ], der; -s, - 해운업자, 선주. **Reederei** [reːdə'raɪ], die; -en 해운업, 선박 회사. **Reedereiflagge**, die 선기(船旗), 선주기.

reell [re'ɛl] ⟨Adj.⟩ [frz. réel] 1. **a)** 성실한, 진실한, 신용 있는, 견실한, 정직한: der Kaufmann ist r. 그 상인은 신용이 있다. **b)** (통용어) 정식의, 제대로 된, 푸짐한: ein -es Essen 푸짐한 식사. 2. 현실의, 사실의, 실제의: -e Zahlen [수학] 실수(實數). **Reellität** [reɛli'tɛːt], die (드물게) 성실, 정직, 견실.

Reep [reːp], das; -(e)s, -e [niederd. rêp] [선원] 밧줄, 로프, 닻줄.

Reep-: **~schläger**, der (nordd.·고어) ↑Seiler. **~schnur**, die (전문어) 튼튼한 끈(줄), 가늘고 단단한 밧줄(로프)(등산시 보조 밧줄로 사용됨). **~werk**, das (고어) ↑Tauwerk.

Reeper [reːpɐ] [niederd. rêper, ↑Reep] [nordd.·고어] ↑Seiler. **Reeperbahn**, die (nordd.·고어) ↑Seilerbahn.

reesen [reːzn] ⟨h⟩ [선원] 과장해서 얘기하다, 허풍 치다.

Reet [reːt], das; -s, -s [niederd. rêt] (nordd.) ↑Ried (1 a). **Reetdach**, das (특히 북부 독일 농가의) 갈대지붕.

Reexport [reːɛks...], der; -(e)s, -e [경제] 재수출.

REFA ['reːfa; **R**eichsausschuß für **A**rbeitszeitermittlung의 약어] 노동 문제 연구 협회(Verband für Ar-

beitsstudien, REFA e. V.). **REFA-**: **~Fachmann**, der ↑~Techniker. **~Lehre**, die REFA 이론(노동 문제 연구협회가 개발한 이론). **~Technik**, die REFA 기술(REFA 이론에 따라 개발한). **~Techniker**, der REFA 이론 전문가.
Refaktie [reˈfaktsiə], die; -n [niederl. refactie < lat. refectio = Wiederherstellung] [상] (상품의 파손, 결함으로 인한) 가격 할인, 분량 공제. **refaktieren** [refakˈtiːrən] ⟨h⟩ [상] (상품의 파손(결함)으로) 가격을 할인해 주다. **Refektorium** [refɛkˈtoːriʊm], das; -s, …ien […iən; lat. refectorium] (수도원의) 식당.
Referat [refeˈraːt], das; -(e)s, -e [lat. referat = er möge berichten] **1. a)** (어떤 테마에 대한) 연구(조사) 보고; ein R. ausarbeiten 연구 보고서를 작성하다; ein R. halten 연구 보고를 하다. **b)** 비평, 짧은 논평 : ein R. über die wichtigsten Neuerscheinungen 주요 신간에 대한 논평. **2.** (관청의) 과(課), 국(局), 부(部): ein R. leiten 과(국, 부)장직을 맡고있다. **Referatenblatt**, das (어떤 전문 분야의) 신간 서적 목록과 간략한 서평을 실은 (학술) 잡지. **Referatsleiter**, der 과(국, 부)장.
Referee [refəˈriː], der, -s, -s [engl. referee] (스포츠·음어) **a)** 심판(원). **b)** (권투, 레슬링의) 주심. **Referendar** [refereˈdaːɐ̯], der; -s, -e [lat. referendarius] (사법관) 시보(試補), 예비 교사: seinen R. machen 시보(試補) 시험을 치르다. **Referendariat** […daˈriaːt], das; -(e)s, -e 시보[교사] 예비 근무: ein zweijähriges R. für Lehrer 2년간의 예비 교사 근무. **Referendarin**, die; -nen ↑Referendar의 여성형. **Referendum** […ˈrɛndʊm], das; -s, …den /….da [lat. referendum] (특히 스위스의) 국민 투표, 국민 표결. **Referent** […ˈrɛnt], der; -en, -en [lat. referēns]. **1. a)** (어떤 테마에 대한) (연구) 보고자, 발표자. **b)** (신간 서적을) 평하는 사람. **2.** (관청의) 전문가, 담당자 : er arbeitet als R. für Jugendfragen bei der Stadtverwaltung 그는 시 행정에서 청소년 문제 담당관으로 일하고 있다. **3.** [언어] ↑Denotat (1). **Referentenentwurf**, der 전문 분야 담당자에 의한 초안(법률안). **referentiell** […ˈtsiɛl] ⟨Adj.⟩ [frz. référentiel] (지시 대상의, 지시적, 지시사물에 관계하는. **Referentin**, die ↑Referent (1, 2)의 여성형. **Referenz** [….ˈrɛnts], die; -en [frz. référence] **1.** ⟨대개 Pl.⟩ 추천(서), 소개장. **2.** 신원 보증인, 신용 조회처: darf ich Sie als R. angeben? 당신을 신원 보증인으로 대도 되겠읍니까? **3.** [언어] (언어 기호와 그 대상물 사이의) 지시 관계. **Referenzanweisung**, die [언어] (언어 기호 대상물과의) 관계 지시. **Referenzidentität**, die [언어] (언어 기호와 대상물 사이의) 관계 일치. **referieren** […ˈriːrən] ⟨h⟩ [frz. référer < lat. referre = berichten] ⟨교양어⟩ **1. a)** (연구 결과를) 보고(발표)하다: vor einem Kreis von Fachleuten r. 전문가들 앞에서 (연구 결과를) 보고하다. **b)** (무엇에 대해) 논평(비평)하다: über den Inhalt[den Inhalt] eines Buches kurz r. 책의 내용을 짤막하게 논평하다. **2.** [언어] 무엇에 관계하다.

¹Reff [rɛf], das; -(e)s, -e ⟨통용어·멸⟩ **1.** 빼빼 마른 노파(할망구), 노처녀. **2. ein langes R.** 빼빼하고 후리후리한 사람.
²Reff [-], das; -(e)s, -e **1. a)** 등에 지는 나뭇틀(광주리). **b)** ↑Bücherreff의 약칭. **2.** [농업] **a)** 큰낫에 장치한 뾰족한 갈래. **b)** 뾰족한 갈래를 장치한 큰 낫.
³Reff [-], das; -s, -s [niederd. ref(t)] [선원] 축범(縮帆)장치(돛을 말아 돛면을 줄이는 장치). **reffen** [ˈrɛfn̩] ⟨h⟩ [선원] 돛을 말아 돛면을 줄이다, 축범하다: wir müssen (die Segel) r. 우리는 (돛을) r. 해야 한다.
refinanzieren, sich ⟨h⟩ [화폐] 신용 대부를 해 주기 위해 남의 자본을 얻다, 재융자하다, 재할인하다. **Refinan-**

zierung, die; -en ↑refinanzieren의 명사형.
Reflation [reflaˈtsjoːn], die; -en [engl. reflation] [화폐] 리플레(이션). **refflationär** […tsjoˈnɛːɐ̯] ⟨Adj.⟩ [화폐] 리플레(이션)의.
Reflektant [reflɛkˈtant], der; -en, -en ⟨준고어⟩ 원매(願買)자, 신청자, 지원자, 관심이 있는 사람: für die alte Truhe gibt es mehrere -en 이 고물 궤짝에 대해 여러 명의 원매자가 있다. **reflektieren** ⟨h⟩ [lat. (animum) reflectere] **1.** 반사하다: der Spiegel reflektiert das Licht 거울은 빛을 반사한다. **2.** ⟨교양어⟩ (심사) 숙고하다, (어떤 문제를) 골똘히 생각하다: über ein Thema r. 테마를 숙고하다; ⟨종종 타동사로도⟩ wir müssen unsere Lage kritisch r. 우리는 우리의 상황을 비판적으로 성찰해야 한다. **3.** ⟨통용어⟩ 무엇을 얻으려 하다, 무엇에 관심을 가지다: auf ein Amt r. 관직을 얻으려 하다. **reflektiert** ⟨Adj.⟩ 충분히 (심사) 숙고한(반대: unreflektiert). **Reflektiertheit**, die [lat. animi] 심사 숙고.
Reflektor [reˈflɛktɔr, ⟨또한⟩ …toːɐ̯], der; -s, -en […ˈtoːrən; frz. réflecteur] **1.** 반사경, 투광기. **2.** [방송] 방향 안테나의 반사기. **3.** 반사 망원경. **4.** [핵공학] 원자로의 반사막(여기에 유출 중성자가 제기되어 반사됨). **5.** (원형, 띠 모양으로 된) 반사 장치, (자동차, 자전거의) 후미 반사기: Schulranzen mit -en 반사 장치가 달린 등에 메는 학생 가방. **reflektorisch** […ˈtoːrɪʃ] ⟨Adj.⟩ 반사에 의한, 반사(반응)적, 반사성의: diese Bewegung geschieht rein r. 이 동작은 순전히 반사적으로 일어난다.
Reflex [reˈflɛks], der; -es, -e [frz. réflexe < lat. reflexus] **1.** 반사, 반영: blinkende -e der Scheinwerfer auf nasser Straße 젖은 도로 위에 전조등(헤드라이트)의 눈부신 반사. **2.** ⟨전의⟩ -e der Erinnerung 기억의 영상. **2.** [생리] 반사(작용), 반응: bedingter[erworbener] R. 조건[후천적] 반사; unbedingter[angeborener] R. 무조건[선천적] 반사; gute -e haben 반응이 빠르다.
reflex-, Reflex-: **~artig** ⟨Adj.⟩ 반사와 같은, 반사작용식의. **~bewegung**, die 반사 동작(작용). **~bogen**, der [생리] 반사호(弧), 반사궁(弓). **~handlung**, die 반사 행위. **~mäßig** ⟨Adj.⟩ 반사적. **~schaltung**, die [전기] 증폭[반사] 회로. **~wirkung**, die 반사 작용(효과).
Reflexion, die; -en [frz. réflexion] **1.** (빛, 음파의) 반사, 반향: die R. des Lichts an einer spiegelnden Fläche 거울 같은 표면에서 빛의 반사. **2.** ⟨교양어⟩ 숙고, 사려, 성찰(반성), 고찰: -en anstellen 고찰(숙고)하다.
Reflexions- (Reflexion 1): **~grad**, der [물리] 반사도. **~nebel**, der [천문] 반사성운(星雲). **~vermögen**, das [물리] 반사율. **~winkel**, der [물리] 반사각.
reflexiv [reflɛˈksiːf] ⟨Adj.⟩ [lat. reflexus] **1.** [언어] (주어에) 재귀하는, 재귀적: -e Verben[Pronomen] 재귀동사(대명사). **2.** ⟨교양어⟩ 숙고에 의한, 숙고의, 성찰적인: -e Arbeit 숙고를 요하는 작업. **Reflexiv** [-], -s, -e […iːva] ↑Reflexivpronomen. **Reflexiva**: ↑Reflexivum의 복수형. **Reflexivität** […ksiviˈtɛːt], die [언어·철학] 재귀성. **Reflexivpronomen**, das; -s, - /…mina [언어] 재귀대명사: „sich" ist ein R. „sich"는 재귀 대명사이다. **Reflexivum** […ˈksiːvʊm], das; -s, …va ↑Reflexivpronomen. **Reflexologie** […oloˈgiː], die **1.** (조건의) 반사론. **2.** 반사학(인간과 동물의 태도를 반사의 결과로 간주하는 연구 분야).
Reform [reˈfɔrm], die; -en [frz. réforme] 개혁, 개조, 개량, 개선, 쇄신, 혁신: politische[soziale] -en 정치적[사회적] 개혁.
reform-, Reform-: **~bedürftig** ⟨Adj.⟩ 개혁을 요

하는, 개혁이 필요한. ~**bedürftigkeit**, die ↑~bedürftig의 명사형. ~**bestrebung**, die 〈대개 Pl.〉 개혁 [개선] 노력. ~**bewegung**, die 혁신[개혁] 운동. ~**freudig** 〈Adj.〉 개혁[쇄신]을 좋아하는. ~**haus**, das 건강 식품점. ~**idee**, die 개혁 이념. ~**kleid**, das 〈옛〉 ↑~kleidung. ~**kleidung**, die 〈옛〉(1900년경에 나온 간편하고 실용적인 여성용) 개량복. ~**kommunismus**, der 수정(개량) 공산주의. ~**konzil**, die 〈가〉(교회의) 개혁 회의. ~**kost**, die 건강식(품), 자연식. ~**pädagogik**, die 개혁 교육(1890년과 1930년 사이에 일어난 교육 운동). ~**plan**, der 개혁(개선)안. ~**politik**, die 개혁 정치, 혁신 정책. ~**programm**, das 개혁 프로그램. ~**versuch**, der 개혁 시도. ~**vorhaben**, das 개혁 의도[계획], 개혁안. ~**vorschlag**, der 개혁 제안(계획). ~**ware**, die 〈대개 Pl.〉 건강(자연) 식품. ~**werk**, das 개혁 작업(개혁안과 개혁 조처를 모두 총칭). ~**wille**, der 개혁 의지. ~**ziel**, das 개혁 목표.

Reformation, die; -en [lat. reformātio] **1.** 〈Pl. 없음〉〈역사적〉 종교 개혁. **2.** 〈교양어 · 준고어〉 개혁, 개선.

Reformations-: ~**fest**, das 〈신교〉(1517년 10월 31일을 기념하는) 종교 개혁 기념제. ~**tag**, der ↑~fest. ~**zeit**, die 〈Pl. 없음〉 종교 개혁 시기. ~**zeitalter**, das 〈Pl. 없음〉 종교 개혁 시대.

Reformator [refor'ma:tor, 〈또한〉...to:ɐ̯], der; -s, -en [...ma'to:rən; lat. reformātor] **1.** 〈역사적〉(Luther, Calvin, Zwingli 등과 같은) 종교 개혁자. **2.** 개혁(혁신)자. **reformatorisch** [...ma'to:rɪʃ] 〈Adj.〉 **1.** 종교 개혁의. **2.** 개혁가적인, 혁신적, 쇄신하는, 개량의: mit -em Eifer 개혁가적인 열정으로. **Reformer**, der; -s, - [engl. reformer] 〈특히 정치〉 혁신(개혁)자. **reformerisch** 〈Adj.〉 혁신[개혁]을 추구하는, 개량[개선]을 행하는, 혁신[개혁]적. **reformieren** 〈h〉 [lat. refōrmāre] 혁신[개혁]하다, 개선하다, 개조하다, 쇄신하다: das Schulwesen[die Gesetzgebung] r. 학제를 개편[입법을 개혁]하다; die reformierte Kirche 개혁파 교회. **Reformierte**°, der / die; -n, -n 개혁파 교회의 신도. **Reformierung**, die; -en 혁신, 개혁, 개량, 쇄신. **Reformismus** [...'mɪsmʊs, der] **a)** 〈Pl. 없음〉[russ. reformism] **a)** 개혁[혁신, 개량] 주의[운동]. **b)** 〈공산주의 · 평〉(사회) 개량주의. **Reformist**, der; -en, -en [russ. reformist] 〈Pl. 없음〉〈공산주의 · 평〉(사회) 개량주의자. **reformistisch** 〈Adj.〉 [russ. reformistski] 〈공산주의 · 평〉(사회) 개량주의의.

Refrain [rə'frɛ̃, 〈또한〉 re...], der; -s, -s [frz. refrain] ↑**Kehrreim**: alle singen den R. mit 모두가 후렴을 함께 부른다. **refraktär** [refrak'tɛ:ɐ̯] 〈Adj.〉 [lat. refractārius] 〈생리〉 무감각한[둔감]한, 마비된. **Refraktärzeit**, die 〈생리〉(특히 근육의) 무감각[마비] 단계. **Refraktion**, die; -en [lat. refrāctum] ↑**Brechung** (1). **Refraktometer** [refrakto-], das; -s, - [광학] 굴절계. **Refraktor** [re'fraktor, 〈또한〉...to:ɐ̯], der; -s, -en [...'to:rən] 〈천문〉 굴절망원경. **Refrakturierung** [refraktu'ri:rʊŋ], die; -en [의학] 재골절[수술].

Refrigerator [refrige'ra:tor, 〈또한〉...to:ɐ̯], der; -s, -en [...ra'to:rən; lat. frīgerāre] 냉동기, 냉동 장치.

Refuge [re'fy:ʒ], das; -s, -s [frz. refuge] 〈등산〉 대피소. **Refugialgebiet** [refu'gia:l-], das; -(e)s, -e [생물] 동식물 보호 구역. **Refugié** [refy'ʒie:], der; -s, -s [frz. réfugié] 〈정치적〉 망명자, (특히 17세기) 프랑스에서 도망한 망명 신교도. **Refugium** [re'fu:gium], das; -s, ...ien [...iən; lat. refugium] 〈교양어〉 피난처(소), 은신처: ein R. suchen 피난처를 찾다.

Refus, Refüs [rəˈfy:, re...], der; - [...yː(s)], - [...y:s; frz. réfus] 〈교양어 · 고어〉 거절, 사절, 거부, 거절의 답변.

refüsieren [rəfy'zi:rən, re...] 〈h〉 [frz. réfuser] 〈교양어 · 고어〉 거절[거부]하다, 사절하다.
Reg. = Regiment.
¹**Regal** [re'ga:l], das; -s, -e 서가(書架), (책)시렁, (금없는) 책장, 선반, 상품 진열장: mit Waren gefüllte -e 상품으로 차 있는 선반.
²**Regal** [-], das; -s, -e [frz. régale] **1.** (운반할 수 있는) 작은 풍금(오르간). **2.** 큰 풍금(오르간)의 음전(音栓)스톱.
³**Regal** [-], das; -s, -ien [...liən] 〈대개 Pl.〉 [lat. regale] 〈옛〉 왕권, (원래는) 왕(나중엔) 국가의 (경제적으로 유익한) 주권.

Regal- (¹Regal): ~**brett**, das 서가(선반)의 널판지. ~**fach**, das 서가(선반)의 칸. ~**straße**, die (전문어) (큰 판매처의) 상품 진열장 사이 통로. ~**wand**, die 벽전체를 차지하는 서가(진열장).

Regale: 〈드물게〉 ↑³**Regal. Regalien**: ↑³Regal의 복수형. **Regalienfeld**, das [문장] (부여된 특권(왕권) 상징으로서) 문장(紋章)의 그림없는 붉은 바탕.

regalieren [rega'li:rən] 〈h〉 [frz. (se) régaler] 〈지역적 · 그 외 고어〉 **a)** 향응(환대)하다: zuerst hat sie die hungrigen Kinder ordentlich regaliert 우선 그 여자는 배고픈 아이들을 배부르게 먹였다. **b)** 〈r. + sich〉 무엇을 즐기다, 실컷 먹다(포식하다).
Regalität [regali'tɛ:t], die; -en [↑³Regal 참조] 〈법 · 옛〉 왕권[주권, 특권] 요구.
Regatta [re'gata], die; ...tten [ital. (venez.) regat(t)a] 【스포츠】 경조(競漕)[레가타, 보트레이스]: eine R. abhalten 경조 대회를 개최하다.
Reg.-Bez. = Regierungsbezirk.
rege ['re:gə] 〈Adj.〉 **a)** 활기 있는, 활동하는, 약동하는, 활기찬, 활발한: ein -r Verkehr (Betrieb) 빈번한 교통(활기찬 움직임); einen -n Briefwechsel unterhalten 활발한 편지 교환을 계속하다. **b)** 생동적, 활달한, 발랄한, 싱싱한, 쾌활(명랑)한, 민첩한, 힘찬: eine r. Einbildungskraft 왕성한 상상력; er ist geistig noch sehr r. 그는 정신적으로 아직 팔팔하다.
Regel ['re:gl], die; -n [lat. rēgula] **1. a)** 규칙, 규율, 규범, 규정, 규칙: grammatische -n 문법 규칙; die -n des Verkehrs 교통 규칙; eine R. aufstellen 규칙을 정하다; die geltenden -n befolgen (verletzen) 현행 규칙을 지키다(위반하다); sich an eine R. halten 규칙을 고수하다; die Goldene R. 【특히 기독교】(마태복음 7장 12절에 나오는) 올바른 태도에 대한 기본 규칙; **nach allen -n der Kunst** 1) 완전하게, 알맞게, 적당한 규칙대로 〈구어〉 철저히, 평광히, 호되게. **b)** 〈Pl. 없음〉 상례, (통례, 일상적인 일 [습관]: daß er so früh aufsteht, ist bei ihm die R. 그렇게 일찍 일어나는 것은 그에게 상례이다; das hat er sich zur R. gemacht 그는 그것을 습관적으로 한다[그것은 그의 습관이 되었다]; **in der R.** (**in aller R.**) 보통, 일반적으로, 거의 항상. **2.** 월경(Menstruation): die(ihre) R. haben 몸하다(월경을 치르다).

regel-, **Regel**-: ~**anfrage**, die (신청자의 헌법 준수 사항에 대해 공공 기관에 헌법 위원회에 알아보는) 합헌성 조회(문의). ~**blutung**, die ↑Menstruation. ~**buch**, das 규칙서, 규칙책, 규칙책[제서(戒書)]. ~**fall**, der 〈Pl. 없음〉 통상적인 일(경우), 상례(통례): etw. ist der R. 무엇은 통례이다. ~**fläche**, die [기하] 선적면. ~**kreis**, der [인공두뇌 · 생물] 자동 조절 시스템, 자동 제어계(制御系). ~**leistung**, die **1.** 사회 보험의 법정 혜택. **2.** 〈구동독〉 규정 업무량. ~**los** 〈Adj.〉 규칙(규율)이 없는, 무질서한, 문란한. ~**losigkeit**, die ~los의 명사형. ~**mäßig** 〈Adj.〉 **a)** 조화있는, 균형잡힌, 고른, 한결 같은: ihre Schrift war klein und r. 그

여자의 글씨는 작고 고르었다. b) 규칙적인, 질서 있는, 규정에 따르는: -er Unterricht 규칙적인 강의; er ist ein -er Gast 그는 단골손님이다; -e Verben [언어] 규칙동사; der Puls ist[geht] wieder r. 맥박이 다시 규칙적으로 뛴다; er kam r. zu spät zu den Proben [통용어] 그는 사전 연습에 매번[항상] 지각했다. ~**mäßigkeit**, die a) 균형, 조화. b) 규칙성: die R. der Mahlzeiten 식사의 규칙성. ~**mechanismus**, der [인공두뇌] 자동 조절 [제어] 장치. ~**recht** 〈Adj.〉 1. 규칙[규정]대로의, 정규의, 정식의, 마땅한. 2. 《통용어》본격적인, 합당한, 올바른, 완전한: es kam zu einer -en Schlägerei 본격적인 격투가 벌어졌다. ~**spur**, die ↑Normalspur. ~**studienzeit**, die [대학] (대학의) 정규 수학 기간, 규정된 수업 연한. ~**technik**, die ↑Meß- und Regeltechnik. ~**überwachung**, die (요시찰 인물에 대한) 정기적 감시. ~**verstoß**, der [스포츠] 경기 규칙 위반. ~**werk**, die ↑Regel(총)서. ~**widrig** 〈Adj.〉규칙에 어긋나는, 반칙의, 규정에 따르지 않는, 불규칙한, 변칙의: sich r. verhalten 변칙적 태도를 취하다. ~**widrigkeit**, die 규칙에 어긋나는 태도, 규칙[규정] 위반. ~**zeit**, die ↑~studienzeit.
regelbar ['reːɡ]baːr] 〈Adj.〉 규정[조절]할 수 있다. **Regelbarkeit**, die ↑regelbar의 명사형. **Regeldetri** [reːɡ]deˈtriː], die [lat. regula de tribus(numeris)] 《수학·고어》 ↑Dreisatz. **regeln** ['reːɡ]n] 〈h〉 1. a) 규정하다, 규칙을 세우다 [조정하다, 정돈[정리]하다, 통제하다: eine Sache vernünftig[durch Gesetz] r. 어떤 일을 합리적으로[법에 의해] 규정하다; eine Ampel regelt den Verkehr 신호등이 교통을 통제한다. b) 〈r. + sich〉규칙에 따라 일어나다[진행하다], 무엇의 규정에 따르다: die Sache hat sich (von selbst) geregelt 그 일은 (스스로) 해결[확정]되었다. 2. 조절[조정]하다: diese Automatik regelt die Temperatur 이 자동 장치는 온도를 조절한다. **Regelung**, 《드물게》Regelung ['reːɡ(ə)lʊŋ], die; -en 1. a) 정리[정돈], 조절[조정], 통제. b) 규정: diese R. tritt ab sofort in Kraft 이 규정은 즉시 시행된다. 2. [인공두뇌] 자동 조절[조정]. **Regelungstechnik**, die 자동 조절 기술.
regen ['reːɡn] 〈h〉 1. a) 《아어》가볍게[약간] 움직이다. b) 〈r. + sich〉약간[가볍게] 움직이다, 미동하다: der Kranke regte sich dann und wann 환자는 때때로 약간 움직였다; kein Lüftchen regte sich 바람 한 점 없다; 전의 viele Hände haben sich geregt 많은 사람들이 부지런히 했다. 2. 〈r. + sich〉 《아어》 남의 눈을 끌도록 하다{환기하다}, 생기다[일어나다], 활동[활약]하다, 활기를 띠다, (마음이) 동하다[눈뜨다]: jetzt regte sich doch sein Gewissen 이제 그의 양심이 눈떴다.
Regen [-], der; -s, - 1. 비: feiner[anhaltender] R. 보슬비[장마]; der R. schlägt[trommelt, klatscht] gegen die Scheiben 비가 창유리를 때린다; es wird R. geben 비가 내릴 것이다; bei strömendem R. 비가 억수같이 쏟아질 때에; in den R. kommen 비를 맞고 오다; es[der Himmel] sieht nach R. aus 비가 올 것 같다; 속담 auf R. folgt Sonnenschein 음지가 양지된다 [고생 끝에 낙이 온다]; **ein warmer R.** 《통용어》뜻밖의 횡재[황재]; **aus dem[vom] R. in die Traufe kommen** 《통용어》 엎친 데 덮친격[갈수록 태산이다]; **jmdn. im R. (stehen) lassen[in den R. stellen]** 누구를 어려움 속에 그대로 내버려둔다[돌지 않는다]. 2. 소나기처럼 쏟아지는 것[빗발처럼] 많은 수량].
regen-, Regen-: ~**anlage**, die 1. ↑Beregnungsanlage. 2. 소화전(消火栓) 《Adj.》 비가 적은, 강우량이 적은(반대: ~reich). -e Gebiete 비가 적은 지역. ~**bö**, die 비를 동반한 돌풍. ~**bogen**, der 무지개. ~**bogenfarbe**, die 〈대개 Pl.〉무지개 색[빛]. ~**bogenfarben**, ~**bogenfarbig** 〈Adj.〉무지개 색[빛]의, 오색영롱한. ~**bogenhaut**, die (눈의) 홍채(虹彩)(Iris 2). ~**bogenhautentzündung**, die [의학] 홍채염(虹彩炎)(Iritis). ~**bogenpresse**, die (은어) 오락[통속] 주간지. ~**bogenschüsselchen**, das (기원전 1세기의) 컵 모양의 켈트족 금화(민간 신앙에 따르면 무지개가 땅에 닿는 곳에서 발견됨). ~**bogentrikot**, das [자전거 경기] 세계 선수권 승자를 위한 여러 색깔의 줄이 있는 트리코. ~**cape**, das 어깨에 걸치는 비옷. ~**dach**, das 차양, 처마. ~**dicht** 〈Adj.〉 비가 새지 않는, 방수[내수]의. ~**fall**, der 〈대개 Pl.〉내리는 비, 강우: heftige Regenfälle 폭우. ~**faß**, das ↑~tonne. ~**feucht** 〈Adj.〉비에 젖은, 비에 젖어 축축한: (noch) -e Erde (아직) 비에 젖어 있는 땅. ~**front**, die [기상] 강우 전선. ~**glatt** 〈Adj.〉비에 젖어 미끄러운. ~**grau** 〈Adj.〉비구름에 덮인, 비구름에 의해 어두운[잿빛의]: der -e Himmel 비구름에 덮인 하늘. ~**grün** 〈Adj.〉《다음의 용법으로》 -er Wald [지리] 우기 동안만 초생[푸른]하는 숲. ~**guß**, der 억수, 호우, 폭우. ~**haut**, die (방수제의 얇은) 비옷. ~**jacke**, die 방수 재킷. ~**lache**, die ↑~pfütze. ~**macher**, der (미개 민족에 있어서) 비를 내리게 하는 마술(법)사. ~**mantel**, der 비옷, 레인코트. ~**menge**, die (강)우량. ~**messer**, der [기상] 우량계. ~**monat**, der 비가 많은 달. ~**naß** 〈Adj.〉비에 젖은. ~**pelerine**, die 소매없는(어깨에 걸치는) 비옷. ~**pfeifer**, der 물떼새. ~**pfütze**, die 빗물 웅덩이. ~**plane**, die ↑Plane. ~**reich** 〈Adj.〉비가 많은, 강우량이 많은(반대: ~arm). ~**rinne**, die (추녀의) 빗물 받는 홈. ~**rohr**, das 빗물 받는 홈통, (빗물) 배출관. ~**schatten**, der [지리] 산맥의 강우량이 적은 쪽 지대. ~**schauer**, der 소나기, 지나가는 비. ~**schirm**, der 우산: **gespannt sein wie ein R.** 《통용어·농》무엇에 잔뜩 호기심을 가지다. ~**schreiber**, der [기상] ↑Niederschlagsmesser. ~**schutz**, der 비를 막는데 적합한 것. ~**tag**, der 곧곧 비 내리는 날, 비오는 날. ~**tonne**, die 빗물통. ~**tropfen**, der 빗방울. ~**umhang**, der 우장옷, 어깨에 걸치는 비옷. ~**wald**, der [지리] 비가 많은 열대 지방의 무성한 숲. ~**wand**, die 큰 비구름, 먹구름 층. ~**wasser**, das 〈Pl. 없음〉빗물. ~**wetter**, das 〈Pl. 없음〉우천, 비오는 날씨. ~**wolke**, die 비구름, 먹구름. ~**wurm**, der 지렁이. ~**zauber**, der (미개 민족에 있어서) 비를 내리게 하는 마술(법). ~**zeit**, die (열대·아열대의) 장마철, 우기(雨期).
Régence [reˈʒãːs], die, **Régencestil**, der; -(e)s [frz. régence, Philipps II의 통치(1715~1723)에 대한 프랑스 régence] [예술] Philipps II와 로코코 사이의 프랑스 예술 양식.
Regenerat [regeneˈraːt], das; -(e)s, -e [기술] 재생품.
Regeneration, die; -en [frz. régénération] 1. 《교양어》갱신, 회복, 신생, 부활, 복구: die geistige und körperliche R. 정신적 육체적 회복. 2. [생물·의학] (손상된 조직 따위의) 재생, 갱생: die R. von Haut 피부의 재생. 3. [기술] **a)** (물리적·화학적 성질의) 재생. **b)** (폐품에서 유용한 재료의) 재생(다시 얻음). **regenerationsfähig** 〈Adj.〉재생[갱신·회복]할 수 있는. **Regenerationsfähigkeit**, die regenerationsfähig의 명사형. **regenerativ** 〈Adj.〉 1. [생물·의학] 재생[갱생]에 의한, 되살아난. 2. [기술] 재생의, 재생된. **Regenerativverfahren**, das [기술] 축열(복열(復熱))법. **Regenerator**, der; -s, -en [기술] 축(蓄)연로(爐)[장치]. **regeneratorisch** [...raˈtoːrɪʃ] 〈Adj.〉 《드물게》↑regenerativ. **regenerieren** 〈h〉 1. [frz. régénérer] 1. 《교양어》갱신하다, 회복하다, 부활하다, 새로 살아나다; seine geistigen und körperlichen Kräfte[sich gei-

stig und körperlich] r. 그의 정신적 육체적 힘이 다시 살아나다. **2.** 〈r. + sich〉 (손상된 조직 따위가) 새로 생기다 [형성되다], 재생하다: die Haut regeneriert sich ständig 피부는 끊임없이 새로 형성된다. **3.** 〖기술〗 **a)** 원상 복구시키다. **b)** 재생시키다, 폐품을 다시 쓸모있게 하다.

Regens [ˈreːgɛns], der; -, ...ntes [reˈgɛntɛs] / ...nten [reˈgɛntn̩; lat. regēns] (특히 가톨릭 신학교의) 교장, 우두머리.

Regensburg [ˈreːgn̩sburk] 레겐스부르크(도나우 강변에 있는 독일의 도시). **¹Regensburger** [ˈreːgn̩sburgɐ], der; -, - 위의 주민. **²Regensburger** [-], 〈Adj.; 격변화 없음〉 레겐스부르크의.

Regens chori [-ˈkoːri], der; - -, ...ntes - [reˈgɛntɛs-] 가톨릭 성가대(합창단)의 지휘자. **Regenschori** [reːgns̩ˈkoːri], der; -, - (österr.) ↑ Regens chori.

Regent [reˈgɛnt], der; -en, -en [lat. regēns] **1.** 통치자, 지배자, 군주: ein absolutistischer R. 독재(전제) 군주. **2.** 섭정자. **Regenten:** ↑ Regens, Regent의 복수형. **Regentes:** ↑ Regens의 복수형. **Regentin**, die; -nen ↑ Regent (1)의 여성형. **Regentschaft**, die; -en 섭정 정치(통치), 섭정(통치자)의 직, 섭정(통치) 기간. **Regentschaftsrat**, der 섭정 위원회. **Reges:** ↑ ¹Rex 의 복수형.

Regesten [reˈgɛstn̩] 〈Pl.〉 [lat. regesta] 〖학문〗 시대순 문서[문헌] 목록.

Reggae [ˈrɛgeɪ], der; -(s) [amerik. reggae] 〖음악〗 레게(자메이카에서 나온 일종의 록 뮤직).

Regie [reˈʒiː], die [frz. régie] **1.** 〖연극·영화·텔레비전·방송〗 연출, 감독: er hat die R. des Fernsehspiels übernommen 그는 텔레비전 방송극의 연출을 맡았다; R. führen (무대, 영화) 감독하다, 연출하다; 전의 der Mannschaftskapitän führte Regie 〖스포츠〗 팀의 주장이 감독(일)을 했다. **2.** 《교양어》 주도(지도)권, 지휘(관리)(권), 운영(권): die R. des Betriebs liegt jetzt in den Händen des Sohnes 공장의 운영은 이제 아들의 수중에 있다; etw. in eigener R. tun(machen) 무엇을 독자적으로(혼자서, 남의 도움없이) 하다.

Regie-: ~anmerkung, die ↑ ~anweisung. ~anweisung, die 희곡[각본]의 연출(감독) 지침[지문]. ~assistent, der 조(助)감독. ~assistentin, die ↑ ~assistent의 여성형. ~assistenz, die 감독 보좌(보조). ~betrieb, der 〖경제〗 국(관·공)영. ~buch, das 연출 지침서. ~einfall, der 감독(연출가)의 의도(착상). ~fehler, der 〈농〉 (무엇의 조직에서) 미비점, 잘못 결정(조치). ~kosten 〈Pl.〉 《준고어》 관리비(용), 행정비.

regielich [reˈʒiːlɪç] 〈Adj.〉 〖드물게〗 연출(감독)의[에 속한]. **Regien** [reˈʒiːən] 〈Pl.〉 (österr. ·관) 관리비(용), 행정비. **regierbar** [reˈgiːɐbaːɐ̯] 〈Adj.〉 지배[통치]될 수 있는. **regieren** [reˈgiːrən] 〈h〉 [lat. regere] **1. a)** 지배[통치]하다, 다스리다, 주권(통치권)을 가지다: in einer Demokratie regiert das Volk 민주주의에서는 국민이 주권을 가진다; der König regierte drei Jahrzehnte (lang) 왕이 30년동안 통치했다; er regiert über ein großes Reich 그는 대국을 다스린다; 전의 Frieden [Korruption] regiert in diesem Land 이 나라에 평화가 뒤지고 있다(부패가 창궐하고 있다). **b)** 누구(무엇)를 지배[통치]하다, 다스리다, 무엇(누구)에 군림하다: einen Staat r. 국가를 다스리다; ein demokratisch regierter Staat 민주주의 통치 국가. 전의 er war zu passiv, um ein Haus zu r. 그는 집을 관장하기에는 너무 소극적이다. **2.** 〖드물게〗 조정하다, 관리하다, 운전하다. **3.** 〖언어〗 (격을) 지배(요구)하다: diese Präposition(dieses Verb) regiert den Dativ 이 전치사[동사]는 3격을 지배한다. **Regierung**, die; -en **1.** 통치, 지배, 정치, 정권[지배권](의 행사): die R. dieses Herrschers brachte das Land in Not 이 통치자의 정치는 나라를 곤경에 빠뜨렸다; die R. übernehmen 집권하다; unter[während] seiner R. herrschte Frieden 그의 통치하에서[동안] 평화가 유지되었다. **2.** (국가, 주의) 정부, 정부 내각: eine demokratische[provisorische] R. 민주주의[임시] 정부; eine neue R. bilden 새 정부 내각을 구성하다.

regierungs-, Regierungs-: ~abkommen, das 정부간의 협정. ~abordnung, die ↑ ~delegation. ~amtlich 〈Adj.〉 정부 당국의(공식적인): -e Verlautbarungen 정부 당국의 공고; eine r. bestätigte Nachricht 정부 당국에 의해 확인된 보도. ~antritt, der (통치자, 정부 요직의) 취임(취임·집권). ~auftrag, der 정부 명령[지시]. ~ausschuß, der 정부가 만든 위원회. ~bank, die 〈Pl. ...bänke〉 국회의 국무 위원석: die Minister nahmen auf der R. Platz 장관들은 국무 위원석에 앉았다. ~beamte*, der 정부의 행정 공무원, 관리. ~beschluß, der 정부 결정. ~bezirk, der (여러 도시나 지방을 포함하고 주 밑에 있는) 행정 구역(약어: Reg.-Bez.). ~bildung, die 정부 편성: die R. übernehmen 정부 편성을 맡다. ~chef, der 정부의 우두머리, 정부 대표. ~delegation, die 정부 대표단. ~direktor, der 정부 평의회의 장, 행정장관. ~ebene, die 《대개 다음의 용법으로》 auf R. 정부의 직속 권능으로. ~erklärung, die 정부 성명. ~fähig 〈Adj.〉 정부를 담당할 수 있는: eine -e Koalition 정권을 담당할 수 있는 연합. ~fähigkeit, die ↑ ~fähig 의 명사형. ~feindlich 〈Adj.〉 반 정부의, 정부에 반대 입장을 가진 (반대): ~freundlich): -e Strömungen 반정부 경향. ~form, die 정체(政體): eine demokratische[monarchische] R. 민주(군주) 정체. ~freundlich 〈Adj.〉 친정부의, 정부측의(반대): ~feindlich). ~gebäude, das 정부 청사. ~gewalt, die 정권. ~koalition, die 정당 연합(연정). ~kommission, die ↑ ~ausschuß. ~kreise 〈Pl.〉 정부(측): dies verlautete aus ~ R. 이 소문은 정부측에서 나왔다. ~krise, die 정치 위기. ~mannschaft, die 《통용어》 ↑ Kabinett (2 a). ~mitglied, das 정부의 임원. ~nah 〈Adj.〉 정부에 가까운, 정부를 지지하는: -e Kreise 정부 지지파. ~neubildung, die 정부 개편. ~partei, die 정부(집권)당, 여당. ~präsident, der (↑ ~bezirk의) 행정 수반. ~präsidium, das 행정부 최고 회의. ~programm, das (정부의) 정강(政綱). ~rat, der **1.** 참사관(약어: Reg.-Rat.). **2.** (schweiz.) **a)** (직접 선거로 선출된) 주정부. **b)** 주정부 임원. ~seite 《다음 용법으로》 von R. 정부측에서: Einzelheiten wurden von R. nicht mitgeteilt 세목들은 정부측에서 전달되지 않았다. ~seitig 〈Adv.〉 〖관〗 정부로부터 나온, 정부측의: dies wurde r. mitgeteilt 이것은 정부측에서 전달되었다. ~sitz, der **a)** ↑ ~gebäude, b) 정부 소재지. ~sprecher, der 정부 대변인. ~stelle, die 정부 기관. ~system, das 정치 체제, 행정 제도. ~treu 〈Adj.〉 정부에 충성한, 정부측에의 선. ~truppe, die 《대개 Pl.》 정부군(軍). ~umbildung, die 개각. ~verantwortung, die 국정 책임. ~vertreter, der 정부 대표자. ~viertel, das 정부 청사가 있는 시구(市區). ~vorlage, die 정부안(案). ~wechsel, der 정권 교체, 정부의 경질. ~zeit, die 통치 기간.

Regierwerk, das 〖음악〗 오르간의 조종 장치(파이프, 건반, 페달, 음전 따위)의 총칭.

Regime [reˈʒiːm], das; -s, -e [...mə], 〖또한〗 -s [reˈʒiːms; frz. régime] **1.** 《대개 폄》 정권, (특정 정치 체제의) 정부, 정체(政體): ein verhaßtes R. stürzen 혐오 받는 정부를 무너뜨리다. **2.** 〖고어〗 체제, 규준, 규범.

Regimegegner, der, **Regimekritiker**, der 정부 반대자, 정권 비판자. **Regiment** [regi'ment], das; -(e)s, -e / -er [lat. regimentum] 1. 〈Pl. -e〉 통치(권), 정치, 지배, 지배, 지도, 관리: das R. an sich reißen 통치권을 장악하다; das Volk litt unter dem harten R. des Fürsten 국민은 군주의 학정에 시달렸다; **das R. führen** 지배하다[다스리다, 주도권을 가지다]; **ein strenges R. führen** 엄격하다. 2. 〈Pl. -er〉 【군】 연대: ein R. führen[kommandieren] 연대를 이끌다[지휘하다](약어: R., Reg., Regt., Rgt.). **regimenterweise** 〈Adv.〉 연대 단위로, 연대별로, 몇 연대씩.
Regiments- 【군】: **~arzt**, der 연대 (배속) 군의관. **~fahne**, die 연대 깃발. **~kommandeur**, der 연대장. **~stab**, der 연대 본부.
Regiolekt [regio'lekt], der; -(e)s, -e 【언어】 (순전히 지리적 관점의) 사투리, 지역어. **Region** [re'gio:n], die; -en [lat. regio] 1. 〈지형, 기후, 경제 구조 등에 의해 구분된〉 지방, 지역: die Tierwelt der alpinen R. 알프스 지방의 동물 세계. 2. 《아이》 영역, 구역, 범위, 부분: die Kunst war ihm eine unbekannte R. 예술은 그에게 미지의 부문이다; **in höheren -en schweben** 《교양어·농》 꿈[환상]의 세계에 살다[현실을 망각하다]. 3. 【의학】 잘라 낸 조각[단면], 〈신체의〉 부분, 국부. **regional** [regio'na:l] 〈Adj.〉 [1: lat. regiōnālis] 1. 지방[지역]의, 지방[지역]적, 지역에 따른: -e Besonderheiten 지역적 특성; -e Wahlen[Nachrichten] 지방 선거[뉴스]. 2. 【의학】 신체 부분의(regionär).
Regional-: **~ausgabe**, die 〈신문, 잡지의〉 지방판. **~forschung**, die 지역 연구. **~liga**, die 〈옛〉 지역 리그(독일의 제2급 경기 연맹). **~nachrichten**, die 〈Pl.〉 지방 뉴스. **~planung**, die 지역 계획. **~programm**, das 〈방송의〉 지방 프로그램. **~sendung**, die 지방 방송.
Regionalismus [regiona'lɪsmʊs], der; - 〈교양어〉 지방(문화)주의, 지역주의. **Regionalist** [regiona'lɪst], der; -en, -en 지방(문화)주의자. **regionär** [...'nɛːɐ̯] 〈Adj.〉 【의학】 신체 부분의(적), 국부적.
Regisseur [reʒɪ'søːɐ̯], der; -s, -e [frz. régisseur] 〔연극·영화·텔레비전·방송〕 감독, 연출가: wer ist der R. dieses Films? 이 영화의 감독은 누구인가?; 〔전의〕 das Leben ist immer der beste R. 생활이 항상 최선의 연출가이다; der R. der Nationalmannschaft 국가 대표 선수단의 감독. **Regisseurin** [...'søːrɪn], die; -nen ↑Regisseur의 여성형.
Register [re'gɪstɐ], das; -s, - [lat. regesta] 1. a) 〈자모순의〉 목록(표), 색인, 찾아보기[인덱스]: im R. nachschlagen 색인에서 찾아보다. b) 〈찾아보기 쉽도록 전화부나 사전에 계단식으로 자르고〉 알파벳을 붙인 가장자리. c) 〈관청의〉 등록부, 등기부, 명부: einen Namen ins R. eintragen lassen 이름을 등기부에 올리게 하다; **ein altes(langes) R.** 《통용어·농》 늙은[키큰] 사람, 늙은이[키다리]. d) 〈옛〉 문서[법률 사건 따위]의 사본집. 2. 【인쇄】 인쇄 페이지의 행, 단, 선의 표리가 서로 맞추다: R. halten 인쇄 페이지의 표리를 맞추다. 3. 【음악】 a) 〈풍금의〉 음전(音栓)[스톱]: eine Orgel mit vierzig -n 40음전의 오르간[풍금]; **alle R. ziehen** 온갖 수단을 다 쓰다[전력을 다하다]; **andere R. ziehen** 태도를 바꾸다[강경한 태도를 취하다]. b) 성역, 음역: die R. einer Trompete 트럼펫의 음역. **registered** [rɛ'dʒɪstəd; engl. to register] 〈다음의 영어이구〉 1. 등록된, 특허받은, 법적으로 보호된(약어: reg.) 2. 〈우편의〉 등기로 된. **Registergebühr**, die 〈대개 Pl.〉 등기료, 등록 수수료. **Registertonne**, die 〔해양〕 등록 톤수(약어: RT). **Registrator** [regɪs'traːtor], der; -s, -en [...ta'toːrən] 〔고어〕 1. 등록 담당관, 등기 관리. 2.

↑Ordner (2). **Registratur** [...tra'tuːɐ̯], die; -en 1. 등록[기록], 등기. 2. **a)** 기록[문서, 서류 따위] 보관소, 등기소. **b)** 서류[문서](보관)대(장, 함). **3.** 【음악】 〈풍금의〉 음전 조정 장치.
Registrier-: **~apparat**, der 〈자동〉 기록 장치. **~ballon**, der 〔기상〕 자동 기록 장치를 단 기구(氣球). **~gerät**, das 〈자동〉 기록 계기(예컨대: 기압계, 습도계). **~kasse**, die 자동 금전 기록기.
registrieren [regɪs'triːrən] 〈h〉 [lat. registrare] 1. a) 기록[기입]하다, 등록[등기]하다: während der Feiertage wurden viele Unfälle registriert 축제일 동안 많은 사고가 기록되었다. b) 자동적으로 표시(기록)하다: die Seismographen registrierten ein leichtes Erdbeben 지진계가 경미한 지진을 표시했다. 2. a) 알다, 깨닫다, 인식하다. b) 객관적으로 나타내다[알리다]. 3. 【음악】 (풍금을 칠 때) 음을 조절하다. **Registrierung**, die; -en ↑registrieren의 명사형.
Reglement [regla'mãː, 〈schweiz.〉 ...'mɛnt], das -s, -s / 〈schweiz.〉 -e [frz. réglement] 〈교양어〉 (근무, 활동, 스포츠의) 규정, 규칙, 규약, 조례: sich an das R. halten 규정을 고수하다. **reglementarisch** [reglemɛn'taːrɪʃ] 〈Adj.〉 〈교양어〉 규칙[규약]에 따르는, 규정대로의. **reglementieren** [...'tiːrən] 〈h〉 〈교양어·종종 폄〉 엄격히 규정하다, 규제하다, 조정하다: die Dichtung r. 창작을 규제하다. **Reglementierung**, die; -en ↑reglementieren의 명사형. **reglementmäßig** 〈Adj.〉 〈교양어〉 규정에 따른, 규칙대로의. **reglementwidrig** 〈Adj.〉 〈교양어〉 규정에 위반한, 규칙에 어긋난, 규정 위배의.
Regler ['reːɡlɐ], der; -s, - 【기술·인공두뇌】 조절 장치, 조절(정)기. **Reglette** [re'ɡlɛta], die; -n [frz. réglette] 〔인쇄〕 인테르, 공목.
reglos ['reːkloːs] 〈Adj.〉 ↑regungslos. **Reglosigkeit**, die ↑Regungslosigkeit.
Reglung f. ↑Regelung.
regnen ['reːɡnən] 〈비인칭; h〉 비가 오다: es regnet stark[in Strömen] 비가 몹시 오다[억수로 퍼붓는다]; es regnet wie aus[mit] Eimern 《통용어》 비가 몹시 내리다; es fängt an[hört auf] zu r. 비가 오기 시작한다[그친다]; es regnete große Tropfen 비가 굵은 방울로 내렸다. 2. 〈s〉 빗발치듯 떨어지다: aus den Fenstern regneten Blumen 창문에서 꽃이 빗발치듯 떨어졌다; 〈대개는 비인칭; h〉 es regnete Steine 돌이 빗발쳤다; 〔전의〕 Vorwürfe regneten auf ihn 그는 많은 비난을 받았다. **Regner** ['reːɡnɐ], der; -s, - (경작지, 운동장 따위에 쓰는) 살수기(撒水器). **regnerisch** 〈Adj.〉 우천의, 비가 올(것 같은), 비구름이 낀: -es Wetter 우천의 날씨.
Regranulat [regra'nuːlat], das; -(e)s, -e 〔기술〕 재생 입상체[알갱이]. **regranulieren** 〈h〉 〔기술〕 (특수 선광 처리에 의해) 입상체로 재생하다.
Reg.-Rat = Regierungsrat.
Regrediens [regre'dient], der; -en, -en regrediēns 〔법〕 상환 청구자. **regredieren** [...'diːrən] 〈h〉 1. 【법】 상환을 청구(요구)하다. 2. 【심리】 이전의 상태로 돌아가다, 정신 발달의 초기 단계[유아기]로 되돌아가다[퇴행하다]. **Regreß** [re'ɡrɛs], der; ...esses, ...esse [lat. regressus] 1. 〔법〕 상환 청구, (손해) 배상 청구, 원상 회복. 2. 〔철학〕 원상 복귀.
regreß-, Regreß- (Regreß 1) 〔법〕: **~anspruch**, der 상환 청구(권). **~forderung**, der 상환[배상] 청구 요구. **~klage**, die 상환 청구 소송. **~pflicht**, die 상환 의무. **~pflichtig** 〈Adj.〉 상환 의무가 있는.
Regressand [regre'sant], der; -en, -en 〔통계〕 (변수 분리의) 종속 변수. **Regressat** [...'sat], der; -en, -en 【법】 상환 청구를 받은 사람. **Regression** [...'sioːn],

regressiv

die; -en [lat. regressio] 1. 《교양어》 퇴각, 퇴보, 역행, 후퇴: eine Zeit der wirtschaftlichen R. 경제적 퇴보의 시대. 2. 【심리】 퇴행[정신 발달의 초기 단계로 되돌아감]. 3. 【지질】 해퇴(海退). 4. 【생물】 생존 영역의 수축. 5. 【통계】 (체계적 부분과 우연적 부분으로의) 변수 분리.
regressiv [regre'si:f] 〈Adj.〉 1. 《교양어》 퇴보[역행]적, 퇴화(후퇴)하는, 반동적. 2. 【심리】 퇴행적. 3. 【철학】 회귀적, 원상 복귀의. 4. 【법】 상환 청구의. 5. **-e Assimilation** 【언어】 역행 동화. **Regressivität** [regresivi'tɛ:t], die ↑regressiv의 명사형. **Regressor** [re'1grɛsɔr, 《또한》 ...soːr], der; -s, -en [...'soːrən] 【통계】 (변수 분리의) 독립 변수.
regsam ['reːkzaːm] 〈Adj.〉 《아이》 활동적인, 활기 있는 발한, 민활한; 또는 정신적으로: er ist geistig noch sehr r. 그는 정신적으로 아직 대단히 활기 있다. **Regsamkeit**, die《아이》↑regsam의 명사형.
Regt. = Regiment.
Regula falsi ['reːgula 'falziː], die [lat.]【수학】 근사식 (近似式). **Regular** [regu'laːr], der; -s, -e Regulare [...'laːra], der; -n, -n [lat. regularis] 【가】 (수도회에 가입한) 수도사. **regulär** [regu'lɛ:r] 〈Adj.〉 [lat. rēgulāris] 1. (반대: irregulär 1) **a)** 규칙[규정]대로의, 정규의, 합법적인, 정식의: -e Truppen 정규군: die -e Spielzeit ist abgelaufen 【스포츠】 규정된 경기 시간이 끝났다. **b)** 보통의, 통례의. 2. 《통용어》 ↑regelrecht (2): sie hat ihn r. hinausgeworfen 그 여자는 그를 완전히 쫓아냈다. **Regulare**. ↑Regular. **Regulargeistliche**, der; -n, -n ↑Regularkleriker. **Regularien** [regu'laːriən] 〈Pl.〉 (의사 일정에서) 정규적 처리건. **Regularität** [regulari'tɛ:t], die; -en **a)** [frz. régularité] 《교양어》 규칙성, 정규, 합법성, 질서 바름(반대: Irregularität 1 a). **b)** 《대개 Pl.》 【언어】 통례적[정칙적] 언어 현상(반대: Irregularität 1 b). **Regularkleriker**, der; -s, - 【가】 수사 신부(반대: Säkularkleriker). **Regulation** [...'tsjoːn], die; -en 1. 《드물게》 ↑Regulierung. 2. 《생물·의학》 **a)** (유기체의) 조정 작용. **b)** 적(순)응. **regulativ** [...'tiːf] 〈Adj.〉 1. 《교양어》 규정[조정]하는, 결정하는: in -er Faktor 규정 요인. 2. 《생물·의학》 조정[조절] 작용의. **Regulativ** [-], das; -s, -e [...iːvə] 《교양어》 1. 조정[조절] 요소: Angebot und Nachfrage sind -e des Marktes 공급과 수요는 시장의 조정 요소이다. 2. 규칙, 규정, 조례. **Regulator** [regu'laːtɔr, 《또한》 ...toːr], der; -s, -en [...laːto:rən] 1. 4: amerik. regulator] 1. 《교양어》 조정하는[균형을 이루는] 힘, 조정자. 2. 【기술】 조정기, 조절 장치. 3. 《준고어》 진자(추)시계. 4. **a)** (1767년 미국 남부에 창립된) 농민 혁명단의 일원. **b)** (19세기 가축 도둑에 대항하기 위해 조직된) 미국 농민단원. **Reguli**: ↑Regulus의 복수형. **regulierbar** [regu'liːɐ̯baːr] 〈Adj.〉 조정[조절] 할 수 있는. **regulieren** [regu'liːrən] 〈h〉 [lat. rēgulāre] 1. (기계 따위를) 조정[조절]하다, (바르게) 맞추다: die Uhr muß reguliert werden 시계는 바르게 맞추어 놓아야 한다. 2. **a)** 규정하다, 정리[정돈]하다, 돌보다. **b)** 〈r. + sich〉 규정에 따르다, 스스로 질서를 잡다: ein sich selbst regulierender Markt 독자적 규정에 따르는 시장. 3. (물길을) 바로 잡다. **Regulierung**, die; -en ↑regulieren의 명사형. **Regulus** ['reːgulʊs], der; -, ...li / -se [1: lat. rēgulus; 2: lat. regulus] 1. Goldhähnchen. 2. 《고어》 광재(鑛滓) 속에 생기는 금속 덩어리. 3. 《천문》〈Pl. 없음〉 사자자리의 가장 밝은 별.
Regung, die; -en 《아이》 1. 가벼운 움직임, 미동: er lag ohne jede R. da 그는 까딱 않고 누워 있었다. 2. 충동, 감동, 동요, 흥분. 3. 《대개 Pl.》 노력(Bestrebung).
regungslos 〈Adj.〉 움직이지 않는, 미동도 하지 않는, 까딱하지 않는, 정지된: eine -e Wasserfläche 잔잔한 수

면; er blieb r. liegen 그는 까딱않고 누워 있었다. **Regungslosigkeit**, die ↑regungslos의 명사형.
Regur ['reːguːɐ̯, 《engl.》 'riːɡə, 'reɪɡə], der; -s [engl. regur] 【지질】 남부 인도의 흑토(黑土).
Reh [reː], das; -(e)s, -e 노루: das Mädchen ist scheu [schlank] wie ein R. 그 소녀는 노루처럼 겁이 많다(날씬하다).
reh-, Reh-: ~**auge**, das 《대개 Pl.》 큰 갈색 눈. ~**äugig** 〈Adj.〉 큰 갈색눈의. ~**bein**, das 【수의】 (말의) 과 관절의 외골증(外骨症). ~**bock**, der 노루의 수컷. ~**braten**, der 노루의 등심구이. ~**braun** 〈Adj.〉 붉은빛이 도는 담갈색의, 녹로[사슴털]색의. ~**farben**, ~**farbig** 〈Adj.〉 ↑~braun. ~**füßig** 〈Adj.〉 (여자의) 발걸음이 가벼운. ~**geiß**, die 노루의 암컷. ~**junge**, das 〈Pl. 없음〉 《österr.》 ↑Rehklein. ~**kalb**, das ↑~kitz. ~**keule**, die 노루의 넓적다리고기. ~**kitz**, das 노루의 새끼. ~**klein**, das 【요리】 노루의 허파·갈비·아랫다리 요리. ~**krankheit**, die ↑Rehkrankheit. ~**leder**, das 노루가죽. ~**ledern** 〈Adj.〉 노루가죽의. ~**medaillon**, das 【요식】 작고 둥근 모양의 노루고기. ~**posten**, der (옛날 우체부 사냥에 쓰인) 강한 산탄. ~**ragout**, das 노루고기 스튜. ~**rücken**, der 노루 등심고기. ~**wild**, das 《사냥》 노루(의 총칭). ~**ziemer**, der (특히 사냥) 노루의 등살[등심].
Rehabilitand, der; -en, -en [lat. rehabilitandus] 직업[사회 생활]을 되찾은 신체[정신] 장애자, 복지[권]자. **Rehabilitation**, die; -en [1: engl.-amerik. rehabilitation; 2: lat. rehabilitatio] 1. 신체[정신] 장애자의 직업[사회 생활] 회복, 복직[권]: die R. von Körperbehinderten 신체 장애자의 복직; R. des Herzinfarkts 심장 경색의 회복. 2. ↑Rehabilitierung (3). **Rehabilitationsklinik**, die (환자[신체, 정신장애자]의) 사회 복귀 훈련 병원. **Rehabilitationszentrum**, das (신체, 정신 장애자의) 사회 복귀 훈련 시설[병원], 재활원. **rehabilitativ** [rehabilita'tiːf] 〈Adj.〉 [engl.-amerik. rehabilitative] 《드물게》 (신체, 정신환자의) 사회 복귀의, 복직을 위한. **rehabilitieren** 〈h〉 [1: frz. réhabiliter; 2: lat. rehabilitare] 1. (누구의) 명예를 회복시키다, (누구를) 복권시키다: einen Politiker r. 정치가를 복권시키다. 2. (신체, 정신장애자를) 복직시키다, 사회 생활을 하게 하다. **Rehabilitierung**, die; -en 1. 【특히 법】 명예 회복, 복권: um seine R. kämpfen 명예 회복을 위해 싸우다; 전의 die R. des Handwerks 수공업의 회복. 2. ↑Rehabilitation (1).
Rehaut [raˈoː], der; -s, -s 《드물게 미술》 화면의 일부를 두드러지게 하는 가필(加筆).
Rehe ['reːə], die 【수의】 말굽의 염증. **Rehkrankheit**, die 《수의》 ↑Rehe.
Rehling ['reːlɪŋ], der; -s, -e 〈지역적〉 ↑Pfifferling.
Reib- 《↑Reibe-도 참조》: ~**ahle**, die 【기술】 (구멍을 정밀하게 다듬는 공구) 리머. ~**eisen**, das 1. 《지역적·그 외 고어》 ↑Reibe. 2. 《경》 고집 센 여자. ~**fetzen**, der 《österr.·통용어》 ↑Fetzen (2 c). ~**fläche**, die 성냥갑의 마찰면. ~**gerstel**, das 〈Pl. 없음〉 《österr.》 국수 반죽으로 만든 수프 내용물. ~**getriebe**, das 【기술】 마찰 연동 장치. ~**käse**, der 1. 갈아 쓸 수 있는 치즈. 2. 갈아 놓은 치즈. ~**rad**, das 【기술】 마찰 연동 바퀴(의 동륜). ~**scheibe**, die 【기술】 ↑Friktionsscheibe. ~**schleifen** 〈V.〉 부정형으로만 사용) 【금속】 ↑läppen. ~**tuch**, das 《österr.》 걸레. ~**zunge**, die 【동물】 Radula.
Reibach ['raɪbax], Rebbach ['rɛbax], der; -s [jidd. re(i)bach] 《경》 (상술에 의해 얻은 엄청난[큰] 이득[이익금]).

Reibe ['rajbə], die; -n ↑ ¹Raspel (2): eine R. für Kartoffeln 감자용 강판.

Reibe- (↑Reib-도 참조): **~brett**, das (미장이가 쓰는 다듬이) 흙손. **~keule**, die 《지역적·특히 rhein.》 절굿공이. **~kuchen**, der 1. 《지역적·특히 rhein.》 감자 튀김 (Kartoffelpuffer). 2. 《지역적》 (둥근 모양의) 카스텔라 (Napfkuchen). **~laut**, der [언어] 마찰음, 갈이소리 (Frikativ, Spirans) 《예컨대: f, s, ç, h》. **~putz**, der 흠이 나도록 벽에 바르는 칠(회칠).

reiben* ['rajbn̩] ⟨h⟩ **1. a)** 문지르다, 비비다, 마찰하다, (문질러) 닦다: jmds. Hände[jmdm. die Hände] r. 손을 비비하다; ich rieb meine[mir die] Augen 나는 눈을 비볐다; den Boden r. 《österr.》 마루바닥을 닦다. **b)** 문질러 어떤 상태로 되다(닦은 자다): das Tafelsilber blank r. 은제 식사 도구를 윤이 나도록 문지르다; die Armlehnen sind blank gerieben (의자) 팔걸이가 닳아 윤이 났다. **c)** 문질러 대다, 비벼 대다: mit einem Tuch über die Schuhe r. 천으로 구두를 문질러 대다. **d)** 문질러 떼어 내다(닦아 내다), 비벼 없애다(제거하다). **e)** 문질러 넣으다, 발라 비비다: die Creme auf die Haut r. 크림을 피부에 발라 문지르다. **2.** 문질러 잘게 부수다(으깨다, 갈다), 가루로 갈다: Käse r. 치즈를 가루로 갈다. **3.** 쓸리다, 문질러지다(스치다), 비벼 벗어지다: der Kragen reibt 옷깃이 쓸린다. **4.** 문질러[비벼, 스쳐] 피부(신체)가 상하다, 타박상을 입다. **5.** ⟨r. + sich⟩ 다투다, 싸움을 걸다, 맞서다: sich an einem Problem r. 어떤 문제를 놓고 다투다. **6.** 《경·드물게》 수음(手淫)하다, 자위행위를 하다(masturbieren). **7.** [기술] (구멍을) 리머 (Reibahle)로 마끄럽게 하다. **Reiber**, der; -s, - [미술·출판] 《종이 출판》(종이를 판에 대고 문지르는) 인쇄 방망이[마찰기]. **Reiberdruck**, der ⟨Pl. -drucke⟩ [미술·출판] **1.** 《Pl. 없음》(종이를 판에 대고 문지르는 옛) 목판인쇄법. **2.** (위의) 목판 인쇄(물). **Reiberei** [rajbəˈraj], die; -en ⟨대개 Pl.⟩ 알력, 불화, 의견 충돌: es gab oft -en zwischen den Eheleuten 부부 사이에 종종 알력이 있었다. **Reibung**, die; -en **1.** 문지름, 비빔, 마찰, 가루로 만듦, 마멸, 타박, 도찰, 수음, 연마. **2.** 싸움, 알력, 갈등, 난관, 장애, 충돌. **3.** [물리] 마찰, 저항: äußere [innere] R. 외[내]적 마찰[마찰].

reibungs-, Reibungs-: **~bahn**, die [물리] ↑ Adhäsionsbahn. **~beiwert**, der [물리] ↑ ~koeffizient. **~elektrizität**, die [물리] 마찰 전기. **~fläche**, die **1.** 마찰면. **2.** 싸움[불화]의 동기(원인). **~hitze**, die ↑~wärme. **~koeffizient**, der [물리] 마찰계수. **~los** ⟨Adj.⟩ 마찰[장애] 없는: der Übergang vollzog sich r. 그 이행은 어려움 없이 이루어졌다. **~losigkeit**, die 마찰[장애]없는 진행. **~punkt**, der 마찰[알력, 불화]의 요인: -e beseitigent 불화의 요인을 제거하다. **~wärme**, die [물리] 마찰열. **~widerstand**, der [물리] ↑ Reibung (3).

reich [rajç] ⟨Adj.⟩ **1.** 부유한, 돈[재산]이 많은, 부자의, 풍족한, 잘 사는(반대: arm 1): eine -e Witwe 돈 많은 과부; die -ste Stadt der Welt 세상에서 가장 부유한 도시; ein Sohn aus -em Haus 부자집 아들; sie sind über Nacht r. geworden 그들은 밤 사이 부자가 되었다. **2. a)** 《장식, 형태 따위가》 호화로운, 화려한, 훌륭한, 사치스런, 장려한: wir können es uns nicht leisten, -e Geschenke zu machen 《아이·드물게》 우리는 값비싼 선물을 할 수 없다. **b)** 풍부한, 매우 많은[숱한], 풍성한: eine -e Ernte 매우 많은 수확; ein -es Mahl 진수성찬; sie hat -es Haar 그 여자는 머리숱이 풍성하다; in -em Maße 많이, 풍부하게; das Buch ist r. illustriert 그 책은 그림이 많이 들어 있다; **r. an etw. sein** 무엇이 풍부하다[대단히 많다]: die Gegend ist an Mineralien r. 이 지역은 광물이 풍부하다; er war r. an Jahren 《아이》 그는 이미 오래 살았다. **c)** 다양한, 가지각색의: -e Erfahrungen 가지각색의 경험; ein -es Leben 다양한 생활. **-reich** [-] (준접미사) …이 많은[풍부한], …을 많이 함유한[포함한]: das episodenreiche Drama 에피소드가 많은 희곡.

Reich [-] das; -(e)s, -e 제국, 왕국, 국가, 나라, 국토: das Römische R. 로마제국; das Heilige Römische R. Deutscher Nation (독일 민족의) 신성 로마 제국(15세기부터 1806년까지의 독일 제국의 명칭); das (Deutsche) R. 독일 제국(1. 962~1806년의 독일 봉건국가). 2. 1871~1945년의 독일 민족국가); die Dritte R. 제3제국 (1933~1945년의 나치 독일); das tausendjährige R. 《나치·반어》천년 제국(제3제국); das Tausendjährige R. 천년 왕국(천년설에 의해 예수가 재림하여 천년간 다스린다고 믿는 이상의 왕국); das R. Gottes 신국(神國) (유태교와 기독교의 종말론에서 신이 다스리는 국가); ein R. errichten 국가[제국]를 세우다; das Reich der Mitte 중국(China); [전의] das R. der Träume[der Phantasie] 《종종 아이》꿈[환상]의 세계; das R. der Schatten 《시어》저승(Totenreich); das R. der Töne 음악 (Musik); das R. der Frau 여자의 활동 영역; **ins R. der Fabel gehören** 사실이 아니다[거짓이다]; **etw. ins R. der Fabel verbannen(verweisen)** 무엇을 정말로 여기지 않다.

reich-, Reich-: ~begütert ⟨Adj.; reicher begütert, am reichsten begütert⟩ 재산(돈)이 많은, 부유한(reich). **~gegliedert** ⟨Adj.; reicher gegliedert, am reichsten gegliedert⟩ die -e Lebensgemeinschaft 많은 조직의 생활 공동체. **~geschmückt** ⟨Adj.; reicher geschmückt, am reichsten geschmückt⟩ eine -e Fassade 장식이 많은 정면(正面). **~geschnitzt** ⟨Adj.; reicher geschnitzt, am reichsten geschnitzt⟩: -es Chorgestühl 교회 안의 조각이 많이 새겨진 성직자석. **~haltig** ⟨Adj.⟩ 내용이 풍부한, 많은 것을 포함한, 충실한, 숱하게 많은. **~haltigkeit**, die ↑~haltig의 명사형. **~verziert** ⟨Adj.; reicher verziert, am reichsten verziert⟩: ein -es Portal 장식이 많은 정문(입구).

Reiche* ['rajçə], der / die 부자, 돈 많은 사람.

reichen ['rajçn̩] ⟨h⟩ **1. a)** 《종종 아이》 (내)주다, 내밀다, 건네(주)다: jmdm. ein Buch r. 누구에게 책을 내주다; der Geistliche reichte ihnen das Abendmahl 성직자가 그들에게 성찬식을 베풀었다; sie reichten sich (gegenseitig)[(아이) einander] (zur Versöhnung) die Hand 그들은 (화해의) 악수를 교환했다. **b)** (손님에게) 대접하다[봉사하다], 제공하다: den Gästen Erfrischungen r. 손님들에게 청량 음료를 제공하다. **2. a)** (어떤 목적 따위에) 충분하다, 넉넉하다: das Geld reicht nicht (mehr) 돈이 (더 이상) 충분치 못하다; der Stoff reicht für ein[zu einem] Kostüm 그 천은 옷 하나 감으로 족하다; danke; es reicht 고마워, 충분해[더 이상 알고 싶지 않아]; die Schnur reicht 그 끈은 길이가 충분하다; **jmdm. reicht es** 누구의 인내가 끝이 났다[더 이상 봐 보고 싶지 않다]. **b)** (시간까지) 충분히 버티다, 꾸려 나가다, 해 나가다: mit dem Geld reichen wir noch bis morgen 그 돈으로 우리는 내일까지는 버틴다. **3.** (무엇에) 이르다(미치다), 닿다: er reicht mit dem Kopf bis zur Decke 그는 머리가 천정에까지 닿는다; soweit der Himmel reicht 볼 수 있는 한[사방에].

Reichenhall [rajçn̩'hal] ↑ Bad Reichenhall.

reichlich ⟨Adj.⟩ **a)** (수량이) 풍족한, 넉넉한, 대단히 많은, 흡족한, 풍부한: ein -er Niederschlag 많은 양의 비; der Mantel für den Jungen ist r. 그 소년의 외투는 크기가 넉넉하다; Fleisch ist noch r. vorhanden 고기

는 아직도 충분하게 있다; wir haben noch r. Zeit 우리는 아직 시간이 충분하다. b) …이상의[보다 많은]: seit r. einem Jahrzehnt arbeitsunfähig sein 10년이상 전부터 노동 능력이 없다. c) 《형용사와 함께 강조적》매우, 대단히: eine r. langwierige Arbeit 매우 지루한일; das Kleid ist r. kurz 그 원피스는 아주 짧다. **Reichlichkeit**, die ↑reichlich의 명사형.

reichs-, Reichs-: ~**abgabenordnung** [-'----], die 《↑Abgabenordnung의 관칭어》(재무 행정을 위해 1919년에 발표된) 납세[조세]법(약어: RAbgO, RAO). ~**abt**, der 제국 직속 수도원장. ~**äbtissin**, die 제국 직속 수녀원장. ~**acht**, die 《역사적》(18세기까지) 독일 제국 직속 추방. ~**adel**, der 《역사적》제국(직속) 귀족. ~**adler**, der 독일 제국 문장(紋章)의 독수리. ~**amt**, das (1871~1918년까지의) 독일 제국 상급 행정 관청. ~**anwalt**, der 독일 제국 대법원 검사[검찰관]. ~**anwaltschaft**, die 독일 제국 검찰청, 검사의 총칭. ~**apfel**, der 독일 황제의 권력을 상징하는 (십자가를 단) 지구의. ~**arbeitsdienst** [-'---], der 《Pl. 없음》(나치) 노동 봉사단(18~25세의 남녀로 구성되며 반년간의 의무 봉사를 법률로 정했음) (약어: RAD). ~**autobahn** [-'---], die (1934~1945년까지의) 독일 제국 고속 도로. ~**bahn**, die (독일 제국, 구동독의) 국영 철도. ~**bank**, die (1876~1945 까지의) 독일 제국 중앙 은행(은행권 발행 은행). ~**deutsch** 〈Adj.〉 독일 제국의, 독일 제국 국민의. ~**deutsche***, der / die 독일 제국 사람(바이마르 공화국과 제 3 제국 시대에 독일 국적을 가졌고, 독일 제국 내에 살았던 사람). ~**dorf**, das 《역사적》독일 제국의 의회에서 의석과 발언권이 있는 마을. ~**frei** 〈Adj.〉《역사적》 ↑unmittelbar. ~**freiherr**, der 《역사적》1. 《Pl. 없음》(18세기 중엽 이후의) 제국(직속의) 남작 칭호. 2. 제국 (직속의) 남작. ~**gebiet**, das 독일 제국 영토. ~**geier**, der 《통용어·농》1. 독일 제국 문장(紋章)의 독수리. 2. 독일연방(특히 동전에 표시된) 문장(紋章)의 독수리. ~**gericht**, das (1879~1945년까지의) 독일 제국 대법원. ~**grenze**, die 독일 제국의 국경. ~**gründung**, die (특히 1871년의) 독일 제국 창건. ~**insignien** 〈Pl.〉 《역사적》(1806년까지의) 독일 제국 통치자[황제]의 상징물(왕관, 지구의, 홀, 보검 등). ~**kammergericht** [-'----], das 《Pl. 없음》 《역사적》 (1495~1806년까지의) 독일 제국 대법원. ~**kanzler**, der 1. (1871~1918년까지의) 독일 제국 수상(재상). 2. a) 바이마르 공화국 행정부 수반. b) 제 3 제국 최고 통치자. ~**kleinodien** 〈Pl.〉《역사적》제국 통치자(황제)의 상징물(제복, 장갑 등). ~**mark**, die (1924~1948년까지의) 독일 제국 화폐 단위(약어: RM). ~**minister**, der 1. 프랑크푸르트 국민 회의(1848/49)에 의해 임명된 장관. 2. ↑~kanzler (1). 3. (1919~1933년까지 제국 수상이 제안하여 제국 대통령이 임명한) 제국 장관. ~**mittelbar** 〈Adj.〉《역사적》영주 직속의(반대: ~unmittelbar). ~**pfennig**, der (1924~1948년까지의) 독일제국 화폐 단위(100 Reichspfennig = 1 Reichsmark; 약어: Rpf). ~**post**, die (1924~1945년까지의) 독일 제국 우편(우체국). ~**präsident**, der (1919~1934년까지 7년 임기로 국민이 직접 선출한) 독일 제국 대통령. ~**rat**, der 《역사적》 a) (여러 유럽 국가의) 제국 의회(심의[입법] 기관). b) (1919~1934년까지의 주정부 대표에 의한) 제국 회의(참의원). ~**recht**, das 《Pl. 없음》제국법(帝國法). ~**regierung**, die (1919~1945년까지의) 독일 제국 정부. ~**ritter**, der 《역사적》(1806년까지 독일 제국의) 제국 기사(Schwaben, Franken, am Rhein 지방의 제국 직속의 낮은 귀족). ~**stadt**, die 《역사적》(1806년까지의) 독일 제국 직속 도시. ~**stände** 〈Pl.〉《역사적》(1806년까지의 제국 의회에서 의석과 발언권을 가진) 제국 직속 의원: geistliche R. 성직자(독일 제국) 의원(성직자 선제후, 주교); weltliche R. 세속(독일 제국) 의원(세속 선제후, 백작, 남작). ~**straße**, die (1934~1945년까지의) 독일 제국의 국도. ~**tag**, der 1. 《역사적》 a) (1806년까지의) 독일 제국 직속 의원 (Reichsstände) 회의. b) 《Pl. 없음》(황제에 대한) 독일 제국(직속) 의회. 2. 《Pl. 없음》 a) (1867~1871년의 북부 독일 연방, 1871~1918년의 독일 제국의) 제국 국회(국민 회의). b) (1919~1933년까지 입법권을 위임받고 1933년 수권법에 의해 기능을 빼앗긴) 독일 제국 국회(국민 회의). 3. 《Pl. 없음》 독일 제국 국회의사당. ~**tagsgeordnete***, der / die 독일 제국 국회의원. ~**tagsbrand**, der 《Pl. 없음》(1933년 2월 27일 방화에 의한) 독일 제국 의사당 화재. ~**tagsgebäude**, das (독일) 제국 국회의 사당. ~**tagsmandat**, das (독일) 제국 국회 의석. ~**tagswahl**, die (독일) 제국 국회 선거. ~**taler**, der (1566~약 1750년 까지의 특히) 독일의 은화. ~**unmittelbar** 〈Adj.〉《역사적》 황제[제국(직속)의(반대: ~mittelbar). ~**versicherungsordnung** [-'----- ---], die 《Pl. 없음》제국 보험법(약어: RVO). ~**verweser**, der 《역사적》 a) (1806년까지의) 제국 섭정. b) (1948년 프랑크푸르트 국민 회의에 의해 황제 선거 때까지의) 제국 집정자. ~**wehr**, die (1921~1935년까지의) 독일 제국 국방군.

Reichtum, der; -s, -tümer [-tymɐ] 1. a) 《Pl. 없음》부(富), 재력, 부유, 유복, 윤택(반대: Armut 1 a): sein R. ermöglicht ihm ein bequemes Leben 그의 부유는 그에게 편안한 생활을 가능케 한다; seinen R. genießen 부를 누리다; zu R. kommen 부자가 되다; 전의 der innere R. eines Volkes 국민의 내적 충실. b) 《오직 Pl.》 재산, 재화: die Reichtümer der Erde 지하 자원; Reichtümer sammeln 재산을 모으다; damit kann man keine Reichtümer erwerben 《통용어》 그것으로 아무것도 얻을 수 없다. 2. 《Pl. 없음》 풍부, 풍요, 많음, 다양함(반대: Armut 1 b): der R. an Singvögeln 많은 지저귀는 새; ein R. an Geist 풍부한 정신; der R. der Ausstattung 장식의 화려함; ich staunte über den R. seiner Kenntnisse 나는 그의 다양한 지식에 놀랐다.

Reichweite, die; -n 1. 도달 거리, 미치는[유효] 범위, 세력 범위, 착탄 거리[사정]: in R. sein 세력 범위 안에 있다; das Buch lag in ihrer R. 책은 그 여자의 손이 닿는 곳에 있었다; Geschütze mit großer R. 착탄 거리가 큰 포; 전의 eine endgültige Entscheidung ist noch nicht in R. 최종 결정은 아직 절박하지 않다. 2. 〖항공〗항속 거리, 행동 반경. 3. 〖무선〗수신[방송] 유효 거리(범위). 4. 〖물리〗방사 거리.

reif [raif] 〈Adj.〉 1. (과일, 곡식이) 익은, 여문: -es Obst 익은 과일; das Getreide wird r. 곡식이 여문다; 전의 er brauchte nur die -e Frucht zu pflücken 그는 노력을 지저귀는 내지 않고 결실을 거두었다; ein -er Cognac 향기로운 묵은 코냑; das Geschwür ist r. 농종이 터질 만큼 곪았다; **r. für etw.** 《통용어》 무엇을 할 만큼의 상태에 이른: r. fürs Irrenhaus sein 정신 병원에 갈 상태다; die Häuser waren alle r. für den Abbruch 집들은 모두 헐어 버릴 만했다. 2. a) 성장한, 성숙한, 숙달한, 노련한, 원숙한: ein -er Mann 성년 남자; im -eren Alter[in den -eren Jahren] urteilt man anders 원숙한 나이가 되면 달리 판단한다; er ist zu diesem Amt noch nicht r.(genug) 그는 이 직책에는 아직 부족하다. b) 사려 깊은, 빼어난, 탁월한: ein -es Urteil[Werk] 사려 깊은 판단[빼어난 작품]; dafür ist die Zeit noch nicht r. 그럴 시간이 되지 않았다. **-reif** [-raif] 《준접미사》《종종 통용어》…할 공연할 만한 상태에 도달한, …일 만한: eine bühnenreife Leistung 공연할 만한 업적.

¹**Reif** [-], der; -(e)s 1. 서리: es ist R. gefallen 서리가 내렸다; die Zweige sind mit R. bedeckt 나뭇가지가

서리로 덮여 있다. 2. [사냥] 영양의 하얀 털끝(²Reim).
²Reif [-], der; -(e)s, -e 〈아어·시어〉 (장식용) 고리, 반지, 머리띠: ein mit Edelsteinen besetzter R. 보석으로 장식한 고리.
Reife ['raifə], die 1. (과일, 곡식의) 익음[여뭄]: Obst im Zustand der R. ernten 과일을 익은 상태에서 거두어 들이다; während der R. brauchen die Trauben viel Sonne 포도는 익는 동안 많은 햇빛을 요한다. 2. a) 성숙[성장], 완숙, 노련, 자격: jmds. geistige R. 누구의 정신적 성숙; das Zeugnis der R. ↑Reifezeugnis. b) 사려 깊음, 탁월, 완성: die R. seiner Gedanken 그의 생각의 탁월함; mittlere R. 중학교(Mittelschule) 졸업.
Reife-: ~**grad**, der 익는 도수[정도]. ~**prozeß**, der 익는 과정. ~**prüfung**, die 고등 학교 졸업 시험(Abitur). ~**teilung**, die 〈생물〉 감수 분열(Meiose). ~**test**, der ↑Schulreifetest의 약칭. ~**zeit**, die 1. 성숙기. 2. ↑Pubertät. ~**zeugnis**, das 〈준고어〉 ↑Abiturzeugnis.
Reifelholz ['raifl-], das; -es, ...hölzer [피혁] (가방, 허리띠 따위의 가죽 제품에) 장식용 선을 긋는 도구. **reifeln** ['raifln] 〈h〉 [피혁] (가죽 제품의 가장자리에) 장식용 선을 내다[홈을 파다].
¹reifen ['raifn] 1. a) 〈s〉 과일이 익다, 곡식이 여물다: das Korn reift 곡식[낟알]이 여물다; die Tomaten reifen an der Sonne 토마토가 햇볕에 익다. b) 〈h〉(아이) 익게 [여물게] 하다. 2. 《아이》 a) 〈s〉 성숙[원숙]하다: das Kind ist früh gereift 그 아이는 조숙했다. b) 〈h〉 성숙 [원숙]케 하다. c) 〈s〉 누구의 마음 속에 점차적으로 생기다: seine Ahnung war zur Gewißheit gereift 그의 예감은 확실해졌다.
²reifen [-] 〈h〉 비인칭〉 서리가 내리다.
³reifen [-] 〈h〉 〈전문어〉 (통 따위에) 테를 두르다, …에 쇠고리를 달다. **Reifen** [-], der; -s, - 1. a) (대개 철로 만든 둥근) 테, 다: ein hölzerner[eiserner] R. 목제[철제] 테; R. um ein Faß legen 통에 테를 두르다. b) (제조 따위에 쓰는) 고리[바퀴] 모양의 것, 큰 고리, 굴렁쇠: R. werfen 고리를 던지다. 2. (자동차 따위의) 타이어: schlauchlose R. 튜브 없는 타이어; der linke vordere R. ist geplatzt 왼쪽 앞 타이어가 터졌다; einen R. wechseln 타이어를 교체하다. 3. 고리 모양의 장식품 (²Reif), 고리, 반지, 머리띠: einen R. im Haar tragen 머리에 장식띠를 두르다.
Reifen- (Reifen 2): ~**druck**, der 〈Pl. -drücke〉 타이어 압력. ~**geräusch**, das (차를 달릴 때) 타이어에서 나는 소음. ~**panne**, die 타이어의 파손. ~**platzer**, der; -s, - 〈통용어〉 타이어의 빵꾸. ~**profil**, das 타이어의 땅 닿는 부분(면). ~**schaden**, der 타이어의 손상. ~**spiel**, Reifspiel, das (어린이 놀이로서) 굴렁쇠 굴리기(놀이). ~**spur**, die 타이어 자국. ~**wechsel**, der (손상된) 타이어의 교환.
Reiferei [raifə'rai], die; -en 과일을 (특히 바나나, 의도적으로 일찍 딴 후) 익히는 시설.
Reifglätte, die 서리로 인한 도로의 미끄러움.
Reifheit, die 《드물게》↑Reife. **Reifheitsgrad**, der 《드물게》 성숙도.
reiflich 〈Adj.〉 철저한, 충분한: nach -er Erwägung 충분히 숙고한 후에; ich habe mir die Sache r. überlegt 나는 그 일을 곰곰히 숙고했다.
Reifpilz, der; -es, -e [↑¹Reif (1)] (모래땅에서 자라는 식용의) 서리버섯.
Reifrock, der; -(e)s, -röcke 〈옛〉 a) 속치마에 여러 개의 둥근테를 넣은[페티코트를 입은] 여자용 치마[스커트]. b) (특히) 속버팀으로 벌어진 여자용 치마[스커트].
Reifspiel, das ↑Reifenspiel.

Reifung, die 성숙, 숙성. **Reifungsprozeß**, der 성숙 과정.
Reigen ['raign], der; -s, - [고어: Reihen; frz. raie] 〈예〉 노래를 동반한 윤무, 원무: einen R. tanzen 윤무를 추다; 〈전의〉 die R. von Melodien 가지각색의 연속 멜로디; **den R. eröffnen** 무엇을 시작하다, 첫번째로 나타나다; **den R. beschließen** 무엇을 끝마무리하다, 무슨 일에 마지막 사람이 되다. **Reigentanz**, der ↑Reigen.
Reih- (²reihen): ~**faden**, der 가철[가봉]용 실. ~**garn**, das ↑~faden. ~**leine**, die ↑Marlleine. ~**stich**, der 시침바느질[가봉].
Reihe ['raiə], die; -n 1. a) 열, 줄, 행, 선: eine R. hoher《드물게》hoher Bäume[von hohen Bäumen] 일렬로 늘어선 높은 나무들; in der zweiten R. sitzen (좌석열의) 둘째 줄에 앉아 있다; die Lastwagen fahren in langer R. 화물차가 길게 줄지어 달린다; Gläser in eine R. stellen 유리잔을 일렬로 세우다. b) (특히 스포츠와 군대에서) 행렬, 대열: in die R. treten 대열에 들어서다; in -n marschieren 대열을 지어 행군하다; 〈전의〉 die -n der älteren Generation lichten sich 구세대의 많은 사람들이 이미 죽었다; **in Reih und Glied** 질서정연하게 줄지어, 대열을 짜서; **in einer R. mit jmdm. stehen** 누구와 필적[대등]하다; **sich in eine R. mit jmdm. stellen** 누구와 대등하게 하다[동열에 놓다]; **aus der R. tanzen** 〈통용어〉 다른 사람들과 다른 태도를 취하다[자신의 길을 가다]; **nicht in der R. sein** 〈통용어〉 몸이 불편하다[건강이 좋지않다]; **jmdn. in die R. bringen** 〈통용어〉 누구를 다시 건강하게 하다 (heilen); **etw. in die R. bringen** 〈통용어〉 무엇을 정돈하다[고치다, 수선하다]; **(wieder) in die R. kommen** 〈통용어〉 1) (다시) 건강해지다[회복하다]. 2) (다시) 정돈되다[고쳐지다]. 2. 〈Pl. 없음〉 차례, 순서, 순번: 《다음의 용법으로만》**die R. ist an jmdm.** 다음 차례는 누구이다; **an der R. sein** 〈통용어〉 1) 지금 차례이다. 2) 지금 다루어 된다. 3) 어떤 좋지 않은 일을 당하다; **an die R. kommen** 〈통용어〉 1) 다음 차례의 사람이다. 2) 다음 번으로 다루게 된다. 3) 어떤 좋지 않은 일을 당하게 된다; **aus der R. sein(kommen)** 〈통용어〉 혼란스럽다[스러워진다], 정신없다[없어진다]; **außer der R.** 1) 예외적으로 중간에. 2) 《지역적》 이상한(außergewöhnlich); **der R. nach**[**nach der R.**] 차례대로[차례차례, 순번에 따라]. 3. 상당수, 다수, 일련(一連), 한조(組), 시리즈, 연속: eine (ganze) R. Frauen hat[haben] protestiert (상당히) 많은 부인들이 항의했다; sein Taschenbuch ist in dieser R. erschienen 그의 포켓판 책이 이 시리즈에 나왔다; **bunte R. machen** 남녀가 나란히 하여 줄지어 앉다. 4. 〈Pl.〉 a) 〔특히 스포츠〕 선수단, 팀. b) (기관, 정당 따위의) 진영, 계열: die -n der Opposition stärken 야당의 진영을 강화시키다. 5. 〔수학〕 수열, 급수: eine arithmetische R. 등차[산술] 급수[수열]; eine geometrische R. 기하[등비] 급수 [수열]. 6. 〔체스〕 서양장기판의 가로줄(8개의 가로줄이 있음) (반대: Linie 3 d). 7. 〔음악〕 (12음 음악의) 음열(음이).
¹reihen ['raiən] 〈h〉 〈아어〉 a) ↑aufreihen. b) ↑einreihen. ²anreihen.
²reihen [-] 〈h〉 〔사냥〕 (수오리들이) 교미기 동안 암오리의 뒤를 줄지어 따르다.
¹Reihen [-], der; -s, - 〈südd.〉 발등.
²Reihen, der; -s, - 〈고어〉 ↑Reigen.
reihen-, Reihen-: ~**bau**, der 〈Pl. -ten〉 1. 〈Pl. 없음〉 〔토목〕 ↑~bauweise. 2. ↑~haus. ~**bauweise**, die 〔토목〕 연립 주택(건축), 아파트. ~**bildung**, die 〔언어〕 (조어론에서) 계열(형성) 조어(造語). ~**dorf**,

das 길 좌우로 집이 늘어선 형태의 마을, 길가의 마을 (Straßendorf). **~fabrikation**, die ↑Serienproduktion. **~folge**, die 차례, 순서[순번]; 서열: die R. hat sich geändert 순서가 변경되었다. **~formel**, die [화학] 수열로 나타낸 화학식. **~haus**, das 연립 주택. **~haussiedlung**, die 연립 주택지. **~motor**, der [기술] 직권 전동기. **~schaltung**, die [전기] 직렬 연결 [접속]. **~siedlung**, die ↑~dorf. **~untersuchung**, die [의학] 집단 검진. **~weise** ⟨Adv.⟩ 1. 《통용어》 아주 많이, 다량으로: die Soldaten fielen r. 군인이 다수 전사했다. 2. 줄지어, 차례차례.

Reiher ['raiɐ], der; -s, - **a)** 왜가리. **b)** 재두루미.

Reiher-: **~beize**, die [사냥] 왜가리 사냥. **~ente**, die 머리깃이 왜가리 같은 오리(학명: Aythya fuligula). **~falke**, der 왜가리 사냥 매. **~feder**, die 왜가리의 깃. **~horst**, der 왜가리의 집, 왜가리가 모여 사는 숲. **~jagd**, die 왜가리 사냥. **~schnabel**, der 서양쥐손이풀(Erodium).

reihern ['raiɐn] ⟨h⟩ **a)** 《경》심히 구토하다. **b)** 《지역적·경》설사하다.

-reihig [-raiç] 《다음의 합성어로, 예컨대》 zweireihig 두 줄의. **reihum** [rai'ʊm] ⟨Adv.⟩ 차례[순서]대로, 교대로, 차례차례로: r. etw. vorlesen 무엇을 차례대로 낭독하다. **Reihung**, die; -en 줄지음, 정렬.

Reihzeit, die; -en [↑³reihen] [사냥] 오리의 교미기.

¹Reim [raim], der; -(e)s, -e **a)** 《운율》운(韻), 압운(押韻), 각운, 미운(尾韻): ein weiblicher R. (↑weiblich 참조) 여성운; ein männlicher R. (↑männlich 4 b 참조) 남성운; **sich keinen R. auf etw. machen können** 《통용어》무엇을 전혀 이해할 수 없다; **sich einen R. auf etw. machen (können)** 《통용어》무엇을 자신의 생각에 따라 설명하다. **b)** 운문시, 운이 있는 격언(시)[시구].

²Reim [-], der; -(e)s 《사냥》 ↑¹Reif (2).

reim-, **Reim-**: **~art**, die 운의 종류. **~chronik**, die 중세의 운문 형식 연대기. **~lexikon**, das 압운 사전. **~los** ⟨Adj.⟩: ein -es Gedicht 무운시(無韻詩). **~paar**, die 《운율》압운에 의해 결합된 한 쌍의 시구[행]. **~prosa**, die 《문예》《문체상 운율을 사용하는 산문》 산문시. **~schmied**, der 《폄》 엉터리 시인, 가짜 시인. **~spruch**, der 운을 맞춘 격언(시). **~wort**, das ⟨Pl. -wörter⟩ 압운어(押韻語). **~wörterbuch**, das ↑~lexikon.

reimen ['raimən] ⟨h⟩ 1. **a)** 운을 밟다. **b)** 운을 맞추다: „fein" auf[mit] „klein" r. „fein"을 „klein"과 운을 맞추다. **c)** 운이 맞게 시를 짓다: ein Sonett r. 소네트를 운이 맞게 짓다. 2. ⟨r. + sich⟩ 운이 맞다: „kalt" reimt sich auf „bald" „kalt"는 „bald"에 운이 맞는다; [전의] das, was du sagst, reimt sich nicht 네가 말한 것은 일치하지 않는다. **Reimer**, der; -s, - **a)** 《고어》시인. **b)** 《폄》엉터리 시인. **Reimerei** [raimə'rai], die; -en 《폄》서투른[엉터리] 압운. **Reimschmied**, der -(e)s, -e 《폄》 ↑Reimschmied.

Reimplantation [re|im...], die; -en [의학] (재)이식(移植).

Reimport [re|im...], der; -(e)s, -e [경제] 재수입, 역수입. **reimportieren** [re|im...] ⟨h⟩ 다시 수입하다, 역수입하다.

Reims [raims, (frz.) rɛ:s] 랭스(프랑스 북부의 도시). **Reimser** ['raimzɐ], der; - Reims 사람.

¹rein ['rain] ⟨Adv.⟩ 《통용어》 ↑herein, hinein.

²rein [-] I. ⟨Adj.⟩ 1. 순수한, 잡물이 섞이지 않는, 흐린 데가 없는, 맑은, 투명한, 정확한, 순결한, 결백한: -er Wein 순수한 포도주; -es Gold 순금; -e Farben 순색; -es Deutsch sprechen 순수 독일어를 말하는데; die Hunde sind von -er Rasse 그 개들은 순종이다. 2. **a)** 바로 그대로의, 절대적, 순전한, 전적인: die -e Wahrheit sagen 사실 그대로를 말하다; das war -er Zufall 그것은 순전한 우연이었다. **b)** 완전한, 완벽한. 3. 《통용어》 **a)** 아주 명백한, 고도의: das ist ja -er Wahnsinn 그것은 그야말로 미친 짓이다. **b)** 《통용어》 바로 똑같은, 적합한: dein Zimmer ist der -ste Saustall! 네 방은 돼지우리와 똑같다. 4. 《대개 아이》 깨끗이 씻은, 청결한, 깨끗한, 더럽혀지지 않은, 흠이 없는, 깔끔한: [전의] ein -es Gewissen haben 떳떳한 마음을 갖다; **etw. ins -e schreiben** 무엇을 청서하다; **etw. ins -e bringen** 무엇을 해명하다[정돈하다]; **mit jmdm. [etw.] ins -e kommen** 누구와 화해하다 [무엇을 해결하다]; **mit sich (selbst) ins -e kommen** 자기자신을 납득하다; **mit etw. im -en sein** 무엇에 대해 명백하게 되다; **mit jmdm. im -en sein** 누구와 일치하게 되다. 5. [유태교] ↑koscher (1): -e Tiere [Speisen] 청정한 동물[음식]. II. ⟨Adv.⟩ **a)** 오로지, 오직, 다만: etw. aus r. persönlichen Gründen tun 오로지 개인적 이유 때문에 무엇을 하다. **b)** 그야말로, 순전히: das kann ich mir r. zeitlich nicht leisten 나는 그것을 순전히 시간적으로 행할 수 없다. **c)** 《통용어》완전히, 아주, 전혀: das ist im Augenblick r. unmöglich 그것은 현재 아주 불가능하다; r. gar nichts wissen 전혀 아무것도 모르다.

Rein [-], die; -en 《축소형: ↑Reindel, Reindl》 (südd., österr.) 《경》얕은 냄비.

¹rein-, **Rein-** ('rein; ↑hinein-, herein-도 참조): **~beißen*** ⟨h⟩ 《통용어》 ↑hineinbeißen: **zum Reinbeißen sein [aussehen]** 식욕을 돋우다[귀엽다]. **~buttern** ⟨h⟩ 《경》 ↑buttern (3). **~fall**, der ⟨통용어⟩ **a)** 속임(수), 사기(꾼). **b)** 실망, 낙담, 환멸, 기대에 어긋남, **langen**: einen R. mit etw. erleben 무엇에 실패하다. **~fallen*** ⟨s⟩ 《통용어》 ↑hinein-, hereinfallen. **~fliegen*** ⟨s⟩ 《통용어》 ↑hinein-, hereinfliegen. **~gehen*** ⟨s⟩ 《통용어》 ↑hineingehen. **~geschmeckte*** , der / die 《schwäb.》 ↑Hereingeschmeckte. **~hauen(*)** ⟨경⟩ **a)** ↑dreschen (3 a): jmdm. eine r. 누구를 화가 나서 한 대 갈기다(특히 뺨을 때리다). **b)** 많이 먹다. **~knallen** ⟨h⟩ 《경》 ↑knallen (2 b, c): jmdm. eine r. 누구를 화가 나서 한 대 갈기다(특히 뺨을 때리다). **~knien**, sich ⟨h⟩ 《통용어》 ↑hineinknien. **~kommen*** ⟨s⟩ 《통용어》 ↑hinein-, hereinkommen. **~kriegen** ⟨h⟩ 《통용어》 ↑hinein-, hereinkriegen. **~langen** ⟨h⟩ 《통용어》 ↑hineinlangen: jmdm. eine r. 누구에게 한방 (특히 뺨을) 먹이다. 2. 《지역적·경》 (무엇을 설명할 때) 과장하다, 허풍치다: bis zum Ellbogen r. 과도하게 허풍치다. **~legen** ⟨h⟩ 《통용어》 ↑hinein-, hereinlegen. **~rasseln** ⟨s⟩ 《경》 ↑hereinrasseln. **~reißen*** ⟨h⟩ 《통용어》 1. ↑hinein-, hereinreißen (1). 2. ↑hineinreiten (2): [전의] der Totalschaden hat mich ganz schön reingerissen 완전 손상으로 비싼 대가를 치루었다. **~reiten*** 1. ⟨s⟩ 《통용어》 ↑hineinreiten (1). 2. ⟨h⟩ 《경》 ↑hineinreiten (2). **~riechen*** ⟨h⟩ 《통용어》 대강 훑어보다[조사해 보다]. **~schauen*** ⟨h⟩ 《통용어》 ↑hinein-, hereinschauen. **~schlagen*** ⟨h⟩ 1. 《통용어》 ↑hineinschlagen. 2. jmdm. eine r. 《통용어》 누구를 화가 나서 (특히 뺨을) 한 대 갈기다. **~schlingen*** ⟨h⟩ 《경》 ↑hineinschlingen. **~schlittern** ⟨s⟩ 《통용어》 ↑hineinschlittern. **~schmeißen*** ⟨h⟩ 《통용어》 ↑hineinwerfen (1, 2). **~schmuggeln** ⟨h⟩ 《통용어》 ↑hinein-, hereinschmuggeln. **~schneien** ⟨h/s⟩ 《통용어》 ↑hinein-, herein- schneien. **~schreiben*** ⟨h⟩ 《통용어》 ↑hineinschreiben. **~segeln** ⟨s⟩ 《경》 ↑hereinrasseln. **~sehen*** ⟨h⟩ 《통용어》 ↑hinein-, hereinsehen. ~**spazieren** ⟨s⟩ 《통용어》↑hinein-, hereinspazieren. ~**stecken** ⟨h⟩ 《통용어》↑hinein-, hereinstecken. ~**steigen*** ⟨s⟩ 《통용어》↑hinein-, hereinsteigen. ~**stolpern** ⟨s⟩ 《통용어》↑hineinstolpern. ~**stopfen** ⟨h⟩ 《통용어》↑hineinstopfen. ~**treten*** 1. ⟨s⟩ 《통용어》↑hineintreten (2). 2. ⟨s/h⟩ **jmdm.[jmdn.] hinter r.** 화가 나서 누구의 영덩이를 차다. ~**werfen*** ⟨h⟩ 《통용어》↑hineinwerfen (1, 2, 3), hereinwerfen. ~**würgen** ⟨h⟩ 1. 《통용어》↑hineinwürgen. 2. **jmdm. eine[eins] r.** 누구에게 (그)의 태도가 마음에 안 들어) 제재를 가하다. ~**zwängen** ⟨h⟩ 《통용어》↑hineinzwängen.

²**rein-, Rein-** (²rein; ↑reine-, Reine-도 참조): ~**bestand,** der [임업] 단일종 수목(樹木)수. ~**betrag,** der 실제액. ~**blau** ⟨Adj.⟩ 순청색의. ~**einkommen,** das 순[실질] 수입[소득]. ~**einnahme,** die ↑~einkommen. ~**erbig** [-εrbɪç] ⟨Adj.⟩ 《생물》↑homozygot. ~**erbigkeit,** die 《생물》↑Homozygotie. ~**erlös,** der ↑~ertrag. ~**ertrag,** der 순(이)익. ~**gewicht,** das 실[정미(正味)] 중량(Nettogewicht). ~**gewinn,** der ↑~ertrag. ~**golden** ⟨Adj.⟩ 순금의. ~**haltung,** die 자연[순수] 싱게 보존. ~**kultur,** die 1. 《농업》↑Monokultur. 2. 《임업》↑~bestand. 3. 《생물》 《세균의》 순수 배양: eine R. züchten 순수 배양하다; **in R.** 진짜의, 본연의, 진정한, 전형적인. ~**leinen** ⟨Adj.⟩ 순아마(純亞麻)의. ~**machefrau:** ↑Reinemachefrau. ~**machen:** ↑reinemachen. ~**nickel,** das 《광물》순(純) 니켈. ~**rassig** ⟨Adj.⟩ (순종의) 《동·식물》순(종)혈(통)의. ~**rassigkeit,** die 순종(純種), 순혈(純血). ~**schiff** ['-'-], das; -s 《선원》배의 대청소: **R. machen** 배의 대청소를 하다. ~**schrift,** die 정서(淸書). ~**schriftlich** ⟨Adv.⟩ 정서의, 깨끗이 베껴 쓴. ~**seiden** ⟨Adj.⟩ 순견(純絹)의, 순 비단[명주]의. ~**silbern** ⟨Adj.⟩ 순은(純銀)의. ~**stoff,** der 《화학》순(수)물질. ~**vermögen,** das 순자산. ~**waschen***, sich ⟨통용어⟩ 자신의 결백함을 밝히다. ~**weg***: ↑reineweg. ~**wollen** ⟨Adj.⟩ 순모(純毛)의. ~**zucht,** die **a)** 순종 동물의 사육. **b)** 《생물》순수 배양, 순종(동계) 교배.

Reinanke, die; -n ↑Rheinanke.
Reindel, Reindl ['raɪndl] ↑Rein의 축소형.
Reine ['raɪnə], die 《시어》↑Reinheit.
reine-, Reine- (²rein; ↑rein-도 참조): ~**machefrau,** die 여 청소부(Putzfrau). ~**machen,** das; -s 《지역적》청소, 소제. ~**weg** ⟨Adv.⟩ 《통용어》**1.** 바로, 정말로, 전혀: was er getan hat, ist r. unglaublich 그가 했다는 것은 전혀 믿을 수 없다. **2.** 완전히, 아주.
Reineclaude: ↑Reneklode.
Reinette: ↑Renette.
Reinfarkt [reɪn...], der; -(e)s, -e 《의학》재경색(硬塞).
Reinfektion [reɪn...], die; -en 《의학》재감염(전염).
reinfizieren [reɪn...] ⟨h⟩ 《의학》**a)** 다시(재) 감염[전염]시키다. **b)** ⟨r. + sich⟩ 다시(재) 감염[전염]되다.
Reinforcement [rɪɪnfɔ:smənt], das; - 《engl. reinforcement》《심리》강화, (기운을) 북돋움.
Reinfusion [reɪn...], die; -en 《의학》피의 재주입(반혈 返血).
Reinheit, die; - **1.** 순수(성), 맑음, 청순, 순결, 명확, 깨끗함, 청결, 결백. **Reinheitsgrad,** der 《화학》순도 (純度): ein Stoff mit hohem R. 순도가 높은 재료.
reinigen ['raɪnɪɡn̩] ⟨h⟩ 깨끗[청결]하게 하다, 정화(순화)하다, (오물, 얼룩 따위를) 닦아(씻어) 내다, (옷을) 세탁하다, (도로를) 청소하다, (병을) 소제하다(닦다), (상처를) 소독하다: sich von Kopf bis Fuß r. 머리에서 발끝까지 씻다; 전의 den Verwaltungsapparat r. 행정 기관

을 정화하다. **Reiniger,** der; -s, - 깨끗하게 하는 도구, 세제(洗劑), 세정[세척]제. **Reinigung,** die; -en **1.** 깨끗하게 함, 청소, 소제, 소독, 정화, 순화, 청정, 세정: die R. des Gesichts 얼굴을 씻음; rituelle R. 《종교》목욕재계. **2.** 세탁소: den Anzug in die R. bringen 양복을 세탁소에 맡기다.

Reinigungs-: ~**anstalt,** die ↑Reinigung (2). ~**apparat,** der 《물·가스의》청정[정화] 장치[기]. ~**creme,** die 얼굴을 씻는(보호하는) (화장) 크림, 세안(洗顔) 크림. ~**eid,** der 《중세의》결백[무죄] 선서. ~**institut,** das 《드물게》↑Reinigung (2). ~**milch,** die 얼굴을 씻는(보호하는) (화장) 유액, 세안(洗顔) 유액. ~**mittel,** das 세제(洗劑). ~**politur,** die 닦아 광을 내는 유약(와니스), 세척 광택제.

Reinkarnation [reɪn...], die; -en 《특히 인도 종교》환생, 재생, 화신(化身), 윤회.
reinlich ['raɪnlɪç] ⟨Adj.⟩ **1. a)** 깨끗[말쑥]한 것을 좋아하는, 결벽한. **b)** 깨끗한, 말쑥한, 청초한: sie waren r. gekleidet 그들은 말쑥하게 옷을 입었다. **2.** 매우 정확[명확]한, 면밀한, 철저한(gründlich), 자세한: eine -e Differenzierung der Begriffe 개념들의 명확한 구별. **Reinlichkeit,** die **1.** 깨끗함, 청결(성). **2.** 명확(성), 정확(성), 면밀, 신중.
reinlichkeits-, Reinlichkeits-: ~**bedürfnis,** das 청결 욕구. ~**fimmel,** der 《폄》결벽증. ~**liebend** ⟨Adj.⟩ 청결[깨끗함]을 좋아하는. ~**sinn,** der 결벽성.
reinvestieren [reɪn...] ⟨h⟩ 《경제》재투자하다.
¹**Reis** [raɪs], der; -es, -e 《식물》**a)** 벼: R. anbauen 벼를 재배하다. **b)** 쌀: polierter R. 백미; R. kochen 쌀밥을 짓다.
²**Reis** [-], das; -es, -er **a)** 《아어》잔[작은] 가지, 물거리 [땔나무]: ein Feuer aus -ern 물거리로 피운 불; 속담 viele -er machen einen Besen 힘을 합치면 많은 것을 이룰 수 있다(백지장도 맞들면 낫다). **b)** 《아이》새싹, 어린순. **c)** ↑Pfropfreis.
³**Reis** [-] ↑Real의 복수형.

¹**Reis-:** (¹Reis): ~**auflauf,** der 《요리》(쌀과 그 밖의 부가물로 구워 부풀린 (달콤한) 과자) 라이스[쌀] 푸딩. ~**bau,** der ⟨Pl. 없음⟩ 벼농사, 벼의 재배. ~**bauer,** der 벼농사꾼. ~**branntwein,** der ↑Arrak. ~**brei,** der (우유로 끓인) 쌀죽. ~**ernte,** die 벼 수확. ~**feld,** das 논. ~**gericht,** das 《요리》쌀로 만든 요리. ~**import,** der 쌀 수입. ~**klößchen,** das ⟨Pl. 없음⟩ ~**nudel,** der 《요리》쌀가루 육즙에 끓인 쌀로 만든 작은 경단. ~**korn,** das ⟨Pl. -körner⟩ 쌀알(미립 米粒). ~**mehl,** das 쌀가루[미분(米粉)]. ~**papier,** das 질이 좋은 얇은 종이[라이스 페이퍼](Chinapapier, Japanpapier). ~**pflanze,** die 벼. ~**produktion,** die 쌀 생산. ~**rand,** der 《요리》요리의 가장자리에 둥그렇게 놓는 쌀밥. ~**schleim,** der (소화가 안될 때 갓난아이에게 주는) 묽은 쌀 죽[미음]. ~**schnaps,** der ↑~branntwein. ~**stärke,** die 쌀에서 얻은 전분[(빨래에 먹이는) 풀]. ~**stroh,** das 볏짚. ~**strohteppich,** der (볏)짚 양탄자. ~**suppe,** die 라이스[쌀] 수프. ~**wein,** der ↑Sake.

²**Reis-:** (²Reis): ~**besen,** der **a)** 싸리비. **b)** (양탄자 소제 따위에 쓰는) 껍질을 벗긴 노란색 싸리비. ~**bündel,** das 《고어》↑Reisigbündel. ~**bürste,** die 어린 가지로 묶어 만든 솔[브러시]. ~**holz,** das ⟨Pl. 없음⟩ 《고어》↑Reisig.

Reise ['raɪzə], die; -n **1.** 여행: eine kurze (dienstliche) R. 소풍(출장); ins Ausland[nach Übersee] 외국[해외] 여행; eine R. um die Welt 세계 일주 여행; eine R. im[mit dem] Auto 자동차 여행; eine R. zu

Fuß [zur See] 도보 여행[항해]; eine R. machen 《통용어》여행하다; jmdm. (eine) gute[glückliche] R. wünschen (작별할 때) 누구에게 즐거운 여행이 되기를 빌다; 상구 wenn einer eine R. tut, so kann er was erzählen 여행을 하면 화제거리가 생긴다; 전의 eine R. in die Vergangenheit 과거의 회상; (nicht) wissen, wohin die R. geht 《통용어》 일이 어떻게 진행될지 알다 (모르다); **seine letzte R. antreten** (아어·은폐) 죽다(sterben); **auf -n gehen** 여행길에 나서다(verreisen); **auf -n sein** 여행 중이다; **jmdn. auf die R. schicken** 《스포츠·은어》 1) 경주자를 경주 코스로 보내다[출발시키다]. 2) (축구 따위서) 같은 팀 선수에게 앞으로 질주하도록 패스하다. **2.** (은어) (마약에 의한) 황홀경 [환각 상태](Rausch).

reise-, Reise- (Reise 1, reisen): **~andenken,** das 여행 기념품; viele R. mitbringen 많은 여행 기념품을 가지고 오다. **~apotheke,** die 휴대[여행]용 구급 약품 가방(상자). **~bedarf,** der 여행용품. **~begleiter,** der 여행 동반자[동행인]. **~begleiterin,** die †~begleiter의 여성형. **~beilage,** die 여행 안내용 신문 부록. **~bekanntschaft,** die 여행 중 사귄 사람. **~bericht,** der a) (개인의) 여행 보고(서). b) †~beschreibung. **~beschreibung,** die 여행기, 기행 (紀行)(문). **~besteck,** das 간편한 여행용 식사 도구 (Besteck 1 a). **~buch,** das (책자로 된) 여행기, 여행 안내서. **~buchhandel,** der (출장용의 준한) 서적 행상. **~büro,** das a) 여행사, 여행 안내소. b) 여행사 사무실. **~bus,** der †~omnibus의 약칭. **~decke,** die 여행용 담요. **~diäten** 〈Pl.〉 (준고어) (출장 따위의) 여비. **~diplomatie,** die 방문 외교. **~eindruck,** der 〈대개 Pl.〉 여행의 인상. **~erinnerung,** die 여행 기억, 여행 기념(품). **~erlaubnis,** die 여행 허가. **~erlebnis,** das 여행 중의 체험(경험). **~fähig** 〈Adj.〉 여행할 수 있는. **~fertig** 〈Adj.〉 여행준비가 다 된. **~fieber,** das (통용어)여행 전의 흥분(상태). **~führer,** der 1. 여행 안내인. 2. 여행 안내서. **~führerin,** die †~führer (1)의 여성형. **~gefährte,** der 여행 동행자[동반자]. **~gefährtin,** die †~gefährte의 여성형. **~geld,** das 1. 여행 경비. 2. 〈Pl.〉 †~spesen. **~genehmigung,** die †~erlaubnis. **~gepäck,** das 수화물(手貨物), 수하물(手荷物). **~gepäckversicherung,** die 수화(화물) 보험. **~geschwindigkeit,** die (교통 수단의) 운항 속도. **~gesellschaft,** die 1. 여행단(관광단). 2. 〈Pl. 없음〉 여행의 동반. **~gewerbe,** das 행상, 도부 장사, 노상 영업. **~gewerbekarte,** die 【관】 행상[노상 영업] 감찰(鑑札)(허가증). **~gruppe,** die †~gesellschaft (1). **~handbuch,** das †~führer (2). **~kasse,** die 여행 목적으로 저축한 돈. **~kissen,** das (바람을 불어넣는) 여행(휴대)용 베개. **~kleidung,** die 간편한 여행 복장. **~koffer,** der 여행 가방. **~korb,** der (옛) 여행용 고리짝. **~kosten** 〈Pl.〉 여비(旅費). **~kostenabrechnung,** die 여비 결산. **~kostenzuschuß,** der 여비 보조, 출장 수당. **~krankheit,** die †Kinetose. **~kreditbrief,** der 【금융】 여행자 신용장. **~land,** das 〈Pl.-länder〉관광(대상)국. **~leiter,** der 단체 행의 책임자. **~leiterin,** die †~leiter의 여성형. **~lektüre,** die 여행용 독서물[읽을거리]. **~limousine,** die 여행용 리무진. **~lust,** die 〈Pl. 없음〉 여행 욕망(충동), 여행벽(癖); von R. gepackt sein 여행의 충동에 사로잡히다. **~lustig** 〈Adj.〉 여행을 좋아하는. **~marschall,** der 《통용어·농》 여행 동반자, 단체 여행의 책임자. **~maschine,** die †~schreibmaschine의 약칭. **~mobil,** das 여가 시설이 있는 자동차("Haus auf Rädern"). **~necessaire,** das 여행용 화장(세면) 도구 상자(가방). **~omnibus,** der 단체 여행 버스.

~onkel, der 《통용어·농》 여행을 좋아하고 많이 하는 사람. **~papier,** das 〈대개 Pl.〉 (외국) 여행 증명서, 여행 서류. **~paß,** der 여권. **~plaid,** das 여행용 모포. **~plan,** der 여행 계획. **~prospekt,** der 여행 안내서[일람표]. **~proviant,** der 여행용 양식[식료품]. **~route,** die 여행의 행로, 여정, 나그넷 길. **~ruf,** der 자동차 여행자에 즉각 귀가 연락을 요청하는 방송. **~sack,** der 여행 배낭[부대], 여행 가방. **~saison,** die 여행철[시기]. **~scheck,** der 1. 여행자 수표. 2. 《구동독》 동행 인정 증명서(허가증). **~schilderung,** die 여행기, 기행문. **~schreibmaschine,** die (간편한) 여행[휴대]용 타자기. **~schriftsteller,** der 여행기(기행문) 소설가. **~spesen** 〈Pl.〉 여비. 출장비. **~tag,** der 1. 여행출발일. 2. 여행 중의 어느날. **~tante,** die 여행을 좋아하고 많이 하는 여자. **~tasche,** die 여행 가방. **~tip,** der 《통용어》 여행에 대한 충언[지침], 힌트). **~unkosten** 〈Pl.〉 여행 경비(특히: 잡비[가외 비용]). **~unternehmen,** das 1. **~büro** (a). 2. (드물게) 여행 계획. **~unternehmer,** der †~veranstalter. **~utensilien** 〈Pl.〉 여행 용구[품]. **~veranstalter,** der 단체 여행 주관자, 여행사. **~verbot,** das 여행 금지. **~verkehr,** der 여행자의 교통(왕래), 관광 교통. **~verkehrskaufmann,** der (관광) 여행사 직원. **~verpflegung,** die 여행용 양식. **~vertreter,** der †Handelsvertreter. **~vorbereitung,** die 〈대개 Pl.〉여행의 준비. **~wagen,** der 여행용 큰 자동차. **~wekker,** der 여행(휴대)용 자명종 시계. **~weg,** der 여행길, 여로(旅路). **~welle,** die 여행 물결. **~wetter,** das 여행(에 알맞는) 날씨. **~wetterbericht,** der 여행지 일기 예보. **~wetterversicherung,** die 휴가 여행 중 우천에 대한 손해 보험. **~zeit,** die 여행철[계절]. **~ziel,** das 여행 목적지. **~zug,** der 【철도】 여객 수송 열차. **~zugwagen,** der 여객 수송 열차의 객차. **~zuschuß,** der †~kostenzuschuß.

reisen ['raizn] 〈h〉 a) 여행하다: geschäftlich (inkognito) r. 사업상(익명으로) 여행하다; an die See[aufs Land] r. 바닷가[시골]로 여행하다; nach Italien (ins Ausland) r. 이탈리아(해외)로 여행하다; wir reisen mit dem Auto(mit der Bahn) 우리는 자동차(기차)로 여행한다; wir reisen mit dem 《아어·준고어》 zu) Schiff 우리는 배로 여행한다. b) 오르다, 여행을 떠나다: wir reisen am Dienstag sehr früh 우리는 화요일 아주 일찍 여행을 떠난다. c) 순유(편력)하다, 여행 중이다: er reist in Unterwäsche 《은어》 그는 속옷을 파는 유랑 상인이다. **Reisende',** der / die 1. 여행가, 나그네, 여객. 2. 대리상, 행상인[외판원]: er ist -r für eine große Textilfirma 그는 큰 직물 회사의 대리상이다.

Reiser: †²Reis의 복수형. **Reiserbesen,** der †Reisigbesen.

Reiserei [raizə'rai], die; -en 《통용어·폄》 (계속적, 그치지 않는) 여행: ich bin diese ewige R. leid 나는 이 끝없는 여행에 넌더리가 난다.

reisern ['raizɐn] 〈h〉 〈사냥〉 (사냥개가) 짐승이 스친 나뭇가지의 냄새를 맡아 내다[찾아 내다].

reisig ['raiziç] 〈Adj.〉 a) 〈중세〉 출정 준비를 갖춘, 출정 무장을 한, 출정을 위해 말을 탄, 기마의. b) 〈고어·아직도 반어〉 호전적인, 전투적인, 용감한.

Reisig [-], das; -s 부러진[나무에서 떨어진] 마른가지, 물거리, 섶나무: R. sammeln 물거리를 모으다.

Reisig-: ~besen, der 섶나무로 묶은 비, 싸리비. **~bündel,** das 마른 물거리[섶나무] 다발. **~feuer,** das 섶나무 불. **~geflecht,** das 섶나무로 엮음. **~haufen,** der 섶나무 더미. **~holz,** das 섶나무 더미, 물거리.

Reisige' ['raiziɡə] 〈중세〉 기(마)병, 전사(戰士).

Reislauf, der; -(e)s, **Reislaufen,** das; -s 《중세》 (특

히 스위스인이) 용병으로 나감. **Reisläufer**, der; -s, - 《중세》용병(傭兵).

reiß-, **¹Reiß-**: **~aus** [rajs\|aus], der 《다음 용법으로》 **R. nehmen** 《통용어》 도망가다, 재빨리 달아나다. **~bahn**, die 【항공】 기구(氣球)의 (기낭에 붙은) 가스를 빼는 장치. **~baumwolle**, die 【섬유】 재생면사(再生綿絲)(Effilochés). **~fest** 〈Adj.〉 【특히 섬유】 질긴, 내구력이 있는, 잘 찢어지지 않는: -e Gewebe 질긴 직물. **~festigkeit**, die ↑~fest의 명사형. **~länge**, die 【섬유·제지】 자신의 무게에 의해 끊어지지 않는 실의 연장 길이. **~leine**, die 【항공】 낙하산이 펴지도록 잡아당기는 줄, 기구(氣球)의 가스를 빼는 장치에 달린 줄. **~linie**, die 절취선. **~spinnstoff**, der 【섬유】 재생 방사(紡絲). **~teufel**, der 《통용어》 옷이나 구두를 잘 해지게 하는[잘 찢는] 사람. **~verschluß**, der 지퍼: einen neuen R. einnähen 새 지퍼를 달다. **~verschlußsystem**, das 【교통】 일차선에서 교대로 왕래하는 교통. **~wolf**, der (종이, 섬유의) 세단(細斷)기, 분쇄기. **~wolle**, die 재생 양모(羊毛). **~zahn**, der (맹수의) 송곳니, 견치(犬齒).

²Reiß- ["zeichnen, entwerfen"의 옛 의미의 reißen]: **~ahle**, die ↑~nadel. **~blei**, das (선을 긋는) 석묵 (石墨), 흑연. **~brett**, das 제도판. **~brettstift**, der ↑~zwecke. **~feder**, die (제도용의 선을 긋는) 오구 (烏口). **~nadel**, die (선을 긋는) 제도용 핀. **~nagel**, der ↑~zwecke. **~schiene**, die 제도용 직각자(T형)자. **~stift**, der ↑~brettstift의 약칭. **~zeug**, das 제도 용구. **~zirkel**, der 제도용 콤파스. **~zwecke**, die (종이 따위를 고정시키는 제도용) 압핀(Heftzwecke).

reißen¹ ['rajsṇ] **1.** 〈s〉 갈라지다, 쪼개지다, 찢어지다, 끊어지다, 파열하다: Papier reißt leicht 종이는 쉽게 찢어진다; der Film ist gerissen 필름이 끊어졌다. **2.** 〈h〉 **a)** 세게 잡아 찢다[째다], 째다. **b)** 조각조각 [갈기갈기] 찢다[찢어 갈기]: etw. in Stücke[Fetzen] r. 무엇을 조각조각[갈기갈기] 찢다; 전의 ich könnte mich in Stücke r.(vor Wut) 《통용어》 나는 (내가 어리석음에 나잘못했기 때문에) 내 자신에 대해 화를 낸다. **3.** 〈h〉 (reißen (2)의 결과를 나타내는 것을 목적으로 하여) 세게 잡아 찢어 손상된 모습[홈]을 만들다: du hast dir ein Dreieck in die Hose gerissen 너는 세게 잡아 찢어 바지에 삼각형 모습을 만들었다; 전의 sein Tod hat eine schmerzhafte Lücke (in unseren Kreis) gerissen 그의 죽음이 (우리들에게) 쓰라린 공백을 만들었다; diese Reparatur wird ein gehöriges Loch in meinen Geldbeutel r. 이것의 수리는 내 돈지갑에 큰 구멍을 낼 것이다[《통용어》 매우 비싸게 먹힐 것이다]. **4.** 〈r. + sich; h〉 **a)** 찢기다, 다치다, 할퀴어 생채기가 나다: ich habe mich (am Stacheldraht) gerissen 나는 (가시철조망에) 다쳤다. **b)** 상처(부상)를 입다: an diesem Nagel kann man sich³ Wunden r. 이 못에는 부상을 입을 수 있다. **5.** 〈h〉 **a)** (어떤 곳에서) 힘껏[단숨에] 잡아채다[뽑다], 잡아 빼앗다: Pflanzen aus dem Boden r. 식물을 땅에서 잡아 뽑다; jmdm. etw. aus den Händen r. 무엇을 누구의 손에서 잡아 빼앗다; 전의 der Wecker riß ihn unsanft aus dem Schlaf gerissen 자명종이 요란스럽게 그를 잠에서 깨어나게 했다. **b)** 〈r. + sich〉 (어떤 곳에서) 몸을 뿌리치고 빠져 나오다[빼어 내다], 자유롭게 되다[벗어나다]: sich aus jmds. Armen r. 누구의 팔에서 뿌리쳐 벗어나 오다. **c)** 〖육상경기〗 (높이뛰기의 횡목이나 장애물을) 떨어뜨리다, 쓰러[넘어] 뜨리다: er riß zwei Hürden 그는 장애물 2개를 떨어뜨렸다. **6.** 〈h〉 《통용어로》 당기다, 밀치다, 끌어[눌러] 넣다: die Flut reißt alles mit sich 홍수가 모든 것을 채[쓸어] 간다; dieser Bach ist sehr reißend 이 시내[시냇물]가 모든 것을 쓸어갈 수 있다[매우 거칠다]. 전의 alle wurden mit ins Verderben gerissen 모두가 이 파멸의 구렁텅이로 빠졌다[

(innerlich) hin und her gerissen werden(sein) (마음 속으로) 갈팡질팡하다[결정을 내리지 못하고 있다]. **7.** 〈h〉 잡아끌다, 잡아[끌어] 당기다: 전의 das Warten reißt an den Nerven 기다림이 신경을 쓰게 한다. **8.** 〈h〉 (맹수가) 짐승을 잡아 갈갈이 물어 죽이다: der Wolf hat drei Schafe gerissen 늑대가 양 세 마리를 갈갈이 물어 죽였다; reißende Tiere 맹수. **9.** 〈h〉 강탈[탈취]하다, (강제로) 빼앗다: die Macht an sich r. 권력을 강탈하다, 전의 immer will er das Gespräch an sich r. 그는 항상 대화를 독점하려고 한다. **10.** 〈h〉 《통용어》 (무엇을 구하려고, 얻으려고, 보려고) 다투다[몹시 애쓰다]: die Fans rissen sich um den Sänger 팬[애호가]들이 가수를 보려고 몹시 애썼다; das Buch findet reißenden Absatz 많은 사람들이 그 책을 사려고 덤빈다[그 책은 팔림새가 대단히 좋다]. **11.** 〈h〉 《드물게》 쑤시다, 찢어지듯 아프다: es reißt mich in allen Gliedern 온 몸이 쑤신다. **12.** 〈h〉 〖체급 경기〗 (무게 있는 것을) 번쩍 [쑥] 들어올리다: (대개 명사화) er hat den Weltrekord im Reißen eingestellt 그는 들어올리기[역도]에서 세계 기록과 동일한 기록을 냈다. **13.** 〈h〉 〖고어〗 (도안, 도면)을 그리다, (선으로) 그리다, 제도하다: eilig eine Skizze r. 급히 스케치하다. **b)** 〖예술〗 동판(금속판)에 도안을 그려 새기다. **Reißen** [-], das; -s 〖통용어〗 쑤시는 듯이 아픈 관절통, 류머티즘. **Reißer** ['rajsɐ], der; -s, - **1.** 《통용어·종종 폄》 **a)** (예술성은 적으나 흥미 본위의) 통속극(영화, 서적). **b)** (당분간 잘 팔리는) 인기 상품. **2.** 〖축구·아이스하키〗 혼자서 돌진하여 골을 넣는 선수, 득점 선수. **reißerisch** 〈Adj.〉 《폄》 흥미 본위의, 통속적인, 야비한.

Reiste ['rajstə], die; -n 〈schweiz.·방언〉 목재 운반 활로(滑路), 목재 활송로(Holzrutsche). **reisten** 〈h〉〈schweiz.〉목재를 활로 위에 미끄러뜨려 내려보내다.

Reit-: **~anzug**, der 승마복. **~bahn**, die (승마 교육 및 말을 조련하는) 마장(馬場), 마술(馬術) 교육[연습]장: in der R. üben 마장에서 연습하다. **~dreß**, der 승마복. **~gerte**, die 짧은 끈이 달린 작은 승마용 채찍. **~hose**, die 승마용 바지. **~jacket**, das 승마용 상의. **~jagd**, die **a)** 말을 탄(기마) 사냥. **b)** 〖스포츠〗 기마 사냥 대회. **~kleidung**, die (대개 단체의) 승마복(장). **~knecht**, der (옛) (승마용 말을 보살피는) 마부. **~knochen**, der 〖의학〗 승마골(骨), 승마로 인한 화골성 근염(化骨性 筋炎). **~kostüm**, das ↑~kleidung. **~lehre**, die 승마법[이론]. **~lehrer**, der 승마(마술) 교사. **~peitsche**, die 승마용 채찍. **~pferd**, das 승마 말. **~sattel**, der ↑Sattel (1 a). **~schule**, die **1.** 승마 학교, 마술(馬術) 교습소. **2.** 〈süd(west)d.·schweiz.〉회전목마 (Karussel). **~sitz**, der **1.** 말 탄(기마) 자세, 승마 자세. **2.** 〖기계 체조〗 (평행봉의) 승마 자세. **~sport**, der 승마 (마술) 스포츠. **~stall**, der 승마용 마구간[말우리]. **~stiefel**, der 승마용 장화. **~stock**, der **1.** 승마용 채찍[매]. **2.** 〖기술〗 (선반(旋盤)의) 심압대(心押台). **~stunde**, die 승마[마술] 수업(교육) 시간. **~tier**, das 승용(탈 수 있는) 동물(말, 당나귀, 낙타 따위). **~turnier**, das 승마[마술] 대회. **~und Fahrturnier**, das 《붙임표로 연결하여》〖스포츠〗 마차 시합도 겸한 승마 경기. **~und Springturnier**, das 《붙임표로 연결하여》 〖스포츠〗 마술(승마) 수업. **~unterricht**, der 마술(승마) 수업. **~weg**, der (공원 따위에 있는) 승마 길(道). **~zeug**, das 《통용어》 승마 용구.

Reitel ['rajtl], der; -s, - 〈md.〉 회전 막대기, 지레[공간(槓桿)], 지렛대, **Reitelholz**, das 《Pl. -hölzer》 〈md.〉 ↑Reitel. **reiteln** 〈h〉〈md.〉회전 막대기[쥠목]로 죄다.

reiten¹ ['rajtn] **1. a)** 〈s〉(드물게) 〈h〉 (말 따위를) 타고 가다, 말 타고 가다, (말 따위를) 타다: er hat seit frühes-

¹Reiter

ter Jugend geritten [ist viel geritten] 그는 일찍이 어린 시절부터 승마(운동)을 했다[말을 타고 많이 다녔다]; auf einem Kamel r. 낙타등에 타고 가다; im Schritt (Trab, Galopp) r. 보통 걸음[빠른 걸음, 갤럽]으로 가게 하다; 전의 die Hexe reitet auf einem Besen 마녀가 빗자루를 타고 간다. **b)** ⟨r. + sich; 비인칭; h⟩ 말을 타는 데 어떤 상태를 나타내다: bei Regen reitet es sich schlecht 비가 올 때는 말타기에 나쁘다. **2.** ⟨s/h⟩ 말을 타고 (도정을 뒤로하며) 나아가다, 말을 타고 (시간을) 보내다: ich bin [habe] gestern drei Stunden geritten 나는 어제 말을 타고 세 시간을 보냈다. **b)** 승마 학교를 졸업하다, 말을 타고[승마에] 이겨내다: (die) Hohe Schule r. 승마학교를 졸업하다. **3.** ⟨h⟩ **a)** (말 따위를) 이용하다 (타다, 타고 다니다): einen Schimmel r. 백마를 타다; Beduinen reiten Kamele 베두인 사람들은 낙타를 타고 다닌다; 전의 der Stier reitet die Kuh 황소가 암소와 교미한다. **b)** ⟨군어구⟩ 누구를 완전히 지배하다. **4.** ⟨h⟩ 말 따위를 타고서 어떤 장소로 데리고[몰고] 가다: 전의 jmdn. in die Patsche r. 누구를 궁지에 빠뜨리다. **5.** ⟨h⟩ 말 따위가 어떤 상태가 되도록 타다: ich habe das Pferd müde geritten 나는 말이 지치도록 탔다. **6.** ⟨h⟩ **a)** 신체가 어떤 상태가 되도록 말을 타다: ich habe mir die Knie steif geritten 나는 무릎이 뻣뻣하도록 말을 탔다. **b)** 말을 타서 어떤 결과가 되다. **¹Reiter**, der; -s, - **1. a)** 말을 타는 사람, 기마자, 기수(騎手), 기사(騎士): die R. sammeln sich zum Ausritt 기마자들이 기마 여행을 하려고 모인다; 성구 der R. über den Bodensee(↑Ritt) 위험을 모른 채 감행하는 모험; **die Apokalyptischen R.** (↑apokalyptisch 1 참조) 페스트, 전쟁, 굶주림, 죽음의 상징. **b)** ⟨옛⟩ 말탄 병사, 기(마)병(Kavallerist). **2. a)** ⟨österr.⟩ ↑Heureiter. **b) spanischer R.** ⟨군⟩ (기병의 돌격을 막는) 가시철망을 단 방어물(柵). **3. a)** (정밀 측정용) 천평의 이동추, 분동(分銅): den R. einstellen 분동을 조절하다. **b)** ⟨카드 식별에 쓰는⟩ 색인표. **c)** ⟨은어⟩ 광고 전단의 띠(帶).

²Reiter, die; -n ⟨österr.⟩ (곡물용) 성긴 체, 어레미.

reiter-, Reiter- (¹Reiter): **~angriff**, der, **~attacke**, die 기병 공격, 기병의 기습공격, 기마(승마)전. **~los** ⟨Adj.⟩ 말 탄 사람이 없는. **~regiment**, das 기병 연대. **~schlacht**, die 기병전(戰): mittelalterliche ~en 중세의 기병전(戰). **~sprache**, die 마술(馬術) 용어[전문어]. **~standbild**, das (기념을 위한) 기마 상(像). **~statue**, die ↑~standbild. **~stück(chen)**, das **a)** 승마(마술) 묘예(연기). **b)** ↑Husarenstück. **~verein**, der 승마[마술] 협회.

Reiterei [raitə'rai], die; -en **1.** 기병(부)대: die leichte [schwere] R. 경(輕)[중(重)] 기병대. **2.** ⟨Pl. 없음⟩ (통용어) 말 타기[기마]. **Reiterin**, die; -nen ↑¹Reiter (1 a)의 여성형. **reiterlich** ⟨Adj.⟩ 승마[마술]의, 말타기[기마]의.

reitern ['raitɐn] ⟨h⟩ ⟨österr.⟩ (성긴 체로) 체질하다: Getreide r. 곡식을 체질하다.

Reitersmann, der; -(e)s, ...männer ⟨또한⟩ ...leute ⟨아어·준군어⟩ ↑¹Reiter.

Reiterung, die; -en ⟨österr.⟩ 체질(하기).

Reiz [raits], der; -es, -e **1.** 자극(Stimulus), 고무, 흥분, 선동; ein chemischer [physikalischer] R. 화학적[물리적] 자극. **2. a)** 매력, 끌림, 흥미, 매혹, 유혹, 유인: der R. des Neuen[des Verbotenen] 새 것[금지된 것]의 매혹; das Schachspiel übt auf ihn einen großen R. aus 서양 장기가 그에게 큰 매력을 준다. **b)** 애교, 우아, 아미, 아름다움(美)): weibliche -e 여성의 미; sie zeigt ihre -e[läßt all ihre -e spielen] 그 여자는 자신의 아름다움을 보여 준다.

reiz-, Reiz-: **~ausbreitung**, die 자극 전파. **~bla-**

se, die ⟨의학⟩ 과민 방광(膀胱), 방광 신경증. **~empfänglich, ~empfindlich** ⟨Adj.⟩ 자극에 민감한[예민한]. **~empfänglichkeit, empfindlichkeit**, die ↑ ~empfänglich, ~empfindlich의 명사형. **~husten**, der ⟨의학⟩ 자극(성) 해수(咳嗽). **~klima**, das ⟨의학·기상⟩ 자극성 기후(기온의 변화가 심한 기후)(반대: Schonklima), **~körper**, der 자극물[체]. **~körpertherapie**, die ⟨의학⟩ 자극물 요법. **~los** ⟨Adj.⟩ **a)** (음식이) 맛이 없는, 양념이 (거의) 들어가지 않는: -e Kost 맛이 없는 음식. **b)** 매력[홍미]이 없는, 아름답지 않는, 애교가 없는, 단조로운: ein -es Gesicht 매력이 없는 얼굴. **~losigkeit**, die ↑ ~los의 명사형. **~mittel**, das ⟨의학·약학⟩ 자극(흥분)제, 자극물(Stimulans). **~schwelle**, die ⟨심리·의학⟩ 자극역(閾). **~stärke**, die 자극의 강도(强度). **~stoff**, der **a)** ↑ ~körper. **b)** 피부(눈, 점막 따위)에 해를 가하는 자극 물질. **~thema**, das 자극적 주제: die Atomenergie ist das R. Nummer eins 원자력이 자극적 테마 제1호이다. **~therapie**, die ⟨의학⟩ 자극 요법. **~überflutung**, die ⟨심리⟩ 자극 과수, 자극 과잉. **~voll** ⟨Adj.⟩ **a)** 아름다운, 예쁜, 애교 있는, 귀엽게 보이는, 자극적인: das Kleid ist sehr r. 그 옷은 매우 예쁘다. **b)** 매력적인, 매혹적인, 유혹하는: eine -e Aufgabe 매력적인 과제[임무]. **~wäsche**, die ⟨통용어·농⟩ 자극적(관능적, 선정적) 속옷. **~wort**, das **1.** ⟨심리⟩ 자극어(語). **2.** 강한 반발을 일으키는 말.

reizbar ['raitsbaːɐ] ⟨Adj.⟩ **1.** 신경질적인, 신경 과민의, 불끈 화를 잘 내는, 성마른: Föhn macht manche r. 푄은 많은 사람들을 신경질적으로 만든다. **2.** ⟨드물게⟩ 자극에 예민한[민감한]: ein -es Organ für etw. haben 무엇에 민감한 기관을 가지다. **Reizbarkeit**, die; ↑reizbar의 명사형. **reizen** ['raitsn] ⟨h⟩ **1.** 자극하다, 선동하다[부추기다], 도발하다, 흥분시키다, 화나게 하다: er hat mich sehr gereizt 그는 나를 몹시 자극했다; jmds. Zorn [jmdn. zum Zorn] r. 누구의 화를 돋구다[누구를 화나게 하다]; das Rot reizt den Stier 붉은 색은 황소를 흥분시킨다. **2.** 해가 되도록 자극하다, 자극으로 상하다[해치다]: der Rauch reizt die Augen 연기가 눈을 자극한다. **3. a)** 고무하다, 격려하다: das Buch reizt ihn 이 책은 그의 관심을 끈다. **b)** 끌어당기다, 매혹[유혹]하다, 황홀하게 하다: ein Wild r. ⟨사냥⟩ 야생 동물을 그 목소리를 흉내내어 유혹하다. **4.** ⟨카드⟩ 자신의 카드의 수치를 가능하게 한 다른 사람들보다 많이 불러 패를 잡으려고 하다. **reizend** ⟨Adj.⟩ 매력[매혹]적인, 호감이 가는, 애교가 있는, 황홀한, 친절한: ein -es Mädchen 매력적인 여자; ein -er Anblick 황홀한 광경; das ist ja r. (eine -e Überraschung) ⟨통용어·반어⟩ 그것 참 고약한군.

Reizker ['raitskɐ], der; -s, - [tschech. ryzee] **a)** ⟨회거나 붉은색 유액이 나는⟩ 느타리버섯의 일종. **b)** (주황색의) 식용 느타리버섯.

reizsam ['raitszaːm] ⟨Adj.⟩ ⟨고어⟩ ↑reizbar (1). **Reizsamkeit**, die ↑Reizbarkeit. **Reizung** ['raitsʊŋ], die; -en **1. a)** 매력, 매혹, 유혹, 애교, 아름다움. **b)** 자극, 선동, 고무: mechanische -en 기계적 자극. **2.** ⟨의학⟩ 가벼운 염증, 자극성 염증.

Rejektion [rejɛk'tsioːn], die; -en [lat. rēiectio] **1.** ⟨의학⟩ 거절[거부] 반응. **2.** ⟨드물게 법⟩ 기각, 각하(却下).

Rekapitulation, die; -en [lat. recapitulātio] **1.** ⟨교양어⟩ 요점의 반복[재설(再說)]. **2.** ⟨교양어⟩ 개괄, 약설(요약), 개요. **3.** ⟨드물게 생물⟩ 반복 발생(생식). **Rekapitulationstheorie**, die ⟨Pl. 없음⟩ [engl. recapitulation theory] ⟨생물⟩ ↑biogenetisches Grundgesetz. **rekapitulieren** ⟨h⟩ [z. lat. recapitulāre] ⟨교양어⟩ **a)** 요점을 되풀이[반복] 설명하다, 다시 한 번 개괄[요약]하다: die wesentlichen Punkte eines Vortrages r. 강

연의 요점들을 반복하여 설명하다. b) (무엇을) 마음 속에 다시 한 번 그려 보다[생각해 보다].
Rekel ['re:kl], der; -s, - (norddt. ·폄) ↑Flegel (1).
Rekelei [re:kə'laj], die; -en 《통용어》(끊임없는) 기지개(켜기), 손발을 펼침. **rekeln** ['re:kln], sich 〈h〉《통용어》기분좋게 기지개를 켜다, 팔 다리[몸]를 활짝 펴다: sich nach dem Schlafen r. 잠을 자고 난 후 기지개를 켜다.
Reklamant [rekla'mant], der; -en, -en [lat. reclāmāns]《교양어》이의 신청인, 반환 청구인, 소원인(訴願人). **Reklamation** [reklama'tsi̯o:n], die; -en [lat. reclāmātio] 이의(항의), 반환 청구(요구), 소원(訴願), 고소, 불평: eine R. wegen beschädigter Ware 물품 손상으로 인한 반환 청구; eine R. erheben 이의를 신청하다; eine R. wegen Abseits [스포츠] 오프사이드로 인한 (심판 판정에 대한) 항의.
Reklamations-: **~frist**, die 이의 신청(異議申請) 기간. **~recht**, das 이의 신청권(리). **~schreiben**, das 이의 신청서.
Reklame [re'kla:mə, (österr. ·통용어) [re'kla:m], die; -n [frz. réclame] a) (상품 따위의) 광고, 선전(Werbung): eine marktschreierische R. 과대 광고; für ein Waschmittel R. machen 세탁제를 선전하다(하고); er macht überall für seinen Arzt R. 《통용어》그는 사방에 자기 의사를 선전[자랑]한다; mit etw.(jmdm.) R. machen《통용어》(누구)을 (지나치게) 자랑하다. b) 《통용어》광고[선전]물: die -n in der Zeitung 신문의 광고문; Auf der Leinwand lief bereits die R. 영사막에는 이미 선전 영화가 나오고 있었다.
Reklame-: **~artikel**, der 선전(광고)용 시공품(試供品), 선전용 무료(제공) 상품. **~bild**, das 선전 그림. **~chef**, der 《대개 폄》 선전 부장(Werbechef). **~fachmann**, der 《대개 폄》 선전 전문가, 광고원 (Werbefachmann). **~feldzug**, der 선전 캠페인, 광고 운동. **~film**, der 선전(광고) 영화. **~fläche**, die 선전 [광고] 게시판. **~gänger**, der ↑~läufer. **~kosten**, die 〈Pl.〉 ↑ Werbungskosten. **~läufer**, der 샌드위치 맨(광고판을 몸에 걸치고 거리를 돌아다니는 사람). **~luftballon**, der 선전(광고)용 기구(氣球). **~macherei**, die《통용어·폄》 귀찮은 선전(질), 성가신 광고 (질). **~plakat**, das 선전(광고)용 플래카드. **~preis**, der 《준고어》 선전(광고)비(費). **~prospekt**, der 선전 [광고]용 안내서. **~psychologie**, die ↑Werbepsychologie. **~rummel**, der《통용어·폄》 과대 광고(선전). **~schild**, das 광고판, 선전용 간판. **~schönheit**, die 광고물의 (잘 꾸민 젊은) 미녀. **~sendung**, die 선전 [광고] 방송. **~tafel**, die ↑~schild. **~trick**, der 광고 술책, 선전 책략. **~trommel**, die 《다음 용법으로만》 für etw.(jmdn.) die R. rühren《(다음게)》schlagen]《통용어》 무엇[누구]을 크게 선전하다. **~wand**, der 광고 벽(면). **~wesen**, das 〈Pl. 없음〉《고어》광고(선전)(Werbung). **~zettel**, der 선전[광고] 삐라. **~zweck**, der 선전 목적.
reklamehaft 〈Adj.〉《대개 폄》 광고(선전)의, 광고와 같은.
reklamieren [rekla'mi:rən] 〈h〉 [lat. reclāmāre]《교양어》1. 이의를 신청하다, 항의하다, 소원(訴願)하다, (손해) 배상을 청구하다: eine beschädigte Sendung r. 손상된 송품(送品)을 항의하다; 《격목적어 없이도》 er reklamierte, weil der Betrag nicht stimmte 액수가 맞지 않아 그는 이의를 제기했다; die Spieler reklamierten gegen die Entscheidung des Unparteiischen [스포츠] 선수들은 심판의 판정에 항의했다. 2. 권리를 청구하다, (반환을) 요구하다: die Spieler reklamierten Abseits [스포츠] 선수들은 (심판에게) 오프사이드 판정을 내

리라고 요구했다. **Reklamierung**, die; -en《드물게·교양어》이의의 신청, 항의, 소원(訴願), 배상 청구, 요구.
Reklination [reklina'tsi̯o:n], die; -en [lat. reclinātio] [의학] 척추 교정.
Reklusen [re'klu:zn] 〈Pl.〉 [lat. reclusi] ↑Inklusen.
Rekognition [re'kɔgni'tsi̯o:n], die; -en [lat. recōgnitio] [교양어] (법·고어) (법원, 관청에 의한 본인, 진짜임을) 인증, 인정, 인지(認知). **rekognoszieren** [rekɔgnɔs'tsi:rən] 〈h〉 [lat. recōgnōscere] 1. 《군·schweiz. ·그 외 고어》정찰[탐색]하다(erkunden). 2. 《법·고어》(법적으로 본인, 진짜임을) 인정(인증)하다, 틀림없음을 확인하다(anerkennen). **Rekognoszierung**, die; -en 1. 정찰, 탐색, 답사. 2. 식별, 확인(Identifizierung).
Rekombination, die; -en 1. [화학·물리] 재결합. 2. [생물] 유전자 재결합.
Rekommandation [rekɔmanda'tsi̯o:n], die; -en [frz. recommandation] 1. 《우편·österr. ·그 외 고어》등기(Einschreiben). 2. 《교양어·고어》 추천, 천거 (Empfehlung). **Rekommandationsschreiben**, das 《교양어·고어》 추천장[서]. **rekommandieren** 〈h〉 [frz. recommander] 1. 《우편·österr.》 (우송을) 등기로 하다: einen Brief r. 편지를 등기로 부치다; 《대개 과거분사형으로》 etw. rekommandiert aufgeben 무엇을 등기로 보내다. 2. 《지역적, 특히 österr. ·그 외 고어》 추천[천거]하다, 작별을 고하다.
Rekompens [rekɔm'pɛns], das; -en [engl. recompense] [특히 경제] 배상, 보상, 변상. **Rekompensation**, die; -en [lat. recompēnsātio = das Wiederausgleichen] 1. [경제] ↑Rekompens. 2. [의학] 대상부전(代償不全)의 제거, 보상[대상] 작용 회복. **rekompensieren** 〈h〉 [lat. recompēnsāre] 1. [특히 경제] 손해를 배상[보상, 변상]하다(entschädigen), 손실을 보충하다. 2. [의학] 대상[보상] 작용을 회복하다. **Rekompenz** [...'pɛnts] 《관·österr.》 ↑Rekompens.
Rekomposition, die; -en [언어] (합성 성분의 원형으로) 회귀합성(복합)(조어)(예컨대: frz. commander [= befehlen]는 lat. commendare에 따른 게 아니라 lat. mandare에 따른 것이다). **Rekompositum**, das; -s, ...ta [언어] 《합성 성분의 원형으로》회귀합성(복합)어.
rekonstruieren 〈h〉 [frz. reconstruire] 1. 재건하다, 복원(복구)하다, 복제하다: einen antiken Tempel r. 고대(그리스, 로마)의 사원을 복원하다. 2. 재구성하다, 재현하다: ein Gespräch lückenlos r. 대화를 빠짐없이 재구성하다; die Vorgänge am Tatort (nach Zeugenaussagen) r. (증인의 진술에 따라) 범행 장소에서 사건을 재현하다. 3. 《구동독》 (경제적으로 더 유익하게) 개량하다. **rekonstruierbar** 〈Adj.〉 재건(복구, 복원, 재현, 재현)할 수 있는, 개량할 수 있는. **Rekonstruierung**, die; -en ↑Rekonstruktion (1 a, 2 a, 3). **rekonstruktabel** [...struk'ta:bl] 〈Adj.〉 《드물게·교양어》↑rekonstruierbar. **Rekonstruktion**, die; -en 1. a) 재건, 복원, 복구, 복제. b) (1 a의 결과) 재건[복구]된 것, 복구물, 복제품. 2. a) 재구성, 재현. b) (2 a의 결과) 재구성물, 재현된 것. 3. 《구동독》 (경제적)개선 [개량].
Rekonstruktions-: **~arbeiten**, die 〈Pl.〉 복원[복구] 사업. **~plan**, der 복원계획(안). **~vorhaben**, das 복원[복구] 계획(안). **~zeichnung**, die 복원 도안.
rekonvaleszent 〈Adj.〉 [lat. reconvalēscēns] [의학] 《질병의》회복기에 있는. **Rekonvaleszent**, der; -en, -en [의학] 병이 나아가는 사람, 질병 회복기의 사람. **Rekonvaleszentin**, die; -nen ↑Rekonvaleszent의 여성형. **Rekonvaleszenz**, die; -en [의학] a) 질병의 회복, 쾌유. b) 질병의 회복기. **rekonvaleszieren** 〈h〉 [lat. reconvalēscere] [의학] (병이) 나아가고 있다, 낫

다, 회복하다(genesen).
Rekonziliation [rekɔntsi̯liaˈtsi̯oːn], die; -en [lat. reconciliātio] [가] 1. 가톨릭교에서 제명[파문]된 자를 다시 받아들임, 교회로의 복귀. 2. (교회나 공동묘지의) 신성회복.
Rekord [reˈkɔrt], der; -(e)s, -e [engl. record] (스포츠의) 최고 기록, 레코드: ein neuer R. 신기록; einen R. (in einer sportlichen Disziplin) aufstellen (한 스포츠 분야에서) 기록을 세우다; einen R. brechen 기록을 깨다; der R. wurde um 2 Sekunden verbessert 기록이 2초 갱신되었다; einen R. egalisieren 동동한[타이] 기록을 세우다; sie ist R. gelaufen(geschwommen) 그 여자는 경주(수영)에서 신기록을 수립했다; [전의] die Hitzewelle erreichte heute mit 42 Grad Celsius einen neuen R. 무더위는 오늘 섭씨 42도로 신기록을 세웠다. **¹Rekord-** (명사와 합성하여 수량, 정도 따위가 지금까지 없었던 정도를, 예컨대) 신기록(수립). **~besuch**, der 기록적 참가(자)[방문(객)], 기록적 관객(수). **Rekordergebnis**, das 기록적 결과. **Rekorderntе**, die 기록적 수확. **Rekordgage**, die 기록적인 봉급. **Rekordleistung**, die 기록적 성과[업적]. **Rekordumsatz**, der 기록적 매매[매상고].
²Rekord-: **~flug**, der 신기록 수립 비행. **~halter**, der 기록 보유(보지)자, 기록 보유 선수(단). **~halterin**, die ↑~halter의 여성형. **~höhe**, die (특히 높이 뛰기의) 신기록(수립) 높이. **~inhaber**, der ↑~halter. **~inhaberin**, die ↑~inhaber의 여성형. **~internationale***, der 국제 경기에 출전 기록[가장 많이 출전한] 국가 대표 선수. **~marke**, die ↑Rekord. **~markierung**, die (도약, 던지기 따위 경기에서) 현존 기록 표시. **~meister**, der 우승 기록 선수(단). **~protokoll**, das 기록 인정 증명서. **~runde**, die (경주의) 기록이 수립되는 라운드. **~serie**, die 기록의 연속. **~springprüfung**, die (승마) 높이와 멀리 뛰어넘기의 기록시험. **~spritze**, die [의학] (상표명) 레코드 주사기(분해할 수 있는 주사기). **~sucht**, die 〈Pl. 없음〉 기록광(狂), 기록수립벽(癖). **~versuch**, der 신기록 수립 시도, 기록도전. **~weite**, die (멀리(삼단)뛰기, 투포환 따위에서) 기록 수립 거리. **~zahl**, die 신기록 수. **~zeit**, die 기록 시간: sie schwammen die 100 Meter in einer neuen R. 그들은 100미터를 신기록으로 수영했다.
Rekordler [reˈkɔrdlər], der; -s, - 신기록 수립자. **Rekordlerin**, die; -nen ↑Rekordler의 여성형.
Rekreation [rekreaˈtsi̯oːn], die; -en [lat. recreātiō] (고어) **a)** 원기회복, 기분 전환. **b)** 휴양(정양), 건강 회복.
Rekreditiv, das; -s, -e [lat. recredere] (외교관) 소환장의 (국가 원수의) 접수 확인서[신임 답장].
rekreieren [h] [lat. recreāre] (고어) **a)** 원기를 회복시키다, 기분을 전환시키다. **b)** 〈r. + sich〉 원기를 회복하다, 휴양하다.
Rekret [reˈkreːt], das; -(e)s, -e 〈대개 Pl.〉 [lat. crētum] [생물] (식물이 흡수하여 소화하지 못하고 세포막에 퇴적한 광물성) 분비물. **Rekretion** [rekreˈtsi̯oːn], die; -en [생물] [분비물의] 분비.
Rekrimination [rekrimina ˈtsi̯oːn], die; -en [프르. récrimination] [법] 반소(反訴), 맞고소. **rekriminieren** [...miˈniːrən] 〈h〉 [lat. crimen] [법] 반소(反訴)하다, 맞고소하다.
Rekristallisation, die; -en [기술] 재결정(再結晶).
Rekrut [reˈkruːt], der; -en, -en [프르. recrue] 신병(새로 입영한 병정), 초년병.
Rekruten-: **~ausbilder**, der 신병 교관. **~ausbildung**, die 신병 (초년병) 교육. **~aushebung**, die (군·준고어) 신병 징모[징집], 징병. **~schleifer**, der (군·폄) 신병을 혹독하게 훈련시키는 사람. **~schleife-**

rei, die 신병의 혹독한 훈련. **~schule**, die 《군· schweiz.》 ↑Grundausbildung. **~vereidigung**, die [군] 신병 선서. **~zeit**, die 신병 시기(시절).
rekrutieren [rekruˈtiːrən] 〈h〉 [프르. recruter] **1. a)** 〈r. + sich〉 (조직체의 구성원이) 구성되다, 이루어지다. **b)** (조직체를) 구성하다, 편성하다: das Forschungsteam wurde hauptsächlich aus jungen Wissenschaftlern rekrutiert 연구 팀은 주로 젊은 학자들로 편성되었다. **c)** 모집하다, 모으다: Arbeitskräfte r. 일할 사람들을 모집하다. **2.** (군·고어) 신병을 징집[징모]하다, 군대를 소집하다. **Rekrutierung**, die; -en 구성, 모집, 징집[징병]. **Rekrutierungssystem**, das 징병 제도, 모집 방식.
Rekta: ↑Rektum의 복수형. **Rektaklausel** [ˈrɛkta-], die; -n [lat. rēctā(viā)] [금융] 배서(背書)[이서] 금지문구. **rektal** [rɛkˈtaːl] 〈Adj.〉 [의학] **a)** 직장(直腸)의: -e Untersuchung 직장(直腸) 진찰[검사]. **b)** 직장에 의한, 직장 내에서 하는(per anum; per rectum): die Temperatur r. messen 직장 내에서 체온을 재다.
Rektal- [의학]: **~ernährung**, die (인위적) 직장(直腸) 영양법. **~narkose**, die 직장(直腸) 마취. **~temperatur**, die 직장에서 측정한 체온. **~untersuchung**, die 직장 진찰[검사].
rektangulär [rɛktaŋguˈlɛːɐ̯] 〈Adj.〉 [lat. rēctiangulus] 《수학·준고어》 직사각형의, 직각의. **Rektapapier** [ˈrɛkta-], das; -s, -e [금융] 기명 증권(Namenspapier) (반대: Inhaberpapier). **Rektascheck**, der; -s, -s (드물게 금융) 기명(배서 금지) 수표. **Rektawechsel**, der; -s, - 기명(배서 금지) 어음. **Rektaszension** [rɛktastsɛnˈzi̯oːn], die; -en [lat. ascēnsio rēcta] [천문] (적도 좌표의 하나인) 적경(赤經). **rekte** [ˈrɛktə] ↑recte. **Rektifikat** [rɛktifiˈkaːt], das; -(e)s, -e [화학] 정류물(精溜物). **Rektifikation** [...kaˈtsi̯oːn], die; -en **1.** [수학] 곡선의 길이를 구함. **2.** [화학] 정류(精溜). **3.** 《교양어·고어》 정정(訂正), 수정, 바르게 고침. **Rektifizieranlage** [...ˈtsiːɐ̯-], die; -n [기술] ↑Rektifizierkolonne. **rektifizieren** [...tsiˈiːrən] 〈h〉 [lat. rectificare] **1.** [수학] 곡선의 길이를 구하다. **2.** [화학] 정류(精溜)하다. **3.** 《교양어·고어》 정정(수정)하다, 바로잡다, 바르게 고치다. **Rektifizierkolonne** [...ˈtsiːɐ̯-], die; -n [기술] 정류 장치. **Rektion** [rɛkˈtsi̯oːn], die; -en [lat. rēctio] [문법] (동사, 형용사, 전치사의) 격지배. **Rekto** [ˈrɛkto], das; -s, -s [lat. rēcto(foliō)] 종이의 표(앞)면 (반대: Verso). **Rektor** [ˈrɛktɔr, 《또한》 ˈrɛktoːɐ̯], der; -s, -en [...ˈtoːrən; lat. rēctor] **1.** (초·중·고등 학교의) 교장. **2.** (교수 회의에서 일정 기간으로 선출한 대학의) 총장, 학장. **3.** [가] 수도원장. **Rektorat** [rɛktoˈraːt], das; -(e)s, -e [라: lat. rectorātus] **1. a)** 총[학]장의 직(職): das R. (der Universität) übernehmen 총장직을 맡다. **b)** 총[학]장의 임기[재직기간]. **2.** 총[학]장(직무)실. **3.** 대학 행정 위원회.
Rektorats-: **~kanzlei**, die 대학 사무국(처). **~rede**, die 총[학]장 취임 연설. **~übergabe**, die 총[학]장 이취임(식). **~zimmer**, das 총[학]장(사무)실.
Rektorenkonferenz, die 대학 총학장 회의.
Rektorin [rɛkˈtoːrɪn], die; -nen ↑Rektor (1, 2)의 여성형. **Rektoskop** [rɛktoˈskoːp], das; -s, -e [grech. skopeīn = betrachten] [의학] 직장경(直腸鏡). **Rektoskopie** [rɛktoskoˈpiː], die; -n [...ˈiːən] [의학] 직장경 검사. **rektoskopisch** 〈Adj.〉 직장경(검사)의, 직장경 검사에 의한. **Rektum** [ˈrɛktʊm], das; -s, Rekta [lat. intestīnum rēctum] [의학] 직장(直腸)(Mastdarm).
rekultivieren 〈h〉 [전문어] (채광 따위로 인해 황폐해진 땅을) 재(再)개간하다, 다시 경작하다. **Rekultivierung**, die; -en 《전문어》 재개간. **Rekultivierungs-**

plan, der 재개간 계획.
Rekuperation [rekupera'tsjo:n], die; - [lat. recuperātio] 1. [기술] (예열 장치에 의한) 공기의 예열(법), 복열(復熱). 2. 《역사적》 문서로 보증된 권리에 의한 영토 회복. **Rekuperator** [rekupe'ra:tor], 《또한》 ...to:ʀ], der; -s, -en [...ra'to:rən; lat. recuperāre] [기술] 복열(復熱) 장치, 열 회수 장치.
Rekurrenz [reku'rɛnts], die; - [engl. recurrence] [언어] ↑Rekursivität. **rekurrieren** [reku'ri:rən] ⟨h⟩ [(frz. recourir <) lat. recurrere] 1. 《교양어》 무엇[누구]을 참고로 인용하다, 끌어대다, 무엇에 소급하다, 관련시키다. 2. 《법·österr. · 그 외 고어》이의를 제기하다, 상소하다, 소원(訴願)하다. **Rekurs** [re'kurs], der; -es, -e [frz. recours] 1. 《교양어》 참조(참고), 인용, 관련시킴. 2. [법] 이의 신청, 항고, 소원(訴願), 상고(上告). **Rekursion** [rekur'zjo:n], die; - [lat. recursio] [수학] 순환, 귀납. **Rekursionsformel**, die [수학] 순환[회귀] 공식. **rekursiv** [...'zi:f] ⟨Adj.⟩ [2: amerik. recursive] 1. [수학] 귀납적. 2. [언어] 회귀(반복)적. **Rekursivität** [...zivi'tɛ:t], die; - [amerik. recursiveness] [언어] 회귀(반복)(성)(유한수의 규칙으로 무한한 문장을 만드는 문법 성질).
Relais [rə'lɛ:], das; - [rə'lɛ:(s)], - [rə'lɛ:s; frz. relais] 1. 【전기】 계전기(繼電器)〔릴레이〕, 중계(방송): Fernsprechverbindungen werden über R. hergestellt 장거리 전화는 계전기를 통해 연결된다. 2. 《옛》 a) Wahl《말》의 교대〔갈아타기〕. b) ↑Relaisstation (2). 3. 《군·옛》 (명령, 소식을 전하기 위해 설치한) 체전〔遞傳〕〔체송〕기마대. 4. 《옛》 요새의 성벽과 도랑 사이의 길.
Relais-: ~**diagramm**, das [전기] 릴레이식 다이어그램. ~**pferd**, das 《옛》 역마〔역말〕. ~**satellit**, der 통신 위성. ~**schaltung**, die 계전기에 의한 개폐. ~**station**, die [옛] 역참(驛站). ~**steuerung**, die 계전기에 의한 조정(장치). ~**technik**, die 계전기 기술.
Relaps [re'laps], der; -es, -e [lat. relāpsum] [의학] 재발(Rückfall).
relatinisieren ⟨h⟩ 《드물게 언어》 다시[재] 라틴어화하다: "Sextett" ist relatinisiert aus italienisch "sestetto" "Sextett"은 이탈리아어 "sestetto"에서 다시 라틴어화되었다.
Relation [rela'tsjo:n], die; -en [lat. relātio] 1. a) 《교양어·전문어》 (상호 비교, 전제되는) 관계, 관련, 연관: logische -en 논리적 관계; die R. zwischen Inhalt und Form 내용과 형식 사이의 관련; etw. in (eine) R. zu etw. bringen 무엇을 무엇과 연관시키다; dieser Preis steht in keiner R. zur Qualität der Ware 이 값은 상품의 질과 아무런 관련도 없다. b) [수학] (집합 원소) 관계. 2. 《준고어》 거래 (관계), 연락, 교제[교섭]: mit jmdm. in R. stehen 누구와 거래가 있다. 3. 《준고어》 (공적인) 보고(서). 4. [교통] 《차량 따위의》 정규 노선(路線)[교통선]. **relational** [relatsjo'na:l] ⟨Adj.⟩ 《교양어》 관계의, 관련이 있는, 연관적. **Relationalismus** [...na'lɪsmʊs], der; - ↑Relativismus (1). **Relationismus** [...'nɪsmʊs], der; - ↑Relativismus (1). **Relationsadjektiv**, das; -s, -e [언어] ↑Relativadjektiv. **Relationsbegriff**, der; -(e)s, -e [교양어] 관계 개념. **relativ** [...; 《또한》 re...] ⟨Adj.⟩ [frz. relatif] 1. 《교양어·전문어》 a) 상대적 (반대: absolut 7), 제한적〔조건부의〕(bedingt): Schönheit und Häßlichkeit sind -e Begriffe 아름다움과 추함은 상대적 개념이다. b) (형용사의 부가어로) 비교적, 상당한: ein r. kalter Winter 비교적 추운 겨울; diese Angelegenheit ist r. wichtig 이 일은 비교적 중요한 것이다. 2. 《특히 전문어》 관계의는, 상관[상대, 비교]의: -e Feuchtigkeit [기상] 상대 습도; -es Gehör [음

악] 상대 음감(音感); -e Mehrheit 비교 다수; -es Tempus [언어] 종속[관계] 시청[복합문에서 다른 사건의 시청과 관계된 종속시청(과거 완료와 미래 완료)]. **Relativ**, das; -s, -e [...i:vә] [언어] 관계사(관계대명사와 관계부사의 상위 개념).
Relativ-: ~**adjektiv**, das [언어] 관계 형용사(성질이 아니라 관계를 나타내는 형용사; 예컨대: das väterliche Haus = das dem Vater gehörende Haus). ~**adverb**, das [언어] 관계 부사(예컨대: wo). ~**bewegung**, die [물리] 상대 운동. ~**beschleunigung**, die [물리] 상대 가속도. ~**geschwindigkeit**, die [물리] 상대 속도. ~**pronomen**, das [언어] 관계 대명사. ~**satz**, der [언어] 관계문(節).
Relativa: ↑Relativum의 복수형. **relativieren** [relati'vi:rən] ⟨h⟩ 《교양어》 상대화하다, 상대적인 것으로 보다[간주하다]: Werte r. 가치를 상대화하다. **Relativierung**, die; -en 《교양어》 상대화(하기). **relativisch** ⟨Adj.⟩ [언어] 관계의, 관계사의. **Relativismus** [relati'vɪsmʊs], der; - [철학] 1. 상관론. 2. 상대주의. **Relativist**, der; -en, -en a) [철학] 상관론자, 상대의론자. b) 《교양어》 인식 주관론자[모든 인식이 주관적인 자]. **relativistisch** ⟨Adj.⟩ 1. [철학] 상관론[상대주의]의. 2. [물리] 상대성이론[상대론]의: -e Mechanik 상대론적 기계론〔역학(力學)〕. 3. 《교양어》 상대적의. **Relativität** [relativi'tɛ:t], die; -en 《교양어·전문어》 1. 상대(相對), 상호 관계[관련], 의존 (依屬). 2. 상대성: die R. ethischer Normen 윤리적 규범의 상대성. **Relativitätsprinzip**, das [물리] 상대성 원리. **Relativitätstheorie**, die (A. Einstein의) 상대성 이론. **Relativum** [rela'ti:vʊm], das; -s, ...va [언어] ↑Relativ. **Relator** [...'la:tor, 《또한》 ...to:ʀ], der; -s, -s [...a'to:rən; lat. relātor] [논리·철학] 여러 자리의 빈사(賓辭)[빈 개념, 객어].
Relaxans [re'laks], das; -, ...antia / ...anzien[lat. relaxāre] [의학] (특히 근육의) 이완시키는 약(이완제). **Relaxation** [relaksa'tsjo:n], die; -en [lat. relaxātio] 1. [물리] 완화. 2. [화학] 완화(현상). 3. [의학] (특히 근육의) 이완(弛緩), 긴장 완화. **Relaxationsmethode**, die 1. [수학] (등식 해결의) 점근법[완화법], 근사법. 2. [심리] 완화법(심리적 평형 상태로의 도달법). **relaxed** [ri'lækst] ⟨Adj.⟩ [engl. relaxed] 《긴장이》 풀린, 이완된, 완화된. **relaxen** [ri'lɛksn̩] ⟨h⟩ [engl. to relax] 긴장을 풀다, 휴식(휴양)하다: wenn alles vorbei ist, muß ich dringend r. 모든 것이 지나가면 나는 꼭 휴식해야 한다. **Relaxing** [ri'lɛksɪŋ], das; -s 《교양어》 긴장을 품, 휴식(휴양). **Release** [ri'li:s], das; -, -s [...sɪs, 《또한》 ...sɪz], **Release-Center** [-'sɛntɐ], das; -s, - [engl. release] 마약(환각제) 치료소. **Releaser** [ri'li:zɐ], der; -s, - [engl. releaser] 《은어》 마약(환각제) 중독자 치료 담당자(정신 요법 의사, 사회 사업가 등). **Release-Zentrum**, das; -s, ...ren ↑Release-Center.
Relegation [relega'tsjo:n], die; -en [lat. relēgātio] 《교양어》 (학교로부터) 퇴학, 퇴교, 제적. **Relegationsspiel**, das [스포츠·특히 아이스하키] 상급 경기조에 잔류(및 상급 경기조로의 승급) 시합. **relegieren** [rele'gi:rən] ⟨h⟩ [lat. relēgāre] 《교양어》 (학교에 의해) 퇴학[퇴교] 처분하다, 제적하다. **Relegierung**, die; -en ↑relegieren의 명사형.
relevant [rele'vant] ⟨Adj.⟩ 《교양어》 (특정한 관점 및 관련성에 비추어) 중요[중대]한, 필요한, 관계[의미]가 있는, 관여적(반대: irrelevant): dieser Punkt ist für unser Thema nicht r. 이 점은 우리의 테마에 관련성이 없다. **Relevanz** [...'vants], die; - 《교양어》 중요[중대](성), 필요(성), 관여[관련](성)(반대: Irrelevanz): etw. ver-

liert an(wirtschaftlicher) R. 무엇이 (경제적) 중요성을 상실하다.
Reliabilität [reliabili'tɛːt], die; - [engl. reliability] [심리] (특히 정신 진단에 있어서 학문적 테스트의) 신빙성, 신뢰성, 확실성.
Relief [re'li̯ef], das; -s, -s / -e [frz. relief] **1.** [미술] (돌, 금속 따위의 판에) 부조(浮彫)[돌을 새김, 릴리프], 부각, 양각(陽刻): etw. im(in) R. darstellen 무엇을 부조(浮彫)하여 나타내다; **einer Sache[jmdm.] R. geben(verleihen)** 무엇을 두드러지게 하다[누구를 중요시하다]. **2.** [지리] **a)** (지표의) 기복(起伏), 고저. **b)** (지표의) 기복 모형(도): ein aus Gips modelliertes R. 석고로 본 뜬 지표 기복 모형.
relief-, Relief-: ~**artig** ⟨Adj.⟩ 부조의, 양각 모양의. ~**band,** das ⟨Pl. ~bänder⟩ 띠[줄] 모양의 양각(陽刻). ~**darstellung,** die 양각(부조) 묘사. ~**druck,** der ⟨Pl. -drucke⟩ [인쇄] **a)** ⟨Pl. 없음⟩ 철판(凸版) 인쇄. **b)** 철판(凸版) 인쇄본. ~**energie,** die [지리] 기복량(起伏量). ~**globus,** der 입체 지구의(儀). ~**intarsia, ~intarsie,** die 양각(부각) 상감 세공. ~**karte,** die 기복도, 입체 지도. ~**klischee,** das ⟨인쇄·은어⟩ 철판(凸版) 인쇄판. ~**strickerei,** die **a)** ⟨Pl. 없음⟩ 돋을[양각] 수예. **b)** 돋을 자수(刺繡). ~**umkehr,** die [지질] ↑ Inversion (6).
Religio [re'li:gi̯o], die; -nes [reli'gi̯oːneːs; lat. religio] [가] 수도회(修道會). **Religion** [reli'gi̯oːn], die; -en [(frz. religion <) lat. religio] **1.** 종교, 종파: die buddhistische[christliche] R. 불교[기독교]; die heidnischen -en 이교(異教); eine R. begründen 종교를 창설하다; einer R. angehören 종교 단체에 속하다. **2.** ⟨Pl. 없음⟩ 신앙(심), 믿음, 신조, 경건: ein Mensch ohne R. 신앙심이 없는 인간. **3.** ⟨Pl. 없음, 관사없이⟩ (학과목으로서) 종교(론), 종교 수업[강의]. **Religiones:** ↑Religio의 복수형.
religions-, Religions-: ~**ausübung,** die 종교 실행. ~**bekenntnis,** das 신앙 고백. ~**buch,** das (학교의) 종교 교과서. ~**dinge** ⟨Pl.⟩ 종교의 문제(들). ~**ersatz,** der 종교 대용품. ~**freiheit,** die 종교[신앙]의 자유. ~**friede,** der (옛) 종교 분쟁의 평화 조약. ~**gemeinschaft,** die ↑Glaubensgemeinschaft. ~**geschichte,** die **a)** ↑Glaubensgemeinschaft [역사]. **b)** (종교학의 분야로서) 종교사(史), 종교 역사학. **c)** (저서, 논문으로서)종교 역사(서[논문]). ~**geschichtlich** ⟨Adj.⟩ 종교사의, 종교역사적. ~**historiker,** der 종교(역)사학자. ~**historisch** ⟨Adj.⟩ ↑~geschichtlich. ~**kampf,** der ↑Glaubenskampf. ~**krieg,** der ↑Glaubenskrieg. ~**lehre,** die **1.** (종교의) 교의(敎義), 종교론. **2.** ⟨Pl. 없음⟩ ~unterricht. ~**lehrer,** der 종교 교사(선생). ~**los** ⟨Adj.⟩ 종교[신앙] 없는, 신앙심이 없는, 무종교의. ~**losigkeit,** die ↑~los의 명사형. ~**philosoph,** der 종교 철학자. ~**philosophie,** die 종교철학. ~**philosophisch** ⟨Adj.⟩ 종교 철학적[의]. ~**psychologie,** die 종교 심리학. ~**psychologisch** ⟨Adj.⟩ 종교 심리학적[의]. ~**soziologie,** die 종교 사회학. ~**soziologisch** ⟨Adj.⟩ 종교 사회학적[의]. ~**stifter,** der 종교 창시자, 교조(敎祖). ~**streit,** der 종교상의 논쟁[분쟁, 싸움]. ~**stunde,** die 종교 수업 시간. ~**unterricht,** der 종교 수업[강의]. ~**vergehen,** das 종교를 해치는 범행. ~**wechsel,** der ↑Glaubenswechsel. ~**wissenschaft,** die 종교학. ~**wissenschaftler,** der 종교학자. ~**wissenschaftlich** ⟨Adj.⟩ 종교학적[의]. ~**zugehörigkeit,** die 종교[종파](상)의 소속. ~**zwang,** der ⟨Pl. 없음⟩ 강제적 종교 소속, 종교의(소속) 강제.
religiös [reli'gi̯øːs] ⟨Adj.⟩ [frz. religieuex] **1.** 종교(상)의, 종교적인: die -e Spaltung eines Staates 한 국가의 종교적 분열. **2.** 신(앙)심이 깊은, 믿음이 깊은, 경건한(반대: irreligiös): ein -er Mensch 신앙심이 깊은 인간; er ist sehr r. 그는 신앙심이 매우 깊다. **Religiose*** [reli'gi̯oːzə], der / die [lat. religiosus] [가] (수도회의) 수사(修士), 수도자(修道者). **Religiosität** [religi̯oziˈtɛːt], die; - [(frz. religiosité <) lat. religiōsitās] (교양어) 종교[신앙]심, 신앙이 깊음, 경건(반대: Irreligiosität). **religioso** [reli'dʒoːzo] ⟨Adv.⟩ [ital. religioso] [음악] 장엄하게(feierlich), 경건하게(andächtig).
relikt [re'likt] ⟨Adj.⟩ [lat. relictum] [생물] (동·식물이) 잔존한, 잔존해 있는. **Relikt** [-], das; -(e)s, -e [lat. relictum] **1.** (과거 시대의) 유물, 잔존물, 유적, 잔재(Überrest): steinerne -e 석조 유품. **2.** [생물] 유존종(遺存種), 잔존 생물[동, 식물]. **3.** [언어] 잔존 어(휘) [어형]. **Relikten** ⟨Pl.⟩ ⟨고어⟩ **1.** 유(가)족(遺家族). **2.** 유산(遺産)(Hinterlassenschaft). **Reliktenfauna,** die [동물] 잔존 동물(군). **Reliktenflora,** die [식물] 잔존 식물(군). **Reliktgebiet,** das **1.** 잔존 지역. **2.** [생물] 잔존 생물 지대[지역](Refugialgebiet).
Reling ['reːlɪŋ], die; -s, ⟨또한⟩ -e [niederd. regeling] [해양] (선박의) 난간.
Reliquiar [reli'kvi̯aːɐ̯], das; -s, -e [lat. reliquiarium] [가] (성자의 유해나 기념물 따위의) 성유물관(聖遺物函). **Reliquie** [re'li:kvi̯ə], die; -n [lat. reliquiae] [가] 특히 가) 성유물(성자의 유해, 유골, 유품 따위).
Reliquien-: ~**behälter,** der ↑Reliquiar. ~**kult,** der 성유물 숭배. ~**schrein,** der 성유물 관(棺). ~**verehrung,** die 성유물 숭배.
Relish ['rɛlɪʃ], das; -s, -es [...ʃɪs / ...ʃɪz; engl. relish] [요리] 양념[조미료] 소스.
Reluktanz [relʊk'tants], die; -en [lat. reluctāri] [물리] 자기저항(磁氣抵抗).
Reluxation [...], die; -en [의학] 재탈구(再脫臼).
Rem [rɛm], das; -s, -s [engl. **R**oentgen **e**quivalent **m**an의 약어] ⟨옛⟩ 렘(방사선 인체당량의 단위) (기호: rem).
Remake ['riːmeɪk], das; -s, -s [engl. remake] ⟨전문어⟩ (예술 작품 특히 영화의) 개작(판), 신판(新版).
remanent [rema'nɛnt] ⟨Adj.⟩ [lat. remanēns] ⟨전문어·교양어⟩ 잔류한, 남아 있는: -er Magnetismus ↑Remanenz. **Remanenz** [rema'nɛnts], die [물리] 잔류 자기(磁氣)(Restmagnetismus).
Remarquedruck [rəˈmark-, reˈm...], der; -(e)s, -e [frz. remarque] (도판 교정에서) 난외 표시[약도]가 붙은 교정쇄(도판).
Remasuri: ↑Ramasuri.
Rematerialisation, die; -en [심령] 체현(體現) (반대: Dematerialisation).
Rembours [rãˈbuːɐ̯], der; - [...ɐ̯(s)], -s [...ɐ̯s; frz. remboursement의 약칭] [금융] (은행의 중개에 의한 외국 무역의) 상환, 청산, 반불(返拂). **Remboursgeschäft,** das; -(e)s, -e [금융] (외국 무역) 상환 영업소. **remboursieren** [rãburˈziːrən] ⟨h⟩ [frz. rembourser] [금융] (은행의 중개에 의한 외국 무역을) 상환(청산, 지불)하다, 반불하다. **Rembourskredit,** der; -(e)s, -e [금융] (외국 무역의) 상환(어음) 신용.
Remedia, **Remedien,** die **Remedium**의 복수형. **remediieren** [remeˈdiːrən] ⟨h⟩ [lat. remediāre, remediāri] [드물게 의학] 치료하다(heilen), 고치다. **Remedium** [reˈmeːdi̯ʊm], das; -s, [..i̯ən; lat. remedium] **1.** [의학] 치료약, 약제(藥劑). **2.** [주전] (주화의 법정 기준량의) 공차(公差). Re-

medur [reme'du:ɐ], die; -en 《준고어》《결함의》제거, (폐해의) 시정, 교정, 구제(책)(Abhilfe): R. schaffen 구제책을 강구하다.

Remigrant [remi'grant], der; -en, -en [lat. remigrāns] 《교양어》귀국(한국) 이민, (망명지로부터의) 귀국자. **Remigrierte** [...gri:tə], der / die 귀국 이민, (망명으로부터) 귀국한 사람.

remilitarisieren ⟨h⟩ 재군비(再軍備)하다, 재무장하다 (wiederbewaffnen). **Remilitarisierung**, die ↑ remilitarisieren의 명사형.

Reminiszenz [reminɪs'tsɛnts], die; -en [lat. reminīscentia] 《교양어》 1. 생각나게 하는 것, 회상, 추억: das Bild ist eine R. an meine Studentenzeit 그 그림은 내 대학 시절의 추억이다. 2. 유사(점), 근사(近似), 닮음, 연상(連想), 여운(Anklang). **Reminiszere** [remi'nɪstsərə] (관사, 격변화식) [lat. reminīscere, Ps. 25, 6] 사순절의 둘째 일요일(제 2주일), 부활절 전(前) 제 5일요일.

remis [rə'mi:] ⟨Adj.; 격변화 없음⟩ [frz. remis] 《스포츠·특히 체스》비긴, 무승부로 끝난(unentschieden). **Remis** [-], das; - [rə'mi:(s)], - [rə'mi:s] / 《특히 체스》-en [rə'mi:zn] 《스포츠·특히 체스》무승부, 비김. **Remise** [1, 2: re'mi:zə; 3: rə..], die; -n [frz. remise; 3: ↑remis] 1. 《준고어》(마차, 도구 따위의) 차고(車庫), 창고, 헛간. 2. 《사냥》작은 사냥감 짐승의 보호 번식 지대 (숲, 덤불). 3. 《체스》무승부. **remisieren** [rami'zi:rən] ⟨h⟩ 《스포츠, 특히 체스》비기다. **Remission**, die; -en [lat. remissio] 1. 《서적》(결함 인쇄물의) 반송, 반품(返品). 2. 《의학》(병세의) 퇴조(퇴행), 《특히 병의 일시적》차도, (열의) 감소. **Remittende** [remɪt'tɛndə], die; -n [lat. remittenda] 《서적》(출판사에 반송될) 결함 인쇄물, 반품. **Remittent** [remɪ'tɛnt], der; -en, -en 《화폐》어음 인수인(자)(Wechselnehmer), 어음 수취인. **remittieren** [remɪ'ti:rən] ⟨h⟩ [lat. remittere] 1. 《서적》(결함 인쇄물을 출판사에) 반품(되돌려) 보내다. 2. 《의학》(병세가) 퇴조하다, 차도가 있다, (특히 열이) 내리다, (일시적으로) 경감하다.

Remmidemmi ['remɪdɛmi], das; -s 《통용어》《대》소동, 소란, 소요(Unruhe), 난동, 야단법석: hier ist immer R. 《통용어》여기는 항상 무슨 일이 일어난다.

remonetisieren ⟨h⟩ 《금융》 1. (주화를) 다시 유통시키다. 2. (유가 증권을) 다시 돈으로 바꾸다, 돈과 교환하다 [환전하다].

Remonstration [remɔnstraˈtsjoːn], die; -en [lat. remonstratio] 《교양어》항의, 이의 신청, 항변, 간언(諫言). **remonstrieren** [...'tri:rən] ⟨h⟩ 《교양어》이의를 신청하다, 항의(항변)하다, 간(諫)하다.

remontant [remɔ̃'tant, (또한) remɔ'tant] ⟨Adj.⟩ [frz. remontant] 《식물》(제철에 핀 다음) 다시 한 번 (또, 두 번째로) 피는. **Remontantrose**, die 《식물》일년에 두 번 꽃을 피우는 장미(의 일종). **Remonte** [re'mɔ̃tə, (또한) re'mɔːtə], die; -n [frz. (cheval de) remonte] 《군·옛》 1. (젊은 말에 쓰는) 군마(軍馬)의 보충. 2. (막 길들인) 젊은(새) 말(馬), 보충 말(馬). **Remontepferd**, das; -(e)s, -e 《군·옛》↑Remonte (2). **remontieren** ⟨h⟩ [frz. remonter] 1. 《식물》꽃이 제철에 핀 다음 다시 한 번, 두 번째로 피다. 2. 《군·옛》군마(軍馬)를 (젊은 말로) 보충하다. **Remontierung**, die; -en 《군·옛》(젊은 말에 의한) 군마의 보충. **Remontoiruhr** [remɔ̃'toaːɐ̯-], die; -en [frz. remontoir] 용두 달린 회중 시계.

Remorqueur [remɔr'køːɐ̯], der; -s, -e [frz. remorqueur] 《오스터》소형 증기 예인선.

remotiv [remo'tiːf] ⟨Adj.⟩ [lat. remōtum] 《철학》(판단에서) 벗어난, 어긋난, 떨어진, 배제된.

Remoulade [remuˈlaːdə], die; -n [frz. rémoulade] 《요리》식물성 양념이 든 (매운 맛이 나는) 마요네즈(소스). **Remouladensoße**, die ↑Remoulade.

Rempelei [rɛmpəˈlai], die; -en 《통용어》 a) (몸으로, 팔 등으로) 부딪침, 떼밀기, 밀어붙임, 싸움걸기. b) 《스포츠·특히 축구》(상대 선수를 몸, 팔 따위로) 밀어제치기, (의도적인) 부딪치기[충돌]. **rempeln** ['rɛmpl̩n] ⟨h⟩ a) 《통용어》(몸이나 팔로) 부딪치다, 밀(치)다: er wurde im Gedränge mehrfach gerempelt 그는 밀집한 군중 속에서 여러 차례 밀침을 당했다. b) 《스포츠·특히 축구》(상대 선수를 몸, 팔로) 밀어 제치다, 떼밀다, 부딪쳐 공으로부터 떨어지게 하다.

REM-Phase ['rɛm-], die; -n [《engl.》 rapid eye movements의 약어] 《전문어》(잠자는 동안 꿈을 꾸고 있음을 나타내는 빠른 눈 운동이 일어나는 시기) 급속 안구 운동[렘] 시기.

Rempler [-], der; -s, - **a)** (몸, 팔 따위로) 밀침, 부딪침, 충돌. **b)** 《스포츠·특히 축구》(상대 선수를 공에서 떨어지게 하도록 몸, 팔로) 밀치기, 부딪치기, 밀어 제침. **c)** 밀치는 (부딪치는) 사람.

Rempter ['rɛmptɐ], der; -s, - ↑Remter. **Remter** ['rɛmtɐ], der; -s, - (수도원, 성의) 식당, 집회(회의)실.

Remscheid ['rɛmʃait] 렘샤이트(독일 Nordrhein-Westfalen의 도시).

Remuneration [remunera'tsjoːn], die; -en [lat. remūnerātiō] 《교양·외스터.》배상[보상](Entschädigung), 사례(금)(Vergütung). **remunerieren** [remune'riːrən] [lat. remunerari = beschenken] ⟨h⟩ 《외스터·그 외 고어》배상[변상, 보상]하다, 갚다 (entschädigen).

¹Ren [rɛn, reːn], das; -s, -s [rɛns] / - ['reːnə; skand.] 《동물》순록(馴鹿)(Rentier).

²Ren [reːn], der; -en, -es [lat. ren] 《의학》신장(콩팥) (Niere).

Renaissance [rəne'sɑ̃ːs], die; -en [frz. renaissance] 1. 〈Pl. 없음〉 **a)** (14～16세기의) 문예 부흥, 르네상스(양식): die Blüte der R. in Italien 이탈리아에서 문예 부흥의 전성기. **b)** (14～16세기의) 문예 부흥기(期), 르네상스 시대: die Malerei in der R. 문예 부흥기의 회화(미술). 2. (옛 전통 특히 그리스·로마 문화의) 복고(復古)주의(운동). die karolingische R. 카롤링 왕조의 복고주의. 3. 《교양어》부활, 복고, 재흥(再興), 재생.

Renaissance- (Renaissance 1 a): ~**bau**, der 〈Pl. -bauten〉 르네상스 건축. ~**dichter**, der 르네상스 (시대) 작가. ~**dichtung**, die 르네상스 작품. ~**fürst**, der 르네상스 거장. ~**maler**, der 르네상스 (시대)의 화가. ~**malerei**, die 문예 부흥기의 회화(미술). ~**musik**, die 르네상스 음악. ~**papst**, der 르네상스 시대의 교황. ~**stil**, der 르네상스 양식. ~**zeit**, die 르네상스 시대.

renal [reˈnaːl] ⟨Adj.⟩ [lat. rēn] 《의학》콩팥(신장)의.
Rencontre: ↑Renkontre.

Rendant [rɛn'dant], der; -en, -en [frz. rendant] 《군, 시, 읍, 면의》회계(출납)원, 경리 담당자. **Rendantur** [rɛndan'tuːɐ̯], die; -en 《고어》회계국, 경리국(청).

Rendement [rɑ̃dəˈmãː], das; -s, -s [frz. rendement] (원료에서 제품으로 얻는) 수량(收量), 수율(收率), 수확(산출)고. **Rendezvous** ['rãːdevuː, (또한) 'rãːdevu], das; - [...'vuː(s), (또한) 'rãːndevu(ːs)], - [...'vuːs, (또한) 'rãːndevuːs; frz. rendez-vous; 2: engl.-amerik. rendezvous] 1. 《준고어·대개는 아직도 농》(연인들의) 약속하여 만남, 회합, 약속, 밀회, 랑데부(Stelldichein), 데이트: ein R. verabreden 만남을 약속하다; er hat morgen ein R. mit ihr 그는 내일 그녀와 약속이 있다; 전의 viele Künstler gaben sich in ihrem Haus ein

R. 많은 예술인들이 그녀의 집에서 만났다. **2.** 【우주】 (우주선의) 궤도 회합, (도킹을 위해) 우주 공간에서의 만남, 랑데부. **Rendezvousmanöver,** das 【우주】 (우주선의)랑데부 연습. **Rendite** [ren'di:tə], die; -n [ital. rendita] 【경제】 (투자의) 연수익(年收益), 이자율. **Renditenhaus,** das 《schweiz.》 ↑Mietshaus. **Renditeobjekt,** das 수익율이 좋은 투자물(부동산).

Renegat [rene'ga:t], der; -en, -en [frz. renégat < ital. rinnegato] 《교양어》 (종교의) 배교자(背敎者), 개종자, (정치의) 탈당자, 전향자, 배반자, 변절자, 배신자. **Renegatentum,** das; -s 《교양어》 배교[개종] 행위, 변절[배반] 언동, 탈당[전향] 행위. **Renegation** [renega'tsio:n], die; -en 《교양어》 배교(背敎), 변절[배신].

Reneklode [re:nə'klo:də], **Reineclaude** [re:nə'klo:də], die; -n [frz. reineclaude] **1.** (초록 또는 노란색 열매가 열리는) 서양자두나무. **2.** 서양자두. **Renette** [re'netə], **Reinette** [re'netə], die; -n [frz. reinette] (여러 가지 종류가 있는 대개 달고 신맛이 나는) 사과(예컨대: Goldrenette, Cox'Orange).

Renforcé [rɑ̃fɔr'se:], der (또는) das, -s, -s [frz. renforcé] (옷, 내의용) 질이 좋은 면직물(무명).

renitent [reni'tent] 〈Adj.〉 [frz. rénitent] 《교양어》 반항적인, 완강한, 고집 센, 다루기 어려운: -e Schüler 다루기 힘든 학생들. **Renitente*,** der / die 《교양어》 반항적인 사람, 고집 불통의 사람. **Renitenz** [reni'tents], die; - [frz. rénitence] 《교양어》 반항적 태도, 완강한 행동.

Renke ['reŋkə], die; -n ↑Renken.

renken ['reŋkn̩] 〈h〉 《고어》 비틀다, 비틀어 돌리다, (손, 발이) 삐다.

Renken [-], der -s, - 《동물》 연어의 일종(Felchen).

Renkontre [rã'kõ:trə, -'kõ:tr] das; -s, -s [frz. rencontre] 《준고어》 대적하는 만남, (경기의) 대항, 충돌, 조우(遭遇), 회전(會戰).

Renkverschluß, der ↑renken 【기술】 ↑Bajonettverschluß.

Renn- 【스포츠】 **~auto,** das 경주용 자동차. **~bahn,** die (자동차, 말의) 경주로. **~boot,** das 경주용 보트, 경조(競漕) 보트. **~fahrer,** der (자동차, 오토바이, 자전거의) 경주자. **~formel,** die ↑Formel (4). **~gemeinschaft,** die 경주 보트 연맹. **~jacht,** die 경주용 요트. **~leitung,** die **1.** 경주 운영(運營). **2.** 경주 운영자. **~maschine,** die **1.** 경주용 오토바이. **2.** 경주용 자전거. **~pferd,** das (경마의) 말(馬), 경마용 말. **~piste,** die ↑Piste (2). **~platz,** der 경마[경주]장. **~rad,** das 경주용 자전거. **~reifen,** der 경주용(자동차, 오토바이의) 타이어. **~reiter,** der (경마) 기수(騎手). **~rodel,** der ↑ **~schlitten.** **~schlitten,** der 경주용 썰매. **~schuh,** der 경주용 운동화, 스파이크(운동화). **~segelsport,** der 【스포츠】 요트 경주 스포츠. **~sport,** der (특히 자동차, 자전거, 말의) 경주 스포츠(경기). **~stall,** der **1.** 한 개인 소유 경주마(의 총수). **2.** 한 회사의 경주 자전거 선수단. **3.** 한 회사의 경주 자동차 선수단. **~strecke,** die 경주 거리(구간). **~tag,** der **1.** 경주 개최일. b) 경주 날(일). **~wagen,** der 경주용 자동차. **~wette,** die 경마 도박.

rennen* ['rɛnən] **1.** 〈s〉 【빠른 속도로】 달리다, 뛰다, 질주하다, 경주하다: mit großen Sätzen r. 큰 발걸음으로 달리다; er ist die ganze Strecke gerannt 그는 전 구간을 뛰었다; 【전의】 meine Uhr rennt wieder 《통용어》 내 시계는 다시 빨리간다; wie die Uhr rennt! 《통용어》 시간이 어쩌나 빨리 지나가는지! b) 《통용어·범》 쏠리다[분별] 없이 어디[☐ 아무데로나] 가다: dauernd ins Kino r. 줄곧 영화관에 들락거리다; sie rennt wegen jeder Kleinigkeit zum Arzt 그녀는 하찮은(아픈) 일로 의사에게 간다. **2.** 〈s〉 (부지 중에) 누구와 충돌하다(무엇에 부딪히다). **3.** 〈h〉 **a)** 충돌하여[부딪쳐서] 몸에 상처를 입다: ich habe mir ein Loch in den Kopf gerannt 나는 부딪쳐 머리를 다쳤다. **b)** (지역적) 누구를 밀치다[들을 부딪치다](그리고 동시에 상처를 입히다). **4.** 〈h〉 《통용어》 뾰족한 것을 누구의 몸에 푹 찌르다. **5.** 〈s〉 【사냥】 (암 여우가) 발정하고 있다(암내 내다). **Rennen** [-], das; -s, - 〈운동 시합으로서〉 경주, 달리기, 경마: ein R. findet statt 경주가 열린다; er ist ein hervorragendes R. gelaufen 그는 훌륭한 달리기 경주를 했다; als Sieger ging ein ganz anderer aus dem R. hervor 경주의 결과 전혀 다른 사람이 승리자가 되었다; 【성구】 das R. ist gelaufen 《통용어》 모든 일이 끝났다; 【전의】 er liegt mit seiner Bewerbung gut im R. 그는 그의 지망 신청에 전망이 좋다; **ein totes R.** 《은어》 무승부 경주; **das R. machen** 《통용어》 승리(성공)하다. **Renner,** der; -s, - **1.** 훌륭한 (준족의) 경주마(馬). **2.** 《은어》 잘 팔리는 상품(Verkaufsschlager), 인기 상품. **Rennerei** [rɛnə'raɪ], die; -en 《통용어·종종 멸》 분주히 돌아다님, 조급한 서두름, 지나친 분주.

Renommage [reno'ma:ʒə], die; -n 《교양어·고어》 허풍, 호언 장담, 큰소리(Prahlerei), 자만. **Renommee** [reno'me:], das; -s, -s [frz. renomée] 《교양어》 **a)** 평판(Leumund): ein gutes R. haben 평판이 좋다. **b)** 명성, 호평, 인기, 명망, 존경: er[das Hotel] hat R. 그는 명성이 있다(그 호텔은 인기가 좋다). **renommieren** [reno'mi:rən] 〈h〉 [frz. renommer] 《교양어》 자랑(자만)하다, 뽐내다, 호언 장담하다, 허풍치다: mit seinem Wissen r. 그의 지식을 뽐내다. **Renommierstück,** das 《교양어》 자랑거리. **Renommiersucht,** die 《교양어·멸》 과시욕, 자만벽(癖), 호언 장담 버릇. **renommiert** [reno'mi:rt] 〈Adj.〉 《교양어》 평판이 좋은, 유명한, 명성이 높은(고명한), 명망 있는: ein -er Wissenschaftler 고명한 학자; ein -es Geschäft 평판이 좋은 상점. **Renommist** [reno'mɪst], der; -en, -en 《교양어·멸》 자랑하는 사람, 자만가, 호언 장담가, 허풍선이. **Renommisterei** [renomɪstə'raɪ], die; -en 《교양어·멸》 호언 장담, 자만, 허풍, 자랑하는 말(Prahlerei).

Renonce [rə'nõ:s(ə), (또한) re...], die; -n, -n [frz. renonce] ↑Fehlfarbe (1).

Renovation, die; -en [lat. renovātio] 《schweiz.·외 고어》 ↑Renovierung. **renovieren** [reno'vi:rən] 〈h〉 [lat. renovāre] (건물 따위를) 수선[수리]하다, 개축하다, 새로이 고치다, (내부 장치들을) 새로 설비하다, 개선하다, 개량하다: eine Kirche r. 교회를 개축하다; sie haben das Hotel innen und außen r. lassen 그들은 호텔의 안팎을 새로 수리하게 했다. **Renovierung,** die; -en 수선(수리), 개축, 개선(개량).

Renseignement [rɑ̃sɛnjə'mɑ̃:], das; -s, -s 《교양어·고어》 정보, 알림, 보도, 통지, 안내, 문의(Auskunft).

rentabel [rɛn'ta:bl̩] 〈Adj.〉 이익(이윤)이 생기는, 돈 벌이가 되는, 유익한, 돈벌이가 되는: rentable Investitionen 수익성 있는 투자; r. wirtschaften 채산이 맞게 경영하다. **Rentabilität** [rɛntabili'tɛ:t], die [frz. 경제] 수익성, 경제성, 채산성. **Rentabilitätsprüfung,** die 【경제】 (회사의) 수익 검사(심사). **Rentabilitätsrechnung,** die 【경제】 수익 계산. **Rentamt** [-], das; -(e)s, ...ämter 《옛》 **a)** (영주, 군주의) 재무관리국, (대학의) 경리국. **b)** (지주의) 회계국. **Rente** ['rɛntə], die; -n [frz. rente] **a)** 연금(年金), 수익금: dynamische (dynamisierte) -n 연금 자동 연동제(制); eine R. bekommen 연금을 받다; jmdn. auf R. setzen 《통용어》 누구를 연금 생활자로 하다; **in R. gehen** 《통용어》 연금 생활자가 되다; **auf(in) R. sein** 《통용어》 연금 생활자다. **b)** (투자, 재산 따위로 생기는 정기

적) 이자, 금리(金利), 지대(地代), 집세. **Rentei** [rɛn-'tai], die; -en 《옛》 ↑Rentamt.

renten-, Renten-: ~**alter**, das 연금 연령[나이]: ins R. kommen 연금을 받을 나이가 되다. ~**anleihe**, die 【경제】 연금 공채. ~**anpassung**, die 〈연금〉 연금 적정화(適正化), 연금 조절. ~**anspruch**, der 연금 청구(권). ~**bank**, die 《Pl. ...banken》 【경제】 〈농촌을 위한〉 담보 신용 은행, 지대[연금] 은행. ~**basis**, die 【경제】 지불 근거로서의 연금: ein Haus auf R. kaufen 연금을 지불 근거로서의 집을 사다. ~**bemessungsgrundlage**, die 【연금보험】 【법정】 연금의 산출 원칙. ~**berechtigt** 〈Adj.〉 연금을 받을 권리[자격]가 있는. ~**empfänger**, der 연금 수령자. ~**erhöhung**, die 연금[이자]의 오름 [증액]. ~**formel**, die 【연금·보험】 연금 계산[평가]법. ~**mark**, die 《옛》 〈1923년 인플레이션을 막기 위해 렌텐 은행에서 발행한 독일 화폐 단위〉 렌텐 마르크. ~**markt**, der 【증권】 공사채(公社債) 시장, 채권 시장. ~**papier**, das 【금융】 ↑~wert. ~**pflichtig** 〈Adj.〉 연금 지불 의무가 있는. ~**reform**, die 연금 제도의 개혁. ~**schuld**, die 【법·금융】 지대(地代) 채무. ~**verschreibung**, die 【금융】 이자 채권. ~**versicherung**, die 1. 연금 보험. 2. 연금 보험 공단(公團). ~**wert**, der 공(사)채(公(社)債) 증서. ~**zahlung**, die 연금 지불.

¹Rentier, das; -(e)s, -e ↑Ren.
²Rentier [rɛn'tie:], der; -s, -s [frz. rentier] 1. 《준고어》 금리 생활자, 이자로 생활하는 사람. 2. 《드물게》 ↑Rentner (1). **rentieren** [rɛn'ti:rən], sich 〈h〉 이득[이익]이 생기다, 채산이 맞다, 수익[유리]하다: das Geschäft beginnt sich zu r. 장사는 이익이 생기기 시작하다; der Aufwand rentiert sich nicht 그 노력은 소득이 없는 것이다; 〈드물게는 "sich" 없이도〉 das Lokal rentiert nicht 주점은 벌이가 없다.

Rentierflechte, die; -en [↑ ¹Rentier] 【식물】 〈북구에서 겨울에 순록의 먹이로 사용되는〉 지의초(地衣草)의 일종.

rentierlich [rɛn'ti:rlɪç] 〈Adj.〉 《드물게》 ↑rentabel.
Rentner ['rɛntnɐ], der; -s, - 1. 연금[은급] 생활자: ein rüstiger R. 정정한[건강한] 연금 생활자. 2. 《드물게》 ↑²Rentier (1). **Rentnerfunzel**, die 《농》 〈자동차의〉 예비[보조] 정지등(Zusatzbremsleuchte). **Rentnerin**, die; -nen ↑Rentner의 여성형.

rentoilieren [rãtoa'li:rən] 〈h〉 [frz. rentoiler] 【예술】 〈캔버스가 망가진 그림을〉 새 캔버스[화포]에 옮기다.

Renumeration [renumera'tsjo:n], die; -en [lat. renumerāre] 【경제】 상환, 반제, 환불(Rückzahlung). **renumerieren** 〈h〉 [lat. renumerāre] 【경제】 상환(반제)하다, 환불하다, 갚다.

Renuntiation, Renunziation [renʊntsi̯a'tsjo:n], die; -en [lat. renūntiātio] 〈군주의〉 퇴위(退位), 양위, 단념[포기]. **renunzieren** [...'tsi:rən] 〈h〉 [lat. renūntiāre] 〈군주가〉 퇴위[양위]하다, 단념[포기]하다.

Renvers [rã've:ɐ̯], der; - [...e:ɐ̯(s)], - [...e:ɐ̯s, frz. renverser] 【마술】 〈바깥쪽 앞발에 안쪽 뒷발이 따르는〉 말의 횡보(橫步).

Reokkupation [re|ɔk...], die; -en 〈군대의〉 재점령 (Wiederbesetzung). **reokkupieren** [re|ɔk...] 〈h〉 〈군대에 의해〉 다시[재] 점령하다.

Reorganisation [re|ɔr...], die; -en [frz. réorganisation] 《Pl.》 [frz. réorganisation] 《교양어》 재조직, 재편성, 개조, 개편, 재정비: die R. eines Staatswesens 국가 제도의 개편. **Reorganisator** [re|ɔr...], der; -s, -en 《교양어》 재조직자, 재편(자): der R. einer Partei 당의 개편자. **reorganisieren** [re|ɔr...] 〈h〉 [frz. réorganiser] 《교양어》 재조직[편성]하다, 개조[개편]하다, 재정비하다. **Reorganisierung** [re|ɔr...], die; -en ↑Reorganisation.

reparabel [repa'ra:bl] 〈Adj.〉 [lat. reparābilis] 《교양어》 수선[수리]할 수 있는, 고칠 수 있는, 수복[회복] 가능한, 보충[보상]할 수 있는(반대: irreparabel). **Reparateur** [repara'tø:ɐ̯], der; -s, -e [frz. reparateur] 《드물게》 수리[수선] 공. **Reparation** [repara'tsjo:n], die; -en [1: frz. reparations; 2, 3: lat. reparātio] 1. 《Pl.》 〈패전국이 승전국에게 치르는〉 배상[보상] (금). 2. 【의학】 〈손상된 생체 조직, 기관의〉 수복 재생(修復再生). 3. 《드물게》 ↑Reparatur.

Reparations-: ~**abkommen**, das 배상[보상] 협정. ~**anspruch**, der 배상[보상] 청구(권). ~**ausschuß**, der 배상[보상]위원회. ~**kommission**, die ↑~ausschuß. ~**last**, die 배상 부채. ~**leistung**, die 배상, 보상(Reparation 1). ~**lieferung**, die 배상금 인도. ~**schuld**, die 배상 채무. ~**zahlung**, die 배상금 지불.

Reparatur [repara'tu:ɐ̯], die; -en [lat. reparatura] 수선, 수리, 복구, 고침, 개수(改修).

reparatur-, Reparatur-: ~**anfällig** 〈Adj.〉 고장이 잘 나는 〈따라서 수선을 자주하는〉. ~**anfälligkeit**, die ↑~anfällig의 명사형. ~**arbeit**, die 《대개 Pl.》: -en ausführen 수리 작업을 하다. ~**bedürftig** 〈Adj.〉: ein -es Fahrrad 수선을 요하는 자전거. ~**brigade**, die 《구동독》 복구 작업반. ~**kolonne**, die 《구동독》 복구 작업대(隊). ~**kosten** 〈Pl.〉 수리[수선]비(費), 복구비(용). ~**schein**, der ~zettel. ~**stützpunkt**, der 《구동독》 〈지역 주택 행정의〉 수선 후원 사무소. ~**werkstatt**, ~**werkstätte**, die 수리[정비]공장. ~**zeit**, die 복구[수리]에 필요한 시간. ~**zettel**, der 수리[복구] 영수증.

reparieren 〈h〉 [lat. reparāre] 수선[수리]하다, 복구[원상 회복]하다, 고치다: das Fahrrad r. 자전거를 수선하다; einen Schaden r. 피해를 복구하다; etw. notdürftig r. 무엇을 응급 수리하다.

repartieren [repar'ti:rən] 〈h〉 [frz. répartir] 【증권】 〈유가 증권을〉 할당하다, 〈투자액에 맞게〉 분배[배당]하다. **Repartierung**, die; -en ↑Repartition. **Repartition** [...ti'tsjo:n], die; -en [frz. répartition] 【증권】 할당, 분배, 배당.

repassieren 〈h〉 [frz. repasser] 1. 【금속】 〈부품을〉 갈다, 닦다, 연마하다. 2. 【섬유】 a) 세로로 풀린 올(코)을 고치다[줍다], 전선병(傳線病)을 바로잡다. b) 한 번 한 채색 처리를 되풀이하다, 재채색하다. **Repassiererin**, die; -nen 【섬유】 전선병(傳線病)[세로 올이 풀리는 것] 담당 여직공.

repatriieren [repatri'i:rən] 〈h〉 [lat. repatriāre] 【정치·법】 1. 〈과거의〉 국적을 다시 부여하다. 2. 포로를 본국[고국]으로 송환하다[돌려 보내다]. **Repatriierung**, die; -en 【정치·법】 ↑repatriieren의 명사형.

Repellents [ri'pelənts] 〈Pl.〉 [engl. repellents] 【화학】 방충제(防蟲劑).

Reperkussion, die; -en [lat. repercussio] 【음악】 1. 〈특히 그레고리안 성가에서〉 반복 낭음(朗吟). 2. 〈푸가에서〉 주제 전개(부).

Repertoire [reper'toaːɐ̯], das; -s, -s [frz. répertoire] 《교양어》 〈상비된 상연〉 목록, 연주 곡목, 레퍼터리: ein R. zusammenstellen 레퍼터리를 작성하다; etw. aus dem R. streichen 무엇을 레퍼터리에서 지우다; "Faust" wieder in dem R. des Staatstheaters aufnehmen "파우스트"를 다시 국립 극장의 연출 목록에 넣다. **Repertoirestück**, das 인기 있는 〈상연〉 작품, 인기물, 자랑거리. **Repertorium** [reper'to:rium], das; -s, ...ien [lat. repertōrium] 《교양어》 〈학문적〉 목록, 색인, 일람표, 참고서.

Repetent [repe'tent], der; -en, -en [lat. repetēns] 《교양어》 1. 《은폐》 낙제(유급)생. 2. 《고어》 ↑Repetitor. **repetieren** [...'ti:rən] ⟨h⟩ [lat. repetere] 1. 《교양어》 복습하다, 반복 학습하다. 2. 《교양어》 유급(낙제)하다: der Schüler mußte r. 그 학생은 유급하지 않을 수 없었다. 3. 《전문어; 대개는 부정사와 함께》 a) 《시계의 단추를 눌러》 명종 시간을 반복하다. b) 《피아노의 음조가》 정확히 울리다: das g repetiert nicht g 단조가 정확히 울리지 않는다. **Repetiergewehr**, das; -(e)s, -e 《자동》 연발총(Mehrlader). **Repetieruhr**, die; -en 《단추를 눌러 지난 한 시간과 그 후 15분마다 알리는 명종 장치가 있는》 반복 타종(회중)시계. **Repetition** [...ti'tsjo:n], die; -en [lat. repetitio] 《교양어》 《텍스트 따위의》 반복 연습[복습], 되풀이. **repetitiv** [...'ti:f] ⟨Adj.⟩ [engl. repetitive] 《교양어》 반복하는, 되풀이의: monotone, -e Arbeit verrichten 단조로운 반복일을 하다. **Repetitor** [...'ti:tər, 《또한》 ...to:r], der; -s, -en [...ti'to:rən; lat. repetitor] a) 《교양어》 《특히 법과 대학생의 시험 준비를 위해 교재를》 복습시키는 사람[복습교사]. b) 《음악・연극》 ↑Korrepetitor. **Repetitorium** [...'to:rjʊm], das; -s, ...ien [...jən] 《교양어・준고어》 복습서(書), 복습강의.

Replantation [replanta'tsjo:n], die; -en [lat. replantāre] ↑Reimplantation.

Replik [re'pli:k], die; -en [frz. réplique] 1. a) 《교양어》 대답, 응답, 답변, 답장: eine glänzende R. schreiben 뛰어난 답장을 쓰다. b) 《법》《재》항변[이의]. 2. 《예술》 모사, 복사, 사본. **Replikat** [repli'ka:t], das; -(e)s, -e 《원본의》 모사, 모작(模作), 사본. **Replikation** [...ka'tsjo:n], die; -en [lat. replicātio] 《발생학》 유전자(염색체)의 복제(複製). **replizieren** [...'tsi:rən] ⟨h⟩ [lat. replicāre] 1. a) 《교양어》 대답(답변)하다, 응답하다, 답장을 쓰다: auf einen Artikel r. 어떤 기사(논설)에 응답하다. b) 《법》《재》항변하다. 2. 《예술》 모사(모작)하다, 복사(복제)하다. **reponibel** [repo'ni:bl] ⟨Adj.⟩ 《의학》 정상으로 되돌릴 수 있는, 접골 가능한(반대: irreponibel). **reponieren** [...'ni:rən] ⟨h⟩ [lat. repōnere] 1. 《의학》 다시 정상으로 되돌리다, 접골하다. 2. 《고어》 《서류를》 원자리에 도로 두다, 정돈[정리]하다.

Report [re'pɔrt], der; -(e)s, -e [engl. report] 1. 보고(서), 학술 연구 보고, 리포트. 2. 《금융》 시세 인상(반대: Deport), 《주식》 거래 유예금. **Reportage** [repɔr'ta:ʒə] die; -n [frz. reportage] 시사 보도, 현지 보고[탐방] 기사, 르포르타주: eine R. über den Streik der Stahlarbeiter bringen 철강 근로자의 동맹 파업에 대한 보도 기사를 내다. **reportagehaft** ⟨Adj.⟩ 시사 보도식의, 르포르타주와 같은. **Reporter** [re'pɔrtɐ], der; -s, - [engl. reporter] 탐방 기자, 보도(통신)원, 리포터. **Reporterin**, die; -nen ↑Reporter의 여성형. **Reportgeschäft**, das; -(e)s, -e 《경제》 ↑Prolongationsgeschäft.

Reposition, die; -en [lat. repositum] 《의학》 정상으로 되돌림, 접골(정골). **Repositorium** [repozi'to:rjʊm], das; -s, ...ien [...jən; lat. repositōrium] 《고어》 서가, 서류장.

Repoussoir [repu'soa:ɐ̯, rəp...], das; -s, -s [frz. repoussoir] 《예술・사진》 심도(深度) 효과를 높이기 위해 전경(前景)에 둔 물체[대상].

repräsentabel ⟨Adj.⟩ [frz. représentable] 《교양어》 품위 있는, 훌륭한, 당당한, 효과적, 신분에 맞는: 《지위를》 대표하는: sie führte ein repräsentables Haus 그 여자는 훌륭한 집을 영위했다. **Repräsentant**, der; -en, -en [frz. représentant] 1. a) 대표자, 대변인: ein R. des gemäßigten Lagers 온건파의 대표자. b) 《회사의》 대리인〔자〕, 대행인. 2. 국회의원, 대의원. **Repräsentantenhaus**, das ↑Abgeordnetenhaus. **Repräsentantin**, die; -nen ↑Repräsentant의 여성형. **Repräsentanz** [...'tants], die; -en 1. 《Pl. 없음》 《교양어》 이익 주장〔옹호〕, 이익 대변: eine breite R. der Jugend anstreben 젊은 층의 폭 넓은 이익 옹호를 추구하다. 2. 《경제》 《회사의》 상설 대리점(대표부): eine R. in Kairo eröffnen 카이로에 상설 대리점을 개설하다. 3. 《Pl. 없음》 《교양어》 품위, 깊은 인상. 4. 《Pl. 없음》 특성[전형]. **Repräsentation** [reprezenta'tsjo:n], die; -en [frz. représentation] 《교양어》 1. 대표, 대리: die R. des Großgrundbesitzes durch den Adel 귀족에 의한 대소유지의 대표. 2. 《Pl. 없음》 《대표적》 전형(특성), 표본[견본]. 3. a) 《대표(대리)》 기관, 대표부: die Limousine dient nur der R. 리무진은 대표부에만 쓰인다. b) 신분에 맞는 태도, 체면(유지), 사교(교제). **Repräsentations-**: **~aufwendung**, die 《대개 Pl.》 교제[사교]비, 판공비. **~bau**, der 사교 활동 건물. **~gelder** ⟨Pl.⟩ ↑~aufwendung. **~pflicht**, die 《대개 Pl.》 대표자의 의무. **~raum**, der 사교 활동 공간. **~schluß**, der 《통계》 임의 추출 견본에 의한 결론. **~zweck**, der 《대개 Pl.》: -en dienen 사교 목적에 쓰이다.

repräsentativ [reprezenta'ti:f] ⟨Adj.⟩ [frz. représentatif] 1. 《특히 정치》 대표제의, 대의(代議)제의: eine -e Demokratie 대의 민주제; die Verfassung der USA trägt rein -en Charakter 미국의 헌법은 순 대의적 성격을 가지고 있다. 2. 《교양어》 a) 대표적, 전형적: er ist einer der -sten Romanciers der heutigen spanischen Literatur 그는 오늘날 스페인 문학의 가장 대표적 소설가 중의 하나이다. b) 《집단의》 전형적 특성에 관한: eine -e Befragung durchführen 전형적 특성에 관한 문의를 하다. 3. 《교양어》 a) 품위 있는, 인상 깊은, 훌륭한, 효과적. b) 신분에 맞는, 체면 유지가 되는: der Wagen ist ihm nicht r. genug 그 자동차는 그의 신분에 맞지 않다.

Repräsentativ-: **~befragung**, die 《통계》 표본 설문 조사. **~erhebung**, die 《통계》 표본 조사. **~gewalt**, die 《정치》 국가 대표권. **~system**, das 《정치》 a) 대의제(도). b) 대표제(도). **~umfrage**, die 《통계》 ↑~befragung. **~untersuchung**, die 《통계》 ↑~erhebung. **~verfassung**, die 대의 헌법.

repräsentieren ⟨h⟩ [lat. repraesentāre] 1. a) 《교양어》 대표하다, 대리하다: sie repräsentiert eine führende Firma 그 여자는 한 일류 회사를 대표한다. b) 《정치》 대표하다: das Volk r. 국민을 대표한다. 2. 《교양어》 전형적[대표적]으로 나타내다: Affa repräsentierte die unterdrückte Klasse Affa는 억압 받은 계층의 전형이었다. 3. 《교양어》 신분에 맞게 행동하다, 체면을 지키다, 점잖게 행동하다: ausgezeichnet zu r. verstehen 탁월하게 체면을 지킬 줄 알다. 4. 《교양어》 가치가 있다, 무엇을 나타내다: das Haus repräsentiert einen Wert von 50,000 DM 그 집은 5만 마르크의 가치가 있다.

Repressalie [reprɛ'sa:liə], die; -n 《대개 Pl.》 [lat. repre(n)salia] 《교양어》 압력 수단, 징계 조치, 보복 조치[수단]: als R. Geiseln erschießen lassen 보복 수단으로 인질들을 쏘아 죽이게 하다; -n gegen jmdn. ergreifen 누구에게 보복 조치를 취하다.

Repression, die; -en [frz. répression] 《교양어》 억누름, 강압, 억압, 탄압, 억제, 저지, 진압. **repressionsfrei** ⟨Adj.⟩ 《교양어》 억압 없는, 억누르지 않는: eine -e Gesellschaft 억압 없는 사회. **repressiv** [reprɛ'si:f] ⟨Adj.⟩ 《교양어》 억압(탄압)의, 억압적, 강압적, 강제적: -e Maßnahmen fordern 억압 조치를 요구하다. **Repressivzoll**, der ↑Schutzzoll. **Re-**

primande [reprɪˈmandə], die; -n [frz. réprimande] 《고어·지역적》 비난, 질책, 꾸짖음, 징계.

Reprint [reˈprɪnt, (engl.) ˈriːˈprɪnt], der; -s, -s [engl. reprint] 〔서적〕 개정하지 않는 재인쇄(재판(再版)), 중판: das lange Zeit vergriffene Werk erscheint in Kürze als R. 오래 절판된 작품이 곧 재판(再版)으로 나온다.

Reprise, die; -n [frz. reprise] **1. a)** 〔연극〕 재연(再演). **b)** 〔교양어〕 (절판된 음반의) 재판(再版). **2.** 〔음악〕 (특히 소나타에서) 재현부(再現部). **3.** 〔증권〕 (시세의) 회복. **4.** 〔섬유〕 섬유 원료의 수분 농도. **5.** 〔펜싱〕 재공격.

Repristination [reprɪstinaˈtsi̯oːn], die; -en [lat. pristinus] 〔전문어·교양어〕 복원, 부활, 복구, 환원.

reprivatisieren ⟨h⟩ 〔경제·정치〕 사유 재산으로 되돌리다, 사유화하다. **Reprivatisierung**, die; -en 〔경제·정치〕 † reprivatisieren의 명사형.

Repro [ˈrepro], die; -s, (또한) das; -s, -s 〈인쇄·은어〉 † Reproduktion (2)의 약칭.

Repro-: **~aufnahme**, die 〔인쇄〕 사진 복사(복제). **~film**, der 복제 사진용 필름. **~gerät**, das 〔인쇄〕 † Reproduktionsgerät. **~kamera**, die 〔인쇄〕 † Reproduktionskamera. **~technik**, die 〔인쇄〕 † Reproduktionstechnik.

Reprobation, die; -en [lat. reprobātio] **1.** 〔신학〕 영벌(永罰). **2.** 〔법, 고어〕 비난, 기각, 비난, 질책. **reprobieren** ⟨h⟩ [lat. reprobāre] 《법·고어》 기각하다, 거부하다, 비난(질책)하다.

Reproduktion, die; -en **1.** 《교양어》 (그대로의) 묘사, 묘출, 되풀이, 재생, 재현: die R. fremder Gedanken 남의 생각 그대로의 묘사. **2. a)** 〔특히 인쇄〕 복사, 복제, 번각(翻刻). **b)** 〔특히 인쇄〕 복사물, 복제물: farbige -en 유색 복사물. **3.** 〔특히 미술〕 모사(물), 모조(品); -en aus der Frühzeit Picassos 피카소 초기의 모사품; diese Möbel sind keine -en 이 가구들은 모조품이 아니다. **4. a)** 〔정치·경제〕 재생산: einfache R. 단순 재생산; erweiterte R. 확대 재생산. **b)** 〔정치·경제〕 (노동력의) 재생성(산). **c)** 〔생물〕 생식(生殖), 번식: natürliche R. 자연 번식. **5.** 〔심리〕 (과거 경험 인식의) 재생(작용).

Reproduktions-: **~bedingung**, die 〔정치·경제〕 재생산 조건. **~faktor**, der 《핵물리》 (핵 분열의 연쇄 반응 때 연쇄 단위 앞 뒤의 중성자수의 비) 증배율. **~fotografie**, die ⟨Pl. 없음⟩ 〔인쇄〕 복제 사진(술). **~gerät**, das 〔인쇄〕 복사기(구). **~graphik**, die 〔미술〕 복사 그래픽. **~index**, der 〔통계〕 인구 증가율. **~kamera**, die 〔인쇄〕 복사용 카메라. **~kosten** ⟨Pl.⟩ 〔경제〕 재생산비. **~prozeß**, der 〔정치·경제〕 재생산 (전) 과정. **~stich**, der 〔미술〕 복사 동판(화). **~technik**, die 〔인쇄〕 복사(복제) 기술. **~verfahren**, das 〔인쇄〕

reproduktiv ⟨Adj.⟩ 《교양어》 모사(모조)의, 복사(복제)의, 재생(재현)의. **reproduzieren** ⟨h⟩ **1.** 《교양어》 무엇을 그대로 또 만들어내다, 재생(재현)하다: die Atmosphäre vergangener Zeiten r. 지난 시대의 분위기를 그대로 나타내다; ⟨r. + sich⟩ etw. reproduziert sich von Jahr zu Jahr auf einer höheren Stufe 무엇이 해가 갈수록 더 높은 단계로 재현된다. **2.** 〔인쇄〕 복사(복제)하다, 모사(모조)하다, 번각하다: Bilder r. 그림을 모사하다. **3. a)** 〔정치·경제〕 재생산하다. **b)** 〔정치·경제〕 재생성하다. **c)** ⟨r. + sich⟩ 〔생물〕 번식하다.

Reprographie, die; -n [...iːən] 〔인쇄〕 **a)** 복사법. **b)** 복사(품). **reprographieren** ⟨h⟩ 《인쇄》 복사하다. **reprographisch** ⟨Adj.⟩ 〔인쇄〕 **a)** 복사법의. **b)** 복사로 만든: ein -er Nachdruck 복제판.

Reps [reps], der; -es, 《종류》 -e ⟨südd.⟩ † Raps.

Reptil [repˈtiːl], das; -s, -ien [...li̯ən; frz. reptile] † Kriechtier. **Reptilienfonds**, der (반)의 기밀비.

Republik [repuˈbliːk, ...blɪk], die; -en [frz. république] 공화국, 공화정체, 공화제: eine parlamentarisch regierte R. 의회정치 공화제. **Republikaner** [republiˈkaːnɐ], der; -s, - [1: frz. républicain; 2: amerik. Republican] **1.** 공화주의자. **2.** (미국의) 공화당원, 공화당 추종자. **republikanisch** [republiˈkaːnɪʃ] ⟨Adj.⟩ **1. a)** 공화국의. **b)** 공화제의: Verfassungen -en Charakters 공화제 성격의 헌법. **2.** (미국) 공화당의. **Republikanismus** [republikaˈnɪsmʊs], der; - 《준고어》 공화주의. **Republikflucht**, die; -en 《구동독》 구동독에서(구서독으로) 도주(도망) (행위): wegen versuchter R. verurteilt werden 구동독으로부터의 도주 시도로 인해 유죄 판결을 받다. **republikflüchtig** ⟨Adj.⟩ 《구동독》 구동독에서 도망하는 (도주한). **Republikflüchtling**, der 《구동독》 구동독에서 (구서독으로의) 도주자, 도망자.

Repudiation [repudi̯aˈtsi̯oːn], die; -en [1: lat. repudiatio] **1.** 《교양어·고어》 거부, 거절. **2.** 〔경제〕 (구매력이 적은 이유로) 돈의 인수 거절. **3.** 〔경제〕 채무 지불에 대한 공식 거부.

Repuls [reˈpʊls], der; -es, -e [lat. repulsus] 《관·고어》 (청원, 신청의) 거절, 거부, 기각, 거절의 답신. **Repulsion** [repʊlˈzi̯oːn], die; -en [frz. répulsion] 〔기술〕 반발(력), 거부. **Repulsionsmotor**, der 〔기술〕 반발 전동기. **repulsiv** [repʊlˈziːf] ⟨Adj.⟩ 《기술》 반발하는: -e Kraft 척력(斥力).

Repunze [reˈpʊntsə], die; -n 〔전문어〕 순분도 각인. **repunzieren** ⟨h⟩ 〔전문어〕 귀금속 함유량을 각인하다.

Reputation [reputaˈtsi̯oːn], die; [frz. réputation] 《교양어》 평판, 명성, 명망, 존경, 위신. **reputierlich** [repuˈtiːɐ̯lɪç] ⟨Adj.⟩ 《교양어·고어》 평판이 좋은, 명망 있는, 존경할 만한, 단정한, 착실한.

Requiem [ˈreːkvi̯ɛm], das; -s, -s (또한) ⟨österr.⟩ ...quien [...kvi̯ən; lat. requiēs] **1.** 〔가〕 연(위령) 미사, 장례 미사, 진혼(위령)곡: eine R. halten 위령 미사를 올리다. **2.** 〔음악〕 a) 진혼(위령)곡, 레퀴엠. b) 미사곡. **requiescat in pace!** [reˈkviɛskat ɪn ˈpatsə] ⟨lat.: er sie ruhe in Frieden!⟩ 고이 잠드소서(진혼곡·묘비명의 끝맺음 말) 〔약어〕 R.I.P.

requirieren [rekviˈriːrən] ⟨h⟩ **1.** [lat. requīrere] 《준고어》 징발하다: Lkws r. 화물차들을 징발하다; 〔전의 의미로〕 für jmdn. r. 누구를 위해 무엇을 조달하다; 〈4격 목적어 없이도〉 er hat schonungslos requiriert 그는 가차 없이 압수했다. **2.** 〔법·고어〕 법률적 조력을 요청(청원)하다. **Requirierung**, die; -en † requirieren의 명사형. **Requisit** [rekviˈziːt], das; -(e)s, -en [lat. requīsīta] **1.** (대개 Pl.) 〔연극〕 소도구(小道具): die -en erneuern 소도구를 새롭게 하다. **2.** 《교양어》 부속품, 필요품. **Requisite** [rekviˈziːtə], die; -n 〈연극·은어〉 **a)** 소도구실. **b)** 소도구 관리부.

Requisiten- (Requisit 1) 〔연극〕: **~depot**, das 소도구 보관소. **~kammer**, die 소도구실. **~wagen**, der 소도구 운반차.

Requisiteur [rekviziˈtøːɐ̯], der; -s, -e 〔연극〕 소도구 담당원(관리자). **Requisition** [rekviziˈtsi̯oːn], die; -en 〔군〕 징발. **Requisitionsschein**, der 징발 영수증.

Res [reːs], die [lat. rēs] 〔철학〕 사물(Ding), 대상(물) (Gegenstand).

resch [rɛʃ] ⟨Adj.⟩ ⟨bayr., österr.⟩ **a)** 파삭파삭한 (knusperig): -e Semmeln 파삭파삭한 찐빵 빵. **b)** 《통용어》 활발한, 생기 있는, 쾌활(명랑)한.

Research [rɪˈsəːtʃ], das; -(s), -s [engl. research] 〔사

회} 시장[여론] 조사. **Researcher** [rɪ'səːtʃɐ], der; -s, - [engl. researcher] [사회] 시장[여론] 조사원.
Reseda [re'zeːda], die; -s «österr.», **Resede** [re'zeːdə], die; -n [lat. resēdā] 목서초(木犀草) 식물의 일종인 관상식물. **resedagrün** ⟨Adj.⟩ 황록색의.
Resektion, die; -en [lat. resectio] [의학] 절제(切除).
Reservage [rezɛr'vaːʒə], die [frz. réservage] 《전문어》 방염제(防染劑). **Reservat** [rezɛr'vaːt], das; -(e)s, -e [lat. reservātum] **1.** 동물 보호 지구. **2.** 정부 지정 원주민 거류지. **3.** 《교양어》 유보(留保)(된 권리), 예외법, 특권: ein R. besitzen 특권을 가지다. **Reservatio mentalis** [rezɛr'vaːtsio men'taːlis], die; ...tiones [...vaːtsioːnɛs] ...les [...leːs; die.)] [법] 심리 유보(↑Mentalreservation). **Reservation** [rezɛrva'tsioːn], die; -en [1: lat. reservātio; 2: engl. reservation] **1.** ↑Reservat (2). **2.** 《교양어》 ↑Reservat (3). **Reservatrecht**, das 《교양어》 ↑Reservat (3). **Reserve** [re'zɛrvə], die; -n [frz. réserve] **1.** (대개 Pl.) 예비[저장, 비축](품): die -n an Lebensmitteln 생필품의 비축 das Geld muß eiserne R. bleiben 그 돈은 비상시에만 사용해야 한다; [전의] er hat keine körperlichen, psychischen -n mehr 그는 육체적, 심리적으로 더 이상 저항력이 없다; **stille -n** 1) [경제] 비밀 예비(준비)금. 2) 《통용어》 비상금(품). **offene -n** [경제] 정규 예비(준비)금; **etw. [jmdm.] in R. haben[halten]** 무엇을[누구]를 비상용으로 준비해 두고 있다. **2. a)** [군] 예비군, 예비역: die R. einberufen 예비군을 소집하다; er ist Offizier der R. 그는 예비역 장교이다. **b)** [스포츠] 후보 선수(단): in die R. kommen 후보 선수가 되다. **3.** (Pl. 없음) **a)** 삼가하는 태도, 사양, 신중, 조심성; sich keine[zuviel] R. auferlegen 전혀 삼가하는 태도가 없다[너무 신중하다]; jmdn. aus der R. (heraus) locken 《통용어》 누구에게 자연스럽게 얘기하게 하다. **b)** 유보적 태도: auf R. im eigenen Lager stoßen 자기 파의 유보적인 태도에 부딪히다.
Reserve-: **~anker**, der [해양] 예비닻, 비상닻. **~armee**, die [마르크스주의] [산업] 예비군. **~bank**, die (Pl. -bänke) [스포츠] 후보 선수 대기석(벤치): auf der R. sitzen 후보 선수로 예정되어 있다. **~druck**, der 《전문어》 방염날염(防染捺染). **~fonds**, der [경제] ↑Rücklagen (1 b). **~kanister**, der 예비 기름(통). **~kapital**, das [경제] ↑Rücklagen (1 b). **~mann**, der ↑Ersatzmann. **~offizier**, der 예비역 장교(반대: aktiver (2 a) Offizier). **~rad**, das 예비 바퀴. **~reifen**, der 예비(스페어) 타이어. **~spieler**, der ↑Ersatzspieler. **~stoff**, der ⟨대개 Pl.⟩ 〈생물〉 저장 물질. **~tank**, der 예비 기름[물] 탱크. **~teil**, das, ⟨드물게⟩ der [특허 기술] ↑Ersatzteil. **~truppe**, die ⟨대개 Pl.⟩ [군] ↑Ersatztruppe. **~übung**, die [군] ↑Reservistenübung.
reservieren ⟨h⟩ [frz. réserver] **a)** 잡아[비워] 놓다, 예약하다: ein Zimmer im Hotel r. lassen 호텔에 방 하나를 예약하다; diese Plätze sind reserviert 이 자리들은 잡아 놓은 것이다. **b)** (미리) 남겨 놓다, 보존[보관]하다, 저장하다, 간직해 두다, 유보하다: die reservierten Karten liegen an der Kasse 남겨 놓은 표들은 매표구에 있다. **reserviert** [rezɛr'viːɐ̯t] ⟨Adj.⟩ 삼가하는, 사양하는, 신중한, 조심성있는, 유보하는: er ist mir gegenüber äußerst r. 그는 나에 대해 매우 조심성이 있다; sich r. verhalten 삼가하는 태도를 취하다. **Reserviertheit**, die ↑reserviert의 명사형. **Reservierung**, die; -en 예약, 보존, 보류, 저장. **Reservist** [rezɛr'vɪst], der; -en, -en [frz. réserviste] **1.** [군] 예비병. **2.** [스포츠] 《은어》 후보 선수. **Reservistenübung**, die [군] 예비병 훈련. **Reservoir** [rezɛr'voaːɐ̯], das; -s, -e [frz. réservoir] 《교양어》 큰 저장통, 저수통[물 탱크], 저수지: ein R. anlegen 저수통을 설치하다; [전의] über ein riesiges R. an technischer Intelligenz verfügen 막대하게 비축된 기술 인력을 갖추다.
resezieren ⟨h⟩ [lat. resecāre] [의학] 절제(切除)하다, 잘라 내다, 절단하다.
Resident [rezi'dɛnt], der; -en, -en [frz. résident] **1.** 《고어》 변리 공사. **2.** 《준고어》 주재관, 총독.
Residenz [rezi'dɛnts], die; -en [lat. residentia] **1.** 저택, 관저, 거소(居所). **2.** (군주의 거소가 있는) 수도(首都).
Residenz-: **~pflicht**, die **1. a)** 임지(任地) 거주 의무. **b)** (성직자나 목사의) 근무지 거주 의무. **2.** [법] (변호사의) 사무소 설치 의무. **~stadt**, die ↑Residenz (2). **~theater**, das 〈옛날의〉 수도에 있는 극장.
residieren [rezi'diːrən] ⟨h⟩ [lat. residēre] 《교양어》 거주하다: Kaiser Karl residierte in Aachen 칼 황제는 아헨에 거주했다. **residual** [rezi'duaːl] ⟨Adj.⟩ [lat. residuus] [의학] 잔류하는, 잔존(성)의.
Residual-: **~gebiet**, das ↑Refugialgebiet. **~harn**, der [의학] 잔뇨(殘尿). **~luft**, die [의학] 잔기(殘氣).
Residuum [re'ziːduum], das; -s, ...duen [...duən; lat. residuum] [의학] 잔류층, 잔재(물).
Resignation [rezɪgna'tsioːn], die; -en [lat. resignatio] **1.** 《교양어》 단념, 체념, 포기, 인종(忍從): R. erfaßte[ergriff] ihn 그는 체념하였다. **2.** 《관·고어》 임의 사직, 사표(辭表): der Minister hat seine R. angeboten 장관은 사표를 냈다. **resignativ** [rezɪgna'tiːf] ⟨Adj.⟩ 《교양어》 단념[포기]하는, 체념적: in -er Stimmung sein 포기 상태에 있다. **resignieren** [rezɪ'gniːrən] ⟨h⟩ [lat. resignāre] 《교양어》 단념[포기]하다, 체념하다: es gibt keinen Grund, jetzt zu r. 지금 포기할 이유가 없다. **resigniert** ⟨Adj.⟩ 《교양어》 단념[포기]한, 체념한, 풀[기]이 죽은: er zuckte r. die Achseln 그는 체념한 듯 어깨를 움츠렸다.
Resinat [rezi'naːt], das; -(e)s, -e [화학] 수지산염(樹脂酸塩).
Resistance [rezɪs'tãːs], die [frz. résistance] 저항 운동 [레지스탕스]. **resistent** [rezɪs'tɛnt] ⟨Adj.⟩ [lat. resistēns] 〈생물·의학〉 저항력 있는, 내구성의. **Resistenz** [rezɪs'tɛnts], die; -en [lat. resistentia] **1.** 〈생물·의학〉 저항[내구]력, 저항[내구]성. **2.** 《교양어》 반항. **3.** 경도(硬度), 강도(强度). **resistieren** [rezɪs'tiːrən] ⟨h⟩ [lat. resistere] 〈생물·의학〉 저항하다, 견디다, 지탱하다. **resistiv** [rezɪs'tiːf] ⟨Adj.⟩ [의학] 저항하는, 내구력의, 완고한. **Resistivität** [rezɪstivi'tɛːt], die 〈생물·의학〉 ↑Resistenz (1).
Reskript [rɛs'krɪpt], das; -(e)s, -e [lat. rescriptum] [가] (교황의) 답서.
resolut [rezo'luːt] ⟨Adj.⟩ [lat. resolūtus] 단호[결연]한, 과단성 있는, 과감한, 결단력 있는: «präd.: irresolut»: etw. mit -er Stimme sagen 무엇을 단호한 목소리로 말하다. **Resolutheit**, die; -en ↑resolut의 명사형. **Resolution** [rezolu'tsioːn], die; -en [frz. résolution] **a)** 결의(決議)(안), 결정: eine R. einbringen 결의안을 제출하다; über die vorgelegten -en abstimmen 제출된 결의들에 대해 표결하다. **b)** 결의문. **c)** [의학] (염증 따위의) 소산(消散). **Resolutionsentwurf**, der 결의안.
Resolvente [rezɔl'vɛntə], die; -n [lat. resolvēns] [수학] 분해 방정식. **resolvieren** [rezɔl'viːrən] ⟨h⟩ [lat. resolvere] **1.** 《고어》 결의(결정)하다. **2.** 일정 수를 작은 단위로 환산하다(예컨대: 1km = 1000m).
Resonanz [rezo'nants], die; -en [lat. resonantia] **1.** 〈물리·음악〉 공진(共振), 공명(共鳴): das Instrument hat keine gute R. 이 악기는 공명이 좋지 않다. **2.** 반향,

동의[동감], 공감: die R. auf diesen Vorschlag war schwach 이 제안에 대한 반향은 약했다; **R. finden** 공감을 얻다.

Resonạnz-: **~boden,** der [음악] 공명판. **~frequenz,** die 『물리』 공명 진동수, 공진 주파수. **~kasten,** der [음악] 공명 상자. **~körper,** der [음악] 공명동(胴)(체). **~raum,** der [물리] 공진 공동(共振空洞). **~saite,** die [음악] 공명현(弦).

Resonator [rezo'na:tɔr, (또한)...to:ɐ̯], der; -s, -en [...na'to:rən] [물리·음악] 공명기(器). **resonatorisch** [rezona'to:rɪʃ] 〈Adj.〉 [물리·음악] 공명하는, 공진의. **resonieren** [rezo'ni:rən] 〈h〉 [lat. resonāre] [물리·음악] 공진[공명]하다.

Resopal Ⓦ [rezo'pa:l], das; -s 〈인공어〉 레소팔(씻기 쉽고 저항력이 강한 합성 수지[플라스틱]).

resorbieren [rezɔr'bi:rən] 〈h〉 [lat. resorbēre] [생물·의학] 흡수하다, 빨아들이다: das Medikament wird sehr schnell resorbiert 그 약은 매우 빨리 흡수된다.

Resorcin, Resorzin [rezɔr'tsi:n], das; -s, -e [lat. rēsīna u. Orcin의 인공어] [화학] 레조르신.

Resorption, die; -en [생물·의학] 흡수. **Resorptionsfähigkeit,** die [생물·의학] 흡수력.

Resorzin: ↑ Resorcin.

resozialisierbar 〈Adj.〉 사회에 복귀할 수 있는. **resozialisieren** 〈h〉 사회에 복귀하다. **Resozialisierung,** die; -en 사회 복귀.

resp. = respektive. **Respekt** [re'spɛkt, res'pɛkt], der; -(e)s [frz. respect] **1.** 존경[존중](심), 경의, 주의[주목], 관심: nicht den geringsten R. vor jmdm. [etw.] haben 누구에게[무엇에 대해] 조금도 존경[존중]하는 마음이 없다; jmdm. seinen R. erweisen〈zollen〉 누구에게 경의를 표하다 〈바치다〉; um so zu sagen, ein Dummkopf 《준고어》 심한 말을 해 죄송합니다만[실례의 말씀입니다만] 그는 멍청이 입니다; sich (bei jmdm.) in R. setzen 〈아어〉 〈누구의〉 관심을 끌다. **2.** 외경, 경외(심), 정중: vor dem strengen Lateinlehrer haben sie alle den größten R. 엄격한 라틴어 선생을 그들 모두는 가장 경외한다, [전의] 이 커브길에 대해 나는 큰 경계심을 가지고 있다. **3.** [문헌·서적·예술] 가장자리 여백, 빈 가장자리.

respẹkt-, Respẹkt-: **~blatt,** das [서적] 책의 처음에 있는 공백지(면지). **~einflößend** 〈Adj.〉 경외심을 일으키는. **~frist,** die [화폐] 은혜 기일[어음 지불 유예 기일]. **~los** 〈Adj.〉 존경하지 않는, 경외심이 없는, 실례되는, 불경[무례]의, 제멋대로 행동하는: sich(jmdm. gegenüber) r. benehmen (누구에 대해) 무례한 태도를 취하다. **~losigkeit,** die; -en 〈Pl. 없음〉 불경(不敬), 무례. **2.** 실례되는 행위, 불손한 말. **~rand,** der ↑ Respekt (3). **~tag,** der 〈대개 Pl.〉 [화폐] 은혜일(恩惠日)[어음 지불 유예일]. **~voll** 〈Adj.〉 존경[경외]심에 가득 찬, 정중한, 예의바른, 공손한: jmdn. r. grüßen 누구에게 공손하게 인사하다. **~widrig** 〈Adj.〉〈드물게〉↑ ~los. **~widrigkeit,** die; -en 〈드물게〉↑ ~widrig의 명사형.

respektabel [rɛspɛk'ta:bl̩, rɛs...] 〈Adj.〉 [engl. frz. respectable] 《교양어》 **a)** 존경[존중]할 만한, 존경 받는, 덕망 있는, 훌륭한. **b)** 정당한, 적법한, 타당한: er hat respektable Gründe für sein Handeln 그는 그의 행위에 대해 정당한 이유를 가지고 있다. **c)** 주목할 만한, 인정받는, 인상 깊은, 상당한: eine respektable Leistung 주목할 만한 성과. **Respektabilität** [rɛspɛktabili'tɛt, rɛs...], die ↑ **respektabel**의 명사형. **respektieren** [rɛspɛk'ti:rən, rɛs...] 〈h〉 [frz. respecter] **1.** 경의를 표하다, 존경[존중]하다, 경외하다. **2.** (무엇을 정당하다고) 인정하다, 준수하다, 고려[배려]하다: Gesetze r. 법률을 준수하다. **3.** [화폐] (어음을) 인수하다, 지불하다. **respektierlich** [rɛspɛk'ti:rlɪç, rɛs...] 〈Adj.〉 《준고어》 ↑ respektabel (a). **Respektierung,** die 경의, 존경[존중], 준수, 고려, (어음의) 인수. **respektiv** [rɛspɛk'ti:f, rɛs...] 〈Adj.〉 《고어》 ↑ jeweilig. **respektive** [rɛspɛk'ti:və, rɛs...] 〈Konj.〉 [lat. respectivus] 〈약어: resp.〉 《교양어》 **1.** ↑ beziehungsweise (2). **2.** ↑ beziehungsweise (1). **Respẹktsperson,** die; -en 존경 받는 인물, 명사(名士).

Respiration [rɛspira'tsio:n, rɛs...], die; [lat. respīrātio] [의학] 호흡. **Respirationsapparat,** der [해부] 호흡 기관(의 총칭). **Respirator** [rɛspi'ra:tɔr, (또한)...to:ɐ̯, rɛs...], der; -s, ...ra'to:rən] [의학] 인공 호흡기, 호흡 보조기(마스크). **respiratorisch** [rɛspira'to:rɪʃ, rɛs...] 〈Adj.〉 [의학] 호흡의, 호흡을 위한. **respirieren** [rɛspi'ri:rən, rɛs...] 〈h〉 [lat. respīrāre] [의학] 호흡하다.

respondieren [rɛspɔn'di:rən, rɛs...] 〈h〉 [lat. respondēre] **a)** 《교양어》 응창(應唱)[답창]하다. **b)** 《고어》 ↑ antworten. **Rẹspons** [rɛ'spɔns, rɛs'pɔns], der; -es, -e [lat. respōnsum] 《교양어》 응답, 반응: bisher erfolgte kein positiver R. 지금까지 아무런 긍정적 응답이 없었다. **responsabel** [rɛspɔn'za:bl̩, rɛs...] 〈Adj.〉 [frz. responsable] 《고어》 책임 있는 (반대: irresponsabel). **Response** [rɪs'pɔns], das; -s [s...sɪs, ... sɪz; engl. response] [심리] 반응. **Responsion** [rɛspɔn'zio:n, rɛs...], die; -en [lat. respōnsio] **1.** [문예] (작품의 각 부분들 사이에) 형식이나 의미에 있어서) 대응, 상응. **2.** [수사] 대구(對句)의 답. **Responsorium** [rɛspɔn'zo:rium, rɛs...], das; -s, ...ien [...iən; lat. responsorium] [가톨릭] 응창.

Ressentiment [rɛsãti'mã:, rə...], das; -s, -s [frz. ressentiment] **1.** 《교양어》 반감, 혐오(감), 적개심: alte -s wieder wachrufen 옛날의 반감을 다시 일깨우다. **2.** [심리] 원한, 복수심, 르상티망.

Ressọrt [rɛ'so:ɐ̯], das; -s, -s [frz. ressort] **a)** 관할(영역), 관할권, 소관 사항, 해당 업무, 부문, 전문(영역), 권한: das ist mein R.! 그것은 내 소관이다; die Angelegenheit fällt in das[gehört zum] R. des Innenministers 그 사건은 내무부의 관할이다. **b)** 부국(部局), 과(課): einem R. vorstehen (관할) 국[과]의 장(長)이다; -s zusammenlegen (관할) 국[과]들을 통합하다.

Ressọrt-: **~chef,** der ↑ ~leiter. **~leiter,** der 관할 국[과]장. **~minister,** der 관할(주무) 장관.

ressortieren [rɛsɔr'ti:rən] 〈h〉 [frz. ressortir] **1.** 누구의 관할 하에 있다, 무엇의 영역[관할]에 소속되다: etw. ressortiert bei jmdm. 무엇이 누구의 관할에 있다. **2.** 관할하다.

Ressource [rɛ'sʊrsə], die; -n [frz. ressource] 〈대개 Pl.〉 《교양어》 **1.** (천연) 자원: materielle -n 물적 자원; neue -n erschließen 새로운 자원을 개발하다. **2.** 재원(財源), 자금(력), 자력, 밑천: meine -n sind erschöpft 내 재원은 바닥이 났다; er verfügt über beachtliche -n 그는 상당한 자금을 가지고 있다.

Rest [rɛst], der; -(e)s, -e / -er / -en [ital. resto] **1. a)** 〈Pl. -e〉 남은 것(Überbleibsel), 나머지, 여분, 잔여, 찌꺼기: von dem Wein ist noch ein R. da 포도주의 남은 것이 아직 있다; den R. des Geldes haben wir versoffen 남은 돈을 우리는 마셔 버렸다; [성구] das ist der (letzte) R. vom Schützenfest 《통용어》 그것은 남아 있는 모든 것이다; der R. ist für die Gottlosen 〈농〉 1) 네가 남은 것 전부야. 2) 너희 패들은 너희들이 나가져, 나는 됐어. **R. machen** (norddt.) 《음식, 음료의》 남은 것을 먹다. **b)** 〈Pl. -e 드물게〉 잔재(殘在)물:

die -e politischer Vernunft 정치적 이성의 잔재물. c) 〈Pl. -e, 대개는 Pl.〉 (소멸, 멸종, 파괴로부터 아직 남은) 잔존물, 유물: die -e versunkener Kulturen ausgraben 몰락한 문화의 유물을 발굴하다; seine sterblichen 〈은폐〉 그의 유해. d) 〈Pl. -e, 〈상·또한〉 -en / (schweiz.) -er〉 자투리, 웃감 조각, 잔품(殘品): den Kissenbezug hat sie aus einem R. genäht 베갯잇을 그녀는 자투리로 꿰매어 만들었다. 2. 〈Pl. 없음〉 남은 부분[나머지], 나머지(그 밖의) 것, 부족액, 잔액: den R. des Weges gehe ich zu Fuß 길의 남은 부분을 나는 걸어서 간다; 〈성구〉 der R. ist Schweigen (Shakespeare, Hamlet V. 2에 의거) 1) 더 이상은 말하지 않는 게 좋다. 2) 그 밖의 것은 모른다; einem Tier den R. geben (통용어) 중상〔중병〕의 동물을 죽이다; jmdm. [einer Sache] den R. geben (통용어) 완전히 상하게 하다, 파멸시키다, 죽이다, 잔뜩 취하게 하다; sich den R. holen (통용어) 중병에 걸리다, 중대에 빠지다, 지쳐서 완전히 녹초가 되다. 3. 〈Pl. -e〉 〔수학〕 (나눗셈의) 나머지(수), 잉여: wenn man 20 durch 6 teilt, bleibt ein R. von 2 20을 6으로 나누면 나머지는 2이다. 4. 〈Pl. -e〉 〔화학〕 기(基), 원자단, 근(根).

rẹst-, Rẹst-: **~alkohol,** der (아직 체내에 남은) 잔여 알코올(량). **~auflage,** die 잔본(잔품), 재고본(在庫本). **~bestand,** der 재고(품), 잔고(殘高). **~betrag,** der 잔액, 잔금. **~forderung,** die 〔상〕 잔여 채권. **~gruppe,** die 나머지 그룹. **~harn,** der 〔의학〕 잔뇨(殘尿). **~los** 〈Adj.〉 (감정) 완전히, 철저히[하게], 전부(의), 남김없이, 아주: bis zur -en Erschöpfung 완전히 지칠 때까지. **~luft,** die 〔의학〕 잔기(殘氣). **~magnetismus,** der ↑Remanenz. **~posten,** der 〔상〕 팔다 남은 물건, 잔품(殘品). **~risiko,** das 아직 배제할 수 없는 모험. **~strafe,** die 잔여 형기 (刑期). **~stück,** das **a)** 잔품의 낱개. **b)** ↑Rest (1 d). **~summe,** die ↑~betrag. **~süße,** die (전문어) 잔여 당분(량). **~urlaub,** der 휴가의 잔여 기간. **~zahlung,** die 잔금[잔액] 지불. **~zucker,** der ↑~süße.

Restant [rɛs'tant], der; -en, -en [lat. restāns] **1.** 〔화폐〕 지불 미납자, 체납자. **2.** 〔금융〕 미회수 채권(대여금), 미상환 유가 증권. **3.** 〔경제〕 팔다 남은 상품, 잔품. **Restạntenliste,** die 〔금융〕 미회수 채권(대여금) 목록. **Restạnz** [rɛs'tants], die; -en (schweiz.) ↑Restbetrag.

Restaurant [rɛsto'rãː], das; -s, -s [frz. restaurant] 음식점, 요리점, 식당, 레스토랑: im R. essen 레스토랑에서 식사하다. **Restaurateur** [rɛstora'tøːɐ], der; -s, -e [frz. restaurateur] (고어) ↑Gastwirt. **¹Restauration** [rɛstaura'tsjoːn, rɛs...], die; -en [lat. restaurātio] **1.** (교양어) 부구, 복원, 수복(修復), 보수(補修): die R. des alten Rathauses hat Millionen gekostet 옛 시청의 복구에는 수백만 마르크가 들었다. **2.** 〔역사·정치〕 (구체제의) 부활, 재흥, (왕정) 복고: die Zeit der R. nach dem Wiener Kongreß 빈 회의 후의 왕정 복고 시대. **²Restauration** [rɛstora'tsjoːn], die; -en (고어·아직도 österr.) ↑Restaurant.

¹Restaurations- (¹Restauration; 교양어) **~arbeit,** die **a)** 〈Pl.〉 복구(보수) 작업. **b)** (예술품의) 복원 작업. **~bestrebungen** 〈Pl.〉 (정치적) 복고 노력. **~epoche,** die ↑~zeit. **~politik,** die 복고 정책. **~zeit,** die (정치적, 사회적) 복고 시대: die Literatur der R. 복고 시대의 문학.

²Restaurations- (²Restauration) **~betrieb,** der **1.** ↑²Restauration: einen R. führen 요리점을 경영하다. **2.** 〈Pl. 없음〉 식당 경영(영업). **~brot,** das (지역적·요식업) 소시지, 햄 따위와 감자 샐러드 및 달걀이 든 조각빵. **~platte,** die (지역적·요식업) 몇 가지 소시지류와 샐러

드 등이 나오는 간단한 찬 음식. **~wagen,** der (특히 österr.) ↑Speisewagen.

restaurativ [rɛstaura'tiːf, rɛs...] 〈Adj.〉 **a)** (교양어) (구체제) 부활의, (왕정) 복고적: dem Umsturz folgte eine -e Phase 혁명에 이어 복고적 국면이 뒤따랐다. **b)** (드물게) 복구(수복)의, 복원적: eine neue -e Technik 새로운 복원 (기)술. **Restaurator** [rɛstau'raːtɔr, (또한) ...toːɐ, rɛs...], der; -s, -en [...ra'toːrən; lat. restaurātor] (예술품의) 복원(기술)자. **Restauratorin,** die; -nen ↑Restaurator의 여성형. **restaurierbar** [rɛstau'riːɐbaːɐ̯] 〈Adj.〉 복원(원상 회복) 할 수 있는: das ausgebrannte Gebäude ist nicht mehr r. 다 타버린 건물은 더이상 복구할 수 없다. **restaurieren** [rɛstau'riːrən, rɛs...] 〈h〉 [frz. restaurer] **1.** (교양어) 복원(복구)하다, 수복(修復)하다, 보수하다: ein Gemälde sorgfältig r. 그림을 조심스럽게 복원하다. **2.** (교양어) 구체제를 회복하다, (왕정)을 복고하다: das Reich von 1914 wieder r. 1914년의 제국을 다시 회복하다. **3.** 〈r. + sich〉 (준고어·교양어·농) 원기를 회복하다, 기운이 나다, 생기가 나다: in dem Rasthaus restaurierten sie sich bei Wein und Käse 휴게소에서 그들은 포도주와 치즈로 원기를 되찾았다. **Restaurierung,** die; -en **1.** 복원(복구), 수복(보수). **2.** (교양어·교양어) 왕정 복고.

Rẹste-: **~buchhandel,** der 재고본 판매 서적상. **~essen,** das 〔친근〕 (먹고) 남은 것으로 마련한 음식. **~tag,** der 〔친근〕 남은 음식을 먹는 날. **~tisch,** der 잔품(자투리) 판매대. **~verkauf,** der 잔품 대매출. **~verwertung,** die 남은 것 이용.

Rẹsten, Rẹster: ↑Rest (1 d)의 복수형.

restieren [rɛs'tiːrən] 〈h〉 [lat. restāre] (고어) **a)** (지불할 것이) 남아 있는: es restieren noch 200 Mark 아직 200 마르크가 남아 있다. **b)** 빚을 지고 있다, (갚을) 의무가 있다: er restiert mir noch Geld 그는 나에게 아직도 돈을 갚을 의무가 있다. **c)** (지불이) 밀리다, 체불[체납]하다: er restiert noch mit der letzten Rate 그는 아직도 마지막 분할금을 체납하고 있다.

restituieren [rɛstitu'iːrən, rɛs...] 〈h〉 [lat. restituere] (특히 법) **a)** 원상 복귀[복구]시키다, 회복시키다. **b)** 상환(배상)하다, 변제하다, 보충하다. **Restitution** [rɛstitu'tsjoːn, rɛs...], die; -en [lat. restitūtio] **1.** (교양어) 원상 복구, 복구. **2. a)** (국제법) 배상(보상), 상환. **b)** (로마법) 복권(復權), 권리 회복, 복직. **3.** (생물) 재생. **Restitutiọnsklage,** die 〔법〕 원상 회복의 소송, 복권 소송.

rẹstlich ['rɛstlɪç] 〈Adj.〉 **a)** 나머지(여분)의, 남아 있는: das -e Geld will ich sparen 쓰고 남은 돈은 저축하겠다. **b)** 남은, 그 밖의: die -en Arbeiten erledige ich morgen 그 밖의 일은 내일 해치우겠다.

Restriktion [rɛstrɪk'tsjoːn, rɛs...], die; -en [lat. restrictio] **a)** (교양어) (권리, 권능의) 제한, 한정, 제약, 보류; jmdm. -en auferlegen 누구에게 제약을 가하다. **b)** (언어) (언어 체계의 어법적) 제한, 한정: für intransitive Verben gilt die grammatische R., daß sie kein Akkusativobjekt haben können 자동사에는 4격 목적어를 쓸 수 없다는 문법적 제한이 있다. **Restriktiọnsmaßnahme,** die 〔정치〕 제한 조치. **restriktiv** [...'tiːf, rɛs...] 〈Adj.〉 제한[한정]하는, 구속적: ein Gesetz r. auslegen 〔법〕 법을 축소 해석하다. **2.** 〔언어〕 **a)** ↑restringiert. **b)** 한정(제한)적: -e Konjunktionen 한정 접속사. **Restriktịvsatz,** der 〔언어〕 한정문(文). **restringieren** [rɛstrɪŋ'giːrən, rɛs...] 〈h〉 [lat. restringere] (드물게) 제한[한정]하다: die Produktion von etw. r. 무엇의 생산을 제한하다. **restringiert** [...'giːɐt] 〈Adj.〉 [engl. restricted] 〔언어〕 제한(국한)된, 좁은, 단순한 〈반대: elaboriert〉 b): -er

Kode (특히 적은 어휘, 간단한 문형의 특징을 갖는, 사회 하위층의) 단순한[제한적] 언어(체계).
Resultante [resul'tantə], die; -n [frz. résultante] 【물리】 합성(력), (둘 또는 여러) 벡터의 합. **Resultat** [resʊl'ta:t], das –(e)s, -e [frz. résultat] 《교양어》 **a)** 결과, (해)답: die endgültige -e der Wahlen 선거의 최종 결과. **b)** 성과, 결말: die Ermittlungen der Polizei haben noch keine -e gebracht 경찰의 조사는 아직 아무런 결말도 가져오지 못했다; ein gutes R. erreichen 좋은 결말을 얻다. **resultativ** [rezulta'ti:f] 〈Adj.〉 《교양어》 결과적, 결과를 나타내는: -e Verben [언어] 결과 동사(예컨대: aufessen). **resultatlos** 〈Adj.〉 결과 없는, 성과 없는, 실패의. **resultieren** [resul'ti:rən] 〈h〉 [frz. résulter] 《교양어》 **a)** 무엇으로부터 결과가 나타나다(생기다), 결과로서 밝혀지다, 결론이 나오다: daraus resultiert, daß der Gärtner der Mörder ist 그것으로부터 정원사가 살인자라는 결론이 나온다. **b)** 무엇으로 끝나다, 어떤 결과로 끝나다: etw. resultiert in etw.³ 무엇이 무엇으로 끝나다. **Resultierende*** [...'ti:rəndə], die; -n, -n [물리] ↑Resultante.
Resümee [rezy'me:], das; -s, -s [frz. résumé] 《교양어》 **a)** 개요, 개괄, 약설(約說): dem englischen Originaltext ist ein R. in deutscher Sprache vorangestellt 영어 원작 앞에 독일어로 쓴 개요가 있다. **b)** 요점, 요지, 요약: **das R. ziehen** 요약하다.. **resümieren** [rezy'mi:rən] 〈h〉 [frz. résumer] 《교양어》 **a)** 개괄하다, 개요를 진술하다, 약설하다. **b)** 요점(요지)을 설명하다, 요약하다.
Resurrektion [rezurɛk'tsio:n], die; -en [lat. resurrēctio] 《종교》 부활, 소생.
Ret: ↑Reet.
Retabel [re'ta:bl̩], das; -s, - [frz. retable] 《예술》 ↑ Altaraufsatz.
retablieren [reta'bli:rən] 〈h〉 [frz. rétablir] 《고어》 회복시키다, 부흥시키다, 복구(복원)하다.
Retake ['ri:teik], das, –(s), -s [engl. retake] 〈대개 Pl.〉 [영화] 재촬영.
Retaliation [retalia'tsio:n], die; -en [lat. retāliāre] 《고어》 보복, 보답.
Retard [ra'ta:r], der; -s frz. retard] 《전문어》 시계를 늦추는 장치. **Retardation** [retarda'tsio:n], die; -en [frz. retardation] 《교양어》 지체, 지연, 정체, 발육 부진, 감속. **retardieren** [...'di:rən] 〈h〉 [frz. retarder] 《교양어》 지연[지체]시키다, 느리게 하다(늦추다), 정체시키다. **retardiert** [...'di:rt] 〈Adj.〉 《인류·심리》 발육부진의, 발육이 뒤떨어진, 미숙한, **Retardierung**, die; -en 〈드물게〉 늦춤, 지연[지체], 정체.
Retention [retɛn'tsio:n], die; -en [lat. retentio] **1.** 【의학】 배설 기능 장해, 정체(停滯). **2.** 【심리】 기억력. **Retentionsraum**, der 《수리 공사》 고수부지(高水敷地). **Rententionsrecht**, das 〈Pl. 없음〉 【법】 유치권(留置權).
Retikül [reti'ky:l], das (또는 der; -s, -e / -s [lat. rēticulum] ↑Ridikül. **retikular, retikulär** [retiku'la:ɐ̯, ...'lɛ:ɐ̯] 〈Adj.〉 【해부】 그물 모양의. **retikuliert** [...'li:ɐ̯t] 〈Adj.〉 그물 모양의 무늬가 있는. **retikuloendothelial** [retikuloɛndote'lia:l] 〈다음 용법으로〉 **-es System** 《생물》 세망내피계(細網内皮系). **Retikulozyt** [-'tsyt], der; -en, -en 〈대개 Pl.〉 [griech. kýtos] 【의학】 새로 형성된 적혈구. **Retikulum** [re'ti:kulum], das; -s, ...la [lat. rēticulum] **1.** 【동물】 ↑Netzmagen. **2. endoplasmatisches R.** 【생물】 망상(網狀)[세망] 조직(구조). **Retina** [re'ti:na], die; ...nae ; -nen [lat. rēte] 【해부】 (눈의) 망막. **Retinitis** [reti'ni:tɪs], die; ...nitiden [...'ni:tidn̩] 【의학】 망막염. **Retinoblastom** [retino-], das; -s, -e 【의학】 망막에 생기는 악성 종양(망막교종(膠腫)).
Retirade [reti'ra:də], die; -n [frz. retirade] **1.** 《준고어·은폐》 변소, 뒷간. **2.** 《고어》 (군대의) 퇴각, 철수. **retirieren** [reti'ri:rən] 〈s〉 [frz. se retirer] **1. a)** 《고어》 (급히) 퇴각하다, 철수(후퇴)하다, 도주하다. **b)** 《교양어·농》 물러나다, 떠나가다, 사라지다, 도망치다: ins Nebenzimmer r. 옆방으로 사라지다. **2.** 《교양어·농》 화장실[변소]에 가다.
Retorsion, die; -en [frz. rétorsion] 【법】 보복(조치).
Retorte [re'tɔrtə], die; -n [lat. retorta] 【화학】 a) 증류 시험관, 증류기(장치), 레토르트: **aus der R.** (통용어·펌) 인위적[인공적](으로 만든): ein Kind aus der R. 시험관 아이; diese Lebensmittel sind (kommen) aus der R. 이 식품류는 가공품이다. **b)** 레토르트–로(爐).
Retorten-: **~baby**, das 《은어》 시험관(인공 수정) 아기. **~graphit**, der 【화학】 레토르트 탄소(카본). **~kind**, das 《통용어》 시험관(인공 수정) 아이. **~kohle**, die ↑~graphit. **~ofen**, der ↑Retorte. **~stadt**, die 《통용어, 펌》 인공적으로 만든 도시.
Retouche: ↑Retusche.
retour [re'tu:ɐ̯] 〈Adv.〉 [frz. retour] (österr., schweiz., 그 외 고어) 되돌아, 되돌려: hin sind wir gefahren, r. gelaufen 우리는 갈 때는 타고 갔고, 올 때는 걸어왔다; 1,40 DM r. 1마르크 40을 되돌려 드립니다. **Retour** [-], die; -en (österr.·통용어) ↑Retour(fahr)karte의 약칭.
Retour-: **~billett**, **~billet**, das 《schweiz, 그 외 고 어》 ↑Rückfahrkarte. **~fahrkarte**, die 《österr., 그 외 고어》 ↑Rückfahrkarte. **~gang**, der 《österr.》 ↑ Rückwärtsgang (1). **~kampf**, der 《스포츠·österr.》 ↑~spiel. **~karte**, die (österr., 그 외 고어) ↑Rückfahrkarte. **~kutsche**, die 《통용어》 (모욕, 비난에 대한 상응하는) 보복: mit einer R. reagieren 똑같은 비난으로 반응하다. **~marke**, die 《österr.》 반송용 우표. **~match**, das 《스포츠·österr.》 ↑~spiel. **~sendung**, die 《österr.》 ↑Rücksendung. **~spiel**, das 《스포츠·österr., schweiz.》 (2회 시합의) 제2차 경기 (↑Rückspiel).
Retoure [re'tu:rə], die; -n 1. 《대개 Pl.》 **a)** [상] 반송품. **b)** 【금융】 미지불 반송 수표(어음). **2.** (österr·관·준고어) 반송. **retournieren** [retʊr'ni:rən] 〈h〉 [frz. retourner] **1. a)** 《상》 반송하다, 반품하다. **b)** 《österr.》 반환하다, 되돌려 주다: (jmdm.) ein geliehenes Buch r. (누구에게) 빌린 책을 돌려 주다. **2.** 《스포츠·특히 테니스》 되받아 치다: den Aufschlag konnte er nicht r. 그는 서브공을 되받아 칠 수 없었다; 《격 목적어 없이도》 sauber r. 깨끗하게 받아 치다.
Retraite [rə'trɛ:tə], die; -n [frz. retraite] 《군·고어》 **1.** 퇴각. **2.** 귀영(歸營) 신호. **Retraktion**, die; -en [lat. retractio] 【의학】 (기관 따위의) 수축, 단축, 축소.
Retransfusion, die; -en ↑Reinfusion.
Retribution [retribu'tsio:n], die; -en [frz. rétribution] 《고어》 **a)** 보복, 복수. **b)** 반환, 배상, 변상. **retributiv** [...'ti:f] 〈Adj.〉 《교양어》 보복의, 배상의.
retro-, Retro- [retro-; lat. retrō] (다음을 뜻하는 규정어로서) **a)** 뒤로(향한), 뒤로(예컨대: retrospektiv, Retroflexion). **b)** 《특히 의학》 뒤(쪽)에 위치한(놓인) (예컨대: retronasal): **retrodatieren** 〈h〉 《고어》 ↑ zurückdatieren. **retroflex** [...'flɛks] 〈Adj.〉 [lat. retrōflexum] [언어] 혀말이 소리의(권설음의). **Retroflex** [-], der; -es, -e [언어] 혀말이 소리[권설음]. **Retroflexion**, die; -en 【의학】 (자궁의) 후굴(後屈)(증). **retrograd** 〈Adj.〉 [lat. retrōgradis] 【의학】 (건망증 중) 역행성의: eine -e Amnesie 역행성 건망

(중). 2. [천문] ↑rückläufig (2). 3. [언어] ↑ rückgebildet: eine -e Bildung 역성(어)(逆成(語)).
retronasal 〈Adj.〉 [의학] 코 안 뒤쪽(인후)에 위치한.
Retrospektion [...spɛkˈtsjoːn], die; -en (교양어) 회고, 회상. **retrospektiv** [...spɛkˈtiːf] 〈Adj.〉 (교양어) 되돌아보는, 회고(회상)적인(반대: prospektiv a): etw. r. betrachten 무엇을 회고하여 보다. **Retrospektive** [...spɛkˈtiːvə], die; -n (교양어) **1.** 과거로 되돌아봄, 회고, 회상: erst die R. wird die historische Bedeutung der Ereignisse erkennen lassen 돌이켜 봄으로써 비로소 사건들의 역사적 의의를 인식할 것이다. **2.** 회고전(回顧展): die Galerie veranstaltet die erste R. des Malers 화랑은 화가의 첫 회고전을 열고 있다. **Retrospiel**, das -(e)s, -e (체스) [경기규칙]. **Retroversion**, die; -en [lat. retroversus 의학] (특히 자궁의) 후경증(後傾症). **retrovertieren** [...verˈtiːrən] 〈h〉 [lat. retrövertere] (전문어, 특히 의학) 위로 기울다(굽히다), 뒤쪽으로 향하다. **retrozedieren** [...tseˈdiːrən] 〈h〉 [lat. retröcēdere] **1.** (고어) a) 물러나다, 퇴각하다. b) 재 양도하다, 반환하다. **2.** [경제] 재 보험하다. **Retrozession** [...tseˈsjoːn], die; -en [lat. retröcessio] **1.** 퇴각, 재양도, 반환. **2.** [경제] 재 보험.
Retsina [rɛˈtsiːna, re...], der; -(s), -(s) [griech. retsína < lat. resina] 송진 맛이 나는 그리스 백포도주.
rettbar [ˈrɛtbaːɐ] 〈Adj.〉 (드물게) 구조 받을 수 있는, 구할 수 있는. **retten** [ˈrɛtn̩] 〈h〉 **1.** 구하다, 구조하다, 구출하다: jmdn. aus Lebensgefahr r. 누구를 생명의 위험에서 구해 내다; er konnte sich mit dem Fallschirm r. 그는 낙하산으로 탈출할 수 있었다; wir sind gerettet 우리는 생명의 위험에서 벗어났다; das rettende Ufer 안전한 강변; [성구] rette sich, wer kann! (농) 피할 수 있는 자는 피하라; [전의] jmdn. vor dem Bankrott r. 누구를 파산에서 구하다; der Frieden war noch einmal gerettet 평화가 다시 한번 지켜졌다; seinen Kopf(seine Haut) r. 위급한 상황을 모면하다; er hatte ihre rettende Idee 그는 해결 방안을 가졌다; [성구] bist du noch zu r.? (통용어) 너 제 정신이 있느냐?; **nicht mehr zu r. sein** (통용어) 완전히 돌다(구제 불능이다); **sich vor etw.(jmdm.) nicht(mehr) (kaum(noch)) zu r. wissen(r. können)** 어떤 일(사람들)로 인해 극도로 압박 받다(어쩔 줄 모르다). **2.** 손실을 막다, 손실로부터 지키다(구해 내다): der Restaurator konnte das Gemälde r. 복원자가 그 그림을 손실로부터 지킬 수 있었다. **3.** 피난시키다, 대피시키다, 위험 지대에서 옮기다: sich aus Ufer r. 뭍으로 피난하다; seine Habe ins Ausland r. 그의 재산을 국외로 대피시키다; [전의] sich ins Ziel r. [스포츠] 간신히 추월 당하기 전에 목표점에 도달하다(골인하다). **4.** 유지하다, 보존하다: altes Kulturgut in die Gegenwart r. 옛 문화재를 현재까지 보존하다; der alte Brauch hat sich in unsere Zeit r. können 옛날의 풍습이 오늘날까지 유지될 수 있었다. **5.** [단체경기] 막아내다: auf der Linie r. 공을 골라인에서 막아내다. **Retter**, der; -s, - 구해 주는 사람, 구조자. **Retterin**, die; -nen ↑Retter의 여성형.
Rettich [ˈrɛtɪç], der; -s, -e [lat. rädix] **1.** 무과 식물. **2.** a) (식용) 무(뿌리). b) 〈Pl. 없음〉 무(뿌리): **Rettichsaft**, der 무 즙. **Rettichsalat** der 무 샐러드.
rettlos [ˈrɛtloːs] 〈Adj.〉 [선원] 구조 불능의, 구조 가망이 없는. **Rettung**, die; -en **1.** 구조, 구명, 구출, 구호: jmdn. R. bringen 누구를 구조하다; ein Gerät zur R. eingeschlossener Bergleute 갇힌 광부들의 구출용 도구; [전의] es gab für ihn keine R. vor dem Bankrott 그에게는 파산을 막을 가망이 없다; **jmds. (letzte) R. sein** (통용어) 위급한 상황에서 누구를 돕다. **2.** 보호, 보존, 대피, 피난: eine Aktion zur R. bedrohter Kunstdenkmäler 위기에 처한 예술품의 대피 작업. **3.** (österr.) 구조 대(隊)(반(班)). b) 구급차(車).
Rettungs-: ~**aktion**, die 구조 작업(활동). ~**amt**, das 구호(구조)국(局). ~**anker**, der 위급한 경우 붙잡게 하는(붙잡을 것을 주는) 사람. ~**arbeiten** 〈Pl.〉 ↑~aktion. ~**arzt**, der ↑Notarzt (b). ~**auto**, das (통용어) ↑~wagen. ~**bake**, die [해양] 피난 표지. ~**boje**, die [해양] 구명 부표(부이). ~**bombe**, die [광] 광부 구출용 철제 원통. ~**boot**, das a) [해양] 구조정(救助艇). b) 구명 보트. ~**dienst**, der a) 구조대(隊), 구조반(班). b) 〈Pl. 없음〉 구조 활동(일). ~**expedition**, die 구조 원정(대). ~**fahrt**, die (인명) 구조(를 위한) 행차. ~**fallschirm**, der [항공·우주] 구조 낙하산. ~**floß**, das [해양] 구명 뗏목. ~**flug**, der (인명) 구조 비행. ~**flugzeug**, das 구급 비행기. ~**gerät**, das 구명 용구. ~**gürtel**, der 구명대(帶). ~**hubschrauber**, der 구급 헬리콥터. ~**insel**, die [해양] 대형 구명 고무 보트. ~**kolonne**, die ↑~mannschaft. ~**kommando**, das ↑~mannschaft. ~**körper**, der [해양] 구명용 부유체(浮遊體). ~**leitstelle**, die 구조 본부. ~**los** 〈Adj.〉 a) 구조의 가망이 없는, 구할 수 없는. b) 구제 불능의, 개선의 여지가 없는: eine r. verfahrene Situation 구제 불능으로 빠져 버린 국면. c) (형용사와 동사의 강조) (통용어) 극도로, 완전히: r. verliebt sein 홀딱 반해 있다. ~**mannschaft**, die 조난 구조단(대, 반). ~**medaille**, die 인명 구조 표창 메달. ~**mittel**, das [해양] 구명 용구. b) 인명 구조 수단: der Hubschrauber ist nicht immer das optimale R. 헬리콥터는 반드시 최선의 인명 구조 수단은 아니다. ~**ring**, der **1.** 구명대(帶), 구명 튜브. **2.** (통용어·농) 허리 높이에 빙 둘러 튀어나온 비곗살. ~**sanitäter**, der 구조 작업에 일하는 위생대원. ~**schlauch**, der 구조용 긴 자루. ~**schlitten**, der 부상자 구조 운송 수단(썰매). ~**schwimmen**, das; -s 인명 구조 수영법. ~**schwimmer**, der 수난 구조원. ~**schwimmerin**, die ↑~schwimmer의 여성형. ~**station**, die 구호(구조) 소(所). ~**stelle**, die ↑~station. ~**trupp**, der ↑~mannschaft. ~**versuch**, der 구조 시도. ~**wache**, die a) (특히 해수욕장의) 구조소(所). b) 구조대 본부(사무소). ~**wagen**, der 구급차(救急車). ~**wesen**, das 〈Pl. 없음〉 구조 체제, 구호 계도. ~**zelle**, die [해양] 구명 조끼. ~**zille**, die (österr.) 구명 보트.
Return [riˈtœrn, riˈtœrn, (engl.) riˈtəːn], der; -s, -s [engl. return] [구기] 공받아 치기: der R. landete im Netz 되받아 친 공이 네트에 꽂혔다.
Retusche [reˈtʊʃə], die; -n [frz. retouche] [특히 사진·인쇄] a) (사진의) 수정(修正): an einem Foto eine R. vornehmen 사진을 수정하다; [전의] die Wirklichkeit ohne -n darstellen 현실을 그대로 묘사하다. b) 수정한 곳, 수정 장소. **Retuscheur** [retʊˈʃøːɐ], der; -s, -e [특히 사진·인쇄] 수정 전문가. **retuschieren** [...ˈʃiːrən] 〈h〉 [frz. retoucher] **1.** [특히 사진·인쇄] 수정(修正)하다: ein Foto r. 사진을 수정하다; [전의] einen Text für die Veröffentlichung r. 텍스트를 출판을 위해 수정하다. **Retuschierung**, die; -en ↑retuschieren의 명사형.
reu-, Reu-: ~**geld**, das **1.** [법·경제] 해약금, 위약금(違約金). **2.** [경마] 위약 배상금(벌금). ~**kauf**, der [법·경제] ↑~vertrag. ~**mütig** 〈Adj.〉 (농) 후회하는, 참회의 정이 있는: ein -es Geständnis macht sich einem von ihnen 있는 고백. ~**vertrag**, der [법·경제] 위약 배상부의 매매 계약.
Reue [ˈrɔyə], die 후회, 회한, 회오, 참회, 개전(改悛): tiefe R. empfinden(fühlen) 깊이 후회하다; tätige R.

reue-, Reue-: **~bekenntnis**, das 《아이》후회의 고백, 참회. **~gefühl**, das 후회의 마음, 개전의 정(情). **~träne**, die 《대개 Pl.》 《시어》후회의 눈물. **~voll** 〈Adj.〉 《아이》깊이 후회하는, 참회하는, 개전의 정을 나타내는, 회오에 가득 찬.

reuen ['rɔyən] 〈h〉 《대개 아어》 a) 《깊이》 유감으로 생각하다: sein Verhalten reute ihn 그는 그의 행위를 유감으로 생각했다. 《또한 비인칭》 es reute ihn, so hart gewesen zu sein 그는 그렇게 심했던 것을 유감으로 생각했다. b) 후회하다, 뉘우치다: die Geldausgabe reute ihn 그는 돈의 지출을 후회했다. 《또한 비인칭》 reut es dich, mitgefahren zu sein? 너는 함께 타고 간 것을 후회하느냐? **reuig** ['rɔyɪç] 〈Adj.〉 《아이》 후회[회한]에 가득 찬, 회개하는, 깊이 유감스러운.

reunieren [rey'niːrən] 〈h〉 [frz. réunir] 《교양어·고어》 a) 《재》 통일[통합]하다, 화해시키다. b) 〈r. + sich〉 모이다, 집합[회합]하다. ¹**Reunion** [reu'nĭoːn], die; -en [frz. réunion] 《교양어·고어》 (재)결합[통일, 합동, 합병]. ²**Reunion** [rey'nĭoː], die; -s [frz. réunion] 《교양·준고어》 오락회, 사교 무도회. **Reunionen** [reu'nĭoːnən] 〈Pl.〉 [frz. réunion(s)] 《역사적》 (17세기 후반 루이 14세의) 강제적 합병 장소. **Reunionskammern** 〈Pl.〉 [frz. chambres de réunion] 《역사적》 (루이 14세의) 합병 수행 관청.

Reuse [rɔyzə], die; -n 1. 어살(↑Fischreuse의 약칭): es war kein einziger Fisch in die R. gegangen 고기가 한 마리도 어살에 들어가지 않았다. 2. 새 《잡는》 그물, 조망(鳥網)(↑Vogelreuse의 경우). **Reusenfischerei**, die 《어업》 어살에 의한 고기잡이.

Reuße, der; -n, -n 《고어》 러시아 사람(Russe).

reüssieren [rey'sɪːrən] 〈h〉 [frz. réussir] 《교양어》 인정을 받다, 성공을 거두다: er reüssierte als Autor von Hörspielen 그는 방송 극작가로 성공했다.

reuten ['rɔytṇ] 〈h〉 [südd., österr., schweiz.〉 개간하다, 뿌리채 뽑다.

Reuter ['rɔytɐ], der; -s, - 【농업】 ↑Heureuter.

Reutherbrett, das [독일 체조가인 R. Reuther(geb. 1909)에 따라] 【체조】 연습용 뜀판(스프링 보드).

Rev. = Reverend.

Revakzination, die; -en 【의학】 재(두 번째) 접종. **revakzinieren** 〈h〉 【의학】 재(반복) 접종하다.

Reval ['reːval] ↑Tallinn(n)의 옛 독일어 이름.

revalieren [reva'liːrən] 〈h〉 [lat. valēre] 1. 〈상〉 (빚을) 갚다, 변제하다. 2. 《교양어·준고어》 보상(배상)하다. **Revalierung**, die; -en 《상》 (빚의) 변제[갚음], 상환. **Revalorisation**, die; -en ↑Revalorisierung. **revalorisieren** 〈h〉 【경제】 (원래의) 가치를 회복시키다: eine Währung r. 통화(화폐) 가치를 회복시키다. **Revalorisierung**, die; -en 【경제】 (통화) 가치의 회복. **Revalvation**, die; -en 【경제】 평가 절상(切上). **revalvieren** 〈h〉 【경제】 평가 절상하다.

Revanche [re'vãːʃ(ə), die; -n [frz. revanche] 1. 《군수》전(爭): die Nationalisten sinnen auf R. 민족주의자들은 복수전을 계획하고 있다. 2. 보복(복수), 앙갚음, 설욕: sein Verhalten war eine R. für die Abweisung durch die 그의 태도는 거절에 대한 보복이었다. 3. 《농》보답: als R. für ihre Hilfe lud er alle zu einem Fest ein 그들의 도움에 대한 보답으로 그는 모든 사람을 잔치에 초대하였다. 4. 【스포츠·놀이】 a) 설욕(복수)의 기회: jmdm. R. geben 누구에게 설욕의 기회를 주다. b) 복수 시합, 설욕[복수]전, 리턴 매치: eine erfolgreiche R. 성공을 거둔 설욕전.

Revanche-: **~foul**, das 【스포츠】 보복 반칙(파울). **~kampf**, der 【스포츠】 설욕(복수)전. **~krieg**, der 《준고어》 보복[복수]전(爭). **~partie**, die 복수전. **~politik**, die 보복 정책. **~spiel**, das ↑~kampf.

revanchieren [revã'ʃiːrən], sich [frz. (se) revancher] 《통용어》 1. R. 보복(복수)하다, 앙갚음하다: eines Tages wird er sich (für deine Bosheiten) r. 어느날 그는 《너의 악한 짓에 대해》 복수할 것이다. 2. 보답[답례]하다: sich bei jmdm. [für etw.] r. 누구에게 보답하다(무엇에 대해 답례하다). 3. 【스포츠】 설욕하다: sich durch ein 2:0(mit einem 2:0) (für die Niederlage) r. 《패배한 데 대해》 2 : 0으로 설욕하다. **Revanchismus** [revã'ʃɪsmʊs, 《또한》 revan...], der; - [russ. rewanschism] 《특히 공산주의》 보복주의. **Revanchist** [revã'ʃɪst, 《또한》 revan...], der; -en, -en [russ. rewanschist] 《특히 공산주의》 보복주의자. **revanchistisch** 〈Adj.〉 《특히 공산주의》 보복주의적이다: diese Politik ist r. 이 정책은 보복주의적이다.

Reveille [re'vɛ(ː)jə, 《또한》 re'vɛljə], die; -n [frz. reveille] 《군·고어》 기상(起床) 신호[나팔].

Revelation [revela'tsĭoːn], die; -en [lat. revēlātiō] 《교양어》 폭로, 드러남, 누설. **revelatorisch** 〈Adj.〉 [lat. revēlātōrius] 《교양어》 드러내는, 폭로하는.

Revenant [rəvə'naː], der; -s, -s [frz. revenant] 《교양어》 망령, 유령, 귀신. **Revenue** [rəvə'nyː], die -n 《대개 Pl.》 [...'nyːən; frz. revenu] 《교양어·드물게》 수입, 소득.

Reverend ['revərənd], der; -s, -s [engl. Reverend] 1. 《Pl. 없음》 (영어권에서의) 성직자에 대한 경칭(호칭). 2. 이 칭호(경칭)의 소지자(신부, 목사)(약어: Rev.). **Reverenz** [reve'rɛnts], die; -en [lat. reverentia] 《교양어》. 경의, 존중, 흠모: jmdm. (die, seine) R. erweisen 누구에게 경의를 표하다. 2. 절, 경례.

Reverie [revə'riː], die; -n [...ĭən; frz. rêverie] 【음악】 환상곡, 몽상곡.

¹**Revers** [re'vɛːɐ, 《또한》 re'vɛːɐ, rə'vɛːɐ, rə'vɛːɐ], das -s, -s [frz. revers] 밖으로 꺾어 젖힌 부분, 접어 젖힌 단 [깃]: er trägt ein Parteiabzeichen am R. 그는 옷깃의 당의 배지를 달고 있다. ²**Revers** [re'vɛːɐ], der; - [re'vɛːɐ(s)], - [re'vɛːɐs] 《österr.》 ↑¹Revers. ³**Revers** [re'vɛrs, 《frz.》 rəvɛːɐ], der -es / 《불어 발음의 경우》 -, -e / 《불어 발음의 경우》 -s [주인] 《동전·메달의》 뒷면(반대: Avers). ⁴**Revers** [re'vɛrs], der; -es, -e [lat. reversum] 【법】 채무증서: einen R. ausstellen 채무 증서를 교부하다. **Reverse** [ri'vɔːɐs], der; - [engl. reverse] 【기술】 《특히 카세트 레코더》의 역진(逆進) 장치. **reversibel** [revɛr'ziːbḷ] 〈Adj.〉 [frz. réversible] 《전문어》 역행할 수 있는, 전도할 수 있는, 가역성(可逆性)의, 원상태로 돌아오는(반대: irreversibel): etw. ist nicht r. 무엇이 역행할 수 없다. **Reversibilität** [...ziblɪ'tɛːt], die 《전문어》 가역성(可逆性), 역행가능성 (반대: Irreversibilität). ¹**Reversible** [revɛr'ziːbḷ], der; -s, -s [engl. reversible] 【섬유】 양면을 다 쓸 수 있는 직물[옷]. ²**Reversible** [-], das; -s, -s 《영》 겉과 안의 복, 뒤집어 입을 수 있는 옷. **reversieren** [revɛr'ziːrən] 〈h〉 [frz. reverser] 《österr.》 《차량으로》 제자리에 옮겨 세우다. **Reversierwalzwerk**, das 【기술】 가역(可逆) 압연기. **Reversion** [revɛr'zĭoːn], die -en [lat. reversio] 《전문어》 전환, 역전(逆轉), 전도(轉倒). **Reversionspendel**, das 【물리】 중력(重力) 가속도 측정기. **Reverssystem**, das 【경제】 관리 가격제.

Revident [revi'dɛnt], der; -en, -en 1. 【법】 상고인(上告人). 2. a) 《Pl. 없음》 《고어》 고위 관직의 호칭. b) 위 칭호의 소유자. 3. 《고어》 검사관, 검열자, 교열자.

revidieren 〈h〉 [lat. revidere] 1. a) 살펴보다, 검사하

다, 교열하다: die Geschäftsbücher r. 영업 장부를 회계 감사하다. **b)** 검사[검색]하다, 검열하다: an der Grenze wurde alles Gepäck revidiert 국경에서 모든 짐이 검색 되었다. **2. a)** 고치다, 바꾸다: seine Meinung r. 그의 의견을 고치다. **b)** 수정하다, 교정하다, 개정하다: die revidierte Auflage eines Buches 책의 개정판.

Revier [re'vi:ɐ̯], das; -s, -e [niederl. riviere] **1.** (활동) 영역, (담당) 구역: jeder versucht sein R. abzugrenzen 각자는 자신의 활동 영역을 제한하려 한다; das ist mein R. (통용어) 그것은 내 담당이다. **2.** (동물) 서식 지역: der Hirsch verteidigt sein R. 사슴이 자신의 서식지를 지킨다. **3.** 관할 경찰서(↑Polizeirevier의 약칭): einen Verdächtigen aufs R. mitnehmen 수상한 자를 관할 경찰서로 데려가다. **4.** 영림(營林) 구역(↑Forstrevier의 약칭). **5.** 사냥 구역(↑Jagdrevier의 약칭). **6.** (군·고어) **a)** 병영의 숙소: das R. nicht verlassen dürfen 병영 숙소를 떠나서는 안된다. **b)** (병영 내의) 병실, 의무실. **7.** (광) 광산 지역, 광구(鑛區): er kommt aus dem rheinischen R. 그는 라인 광산 지역 출신이다. **8.** (드물게) 공업 지대(↑Industrierevier의 약칭).
revier-, Revier-: **~behandlung,** die 〈Pl. 없음〉 (군·고어) (병영) 의무실 치료. **~förster,** der 산림 감시관. **~fremd** 〈Adj.〉 (동물) 서식 지역에 서식 용납이 안되는, 외지의: ein ~es Tier 외지의 동물. **~krank** 〈Adj.〉 (군·고어) 병영 의무실 치료의, 가벼운 병의. **~kranke*,** der 〈군·고어〉 병영 의무실 환자(경환자). **~markierung,** die (행태) 서식 지역 표시. **~stube,** die ↑Revier (6 b). **~verhalten,** das (행태) 서식 지역 동물의 (특징적) 행태. **~wache,** die 관할 경찰서.
revieren [re'vi:rən] 〈h〉 〈사냥〉 **a)** (사냥개가) 사냥감을 찾아 지역을 샅샅이 뒤지다. **b)** (사냥꾼이) 사냥 구역을 조사하다.
Review [ri'vju:], die; -s [engl. review] (영·미 잡지의 표제로서) 평론, 평론지.
Revindikation, die; -en [lat. vindicātio] (법·고어) 반환 청구.
Revirement [revirə'mã:], (österr.) revir'mã:], das; -s, -s [frz. revirement] (교양어) (관리, 외교관의) 경질(更迭), 개각: im Außenministerium hat ein R. stattgefunden 외무부에 (외교관) 경질이 있었다.
Revision [revi'zjo:n], die; -en [lat. revisio] **1. a)** 회계 감사, 살펴봄, 검토. **b)** 검사(檢査), 검색, 검열. **2.** (인쇄) 교정(校正), 교열: eine R. der Druckbogen 인쇄지의 교열. **3. a)** 고침, 바꿈, 변경: etw. zwingt jmdn. zur R. seiner Haltung 무엇이 누구에게 태도를 바꾸게 한다. **b)** 수정, 개정: die R. eines Gesetzes 법률의 개정. **4.** (법) 상고(上告): gegen ein Urteil R. einlegen 판결에 대해 상고하다; die R. verwerfen 상고를 각하(却下)하다. **Revisionismus** [revizio'nɪsmʊs], der; - (정치) **1.** 수정[개정]론, 수정[개량]주의. **2.** 수정 사회주의. **Revisionist** [...'nɪst], der; -en, -en 〈정치〉(개정)론자, 수정(사회)주의자. **revisionistisch** 〈Adj.〉 수정[개정]론의, 수정(사회)주의의(적).
revisions-, Revisions-: **~antrag,** der (법) 상고 신청(서). **~bedürftig** 〈Adj.〉 변경을 요하는, 고쳐야 하는: ein ~es Urteil 변경을 요하는 판결. **~begehren,** das (법) 상고 요망(청원). **~bogen,** der (인쇄) 최종 교정쇄. **~frist,** die (법) 상고 기한. **~gericht,** das (법) 상고 법원. **~prozeß,** der (법) 상고 소송. **~urteil,** das (법) 상고 판결. **~verfahren,** das (법) 상고 절차. **~verhandlung,** die (법) 상고심(리).
Revisor [re'vi:zɔr, (또한) ...zo:ɐ̯], der; -s, -en [revi'zo:rən; lat. revīsum] **1.** 회계사, 회계 검사관(↑Bücherrevisor의 약칭). **2.** (인쇄) 최종 교정자.
revitalisieren 〈h〉 **1.** (의학) 재생[소생]시키다, 생기를

회복시키다: einen Zahn r. 이[齒]를 재생시키다. **2.** (생물) 다시 자연적 균형을 이루게 하다: Biotope r. 동식물 생활권들을 다시 자연적 균형을 이루게 하다. **Revitalisierung,** die; -en (의학·생물) ↑revitalisieren의 명사형.

Revival [rɪ'vaɪvəl], das; -s, -s [engl. revival] 재상연 (재연), 리바이벌.

Revokation, die; -en [lat. revocātio] (교양어) 취소, 철회, 폐지. **Revoke** [rɪ'voʊk], die; -s [engl. revoke] (카드) 일부러 딴 짝의 패를 내는 반칙.

Revolte [re'vɔltə], die; -n [frz. révolte] 반란, 폭동, 봉기: eine R. brach aus 반란이 일어났다. **Revolteur** [...'tø:ɐ̯], der; -s, -e (드물게) 반란[폭동]에 참여한 자, 반란군. **revoltieren** 〈h〉 [frz. révolter] (교양어) **1.** 반란[폭동]에 참여하다, 반란[폭동]을 일으키다, 봉기하다: die Soldaten revoltierten 군인들이 반란을 일으켰다. **2.** 누구(무엇)에게 반항하다, 몹시 대들다: sie revoltierten gegen die schlechte Behandlung 그들은 나쁜 대우에 대해 반항했다; 전의 nach dem reichlichen Mahl begann sein Magen zu r. 배불리 먹은 후 그는 위가 거북해지기 시작했다. **Revolution** [revolu'tsjo:n], die; -en [frz. révolution] **1.** 혁명(반대: Evolution 1), 혁명(시도): die Französische R. 프랑스 혁명; eine R. findet statt 혁명이 일어나다; eine R. niederschlagen 혁명을 진압하다; 전의 die industrielle R. 산업 혁명. **2.** 변혁, 혁신, 개혁, 급변: eine R. in der Mode 유행에 있어서 변혁. **3.** 〈천문·고어〉(위성의) 공전(公轉). **4.** (카드) (스카트를 더 이상 받아서는 안될 때) 자기 카드를 펼쳐 내보임(Null ouvert Kaut). **revolutionär** [revolutsjo'nɛ:ɐ̯] 〈Adj.〉 [frz. révolutionnaire] **1.** 혁명적, 혁명의, 전복을 꾀하는: eine ~e Bewegung 혁명 운동; r. denken 혁명적으로 생각하다. **2.** 혁신적, 개혁(변혁)을 일으키는: diese Idee ist r. 이 생각은 혁신적이다. **Revolutionär** [-], der; -s, -e [frz. révolutionnaire] **1.** 혁명가(家), 혁명당원, 혁명론[주의]자: er wurde als R. ins Gefängnis geworfen 그는 혁명가로 감옥에 들어갔다. **2.** 개혁자, 혁신을 일으킨 사람: er war ein R. auf dem Gebiet der Mode 그는 유행 분야에서 개혁자였다. **revolutionieren** [revolutsjo'ni:rən] 〈h〉 [frz. révolutionner] **1.** 철저하게 바꾸다, 개혁(개조)하다, 변혁을 일으키다: eine revolutionierende wissenschaftliche Entdeckung 변혁을 일으키는 학문적 발견. **2. a)** (드물게) 선동하다, 혁명적 정신을 고취하다: das Volk r. 국민을 선동하다. **b)** (드물게) ↑revoltieren. **Revolutionierung,** die; -en ↑revolutionieren의 명사형.

Revolutions-: **~architektur,** die 〈Pl. 없음〉 (예술) (프랑스 혁명 이전의 프랑스의) 혁명 건축. **~gericht,** das (정치) 혁명 (정부) 재판소. **~rat,** der (정치) 혁명 (최고) 회의. **~regierung,** die 혁명 정부. **~tribunal,** das (역사적) 혁명 재판소. **~zeit,** die 혁명 시대.

Revoluzzer [revo'lʊtsɐ], der; -s, - [ital. rivoluzionario] (경멸) 혁명가인 체하는 사람, 사이비 혁명가. **Revoluzzertum,** das 〈Pl. 없음〉 (경멸) 사이비 혁명가 기질(태도).

Revolver [re'vɔlvɐ], der; -s, - [engl. revolver] **1.** (회전식) 연발 권총(리볼버): ein entsicherter R. 안전 장치를 푼 연발 권총; den R. laden 연발 권총에 장전하다. **2.** ↑Revolverkopf의 약칭.
Revolver-: **~blatt,** das (폄) 선동(선정)적 신문(잡지). **~blättchen,** das ↑~blatt. **~drehbank,** die 〈Pl. -bänke〉 (기술) 터릿(tarret) 선반(旋盤). **~dreher,** der 터릿 선반공(工). **~geschütz,** das ~gewehr. **~gewehr,** das 소구경 속사포. **~held,**

der 《폄》 걸핏하면 총을 빼드는[총질하는] 무뢰한[악한]. **~kopf,** der 《기술》 터릿 선반의 회전 장치, 터렛대. **~kugel,** die 연발 권총[리볼버]의 총알. **~presse,** die 선동[선정]적 신문. **~schaltung,** die 《자동차》 T자형 기어 변환 장치. **~schnauze,** die 《통용어·폄》 **1.** 험담, 독설, 험구(險口): er hat eine R. 그는 험구를 갖고 있다. **2.** 험담꾼, 독설가, 험구가: er ist eine richtige R. 그는 진짜 험담꾼이다. **~schuß,** der 연발 권총 사격 [발사]. **~tasche,** die 연발 권총[리볼버]집.
revolvieren [revɔl'viːrən] ⟨h⟩ [lat. revolvere] **a)** 《기술》 역전시키다. **b)** 《경제》 되돌아오다[반복하다]. 《순환》하다, 갱신되다: revolvierender Kredit 회전 신용 계좌. **Revolvinggeschäft** [rɪ'vɔlvɪŋ-], das; -(e)s, -e 《경제》 회전 신용에 의한 사업. **Revolvingkredit,** der; -(e)s, -e [engl.-amerik. revolving credit] 《경제》 **1.** 회전 신용 계좌. **2.** 장기 갱신 신용.
revozieren ⟨h⟩ [lat. revocāre] 취소[철회]하다: seine Behauptungen r. 그의 주장을 취소하다.
Revue [re'vyː, 《또한》 rə...], die; -n [...yːən; frz. revue] **1. a)** 레뷰(노래, 춤, 풍자 따위를 한데 찬란하게 엮은 극): eine R. einstudieren 레뷰를 연습하다. **b)** 레뷰 공연단: die R. gastiert in vielen Städten 레뷰 공연단이 여러 도시에서 특별 출연한다. **2.** 레뷰[평론(잡)지]: eine literarische R. 문예 평론지. **3.** 《군·고어》 사열[열병] (식): eine R. abnehmen 열병식을 거행하다. **etw. [jmdn.] R. passieren lassen** 무엇[누구]을 (사열하듯) 머리 속에 떠 올리다.
Revue- (Revue 1 a): **~film,** der 영화로 만든 레뷰. **~girl,** das 레뷰 걸. **~star,** der 레뷰(공연) 배우. **~theater,** das 레뷰 극장.
Rewriter [rɪ'raɪtɐ], der, -s, - [engl.-amerik. rewriter] 뉴스(보도, 정치 연설문)의 편집자.
¹Rex [reks], der; -, Reges ['reːɡəs; lat. rēx] 《고대 로마》 국왕(칭호): R. christianissimus 가장 신앙이 깊으신 국왕.
²Rex [-], der; -, -e 《학생》 ↑ Direx.
Rexapparat 〈W₂〉 der; -(e)s, -e 《österr.》 ↑ Einwecktopf. **Rexglas** 〈W₂〉 das; -es, -gläser 《österr.》 ↑ Einweckglas. **Reykjavík** ['rɛikjaviːk, 《또한》 'raikjaviːk, ...vɪk] 레이캬비크(아이슬란드의 수도).
Reyon [rɛ'jɔ̃ː], der 《또는》 das; - [engl. rayon, frz. rayonne] 인조견사[레용].
Rez-de-chaussée [redaʃo'seː], das; -, - [frz. rez-de-chaussée] 《고어》 일층(Erdgeschoß).
Rezensent [retsɛn'zɛnt], der, -en, -en [lat. recēnsēns] 비평[평론]가: das Buch wurde von den -en sehr unterschiedlich beurteilt 그 책은 비평가들에 의해 아주 상이하게 평가되었다. **rezensieren** [...'ziːrən] ⟨h⟩ [lat. recēnsēre] 비평[서평]하다: er rezensiert sehr scharf 그는 매우 날카롭게 비평한다. **Rezensierung,** die; -e 《드물게》 ↑rezensieren의 명사형. **Rezension** [...'zioːn], die; -en [lat. recēnsio] **1.** 서평, 평론: eine ausführliche R. 상세한 서평; der Film bekam gute -en 그 영화는 호평을 받았다. **2.** 《전문어》 교정, 교열(校閱). **Rezensionsexemplar, Rezensionsstück,** das 서(비)평용 기증본[증정본].
rezent [re'tsɛnt] ⟨Adj.⟩ [lat. recēns] **1.** 《생물》 현재 살아 있는, 현존하는(반대: fossil): -e Tiere 현존하는 동물; 전의 eine als r. anzusehende Theorie 발전 가능성이 보이는 이론. **2.** 《지역적》 매콤한, 새콤한: eine -e Speise 매콤한 음식.
Rezepisse [retse'pɪsə, 《österr.》 ...'pɪs], das; -(s), -, 《österr.》 die; -n [lat. recepisse] 《우편·고어·아직도 österr.》 영수증. **Rezept** [re'tsɛpt], das; -(e)s, -e [lat. receptum] **1.** 처방(전), 약방문(藥方文): ein R. ausschreiben 처방(전)을 쓰다; 전의 ein R. gegen Langeweile 권태에 대한 특효약; dafür gibt es (noch) kein R. 그것에 대해 (아직) 아무런 대책이 없다. **2.** 요리법, 제과법: ein R. aus einem alten Kochbuch 옛 요리책의 요리법; 전의 nach bewährtem R. 믿을 만한 방법에 따라.
rezept-, Rezept-: ~block, der ⟨Pl. -blocks⟩ 처방철(綴). **~buch,** das 요리책. **~formel,** die 《약학》 조제법(공식). **~frei** ⟨Adj.⟩ 처방전 없는, 처방 없이 얻는, 처방전을 요하지 않는: ein -es Schlafmittel 처방전 없이 구입하는 수면제. **~pflicht,** die 처방전 의무. **~pflichtig** ⟨Adj.⟩ 처방전을 요하는, 처방에 의해 얻는. **~zwang,** der ↑ ~pflicht.
rezeptieren [retsɛp'tiːrən] ⟨h⟩ 처방하다, 처방전을 쓰다: jmdm. ein Medikament r. 누구에게 약을 처방하다; dieser Arzt rezeptiert sehr gewissenhaft 이 의사는 매우 양심적으로 처방한다. **Rezeption** [...'tsioːn], die; -en [lat. receptio] **1.** 인수, 받아들임, 수용, 계수(繼受). **2.** 《예술 작품의》 수용(受容). **3.** 접수(실), 접수처, 대합실: an der R. nach einem Zimmer fragen 접수처에서 객실이 있는지를 묻다. **Rezeptionsästhetik,** die ⟨Pl. 없음⟩ 수용미학. **rezeptionsästhetisch** ⟨Adj.⟩ 수용미학의[적]: die -e Betrachtungsweise 수용미학적 고찰 방식. **rezeptiv** [...'tiːf] ⟨Adj.⟩ 수용적인, 받아들이는, 감수성이 많은, 민감한: -es Verhalten 수용 태도. **Rezeptivität** [...tiviˈtɛːt], die 수용성, 감수성. **Rezeptor** [re'tsɛptɔr, 《또한》 ...toːɐ], der; -s, -en [...'toːrən] 《대개 Pl.》 [lat. receptor] 《생물·생리》 수용기(수용기), 수용체[섭수제]. **rezeptorisch** [...tɔˈrɪʃ] ⟨Adj.⟩ 《생물·생리》 수용기의, 섭수체에 의해 받아들이는. **Rezeptur** [retsɛp'tuːɐ], die; -en **1.** 《약학》 **a)** 조제: Kenntnisse in der R. 조제의 지식. **b)** 조제실: sie arbeitet in der R. 그 여자는 조제실에서 일한다. **2.** 화학 약품의 조합[배합]. **3.** 《요식업》 음식물[기초물]의 조리(調理).
Rezeß [re'tsɛs], der; -zesses, ...zesse [lat. recessus] 《고어》 협정, 타협, 화해, 시담(示談). **Rezession** [retsɛ'sioːn], die; -en [lat.-amerik. recession] 《경제》 경기 후퇴, 성장 속도의 감소, 불경기: in der R. nimmt die Arbeitslosigkeit zu 불경기에는 실업이 늘어난다. **Rezessionsphase,** die 경기 후퇴[불경기]의 국면. **rezessiv** [...'siːf] ⟨Adj.⟩ [engl. recessive, frz. récessif] **1.** 《생물》 열성(劣性)의(반대: dominant). **2.** 《드물게》 경기 후퇴[불경기]의. **Rezessivität** [...siviˈtɛːt], die 《생물》 열성(劣性)의(반대: Dominanz).
rezidiv [retsi'diːf] ⟨Adj.⟩ [lat. recīdīvus] 《의학》 재발하는, 재발의, 되풀이되는: -e Schmerzen 되풀이되는 고통. **Rezidiv** [-], das; -s, -e [...iːvə] 《의학》 재발: aus verstreuten Krebszellen können -e entstehen 산재된 암세포 때문에 재발할 수 있다. **rezidivieren** [...diˈviː-rən] ⟨h⟩ 《의학》 재발하다.
Rezipient [retsi'piɛnt], der; -en, -en [lat. recipiēns] **1.** 《커뮤니케이션》 받아들이는 사람, 수용자, 듣는이, 감상자. **2.** 《물리》 배기종(排氣鐘). **rezipieren** [...piːrən] ⟨h⟩ [lat. recipere] **a)** 수용하다, 받아들이다, 계수하다. **b)** 받아들이다, 감상하다.
reziprok [retsi'proːk] ⟨Adj.⟩ [lat. reciprocus] 《전문어》 서로의, 상호의, 상관적인, 호혜(互惠)의: -e Verhältnisse 상호 관계; reflexive Pronomen können r. gebraucht werden 재귀대명사는 상호적으로 사용될 수 있다. **Reziprozität** [retsiprɔtsi'tɛːt], die [frz. réciprocité] 《전문어》 상호 (관계), 상관, 호혜(互惠). **Rezital** ↑Recital. **Rezitation** [retsitaˈtsioːn]; die; -en [lat. recitātio] 낭독, 낭송(朗吟), 낭송: die Kunst

der R. 낭독술. **Rezitationsabend**, der 낭독[낭음]의 밤. **Rezitativ** [...'tiːf], das; -s, -e [...iːvə; ital. recitativo] 〔음악〕 서창(敍唱), 레치타티보[레시타티브]; ein dramatisches R. 극적 서창. **rezitativisch** 〈Adj.〉 서창적, 서창조(敍唱調)의, 서창조로 낭독하는. **Rezitator** [...'taːtɔr, (또한) ...toːɐ̯], der; -s, -en [...ta'toːrən; lat. recitātor = Vorleser] 〔문학 작품, 시의〕 낭독[낭음]자. **rezitatorisch** [...ta'toːrɪʃ] 〈Adj.〉 낭독[낭음]자의, 낭송[낭독]의: er betätigt sich r. 그는 낭독자로 활동한다. **rezitieren** [...'tiːrən] 〈h〉 [lat. recitāre = vortragen] 〔문학 작품, 시 따위를〕 낭독[낭음, 낭송]하다: Gedichte r. 시를 낭독하다; er rezitiert oft und gern 그는 종종 그리고 즐겨 낭송한다.
rf., rfz. = rinforzando.
R-Gespräch ['ɛr-], das -(e)s, -e [R = Rückfrage] 〔우편〕 (장거리 전화의) 수신자 부담 통화, 콜렉트 콜.
Rgt. = Regiment.
RGW = Rat für **g**egenseitige Wirtschaftshilfe (↑ COMECON).
Rh = Rhodium.
rh, Rh [ɛr'haː] ↑ Rhesusfaktor.
Rh- (붙임표와 함께) 〔의학〕: **~Faktor**, der ↑ Rhesusfaktor의 약어. **~negativ** [--'---] 〈Adj.〉 아르 에이치(Rh) 음성(네거티브)의. **~positiv** [--'---] 〈Adj.〉 아르 에이치(Rh) 양성(포지티브)의: -e Väter Rh 양성의 아버지들.
¹Rhabarber [ra'barbɐ], der; -s [ital. rabarbaro < griech. rhā bárbaron] 〔식물〕 **a)** 대황(大黃). **b)** 대황(의) 줄기: auf dem Markt R. kaufen 시장에서 대황 줄기를 사다. **²Rhabarber** [-], das; -s 〔의성어·통용어〕 (알아들을 수 없는) 웅얼[중얼]거림: sie murmelten R. 그들은 알아들을 수 없이 웅얼거렸다.
Rhabarber- ('Rhabarber): **~kaltschale**, die 대황으로 만든 차거운 수프. **~kompott**, das 대황의 설탕절임 요리. **~kuchen**, der 대황(으로 만든) 케이크.
rhabdoidisch [rapdo'iːdɪʃ] 〈Adj.〉 [griech. rhabdoeidḗs] 〔의학·생물〕 막대 모양의, 봉상(棒狀)의, 간상(桿狀)의(stabförmig). **Rhabdom** [rap'doːm]; das; -s, -e [griech. rhábdos = Stab, Rute] 〔의학〕 간상(桿狀) 세포[간상체].
Rhachis ['raxɪs], die [griech. rháchis = Rückgrat, Gebirgskamm] 〔생물〕 등골(의), 엽축(葉軸).
Rhagade [ra'gaːdə], die; -n [griech. rhágas = Riß] 〔대개 Pl.〕 〔의학〕 (추위에 의해 피부의) 터짐, 갈라짐. **rhagadiform** [ragadi'fɔrm] 〈Adj.〉 [lat. fōrma] 〔의학〕 열상(裂狀)의, (피부가) 갈라 터지는: ein -es Ekzem 열상(裂狀) 습진.
Rhapsode [ra'psoːdə, rap'z...], der; -n, -n [griech. rhapsōdós] (고대 그리스의) 음유 시인. **Rhapsodie** [rapso'diː, rapzo...], die; -n [...iːən; lat. rhapsōdia < griech. rhapsōdía] **1. a)** (고대 그리스의 음유 시인이 음송하는)(서사)시. **b)** (특히 독일의 질풍 노도 시대의) 광상적 자유시: eine lyrische R. 광상적 자유 서정시. **2.** 광상곡(狂詩曲), 랍소디. **Rhapsodik** [ra'psoːdɪk, rap'zoː...], die 〈Pl. 없음〉 〔문학〕 음유 서사시[자유시, 랍소디]의 시작법(詩作法).
rhapsodisch 〈Adj.〉 **a)** 랍소디의, 음유서사시적, 자유 형식의: -e Dichtung 자유형식의 시. **b)** 《교양어·드물게》 단편적인, 연관(일관성)이 없는.
Rhät [rɛːt] ↑ Rät.
Rhe! ↑ Ree!
Rhein [raɪ̯n], der; -(e)s 라인 강(서유럽의 강, 독일의 가장 긴 강). **rheinab(wärts)** [raɪ̯n'|ap(vɛrts)] 〈Adv.〉 라인 강 하류[아래]로. **Rheinanke**, die; -n 〔동물〕 연어속의 일종(Blaufelchen). **rheinauf(wärts)** [raɪ̯n'| auf(vɛrts)] 〈Adv.〉 라인 강 상류[위]로. **Rheinfall**,

der; -(e)s (스위스 Schaffhausen 부근의) 중부 유럽에서 가장 큰 폭포(라인 강의 폭포). **Rheingau** ['raɪ̯ngaʊ], der, (지역적) das; -(e)s 라인가우(독일 Hessen의 지방 이름). **Rheinhessen** ['raɪ̯nhɛsn̩], -s 라인헤센(↑ Rheinland-pfalz의 포도 재배 지역). **rheinisch** 〈Adj.〉 라인 강 (지역)의. **Rheinland**, das; -(e)s (중앙 및 하류 라인 강 지역) 라인란트(약어: Rhld.). **Rheinlande** 〈Pl.〉 (라인강 양쪽의 프랑켄 지역) 라인란테. **Rheinländer** ['raɪ̯nlɛndɐ], der; -s, - **1.** 라인란트의 주민. **2.** (2/4박자의 사교춤) 라인 폴카. **rheinländisch** 〈Adj.〉 라인란트의. **Rheinland-pfalz** ['raɪ̯nlant'pfalts] 라인란트 팔츠(독일의 주). **rheinland-pfälzisch** 〈Adj.〉 라인란트 팔츠의. **Rheinprovinz**, die 중앙 및 하류 라인 강의 프로이센 지방. **Rheinwein**, der 라인 포도주.
Rhema ['reːma], das; -s, -ta [griech. rhḗma = Aussage] 〔언어〕 레마(문장에서 서술의 핵심, 전달의 주 내용, 새로운 정보를 제공하는 부분)(예컨대: gestern kam Klaus zu Besuch; 반대: Thema).
rhenanisch [re'naːnɪʃ] 〈Adj.〉 (교양어·고어) ↑ rheinisch.
Rhenium ['reːni̯ʊm], das; -s [lat. Rhēnus = Rhein, 발견자인 독일 물리 화학자 W. Noddack(1893~1960)가 그의 부인의 라인 고향에 따라 이름함] 〔화학〕 레늄(기호: Re).
rheo-, Rheo- [reo-; griech. rhéos = das Fließen] ("강물", 흐름(流), 물(水), 전류"를 뜻하는 규정어로서, 예컨대) **rheobiont** [...'bi̯ɔnt] 〈Adj.〉 〔생물〕 (물고기가) 흐르는 물에서만 사는. **Rheologe**, der, -n, -en 유동학자(流動學者). **Rheologie**, die 〔물리〕 유동학(流動學), 리올로지. **rheologisch** 〈Adj.〉 유동학적[의]. **Rheostat** [...'staːt], der; -(e)s / -en, -e(n) [griech. statós = gestellt, stehend] 〔물리〕 가감 저항기. **Rheotaxis**, die; ...xen[griech. táxis = (An)ordnung] 〔생물〕 주류성. **Rheotron** [...troːn], das; -s, -e [...'troːnə], 《또한》 -s ↑ Betatron. **Rheotropismus**, der; -, ...men [griech. tropḗ = Drehung, (Hin)wendung] 〔식물〕 굴류성(屈流性).
Rhesus ['rezʊs], der; -, - [프랑스 자연 과학자 J. B. Audebert(1759~1800)가 임의적으로 트라키아의 전설적 왕인 Rhesus의 이름을 땀] ↑ Rhesusaffe. **Rhesusaffe**, der (동남 아시아의) 갈색털과 빨간 궁둥이와 긴 꼬리를 가진 원숭이. **Rhesusfaktor**, der 〈Pl. 없음〉 〔의학〕 아르 에이치(Rh)인자(因子): R. negativ 아르 에이치 음성(인자); R. positiv 아르 에이치 양성(인자) (기호: rh(아르 에이치) 음성), Rh(아르 에이치) 양성)).
Rhetor ['reːtɔr, (또한) ...toːɐ̯], der; -s, -en [re'toːrən; lat. rhḗtōr < griech. rhḗtōr] 연설가, 웅변가, (고대 그리스의) 수사학자(修辭學者). **Rhetorik**, die; -en [lat. rhētorica < griech. rhētorikḗ(téchnḗ)] **a)** ↑ Redekunst: zündende R. 선동적 웅변술. **b)** 수사학(修辭學), 웅변론. **c)** 웅변술 교본. **Rhetoriker**, der; -s, - 웅변가, 수사학자(修辭學者). **rhetorisch** 〈Adj.〉 [lat. rhētoricus < griech. rhētorikós] **a)** 웅변술의, 수사학적: -e Figuren 수사학적 표현 형식; die Frage ist rein r. 이 질문은 그야말로 수사학적 질문이다. **b)** 웅변적, 연설(조)의, 능변의: mit -em Schwung 열변으로. **c)** 말 치레하는, 미사여구를 늘어놓는(schönrednerisch), 공허한, 내용 없는(phrasenhaft).
Rheuma ['rɔʏma], das; -s (통용어) ↑ Rheumatismus 의 약칭: mein R. plagt mich wieder 류머티즘이 다시금 나를 괴롭힌다.
rheuma-, Rheuma-: **~bad**, das 류머티즘(환자용) 온천장. **~decke**, die 류머티즘(환자용) 이불[담요]. **~forschung**, die 류머티즘 연구. **~geschädigt** 〈Adj.〉 류머티즘으로 상(傷)한. **~klinik**, die 《통용어》

류머티즘(환자용) 병원. ~krank, ~leidend 〈Adj.〉 류머티즘을 앓는, 류머티즘으로 고생하는. ~mittel, das 류머티즘 치료약. ~wäsche, die (특히 앙고라 양털로 만든) 류머티즘 환자용 내의[속옷].
Rheumatiker [rɔy'maːtikɐ], der; -s, - 〖의학〗 류머티즘 환자. **rheumatisch** 〈Adj.〉 [griech. rheumatikós] 〖의학〗 **a)** 류머티즘 성(性)의, 류머티즘으로 인한: -e Anfälle 류머티즘 발작; dies Leiden ist r. 이 병고는 류머티즘에 기인한 것이다. **b)** 류머티즘에 걸린: ein -er Mann 류머티즘에 걸린 남자. **Rheumatismus** [...ma'tɪsmʊs], der; -, ...men [lat. rheumatismus < griech. rheumatismós] 〖의학〗 류머티즘[로이마티스무스]; akuter und chronischer R. 급성과 만성 류머티즘; an R. leiden 류머티즘을 앓다. **rheumatoid** [...to'iːt] 〈Adj.〉 〖의학〗 류머티즘 성(性)의: -e Arthritis 류머티즘 성(性) 관절염. **Rheumatoid** [-], das; -(e)s, -e 〖의학〗 (특히 전염병에 따라 생기는) 류머티즘 성(性) 질병[질환]. **Rheumatologe**, der; -n, -n 류머티즘 전문의(專門醫).
Rhexis ['rɛksɪs, 'reːksɪs], die; Rhexes ['rɛkseːs, 'reːkseːs]; griech. rhêxis] 〖의학〗 (혈관 따위의) 파열(Zerreißung).
rhin-, Rhin-: ↑rhino-, Rhino-: **Rhinalgie** [rinal'giː], die; -n [...iːən; griech. rhís = Nase u. álgos = Schmerz] 〖의학〗 비통(鼻痛), 코의 통증. **Rhinitis** [ri'niːtɪs], die; ...itiden [...i'tiːdn̩] 〖의학〗 비염(鼻炎), 비(鼻)[코]카타르. **rhino-, Rhino-**, 〈모음 앞에서는 또한〉 rhin-, Rhin- [rin(o)-; griech. rhís] "코(鼻)"를 뜻하는 규정어로서, 예컨대) **rhinogen** 〈Adj.〉 〖의학〗 **a)** 코에 의한. **b)** 코에 의해 투입되는[들어가는]. **Rhinologe**, der -n, -n 비과(鼻科)전문의(의사). **Rhinologie**, die ↑Nasenheilkunde. **Rhinoplastik**, die; -en 〖의학〗 코의 성형술, 조비술(造鼻術). **Rhinoskop** [...'skoːp], das; -s, -e [griech. skopeīn = betrachten]: ↑Nasenspiegel (1). **Rhinoskopie** [...skoˈpiː], die; -n [...iːən] 〖의학〗 비경(鼻鏡) 검사. **Rhinozeros** [ri'noːtserɔs], das; -(ses), -se [lat. rhīnocerōs < griech. rhinókerōs] **1.** ↑Nashorn. **2.** 《경》 바보(Dummkopf), 멍청이, 얼간이.
Rhizo- [ritso-; griech. rhíza] ("뿌리[根], 새싹[芽]"를 뜻하는 규정어로서, 예컨대) **Rhizodermis** [...'dɛrmɪs], die; ...men [griech. dérma = Hülle] 〖식물〗 (고등 식물의) 뿌리 껍질, 근피(根皮). **rhizoid** [...'iːt] 〈Adj.〉 [griech. -oeidés = ähnlich] 〖식물〗 뿌리 같은, 뿌리 종류의. **Rhizoid** [-], das; -(e)s, -e 〖식물〗 (이끼류의) 가근(假根), 헛뿌리. **Rhizom** [ri'tsoːm], das; -s, -e [griech. rhízōma = das Eingewurzelte] 〖식물〗 뿌리줄기(근경(根莖))(Wurzelstock), 지하경(땅속줄기). **Rhizopode** [...'poːdə], der; -n, -n [griech. poús = Fuß] 《대개 Pl.》 ↑Wurzelfüßer. **Rhizosphäre**, die; -n [griech] 《(땅 속의) 뿌리가 뻗은 지대》 근권(根圈).
Rho [roː], das; -(s), -s [griech. rhō] 그리스 알파벳의 17번째 글자(P, ρ).
Rhodamine [roda'miːnə] 〈Pl.〉 [griech. rhódon = Rose] 〖화학〗 (염색, 착색에 쓰이는) 붉은 색소, 로다민. **Rhodan** [ro'daːn], das; -s 〖화학〗 로단(유황, 탄소, 질소의 화합물(SCN)₂). **Rhodanid** [roda'niːt], das; -s, -e 〖화학〗 로단염[塩]. **Rhodanzahl**, die 〖화학〗 지방(脂肪)의 불포화 정도를 나타내는 수치.
Rhode Island ['roud'ailənd], -s 로드아일랜드(미국의 주). **Rhodeländer** [ro'dəlendɐ], das; -s, - 〖동물〗 로드랜더[로드아일랜드](미국의 로드아일랜드산(産) 적갈색의 닭).
Rhodesien [ro'deːzjən], -s 로디지아(↑Simbabwe의 옛 이름).

rhodinieren [rodi'niːrən] 〈h〉 로듐으로 (엷게) 도금하다 [입히다]: ein rhodinierter Spiegel 로듐으로 입힌 거울.
rhodisch 〈Adj.〉 ↑Rhodos의 형용사형.
Rhodium ['roːdjʊm], das; -s [griech. rhódon = Rose] 〖화학〗 로듐(기호: Rh). **Rhododendron** [rodo'dɛndrɔn], der, 《또한》 das; -s, ...dren [lat. rhododendron < griech. rhododendron] 〖식물〗 만병초, 석남(石南). **Rhododendrongebüsch**, das, **Rhododendronstrauch**, der 만병초 덤불[총림].
Rhodos, Rhodos' ['rɔːdɔs, 'rɔdɔs, 《neugr.》 'rɔðɔs], 로 데스(지중해의 그리스 섬).
Rhomben: ↑Rhombus의 복수형. **rhombisch** ['rɔmbɪʃ] 〈Adj.〉 마름모(꼴)의, 사방(斜方)형의. **Rhomboeder** [rɔmbo'eːdɐ], das; -s, - [griech. hédra = Fläche] 〖수학〗 사방(斜方)육면체. **rhomboid** [...oˈiːt] 〈Adj.〉 [griech. rhomboeidés] 장사방형[평행사변형]의. **Rhomboid** [-], das; -(e)s, -e 장사방형[평행사변형]. **Rhombus** ['rɔmbʊs], der; -, ...ben [lat. rhombus < griech. rhómbos] 마름모꼴, 사방형(斜方形)(²Raute).
Rhön [røːn], die 뢴(헤센 산악 지대).
Rhone ['roːnə], die 론 강(스위스와 프랑스의 강).
Rhönrad ['røːn-], das; -(e)s, ...räder [1925년 Rhön 지방에서 처음 개발된 기기] 〖스포츠〗 (회전 운동 기구의 일종)으로 후프.
Rhotazismus [rota'tsɪsmʊs], der; -, ...men [griech. rhōtakismós = Gebrauch od. Mißbrauch des ↑Rho] 〖언어〗 r-음화(현상) (모음 사이에서 s음이 r로 되는 음운 변화, 예컨대: verlieren / Verlust), 로타치스무스.
Rhus [ruːs], der; - [lat. rhūs < griech. rhoūs] ↑Sumach.
Rhyolith [ryo'liːt, 《또한》 ...lɪt], der; -s / -en, -e(n) [griech. rhýas = flüssig] 〖지질〗 유문암(流紋岩).
Rhythm and Blues ['rɪðəm ɛnt 'bluːz], der; - - - 리듬 앤드 블루스(비트 음악 리듬에 블루스 멜로디를 합친 미국 흑인 음악의 일종). **Rhythmen**: ↑Rhythmus의 복수형. **Rhythmik** ['rʏtmɪk], die **1.** 율동[리듬]성. **2. a)** 리듬 기법. **b)** 율동론[학], 절주론. **3.** 〖교육〗 리듬 교육. **Rhythmiker**, der; -s, - 리듬[운율, 절주]을 중시하는 음악가[작곡가], 율동학자. **rhythmisch** 〈Adj.〉 [lat. rhythmicus < griech. rhythmikós] **1.** 율동적인, 리듬이 있는, 리드미컬한, 주기적으로 반복하는: -e Gymnastik 리듬 체조; r. wechseln Ebbe und Flut 밀물과 썰물은 주기적으로 바뀐다. **2.** 리듬[율동]에 관한, 리듬[절주]의: -e Instrumente 리듬 악기; er ist r. sehr begabt 그는 리듬에 관해 타고난 재주가 있다. **rhythmisieren** [...miˈziːrən] 〈h〉 리듬을 붙이다, 율동화하다, 율동을 넣다: ein Thema r. 어떤 주제에 리듬을 붙이다; 〈대개 과거분사형으로〉 eine stark rhythmisierte Musik 강하게 리듬을 넣은 음악. **Rhythmus** ['rʏtmʊs], der; -, ...men [...mən; lat. rhythmus < griech. rhythmós = Gleichmaß] **1. a)** 〖음악〗 리듬, 절주, 율동: zündende Rhythmen 선동적 리듬; 〖전의〗 der R. der Großstadt 대도시의 리듬. **b)** 〖언어〗 (고저, 장단 따위에 의한 말의) 리듬: ein gebundener R. 운문 리듬; freier Rhythmen 자유 운율. **2.** 주기적 변화, 규칙적 반복[순환]: der R. der Jahreszeiten 계절의 주기적 순환. **3.** (특히 건축에서) 규칙적 반복 형식[지질] 주기적 반복: ein horizontaler[vertikaler] R. 수평적[수직적] 리듬.
Rhythmus-: ~**gitarre**, die 리듬 기타. ~**gruppe**, die 리듬 악기조[組]. ~**instrument**, das 리듬 악기. ~**störung**, die 〖의학〗 심장 고동의 불규칙성.

Ria ['ri:a], die; -s [span. ría < lat. rīvus = Fluß] [지리] ↑Riaküste. **Riaküste**, **Riasküste**, die [지리] 리아스식(式) 해안.

Riad [riat] 리야드(사우디아라비아의 수도).

Rial [ri:al], der; -(s), -s 〈그러나: 100 Rial〉 [pers., arab. riyāl < span. real] (이란 및 다른 아랍 국가들의 화폐 단위) 리알(약어: Rl.).

RIAS [ri:as], der; - [Rundfunk in amerikanischen Sektor(von Berlin)] 서베를린의 미국 점령 지구 방송국.

Riasküste: ↑Riaküste.

Ribattuta [riba'tu:ta], die; ...ten [ital. ribattuta (di gola)] [음악] (일종의) 떤 꾸밈음[전음], 리바투타.

rịbbelfest 〈Adj.〉 비벼[문질러] 찢어[갈라]지지 않는. **ribbeln** ['rɪb|n] 〈h〉 [지역적] (엄지와 검지 사이에) 급히 비비다[문지르다], 훑다.

Ribisel ['ri:biːzl], die; -(n) [ital. ribes] (österr.) [식물] 구즈베리(Johannisbeere). **Ribiselsaft**, der 〈Pl. 없음〉 (österr.) 구즈베리 즙[주스]. **Ribiselwein**, der (österr.) 구즈베리 술[주].

Riboflavin [ribofla'vi:n], das; -s, -e [생화학] 리보플라빈(비타민 B₂의 화학명). **Ribonukleinsäure** [ribo-], die; -n [↑Ribose] [인공어] [생화학] 리보핵산(약어: RNS). **Ribose** [ri'bo:zə], die; -n [생화학] 리보오스(리보핵산의 당성분). **Ribosenukleinsäure**, die ↑Ribonukleinsäure. **Ribosom** [...'zo:m], das; -s, -en 〈대개 Pl.〉 [생화학] 리보솜(세포질에 있는 미립자).

Ricercar [ritʃer'kaːɐ̯], das; -s, -e, **Ricercare** [...'kaːrə], das; -(e)s, ...ri [ital. ricercare] [음악] 리체르카레 (주제를 따라 흉내내는 기악곡으로 푸가의 전신).

Richelieustickerei ['riʃəljø-], 〈또한〉 riʃə'ljøː-], die; -en [프랑스의 정치가이자 추기경 Richelieu(1585~1642)의 이름을 따서] [수공] 리슐리외(백지(白地)) 자수(刺繡).

Richt- (richten): **~antenne**, die [무선] 지향성 안테나. **~bake**, die [해양] 항로 표지. **~baum**, der 상량식 때 용마루에 다는 장식 나무. **~beil**, das (사형 집행인의) 참수(斬首) 도끼. **~blei**, das 〈↑Lot (1 a)〉. **~block**, der 〈Pl. -blöcke〉 단두대. **~bogen**, der [군] 조준기(具). **~bühne**, die 《고어》 처형(사형)대 (Schafott), 교수[단두]대. **~charakteristik**, die ↑Strahlungscharakteristik. **~empfang**, der 〈Pl. 없음〉 [무선] 지향성 안테나의 수신. **~feier**, die 《드물게》 ↑-fest. **~fest**, das (건축의) 상량식. **~feuer**, das [해양] 유도 신호등[불]. **~funk**, der [무선] 지향성 무선 통신. **~geschwindigkeit**, die [교통] (특히 고속 도로에서의) 권장 (최고) 속도. **~holz**, das ↑-scheit. **~kanonier**, der (대포의) 조준병(兵)[수(手)]. **~kraft**, die ↑Rückstellkraft. **~kranz**, der (상량식의) 장식 화환(花環). **~kreis**, der [군] (대포의 조준을 위한) 각도 측정기. **~krone**, der ↑-kranz. **~latte**, die ↑-scheit. **~linie**, die 〈대개 Pl.〉 방침, 지침, 지도 요강(要綱), 표준[기준] 원칙: politische ~n 정강(政綱): jmdm. -n für sein Verhalten geben 누구에게 그의 태도에 대한 지침을 주다. **~linienkompetenz**, die (특히 정치에서) 방침 결정의 권한. **~meister**, der 철근 건축의 우두머리 조립공. **~mikrophon**, das 지향성 마이크로폰. **~optik**, die [군] 조준 렌즈. **~platte**, die 【제조】 (망치로 때려 일정한 형을 만드는) 강철판. **~platz**, der (처)형장. **~preis**, der [경제] **a)** 공정(公定)가(격)(반대: Festpreis). **b)** 잠정 가격. **c)** 권장 가격. **~punkt**, der 목표, 조준점. **~satz**, der (관청이 산출하여 정한) 기준율. **~schacht**, der [광] 수직 갱도, 수직 갱. **~scheit**, das [토건] 수준기(水準器), 수평기. **~schmaus**, der ↑Hebeschmaus. **~schnur**, der 〈Pl. -schnuren〉 **1.** (건축시의) 직선 측정 줄, 먹줄, 드림추의 줄. **2.** 규준, 지침, 원칙, 표준, 규범: etw. zur R.

seines Verhaltens machen 무엇을 그의 태도의 규준으로 삼다. **~schütze**, der ↑~kanonier. **~schwert**, das 《옛》 목베는 칼. **~spruch**, der **1.** 상량식의 (시형으로 된) 식사(式辭). **2.** 〈준고어〉 판결(문), 선고: sich einem R. unterwerfen 판결에 따르다. **~stätte**, die (아어) ↑~platz. **~strahler**, der [무선] 지향성 안테나, 빔 안테나. **~strecke**, die [광] 수평 갱도. **~stuhl**, der 〈고어〉 법관석, 판사석(Richterstuhl). **~waage**, die ↑Wasserwaage. **~weg**, der 〈준고어〉 지름길. **~wert**, der 기준치(가격), 표준치. **~zahl**, die 적정(표준)수치.

Richte ['rɪçtə], die 〈지역적〉 똑바른[직선] 방향: aus der R. kommen 혼란[무질서]해지다; etw. in die R. bringen 무엇을 정리[똑바르게]하다. **richten** ['rɪçtn̩] 〈h〉 **1. a)** (일정한 방향으로) 향하게 하다, 돌리다, 방향을 정하다[맞추다]: das Fernrohr auf etw. r. 망원경을 무엇 쪽으로 돌리다; den Blick auf jmdn. r. 시선을 누구에게 보내다; den Kurs eines Schiffs nach Norden r. 배의 항로를 북쪽으로 돌리다; die Waffe gegen sich selbst r. 갑자기 총으로 자살하다[자살을 시도하다]; 〈전의〉 seine Pläne auf ein bestimmtes Ziel r. 일정한 목표에 그의 계획들을 맞추다. **b)** (글이나 말로써 누구에게) 향하다(묻다, 쓰다, 청하다): eine Bitte (Mahnung) an jmdn. r. 누구에게 청하다(경고하다); die Frage war an dich gerichtet 질문은 너에게 향한 것이었다. **2. a)** (무엇이 일정한 방향으로) 향하다, (빛과 같이 누구(무엇)에게) 쏟아지다: ihre Augen richteten sich auf mich 그들의 시선이 나에게 쏟아졌다; 〈전의〉 sein ganzer Haß richtete sich auf sie 그의 증오는 모두 그 여자에게 향했다. **b)** 누구[무엇에 대한 비판적인 도로) 향하다: seine Kritik richtet sich gegen die Politik der Regierung 그의 비판은 정부의 정책에 대한 것이다. **3. a)** (누구[무엇]에 따르다, 본받다: sich nach jmds. Anweisungen r. 누구의 지시에 따르다; ich richte mich ganz nach dir 나는 완전히 너를 따라가겠다. **b)** 결정삼다, 준하다: wonach richtet sich der Preis? 가격은 무엇에 준한 것입니까? **4. a)** 똑바르게 하다, 곧게 하다, 바로잡다[교정(矯正)하다], 정렬하다: einen (Knochen)bruch r. 골절을 교정하다; richtet euch! (군대의 구령) 맞추어 서(전후좌우로 정렬)!; Werkstücke r. 【제조】 부분품들을 일정 형태로 만들다. **b)** 바로잡다, 조절[조정]하다, 고치다: eine Antenne r. 안테나를 조정하다; ein Geschütz r. 총포를 조준하다. **c)** (수직으로) 세우다, 상량하다: ein Gebäude r. [토건] 건물을 상량하다. **5.** (특히 südd., österr., schweiz.) **a)** 정돈[정리]하다, 가지런히 하다, 좋게 고치다, 설비하다: sich die Haare r. 머리를 가지런히 하다; die Uhr r. lassen 시계를 고치게 하다. **b)** 준비하다, 채비하다, 마련하다: den Tisch (für die Gäste) r. (손님을 위해) 식탁을 준비하다. **6. a)** (유죄) 판결을 내리다, 판결(재판)하다: nach dem Recht r. 법에 따라 판결하다; in der Öffentlichkeit ist er gerichtet 공개적으로 그는 유죄 판결을 받았다. **b)** (아어) (부당하게) 심판하다, 나쁜 판결을 내리다, 오판하다: wir haben über diesen Menschen nicht zu r. 우리는 이 사람에 대해 오판해서는 안된다. **7.** (아어·준고어) 처형하다(hinrichten): der Täter hat sich selbst gerichtet 범인은 (자기의 범행에 대해) 자결했다. **Richter**, der; -s, - 재판관, 판사, 심판(관), 판정자: gesetzlicher R. [법] (어떤 사건의) 담당 판사: vorsitzender R. [법] 재판장; jmdn. vor den R. bringen 누구를 법정에 세우다; jmdn. zum R. bestellen 누구를 재판관으로 임명하다; 〈전의〉 sich zum R. über jmdn. [etw.] aufwerfen 누구[무엇]를 얕잡아 보다[깔보다].

Richter-: **~amt**, das 〈Pl. 없음〉: das R. ausüben 판

사(재판관)의 직을 행하다. ~**kollegium**, das 판사단(團), 재판관 일동. ~**robe**, die 《판사의》 법복. ~**spruch**, der 《준고어》 판결. ~**stand**, der 판사의 신분. ~**stuhl**, der (Pl. 없음) 판사(재판관)석, 판사의 직: auf dem R. sitzen 판사의 직을 행하다; 전의 vor Gottes R. treten 《아어》 죽다. ~**tisch**, der 판사단 앞의 탁자. ~**wahlausschuß**, der (연방 법원) 법관 선출 위원회.

Richterin, die; -nen ↑Richter의 여성형. **richterlich** 〈Adj.〉 판사(재판관)의, 법원(법관)의, 사법의: die -e Gewalt 사법권; ohne -e Genehmigung 판사측의 허가 없이. **Richterschaft**, die; -en 재판관(판사)(의 총칭).

Richter-Skala, die; ...len [미국의 지진학자 Ch. F. Richter의 이름에서] (지진 측정의) 리히터 척도.

richtig ['rɪçtɪç] **I.** 〈Adj.〉 **1.** (반대: falsch 2) **a)** 올바른, 적절한, 적중한, 꼭 맞는, 정당한, 공정한: der -e Weg 올바른 길[정도(正道)]; er ist auf der -en Seite 그는 올바른 편에 있다; (sehr) r.! 《꼭》맞다[정말 그렇다] !; sehe ich das r.? 내 말이 맞는가? **b)** 바른, 정확한, 틀림없는: eine -e Antwort 정답; seine Rechnung war r. 그의 계산은 틀림이 없었다; die Uhr geht r. 시계는 정확하다. **2. a)** 적당한, 적합한, 알맞는, 적격의, 마땅한: den -en Zeitpunkt wählen 알맞은 시점을 고르다; der -e Mann am -en Platz 적재적소의 남자; für diese Arbeit ist er der Richtige 그는 이 일에 적당한 남자이다; ihr seid mir gerade die Richtigen! 《통용어·반어》 너희들 내게 필요없어. **b)** 기대에 상응하는(맞는), 조화된, 어울리는, 정상적, 정규[정식]의: wir haben lange Jahre keinen -en Sommer mehr gehabt 우리는 여러 해 동안 여름다운 여름을 갖지 못했다; zwischen den beiden ist etwas nicht (ganz) r. 두 사람 사이에는 무엇인가 원만하지 않다; er hat nichts Richtiges gelernt 그는 아무것도 제대로 배우지 못했다; **nicht ganz r. (im Kopf / 《통용어》 im Oberstübchen)** 《통용어》 제 정신이 아니다[머리가 이상하다]. **3. a)** 실제의, 참다운, 진짜의, 사실(상)의: das ist nicht sein -er Name 그것은 그의 실제 이름이 아니다; sie ist nicht die -e Mutter der Kinder 그 여자는 어린애들의 친어머니(생모)가 아니다. **b)** 《통용어》 완벽(완전)한, 본격적인, 확실한: du bist ein -er Feigling 너는 완벽한 겁쟁이다; es ist r. kalt geworden 몹시 추워졌다. **II.** 〈Adv.〉 실제로, 사실상, 참으로, 정말로, 과연: ja r., ich erinnere mich 그럼, 정말이야, 나는 기억하고 있어.

richtig-, Richtig-: ~**gehend** 〈Adj.〉 **1.** (시간이) 정확히, 꼭 맞는: eine -e Uhr 정확한 시계. **2.** 진짜의, 참다운, 실제적, 본격적, 완전한: er ist in letzter Zeit r. aktiv geworden 그는 최근에 진짜 적극적으로 되었다. ~**liegen*** 〈h〉 《통용어》 편리한 쪽을 지지하다, 유리한 편을 옹호하다, 추세에 따르다: er hat (mit seiner Meinung) immer richtiggelegen 그는 (그의 견해로써) 항상 유리한 편에 들었다. ~**machen** 〈h〉 《통용어》 지불하다, 청산하다: eine Rechnung r. 계산을 치루다. ~**stellen** 〈h〉 바로잡다, 바르게 고치다, 정정하다: einen Irrtum r. 잘못을 고치다. ~**stellung**, die ↑ ~stellen의 명사형.

richtigerweise 〈Adv.〉 올바르게, 정당하게, 당연히.

Richtigkeit, die; 올바름, 정당, 사실, 진짜, 공정, 적절함, 질서, 정규, 정연: die R. einer Abschrift bescheinigen 사본의 정확함을 증명하다; es muß alles seine R. haben 모든 것이 정해진 대로 되어야 한다.

Richtung, die; -en [↑richten (1-3)] **1.** (진행) 방향, 방위, 진로: die R. wechseln 방향을 바꾸다; der Pfeil zeigt die R. an 화살표는 방향을 가리킨다; aus allen -en 사방에서; in R. Osten [des Dorfes] 동(마을) 쪽에서; in eine andere R. gehen 다른 방향으로 가다;

전의 die R. stimmt 《통용어》 모든 것이 잘 되어 있다; einem Gespräch eine bestimmte R. geben 대화를 일정한 주제로 이끌다; der erste Versuch in dieser R. 이러한 방면의 첫 시도. **2.** 경향, 성향, 추세, 유파(流派), 주의, 방침, 견해: eine politische R. 정치적 경향; 전의 die Hauptleistungen dieser R. sind ornamentale Bilder 이 유파의 주요 업적은 장식 그림이다. **richtunggebend** 〈Adj.〉 방향(방침)을 정해 주는[지시하는], 지도적: ein -er Gedanke 지도적 생각; mit etw. r. werden 무엇으로 방침이 정해지다.

Richtungs-: ~**adverb**, das [언어] 방향(지시) 부사 (예컨대: hierher, dorthin). ~**änderung**, die 방향 전환, 진로 변경. ~**angabe**, die [언어] 방향 지시어. ~**anzeiger**, der 《schweiz.·판》 ↑ Fahrtrichtungsanzeiger. ~**blinker**, der 《schweiz.·판》 ↑ Blinkleuchte. ~**gewerkschaft**, die (1933년까지 독일의) 노선별 노동 조합. ~**kämpfe** [Pl.] (정당 내의) 노선[파벌] 싸움. ~**los** 〈Adj.〉 방향(방침)이 없는: r. blickende Augen 방향 없이 바라보는 눈; 전의 ein -r Mensch 절도없는 인간. ~**losigkeit**, die ↑~los의 명사형. ~**pfeil**, der 방향 표지 화살표. ~**stabil** 〈Adj.〉 진행 방향을 안정시키는, 정향 안정적인. ~**stabilität**, die ↑ ~stabil의 명사형. ~**verkehr**, der 일방 교통(통행). ~**wechsel**, der 방향 전환.

richtungweisend 〈Adj.〉 방향 지시의, 방침을 정하는, 지향적(指向的), 지도적인: ein -er Vortrag 방향 지시적 강연.

Rick ['rɪk], das; -(e)s, -e (또한) -s **1.** 《지역적》 **a)** 막대기(Stange). **b)** 시렁. **2.** 《승마》 횡목(을 차곡차곡 올린) 장애물.

Ricke ['rɪkə], die; -n [사냥] 암노루.

Rickettsie [rɪ'kɛtsiə], die; -n [미국의 병리학자 H. T. Ricketts (1871–1910)의 이름에 따라] 《대개 Pl.》 [의학·생물] 리케차(세균과 바이러스 중간의 병원체).

Rickettsiose [rɪkɛ'tsioːzə] die; -n [의학] 리케차(에 의한) 전염병.

Rideau [ri'doː], der; -s, -s [frz. rideau] 《schweiz., südwestd.》 《양키》 커튼, 장막(Vorhang).

ridikül [ridi'kyːl] 〈Adj.〉 [frz. ridicule < lat. ridiculus] 《교양어·준고어》 우스꽝스러운, 웃기는, 가소로운, 익살스러운: eine -e Aufmachung 우스꽝스러운 옷차림. **Ridikül** [-], Retikül, das / der; -s, -e / -s [frz. ridicule] (특히 18~19세기의) 수예(편물) 주머니.

rieb [riːp] ↑ reiben 참조.

Riech-: ~**fläschchen**, das 《옛》 향염(향수, 향료) 병. ~**hirn**, das [생물·해부] 후뇌(嗅腦) (주뇌). ~**kolben**, der 《농》 (큰) 코(Nase). ~**mittel**, das (예날 기절할 때 사용한) 향료제. ~**nerv**, der [해부] 후(嗅)신경. ~**organ**, das ↑ Geruchsorgan. ~**salz**, das 향염(香鹽). ~**stoff**, der 향료: pflanzliche -e 식물성 향료. ~**wasser**, das 향수(香水).

riechbar ['riːçbaːɐ̯] 〈Adj.〉 《드물게》 냄새나는, 냄새를 맡을 수 있는, 향기를 풍기는, 향긋한. **riechen*** ['riːçn̩] 〈h〉 **1. a)** (코로) 냄새를 맡다[감지하다]: den Duft der Rosen r. 장미의 냄새를 맡다; Knoblauch nicht r. können 마늘 냄새를 맡을 수(견딜 수) 없다; 전의 er roch sofort, daß hier was nicht stimmte 《통용어》 그는 여기서 무엇인가 이상함을 즉시 알아차렸다; **jmdn. nicht r. können** 《감정》 누구를 참을 수 없다(싫어하다); **etw. nicht r. können** 《감정》 무엇을 예지할 수 없다(미리 알 수 없다). **b)** (코에 대고) 냄새를 맡아보다: an einer Parfümflasche r. 향수병에 (코를) 대고 냄새를 맡아보다; **mal dran r. dürfen** 《감정》 잠시 마나 두어도(살펴 보아도) 좋다. **2.** 냄새를 풍기다(뿌더리다), 냄새가 나다, 악취(방향)를 풍기다: das Ei riecht schon (schlecht) 달

같이 벌써 (나쁜) 냄새가 난다; er roch aus dem Mund [nach Alkohol] 그는 입에서 (술)냄새를 풍겼다; die Luft riecht nach Schnee 눈이 내릴 것 같다; 〈비인칭으로도〉 hier riecht es nach Gas 여기는 가스냄새가 난다; 전의 diese Art Glück riecht nicht gut, wie mir scheint 이런 종류의 행운은 나에게 미심적다; 〈비인칭으로도〉 es riecht nach Freispruch 〈통용어〉 무죄 판결의 낌새가 있다. **Riecher**, der; -s, - 〈경〉 1. 코. 2. 예감[에지](능력): einen guten R. haben 예감을 잘하다.

¹**Ried** [riːt], das; -(e)s, -e **a)** 갈대: mit Ried bestandene Teiche 갈대가 무성한 연못. **b)** (갈대가 자란) 소택지, 늪지, 갈대숲.

²**Ried** [-], die; -en, Riede [ˈriːdə]; -n 〈österr.〉 (포도원의) 가용(유용)지.

Ried- (¹Ried); **~bock**, der (특히 아프리카의 숲에 사는 노루나 사슴 크기의) 영양(羚羊). **~dach**, das ↑Reetdach. **~gras**, das 〔식물〕 방동사니속(屬)(학명: *Cyperaceae*).

Riede: ↑²Ried.

Riedel [ˈriːdl]], der; -s, - 〔지리〕 (양 골짜기 사이의) 구릉지(丘陵地).

rief [riːf] ↑rufen 참조.

Riefe [ˈriːfə], die; -n ↑Rille. **riefeln** [ˈriːfln], riefen [ˈriːfn] 〈h〉 홈을 파다, (홈)줄을 내다. **Riefelung**, die; -en 1. ↑riefeln의 명사형. 2. 홈[줄]이 있는 곳, 홈[줄]무늬. **riefen**: ↑riefeln. **Riefensamt**, der; -(e)s, -e 〈지역적〉 (옷감의) 코르덴(Kordsamt). **riefig** [ˈriːfɪç] 〈Adj.〉 홈[줄]이 있는.

Riege [ˈriːɡə], die; -n [niederd. rīge] (특히 체조) 선수단[팀](Mannschaft), 조(組): die R. turnt am Barren 선수단이 평행봉에서 체조한다; 전의 eine R. Abgeordneter 국회의원단.

Riegel [ˈriːɡl], der; -s, - 1. **a)** 빗장: den R. an der Tür vorlegen 문에 빗장을 지르다; **einer Sache** 《드물게》 **jmdm.**[**einer R. vorschieben** 무엇[누구]을 못하게 하다[저지, 방해하다]. **b)** 〔철물〕 자물쇠 봉[자물쇠의 날름쇠]. 2. **a)** 〔군〕 (군대, 탱크에 의한) 방어선: die Panzer durchbrachen den R. 탱크가 방어선을 돌파했다. **b)** 〔특히 축구〕 (공격수에 의해 강화된) 수비[방어](진). 3. (동일하게 등분된) 막대 모양의 물건: einen R. Blockschokolade kaufen 판(板)초콜릿 한 개[막대]를 사다. 4. 〔재단〕 **a)** (외투, 상의의) 뒤쪽에 양끝을 부착시킨 가로띠. **b)** (바지의 허리 부분에 양끝을 부착시킨) 혁대고리. **c)** 단추구멍 양끝의 세로로 낸 자국. 5. 〔토건〕 횡목, 도리. 6. (준의 대) (벽에 부착시킨) 긴 옷걸이 막대. 7. 〔사냥〕 (고산 지대의) 사냥짐승의 통로(길).

Riegel-: **~haus**, das [↑Riegel (5) ↑Fach(木骨)] 가옥. **~holz**, das 나무 빗장. **~schloß**, das 빗장 자물쇠. **~stange**, die 문을 거는 (빗장) 막대. **~stellung**, die 〔군〕 방어선[진]. **~wand**, die 〔토건〕 목골[목조]벽. **~werk**, das 〈지역적〉 (건축물의) 골조[뼈대], 목골(木骨).

Riegelhaube, die; -n [앞부분: lat. rīcula] 〔옛〕 (독일 바이에른 지방의) 흰 레이스를 단 수놓은 부인 모자.

riegeln [ˈriːɡln] 〈h〉 1. 〔고어・schweiz.〕 빗장을 지르다, 빗장으로 잠그다: sie riegelte die Tür 그 여자는 문에 빗장을 질렀다. 2. 〔승마〕 (말의) 고삐를 상호 잡아당기어 일정한 자세를 취하게 하다.

Riegenführer, der; -s, - 〔체조〕 선수단장[팀의 리더], 조장(組長). **Riegenturnen**, das; -s 선수단[팀]의 체조. **riegenweise** 〈Adv.〉 조(組)별로, 팀을 짜서: R. antreten 조별로 집합하다.

rieh [riː] ↑²reihen 참조.

Riemchen [ˈriːmçən], das; -s, - 1. ↑¹Riemen (1)의 축소형: eine Sandalette mit schmalen R. 가느다란 끈이 달린 샌들. 2. 〔토건〕 벽을 붙이는 폭이 좁은 건축재(세로로 반분한 벽돌, 타일 따위).

¹**Riemen** [ˈriːmən], der; -s, - 1. (축소형: ↑Riemchen) (가죽, 질긴 천, 합성섬유로 만든) 끈, 띠[멜(帶)], 혁대: der R. ist gerissen 끈이 끊어졌다; einen R. um den Koffer schnallen 가죽끈으로 트렁크를 묶다; **den R. enger schnallen** 〈통용어〉 허리띠를 졸라매다[절약하다]; **sich am R. reißen** 〈통용어〉 정신을 가다듬다[분발하다]. 2. ↑Treibriemen: der R. ist vom Rad abgegangen 피대[벨트]가 바퀴에서 벗겨졌다. 3. (가죽으로 만든) 구두끈. 4. 〈통용어〉 장문의 글[논설, 신문기사]. 5. 〈속어〉 음경(남근(男根))(Penis).

²**Riemen** [-], der; -s, - [lat. rēmus = Ruder] 〔선원〕 (양손으로 젓는 한개의) 노(Ruder): **sich in die Riemen legen** 힘껏 노를 젓다[전력을 다하다].

riemen-, Riemen- (¹Riemen): **~antrieb**, der [기술] 피대[벨트] 전동(傳動). **~bandwurm**, der 담수어와 물새에 기생하는 촌충. **~förmig** 〈Adj.〉 끈(띠) 모양의. **~peitsche**, die 가죽끈 채찍. **~trieb**, der [기술] 피대[벨트] 전동(傳動). **~werk**, das 가죽띠 세공[장식]. **~wurm**, der ↑~bandwurm. **~zunge**, die 세 개의 꽃잎 중 가운데 꽃잎이 길게 아래로 처진 난초과 식물(학명: *Himantoglossum*).

Riemer [ˈriːmɐ], der; -s, - 〈지역적〉 가죽끈 제조자, 피혁공(Sattler), 마구(馬具) 제조인.

rien ne va plus [rjɛnvaˈply] [frz. = nichts geht mehr] (룰렛트 도박 게임에서 도박장 주인의 통고의 말) 더 이상 돈을 걸 수 없음.

¹**Ries** [riːs], das; -es, -e 〈그러나: 5 Ries〉 [lat. risma] 〔고어〕 (종이 전지(全紙)의 수량 단위) 연(連)(1련 = 1000매): vier R. Papier einkaufen 4련의 종이를 구입하다.

²**Ries**, das; -es 리스(슈바벤 알프스 프랑켄 알프스 사이의 분지).

¹**Riese** [ˈriːzə], der; -n, -n 1. (동화, 전설, 신화에 나오는) 거인: ein gutmütiger R. 양순한 거인; 전의 er ist R. 그는 호걸장대한 인물이다; er ist ein R. an Geist 그는 매우 현명하다; die felsigen -n Südtirols 남(南) 티롤의 거대한 산들; **abgebrochener R.** 〈통용어・농〉 아주 작은(비교적 작은) 사람, 소인. 2. 〔천문〕 ↑Riesenstern. 3. 〈통용어〉 ↑Riesenfelge. 4. 〔경〕 천마르크(짜리) 지폐(Tausendmarkschein): ein halber R. 5백 마르크. **-riese** [-riːzə], der; -n, -n (대기업을 뜻하는 기본어로, 예컨대) Automobil-, Branchenriese.

²**Riese** [-], die; -n 〈südd., österr.〉 ↑Holzriese의 준말.

³**Riese-**: ↑Rise.

riesel-, Riesel-: **~fähig** 〈Adj.〉 바슬바슬[보슬보슬]한: ein Salz (잘 말라) 보슬보슬한 소금. **~feld**, das 하수 이용 경작지, 하수 관개 농장. **~wasser**, das (Pl. ...wässer) (하수 이용 농장으로 흐르는) 농업용[관개용] 하수. **~wiese**, die 하수 이용 목장[목초지].

rieseln [ˈriːzln] 1. 〈h〉 **a)** 졸졸 (소리내며) 흐르다: in der Nähe rieselte ein Bächlein 근처에서 시냇물이 졸졸 흘렀다. **b)** 보슬보슬 [소록소록] 내리다: leise rieselt der Schnee 눈이 소록소록 내린다. 2. 〈s〉 **a)** 흘러가다, 흘러나오다: Blut rieselte aus der Wunde 피가 상처에서 흘러나왔다; er ließ den Sand durch die Finger r. 그는 손가락 사이로 모래를 흘러내리게 했다; 전의 ein Schauder rieselte ihm durch die Glieder 공포의 전율이 그의 사지를 타고 내렸다. **b)** 살포시 내려오다, 떨어지다(듣다): der Kalk rieselte von den Wänden 석회가 벽에서 뚝뚝 떨어졌다.

riesen [ˈriːzn] 〈h〉 〈südd., österr.〉 (목재 운송용 미끄럼길로) 미끄러 내려뜨리다: Baumstämme r. 목재를 미끄러 내려뜨리다.

riesen-, Riesen- (¹Riese; 종종 강조): **~anstrengung**, die 《통용어》 지대한 노력. **~arbeit**, die 〈Pl. 없음〉《통용어》 거대한 사업, 대저작. **~aufgebot**, das 《통용어》 대소집. **~baby**, das ↑Elefantenbaby. **~bau**, der 〈Pl. -ten〉 거대한 건축물. **~baum**, der 《통용어》 거목(巨木). **~betrieb**, der 《통용어》 대기업, 큰 공장. **~blamage**, die 《통용어》 큰 수치, 대치욕. **~dame**, die 《준어》 (대목 시장에서 인기있는 몸집이 큰) 여장군[여걸]. **~dummheit**, die 《통용어》 지독히 어리석은 짓, 대 실책. **~erfolg**, der 《통용어·감정》 대성공. **~faultier**, das 〔동물〕 (홍적기에 살았던) 대포유류(학명: Megatherium). **~fehler**, der 《통용어》 대실수, 큰 잘못. **~felge**, die 〔체조〕 (철봉 운동의) 대차륜. **~gebirge**, das (독일의 수데텐 산맥의 가장 높은 산맥 이름) 리젠게비르게. **~geschlecht**, das 거인족. **~gestalt**, die 거인의 모습[자태], 거구[거체]: die R. des Boxers 《통용어》 권투선수의 거대한 몸집. **~gewinn**, der 《통용어》 막대한 이득[상금 당첨]. **~groß** 〈Adj.〉 《통용어》 거대한, 막대한, 초대형의: die Überraschung war r. 그 놀라움은 엄청나게 컸다. **~hunger**, der 《통용어》 심한 굶주림, 대 기근. **~käfer**, der ↑Nashornkäfer. **~krach**, der 《통용어》 대소동, 큰 소란, 큰 싸움. **~kraft**, die 거대한 힘, 괴력. **~portion**, die (음식의) 많은 분량. **~rad**, das (유원지의) 대회전식 관람차: (mit dem) R. fahren 대회전식 관람차를 타다. **~rindvieh**, das 《통용어·욕》↑~roß. **~roß**, das 〈Pl. ...rösser〉《통용어·욕》 멍청한[미련한] 놈. **~schaden**, der 《통용어》 큰 손해, 대손실. **~schildkröte**, die ↑Elefantenschildkröte. **~schlange**, die (열대, 아열대의) 왕뱀(Boidae). **~schritt**, der 《통용어》 큰 걸음: -e machen 큰 걸음을 하다. **~schweinerei**, die 《통용어》 지독한 더러움, 불쾌한 짓. **~schwung**, der ↑~felge. **~skandal**, der 《통용어》 대추문, 큰 스캔들. **~slalom**, der 〔스키〕 대회전(경기). **~spaß**, der 큰 재미. **~stadt**, die 거대한 도시. **~stark** 〈Adj.〉《통용어·감정》 거인처럼 강한, 대단히 힘이 센. **~stern**, der 〔천문〕 거성(巨星). **~summe**, die 《통용어》 거액. **~torlauf**, der 〔스키〕 ↑~slalom. **~welle**, die 〔체조〕 ↑~felge. **~wuchs**, der 〔의학·생물〕 (동식물의) 거대 발육(증), 거인증. **~zelle**, die 〔의학·생물〕 핵분열의 장해로 인해 대단히 여러 핵을 가진) 특별히 큰 세포.

riesenhaft 〈Adj.〉 **a)** 거대한, 거인 같은, 막강한, 대단한: ein -es Bauwerk 거대한 건축물. **b)** 《드물게》 엄청난, 비상한, 지나치게 많은: -e Belastung 엄청난 부담. **Riesenhaftigkeit**, die ↑riesenhaft의 명사형. **riesig** ['riːzɪç] 〈Adj.〉《감정》 **1. a)** 거대한, 대단히 큰[넓은, 많은], 웅대한: ein -er Platz 대단히 큰 광장; eine -e Menschenmenge 거대한 군중. **b)** 굉장한, 엄청난, 막대한: eine -e Freude 굉장한 기쁨; er hat -e Kräfte 그는 엄청난 힘이 있다. **2. a)** 〈경우에 따라) 훌륭한, 탁월한, 대단한, 빼어난, 우수한: eine -e Party 훌륭한 파티; der Film ist einfach r. 그 영화는 한마디로 대단하다. **b)** 《통용어》 〈형용사·동사의 강조〉 매우(sehr), 대단히, 엄청나게, 지독히: der Film war r. interessant 그 영화는 매우 흥미 있었다.

Riesin ['riːzɪn], die; -nen ↑¹Riese (1)의 여성형. **riesisch** 〈Adj.〉《드물게》 거인의, 거대한.

Rieslaner [riːs'laːnɐ], der; -s, - [Riesling u. Silvaner에 서 생김] 〈Pl. 없음〉 (리슬링 포도종과 실바너 포도종으로 접목 재배한) 리슬라너 포도주. **b)** 리슬라너 백포도주. **Riesling** ['riːslɪŋ], der; -s, -e **a)** 〈Pl. 없음〉 리슬링 포도(종). **b)** 리슬링 백포도주.

¹Riester ['riːstɐ], der; -s, - 《준어》 구두 수선용 가죽(조각).

²Riester [-], der; -s, - 《지역적》 쟁기의 자부지[손잡이] (Pflugsterz).

riesweise 〈Adv.〉 (종이의 수량 단위 ↑Ries) 연(連)으로.

riet [riːt] ↑raten 참조.

Riet [-], das; -(e)s, -e 〔직조〕 (베틀의) 바디[성구] (Webeblatt). **Rietblatt**, das ↑Riet.

¹Riff [rɪf], das; -(e)s, -e [niederd. rif, ref] 암초, 모래톱, 사주(砂洲): das Boot lief auf ein R. auf 보트가 좌초했다.

²Riff [-], der; -(e)s, -e [engl. riff] 〔음악〕 (재즈에서) 반복 악절(선율).

Riffel ['rɪfḷ], die; -n **1.** 〈대개 Pl.〉 물결[톱니] 모양의 홈, 파상기복(波狀起伏): die -n einer Säule 기둥의 파상기복. **2. a)** ↑Riffelkamm. **b)** ↑Riffelmaschine.

Riffel-: **~beere**, die 《지역적》 **1.** (검푸른 열매의) 월귤나무(Heidelbeere). **2.** (붉은빛 열매의) 월귤나무(Preiselbeere). **~blech**, das 한쪽면에 좌상 기복이 있는 양철판. **~glas**, das 한쪽면에 파상기복이 있는 유리. **~kamm**, der 삼[아마]을 훑는 빗. **~maschine**, die 삼[아마]을 훑는 기계.

riffeln ['rɪfḷn] 〈h〉 **1.** 물결[톱니] 모양의[파상] 기복이 생기게 하다: ein Verfahren, um Glas zu r. 유리에 파상 기복이 생기게 하는 방법; (대개 과거분사형으로) eine geriffelte Säule 물결 모양의 기복을 넣은 기둥. **2.** (삼을 삼는 기구로) 훑다: Flachs r. 삼을 훑다. **3.** 《지역적》 월귤열매를 따다. **Riffelung**, die; -en **1. a)** 〈Pl. 없음〉 물결 모양의 기복을 넣음. **b)** (표면에 나타난) 파상 기복. **2.** 〔삼[아마]에서〕 훑기.

Rififi ['rɪfɪfi], das; -s [교묘한 은행 침입을 다룬 프랑스 영화(1955)의 동일 이름으로부터] (대개 관사 없음) 《은어》 (빈틈없이 계획된) 갱 같은 범행[범죄].

Riga ['riːga, (russ.) 'rigaː] 리가(라트비아의 수도). **¹Rigaer** ['riːgaɐ], der; -s, - 리가의 주민. **²Rigaer** 〈Adj.; 격변화 없음〉 리가의. **rigaisch** ['riːgaɪʃ] 〈Adj.〉 리가의.

Rigaudon [rigo'dõː], der; -s, -s [frz. rigaudon, 옛 무용 교사 Rigaud의 이름에 따라] **a)** 리고동(17~19세기 프랑스 프로방스 지방의 2/4 또는 4/4 박자의 무용). **b)** 모음곡(組曲)의 악장.

Rigel ['riːgḷ], der 리겔(오리온 별자리의 가장 밝은 별). **Rigg** [rɪk], das; -s, -s [engl. rig(ging)] 〔선원〕 (선박의) 삭구(索具)장비, 의장(艤裝). **riggen** ['rɪgn] 〈h〉 〔선원〕 배에 삭구를 장비하다, 배를 의장하다(auftakeln). **Riggung**, die; -en ↑Rigg.

Righeit ['rɪkhaɪt], die 〔물리〕 (고체의) 경도(硬度)[저항력].

right or wrong, my country [raɪt ɔː 'rɔŋ, maɪ 'kʌntrɪ; 미국의 제독인 Decatur(1779~1820)의 말에 따라] 정부의 조치가 옳든 그르든 나는 조국에 충성한다.

rigid [riˈgiːt], **rigide** [...iːdə] 〈Adj.〉 [lat. rigidus] **1.** 〔의학〕 경직된(starr), 굳은(steif). **2.** 《교양어》 엄격한(streng), 굽히지 않는, 완고한: rigide Normen 엄격한 규범. **Rigidität** [rigidɪˈtɛːt], die [1: lat. rigiditās] **1.** 〔의학〕 (근육) 경직, 강직(强直). **2.** 《교양어·특히 심리》 (습관, 의견 따위의) 고집.

Rigole [riˈgoːlə], die; -n [frz. rigole] 〔농업〕 깊은 도랑, 배수구: -n graben 깊은 도랑을 파다. **rigolen** 〈h〉 [frz. rigoler] 깊이 갈다, 깊은 도랑[고랑]을 파다. **Rigolpflug**, der 도랑파는[깊이 가는] 쟁기(가래).

Rigor ['riːgɔr], der; -s [lat. rigor] ↑Rigidität (1): R. mortis [-'mɔrtɪs] 〔의학〕 사후 경직 (Totenstarre). **Rigorismus** [rigoˈrɪsmʊs], der; - [lat. rigor = Steifheit, Härte, Unbeugsamkeit] 《교양어》 (특히 도덕률에 대한) 엄숙주의. **Rigorist** [rigoˈrɪst], der; -en, -en [frz. rigoriste] 《교양어》 엄숙주의자. **rigori-**

stisch 〈Adj.〉《교양어》 엄숙주의의, 엄격한, 가차 없는, 철저한: r. argumentieren 철저히 논증하다. **rigoros** [rigo'ro:s] 〈Adj.〉 [frz. rigo(u)reux] (매우) 엄(격)한, 혹독한, 가혹한, 용서(가차) 없는: -e Kritik 혹독한 비평; er hat es r. abgelehnt 그는 가차 없이 거절했다. **Rigorosität** [rigorozi'tɛ:t], die; - 《교양어》 엄격, 가혹, 무자비, 가차(용서) 없음. **rigoroso** [rigo'ro:zo] 〈Adv.〉 [ital. rigoroso] [음악] 리고로소[박자를 정확하게]. **Rigorosum** [rigo'ro:zum], das; -s, ...sa [lat. (examen) rigorosum = strenge Prüfung] 《교양어》 박사 학위의 구술 시험.

Rigweda [rɪk've:da], der; -(s) [sanskr. = das aus Versen bestehende Wissen] 고대 인도의 찬미가 집.

Rikambio [ri'kambjo], der; -s, ...ien [...jən; ital. ricambio] ↑Rückwechsel.

Rikscha ['rɪkʃa], die; -s [engl. ricksha] (동남아의) 이륜 인력거.

Riksmål ['ri:ksmɔ:l], der; -(s) [norw.] ↑Bokmål의 옛 명칭.

rilasciando [rila'ʃando] 〈Adv.〉 [ital. rilasciando] [음악] 릴라산도[박자를 늦추면서, 더 느리게 하면서].

Rille ['rɪlə], die; -n [niederd. rille] (대개 단단한 물체의 표면에 새긴) 가느다란 홈, 새긴 줄(금), 주름살: die -n des Schallplatten von Staub befreien 음반의 줄에서 먼지를 닦아 내다; seine Stirn wies zahlreiche -n auf 그의 이마에는 수많은 주름살이 나타났다. **rillen** ['rɪlən] 〈h〉 홈(고랑)을 파(내)다, 줄(금)을 새기다, 주름을 짓다: die Oberfläche von etw. r. 무엇의 표면에 홈을 파다; 〈대개 과거분사형으로〉 gerillte Glasscheiben 줄을 새긴 유리판.

rillen-, Rillen-: ~**förmig** 〈Adj.〉 홈(줄) 모양의. ~**glas**, das 〔(꽉 막아 두기 위해) 윗목에 고랑을 판 저장용 병〕. ~**profil**, das 〈Pl. 없음〉 타이어(구두창)의 홈이 패인 구조. ~**schiene**, die [기술] 홈을 판 (전차) 선로.

rillig ['rɪlɪç] 〈Adj.〉 〈드물게〉 홈이 있는, 줄(금)을 새긴, 고랑이 진.

Rimessa [ri'mɛsa], die; ...ssen [ital. rimessa] [펜싱] 재(반복)공격. **Rimesse** [ri'mɛsə], die; -n [ital. rimessa] **1.** [경제] **a)** 환(어음). **b)** 〈드물게〉 송금어음. **2.** [펜싱] ↑Rimessa.

Rimini [(ital.) 'ri:mini] 리미니(아드리아 해안의 항구 도시).

Rinascimento [rinaʃi'mento], das; -(s) [ital. rinascimento] ↑Renaissance의 이탈리아 명칭.

Rind [rɪnt], das; -(e)s, -er **1. a)** 〈Pl. 없음〉 소(牛): schwarzweiß gefleckte -er 얼룩소들; -er züchten 소를 기르다. **b)** 〈Pl. 없음〉 《통용어》 ↑Rindfleisch의 약칭: R. ist heute billiger 쇠고기는 오늘 더 싸다. **2.** [동물] 우제류 (偶蹄類)의 소과(동물).

Rind- (Rind 1 a; Rinder-; rinds-, Rinds-도 참조): ~**box**, das; -es [복스카프처럼 구두용] 매끄러운 쇠가죽. ~**boxleder** der ↑~box. ~**fleisch**, das 쇠고기. ~**fleischsuppe**, die 쇠고기 수프. ~**leder**, das ↑ Rindsleder. ~**stück**, das ↑Beefsteak. ~**suppe**, die (österr.) ↑Fleischbrühe. ~**vieh**, das 〈Pl. -viecher〉 **1.** 〈Pl. 없음〉 소(牛)(의 총칭): er besitzt zwanzig Stück R. 그는 20마리의 소를 소유하고 있다. **2.** (통용어·종중 욕) 멍청이, 바보: du (blödes) R.! 이 바보 같은 놈아!

Rinde ['rɪndə], die; -n **1.** (나무의) 껍질, 외피, 수피: die R. vom Stamm abschälen 나무줄기에서 껍질을 벗기다. **2.** (빵, 치즈의 겉) 껍질: sie ißt beim Brot am liebsten die dunkle R. 그는 빵의 검은 껍질을 가장 즐겨 먹는다. **3.** [해부] 피질(皮質): die R. des Hirns 뇌의 피질.

rinden-, Rinden- (Rinde 1): ~**boot**, das (원시민족의) 큰 나무껍질로 만든 보트(배). ~**brand**, der [식물] (나무껍질이 말라 죽는) 수피병(樹皮病). ~**hütte**, die 나무껍질로 만든 오두막. ~**los** 〈Adj.〉 껍질없는.

Rinder- (Rind 1 a; Rind-; rinds-, Rinds-도 참조): ~**bandwurm**, der 소(를 중간숙주로 한) 촌충. ~**braten**, der [요리] 쇠고기 구이, 소의 불고기, 로스트 비프. ~**bremse**, die 쇠파리, (쇠)등에. ~**brust**, die [요리] 쇠의 안심(고기). ~**filet**, das [요리] 소의 필레(고기). ~**gulasch**, das, (또한) der [요리] 쇠고기 굴라시. ~**hackfleisch**, das 잘게 썬(간) 쇠고기. ~**herde**, die 소의 무리(떼): die R. auf die Weide treiben 소떼를 목장으로 몰다. ~**herz**, das [요리] 소의 심장(고기). ~**leber**, die [요리] 소(의) 간. ~**lende**, die [요리] 소의 허리 부분 고기. ~**pest**, die 우역(牛疫), 소(의) 페스트(병). ~**rasse**, die 소의 품종. ~**schmorbraten**, der [요리] 쇠고기 찜 요리. ~**talg**, der 소의 우지(牛脂). ~**zucht**, die 양우(養牛), 소의 사육. ~**zunge**, die [요리] 소의 혀[우설(牛舌)].

rinderig ['rɪndərɪç] 〈Adj.〉 (암소가) 발정한, 암내 내는 (brünstig). **rindern** ['rɪndɐn] 〈h〉 (암소가) 암내 내다, 발정하다: die Kuh fängt wieder an zu r. 암소가 다시 발정하기 시작한다.

rindig ['rɪndɪç] 〈Adj.〉 〈드물게〉 껍질(외피)이 있는.

rinds-, Rinds- (Rind 1 a; Rind-; Rinder-도 참조): ~**braten**, der [요리·특히 südd., österr.) ↑Rinderbraten. ~**fett**, das ((südd., österr.)) 버터(우유)의 지방(Butterschmalz). ~**filet**, das [요리·특히 südd., österr.) ↑Rinderfilet. ~**gulasch**, das, (또는) der [요리·특히 südd., österr.) ↑Rindergulasch. ~**leber**, die ((요리·특히 südd., österr.)) ↑Rinderleber. ~**leder**, das 쇠가죽(우피(牛皮)): eine Tasche aus R. 우피 가방. ~**ledern** 〈Adj.〉 쇠가죽(우피)의. ~**lende**, die ((요리·특히 südd., österr.)) ↑Rinderlende. ~**schmalz**, das ((südd., österr.)) ↑~fett. ~**stück**, das ((요리·특히 südd., österr.)) ↑Rinderstück. ~**talg**, der ((특히 südd., österr.)) ↑Rindertalg. ~**zunge**, die ((요리·특히 südd., österr.)) ↑Rinderzunge.

rinforzando [rɪnfɔr'tsando] 〈Adv.〉 [ital. rinforzando] [음악] 린포르찬도[갑자기 그 소리를 강하게](약어: rf., rfz., rinf.). **Rinforzando** [-], das; -s, -s / ... [음악] 갑작스런 강음(부). **rinforzato** [...'tsa:to] 〈Adv.〉 [ital. rinforzato] [음악] 린포르차토[갑자기 그 소리를 강하게](약어: rf., rfz., rinf.).

ring [rɪŋ] 〈Adj.〉 ((südd., schweiz.)) (손)쉬운, 용이한, 힘들지 않는: ein -er Weg 쉬운 길.

Ring [-], der; -(e)s, -e **1.** 〈축소형: ↑Ringlein, Ringelchen〉 **a)** 고리, 고리 모양의 물건, 환(環): ein R. als Türklopfer 노크용 문고리; der Stier hat einen R. durch die Nase 황소는 코에 (쇠)코뚜레가 있다; die Kinder spielen mit dem R. 아이들은 (놀이용) 고무고리를 가지고 놀이한다; 성구 der R. schließt sich 일이 (출발점으로 돌아옴으로써) 종결된다. **b)** 반지, 가락지: ein R. aus massivem Gold 순금 가락지; **die -e tauschen(wechseln)** (아어) 결혼하다. **2.** [스포츠] 〈Pl.〉 (기계 체조의 도구) 링: an den -n turnen 링 체조를 하다. **b)** 권투 시합장(링)(↑Boxring의 약어): die beiden Boxer kletterten in den R. 두 권투 선수가 링에 올랐다. [경기] 다음 후보자(선수) 시작! **c)** 투환 던질 때의 원형 제한선(↑Kugelstoßring의 약어). **d)** 원반(햄머) 던질 때의 원형 제한선(↑Wurfring의 약어). **3.** 〈축소형: ↑Ringlein, Ringelchen〉 원(圓), 동그라미, 원형, 고리 모양(환상(環狀)), 환상 도로[철도]: das

Glas hinterließ einen feuchten R. auf dem Tisch 유리잔은 식탁 위에 물기있는 동그라미를 남겼다; er zählte die -e auf dem Baumstumpf 그는 나무 그루터기에서 나이테를 세었다; er schoß zehn -e 그는 표적 위의 열 번째 동그라미를 쏘았다; der alte Stadtkern liegt innerhalb eines Ringes 옛 도시 중심지는 환상 도로 안에 있다. **4.** 우호회, 집단 조직체, 패, 조(組), 도당(徒黨), 카르텔[기업 연합]: einen R. für Theaterbesuche gründen 연극 관람 우호회를 조직하다; die Händler haben sich zu einem R. zusammengeschlossen 상인들은 카르텔로 결합했다.
ring-, Ring-: **~artig** 〈Adj.〉 고리 모양[환상]의. **~arzt,** der [권투] 링 의사. **~bahn,** die 환상(순환) 철도. **~beschleuniger,** der [핵물리] 원형 입자 가속기. **~buch,** das 링 북, 링 노트. **~fahndung,** die 대수색(작전). **~finger,** der 무명지, 약손가락. **~flügel,** der [기술] (수직 이착륙 비행기의) 고리 모양의 추진 날개. **~flügelflugzeug,** das ↑Coleopter. **~form,** die **1.** 고리 모양, 원형, 환(상)형: die Kommode hatte Griffe in R. 이 장롱은 고리 모양의 손잡이를 가졌다. **2.** 원형의 과자 굽는 틀. **~förmig** 〈Adj.〉 고리 모양(환상)의, 원형(환형)의: -e Verbindungen [화학] 환상 화합물. **~fuchs,** der [권투 은어] 노련한 권투 선수. **~geschmückt** 〈Adj.〉 반지(들)로 장식한, 반지 낀: -e Hände 반지로 장식한 손. **~graben,** der (시, 성을 둘러 싼) 원형 도랑. **~heft,** das ↑~buch. **~knorpel,** der [해부] (후두의) 환상 연골. **~mauer,** die (시, 성을 둘러싼) 원형(환상) 외벽(성벽). **~muskel,** der [해부] 괄약근(括約筋), der [기술] (벽돌, 석회를 굽는)(타)원형 가마. **~reiten,** das; -s, - 말을 달리며 창[막대]으로 높이 걸린 고리[화환]를 떼어 내려오는 시합[유희]. **~richter,** der [권투] 주심. **~scheibe,** die (사격) 둥근 표적[과녁]. **~schlüssel,** der 폐쇄형 스패너[나사돌리개]. **~sendung,** die [텔레비전·방송] 중계 방송. **~stechen,** das ↑~reiten. **~straße,** die 환상 도로. **~tausch,** der 순번[윤번] 교환. **~tennis,** das 데크테니스(테니스와 유사한 규칙에 따라 고무고리를 네트 위로 던지는 놀이). **~verein,** der (준고어) (대도시 범죄단들의) 위장 연합회. **~wall,** der ↑~mauer. **~wechsel,** der 결혼 반지의 교환.
Ringel ['rɪŋl], der; -s, - (↑Ring의 축소형) (작은) 고리, 고리 모양, 동그라미, 나선형, (머리 따위의) 돌돌 만 것: ein Luftballon mit bunten -n 오색고리가 달린 풍선.
Ringel-: **~blume,** die [식물] **1.** 금송(금잔)화. **2.** (민간)↑Löwenzahn. **~gans,** die (특히 북극 해안에 사는 목에 고리 무늬가 있는) 흑기러기. **~locke,** die 곱슬[고수] 머리, 고수(곱슬) 머리 (뱀파의) 옭모기. **~natter,** die (뱀의) 옭모기. **~piez** [-piːts], der; -(es), -e (통용어·농) 사교 무도회: einen schönen R. veranstalten 즐거운 사교 무도회를 열다; **R. mit Anfassen** (통용어·농)↑Ringelpiez. **~reigen** (der 〈드물게〉), **~reihen** (der 〈특히 어린이들의〉) 윤무[원무]: R. tanzen 윤무를 추다. **~schwanz,** der (돼지, 개의) 돌돌 말린 꼬리. **~söckchen,** das (대개 Pl.) 여러 색깔의 횡선 고리 무늬가 있는 양말. **~socke,** die ↑~söckchen. **~spiel,** das (österr.) Karussell. **~spinner,** der [동물] 갈색나방(학명: Malacosoma neustria). **~stechen,** das ↑ Ringreiten. **~taube,** die **1.** 야생비둘기(학명: Columba palumbus). **2.** (고어·아직 지역적) (특히) 유리한 구매, 희귀품. **~wurm,** der [동물] 환형동물(학명: Annelida).
Ringelchen ['rɪŋçən], das; -s, - ↑Ring(1, 3)의 축소. **ringelig,** 〈드물게〉 **ringlig** ['rɪŋ(ə)lɪç] 〈Adj.〉 고리 모양(환상)의, 나선꼴의, 돌돌만, 곱슬곱슬한: -e Hobelspäne 나선형의 대팻밥. **ringeln** ['rɪŋln] 〈h〉 **a)** 고리 모양을 하다, 동그랗게 하다, 돌돌[둘둘] 말다, 원[호선, 나선형]을 그리다, 소용돌이 모양을 만들다: die Schlange ringelte ihren Körper um einen Ast 뱀이 몸뚱이를 나뭇가지에 휘감았다. **b)** 〈r. + sich〉 고리 모양이 되다, 동그랗게 되다, 선회하다, 돌돌[둘둘] 말리다: der Bart ringelte sich 수염이 둘둘 말렸다.
¹ringen¹ ['rɪŋŋ] 〈h〉 **1. a)** 〈누구와〉 격투하다, 힘껏 싸우다 [다투다], 씨름하다: die beiden Männer rangen bis zur Erschöpfung (miteinander) 두 남자는 지칠 때까지 씨름했다; 〈전의〉der Schwimmer rang mit den Wellen 〈아어〉 그 헤엄치는 사람은 파도와 악전고투했다; stundenlang ringt er mit dem Fels 〈아어〉 그는 수시간 동안 바위와 씨름하고 있다. **b)** 레슬링(을)하다: er ringt seit einigen Jahren 그는 수 년 전부터 레슬링을 하고 있다; 〈명사화〉er hat sich einen Meistertitel im Ringen geholt 그는 레슬링에서 챔피언 타이틀을 획득했다. **2. a)** (무엇을 얻으려고) 전력을 다하다, 힘껏 추구하다, 분투하다, 투쟁하다, 고전하다: sie rangen lange um Freiheit 그들은 오랫동안 자유를 위해 투쟁했다; 전의 er rang nach Atem 그는 간신히 호흡하고 있다; er hat nach Worten[um Worte] gerungen 그는 합당한 말을 찾으려고 고전했다. **b)** 고심하다, 내적으로 (무엇과) 싸우다: ich habe lange mit mir gerungen, ob ich das verantworten kann 나는 내가 그것을 책임질 수 있을 지 오랫동안 고심했다. **3.** 〈아어〉 **a)** (당황하여 손을) 비비다, 비비꼬다, 비틀다: flehend die[seine] Hände r. 간정하며 양손을 비비다. **b)** 〈누구의 손에서〉 강제로[억지로] 빼앗다, 비틀어 빼앗다: er rang ihm das Messer aus der Hand 그는 그의 손을 비틀어 칼을 빼앗았다. **4.** 〈r. + sich〉 〈아이〉 〈누구에게서 소리가 간신히〉 새어 나오다: ein tiefer Seufzer rang sich aus ihrer Brust 깊은 한숨이 그녀의 가슴에서 새어 나왔다.
²ringen¹ [-] 〈h〉 (지역적) ↑wringen.
Ringer, der; -s, - 레슬링 선수[레슬러], 씨름꾼. **ringerisch** 〈Adj.〉 격투하는, 씨름의: er war seinem Gegner sowohl kräftemäßig als auch r. überlegen 그는 힘에 있어서나 싸움에 있어서 그의 상대를 능가했다.
ringhörig 〈Adj.〉 (schweiz.)↑hellhörig. **Ringhörigkeit,** die (schweiz.)↑Hellhörigkeit.
Ringkampf, der; -(e)s, ...kämpfe **1.** (두 사람간의) 격투, 싸움, 씨름: aus der Balgerei des beiden Jungen entwickelte sich ein regelrechter R. 두 젊은이의 맞잡고 하는 싸움질에서 정규 씨름이 생겼다. **2. a)** (Pl. 없음) (스포츠로서의) 레슬링: R. erfordert Konzentration und Ausdauer 레슬링은 집중력과 인내를 요한다. **b)** (개개의) 레슬링 시합. **Ringkämpfer,** der; -s, - ↑ Ringer.
Ringlein ['rɪŋlaɪn], das; -s, - ↑Ring (1, 3)의 축소형.
Ringlotte [rɪŋ'glɔtə], die; -n (österr.) 서양자두의 일종 (Reneklode).
rings [rɪŋs] 〈Adv.〉 (무엇[누구]을 중심으로) 빙 둘러, 빙 둘러싸고, 주위에, 사방에, 둘레에: r. an den Wänden standen Bücherregale 벽을 빙 둘러 서가가 서 있었다; der Ort ist r. von Bergen umgeben 그 곳은 산으로 빙 둘러싸여 있다.
rings-: **~herum** 〈Adv.〉 (누구[무엇]을) 빙 둘러(싸 고), 죽 둘러, 사방에, 주위에: r. an den Wänden hingen große Bilder 벽을 빙 둘러 큰 그림들이 걸려 있었다. **~um** 〈Adv.〉 빙 둘러(ringsherum), 사방에, 주위에: r. nur Eis und Schnee 사방에 얼음과 눈뿐이다. **~umher** 〈Adv.〉 사방에(ringsherum), 주위에, 빙 둘러: r. war dunkle Nacht 사방이 캄캄한 밤이었다.
Rinne ['rɪnə], die; -n **1. a)** (좁고 깊게 판) 도랑[홈], 배수구[로]: tiefe -n im Erdreich 지면에 판 깊은 도랑들; eine -e graben 배수로를 파다. **b)** (↑Fahrrinne의 약

어)(배의) 수로[수맥], 뱃길: die R. der Hafeneinfahrt 입항의 수로. 2. 홈통, (빗)물받이: die R. am Dach 지붕가의 홈통. 3. [사냥] ↑Stoßgarn. **rinnen'** ['rɪnən] **1.** ⟨s⟩ (액체, 모래, 가루 따위가 천천히) 흐르다, 흘러(솟아)나오다, 흘러내리다, 듣다: das Blut rann aus der Wunde 피가 상처에서 흘러나왔다; Tränen rannen über ihre Wangen 눈물이 그녀의 뺨 위로 흘렀다; 전의 das Geld rinnt ihm (nur so) durch die Finger 돈이 그의 손가락 사이로 흐른다[그는 돈을 아끼지 않고 막 써 버린다]; die Jahre rannen (아어) 세월이 빠르게 흘러갔다. 2. ⟨h⟩ (물 따위가 틈으로) 새다, 새어 나오다: die Gießkanne rinnt 물 뿌리개가 샌다. **rinnenförmig** ⟨Adj.⟩ 도랑[홈] 모양의, 배수구 같은. **Rinnsal** ['rɪnzaːl], das; -(e)s, -e ⟨아어⟩ **a)** (작고 가늘게 흐르는) 시내, 실개천, 개울, 작은 샘: ein R. schlängelt sich durch die Wiesen 실개천이 초원을 구불구불 흐른다. **b)** 가늘게 흐르는 물(줄기)[액체], 세류: aus den undichten Faß floß ein kleines R. von Öl 틈이 난 통에서 가는 줄기의 기름이 새어 나왔다; 전의 ein R. von Licht 가느다란 빛 줄기. **Rinnstein**, der; -(e)s, -e **a)** ↑Gosse (1): etw. in den R. werfen 무엇을 수채에 버리다; 전의 er hat ihn aus dem R. aufgelesen 그는 그를 최악의 상태에서 구해냈다; er endete schließlich im R. 그는 마침내 완전히 타락했다. **b)** ↑Bordstein: er stolperte über den R. 그는 연석에 걸려 비틀거렸다.
Rio de Janeiro ['riːo de ʒa'neːro, (bras.) 'rriu de ʒɐ'neɪru] 리우데자네이루(브라질의 도시).
Rio de la Plata, der; - - - 라플라타 강(아르헨티나와 우루과이 사이의).
R.I.P. = ↑requiescat in pace!.
Ripienist [ripie'nɪst], der; -en, -en [ital. ripienista] [음악] (17/18세기 특히 콘체르토 그로소의) 관현악대(오케스트라)의 바이올린 연주자, 합창대원. **ripieno** [ri'pieːno] ⟨Adv.⟩ [ital. ripieno] [음악] 전체 오케스트라와 (함께) ↔ rip.). **Ripieno** [-], das; -s, -s / ...ni [ital. ripieno] [음악] (17/18세기 특히 콘체르토 그로소의) 전체 오케스트라.
Riposte [ri'pɔstə], die; -n [ital. riposta] [펜싱] 리포스트(되찌르기). **ripostieren** [ripɔs'tiːrən] [펜싱] 되찌르다.
Rippchen ['rɪpçən], das; -s, - **1.** [요리] (특히 돼지의) 갈비(고기). **2.** ↑Rippe의 축소형. **Rippe** ['rɪpə], die; -n **1.** [해부] 늑골, 갈빗대: sich beim Sturz eine R. brechen 넘어질 때 갈빗대가 부러지다; man kann bei ihr alle[die] -n zählen (통용어) 그 여자는 비쩍 말랐다[갈비씨이다]; sie hat nichts auf den -n (통용어) 그 여자는 비쩍 말랐다[그 여자는 배가 고프다]; 성구 ich kann mir doch nicht durch die -n schwitzen (누가 또다시 나가겠다는 말에 대한 답변으로) 나는 그런 어처구니 없는 말을 도저히 납득할 수 없다; sich^3 etw. nicht aus den -n schlagen[schneiden] können (통용어) 무슨 영문인지 모르겠다. **2.** 늑골 모양의 것[물체]: ein Heizkörper mit vier -n 4개의 늑골관을 가진 방열기(라디에이터); eine R. Schokolade 판초콜릿의 한 조각. **3.** [식물] (두드러지게 드러난) 엽맥(잎맥). **4.** [기술] (선박의) 늑골, 늑재(肋材)의 주익. **5.** [기술] ↑Kühlrippe. **6.** [토건] (둥근) 천장의 돌대, 리브.
Rippelmarken ['rɪp|-] ⟨Pl.⟩ ↑Rippeln. **¹rippeln** ['rɪpl̩n] ⟨h⟩ (지역적) 파도 모양을 새기다, 늑골 모양으로 (장식)하다.
²rippeln [-], sich ⟨h⟩ (지역적) 움직이다(sich bewegen): sich nicht r. und rühren 꼼짝하지 않다.
Rippeln [-] ⟨Pl.⟩ [지질] (파도나 바람에 의해 생긴) 모래 위의 파상문.
¹rippen ⟨h⟩ 늑골 모양으로 하다.

²rippen, sich ⟨h⟩ (nordd. · 드물게) ↑²rippeln: (다음 용법으로) sich nicht r. und rühren 꼼짝하지 않다.
rippen-, Rippen-: **~bogen**, der [해부] 늑골궁(弓). **~bruch**, der 늑골 골절. **~fell**, das 늑막, 흉막. **~entzündung**, die 늑막(흉막)염(Pleuritis). **~förmig** ⟨Adj.⟩ 늑골 모양의. **~heizkörper**, der 늑골형 방열기(라디에이터). **~knochen**, der ↑Rippe (1). **~knorpel**, der 늑연골(肋軟骨). **~knoten**, der [수공] 늑골형으로 연결한 마크라메 매듭. **~muster**, das 늑골 무늬 풀오버. **~pulli, ~pullover**, der 늑골 무늬 풀오버. **~resektion**, die [의학] 늑골 절제(술). **~samt**, der ↑Kordsamt. **~speer**, der (또는) das ⟨Pl. 없음⟩ [niederd. ribbesper] 소금에 절인 돼지갈비(Kasseler R.). **~stoß**, der (대개 팔꿈치로) 옆구리(밀)치기: sich mit Rippenstößen durch die Menge drängen 옆구리를 밀치면서 군중 속을 헤치고 나아가다. **~stück**, das 갈비 고기. **~tabak**, der 압연한 중간 잎맥의 담배. **~werk**, das ⟨Pl. 없음⟩ (드물게) 늑골(의 총칭).
Rippespeer, der (또는) das; -(e)s ↑Rippenspeer.
rippig ['rɪpɪç] ⟨Adj.⟩ (드물게) ↑gerippt. **Rippli**, das; -s, - (schweiz.) 돼지의 작은 늑골. **Rippsamt**, der; -(e)s ↑Kordsamt. **Rippspeer**, der (또는) das; -(e)s ↑Rippenspeer.
Ripresa [ri'preːza], die; ...sen [ital. ripresa] [음악] 반복(기호).
rips [rɪps] ! ⟨Interj.⟩ (잠아찢을 때 나는 의성어) 찍, 짝(↑rips, raps! 참조).
Rips [-], der -es, -e [engl. ribs (Pl)] 이랑이 지게 짠 직물, 골이 진 직물.
rips-, Rips-: **~artig** ⟨Adj.⟩ 골이 진 직물의, 이랑이 지게 짠. **~band**, das ⟨Pl. -bänder⟩ 골이 진 리본(띠). **~kleid**, das 골이 진 직물로 만든 옷. **~möbel**, das 골이 진 직물로 커버를 한 쿠션 가구.
rips, raps! ⟨Interj.⟩ **1.** (잠아찢을 때 나는 의성어) ↑rips, raps! **2.** (급격히 움직일 때의 의성어) 후다닥, 잽싸게, 재빨리, 왈칵.
ripuarisch [ri'puaːrɪʃ] ⟨Adj.⟩ [lat. Ripuarius (전문어)](라인) 강변에 사는: -e Franken 라인 강변의 프랑켄 사람(족). **Ripuarisch**, das; -(s) / (정관사하고만) **Ripuarische**, das; -n 중부 독일의 서북 지역 방언.
rirarutsch! ['riːraːrʊtʃ] ⟨Interj.⟩ [아동어] (빠른 움직임과 동시에 내는 의성어) 야차차.
Risalit [riza'liːt], der; -s, -e [ital. risalto] [토건] (특히 바로크 건축의) 건물 꼭대기의 돌출부.
rischeln ['rɪʃl̩n] ⟨h⟩ (지역적) 바스락 소리가 나다(knistern), 낮은 소리로 바스락거리다.
Rise ['riːzə], die; -n (13·14세기의) 눈·코만 나오는 부인용 모자.
risen ['riːzn̩] ⟨h⟩ [niederd. ris] (nordwestd.) ↑vere-deln.
Risiko ['riːziko], das; -s, -s / ...ken / (österr. · 또한) Risken [ital. ris(i)co] **a)** 모험: das R. in Kauf nehmen 모험을 감수하다; die Risiken bedenken 모험을 고려하다. **b)** 위험(도)(리스크): diese Sache ist kein R. 이 일은 위험이 없다; auf eigenes R. 자신의 위험 부담(책임)으로; das R. laufen 위험을 무릅쓰다.
risiko-, Risiko-: **~bereit** ⟨Adj.⟩ 모험[위험]을 각오한. **~bereitschaft**, die [위험] 모험 각오. **~faktor**, der 위험 요인. **~frei** ⟨Adj.⟩ 위험이 없는. **~freudig** ⟨Adj.⟩ 모험을 좋아하는. **~geburt**, die (산모나 어린애가 위태로운) 위험 출산. **~lehre**, die [경제] 위험 원인과 방지에 관한 이론. **~mischung**, die [경제] (여러 종류의 상품 생산으로) 위험 분배. **~los** ⟨Adj.⟩ ↑frei. **~patient**, der (특히 위태로운) 위험 환자. **~prämie**,

die 1. 위험 할증금. 2. 위험 부담 보상금. ~**reich** 〈Adj.〉 위험이 많은.

Risi-Pisi [riːziˈpiːtsi] 〈Pl.〉, 《특히 österr.》 **Risipisi** [-], das; -(s), - [ital. risi e bisi] [요리] (베니스의 특별 요리로) 쌀, 완두, 버터와 파르마 치즈로 만든 요리.

riskant [rɪsˈkant] 〈Adj.〉 [frz. risquant] 모험적인, 위험이 있는, 위험한: ein -es Unternehmen 모험 사업; der Plan erscheint mir äußerst r. 그 계획은 나에게 대단히 위험스럽게 보인다. **riskieren** [rɪsˈkiːrən] 〈h〉 [frz. risquer] **1. a)** 감행하다, 위험을 무릅쓰고 하다: wenn du nichts riskierst, kannst du auch nichts gewinnen 네가 아무 것도 감행하지 않으면 아무 것도 얻을 수 없다. **b)** (위험 따위를) 야기시키다, 초래하다: einen Unfall r. 사고를 유발시키다. **c)** 감히[조심스럽게] 하다; einen verstohlenen Blick r. 조심스럽게 훔쳐보다. **2.** 모험하다, (목숨 따위를) 걸다: seine Stellung r. 그의 지위를 걸다.

Riskontro [rɪsˈkontro], das; -s, -s [ital. riscontro] 재고품 대장, 재고 명세서, 창고 장부(Skontro).

risoluto [rizoˈluːto] 〈Adv.〉 [ital. risoluto] [음악] 리졸루토[힘차고 분명하게].

Risorgimento [risɔrdʒiˈmento], das; -(s) [ital. = Wiederauferstehung] (19세기의) 이탈리아의 부흥 통일 운동.

Risotto [riˈzɔto], der; -(s), -s / (österr.) das; -s, -s [ital. (milanesisch) risotto] [요리] 파르마 치즈에 토마토 소스를 친 쌀밥 요리.

Rispchen [ˈrɪspçən], das; -s, - ↑Rispe의 축소형.
Rispe [ˈrɪspə], die; -n [식물] 원추(圓錐) 꽃차례(화서(花序), 겹총상 꽃차례, 복총상 화서): die Blüten der Weinrebe sind in -n angeordnet 포도꽃은 겹총상 꽃차례로 되어 있다.

rispen-, Rispen-: ~**förmig** 〈Adj.〉 겹총상 꽃차례 모양의, 원추화서(형)의. ~**gras**, das 포아풀(Poa). ~**hirse**, die ↑Hirse (a).

rispig [ˈrɪspɪç] 〈Adj.〉 ↑rispenförmig.

riß [rɪs] ↑reißen 참조. **Riß** [-], der; Risses, Risse **1.** 갈라진 틈[금], 찢어진 자리, 틈새, 균열, 분열, 불화: in der Wand zeigen sich Risse 벽에 균열이 나있다 [転] die innige Freundschaft bekam einen R. 친한 우정에 금이 갔다[불화가 생겼다]; **einen R.** (**Risse**) **im Hirn** [**Kopf**] **haben** 어리석다(↑hirnrissig). **2.** (특) (잠아) 찢음, 끊어짐: der R. des Films 필름의 끊어짐. **3.** [기술·기하] 제도(製圖), 투영도[드로잉], 설계도. **4.** [사냥] 맹수가 잡은 포획물.

riß-, Riß-: ~**fest** 〈Adj.〉 《드물게》 ↑reißfest. ~**werk**, das [광] 광산의 단면도. ~**wunde**, die (피부, 근육의) 열상(裂傷), 열창.

rissig [ˈrɪsɪç] 〈Adj.〉 금이 간, 갈라진[찢어진], 틈이 생긴: -es Mauerwerk 금이 간 벽; ihre Lippen sind r. 그녀의 입술이 터졌다; das Leder wird r. 가죽이 찢어진다.

Rissole [rɪˈsoːlə], die; -n [frz. rissole] [요리] 작은 반달 모양의 파이.

Rist [rɪst], der; -es, -e **1. a)** 《지역적·스포츠》↑Spann: der Stiefel ist über dem R. zu eng 그 장화는 발등쪽이 너무 좁다. **b)** [스포츠] 손등(Handrücken): er hat sich am R. der rechten Hand eine Verletzung zugezogen 그는 오른손의 손등에 상처를 입었다. **2.** ↑Widerrist.

Rist-: ~**griff**, der [체조] 손등을 안쪽으로 철봉을 쥠. ~**hang**, der [체조] 손등을 안쪽으로 철봉에 매달림. ~**sprung**, der [체조] 발등이 양손에 닿으며 뛰어오름.

Riste [ˈrɪstə], die; -n 〈지역적〉 아마(亞麻)의 섬유 다발.

ristornieren [rɪstɔrˈniːrən] 〈h〉 [ital. ristornare] [경제] (잘못 기재된 금액을) 취소하다, (보험금 해약하여) 보험금을 반환하다. **Ristorno** [rɪsˈtɔrno], der; (또는) das;

-s, -s [경제] 장부 오기의 정정, (계약의) 취소, 보험금 반환[되찾음].

risvegliando [rɪsvelˈjando] 〈Adv.〉 [ital.] [음악] 점점 경쾌[활발]하게 되는. **risvegliato** [rɪsvelˈjaːto] 〈Adv.〉 [ital.] [음악] (다시) 경쾌[활발]하게.

rit. = ritardando; ritenuto.

ritardando [ritarˈdando] 〈Adv.〉 [ital. ritardando] [음악] 리타르단도[점점 느리게](약: rit., ritard.). **Ritardando** [-], das; -s, -s …di [음악] 리타르단도[점점 느리게 된] 악곡[악장].

rite [ˈriːtə] 〈Adv.〉 [lat. rite] **1.** 박사 학위 시험의 최저 합격 점수로(genügend). **2.** 《교양어》 질서 있게(ordnungsgemäß), 알맞게, 올바르게, 정식으로. **Riten** [ˈriːtn̩] ↑Ritus의 복수형.

riten. = ritenuto.

ritenente [ritaˈnɛntə] 〈Adv.〉 [ital. ritenente] [음악] (속도를) 느리게 하면서.

Ritenkongregation, die 〈Pl. 없음〉 《가·옛》 (시성·시복식을 위한) 로마 교황청 의식 집회.

ritenuto [riteˈnuːto] 〈Adv.〉 [ital.] [음악] 리테누토[그 부분에서 느리게](약: rit., riten.). **Ritenuto** [-], das; -s, -s …ti [음악] 리테누토의 악곡[악장].

Rites de passage [ritdapaˈsaːʒ] 〈Pl.〉 [frz. rites de passage] [사회·인종] ↑Initiationsritus.

Ritornell [ritɔrˈnɛl], das; -s, -e [ital. ritornello] **1.** [문예] (이탈리아의 민요에서 유래한) 3행의 여러 절로 된 압운시[리토르넬]. **2.** [음악] 리토르넬(수차 반복하는 기악곡).

Ritratte [riˈtratə], die; -n [ital. ritratta] ↑Rückwechsel.

ritsch [rɪtʃ] !〈Interj.〉 **1.** ↑ratsch. **2.** 《빠른[급한] 현상에 대한 의성어》 휙, 쌍. **ritsch, ratsch!** 〈Interj.〉 **1.** 《빠른[급격한] 움직임, 예컨대 종이를 찢을 때의 의성어》 쭉. **2.** ↑ ritsch (2).

Ritscher(t) [ˈrɪtʃɐ(t)], der; -s, - (österr.) [요리] 보리, 훈제고기, 콩으로 끓인 냄비요리.

ritt [rɪt] ↑reiten 참조. **Ritt** [-], der; -(e)s, -e 말타기, 기마(승마), 기마 여행: **ein R. über den Bodensee** [독일 소설가 G. Schwab(1792~1850)의 당시 "Der Reiter und der Bodensee"에 기인한] 위험을 모르고 감행한 모험; **auf einen** [**in einem**] **R.** 《통용어》 한 번에, 단숨에.

Rittberger [ˈrɪftbɛrɡɐ], der; -s, - [독일 피겨스케이팅 선수인 W. Rittberger(geb. 1891)에 따라] [피겨] 리트베르거.

Ritter [ˈrɪtɐ], der; -s, - [niederl. riddere] **1.** 〈역사적〉 **a)** (중세의) 기사(騎士)[귀족 계급의 무사]. **b)** 기사 신분: der Knappe wird zum R. geschlagen 기사 수련자가 기사 신분으로 서임을 받다. **2.** 높은 훈장을 받은 사람(의 칭호): die Ritter des Hosenbandordens (영국) 가터 훈장의 수상자들. **3.** ↑Ordensritter. **4.** 《준고어》↑Kavalier (1). **5. ein irrender Ritter** 《교양어》 (모험을 추구하는) 방랑자; **ein R. ohne Furcht und Tadel** 1) (중세의) 모범적 기사. 2) 귀감이 되는 용감한 남자; **ein R. des Pedals** [농] 자전거 선수; **ein R. von der Feder** [농] 소설가(Schriftsteller); **ein R. von der traurigen Gestalt** [별] 돈키호테 같은 모습의 남자. **6. arme Ritter** [요리] 빵 조각에 노른자위를 바르고 프라이팬에 구운 빵요리.

ritter-, Ritter-: ~**akademie**, die 〈역사적〉 (16~18세기의 봉건 군주를 위한 전문적) 귀족 학교. ~**bank**, die 〈Pl. -bänke〉 《옛》 주의회의 신분이 낮은 대표. ~**burg**, die 기사의 성(城). ~**bürtig** […byrtɪç] 〈Adj.〉 《드물게》 기사 신분으로 태어난. ~**dichtung**, die [문

예】 (중세의) 기사 문학. ~**dienst**, der 1. (중세의) 기사의 직무. 2. 여성에 대한 (남자의) 예의바른 봉사. ~**drama**, das 【문예】기사극. ~**falter**, der (매우 크고 색채가 화려한) 귀족나비(Edelfalter). ~**gut**, das (옛) 시골귀족(기사)의 영지(領地). ~**gutsbesitzer**, der 기사영지의 영주(領主). ~**kampfspiel**, das 《역사적》 (무장한) 기사의 마상 경기(무예 시합). ~**kreuz**, das 【나치】 (최고의) 철십자 훈장. ~**orden**, der (중세의) 기사단[기사 수도회]. ~**roman**, der 【문예】 기사 소설. ~**rüstung**, die 기사의 무장[장비]. ~**saal**, der 성(城) 안의 연회장. ~**schlag**, der 《역사적》 (칼로 어깨, 목을 두드리는) 기사 서임식. ~**sitz**, der 기사의 주거지(거처). ~**spiel**, das ↑kampfspiel. ~**sporen** 〈Pl.〉 기사의 박차(拍車). ~**sporn**, der 〈Pl. -e〉 【식물】 (관상용의) 참제비고깔(Delphinium). ~**stand**, der 《역사적》 (영지를 부여받는) 기사 계급(신분). ~**stern**, der ↑Amaryllis. ~**stück**, das ↑drama. ~**und-Räuber-Roman**, der (붙임표와 함께) 【문예】 (18세기 말의 통속 양식의) 의적(義賊) 소설. ~**wesen**, das 〈Pl. 없음〉 《역사적》 ↑Rittertum. ~**zeit**, der 〈Pl. 없음〉 기사(도)시대.

rịtterhaft 〈Adj.〉 기사(계급)의, 기사와 같은, 기사다운.
rịtterlich 〈Adj.〉 1. ↑ritterhaft. 2. 귀족의(edel), 고귀한, 고결한, 기품 있는, 공정한: einen Kampf r. austragen 정정당당하게 싸우다. 3. (특히 여자에게) 예의 바르게 돕는(봉사하는), 신사다운: er bot ihr r. den Arm 그는 그 여자에게 예의바르게 도우려고 팔을 내밀었다. **Rịtterlichkeit**, die; - 〈Pl. 없음〉 기사 정신, 기사다움. 2. 기품, 고결, 귀족다운 행동 방식. **Rịtterling** ['rɪtɐlɪŋ], der; -s, -e 송이과 버섯의 일종. **Rịtterschaft**, die 《역사적》 1. 기사 신분, 기사의 지위. 2. 기사(의 총칭). 3. 기사 계급. **Rịttersleute**: ↑Rittersmann의 복수형. **Rịttersmann**, der; -(e)s, ...leute 〈고어〉 ↑Ritter (1). **Rịttertum**, das; -s 《역사적》 1. 기사도, 기사 제도(사회), 기사 기질(기사도)의 총칭). **rịttig** ['rɪtɪç] 〈Adj.〉 (말을) 타서 길들인, 조교(調教)된. **Rịttigkeit**, die ↑rittig의 명사형. **rịttlings** ['rɪtlɪŋs] 〈Adv.〉 승마 자세로, 말을 탄 자세로: er sitzt r. auf dem Stuhl 그는 의자 위에 말을 탄 자세로 앉아 있다. **Rịttmeister**, der; -s, - 1. 《역사적》 기병의 지휘자. 2. (옛) 기병대장. 3. (1945년까지 독일 군대의) 기병대위(중대장).

ritual [ri'tŭa:l] ↑rituell. **Ritual** [-], das; -s, -e / ...lien [lat. rituăle] 1. a)【종교】 (로마 가톨릭의) 의식서(儀式書). b) 〈종교의〉 의식, 식전(式典), 예배식(Ritus (1). 2. (반복되는) 예식(Zeremoniell), 의전, 의식, 의례, 예법.
Ritual-: ~**buch**, das 1. 【가】전례(의식) 총서. 2. 〈종교적〉 의식 기록서. ~**gesetz**, das 〈종교의〉 의식 규칙, 예배법. ~**handlung**, die 《종교의》 의전, 의식(Ritual (2)). ~**mord**, der 종교적 의식의 살인, 인신제물.
Rituale [ri'tŭa:lə], das; - ↑Ritualbuch. **ritualisieren** [rituali'zi:rən] 〈h〉 1. 【심리】 의식(儀式)화 하다: ritualisiertes Grußverhalten 예법화된 인사 태도. 2. 【행태】 (동일 동물 사이에 태도의 본을) 정식화(定式化)하다. **Ritualisierung**, die; -en ↑ritualisieren의 명사형. **Ritualịsmus** [ritŭa'lɪsmʊs], der; - (19세기 영국교회의) 의식 존중주의. **Ritualịst** [ritŭa'lɪst], der; -en, -en 의식 존중주의자. **rituẹll** [ri'tŭɛl] 〈Adj.〉 [frz. rituel] 1. a) 【종교(예식)】에 따른, 의전상의, 식전(式典)에 따른. b) 〈종교〉 의식(식전)의, 예배에 관한. 2. a) 격식의, 엄숙한. b) 관례적. **Rituẹll** [-], das; -s, -e ↑Ritual, **Rịtus** ['ri:tʊs], der; -, ...ten [lat. ritus] 1. 〈종교의〉 의식, 전례(典禮), 식전(式典)(Ritual (1 b)). 2. (엄숙한 행사의) 관례, 관습, 습관: nach altem R. 옛 날의 관례에 따라.

Ritz [rɪts], der; -es, -e 1. (뾰족한 물건에 의해) 파인 자국, 생채기(할퀸 자국의 막에 생채기를 볼 수 있다. 2. ↑Ritze. zu sehen 니스의 막에 생채기를 볼 수 있다. 2. ↑Ritze.
Ritze ['rɪtsə], die; -n 갈라진 곳, 쪼개진 틈, 틈새, 균열(된 곳): -n im Fußboden verstopfen 마루 바닥의 틈새를 막다. **Ritzel** ['rɪtsl̩], das; -s, - 【기술】 작은 톱니바퀴.
ritzen ['rɪtsn̩] 〈h〉 1. a) 금을 새기다(그어) 넣다: Glas (mit einem Diamanten) r. (다이아몬드로) 유리에 금을 새겨넣다. b) 금을 새기다(파다): ein Herz in den Baum r. 나무에 심장 모양을 파다. 2. a) 〈r. + sich〉 (피부에) 할퀸 자국이 나다, 생채기가 생기다: sich (an einem Stacheldraht) den Arm r. (철조망에) 팔에 생채기가 생기다. b) (피부를) 할퀴다, 가볍게 찢다: die Dornen ritzten Stirn und Arme 가시가 이마와 팔을 할퀴었다. 3. 〈schweiz.〉 (법 따위를) 위반하다, 지키지 않다: diese Vorschriften werden dauernd geritzt 이 규정들은 계속 위반되고 있다. **Ritzer** ['rɪtsɐ], der; -s, - 1. 《통용어》 작은 찰과상(생채기)(Kratzer). **Ritzhärte**, die; - 【기술】 (다이아몬드로 긁어 시험하는) 물체의 경도(硬度). **Ritzung**, die; -en 새긴 금. **Ritzzeichnung**, die; -en (돌, 상아 따위에) 새긴 도안.

Rivale [ri'va:lə], der; -n, -n [frz. rival] 《교양어》 경쟁자, (호)적수, 라이벌, 연적(戀敵): er schlug seine -n aus dem Felde 그는 그의 적수들을 물리쳤다. **Rivalin** [ri'va:lɪn], die; -nen 《교양어》 ↑Rivale의 여성형. **rivalisieren** [rivali'zi:rən] 〈h〉 [frz. rivaliser] 《교양어》 경쟁하다, 겨루다(싸우다): er rivalisierte mit seinem Bruder um den ersten Platz 그는 1등을 놓고 그의 형(동생)과 경쟁했다(는 종종 분사로) rivalisierende Parteien 경쟁 관계의(라이벌) 정당들. **Rivalität**, die; -en [frz. rivalité] 《교양어》 (우위) 경쟁, 대항(관계): -en austragen 우위 쟁탈을 벌이다. **Rivalitätskampf**, der 우위 쟁탈전.

Riverboatparty ['rɪvəboʊt-], die; -s / ...ties engl.-amerik. riverboat party], **Riverboatshuffle** [...ʃʌfl̩], die; -s [engl.-amerik. riverboat shuffle] (강, 호수의) 뱃놀이(선유).
riverso [ri'vɛrzo] 〈Adv.〉 [ital. riverso] 【음악】 (연주에 대한 악보의 지시) 거꾸로(역순으로).
Riviera [ri'vie:ra, (ital.) ri'vie̯:ra], die; ...ren 리베에라 (프랑스와 이탈리아의 해안 지대).
Riyal [ri'ja:l], der; -(s), -s 〈그러나 : 100 Riyal〉 [↑Rial] 리얄(사우디 아라비아 및 아랍국들의 화폐 단위).
Rizin [ri'tsi:n], das; -s 아주까리씨의 유독성 단백질.
Rizinus [ri'tsi:nʊs, (österr.) ri'tsi:-], der; -, - / -se; [lat. ricinus = Name eines Baumes] 1. 아주까리(피마자). 2. 〈Pl. 없음〉 ↑Rizinusöl. **Rizinusöl** [(österr.) ri'tsi:nʊs-], das; -s 아주까리 기름(피마자 유). **Rizinussamen** [(österr.) ri'tsi:nʊs-], der; -s 피마자(씨).

r.-k. = römisch-katholisch.
Rl. = Rial; Riyal
rm = Raummeter
RM = Reichsmark.
Rn = Radon.
RNS = Ribonukleinsäure.
Roadie ['roʊdi], der; -s, -s [engl.-amerik. roadie] 1. Roadmanager의 약칭. **Roadmanager**, der; -s, - [engl.-amerik. road manager] 로크 그룹의 무대 장비(의 설치 및 운반) 책임자. **Roadster**, der; -s, - [engl.-amerik. roadster] (대개 2인승 접포장의 자동차) 로드스터.

Roaring Twenties ['rɔːrɪŋ 'twɛntiːz] 〈Pl.〉 [amerik.

roaring twenties] 폭풍의 20년대(1차 대전 후 1920년대의 미국과 서구의 경제적 전성에 의한 쾌락과 갱단으로 특징지워진 시기).

Roastbeef ['ro:stbi:f, (또한) 'rost...], das; -s, -s [engl. roast beef] 【요리】 로스트 비프: R. englisch 덜 구운 로스트 비프.

Robbe ['rɔbə], die; -n [niederd. rub(be)] 【동물】 (물개, 해상, 바다표범 따위의) 기각류[해상 식육류](Flossenfüßer). **robben** ['rɔbṇ] **a)** ⟨h⟩ 포복하다: die Rekruten r. lassen 신병들을 포복시키다. **b)** ⟨s⟩ (어떤 곳을 지나〔목표로〕) 기어가다: in den Graben r. 기어서 참호 속으로 들어가다.

Robben- (↑Robbe). **~fang**, der 기각류 잡이[포획]. **~fänger**, der 기각류 포획자〔꾼〕. **~fell**, das 기각류 가죽. **~jagd**, die ↑~fang. **~jäger**, der ↑~fänger. **~schlag**, der ↑~fang. **~schläger**, der ↑~fänger.

Robber ['rɔbɐ], der; -s, - [engl. rubber] 【카드】 (휘스트와 브리지 게임에서) 3판 2승의 승부.

Robe ['ro:bə], die; -n [frz. robe] **1.** (아이 연회복, 야회복: die Damen trugen feierliche -n 숙녀들은 화려한 연회복을 입었다; 전의 sie hat heute eine neue R. an ⟨농⟩ 그녀는 오늘 새 옷을 입었다. **2.** (드물게) ↑Talar: der Richter trug keine R. 재판관은 법복을 입지 않았다.

Robinie [ro'bi:niə], die; -n [프랑스 식물학자 J. Robin(gest. 1629)에 따라] 【식물】 로비니아(가짜 아카시아).

Robinson ['rɔ:binzɔn], der; -s, -e [영국 소설가 D. Defoe(1659~1731)의 소설 「Robinson Crusoe」에 따라] 로빈슨(문명 사회에서 벗어나 무인도나 자연에서 살고자 하는 사람). **¹Robinsonade** [...naːdə], die; -n **a)** (로빈슨 크루소풍의) 모험 소설. **b)** (로빈슨 크루소식의) 모험: ihre Reise war eine regelrechte R. 그녀의 여행은 바로 로빈슨 크루소식 모험이었다.

²Robinsonade [-], die; -n [영국 골키퍼 J. Robinson (1878~1949)에 따라] 《축구·전문어》 로빈슨식의 방어(새우 모양의 다이빙을 하는 골키퍼의 방어).

Robinsonliste, die; -n (은어) 우송 광고물 수취 거부자 명부. **Robinsonspielplatz**, der; -es, ...plätze ↑ Abenteuerspielplatz.

Roborans ['ro:borans], das; -, ...tia / ...zien [...'rantsiən; lat. roborāre = stärken, kräftigen] 【의학】 강장제(Kräftigungsmittel).

Robot ['rɔbɔt], der; -en / der; -(e)s, -e [poln., tschech. robota] (고어) 부역(賦役)(Frondienst), 강제 노동. **roboten** ['rɔbɔtṇ, (또한) ro'bo:tṇ] ⟨h⟩ **1.** (통용어) 중노동하다, 고역을 치루다, 고생하다: sie müssen für einen Hungerlohn r. 그들은 박봉을 받으며 중노동한다. **2.** (옛) 부역(賦役)하다. **Roboter** ['rɔbɔtɐ, (또한) ro'bo:tɐ], der; -s, - [tschech. robot, 체코 소설가 K. Čapek(1890~1938)에 의해 1920년에 나온 소설의 영어 제목 「Rossum's Universal Robots」에 따라] **1.** 【기술】 인조 인간, 로봇, 기계 인간(Maschinenmensch): er arbeitet wie ein R. 그는 로봇처럼〔쉬지 않고 기계적으로〕 일한다: 전의 er war nichts weiter als ein R. 그는 기계적으로 명령만 수행하는 사람이었다. **2.** (옛) 부역(賦役)꾼(Fronarbeiter). **roboterhaft** ⟨Adj.⟩ 로봇〔인조 인간〕 같은, 기계적인: -e Bewegungen 기계적인 운동.

Roburit [robu'ri:t, (또한) ...'rit], der; -s [lat. robur] (탄광에서 사용하는) 강력한 가루 폭약, 로부라이트.

robust [ro'bʊst] ⟨Adj.⟩ [lat. rōbustus] **1.** 힘센(kräftig), 힘찬, 튼튼한, 억센, 건강한, 무감각한, 둔감 (둔중)한: eine -e Konstitution 튼튼한 체질; er ist eine -e Natur 그는 무감각한 성격이다. **2.** (물질, 재료 따위가) 내구성 있는, 질긴, 튼튼한: ein -er Motor 튼튼한 발동기. **Robustheit**, die ↑robust의 명사형. **robusto** ⟨Adv.⟩ [ital. robusto] 【음악】 힘차게 (kraftvoll).

Rocaille [rɔ'kaːj], das; -, -s / die; -s [frz. rocaille] 【예술】 ↑Muschelwerk.

roch [rɔx] ↑riechen 참조.

Rochade [rɔ'xa:də (또한) rɔ'ʃa:də], die; -n **1.** 【체스】 왕(König)과 탑(Turm)의 위치를 교체하는 수. **2.** 【경기】(경기장에서 특히 윙의) 위치 교체〔바꿈〕.

Roche ['rɔxə], der; -n(s), -n ↑Rochen.

röche ['rœçə] ↑riechen 참조.

röcheln ['rœçḷn] ⟨h⟩ 그르렁거리며 어렵게 호흡하다, (숨을) 색색거리다 (바이) der Kranke röchelt 환자는 숨을 색색거린다; (명사화) das Röcheln der Sterbenden 죽어가는 자의 그르렁거리는 숨소리.

Rochen ['rɔxṇ], der; -s, - [niederd. roche, ruche] 【동물】 가오리.

Rocher de bronze [rɔˈʃe də 'brõːs], der; -s, - - [frz. rocher de bronze = eherner Fels, 프로이센의 왕 Friedrich Wilhelm I.(1688~1740)의 말에 따라] (교양어·전문어) (어려운 상황에) 흔들리지 않는 사람〔강심장〕: er ist ein R. 그는 강심장의 사나이다.

Rochett [rɔ'ʃɛt], das; -s, -s [frz. rochet] 【가】 (성직자의) 짧은 흰 옷, 의식용 백의.

rochieren [rɔ'xi:rən, (또한) rɔ'ʃiːrən] [frz. roquer] **1.** ⟨h⟩ 【체스】 왕과 탑의 위치를 바꾸는 수를 두다. **2.** ⟨h/s⟩ 【경기】경기장에서 위치〔포지션〕을 바꾸다: die Flügelstürmer rochieren ständig 윙들은 끊임없이 위치를 바꾼다.

Rochus ['rɔxʊs; jidd. rochus, rauches = Ärger, Zorn] (다음의 용법으로) **einen R. auf jmdn. haben** (지역적) 누구에게 화가 나 있다〔분노하다〕; **aus R.** (지역적) 성이 나서〔분노하여〕.

¹Rock [rɔk], der; -(e)s, Röcke ['rœkə] **1.** (축소형: ↑ Röckchen) **a)** (여성들의) 스커트, 치마: der R. sitzt schlecht 스커트가 잘 맞지 않다; die Kinder hängten sich an den R. der Mutter 어린애들은 엄마의 치마에 매달렸다〔엄마 졸졸 따랐다〕; **hinter jedem R. hersein〔herlaufen〕** (통용어) 여자의 꽁무니를 쫓아다니다. **b)** 【재단】 (원피스의) 허리 아래 부분: das Kleid hat einen engen R. 그 원피스는 아래 부분의 폭이 좁다. **2.** (지역적) (신사복의) 윗옷〔상의〕, 재킷, 저고리: den R. zuknöpfen 윗옷의 단추를 채우다; der feldgraue R. des Soldaten (고어) (군인의) 제복; der grüne R. des Försters 산지기의 제복; 성구 der letzte R. hat keine Taschen (욕심쟁이에 대한 경고로서) 마지막 저고리엔 주머니가 없다; **den bunten R. anziehen〔ausziehen〕** (고어) 입대하다〔제대하다〕; **des Königs R. tragen** (고어) (군주국에서의) 군인이다; **seinen R. ausziehen müssen** (고어) 장교로서 퇴역해야 한다.

²Rock [-], der; -(s), -s [amerik. rock] **1.** ⟨Pl. 없음⟩ ↑Rockmusik의 약칭: sie haben sich dem R. verschrieben 그들은 록 음악에 헌신했다. **2.** ↑Rock and Roll의 약칭: R. tanzen 로크를 추다.

¹Rock- (¹Rock 1, 2): **~ärmel**, der (윗)옷 소매. **~aufschlag**, der 상의의 옷깃〔Revers〕. **~bahn**, die 【재단】 스커트의 넓은 줄. **~bund**, der ↑Bund (2). **~falte**, die 스커트의 주름. **~futter**, das 상의〔스커트〕의 안감. **~kragen**, der 윗옷의 깃〔칼라〕. **~länge**, die 스커트의 길이. **~saum**, der 스커트의 (아래) 가장자리. **~schoß**, der **1.** ↑Schoß (3 a): 전의 mit fliegenden Rockschößen eilte er durch den Gang (고어) 매우 빨리 그는 복도를 지나갔다. **2.** (고어) Schößchen: **sich jmdm. an die Rockschöße hängen**

(sich an jmds. Rockschößhängen) 1) (어린애가) 겁이나 [수줍어서] (특히 어머니의) 옷자락에 매달리다. 2) 누구를 추종하다, 누구의 도움을 필요로 하다; **an jmds. R.** (Rockschößen) hängen 누구의 옷자락에 매달리다, 누구를 추종하다, 누구에 의존하다. **~tasche,** die 윗옷 주머니, 스커트 주머니. **~zipfel,** der 1. 스커트[옷]자락[단]: ein R. guckt unter dem Mantel hervor 스커트 자락이 외투 아래로 드러나다; 전의 **an jmds. R. hängen** 누구에 매달려 살다[누구의 도움을 받고 있다]. 2. jmdn. (gerade noch) am[beim] R. halten [erwischen] 막 떠나려는 사람을 붙들다.

²**Rock-** (²Rock 1): **~band,** die 로크(음악) 밴드. **~fan,** der 로크(음악)팬[애호가]. **~festival,** das 로크(음악)페스티벌[축제]. **~gruppe,** die 로크 그룹. **~konzert,** das 로크 콘서트. **~lady,** die (통용어) (인정받은) 로크 여가수. **~musical,** das 로크 뮤지컬. **~musik,** die 로크 뮤직. **~musiker,** der 로크 음악가. **~oper,** die 로크 오페라. **~sänger,** der 로크 가수. **~sängerin,** die ↑~sänger의 여성형. **~star,** der 유명한 로크 음악가[로크 스타]. **~szene,** die 로크 그룹과 활동의 총칭.

Rock and Roll ['rɔk ɛnt 'rɔl, (또한) 'rɔk ɛn(t) 'roʊl], der; - - -, - - - ⟨s⟩ [amerik. rock and roll] 1. ⟨Pl. 없음⟩ (1950년대 미국에서 생긴) 로큰롤(음악). 2. 4/4박자의 로큰롤 춤: R. tanzen 로큰롤을 추다.

Röckchen ['rœkçən], das; -s, - 1. ↑¹Rock (1)의 축소형. 2. **sich³ ein rotes R. verdienen (wollen)** ⟨지역적⟩ (고자질 따위에 의해) 인기를 얻으려하다[아첨하다].

rocken ['rɔkŋ] ⟨h⟩ [amerik. to rock] a) 로큰롤을 연주하다. b) 로큰롤을 추다: die Zuschauer rockten begeistert 관중들은 열광하여 로큰롤을 추었다.

Rocken [-], der; -s, - (↑Spinnrocken의 약칭) 실감개, 실패. **Rockenbolle** ['rɔkŋbɔlə], die ⟨nordd.⟩ [식물] 염교, 해차, 해채(Perlzwiebel). **Rockenstube,** die ⟨고어⟩ 실잣는 방, 방적실(Spinnstube).

Rocker ['rɔkɐ], der; -s, - [engl. rocker] 로크족(族)(대개 검은 가죽옷차림의 오토바이깡의 폭주족의 젊은이).

Rocker-: **~bande,** die 로크족 일당. **~braut,** die ↑**~mädchen. ~gang,** die 로크족 갱단. **~gruppe,** die ↑**~bande. ~kluft,** die 로크족 복장. **~mädchen,** das 로크족 애인[걸프렌드]. **~pfanne,** die ⟨비어⟩ ↑**~mädchen.**

rockig ['rɔkɪç] ⟨Adj.⟩ (은어) 로크 음악과 같은, 로크식의.

Rock'n Roll ['rɔkŋ'rɔl, ...roːl, ⟨engl.⟩ 'rɔkn'roʊl] ↑ Rock and Roll.

Rocks [rɔks] ⟨Pl.⟩ [engl. rocks] (여러 색깔층으로 된) 시고 달콤한 과일 봉봉(과자).

Rocky Mountains ['rɔki 'maʊntɪnz] ⟨Pl.; 관사하고만⟩ (북아메리카의 산맥) 로키 산맥.

Rode- ['roːdə-] : **~gemeinschaft,** die (구동독) (농부들의) 개간 조합. **~hacke,** die 개간용 (곡)괭이. **~land,** das 개간지.

¹**Rodel** ['roːdl], der; -s, - ⟨südwestd.; schweiz.⟩ 목록(Verzeichnis), 리스트(Liste), 명부.

²**Rodel** [-], der; -s, - ⟨bayr.⟩ ↑Rodelschlitten.

³**Rodel** [-], die; -n ⟨österr.⟩ 1. 작은[소형] 썰매. 2. 어린아이용 (장난감)딸랑이.

Rodel-: **~bahn,** die 썰매길. **~partie,** die 썰매 타고 가는 소풍. **~schlitten,** der (타고 내려가기에 적합한) 낮은 썰매. **~sport,** der 썰매 스포츠, 썰매 경주.

rodeln ['roːdl̩n] ⟨지역적⟩ **a)** ⟨h/s⟩ 썰매[를] 타다: den ganzen Tag r. 온종일 썰매를 타다. **b)** ⟨s⟩ 썰매를 타고 달리다: er ist die Wiese hinunter gerodelt 그는 썰매를 타고 초원 아래로 달렸다.

roden ['roːdn̩] ⟨h⟩ [niederd. roden] 1. (숲, 황무지 따위를) 개간하다: Urwald r. 원시림을 개간하다. (목적어 없이도) sie roden jetzt, um zu r. 그들은 개간하러 (들판으로) 나갔다. 2. (나무 따위를) 베어내고 뿌리를 뽑아내다. 3. (지역적) (포도원을 새로 일구려고) 깊이 파헤치다. 4. (지역적) (땅 속 열매를) 캐다, 뽑다: Möhren r. 당근을 뽑다.

Rodentizid [rodɛnti'tsiːt], das; -s, -e [lat. rōdere = nagen u. caedere = töten] 쥐약.

Rodeo [ro'deːo], der; -s, - 썰매 타는 사람. **Rodlerin,** die; -nen ↑Rodler의 여성형.

Rodler ['roːdlɐ], der; -s, - 썰매 타는 사람. **Rodlerin,** die; -nen ↑Rodler의 여성형.

Rodomontade [rodomɔn'taːdə], die; -n [frz. rodomontade, ital. rodomontata, 이탈리아 작가 M. M. Boiardo(1440~1494)와 L. Ariosto(1474~1533)의 작품들 속에 나온 무어 사람 Rodomonte의 모습에 따라] (고어) 과장, 허풍, 호언장담(Großsprecherei). **rodomontieren** [...'tiːrən] ⟨h⟩ (고어) 과장하다, 허풍치다, 호언장담하다(prahlen).

Rodonkuchen [ro'dɔ-], der; -s, - (지역적) ↑Ratonkuchen.

Rodung, die; -en 1. 개간(das Roden). 2. 개간지.

Rogate [ro'gaːtə] [lat. rogāte = bittet!] 일요 예배식 기도문의 첫행(요한복음 16장 24절)을 따서] (관사, 격변화 없음) [신교] 부활절 이후 제 5 일요일(der Sonntag R.).

Rogation [roga'tsjoːn], die; -en [lat. rogatio] (고어) 다른 사람을 위한 기도(Fürbitte).

Rogen ['roːgn̩], der; -s, - ↑Fischrogen. **Rog(e)ner** ['roːg(ə)nɐ], der; -s, - [동물] 알이 밴 물고기(암컷).

Rogenstein, der; -s, -e [광] (물고기 알 모양의) 이상암(魚狀岩).

Röggelchen ['rœgl̩çən], das; -s, - (지역적) 두 조각을 붙여 구운 호밀빵. **Roggen** ['rɔgŋ], der; -s, -{종류} - **a)** (식물로서) 호밀: R. anbauen 호밀을 경작하다. **b)** (곡물로서) 호밀(알): Säcke mit R. füllen 호밀로 자루들을 채우다.

Roggen-: **~brot,** das 호밀(로 만든 검은) 빵. **~brötchen,** das 작은 호밀빵. **~ernte,** die 호밀 수확. **~feld,** das 호밀 밭. **~halm,** der 호밀대[짚]. **~klima,** das 호밀 경작에 적합한 기후 지대. **~mehl,** das 호밀 가루. **~mischbrot,** das ↑Mischbrot. **~muhme,** die [민속] (호밀 밭에 살며 어린애를 놀라게 하는) 곡물의 마녀. **~schlag,** der ⟨지역적⟩ 호밀밭. **~schrot,** das 거칠게 빻은 호밀.

Rogner: ↑Rog(e)ner.

roh [roː] ⟨Adj.⟩ 1. 날[생]것의, 익지[삶지, 굽지] 않은: Gemüse r. essen 야채를 생으로 먹다; das Fleisch ist noch (ganz) r. 고기는 아직 (완전히) 익지 않았다. 2. **a)** 가공(세공)하지 않은, 자연 그대로의, 끝내지 않은: -es Material 자연 그대로의 재료; ⟨종종 전문어⟩ -e Felle 무두질하지 않은 가죽; -e Seide 생사(生絲); eine Plastik aus dem -en (Stein) arbeiten 자연석으로 조각품을 만들다. **b)** 자세[상세]하지 않은, 대충[대략, 대강]의: nach -er Schätzung 대략 짐작에 따르면; die Arbeit ist im -en fertig 그 일은 대강 끝났다. **c)** (준고어) 피가 나는. 3. (폄) 거친, 조야한, 상스러운, 야비한, 버릇없는, 야만적: ein -er Mensch 거친 사람; -e Sitten[Worte] 야만적 풍습[말]; er hat -e Gewalt 완력으로; er ist sehr r. zu ihr 그는 그 여자에게 매우 야비하다.

roh-, Roh-: **~bau,** der ⟨Pl. -ten⟩ 1. (벽, 천정, 지붕만 세운) 골격만 세운 건축(물), 미완성 건축(물). 2. im R. 미완성의, 골격만 끝낸. **~baufertig** ⟨Adj.⟩ 골격만 끝난. **~baumwolle,** die [섬유] 원면(原綿). **~ben-**

zin, das 《화학》 나프타유(기름) (Naphta). **~bilanz, die** 《경제》 시산표(試算表), 총결산. **~blech,** das 《금속》 생양철. **~braunkohle, die** 《전문어》 원(原)갈탄. **~diamant,** der 《전문어》 세공하지 않은 다이아몬드. **~einkünfte** ⟨Pl.⟩ ↑~ertrag. **~einnahme, die** ↑ ~ertrag. **~eisen,** das 《제련·금속》 생철, 선철(銑鐵), 무쇠. **~eisengewinnung, die** 【금속】 선철(생철)채광. **~ertrag,** der 《경제》 총수익, 총소득[수입]. **~erz,** das 《광·제련》 원광(原鑛), 조광(粗鑛). **~erzeugnis,** das ↑~produkt. **~fassung, die** (개괄적) 초안(草案). **~film,** der 【사진】 생(生)필름. **~gas,** das 【화학】 생가스. **~gemüse,** das 생야채. **~gewicht,** das 【제조】 미가공 상태의 중량(총중량). **~gewinn,** der 《경제》 채탄된 수익[수입](Bruttogewinn). **~gezimmdert** ⟨Adj.⟩ 생판자로 만든: -e Tische 생판자로 만든 책상. **~glas,** das ⟨Pl. 없음⟩《전문어》생유리. **~holz,** das ⟨Pl. 없음⟩《전문어》 **1.** 원목(原木). **2.** 생목(生木), 생나무. **~kaffee,** der 《전문어》 볶지 않은 상태의 커피. **~kautschuk,** der 《전문어》생고무. **~kohle, die** 《전문어》 채탄된 상태의 석탄. **~kost, die** 《생으로 먹는 식물성 음식물(과일, 야채 따위): sich von R. ernähren 생식(生食)하며 살다. **~köstler** [-kœstlə], der 생식하는 사람. **~kostnahrung, die** 생으로 먹는 음식. **~kostsalat,** der 생으로 먹는 샐러드. **~leder,** das 《전문어》생[무두질 하지 않은] 가죽. **~manuskript,** das 개략적 원고. **~marmor,** der 《전문어》 미세공 대리석. **~material,** das 원료. **~metall,** das 《제련·금속》 미정련 금속. **~milch, die** 《전문어》 생우유. **~öl,** das 원유. **~ölleitung, die** 원유(수송)관. **~opium,** das 《전문어》생아편. **~papier,** das 【사진】 감광지를 만드는 특수종이. **~produkt,** das 원료품. **~produktenhändler,** der 원료품 상인. **~schrift, die** 《드물게》↑ Konzept (1)의 독어화. **~seide, die** 《섬유》생사(生絲). **~seiden** ⟨Adj.⟩ 생사(生絲)의. **~seife, die** 《전문어》 생비누. **~stahl,** der 《제련·금속》 생강철, 조강(組鋼). **~stoff,** der 《자연》 원료, 원료품: pflanzliche -e 식물성 원료품. **~stoffarm** ⟨Adj.⟩ 원료가 빈약한[부족한](반대: rohstoffreich). **~stoffbedarf,** der 원료 수요. **~stofflieferant,** der 원료 공급자. **~stoffmangel,** der ⟨Pl. 없음⟩ 원료 부족. **~stoffpreis,** der 원료 가격. **~stoffquelle, die** 원료 근원지. **~stoffreich** ⟨Adj.⟩ 원료가 풍부한(반대: rohstoffarm). **~stoffreserve, die** 원료 비축(저장). **~stoffverarbeitung, die** ⟨Pl. 없음⟩ 원료 가공. **~stoffversorgung, die** ⟨Pl. 없음⟩ 원료 공급. **~tabak,** der 《전문어》 미가공의 건조된 담배. **~übersetzung, die** 개략적 번역 초안. **~umsatz,** der 《경제》 총거래치. **~ware, die** 원료품. **~wasser,** das ⟨Pl. ~wässer⟩ 《전문어》 세정하기 전의 물. **~wolle, die** 《전문어》 원모(原毛). **~zucker,** der 원당(原糖). **~zustand,** der 미가공 상태.

Roheit ['ro:hajt], **die**; -en **1.** ⟨Pl. 없음⟩ 거칢, 조야, 야비, 야만, 잔혹: über die R. eines Menschen erschrecken 인간의 잔혹에 경악하다. **2.** 거칠은(야비한) 행위, 조야한[야만적] 태도, 상스런 말: jmdm. ~ sagen 누구에게 야비한 말을 하다. **Roheitsdelikt,** das 《경찰》 폭력행위. **Roheitstäter,** der 《경찰》 폭력행위자, 폭행범. **roherweise** ⟨Adv.⟩ 야비[조야]하게, 야만적으로, 상스럽게. **Rohling** ['ro:lɪŋ], der; -s, -e **1.** 《비유》 조야한[야비한] 사람, 난폭자. **2.** 미완성 제작(주조)품: aus einem R. einen Schlüssel feilen 미완성 제작품의 열쇠날을 줄로 갈다.

Rohr [roːɐ̯], das; -(e)s, -e **1.** **a)** 관모양의 긴 줄기[대]가 있는 식물, 갈대: um den See wächst R. 호수 둘레에 갈대가 자라고 있다; Körbe aus R. 등나무 골로 만든 바구니; **spanisches R.** 1) (굵은) 등나무 골수(Peddigrohr). 2) 《고어》 등나무 골수로 만든 막대기[지팡이]; **ein schwankendes R. im Wind sein** [schwanken wie ein R. im Wind] 바람에 날리는 갈대와 같다. **b)** ⟨Pl. 없음⟩ 갈대숲(Röhricht): Wasservögel nisten im R. 물새들이 갈대숲에 깃들이다. **2.** (도)관, 통(筒), 파이프: das R. des Ofens 난로의 연통; -e (ver)legen 도관을 설치[연결]하다; das Schlachtschiff feuerte aus allen -en 전투함이 모든 포신에서 발사했다; **voll(es) R.** 《통용어》전력(전력), 전속력(Vollgas): volles R. fahren 전속력으로 달리다; **jmdn. auf dem R. haben** 《통용어》누구에 대한 나쁜 것을 꾸미다[계획하다]; **etw. auf dem R. haben** 《통용어》무슨 (나쁜) 짓을 꾸미다[계획하다]; **etw. ist im R.** 《통용어》무슨 (나쁜) 일이 일어날 것 같다. **3.** 《경》 남자의 성기, 음경, 남근(Penis): **ein R. verlegen** 성교하다; **sich³ das R. verbiegen** 성병에 걸리다. **4.** 《südd., österr.》 빵굽는 솥(Backofen), 오

¹**rohr-, Rohr-** (Rohr 1): **~ammer, die** 【동물】 검은머리흰뺨샛, 검은머리쑥새. **~blatt,** das 【음악】 (취주악기의) 혀[리드]. **~blattinstrument,** das 【음악】 리드 악기(리드에 의해 부는 취주악기). **~dach,** das 갈대지붕. **~dommel, die;** -n 【동물】 알락해오라기[백로]. **~farben** ⟨Adj.⟩ (갈대처럼) 밝은 베이지색의. **~flechter,** der 등나무 세공인(細工人). **~flöte, die a)** 갈대[대나무 따위의] 피리, 목적(牧笛). **b)** 팬 파이프(Panflöte). **~geflecht,** das 등나무 세공(細工). **~kolben,** der 【식물】 (물가에 자라는) 부들. **~matte, die** 갈대 돗자리. **~möbel,** das ⟨대개 Pl.⟩ **1.** Korbmöbel. **2.** 대나무로 엮은 가구. **~pfeife, die** ↑ ~flöte (1). **~sänger,** der 【동물】 개개비. **~schilf,** das 【식물】 갈대(Schilf). **~spatz,** der **1.** ↑ ~ammer: **schimpfen wie ein R.** 《통용어》 요란하게 욕지거리 하다. **2.** ↑ Drosselrohrsänger. **~stock,** der (매로 쓰이는 대나무 따위로 만든) 가느다란 회초리. **~stuhl,** der 등나무 의자. **~weihe, die** 【동물】 개구리매(의 일종). **~zucker,** der 사탕수수에서 얻은 당(설탕).

²**rohr-, Rohr-** (Rohr 2~4): **~bruch,** der 管(도)관의 파열. **~flöte, die** 【오르간】 (오르간의) 순관(脣管) 음전(音栓), 리드 파이프. **~förmig** ⟨Adj.⟩ (도)관[파이프] 모양의. **~krepierer,** der 총신 내에서 일찍 폭발하는 탄환. **~leger,** der 배관공(配管工). **~leitung, die** (수)도관, 파이프 라인. **~leitungssystem,** das 도관 조직, 파이프 라인 시스템. **~muffe, die** 【기술】 도관 연결쇠[쥠쇠]. **~netz,** das 배관 망(網). **~nudel, die** 《südd.》 빵굽는 솥에서 구운 달콤한 경단. **~post, die** (압착공기를 이용한) 기송관(氣送管) 우편(시설). **~postbrief,** der 기송(氣送) 우편용 편지. **~postbüchse, die** 기송 우편함. **~postsendung, die** 기송관 우송. **~putzer,** der 《군》 포병(대). **~rahmen,** der 《자동차》 강철관으로 용접된 자동차 골격[틀·프레임]. **~rücklauf,** der 《군》 (발포 후에 일어난) 포신 후퇴. **~schmied,** der 포신 제작공. **~schoner,** der 《군·농》 콘돔. **~zange, die** 《수공》 파이프 렌치.

Röhrbein ['rœːɐ̯-], das; -(e)s, -e ↑ Vordermittelfuß. **Röhrchen** ['rœːɐ̯çən], das; -s, - ↑ Röhre (1,2)의 축소형: ein R. (mit) Tabletten 한 통의 정제(약); die Polizei ließ den Autofahrer ins R. blasen 경찰이 자동차 운전자에게 알코올을 측정관(管)에 불게 했다. **Röhre** ['rœːɐ̯ə], die; -n **1.** ⟨축소형: ↑ Röhrchen⟩ (물, 가스 따위의) (도)관, (홈)통, 파이프: -n aus Stahl montieren 철관을 설치하다(조립하다). **kommunizierende -n** 연통관(連通管). **2.** ⟨축소형: ↑ Röhrchen⟩ 관(管) 모양의 용기, 통(筒) 모양의 그릇: eine R. (mit) Tabletten 정제

¹**röhren**

(약) 한통. **3.** 빵[고기] 굽는 솥, 오븐(Backröhre): eine Gans in der R. backen 거위를 오븐에 굽다; **in die R. sehen[gucken]** 《통용어》《분배할 때에》아무것도 받지 못하다. **4. a)** 전자관, 진공관(Radioröhre): eine R. auswechseln 진공관을 교체하다. **b)** 〈선전 따위에 쓰는〉 형광관[등](Leuchtröhre), 네온관[등]. **5.** 《통용어・폄》 영사막(스크린), 텔레비전 수상기. **6.** 【사냥】 여우[오소리 따위] 굴의 지하 통로. ¹**röhren** ['rø:rən] 〈의성어〉 **1.** 〈h〉 (특히 교미기의 사슴이) 울다, 울부짖다, (크고 거칠게) 소리지르다: 진의 röhrende Motorräder 요란한 소리를 내는 오토바이; kaum eingeschlafen, röhrte er, daß die Wände zitterten 《농》잠이 들자마자 그는 벽이 흔들릴 정도로 코를 골았다. **2.** 〈s〉《통용어》요란한 소리를 내며 가다.

²**röhren** [-] 〈h〉【고어】**1.** 도관이 설치되어 있다. **2.** 배관하다, 관[파이프]을 깔다.

röhren-, Röhren-: ~**bewässerung, die** 도관[파이프]에 의한 급수[관수]. ~**blitzgerät, das** 【사진】전자 플래시(장치). ~**blüte, die** 【식물】관상화(管狀花), 통상화(筒狀花). ~**blütler, der** 【식물】관상화[통상화] 식물. ~**brunnen, der** 물이 잘 나오는 우물[샘]. ~**förmig** 〈Adj.〉 관(管) 모양의, 통상(筒狀)의. ~**hose, die** 바짓가랑이가 통 모양의 홀태바지. ~**kleid, das** 통(筒) 모양의 옷. ~**knochen, der** 【동물】관상(管狀) 뼈[골(骨)]. ~**leitung, die** 도관(장치), 배관로(配管路). ~**netz, das** 도관[배관] 망(시스템). ~**pilz, der** 【식물】그물버섯(Röhrling). ~**stiefel, der** 통(筒) 모양의 장화. ~**system, das** ↑ ~netz. ~**walzwerk, das** 통관(管) 만드는 압연기[공장]. ~**wurm, der** 【동물】(바닷속 모래에 사는) 관주 모족류(管住毛足類).

Röhricht ['rø:rɪçt], **das**; -s, -e 갈대숲. **röhrig** ['rø:rɪç] 〈Adj.〉《전문어》관상(管狀)의, 통(管) 모양의: ~e Blüten 관상(管狀) 꽃. **Röhrli** ['rø:rli], **das**; -s, -(s) 〈대개 Pl.〉굽이 높고 뾰족한 (발목 높이의) 숙녀용 장화. **Röhrling** ['rø:rlɪŋ], **der**; -s, -e 【식물】그물버섯(학명: Boletaceae).

rojen ['ro:jən] 〈h / s〉 [niederd. rojen]【선원】↑ rudern.

Rokambole [rokamˈbo:lə], **die**; -n [frz. rocambole] 【식물】염교, 채지(Perlzwiebel).

Rokoko ['rɔkoko, 〈또한〉 roˈkoko; 〈österr.〉 rokoˈko:], **das**; -(s) [frz. rococo] **1.** 로코코(양식)(바로크에서 넘어간 18세기의 화려한 예술 양식): seine Gedichte sind (echtes) R. 그의 시들은 (진짜) 로코코이다. **2.** 로코코 시대: Musik im R. 로코코 시대의 음악.

Rokoko-: ~**kommode, die** 로코코 장롱. ~**malerei, die** 〈Pl. 없음〉로코코 미술. ~**möbel, das** 〈대개 Pl.〉로코코 가구. ~**musik, die** 로코코 음악. ~**stil, der** 〈Pl. 없음〉로코코 양식[스타일]. ~**zeit, die** 〈Pl. 없음〉로코코 시대.

Roland ['ro:lant], **der**; -(e)s, -e 롤란트 입상(立像)(사법권과 자유의 상징으로 중북부의 독일 도시의 시장에 세워진 갑옷에 칼을 든 기사의 입상): auch diese Stadt hat einen R. 이 도시에도 롤란트 입상이 있다. **Roland(s)-säule, die** ↑ Roland.

roll-, Roll-: ~**back** ↑ Rollback. ~**bahn, die** 【항공】활주로. **2.** 【군】(특히 2차 대전시 동부 전선에서) (임시 가설된) 보급대(보급대)의 수송로. ~**balken, der** 〈österr.〉↑Rolladen. ~**ball, der** 〈Pl. 없음〉【스포츠】공을 상대방 골문으로 굴려서 골인시키는 실내 팀 경기구기 경기. ~**band, das** 〈Pl. ...bänder〉↑Förderband. ~**bett, das** 〈환자용〉바퀴 달린 침대. ~**bild, das** 【미술】족자(簇子)(↑ Kakemono). ~**braten, der** 굽기 위해 그물식으로 둘둘 엮은 고기. ~**brett, das** ↑ Rollerbrett. ~**brücke, die** ↑ ~steg. ~**fähre, die** 〈österr.〉활차(滑車)식 나룻배. ~**feld, das** (비행장의) 활주로. ~**film, der** 롤 필름. ~**filmkamera, die** 롤 필름 카메라. ~**fuhrdienst, der** 《준어》화물 운송업. ~**fuhrmann, der** 〈Pl. ...männer / ...leute〉**a)** 〈옛〉↑~kutscher. **b)** 《준어》화물차 운전사, 화물운송인. ~**fuhrunternehmen, das** ↑ ~fuhrdienst. ~**geld, das** (화물) 운송료, 운임. ~**gut, das** 운송 화물(Stückgut). ~**höcker, der** 【해부】(대퇴골 상부의) 대퇴 두(骨頭). ~**hockey, das** 【스포츠】롤러(스케이트) 하키. ~**holz, das** ↑ Nudelholz. ~**hügel, der** ↑ ~höcker. ~**kasten, der** 〈österr.〉↑ ~schrank. ~**kommando, das** (군대・경찰의) 돌격대, 기동 습격대[반]. ~**kragen, der** 풀오버의 자라목(Stückgut). ~**kragenpullover, der** 자라목 풀오버[터틀넥 셔츠]. ~**kunstlauf, der** 롤러 피겨 스케이팅. ~**kur, die** 【의학】복용한 약이 위점막에 고루 퍼지도록 전후좌우로 눕는 치료법. ~**kutscher, der** 〈옛〉화물 운송 마차의 마부, 수레꾼. ~**laden** (분철치: Rolladen), **der** 〈Pl. ...läden / 〈드물게〉...laden〉감아올리는 덧문, 롤 셔터[블라인드]: die Rolläden hochziehen 롤 셔터를 올리다. ~**ladenschrank** (분철치: Rolladenschrank), **der** ↑ Rollschrank. ~**loch** (분철치: Rolloch), **das** 【광】갱정(坑井)(광물, 퇴적물을 아래로 수송할 수 있는 가파른 구덩이). ~**mops, der** 【요리】오이나 양파에 둘둘 말아 가는 막대로 고정시킨(뼈를 빼고 마리나데 소스에 친) 청어(롤 몹스). ~**schicht, die** 【토건】좁고 긴 면에 쌓은 벽돌담의 열(층). ~**schiene, die** 활선(滑席) 레일[슬라이딩(시트) 레일]. ~**schinken, der** 롤 햄. ~**schnellauf, der** 롤러 스피드 스케이팅. ~**schrank, der** 롤 셔터가(감아올리는 문이) 달린 장. ~**schuh, der** 롤러스케이트(구두): die Kinder laufen auf ~en 아이들이 롤러스케이트를 탄다. ~**schuhbahn, die** 롤러스케이트장. ~**schuhlaufen, das**; -s 롤러스케이팅. ~**schuhläufer, der** 롤러스케이터, 롤러스케이팅을 하는 사람. ~**schuhläuferin, die** ↑ ~schuhläufer의 여성형. ~**schuhplatz, der** ↑ ~schuhbahn. ~**schuhsport, der** 롤러스케이트 경기[스포츠]. ~**schwanzaffe, der** ↑ Kapuzineraffe. ~**sitz, der** 활석[활좌](滑席), 슬라이딩 시트. ~**splitt, der** (타르와 섞은) 도로 보수용 자갈. ~**sport, der** ↑ Rollschuhsport의 약칭. ~**sprung, der** 【스포츠】(높이뛰기의 기술로) 몸을 돌리면서 횡목을 뛰어 넘는 동작. ~**steg, der** 선개교(旋開橋), 회선교. ~**stuhl, der** 휠체어. ~**stuhlfahrer, der** 휠체어 탄 사람, 휠체어 상용자. ~**tabak, der** ↑ Rollentabak. ~**technik, die** (높이뛰기에서의) 몸 회전 기술. ~**treppe, die** 에스컬레이터: die R. läuft 에스컬레이터가 작동한다. ~**tür, die 1.** 감아올리는 문. **2.** ↑ Schiebetür. ~**verdeck, das** 자동차의 감아올리는 지붕. ~**wagen, der** ↑ Tafelwagen. ~**wäsche, die** 〈Pl. 없음〉〈지역적〉↑ Mangelwäsche. ~**weg, der** ↑~bahn (2). ~**werk, das** 【예술】(방패 따위 가장자리의) 말아 휘감긴(소용돌이 모양의) 장식. ~**zeit, die** (↑ ~rollen (8) 참조) 【사냥】(여우 따위의) 교미기, 발정기.

Rollback ['roulbæk], **das**; -(s), -s [amerik. rollback] 퇴보(후퇴), 롤백: R. im Ferntourismus 먼나라 관광에 있어서의 퇴보; eine Politik des R. 롤백 정책. **Röllchen** ['rœlçən], **das**; -s, - **1.** ↑ Rolle (1 b)의 축소형: die Gardine hängt an R. 장막이 작은 바퀴에 매달려 있다. **2.** 〈옛〉빳빳한 커프스(소맷부리). **Rolle** ['rɔlə], **die**; -n [lat. rotulus, rotula] **1. a)** 〈Pl.〉원통(모양)의 것, 통 모양으로 감은(뭔), 두루마리, (실)꾸리 따위: eine R. Toilettenpapier 한 통의 두루마리 화장지; eine R. Garn 한 꾸리의 실; das Kind spielt mit der leeren R. 그 아이는 빈 실패를 가지고 논다; den Faden von der R. abspulen 실꾸리에서 실을 풀다. **b)** 〈축소형:

Röllchen) 공(모양의 것), 굴림대, (작은) 바퀴, 활차[도르래]: das Seil läuft über -n 밧줄이 도르래 위로 움직인다. 2. 〈지역적〉↑²Mangel: die Wäsche in die(zur) R. geben 세탁물을 주름 펴는 압착기에 넣다; jmdn. durch die R. drehen 누구를 압박하다[괴롭히다]. 3. [광] ↑Rolloch. 4. a) [체조] (철봉 따위에서의) 회전(운동), 공중제비: eine R. rückwärts ausführen 뒤로 회전하다. b) [항공] 횡전(橫轉), 제주넘기. 5. [스포츠] 선도차(오토바이)의 뒷쪽에 붙인 회전대: von der R. kommen 《통용어》 더 이상 보조를 맞출 수 없다, 참여하지 못하다; jmdn. von der R. bringen 《통용어》 누구를 참여하지 못하게 하다. 6. a) (배우의) 역(役), 배역: er hat in dem Film eine R. als Detektiv 그는 영화에서 탐정역을 맡고 있다; seine R. gut spielen 그의 역을 잘하다; er hat seine R. schlecht gelernt 그는 그의 배역 대본을 잘못 배웠다; [전의] wir begnügen uns mit der R. des Zuschauers 우리는 관중의 역에 만족한다. b) 역할, 소임, 본분, 직무: die R. der Frau in Vergangenheit und Gegenwart 과거와 현재에 있어서 여자의 역할; eine öffentliche R. übernehmen 공직을 맡다; (gern) eine R. spielen mögen(wollen) 각광을 받고자 하다; bei etw. eine R. spielen 무엇에 관여[참여]하다; (k)eine R. (für jmdn.(etw.)/bei jmdm.(einer Sache)) spielen (누구(무엇))에게 매우 중요하다(중요치 않다): das spielt doch keine R.! 그것은 대수로운 문제가 아니다; seine R. ausgespielt haben 지위(명성)을 잃다; aus der R. fallen 본분에 어울리지 않는 태도를 취하다, 부당한 언동을 하다; sich in seine R. finden (아이) 그의 역할을 감수하다(주어진 상황에 따르다); sich in seiner R. gefallen (아이) 그의 지위(영향력)에 만족하다; sich in jmds. R. versetzen (können) 다른 사람의 입장에서 생각하다.

rollen ['rɔlən] 1. ⟨s⟩ a) (빙글빙글) 돌다, 회전하다: die Wogen rollen 파도가 넘실거린다; [전의] wenn diese Unregelmäßigkeiten bekannt werden, dann müssen Köpfe r. 이 부정들이 알려지면 여러 목이 달아날 것이다; ⟨명사화⟩ etw. kommt ins Rollen 《통용어》 무엇이 진행하다(시작되다). b) 구르다, 굴러가다: der Ball rollt ins Aus 공이 라인 밖으로 굴러간다; Tränen rollten ihr über die Wangen 눈물이 그녀의 뺨 위로 굴러[흘러]내렸다. c) (한쪽에서 다른 쪽으로) 구르다, 뒹굴하다: im Schlaf war er auf die andere Seite gerollt 잠자는 동안 그는 다른 쪽으로 굴렸다. d) (바퀴로 움직이며) 굴러가다: der Wagen rollt 자동차가 굴러간다. 2. ⟨h⟩ 굴리다, 회전시켜 나아가게 하다: Fässer in den Hof r. 통들을 마당으로 굴리다; ⟨r. + sich⟩ Kinder rollen sich im Gras 아이들이 풀밭에서 구른다; ⟨명사화⟩ etw. ins Rollen bringen 《통용어》 무엇을 움직이게 하다[진행시키다]. 3. ⟨h⟩ (신체 부분 따위를) 이리저리 굴리다, 회전 운동을 시키다: sie rollte (voller Schrecken) die Augen(mit den Augen) 그녀는 (깜짝놀라) 눈을 희번덕거렸다. 4. ⟨h⟩ a) (둘둘) 말다, 말아 싸다, 감다: die Kniestrümpfe nach unten r. 스타킹을 아래로 말아내리다; eine gerollte Landkarte 둘둘 만 지도. b) 어떤 모양으로 말다(꼬다): den Teig zu einer Wurst r. 반죽을 소시지 모양으로 말다. c) 둘둘 말아(싸감아) 만들다: ich rolle mir eine Zigarette 나는 궐련을 말아 만든다. d) ⟨r. + sich⟩ (가장자리, 모서리 따위가) 둘둘 말리다, 감기다, 고르지 못하다[울퉁불퉁하다]: an dieser Stelle rollt sich der Teppich immer wieder양탄자는 이 자리에서 항상 감기곤 한다. 5. ⟨h⟩ 〈지역적〉↑²mangeln. 6. ⟨h⟩ [요리] (반죽 따위를) 밀다, 굴려 가며 얇게 늘이다[편다]: den Teig r. 반죽을 밀다. 7. ⟨h⟩ a) 우르릉[둔탁한] 소리를 내다, 구르는(진동하는) 소리를 내다: der Donner rollt 천둥이 우르릉거린다. b) 혀를 굴려 떨음소리를 내다: sie rollt das R so schön 그 여자는 R 발음을 아주 잘 굴린다. 8. ⟨h⟩ [사냥] ↑rauschen (4).

rollen-, Rollen-: ~besetzung, die (연극, 영화의) 역 할당, 배역(配役). ~druck, der 〈Pl. -e〉 [인쇄] 큰 두루마리에서 풀리는 종이 위에 하는 인쇄. ~erfüllung, die [사회] 역할 이행, 소임 달성. ~erwartung, die [사회] 역할 기대. ~fach, das [연극·영화] 배우의 역할 적합한; (역)役, (역)役의 종류. ~förmig ⟨Adj.⟩ 원통[두루마리] 모양의. ~gemäß ⟨Adj.⟩ 역(할)에 맞는, 본분에 따른. ~konflikt, der [사회] 역할 갈등. ~lager, das [기술·토건] 산륜(散輪) 축받이, 롤러 베어링. ~spezifisch ⟨Adj.⟩ 역할 특유의. ~spiel, das ↑~verhalten. ~studium, das [연극·영화] (배우의) 역(役) 연구. ~tabak, der 끈 썹는 여송연. ~tausch, der 역(할) 교환. ~text, der (연극·영화의) 대본. ~verhalten, das [사회] 사회적 역할에 맞는 태도. ~verteilung, die a) ↑~besetzung. b) [사회] (사회단체내에서의) 역할 분담: die traditionelle R. der Geschlechter 남녀의 전통적 역할 분담. ~zwang, der [사회] 역할 성취 압박.

Roller ['rɔlɐ], der; -s, - 1. (어린이용) 외발굴림판[스쿠터]. 2. ↑Motorroller. 3. a) 롤러 카나리아 (↑Harzer Roller). b) 롤러카나리아의 지저귀는 노래. 4. [스포츠] ↑Rollsprung. 5. [축구] (땅 위로 굴러가는 실패의) 골숏; ein harmloser R. 위험하지 않은 굴러가는 골숏. 6. [해양] (특히 남반구 해안의) 길고 큰 파도, 노도(怒濤). Rollerbrett, das 스케이트보드. rollern ⟨s/h⟩ 1. 외발굴림판[스쿠터]을 타고 놀다. 2. ⟨s⟩ 외발굴림판[스쿠터]으로 달리다[가다]. Rollerskate ['roulɛskeɪt], der; -s, -s [engl. rollerskate] (특히 빠른) 롤러스케이트 (구두) (Diskoroller). Rolli ['rɔli], der; -s, -s ⟨의상·은어⟩ (조끼, 블라우스 따위의 속에 입는) 자라목 풀오버(Rollkragenpullover). rollieren [rɔ'liːrən] ⟨h⟩ [frz. rouler] 1. [재단] (천의 가장자리를) 접어 감아 휘감치다, 감치다. 2. [교양어] 윤번[순번] 제도 교대하다(rotieren 2). 3. [기술] (금속품의 표면을) 윤(광)을 내다, 매끄럽게 하다. Rollo ['rɔlo, 〈österr〉 rɔ'loː], das; -s, -s ↑Rouleau.

Roll-on-roll-off-Schiff [roul'ɔnroul'ɔf-], das; -(e)s, -e [engl. roll-on-roll-off-ship] 화물차가 직접 들어와 짐을 싣고 부릴 수 있는 화물선.

Rom [roːm] 로마(이탈리아의 수도): (다음의 숙어 및 속담에는 로마시가 세계의 중심지였음을 보여 준다) R. ist nicht an(in) einem Tage erbaut worden 로마는 하루에 이루어지지 않았다; in R. gewesen sein und nicht den Papst gesehen haben 로마에 갔는데 교황을 못 보았다(관광 기회가 있었는데 관광물을 못 봐뜨렸다); viele[alle] Wege führen nach R. 많은[모든] 길은 로마로 통한다; Zustände wie im alten R. 옛 로마 같은 상태(아주 나쁜 상태).

Rom-: ~fahrer, der 로마 순례자, 로마 여행자. ~fahrerin, die ↑~fahrer의 여성형. ~fahrt, die 로마(순례) ~reise, die 로마 여행.

Roma [(ital.)] ['roːma, (schwed.) ruːma] ↑Rom의 이탈리아 형.

Romadur [roma'duːɐ̯, ...muːɐ̯], der; -(s), -s [frz. romadour, romatour] 로마두어 치즈(막대 모양의 연질 치즈).

Roman [ro'maːn], der; -s, -e [frz. roman] a) ⟨Pl. 없음⟩ (문학 장르의) (장편) 소설(小說): der moderne R. 현대 소설. b) (축소형: ↑Romänchen) ⟨개개의⟩ 소설책, 소설⟨작품⟩: ein biographischer R. 전기적(傳記的) 소설책; der R. spielt in Italien 소설책은 이탈리아에서 일어난다; ein R. in Fortsetzungen (신문 따위의) 연재 소설; [전의] sie hat wieder einen ganzen(langen) R.

erzählt 그 여자는 다시 아주 상세하게 얘기했다; erzähl doch keine -e 사실만 얘기하라[간단하게 설명하라].
roman-, Roman-: ~**artig** 〈Adj.〉 소설 같은. ~**autor**, der 소설(작)가. ~**beilage**, die (신문, 잡지의) 연재 소설 부록. ~**dichtung**, die **1.** ↑~literatur. **2.** 소설 작품[책]. ~**figur**, die 소설의 등장 인물. ~**form**, die 소설 형식. ~**fragment**, das 소설 단편(斷編). ~**gestalt**, die ↑~figur. ~**handlung**, die 소설 줄거리. ~**heft**, ~**heftchen**, das ↑Heftchen (2). ~**held**, der 소설의 주인공. ~**heldin**, die ↑~held의 여성형. ~**leser**, der 소설 독자. ~**leserin**, die ↑~leser의 여성형. ~**literatur**, die 소설 문학. ~**schreiber**, der 소설(작)가. ~**schriftsteller**, der 소설가. ~**stoff**, der 소설의 소재. ~**titel**, der 소설 제목[표제, 타이틀]. ~**trilogie**, die 3부작 소설. ~**werk**, das **1.** 작가의 중요한 소설 작품. **2.** 소설작가의 전집. ~**zyklus**, der 소설 총서(叢書).
Romancero [romanˈseːro, 《span.》rromanˈθeero] ↑ Romanzero. **Romänchen** [roˈmɛːnçən], das; -s, - **1.** ↑Roman (b)의 축소형. **2.** 《농》 통속 소설: sie liest gerne R. 그 여자는 통속 소설을 즐겨 읽는다.
Romancier [romãˈsi̯eː], der; -s, -s [frz. romancier] (교양어) 소설가.
Romane [roˈmaːnə], der; -n, -n [lat. Romanus] (인도게르만어족에 속하는 한 민족[계]의 사람), 로만인 남자: er ist ein R. 그는 로만인[남국인]의 특징이 있다. **Romanentum**, das; -s 로만 민족의 기질[문화].
romanesk [romaˈnɛsk] 〈Adj.〉 《드물게·교양어》 ↑ romanhaft. **roma̱nhaft** 〈Adj.〉 **a)** (소설식으로) 장황하게 설명된: die Darstellung ist r. 그 설명은 장황하다. **b)** 소설 같은, 황당무계한, 믿을 수 없는: etw. hat -e Züge 무엇이 소설 같은 면들이 있다.
Romani [ˈroːmani, (또한) roˈmaːni], das; -(s) [zigeunersprache romani] 집시 말[Zigeunersprache].
Romania [roˈmaːni̯a], die [lat. Romania] [언어] **1.** 로만어권. **2.** 로만어 문헌. **Romanik** [roˈmaːnik], die 로마네스크 (건축) 양식 (고딕 이전 초기 중세 유럽의 건축 양식): die Blütezeit der R. 로마네스크 양식의 전성기. **Romanin**, die; -nen ↑Romane의 여성형. **romanisch** 〈Adj.〉 [lat. Romanus] **1. a)** [언어] (통속 라틴어에서 나온) 로만어의, 로만어 계통의: Französisch, Italienisch, Spanisch sind -e Sprachen 프랑스어, 이탈리아어, 스페인어는 로만어이다. **b)** 로만인[민족]의, 로만 민족에 전형적인, 로만계의: die -en Länder (Völker) 로만계의 나라들[민족들]. **2.** 로마네스크 (예술)의, 로마네스크풍(식)의: der -e Stil 로마네스크 양식; eine -e Kirche 로마네스크 풍의 교회; das Bauwerk ist r. 그 건축물은 로마네스크 식이다. **romanisieren** [romaniˈziːrən] 〈h〉 (교양어) 로마화하다, 로마 제국에 편입하다. **b)** (교양어) 로만화하다, 로만식으로 변형하다. **3.** [언어] 라틴 문자로 옮기다[바꾸어 쓰다]. **Romanisierung**, die ↑romanisieren의 명사형. **Romanismus** [romaˈnɪsmʊs], der; -, ...men [언어] (비로만어 속에서의) 로만어적 현상, 로만어법. 《준고어》 교황(교회)에 우호적인 입장. **3.** [예술] (르네상스 예술과 밀접히 연관된) 16세기 네덜란드 화풍(회화 경향). **Romanist** [romaˈnɪst], der; -en, -en **1.** 라틴계 언어·문학의 연구가(학자, 교사). **2.** [법] 로마법학자(연구가). **3.** [예술] 로마예술양식에 속한 예술가. **Romanistik**, die **1.** 로만어문학. **2.** 로마 법학(法學). **Romanistin**, die; -nen ↑Romanist (1)의 여성형. **romanistisch** 〈Adj.〉 로만어문학의. **Romantik** [roˈmantɪk], die **1. a)** 낭만주의(독일에서는 18세기말부터 일어난 문학, 정신사조), 낭만주의 문학. **b)** 낭만주의 운동, 낭만파. **2.** 공상적(동경적, 신비적) 경향, 중세적(몽환적, 동경적)인 것, 낭만성(浪漫性). **Romantiker**, der; -s, - **1.** 낭만주의자, 낭만파 시인(화가, 음악가). **2.** 몽환적인[신비적인, 공상적인] 사람, 공상가(空想家), 몽상가(夢想家): nur R. können an die Verwirklichung dieser Ideen glauben 《폄》 공상가만이 이 생각의 실현을 믿고 있을 뿐이다. **Romantikerin**, die; -nen ↑Romantiker의 여성형. **romantisch** 〈Adj.〉 [engl. romantic] **1.** 낭만주의의, 낭만파의: die -e Schule 낭만파. **2. a)** 공상적인, 비현실적인, 몽환적인, 낭만적인: ein -er Mensch 낭만적인 인간[사람]; er ist eine -e Natur 그는 천성이 낭만적인 사람이다; -e Vorstellungen von etw. haben 무엇에 대하여 비현실적인[이상적인] 생각을 갖다. **b)** 신비적인, 환상적인: eine -e Landschaft 시적 정취가 풍부한 풍경, 낭만적 풍경; r. wirken 신비스럽게[환상적으로] 작용하다. **romantisieren** [romantiˈziːrən] 〈h〉 《교양어》 **1.** 낭만주의 풍으로 하다, 낭만주의화하다. **2.** 이상화(理想化)하다, 미화(美化)하다. **Romantisierung**, die; -en **1.** ↑romantisieren의 명사형. **2.** 낭만주의화[이상화]된 것. **Romantizismus** [romantiˈtsɪsmʊs], der; -, ...men **1.** 〈Pl. 없음〉 **a)** 《드물게》 ↑Romantik (1). **b)** 낭만파 모방 태도[사상], 낭만파인 체함, 중세 취미. **2.** 낭만파에 동조하는[유사한] 요소[양식]. **romantizistisch** 〈Adj.〉 낭만파적인, 낭만주의적인. **romantsch** [roˈmantʃ] 〈Adj.〉 ↑rätoromanisch. **Romantsch**, das ↑Rätoromanisch. **Romanze** [roˈmantsə], die; -n [frz., span. romance] **1.** 로만체, 민요조의 설화시(Ballade와 비슷한 시형식으로 기원은 14세기경의 스페인이며 주로 영웅담이나 사랑의 모험을 내용으로 함). **2.** [음악] 로맨스(감상적인 특징이 있는 짧은 형식의 악곡). **3.** (에피소드 같은) 애정 관계, 정사(情事): eine heimliche R. zwischen zwei jungen Leuten 두 젊은 사람들 사이의 내밀한 애정 관계. **Romanzendichter**, der 로만체 시인. **Romanzensammlung**, die 로만체의 모음집. **Romanzero** [romanˈtseːro], der; -s, -s [span. romancero] [문예] Romanze의 시집.
¹Römer [ˈrøːmɐ], der; -s, - **1.** 로마의 시민, 로마 사람. **2.** 고대 로마 제국의 시민.
²Römer [-], der; -s, - [köln. (16. Jh) roemer 녹색(갈색)의 볼록한 백포도주 잔.
Römer-: ~**brief**, der 〈Pl. 없음〉 (신약성서의) 로마서(書). ~**kopf**, der 갸름하고 날카로운 얼굴과 짧게 이마로 빗어내린 남자머리. ~**nase**, die ↑Adlernase. ~**reich**, das 〈Pl. 없음〉 로마 제국(帝國). ~**straße**, die 로마인에 의해 군사·상업 도로로 건설된 도로. ~**topf** Ⓦ, der 둥근 뚜껑이 있는 점을 하는 냄비.
Römertum, das; -s (고대) 로마 사람[시민]다움, 로마인들의 문화. **römisch** [ˈrøːmɪʃ] 〈Adj.〉 (고대) 로마의, 고대 로마 사람의: das -e Imperium 로마 제국(帝國); das -e Recht 로마 법(法); -e Zahlen[Ziffern] 로마 숫자(반대: arabische Zahlen[Ziffern]). **römisch-irisch**: ↑irisch-römisch. **römisch-katholisch** 〈Adj.〉 로마 가톨릭의(약어: röm.-kath.): die -e Kirche 로마 가톨릭 교회; er ist -er Konfession 그는 (로마)가톨릭교인이다.
Rommé [ˈrɔme, (또한) rɔˈmeː], das; -s, -s [engl. rummy 여름의 프랑스어화] 3명에서 6명이 하는 일종의 카드놀이.
Romulus [ˈroːmulʊs] 로물루스, (로마 설화의) 로마시 창건자이며 첫 번째 왕.
Ronde [ˈrɔndə, ˈroːdə], die; -n [frz. ronde] **1.** 〔군〕 (고어) **a)** 순회. **b)** 순시, 순찰, 시가 경계, 건설 장교의 야간 보호. **2.** 〔금속〕 둥근 생철판, 원자서법(圓字書法).
Rondeau [rõːˈdoː, 《österr.》rɔnˈdoː], das; -s, -s [frz. rondeau] **1.** [문예] (프랑스 시) 론도체, 윤선체(輪旋體).

(후럼이 딸린 짧은 정형시). **2.** (österr.) **a)** 원형의 꽃밭. **b)** 원형의 장소. **Rondel** [rõ:'dɛl], das; -s, -s [frz. rondel] ↑Rondeau (1). **Rondell** [rɔn'dɛl], das; -s, -e [frz. rondelle] **1.** 원형의 꽃밭. **2.** 원형의(둥근) 장소, 둥그스름한 부분. **3.** (österr.) 원형으로 만든 정원길. **4.** [건축] 원탑(圓塔)(성(城)의). **Rondengang,** der (군·고어) ↑Ronde (1 a). **Rondo** ['rɔndo:], das; -s, -s [ital. rondo] **1.** [문예] 론도(중세의 춤노래로 독창과 합창이 교차되는 노래). **2.** [음악] 론도(주제가 순환 반복되는(특히 소나타나 교향곡끝의) 소악곡).
rönne ['rœnə] ↑rinnen 참조.
Rönne [-], die; -n (사냥) 맹금(猛禽)의 포획망.
röntgen ['rœntgn] ⟨h⟩ [뢴트겐선의 발견자인 독일물리학자 W. C. Röntgen(1845~1923)의 이름에서] 뢴트겐선으로 투시(검사)하다, 뢴트겐선으로 치료하다, 뢴트겐 사진을 찍다: sich den Magen r. 위장의 뢴트겐 사진을 찍다. **Röntgen** [-], das; -s, - 《물리·옛》 뢴트겐 및 감마선의 양의 단위 (기호: R).
röntgen-, Röntgen-: ~apparat, der ↑~gerät. **~arzt,** der 뢴트겐(X선) 전문의. **~assistentin** 뢴트겐(X선)과 여조수. **~astronomie,** die ↑Gammaastronomie. **~astronomisch** ⟨Adj.⟩ 감마선 천문학의. **~aufnahme** die **1.** 뢴트겐 사진(의 촬영) **2.** ↑ **~bild. ~auge,** das (농) (대개 Pl.) : er hat -n 그는 자기 주변에 일어나는 모든 것을 알고있다. **~befund,** der X선 소견(감정). **~behandlung,** die 뢴트겐(X선) 처리(치료). **~bestrahlung,** die 뢴트겐(선) 조사(照射). **~bild,** das 뢴트겐 사진(영상). **2.** 뢴트겐 촬영. **~blick,** der (Pl. 없음) 투시력. **~dermatitis,** die [의학] 뢴트겐 피부염. **~diagnose,** die 뢴트겐 진단. **~diagnostik,** die 뢴트겐 진단학(진단법). **~durchleuchtung,** die 뢴트겐 투시(투광). **~einrichtung,** die 뢴트겐 설비(시설). **~film,** der 뢴트겐(X선) 필름. **~fotografie,** die **a)** 뢴트겐(X선) 사진촬영(법). **b)** ↑~bild (2) **~gerät,** das 뢴트겐(X선) 장치(기구). **~institut,** das 뢴트겐 전문 병원. **~kater,** der ↑Strahlenkater. **~kinematographie,** die (Pl. 없음) 뢴트겐(사진) 진단기술. **~licht,** das (Pl. 없음) [물리] 뢴트겐 광선. **~platte,** die 뢴트겐 사진 원판. **~raum,** der 뢴트겐 촬영실(室). **~reihenuntersuchung,** die 뢴트겐선 집단검진. **~röhre,** die 뢴트겐 관(管), 크룩스(Crookes) 관. **~schichtverfahren,** das [의학] 뢴트겐(X선) 단층 촬영(법). **~schirm,** der 뢴트겐 촬영스크린. **~schwester,** die 뢴트겐 간호사. **~spektralanalyse,** die 뢴트겐(X선) 분광분석(分光分析). **~spektrum,** das [물리] 뢴트겐 스펙트럼. **~strahlen** ⟨Pl.⟩ [물리] 뢴트겐(X선). **~strahlung,** die ⟨Pl. 없음⟩ 뢴트겐 방사(사광). **~strukturanalyse,** die [물리] (결정 구조(結晶構造)에 대한) X선 구조 분석(分析). **~technik,** die ⟨Pl. 없음⟩ 뢴트겐선 기술. **~therapie,** die 뢴트겐(X선) 요법. **~tiefentherapie,** die 뢴트겐(X선) 심층요법. **~untersuchung,** die 뢴트겐(X선) 검사. **~zug,** der (구동차) 뢴트겐(설비) 차(車).
röntgenisieren [rœntgeni'zi:rən] ⟨h⟩ (österr.) ↑röntgen. **Röntgenogramm** [rœntgeno-], das; -s, -e (드물게) ↑Röntgenbild (2). **Röntgenographie,** die; -n **1.** ⟨Pl. 없음⟩ 뢴트겐 검사(진단), 뢴트겐 사진술(투시술). **2.** ⟨Pl. 없음⟩ ↑Röntgenbild (2). **röntgenographisch** ⟨Adj.⟩ 뢴트겐 사진술(투시술)의. **Röntgenologe,** der; -n, -n **1.** 《옛》 뢴트겐(X선)과 전문의. **2.** 뢴트겐(X선)학 학자. **Röntgenologie,** die **1.** 《옛》 뢴트겐(X선)과 전문의학. **2.** 뢴트겐(X선)학. **röntgenologisch** ⟨Adj.⟩ 뢴트겐(X선)과의, 뢴트겐(X선)학의. **Röntgenoskopie** [rœntgensko'pi:], die; -n [...i:ən]

뢴트겐선 투시(透視).
Rooming-in [ru:miŋ'in], das; -(s) [amerik. rooming-in] 어머니와 산후(產後)의 모자동실(母子同室).
Roquefort ['rɔkfɔ:r, ⟨또한⟩ -'-], der; -s, -s [프랑스의 지명 Roquefort-sur-Soulzon에 따라] 양젓치즈. **Roquefortkäse,** der ↑Roquefort.
Rorate [ro'ra:tə], das; -, - [lat. rōrāte = von oben] [가] (성모마리아를 기리위한) 강림절의 서원(誓願) 미사. **Rorateamt,** das, **Roratemesse,** die ↑Rorate.
rören ['rø:rən] ↑röhren (1).
Ro-Ro-Schiff [roro-], das [교통] ↑Roll-on-roll-off-Schiff.
Rorschachtest ['ro:ɐʃax-], der; -(e)s, -s, (또한) -e [스위스 정신의 H. Rorschach(1884~1922)에 따라] 로르샤하 검사(심리학에서 인격 진단법의 일종).
rosa [ro:za] ⟨Adj.; 격변화 없음⟩ [lat. rosa] **1.** 장미빛의, 담홍색의, 핑크색의: ein r. Kleid 장미빛(핑크색) 옷(의복); alles r.(durch die r. Brille) sehen 만사를 낙관하다, 모든 것을 좋게만 보다. **2.** (은예) 동성연애자의.
Rosa [-], das; -s, -, 《통용어》 -s 장미색. **Rosafarbe,** die 장미빛 색깔, 핑크색. **rosafarben, rosafarbig** ⟨Adj.⟩ 장미빛 색의, 핑크색의. **Rosalie** [ro'za:liə], die; -n [frz. rosalie, ital. rosalia] [음악] 로잘리아. **Rosanilin** [rozani'li:n], das; -s 로자닐린 (↑Fuchsin).
Rosarium [ro'za:riʊm], das; -s, ...ien [...iən; 1 : lat. rosarium; 2 : lat. rosārium] **1.** (드물게) ↑Rosenkranz (1). **2.** 장미원, 장미 재배지. **3.** [가] 로사리오의 기도. **rosarot** ⟨Adj.⟩ ↑rosa : ein -er Farbton 장미빛 색조(色調); die Wolken am Abendhimmel schimmerten r. 저녁하늘에 구름이 장미빛으로 빛나고 있었다.
Rosazea [ro'za:tsea], die [lat. rosāceus] ↑Kupferrose. **Rosazee** [roza'tseə], die; -n ⟨대개 Pl.⟩ [식물] 장미과식물.
rösch [rœʃ, rœʃ] ⟨Adj.⟩ (südd.) **1. a)** ↑resch (a,). **b)** ↑resch (b). **c)** 마른, 부서지기 쉬운. **2.** [광] 큰 알맹이의, 알맹이가 큰. **Rösche** ['rœ:ʃə, 'rœʃə], die; -n **1.** (südd.) 험준함, 질김, 거칠. **2.** [광] 부(副) 갱도(통풍, 배수를 위한).
Röschen ['rœ:sçən], das; -s, - **1.** ↑Rose (1 b)의 축소형. **2.** ↑Blumenkohlröschen의 약칭. **3.** ↑Rosenkohlröschen의 약칭. **Rose** [ro:zə], die; -n [lat. rosa] **1. a)** 장미: eine wilde R. 야생장미; die R. ist eingegangen 장미덤불이 시들었다(말랐다); [속담] keine R. ohne Dornen 가시없는 장미는 없다, 기쁨에 있으면 슬픔도 따른다. **b)** (축소형: ↑Röschen) 장미꽃(송이): ein Strauß -n 한 다발의 장미꽃; **auf -n gebettet sein** (아이) 행복하게 살다, 풍요로운 생활을 하다; **nicht auf -n gebettet sein** (아이) 곤란한 상태에 있다, 재정적으로 좋은 형편이 아니다. **2.** 《드물게》 ↑Rosette (1 b), ↑Fensterrose. **3.** 기타나 만돌린의 음공(音孔). **4.** ↑Kompaßrose의 약칭. **5.** [의학] ↑Wundrose. **6.** [사냥] (사슴의) 뿔 끄트머리 아래 둥근 모양으로 옹고된 밑둥. **7.** [가] (매일 닭 중에서의) 불룩한 융기. **8.** 로제트[장미꽃, 24면체] 보석. **9.** [문장] (다섯꽃잎의) 장미 무늬. **rosé** [ro'ze:] ⟨Adj.; 격변화 없음⟩ [frz. rosé] 엷은 붉은(장미) 색의. **¹Rosé** [-], das; -(s) ⟨통용어⟩ -s 엷은 붉은색. **²Rosé** [-], der; -s -s 엷은 붉은색 포도주, 로제(Roséwein). **roséfarben, roséfarbig** ⟨Adj.⟩ 로제 색의.
rosen-, Rosen- (Rose 1) **~ähnlich** ⟨Adj.⟩ 장미 비슷한, 장미 같은. **~apfel,** der (엷은 붉은색) 사과의 일종. **~beet,** das 장미꽃밭. **~blatt,** das 장미꽃잎. **~blüte,** die **1.** ⟨Pl. 없음⟩ 장미꽃의 개화(開花). **2.** 장미 꽃의 꽃잎. **~brötchen,** das (nordd.) ↑Kaiserbrötchen. **~busch,** der 장미의 숲. **~dorn,** der 장미

Rosenkreuzer

의 가시. ~**duft,** der 장미꽃의 향기. ~**farbe,** die 《Pl. 없음》《시어》장미색, 장미색 모습. ~**farben, ~farbig** 〈Adj.〉《시어》장미색의, 장미빛의. ~**fingerig, ~fingrig** 〈Adj.〉《시어·고어》장미빛의[연 붉은] 손가락을 한: die rosenfingrige Eos 장미빛의(손가락을 한) 먼동(의 여신). ~**garten,** der ↑Rosarium (2). ~**gebinde,** das ↑~strauß. ~**geranie,** die 양아욱, 장미(빛) 제라늄. ~**gewächs,** das 【식물】장미과. ~**hag,** der 《시어·고어》↑~hecke. ~**hain,** der 《시어·고어》장미의 숲. ~**hecke,** die (들)장미의 생울타리. ~**hochzeit,** die 장미혼식(婚式)(결혼 10주년). ~**holz,** das 장미의 모과나무, 자단, 장미목. ~**käfer,** der 1. 【동물】꽃무지(장미꽃에 붙는 딱정벌레). 2. ↑Gartenlaubkäfer. ~**knospe,** die 장미의 꽃봉오리. ~**kohl,** der 《Pl. 없음》 양배추의 일종. ~**kranz,** der 〔가〕 1. 로사리오, 묵주. 2. 로사리오[묵주] 기도의 염주. 3. 【의학】(특히 유아의 구루병에서) 늑골 사이에 볼록하게 나타나는 뼈조직. ~**kranzbeten,** das; -s 로사리오[묵주] 기도 바치기(드리기). ~**kranzmonat,** der 〔가〕 10월. ~**lorbeer,** der ↑Oleander(에 대한 민속적 표현). ~**monat,** der 《시어》↑Juni. ~**montag,** der ↑Rosenmontag. ~**öl,** das 장미유(油). ~**pappel,** der ↑Stockrose(에 대한 민속적 표현). ~**paprika,** der 고추가루 양념. ~**quarz,** der 장미 석영(石英), 홍수정(紅水晶). ~**rot** 〈Adj.〉장미(의 붉은) 색의. ~**schere,** die 장미를 자르는 가위. ~**semmel,** die (österr.) ↑~brötchen. ~**stock,** der 장미나무. ~**strauch,** der 장미 덤불. ~**strauß,** der 장미 다발. ~**wasser,** das 《Pl. ...wässer》 장미수(장미의 잎으로 만든 향수). ~**zeit,** die 《Pl. 없음》 장미의 개화기: 〔전의〕《시어》die R. der Jugend 청춘의 개화기. ~**zucht,** die 장미 재배. ~**züchter,** der 장미 재배인. ~**züchterin,** die ~züchter의 여성형.

Rosenkreuzer, der; -s, - [전설적인 창시자 Chr. Rosenkreuz (angeblich 1378~1484)에 따라] 장미십자회원, 연금술사.

Rosenmontag, der; -s, -e [niederrhein. rasein(d)montag] 장미의 월요일(원래는 Rasenmontag(광란의 월요일)이라고 불린, 사육제의 중심일). **Rosenmontagszug,** der "장미의 월요일"에 하는 사육제 행진.

Roseau [rō'zōː], die 로조(도미니카의 수도).

Rosenobel ['rōːzənoːbl], 《또한》 roːzə'noːbl]), der; -s, - [engl. rose noble] 영국의 옛 금화(金貨).

Roseole [rozeˈoːlə], die; -n [lat. roseus] 【의학】 장미진(疹). **Rosette** [ro'zɛtə], die; -n [frz. rosette] 1. 〔건축〕 **a)** 장미꽃의 장식 무늬. **b)** ↑Fensterrose. **2.** 장미꽃 장식무늬 모습의 옷 가장자리 장식. **3.** (Pl.) 〔3〕. **4.** 〔식물〕 좌엽(座葉), 로젯, 성형근엽(星形根葉). **5.** ↑Rose (8). **6.** 《속어》엉덩이, (특히) 항문(After): jdm. ist flau(jmd. hat ein mulmiges Gefühl] um den R. 1) 누가 변의(便意)를 느끼다. 2) 누가 불안하다.

rosetten-, Rosetten-: ~**fenster,** das 《드물게》↑Fensterrose. ~**förmig** 〈Adj.〉 장미꽃 장식 모양의. ~**pflanze,** die 【식물】 좌엽 식물, 성형근엽(星形根葉) 식물.

Roséwein, der; -(e)s, 《종류》-e ↑²Rosé. **rosig** ['roːzɪç] 〈Adj.〉 **1.** 장미색의, 장미 같은: ein -es Gesicht 장미빛 얼굴, 불그스름한 얼굴. **2.** 〔감정〕 장미빛의, 낙관적인, 희망적인: in -er Laune sein 장미빛[낙관적] 기분에 잠겨 있다; alles in -em Lichte sehen 만사를 종게만 보다, 낙관하다; die Zukunft sieht nicht sehr r. aus 장래가 아주 장미빛[희망적]으로는 보이지 않는다. **rosigweiß** 〈Adj.〉 연분홍의.

Rosinante [roziˈnantə], die; -n [span. Rocinante] 〔드물게·교양어·농〕여윈 말, 늙어빠진 말.

Rosine [ro'ziːnə], die; -n [frz. roisin, lat. racēmus] 건포도: ein Kuchen mit -n 건포도 케이크; sich³ die besten[größten, dicksten] -n heraus-[aus dem Kuchen] picken(klauben) 《통용어》무엇으로서는 가장 좋은 것을 취하다(택하다); (große) -n im Kopf haben 《통용어》 터무니없는 야망[대망]을 지니고 있다.

Rosinen-: ~**bomber,** der (berlin.) 1948~1949 베를린 봉쇄 시에 식료품을 실어 날랐던 미국과 영국 비행기. ~**brot,** das 건포도빵. ~**brötchen,** das 건포도 롤빵. ~**kuchen,** der 건포도 케이크. ~**stolle,** die, ~**stollen,** der 건포도(가 들어있는) 크리스마스 케이크. ~**wein,** der 건포도(로 만든) 음료수.

rosinfarben, rosinfarbig 〈Adj.〉 건포도 색의.

Rosmarin ['rɔsmariːn, 《또한》 - -'-], der; -s [lat. rōs marīnus] **a)** 로즈메리(지중해 지방 원산의, 방향(芳香)이 있는 상록관목; 사랑, 정절, 죽음의 상징). **b)** 건조된 로즈메리 잎으로 만든 양념.

Rosmarin-: ~**öl,** das 로즈메리 유(油)(화장품을 만들 때 사용함). ~**pflanze,** die 로즈메리 식물. ~**zweig,** der 로즈메리의 가지.

Rosolio [roˈzoːlio], der; -s, -s [ital. rosolio] 꽃이나 과일(특히 오렌지)로 만든 리큐르 주(酒)의 일종(이탈리아 원산).

¹Roß [rɔs], das; Rosses, Rosse / Rösser ['rœsɐ] **1.** 〔축소형〕↑Rößchen, ↑Rößlein, (지역적) Rössl》《Pl. Rosse》 《아어》 말(특히 승마용 말): **R. und Reiter nennen** 공공연하게 [분명하게] 언급하다[말하다]; **jmdm. zureden wie einem lahmen(kranken) R.** 누구를 타이르다, 설득하다; **auf dem[(s)einen] hohen R. sitzen** 교만하다, 자만에 빠지다; **sich aufs hohe R. setzen** 교만하게 굴다, 뻐기다; **von seinem hohen R. herunterkommen[-steigen]** 그의 교만한[자만에 빠진] 행동을 포기하다; **hoch zu R.** 〔농〕 말을 타고. **b)** 《Pl. Rösser》 (südd., österr., schweiz.》 (일반적인) 말. **2.** 《Pl. Rösser》《통용어·욕》 멍청이, 우둔한 사람: du R.! 이 멍청이야!

²Roß [roːs], das; -es, -e 〔지역적〕↑Wabe.

roß-, Roß-: ~**apfel,** der (südd., österr., schweiz.》↑Pferdeapfel. ~**arzt,** der (군·옛) 군대의 수의사(獸醫師). ~**bändiger,** der 조마사(調馬師). ~**bolle,** die (südd.》↑Pferdeapfel. ~**breiten** 《Pl.》【지리】 중위도고압대(中緯度高壓帯). ~**chevreau,** das 말가죽의 일종. ~**haar,** das 《Pl. 없음》말털. ~**haarfüllung,** die (매트리스 따위에 넣는) 말털 속. ~**haarmatratze,** die 말털로 채운 매트리스. ~**händler,** der (südd., österr., schweiz.》↑Pferdehändler. ~**haut,** die 말가죽(피부). ~**kamm,** der **1.** 〔고어·폄〕↑Pferdehändler. **2.** ↑Pferdestriegel. ~**kastanie,** die **1.** 마로니에. **2.** ↑Kastanie (2 b). ~**kur,** die 《통용어》**1.** 거친[격렬한] 치료. **2.** 말형의 치료. ~**leder,** das 말가죽. ~**ledern** 〈Adj.〉 말가죽으로 된[만든]. ~**schlachter, ~schlächter,** der (지역적)》↑Pferdeschlachter. ~**schlachterei, ~schlächterei,** die (지역적) ↑Pferdeschlächterei. ~**schwanz,** der 〔지역적〕↑Pferdeschwanz (1). ~**schweif,** der 〔아어〕↑Pferdeschwanz (1). ~**täuscher,** der **1.** 〔고어〕 말장수, 말거간. **2.** 〔폄〕 (말장수) 속임수를 쓰는 사람. ~**täuscherei** [-tɔyʃəˈraɪ], die; -en 〔폄〕 (말장수) 속임수. ~**täuschertrick,** der 〔폄〕 (말장수) 속임수의 술책[계간].

Rößchen ['rœsçən], das; -s, - ↑¹Roß (1)의 축소형.

Rosse: ↑¹Roß (1 a)의 복수형.

Roße ['rɔːsə], die; -n (지역적) ↑²Roß.

Rössel ['rœsl], des; -s, - (지역적) **1.** ↑¹Roß (1)의 축소형. **2.** 〔체스〕 ↑Springer (3). **Rosselenker,** der; -s,

-《시어·준고어·농》마부, 고대전차(戰車)를 모는 사람.
Rösselsprung, der; -(e)s, -sprünge **1.**《체스·지역적》마(馬)의 움직임. **2.** 말길퍼즐(체스의 말길을 이용하는 퍼즐). **rossen** ['rɔsn̩]〈h〉《전문어》(암말이) 발정하다, 암내 내다.
Roßenhonig, der; -s,《종류》-e《지역적》↑Wabenhonig.
Rösser: ↑¹Roß (1 b, 2)의 복수형. **rossig** ['rɔsɪç]〈Adj.〉《전문어》(암말이) 암내 내는. **Rößlein** ['rœslaɪn], das; -s, - ↑¹Roß (1 b)의 축소형. **Rößlispiel** ['rœsli-], das; -(e)s, -e《schweiz.》회전목마(回轉木馬).
¹Rost [rɔst], der; -(e)s, -e **a)** 받침살대, 쇠살판, 석쇠 (Bratrost), 쇠창살: ein Steak auf einem R. braten 스테이크를 석쇠에 굽다; ein Kellerfenster mit einem R. abdecken 지하실 창문을 쇠창살로 덮다; der Duschraum ist mit einem R. (aus Latten) ausgelegt 샤워실에 격자 발판이 깔려 있다. **b)**《지역적》↑Bettrost의 약칭. **c)**〈건축〉↑Pfahlrost의 약칭.
²Rost [-], der; -(e)s,《전문어》-e **1.**〈Pl. 없음〉녹: an dem Blech bildet sich R. 양철판에 녹이 슬었다; R. ansetzen 녹이 슬다, 못쓰게 되다; das Fahrrad setzt R. an 자전거가 녹이 슨다; etw. von R. befreien 무엇에서 녹을 벗기다. **2.**〈식물〉수병(銹病)(곡물류의), 깜부기병.
¹Rost- (¹Rost): **~braten,** der 로스구이, 구운 고기. **~bratwurst,** die 구운 소세지, 소세지구이. **~wurst,** die《지역적》↑~bratwurst.
rost-, ²Rost- (²Rost): **~ansatz,** der **a)** 녹이 생김. **b)** 녹. **~befall,** der 녹에 의한 피해. **~beständig**〈Adj.〉녹슬지 않는, 녹스는 것을 방지한. **~bildung,** die 녹(의 형성). **~braun**〈Adj.〉녹빛깔의. **~farben, ~farbig**〈Adj.〉녹빛깔의. **~fleck,** der **1.** 녹슨 자리. **2.** 녹 얼룩, 녹물. **~fraß,** der 녹슬어 생긴 부식. **~frei**〈Adj.〉**1.**《드물게》녹이 없는. **2.** 녹슬지 않은. **~hemmend**〈Adj.〉녹스는 것을 막는. **~krankheit,** die《식물》↑²Rost (2). **~laube,** die《통용어·농》녹슨 헌 자동차. **~lösend**〈Adj.〉녹을 벗기는(녹이는). **~löser,** der; -s, - (보통 스프레이형의) 녹 제거제. **~pilz,** der 《대개 Pl.》《식물》깜부기 병균. **~rot**〈Adj.〉적갈색의. **~schaden,** der《대개 Pl.》녹에 의한 손상. **~schicht,** die 녹이 슨 층. **~schutz,** der **1.** 산화 방지, 녹방지, 방청. **2.** 산화방지제, 방청제. **~schutzanstrich,** der 녹을 막는 도색(塗色). **~schutzfarbe,** die 산화 방지 도료 (塗料). **~schutzmittel,** das 녹[산화] 방지제. **~schutzöl,** das ↑~schutzfarbe. **~stelle,** die 녹슨 자리. **~umwandler,** der 산화 약화[방지]제.
röst-, Röst-: **~brot,** das 토스트. **~frisch**〈Adj.〉막 [금방] 구운. **~kaffee,** der 볶은 커피. **~kartoffeln** 《Pl.》《지역적》구운 감자. **~kastanie,** die 군밤. **~ofen,** der 《제련》 (금속) 배소 시설. **~schnitte,** die 《지역적》 썰어 구운 빵.
Röste ['rø:stə],《또한》'rœstə], die; -n **1.**《제련》Röstofen. **2.**《전문어》**a)** (삼 따위를) 물에 담금, 침지 (浸漬), **b)** (삼 따위의) 침지소(浸漬所).
rosten ['rɔstn̩]〈s / h〉녹슬다, 산화하다: 전의 in der Übung bleiben, um nicht zu r. 능숙함[노련함, 예능]이 둔하지 않으려고 연습을 계속하다.
rösten ['rø:stn̩],《또한》'rœstn̩]〈h〉**1. a)** (음식을) 굽다, 그슬리다, 토스트로 하다, 볶다: Brot (Kastanien, Fleisch) r. 빵[밤, 고기]을 굽다; 전의 sich in der Sonne r.《농》햇빛에 그을리다. **b)**《드물게》구워지다. **2.**《지역적》**a)** ↑braten (a). **b)**《드물게》↑braten (b). **3.**《제련》(금속을 焙燒(배소)하다. **4.**《전문어》(삼 등을) 물에 담그다, 침지하다. **Röster** [-], der; -s, - 빵 굽는 기구, 토스터. **2.**《österr.》**a)** 자두나 홀룬더 열매를 이긴것. **b)** 자두나 홀룬더 열매의 (설탕에) 절인 과일. **Rösterei** [rø:stə'raɪ],《또한》rœstə'raɪ], die; -en 굽는 장치, 배소 공장. **Rösti** ['rø:sti], die《schweiz.》얇게 썰거나 줄질 하여 구운 감자.
rostig ['rɔstɪç]〈Adj.〉**1.** 녹슨: 전의 eine -e Stimme 녹슨 목소리. **2.**《드물게》녹빛깔을 내는.
Rostock ['rɔstɔk] 로스토크(발트해 연안에 있는 독일 도시).
Rostra ['rɔstra], die; Rostren [lat. rōstra]《교양어》(고대 로마의) 연단, 강단. **Rostrum** ['rɔstrʊm], das; -s, Rostren [lat. rōstrum = (Schiffs)schnabel《동물》돌기.
Röstung ['rø:stʊŋ],《또한》'rœstʊŋ], die; -en **1.** 굽기. **2.** 구워짐.
rot [ro:t]〈Adj.〉 -er,《또한》röter, -este,《또한》röteste) **1.** 붉은, 홍조 띤, 불그레한: -er Wein 적포도주; die -e Rasse 인디언족; eine -e Ampel 빨간불이 들어온 신호등; -es Licht 〔물리〕 (파장이 긴) 붉은 빛; -e Augen haben 울거나 비벼 눈이 붉어지다; er bekam einen(ganz) -en Kopf 그는 얼굴이 (아주) 빨개졌다; (im Gesicht) r. anlaufen (얼굴이) 붉어지다; die Ampel ist r. (통용어) 신호등이 빨간불이다; sich die Augen r. weinen 눈이 빨갛게 될 정도로 울다; einen Fehler r. anstreichen 틀린 것을 붉은 선을 그어 지우다; 촉담 heute r., morgen tot 죽음은 갑자기 찾아온다(예견하기 어렵다);《명사화》wer ist denn die Rote da drüben? 저 건너편의 빨강머리 여자가 누구냐?; **rot werden**(sein) (부끄럼이나 당황하여) 얼굴이 빨개지다: sie wurde r. bis über die Ohren 그녀는 귀까지 빨개졌다. **2.**《정치은어·통용어·편》공산주의의, 사회주의의, 마르크스주의의: eine -e Revolution 공산주의 혁명(革命) 〔성구〕 lieber r. als tot 《통용어》공산주의(사회주의)에 대항한 싸움에서 죽기 보다는 공산주의(사회주의) 통치 아래 사는 것이 낫다; die Roten haben die Wahlen gewonnen 공산주의자들이 선거에서 이겼다. **Rot** [-], das; -s, - / 《통용어》-s **1.** 빨간[붉은]색, 적색(赤色): das R. ihrer Lippen 그녀 입술의 빨간빛; die Ampel zeigt R. 신호등이 빨간불이다; bei R. über die Kreuzung fahren 빨간 신호등일 때 교차로를 지나다; R. auflegen 빨간 화장품을 바르다. **2.** 〔카드〕**a)**〈관사, Pl. 없음〉(독일 카드의) 빨간색(하트). **b)** 빨간색이 으뜸인 카드놀이. **c)** 빨간색 카드. **3.**〈Pl. 없음〉↑Rouge (2). **Röt** [rø:t], das; -(e)s 〔지질〕 반사암통(斑砂岩統).
rot-, Rot-: **~acht** [《또한》-'-], die (독일 카드의) 하트 8. **~alge,** die 《식물》붉은색의 바닷말[해초]. **~anteil,** der 《물리》장파장의 붉은 광선이 빛에서 차지 하는 몫. **~armist** ['ro:tarmɪst], der; -en, -en 붉은 군대[적군]의 병사[군인]. **~auge,** das ↑Plötze. **~äugig**〈Adj.〉빨간 눈을 가진, 눈이 붉은. **~backig, ~bäckig**〈Adj.〉뺨이 붉은, 혈색좋은 뺨을 가진. **~barsch,** der 볼락의 일종. **~barschfilet,** das 볼락 필레. **~bart,** der (빨간, 홍초 띤) 붉은 수염을 가진 사람. **~bärtig**〈Adj.〉붉은 수염을 가진, 수염이 붉은. **~blind**〈Adj.〉적색맹(赤色盲)의. **~blindheit,** die 적색맹. **~blond**〈Adj.〉(모발이) 적갈색의, 붉은 금발의. **~brasse,** die; -n, **~brassen,** der; -s, - 등이 붉은 잉어의 일종. **~braun**〈Adj.〉적갈색의. **~buch,** das 〔외교〕(오스트리아, 스페인, 미국에서) 정부가 의회에 보고하는 붉은 표지의 외교 문서[묶음]. **~buche,** die **1.** 서양너도밤나무. **2.**〈Pl. 없음〉서양너도밤나무의 목재. **~bunt**〈Adj.〉〔농업〕(소의) 붉은 반점이 있는. **~daus**〈《또한》-'-], das (독일 카드의) 하트 에이스. **~dorn,** der 〈Pl. -dorne〉서양산사나무.

Rota

~eisen, ~eisenerz, das, ~eisenstein, der 〔지질〕 적철광. ~empfindlich 〈Adj.〉 〔사진〕 붉은 빛에 감광(感光)하는. ~empfindlichkeit, die 〔사진〕 ↑~empfindlichkeit의 명사형. ~erde, die 〔지질〕 적토(赤土). ~färbung, die 붉은 빛, 빨갛게 물듦. ~fäule, die 〈전문어〉(나무가) 빨갛게 썩는 병. ~feder, die 스카르디나우스속의 명금. ~filter, der, 〈전문어〉〔사진〕 적색 필터. ~fleckig 〈Adj.〉 (특히 피부에) 붉은 반점(斑點)이 있는. ~forelle, die 〔동물〕 (연어과의) 냇송어. ~fuchs, der 1. a) 붉은여우. b) 붉은여우 털가죽. 2. 밤색의 말. 3. 〈통용어·蔑〉붉은 머리의 사람. ~fußröhrling, der 줄기가 빨간 그물버섯. ~gardist, der 홍위병(紅衛兵). ~gardistin, die ↑~gardist의 여성형. ~geädert 〈Adj.〉 a) 붉은 핏줄이 있는, 핏발이 선. b) 붉은 잎맥(줄무늬가) 있는. ~gefroren 〈Adj.〉 추위로 빨개진. ~gerber, der 〔고어〕 ↑Lohgerber. ~gerberei, die 〔고어〕 ↑Lohgerberei. ~geschminkt 〈Adj.〉 빨갛게 화장한(칠한). ~gesichtig 〈Adj.〉 붉은 얼굴을 한. ~gestreift 〈Adj.〉 붉은 선을 그은, 붉은 선을 한. ~geweint 〈Adj.〉 몹시(많이) 울어 붉어진. ~gießer, der 〔주물〕 놋쇠 세공장이. ~glühend 〈Adj.〉 빨갛게 단. ~glut, die 적열(赤熱). ~gold, das 동(銅)과 합금한 붉은 금. ~grünblind 〈Adj.〉 〔의학〕 적록색맹(赤綠色盲)의. ~grünblindheit, die 〔의학〕 적록색맹. ~grundig 〈Adj.〉 붉은 바닥의, 바닥이 붉은(빨간)색의. ~gültigerz, 〈전문어〉 ~gültigerz, das 〔광물〕 홍은광(紅銀鑛). ~guß, der 〔주물〕 놋쇠, 황동, 청동(놋쇠세공, 동제품(銅製品)). ~haarig 〈Adj.〉 머리털이 붉은. ~haarigkeit, die ↑~haarig의 명사형. ~haut, die 〔engl. redskin〕 〔농〕 홍색인, 북아메리카 인디언. ~hirsch, der 〔동물〕 붉은사슴. ~holz, das 〔식물〕 a) 다목. b) (스칸디나비아, 핀란드, ~) 코카나무. ~kabis, der 〔schweiz.〕 ↑Rotkohl. ~käppchen, das 〈Pl. 없음〉(Grimm 동화에 나오는) 빨간모자 소녀. ~kappe, die (크고 맛이 좋은) 그물버섯속의 일종. ~kariert 〈Adj.〉 빨강색 체크무늬의. ~kehlchen [-ke:lçən], das; -s, - 에리타쿠스속, 작은부리울새. ~klee, der 붉은꽃클로버. ~kohl, der 붉은양배추, 레드캐비지. ~könig 〔《또한》-'--〕, der 〔카드〕 (하트와 같은) 빨간색 카드의 킹. ~kopf, der (통용어) a) 붉은 머리의 사람. b) 붉은 머리(칼). ~kraut, das 〔südd., österr.〕 ↑~kohl. ~kreuzschwester, die 적십자 간호사. ~kupfererz, das 〔광물〕 적동광(赤銅鑛). ~lackiert 〈Adj.〉 붉은 라크를 입힌(칠한). ~lauf, der 〈Pl. 없음〉 〔의학 erysípelas〕(돼지의) 단독(丹毒). ~licht, das 〈Pl. 없음〉 (치료용이나 사진현상용의) 적색광선(赤色光線). ~lichtbestrahlung, die (적외선치료요법이나 사진현상용의 적색광선조사(照射). ~lichtlampe, die 적색(적외선) 광선 램프. ~lichtsünder, der (통용어·농) 신호등이 빨간불일 때 통과하는 사람. ~lichtviertel, das 〔engl. red-light district〕 〔통용어〕 홍등가(Hurenviertel). ~liegende, das 〔지질〕 로트리겐데, 적적통(赤底統). ~milan, der ↑Gabelweihe. ~nasig 〈Adj.〉 빨간 코의. ~ober 〔《또한》 -'--〕, der 〔카드〕 (하트에 해당하는) 붉은색 카드의 퀸. ~orange 〈Adj.〉 격변화 없음) 붉은 오렌지색의. ~rock, der 〈Pl. 없음〉 ↑Rotfuchs (1 a). ~rübe, die 《westmd.》 빨간무. ~rübensalat, der 빨간무 샐러드. ~rückenwürger, der 〔동물〕 때까치속의 일종 (↑Neuntöter). ~schimmel, der 흰 바탕에 검정 또는 밤색 털이 섞인 말. ~schopf, der ↑~kopf. ~schwanz, der, ~schwänzchen, das 딱새종류 (속). ~sehen* 〈Adj.〉 화가 치밀다, 분개하다. ~spießglanz, der 적휘메스놈[石]. ~spon [-ʃpo:n]; der; -(e)s, -e 〔niederd. spôn〕 〈nordd.〉 ↑~wein.

~stein, der ↑Rötel. ~stich, der 〔사진〕 (천연색 사진의) 빨간색의 색깔 편중. ~stichig 〈Adj.〉 〔사진〕 빨간색 색깔 편중의. ~stift, der 빨간 연필, 빨간 크레용: **den R. ansetzen** 계획된(예상했던) 지출을 절약하다; **dem R. zum Opfer fallen** 절약(삭제, 삭감)되다. ~tanne, die 독일가문비나무 무리. ~tier, das 〔사냥〕 붉은 사슴 암컷. ~ton, der 붉은 색상(色相). ~unter 〔《또한》-'--〕, der 〔카드〕 (하트와 같은) 붉은색의 잭. ~unterlaufen 〈Adj.〉 (피하에) 출혈로 붉어진, 핏발이 선. ~verschiebung, die 〔천문〕 (별의 분광선 (分光線)의) 붉은색 쪽으로의 편이(偏移). ~wangig 〈Adj.〉 (아이) 뺨(볼)이 붉은. ~wein, der 1. 〈Pl. 없음〉 붉은색(赤)포도주. 2. 적포도주 종류. ~weinfleck, der 적포도주 얼룩. ~weinglas, das 적포도주 잔. ~wild, das 〔사냥〕 ↑~hirsch, ~tier. ~wurst, die 〈지역적〉 ↑Blutwurst. ~zinkerz, das 〔광물〕 Zinkit. ~zunge, die 〔동물〕 가자미의 일종.

Rota ['ro:ta], die 〔lat. Rota Romana〕 〔가〕 〔로마 교황청의〕 공소원(控訴院)(가톨릭 교회의 최고 법정).

Rotan ['ro:tan], **Rotang** ['ro:taŋ], der; -s, 〈종류〉 -e 〔malai. rotan〕 등(藤)(↑Peddigrohr). **Rotan(g)-palme**, die 가시가 많은 덩굴 종려[야자].

Rotaprint ⓦ [ro:ta'print], die; -s 〔lat. rotáre u. engl. to print〕 〔인쇄〕 1. 〈관사, Pl. 없음〉 소규모〔소형 (小形) 인쇄, 로타프린트. 2. ↑Rotaprintmaschine.

Rotaprint- ⓦ: ~druck, der 〈Pl. 없음〉 ↑Rotaprint (1). ~maschine, die 소형 인쇄기, 로타프린터. ~verfahren, das 소규모〔형〕 인쇄 방법.

Rotarier [ro'ta:riɐ], der; -s, - 〔engl. Rotarian〕 로타리 클럽의 회원. **rotarisch** [ro'ta:rɪʃ] 〈Adj.〉 로타리 클럽의.

Rotary Club ['roʊtari 'klʌp, 《engl.》 'roʊtərɪ 'klʌb], der; --s 〈영어발음O〉 --, --s 〔engl.〕 1. 〈Pl. 없음〉 국제 로타리 클럽. 2. 국제 로타리 클럽의 속한 각 지역 지회(支會).

Rotary International ['roʊtəri ɪntəˈnæʃənəl; engl.〕 국제 로타리 클럽 연합회.

Rotation [rota'tsjo:n], die; -en 〔lat. rotátio〕 1. 회전. 2. 〈지역적〉 윤작(輪作). 3. 〔배구〕 (시계 방향의) 위치 〔자리〕 이동(移動).

Rotations-: ~achse, die 회전축(軸). ~bewegung, die 회전 운동. ~druck, der 〈Pl. 없음〉 〔인쇄〕 윤전식 인쇄(輪轉式印刷). ~druckmaschine, die 윤전기(輪轉機). ~ellipsoid, das 〔수학〕 a) 회전 타원체. b) 타원형면. ~fläche, die 〔수학〕 회전면(回轉面). ~geschwindigkeit, die 〔수학〕 회전 속도. ~hyperboloid, das 〔수학〕 회전쌍곡면(雙曲面). ~kolbenmotor, der 〔기술〕 회전 피스톤 기관(엔진). ~körper, der 〔수학〕 회전체(체). ~maschine, die 〔인쇄〕 ↑~druckmaschine. ~paraboloid, das 〔수학〕 회전할 때 생기는 포물선 면. ~presse, die 〔인쇄〕 ↑~maschine.

rotativ [rota'ti:f] 〈Adj.〉 〔engl. rotative〕 〔인쇄〕 윤전식의. **Rotatorien** [rota'to:rjən] 〈Pl.〉 〔lat. rotátor〕 〔동물〕 윤충류(輪蟲類).

Röte ['rø:tə], die; -n 1. 〈Pl. 없음〉 붉은색, 불그스름한 색, 주홍색, 심홍색, (얼굴·뺨의) 홍조, 붉힌 얼굴: eine sanfte R. färbte den Himmel 불그스름한 빛이 하늘을 물들였다; ihr Gesicht war vor Scham von einer glühenden R. bedeckt(übergossen) 그녀의 얼굴은 수치심으로 새빨개졌다. 2. 〔식물〕 꼭두서니과의 식물(예컨대): Färberröte).

Rote-Armee-Fraktion, die (독일의) 적군파.

Rote-Bete-Salat, der; -(e)s, -e 빨간 무 샐러드.

Rötegewächs, das; -es, -e 〔식물〕 (특히 열대 지방에 많은) 꼭두서니과 식물.

Rote-Kreuz-Schwester, die; -n 《(또한) 2격: der Roten-Kreuz-Schwester, 《(또한) Pl.: die Roten-Kreuz-Schwestern》 적십자 간호사.

Rötel ['rø:tl], der; -s, - 〈Pl. 없음〉 적색 광물성 염료[대자석(代赭石)]. **2.** ↑Rötelstift. **Röteln** ['rø:tln] 〈Pl.〉 풍진(風疹), 장미진(薔薇疹), 홍진(紅疹). **Rötelstift**, der; -(e)s, -e 빨간 연필[분필]. **Rötelzeichnung**, die; -en 빨간 연필로 그린 스케치. **röten** ['rø:tn] 〈h〉 **1.** 〈아어〉 붉게 하다, 붉게 물들이다[칠하다]: Scham rötete ihr Gesicht 부끄러움이 그녀의 얼굴을 붉게 물들였다. **2.** 〈r. + sich〉 붉어지다, 얼굴을 붉히다: der Himmel rötete sich 하늘이 붉게 물들었다; mit (vom Weinen) geröteten Augen (울음으로) 붉어진 눈으로.

Rote Meer, das; -n -(e)s 홍해(紅海).

röter ['rø:tɐ], **röteste**: ↑**rot** 참조.

Rothaargebirge ['ro:tha:ɐgəbɪrgə], das 로트하르게비르게(라인 지방 산악 지대).

Rothenburg ob der Tauber 로텐부르크(바이에른 주의 도시).

rotieren [ro'ti:rən] 〈h〉 [lat. rotāre] **1.** 회전하다, 돌다, 〈천체가〉 자전(自轉)하다: langsam r. 천천히 돌다[회전하다]; der Rasierapparat hat rotierende Messer 면도기에는 회전하는 면도날이 들어 있다. **2.** 《통용어》 흥분하다, 격앙하다: wenn mal etwas nicht genau planmäßig läuft, fängt er gleich an zu r. 어떤 일이 정확히 계획에 따라 진행되지 않을 때, 그는 곧 흥분하기 시작한다. **3.** [배구] 〈시계 방향으로〉 위치 이동〔자리 바꿈〕을 하다.

Rotisserie [rotɪsə'ri:], die; -n [...i:ən; frz. rôtisserie] 로티세리(손님 앞에서 스테이크 등을 그릴하여 제공하는 음식점).

rötlich ['rø:tlɪç] 〈Adj.〉 붉은 빛깔을 띤, 불그레한, 연분홍색의: ein -er Schimmer 붉은빛, 붉은 섬광. **rötlichbraun** 〈Adj.〉 적갈색의. **rötlichgelb** 〈Adj.〉 주황색의. **Rötling** ['rø:tlɪŋ], der; -s, -e 주름버섯의 일종.

Rotor ['ro:tɔr, 《(또한)》 'ro:toɐ], der; -s, -en [ro:to:rən; engl. rotor] **1.** [기술] 로터, 회전자, 회전날개(헬리콥터 등의). **2.** ↑Läufer (4). **3.** [기술] ↑Flettnerrotor의 약칭. **4.** [무선·텔레비전] 방향 탐지[루프, 회전식(回轉式)] 안테나를 돌리기 위한 장치[설비]. **5.** (자동손목시계에서) 자동으로 태엽이 감기는 장치.

Rotor-: **~antenne**, die [무선·텔레비전] 방향 탐지[루프] 안테나, 회전식 안테나. **~blatt**, das [기술] 로터[회전자]의 판(板). **~flugzeug**, das ↑Drehflügelflugzeug. **~kopf**, der [기술] 로터[회전자]판의 중심부. **~schiff**, das 프레트너 선(船)(Anton Flettner가 발명한 돛 없는 배).

rott [rɔt] 〈Adj.〉 (nordd.) 썩은, 부패한, 부식된: das Obst ist schon ganz r. 그 과일은 벌써 완전히 썩었다.

¹**Rotte** ['rɔtə], die; -n [frz. rote] **1.** 《(폄)》 무리, 떼, 대(隊), 조(組), 패거리, 도당, 폭도, 집단, 깡패무리, 난민: eine R. Korah (교양어·고어) 〈모세를 거역한〉 고라의 무리 (구약성경 민수기 16장에서), 반역의 무리. **2.** [군] **a)** (2대(2척)로 구성되어 있는) 편대(함대). **b)** (옛) (대오(隊伍)의) 열(列). **3.** [사냥] (산돼지 따위의) 떼. **4.** [철도·옛] 선로(線路) 작업반. **b)** [임업] 벌채꾼들.

²**Rotte** [-], die; -n **1.** 《(농업·nordd.)》 ↑Röste (2). **2.** 《전문어》 (유기질의) 부패.

¹**rotten** ['rɔtn] 〈h〉 《(고어)》 **a)** 〈r. + sich〉 ↑zusammenrotten. **b)** 떼[무리]를 이루다.

²**rotten** [-], **rötten** ['rœtn] [niederd. rotten = faulen] (nordd.) **1.** 《(농업)》 〈h〉 삼을 물에 담그다[무르게 하다] (↑rösten (4)). **2.** 《(드물게)》 〈s / h〉 썩다, 부패하다, 곰팡이가 나다.

rotten-, Rotten- (¹Rotte): **~führer**, der 《(철도·옛)》 ↑**~meister**. **~meister**, der [철도] 선로 작업반장. **~weise** 〈Adv.〉 무리를 이루어, 떼를 지어, 대오를 지어.

Rotterdam [rɔtɐ'dam, 《(또한)》 '---, 《(niederl.)》 'rɔtər'dam] 로테르담(네덜란드의 도시). ¹**Rotterdamer** [rɔtɐ'damɐ, 《(또한)》 'rɔt...], der; -s, - 로테르담 사람. ²**Rotterdamer** 〈Adj.; 격변화 없음〉 로테르담의.

Rottweiler ['rɔtvailɐ], der; -s, - [독일의 도시 Rottweil에서] 로트바일 개(크고 검은 목축견, 경찰견).

Rotulus ['ro:tulʊs], der; -, ...li [lat. rotulus, ↑Rolle] 고문서의 두루마리.

Rotunde [ro'tʊndə], die; -n [1: lat. rotundus = rund] **1.** [건축] (둥근 지붕이 있는) 원형의 건물, 원형의 홀. **2.** 《통용어·군대어·고어》 원형 공중변소. **Rotundenfrau**, die 《통용어·군대어》 화장실 청소부(婦).

Rötung ['rø:tʊŋ], die; -en (특히 피부의) 붉어짐: die Sonne bewirkt eine R. der Haut 태양이 피부를 붉게 물들인다.

Rotüre [ro'ty:rə], die [frz. roture] 《(고어·폄)》 평민, 서민.

rotwelsch ['ro:tvɛlʃ] 〈Adj.〉 [rōt = falsch, untreu] 독일 도둑들의 은어(隱語)의[에 관한]. **Rotwelsch** [-], das; -(s) 독일 도둑들의 은어(隱語) (부랑아 은어). **Rotwelsche*** ['ro:tvɛlʃə], das (경찰관과 함께만) 독일 도둑들의 은어(隱語).

Rotz [rɔts], der; -es **1.** 《(속어)》 콧물: R. und Wasser heulen 《(경)》 심하게 울다; frech wie (der) R. (am Ärmel) 《(경)》 몹시 뻔뻔스러운. **2.** [수의] 마비저(馬鼻疽). **3. der ganze R.** 《(속어·경멸)》 지긋지긋한 물건.

rotz-, Rotz-: **~bengel**, der 《(속어·폄)》 코흘리개, 건방진 놈[사내아이]. **~bremse**, die 《(농)》 코밑수염. **~bub(e)**, der 《(österr., südd.)》 ↑**~bengel**. **~fahne**, die 《(속어)》 손수건, 〈콧물의〉 두르기. **~frech** 〈Adj.〉 《(폄)》 매우 뻔뻔스러운. **~göre**, die 《(속어·폄)》 저분한(건방진) 계집아이. **~hobel**, der 《(농)》 하모니카. **~junge**, der 《(폄)》 ↑**~bengel**. **~kocher**, der 《(농)》 담배 파이프. **~krank** 〈Adj.〉 [수의] 마비저(馬鼻疽)를 앓는. **~krankheit**, die [수의] ↑Rotz (2). **~lappen**, der 《(속어·폄)》 (코푸는 손수)건. **~löffel**, der 《(Pl.) (österr.) -n》 《(속어·폄)》 ↑**~bengel**. **~nase**, die **1.** 《(속어)》 (특히 어린아이의) 콧물이 흐르는 코. **2. a)** 《(속어·폄)》 ↑**~bengel**. **b)** 《(농)》 콧물풀기. **~näsig** 〈Adj.〉 《(속어·폄)》 **1.** 콧물투성이의, 코흘리개의. **2.** (어린아이가) 버릇없는, 건방진: sich r. benehmen 뻔뻔스레[버릇없이] 행동하다. **~nigel** [-nɪgl], der; -s, -(n) 《(österr.)》 ↑**~bengel**.

Rotze ['rɔtsə], die 《(지역적·속어)》 **1.** ↑Rotz (1). **2.** 코감기. **rotzen** ['rɔtsn] 〈h〉 《(속어·폄)》 **a)** 코를 풀다. **b)** 콧물을 (입으로 끌어다가) 내뱉다[흩쩍이다]. **c)** 침을 뱉다: [전의](einer Frau) in die Muschel r. (비어) (여자의) 조개에 코플다[사정하다]. **Rotzer** ['rɔtsɐ], der; -s, - 《(지역적·속어·폄)》 ↑Rotzbengel. **Rotzerei** [rɔtsə'raɪ], die 《(속어·폄)》 (계속) 코를 훌림[풂]. **rotzig** ['rɔtsɪç] 〈Adj.〉 **1.** 《(속어)》 콧물투성이의, 코흘리개의. **2. a)** 《(폄)》 매우 무례한, 어울리지 않은. **b)** 《(경)》 멋대로 행동하는, 도발적인, 대담한: das Stück ist r. inszeniert 그 연극은 대담하게 연출되었다. **3.** [수의] ↑rotzkrank.

Roué [ruɛː], der; -s, -s [frz. roué] 《(아어·고어)》 ↑Lebemann.

Rouen [ruɑː] 루앙(센느 강변에 있는 프랑스의 도시).

Rouge [ru:ʒ], das; -s, -s [frz. rouge] **1.** 루즈, 입술연지, 볼연지. **2.** 붉은 색. **Rouge et noir** [ruʒe'nɔaːr],

Roulade das [frz. = rot u. schwarz] (104장 혹은 312장의 카드로 하는 일종의 도박(빨강, 검정의 마름모꼴 무늬의 테이블에서 하는 것에서 유래).

Roulade [ru'la:də], die; -n 〈대개 Pl.〉 [frz. roulade] **1.** 작게 말아 찐 고기. **2.** [음악] 룰라드, 선전(旋轉), 경과구(經過句). **Rouleau** [ru'lo:], das; -s, -s [frz. rouleau] 감아 올리는 커튼, 블라인드. **Roulett** [ru'lɛt], das; -(e)s, -e, **Roulette** [ru'lɛt(ə)], das; -s, -s [frz. roulette] **1.** 룰렛(도박의 일종): R. spielen 룰렛놀이하다; **russisches R.** 러시아 룰렛. **2.** 룰렛놀이 회전판. **3.** [그래픽] 동판식각(銅版蝕刻)(에칭)용의 톱니바퀴(점선을 그리는 데 쓰임). **roulieren** [ru'li:rən] 〈h〉 [frz. rouler] **1.** (고어) 회전하다, 순환하다. **2.** 유통하다.

Round-table-Konferenz ['raund'teɪbl-], die; -en [engl. round-table conference] 【정치】(국제) 원탁회의.

Rout [raut], der; -s, -s [engl. rout] (고어) 야회(夜會), 밤의 모임, 대연회(大宴會).

Route ['ru:tə], die; -n [frz. route] 길, 도정(道程), 도로, 여정, 항로(航路): der Dampfer hat seine R. geändert 그 기선은 항로를 변경했다; 전의 in der Außenpolitik eine andere R. einschlagen 외교 정책에서 다른 노선을 추구하다. **Routenverzeichnis**, das 노선의 표시, 이정표. **Routine** [ru'ti:nə], die; [frz. routine] **a)** 숙련, 노련, 능숙, 길들, 정해진[틀에 박힌] 것, 지루한 되풀이: etw. mit R. erledigen 무엇을 노련[능란]하게 처리하다[해결하다]. **b)** (俗) 훈련, 연습. **c)** [선원] 승선(乘船) 근무와 시간배분(配分)(할당[割當]).

routine, **Routine**- ~**angelegenheit**, die ↑~sache. ~**arbeit**, die 늘 하는 작업(일). ~**frage**, die 늘 하는 질문. ~**kontrolle**, die 정기 검사(감사). ~**mäßig** 〈Adj.〉 정기적인, 정례적인, 반복적인. ~**patrouille**, die 정기(정례) 순찰(정찰). ~**sache**, die 일상적인(반복적인) 일(사건・사안(事案)). ~**sitzung**, die 정례회의(定例會議). ~**überprüfung**, die 정기 검사(심사). ~**untersuchung**, die 정기 검사(검진).

Routinier [ruti'nje:], der; -s, -s [frz. routinier] 《교양어》숙련자, 경험가, 틀에 박힌 사람. **routiniert** [ruti'ni:ɐt] 〈Adj.〉 [frz. routiné] 《교양어》숙달한, 노련한, 경험을 쌓은, 교묘한.

Rowdy ['raudi], der; -s, -s, (또한) ...dies [...di:s; engl.-amerik. rowdy] (俗) 부랑인, 뜨내기, 무뢰한(無賴漢), 무법자(無法者), 깡패. **rowdyhaft** 〈Adj.〉 무뢰한 같은, 깡패 같은, 난폭한. **Rowdytum**, das; -s (俗) 난폭, 폭행.

royal [roa'ja:l] 〈Adj.〉 [frz. royal] 《드물게》 **a)** 제왕의, 군왕(君王)의. **b)** ↑royalistisch. **Royal** [-], das; -s, Royalsegel [선원] 윗돛대의 돛 위에 있는 횡범(橫帆). **Royalismus** [roaja'lɪsmʊs], der; - [frz. royalisme] 왕권(왕당(王黨))주의, 왕제(王制)지지; 제왕 취미; 근왕. **Royalist** [roaja'lɪst], der; -en, -en [frz. royaliste] 왕당파, 왕권(王制)주의자. **royalistisch** 〈Adj.〉 왕당주의의, 왕권주의의, 근왕의, 제왕의. **Royalsegel**, das; -s, - [선원] ↑Royal.

Rp = Rupiah.
Rp. = recipe 처방; Rappen 라펜(스위스의 화폐 단위).
Rp = Réponse payée 반신료 첨부(전보의 주의 메모).
RSFSR [(russ.) ɛr-ɛs-ɛf-ɛs'ɛr] = Russische Sozialistische Föderative Sowjetrepublik 러시아 사회주의 연방 소비에트 공화국.
RT = Registertonne 등록톤수.
Ru = Ruthenium 루테늄.
Ruanda ['ruanda, (frz.) rwan'da] ↑Rwanda (중앙 아프리카에 있는 나라).
Rüb- ['ry:p-] : ~**kohl**, der (schweiz.) ↑Kohlrabi.

~**öl**, das 평지기름. ~**samen**, der ↑Rübsen.
rubato [ru'ba:to] 〈Adv.〉 [ital. (tempo) rubato] [음악] 루바토, 템포를 자유로이 가감하여. **Rubato** [-], das; -s, -s 또는 ...ti [음악] 한 악곡(樂曲)에서 루바토를 연주하는 부분(자리).

rubbelig ['rʊbəlɪç] 〈Adj.〉 (nordd.) **a)** 거친, 판판하지 않은, 울퉁불퉁한. **b)** 떠들썩한(통탕 소리를 내며). **rubbeln** ['rʊbl̩n] 〈h〉 (nordd.) 세게 문지르다, 비비다: Wäsche (auf dem Waschbrett) r. 빨래를 (빨래판에) 문지르다, 세게 비비다.

¹**Rubber** ['rabɐ, (engl.) 'rʌbə], der; -s [engl. (India) rubber] ↑Kautschuk, Gummi의 영어식 표기.
²**Rubber** [-], der; -s, - [engl. rubber] [카드] ↑Robber.

Rübchen ['ry:pçən], das; -s, - ↑Rübe (1)의 축소형. **Rübe** ['ry:bə], die; -n **1.** (축소형 ↑Rübchen) **a)** 순무, 무: **gelbe R.** (südd.) 당근; **rote R.** 빨간 무, 사탕무. **b)** 무(뿌리). **2.** (俗) 대가리, 머리: jmdm. die R. abhacken 누구의 목을 쳐형하다(머리를 베어), 누구의 머리를 자르다; jmdm. eins auf die R. geben (俗) 누구의 머리를 한 대 때리다; eins auf die R. kriegen 머리를 한대 얻어맞다; er zog (haute) ihm die Latte über die R. 그는 그의 머리를 회초리로 때렸다. **3.** (俗) 건방진(아이)놈, 장난꾸러기 녀석.

Rubel ['ru:bl], der; -s, - [russ. rubl] 루블(러시아의 화폐 단위)(1 Rubel = 100 Kopeken) (약어: Rbl.): **der R. rollt** (통용어) 많은 돈이 유통되다.

rüben-, **Rüben-**: ~**acker**, der 무 밭. ~**älchen**, das 무뿌리에 기생하는 선충(線蟲). ~**anbau**, der 무 재배, 무농사(량). ~**artig** 〈Adj.〉 무 모양의. ~**bestand**, der 무 작황, 무재고(량). ~**blatt**, das 무 잎. ~**blattwanze**, die 무 잎(에 기생하는) 벌레. ~**ernte**, die 무 수확. ~**feld**, das 무 밭. ~**fliege**, die 무 벌레(유충이 잎을 갉아 먹음). ~**gabel**, die 무를 캐는 쇠삼지창. ~**kraut**, das 〈Pl. 없음〉(지역적) 사탕무로 만든 잼. ~**miete**, die 무밭 임대료. ~**saft**, der ↑~kraut. ~**sau**, die 《속・욕》 ↑~schwein. ~**schnitzel** 〈Pl.〉 설탕 채취 시 사탕무의 얇은 조각. ~**schwein**, das 《속・욕》 조갑(조야)하고 혐오감을 불러일으키는 사람. ~**sirup**, der ↑~kraut. ~**wanze**, die ↑~blattwanze. ~**zucker**, der 사탕무로 만든 설탕.

rüber ['ry:bɐ] 〈Adv.〉 (통용어) ↑her-, hinüber. **rüber-**: (통용어) ↑herüber-, hinüber- 참조. **rüberkommen** 〈s〉 **1.** (통용어) ↑herüberkommen. **2.** (俗) 끌어(고집어)내다, 꾀어내다: er kommt mit dem Geld einfach nicht rüber 그는 돈으로는 간단히 끌려오지 않는다.

Rubidium [ru'bi:diʊm], das; -s [lat. rubidius] 【화학】루비듐(금속원소; 기호: Rb).
Rubikon ['ru:bikɔn] 《다음 용법으로》 **den R. überschreiten** 《교양어》 결행하다(Cäsar가 이 Rubicon 강을 넘으면서 전쟁이 시작됨)(↑alea iacta est 참조).
Rubin [ru'bi:n], der; -s, -e [lat. rubinus] 루비, 홍옥(紅玉).
rubin-, **Rubin-**: ~**farben**, ~**farbig** 〈Adj.〉 ~rot. ~**glas**, das 홍옥색의 유리. ~**rot** 〈Adj.〉 홍옥색의, 투명하고 짙은 홍색의.

Rubra, **Rubren** [↑Rubrum의 복수형. **Rubrik** [ru'bri:k, (또한) ...brɪk], die; -en [lat. rubrīca (terra) = rote Erde, roter Farbstoff] 《교양어》 **1. a)** 책이나 신문의)난, 단, (주서된) 표제, 제목: das Blatt hat eine ständige R. „Der Abgeordnete hat das Wort" 그 신문에는 "의원의 발언"이라는 상설란(欄)이 있다; eine R. anlegen 난을 설치하다; etw. in(unter) einer be-

stimmten R. anführen 무엇에다 일정한 표제를 붙이다. **b)** 부류, 범주. **2.** [출판] 중세 필사본(筆寫本)에서 붉게 표시한 문장의 서두. **3.** [가] 전례(典禮), 법규(전례서에(典禮書)에서 주어된 지시). **rubrizieren** [rubri'tsi:rən] ⟨h⟩ **1.** (주서의) 표제를 붙이다, 장절(章節)로 나누다. **2.** 《출판·옛》 (붉은 글씨의) 표제어를 붙이다. **Rubrum** ['ru:brʊm], das; -s, Rubra / Rubren [lat. rubrum = das Rote] 《교양어·고어》 **a)** (서류철의) 짧은 내용 표시. **b)** 공문서의 제목.
Rübsen ['ry:psn̩], der; -s [↑Rübsamen의 약칭] 유채(油菜), 평지.
Ruch [ru:x, rʊx], der; -(e)s, Rüche ['ry:çə, rʏçə] [2: niederd. ruchte] **1.** 《시어·아어》 냄새, 향기. **2.** 《드물게》 (나쁜) 평판. **ruchbar** ['ru:xba:ɐ̯, 'rʊx...] ⟨Adj.⟩ 《다음 용법으로》 **r. werden** 《아어》 소문나다, 널리 알려지다; es wurde r., daß... …한 사실이 알려졌다; **r. machen** 《고어》 소문내다, 널리 알려지게 하다.
Ruchgras ['ruxɡra:s], das 봄새풀.
ruchlos ['ru:xlo:s, 'rʊx...] ⟨Adj.⟩ 평판이 나쁜, 방종의, 극악무도한, 멋대로 놀아나는, 불신앙의, 독신(瀆神)의, 비양심적인: ein -er Mörder 《아어·준고어》 극악무도한 살인자. **Ruchlosigkeit**, die; -en **a)** ⟨Pl. 없음⟩ 포악[극악무도한] 태도. **b)** 포악[극악무도, 야비]한 행동.
ruck!; ↑hau ruck! **Ruck** [rʊk], der; -(e)s, -e 홱 당김, 밀침, 충격, (서로) 밀치기: ein R. am Zügel 고삐를 끌어당김[홱챔]; mit einem jähen R. riß ich mich los 홱 밀치면서 나는 몸을 뿌리쳤다; 전의 einer Sache einen R. geben 《드물게》 어떤 물건을 밀(치)다; es gab ihr einen inneren R. 그것은 그녀에게 타격을 주었다; wir fuhren in einem R. bis Barcelona 《통용어》 우리는 한번도 정차하지 않고 Barcelona까지 달렸다; in der R. gewachsen 《통용어》 나는 갑자기 컸다; bei den Wahlen gab es einen R. nach links 《통용어》 선거에서 좌익정당이 두드러지게 진출했었다; **sich³ (innerlich) einen R. geben** 《통용어》 결심하다.
Rück [rʏk] ↑Rick.
rück-, Rück- (↑zurück-, Zurück-도 참조): **~abtretung**, die 재(再)양도, 환부(還附). **~ansicht**, die 후시(後視), 배면(背面). **~anspruch**, der [법] 소구권(遡求權). **~antwort**, die **1.** 답신, 회신. **2.** 요금선불로 된 반신(返信): ein Telegramm mit R. 반신료가 지불된 전보; R. bezahlt 반신료를 지불하라(약어: RP]. **~antwortkarte**, **~antwortpostkarte**, die 반신(返信) [회신]용 우편엽서. ↑~antwort. **~beförderung**, die 반신 송달. **~besinnung**, die 재고(再考), 재숙고(再熟考). **~bezüglich** ⟨Adj.⟩ [언어] 재귀적: ein -es Fürwort 재귀대명사(Reflexivpronomen). **~bildung**, die [의학·생물] **1.** (기관의)퇴화(退化). **2.** 증후(症候) 퇴행(退行). **3.** [언어] 역성어(逆成語). **~bildungsfähig** ⟨Adj.⟩ 퇴화(退化)될 수 있는, 퇴행(退行)할 수 있는. **~bleibsel** ['rʏkblaɪ̯ps̩l], das; -s, - 《고어》 ↑~stand (1). **~blende**, die [영화] 커트 백, 장면의 전환. **~blenden** ⟨h⟩ [영화] 커트 백하다, 장면을 전환시키다. **~blick**, der 뒤돌아 봄, 회고, 회상: R. auf die zwanziger Jahre[in die Geschichte] halten 20년대(역사)를 회고하다; **im R. auf ...** …을 회고하여. **~blickend** ⟨Adj.⟩ 뒤돌아 본, 회고하는. **~blickspiegel**, der ↑~spiegel. **~buchen** ⟨h⟩ [상] 스토르니어하다, **~buchung**, die [상] ↑Stornobuchung. **~bürge**, der [법] 상환 보증인; **~bürgschaft**, die [법] 상환 보증, 구상 보증(求償保證). **~datieren** (재낸나보다) 앞선 날짜로 (기재)하다. **~deckungsversicherung**, die [보험] 연금지불로 생기는 비용을 커버하기 위해 경영주가 맺는 보험.

~drehend ⟨Adj.⟩ [기상] (바람이) 시계바늘 반대 방향으로 도는. **~einfuhr**, die [경제] ↑Reimport. **~entwicklung**, die [의학·생물] ↑~bildung (1). **~erbittung**, die [관사 등의] 반환(반송) 요청. **~erinnerung**, die 추억, 회상. **~eroberung**, die 탈환. **~erstatten** ⟨h⟩ 반환하다, (금전을) 환불하다: jmdm. die Reisekosten r. 누구에게 여행 경비를 환불하다. **~erstattung**, die **a)** 반환, 환불: R. von Steuern 세금의 환불. **b)** [법] 나치시대 부당한[불법적인] 몰수(수용)에 대한 배상. **~fahrkarte**, die 왕복표. **~fahrlicht**, das 《schweiz.》 ↑~fahrscheinwerfer. **~fahrschein**, der ↑~fahrkarte. **~fahrscheinwerfer**, der [자동차] 후조등(後照燈). **~fahrt**, die 귀로, 귀항(歸航), 귀로(歸路). **~fall**, der [frz. recidive] **1.** (병 등의) 재발. **2.** (과거의 습관이나 나쁜 상태로) 되돌아감, 복귀: ein R. in alte Fehler 옛 과오로 되돌아감. **3.** [법] 누범(累犯), 재범: Diebstahl im R. 절도누범(竊盜累犯). **~fällig** ⟨Adj.⟩ [lat. recidivus] **1.** (병의) 재발(성)의. **2.** (나쁜 버릇 따위가) 다시 나타나는: er wurde r. und begann wieder zu trinken 그는 나쁜 버릇이 다시 나타나서 다시 술을 마시기 시작했다. **3.** [법] 누범의, 재범의: ein -er Betrüger 재범의 사기꾼. **~fälligkeit**, die ⟨Pl. 없음⟩ ↑~fällig의 명사형. **~falltat**, die [법] ↑~fallkriminalität. **~falltäter**, der [법] 누범(累犯)자. **~fenster**, das ↑Heckfenster. **~flug**, der (비행기의) 귀로 비행(歸路), 귀항(歸航). **~fluß**, der **1.** 역류(逆流), 환류(還流). **2.** [경제] (돈, 자본의) 역류. **~flußstücke** ⟨Pl.⟩ [은행] 단기 차액을 노려 구입하는 신발행 유가증권. **~forderung**, die [경제] 반환 청구. **~fracht**, die [경제] 귀항 화물(歸航貨物)(공하). **~frage**, die 재질문, 재조회(再照會). **~fragen** ⟨h⟩ 재질문[재조처]하다. **~front**, die 건물 뒷면. **~führung**, die **1.** 복귀(復歸), 환원. **2.** [국제법] (전쟁 포로 등의) 송환(送還). **~gabe**, die **1.** 반환: mit der Bitte um schnelle R. 조속한[빠른] 반환을 요청하면서. **2.** [특히 축구] (골기퍼를 향한 공의) 백패스[되돌려 참]. **~gabepflicht**, die 반환 의무. **~gaberecht**, das 반환할 수 있는 권리. **~gabetermin** 반환기간(기한). **~gang**, der 감소, 퇴각, (물가의) 하락: ein merklicher R. an Besuchern [Geburten] 방문객(출산)의 현저한 감소; die Kriminalität ist im R. begriffen 범죄가 감소하고 있다. **~gängig** ⟨Adj.⟩ **1.** 역행하는, 퇴행적인, (물가, 주가가) 하락하는, 감소하는. **2. etw. r. machen** 무엇을 취소하다[포기하다], die Verlobung r. machen 파혼하다. **~gängigmachung**, die; -en ↑~gängig의 명사형. **~gebildet** ⟨Adj.⟩ **1.** [의학·생물] 퇴화된, 퇴보된. **2.** [언어] 역성(逆成)의. **~gekoppelt** ⟨Adj.⟩ [인공두뇌·전기] 피드백의, 귀환의. **~gewinnung**, die 회복, 되찾음. **~gliederung**, die 재편입, 재병합, (단체에의) 복귀. **~grat**, das 척추, 척골, 줏대, 기골: sich das R. verletzen 척추를 다치다[부상하다]; er ist ein Mensch ohne R. 그는 줏대없는 사람이다; **jmdm. das R. brechen** 《통용어》 1) 누구의 의지를 꺾다, 누구를 좌절토록 하다. 2) (경제적으로) 누구를 파멸시키다; **jmdm. das R. stärken** 누구를 도와주다. **R. zeigen(haben)** 줏대가 있다. **~gratlos** ⟨Adj.⟩ 줏대가 없는, 기골이 없는. **~grat(s)verbildung**, die 척추 기형, 척추 만곡. **~grat(s)verkrümmung**, die 척추 만곡(彎曲). **~grat(s)verletzung**, die 척추 부상. **~griff**, der **1.** [법] ↑Regreß. **2.** 재수용 내지 신용. -e auf die Dialektik Hegels 헤겔 변증법의 원用 수용. **~halt**, der **1.** 뒷받침, 지주(枝柱), 지원, 후원: finanziellen R. suchen 재정적 후원(뒷받침)을 찾다. **2.**

ohne R. 가차 없이, 유보 없이, 남김 없이, 조건 없이. **~haltlos** ⟨Adj.⟩ 가차 없는, 탁 털어놓는, 무조건의: -e Kritik 가차 없는 비판. **~haltlosigkeit, die** ↑ ~haltlos의 명사형. **~hand, die** (Pl. 없음) [스포츠] 백핸드, 역타(逆打): R. spielen 백핸드로 경기를 하다. **~handschlag, der** [스포츠] ↑~hand. **~handwurf, der** [핸드볼·수구] 몸을 역(逆)으로 돌려 숫하기[던지기]. **~kampf, der** ↑~spiel. **~kauf, der** [상] ↑Wiederkauf. **~kaufsrecht, das** [상] ↑Wiederkaufsrecht. **~kehr:** ↑Rückkehr. **~koppeln** ⟨h⟩ [인공두뇌·전기] 피드백시키다, 귀환시키다. **~kopplung, ~kupplung, die 1.** [인공두뇌] ↑Feedback (1). **2.** [전자] (앰프에서 나온 출력(出力) 중에서 일부(一部)의 귀환, 반(反)결합, 재생. **~kreuzen** ⟨h⟩ [생물] 어미 세대와 교배시키다. **~kreuzung, die** [생물] 어미 세대와의 교배. **~kühlen** ⟨h⟩ [기술] 원래의 온도로 다시 만들다[되돌리다]. **~kühlung, die** ↑~kühlen의 명사형. **~lage, die 1. a)** (안전이나 긴급할 때를 위한) 준비금, 적립금(積立金), 비상금, 예비(자)금. **b)** (Pl.) [경제] (기업의) 준비금, 적립금, 예비금: eine gesetzliche [freie] R. 법정(法定)[자유] 준비금: offene [stille] -n 공개[비밀] 준비금. **2.** 후경 자세(後傾姿勢). **~lauf, der** 뒤로[거꾸로] 달림, 후진, 역류(逆流), 역작동: der R. des Wassers 물의 역류. **~laufeffekt, der** [영화] (영화에서 앞으로 움직이는 것이 시각적으로 뒤로 움직이는 것 같이 나타나는) 역진 효과. **~läufer, der** [우편] 배달 불능의 (반송) 우편물. **~läufig** ⟨Adj.⟩ **a)** ↑~gängig: die Gesamtzahl der Unfälle ist r. 전체 사고 之字가 감소하고 있다. **b)** 회귀(回歸)하는: ein -es Wörterbuch 역순(逆順)[역배열(逆配列)] 사전(辭典). **2.** [천문] (혹성이) 역행하는. **~lehne, die** ↑Rückenlehne. **~licht, das** (Pl. -er) (열차, 자동차 뒷편의) 미등(尾燈), 후부등, 테일라이트. **~leuchte, die** ↑~licht. **~marsch, der** (군대의) 퇴각 행진, 귀영 행진: den R. antreten 퇴각(退却) 행진을 시작하다. **~melder, der** [전자] 시각적, 청각적 응답 신호가 나오는 전화 시설. **~nahme, die** 취소, 철회. **~paß, der** [구기·아이스하키] 백패스. **~platz, der** 《고어》 ↑~sitz. **~porto, das** 반신 우편료, 반송료. **~prall, der** (공동의) 되튀김, 퇴힘. **~projektion, die** [영화] 무대 위 투명한 막에 화면을 투영하여 연극의 무대 배경을 만드는 영사[법]. **~rechnung, die** [경제] (부채의) 상쇄, 차감(差減), 상환청구(서). **~reise, die** ↑~fahrt. **~reißer, der** [레슬링] 더블넬슨 동작시 자신의 등을 뒤로 던지면서 상대방을 낚아채는 동작을 콤비한 공격. **~ruf, der 1.** 반신[회신] 통화. **2.** [법] 소환(召喚). **3.** (südd.) 취소, 철회. **~runde, die** [스포츠] ↑~spiel. **~schalttaste, die** ↑~taste. **~schau, die** ↑~blick: R. (auf die letzten Jahre) halten (지난 세월을) 되돌아보다. **~schauend** ⟨Adj.⟩ ↑~blickend. **~scheibe, die** ↑~fenster. **~schein, der** [우편] (배달물) 수령증. **~schlag, der 1.** (돌연한) 악화(惡化), 타격(打擊): einen R. erleben[überwinden] 타격을 받다[극복하다]. **2.** [스포츠] 반격, 되받아치기. **3.** [기술] ↑~stoß. **~schläger, der** [스포츠] 네트있는 운동 경기의 선수. **~schlagspiel, das** [스포츠] 네트가 있는 운동 경기. **~schlagvenil, das** 역류 방지 밸브. **~schluß, der** (대개 Pl.) 귀납적 추리(推理)[추론(推論)], 역추론(逆推論): diese Anhaltspunkte lassen allerhand Rückschlüsse zu 이러한 근거는 여러 가지 추론을 낳게 한다. **~schnitt, der** [농업·원예] 새싹의 전지(煎枝). **~schreiben, das** ↑~antwort (1). **~schritt, der** 후퇴(後退), 퇴보(退步), 역행(逆行), 퇴화(退化), 반동(反動): eine solche Entscheidung würde einen R. bedeuten 그러한 결정은 후퇴[퇴보]를 의미하리라. **~schritter** [...ʃrɪtlɐ], **der; -s, -** 반동주의자, 반동파의 사람, 반동자. **~schrittlich** [...ʃrɪtlɪç] ⟨Adj.⟩ **a)** 반동적(反動的)인, 반동파의. **b)** 후퇴의, 퇴보의. **~schrittlichkeit, die** ↑~schrittlich의 명사형. **~schwingen*** ⟨s⟩ [체조] (평행봉에서) 몸체를 뒤로 스윙하다. **~schwung, der** [체조] 몸체를 뒤로 스윙하는 자세. **~seite, die** 뒷면, 이면, 후면, 뒤쪽(반대: Vorderseite). **~seitenwetter, das** (Pl. 없음) [기상] 한랭 전선의 배면을 향한) 불규칙하고 서늘한 날씨[기후]. **~seitig** ⟨Adj.⟩ 뒷면[이면]의, 후면의. **~sendung, die** 반송(返送), 송환. **~sicht, die** [2: lat. respectus] **1.** (대개 Sg.) 사려(思慮), 배려(配慮), 고려(考慮), 유의(留意), 주의, 관심, 참작, 경의: keinerlei R. gegenüber jmdm. üben 누구에 대해서 아무런 배려[고려]도 하지 않다; **auf jmdn. (etw.⁴) R. nehmen** 누구[무엇]를 고려하다: du brauchst keine R. auf mich (auf meinen Zustand) zu nehmen 너는 나를[나의 형편을] 고려할 필요가 없다; **aus (in, mit) R. auf jmdn. (etw.⁴)** 누구[무엇]를 고려하여, 누구[무엇]에 관하여; **aus R. für jmdn.** 누구를 생각해서, 누구의 체면을 보아서; **ohne R. auf jmdn. (etw.⁴)** 누구[무엇]를 고려하지 않고; **ohne R. auf Verluste** 《통용어》어떠한 희생을 치르더라도, 무턱대고. **2.** (Pl.) 사유(事由), 동기. **3.** (Pl. 없음) (자동차의) 후면 (후방) 시야. **~sichtlich** ⟨Präp.²⟩ [격식독어] …에 관하여, …을 고려하여: r. seiner Fähigkeiten 그의 능력을 고려하여서. **~sichtnahme, die** (Pl. 없음) 고려, 참작, 사려: eine verständnisvolle R. 이해깊은 사려[고려]. **~sichtslos** ⟨Adj.⟩ **a)** 고려[참작]하지 않는, 무분별한, 방약 무인의: ein -er Autofahrer 무분별한[난폭한] 운전자; sie schoben sich r. durch die Menschenmenge 그들이 군중들에 의해서 마구 밀렸다. **b)** 가차 없는, 용서 없는, 무정한, 무자비한: -e Machtpolitik betreiben 무자비한 권력 정치를 행하다[수행하다]. **~sichtslosigkeit, die; -en** ↑~sichtslos의 명사형. **~sichtsvoll** ⟨Adj.⟩ 생각[사려]이 깊은, 고려[참작]하는, 신중한: jmdn. r. behandeln 누구를 조심성있게 (배려하여) 취급하다. **~siedeln** ⟨h⟩ (외국에 살던 사람을) 고향[고국]으로 귀환시키다, 재귀국시키다. **~sied(e)lung, die** 재귀환, 재귀국. **~siedler, der** 재귀환자, 재귀국자, 귀국이민(歸國移民). **~sitz, der** (자동차의) 뒷좌석. **~spiegel, der** (자동차의) 백미러, 후면경. **~spiel, das** [스포츠] 리턴매치, 복수전, 설욕전(↑Hinspiel). **~sprache, die** 상담(相談), 상의(相議), 협의, 의논: jmdn. um eine persönliche R. bitten 누구에게 개별상담을 요청하다; **mit jmdm. R. nehmen [halten]** 누구와 상의[협의, 상담]하다. **~spulen** ⟨h⟩ zurückspulen. **~spulknopf, der** 필름이나 테이프의 되감기 단추(버튼). **~spultaste, die** ↑~spulknopf. **~spulung, die** 필름이나 테이프의 되감기. **~stand, der 1.** 잔재(殘滓), 찌꺼기, 침전물, 잔류물. **2.** (대개 Pl.) (집세 등의) 밀림, 체불, 연체: **im R. sein** 밀려 있다, 연체되어 있다: mit der Miete im R. sein 집세가 밀려 있다; **in R. geraten** 연체하다, 체불하다. **3. a)** 뒤짐, 테마, 저조. **b)** [스포츠] (경쟁선수에 비해) 뒤떨어진[뒤진] 기록 격차: er schob sich um 38 Hundertstel Sekunden R. auf den zweiten Platz 그는 ³⁸⁄₁₀₀초 보다 기록 추가로 2위로 밀려났다; [전의] der Westen will den R. in der Rüstung aufholen 서방세계[西方世界]는 군비에서의 뒤진 격차를 만회[회복]하려고 한다. **~standfrei** ⟨Adj.⟩ 잔재[찌꺼기]가 없는, 남김없는: r. verbrennen 남김없이 타버리다. **~ständig** ⟨Adj.⟩ **1.** ↑unterentwickelt. **2.** ↑~schrittlich: -es Denken 반동적(反動的) 사고[思考]. **3.** 《준고어》 지불 안 된, 갚지 않은, 미불(未拂)의. **~ständigkeit, die** ↑~ständig의 명사형. **~standsfrei** ⟨Adj.⟩ ↑rückstandfrei. ~**stau**, der a) [기술] 강물의 역류정체(逆流停滯). b) (자동차의) 교통정체(交通停滯), 차가 막힘. ~**stellkraft**, die [물리] (진동체 등을) 다시 원점[처음자리]으로 가게 하는 힘. ~**stelltaste**, die ↑~taste. ~**stellung**, die 1. [경제] 예비비(로 남겨둠). 2. 유예, 유보(留保): es wurde die R. des Projekts um ein Jahr gefordert 1년 동안 그 프로젝트[계획]의 유보가 요구[요청]되었다. ~**stoß**, der 1. [물리] (로켓 등의) 반동(추진)(反動推進). 2. (화기(火器) 발사시의) 반동. ~**stoßantrieb**, der [기술] 반동[제트] 추진. ~**stoßfrei** ⟨Adj.⟩ (총의) 반동이 없는. ~**strahler**, der 반사경, (반사로 비치는) 후미등. ~**strahlung**, die [물리] 반사, 반영. ~**strom**, der ↑~fluß (1). ~**stufung**, die (등급의) 감봉, 감등. ~**taste**, die (타이프라이터의) 백 스페이스 키. ~**tausch**, der (외환을) 원래 통화로 되바꿈. ~**transport**, der 역수송(逆輸送). ~**tritt**, der 1. 사임, 사직, 사퇴: es wird der R. des Kabinetts 내각 사퇴; jmdn. zum R. veranlassen 누구를 사임[사직, 사퇴] 하도록하다. 2. [법] (계약의) 해제. 3. ↑~trittbremse, die (특히 자전거의) 코스터브레이크(coaster brake). ~**trittabsicht**, die 사임 [사퇴] 의사(意思). ~**trittsdrohung**, die 사임[사퇴] 위협. ~**trittserklärung**, die 사임[사퇴]성명(서). ~**trittsforderung**, die 사임[사퇴]요구. ~**trittsfrist**, die [법] 사임(사퇴)시한. ~**trittsgesuch**, das 사표. ~**trittsrecht**, das [법] (Pl. 없음) 해제권(解除權). ~**übersetzen** ⟨h⟩ 원래의 말[언어]로 다시 번역하다. ~**übersetzung**, die ↑~übersetzen의 명사형. ~**vergüten** ⟨h⟩ [경제] 환불하다, 대체하다, 보상하다. ~**vergütung**, die 1. [경제] a) 환불, 상환. b) 환불금(액), 상환금(액). 2. [보험] ↑Beitragsrückerstattung. ~**verladung**, die 반송품의 선적. ~**versicherer**, der 1. 재보험자(再保險者). 2. [보험] 재보험회사. ~**versichern** ⟨h⟩ 1. ⟨r + sich⟩ 안전 대책을 세우다, (윗사람의) 신변을 보호하다, 안전하게 만들다. 2. [보험] 재보험에 가입하다[들다]. ~**versicherung**, die 재보험(再保險), 안전 대책, 신변 보호. ~**wand**, die 뒷벽, 배벽. ~**wanderer**, der 귀국 이민(歸國移民), (이민이나 망명 후의) 귀국자. ~**wandern** ⟨s⟩ (망명지로부터) 고향[고국]에 되돌아오다. ~**wanderung**, die (망명 이민으로부터의) 귀환, 재귀국. ~**wärtig** [...vɛrtɪç] ⟨Adj.⟩ 뒤의, 배후의, 후방의: auf den ~n Verkehr achten 뒤쪽[배후]의 교통을 주의하다. ~**wärts** ⟨Adv.⟩ (반대: vorwärts) 1. a) 배후로, 뒤를 향해서, 뒤쪽으로. b) 뒤를 como 하여서: r. gehen[fahren] 뒤를 앞으로 하여 가다[몰다], 후진하다. 2. a) 뒤쪽에서 앞으로, 역으로: dieses Work kann man vorwärts und r. lesen 이 책을 우로부터도 역으로도 읽을 수 있다. b) 과거로, 뒤로, 옛날로. 3. (통용어) 귀로에, 돌아오는 길에: r. fahren wir über Mainz 귀로에 우리는 차를 타고 마인츠를 지나갑니다. 4. (südd. · österr.) 뒤에, 뒤쪽에: r. am Haus 집 뒤에서; r. einsteigen! 뒤쪽으로 타시오! ~**wärtsbewegung**, die 후퇴[退行] 운동. ~**wärtsdrall**, der (배후선회의)(背後旋回), 뒤로 돌림. ~**wärtsdrehung**, die 뒤로 돌기, 뒤로 회전하기. ~**wärtsgang**, der 1. [기술] (자동차의) 후진 기어: [전의] am besten, wir legen schnell den R. ein (공사보) 최선의 방책은 우리가 빨리 사라지는 일이다. 2. 뒤로 돌아서 감. ~**wärtsgehen** ⟨s⟩ (통용어) 악화되다, 내리막길이 되다 (반대: vorwärtsgehen). ~**wärtsgewandt** ⟨Adj.⟩ 1. 뒤로 돌아서, 뒤를 향해서. 2. 과거를 향해서, 옛날로 돌아서. ~**wärtsversicherung**, die [보험] 보험 계약 전 피해도 보상하는 보장 보험. ~**wechsel**, der [금융] 반려 어음, 역어음, 역환. ~**weg**, der 귀로 (반대: Hinweg): den R. antreten 귀로에 들어서다[오

르다]. ~**wendung**, die 반전(反轉), 회전(回轉). ~**wirkend** ⟨Adj.⟩ 1. 소급적(遡及的)인, 역행(逆行)의: die Lohnerhöhung gilt r. vom 1. März. 임금 인상은 소급해서 3월 1일부터 효력을 발생한다. 2. 소급력을 행사하는, 소급력을 갖는. ~**wirkung**, die 1. 반응(反應), 반작용(反作用). 2. 소급력(遡及力), 소급효(遡及效): mit R. 소급해서. ~**zahlbar** ⟨Adj.⟩ 변제할 수 있는, 상환 가능한: r. in Raten 분할해서 상환하는. ~**zahlung**, die ↑~erstattung (a). ~**zahlungsbedingungen** (Pl.) 변제[상환] 조건. ~**zahlungsfrist**, die 변제 [상환] 기한(期限). ~**zahlungstermin**, der ↑~frist. ~**zieher**, der 1. (통용어) 취소, 철회, 사과, 계획변경: einen R. machen (계획을) 취소하다, 변경하다, 전에 한 말을 취소하다. 2. [축구] 오버헤드킥 볼. 3. ((은폐)) 중절 성교(中絶性交)(Coitus interruptus). ~**zielend** ⟨Adj.⟩ [언어] 재귀적(再歸的)인(reflexiv). ~**zug**, der 후퇴, 퇴각(退却): den R. antreten 후퇴에 들어서다, 퇴각을 개시하다; jmdn. zum R. zwingen 누구를 후퇴하도록 강요하다. ~**zugsbefehl**, der 후퇴[퇴각] 명령. ~**zugsbewegung**, die 후퇴[퇴각] 움직임(동작). ~**zugsgebiet**, das a) [민속] (원시민족들의) 후퇴[잔존(殘存)] 지역. b) [생물] ↑Refugialgebiet. c) [언어] ↑Reliktgebiet (1). ~**zugsgefecht**, das 후퇴[퇴각]의 안전을 위한 전투, 퇴각전. ~**zugslinie**, die 후퇴[퇴각]전선(戰線), 철수선. ~**zugsmanöver**, das ↑~gefecht.

ruckartig [rʊk-] ⟨Adj.⟩ a) 갑작스런, 돌연적, 뜻밖의: r. stehenbleiben 갑자기[돌연히] 정지해 서다. b) (짧고 불규칙하며) 충격적인.

ruckedigu [rʊkədi'guː] ⟨Interj.⟩ 구구구… (비둘기가 구구 우는 소리의 의성어). **Ruckedigu** [-], das; -s, -s 비둘기의 구구 우는 소리.

ruckeln [rʊkln] ⟨h⟩ (지역적) a) (약간) 움직이다, 움찔하다, (차 등이) 덜커덕거리다. b) 옮기다, (약간 당기며) 움직이다: mit dem Stuhl r. 의자를 약간 당겨대다[움직이다].
¹**rucken** [rʊkn] ⟨h⟩ a) (약간 움직여서) 옮기다, 움직이다. b) (약간 덜커덕거리며) 움직이다.
²**rucken** [-] ⟨h⟩ (의성어 · 지역적) ↑gurren.

rücken [rʏkn] 1. ⟨h⟩ a) (약간 밀어) 옮기다, 밀다: einen Tisch an die Wand r. 책상을 벽쪽으로 밀다; Holz r. [임업] (벌채한) 나무를 운반하다. b) (이러저리 짧게 흔들어서) 당기다, 움직이다: er rückte nervös an seiner Krawatte(Brille) 그는 신경질적으로 자기의 넥타이(안경)를 만지작거렸다. c) (일정한 장소로) 옮겨 놓다, 밀어 놓다: die Mütze in die Stirn r. 모자를 이마에 눌러쓰다. 2. ⟨s⟩ (앉아서) 옮겨 가다, 움직이다: der Zeiger rückte auf 12 시계바늘이 12시에 다가갔다; [전의] er ist an ihre Stelle gerückt 그는 그녀의 자리를 [업무 영역을] 물려받았다. b) 약간 옆으로 비키다: kannst du ein bißchen r.? 너 약간 자리를 비켜 앉을 수 있니? 3. ⟨s⟩ a) [특히 군] ↑ausrücken: die Truppen rücken an die Front 군대들이 전선으로 옮겨 간다[이동한다]. b) (지역적) 소풍가다, 산보가다, 행진하다: an einen See r. 호수가로 산보 [소풍] 가다.

Rücken [-], der; -s, -. 1. 등, 잔등, 등마루, 배후, 후미: den R. geradehalten 등을 곧게 하다, 등을 빳빳이 하다; jmdm. den R. einreiben 누구의 등을 쓰다듬다; auf dem R. liegen[schwimmen] 등으로도 눕다[배영(背泳)을 하다]; auf den R. fallen 뒤로 (나)자빠지다[넘어지다]; R. gegen R. stehen 등을 맞대고 서다; die Sonne im R. haben 역광을 받다, 해를 등지다; jmd. versucht, mit dem R. an die Wand zu kommen 누구가 유리한 위치[지위]를 점유하려고[차지하려고] 시도하며 있다; **verlängerter R.** 엉덩이(농 · 은폐); **jmdm. (jmdn.) juckt (wohl) der R.** 누구 등이 (맞고 싶어)

근질근질하다; **einen breiten R. haben** 어깨폭이 넓다, 참을성이 많다; **jmdm. den R. stärken[steifen]** 누구를 고무하다, 누구의 등을 밀어 주다; **einen krummen R. machen** (비굴하게) 굽실거리다; **den R. vor jmdm. beugen** (아이) 누구에게 (코가) 땅에 닿도록 굽히다, 아첨하다; **jmdm. [einer Sache] den R. wenden[kehren]** 누구에게서 [어떤 일로부터] 등을 돌리다; **den R. wenden[kehren]** (아이) 등을 돌리다; **den R. freihaben** 방해받지 않고 [자유로이] 행동할 수 있다; **sich³ den R. freihalten** 도망칠 구멍을 만들어두다; **jmdm. den R. decken[freihalten]** 누구를 보호하다, 누구를 안전하게 하다; **fast[beinahe] auf den R. fallen** 《통용어》 나자빠질 정도로 놀라다; **schon viele Jahre[eine bestimmte Anzahl von Jahren] auf dem R. haben** 벌써 몇 년 되다; **auf jmds. R. geht viel** 《통용어》 누가 (비판 따위를) 잘 견딜 수 있다; **hinter jmds. R.** 누구 몰래, 누구의 배후에서; **jmdm.[etw.] im R. haben** 《통용어》 누구[무엇]를 배후에 두다[업다]; **jmdm. in den R. fallen** 누구에게서 갑자기 돌아서다; **mit dem R. an der[zur] Wand** 진퇴유곡의, 궁지에 처한. **2.** 배면, 뒷부분, 후: der R. der Nase[des Fußes, der Hand] 콧[발, 손]등; das Haus steht mit dem R. zum Garten 그 집은 뒤쪽에 정원을 갖고 서 있다. **3.** 〈Pl. 없음〉 등살. **4.** 《대개 관사, Pl. 없음》〔스포츠〕배영(背泳).

rücken-, Rücken-: **~ausschnitt**, der (부인복의) 패인[잘라낸] 등어리 부분. **~breite**, die (재단) 어깨(폭). **~deckung**, die **1.** 〔특히 군〕배면 엄호. **2.** 후원, 지원. **~flosse**, die 등지느러미. **~flug**, der 〔항공〕배면 비행(背面飛行). **~frei** 〈Adj.〉 (의복의) 등이 패인. **~gurt**, der **1.** 등에 메는 줄[끈]. **2.** 〔재단〕 (외투 따위의) 등허리띠. **~haar**, das (동물의) 등털. **~kraulen**, das ↑~kraulschwimmen. **~kraulschwimmen**, das; -s 〔수영〕크롤 배영. **~lage**, die **1.** 등을 바닥에 대고 누워 있는 자세. **2.** 〔스키〕↑Rücklage (2). **~lehne**, die (의자의) 등받이. **~linie**, die 등줄. **~mark**, das 척수. **~mark(s)entzündung**, die 척수염. **~mark(s)erkrankung**, die 척수병. **~mark(s)erweichung**, die 척수 변질. **~mark(s)punktion**, die 척수 천자(穿刺). **~mark(s)querschnitt**, der 척수단면. **~mark(s)schwindsucht**, die 척수 변질 증상의 일종, 척수 결핵. **~marksubstanz**, die 척수의 골수. **~mark(s)tumor**, der 척수 종양(증). **~mark(s)verletzung**, die 척수 부상. **~muskel**, der 《대개 Pl.》 척근(脊筋), 배근(背筋). **~muskulatur**, die 등의 근육. **~naht**, die (옷의) 등바느질. **~partie**, die 의복의 뒷면[부분]. **~platte**, die 뒤판. **~polster**, das (의자, 소파 등의) 뒷부분 쿠션. **~schlächtig** [-ʃlɛçtɪç] 〈Adj.〉 《전문어》 (물바퀴 등의) 의한 낙수식(落水式)의. **~schmerz**, der 《대개 Pl.》 등통증. **~schwimmen*** 〈h/s; 대개 부정형으로〕배영(背泳)하다. **~schwimmen**, das; -s **1.** 배영. **2.** ↑~kraulschwimmen. **~seite**, die 뒷면, 등쪽. **~stärkung**, die 배후 후원. **~stück**, das 등심살기. **~stütze**, die ↑ Lehne. **~trage**, die ↑tragkorb. **~tragkorb**, der 등에 지는 광주리. **~wind**, der 등 뒤에서 부는 바람(순풍(順風)). **~wirbel**, der 등골뼈, 척추골.

ruckhaft ['rʊkhaft] 〈Adj.〉 ↑ruckartig.
Rückkehr ['rʏkkeːɐ], die 귀환, 복귀: jmdn. zur R. bewegen 누구를 귀환토록 추진하다; 전의 die R. in das politische Leben 정계 복귀. **Rückkehrer**, der; -s, - 귀환자. **Rückkunft** ['rʏkkʊnft], die (아이) ↑Rückkehr. **rücklings** ['rʏklɪŋs] 〈Adv.〉 **1. a)** 등으로. **b)** 등을 대고, 뒤로: sie stand vor ihm mit den Händen r. 그녀는 뒷짐지고 그 앞에 서 있었다. **2.** 뒤쪽에서, 뒤로부터. **3.** 등을 앞으로 하고, 거꾸로. **Rucksack** ['rʊk-], der; -[e]s, ...säcke [schweiz. ruggsack] (등산용의) 배낭, 룩색: den R. packen 배낭을 싸다; 전의 ein R. voll Sorgen 많은 걱정. **Rucksack tourist**, der (대개 청소년의, 적은 비용으로 배낭만 메고 외국을 여행하는) 배낭여행자. **Rucksackurlauber**, der 《경》(대개 연장된 여행 기간을) 배낭을 메고 검소하게 여행하는 사람.
rucksen ['rʊksn] 〈h〉 〔지역어〕↑²rucken.
ruckweise ['rʊkvaɪzə] 〈Adv.〉 획획, 팍팍(충동적으로 움직이는 모습), 충격(충동)적으로, 간헐적으로, 변덕스럽게, 일시적으로, 기분으로: etw. r. hochziehen 무엇을 획 들어올리다; 전의 bei dir kommt's wohl r. 〔지역적〕 이 아만 제정신이 아닌가 보다; 〔부가어적으로도〕 eine r. Bewegung 충격적 운동(움직임). **ruck, zuck** [rʊk-'tsʊk] 〈Adv.〉 《통용어》 재빨리, 즉석에서, 순식간에: etw. r., z. erledigen 무엇을 빨리[순식간에] 처리하다.
rüd ['ryːt] 〈Adj.〉 《österr.》 ↑rüde.
Rudbeckia [ruːt'bɛkia], **Rudbeckie** [...kiə], die; -n 〔스웨덴의 자연과학자 O. Rudbeck(1630~1702)의 이름에 따라〕 ↑Sonnenhut.
rüde ['ryːdə] 〈Adj.〉 《frz. rude》 《경》 난폭한, 거친, 버릇 없는, 인정머리 없는: ein -er Geselle 거친[버릇없는] 녀석.
Rüde [-], der; -n, -n **1.** (개, 이리의) 수컷. **2.** 〔사냥〕 사냥개를 끌고 다니는 사냥꾼. **Rüdemeister**, der 〔사냥〕 사냥개들을 끌고 다니는 사냥꾼.
Rudel ['ruːdl], das; -s, - (짐승들의) 떼, 무리, 패, 도당: im R. [in -n] 떼[무리]를 지어; 전의 ein R. von Schulkindern 한 무리의 학생 아이들. **rudelweise** 〈Adv.〉 **1.** (짐승이) 떼를 지어. **2.** 《통용어》 여럿이서, 패를 지어.
rudeln ['ruːdln], sich 〈h〉 떼[무리]를 짓다.
Ruder ['ruːdɐ], das; -s, - **1.** 노: die Ruder auslegen [eintauchen] (속도를 줄이거나 방향을 바꾸기 위해) 노를 놓다[물에 담그다]; **sich in die Ruder legen 1)** 힘차게 노를 젓다. **2)** 《통용어》 (열심히) 착수(수행)하다. **2.** 키, 방향타(方向舵): das R. führen (배를) 조종하다, 좌지우지하다; R. legen [선원] 노것을 어떤 방향으로 돌리다; das R. herumwerfen 배의 진로를 바꾸다; das Schiff läuft aus dem R. 〔선원〕그 배는 갑자기 키가 말을 듣지 않는다(영뚱한 방향으로 가고 있다); der Politiker sah sich gezwungen, das R. herumzuwerfen 그 정치가는 자기의 정치적 진로를 바꾸지 않을 수 없음을 보았다; **ans R. kommen [gelangen]** 《통용어》 정권(권력)을 잡다; **am R. sein [bleiben]** 정권(권력)을 잡고[장악하고] 있다. **3.** 〔항공〕 **a)** ↑Höhenruder의 약칭. **b)** ↑Querruder의 약칭. **c)** ↑Seitenruder의 약칭. **4.** 〔사냥〕유금류(遊禽類)(백조 따위)의 발. **5.** 〔사냥〕(큰 뇌조(雷鳥) 등의) 날개.
Ruder-: **~anzeiger**, der ↑~ge[n]anzeiger. **~apparat**, der ↑~maschine. **~ball**, der (해군에서 앞배의 키의 위치를 알리기 위해 돌대 위에 거는) 빨강이나 초록색의 원추형 방향 표시물. **~bank**, die (Pl.-bänke) ↑~sitz. **~becken**, das 〔스포츠〕조정 훈련용 내항(內港). **~blatt**, das **1.** (노의) 타면(舵面). **2.** 노깃. **~boot**, das 노로 젓는 보트, 조정 경기용 보트. **~club**, der ↑~klub. **~dolle**, die ↑ Dolle. **~feder**, die 〔사냥〕새의 큰 날개(갈기). **~füßer**, der 〔동물〕복류(類)(물갈퀴가 있는 물새류, 예컨대: Pelikan). **~fußkrebs**, die (늪지에 기생하며 사는) 아주 작은 갑각류(甲殼類). **~gabel**, die ↑Dolle. **~gänger**, der 〔선원〕조타원(操舵員), 조타수. **~gast**, der 〔선원〕 ↑~gänger. **~gerät**, das 조정 훈련 모의 조정 장치(모의조정장치). **~hals**, der **1.** 노의 손잡이와 노면 사이의

잘룩하고 가는 부분. **2.** 키축의 윗부분. **~haus**, das [선원] 조타실. **~kahn**, der ↑~boot. **~kasten**, der 【스포츠】 훈련을 위해 내항(內港)에 설치된 4인용 경조용 보트의 선체(船體). **~klub**, der 보트[조정] 클럽. **~knecht**, der 《옛》 (돈을 받고) 노를 젓는 사람, 노잡이, 갤레선의 노예. **~koker**, der [선원] 키축을 위한 키 구멍. **~lage**, die 키의 위치. **~lage(n)anzeiger**, der 키의 위치를 알리는 표시기(表示器). **~maschine**, die (해선(海船)의) 큰 키를 작동(作動)시키는 기계. **~pinne**, die [선원] Pinne (1). **~platz**, der ↑~sitz. **~rad**, das ↑Steuerrad. **~regatta**, die 【스포츠】 보트 경기, 레가타. **~schaft**, der **1.** 노의 자루. **2.** 키의 축(굴대). **~schiff**, das 《옛》 갤레선(船)(↑~boot). **~schlag**, der 노를 한번 저음(젓는 과정). **~simulator**, der ↑~gerät. **~sitz**, der 노젓는 사람이 앉는 자리. **~sklave**, der ↑Galeerensklave. **~sport**, der 조정(漕艇) 경기. **~verband**, der 보트[조정] 협회. **~verein**, der 보트[조정] 클럽. **~wettfahrt**, die ↑~regatta. **~wettkampf**, der 보트 경주, 조정 경기. **~zeichen**, das (전함에서) 키의 위치를 알리는 기 또는 불빛 표시(물).

Ruderalpflanze [rude'ra:l-], die; -n [lat. rūdus {식물} 돌더미나 폐허, 혹은 길 가장자리에 자라는 식물(예컨대: Brennessel).

Ruderer, Rudrer ['ru:d(ə)rɐ], der; -s, - 노 젓는 사람. **-ruderig**, -rudrig [-'ru:d(ə)rɪç] (다음의 형용사로, 예컨대) vier rud(e)rig 노가 네 개 있는. **Ruderin**, 《또한》 Rudrerin, die; -nen ↑Ruderer의 여성형. **rudern** ['ru:dɐn] **1. a)** 〈h / s〉 노를 젓다: zu rieren (viert) r. 넷이서 노를 젓다; gegen die Strömung r. 물결을 거슬러서 노를 젓다; wir sind(haben) den ganzen Nachmittag gerudert 우리들은 오후 내내 노를 저었다. **b)** 〈s〉 노를 저어 나아가다: stromwärts r. 강하류로 노를 저어 가다. **2. a)** 〈h〉 노를 저어 움직이다(옮기다): wer rudert den Kahn an das andere Ufer? 누가 그 거룻배를 다른 쪽 강변으로 노를 저어 옮기겠느냐? **b)** 〈h〉 노를 저어가 져오다(날라 주다): er ruderte die Kisten(in [mit] seinem Boot) über den See 그는 (자기의 보트로) 그 상자들을 호수로 건너 날라다 주었다. **c)** 〈s〉 노를 저어 오다. **3.** 〈h / s〉 **a)** 조정 경기를 하다, 조정 경기에 참가하다: unser Verein rudert gegen Germania RC 우리 클럽은 Germania RC 클럽과 조정 경기를 한다. **b)** 조정 경기에서 기록을 세우다. **4.** 〈h〉 (통용어) 노 젓듯이 팔을 젓다: beim Gehen mit den Armen r. 걸으면서 팔을 노 젓듯이 젓다. **5.** 〈s〉 【사냥】 (물새가) 헤엄치다.

Rüdesheim ['ry:dəshajm] 뤼데스하임(라인 강가에 있는 독일 도시). **¹Rüdesheimer** ['ry:dəshajmɐ], der; -s, - 뤼데스하임 사람. **²Rüdesheimer** 〈Adj. 격변화 없음〉 뤼데스하임의.

Rüdheit, die; -en **1.** 〈Pl. 없음〉 난폭함, 거침, 버릇없음. **2.** 버릇없는(거친, 난폭한) 언행(행동). **Rudiment** [rudi'mɛnt], das; -(e)s, -e [lat. rudīmentum] **1.** (교양어) 나머지, 잔여(殘餘). **2.** (생물) 퇴화 기관의 흔적(예컨대: 맹관의 날개 등). **3.** 〈Pl.〉 (고어) 초보, 기초, 발단. **rudimentär** [rudimɛn'tɛ:ɐ̯] 〈Adj.〉 [frz. rudimentaire] (교양어) 흔적만 남아 있는, 발육 부진의: -e Organe 퇴화기관(退化器官).

Rudolph ['ru:dɔlf], der; -(s), -s [트램폴린 기계 체조] 한 배 반 몸을 뒤틀어 앞으로 뛰는 도약(동작).

Rudrer ↑Ruderer. **Rudrerin** ↑Ruderin. **-rudrig** ↑-ruderig.

Ruf [ru:f], der; -(e)s, -e **1.** 외침, 부르는 소리: ein R. ertönte 어떤 외침 소리가 울려 퍼졌다; gellende -e hallten über den See 쩨지는 듯한 외침 소리가 호수 위에 울려 퍼졌다; auf seinen R. hin erschien ein Mädchen am Fenster 그의 부르는 소리에 한 소녀가 창가에 나타났다. **2. a)** (새 따위의) 울음소리: der R. des Kuckucks [Hirsches] 뻐꾸기[사슴]의 울음소리. **b)** 【사냥】 ↑²Locke (a). **c)** (나팔, 총 따위의) 신호(소리): der R. des Jagdhorns 사냥 나팔의 신호 소리. **3.** 〈Pl. 없음〉 **a)** 부름, 불러냄, 소환, 호출, 요청, 권유: der R. zur Waffe 무기를 잡으라는 호소(부름, 외침); [전의] der R. des Gewissens folgen 양심의 소리에 따르다. **b)** 부르짖음: der R. nach Freiheit[Gerechtigkeit] 자유[정의]의 부르짖음. **4.** 〈Pl. 없음〉 초빙, 천직: an jmdn. ergeht ein R. 누구가 초빙되다; er bekam(erhielt) einen R. als ordentlicher Professor an die Universität Berlin(nach Berlin) 그는 Berlin 대학 정교수로 초빙을 받았다. **5.** 〈Pl. 없음〉 평판, 명성, 고명(高名), 신용, 성가(聲價): der R. dieses Hotels ist ausgezeichnet 이 호텔의 평판은 아주 좋다; einen guten [schlechten] R. haben 호평[악평]을 얻다(갖다); einen sehr guten R. genießen 매우 좋은 평판을 누리다; (durch [mit] etw.) seinen R. wahren 무엇으로 그의 명성을 지키다(유지하다); das schadete seinem R. 그것은 그의 명성을 해쳤다; ein Pianist von internationalem R. 국제적 명성을 갖고 있는 [인정을 받고 있는] 피아니스트; [성구] jmd.(etw.) ist besser als sein R. 누구(무엇)가 실제로는 세간의 평판보다 낫다(좋다). **6.** 〈Pl. 없음〉 《격식 독어》 전화 번호. **7.** 〈Pl. 없음〉 (고어) 소문, 세평: es geht der R., daß ... ···라는 소문이 있다.

Ruf-: **~anlage**, die (유선, 무선의) 호출기, 통신 장치 [시설]. **~bus**, der (승객의 호출로 운행하는) 콜버스. **~bussäule**, die (콜버스 호출을 위한) 통신용 원통[폴]. **~buszentrale** die 콜버스 본부. **~fall**, der ↑Anredefall. **~mädchen**, das ↑Callgirl. **~mord**, der (감정) (사회적으로 매장할 수 있는) 인신 공격, 중상(中傷): R. betreiben 인신 공격을 하다. **~mordkampagne**, die 인신 공격 캠페인. **~name**, 《드물게》 **~namen**, der **1.** (여러 이름 가운데) 부르는 이름. **2.** [무선] ↑Kennung (3). **~nähe**, die ↑~weite. **~nummer**, die (관) 전화 번호. **~säule**, die 통신[호출] 장치가 설치된 통신용 원통[폴]. **~signal**, das 통신[호출] 장치의 신호음. **~taxi**, das 콜택시. **~ton**, der ↑~zeichen. **~verzugszeit**, die [전화] 번호를 돌리고 나서 신호음이 울리기까지 걸리는 시간. **~weite**, die 부르는 소리가 들리는 거리, 목소리가 미치는 거리(범위): außer R. sein 부르는 소리가 들리는 거리 밖에 있다. **~zeichen**, das 〈Pl. 없음〉 ↑Freizeichen. **2.** [무선] ↑Kennung (3). **3.** 《österr.》 ↑Ausrufezeichen.

¹Rufe ['ru:fə], die; -n 《südd.》 외피(外皮), 겉껍질, 비듬, (상처의) 딱지.

²Rufe [-], **Rüfe** ['ry:fə], die; -n 《schweiz.》 산사태.

rufen* ['ru:fn̩] 〈h〉 **1. a)** 부르다, 외치다: laut[aus Leibeskräften] r. 큰 소리로[있는 힘을 다하여] 부르다. **b)** (새 등이) 울다: von fernher ruft ein Käuzchen 멀리서 작은 부엉이가 울고 있다. **2.** (r. + sich) 외치거나 불러 어떤 상태가 되다: sich heiser r. 외쳐서 목이 쉬다. **3.** 큰 소리로 외치다(말하다), 소리치다: Hilfe [hurra] r. 도와달라고[만세하고] 외치다; (비인칭) aus dem Zimmer rief es "Herein!" 방에서 누군가 "들어오시오"라고 소리쳤다. **4.** 누구를 오라고 부르다, 무엇을 달라고 외치다: das Kind rief nach seiner Mutter 그 어린아이는 어머니를 (오라고) 불렀다; nach(um) Hilfe r. 도와달라고 외치다; er rief über ihn (südwestd.) 그는 그를 오라고 불렀다; der Gast rief dem Ober 《südwestd., schweiz.》 그 손님은 웨이터를 불렀다. **5.** (와 따위로) 누구를 오라고 요청하다[부르게 하다]: die Polizei (ein Taxi) r. 경찰(택시)을 부르다; jmdn. zu Hilfe r.

Rufer

누구를 도와달라고 부르다; [전의] dringende Geschäfte riefen ihn nach München 급한 용무가 그를 뮌헨으로 불렀다; Gott hat sie zu sich gerufen 《아어·완곡》 그 여자는 숨을 거두었다; sich[jmdm.] etw. in Erinnerung[ins Gedächtnis] r. 무엇을 기억에 떠올리다[누구에게 무엇을 상기시키다]; **etw.[jmd.] kommt wie gerufen** 《통용어》 무엇[누구]이 안성맞춤으로 오다; du kommst (mir) wie gerufen! 너 마침 잘 왔구나! **6. a)** … 하라고 부르다, 촉구[호소]하다: die Mutter ruft zum Essen 어머니가 밥 먹으라고 부른다; zum Widerstand[Aufstand] r. 저항[봉기]하도록 호소하다. **b)** (신호음을 울려) … 하라고 부르다: die Glocke ruft zum Gebet 기도하라는 종소리가 울린다. **7. a)** (특정의 호칭으로) 부르다, 일컫다, 호칭하다: meine Mutter rief mich „Menschlein" 내 어머니는 나를 "아가"라고 불렀다. **b)** 《아어·고어》《누구의》 이름을 부르다. **8.** (전화나 무전으로) 누구를 부르다[호출하다]: jmdn. (unter der Nummer 34 71 06) r. (34 71 06번으로) 누구에게 전화를 걸다. **9.** 《schweiz.》 불러일으키다, 야기하다: der Vorschlag rief einer heftigen Opposition 그 제안은 격렬한 반대를 불러일으켰다. **Rufer** ['ruːfɐ], der; -s, - **1.** 부르는 사람, 외치는 사람: **ein R. in der Wüste** 세례 요한. **2.** [전업] ↑ Sprachrohr. **Ruferin**, die; -nen ↑ Rufer (1)의 여성형.

Rüffel ['rʏfl], der; -s, - 《통용어》 잔소리, 힐책, 책망, 꾸짖음: etw. trägt jmdm. einen R. ein 무엇이 누구에게 힐책을 받게 하다; jmdm. einen R. geben[erteilen] 누구를 꾸짖다[힐책하다]; einen R. bekommen 책망을 듣다. **rüffeln** ['rʏfln] 〈h〉 [niederd. Ruffel] 《통용어》 꾸짖다, 책망하다: jmdn. wegen[für] etw. r. 누구를 무엇 때문에 힐책하다. **Rüffler** ['rʏflɐ], der; -s, - 《통용어》 꾸짖는 사람.

Rugby ['rakbi, 《engl.》 'rʌgbɪ], das; -(s) [engl. Rugby (football), 영국의 도시 Rugby에 따라] [스포츠] 럭비.

Rüge ['ryːgə], die; -, -n 비난, 질책, 힐책: jmdm. wegen seines vorlauten Benehmens[für seine Freiheit] eine R. erteilen 건방진 태도 때문에[무례함으로 해서] 누구를 질책하다; eine R. erhalten[bekommen] 비난[질책]을 받다.

Rüge-: **~brauch,** der [민속] (전통적인 규범에 어긋나는 행동을 하는 사람에 대한 공동체의) 처벌(處罰) 관습(예컨대: 삭발 등). **~frist,** die [법] 하자(瑕疵) 클레임 기간. **~gericht,** das 《구제》(경범을 다루는) 하급 법원, 즉결 재판소. **~sache,** die 《구제》 하급 법원[즉결 재판소]이 담당의 경범죄.

rügen ['ryːgn] 〈h〉 **1. a)** 꾸짖다, 질책하다. **b)** 비난하다: man rügte die Unentschlossenheit der Regierung 정부의 우유부단함을 비난하다. **c)** 힐책하다, 견책하다, 추궁하다: Mängel r. 결점을 힐책하다. **2.** 꾸짖는 말을 하다.

Rügen ['ryːgn], -s 뤼겐(발트 해에 있는 독일 최대의 섬). **¹Rügener,** der; -s, - 뤼겐 사람. **²Rügener** 〈Adj.; 격변화 없음〉 뤼겐의. **rügensch** 〈Adj.〉 뤼겐의.

rügenswert 〈Adj.〉 비난할 만한. **Rüger,** der; -s, - 비난[힐책]하는 사람.

Rugier ['ruːgiɐ], der; -s, - 루기인(人)(고대 게르만의 한 부족).

rügisch ['ryːgɪʃ] 〈Adj.〉 ↑ rügensch.

ruh-, Ruh-: **~bett,** das 《schweiz.》 ↑ Ruhebett. **~energie,** die [물리] 정지에너지. **~los** 〈Adj.〉 ↑ ruhelos. **~masse,** die [물리] (상대성 이론에서의) 정질량(靜質量). **~system,** das [물리] 정지 체계.

Ruhe ['ruːə], die **1.** 정적, 고요함, 정숙, 침묵, 평온: die nächtliche R. 밤의 정적[고요함]; die R. vor dem Sturm 폭풍우 전의 고요, 폭발적인 사건[동요] 전의 고요함; R., bitte! 조용히 하십시요!, 조용히 해라!; endlich war R. eingetreten 마침내 평온한 상태가 되었다, 마침내 평온이 찾아들었다; im Saal herrschte R. 홀 안에는 침묵[고요함]이 감돌고 있었다; ihr müßt jetzt (endlich) R. halten! 너희들 이젠 그만 조용히 하거라!, 이젠 좀 조용히 해!; um R. bitten 입을 다물도록 요청하다; **R. geben** 《아어·완곡》 죽다, 누구의 장례를 치내다. **3.** 평화, 평온, 안정, 평안: es herrschen R. und Ordnung im Land 전국에는 안녕[평온]과 질서가 유지되고 있다; die öffentliche R. wiederherstellen 공공[사회]의 안정을 다시 회복시키다: ich möchte jetzt (endlich mal) meine R. haben 나는 이제는 (마침내) 방해를 받고 싶지 않다[조용히 있고 싶다]; etw. in (aller) R. tun 무엇을 서둘지 않고 (침착하게) 하다; jmdn. nicht zur R. kommen lassen 누구를 괴롭히다[귀찮게 하다, 폐를 끼치다]; **(keine(《드물게》 nicht))** R. geben 《통용어》(일을 중단하면서) 느슨해지다, 게을러지다[결코 느슨하지 않다, 게으르지 않다]; **jmdn.** (mit etw.) **in R. lassen** 《통용어》 누구를 (무엇으로) 귀찮게 하지 않다[괴롭히지 않다]. **4.** 침착, 안심, 안도, 냉정, 태연, 안정: die R. bewahren 침착[냉정]을 유지하다; die R. verlieren 침착[냉정]을 잃다; keine R. haben [finden] 냉정[안심]하지 못하다, 침착하지 못하다; sich nicht(durch nichts) aus der R. bringen lassen 어떤 일이 있어도 태연하다[침착하다, 꿈쩍않다]; in (aller) R. 아주 조용히, 침착하게, 태연자약하게; etw. läßt jmdm. keine R. 무엇이 누구를 계속 괴롭히다[성가시게 하다]; zur R. bringen 안심시키다, 진정시키다, 조용하게 하다; sich zur R. zwingen (강제로) 침착하게 하다, 안정토록 하다; nicht zur R. kommen 안정을 찾지 못하다, 불안해 하다; [성구] R. ist die erste Bürgerpflicht! 《대개 농》 평정(平靜)[안정]이 시민의 제일의 의무! (1806년 프로이센군이 나폴레옹에 패한 후 당시 베를린 지사였던 F. W. Graf von Schulenburg-Kehnert가 베를린 시민에 발표한 포고령 중의 한 귀절); immer mit der R. ((농)) und mit Hoffmannstropfen] (berl.·농) und dann mit 'nem Ruck! 《통용어》 언제나 천천히!, 서두르지 말도록!; **die R. weghaben** 《통용어》 (평소라면 어쩔줄 모를텐데) 태연하다, 침착하다, 침착(냉정)하다: du hast vielleicht die R. weg! 너는 참 태연하기도 하구나! **5.** 정지, 휴지(休止), 부동(상태): das Pendel ist[befindet sich] in R. 추(振子)는 정지 상태에 있다[정지해 있다]; das Rad kommt langsam zur R. 바퀴가 천천히 정지하고 있다.

ruhe-, Ruhe-: **~bank,** die (Pl. ~bänke) 휴식용 벤치. **~bedürfnis,** das 〈Pl. 없음〉 휴식에 대한 필요(구), 휴식이 필요한 느낌. **~bedürftig** 〈Adj.〉 휴식이 필요한. **~bett,** das [고어] 눕는 걸상, 긴 의자, 눕는 소파. **~energie,** die [물리] ↑ Ruhenergie. **~gehalt,** das ↑ Pension (1 b). **~gehaltsfähig** 〈Adj.〉 연금(年

金)에 계산되는. **~geld**, das 양로 연금. **~genuß**, der 《österr.》《관》↑Pension (1 b). **~jahr**, das ↑ Sabbatjahr. **~kissen**, das (고어) (부드러운) 베개. **~kleid**, das 《동물》(수컷 동물에서 발정기나 부화기 사이에 나타나고 흔인색과는 약간 다른) 깃이나 피부의 엷은 색깔. **~lage**, die 1. 《의학》안정(安定)(위치). 2. 몸의 정지상태, 평온한 상태. **~liebend** 〈Adj.〉조용한 것을 좋아하는, 휴식을 즐기는. **~liege**, die 휴식용 눕는 의자. **~los** 〈Adj.〉**a)** 쉬지 않는, 안정되지 않은, 싱숭생숭한. **b)** 불안한, 홍분한. **~losigkeit**, die ↑~los의 명사형. **~masse**, die 《물리》↑Ruhmasse. **~ort**, der ↑ ~platz. **~pause**, die 휴식 시간, 중간 휴식: eine kurze R. einlegen 짧은 휴식 시간을 중간에 넣다. **~periode**, die 《생물》(특정 동·식물의) 신진대사가 약화된 기간(예컨대: 겨울 잠, 겨울 휴식 등). **~platz**, der 《축소형》**~plätzchen**, das 휴식처, 휴게소. **~posten**, der 한직(閑職). **~punkt**, der 쉬는 곳, 정리점, 쉼표, 휴지부(符). **~raum**, der 휴게실. **~schmerz**, der 《의학》(특히 혈액 순환 장애시에 나타나는) 가슴의 통증이나 휴식시의 다리의 통증. **~sitz**, der 1. 결상, 벤치 (자동차나 비행기 등의). 2. ↑Alterssitz. **~stadium**, das 《생물》↑~periode. **~stand**, der (Pl. 없음) 연금 생활, 은퇴: in den R. gehen(versetzt werden) 은퇴하다, 연금 생활로 들어가다; in den R. treten 은퇴하다, 연금 생활로 들어가다, 퇴직하다; er ist Rektor im R. 그는 은퇴한 대학 총장이다(약어: i. R.). **~ständler** [-ʃtɛntlɐ], der; -s, - 연금 생활자. **~ständlerin**, die; -nen ↑~ständler의 여성형. **~standsbeamte**[*], der 퇴임(퇴임) 관리. **~standsversorgung** die (연금 등을 통한) 퇴직 관리를 위한 생활 보장. **~statt**, die; -stätten 《아어》 **1.** (드물게) ↑ ~platz. **2.** 묘지(墓地). **~stätte**, die 《아어》↑~statt. **~stellung**, die 1. ↑~lage. 2. 《군》휴전 상태(반대: Kampfstellung). **~stifter**, der 화해시키는 사람, 조정자, 중재인. **~störend** 〈Adj.〉안정(평화, 평온)을 방해하는. **~störer**, der 평화 안정(平安)을 파괴자. **~störung**, die 난동, 소동, 안면 방해, 치안 파괴. **~strom**, der 《전기》폐회로(閉回路) 전류. **~stunde**, die, 《축소형》 **~stündchen**, das (한 시간의) 휴식 시간, 짧은 쉬는 시간. **~system**, das 《물리》↑Ruhsystem. **~tag**, der **a)** 휴점일, 쉬는 날. **b)** 휴일, 공휴일. **~voll** 〈Adj.〉 (아어) 조용한, 고요한, 평온한. **~zeit**, die 휴식 시간, 연금 가, 한가한 때. **~zustand**, der ↑Ruhe (5).

ruhen ['ruːən] 〈h〉 **1. a)** 쉬다, 휴식하다, 잠자다, 영면하다: nach der Arbeit ein wenig auf dem Sofa r. 일을 한 뒤에 약간 소파에 쉬다; (비인칭) hier läßt es sich (läßt sich's) gut r. 여기는 좋은 휴식 장소이다, 쉬기 좋은 곳이다; 【성구】 nach dem Essen sollst du ruhn oder tausend Schritte tun 식후에는 휴식을 취하던지 일천보 (1000보)를 걸어라; 【전의】 im Grabe r. (아어) 죽어 있다; in fremder Erde r. (아어) 낯선 땅(외국)에 매장되어 있다. **b)** (아어) 잠자다. **2.** 멎다, 멈추다, 정지(休止)하다, 중단되다: der Betrieb ruht 공장 가동이 중지되다; am Wochenende ruht die Arbeit 주말에는 작업(일)을 하지 않는다; der Acker ruht 밭이 놓여 있다(사용되지 않고 있다); an Feiertagen ruht der Verkehr in der Stadt fast völlig 휴일에는 시가의 교통이 거의 완전히 정지된다; das Arbeitsverhältnis ruht 노동 계약이 효력을 잃고 있다; nicht r. und rasten((드물게·대개 부정형에))nicht(weder) r. noch rasten) 쉬지않고 (끝없이) 정진하다(노력하다). **3. a)** 무엇 위에 깃들다, 무엇을 토대[근거]로 하고 있다; 【전의】 (아어) die ganze Verantwortung ruht auf seinen Schultern 모든 책임이 그의 어깨 위에 놓여 있다. **b)** 놓여 있다, 기대어 있다: ihr Kopf ruhte an seiner Schulter 그녀의 머리는 그의 어깨에 기대어 있었다. **c)** 간직되어 있다: der Schmuck ruht in einer Schatulle 보석은 보석함 속에 (놓여) 있다; 【전의】 sie ruht fest in ihrem Glauben 그녀는 확고하게 자기의 믿음(신앙)을 견지하다; sie ruht (ganz) in sich selbst 그녀는 인격적으로 조화를 이룬(정신적으로 안정된) 사람이다. **4.** (시선 등이) 머물다, 멈추다, 멎다, 깃들다: sein Blick ruhte auf dem Bild 그는 그 그림을 바라보고 있었다. **ruhenlassen*** 〈h〉(일을) 그만두다, 중지하다, 미해결로 남겨놓다, 그대로 놔두다: ein Problem r. 문제를 미해결로 남겨 놓다; man hatte den Fall vorerst ruhenlassen(드물게 ruhengelassen) 사람들은 그 사건(사안(事案))을 우선 다루지 않고 남겨 놓았다. **ruhig** ['ruːɪç] **I.** 〈Adj.〉 **1.** 멎은, 정지한, 휴지(休止)한, 움직이지 않는: -es Wetter 바람이 불지 않는 날씨(기후); die See ist r. 바다는 잔잔하다; 【전의】 das Geschäft ist zur Zeit r. 장사가 현재 침체 상태이다. **2. a)** 평화로운, 조용한, 고요한, 시끄럽지 않은: -es Zimmer zu vermieten 조용한 방을 세놓음; in einer -en (반대: lauten) Gegend wohnen 조용한(반대: 시끄러운) 곳에 살다; 【전의】 -e Farben 옅은 색깔. **b)** 시끄럽지 않은: -e Mieter haben 조용한(얌전한) 세입자를 두다; nun seid doch mal r.! (seid jetzt endlich r.!) 이제는 조용히 하거라; 【전의】 um diese Angelegenheit ist es r. geworden 이 일(사건)은 이제 잠잠해졌다, 아무도 이 일(사건)에 대해서는 이제 더이상 얘기하지 않는다. **3. a)** 평화로운, 안온한, 안정된: -e Zeiten 평화로운(안정된) 시절(시대); r. arbeiten können 방해받지 않고(편안히) 일을 할 수 있다. **b)** 편안한, 안락한: ein -es Leben führen 안락한 생활을 하다. **c)** 태평스러운, 느긋한. **4.** 침착한, 냉정한, 대범한, 태연한: ein -er Mensch 침착한 사람; sei ganz r., es ist ihnen bestimmt nichts passiert 전혀 걱정하지 마라, 틀림없이 아무일도 그들에게 일어나지 않을 것이다; er gab sich Mühe, r. zu bleiben 그는 냉정(침착)을 유지하려고 애썼다; sein Atem wird ruhiger 그의 숨소리는 조용하게 되었다(정상을 되찾았다); r. sahen sie zu, wie das Kind geschlagen wurde 그들은 그 아이가 얻어맞는 것을 태연히 보고만 있었다. **II.** 〈Adv.〉 《통용어》 **a)** (무관심이나 냉담한 상태의 표현으로서) 마찬가지인, 매일반인. **b)** (양해나 용인(容認)의 표현으로서) 원한다면, 마음대로: Sie dürfen während der Arbeit r. rauchen 작업 도중에 당신은 원한다면 담배를 피워도 됩니다. **c)** (ja나 nur와 결합하여) 염려하지 않고, 안심하고, 믿고: dir kann ich es ja r. sagen 나는 너에게 그것을 안심하고 말할 수 있다. **ruhigstellen** 〈h〉(부러진 팔, 다리 따위를) 움직이지 않게 하다, 가만히 놓아두다. **Ruhigstellung**, die ↑ruhigstellen의 명사형.

Ruhm [ruːm], der; -(e)s 명성, 명예, 영광: unsterblicher R. 불멸의 명예; sein R. mehrte sich(stieg) 그의 명성이 높아갔다; diese Tat hat ihm R. eingetragen (eingebracht) 이 일이 그에게 명예를 가져다 주었다; zu dieser Zeit stand der Dichter auf der Höhe seines -es 이 시절에 그 시인은 명예(명성)의 절정에 있었다; **sich nicht (gerade)**((ㄷ물게)) **sich) mit R. bekleckert haben** 《통용어·반어》별로 대수롭지 않은 업적만을 보여 주었다, 성과가 별 신통찮았다.

ruhm-, Ruhm- **~bedeckt** 〈Adj.〉명예를 지닌, 명성이 자자한. **~begier** (아어), **~begierde**, die 명예욕, 공명심. **~begierig** 〈Adj.〉명예욕의, 공명심 있는, 명예욕이 많은. **~bekränt** 〈Adj.〉《시어》↑~bedeckt. **~gekrönt** 〈Adj.〉《시어》↑~bedeckt. **~los** 〈Adj.〉명성이 없는, 무명의, 명예롭지 못한. **~losigkeit**, die ↑~los의 명사형. **~redig** [-reːdɪç] 〈Adj.〉(아어) 자랑만 하는, 우쭐거리는, 자만하는. **~redigkeit**, die (아어) ↑~redig의 명사형. **~reich**

〈Adj.〉 명예로운, 영광스러운, 고명한. **~sucht,** die 〈Pl. 없음〉 ↑ **~begierde. ~süchtig** 〈Adj.〉 ~begierig. **~voll** 〈Adj.〉 ↑ ~reich. **~würdig** 〈Adj.〉 (아이) 명성을 얻을 만한, 칭찬할 만한: eine -e Tat 칭찬할 만한 행동.

rühmen ['ryːmən] 〈*h*〉 **a)** 기리다, 칭찬하다, 찬양하다: etw. an jmdm. r. 누구의 무엇을 칭찬하다; man r. ihn als tapfer 그는 용감하다고 칭찬받는다; jmds. Arbeitseifer r. 누구의 일에 대한 열성을 칭찬하다; hoch gerühmt sein[werden] 매우[몹시] 칭찬받다. **b)** 〈r. + sich〉 자랑하다, 뽐내다, 자만(自慢)하다: er rühmt sich seiner Verwandtschaft mit dem Dichter 그는 그 시인과 친척이라고 뽐낸다[자랑한다]. **rühmenswert** 〈Adj.〉 칭찬[추천]할 만한, 기릴 만한, 훌륭한.

Ruhmes-: **~blatt,** das 〈대개 다음 용법으로〉 **kein** [《드물게》**ein**] **R. (von etw.) sein** 훌륭한[칭찬할 만한] 일(사건)이 아니다[이다]. **~blume,** die 〖식물〗 불로화. **~halle,** die 한 나라의 위인을 함께 모신 사당(詞堂)[홀]. **~tag,** der 영광의 날. **~tat,** die 명예로운 [훌륭한] 일[행위]. **~titel,** der 〈Pl.〉 **1.** 칭찬 받을 만한 업적[과업]. **2.** 명예로운 별명: jmdm. den R. eines Erfinders beilegen 누구에게 발명가의 별명을 붙여 주다.

rühmlich ['ryːmlɪç] 〈Adj.〉 칭찬(찬양)할 만한, 명예[영광]스러운: er hat kein -es Ende genommen 그는 명예로운 끝맺음[결말]을 갖지 못했다. **Rühmung,** die; -en (아이) 칭찬, 찬양, 찬미.

¹Ruhr [ruːɐ], die; -en 〖의학〗 이질(痢疾): die weiße [rote] R. 백[적]리(白[赤]痢).

²Ruhr ['ruːɐ], die 루르강(라인강의 지류).

ruhr-, Ruhr-: **~epidemie,** die 이질 전염병. **~krank** 〈Adj.〉 이질에 걸린. **~wurz,** die 〖식물〗 [이질을 막는데 사용되는] 떡쑥.

rühr-, Rühr-: **~besen,** der [풀어지는] 교반용 거품기. **~ei,** das **a)** 〖요리〗 스크램블에그[휘저어 삶은 계란]. **b)** 〈Pl. 로만〉 〖지역어〗 ↑ ~ei (a). **~kelle,** die ↑ ~löffel. **~kuchen,** der 밀가루 반죽으로 만든 과자[케이크]. **~löffel,** der 교반용 주걱, 휘젓는 주걱. **~maschine,** die [밀가루의 반죽용의] 교반기, 반죽 기구. **~michnichtan,** das; -, - 노랑물 봉선화: 전의 ein Fräulein R. 통용어·조롱〗 섬세한[민감한] 아가씨. **~selig** 〈Adj.〉 **a)** 다감한, 감상[감정]적인, 느끼기 쉬운. **b)** 감동적인: ein -es Theaterstück 감동적인 연극 작품. **~seligkeit,** die 〈Pl. 없음〉 ↑ ~selig의 명사형. **~stück,** das **a)** 〈Pl. 없음〉 (감상주의시대에 발생한) 감상극, 멜로드라마. **b)** 멜로드라마의 작품. **~teig,** der 휘저어 갠 빵의 반죽. **~werk,** das 반죽그릇, 교반그릇. **b)** 믹서(주방)기구 중의 반죽기(교반기).

rühren ['ryːrən] 〈*h*〉 **1. a)** 휘젓다, 교반하다: die Suppe r. 수프를 휘젓다; mit dem Löffel im Kaffee r. 스푼으로 커피를 젓다. **b)** (휘)저으며 첨가하다[넣다]: ein Ei an den Grieß r. 곡물에 계란을 넣어 젓다. **2. a)** [몸의 일부를] 움직이다: die Glieder nicht mehr r. können 팔다리를 더이상 움직일 수 없다; sich (vor Angst) nicht zu r. wagen (두려워서) 움직일 엄두를 내지 못하다; kein Lüftchen rührte sich 바람 한 점 없었다; der Verunglückte rührte sich nicht mehr 그 조난자는 죽은 듯 누워 있었다; 전의 du mußt dich mehr r. 너는 더욱 [능동적으로] 움직여야 한다[행동해야 한다]; **sich nicht r. können** 〈통용어〉 〖군〗 열중쉬다: 《또한》 r. + sich) rührt euch! 열중쉬어! **3.** (아이) 접촉하다(berühren), 무엇에 손을 대다: mit der Stirn den Boden r. 이마를 땅에 대다; 전의 an eine schmerzliche Erinnerung r. 괴로운 기억을 불러일으키다; wir wollen nicht mehr daran [an diese, 〈드물게〉 dieser Sache) r. 우리는 그것(이 일)에 대해서는 언급하지 않겠다. **4.** 감동시키다, (마음을) 뒤흔들다: er rührte die Menschen (zu Tränen) 그는 사람들을 (눈물이 나올 정도로) 감동시켰다; tief gerührt sein 깊이 감동되다[감명받다]; **ein menschliches Rühren verspüren** 《은폐·농》 인간적 동정을 느끼다. **5.** (아이) 유래하다, 일어나다(= herrühren), 연유하다: viele Mißverständnisse rühren 많은 오해가 일어나다; das rührt daher, daß ... 그것은 ... 라는 것에서 일어난 것이다(유래한 것이다); der Lärm rührt von der Baustelle 그 소음은 건축 공사장에서 나오고 있다. **6.** (아이 · 준고어) (북, 하프 등 악기를) 치다, 타다. **rührend** 〈Adj.〉 감동적인, 마음을 움직이게 하는, 눈물나게 하는: er sorgt in -er Weise[r.] für seine kranke Mutter 그는 그의 병든 어머니를 감동적인 방법으로[지극하게] 돌보고 있다. **rührig** ['ryːrɪç] 〈Adj.〉 활발한, 활동적인, 바쁜, 근면한: der Verein ist sehr r. 그 협회는 매우 활동적이다. **Rührigkeit,** die ↑ rührig의 명사형. **rührsam** ['ryːɐ̯zaːm] 〈Adj.〉 (고어) ↑ rührselig (b). **Rührung,** die 감동, 감격, 동정: vor R. weinen 감동[감격]해서 울다.

Ruin [ruˈiːn], der; -s 붕괴, 몰락, 쇠망, 파멸: der Alkohol war sein R. 알코올이 그의 파멸의 원인이었다; du bist noch mein R. 너는 나를 파멸로 이끌 것이다; etw. führt zu jmds. finanziellem R. 무엇이 누구를 재정적 파멸에 이르게 하다. **Ruine** [ruˈiːnə], die; -n [frz. ruine] **a)** 폐허, 고허(故墟): von der Klosteranlage steht nur noch eine R. 수도원 자리에는 다만 폐허만이 아직 남아 있다; 전의 menschliche -n 《통용어·감정》 폐인(廢人). **b)** 〈Pl. 로만〉 (폐허의) 잔재: die -n des Krieges sind verschwunden 전쟁의 잔재(흔적)들이 사라졌다.

Ruinen-: **~feld,** das 폐허 지역. **~grundstück,** das 폐허의 땅. **~landschaft,** die **1.** ↑ ~feld. **2.** 〖미술〗 폐허 지역의 풍경화.

ruinenhaft 〈Adj.〉 폐허 같은, 황폐한, 퇴락한. **ruinieren** [ruiˈniːrən] 〈*h*〉 [frz. ruiner] **a)** 멸망시키다, 파괴하다, 황폐하게 하다, 붕괴시키다, 파산시키다: sich gesundheitlich r. 건강을 해치다; der Krieg hat den Staat wirtschaftlich ruiniert 전쟁이 그 국가를 경제적으로 파멸시켰다; der Alkohol ruinierte seine Leber 알코올[술]이 그의 간을 망가뜨렸다; ein ruinierter Geschäftsmann 파산한 상인; 성구 ist der Ruf erst ruiniert, lebt es sich ganz ungeniert 명성을 버리고 나면 아주 자유롭게 살게 된다. **b)** (부주의로) 상하게 하다, 못쓰게 하다, 망가뜨리다: bei dem Spaziergang im Regen habe ich meine[mir die] Schuhe völlig ruiniert 빗속을 산보하면서 나는 구두를 완전히 버렸다.

ruinös [ruiˈnøːs] 〈Adj.〉 [frz. ruineux] **1.** 파멸을 가져오는, 유해한. **2.** 〈준고어〉 황폐한, 붕괴한: die -en Teile eines Gebäudes abreißen 건물의 황폐한 부분을 헐다.

Ruländer ['ruːlɛndɐ], der; -s, - **a)** 〈Pl. 없음〉 (백포도주용의) 루렌더 포도. **b)** 루렌더 백포도주.

Rülps [rylps], der; -es, -e 〈지역적·속어〉 **1.** 《큼》 버릇 없는 사람. **2.** ↑ Rülpser. **rülpsen** ['rylpsn̩] 〈*h*〉 〖의성어·통용어〗 **a)** 트림하다. **b)** 트림하며 혹 불다. **Rülpser,** der - s, - (통용어) **1.** 트림. **2.** 트림하는 사람.

rum [rʊm] 〈Adv.〉 〈통용어〉 ↑ herum.

Rum [rʊm, 〈südd. österr. schweiz.〉 ruːm], der; -s [engl. rum] (사탕수수로 만든) 럼주(酒).

rum- (↑herum-, Herum-도 참조): **~albern** 〈*h*〉 ↑ herumalbern. **~ballern** 〈*h*〉 (목표없이) 공을 휘둘러 차다. **~ficken** 〈*h*〉 (비어) 분별없이 성교하다(교접하다). **~flachsen** 〈*h*〉 (통용어) (희롱거리며) 빈둥거

리다, 허풍떨며 시간 보내다. **~gammeln** ⟨h⟩ 《통용어》 ↑gammeln (2). **~haben*** ⟨h⟩ 《통용어》 《일정 시간을》 마치다, 보내다. **~hampeln** ⟨h⟩ 《통용어》 (이리저리) 버둥거리다. **~hängen*** ⟨h⟩ 《통용어》 **1. a)** 《젊은 사람들》 고정 직장을 갖지 않다. **b)** 떠돌며 머물다(체류하다). **2.** ↑herumhängen (1). **~kalbern** ⟨h⟩ 《통용어》 장난질치다, 떠들어대며 시간을 보내다, 《방종하게》 굴다. **~kriegen** ⟨h⟩ 《경》 설득시키다, 《처녀 등을》 꾀어내다: sie läßt sich nicht so leicht r. 그녀는 그리 쉽사리 설득 당하지는 않는다. **2.** 《통용어》 시간을 보내다. **~labern** ⟨h⟩ 《폄》 지껄이면서[재잘거리면서] 시간을 보내다. **~latschen** ⟨h⟩ 《경》 시시한 이야기를 하면서 걸어다니다. **~ludern** ⟨h⟩ 《통용어·폄》 떠돌아다니다. **~machen 1.** 《통용어》 돌려먹다. **2.** 《통용어》 시간을 보내다. **3.** 《경》 ⟨s⟩ 《일정한 지역을》 헤매다, 배회하다. **4.** 《경》 ↑herummachen. **5.** ⟨h⟩ 《경》 **a)** 누구와 성적 관계를 갖다. **b)** ↑herumfummeln (2). **~schmeißen*** ⟨h⟩ 《통용어》 ↑herumwerfen. **~ständern** [-ʃtɛndɐn] ⟨h⟩ 《지역적·경》 둘러서 있다. **~vögeln** ⟨h⟩ 《비어》 성교[교미·교접]하다. **~würgen** ⟨h⟩ 《지역적·경》 (육체적으로) 녹초가 되다.

Rum-: **~aroma**, das 럼주 같은 향기. **~flasche**, die 럼주병. **~kugel**, die 럼주가 들어있는 둥근 모양의 초콜릿[과자]. **~topf**, der **1.** (럼주가 담긴 단지 속에 잠긴) (과일) 열매. **2.** 과일을 넣은 럼주 단지. **~verschnitt**, der 럼주와 다른 술과의 혼합주.

Rumäne [ruˈmɛːnə], der; -n, -n 루마니아 사람. **Rumänien** [ruˈmɛːniən], das; -s 루마니아. **rumänisch** [ruˈmɛːnɪʃ] ⟨Adj.⟩ 루마니아(사람, 말)의. **Rumänisch**, das; -(단지 정관사와 함께) **Rumänische***, das; -n 루마니아어[말].

Rumba [ˈrumba], die; -s / 《통용어·österr.》 der; -s, -s [span. rumba] (쿠바에서 유래된) 룸바(사교댄스의 일종).

Rumfordsuppe [ˈrumfɔrt-, (engl.) ˈrʌmfəd-], die; -n [B. Thompson(Graf von Rumford) (1753~1814)에 따라] [요리] 럼포드 수프.

Rumination [ruminaˈtsjoːn], die; -en [1: lat. rūminātio] **1.** 《동물》 반추. **2.** 《의학》 (젖먹이의) 반추증. **3.** 《교양어·고어》 심사 숙고. **ruminieren** [...ˈniːrən] ⟨h⟩ [1, 3: lat. rūmināre] **1.** 《동물》 반추(反芻)하다. **2.** 《의학》 반추증을 보이다. **ruminiert** ⟨Adj.⟩ 《식물》 (식물 씨앗이) 씹어 쪼개진, 부수어진.

¹Rummel [ˈrum(ə)l], die; -n 《지역적》 사탕무.

²Rummel [-], der; -s 《통용어》 **1.** 떠들썩함, 야단법석, 소란: den R. mitmachen 같이 소동[소란]을 피우다; **der ganze R.** 《통용어》 들을어 모든; **den R. kennen** 《경·종종 폄》 사정(상황)을 잘 알고 있다. **2.** 《norddeutsch》 큰 장, 대목장. **rummeln** [ˈruml̩n] ⟨h⟩ 《의성어·지역적》 (천둥소리, 배골는 소리 등이) 우르르[쪼르륵]하다.

Rummelplatz, der; -es, -plätze 《norddeutsch》 대목장터, 난장터.

Rummy [ˈrœmi, ˈrʌmi], das; -s, -s [engl. rummy] 《österr.》 ↑Rommé.

Rumor [ruˈmoːr], der; -s [lat. rumor = Lärm, Tumult] 《지역적·고어》 소란, 소동. **rumoren** [ruˈmoːrən] ⟨h⟩ 《통용어》 **1.** 뒤척이는 소리를 내다, 달그락 소리를 내다. **2.** (위장에서) 꼬르륵 소리가 나다. **3.** 동요를 일으키다. **4.** 소요를 일으키다.

¹Rumpel [ˈrumpl̩], die; -n 《südd., md.》 **1.** ↑Gerumpel. **2.** ↑Gerümpel.

²Rumpel [-], die; -n 《md., 준고어》 빨래판.

Rumpel- ⟨↑Rumpel⟩: **~kammer**, die 《통용어》 헛간, 잡동사니를 두는 곳: dieses wackelige Möbel gehört in die R. 이 흔들거리는 가구는 더이상 사용될 수 없다; 전의 Reformvorschläge in die R. werfen 개혁안을 폐기하다. **~kasten**, der 《약간 폄》 **1.** (덜커덩거리는) 낡은 (마)차, 피아노 따위. **2.** 잡동사니를 넣는 상자 《통》. **~kiste**, der 《통용어》 잡동사니 상자(궤짝). **~stilzchen** [-ʃtiltsçən], das; -s 룸펠슈틸츠헨(동화에 나오는 난쟁이 이름).

¹rumpelig, **rumplig** [ˈrump(ə)lɪç] ⟨Adj.⟩ **1.** 덜커덩거리는 소리를 내는. **2.** 울퉁불퉁한.

²rumpelig, **rumplig** [-] ⟨Adj.⟩ 《md.》 주름이 있는.

¹rumpeln [ˈrumpl̩n] ⟨h⟩ 《통용어》 **a)** 덜커덩덜커덩 소리를 내다, 덜커덩거리다. **b)** 덜커덩 소리를 내면서 가다.

²rumpeln [-] ⟨h⟩ 《md.》 **1.** 주름지게 하다, 주름(살)투성이가 되게 하다. **2.** 《준고어》 빨래를 빨래판에 문지르다 《비비다》.

Rumpf [rumpf], der; -(e)s, Rümpfe [ˈrympfə] **1.** 몸(통): den R. drehen 몸통을 돌리다. **2. a)** 선체(船體). **b)** 기체(機體).

Rumpf-: **~beuge**, die [체조] 몸통 운동. **~drehen**, das; -s [체조] 몸통 돌리기(운동). **~fläche**, die [지질] 준평원. **~gebirge**, das [지질] 잔여 산맥. **~kabinett**, das 일부분만 남아 있는 내각. **~kreisen**, das; -s [체조] 허리돌리기 운동.

rümpfen [ˈrympfn̩] ⟨h⟩ 찌푸리다: bei einem üblen Geruch die Nase r. 고약한 [나쁜] 냄새에 코를 찡그리다.

Rumpler [ˈrumplɐ], der; -s, - [승마] 말이 뛰고난 다음 비틀거림. **¹rumplig**: ↑¹rumpelig.

²rumplig: ↑²rumpelig.

Rumpsteak [ˈrump-steːk], das; -s, -s [engl. rumpsteak] 홍두깨살 스테이크.

rums! [rums] ⟨Interj.⟩ 《의성어》 **a)** 쿵 (하는 소리) **b)** (급작스런 변화의 의성어) 덜컥. **rumsen** [ˈrumzn̩] ⟨h⟩ 《지역적》 **a)** (대개 비인칭) 떨어지며 [부딪치며] 쿵하는 소리를 내다. **b)** 쿵하는 소리를 내며 부딪치다: gegen eine Mauerecke r. 담 모서리에 쿵 소리를 내며 부딪치다.

Run [rʌn], der; -s, -s [engl. run] 돌진, (인파의) 쇄도: der vorweihnachtliche R. auf Spielzeug 크리스마스 전의 장난감에 몰린 인파의 쇄도.

rund [rʊnt; lat. rotundus] **I.** ⟨Adj.⟩ **1.** 둥근, 둥그스름한, 구형(球形)의: ein -er Kopf 둥근 머리; ein -er Rücken 둥그스름하며 굽은 등; das Kind machte -e Augen 그 아이는 (놀라서) 눈을 동그랗게 떴다. **2.** 포동포동 살찐, 뚱뚱한: das Kind hat -e Bäckchen 그 아이는 둥글한 [살찐] 뺨을 가졌다; sie ist dick und r. geworden 그 여자는 뚱뚱하고 살이 쪘다. **3.** 《통용어》 꽉 찬, 완전한: ein -es Dutzend 부족없는 1다스; er hat -e Arbeit -e drei Jahre gebraucht 그는 그 일을 위해서 완전히[꼭] 3년이 필요했다; eine -e Zahl 사사오 입한 수, 정수. **4.** 완성된, 다 만들어진, 된, 완숙한: der Wein hat einen -en Geschmack 그 포도주는 잘 숙성된 맛이 난다; **r. laufen** a) 《통용어》 잘되다, 잘 이루어지다, 성공하다: bei uns läuft alles r. 우리는 모든 것이 잘 되고 있다, 만사형통이다. **2)** (자동차 음어) 《자동차의 모터가 돌아갈 때》 조용히[일정하게] 움직이다 《반대: unrund laufen》. **II.** ⟨Adv.⟩ 《통용어》 약, 대략《약어: rd.》: in r. einem Jahr wird er fertig sein 대략 1년 안에 그는 끝낼 것이다. **r. um jmdn. (etw.)** 누구(무엇)의 둘레를 돌아서다: eine Reise r. um die Welt 세계 두루 돌아다니는 여행; r. um die Uhr 쉼[끊임]없이.

Rund [-], das; -(e)s, -e [frz. rond] **a)** 원형(圓形), 구형(球形), 통통한 모양. **b)** 원형의 것: 전의 als einziger im weiten R. 주위[주변]에서는 유일하게.

rund-, Rund-: **~bank**, die ⟨Pl. -bänke⟩ (원형 혹은 반원형으로) 둥글게 만든 벤치. **~bau**, der ⟨Pl. -ten⟩ 원형

건(축)물. ~beet, das 원형 화단(묘판). ~bild, das 파노라마 그림. ~blick, der a) 파노라마, 전경. b) 주변[사방]을 둘러봄. ~bogen, der 【미술·건축】 원형[원형] 아치, 로마식 아치. ~bogenfenster, das 원형[반원형] 아치의 창문. ~bogenfries, der 【건축】 홍예 무늬 프리즈. ~brief, der a) (다수의 수신자에게 개별적으로 보내는) 회람. b) (여러 사람이 돌려보는) 회람. ~dorf, das (중심에서 사방으로 발달된) 원형마을(반대: Reihendorf). ~eisen, das 1. (기계의) 둥근 철봉. 2. 둥근 끌. ~erlaß, der (상급관청이 하급관청에 내린) 지시회람(指示回覽). ~erneuern 〈h〉 【자동차】 (자동차의) 타이어를 재생하다. ~erneuerung, die ↑~erneuern의 명사형. ~fahrkarte, die 일주[주유(周遊)]여행 차표. ~fahrt, die 1. 일주(주유)의 자동차여행. 2. 【스포츠】 (여러 구간을 달리는) 자동차(자전차)일주 경주. ~feder, die 끝부분이 둥근 (장식문자용) 필기용구. ~feile, die 둥근 줄. ~fenster, das 둥근 창. ~flug, der 순회(유람) 비행. ~frage, die 앙케트, 설문조사. ~fragen 〈h〉 (부정형 및 과거분사로만) 설문 조사를 하다, 회람(回狀)에 의해 질문하다. ~funk, der ↑Rundfunk (↑rundfunk, Rundfunk- 참조). ~gang, der 1. 순회, 순찰: einen R. machen 순회를 하다, 한바퀴 돌다, 순찰하다. 2. 순회로, 회랑. ~gehen* 〈s〉 1. 순회하다, 순찰하다. 2. (차례차례로) 전달되다, 퍼지다: 전의 die Geschichte ist schon überall rundgegangen (통용어) 그 이야기는 벌써 도처에 퍼졌다. 3. es geht rund (통용어) (일이) 정신 없이 돌아가다(바쁘다): im Büro geht's heute mächtig rund 오늘은 사무실에 정신 없이 일이 많다[바쁘다]. ~gesang, der 1. 윤창(輪唱). 2. 윤창곡(輪唱曲). 3. ↑Rondo (1)의 일종. ~gespräch, das 원탁회의. ~gewicht, das 【중량경기】 (투머의) 해머. ~heraus 〈Adv.〉 솔직하게, 있는 그대로. ~herum 〈Adv.〉 a) 주위에, 주변에, 빙둘러. b) 둥글게, 주위로. c) 도처에, 완전히: r. naß werden 완전히 젖다; 전의 ich habe den Gerede r. satt 나는 너의 수다에 완전히 물렸다(지긋지긋하다). ~holz, das 원재(圓材). ~horizont, der 【연극】 반원형지평(半圓形地平). ~kurs, der 【모터 스포츠】 자동차 경주 트랙. ~lauf, der 1. 회전, 순환. 2. 【기계체조】 출회전체 조도. ~pfeiler, der 【건축】 원주(圓柱). ~reise, die 일주(주유) 여행. ~reisekarte, die ↑Rundfahrkarte. ~rücken, der 【의학】 위로 솟아 나온(굽은) 둥근 원형등골. ~ruf, der 공지 호출(公知呼出). ~schädel, der 【인류】 원형두개골. ~schäd(e)lig 〈Adj.〉 원형 두개골의. ~schau, die (아이 둘러봄, 일주. ~schild, der (Pl. -schilde) (옛) 둥근 판, 원판(圓板). ~schlag, der 【권투·축구·아이스하키】 돌려침, 혹. ~schreiben, das ↑~brief (a). ~schrift, die 둥근 모양의 글씨체(일종의 장식문자(필적)). ~schriftfeder, die ↑~feder. ~sicht, die ↑~blick (a). ~spruch, der 〈Pl. 없음〉 (schweiz.) ↑Rundfunk. ~stab, der 【건축】 (특히 로마네스크 건축에서) 단면이 반원인 기둥 장식. ~strecke, die 【스포츠】 (반복해서 도는) 트랙. ~streckenrennen, das 트랙 경주, 트랙 경주. ~strick, der (Pl. 없음) (은어) 원형 직조기로 짠 섬유(천). ~stricken 〈h; 부정형·과거분사로만 사용〉 원형직조기(편물기)로 짜다(만들다). ~strickmaschine, die 원형 편물기. ~stricknadel, die 원형(뜨개질) 바늘. ~stück, das (nordd.) 둥근 롤빵. ~stuhl, der ↑~strickmaschine. ~tanz, der 〈Pl. 없음〉 윤무, 원무. ~tischgespräch, das 원탁 회의(회담). ~trunk, der 돌려 마시기. ~turm, der 둥근 탑, 원탑. ~um 〈Adv.〉 a) 주위에, 사방에, 주변에. b) ↑~herum (c). ~umher 〈Adv.〉 (준고어) 사방으로. ~umleinwand, die 반원형의 영사막. ~umschlag, der 사

방으로 휘둘러침. ~umsicht, die 【자동차】 사방시계(四方視界). ~umverglasung, die 사면유리부착. ~verkehr, der ↑Kreisverkehr. ~wanderweg, der (순환 제자리로 돌아오는) 산책로(길). ~weg 〈Adv.〉 (감정) 명백하게, 솔직하게, 단호하게: etw. r. leugnen 무엇을 분명히[명백하게] 부인하다. ~weg, der 환상(環狀)도로, 순환도로(산책길). ~wirkmaschine, die ↑~strickmaschine. ~zelt, das 둥근(원형(圓形)) 천막.

Rundalow ['rundalo], der; -s, -s [↑rund u. ↑Bungalow에서] 짚으로 덮인 둥근 방가로.

Runde ['rʊndə], die; -n [2a: frz. ronde] 1. a) 소규모 모임, 회합: die ganze R. sang mit 그 모임 모두가 같이 노래를 불렀다; sie nahmen ihn in ihre R. auf 그들은 그를 그들의 모임에 받아들였다. b) 원(圓), 환(環), 회전, 순환: in die R. blicken 빙 둘러 바라보다. 2. a) 회전로, 순환로, 회전길, 한 바퀴 돎, 순찰: eine R. durch die Stadt machen 도시를 일주(一周)하다(한 바퀴 돌다); der Wächter machte seine -n 경비하는 사람[야경꾼]이 순찰을 하다; die R. machen (통용어) 1) 회람시키다, 돌리다, 순찰하다, 회진하다. 2) 빨리 전파되다, 퍼지다. b) (드물게) 순찰, 순회, 야경(의 자리). 3. 【스포츠】 a) 트랙의 한 바퀴, 규모된 경기 시간: eine R. laufen 한 바퀴를 달리다; (은어) die Wagen drehen ihre -n 자동차들이 트랙을 돌고 있다; er hat einen Vorsprung von einer halben R. herausgeholt 그는 반 트랙 정도의 차이로 앞서고 있었다; 전의 sie tanzten noch eine R. 그들은 또 한 바퀴 장내를 돌면서 춤을 추었다. b) 경기의 한 라운드: eine R. Golf 골프 한 라운드; die Mannschaft schied schon in der ersten R. aus 그 팀은 이미 첫 라운드에서 탈락했다. c) 【권투】 경기의 한 라운드[회전(回戰)]: die erste R. ging an den Herausforderer 첫 라운드[회전(回戰)]에서는 도전자가 우세했다; über die -n kommen (통용어) 어려운 일을 힘들이지 않고 극복하다(이겨내다); jmdm. über die -n helfen (통용어) 누가 어려움을 벗어나도록 도와주다(지원하다); etw. über die -n bringen (통용어) 무엇을 성공적으로 끝내다. 4. 둘러앉은 (술)자리: eine R. Bier 한 바퀴(한 잔) 맥주; eine R. ausgeben 한 턱 내다. 5. (수레) 뜨개질 한 바퀴. **Ründe** ['rʏndə], die 〈시어〉 1. a) 둥긂, 원형(圓形), 구형(球形). b) 원만, 완성, 완력, 완전.

Rundell [rʊn'dɛl], das; -s, -e ↑Rondell. **runden** ['rʊndn̩] 〈h〉 1. a) 둥글게 하다. b) (드물게) 돌다, 순회하다. 2. (r. + sich) a) 둥글게 되다: 전의 das Jahr rundet sich die 해가 끝나가고 있다. b) 둥글게 나타나다[인식되다]. c) 마무리 되다, 표현되다, 완성되다, 원숙하게 되다: das Bild rundet sich 그림이 완성되다. **rūnden** ['rʏndn̩] 〈h〉 (고어) ↑runden.

Runden- (Runde 3) 【스포츠】: ~rekord, der 【모터 스포츠】 구간 기록. ~spiel, das 【특히 축구】 예선 경기. ~zahl, die 라운드수, 경기 회전수(回轉數). ~zeit, die 경기 라운드 시간, 구분된 경기 시간.

Rundfunk ['rʊntfʊŋk], der; -s [1923년 독일 무선공학자 H. Bredow(1879~1959)에 의해 생김] 1. (무선) 방송, 라디오 방송. 2. a) ↑Radio (2 a): R. hören 라디오를 듣다; das habe ich im R. gehört 그것을 나는 방송에서 들었다. b) 방송국: den R. anrufen 방송국에 전화하다. c) 방송국 건물.

rundfunk-, Rundfunk- (↑funk-, Funk-도 참조): ~abkommen, das 방송 협정. ~ansprache, die 방송을 통한 연설(인사). ~anstalt, die 방송국. ~apparat, der ↑~empfänger. ~beitrag, der 방송을 위한 기고문. ~aussprache, die 방송 표준 발음. ~empfang, der 수신, 청취. ~empfänger, der 방송 수신

기, 라디오. ~**gebühr**, die 《대개 Pl.》 라디오 청취료. ~**genehmigung**, die 라디오 사용 허가. ~**gerät**, das ↑~empfänger. ~**hörer**, der 라디오 청취자. ~**kommentar**, der 라디오(방송) 해설. ~**kommentator**, der 라디오(방송) 해설자. ~**mechaniker**, der 방송 기구 기술자. ~**programm**, das 1. 방송프로. 2. 방송 프로 책자(안내서). ~**redaktion**, die 1. 방송 편집. 2. 방송 편집부. ~**reportage**, die 방송 르포. ~**reporter**, der 방송 기자. ~**sender**, der 방송국, (방송) 송신기. ~**sendung**, die 라디오 방송. ~**sprecher**, der 방송자, 아나운서. ~**sprecherin**, die ↑~sprecher의 여성형. ~**station**, die 방송국. ~**studio**, das 방송 스튜디오, 방송실. ~**technik**, die 방송 기술, 무선 공학. ~**techniker**, der 방송 기술자. ~**technisch** 〈Adj.〉 방송 기술의. ~**teilnehmer**, der 라디오의 소유자[청취자]. ~**übertragung**, die 라디오 방송 중계. ~**werbung**, die 방송 광고. ~**zeitschrift**, die (매주 발행되는) 라디오나 TV 프로그램 잡지. ~**zeitung**, die ↑~zeitschrift.

Rundheit ['rʊnthaɪt], die 둥긂, 둥근 모양. **rundlich** 〈Adj.〉 **a)** 둥그스름한. **b)** 《친구》 (여자가) 약간 뚱뚱한, 포동포동한. **Rundlichkeit**, die ↑rundlich의 명사형. **Rundling** ['rʊntlɪŋ], der; -s, -e 원형(圓形) 마을. **Rundung**, die; -en 원형, 둥근 모양, (문법의) 원순모음(화): deine Freundin hat beachtliche -en 《경》 너의 여자친구는 균형잡힌 몸매를 하고 있다.

Rune ['ruːnə], die; -n 《의성어》 루네 문자 (고대 게르만 문자).

Runen-: ~**alphabet**, das 루네 문자의 자모(子母)(알파벳). ~**forschung**, die 루네 문자와 문학 연구. ~**schrift**, die 루네 문자(의 책). ~**stein**, der 루네 문자가 쓰여진 비석(碑石).

Runge ['rʊŋə], die; -n 《전문어》 (짐수레, 무개화차 등의 양쪽이) 받치는 살대, 울짱용 기둥. **Rungenwagen**, der [철도] (나무 등 긴 물건을 싣는) 양측에 지주가 있는 무개화차.

runisch 〈Adj.〉 루네 문자(시대)의.

Runkel ['rʊŋkl], die; -n (österr., schweiz.) ↑Runkelrübe. **Runkelrübe**, die; -n 사료용 무. **Runken**, der; -s, - (md.) 큰 덩어리 빵. **Runks**, der; -es, -e [(고형) runckes, Schülerlatein des 15. Jh.s runcus] (md., obersächs.) ↑Runken. 2. 버릇없는(우악스러운) 사람. **runksen** ['rʊŋksn] 〈h〉 《지역적》 **a)** 거칠게[퉁명스럽게] 행동하다. **b)** (축구 등에서) 거칠게 경기를 하다.

Runologe [runo'loːgə], der; -n, -n 루네 문자 연구가. **Runologie**, die 루네 문자 연구.

Runs [rʊns], der; -es, -e, **Runse** ['rʊnzə], die; -n 산비탈의 계곡[도랑].

runter ['rʊntɐ] 〈Adv.〉 ↑herunter, hinunter의 통용어 (반대: rauf): er fuhr r. nach Italien 그는 이탈리아로 내려갔다.

runter-, **Runter**- 《통용어》 (herunter-, hinunter-도 참조): ~**fallen** 〈s〉 《통용어》 ↑herunter-, hinunterfallen 참조: paß auf, daß du nicht runterfällst! 넘어지지 않도록 조심해라!; **hinten r.** 성적 따위가 남에게 뒤떨어지다. ~**fliegen** 〈s〉 《통용어》 ↑herunter-, hinunterfliegen. **2.** 《경》 쫓겨나다. ~**hauen** 〈h〉 **1.** **jmdm. eine[ein paar] r.** 《경》 누구의 뺨(따귀)을 한 (몇)대 때리다. **2.** 《통용어・경》 타자기를 두들겨대다. ~**holen** **1.** ↑herunterholen. **2. sich[jmdm.] einen r.** 《비어》 ↑masturbieren 1, 2. ~**hungern** 〈h〉 《통용어》 굶어서 체중을 줄이다. ~**kippen** 《통용어》 **1.** 〈h〉 ↑hinunterkippen (1). **2.** 〈s〉 ↑hinunterkippen (2). ~**knallen** 〈h〉 《속어》 ↑hauen (1).

~**kommen*** 〈s〉 《통용어》 ↑herunterkommen. ~**langen** 〈h〉 **1.** 《지역적》 ↑herunter-, hinunterreichen. **2.** 《경》 ↑~hauen (1). ~**lassen*** 〈h〉 《통용어》 ↑herunter-, hinunterlassen. ~**putzen** 〈h〉 《경》 ↑herunternachen (a). ~**rutschen** 〈s〉 《통용어》 ↑herunter-, hinunterrutschen: 성구 rutsch mir den Buckel runter! 《경》 나를 가만히 내버려두어라! ~**schlucken** 〈h〉 《통용어》 ↑hinunter-, herunterschlucken. ~**stufen** 〈h〉 《은어》 (노동 조건이 변했기 때문에) 임금의 등급을 낮추다. ~**stufung**, die ↑stufen의 명사형. ~**treten*** 〈h〉 《통용어》 **1.** 〈s〉 아래로 내려가다. **2.** 〈h〉 **a)** (짓)밟다, (밟아) 누르다. **b)** ↑abtreten (4 b).

Runway ['rʌnwɛɪ], die; -s, 《또는》 der; -(s), -s [engl. runway] 〔항공〕 활주로.

Runzel ['rʊntsl], die; -n 《대개 Pl.》 주름, (특히 얼굴의) 주름살: Hände voller -n 주름이 가득진 손. **runz(e)lig** ['rʊnts(ə)lɪç] 〈Adj.〉 주름살이 있는, 주름이 많은: der Apfel ist schon ganz r. geworden 사과가 벌써 주글주글해졌다. **runzeln** 〈h〉 **a)** (찌푸려) 주름살을 짓다. **b)** 〈r. + sich〉 주름(살)이 생기다.

Rüpel ['ryːpl], der; -s, - 《폄》 우악스런(거친) 놈(남자), 버릇없는 사람(녀석). **Rüpelei** [ryːpəˈlaɪ], die; -en 《폄》 **1.** (Pl. 없음) 우악스러운[조야한] 태도. **2.** 버릇없는 행동. **rüpelhaft** 〈Adj.〉 《폄》 우악스러운, 조야한. **Rüpelhaftigkeit**, die; -en ↑rüpelhaft의 명사형. **rüpelig** 〈Adj.〉 ↑rüpelhaft.

¹**rupfen** ['rʊpfn] 〈h〉 **a)** 뜯어내다, 쥐어뜯다, 뽑다. **b)** (동물의 깃, 털)을 뜯다: ein Huhn r. 닭의 털을 뜯다[뽑다]. **c)** 훑어 내다: die Blätter vom Stiel r. 잎새를 줄기에서 훑어 내다. **d)** 《통용어》 (돈)을 뜯어내다, 긁어 내다: der Wirt hat mich ganz schon gerupft 술집 주인이 내게 온통 바가지를 씌웠다. **e)** 《지역적》 (머리카락, 팔 등을) 잡아당기다, 낚아채다: jmdn. an den Haaren[am Arm] r. 누구의 머리카락(팔)을 낚아채다. **f)** 《은어》 삐거덕거리는 소리를 내다. ²**rupfen** [-] 〈Adj.〉 마대로 된, 아마의 거친 천으로 된. **Rupfen** [-], der; -s, 《종류》 - 아마로 된 거친 천, 마대(깔개나 포대(布袋)로 씀). **Rupfenleinwand**, die 아마포. **Rupfensack**, der 아마로 된 자루, 마대자루.

Rupiah ['ruːpiaː], die [indones. rupiah] 루피아(인도네시아의 화폐 단위) (1 Rupiah = 100 Sen; 약어: Rp.).

Rupie ['ruːpiə], die; -n [Hindi rūpaiyā] 루피(인도, 파키스탄의 화폐 단위).

ruppig ['rʊpɪç] 〈Adj.〉 **1.** 《폄》 예의 없는, 우악스러운, 버릇없는, 인색한: er war sehr r. zu uns 그는 우리에게 매우 버릇없이[예의 없이] 대했다. **2.** 남루[초라]한, 너덜너덜한, 추레한, 헤어진: sein Bart sah r. aus 그의 수염은 너절하게[초라하게] 보였다. **Ruppigkeit**, die; -en 《폄》 **1.** 버릇없는[우악스러운, 예의없는] 태도. **2.** 우악스러운[거친] 행동, 표현. **Ruppsack**, der; -(e)s, ...säcke 《통용어・폄》 덜렁이, 버릇없는 사람.

Ruprecht ['ruːprɛçt] 《다음 용법으로》 **Knecht R.** 《지역적》 종자(從者) 루프레히트(산타클로스와 아기 예수를 따라다니는 종자), 산타클로스.

Ruptur [rʊpˈtuːɐ̯], die; -en [lat. ruptūra] **1.** [의학] 파열(破裂), 열상(裂傷). **2.** [지질] (암석 등의) 균열.

rural [ruˈraːl] 〈Adj.〉 [lat. rūrālis] 《고어》 시골풍의, 농부 같은.

Rus [(russ.) rusj], die 루시(↑Rußland의 옛 명칭).

Rusch [rʊʃ], der; -(e)s, -e [niederd. rusch (nordd.)] 골풀등심초.

Rüsche ['ryːʃə], die; -n [frz. ruche] (여성옷의) 가장자리 주름 장식.

Ruschel [rʊʃ], die; -n, 《또한》 der; -s, - 《지역적・폄》

ruschelig 칠칠치 못한 사람. **ruschelig**, **ruschlig** ['rʊʃ(ə)lɪç] 〈Adj.〉〈지역적·평〉 성급한, 경솔한, 아무렇게나 해치우는, 칠칠치 못한, 단정치 못한, 지저분한. **ruscheln** 〈h〉《지역적·평》일을 아무렇게나 해치우다, 칠칠치 못하다, 단정하지 못하다, 와삭와삭 소리내다. **Ruschelzone**, die [지질] (암석에) 심한 균열이나 단층(斷層)이 있는 지대.

rüschen 〈h〉 주름잡힌 가장자리(주름 장식)를 대다(달다).
Rüschen-: ~**bluse**, die 가장자리가 주름잡힌 블라우스. ~**hemd**, das 가장자리가 주름잡힌 와이셔츠. ~**kleid**, das 가장자리가 주름잡힌 드레스. ~**kragen**, der 가장자리가 주름잡힌 칼라(옷깃).

ruschlig ↑ ruschelig.

Rush [rʌʃ], der; -s, -s [engl. rush] **1.** [스포츠] (주자《走者》나 말의) 돌진. **2.** (경제의) 도약, 대수요, 주문쇄도. **Rush-hour** ['rʌʃ-auə], die; -s [engl. rush hour] 러쉬 아우어, (교통량, 거래량의) 혼잡 시간.

Ruß [ruːs], der; -es, 《전문어》-e **1.** 그을음, 검댕, 매연: R. hat sich abgesetzt 그을음이 떨어졌다; **einen R. machen** (thüring., obersächs.) 번거롭게 하다, 괴롭히다. **2.** 《수의》 돼지새끼의 옴.

ruß-, Ruß-: ~**beschmutzt** 〈Adj.〉 그을음으로 더럽혀진, ~**braun** 〈Adj.〉 흐린 갈색의. ~**entwicklung**, die 그을음을 많이 내면서 탐(연소함). ~**farben**, ~**farbig** 〈Adj.〉 검고 윤이 나지 않는. ~**flöckchen**, das, ~**flocke**, die 그을음 자국(흔적), 검댕. ~**geschwärzt** 〈Adj.〉 그을음으로 검어진. ~**preis**, der (schweiz.) 굴뚝 청소 비용. ~**schwarz** 〈Adj.〉 검댕같이 검은, 시커먼. ~**tinte**, die 검댕으로 만든 흑색 잉크. ~**verschmiert** 〈Adj.〉 검댕칠을 한, 그을음으로 더럽혀진.

¹**Russe** ['rʊsə] der; -n, -n **1.** 러시아 사람. **2.** 《통용어·옛》소비에트 러시아인.
²**Russe** ['rʊsə], der; -n, -n 《지역적》 딱지, 두창 (↑Schabe).

Rüssel ['rʏsl], der; -s, - **1. a)** (코끼리, 돼지 등의) 긴 코. **b)** (곤충의) 주둥이. **2. a)** 《경》 코. **b)** 《경》 입. **c)** 《속어》 남자의 성기.

rüssel-, Rüssel-: ~**artig** 〈Adj.〉, ~**förmig** 〈Adj.〉 긴 코와 같은, 긴 코 모양의. ~**käfer**, der 바구미. ~**tier**, das 장비류(長鼻類)의 동물.

rüsselig, rüßlig ['rʏs(ə)lɪç] 〈Adj.〉 긴 코를 가진.

rußen ['ruːsən] 〈h〉 **1.** 그을음을 내며 타다. **2.** 그을르다.

Russen- ['rʊsn-]: ~**bluse**, die, ~**kittel**, der 러시아식 블라우스(수를 놓은 겉옷 같은 저고리), 루바시카. ~**stiefel**, der (무두 안 한 가죽으로) 만든 장화.

russifizieren [rʊsifi'tsiːrən] 〈h〉 러시아(어)화하다, 러시아식으로 하다. **Russifizierung**, die; -en 러시아(어)화. **Russifizierungsprozeß**, der 러시아화 과정.

rußig 〈Adj.〉 그을린.
russisch ['rʊsɪʃ] 〈Adj.〉 [lat. Russus] **a)** 러시아의, 러시아 사람의: die -e Armee 러시아 군대. **b)** 러시아말의. **Russisch** [-], das; -s 러시아어(말). **Russische Brot**, das; - -(e)s 알파벳 모양의 딱딱하고 연갈색의 음이 나는 빵. **Russische***, das -n 《정관사와 함께》 러시아어(말). **Russischgrün**, das; -s (안료로 사용될 수 있는) 투명한 진초록색. **russisch-orthodox** 〈Adj.〉 러시아 정교의. **russisch-römisch** 〈Adj.〉 《다음 용법으로》 -es Bad ↑ Heißluftdampfbad. **russischsprachig** 〈Adj.〉 러시아어를 말하는 (지역의). **Russist** [rʊ'sɪst], der; -en, -en 러시아(어문)학의 학자. **Russistik**, die; - 러시아(어문)학. **Rußki** ['rʊski], der; -(s), -(s) 《경》 로스케, 러시아 점령군. **Rußland**; -s 러시아.

Rüßler ['rʏslɐ], der; -s, - ↑ Rüsselkäfer. **rüßlig**: ↑ rüsselig.

Rüst-: ~**anker**, der [선원] ↑ Reserveanker. ~**balken**, der [토목] (건물 등의) 비계의 받치는 지주(支柱). ~**gewicht**, das [항공] 구조중량(構造重量). ~**holz**, das ↑ -baum. ~**kammer**, die (옛) 무기고, 병기창. ~**stange**, die ↑ -baum. ~**tag**, der [유태교] 성(聖)금요일, 안식일의 준비일(유태교의 금요일). ~**zeit**, die **1.** [신교] (종교 문제의 해명을 위한) 공동 수양 기간. **2.** [노동] 준비 시간(기간). ~**zeug**, das [옛] 예비 지식.

¹**Rüste** ['rʏstə], die (niederd. ruste) 《다음 용법으로》 **zur R. gehen** 《시어·고어》 **1)** (해가) 지다, 저물어가다. **2)** 끝나다.

²**Rüste** [-], die; -n [선원] (쇠사슬 등을 고정시키기 위한) 배외측의 현판. **rüsten** ['rʏstn] 〈h〉 **1.** 무장하다. **2. a)** 〈r. + sich〉 (아이) 채비하다, 준비하다: zur Reise r. 여행 채비를 하다; 〈sich 없이도〉 sie rüsten zum Aufbruch 그들은 출발할 준비를 한다. **b)** 《지역적》(음식, 잠자리나 축제 등을) 준비하다. **c)** (schweiz.) (야채 등을) 씻다.

Rüster ['rʏstɐ, rʏ:stɐ], die; -n **1.** ↑ Ulme. **2.** ↑ Rüsternholz. **rüstern** [《또한》 'rʏː...] 〈Adj.〉 느릅나무로 된. **Rüsternholz** [《또한》 'rʏː...], das 느릅나무 (재목).

rüstig ['rʏstɪç] 〈Adj.〉 **a)** (나이에도 불구하고) 건강한, 건강한, 정정한. **b)** 〈아어·준고어〉 힘센, 활발한, 민첩한. **Rüstigkeit**, die ↑ rüstig의 명사형.

Rustika ['rʊstika], die [lat. rūsticus] [미술] 거친돌(황석(荒石))의 벽(공사). **rustikal** [rʊsti'kaːl] 〈Adj.〉 [lat. rusticalis] **1. a)** 시골풍의, 농촌식의: gerne r. essen 거의 시골식으로 식사를 하다. **b)** 소박한, 순수한: eine -e Einrichtung 검소한(소박한) 시설; das Haus ist r. möbliert 그 집은 수수하며 가구를 갖췄다. **Rustikalität** [...kali'tɛːt], die 시골풍, 촌스러움, 둔함, 뚝뚝하고 꾸밈없음.

Rüstung ['rʏstʊŋ], die; -en **1.** (특히 중세의) 갑옷, 투구: jmdn. in eine R. stecken 누구를 (갑옷, 투구로) 무장시키다. **2.** 무장, 전투 준비, 군비, 동원(動員).

Rüstungs- (Rüstung 2): ~**abbau**, der 군비 감축(축소). ~**auftrag**, der 군수 주문(위탁). ~**ausgabe**, die (대개 Pl.) 군비 지출. ~**begrenzung**, die 군비 제한(한도). ~**beschränkung**, die 군비 축소. ~**betrieb**, der 군수 산업(기업). ~**budget**, das 군비 예산. ~**etat**, der ↑ -budget. ~**fabrik**, die 군수 공장. ~**firma**, die 군수 회사(기업). ~**haushalt**, der ↑ -budget. ~**industrie**, die 군수 산업. ~**kontrolle**, die (국제적) 군비 관리. ~**konzern**, der 군수 콘체른. ~**material**, das 군비 물자. ~**monopol**, das 군비 독점(독바). ~**politik**, die 군비 정책. ~**potential**, das 군비(잠재)력. ~**produktion**, die 군비 생산. ~**stopp**, der 무장 중지. ~**wettlauf**, der 군비(무장) 경쟁.

Rute ['ruːtə], die; -n **1. a)** 매, 채찍: 《전의》 sich unter jmds. R. beugen 《준고어》누구의 권력(지배)에 복종하다; **sich³ (selbst) eine R. aufbinden** 《준고어》(스스로) 자기는 의무를 지다, 짐을 떠맡다; **mit eiserner R. (regieren)** 무자비하게 (통치하다[다스리다]). **b)** 채찍 [매] 다발[묶음]. **2.** ↑ Angelrute의 약칭. **3.** ↑ Wünschelrute의 약칭: **mit der R. gehen** (탐색) 막대로 수맥(광맥)을 찾다. **4.** 옛 길이의 단위(2.92~4.67m). **5. a)** [사냥] (사슴, 산돼지, 맹수, 개 등의) 음경. **b)** 《속어》 남근(男根). **c)** [사냥] (여우, 늑대, 개 등의) 꼬리.

Ruten-: ~**besen**, der 싸리비. ~**bündel**, das **1.** 회초리 다발[묶음]. **2.** 『Faszes. ~**gänger**, der ↑ Wünschelrutengänger의 약칭.

Ruthene [ru'teːnə], der; -n, -n 《옛》 루테니아 사람(오스트리아와 헝가리에 사는 우크라이나 사람). **ruthenisch** [ru'teːnɪʃ] 〈Adj.〉 루테니아(사람)의. **Ruthenium** [ru'teːnjʊm], das; -s 《우크라이나의 옛 명칭인 Ruthenien에 따라] 【화학】 루테늄(금속원소의 하나; 기호: Ru).

Rutherfordium [razɐˈfɔrdiʊm], das; -s [영국 물리학자 E. Rutherford(1871~1937)에 따라] 【화학】 초(超) 우란(우라늄) 104 (기호: Rf).

Rutil [ruˈtiːl], der; -s, -e [lat. rutilus] 【화학】 금홍석(金紅石). **Rutilismus** [rutiˈlɪsmʊs], der 1. [인류] 붉은 머리(인종(人種)). 2. 【의학·심리】 병적으로 붉어지는 성향.

Rutin [ruˈtiːn], das -s [lat. rūta] 【약학】 루틴.

Rutine : ↑Routine의 독어화.

Rütlischwur, der [스위스 Vierwaldstätter See의 Rüttli에 따라] Rütli의 서약(스위스 건국 무렵의 전설적 서약).

rutsch! [rʊtʃ] 〈Interj.〉 ↑rirarutsch!. **Rutsch**, der; -(e)s, -e 1. a) 미끄러짐, 무너짐: b) 무너진 흙[돌]더미. 2. 《통용어》 짧은 여행, 소풍: über das Wochenende einen R. ins Grüne machen 주말에 야외(野外)로 소풍을 가다; **guten R.!** 《통용어》 좋은 여행이 되시기를!, 여행 중 무사하시기를!; **guten R. ins neue Jahr!** 《통용어》 (연말연초의) 좋은 새해가 되시기를!, 행운의 새해를 맞이하시기를! (새해 인사).

rutsch-, Rutsch-: **~bahn**, die 1. 미끄럼대. 2. 《통용어》 (얼음, 눈으로) 미끄러지기 쉬운 곳, 미끄러운 곳, (눈, 얼음으로 인한) 미끄럼판: (sich) einen R. machen 미끄럼판을 만들어주다, 미끄럽게 해주다. **~fest** 〈Adj.〉 1. (특히 의류의) 미끄러져 손상되지 않도록 안전대를 댄. 2. (자동차, 양탄자 등의) 미끄러지지 않도록 안전하게 만든: ein ~er Autoreifen 스노 타이어. **~gefahr**, die 미끄럼 위험, 낙상 위험. **~partie**, die 《통용어》 미끄러 떨어지기, 미끄러져 나아가기.

Rutsche [ˈrʊtʃə], die; -n 1. 미끄럼길, 활로(滑路), 활송로(滑送路), 슈트: das Schüttgut gelangt über eine R. in den Waggon 짐[화물]이 활송로(슈트)를 지나서 [거처] 화차에 닿는다. 2. 《südd.》 (발을 올려놓고 쉬는) 발판. **rutschen** [ˈrʊtʃn] 〈s〉 1. a) 미끄러지다: der kleine Junge rutscht durchs Zimmer 어린아이가 방에서 미끄럼타기를 하고 있다; 《명사화》 auf den glatten Boden geriet[kam] er ins Rutschen 그는 미끄러운 (땅)바닥에서 미끄러졌다. b) (지역적) ↑schlittern (1): die Kinder gehen r. 어린이들이 미끄럼 타러 가다. c) ↑ausrutschen. d) 《통용어》 ↑rücken (2 b): kannst du ein wenig r.? 너 좀[약간] 당겨 앉겠니? 2. 미끄러져 내리다: die Brille rutscht 안경이 미끄러져 내린다; die Tasse ist ihr aus der Hand gerutscht 찻잔이 그녀의 손에서 미끄러져 떨어졌다; das trockene Brot rutscht schlecht 《통용어》 빵이 잘 (목으로) 넘어가지 않는다; das Essen will nicht r. 《통용어》 그 음식은 맛이 없다 [목을 넘어가지 않는다]; 전의 die Preise beginnen zu r. 값(물가)이 떨어지기 시작한다. 3. 《통용어》 짧은 여행을 하다: am Wochenende in die Alpen r. 주말에 알프스 지방으로 여행하다. 4. 【사냥】 (토끼 등이 풀을 먹으며) 천천히 움직이다. 5. 전의 vor jmdm. auf den Knien r. 누구를 (무턱대고) 숭배하다, 누구에게 굽실대다; 《통용어》 etw. r. lassen 무엇을 고의로 게을리하다; die Sache r. 1) 일이 잘 되어 간다. 2) 일이 잘 마무리 되지 않는다. **Rutscher**, der; -s, - 1. 《통용어》 미끄러짐. 2. 《österr.·통용어》 짧은 여행. 3. 《지역적》 갈롭 (2/4박자의 빠른 원무(圓舞)). **Rutscherei** [rʊtʃəˈrai], die 《통용어》 (계속적으로) 미끄러짐. **rutschig** [ˈrʊtsɪç] 〈Adj.〉 미끄러운.

Rutte [ˈrʊtə], die; -n ↑Aalquappe (1).

Rüttel-: **~beton**, der 【토건】 진동 콘크리트(콘크리트를 칠 때 진동시켜 그 강도를 세게 한 것). **~falke**, der 【동물】 ↑Turmfalke. **~fischer** der 【동물】 뿔호반새속. **~flug**, der 【동물】 새가 (날개를 치며) 하늘에 떠 돎. **~herd**, der 【야금】 진동로(振動爐). **~holg**, das (천, 가죽 따위의) 꿰맨 자리를 판판하게 하는 나무기구. **~schwelle**, die 【교통】 (주거지나 놀이터의 입구에 설치된) 감속로(路面). **~sieb**, das 【기술】 (모터를 통해서 진동시키는) 진동망(振動網). **~tisch**, der 【토건·기술】 진동판.

Rüttelei [rʏtəˈlai], die; -en 《통용어·폄》 (계속적으로) 흔듦. **rütteln** [ˈrʏtln] 1. 〈h〉 a) 흔들다: jmdn. am Arm r. 누구의 팔을 흔들다; ich wurde aus dem Schlaf gerüttelt 나는 흔들려 잠이 깼다. b) 흔들어 진동시키다: 전의 ein Außenseiter rüttelt am Thron des Weltmeisters 한 아웃사이더(무명의 선수)가 세계 선수권자의 왕관을 위협하고 있다; der Vertrag darf nicht gerüttelt werden 그 계약(契約)은 변경되어서는 안된다; daran ist nichts[gibt es nichts] zu r. 그것은 바꿀 수 없다, 어디까지나 그대로이다. 2. a) 〈h〉 흔들리다, 요동하다: der Motor rüttelt 《온어》 모터가 (불규칙하고 덜컹거리며) 흔들리며 돌아가다. b) 〈s〉 돌연(갑자기) 달리다, 움직이다. 3. 【토건】 진동을 통해서 콘크리트나 지반(地盤)을 다지다, 단단하게 하다: Beton r. 콘크리트를 다지다. 4. 【동물·사냥】 〈h〉 (특히 맹조가) 날개를 하늘에 맴돌다(떠돌다). **Rüttler**, der; -s, - 【토건】 진동기(振動器).

¹**Ruwer** [ˈruːvɐ], die 루버 강(모젤 강의 지류). ²**Ruwer**, der; -s, - 루버 강가에서 나는 포도주.

RVO = Reichsversicherungsordnung.

Rwanda [ˈruanda], -s 르완다(중앙 아프리카에 있는 나라). **Rwander**, der; -s, - 르완다 사람. **rwandisch** 〈Adj.〉 르완다의.

S

s, S [ɛs; ↑a, A], das; -, - 독일어 자모의 열 아홉 번째 자 (자음); S-Laut, S의 음·[처음(齒音)]; Schluß-s, 어미의 S: ein kleines s(ein großes S) schreiben 소문자 s[대문자 S]를 쓰다.
σ, ζ, Σ: ↑Sigma.
S (Astron. : ...s) = Sekunde 초(秒).
s, Sh = Shilling 실링(오스트리아의 화폐 단위).
S = Schilling; Sen; Siemens 물체의 도전율(導電率)의 단위, 전기 저항의 단위; Süd(en) 동(東); Sulfur 유황(硫黃).
$ = Dollar 달러(미국 화폐 단위).
S. = San, Sant', Santa, Santo, Sâo 성(聖); Seite 면(面), 쪽.
S., Se. = Seine 신분이 있는 남성의 존칭(S. Exzellenz 등).
's (통용어·시어) ↑es.
s. = sieh(e)! 보라, 참조하라.
Sa. = Summa 총액, 총계; Sachsen 작센 지방; Samstag 토요일.
S. a. = Sin anno 연도 없이, 연도를 기록하지 않고.
sa! [sa] ⟨Interj.⟩ [사냥] 자아(사냥개를 부르는 소리).
SA [ɛs'|aː], die [나치] 나치스 돌격대(↑Sturmabteilung 의 약어).
SA- ⟨붙임표와 함께⟩: **~Führer,** der 나치스 돌격대의 지도자. **~Mann,** der ⟨Pl. -ten⟩ [독일] -Männer / ⟨드물게⟩-Leute⟩ 나치스 돌격대의 대원. **~Uniform,** die 나치스 돌격대의 제복.
Saal [zaːl], der; -(e)s, Säle [ˈzɛːlə] **1.** ⟨축소형: ↑Sälchen⟩ 넓은(큰) 방, 회당(會堂); 홀: der S. war voller Menschen 그 홀은 사람들로 꽉 찼다; bei Regen findet die Veranstaltung im S. statt 우천시(雨天時)에 행사는 홀에서 거행된다. **2.** 홀에 모인 사람들[청중들].
saal-, Saal-: ~artig ⟨Adj.⟩ 홀 같이 큰[넓은]. **~bau,** der ⟨Pl. -ten⟩ 큰 홀이 있는 건물. **~kellner,** der ⟨schweiz.⟩ 호텔 웨이터. **~kirche,** die [건축] 본당(本堂)으로만 이루어진 교회. **~miete,** die 홀 임대료. **~ordner,** der 장내(場內) 정리인[경비원]. **~schlacht,** die (정치 집회등에 모인 참석자들이 행하는) 장내 난동(場內亂動). **~schutz,** der 장내 경비원(場內警備員). **~service** [-sɛrvis], der; - ⟨schweiz.⟩ 호텔 식당 요원. **~theater,** das 홀[객실] 등에 설치된 무대. **~tochter,** die ⟨schweiz.⟩ (특히 호텔의) 웨이트레스, 여사환(↑Kellnerin). **~tür,** die 홀의 문(입구).
Saale [ˈzaːlə], die 엘베 강의 왼쪽 지류.
Saar [zaːɐ], die 자르 강(모젤 강의 지류).
Saarbrücken [zaːɐˈbrʏkn̩] 자르브뤼켄(자르란트 주의 수도). **¹Saarbrücker,** der; -s, - 자르브뤼켄 사람.
²Saarbrücker ⟨Adj.; 격변화 없음⟩ 자르브뤼켄의.
Saargebiet, das 자르 지방.
Saarland [ˈzaːɐlant], das; -(e)s 자르란트(독일의 주(州)).
Saarländer, der; -s, - 자르란트 주의 사람. **saarländisch** ⟨Adj.⟩ 자르란트 주의.
Saarlouis [zaːɐˈluːi] 자를루이(자르 강변의 작은 도시).
¹Saarlouiser [zaːɐˈluːiɐ], der; -s, - 자를루이 사람.
²Saarlouiser [zaːɐˈluːiɐ] ⟨Adj.; 격변화 없음⟩ 자를루이의.

Saat [zaːt], die; -en **1.** ⟨Pl. 없음⟩ 씨뿌리기, 파종(播種): es ist Zeit zur S. 지금이 파종할 시기이다. **2. a)** 파종씨앗: die S. in die Erde bringen 씨앗을 땅에 뿌리다; ⟨속담⟩ wie die S., so die Ernte 콩 심은 데 콩 나고 팥 심은 데 팥 난다, 사필귀정(事必歸正). **b)** ⟨전문어⟩ 종자(種子). **3.** (특히 곡식의) 흙어 뿌려진 것, 싹튼, 모종: ⟨전의⟩ die S. des Bösen[der Zwietracht] war aufgegangen 악[불화]의 씨앗이 싹텄다.
Saat-: ~beet, das [농업] 묘상(苗床), 묘판(苗板), 못자리. **~bestellung,** die 씨앗[종자(種子)] 뿌리기, 파종(播種). **~bett,** das [농업] 묘판(苗板). **~eule,** die 씨앗의 뿌리나 땅 속의 씨앗을 먹는 해충(害蟲). **~feld,** die **a)** 파종할 경작지[밭]. **b)** 파종된 경작지[밭]. **~furche,** die [농업] 씨 뿌릴 고랑. **~gans,** die 오렌지색 발과 검고 노란부리가 달린 검은 오리. **~getreide,** das 곡식의 씨앗, 종자로 쓰이는 곡류. **~gut,** das ⟨Pl. 없음⟩ ↑Saat (2). **~kamp,** der ⟨지역적⟩ ↑Kamp (1). **~kartoffel,** die 씨감자. **~korn,** das **1.** ⟨Pl. 없음⟩ 파종할 씨앗 [곡식]. **2.** 종자(種子)(특히 곡식이나 잔디의). **~krähe,** die (가늘고 뾰족한 부리가 있는) 까마귀의 일종. **~land,** das 파종지[경작지]. **~zeit,** die [농업] 파종기[播種期]. **~zucht,** die [농업] 종묘 재배(種苗栽培).
Saaten-: ~pflege, die [농업] 모종의 손질. **~stand,** der 모종의 발육 상태, 농작물의 상태.
Saba [ˈzaːba], ⟨ital.⟩ [ˈsaːba], -s 사바(남아라비아의 고대 왕국으로서 지금의 예멘에 해당).
Sabadille [zabaˈdɪlə], die; -n [frz. sabadille] 사바딜라 (독이 있는 멕시코산 백합과 식물).
Sabäer [zaˈbɛːɐ]; der; -s, - 사바 사람.
Sabbat [ˈzabat], der; -s, -e [hebr. šabaṯ] (유대교의) 안식일(安息日)(금요일 저녁부터 토요일 저녁까지의 시간).
Sabbat-: ~jahr, das [유대교] 안식년(安息年)(7년마다 땅에 안식을 주어 경작을 쉬고, 빚이 면제되고, 노예가 방면됨). **~ruhe,** die 안식일의 휴식, 안식일의 고요. **~stille,** die ↑~ruhe.
Sabbatarier [zabaˈtaːriɐ], der; -s, - ⟨또한⟩ **Sabbatist** [...ˈtɪst], der; -en, -en (유대교에 따라) 안식일을 지키는 유대(의 사람).
Sabbel [ˈzabl̩], der; -s, - ⟨nordd. · 펌⟩ **a)** 입. **b)** ⟨Pl. 없음⟩ 침(↑Sabber). **Sabbellätzchen,** das; -s, - ⟨nordd.⟩ ↑Sabberlätzchen. **sabbeln** [ˈzabl̩n] ⟨h⟩ ⟨nordd.⟩ **1.** ⟨펌⟩ (쉬지 않고 빨리) 말하다, 지껄이다: ⟨4격 목적어와 함께⟩ den ganzen Tag nur Unsinn s. 하루종일 쓸데없는 말을 지껄이다. **2.** ↑sabbern (1).
Sabbeltante, die ⟨nordd. · 펌⟩ 수다스런 여자. **Sabber** [ˈzabɐ], der; -s ⟨통용어⟩ 침. **Sabberei** [zabaˈraɪ], die; -en ⟨통용어·대개 펌⟩ **a)** (계속해서) 침을 흘림. **b)** 수다, 요설(饒舌). **Sabberlätzchen,** das; -s, - ⟨친근⟩ 턱받이 (↑Lätzchen). **sabbern** [ˈzabɐn] ⟨h⟩ ⟨통용어⟩ **1.** 침을 흘리다. **2.** ⟨펌⟩ (침을 튀기며) 마구 지껄이다(↑sabbeln (1)): sabbere dich aus! 쓸데없는 수다를 떨지 말아라. **3.** 핥다, 빨다(↑lutschen). **Sabbertuch,** das ⟨Pl. -tücher⟩ 턱받이.
Säbel [ˈzɛːbl̩], der; -s, - **a)** (휘어진) 외날의 칼, 군도, 패

검(佩檢), 사벨: den S. (blank)ziehen 칼을 뽑다, 패검(佩劍)을 빼다; jmdn. auf S. fordern 누구에게 사벨의 결투를 신청하다; mit blankem S. 사벨을 뽑아 들고; **mit dem S. rasseln** 《편》 무력으로 위협하다, 호전적(好戰的) 태도를 취하다. **b)** 〖펜싱〗 사브르.

säbel-, Säbel-: ~antilope, die (남부 사하라 지역에 사는) 군도 같이 휘어진 뿔이 달린 영양(羚羊). **~bajonett**, das 총검(銃劍). 〈Pl.〉《통용어·농》 **a)** O형 다리. **b)** 안짱다리. **~beinig** 〈Adj.〉 ↑~beine의 형용사형. **~duell**, das 사벨로 하는 결투. **~fechten**, das; -s 〖펜싱〗 사브르[사벨] 펜싱. **~fechter**, der 사브르[사벨] 펜싱 선수. **~förmig** 〈Adj.〉 사벨 모양의. **~gefecht**, das 〖펜싱〗 사브르[사벨] 펜싱 대전(對戰). **~gerassel**, das 《편》 ↑~rasseln. **~griff**, der 패검(佩劍)[군검, 사벨] 자루. **~hieb**, der 칼[패검, 사벨]로 내리침, 찌름, 사벨[칼]로 베인 상처. **~klinge**, die 패검[사벨]의 칼날, 검신(劍身). **~korb**, der 사벨 자루에 달린 종 모양의 손목 보호 바스켓. **~rasseln**, das; -s 《편》 무력[호전적 태도]으로 위협함. **~rasselnd** 〈Adj.〉《편》 ↑rasseln의 형용사형. **~raßler** [-rasle], der; -s, - 《편》 (사벨(군검)을 잘가당 거리는 사람의 뜻에서) 무단(武斷)[호전(好戰)]주의자, 강경론자. **~scheide**, die 사벨[칼]집. **~schnäbler** [-ʃnɛːblɐ], der; -s, - 되부리갈 다리물떼새. **~spitze**, die 사벨[칼]끝.

säbeln [ˈzɛːbl̩n] 〈h〉 [zu ↑Säbel]《통용어·편》 사벨로 치다[베다], 《빵 따위를》 무딘 칼로 자르다, 서투르게 자르다. **Säbler** [ˈzɛːblɐ], der; -s, - ↑Säbelschnäbler.

Sabena [zaˈbeːna], 〈frz.〉 sabeˈna], die [Société Anonyme Belge d'Exploitation de la Navigation Aérienne의 약어] 자베나(벨기에 항공사).

Sabiner [zaˈbiːnɐ] der; -s, - 사비느 사람(옛 중부 이탈리아 종족 이름).

Sabot [saˈboː], der; -(s), -s [frz. sabot] 프랑스와 벨기에 등에서 농민들이 신는 나무신발. **Sabotage** [zaboˈtaːʒə], die; -n [frz. sabotage] 방해(공작), 태업(怠業), 조업 방해, 거부, 사보타주. **Sabotageakt**, der; **Sabotagetätigkeit**, die 태업[사보타주] 행위. **Saboteur** [zaboˈtøːɐ̯], der; -s, -e [frz. saboteur] 사보타주하는 사람, 태업자. **sabotieren** [zaboˈtiːrən]〈h〉 [frz. saboter] **a)** 태업[사보타주]하다. **b)** 방해(되다), 계획에 차질이 생기게 하다: jmds. Wiederwahl s. 누구의 재선(再選)을 저지[방해]하다.

Sabre ['zaːbrə, 《engl.》 'seɪbə], der; -s, -s 《대개 Pl.》 [hebr. zabbār] 유태 이주민의 이스라엘에서 태어난 아이.

SAC = Schweizer Alpen-Club 스위스 알프스 산클럽

Saccharase [zaxaˈraːzə], die [lat. saccharum < griech. sákcharon] 〖화학〗 사탕수수 당분을 포도당과 과당으로 분리하는 효소, 연당 효소(燕糖酵素), 사카라제. **Saccharid** [zaxaˈriːt], das; -s, -e 《대개 Pl.》 〖화학〗 탄수화물, 함수(含水)탄소, 당류(單糖類). **Saccharimeter** [zaxariˈ-], das; -s, - [-meter] 검당계(檢糖計). **Saccharimetrie**, die [↑-metrie] 〖화학〗 검당계법. **Saccharin** [zaxaˈriːn], das; -s (인공 감미료인) 사카린. **Saccharose** [zaxaˈroːzə], die 〖화학〗 사탕수수 당(糖)=사카로스(↑Rohrzucker).

sach-, Sach- ['zax-]: **~angabe**, die 사실의 보고[진술]. **~anlage**, die 《대개 Pl.》 〖경제〗 물적 자산(資産), 고정 자산(固定資産). **~anlagevermögen**, das 〖경제〗 고정 자산. **~antrag**, der 어떤 특정 문제 토의의 제안. **~aspekt**, der 관찰 대상에 대한 전망. **~bearbeiter**, der 담당관. **~bearbeiterin**, die ↑bearbeiter의 여성. **~befugnis**, die 〖법〗 당사자 적격(當事者適格) (↑Aktiv-, Passivlegitimation). **~begriff**, der 넓은 의미에서 어떤 대상을 표현하는 개념. **~bemerkung**, die 본제(本題)에 관한 평(評)[소견]. **~bereich**, der 일정한 작업이나 지식 영역을 포괄하는 범위[분야]. **~beschädigung**, die 〖법〗 (고의적) 물건 훼손, 기물 파괴. **~beweis**, der 물적 증거, 실증(實證). **~bezogen** 〈Adj.〉 문제가 되고 있는 대상[사실]에 관련된, 사실과 관련된. **~bezogenheit**, die ↑bezogen의 명사형. **~bezüge** 〈Pl.〉 현물 급여(現物給與). **~buch**, das (특정 분야나 대상에 관한) 안내서(案內書), 실용서(實用書). **~darstellung**, die 사실의 진술. **~dienlich** 〈Adj.〉 〖관〗 당면한 일에 소용되는, 실용적인, 유용한, 목적에 알맞는, 적절한. **~dingwort**, das 〖언어〗 구상명사(具象名詞)(↑Konkretum). **~diskussion**, die (사람에 관한 것이 아닌) 해당 사건[사실]에 대한 토론(토의). **~einlage**, die 〖경제〗 현물출자(↑Apport (1)). **~entscheidung**, die 〖법〗 본안(本案)의 재결(判決)[재정(裁定), 결정]. **~erklärung**, die 사항(事項)의 설명, 사실의 해석(반대: Worterklärung). **~firma**, die 〖경제〗 제품이나 업종에 따라 이름을 짓는 회사(반대: Personenfirma). **~forschung**, die 문화 인류학이나 민속학 분야에 종사하는 연구. **~frage**, die 《대개 Pl.》 (인사 문제 등에서) 사항이나 사안 자체에 관한 문제. **~fremd** 〈Adj.〉 사안(事案)이나 사건, 일에 알맞지 않은(거리가 먼, 적당치 않은). **~führer**, der 업무집행인(業務執行人), 지배인, 대리인, 대변인(代辯人). **~gebiet**, das 전문 분야[영역(領域)]. **~gedächtnis**, das 사실[사항]의 기억. **~gemäß** 〈Adj.〉 사실[사항]에 맞는, 유용한, 목적에 맞는, 적절한. **~gerecht** 〈Adj.〉 사실에 적당한[맞는]. **~gründung**, die 〖경제〗 현물 출자(現物出資)를 통한 회사 설립(會社設立). **~gut**, das 《대개 Pl.》〖경제〗 물적 재화(財貨), 유형 재산(有形財産). **~kapital**, das 〖경제〗 Realkapital. **~katalog**, der 〖출판〗 사항(에 따른) 목록. **~kenner**, der 전문가, (한 방면의) 권위자. **~kenntnis**, die 전문적(당해(當該) 사항)의 지식, 조예, 숙달, 정통: jmd. hat(besitzt, verfügt über] S. 누가 전문지식을 가지고 있다. **~konto**, das 〖부기〗 유가물 구좌(有價物口座)(반대: Personenkonto). **~kunde**, die **1.** ↑~kenntnis. **2.** ↑~kundeunterricht의 약칭. **~kundeunterricht**, der (국민 학교의) 일반 사회등 과목수업(생물, 지학, 역사, 교통 안전, 성 교육 등을 포함하는). **~kundig** 〈Adj.〉 전문적 지식이 있는, 정통한, 노련한. **~lage**, die 사태(事態), 사정, 상태, 형세. **~legitimation** 〖법〗 ↑~befugnis. **~leistung**, die 《대개 Pl.》 〖관·보험〗 (현금으로 이루어지지 않는 사회 보장 보험 등의) 현물 보험 급여(現物保險給與). **~lexikon**, das ↑Reallexikon. **~lieferung**, die 현물급부. **~literatur**, die 실용적, 전문서적. **~mangel**, der 《대개 Pl.》 〖법〗 물건의 하자(瑕疵). **~mängelhaftung**, die 〖법〗 물건의 하자 책임. **~prämie**, die 현물상(품)(賞(品)). **~register**, das 사항색인(반대: Personenregister). **~schaden**, der 물적 손해. **~spende**, die 현물기부(現物寄附). **~titel**, der 〖출판〗 저자의 이름이 없는 책의 제목[표제]. **~unterricht**, der ↑~kundeunterricht. **~verhalt** [..fɛɐ̯halt], der; -(e)s, -e 사정, 정세, 사태, 실상(實狀), 실태, 경위: der S. ist noch unklar[ungeklärt] 실상이[사태가] 아직 분명하지 않다; den wahren[wirklichen] S. verschweigen 진상[실상]을 숨기다. **~versicherung**, die 〖보험〗 물적 보험, 재산보험. **~verstand**, der 전문 지식, 조예: es fehlt ihm der notwendige S. 그는 필요한 전문적 지식을 가지고 있지 못하다. **verständig** 〈Adj.〉 전문적 지식이 있는, 정통한, 조예 깊은, 능숙한. **~verständige***, der / die **1.** 감정인, 전문가. **2.** 《드물게》 Sachkenner. **~verständigenausschuß** der 감정인 위원회, 전문가 위원회. **~verständigengutachten**, das 전문가 감정[의견서]. **~verständnis**, das 《드물게》 ↑~kenntnis. **~verzeichnis**, das ↑~register.

~**walter** [...valtɐ], der; -s, - 1. 《아이》 대리인, 옹호자. 2. 대변인, 변명자. 3. 〔법〕 변호사, 법률 고문. ~**walterin**, die ↑~walter의 여성형. ~**weiser**, der 《드물게》 ↑~register. ~**wert**, der 1. 〈Pl. 없음〉 물건의 가치[진가(眞價)]. 2. 《대개 Pl.》 〈채권, 증권 따위에 대한〉 유가물[件](有價物[件]). ~**wissen**, das ↑ Faktenwissen. ~**wort**, das 〈Pl. ...wörter〉《드물게》 ↑~**begriff**. ~**wörterbuch**, das (일정 분야에 관한) 사전(事典), 백과사전, 사항사전(事項事典)〈↑〉 Reallexikon): ein S. der Literatur[der Kunst] 문학 [예술] 사전(事典). ~**zusammenhang**, der 《대개 Pl.》 상관 관계. ~**zwang**, der 외부 사정[상황]에 의해 가해지는 강제[제한].

Sachalin [zaxa'li:n], (russ.) saxa'li:n], -s 사할린.

Sache ['zaxə], die; -n 1. 《Pl.》 사물, 물품, 물건, 소지품, 소지물, (특히) 의복류, 가구, 수하물, 상품, 화물, 자작(自作)한 작품(시가, 작곡 등의): das Geschäft hat sehr schöne -n 그 상점에는 매우 좋은 상품이 있다; er trinkt gern harte[scharfe] -n 그는 독한 술을 즐겨 마신다; sie trägt sehr teure -n 그녀는 매우 비싼 옷을 입고 있다; **bewegliche -n** 〔법·경제〕 동산(動産); **unbewegliche -n** 〔법, 경제〕 부동산(不動産). 2. 사건, 일, 사상(事象), 사실, 책무(責務), 용건, 문제, 본분, 본제(本題): eine abgekartete S. 날조된 사건〔음모〕; eine wichtige [unangenehme, schöne] S. 중요한[불쾌한, 좋은] 일; etw. ist eine[keine] ernste S. 무엇은 어려운[쉽게 볼 일이 아니다]; das ist beschlossene S., daß wir morgen fahren 우리들은 내일 떠나기로 약속이 되어 있다; das ist nur eine halbe S. 그것은 완전히 끝나지 않았다; das ist meine S. 그것은 내가 자신의 일이다; das ist seine S. 그것은 그가 해야 할 일이다; diese Lebensform ist nicht jedermanns S. 이러한 생활 형태는 모든 사람에게 적합한 것은 아니다; an einer S. beteiligt sein 어떤 사건[문제]에 관련되어 있다; -n gibt's(die gibt's gar nicht)! 그런 일이 있다니 !, 그런 일이 있을 수 있나 !; das ist so eine S. 그것은 어려운[까다로운] 일이다; **unverrichteter S.**〔(또한) unverrichtetersache〕목적을 이루지 못하고, 성공하지 못하고; **(mit jmdm.) gemeinsame S. machen** (누구와) 공동으로 일을 하다, 방조하다; **sagen, was S. ist**《통용어》의견을 솔직히 말하다; **(sich³) seiner S. sicher[gewiß] sein** 그의 행동이 옳음을 확신하다, 자신이 있다; **bei der S. sein[bleiben]** 집중하다, 본제에서 이탈하지 않다; **zur S. kommen** 본제에 들어가다, 문제의 핵심에 이르다; **zur S.** 본제[주제]로 돌아가다(돌아와라); **nichts zur S. tun** 상관 없다. 3. 〔법〕 소송, 소송 법률 사건, (소송) 사건, 법적 문제(Rechtssache의 약칭): eine S. (vor Gericht) führen [verteidigen] 소송[변론]하다; in einer S. aussagen 소송 사건에서 진술하다. 4. 《Pl. 없음》 이상(理想), 목적, 임무, 본분, 요청: für die gute[gerechte] S. kämpfen 좋은[정의로운] 목적을 위해 싸우다; die S. des Sozialismus 사회주의의 목적[이상]; jmdn. für eine S. gewinnen 하나의 목적을 위해 누구를 끌어들이다. 5. 〈Pl.〉 《통용어》 시속(時速): der Wagen fährt 180 -n 그 자동차는 시속 180 킬로미터로 달린다.

Sächelchen ['zɛçɪçən], das; -s, - 《대개 Pl.》 작고 예쁜 것, 작은 값진 물건: 〔성구〕 **das sind so S.!**《통용어》 그것은 애매한[불명료한] 사건이야! **Sachenrecht**, das; -(e)s 〔법〕 물권, 물권법(物權法). **Sacherln** ['zaxɐln] 〈Pl.〉 《österr.》 ↑ Sächelchen.

Sachertorte ['zaxɐ-], die; -n (달고 많은 버터와 계란을 넣고 밀가루는 조금 넣은) 초콜릿 케이크.

sachlich ['zaxlɪç] 〈Adj.〉 1. 객관적인(반대: unsachlich), 공평한, 감정에 치우치지 않는, 사실의, 물품[물건]의: ein -er Bericht 공정한 보도; er ist ein -er Mensch 그는 공평한 사람이다; etw. s. feststellen 무엇을 사실적으로 확인하다; s. argumentieren 객관적[사실적]으로 논증하다. 2. 사실적, 본질적인, 주요한, 핵심을 찌르는: etw. aus -en Gründen ablehnen 무엇을 사실적인 이유에서 거절하는; etw. ist s. richtig[falsch] 무엇이 실질적으로 옳다[그르다]. 3. (건물 등이) 실용적인, 유용한, 소박한: ein -er Bau 실용적인 건물. **sächlich** ['zɛçlɪç] 〈Adj.〉 〔언어〕 중성의: das Wort „Mädchen" ist s. „Mädchen"이란 단어는 중성이다. **Sachlichkeit**, die 1. 객관성, 물적, 물적(物的)임, 사물성(事物性), 공평성, 불편성(不偏性): mit strengster S. entscheiden 매우 공평하게 결정하다. 2. 실용성, 즉물성(即物性), 유용성: ein Bauwerk von eindrucksvoller S. 실용성이 아주 돋보이는 건축물; Neue S. 신즉물주의(新即物主義)(제 1 차 세계 대전 후 독일에서 일어난 예술 운동 및 양식).

Sachs [zaks], der; -es, -e (고대 게르만족의) 양날 칼.
sächseln ['zɛksəln] 〈h〉 작센 사투리를 쓰다(말하다).
Sachse ['zaksə] der; -n, -n 1. 작센 족(族). 2. 작센 지방 사람, 작센 인(人). **Sachsen** ['zaksn], -s 독일의 주(州)이름, 작센 주(지방). **Sachsen-Anhalt**, -s (예) 독일의 주(州) 이름, 작센-안할트 주. **Sachsenspiegel**, der; -s 〔Spiegel (10)〕작센 법전(法典)(독일 최고(最古)의 법령서(法令書)). **Sächsin**, die; -nen ↑ Sachse의 여성형. **sächsisch** ['zɛksɪʃ] 〈Adj.〉 작센(어)의.

sacht, **sachte** ['zaxt(ə)] 〈Adj.〉 1. 부드러운, 가벼운: ein sachtes Streicheln 부드럽게 쓰다듬음; etwas sacht(e) anfassen 무엇을 부드럽게[가볍게] 잡다[붙잡다, 쥐다]. 2. **a)** 조용한, 온화한, 온순한: er schüttelt sacht(e) den Kopf 그는 조용히 머리를 흔든다. **b)** 느린, 천천히 진행하는: der Schnellzug fuhr sacht(e) an 급행 열차가 천천히 움직이기 시작했다. 3. 완만한, 만족의. **sachtchen** ['zaxtçən] 〈Adv.〉 《obersächs.》 아주 조용하게, 서서히. **sachte I.** 〈Adj.〉 ↑sacht. **II.** 〈Adv.〉 〈통용어〉 **a)** 천천히, 서서히, 침착하게는: s. (s.), junger Mann! 천천히 하게, 젊은이! **b)** 〈so와 결합하여〉 점점, 점차로: wir müssen ihm das so s. beibringen 우리는 그에게 그것을 이제 천천히 제시하여 주어야 한다.

sachwalterisch 〈Adj.〉 대리인의, 변호사의.

Sack [zak], der; -(e)s, Säcke ['zɛkə] / 《단위(單位)》 Sack [lat. saccus < griech. sákkos] 1. **a)** 《축소형: ↑ Säckchen》 (가죽, 피륙, 베 따위로 만든 큰) 자루, 주머니, 부대: ein S. Kartoffeln 한 자루의 감자; drei Säcke (voll) Zucker (가득 찬) 설탕 세 자루; 《단위》 drei S. Weizen 밀 세 섬; etw. in einen S. stecken[stopfen, füllen] 무엇을 자루에 넣다; es ist dunkel wie in einem S.《통용어》매우 어둡다; schlafen wie ein S.《경》깊이 잠자다; voll sein wie ein S.《경》매우 취하다; angeben wie ein[zehn] S. Seife 매우 뽐내다; 〔성구〕 hinein mit S. und Pfeife〔군〕 모든 소지품을 휴대하고 전진!; 〔속담〕 den S. schlägt man, den Esel meint man 누구를 탓[질책]하지만 사실은 다른 사람을 뜻한다; **den S. zubinden**《경》일을 끝내다; **jmdn. im S. haben**《경》누구를 복종[굴복]시키다; **etw. im S. haben**《경》무엇을 틀림없이 갖고 있다; **jmdn. in den S. stecken**《통용어》1) 누구를 능가하다, 압도하다. 2) 누구를 속이다; **in den S. hauen**《경》1) 떠나다[도망가다]. 2) (일 등을) 멈추다, 사표를 내다; **in S. und Asche gehen** 〈아이〉속죄하다[마태복음 11장 27절]; **mit S. und Pack** 모든 소지품을 휴대하고; **Sack Zement!**《경》제기랄, 제발, 아차. **b)** 《südd., österr., schweiz.》 바지 주머니. **c)** 《südd., österr., schweiz.》 돈 주머니. 2. 《속어·병》사람. 3. 〈대개 Pl.〉 (노인 등의) 눈물 주머니. 4. 〈경〉음낭(陰囊), 불알(↑ Hodensack) **jmdm. auf den S. fallen**《경》누구를 괴롭히다;

etw. auf den S. kriegen 《경》 1) 질책받다. 2) 마구매를 맞다. 3) 패배 당하다; jmdm. auf den S. niesen (husten, treten) 《군》 1) 누구를 거칠게 꾸짖다. 2) 누구를 엄하게 훈련하다.

sạck-, Sack-: ~artig 〈Adj.〉 자루(부대)와 같은(종류의). ~bahnhof, der ↑Kopfbahnhof(반대: Durchgangsbahnhof). ~band, das 〈Pl. -bänder〉 자루 매는 끈. ~förmig 〈Adj.〉 주머니(자루) 모양의. ~garn, das 굵은 베실. ~gasse, die 막다른 골목, 곤경, 진퇴유곡: 전의 die S. der Drogensucht 마약 중독의 막다른 골목; die Friedensverhandlungen sind in eine S. geraten(befinden sich in einer S.) 평화 협상은 정체(停滯) 상태에 빠졌다[벽에 부딪혔다]. ~geld, die 《südd., österr., schweiz.》 용돈. ~gleis, das 끝에 있는 레일. ~grob 〈Adj.〉 《통용어·평》 매우 거친. ~halter, der 《속어》 《팔을 걸어 매는 붕대, (손의) 삼각건(三角巾)》(↑Suspensorium). ~hüpfen, das; -s 《두 발을 자루에 넣고 뛰는》 아이들의 자루 경기. ~karre, die, ~karren, der 바퀴가 두 개 달린 손수레. ~kleid, das 자루 같은 원피스. ~, -s ↑hüpfen. ~leinen 〈Adj.〉 《자루를 만드는》 굵은 삼베의. ~leinen, das 《자루를 만드는》 굵은 삼베, 즈크. ~leinwand, die ↑~leinen. ~lunge, die 《의학》 《공기나 액체가 들어있는》 공간이 달린 기형(畸形)의 폐(肺). ~messer, das 《südd., schweiz.》 주머니칼. ~nadel, die 포장용 바늘. ~niere, die 《의학》 ↑Hydronephrose. ~pfeife, die ↑Dudelsack. ~pfeifer, der 백파이프 연주자, 백파이프를 부는 사람. ~ratte, die 《군》 《특히 음부에 붙은》 사면발이. ~spinner, der ↑-träger. ~träger, der 도롱이벌레(도롱이나방과(科)의 유충). ~tuch, das a) 《Pl. -tuche》 ↑~leinen. b) 《Pl. -tücher》 《südd., österr., schweiz.》 손수건. ~uhr, die 《südd., österr., schweiz.》 주머니 시계, 회중 시계. ~weise 〈Adv.〉 a) 자루에 담아서. b) 자루에 넣은.

Säckchen ['zɛkçən], das; -s, - ↑Sack (1 a). Säckel ['zɛkl], der; -s, - 《südd., österr.》 1. a) 《군대어》 지갑, 돈궤(↑Kasse): in seinen eigenen S. arbeiten 자신의 경제적 이익을 생각해서 무엇을 하다; tief in den S. greifen 많이 지불하다. b) 바지 주머니. 2. 《속어》 ↑Sack (2). Säckelmeister, der 《südd., österr.》 ↑Säckelwart. säckeln ['zɛkln] 〈h〉 《지역적》 자루에 넣다. Säckelwart, der; -s, -e 《südd., österr., schweiz.》 《현금》 출납계. ¹sacken ['zakn̩] 〈h〉 자루에 넣다(채우다).

²sacken [-] 〈s〉 a) 가라앉다, 침몰하다, 쓰러지다(사람 등이): das Schiff begann tiefer zu s. 배가 더 깊이 가라앉기 시작했다. b) 가라앉다, 침하하다.

säcken ['zɛkn̩] 〈h〉 《옛》 《존속(尊屬) 살해범을》 부대(자루)에 넣어 익사시키다. Sackerl ['zakl̩], das; -s, -n 《방언》 ↑Sack (1)의 축소형(bayr., österr.》 자루.

sackerlot! [zakɐˈlot] 〈Interj.〉 [frz. sacrelot] 《고어》 제기랄, 저런, 빌어먹을, 아이고. sackerment! [zakɐˈmɛnt] 〈Interj.〉 《고어》 ↑sackerlot.

säckeweise ['zɛkə-] 〈Adv.〉 ↑sackweise (b). Säckler ['zɛkl̩], der; -s, - 1. 《österr.·준고어》 ↑Säckelwart. 2. 《schwäb.》 가죽 자루나 가방 제조인.

sackhüpfen 〈h/s〉 《부정형과 현재분사로만 사용》 자루경기를 하다.

Säckingen ['zɛkɪŋən] 제킹엔(라인 강변의 바덴 지방 도시).

Sacra conversazione ['zaːkra kɔnverza'tsi̯oːne], die 《ital.》 《미술》 성인들이 옥좌에 좌정한 성모 마리아와 같은 방에서 대화하는 장면. Sacrificium intellectus [zakri'fiːtsi̯ʊm ɪntɛ'lɛktʊs], das; - - [lat.] 1. 《교양어》다른 사람의 의견에 의해 자신의 주장을 포기하는 것. 2. [가] 신자들의 요구에 의해 자신의 의견을 교회의 교리에 복종시킴.

Sadduzäer [zaduˈtsɛːɐ], der; -s, - 《대개 Pl.》 [lat. Sadducaei (Pl.) < hebr. z̦addûqîm] 사두개 사람(옛 유대교의 보수파, 창시자 Saddok에서 유래함). sadduzäisch 〈Adj.〉 사두개 사람(교도)의.

Sadebaum ['zaːdə-], der; -(e)s, Sadebäume 노간주나무속(屬), 사비나.

Sadhu ['zaːdu], der; -(s), -s [sanskr. sādhu] 은자(隱者)나 구걸 고행자(苦行者)로 살고 있는 힌두교도.

Sadismus [zaˈdɪsmʊs], der; -, ...men [frz. sadisme] a) 《Pl. 없음》 사디슴, 학대음란증(虐待陰亂症)(프랑스의 작가 Marquis de Sade의 이름에서 유래). b) 《Pl. 없음》《평》 학대나 가학 행위를 즐기는 것. c) 학대(가학(加虐)) 행위. Sadist [za'dɪst], der; -en, -en 사디스트, 학대 음란 행위자. Sadistin, die; -nen ↑Sadist의 여성형. sadistisch 〈Adj.〉 a) 사디즘의, 학대 음란 행위의. b) 《평》 학대(가학)적인. Sadomasochịsmus, der; - 학대하고 학대 받는 음란 성행위(性行爲), 사디마조히즘. Sadomasochịst, der; -en, -en 사디마조히스트. Sadomasochịstin, die; -nen ↑Sadomasochist의 여성형. sadomasochịstisch 〈Adj.〉 [의학] 학대하고 학대 받는 음란 성행위의, 사디마조히즘의.

Säemann ['zɛː-], der; -(e)s, ...männer 《드물게》 ↑Sämann. säen ['zɛːən] 〈h〉 《곡물을》 뿌리다, 파종하다: 《4격 목적어 없이》 mit der Hand(Maschinell) s. 손《기계》으로 씨를 뿌리다; wie gesät 빽빽히, 촘촘히; dünn gesät sein 많지 않다, 극소수이다. Säer ['zɛːɐ], der; -s, - 《드물게 아어》 ↑Sämann. Säerin, die; -nen ↑Säer의 여성형.

Safari [zaˈfaːri], die; -s [Suaheli safari < arab. safar] a) 《특히 동 아프리카에서 짐꾼과 짐 나르는 짐승이 딸린》장거리 도보 행진 여행, 대상 여행(隊商旅行). b) 《특히 수렵, 촬영, 관광을 위한》 아프리카에의 단체 여행. ~safari [-zafaːri], die; -s 《어떤 특별한 것을 더욱 정확히 알기 위한 여행의 뜻을 가지고 다른 명사와 결합하는 어근, 예컨대》 Stadtsafari, Fotosafari. Safaripark, der 외국 동물들이 있는 야생 동물원.

Safe [seɪf], der 《또한》 das; -s, -s [engl. safe] a) ↑Geldschrank. b) 《드물게》 《은행 등의》 금고실(室), 귀중품 보관함(函)《실(室)》.

Saffian ['zafi̯an, 'zafi̯aːn], der; -s [russ. safjan] 모로코 가죽(빨강, 검정색 등으로 물들인 염소의 고급 유피(鞣皮)). Saffianleder, das ↑Saffian.

Saflor [zaˈfloːɐ], der; -s, -e 잇꽃(연지, 붉은 물감을 만듦). saflorgelb 〈Adj.〉 잇꽃깔이 노란 색깔의.

Safran ['zafran, 'zafraːn], der; -s, -e [frz. safran, span. azafrán < arab. azafrán] 1. 사프란. 2. 사프란 염료. 3. 《Pl. 없음》 양념으로 사용하는 사프란 향료. safrangelb 〈Adj.〉 노란 사프란 색의. Safranin [zafraˈniːn], der; -s, -e 사프란색(선황색)의 화학 염료.

Saft [zaft], der; -(e)s, Säfte 1. 즙(汁), 시럽, 수액(樹液): 성구 Blut ist ein ganz besonderer S. 피는 물보다 진하다; 전의 er ist voller S. (hat keinen S. in den Knochen) 기력이 왕성하다(《생기가 없다》; ohne S. und Kraft 《평》 1) 기력이 없는, 맥빠진. 2) 내용이 없는. 2. a) 《열매의》 과즙(果汁). b) 《축소형》 ↑Säftchen 야채즙, 과즙, 주스: S. aus Karotten(Äpfeln) 당근(사과) 주스; eine Flasche S. kaufen 한 병의 주스를 사다; der S. der Reben 〔시어〕 포도주. 3. 《특히 Pl.》 식료품의 즙(汁), 체액(體液): schlechte(kranke) Säfte (im Körper) haben 아프다. 4. a) 《↑Fleischsaft: im eigenen S. schmoren 《통용어》 곤경에 빠져 있다; jmdn. im eigenen S. schmoren lassen 《통용어》

saft-, Saft-: 누구를 (자업자득의) 곤경에 그대로 내버려두다. **b)** 《österr.》 소스. **5.** 《경》 가스, 전기.

saft-, Saft-: **~bereitung,** die 과즙 제조. **~braten,** der 스튜로 한 쇠고기 구이, 뭉근하게 구운 쇠고기. **~fasten,** das 주스 요법(과일이나 채소만을 먹는 식이요법). **~futter,** das 【농업】 습기가 많은 건초. **~grün** 〈Adj.〉 새파란, 선녹색의. **~kur,** die ↑~fasten. **~laden,** der 〈Pl. -läden〉《겸》 부실기업. **~los** 〈Adj.〉《겸》 활기없는, 맥빠진: **saft- und kraftlos** (감정·겸》 활기없는, 맥빠진: 오랜지. **~presse,** die ↑Presse (b). **~reich** 〈Adj.〉 물기가 많은. **~sack,** der 《속어·멸·욕》 불쾌감을 일으켜 화나게 하는 사람. **~tag,** der 주스 요법하는 날(↑ ~fasten 참조). **~voll** 〈Adj.〉 **a)** (아어) ↑~reich. **b)** 힘찬, 활기 있는.

Säftchen ['zɛftçən], das; -s, - ↑ Saft (2 b). **Säftel** ['zɛftl], der; -s, - 《지역적》 ↑Saftsack. **Säftelehre,** die ↑Humoralpathologie. **saften** ['zaftn̩] 〈h〉 **a)** 즙을 내다, 과즙이 나오다. **b)** 과즙을 짜다. **saftig** ['zaftɪç] 〈Adj.〉 **1.** 수액이 많은, 즙(汁)이 많은: ein -er Pfirsich 물이 많은 복숭아; ein -er Braten 물기가 많은 구이고기; eine -e Weide 잘자란 목초지. **2.** 《통용어》 아픈 데를 찌르는, 대단한 반응을 불러일으키는, 설득력있는; 부당하게 높은, 터무니 없는; 짜릿한, 신랄한, 아슬아슬한: eine -e Ohrfeige 힘차게 때린 따귀; sie erlebten eine -e Überraschung 그들은 대단히 재미있고 놀라운 일을 겪었다; -e Preise(Rechnungen) 터무니 없는 가격(부당하게 많은 계산서); ein -er Witz 점잖지 않은(외설스러운) 유머. **Saftigkeit,** die; -en **1.** (Pl. 없음) 즙이 많음. **2.** 천한 표현.

Saga ['za(:)ga], die; -s aisl. saga] 【문예학】 사가(아이슬란드를 중심으로 12세기에서 14세기에 걸쳐 발달한 고대 게르만 전설).

Sagazität [zagatsi'tɛːt], die [lat. sagācitās] 《고어》 명민함, 총명.

sagbar ['zaːkbaːɐ̯] 〈Adj.〉《드물게》 말로 할 수 있는, 이야기 할 수 있는: (보통 부정적으로) es ist nicht s., wie... 얼마나 …한가는 말로 나타낼 수 없다. **Sagbarkeit,** die ↑sagbar의 명사형. **Sage** ['zaːgə], die; -n 구전(口傳), 전설, 영웅 전설: eine alte[deutsche] S. 옛날【독일】 전설; 《전의》 das ist nur eine S. 그것은 단지 하나의 소문일 뿐이다; **es geht die S.** ... ...라는 소문이 돌고 있다.

Säge ['zɛːgə], die; -n **1.** 톱: die S. schärfen 톱을 갈다; **die Singende S.** 톱 모양의 악기(樂器). **2.** 《bayr., österr.》 제재소(製材所).

säge-, Säge- (Säge 1): **~band,** das 〈Pl. …bänder〉 (끝이 없는) 띠톱. **~blatt,** das 톱날, 톱판(板). **~bock,** der [2: nach den sägeförmigen Fühlern] **1.** (X자형의) 톱질모탕, 나무 톱질하는 대. **2.** ↑Bockkäfer. **~bügel,** der ↑Bügel (5). **~dach,** das ↑Scheddach. **~fisch,** der 톱상어(과). **~förmig** 〈Adj.〉 톱 모양의, 톱니꼴의. **~maschine,** die 기계톱. **~mehl,** das 톱밥. **~messer,** das 톱칼. **~mühle,** die ↑~werk. **~müller,** der 제재소 주인(지배인). **~späne** 〈Pl.〉 ↑~mehl. **~werk,** das 제재소(製材所). **~werker,** der 제재공(製材工). **~zahn,** der 톱니.

sagen ['zaːgn̩] 〈h〉 **1. a)** 말하다, 입 밖에 내다, 이야기하다: guten Abend s. 저녁인사를 하다; so etwas sagt man nicht 그런 말은 하는 것이 아니다; etw. im Ernst [im Scherz] s. 무엇을 진지하게(농담으로) 말하다; sag uns ein Gedicht (아이) 우리들에게 시 하나 암송해봐라; 《성구》 das ist leichter gesagt als getan 그것은 보기보다 실행하기 어렵다; das kann man(kannst du) laut s. 《통용어》 그것은 아주 옳다; gesagt, getan 말하자마자 해치웠다, 말한 대로 하였다; das sagt sich so leicht [einfach] 《통용어》 그것은 보기보다 훨씬 더 어려운 문제이다; 《전의》 Hegel sagt an einer Stelle: „..." Hegel은 어떤 곳에서 …라고 썼다; **(ach,) was sage ich** 그것은 전혀 옳지않다; **sagen wir ((ein)mal) 1)** 아마, 대략: das dauert, sagen wir mal, eine Stunde 그것은 대략 한시간 걸린다. **2)** 예를 들면, 예컨대. **sagen wir (doch)** 우리가 합의볼 것을 제안하다; **sage und schreibe** 《통용어》 (믿을 수 없지만 다짐하기 위한 되풀이로) 실제로, 진실로, 참으로; **um nicht zu s.** 좀 심하게 말하자면. **b)** 의견이다, 생각이다: meine Mutter sagt (immer), man soll den Kindern möglichst wenig verbieten 나의 어머니는 (항상) 아이들에게는 가능한 금지하는 것이 적어야 한다는 의견이시다; was würdest du s., wenn ich dich zum Essen einladen würde? 내가 너를 식사에 초대한다면 너는 어떻게 생각하겠니?; 《성구》 was soll man dazu s.? 그것은 판단하기가 어렵다; was soll man dazu noch sagen? 《통용어》 다른 말이 필요없어, 그 자체로 분명한 일이지. **2.** (어떤 일정한 사람에게) 전하다, 알리다, 말하다, 고하다: ich habe das nicht zu dir, sondern zu Peter gesagt 나는 그것을 너에게 이야기한 것이 아니라 페터에게 한 것이다; jmdm. auf Wiedersehen sagen 누구와 헤어지다, 작별하다; **sich³ nichts s. lassen** 충고를 듣지않다, 고집부리다; **sich³ von jmdm. nichts s. lassen** 누구의 말을 듣지 않다. **3. a)** (누구를) …라고 칭하다, 부르다, 일컫다: 《지역적》 sie sagen sich du 그들은 서로 "너"("자네")라고 부른다(반말하다). **b)** 말로 표현하다, 말로 나타내다, 표시하다: wie kann man noch dazu s.? 어떤 다른 말로 똑같은 의미를 나타낼 수 있겠나? **c)** 말할 때 사용하다, 말로 이용하다(쓰다): ein völlig veraltetes Wort, das heute niemand mehr sagt 오늘날 아무도 사용하지 않는 완전히 옛날 단어; wie sagt man in der Schweiz (auf Englisch)? 스위스에서는(영어로는) 무엇이라고 표현하는가?; dann ist ihm, wie man so schön sagt, der Kragen geplatzt 그러자, 유명한 성구 그대로, 그에게 참을 수 없는 화가 끓어 올랐다. **4.** 생각을 표현하다, 간추려 말하다: ich habe das in aller Deutlichkeit (sehr deutlich) gesagt 나는 그것을 아주 분명히(명백히) 표현했다; ich fahre, oder richtiger gesagt, fliege morgen nach Berlin 나는 내일 베를린에 간다, 더 정확히 표현하자면, 비행기를 타고 간다; ich kann es nicht anders s. 달리 표현할 수가 없다; **es ist nicht zu s.** 그것은 말로는 표현할 수가 없다. **b)** 뜻하다, 내용을 나타내다: er hat mit wenigen Worten viel gesagt 그는 몇 마디 말로 많은 것을 이야기하였다; das wollte ich damit nicht sagen 나는 그것을 뜻하려고 (의미한) 것이 아니다; der Redner hatte wirklich etwas zu sagen 그의 연설은 빈말만은 아니었다; damit soll nicht gesagt sein, daß... 그것(이것)으로 나는 …를 의미하는 것이 아니다; 《성구》 du sagst es! 바로 그거야!; **will sagen** 좀더 분명히 표현하자면; er war nicht besonders erfolgreich, will s., ein absoluter Versager 그는 특별히 성공하지 못했다, 좀더 분명히 표현하자면, 그는 완전히 실패자였다. **b)** 내용으로 하다, 의미하다, 무엇을 말하고 있다, 무엇이라고 쓰여 있다: das Gesetz sagt (eindeutig), daß... 그 법률(法律)은 (분명히) …라고 쓰여 있다. **6.** 말로 이해시키다, 알려 주다, 전갈하다: ich werde es ihm sofort s. 나는 그에게 그것을 즉시 전달해 주겠다; warum hast du das mir nicht gleich gesagt? 너는 그것을 어째서 곧 알려 주지 않았느냐?; (jmdm.) seinen Namen (seine Gründe) s. (누구에게) 그의 이름 [이유]를 말하여 주다; kannst du mir s., wie spät es ist? 몇 시인지 알려 줄 수 있느냐?; ich habe mir s. lassen, daß du umziehen willst 네가 이사하려고 한다

고 들었는데; ich hab' dir's gesagt! 《통용어》 나는 이미 너에게 그것을 경고했다!; ich hab's (dir) ja gleich gesagt 《통용어》 나는 이미 그것을 예측하고 (너에게) 애기해 주었다; ich will dir mal was s.! 《통용어》 너는 내 말을 잘 들어봐라!; ich sage dir eins 너는 그것을 알아서 우념해야 한다; laß dir das gesagt sein! 《통용어》 그것을 잘 명심하여 두거라 !; das sag' ich 《아동》 내가 이를거야; [성구] sag bloß! 《통용어·대개 반어》 그러나 그것은 놀라운 일이야!; wem sagen Sie das! 《통용어》 그것은 경험에 비추어 내가 잘 알고 있는 일이야!; das brauchst du mir nicht zu s. 《통용어》 (나에게 이야기 할 필요가 없을 정도로) 그것을 내 스스로 잘 알고 있다; was Sie nicht sagen! 《통용어·대개 반어》 (나에게 깜짝 놀라는 일이지만 믿기 어려울 때) 거 무슨 말씀이시오!, 그것은 설마 정말이 아니겠지요!; das kann ich dir s.! 《통용어》 그것을 나는 너에게 확언할 수 있다; wenn ich es (dir) sage! 《통용어》 안심하고 나를 믿어다오!; sein Benehmen sagt viel über seinen Charakter 그의 행동이 그의 성격에 대해 많은 것을 알게 해 준다; der Film sagt mir nichts 그 영화는 나에겐 매력이 없다; ihr Blick sagte viel(alles) 그녀의 시선이 많은[모든] 것을 말해 주고 있었다; das sagt alles 그것은 모든 것을 증명해 준다; sich nichts mehr zu s. haben 서로 더 이상 아무것도 더 이상 말할 수 없다, 서로 더 이상 아무런 관계가 없다. 7. 《고어》 설명하다, 보고하다. 8. 의미하다: damit ist viel [wenig, nichts] gesagt 그것은 많은 것을 의미한다[거의 의미가 없다, 하찮은 것이다]; [성구] das will nichts s. 그것은 아무런 의미가 없다, 그것은 대단한 일이 아니다; etw.[nichts] zu sagen haben 중요하다[중요하지 않다], 걱정할 만하다[필요가 없다]. 9. 지시하다, 명령하다, 분부하다, 결정하다: du hast mir gar nichts zu s. 나는 너의 지시는 받지 않는다; sich³ etw. nicht zweimal s. lassen 《통용어》 무엇을 두 번 다시 말하지 않게 하다, 두말 없이 승낙하다; etw.[nichts] zu s. haben 무엇을 결정할 권리가 있다[갖지 않다]: er hat in der Firma[zu Haus] nicht viel zu s. 그는 회사에서 별 권한을 갖지 않고 있다[집에서 마누라에게 꼼짝 못한다]; das Sagen haben 《통용어》 결정권을 행사할 지위를 갖다; wer hat hier das Sagen? 누가 여기서 책임자냐? 10. a) 주장하다: das kann man nicht (so ohne weiteres) s. 그것은 확실치는 않다; das ist nicht zu viel gesagt 그것은 과장된 것이 아니다; das kann jeder s. 누구나 그런 주장을 할 수 있다; wie kannst du so etwas s.! 어떻게 그런 주장을 할 수 있느냐!; dasselbe kann ich auch von mir s. 똑같은 일이 나에게도 해당된다; das sagst du so einfach! 그것은 결코 실증(實證)될 수 없는 일이다! [성구] wer sagt das? 그것은 대체 실증이 되었느냐?; das kann man wohl s.! 그것은 사실 옳다; na, wer sagt's denn! 《통용어》 자, 나는 그것을 정말 알고 있었어!; sag das nicht! 《통용어》 그것은 전혀 확실한 것이 아니다!; nicht gesagt sein 확실치 않다, 실증될 수 없다. b) (말로) 의견을 말하다, 확인하다: das hat er nur so gesagt 그가 진지하게 한 말은 아니었다; er sagt das mit Recht 그의 의견은 꼭 맞는 말이다; was ich noch s. wollte, ich komme morgen etwas später 내가 덧붙여 이야기하고 싶은 것은, 나는 내일 조금 늦게 올 것이다; ich halte das, unter uns gesagt, für sehr ungeschickt von ihm 우리끼리의 이야기이지만, 나는 그가 매우 서툴다고 여긴다; [성구] das mußte einmal gesagt werden 그것은 한 번 밝힐 필요가 있었다; [전의] das sagte schon Platon 그것은 이미 플라톤이 한 말이다; (명사화) das oben Gesagte 전술(前述)한 것; wie gesagt 이미 말한 바와 같이; von etw. (nichts) gesagt haben 《통용어》 무엇을 지시[허용]하였다[하지 않았다]. 11. 논증하다: dagegen ist nichts zu s. 그것에 대한 반증은 불가능

하다; darauf hat er nichts mehr gesagt[wußte er nichts mehr zu s.] 그는 더 이상 반증(反證)할 것이 없었다; [성구] da kann man nichts von s. 〈nordd.〉 아무것도 도 보이[탓]할 것이 없다. 12. (통용) 추정하다, …라고 여기다: ich würde s., das kostet mindestens 200 Mark 내 생각(추측)에는, 그것은 값이 최소한 200 마르크는 된다. 13. 〈s. + sich〉 깊이 생각하다, 결심하다: da habe ich mir gesagt, am besten gehst du mal zum Arzt 내가 심사숙고해 봤는데, 네가 병원에 한 번 가 보는 것이 가장 좋겠다.

sagen-, Sagen- (Sage): ~buch, das 전설집, 설화집. ~dichtung, die 전설 문학. ~forscher, der 전설 연구가. ~forschung, die 구비(口碑) 전설 연구. ~gestalt, die 전설상의 인물. ~kreis, der 전설권(圈)(하나의 인물 또는 사건을 둘러싼 전설들). ~kunde, die 전설 구비학(口碑學)(↑~forschung). ~reich 〈Adj.〉 전설이 많은. ~schatz, der (아어) 전설의 보고(寶庫). ~tier, das ↑Fabeltier. ~umwittert 〈Adj.〉 ↑~umwoben. ~umwoben 〈Adj.〉 (아어) 전설에 둘러 쌓인. ~welt, die 전설의 세계, 전설 문학.

sägen ['zɛːɡn̩] 〈h〉 **1. a)** 톱질하다, (톱으로) 켜다. **b)** 톱으로 자르다: Holz s. 나무를 톱으로 자르다. c) 톱으로 잘 라 만들다. **2.** (농) 코를 골다. **3.** (자동차 경주·운어) 고 속(高速)에서 레이스에서 벗어나지 않기 위해 핸들을 짧게 이리저리 움직이다.

sagenhaft 〈Adj.〉 **1. a)** 전설적인, 전설상의: ein -er König 전설상의 왕. **b)** 동화적인, 신화풍의. **2.** 《통용어·감정》 **a)** 엄청난, 믿을 수 없는. **b)** (형용사와 동사의 강조) 황당무계한, 터무니 없는.

Säger ['zɛːɡɐ], der, -s, - **1.** 톱장이, 톱질하는 사람. **2.** 비오리(톱 모양의 부리를 가짐). **Sägerei** [zɛːɡəˈraj], die, -en 《통용어·폄》 **1.** 쉴 새 없이 톱질하기. **2.** 계속해서 코를 곪.

sagittal [zaɡiˈtaːl] 〈Adj.〉 [lat. sagitta] 【생물·해부】 화살 모양으로) 시상(矢狀縫合)을 위해 앞뒤로 누워 있는, 화살 모양의. **Sagittalebene**, die 〈생물·해부〉 (몸의) 화살 모양 표면, 시상 봉합의 평행 표면.

Sago [zaːɡo], der /〈österr.〉 das; -s [engl., niederl. sago < älter indon. sagu] 사고(쌀)(사고야자나무속에서 채취한 쌀 모양의 식용 전분).

Sago-: ~**baum**, der ↑~**palme**. ~**palme**, die 사고나무, 사고야자. ~**suppe**, die 사고수프.

Sagum ['zaːɡum, 'zaɡum], das; -s, ...ga [lat. sagum] 두꺼운 모직으로 어깨를 잠그도록 만든 로마 병사의 외투.

sah [zaː], **sähe** ['zɛːə] ↑sehen 참조.

Sahara [zaˈhaːra, 《또한》 ˈzaːhara, 〈frz.〉 saaˈra], die 사하라(아프리카)의 사막(북아프리카의 사막).

Sahel, der; -(s), **Sahelzone**, die 〈Pl. 없음〉 [arab. sahil] 사헬 지방(사하라 사막의 남쪽 지역).

Sahib [ˈzaːhɪp], der; -(s), -s [Hindi sāhib < arab. ṣāḥib] 나리, 선생(인도와 파키스탄 사람의 유럽 사람에 대한 경칭).

Sahne ['zaːnə], die; - **1. a)** 크림, 유지(乳脂)(↑Rahm). **b)** (거품을 일게 하는) 생(生)크림: die S. schlagen 생크림을 만들다. **2.** ↑Schlagsahne (2)의 약칭.

Sahne-: ~**baiser**, das 단거품 생크림을 넣은 과자. ~**bonbon**, der ↑~**bonbon**, das 크림봉봉(과자의 일종). ~**creme**, die 거품 생크림이 들어있는 크림. ~**eis**, das 크림을 넣은 식용 얼음[아이스크림]. ~**kännchen** 〈Pl.〉 크림 소스를 넣은 감자. ~**käse**, der 크림 치즈(↑Butterkäse). ~**kuchen**, der 크림과자. ~**löffel**, der 생(生)크림 숟갈. ~**marinade**, die 크림 마리네데(어육, 야채를 담그는 소스의 일종). ~**mayonnaise**, die 크림 마요네즈. ~**meerrettich**, der 〈Pl. 없음〉 ↑Meerrettichsahne.

~quark, der 크림이 많이 들어있는 응유(凝乳). ~schnitte, die 단 생크림을 채운 넓은 모양의 과자. ~schnitzel, das 크림소스를 친 송아지 갈비구이. ~soße, die 크림소스(↑Rahmsoße). ~spritze, die 케이크 위에 글씨를 쓰는 큰 크림. ~torte, die 크림 케이크.

sahnen ['za:nən] ⟨h⟩ (고어) a) 크림을 넣다. b) ↑absahnen (1).

Sahnen-: ↑Sahne-.

sahnig ['za:nɪç] ⟨Adj.⟩ 1. 크림을 많이 함유한, 크림이 많은: ein -es Dessert 크림이 많이 들어 있는 디저트. 2. 크림질(質)의, 크림 모양의.

Saibling ['zaɪplɪŋ], der; -s, -e ⟨지역적⟩ 곤들매기(연어과의 민물고기).

Saiga ['zaɪga], die; -s ⟨russ. saiga⟩ 아시아 산 영양(羚羊).

saiger ['zaɪɡɐ] ⟨광⟩ ↑seiger.

Saigon ['zaɪɡɔn, 《또한》 zaɪ'ɡɔn] 사이공(남부 베트남의 호지민시의 옛 이름).

Saint George's [snt'dʒɔːdʒɪz] 세인트조지스(그레나다의 수도).

Saint-John's [snt'dʒɔnz] 세인트존스(앤티가 바부다의 수도).

Saint Louis [snt'lʊɪs] 세인트루이스(미국 미주리 주 최대의 도시).

Saint Lucia [snt'luːʃə], -s 세인트루시아(카리브 해(海)에 있는 섬 나라).

Saint-Simonismus [zɛsimo'nɪsmʊs], der; - [frz. saint-simonisme; 프랑스 사회주의자 C. H. de Saint Simon(1760~1825)의 이름에서) 생시몽주의. Saint-Simonist [zɛsimo'nɪst], der; -en, -en 생시몽주의자.

Saint Vincent [snt'vɪnsənt], -s 세인트빈센트(카리브 해에 있는 섬 나라).

Sais ['zaɪɪs] 자이스(나일강 삼각주에 있던 옛 이집트 도시).

Saison [zɛ'zɔ̃, 《또한》 zɛ'zɔŋ], die; -en ⟨südd., österr.⟩ -en [zɛ'zɔːnən; frz. saison] a) (춘하추동의) 계절(季節), 철, 성수기(盛需基): eine gute[schlechte] S. (경기 등이) 좋은[나쁜] 철; die S. beginnt 성수기가 시작한다; S. haben (통용어) 수요가 많아 많이 팔리다. b) (유행 등의) 시절(時節), 시즌: in dieser S. werden die Röcke kürzer getragen 이번 시즌에는 스커트를 비교적 짧게 입고 다닌다.

saison-, Saison-: ~abhängig ⟨Adj.⟩ 계절에 좌우되는. ~arbeit, die (일년 중 일정한 시기에만 하는) 계절 노동. ~arbeiter, der 계절 노동자. ~ausverkauf, der 한 계절이 끝날 때 실시하는 바겐세일. ~bedingt ⟨Adj.⟩ ↑~abhängig 참조. ~beginn, der 계절(성수기) 시작. ~beschäftigung, die ↑~arbeit. ~betrieb, der 1. (얼음 장사 등과 같이 한정된 철에만 영업이나 노동을 하는) 계절 사업. 2. (일정한 철에만 집중되는) 호경기. ~ende, die 계절[시즌] 끝. ~eröffnung, die 계절[시즌] 개막. ~gebunden ⟨Adj.⟩ ↑~abhängig 참조. ~gemäß ⟨Adj.⟩ 계절에 맞는, 계절적인. ~gerecht ⟨Adj.⟩ ↑~gemäß. ~geschäft, das 계절 사업. ~index, der [경제] 계절 경제 변동지수. ~kellner, der 특정의 계절에만 일을 하는 웨이터[보이]. ~kellnerin, die ↑~kellner의 여성형. ~krankheit, die [의학] 계절병. ~kredit, der [금융] 불경기를 극복하려 하여 계절기업에 주는 대부(금). ~krippe, die (구동독) ⟨농번기의⟩ 임시 탁아소. ~schluß, der 계절[시즌]의 폐막. ~schlußverkauf, der ↑~ausverkauf. ~schutz, der [자동차] ↑Unterbodenschutz. ~schwankung, die 계절적 변동. ~start, der (통용어) ↑~beginn. ~üblich ⟨Adj.⟩ 계절 특유(特有)의. ~vertrag, der 한 계절에만 유효한 계약. ~wanderung, die (노동 인구의) 계절적 이동(移動). ~weise ⟨Adv.⟩ 계절적인.

saisonal [zɛzo'naːl] ⟨Adj.⟩ 계절의, 시즌의, 계절에 좌우되는: -e Arbeitslosigkeit 계절적 실업(失業); der Bedarf schwankt s. 수요가 계절적으로[계절에 따라] 변동이 있다. Saisonnier [zɛzɔ'nie:], der; -s, -s [frz. (travailleur) saisonnier] ⟨schweiz.⟩ 계절노동자(↑Saisonarbeiter).

Saite ['zaɪtə], die; -n a) (현악기의) 현(絃), 장막현(腸膜絃), 금속현: die -n der Geige 바이올린의 현(줄)[줄]; -n aufziehen[spannen] 현(줄)을 팽팽하게 펴다; in die -n greifen 열정적으로 현을 켜다(↑Taste 참조); die -n streichen 현악기를 연주하다[켜다]; andere [strengere] -n aufziehen 태도를 바꾸다[좀더 강력한 태도[조치]를 취하다]. b) (테니스나 배드민턴의) 라켓의 줄.

Saiten-: ~brett, das [음악] 현악기의 손잡이 판(板). ~halter, der [음악] (현악기의) 서지판(絀止板). ~instrument, das 현악기. ~klang, der (아어) 현음(絃音), 현악. ~spiel, das (아어) 현악(연주).

-saitig [-zaɪtɪç] ⟨다음의 합성어로, 예컨대⟩ fünfsaitig 다섯 줄의, 5현의. Saitling ['zaɪtlɪŋ], der; -(e)s, -e (장막현(腸膜絃)이나 소시지를 만드는) 양의 창자.

Sake ['zaːko], der; - [jap. sake] 일본 청주(↑Reiswein 참조).

Sakko ['zako, 《österr.》 za'ko:], der / 《österr.》 das; -s, -s 콤비로 된 상의. Sakkoanzug, der 《준고어》 콤비 신사복.

sakra! ['zakra] ⟨südd.·경⟩ 제기랄, 빌어먹을, 아차! sakral [za'kraːl] ⟨Adj.⟩ [1: lat. sacer; 2: lat.(os)sacrum] 1. a) 성식(聖式)의, 예배의: -e Feiern 종교 의식(宗敎儀式). b) 성스러운, 종교의. 2. [해부] 성추(薦骨(部))의. Sakralarchitektur, die a) 종교 건축. b) 종교용 건축, 예배용 건축. Sakralbau, der ⟨Pl. -ten⟩ 종교용 건축(물)(반대: Profanbau). Sakralfleck, der [인류·의학] ↑Mongolenfleck. sakralisieren [zakrali'ziːrən] ⟨h⟩ 축성하다, 성인품에 올리다. Sakrament [zakra'mɛnt], das; -(e)s, -e [lat. sacrāmentum] 1. [특히 가] a) 성사(聖事): das S. der Taufe empfangen[spenden] 세례의 성사를 받다[베풀다]. b) 성체. 2. S. (noch mal)! 제기랄, 빌어먹을, 아차! sakramental [zakramɛn'taːl] ⟨Adj.⟩ [lat. sacramentalis] 성사의, 성찬(식)의, 성체의, 성례의, 신성한, 장엄한: ein -er Ritus 성사 의식(儀式). Sakramentalien [zakramɛn'taːli̯ən], das; -(e)s, -e [lat. sacramentum] ⟨Pl.⟩ [lat. sacramentalia] [가] a) 준성사(準聖事) (예컨대: Weihen 성별(식)). b) 준성사물(物)(예컨대: 성수(聖水), 성유(聖油)). Sakramenter, der; -s, - ⟨농⟩ 거분나쁜 녀석, 마음에 쓰이는 놈. sakramentlich [zakra'mɛntlɪç] ⟨Adj.⟩ ↑sakramental (1). Sakramentshäuschen, das (석조의) 성체 시현대(示顯臺), (14~17세기의) 성체 안치탑(塔), 성궤(聖櫃). sakrieren [za'kriːrən] ⟨h⟩ (고어) ↑weihen. Sakrifizium [zakri'fiːʦi̯ʊm], das; -s, ...ien [...i̯ən; lat. sacrificium] [가] ⟨드물게⟩ (미사의) 제물(희생). Sakrileg [zakri'leːk], das; -s, -e, (고행) Sakrilegium [...'leːɡi̯ʊm], das; -s, ...ien [...i̯ən; lat. sacrilegium] 독신(瀆神)의, 성물절취(聖物竊取)의: ein S. begehen 독성행위(瀆聖行爲)를 저지르다. sakrilegisch ⟨Adj.⟩ 독신(瀆神)의, 방종한, 오만한. sakrisch ['zakrɪʃ] ⟨Adj.⟩ ⟨südd.⟩ a) 저주 받을, 나쁜. b) (형용사 동사의 강조) 매우, 몹시, 대단히. Sakristan [zakrɪs'taːn], der; -s, -e [lat. sacristanus] [가] (교회의) 심부름꾼, 성물 간수인(↑Kirchendiener, ↑Küster, ↑Mesner). Sakristei [...'taɪ], die; -en [lat. sacristia] 성물납실(納室), 제의실(祭衣室). sakrosankt [zakro'zaŋkt] ⟨Adj.⟩ [lat. sacrōsānctus) 《교양어》 신성불가침한, 범하지 못함.

Säkula: ↑Säkulum의 복수형. **säkular** [zɛkuˈlaːɐ̯] 〈Adj.〉 [lat. saecularis < (kirchen)lat. saeculāris] **1.** 《아이》 **a)** 100년(마다)의, 100년에 한 번 있는, 1세기의. **b)** 100년 계속되는. **c)** 한 세기에 해당하는. **2.** 《아이》 세속적인, 현세적인, 비종교적인. **3.** 《아이》 비상한, 탁월한, 뛰어난. **4.** [천문·지질] 오랜 시간 동안 걸쳐 일어나는.

Säkular-: **~feier**, die 《아이》 백주년 기념제. **~kleriker**, der [가] 수도원에서 살지 않는 성직자(반대: Regularkleriker). **~variation**, die [지구물리] 지구자장(磁場)의 점진적 변화.

Säkularisation [zɛkulariza'tsjoːn], die; -en [frz. sécularisation] **1.** 세속화(世俗化), (교회 재산의) 국유(國有)화. **2.** ↑Säkularisierung (2). **säkularisieren** [zɛkulariˈziːrən] 〈h〉 [frz. séculariser] **1.** 세속화하다, (교회의 재산을) 국유화하다: Kirchengüter s. 교회 재산을 국유화하다. **2.** 교회의 속박으로부터 벗어나다, 세속적 관점에서 평가하다. **Säkularisierung**, die; -en **1.** ↑Säkularisation (1). **2.** 개인, 국가나 사회 집단이 교회로부터 벗어남. **3.** [가] 수도원을 떠나 서약의 의무 없이 생활해도 좋다는 허가. **Säkulum** [ˈzɛːkulʊm], das; -s, ...la [lat. saeculum] **1.** 백년, 세기: die erste Hälfte unseres -s 우리가 살고 있는 세기의 전반(前半). **2.** 세계, 시대(時代): im S. der Aufklärung leben 계몽의 시대에 살다.

Salam (alaikum)! [saˈlaːm (aˈlaikʊm); arab.], 《고어·농》 Salem aleikum! [ˈzaːlɛm aˈlaikʊm] (너희에게) 평화! (아랍의 인사말).

Salamander [zalaˈmandɐ], der; -s, - [lat. salamandra < griech. salamándra] 도롱뇽과(科), 샐러맨더속(屬), 불도롱뇽: **einen[den] S. reiben** [대학생] 샐러맨더의 축배를 들다(술잔을 식탁에 3번 문지르고 마신 다음에 일제히 잔을 내려 놓음).

Salami [zaˈlaːmi], die; -(s) /〈schweiz.〉《또한》 der; -s, - [ital. salame] 살라미 소시지.

Salami-: **~brot**, das 살라미 소시지를 얹은 식빵. **~taktik**, die 살라미 전술(조금씩 진척시켜 드디어 목표에 도달하는 전술). **~wurst**, die ↑Salami.

Salangane [zalaŋˈɡaːnə], die; -n [frz., engl. salangane < malai. salangan] 중국 요리에 사용하는 집 만드는 제비.

Salär [zaˈlɛːɐ̯], das; -s, -e [frz. salaire] 〈schweiz., südd., österr.·그 외 고어〉 사례금, 봉급, 노임. **salarieren** [zalaˈriːrən] 〈h〉 [frz. salarier] 〈schweiz.〉 봉급[노임]을 지불하다. **Salarierung**, die; -en 〈schweiz.〉 ↑Salär.

Salat [zaˈlaːt], der; -(e)s, -e 〈älter ital. 《방언》 salata] **1. a)** 샐러드: S. anrichten (mit Essig u. Öl) [anmachen] (식초와 식용유로) 샐러드를 만들다; gemischter S. 혼합 샐러드; italienischer S. [요리] 이탈리아 샐러드. **b)** 〈Pl. 없음〉 샐러드용 야채, (특히) 상치, 레티스 (↑Blattsalat, Kopfsalat): S. anbauen[ernten] 샐러드 야채를 재배하다[수확하다]. **2.** 〈Pl. 없음〉《통용어》 혼란, 혼잡, 엉망진창: 정구 da[jetzt] haben wir den S.《통용어·반어》 이거 난처하게 되었군; **der ganze S.** 《펨》 모든 것, 모든것. **-salat** [-zalaːt], der; -(e)s, 《통용어·펨》 《"Salat (2)"를 뜻하는 명사와 함께 기간어(基幹語)로, 예컨대:》 Bandsalat 얼키고 설킨 녹음 테이프; Wellensalat 몇 개의 방송이 혼합되어 수신되는 방송 소음.

Salat-: **~besteck**, das 샐러드용 식사 용구(샐러드용의 나이프와 포크). **~blatt**, das 상치잎. **~essig**, der 샐러드용 식초. **~gurke**, die 샐러드용 오이. **~häuptel**, das 《österr》 ↑~kopf. **~kartoffel**, die 〈대개 Pl.〉 샐러드용 감자. **~kopf**, der 상치의 꼭지. **~öl**, das 샐러드 기름. **~pflanze**, die 샐러드 야채, 레티스. **~platte**, die **1.** 샐러드용 큰 쟁반. **2.** 한 그릇에 여러 가지 샐러드를 담아 만든 샐러드 요리. **~schüssel**, die 샐러드용 주발. **~soße**, die ↑Marinade (1 b). **~zichorie**, die 치코리(↑Chicorée).

Salatiere [zalaˈtjeːrə, ...ˈtiːrə], die; -n [frz. saladier] 《준고어》 ↑Salatschüssel.

Salbader [zalˈbaːdɐ], der; -s, - 《펨·드물게》 점잔 빼며 말하는 사람. **Salbaderei** [zalbadəˈrai], die; -en 《펨》 점잔 빼는 말. **salbadern** [zalˈbaːdɐn] 〈h〉 《통용어·펨》 점잔 빼며 말하다. **salbadrig** [zalˈbaːdrɪç] 〈Adj.〉 《통용어·펨》 점잔 빼며 말하는.

Salband [ˈzaːlbant], das; -(e)s, ...bänder **1.** [직조] 식서(飾緒), 가장자리 장식. **2.** [지질] 광맥과 다른 암석과의 접촉면.

Salbe [ˈzalbə], die; -n 연고(軟膏), 고약: S. auftragen 연고를 바르다.

Salbei [ˈzalbai 〈österr.〉 -ˈ-], der; -s 〈österr.〉/ die [lat. salvia] 샐비어(꿀풀과의 식물로 약용, 요리용으로 쓰임).

Salbei-: **~blatt**, das 샐비어 잎. **~öl**, das 샐비어 기름. **~tee**, der 샐비어 차.

salben [ˈzalbn] 〈h〉 **1.** 《드물게》 연고를 바르다. **2. a)** [가] (중환자나 죽어가는 사람에게) 성유(聖油)를 발라 주며 기도하다. **b)** (일정한 지위에 오르는 사람에게) 의식을 거행하며 성유를 발라 주다. **3.** 《옛》 성유를 발라 주며 축성(祝聖)하다.

Salbling [ˈzalplɪŋ] ↑Saibling.

Salböl [ˈzalpˌøːl], das; -(e)s, -e ↑Öl (4). **Salbung**, die; -en **1.** 연고[기름]를 바름. **2.** 연고[기름]를 바르게 됨. **salbungsvoll** 〈Adj.〉《펨》 점잔 빼는, 거드름 피우는.

Sälchen [ˈzɛːlçən], das; -s, - ↑Saal (1).

Salchow [ˈzalço], der; -s, -s [피겨·롤라] 한 발은 공중으로 들어 회전하고 다른 발로는 다시 일어서며 뒤로 젖히는 도약.

Saldenbilanz [ˈzaldn̩-], die; -en [부기·금융] 잔고(殘高) 결산. **Saldenliste**, die; -n [부기·금융] 잔고대조(對照) 표. **saldieren** [zalˈdiːrən] 〈h〉 [ital. saldare] **1.** [부기·금융] 잔고를 조사하다. **2.** [상] 청산[결산]하다. **3.** 〈österr.〉 지불을 확인하다. **Saldierung**, die; -en ↑saldieren의 명사형. **Saldo** [ˈzaldo], der; -s, -s, ...den /-s / ...di [ital. saldo] **1.** [부기·금융] (결제 구좌의 차변과 대변간의) 차액(差額). **2.** [상] (차감) 잔고, 잔액.

Saldo- [부기]: **~anerkennung**, die 잔고[잔액] 승인. **~konto**, das 《드물게》 결제 구좌, 공제 계정, 청산. **~übertrag**, der 잔고 이월(移越). **~vortrag**, der ↑~übertrag.

Säle [ˈzɛːlə] ↑Saal의 복수형.

Salem aleikum! ↑Salam alaikum.

Salep [ˈzaːlɛp], der; -s, -s [vulgärarab. saḥlab < arab. ḥuṣā aṯ-ṯaˈlab] 샐렙뿌리로 만든 약품.

Salesianer [zaleˈzjaːnɐ], der; -s, - 살레지오회 수도사. **Salesianerin**, der; -nen 살레지오 수녀회의 수녀.

Sales-manager [ˈseɪlzˌmænɪdʒə], der; -s, - [engl.-amerik. sales manager] [경제] 판매 책임자[지배인], 판매부 매니저. **Salesmanship** [ˈseɪlzmənʃɪp], das -s [engl. salesmanship] (상품) 판매술, 판매 정책. **Salespromoter** [ˈseɪlzprəˌmoʊtə], der; -s, - [engl.-amerik. sales promoter] [경제] 판매 촉진 총책, 판매 프로모터. **Sales-promotion** [ˈseɪlz-], die [engl.-amerik. sales promotion] [경제] 판매 촉진[진흥].

Salett(e)l [zaˈlɛtl̩], das; -s, -(n) [ital. saletta] 〈österr., 또한 bayr.〉 정자.

Salicylat: ↑Salizylat. **Salicylsäure**: ↑Salizylsäure.

Salier ['za:liɐ] ⟨Pl.⟩《역사적》고대 로마의 Mars 신의 사제(司祭).

Saline [zaˈliːnə], die; -n [lat. salīnae (Pl.)] **1.** 염전. **2.** ↑Gradierwerk. **Salinenbetrieb**, der 염전업(業). **Salinensalz**, das ⟨Pl. 없음⟩ 염전에서 생산한 소금, 천일염.

Saling ['za:lɪŋ], die; -e(n) [선원] 돛대 윗부분을 견고하게 받친 가로막대.

salinisch ⟨Adj.⟩《드물게》**1.** 소금같이 짠, 염류의. **2.** 소금을 함유한.

Saliromanie, die [zu frz. salir = beschmutzen u. ↑Manie 참조]《전문어》오물로 다른 사람을 더럽혀 성적(性的) 만족을 얻는 충동.

Salisbury ['sɔːlzbəri] 솔즈베리(짐바브웨의 수도 하라레의 옛 이름).

salisch ['zaːlɪʃ] ⟨Adj.⟩ [광물] 계번질(桂礬質)의.

Salizylat, [화학] Salicylat [zalitsyˈlaːt], das; -(e)s, -e [화학] 살리실 산(酸)의 소금. **salizylathaltig**, [화학] salicylathaltig ⟨Adj.⟩ 살리실 산 소금이 있는. **Salizylpflaster** [zaliˈtsyːl-], das; -s, - 살리실 산을 바른 반창고. **Salizyylsäure**, [화학] Salicylsäure, die [화학] 살리실 산(酸).

Salkante ['zaːl-], die; -n [직조] ↑Salband (1).

Salk-Impfung ['zalk-, ⟨engl.⟩ 'sɔːlk-], die; -en [미국 세균학자 J. E. Salk의 이름에 따라] 소아마비 예방 접종. **Salk-Vakzine**, die [의학] 소아마비 예방 접종약.

Salleiste ['zaːl-], die; -n [직조] Salband (1) 참조.

¹**Salm** [zalm], der; -(e)s, -e [lat. salmo] ⟨rhein.⟩ ↑ Lachs 참조.

²**Salm** [-], der; -s, -e ⟨nordd.·폄⟩ 어별쩡하게 늘어놓는 말, 요설.

Salmi ['zalmi], das; -(s), -s [요리] 들새고기의 스튜.

Salmiak [zalˈmjak, (österr.) '——], der; -s, das; -s 염화암모늄.

Salmiak-: ~**geist**, der 암모니아수(水). ~**lösung**, die 암모니아액(液). ~**pastille**, die 염화암모늄 정제(錠劑).

Salmler ['zalmlɐ], der; -s, - [동물] 아메리카와 아프리카 적도 지대의 담수(淡水)에 사는 잉어과의 물고기. **Sämling** ['zɛlmlɪŋ], der; -s, -e ⟨지역적⟩ ↑Saibling.

Salmonelle [zalmoˈnɛlə], die; -n ⟨대개 Pl.⟩ [미국의 세균학자 D. E. Salmon에 따라] 살모넬라 세균(細菌). **Salmonellose** [...neˈloːzə], die; -n [의학] 살모넬라 균으로 유발된 장질환(腸疾患).

Salmoniden [zalmoˈniːdn̩] ⟨Pl.⟩ ↑Lachsartige.

Salomonen [zaloˈmoːnən], Salomoninseln ⟨정관사와 함께; Pl.⟩ 솔로몬 군도(群島) (뉴기니아 동쪽의 군도).

salomonisch [zaloˈmoːnɪʃ] ⟨Adj.⟩《성경에 나오는 Salomo 왕의《교양어》지혜 있는, 현명한, 슬기로운 Salomo 왕과 같은: eine -e Entscheidung 현명한 결정; s. urteilen 명판결을 하다. **Salomon(s)siegel** ['zaːlomɔn(s)-], das; -s, - 감아로(甘野老)(죽은 뒤 뿌리에 도장 모양이 생기는 식물).

Salon [zaˈlõː, (또한=) zaˈlɔŋ, (österr.) zaˈloːn], der; -s, -s [frz. salon < ital. salone] **1.** 살롱, 응접실, 사교실, 큰방. **2.** (옛) **a)** (정기적으로 만나는 문학, 예술가들의) 모임. **b)** (문학, 예술, 학문, 정치에 대한 의견들을 나누기 위해 정기적으로 만나는) 사교계. **3.** 살롱, 미장원, 양장점. **4. a)** 전시실. **b)** (미술품의) 전시회.

salon-, **Salon-**: ~**dame**, die [연극] 귀부인역을 맡는 여배우. ~**fähig** ⟨Adj.⟩ 상류 사회(사교계)에 드나들 수 있는, 예의바른, 품위 있는. ~**kommunist**, der ⟨반어⟩ 사랑방(말로만) 공산주의자. ~**löwe**, der ⟨폄⟩ 사교계의

인기자(스타). ~**musik**, die 살롱음악, 실내악. ~**orchester**, das (경음악을 위한) 소 관현악단. ~**stück**, das ↑~musik. ~**wagen**, der (살롱과 같은) 특등 객실, 살롱차(車).

Saloniki [zaloˈniːki] 살로니키(그리스의 도시).

Saloon [səˈluːn], der; -s, -s [engl.-amerik. saloon < frz. salon] 아메리카 서부 영화 분위기의 시설을 한 술집.

salopp [zaˈlɔp] ⟨Adj.⟩ [frz. salope] **1.** (의복이) 격식에 매이지 않고 편안한, 자유로운: -e Freizeitkleidung 편안한 여복. **2.** (태도나 행동이) 격의 없는, 가벼운, 격식을 차리지 않는: eine -e Ausdrucksweise haben 가벼운 표현법을 쓰다. **Saloppheit**, die; -en **1.** ⟨Pl. 없음⟩ 격의 없음. **2.** 격식 없는 행동.

Salpe ['zalpə], die; -n [lat. salpa < griech sálpe] [동물] 살파류(類)(바다의 프랑크톤으로 생활하는 피낭 동물류의 한 종류).

Salpeter [zalˈpeːtɐ], der; -s [lat. sāl petraei] 초석(硝石), 질산칼륨, 질산염.

salpeter-, **Salpeter-**: ~**artig** ⟨Adj.⟩ 질소 종류의, 질소와 같은. ~**äther**, der 아질산(亞窒酸) 에테르. ~**bildung**, die 질화(窒化). ~**dampf**, der 질소의 산화물, 초연(硝煙). ~**dünger**, der 질소 비료. ~**erde**, die 질소를 함유하고 있는 흙. ~**haltig** ⟨Adj.⟩ 질소를 함유하고 있는. ~**plantage**, die (옛) 초석 채취장, 초전(硝田). ~**säure**, die 질산(窒酸).

salpet(e)rig [zalˈpeːt(ə)rɪç] ⟨Adj.⟩ 초석의, 초석을 함한, 질소의, 아질산의.

Salpingen: ↑Salpinx의 복수형. **Salpingitis** [zalpɪŋˈgiːtɪs], die; ...itiden [...giˈtiːdn̩] [의학] 난관염(卵管炎). **Salpinx** ['zalpɪŋks], die; ...ingen [zalˈpɪŋən] **1**: griech. sálpigx(2격: sálpiggos); **2**: nach der Form] **1.** 고대 그리스의 군용 트럼펫. **2.** ⟨드물게⟩ **a)** [해부] 난관(卵管). **b)** [의학·동물] 구씨관(歐氏管), 이관(耳管).

Salse ['zalzə], die; -n [ital. salsa] [지질] 분니화산(噴泥火山), 이구(泥丘).

Salt, **SALT** [engl. sɔːlt] = Strategic Arms Limitation Talks 전략 무기 축구 협상. **Salt-Konferenz**, **SALT-Konferenz**, die ↑SALT 회의.

Salta ['zalta], das; -s [lat. salta!] 두 사람이 하는 일종의 반상유희(盤上遊戲). **Saltarello** [zaltaˈrɛlo], der; -s, ...lli [ital. saltarello] 빠른 3박자로 추는 남 이탈리아와 스페인의 도약 무용(跳躍舞踊). **saltato** [zaˈtaːto] ⟨Adv.⟩ [ital. saltato] [음악] 도굉(跳弓)으로(연주하는) (↑spiccato 참조). **Saltato** [-], das; -s, -s /...ti [음악] 도긍법(跳弓法)(현악기에서 활을 현에 탄력 있게 붙였다 떼었다 하며 켜는 주법) (↑Spiccato). **Salto** ['zalto], der; -s, -s /...ti [ital. salto] **1.** [스포츠] 공중돌기, 도약 회전(回轉). **2.** [조종] ↑Looping. **Salto mortale** [- mɔrˈtaːlə], der; - -, - - /...ti ...li [ital.] (손을 쓰지 않고 대개 세 번도는) 공중회전, 공중제비.

salü ['saly, saˈly] ⟨Adv.⟩ [frz. salut] ⟨schweiz.·통용어⟩ 안녕(만날 때와 헤어질 때의 인사말).

Salubrität [zalubriˈtɛːt], die [lat. salūbritās] [의학] 건전(健全), 건강한 상태, 위생적인 상태.

Salut [zaˈluːt], der; -(e)s, -e [frz. salut] [군] 예포(禮砲), 경례: S. schießen 예포를 쏘다. **Salutation**, die; -en [lat. salutatio] [군·고어] (군대 의식의) 인사. **salutieren** [zaluˈtiːrən] ⟨h⟩ [lat. salutāre = grüßen, eigtl. = zu jmdm. ↑salve sagen 참조] ⟨↑⟩ **1. a)** 경례하다. **b)** (준교수·österr.) 거수 경례하다. **2.** ⟨드물게⟩ 예포를 발사하다. **Salutismus** [zaluˈtɪsmʊs], der; - 구세군(救世軍)의 가르침이나 활동. **Salutist** [zaluˈtɪst], der; -en, -en 구세군인(軍人), 구세군의 교인. **Salutschuß**, der ⟨대개 Pl.⟩ [군] 예포(발사), 축포: Salut-

schüsse abgeben[abfeuern] 예포를 발사하다.
Salvadorianer [zalvado'rĭa:nɐ], der; -s, - 엘살바도르 사람. **salvadorianisch** [zalvado'rĭa:nɪʃ] ⟨Adj.⟩ 엘살바도르(사람, 말)의.
Salvarsan ⓌR [zalvar'za:n], das; -s 살바르잔(매독약).
Salvation [zalva'tsjo:n], die; -en ⟨고어⟩ **a)** 구조, 구원. **b)** 방어, 방위.
Salvation Army [sæl'veɪʃən 'ɑ:mɪ], die 구세군(救世軍). ¹**Salvator** [zal'va:tor, ⟨또한⟩ …'to:ɐ̯], der; -s, -en [...va'to:rən; lat. salvātor] ⟪교양어⟫ 구세주(救世主)(↑ Heiland). **Salvatorianer** [zalvato'rĭa:nɐ], der; -s, - [lat. Societas Divini Salvatoris] 가톨릭 교단(敎團)의 교인. **salvatorisch** […'to:rɪʃ] ⟨Adj.⟩ [lat.] [법] 보조의, 부수의, 부차의. **salva venia** ['zalva 've:nĭa] [lat. zu: venia = Erlaubnis] ⟪교양어·고어⟫ 실례입니다만 (약어: s.v.). **salve!** ['zalve] [lat. salvē!] 안녕하십니까(= sei gegrüßt!). **Salve** ['zalva], die; -n [frz. salve] ⟪군⟫ (일제히 발사하는) 예포, 축포: ⟨전의⟩ eine S. des Beifalls 박수갈채. **salvieren** [zal'vi:rən] ⟨h⟩ [lat. salvāre] ⟪교양어·고어⟫ **1.** 구제하다. **2.** ⟨s. + sich⟩ 혐의를 벗어나다. **salvo errore** ['zalvo e'ro:rɐ; lat. salvo u. error] ⟪교양어⟫ 과실(過失)을 유보(留保)하다(약어: s.e.). **salvo titulo** [-'ti:tulo; ⟨lat.⟩] ⟪고어⟫ 정식 칭호는 생략하여(약어: s.t.).
²**Salvator** ⓌR [zal'vaːtor], das ⟨또는⟩ der; -s 도수가 강한 뮌헨의 흑맥주. **Salvatorbier**, das ↑²Salvator. **Salvatorbräu**, das ↑Salvatorbier.
Salweide ['zaːl-], die; -n 갯버들.
Salz [zalts], das; -es, -e ⟨Pl. 없음⟩ **1.** Kochsalz; 소금, 식염(= Speise-), 암염(岩鹽)(= Stein-), 해염(海鹽)(= See-): S. an die Speisen[in die Suppe] tun 소금을 음식[수프]에 넣다; Fleisch in S. legen 고기를 소금에 절이다; S. und Brot macht Wangen rot 검소한 식사가 건강에 좋다; **attisches S.** ⟪교양어⟫ 날카로운 재담; **S. auf[in] die Wunde streuen** 누구의 상처를 들쑤시다; **nicht das S. zum Brot[zur Suppe] haben** ⟪통용어⟫ 생활이 몹시 어렵다; **jmdm. nicht das S. in der Suppe gönnen** ⟪통용어⟫ 누구에게 매우 좋지 않은 감정을 품고 있다; **nicht das Salz aufs Brot[in die Suppe] verdienen können** 생활할 만큼 벌지 못하다. **2.** ⟨대개 Pl.⟩ [화학] 염(鹽), 염류: neutrales [saures] S. 중성[산성]염.
salz-, Salz-: **~ader**, die 암염맥(岩鹽脈). **~arbeiter**, der 소금 생산 노동자. **~arm** ⟨Adj.⟩ 염분이 적은: -e Kost 염분이 적은 음식. **~artig** ⟨Adj.⟩ 소금 모양의, 소금같이 짠, 염류의. **~bad**, das (치료를 위한) 염욕(鹽浴), 조탕(潮湯). **~bergbau**, der 암염광업(岩鹽鑛業). **~bergwerk**, das 암염광산(岩鹽鑛山), 암염갱(坑). **~bildend** ⟨Adj.⟩ 염화(鹽化)의. **~bildner**, der Halogen. **~boden**, der 염분을 많이 함유한 땅. **~brezel**, die (소금을 뿌린[바른] 8자 모양의) 브레첼 비스켓. **~brötchen**, das 소금을 뿌린[바른] 둥근 작은 빵[롤빵]. **~brühe**, die ↑Lake. **~brunnen**, der 염천(鹽泉), 염광천(鹽鑛泉). **~faß**, das (축소형) **~fäßchen**, das **1.** ↑~napf. **2.** ⟪통용어·농⟫ 목과 쇄골 사이의 움푹 패인 곳. **~fleisch**, das ↑Pökelfleisch. **~frei** ⟨Adj.⟩ 염분이 없는, 염분기가 없는. **~führend** ⟨Adj.⟩ ⟪광⟫ 염분을 함유한, 염분이 있는. **~garten**, der 염전(鹽田). **~gehalt**, der 함염량(含鹽量), 염분(鹽分). **~gewinnung**, die 염업(採鹽), 제염(製鹽). **~grube**, die 암염갱(坑). **~gurke**, die 소금에 절인 오이, 오이지. **~haltig** ⟨Adj.⟩ 염분[소금]기가 있는. **~hering**, der 얼간젖이, 소금에 절인 청어. **~kartoffel**, die (대개 Pl.) 소금물에 삶은 감자. **~klumpen**, der 소금덩어리. **~konzentration**, die 소금의 농도[함량]. **~korn**, das ⟨Pl. -körner⟩ 소금알(맹이). **~kraut**, das ⟨Pl. 없음⟩ 칼리수송나무(명아주과(科)로 해안 및 소금기 있는 습지에 나는 식물). **~kruste**, die 딱딱한 염분층(鹽分層). **~lager**, das 암염층(岩鹽層). **~lagerstätte**, die 암염광상(岩鹽鑛床). **~lake**, die ↑Lake. **~lecke**, die [사냥] 야수가 소금을 핥으러 모이는 장소(건조한 갯벌 등). **~los** ⟨Adj.⟩ 염분이 없는, 염분을 뺀. **~lösung**, die 소금물, 염용액(鹽溶液). **~luft**, die 염분[소금기]이 있는 공기. **~mandel**, die 소금을 뿌려 구운 편도(扁桃)(아몬드). **~napf**, der 소금통, 소금종지. **~pfanne**, die **1.** [지질] 건조 지대의 얕은 요지(凹地). **2.** ⟨고어⟩ (제염용의) 소금가마. **~pflanze**, die ↑Halophyt. **~quelle**, die 염천(鹽泉). **~reich** ⟨Adj.⟩ 염분이 풍부한. **~sauer** ⟨Adj.⟩ 염산의. **~säule**, die **1.** (사해(死海) 남쪽에 있는) 풍화 작용으로 퇴적된 소금 기둥(창세기 19장 26절). **2. zur Salzsäule erstarren** (깜짝 놀라) 꼼짝 않다. **~säure**, die 염산. **~see**, der 함수호(鹹水號), 염호(鹽湖). **~sieder**, der ⟨고어⟩ ↑~werker. **~siederei**, die ↑Saline (1). **~sole**, die ↑Sole 참조. **~stange**, die 소금을 뿌린 둥근 막대기 모양의 흰 빵과자. **~stangel**, **~stangerl**, das; -s, -(n) (österr.) ↑~stange. **~steppe**, die 염분 표층(表層)과 염생(鹽生) 식물로 뒤덮인 초원[황야]. **~steuer**, die 소금세(稅). **~stock**, der ↑~lagerstätte. **~streuer**, der 음식에 소금을 뿌리는 도구. **~vorkommen**, das 소금매장. **~wasser**, das **1.** ⟨Pl. 없음⟩ 소금물. **2.** ⟨Pl. -wässer⟩ ↑Meerwasser. **3.** ⟨Pl. -wässer⟩ ↑Lake. **~werk**, das ↑Saline (1). **~werker**, der 제염공. **~wüste**, die 염분벌, 염분황야. **~zoll**, der ⟪옛⟫ 소금관세(稅).
Salzach ['zaltsax], die (오스트리아의) 잘차하 강(인 강의 오른쪽 지류).
Salzburg ['zaltsbʊrk] 잘츠부르크(오스트리아의 도시 및 연방 주). ¹**Salzburger**, der; -s, - 잘츠부르크 사람(인(人)). ²**Salzburger** ⟨Adj.; 격변화 없음⟩ 잘츠부르크의.
salzen⁎¹ ['zaltsn̩] 소금을 치다, 소금으로 간맞추다: die Suppe ist stark[zu wenig] gesalzen 수프에 너무 많이[너무 적게] 소금을 쳤다; gesalzenes⟪⟪드物게⟫⟫ gesalztes] Fleisch 소금에 절인 고기. **salzig** ['zaltsɪç] ⟨Adj.⟩ **a)** 소금을 함유한, 소금기가 있는. **b)** 짠, 소금맛이 있는: die Suppe ist[schmeckt] s. 수프가 짜다. **Salzigkeit**, die ↑salzig의 명사형. **Sälzer**, der; -s, - ⟨고어⟩ **1. a)** 제염공(Salzsieder). **b)** 소금 상인. **2.** 염장공.
Salzkammergut ['zaltskamɐguːt], das; -s 잘츠캄머굿 (오스트리아의 알프스 지방).
Salzkote, die 소금 제련소.
Sam: ↑Uncle Sam.
Samael ['zaːmaeːl, ⟪또한⟫ …'æːl], -s ↑Samiel.
Sämann ['zɛːman], der; -(e)s, …männer ⟪시어⟫ 씨뿌리는 사람.
SA-Mann, der ⟨Pl. SA-Männer/⟪드물게⟫ SA-Leute⟩ [나치] ↑SA의 대원(隊員).
Samaria [zama'ri:a, za'ma:ria] 사마리아(팔레스티나의 고대 도시).
Samariter [zama'ri:tɐ, ⟪또한⟫ …'riːtɐ], der; -s, - [lat. Samarites] **1.** 자선심[봉사심]이 많은 사람. **2.** (schweiz.) ↑Sanitäter. **Samariterdienst**, der **1.** 봉사자(자선자)의 임무[활동], 구급 협회원의 임무. **2.** (빈민, 병자 등을 위한) 자선[봉사]. **Samaritertum**, das; -s 헌신적 봉사, 자선[봉사] 정신.
Samarium [za'ma:rium], das; -s 사마륨(기호: Sm).
Samarkand [zamar'kant], der; -(s), -s [Uzbek 공화국의 Samarkand의 도시에 따라] 대개 노란 바탕에 원형부

조가 있는 밝은 색으로 짠 양탄자.
Sämaschine, die; -n 파종기(↑Drillmaschine 참조).
Samba ['zamba], der; -s -s /《통용어》 die; -s [port. (bras.) samba] 브라질의 경쾌하고 정열적인 춤, 삼바춤.
Sambals ['zambals] ⟨Pl.⟩ [indones. sambal] [요리] 매운 인도네시아 소스.
Sambesi [zam'be:zi], der; -(s) 잠베지 강(아프리카 남부에 있는 강). **Sambia** ['zambia], -s 잠비아(아프리카에 있는 나라). **Sambier** ['zambiɐ], der; -s, - 잠비아 사람[인]. **sambisch** ['zambɪʃ] ⟨Adj.⟩ 잠비아의.

¹**Same** ['za:mə], der; -ns, -n ⟨아어⟩ ↑Samen (1 a).
Samen ['za:mən], der; -s, - **1. a)** 씨, 씨앗: der S. keimt[geht auf] 씨앗이 트다. **b)** ⟨Pl. 없음⟩ 종자, 씨 (↑Saat), 맹아(萌芽): [전의] ⟨아어⟩ der S. des Guten [der Zwietracht] geht in ihren Herzen auf 선(善)[불화(不和)]의 씨앗이 그들의 마음에 싹트고 있다. **2.** ⟨Pl. 없음⟩ Sperma.

²**Same** [-], der; -n, -n ↑Lappe.
Samen-: **~anlage**, die [식물] 배주(胚珠)(↑Ovulum). **~bau**, der ⟨Pl. 없음⟩ [의학·수의] 종자 은행. **~bau**, der ⟨Pl. 없음⟩ 종자를 얻기 위한 재배. **~baum**, der 모수(母樹)(씨를 채취하기 위한 나무). **~blase**, die [의학] 정낭(↑精嚢(腺)). **~erguß**, der ↑Ejakulation. **~faden**, der [의학] ↑Spermium. **~faser**, die 종자섬유(種子纖維). **~fluß**, der ⟨Pl. 없음⟩ [의학] 정액루(漏)(↑Spermatorrhöe). **~flüssigkeit**, die ↑Sperma. **~händler**, der 씨앗 장수, 종자상인. **~handlung**, die 종자상, 종자업(種子業). **~kapsel**, die ↑Kapsel (3). **~kern**, der ↑Kern (1 a, b). **~koller**, der ⟨통용어⟩ 성적인 충동증. **~korn**, das ⟨Pl. -körner⟩ 낟알, 씨(앗), 종자. **~leiter**, der [의학] (수)정관(↑精管). **~pflanze**, die ↑Blütenpflanze. **~schale**, die [식물] 종피(種皮). **~spender**, der (정액 은행의) 정액 공급자. **~strang**, der 정삭(精索). **~träger**, der [식물] 태좌(胎座), 태(胎) 자리. **~übertragung**, die 정자의 인공 수정(人工授精). **~zelle**, die ↑Spermium. **~zucht**, die ↑~bau.

Sämerei [zɛ:məˈraj], die; -en **1.** ⟨Pl. 로만⟩ 종자류(種子類), 씨앗, 씨. **2.** ↑Samenhandlung.
Samiel ['za:miel] (또한) ...ieːl], der; -s ⟨부가어적 규정어가 없을 때에는 관사없이⟩ [griech. Samiël] (유태민족 전설이나 독일 민간의 악마의 우두머리 이름.
sämig ['zɛːmɪç] ⟨Adj.⟩ (수프나 소스가) 진한, 끈적끈적한. **Sämigkeit**, die ↑sämig의 명사형.
samisch ['za:mɪʃ] ⟨Adj.⟩ **1.** 사모스 섬의. **2.** 라플란드 사람의.
sämisch ['zɛ:mɪʃ] ⟨Adj.⟩ 유지(油脂)로 무두질한, (가죽을) 부드럽게 한.
Sämisch-: **~gerber**, der 가죽을 무두질하는 사람. **~gerberei**, die 무두질. **~leder**, das 유지로 무두질한 담황색 가죽.
Samisdat [zamɪsˈdat], der; - [russ. samizdat] 구소련에서 자비로 출판된 작품, 금지된 작품.
Sämling ['zɛ:mlɪŋ], der; -s, -e 묘목, 씨앗에서 자란 식물, 실생(實生)의 초목(草木).
sammel-, Sammel-: **~aktion**, die 모금 운동, 구호물자를 모으는 운동. **~album**, das 스크랩북, 수의(手蟻) 정자. **~anschluß**, der [우편] (전화의) 공동선(線), 대표번호. **~auftrag**, der [우편] (복수구좌(複數口座)에서의) 일괄적인 대체(代替) 송금. **~band**, der ⟨Pl. ...bände⟩ (작품) 모음집. **~becken**, das 저수조(貯水槽), 집결장: [전의] diese Partei ist ein richtiges S. aller reaktionären Kräfte 이 정당은 모든 반동세력의 집합장이다. **~begriff**, der 집합개념(集合概念), 총칭(總稱). **~behälter**, der 액체를 모으는 용기(容器), 물통. **~bestel-**
~lung, die 단체 신청[주문]. **~bewegung**, die ↑Sammlungsbewegung. **~bezeichnung**, die [언어] ↑Kollektivum. **~büchse**, die 모금(募金)상자. **~depot**, das [금융] 혼합 기탁(소)(混合寄託(所)], 일괄 보관(소)[一括保管(所)]. **~fahrschein**, der **a)** 단체표. **b)** 회수권(回數券). **~fleiß**, der ↑~eifer. **~frucht**, die [식물] (육질)집합과((肉質)集合果), 복과(複果). **~fund**, der [고고] 집단 발굴 ↑Depotfund. **~gebiet**, das 수집 분야(分野). **~gefäß**, das 수집통[그릇]. **~grab**, das 집단 묘지. **~gut**, das (전문어) 혼재 화물, 집합 탁송 화물. **~gutverkehr**, der 혼재 화물 운송, 집합 탁송 화물 교통. **~heizung**, die ↑Zentralheizung. **~kasse**, die **1.** 중앙 출납 창구. **2.** ↑~büchse. **~konnossement**, das [해양] 집합 선하증권(船荷證券). **~konto**, das [부기] (여러 개의 비슷한 종류의 구좌가 함께 계정된) 집합 구좌. **~ladung**, die (전문어) (짐 등의) 혼합 적재. **~lager**, das 집결지점(集結地点). **~leidenschaft**, die ↑~eifer. **~linse**, die [광학] 집광(集光)렌즈, 凸렌즈(볼록렌즈). **~liste**, die 모금자를 기재한 모금액 일람표(一覽表). **~mappe**, die 서류철. **~name**, der [언어] ↑Kollektivum. **~nummer**, die [우편] 대표 전화 번호. **~packung**, die ↑Multipack. **~platz**, der 공동(共同)여권, 단체 여권. **~platz**, der **a)** 회합 장소, 집적지(集積地)(물자 등의) **b)** 집합[집결]지(점). **~punkt**, der **1.** ↑~platz (b). **2.** ↑Brennpunkt (1). **~ruf**, der 집합 신[구]호. **~schiene**, die [전기] 모선(母線). **~stätte**, die (아어) ↑~platz (b). **~stelle**, die ↑~platz. **~stück**, das (개개의) 수집품. **~tag**, der 수집일, 모금일. **~tasse**, die 받침접시가 붙어 있는 수집품 잔. **~tätigkeit**, die 수집[모금] 활동. **~transport**, der 단체(일괄) 수송. **~trieb**, der 수집욕(收集慾). **~überweisung**, die [우편] (복수구좌(複數口座)에서의) 일괄적인 대체(對替) 송금(입금). ↑~auftrag. **~verwahrung**, die [금융] 유가증권의 일괄 보관(保管). **~visum**, das 일괄사증. **~werk**, das ↑~band. **~wertberichtigung**, die [경제] 요구되는 값의 일괄 정정. **~wut**, die 《감정》 ↑~eifer. **~wütig** ⟨Adj.⟩ (감정) 수집욕이 왕성한.
Sammelei [zamə'laj], der; -en ⟨통용어·폄⟩ (지속적인) 수집, 모금(행위).
sammeln ['zamln] ⟨h⟩ **1. a)** (긁어) 모으다, (과실 등을) 따 들이다, 모아서 비축하다: die Bienen sammeln Honig 벌들은 꿀을 모은다; [전의] Material für ein Buch s. 책을 쓰려고 자료를 모으다. **b)** 수집하다: Briefmarken s. 우표를 수집하다; (또는 4격목적어 없이) aus Liebhaberei s. 취미로 수집하다; er hat lange an seinen Münzen gesammelt 그는 오랫동안 동전을 수집했다. **c)** (일정한 목적을 위해) 수집하다, 모으다: Altpapier[Geld] s. 폐휴지[돈]를 모으다; (또는 4격목적어 없이) für einen guten Zweck [für das Rote Kreuz] s. 좋은 목적[적십자]을 위해 모금하다. **d)** 받아 모으다, 비축하다: Regenwasser in einer Tonne s. 통에 빗물을 받아 모으다; [전의] Erfahrungen s. 경험을 축적하다. **2. a)** 집합[집결]시키다, 모으게 하다, 소집하다: eine Mehrheit hinter sich s. 다수의 지지를 확보하다; (명사화) zum Sammeln blasen (출발하기 위하여) 사람들을 다시 불러 소집하다. **b)** ⟨s. + sich⟩ 집합하다; sich um jmdn. [etw.] s. 누구[무엇]의 주위에 모이다. **c)** ⟨s. + sich⟩(광선, 물, 힘 등이) 모이다, 쌓이다: Lichtstrahlen sammeln sich im Brennglas 광선이 집광렌즈에 집중되다. **3.** ⟨s. + sich⟩ 정신을 집중하다, 생각을 가다듬다: sich durch Nachdenken s. 심사숙고를 통해 생각을 가다듬다.
Sammelsurium [zum]'zu:riʊm], das; -s, ...rien

[...iən] 《잠》 뒤섞임, 난잡, 혼란: in dem Schuppen befand sich ein S. von Gerätschaften 헛간에는 기계 더미가 있었다.

Sammet ['zamət], der; -s, -e 《schweiz.·고어》 ↑ Samt. **Sammetblume**, die 《고어》 ↑ Samtblume.

Sammler ['zaml▼], der; -s, - **1. a)** 수집가: er ist ein S. seltener Erstausgaben 그는 희귀한 초간본(初刊本) 의 수집자이다. **b)** 모금자. **2. a)** 《기술》 축전지(蓄電池). **b)** 《도로》 집수거(集水渠).

Sammler-: **~fleiß**, der 수집욕[열]. **~freude**, die 수집의 기쁨. **~graphik**, die 《전문어·중고어》 (개인 소장용) 그래픽. **~leidenschaft**, die 수집열. **~marke**, die **1.** ↑ Sondermarke. **2.** 《전문어》 그래픽에 기재된 이제까지의 소유자들의 서명. **~objekt**, das 수집 대상. **~stück**, das ↑ ~objekt. **~wert**, der (예술품의) 수집 가치.

Sammlerin, die; -nen ↑ Sammler (1)의 여성형. **Sammlung** ['zamlʊŋ], die; -en **1.** 모음, 수집, 채집, 축적, 모금: eine S.(für das Rote Kreuz) veranstalten(durchführen)(적십자를 위한) 모금을 하다. **2.** 모임, 연합. **3. a)** 모은 것, 수집된 것, 소장품: eine S. von Gemälden 그림 소장품. **b)** ↑ Anthologie: eine S. von Essays 에세이집. **4.** 박물관, 미술관. **5.** 침착, 냉정, (정신의) 집중, 통일: innere(geistige) S. 내적(內的)[정신적] 침착.

Sammlungsbewegung, die 결합 운동.

Samoa [za'moːa, 《engl.》 sə'mouə], -s, Samoainseln 《Pl.; 정관사와 같이 사용》 사모아, 사모아 제도[군도]. **Samoaner** [zamo'aːnɐ], der; -s, - 사모아 사람(의). **samoanisch** [zamo'aːnɪʃ] 《Adj.》 사모아의, 사모아 군도의.

Samos ['zaːmɔs], der; -, - 《드물게》 **Samoswein**, der -(e)s, -e 그리스의 사모스 섬에서 나는 포도주.

Samowar [zamo'vaːɐ̯, 《또한》 '‒‒‒], der; -s, -e 《russ. samowar》 사모바르(러시아의 물 끓이는 주전자).

Sampan ['zampan], der; -s, -s 《chin. san pan》 삼판(三板)《동아시아에서 쓰이는 소형의 목조 평저선(平底船)》.

Sampi ['zampi], das; -(s), -s 《griech. sámpi》 고대 그리스어의 알파벳(϶).

Sample ['zampl̩, 《원래》 saːmpl], das; -(s), -s 《engl. sample》 **1.** 《시장 및 여론 조사; 통계》 **a)** 표본. **b)** 대표 집단, 표본층(標本層). **2.** 《경제》 상품 견본(見本) ↑ Warenprobe. ↑ Muster.

Sampler ['zamplɐ, 《engl.》 'sæmplɐ] der -s, - 《engl. sampler》 레코드 선곡집.

Samstag ['zamstaːk], der; -(e)s, -e [griech. sábbaton, ↑ Sabbat] 《westd., südd., österr., schweiz.》 토요일 《북부 독일에서는 ↑ Sonnabend.》 **~abend**, der 토요일 저녁 《↑ Dienstagabend 등》. **Samstagabendmesse**, die 《가》 **a)** 토요일 저녁 미사. **b)** ↑ Vorabendmesse. **samstags** 토요일에.

samt [zamt] **I.** 《Präp.³》 ~와 더불어, 함께, 같이(mit): das Haus s. allem Inventar wurde versteigert 그 집은 가재 도구와 함께 경매되었다. **II.** 《Adv.》 《다음의 용법으로만》 **s. und sonders** 예외 없이, 모조리.

Samt [zamt], der; -(e)s -e [lat. samitum < griech. hexámitos] (-: 《옛날에는 : Sammet) 벨벳, 우단: eine Haut wie S. 매끄러운 피부; **in S. und Seide** 《고어》 성장을 하고.

samt-, Samt-: **~anzug**, der 빌로도 양복. **~artig** 《Adj.》 우단같은. **~auge**, das 《시어》 우단처럼 빛나는 검은 눈. **~band**, das 《Pl. -bänder》 : 빌로도 리본. **~blume**, die ↑ Tagetes. **~braun** 《Adj.》 빌로도 같은 갈색의. **~grau** 《Adj.》 빌로도 같은 회색의. **~grün** 《Adj.》 빌로도 같은 초록색의. **~handschuh**, der 빌로 도 장갑: jmdn. **mit -en anfassen** 누구를 소중하게 다루다. **~haut**, die 《우단(빌로도)같이》 부드러운《매끄러운》 피부. **~imitation**, die 빌로도 같이 보이는 직물. **~jacke**, die 빌로도 저고리. **~kappe**, die 빌로도 모자. **~kissen**, das 빌로도 천으로 만든 베개. **~kleid**, das 빌로도 원피스. **~leder**, das 빌로도 가죽 ↑ Veloursleder. **~mieder**, das 빌로도 코르셋. **~pantoffel**, der 빌로도로 만든 슬리퍼. **~pfötchen**, das (특히 고양이의) 빌로도 같이 부드러운 앞발: sie geht wie auf S. 그녀는 조용히 걷는다. **~portiere**, die 빌로도 문 (門)의 커튼[칸막이 커튼]. **~vorhang**, der 빌로도 커튼. **~weber**, der 빌로도 직조공. **~weberei**, die 빌로도 직물 공장. **~weich** 〈Adj.; nicht adv.〉 빌로도처럼 부드러운.

samten ['zamtn̩] 〈Adj.〉 [mhd. samātīn] **a)** 빌로도(제)의. **b)** ↑ samtig (a).

Samtgemeinde, die; -n [zu ↑ samt] (특히 Niedersachsen의) 기초 자치구 연합.

samtig ['zamtɪç] 〈Adj.〉 **a)** 빌로도 같이 부드러운《매끄러운》, 빌로도 같은: die -e Haut des Pfirsichs 복숭아의 부드러운 껍질. **b)** 깊고 부드러운 음(성)의.

sämtlich ['zɛmtlɪç] 〈Adj.〉 〈부정(不定)대명사, 부정수사〉 [mhd. same(n)tlich] **1.** 〈Sg.〉 전체의, 모든, 통틀은, 완전한: -es beschlagnahmte Eigentum wieder freigeben 모든 압류된 재산을 다시 돌려 주다: Goethes -e Werke, 괴테 전집(全集); sein -es Hab u. Gut 그의 전 재산. **2.** 〈Pl.〉 전부의, 전원의, 모든, 전체의: -e Beamten[(또한) Beamte] 전 공무원[관리]; -e anwesenden(anwesende) Bürger 참석한 모든 시민; 《무변화, 독립적으로》 die Mitglieder waren s. erschienen 회원들이 모두[한 사람도 빠짐없이] 나타났다.

Samum ['zaːmum, 《또한》 za'muːm], der; -s, -s / -e [arab. samūm] 《지리》 (사막의) 열사풍(熱砂風).

Samurai [zamu'raɪ], der; -(s), -(s) [jap. samurai] 사무라이, (일본의) 무사(武士).

Sana ['zaːna, za'naː] 자나(예멘 아랍 공화국의 수도).

Sanatorium [zana'toːrɪʊm], das; -s, ...ien [...iən; lat. sānāre] 사나토리움, 요양소(특히 호흡기병 환자를 위한): sich in einem S. erholen 요양소에서 휴양하다. **Sanatoriumsaufenthalt**, der 요양소 체류[입원]. **sanatoriumsreif** 〈Adj.〉 요양소 입원 시기가 된.

Sancho Pansa ['zantʃ 'panza], der; - -, - -s [Don Quichote의 종자 이름에서] 위트가 있는 현실적으로 생각하는 사람.

Sancta Sedes ['zaŋkta 'zeːdɛs], die 성좌(聖座), 성청(聖廳), 교황권(敎皇權). **sancta simplicitas** [-zɪm'pliːtsitas; lat.] (heilige Einfalt!) 《교양어》 성스러운 단순(單純)《어떤이의 어리석음을 보고 놀라거나 불쾌해져서 외치는 소리》. **Sanctissimum** [zaŋk'tɪsimʊm] ↑ Sanktissimum.

Sanctitas ['zaŋktitas], die 교황(敎皇)의 칭호(존칭). **Sanctus**, Sanktus ['zaŋktʊs], das; -, - [lat. sanctus] 《가》 찬미가.

Sand [zant], der; -(e)s, 〈전문어〉 -e / Sände ['zɛndə], mhd., ahd. sant] **1. a)** 〈Pl. 없음〉 모래, 모래밭, 해안: der Wagen blieb im S. stecken: 자동차가 모래 속에 빠져 박혀 있었다; er liegt oft stundenlang im S. und schaut aufs Meer 그는 가끔 몇 시간 동안이나 해변가에 누워 바다를 바라본다; auf den Boden bei Glatteis mit S. bestreuen 빙판시 바닥에 모래를 뿌리다; **wie S. am Meer** (통용어) 무수한, 수많은; **irgendwo ist S. im Getriebe** (통용어) 어딘가 잘못되어 있다; jmdm. **S. ins Getriebe streuen**(werfen, schmeißen) (통용어) 누구를 애먹이다; jmdm. **S. in die Augen streuen** 누구의 눈을 속이다; **auf S. gebaut**

haben 모래 위에 (집을) 지었다, 미덥지 못한[기초가 약한] 짓을 하다(마태복음 7장 26절); **jmdn. auf(den) S. setzen** 누구를 지게하다, 패배시키다, 궁지에 몰아넣다; **im Sand(e) verlaufen** (계획 등이) 효과를 못내고 있히지다; *etw.* **in den S. setzen** (통용어) 무엇을 실패하다. **b)** 〈Pl. -e〉[지질] 모래류(類), 모래땅, 모래질(質), 모래층: aus verschiedenen -en bestehender Boden 여러가지 모래질로 된 땅[토양]. **2.** 〈pl. -e u. Sände〉[선원] 사주(砂洲), 모래톱: das Schiff ist auf (einen) S. geraten 배가 모래톱에 좌초했다.

sand-, Sand-: ~aal, der 까나리(속(屬)). **~art,** die 모래 종류. **~artig** 〈Adj.〉 모래같은, 사질(砂質)의. **~bad,** das **1.** 모래점, 사욕(砂浴). **2.** [의학] (특히 류머티스 질병에서) 사욕(砂浴). **~bahn,** die [스포츠] 모래를 깐 트랙(오토바이 경주용). **~bahnrennen,** das [스포츠] 모래 트랙 경주. **~bank,** die 〈Pl. -bänke〉 사주(砂洲), 모래톱: das Schiff ist auf einer S. gestrandet 배가 모래톱에 좌초했다. **~blatt,** das 담배잎의 하엽(下葉)(엽권련용). **~boden,** der 모래땅(흙). **~büchse,** die (옛날에 잉크를 말리기 위해서 쓰인) 뿌리는 모래를 담은 그릇, 모래통, 샌드박스. **~burg,** die ↑ Strandburg. **~dorn,** der 〈Pl. -dorne〉 서양보리수나무(특히 모래땅에서 자라는 유자관목(有刺灌木)). **~farben, ~farbig** 〈Adj.〉 황색의, 모래색의. **~floh,** der **1.** 모래벼룩(속(屬)). **2.** 《군·준군어》 보병. **~förmchen** [-fœrmçən], das; -s, - (아이들이 모래집을 짓는) 작은 사형(型). **~gräber,** der (아프리카 산의) 뻐드렁니쥐. **~grube,** die 모래 채취장, 사갱(砂坑). **~guß,** der 〈Pl. 없음〉[주물] 사형주조(砂型鑄造). **~hafer,** der 야생귀리. **~hase,** der **1.** 《군·준군어》 ↑ ~floh (2). **2.** (농) (볼링에서) 잘못 던짐. **~haufen,** der 모래 더미. **~hose,** die (사막의) 모래회오리, 모래기둥. **~hügel,** der 모래 구릉(砂丘). **~käfer,** der ~laufkäfer. **~kasten,** der **1.** (놀이용) 모래상자. **2.** (군) (도상(圖上)연습용의) 사반(砂盤). **~kastenspiel,** das (군) 사반(砂盤)에서하는 도상 훈련. **~kiste,** die ↑ ~kasten (1). **~korn,** das 〈Pl. -körner〉 모래알. **~kuchen,** der 일종의 카스텔라. **~laufkäfer,** der 《동물》 (유럽산의) 길앞잡이. **~mann,** der, **~männchen,** das 〈pl. 없음〉(밤에 아이들 눈에 모래를 뿌려 잠들게 한다는 동화의) 작은 모래사람, 잠의 요정. **~papier,** das 샌드페이퍼, 사포(砂布), 연마지, 속사. **~pflanze,** die 사생식물(砂生植物). **~pier,** die (nordd.) ↑ Köderwurm. **~pilz,** der ↑ ~röhrling. **~reich** 〈Adj.〉 모래가 많은, **~riff,** das [지질] 바닷가 사주(砂洲). **~röhrling,** der 그물버섯(속(屬)). **~sack,** der **a)** 모래 주머니[자루]. **b)** (권투) 샌드백: am S. trainieren 샌드백으로 훈련하다. **~schicht,** die 모래층. **~schliff,** der [지질] ↑ Korrasion. **~stein,** der 〈Pl. 없음〉 사암(砂岩). **2.** 사석(砂石). **~steinbruch,** der 사석채석장. **~steinplatte,** die 사석의 석판(石板)[슬레이트]. **~steinquader,** der 사석의 마름돌[네모돌, 벽돌]. **~strahlen** (부정형과 과거분사로만 사용; 과거분사: gesandstrahlt, 전문어에서는 sand-gestrahlt) [기술] 돌이나 금속의 표면을 분사(噴沙機)로 울퉁불퉁하게[꺼칠꺼칠하게] 하다: die Fassade eines Gebäudes s. lassen 건물의 전면(前面)을 꺼칠꺼칠하게 하다. **~strahlgebläse,** das [기술] (벽에 모래를 뿜을 때 쓰는) 분사기(噴沙機), 사취기(砂吹器). **~strand,** der 모래 해변. **~sturm,** der 사막의 모래 폭풍, 모래 바람. **~torte,** die ↑ ~kuchen. **~uhr,** die 모래 시계. **~uhrmagen,** der 《의학·은어》 (모래 시계 모양으로 가운데가 협착한) 모래 위. **~weg,** der 모래길. **~wehe,** die 《준군어》 바람이 휘몰아쳐서 쌓인 모래더미. **~wespe,** die **1.** ↑ Grabwespe. **2.** (유충을 위해 모래 속에 구멍을 파는) 말벌의 일종. **~wüste,** die 사막.

Sandale [zan'daːlə], die; -n [lat. sandalium < griech. sandálion] 샌들. **Sandalette** [zanda'letə], die; -n (굽이 높은 여자의) 샌들.

Sandarak ['zandarak], der; -s [lat. sandaraca < griech. sandarákē] (마송나무과의 일종인) 산다라진(수지(樹脂)).

Sandel- [zand]-; ital. sandalo]: **~baum,** der 백단과 (白檀科)의 나무. **~holz,** das 백단목재(白檀木材). **~(holz)öl,** das 〈Pl. 없음〉 백단유(油).

sandeln ['zand]n] 〈h〉 **1.** (옛) ↑ sanden. **2.** [제재] 목재 (특히 침엽수)의 표면을 결에 따라서 우툴두툴하게 하다. **3.** (지역적) 모래장난을 하다. **sändeln** ['zεnd]n] 〈h〉 (schweiz.) ↑ sandeln (3). **sanden** ['zand]n] 〈h〉 (지역적) 모래를 뿌리다: die Straße bei Glatteis s. 빙판시 도로에 모래를 뿌리다.

Sander ['zandɐ], der; -(s) [isländ. sandr] [지질] (빙산(氷山)의 전지에 있는) 척박한 자갈땅[모래땅].

sandig ['zandɪç] 〈Adj.〉 **a)** 모래가 많은, 모래로 된, 모래의, 모래의. **b)** 모래투성이의, 모래로 덮인: die -en Kleidungsstücke ausschütteln 모래투성이의 옷을 털다.

Sandler ['zandlɐ], der; -s, - (österr.·통용어·폄) 쓸모 없는 사람, 무익한 사람. **Sandlerin,** die; -nen [원래 ↑ Sandler의 여성형] 유객(誘客) 행위를 하는 여자.

Sandschak [zan'dʒak], der -s, -s (옛) 터키의 행정 구역.

sandte ['zantə] ↑ senden의 과거형.

Sandwich ['sεntvɪtʃ], der; -(e)s / -, -(e)s / -e [engl. sandwich] **1.** 샌드위치. **2.** ↑ Sandwichmontage의 축소형. **3.** [탁구] 탁구 라켓 위에 붙여 놓은 두 겹 고무층.

Sandwich-: ~bauweise, die 〈Pl. 없음〉 (항공기 제작에서) 샌드위치식 조립 방법. **~belag,** der ↑ Sandwich (3). **~board** [-boːɐ̯t], das, -s, -s 합판. **~mann der; -, -men** [-mən] **~mann. ~mann,** der 〈Pl. -männer〉 샌드위치 맨. **~montage,** die [사진] 샌드위치 몽타쥬. **~schläger,** der [탁구] 두겹 고무층 라켓. **~wecken,** der (österr.) 고기 조각 등을 넣은 길고 얇은 흰빵.

sanforisieren [zanfori'ziːrən] 〈h〉 [engl. sanforize], 샌포라이즈 가공을 하다, 방축(防縮) 가공을 하다.

San Francisco [(engl.) sænfrən'sɪskou]《독어화》**San Franzisko** [zanfran'tsɪsko] 샌프란시스코(미국 캘리포니아의 도시).

sanft [zanft] 〈Adj.〉 **1.** 부드러운, 온순한, 온유한, 온화한, 유화한(mild), 귀여운, 착한, 수줍은, 마음씨 고운, 사랑스러운: sie hat ein -es Wesen 그녀는 성품이 온순하다 (부드럽다); s. lächeln 부드럽게[온화하게] 웃다. **2.** 유연한, 다정한, 다감한, 부드러운, 상냥한: mit -er Hand streicheln; 부드러운[다정한] 손길로 쓰다듬다; sie hält ihn s. zurück 그녀는 그를 상냥하게 [부드럽게] 만류한다. **3.** 가벼운, 연한, 억제되고 약한: ein -es Rot, 연적색. **4. a)** 잔잔한, 조용한, 소리없는: ein -er Regen [Wind] 소리없이 내리는 비[산들바람, 미풍] **b)** 약한, 완곡한, 가벼운: -e Ermahnungen 가벼운[완곡한] 경고; einen -en Druck ausüben 가벼운 압력을 가하다. **auf die -e (Tour)** (통용어) (의식적으로 무엇을 달성하기 위해) 특히 친절하고 공손하게. **5.** 평화로운, 조용한, 고요한, 평온한, 차분한: ein -er Schlaf[Tod] 평화로운 잠[죽음]; er ist s. entschlafen 그는 조용히 영면하였다. **6.** (비탈의 경사가) 완만한: -e Abhänge 완만한 비탈; der Pfad führte in -en Windungen nach oben 오솔길이 완만하게 꼬불꼬불 위로 뻗어 있었다. **Sänfte** ['zεnftə], die; -n 가마, 들것(↑ Tragstuhl).

Sänftenträger, der 가마꾼, 교군꾼, 들것을 메는 사람.
Sanftheit, die 부드러움, 온화함. **sänftigen** ['zɛnftɪgn̩] ⟨h⟩ ⟪아어⟫ **a)** 부드럽게 하다, 진정시키다, 달래다, 침착하게 하다, 눅이다. **b)** ⟨s. + sich⟩ 약해지다, 잦아들다, 조용해지다, 진정되다: der Sturm sänftigt sich 폭풍이 잦아들다. **sänftiglich** ['zɛnftɪklɪç] ⟨Adj.⟩ ⟪고어⟫ 조용한, 순한, 안온한, 조심스러운.
Sänftigung, die; -en 멎음, 약해짐, 풀어짐, 잦아듦.
Sanftmut, die 유화, 온순, 온후, 부드러움. **sanftmütig** ⟨Adj.⟩ 유화한, 온유한, 부드러운: ein -es Wesen haben 온유한 성품을 갖다. **Sanftmütigkeit,** die ↑ sanftmutig의 명사형.
sang [zaŋ] ↑ singen의 과거형. **Sang** [-], der; -(e)s, Sänge ['zɛŋə] ⟪고어⟫ **1.** (Pl. 없음) ↑ Gesang (1): **mit S. und Klang** ⟪준고어⟫ 노래와 음악으로, 요란하게, 떠들썩하게; ⟪통용어·반어⟫ er ist mit S. und Klang durchs Abitur gefallen 그는 고등 학교 졸업 시험에 요란하게도 떨어졌다[낙제했다]; **ohne S. und Klang** ⟪통용어, 드물게⟫ 소리도 없이, 조용히, 은밀하게, 떠들지 않고. **2.** ↑ Gesang (2). **sangbar** ['zaŋbaːɐ̯] ⟨Adj.⟩ 노래부를 수 있는, 노래하기 쉬운, 노래하기 알맞은, 선율적인: er schreibt sehr s. 그는 노래하기 매우 알맞은 작곡을 한다.
Sangbarkeit, die: ↑ Kantabilität (2). **sänge** ['zɛŋə] ↑ singen의 접속법 2식. **Sänger** ['zɛŋɐ], der; -s, - **1.** 가수, 성악가: jmdn. zum S. ausbilden 누구를 가수로 양성하다[교육하다]; 전의 darüber schweigt des -s Höflichkeit 겸손한 사람은 그것을 입 밖에 내지 않는다. 전의 unsere gefiederten Sänger 우는 새, 지저귀는 새. **2. a)** ⟪고어⟫ 시인, 운문 작가: der S. der Odyssee 호메로스. **b)** ⟪가인(歌人)⟫: ein fahrender[wandernder] S. 중세의 방랑 가인[가인].
Sänger-: **~bühne,** die [건축] (교회의) 성가대석(聖歌隊席). **~bund,** der 합창단 연합. **~chor,** der ↑ Chor (1 a). **~fest,** das 합창 대회, 가요제, 노래 대회. **~knabe,** der ⟪드물게⟫ ↑ Chorknabe. **~knötchen,** das ⟪대개 Pl.⟫ [의학] 성대 결절(結節). **~krieg,** der (중세 Wartburg에서의) 연애가인(Minnesänger)의 노래 경연. **~streit, ~wettstreit,** der ⟨Adj.⟩ 가요제. **b)** 시낭송 대회(특히 중세의).
Sängerin, die; -nen ↑ Sänger (1, 2 a)의 여성형.
Sängerschaft, die; -en **1.** (총칭적) 노래 회원, 합창단원. **2.** 대학생 노래회.
sanges-, Sanges- ⟪아어·준고어⟫ **~bruder,** der 노래 회원, 합창단원. **~freude,** die ⟨Pl. 없음⟩ 노래하기의 즐거움. **~freudig, ~froh** ⟨Adj.⟩ 노래하기 좋아하는. **~kundig** ⟨Adj.⟩ 가창법을 아는. **~lust,** die ↑ ~freude. **~lustig** ⟨Adj.⟩ ↑ ~freudig.
Sang-froid [sã'froa], das; - [frz. sang-froid] ⟪교양어⟫ 냉담함, 냉혹함, 냉정.
sanglich [zaŋlɪç] ⟨Adj.⟩ ⟪드물게⟫ ↑ sangbar. **sanglos** ⟨Adj.⟩ (다음의 용법으로만) **sang-und klanglos** ⟪통용어⟫ 떠들지 않고, 소리없이, 몰래; sang-und klanglos verschwinden 소리없이[몰래] 사라지다.
Sangria [zaŋˈriːa / ˈzaŋgria], die; -s [span. sangría] 상그리아 (설탕과 과일을 넣고 붉은 포도주로 만든 스페인 술). **Sangrita** W₂ [zaŋˈgrita], die; -s [span. (mex.)-sangríta] 상그리타 (토마토, 오렌지, 양파와 양념을 섞어 만든 멕시코의 음료).
Sanguiniker [zaŋˈguːnikɐ], der; -s, - ⟪교양어⟫ 다혈질인 사람, 열혈한(熱血漢), 쾌활한 사람, 낙천가, 성급한 사람. **Sanguinikerin,** die -nen ↑ Sanguiniker의 여성 명사. **sanguinisch** ⟨Adj.⟩ [lat. sanguineus] 다혈질의, 활기 찬 (lebhaft); 성급한(hitzig), 쾌활한, 태평한, 낙천적인.

Sanhedrin [zanheˈdriːn], der; -s ↑ Synedrion (고대 그리스의 평의회)의 히브리어 형.
Sani ['zani], der; -s, -s [↑ Sanitäter의 약칭] [군] 위생병. **sanieren** [zaˈniːrən] ⟨h⟩ [lat. sānāre] **1. a)** [의학] 치료하다, 낫게 하다, 고치다: eine Wunde[ein Geschwür] s. 상처[종양]를 치료하다. **b)** [군] (특히 성병 예방을 위해서) 요도를 소독하다: sich s. lassen. 요도 소독을 받다. **2. a)** (주택, 도시 등을) 개선하다, 개량하다, 개조하다, 재개발하다: die Altstadt s. 옛 시가지를 재개발하다. **b)** ⟪전문어⟫ 개혁하다, 개선하다, 현대화하다: das Gesundheitswesen s. 국민 보건 제도를 개선하다. **c)** ⟪전문어⟫ 원상태로 하다, 되살리다: einen umgekippten Fluß s. (생태학적으로) 죽은 강을 되살리다. **3.** [경제] **a)** (재정, 금융 등을) 건전화하다, 재건하다, 회생시키다: eine Firma s. 회사를 회생시키다. **b)** ⟨s. + sich⟩ ⟪재정·경제 상태가⟫ 건전화되다, 회생되다. **c)** 자기 자신을 위해 돈을 벌다, 부자가 되다: er hat sich auf Kosten der Steuerzahler saniert ⟪조롱⟫ 그는 납세자의 희생으로 돈을 벌었다. **Sanierung,** die -en **1.** 치료, 처치. **2.** 개선, 개량, 개조, 재개발. **3.** (경제적 수익성의) 회생(回生), 건전화: die Firma befindet sich in einer Phase der S. 그 회사는 회생 단계에 있다.
Sanierungs-: **~arbeiten** ⟨Pl.⟩ 개조[개량, 재개발] 작업. **~bilanz,** die 기업 재정 개선 결산(서). **~gebiet,** das 재개발 지역. **~maßnahme,** die ⟪대개 Pl.⟫ 개선 조치. **~plan,** der 개량[개선, 재개발] 계획. **~programm,** das 개량[개선, 재개발] 프로그램. **~viertel,** das: 환경 정비 구역, 위생 시설, 개선 지역, 재개발 지역.
sanitär [zaniˈtɛːɐ̯] ⟨Adj.⟩ [frz. sanitaire] **1.** 위생(상)의, 보건의: die katastrophalen -en Verhältnisse in den Elendsvierteln 빈민가의 비참한 위생 상태; -e Anlagen 위생 설비(화장실, 욕실 등). **2.** ⟪준고어⟫ 건강상의.
Sanitär [-] ⟨Pl. 없음. 관사, 격변화 없음⟩ ⟪은어⟫ 위생 산업 분야.
sanitär-, Sanitär-: **~anlagen** ⟨Pl.⟩ 위생 설비[시설]. **~armatur,** die ⟪대개 Pl.⟫ 위생 비품. **~bereich,** der ⟨Pl. 없음⟩ 위생(산업) 분야. **~branche,** die ↑ ~bereich. **~einrichtungen** ⟨Pl.⟩ ↑ ~anlagen. **~farbe,** die 위생 도기 색깔(대개 밝은 색). **~installateur,** der 위생 시설 시설공(工). **~installation,** die **a)** 위생 시설 설치[설비]. **b)** ⟪대개 Pl.⟫ (설치된) 위생 시설 전체. **~keramik,** die ⟨Pl. 없음⟩ **a)** 위생 도기. **b)** 위생 시설의 도기 재료. **~keramisch** ⟨Adj.⟩ 위생 도기의. **~porzellan,** das ↑ ~keramik. **~raum,** der ↑ ~zelle. **~technik,** die ⟨Pl. 없음⟩ 위생(산업) 분야의 기술. **~techniker,** der 위생 산업 분야 기술자. **~technisch** ⟨Adj.⟩ 위생(산업) 기술의. **~zelle,** die [토건] (건물의) 위생실(화장실, 욕실 등 위생 시설이 설치된 부분).
sanitarisch [zaniˈtaːrɪʃ] ⟨Adj.⟩ ⟪schweiz.⟫ **1.** ↑ sanitär (1). **2.** 국민 보건 제도의, 보건소의. **Sanität** [zaniˈtɛːt], die; -en [lat. sānitās(2격: sānitātis) ⟪schweiz., österr.⟫ **1. a)** ⟨Pl. 없음⟩ (군대의) 위생 제도, 위생(보건) 업무(業務), 간호, 구호. **b)** ⟨군대의) 위생(부)대(隊), 의무대. **2.** ⟪통용어⟫ 구급차, 앰뷸런스. **Sanitäter** [zaniˈtɛːtɐ], der; -s, - **1.** 응급 처치를 하는 사람, 구급반원. **2.** 위생병, 간호병.
Sanitäts-: **~artikel,** der 의료[위생]용품. **~auto,** das ⟪통용어⟫ ↑ ~wagen. **~bataillon,** das [군] 의무(醫務)대대. **~behörde,** die Gesundheitsbehörde. **~bereich,** der [군] ↑ Revier (6 b). **~depot,** der [군] 의료[위생]품 창고[보관소]. **~dienst,** der **1.** ⟨Pl. 없음⟩ 위생[의료](醫療)) 근무. **2.** [군] 의무[醫務](대). **~dienstgrad,** der [군] 의무대 관등(官等). **~gefreite,** der [군] 의무대 상병. **~geschäft,** das: 위생[의료]품 상점. **~haus,** das ↑ ~geschäft.

~**hund**, der 〖군·옛〗 구조견(救助犬), 간호견(看護犬).
~**kasten**, der 〖군〗 구급 상자, 휴대용 의료 상자.
~**kompanie**, die 〖군〗 의무 중대(中隊). ~**korps**, das 〖군〗 ↑~personal. ~**kraftwagen**, der 〖특히 군〗 구급차, 환자 수송차. ~**material**, das ↑~artikel. ~**offizier**, der 〖군〗 의무 장교, 군의(軍醫). ~**personal**, der 〖군〗 의무대원(醫務隊員). ~**polizei**, die (특히 österr.) 위생 경찰. ~**rat**, der 1. 〈옛·구동독〉 a) 〈Pl. 없음〉 보건 공로의(功勞醫)(국민 보건을 위해 공헌한 의사에 대한 명예 칭호)(약어: San.-Rat) b) 위 명예 칭호를 받은 사람. 2. (österr.) a) 〈Pl. 없음〉 관의(官醫)의 칭호(약어: San.-Rat). b) 위 칭호를 받은 사람. 3. 〈Pl. 없음〉 (österr.) 보건 위원회(보건 장관을 보좌하는). ~**raum**, der 〖특히 군〗 위생[보건]실, 구급실, 응급실. ~**soldat**, der 〖군〗 위생병, 간호병. ~**stelle**, die 〖특히 군〗 ↑~raum. ~**tasche**, die 구급주머니, 의료품 주머니. ~**truppe**, die 〖군〗 의무대(隊). ~**unteroffizier**, der 〖군〗 의무(醫務) 하사관. ~**wache**, die 응급 치료소. ~**wagen**, der 구급차, 환자수송차. ~**wesen**, das 〈Pl. 없음〉 〖특히 군·österr.〗 공중 위생 제도, 의료 제도[시설]. ~**zelt**, das (야외 대중 집회에서의) 구급(救護)소(막사). ~**zug**, der 〖군〗 1. 의무대 대열. 2. 병원열차, 부상병 수송 열차(Lazarettzug).

sanitized ['sænɪtaɪzd; (engl.-amerik.) sanitized] 【섬유】 방균 처리한, 소독한.

San José [saŋxo'se] 산호세(코스타리카의 수도).

San-José-Schildlaus [saŋxo'se-], die; ...läuse [미국 캘리포니아의 도시 산호세의 이름에서] 산호세 개각충(介殼蟲).

sank [zaŋk] ↑sinken의 과거형.

Sanka ['zaŋka], der; -s, -s [↑Sanitätskraftwagen의 약칭] 〖군〗 구급차.

sänke ['zɛŋkə] ↑sinken의 접속법 Ⅱ식.

Sankra ['zaŋkra], der; -s, -s 〖군〗 ↑Sanka.

Sankt [zaŋkt] 〈Adj. 격변화 없음〉 [lat. sanctus] (인명, 지명 위에 붙여서) 성스러운, 성(聖)… 의 뜻(약어: St.) (예컨대: St. Johannes 성요한; St. Peter 성베드로(성자).

Sankt-Elms-Feuer [zaŋkt-], das; -s, - ↑Elmsfeuer.

Sankt Gallen [zaŋkt'galən], - -s 장크트 갈렌(스위스의 칸톤[도시]). ¹**Sankt Gallener** [zaŋkt'galənə], der; -s, - - 장크트 갈렌 사람(인). ²**Sankt Gallener** 〈Adj.; 격변화 없음〉 장크트 갈렌의.

Sankt Galler [zaŋkt'galɐ] ↑ ¹,²Sankt Gallener의 스위스식 표기.

sanktgallisch [zaŋkt'galɪʃ] 〈Adj.〉 장크트 갈렌의.

Sankt Helena, - -s 세인트 헬레나 섬(남 대서양에 있는 프랑스의 섬).

Sanktion [zaŋk'tsjo:n], die; -en [frz. sanction] 1. 〈드물게 Pl.〉 a) (교양어) 인가, 허가, 승인, 시인: die Kirche hat jeglicher Art von Gewaltanwendung grundsätzlich ihre S. zu verweigern 교회는 모든 종류의 폭력 사용을 원칙적으로 승인을 거부해야만 한다. b) 〖법〗 재가(裁可), 비준, 승인: das Gesetz bedarf der S. durch das Parlament(des Parlaments) 그 법률은 의회의 승인을 필요로 한다. 2. 〈대개 Pl.〉 a) 〖국제법〗 (국제법 위반 국가에 가해지는) 제재(조치), 처벌: wirtschaftliche -en gegen einen Staat beschließen [anwenden, fordern] 한 국가에 대해 경제적 제재를 결정하다[적용하다, 요구하다]. b) 〖사회〗 (개인이나 집단의 일정한 행동에 대한) 주변의 반응: positive(negative) -en 긍정적[부정적] 반응. c) (교양어) (제재) 조치, 대처 (방안), 조치: gegen Streikteilnehmer gerichtete -en der Unternehmensleitung 스트라이크[파업] 참가자에 대한 경영진의 조치[조처]. 3. 〖법〗 상벌 규정(規定), 제재 규정, 상벌 조항. **sanktionieren** [zaŋktsjo'ni:rən] 〈h〉 1. a) (교양어) 승인(인가, 허가)하다. b) 〖법〗 재가(승인)하다, 비준하다: das Parlament hat den Gesetzentwurf sanktioniert 의회는 그 법률안(法律案)을 승인했다. 2. a) 〖사회〗 (긍정적 또는 부정적으로) 반응하다: die soziale Umwelt sanktioniert jeden Regelverstoß 사회적 환경은 모든 규칙 위반을 징계한다. b) (교양어) (제재) 조치를 취하다, 대책을 세우다, 조처하다. **Sanktionierung**, die; -en 〈드물게 Pl.〉 (교양어) 허가함, 인가함, 승인함. **Sanktissimum** [zaŋk'tɪsɪmʊm], das; -s [kirchenlat. sānctissimum] 〖가〗 ↑Allerheiligste (3).

Sankt-Lorenz-Strom [zaŋkt'lo:rɛnts∫tro:m] 장크트 로렌츠 강(북미의). **Sankt-Nimmerleins-Tag** [zaŋkt-], der; -(e)s [농담으로 지어낸 성자 이름에서] ↑Nimmerleinstag. **Sankt Petersburg** 성 페테르부르크 (↑Leningrad 참조). **Sanktuar** [zaŋk'tua:ɐ], das; -s, -e; **Sanktuarium** [zaŋk'tua:rɪʊm], das; -s, ...ien [...jən; lat. sānctuārium = 〖가〗 a) (가톨릭 성당의) 중앙 제단 주위. b) (성유물함(聖遺物函)을 보관하는) 지성소(至聖所), 성전. c) 성유물함(聖遺物函). **Sanktus**: ↑Sanctus.

Sanmarinese [zanmari'ne:zə], der; -n, -n 산마리노 사람(인). **Sanmarinesin**, die; -nen ↑Sanmarinese의 여성명사. **sanmarinesisch** [zanmari'ne:zɪʃ] 〈Adj.〉 산마리노(인)의. **San Marino** [zan ma'ri:no, (ital.) samma'ri:no], - -s 산마리노(이탈리아의 아펜닌 반도의 있는 작은 공화국(수도).

sann [zan], **sänne** ['zɛnə] ↑sinnen 참조.

San. -Rat = Sanitätsrat.

San Salvador [zan zalva'do:ɐ, (span.) sansalβaðor] 산살바도르(엘살바도르의 수도).

Sansculotte [sãsky'lɔt(ə)n], die; -n [frz. sans-culotte 〈역사적·폄〉 (프랑스 혁명 때 하층 계급의) 과격공화파 (過激共和派)(귀족에 반항하여 짧은 바지(Culotte)를 벗고 긴 바지(Pantalon)을 입었기 때문).

Sansevieria [zanze'vie:ria], die; ...ien [...jən], **Sansevierie** [zanze'vie:riə], die; -n [18세기 이탈리아 San Severo의 군주이자 학자인 R. di Sangro에서] 1. 산세비에리아(열대 지방의 섬유 식물). 2. (아시아, 아프리카산의 오리과식물에 속하는) 관상 식물.

sans gêne [sã'ʒɛn; frz.] (교양어·고어) a) (ungezwungen) 강요(강제)되지 않은, 자의의, 자유로운 b) 뜻대로, 임의로.

Sansibar ['zanziba:ɐ, (또한) - -'-], -s 잔지바 섬(아프리카 동쪽 연안의 섬). **Sansibarer** ['zanziba:rɐ, (또한) - -'-], der; -s, - 잔지바 섬 사람. **sansibarisch** ['zanziba:rɪʃ, (또한) - -'-] 〈Adj.〉 잔지바 섬(사람)의.

Sanskrit ['zanskrɪt, (österr.) zans'krɪt], das; -s [sanskr. saṁskṛta] 산스크리트, 범어(梵語)(고대 인도어). **Sanskritforscher**, der; -s ↑Sanskrit 연구가(↑Sanskritist). **sanskritisch** [...'kri:tɪʃ, ...krɪtɪʃ] 〈Adj.〉 산스크리트의, 범어의. **Sanskritist** [zanskrɪ'tɪst], der; -en, -en 산스크리트 학자, 범어학자. **Sanskritistik**, die 산스크리트 학(學), 범어학.

Santa Claus [(engl.) sæntə'klɔ:z], der; - -, - - 산타 클로스(미국어 표기).

Santa conversazione ['zanta kɔnvɛrza'tsjo:nə] ↑Sacra conversazione.

Santiago [zan'tia:go, (span.) san'tiaɣo] 산티아고(칠레의 수도).

Santiklaus ['zanti-], der; -, -e / ...kläuse [Sankt Nikolaus의 약칭] (schweiz.) ↑Nikolaus.

Santo Domingo ['zanto do'mɪŋɡo, 《span.》 'santo ðo'miŋɡo] 산토도밍고(도미니카 공화국의 수도).

Saône [《frz.》 sɔːn], die 손(프랑스의 강).

São Tomé [《port.》 sãuntu'mɛ, 《bras.》 sãunto'mɛ] 상투메(상투메 프린시페의 수도).

São Tomé und Príncipe [---'prɪnsipə], - -s - -s 상투메 프린시페(서부 아프리카의 섬 나라).

sapere aude ['zaːpərə 'audə; lat. = wage es, weise zu sein (nach Horaz)] 자기의 오성을 활용할 줄 아는 용기를 가지라(계몽주의의 표어).

Saphir ['zaːfɪr, ...fiːɐ̯, 《österr.》 za'fiːɐ̯], der; -s, -e [(spät) lat. sapp(h)īrus < griech. sáppheiros] 1. 사파이어, 청옥(靑玉), 2. ↑ Saphirnadel.

saphir-, Saphir-: ~**blau** 〈Adj.〉 사파이어 책색의. ~**farben** 〈Adj.〉 사파이어색의. ~**nadel**, die [레코드 플레이어의] 사파이어 바늘. ~**quarz**, der [광물] 진청색 석영(石英). ~**stift**, der ↑~nadel.

saphiren [za'fiːrən] 〈Adj.〉 《드물게》 사파이어로 된.

sapienti sat! [za'pɪɛntɪ 'zat; lat. = genug für den Verständigen] 《교양어》 전문가에게는 더 이상의 설명이 필요없다.

Sapin [za'pɪn], der; -s, -e, **Sapine** [za'piːnə], die; -n [frz. sapine] [임업] (벤 나무를 끄는 데 쓰는) 곡괭이 비슷한 연장.

Saponin [zapo'niːn], das; -s, -e [lat. sāpo] [식물] 사포닌(식물에서 얻어지는 발포제(發泡劑), 세정제(洗淨劑)).

Sappe ['zapə], die; -n [frz. sape] (군·옛) 공로(攻路), (적의 방향으로 나 있는) 대호(對壕).

Sappel ['zap!], der; -s, 《österr.》 ↑ Sapin.

sapperlot [zapɐ'loːt] 〈Interj.〉 [↑ sackerlot] 《고어·지역적·경탄, 불쾌, 분노의 표현》 s., das hätte ich ihm gar nicht zugetraut! 아뿔싸[제기랄], 그를 전혀 믿어서는 안되는 것이었는데! ; **sapperment** [zapɐ'mɛnt] 〈Interj.〉 [↑ sackerment] (고어·지역적) ↑ sapperlot.

Sappeur [za'pøːɐ̯], der; -s, -e [frz. sappeur] (군) 1. 《옛》 대호병(對壕兵). 2. 《schweiz.》 ↑ Pionier (1).

sapphisch ['zapfɪʃ, 《또한》 'zafɪʃ], 〈Adj.〉 1. 사포(고대 그리스의 여류 시인 sappho)식(式)의, 사포체(體)의: -e Strophe 사포체(體)의 시연(詩聯). 2. 《드물게·교양어》 레즈비언의, 여성 동성(연)애의: **Sapphismus** [za'pfɪsmʊs, 《또한》 za'fɪsmʊs], der; - 《드물게·교양어》 여성 동성(연)애, 레즈비언.

Sapporo [za'poːro] 삿포로(일본의 도시).

sapr-, Sapr-: ↑ sapro-, Sapro- 참조. **Saprämie** [zapre'miː], die; -n [...ɪən; griech. haîma] (의학) 독혈증(毒血症), 패혈증.

sapristi [za'prɪsti] 〈Interj.〉 [lat. sacrāmentum Chrīsti의 왜곡형] 《고어》 ↑ sapperlot.

sapro-, Sapro-, (모음 앞에서) sapr-, Sapr- [zapr(o); griech. saprós] "부패"를 뜻하는 규정어로서, 예컨대》 saprophil, Saprophage, Saprämie.

Saprobie [za'proːbiə], die; -n 〈대개 Pl.〉 [griech. bíos =], **Saprobiont** [...'bɪɔnt], der; -en, -en [griech. bíon] 〈대개 Pl.〉 (생물) 오수생물(汚水生物)(반대: katharobie). **saprogen** 〈Adj.〉 (생물) 부패를 일으키는. **Sapropel** [...'peːl], das; -s, -e [griech. pēlós] (생물) (응덩이 밑의) 썩은 진흙, 부니(腐泥). **Saprophage**, der; -n, -n [griech. phageîn] (생물) 부생동물(腐生動物), 부생식물(腐生植物). **saprophil** [...'fiːl] 〈Adj.〉 [griech. phileîn] 부식성(腐食性)의, 부생(腐生)의, 부패물을 먹고 사는. **Saprophyt** [...'fyːt], der; -en, -en [griech. phytón] 〈대개 Pl.〉 (생물) 부생(腐生)식물, 사체 기생(死體寄生)식물, 부생균.

Sarabande [zara'bandə], die; -n [frz. sarabande] [음악] **a)** 3/4 박자의 우아한 궁중 사교 댄스. **b)** 사라반데(고전 조곡(組曲)의 일악장(一樂章)).

Sarafan [zara'faːn], der; -s, -e [russ. sarafan] 《옛》 사라판(소매가 없는 러시아 여성의 민속 의상).

Saragossa [zara'gɔsa] 사라고사(↑ Zaragoza의 독일어 표기).

Sarajevo [zara'jeːvo, (serbokr.) sɑraˈjɛvɔ] 사라예보(유고슬라비아의 도시).

Sarazene [zara'tseːnə], der; -n, -n 《고어》 사라센 사람, 아라비아 사람(인)(↑ Araber, ↑ Muslim), **sarazenisch** [zara'tseːnɪʃ] 〈Adj.〉 사라센(사람)의, 아라비아 (사람)의.

Sarde ['zardə], der -n, -n 사르디니아 사람(↑ Sardinien).

Sardelle [zar'dɛlə], die; -n [ital. sardella] 1. 정어리속(屬), 청어. 2. 《대개 Pl.》 《통용어·농》 대머리 위에 비스듬히 걸쳐 있는 머리카락 가닥.

Sardellen-: ~**brötchen**, das **a)** 정어리를 넣은 샌드위치. **b)** 《통용어·농》 ↑ Sardelle (2). ~**butter**, die 정어리를 거져 이겨 섞은 버터. ~**filet**, das 정어리 필레고기. ~**paste**, die (빵에 얹어 먹는) 정어리를 다져 이긴 반죽.

Sardin, die; -nen ↑ Sarde의 여성명사.

Sardine [zar'diːnə], die; -n [lat. sarda] 정어리, 청어류(類).

Sardinen-: ~**büchse**, die 정어리 통조림. ~**gabel**, die; 정어리용 포크. ~**heber**, der 정어리 집게(식사 도구).

Sardinien [zar'diːnɪən], -s 사르디니아(지중해에 있는 이탈리아의 섬). **Sardinier** [zar'diːnɪɐ̯], der; -s, - 사르디니아 사람. **sardinisch** [zar'diːnɪʃ], **sardisch** ['zardɪʃ] 〈Adj.〉 사르디니아 (사람)의, 사르디니어의.

sardonisch [zar'doːnɪʃ] 〈Adj.〉 [lat. sardonius(rīsus) < (spät)griech. sardónios(gélōs)] 《교양어》 [독풀 Sardonia를 먹으면 얼면 경련을 일으키는 데서] 냉소적인, 비웃는: -**es Lachen** (의학) (비웃는 것처럼 보이는) 안면 경련증.

Sardonyx [zar'doːnyks], der; -(es), -e [griech. sardónyx] 붉은 줄 마노(瑪瑙).

Sarg [zark], der; -(e)s, **Särge** ['zɛrɡə; spätlat. sarcophagus] 〈축소형: ↑ **Särglein**〉 관(棺), 널: den S. ins Grab senken 관을 무덤 속으로 내려놓다.

Sarg-: ~**deckel**, der 1. 관 뚜껑. 2. (광) 떼어냈지만 아직 떨어지지 않은 갱도 위의 암석 덩어리. ~**nagel**, der 1. 관에 박는 못. 2. 《통용어·농》 궐련(담배). ~**schreiner**, der 《지역적》 ↑ ~tischler. ~**tischler**, der 관을 만드는 소목장이. ~**träger**, der 관을 메는 사람, 상여꾼. ~**tuch**, das 관 위에 씌우는 천, 관의(棺衣).

Särglein ['zɛrk-lain], das; -s, - ↑ Sarg의 축소형.

Sari ['zaːri], der; -(s), -s [Hindi sāṛī] 사리(인도 여성들이 두르는 겉옷).

Sarkasmus [zar'kasmʊs], der; -, ...men [spätlat. sarcasmos < griech. sarkasmós] 《교양어》 **1.** 《Pl. 없음》 조롱(의 태도), 빈정댐, 냉매(冷罵): sein S. ist schwer erträglich 그의 조롱은 참기 힘들다. **2.** 조롱하는 표현 [말], 잃은 소리. **sarkastisch** 〈Adj.〉 [griech. sarkastikós] (교양어) 조롱(肉)의, 비꼬는, 빈정대는, 신랄한: eine -e Äußerung[Bemerkung] machen 빈정대는 표현[발언]을 하다. **sarkoid** [zarko'iːt] 〈Adj.〉 〈↑ Sarkom u. griech. -oeidēs〉 (의학) 융종(肉腫)류의. **Sarkom** [zar'koːm], das; -s, -e [griech. sárx] (의학) (악성의) 육종(肉腫).

Sarkoma [zar'koːma], das; -s, -ta [의학] (악성의) 육종(肉腫).

sarkomatös [...koma'tøːs] 〈Adj.〉 [의학] **a)** 육종으로

Sarkomatose [...'to:zə], die 〖의학〗 범발성 육종증(汎發性內腫症). **Sarkophag** [zarko'fa:k], der; -s, -e [spätlat. sarcophagus < griech. sarkophágos] 〖교양어〗 (대리석이나 고급 철제로 된) 호화스런 관(棺), (장식 있는) 석관(石棺).

Sarong ['za:rɔŋ], der; -(s), -s [malai. sārung] 허리에 둘러입는 인도네시아 여인의 옷.

Sarraß ['zaras], der; ...rasses, ...rasse [poln. za raz] 〖옛〗 무거운 군도(軍刀), 큰칼.

Sarsaparille [zarzapa'rilə], die; -n [span. zarzaparilla] 〖식물〗 사르사파릴라(약초), 사르사 뿌리(이뇨제, 강장제).

Sarugh, 《또한》 **Saruk** ['zaruk], der; -(s), -s [이란의 지명 Sarugh에서] 사룩양탄자.

sarsenett [zarzə'nɛt], der; -(e)s, -e [engl. sarsenet, sarcenet] 발이 고운 면직물(주로 안감용).

SAS, die [engl. Scandinavian Airlines System] 스칸디나비아 항공사.

Sa-Springen, das; -s, - [schweres Springen der Kategorie a의 약칭] 〖경마〗 중장애물 경기(도약 시험).

saß [za:s] ↑sitzen의 Sassen, Sassen 【중세】 1. 지주(地主), 토지 소유자. 2. 주민, 거주자. 3. ↑Höriger.

Sassafras ['zasafras], der; -, - [frz. sassafras] 〖식물〗 ↑Sassafrasbaum. **Sassafrasbaum**, der 사사프라스(나무) (녹나무과의 낙엽수), 위의 수피(근피(根皮)]{약용, 향료용). **Sassafrasöl**, das 사사프라스 기름.

Sassaparille: ↑Sarsaparille.

¹**Sasse**: ↑Saß. ²**Sasse**, die; -n 〖사냥〗 토끼굴, 토끼들이 모여[숨어] 있는 곳.

säße ['zɛ:sə] ↑sitzen의 접속법 II식.

Saßnitz ['zasnɪts] 자스니츠(뤼겐 섬에 있는 도시).

Satan ['za:tan], der; -s, -e [kirchenlat. satan(ās), griech. satanãs < hebr. śātạn] 1. 〈Pl. 없음〉〖성서〗 사탄, 악마, 마왕: vom S. versucht werden(besessen sein) 사탄에 시험 받다[사로잡혀 있다]; jmdn. hole der S.[soll der S. holen] 누가 지옥에나 가라. 2. 〖통용어·폄〗 흔히 욕설로서 (사)악한 사람, 악마 같은 사람, 못된 여자. **Satanas** ['za:tanas], der; -, -se 〖교양어〗 ↑Satan (1). **Satanie** [za:ta'ni:], die 〖교양어·드물게〗 악마의 잔혹함. **satanisch** ['za'ta:nɪʃ] 〈Adj.〉〖교양어〗 사탄의, 악마 같은, 극악한, 흉악한. **Satanismus** [zata'nɪsmʊs], der; -, - 1. 악마 숭배. 2. 악마주의(문학).

Satang ['za:taŋ], der; -s, -(s) -s 사탕(타이랜드의 화폐 단위(100 Satang = 1 Baht) (약어 St., Stg.).

Satans-: ~braten, der (특히 욕설) ↑Höllenbraten, ↑Teufelsbraten. **~brut**, die 〈Pl. 없음〉(특히 욕설) ↑Höllenbrut. **~kerl**, der 1. 〖특히 욕설〗 악마 같은 놈, 만만치않은 놈, 불손한 녀석. 2. ↑Teufelskerl. **~messe**, die ↑Teufelsmesse. **~pilz**, der 악마버섯 (독버섯). **~röhrling**, der ↑~pilz. **~weib**, das 〖특히 욕설〗 ↑Teufelsweib.

Satellit [zatɛ'li:t], 《또한》...lɪt], der; -en, -en [frz. satellite] 1. 〖천문〗 위성(衛星): 〖전의〗 die osteuropäischen Länder ...-en im Moskaus 모스크바의 위성국들인 동 유럽 국가들. 2. 〖우주〗 인공위성(人工衛星): einen -en in eine Umlaufbahn bringen 인공위성을 궤도에 진입시키다. 3. 위성국(衛星國) (↑Satellitenstaat).

Satelliten-: ~bahn, die 인공위성의 운행 궤도(軌道). **~bild**, das ↑~foto. **~flug**, der 인공위성비행. **~foto**, das 〖특히 기상〗 (인공)위성 사진. **~staat**, der 〖쟁〗 위성국(衛星國) (↑Trabantenstadt). **~übertragung**, die 〖텔레비전〗 위성 중계.

Satemsprache ['za:tɛm-], die; -n [100을 뜻하는 고대 이란어 satem의 첫소리를 s로 발음하는 데서] 〖언어〗 사템어(슬라브어 따위)(반대: Kentumsprache).

Satertag, der 〖지역적〗 토요일.

Satin [za'tɛ:, 《또한》 zati'ŋ], der; -s, -e 수자(繻子), 공단. **Satinage** [zati'na:ʒə] die; -n [frz. satinage] 공단같이 윤나게 함(종이, 직물 등을 광택기(光澤機)에 걸어). **Satinbindung**, die 〖섬유〗 ↑Atlasbindung. **Satinbluse**, die 공단 블라우스. **Satinholz**, das 비단같이 윤이 나게 대패질한 나무. **satinieren** [zatiˈniːrən] ⟨h⟩ [frz. satiner] (종이 등을) 수자처럼 윤나게 하다. **Satiniermaschine**, die 〖전문어〗 ↑Kalander.

Satire [za'ti:rə], die -n [lat. satira] 1. 〈Pl. 없음〉 풍자(예술 장르): die Kunst der politischen S. 정치 풍자(政治諷刺) 예술; eine S. auf jmdn. machen 누구를 풍자하다. 2. 풍자 문학(작품), 풍자시, 풍자 예술(작품): eine S. auf die Auswüchse des Konsumverhaltens 기형적인 소비 성향에 대한 풍자(작품). **Satirendichter**, der 풍자 작가(作家)[시인(詩人)]. **Satirenschreiber**, der 풍자 작가. **Satiriker**, der; -s, - [spätlat. satiricus] a) 풍자 시인[작가]. b) 풍자가. **satirisch** ⟨Adj.⟩ [lat. satiricus] a) 풍자적인: ein -er Schriftsteller 풍자 작가; s. schreiben 풍자적으로 쓰다. b) 독설적인, 신랄하게 조롱하는. **satirisieren** [zatiri'zi:rən] ⟨h⟩ 〖고어〗 풍자화하다, 신랄하게 비꼬아서 표현하다: die Zustände s. 상황을 풍자화하다.

Satisfaktion [zatisfak'tsio:n], die; -en 〈드물게 Pl.〉 [lat. satisfactio] a) 〖교양어·준고어〗 (공개 선언을 통한) 명예 회복, 사죄, 배상, 변상: S. fordern 변상[배상, 사죄]을 요구하다, 누구에게 배상하다. b) 〖교양어〗 (결투에 의한) 명예 회복. **satisfaktionsfähig** ⟨Adj.⟩ 〖옛〗 결투를 요구하거나 도전에 응할 수 있는. **satisfaktionsunfähig** ⟨Adj.⟩ 〖옛〗 결투를 요구하거나 도전에 응할 수 없는.

Satrap [za'tra:p], der; -en, -en [lat. satrapēs < griech. satrápēs] 〖역사적〗 (고대 페르시아의) 지방 총독[태수], 오만하고 사치한 사람. **Satrapenwirtschaft**, die 〈Pl. 없음〉 〖폄〗 관청의 횡포[전횡]. **Satrapie** [zatra'pi:], die; -n [...ien lat. satrapīa < griech. satrapeía] 〖역사적〗 총독 통치령(領)(지).

¹**Satsuma** ['zatsuma], der; -(s) [일본의 반도 이름에서] 사쓰마 도기(陶器). ²**Satsuma** [za'tsu:ma], der; -s [일본 온주(溫州)산의] 감귤, 밀감.

satt [zat] ⟨Adj.⟩ 1. a) 배부른, 포만한, 포식한: sich s. essen 실컷[배부르게] 먹다; etw. macht s. 무엇이 빨리 배부르게 하다. s. sein 〖통용어〗 만취(滿醉)한, 완전히 취하다. b) 자기만족하는, 자만하는: er lebte s. in den Tag hinein 그는 그날그날 그럭저럭 살아가며 만족했다. 2. a) 〈색깔이〉 진한, 짙은: ein -es Rot 진한 적색(赤色). 〖전의〗 ein -er Sound 힘찬 소리. b) 〖통용어〗 당당한, 두드러진, 이목을 끄는, 거액의: ein -er Preis 〈눈에 띌 정도로〉 두드러진[높은] 가격; ein -er Schuß 완전 명중탄(完全命中彈). 3. jmdn. s. haben 〖통용어〗 누구에게 싫증이 나다[물리다]; einer Sache s. sein 《아어》 무엇이 싫증나다[넌더리 나다]; etw. s. haben 무엇에 물리다[싫증이 나다, 넌더리 나다]; etw. s. bekommen [kriegen] 〖통용어〗 무엇에 싫증나다; nicht s. werden, etw. zu tun 〖통용어〗 무엇을 하는 것에, 아직도 싫증나지 않다[물릴 줄 모른다]. 4. ⟨adv.⟩ 풍족히, 풍부히, 흡족히, 충분히: 〖지역적〗 s. Fleisch haben 고기를 충분히 갖다, 고기가 충분하다; genug und s. 흡족히, 충분히. 5. (schweiz.) 좁은, 빽빽한, 빠듯한, 팽팽한: eine s. sitzende Bandage 꼭 맨 붕대.

satt-, Satt-: ~blau ⟨Adj.⟩ 진한 청색의. **~braun** 진한 갈색의. **~dampf**, der 〖기술〗 포화증기(飽和蒸氣). **~gelb** 진한 황색의. **~grün** 진한 녹색의. **~rot** 진한

색의. ~**schwarz** 진한 흑색의.
Satte ['zatə], die; -n 〈nordd.〉 우유 단지(특히 크림을 만드는).
Sattel ['zatl̩], der; -s, Sättel ['zɛtl̩] **1. a)** (말의) 안장: den S. auflegen 안장을 얹다; jmdn. aus dem S. heben 누구를 찔러 말에서 떨어뜨리다(기사의 시합에서), 이기다, 능가하다, 밀어 제치다; jmdn. in den S. helfen 누구를 도와 안장 위에 앉히다; das Pferd geht unter dem S. 그 말은 기수(騎手)에 익숙해져 있다; **in allen Sätteln gerecht sein** 무엇이든지 할 수 있다, 모든 경우의 대비가 되어 있다; **jmdm. in den S. helfen (jmdm. in den S. heben)** 누구를 유력한 지위(권좌)에 오르게 하다; **fest im S. sitzen** 안장에 꼭 앉아 있다, (지위가) 확고하다, 튼튼하다; **sich im S. halten** (지위를) 고수하다, 자기설(說)을 주장하다; **jmdm. aus dem S. heben** 누구에게서 권력(영향력)을 빼앗다, 제거하다. **b)** (짐 나르는 동물의 등에 올려 놓는) 짐틀, 길마. **2.** (자전거, 오토바이의) 안장, 새들: sich auf den S. setzen 안장에 올라 앉다. **3. a)** ↑Bergsattel의 약칭. **b)** 〈광〉 구능(丘陵) 형의 지각층(地殼層). **c)** ↑Nasensattel의 약칭. **4.** ↑Passe. **5.** (현악기의) 줄받침, 프레트(현악의 지판(指板)의 상부에 있는 융기(隆起). **6.** 안마(鞍馬)의 중간 둔부분.

sattel-, Sattel-: ~**bein**, das (그 모양에 따라) [해부] ↑Keilbein. ~**dach**, das 박공 지붕, 안장 모양의 지붕. ~**decke**, die 언치, (안장 밑에 까는) 깔개. ~**druck**, der 〈Pl. 없음〉 (안장이 잘못 얹혀져서 오는) 안장 상처. ~**fertig** 〈Adj.〉 말 탈 준비가 된. ~**fest** 〈Adj.〉 능숙한, 숙달한, 기량이 능숙한(가수(歌手) 따위). ~**gelenk**, das 안관절(鞍關節). ~**gurt**, die (말의) 복대(腹帶). ~**kissen**, das 안장의 깔개. ~**knopf**, der 안장머리(안장 앞의 돌기 부분). ~**nase**, die 안장코. ~**pausche**, die ↑Pausche (1). ~**pferd**, das 안마(鞍馬), 쌍두마차의 왼편 말(마부가 타는)(반대: Handpferd). ~**polster**, das ↑kissen. ~**schlepper**, der (운전수가 타는) 견인(牽引) 자동차(뒤에 짐차를 연결함), 세미 트레일러. ~**sitz**, der 안장의 앉는 곳. ~**tasche**, die **a)** 안낭(鞍囊). **b)** (자전거의 안장 아래 다는) 도구 자루. ~**wunde**, die 안장(鞍傷), 안장으로 생긴 상처. ~**zeug**, das 안장 및 마구류(類). ~**zug**, der 견인 열차. ~**zugmaschine**, die ↑~schlepper.

Sättelchen, das; -s, - ↑Sattel의 축소형.
satteln ['zatl̩n] 〈h〉 (말에) 안장을 얹다, 안장을 졸라매다: ein Pferd s. 말에 안장을 얹다(매다); **(für etwas) gesattelt sein** (무엇을 위한) 준비가 되어 있다. **Sattelung**, Sattlung ['zat(ə)lʊŋ], die; -en **a)** (말에) 안장을 얹기, 장안(裝鞍). **b)** (말에) 안장을 얹는 방법.

Sattheit, die **a) 1.** 배부름, 포식(飽食). **b)** 자기 만족, 자만. **2.** (빛깔의) 짙음, 진함. **sättigen** ['zɛtɪɡn̩] 〈h〉 **1.** (아이) 배부르게 하다, 포식시키다: [전의] jmds. Ehrgeiz [Neugier] s. 누구의 명예심[호기심]을 충족시켜 주다. **2.** 금방 배부르게 하다: Eierspeisen sind sehr sättigend 계란 음식은 먹으면 매우 배부르다. **3.** 꽉 채우다, 포화시키다; durch großes Angebot den Markt s. 많은 공급을 통해 시장을 가득 채우다(포화시키다). **4. gesättigt sein von etw.** 무엇으로 가득 차 있다; die Luft ist gesättigt vom Duft der Kräuter 공기는 약초의 향기로 가득 차 있다. **Sättigung**, die; -en 〈드물게 Pl.〉 **1.** 배부름, 배부르게 함, 포식: ein Gefühl der S. verspüren 포만감을 느끼다. **2.** 《전문어》 포화(飽和), 포화도(度).

Sättigungs-: ~**gefühl**, das 〈Pl. 없음〉 포만감, 배부른 느낌. ~**grad**, der [경제] 포화도(飽和度). ~**punkt**, der [화학] 포화점(飽和点), 중화점(中和点). ~**wert**, der 포만도(飽滿度), 포화가(飽和價).

Sattler ['zatlɐ], der; -s, - (안장, 벨트, 가방 등의) 피혁 세공인, 안장장이, 마구(馬具) 만드는 사람.
Sattler-: ~**arbeit**, die 피혁 세공업, 마구(馬具) 만드는 일. ~**gehilfe**, der 피혁 세공인[마구(馬具)]의 보조원[조수]. ~**geselle**, der 피혁 기구[마구, 안장] 기능공[장인(匠人)]. ~**handwerk**, das 〈Pl. 없음〉 피혁 기구[마구] 제조업. ~**innung**, die 피혁업[마구업] 조합(組合)[길드]. ~**lehrling**, der 피혁 기구 견습공[도제]. ~**meister**, der 피혁 기구[마구] 장인의 우두머리(기능장). ~**seife**, die 가죽 제품을 닦는 비누. ~**waren** 〈Pl.〉 피혁 제품, 마구류(馬具類). ~**werkstatt**, die 피혁 가공소(加工所), 마구(馬具) 제조소.
Sattlerei [zatləˈraɪ], die; -en **a)** 〈Pl. 없음〉 피혁 제조[가공]업, 마구(馬具) 제조업. **b)** 피혁 가공소, 마구 제조소.
Sattlung, die ↑Sattelung.
sattrot 〈Adj.〉 짙은 적색의.
sattsam ['zatzam] 〈Adv.〉 《감정적》 충분하게, 넘치는, 물릴 만큼의: s. bekannt 아주 유명한, 너무 잘 알려진.
Saturation [zaturaˈtsi̯oːn], die 〈spätlat. saturātiō〉 《특히 화학》 **1.** 포화(飽和), 중화(中和). **2.** 사탕즙으로부터 탄산가스를 통해 과도한 석회 성분을 제거하여 설탕을 제조하는 특수한 방법. **saturieren** [zatuˈriːrən] 〈h〉 [lat. saturāre] **1.** 《전문어》 요구를 채워 주다, 요구에 응하다, 만족시키다. **2.** 《전문어 · 준의어》 ↑sättigen (3). **saturiert** 〈Adj.〉 《교양어》 **1.** 충족된, 요구를 채운. **2.** 자기 만족에 빠진: -e Wohlstandsbürger 자기 만족에 빠진 부유층 시민들. **Saturiertheit**, die, **Saturierung**, die; -en ↑saturieren의 명사형.
¹**Saturn** [zaˈtʊrn] 로마의 농업의 신으로 Jupiter의 아버지 (= Saturnus).
²**Saturn**, der; -s 토성(土星).
Saturnalien [zatʊrˈnaːli̯ən] 〈Pl.〉 [lat. Sāturnālia] 《드물게 · 교양어》 (12월에 개최되는 고대 로마의 Saturn 신의 제사에서) 자유분방한 축제. **saturnalisch** 〈Adj.〉 《교양어 · 드물게》 자유 분방한 축제다운, 자유 분방한, 도취한. **saturnisch** [zaˈtʊrnɪʃ] 〈Adj.〉 **a)** Saturn 신의. **b)** 토성(土星)의. **c)** das -e Zeitalter (고대 전설상의) 이상적 황금 시대. **Saturnismus** [zatʊrˈnɪsmʊs], der; -, ...men [의학] 납중독.
Satyr ['zaːtyr], der; -s / -n, -n 〈대개 Pl.〉 [lat. satyrus, griech. sátyros] **1.** (그리스 신화의) 반인반수(半人半獸)인 숲의 신, 사티로스(Dionysos의 종자로 하반신은 염소의 상징). **2.** 《드물게》 호색가. **satyrartig** 〈Adj.〉 《교양어》 숲의 신을 닮은, 호색의. **Satyriasis** [zatyˈri̯aːzɪs], die [spätlat. satyriasis < griech. satyríasis] [의학] 남자의 병적 성욕증, 음란증(淫亂症). **Satyrspiel**, das; -(e)s, -e 사티로스극(고대 그리스에서 비극 다음에 상연되는 일종의 익살극으로 많은 Satyr들의 합창이 뒤따름).

Satz [zats], der; -es, Sätze ['zɛtsə], (척도 지시로서는 또한) - **1.** 〈축소형: ↑Sätzchen〉 문장(文章), 문(文), 글(월), 발언, (말의) 표현: [문법] ein einfacher [zusammengesetzter, eingeschobener, abhängiger] S. 단순[복합(複合) · 삽입(揷入) · 종속(從屬)]문(文); das ist ein oft gehörter S. 그것은 흔히 듣는 말[표현]이다; Sätze bilden [konstruieren, zergliedern] 문장을 짓다[구성하다, (여러 문법 성분으로) 분해하다]; das läßt sich nicht in [mit] einem S. erklären 그것은 더 많은[자세한] 설명을 필요로 한다. **2.** 〈대개 Pl.〉 (Lehr~) 정리(定理), 명제(命題), (Grund~) 공리(公理), 원칙, 법칙, 율(律), 논제, 주장, 정립(定立), 주제, 제목, 신조(信條), 교의(敎義), 주의(主義), 교리, 금언(Denkspruch), 격언: der S. des Euklid(des Pythagoras) 유클리드[피타고라스]의 정리(定理); einen S. aufstellen 명제를 세우다, 법칙을 정립하다, 정언(定言)하다, 원칙을 정하다; der S. vom Erhaltung der Energie 에너지 보존의 법칙; der

S. von Widerspruch [zufriedenen Grund] 모순(矛盾) [충족 이유(充足理由)]율(律). **3.** [인쇄] 〈Pl. 없음〉 **a)** 조판(組版): das Manuskript ist im S. [geht in (den) S.] 원고가 조판(組版)에 들어간다(다). **b)** 식자(植字)(된 원고): der S. ist unsauber 식자(植字)가 깨끗하지 못하다. **4.** [음악] **a)** 〈악곡 구성상의〉 악절(樂節), 악단(樂段)(↑Periode (8 a)). **b)** 〈축소형: ↑Sätzchen〉 〈교향곡 등의〉 악장(樂章): der erste [zweite] S. einer Sinfonie 교향곡의 제1[제2]악장. **c)** 〈악곡의 선율적 및 화성적〉 작법(作法)(Tonsetzkunst), 악곡: ein zwei- [drei-, mehr-] stimmiger S. 2성(聲)[3성, 4성] 악곡(작법). **5.** [관] 정액(定額), 정가(Preis), 공정 가격, 정률(律), 정량(定量), 적량(適量): ein hoher [niedriger] S. 고(高)[저(低)]율(律); ein S. von 12 Pfennig pro Kilometer 1킬로미터당 12 Pfennig의 비용; Mein S. ist 10 Zigaretten pro Tag 나의 하루에 피우는 담배 정량은 궐련 10개이다. **6.** 〈도구 등의〉 한 벌, 세트, 일식(一式): ein S. Teller 한 벌(세트)의 접시; ein S. Reifen 한 세트 [4개]의 타이어. **7.** [사냥] 〈짐승, 특히 토끼의〉 한 배의 새끼: ein S. Hasen 한 배에서 난 토끼들. **8.** [어업] 〈물고기, 특히 잉어의〉 한 배의 새끼: ein S. Forellen 한 배에서 나온 송어들. **9.** [전산] 데이터 세트(↑Datensatz). **10.** 침전물, 앙금(↑Bodensatz): auf dem Boden des Gefäßes hat sich ein schlammiger S. abgesetzt 그릇의 바닥에 진흙 같은 침전물이 앉혔다. **11.** [스포츠] 〈경기의〉 세트: einen S. (Tennis) spielen [gewinnen] (테니스) 한 세트를 경기하다 [이기다]; der zweite S. ging an den Australier 제2세트는 오스트레일리아인에게 돌아갔다 (오스트레일리아인이 승리했다). **12.** 〈축소형: ↑Sätzchen〉 뛰기, 도약, 비약, 달리기 [뛰기] 시작함 (Anlauf), 스타트, 돌진: einen großen S. machen 크게 도약하다, 대도약하다; als es klingelte, war er mit einem S. an der Tür 종이 울렸을 때 그는 단숨에 문에 다가갔다; er mußte Sätze machen 《통영어》 *mußte schnell laufen* 그는 빨리 달려가야만 했다.

satz-, Satz-: ~aal, der [어업] 양어장에서 키우는 뱀장어 치어(稚魚). **~adjektiv**, das [언어] 문장 성분 형용사 (예컨대: sie ist schön), 수식어. **~adverb**, das [언어] 문(文)부사, 화법부사 (예컨대: vielleicht, hoffentlich). **~akzent**, der [언어] 〈문장 가운데서 특히 중요한 의미를 지닌 단어를 강조하는〉 문장 악센트. **~analyse**, die [언어] [문법적] 문장 분석. **~anweisung**, die [인쇄] 조판(組版) [식자(植字)]상의 지시. **~art**, die [언어] 문장의 종류 (예컨대: 서술문 = Aussagesatz), 의문문 (= Fragesatz). **~aussage**, die [언어] ↑Prädikat (3). **~ball**, der [스포츠] 세트 포인트. **~band**, das 〈Pl. -bänder〉 [언어] ↑Kopula (2 b). **~bau**, der 〈Pl. 없음〉 [언어] 문장 구조(구성). **~bauplan**, der [언어] 기본 문형(基本文型). **~brocken**, der ↑~fetzen. **~bruch**, der [언어] ↑Anakoluth. **~ergänzung**, die [언어] ↑Objekt (4). **~fehler**, der [인쇄] 〈조판공정(組版工程)에서 일어나는〉 오식(誤植). **~fertig** 〈Adj.〉 [인쇄] 조판 준비가 된. **~fetzen**, der 〈불완전한 문장, 문장 조각. **~fisch**, der [어업] ↑Besatzfisch. **~form**, die [언어] 문장 형식. **~frage**, die [언어] ↑Entscheidungsfrage. **~ganze**, das (하나의 통일된 것으로서의) 문장 전체. **~gefüge**, das [언어] 부결문(附結文). **~gegenstand**, der [언어] ↑Subjekt (2). **~gewinn**, der [스포츠] 세트를 이김. **~glied**, das [언어] 문장 성분, 문지(文肢)(주어, 목적어, 상황어 등). **~hase**, der [사냥] 산토끼의 암컷, 암토끼(Setzhase). **~intonation**, die [언어] ↑Intonation (5). **~karpfen**, der [어업] 양어장에서 양식하는 잉어 치어(稚魚). **~kern**, der [드물게·언어] 문학(文板)(문장의 주어와 술어로 구성된 부분). **~klammer**, die [언어] 〈문장의 정동사와 문장의 끝에 놓인 부정형으로 구성된〉 문장의 틀. **~konstruktion**, die [언어] 문장 구조(구성). **~lehre**, die **1.** [언어] ↑Syntax. **2.** [음악] 악곡작법(樂曲作法)(화성법, 대위법(對位法), 선율 등의 총칭). **~melodie**, die [언어] 문장의 억양(抑揚). **~modell**, das [언어] ↑Satzbauplan. **~muster**, das [언어] ↑Satzbauplan. **~name**, der [성명] 문약명(文約名)(문장에서 축약(縮約)되어 형성된 성(姓)이나 이름; 예컨대: Suchenwirt). **~rahmen**, der [언어] ↑~klammer. **~rechner**, der [인쇄] 기계조판에서 사용되는 전자계산기. **~reif** 〈Adj.〉 [인쇄] 조판에 들어갈 준비가 된. **~reihe**, die [언어] 대결문(對結文) ↑~verbindung. **~spiegel**, der [인쇄] 조판면(組版面), 책 페이지의 인쇄된 평면. **~technik**, die [인쇄] 조판(기)술(組版(技)術). **~technisch** 〈Adj.〉 [인쇄] 조판(기)술의. **~teil**, der [언어] **a)** ↑~glied. **b)** 문장의 부분. **~tisch**, der [인쇄] 한 세트에 속한 책상. **~verbindung**, die [[언어]] 중문(重文), 대결문(對結文) 〈반대: Satzgefüge〉. **~verlust**, der [스포츠] 세트 패배. **~vorlage**, die [인쇄] 〈조판용의〉 원고(原稿). **~weise** 〈Adv.〉 문장마다, 한 문장씩. **~wertig** [-vɛrtiç] 〈Adj.〉 [언어] (부정형이나 분사가) 문장가(價)를 갖는: -er Infinitiv 부정형 문장. **~zeichen**, das [언어] 구두점. **~zeit**, der [사냥] 분만기, 번식기(짐승의). **~zusammenhang**, der **1.** 한 문장 안의 단어들의 관계. **2.** [언어] 문맥(文脈)(여러 문장간의).

Sätzchen [ˈzɛtsçən], das; -s, - ↑Satz (1, 4 b, 12).
-sätzig [-zɛtsɪç] (다음의 합성으로, 예컨대) viersätzig 4악장으로 된, 4악장의. **Satzung** [ˈzatsʊŋ], die ‹-en 〈대개 Pl.〉 [법] 정관(定款), 법령(法令), 조례(條例), 규약, 회칙, 규칙, 규정, 지령, 법률, 제도, 조직: eine S. aufstellen 규약(정관)을 만들다(만들기); etw. in die -en aufnehmen 무엇을 규약(정관)에 넣다(수용하다). **Satzungsänderung**, die 규약(정관)변경. **satzungsgemäß** 〈Adj.〉 [법] 규약(법령)의, 규약(정관)에 관한(의한), 법령의, 규약(정관)에 따른: etw. s. ausführen 무엇을 규약(법령)에 따라 수행하다.
Sau [zaʊ], die; 〈Pl. Säue 또는 -en 〈축소형: ↑Säuchen〉 **1. a)** 〈Pl. Säue〉 암퇘지: die S. ferkelt 암퇘지가 새끼를 낳다. **b)** 〈Pl. Säue〉 《지역적》 (집)돼지: jmdn. zur S. machen 《속어》 누구를 심하게 질책하다(몰아세우다); etw. zur S. machen 《속어》 무엇을 파괴하다, 무엇을 없애다; wie eine gesengte S. 《속어·욕》 1) (솜씨나 태도 등이) 나쁜, 엉망인. 2) (두려움 등에서) 매우 빨리, 다급하게. unter aller S. 〈속어, 욕〉 매우 나쁜, 매우 비참한, 전혀 무가치한: sein Englisch ist unter aller S. 그의 영어는 [그가 하는 영어]는 형편 없다; keine S. 《속어》 아무도 ⋯하지 않다: die S. rauslassen 《통용어》 예외적으로 일시적인 기분에 따라 행동하다, 무절제하게 행동하다. **c)** 〈Pl. -en〉 (암)멧돼지. **2.** 〈Pl. Säue〉 《속어·욕》 **a)** 불결한 사람, 더러운 사람: die S. stinkt vielleicht nach Schweiß 그 더러운 사람은 아마 땀냄새가 날 것이다. **b)** 불쾌한 사람, 화나게 하는 사람, 역겨운 사람: diese verdammte S. hat mich betrogen 이 괘씸한 사람이 나를 속였다. **-sau**, die; -säue (" ↑Sau (2 b))"를 뜻하는 복합어로, 예컨대) Judensau, Kommunistensau. **1Sau-:** 〈명사와 형용사 기간에(基幹語)의〉 뜻을 경멸적으로 강조하는 규정어로서, 예컨대: saudreckig, -kram, -schwer.
2Sau- (↑Sau 1): **~beller** [-bɛlɐ], der; -s, - [사냥] ↑~finder. **~bohne**, die **a)** 잠두(蠶豆)(콩의 일종): anbauen 잠두를 재배하다. **b)** 잠두의 씨앗. **~bruch**, der [사냥] ↑Gebräch (1). **~distel**, die ↑Gänsedistel. **~feder**, die (사냥·옛) 멧돼지 사냥에 쓰이는 창(槍). **~finder**, der [사냥] (원래 멧돼지 사냥에 쓰이

던) 독일종의 사냥개. ~hatz, die [사냥] 멧돼지 사냥. ~jagd, die ↑~hatz. ~koben, der 작은 돼지우리. ~magen, der 〔요리〕 비계살, 감자, 양념 따위를 돼지의 위(胃)속에 채워넣은 바이에른 식의 소세지. ~stall, der 1. 돼지우리. 2. 〔속어・폄〕불결한 장소, 무질서[난잡]한 장소. ~tanz, der (österr.) 돼지 도살 뒤의 연회 [회식].

²sau-, ³Sau- 〔속어, 매우 감정적〕: ~arbeit, die 《폄》 싫은(귀찮은, 하찮은)일, 고역, 천한[더러운]일. ~bande, die 《폄》 다른 사람들에게 불쾌감을 주는 떼거리. ~bartel, der -s, - 〔지역어・폄〕 더럽거나 더럽히기 때문에) 화나게 하는 사람. ~blöd, ~blöde, ~dämlich, ~doof, ~dumm ⟨Adj.⟩ 《폄》 매우 어리석은, 몹시 우둔한, 아주 멍청한. ~fraß, der 《폄》 돼지먹이, 더러운 음식, 매우 맛없는[거친] 음식. ~frech ⟨Adj.⟩ 《폄》 매우 뻔뻔스러운, 파렴치한, 매우 무례한. ~grob ⟨Adj.⟩ 매우 거칠고 세련되지 않은, 버릇없는. ~gut ⟨Adj.⟩ 매우 좋은, 매우 우수한. ~haufen, der 《폄》 질서 없는 무리, 오합지중(烏合之衆). ~hund, der 《폄》 더러운 놈, 추잡한 녀석. ~igel, der 《폄》 ↑Schweinigel. ~igeln ⟨h⟩ ↑schweinigeln. ~kalt ⟨Adj.⟩ 몹시 추운, 혹한의. ~kälte, die; 심한 추위, 혹한. ~kerl, der 《폄》 매우 나쁜 놈. ~klaue, die 《폄》 매우 나쁜[읽기 힘든] 필적(筆跡), 악필(惡筆). ~kram, der 《폄》 ↑Schweinkram. ~laden, der 《폄》 서비스가 좋지 않은 상점. ~mäßig ⟨Adj.⟩ a) 아주 특별한, 대단한, 매우 많은, 엄청난, 굉장한: draußen ist es s. kalt 밖에서 추울다. b) 《폄》 몹시[매우] 나쁜. ~schlecht ⟨Adj.⟩ 매우 나쁜, 몹시 기분나쁜. ~wirtschaft, die 《폄》 무질서한[난맥의] 경제, 잘못 운용된 경제. ~wohl ⟨Adv.⟩ 《대개 다음 용법으로》 sich s. fühlen 매우 편안하게 느끼다. ~wut, die 격노(激怒).

sauber ['zaʊbɐ] ⟨Adj.⟩ [lat. sōbrius] 1. 깨끗한, 청결한, 맑은, 더럽혀지지 않은: die Luft ist hier noch s. 이곳은 공기가 맑다[깨끗하다]; er hält sein Auto peinlich s. 그는 자기의 승용차를 지독하게 깨끗이 간수한다; das Kind ist schon s. 그 어린아이는 벌써 기저귀를 떼었다; das Tor bleibt s. 골을 허용치 않다. 2. 정연한, 산뜻한, 정확한: eine -e Schrift [Arbeit] 정확한[정확한] 글씨[작업, 일]; s. gekleidet sein 산뜻하게 옷을 입다. 3. 고결한, 깔끔한, 단정한, (도덕적으로) 깨끗한: ein -er Charakter 나무랄 데 없이 단정한 성격; ihm wurde vorgeworfen, seine Vergangenheit sei nicht s. 그는 과거가 (도덕적으로) 깨끗하지 못하다고 비난을 받았다. 4. 공정한, 공평한: eine -e Lösung 공정한 해결. 5. 《반어》 부도덕한, 지저분한, 불쾌한, 귀찮은, 성가신: wir werden dem -en Herrn das Handwerk legen 우리는 그 너절한(부도덕한) 사람에게 그 짓을 못하게 하겠다. 6. 《통용어, 특히 südd., österr., schweiz.》 상당한, 주목할 만한: das ist ein -es Sümmchen 그것은 상당한 양이다. 7. 틀림없는, 정확한, 흠잡을 데 없는, 나무랄 데 없는: eine -e französische Aussprache 정확한 프랑스어 발음. 8. 《südd., österr., schweiz.》 상냥한, 멋진, 귀여운, 고운, 고와한, 청초한, 스마트한: ein -es Mädel 귀여운[예쁜]소녀.

sauber-, Sauber-: ~halten* ⟨h⟩ a) 청결하게[단정하게] 하여 두다: das Zimmer ist schwer sauberzuhalten 그 방은 깨끗하게 해 두기가 어렵다. b) (잡 것이) 더럽히지 않게 하다. ~haltung, die ⟨Pl. 없음⟩ ↑ sauberhalten의 명사형. ~machen 청소하다, 깨끗이하다: sie mußte das Baby s. 그녀는 더럽혀진 기저귀에 어린아이 몸을 닦아 주어야 했다; 《격목 목적어 없이》 sie muß noch s. 그녀는 아직 집안 청소를 해야 한다; sie geht s. 그 여자는 청소부로 일을 한다. ~mann, der ⟨Pl. -männer⟩ 《농》 a) 질서정연한 사람, 깔끔한 사람.

b) 청렴결백(淸廉潔白)한 사람, 도덕군자.

Sauberkeit, die 1. 청결, 깨끗함: hier herrscht Ordnung und S. 이곳에서는 모든 것이 질서있고 청결하다. 2. 정확함, 정연함. 3. 고결, 청렴, 깔끔함: die S. des Charakters 청렴[고결]한 성격.

Sauberkeits-: ~dressur, die 《폄》 ↑~erziehung. ~erziehung, die 청결 교육(훈련). ~fimmel, der 《통용어・폄》 결백성(潔白性), 결벽증.

säuberlich ['zɔybɐlɪç] ⟨Adj.⟩ 1. 정확한, 정연한, 세밀하고 신중한: etw. s. zeichnen 무엇을 정확하게 그리다. 2. (고어) (도덕적으로) 결백한, 청결한, 단정한: ein -es Leben führen 청렴결백한 생활을 하다. Säuberlichkeit, die ↑säuberlich의 명사형. säubern ['zɔybɐn] ⟨h⟩ 1. 깨끗이하다, 청결하게 하다, (구두, 가구 등을) 닦다, (그릇 등을) 씻다, 청소하다, 세탁하다: die Schuhe mit der Bürste s. 구두를 솔로 닦다; er hat sich die Fingernägel gesäubert 그는 손톱을 청소했다. 2. 제거하다, 치우다, 배제하다, 숙청하다: der Gärtner säubert das Beet von Unkraut; 정원사가 화단에서 잡초를 뽑아 내다; das Viertel von Kriminellen s. 그 구역(區域)의 범죄자를 소탕하다. 3. (재단) 솔기의 가장자리를 감치다. Säuberung, die; -en 1. 청소, 청결하게 함. 2. 숙청(肅淸), 제거, 축방(유해분자의): die S. der Partei 당(黨)의 숙청; einer S. zum Opfer fallen 숙청의 희생물이 되다.

Säuberungs-: ~aktion, die 숙청 운동(運動), 추방 작전(追放作戰). ~prozeß, der 숙청 과정. ~welle, die 숙청 선풍.

Sauce ↑Soße. Sauce béarnaise [sosbear'nɛːz], die [frz. (Sauce) béarnaise; 프랑스 베아른 지방의 이름에서] [요리] 베아른식 소스(식초, 백포도주, 버터, 계란 노른자와 양념으로 만든 진한 휜색 소스), Sauce hollandaise [sosola'dɛːz], die [frz. sauce hollandaise] [요리] 네덜란드식 소스(백포도주, 계란 노른자, 버터 등을 중탕(重湯)하여 이겨 후추, 소금과 레몬즙으로 섞어 만든 소스).

Säuchen ['zɔyçən], das; -s, - ↑Sau의 축소형.

Saucier [zo'sieː], der; -s, -s [frz. saucier] 소스를 전문적으로 만드는 요리인(料理人)(직업명). Sauciere [zo'sieːrə, ...'sieːrə, (österr.) ...e:rɛ], die; -n [frz. saucière] (배 모양으로 된) 소스 그릇, 소스 단지. saucieren [zo'siːrən] ⟨h⟩ [frz. saucer] [전문어] (담배잎을) 향료액으로 처리하다, 소스에 담그다. Saucischen [zo'siː-sçən], das; -s, - [frz. saucisse] 작고 얇은 송아지 살 소시지.

Saudi, der; -s, -s. Saudiaraber, der; -s, - 사우디아라비아 사람(인). Saudi-Arabien [zaudi|a'raːbiən], -s 사우디아라비아. saudiarabisch ⟨Adj.⟩ 사우디아라비아 (사람)의.

sauen ['zaʊən] ⟨h⟩ [zu ↑Sau] (돼지가) 새끼를 낳다, 더럽히다[식사시에].

sauer ['zaʊɐ] ⟨Adj.⟩ 1. a) 신, 신맛 나는, 산(酸)의, 식초에 절인: saure Gurken (식초에 절인) 신 오이; dieses Brot ist mir zu s. 이 빵은 너무 시어 소화하기가 힘들다; etw. s. kochen 무엇을 식초를 넣어 요리하다[끓이다]; nach dem fetten Essen ist ihm s. aufgestoßen 기름진 식사를 한 후 누구가 불쾌하다, 언짢게 하다; gib ihm Saures! 《경》 그를 호되게 매질해라! b) 발효하여 되고 신맛이 나는; saure Milch (신맛이 나는) 발효유, 산유(酸乳). c) 부패한, 썩은: ein saurer Geruch kam aus dem Raum 부패하여 시큼한 냄새가 그 방에서 났다. d) 〔특히 농업〕 산성(의): saurer Boden 산성 토양(土壌・土地)(의). e) 〔화학〕 산(酸)을 포함한, 산성의: diese Stoffe reagieren (leicht) s. 이 물질은 (가벼운) 산

성 반응을 일으킨다. 2. 힘드는, 괴로운, 어려운: s. verdientes (erspartes) Geld 힘들여 번[저축한] 돈; es sich³ s. werden lassen 몹시 애쓰다, 수고를 꺼리지 않다. 3. a) 불쾌한, 짜증나는, 싫은: mit saurer Meine 불쾌한 표정으로. b) 《경》 화내는: sie ist ganz schön s. (auf uns) 그녀는 (우리에게) 아주 화를 낸다: s. (auf etw.) reagieren (무엇에 대해서) 화를 내다. 4. 《언어》 a) 엔진 고장을 일으킨: der Rennwagen ist in den letzten Runden s. geworden 경주차가 마지막 트랙에서 엔진 고장을 일으켰다. b) [특히 스포츠] 기진맥진한, 아주 지친. **Sauer** [-], das -s [농업] **1.** [특히 인삼] 선금(先金)을 받고 아직 끝내지 않은 일. **2.** 초를 넣어 요리한 거위나 토끼 등의 내장 요리. **3.** ↑Sauerteig의 약칭. **4.** ↑Schwarzsauer의 약칭.

sauer-, Sauer-: ~**ampfer**, der [식물] 승아, 수영. ~**braten**, der 초에 절여 구운 쇠고기. ~**brunnen**, der a) 탄산천(炭酸泉). b) 탄산수(炭酸水). ~**brut**, die 〈Pl. 없음〉 꿀벌의 집에 생기는 신내 나는 병. ~**dorn**, der 〈Pl. -e〉 매자나무속(屬)(특히: 서양매자나무). ~**futter**, das ↑Gärfutter. ~**gras**, das ↑Riedgras. ~**kirsche**, die **1.** (신맛이 나는) 붉은(서양) 버찌. **2.** (신 열매 맺는) 서양벚나무. ~**klee**, der 애기괭이밥. ~**kohl**, der 〈Pl. 없음〉 [지역적] ↑kraut. ~**kraut**, das 〈Pl. 없음〉 [발효시킨] 소금에 절인 양배추. ~**milch**, die 발효유, 산유(酸乳), 응유(凝乳). ~**milchkäse**, der 발효유 치즈, 응유 치즈. ~**milchquark**, der 응유(치즈). ~**rahm**, der 유산균 크림. ~**rahmbutter**, die 유산균 크림으로 만든 버터. ~**stoff**, der 〈Pl. 없음〉 산소(酸素)(Zeichen: O. ↑Oxygenium): flüssiger S. [물리] 액화 산소; etw. mit S. verbinden 무엇을 산소와 화합시키다, 산화시키다. ~**stoffapparat**, der ↑**gerät**. ~**stoffarm** 〈Adj.〉 산소가 부족한, 산소 결핍의. ~**stoffarmut** die 산소 결핍. ~**stoffbad**, das 산소수욕(酸素水浴). ~**stoffbombe**, die (작고 불룩한) 산소병. ~**stoffdusche**, die [의학] 산소욕(酸素浴). ~**stoffflasche**, die 산소병(강철로 된). ~**stoffgebläse**, das [기술] ↑Schweißbrenner. ~**stoffgerät**, das 산소 흡입 장치(기구). ~**stoffhaltig** 〈Adj. nicht adv.〉 산소를 함유하는. ~**stoffmangel**, der 〈Pl. 없음〉 산소 결핍(부족). ~**stoffmaske**, die 산소 마스크. ~**stoffsäure**, die [화학] 산소산(酸). ~**stofftank**, der [로켓] 산소 (보관) 탱크. ~**stoffverbindung**, die 산소 화합물, 산화물. ~**stoffversorgung**, die 〈Pl. 없음〉 산소 공급. ~**stoffzelt**, das [의학] 산소 텐트. ~**stoffzufuhr**, die 산소 공급. ~**süß** [또한] '---' 〈Adj.〉 **1.** 달콤시큼한, 달고 신. **2.** [통용어] 친절하지만 엉뚱한 기분의. ~**teig**, der 효모, 이스트. ~**topf**, der 원래 식초를 만들기 위해 시어진 포도덩쿠러기를 보관하던 용기 《통용어・폄》 유머 없는 둔한 사람. ~**töpfisch** [-rœpfɪʃ] 〈Adj.; nicht adv.〉 《통용어・폄》 둔하고 유머 없는, 불만으로 가득 찬. ~**wasser**, das 〈Pl. -wässer〉 ↑brunnen.

Sauerei [zauə'raɪ], die; -en 《속어・폄》 ↑Schweinerei.
Sauerland ['zauɐlant], das; -(e)s 자우어란트(베스트 팔렌주에 있는 지방).
säuerlich ['zɔʏɐlɪç] 〈Adj.〉 [〈고형〉 sauerlicht] **1. a)** 새큼한, 조금 신 (맛이 나는). **b)** 조금 부패한: die Milch riecht schon s. 우유가 벌써 약간 부패한 냄새가 난다. **2.** 불만의, 불쾌함을 명백히 드러내는: s. lächeln[antworten] 불만스럽게[언짢게] 웃다[대답하다]. **Säuerlichkeit**, die ↑säuerlich의 명사형. **Säuerling** ['zɔʏɐlɪŋ], der; -s, -e **1.** 여주 과(科)에 속하는 식물. **2.** ↑Sauerbrunnen. **säuern** [zɔʏɐn] 〈h〉 발효시키다, (음식을) 발효시켜 보존하다: Kohl s. 양배추를 발효시키다. **2.** 〈s

/h〉 발효되어 신맛이 나다. **3.** [요리] 〈h〉 (초나 레몬즙을 넣어서) 시게 하다. **Säuernis** ['zɔʏɐnɪs], die 《아어》 **1.** 신맛, 신것. **2.** 《경》 화가 남, 불쾌함. **Säuerung**, die; -en 시게하기, 초를 치기, 반죽을 발효시키기, 산성화(酸性化), 산화(酸化).

Sauf- 《속어・혼히 폄》: ~**abend**, der 저녁 술자리: einen S. veranstalten 저녁 술자리를 마련하다[개최하다]. ~**aus**, der 〈군교어〉 대주가, 술고래, 폭주가. ~**bold**, der 술고래, 폭음가, 주호, 주정꾼. ~**bruder**, der ↑kumpan. ~**gelage**, das (진탕 마시는) 술잔치, 술자리, 주연. ~**kopp** [...kɔp], der; -s, ...köppe 《특히 berlin.》 술꾼, 주객(酒客). ~**kumpan**, der 술친구, 술패. ~**loch**, das 〈군교어〉 ↑-aus. ~**lust**, die 〈Pl. 없음〉 음주욕(飲酒慾), 음주를 즐김. ~**orgie**, die ↑-gelage. ~**sack**, der 술부대, 술고래. ~**tour**, die 술집 순례.

saufen* ['zaʊfn] 〈h〉 **1. a)** 《특히 동물이》 마시다: die Kuh säuft aus der Tränke 암소가 물통에서 물을 마시다. **b)** 《속어》 ↑trinken 참조. **c)** 《속어・폄》 꿀꺽꿀꺽 들이키다. **2. a)** 《특히 동물이》 물을 마시다[들이키게 하다]: die Kühe saufen Wasser 암소들이 물을 마신다. **b)** 《속어》 (음료수를) 마시다: Milch [Cola] s. 우유[콜라]를 마시다. **c)** 《속어・폄》 꿀꺽꿀꺽 마시다: er trinkt die Milch nicht mehr, er säuft sie geradezu 그 사람은 우유를 마시는 것이 아니라, 꿀꺽꿀꺽 들이킨다. **d)** (어떤 상태가 되도록) 계속 마셔 버리다: in einem Zug soff er das Glas leer 그는 단숨에 마셔 잔을 비웠다. **3. a)** 《속어》 (술을) 마시다: wir gehen jetzt s. 우리는 이제 술을 마시러 간다. **b)** 《속어》 술을 마시다: **einen s. gehen** (술집으로) 한 잔 하러 가다, 술 마시러 가다; **sich³ einen s.** (문제를 극복하거나 기분이 좋기 위해서) 한 잔하다. **c)** (s. + sich) (어떤 상태가 될 정도로) 술을 많이 마시다: sich arm (krank, zu Tode) s. 술을 많이 마셔 가난하게[병들게, 죽게] 되다. **d)** 습관적으로 술을 마시다: **Säufer** [zɔʏfɐ], der; -s, - 《속어, 폄》 술꾼, 음주자, 주정꾼.
Säufer- 《속어・농》: ~**balken**, der [통용어・농] (1979년까지 있었던, 분실 또는 음주 위반으로 면허증 취소시) 운전 면허증의 두 번째 발급시 면허 시험 합격란에 그어진 굵은 사선. ~**leber**, die 《통용어》 과음으로 유발된 간경변. ~**nase**, die 《통용어》 (술을 많이 마시는 사람들의) 빨간코, 딸기코. ~**stimme**, die 술을 많이 마신 사람들의 거친[쉰] 목소리. ~**wahn**, der ↑Säuferwahn. ~**wahnsinn**, der ↑Säuferwahn.
Sauferei [zaʊfə'raɪ], die; -en 《속어・폄》 ↑Trinkerei.
Säuferin, die 《속어・폄》 ↑Säufer의 여성명사.
säufst [zɔʏfst], **säuft** [zɔʏft] ↑saufen 참조.
saug-, Saug-: ~**ader**, die [드물게] 임파관. ~**bagger**, der 흡입식 준설선, 펌프 준설선. ~**biopsie** [...bɪɔpsi:], die; -n [griech. bíos u. ópsis] [의학] 탐침(深針)으로 빨아들여 살아있는 조직을 떼어냄. ~**bohner**, der 흡입 청소기. ~**bohnern** 《부정형으로만 사용》 흡입 청소기로 청소를 하다. ~**fähig** 〈Adj.〉 흡수성의. ~**fähigkeit**, die 흡수성(력). ~**ferkel**, das [농업] (아직 어미젖을 먹는) 새끼 돼지, 젖먹이 돼지. ~**flasche**, die 수유(포유)병(授乳[哺乳]瓶). ~**fohlen**, das [농업] 나귀[노새] 새끼, 망아지. ~**glocke**, die 진공 흡입 분마기. ~**heber**, der 사이펀, 흡액기(吸液器). ~**kappe**, die [기술] 굴뚝 등에 씌워 연기 등이 새나가도록 하는 덮개(갓). ~**kopf**, der [기술] ↑-kappe. ~**korb**, der [기술] 흡입체, 흡입여과기. ~**kraft**, die 흡입력(吸入力). ~**kräftig** 〈Adj.〉 흡입력이 강한, 흡입력이 있는. ~**leitung**, die 흡입관(吸入管). ~**magen**, der [동물] (곤충의) 흡위(吸胃). ~**massage**, die [의학] 흡입 마사지(둥근 모양의 흡입 기구를 이용함). ~**napf**, der [동물] 흡반(吸盤). ~**organ**, das [동물]

흡수 기관(器管). ~**post**, die 〈전문어〉 복제에 쓰이는 싸고 거친 종이, 흡수지. ~**pumpe**, die 빨아 올리는 펌프. ~**reflex**, der 【의학】 (젖먹이 아이들의) 반사성적 젖빨이. ~**rohr**, das ↑Pipette. ~**rüssel**, der 【동물】 (곤충의) 빠는 주둥이. ~**warze**, die 【식물】 (기생 식물의) 습근(吸根). ~**wirkung**, die 〈Pl. 없음〉 흡수 작용, 흡입 작용. ~**wurm**, der 【동물】 흡충류(吸蟲類) (디스토마 따위). ~**wurzel**, die 【식물】 ↑~warze 참조.

Säugamme ['zɔyk-], die; -n ↑Amme. **saugen** ['zaugn̩] 〈강변화, 또는 특히 기술적 의미 일때는 약변화;〉[mhd. sūgen, ahd. sūgan] **1. a)** 빨아 마시다(먹다), 홀짝거리다: Milch durch einen Strohhalm s. 빨대로 우유를 빨아 마시다; die Bienen saugen Nektar aus den Blüten 꿀벌이 꽃에서 화밀(花蜜)을 빨고 있다; 〈또는 4격 목적어 없이〉 das Baby saugt(an der Mutterbrust) 어린아이가 (어머니의) 젖을 빤다; 전의 aus etw. neue Kraft s. 무엇으로부터 새로운 힘을 얻다. **b)** 빨다: an der Zigarette[an der Pfeife] s. 담배[파이프]를 피우다; die Kleine saugt noch am Daumen 어린아이가 아직도 엄지 손가락을 빨고 있다. **2. a)** 진공 청소기로 청소하다: er saugte den Teppich(boden) 그는 양탄자(바닥)을 진공 청소기로 청소했다; 〈또한 4격 목적어 없이〉 der Staubsauger saugt gut 진공 청소기는 청소가 잘 된다. **b)** 〈기계로 먼지 등을〉 털어내다, 떼어내다. **3.** 〈s. + sich〉 **a)** 스며들다, 배어들다: das Wasser saugt sich in den Schwamm 물이 스폰지에 스며든다. **b)** 흡수하다, 빨아들이다: das Löschblatt sog sich voll Tinte; 압지(壓紙)가 잉크를 흠뻑 먹었다. **säugen** ['zɔygn̩] 〈h〉 젖을 먹이다, 젖을 주다, 젖을 주어 양육(보육)하다: die Kuh hat das Kalb gesäugt 암소가 송아지에게 젖을 먹였다. **Sauger** ['zauɡɐ], der; -s, - **1. a)** 유유병(포유병)의 (고무)젖꼭지. **b)** ↑Schnuller (a). **2. a)** ↑Saugeber. **b)** ↑Staubsauger. **Säuger** ['zɔygɐ], der; -s, - 【동물】 ↑Säugetier. **Säugetier** ['zɔygə-], das; -(e)s, -e 포유동물, 젖먹이 동물. **Säugling** ['zɔyklɪŋ], der; -s, -e 젖먹이, 유아, 갓난아이.

Säuglings-: ~**alter**, das 〈Pl. 없음〉 유아기. ~**ausstattung**, die ↑Babyausstattung. ~**bewahranstalt**, die 〈고어〉 ↑Kinderhort 참조. ~**gymnastik**, die 유아 체조. ~**heim**, das 유아원, 유아 보육원(보육 시설). ~**krippe**, die 유아 탁아소. ~**kutsche**, die (통용어·농) 유모차(↑Kinderwagen). ~**nahrung**, die 유아(영양)식(乳兒(營養)食). ~**pflege**, die 유아 보육(乳兒保育). ~**schwester**, die 유아 보육 간호사. ~**schwimmen**, das; -s 유아 수영 교육. ~**sterblichkeit**, die 유아 사망률. ~**turnen**, das; -s ↑~gymnastik. ~**waage**, die 유아용 체중 저울.

säuisch ['zɔyɪʃ] 〈Adj.〉 **1.** 〈속어〉 **a)** 더러운, 불결한, 추잡한, 음탕한. **2. a)** 특히 강한, 아주 큰: eine -e Kälte 혹한. **b)** 〈형용사와 동사의 강조〉 매우, 아주: jmdn. s. ausnutzen 누구를 아주 잘 이용하다; mein Knie tut s. weh 나의 무릎이 아주[매우] 아프다.

Säulchen ['zɔylçən], das; -s, - ↑Säule (1). **Säule** ['zɔylə], die; -n **1.** 〈축소형〉 ↑Säulchen 원주(圓柱), 기둥, 지주(支柱). 주상(柱像), 기념주(= Gedenksäule) 1. aus Marmor 대리석 기둥; er stand da wie eine S. 그는 전의 거기에 꼼짝없이 서 있었다; zu den -n der Gesellschaft [einer Wissenschaft] zählen 사회[한 학문 분야]의 가장 중요한 인물에 속하다. **2.** ↑Marschsäule의 약칭. **3.** ↑Quecksilbersäule의 약칭. **4.** ↑Zapfsäule의 약칭.

säulen-, **Säulen-** (Säule 1): ~**abschluß**, der 〈드물게〉 주두(柱頭), 기둥머리(↑~kapitell). ~**basilika**, die 【건축】 원주 바질리카(공회당). ~**bau**, der 〈Pl. -ten〉 〈원〉주식(圓柱式)건축(법), 〈원〉주건축물.

~**förmig** 〈Adj.〉 (둥근)기둥 모양의. ~**fuß**, der 【건축】 주각(柱脚), 주초(柱礎), 주춧대, (원주의) 대좌(臺座). ~**gang**, der: 주랑(柱廊). ~**halle**, die (지붕이 있는) 주랑 현관, 주랑 홀. ~**hals**, der 【건축】 hypotrachelion. ~**heilige*** , der (형용사적 어미변화) 주두수도자(柱頭修者), 주두행자(行者)(5~10 세기경에 기둥 꼭대기에 정좌하여 금욕적 고행 생활을 한 사람)(↑Stylit). ~**kaktus**, der 선인장의 일종(크고 긴 줄이 밤에 핌). ~**kapitell**, das 【건축】 주두(柱頭), 기둥머리. ~**knauf**, ~**kopf**, der 【건축】 주두(柱頭), 주두(柱頭). ~**ordnung**, die 【건축】 (고대사원 건축의) 원주양식(圓柱樣式), 오더, 원주 배열 체계. ~**protal**, das 【건축】 원주(圓柱)로 된 정문(입구). ~**reihe**, die 열주(列柱), 주랑(柱列). ~**schaft**, der 【건축】 주신(柱身). ~**statue**, die 기둥(원주) 앞이나 둘레에 있는 조각상. ~**stumpf**, der 평두주(平頭柱). ~**tempel**, der 주열이 있는 신전. ~**vorbau**, der ↑Portikus.

Saum [zaum], der; -(e)s, Säume ['zɔymə] **1.** 〈축소형: ↑Säumchen〉 (천, 의복 등의) 꿰맨 가장자리, 가선을 두른 것, 가장자리 장식, 단(緞緒), 가장자리 술(Franse): ein falscher S. 옷 가장자리 가선. **2.** (아어) 가장자리, 변두리: am S. des Waldes 숲의 가장자리에.

Saum-: [lat. sagma < griech. ságma] 〈고어〉. ~**pfad**, der 짐 싣는 짐승(노새 등)이 다니는 좁은 산길. ~**sattel**, der 길마. ~**tier**, der 짐 나르는 짐승(특히 산악 지대의 노새 등).

Säumchen ['zɔymçən], das; -s, - ↑Saum (1). **¹säumen** ['zɔymən] 〈h〉 **1.** (옷이나 천 등에) 식서를 붙이다, 가장자리를 감고 단을 박다, 단을 붙이다: einen Rock [eine Tischdecke] s. 치마(책상보)의 가장자리를 감치다, 단을 박다. **2.** (아어) 둘러싸다, 무엇의 양편에 있다: Bäume säumen den Weg 나무들이 길 양편에 늘어서 있다.

²säumen [-] 〈h〉 (아어) 꾸물거리다, 지체하다, 주저하다, 지연하다, 게을리하다: du darfst nicht länger s. 너는 더 이상 오래 지체해서는 안된다[꾸물거려선 안된다]; sie kamen, ohne zu s. 그녀는 지체하지 않고 왔다; mit etw. s. 무엇을 주저하다[꾸물거리다].

³säumen ['zɔymən] 〈h〉 〈고어〉 (노새 등) 짐 나르는 짐승으로 짐을 나르다. **¹Säumer** ['zɔymɐ], der; -s, - 재봉틀의 (옷)단을 접어 박는 기계. **²Säumer**, der; -s, - 〈고어〉 **1.** 짐 나르는 짐승 (노새 등). **2.** 짐 나르는 짐승을 모는 사람, 노새꾼. **³Säumer**, der; -s, - 〈드물게〉 꾸물거리는 사람, 머뭇거리는 사람, 게을리하는 사람. **Saumfarn**, der -(e)s, -e 고란초류(類), 작은점 양치식물.

säumig ['zɔymɪç] 〈Adj.〉 《대개 아어》 더딘, 게으른, 태만한, 뒤떨어진, 지체된, 망설이는: ein -er Zahler (돈을) 잘 지불하지 않는 사람, 지불 연체자, 체납자; bei der Arbeit s. sein 일을 더디게[게으르게] 하다. **Säumigkeit**, die 〈아어〉 ↑säumig의 명사형.

Saumnaht, die; -nähte (옷이나 천의) 가장자리 감치기. **Säumnis** ['zɔymnɪs], die; -se (또는) das; -ses, -se **1.** 〈아어〉 지체함, 지연, 연기, 유예, 망설임. **2. a)** 【법】 불이행. **b)** 〈아어, 드물게〉 태만, 실수. **Säumniszuschlag**, der 과태료, 체납후징금, 연체료(滯滯料), 가산금.

Saumsal, die; -, -e 〈또는〉 das; -(e)s, -e 〈고어〉 ↑Säumigkeit.

saumselig ['zaumze:lɪç] 〈Adj.〉 〈아어〉 느린, 게으른, 지체하는, 지연하는: er ist[arbeitet] sehr s. 그는 매우 느리다[게으르게 일을 한다]. **Saumseligkeit**, die 〈아어〉 ↑saumselig의 명사형.

Saumstich, der 【재단】 헴스티치(씨실을 풀고 날실을 몇 가닥씩 묶어서 만드는 가장자리 장식).

Sauna ['zauna], die; -s/...nen [finn. sauna] **1.** 사우나, (핀란드식) 한증(汗蒸). **2. a)** 사우나탕(湯), 한증탕: er war gestern in der S. 그는 어제 사우나탕에 갔었다. **b)** (성적 접촉에 이용되는 목욕 시설의 일부로서의) 사우나탕.
Saunabad, das ↑Sauna (1). **Saunatuch**, das ⟨Pl. -tücher⟩ 【항공】 (비행기 승객들에게 제공되는) 뜨거운 물수건. **saunen** ['zaunən], **saunieren** ['zauni:rən] ⟨h⟩ 사우나를 하다, 한증욕을 하다.
Saurach ['zaurax], der; -(e)s, -e [zu ↑sauer] 매자나무 속(屬).
Säure ['zɔyrə], die; -n 1. ⟨Pl. 없음⟩ 신맛, 심, 떫음, 떫은 맛, 신 것: die S. des Essigs 식초의 신맛. **2.** 【화학】 산(酸): die S. greift das Metall an 산이 금속을 부식시키다 ihr zu viel S. 그는 위산이 너무 많다.
säure-, Säure-: ~**arm** ⟨Adj.⟩ 산이 적은, 산이 약한. ~**beständig** ⟨Adj.⟩ ↑~**fest**. ~**farbstoff**, der 【화학】 산을 첨가하여 직물을 염색하는 색소. ~**fest** ⟨Adj.⟩ 내산성(耐酸性)의, 산에 강한. ~**frei** ⟨Adj.⟩ 산이 없는. ~**gehalt**, der 산함량, 산성분. ~**grad**, der 산도(酸度). ~**haltig** ⟨Adj.⟩ 산이 든, 산성의. ~**heber**, der 【화학】 산(酸)을 위한 피펫, 사이펀. ~**löslich** ⟨Adj.⟩ 산으로 용해하는. ~**mangel**, der (위)산 결핍[부족]. ~**mantel**, der 【전문어】 피부 표피의 (박테리아의 성장을 막는) 산성층(酸性層). ~**messer**, der 액체의 수소 농도 측정기, 산정량계(酸定量計). ~**rest**, der 【화학】 산근(酸根), 산잔기[酸殘基]. ~**schutzanzug**, der 산보호복(酸保護服). ~**überschuß**, der 산과다(酸過多). ~**vergiftung**, die 산중독. ~**wecker**, der **1.** 【화학】 위산 분비 자극제. **2.** ⟨Pl.⟩【낙농】 유산균 (순수)배양. ~**zahl**, der 【화학】 식용 속의 지방산의 함량을 표시하는 표시 수치(약:SZ).
Sauregurkenzeit, die; - / Saurengurkenzeit, -en / die Saurengurkenzeiten (정치·경제·문화적) 하한기 (夏閑期), (장사의) 여름 불황기(오이지 담그는 철, 즉 여름 휴가 기간의 뜻에서).
Saurier ['zauri:ɐ], der; -s, - [griech. saũros] (이미 사멸한 중생대의) 파충류, 공룡(류)(恐龍(類)). **Saurolith** [zauro'li:t, ⟨또한⟩ lɪt], der; -en 공룡[파충류]의 화석(化石).
Saus [zaus] ⟨다음의 용법으로만⟩ **in S. und Braus leben** 방종한 생활을 하다, 흥청거리며 떠들며 재미있게 지내다. **Sause** ['zauzə], die; -n ⟨?⟩ **a)** 술을 많이 마시는 잔치, 주연, 술파티. **b)** 술집 순례: eine (richtige) S. machen (정식으로) 술집 순례를 하다. **säuseln** ['zɔyzl̩n] ⟨h⟩ **1.** 살랑거리다, 산들거리다, (나뭇잎 등이) 바스락거리다, 와스스거리다: der Wind säuselt in den Zweigen 바람이 불어 나뭇가지가 와스스거린다; ⟨또는 비인칭으로⟩ es säuselt in den Zweigen 나뭇가지가 와스스거린다. **2.** (반어적) 소곤거리다, 낮은 소리로 말하다: ich weiß nicht mehr, was sie alles gesäuselt hat 나는 그녀가 뭐라고 소곤거렸는지 모르겠다. **3.** ⟨s⟩ 바스락 소리내며 움직이다: Blätter säuseln zur Erde 나뭇잎이 바스락거리며 땅으로 떨어지고 있다. **sausen** ['zauzn̩] **1.** ⟨h⟩ (물, 바람 등이) 쏴쏴 소리 내다, 윙윙 소리 내다, 사납게 날뛰다[일다], (벌 등이) 윙윙거리다, (화살, 총 등이) 퓽웅 소리 내다: es sauste in der Telefonmuschel [in seinem Ohr] 전화수화기[그의 귀] 에서 윙윙 소리가 났다; der Kopf saust mir, 머리가 지끈거린다. **2.** ⟨s⟩ 쐐액쐐악[우르르] 소리 내며 나아가다, 퓽 소리 내며 날아가다, 으르릉거리며 달리다, 질주하다, 돌진하다: er sauste mit dem Fahrrad um die Ecke 그는 자전거를 타고 모서리를 좍 돌쳤다; die Lawine sauste in die Tiefe 눈사태가 우르릉거리며 무너져 내렸다; die Peitsche sauste auf den Rücken der Pferde 채찍이 휘익 소리내며 말의 등을 때렸다; 【전의】 er sauste durchs Examen[durchs Abitur] gesaust 그는 시험[고등학교 졸업시험]에 떨어졌다; **einen s. lassen** ⟨속어⟩ 방귀를 뀌다. **3.** ⟨h⟩ 【지역적】 심하게 발효하다, 거품이 일다.
sausenlassen ⟨h⟩ 【경】 **a)** 포기하다, 단념하다, 체념하다: ein Konzert s. 연주회에 가는 것을 단념하다. **b)** 절교하다, ⟨누구와의⟩ 관계를 끊다, ⟨누구와의⟩ 관계를 끊게 하다. **Sauser** ['zauzɐ], der; -s, - ⟨지역적⟩ ↑Federweiße. **Sauseschritt**, der (다음의 용법으로) **im S.** ⟨통용어·농⟩ 매우 빨리, 지체하지 않고, 신속하게. **Sausewind**, der; -(e)s, -e **1.** ⟨시어⟩ 광풍, 심한 바람, 소란스럽게 부는 바람. **2.** ⟨통용어·농⟩ 몹시 떠들썩한 사람, 차분하지 않는 사람, 사려가 없는 사람, 성급한 사람.
sauté [so'te:] sautiert의 프랑스어(↑sautieren 참조).
Sauternes [so'tɛrn], der; -, - (프랑스의) 소테르느산(産) 백포도주.
sautieren [zo'ti:rən] ⟨h⟩ [frz. (faire) sauter] 【요리】 **a)** (고기를) 살짝 굽다. **b)** (구운 고기나 생선을) 뜨거운 기름에 담궈 내다.
Savaladi [zava'la:di], die [ital. cervellata] (österr.) 직장(直腸) 소시지.
Savanne [za'vanə], die; -n [span. sabana] 사바나(열대 또는 아열대의 강우량이 적은 지방의 관목림(灌木林)이 산재한 초원). **Savannenklima**, das. 사바나 기후.
Savarin [zava'rɛ̃:], der; -s, -s [프랑스 작가 J. A. Brillat-Savarin(1755〜1826)의 이름에서] 자바랭 (고리 모양으로 양코올에 적셔 크림을 넣어 구운 효모케이크).
save ['za:və], die 사베 강 (유고슬라비아의 도나우 강 오른쪽 지류).
Savoir-faire [savoar'fɛːɐ], das; - [frz. savoir-faire] 《교양어·준고어》 민활, 노련, 민첩.
Savoir-vivre [savoar'vi:vr̩], das; - [frz. savoir-vivre] 《교양어》 처세술(處世術), 인생을 즐기는 방법(재주).
savoyarde [zavo'jardə], der; -n, -n 사부아 사람. **Savoyen** [za'vɔyən], -s 사부아(프랑스 동부의 주). ¹**Savoyer** [za'vɔyɐ], der; -s, - 사부아 사람. ²**Savoyer** ⟨Adj. 격변화 없음⟩ 사부아의. **savoyisch** [za'vɔyɪʃ] ⟨Adj.⟩ 사부아(사람)의.
Savoyerkohl [za'vɔya-], der; -(e)s 《드물게》 오그라기 양배추.
Saxhorn ['zaks-], das; -(e)s, ...hörner 【음악】 색스혼 (↑saxophon).
Saxifraga [za'ksi:fraga], die; ...gen [zaksi'fra:gn̩] lat. saxifrag(i)a] ↑Steinbrech.
Saxophon [zakso'fo:n], das; -s, -e [벨기에의 악기 제작자 A. Sax(1814〜1894)의 이름에서] 색소폰. **Saxophonist** [...fo'nɪst], der; -en, -en 색소폰 주자(奏者).
Säzeit ['zɛː-], die; -en 【드물게】 ↑Saatzeit.
sazerdotal [zatsɛrdo'ta:l] ⟨Adj.⟩ [lat. sacerdōtālis] 《고어》 신부의, 사제의, 신부[사제, 승려]풍의. **Sazerdotium** [...'do:tsiʊm], das; -s [1: lat. sacerdōtium] **1.** 《고어》 사제직(司祭職), 사제의 신분(身分). **2.** (중세의) 교황권(教皇權).
sb = Stilb 스틸브(휘도(輝度)의 단위).
Sb [ɛsˈbeː] 안티몬(Antimon) (↑Stibium의 약칭, 화학 기호).
SB- [ɛsˈbeː-] 셀프서비스(↑Selbstbedienung의 약칭). ~**Laden**, der 셀프서비스 상점. ~**Markt**, der 슈퍼마켓. ~**Tankstelle**, die 셀프서비스 주유소(注油所).
S-Bahn, die; -, -en [↑Schnellbahn, Stadtbahn의 약칭] 도시 고속 전철.
S-Bahn-: ~**hof**, der ↑S-Bahn의 역(驛). ~**Station**, die ↑S-Bahn의 정류장, 역. ~**Wagen**, der ↑S-Bahn의 차량. ~**Zug**, der ↑S-Bahn의 열차.
SBB = Schweizerische Bundesbahnen 스위스 연방 철

도.
Sbirre ['sbɪrə], der; -n, -n [ital. sbirro] 《옛》 이탈리아 경찰관, 순경.
s. Br., südl. Br. = südlicher Breite 남위(南緯).
Sbrinz [sbrɪnts], der; -(es) [스위스 소도시 Brienz의 이름에서] 작은 구멍이 있는 스위스의 치즈.
Sc: 스칸듐(↑Scandium의 약어, 화학 기호).
sc. = sculpsit; scilicet.
Scabies: ↑Skabies.
Scampi ['skampi] 〈Pl.〉 [ital. scampi (Pl.)] 스캄피(작은 게의 일종).
Scandium ['skandiʊm], das; -s [nlat. Scandia] 스칸듐 (기호: Sc).
Scanner ['skænə], der; -s, - [engl. scanner] 〔의학·그래픽〕 영상 진단 장치(映像診斷裝置), 컴퓨터를 이용하는 그래픽용 사진 제판 장치. **Scanning** ['skænɪŋ], das; -s [engl. scanning] 〔의학, 그래픽〕 스캔닝 검진(진단).
Scat [skæt], der; -, -s [engl.-amerik. scat] 〔재즈〕 스캐트(의미 없는 음절로 부르는 즉흥 창법).
scemando [ʃeˈmando] 〈Adv.〉 [ital. scemando] 〔음악〕 점점 약하게.
Scenotest ['stseːnotɛst] ↑Szenotest.
Scene [siːn], die [engl. scene < (m)frz. scène] 《은어》 마약 중독자들의 활동 무대, 마약계.
sch! [ʃ] 〈Interj.〉 **1.** 쉿!, 조용히! ("말하지 마라!", "조용히 해!" 따위의 외침·비난의 소리): sch, das darf er nicht wissen! 쉿, 그 사람은 그것을 알아서는 안 돼! **2.** 쉬, 휘이(사람을 [내]쫓는 소리): sch, weg da! 쉬, 저리 가!
Schaar [ʃaːɐ̯], das; -(e)s, -e [aus dem Niederd. < mniederd. scharf] [질질] ↑Sanddriff.
Schab- [ˈʃaːp-] (schaben; ↑Schabe-도 참조): **~baum,** der ↑Schärbaum. **~blatt,** das 메조틴트판(版). **~eisen,** das **1.** 메조틴트 동판용(銅版用) 도구(칼, 줄 따위). **2.** ↑~messer (2). **~kunst,** die 《Pl. 없음》 메조틴트(동판화 조각법의 일종)(↑Mezzotinto (a)). **~kunstblatt,** das 메조틴트판(版), 동판화(銅版畵). **~manier,** die 《Pl. 없음》(그림) ↑~kunst: in der S. arbeiten 메조틴트 방식으로 작업하다. **~messer,** das **1.** ↑~eisen (1). **2.** 깎아[긁어] 내는 두 손잡이 칼(목재·피혁용). **3.** 구석기 시대의 깎는 도구. **~technik,** die 메조틴트(요판(凹版) 그래픽) 기술[기법]. **~werkzeug,** das 깎는 도구(공구).
Schabau [ʃaˈbaʊ], der; -s, -s [altkölnisch schabau wasser, zu spätlat. sabaudius = aus Savoyen]《지역적, 특히 rhein.》 화주, 술.
Schabbes [ˈʃabəs], der; -, - ↑Sabbat의 유태어 표기.
Schabe [ˈʃaːbə], der; -n [1: mhd. schabe, 2: ↑schaben] **1. a)** 바퀴(과의 곤충), 쥐며느리. **b)**《südd., schweiz.》↑Motte. **2. a)** ↑Schabmesser (2). **b)** ↑Schabeisen (1). **Schäbe** [ˈʃɛːbə], die; -n [spätmhd. schebe] [직종어] 아마(대마)의 껍질 부스러기.
Schabe- (↑Schab도 참조): **~baum,** der ↑Schärbaum. **~blatt,** das Schabblatt. **~fleisch,** das 도려 낸[발라 낸] 살코기. **~messer,** das ↑Schabmesser.
Schabelle: ↑Stabelle.
schaben [ˈʃaːbn̩] 〈h〉 [mhd. schaben, ahb. scaban] **1. a)** 깎다, 벗기다: Möhren s. 당근 껍질을 벗기다; [직종어] Felle s. 털가죽에서 기름을 떼어 내다; [기술] ein Werkstück (maschinell) s. 제품을 (기계로) 깎다[닦다]; etw. blank s. 무엇을 문질러 광택을 내다; [전의] jmdn. [sich] s. 《통용어·농》 누구[자신]을 면도하다 ↑rasieren 참조; jmdm. [sich] den Bart s. 《통용어·농》 누구[자신]의 수염을 밀다[깎다]. **b)** 잘게 썰다, 토막 내다: Sellerie s. 샐러리를 잘게 썰다. **2. a)** 긁다: das

rechte Vorderrad schabt am Kotflügel 〔자동차의〕오른쪽 앞바퀴가 흙받이에 닿는다[쓸린다]. **b)** 비비다, 문지르다, 쓰다듬다: das Kinn (mit dem Handrücken) s. 턱을 (손등으로) 문지르다[쓰다듬다]; ich schabte mich am Kinn 나는 턱을 문질렀다; ich habe mir die Finger wund geschabt 나는 피부가 상할 때까지 손가락을 문질렀다. **3.** 깎아[베어] 내다, 긁어 없애다: den Teig aus dem Topf s. 밀가루반죽을 단지에서 긁어 내다; den Lack vom Brett 널판지에서 칠을 벗겨 내다; das Fleisch von den Knochen 뼈에 붙은 고기를 발라 내다. **4.**〈s. + sich〉〔청소년어〕화 내다, 뿔따구 내다.
Schabenkraut, das; -(e)s 〔지중해 연안에서 자라는〕현삼과(玄蔘科)의 일종, 해란초. **Schaber** [ˈʃaːbɐ], der; -s, - ↑Schabwerkzeug. **Schaberei** [ʃaːbəˈraɪ], die; -en《통용어·대개 폄》깎아대기, 긁어내대기.
Schabernack [ˈʃaːbɐnak], der; -(e)s, -e [mhd. (md.) schabirnack, mniederd. schavernak] **1. a)** 장난, 희롱, 야유: jmdm. einen S. spielen 누구를 놀리다; er trieb gern mit den Nachbarn seinen S. 그는 이웃들을 골탕먹이기를 좋아했다; jmdm. etw. zum S. tun 누구를 놀리려고 무엇을 하다. **b)**《드물게》 농담, 재미: etw. aus S. tun 재미로 무엇을 하다. **2.**〔지역적·농〕장난꾸러기, 개구쟁이.
schäbig [ˈʃɛːbɪç] 〈Adj.〉 [mhd. schebic]《폄》**1. a)** 닳아 떨어진, 써서[입어서] 낡아빠진, 해어진, 남루한: ein -er Mantel 낡아빠진 외투; s. angezogen sein 남루한 옷차림을 하고 있다. **b)** 궁색한, 초라한, 보잘것없는: ein -es Dasein führen 궁색하게 살아가다; Es waren -e zwölf Mann 다해 봐야 12명이었다. **2.** 천(賤)한, 쌍스러운, 비천한: ein -er Kerl 못된 녀석; s. lachen 야비하게 웃다. **3.** 소심한, 좀스러운, 인색한: sich [jmdm. gegenüber] s. zeigen[benehmen] 〔누구에게서〕편협하게 굴다[처신하다]; ein -es Trinkgeld 인색한 팁. **Schäbigkeit,** die; -en **1.** 《Pl. 없음》 ↑schäbig의 명사형. **2.** 천한[좀스러운] 처신[언행].
Schablone [ʃaˈbloːnə], die; -n 〔고형〕 Schablon < mniederd. schampeliõn, schaplün] **1.** 형지(型紙), 형관(型板), 틀, 본, 원형, 모형: mit einer S. arbeiten 형관[본]을 사용하여 작업하다. **2.**《대개 폄》관습적 방식[순서], 기계적 조작, 획일적인 태도[방법], 틀에 박힌 수법(사람): sich nicht an die[an eine] S. halten 관습적 방식을 따르지 않다; in -n denken 틀에 박힌 생각을 하다; nach einer S. handeln[urteilen] 어떤 틀에 따라 행동하다[판단하다]; nach S. arbeiten 일률적으로[기계적으로] 일하다.
schablonen-, Schablonen-: **~artig** 〈Adj.〉 틀에 박은 듯한, 천편일률적인. **~denken,** das; -s 틀에 박힌 생각, 기계적 사고. **~druck,** der **1.** 등사 인쇄. **2.** ↑Siebdruck. **~mäßig** 〈Adj.〉 틀[판]에 따른, 천편일률적인.
schablonenhaft 〈Adj.〉 형 그대로의, 천편일률적인, 기계적인. **schablonieren** [ʃabloˈniːrən] 〈h〉 **1.** 형판(型板)〔모형〕에 따라 작업〔제작〕하다. **2.**《드물게》억지로 틀에 맞추다: schablonierte Äußerungen 판에 박힌 말투. **schablonisieren** [ʃabloniˈziːrən] 〈h〉 **1.** ↑schablonieren (1). **2.** 정해진 틀에 맞추다: die Menschen s. 인간들을 획일화하다; 《4격 목적어 없이》 man sollte hier nicht gedankenlos s. 이 점에서 생각 없이 획일화해서는 안될 것이다. **Schablonisierung,** die; -en ↑schablonisieren의 명사형.
Schabotte [ʃaˈbɔtə], die; -n [frz. chabotte] [기술] 모루.
Schabracke [ʃaˈbrakə], die; -n [über das Slaw. od. Ung. < türk. çaprak] **1. a)** 말에 씌우는〔화려한〕덮개, 안장 덮개〔깔개〕. **b)**〔사냥〕(야생양(羊) 따위에서 옆구리

나 등의) 색깔이 밝게 돋보이는 부분. **2. a)** (천을 입힌 가구 따위의) 장식 덮개. **b)** 창틀 상부 (숱)장식. **3.** 《폄》 **a)** 늙은 말. **b)** 할망구. **c)** 낡아빠진 고물(古物). **Schabrackenschakal**, der 재칼의 일종(청회색). **Schabrackentapir**, der 맥(貘)의 일종.
Schabsel ['ʃa:psl], das; -s, - 깎여 나온 부스러기, (줄에서 쓸려나온) 줄밥. **Schabzi(e)ger**, der; -s, - (스위스의) 약초를 넣은 녹색 치즈. **Schabziegerklee**, der 호로파(葫蘆巴)의 일종.
Schach [ʃax], das; -s, -s [mhd. schāch, zu arab. šāh māta] **1.** 〈Pl. 없음〉 (서양)장기(각각 16개의 말을 갖고 하는) 체스: S. spielen (서양)장기를 두다; eine Partie S. (mit jmdm.) spielen (누구와)(서양)장기를 한 판 두다. **2.** 〔장기〕 장군: ewiges S. 끝없이 연속되는 장군; S. (dem König)! 장군!; (dem gegnerischen König dem Gegner)) S. bieten 상대방에게 장군 부르다; der gegnerische König steht (ist) im S. 상대편이 장군을 받아야 한다; den König aus dem S. ziehen 장군을 받다; **S. und matt!** 외통수다!; **jmdm.** 〔**einer Sache**〕 **S. bieten** (아이) 누구(어떤 일)에게 도전(반항, 거역)하다; dem Radikalismus S. bieten 극단주의를 거부하다; **jmdn. in S. halten** 《통용어》 누구를 억제(견제)하다, 꼼짝못하게 하다: der Lehrer hatte es schwer, die Klasse in S. zu halten 그 선생님은 학급을 통솔하기가 힘들었다. **3.** 《통용어》 장기〔체스〕한 벌(판과 말).
schạch-, Schach-: **~aufgabe**, die ↑problem. **~blume**, die ↑~brettblume. **~brett**, das 장기〔체스〕판(혹, 백이 엇갈린 64개의 눈이 있음). **~brettartig** 〈Adj.〉 체스〔바둑〕판 모양(무늬)의, 바둑무늬식(式)의. **~brettblume**, die 서양검은백합나리(꽃잎에 바둑판 무늬가 있음). **~brettmuster**, das 바둑판 모양 무늬(도안(圖案)). **~buch**, das 〈서양〉장기〔체스〕교본(敎本). **~ecke**, die 《통용어》 (신문, 잡지의) 장기란. **~feld**, das 장기〔체스〕판의 눈. **~figur**, die 장기〔체스〕의 말: die -en aufstellen 장기〔체스〕의 말을 놓다. **~gebot**, das 〔장기〕장군(부르기). **~großmeister**, der 장기〔체스〕의 최고 선수권자. **~klub**, der 장기〔체스〕클럽. **¹~matt** [-'-] 〈Adj.〉 [mhd. schāchmat < arab. šāh māta] **1.** 외통수로 몰린, 진: s.! 외통수다!; **s. sein** 외통수로 몰려 있다; **jmdm. s. setzen** 누구를 외통수로 몰다〔지게 하다〕. **2.** 녹초가 된, 기진맥진한: kommt er s. nach Hause 저녁에 그는 녹초가 되어 집에 들어온다. **²~matt** [-'-], das; -, -s 〔장기〕 (드물게) ↑Matt. **~meister**, der 장기〔체스〕의 명인(선수권자). **~meisterschaft** die 장기〔체스〕 선수권. **~olympiade**, die 국제장기〔체스〕 선수권 대회(2년마다 개최됨). **~partie**, die 장기〔체스〕시합, 한 판 대국(對局). **~problem**, das 〔장기〕 체스 묘수풀이 문제. **~spiel**, das **1.** 〈Pl. 없음〉 ↑Schach (1). **2.** 〈Pl. 없음〉 장기〔체스〕놀이(시합). **3.** 한판의 장기〔체스〕대국. **4.** 장기〔체스〕의 한 벌(판과 말). **~spieler**, der 장기〔체스〕를 두는〔체스를 하는〕사람, 장기〔체스〕선수. **~stellung**, die 〔장기〕 장군 위치, 장군 상태에서의 말들의 위치. **~tisch**, der 장기〔체스〕 탁자. **~turnier**, das 장기〔체스〕시합, 기전(棋戰). **~uhr**, die 〔장기〕〔체스〕시합의 계시용(計時用) 시계. **~weltmeister**, der 장기〔체스〕 세계 선수권자. **~weltmeisterschaft**, die 장기〔체스〕 세계 선수권. **~wettkampf**, der 장기〔체스〕시합(기전(棋戰)). **~zug**, der **1.** 장기말의 움직임, 장기의 수. **2.** 교묘한 조치〔조처〕: raffinierter S. 노련한 응수.
Schachen ['ʃaxn], der; -s, - [1: mhd. schache] **1.** (südd., österr. mundartl., schweiz.) 작은 숲. **2.** (schweiz.) 평지, 연안 지방.
Schacher ['ʃaxɐ], der; -s [hebr. saḥar] 《폄》 폭리를 얻는 장사, 악덕 상행위.

Schächer ['ʃɛçɐ], der; -s, - [mhd. schāchære, ahd. scāhāri] 《성서적》 (예수와 함께 십자가에서 처형된) 강도, 살인자.
Schacherei [ʃaxəˈraɪ], die; -en (통용어・폄) 폭리추구(장사). **Schacherer** ['ʃaxərɐ], der; -s, - 《폄》 에누리 행상(소매상)인, 악덕 상인.
Schạcherkreuz, das; -es, -e [zu ↑Schächer] 《드물게》 ↑Gabelkreuz.
schachern ['ʃaxɐn] 〈h〉 [< hebr. saḥar] 《폄》 (행상(소매)을 하여) 폭리를 취하다, 악덕 상거래를 하다: um eine Ware s. 상품을 에누리하다, 상품의 값을 깎아 내리다; 전의 um politische Ämter s. 관직을 놓고 부정한 거래를 하다.
Schạcht [ʃaxt], der; -(e)s, Schächte ['ʃɛçtə; 1: mhd. (ostmd.) schaht; 5: mniederd. schacht] **1. a)** 〔광〕 수갱(竪坑), 수직 갱도(坑道): 【광부】 der S. ist abgesoffen 수갱(竪坑)이 붕괴되었다; einen S. ausbauen 수갱을 완전히 만들다; in den S. einfahren 수갱으로 들어가다. **b)** 수직굴: einen S. für den Brunnen ausheben 우물을 만들기 위해 구덩이를 파다. **c)** 협곡, 우묵한 곳. **2.** (사면이 둘러싸인) 구덩, 굴, 수직 통로: der Aufzug ist im S. steckengeblieben 승강기가 수직 통로속에 멈춰 서버렸다. **3.** 〔제련〕 (용광로의) 샤프트(원통형의 본체). **4.** 〔무기〕 (폭격기의) 폭탄 투하구: den S. öffnen 폭탄 투하구를 열다. **5.** 〈Pl. 없음〉《nordd.》 막대기, 매: ↑prügel 참조: S. kriegen 매를 맞다.
Schạcht-: **~abteufen**, das; -s 〔광〕수갱파기(건설). **~anlage**, die 〔광〕수갱 시설. **~holz**, das 〔광〕수갱 (구축)용 목재. **~meister**, der 지하 공사 작업반장, 갱부(坑夫), 십장. **~ofen**, der 〔제련〕고로(高爐), 직립로(直立爐), 용선로(溶銑爐). **~sohle**, die 〔광〕 수갱의 밑바닥. **~sumpf**, der 〔광〕 갱내(坑內) 웅덩이.
Schạchtel ['ʃaxtl], die; -n 〈축소형: ↑Schächtelchen, Schächt[e]lein ['ʃɛçt(ə)laɪn] [1, 2: spätmhd. schahtel, älter: schattel, scatel < ital. scatola (mlat. scatula)] **1.** (두꺼운 종이, 얇은 판자, 플라스틱 따위로 만들고 뚜껑이 있는) 상자, 갑(匣): etw. in einer S. aufbewahren 무엇을 상자에 넣어 보관하다; **alte S.** 《폄》 늙은 할망구. **2.** 상자에 담긴 물건: eine S. Zündhölzer 성냥 한 갑; er raucht am Tag eine S. (Zigaretten) 그는 하루에 (담배) 한 갑을 피운다. **3.** 《경제 은어》 ↑Schachtelbeteiligung (2)의 약칭.
¹Schạchtel- (¹Schachtel 1): **~boden**, der 상자의 밑바닥. **~macher**, der 상자 제조인. **~rock**, der (주름) (훌쩍게 펴진) 성냥갑 모양 스커트.
²Schạchtel- (schachteln): **~beteiligung**, die 〔경제〕 **1.** (1/4이상의 주식 지분(持分)에 의한) 타회사 참여(관여). **2.** 타회사 참여 (주식) 지분. **~dividende**, die 〔경제〕타회사 참여분 배당금. **~gesellschaft**, die 〔경제〕 (다른 회사에 1/4 이상의 주식이 점유된) 자회사(子會社), 계열 회사(系列會社); 【언어학의 전문어: niederd. Schacht】 쇠뜨기(속). **~satz**, der 《대개 폄》 부문장이 많은 복잡한 복문성, 중첩 복합문.
Schächtelchen ['ʃɛçtlçən], **Schächtelein**, **lein** ['ʃɛçt(ə)laɪn]; das; -s, - ↑¹Schachtel 참조.
schachteln ['ʃaxtln] 〈h〉 **1.** 여러 겹으로 포개어(끼워) 넣다, 큰 것에 작은 것을 차례로 끼워 넣다: eins in andere s. 하나씩 차례로 포개어(끼워) 넣다. **2.** 차함(음)으로(큰 것에 작은 것이 차례로 들어가게) 만들다: ein Ganzes vielfach s. 하나의 층(겹)을 차례로 포개어 전체를 만들다. **Schạchtelung**, die; -en **1.** ↑schachteln의 명사형. **2.** 차례로 끼워져 있는 형태〔상태〕.
schạchten ['ʃaxtn] 〈h〉 (드물게) **1.** (홈을) 파내다, 파내려가다. **2.** 파서〔파내어〕 (수갱을) 만들다: einen Graben s. (파서) 도랑을 만들다.

schächten ['ʃɛçtn] ⟨h⟩ [hebr. šaḥaṭ] (가축을) 유대교 의식에 따라 (목을 따서) 도살하다. **Schächter**, der; -s, - 유태교식 도살자.
Schächtlein: ↑Schächtelchen.
Schächtung, die; -en 유태교식 도살.
schackern ['ʃakɐn], **schäckern** ['ʃɛkɐn] ⟨h⟩ 《의성어》 《지역적》 (새가) 찍륵찍륵 울다.
schad [ʃa:t] (지역적) ↑schade.
schad-, Schad- (↑schaden-, Schaden-; Schadens- 도 참조): **~fraß**, der 《전문어》 해충(유해 동물)의 탐식: diese Pflanzenkultur wurde durch S. vernichtet 이 작물의 재배는 해충(해로운 동물)이 먹어치우는 바람에 전멸되었다. **~hirsch**, der [사냥] ↑Mörder (2). **~insekt**, das 《전문어》 해충. **~los** ⟨Adj.⟩ 《다음 용법으로》 sich(für etw.) (an jmdm.(etw.)) s. halten 자신의 손해(무엇)를 (누구의 돈(무엇)으로) 보상(배상)하다: er wollte sich für seine Verluste an mir (an meinem Vermögen) s. halten 그는 자기의 손실을 내 돈(내 재산)으로 메우려 했다; als das Gemüse alle war, hat er sich an dem Braten s. gehalten 야채가 떨어지자 그는 고기로 배를 채웠다; (또는 4격 목적어와 함께) jmdn.(für etw.) s. halten 《특히 법·경제》 누구에게 (무엇에) 대한 손해를 보상(배상)하다. **~losbürge**, der [법] 보상(손해 배상) 보증인. **~loshaltung**, die 손해 배상(보상). **~stoff**, der 《전문어》 유해 물질. **~wirkung**, die [전문어] (해충, 유해 물질에 의한) 독성(毒性)작용.
Schadchen ['ʃa:tçən], das; -s, - über das Jidd. < aram. šadḳan] [부랑자] 중매인.
schade ['ʃa:də] ⟨Adj.⟩ [mhd. schade sīn] 《다음의 용법으로》 **es(das) ist s.** 그것은 유감스럽다[애석한 일이다]: es ist zu s., daß du nicht kommen kannst 네가 올 수 없다니 참 유감이다; 《생략문》 o wie s.! 정말 유감스런 일이군!; (wie) s.(nur s. / s. nur / (nur) zu s.), daß das Wetter so schlecht ist 날씨가 이처럼 나쁘것이 유감천만이다; **es ist s. um etw.**, (um jmdn.) 무엇(누구)과 더불어 일어난 일이 애석하다: es ist s. um die (verschwendete) Zeit (낭비한) 시간이 아깝군; 《생략문》 s. darum 그것 참 안됐다; s. um den netten Kerl 그 상냥한 친구가 참 안됐다; **zu s. für** (또는) **zu etw.(für jmdn.) sein** 무엇(누구)에는 너무 아깝다(과분하다) zu s.: der Anzug ist für ihn (für diesen Zweck) (viel) zu s. 그 양복은 그에게는 너무 과분하다(이러한 목적으로 입기엔 너무 아깝다); zu s. zum Wegwerfen sein 버리기에는 너무 아깝다; dafür(dazu) ist mir meine Zeit zu s. 그러기에는 나는 시간이 너무 아깝다; **sich³ zu s. für** (또는) **zu etw.(für jmdn.) sein** 자신에게는 무엇(누구)이 격에 어울리지 않다(보잘것 없다고 생각하다): du bist dir wohl zu s. für diese Arbeit? 너는 아마 이 일이 네 품위에 어울리지 않는다고 생각하는 것이지? **Schade** [-] (준고형) ↑Schaden의 1격.
Schädel ['ʃɛ:dḷ], der; -s, - [mhd. schedel] **1.** 두개(頭蓋), 골통, 해골(바가지): die Knochen des -s 두개골. **2.** 머리: ein runder s. für 둥근 머리; ein kahler S. 대머리; sich an etw. den S. einrennen 무엇에 달려들다가 머리를 부딪치다; jmdm. eins auf(über) den S. geben 누구의 머리에 한 대 먹이다; **jmdm. brummt(raucht) der S.** 나는 머리가 무겁다(국국 쑤신다)(↑Kopf 1 참조); **einen dicken(harten) S. haben** 고집불통이다, 완고하다; **einen dicken S. haben** 머리가 텅비다, 어리석다; **sich³ (an etw.) den S. einrennen** (무엇을) 고집하다, 혼이 나다 (↑Kopf 1); **mit dem S. durch die Wand wollen** 불가능한 일을 하려고 하다(↑Kopf 1 참조); **jmdm. vor den S. stoßen** 누구를 때리다, 누구에게 모욕을 주다 (↑Kopf 1). **3.** 이성, 분별(력), 두뇌:

Schaden

sich³ den S. zerbrechen 골머리를 썩히다, 골치 아프다(↑Kopf 3); **etw. geht(will) jmdm. nicht in den S.(hinein)(aus dem S.)** 누가 무엇을 이해하지 못하다, (무엇이) 납득이 가지 않다(잊혀지지 않다, 누구의 뇌리를 떠나지 않다)(↑Kopf 3); **sich³ etw. in den S. setzen** 무엇을 (정말이라고) 믿다(↑Kopf 3).
Schädel-: **~basis**, die [의학](頭蓋底), 두개반(盤). **~basisbruch**, der 두개저 골절(骨折). **~basisfraktur**, die 두개저 골절. **~bruch**, der 두개 골절. **~dach**, das [의학] 두개관(冠). **~dachbruch**, der [의학] 두개관 골절. **~dachfraktur**, die [의학] 두개관 골절. **~decke**, die (특히 의학) ↑~dach. **~form**, die 두개의 형상(形狀), 두개형. **~fraktur**, die [의학] 두개 골절. **~grund**, der [의학] (Pl. 없음) ↑~basis. **~höhle**, die [의학] 두개강(頭蓋腔). **~index**, der [인류] 두개 지수(指數)(계수(係數)](두개의 폭과 길이 사이의 비율). **~kalotte**, die [의학] ↑~dach, ↑~decke. **~knochen**, der [의학] 두개골(頭蓋骨). **~kult**, der [인류] (죽은 사람의) 두개(에 대한) 숭배. **~lage**, die [의학] ↑~kopflage. **~lehre**, die [의학·인류] 두개학(蓋學), 골상학(↑kraniologie). **~lose** (Pl.) 《동물》 두색류(頭索類), 무두류(無頭類). **~messung**, die [의학·인류] 두개측정(法). **~naht**, die [의학] 두개(골) 봉합(縫合)(봉선(縫線)). **~operation**, die 두개 수술. **~stätte**, die 《성서적》 ↑Golgatha의 독어화. **~tier**, das 《고어》 ↑Wirbeltier.
schaden ['ʃa:dn] ⟨h⟩ [mhd. schaden, ahd. scadōn] 해치다, 상처를 입히다, 손상시키다, 손해를 주다, 나쁘다, 해롭다: jmdm. geschäftlich(gesundheitlich) s. 누구에게 사업상(건강)을 해롭다, 누구의 사업(건강)을 해치다; das Lesen bei schlechtem Licht schadet deinen Augen 으침이 나쁜 상태로 독서하는 것은 네 눈에 해롭다; ein wenig laufen würde dir nichts s. 《통용어》 조금 걷는(뛰는) 것은 네 건강에 해롭지 않을 거야(아주 좋은 것이다); das schadet diesem Geizkragen (gar) nichts 《통용어》 이런 구두쇠에게는 그래 싸다; (또는 비인칭) es schadet (ihm) nichts, wenn er einmal eine solche Erfahrung macht 《통용어》 그가 그런 경험을 한 번 하는 것은 (그에겐) 전혀 손해될 게 없다(아주 좋은 일이다); es kann nichts s., wenn wir es gleich erledigen 《통용어》 우리가 그것을 곧 처리하는 것이 해롭지 않을 거야(아마 좋을 거야). **Schaden** [-], der; -s, Schäden ['ʃɛ:dn]; mhd. schade, ahd scado] **1. a)** 손해, 손실, 손상: ein kleiner(geringer) s. 작은(사소한) 손해; materieller(immaterieller) S. [법] 유형(무형)의 손실; es entstanden unübersehbare Schäden 막대한 손해가 발생했다; der S. beträgt 500 Mark(beläuft sich auf 500 Mark) 손해액은 500마르크에 달한다; einen S. herbeiführen(anrichten) 손해를 초래하다(끼치다); jmdm. (einen) S. zufügen 누구에게 (손)해를 입히다; S. erleiden(davontragen) 손해를 입다; einen S. ersetzen 손해를 배상(변상)하다; für einen S. aufkommen(Ersatz leisten) 손해를 배상하다; sich gegen S. (Schäden) durch Brand versichern 화재보험에 들다; [속담] wer den S. hat, braucht für den Spott nicht zu sorgen 손해보았다고 부끄러워할 것 없다, 한 번 실수는 병가의 상사(常事); durch S. wird man klug 손해를 보아야 사람이 안다, 고생을 해야 사람이 안다(세상을 안다); **an etw. S. nehmen** (아이) 무엇에 손상을 입다: S. an seiner Gesundheit nehmen 자기 건강을 해치다; **ab(fort / weg) mit S.!** 《통용어》 (아무래도(손해를 보아도) 좋으니) 그만둬라!, 없애 버려라! **b)** 피해, 해, 불이익, 화(禍): daraus erwächst dir kein S. 그것으로 너에게 파해가 생기지는 않는다; wenn du das für uns tust, wird es(soll es) dein S. nicht sein 우리를 위해 그 일을

해 준다면 너에게 해롭지 않을 것이다[유익할 것이다]; davon hat er weder S. noch Nutzen 그는 그것으로 피해 볼 것도 이익 볼 것도 없다; er mußte mit S. verkaufen 그는 손해를 보고 팔아야 했다; es ist nicht zu seinem S.[《아이》 es gereicht ihm nicht zum S.], wenn er durchhält 그는 끝까지 견뎌 내는 것이 해롭지 않을 것이다[그에게 유익할 것이다]; du kommst dabei nicht zu S. 그 일에서 너는 손해 볼 것 없다[불이익을 당하지 않는다]. 2. 훼손, 파손(파괴)(된 곳): einen S. am Auto haben 자동차에 파손 부위가 있다; einen S. ausbessern[reparieren / beheben] 훼손된 곳을 고치다[수리하다]. 3. 〈신체의〉 상처, 상해, 부상, 장해, 불구, 결함: innere Schäden 내상(內傷); organische Schäden 신체 기관의 상해; er hat bei dem Unfall einen S. am Bein devongetragen[erlitten] 그는 사고로 다리에 부상을 입었다; sich einen S. zuziehen 몸에 손상을 입다; zu S. kommen 부상 당하다, 상처를 입다: sie ist bei dem Sturz zu S. gekommen 그녀는 넘어져 부상을 당했다.

schaden-, Schaden- (↑schad-, Schad-; Schadens-도 참조): **~berechnung**, die 〖법·보험〗 손(해)액 산정(계산). **~bericht**, 《또는》 Schadensbericht, die 〖법·보험〗 손해 보고(서). **~ersatz**, 〖민법〗 Schadensersatz, der 〖법·보험〗 손해 배상(금), 변상: S. fordern[leisten] 손해 배상 청구 소송을 제기하다; zum S. verpflichtet sein 손해 배상의 의무가 있다. **~ersatzanspruch**, der 〖법·보험〗 손해 배상 청구권. **~ersatzforderung**, die 〖법·보험〗 손해 배상 청구. **~ersatzklage**, die 손해 배상 청구 소송. **~ersatzleistung**, die 〖법·보험〗 손해 배상 지불. **~ersatzpflicht**, die 〖법·보험〗 손해 배상 의무. **~ersatzpflichtig** 〈Adj.〉 손해 배상의 의무가 있는. **~feststellung**, die Schadensfeststellung, die 〖법·보험〗 손해액의 확인(확정). **~feuer**, das (피해가) 큰 화재, 대 화재. **~freiheitsrabatt**, der 〖보험〗 (자동차 보험료의) 무사고 할인. **~freude**, die 〈Pl. 없음〉 남의 불행을 기뻐하는 [고소해 하는] 마음, 악의적인 즐거움: S. empfinden 남의 불행을 고소해 하며; 〖속어〗 S. ist die reinste Freude 남이 안되는 것을 보는 재미가 최고의 재미이다. **~froh** 〈Adj.〉 남의 불행을 보고 즐거워하는 [고소해 하는], 심술궂은: er fühlte die -en Blicke der andern 그는 고소하다는 듯이 쳐다보는 다른 사람들의 눈초리를 느꼈다; s. lachen 고소해 하며 심술궂게 웃다. **~nachweis**, 《또는》 Schadensnachweis, der 〖법·보험〗 손해(상해) 증명(서). **~verhütung**, die 손해[파손, 피해] 방지. **~versicherung**, die 〖법·보험〗 손해 보험.

Schadens-: ~berechnung, die ↑Schadenberechnung. **~bericht**, der ↑Schadenbericht. **~ersatz**, der (BGB) ↑Schadensersatz. **~fall**, der 〖법·보험〗 손해 발생: im S. muß die Versicherung zahlen 손해 발생시에는 보험이 지불해야 한다. **~feststellung**, die ↑Schadenfeststellung. **~nachweis**, der ↑Schadennachweis.

schadhaft 〈Adj.〉 [mhd. schadhaft, ahd. scadohaft] 손상된, 결함 있는, 못쓰게 된: in -em Zustand sein 파손되어[된 상태에] 있다. **Schadhaftigkeit**, die ↑ schadhaft의 명사형. **schädigen** ['ʃɛːdɪɡn̩] 〈h〉 (↑Geschädigte) [mhd. schedigen, ahd. scadōn] 손해를 입히다, 해를 끼치다, 해치다, 손상하다, 상처를 입히다: jmdn. gesundheitlich s. 누구의 건강을 해치다; durch sein Verhalten schädigt er die Interessen der anderen 그런 행동으로 그는 다른 사람들의 이해 관계에 해를 끼친다. **Schädiger**, der; -s, - 〖법·보험〗 가해자, 손해를 끼친 [끼치는] 사람. **Schädigung**, die; -en 1. 가해, 손해 발생: das bedeutet eine S. seines Rufes 그것은 그의 명성을 손상시키는 것을 뜻한다. 2. 피해, 손해: materielle (gesundheitliche) -en 물질적[건강상의] 피해. **schädlich** ['ʃɛːtlɪç] 〈Adj.〉 해로운, 유해한, 불리한, (손)해가 되는, 유독한: -e Stoffe 유해 물질; -e Einflüsse 해로운 영향; -e Tiere 유해한 동물; das ist s. für die Gesundheit 그것은 건강에 해롭다. **Schädlichkeit**, die 위의 명사형. **Schädling** ['ʃɛːtlɪŋ], der; -s, -e 유해한 [기생] 동식물, 해충, 〖전의〗 해독을 끼치는 사람(반대: Nützling): -e bekämpfen[vernichten] 해충을 퇴치하다[제거하다]; die Ernte wurde von -en vernichtet 해충들이 수확을 전멸시켰다; viele Insekten zählen zu den -en 많은 곤충은 해충에 속한다.

Schädlings-: ~befall, der (특히 식물의) 해충 피해. **~bekämpfer**, der 해충 방제원(防除員). **~bekämpfung**, die 유해 생물 방제(防除), 해충 구제. **~bekämpfungsmittel**, das 살충제, 구충제.

Schador: ↑Tschador.

Schaf [ʃaːf], das; -(e)s, -e [mhd. schāf, ahd. scāf] 1. 〈축소형〉 Schäfchen, Schäflein) 양(羊), 어미양, 암양: die -e blöken 양이 매애 하고 울다; geduldig (sanft) wie ein S. sein 양처럼 참을성이 많다(온순하다); -e halten[züchten] 양을 치다[사육하다]; die -e weiden[scheren] 양을 방목하다[양의 털을 깎다]; 〖속담〗 ein räudiges S. steckt die ganze Herde an 한 마리 양의 옴이 모든 양에게 전염된다; 미꾸라지 한 마리가 온 웅덩이 물을 다 흐린다; 〖전의〗 ein verirrtes S. 길 잃은 양, 정도[正道]를 벗어난 사람(마태복음 18장 12절~13절); geduldige -e haben viele in einen Pferch[Stall] 참을성 있는 양들은 대개 한 울짱[우리]으로 들어간다; **das schwarze S. sein** 국외자(이단자, 이질적인 [별난] 사람)이다; **die -e von den Böcken trennen** (↑ ¹Boch 1) 양과 염소를 분별하다(마태복음 25장 32절), 선인과 악인을 판별하다. 2. a) 〖통용어〗 바보, 우직한 사람: du dummes[blödes] S.! 이 바보야! **b)** 〈축소형: ↑Schäfchen〉〖호의적·친근〗 순진(순박)한 사람, 호인: so ein kleines S.[Schäfchen], es hat wieder alles weitererzählt 순진한 철부지 같으니라고, 또다시 전부 떠벌이고 다녔군. **c)** 〈축소형: ↑Schäfchen〉 (특히 어린아이의 애칭) 아가, 애: komm ein wenig zu mir, mein kleines S.[mein Schäfchen] 귀여운 애야, 이리 좀 오렴.

Schaf- (↑Schafs-도 참조): **~blattern** 〈Pl.〉 ↑Windpocken. **~bock**, der 수양. **~darm**, der 양의 창자. **~fell**, das 양의 모피, 양피. **~garbe**, die (양이 즐겨 먹음) 서양톱풀(약초). **~herde**, die 양떼. **~hirt**, der 양치기, 목자(牧者). **~hürde**, die 양의 목장의 울타리, 양의 우리. **~kälte**, die (양털 깎는 시기에 추위가 닥침) 양털 깎기 추위(대개 6월 중순 중부 유럽에 비를 동반해 엄습하는 추위). **~käse**, der ↑Schafskäse. **~kopf**, der 1. 또는 Schafskopf 〈Pl. 없음〉 〖점수 표기 회의 배열이 양 머리를 닮음〗 샤프코프, 양 머리 카드놀이(32장으로 4사람이 하는 독일 전래의 카드놀이). 2. 〖통용어·욕〗 ↑Schafskopf (2). **~leder**, das 양가죽. **~ledern** 〈Adj.〉 양가죽(제)의. **~milch**, die 양젖. **~mist**, der 양의 똥. **~pelz**, der 양의 모피: ein Mantel aus S. 양 모피 외투. **~pocken** 〈Pl.〉 〖지역적〗 ↑Windpocken. **~quese**, die ↑Drehwurm. **~schur**, die 양털 깎기. **~stall**, der 양의 우리, 양사. **~weide**, die 양의 목장(牧羊場). **~wolle**, die 양털, 양모(羊毛). **~zucht**, die 양치기, 목양(牧羊).

Schäfchen ['ʃɛːfçən], das -s, - 1. 어린양, 새끼양 ↑ Schaf (1): **seine**〖《드물게》sein〗 **S. ins trockene bringen**〖《드물게》scheren〗〖통용어·편〗(남의 희생을 대가로), 이익을 확보하다, 큰 벌이를 하다, 크게 한 몫 보다; **sein S. im trockenen haben**〖통용어·자주 약간 편〗자기의 이익을 확보해 놓다. 2. ↑Schaf (2 b).

schaffig

c). 3. 《친근》 ↑Schäflein (2): der Lehrer versammelte seine S. um sich 선생님이 학생들을 자기 주변에 모이게 했다. 4. 〈대개 Pl.〉 ↑Schäfchenwolke의 약칭: am Himmel zogen weiße S. 하늘엔 흰 조개구름이 떠가고 있었다. **Schäfchenwolke**, die 〈대개 Pl.〉 ↑Zirrokumulus. **Schäfer** ['ʃɛːfɐ], der; -s, - [mhd. schæfære, spätahd. scāphare] 양치기, 목자(牧者).
Schäfer-: ~**dichtung**, die 〖문예학〗 목인(牧人)〔전원(田園)〕문학(목가, 전원시, 전원소설 등). ~**gedicht**, das 〖문예〗 목가, 전원시, 양치기를 노래한 시가. ~**hund**, der 1. 세퍼드: ein deutscher S. 독일 셰퍼드; einen S. abrichten〔dressieren〕셰퍼드를 훈련시키다〔조련하다〕. 2. 양을 지키는 개, 목양견. ~**karren**, der 양치기 집〔두 바퀴가 달린 이동식 오두막집〕. ~**roman**, der 〖문예〗 전원〔목가〕 소설. ~**spiel** 〖문예〗 전원극(田園劇), 목자극. ~**stündchen**, das [frz. heure du berger에 따라] 사랑의 밀회, 사랑에 빠져 즐거운 시간: ein S. haben 연인과 밀회하다. ~**stunde**, die 〈드물게〉 ↑~stündchen.
Schäferei [ʃɛːfəˈraɪ], die; -en 1. 〈Pl. 없음〉 목양(牧羊), 사양(飼羊), 양 사육: die S. betreiben 목양업을 하다. 2. 목양업(牧羊業), 목양장(牧羊場). **Schäferin**, die; -nen 〈드물게〉 ↑Schäfer의 여성형.
Schaff [ʃaf], das; -(e)s, -e 〈축소형; ↑Schäffchen〉 [mhd. schaf, ahd. scaph] 1. 《südd., österr.》통, 물통, 큰 대야. 2. 《westmd., südd.》 〈옷〉장, 서가. **Schäffchen** ['ʃɛfçən], das; -s, - ↑Schaff의 축소형.
Schaffe ['ʃafə], die [zu ↑schaffen (1)] 《청소년어·준고어》 굉장한 것〔일〕, 멋진 일: eine spitze S. 최고로 멋진 일. **Schaffel**, das; -s, -n 《österr.》 작은 통, 통. **schaffen*** ['ʃafn̩] 〈h〉 [mhd. schaffen*, ahd. scaffan* u. scaffōn] 1. 〈강변화〉 창조하다, 만들어 내다, 창작하다, 조형〔형성〕하다: ein Werk s. 작품을 창작〔제작〕하다; Gott schuf den Menschen 신이 인간을 창조했다; der schaffende Mensch〔Geist〕창조적 인간〔정신〕; **für jmdn.〔etw.〕/ zu jmdm.〔et.〕wie geschaffen sein** 누구에〔무엇에〕에게 안성마춤이다, 잘 어울리다, 꼭 맞다: er ist für diesen Beruf〔zum Lehrer〕 wie geschaffen 그는 이 직업에 적격이다〔타고난 선생이다〕. 2. 〈강변화, 또는 드물게 약변화〉 생기게〔이루어지게〕 하다, 조달〔공급〕하다, 달성〔성취〕하다: Raum〔Platz〕für etw. s. 무엇을 위한 공간〔자리〕을 만들다; gute Voraussetzungen (s) 좋은 전제 조건들을 조성하다; eine gute Atmosphäre s. 좋은 분위기를 마련하다; wir müssen uns mehr Raum s. 우리는 더 많은 공간을 확보해야 한다; du hast dir ein großes Vermögen geschaffen〔(또는) geschafft〕너는 큰 재산을 모았다; du mußt dir etwas mehr Bewegung s.《(드물게) verschaffen》너는 몸을 좀 더 움직여야 한다; 〔퇴색〕Ordnung s. 정리〔해결〕하다; er weiß immer Rat〔Hilfe〕zu s. 그는 항상 해결책을 안다; solche Ereignisse schaffen immer Unruhe 그러한 사건들은 항상 불안〔소요〕을 유발한다; das Medikament hat ihr Beschwerden geschaffen 그 약이 그녀에게 장애를 끼쳤다. 3. 〈약변화〉 《지역적, 특히 südd.》 **a)** den ganzen Tag s. 온종일 일하다, 활동하다; 〈명사화〉 jmdn. am Schaffen hindern 누가 일하는 것을 막다〔방해하다〕; frohes Schaffen! 《통용어·농·문화적 반어》 열심히 일하세요!, 수고하세요!; **sich^3 zu s. machen** 1) 일하다, 몰두하다, 바쁘다, 만지작거리다: was machst du dir an meinem Schreibtisch zu s.? 내 책상에서 뭘 하는 거야? 2) 일하는 체하다, 몰두하는 체하다: um zu lauschen, machte er sich an der Tür〔im Nebenzimmer〕zu s. 그는 엿들으려고 문가〔옆방〕에서 할 일이 있는 체했다; **mit jmdm.〔einer Sache〕etw. zu s. haben** 누구〔어떤 일〕와 관계가 있다: mit ihm will ich nichts zu s. haben 나는 그와 아무 관계도 갖지 않다. **b)** 일에 종사하다, 근무하다: am Bau〔bei der Bahn〕s. 건축〔철도〕에 종사하다. **c)** 〈s. + sich; 비인칭〉(일정한 방법으로) 작업〔작동〕되다: mit dem Gerät schafft es sich leichter 그 기구〔기계〕를 쓰면 일이 더 쉽게 된다. **d)** 〈s. + sich〉↑arbeiten (4 a): du hast dich müde geschafft 너는 지치도록 일했다. **e)** ↑arbeiten (4 b): du hast dir die Hände wund geschafft 너는 손이 벗겨지도록〔손에서 피가 나도록〕 일했다. 4. 〈약변화〉 **a)** 끝내다, 마치다, 완성〔완결〕하다, 해결〔처리〕하다: eine ganze Menge〔das Soll〕s. 아주 많은 양〔책임량〕을 완결하다; er schafft diese Arbeit allein nicht mehr 그는 이제 이 일을 혼자서는 해낼 수 없다, er schafft er nie! 그는 절대로 그 일을 못할 거야! das wäre geschafft! 그 일은 끝났을 텐데!; vielleicht schaffst du noch den früheren Zug 《통용어》 너는 아마 더 이른 기차도 아직 탈 수 있을 거야; er hat die Prüfung nicht geschafft 《통용어》 그는 시험에 합격하지 못했다; beim letzten Versuch schaffte er den neuen Rekord 《통용어》 마지막 시도에서 그는 신기록을 수립했다; er hat es geschafft, sie zum Mitkommen zu überreden 그는 그녀를 함께 가도록 설득하는 데 성공했다; Das Geld schafft bekanntlich alles 《통용어》 누가나 알 듯이 돈으로는 무엇이든 할 수 있다. **b)** 《통용어》 지치게〔기진맥진〕하게 하다, 좌절〔절망〕시키다: die Hitze hat mich heute geschafft 더위 때문에 나는 오늘 기진맥진했다; mit seiner ununterbrochenen Fragerei schafft er jeden 그의 끝없는 질문에는 누구나 진저리가 난다; geschafft sein 피곤하다, 지쳐 있다, 녹초가 되어 있다; **jmdn. zu s. machen** 누구를 괴롭히다〔번거롭게 하다〕, 누구에게 걱정을 끼치다. **c)** 〈s. + sich〉 《은어》 진력하다, 온 힘을 쏟다: er schafft sich auf dem Schlagzeug 그는 타악기를 힘차게 연주한다. 5. 〈약변화〉 (일정한 장소로〔에서〕) 가져가다, 나르다, 운반하다: die Kisten auf den Speicher〔in den Keller〕s. 상자를 창고〔지하실 안〕로 운반하다; die Verletzten ins Krankenhaus s. 부상자들을 병원으로 옮기다. 6. 〈약변화〉 《südd., österr.》 명령하다, 지시하다: er tut es nur, wenn es ihm sein Herr schafft 그는 주인이 지시할 때에만 그 일을 한다. 〈1의 명사화〉 **Schaffen** [-], das; -s 〈예술가의〉 〈전체〉 창조력, 창작물: das dramatische S. des Dichters 그 작가의 희곡작품들.

schaffens-, Schaffens-: ~**drang**, der 〈Pl. 없음〉 창작욕, 창작 의욕〔충동〕: er ist erfüllt von voller S. an sein neues Werk 그는 창작의욕에 가득 차 새 작품을 시작했다. ~**freude**, die 〈Pl. 없음〉 창작〔창조〕의 즐거움. ~**freudig** 〈Adj.〉 창작〔창조〕하기를 좋아하는. ~**freudigkeit**, die ↑~freudig의 명사형. ~**kraft**, die 〈Pl. 없음〉 창조력, 창작력: voll ungebrochener S. sein 끊임없는 창작력〔창조력〕으로 가득 차 있다. ~**kräftig** 〈Adj.〉 창조력〔창작력〕이 강한. ~**lust**, die 〈Pl. 없음〉 창작 의욕. ~**lustig** 〈Adj.〉 창작의욕〔창조욕〕이 있는, 창조〔창작〕를 좋아하는. ~**prozeß**, der 창조〔창작〕 과정: der dichterische S. 문학 작품 창작 과정, 시작(詩作)과정. ~**weise**, die 창조〔창작〕 방법: die unterschiedliche S. zweier bildender Künstler 두 조형 예술가의 서로 다른 창작 방법.

Schaffer, der; -s, - [1: ↑schaffen (3); 2: ↑Schaffner (2)의 병용형] 1. 《지역적, 특히 südd.》 바지런한 사람, 일 잘하는 사람. 2. 《südd., österr.》 〈농장〉 농장 관리인. **Schafferei** [ʃafəˈraɪ], die 《지역적, 특히 südd., 흔히 펌》 힘든 일, 고된 일, 혹사. **schaffig** ['ʃafɪç] 〈Adj.〉 《südd., schweiz.·방언》 부지런한, 근면한, 활동적인: eine -e Person 바지런한 사람. **Schaf-**

figkeit, die 《südd., schweiz.·방언》 ↑schaffig의 명사형. **Schäffler** ['ʃɛflɐ], der; -s, - ↑Böttcher. **Schäfflertanz**, der 《bayr.》통장이 춤(전통적인 민속춤). **Schaffner** ['ʃafnɐ], der; -s, - [mhd. schaffenære] **1.** (기차, 버스 등의) 차장, 안내원: beim S. nachlösen 차장에게서 추가 승차권을 사다. **2.** [고어] 농장 관리인(감독). **Schaffnerei** [ʃafnə'raj], die; -en [고어] **a)** 농장 관리인의 직(職)[집무실]. **b)** 농장 관리인의 집. **Schaffnerin**, die; -nen ↑Schaffner의 여성형. **schaffnerlos** 〈Adj.〉 [교통] 차장이 없는: ein -er Wagen (전차 따위의) 차장이 없는 차량. **Schaffung**, die 조성, 만듦: die S. neuer Arbeitsplätze 새 일자리를 마련하기.
Schaffhausen [ʃa'fhauzn] 샤프하우젠(스위스의 주 및 도시). ¹**Schaffhauser**, der; -s, - 샤프하우젠 사람. ²**Schaffhauser** 〈Adj.; 격변화 없음〉 샤프하우젠의. **schaffhauserisch** 〈Adj.〉 샤프하우젠 (사람)의.
Schafiit [ʃafi'i:t], der; -en, -en [회교 신학자 Schafii (767~820)에 따라] 샤피이파(派)(회교 법학파의 하나) 사람.
Schäflein ['ʃɛːflajn], das; -s, - **1.** ↑Schaf (1)의 축소형. **2.** 《친근》 어린 양, 피보호자, 자식, 신도: die Bischöfe ermahnten ihre S. 주교들이 담당 신도들을 권면했다.
Schafott [ʃa'fɔt], das; -(e)s, -e [niederl. schavot < afrz. chafaut] 단두대, 사형(처형)대: das S. besteigen 단두대에 오르다; am S. enden 단두대에서 죽다.
Schafs- 〈↑Schaf- 참조〉. ~**fell**, das ↑Schaffell. ~**käse**, der 양젖 치즈. ~**kleid** 《다음 용법으로》 **der Wolf im S.** 양의 탈을 쓴 이리(↑Wolf 참조). ~**kopf**, der **1.** 〈Pl. 없음〉 ↑Schafkopf (1). **2.** 《또한》 Schafkopf《통용어·욕》 바보, 숙맥: was hast du da wieder gemacht, du S.! 너 또 무슨 일을 저지른 거야, 이 얼간이야! ~**milch**, die ↑Schafmilch. ~**nase**, die **1.** 사과 종류의 이름(끝 부분이 길쭉함). **2.** 《통용어·욕》 숙맥, 바보, 멍청이. ~**pelz**, der ↑Schafpelz.
¹**Schaft** [ʃaft], der; -(e)s, Schäfte ['ʃɛftə] [mhd. schaft, ahd. scaft] **1. a)** (연장의) 손잡이, 자루, 축(軸)의 S. eines Meißels[eines Messers] 끌[칼]자루; der S. eines Pfeils 화살대; der S. einer Säule[eines Turms] 주신(柱身)[탑의 동체(胴體)]. **b)** 총대, 총상(銃床). **2. a)** [동식물] **a)** 모간(毛幹). **b)** ↑Federschaft의 약칭. **4. a)** 구두 윗부분(신바닥을 제외한 부분). **b)** 장화의 다리부분, 통(筒): Stiefel mit hohen Schäften 통(다리 부분)이 긴 장화. **5.** [직조] 잉앗대. **6.** [사냥] (여우·수달의) 음경(陰莖).
²**Schaft** [-], der; -(e)s, Schäfte ['ʃɛftə] ↑Schaff (2)의 지역적 병용형《südd., schweiz.》 (책)장, 서가.
Schaft- (¹Schaft 4)〉. ~**leder**, das 구두, 장화용 가죽. ~**leisten**, der 구두골(구두·장화의 모양이 제대로 되지 하기 위해 속에 넣는). ~**ring**, der [건축] 원주(圓柱)부착용 고리(원주를 벽에 연결하는). ~**stiefel**, der 군대[승마]용 긴 장화(무릎까지 올라오는).
schäften ['ʃɛftn] 〈h〉 [mhd. scheften, schiften] **1.** (에) 자루를 부착하다: ein Beil s. 도끼에 자루를 달다. **2.** [식물]《준어》 접목하다: eine Pflanze s. 어떤 식물을 접붙이다. **3.** (지역적·준고어) ↑Schaft로 때리다, 매질하다.
Schah [ʃaː], der; -s, -s [pers. šāh] **a)** 〈Pl. 없음〉 페르시아 왕의 칭호(권위). **b)** 페르시아 왕.
Schah-in-schah, der; -s, -s [pers. = König der Könige] (1979년까지) **a)** 〈Pl. 없음〉 이란 황제의 칭호(권위). **b)** 이란 황제.
Schakal [ʃa'kaːl], der; -s, -e [türk. çakal < pers. šaġāl, šagāl < altind. śŕgālaḥ] 재칼(개과에 속하는 맹

Schake ['ʃaːkə], die; -n [Niederd., 어원 불명] [기술] 쇠사슬고리, 사슬용 쇠고리. **Schäkel** ['ʃɛːkl], der; -s, - [기술] 섀클, 연결고리, 철가(鐵枷)(사슬을 접속시키는 고리 또는 U자 모양의 쇠). **schäkeln** ['ʃɛːkln] 〈h〉 (사슬을) 섀클로 잇다, 연결고리로 이어 사슬을 만들다: die Enden einer Kette s. 쇠사슬의 양끝을 섀클로 연결하다.
Schäker ['ʃɛːkɐ], der; -s, - 《준고어·아직 농》 **a)** 농담 잘하는 사람, 익살꾼: er glaubt immer sehr witzig zu sein, dieser S. 이 익살쟁이는 늘 자기가 아주 재치 있다고 생각한다. **b)** (여자와) 시시덕거리는 사람, 희롱꾼. **Schäkerei** [ʃɛːkə'raj], die; -en 《고어·아직 농》 **a)** 농담, 익살부리기. **b)** (여자와) 시시덕거리기, 희롱. **schäkern** ['ʃɛːkɐn] 〈h〉《준고어·자주 농》 **a)** 농담(장난)하다, 익살 떨다: mit den Kindern s. 아이들과 노닥거리다(우스개소리를 하다). **b)** 시시덕거리다(여자, 남자와) 새롱거리다.
schal [ʃaːl] 〈Adj.〉 [mhd.(md.)schal < mniederd. schal] (맥주 따위 음료가) 김빠진, 맛없는, 풍미가 없는: -es Bier 김빠진 맥주; s. sein[schmecken] 김빠졌다(김빠진 맛이 나다); [전의] -e Witze[Späße] 맥빠진(진부한, 몰취미한) 재담(농담); ein -es Gefühl 지루한 느낌; das Leben erschien ihr s. 인생이 그녀에겐 공허하게 느껴졌다.
Schal [-], der; -s, -s 《또한》 -e [engl. shawl < pers. šāl] **a)** 숄, 부인용 어깨걸이: einen S. tragen[통용어] umhaben] 숄을 두르고(걸치고) 다니다; einen S. um. umlegen[umbinden] 숄을 두르다; sich einen S. um den Hals wickeln[legen, binden] 숄을 목에 감다[두르다]. **b)** 바깥 커튼.
schal-, ¹**Schal-** (Schale; ↑schalen-, Schalen-도 참조): ~**los** 〈Adj.〉《드물게》↑schalenlos 참조. ~**obst**, das ↑Schalenobst. ~**tier**, das ↑Schalentier. ~**wild**, das [사냥] ↑Schalenwild.
²**Schal-** (schalen): ~**brett**, das [토건] 죽더기 널판, 외판(外板) [판벽용 널빤지. ~**holz**, das 〈Pl. 없음〉 [토건] 나무 껍질이 붙어 있는 목재, 외판(外板)용 목재. ~**material**, das 외판(外板)용 자재. ~**platte**, die [토건] 외판용 널판(판자).
Schäl-: ~**blasen** 〈Pl.〉, ~**blasenausschlag**, der, ~**blattern** 〈Pl.〉 Pemphigus. ~**eisen**, das [임업] (나무)껍질 벗기는 기구. ~**flechte**, die [의학] 유아태선(乳兒苔癬). ~**furche**, die [농업] 추수 후 쟁기로 얕게 갈아 생긴 밭고랑(↑schälen (5) 참조). ~**kartoffel**, die 〈대개 Pl.〉 [농업] ↑Salzkartoffel. ~**kur**, die [의학·화장] (피부 질환 치료나 미용 목적의) 표피 제거 요법. ~**maschine**, die **a)** (과일이나 야채의) 껍질 벗기는 기계. **b)** 곡식의 껍질을 벗기는 기계, 도정기(搗精機). **c)** 나무 껍질을 벗기는 기계. ~**schaden**, der 〈대개 Pl.〉 [임업] 짐승들이 어린나무 껍질을 물어뜯어 생긴 손상, 유목(幼木)손상(↑Schälwild 참조). ~**wald**, der [임업] 〈옛〉 무두질 수피(樹皮) 채취용 숲.
Schalander [ʃa'landɐ], der; -s, - [어원 불명] 《südd. 준고어》 양조장 휴게실(노동자들이 휴식·탈의·식사하는).
¹**Schälchen** ['ʃɛːlçən], das; -s, - ↑Schale (1~4)의 축소형.
²**Schälchen** [-], das; -s, - ↑Schal (a).
Schale ['ʃaːlə], die; -n [1: mhd. schal(e), ahd. scala 2: mhd. schäle, ahd. scāla] **1.** 〈축소형: ↑Schälchen〉 **a)** (과실, 감자 등의) 껍질, [곡식의] 왕겨: die S. einer Banane 바나나 껍질; die S. abziehen[entfernen] 껍질을 벗기다; die Kartoffeln mit[in] der S. kochen 감자를 껍질째 삶다; die -n einer Zwiebel 양파의 켜. **b)** (호두, 땅콩 등의) 표피, 깍지, 겉

질: die Mandel hat eine harte S. 편도(扁桃)〔아몬드〕에는 딱딱한 껍질이 있다; 〔종달〕in einer rauhen S. steckt oft ein guter Kern 겉보기에 무뚝뚝한 사람도 알고 보면 대개 친절하다; in einer rauhen S. steckt oft ein wahrer Kern 겉으로는 거칠고 무뚝뚝한 사람이 마음은 부드러울 수 있다, 외강내유(外剛內柔); 〔전의〕 er hat eine rauhe S. 그는 겉으로만 무뚝뚝하다. c) 《계란, 새 알 등의》 껍데기: bei einigen Eiern ist die S. gesprungen 계란 몇 개는 껍질이 터졌다. d) 《게, 조개, 가재 등의》 껍데기, 딱지, 조가비, 갑각(甲殼): die -n des Krebses[der Muschel] 게[조개]의 껍질. e) 《지역적》 《치즈 등의》 겉껍질[껍데기]: die S. des Käses 치즈의 〔겉〕껍질. 2.《축소형: ↑Schälchen》 접시, 대접, 쟁반, 사발, 주발, 《종지 모양의》 찻잔, 술잔, (천칭(天秤)의) 접시; eine gläserne S.(mit Obst) 《과일이 담긴》유리 쟁반; eine kleine S. zum Ablegen der Seife 비누를 담는 작은 접시; ein Schälchen Milch für die Katze 고양이에게 줄 우유가 담긴 접시; die linke S. hängt tiefer (천칭의) 왼쪽 저울판이 아래로 기운다; **die S. seines(des) Spottes[Zorns] über jmdn. [jmdm.] ausgießen** 《아이》 누구에게 조소[분노]를 폭발시키다[퍼붓다] (요한계시록 15장 7절, 16장 1절에 따라). 3. 《축소형: ↑Schälchen》 《특히 österr.》 ↑Tasse: eine S. Kaffee trinken 커피를 한잔 마시다. 4. 《축소형: ↑Schälchen》 접시[반구(半球)]모양의 물건: Haftgläser sind winzige -n aus Kunststoff 콘택트 렌즈는 합성수지로 만든 극히 작은 접시 모양이다; die -n eines Büstenhalters 브래지어의 오목한 부분; er trank aus der S. seiner hohlen Hand 그는 손(바닥)을 오목하게 하여 (물을) 마셨다. 5. 《다음의 용법으로》 (↑¹Kluft (b)). **in S. sein** 《통용어》 제일 좋은 옷으로 치장하고 있다, 좋은 옷을 차려〔떨쳐〕 입고 있다: er war ganz groß in S. 그는 아주 멋진 옷차림을 하고 있었다; **sich in S. werfen [schmeißen]** 《통용어》 제일 좋은 옷을 입다, 멋지게 차려 입다. 6. 〔토건〕 곡면판(曲面板), (지붕의) 곡면 슬래브. 7. 〔기계〕 《특히 비행기의》 둥근 외관(外板), 곡면 외부 강판(鋼板). 8. 〔전문어〕 밑을 오목하게 파내고 위를 둥글게 연마한 보석. 9. 〔사냥〕 《사슴, 노루, 멧돼지 등의》 발굽, 우제(偶蹄). 10. 〔수의〕 《말의》 지골(趾骨)에 나는 혹(관절염의 결과로 뼈가 볼록 튀어나옴). 11. 〔물리〕 《원자, 핵 모형에서》 원자[전자]각(殼). **schalen** ['ʃaːlən] 〈h〉 〔토건〕 판자를 대다, 판자로 덮다[가리다], 판자를 씌우다, 〔거푸집[덮개]를 대다《명사화》 die Bauarbeiter sind noch beim Schalen 공사장 노동자들이 아직 (벽에) 판자 대는 일을 하고 있다. **schälen** ['ʃɛːlən] 〈h〉 [mhd. scheln, ahd. scelan] **1. a)** 껍질을 벗기다, 껍데기[각질]를 하다: einen Apfel (mit einem Messer) s. 칼로 사과 껍질을 벗기다; Kartoffeln s. 감자 껍질을 벗기다; ein gekochtes Ei s. 〔지역적〕 삶은 계란의 껍질을 벗기다; einen Baumstamm s. 나무 껍질을 벗기다. **b)** 〈s. + sich〉 《껍질이》 벗겨지다: die Kartoffeln schälen sich schlecht 감자 껍질이 잘 벗겨지지 않는다. **c)** 벗겨[깎아] 내다: Rinde von den Baumstämmen s. 나무줄기에서 껍질을 벗겨 내다. **d)** 《무엇을》 껍질에서 들어내다, 《무엇을》 꺼내다: die Schokoladenei aus dem roten Stanniolpapier s. 붉은 은박지에서 계란형 초콜릿을 꺼내다, 계란형 초콜릿의 붉은 은박지를 벗기다; 〔전의〕 sie schälte sich aus ihren Kleidern 그녀는 옷을 하나하나 벗었다. **2.** 〈s. + sich〉 **a)** 《피부가》 벗겨지다, 《껍질이》 벗겨져 떨어지다, 껍질[허물]을 벗다: die Haut schält sich nach dem Sonnenbrand 피부가 햇볕에 탄 다음에는 껍질이 벗겨진다. **b)** 《누구의》 피부가 벗겨지다: du schälst dich (am Rücken) 너는 (등의) 피부가 벗겨지고 있다; ihre Nase schält sich 그녀 코의 껍질이 벗겨지다. **3.** 도려내다, 발라내다: eine faule Stelle aus einem Apfel s. 사과의 썩은 부분을 도려내다. **4. a)** ↑herausschälen (2 a): die autobiographischen Elemente aus einem Roman s. 소설에서 자서전적 요소들을 발췌해 내다. **b)** 〈s. + sich〉 ↑herausschälen (2 b) 참조. **5.** 〔농업〕 (추수한 밭을) 얕게 갈다, 추경(秋耕)하다. **6.** 〔사냥〕 (들짐승들이) 어린 나무 껍질을 물어뜯다[벗겨 먹다].

schalen-, Schalen- (↑schal-, ¹Schal-도 참조): **~amöbe**, die 외피(外皮)[갑각(甲殼)]아메바. **~bau**, der 〈Pl.: ...bauten〉 곡면 슬래브 (공법을 쓴) 구조물. **~bauweise**, die 곡면 슬래브 공법. **2.** 〔차량·항공기 제작에서〕 곡면 외부 강판(鋼板) 공법. **~brunnen**, der 〔건축〕 수반형(水盤型) 분수 (수반이 2개 이상 있는). **~förmig** 〈Adj.〉 접시(주발) 모양의, 반구(半球)의. **~kreuz**, das 〔기계〕 〔풍속계의〕 십자형 풍배(風杯). **~los** 〈Adj.〉 껍질이 없는. **~modell**, das 〔물리〕 〔원자의〕 각모형(殼模型). **~obst**, das 경과(堅果). **~sessel**, der 반원형 안락의자. **~sitz**, der 〔특히 경주용 자동차의〕 반구형(半球型)운전석. **~tier**, das 갑각류(甲殼類). **~weichtier**, das 〔동물〕 갑각(甲殼)[패각(貝殼)] 연체동물. **~wild**, das 〔사냥〕 (사슴, 산돼지 등의) 우제(偶蹄)동물.

Schalheit, die 맛 없음, 무미, 《포도주, 맥주 등의》 김빠짐, 진부, 무미건조.

Schälhengst, der; -es, -e 종마(種馬).

Schalk [ʃalk], der; -(e)s, -e / Schälke ['ʃɛlkə]; mhd. schalc, ahd. scalc] 〔(e)s, -e〕 《아이》 악한, 악당, 장난꾼, 교활한 놈, 불량배, 무뢰한: er ist ein rechter S. 그는 정말 장난꾼이다; 〔전의〕 ihm schaut der S. aus den Augen 그의 눈에서는 장난기가 감돈다; **jmdm. sitzt der S. [jmd. hat den S.] im Nacken** 《원래: 어깨 위에 장난꾸러기 마귀를 업고 있다는 뜻에서》 누구는 장난기가 있다, 누구는 장난을 좋아하다, 교활한 남자다[장난을 좋아하다], 그의 얼굴에는 장난기가 서려 있다. **Schalke** ['ʃalkə], die -n [mniederd. schalk] 〔선원〕 창구(艙口)[해치]덮개. **schalken** ['ʃalkn] 〈h〉 〔선원〕 《창구[해치] 따위에》 방수포를 대고 꼭 막다. **schalkhaft** 〈Adj.〉 《아이》 장난을 좋아하는, 익살맞은, 까부는, 심술궂은, 교활한: s. lächeln 장난꾸러기같이 빙글거리다. **Schalkhaftigkeit**, die; -en 《아이》 **1.** 〈Pl. 없음〉 schalkhaft의 명사형. **2.** 《드물게》 장난질, 못된 짓, 짖궂은〔심술궂은〕 언동. **Schalkheit**, die; -en ↑Schalkhaftigkeit 참조.

Schalkragen, der; -s, -, südd., österr., schweiz. 《또한》 -krägen (외투, 양복상의 따위의) 접는 깃. **Schalkrawatte**, die -n 목도리식 넥타이.

Schalks-: **~auge**, das 《대개 Pl.》 《아이》 교활한 눈〔매〕[눈초리]. **~knecht**, der 《고어·쁨》 악한 종, 악인, 악한, 교활한 인간. **~narr**, der 《고어》 **1.** 《궁정(宮庭)》 어릿광대. **2.** 《드물게》 ↑Schalk. **~streich**, der 《준고어》 간계, 술책, 나쁜〔교활한〕 짓.

Schall [ʃal], der; -(e)s, -e 《또한》 Schälle ['ʃɛlə], 《österr.》 -e [mhd. schal, ahd. scal] **1.** 《아이》 음향, 소리, 울림, 반향(反響): ein heller[dumpfer] S. 맑은 〔둔탁한〕 소리; der laute S. näher kommender Schritte 점점 다가오는 요란한 발소리; **etw. ist leerer S.** 무엇은 다 허무한[무의미한] 것[일]이다; **etw. ist S. und Rauch** 무엇이 허망[무의미]하다 (괴테의 〈파우스트〉 제1부, 3457행에 따라). **2.** 〈Pl. 없음〉 〔물리〕 음(音), 소리; das Flugzeug ist schneller als der S. 그 비행기는 초음속이다; die Wand reflektiert[absorbiert] den S. 벽은 이 음향을 반사한다[흡수한다]; die Lehre vom S. 음향학(音響學)(↑Akustik).

schall-, Schall-: **~absorbierend** 〈Adj.〉 흡음성(吸音性), 음을 흡수하는. **~absorption**, die 흡음(吸音). **~analyse**, die **1.** 〔음향〕 음향 분석. **2.** 〔문예학〕

(텍스트의) 음향 구조 분석(원전 비평에서). ~**archiv**, das ↑Lautarchiv. ~**aufnahme**, die ↑Tonaufnahme. ~**aufzeichnung**, die 1. ↑~aufnahme. 2. 음극선 오실로 그래프[진동기록계] 녹음(錄音). ~**barriere**, die 《드물게》↑~mauer. ~**becher**, der 1. (취주악기에서 나팔 모양의) 개구부(開口部). 2. (오르간의) 음관(音管) 공명체(共鳴體). ~**blase**, die [동물] (개구리(류)의) 울음주머니. ~**boden**, der ↑Resonanzboden. ~**brechung**, die [음향] 소리의 굴절. ~**dämmend** 〈Adj.〉 소음(消音)의, 방음(防音)의. ~**dämmstoff**, der [기술] 소음재(消音材), 방음재(防音材). ~**dämpfung**, die 소음(消音), 방음(防音), 차음(遮音). ~**dämpfend** 〈Adj.〉 소음(消音)의, 방음(防音)의(↑absorbierend). ~**dämpfer**, der 1. [기술] **a)** 소음기(消音器), 소음 장치. **b)** [자동차] ↑Auspufftopf. 2. [음악] ↑Dämpfer (1). 3. (휴대 화기의) 소음기. ~**dämpfstoff**, der [기술] 소음재(消音材), 방음재(防音材). ~**dämpfung**, die 소음(消音), 방음, 차음. ~**deckel**, der (설교단 위의) 반향판, 울림판(목소리를 잘 들리게 하는). ~**dicht** 〈Adj.〉 방음(防音)(차음)의, 음을 차단하는. ~**dose**, die (전축의) 픽업(~ ↑Tonkopf, Tonabnehmer. ~**druck**, der [음향] 음압(音壓). ~**durchlässig** 〈Adj.〉 소리를 통과시키는, 통음(通音)성의. ~**empfindung**, die 청각, 음감, 음향감각. ~**folie**, die (합성수지로 얇게 만든) 단면(單面)레코드 [음반]. ~**geber**, der [음향] ↑~quelle. ~**gedämpft** 〈Adj.〉 소음기(消音器)가 장치된, 방음기 시설이 되어있는: ein -er Kompressor 소음기가 달린 압축기. ~**geschwindigkeit**, die 음속(音速). ~**grenze**, die ↑~mauer. ~**isolation**, die 차음(遮音), 방음. ~**isolierend** 〈Adj.〉 차음(遮音)[방음] 효과가 있는. ~**isoliert** 〈Adj.〉 차음(遮音)[방음]된. ~**isolierung**, die 차음(遮音), 방음. ~**kasten**, ~**körper**, der ↑Resonanzkörper. ~**lehre**, die (비분리시: Schalllehre) ↑Akustik. ~**leiter**, der (비분리시: Schallleiter) 음(音)전파물질: Wasser ist ein guter S. 물은 소리를 잘 전파하는 물질이다. ~**loch**, das (비분리시: Schallloch) **a)** (현악기의 몸통[공명체]에 있는) 울림구멍. **b)** 교회종탑의 창문, 종루의 창(窓). ~**mauer**, die 음속 (장)벽: die S. durchbrechen 음속 장벽을 깨다; 전의 der Benzinpreis hat jetzt die S. von einer Mark durchbrochen 휘발유 값이 드디어 [불가능한 것으로 보이던] 1마르크의 벽을 넘어섰다. ~**messung**, die [군] 음원(音源)[음파] 측정. ~**meßverfahren**, das [군] (총성 측정에 의한) 음원(音源)[음파] 측정(방식). ~**nachahmend** 〈Adj.〉 [언어] ↑lautnachahmend 참조. ~**nachahmung**, die [언어] ↑Lautmalerei. ~**öffnung**, die 소리 구멍. ~**ortung**, die 음향 측정[탐지, 측심(測深)]. ~**pegel**, der 음향[소음] 측정 수치(비교: Lärmpegel. ~**platte**, die 레코드, 음반: eine S. produzieren(machen) 레코드를 제작하다; eine S. auflegen(abspielen, sich anhören) 레코드를 올려놓다 [틀다, 듣다]; -n hören 레코드 음악을 듣다; die Sinfonie habe ich zu Hause auf S. 교향곡(을 수록한) 레코드를 나는 집에 가지고 있다. ↑Schallplatten- 참조. ~**quelle**, die 음원(音源)(↑Lichtquelle 참조). ~**reflexion**, die 음향 반향(反響). 되울림. ~**reiz**, der 음(音)의 자극. ~**rohr**, das, ~**röhre**, die (취주악기의) 음관(音管), 공명관. ~**rose**, die (기타나 만돌린의) 울림(통)구멍. ~**schatten**, der (전문어) 방음[차음] 구역. ~**schluckend** 〈Adj.〉 소리를 흡수하는, 소음(消音)[흡음(吸音)]성의. ~**schutz**, der 방음(防音), 소음 방지 (↑Lärmschutz). ~**schwelle**, die [음향] ↑Hörschwelle. ~**sicher** 〈Adj.〉 방음[차음](성(性))의. ~**signal**, das 음향 신호. ~**spektrum**, das [음향] 음향 스펙트럼. ~**stück**, das ↑~becher (1). ~**tot** 〈Adj.〉 (전문어) 소리반사가 없는, 반향이 없는: ein -er Raum (흡음재(吸音材)를 사용하여 설치한) 무향실(無響室). ~**trichter**, der (취주악기 따위의) 나팔[갈대기] 모양의 개구부(開口部), (축음기의) 확성기, (메가폰의) 나팔 부분; der S. eines Horns[eines Grammophons] 혼른의 개구부(축음기의 확성기); 전의 die Hände zu einem S. formen 손나팔을 하다, 두 손을 (갈대기) 모양으로 입에 대다. ~**übertragung**, die (전문어) 음향 전송. ~**undurchlässig** 〈Adj.〉 소리가 통과하지 못하는, 방음[차음]된. ~**verstärkend** 〈Adj.〉 음향을 증폭시키는. ~**verstärkung**, die 음향 증폭. ~**wand**, die 음향기 스피커의 앞판, 음향판. ~**wandler**, der [전기] 전기음향 변환기(↑Mikrophon). ~**welle**, die [물리] 음파. ~**wiedergabe**, die 음(향)의 재생. ~**wort**, das 〈Pl. -wörter〉 [언어] 의성어. ~**zeichen**, das [관] 음향 신호(↑Hupsignal).

schallen* ['ʃalən] 〈schallte [《드물게》scholl] hat geschallt〉 [mhd. schallen] **a)** 울리다, 요란한 소리를 내다: etw. schallt dumpf[hell] 무엇이 둔탁하게[맑게] 울린다; draußen schallten Schritte[Schüsse] 밖에서 발소리[총소리]가 울렸다; schallendes Gelächter 요란한 웃음소리; eine schallende Ohrfeige 세찬 소리가 나게 때리는 빰따귀; schallend lachen 활짝 웃다, (또는 비인칭) die Tür fiel ins Schloß, daß es schallte 문이 철커덕 소리를 내며 잠겼다; 전의 der Lärm schallte ihr noch in den Ohren 아직도 소음이 그녀의 귀에서 윙윙 울리고 있었다. **b)** 울려 퍼지다, 반향하다, 메아리쳐 울리다: Glockengeläut schallte über die Felder 종소리가 들판에 울려 퍼졌다; lautes Gelächter scholl aus dem Nebenraum 요란한 웃음소리가 옆방에서 울려 나왔다. **c)** 울리는 소리로 가득 차다: der Saal schallte von Gelächter 홀이 웃음소리로 가득 찼다. **schallern** ['ʃalɐn] 〈h〉 [schallen의 반복형] 〈통속어〉요란하게 울리는 소리를 내다, 탁[탕, 빵] 하는 소리를 내며 울리다: jmdm. eine s. (경) 누구의 빰을 한 대 철썩 때리다; eine geschallert kriegen(bekommen) (경) 철썩하고 빰따귀를 한 대 맞다.

Schallplatten-: ~**abteilung**, die (백화점 등의) 레코드 판매부. ~**album**, das ↑Plattenalbum. ~**archiv**, das ↑Plattenarchiv. ~**aufnahme**, die ↑Plattenaufnahme. ~**bar**, die ↑Plattenbar. ~**cover**, das ↑~hülle. ~**firma**, die 레코드 제작 회사. ~**gemeinschaft**, die 레코드 조합[동인회](↑Buchgemeinschaft). ~**geschäft**, das 1. 레코드 가게(상점). 2. 〈Pl. 없음〉음반업: ins S. einsteigen 음반업을 시작하다 [에 착수하다]. ~**hülle**, die 레코드집(표지). ~**industrie**, die 레코드 산업. ~**jockei**, **jockey**, der (드물게) 디스크 자키(↑Diskjockey 참조). ~**klub**, der 레코드 클럽(동호인회). ~**musik**, die 레코드 음악. ~**presse**, die **a)** 레코드 제작기[압착기]. ~**produktion**, die **a)** 레코드 생산[제작]. **b)** 레코드 제작용 취입(녹음). ~**produzent**, der 레코드 제작자(제작업자). ~**sammlung**, die 레코드 수집. ~**spieler**, der ↑Plattenspieler. ~**ständer**, der ↑Plattenständer. ~**tasche**, die ↑Plattentasche. ~**unterhalter**, der (구동명) 레코드 오락(음악) 프로 담당자. ~**vertrag**, der (가수·연주자와 음반 회사 사이의) 레코드 계약. ~**vortrag**, der 레코드(를 이용하는) 강연(↑Diavortrag 참조).

Schalm [ʃalm], der; -(e)s, -e [임업] (줄기에 도끼로 낸) 벌채 기호, 목인(目印).

Schalmei [ʃal'maɪ], die; -en [mhd. schal(e)mī(e) < afrz. chalemel(le) < spätlat. calamellus, lat. calamus의 축소형] 1. 〈전문어〉샬마이(갈대혀가 달린 취주악

기). **2.** 《옛》 (갈대혀가 두 개 달린) 일종의 목적(牧笛). **3.** 낭적(囊笛)〔풍적〕의 음관(音管). **4.** 오르간의 음전(音栓) 이름. **5.** 금속의 다음관(多音管) 민속 취주악기. **Schalmeibläser**, der 샬마이(Schalmei 1, 2, 5) 연주자. **schalmeien** [ʃalˈmaiən] 〈h〉《드물게》〈h〉 샬마이 (Schalmei 1, 2, 5)를 불다(연주하다). **Schalmeienklang**, der; -(e)s, ...klänge 샬마이 소리.

schalmen [ˈʃalmən] 〈h〉 [임업] (나무에) 벌채 표시를 하다: einen Baum s. 나무에 벌채 표시[목인(目印)]를 찍다.

Schalom! [ʃaˈlɔm] 《hebr.》 šalôm 샬롬!(평화를 뜻하는 히브리어 인사말), 안녕!

Schalotte [ʃaˈlɔtə], die; -n 〔frz. échalotte〕 **1.** 골파류(類). **2.** 골파의 둥근 뿌리.

schalt [ʃalt] ↑ schelten 참조.

schalt-, Schalt-: **~algebra**, die 〖정보〗 디지털 회로(回路)식 대수(代數). **~anlage**, die 〖전기〗 개폐 장치. **~bild**, das 〖전기〗 ↑ ~plan. **~brett**, das 〖전기〗 ↑ ~tafel. **~element**, das 〖전기〗 배선[회로]장치 부품. **~faul** 〈Adj.〉 (자동차 운전에서) 기어 변환을 잘 하지 않는. **~freudig** 〈Adj.〉 (자동차 운전에서) 기어 변환을 좋아하는[너무 자주하는]. **~gestänge**, das 〖자동차〗 기어 [변속기] 연결봉 (변속기와 변속 레버를 연결하는). **~getriebe**, das 〖기술〗 (자동차 등의) 변속 연동 장치, 변속기, 기어. **~hebel**, der **1.** 스위치 레버, 개폐간(開閉桿): der S. steht auf „auf" 스위치가 „켜짐" 위치에 있다; [전의] er sitzt an den -n der Macht 그는 권력의 향방을 좌우하는 위치에 있다, 정치적 영향력이 막강한 자리에 있다. **2.** 변속 레버, 체인지 기어 유넽: **alle -e (ein) mal** 《통용어》 매우 드물게: ihn sehe ich auch nur alle -e mal 나도 그 사람은 몇 년에 한 번이나 볼 정도다. **~kasten**, der 두꺼비집, 배전반[개폐기](函). **~knüppel**, der (자동기어전환 장치의) 변속 레버. **~kreis**, der 〖전기〗 **a)** 회로(回路) 방식. **b)** 회로. **~pause**, die 〖방송〗 (타방송국으로의 전환이나 현장 중계로 인한) 방송의 일시 중단. **~plan**, der 〖전기〗 회로(回路圖), 배선도. **~pult**, das 〖전기〗 개폐대(開閉臺), 제어반(制御盤). **~satz**, der 〖언어〗 삽입문(장). **~schema**, das 〖전기〗 배선도, 회로도. **~schrank**, der 배전반(配電盤)함 (상자). **~sekunde**, die 윤초(閏秒). **~skizze**, die 배선(회로) 약도. **~station**, die 배전소(配電所), 개폐기실 (室). 〖전의〗 er war die S. im Mittelfeld 〖스포츠〗 그는 미들 필드에서 작전을 주도하는 선수였다. **~stelle**, die 권력 핵심부, (정치적 영향력 행사의) 중추적 위치. **~stellung**, die ↑ Schalterstellung. **~tafel**, die 〖전기〗 배전반(配電盤), (자동차, 비행기의) 계기반(計器盤). **~tag**, der 윤일(閏日)(2月29日). **~tisch**, der 〖전기〗 제어반(制御盤), 개폐대. **~uhr**, die (자동 개폐 장치용) 타임 스위치, 자동타이머. **~vorrichtung**, die 스위치, 개폐기, 개폐(변속) 장치. **~weg**, der 변속 기어 간격: der Wagen hat angenehm kurze -e 이 자동차는 변속기 단간 거리가 짧아서 편하다. **~werk**, das 단속(斷續) 기어[연동 장치](예컨대: Malteserkreuz(영사기의 말타 십자형 기어)). **~zeichen**, das 〖전기〗 배선[회로] 기호. **~zentrale**, die 〖기술〗 (전기 시설의) 중앙 조정실 [배전실].

schaltbar [ˈʃaltbaɐ] 〈Adj.〉 개폐(변속) 가능한, 개폐(기)식의. **schalten** [ˈʃaltn] 〈h〉 〔mhd. schalten, ahd. scaltan〕 **1. a)** (스위치 따위를) 돌리다(바꿔 넣다): ein Gerät auf „aus" s. 〖전기〗 기구를 „끔" 자리로 돌리다; (ein Kofferradio) auf Batteriebetrieb s. (휴대용 라디오를) 건전지 사용 방식으로 돌리다(바꾸다); die Waschmaschine schaltet sich automatisch auf „Schleudern" 그 세탁기는 자동적으로 „짜기" 위치로 전환된다 (또는 4각목적어 없이) du mußt zweimal s. 너

는 스위치를 두 번 돌려야[눌러야] 한다; wir schalten jetzt zum Hessischen Rundfunk 우리는 이제 헷쎈 방송국으로 연결하겠습니다. **b)** (자동으로) 바뀌다[전환되다]: die Ampel schaltet gleich auf Gelb 신호등이 곧 노란불로 바뀐다. **c)** 〈s. + sich〉 돌아가다, 돌려지다, 작동되다: der Schalter schaltet sich leicht 그 스위치는 쉽게 작동된다. **2. a)** 기어[변속 장치]를 바꾸다, 변속하다: erst kuppeln, dann s. 먼저 클러치를 밟고, 다음에 기어를 넣으세요; (vom 3.) in den 4. Gang(in den Leerlauf) s. (3단에서) 4단(중립)으로 기어를 바꾸다; er schaltet sehr gefühlvoll 그는 기어를 매우 부드럽게 넣는다; das Getriebe schaltet automatisch 그 변속 장치 [기어]는 자동으로 작동된다. **b)** 〈s. + sich〉 기어(변속 장치)가 작동하다, 변속되다: der Wagen schaltet sich schlecht 그 자동차는 변속하기가 힘들다[기어가 잘 들어가지 않는다]. **3.** 끼워 넣다, 삽입하다: eine Parenthese in einen Satz s. 삽입문(구)을 문장에 끼워 넣다. **4.** 〖전기〗 (전원에) 연결하다, 전기를 접속하다: etw. in Reihe [parallel] s. 무엇을 직렬[병렬]로 연결하다. **5.** 《아어》 행동하다, 처리하다, 다루다: er kann (mit dem Geld) s., wie es ihm beliebt 그는 마음내키는 대로 처신할 수 있다 (그 돈을 쓸 수 있다); **s. und walten** 마음대로 (처리[행동])하다. **6.** 《통용어》 돌연 깨닫다(이해하다), 퍼뜩 알아차리다, 반응하다: bis er geschaltet hatte, war alles zu spät 그가 문득 사태를 파악했을 때는 만사가 너무 늦어진 뒤였다; der zuständigen Behörden haben schnell geschaltet 주무 관청들이 재빨리 대응했다(조치를 취했다). **Schalter**, der; -s, - 〖고형〗 Schiebefenster, spätmhd. schalter〕 **1.** 〖전기〗 스위치, 개폐기: ein S. zum Drehen[Drücken] 돌리는[누르는] 스위치; einen S. betätigen 스위치를 작동시키다; einen S. anmachen [ausmachen] 《통용어》 스위치를 켜다[끄다]. **2.** (우체국, 은행 등의) 창구, (역의) 출찰구, (극장 따위의) 매표구: der S. ist (vorübergehend) geschlossen[nicht besetzt] 이[그] 창구는 (잠시) 닫혔다; Briefmarken gibt es am S. 5 우표는 5번 창구에 있다.

Schalter-: **~angestellte'**, der / die 창구 직원. **~beamte'**, der 창구 공무원[관리], (역의) 출찰 계원. **~dienst**, der 〖사무〗 창구 근무(사무). **~fenster**, das 창구의 차단 유리. **~halle**, die 창구가 나란히 있는 홀, 창구 사무역, 매표장, 출찰구. **~raum**, der 창구 사무실(구역), 매표실. **~schluß**, der 창구 사무 종료 시간. **~stunden** 〈Pl.〉 창구 사무[근무] 시간: S. von 8.30 Uhr bis 12 Uhr. 창구 업무 시간은 8:30시부터 12:00시까지(입니다).

Schaltung, die; -en **1. a)** 배선 방식, 회로 체계: der Fernseher hat eine sehr komplizierte S. 텔레비전은 회로(배선 방식)가 매우 복잡하다. **b)** 회로(回路), 접속, 결선: eine integrierte S. 집적회로(IC); eine gedruckte S. (절연) 압착 회로. **c)** 배선(회로)도. **2.** 〖방송〗 (방송, 전화 따위의) 연결, 접선: wir nehmen jetzt eine S. ins Olympiastadion vor 우리는 이제 올림픽 경기장을 연결하겠습니다. **3.** 변속 장치, 변속기, 기어.

Schalung [ˈʃaːluŋ], die; -en **1.** [건축] 거푸집 판자를 대기, 판자로 막기. **2.** 거푸집, 콘크리트 성형(成形) [판]. **Schälung** [ˈʃɛːluŋ], die; -en《드물게》껍데기[각지]까기, 껍질벗기기.

Schaluppe [ʃaˈlupə], die; -n 〔frz. chaloupe〕 **1.** 《옛》 샬루프, 슬루프(Sloop)(북해, 발틱해의 화물 수송용 범선, 돛대가 하나임). **2.** (모선에 싣는) 단정(短艇), 보트(노 또는 돛이 달린).

Scham [ʃaːm], die 〔mhd. scham(e), ahd. scama〕 **1.** 수치, 부끄러움, 창피, 치욕: (tiefe) S. empfinden (깊은) 수치(부끄러움)를 느끼다; aus[vor] Scham erröten (die Augen niederschlagen) 부끄러워 얼굴이 붉어지다[눈을

내리깔다〉; etw. ohne S. tun[sagen] 무엇을 부끄럼없이 하다[말하다]. **2.** 수치심, 치욕감, 불명예감: er hat keine S.(im Leibe) 그는 후안무치(厚顔無恥)하다, 뻔뻔스럽고 부끄러운 줄 모른다; 구 nur keine falsche S.! 여기에서는 수줍어하거나 겸손한 것이 어울리지 않아!, 여기는 체면차릴 자리가 아냐! **3.** 《드물게》↑Schamröte: ihm stieg die S. ins Gesicht 그의 얼굴이 (수치심으로) 붉게 달아올랐다. **4.** 〈아어·은폐〉치부(恥部), 음부(陰部): (sich) die S. bedecken[verhüllen] 국부(局部)를 가리다〈감추다〉.

scham-, Scham-: **~behaarung**, die ↑Schamhaar (2). **~bein**, das 〈해부〉치골(恥骨). **~beinfuge**, die 〈해부〉치골 결합(恥骨結合). **~berg**, der 〈해부〉음부(陰阜), 불두덩. **~dreieck**, das 《드물게》삼각형 모양의 여자 음모. **~frist**, die 〈정치·은어〉(선거 후) 본래의 도를 밝히기까지의 경과 기간, 체면 유지 기간. **~fuge**, die 《해부》↑~beinfuge. **~gefühl**, das 〈Pl. 없음〉수치감, 부끄러워하는 마음: er hat kein S. 그는 수치심이 없다, 후안무치(厚顔無恥)하다; jmds. S. verletzen 누구의 수치심을 자극한다. **~gegend**, die 외음부, 치부(恥部). **~glied**, das 《드물게》 음경(↑Penis). **~haar**, das **1.** (낱개의) 음모, 거웃. **2.** 〈Pl. 없음〉치부, 음모(陰毛). **~hügel**, der 〈해부〉↑~berg. **~lippe**, die 〈대개 Pl.〉〈해부〉음순(陰脣): große[äußere] S. 대음순; kleine[innere] S. 소음순. **~los** 〈Adj.〉 **a)** 파렴치[몰염치]한, 넉살좋은, 음탕한, 행실이 나쁜: eine ~e Person 파렴치한 여자. **b)** 무자비한, 비양심적인, 부도덕한: -e Ausbeutung 무자비한 착취; sich s. bereichern 비양심적인 방법으로 돈을 모으다. **c)** 뻔뻔스러운, 주제넘은, 대담한, 겁없는: eine ~e Übertreibung 뻔뻔스러운 과장; s. lügen 철면피하게 거짓말하다. **~losigkeit**, die **a)** 〈Pl. 없음〉위의 의사항. **b)** 몰염치[철면피]한 짓[언행]. **~ritze**, die ↑~spalte. **~rot** 〈Adj.〉낯을 붉히는, 부끄러워하는: er wurde s. 그는 부끄러워서 얼굴이 붉어졌다. **~röte**, die 〈Pl. 없음〉(수치심으로) 얼굴을 붉힘: die S. stieg ihr ins Gesicht 부끄러움으로 그녀의 얼굴이 빨개졌다; diese Äußerung trieb ihr die S. ins Gesicht 이 말이 그녀의 얼굴을 부끄러움으로 확 달아오르게 했다. **~spalte**, die 〈해부〉음문(陰門), 음열(陰裂). **~teile** 〈Pl.〉《드물게》치부(恥部), 음부(陰部). **~verletzend** 〈Adj.〉수치심을 일으키는[자극하는]. **~voll** 〈Adj.〉↑schamhaft 참조.

Schamade [ʃaˈmaːdə], die; -n 〈frz. chamade < ital. chiamata〉《군·구제》(북이나 나팔의) 항복 신호: **(die) S. schlagen[blasen]** 1) 《고어》 항복의 북을 치다[나팔을 불다]. 2) 《교양어·드물게》 무력하게 양보[단념]하다, 물러나다.

Schamane [ʃaˈmaːnə], der; -n, -n 〈tungus. shaman〉 【문화인류】샤먼(우리 나라의 무당, 인디언의 주의(呪醫) 따위). **Schamanentrommel**, die 【문화인류】샤먼[무당]의 북(강신을 위해 치는). **Schamanismus** [ʃamaˈnɪsmʊs], der 【문화인류】샤머니즘, 무술(巫術), 무속(巫俗).

schämen [ˈʃɛːmən], sich 〈mhd. schämen, ahd. scamēn〉〈h〉 **1.** 부끄러워하다, 부끄러 타다, 얼굴을 붉히다: sich sehr[zu Tode], in Grund und Boden] s. 몹시[죽고 싶을 정도로, 극도로] 부끄러워하다; er schämt sich seiner Nacktheit 그는 벌거벗은 것을 부끄러워한다; er schämt sich für sein Versagen 그는 〈기대를 충족시키지 못한〉 부끄러워한다; ich schäme mich für dich 나는 너 때문에 창피하다; ich schäme mich (darum) vor mir selbst 나는 〈그 일 때문에〉 나 스스로에게 부끄럽다; er schämt sich wegen seines Versagens 그는 〈기대를 충족시키지 못한〉 자신의 무능을 부끄러워한다; schäm dich, so zu lügen! 그런 거짓말을

하다니 부끄러운 줄 알아라!; du solltest dich (was《통용어》) s.! 너는 (좀) 부끄러운 줄 알아야 돼!, 그건 너에게 창피한 일이야!; schämst du dich (denn) gar nicht? 너는(그래) 부끄럽지도 않니?, 창피한 줄도 모르니? **2.** 두려워하다, 주저하다, 꺼리다: er schämt sich, seinen Irrtum einzugestehen 그는 자기의 착오를 인정하기를 꺼린다[싫어한다].

schamfilen [ʃamˈfiːlən] 〈h〉[niederd.]【선원】 **a)** 문질러 닳다, 마손(磨損)되다: das Tau schamfilt 닻줄이 쓸려 손상되고 있다. **b)** 〈대개 과거분사로〉 문질러 닳게 하다, 마손시키다: eine schamfilte Leine 마손된 밧줄.

schamhaft [ˈʃaːmhaft] 〈Adj.〉 [mhd. scham(e)haft, ahd. scamahaft] 수줍은, 부끄러워하는, 부끄럼 타는, 내성적인, 얌전한, 조심성 있는: ein ~es junges Mädchen 수줍음 타는 어린 소녀; s. die Augen niederschlagen 부끄러워 눈을 내리뜨다; s. errötend senkte sie den Blick 그 여자는 부끄러워 얼굴을 붉히면서 시선을 떨어 뜨렸다; 전의 etw. s. verschweigen 무엇에 대해 창피하게도[정직하지 못하게] 침묵을 지키다. **Schamhaftigkeit**, die **a)**《드물게》수줍음[부끄러 타는 성품. **b)** 부끄러워하는 태도. **schämig** [ˈʃɛːmɪç] 〈Adj.〉 〈↑geschämig〉 〈지역적〉부끄러워하는, 수줍어하는, 소심한. **Schämigkeit**, die 〈지역적〉schämig의 명사형.

Schammes [ˈʃaməs], der; -, - [jidd. schammes < hebr. šammaš]【유태교】유태인 교회당 및 유태인 교구장(敎區長)의 사환.

¹Schamott [ʃaˈmɔt], der; -s 〈어원불명〉《통용어·폄》잡동사니, 폐물: für 20 Mark kannst du den ganzen S. haben 20 마르크만 내면 너는 그 잡동사니를 전부 가질 수 있다. **²Schamott** [-], der; -s 〈österr.·통용어〉, **Schamotte** [ʃaˈmɔtə], die 〈어원불명〉샤모테, 내화점토(耐火粘土) 분말(내화 벽돌용의).

Schamotte-: **~mörtel**, der 내화 모르타르. **~platte**, die 내화 점토판(板). **~stein**, der 샤모테〈내화〉벽돌. **~ziegel**, der 샤모테 벽돌. **schamottieren** [ʃamɔˈtiːrən] 〈h〉〈österr.〉내화 벽돌을 씌우다: einen Kamin s. 벽난로에 내화 벽돌을 대다.

Schampon [ˈʃampɔn] ↑Shampoo. **schamponieren** [ʃampoˈniːrən] 〈h〉 샴푸로 머리를 감다, 샴푸로 처리하다: jmdm. das Haar s. 누구의 머리를 샴푸로 감아 주다; den Wagen s. lassen 자동차를 샴푸로 세차시키다, 자동차에 샴푸 처리를 하게 하다. **Schampun** [ˈʃampuːn] ↑Shampoo. **schampunieren** [ʃampuˈniːrən] ↑schamponieren.

Schampus [ˈʃampʊs], der; -〈통용어〉↑Champagner.

¹Schand-〈감정〉 ("파렴치한, 못된, 악질적이고, 터무니없는" 따위를 뜻하는 규정어로서, 예컨대) Schandmauer(굴욕적 장벽), Schandschrift(비방문서, 괴문서), Schandurteil(굴욕적 판결), Schandvertrag(굴욕적 조약[계약]).

²Schand-: **~bube**, der 〈고어·격화된 감정〉나쁜 자식, 못된 아이. **~fleck**, der 《감정》 오점, 흠, 오명, 치욕, 불명예: die Mülldeponie stellt einen S. in der Landschaft dar 그 쓰레기 하치장이 경관을 해치는 오점이 되고 있다; 전의 die Fünf ist ein S. auf seinem Zeugnis 그 과목의 평점 5("가")가 그의 성적표의 흠이다. **~geld**, das 터무니 없는 돈(돈액). **~kerl**, der 《감정》악한, 철면피한 놈: diese -e! 이 악당들! **~mal**, das **1.** 《구제》(죄인의) 낙인. **2.** ↑~fleck. **~maul**, das 《폄》 **1.** 독설가, 욕쟁이 (↑Dreckschleuder (2). **2.** 더러운 입, 주둥이(↑~schnauze (2). **~pfahl**, der 《중세의 형벌 도구》죄인을 일반에게 보이기 위해 묶어 두는 기둥(↑Pranger). **~preis**, der 《감정》 **a)** 터무니없는 헐값: etw. für einen S. verkaufen 무엇을 터무니없는 헐값에 팔다. **b)** 터무니없이 높은 값: der Händler forderte

Schapp

einen S. für das Fahrzeug 그 상인은 승용차에 대해 터무니없이 높은 값을 요구했다. ~säule, die 형벌 기둥(죄인을 일반에게 보이기 위해 매놓는)(↑Pranger). ~schnauze, die 《속어·폄》 1. 주둥아리; 욕쟁이(↑Dreckschleuder (a, b)). 2. 얼굴(↑Schnauze (2 c)). ~tat, die 1. 《감정》 가증(수치)스러운 행위, 파렴치한 짓. 2. 《통용어·농》 경망(경박)한 행동, 악행(대개 다음 용법으로) zu jeder S.[zu allen -en] bereit sein 남이 하라면 무슨 짓이든 따라하다. ~zeichen, das ↑~mal (1).

schandbar [ˈʃantbaːɐ̯] 〈Adj.〉 [mhd. schandebære] 1. 부끄러워해야 할, 명예롭지 못한, 비열한, 천한: sein -es Benehmen 그의 비열한 처신; er hat sich in der Sache s. verhalten(benommen) 그는 혐오스럽게 행동(처신)했다. 2. 《통용어》 a) 아주 나쁜, 지독한, 가공할: -es Wetter 지독히 험한 날씨. b) 〈형용사, 동사의 강조〉 아주, 지독하게: ein s. schlechtes Ergebnis 아주(매우) 나쁜 결과; 형편없이 나쁜 결과. **Schandbarkeit**, die; -en ↑schandbar 의 명사형. **Schande** [ˈʃandə], die [mhd. schande, ahd. scanta; Scham과 동족] 치욕, 창피, 불명예, 오명, 오점, 흠, 결점, 모욕: eine große(unerträgliche) S. 엄청난(참을 수 없는) 치욕(불명예); etw. bringt jmdm. S. 무엇이 누구에게 오명(치욕)을 초래하다; er hat seiner Familie S. gemacht 그는 집안의 명예에 먹칠을 했다; zu seiner S. muß gesagt werden, daß... 그로서는 부끄러운 일이지만, …라고 하지 않을 수 없다; es ist eine (wahre) S., daß er euch nicht geholfen has 그가 너희를 돕지 않은 것은 (정말) 있을 수 없는 대수로운(부끄러운) 일이 아니다; ich finde es eine S., daß... …라는 것을 나는 있을 수 없는(파렴치한) 일이라고 생각한다, ~은 믿을 수 없는 일이다; Schmach und S. über ihn! 《농·비난조》창피를 당해 쌓 너석!; mach' mir keine S.! 《때에 따라 농》너 때문에 내가 창피하지 않게 행동해라!; ein Mädchen gerät in S. 《고어》 처녀가 부끄럼을 당하게 되다(애를 배다); etw. gereicht jmdm. zur S. 《아어》 무엇이 누구에게 치욕(불명예)이 되다.

Schandeck [ˈʃandεk], das; -s, -s, **Schandeckel**, der; -s, - 〔선원〕 상측판(上側板).

schänden [ˈʃεndn̩] 〈h〉 a) (명예나 이름 등을) 더럽히다, 욕보이다: mit dieser Tat hat er das Ansehen der Familie geschändet 이런 행동을 함으로써 그는 자기 집안의 명예를 더럽혔다; 〈4격 목적어 없이도〉[성구] Arbeit schändet nicht 노동은 수치가 아니다. b)《고어》강간(강간)하다, 욕보이다: eine Frau s. 여인을 강간하다. c) (신성한 곳 등을) 더럽히다, 모독하다: eine Kirche s. 교회를 모독하다(더럽히다); [전의] geschändete Kulturwerte 무시된 문화적 가치들. d) (드물게) 흉하게(추하게) 하다: eine Narbe schändet sein Gesicht 상처가 그의 얼굴을 흉하게 하고 있다. **schandenhalber** 〈Adv.〉《österr., südd., schweiz. 고어 혹은 농》anstandshalber 참조. **Schänder**, der; -s, - 더럽히는 〔인〕 사람, 모독자, 능욕자. **schändlich** [ˈʃεntlɪç] 〈Adj.〉 1. 파렴치한, 비열한: -e Taten(Absichten) 비열한 행동(의도); ein -es Ende nehmen 수치스러운 종말을 맞다. 2. 《통용어》 a) 형편없는, 아주 나쁜: es ist -es Wetter 지독히 나쁜 날씨다. b) 〈형용사나 동사의 뜻을 강조〉아주, 지독히: das Kleid war s. teuer 그 옷은 엄청나게 비쌌다. **Schändlichkeit**, die; -en 1. 《Pl. 없음》파렴치함, 비열함. 2. 파렴치한(비열한) 행위: die -en des Diktators 독재자의 비열한 행위들. **Schändung**, die; -en 1. 더럽힘, 모독, 능욕, 훼손. 2. 모욕(더럽힘)을 당함.

Schanghai [ˈʃaŋhai, 《또한》-ˈ-] 상하이.

schanghaien [ʃanˈhaiən] 〈schanghaite, hat schanghait〉 [engl. to shanghai 중국의 도시에서 이런 일이 자주 있었기 때문에] [선원] 취하게 해서 선원으로 납치·고용하다.

Schani [ˈʃaːni], der; -s, - 《österr.》 1. 《경》 친구. 2. 부하, 졸개: ich bin doch nicht dein S.! 나는 네 부하가 아니야! **Schanigarten**, der 《österr.》 (교외의) 옥외 음식점.

¹Schank [ʃaŋk], der; -(e)s, Schänke [ˈʃɛŋkə] 《고어》 1. 《Pl. 없음》 ↑¹Ausschank (1). 2. ↑¹Ausschank (2 a). **²Schank** [-], die; -en 《österr.》 ↑¹Ausschank (2).

Schank-: ~**betrieb**, der ↑~wirtschaft. ~**bier**, das 생맥주. ~**bursch**, der 《österr.》 맥주집 보이. ~**erlaubnis**, die ↑~konzession. ~**erlaubnissteuer**, die 주류 소매 면허세. ~**gerechtigkeit**, die 《고어》 ↑~konzession. ~**gewerbe**, das 주류 영업. ~**konzession**, die 주류 소매 면허. ~**raum**, der 술집(의 내부 공간). ~**steuer**, die ↑~erlaubnissteuer. ~**stube**, die ↑~raum. ~**tisch**, der 술집의 판매대, 카운터. ~**wirt**, der 술집주인. ~**wirtin**, die ↑~wirt의 여성형. ~**wirtschaft**, die 술집, 주점.

Schanker [ˈʃaŋkɐ], der; -s, - [frz. chancre < lat. cancer] 〔의학〕 하감(下疳): harter(weicher) S. 경성(연성) 하감.

Schansi [ˈʃanzi] 산시(山西)(중국 화북 지방의 한 성).

Schantung [전문어] Shantung [ʃaŋtʊŋ], das; -s, -s, **Schantungseide**, die; -n 산동(山東) 비단(중국 산동성의 이름에서).

Schanz [ʃants], die; -en ↑¹Schanze (3).

Schanz-: ~**arbeit**, die 〈대개 Pl.〉《군·구제》참호 공사, 토공(土工) 작업. ~**arbeiter**, der 토공 작업병, 공병. ~**bau**, der 《군·구제》참호 구축, 보루 구축. ~**gerät**, das 《군·구제》↑~zeug. ~**gräber**, der ↑~arbeiter. ~**kleid**, das [선원] 현장(舷牆). ~**korb**, der 1. 《군·구제》 1. 버들가지로 엮은 바구니. 2. 《군·구제》 (보루 쌓는 데 쓰는) 흙 담은 바구니. ~**pfahl**, der 《군·구제》 보루를 치기 위해 박은 큰 말뚝. ~**wehr**, die 《군·구제》 참호, 보루, 방색(防塞). ~**werk**, das 《군·구제》 보루 등을 갖춘 요새. ~**zeug**, das 《군·구제》 (삽 등의) 보루 구축을 위한 기구.

¹Schanze [ˈʃantsə], die; -n 1. 《군·구제》 성채(城砦), 보루(保壘); an der Grenze -n errichten 국경에 성채를 구축하다. 2. ↑Sprungschanze의 약칭: der Skispringer kam gut von der S. ab 그 스키 도약 선수는 비약대에서의 점프가 좋았다. 3. [선원] 〔특히 전함의〕 선미루(船尾樓). 4. (지역적) 바구니.

²Schanze [-], die 《다음 용법으로》 sein Leben (für jmdm. (etw.)) in die S. schlagen 누구(무엇)를 위해서) 목숨을 걸다, 위험을 무릅 쓰다(↑Leben).

schanzen [ˈʃantsn̩] 〈h〉 1. 《군·구제》 a) 참호(보루) 구축 작업을 하다, 토공(土工) 작업을 하다: erst mußten die Soldaten s. 우선 병사들이 참호 구축 작업을 해야 했다. b) 토공 작업을 해서 만들다: eine Stellung für das Geschütz s. 포를 위한 진지를 구축하다. 2. 〔학생〕 열심히 공부하다, 파다.

Schanzen-: ~**bau**, der 〈Pl. 없음〉 《군·구제》 ↑Schanzbau. ~**rekord**, der [스키] 해당 비약대에서 이루어진 스키 점프 기록. ~**tisch**, der [스키] 스키 비약대의 마지막 부분.

Schanzer, der; -s, - 《군·구제》 토공 작업병, 공병.

Schapel [ˈʃaːpl̩] ↑Schappel.

schaperonieren [ʃaparoˈniːrən] 보호하다, (젊은 여자들의) 보호자로 동반하다.

Schapf [ʃapf], der; -(e)s, -e, **Schapfe** [ˈʃapfə], die; -n 《schweiz.》 긴 국자. **Schapp** [ʃap], der / das; -s, -s

【선원】 a) 장롱, 옷장. b) 서랍.
Schapirograph [ʃapiroˈgraːf], der; -en, -en 《구형》 복사기.
¹Schappe [ˈʃapə], die; -n 《섬유》 못 쓰게 된 비단실로 짠 직물, 지스러기 명주. **²Schappe** [-], die; -n 《광》 지추(地錐).
Schappel [ʃapəl], das; -s, -. 1. 《중세(中世) 여인의》 둥근 모양으로 된 머리 장식. 2. 왕관 모양의 꽃 등으로 만든 머리 장식, 두관(頭冠).
Schappeseide, die; -n 《섬유》 ↑Florettseide.
Schappespinnerei, die; -en 지스러기 명주 공장.
¹Schar [ʃaːɐ̯], die; -en 떼, 무리, 여럿, 다수: eine S. kunstbegeisterter Besucher 예술에 열광한 많은 관람객; die Festteilnehmer zogen S. auf S. durch die Straßen 축제에 참여한 사람들이 무리를 지어 거리를 누볐다; **in (großen, hellen) -en** 큰 무리[떼]를 이룬채: **-en von ...** 많은 수의(많은)…. **²Schar** [-], die; -en, / das; -(e)s, -e 《농업》 ↑Pflugschar의 약칭.
schär, 〈Adj.〉 〈nordd.〉 1. 부서[깨]지기 쉬운(유리 따위). 2. 낡아빠진(천 따위). **Schararbeit**, die 노역(勞役).
Scharade [ʃaˈraːdə], die; -n [frz. charade] 철자 수수께끼(각 음절을 몸짓을 흉내 내어 알아맞히게 하는 놀이).
Scharbank [ˈʃaːɐ̯baŋk], der; -(e)s, -bänke 《schweiz.》 수레, 손수레.
Schärbaum [ˈʃɛːɐ̯-], der; -(e)s, ...bäume 《방직》 ↑Kettbaum.
Scharbe [ˈʃarbə], die; -n ↑Kormoran.
Scharbe-: **~brett**, das 도마. **~messer**, das 고기 저미는 칼. **schärbeln**: ↑scherbeln (2) 참조.
scharben, schärben 〈nordd.〉 썰다, 저미다.
Scharbock, der; -en [niederd. scher-, schorbuk] 《고어》 ↑Skorbut 참조. **Scharbockskraut**, das 《식물》 미나리아재비속(屬).
Schäre [ˈʃɛːrə], die; -n 《대개 Pl.》 《북구 해안의》 암초로 (岩礁島).
scharen [ˈʃaːrən] 〈h〉 《아이》 **a)** 〈s. + sich〉 무리를 짓다, 모이다: die Klasse hat sich um den Lehrer geschart 학급 학생들이 선생님 주위에 모였다. **b)** 추종자로서이 으다: er verstand es, die Jugend um sich zu s. 그는 젊은이들을 추종자로서 자기 주위에 모으는 재주가 있었다.
schären [ˈʃɛːrən] 〈h〉 《섬유》 실을 감다.
Schärenkreuzer, der; -s, - 《요트》 암초 해안용 요트. **Schärenküste**, die 《섬이 많은》 해안.
scharenweise 〈Adv.〉 무리를 지어, 수많이: die Gäste kamen s. 손님들이 무더기로 왔다.
scharf [ʃarf] **I.** 〈Adj.; schärfer, schärfst〉 1. a) 날카로운, (칼이) 잘 드는(반대: stumpf): ein -es Messer 날카로운 칼; die Axt schärfer machen 《통용어》 도끼를 갈다; 《속담》 allzu s. macht schartig 모난 돌이 정맞는다; 《전의》 die Bügelfalten (der Hose) müssen ganz s. sein 《바지》주름은 날카롭게 세워져 있어야 한다. **b)** 뾰족한, 끝이 날카로운: -e Ecken 뾰족한 모서리; die -en Zähne[Krallen] drangen tief in den Arm ein 날카로운 이빨[발톱]이 팔에 깊이 파고들었다. **2. a)** 《음식 등이》 매운, 독한, 아린, 찌르는 듯한: -er Senf 매운 겨자; das Essen war ziemlich s. 음식이 꽤 매웠다; 《명사화》 einen Scharfen trinken 《통용어》 독한 소주를 한 잔 마시다. **b)** 《화학물질 등이》 독한, 부식성의(腐蝕性의), 가성 (苛性)의: -e Putzmittel machen stumpf 독한 세제를 사용하면 광택이 없어진다. **c)** 《냄새 등이》 코를 찌르는, 날카로운: der -e Raubtiergeruch der Löwenzwinger 사자 우리의 코를 찌르는 독한 맹수 냄새. **3. a)** 《소리 등이》 날카로운, 째지는 듯한: er hat eine -e Stimme 그의 목소리는 날카롭다. **b)** 《광선 등이》 눈을 부시게 하는, 너무 강한: vor dem -en Licht muß man die Augen schließen 너무 강한 빛을 받았을 때에는 눈을 감아야 한다. **c)** 《바람, 추위 등이》 날카로운, 혹독한, 격렬한: es wehte ein -er Wind 격렬한 바람이 불었다. **4. a)** 《감각기관이》 날카로운, 예민한: er hat schärfere Augen als ich 그는 나보다 시력이 좋다[그는 나보다 관찰력이 더 좋다]. **b)** 잘 보이게 하는, 강한: eine -e Brille 도수 높은 안경. **5.** 뚜렷한, 또렷한, 분명한: -e Umrisse 뚜렷한 윤곽; das Photo ist gestochen s. 그 사진이 굉장히 또렷하다; die Kamera s. einstellen 카메라의 초점을 정확하게 맞추다. **6.** 뚜렷한, 현저한, 엄하게 보이는: sie hat -e Gesichtszüge 그 여자는 이목구비가 뚜렷하다. **7.** 명민한, 통찰력이 있는, 날카로운: ein -er Verstand 날카로운[명민한] 이성; ein -es Auge für etw. haben 무엇을 잘 보는[잘 판단하는] 눈을 가지다. **8.** 날카로운, 엄(격)한, 신랄한, 통렬한, 혹독한: eine -e Kritik 신랄한(날카로운) 비판; eine -e Zunge haben 입이 험하다; er war sehr s. gegen ihn 그가 그에 대해서 아주 혹독했다. **9.** 날카로운, 통렬한, 격렬한: schärfsten Protest einlegen 맹렬한 항의를 하다; s. durchgreifen 단호한 조처를 취하다; jmdm. s. widersprechen 누구에게 날카롭게 반박하다. **10.** 엄격한, 엄한, 엄중한: ein -es Verhör 엄격한 문초; ein neues, sehr -es Gesetz 엄한 새 법(法); er wird s. bewacht 그는 엄중한 감시를 받고 있다; 《명사화》 er ist ein ganz Scharfer 《통용어》 그는 아주 엄한 사람이다. **11.** 격한, 맹렬한, 날카로운: -e Kämpfe[Auseinandersetzungen] 격렬한 투쟁[논쟁]. **12. a)** 아주 빠른, 급격한: s. laufen 아주 빨리 달리다; er ging s. in die Kurve 그는 급히 모서리를 돌았다. **b)** 《자동차 등이》 빠른: die schärfsten Minis 아주 빠른 소형 자동차들. **c)** 급격한: s. bremsen 급히 브레이크를 걸다; eine -e Kurve 급 커브. **13.** 《개가》 사나운: ein -er Hund 《사냥》 《맹수를 잘 공격하는》 사나운 사냥개. **14. a)** 《폭약이》 폭발성 있는: mit -en Patronen schießen 실탄으로 쏘다. **b)** 실탄의: das Gewehr ist s. geladen 이 총은 실탄으로 장전되어 있다; Achtung, hier wird s. geschossen! 경고! 실탄 사격 중! **15.** 《구기》 《슛이》 날카로운, 강력한. **16.** 명확한, 분명한, 또렷한: eine -e Aussprache 분명한 발음. **17.** 《조선》 《배의 형태에서》 뾰족한: ein -es Heck 뾰족한 선미. **18.** 《통용어》 **a)** 아주 멋진. **b)** 기찬, 어안이 벙벙한: ganz scharf is., was einem so alles zugemutet wird 무슨 온갖 것을 요구하는지 참! **19.** 《통용어》 호색(好色)의, 음탕한, 성욕이 강한: ein -er Bursche 호색한(好色漢); der Pornofilm machte ihn s. 도색(桃色) 영화를 보고 그는 강한 성욕을 느꼈다. **20. s. auf etw. sein** 《통용어》 무엇에 강렬한 욕심을 내다; **s. auf jmdn. sein** 《통용어》 누구에 대한 성욕을 느끼다. **21.** 누구를 적대시하는, 증오하는. **s. darauf sein, etw. zu tun** 《통용어》 무엇을 하고 싶은 강렬한 욕심을 느끼다; **es s. auf jmdn. haben** 《österr.》 누구에 대한 《은밀한》 증오심을 가지다. **II.** 〈Adv.〉 살짝 곁으로, 아주 가까이.

Scharf, das; -(e)s, -e 배 바다의 예각부(銳角部), 판자 또는 각재의 뾰족한 끝.

scharf-, Scharf-: **~äugig** 〈Adj.〉 《드물게》 주의깊은, 눈이 날카로운. **~blick**, der 〈Pl. 없음〉 예리한 눈초리, 통찰력(洞眼), 안식(眼識). **~blickend** 〈Adj.〉 통찰력 있는, 형안의, 안식이 있는. **~eckig** 〈Adj.〉 예각의, 모가 뾰족한. **~einstellung**, die 《카메라, 환등기》 초점을 맞춤. **~feuerbau**, der 《통용어》 내열안료(耐熱顔料). **~geladen** 〈Adj.〉 실탄을 장전한. **~kantig** 〈Adj.〉 모서리가 날카로운. **~krallig** 〈Adj.〉 발톱이 날카로운. **~machen** 〈tr.〉 1. (개를) 부추겨 사람이나 짐승을 쫓게 하다. 2. 선동하다, 사주(使嗾)하다. **~macher**, der 《통용어》 선동자, 사주

자. ~macherei [-maxə'raj], die; -en 《통용어》 (계속되는) 선동, 사주. ~richter, der ↑Henker. ~schießen, das; -s 실탄 사격. ~schuß, der 【구기】 날카로운 슛. ~schütze, der 1. 【군】 우수한 사수(射手). 2. 【구기】 슛을 잘 하는 선수. ~schützenabteilung, die 【군】 저격 부대, 우수 사수 부대. ~sicht, die ↑~blick. ~sichtig 〈Adj.〉 ↑~blickend. ~sichtigkeit, die ↑~sicht. ~sinn, der 통찰력, 식별력, 간파력, 명민함, 총명. ~sinnig 〈Adj.〉 통찰력 있는, 명민한, 총명한. ~sinnigkeit, die ↑~sinn. ~winkelig 〈Adj.〉 예각(鋭角)의. ~zackig 〈Adj.〉 아주 뾰족뾰족한. ~zahnig 〈Adj.〉 이[이빨]가 날카로운. ~züngig 〈Adj.〉 a) (사람의) 독설(毒舌)적인. b) (표현 등이) 독설(毒舌)적인, 비꼬는. ~züngigkeit, die 독설(적임).

Schärfe ['ʃɛrfə], die; -n 1. 〈Pl. 없음〉 날카로움, 예리함: die S. der Axt prüfen 도끼의 날을 살펴보다. 2. 〈Pl. 없음〉 a) (음식 등의) 매운 맛: die S. des Senfs trieb mir den Schweiß auf die Stirn 겨자가 너무 매워서 이마에 땀이 났다. b) 부식성, 가성(苛性): die S. der Säure 산(酸)의 부식성. c) (냄새 등의) 날카로움, 코를 찌르는 듯함. 3. 〈Pl. 없음〉 a) (소리 등의) 날카로움: die S. ihrer Stimme 그녀 목소리의 날카로움. b) (광선 등의) 날카로움, 눈부심. c) (바람, 추위 등의) 날카로움, 혹독함: die S. des Frostes drang bis in die Knochen 혹독한 추위가 뼈 속까지 스며들었다. 4. 〈Pl. 없음〉 (감각 기관의) 날카로움, 예민함: die S. des Gehörs hat nachgelassen 청각의 예민함이 많이 없어졌다. 5. (윤곽 등이) 뚜렷함, 선명함. 6. 〈Pl. 없음〉 명민함, 날카로움: die S. ihres Verstandes imponierte uns 그의 이성의 명민함은 놀라움 지경이었다. 7. 〈Pl. 없음〉 신랄함, 혹독함: die S. der Kritik war verletzend 그 비판의 신랄함은 너무 심했다. 8. 〈Pl. 없음〉 통렬함: er vermied in der Diskussion jede S. 토론에서 그는 날이 있으면 격렬한 표현은 피했다. 9. 〈Pl. 없음〉 엄격함, 엄함: die S. des Prüfers war nicht gerechtfertigt 그 시험관의 엄격함은 합리화될 수 없을 정도였다. 10. 용서 없음, 격렬함: die S. der Auseinandersetzungen 논쟁의 격렬함. 11. 〈Pl. 없음〉 (공의) 【구기】 예리함: ein Serviceball von unheimlicher S. 무시무시하게 날카로운 서비스.

schärfen ['ʃɛrfn̩] 〈h〉 1. a) 갈다, 날을 세우다: die Klinge des Messers s. 칼날을 갈다. b) 뾰족하게 하다, (연필 등을) 깎다. 2. a) 세련되게, 개량하다, 날카롭게 하다: den Verstand[das Bewußtsein] s. 이성[의식]을 날카로이하다. b) 〈s. + sich〉 세련되다, 형성되다, 날카로워지다: sein Sinn für Schönheit hat sich allmählich geschärft 그의 미적(美的) 감각은 점차 날카로워졌다. 3. 【군】 뇌관을 장착하다, 무장 장치를 하다. **Schärfentiefe**, die 【사진】 초점심도(焦点深度). **schärfer** ['ʃɛrfɐ], **schärfste** ['ʃɛrfstə] ↑scharf (1) 참조.

Scharfführer, der; -s, - 《나치》 나치스 돌격대 및 친위대의 하급 직위.

Schärfung, die 《드물게》 날카롭게 함.

Scharia [ʃa'riːa], **Scheria** [ʃe'riːa], die [arab. šarīʻa] 샤리아(이슬람의 법전).

¹Scharlach ['ʃarlax], der; -s, -e 1. 진홍색, 새빨강: Roben in Weiß und S. 흰색과 진홍색의 야회복. 2. 《옛》 진홍색의 옷감, 직물: sich in S. kleiden 진홍색 옷을 입다. **²Scharlach** [-], der; -s [lat. febris scarlatina] 【의학】 성홍열(猩紅熱). **scharlachen** 〈Adj.〉 진홍색의, 새빨강.

scharlach-, Scharlach- 〈¹·²Scharlach〉: **~artig** 〈Adj.〉 성홍열의, 성홍열 같은. **~ausschlag**, der 성홍열 속립진(粟粒疹). **~eiche**, die (연지벌레가 붙는) 떡갈나무의 일종(Kermeseiche). **~farbe**, die ↑¹Scharlach (1). **~farben, ~farbig** 〈Adj.〉 ↑~rot. **~fieber**, das 《통용어》 ↑²Scharlach. **~friesel**, der 《또는》 das 《대개 Pl.》 《통용어》 ↑~ausschlag. **~kraut**, das 【식물】 샐비어. **~milbe**, die 【동물】 진홍색 진드기. **~rot** 〈Adj.〉 진홍색의.

scharlachen 〈Adj.〉 《아어·드물게》 ↑scharlachrot: ein -er Umhang 진홍색 케이프.

Scharlatan ['ʃarlatan], der; -s, -e [frz. charlatan < ital. ciarlatano] 《폄》 야바위꾼, 협잡꾼, (무면허 의사 같은) 가짜. **Scharlatanerie** [...naˈriː], die; -n [...iːən], **Scharlatanismus** [...ˈnɪsmʊs], der; -, …men a) 〈Pl. 없음〉 야바위, 협잡, 기만, 자만. b) 야바위짓, 거짓말, 엉터리 치료.

Scharlei [《또는》 ʃar'laj], der; -s, -e 【식물】 샐비어, 금불초, 서양자초.

scharlenzen [ʃar'lɛntsn̩] 〈s〉 《고어》 서성대며 구경하다.

Scharm: ↑Charme. **scharmant**: ↑charmant. **Scharmante** [ʃarˈmantə], die; -n 《고어》 연인, 정부(情婦). **scharmieren** [ʃarˈmiːrən] 〈h〉 [frz. charmer] 《고어》 매혹하다, 황홀케 하다.

Schärmaschine, die 【방직】 정경기(整經機).

Scharmützel [ʃar'mʏtsl̩], das; -s, - 《군·고어》 소전투, 작은 전투, 말다툼. **scharmützeln** 〈h〉 《군·고어》 소전투를 하다, 티격태격하다. **scharmutzieren** ['ʃarmʊ'tsiːrən] 〈h〉 《고어·아직도 지역적》 《남녀가》 남몰래 재미 보다: Wahrscheinlich scharmutzierte sie mit dem jungen Maurer 그녀가 그 젊은 미장이와 은밀히 사랑을 준 것 같다.

Scharn, der; -(e)s, -e 《südd.》 빵집, 푸줏간의 판매대, 빵집, 푸줏간.

Scharnier [ʃar'niːɐ̯], das; -s, -e [frz. charnière] 돌쩌귀, 경첩: -e anbringen 돌쩌귀를 달다; das S. ölen 돌쩌귀에 윤활유를 치다. **Scharnierband**, das 〈Pl. -bänder〉 두 개 이상 서로 연결된 돌쩌귀. **scharnieren** [ʃar'niːrən] 〈h〉 《드물게》 돌쩌귀[경첩]를 붙이다. **Scharniergelenk**, das; -(e)s, -e 【해부】 경첩 관절. **Scharnierstift**, der; -(e)s, -e 돌쩌귀의 비녀장. **Scharnierware**, die; -n 속이 빈 하등 금제품(金製品).

Scharnitzel, Scharnützel [ʃar'nɪts(-), -'nʏts(-)], der; -s, -e 《상부독어》 봉지, 주머니 칼.

Schärpe ['ʃɛrpə], die; -n [frz. écharpe] 장식띠, 수(綬), 현장(顯章): eine S. umbinden 수(현장)을 매다.

Schärper ['ʃɛrpɐ], der; -s, - [냉?] 작은 칼, 주머니 칼.

Scharpie [ʃarˈpiː], die [frz. charpie] 《옛》 《붕대용》 린트천, 가제실. **Schärrahmen**, der 【방직】 정경대(整經台).

scharr- Scharr-: **~eisen**, das ↑Scharre. **~fuß**, der 《지역적》 ↑Kratzfuß. **~füßeln** 〈h〉 《지역적》 (한쪽 다리를 뒤로 뻗치면서) 몸을 깊이 숙여 절하다. **~harz**, das [das Harz wird von den Bäumen gescharrt (3 a)] 《전문어》 ↑Galipot. **~netz**, das 예망(曳網). **~vögel**, 〈Pl.〉 【동물】 닭목[目].

Scharre ['ʃarə], die; -n 《고어》 긁는[깎는, 문지르는] 도구. **scharren** [',ʃarən] 〈h〉 1. a) 긁어대다, 발로 바닥을 비비어 소리 내다: der Hund scharrt an der Tür 개가 문(짝)을 긁어 댄다; die Studenten scharrten (mit den Füßen) 학생들이 (불만을 표시하기 위해) 발로 마루바닥을 비비어 소리를 냈다; (격조 목적어와 함께) die Pferde scharren den Sand 말들이 발굽으로 모래를 비벼대어 소리를 낸다. b) (발, 발톱 따위가) 바닥을 비비대어 소리를 낸다. 2. (발, 발톱 등으로) 긁어 파다, 파헤치다: die Hühner scharren im Sand (nach Würmern) 닭들이 (벌레를 찾아) 모래를 파헤친다. 3. a) 긁어 옮기다, 긁어 모으다: Knochen aus der Erde s. 땅 속에서 뼈를 긁어

모으다; Harz von den Bäumen s. 《전문어》 나무에서 수지(樹脂)를 긁어 모으다; [전의] sie scharren Geld 《俗》 그들은 (탐욕스럽게) 돈을 긁어 모은다. **b)** 긁어서 무엇을 만들다. **Scharrer,** der; -s, - 《드물게》 긁는 사람; 긁어 모으는 사람.

Scharriereisen, das; -s, - 《수공》 정. **scharrieren** [ʃaˈriːrən] 〈h〉 [frz. charrue] 【수공】 정으로 쪼아 홈을 내다, 정으로 쪼아 다듬다.

Scharschmied, der; -(e)s, -e 쟁기 제조(수리)자.

Scharte [ˈʃartə], die; -n **1. a)** (칼날 등의) 날이 빠진 곳, 이가 빠진 곳: die Sense hat -n bekommen 이 낫에 날이 몇 개 빠졌다; **eine S. auswetzen** 과실(過失)을 보상하다, 잘못을 갚다. **b)** 《고어》 피부가 갈라진(튼) 자리: eine S. an der Unterlippe haben 아랫입술이 부르트다. **2.** ↑Schießscharte의 약칭. **3.** 협곡(峽谷), 산 등의 움푹 패인 곳.

Scharteke [ʃarˈteːkə], die; -n 《俗》 **1. a)** 오래되고 시시한 책, 헌 책. **b)** 《준고어》 멜로 드라마. **2.** 나이들어 볼 모양 없는 여자, 할멈.

Scharteken-: ~händler, der 헌 책방. **~jäger,** der 헌책(고본) 사들이는 사람, 고본 수집가. **~kraut,** das 【식물】 이질풀속(屬)의 일종.

schartig [ˈʃartɪç] 〈Adj.〉 **1.** 날이 많이 빠진: die Sense ist s. geworden 이 낫에는 날이 많이 빠졌다. [속담] allzu scharf macht s. 모난 돌이 정 맞는다. **2.** 협곡이 많은.

Schärtrommel, die 【방직】 정경(整經)원통, 날실감개.

Schartung [ˈʃartʊŋ], die; -en 【지질】 지층의 단층(斷層), 함몰(陷沒).

Scharung [ˈʃaːrʊŋ], die 【지리】 (산맥의) 대곡(對曲).

Scharwache, die; -n 《옛》 순찰대, 야경대. **Scharwächter,** der 《옛》 야경꾼, 순라병.

scharweise [ˈʃaːrvaizə], 〈Adv.〉 ↑scharenweise.

Scharwenzel [ʃarˈvɛntsl̩], 《드물게》 **Scherwenzel** [ʃɛr...], der; -s, - **1.** 《준고어·俗》 아첨꾼, 알랑거리는 사람. **2.** 《지역적·카드》 (트럼프의) 잭. **Scharwenzelei** [...tsəˈlai], 《드물게》 **Scherwenzelei** [ʃɛ...], die; 《통용어·俗》 아첨, 알랑거림. **scharwenzeln** [ʃarˈvɛntsl̩n], 《드물게》 **scherwenzeln** [ʃɛr...] 〈h/s〉 《통용어·俗》 ↑herumscharwenzeln: um jmdn. [vor jmdn.] s. 누구 앞에서 알랑거리다, 누구에게 아첨하다.

Scharwerk, das; -(e)s 《고어·아직도 지역적》 부역(賦役), 중노동. **scharwerken** 〈h〉 《고어·아직도 지역적》 부역[중노동]하다. **Scharwerker,** der; -s, - 《고어·아직도 지역적》 부역자, 중노동하는 자.

Schas [ʃaːs], der; -,- (bayr., österr.·俗어》 (소리가 나는) 방귀: **S. mit Quasteln** [-- ˈkvastl̩n] 《österr.》 모두 쓸데없는 소리.

Schaschlik [ˈʃaʃlɪk], der; -s, -s [russ. schaschlyk] (양파 등을 곁들인) 고기꼬치 요리.

schassen [ˈʃasn̩] 〈h〉 [frz. chasser] 《통용어》 **1.** (학교, 조직, 회사 등에서) 내쫓다, 추방하다: einen Schüler (aus [von] der Schule) s. 학생을 퇴학시키다; er wurde als Unruhestifter (aus dem Betrieb) geschaßt 그는 소요 선동자라고 해서 (회사에서) 쫓겨났다. **2.** 《지역적》 체포하다, 잡다. **3.** 《지역적》 혹독하게 다루다: in der Grundausbildung wurden wir ganz schön geschaßt 기본 교육에서 우리는 아주 심하게 다루어졌다.

schassieren [ʃaˈsiːrən] 〈s/h〉 【댄스】 스치듯이 가볍게 발을 옮기다.

schatten [ˈʃatn̩] 〈h〉 《시어》 **a)** 그늘을 드리우다. **b)** 그림자를 던진다. [전의] das Leid schattet über mir 고뇌의 그림자가 나를 떠나지 않는다.

Schatten [-], der; -s, - **1. a)** 그림자: die S. werden länger 그림자들이 길어진다; gegen Abend werfen die Gegenstände lange S. 저녁 무렵에는 물체들이 긴 그림자를 던진다. [전의] 《시어》 die Nacht breitet ihre S. über das Land 밤이 그 그림자를 땅 위에 드리운다; über ihr Leben war ein S. gefallen 《시어》 그녀의 삶에는 어두운 그림자가 내렸다; **nur noch der(ein) S. seiner selbst sein** 얼굴이 말이 아니다, 병세가 완연하다; **jmdm. wie ein S. folgen** 그림자처럼 누구를 따라다니다; **die S. der Vergangenheit** 과거의 그림자(비유적인 뜻으로); **einen S.(seinen S.) auf etw. werfen** 《아어》 무엇에 부정적인 영향을 끼치다; **seine S. vorauswerfen** 징후를 미리 보이다: das Unheil warf seine S. voraus 불길한 징후가 미리 보였다; **über seinen S. springen** 자기 능력 이상의 일을 해내다; **nicht über seinen (eigenen) S. springen können** 자기 한계를 벗어나지 못하다; **sich vor seinem eigenen S. fürchten** 아주 겁이 많다. **b)** 〈Pl. 없음〉 그늘, 응달(陰地), 응달: weit und breit gab es keinen S. 아무리 둘러보아도 그늘이라고는 없었다; die Platanen geben(spenden) genug S. 플라타너스나무들 덕택으로 그늘은 충분하다; aus der Sonne in den S. gehen 해 비치는 데서 그늘로 들어가다; **(immer, lange Zeit, zeitlebens o.ä) in jmds. S. stehen** (항상, 오랫동안, 평생 ...) 누구의 그늘에 가려 빛을 못보다: er stand immer im S. seines älteren Bruders 그는 항상 자기 형의 그늘에 가려 빛을 못 보았다; **etw. (jmdn.) in den S. stellen** 무엇(누구)을 훨씬 능가하다, 압도하다: seine Erfindung stellt alles bisher Dagewesene in den S. 그의 발명품은 지금까지의 모든 발명품을 압도하고 있다. **2.** 희미한 모습: ein S. taucht aus dem Dunkel auf 어둠 속에서 그 희미한 모습이 불쑥 떠오른다; **einem S. nachjagen** 《아어》 실현 불가능한 목적을 쫓아다니다, 환영을 쫓아다니다. **3.** 어두운 부분: auf (den Röntgenbildern) der Lunge zeigen sich verdächtige S. 폐(의 뢴트겐 사진)에 이상하게 어두운 부분이 보인다; sie hatte (tiefe, bräunliche, dunkle) S. unter den Augen 그녀의 눈 아래에는 (깊은, 갈색의, 어두운) 그림자가 드리워져 있었다; [전의] **ein S. liegt auf seiner Vergangenheit** 그의 과거에는 어두운 데가 있다; **nicht der S. eines Verdachts** 한치의 의혹도 없이다; **einen S. haben** 《통용어》 정신 이상이다. **4.** 《교양어》 망령, 혼백, 영혼: das Reich der S. 【신화】 저승, 명부(冥府); **in das Reich der S. hinabsteigen** 《아어·미화》 타계(他界)하다. **5.** 그림자처럼 따라다니는 사람: 《스포츠·은어》 der Stürmer konnte sich nicht von seinem S. lösen 그 센터포드는 그 그림자처럼 따라다니는 상대 수비 선수를 떨쳐 버리지 못했다.

schatten-, Schatten-: ~baum, der 【식물】 음수(陰樹). **~bild,** das **1.** 그림자(모습). **2.** ↑~riß. **~blatt,** das 【식물】 음엽(陰葉). **~blüher,** der 【식물】 음지 식물(陰地植物). **~blume,** die [그늘에서 자라기 때문에 이렇게 불림] 두루미꽃. **~boxen,** das; -s 《권투》 새도 복싱(상대가 있는 것처럼 해서 혼자하는 권투 연습). **~dasein,** das 《다음 용법으로》 **(nur) ein S. führen** {fristen} 겨우 연명(延命)하다, 활짝 피지 못하다; **aus dem(seinem) S. hervor-, heraustreten** 미미(微微)한 상태를 벗어나다, 궁색한 형편을 극복하다: die Partei ist aus ihrem S. herausgetreten 그 당은 미미한 상태를 벗어났다. **~dunkel,** das 《시어》 응달, 어두운 그늘: das Wild trat aus dem S. heraus 그 산짐승이 응달에서 나왔다. **~fechten,** das; -s 【펜싱】 혼자서 하는 펜싱 연습. **~fürst,** der 【신화】 저승 임금, 염라 대왕. **~gebend** 〈Adj.〉 그늘지게 하는, 그림자를 던지는. **~gebung,** die 【미술】 음영을 붙임. **~gehölz,** das 【식물】 음수(陰樹). **~holz,** das 【식물】 ↑~gehölz. **~hut,** der 챙이 넓은 모자. **~kabinett,** das 【정치】 야당 내각(野黨內閣), 섀도 캐비닛: ein S. aufstellen 야당

내각을 조각하다. ~kaiser, der (실권없는) 허수아비 황제. ~kampf, der 현존하지 않는, 상상의 적과의 싸움. ~kegel, der [천문] 본영(本影)(식(蝕) 때의 지구 또는 달의 그림자). ~könig, der (실권 없는) 이름만의 임금. ~land, das 1. 그늘이 많은 땅. 2. 저승, 명부(冥府). ~licht, das 박명(薄明); [미술] 명암법(明暗法). ~linie, die 윤곽. ~los 〈Adj.〉 그늘없는: der Hof war s. 뜰에는 그늘 하나 없었다. ~losigkeit, die 그늘없음. ~morelle, die a) 적갈색 큰 열매를 가진 벚나무. b) 위의 열매. ~pflanze, die [식물] 음지(陰地) 식물(반대: Sonnenpflanze). ~reich 〈Adj.〉 그늘 많은, 응달진, 그늘진. ~reich, das [신화] 저승, 사자(死者)의 세계. ~riß, der [↑²Reiß-] 실루엣: einen S. herstellen 실루엣을 그리다. ~schnitt, der 원추(圓錐) 곡선(특히 식(蝕) 때의 지구 또는 달의 윤곽에 의한). ~seite, die (반대: Sonnenseite) 1. 《드물게 Pl.》 그늘진 쪽, 응달 쪽: 전의 S. leben 불우한 상황 하에 살다. 2. 〈대개 Pl.〉부정적 측면, 약점, 단점: man sollte nicht immer nur die -n sehen 항상 부정적 측면만 보아서는 안된다. ~seitig 〈Adj.〉 (österr.) 응달 쪽에 놓여 있는. ~spendend 〈Adj.〉 (아어) 그늘을 던지는. ~spender, der (아어) 그늘지게 하는 물건: der Garten hatte viele Bäume als S. 그 정원에는 아주 많은 나무들이 그늘을 만들어 주었다. ~spiel, das 1. 《Pl. 없음》↑~theater. 2. 그림자 극 작품[대본]. 3. 《대개 Pl.》(놀이의 일종) 손 그림자: -e machen 손 그림자를 만들다. ~theater, das 《Pl. 없음》 그림자 극.

schattenhaft 〈Adj.〉 (아어) 그림자 같은, 어렴풋한, 희미한: nur -e Umrisse waren zu erkennen 희미한 윤곽만을 알아볼 수 있었다; 전의 er hat nur noch -e Erinnerungen an die Ereignisse 그 사건에 대해서는 희미한 기억밖에 없다; sie führen ein -es Dasein [Leben] 그들은 남의 눈에 띄지 않는 조용한 생활을 한다. schattieren [ʃaˈtiːrən] 〈h〉 1. [회화] 명암의 차를 나타내다, 그늘 부분을 어둡게 그리다: eine Zeichnung s. 어떤 그림에 명암을 주다. 2. 《드물게》 [채색] 농담(濃淡)의 차를 나타내다. 3. [원예] 너무 강한 햇빛을 막아 주다: ein Frühbeet s. 온실에 햇빛을 막아 주다. Schattierung, die; -en 1. 명암을 나타냄, 햇빛을 막아 줌. 2. 명암이 드러남, 햇빛이 가려진 상태. 3. 〈대개 Pl.〉 a) 종류, 형태, 색조: Teilnehmer aller politischen -en 온갖 서로 다른 정치적 경향을 지닌 참가자들. b) ↑Nuance (1). schattig [ˈʃatıç] 〈Adj.〉 그늘진, 그늘이 많은: eine -e Bank suchen 그늘진 벤치를 찾다; sie saßen in -er Kühle 그들은 그늘지고 서늘한 곳에 앉아 있었다. Schattseite, die 《österr., schweiz.》 ↑Schattenseite(반대: Sonnseite). schattseitig 〈Adj.〉 《österr., schweiz.》 ↑schattenseitig (반대: sonnseitig).

Schatulle [ʃaˈtʊlə], die; -n [ital. scatola] 1. 《교양어》귀중품 보관함(函), 보석함, 돈궤: eine kostbare S. 값진 함(函); etw. in einer S. aufbewahren 무엇을 함에 보관하다. 2. ↑Privatschatulle.

Schatz [ʃats], der; -es, Schätze [ˈʃɛtsə] 1. 보물, 재물: einen S. vergraben[rauben] 보물을 파묻다(훔치다); einen S. heben 보물을 발견하다. 2. 《대개 Pl.》 귀중한 소유물: eine große Münzsammlung war sein kostbarster S. 대량으로 수집해 놓은 동전이 그에게는 가장 귀중한 보물이었다; die Kinder breiteten ihre Schätze vor uns aus 그 아이들은 자기들의 보물을 우리 앞에 펼쳐 보였다; nicht für alle Schätze dieser Erde würde er das hergeben 이 세상의 온갖 재화를 준다해도 그는 그것을 내놓지 않을 것이다; seine Gesundheit betrachtete er als größten S. 그는 자기 건강을 큰 재산으로 생각한다. 3. 《아어》 (한 곳에 있는) 많은 귀한 것: die reichen Schätze der Museen des Landes 그 나라 박물관들의 그 많은 귀한 소장품들; 전의 ein S. von Erinnerungen war ihm geblieben 수많은 귀한 기억들이 그에게는 남아 있었다; er verfügte über einen S. an 《드물게》 von Humor 그는 유머가 아주 많은 사람이다. 4. [법] 매장물(埋藏物). 5. 《축소형: ↑Schätzchen》 a) 《준고어》 애인, 연인, 친구: sie hat einen S. 그녀에게는 애인이 있다; (mein) S. [Schätzchen] 《호칭》 여보, 내 사랑, 그대. b) 《통용어》 사랑스런 사람(특히 아이들): der kleine S. 그 귀여운 꼬마; du bist mein Schätzchen 너는 나의 보물(=귀여운 아이)이다. c) 《통용어》 친절한 사람. 6. 〈Pl.〉 [금융] ↑Schatzanweisungen의 약칭.

Schatz-: ~amt, das 국고(國庫), (영국의) 대장성. ~anweisung, die 〈대개 Pl.〉 [금융] 국고 증권. ~freiheit, die 면세. ~fund, der 1. [법] 매장물(埋藏物)의 발견. 2. 《드물게》 ↑Depotfund. ~gräber, der 《준고어 혹은 농》 보물을 찾아 헤매는 사람. ~haus, das ↑Thesaurus. ~kammer, die 《구제》 국고, 중앙 금고, 보고: 전의 diese Provinz ist die S. des Landes 이 지방은 이 나라의 보고이다. ~kammerschein, der 국고 증권. ~kanzler, der 대장상(영국의 재무 장관). ~kästchen, das 《준고어 혹은 농》 보물상자, 귀중품 상자. ~meister, der 1. (정당, 사회 단체 등의) 경리[회계] 책임자. 2. 《구제》 (왕실) 재무담당자. ~meisteramt, das 《또는》 ~meisterei, die ↑~meister의 직(職). ~minister, der 재무장관. ~pflichtig 〈Adj.〉 납세(공납)의 의무가 있는. ~schein, der [금융] 단기국고 증권, 단기 공채. ~suche, die 보물찾기(수색). ~sucher, der ↑~gräber. ~wechsel, der [금융] 어음 형태의 단기공채.

schätzbar [ˈʃɛtsbaːɐ̯] 〈Adj.〉 평가할 수 있는: ein -er Wert 평가할 수 있는 가치. Schätzbarkeit, die 평가가능성. Schätzchen [ˈʃɛtsçən], das; -s, - ↑Schatz (5)의 축소형.

schatzen [ˈʃatsn̩] 〈h〉 《고어》 과세하다. schätzen [ˈʃɛtsn̩] 〈h〉 1. a) 평가하다, 어림잡다: er hat den Abstand nicht richtig geschätzt 그는 거리를 올바르게 어림잡지 못했다; grob geschätzt, werden wir in einer Woche fertig werden 대략 어림잡아 일주일 안에 끝낼 수 있을 것이다; die Entfernung auf einen Kilometer s. 거리를 1km라고 어림잡다. b) ↑taxieren: einen Gebrauchtwagen s. 중고자동차의 가격을 평가하다. 2. 《통용어》 …라고 생각하다, 추측하다, 여기다, 믿다: ich schätze, wir sind in einer Woche fertig 일주일이면 끝낼 수 있다고 생각한다. 3. a) (사람을) 높이 평가하다, 존중하다: jmdn. nicht sonderlich s. 누구를 별로 높게 평가하지 않다; er ist ein sehr geschätzter Künstler 그는 높이 평가 받는 예술가다. b) 높이 평가하다, 아주 좋아하다: er schätzt ihre Zuverlässigkeit 그는 그녀의 믿음직스러움을 높이 평가한다; er schätzt einen guten Wein 그는 좋은 포도주를 즐겨 마신다; du weißt den Glück nicht zu s.! 너는 네 자신의 행운을 올바르게 평가할 줄 모른다; sich glücklich s. (아어) 행복하게 여기다, 기뻐하다. schätzenlernen 〈h〉 a) 누구를 높이 평가하게 되다: mit der Zeit hat er sie schätzengelernt 시간이 지남에 따라 그는 그녀를 아주 높이 평가하게 되었다. b) 무엇을 높이 평가하게 되다, 무엇의 좋은 점을 알게 되다: mit der Zeit wirst du die Annehmlichkeiten dort noch s. 시간이 지나면 너는 그곳의 안락함을 그래도 알게 될 것이다. schätzenswert, schätzenswürdig 〈Adj.〉 높이 평가할 만한, 가치 있는, 훌륭한. Schätzer, der; -s, - ↑Taxator: ein vereidigter S. 법정 사정인[평가인]. Schätzpreis, der 견적[평가] 가격. Schätzung, die; -en 1. 어림잡음, 대략

적인 평가: nach meiner S.(meiner S. nach ...] 나의 대략적인 판단에 따르면[내 짐작으로는]. **2.** 견적, 재산 평가, 사정(査定): eine S. des Gebäudes vornehmen lassen 건물의 가격을 평가케하다. **3.** 《준고어》↑Wertschätzung. **schätzungsweise** 〈Adv.〉 어림잡아, 대략. **Schätzungskommission**, die 평가[사정] 위원회. **Schätzungswert, Schätzwert**, der; -(e)s, -e 견적(사정) 가치, 평가 가치: der S. des Vermögens [eines Hauses] 재산[어떤 건물]의 평가 가치.

schau [ʃau] [zu ↑Schau (2)] 《청소년어·준고어》멋진: ein -er Hit 멋진 힛트곡; etw. ist s. 무엇이 멋지다; **(einen) auf s. machen** 주의를 끌려고 하다, 뽐내다, 으스대다. **Schau** [-], die; -en **1.** 《드물게》↑Ausstellung (2): eine internationale (regionale, landwirtschaftliche) S. 국제[지역·농업] 박람회; etw. auf[bei] einer S. ausstellen 무엇을 어떤 박람회에서 전시하다. **2.** 《드물게》↑Show: eine S. mt vielen Stars 많은 스타들이 등장하는 쇼; 징구 mach keine S.! 《청소년어》쇼를 하지마《거드름피지 마》!; 전의 die ganze Veranstaltung war eine reine S. 그 행사는 인통 완전히 쇼였다[전시 효과만을 노린 것이었다]; **(die / eine) S. sein** 《청소년어》멋지다, 기차다: seine Schwester ist (eine) große S. 그의 누이는 정말 멋지다; **(s)eine s.[die große S.] abziehen** 《통어어》뽐내다, 과시하다; **eine S. machen** 《청소년어》뽐내다, 과시하다; **jmdm. die S. stehlen** 주역의 인기를 가로채다, 누구를 능가하다. **3.** 《아어》관찰, 관조(觀照), 직관, 통찰: eine mystische (innere, religiöse) S. 신비적[내적·종교적] 관조. **4.** 《아어》관점: etw. aus historischer S. betrachten 무엇을 역사적 관점에서 고찰하다. **5.** 《다음의 용법으로》 **zur S. stellen** 1) 전시하다, 진열하다: Kunstwerke in einem Park zur S. stellen 예술 작품을 공원에 전시하다. 2) 분명히 드러내 보이다: seine Mißstimmung unverhohlen zur S. stellen 자기의 불쾌감을 숨기지 않고 분명히 표시하다; **zur S. tragen** 《심정, 태도 등을》과시하다, 분명히 드러내 보이다; **zur Schau stehen** 《드물게》공개되다, 전시되다.

schau-, Schau-: ~**amt**, das 검사소(檢査所). ~**ausstellung**, die 전람회. ~**begier**, die 《아어》보고 싶은 욕심, 호기심. ~**begierig** 〈Adj.〉↑-lustig: eine -e Menge 구경하고 싶어하는 군중. ~**bild**, das **1.** ↑Diagramm (1): ein S., auf dem das Bevölkerungswachstum graphisch dargestellt ist 인구 증가 현상이 그래프로 그려져 있는 도표. **2.** 〈전시용〉모형도: das S. eines Straßenverlaufs 도로망의 모형도. ~**brot**, das 〈대개 Pl.〉〔유태교〕제상의 빵. ~**bude**, die 가설 흥행장. ~**budenbesitzer**, der 가설 흥행장 주인, 흥행사. ~**bühne**, die 《준고어》↑Theater. ~**burg**, der 《고어·지역적》극장, 영화관. ~**effekt**, der 전시 효과, 시각적 효과. ~**ende**, das 《상》〔피륙의〕견본 조각. ~**fenster**, das 진열창, 쇼윈도: etw. im S. ausstellen 무엇을 쇼윈도에 진열하다; 전의 die Messe ist ein S. der westlichen Welt 박람회는 서구 세계의 진열창이다; **(daherkommen) wie aus dem S.** 《통용어·퍔》요란하게 화장을 하고 있다. ~**fensterauslage**, die 쇼윈도 진열[품]. ~**fensterbummel**, der 아이쇼핑: einen S. machen 아이쇼핑하다. ~**fensterdekorateur**, der 진열창 장식가. ~**fensterdekoration**, die 진열창 장식. ~**fenstergestalter**, der ↑-fensterdekorateur. ~**fenstergestalterin**, die ↑-fensterdekorateur의 여성형. ~**fenstergestaltung**, die ↑-fensterdekoration. ~**fensterkrankheit**, die 〈Pl. 없음〉〔의학〕간혈파행증(間歇跛行症). ~**fensterpuppe**, die 〈쇼윈도의〉마네킨. ~**fensterreklame**, die 쇼윈도 진열을 통한 광고. ~**fensterscheibe**, die 쇼윈도의 유리창. ~**fensterware**, die 쇼윈도 진열 상품. ~**fensterwettbewerb**, der 쇼윈도 진열 경연 대회. ~**fliegen**, das 〔항공〕에어 쇼, 비행 전시. ~**flug**, der 〔항공〕시범비행. ~**frisieren**, das, -s 헤어스타일링 쇼. ~**gebühr**, die 관람(입장)료. ~**gerüst**, das 《드물게》↑Tribüne. ~**geschäft**, das 〈Pl. 없음〉흥행업(계), 쇼 비즈니스, 연예계: ins S. einsteigen 연예계에 뛰어들다, 쇼 비즈니스의 세계에 들어서다. ~**haus**, das ↑Leichenschauhaus의 약칭. ~**kampf**, der 〔권투〕시범 경기. ~**kasten**, der 진열창, 진열상자. ~**lauf**, der ↑Schaulaufen. ~**laufen** 〈s〉《보통 부정법 및 과거분사로만 쓰임》〔스케이팅〕피겨스케이팅에서 시범연기를 하다. 《명사화》 ~**laufen**, das, -s 〔스케이팅〕시범 연기. ~**loch**, das 들여다 보는 구멍, 관찰 구멍. ~**lust**, die 〈Pl. 없음〉《퍔》구경하기를 좋아함, 호기심: seine S. befriedigen 호기심을 만족시키다. ~**lustig** 〈Adj.〉《퍔》구경하기 좋아하는, 호기심이 강한. 《명사화》 ~**lustige**", der / die 구경 좋아하는 사람: eine Menge von -n drängte sich an der Unfallstelle 한패의 구경 좋아하는 사람들이 사고 현장에 몰려 들었다. ~**münze**, die 기념 주화. ~**objekt**, das 전시품. ~**orchester**, das 쇼 관현악단. ~**packung**, die 〈쇼윈도 진열용〉빈 포장. ~**platz**, der 현장(現場), 무대: der S. der Ereignisse 사건 현장; **vom S. abtreten** 1) 《아어·미화》죽다. 2) 은퇴하다. ~**programm**, das 〔피겨〕시범연기(내용). ~**prozeß**, der 《퍔》전시용 공개 재판, 조작 재판. ~**seite**, die 앞면, 표면 (반대: Kehrseite 1 a): die S. eines Gebäudes[einer Münze] 건물[동전]의 앞면; 전의 jmdm. kehren Nur zu zukehren 누구에게 자기의 좋은 면만 보이다. ~**stellen** 《보통 부정법으로 쓰임》《드물게》전시[공개]하다, 드러내 보이다. ~**steller**, der; -s, - 전시하는 흥행주. ~**stellung**, die 《드물게》 **1.** 드러내보임, 노출. **2.** 전시, 시범. ~**stück**, das **1.** 진귀해서 보기 만해야 하는 물건, 진열품: eine Vitrine mit kostbaren -en 진귀한 진열품이 든 유리상자[진열장]. **2.** 《드물게》↑-spiel. ~**tafel**, die 안내[전시]판, 도표. ~**tanz**, der 시범 무용[무도]. ~**tragen*** 〈h〉자랑해 보이다, 과시하다. ~**turm**, der 망루(望樓), 망대(望臺). ~**turnen**, das; -s 시범 체조. ~**vitrine**, die 유리 진열장.

Schaub [ʃaup], der; -(e)s, Schäube [ˈʃɔybə] 〈südd., österr., schweiz.〉짚단, 볏단.

schaubar [ˈʃaubaːɐ] 《아어·드물게》↑erschaubar, sichtbar. **Schaubarkeit**, die ↑Schaubar의 명사형.

Schaube [ˈʃaubə], die; -n 〈중세 말기의, 남자용〉헐렁한 웃옷.

Schauder [ˈʃaudɐ], der; -s, - 《아어》 **1.** 오한(惡寒), 한기(寒氣): beim Betreten des kalten Raumes liefen ihm kalte S. den Rücken hinunter 그 차가운 방으로 들어서자 그는 등골이 오싹하게 오한을 느꼈다. **2.** 공포, 전율, 두려움, 외경(畏敬): ein S. befällt[ergreift, erfüllt] jmdn 공포가 누구를 덮친다(사로잡다, 압도하다); etw. mit frommem S. betrachten 외경심을 갖고 무엇을 관찰하다.

schauder-, Schauder-: ~**erregend** 〈Adj.〉공포[전율, 외경심]를 불러일으키는. ~**geschichte**, die 《드물게》Schauergeschichte. ~**szene**, die 무서운〔참혹한〕광경(장면). ~**voll** 〈Adj.〉《아어·드물게》두려운, 공포에 가득 찬, 무시무시한.

schauderbar 〈Adj.〉《통용어·농》↑schauderhaft. **schauderhaft** 〈Adj.〉《통용어·퍔》 **1.** 소름 끼치는, 역겨운, 지독한, 무시무시한: ein -er Anblick 무시무시한 광경. **2.** 《형용사 및 동사를 강조》아주, 지독히: es war s. kalt 지독히 추웠다. **schaudern** [ˈʃaudɐn] 《대개 비인칭 주어와 함께》 ihn[ihm] schauderte beim Betreten des kühlen

Kellers [es schauderte ihn [ihm] beim Betreten des kühlen Kellers] 서늘한 지하실을 들어서자 그는 갑자스레 오한을 느꼈다; 〈명사화〉 ein Schaudern befiel ihn 오한이 그를 엄습했다. 2. 전율(공포, 외경심)을 느끼다: sie schaudern vor Angst 그들은 불안에 떨었다; 〈대개 비인칭 주어와 함께〉 jmdn. [jmdm.] schaudert (es) bei [vor] etw. 누가 무엇 때문에 전율하다, 두려워하다, 공포를 느끼다. **schauderös** [ʃaudəˈrøːs] 〈Adj.〉 《통용어·농》 ↑schauderhaft (1).

schauen [ˈʃauən] 〈h〉 1. 《특히 südd., österr., schweiz.》 **a)** 보다, 바라보다, 쳐다보다: auf die Uhr [aus dem Fenster] s. 시계를 보다[창 밖을 내다보다]; um sich s. 주위를 둘러보다; 전의 die Fenster der Wohnung schauen auf die Straße [zur Straße] 집의 창문들이 거리 쪽을 향하고 있다. **b)** ··· 한 눈초리를 하고 있다, ··· 한 시선을 던지다: fragend s. 무엇을 묻는 듯한 눈초리를 하다; 전의 der Himmel schaute düster 하늘이 우중충한 모습을 하고 있었다. 2. 〈아이〉 직관하다, 심안(心眼)으로 보다, 인지하다. 3. 《südd., österr.》 구경하다, 〈들여다〉보다: sie haben stundenlang Fernsehen geschaut 그들은 여러 시간 텔레비전을 봤다; **schau, schau!** 〈놀라움의 표시〉 저런, 저런. 4. 《südd., österr., schweiz.》 돌보다: die Nachbarin hat nach den Blumen geschaut 이웃집 여자가 꽃을 돌보아 주었다. 5. 《südd., österr., schweiz.》 〈auf와 함께〉 중시 [중요]하다, 강조하다: er schaut nicht aufs Geld 그는 돈을 중시하지 않는다. 6. 《südd., österr., schweiz.·통용어》 애쓰다, 노력하다: sie mußten s., den Zug nicht zu versäumen 그들은 기차를 놓치지 않도록 서둘러야 했다. 7. 《südd., österr., schweiz.》 확인하다, 조사해 보다: Ich werde s., wer es ist 누군지 내가 확인해 보겠다. 8. 《südd., österr., schweiz.》 〈퇴색한 명령형으로〉 〈설득의 의도를 표현〉: schau (mal), es ist doch gar nicht so schlimm 이봐, 그렇게 나쁜것은 아니잖아?

¹**Schauer** [ˈʃauɐ], der; -s, - 1. [기상] **a)** 짧은 시간 동안 대량으로 내리는 강수(降水) (소나기, 우박 따위) **b)** ↑Regenschauer의 약칭: gewittrige S. 우뢰를 동반한 소나기. 2. 〈아이〉 ↑Schauder (1): ein S. durchrieselte [überlief] ihn 그는 (추위서) 온몸이 떨렸다. 3. 〈아이〉 ↑Schauder (2): ein S. ergreift [befällt] jmdn. 전율 [공포]이 누구를 엄습하다.

²**Schauer** [-], der; -s, - 《아이·드물게》 보는 사람 (↑schauen).

³**Schauer** [-], der; -s, - [선원] ↑Schauermann의 약칭.

⁴**Schauer** [-], der 《또는》 das; -s, - 〈지역적〉 비바람을 막는 지붕, 광, 헛간.

¹**schauer-, Schauer-** (¹Schauer 1): **~artig** 〈Adj.〉 [기상] 소나기 같은, 소나기류의. **~bad**, das 샤워, 관수욕(灌水浴) (Dusche). **~nähe**, die [기상] 소나기가 내리는 지역 부근. **~regen**, der 소나기. **~wetter**, das 소나기 [우박] 날씨.

²**Schauer-** (³Schauer 3): **~anblick**, der ↑~bild. **~bild**, das 끔찍한 [무서운] 광경. **~drama**, das 으스스한 연극. **~effekt**, der 괴기 효과. **~erregend** 〈Adj.〉 ↑schauderrregend. **~geschichte**, die 으스스한 [무서운] 소설 [이야기]: er hat wieder ~erzählt 《뻠》 그는 다시 황당무계한 이야기를 했다. **~märchen**, das 으스스한 내용의 동화. **~roman**, der 으스스한 내용의 소설. **~stück**, das ↑~drama. **~tat**, die 끔찍한 [무서운] 행동. **~voll** 〈Adj.〉 〈아이·드물게〉 ↑~erregend.

schau(e)rig, schauerlich 〈Adj.〉 1. 끔찍한, 무시무시한, 몸서리치는: eine -e Tat 끔찍한 행동.

2. 《통용어·뻠》 **a)** 지독한, 형편 없는, 엉망인: ein ~er Stil 아주 조잡한 문체; das Wetter war s. 날씨는 지독했다. **b)** 〈형용사 및 동사를 강조〉 지독히: es war s. kalt 지독히 추웠다. **Schauerlichkeit**, die; -en 〈드물게 Pl.〉 무시무시함, 무시무시한 것 [일].

Schauermann, der; -(e)s, Schauerleute [선원] 부두 노동자.

schauern [ˈʃauɐn] 〈h〉 《드물게》 1. **a)** 오한을 느끼다, 떨다: er schauerte vor Kälte 그는 추위서 떨었다; 〈비인칭 주어와 같이도〉 es schauerte ihn [ihm] 그는 오한을 느꼈다. **b)** 몹시 시리다, 오한을 느끼다: alle Glieder schauerten ihm 그의 온 사지가 아주 시려왔다. 2. 소름이 끼치다: er schauerte vor Entsetzen 그는 무서워서 몸을 떨었다. 3. 〈비인칭〉 《드물게》 소나기 [우박]가 내리다: es schauert 소나기 [우박]가 내린다.

Schaufel [ˈʃaufl̩], die; -n 1. **a)** 삽: eine S. Sand 모래 한 삽; etw. auf die S. nehmen 무엇을 삽으로 뜨다. **b)** ↑Kehrichtschaufel의 약칭. 2. [전문어] 스키의 위로 굽어진 앞부분. 3. [사냥] 뇌조의 꼬리털. 4. [사냥] (사슴 등의 뿔의) 장상부(掌狀部). 5. [전문어] 노의 넓적한 부분, 노깃. 6. 동력삽.

schaufel-, Schaufel-: **~bagger**, der ↑~radbagger. **~blatt**, das 삽의 넓적한 부분. **~brett**, das ↑Schaufel (6). **~förmig** 〈Adj.〉 삽 모양의. **~gehörn**, **~geweih**, das (사슴 등의) 장상각(掌狀角). **~hirsch**, der [사냥] 두 살 이상된 수담 사슴. **~kunst**, die [기계] 연쇄식 무자위 장치. **~lader**, der 셔블로더, 동력삽 장착차. **~pflug**, der 삽 모양의 쟁기. **~rad**, das [기술] 환상(環狀) 증설 장치. **~radbagger**, der 환상(環狀)증설기. **~raddampfer**, der ↑Raddampfer. **~raum**, der [선박] 석탄 창고. **~stiel**, der 삽자루. **~voll** 〈Adj.〉 한 삽 가득한. **~zahn**, der 앞니 (말, 사슴 따위의).

Schäufele [ˈʃɔyfələ], das; -s, - 〈alemann.〉 소금에 절이거나 훈제한 돼지어깨쪽쪽고기. **schaufelig** 〈드물게〉 ↑schaufelförmig. **schaufeln** [ˈʃaufl̩n] 1. 〈h〉 **a)** 삽질하다: die Kinder schaufelten im Sand 애들이 모래밭에서 삽질을 하며 놀았다. **b)** 삽질해서 (어디로) 옮겨 놓다: Kartoffeln in den Keller s. 감자를 삽으로 지하실에 퍼 넣다. 2. 〈h〉 삽질해서 만들다: sie mußten sich einen Weg durch den Schnee s. 그들은 눈이 쌓인 데서 삽질을 해 길을 만들어야 했다. 3. 〈s〉 (무엇이) 외차의 힘으로 움직이다: der Raddampfer schaufelt flußauf 외차 기선이 강 상류 쪽으로 거슬러 간다. 4. 〈h〉 《축구·속어》 공을 높이 차 뜨우다: den Ball vors Tor s. 공을 높이 차 문전에 띄우다. **Schaufler** [ˈʃaufl̩ɐ], der; -s, - 1. 《드물게》 삽질하는 사람. 2. [사냥] 손바닥 모양의 뿔을 가진 사슴. **schauflig** ↑schaufelig.

Schaukel [ˈʃaukl̩], die; -n 1. **a)** 그네: auf der S. hin und her schwingen 그네를 타고 앞뒤로 흔들다. **b)** 〈지역적〉 ↑Wippe. 2. [조마] 마술(馬術) 동작의 일종.

Schaukel-: **~bewegung**, die 진동(振動), 이리저리 흔들림. **~brett**, das 그네의 걸터 앉는 판. **~gang**, der 흔들대는 걸음 (걸이). **~gaul**, der 〈지역적〉 ↑pferd. **~gerüst**, das 그네대. **~pferd**, das 흔들이 목마(木馬). **~politik**, die 〈Pl. 없음〉 변덕스런 정치, 무정견(無定見)한 정치: eine S. betreiben 조령모개(朝令暮改)식의 정치를 하다. **~reck**, das [제조] 그네철봉 (Trapez, Hängereck). **~ringe** 〈Pl.〉 [제조] 링, 조환(吊環). **~stuhl**, der 흔들이 안락의자.

Schaukelei [ʃaukəˈlaɪ], die 《통용어·뻠》 (계속되는) 흔들림, 진동, 동요. **schaukelig** [ˈʃaukəlɪç], 〈드물게〉 **a)** ↑wackelig: ein -er Stuhl 흔들거리는 의자. **b)** 요동 치는, 흔들대는: die Überfahrt war ziemlich s.

배를 타고 건너갈 때 많이 요동했다. **schaukeln** ['ʃaukļn]
1. a) ⟨h⟩ 앞뒤[위아래]로 움직이다: an der Reckstange s. 철봉 운동을 하다. **b)** ⟨h⟩ 진동하다, 흔들대다[동작의 시작]: auf[mit] dem Schaukelpferd s. 흔들이 목마를 타고 흔들대다. **2. a)** ⟨h⟩ 진동하다, 흔들거리다, 요동하다 (계속되는 동작): das Schiff hat bei dem Seegang mächtig geschaukelt 항해시 배가 아주 많이 요동했다. **b)** ⟨s⟩ 《통용어·농》 비틀대며[흔들거리며] 가다: Betrunkene sind über den Marktplatz geschaukelt 술취한 사람들이 장터 광장을 비틀거리며 가로질러 갔다. **3. a)** ⟨h⟩ 앞뒤[위아래]로 흔들다, 흔들리게 하다: ein Kind auf den Knien s. 어린애를 무릎 위에 앉히고 흔들어 주다; die Wellen schaukelten den Kahn 파도 때문에 그 조그만 배가 출렁댔다. **b)** ⟨h⟩ 《통용어·농》 흔들거리며 운반하다: der Wagen schaukelte die Ausflügler ins Grüne 그 차가 소풍 가는 사람들을 흔들거리며 야외로 실어 갔다. **4.** ⟨h⟩ 《경》 해내다, 이룩하다, 성취하다: wir werden die Sache schon s. 우리는 이 일을 해낼 것이다. **Schaukler,** der; -s, - **1.** 흔들대는 사람. **2.** 《펌· 드물게》 변덕스런 정치인. **schauklig**: ↑schaukelig 참조.

Schaum [ʃaum], der; -(e)s, Schäume ['ʃɔymə] ⟨드물게 Pl.⟩ **1.** 거품, 포말: der S. der Seifenlauge[des Bieres] 비눗물[맥주]의 거품; den S. von der kochenden Suppe abschöpfen 끓는 수프에서 거품을 걷어 내다; S. schlagen 비누거품을 내다; **S. schlagen** 《펌》 으스대다, 떠벌리다, 자랑하다. **2.** 입에서 나오는 거품: jmdm. tritt S. vor den Mund 입에서 거품이 나오다. **3.** 《시어》 무상, 허무, 공허: alles war nur S. gewesen 만사가 한갓 거품에 지나지 않았다.

schaum-, Schaum-: **~artig** ⟨Adj.⟩ 거품 모양의, 거품 같은. **~bäckerei,** die 《südd., österr.》 ↑~gebäck. **~bad,** das **a)** 목욕용 샴푸. **b)** 샴푸를 탄 목욕물. **c)** 위 목욕물에서 하는 목욕. **~bedeckt** ⟨Adj.⟩ 거품으로 덮인. **~beton,** der 경포 콘크리트. **~bildung,** die 거품이 남, 거품 형성. **~bläschen,** die 기포(氣泡). **~brezel,** die 일종의 빵과자. **~gebäck,** das 달걀 과자. **~geborene',** die 《신화》 거품에서 태어난 여신 (Aphrodite의 별명). **~gebremst** ⟨Adj.⟩ 《광고》 거품이 적게 나는: ein -es Waschmittel 거품이 적은 세제. **~glas,** das 《기술》 포말유리. **~gold,** das 금 가짜 금박 (金箔). **~gummi,** der 스폰지. **~gummimatratze,** die 스폰지 매트리스. **~gummipolster,** das 스폰지 쿠션. **~kamm,** der 거품으로 덮인 파도마루. **~kelle,** die 거품(떠내는) 국자. **~kopf,** der ↑~kamm. **~kraft,** die ⟨Pl. 없음⟩ 거품 형성의 강도: die S. des Waschpulvers 세제의 거품 형성도. **~kraut,** das 《식물》 황새냉이의 일종. **~krone,** die **1.** ↑~kamm. **2.** 《맥주잔 따위에 생기는》 거품: -n auf den Biergläsern 맥주잔의 거품. **~leder,** das 《구동독》 아주 가벼운 인조 가죽. **~löffel,** der ↑~kelle. **~los** ⟨Adj.⟩ 거품이 없는, 거품이 일지않는. **~löscher,** der ↑~löschgerät. **~löschgerät,** das 포말 소화기. **~löschverfahren,** das 포말 소화법. **~reiniger,** der 포말 세제(洗劑). **~rolle,** die 《특히 österr.》 생크림 과자. **~schläger,** der **1.** 《드물게》 ↑Schneebesen. **2.** 《펌》 으스대는 친구, 뻐기는 사람, 허풍선이. **~schlägerei** [- - - '-], die 《펌》 **1.** ⟨Pl. 없음⟩ 으스대기, 허풍떨기. **2.** 호언장담, 허풍. **~speise,** die 크림 푸딩(후식). **~stoff,** der 《절연체 등으로 사용되는》 거품. **~teppich,** die 《항공》 《비상착륙시 활주로에 뿌리는》 거품층. **~wäsche,** die 포말 세제에 의한 세차. **~wein,** der [frz. vin mousseux] **1.** 탄산 함유 포도주, 샴페인. **2.** 《대중적》 ↑Sekt. **~welle,** die 《드물게》 거품이는 파도. **~zikade,** die 《동물》 좀매미. **~zirpe,** die ↑~zikade.

schäumbar ['ʃɔymbaːɐ̯] ⟨Adj.⟩ 《기술》 발포성(發泡性)의. **schäumen** ['ʃɔymən] **1. a)** ⟨h⟩ 《액체 따위가》 거품을 내다: der Sekt schäumte in den Gläsern 샴페인이 잔에서 거품을 내었다. **b)** ⟨h⟩ 《물 속에서》 거품을 내다: eine stark schäumende Zahnpasta 거품을 많이 내는 치약. **c)** ⟨s⟩ 거품을 내며 흐르다: Bier schäumte in die Gläser 맥주가 거품을 내며 잔에 따라졌다. **2.** ⟨h⟩ 《아이》 노해서 입에 거품을 물다: er schäumte vor Wut 그는 격노했다. **3.** 《기술》 ⟨h⟩ 발포(發泡)하다. **schaumig** ['ʃaumɪç] ⟨Adj.⟩ **a)** 거품으로 된, 거품 나는: Butter und Zucker s. rühren 《설탕과》 버터와 설탕을 거품이 나도록 휘젓다. **b)** 거품 투성의, 거품으로 덮인: die See war s. 바다는 거품으로 덮여 있었다.

schaurig ['ʃaurɪç] ⟨Adj.⟩ **1.** 으스스한, 무시무시한, 소름 끼치는, 끔찍한: eine -e Geschichte 으스스한 이야기. **2.** 《대개 통용어》 **a)** 지독한, 형편 없는: ein -es Wetter 지독한 날씨; er spricht ein -es Englisch 그의 영어는 형편 없다. **b)** 《동사나 형용사를 강조》 아주, 지독히: ich habe mich s. gelangweilt 나는 지독히도 지루했다.

Schauspiel, das; -(e)s, -e **1. a)** ⟨Pl. 없음⟩ ↑Drama (1 a). **b)** 《결말이 비극적이 아닌》 연극: ein S. aufführen[inszenieren] 연극을 상연[연출]하다; in ein S. gehen 연극을 구경하러 가다. **2.** 《아이》 《드물게 Pl.》 광경, 구경거리: der Sonnenuntergang war ein erhabenes S. 해지는 모습은 장엄한 광경이었다; sie wollten den Leuten kein S. geben 그들은 다른 사람들에게 자기들의 다투는 모습을 보이지 않으려고 했다; **ein S. für (die) Götter sein** 《통용어·농》 우스꽝스럽다, 그로테스크하다 (↑ Bild 2).

Schauspiel-: **~artig** ⟨Adj.⟩ 연극풍(風)의 극적인, 연극 같은. **~dichter,** der 연극 작가. **~dichtung,** die 연극학, 회곡 문학, 연극 작품. **~direktor,** der 《고어》 극장장(劇場長). **~eleve,** der ↑~schüler. **~haus,** das 극장. **~kunst,** die ⟨Pl. 없음⟩ 연극 예술, 연극술. **~musik,** die ↑Bühnenmusik. **~schule,** die 연극학교, 배우 학교. **~schüler, ~schülerin,** die 배우 학교 남[여]학생. **~unterricht,** der 연극[연기] 수업.

Schauspieler, der; -s, - 배우: ein bekannter[berühmter] S. 유명한 배우; er ist ein (schlechter) S. 《펌》 그는 잘 꾸며댄다[잘 꾸며대지 못한다]. **Schauspielerberuf,** der ⟨Pl. 없음⟩ 배우 직업. **Schauspielerei** [ʃauʃpiːlə'rai], die **1.** 《통용어》 배우 생활: die S. an den Nagel hängen 배우 생활을 그만 두다. **2.** 《통용어·펌》 거짓꾸밈, 이 체함, 겉치레, 가장: seine dauernde S. ist widerwärtig 그의 계속적인 거짓꾸밈은 역겨운 일이다. **Schauspielerin,** die; -nen ↑ Schauspieler의 여성형. **schauspielerisch** ⟨Adj.⟩ 배우의, 연극의, 연극적: eine große -e Begabung 아주 큰 연기 재능; ein -es Können 연기력(演技力). **schauspielern** ['ʃauʃpiːlɐn] ⟨h⟩ **a)** 연극을 하다: er hat gesungen und geschauspielert 그는 노래도 하고 연기도 했다. **b)** 《펌》 …인 체하다, 가장하다: er hat schon immer gern geschauspielert 그는 항상 거짓 꾸미기를 좋아했다.

schaustehen* 《부정형으로만 쓰임》 《드물게》 광고 목적으로 서 있다.

Schaute ['ʃautə], der; -n, -n (jidd.) ↑ ⁴Schote.

¹Scheck [ʃɛk], der; -s, -s 《드물게》 -e [engl. cheque, amerik. check] 수표, 우편환: ein ungedeckter S. 공수표; einen S. über 100 Mark ausstellen (= ausschreiben)[einlösen] 액면 100마르크의 수표를 발행하다 [수표에서 현금으로 바꾸다].

²Scheck [ʃɛk], der; -en, -en ↑ ¹Schecke.

Scheck- (¹Scheck): **~abteilung,** die 《금융·경제》

수표 담당 부서. ~**betrug**, der 수표 사기(詐欺). ~**betrüger**, der 수표 사기꾼. ~**buch**, das 《구제》수표장(手票帳). ~**diskontierung**, die 【금융】외국 수표 할인 매입. ~**fähigkeit**, die 【법】수표 발행 자격, 수표 능력. ~**fälscher**, der 수표 위조자. ~**fälschung**, die 수표 위조. ~**heft**, das ↑~buch. ~**inhaber**, der 수표 소지[지참]인. ~**inkasso**, das 【금융】수표 추심. ~**karte**, die 수표 보증 카드. ~**recht**, das 《Pl. 없음》【법】수표법. ~**sperre**, die 수표 지불 동결. ~**verkehr**, der 【금융】수표 거래. ~**vordruck**, der 수표 용지.

¹**Schecke** ['ʃɛkə], der; -n, -n 얼룩이 짐승(특히 소, 말).
²**Schecke** [-], die; -n 얼룩이 짐승 암놈(특히 소, 말).
scheckig ['ʃɛkɪç] ⟨Adj.⟩ **a)** (소, 말의 경우) 얼룩이 있는, 얼룩진: -e Kühe 얼룩 암소들; 전의 das Kleid ist mir zu s. 《통용어·폄》그 옷의 무늬가 내게는 너무 알록달록하다. **b)** 반점 투성이의, 울긋불긋한: sein Gesicht war vor Wut ganz s. 그의 얼굴은 분노로 울긋불긋했다; sich s. lachen 《통용어》무엇을 보고 크게 웃다.
scheckigbraun ⟨Adj.⟩ 갈색 반점이 있는. **Scheckung**, die; -en 얼룩져 있음, 얼룩얼룩함. **Scheckvieh**, das; -(e)s 얼룩 짐승.
Schedbau ['ʃɛt-], der; -s, -ten 톱니 모양의 지붕을 한 일층 건물. **Scheddach** ['ʃɛt-], das; -(e)s, ...dächer 톱니 모양의 지붕.
scheel [ʃe:l] ⟨Adj.⟩《통용어》뻐딱한, 흘겨보는(불신, 시기, 멸시 등의 표현): jmdn. mit -en Blicken[Augen] ansehen 누구를 뻐딱한 눈으로 보다.
scheel-, Scheel-: ~**auge**, das 사팔눈, 불신의 눈. ~**äugig** ⟨Adj.⟩ ↑~blickend. ~**blick**, der 불신의 시선. ~**blickend** ⟨Adj.⟩ 흘겨보는, 시기하는 눈초리의. ~**sucht**, die 《Pl. 없음》《준고어》시기, 악의(惡意), 멸시, 샘. ~**süchtig** ⟨Adj.⟩《준고어》시기하는, 멸시하는, 샘 내는.
Schefe ['ʃe:fə], die; -n (südd.) ↑¹**Schote**.
Scheffel ['ʃɛfl], der; -s, - **a)** 셰펠: 곡량(穀量)의 옛 단위(50ℓ에서 222ℓ까지 일정치 않음). **b)** 《지역적》나무통, 곡식을 되는 그릇: **in -n** 대량으로, 아주 많이; etw. in -n einheimsen 무엇을 대량으로 긁어 모으다; **sein Licht (nicht) unter den S. stellen** 자기 공로를 과시하지 않다(숨기지 않다)(↑Licht 2 b). **scheffeln** ['ʃɛfln] ⟨h⟩《통용어·폄》(대량으로) 긁어 모으다: 전의 eine neue Sportgroßmacht scheffelt Medaillen 새로운 스포츠 대국이 메달들을 휩쓸어 간다. **scheffelweise** ⟨Adv.⟩《통용어》대량으로.
Scheherazade [ʃehera'za:də], **Scheherezade** [ʃehere'za:də], die 셰헤라자데(천일야화의 여자 이야기꾼).
Scheibband, das 《Pl. ...bänder》(österr.) 끈, 가죽 끈.
Scheibchen ['ʃaipçən], das; -s, - ↑¹**Scheibe** (1 a, 2, 3). **scheibchenförmig** ⟨Adj.⟩ 얇은 조각 모양의, 원반 모양의. **scheibchenweise** ⟨Adv.⟩ 얇은 조각으로, 조금씩: 전의 etw. s. berichten 《통용어》무엇을 조금조금씩 이야기해 주다. ¹**Scheibe** ['ʃaibə], die; -n **1. a)** 《축소형: ↑Scheibchen》원반, 원반(圓盤)의: der Mond stand als honigfarbene S. am Himmel 달이 하늘에는 꿀색의 원반 모양을 하고 있었다. **b)** 【기술】↑Riemenscheibe의 약칭. **c)** 【기술】↑Dichtungsscheibe의 약칭. **d)** 《스포츠·군》 ↑Schießscheibe의 약칭. **e)** 《통용어》↑Schallplatte: eine S. auflegen 음반을 축음기에 올려놓다. **2.** 《축소형: ↑Scheibchen》얇은 조각: eine S. Brot[Wurst] 빵[소시지] 한 조각; Eier in -n schneiden 달걀을 얇게 썰다; **sich³ von jmdm.[etw.] eine S. abschneiden (können)** 《통용어》누구[무엇]를 모범으로 삼다[삼을 수 있다]. **3.** 《축

소형: ↑Scheibchen》유리창: die S. des Wagens herunterdrehen(herunterkurbeln) 자동차의 창문을 내려 열다. **4.** 《통용어·미화》↑**Scheiße** (2): so eine S.! 이런! 젠장!
²**Scheibe** [-], die; -n 《스포츠 은어》구주희[볼링]의 공.
scheiben ['ʃaibn] ⟨h⟩(bayr., österr.》굴리다, 볼링을 하다.

scheiben-, Scheiben- (↑¹Scheibe): ~**artig** ⟨Adj.⟩ 원반 모양의. ~**bank**, die 철사 제조 기계. ~**blume**, die 【식물】반상화(盤狀花). ~**blüte**, die 【식물】반상화. ~**bremse**, die 《자동차》원판 제동 장치, 디스크 브레이크. ~**brot**, das 얇게 썰어 포장해 놓은 빵. ~**büchse**, die 공기총(놀이터의). ~**egge**, die 원판 써레. ~**entfroster**, der ↑Defroster 의 【자동차】 ~**förmig** ⟨Adj.⟩ 원반(圓盤) 모양의. ~**gardine**, die 창문에 붙여 단 커튼. ~**glas**, das 판유리, 창유리. ~**hantel**, die 【역도】 ↑Hantel (2). ~**heizanlage**, die 《서리 제거 등을 위한》 자동차 창문 가열 장치. ~**honig**, der **1.** 얇게 썬 벌집꿀. **2.** 《통용어·은폐》↑Scheiße (2). ~**kleister**, der 《통용어·은폐》↑honig (2). ~**kondensator**, das 축전기. ~**könig**, der 사격 대회의 우승자. ~**kupplung**, die 【자동차】디스크 클러치. ~**pilz**, der 【식물】반균류(盤菌類). ~**rad**, das 《스포츠 없는》원판바퀴, 디스크 륜. ~**schießen**, das; -s 《스포츠·군》사격 시합, 사격 훈련. ~**schütze**, der 《과녁 쏘기의》사수(射手). ~**stand**, der 사격장(射的場). ~**tauchsieder**, der 원반 투입 전열기. ~**waschanlage**, die 《자동차》전면 유리창 세척 장치, 윈도워셔. ~**wascher**, der 《자동차》 ↑~waschanlage. ~**weise** ⟨Adv.⟩ 얇게 조각 내어, 얇게 베어. ~**werfen**, das 원반 던지기. ~**wischer**, der 【자동차】와이퍼, 유리창 닦개: die S. einschalten 와이퍼를 작동시키다.

scheibig ['ʃaibɪç] ⟨Adj.⟩《드물게》원판(원반) 모양의.
Scheibtruhe, die; -n《bayr., österr.》(바퀴 하나의) 손수레.
Scheich [ʃaiç], der; -(e)s, -s / -e [arab. šaih] **1. a)** 《아랍 국가의》수장(首長). **b)** 《아랍 마을의》촌장, 족장(族長). **c)** 《Pl. 없음》샤이히, 셰이크(회교 사회의 지도층 인사에 붙이는 칭호). **2.** 이슬람교로 개종한 힌두 사람. **3.** 《경》(여자의) 남자 친구, 임자: sie hat einen neuen S. 그 여자에게는 새 남자 친구가 생겼다. **Scheichtum**, das; -s, -tümer 《스포츠》수장국(首長國).
Scheide ['ʃaidə], die; -n **1.** 칼집: das Schwert aus der S. ziehen(in die S. stecken) 칼을 칼집에서 뽑다(칼집에 넣다). **2.** 【의학】질(膣)(Vagina). **3.** 《준고어》경계(선), 분계선: 전의 (아어) er stand an der S. zwischen Leben und Tod 그는 삶과 죽음의 기로에 서 있었다.

Scheide- (scheiden): ~**brief**, der 《준고어》이별[결별]의 편지: jmdm. einen[den] S. geben(schreiben) 누구에게 결별의 편지를 쓰다. ~**geld**, das 《Pl. 없음》《고어》↑~münze. ~**kunst**, die 《Pl. 없음》《고어》분석술, 화학. ~**kuß**, der 이별의 키스. ~**linie**, die 분[경]계선. ~**mann**, der 《지역적》중재자. ~**mauer**, die 《고어》↑Brandmauer. ~**münze**, die 《화폐·고어》잔돈, 소액 화폐. ~**punkt**, der 분기점, 분리점, 【문법】분음부(分音符). ~**stunde**, die 이별의 시간. **2.** 사기(死期), 임종. ~**trunk**, der 이별의 술잔. ~**wand**, die 칸막이 벽. ~**wasser**, das 질산, 왕수(王水). ~**weg**, der 《다음 용법으로》**am S. stehen** 기로에서 있다).

scheiden* ['ʃaidn] **1.** ⟨h⟩ 이혼시키다: ich bin schuldig [unschuldig] geschieden 나는 나의 잘못으로[잘못없이] 이혼한 몸이다; sich (von seiner Frau) s. lassen 재판을 통해 (자기 부인과) 이혼하다. **2.** ⟨h⟩ **a)** (사람 혹은

물건 사이를) 떼어놓다, 가르다, 분리하다: ihre unterschiedliche Erziehung scheidet die beiden 그 둘은 각기 다른 교육을 받아왔기 때문에 (성격이) 서로 완전히 다른 사람이다; **geschiedene Leute sein** 남남끼리이다. **b)** 다르하다. **c)** 〈s. + sich〉 상이하다, 구별되다, 일치하지 않다: in dieser Frage scheiden sich die Meinungen 이 문제에서는 의견이 서로 갈린다. **d)** [제련·화학] 선광(選鑛)하다, 분해하다, 정제(精製)[정련(精鍊)]하다: Erz aus taubem Gestein s. 폐석(廢石)에서 광석을 분리하다. **3.** 〈s〉 **a)** 《아이》헤어지다, 이별하다. **b)** 《대개 아이》떠나다: wir sahen ihn mit Bedauern s. 우리는 그가 섭섭하게 떠나는 모습을 보았다; 전의 aus dem Dienst[Amt] s. 퇴직하다, 은퇴하다; 〈명사화〉 성구 Scheiden tut weh 이별은 아픈 법.

Scheiden-: ~abstrich, der [의학] 질(膣)조직 채취, 질점막(膣粘膜) 채취. **~artig,** 〈Adj.〉 칼집 모양의, 질상(膣狀)의. **~ausfluß,** der [의학] ↑Ausfluß (3 b). **~eingang,** der ↑~öffnung. **~entzündung,** die [의학] 질염(膣炎). **~flora,** die 질간균(膣桿菌). **~krampf,** der 질 경련(膣痙攣). **~muschel,** die 〈동물〉긴맛, 긴맛과의 조개. **~öffnung,** die 질구(膣口). **~spekulum,** das [의학] 질경(膣鏡), 자경궁. **~spiegel,** der ↑~spekulum. **~vorfall,** der [의학] 질탈(膣脫).

Scheiding ['ʃaidɪŋ], der; -s, -e 〈고어〉 9월. **Scheidung** ['ʃaidʊŋ], die; -en 1. 이혼: die S. einreichen 이혼 소송을 제기하다; in eine S. einwilligen 이혼 요구를 받아들이다, 이혼을 승락하다; in S. leben[liegen] 이혼 소송 중이다. **2.** 구분, 분리, 분해, 구별.

Scheidungs-: ~anwalt, der 이혼 문제 전문 변호사. **~begehren,** der 《아이》↑~klage. **~erkenntnis,** das [법] 이혼 판결. **~gesuch,** das 《아이》↑~klage. **~grund,** der 이혼의 사유. **~klage,** die 이혼 제소: der S. stattgeben 이혼 제소 측에 승소 판결을 내리다. **~prozeß,** der 이혼 소송. **~richter,** der 이혼 소송 담당판사. **~termin,** der 이혼 소송 재판일자. **~urteil,** das 이혼 판결. **~waise,** die 이혼한 부모의 자녀.

Scheik [ʃaik], der; -(e)s, -s / -e ↑Scheich (1).

Schein [ʃain], der; -(e)s, -e **1. a)** 비침, 광휘(光輝), 빛, 불빛: der flackernde S. einer Kerze 촛불의 팔락거리는 불빛; der S. der Taschenlampe fiel ins Zimmer 손전등의 불빛이 방 안으로 비추어졌다; im S. der sinkenden Sonne stehen 지는 해의 빛을 받으며 서있다. **b)** 기미, 기색: ihr Gesicht wurde einen S. freundlicher 그녀의 얼굴 표정이 약간 더 상냥해졌다. **2.** 〈Pl. 없음〉 **a)** 외견, 외관, 겉보기, 외양(外樣), [철학] 가상(假象): der S. spricht gegen ihn 외양은[외양만] 보면 그가 잘못인것 같이[불리한 것 같다]; den S. der Legalität [Demokratie] wahren 합법성(민주주의)의 모양을 유지하다; 성구 der S. trügt 겉보기와 실제는 다르다, 소문난 잔치에 먹을 것 없다; **zum S.** 부러, 겉으로만. **b)** 가상(假象), 허상: das ist alles leérer[blóßer] S. 그 모든 것이 공허한[단순한] 허상에 불과하다. **3.** 증명서, 증서: einen S. unterschreiben 증서에 서명하다. **4.** ↑Geldschein의 약칭.

schein-, Schein-: ~angriff, der 위장 공격, 양동 작전. **~architektur,** die [건축] 평면에 그려진 건축 양식. **~argument,** das 엉터리 논거(論據), 엉터리 이유, 궤변. **~asylant,** der 거짓(위장) 망명자. **~beschäftigung,** die 위장 직업. **~bewegung,** die 가현 운동(假現運動). **~beweis,** der 엉터리 증명, 궤변. **~bild,** das 허상(虛象), 환영. **~blüte,** die **1.** [식물] 위화(僞花). **2.** 실속 없는 경기(景氣), 외면상의 번영. **~dasein,** das ↑~existenz. **~ding,** das 허깨비, 환영. **~dolde,** die ↑~blüte (1). **~ecke,** die 오족철. **~ehe,** die

허위(위장) 결혼. **~ehre,** die 허명(虛名). **~existenz,** die **1.** 허상적 존재. **2.** 《교양어》 무의미한 생존. **b)** 무의미한 삶을 영위하는 자. **~farbe,** die 우생색(偶生色). **~firma,** die 위장 회사, 가짜 회사. **~frage,** die 의미 없는 질문(문제). **~freude,** die 거짓 기쁨. **~freund,** der 거짓 친구. **~friede,** der 거짓 평화. **~fromm** 〈Adj.〉 경건한 체 하는, 위선의. **~frömmigkeit,** die 위의 명사. **~frucht,** die [식물] 위과(僞果), 가과(假果). **~füßchen,** das 〈생물〉(원생동물의) 위족(僞足). **~gefecht,** das 위장 전투, 거짓 싸움. **~gelehrsamkeit,** die 위장적 학문. **~geschäft,** das 위장 거래. **~gesellschaft,** die ↑~firma. **~gesellschafter,** der 위장 출자자(합자 ·합명회사의). **~gewinn,** der [경제] 명목 이익, 가공 이익: die Ausschüttung von -en vermeiden 명목 이익의 분배를 피하다. **~grund,** der ↑~argument. **~gründung,** die [경제] 회사의 위장 설립. **~heilig** 〈Adj.〉 《통용어·꿤》 위선적인, 경건한 체하는: tu jetzt bloß nicht so s.! 이제 제발 그렇게 경건한 체하지 말라. **~heiligkeit,** die 《통용어·꿤》 위선, 위선적 태도[행위]. **~kampf,** der ↑~gefecht. **~kauf,** der 위장 매입. **~kaufmann,** der 외관상의 상인. **~lösung,** die 사이비 해결(책). **~manöver,** das 위장 기동 연습, 위장 이동. **~opposition,** die 사이비 야당. **~problem,** das 의미없는 문제. **~schwangerschaft,** die [의학] 위임신(僞妊娠), 상상 임신. **~sieg,** der **a)** 헛승리, 표면상의 승리. **b)** 손실이 너무 많은 승리 (Pyrrhussieg). **~tod,** der [의학] 가사(假死)(상태). **~tot** 〈Adj.〉 **a)** [의학] 가사(假死)의. **b)** 《경》 아주 늙은: die ist ja schon s. 저 여자야 이미 아주 늙어 빠졌어. 〈명사화〉 **~tote*,** der / die 가사 상태의 사람, 늙어 빠진 사람. **~verlust,** der [경제] 명목 손실(반대: ~gewinn). **~vertrag,** der 위장 계약. **~wechsel,** der 공수표, 융통 어음. **~welt,** die 공상[환상]의 세계: in einer S. leben 환상의 세계속에 살다. **~werfer,** der 탐조등, 서치 라이트, 전조등(前照燈), 헤드 라이트. der S. auf-/abblendene 전조등을 하이빔으로 또는 비추다[감광(減光)하다]; in den Kegel des -s geraten 각광을 받다, 조명의 중심에 놓이다; 전의 Mensch, hat das Mädchen ein paar S. 야, 저 아가씨 두눈이 굉장히 빛난다. **~werferkegel,** der 탐조등 따위의 원추형 광선(빛). **~werferlicht,** das 전조등 불빛: **im S. (der Öffentlichkeit) stehen** 세상의 이목을 끌다, 대중의 관심 대상이 되다. **~wesen,** das 허깨비, 곡두, 환영; 허위, 허식. **~widerstand,** der 표면상의 저항, 허위 저항. **~wurm,** der 개똥 벌레.

scheinbar ['ʃainba:ɐ̯] 〈Adj.〉 **1.** 외관상의, 표면상의, 겉보기의, 표면만의, 피상적인: mit -er Ruhe reagieren 겉으로는 태연한 것처럼 반응하다. in -em Widerspruch 그것은 표면상으로만 모순이다. **2.** 《통용어》↑anscheinend. **scheinen'** ['ʃainǝn] 〈h〉 (지역에 따라서는 약년완). **1. a)** 빛나다, 빛을 발하다, 비치다: die Sonne scheint (heute ungewöhnlich warm) 해가 (오늘은 유난히 따듯하게) 비친다. **b)** 반짝이다: das Blech schien in der Sonne 양철이 햇빛을 받아 번쩍거렸다. **2.** ...처럼 보이다, 여겨지다, ...인듯하다: 〈zu + Inf. 과 함께〉: er scheint arm[geizig] zu sein 그는 가난(인색)한 것처럼 보인다; ich scheine mein Besuch einer Abwechslung zu bedeuten 내가 찾아온 것이 그들에게는 기분 전환의 계기가 된 듯 같다; 《비인칭주어 + daß ...》es scheint, daß es nicht nur um eine einfache Differenzen geht 단순한 (의견) 차이의 문제만이 아닌 것 같다.

Scheiß [ʃais], der; - 《꿤·경》 하찮은 것, 몹쓸 것, 보잘 것 없는 것: was soll der S.? 이 무슨 쓸 데 없는 짓이야? **¹scheiß-, Scheiß-:** 〈명사나 형용사 앞에 붙어 써

서 속되고 감정적인 방법으로 거부감, 화 등을 나타냄. 예컨대). Scheißarbeit, -beruf, -bleistift, -modern 등에 서와 같이.

²**scheiß-, Scheiß-**: **~dreck,** der 《욕·경》 **1.** ↑Kot (1). **2.** 《감정적 강조》↑Dreck (2, 3). **~egal** 〈Adj.〉《경》전장 아무래도 상관 없는: das ist mir doch s. 그건 나한테는 전장 전혀 상관 없다. 《속어》~el **~eimer,** der 《속어》통. **~freundlich** 〈Adj.〉《욕·경》지독히[된통] 친절한, 흐들갑스럽게 친절한. **~haufen,** der 《속어》↑Kot (1). **~haus,** das 《속어》↑Abort. **~hausparole,** die 《속어》험담(險談): das sind doch -n! 그것은 험담에 지나지 않는다. **~kerl,** der 《욕》↑Dreckskerl. **~kram,** der 《욕》지랄 같은 일[물건]. **~liberal** 〈Adj.〉《욕》아주 관용적[자유주의적]인 체 하는. 《명사화》**~liberale*,** der / die 《욕》지랄 같은 자유주의자. **~vornehm** 〈Adj.〉《욕》더럽게 고급스런.

Scheiße ['ʃaisə], die 《속어》 **1.** ↑Kot (1): ein Haufen S. 통 한 무더기; in S. treten 똥을 밟다; 〈전의〉mir steht die S. bis zum Hals 내 상황은 엉망진창이다; jmdn. **aus der S. ziehen** 누구를 궁지에서 꺼내 주다(↑Dreck 1); **aus der (größten) S. (heraus)sein** 최악의 상태를 벗어나다(↑Dreck 1); **jmdn.[etw.] durch die S. ziehen** 누구[무엇]에 관해 험담하다, 누구[무엇]를 모함하다; **in der S. sitzen / stecken** 난처한 입장에 빠져있다(↑Dreck 1); **jmdn.[etw.] mit S. bewerfen** 누구[무엇]를 비방(중상)하다. **2.** 《욕》엉터리, 형편 없는 일[일]: der Film ist große S. 그 영화는 형편 없는 것이다; S.! 전장! 지랄 같은 것 !; so eine S.! 이런 전장! **scheißen*** ['ʃaisņ] 〈h〉《속어》**1.** 통을 누다, 대변 보다: vor Angst in die Hosen s. 겁에 질려 바지에 통을 싸다; 〈성구〉dir hat man (wohl) ins Gehirn geschissen 너는 아마 제 정신이 아닌 모양이지; **auf jmdn.[etw.] s.** 누구[무엇]를 무시하다, 거들떠 보지 않다: er scheißt auf alle Tradition 그는 모든 전통을 무시한다; scheiß drauf! 아무 일 없게! 신경쓸 것 없어; **jmdm. (et)was s.** 누구의 무엇에 대해 전혀 괘념하지 않다, **geschissen gut** 《지역적》겨우 [그저] 쓸 만한. **2.** 방귀 뀌다, 똥을 뀌다: ungeniert (wie ein Waldesel) s. 《야생 나귀처럼》거리낌없이 방귀 뀌다. **Scheißer,** der; -s, - **1.** 《욕》↑Dreckskerl. **2.** 《속어·경》시시한 [데데한] 녀석. **Scheißerei** [ʃaisə'rai], die 《속어》**a)** 방귀 누기, 배변. **b)** 설사: gewaltig die S. haben 심한 설사를 하다. **Scheißeritis** [ʃaisə'ri:tis], die 《경》↑Scheißerei (b).

Scheit [ʃait], das; -(e)s, -e /《österr. / schweiz.》-er《südd., österr., schweiz.》나무토막, 장작: die -e prasseln 장작이 소리를 내며 탄다.

scheit-, Scheit-: **~holz,** das 장작용, 땔나무. **~recht** 〈Adj.〉《건축》직선 수평의. **~stock,** der 《schweiz.》모탕, 도끼받침대(나무).

Scheitel ['ʃaitl], der; -s, - **1. a)** 가리마: ein gerader S. 똑 바른 가리마; einen S. ziehen 가리마 타다; sie trägt den S. rechts 그녀는 오른쪽에 가리마를 타고 있다; sich den S. mit dem Schwamm ziehen können 《통용어·농》《대머리여서》가리마타기가 누워 떡먹기이다. **b)** 머리 꼭대기, 정수리: genau auf den S. hatte er einen Wirbel 그는 머리 정수리에 가마가 있었다; **vom S. bis zur Sohle** 머리 끝에서 발 끝까지, 완전히. **c)** 《시어》두발(頭髮), 머리털. **2. a)** 꼭대기, 정점(頂點), 절정: im S. des Torbogens ist ein Relief angebracht 입구 아치의 정점에 부조(浮彫)가 하나 새겨져 있다. **b)** [천문] ↑Zenit. **3.** [수학] **a)** 《삼각형 따위의》꼭지점, 정점. **b)** 《곡선의》정점.

scheitel-, Scheitel-: **~abstand,** der [천문]《天頂》거리. **~auge,** das 《동물》↑Pinealauge. **~bein,** das [해부] 두정골(頭頂骨). **~fläche,** die **a)** 두정평면(頭頂平面). **b)** 고원, 대지(臺地). **c)** 수직면. **~haar,** das 두정모(頭頂毛), 머리털. **~höhe,** die **a)** 정상(頂上), 정점(頂点). **b)** (탄도)의 정점. **~kamm,** der 〔해부〕두정모. **~käppchen,** das 《카톨릭 성직자가 쓰는》작은 빵모자. **~kreis,** der **1.** [천문] 방위권(方位權). **2.** [수학] 원의 일종. **~linie,** die [천문] 수직선, 연직선(鉛直線). **~los** 〈Adj.〉가리마 없는. **~naht,** die ↑Kranznaht. **~organ,** das ↑Pinealorgan. **~punkt,** der ↑Scheitel (2, 3). **~recht** 〈Adj.〉《군고어》수직의. **~wert,** der [수학·물리] Amplitude. **~winkel,** der [수학] 맞꼭지각, 대정각(對頂角). **~zelle,** die [생물] 정단 세포(頂端細胞).

scheiteln ['ʃaitļn] 〈h〉가리마 타다.

scheiten ['ʃaitņ] 〈h〉《schweiz.》나무를 패다, 쪼개다, 장작 패다. **Scheitenhaufen,** der; -s, - **1.** 화형용 장작더미, 화형장: einen S. errichten 화형장을 만들다; sie starben auf dem S. 그들은 화형으로 죽었다. **2.** 《südd.》디저트의 일종. **scheitern** ['ʃaitɐn] 〈s〉**1. a)** 좌절하다, 실패하다: sie ist (im Leben) gescheitert 그녀는 《삶에서》좌절했다; er ist (mit seinen Plänen) gescheitert 그 사람의 (계획)은 실패했다. **b)** 실패하다, 수포로 돌아가다: ihre Ehe ist gescheitert 그녀(그들)의 결혼은 실패했다; 《명사화》die Revolte war zum S. verurteilt 그 반란은 실패할 수밖에 없었다. **2.** 《준고어》난파하다, 좌초하다: das Schiff ist an den Felsen[auf einem Riff] gescheitert 그 배는 바위 때문[암초]에 좌초했다.

Schekel ['ʃe:kļ] ↑Sekel.

Schelch [ʃɛlç], der 《또는》das; -(e)s, -e 《west)md.》강에서 부리는 큰 배.

Schelde ['ʃɛldə], (niederl.) 'sxɛldə], die 셸데 강(江)(프랑스, 벨기에, 네덜란드를 흐름).

Schelf [ʃɛlf], der 《또는》das; -s, -e [engl. shelf] [지리] ↑Festland(s)sockel.

Schelfe ['ʃɛlfə], Schilfe, die; -n 《지역적》《열매의》껍질.

schelfen 〈h〉↑Schelfern의 드문 형태.
schelf(e)rig ['ʃɛlf(ə)rɪç] 〈Adj.〉《지역적》↑schilf(e)rig. **schelfern** ['ʃɛlfɐn] 〈h〉《지역적》↑schilfern.

Schelfmeer, das; -(e)s, -e 대륙붕 해역.

Schellack ['ʃɛlak], der; -s, -e [niederl. schellak] 셸락 (와니스의 원료로 쓰는 물질).

Schelladler ['ʃɛl-], der; -s, - 《유라시아의 온대 지역에 서식하는》작은 흑갈색 독수리.

¹**Schelle** ['ʃɛlə], die; -n **1.** 띠고리《관, 파이프, 홈통 등을 고정시키는》: eine Rohrleitung mit -n an der Wand befestigen 도관을 띠고리로 죄어 벽에 고정시키다. **2.** 〈Pl.〉《고어》수갑.

²**Schelle** [-], die; -n **1. a)** 방울: die -n an der Narrenkappe klingeln 광대모자에 달린 방울들이 소리를 낸다. **b)** 《지역적》조그만 종. 《지역적》초인종: die S. läuten 초인종을 울리다. **3.** 〈Pl.〉〔카드〕다이아몬드.

³**Schelle** [-], der; -, 《지역적》뺨맞기 때리기.

schellen ['ʃɛlən] 〈h〉 **1. a)** 울리다 《klingen (a): das Telefon schellt 전화가 울린다》; 《비인칭》an der Haustür schellt es 현관문에서 초인종이 울린다. **2.** 〈klingeln (b)〉: an der Wohnungstür dreimal s. 집문의 초인종을 세 번 누르다. **3.** ↑klingeln (c): er schellte nach dem Diener 그는 초인종을 눌러 하인을 불렀다.

¹**Schellen-** (²Schelle): **~baum,** der 작은 방울을 가득 단 반달 모양의 군악기. **~geklingel,** das 방울 소리. **~gebäud(e),** das 방울 소리. **~kappe,** die ↑Narrenkappe. **~klang,** der 방울소리. **~knopf,** der 《지역적》↑Klingelknopf. **~kranz,** der 금속 조각이

²**Schellen-** 달린 원형의 타악기. **~schlitten,** der 방울달린 썰매. **~trommel,** die 탬버린.
²**Schellen-** (Schellen) [카드] 다이아몬드의: **~acht** [(또한) --'--], die 다이아몬드 8. **~as** [(또한) --'--], das 다이아몬드 에이스. **~daus** [(또한) --'--], das 다이아몬드 에이스. **~könig** [(또한) --'--], der 다이아몬드 킹. **~ober** [(또한) --'--], der 다이아몬드 퀸. **~unter** [(또한) --'--], der 다이아몬드 잭.
Schellfisch ['ʃɛl-], der; -(e)s, -e [mniederd. schellevisch] 대구의 일종.
Schellhammer ['ʃɛl-], der; -s, ...hämmer 철공용 망치.
Schellhengst ['ʃɛl-], der; -(e)s, -e ↑Schälhengst.
Schellkraut ['ʃɛl-], das -(e)s ↑Schöllkraut. **Schellwurz** ['ʃɛl-], die ↑Schöllkraut.
Schelm [ʃɛlm], der; -(e)s, -e **1.** 장난꾸러기, 개구쟁이 (↑Schalk): **jmdm. sitzt der S. im Nacken** (jmd. hat den S. im Nacken) 누구가 장난을 못해서 근질근질해 한다. **2.** 악한, 사기꾼, 무뢰한: 속담 nur ein S. gibt mehr, als er hat 사기꾼만이 분수에 넘는 짓을 한다.
Schelmen-: ~geschichte, die 악한 이야기[소설]. **~gesicht,** das 장난기[익살기]가 있는 얼굴. **~roman,** der [문예학] 악한 소설, 피카레스크 소설. **~streich,** der **1.** 짓궂은 장난. **2.** (고어) 사기, 못된 짓. **~stück,** das ↑~streich.
Schelmerei [ʃɛlə'raɪ], die; -en **1. a)** ↑Schelmenstreich (1). **b)** 〈Pl. 없음〉 장난 좋아하는 성격, 장난기. **2.** (고어) ↑Schelmenstreich (2): die Härte der Strafe beweist einen außerordentlichen Grad von S. 벌의 혹독함을 보면 그 나쁜 짓의 도가 얼마나 심했던지 알 수 있다. **Schelmin,** die; -nen ↑Schelm의 여성형. **schelmisch** ['ʃɛlmɪʃ] 〈Adj.〉 **1.** 장난기서린, 익살스런. **2.** (고어) 악한의, 못된, 간악한.
Schelt- (schelten): **~name,** der (준고어) 욕명(辱名). **~rede,** die (아어) 한바탕의 긴 꾸중, 긴 야단말. **~wort,** das 〈Pl. -e〉 (아어) 꾸짖는 말, 욕설.
Schelte ['ʃɛltə], die; -n (드물게 Pl.) (아어) 꾸중, 야단, 질책: sei pünktlich, sonst gibt es S.! 시간 지켜라. 그렇지 않으면 야단 맞는다. **schelten*** [ʃɛltn̩] 〈h〉 **1.** (아어·지역적) **a)** ~schimpfen (1 a): er schalt, weil ihm niemand half 아무도 그를 도우는 사람이 없어서 그는 투덜댔다. **b)** ↑schimpfen (1 b): die Mutter schilt mit dem Kind 어머니가 어린애에게 야단을 친다; 전의 ich kann Ihnen Gedanken nicht s. 나는 당신의 생각을 나무랄 수가 없다. **2.** (아어) 누구를 무엇이라고 꾸짖다(나무라다): er hat sie unehrlich gescholten 그는 그 여자를 정직하지 못하다고 꾸짖었다.
Scheltopusik [ʃɛltoˈpuːzɪk], der; -s, -e [russ. scheltopusik] (동남 유럽 및 중동에 서식하는) 도마뱀의 일종.
Schema [ˈʃeːma], das, (österr. 또한 준고어) 'sçeːma], das; -s, -s / -ta, (또한) ...men [lat. schēma < griech. schēma] **1.** 안(案), 방안(方案), 본보기, 틀: ein S. aufstellen 안을 세우다; sich (streng) an ein vorgegebenes S. halten 주어진 틀을 (엄격히) 지키다[벗어나지 않다]; **nach S. F** 〈범〉 기계적으로, 생각 없이, 틀에 박힌대로. (프러시아 국방성의 병력 보고서 "Frontrapporte"의 F.자를 따서) **2.** 도식(圖式), 도해, 약도, 본: etw. durch ein S. veranschaulichen 무엇을 도해로 분명히 해주다. **Schemabrief,** der [사무] (주 내용이 미리 정해져 있는) 양식 편지. **Schemata** [ˈʃeːmata] ↑Schema의 복수형. **schematisch** [ʃeˈmaːtɪʃ, (österr.) sçeːmaːtɪʃ] 〈Adj.〉 **1.** 도식(圖解)적인, 개요적인, 규준대로의: eine -e Darstellung 도식[도해] 서술; die Tabelle zeigt s. die wirtschaftliche Entwicklung 이 도표는 경제적 발전을 도표로 나타내고 있다. **2.** (뻔) 기계적인, 틀에 박힌: er führte die Anweisung rein s. aus 그는 받은 지시를 순전히 기계적으로만 수행했다. **schematisieren** [ʃemati'ziːrən, (österr.) sçema...] 〈h〉 **1.** 도식적으로 서술[처리]하다: einen komplizierten Sachverhalt in wenigen Thesen s. 복잡한 사실을 몇 개의 명제로 요약하다. **2.** (뻔) 일반화하다, 단순화하다: so stark können die Dinge nicht schematisiert werden 그 문제는 그렇게 심하게 일반화할 수가 없는 것이다. **Schematisierung,** die; -en 도식화, 일반화, 단순화.
Schematismus [ʃamaˈtɪsmʊs, (österr.) sçema...], der; -, ...men (교양·뻔) **1. a)** 〈Pl. 없음〉 기계적 사고 방식(행동): mit reinem S. sind diese Probleme nicht zu lösen 순전히 기계적인 사고 방식으로는 이 문제들이 해결될 수 없다. **b)** 기계적(틀에 박힌) 행동. **2. a)** (österr.) 공무원 직원표[명부]. **b)** [가] 교구(수도회)의 연감.
Schembart ['ʃɛm-], der; -(e)s, ...bärte 수염달린 가면(탈). **Schembartlaufen,** das (중세 후기의) 사육제 가면 행진. **Schembartspiel,** das 가면놀이.
Schemel ['ʃeːml̩], der; -s, - [lat. scamnus] **a)** 등받이 없는 의자: sie saß in der Küche auf einem S. 그녀는 부엌에서 걸상 위에 쪼그리고 앉아 있었다. **b)** (südd.) (발을 올려 놓는) 발판.
¹**Schemen:** ↑Schema의 복수형.
²**Schemen** ['ʃeːmən], der/das; -s, - 흐릿한 윤곽, 그림자, 허깨비: 전의 die Partei ist marxistischen S. nachgejagt 그 당은 마르크스주의의 환영을 뒤쫓아 헤매기만 했다. **schemenhaft** 〈Adj.〉 (아어) 헛깨비 같은: im Nebel sah er die Häuser nur s. 안개 때문에 그에게는 그 집들이 희미하게만 보였다.
Schenk, der; -en, -en **a)** 술심부름꾼, 헌작공(獻酌公). **b)** (고어) 술집 주인.
Schenk-: 《드물게》 ↑Schank- 대신에
Schenkstube: ↑Schankstube.
Schenke ['ʃɛŋkə], die; -n (작은) 주점, 술집.
Shenkel ['ʃɛŋkl̩], der; -s, - **1.** 넓적다리, 허벅다리, 허벅지, 대퇴(大腿): dem Pferd die S. geben [승마] (기수가) 허벅지에 힘을 주어 말을 몰다; sich lachend auf die S. schlagen 무릎을 치며 웃다. **2.** [수학] (각의) 변(邊): die beiden S. des Winkels sind gleich lang 그 각(角)을 이루고 있는 두변의 길이는 같다. **3.** (가위, 콤파스 따위의) 다리.
Schenkel-: ~beuge, die [해부] 샅, 서혜(鼠蹊). **~bruch,** der 대퇴 골절. **~druck,** der [승마] ↑~hilfe. **~hals,** der [해부] ↑Oberschenkelhals. **~halsbruch,** der 대퇴골경 골절. **~halsfraktur,** die [의학] 대퇴골경 골절. **~hilfe,** die [승마] (타고 있는 말의) 허벅지(를 차서) 조종(함). **~knochen,** der 퇴골(腿骨)(정강이 뼈 혹은 허벅지 뼈). **~kopf,** der [해부] ↑Oberschenkelkopf. **~weichen,** das; -s (승마) (말의) 비스듬히가기.
schenken ['ʃɛŋkn̩] 〈h〉 **1.** 선사하다, 선물하다: jmdm. etw. als Andenken(zum Geburtstag) s. 누구에게 무엇을 기념(생일날)으로 선사하다; den Rest des Geldes schenke ich dir 나머지 돈은 네가 가져라; sie schenkt gerne 그녀는 다른 사람에게 선물하기를 좋아한다; (für etw., von jmdm.) etw. geschenkt bekommen (kriegen) (어떤 일에 대한 대가로, 누구로부터) 무엇을 선사 받다; sie nimmt nichts geschenkt 그녀는 공짜를 싫어한다; etw. ist (fast, halb) geschenkt (통용어) 그것은 거저나 마찬가지다(아주 싸다); möchte ich nicht (einmal) geschenkt haben / das wäre mir zu geschenkt zu teuer (뻔) 그것은 거저라도 안 갖겠다(마음에 전혀 들지 않는다); 성구 geschenkt ist geschenkt 한번

선사한 것은 선사한 것이다(되돌려 달라고 할 수 없는 일이다); 전의 sie schenkte ihm fünf Kinder (아이) 그녀는 그와의 사이에서 다섯 자녀를 출산했다; sich jmdm. s. (시어) 누구에게 몸을 허락하다. **2.** (누구에게) 주다: etw. schenkt neue Lebensfreude 무엇 때문에 새로운 삶의 기쁨을 얻게 되다. **3.** 면(免)해 주다: er hat sich und anderen nie etwas geschenkt 그는 자기 자신이나 타인에게 항상 엄격했다; das kannst du dir s. 그것은 중요하지 않다; sie waren so müde, daß sie sich den Museumsbesuch geschenkt haben 그들은 너무 피곤해서 박물관 구경을 포기했다; ihr ist in ihrem Leben nichts geschenkt worden 그녀의 한 평생은 각고의 연속이었다; die Mühe soll dir geschenkt sein (네가) 수고를 안 해도 좋도록 해 주마; Er winkt ab und sagt: „Geschenkt" (통용어) 그는 거절의 몸짓을 하며 말한다 "그만둬". **4.** (퇴색) jmdm. (einer Sache) Aufmerksamkeit (Beachtung) s. 누구(무엇)에게 관심을 두다; jmdm. keinen Blick s. (아이) 누구를 거들떠 보지도 않다; einem Tier die Freiheit s. (가둬 두었던) 짐승을 놓아주다; jmdm. das Leben s. (아이) 죽을 죄를 사(赦)해 주다; jmdm. Glauben (Vertrauen) s. (아이) 누구의 말을 믿다 [누구를 신뢰하다]; kannst du mir ein wenig Zeit s. (아이) 날 위해 시간 좀 내줄 수 있니? **5.** (아이·준고어) **a)** (음료수 등을) 대접하다, 내놓다, 제공하다. **b)** (음료수 등을) 따르다: Wein ins Glas s. 포도주를 잔에 따르다. **Schenkenamt**, das; -(e)s, ...ämter (구제) 작인직(酌人職), 술시중 드는 직무. **Schenker**, der; -s, - **1.** [법] 증여자. **2.** 선물을 하는 사람. **3.** (고어) 맥주집 주인. **Schenkerin**, die; -nen 여작(酌婦)(↑Schenker의 여성형). **Schenkung**, die; -en [법] 증여(贈與): eine S. (an jmdn.) machen (누구에게) 증여 행위를 하다. **Schenkungssteuer**, die [법] 증여세(贈與稅). **Schenkungsurkunde**, die 증여 증서.

Scheol [ʃeˈoːl], der; -s (hebr. šěˈōl) (구약의) 저승, 지옥.

schepp [ʃɛp] ⟨Adj.⟩ ⟨(süd)westdt.⟩ 비스듬한(schief).

scheppern [ˈʃɛpɐn] ⟨h⟩ (의성어·통용어) 덜거덕거리다: die leeren Milchkannen scheppern 빈 우유통들이 덜커덩댄다; (비인칭) In dem Sack scheppert es ... sind meine Rennpokale 자루 속이 덜거덕거렸다. ... 그건 내가 경기에서 얻은 탄 컵들이다; **auf der Kreuzung hat es gescheppert** (경) 교차로에서 와장창 했다 (사고가 났다); 전의 irgendwo scheppert 'n Radio 어디선가 라디오 소리가 들린다; wenn du nicht hörst, dann scheppert es gleich 네가 말을 듣지 않으면 당장 한 대 맞는다.

Scher [ʃɛɐ], der; -(e)s, -e ⟨südd., österr., schweiz.⟩ 두더지 (Maulwurf).

Scher-: ~**baum**, der **1.** (수레의) 채를 다는 막대. **2.** (뗏목의) 면도판(板). ~**blatt**, das W2, die (전기 면도기의) 면도판(板). ~**brett**, das [선원] (어선의) 어망 조정판. ~**degen**, der [제혁] (진피의 결체 조직 제거용) 제혁도(製革刀). ~**festigkeit**, die [기술] 전단 강도 (剪斷强度). ~**gang**, der [조선] 상갑판 밑에 붙어 있는 두꺼운 현판 (舷板). ~**kamm**, der (전기 면도기의) 긴 빗 깎기. ~**kopf**, der (전기 면도기의) 머릿부분. ~**kraft**, die [기술] 전단(응)력 (剪斷應力). ~**maschine**, die [섬유] 전모기 (剪毛機). ~**maus**, die **1.** 수서, 물쥐. **2.** ⟨südd., österr., schweiz.⟩ 두더지. ~**messer**, das 전모기의 칼날. ~**sprung**, der [제조] 가위다리뛰기. ~**wolle**, die ↑Schurwolle.

Scherbe [ˈʃɛɐbə], die; -n ⟨대개 Pl.⟩ (유리, 도자기 등의) 깨진 조각: die -n der Fensterscheibe liegen auf dem Boden 유리창 조각들이 바닥에 놓여 있다; sich an einer scharfen (spitzen) S. verletzen 날카로운 (뾰족한) 조각

에 다치다; im Zorn hat er die Vase in -n geschlagen 홧김에 그는 화병을 던져 산산조각을 냈다; 속담 -n bringen Glück (농조의 위안으로) 그릇 (등)이 깨어지면 재수가 좋다; 전의 vor den -n seines Glückes stehen 깨어진 행복의 파편 앞에 서 있다. **Scherbel** [ˈʃɛrbl̩], der; -s, - ⟨westmd.⟩ ↑Scherbe. **scherbeln** [ˈʃɛrbl̩n] ⟨h⟩ **1.** (지역적) 춤추다. **2.** ⟨schweiz.⟩ 깨어진 조각들을 쓸어모으는 것 같은 소리를 내다(소리가 나다). **Scherben** [ˈʃɛrbn̩], der; -s, - **1.** ⟨südd., österr.⟩ ↑Scherbe. **2.** ⟨südd.⟩ 화분, 단지, 항아리. **3.** [도자기] 굽기는 했으나 아직 유약을 입히지 않은 도자기.

Scherben-: ~**gericht**, das ↑Ostrazismus: 전의 der Oberbürgermeister warnte davor, ein „Scherbengericht" über die Staatsanwaltschaft zu veranstalten 시장은 검찰을 "인민 재판"의 무대 위에 올려 놓아서는 안된다고 경고했다. ~**haufen**, der 산산조각의 더미: 전의 daß Erhard nicht versuchen wird, den S. der Koalition zusammenzuleimen 에어하르트 수상이 산산조각 신세가 된 연립 내각을 다시 하나로 뭉치려는 시도는 하지 않으리라는 사실. ~**kobalt**, das 순수 자연 비소 (砒素).

Scherbett: ↑Sorbet.

Scherchen [ˈʃɛrçən], das; -s, - ↑Schere (1)의 축소형.

Schere [ˈʃeːrə], die; -n **1.** (축소형: ↑Scherchen) 가위: die S. schleifen 가위날을 갈다. **2.** (대개 Pl.) (게, 새우, 거미 등의) 집게발. **3.** ⟨nordwestd.⟩ ↑Gabeldeichsel. **4.** [제조] 안마에서의 두 다리의 교차. **5.** [레슬링] 두 다리로 조르기. **6.** [농구] 넘겨뛰기, 에워싸기. **7.** (고삐를 매는) 재갈의 (두) 가닥. **8.** [부랑어] (두 손가락을 사용하는) 쪽집게 소매치기: eine S. machen 두 손가락으로 소매치기 하다. **¹scheren** [(ˈ)ˈʃeːrən] ⟨h⟩ **1.** 털을 깎음으로 무엇이 되게 하다: **a)** (가위 등으로) 털을 깎다: Schafe s. 양들의 털을 깎다; ihm wurde der Kopf geschoren 그의 머리털이 박박 깎여졌다. **b)** 깎다, (털 따위를) 밀다: den Bart s. (준고어) 수염을 깎아 버리다. **c)** 털을 깎음으로 무엇이 생기게 하다: sie schoren den Frauen eine Glatze 그들은 그 여자들의 머리를 모두 깎아 대머리가 되도록 했다. **d)** [방직] 전모(剪毛)하다, 직물의 표면에서 나와 있는 잔털을 깎다: Samt s. 우단의 잔털을 깎다. **e)** 깎아 다듬다: den Rasen s. 잔디(울타리)를 깎아 다듬다. **2.** [제혁] ↑entfleischen (2) 참조. **3.** (통용어) 사기하다, 사취(詐取)하다: er hatte sie um zweitausend Mark geschoren 그는 그녀한테서 2,000 마르크를 사기해먹었다. **²scheren** [-] ⟨h⟩ (통용어) **a)** ⟨s. + sich⟩ (부정 또는 제한적으로만) 보살피다, 돌보다, 상관하다: er schert sich nicht (nur wenig) um die Vorschriften 그는 규정을 지킬 생각을 전혀 (조금밖에) 하지 않는다. **b)** (준고어) 근심, 역정 등을 불러일으키다: es schert ihn herzlich wenig, was die Leute über ihn reden 사람들이 자기에 관하여 뭐라고 말하던 그는 전혀 개의치 않는다. **³scheren** [-] ⟨h⟩ **1. a)** [기계제조] 안마 운동에서 양다리를 교차하다. **b)** [맨손 체조] 누운 자세에서 양다리를 (뻗친 채) 교차하다. **2.** [경마] 누구를 이중 승마하다. **3.** [선원] ↑einscheren (2). **⁴scheren** [-] **1.** ⟨s. + sich⟩ ⟨h⟩ 줄달음치다, 잽싸게 가버리다, 꺼지다: schert euch zu eurer Truppe! herrschte er sie an "네 부대로 도로 가거라!"라고 그는 그들에게 호령했다. **2.** ⟨s⟩ [선원] (비스듬히 밀려오는 물결 때문에 배가) 옆으로 회전해 나가다.

scheren-, Scheren-: ~**arm**, der [기계] 여닫게 되어 있는 가위 모양의 것. ~**artig** ⟨Adj.⟩ 가위 모양의. ~**assel**, die [동물] 주걱벌레붙이. ~**bahn**, die (독일식 볼링) 부채꼴 모양의 볼링 레인. ~**deichsel**, die ⟨nordwestd.⟩ ↑Gabeldeichsel. ~**fernrohr**, das (옛·특히 군) 가위형 망원경. ~**futteral**, das 가위 주머니 (집). ~**gitter**, das 철제 격자문. ~**griff**, der [기계]

Scherer 1800

체조〕 (보조자가 양손으로 등과 배를 잡아 주는) 보조 자세. ~**monteur**, der 가위 전문공. ~**schlag**, der 〔축구〕 오버헤드킥. ~**schleifer**, der 1. 칼, 가위 등을 가는 사람. 2. 〔지역적·평〕 ↑Promenadenmischung. ~**schnabel**, der 제비갈매기류의 일종. ~**schnitt**, der 종이를 오려서 만든 실루엣: einen S. anfertigen[machen] 종이를 오려서 모양을 만들다. ~**sprung**, der 〔기계체조〕↑Schersprung. ~**stellung**, die 〔등산〕가위 자세(암벽 등반 시 다리의). ~**treppe**, die 〔여닫을 수 있는) 하모니카 계단. ~**zaun**, der (살이 가위 모양으로 교차하는) 격자 담장.

Scherer ['ʃeːrɐ], der; -s, - 이발사, 면도사, 양털 깎는 사람, 전모공(剪毛工). **Schererei** [ʃeːrəˈraɪ], die; -en (대개 Pl.) [↑²**scheren**] 《통용어》성가심, 번거로움, 성가신 일: das gibt nur unnötige -en 그렇게 하면 불필요한 번거로운 일만 생기게 된다.

Scherflein ['ʃɛrflaɪn], das; -s, - 〈아어〉 소액의 기부: von jmdm. ein S. bekommen 누구한테서 소액의 기부를 얻다; 《대개 다음 용법으로》 **sein S. (zu etw.) beitragen[beisteuern / geben]** (무슨 일에) 기부를 조금 하다, 조력하다.

Scherge ['ʃɛrɡə], der; -n, -n 〔평〕 앞잡이, 주구(走狗), 해결사: gehetzt von den -n eines blutigen Regimes 잔악한 정권의 앞잡이들에 의해 쫓기면서.

Scheria ↑ Scharia. **Scherif** [ʃeˈriːf], der [arab. šarīf] **a)** 〈Pl. 없음〉 마호메트 후예의 칭호. **b)** 위의 칭호를 가진 자.

Scherling ['ʃɛrlɪŋ], der; -s, -e 〔전문어〕 털을 깎아 버린 양가죽.

Schernken [ˈʃɛrnkn̩], der; -s, - 《österr.》 (등산화용) 스파이크. **Schernkenschuh**, der 스파이크 부착 등산화.

Scherung ['ʃeːrʊŋ], die; -en 1. 〔기계〕 전단(剪斷). 2. 〔수학〕 기하학적 도형의 한 점이나 변을 평행 이동시켜 생긴 도형(모양은 달라졌으나 면적은 원형과 같음).

Scherwenzel: ↑ Scharwenzel.

¹**Scherz** [ʃɛrts], der; -es, -e 《bayr., österr., schweiz.》 〔긴 빵덩어리의 양쪽 끝을 잘라 얻는〕 두터운 빵조각.

²**Scherz** [-], der; -es, -e 농(弄), 농담, 익살, 장난: ein gelungener S. 멋진 농담; seinen S.[seine -e] mit jmdm. treiben 누구를 놀리다; er läßt sich schon einen S. gefallen 그는 농담쯤은 받아 줄 수 있는 사람이다, 농담을 이해 못하는 사람은 아니다; sich mit jmdm. einen S. erlauben 누구를 우롱하다; etw. aus[im, zum] S. sagen[tun] 무엇을 장난으로 말하다[하다]; und lauter solche[und ähnliche] -e] 《통용어》 등등 그런 류의 온갖 쓸데없는 짓들(불쾌하거나 진지하게 받아들일 수 없는 일들을 더이상 열거하고 싶지 않을 때 하는 말); 성구 S. beiseite! 자, 농담은 그만두고; (ganz) ohne S. 정말 농담이 아니야; mach keinen S.[keine -e]! 농담 마! 그럴 수가!

scherz-, Scherz-: ~**artikel**, der (사육제 때 등의) (어른) 장난감(종이로, 소형 폭죽 따위). ~**bold**, der ↑ Scherzbold. ~**frage**, die ↑~**rätsel**. ~**gedicht**, das 해학시(諧謔詩). ~**geschäft**, das 〔법〕 진정이 아닌 농담임을 알아볼 수 있는 의사 표시. ~**lied**, das 익살스런 노래. ~**macher**, der ↑~**bold**. ~**name**, der 별명. ~**rätsel**, das 수수께끼, 넌센스 퀴즈. ~**rede**, die **a)** 익살스런[유머가 많은] 연설. **b)** 《대개 Pl.》 농담, 희롱. ~**ware**, die ↑~**artikel**. ~**weise** 〈Adv.〉 농(담)으로, 장난으로. ~**wort**, das 《Pl. -e》 농담, 익살스런 한마디 말.

scherzando [skɛrˈtsando] 〈Adv.〉 《ital. scherzando》 〔음악〕 유쾌하게, 장난스럽게. **Scherzbold** [-bɔlt], der; -(e)s, -e 《통용어》 농담꾼, 익살꾸러기.

Scherzel, **Scherzl** ['ʃɛrtsl̩], das; -s, - 1. 《bayr., österr.》 ↑¹Scherz. 2. 〔요리〕 소의 꼬리(부분).

scherzen ['ʃɛrtsn̩] 〈h〉 1. 〈아어〉 농담하다, 익살떨다, 희롱하다: damit ist nicht zu s. 그것은 가볍게 맡 볼 게 아니다[심각한 결과를 초래할 지도 모른다]; über jmdn.[etw.] s. 누구[무엇]를 두고 농담하다; Sie scherzen wohl! 《〈아어〉 Sie belieben zu s.!》 〈아어〉 농담하시는 것이겠지요, 설마 진담은 아니겠지요. 2. 농담으로 말하다. **scherzhaft** 〈Adj.〉 **a)** 농(담)의, 진담이 아닌. **b)** 장난스런, 해학적인[익살스런] 해학적인 시. **scherzhafterweise** 〈Adv.〉 농(담)으로, 익살스럽게, 해학적으로. **Scherzhaftigkeit**, die ↑scherzhaft의 명사형.

Scherzl: ↑Scherzel.

Scherzo ['skɛrtso], das; -s, -s /...zi 《ital. scherzo》 〔음악〕 동(動)적이고 유쾌한 악곡(특히 교향곡, 소나타 등의 (제3)장으로서). **scherzoso** [skɛrˈtsoːzo] 〈Adv.〉 《ital. scherzoso》 〔음악·드물게〕↑scherzando.

schesen ['ʃeːzn̩] 〈s〉 《frz. chaise》 《nordd.》 급히 달리다, 허겁지겁 뛰다.

scheu [ʃɔʏ] 〈Adj.〉 **a)** 어려워하는, 수줍어하는, 암된, 소심한: er hat ein -es Wesen 그 사람한테는 암된 데가 있다; er stand in -er Entfernung 〈아어〉 그는 공손한 자세로 좀 떨어져 서 있었다. **b)** 두려워하는, 사람을 가까이 하지 않는, 붙임성 없는: ein -es Reh 사람을 경계하는 노루; s. machen (대개 말을) 소스라치게 하다, 놀라서 허둥대게 하다.

Scheu [-], die **a)** 두려워함, 어려워함, 소심성: eine instinktive[kindliche] ~ 본능적인[어린아이다운] 두려움; mit heiliger S. 〈아어〉 경외심(敬畏心)을 갖고, 공구(恐懼)히; voller S.(vor jmdm. od. etw.) sein (누구나 무엇에 대한) 두려움으로 가득 차 있다; S. haben, etw. zu tun 무엇을 할까 봐서 망설이다; die S. der Regierung vor Eingriffen in die Wirtschaft 경제 문제를 크게 건드리는 데에 대해 정부가 갖고 있는 망설임. **b)** 경계심, 공포, 붙임성 없는 본성: das Wild zeigte keine S. 그 들짐승은 아무런 경계심도 보이지 않았다.

Scheuche ['ʃɔʏçə], die; -n [↑Scheu, scheuchen] ↑Vogelscheuche. **scheuchen** ['ʃɔʏçn̩] 〈h〉 [↑scheuen] **1.** 〔몸짓이나 위협적인 소리로〕 쫓(아 버리)다, 몰아내다: Fliegen s. 파리를 쫓다. **2.** 누구로 하여금 어디로 가게[무엇을 하게] 하다: sie braucht immer einen, der sie scheucht 그녀는 항상 자신을 독촉해 주는 사람을 필요로 한다; sich nicht s. lassen 함부로 당하지 않다; 전의 Die noch draußen standen, wurden durch eine Regendusche in die Wagen gescheucht 아직도 밖에 서 있던 사람들도 소나기 때문에 차 속으로 쫓겨들어 왔다.

Scheuel ['ʃɔʏl], der; -s, - 〈고어〉 《다음 용법으로만》 **Greuel und S.** 혐오, 전율; **jmdm. ein Greuel und(ein) S. sein** 누구에게는 지긋지긋한 일이다, 극도의 혐오[전율]을 불러일으킨다. **scheuen** ['ʃɔʏən] 〈h〉 **1. a)** 기피하다, 회피하다: keine Kosten s. 어떤 비용도 아끼지 않다; sie scheute den weiten Weg nicht, um die Kinder noch einmal zu sehen 그녀는 애들을 다시 한번 보기 위해 그 먼 길도 마다하지 않고 왔다; 〈아어·고어, 2격과 함께〉 sie scheute der Mühe nicht 그녀는 그 고생을 마다하지 않았다. **b)** 〈s. + sich〉 두려워하다, 망설이다, 놀라 뒤로 물러서다: er scheute sich (davor), ihm den Verlust zu melden 그 남자는 그에게 그 손실을 보고하기를 망설였다; sich vor (nichts und) niemand(em) s. (아무것도 그리고) 누구도 두려워하지 않다. **2.** (말(馬)이) 깜짝 놀라 날뛰다: das Pferd scheute (vor der Lokomotive) 그 말이 (기관차 소리를 듣고) 소스라쳤다.

Scheuer ['ʃɔʏɐ], die; -n 1. 《(süd)westd.》 광, 헛간, 곡물 창고: **die S. voll haben** 《통용어》 (다른 사람들과

는 달리) 넉넉하게 가지고 있다. 2. ↑Doppelbecher.
scheuer-, Scheuer- (scheuern): **~besen**, der 《nordd.》↑Schrubber. **~bürste**, die 청소용 솔. **~eimer**, der 《nordd.》↑Putzeimer. **~fest**〈Adj.〉마찰에 대한 저항력이 강한. **~festigkeit**, die ↑~fest의 명사형. **~frau**, die 《준고어》↑Putzfrau. **~hader**, der 《ostmd.》↑²Hader (b). **~lappen**, der 《청소용》걸레. **~lappengeschwader**, das 《통용어·농》청소부대(여러 명이 같이 일하는 청소부 여인들). **~leiste**, die 1. ↑Fußleiste. 2. 〖해양〗(정박시 충격 방지용) 보호대, 방충(防衝) 살대. **~mittel**, das 연마세제(研磨洗劑). **~prahm**, der 〖해양〗의선(外舷) 청소용 보트, das 연마용 세제가루. **~sand**, der 〈s.〉연마사(研磨砂). b) 연마세제. **~tuch**, das〈Pl. ...tücher〉↑~lappen. **~wunde**, die 문질러서(긁혀서) 난 상처.
Scheuermann-Krankheit [ˈʃɔyɐman-], **Scheuermannsche Krankheit**, die〖덴마크의 정형외과의 H. W. Scheuermann(1877~1960)에 따라〗〖의학〗이 사람만 병(치료하지 않으면 곱추가 되는 척추병).
scheuern [ˈʃɔyɐn]〈h〉1. a) 문질러 씻다(닦다): den Fußboden s. 바닥을 문질러 씻다; ich finde immer eine Arbeit und muß nicht s. gehen 나는 항상 일자리를 구하게 되니까 파출부 노릇은 할 필요가 없다. b) 닦아서 없애다: Tinte von den Fingern s. 손가락에 묻은 잉크를 닦아 없애다. c) 닦아서(씻어서) … 한 상태로 만들다: die Fliesen blank(weiß) s. 타일을 닦아서 반짝반짝하게(희게) 하다. 2. (어떤 사물이 주어로) a) ↑reiben (2): der Kragen scheuert 웃깃(칼라)에 살갗이 쏠린다. b) 마찰로 해서 … 한 상태로 되게 하다: die Riemen haben meine Schultern ganz rot gescheuert 멜빵에 쓸려서 내 어깨가 완전히 빨갛게 되어 버렸다. c) 덜컹거리며 움직이다: er bremste, die Reifen scheuerten über den Asphalt 그가 급정거를 하자 바퀴는 아스팔트를 긁으며 미끄러졌다. 3. 문지르다: ich scheuere (mir) den Rücken an der Stuhllehne 나는 등을 의자의 등받이에 대고 문지른다. 4. a)〈s. + sich〉문질러서 (몸의 어떤 부위가) … 한 상태로 되다: ich habe mich (am Knie) wund(blutig) gescheuert 나는 (무릎을) 너무 긁어서 상처(피)가 났다. b) 마찰을 해서(문질러서) (몸의 어떤 부위를) … 한 상태로 되게 하다: ich habe mir den Ellbogen (an der Wand) wund(rot) gescheuert 나는 팔꿈치가 (벽에) 문질러서 상처가 났다(빨갛게 되었다). 5. jmdm. **eine s.**〈경〉누구의 따귀를 한 대 때리다; **eine gescheuert kriegen(bekommen)**〈경〉따귀를 한 대 얻어맞다.
Scheuertor, das; -(e)s, -e《süd/westd.》광문, 헛간문, 곡물 창고문.
Scheuklappe, die; -n 〈대개 Pl.〉(말이 옆과 뒤를 못 보게 해 주는) 눈가리개: einem Pferd -n anlegen 말에게 눈가리개를 씌우다; [전의] -n haben(tragen) 시야가 좁다, 편견에 사로잡혀 있다; etw. ohne -n betrachten 무엇을 편견 없이 고찰하다. **Scheuleder**, das; -s, - ↑ Scheuklappe.
Scheune [ˈʃɔynə], die; -n 광, 헛간, 곡물 창고: die Ernte in die S. bringen(einfahren) 추수한 곡식을 광으로 나르다(들이다);《다음 용법으로》**wie ein S. essen**〈경〉타작꾼처럼(한없이 많이) 먹어대다. **Scheunentor**, das 광문, 곡창문; 《다음 용법으로》: die Deckung des Boxers ist offen wie ein S.〈은어〉그 권투 선수의 커버링은 대문처럼 훤하게 열려 있다; **dastehen wie die Kuh(der Ochs) vorm S.**〈경〉(새로운 상황에 처하여) 멀거니 서 있다 (낭패케 하다).
Scheurebe, die; -n 〖독일의 포도 육종가 G. Scheu

(1879~1949)에 따라〗a)〈Pl. 없음〉포도의 일종. b) 위의 포도로 만든 포도주.
Scheusal [ˈʃɔyzaːl], das; -s, -e /《통용어》...säler《폄》a) 괴물, 소름이 끼치는 짐승: er ist kein S. in Menschengestalt 그가 인간의 탈을 쓴 괴물은 아니다. b) 흉한 사람, 폭한(暴漢): du (bist ein) S.! 이 날갛도 같은 놈아!; (통용어 ·농) 이 꼬마 악마들이 잠시도 조용히 있질 못해! c) 보기 흉한 사람. **scheußlich** [ˈʃɔyslɪç]〈Adj.〉〖감정적〗1. a) 흉측스런, 몰취미한: -e Häuser 보기 흉한 집들; die Suppe schmeckte s. 수프 맛이 고약했다. b) 끔찍한, 잔인한, 야비한: ein -es Verbrechen 끔찍한 범죄. 2.《통용어》불쾌한, 아주 기분 나쁜, 지독한: es war s. Wetter 지독한 날씨였다. b) (동사 및 형용사의 강조) 지독히: es war s. kalt auf dem Schiff 선상(船上)에서는 지독히 추웠다. **Scheußlichkeit**, die; -en 1.〈Pl. 없음〉흉함, 끔찍함, 지독함. 2. 〈대개 Pl.〉끔찍(잔인)한 일(행동): die -en des Krieges 전쟁시의 끔찍한 일들.
Schi: ↑Ski.
Schia [ˈʃiːa], die [arab. šīˈa] (이슬람의 양대 교파 중의 하나인) 시아파(派).
Schibbeke [ˈʃɪbəkə], **Schibbike** [ˈʃɪbɪkə], die; -n [어원불명]《ostmitteld.》넓은잎딱총나무, 말오줌나무.
schibbeln [ˈʃɪbl̩n]〈h〉[↑schieben]《westmd.》1.〈h〉a) 굴리다: eine Kugel(ein Faß) s. 구(球)(통)을 굴리다. b)〈s. + sich〉구르다, 굴러가다: [전의] sie schibbelte sich vor Gelächter 그녀는 배를 잡고 웃었다. 2. 〈s〉구르다, 굴러가다: die Kugel schibbelt über den Boden 공이 바닥 위로 굴러간다.
Schibboleth [ˈʃɪboːlɛt], das; -s, -e / -s [hebr. šibbelet]〖교양어·드물게〗안표(眼標), 암호, 군호.
Schicht [ʃɪçt], die; -en 1. 층(層), 켜: die unteren (oberen, mittleren) -en der Luft 대기(大氣)의 하(상, 중)층; eine S. Kohle wechselte mit einer S. Erz 하나의 석탄층 다음에는 하나의 광석층-이런 식으로 반복 교대되는 지층이었다; der Staub lag in einer dicken S. auf den Büchern 책들 위에는 먼지가 커커이 덮여 있었 [전의] eine S. von Unwirklichkeit überzog die ganze Szene 마치 현실이 아니기라도 한 것 같은 분위기가 그 장면 전체를 감싸고 있었다. 2. ↑Gesellschaftsschicht: die untersten(herrschenden, gebildeten) -en 최하(지배, 지식)계층; alle -en der Bevölkerung 주민의 전계층; die begüterte S. 유산(有産) 계층. 3. a) 조별 작업 시간: die erste S. dauert von 6 bis 2 Uhr 제1조의 작업 시간은 6시부터 2시까지다; S. arbeiten 교대제로 작업하다[일하다]; S. machen《통용어》작업조에서 교대하여 이제부터는 쉬다; eine S. (ver)fahren 〖광〗한 조를 갱내(坑內)로 수송하다; von der S. kommen (교대조의 경우) 작업을 끝내고 오다. b) (교대) 작업조: die zweite S. ist eben eingefahren 제2작업조가 방금 들어갔다.
schicht-, Schicht-: **~ablösung**, die (교대제 작업에서의) 근무 교대 (휴식으로의). **~arbeit**, die〈Pl. 없음〉교대제 작업(근무). **~arbeiter**, der 교대제 작업 노동자. **~beginn**, der 해당 교대조의 작업 시작(시간). **~dienst**, der 교대제 근무. **~ende**, das 해당 교대조의 작업 종료(시간). **~dienst**, der 교대제 근무. **~ende**, das 해당 교대조의 작업 종료 (시간). **~frei**〈Adj.〉비번의. **~gestein**, das〖지질〗↑Sedimentgestein. **~holz**, das〈Pl. 없음〉1. (길이가 같게 쪼가 쌓아 놓은, 같은 종류의) 목재더미. 2. 합판(合板). **~käse**, der 다층 치즈. **~lohn**, der 교대조 근무 수에 따라 지급되는 임금. **~preßstoff**, der 〖기술〗적층재(積層材), 적층 플라스틱. **~schluß**, der 해당 교대조의 작업종료(시간).

~spezifisch, schichtenspezifisch 〈Adj.〉【사회】(해당) 계층 특유의: -e Kodes 해당 계층 특유의 기호 체계 [언어]. **~stoff**, der【기술】↑~preßstoff. **~stufe**, die【지질】단층би(斷層崖). **~unterricht**, der (2·3)부제 수업. **~wechsel**, der (교대제 작업에서의) 근무 교대 (휴식으로의). **~weise**, schichtenweise 〈Adv.〉 **1.** 층층으로: etw. s. übereinanderlegen 무엇을 층층으로 쌓다[놓다]. **2.** 그룹별로, 조별로: s. essen 조별로 식사하다. **~wolke**, die ↑Stratus.

Schichte ['ʃɪçtə], die; -n 《österr.》↑Schicht (1).
schichten ['ʃɪçtn̩] 〈h〉 **1.** 포개어[층층이] 쌓다: Ziegel [Steine] s. 기와[돌]를 포개어 쌓다; meine Mutter schichtete die Wäsche in den Schrank 내 어머니는 내 의들을 차곡차곡 포개어 장롱에 넣으셨다. **2.** 〈s. + sich〉《österr.》여러 층으로 갈라지다[흩어지다]: die Wolken fingen nun an, sich zu s. 구름들이 이제 여러 층으로 흩어지기 시작했다.

schichten-, Schichten-: **~folge**, die【지질】지층, 층서(層序). **~kopf**, der【지질·광】노두(露頭). **~spezifisch**: ↑schichtspezifisch. **~weise**: ↑ schichtweise.
schichtig 〈Adj.〉박판(薄板)의[lamellar].
-schichtig [-ʃɪçtɪç]《다음의 합성어로, 예컨대》dreischichtig (숫자로는 3 schichtig) 3교대제의, 3부제의.
Schichtung, die; -en【지질】성층(成層).【사회】계층화 (구조), 계층화.

schick [ʃɪk] 〈Adj.〉 [frz. chic] **1.** (의상, 외양 등이) 멋진, 세련된, 맵시 있는: ein -es Kleid 멋진 옷; s. angezogen sein 옷을 멋지게 입고 있다. **2.** 예쁜, 잘 생긴, 멋진: ein enorm -es Mädchen 굉장히 멋진 아가씨. **3.**【통용어·감정】훌륭한, 멋진, 멋들어진: ein -es Auto 아주 멋진 자동차; Ich hatte einen schönen Bänderriß (반의) 그 후로 나는 멋진 인대열상(靭帶裂傷)만 얻게 됐다; s. ausgehen 멋진 차림새로 외출하다.

¹Schick [-], der; -s, - **1.** (의상, 차림새 등의) 멋짐, 세련미, 맵시: der unauffällige S. ihrer Kleidung 그녀의 의상의 은은한 세련됨; sie hat S. 그녀는 옷을 (잘) 입을 줄 안다. **b)** (태도, 행동 등의) 우아함, 세련됨: S. hatte den 그녀의 행동거지에는 세련됨이 깃들어 있었다. **2.** 〈Pl. 없음〉《지역적》**a)** 올바름, 질서: nun kriegt das alles wieder seinen S. 이제 그 모든 것은 다시 원래의 질서를 찾게 된다; **seinen S. nicht (ganz) haben**【통용어】제 정신이 아니다, 살짝 돌았다. **b)** 영양이 좋은 상태, 건강한 상태: Alle Wetter …, die hat guten S.! 야! … 저 여자 몸집 한번 좋군! **3.** 《schweiz.》이로운 거래: einen guten S. machen 이득이 될 거래를 하다.

²Schick [-], der; -s, -e [frz. chique]《süd(west)d.》씹는 담배.

¹schicken ['ʃɪkn̩] 〈h〉 **1.** (물건을) 보내다, 부치다, 송달하다: jmdm. einen Brief s. 누구에게 편지를 보내다; [전의] der Zigarrenrauch schickte bläuliche Fäden in die Höhe 궐련의 연기에서 푸르스름한 실가닥들이 되어 솟아올랐다. **2. a)** (사람을) 보내다, 파견하다: eine Abordnung s. 사절단을 보내다; ein Kind zum Arzt [ins Bett] s. 아이를 의사[잠자리]에게 보내다; sie schickten ihre Söhne auf die Universität 그들은 자기 아들들을 대학에 보냈다, 대학 공부를 시켰다; [전의] jmdn. auf die Bretter[zu Boden] s.《은어·특히 권투》누구를 녹다운시키다; einen Mitspieler s.《은어·특히 축구》자기 팀 선수에게 센터링을 주다. **b)** 누구를 데리러 보내다(nach jmdm.): man hatte schon nach einem Priester geschickt (임종을 예견하고) 벌써 목사 [신부님]을 데리러 사람을 보냈었다. **3.** 〈s. + sich〉 **a)** 감수하다, 어쩔 수 없이 받아들이다: sich in Gottes Willen s. 하느님의 뜻을 받아들이다; sie weiß sich zu s.《준고어》그녀는 (변화하는) 상황에 순응할 줄을 안다. **b)** 《준고어》때가 되면 해결되다; 경우에 따라 생기다[일어나다]: das wird sich alles noch s. 그 모든 것이 때가 되면 해결될 것이다; wie es sich gerade schickt 상황이 허락하는 대로, 형편에 따라. **c)**《südwestd.》얌전하다, 예절 바르다. **d)**《südd.》서두르다: sich s. müssen 서둘러야 하다. **4.** 〈s. + sich〉 **a)** 예법[예의]에 맞다, 적합하다, 합당하다: bei Tisch[für dich] schickt sich das nicht 그것은 식사 예법에 어긋난다[너에게 어울리지 않는 행동이다]; [성규] eines schickt sich nicht für alle! 한 가지 방식이 모든 사람에게 적합한 것은 아니다. **b)** 적합하다, 알맞다: eine kleine Höhle war es, die sich eher für ein Tier, denn für einen Menschen schickte 그것은 사람보다는 오히려 짐승한테 알맞는 그런 조그만 동굴이었다.

²schicken [-] 〈h〉 [frz. chiquer] 《süd(west)d.》씹는 담배를 씹다.
schicker ['ʃɪkɐ] 〈Adj.〉 [jidd. schicker] 《통용어》(얼큰히) 취한: nach dem dritten Glas Sekt war sie ganz schön s. 샴페인 세 잔을 마신 뒤 그녀는 꽤나 취기가 올랐다.
Schickeria [ʃɪkəˈriːa], die [ital. sicccheria] 《은어》(멋부리는) 상류층[사회]: die Münchner S. 뮌헨의 상류층 멋쟁이들.

Schickermoos, das; -es 〈Pl. 없음〉《지역적·경》대포 한 잔 할 돈. **schickern** ['ʃɪkɐn] 〈h〉 [jidd. schickern] 《지역적》술마시다, 한잔하다.

schicklich 〈Adj.〉예절[예의] 바른, 온당한: ein -s Benehmen 예의 바른 행동; es ist nicht s., jmdn. so anzustarren 누구를 그렇게 빤히 쳐다보는 것은 예절에 어긋나는 일이다. **schicklicherweise** 〈Adv.〉《아어》예의 바르게, 예의상. **Schicklichkeit**, die 〈아이〉예의 바름, 온당함. **Schicksal** ['ʃɪkza:l], das; -s, -e [niederl. schicksel] 숙명[사건], 숙명: ein trauriges S. 슬픈 운명; das S. nahm seinen Lauf 운명은 예정된 순서를 밟아 나갔다; (das ist) S. 《통용어》(그게) 팔자다. 할 수 없지; ihn ereilte das gleiche S. wie seinen Vorgänger 그의 선임자에게나 꼭 같은 운명이 그에게도 들이닥쳤다; etw. entscheidet über jmds. S. 무엇이 누구의 운명에 결정적 역할을 하다; er wird seinem S. nicht entgehen 그는 자기의 운명을 피할 수는 없을 것이다; sich mit seinem S. abfinden 자기의 운명에 더 이상 항거하지 않다; was wird das S. dieser alten Villen sein? 이 오래된 별장들(의 운명)은 장차 어떻게 될까?; **jmdn. seinem S. überlassen** 누구를 그의 운명에 내맡기다, 더 이상 돌보지 않다. **b)** 〈Pl. 없음〉운명의 (여)신, 섭리, 운명: das S. hat es gut mit ihm gemeint 운명의 여신은 그에게 호의를 베풀었다; das S. herausfordern 운명에 도전하다; eine Laune des blinden -s 눈먼 운명(의 여신)이 부리는 변덕; **S. spielen** 《통용어》운명의 여신 노릇을 하려 하다, 무엇을 시도하다.

schicksalhaft 〈Adj.〉 **a)** 숙명적인, 불가피한: ein -er Prozeß 피할 수 없는 숙명적 과정; sein Weg war s. vorgezeichnet 그가 갈 길은 숙명적으로 미리 정해져 있었다. **b)** (누구의 운명에) 결정적인, 중대한, 숙명적인: diese Begegnung war für ihn s. 이 만남이 그의 운명에 결정적인 역할을 했다. **schicksallos** 〈Adj.〉《교양어》운명의 희롱을 받지 않는, 평탄한: der -e Kleinbürger wäre er als beamteter Lehrer geworden 그는 교육 공무원으로서 평탄한 소시민이 되었을 수도 있었을 텐데.

schicksals-, Schicksals-: **~bedingt** 〈Adj.〉운수 나름의, 운명[숙명]적인. **~bestimmend** 〈Adj.〉앞으로의 운명에 결정적인, 중요한. **~drama**, das【문예학】

a) 〈Pl. 없음〉(장르로서의) 운명(비)극. b) 운명(비)극에 속하는 작품. ~**faden**, der 〈아이〉 운명의 흐름[방향]: die Schicksalsfäden ihrer Zukunft laufen in Berlin zusammen 그들은 미래에 베를린에서 만나게 될 운명을 가지고 있다. ~**frage**, die 결정적인 문제: die -n unserer Geschichte 우리 역사에 있어서의 결정적인 문제들. ~**fügung**, die 섭리, 숙명. ~**gefährte**, der ↑Leidensgenosse. ~**gefährtin**, die ↑ ~gefährte의 여성형. ~**gemeinschaft**, die 운명 공동체. ~**genosse**, der ↑Leidensgenosse. ~**genossin**, die ↑~genosse의 여성형. ~**glaube**, der ↑Fatalismus. ~**gläubig** 〈Adj.〉 ↑fatalistisch. ~**göttin**, die [그리스 및 게르만 신화] 운명의 여신. ~**roman**, der 운명 소설. ~**schlag**, der 운명의 타격, 비운, 불행: sich nur schwer von einem S. erholen 운명의 타격을 받고 컨디션을 회복하는 데에 아주 힘들어하다. ~**schwer** 〈Adj.〉 〈아이〉 운명이 좌우되는, 아주 중대한: ein -er Brief 〈누구의〉 운명이 좌우되는 편지. ~**trächtig** 〈Adj.〉 운명이 좌우되는, 아주 중대한. ~**tragödie**, die [문예학] 운명 비극. ~**voll** 〈Adj.〉〈아이〉운명이 좌우되는, 아주 중대한: in -er Zeit 운명적 사건들이 많은 시대에. ~**wende**, die 운명의 전환점.

Schịcksschuld, die [법] 지참채무(持參債務).

Schịckse ['ʃɪksə], die; -n [jidd. schickse(n)] 1.〈속어·폄〉계집년, 갈보. 2.〈나치·경〉유태 여자.

Schịckung, die 〈아이〉↑Fügung (1): Eine böse, aber heilsame S., wenn es kein Zufall war 그것이 우연이 아니었다면 사악하면서도 결과적으로는 유익한, 숙명적 일이였다.

Schieb- (schieben): ~**fach**: ↑Schubfach. ~**karre(n)**: ↑Schubkarre(n). ~**kasten**: ↑Schubkasten, die [기계·생리학] 방광. ~**lade**: ↑Schublade. ~**lehre**, die [기술] 슬라이드캘리퍼스, 노기스.

Schiebe- (schieben): ~**bock**, der 〈지역적〉↑Schubkarre. ~**bühne**, die 1. [철도] 〈차체를 다른 선로에 옮기는〉 천차대(遷車臺). 2. [연극] 이동식 무대. ~**dach**, das 자동차의 개폐식 천정. ~**deckel**, der 미닫이식 뚜껑. ~**fenster**, das 미닫이 창문. ~**ramsch**, der [스카트] 시베람시(스카트놀이의 일종). ~**sitz**, der 움직일 수 있는 좌석. ~**tür**, die 미닫이(문). ~**wand**, die 미닫이식 벽. ~**widerstand**, der [전기] 가변저항기, 가감저항기.

schieben¹ ['ʃi:bn̩] 1. 〈h〉 a) 밀다, 밀어 움직이다: wir haben den Schrank zu zweit in die Ecke geschoben 우리 둘이 그 장을 구석에다 밀어넣었다; unser Auto sprang nicht an, also schoben wir 우리 자동차에 시동이 걸리지 않았다, 그래서 우리는 (차를) 밀었다. b) 〈바퀴 등을 가진 물건을〉굴리다, 끌다, 밀고 가다: ein Fahrrad s. 자전거를 끌고 가다; den Einkaufswagen durch den Supermarkt s. 슈퍼마켓에서 쇼핑 수레를 밀며 한 바퀴 둘러보다. 2. 〈h〉 a) 〈손가락을 이용해〉살짝 밀어 움직이다: die Brille auf die Stirn s. 안경을 이마 위로 밀어올리다. b) 밀어놓다, 밀치다, 밀다: die Decke von sich s. 이불을 몸에서 밀치다; den Riegel vor die Tür s. 문에 빗장을 지르다; Kuchen in den Mund s. 케이크를 입에 집어 넣다; 전의 einen Verdacht von sich s. 자기에 대한 의심을 부인하다. 3. 〈h〉 a) 〈누구를〉밀다: die Mutter schiebt die Kinder hastig in den Zug 어머니는 애들을 급히 기차 속으로 밀어 넣었다; 전의 er muß immer geschoben werden 그는 항상 재촉을 받아야 하는 녀석이다. b) 〈s. + sich〉 밀고 들어가다, 밀어제치며 지나가다: er schob sich rücksichtslos durchs Gewühl 그는 남의 사정을 보지 않고 무리 속을 뚫고 지나갔다. c) 〈s. + sich〉 미끄러지듯이〔천천히〕 움직이다: eine Kaltfront schiebt sich über Mitteleuropa 한냉전선이 중부 유럽 위로 다가선다; 전의 〈체육·은어〉 der Läufer schob sich im Wettkampf an die Spitze des Feldes 그 달리기 선수는 경주에서 선두에 나섰다. 4. 〈h〉 〈누구의〉 탓으로 돌리다, 씌우다: er schob den Verdacht auf ihre Kollegin 그녀는 그 의혹을 자기 동료에게 뒤집어 씌웠다; er schob seine Kopfschmerzen auf den Föhn 그는 자기 두통을 푄[풍염(炎)] 때문이라고 했다. 5. 〈s〉 〈경〉 a) 느릿느릿〔천천히〕 걷다, 어슬렁거리다: er schob durchs Zimmer 그는 방안에서 이리저리 서성댔다. b) 발을 바닥 위로 끌며 춤추다, 원스텝을 추다: er schob mit ihr über das Parkett 그는 그녀와 함께 원스텝을 추며 무도장을 돌았다. 6. 〈h〉 〈경〉 암거래하다, 부정 거래하다: mit Zigaretten [Rauschgift] s. 담배[마약]를 암거래하다; er hat nach dem Krieg geschoben 그는 전후(戰後)에 암거래 짓을 했다. 7. 〈h〉 [스카트] 〈시베람시놀이에서〉 패스하다, 패를 보지 않고 다음 사람에게 넘기다.

Schieber ['ʃi:bɐ], der; -s, - 1. 빗장: den S. öffnen 빗장을 열다. 2. (음식을 스푼에 올려 주는) 유아용 식기 보조 도구. 3. ↑Bettpfanne. 4. 〈통용어〉 부정상인, 암거래꾼. 5. 〈통용어〉 ↑Onestep. **Schieberei**, die; -en 밀기, 밀어넣기, 암 거래, 부정 거래. **Schiebergeschäft**, das 〈통용어〉 부정 거래, 암 거래. **Schiebermütze**, die 〈통용어〉〈운동 및 여행용〉 차양모자. **Schiebung**, die; -en 〈통용어〉 1. 부정[암] 거래, 부정[사기] 행위: -en machen 부정 거래〔행위〕를 하다. 2. 부정〔부당〕의 특혜: das ist ja S.! 이것은 부당 특혜다!; er hat durch S. diesen Posten bekommen 그는 부당 특혜로 이 자리에 왔다.

schiech [ʃi:ç] 〈Adj.〉 〈österr., bayr.〉 1. 못 생긴, 병신 모양의: Soll der Murkel s. werden wegen ein bißchen Geld? 고작 겁내야 한단 말인가? 저 꼬마야 돈 몇 푼 때문에 병신 모양이 되야 한단 말인가? 2. 화난, 성난, 격노한: Das ist ein Skandal, da werd ich leicht s. 이건 스캔달이다, 이러면 내 화가 치솟을 수밖에 없다.

schied [ʃi:t] ↑scheiden의 과거형. **Schied** [-], der; -s, -e (고어) 분리, 결별. **schiedlich** 〈Adj.〉 〈드물게〉 〈분쟁 문제에서〉 화해적인, 양보심 있는, 평화적인: einen Streit s. und friedlich beilegen 분쟁을 양보심을 가지고 평화적으로 해결하다. **schiedlich-friedlich** 〈Adv.〉 협조적으로, 평화롭게: sich s. einigen 평화롭게 서로 합의하다.

schieds-, Schieds-: ~**gericht**, das 1. [법] a) 중재 판정소(仲裁判定所). b) 중재판정인단(仲裁判定人團). 2. [스포츠] a) 최고 중재 위원회. b) ↑Kampfgericht. ~**gerichtlich** 〈Adj.〉 1. 중재 판정상의, 중재 판정소의. 2. 중재 판정에 의한, 중재 판정의. ~**klausel**, die [법] (계약 속의) 중재 판정 조문. ~**kommission**, die [법] 1. ↑~gericht. 2. 〈구동독〉 (경미한 법죄 및 민사 분쟁을 관장하는) 직장·지역 단위 추재 위원회. ~**mann**, der 〈Pl. ...leute 〈옛〉...männer〉 〈옛〉↑Friedensrichter. ~**richter**, der 1. [법] 중재 판정관. 2. [구기] 심판(원): Der S. pfeift das Spiel an 심판이 호각을 불어 시합을 시작시킨다; 정구 S. (ans) Telefon 〈축구·은어〉 (심판에 대한 불만의 표현으로) 심판 물러가! 당장에 가서 애 보아라! 3. [스포츠] 심판. ~**richterauszeit**, die [농구] 〈심판이 부르는〉 타임 아웃. ~**richterball**, der [구기] (점프볼 따위의) 심판볼. ~**richterbeleidigung**, die 심판 모독. ~**richtereinwurf**, der 심판볼, 드롭볼. ~**richterentscheidung**, die 심판의 판정[결정]. ~**richtergespann**, das [아이스하키·하키·핸드볼] 2인조[두 사람의] 심판. ~**richterkreis**, der [아이스하키] 심판 서클. ~**richterlich** 〈Adj.〉 심판의, 심판의 권한[의무]에 속

하는: ohne -e Genehmigung 심판의 허가 없이. ~**richtern** ⟨h⟩ 심판을 보다. ~**richterstuhl**, der [배드민턴·테니스·배구] 심판석[대]. ~**richterurteil**, das 심판의 판정[판결]. ~**richterwurf**, der [특히 핸드볼] ↑~richterball. ~**spruch**, der [법] 중재 판결. ~**urteil**, das [법] 중재 판결. ~**verfahren**, das 중재 판결 절차. ~**vergleich**, der 중재 재판상의 화해. ~**vertrag**, der 중재 계약, 중재약관.

schief [ʃi:f] ⟨Adj.⟩ **1. a)** 수직이 아닌, 기울어진, 비뚤어진: ein -er Turm 기울어진 탑, 사람; [전의] das ist ja alles krumm und s. 똑바른 것이 하나도 없다. **b)** 수평이 아닌, 비스듬한, 비뚤어진: einen -en Mund haben 입을 삐죽하고 있다; das Bild hängt s. 그 그림이 비뚤게 걸려 있다; [전의] sich in einer -en Lage befinden 이상한[오해의 소지가 있는] 상황에 처해 있다; **s. geladen haben[s. sein]** ⟨통어적⟩ 취해 있다; **jmdn. s. ansehen** ⟨통어⟩ 누구를 뻐딱하게 보다. **2.** 왜곡(歪曲)된, 그릇된, 어긋난, 바르지 못한: die Presse hat eine -e Darstellung des Vorfalls gebracht 언론은 그 사건을 왜곡 보도했다; das siehst du ganz s. 너는 그것을 전혀 잘못 보고[판단하고] 있다.

schief-, Schief-: ~**blatt**, die ↑Begonie. ~**gehen*** ⟨s⟩ ⟨통어⟩ (일이) 뜻대로 안되다, 잘못되다: die Sache wäre fast schiefgegangen 그 일이 자칫 뒤틀어질 뻔했다; [성구] (keine Angst / nur Mut) es wird schon s.! [농담조] (걱정하지 마) 잘 될거야. ~**gewickelt** ⟨다음 용법으로⟩ **s. sein** ⟨통어⟩ 크게 잘못 생각하고 있다, 크게 오산하고 있다: wenn du glaubst, du kannst mich herumkommandieren, bist du s. 네가 나를 마음대로 휘두를 수 있다고 생각한다면 그 건 오산이다. ~**hals**, der [의학] 사경(斜頸). ~**halsig** ⟨Adj.⟩ 사경의. ~**lachen**, sich ⟨h⟩ ⟨통어⟩ ↑kranklachen. ~**laufen*** ⟨h⟩ **1.** ↑~treten. **2.** ⟨통어적⟩ ↑~gehen. ~**liegen*** ⟨h⟩ ⟨통어⟩ 잘못된 생각을 하고 있다: mit seinen Vermutungen(Ansichten) s. 잘못 추측하고 있다[잘못된 견해를 갖고 있다]. ~**mäulig** ⟨Adj.⟩ ⟨통어⟩ **1.** 입이 비뚤어진. **2.** ↑mißgünstig. ~**treten*** ⟨h⟩ 신을 신고 다녀 밑창이 비뚤게 닳게 하다. ~**wink(e)lig** ⟨Adj.⟩ 직각이 아닌, 빗각의, 사각(斜角)의.

Schiefe [ˈʃi:fə], die 비스듬한 위치 또는 방향, 기울어짐, 경사, 구배(句配), 물매, 흐름.

Schiefer [ˈʃi:fɐ], der; -s, - **1.** 점판암(粘板岩), (점판암 따위로 만든) 석판, 천연 슬레이트: S. abbauen(verarbeiten) 점판암을 채굴(가공)하다; ein Dach mit S. (ein)decken 지붕을 슬레이트로 이다(덮다). **2.** ⟨österr.⟩ (나무)가시: ich habe mir einen S. unter den Nagel ein(ge)zogen 내 손톱 밑에 가시가 박혔다.

schiefer-, Schiefer- (Schiefer 1): ~**bedachung**, die ↑~dach. ~**bergbau**, der ⟨Pl. 없음⟩ 점판암 채굴. ~**blau** ⟨Adj.⟩ 회청색(灰靑色)의. ~**bruch**, der 점판암 채석장. ~**dach**, das 석판 지붕, 천연 슬레이트 지붕. ~**decker**, der ⟨지역적⟩ ↑Dachdecker. ~**dunkel** ⟨Adj.⟩ 어두운 점판암색의. ~**farbig** ⟨Adj.⟩ 점판암 색깔의. ~**gebirge**, das [지질] 점판암질(質)의 산맥. ~**grau** ⟨Adj.⟩ 푸른기가 도는 회색의. ~**griffel**, der ↑Griffel (1). ~**kasten**, der ⟨지역적·고어⟩ ↑Federmäppchen. ~**platte**, die (지붕을 덮는 데 쓰는) 천연 석판(슬레이트 판). ~**öl**, das 혈암유(頁岩油). ~**stift**, der ↑Griffel (1). ~**tafel**, die 석판, 흑판, 칠판. ~**ton**, der ⟨Pl. -e⟩ [지질] 이판암(泥板岩), 혈암.

schieferig [ˈʃi:fərɪç] ↑schiefrig. ¹**schiefern** [ˈʃi:fɐn] ⟨h⟩ **1.** [포도재배] 점판암 가루를 (땅에) 뿌리다. **2.** ⟨s. + sich⟩ **a)** 얇은 판으로 쪼개지다(갈라지다). **b)** ⟨지역적⟩ 산ło조각이 되다. **3.** ⟨s. + sich⟩ ⟨österr.⟩ (가시, 유리조각 등에) 찔리다. ²**schiefern** [-] ⟨Adj.⟩ **1.** 점판암의, (천연) 슬레이트로 된. **2.** ↑schieferfarben. **Schieferung**, die; -en **1.** [포도 재배] 점판암 조각(가루)를 뿌리는 일. **2.** 얇은 판으로 쪼개짐, 벽개(劈開).

Schiefheit, die; -en **1.** ⟨Pl. 없음⟩ 비스듬한, 경사, 기울어진 상태. **2.** 비뚤어진 견해, (성격 등의) 비뚤어짐.

schiefrig [ˈʃi:frɪç] ⟨Adj.⟩ **1.** 점판암의, 천연 슬레이트 같은. **2.** ↑schieferfarben.

schieg [ʃi:k] ⟨Adj.⟩ ⟨지역적⟩ ↑schielen. **Schiegen** [ˈʃi:gn̩] ⟨지역적⟩ **1.** ⟨s⟩ 안짱다리로 걷다. **2.** ⟨h⟩ 신고 다녀 뒤창이 비뚤게 닳게 하다. **schieggen** [-] ⟨schweiz.⟩ ↑schiegen.

Schielauge, das; -s, -n ⟨고어⟩ ⟨h⟩ **1.** 사팔눈: ~**n machen** ⟨농⟩ 욕심이 나서 흘금흘금 쳐다보다. **2.** 사팔뜨기. **schieläugig** ⟨Adj.⟩ ⟨드물게⟩ 사팔눈의. **schielen** [ˈʃi:lən] ⟨h⟩ **1.** 사팔눈이다, 사팔뜨기이다: das Kind schielt leicht (auf dem rechten Auge) 그 아이는 (오른쪽 눈이) 약간 사팔눈이다. **2.** ⟨통어⟩ **a)** 무엇을 보려고 애쓰다: er schielte durchs Schlüsselloch 그는 열쇠구멍을 통해 보려고 애썼다. **b)** 무엇을 몰래(훔쳐) 보다, 곁눈으로 보다: argwöhnisch nach dem Eingang s. 의심에 차서 입구 쪽으로 남몰래 눈길을 보내다. **c)** 무엇에 다 욕심을 내다: nach dem Ministersessel s. 장관자리에 은근히 욕심을 내다. **Schieler**, der; -s, - 사팔뜨기, 곁눈질하는 사람.

Schiemann [ˈʃi:-], der; -(e)s, ...männer [niederd. schēmann] ⟨해양·옛⟩ 하급 선원. **schiemannen** ⟨h⟩ 하급 선원 일을 하다.

schien [ʃi:n] ↑scheinen의 과거형.

Schienbein, das; -(e)s, -e 경골(脛骨).

Schienbein- ~**bruch**, der 다리의 경골(脛骨) 골절. ~**fraktur**, die ↑~bruch. ~**knöchel**, der [해부] 안쪽 복숭아뼈. ~**schoner**, der, ~**schützer**, der [축구·아이스하키] 정강이 보호대, 대발.

Schiene [ˈʃi:nə], die; -n **1.** 선로(線路), 궤도, 레일: -n waren verbogen 선로가 굽어 있었다; -n (für die Straßenbahn) legen (전차) 선로를 부설하다; der Zug ist aus den -n gesprungen 기차가 탈선했다; [전의] eine Reaktivierung der S. 철도의 재활성화(再活性化); **aus den -n werfen** 상도(常道)를 잃게 하다(드물게, ↑Gleis a). **2. a)** (커튼, 바퀴 등을 우는) 홈통, 궤도: die Rollen der Gardine laufen in einer S. 커튼의 고리는 홈통 안에서 움직인다. **b)** (연결, 보호, 장식용 등) (금속) 띠: an den Kanten der Stufen sind -n aus Messing angebracht 계단 모서리에는 놋쇠대가 부착되어 있다. **3.** [의학] (접골용) 부목(副木), 흔들리는 이(것)니를 고정하는 기구. **4.** ↑Reißschiene. **5.** (발전소, 변전소의) 강한 전선. **6.** ⟨옛⟩ (갑옷의) 팔 또는 다리 가리개.

schienen [ˈʃi:nən] ⟨h⟩ **1.** 부목(副木)을 대다: den gebrochenen Arm s. 부러진 팔에 부목을 대다. **2.** ⟨옛⟩ ⟨대부분 과거분사로⟩ 갑옷차림을 하다.

schienen-, Schienen-: ~**bahn**, die 궤도(차)(철도, 지하철, 고가 철도 등). ~**bremse**, die 궤도 차량에 부착된 전자석 추가 제동 장치. ~**bruch**, der 선로 파손: die Strecke war wegen eines -s gesperrt 그 구간은 선로 파손으로 운행 중단 중이었다. ~**bus**, der 레일 버스. ~**ersatzverkehr**, der ⟨구동독⟩ (철도 교통 장애시의) 철도 대용 교통 수단. ~**fahrzeug**, das 궤도차(량). ~**gebunden** ⟨Adj.⟩ 궤도에 묶여서만 달리는: -e Fahrzeuge 궤도 전용 차량. ~**gleich** ⟨Adj.⟩ [교통] 선로와 같은 높이의: die Beseitigung -er Bahnübergänge planen 선로와 같은 높이의 건널목(횡단 건널목)의 제거를 계획하다. ~**netz**, das 철도망. ~**omnibus**, der ↑~bus. ~**räumer**, der (기관차에 부착)

된) 선로 소제기, 배장기(排障器). **~stoß**, der 《옛》 연결 되는 레일 마디 사이의 틈, 접합부. **~triebwagen**, der ↑Triebwagen. **~verkehr**, der 《철도, 지하철, 고가 철도 등의》 궤도 교통. **~weg**, der 철도편.

¹**schier** [ʃiːɐ̯] 〈Adv.〉 바로, 거의, 정말: eine s. unübersehbare Menschenmenge 거의 헤아릴 수 없이 많은 사람의 무리; ich möchte s. verzweifeln 정말 절망할 지경이다.

²**schier** [-] 〈Adj.〉《지역적》순수한, 섞임없는: -es Gold 순금; 전의 die -e Bosheit 완전한 악의. **schieren** [ˈʃiːrən] 〈지역적〉선별하다. **b)** 《전문어》Eier s. (못 쓸 것을 가려내기 위해 특수 램프로) 달걀을 비추어보다.

Schier [ʃiːɐ̯] ↑Schi의 복수형.

Schierling [ˈʃiːɐ̯lɪŋ], der; -s, -e 독(毒)당근, 독미나리. **Schierlingsbecher**, der [고대 아테네에서 사형수에게 독이 든 음료를 마시게 한 관습에 따라] 《교양어》독배(毒杯): den S. nehmen(leeren, trinken) 《교양어》독배를 마시다, 자살하다. **Schierlingstanne**, die (아시아 및 북미에서 자라는) 솔송나무(Hemlocktanne).

schieß-, Schieß-: **~ausbildung**, die 사격 훈련. **~baumwolle**, die ↑Nitrozellulose. **~befehl**, der 사격 명령. **~bude**, die (돈을 내고 공기총으로 쏘아 목표물을 맞히면 상을 타는) 오락 사격장. **~budenbesitzer**, der 오락 사격장 주인. **~budenfigur**, die 오락 사격장의 표적: 전의 er ist eine richtige S. 《통용어》그는 외모 때문에 정말 우수꽝스럽고 바보스럽게 보인다. **~eisen**, das 《통용어》총. **~gewehr**, das (아동어) ↑Gewehr. **~graben**, der 참호(↑-hund). **~hund**, der 《사냥·고어》(총 맞은 짐승을 찾아내는) 사냥개: **aufpassen wie ein S.** 《통용어》(만일의 경우 적시에 반응하기 위해) 모든 것을 아주 주의 깊게 관찰하다. **~lehre**, die 사격술, 사격 이론. **~mäßig** 〈Adv.〉사격에 관련해서: s. wurden gute Ergebnisse erzielt 사격면에서는 좋은 결과가 획득되었다. **~meister**, der [광] ↑Sprengmeister. **~pflicht**, die 〈schweiz.〉(일정한 계급까지의 군인이 가지는) 사격 훈련 의무. **~platz**, der 사격 연습장. **~prügel**, der 《경》↑Gewehr. **~pulver**, das 화약, 폭약: **das S. (auch) nicht (gerade) erfunden haben** 특출하지 못하다, 좀 바보스럽다(↑Pulver (1 c)). **~scharte**, die 《옛》(성벽 등에 뚫어 놓은) 총안(銃眼), 사격공, 표적. **~sport**, der 사격 스포츠. **~stand**, der 사격장. **~übung**, die 사격 연습. **~waffe**, die 〈schweiz.〉↑Schußwaffe. **~wolle**, die ↑Nitrozellulose. **~wütig** 〈Adj.〉《통용어》함부로 쏘아 대는: ein -er Gangster 총을 난사하는 갱.

schießen [ˈʃiːsn̩] **1.** 〈h〉 a) 쏘다, 사격하다, 발사하다: Hände hoch nicht schieße! 손들어! 아니면 쏘겠다; es wurde aus dem Fenster her geschossen 창문에서 이쪽으로 사격이 날아왔다. **b)** nach der Scheibe(in die Luft, auf jmdn.) s. 과녁을 향해(허공에 대고, 누구를 향해) 쏘다. **b)** (어떤 무기를 이용해서) 쏘다: mit der Pistole s. 권총을 쏘다. **c)** (탄환, 화살 등을) 쏘다: mit Schrot(mit scharfer Munition) s. 산탄(霰彈)(실탄)을 쏘다; 전의 scharfe Blicke s. 날카로운 시선(눈총)을 보내다. **d)** (총기 등의) 성능이 좋다, 제 구실을 하다: die Flinte schießt nicht (mehr) 이 총은 (더) 쓰지 못할 태이다. **e)** (누구의 어디를) 총으로 맞히다: sie hat ihn / ihm in die Wade(in den Arm) geschossen 그녀는 그의 장딴지(팔)를 쏘았다. **f)** 쏘아 놓다, 쏘아 올리다: er hat sich eine Kugel in den Kopf geschossen 그는 자기 머리에 총을 쏘았다; einen Satelliten im All s. 인공위성을 우주로 쏘아 올리다. **g)** 총을 쏘아 무엇을 만들다: Löcher in die Tür s. 문에 총을 쏘아 구멍이 나게 하다.

h) 충격으로 어떤 상태를 야기하다: das Dorf wurde in Grund und Boden geschossen 충격 때문에 그 마을은 완전히 쑥대밭이 되었다; einen Vogel vom Baum s. 새를 쏘아 나무에서 떨어뜨리다; jmdn. zum Krüppel s. 누구를 쏘아 불구자로 만들다. **i)** 사격을 해서 얻다: er hat einen Preis geschossen 그는 사격에서 상을 탔다. **j)** jmdm. eine s. 《경》누구의 뺨을 한 대 치다. **k)** (엽수(獵獸) 등을) 쏘아 죽이다: Hasen s. 토끼를 쏘아 잡다(죽이다). **l)** 〈s. + sich〉 《옛》권총 등을 갖고 결투하다: er hat sich mit seinem Rivalen geschossen und wurde dabei schwer verletzt 그는 자기 경쟁자와 결투해서 심한 부상을 입었다. **2.** 〈h〉공을 세게 차다: knallhart s. 아주 세게 차다; ein Tor s. 차서 한 골을 넣다; er konnte sich an der Spitze der Torjäger s. 그는 최다 득점 선수가 될 수 있었다. **3.** 〈s〉《통용어》a) 《총알처럼》 재빨리 움직이다: heftig schoß er vom Stuhl in die Höhe 격렬한 자세로 그는 의자에서 벌떡 일어섰다; (vor Freude) einen Purzelbaum s. (기뻐서) 재주 한 번 넘다; 전의 plötzlich schießt ihr ein Gedanke durch den Kopf 갑자기 어떤 생각이 그녀의 머리를 번개처럼 스쳐갔다; **(das ist) zum Schießen** 《통용어》너무 우스운 일이다(↑knallen 2 a). **b)** (특히 액체가) 빨리 흐르다: von allen Seiten schoß das Wasser über die Felsen ins Tal 물이 사방에서 암벽을 넘어 쏜살같이 골짜기로 흘러들었다; 전의 jähe Röte schoß ihr ins Antlitz 그녀의 얼굴이 갑자기 붉어졌다. **c)** (압력을 받은 듯) 갑자기 힘차게 나오다: Flammen schießen vom Dachstuhl 불꽃이 지붕을 뚫고 치솟는다; er drehte die Hähne auf, und das Wasser schoß in die Wanne 그가 수도꼭지틀을 틀자 물이 목욕통으로 쏟아졌다. **d)** 아주 빨리 자라다: das Kind ist in den letzten Wochen (kräftig in die Höhe) geschossen 그 아이는 최근 몇 주 사이에 아주 부쩍 자랐다. **4.** 〈h〉a) 《재빨리 여러 번 연속해서》사진을 찍다: ein paar Aufnahmen fürs Familienalbum s. 가족 앨범을 위해 사진을 몇 장 스냅으로 찍다. **b)** 《지역적》(사전 계획 없이 좋은 기회에) 사다, 즉흥적으로 구매하다: das Kleid habe ich im Ausverkauf geschossen 이 옷을 나는 대매출(바겐세일)에서 충동적으로 샀다. **5.** 〈h〉《은어》 ↑fixen (2). **6.** 〈h〉《방직》북을 좌우로 움직이다. **7.** 〈h〉《광》폭파하다. **8.** (österr.) 〈s〉 퇴색하다: die Vorhänge sind geschossen 커튼의 색이 바랬다. **Schießen** [-], das; -s, - 사격 대회, 사격 경기: ein S. abhalten 사격 대회를 열다; **etw. geht aus wie das Hornberger S.** 《통용어》야단스럽게 떠들던 일의 결과가 별것없다(호른베르크 시민들이 어떤 영주를 영접하기 위한 예포 연습을 너무 많이 했기 때문에 막상 영주가 도착했을 때에는 포탄이 하나도 없었다는 전설에 따라). **schießenlassen** 〈h〉《경》포기하다, 더 쫓지 않다, 놓아주다: ein Vorhaben s. 어떤 계획을 포기하다. **Schießer**, der; -s, - 《은어》 ↑Fixer. **Schießerei** [ʃaːsəˈraɪ], die; -, -en **1.** 〈경〉《계속되는》총질, 총격: die S. geht mir auf die Nerven 이 그치지 않는 총질이 내게는 지긋지긋하다. **2.** 총격전, 총격 교환: eine heftige S. 격렬한 총격전; bei der S. gestern gab es mehrere Verletzte 어제 총격전에서는 부상자가 여러 명 생겼다. **Schießet** [ˈʃiːsət] der / das; -s, -s 〈schweiz.〉↑Schießen. **Schiet** [ʃiːt], der; -s, **Schiete** [ˈʃiːtə], die (nordd.·은폐) ↑Scheiße. **Schietkram**, der; -s (nordd.·은폐) ↑Mist (2 c): so ein S.! 젠장!, 망할 것!

Schiff [ʃɪf], das; -(e)s, -e **1.** 《축소형: ↑Schiffchen, Schifflein》배, 선박, 함선: ein schönes(schnelles, modernes) S. 한 멋진(빠른, 최신의) 배; das S. läuft vom Stapel 배가 진수하다; das S. geriet in Seenot 배가 조난을 당했다; das S. läuft unter schwedischer

schiff-, Schiff-

Flagge 그 배의 선적국(船籍國)은 스웨덴이다; S. [backbord, steuerbord] voraus! 배 [좌현(左舷), 우현(右舷)]를 앞으로!; S. klar zum Auslaufen [klar zum Gefecht] (선장에 대한 당번 사관의 보고) 출항 준비 완료 [전투 준비 완료]!; ein S. auf Kiel legen 조선(造船)을 시작하다; ein S. beladen 배에 짐을 싣다; an(von) Bord eines -es gehen 승선(乘船)[하선(下船)]하다; [전의] das S. des Staates lenken (아이) 나라를 이끌어 가다[영도하다]; **das S. der Wüste** (아어) 사막의 배 (낙타의 은유적 표현). 2. [건축] (교회의) 한 가운데 긴 큰 부분, 본당. 3. [인쇄] 식자판(植字版), 활판(活版). 4. 〈축소형〉: ↑Schiffchen [방직] ↑Schiffchen (2). 5. 〈축소형〉: ↑Schiffchen, ↑Schifflein [지역적·고어] 부두에 한쪽에 만들어 놓은 (더운) 물.

schiff-, Schiff- (때로는 Schiffs-로도): **~bau**, der 〈Pl. 없음〉 조선(造船). **~bauer**, der; -s, - 조선공(造船工). **~bauingenieur**, der 조선 기사(造船技師). **~bauwesen**, das 〈Pl. 없음〉 조선(造船)(에 관한 모든 것), 조선업. **~bruch**, der 난파, 파선, (배의) 침몰: die Überlebenden des -s mußten ins Krankenhaus gebracht werden 파선에서 살아 남은 사람들은 병원으로 수송되어야 했다; **(mit etw.) S. erleiden** (~에서) 실패하다. **~brüchig** 〈Adj.〉 난파 당한: die -e Mannschaft konnte gerettet werden 난파 당한 대원[승무원]들은 구조되어질 수 있었다; [전의] Die Großfamilie ist vielleicht die einzige Rettung für viele -e Ehen 대가족 제도가 어쩌면 파경에 이른 많은 결혼 생활의 유일한 구제책일지도 모른다. **~brüchige***, der / die 난파 당한 사람: die -n retten[bergen] 난파 당한 사람들을 구해 내다. **~brücke**, die ↑Pontonbrücke. **~fahrt**, die 항해, 해운(海運), 수운(水運). **~fahrtgericht**, das 국내 항행 재판소. **~fahrtgesellschaft**, die 해운 회사. **~fahrtkaufmann**, der 해운업자. **~fahrtskunde**, die 항해술. **~fahrtslinie**, die 항로. **~fahrtspolizei**, die 수상 경찰, 해상 경찰. **~fahrtsrecht**, das 항해법(규). **~fahrtsstraße**, die [관], **~fahrtsweg**, der 수로, 항로, 뱃길, 해로. **~fahrtszeichen**, die 수로[뱃길] 표지(標識). **~lände**, die (schweiz.) ↑Lände. **~schaukel**, die (유원지 등에 있는) 큰 그네.

schiffbar [ˈʃɪbaːɐ̯] 〈Adj.〉 항해할 수 있는, 배가 다닐 수 있는: dieser Fluß ist für alle Schiffe s. 이 강에는 온갖 배들이 다 다닐 수 있다. **Schiffbarkeit**, die 항해 가능성, 배가 다닐 수 있음. **Schiffbarmachung** [...maxʊŋ], die 배가 다닐 수 있게 함(하천 준설이나 운하 개설 등을 통해). **Schiffchen** [ˈʃɪfçən], das; -s,- 1. ↑Schiff (1, 4, 5). 2. (통용어) (양쪽 끝이 뾰족하도록 길게 접힌) 군인 모자. 3. (재봉틀의) 북실통. 4. [방직] 북. 5. [수공] (길고 양쪽 끝이 뾰족한) 레이스 제조용 수공 도구. 6. [식물] 나비꼴 꽃부리, 접형화관.

Schiffchen-: ~arbeit, die [수공] ↑Okkiarbeit. **~mütze**, die ↑Schiffchen (2). **~spitze**, die [수공] ↑Okkispitze.

Schiffe [ˈʃɪfə], die 《경》 소변, 오줌. **schiffeln** [ˈʃɪfl̩n] 〈s〉 〈지역적〉 작은 배를 타다, 작은 배를 타고 가다. **schiffen** [ˈʃɪfn̩] **1.** 〈s〉 〈고어〉 배를 타다, 배를 타고 가다: nach Australien s. 오스트레일리아로 배 타고 가다. **2.** 〈h〉 《경》오줌 누다. **3.** 〈s〉 《경》(gehen) 오줌 마려[오줌 누러 가다]. **3.** 〈h〉 《경》 (비가) 억수로 오다: es schifft heute schon den ganzen Tag 오늘은 벌써 온종일 비가 억수로 온다. **Schiffer**, der; -s, - 선장, 선원.

Schiffer-: ~bart, der 구레나룻. **~klavier**, das ↑Akkordeon. **~knoten**, der 배를 육지에 매어 두는 매듭 방법. **~mütze**, die 선원의 차양(遮陽)모자. **~scheiße**, die 《속어》 똥오줌: **doof[dumm] sein wie S.** 《속어》 아주 바보스럽다.

Schifferin [ˈʃɪfərɪn], die; -en 《드물게》 ↑Schiffer의 여성형. **Schifflein** [ˈʃɪflaɪn], das; -s, - **1.** ↑Schiff (1)의 축소형. **2.** ↑Schiff (5)의 축소형.

Schiffs- (때로는 schiff-, Schiff-로도): **~agent**, der 해운(소개, 대리)업자. **~anker**, der 배의 닻. **~arzt**, der 선의(船醫). **~ausrüster**, der **1.** ↑Reeder. **2.** 의장(艤裝)담당자. **~bau**, der 배의 건조, 조선(造船). **~bauer**, der ↑Schiffbauer. **~bauch**, der (통용어) 선복(船腹), 배의 내부 밑부분. **~besatzung**, die 승무원. **~bohrwurm**, der [동물] 좀조개. **~boot**, das [동물] Perlboot. **~brief**, der (내륙선의) 선적(船籍) 증명서. **~brücke**, die ↑Pontonbrücke. **~eigentümer, ~eigner**, der 선주(船主), 배 주인. **~fahrt**, die 항해. **~flagge**, die 선기(船旗). **~fracht**, die 뱃짐, 선하(船荷). **~führer**, der ↑Schiffer. **~führung**, die 전체 선원. **~glocke**, die 선박의 (일정한 위치에 설치된) 종. **~halter**, der [동물] 빨판상어(과). **~hebewerk**, das [수리] (운하의) 갑문. **~journal**, das ↑Logbuch. **~junge**, der 견습 선원. **~kapitän**, der 선장. **~katastrophe**, die 해상 재난. **~klassifikation**, die 배의 분류(조선 구조, 용도, 장비 등에 따름). **~koch**, der 선내(船內) 요리사. **~kollision**, die 배의 충돌. **~körper**, der | **~rumpf**. **~kreisel**, der (선체의) 동요 방지 장치, 안정기(安定器). **~küche**, die 선상 주방(船上廚房). **~ladung**, die 뱃짐, 적하(積荷). **~last**, die ↑Last (4). **~laterne**, die [선원] 배의 위치(인도) 표시등. **~leib**, der ↑ **~rumpf**. **~liste**, die (큰 항구에서 발행하는) 제 선박 입항 및 출항 시간표. **~makler**, der 선박 중개인. **~manifest**, das [선원] 선적송장(船積送狀). **~mannschaft**, die ↑ **~besatzung**. **~maschine**, die 선박용 기관. **~modell**, das 선박(배) 모형. **~name**, der 배 이름, 선호(船號). **~papiere** (Pl.) 선박 서류. **~passage**, die 선편(船便), 배편. **~planke**, die 뱃전, 현측(舷側). **~propeller**, der ↑ **~schraube**. **~raum**, der 적화용적(積貨容積) 톤 수. **~register**, das (관) 선박 등기부(登記簿), 선박 원부(原簿). **~reise**, die 기선 여행, 뱃길 여행. **~rumpf**, der 배의 몸체 부분, 동체(胴體). **~schaukel**, die ↑Schiffschaukel. **~schraube**, die 배의 추진기, 스크루. **~tagebuch**, das ↑Logbuch. **~tau**, das 삭구(索具), 배의 밧줄. **~taufe**, die 진수식(進水式), 명명식(命名式). **~verkehr**, der ↑Schiffahrt. **~vermögen**, das (해운 회사의) 재산(배, 화물 등으로 되어 있는). **~volk**, das (시어) ↑ **~besatzung**. **~werft**, die 조선소, 선거(船渠), 도크. **~zertifikat**, das (관) 선박 등록 증명서, 선박국적(國籍)증서. **~zettel**, der 선적 지시서(船籍指示書). **~zimmerer**, der (전문어) ↑ **~zimmermann**. der **a)** 조선목공(造船木工). **b)** 선상목공(船上木工). **~zoll**, der 선박(통행)세. **~zwieback**, der (선상 비상 식량으로의) 건빵.

¹schiften [ˈʃɪftn̩] 〈h〉 [↑schäften] **1.** [토목] **a)** 비스듬히 자르는 목재의 길이, 각도 등을 산출하다. **b)** (목재를) 비스듬히 자르다. **c)** (서까래, 들보 등을) 못으로만 연결하다. **2.** [사냥] 사냥매에 새 날개를 달다.

²schiften [-] 〈h〉 [engl. to shift] [선원] **1.** 돛의 위치를 바꾸다. **2.** (뱃짐이) 미끄러지다.

Schifter [ˈʃɪftɐ], der; -s, - [↑¹schiften] [토목] 비스듬히 자른 각목. **Schiftung**, die; -en [토목] 비스듬히 자르기.

Schiismus [ʃiˈɪsmʊs], der; - [↑Schia] 회교 시아파(派)의 교리. **Schiit** [ʃiˈiːt], der; -en, -en 시아파 교도. **Schiitenführer** [ʃiˈiːtən-], der; -s, - 시아파 지도자. **schiitisch** 〈Adj.〉 시아파의.

Schikane [ʃiˈkaːnə], die; -n [frz. chicane] **1. a)** 전략

(專橫), 심술, 트집잡기: dieses Verbot ist eine S. 이 금지 조치는 전횡(專橫)이다; etw. aus S. tun 무엇을 심술 때문에 하다, 트집잡기로 무엇을 하다. **2. mit allen -n** (통용어) 온갖 희한한 장치가 되어 있는: eine moderne Küche mit allen -n 온갖 편리한 설비가 갖추어진 현대식 부엌. **3.** [스포츠] (자동차 경주 코스의) 난소(難所): die Fahrer gehen in die S. (운전) 선수들이 이제 난소에 접어든다. **4.** [기술] 저항 장치. **Schikaneur** [ʃikaˈnøːɐ̯], der; -s, -e [frz. chicaneur] (준고어) 트집꾼, 전횡자. **schikanieren** [ʃikaˈniːrən] ⟨h⟩ 권력을 빙자하여 괴롭히다, 전횡(專橫)하다, 트집잡다, 못 살게 굴다: der Feldwebel schikanierte die Rekruten bis aufs Blut 그 상사가 여러 가지 트집을 잡아가며 훈련병들을 극도로 괴롭혔다. **schikanös** [ʃikaˈnøːs] ⟨Adj.⟩ 전횡적(專橫的)인, 트집잡기 위한: Vorschriften s. anwenden 규정들을 심술궂게 적용하다.

Schilcher [ˈʃɪlçɐ], der; -s, - ⟨österr.⟩ ↑¹Schiller (2).

¹Schild [ʃɪlt], der; -(e)s, -e **1.** 방패: S. und Speer 방패와 창; sich mit dem S. decken 방패로 몸을 보호하다; jmdn. auf den S. heben 《구제》 누구를 왕(지도자 등)으로 선출하다(예 방패에 태워 치켜올리다); [전의] 아이 의 Rechts 《아이》 법의 수호자; **etw. (gegen jmdn.) im -e führen** (방패에 그려진 문장으로 해서 적인지 자기편 인지 알 수 있었던 데에서 연유하여) 《누구를 상대로》나쁜 일을 은밀히 계획하다; **jmdn. auf den S. (er)heben** 《아이》 1) 누구를 그 자리에서 (당장에) 지도자로 삼다 (선언하다). 2) 누구를 모범자로 삼다. ↑ Wappenschild: **seinen S. blank (rein) erhalten** (고어) 명예를 지키다, 명예를 더럽히지 않다. **3.** (모자의) 긴 차양 (遮陽). **4.** [사냥] 수멧돼지의 어깨쪽지. **5. a)** [군사·무기] (대포의) 방어판. **b)** [핵공학] 원자로의 방호벽. **²Schild** [-], das; -(e)s, -er **1.** ⟨축소형: ↑Schildchen⟩ 패(牌), 문패, 간판, 표지판, 명찰: S. anbringen(aushängen, entfernen) 명패(간판 따위)를 붙이다(내걸다, 떼어 내다); ein S. auf eine Flasche kleben 병에 레테르(상표)를 붙이다; auf dem S. stand sein Name 문패에 그의 이름이 쓰여져 있었다. **2.** (사냥) (대부조 따위의) 가슴무늬.

schild-, Schild- (¹Schild): **~bogen**, der [건축] 둥근 천정과 벽과의 경계에 생기는 아치형(形). **~bürger**, der [작센의 소도시 이름 Schilda(u)에서] (조롱) 바보, 어리석은 사람. **~bürgerstreich**, der (조롱) 바보짓, 어리석은 짓. **~drüse**, die [해부] 갑상선(甲狀腺). **~drüsenerkrankung**, die 갑상선병. **~drüsenfunktion**, die 갑상선 기능. **~drüsenhormon**, das 갑상선 호르몬. **~drüsenhypertrophie**, die 갑상선비대. **~drüseninsuffizienz**, die 갑상선 부전증. **~drüsenüberfunktion**, die ⟨Pl. 없음⟩ 갑상선 기능 항진증. **~drüsenunterfunktion**, die ⟨Pl. 없음⟩ 갑상선 기능저하증. **~drüsenvergrößerung**, die 갑상선종(腫). **~farn**, der [식물] 족제비고사리, 관중. **~fisch**, der ↑ Saugfisch. **~förmig** ⟨Adj.⟩ 방패 모양의. **~halter**, der [문장(紋章)] 좌우에서 문장을 받쳐들고 있는 사람(짐승). **~käfer**, der [동물] 방패 모양의 딱정벌레. **~knappe**, der [구제] 기사의 방패를 들고 따르는 종. **~knorpel**, der [해부] 갑상연골(甲狀軟骨). **~kröte**, die 거북. **~krötensuppe**, die 거북 수프: falsche S. [요리법] 거북 수프와 흡사한 송아지 고기 수프. **~krot(t)** [-krɔːt, -krɔt], das; -(e)s [지역적] Krott(e) = Kröte (österr.) 영갑(靈甲). **~laus**, die 연지벌레. **~mauer**, die [건축] 성벽, 성의 외벽. **~mütze**, die 차양(遮陽)(달린) 모자, das; -(e)s[niederd. padde = Kröte] 별갑(鼈甲). **~pattkamm**, der 별갑(으로 만든) 빗. **~träger**, der ↑~knappe. **~wache**, die ⟨Pl.⟩ **1.** 보초, 위병. **2.** 보초[위병] 근무를 서는 사람. **S. stehen** 보초[위병] 근무를 하다.

Schildchen [ˈʃɪltçən], das; -s, - ↑²Schild (1): ein S. mit dem Namen 이름표, 명패, 명찰; Flaschen mit S. versehen 병들에다 레테르를 붙이다.

Schilder-: ~brücke, die [교통] 다리 모양의 교통 표지판, 교통 표지교(橋). **~haus**: ↑Schilderhaus. **~häuschen**: ↑Schilderhäuschen. **~maler**, der 간판쟁이. **~wald**, der 《통용어·조롱》교통 표지판의 숲.

Schilderei [ʃɪldəˈraɪ], die; -en [niederl. schilderij] (고어) 그림, 회화.

Schilderer [ˈʃɪldərɐ], der; -s, - 묘사하는 사람, 서술자: ein genialer S. der Natur 자연을 천재적으로 그리는 [서술, 묘사하는] 사람. **Schilderhaus** [ˈʃɪldɐ-], das; -es, ...häuser 보초 막, 입초 막사. **Schilderhäuschen**, das; -s, - ↑Schilderhaus. **¹schildern** [ˈʃɪldɐn] ⟨h⟩ [niederl. schilderen] 묘사(서술, 기술)하다: etw. anschaulich(lebhaft, in allen Einzelheiten) s. 무엇을 눈에 선하게(생생하게, 세세하게) 서술(묘사)하다; die Greuel des Krieges sind kaum zu s. 전쟁의 참상이 이루다 말로 서술할 수 없을 지경이다. **²schildern** [-] ⟨h⟩ [사냥] (대너조 새끼에) 가슴무늬가 생기다. **schildernswert** ⟨Adj.⟩ 서술(묘사, 기술)할 가치가 있는. **Schilderung**, die; -, -en **1.** 서술(묘사, 기술(記述)) (행위의 뜻으로): die S. dieser Vorgänge ist schwierig 이 일들을 서술하는 일은 어렵다. **2.** 서술, 묘사, 기술(결과의 뜻으로): seine S. entspricht der Wahrheit 그의 서술은 사실에 부합한다.

Schilf [ʃɪlf], das; -(e)s, -e ⟨드물게 Pl.⟩ [lat. scirpus] **1.** 갈대. **2.** 갈대밭.

schilf-, Schilf-: ~bedeckt ⟨Adj.⟩ 갈대들로 뒤덮인. **~bewachsen** ⟨Adj.⟩ 갈대가 우거진. **~dach**, das 갈대로 인 지붕. **~dickicht** das 갈대숲. **~gras**, das ↑Schilf (1). **~gürtel**, der 갈대들로 이루어진 띠: ein breiter S. umgibt den See 갈대로 이루어진 폭넓은 띠가 호수를 둘러싸고 있다. **~leinen** ⟨Adj.⟩ 방수 처리된 촘촘한 아마 직물의. **~leinen**, das 방수 처리된 촘촘한 아마(亞麻)직물. **~matte**, die 갈대 돗자리. **~rohr**, das **1.** 갈대. **2.** 갈대 줄기: ein S. brechen 갈대 줄기를 꺾다. **~rohrsänger**, der 개개비, 휘파람새.

Schilfe [ˈʃɪlfə], die; -n ⟨지역적⟩ Schelfe.

schilfen [ˈʃɪlfn] ⟨Adj.⟩ 갈대의, 갈대로 된(만든).

schilf(e)rig [ˈʃɪlf(ə)rɪç], schelf(e)rig [ˈʃɛl...] ⟨Adj.⟩ (지역적) 표피(각피)가 벗겨지는: -e Haut 껍질이 벗겨지는 피부.

schilfern [ˈʃɪlfɐn], schelfern [ˈʃɛlfɐn] ⟨h⟩ ⟨지역적⟩ (특히 피부의) 표피(각피)가 벗겨지다: die Haut schilfert 그 피부는 각지[껍질]가 벗겨진다; 《또한》 s. + sich⟩ seine Haut schilfert sich 그의 피부 껍질이 벗겨진다.

schilfig [ˈʃɪlfɪç] ⟨Adj.⟩ 갈대가 우거진: -e Ufer 갈대가 우거진 물가.

schilfrig ⟨Adj.⟩ = schilferig.

Schill [ʃɪl], der; -(e)s, -e ⟨österr.⟩ 가시고기.

¹Schiller [ˈʃɪlɐ], der; -s, - **1.** ⟨준고어⟩ ⟨Pl. 없음⟩ 색조(色調): ein Grau mit grünlichem S. 초록빛이 도는 회색. **2.** (지역적) ↑Schillerwein.

²Schiller [독일의 시인 F.Schiller(1759~1805)에 따라] (다음의 성구로) so was lebt und S. mußte sterben! 《통용어·농》저런 놈은 살아있는데 쉴러는 죽어야 했으니!

Schiller-: ~falter, der 오색나비. **~farbe**, die 현란한 색깔. **~glanz**, der 현란한 광채. **~wein**, der 백색 포도와 적색 포도를 섞어 주조한 포도주.

schillerig [ˈʃɪlərɪç], schillrig ⟨Adj.⟩ 《드물게》 아른거리는, 현란한.

Schillerkragen, der; -s, - [↑²Schiller] 쉴러(시대에

유행하던) 깃(열어젖힌 것). **Schillerlocke**, die; -n **1.** 크림 넣은 롤 과자. **2.** 훈제 생선 롤.
schillern ['ʃɪlɐn] 〈h〉 (색깔이나 밝기가 계속 변하면서) 아른(어른)거리다: die Seide schillert ins Rötliche 이 비단감은 불그스레한 색조로 아른거린다; 전의 das ganze Leben schillert reich und vielfältig aus diesem Roman 이 소설에서는 인생만사의 온갖 다채로움과 어지러울 정도의 다양함을 볼 수 있다; ein schillernder Begriff 모호한 개념.
Schilling ['ʃɪlɪŋ], der -s, -e [↑ ¹Schild] **1.** 실링(오스트리아의 화폐 단위). **2.** 〈역사적〉 유럽의 옛날 동전. **3.** ↑ Shilling 의 독일어식 표기.
schillrig ['ʃɪlrɪç] ↑ schillerig.
Schillum ['ʃɪlʊm], das -s, -s [engl. chillum] (특히 대마초 등을 피우기 위한) 담뱃대, 파이프.
schilpen ['ʃɪlpn] 〈h〉 〈의성어〉 (참새 따위가) 짹짹 지저귀다.
schilt [ʃɪlt] ↑ schelten 참조.
Schilten ['ʃɪltn] 〈Pl.〉 [↑ ²Schelle 1 b] 《schweiz.》↑ ²Schelle (3).
Schimäre, Chimäre [ʃi'mɛːrə], die; -n [frz. chimère < lat. chimaera] 〈교양어〉 환영(幻影), 환상(幻像): einer S. nachjagen 실현 불가능한 이상을 추구하다.
schimärisch 〈Adj.〉 〈교양어〉 허상의, 환상(몽상)적인, 헛된: das Geld ist eine -e Gottheit 돈이란 헛된 우상이다.
Schimmel ['ʃɪml], der; -s, - **1.** 〈Pl. 없음〉 곰팡이: auf der Marmelade hat sich S. gebildet 잼 표면에 곰팡이가 생겼다; das Brot war mit(von) S. überzogen (bedeckt) 빵 표면이 곰팡이로 덮여져 있었다. **2.** 흰 말, 백마(白馬): **jmdm. zureden wie einem lahmen (kranken) S.** 〈통속어〉 누구에게 강력히 권고하다, 애써 타이르다 (↑ Gaul 2). **3. a)** 〈통속어〉 틀, 형(型), 학습 요점. **b)** 〈음악·은어〉 (유행가의) 임시(보조) 가사. **c)** 〈법·은어〉 판례.
Schimmel- (Schimmel 1): **~bildung**, die 곰팡이 핌. **~bogen**, der 〈인쇄〉 (실수로) 한 쪽 면만 인쇄된 전지. **~fleck**, der 곰팡이 핀 얼룩(자국). **~geruch**, der 곰팡이 냄새. **~pilz**, der 사상균(絲狀菌).
schimmelig, schimmlig ['ʃɪm(ə)lɪç] 〈Adj.〉 곰팡이가 핀: -es Brot 곰팡이 핀 빵; **sich über jmdn.(etw.) s. lachen** 〈통속어〉 누구(무엇)에 대해 폭소하다, 크게 웃다. **schimmeln** ['ʃɪmln] **1.** 〈h/s〉 곰팡이가 피다, 곰팡이가 피었다. das Brot hat(ist) geschimmelt 그 빵에는 곰팡이가 피었다. **2.** 〈h〉 곰팡이 속에 놓여있다(버려져 있다): die Akten haben jahrzehntelang in einem feuchten Keller geschimmelt 그 서류들은 수십 년 동안 습기 찬 지하실에 곰팡이가 슨 채 놓여져 있었다; 전의 die Ergebnisse dieser Umfrage schimmeln irgendwo in einem Archiv 〈통속어〉 이 설문 조사의 결과는 어디 문헌보관소 같은 곳에서 썩고 있다. **Schimmelreiter**, der; -s [전설] 백마를 탄 유령의 기사(騎士).
Schimmer ['ʃɪmɐ], der; -s, - **1. a)** 미광(微光), 약한 광채(光彩), 깜박이는 빛: ein schwacher S. 약한 불빛; der S. der Sterne 별빛; sie saßen beim traulichen S. der Kerzen 그들은 안온한 촛불 곁에 앉아 있었다. **2.** 기척, 기미(一味), 한 가닥: der S. eines Lächelns lag auf ihrem Gesicht 그녀는 보일락 말락하는 미소를 머금고 있었다; **ein S. (von)** 아주 조금이: in ihm ist kein (nicht ein) S. (von) Ehrgefühl 그에게는 조금만치의 수치심도 없다; **keinen (blassen) (nicht den geringsten / leisesten) S. haben** 〈통속어〉 1) 무엇을 전혀 이해하지 못하다: ich habe keinen S. von Politik 그는 정치에 관해서는 전혀 문외한이다(캄캄하다). 2) 무엇에 관해 아무것도 모르다: hast du keinen S., wo sich der Koffer befinden könnte? 그 트렁크가 어디 있을지 너는 전혀 모르겠니? **schimmern** ['ʃɪmɐn] 〈h〉 **1.** 미광(微光)이 비치다, 희미하게 빛나다, 빛이 깜박이다: in der Ferne schimmert ein Licht 먼 곳에서 불빛이 깜박인다 (희미하게 비친다); durch das Bäume schimmerte ein See 나무들 사이로 호수의 수면이 반짝이는 것이 보였다. **2.** 내비치다, 으슴프레 드러나다: die Schrift schimmert durch das Papier 글씨가 종이를 통해서 내비친다.
schimmlig: ↑ schimmelig.
Schimpanse [ʃɪm'panzə], der; -n, -n 침팬지.
Schimpf [ʃɪmpf], der; -(e)s, -e 〈고어〉 모욕, 치욕: jmdm. einen S. antun(zufügen) 누구를 모욕하다, 누구에게 창피를 주다; einen S. erleiden(erdulden) 모욕을 당하다(견디어 내다); **S.! und Schande!** 〈통속 표현〉 이런 수치스러운 일이 있나！; **mit S. und Schande** 창피를 주어서, 창피스럽게: jmdn. mit S. und Schande davonjagen 누구를 창피 주어서 내쫓다.
Schimpf-: **~kanonade**, die 〈통속어〉 욕설의 홍수(洪水), 한바탕 긴 욕설. **~name**, der 헐뜯는 별명, 욕이 되는 별명: jmdm. mit -en belegen 누구에게 욕되는 별명을 붙이다. **~rede**, die 비방연설, 일장욕설. **~wort**, das 〈Pl.: -wörter / -worte〉 욕, 모욕적 언사, 욕설: jmdn. mit einer Flut von Schimpfwörtern überschütten 누구에게 욕설을 퍼붓다.
Schimpfe ['ʃɪmpfə], die 〈대개 관사 없이〉 〈통속어〉 욕함, 야단침, 책망, 꾸지람: na warte, zu Hause kriegst du S. (von deiner Mutti)! 그래 두고 보자, 집에 가면 (엄마에게서) 야단맞을 테니. **schimpfen** ['ʃɪmpfn] 〈h〉 **1. a)** 욕하다, 욕을 퍼붓다, 질타(叱咤)하다: auf jmdn. (etw.) s. 누구(무엇)에 대해 욕하다; er hat sehr über ihn geschimpft 그는 그 남자에 대해 욕을 많이 했다; mit (deinem) Schimpfen erreichst du gar nichts (네가) 욕을 한다고해서 얻을 것(성취할 것)이라고는 아무것도 없다; 전의 schimpfende Sperlinge 짹짹거리는 참새들. **b)** 꾸짖다, 야단치다, 책망하다: die Mutter schimpft mit dem Kind 어머니가 애를 꾸짖는다; 〈지역에 따라서는 4격 목적어와 함께〉 jmdn. (wegen einer Sache) s. 누구를 (어떤 일 때문에) 꾸짖다. **2. a)** (아이) 누구를 욕하여 무엇이라고 하다: jmdn. (sich selbst) (einen) Esel s. 누구(자기 자신)를 바보라고 욕하다(책하다). **b)** 〈s. + sich〉 〈조롱〉 무엇이라고 자칭하다: und so was schimpft sich Schmuspiel! 이런 것이 극행연극이라니！ **Schimpferei** [ʃɪmpfə'rai], die; -en 〈폄〉 〈계속되는〉 욕설, 욕질. **schimpfieren** [ʃɪm'pfiːrən] 〈h〉 [mhd. schim-, schumfieren < afrz. (d)esconfire] 〈고어〉 (누구(무엇)의) 명예를 손상하다, 비방하다: ihre Art, die Liebe zu s. 사랑의 가치를 깎아 내리는 그녀의 태도. **schimpflich** 〈Adj.〉 치욕적인, 굴욕적인: eine -e Niederlage 치욕적인 패배; jmdn. s. behandeln 누구를 모욕적으로 대하다. **Schimpflichkeit**, die; -en **1.** 〈Pl. 없음〉 창피, 치욕, 굴욕, 수치. **2.** 〈Pl.〉 〈드물게〉 치욕적인 상황, 창피스러운 행위.
Schinakel [ʃi'naːkl], das; -s, -(n) [ung. csónak] 〈österr.·통속어〉 **1.** 노로 젓는 조그만 배. **2.** ↑ Kahn (4).
Schind-: **~anger**, der 〈고어〉 죽은 짐승의 가죽 벗기는 곳, 박피장(剝皮場). **~luder**, das [원래 박피 당한 짐승 시체의 뜻인데 주로 다음 용법으로] **mit jmdm. (etw.) S. treiben** 〈통속어〉 누구(무엇)를 학대하다, 괴롭히다, 함부로 다루다: er treibt mit seiner Gesundheit S. 그는 자기 건강에 전혀 신경을 쓰지 않는다(자기 건강을 혹사하고 있다). **~luderei** [...luːdə'rai], die; -en 학대, 함부로 다룸. **~mähre**, die 〈폄〉 늙어빠진 말, 도살장에나 넘길 말.
Schindel ['ʃɪndl], die; -n [lat. scindula] **1.** (지붕을 잇

거나 외벽에 붙이는 데 쓰는) 널빤지, 널판. 2. [문장(紋章)] 문장 속의 작은 장방형(가문의 계통을 표시함). **Schindeldach**, das 《드디기》 널판지붕. **schindeln** 〈h〉 널빤지로 (지붕을) 잇다, 널빤지를 (벽에) 붙이다.

schinden* [ˈʃɪndn] 〈h〉 **1.** 학대하다, 혹사하다: Tiere (zu Tode) s. 짐승을 죽을 지경으로 부리다(혹사하다); [전의] den Motor s. 《통어》 모터를 혹사하다. **2.** 〈s. + sich〉《통어》 애쓰다, 고생하다: er hat sich in seinem Leben genug geschunden 그는 한 평생 살아 오는 동안 많은 고생을 했다; sich mit einer Arbeit s. 어떤 일 때문에 노심초사하다(해야 한다). **3. a)** 《통어》 돈을 내지 않고 즐기다: Fahrgeld [das Eintrittsgeld] s. 무임승차하다[입장료를 내지 않고 몰래 들어가다]. **b)** (과다하게) 긁어 내다, 받다; (bei jmdm.) Mitleid s. 누구에게서) 억지로 동정을 얻어내다; (bei jmdm.) ein paar Zigaretten s. (누구에게서) 담배 몇 개비를 빌어 얻다; Zeilen s. 원고 매수 등을 (일부러) 늘리다; die italienische Mannschaft versuchte Zeit zu s. 이탈리아 팀은 시간을 벌려고 시도했다. **4.** (고어) 《죽은 짐승의》 가죽을 벗기다. **Schinder**, der; -s, - **1.** (폄) 남을 못살게 구는 자, 혹사자. **2.** (고어) 짐승가죽 벗기는 사람, 박피공(剝皮工): **zum S.!** ↑Henker. **3.** (드물게·폄) 늙어빠진 말, 도살장에나 낼 말. **Schinderei** [ʃɪndəˈraɪ], die; -en (폄) **1.** (계속되는) 혹사, 학대, 못살게 굶. **2.** 고통, 신고(辛苦), 고생. **Schinderkarre**, die, **Schinderkarren**, der 《구제》 (죽은 짐승을 실어나르는) 박피공의 수레.

schindern [ˈʃɪndɐn] 〈h〉 (obersächs.) 얼음 지치다.

Schinder(s)knecht, der; -(e)s, -e (고어) **1.** 박피공(剝皮工)의 조수. **2.** 사형 집행인의 조수.

Schinken [ˈʃɪŋkn̩], der; -s, - **1.** (삶거나 훈제(燻製)한) 허벅지 고기, 햄: (ein Pfund)Schwarzwälder S. 슈바르츠발트 산(産) 햄(500그램); einen S. anschneiden (eine neue Packung Schinken aufschneiden) 햄을 베(기 시작하)다; ein Brötchen mit S. belegen 빵에 햄을 얹다, 햄 샌드위치를 만들다. **2.** 《경》 허벅지, 엉덩이: jmdm. auf den S. hauen 누구의 허벅지를 치다(때리다). **3.** 《통어·농·폄》 **a)** 크고 두꺼운 책. **b)** (예술적 가치가 별로 없는) 큰 영화. **c)** (예술적 가치가 별로 없거나 낡은) 대형 연극[영화].

Schinken-: ~**ärmel**, der ↑Keulenärmel. ~**brot**, das 햄 샌드위치. ~**brötchen**, das **1.** ↑~brot. **2.** 구운 햄 조각을 넣은 샌드위치. ~**klopfen**, das (nordd., md.) ~**kloppen**, das **1.** 눈감고 허리 굽힌 사람이 누가 자기 엉덩이를 쳤는지 알아맞추는 놀이. **2.** 《통어·농》 계속해서 엉덩이 때리기. ~**knochen**, der (돼지 등의) 허벅지 뼈. ~**röllchen**, das [요리] (속을 넣어) 햄 한 장을 말은 것. ~**salat**, der [요리] 햄 샐러드. ~**schrote** [-ˈʃroːtə], die; - der obersächs.) 햄 조각. ~**semmel**, die (österr.) ↑~brötchen. ~**speck**, der 햄 베이컨. ~**wurst**, die 햄 소시지.

Schinn [ʃɪn], der; -s, -e, **Schinne** [ˈʃɪnə], die; -n (대개 Pl.) (nordd.) 비듬. **schinnig** (nordd.) 비듬이 많은, 비듬 투성이의.

schinschen [ˈʃɪnʃn̩] ↑schintschen.

Schintoismus, Shintoismus [ʃɪntoˈɪsmʊs], der; - [jap. shintō] 《일본의》 신도(神道). **Schintoist**, Shintoist, der; -en, -en 신도신자(神道信者). **schintoistisch**, shintoistisch 〈Adj.〉 신도(神道)의.

Schipfe [ˈʃɪpfə], die; -n (schweiz.) **1.** 제방, 둑. **2.** 연안의 육중한 교각(橋脚).

Schippchen [ˈʃɪpçən], das; -s, - **1.** (자루가 짧은 손으로 사용토록 되어 있는) 작은 삽. **2.** ↑Schippe (2). **Schippe** [ˈʃɪpə], die; -n **1. a)** (nordd., md.) 삽: **jmdn. auf die S. nehmen[laden]** 《경》 누구를 조롱하다, 놀리다. **b)** (대개 Pl.) 《통어·폄》 긴 손톱. **2.** 〈축소형: ↑Schippchen (2), Schipplein〉《통어·농》 뾰로통해서 내미는 아랫입술: eine S. ziehen[machen] 뾰로통하다, 비죽거리다, 울상을 하다. **3.** 〈Pl., 관사없이〉 (카드놀이의) 스페이드. **schippen** [ˈʃɪpn̩] 〈h〉 (nordd., md.) 삽질하다, 삽으로 일하다. **Schippen**: ↑Schippe (3).

Schippen-: ~**as** [《또한》 --ˈ-], das 스페이드 에이스. ~**bube** [《또한》 --ˈ-], der 스페이드 잭. ~**dame** [《또한》 --ˈ--], die 스페이드 퀸. ~**könig** [《또한》 --ˈ--], der 스페이드 킹.

¹**Schipper**, der; -s, - (nordd., md.) 삽질하는 사람.

²**Schipper** [ˈʃɪpɐ], der; -s, - (nordd.) 뱃사람, 선원. **schippern** [ˈʃɪpɐn] 《통어》 **1.** 〈s〉 수로[해로]로 여행하다: mit (auf) einem Dampfer flußabwärts s. 증기선을 타고 강(江) 하류 쪽으로 가다. **2.** 〈h〉 선박으로 수송하다.

Schipplein [ˈʃɪplaɪn], das; -s, - **1.** ↑Schippchen (1). **2.** ↑Schippe (2).

Schiras [ˈʃiːras], der; - [이란의 도시 이름에서] 시라스 양탄자.

Schiri [ˈʃiːri, 《또한》 ˈʃiːri], der; -s, -s 《스포츠·은어》 ↑Schiedsrichter (심판)의 약칭.

Schirm [ʃɪrm], der; -(e)s, -e **1. a)** 우산, 양산: den S. aufspannen[zuklappen] 우산(양산)을 펼치다[접다]; [전의] der blaue S. des Himmels 푸른 하늘, 창공; **einen S. in die Ecke stellen[einen S. in der Ecke stehenlassen]** 《통어·은폐》 방귀를 뀌다. **b)** ↑Fallschirm의 약칭. **c)** [식물] 학버섯(삿갓버섯)의 갓. **2.** 램프 스탠드[램프]의 갓, 전등갓. **3. a)** 차량판(遮光板), 차열판(遮熱板). **b)** (사냥꾼의) 은폐 장소. **c)** 모자 차양. **d)** 방호(防護) 장치, 차폐물(遮蔽物), 엄폐(掩蔽) 장치: der atomare S. 원자핵 보호. **4.** ↑Bildschirm의 약칭: diese Sendung wird bald über den S. gehen 이 프로그램은 곧 텔레비전으로 방영(放映)될 것이다.

schirm-, Schirm-: ~**bild**, das 《전문어》 **1.** 영사막, 스크린 따위에 비쳐지는 상(像), 뢴트겐 투영도(投映圖), 영상 화면(映像畵面). **2.** 뢴트겐 사진. ~**bildaufnahme**, die 뢴트겐 사진(의 촬영). ~**bilden** 뢴트겐 사진을 찍다. ~**bildfotografie**, die 뢴트겐 촬영, 뢴트겐 사진(술). ~**bildgerät**, das 뢴트겐 (사진) 촬영 기구. ~**bildreihenuntersuchung**, die 정기 (단체) 뢴트겐 검사. ~**bildstelle**, die 《구동독》 뢴트겐 검사국. ~**binduntersuchung**, die 뢴트겐 검사. ~**bildverfahren**, die 뢴트겐 검사 방식. ~**dach**, das 차양. ~**fabrik**, die 우산(양산) 공장. ~**förmig** 〈Adj.〉 우산 모양의, 우산 모양을 한. ~**futteral**, das 우산(양산)주머니. ~**gitter**, das [전기] 가리기그리드, 차폐격자(遮蔽格子). ~**gitterröhre**, die [전기] 가리기그리드가 있는 진공관. ~**griff**, der 우산(양산) 손잡이. ~**herr**, der 후원자. ~**herrschaft**, die 후원(역). ~**hülle**, die ↑~futteral. ~**lampe**, die 갓 달린 램프[전등]. ~**macher**, der 우산(양산) 제조공[제조업자]. ~**mütze**, die 차양 (달린) 모자. ~**pilz**, der ↑Schirmling (1). ~**qualle**, die 갓 해파리, 고깔 해파리. ~**ständer**, der 우산 세워두는 곳, 우산꽂이. ~**überzug**, der **1.** ↑~futteral. **2.** 우산(양산)의 천.

schirmen [ˈʃɪrmən] 〈h〉 (아어) 막(아 주)다, 보호하다, 보호해 주다: jmdn. vor Gefahren s. 누구를 위험에서 보호해 주다. **Schirmer** [ˈʃɪrmɐ], der; -s, - (아어) 후원자, 보호자. **Schirmling** [ˈʃɪrmlɪŋ], der; -s, -e 갓버섯, 학버섯. **Schirmung**, die; -en 《아어》 **a)** 막아 줌, 가려 줌, 보호. **b)** 보호 받음.

Schirokko [ʃiˈrɔko], der; -s, -s [ital. scirocco 시로코 (북 아프리카에서 지중해 연안 쪽으로 불어오는 열풍).

schirren [ˈʃɪrən] 〈h〉 **1.** 《드물게》 ↑anschirren. **2.** (마차

따위에 말 따위를) 매다: ein Pferd an[vor] den Wagen s. 말을 마차에 매다. **Schirrmeister**, der 1. 《군·구제》 차마(車馬)및 기타 기구 담당 하사관. 2. 《옛》 차마, 마구 기타 기구 관리자. **Schirrung**, die; -en 말에 마구 씌우기, 말을 마차에 매는 일.

Schirting ['ʃɪrtɪŋ], der; -s, -e / -s [engl. shirting] (안감용) 옥양목.

Schirwan ['ʃɪrvan], der; -(s), -s 시르반 양탄자.

Schisma ['fɪsma, 《또한》 'sçɪsma], das; -s, ...men / (드물게) -ta [lat. schisma < griech. schísma] 《교회》 a) 교회의 분열, 분파. b) 로마 교회에 대한 불복종. **Schismatiker** [ʃɪs'maːtikɐ, 《또한》 sçɪs...], der; -s, - [lat. schismaticus < griech. schismatikós] 《교회》 로마 교회에 불복종하는 사람, 교회를 분열하는(하려는) 자. **schismatisch** [ʃɪs'maːtɪʃ, 《또한》 sçɪs...] 〈Adj.〉 a) 교회 분열의. b) 교회 분열적, 교회 분열을 시도하는.

schiß [ʃɪs] ↑scheißen 참조. **Schiß** [-], der; Schisses, Schisse 1. 《속어》 a) 똥. b) 똥을 눔, 배변. 2. 〈Pl. 없음〉《경·폄》 겁, 두려움: S. haben 똥줄 당기다, 몹시 겁먹다. **Schisser** ['ʃɪsɐ], der; -s, - 《폄》 겁쟁이. **Schißhase**, der; -n, -n 《폄》 ↑Angsthase.

Schißlaweng [ʃɪsla'vɛŋ] ↑Zislaweng.

¹Schiwa ['ʃiːva], [sanskr. Śiva] (힌두교의 3주신(主神) 중의 하나인) 시바신(神).

²Schiwa, der; -s, - 시바신의 신상(神像).

schizo-, Schizo- [ʃɪtso-, 《또한》 sçɪtso-] "분열, 분리"를 뜻하는 규정어로서, 예컨대) schizogen, Schizophrenie: **schizogen** 〈Adj.〉《생물》 이생(離生)의. **Schizogonie** [...go'niː], die 《생물》 분열 생식, 분열 번식. **schizoid** [...'iːt] 〈Adj.〉《심리·의학》 정신 분열적 경향의, 경미하게 정신 분열적인. **Schizoide*** [...'iːdə], der / die 《심리·의학》 정신분열적 경향이 있는 사람, 경미한 정신 분열증 환자. **Schizomyzet**, der; -en, -en 〈대개 Pl.〉《생물·고어》 세균, 박테리아. **Schizophasie** [...fa'ziː], die [griech. phásis = Sprache, Rede] 《의학》 언어 분열증. **schizophren** [...'freːn] 〈Adj.〉 1. 《심리·의학》 정신 분열증의, 정신 분열증적인: -e Symptome 정신 분열증적 증상(증후). 2. 《교양어》 a) 자가당착(自家撞着)적인, 자기모순(自己矛盾)적인, 시종 일관치 못한. b) 허무맹랑한, 미친, 엉망(진창)인. **Schizophrene*** [...'freːnə], der / die 《심리·의학》 정신 분열증 환자. **Schizophrenie** [...fre'niː], die; -n [...iːən] 1. 《심리·의학》 정신 분열증: an S. leiden[erkranken] 정신 분열증을 앓고(앓게 되다). 2. 〈Pl. 없음〉《교양어》 정신 분열증적 상태, 자기 모순적 성격. **Schizophyzee** [...fy'tseːə], die; -n 〈대개 Pl.〉《생물》 Blaualge. **schizothym** [...'tyːm] 〈Adj.〉《심리·의학》 잠재적 정신 분열증이 있는, 정신 분열증이 잠재해 있는. **Schizothyme*** [...'tyːmə], der / die 《심리·의학》 잠재적 정신 분열증 환자. **Schizothymie** [...ty'miː], die 《심리·의학》 잠재적 정신 분열증, 잠재적 정신 분열증 기질.

Schlabber ['ʃlabɐ], die; -n [↑schlabbern] 《지역적·폄》 입, 주둥이리, 주둥이: halt endlich die S. 이젠 제발 입좀 닥쳐!.

Schlabber-: ~**jacke**, die 《의상》품넓은 상의. ~**kleid**, das 《의상》품넓은 의상. ~**latz**, der, ~**lätzchen**, das 《통어》 ↑Lätzchen. ~**look**, der 《의상》 헐렁한 품 넓은 의상풍(風). ~**maul**, das 《지역적·폄》 수다쟁이.

Schlabberei [ʃlabə'raɪ], die; -en 1. 《통어·폄》 침을 흘리기, 음식, 음료를 먹고 마시다 흘리기. 2. 《지역적·폄》 수다, 재잘거림. **schlabberig**, schlabbrig ['ʃlab(ə)rɪç] 〈Adj.〉《통어·폄》 1. (옷감이) 부드러운, 유연한. 2. 《폄》 묽은, 물기가 많은, 맛없는. **Schlabberigkeit**, Schlabbrigkeit, die ↑schlabberig의 명사형. **schlabbern** ['ʃlabɐn] 〈h〉 1. 《통어》 잘짤(쩝쩝) 핥(아 먹)다. 2. 《통어·폄》 음식, 음료를 먹고 마시다 흘리다, 흘려서 옷 따위를 더럽히다. 3. 《통어》 흔들거리다. 4. 《지역적·폄》 재잘거리다, 수다를 떨다, 계속 지껄이다.

schlabbrig ↑schlabberig. **Schlabbrigkeit**: ↑Schlabberigkeit.

Schlacht [ʃlaxt], die; -en 전투, 싸움: eine S. schlagen 전투하다, 회전(會戰)하다; eine S. für sich entscheiden 전투를 승리로 이끌다, 전투에서 이기다, 승전하다; jmdm. eine S. liefern 누구를 공격하다; in die S. ziehen 전장(戰場)에 나가다; in der S. fallen 전사(戰死)하다; 〖성구〗 es sieht wie nach einer S. aus 《통어》 여기가 수라장(修羅場)이다.

schlacht-, ¹Schlacht- (schlachten 1): ~**bank**, die 〈Pl. -bänke〉 도살대: ein Tier zur S. führen 짐승을 도살대(도살장)(으)로 끌고가다. **sich wie ein Lamm zur S. führen lassen** (아이) 도살장으로 가는 양처럼 끌려가다(별 따위를 아무 반항없이 감수하다). ~**bar** 〈Adj.〉 도살할 수 있는, 도살대상이 되는. ~**block**, der 〈Pl. -blöcke〉 도살대. ~**erlaubnis**, die 도살 허가. ~**fest**, das (집안에서 하는) 도축 기념 식사(잔치). ~**geflügel**, das 〈Pl. 없음〉 가금(家禽), 도살용 닭고기. ~**gerät**, das 1. 도살 도구. 2. 〈Pl. 없음〉 도살 장비(장비) (일체). ~**gewicht**, das 도살한 짐승의 머리, 가죽, 내장 따위를 뺀낸 유용한 부분의 무게 (반대: Lebendgewicht (1)). ~**halle**, die 도살장. ~**haus**, das a) 도살장 건물. b) ↑~hof. ~**hof**, der a) 대규모 도살장. b) 대규모 도살장 건물. ~**messer**, das 도살용 칼. ~**opfer**, das 《종교》 희생신사(犧牲神祀), 희생 의식. ~**platte**, die 《요식업》 도축 기념 요리(여러 가지 소시지와 삶은 돼지고기). ~**raum**, der 도축장. ~**reif** 〈Adj.〉 (짐승이) 도살하기 알맞게 자란. ~**schüssel**, die ↑~platte. ~**tag**, der 도살일, 도살하는 날. ~**tier**, das 도살용 가축. ~**tierbeschau**, die 도살용 가축 검사. ~**vieh**, das ↑~tier. ~**viehbeschau**, die ↑~tierbeschau. ~**viehmarkt**, der 도살용 가축 시장.

²Schlacht- (Schlacht): ~**feld**, das 싸움터, 전장(戰場): er ist auf dem S. geblieben 《고어·완곡》 그는 전쟁터의 이슬로 사라졌다; 〖전의〗 nach der Party war die Wohnung ein S. 파티가 끝난 뒤 집안은 전쟁터 같았다 [아주 어수선했다]. ~**flieger**, der 1. 《군》 전투기 조종사. 2. 《통어》 Schlachtflugzeug. ~**flotte**, die 《군》 전투함대. ~**flugzeug**, das 《군》 전투기. ~**gebrüll**, das 〈Pl. 없음〉 공격(전투)의 함성. ~**gesang**, der 《옛》 1. 공격(전투)의 노래(함성). 2. 군가(軍歌). ~**geschrei**, das 《옛》 ↑~gebrüll. ~**getümmel**, das 전투(싸움)의 수라장. ~**gewühl**, das 전투(싸움)의 소용돌이(수라장). ~**kreuzer**, der 《군·옛》 경전함(輕戰艦), 순양전함(巡洋戰艦). ~**linie**, die 《군·옛》 ↑~reihe. ~**ordnung**, die 《군·옛》 전투대형(戰鬪隊形). ~**plan**, der 《군》 회전(會戰) 계획, 작전 계획: 〖전의〗 wir müssen erst mal einen S. machen 《통어》 우리는 우선 어떤 전략을 세워야 한다. ~**reihe**, die 《군·옛》 전열(戰列). ~**roß**, das 《고어》 군마(軍馬): 〖전의〗 er ist ein altes S. 《통어》 그는 아주 경험이 많은 사람이다(백전노장이다). ~**ruf**, der 《군》 군호, 함성. ~**schiff**, das 《군》 전투함, 전함. ~**szene**, die 전투 장면.

Schlachta ['ʃlaxta], die [poln. szlachta] 《역사적》 폴란드의 하위(下位) 귀족(계급).

schlachten ['ʃlaxtn̩] 〈h〉 1. (식용수(食用獸)를) 도살하다, 잡다; 학살하다, 살육하다: ein Schwein s. 돼지를 잡다. 2. 《통어·농》 (포장을 뜯어) 먹어 치우다: eine Flasche Whisky s. 위스키 한 병을 따서 다 마시다.

Schlachten-: ~**bummler**, der 《스포츠·은어》관전자(觀戰者); 비신투 종군자; 원정 응원군. ~**maler**, der 전쟁화가. ~**malerei**, die 〈Pl. 없음〉전쟁화(畵).
Schlachter ['ʃlaxtɐ], der; -s, - **a)** (nordd.) 푸줏간 주인, 정육점 주인. **b)** 도살자, 도축자(屠畜者), 백정.
Schlächter ['ʃlɛxtɐ], der; -s, - **a)** (nordd., 특히 berlin.) 푸줏간 주인, 정육점 주인. **b)** ↑Schlachter (b).
Schlachter-, Schlächter- 《nordd.》 ↑Fleischer-.
Schlachterei [ʃlaxtə'raɪ], die; -en (nordd.) 정육점, 푸줏간. **Schlächterei** [ʃlɛxtə'raɪ], die; -en **1.** (nordd., 특히 berlin.) 정육점, 푸줏간. **2.** 《감정·폄》학살, 살육, 도살.
Schlachtschitz ['ʃlaxtʃɪts], der; -en, -en [poln. szlachcic] 〈역사적〉옛 폴란드 하위 귀족.
Schlachtung, die; -en 도살, 도축.
schlack [ʃlak] 〈Adj.〉 (schwäb., bayr.) 굼뜬, 나태한, 느슨한. **Schlack** [-], der; -(e)s (nordd.) **1.** 죽, 걸쭉한 것. **2.** 진눈깨비. **Schlackdarm**, der (nordd.) ↑Mastdarm.
Schlacke ['ʃlakə], die -n **1.** 석탄(코크스)재. **2.** 〔제련〕광재(鑛滓), 쇠똥, 슬래그. **3.** 〔지질〕용암(덩어리). **4.** 〈Pl.〉【생리】Ballaststoffe: die Nahrung sollte reich an -n sein 음식물에는 섬유질이 많아야 하는데.
¹schlacken ['ʃlakn] 〈h〉 광재가 생기다: die Kohle schlackt stark 이 석탄은 연소하면서 찌꺼기를 많이 남긴다. **²schlacken** [-] 〈h; 비인칭〉(nordd.) 진눈깨비가 내리다: es hat den ganzen Tag geschlackt 하루종일 진눈깨비가 내렸다.
schlacken-, Schlacken-: ~**arm** 〈Adj.〉 섬유질이 적게 포함된. ~**bahn**, die 《스포츠·드물게》↑Aschenbahn. ~**diät**, die 섬유질을 많이 포함하는 식이요법. ~**frei** 〈Adj.〉 **a)** 섬유질이 포함되어 있지 않은. **b)** 광재(찌꺼기)를 남기지 않는. ~**grube**, die 광재갱(鑛滓坑). ~**halde**, die 광재더미. ~**haltig** 〈Adj.〉 섬유질이 들어 있는. ~**kost**, die ↑~diät. ~**los** 〈Adj.〉 ↑~frei. ~**reich** 〈Adj.〉 섬유질이 많이 포함된. ~**sand**, der 미세하게 빻은 광재(鑛滓). ~**stein**, der 인조석(人造石), 광재를 굳혀 만든 벽돌. ~**stoffe** 〈Pl.〉 ↑Schlacke (4). ~**wolle**, die 광재면(鑛滓綿), 광재 섬유(단열재의 일종).
Schlacker- ['ʃlakɐ-] 〈²schlackern; nordd.〉: ~**regen**, der 진눈깨비. ~**schnee**, der 진눈깨비. ~**wetter**, das 진눈깨비가 내리는 날씨.
schlackerig, schlackrig [ʃlak(ə)rɪç] 〈Adj.〉 《통용어》흔들거리는, 느슨한, 축 늘어진. **¹schlackern** ['ʃlakɐn] 〈h〉 (nordd., westmd.) **a)** 흔들거리다, 늘어지다, 비틀거리다: hin und her s. 이리저리 흔들거리다. **b)** 흔들거리며 가다 〈움직이다〉. **c)** 《무엇을 가지고》 흔들거리다: der Dackel schlackerte mit den Ohren 그 개가 귀를 흔들었다. **²schlackern** [-] 〈h〉 (nordd.) ↑¹schlacken.
¹schlackig ['ʃlakɪç] 〈Adj.〉 광재(鑛滓)를 많이 남기는.
²schlackig [-] 〈Adj.〉 [↑Schlack] (nordd.) 진눈깨비가 많이 내리는, **schlackrig**: ↑schlackerig 참조.
Schlackwurst ['ʃlak-], die; -würste ↑Zervelatwurst.
¹Schlaf [ʃla:f], der; -(e)s **1. a)** 잠, 수면(睡眠): der S. überwältigt〔überkommt, übermannt〕 jmdn. 누구에게 졸음이 쏟아지다〔밀어 닥치다〕; der S. flieht jmdn. 〈아이〉누가 잠을 잘 수 없다, 잠을 못 이루다; er hat einen leichten S. 그는 자다가 잘 깨다, 깊은 잠을 못 잔다; er konnte keinen S. finden 〈아이〉 그는 잠을 이룰 수가 없었다, 그에게는 잠이 오지 않았다; jmdn. aus dem S. fahren 자다가 깜짝 놀라 깨다, 벌떡 깨어 일어나다; jmdn. aus dem S. rütteln 〈잠 자고 있는〉 누구를 흔들어 깨우다; in S. sinken〔fallen〕 잠에 곯아 떨어지다; jmdn. in (den) S. singen 자장가를 불러 누구를 잠 재우다; das Kind hat sich in (den) S. geweint 그 애는 울다가 잠이 들었다; um den〔seinen〕 S. bringen 〈아이〉 누구를 잠 못 이루게 하다, 누구에게서 잠을 빼앗아 가다; **den S. des Gerechten schlafen** 〈농〉 깊은 잠을 자다, 편안하게 자다(잠언 24장 15절에서 연유); **etw. im S. können〔beherrschen〕** 무엇을 자면서도(쉽게) 할 수 있다, 무엇은 누워서 떡먹기이다; **nicht im S. an etw. denken〔auf etw. kommen〕** 《통용어》꿈에도 무엇을 할 생각이 없다, 고려조차 하지 않는다; **etw. fällt jmdm. nicht im S. ein** 《통용어》누구는 무엇을 꿈에도 생각지 않는다. **b)** 〈축소형: ↑Schläfchen〉한잠, 《한숨의》잠: mittags macht er ein kurzes Schläfchen 낮이면 그는 짤막하게 한잠씩 자곤했다. **2.** 《통용어·농·미화》눈곱, 안지(眼脂): wisch dir mal den S. aus den Augen 눈에서 눈곱이나 닦아라. **²Schlaf** [-], der; -(e)s, **Schläfe** ['ʃlɛ:fə; mhd. slāf] 〔고어〕관자놀이.

schlaf-, Schlaf-: ~**anfall**, der 〔의학〕수면 발작병, 나르콜렙시. ~**anzug**, der 잠옷. ~**auge**, die 《대개 Pl.》 **1.** (눕히면 감기는) 인형의 눈. **2.** 《자동차·은어》사용시 이 외에는 차체 속에 감추어지는 헤드라이트. ~**baum**, der 〔동물〕 《새 떼가 규칙적으로 모여서》 자고 가는 나무. ~**bedürfnis**, das 수면욕구, 자고싶은 생각, 졸림. ~**bedürftig** 〈Adj.〉 자야하는, 수면을 취해야 하는, 수면 부족의, 졸리는. ~**bedürftigkeit**, die 수면 부족 상태, 수면을 필요로 하는 상태. ~**bursche**, der 〔고어〕 ↑Bettgeher. ~**couch**, die 침대 겸용 소파. ~**dauer**, die 수면 시간, 수면기. ~**decke**, die 이불, 담요. ~**deich**, der 안둑 예비 제방. ~**drang**, der 졸림, 졸음. ~**ecke**, die 침대가 놓여있는 방의 한쪽 구석. ~**entzug**, der 수면박탈, 강제로 잠을 못자게 함. ~**forschung**, die 수면 연구, 잠에 관한 연구. ~**gänger**, der 〔고어〕 (잠자리만 빌리는) 숙박인. ~**gast**, der 숙박객. ~**gelegenheit**, die 숙박의 편의. ~**gemach**, das 〔고어〕 침실(寢室). ~**genosse**, der 《준고어》 같은 방에서 자는 동료, 동침자. ~**gewohnheit**, die 《대개 Pl.》잠버릇, 수면 습관. ~**haltung**, die ↑~stellung. ~**haus**, das (대기업의) 근로자 기숙사. ~**kabine**, die (장거리 트럭의) 운전수용 침실, (배의) 침실. ~**kammer**, die 침실. ~**klinik**, die 수면요법(睡眠療法) 전문병원. ~**koje**, die 《통용어》 ↑~kabine. ~**krankheit**, die 수면병(睡眠病). ~**kur**, die 〔의학〕수면요법. ~**läuse** 〈Pl.〉 《통용어·농》《다음 용법으로》 (die) S. **haben** 아주 피곤해서 잠을 더 이상 근질근질하려다. ~**lernmethode**, die 〔전문어〕수면학습법(睡眠學習法). ~**lied**, das 자장가. ~**los** 〈Adj.〉 **a)** 지새운, 자지 않은. **b)** 잠 안 오는, 불면(不眠)의: sich s. im Bett wälzen 잠이 오지 않아 침대에서 몸을 뒤척이다. ~**losigkeit**, die 불면(증), 잠 못 이룸. ~**mangel**, der 수면 부족. ~**maus**, die ⒈ Bilch. ~**mittel**, das 수면제. ~**mittelmißbrauch**, der 수면제 오용(誤用)〔남용〕. ~**mittelsucht**, die 수면제 중독. ~**mittelsüchtig** 〈Adj.〉 수면제 중독의. ~**mittelvergiftung**, die 수면제 중독(中毒). ~**mohn**, der 《Pl. 없음》 〔식물〕양귀비. ~**mütze**, die **1.** 〔옛〕잘 때 쓰는 모자. **2.** 《통용어》**a)** 잠꾸러기, 잠보. **b)** 《폄》 느림보, 멍청이. ~**mützig** [-mytsɪç] 〈Adj.〉 《통용어》 느림보 같은, 멍청한. ~**mützigkeit**, die 《통용어·폄》느림보 같음, 멍청함. ~**nische**, die 침대가 놓여져 있는 방의 한쪽 구석. ~**phase**, die 〔전문어〕수면 단계. ~**pille**, die 수면제 (알약). ~**platz**, der 잘 자리, 잠자리. ~**position**, die ↑~stellung. ~**pulver**, das 수면제 (가루약). ~**puppe**, die 눕히면 잠을 감는 인형. ~**ratte**, die 《통용어》잠꾸러기, 잠보. ~**raum**, der 큰 침실, 공동 침실.

~rock, der 실내용 가운: im S. 《요리》 파이 모양의 껍질을 씌운: Äpfel im S. 사과푸딩(의 일종). ~saal, der 공동 침실. ~sack, der 슬리핑 백, 침낭. ~stadium, das 《전문어》 ↑~phase. ~stadt, die 《통용어·軍》 베드타운, 위성 도시. ~statt, die 《아어》 ↑Bettstatt. ~stätte, die 《아어》 ↑~platz. ~stelle, die a) 숙소, 숙처(宿處). b) ↑~platz. ~stellung, die 수면 자세. ~störung, die 《대개 Pl.》 《의학》 수면 장애(증). ~stube, die 《준고어》 ↑~zimmer. ~sucht, die 《의학》 ↑Hypersomie. ~süchtig 〈Adj.〉 《의학》 기면증《嗜眠症》의. ~tablette, die 수면제(약). ~therapie, die 《의학》 수면요법. ~tiefe, die 《Pl. 없음》 잠의 깊이, 숙면도(熟眠度). ~tier, das 《통용어》 a) 잠동무 인형(천으로 만든 여러가지 동물들로서 아이가 갖고 자는), 테디베어. b) ↑~mütze (2 a). ~trank, ~trunk, der 잠을 청하기 위해 마시는 술. ~trunken 〈Adj.〉 《아어》 잠이 덜 깬, 잠에 취한. ~trunkenheit, die 잠이 덜 깬 상태, 잠에 취한 상태. ~verhalten, das 《전문어》 수면 자세, 수면 태도. ~wach-Rhythmus, der 《생리》 취침 기상의 리듬. ~wagen, der 《철도》 침대차. ~wagenabteil, das 침대차실. ~wagenplatz, der 침대차석(席), 침대차 자리. ~wagenschaffner, der 침대차 승무원. ~wandeln 〈h/《또한》s〉 몽유(夢遊)하다. ~wandler, der 몽유병자. ~wandlerin, die; -nen ↑~wandler의 여성형. ~wandlerisch 〈Adj.〉몽유증(夢遊症)의, 몽유병자(적)인. ~zeit, die 수면시간. ~zentrum, das 《생리》 수면중추(睡眠中樞). ~zimmer, das a) 침실. b) ↑~einrichtung. ~zimmeraugen 〈Pl.〉 《통용어》 ↑~zimmerblick. ~zimmerblick, der 《통용어》 (여인의) 반쯤만 눈을 뜬 아주 관능적인 시선. ~zimmereinrichtung, die 침실가구(비치). ~zimmerfenster, das 침실창문. ~zimmermöbel, das 〈대개 Pl.〉 침실가구. ~zimmerschrank, der 침실용 장(농). ~zimmertür, die 침실문. ~zustand, der 수면 상태.

Schläfchen ['ʃlɛːfçən], das; -s, - ↑¹Schlaf (1 b). **Schläfe** ['ʃlɛːfə], die; -n 관자놀이: graue -n haben 귀옆 머리가 희끗희끗하다; ihm hämmerten die -n 그의 관자놀이가 펄떡거렸다; jmdm. eine Pistole an die S. halten 누구의 관자놀이에 권총을 들이대(고 있)다. **schlafen°** ['ʃlaːfn̩] 〈h〉 **1. a)** 자다, 잠자다, 수면하다: im Sitzen s. 앉은 채 잠자다; s. gehen 자러가다, 취침하다; er schläft noch halb 그는 아직 완전히 깨지 않은 상태이다; der Lärm ließ ihn nicht s. 소음 때문에 그는 잘 수가 없었다; sich schlafend stellen 자는 체하다; darüber will ich noch[noch ein paar Nächte] s. 그 문제는 하룻밤[며칠밤] 자면서 차분히 생각하겠다; 《명사화》 er ist seit zwei Tagen nicht zum Schlafen gekommen 그는 이틀 전부터 잠을 전혀 자지 못했다. **b)** 〈s. + sich〉 비인칭》 잠을 (잘[편하게, ...]) 잘 수 있다[없다]: auf dem Sofa schläft es sich gut 이 소파 위에서는 잠을 편하게 잘 수 있다. **c)** 〈s. + sich〉 잠을 자서 어떤 상태이 르다: sich gesund s. 잠을 자서 원기를 회복하다. **2.** 《누구집에서》 자다, 묵다, (밤을) 지내다: du kannst bei uns s. 너는 우리집에서 자도 돼; in diesem Zimmer schläft die Tochter 이 방은 딸의 침실이다. **3. a)** 《은폐》 동침하다, 성교하다, 동서(同棲)하다. **b)** 〈s. + sich〉 《경》 (어떤 목적을 달성하기 위해) 차례로 여러 사람과 동침하다: sie hat sich schon durch die ganze Chefetage geschlafen 그녀는 (어떤 목적을 달성키위해) 중역층의 모든 사람들과 이미 동침했다. **4.** 《통용어》 자고있다, 주의하지 않다: wenn er unterrichtet, schläft die halbe Klasse 그가 수업을 할 때면, 학급의 반은 주의하지 않는다.

Schläfen-: ~ader, die 관자놀이의 혈관. ~bein, das 《해부》 측두골(側頭骨). ~gegend, die 관자놀이 부근. ~haar, das 관자놀이 부근의 머리털. ~lappen, der 《해부》 측두엽(側頭葉). ~locke, die (대개 Pl.) 관자놀이 부분의 고수머리.

Schlafengehen, das; -s 취침, 잠자리에 듦. **Schlafenszeit**, die; -en 《드물게 Pl.》 취침 시간, 자러 갈 시간. **Schläfer** ['ʃlɛːfɐ], der; -s, - **1.** 잠자고 있는 사람: er ist ein unruhiger S. 그는 잠을 깊이 자지 못한다. **2.** 《동물》 ↑Bilch. **schläferig 〈Adj.〉** ↑schläfrig 참조. **Schläferin**, die; -nen ↑Schläfer (1)의 여성형. **schläfern** ['ʃlɛːfɐn] 〈h; 비인칭〉 《드물게》 졸음이 오다, 졸리다: es schläfert mich [mich schläfert] 나는 졸린다. **schlaff** [ʃlaf] 〈Adj.〉 **1. a)** 느슨한, 축늘어진, 헐거운, 느즈러진, 시든: die -e Haut 시든 피부. **b)** 팽팽하지 않은, 물렁한, 딴딴하지 않은: ein -es Kissen 딴딴하지 않은 방석. **c)** 맥없는, 힘없는, 기운 없는, 맥빠진: -e Glieder 맥빠진 사지; das schwüle Wetter macht einen ganz s. 후텁지근한 날씨가 사람을 완전히 맥빠지게 한다. **2.** 《비》 활기 없는, 굼뜬, 맥없는, 침체된. **3.** 《청소년·비》 맥 풀리는, 김 새는. **Schlaffheit**, die ↑schlaff의 명사형.

Schlafittchen [ʃlaˈfɪtçən], das, 《다음 용법으로》 jmdn. am[beim] S. kriegen[packen, fassen, haben] 《통용어》 누구의 웃옷자락을 붙잡다; 누구에게 책임을 묻다, 누구를 몹시 질책〈훈계〉하다.

schläfrig, 《드물게》 **schläferig** ['ʃlɛːf(ə)rɪç] 〈Adj.〉 **a)** 〈nicht adv.〉 잠이 오는, 졸리는, 졸음이 오는: s. werden 졸리다, 졸음이 오다; seine monotone Stimme machte mich s. 그의 단조로운 목소리를 듣고 있자니 내겐 졸음이 왔다; 《전의》 im Licht der -en Sonne 희미하게 비치는 햇볕 속에서. **b)** 졸리는 듯한, 졸음이 오는 듯한; 태만한, 나른하고 의욕이 없는 듯한: mit ↑Tonfall 졸리는 듯한 어조로. **Schläfrigkeit**, die **a)** 졸림, 졸림. **b)** 무기력, 권태, 완만. **schläfst** [ʃlɛːfst], **schläft** [ʃlɛːft] ↑schlafen 참조.

Schlag [ʃlaːk], der; -(e)s, Schläge ['ʃlɛːɡə] **1. a)** 때림, 치기, 타격, 구타: das war ein tödlicher S. 그것이 치명적인 일타[일격]이었다; ein S. mit der Hund [mit der Faust] 손[주먹]으로 때림; jmdm. einen S. [ein paar Schläge] versetzen 누구를 한 대[몇 대] 때리다; er teilt gern Schläge aus 그는 때리기를 잘한다[매질을 잘한다]; er wich dem S. geschickt aus 그는 재치있게 (상대방의) 공격[때림]을 피했다; mit einem einzigen S. streckte er seinen Gegner zu Boden 단 일격으로 그는 상대방을 바닥에 뻗게 했다; S. auf S. 속속(續續), 자꾸자꾸, 끊임없이; ein S. unter die Gürtellinie ↑Gürtellinie; etw. ist ein S. ins Gesicht ↑Gesicht 1 a; (das war) ein S. ins Kontor 《통용어》 (그것은) 날벼락[생벼락] 같은 일(이었다); etw. ist ein S. ins Wasser 무엇은 헛일[헛물켜는 짓]이다, 아무 효과도 없다; einen S. haben 《통용어》 제 정신이 아니다, 약간 돈[미친] 상태이다; keinen S. tun 《통용어》 ↑Handschlag; jmdm. einen S. versetzen 누구에게 큰 타격을 주다; einen vernichtenden S. gegen jmdn. führen 누구에게 치명적인 일격을 가하다; etw. auf einen S. tun 《통용어》 무엇을 한꺼번에 하다; mit einem S. 《[또한] -e》 《통용어》 돌연, 별안간, 단번에: durch diesen Film wurde der junge Regisseur mit einem S. berühmt 이 영화로 해서 그 젊은 감독은 하루 아침에 유명해졌다; zum entscheidenden S. ausholen 결정적인 일격(一擊)을 준비하다. **b)** 《Pl.》 (벌로서의) 때림, 매질, 구타. **c)** 쾅[쿵, 쩡, ...]하고 치는 소리: im Keller tat es einen fürchterlichen S. 지하실에서 굉장히 크게 쾅하는 소리가 났다. **2. a)** 규칙적으로 치기, 맥박, 고동(鼓動) 진동(振動): die Schläge des Ruders

(규칙적인) 노의 저음(젓기); er hörte den S. der Wellen 그는 파도 치는 소리를 들었다. **b)** 《시계, 종 따위가》 치는 소리: der S. eines Gongs klang durch das Haus 징 (치는) 소리가 온 집안에 울려 퍼졌다; der S. der Glocke einer Kirchturmuhr war von ferne zu hören 멀리서 어느 교회탑 시계의 종소리가 들려 왔다; ⟨S. + 시간 표시⟩ S. drei Uhr 정각 세시; S. Mitternacht 정각 밤 열두시. **c)** ⟨Pl. 없음⟩《종달새 따위의》우는 소리, 지저귐. **3. a)** ↑Blitzschlag의 약칭: ein lauter S. 요란한 벼락(소리); ein kalter S. 발화(發火)하지 않는 벼락. **b)** 감전(感電): er hat bei der Reparatur des Gerätes einen leichten S. bekommen 그는 그 기구를 수리하다가 가벼운 감전을 당했다. **4.** 《통용어》↑Schlaganfall의 약칭: er hat schon zwei Schläge gehabt 그는 벌써 두번 뇌졸중에 걸렸다; **der S. soll dich treffen!** 《경》벼락 맞아라!; jmdn. trifft(rührt) der S. 《통용어》누가 질겁하다; **wie vom S. getroffen (gerührt) sein** 《통용어》당황하다, 냉정을 잃다. **5.** (운명, 불행 따위의) 타격: sie hat die Schläge des Schicksals tapfer ertragen 그녀는 여러 운명의 타격들을 꿋꿋하게 견디어 왔다; er hat sich von diesem S. noch nicht erholt 그는 이 타격에서 아직도 회복하지 못한 상태이다. **6.** [임업] **a)** 벌채(伐採), 벌벌(伐伐). **b)** 채벌지(採伐地), 벌채 구역. **7.** [농업] 동일 품종의 농작물 재배 구역: ein S. Weizen von etwa 100 Hektar 약 100헥타르 넓이의 밀 경작지. **8.** [요트] 두 토킹 지점 사이의 거리(구간). **9.** [선원] 밧줄의 매듭, 결삭(結索): einen S. auf den Poller legen 계선말뚝에 밧줄을 둘러 놓다. **10.** [재단·유행] 나팔바지. **11.** ↑Taubenschlag의 약칭. **12.** (준어) (마차나 자동차의) 문(짝). **13.** 《통용어》(큰 국자나 주걱에 의한) 일인분(음식): ein S. Suppe 수프 한 국자; **(einen) S. bei jmdm. haben** 《통용어》누구한테서 호감을 얻고 있다, 누구의 인정(총애)을 받다. **14.** ⟨Pl. 없음⟩ (외슈터) (특히 커피용) 거품을 일게 하는 생(生)크림: sie trinkt ihren Kaffee ohne S. 그녀는 커피에 생크림을 타지 않고 마신다. **15. a)** Menschenschlag의 약칭: ein Mensch unseres -es [von anderem S.] 우리와 같은(다른) 종류의 사람; er ist noch im Beamter vom alten S. 그는 옛날 타입의 (근엄한 기상이 있는) 관리이다; [전의] das sind noch Möbel alten -s[vom alten S.] 이것들은 아직도 옛날처럼 견실하게 만들어진 가구이다. **b)** (가축 등의) 품종(品種): einen neuen S. züchten 신품종을 번식시키다.

schlag-, Schlag-: **~abtausch**, der [권투] 난타(亂打)의 교환, 난타전, 재빠른 편치 교환; [정치] S. mit der Gewerkschaft 노동 조합과의 격렬한 논쟁. **~ader**, die 동맥(動脈). **~anfall**, der 뇌일혈, 뇌출혈, 뇌졸중: einen S. bekommen 뇌졸중에 걸리다. **~artig** ⟨Adj.⟩ 돌발적인, 순간적인: ein -er Wechsel der Verhältnisse 상황의 급전(急轉); eine -e Lähmung 뇌졸중 모양의 마비. **~ball**, der **1.** ⟨Pl. 없음⟩ 독일식 크리켓. **2.** 위의 구기(球技)에서 사용하는 조그만 가죽공. **~ballspiel**, das ↑ball (1). **~baß**, der [음악] (재즈용) 콘트라베이스. **~baum**, der [건널목 따위의] 차단목(遮斷木), 차단기. **~besen**, der [음악] ↑Stahlbesen 참조. **~bohrer**, der 충격식 천공기(착암기). **~bohrmaschine**, die ↑bohrer. **~bolzen**, der (총, 포의) 공이(擊鐵). **~fertig** ⟨Adj.⟩ 전투 준비가 갖추어진; 빈틈없는, 기지 있는: sie antwortete mit -er Zunge 그녀는 재치있는 말솜씨로 대답했다; eine -e Antwort geben 재치있게 대답하다. **~fertigkeit**, die ↑~fertin의 명사형. **~fest** ⟨Adj.⟩ (전문어) 충격에 대해 저항력이 있는. **~festigkeit**, die (전문어) 충격의 강도. **~fluß**, der [고어] ↑~anfall. **~hand**, die [권투] (선수의 양손 중) 타격력이 더 강한 손. **~holz**, das (야

구, 크리켓 등에서 쓰는) 배트, 나무방망이. **~instrument**, das 타악기(打樂器). **~kraft**, die ⟨Pl. 없음⟩ **1. a)** 충격(폭발)력, 펀치력. **b)** 전투력, 전투 병력. **2.** 설득력(說得力). **~kräftig** ⟨Adj.⟩ **1. a)** 충격이 센, 펀치력이 강한. **b)** 전투력(전력)이 강한. **2.** 설득력 있는. **~licht**, das ⟨Pl. -er⟩ [회화·사진] (어두운 배경 앞에서 대상물을 뚜렷이 드러나게 하기)위한 강한 빛: **ein S. auf jmdn. (etw.) werfen** 누구(무엇)의 특성을 뚜렷이 드러나게 하다. **~lichtartig** ⟨Adj.⟩ 뚜렷이 나타나게 하는, 두드러지게 하는. **~loch**, das (도로 표면의) 패인 곳, 패인 구덩이. **~mann**, der ⟨Pl. -männer⟩ [정장] 정조수(整調手). **~obers**, der (외슈터) 거품을 일게 하는 생크림. **~rahm**, der 《지역적》거품을 일게 하는 생크림. **~reif** ⟨Adj.⟩ 도살(벌채)하기에 합당한. **~ring**, der (네 손가락에 끼워 무기로 사용하는) 격투용 반지. **~sahne**, die **1.** (거품을 일게 하는데 적합한) 크림; S. Schlagen 크림을 휘저 거품을 일게 하다. **2.** 거품을 일게 한 생크림: Kuchen mit S. 생크림을 얹은 케이크. **~schatten**, der [회화·사진] (뚜렷이 돋보이게 하기 위한) 투영(投影)(부분); 뚜렷한 그림자. **~scheibe**, die (스위스 특유 구기(球技)인) 호르누스에서 사용하는 퍽(↑Hornussen 참조). **~seite**, die ⟨대개 Art. 없음⟩ [선원] 편형(偏傾), (배가) 한편으로 기울어짐: das Schiff hatte starke(schwere) S. 그 배는 심하게 한쪽으로 기울어졌었다; **(eine) S. haben** 《통용어·농》술이 취해 비틀거리다. **~stark** ⟨Adj.⟩ (권투) 타격력이 강한, 파괴력이 강한. **~stock**, der **a)** 곤봉, 경찰봉(警察棒). **b)** (드물게) ↑Trommelstock. **~uhr**, die 괘종(시계). **~werk**, das (시계의) 명종(鳴鐘)장치. **~wetter** ⟨Pl.⟩ [광] (갱내의) 폭발성 가스. **~wetterexplosion**, die [광] 갱내(폭발성) 가스에 의한 폭발. **~wort**, das ⟨Pl. -wörter / -⟩ **1.** [~, (드물게) -wörter⟩ **a)** 표어, 슬로건, 모토, 구호(口號). **b)** (펌) 상투어, 진부한 말, 판에 박은 말. **2.** ⟨Pl. -wörter⟩ [도서] 검색어, 사항색인, 키워드. **~wortkatalog**, der [서적] 사항 목록. **~zahl**, die [조정·카누] 1분간에 노 젓는 횟수. **~zeile**, die [신문] (신문 제1면의) 큰 표제, 머리 기사 제목: **-n machen** (신문에) 대서 특필되다. **~zeug**, das 타악기. **~zeuger** [-tsɔʏgɐ] der; -s, - 타악기 주자(奏者).

schlagbar ['ʃlaːkbaːɐ̯] ⟨Adj.⟩ **1.** 타도될 수 있는, 정복될 수 있는. **2.** schlagreif 참조. **Schlage** ['ʃlaːgə], die; -n 《지역적》↑Hammer (1). **Schlägel** ['ʃlɛːgl̩], der; -s, - [광] 큰 망치, 철퇴(鐵槌). **Schlägelchen** ['ʃlɛːgl̩çən], das; -s, - 《지역적》↑Schlägel의 축소형. **schlagen*** ['ʃlaːgn̩] **1.** (h) **a)** 때리다, 매질하다, 치다, 구타하다. 두드리다: jmdn. nur leicht mit einem Stock s. 누구를 막대기로 아주 살짝 때리다. **b)** ⟨s. + sich⟩ 서로 치고 받다, 서로 때리다, 싸우다, 싸움질하다: er hat sich wieder mit seinem Klassenkameraden geschlagen 그는 또다시 자기 반 친구하고 싸웠다. **c)** 때림으로 어떤 상태에 이르게 하다: er hat ihn blutig geschlagen 그 남자는 그를 때려서 피가 나게 했다; er schlug seinen Gegner zu Boden 그는 자기 상대(적)를 쳐서 넘어지게 했다(바닥에 뉘었다); er hat alles in Scherben geschlagen 그는 모든 것을 산산조각이 나도록 깨뜨려 버렸다. **d)** 치다, 두드리다, 두들기다: jmdn. ⟨드물게⟩ (jmdm.) auf die Finger [ins Gesicht] s. 누구의 손가락(얼굴)을 때리다; er hat nach mir geschlagen 그는 나한테 치고 덤볐다; er schlug wild um sich 그는 사방으로 휘둘러 댔다 (닥치는대로 쳤다); der Esel hat hinten (mit den Hufen) geschlagen 당나귀가 뒷발질을 했다. **e)** (급격하게) 치다, 급격히 움직이다: sie hat ihm den Schirm auf den Kopf geschlagen 그녀는 우산으로 그의 머리를 쳤다; sie schlug beschämt Hände vors Gesicht 그녀

는 무안해서 두 손으로 얼굴을 감쌌다. **f)** 퍼덕이다, 버둥거리다: der Vogel schlug mit den Flügeln 그 새가 날개를 퍼덕거렸다. **g)** 쳐서[두드려서] 무엇이 생기게 하다: Löcher ins Eis s. 얼음판을 쳐서 구멍을 몇 개 뚫다. **h)** 쳐 넣다, 때려 넣다, 박다: einen Nagel in die Wand s. 벽에 못을 하나 박다; drei Eier in die Pfanne s. 달걀 세 개를 프라이팬에 깨어 넣다; der Adler schlug die Fänge in seine Beute 그 독수리는 갈구리 발톱으로 먹이를 낚아[잡아] 채었다. **i)** 쳐서 떨어지게 하다: er hat ihm den Löffel aus der Hand geschlagen 그 남자가 그의 손을 쳐서 숟가락이 떨어지게 했다. **j)** (못 따위를 써서) 붙이다: ein Bild an die Wand s. 그림을 벽에 붙이다; die Mörder wurden ans Kreuz geschlagen 살인자들은 십자가에 못박아 처형되었다. **k)** (도끼 따위로 베어) 넘어뜨리다: Bäume s. 벌목(伐木)하다. **l)** 어떤 동작을 빠르게 반복해서 무엇을(어떻게) 만들다: Sahne s. 크림을 휘저어 거품이 일게 하다. **m)** 《준고어》(화폐를) 주조하다. **n)** (되색) 만들다, 이루다, 형성하다: mit Zirkel einen Kreis s. 컴퍼스로 원을 그리다; er schlug einen Bogen um das Haus 그는 그 집을 피해 우회해 갔다; sie schlug das Kreuz 그녀는 십자(성호)를 그었다; am Rücken schlägt die Jacke Falten 저고리 등에 주름이 잡힌다. **2. a)** 〈h / s〉(반복해서) 두드리다, 철석대다: der Regen schlug heftig ans Fenster 비가 맹렬히 창문을 두드렸다; die Wellen schlagen gegen das Schiff 파도가 뱃전을 두드린다. **b)** 〈s〉부닥치다: mit dem Kopf gegen die Wand s. 머리로 벽에 부닥치다; er hörte, wie im Haus eine Tür schlug 집 안에서 문이 쾅 닫히는 소리를 그가 들었다. **c)** 〈h〉덜컹거리다, 펄럭이다: die Fahnen schlugen hin und her 깃발들이 이리저리 펄럭였다. **3.** 〈s / h〉 **a)** 떨어져 폭발하다: der Blitz ist in die Eiche geschlagen 참나무에 벼락이 떨어졌다. **b)** (맹렬하고 급하게) 치솟다: aus den Fenstern schlugen die Flammen 창문들에서 화염이 솟아올랐다. **4.** 〈s〉 **a)** 치솟다, 갑자기 나타나다: plötzlich schlägt mir ein scharfer Geruch in die Nase 갑자기 날카로운 냄새가 내 코를 찌른다. **b)** (누구의 기관(器官)에) 나쁜 영향을 미치다: das war auch ihm auf die Laune geschlagen 그 일이 그의 기분도 망쳐 놓았다. 《(또한) s. + sich; h》 die Erkältung hat sich ihm auf die Nieren geschlagen 감기 때문에 그의 신장이 나빠졌다. **5.** 〈h〉 **a)** 덮어 씌우다, 덮개를 치우다: er schlug eine Decke über die Waren 그는 그 물건들을 담요로 덮어 씌웠다; sie schlägt die Decke zur Seite und springt aus dem Bett 그녀는 이불을 걷어차고 침대에서 뛰쳐나온다; er schlug ein Bein über das andere 그는 다리를 포개었다. **b)** (무엇에다) 싸 넣다: ein Geschenk in Seidenpapier s. 선물을 포장지에 싸다. **6.** 〈h〉 **a)** (북 따위의 악기를) 치다: die Trommel s. 북을 치다; er schlägt die Laute[Zither] 《준고어》 그는 라우테[지터]를 켠다. **b)** 악기를 연주해 소리를 내다: einen Wirbel (auf der Trommel) s. 드럼을 스쳐치다, 연타(連打)하다. **c)** 규칙적 동작으로 소리를 내다: den Takt (mit dem Fuß) s. (발로) 박자를 맞추다. **7.** 〈h〉 **a)** 규칙적으로 울리다, 박동하다: sein Puls schlägt schwach 그의 맥박은 약하게 뛴다; 〔전의〕 nach seiner Tat schlug ihm das Gewissen (아이) 일을 저지르고 나서 그는 양심의 가책을 느꼈다. 〔시계, 종 따위가〕 치다: die Uhr schlägt richtig 그 시계는 바로 간다; von ferne hört man die Glocke langsam s. 멀리서 종이 천천히 울리는 소리가 들린다; ich habe eine geschlagene Stunde auf ihn gewartet 《통용어》 꼬박 한 시간 동안 그를 기다렸다; 〔전의〕 die Abschiedsstunde hat geschlagen 이별의 시간이 다가왔다. **c)** (새가) 노래하다. **8.** 〈h〉 **a)** (적을) 쳐부수다, 무찌르다: die Feinde mit Waffengwalt s. 적

들을 무력으로 쳐부수다. **b)** 물리치다, 제압하다: er hat den Titelverteidiger geschlagen 그는 챔피언을 무너뜨렸다; **sich geschlagen geben**《(아이) **bekennen**》 패배를 인정하다. **c)** 〈s. + sich〉 어떤 방식을 어떠어떠하게 견디어 내다: sich in einem Kampf wacker s. 싸움을 용감히 치루어 내다. **d)** 〈s. + sich〉《통용어》(무엇을 획득하기 위해) 온갖 야단을 하다: die Leute haben sich um die Eintrittskarten geschlagen 사람들은 그 입장권을 구하려고 온갖 야단을 다 했다. **e)** 〈s. + sich〉《옛》 결투하다: er hat sich mit seinem Rivalen geschlagen 그는 자기의 경쟁자와 결투를 했다; 《타동사로도》 eine Mensur s. 결투를 하다. **9.** 〈h〉 (장기 따위에서) 상대말을 잡다: das ist schon das dritte Mal, daß du mich schlägst! 자네가 벌써 내 말을 세 개나 잡았어!; 《4격 목적어 없이도》 die Bauern ziehen gerade, schlagen aber schräg (서양장기의) 졸은 앞으로 움직이지만 상대를 잡을 때는 비스듬히 진행한다. **10.** 〈h〉 (아이) 강타하다: 〔대개 과거분사로〕 sie ist eine vom Schicksal geschlagene Frau 그 여자는 기구한 운명의 여인이다; er ist ein geschlagener Mann 그는 파멸된 인간이다. **11.** 〈h〉 덧붙이다, 가산하다: alle Unkosten auf den Verkaufspreis s. 모든 비용을 판매가에 가산하다. **12.** 〈h / s〉 (어떤 분야에) 속하다: das schlägt nicht in mein Fach 그것은 내 소관이 아니다, 나하고는 상관 없는 문제다. **13.** 〈s. + sich〉 〈h〉 (드물게) (어떤 방향으로) 향하다: ich ging zuerst geradeaus und schlug mich dann nach rechts 우선은 똑바로 가다가 오른쪽으로 방향을 틀었다. **14.** 〈s〉 (누구를) 닮다: er schlägt mehr nach seinem Großvater 그는 자기 할아버지를 더 닮았다. **schlagend** 〈Adj.〉 분명한, 명확한, 근거가 충분한, 설득력 있는: ein -er Beweis 분명한 증거; etw. s. beweisen[widerlegen] 무엇을 명확히 증명하다[반증하다]. **Schlager**, der; -s, - **1.** 유행가: einen S. singen 유행가를 부르다. **2.** 일시적으로 인기가 있는 상품, 히트 상품: sein Buch wurde ein S. 그의 책이 베스트셀러가 되었다. **Schläger** ['ʃlɛːgɐ], der; -s, - **1.** 《옛》 싸움 좋아하는 사람, 깡패, 난폭자. **2.** 〔야구·크리켓〕 타자. **3.** (야구의) 배트, (테니스, 배드민턴, 탁구 등의) 라켓, (하키의) 스틱. **4.** 〔펜싱〕 결투에서 사용하는 검. **5.** (지역적) ↑Schneebesen.

Schlager-: **~festival**, das 유행가 축제(경연 대회). **~musik**, die (Pl. 없음) 유행 음악. **~sänger**, der 유행가 가수. **~sängerin**, die ↑~sänger의 여성형. **~spiel**, das 《스포츠·은어》 대인기 시합. **~star**, der 인기가수. **~text**, der 유행가 가사. **~texter**, der 유행가 가사 작사자. **~wettbewerb**, der 유행가 경연 대회.
Schläger-: **~bande**, die 깡패 집단. **~box**, die [미국 영어 유래가 batter's box의 차용어] 〔야구〕 타자 자리. **~trupp**, der ↑~truppe. **~truppe**, die 깡패 무리, 깡패 집단. **~typ**, der 깡패 타입.
Schlägerei [ʃlɛːgəˈraj], die; -en 싸움, 격투: eine S. beginnen 싸움을 시작하다; es kam zu einer allgemeinen S. 결과적으로 큰 패싸움이 되었다. **schlägern** [ˈʃlɛːgɐn] 〈österr.〉 벌목. **Schlägerung**, die; -en 〈österr.〉 벌목. **Schlagetot**, der; -s, -s (고어) 깡패, 거칠고 난폭한 남자.
Schlaks [ʃlaːks], der; -es, -e 《썸》 굼뜬(투박한) 키다리.
schlaksen ['ʃlaːksn̩] 〈s〉 《썸》 굼뜨게 움직이다.
schlaksig ['ʃlaːksɪç] 〈Adj.〉 《썸》 키크고 동작이 굼뜬. **Schlaksigkeit**, die ↑schlaksig의 명사형.
Schlamassel [ʃlaˈmasl̩], der, 〈österr.〉 das; -s [jidd. schlamassel] 《통용어》 불쾌한 일, 어려운 상황, 곤궁, 고경(苦境), 대혼란: in einen großen S. hineingeraten 대혼란에 빠지다. **Schlamastik** [ʃlaˈmastik], die; -en 〈österr.〉 ↑Schlamassel.

Schlamm [ʃlam], der; -(e)s, -e / **Schlämme** [ˈʃlɛmə] **a)** 진흙, 진창, 더러움, 불결: arsenhaltige Schlämme 비소를 함유한 진흙; im S. steckenbleiben 진흙(궁지)에 빠져 꼼짝 못하다; die Schuhe vom S. reinigen 신에 묻은 진흙을 닦아 내다. **b)** (강 바다 등에 있는) 진흙 찌꺼기, 무른 진흙: den S. aufwühlen 진흙을 파 뒤집다.

schlamm-, Schlamm-: **~bad**, das 이토욕(泥土浴). **~bedeckt** ⟨Adj.⟩ 진흙으로 덮인, 진흙 투성이의. **~beißer**, der ↑Schmerle. **~erde**, die 치료용 진흙 (점질용의). **~farben**: ↑~grau 참조. **~fieber**, das ↑Feldfieber. **~grau** ⟨Adj.⟩ 회색의, 회색의. **~kasten**, der 세광(洗鑛)통, 세니(洗泥)통. **~packung**, die 【의학】 점질용 진흙 주머니. **~pfütze**, die 진창 수렁. **~schleuder**, der 《지역적》↑Dreckschleuder. **~sprudel**, der ↑Salse. **~tümpel**, der 수렁. **~vulkan**, der ↑Salse.

Schlämm-: **~anstrich**, der 【토목】 모르타르 칠(하기). **~kreide**, die 침강탄산석회, 정제백악(精製白堊). **~putz**, der 【토목】〔엷은〕 모르타르 칠. **~verfügung**, die 모르타르 칠.

schlammen [ˈʃlamən] ⟨h⟩ **a)** 진흙을 침전시키다. **b)** (마른 흙을) 진흙으로 만들다. **schlämmen** [ˈʃlɛmən] ⟨h⟩ **1.** 진흙을 쳐내다, 준설(浚渫)하다; 진흙을 씻어내다, 세척하다. **2.** 【기술】 세광(洗鑛)하다, 씻어 채취하다(사금 따위를). **3.** 【건축】 (벽에) 모르타르 칠을 하다, 초벽하다. **4.** 【원예】↑einschlämmen 참조. **schlammig** [ˈʃlamɪç] ⟨Adj.⟩ **a)** 진흙이 섞인. **b)** 진흙으로 더러워진, 진흙 투성이의.

Schlamp [ʃlamp], der; -(e)s, -e (südd.·뜀) 칠칠치 못한 사람, 행실 늦은 사람. **Schlampampe** [ʃlamˈpampə], die; -n 《통용어·고어·뜀》↑Schlampe (1). **schlampampen** [ʃlamˈpampn̩] ⟨h⟩ 《지역적》 잘 먹다, 미식하다, 포식하다. **Schlampe** [ˈʃlampə], die; -n 《통용어·뜀》 **1.** 칠칠치 못한 여자. **2.** 행실이 좋지 못한 여자, 잡년. **schlampen** [ˈʃlampn̩] ⟨h⟩ 《통용어·뜀》 **1. a)** (어떤 일을) 아무렇게나 해치우다, 날림일을 하다: die Werkstatt hat bei der Reparatur geschlampt 그 공장에서 수리를 하면서 일을 아무렇게나 했다. **b)** 칠칠치 못하다, 흘게 늦다. **2.** 《지역적》 축 늘어져 있다. **Schlampen** [-], der; -s, - (südd., österr.·뜀) ↑Schlampe. **Schlamper** [ˈʃlampɐ], der; -s, - (지역적·뜀) 옷을 단정치 않게 입는다는 사람, 방탕아, 일을 아무렇지 못하게(엉떻게) 하는 사람. **Schlamperei** [ʃlampəˈraɪ], die; -en 《통용어·뜀》 **a)** 칠칠치 못함, 소홀함. **b)** 《Pl. 없음》 엉망, 무질서, 뒤죽박죽. **Schlamperl** [ˈʃlampɐl], das; -s, - (지역·경) 애인, 깔치. **schlampert** [ˈʃlampɐt] ⟨Adj.⟩ (österr. 뜀) ↑schlampig. **schlampig** [ˈʃlampɪç] ⟨Adj.⟩《통용어·뜀》 **a)** 칠칠치 못한, 너절한: s. herumlaufen 칠칠치 못한 차림으로 싸돌아다니다. **b)** 소홀한, 성의 없는: eine ~e Arbeit 아무렇게나 해 놓은 작업. **Schlampigkeit**, die; en **1.** 《Pl. 없음》 칠칠치 못한 태도[자세]. **2.** 칠칠치 못한 행동(작업).

schlang [ʃlaŋ] ↑[1,2]schlingen의 과거형. **Schlange** [ˈʃlaŋə] die; -n **1.** 《축소형》↑Schlängchen, Schlänglein》 뱀: die S. gleitet über den Sand 뱀이 모래 위를 미끄러져 간다; die S. züngelt 뱀이 혀를 날름댄다; 《성구》 da beißt sich die S. in den Schwanz 닭이 먼저냐 달걀이 먼저냐의 문제이다(↑Katze 1 a); **eine S. am Busen nähren** 《성구》 자기에게 해가 될 인간을 키우다, 은혜를 원수로 갚을 인간에게 호의를 베풀다; **sich winden wie eine S.** 갖은 수단을 다 써서 궁지에서 벗어나려 하다. **2.** 《뜀》 뱀처럼 교활한 여자. **3. a)** ↑Menschenschlange: sich ans Ende der S. stellen 줄의 맨끝에 서다; **S. stehen** (사람들이) 장사진을 치고 있

다. **b)** ↑Autoschlange: eine kilometerlange S. 수 킬로 미터나 되는 자동차의 행렬. **4.** 【기술】 사관(蛇管). **5.** 【군】↑Feldschlange. **schlänge** [ˈʃlɛŋə] ↑[1,2]schlingen의 접속법 II식 단수형. **Schlängelchen** [ˈʃlɛŋl̩çən], das; -s, - (↑Schlange) ↑Schlange (1). **schlängelig**, schlänglig [ˈʃlɛŋ(ə)lɪç] ⟨Adj.⟩ 《드물게》 뱀 같은, 굽이치는, 꼬불꼬불한. **Schlängellinie** [ˈʃlɛŋl̩-], die; -n 꾸불꾸불한 선, 사행선(蛇行線). **schlängeln** [ˈʃlɛŋl̩n], sich ⟨h⟩ **1. a)** 꿈틀거리며 나아가다. **b)** 굽이 쳐 나아가다, 굽이굽이 계속되다: der Fluß schlängelt sich durch das Tal 강이 꾸불꾸불 골짜기 사이로 흐른다; 《과거분사로》 eine geschlängelte Linie 꾸불꾸불한 선, 사행선. **2.** 비집고 들어가다: sie schlängelte sich durch die Menge nach vorn 그녀는 무리 사이를 비집고 앞으로 나갔다; 《전의》 er schlängelt sich aus der Affaire 그는 용케 그 사건에서 빠져나온다. **Schlängelung** [ˈʃlɛŋl̩ʊŋ], die; -en 구불구불한 모양. **Schlängelweg** [ˈʃlɛŋl̩-], der; -(e)s, -e 꼬불꼬불한 길.

schlangen-, Schlangen-: **~adler**, der 뱀을 잡아먹는 독수리과의 일종. **~ähnlich** ⟨Adj.⟩ 뱀 같은. **~artig** ⟨Adj.⟩ 뱀 종류(모양)의. **~beschwörer**, der (특히 인도의) 뱀 부리는 사람. **~biß**, der 뱀에 물림, 뱀에 물린 상처. **~brut**, die 《아어·뜀》↑Natternbrut. **~ei**, das **1.** 뱀의 알. **2.** 불쾌[불온]의 씨앗. **~fänger**, der (직업적인) 뱀잡이, 뱀장사. **~farm**, die 독사 사육장. **~förmig** ⟨Adj.⟩ 뱀모양의. **~fraß**, der (Pl. 없음) (경·뜀) 변변치 않은 식사, 소찬. **~gezücht**, das ↑~brut. **~gift**, das 뱀의 독. **~gleich** ⟨Adj.⟩ 뱀 같은. **~grube**, die (도덕이) 위험한 장소[상황]. **~gurke**, die 오이(의 한 종류). **~halsvogel**, der 【동물】 뱀가마우. **~haut**, die 뱀껍질. **~kaktus**, der 【식물】↑Aporocactus. **~klug** ⟨Adj.⟩ 《드물게》 뱀처럼 영리한, 교활한. **~leder**, das 뱀가죽. **~linie**, die 뱀 모양으로 구불구불한 선, 사행선(蛇行線). **~mensch**, der 몸을 붙여서 자유자재로 구부리는 곡예사. **~serum**, das **1.** 항사독소(抗蛇毒素). **2.** 독사의 혈청. **~stab**, der (드물게) 뱀이 감겨 있는 Äskulap의 지팡이(의학의 상징). **~stern**, der 거미불가사리 무리. **~tanz**, der 뱀을 감고 추는 춤. 뱀처럼 몸을 꿈틀거리는 춤. **~toxin**, das ↑~gift. **~zunge**, die **1.** 뱀의 혀. **2.** (드물게·뜀) 독설가의, 표리 부동한 사람. **~züngig** ⟨Adj.⟩ 《드물게·뜀》 독설적인, 표리 부동한, 교활한.

schlangenhaft ⟨Adj.⟩ 《드물게》 뱀 같은, 뱀 모양의. **Schlänglein** [ˈʃlɛŋlaɪn], das; -s 《시어》↑Schlange (1). **schlänglig**: ↑schlängelig.

schlank [ʃlaŋk] ⟨Adj.⟩ **1.** 날씬한, 후리후리한, 가늘고 긴; 가냘픈, 나긋나긋한; 화사한, 우미한: eine ~e Gestalt 날씬한 자태; ein Mädchen von ~em Wuchs 날씬한 몸매의 처녀; ~e Hände 가냘픈 손; ~e Pappeln 쭉 뻗은 포플러; das Kleid macht dich ~ 그 옷을 입으니 네가 날씬하게 보인다; 《명사화》《성구》 du bist mir gerade der Schlankste! 《통용·반어》 너는 내게 꼭 맞는 사람이다. **2.** 《지역》 《움직임이》 빠른, 민속(敏速)한: in -em Galopp 질주(疾駒)로; -en Schrittes 빠른 걸음으로. **Schlankel**, Schlankl [ˈʃlaŋkl̩], der; -s, -(n) (österr.·통용·뜀) 개구쟁이, 말나니. **schlankerhand** ⟨Adv.⟩ 《통용》 두말 없이, 당장, 그냥. **Schlankheit**, die; 날씬함. **Schlankheitskur**, die 체중 감소 요법. **Schlankl**: ↑Schlankel. **Schlankmacher**, der (은어) 살 빼는 약. **schlankweg** ⟨Adv.⟩ 《통용·뜀》 딱 잘라, 두말 없이: etw. s. ablehnen 무엇을 딱 잘라 거절하다. **schlankwüchsig** ⟨Adj.⟩ 《전문》 몸이 날씬한.

Schlapfen [ˈʃlapfn̩], der; -s, - (bayr.·österr.·뜀) ↑Schlappen. **schlapp** [ʃlap] ⟨Adj.⟩ **1. a)** 축 늘어

진, 지친: einen -en Eindruck machen 지친 인상을 주다. b) 《통용어·폄》약한, 맥없는, 기력 없는. 2. 축 늘어진, 팽팽하지 않은: unter -em Weinlaub 축 늘어진 포도 넝쿨 아래서.

schlapp-, Schlapp-: ~hut, der 테가 넓은 소프트 모자. ~machen ⟨h⟩《통용어》녹초가 되다, 견딜 수 없다. ~ohr, das 1.《통용어》(개 따위의) 처진 귀. 2.《경》↑~schwanz. ~sack, der《폄》↑~schwanz. ~schuh, der《지역어》a) 실내화, 슬리퍼. b) 《폄》너무 큰 신. ~schwanz, der《경》졸장부. ~schwänzig ⟨Adj.⟩《경》졸장부 같은.

Schläppchen ['ʃlɛpçən], das; -s, - ↑Schlappen의 축소명사.

Schlappe ['ʃlapə], die; -n 패배, 실패, 타격, 손해: bei den Wahlen eine schwere S. einstecken 선거에서 큰 패배를 하다.

schlappen ['ʃlapn̩]《통용어》1. ⟨h⟩ 축 처져 있다, 축 늘어져 있다: die Pflanzen schlappen in der Hitze 식물들이 더위 때문에 축 늘어져 있다. 2. ⟨h⟩ (동물이) 쩝쩝 핥아 마시다. 3. ⟨s⟩ (신이) 너무 크다, 헐렁헐렁하다: die neuen Schuhe schlappen 그 새 신은 (너무 커서) 헐렁헐렁하다. 4. ⟨s⟩ 발을 끌며 걷다: nach Hause s. 발을 질질 끌며 집으로 가다. **Schlappen** [-], der; -s, - (축소형: ↑Schläppchen)《통용어》실내화, 슬리퍼: er hatte S. an den Füßen 그는 실내화를 신고 있었다.

schlapperig ['ʃlapərɪç] ↑schlabberig. **Schlappermilch**, die《지역어》응유(凝乳). **schlappern** ['ʃlapɐn] ⟨h⟩《지역어》1. ↑schlabbern (1–3). 2. 추위에 달달 떨다.

Schlappheit, die 축 늘어짐. **schlappig** ['ʃlapɪç] ⟨Adj.⟩《지역어》소홀한. **schlapprig** ['ʃlaprɪç] ↑schlabberig.

Schlaraffe [ʃla'rafə], der; -n, -n [↑Schlaraffenland]《교양어·고어》빈둥거리며 노는 사람, 게으름뱅이; 바보, 얼간이.

Schlaraffenland [ʃla'rafn̩-], das; -(e)s 게으름뱅이의 천국, 놀고 먹는 세상, 건달 세상. **Schlaraffenleben**, das; -s 게으르고 안일한 생활. **schlaraffisch** ⟨Adj.⟩《드물게》향락적인; 나태한.

schlau [ʃlau] ⟨Adj.⟩ a) 약삭빠른, 꾀가 많은, 교활한: er ist ein -er Fuchs 그는 약삭빠른 녀석이다; sich ein -es Leben machen《통용어》가능한 한 편하게 살다; das war sehr s.《반어》참 똑똑하군(=바보 같았다는 의미로). b)《통용어》↑klug (a); 똑똑하다. c)《통용어》현명한(↑klug (b) 참조): aus etw. nicht s. werden 무엇을 이해할 수 없다(↑klug b 참조): aus jmdm. nicht s. werden 누구를 이해할 수 없다(↑klug b 참조). d) ↑klug (c).

Schlau-: ~berger [-bɛrgɐ], der; -s, -《통용어·농》약삭빠른 녀석, 교활한(빈틈없는) 놈. ~fuchs, der 《통용어》↑~berger. ~kopf, der《폄》↑~berger. ~meier, der《통용어·농》↑~berger.

Schlaube ['ʃlaubə], die; -n 《지역어》a) 핵과(核果)의 깍지, 껍데기. b) 협과(莢果)의 깍지, 껍데기. **schlauben** ['ʃlaubn̩] ⟨h⟩《지역어》껍질을 까다, 깍지를 벗기다.

Schlauch [ʃlaux], der; -(e)s, Schläuche 1. a) (고무, 합성수지 등으로 만든) 관(管), 호스, 수관(水管), 가스관: einen S. an eine Leitung anschließen 호스를 관에 연결하다; mit dem S. den Rasen sprengen 호스로 잔디에 물을 뿌리다; etw. ist ein S.《통용어》무엇이 크고 긴 역이다; auf dem S. stehen《경》어려운 처지에서 어찌면 좋을지 모르다. b) (자동차, 자전거의) 튜브: der S. vom Vorderrad ist geplatzt 앞 바퀴의 튜브가 펑크났다; den S. aufpumpen 튜브에 바람을 넣다. c) 《옛》 (옛날에 술 등을 담았던) 가죽부대: er säuft wie ein S.《경》그는 고래처럼 (술을) 퍼마신다. 2.《통용어》(관 모양으로) 폭이 좁고 긴 공간: das Zimmer war ein S. 그 방은 폭이 좁고 길기만 했다. 3.《경》자루옷, 길고 홀쭉한 옷.

schlauch-, Schlauch-: ~artig ⟨Adj.⟩ 호스 같은. ~blatt, das【식물】낭상엽(囊狀葉). ~boot, das 고무(구명) 보트. ~filter, der,《전문어》das【기술】관상(管狀) 필터. ~förmig ⟨Adj.⟩ 호스 모양의. ~kragen, der 관상(管狀) 옷깃. ~los ⟨Adj.⟩ 튜브없는: -e Reifen 튜브없는 타이어. ~pilz, der【식물】자낭균류, 자낭. ~reifen, der 튜브타이어. ~rolle, der 호스 릴, 호스 감는 틀. ~ventil, das 튜브의 판(瓣)[밸브]. ~wagen, der (소방용) 호스차. ~wurm, der【동물】십이지장충.

schlauchen ['ʃlauxn̩] ⟨h⟩ 1.《통용어》a) 엄격히 다루다, 몹시 꾸짖다: die Rekruten s. 훈련병을 엄격히 다루다. b) 녹초로 만들다. 2.《지역어》남의 덕에 먹고 먹다, 우려하다. 3.《전문어》(액체를) 호스를 통해 넣다. 4.《준고어》폭음하다.

Schlauder ['ʃlaudɐ], die; -n【건축】거물쇠, 격쇠. **schlaudern** ['ʃlaudɐn] 거물쇠[격쇠]로 고정시키다.

Schläue ['ʃlɔyə], die 약삭빠름, 교활함. **schlauerweise** ⟨Adv.⟩ 약삭빠르게, 교활하게.

Schlaufe ['ʃlaufə], die; -n a) 손잡이 매듭, 나비 매듭: die Schnur am Paket mit einer S. versehen 상자를 묶은 끈 끝에 손잡이 매듭을 달다[만들다]. b) (현대 등을 끼워 넣는) 고리. **Schlaufzügel**, der; -s, - [《승마》보조고삐.

Schlauheit, die ↑Schläue.

Schlawiner [ʃla'vi:nɐ], der; -s, - [Slowene (슬로베니아 사람)에서 유래, 슬로베니아의 행상은 아주 약삭빠른 장사꾼이라는 평판을 얻었다]《경·폄》약삭빠른[믿을 수 없는] 사람, 교활한 사람; 떠돌이.

schlecht [ʃlɛçt] ⟨Adj.⟩ 1. (질적인 면에서) 열등한, 좋지 않은(반대: gut 1): -e Ware 좋지못한 상품; -e Luft 탁한 공기; er fährt s. Auto 그는 자동차를 서투르게[잘못] 몬다. 2. (수량, 강도, 크기 따위가) 적은, 약한, 불충분한: ein -es Gedächtnis haben 기억력이 좋지 못하다; er ist ein -er Esser 그는 식욕이 약한 사람이다; seine Augen werden immer -er 그의 눈(시력)은 점점 약해진다; s. bezahlte Arbeit 보수가 좋지못한 일; s. zu Fuß sein 똑바로 잘 걷지 못하다; die Geschäfte gehen s.《상》사업이 잘 되지 않는다; der Kamin zieht s. 벽난로(굴뚝)는 연기가 잘 빠지지 않는다; die Wunde heilt s. 상처가 잘 낫지 않는다; **nicht s.** 적지 않게, 크게, 상당히. 3. a) 좋지 못한, 불리한, 불운의: das ist ein -es Zeichen 그것은 좋지 못한 징후다; -er Laune sein 기분이 못하다; der Schauspieler hat eine -e Presse 그 배우는 신문에서 좋은 평을 얻지 못한다; s. aussehen (병 따위로)얼굴색이 나쁘다; das ist keine -e Idee 그것 좋은 생각이다; mit jmdm. (um jmdn.) steht es s. 누구의 상황이 좋지 못하다; ich finde das s. 나는 그것이 좋지 않다고 생각한다; s. über jmdn. reden 누구를 악평하다; s. aufgelegt sein 기분이 좋지 못하다. b) 역겨운, 좋지 못한, 나쁜: ein -er Geruch 역겨운 냄새. 4. (도덕적, 성격적으로) 좋지 못한, 악한: -e Menschen 나쁜 사람들; einen -en Ruf haben(in -em Ruf stehen) 평이 좋지 않다; mit -em Gewissen 양심의 가책을 가지고;《명사화》sie hat nichts Schlechtes getan 그녀는 아무런 나쁜짓도 하지 않았다. 5. 속이 좋지 않은, 메스꺼운, 멀미가 나는: von dem fetten Essen wurde es ihr s. 그 기름진 음식 때문에 그녀는 속이 좋지 않았다; auf der Fahrt ist vielen s. geworden 차를 타는 동안에 많은 사람들이 멀미를 했다. 6. ⟨nur adv.⟩ 어렵게, 거의 불가능하게: ich kann hier s. weggehen 나는 여기를 떠나기가 어렵

다. **7.** 《아이·고어》 소박한, 단순한: **s. und recht** 그럭저럭, 그저그런; **mehr s. als recht** 별로 좋지 않게.
schlęcht-, Schlęcht-: ~**beleuchtet** 〈Adj.〉 조명 [채광]이 잘 안된. ~**beraten** 〈Adj.〉 잘못 조언을 받은. ~**bezahlt** 〈Adj.〉 보수가 좋지 않은. ~**gehen*** 〈s〉 **a)** 건강이 좋지 못하다: lange ist es ihr schlechtgegangen 오랫동안 그녀는 건강이 좋지 못했다. **b)** 〈경제적으로〉 어렵다, 어려운 사정이다. ~**gelaunt** 〈Adj.〉 기분이 좋지 않은. ~**hin** [-'-, 〈또한〉 '-'-] 〈Adv.〉 **1.** 〈명사 뒤에서〉 완전한, 순수한: er war der Romantiker s. 그는 완전한[순수한] 낭만주의자였다. **2. a)** 바로, 솔직하게, 꾸밈없이. **b)** 〈형용사 앞에서〉 절대로, 완전히, 전혀: das ist s. unmöglich 그것은 절대로 불가능한 일이다. ~**hinnig** 〈Adj.〉 〈스위 독어〉 절대의, 완전한. ~**machen** 〈h〉 〈통용어〉 헐뜯다, 중상하다, 나쁘게 말하다. ~**sitzend** 〈Adj.〉 잘 맞지 않는(옷이). ~**weg** [-'-, 〈또한〉 '-'-] 〈Adv.〉 바로, 완전히, 전혀. ~**wętter, das** 나쁜 날씨, 악천후. ~**wętterflug, der** 악천후 비행. ~**wętterfront, die** 〈기상〉 악천후 전선. ~**węttergebiet, das** 악천후 지역. ~**węttergeld, das** 악천후 수당. ~**wętterperiode, die** 악천후 기간.
schlęchterdings ['ʃlɛçtɐ'dɪŋs] 〈Adv.〉 [aus älterem: schlechter Dinge] **a)** 〈대개 부정문에서〉 전혀, 완전히: es war mir s. unmöglich, früher zu kommen 더 일찍 오는 것이 내게는 전혀 불가능했다. **b)** 도대체: s. alles macht ihn nervös 도대체 만사가 그를 불안하게 한다.
Schlęchterstellung, die; -en 차별 대우. **Schlęchtheit, die** 〈준고어〉 ↑Schlechtigkeit (1). **Schlęchtigkeit, die;** -en **1.** 〈Pl. 없음〉 나쁨, 사악 점. **2.** 나쁜 일[짓]: jmdm. -en antun 누구에게 나쁜 짓을 하다.
Schleck [ʃlɛk], **der;** -s, -e 〈südd., schweiz.〉 맛있는 것, 달콤한 것: **das ist kein S.** 그것은 쉬운 일이 아니다 (↑Honiglecken). **schlecken** ['ʃlɛkn̩] 〈h〉 **1. a)** 핥다, 핥아먹다: die Katze schleckt die Milch 고양이가 우유를 핥아먹는다. **b)** 무엇을 핥아먹다: die Kinder schlecken am Eis 어린아이들이 아이스크림을 핥아먹는다. **2.** 〈südd.〉 단것을 먹다, 군것질하다: sie schleckt gern 그녀는 군것질을 좋아한다. **Schlęcker, der;** -s, - 〈통용어〉 ↑Schleckermaul. **Schleckerei** [ʃlɛkə'raɪ̯], **die;** -en 〈특히 südd., österr.〉 맛있는 것, 단것.
schlęckerhaft 〈Adj.〉 〈지역적〉 ↑naschhaft 참조. **Schlęckerkram, das** 〈nordd.〉 〈통용어〉 맛있는 것, 단과자류. **schleckern** ['ʃlɛkɐn] 〈h〉 〈지역적〉 **1.** ↑schlecken (1, 2). **2.** 〈비인칭〉 무엇에 군침이 돌다: mich schleckert nach einem Stück Sahnetorte 크림케이크 한 조각이 생각나는데. **schlęckig** 〈Adj.〉 〈지역적〉 **a)** 단것[군것질]을 좋아하는. **b)** 입맛이 까다로운. **Schlęckmaul, das;** -(e)s, ...mäuler (schweiz.) ↑Schleckermaul. **Schlęckwerk, das;** -(e)s 〈Pl. 없음〉 〈지역적〉 단것(과자류).
Schlegel ['ʃleːɡl̩], **der;** -s, - **1. a)** 〈수공〉 (나무)망치. **b)** 〈음악〉 (타악기의) 막대, 북채. **2.** 〈südd., österr.〉 〈짐승고기의〉 (뒷)다리. **schlegeln** 〈h〉 〈지역적〉 (나무)망치로 두드리다(치다).
Schlehdorn ['ʃleː-], **der;** -(e)s, -e 인목(橘木) 〈장미과의 상록교목〉. **Schlehe** ['ʃleːə] **die;** -n **1.** ↑Schlehdorn. **2.** 인목의 열매.
Schlehen-: ~**blüte, die** 인목의 꽃. ~**likör, der** 인목 리큐르. ~**schnaps, der** 인목 소주〈화주〉. ~**spinner, der** 독나방.
Schlei [ʃlaɪ̯], **der;** -(e)s, -e ↑Schleie.
Schleich- (schleichen-): ~**handel, der** 불법 매매, 암거래, 밀수. ~**händler, der** 암거래상, 밀수업자. ~**katze, die** 〈동물〉 사향고양이(科). ~**pfad, der** 뒷

길, 샛길. ~**tempo, das** ↑Kriechtempo. ~**weg, der** 뒷길, 샛길. ~**werbung, die** 〈신문, 방송의 일반 기사, 보도 속에 끼워넣는〉 불법 광고.
Schleiche ['ʃlaɪ̯çə], **die;** -n **1.** 〈동물〉 도마뱀의 일종. **2.** 〈통용어·폄〉 **a)** ↑Schleicher. **b)** 느림뱅이. **schleichen*** ['ʃlaɪ̯çn̩] **a)** 〈s〉 살금살금 걷다; 가만가만 걷다: auf leisen Sohlen s. 소리나지 않게 살금살금 걷다; auf Zehenspitzen schlich sie ins Zimmer, um die Kinder nicht zu wecken 어린애들을 깨우지 않기 위해서 그녀는 발끝으로 살금살금 방 안으로 들어갔다; 〈과거분사+kommen〉 mit schlechtem Gewissen kommen sie geschlichen 양심의 가책을 느끼면서 그들은 살금살금 다가온다. **b)** 〈s. + sich〉 〈h〉 가만히[몰래] 다가오다[물러가다]: **schleich dich!** 비켜! 꺼져! **c)** 〈s〉 〈지쳐서〉 겨우 발을 옮기다, 기다: wir waren so erschöpft, daß wir nur noch s. konnten 너무 지쳐서 우리는 발을 질질 끌 수밖에 없었다; müde schlichen sie nach Hause 지쳐서 그들은 힘겹게 집으로 걸어갔다.
schleichend 〈Adj.〉 완만한, 만성의, 잠행성의: eine -e Krankheit 만성 질환. **Schleicher, der;** -s, - 〈폄〉 음흉한 사람, 비열한 사람. **Schleicherei** [ʃlaɪ̯çə'raɪ̯], **die;** -en 〈폄〉 음흉한 (짓). **schleicherisch** 〈Adj.〉 〈폄〉 음흉한, 간사한.
Schleie ['ʃlaɪ̯ə], **die;** -n 유럽산 잉어의 일종.
Schleier ['ʃlaɪ̯ɐ], **der;** -s, - **1.** 베일, 면사포, 너울: Kranz u. S. 화관과 면사포〈신부의 치장〉; sie blickte wie durch einen S. an 그녀에게는 앞이 잘 보이지 않았다; **einen S. vor den Augen haben** 똑똑히 보이지 않다. **den S. nehmen** 〈아어〉 수녀가 되다; **den S. (des Geheimnisses) lüften** 〈아어〉 비밀을 밝히다; **den S. des Vergessens(der Vergessenheit) über etw. breiten** 〈아어〉 무엇을 망각의 베일로 덮다. **2. a)** 뿌연 안개(의 장막): ein dichter S. ist über die Landschaft gebreitet 짙은 안개가 그 지역에 퍼져 있다. **b)** 〈사진〉 필름의 흐림. **c)** 〈식물〉 포막(胞膜). **d)** 〈동물〉 안면(顏面).
schleier-, Schleier-: ~**eule, die** 〈동물〉 올빼미의 한 종류. ~**fisch, der** ↑~**schwanz**. ~**gewand, das** 면사포 의상. ~**kraut, das** 〈식물〉 대나물속(屬). ~**los** 〈Adj.〉 베일이 없는. ~**schwanz, der** 〈동물〉 금붕어의 한 종류. ~**stoff, der** 면사포용 천. ~**tanz, der** 스커트 댄스(긴 스커트를 우아하게 흔들며 추는). ~**tänzerin, die** 스커트 댄스를 추는 여자.
schleierhaft 〈Adj.〉 〈다음 용법으로〉 etw. ist [bleibt] jmdm. s. 〈통용어〉 무엇이 누구에게는 수수께끼이다, 전혀 이해할 수 없는 일이다. **schleierig** 〈Adj.〉 베일 같은, 흐릿한.
Schleif- (¹schleifen 1): ~**apparat, der** 연마기. ~**automat, der** 자동 연마기. ~**band, das** [Pl. ...bänder] 〈기술〉 연마 벨트. ~**bank, die** [Pl. ...bänke] 연마용 선반(旋盤). ~**box, der;** -(es), - ↑Boxkalf. ~**boxleder, das** 〈제혁〉 복스카프, 연마하고 무두질한 가죽. ~**funkenprobe, die** 〈기술〉 불꽃(스파크)검사 (강철을 마찰시켜 나는 불꽃을 보고 강철의 성분을 검사함). ~**kontakt, der** 〈전기〉 활접촉(滑接觸). ~**körper, der** 〈기술〉 연마 공구. ~**lack, der** (칠한 후) 연마(할 수 있는) 니스, 고급 니스. ~**lackbett, das** 니스를 칠한 침대. ~**lackmöbel, das** 〈대개 Pl.〉 니스 니스를 칠한 가구. ~**maschine, die** 연마기, 연마반. ~**mittel, das** 연마제(研磨劑). ~**papier, das** 연마지, 사포(砂布). ~**rad, das** ↑~**scheibe**. ~**ring, der** 〈전기〉 집전[활동]고리, 슬립링. ~**scheibe, die** 연마원판 (研磨圓板). ~**stein, der** 숫돌.
Schleifbahn, die 〈지역적〉 ↑²Schleife (1). ¹**Schleife** ['ʃlaɪ̯fə], **die;** -n **1. a)** 고, 고리, 매듭: die S. am Schuhband ist aufgegangen 구두끈의 매듭이 풀렸다.

²Schleife

b) 〈장식용〉 리본, 나비넥타이: sie trug eine S. im Haar 그녀는 머리에 리본을 달고 있었다; Frack mit weißer S. 예복과 흰 나비넥타이. **2.** 〈선로, 도로, 하천의〉 환상선(環狀線), 큰 커브: das Flugzeug zieht eine S. über die Stadt 비행기가 도시 위로 큰 곡선을 그으며 날아간다. **²Schleife** [-], die; -n **1.** 《지역적》활로(滑路), 썰매길. **2.** 《옛》썰매. **¹schleifen'** [ʃlaifn] **1.** 〈h〉 갈다, 같아서 날카롭게 하다: ein scharf geschliffenes Schwert 날카롭게 간 칼. **b)** 〈유리, 보석 등을 어떤 형태로 만들기 위해〉 갈다, 연마하다, 세공하다: Diamanten s. 금강석을 연마 가공하다; 전의 geschliffene Dialoge 세련된 대화(대사). **2.** 〈h〉 《특히 군》심하게 훈련시키다. **3.** 〈s〉 《지역적》 썰매를 타다: im Winter sind wir immer geschlichen 우리는 겨울이면 항상 썰매를 탔다. **²schleifen 1.** 〈h〉 질질 끌고 가다, 잡아 끌다: er schleifte die Kiste über den Hof 그는 그 상자를 마당위로 끌고 갔다; jmdn. am Haar s. 누구의 머리채를 잡아 끌고 가다; (또한 s. + sich) 발을 질질 끌며 걷다[가다]; 전의 jmdn. in ein Lokal(ins Kino) s. 누구를 술집[영화관]으로 끌고 가다, 데리고 가다. **2. a)** 〈h/s〉 〈바닥에〉 끌리다: das Kleid schleift auf(über) den Boden 옷이 바닥에 (질질) 끌린다; dein Gürtel schleift 네 허리끈이 바닥에 끌리고 있다; die Kupplung s. lassen 클러치를 서서히 떼다; 전의 da kritisierten die Gesellen den Meister insgeheim, weil er faul sei und den Kram s. lasse 그래서 수습공들은 주인이 게으르고 일에 신경을 쓰지 않는다고 은밀히 비판을 했다. **b)** 〈s〉 발을 질질 끌며 걷다: auf einmal schleifte er zur Zellentür 갑자기 그가 발을 질질 끌면서 감방문 쪽으로 갔다. **3.** 〈h〉 허물어 뜨리다, 헐다, 파괴하다: eine Festung(die Mauern) s. 요새(벽)를 파괴하다.

Schleifen- ('Schleife)- ~**blume**, die 《식물》서양말랭이, ~**fahrt**, die 굴곡이 많은 길의 주행, 우회 주행. ~**flug**, der 공중 회전 비행.

Schleifer, der; -s, - **1.** 연마공. **2.** 《군》혹독한 교관: der Feldwebel ist ein S. 그 상사는 혹독한 교관이다. **3.** 〖음악〗 장식음의 일종. **4.** 옛 시골춤(왈츠의 전신).

Schleiferei [ʃlaifəˈrai], die; -en **1.** 연마, 연마업. 연마 공장. **Schleifspur**, die; -en 끈(끌린)자국. **Schleifung**, die; -en 파괴, 허물어뜨림. **Schleifsel** ['ʃlaifsl], das; -s 《고어》연마찌꺼기.

Schleim [ʃlaim], der; -(e)s, -e **1.** 점액(粘液), 담, 가래: die -e ärgern Leopold 가래 때문에 레오폴트는 고생한다; die Schnecke sondert einen S. ab 달팽이는 일종의 점액을 분비한다. **2.** 《점액질의》 오트밀, 보리죽.

schleim-, Schleim-: ~**absondernd** 〈Adj.〉 점액을 분비하는: -e Drüsen 점액 분비선(腺)들. ~**absonderung**, die 점액 분비. ~**beutel**, der 〖해부·의학〗 점액낭(粘液囊). ~**beutelentzündung**, die 〖의학〗점액낭염. ~**bildend** 〈Adj.〉 점액을 형성하는. ~**drüse**, die 〖의학〗점액선(粘液腺). ~**fisch**, der 《동물》베도라치속. ~**gewebe**, das 《의학》점막조직. ~**haut**, die 〖의학〗점막(粘膜). ~**lösend** 〈Adj.〉 가래를 삭이는: Brusttee wirkt s. 화흉차(和胸茶)는 가래를 삭인다. ~**pilz**, der 점균, 점액균. ~**scheißer**, der 《俗》 Schleimer: ihr S. und Jasager! 이 아첨꾼, 지당 대신들아! ~**stoff**, der 점액소. ~**suppe**, die 〖요리〗 《점액질의》보리죽, 오트밀. ~**zelle**, die 점액 분비 세포.

schleimen ['ʃlaimən] 〈h〉 **1.** 점액을 분비하다(이를테면 가래〈콧물〉를 내다). **2.** 《俗》말이나 글로 아첨하다, 알랑거리다. **3.** 《고어》점액(담)을 제거하다. **Schleimer**, der; -s, - 《俗》 아첨꾼, 알랑거리는 친구. **schleimig** 〈Adj.〉 **1.** 점액질의, 끈적끈적하는: ein -er Auswurf 끈적끈적한 가래. **2.** 《俗》알랑거리는, 친절한 체하는.

Schleiße ['ʃlaisə], die; -n **1.** 얇은 대패밥. **2.** (더이상 쓸) 모없는) 새깃의 깃대. **schleißen'** ['ʃlaisn] **1.** 〈h〉 **a)** 《옛》깃털을 깃축에서 뽑아 내다: sie hat Federn geschlissen(geschleißt) 그녀는 우간(羽幹)[깃축]에서 깃털을 뽑아 내었다. **b)** 《지역적·군고어》나무를 (가늘게) 쪼개다. **2.** 《강변화; s》《고어》찢어지다, 쩨지다, 해어지다, 닳다. **schleißig** 〈Adj.〉 《bayr.》 낡은, 해어진. **Schleißerin**, die 《옛》 깃털 뽑는 여인.

Schlemihl [ʃleˈmiːl], der; -s, -e 재수없는 사람(Pechvogel).

schlemm [ʃlem] 〈Adj.〉 《브리지 게임》《다음 용법으로》 **s. machen** [**werden, sein**] 모든 패를 몰아가다. **Schlemm** [-], der; -s, -e [engl. slam] 《브리지 게임》 전승(全勝).

schlemmen ['ʃlemən] 〈h〉 **a)** 미식(美食)하다, 호식(好食)하다, 식도락을 즐기다: ein Restaurant, in dem man s. kann 식도락을 즐길 수 있는 음식점. **b)** 맛있고 푸짐하게 먹다: Austern s. 굴을 마음껏 맛있게 먹다. **Schlemmer**, der; -s, - 미식가(美食家), 식도락가.

Schlemmer-: ~**lokal**, das 미식 레스토랑. ~**mahl**, das 《아어》미식(美食), 옥식(玉食), 진수성찬. ~**mahlzeit**, die ↑~mahl.

Schlemmerei [ʃlemə'rai], die; -en 《俗》 **1.** 〈Pl. 없음〉 《상습적인》 미식(美食). **2.** 《드물게》 푸짐하며 호사한 식사. **schlemmerhaft** 〈Adj.〉 식도락가의, 미식가다운: ein -es Leben führen 미식가답게 살다. **Schlemmerin**, die; -en ↑ Schlemmer의 여성형. **schlemmerisch** 〈Adj.〉 미식가다운, 미식가의. **Schlemmertum**, das; -s 미식가의 생활.

Schlempe ['ʃlempə], die 《주류》-n 《전문어》화주(火酒) 증류의 찌꺼기(가축의 사료).

Schlendergang, der; -(e)s 어슬렁 걸음. **schlendern** ['ʃlendən] 〈s〉 **a)** 어슬렁거리다, 느릿느릿 걷다: wenn wir so schlendern, kommen wir zu spät 우리가 이렇게 어슬렁거리면 지각한다. **b)** 어슬렁어슬렁 가다: gemächlich nach Hause[zum See] s. 천천히 집[호수]으로 어슬렁거리며 가다. **Schlendrschritt**, der; -(e)s, -e 느릿느릿한 걸음, 만보(漫步). **Schlendrian** ['ʃlendriaːn], der; -(e)s 《통용어·俗》《활기가 없는》구태, 관행, 구습: also bleibt alles beim alten S. 그러니까 만사가 구태의연하게 된다.

Schlenge ['ʃleŋə], die; -n 《nordd.》 편비내, 섶단, 둑, 제방. **Schlenke**, die; -n 《지질》 고습지의 웅덩이. **Schlenker** ['ʃleŋkɐ], der; -s, - 《통용어》 **a)** 《자동차 등의》 급격한 진로 변경: der Fahrer konnte gerade noch rechtzeitig einen S. machen 그 차를 운전하던 사람이 그래도 제때에 피해 갈 수 있었다. **b)** 우회도로. **Schlenkerich** ['ʃleŋk(ə)riç], der; -s, -e 《ostmd.》 **1.** 급격한 충격〈진동〉. **2.** 경망한 사람. **schlenkerig, schlenkrig** ['ʃleŋk(ə)riç] 〈Adj.〉 《통용어》 **a)** 헐렁한: ein langer -er Rock 길고 헐렁한 스커트. **b)** 흔들거리는: mit -en Bewegungen 흔들거리는 동작으로. **schlenkern** ['ʃleŋkən] **1.** 〈h〉 **a)** …을 흔들어 대다: die Arme[mit den Armen] s. 팔을 흔들거리다. **b)** 흔들거리다: ein langer Rock schlenkerte ihr um die Beine 긴 치마가 그녀의 다리를 감싼 채 흔들거렸다; eine schlenkernde Bewegung 흔들거리는 동작. **2.** 《지역적》 어슬렁어슬렁 걷다: durch die Straßen s. 거리를 어슬렁거리며 돌아다니다. **Schlenkrich:** ↑ Schlenkerich. **schlenkrig:** ↑ schlenkerig.

schlenzen ['ʃlentsn] 《스포츠》공을 골에 살짝 밀어 차다(밀어 넣다): den Ball ins Tor s. 공을 골에 살짝 밀어 차 넣다. **Schlenzer**, der; -s, - 살짝 밀어 찬(친) 공[골].

Schlepp [ʃlep], der [↑ Schlepptau의 축소형] 《다음 용법으로》 **jmdn.[etw.] in S. nehmen** 누구〈무엇〉을 견인(牽引)하다, 끌고가다: ein Jeep nahm uns in S. 어떤

지프 차가 우리 차를 견인했다; **im S.(einer Sache)** (무엇에) 끌려서, 견인되어서: **der Wagen fährt im S.(eines Traktors)** 그 차는 (트랙터에) 끌려서 간다; **jmdn.(etw.) im S. haben** 누구[무엇]을 이끌다, 누구[무엇]의 추적을 받다.

Schlepp-: **~angel, die** [낚시] 배 낚시용 낚시 도구. **~antenne, die** (비행기 동체 아래로) 늘어뜨린 안테나. **~bügel, der** [스키] 스키 리프트의 좌석. **~dach, das** [건축] 달개 지붕, 부연 추녀. **~dampfer, der** [해양] 증기 예선. **~fahrzeug, das** 견인 차. **~fischerei, die** [낚시] (움직이는 배를 타고 하는) 배 낚시. **~flug, der** [글라이더] 예항(曳航). **~flugzeug, das** [글라이더] 글라이더를 이끌어 주는 비행기. **~gebühr, die** [항해] 예인선(曳引船) 사용료, 예인료(曳引料). **~haken, der** [항해] 예인 밧줄을 매는 고리. **~jagd, die** [사냥] 모의 취적(摸擬臭跡)을 사용하는 사냥(시합). **~kahn, der** [항해] 예선(曳船)에 이끌려가는 화물선. **~kleid, das** ↑**Schleppenkleid**. **~lift, der** [스키] (선 채로 타고 올라가는) 스키 리프트. **~lohn, der** [항해] 예선료(曳船料). **~netz, das** 예인망(曳引網). **~pinsel, der** [비분칠시: Schleppinsel], **der** [그래픽·회화] 납작한 붓[화필]. **~säbel, der** [옛] (차고 있으면 땅에 끌릴 정도로) 긴 칼. **~schiff, das** 예선. **~schiffahrt, die** [항해] 예항(曳航). **~seil, das** 견인 밧줄. **~start, der** [글라이더] 예항이륙(曳行離陸). **~tau, das** 견인 밧줄: **in jmds. S. [im S.] (einer Sache)** 1) (누구, 무엇에 의해) 끌려가는 것: **der Kahn fährt im S. (eines Motorschiffes)** 그 배가 (동력선에) 끌려간다. 2) (누구를) 거느린, 동반한: **der Star mit einer Gruppe Fans im S.** 일단의 팬들을 거느린 스타; **etw.(jmdn.) im S. haben** 무엇[누구]을 이끌다, 무엇[누구]의 추적을 받다; **jmdn.(etw.) ins S. nehmen** 누구[무엇]를 이끌다; **jmdn. ins S. nehmen** (통속어) 누구를 돌보아 주다. **~trosse, die** 견인용 밧줄. **~winde, die** 1. [글라이더] 예항(曳航) 릴. 2. [항해] 예항(曳航) 릴. **~zug, der** [항해] 예인선에 끌려 가는 선열(船列).

Schleppe [ˈʃlɛpə], **die**; **-n** 1. 질질 끌리는 긴 옷자락: **die S. heben** 옷자락을 치키다[끌다]; **zwei Nichten trugen der Braut die S.** 조카딸 둘이 신부의 예복 옷자락을 들고 따라갔다. 2. **a)** [승마·사냥] 모의취적(摸擬臭跡). **b)** [사냥] (갈대밭 등에 있는 야생오리 따위의) 발자국, 취적(臭跡). 3. [농업] 쟁기. **schleppen** [ˈʃlɛpn̩] 〈h〉 1. **a)** (힘들여) 끌다, 예인하다, 견인하다: **der Kahn wird von einem anderen Schiff geschleppt** 그 배가 다른 배에 의해 예인(曳引)된다. **b)** (힘들여 어디로) 끌고 가다: **einen defekten Wagen in die Werkstatt s.** 고장난 차를 (견인차 등으로) 정비 공장으로 끌고 가다; **ein Segelflugzeug auf eine bestimmte Höhe s.** 글라이더를 일정 고도(高度)까지 끌어올리다. 2. **a)** (통속어) 억지로 끌고 가다: **jmdn. ins Kino s.** 누구를 억지로 영화관에 끌고 가다; **jmdn. mit zu Freunden s.** 누구를 억지로 친구들한테 데리고 가다; **jmdn. zum Polizeirevier s.** 누구를 파출소로 끌고 가다. **b)** (은어) 돈을 받고 도피를 방조하다: (명사화) **er ist beim Schleppen erwischt worden** 그는 도피 방조를 하다 붙잡혔다. 3. 《드물게》 질질 끌리다: **das lange Kleid schleppt (auf dem Boden)** 그 긴 옷이 (바닥에) 질질 끌린다. 4. **a)** (무거운 짐 따위를) 힘들여 나르다: **schwere Möbel s.** 무거운 가구를 힘들여 나르다; **sie schleppte ihre Koffer selbst** 그녀는 자기 트렁크들을 스스로 (힘들여) 들고 갔다. **b)** (무거운 짐 따위를 어디로) 힘들여 나르다: **Pakete zum Bahnhof s.** 소포들을 역으로 힘들여 나르다; **zu zweit schleppten sie den Verletzten zum Auto** 그들은 둘이서 그 부상자를 자동차까지 힘들여 옮겼다; [전의] **jetzt schleppe ich den Brief schon seit drei Tagen durch die Gegend** (통속어) 이제 나는 벌써 3일 동안 이 편지를 들고 다닌다(우체통에 넣는 것을 잊고). **c)** 〈s. + sich〉 《결과를 나타내어》 힘들어 나르느라고 … 한 상태가 되다: **sich müde s.** 힘들여 나르느라고 지쳐 버리다; **ich habe mich an dem Kasten (halb) zu Tode geschleppt** 이 궤짝을 끄느라고 녹초가 되어 버렸다. 5. (통속어) (어떤 옷을) 오랫동안 입고 다니다: **wie lange willst du das Kleid noch s.?** 그 옷을 아직도 얼마나 더 입고 다닐 셈이냐? 6. 〈s. + sich〉 **a)** 어디로 힘들어 겨우 움직이다: **sich gerade noch zum Bett s. können** 겨우 침대까지 몸을 끌고 갈 수 있다; [전의] **mühsam schleppt sich der Lastwagen über die Steigung** 그 트럭이 낑낑대며 고갯길을 오르고 있다. **b)** 오래 끌다: **der Prozeß schleppt sich nun schon über drei Jahre(ins dritte Jahr)** 그 소송이 이제 벌써 3년 이상[3년째] 질질 끌고 있다. 7. 〈s. + sich〉 (지역적) 무엇을 가지고 힘들여 하다[낑낑대다]: **ich mußte mich allein mit all dem Gepäck s.** 내 혼자 그 모든 짐을 끌고 다녀야 했다; [전의] **mit diesem Kummer schleppt er sich schon seit Jahren** 벌써 몇 년 전부터 그는 이 걱정거리를 (해결하지 못하고) 안고 있다.

Schleppen-: **~kleid, das** 끌리는 긴 옷자락이 달린 의복. **~träger, der** 예복의 긴 뒷자락을 들어주는 사람. **~trägerin, die** ↑**~träger**의 여성형.

schleppend 〈Adj.〉 **a)** 느릿느릿한, 둔중(鈍重)한, 둔하고 느린: **mit -en Schritten** 느릿느릿한 걸음으로; **eine -e Unterhaltung** 느릿느릿한 대화; **s. gehen** 느릿느릿 걷다. **b)** 느리고 긴, 완만한: **ein-er Gesang** 느리고 긴 노래. **c)** 지지부진한, 지리한: **die Verhandlungen gehen nur s. voran** 협상이 아주 지지부진하게 진척된다. **Schlepper, der**; **-s, -** 1. 예선(曳船). 2. 트랙터. 3. (광·옛) 석탄 운반 담당 광부. 4. (통속어·폄) **a)** 유객(誘客)꾼. **b)** 도주 방조자. **Schlepperei** [ʃlɛpəˈraɪ], **die**; **-en** 〈Pl. 드물게〉 (통속어·폄) 1. 질질 끌기, 고역, 힘든 일: **es war eine furchtbare S.** 그것은 굉장히 힘든 일이었다. 2. 유객 행위.

Schlesien [ˈʃleːzɪən], **-s** 쉴레지아(제2차 세계 대전 이후 폴란드 관할 아래 있는 지역). **Schlesier der**; **-s, -** 쉴레지아 사람. **schlesisch** 〈Adj.〉 쉴레지아의.

Schleswig [ˈʃleːsvɪç] 쉴레스비히(북부 독일의 도시). **Schleswiger der**; **-s, -** 쉴레스비히 시민(市民). **Schleswig-Holsteiner der**; **-s, -** 쉴레스비히·홀슈타인 사람. **schleswig-holsteinisch** 〈Adj.〉 쉴레스비히·홀슈타인의. **Schleswig-Holstein** 쉴레스비히·홀슈타인(독일의 주). **schleswigisch** [ˈʃleːsvɪgɪʃ], **schleswigsch** [ˈʃleːsvɪkʃ] 쉴레스비히의.

schletzen [ˈʃlɛtsn̩] 〈h〉 (schweiz.·방언) (문을) 쾅 닫다.

Schleuder [ˈʃlɔɪdɐ], **die**; **-n** 1. 투석기(投石器), 고무새총. 2. **a)** ↑**Wäscheschleuder**의 약칭. **b)** ↑**Zentrifuge**. 3. (통속어) 자동차, 오토바이.

Schleuder-: **~akrobat, der** 널빤지 도약 곡예사. **~ball, der** 1. 〈Pl. 없음〉 슐로이더발(가죽공을 사용하는 구기(球技)의 일종). **~ballspiel, das** 슐로이더발 경기. **~ballweitwurf, der** 〈Pl. 없음〉 슐로이더발 공 멀리던지기 연습. **~beton, der** [기술] 원심력 이용 강력 콘크리트. **~brett, das** 서커스에서 상대방 곡예사를 공중으로 치솟게 하는 널(빤지). **~flug, der** [비행] 캐터펄트에서의 발진 비행. **~gang, der** (세탁기의) 탈수 과정. **~gefahr, die** (자동차가) 미끄러질 위험. **~honig, der** (원심 분리기로) 걸러낸 꿀. **~kurs, der** [자동차] 미끄러짐(대비) 연수 과정. **~maschine, die** 원심 분리기(zentrifuge). **~preis, der** (통속어) 헐값: **Qualitätsware zu -en** 헐값으로 파는 고급품. **~pumpe, die** [기술] ↑**Kreiselpumpe**. **~schule, die** [자

동차】 미끄러짐 대비 연수 학원. **~sitz**, der [항공] 위급할 경우 탈출 장치가 부착된 좌석. **~stange**, die (커튼의) 여닫기용 막대기. **~start**, der [항공] 캐터펄트에 의한 이륙(離陸), 사출(이륙). **~technik**, die 1. [자동차] 미끄러지는 순간의 차 조종 기술. 2. [스키] 미끄러짐을 동반한 회전 기술. **~trauma**, das [의학] 편타증(鞭打症). **~ware**, die (통용어) 싸구려(상품), 투매 상품.

Schleuderei [ʃlɔydəˈraɪ], die; -en 《통용어》(차, 바퀴의) 미끄러짐. **Schleuderer**, Schleudrer [ˈʃlɔyd(ə)rɐ], der; -s, - 1. (돌, 원반 따위를) 던지는 사람. 2.《상·상어》투매꾼. **schleudern** [ˈʃlɔydɐn] 1. 〈h〉 a) 던지다: der Hammerwerfer schleuderte den Hammer 60 m weit 그 투햄머 선수는 햄머를 60미터까지 던졌다; der Wagen wurde aus der Kurve geschleudert 그 차는 커브에서 미끄러져 나갔다. b) 《아어》힘차게 던지다: [전의] einen Bannfluch s. 파문(破門)하다; er schleuderte zornige Blicke in die Menge 그는 무리를 향해 화난 시선을 던졌다. c) 내던지다, 내동댕이치다: bei dem Aufprall wurde er an dem Wagen geschleudert 그 충돌 사고 때 그는 차에서 내동댕이쳐졌다. 2. 〈s〉 a) (차, 바퀴가) 미끄러지다: in der Kurve fing der Wagen plötzlich an zu s. 커브길에서 그 차가 갑자기 미끄러지기 시작했다; [명사화] er war auf nasser Fahrbahn ins Schleudern geraten 젖은 아스팔트길에서 그의 차가 미끄러지게 되었다; **ins Schleudern kommen[geraten]** 《통용어》(어떤 상황을) 감당할 수 없을 정도로 당황하게[허둥대게] 되다; **jmdn. ins Schleudern bringen** 《통용어》누구를 당황[미혹]하게 하다, 누구로 하여금 어떤 상황을 감당할 수 없는 지경으로 몰다. b) (어디로) 미끄러지다: der Wagen ist auf (gegen) einen geparkten LKW geschleudert 그 차가 미끄러져 주차해 있는 트럭에 미끄러져 부딪혔다. 3. 〈h〉 a) (원심분리기, 탈수기 따위에 넣어) 고속으로 회전시키다: etw. in einen Zentrifuge s. 무엇을 원심 분리기에서 회전시키다; Honig s. (원심 분리기를 사용해 벌집에서) 꿀을 걸러 내다; Wäsche s. 빨래를 (탈수기로) 탈수하다. b) 고속회전으로 무엇을 얻어 내다(빼 내다): das Wasser aus der Wäsche s. 빨래를 탈수하다. 4. [체조] a) 〈h〉 링에서 뒤[역]로 공중 회전하다. b) 〈s〉 뒤로 공중회전해서 어떤 자세로 들어가다: in den Streckhang s. 역공중 회전해서 팔을 수평으로 뻗쳐 매달려 있는 자세로 들어가다. **Schleuderer**: ↑Schleuderer.

schleunig [ˈʃlɔynɪç] 〈Adj.〉 《아어》 a) 신속한, 즉시의, 재빠른: wir bitten um -ste Erledigung 우리는 최대한 신속한 처리를 바랍니다. b) 빠르고 급한, 잽싼: s. davonlaufen 잽싸게 달아나다. a) (특히 요구, 청구의 경우) 즉시, 당장: bring mir s. das Buch! 당장 그 책을 내게 가져오너라! b) 급한, 황급한: er sucht s. das Weite 그는 황급히 줄행랑을 친다.

Schleuse [ˈʃlɔyzə], die; -n 1. [수리] 수문(水門): eine S. öffnen(schließen) 수문을 열다[닫다]; [전의] der Himmel öffnet seine -n 《아어》비가 심하게 내리기 시작한다. b) 갑문(閘門): durch eine S. fahren (배따위가) 갑문을 통과하다. 2. (우주의) 기밀실 출입구, 에록: der Astronaut kann die Kapsel nur durch eine S. verlassen 우주 비행사는 기밀실 출입구를 통해서만이 캡슐에서 나올 수 있다. 3.《준고어》하수구, 하수도. **schleusen** [ˈʃlɔyzn] 〈h〉 1. 갑문으로 통과시키다: ein Schiff s. 배를 조종해서 갑문을 통과하다. 2. (우주선의) 기밀실 출입구로 통과시키다. 3. (무엇을) 통과시키다: eine Reisegesellschaft durch den Zoll[die Paßkontrolle] s. 한 여행 단체를 이끌고 세관 검사 창구[여권 검사 창구]를 통과하다. b) 잠입(潛入)시키다, 침투시키다, 몰래 유출시키다: einen Agenten in ein Ministerium s. 첩자를 어떤 정부 부처에 침투시키다; Werksgeheimnis-se ins Ausland s. 공장 비밀들을 외국에 빼돌리다.

Schleusen-: **~geld**, das 〖항해〗 갑문 사용료. **~kammer**, die [수리] 갑실(閘室). **~tor**, das [수리] 수문의 문, 갑문비[閘門扉]. **~treppe**, die 계단식 갑문. **~wärter**, der 수문[갑문] 관리인. **~wärterhypothese**, die [커뮤니케이션] 수문 관리인 가설(여론 형성의 조정심급에 대한 가설).

Schleuser, der; -s, - 《은어》 ↑Schlepper (4 b). **Schleusung**, die; -en 갑문[기밀실 출입구, 하수구]을 통해서 보내기.

schlich [ʃlɪç] ↑schleichen의 과거형. **Schlich** der; -(e)s, -e 1. 《대개 Pl.》 술책, 책략, 술수: er kennt alle -e 그는 온갖 술책을 다 알고 있다; **jmdm. auf die -e (hinter jmds. -e) kommen** 누구의 계략[책략]을 알아차리다. 2. 광석가루.

schlicht [ʃlɪçt] I. 〈Adj.〉 1. a) (모양의) 단순한, 간소한, 꾸밈없는: -e Kleidung 간소한 의상; eine -e Mahlzeit 간소한 식사; in -en Verhältnissen leben 검소한 생활을 하다; eine -e Melodie 수수한 가락; -es Haar 《아어》 반듯한 머리칼, 길찬 머리칼; die Zimmer sind s. und sauber 방들이 간소하고 깨끗하다. b) (사람의 성품이) 단순한, 소박한: es waren alles -e Leute 모두가 다 단순한 사람들이었다. 2. 간결한, 소박한: die -e Schönheit dieser Architektur 이 건축물의 간결한 아름다움. 3. 다른 아무것도 아닌, 순수한, 있는 그대로의: das ist eine -e Tatsache 그것은 순수한 사실이다; ein -es Gebot der Menschlichkeit 인간성의 순수한 계명. 4.《수공·norddt.》 ↑recht …(1 b), ↑rechts (1 c)(반대어: kraus 3): -e Maschen (편물의) 오른 코. 5. **s. um s.** 물물 교환으로, 직접 교환으로: wir tauschen s. um s. 우리는 (하나하나씩) 직접 교환을 한다. II. 〈Adv.〉 완전히, 순전히, 한 마디로 말해서: das ist s. gelogen (falsch) 그것은 완전히 거짓말이다[틀렸다]; **s. und einfach** 《통용어·강조》한 마디로 말해서, 완전히; **s. und ergreifend** 《통용어·농》완전히, 순전히: er hat es s. und ergreifend vergessen 그는 그 일을 완전히 잊었던 것이다.

Schlicht-(전문어): **~ahme**, das (제학의) 마무리칼. **~feile**, die 마무리줄(이가 고운). **~hammer**, der 표면고르기 망치. **~hobel**, der 마무리 대패[매끄럽게 미는). **~mond**, der (모양에 따른 명칭) ↑eisen.

Schlichte [ˈʃlɪçtə], die; -n [전문어] 사이즈, 반수(礬水). **schlichten** [ˈʃlɪçtn̩] 〈h〉 1. (분쟁 따위를) 조정하다: es gelang ihm nicht, den Streit zu s. 그는 (그 분쟁을 조정하는 일에 실패했다. 2. [전문어] (표면을) 매끄럽게 하다: eine Oberfläche s. 표면을 매끄럽게 하다. b) (가죽을) 부드럽게 가공하다. c) (낱실을) 반수(사이즈) 처리하다. **Schlichter**, der; -s, - (분쟁 따위의) 조정자(調停者): sich als S. zur Verfügung stellen 조정자로 나서다. **Schlichtheit**, die 단순(소박, 간결)함. **Schlichtung**, die; -en 1. 조정(調停), 중재(仲裁). 2. 매끄럽게 다듬기, (가죽의) 마무리 가공, 반수(사이즈)처리.

Schlichtungs-: **~ausschuß**, der (쟁의) 조정 위원회. **~kommission**, die 조정 위원회. **~stelle**, die 조정 담당 기구[기관]. **~verfahren**, das 조정절차. **~versuch**, der 조정 시도, 중재 시도.

schlichtweg [-ˈ-, ˈ--] 〈Adv.〉 ↑schlechtweg: das ist s. kriminell 그것은 완전히 범죄적이다.

Schlick [ʃlɪk], der; -(e)s, 《종류》-e 연니(軟泥), 개펄, 진흙, 이토층(泥土層).

Schlick-: **~ablagerung**, die a) 《Pl. 없음》 연니의 침적(퇴적). b) (연니의) 침적물. **~bad**, das 연니욕(浴). **~bildung**, die 《Pl. 없음》 연니의 형성. **~fall**, der

⟨Pl. 없음⟩⟨전문어⟩↑~ablagerung (a). **~fänger, der**⟨전문어⟩연니형성 보조 장치(뚝, 제방 따위). **~gras, das** ⟨Pl. 없음⟩ (북해의) 개펄밭에 자라는 풀. **~sand, der** 모래가 많은 개펄. **~schlitten, der** 개펄 썰매(물자 운반용). **~torf, der** ↑Darg. **~watt, das** (연니층으로 이루어진) 갯벌, 개펄.

schlicken ['ʃlɪkn̩]⟨전문어⟩⟨h⟩ 진흙으로 덮다(채우다).

schlickerig, schlickrig ['ʃlɪk(ə)rɪç] ⟨Adj.⟩ (nordd.) 진창의, 질퍽질퍽한, 진흙으로 덮힌, 미끄러운, 불결한. **Schlickermilch** ['ʃlɪkɐ-], die ⟨지역적⟩ 응유(凝乳), 발효유, 요구르트. **schlickern** ['ʃlɪkɐn] **1.** ⟨h⟩ ⟨지역적⟩ (우유가) 응고하다. **2.** ⟨지역적⟩ ⟨h/s⟩ (목 따위가) 흐느적거리다. **3.** ⟨지역적⟩ **a)** ⟨h⟩ (얼음 위를) 지치다. **b)** ⟨s⟩ (얼음 위를) 지쳐가다. **4.** ⟨h⟩ (nordd.) **a)** 군것질하다. **b)** 군것질거리로 먹다. **schlickig** ['ʃlɪkɪç] (nordd.) 연니의, 진흙으로 덮인, 진흙의: der -e Grund des Teiches 연못의 진흙바닥. **schlickrig:** ↑schlickerig.

schlief [ʃliːf] ↑schlafen의 과거형.

Schlief [-], der; -(e)s, -e ⟨지역적⟩ ↑Klinsch. **schliefbar** ['ʃliːfbaːɐ̯] ⟨Adj.⟩ ⟨österr.⟩ 굴뚝 청소부가 들어갈 수 있게 만들어진: ein -er Kamin 굴뚝 청소부가 들어갈 수 있는 벽난로. **schliefen** ['ʃliːfn̩] ⟨s⟩ **1.** ⟨österr., südd.⟩ ↑schlüpfen: in die Hose s. 바지를 (꿰)입다; er wollte aus dem Zimmer s. 그는 방에서 빠져나가려고 했다. **2.** ⟨사냥⟩ (짐승의 소굴에) 기어들다. **Schliefer,** der; -s, - **1.** ⟨지역적⟩ 가시(피부 속에 박힌). **2.** ⟨동물⟩ 바위너구리. **3.** ⟨사냥⟩ (짐승 소굴에 기어드는) 사냥개. **schlieferig:** ↑schliefrig. **Schlieferl** ['ʃliːfɐl], das; -n ⟨österr.⟩↑süddl.⟩ **1.** ⟨süddl.⟩ 아첨꾼, 아부꾼. **2.** [요리] 마카로니(와 비슷한 국수). **schliefern** ['ʃliːfɐn] ⟨sich + s., h⟩ ⟨지역적⟩ 가시가 박히다: er hat sich (an einem Brett) geschliefert 그는 널판지의 가시에 찔렸다. **schliefig** ['ʃliːfɪç] ⟨Adj.⟩ ⟨지역적⟩ ↑klinschig. **schliefrig,** schliefrige ['ʃliːf(ə)rɪç] ⟨Adj.⟩ 매끄러운, 미끌미끌한.

Schlier [ʃliːɐ̯], der; -s **1.** ⟨südd., österr.⟩ ↑Mergel. **2.** [지질] (알프스 지역의) 이판암층(泥板岩層). **Schliere** ['ʃliːrə], die; -n **1.** ⟨Pl. 없음⟩ 점액(粘液). **2. a)** [기술] (광학 렌즈의) 아지랑이, 슐리렌, 조흔(條痕). **b)** [지질] 슐리렌(주위 암석과 구분되는, 줄 무늬의 암석층). **c)** 줄무늬, 흔적: abgenutzte Wischerblätter hinterlassen auf der Windschutzscheibe -n 낡은 와이퍼는 자동차 앞유리에 줄무늬를 남긴다. **schlieren** ['ʃliːrən] ⟨선원어⟩ (밖으로 빠져) 미끄러지다. **schlierig** ['ʃliːrɪç] ⟨Adj.⟩ ⟨지역적⟩ 점액질의, 미끌미끌한. **Schliersand, der;** -(e)s ⟨österr.⟩ 냇가 모래.

Schließe~: ~의 복합자물쇠(장치). **~fach, das** 은, 은행 등에 있는 보관함, 대여 금고: ein S. mieten 보관함(대여금고)을 임대하다. **~frucht, die** [식물] 폐과(閉果). **~kette, die** 잠금사슬. **~korb, der** (자물쇠가 달린) 대형바구니. **~muskel, der** **1.** 괄약근(括約筋). **2.** ⟨동물⟩ (조개 따위의) 폐각근(閉殻筋). **~rahmen, der** [인쇄] 판면(版面) 물림쇠. **~tag, der** (특히 구둣동) 휴점일. **~zelle, die** [식물] 여닫이 세포, 공변(孔邊) 세포. **~zylinder, der** 특수 자물쇠의 원통형 부분.

schließbar ['ʃliːsbaːɐ̯] ⟨Adj.⟩ 닫을 수 있는, 자물쇠로 잠글 수 있는. **Schließe** ['ʃliːsə], die; -n (잠금용의) 고리쇠: die S. eines Gürtels 혁대쇠, 바클. **schließen*** ['ʃliːsn̩] ⟨h⟩ **1. a)** 닫다: einen Koffer(eine Flasche, einen Briefumschlag) s. 트렁크를 닫다(병을 닫다, 편지 봉투를 봉하다); er schloß die Augen 그는 눈을 감았다; einen Gürtel s. 혁대를 채우다; jmdm. das Kleid s. 누구(옷)의 단추를 잠가 주다(지퍼를 닫아 주다); eine geschlossene Anstalt 강제 수용 시설. **b)** (뚜껑 따위를) 닫다, 채우다, 잠그다: einen Deckel(einen Knopf, einen Reißverschluß, einen Hahn) s. 뚜껑을 닫다(단추, 지퍼, 수도꼭지를 잠그다); die Lippen (fest) s. 입술을 (꽉) 다물다; mit geschlossenen Beinen 두 무릎을 붙인 채, 두 다리를 붙인 채. **c)** 막다, 폐쇄하다: einen Durchgang (mit einer Barriere) s. (횡목으로) 통로를 막다; eine Lücke s. 틈을 막다; einen Kontakt s. (접속기를 닫아) 전류를 통하게 하다; ⟨전의⟩ eine Grenze s. 국경을 봉쇄하다. **2. a)** (어떤 방식으로) 닫히다: die Türen des Zuges schließen automatisch 그 기차의 문은 자동적으로 닫힌다. **b)** ⟨s. + sich⟩ 접히다, 무엇을 둘러싸다. **3.** (어떤 모양으로) 닫히다: der Deckel schließt nicht richtig 뚜껑이 잘 닫히지 않는다. **4.** ⟨s. + sich⟩ 닫히다, 아물다: die Wunde hat sich geschlossen 상처가 아물었다. **5. a)** ⟨s. + sich⟩ 잇따르다: an den Vortrag schloß sich noch eine Diskussion 강연에 잇달아 토론이 있었다. **b)** 첨가하다: er aber schloß daran die Worte 거기에 이어 그는 말했다. **c)** 연결하다: schließ die Lampe doch direkt an die Batterie! 램프를 전지에 직접 연결해라! **6. a) etw. in sich s.** 무엇을 포함하다: die Aussage schließt einen Widerspruch in sich 그 진술은 자체 속에 모순을 포함하고 있다. **b)** 포함시키다: wir wollen ihn(mit) in unser Gebet s. 그 사람을 위한 기도도 함께 하자. **c)** 감싸다: jmdn. in die Arme s. 누구를 품에 감싸 안다. **7. a)** (상점, 시장 따위를) 닫다: er schließt seinen Laden über Mittag 그는 점심 시간에는 가게문을 닫는다. (상점, 시장 따위가) 폐장하다: die Börse schloß freundlich ⟨증권⟩ 종장하다. **c)** 닫으로 하다: die Behörden haben die Schule wegen der Epidemie geschlossen 당국은 전염병 때문에 학교문을 닫게 했다. **d)** 휴무하다: die Schulen schließen im Sommer für sechs Wochen 학교는 여름에는 6주 동안 방학이다. **8. a)** 열쇠를 (쇠통 속에서) 돌리다: du mußt zweimal s. 열쇠를 두 번 돌려야 하네. **b)** (열쇠, 자물쇠가) 작동하다, 맞다: das Schloß schließt etwas schwer 자물쇠가 잘 잠기지 않는다; der Schlüssel schließt zu beiden Türen ⟨지역적⟩ 이 열쇠는 양쪽 문에 모두 맞는다. **9. a)** 가두어 넣다: den Schmuck in eine Kassette s. 보석을 보석함에 넣어 잠그다; 《또한》 s. + sich》 warum schließt er sich nur in seinem Zimmer? 왜 그는 자기방에만 박혀 있는가? **b)** 잡아 매어 잠그다. **10. a)** 끝내다, 마치다: eine Sitzung(Versammlung) s. 회의(회합)를 끝내다. **b)** 맺다, 끝내다: er schloß seinen Brief mit den Worten ... 그는 편지를 ...이라는 말로 끝냈다; ⟨격식 목적어 없이도⟩ hiermit möchte ich für heute s. 오늘은 이로써 마칠까 합니다. **c)** 말을 마치다: „Das ist meine felsenfeste Überzeugung", schloß er "이것이 나의 확고한 신념입니다"하고 그는 말을 끝냈다. **d)** 끝나다: mit dieser Szene schließt das Stück 이 장면으로 그 작품은 끝난다. **11.** (조약 따위를) 맺다, 체결하다: einen Vertrag(Pakt) s. 조약(동맹)을 맺다; mit jmdm. die Ehe s. 누구와도 결혼하다; einen Kompromiß s. 타협하다. **12. a)** 추론하다, 미루어 생각하다: aus deiner Reaktion schließe ich, daß du anderer Meinung bist! 네 반응을 보고 나는 네가 다른 의견이라고 미루어 생각한다. **b)** 추론하다: (nach dem Prinzip der Induktion) vom Besonderen auf das Allgemeine s. (귀납법의 원칙에 따라) 특수한 것에서 일반적인 것을 추론하다; ⟨성구⟩ du solltest nicht immer von dir auf andere s. ⟨통용어⟩ 항상 네 눈으로만 보려고 하지 말라. **Schließer, der;** -s, - **1.** (교도소의) 열쇠 담당 간수. **2.** (큰 건물 따위의) 열쇠 담당자. **3.** (문이 꽝 닫히지 않게 하는) 체크 장치. **Schließerin, die;** -nen ↑Schließer (1, 2)의 여성형. **schließlich** ['ʃliːslɪç] ⟨Adv.⟩ **1. a)** 마침내, 이윽

Schließung 1822

고, 드디어, 결국: er willigte s. (doch) ein 그래도 그는 마지막에 가서는 동의했다; man einigte sich s. auf einen Kompromiß 마침내 하나의 타협안에 합의했다; sein ~er Erfolg 《통용어》그가 마침내 쟁취한 성공; **s. und endlich** 《통용어·강조》마침내, 이윽고, 결국, 드디어: s. und endlich haben wir es doch geschafft 마침내 우리는 역시 해내었다. **b)** 《주로 und와 함께》끝으로: er nahm seinen Hut, seinen Mantel, den Koffer und schleißlich den Schirm 그는 자기 모자, 외투, 가방 그리고 끝으로 우산을 들었다. **2.** 잘 생각해 보면 ...의 이니까, 결국은 ...이니까: ihm kannst du keinen Vorwurf machen, er hat s. nur seine Pflicht getan 자네가 그를 나무랄 수는 없네, 잘 생각해 보면 그는 자기 의무를 했을 따름이니까. **Schließung**, die; -en **1.** 닫음, 닫기. **2.** 폐쇄: sie demonstrierten gegen die geplante S. der Zeche 그들은 예정된 탄광의 폐쇄에 항의해서 시위했다. **3.** 끝남, 마침: die S. der Versammlung 회합의 마침[종결]. **4.** 체약, 맺음: die S. eines Vergleichs [einer Ehe] 합의[결혼]의 성사.
schliff [ʃlɪf] ↑ ¹schleifen의 과거형. **¹Schliff** [-], der; -(e)s, -e **1. a)** 〈Pl. 없음〉 깎아 다듬기, 연마(研磨): der S. von Diamanten ist mühevoll 다이아몬드의 연마는 힘드는 일이다. **b)** 연마면(面), 깎아 놓은 모양, 컷: die Kristallgläser haben einen schönen S. 크리스탈 잔의 깎아 놓은 모양이 멋지다. **2. a)** 〈Pl. 없음〉 갈기, 날세우기: beim S. der Messer 칼을 갈 때에, **b)** 〈단수〉의 날 (모양). **3.** [지질] ↑ Gletscherschliff의 약칭. **4.** ↑ Dünnschliff의 약칭. **5.** 〈Pl. 없음〉 **a)** 세련(미): ihm fehlt jeder S. 그는 전혀 세련되지 못했다. **b)** 〈특정부문의〉 완전함: der neuen Bedienung fehlt noch der S. 새 종업원에게는 아직도 뭔가 모자라는 데가 있다.
²Schliff [-], der; -(e)s, -e 〈지역적〉 ↑ Schlief: **S. backen** 〈지역적〉 실패하다.
Schliff- (¹Schliff): **~art**, die 연마의 종류[방법]. **~fläche**, die 연마면(面): die S. eines Edelsteins nachpolieren 보석의 연마해 놓은 면을 다시 갈아 닦다(다시 다듬다). **~form**, die 깎아 놓은 모양.
schliffig [ˈʃlɪfɪç] ↑ Schliefig.
schlimm [ʃlɪm] 〈Adj.〉 **1.** 심한: man hat ihm die -sten Dinge nachgesagt 사람들이 그에 관해서 아주 심한 뒤이야기들을 했다; das ist sehr s. für ihn 그것이 그에게는 큰 타격이다; er hat sich bei dem Plan s. verkalkuliert 《통용어》그 계획에서 그는 아주 잘못 계산했다. **2.** 좋지 못한, 고약한, 언짢은: das sind -e Nachrichten 그것은 좋지 못한 소식이다; es ist nicht so s. 상황이 그렇게 나쁜 것은 아니다; es ist gerade s. genug, daß wir warten müssen 우리가 기다려야 한다는 것만 해도 아주 좋지 못한 일이다; ist nicht s.! 〈사과에 대한 응대〉 괜찮아요; es steht s. um ihn 그는 곤란한 상황에 처해 있다; 〈명사화〉 es ist nichts Schlimmes 그것은 나쁜 일은 아니다; ich kann nichts Schlimmes dabei(daran) finden 그것이 별로 나쁘다고는 생각하지 않는다. **3.** 〈도덕적으로〉 나쁜, 고약한, 사악한: ein ~er Bursche 고약한 녀석; 〈명사화·농〉 er ist ein ganz Schlimmer 그는 아주 흉측한 놈이야[말하는 사람이 조금은 매력을 느끼면서 하는 말]. **4.** 《친근》 〈신체의 일부나 기관이〉 아픈, 염증이 난: er hat einen ~en Hals[Zahn] 그는 목[이]이 아프다. **5.** 〈형용사와 동사의 강조〉 《통용어》 아주, 대단히: heute ist es s. kalt 오늘은 아주 춥다.
schlimmstenfalls 〈Adv.〉 최악의 경우에는: s. müssen wir uns mit einem Notquartier begnügen 최악의 경우에는 임시[간이] 숙소로 만족해야 할 것이다.
Schling- (¹schlingen): **~gewächs**, das ↑ ~pflanze. **~natter**, die [동물] 유럽줄꼬리뱀. **~pflanze**, die 덩굴식물. **~stich**, der [수공·재봉] 가장자리 감치기.

~strauch, der 덩굴관목.
Schlingbeschwerden 〈Pl.〉 [의학] 연하(嚥下) 곤란.
Schlingbewegung, die -en 〈대개 Pl.〉(특정 동물의) 연하(嚥下) 운동.
Schlinge [ˈʃlɪŋə], die; -n **1.** (실 따위를 둥그렇게 하여 만든) 고리, 올가미: eine S. knüpfen 고리(올가미)를 만들다; die S. zuziehen 올가미를 잡아당겨 조르다; den verletzten Arm in der S. tragen 다친 팔을 포대(布帶)에 걸고 있다; jmdm. die S. um den Hals legen (목매어 달기 위해) 누구의 목에 올가미를 씌우다; **jmdm. die S. um den Hals legen** 누구가 자기 손아귀에 넣다. **2.** 올가미, 덫; **-n legen(stellen, aufstellen)** 올가미[덫]를 놓다; ein Tier ist in die S. gegangen 짐승 한 마리가 덫에 걸렸다; [전의] er hat sich in seiner eigenen S. gefangen 그는 제꾀에 빠졌다; **sich aus der S. ziehen** (↑ Kopf 1 참조) 궁지를 벗어나다. **3.** (담요 따위의) 고리 모양의 괴출: die -n de Frotteestoffes 타월 옷감의 고리 모양 돌기. **4.** [스케이팅] 피겨(얼음 위에 스케이트로 그리는 도형)의 일종.
¹Schlingel [ˈʃlɪŋl̩], der; -s, - 〈농〉 개구쟁이, 장난꾸러기. **²Schlingel** [-], das; -s, - [↑ Schlinge] 《지역적》 (옷의) 혹이나 작은 구멍. **¹schlingen*** [ˈʃlɪŋən] 〈h〉 **1. a)** 휘감다, 휘두르다: einen Schal um den Hals s. 목도리를 목에 휘감다; das Tau wurde um einen Baum geschlungen 밧줄을 나무에 감았다. **b)** (팔, 손 등으로) 누구(무엇)를 껴안다, 꼭 안다: die Arme um jmdn. s. 누구를 팔로 껴안다. **c)** 〈s. + sich〉 휘감다: die Arme des Kindes schlangen sich um den Hals der Mutter 어린아이의 팔이 엄마의 목을 껴안았다. **2.** 엮어 넣다: Bänder ins Haar s. 머리에 리본을 매어 달다. **3.** 엮어 만들다: einen Knoten s. 매듭을 만들다. **4.** 묶어 연결하다: die Enden eines Seils zu einem Knoten s. 밧줄의 양쪽 끝을 매듭으로 묶다. **5.** 《österr.》 (가장자리를) 바느질로 감치다.
²schlingen* [-] 〈h〉 **a)** (잘 씹지도 않고) 집어삼키다: er kaut nicht richtig, er schlingt nur 그는 옳게 씹지도 않고 그저 집어삼킬 뿐이다. **b)** 허겁지겁 먹다: er schlang seine Suppe in großer Hast 그는 허겁지겁 수프를 먹었다; die Beute s. 먹이를 집어삼키다.
³schlingen [-] 〈h〉 [어업] (물고기를) 올가미로 잡다.
Schlingen- [섬유]: **~flor**, der 고리 모양으로된 직물. **~gewebe**, das ↑ Frottiergewebe. **~stoff**, der ↑ Frottee. **~ware**, die 〈Pl. 없음〉 산모(散毛) 양탄자.
Schlingensteller, der; -s, - 덫을 놓는 사람.
Schlinger [ˈʃlɪŋɐ], der; -s, - [동물] 먹이를 (씹지 않고) 그냥 삼키는 동물 (뱀 따위).
Schlinger- [선원]: **~bewegung**, die (배의) 옆질, 좌우로 흔들림, 롤링. **~bord**, das (배의 옆질 시의) 미끄럼 방지판(板). **~kiel**, der 옆질 억제용 용골. **~leiste**, die (배의 옆질 시의) 미끄럼 방지용 나무 테두리. **~tank**, der 옆질 억제용 물탱크.
schlingern [ˈʃlɪŋɐn] **a)** 〈h〉 (배가) 옆질하다, 좌우로 흔들리다, 롤링하다: das Schiff schlingert 배가 옆질하다; 〈명사화〉 das Stampfen und Schlingern der Jollen 작은 배들의 뒷질과 옆질(전후좌우의 요동); [전의] das Taxi begann plötzlich wild zu s. 택시가 갑자기 심하게 미끄러지기 시작했다; **ins Schlingern kommen(geraten)** 미끄러지다 (차 따위). **b)** 〈s〉 옆질하며(좌우로 흔들리며) 가다: die Boote schlingerten durch die rauhe See 보트들이 거친 바다를 헤쳐 갔다; [전의] nun schlingerte er als ein Betrunkener über die Bühne 이제 그가 술 취한 사람으로 무대 위를 비틀거리며 걸어갔다.
Schlipf [ʃlɪpf], der; -(e)s, -e 《schweiz.》 (산) 사태.
schlipfen [ˈʃlɪpfn̩] 〈s〉 《schweiz.》 미끄러지다, 무너져

Schlößchen

내리다. **Schlipp** [ʃlip], der; -(e)s, -e 〔선원〕 ↑Slip (3). **Schlippe** ['ʃlipə], die; -n **1.** (nordd.) 스커트(치마)의 자락. **2.** 《지역적》 골목. **schlippen** ['ʃlipn] ↑slippen 참조. **Schlipper** ['ʃlipɐ], der; -s 《지역적》 응유(凝乳). **schlipperig**, schlippig ['ʃlip(ə)rıç] 〈Adj.〉 《지역적》 응고하는, 엉기는: -e Milch 응유.
Schlippermilch, die 《지역적》 응유, 발효유.
schlipprig: ↑schlipperig. **Schlips** [ʃlıps], der; -es, -e 《통어어》 ↑Krawatte (1): dieses Lokal kann man nicht ohne S. betreten 넥타이를 매지 않고서는〔정장을 하지 않고서는〕이 식당에는 못 들어간다: 〔다음 용법들에서 Schlips는 "치마자락"(↑Schlippe)이라는 원래 의미를 가지고 있다〕 **jmdm. auf den S. treten** 누구를 모욕하다; **sich auf den S. getreten fühlen** 모욕감을 느끼다; **jmdn. am S. fassen〔beim S. nehmen〕** 누구를 심히 힐문하다. **Schlipshalter**, der ↑Krawattenhalter. **Schlipsnadel**, die ↑Krawattennadel.
schliß: ↑schleißen의 과거형. **schlissig** ['ʃlısıç] 〈Adj.〉 《지역적》 낡은, 다 떨어진: ein -es Kleidungsstück 낡은 옷 한 가지.
Schlittel ['ʃlıtl], das; -s, - (schweiz.) 작은 썰매. **schlitteln** ['ʃlıtln] 〈s〉 (österr., schweiz.) ↑rodeln. **Schlittelsport**, der 썰매타기〔놀이〕. **schlitten** ['ʃlıtn] 〈s〉 (schweiz.) ↑schlitteln. **Schlitten** [-], der; -s, - **1.** 썰매: die Kinder fahren S. 애들이 썰매를 탄다; **mit jmdm. S. fahren** 《통어어·썸》 1) 누구에게 썰매를 굴다. 2) 누구를 심하게 질책하다. 《사람·물건 운반용》 썰매: den S. anspannen (끌 짐승을) 썰매에 매다; **unter den S. kommen** 《준고어》 (도덕적으로) 타락하다, 몰락하다. **3.** 《경》 자동차, 차: er fährt einen tollen S. 그는 아주 멋진 자동차를 몰고 다닌다. **4.** 〔기술〕 활대(滑臺), 활판(滑板): der S. an der Schreibmaschine 타자기의 캐리지. **5.** 〔조선〕 진수대(進水臺). **6.** 《속어·썸》 창녀.
Schlitten-: ~**bahn**, die 썰매길, 썰매의 활주로. ~**fahrt**, die 썰매로 가기〔달리기〕. ~**geläut(e)**, das 썰매 방울 소리. ~**hund**, der 썰매 끄는 개. ~**kufe**, die 썰매의 활목(滑木), ~**n-fahrt**... ~**pferd**, der 썰매 끄는 말. ~**partie**, die ↑fahrt. ~**pferd**, das 썰매 끄는 말. ~**sport**, der ↑Rodelsport.
Schlitterbahn, die; -en 《지역적》 ↑Rutschbahn (2). **schlittern** ['ʃlıtɐn] **1. a)** 〈h〉 (특히 아이들이) 미끄럼 타다. **b)** 〈s〉 미끄럼을 타면서 가다, 얼음 지쳐 가다. **2.** 〈s〉 미끄러지다: der Wagen schlitterte auf der vereisten Straße 차가 얼음판이 된 도로에서 미끄러졌다. **3.** 〈s〉 무엇에 빠지다: das Unternehmen ist in die Pleite geschlittert 그 기업은 파산 상태에 빠졌다. **Schlittler**, der; -s, - (schweiz.) 썰매 타는 사람. **Schlittschuh**, der; -(e)s, -e 《대개 Pl.》 스케이트: an den(ab)-schnallen 스케이트를 신다〔벗다〕; sie sind S. gelaufen〔gefahren〕 그들은 스케이트를 탔다.
Schlittschuh-: ~**bahn**, die 스케이트장(場). ~**lauf**, der ↑Eislauf. ~**laufen**, das; -s 스케이트 타기. ~**läufer**, der 스케이팅하는 사람. ~**läuferin**, die ↑~läufer의 여성형.
Schlitz [ʃlıts], der; -es, -e **1.** 틈, 틈새, 금전 투입구(자동판매기의), 우편물 투입구: der S. des Briefkastens 우편함의 틈; er steckte eine Münze in den S. des Automaten 그는 자동 판매기의 구멍에 동전을 하나 집어 넣었다; seine Augen wurden zu -en 그는 실눈이 되었다. **2.** 《통어어》 Hosenschlitz의 약칭: den S. zu-knöpfen 바지 단추를 닫다. **3.** (옷의 길게 튼 곳): der Rock mit seitlichen -en 옆이 터진 스커트. **4.** 《비어》 조개(여자의 음부).
schlitz-, **Schlitz**-: ~**ärmel**, der 옆이 트인 소매. ~**auge**, das 《대개 Pl.》 **a)** (특히 몽고 계통 사람의) 옆으로 길게 쪄진 눈. **b)** 《가끔 쥠·육》 실눈오랑캐(몽고 계통의 옆으로 길게 쪄진 눈을 가진 사람들을 칭함). ~**äugig** 〈Adj.〉 옆으로 길게 쪄진 눈을 가진: eine -e Schönheit 한 동양의 미인. ~**förmig** 〈Adj.〉 길쭉한 틈새가 모양의, 터진〔쪄진〕 틈 같은. ~**kohl**, der ↑Federkohl. ~**messer**, das 절개용 칼. ~**mode**, die 〈Pl. 없음〉 (옷에 튼 자리가 많았던) 15, 16세기의 의상 유행. ~**öffnung**, die 길쭉한 틈새. ~**ohr**, das [2: 예전에는 사기꾼의 귀바퀴를 쪄어서 벌을 주고 표시를 했다] **1.** 쪄진〔갈진〕 귀바퀴. **2.** 《통어어·쥠》 교활한 사람: er ist ein S. 그는 여우같은 친구다. ~**ohrig** [-o:rıç] 〈Adj.〉 《통어어》 교활한: er ist ein -er Geschäftsmann 그는 교활한 사업가이다. ~**ohrigkeit**, die 교활함. ~**trommel**, die 〔민속〕 통나무북(공과 유사한 일종의 이디오폰). ~**verschluß**, der 〔사진〕 초점면(포칼 플레인) 셔터.
schlitzen ['ʃlıtsn] 〈h〉 《준고어》 **a)** 길게 트다: einen Rock s. 스커트의 옆을 트다. **b)** 길게 쪄다〔절개하다〕: Fische s. und ausnehmen 생선의 배를 따고 내장을 꺼내다.
schloff [ʃlof], **schlöffe** ['ʃlœfə] ↑schliefen의 과거, 접속법 Ⅱ 식 단수형.
Schlögel ['ʃlø:gl], der; -s, - (österr.) ↑Schlegel (2). **schlohweiß** ['ʃlo:vais] 〈Adj.〉 (주로 노인의 머리에 대해서) 아주 흰, 백발의: er hatte -es Haar 그 사람은 백발이었다.
Schlorre ['ʃlorə], die; -n 《대개 Pl.》 《지역적》 실내화, 슬리퍼. **schlorren** 〈의성어·의태어〉 **a)** 〈h/s〉 발을 질질 끌며 걷다. **b)** 〈s〉 발을 질질끌며 걸어가다.
Schloß [ʃlos], das; Schlosses, Schlösser ['ʃlœsɐ] **1. a)** 자물쇠, 맹꽁이 자물쇠: ein neues S. anbringen 새 자물쇠를 달다; die Tür ist ins S. gefallen 문이 덜컥 닫혀 버렸다; die Tür ins S. drücken〔ziehen〕 문을 눌러〔잡아당겨〕 잠그다. **b)** 《축소형》 ↑Schlößchen ↑Vorhängeschloß의 약칭: ein S. vor dem Mund haben 입을 열지 않다, 입이 무겁다; **jmdm. ein S. vor den Mund legen〔hängen〕** 누구의 입을 막다; **hinter S. und Riegel** 《통어어》 감옥에(서), 감옥으로: jmdn. hinter S. und Riegel bringen〔setzen〕 누구를 감옥에 집어 넣다; hinter S. und Riegel sitzen〔sein〕 감옥에 있다; **unter S. und Riegel** 《통어어》 자물쇠로 잠긴. **2.** 《축소형》 ↑Schlößchen 〔짤각 닫히는〕 잠금쇠〔잠금장치〕, 고리: das S. an der Handtasche 핸드백의 잠금쇠; das S. einer Perlenkette öffnen 진주목걸이의 고리를 열다. **3.** (총의) 약실. **4. a)** 《축소형》 ↑Schlößchen 성, 궁성, 대궐, 큰 저택:das königliche S. 왕궁; das Heidelberger S. 하이델베르크(의) 성(城); ein S. bewohnen 어떤 성에 살다; im S. wohnen 성에서 살다; **ein S.〔Schlösser〕 in die Luft bauen** 사상누각을 짓다; **ein S. auf dem〔im〕 Mond** 사상누각, 비현실적 생각. **b)** 〈Pl. 없음〉 성에 사는 사람들: das S. geriet in Aufregung 성의 사람 전체(온 성)가 흥분에 빠졌다.
schloß-, Schloß-: ~**anlage**, die 궁전(건물과 정원), 궁전 부속 시설(정원). ~**artig** 〈Adj.〉 성 모양의, 궁전 모양의: ein -es Gebäude 궁성 모양의 건물. ~**bau**, der 〈Pl. -ten〉 궁성건물. ~**berg**, der 〈Pl. 없음〉 성터 언덕. ~**garten**, der ↑~park. ~**gespenst**, das 성의 유령. ~**herr**, der 성의 성주(城主). ~**herrin**, die **1.** ~herr의 여성형, 여성주. **2.** 성주의 부인. ~**hof**, der 궁성의 뜰. ~**hund**, der 〔다음 용법으로만〕 **heulen wie ein S.** 《통어어》 사납게 울다. ~**kapelle**, die 성 안의 예배당. ~**kirche**, die 성 부속 교회. ~**park**, der 궁성의 정원. ~**ruine**, die 허물어진 성. ~**verwalter**, der 궁성 관리인. ~**vogt**, der 궁성 관리인.
Schlößchen ['ʃlœsçən], das; -s, - ↑Schloß (1 b, 2,

4)의 축소형. **schlösse** ['ʃlœsə] ↑schließen의 접속법 II식 단수형.

Schloße ['ʃlɔːsə], die; -n 《대개 Pl.》《지역적》 우박. **schloßen** ['ʃlɔːsn̩] 〈h; 비인칭〉 [↑Schloße]《지역적》 ↑hageln (1).

Schlosser ['ʃlɔsɐ], der; -s, - 금속공, 철물공. **Schlosser-**: ↑Schloß의 복수형.

Schlosser-: **~anzug**, der 금속공의 작업복. **~arbeit**, die 금속공의 작업, 철물 작업. **~geselle**, der 금속공(도제 시험을 치른). **~handwerk**, das 금속공업, 철물 일. **~lehrling**, der 금속 견습공. **~meister**, der 일급 금속공. **~werkstatt**, die (소규모의) 기계(수리) 공장, 철물소.

Schlosserei [ʃlɔsə'raj], die; -en 1. (소규모의) 기계(수리) 공장: in der S. arbeiten 기계(수리) 공장에서 일하다. 2. 〈Pl. 없음〉 a) 금속공의 작업: die S. macht ihm Spaß 기계(수리) 일에 그는 재미를 느낀다. b) (수공업으로서의) 기계 수리 일, 금속공 일, 철물 일: er hat die S. erlernt 그는 기계 수리 일을 배웠다. 3. 〈Pl. 없음〉 [등산] 등산용 철제 장비 및 보조 도구 일체. **schlossern** 〈h〉《통용어》 철물일을 하다.

¹Schlot [ʃloːt], der; -(e)s, -e 《드물게》 Schlöte ['ʃløːtə] 1. 《지역적》 공장, 증기선 따위의) 연통, 굴뚝: aus den -en der Fabriken steigt schwarzer[dicker] Qualm 여러 공장의 굴뚝에서 시커먼[짙은] 연기가 솟아오른다; er raucht[qualmt] wie ein S.《통용어》 그는 굴뚝처럼 (지독히 많이) 담배를 피워 댄다. 2. [지질] 분화구(噴火口). 3. [지질] (카르스트 지역의) 돌리네, 석회정(石灰井). 4. [통용어] 《낮은》 생겨난 놈.

²Schlot [-], der; -(e)s, -e 〈nordd.〉(작은) 배수로.

Schlot- (¹Schlot): **~baron**, der 《통용어·폄·준고어》굴뚝 백작(으스대는 대기업가). **~feger**, der 《지역적》굴뚝 청소부. **~junker**, der 《통용어·폄》 ↑~baron.

Schlöte: ↑¹Schlot의 복수형.

Schlotte ['ʃlɔtə], die; -n 1. 《지역적》 a) ↑Schalotte. b) 《대개 Pl.》 양파의 속이 빈, 원주형 잎. 2. [지질·광] 암석 속의 공동(空洞). **Schlottenzwiebel**, die ↑Schalotte (1).

Schlottergelenk, das; -(e)s, -e [의학] 이상(異常)관절. **schlotterig**: ↑schlottrig. **Schlottermilch**, die 《지역적》 발효유, 응유. **schlottern** ['ʃlɔtɐn] 〈h〉 1. 덜덜 떨다[떨리다]: die Kinder schlotterten (vor Angst, vor Kälte) 아이들이 (두려워서, 추워서) 벌벌[덜덜] 떨었다; er schlotterte am ganzen Leib 그는 온몸을 벌벌 떨었다. 2. (옷 따위가) 헐렁하다: die Hosen schlottern ihm um die Beine 그의 바지 폭이 헐렁헐렁하다. **schlottrig**, schlotterig ['ʃlɔt(ə)rɪç]〈Adj.〉 1. 벌벌[덜덜] 떠는[떨리는]: er hatte vor Aufregung feuchte Hände und -e Knie 흥분해서 그는 손에 땀이 나고 무릎이 후들거렸다. 2. 헐렁(헐렁)하다.

schlotzen ['ʃlɔtsn̩] 〈h〉 〈schwäb.〉 (특히 포도주를) 맛있게 마시다, 혀끝에 살살 굴리며 마시다. **Schlotzer**, der; -s, - 《특히 schwäb.》 고무 젖꼭지.

Schlucht [ʃlʊxt], die; -en 《시적·준고어》 Schlüchte ['ʃlʏçtə] 협곡, 좁은 골짜기, 심연(深淵), 나락: dort unten in der S. fließt ein Bach 저 아래 골짜기에 개천이 흐른다.

schluchzen ['ʃlʊxtsn̩] 〈h〉 흐느끼다, 흐느껴 울다: heftig s. 격렬히 흐느끼다; „Ja!" schluchzte sie „그래도!"하고 그녀는 흐느끼면서 말했다; 전의 eine schluchzende Melodie 흐느끼는[감상적인] 멜로디. **Schluchzer**, der; -s, - 《짤막한》 흐느낌: einen S. unterdrücken 흐느낌을 억누르다.

Schluck [ʃlʊk], der; -(e)s, -e, 《드물게》 Schlücke ['ʃlʏkə] 〈그러나: drei, einige Schluck(e) Wasser; 축소형: ↑Schlückchen〉 1. a) 한 모금(의 양), 한 입: einen (kräftigen) S. trinken (크게) 한 모금 마시다; etw. S. für[um] S. austrinken 무엇을 한 모금 한 모금씩 다 마셔 버리다; 전의 hast du einen S. zu trinken für uns? 우리가 마실 것 뭐 없니?; **ein (kräftiger, tüchtiger) S. aus der Pulle** 《경》 큰 분량. b)《통용어》 술: ein guter S. 좋은 술. 2. 한 모금(마심): mit ein paar kräftigen -en leerte er sein Glas 그는 몇 모금 벌컥벌컥 마셔서 잔을 비웠다; mit[in] hastigen -en trinken 벌컥벌컥 급히 마시다.

schluck-, Schluck-: **~auf**, der; -s 딸꾹질: den [einen] S. haben[bekommen] 딸꾹질이 나다. **~beschwerden** 〈Pl.〉 연하(嚥下)곤란, 삼키기 곤란한 증세. **~bruder**, der 《통용어·농》 술꾼. **~impfstoff**, der 내복면역제(內服免疫劑). **~impfung**, die (예방) 완전의 내복, 내복 면역. **~reflex**, der 『의학·동물』 반사(적) 연하(反射)(的)嚥下). **~specht**, der 1. 《지역적·농》 술꾼. 2. 《교통 은어·조롱》 a) 휘발유를 많이 소모하는 차. b) 《통용어》 휘발유 과다 소비. **~weise** 〈Adv.〉 한 모금씩: die Arznei s. einnehmen 그 약을 한 모금 한 모금씩 마시다.

Schlückchen ['ʃlʏkçən], das; -s, - ↑Schluck의 축소형. **schlückchenweise** 〈Adv.〉 아주 소량으로 한 모금씩; ↑schluckweise 참조. **schlucken** ['ʃlʊkn̩] 〈h〉 1. a) 삼키다, 마시다: eine Tablette s. 약 한 알을 삼키다; beim Schwimmen Wasser s. 수영을 하면서 (잘못해서) 물을 마시다. b) (혀·목 근육을 움직여) 삼키다, 연하(嚥下)하다: erkältet sein und nicht s. können 감기가 들어서 무엇을 삼키기가 어렵다; 〈명사화〉 Beschwerden beim Schlucken haben 연하(嚥下) 곤란에 시달리다; 전의 als sie das hörte, schluckte sie (nur) 그 이야기를 듣자 그녀는 말이 나오지 않았다. 2. (술을) 마시다: zwei Flaschen Bier täglich s. 매일 맥주 두 병을 마시다. 3. 《통용어》 (나쁜 공기 등을) 들이마시다: viel Staub s. 먼지를 많이 들이마시다. 4. 《통용어·폄》 (힘을 사용해서) 병합하다, 집어삼키다: ein Konzern schluckt die kleineren Betriebe 대기업이 중소기업들을 집어삼킨다; ein Gebiet s. 어떤 지역을 집어삼키다. 5. 《통용어》 a) (좋지못한 일을) 감수하다: eine Beleidigung[einen Tadel, eine Benachteiligung] s. 모욕(질책, 불이익]을 감수하다; 〈사람을 나타낸는 목적어와 함께〉 da man einen anderen Kandidaten nicht hatte, schluckte man diesen 다른 후보자가 없었기 때문에 이 친구를 받아들였다; etw. zu s. bekommen 무엇을 받아들여야 한다[들이게 되다]. b) (의의, 의심없이) 받아들이다: eine Entschuldigung(Ausrede) s. 사과[변명]를 받아들이다. c) 무엇을 내적으로 극복하는 데에 시간이 걸리다: an etw. s.[zu s. haben] 무엇을 극복(소화)하는 데에 시간이 걸리다. 6. 《통용어》 a) 삼키다, 흡입하다, 흡수하다: die Fabriktore schlucken die Massen der Arbeiter 공장문을 통해 수많은 노동자들이 들어갔다; der Teppich schluckt den Schall 양탄자가 소리를 흡수한다; dunkle Farben schlucken Licht 어두운 색깔이 빛을 흡수한다. b) 집어삼키다, 소비하다: der Wagen schluckt viel Benzin 이 차는 휘발유를 많이 먹는다. **Schlucken**, das; -s ↑Schluckauf. **Schlucker**, der; -s, - 1. 《통용어》 녀석, 사람: armer S. 불쌍한 사람[녀석]. 2. 《통용어》 술쟁이. **schlucksen** ['ʃlʊksn̩] 〈h〉 《통용어》 딸꾹질하다, 딸꾹질 소리를 내다. **Schluckser**, der; -s, - 《통용어》 딸꾹질.

Schluderarbeit ['ʃluːdɐ-], die; -en 《통용어·폄》 아무렇게나[조잡하게] 한 일, 날림일: S. leisten(abliefern) 일을 아무렇게나 하다[조잡한 작업 결과를 제출한다]. **Schluderei** [ʃluːdə'raj], die; -en 《통용어·폄》 1.

〈Pl. 없음〉 지속[계속]적인 태만[소홀]. 2. 태만함, 칠칠치 못함. **Schluderer** [ˈʃluːdərə], der; -s, - 《통용어·경멸》 칠칠치 못한 사람, 태만한 사람. **schluderig**, **schludrig** [ˈʃluːd(ə)rɪç] 〈Adj.〉 《통용어·경멸》 1. 아무렇게나 한, 조잡한, 날림의: -e Arbeit(Haushaltsführung) 칠칠치 못한 작업(살림); ein -er Mensch 칠칠치 못한 사람, etw. s. reparieren 무엇을 조잡하게 수리하다. 2. 《특히 옷 등이》 너절한: -e Kleider 너절한 옷. **Schluderjan** [ˈʃluːdəjaːn], der; -s, -e [↑Dummerjan] 《통용어·경멸》↑ Schludrian [ˈʃluːdən] 《통용어·경멸》 아무렇게나[조잡하게] 하다, 적당히 하다: bei der statischen Berechnung s. 통계 처리를 아무렇게나 하다; mit dem Material s. 물자를 낭비하다. **Schluder-wirtschaft**, die 《통용어·경멸》 칠칠치 못한 살림살이, 칠칠치 못한 처리: die S. in diesem Haus muß aufhören 이 집안의 칠칠치 못한 살림살이는 이제 끝장이 나야 한다. **Schludrian** [ˈʃluːdriaːn], der; -s, -e 《통용어·경멸》 1. 칠칠치 못한 사람. 2. 〈Pl. 없음〉 칠칠치 못함, 조잡함. **schludrig**: ↑schluderig. **Schludrigkeit**, die; 〈통용어·경멸》 1. ↑Schluderigkeit. 2. 〈Pl. 없음〉 칠칠치 못한 태도, 조잡한 상태.
Schluf [ʃluːf], der; -(e)s, -e / Schlüfe [ˈʃlyːfə] 《등산》 《기어서 통과할 수 있는》 동굴의 좁은 부분.
Schluff [ʃlʊf], der; -(e)s, -e / Schlüffe [ˈʃlʏftə] 1. 실트암(岩), 미사(微砂). 2. 《südd.·준구어》 토시, 머프. 3. 《südd., österr.》 좁은 통로. **schluffen** [ˈʃlʊfn̩] 〈h〉 《nordd., westmd.》 《질질》 발을 끌며 가다. **Schluffen** [-], der; -s, - 《nordd. westmd.》 실내화, 슬리퍼. **schluffig** [ˈʃlʊfɪç] 〈Adj.〉 진흙의, 점토질의. **Schluft** [ʃlʊft], die; Schlüfte [ˈʃlʏftə] 《고어》 협곡, 골짜기.
schlug [ʃluːk], **schlüge** [ˈʃlyːgə] ↑schlagen의 과거, 접속법 I식 단순형.
Schlummer [ˈʃlʊmə], der; -s 《아어》 잠, 수면: ein leichter(kurzer) S. 선잠, 수잠; ein tiefer S. überkam [überwältigte] ihn 깊은 잠이 그를 엄습했다; jmdn. aus dem S. reißen 누구를 잠에서 깨우다; in S. sinken 단잠에 빠지다, 잠들다.
Schlummer-: ~**kissen**, das 《아어》 편안한 베개. ~**lied**, das 《아어》 자장가. ~**mutter**, die 《통용어·농》 하숙집 아줌마. ~**rolle**, die 《아어》 편안한 (긴) 베개. ~**stunde**, die, 《축소형》 ~**stündchen**, das 《아어》 낮잠 시간, 잠깐 동안 자는 시간. ~**trunk**, der 《아어》 자기 전에 《수면을 위해》 마시는 술.
schlummern [ˈʃlʊmɐn] 〈h〉 1. 《아어》 단잠을 자다: sanft(ruhig, tief) s. 포근히[편안히, 깊이] 잠자다; [전의] die schlummernde Stadt 잠자는 도시(활기 없는 도시); im Grab s. 무덤에 묻혀 (잠들어) 있다; das Volk schlummerte noch in geistiger Unmündigkeit 민중은 아직도 정신적인 미성년 상태에서 잠자고 있다. 2. 《미개발 상태로》 잠재[잠복]해 있다: ein schlummerndes Talent entfalten 잠자고 있는 재능을 개발하다; eine schlummernde Krankheit 잠복하고 있는 질환.
Schlump [ʃlʊmp], der; -(e)s, -e 《nordd.·사냥·경멸》 요행의 명중.
Schlumpe [ˈʃlʊmpə] ↑Schlampe의 별형. ¹**schlumpen** [ˈʃlʊmpn̩] ↑schlampen (1)의 별형. ²**schlumpen** [-] 〈h〉 《nordd.·사냥·경멸》 요행으로 명중하다.
schlumperig, **schlumprig** [ˈʃlʊmp(ə)rɪç] 〈Adj.〉 《지역적》 ↑schlampig.
Schlumpf [ʃlʊmpf], der; -(e)s, Schlümpfe [ˈʃlʏmpfə] 1. 《지역적》 《분노와 혐오의 동시적 대상》 망할 놈, 짓궂은 놈. 2. a) 《만화에 나오는》 난쟁이. b) 《통용어》 난쟁이.
schlumpig [ˈʃlʊmpɪç] ↑schlampig의 별형. **schlumprig**: ↑schlumperig. **Schlumps** [ʃlʊmps], der; -es,

-e 《지역적·경멸》 엉터리(인간).
Schlumpschütze, der; -n, -n 《사냥·군·경멸》 엉터리 사수(射手). **Schlumpsoldat**, der; -en, -en 《군·경멸》 엉터리 군인.
Schlund [ʃlʊnt], der; -(e)s, Schlünde [ˈʃlʏndə] 1. a) 목구멍, 인두(咽頭): ihm ist eine Gräte in den S. steckengeblieben 그의 목구멍에 가시가 하나 걸렸다. b) 《특히 동물의》 입, 구강(口腔), 아가리: der Wolf riß den S. auf 늑대가 입을 쩍 벌렸다; sich etw. in den S. stopfen 《경》 무엇을 입에 집어넣다; **den S. nicht voll (genug) kriegen (können)** 《경》 아무리 많이 먹어도 [취해도] 속이 차지 않다(↑Hals 2); **jmdm. etw. in den S. werfen[schmeißen]** 《경》 누구에게 무엇을 처먹이다(↑Rachen 2). c) 《사냥》 야생 우제(偶蹄) 동물(사슴, 산돼지 따위)의 식도(食道). 2. 《아어》 《심연 따위의》 깊은 입구: der S. eines Kraters 분화구.
Schlunze [ˈʃlʊntsə], die; -n 〈1. 《md., nordd.》 칠칠치 못한 여자. 2. 《지역적》 멀건 수프, 연한 커피. **schlunzen** [ˈʃlʊntsn̩] 《md.·경멸》 1. 〈h〉 아무렇게나 [칠칠치 못하게] 일하다. 2. 〈s〉 단정치 못하게 걷다, 지척거리다. **schlunzig** [ˈʃlʊntsɪç] 〈Adj.〉 《md.·경·경멸》 칠칠치 못한, 단정치 못한.
Schlup [ʃluːp] ↑Slup.
Schlupf [ʃlʊpf], der; -(e)s, Schlüpfe [ˈʃlʏpfə] / -e 1. 《준구어》 은신처, 피난처, 잠복처: als er in seinen S. wollte, faßten sie ihn 그가 자기의 은신처로 들어가려 할 때 그들이 그를 잡았다. 2. 《준구어》 빠져 나갈 구멍. 3. 《지역적》 손토시, 머프. 4. [동물] 부화(孵化): der S. der Küken 병아리의 부화. 5. [기술] 《기계 부품 사이의》 유격, 슬립.
schlupf-, **Schlupf**-: ~**hose**, die 《준구어》 팬티(↑ Schlüpfer (1)). ~**jacke**, die 《준구어》 Pullover. ~**loch**, das 1. 숨을 곳, 피난처. 2. 빠져 나갈 구멍, 도망 구멍: die Katze kroch durch das S. in der Mauer 고양이가 담벼락의 구멍을 통해 기어 들어갔다; [전의] jeder Kompromiß enthält Schlupflöcher 모든 타협은 빠져 나갈 구멍을 가지고 있다. ~**pforte**, die 《성벽 따위에 있는》 작은 문. ~**reif** 〈Adj.〉 [동물] 부화(孵化)할 때가 된. ~**schuh**, der 《단추, 끈, 지퍼 따위가 없이 그냥 꿰어 싣는》 신, 구두. ~**stiefel**, der 그냥 꿰어싣는 장화. ~**wespe**, die [동물] 맵시벌. ~**winkel**, der 1. 《동물의》 은신처. 2. 《통용》 숨을 장소, 피신처, 잠복처: das Gebirge bot den Banditen sichere S. 산악이 그 도둑들에게는 안전한 은신처를 제공했다. ~**zeit**, die [동물] 부화(孵化)시기.
schlüpfen [ˈʃlʏpfn̩] 《südd., österr., schweiz.》 ↑ schlüpfen. **schlüpfen** [ˈʃlʏpfn̩] 〈s〉 1. a) 잽싸게 빠져 나오다[나가다]: aus dem Zimmer(durch den Zaun) s. 방(울타리 사이)에서 빠져 나가다; die Maus schlüpfte aus dem Loch 쥐가 구멍에서 잽싸게 빠져 나왔다. b) 미끄러지다: die nasse Seife schlüpft mir aus der Hand 젖은 비누가 내 손에서 미끄러져 떨어졌다; [전의] ein Wort schlüpft jmdm. über die(von den) Lippen 어떤 말이 누구에게서도 모르게 튀어나오다; da ist uns ein Fehler geschlüpft 《schweiz.》 여기서 우리가 실수를 하나 저질렀다. 2. 《미끄러지듯 재빨리》 입다, 벗다: in ein Kleidungsstück s. 옷을 스르르 입다; aus den Kleidern s. 옷을 훌훌 벗어 버리다; [전의] in die Rolle eines anderen s. 다른 사람의 역할을 훌륭히 해내다. 3. 부화(孵化)하다: das Küken ist (aus dem Ei) geschlüpft 병아리가 (달걀에서) 부화해 나왔다. **Schlüpfer**, der; -s, - 1. 《자주 단수의미로 복수형 사용》 《여성용》 팬티: einen neuen S. [ein Paar neue S.] anziehen 새 팬티를 입다. 2. 헐렁한 남자용 외투.
schlüpfrig [ˈʃlʏpfrɪç] 〈Adj.〉 1. 미끄러운, 미끄러지기 쉬

운: -e Straßen 미끄러운 길; s. wie ein Aal 뱀장어처럼 [아주] 미끄러운; 전의 wie kann dann mein Schicksal auf einem derart -en Boden gegründet werden? 내 운명을 어떻게 이런 불확실한 바닥 위에서 개척한다는 말인가? **2.** 《폄》 외설적인, 점잖지 못한, 음란한: ein -er Witz 외설적인 농담. **Schlüpfrigkeit,** die; -en **1.** 〈Pl. 없음〉 미끄러움. **2. a)** 〈Pl. 없음〉 외설스러움. **b)** 외설, 외설적 표현, (책 등에서) 외설적임.

Schluppe ['ʃlupə], die; -n 《nordd., md.》 고리, 올가미.

Schlurf [ʃlʊrf], der; -(e)s, -e 《österr.·통용어·폄》 **1.** 《고어》 멋쟁이, 기생오라비. **2.** (옷을 아무렇게나 입는) 장발족, 히피. **schlurfen** ['ʃlʊrfn] (↑**schlürfen**의 별형]. 〈s〉 **a)** (질질) 신발을 끌며 걷다: schlurfende Schritte 질질 끄는 걸음. **b)** (질질) 신발을 끌며 가다: er schlurfte in die Küche 그는 발을 질질 끌며 부엌으로 갔다. **2.** 〈h〉 《지역적》 ↑schlürfen (1, 2) 참조. **schlürfen** ['ʃlʏrfn] 《의성어》 **1.** 〈h〉 **a)** 소리 내어 마시다: laut s. 들이마시는 소리를 크게 내다. **b)** 무엇을 훌쩍[쩝쩝]거리며 들이마시다: ein heißes Getränk vorsichtig s. 뜨거운 음료를 조심스럽게 홀쩍이며 마시다. **2.** 〈h〉 입맛을 다시며 마시다: ein Glas Likör s. 리큐르 술 한 잔을 맛있게 조금씩 마시다. **3.** 〈s〉 《지역적》 ↑schlurfen (1). **Schlurfschritt,** der; -(e)s, -e 질 질 끄는 걸음. **schlurren** ['ʃlʊrən] 〈s〉 《의성·의태어, ↑schlorren 참조》《nordd.》 (질질) 발을 끌며 걷다[가다]. **Schlurren** [-], der; -s, - 《nordd.》 슬리퍼, 실내화.

Schluse ['ʃluːzə], die; -n 《nordd., ostmd.》 **1.** (과일, 곡식 낟알 등의) 껍질. **2.** 《Pl.》《폄》 위조 지폐, 가치가 떨어진 돈. **Schlusenmark,** die 《Pl. 없음》《지역적·폄》 가치가 떨어진 《제국》 마르크화(貨).

Schluß [ʃlʊs], der; Schlusses, Schlüsse ['ʃlʏsə] **1.** 〈반대: Anfang, Beginn〉 **a)** 〈Pl. 없음〉 끝, 종료: der plötzliche[vorzeitige] S. einer Veranstaltung 어떤 모임의 급작스런[때이른] 종료; es ist S.(mit etw.) 〈무엇이〉 끝났다; mit dem schönen Wetter ist S. 좋은 날씨도 이젠 끝이다; mit dem Rauchen[Trinken] ist jetzt S. 담배[술]는 이젠 끝이다 피운다[마신다]; S. für heute! 오늘은 이제 그만!; jetzt ist aber S. (damit)! S. jetzt! 이제 (그것은) 이만 끝!; beim Erzählen keinen S. finden(können) 이야기를 하면서 어떻게 끝내야 할 지를 모르다; am[zum] S. des Jahres abrechnen 연말 정산 (年末精算)하다; kurz vor S. (관청, 가게, 회사 따위의) 문닫기 직전; damit komme ich zum S. meiner Ausführungen 이로써 나는 내 설명을 마무리 짓겠습니다; zum[am] S. bedankte er sich doch noch 마지막에 가서 그는 그래도 고마움을 표시했다; 성구 jetzt ist aber[S. im Dom! 《westmd.》끝, 이제는 그만!; **mit jmdm. ist S.** 《통용어》 1) 누구가 이제 마지막이다 (죽게 되었다). 2) 누구가 기진맥진이다; **mit jmdm. [mit etw.] ist S.** 《통용어》 누구[무엇]는 이제 결판이 났다, 망했다; **S. machen 1)** 하루 일을 끝내다. **2)** 《통용어》 직장을 그만두다: er hat bei der Firma Cülz S. gemacht 그는 퀼츠 회사에서 사직했다; **mit etw. S. machen** 무엇을 중지하다: mit dem Rauchen [Trinken] S. machen 금연[금주]하다; **mit sich[mit dem Leben] S. machen** 《통용어》 자살하다; **mit jmdm. S. machen** 누구와 헤어지다(관계를 끊다). **b)** 끝부분, 결말: der S. einer (Häuser)reihe 줄지어 서 있는 집들의 맨 끝; Goethe hat für dieses Schauspiel zwei Schlüsse geschrieben 괴테는 이 연극을 위해서 서로 다른 결말 부분을 썼다. **2. a)** 결론, 추론: ein kühner[falscher, zwingender] S. 과감한[틀린, 설득력 있는] 결론; auf Grund der Tatsachen kam er zu dem S., daß ... 사실을 바탕으로 해서 그는 …한 결론에

도달했다; **etw. ist der Weisheit letzter S.** 1) 무엇이 모든 것을 생각해 본 결과의 결론이다. 2) 무엇이 최상의 지혜이다. **b)** 〈논리〉 추리, 추리 형식: der S. vom Allgemeinen auf das Besondere 일반적인 것에서 특수한 것으로의 추리. **3.** 《고어》 **a)** 〈Pl. 없음〉 닫음: kurz vor S. des Tores 성문을 닫기 직전. **b)** 조약, 결정, 결심. **4.** 〈음악〉 종지(終止), 카덴차. **5.** 〈테비〉 폐쇄, 최종 수비. **6.** 〈증권〉 매매 단위. **7.** 〈Pl. 없음〉 **a)** 《전문어》 (창문 등의) 밀폐(도): die Fenster(Türen) haben guten S. 창문들[문들]이 꽉 닫긴다(닫아도 틈이 없다). **b)** 〈승마〉 허벅지 안쪽을 말등에 바싹 대기: guten S. [keinen S.] haben 허벅지 안쪽을 말등에 바싹 대다[바싹 대지 않다]. **8.** 〈전기 은어〉 ↑Kurzschluß (1)의 약칭.

schluß-, Schluß- = **abrechnung,** die 정산(精算), 결산: die S. machen 정산하다, 결산하다. ~**abstimmung,** die 〈의회〉 결선 투표. ~**akkord,** der 〈음악〉 종지화음(終止和音): 전의 der S. eines Festes 축제의 대미(大尾)(종결). ~**akt,** der **1.** 대미, 대단원, 폐회. **2.** 마지막 막. ~**bearbeitung,** die 최종 가공[편집]. ~**ball,** der ↑ Abschlußball. ~**band,** der 〈Pl. -bände〉 (여러 권으로 된 저서 등의) 최종권. ~**bemerkung,** die 결어(結語), 마지막 말. ~**bericht,** der 최종 보고. ~**besprechung,** die 최종 협위(토의). ~**bilanz,** die [상] 종결 대차 대조표, 결산. ~**bild,** das 마지막 장면. ~**braten,** der 《österr.》 송아지 넓적다리구이. ~**brief,** der 〈상〉 매매 계약서. ~**chor,** der 〈음악〉 (오페라 등의) 마지막 합창. ~**deklaration,** die ↑**erklärung.** ~**dreieck,** das 【특히 축구】 최종 수비 삼각진 (골키퍼와 두 풀백으로 이루어지는). ~**drittel,** das 〔아이스하키〕 마지막 세트. ~**effekt,** der (연설, 상연 등의) 결말의 효과, 효과 있는 결말. ~**endlich** 〈Adv.〉 《특히 schweiz.》 끝으로, 드디어, 결국은. ~**erklärung,** die 최종 코뮈니케. ~**etappe,** die 최종 구간, 최종 단계. ~**feier,** die 폐회식, 종업식, 졸업식. ~**folge,** die ↑ ~**folgerung.** ~**folgern** 동사하다, 연역(演繹)하다, 결론을 이끌어 내다. ~**folgerung,** die 논리적 귀결, 추론, 결론: eine logische[überzeugende, falsche] S. 논리적인[설득력 있는, 틀린] 추론; aus etw. die richtige S. ziehen[ableiten] 무엇에서 올바른 결론을 끌어내다[도출하다]. ~**formel,** die 결말 형식, 결구(結句): -n in Briefen 편지의 결말 말. ~**gedanke,** der 결론적인[마지막] 생각. ~**gong,** der 【특히 권투】 마지막 회전 종료 종소리. ~**griff,** der [체조] 두 손이 모아져 있는 손자세. ~**hälfte,** die [스포츠] 후반(전). ~**hang,** der [체조] 두 손 모아 매달려 있는 자세. ~**kapitel,** das 마지막 장(章). ~**kette,** die 《특히 논리》 (삼단논법 등의) 연결추리, 논리의 고리. ~**kommuniqué,** das ↑ ~**erklärung.** ~**kurs,** der 〈증권〉 마지막 시세, 종가(終價). ~**läufer,** der 〔육상〕 (계주의) 최종주자. ~**läuferin,** die ↑ ~läufer의 여성형. ~**leuchte,** die [교통] Schlußlicht (1). ~**licht,** das 〈Pl. -er〉 **1.** (열차, 자동차 등의) 후미등(後尾燈): die beiden -er des Autos sind defekt 자동차의 양쪽 후미등이 고장이다. **2.** 《통용어》 **a)** (대열 따위의) 맨 끝, 맨 뒤: das S. bilden [machen] 후미를 이루다, 맨 끝이 되다. **b)** 최하위, 꼴찌: dieser Verein ist das S. der Bundesliga 이 클럽은 분데스리가에서 꼴찌이다. ~**mann,** der 〈Pl. -männer〉 **1.** ↑ ~läufer. **2.** 〔구기·은어〕 골키퍼. **3.** [럭비] ↑ ~spieler. ~**minute,** die (특히 경기 따위의) 마지막 1분. ~**nahme,** die 《schweiz.·상》 매결, 결정. ~**note,** die [법] (중개인에 의하여 발부되는) 매매 계약서. ~**notierung,** die 〈증권〉 마지막 시세, 종가(終價). ~**pfiff,** der 〔구기〕 시합 종료 호각(소리). ~**phase,** die 마지막 단계. ~**prüfung,** die ↑ Abschlußprüfung (1). ~**punkt,** der **1.** 종지부, 피리

어드: den S. setzen 종지부를 찍다. **2.** 종점, 최후, 결말, 종말: der S. einer Entwicklung(einer Feier) 발전(축제)의 종결; **einen S. unter(hinter) etw. setzen** (불쾌한) 무엇에 종지부를 찍다, 면직하다. **~rechnung,** die **1.** [경제·법] 결산. **2.** [수학] 비례계산. **~redakteur,** der [신문·도서] 최종 편집자. **~redaktion,** die [신문·도서] 최종 편집. **~rede,** die **1.** 폐회사, 연설의 마지막 부분. **2.** ↑Epilog. **~regel,** die [논리] 추론 규칙. **~runde,** die [스포츠] **1.** (달리기의) 마지막 한 바퀴. **2.** (권투 따위의) 마지막 회전. **3.** ↑Endrunde. **~s** [flus|es] (하이픈과 함께), das (옛날 독일 글자체에서) 단어끝(어미)의 s(s). **~satz,** der **1. a)** 마지막 문장. **b)** [논리] ↑Konklusion. **2.** [음악] 마지막 악장. **~schein,** der ↑~note. **~schritt,** der [체조] 발 모으는 동작. **~signal,** das 《방송 따위의 전문어》 종료 신호. **~sirene,** die [특히 야구·아이스하키] 종료 사이렌. **~spieler,** der 【럭비】 후위, 백. **~sprung,** der [특히 체조] 두 발을 모은 채 하는(최종) 도약. **~spurt,** der [구기] 라스트 스퍼트. **~stand,** der [특히 체조] ↑~stellung. **~stein,** der **1.** [건축] 홍예머리, (아치의) 종석(宗石). **2.** 완결(완성)(을 이루는 것): das war der S. der Entwicklung 그것은 그 발전의 완결을 의미하는 것이었다. **~stellung,** die [특히 체조] 두 손, 두 다리를 모은 자세. **~strich,** der [문서, 계산서 등의 끝에 긋는] 종지선: einen S. unter die Rechnung ziehen 계산서 끝에 밑줄을 긋다; **einen S. unter etw. ziehen** (무엇이 불유쾌한 것을) 종결하다: man sollte einen S. (unter die Sache, Affäre) ziehen (그 일, 그 사건을) 종결하는 것이 좋겠다. **~szene,** die 마지막 장면. **~teil,** der 마지막 부분: der S. des Romans 소설의 마지막 부분. **~ton,** der 마지막 음. **~urteil,** das [법] 최종 판결. **~veranstaltung,** die 종료 행사, 폐회 행사. **~verhandlung,** die [법] 최종 공판. **~verkauf,** der 하계말(夏季末)(동계말(冬季末)) 대매출[바겐세일]: etw. im(beim) S. kaufen 무엇을 바겐세일에서 사다. **~verteilung,** die [법] 배당변제(配當辨濟). **~verzeichnis,** das [법] 배당변제를 위한 채권자 명단. **~vortrag,** der 최종의 강연. **~weise,** die [논리] 추론 방식. **~wort,** das (Pl. -e) 맺는 말. **~zeichen,** das 《전문어·방송 따위》 종료 신호.

Schlüssel ['ʃlʏsl], der; -s, - **1. a)** 열쇠: der S. zur Wohnung(stür) 집(문) 열쇠; der S. für den Koffer 트렁크 열쇠; den S. ins Schloß stecken 열쇠를 자물쇠에 꽂다; den S. abziehen 열쇠를 (자물쇠에서) 빼다. **b)** Schraubenschlüssel의 약칭: die Schraube mit dem S. anziehen(lockern) 스패너〔렌치〕로 나사를 조이다〔풀다〕. **2.** (문제, 사건 따위의 해결의) 열쇠: Fleiß und Umsicht sind der S. zum Erfolg 부지런함과 사려 깊음이 성공의 열쇠이다; im Neid lag in der S. für alle seine Handlungen 시기가 그의 모든 행동을 설명해 주는 열쇠였다. **3. a)** 암호 작성(및 해독)의 열쇠, 암호표: in Geheimschreiben mit(nach) einem S. entziffern 비밀 문서를 암호표에 따라 해독하다. **b)** (교과서나 문제집에 대해 별책으로 된) 해답집: der S. zu diesem Übungsbuch kostet 3 Mark 이 문제집에 대한 해답집은 3마르크 한다. **c)** (분류, 분배 등의) 기준: die Beträge werden nach einem bestimmten S. verteilt 금액은 일정한 기준에 따라 분배된다. **4.** [음악] **a)** 음자리표, 음부 기호. **b)** 음자리표: die Melodie ist in einem ungebräuchlichen S. geschrieben (notiert) 그 멜러디는 자주 사용되지 않는 음자리표로 작곡(기록)되어 있다.

schlüssel-, Schlüssel-: ~bart, der ↑Bart (2). **~begriff,** der 중심 개념. **~bein,** das 쇄골(鎖骨). **~beinarterie,** die 쇄골하동맥(鎖骨下動脈). **~beinbruch,** der 쇄골 골절. **~beinvene,** die 쇄골정맥(鎖骨下靜脈). **~betrieb,** der 중추적 기업: ein wichtiger S. der chemischen Industrie 화학산업(공업)의 한 중요한 중추 기업. **~blume,** die 〖꽃 모양에 따라〗 **1.** (민간) (특히 들에서 자라는) 앵초. **2.** ↑Primel. **~brett,** das 열쇠걸이판. **~bund,** der (또는) das; -(e)s, -e 열쇠꾸러미. **~dienst,** der 열쇠(수리)점. **~fertig** 〈Adj.〉 ↑bezugsfertig. **~figur,** die 중요 인물, 중심 인물: er ist (eine, die) S. dieser Affäre 그는 이 사건의 중심 인물이다. **~frage,** die 중심 (핵심) 문제. **~funktion,** die 중요한 기능(자리). **~gewalt,** die 〈Pl. 없음〉 **1.** [법] 일상 가사 대리권(日常家事代理權). **2.** [가] 열쇠의 권한(교황의 권능). **~haken,** der (열쇠걸이판의) 고리. **~industrie,** die [경제] 기간 산업. **~kind,** das 《은어》 맞벌이 부부의 아이. **~korb,** der (옛) 열쇠(보관용) 바구니. **~loch,** das 열쇠구멍: durchs S. sehen(gucken) 열쇠구멍을 통해 (엿)보다. **~person,** die 주요 인물, 중심 인물, 핵심 인물. **~position,** die 중요한(핵심적) 지위: jmd. [etw.] nimmt eine S. ein 누구(무엇)가 중요한 자리를 차지한다; diese Partei hat eine politische S. inne 이 당은 정치적으로 중요한 위치를 점하고 있다; in eine S. gelangen 중요한 지위에 오르다. **~problem,** das 중요한 문제, 핵심 문제. **~reiz,** der [심리] 핵심적 자극: -e für Triebhandlungen 충동적 행동을 불러일으키는 핵심적 자극. **~ring,** der **1.** 열쇠고리. **2.** (고리 모양의) 열쇠머리 부분. **~rohr,** das 열쇠의 몸통 부분. **~rolle,** die 핵심 역할: jmdm. (einer Sache) kommt eine S. in einer Auseinandersetzung zu 어떤 논쟁에서 누구(무엇)가 핵심적인 역할을 하게 된다. **~roman,** der [문예학] 모델 소설, 실화 소설. **~stelle,** die [특히 등산] 아주 어려운 (험난한) 곳. **~stellung,** die [핵심적인] 위치, 자리): die S. der Elektronik in der Wirtschaft 경제에서 전자 공업이 가지는 핵심적 위치; jmd. [etw.] hat eine S. (inne) 누구(무엇)가 아주 중요한 자리를 차지하고 있다. **2.** [군] (전략상의) 중요 지점, 요충(要衝): -en beziehen 중요지점들에 진치다. **~tasche,** die 열쇠주머니. **~übergabe,** die (새 거주자에게) 열쇠 넘겨주기. **~wort,** das 〈Pl. -wörter〉 **1. a)** 자물쇠를 열기 위한 비밀 단어. **b)** (암호 해독 또는 암호화에) 열쇠가 되는 단어. **c)** 핵심 단어, 핵심적 문구. **~zahl,** die **1.** 자물쇠의 비밀 숫자. **2.** [경제] 할당액 결정지수.

schlüsseln ['ʃlʏsln] 〈t.〉 **1.** 〈전문어〉 일정 배분율에 따라 분배하다. **2.** [레슬링] 팔을 뒤로 꺾어 조르다. **Schlüsselung,** die; -en schlüsseln의 명사형. **schlüssig** ['ʃlʏsɪç] 〈Adj.〉 **1.** 설득력 있는, 논리정연한: eine -e Beweisführung 논리정연한 논증; -e Dokumente (Fakten) [법] 증거력이 있는 문서(사실); etw. s. beweisen 무엇을 설득력 있게 증명하다. **2. sich³ (über etw.) s. sein** 《옛날에는 재귀대명사 없이》(무엇에 대해서) 마음에 정해져 있다: (대개 부정어와 함께) ich bin mir immer noch nicht s., ob ich es tun soll 내가 그것을 해야할 지 나는 아직도 마음을 정하지 못하고 있다; **sich³ (über etw.) s. werden** 《옛날에는 재귀대명사 없이》 **s. werden** (무엇에 대해서) 결심하다, 마음을 정하다: du mußt dir endlich s. werden, was du tun willst 네가 무엇을 할 건지에 대해 이제는 결국 마음을 정해야 한다. **Schlüssigkeit,** die 논리정연함: die Argumentation auf ihre S. prüfen 어떤 주장의 논리적 측면을 검토하다.

Schlüttchen ['ʃlʏtçən], das; -s, - 《schweiz.》 젖먹이용 옷.

Schlutte ['ʃlʊtə], die; -n 〈schweiz.〉 **1.** 작업복. **2.** 잠옷. **Schlüttli** ['ʃlʏtli], das; -s, - 〈schweiz.〉 젖먹이용

웃음.
Schmach [ʃmaːx], die 《아어·감정적》 치욕, 굴욕, 수모: die S. einer Niederlage 패배의 치욕; (eine) S. erleiden[ertragen] 수모[치욕]을 당하다[견디어 내다]; jmdm.(eine) S. antun[zufügen] 누구에게 모욕[창피]을 주다; er wurde mit S. und Schande aus seinem Amt entlassen 그는 치욕스럽게도 자기 자리에서 쫓겨 났다.

schmach-: **~bedeckt** 〈Adj.〉 《아어》 **~beladen** 〈Adj.〉 《아어》 **~voll** 〈Adj.〉 《아어》 치욕스러운, 창피스러운, 굴욕적인.

Schmacht [ʃmaxt], der; -(e)s 〈nordd.〉 큰 배고픔[굶주림].

Schmacht-: **~fetzen**, der 《경·폄》 1. 감상적 작품. 2. 《드물게》 ↑ **~lappen** (1). **~korn**, das 〖농업〗잘 익지못한 곡식, 쭉정이. **~lappen**, der 《경·폄》 1. a) 상사병에 든 사람. b) 허약한 사람. 2. 《드물게》 ↑ **~fetzen** (1). **~locke**, die 《통용어·조롱》 (여자의) 애교머리. **~riemen**, der (원래는 도보여행자가 허기진 배를 조이기 위해 매던 폭넓은 혁대) 〖지역적〗혁대, 허리띠: den S. umschnallen[enger schnallen] (배고픔, 어려움을 견디어 내기 위해) 허리띠를 졸라매다.

schmachten [ˈʃmaxtn̩] 〈h〉 《아어》 1. 갈증, 기아 등의 어려움을 겪다, 허덕이다: in der Hitze s. 더위에 허덕이다; unter jmds. Gewaltherrschaft s. 누구의 압제하에서 허덕이다; jmdn. s. lassen 누구를 허덕이게 하다, 애타게 하다. 2. 누구[무엇]을 애타게 찾다, 동경하다: nach einem Tropfen Wasser s. 물 한 방울을 애타게 찾다. 3. 애타는 얼굴[몸짓]을 하다. **schmachtend** 〈Adj.〉《가끔 조롱》애타게 그리워하는, 애타는 듯한, 감상적인: jmdn. s. anblicken 누구를 갈망하는 눈길로 보다.

schmächtig [ˈʃmɛçtɪç] 〈Adj.〉 허약한, 가냘픈: ein -er Körper 허약한 육체. **Schmächtigkeit**, die 〈체격 등의〉 허약함.

Schmack [ʃmak], die; -en 《옛》 연안용 소형범선.

schmackbar [ˈʃmakbaːɐ̯] 〈Adj.〉 〈schweiz.〉 맛있는.

Schmackeduzken [ʃmakəˈduːtskən], **Schmackeduzien** [...tsjən] 〈Pl.〉 〈berlin.〉 〖식물〗 부들.

Schmackes [ˈʃmakəs] 〈Pl.〉 〈rhein.〉 1. 때림, 매: S. kriegen 매를 맞다. 2. 힘, 활력: er schlug den Nagel mit S. in die Wand 그는 벽에 못을 힘차게 박았다.

schmackhaft [ˈʃmakhaft] 〈Adj.〉 맛있는, 맛좋은, 먹음직한: das Essen s. zubereiten 음식을 맛있게 차리다; jmdm. etw. s. machen 《통용어》누구에게 매력을 느끼도록 하다〈구미가 당기게 하다〉. **Schmackhaftigkeit**, die 맛있음, 맛좋음. **schmackig** [ˈʃmakɪç] 〈Adj.〉 《특히 광고어》 맛있는.

Schmadder [ˈʃmadɐ], der; -s 〈nordd.·폄〉 질퍽질퍽한 더러운 것. **schmaddern** [ˈʃmadɐn] 〈h〉 1. 《의성어》〈nordd.〉 《폄》 질질 더럽히다. 2. 《비인칭》 진눈깨비가 내리다: es schmaddert 진눈깨비가 내린다.

schmafu [ʃmaˈfuː] 〈Adj.; 격변화 없음〉 〈österr.〉 비열한, 파렴치한: sich s. benehmen 비열하게 행동하다.

Schmäh [ʃmɛː], der; -s, -(s) 〈österr. 특히 wiener.〉 1. a) (재미없는) 트릭. b) 거짓, 평계, 허위. c) 〈Pl. 없음〉 모욕, 모욕적인 것. d) jmdn. am S. halten 누구를 놀리다[골리다, 속이다]. 2. 〈Pl. 없음〉 인사치례의 친절함, 농담: Wiener S. 비엔나식의 친절; **(einen) S. führen** 농담하다, 익살떨다.

schmäh-, Schmäh-: **~brief**, der 비방하는 편지. **~rede**, die 1. 비방 연설: eine S. gegen jmdn. halten 누구를 비방하는 연설을 하다. 2. 〈대개 Pl.〉 험담, 헐뜯는 말: -n führen 험담을 하다. **~ruf**, der 험담, 헐뜯는 말: jmdn. mit -en überschütten 누구에게 험담을 퍼붓다. **~schrift**, die 비방문(서). **~sucht**, die 〈Pl. 없음〉 헐뜯기 잘함[좋아함], 험담벽. **~süchtig** 〈Adj.〉 《드물게》 헐뜯기 잘하는[좋아하는]. **~tandler**, der 〈österr.·통용어〉 3류급 익살꾼. **~wort**, das 〈Pl. -e〉 험담: jmdm. -e nachrufen 누구의 뒤통수에다 대어놓고 험담을 퍼붓다.

Schmähe [ˈʃmɛːə], die; -n 〈드물게〉 험담, 헐뜯는 말. **schmähen** [ˈʃmɛːən] 〈h〉 《아어》 헐뜯다, 비방하다: jmdn. als Ketzer s. 누구를 이단자로 비방하다.

schmählich [ˈʃmɛːlɪç] 〈Adj.〉 굴욕적인, 치욕적인, 창피스러운, 비열한: ein -er Verrat 비열한 배반; sein Ende war s. 그의 종말은 굴욕적인 것이었다; jmdn. s. behandeln 누구를 모욕적으로 취급하다; ich habe mich s. getäuscht 내가 아주 잘못 생각했었다. **Schmählichkeit**, die 〈아어〉 치욕[굴욕]적임. **Schmähung**, die; -en 1. 헐뜯음, 비방. 2. ↑ **~rede** (2): wüste -en (gegen jmdn. gegen etw.) ausstoßen (누구[무엇]에 대해) 사나운 험담을 내뱉다.

schmal [ʃmaːl] 〈Adj.〉 1. 〈폭이〉 좁은, 얇은, 가느다란: 〈반대: breit 1 a〉; ein -er Weg 좁은 길; ein -es Büchlein 얇은 책; s. in den Schultern sein 어깨가 좁다; du bist -er geworden 너는 홀쭉해졌다. 2. 《아어》 빈약한, 근소한: ein -es Einkommen 빈약한 수입; -e Kost 빈약한 식사, 조찬(粗餐).

schmal-, Schmal-: **~blätt(e)rig** 〈Adj.〉 〖식물〗 협엽(狹葉)의. **~brüstig** [-brʏstɪç] 〈Adj.〉 가슴부가 좁은: ein -es kleines Kerlchen 홀쭉한 꼬마녀석; 〖전의〗 -e Ansichten 편협한 견해. **~fenstrig** 〈Adj.〉 창문폭이 좁은. **~film**, der 폭이 8 또는 16mm 필름. **~filmer**, der 위의 필름을 사용 촬영하는 사람. **~filmkamera**, die 8(16) mm 필름용 카메라. **~filmprojektor**, der 8(16) mm 필름용 영사기. **~geiß**, die 〖사냥〗 초산(初產) 전의 암산양. **~gliedrig** 〈Adj.〉 손발이 가느다란: -e Hände 갸름한 손. **~hans** 《다음 용법으로만》 **bei jmdm. ist S. Küchenmeister** 〈통용어〉 누구 집은 먹는 데에서 절약해야 할 정도이다. **~hüftig** [-hʏftɪç] 〈Adj.〉 둔부가 가느다란. **~kost**, die 빈약한 식사. **~lippig** 〈Adj.〉 입술이 얇은: ein -es asketisches Gesicht 입술이 얇아 금욕적으로 보이는 얼굴. **~nasen** 〈Pl.〉 〖동물〗 협비류(狹鼻類). **~randig** 〈Adj.〉 가장자리[여백]가 좁은. **~reh**, das 난 지 1년에서 2년 사이의 초산(初產) 전의 암노루. **~schult(e)rig** 〈Adj.〉 어깨폭이 좁은. **~seite**, die (건물, 방 따위의) 길이가 짧은 쪽, 폭: der Schrank nimmt die ganze S. des Zimmers ein 옷장이 방의 폭 전체를 차지한다. **~spur**, die 〈Pl. 없음〉 〖철도〗 협궤(狹軌)(↑Schmalspur-). **~spurbahn**, die 협궤철도. **~spurgleis**, das 협궤철도의 궤도). **~sprung** 〈Adj.〉 《Ski》 der Skiläufer fährt sehr s. 이 스키 선수는 두 발을 아주 가깝게 붙이고 스키를 탄다. **~tier**, das 〖사냥〗 난 지 1년이 지나고 2년이 안된 초산(初產) 전의 암노루(짐승). **~vieh**, das 〈준고어〉 (양, 염소 따위의) 소형 가축. **~wand**, die 폭쪽의 벽.

schmälen [ˈʃmɛːlən] 〈h〉 [klein machen] 〈아어·준고어〉 꾸짖다, 질책하다: die eintönige Arbeit s. 단조로운 작업을 비난하다. **schmäler** [ˈʃmɛːlɐ] ↑ schmal의 비교급. **schmälern** [ˈʃmɛːlɐn] 〈h〉 축소하다, 줄이다, 헐뜯다: jmds. Rechte[jmdn. in seinen Rechten] s. 누구의 권리를 축소[침해]하다. **Schmälerung**, die; -en 1. 축소, 줄임, 헐뜯음. 2. 비방을 받음. **Schmalheit**, die 협소, 좁은 폭.

Schmalspur- (대개 직업명의 명사와 함께 "하급의", "아마츄어의" 뜻), 예컨대: Schmalspuringenieur 하급 기사). **schmälste**: ↑ schmal의 최상급.

Schmalte [ˈʃmaltə], die; -n [ital. smalto] (도자기 채색용) 쪽빛 안료. **schmälten** 〈h〉 〈준고어〉 쪽빛 안료를 입

¹Schmalz [ʃmalts], das; -es, 《종류》-e **1.** (수지(獸脂)를 녹여 정제한) 식용 유지(油脂), 라드: S. auslassen 열을 가해 식용 유지를 추출하다; mit S. kochen 식용 유지[라드]를 사용하여 요리하다. 전의 S. in den Knochen haben 넘치는 활력을 지니고 있다. **2.** 《지역적》↑ Butterschmalz. **3.** 【사망】 오소리 따위의 피하 지방.
²Schmalz [-], der; -es 《통속어·폄》 **1.** 감상(感傷), 다감(多感): er rezitierte[sang] mit viel S. 그는 아주 감정을 많이 넣어 낭송[노래]했다. **2.** 감상적인 노래.
Schmalz-: ~brot, das 라드를 바른 빵. **~fleisch**, das 《빵에 발라 먹을 수 있게》 푹 삶은 비계 많은 돼지고기 (통조림 된). **~gebäck**, das, **~gebackene***, das 라드로 튀긴(구운) 과자 (도너츠 따위). **~locke**, die ↑~tolle. **~schnitte**, die ↑~brot. **~stulle**, die 《berlin.》↑~brot. **~tolle**, die 《통속어·농》 포마드 칠한 머릿결. **~topf**, der 라드[식용 유지] 단지.
Schmälze ['ʃmɛltsə], die; -n 【방직】 양털가공유지.
schmalzen ['ʃmaltsn] 〈h〉 [mhd. smalzen] 【요리】 라드(식용 유지)를 사용, 요리하다: 《드물게》 geschmalzene) Nudeln 기름에 볶은 국수; 전의 in geschmalzter Preis 아주 비싼 가격. **schmälzen** ['ʃmɛltsn] 〈h〉 **1.** ↑schmalzen. **2.** 《전문어》 《실로 뽑기 전에》 양모섬유를 기름에 담그다. **schmalzig** 〈Adj.〉 《폄》 《몹시》 감상적인: er singt viel zu s. 그는 너무 감상적으로 노래한다. **Schmalzler** ['ʃmaltslɐ], der; -s 《(특히) bayr.》 라드를 섞은 코담배.
Schmankerl ['ʃmaŋkɐl], das; -s -n [tirol. schmankerl] (bayr., österr.) **a)** (남독 특유의) 청유의 일종, 슈맛클. **b)** 아주 맛있는 것, 별미: 전의 die Zuhörer mit feinsinniger Musik erfreuen 멋진 음악으로 청취자들의 귀를 즐겁게 하다.
Schmant [ʃmant], der; -(e)s [mniederd.] **1.** 《특히 westmd., nordostd.》 **a)** 유지(乳脂), 크림. **b)** 끓인 우유의 피막. **2.** (ostmd.) 진창, 진흙. **Schmantkartoffeln** 〈Pl.〉 《지역적》↑ Sahnekartoffeln.
schmarotzen [ʃmaˈrɔtsn] 〈h〉 **1.** 《폄》 기식(寄食)하다, 식객으로 있다, 《누구에게》 빌붙다: er schmarotzt immer noch bei seinen Verwandten 그는 여전히 자기 친척집에 빌붙어 살고 있다. **2.** 《생물》 기생(寄生)하다: der Bandwurm schmarotzt im Darm des Menschen 촌충은 사람의 창자에 기생한다. **Schmarotzer** [ʃmaˈrɔtsɐ], der; -s, - **1.** 《폄》 기식자, 식객. **2.** 《생물》 기생물, 기생 동물(식물).
Schmarotzer-: ~fliege, die 쉬파리. **~pflanze**, die 기생 식물. **~tier**, das 기생 동물. **~wespe**, die 기생(寄生)벌.
schmarotzerhaft 〈Adj.〉 기식하는, 식객의, 기생하는.
schmarotzerisch 기식하는, 기생하는. **Schmarotzertum**, das; -s 기식, 식객 생활; 기생, 얽혀먹고 살기.
Schmarre ['ʃmarə], die; -n [aus dem Niederd. < mniederd. smarre] (통속어) (칼로 베인) 상처 자국, 흠집. **Schmarren** ['ʃmar(ə)n], der; -s, - **1.** (österr., südd.) 슈마렌(남독 지방의 판케이크의 일종). **2.** 《통속어·폄》 **a)** 시시한 것, 보잘 것 없는 것. **b)** 엉터리 소리, 난센스: red keinen solchen S.! 그런 엉터리 소리 그만 둬! **c) einen S.** 도대체 ··· 아니다 (분노, 거부를 표현): das geht dich einen S. an! 그것은 너하고는 아무 상관 없는 일이야.
Schmasche ['ʃmaʃə], die; -n 《대개 Pl.》 《전문어》 조산(早産) 또는 사산(死産)된 새끼양의 가죽.
Schmatz [ʃmats], der; -es, -e / Schmätze ['ʃmɛtsə] 《축소형: ~chen》 《통속어》 뽀뽀, 키스.
Schmätzchen ['ʃmɛtsçən], das; -s - ↑ Schmatz.
schmatzen ['ʃmatsn] 〈h〉 **a)** 쩝쩝 소리내며 먹다: ihr sollt beim Essen nicht s.! 음식을 먹으며 쩝쩝거리지 말라! **b)** 쩝쩝 소리내며 무엇을 하다: die Katze schmatzt ihre Milch 고양이가 우유를 쩝쩝대며 먹는다. **c)** 《비인칭 또는 사물이 주어로》 쩝쩝(쪽) 소리가 나다 (소리를 내다): sie küßten sich, daß es schmatzte 그들은 쪽소리가 나게 키스를 했다; **Schmatzer**, der; -s, - 《경》↑Schmatz. **Schmätzer** ['ʃmɛtsɐ], der; -s, - [새소리에서 유래] 【동물】 참새목의 새.
Schmauch [ʃmaux], der; -(e)s 《지역적·전문어》 짙은 연기(담배, 화약 등이 뿜어내는 탈 때 나는). **schmauchen** ['ʃmauxn] 〈h〉 기분좋게 피우다: er schmaucht seine Pfeife 그는 파이프 담배를 맛있게 피운다.
Schmauchring, der 【형사】 탄흔(彈痕)(총알이 들어간 곳 주위에 묻은 화약의 흔적). **Schmauchspur**, die 《대개 Pl.》 【형사】 (범인, 총기 등에 묻어 있는) 덜 탄 화약 흔적: an der Hand des Toten fanden sich -en 죽은 사람의 손에는 초연 흔적이 발견되었다.
Schmaus [ʃmaus], der; -es, Schmäuse ['ʃmɔyzə] 《대학생어에서 유래》 《준고어·농》 **1.** 맛좋은 음식, 성찬. **2.** 향연, 연회. **schmausen** ['ʃmauzn] 〈h〉 《준고어·농》 **a)** 맛있게 식사하다, 음식을 즐기다: sie saßen an langen Tischen und schmausten 그들은 긴 탁자에 앉아 음식을 맛있게 먹었다. **b)** 《음식을》 맛있게 먹다: wir schmausen unsere Weihnachtsgans 우리는 크리스마스용 거위구이를 맛있게 먹는다. **Schmauserei** [ʃmauzəˈrai], die; -en 《준고어》 성찬, 향연.
Schmeck-: ~haare 〈Pl.〉 【동물】 (곤충의) 미각 기관. **~sinn**, der ↑ Geschmackssinn. **~sphäre**, die 【해부】 대뇌의 미각중추(味覺中樞). **~zentrum**, das 【해부】↑ ~sphäre 참조.
schmecken ['ʃmɛkn] 〈h〉 **1. a)** 맛보다, 맛을 알아보다: Wenn man Schnupfen hat, kann man nichts s. 코감기가 들면 아무 맛도 모르게 된다 (목적어 없이도) er schmeckte mit der Zunge 그는 혀로 맛을 보았다. **b)** (südd., österr., schweiz.) 냄새를 맡다: jmdn. nicht s. können 누구를 참을[견딜] 수 없다(↑ riechen). **2. a)** (···은) 맛이 나다: das Essen schmeckt gut 그 음식은 맛이 좋다; die Suppe schmeckt heute nach gar nichts 수프가 오늘은 전혀 맛이 없다; 《비인칭》 es hat (mir) sehr gut geschmeckt 참 맛있었다; 성구 das schmeckt nach mehr 《통속어》 너무 맛있어서 더 먹고 싶다; das schmeckt rauf wie runter 맛이 형편없다. **b)** 맛이 나다[좋다], 입맛에 들다: das Essen hat geschmeckt 음식이 맛있었다; 《대개 비인칭》 schmeckt es? 맛있는가?; (nun)laßt es euch s.! 자 맛있게 먹어라!; 전의 diese Kritik schmeckte ihm gar nicht 이 비평은 전혀 그의 마음에 들지 않았다. **Schmecker** ['ʃmɛkɐ], der; -s, - **1.** 《südd., österr., schweiz.》 코, 후각: einen guten S. haben 냄새를 잘맡다. **2.** 【사냥】 **a)** ↑¹Äser. **b)** ↑ Lecker (3).
Schmeichel-: ~kätzchen, das, **~katze**, die 《친근》 곰살궂은 여자아이. **~name**, der ↑ Kosename. **~rede**, die 아첨(하는 말), 감언이설. **~wort**, das 〈Pl. -e; 대개 Pl.〉 아첨(하는 말): jmdm. -e sagen 누구에게 감언이설을 하다.
Schmeichelei [ʃmaiçəˈlai], die; -en 아첨(하는 말), 감언이설; jmdm. -en sagen 누구에게 감언이설을 하다.
schmeichelhaft 〈Adj.〉 《자존심, 허영심을 만족시켜》 기분좋은, 흡족한: das war sehr s. für ihn 그것은 그를 아주 기분좋게 하는 일이었다; diese Fotografie von ihr ist sehr s. 그녀의 이 사진은 실물보다 훨씬 낫다.
schmeicheln ['ʃmaiçl̩n] 〈h〉 **1. a)** ···에게 아첨하다, 아첨하는 소리를 하다: man schmeichelte ihr, sie sei eine große Künstlerin 사람들이 그녀에게 위대한 예술가라고 아첨을 했다; 〈3격 목적어 없이도〉 er versteht zu

Schmeichler

s. 그에게는 아첨하는 재주가 있다. **b)** 누구에게 기쁘게[기분좋게] 해 주다: diese Worte schmeicheln seiner Eitelkeit 이 말을 듣고 그의 허영심은 만족감을 느낀다. **c)** 돋보이게 하다: dies Kleid schmeichelt jeder Dame 어떤 숙녀라도 이 옷을 입으면 아름답게 보인다; 〈자주 과거분사로〉 die Aufnahme ist geschmeichelt 그 사진은 실물보다 훨씬 낫다. **d)** 〈s. + sich〉 자랑스럽게 생각하다, 자부하다: ich schmeichle mir, das schon längst erkannt zu haben 나는 그것을 벌써 오래전에 인식했다고 자부한다. **2. a)** 쓰다듬으며[몸을 비벼대며] 친애의 정을 나타내다: Kinder schmeicheln gern 애들은 쓰다듬기를 좋아한다; sie hat mit ihrer Mutter geschmeichelt 그녀는 어머니에게 매달려 사랑을 표시했다; 전의 ein schmeichelndes Parfüm 감미로운 향수. **b)** 〈s. + sich〉 기분좋게 들리다[들려오다]: die Klänge schmeicheln sich ins Ohr 그 음들이 기분좋게 귀에 울린다. **Schmeichler** ['ʃmaiçlɐ], der, -s, - 아첨꾼, 알랑거리는 사람. **Schmeichlerin**, die, -nen ↑ Schmeichler 의 여성형. **schmeichlerisch** 〈Adj.〉 아첨하는, 알랑거리는: mit -en Worten 아첨하는 말로.

schmeidig ['ʃmaidɪç] 〈Adj.〉 〈아어·고어〉 ↑ geschmeidig (1). **schmeidigen** ['ʃmaidɪgn̩] 〈h〉 《교양어》 유연하게 하다. **Schmeidigung**, die, -en 《교양어》 **1.** 유연하게 함. **2.** 유연하게 하다.

¹schmeißen* ['ʃmaisn̩] 〈h〉 《통용어》 **1. a)** 던지다, 내던지다, 내동댕이치다: wütend schmiß er ein Glas an die Wand 화가 치밀어서 그는 유리잔을 벽에 내동댕이쳤다; etw. aus dem Fenster s. 무엇을 창문 밖으로 던지다; er schmiß die Tür (ins Schloß) 그는 문을 쾅하고 닫았다; 전의 jmdn. aus dem Zimmer(aus der Schule) s. 누구를 방[학교]에서 내쫓다. **b)** 무엇을 던지다: mit Steinen s. 돌을 던지다; 전의 jmdm. mit Geld um sich geschmissen 그는 돈을 막 뿌렸다. **c)** 〈s. + sich〉 몸을 던지다: sie schmiß sich weinend aufs Bett 그녀는 울면서 침대에 몸을 던졌다. **d)** 내팽개치다, 그만두다: seinen Job [das Studium] s. 자기 직장[대학공부]를 팽개치다. **e)** 〈s. + sich〉 《화려하게, 멋지게》 옷을 차려 입다: zur Feier des Tages hat er sich in seinen Smoking geschmissen 이날을 기념해서 그는 예복을 차려 입었다. **2.** 한턱 내다: eine Lage[Runde] (Bier) s. 〈맥주를〉 한턱내다. **3.** 무엇을 잘 해내다: wir werden die Sache schon s. 우리는 그 일을 꼭 해낼 거야[해낼 수 있어]. **4.** 〈연극, 텔리비전 등의 은어〉 망치다, 실패하다: eine Szene[die Vorstellung] s. 한 장면[공연]을 망치다. **²schmeißen** [-] 〈h〉 《사냥》 《독수리 따위가》 똥을 누다. **Schmeißfliege**, die 쇠파리, 금파리. **Schmelz** [ʃmɛlts], der, -es, -e **1.** 에나멜, 법랑: der S. beginnt abzublättern 에나멜이 벗겨지기 시작하다. **2.** 〈치아의〉 법랑질. **3.** 광택, 윤(기): der S. der Stimme[des Gesichts, der Farben] 음성[얼굴, 색채]의 윤기; 전의 verblaßter S. der Jugend 퇴색해 버린 젊음의 윤기.

schmelz-, Schmelz-: ~**bad**, der 《기술》 용해(融液). ~**butter**, die ↑ Butterschmalz. ~**farbe**, die Muffelfarbe. ~**fluß**, der 용해된 〈금속, 암석의〉 액상 (液狀). ~**flüssig** 〈Adj.〉 고열에 녹아서 액체로 된. ~**glas**, das 〈Pl. ...gläser〉 Email. ~**gut**, das 〈기술〉 용해할 물질〈광석 등〉. ~**hütte**, die 용광로, 제련소. ~**käse**, der 소프트 치즈〈빵에 발라 먹음〉. ~**ofen**, der 〈공학〉 용광로. ~**punkt**, der 〈물리〉 용해점, 융점: Eisen hat einen S. von mehr als 1500° 철의 용해점은 1500° C 이상이다. ~**schupper** [...ʃʊpɐ], der, -s, - 〈동물·준고어〉 경린류(硬鱗類). ~**schweißen**, das 〈공학〉 용해 용접. ~**schweißung**, die 〈공학〉 용해 용접. ~**temperatur**, die 용해 온도, 용해점. ~**tiegel**, der 도가니, 용광로. ~**vorgang**, der 용해 과정〈절차〉. ~**wärme**, die 〈물리〉 용해열. ~**wasser**, das 〈Pl. ...wasser〉 눈, 얼음이 녹은 물. ~**wasserrinne**, die 〈지질〉 빙식호[氷蝕湖], 빙하호.

schmelzbar [ʃmɛltsbaːɐ̯] 〈Adj.〉 용해[용해] 가능의: ein leicht -es Material 쉽게 용해[용해]시킬 수 있는 물질. **Schmelzbarkeit**, die 용해[용해] 가능성, 가용[가융]성. **Schmelze** ['ʃmɛltsə], die; -n **1.** 용해, 용해. **2. a)** 〈공학〉 용해[용해]물, 용액: eine S. herstellen 용해액을 만들다. **b)** 〈지질〉 〈굳어진〉 용해액(鎔岩). **3.** 〈준고어〉 ↑ Schmelzhütte. **schmelzen*** ['ʃmɛltsn̩] **1.** 〈s〉 〈열 따위로〉 녹다, 용해[용해]하다: der Schnee ist (in [an] der Sonne) geschmolzen 눈이 〈햇빛을 받아〉 녹았다; 〈명사화〉 das Metall zum Schmelzen bringen 금속을 용해[용해]시키다. **2.** 〈h〉 〈열 따위로〉 녹이다, 용해[용해]시키다: Erz.〈Eisen〉 s. 광석[철]을 용해시키다; die Sonne schmolz den Schnee 해가 눈을 녹였다. **schmelzend** 〈Adj.〉 〈마음을〉 녹이는, 따뜻한, 감동적인, 달콤한: -e Blicke 감동적인 시선. **Schmelzer**, der; -s, - 용광공, 제련공. **Schmelzerei** [ʃmɛltsəˈraɪ], die; -en **1.** ↑ Schmelzhütte. **2.** 용해[용해]. **Schmelzung**, die, -en 용해[용해]: -en durchführen 용해[용해] 작업을 하다.

Schmer [ʃmeːɐ̯], der / das; -s 〈지역적〉 〈특히 돼지의〉 복부 비계.

schmer-, Schmer-: ~**bauch**, der 《통용어·폄농》 **a)** 기름진 뚱뚱한 배: einen S. haben 배가 나오다, 배에 살이 찌다. **b)** 배가 나온 사람, 배불뚝이. ~**bäuchig** 〈Adj.〉 배가 나온, 배에 살이 찐. ~**fluß**, der 〈Pl. 없음〉 〈의학〉 ↑ Seborrhö. ~**wurz**, die 〈식물〉 참마의 일종.

Schmerl [ʃmɛrl], der; -s, -e 〈지역적〉 ↑ Merlin. **Schmerle**, die; -n 미꾸라지.

Schmerling ['ʃmeːɐ̯lɪŋ], der; -s, -e 식용버섯의 일종. **Schmerz** [ʃmɛrts], der; -es, -en **1.** 아픔, 고통, 통증: ein stechender S. 찌르는 듯한 아픔[고통]; anhaltende 〈kolikartige〉 -en 지속적인〈발작적인〉 통증〈아픔〉; der S. läßt nach〈klingt ab〉 통증이 누그러진다; -en haben 아프다; ein vom S. verzerrtes Gesicht 통증으로 일그러진 얼굴; 성구 S., laß nach! 《통용어·농》 아이구 맙소사 (〈Schreck〉. **2.** 〈정신적〉 고통, 고뇌, 괴로움: ein seelischer S. 정신적 고통; der S. um einen Menschen〈über einen Verlust〉 어떤 사람에 대한〈어떤 손해에 대한〉 괴로움; sich gegenseitig -en bereiten 서로 괴롭히다; jmdn. mit einer unerwarteten 〈통용어〉 누구를 애타게 기다리다; 성구 hast du sonst noch -en? 《통용어》 그밖에 또 원하는게 있어?; 성구 kurz ist der S. (und ewig ist der Freude) 고통은 잠깐이고 기쁨은 영원한 것이! 〈어려운 일을 피하지 말고 어서 처리하라는 충고〉; geteilter S. ist halber S. 어려움도 나누어 감당하면 견디기가 한결 쉽다.

schmerz-, Schmerz-: ~**anfall**, der 통증의 발작. ~**bekämpfung**, die 진통(鎭痛). ~**empfindlich** 〈Adj.〉 아픔[통증]에 민감한. ~**empfindlichkeit**, die 〈Pl. 없음〉 아픔[통증]에 민감함. ~**empfindung**, die 통각(痛覺), 통증. ~**frei** 〈Adj.〉 아픔[통증]을 느끼지 않는: der Patient ist endlich s. 환자는 마침내 통증을 느끼지 않는다. ~**freiheit**, die 〈Pl. 없음〉 ↑ -frei 의 명사형. ~**gebeugt** 〈Adj.〉 통증 때문에 몸을 숙인. ~**gefühl**, die 통증스러운 느낌. ~**geplagt** 〈Adj.〉 통증으로 고생하는. ~**grenze**, die ↑ -schwelle. ~**klinik**, die [engl.-amerik. pain clinic] 〈의학〉 통증 전문 병원. ~**lindernd** 〈Adj.〉 통증을 덜어주는, 진통의: -e Mittel 진통제; diese Salbe wirkt sehr schnell s. 이 연고는 아주 빠른 진통 효과를 가지고

있다. ~**linderung**, die 진통. ~**los** ⟨Adj.⟩ 고통이 없는, 무통(無痛)의: eine -e Behandlung[Geburt] 아프지 않은 치료[무통 분만]; **kurz und s.** 단도직입적으로, 솔직하게. ~**losigkeit**, die 아프지 않음, 무통(無痛). ~**mittel**, das 진통제. ~**schwelle**, die 〔생리〕통각역치(痛覺閾値). ~**stillend** ⟨Adj.⟩ 아픔을 덜어 주는, 진통의: -e Mittel 진통제; Morphium wirkt s. 모르핀은 진통효과가 있다. ~**tablette**, die ↑~mittel. ~**unempfindlich** ⟨Adj.⟩ 고통에 민감하지 않은. ~**verzerrt** ⟨Adj.⟩ 고통으로 일그러진: mit -em Gesicht 고통으로 일그러진 얼굴을 하고. ~**voll** ⟨Adj.⟩ 고통에 가득 찬, 아주 고통스러운: ein -er Abschied 고통스러운 이별. ~**zentrum**, das 〔생리〕통각중추(痛覺中樞).

schmerzen ['ʃmɛrtsn̩] ⟨h⟩ **1.** 아픔[고통]을 불러 일으키다: der Kopf[die Wunde] schmerzt (ihn) (그는) 머리[상처]가 아프다; es hat heftig geschmerzt 몹시 아팠다; eine stark schmerzende Verletzung 통증이 심한 부상. **2.** (정신적인) 고통을 주다: die harten Worte schmerzten sie sehr 이 가혹한 말을 듣고 그녀[그들]는 몹시 괴로웠다. **schmerzenreich** ↑schmerzensreich 참조.

schmerzens-, Schmerzens-: ~**geld**, das 〔법〕위자료: eine Klage auf S. 위자료 청구 소송. ~**kind**, das 〔준고어〕 문제아, 걱정 끼치는 자식. ~**lager**, das 《고어》고통의 병상(중환자의 병상). ~**laut**, der ↑Klagelaut. ~**mann**, der 〔미술〕수난의 그리스도(상, 그림). ~**mutter**, die 〔미술〕↑Mater dolorosa. ~**reich** ⟨Adj.⟩ 《아어》 고뇌[고통]에 가득 찬: die -e Maria 〔기독교〕슬픔의 성자 성모 마리아. ~**ruf**, der 고통의 절규, 신음. ~**schrei**, der 고통의 절규, 신음: einen S. ausstoßen 고통의 절규[신음]를 하다. ~**zug**, der 《아어》고통의 표정.

schmerzhaft ['ʃmɛrtshaft] ⟨Adj.⟩ **1.** 아픈, 고통스러운, 통증이 있는: eine -e Wunde 고통스러운 상처. **2.** (정신적으로) 고통스러운, 괴로운, 쓰라린: ein -es Erleben 쓰라린 체험. **Schmerzhaftigkeit**, die ↑schmerzhaft의 명사형. **schmerzlich** ⟨Adj.⟩ 괴로운, 쓰라린, 비통한: ein -er Verlust 괴로운 손실; ein -es Verlangen 애타는 욕구; jmdn. s. vermissen 누구를 애타게 그리워하다. **Schmerzlichkeit**, die ↑schmerzlich의 명사형.

Schmetten ['ʃmɛtn̩], der; -s [tschech. smetana] (ostmd.) 유지(乳脂), 크림. **Schmettenkäse**, der 크림치즈.

Schmetterball, der; -(e)s, ...bälle 〔테니스·탁구〕스매싱(볼): einen S. schlagen 스매싱하다.

Schmetterling ['ʃmɛtɐlɪŋ], der; -s, -e **1.** 나비: -e flattern[gaukeln] umher 나비들이 훨훨 나돌다. -e fangen[sammeln] 나비를 잡다[수집하다]. **2.** 〔체조〕공중에서 수평 자세로 회전하기. **3.** 〔수영〕대개 관사, Pl. 없음〕접영(蝶泳): 100 m S. 접영 100 m.

Schmetterlings-: ~**blüte**, die 〔식물〕나비꽃부리, 접형화관(蝶形花冠). ~**blütler**, der 〔식물〕접형화관을 가진 콩과 식물. ~**kasten**, der 나비 잡이 그물 상자. ~**kescher**, der 나비 잡이 그물, 포충망. ~**kunde**, die 나비 연구, 접유학(蝶類學). ~**netz**, das 나비 채집망. ~**sammlung**, die 나비 채집(물). ~**schwimmen**, das 〔수영〕접영(蝶泳). ~**stil**, der 〔Pl. 없음〕 ↑Butterflystil.

schmettern ['ʃmɛtɐn] **1. a)** ⟨h⟩ 내동댕이치다, 내던지다: ein Glas an die Wand s. 유리잔을 벽에다 내동댕이치다; die Tür ins Schloß s. 문을 쾅 잠그다. **b)** ⟨s⟩ 요란한 소리를 내고 부닥치다[넘어지다]: die Tür schmettert(fällt schmetternd) ins Schloß 문이 쾅하고 잠긴다. **c)** ⟨h⟩ 〔테니스·탁구〕 스매싱하다: ans Netz stürmen und s. 네트로 돌진해서 스매싱하다. **2. a)** ⟨h⟩ **a)** (소리, 음악이) 크게 울리다: Trompeten schmettern 트럼펫이 크게 울린다. **b)** 큰 소리로 부르다[노래하다]: fröhliche Lieder[einen Marsch, einen Tusch] s. 즐거운 노래들[행진곡, 팡파레]을 소리높이 부르다(연주하다). **Schmetterschlag**, der **1.** 〔특히 파우스트발, 배구〕스매싱. **2.** 〔드물게 테니스·탁구〕 ↑Schmetterball.

Schmicke ['ʃmɪkə], die; -n 〔특히 nordd.〕채찍(끈). **schmicken** ['ʃmɪkn̩] ⟨h⟩ [niederd. smicken] 《특히 nordd.》**a)** 채찍으로 치다. **b)** 휘소리가 나게 채찍을 휘두르다.

Schmied [ʃmiːt], der; -(e)s, -e **a)** 대장장이. **b)** 철공(鐵工). **schmiedbar** ['ʃmiːtbaːɐ̯] ⟨Adj.⟩ 불릴 수 있는, 가단성(可鍛性)의: Gußeisen ist nicht s. 주철(鑄鐵)은 가단성이 없다(불릴 수 없다). **Schmiedbarkeit**, die 가단성(可鍛性). **Schmiede** ['ʃmiːdə], die; -n **1. a)** 대장간: **vor die rechte S. gehen[kommen]** 오른쪽 사람[창구, 기관]에게 가다. **b)** 단조(鍛造)공장[작업장]. **2.** 대장간(단조 공장) 건물.

schmiede-, Schmiede-: ~**arbeit**, die 단조품(鍛造品). ~**amboß**, der ↑Amboß (1). ~**beruf**, der 단조직(鍛造職). ~**eisen**, das **a)** 가단철(可鍛鐵). **b)** 연철(鍊鐵). **b)** 단철 공예품. ~**eisern** ⟨Adj.⟩ 단철(鍛鐵)의, 쇠를 두들겨서 만든: ein -es Portal 단철로 만든 정문. ~**feuer**, das 야로(冶爐). ~**hammer**, der **1.** 모루쇠. **2.** 단조기계(鍛造機械). ~**handwerk**, das 단야직(鍛冶職), 단조직(鍛造職). ~**kunst**, die 〔Pl. 없음〕금속세공술, 단조술(鍛造術). ~**ofen**, der 야로(冶爐). ~**presse**, die 단조 프레스(鍛造). ~**stück**, das 〔전문어〕단조품(鍛造品). ~**zange**, die (대장간의) 쇠집게.

schmieden ['ʃmiːdn̩] ⟨h⟩ **1.** (쇠 따위를) 불리다, 단조(鍛造)하다, 벼리다: mit der Hand s. 수공으로 단조하다; er schmiedete den Stahl zu einer Klinge 강철을 불리어 칼날을 만들었다. **2. a)** 불리어 단조(鍛造)하다: Hufeisen s. 편자를 [단조(鍛造)하여] 만들다. **b)** 단조(鍛造)해서 고정시키다: einen Sträfling an eine Kette s. 죄수를 사슬에 매다.

Schmiege ['ʃmiːɡə], die; -n **1.** 〔조선〕빗각, 사각(斜角). **2. a)** 〔기술〕측각기(測角器), 각도기. **b)** 〔지역적〕접자, 접척(摺尺). **schmiegen** ['ʃmiːɡn̩] ⟨h⟩ **a)** 바싹 붙게 하다: er schmiegte seinen Kopf in ihren Schoß 그는 자기 머리를 그녀의 무릎에 묻었다; 《대개 s. + sich》 sie schmiegte sich an mich 그녀는 내게 바싹 달라붙었다; **b)** 《s.》 잘 맞다: das Kleid schmiegt sich an ihren Körper 옷이 그녀의 몸에 꼭 맞는다. **schmiegsam** ['ʃmiːkzaːm] ⟨Adj.⟩ : **1. a)** 구부리기 쉬운, 유연한: -es Leder 부드러운 가죽. **b)** (아이) 순응을 잘하는, 융통성있는. **2.** (아이) 유연한. **Schmiegsamkeit**, die; -en ↑schmiegsam의 명사형.

Schmiele ['ʃmiːlə], die; -n 〔식물〕참억새의 일종.
Schmielgras, das; -es, ...gräser ↑Schmiele.

schmier-, Schmier- (schmieren): ~**block**, der 〔Pl. ...blöcke / -s〕연습장, 잡기장. ~**blutung**, die 〔의학〕미약한 월경. ~**dienst**, der 〔자동차〕〔정비업소의〕윤활 관계 업무. ~**fähig** ⟨Adj.⟩ 윤활성(潤滑性)이 있는. ~**fähigkeit**, die 〔Pl. 없음〕윤활성(潤滑性). ~**fett**, das (점도가 높은) 윤활유, 그리스. ~**film**, der 미끌미끌한 표면(막). ~**fink**, der; -en / -s, -en 〔통용어·폄〕**1. a)** 글을 아무렇게나 휘갈겨 쓰는 사람(특히 아이). **b)** 더러운(불결한) 사람(특히 아이). **2. a)** (벽에) 정치적 구호 따위를 쓰는) 낙서쟁이. **b)** 악덕(惡德)기자〔문필가〕. ~**geld**, das 〔대개 Pl.〕〔통용어·폄〕뇌물: -er bezahlen 뇌물을 주다; von jmdm. -er entgegennehmen[erhalten] 누구에게서 뇌물을 받다. ~**heft**, das 연습장. ~**infektion**, die 〔의학〕불결로

인한 감염. ~**käse**, der 《지역적》 ↑Streichkäse. ~**kur**, die [의학] 도찰요법(塗擦療法). ~**mittel**, das 윤활제, 도찰제. ~**nippel**, der [기술] 기름 주입돌기. ~**öl**, das 감마유(減摩油), 윤활유. ~**papier**, das 《통용어》 연습지, 메모지. ~**plan**, der [기술] 윤활계통도. ~**presse**, die [기술] 윤활유 주유기. ~**pumpe**, die [기술] 윤활유 펌프. ~**schicht**, die ↑~film. ~**seife**, die 연성비누. ~**stelle**, die [기술] 윤활유를 쳐야할 부분. ~**stoff**, der 윤활제, 도찰제. ~**zettel**, der 연습지, 메모지.

Schmierage [ʃmiːˈraːʒə], die; -n 《통용어·농》 ↑Schmiererei. **Schmierakel** [ʃmiːˈraːkl], das; -s, - 《통용어·농》 ↑Schmiererei. **Schmieralie** [ʃmiːˈraːliə], die; -n 《통용어·농》 ↑Schmiererei. ¹**Schmiere** [ˈʃmiːrə], die; -n **1. a)** 윤활유[제], 그리스. **b)** 《통용어》 기름투성이의 더러운 오물. **c)** 《통용어》 연고. **2.** 질척질척한 오물. **3.** 《지역적》 **a)** 빵에 발라 먹는 것(버터, 치즈 등). **b)** 버터, 치즈 등을 바른 빵. **4.** 《지역적》 구타, 매: S. bekommen 매를 맞다. **5.** 《통용어·옛》 **a)** 삼류 극장. **b)** 《고어》 《초라한》 유랑극단. **6.** 《학생·지역적》 커닝페이퍼.

²**Schmiere** [-], die [jidd. schmiro] 《부랑자》 **1.** 보초, 경비: **(bei etw.) S. stehen** 《경》 (나쁜짓을 할 때) 망을 보다. **2.** 경찰, 순경: die S. rufen 경찰을 부르다; jmdn. bei der S. verpfeifen 누구를 경찰에 일러바치다.

schmieren [ˈʃmiːrən] 〈h〉 **1. a)** 기름[윤활유, 그리스]을 치다: die quietschenden Türangeln [Bremsen] s. 삐걱거리는 문돌쩌귀에 기름을 치다[브레이크에 윤활유를 주입하다]; **wie geschmiert** 《통용어》 순조롭게, 기름칠한 듯, 술술(척척): nach dem Urlaub ging[lief] alles wie geschmiert 휴가를 다녀온 이후 만사가 순조롭게 진행되었다. **b)** 윤활 기능을 발휘하다: das dünne Öl schmiert nicht mehr so gut, wenn der Motor warm ist 엔진이 더워지면 그 점도 낮은 기름은 윤활 기능을 잘 발휘하지 못한다. **c)** 구두약칠을 하다: die Stiefel s. 장화에 구두약을 칠하다. **2. a)** (무엇을 빵에다) 바르다 (바르는 재료를 4격으로): Honig [Marmelade] aufs Brot s. 꿀[잼]을 빵에 바르다; schmier die Butter nicht so dick! 버터를 그렇게 두껍게 바르지 마라! **b)** (빵을 4격으로) (무엇을) 바르다: kannst du mir ein paar Brote s.? 빵 몇 개 버터[치즈, 순대]를 발라 주 겠니? **c)** (문질러) 바르다: sich Creme ins Gesicht s. 얼굴에 크림을 바르다. **3. a)** 《통용어》 마구 갈겨 쓰다 [그리다]: fürchterlich in seinem Heft s. 노트에 엉망 진창으로 마구 갈겨 쓰다; 《4격목적어와 함께》 die Schulaufgaben ins Heft s. 숙제를 공책에 마구 갈겨쓰다. **b)** 《통용어》 깨끗이 써지지 않다: der Kugelschreiber schmiert 이 볼펜으로는 깨끗이 써지지 않는다; die Farbe schmiert [인쇄] 인쇄 잉크가 번진다. **4.** [폄] **a)** (정치 구호 따위를 담아} 쓰다, 그리다. **b)** 아무렇게나 써버리다: einen Artikel für die Zeitung s. 신문 기사를 날림으로 쓰다; er hat mehr als 20 Dramen geschmiert 그는 스무개 이상의 희곡을 갈겨 썼다. **5.** 《폄》 뇌물을 주다, 매수하다: einen Stadtrat s. 시의원에게 뇌물을 주다. **6. jmdm. eine** 《경》 누구의 빰을 한 대 갈기다. **7.** 《카드·은어》 자기편을 위해 점수가 높은 카드를 내놓다. **8.** 《음악·은어》 **a)** (악기를) 정확하지 않게 연주하다. **b)** (성악에서) 두 음(音) 사이의 이동을 올바르지 않게 하다.

Schmieren- (¹Schmiere 5): ~**komödiant**, der 《폄》 **a)** 《고어》 삼류(연극) 배우. **b)** 삼류 배우같이 행동하는 사람. ~**komödie**, die 《폄》 **a)** 《고어》 삼류 희극. **b)** 삼류 배우가 연기하는 것 같은 행동. ~**theater**, das 《폄》 **a)** ↑¹Schmiere (5).

Schmier [ʃmiːɐ], der; -s, - 《폄》 **1.** 《드물게》 악필가, 낙서꾼, 삼류 화가, 삼류 작가[문필가]. **2.** 《österr.》 학교에서 금지된 참고서. **Schmiererei** [ʃmiːrəˈraɪ], die; -en 《통용어·폄》 **1.** 《폄》 마구 갈겨쓰기, 마구 그리기; 담벼락 낙서글, 엉터리. **2.** 아무렇게나 쓴[그린] 것, 낙서. **schmierig** [ˈʃmiːrɪç] 〈Adj.〉 **1.** 끈적끈적한, 미끌미끌한: die Erde wird weich und s. 땅이 무르고 미끌미끌해진다. **2.** 끈적끈적하고 더러운, 지저분한: eine -e Schürze 지저분한 앞치마; -e Hände haben 손이 지저분하다. **3.** 《폄》 **a)** 기분나쁘게, 추근추근한, 끈적대는, 치근치근한: der -e Kerl 그 치근치근한 녀석. **b)** 음흉한, 음탕한: -e Witze machen 음탕한 농담을 하다. **Schmierigkeit**, die **1.** 《드물게》 지저분함, 불결함. **2.** 《폄》 치근치근한 태도. **Schmierung**, die; -en 기름치기, 윤활유의 주유(注油).

schmilzt [ʃmɪltst] ↑schmelzen 참조.

Schmink-: ~**büchse**, die 《드물게》 화장품 상자[통]. ~**stift**, der 막대형 화장품(립스틱 따위). ~**täschchen**, das 화장품 주머니. ~**tisch**, der (특히 배우의) 화장대. ~**topf**, der 화장품 통[상자]: die ist wohl in einen S. gefallen! 《농》 저 여자는 화장품 통에 빠졌었나 보다[요란하게 화장을 하고 있다]. ~**wurz**, die [식물] 서양지치.

Schminke [ˈʃmɪŋkə], die; -n 화장품, 연지, **schminken** [ˈʃmɪŋkn] 〈h〉 화장하다, 분장하다, 꾸미다: die Lippen [das Gesicht] s. 입술 화장[얼굴 화장]을 하다; sie schminkt sich nicht 그녀는 화장을 하지 않는다; [전의] der Bericht ist stark geschminkt 그 보도는 크게 미화(美化)된 것이다.

¹**Schmirgel** [ˈʃmɪrɡl], der; -s [ital. smeriglio] 《연마용》 금강사, 에머리.

²**Schmirgel** [-], der; -s, - (ostmd.) 《파이프의》 담뱃진.

Schmirgel-: ~**leinwand**, die 금강사포(砂布). ~**papier**, das 연마지(研磨紙), 샌드페이퍼, 사지(砂紙). ~**scheibe**, die 연마원판(研磨圓板).

¹**schmirgeln** [ˈʃmɪrɡln] 〈h〉 **a)** 금강사로 닦다(문지르다), 사포질(속새질)하다: Rohre (vor dem Streichen) s. 파이프 관을 (칠하기 전에) 사포질하다. **b)** 사포질로 무엇을 없애다: den Rost von den Rohren s. 파이프관의 녹을 사포로 닦아내다.

²**schmirgeln** [-] 〈h〉 《고어》 저질 기름냄새가 나다.

schmiß [ʃmɪs] ↑¹schmeißen의 과거형. **Schmiß** [-], der; Schmisses, Schmisse **1.** [대학] (결투의) 칼상처 (자국): 〈칭〉 ich habe mir beim Rasieren einen S. beigebracht 《통용어·농》 면도를 하다가 얼굴을 베었다. **2.** 〈Pl. 없음〉 《통용어》 활기, 신바람: der Schlager hat S. 그 유행가는 신바람이 난다; S. in eine Sache bringen 어떤 일에 활기를 불어넣다. **3.** [연극] 실패. **schmissig** [ˈʃmɪsɪç] 〈Adj.〉 《통용어》 활기 찬, 신바람 나는: ein -er Marsch 활기 찬 행진곡; (명사화) etw. -es spielen 무엇인가 신바람 나는 것을 연주하다.

¹**Schmitz** [ʃmɪts], der; -es, -e **1.** 《고어·지역적》 얼룩. **2.** [인쇄] (인쇄선(線)이) 밀려남, 이중 인쇄.

²**Schmitz** [-], der; -es, -e, **Schmitze** [ˈʃmɪtsə], die; -n (ostmd.) **1.** 채찍(끈, 줄). **2.** 채찍질. **schmitzen** [ˈʃmɪtsn] 〈h〉 (ostmd.) 채찍으로 때리다.

Schmock [ʃmɔk], der; -(e)s, Schmöcke [ˈʃmœkə], 《또는》 -e / -s 원래 오스트리아에서 흔한 개 이름, Gustav Freitag (1816~1895)의 희곡 「Die Journalisten」으로 널리 알려짐] 《폄》 지조없는 기자[문필가].

Schmok [ʃmoːk], der; -s [mniederd. smōk] (nordd.) 연기, 내. **schmöken** [ˈʃmøːkn] 〈h〉 [niederd. smōken] (nordd.) ↑rauchen (2). **Schmöker** [ˈʃmøːkɐ], der; -s, - [대학생어에서 유래, 엉터리 고물책] 《통용어》 (두툼한) 오락서적: ein spannender S. 아

주 흥미진진한 오락서. **schmökern** ['ʃmøːkən] ⟨h⟩ (통용어) (오락물을) 재미있게[즐기면서] 읽다: er schmökert gern 그는 오락물을 즐겨 읽는다; in einem Buch s. 어떤 책을 즐기며 읽다.

Schmoll-: ~ecke, die ↑~winkel. **~mund**, der **a)** 뾰로통한 입: einen S. machen[ziehen] 뾰로통한 입을 하다. **~zurückziehen** (통용어) 뾰로통해서 얼굴도 내밀지 않다; im S. sitzen (통용어) 토라져 있다.

Schmolle ['ʃmɔlə], die; -n (bayr., österr.) ↑ Krume (2).

schmollen ['ʃmɔlən] ⟨h⟩ (특히 아이들이) 뾰로통해 있다, (화가 나서) 입이 부어 있다, 토라져 있다: sie schmollt schon den ganzen Tag 그녀는 벌써 하루 종일 토라져 있다; mit jmdm. s. 누구에 대해 토라져 있다.

schmollieren [ʃmɔ'liːrən] ⟨h⟩ (대학생) 의형제(우의)의 술잔을 나누다. **schmollis!** ['ʃmɔlis] (대학생) 건배! (우의의 술잔을 나눌 때 외치는 소리). **Schmollis** [-], das; -, - (대학생) (다음 용법으로) mit jmdm. S. trinken 누구와 의형제(우의)의 술잔을 나누다.

schmolz [ʃmɔlts], **schmölze** ['ʃmœltsə] ↑ schmelzen 의 과거, 접속법 II식 단수형.

Schmonzes ['ʃmɔntsəs], der; - (jidd. schmonzes = Unsinn) (통용어·폄) ↑ Geschwätz (a). **Schmonzette** [ʃmɔn'tsetə], die; -n (통용어·폄) 삼류 극작품.

Schmor-: ~braten, der (독일식) 찜요리. **~fleisch**, das 찜을 할 고기. **~gurken** ⟨Pl.⟩ 스튜하는 오이. **~pfanne**, die (찜을 할 때 쓰는) 프라이팬. **~topf**, der **a)** (찜을 할 때 쓰는) 냄비, 솥. **b)** (통용어) 찜 요리, 스튜요리.

schmoren ['ʃmoːrən] ⟨h⟩ [mnd. smoren] **1. a)** 살짝 구운 다음에 뭉근하게 끓이다, 익히다, 스튜 요리로 하다: das Fleisch im eigenen Saft s. 고기를 제국물에 찌다; jmdn. s. lassen (통용어) 누구를 오랫동안 기다리게 하다(안달나게 하다); etw. s. lassen (통용어) 무엇을 오랫동안 처리하지 않고 (썩혀) 두다. **b)** 뭉근하게 끓이다(삶다): der Braten schmort schon seit einer halben Stunde auf dem Herd 그 고기가 벌써 반 시간 이상 불 위에서 삶기고 있다. **2.** (통용어) 찜통 속 같은 더위에 시달리다: wir schmorten in der prallen Sonne 우리는 불볕같은 햇빛 아래서 녹초가 될 지경이었다.

schmorgen ['ʃmɔrgən] ⟨h⟩ (westmd.·폄) 인색하다, 째째하게 굴다.

Schmu [ʃmuː], der; -s (부랑자 말에서 유래) (통용어) 엉터리, 속임수, (가벼운) 사기: erzähl' mir keinen S.! 허튼 소리(거짓말) 마! ; **S. machen** 부당 이득을 얻다, 부정한 돈벌이를 한다.

schmuck [ʃmʊk] ⟨Adj.⟩ [mniederd. smuk] (준고어) 멋진, 말쑥한, 예쁜, 스마트한: ein -es Mädchen 멋진 처녀; eine -e Uniform 말쑥한 제복; ein -es Haus 예쁜 장된 집. **Schmuck** [-], der; -(e)s, -e **1.** ⟨Pl. 없음⟩ **a)** 장식, 치장: die Stadt zeigte sich im S. der Fahnen (아어) 도시는 깃발로 치장이 되어 있었다. **b)** 장식물: der figurale S. des Portals 정문의 조형 장식. **2. a)** 장신구, 패물, 보석류: goldener S. 금으로 된 장신구[패물]; den S. ablegen 장신구를 벗(어 놓)다. **b)** (드물게) (구체적인 하나하나의) 장신구: auf dem Kopf trug sie einen herrlichen S. 그녀는 머리에 멋진 장신구를 하나 꽂고 있었다.

schmuck-, Schmuck-: ~blatt, das (아름답게) 도안된 용지. **~blattelegramm**, das (아름답게 도안된 용지로 배달되는) 경조 전보. **~gegenstand**, der 장식품, 장식자, 보석상자(함). **~kästchen**, das, **~kasten**, der 보석함. **~koffer**, der 보석함. **~los** ⟨Adj.⟩ 장식이 없는, 담백한, 꾸밈없는, 소박한: ein -es Kleid 장식이 없는 옷; ein -es Grab 꽃이 놓여져 있지 않은 무덤. **~losigkeit**, die 장식이 없음. **~nadel**, die 장식편, 브로치. **~ring**, der 장식용 반지: außer dem Ehering trug sie noch mehrere -e 그녀는 결혼반지 이외에도 몇 개의 장식용 반지를 끼고 있었다. **~sachen** ⟨Pl.⟩ 장신구, 패물, 보석류. **~schatulle**, die 보석함. **~stein**, der 보석. **~stück**, das (구체적인 하나하나의) 장신구, 보석: ein goldenes S. 금으로 된 장신구, 금패물; ein S. umarbeiten [neu fassen] lassen 패물 하나를 개조시키다 (새 테두리에 박게 하다); wie geht es deinem S.? (농) 자네 애인은 요새 어떠신가? **~telegramm**, das ↑~blattelegramm의 약칭. **~voll** ⟨Adj.⟩ (고어) 장식을 많이 한. **~waren** ⟨Pl.⟩ 귀금속품, 보석류(상품으로서의). **~warengeschäft**, das 귀금속상, 보석상. **~warenindustrie**, die 장신구 산업, 귀금속 산업.

schmücken ['ʃmʏkn̩] ⟨h⟩ **a)** 장식품으로 꾸미다, 장식하다, 치장하다: sie schmückte den Weihnachtsbaum mit Kugeln, Kerzen und Lametta 그녀는 크리스마스 트리를 구슬, 초, 은박줄 등으로 장식했다; sie schmückt sich gerne 그녀는 치장하기를 좋아한다; schmückende Beiwörter [Zusätze] 수식 형용사(첨언). **b)** 장식 기능을 하다, 장식하다: bunte Blumen schmückten den Tisch 화려한 꽃들이 식탁을 장식했다. **Schmückung**, die; -en (드물게) 장식, 치장.

Schmuddel ['ʃmʊdl], der; -s (통용어) (끈적끈적한) 더러움, 불결함: als sie die Vorhänge öffnete, sah sie erst richtig den ganzen S. im Zimmer 커튼을 열고 나서 그녀는 비로소 그 방의 온갖 더러움을 올바로 볼 수 있었다. **Schmuddelei** [ʃmʊdə'laɪ], die; -en (통용어·폄) **1.** 지저분하게 [엉망으로] 일하기. **2.** ⟨Pl. 없음⟩ 지저분한 상태, 불결함. **schmuddelig, schmuddlig** ['ʃmʊd(ə)lɪç] ⟨Adj.⟩ (통용어·폄) (끈적끈적하게) 더러운, 불결한: -e Kleider[Wäsche] 더러운 옷(내의). **schmuddeln** ['ʃmʊdl̩n] ⟨h⟩ [mniederd. smudden] (통용어·폄) **1.** 아무렇게나 (일)하다, 지저분하게 (일)하다: schmudd(e)le nicht wieder so! 또다시 그렇게 엉망으로 하지마! **2.** 쉽게 더러워지다, 더러움을 잘 타다: dieser Hemdkragen schmuddelt immer so schnell 이 와이셔츠 깃은 항상 그렇게 빨리 더러워진다. **Schmuddelwetter**, das; -s (통용어) (눈) 비가 와서 구질구질한(질척질척한) 날씨.

schmuddlig: ↑ schmuddelig. **Schmugeld** ['ʃmuːgɛlt], das (지역special·경) 봉창돈.

Schmuggel ['ʃmʊgl̩], der; -s 밀수: S. treiben 밀수하다; vom S. leben 밀수로 먹고 살다. **Schmuggelei** [ʃmʊgə'laɪ], die; -en (상습적인) 밀수(짓). **schmuggeln** ⟨h⟩ **1.** 밀수하다, 밀수출[입]하다: Diamanten [Kaffee, Tabak] s. 다이아몬드(커피, 담배)를 밀수하다; (४교묘하지 않으로) hier an der Grenze schmuggeln alle 여기 국경 지방에서는 모두가 밀수를 한다. **2.** 몰래(불법으로) 가져 가다(오다), 밀반입하다: einen Brief ins Gefängnis s. 감옥 안의 누구에게 편지를 몰래 전하다; er schmuggelte ihr einen Zettel in die Handtasche 그는 그녀의 핸드백에 그녀가 모르게 쪽지 하나를 슬쩍 집어 넣었다. **Schmuggelgut**, das ↑ Schmuggelware. **Schmuggelware**, die 밀수품. **Schmuggler** ['ʃmʊglɐ], der; -s, - 밀수업자, 밀수꾼.

Schmuggler-: ~bande, die 밀수단, 밀수 패거리. **~organisation**, die 밀수 조직. **~pfad**, der 밀수길, 비밀 통로. **~ring**, der 밀수단, 밀수 패거리. **~schiff**, das 밀수선.

schmulen ['ʃmuːlən] ⟨h⟩ (berlin.) 남몰래 슬그머니 보다, 엿보다.

schmunzeln ['ʃmʊntsl̩n] ⟨h⟩ 미소를 머금다[짓다], 싱긋

이 웃다: befriedigt s. 만족해서 싱긋이 웃다; er schmunzelte über ihre Bemerkung 그 여자의 말을 듣고 그는 싱긋이 웃었다; 〈명사화〉 ein Schmunzeln unterdrücken 미소를 억누르다.

schmurgeln ['ʃmʊrgḷn] 〈h〉 [↑²schmirgeln의 병용형] 《nordd.》 1. 튀김기름 속에서 익다. 2. 튀겨 익히다.

Schmus [ʃmuːs], der; -es [jidd. schmūs < hebr. šĕmûʻāh = Gerücht] 《통용어》 허튼소리, 수다, 떠벌리는 말, 아첨, 겉치레말: so ein S.! 허튼 소리!; mach nicht soviel S.! 그렇게 떠벌리지 말라! **Schmusekatze** ['ʃmuːzəkatsə] die 《친구》 쓰다듬기[애무하기] 좋아하는 여자(아이). **schmusen** ['ʃmuːzṇ] 〈h〉 《통용어》 1. 애무하다: die beiden schmusten miteinander 둘은 서로 애무했다. 2. 《폄》 누구에게 아첨하다: es ist widerlich, wie er (mit) ihm schmust, damit er den Posten bekommt 그가 그 자리를 얻기 위해서 그 사람에게 아첨하는 꼴은 역겨울 지경이다. **Schmuser**, der; -s, - 《통용어》 1. 애무를 (즐겨)하는 사람. 2. 《폄》 아첨꾼. **Schmuserei** [ʃmuːzə'raɪ], die; -en 《통용어·폄》 1. (계속적인) 애무. 2. 아첨(질).

Schmutt [ʃmʊt], der; -(e)s 《nordd.》 가랑비.

Schmutz [ʃmʊts], der; -es 1. 더러운 것, 오물, (옷 등에 묻은) 진흙, 먼지, 쓰레기, 때: feuchter S. 축축한 더러움; der S. der Straße 거리의 먼지; den S. zusammenkehren 쓰레기[먼지]를 쓸어모으다; **S. und Schund** 저속한 책, **etw. geht jmdn. einen feuchten S. an** 무엇이 누구에게 전혀 상관 없다(↑Kehricht 1); **jmdn.[etw.] durch den S. ziehen [in den S. treten, ziehen, zerren]** 누구[무엇]를 비방하다[헐뜯다, 내리깎다]. **jmdn. mit S. bewerfen** 누구를 모함하다[헐뜯다]. 2. 《südwestd., schweiz.》 (고기의) 비계, 기름.

schmutz-, Schmutz-: **~abweisend** 〈Adj.〉 때[더럼]를 잘 타지 않는: ein -er Anstrich 더럼을 잘 타지 않는 페인트 칠. **~ ade** die ↑Dreckarbeit (a). **~blatt**, das ↑~titel. **~bürste**, die 흙 터는 솔[브러시]. **~fänger**, der 1. 먼지 잘 타는 물건. 2. (자동차 바퀴 등 뒤의) 흙받기. 3. (하수관의) 흙받이 망. **~fink**, der; -en / -s, -en 《통용어·욕》 불결한 사람(놈), (무엇이든지) 잘 더럽히는 사람(놈). 2. (도덕적으로) 더러운 사람(놈). **~fleck**, der 더러운 얼룩, 오점. **~geier**, der (짐승의 시체, 쓰레기 등을 먹고 사는) 독수리류. **~konkurrenz**, die 《폄》 부정(不正) 경쟁. **~lappen**, der 걸레. **~literatur**, die 《폄》 저속 문학(작품). **~partikel**, das/die 먼지. **~schicht**, die 때, 먼지 층. **~spritzer**, der 얼룩. **~streifen**, der 줄 모양의 얼룩. **~teilchen**, das 먼지. **~titel**, der [인쇄] 속백지(안 겉장의 앞에 있으며 다음에 나오는 표지면을 보호). **~unempfindlich** 〈Adj.〉 더럼을[때를] 잘 타지 않는. **~verschmiert** 〈Adj.〉 더럼으로 뒤덮인. **~wäsche**, die 세탁할 내의. **~wasser**, das 〈Pl. -wässer〉 더러운 물, 구정물. **~zulage**, die 더러운 일을 함 받는 특별 수당.

schmutzen ['ʃmʊtsn̩] 〈h〉 1. 더러워지다, 더럽다다: der helle Stoff schmutzt schnell[leicht] 밝은 색의 옷감은 빨리[쉽게] 더러워진다. 2. 〈schmützen으로도〉《südwestd., schweiz.》기름칠하다: das Backblech s. 오븐의 판에 기름칠을 하다: **Schmützen** 〈h〉《schweiz.》↑schmutzen (2) 참조. **Schmutzerei** [ʃmʊtsə'raɪ], die; -en 더러운 짓거리[말]. **Schmutzfink** ['ʃmʊtsfiŋk], der; -(e)s, -e 《속어》 ↑Schmutzfink. **schmutzig** ['ʃmʊtsɪç] 〈Adj.〉 1. **a)** 더러운, 불결한(반대: sauber!): -e Wäsche 세탁할 내의; -e Hände 더러운 손; er macht sich nicht gern s. 그는 더러운 일을 하기 싫어 한다; 전의 -e Farben 칙칙한 색깔. **b)** 깨끗하지 못한, 불결한: ein -er Ober 불결한 식당 종업원. 2. 《폄》 **a)** 뻔뻔스러운, 건방진, 버릇없는: laß deine -en Bemerkungen 그 뻔뻔스런 소리는 그만둬!; lach nicht so s.! 그렇게 뻔뻔스럽게 웃지마! **b)** 외설적인, 추잡한(음담한): -e Witze 음담; du hast eine -e Phantasie 너는 항상 추잡한 것만 생각한다. **c)** (도덕적으로) 더러운, 음란한, 불순한: -e Geschäfte 깨끗하지 못한 사업. 3. 《südwestd., schweiz.》 기름진, 비계가 많은.

schmutzig-: **~blau** 〈Adj.〉 칙칙하게 푸른: das -e Meer 칙칙하게 흐린 바다. **~gelb** 〈Adj.〉 칙칙하게 노란. **~grau** 〈Adj.〉 칙칙한 회색의: der -e Himmel 흐린 잿빛 하늘. **~grün** 〈Adj.〉 칙칙하게 녹색의. **~rot** 〈Adj.〉; 칙칙하게 적색의. **~weiß** 〈Adj.〉 칙칙하게 흰. **Schmutzigkeit**, die; -en 1. 《Pl. 없음》 더러움, 불결함. 2. 추잡한(더러운) 말(행동).

Schnabel ['ʃnaːbḷ], der; -s, Schnäbel ['ʃnɛːbḷ] 1. 〈축소형: ↑Schnäbelchen〉 (특히 새의) 부리, 주둥이: ein langer[spitzer, krummer, gelber] S. 긴[뾰족한, 굽은, 노란] 부리; der Vogel pickte[hackte] mit dem S. ein Loch in die Rinde 새가 부리로 나무 껍질을 쪼아서 구멍을 하나 내었다. 2. 〈축소형: ↑Schnäbelchen〉《통용어》(사람의) 입, 주둥이: mach[sperr] mal deinen S. auf! 입[주둥이] 좀 열어라! ; **reden(sprechen), wie einem der S. gewachsen ist** 《통용어》 생각하는 바를 거리낌 없이[노골적으로] 말하다; **den S. halten** 《통용어》 1) 입을 다물다. 2) 비밀을 누설하지 않다 (↑Mund 1); **den. S. (nicht) aufmachen(auftun)** 《통용어》 입을 (안)열다, 말을 (안)하다(↑Mund 1); **sich[3] den S. verbrennen** 《통용어》 말을 잘못해서 혼나다 (↑Mund 1); **jmdm. (mit etw.) den S. stopfen** 《통용어》 (무엇으로) 누구의 입을 막다 (↑Mund 1); **seinen S. an anderen Leuten wetzen** 《통용어》 다른 사람을 험담하다. 3. (주전자 따위의) 부리, 귀때: an der Kanne ist der S. abgebrochen 주전자의 부리가 떨어져 나갔다. 4. 〈옛〉 (고대 혹은 중세 선박의) 부리 모양의 이물(뱃머리). 5. [음악] (악기의) 마우스피스.

schnabel-, Schnabel-: **~flöte**, die 블록 플루트. **~förmig** 〈Adj.〉 부리 모양의. **~hieb**, der 부리로 치기. **~kerf**, der [동물] 반시류, 매미목. **~krokodil**, das 인도(간디스)악어. **~schiff**, das 〈옛〉 (고대, 중세의) 부리 모양의 이물을 가진 배. **~schuh**, der 〈옛〉 (중세의) 앞이 뾰족하고 뒤로 굽어진 구두. **~tasse**, die 귀때가 달린 잔(환자·애기용). **~tier**, das 오리 너구리. **~wal**, der 망치고래.

Schnäbelchen ['ʃnɛːbḷçən], das; -s, - ↑Schnabel (1, 2)의 축소형. **Schnäbelei** [ʃnɛːbə'laɪ], die; -en 1. (드물게) 서로 부리 비비기. 2. 《통용어·농》 (연거푸하는) 키스. **schnäbeln** ['ʃnɛːbḷn] 〈h〉 1. (새가) 서로 부리를 비비다, 주둥이를 맞추다: die beiden Tauben schnäbeln (sich) 두 마리의 비둘기가 서로 부리를 비빈다. 2. 《통용어·농》 입맞추다: das Pärchen schnäbelte unaufhörlich 그 한 쌍의 키스를 멈출 줄을 몰랐다. **schnabulieren** [ʃnabuˈliːrən] 〈h〉 《친근》 맛있게 먹다.

Schnabus ['ʃnaːbʊs], der; -, -se 《berlin.》 《농》 소주(↑Schnaps).

Schnack [ʃnak], der; -(e)s, -s / Schnäcke ['ʃnɛkə] 《nordd.》 1. (서로 나누는) 이야기, 잡담: sie hielten einen kleinen S. an der Haustür 그들은 문간에서 잠깐 잡담(이야기)을 나누었다. 2. 《폄》 허튼 소리, 넌센스: das ist doch alles nur dummer S. 그것은 모두가 바보같은 헛소리다. 3. 재담(才談).

schnackeln ['ʃnakḷn] 〈h〉 《의성어》 1. (bayr.) 《손가락이나 혀로》 딱각 소리를 내다: er schnackelte ein paarmal mit den Fingern 그는 몇 번 손가락을 튀겨 소리를 냈다. 2. (비인칭) 《통용어》 팡 소리가 나다: da vorne an der Ecke hat es wieder geschnackelt 저 앞 모퉁이에서 다시 쾅 했다(교통 사고가 났다); [전의] in der Familie hat es mal wieder geschnackelt 《südd.》 집 안에서 또 한 번 싸움 했다((부부) 싸움이 있었다); wenn er noch lange meckert, dann schnackelt's 《südd.》 계속 투덜대면 쾅 한다(한 대 얻어맞게 된다); **es hat geschnackelt** 《südd.》 성공했다, 성사되었다. **↑klappen (3)**; **es hat (bei jmdm.) geschnackelt** 《südd.》 1) (누가) 마침내 알아듣다: na, hat's bei dir geschnackelt? 자 이제 알아들었는가? 2) 갑자기 사랑에 빠지다: bei den beiden hat's geschnackelt 두 사람이 갑자기 서로 좋아하게 되었다. 3) 임신하다: sie glaubt, bei ihr hat es geschnackelt 그녀는 자기가 임신했다고 생각한다.

schnacken ['ʃnakn̩] 〈h〉 [niederd. snacken] 《nordd.》 **a)** 말하다, 이야기하다: er schnackt am liebsten in Mundart 그는 방언으로 이야기하기를 제일 좋아한다. **b)** 이야기를 나누다, 잡담하다: mit dem Nachbarn s. 이웃과 잡담을 나누다.

Schnackerl ['ʃnakɐl] das / der; -s 《österr.》 딸꾹질.

Schnaderhüpfel ['ʃna:dɐhypfl̩], **Schnaderhüpferl** [...pfɐl], das; -s, - 《bayr. österr.》 슈나다휘펠(요즘이 첨가되고 하는 짧은 민요).

schnafte ['ʃnaftə] 〈Adj.〉《berlin.·군고어》희한한, 굉장한, 훌륭한: ein -r Typ 멋진 유형[녀석]; der Abend war s. 그날(오늘) 저녁은 아주 훌륭했다.

¹Schnake ['ʃna:kə], die; -n **1.** 꼿엉모기. **2.** 《지역적》↑Stechmücke.

²Schnake [-], die; -n 《nordd.·고어》희한한 발상, 익살, 농담.

³Schnake [-], die; -n [niederd. snake] 《nordd. 고어》율모기(↑Ringelnatter).

Schnaken- (¹Schnake): **~larve**, die 꼿엉모기의 유충. **~plage**, die 《지역적》모기에 의한 피해. **~stich**, der 《지역적》모기에 물린 상처.

schnäken ['ʃnɛ:kn̩] 〈h〉군것질하다, 집어먹다. **Schnäker** ['ʃnɛ:kɐ], der; -s, - 《westmd.》군것질쟁이. **Schnäkerei** [ʃnɛ:kəˈraɪ], die; -en 《westmd.》**1.** 〈Pl. 없음〉군것질[하기]. **2.** 맛있는 것, 군것질 거리.

schnakig ['ʃna:kɪç] 〈Adj.〉《nordd.·고어》재미있는, 우스운, 익살맞은.

schnäkig ['ʃnɛ:kɪç] 〈Adj.〉《지역적》**1.** 식성이 까다로운, 음식 투정하는. **2.** 군것질을 잘하는.

Schnällchen ['ʃnɛlçən], das; -s, - ↑Schnalle (1). **Schnalle** ['ʃnalə], die; -n **1.** 《축소형》↑Schnällchen 버클, 쥠쇠, 혁대쇠: eine metallene(runde, ovale) S. 금속제(둥근, 타원형)의 버클; die S. am Schuh drückt 구두의 버클이 발등을 누른다; die S. des Gürtels öffnen 혁대의 버클을 열다. 《österr.》 문고리. **3.** 《사냥》(개 따위의) 앞쪽의 윗부분. **4. a)** 《속어》 갈보, 창녀. **b)** 《통용어·욕》계집(년). **schnallen** ['ʃnalən] 〈h〉**1. a)** (혁대 따위를) (느슨하게 또는 단단하게) 매다: den Gürtel enger s. 혁대를 조여 매다. **b)** 조여 매다: du kannst dir schon den Rucksack auf den Rücken s. 룩작을 등에 매어도 된다(매어라). **c)** (버클을) 풀다: die Tasche vom Gepäckträger s. 줄을 풀어서 가방을 짐꾼대에서 받다. **2.** 《경》이해하다, 알아차리다: etw. nicht s. 무엇을 알아차리지 못하다. **3.** 《경》속이다, 협잡하다: sie haben ihn ganz schön geschnallt 그들은 그를 아주 심하게 속였다. **4.** 《südd.》↑schnalzen: mit den Fingern(mit der Zunge) s. 손가락을 딱하고 튀기다(혀를 차다). **Schnallenschuh**, der; -(e)s, -e 버클이 달린 구두. **schnalzen** ['ʃnaltsn̩] 〈h〉**1.** (손가락, 혀, 입술, 혁대 따위로) 딱(획)하는 소리를 내다: mit der Zunge s. 혀를 차서 딱 소리를 내다; er schnalzte ein paarmal mit der Peitsche, und die Pferde zogen an 그가 채찍을 몇번 휘두르자 말들이 움직이기 시작했다. **2.** 《드물게》휙 던지다. **Schnalzer**, der; -s, - 《통용어》딱(획)하는 소리: die S. der Peitsche 채찍(의 획하는) 소리. **Schnalzlaut**, der 【언어】흡파음(吸破音).

schnapp! [ʃnap] 〈Interj.〉《의성어》찰칵, 덜컥, 넙적, 탁, 덥: es machte s.!, und die Tür war zu 덜컥 소리가 나서 문은 잠겨져 버렸다.

Schnäppchen ['ʃnɛpçən] das; -s, - 《통용어·지역적》유리한 구매, 싸게 사는 것: da hast du aber ein S. gemacht 너 그것 싸게 샀구나!

Schnapp- ~**hahn**, der (중세의) 노상 강도, 산적. ~**messer**, das **1.** ↑Klappmesser. **2.** 잭크 나이프. ~**sack**, der 《고어》(식량 휴대용) 배낭. ~**schloß**, das 용수철 자물쇠. ~**schuß**, der 스냅 촬영, 스냅 사진. ~**verschluß**, der 용수철 자물쇠(장치).

schnappen ['ʃnapn̩] [niederd. snappen] **1.** 〈h〉**a)** 덥석 물려고(잡으려고) 하다: der Hund hat nach meinen Fingern(nach mir) geschnappt 개가 내 손가락(나)을 덥석 물려고 했다. [전의] nach Luft s. 《통용어》숨을 헐떡이다. **b)** 덥석 물다: der Hund schnappte die Wurst 개가 순대를 덥석 물었다; laß uns noch ein wenig frische Luft s. 밖에 나가서 신선한 공기를 좀 마시자. **2.** 〈h〉《통용어》**a)** 날쌔게 움켜쥐다(붙잡다): er schnappte seine Mappe und rannte die Treppe hinunter 그는 가방을 휙 움켜 쥐고는 층계를 달려 내려갔다; **etw. geschnappt haben** 《통용어》(마침내) 알아차리다, 이해하다: hast du das geschnappt? 이제 그것을 알아차렸니?; 《비칭》**jmdn. hat es geschnappt** 《통용어》누가 부상 당하다, 《비칭》체포되다, 붙잡히다: die Polizei hat den Dieb geschnappt 경찰이 그 도둑을 붙잡았다; [전의] 《비칭》jmdn. hat es geschnappt 《통용어》누가 부상 당했다(병에 걸렸다). **3. a)** 〈s〉획 움직이다: der Riegel ist ins Schloß geschnappt 빗장이 덜컥하고 걸렸다. **b)** 〈h〉찰칵(덜컥)하는 소리를 내다: er hörte die Schere nur ein paarmal s., und die Haare waren ab 그는 가위가 몇번 찰칵거리는 소리를 들었는데 벌써 머리가 다 깎여 버렸다. 《비칭》**es hat (bei jmdm.) geschnappt** 《통용어》1) 누가 더 이상 못 참다. 2) 누가 갑자기 사랑에 빠지다. 3) 누가 임신하다. **4.** 〈s〉《지역적》다리를 절다: seit dem Unfall schnappt er 그 사고 이후 그는 다리를 전다. **Schnapper**, der; -s, - 《통용어》**1. a)** 덥석 물기: ↑Schnäpper. S. hat ihm den Hund ein Stück aus der Hose gerissen 개가 그의 바지를 덥석 물어 한 조각을 찢어갔다. **b)** 숨을 헐떡임(할딱임). **2. a)** 찰칵(덜컥) 닫힘: mit einem S. war die Tür im Schloß 덜컥하면서 문이 잠겼다. **b)** ↑Falle (3 a). **Schnäpper** ['ʃnɛpɐ], der; -s, - **1.** ↑Fliegenschnäpper의 약칭. **2.** 【의학】(손가락, 귀밥 등에서 피를 뽑을 때에 쓰는) 피침. **3.** 《옛》석궁(石弓). **4.** 《지역적》용수철 자물쇠, 맹꽁이 자물쇠.

Schnappern ['ʃnapɐn] 〈h〉《österr.》추위로 떨다.

Schnaps [ʃnaps], der; -es, Schnäpse ['ʃnɛpsə] 《축소형》↑Schnäpschen [niederd. Snaps] 《통용어》화주(火酒), 소주, 한 잔(의 독주): ein doppelter(selbstgebrannter, klarer, scharfer) S. 두 잔의(집에서 빚은, 맑은, 독한) 소주; er trinkt gern (einen) S. 그는 소주 (한 잔) 마시기를 좋아한다; er trank fünf Schnäpse 그는 소주 다섯 잔을 마셨다.

Schnaps-: ~**brenner**, der 《통용어》↑Branntweinbrenner. ~**brennerei**, die 《또한》—'—, 《통용어》↑Branntweinbrennerei. ~**bruder**, der 《통용어·폄》술꾼, 소주꾼. ~**bude**, die 《통용어·폄》소주집, 술집. ~**budike**, die 《지역적·폄》↑~bude.

~drossel, die 《통용어·편》 술꾼, 소주꾼. ~fahne, die 《통용어》 입에서 풍기는 소주 냄새. ~flasche, die 화주(소주)병. ~glas, das 《Pl. -gläser》 화주(소주)잔. ~idee, die 《통용어》 어리석은(엉뚱한) 착상(생각): wer hat dich denn auf diese S. gebracht? 누가 너더러 이런 엉터리 착상을 하게 했나? ~leiche, die 《통용어·농》 소주에 곤드레 만드레 취한 사람. ~nase, die 《통용어》 술꾼의 빨간(딸기)코. ~nummer, die ↑~zahl. ~pulle, die 《경》 화주(소주)병. ~stamperl, das 《bayr., österr.》 ↑Stamperl. ~zahl, die 《농》 55, 111처럼 각 단위의 숫자가 서로 같은 수(주사위놀이 등에서 이런 수에 이르는 사람은 소주를 한 턱 내야 함).

Schnäpschen [ʃnɛpsçən], das; -s, - ↑Schnaps의 축소형. schnapsen [ʃnapsn̩], schnäpseln [ʃnɛpsl̩n] ⟨h⟩ 《통용어·농》 소주를 마시다: sie schnapsen beide ganz gern 둘은 둘다 소주 마시기를 아주 좋아한다.

schnarchen [ʃnarçn̩] ⟨h⟩ 《의성어》 코골다: leicht(laut) s. 가볍게(요란하게) 코골다. Schnarcher, der; -s, - 《통용어》 코고는 사람. 코고는 소리. Schnarcherei [ʃnarçəˈraɪ], die 《지속적인》 코골기. Schnarchkonzert, das 《통용어·농》 요란한 코골기, 코골기 콘서트. Schnarchton, der 코고는 소리.

schnarpen [ʃnarpn̩], schnärpfen [ʃnɛrpfn̩] ⟨h⟩ [↑schnarren의 강조형] 《bayr.》 삐걱거리다 (↑knirschen). Schnarre [ʃnarə], die; -n ↑Knarre (1).

schnarren [ʃnarən] ⟨h⟩ 《의성어》 1. 드르럭 드르럭 소리를 내다: die Klingel schnarrt laut 초인종이 크게 울린다; mit schnarrender Stimme sprechen 그르렁거리는 목소리로 말하다. 2. 《사냥》 《메추라기》 울다. Schnarrwerk, das 【음악】 (오르간의) 전체 음전(音栓).

Schnat [ʃnaːt], die; -en Schnate [ˈʃnaːtə], die; -n 《지역적》 1. 잘라놓은 어린가지. 2. (논밭, 들판의) 경계. Schnätel [ˈʃnɛːtl̩], das; -s, - 버들피리.

Schnatter-: ~ente, die 1. 꽥꽥거리는 오리. 2. 《통용어·편》 ~gans (2). ~gans, die 1. 꽥꽥거리는 거위. 2. 《통용어·편》 수다스런 여자. ~liese, die 《통용어·편》 ↑~gans (2).

Schnatterei [ʃnatəˈraɪ], die; -en 《통용어》 ↑Geschnatter. Schnatterer, der; -s, - 《드물게》 수다쟁이. schnatterig [ˈʃnatərɪç] ⟨Adj.⟩ 꽥꽥대는, 수다스런. Schnatterin [ˈʃnatərɪn], die; -nen 《드물게》 Schnatterer의 여성형. schnattern [ˈʃnatɐn] ⟨h⟩ 《의성어》 1. 꽥꽥거리다(거위, 오리가): die Gänse schnatterten aufgeregt 거위들이 흥분해서 꽥꽥거렸다. 2. 《통용어》 재잘(종알)거리다, 수다를 떨다: sie schnatterte unaufhörlich, ohne daß ihr noch jemand zuhören konnte 아무도 자기말을 듣지 않는 데도 그녀는 계속 재잘거리며 말했다. 3. 《지역적》 (특히 추위에) 떨다: vor Kälte s. 추위서 떨다; mit den Zähnen s. 이빨을 달달거리며 떨다. Schnattrer : ↑Schnatterer. schnattrig [ˈʃnatrɪç] ↑schnatterig.

schnatz [ʃnats] ⟨Adj.⟩ 《westmd.》 예쁜, 예쁘게 차린: ein -es Mädchen 예쁜(예쁘게 차린) 처녀. Schnatz [-], der; -es, Schnätze [ˈʃnɛtsə] 《westmd.》 머리치장, 틀어올린 머리. Schnätzeln [ˈʃnɛtsl̩n] ⟨h⟩ 《hess.》 ↑schnatzen. schnatzen [ˈʃnatsn̩] ⟨h⟩ 《westmd.》 1. 옷을 잘 차려 입다, 치장하다. 2. 머리를 틀어올리다.

Schnau [ʃnau], die; -en [niederd. snau, niederl. snauw] 《옛》 이물과 고물이 뾰족하고 돛대가 둘인 배.

schnauben⁽ᵃ⁾ [ˈʃnaʊbn̩] ⟨h⟩ 《의성어》 1. 코로 씩씩거리며 숨쉬다, 헐떡이다: das Pferd schnaubte ungeduldig 말이 못다리겠다는 듯이 콩콩댔다; (vor) Wut (Entrüstung, Zorn) s. 화가 나서 씩씩거리다. 2. 《약변화》 《지역적》 코를 풀다: er schnaubte laut in sein Taschentuch 큰 소리를 내면서 손수건에다 코를 풀었다; ich schnaubte mir die Nase; 《(또한)》 s. + sich》 ich schnaubte mich 나는 코를 풀었다.

schnäubig [ˈʃnɔʏbɪç] ⟨Adj.⟩ 《hess.》 (식성(食性)이) 까다로운.

Schnauf [ʃnauf], der; -(e)s, -e 《지역적》 거칠게 코로 쉬는 숨(숨결). schnaufen [ˈʃnaʊfn̩] ⟨h⟩ [niederd. snūven] 《의성어》 a) 《지역적》 ↑atmen: die Luft hier ist zum Schneiden, man kann kaum s. 여기 공기는 너무 나빠서 숨도 못실 지경이다. b) 가쁘게(거칠게) 숨쉬다, 헐떡이다: angestrengt(erregt, wütend) s. 힘들어 하며(흥분해서, 화가 치밀어서) 헐떡이다. Schnaufer, der; -s, - 1. 《통용어》 (크게 쉬는) 숨(소리): einen S. tun(vernehmen lassen, hören lassen) 크게 숨쉬다 (다른 사람에게 들리게 크게 숨쉬다); 《전의》 einen Schnaufer lang blieb sie ruhig 한순간 그녀는 아무 말 없이 있었다; den letzten S. tun 《은혜》 숨지다, 죽다; bis zum letzten S. 《은혜》 숨을 거둘 때 까지(↑Atemzug). 2. 《schweiz.》 철없는 아이. Schnauferl [ˈʃnaʊfɐl], das; -s, - / 《österr.》 -n (은어) 잘 가꾼 구형 자동차. Schnaufpause, die; -n 《österr.》 ↑Verschnaufpause.

schnaukig [ˈʃnaʊkɪç] ⟨Adj.⟩ 《hess.》 ↑schnäubig 참조.

Schnaupe [ˈʃnaʊpə], die; -n 《지역적》 ↑Schnabel (2).

Schnauz [ʃnauts], der; -es, Schnäuze [ˈʃnɔʏtsə] 《축소형: ↑Schnäuzchen (1)》 《schweiz.》 코 밑 수염. Schnauzbart, der; -(e)s, -bärte 1. 많이 난 코 밑 수염. 2. 《통용어》 많이 난 코 밑 수염을 가진 사람. schnauzbärtig ⟨Adj.⟩ 코 밑 수염이 많은. Schnäuzchen [ˈʃnɔʏtsçən], das; -s, - 1. ↑Schnauze의 축소형. 2. ↑Schnauze(1, 2 a, 3)의 축소형. Schnauze [ˈʃnaʊtsə], die; -n 1. 〈축소형: ↑Schnäuzchen〉 (짐승의) 비구부(鼻口部), 주둥이: eine lange(spitze) S. 긴 (뾰족한) 주둥이. 2. 《속어·편》 a) 《축소형: ↑Schnäuzchen》 (사람의) 입, 주둥이: mach endlich die (deine) S. auf! 제발 입 좀 열어라!, 말좀 해라; jmdm. auf die S. hauen 누구의 주둥이를 쥐어박다; du kannst gleich ein paar auf die S. kriegen(haben) 너 주둥이에 몇 대 얻어 맞고 싶으냐?; die S. voll haben 《경》 넌더리나다; eine große S. haben 《경》 떠벌리다. Mund 1 a); die S. (nicht) aufbringen(auftun) 입을 열다(열지 않다) (↑Mund 1 a); die S. halten 입을 다물다, 입을 열지 않다 (↑Mund 1 a); seine S. halten 입을 열지 않다 (↑Mund 1 a); die S. aufreißen((zu) voll nehmen) 떠벌리다, 으스대다 (↑Mund 1 a); jmdm. (mit etw.) die S. stopfen (무엇으로) 누구의 입을 막다 (↑Mund 1 a); immer mit der S. voran(vornweg) sein 주제넘게 떠들다 (↑Mund 1 a); frei (nach) S.(nach S.) 《경》 제멋대로, 생각나는 대로, 아무렇게나. b) ↑Maul (2 b): er hat eine freche (lose) S. 그는 말버릇이 사납다, 험하다; der Berliner hat Herz mit S. 베를린 사람들은 입은 험하지만 마음은 따뜻하다. c) 얼굴: jmdm. die S. lackieren (polieren); jmdm. in die S. hauen (schlagen); jmdm. eins vor die S. geben 누구의 얼굴을 때리다 (↑Fresse 2); auf die S. fallen 《통용어》 실패하다 (↑Bauch 1 a). 3. 〈축소형: ↑Schnäuzchen〉 《통용어》 Schnabel (2): die S. und Henkel der Kanne sind abgebrochen 주전자의 귀때와 손잡이가 깨어져 있다. 4. 《통용어》 ↑Nase (2 a): die S. des Unfallwagens hat sich um einen Baum gewickelt 사고 자동차의 앞머리가 나무 주위를 감쌌다. schnauzen [ˈʃnaʊtsn̩] ⟨h⟩ 《통용어》 a) 소리쳐 말하다: „paß doch auf!" schnauzt er

"제발 조심해!"하고 그는 소리친다. **b)** 말을 거칠게 하다: mußt du schon wieder s.? 벌써 또 그렇게 거칠게 말해야만 되겠니? **Schnauzer**, der; -s, -. **1.** 슈나우처(독일 산으로 수염이 긴 개). **2.** 《통용어》↑Schnauzbart.
Schnäuzer [ˈʃnɔytsɐ], der; -s, - ↑Schnauzbart.
schnauzig [ˈʃnautsɪç] 〈Adj.〉거친, 난폭한: etw. s. sagen 무엇을 거칠게 말하다.

Schneck [ʃnɛk], der; -s, -en 《축소형: ↑Schneckchen》〈südd., österr.〉 **1.** 달팽이. **2.** 귀여운 아이[소녀]: ein goldiger S. 참으로 귀여운 아이; (mein) S. 내 귀염둥이야. **Schneckchen** [ˈʃnɛkçən], das; -s, - ↑Schneck의 축소형. **2.** ↑Schnecke (1, 9)의 축소형. **Schnecke** [ˈʃnɛkə], die; -n **1.** 《축소형: ↑Schneckchen》달팽이, 와우(蝸牛): eine S. kriecht über den Weg 달팽이가 기어서 길을 건넌다; er ist langsam wie eine S. 그는 달팽이처럼 느리다; jmdn. zur S. machen 꾸짖어서 기를 죽이다, 달팽이 눈이 되게 하다. **2.** 《통용어》슈netke, 달팽이 (모양의) 과자. **3.** 〈대개 Pl.〉귀위에 나선형으로 땋아 얹은 머리. **4.** 〔해부〕↑Cochlea (1). **5.** (바이올린 등의) 나선형의 끝부분, 스크롤. **6.** 〔건축〕**a)** ↑Volute. **b)** ↑Wendeltreppe. **7.** 〔기술〕**a)** 나사톱니바퀴, 웜. **b)** 나사콘베이어, 스크루 콘베이어. **8.** 〔사냥〕〈대개 Pl.〉야생명 수놈의 뿔. **9.** 〈축소형: ↑Schneckchen〉〈드물게 지역적〉↑Schneck (2). **10.** 《경》장녀. **11.** 《경》질(膣).

schnecken-, Schnecken-: ~artig 〈Adj.〉달팽이류(類)의, 달팽이 같은, 나선형의. **~bohrer**, der 도래송곳, 나사송곳. **~förderer**, der 〔기술〕↑Schnecke (7 b); **~förmig** 〈Adj.〉달팽이 꼴의, 나선형의. **~fraß**, der 달팽이 피해(害)(농작물에 대한). **~frisur**, die ↑Schnecke (3). **~gang**, der **1.** 달팽이의 걸음, 아주 느린 걸음. **2.** 〔해부〕와우관(蝸牛管). **~gehäuse**, das ↑haus. **~getriebe**, das 〔기술〕웜 기어, 나사톱니바퀴 장치. **~gewinde**, das 〔기술〕웜 나사. **~haus**, das 달팽이 껍질: sich in sein S. zurückziehen 자기만의 세계로 움추러들다. **~horn**, das 〈Pl. ...hörner; Pl.〉달팽이의 촉각(더듬이). **~klee**, der 〔식물〕개자리, 거여목. **~linie**, die 〈드물게〉나사선(螺絲線), 나선(螺線). **~nudel**, die 〈지역적〉↑Schnecke (2). **~post**, die 《다음 용법으로》auf(mit) der S. fahren〈농·준고어〉아주 느리게 움직이다(가다). **~rad**, das 〔기술〕나사톱니바퀴. **~tanz**, der 《대개 Pl.》《원래 "달팽이춤"처럼 개연성이 없는 일을 가리킴》〈schweiz.〉 허식, 빈말, 공치사, 번거로움: Schneckentänze machen 점잖 빼다, 허세 부리다. **~tempo**, das 《통용어》아주 느린 템포: im S. schleichen 아주 느리게 기어들다(다가가다); die Arbeiten gingen im S. vorwärts 작업은 아주 느린 속도로 진척되었다. **~windung**, die 《드물게》나선선회(螺線旋回).

schneckenhaft 〈Adj.〉《통용어》↑schneckenartig 참조. **Schneckerl** [ˈʃnɛkɐl], das; -s, -(n) 〈österr.·통용어〉곱슬곱슬한 머리, 고수머리.

schnedderengteng [ˈʃnɛdərɛŋtɛŋ], **schnedderengteng** [ˈʃnɛdərɛŋtɛŋ] 〈Interj.〉《의성어》트럼펫(부는) 소리.

Schnee [ʃneː], der; -s **1.** 눈, 설(雪): weißer [frisch gefallener, verharschter, pappiger] S. 흰(갓 내린, 얼어붙은, 잘 뭉치는) 눈; der Schnee knirscht(unter den Sohlen) 눈이 (발 밑에서) 바스락거린다; S. fegen [schippen, räumen] 눈을 쓸다(삽으로 치우다, 치우다); schneller S. 스키가 잘 나가는 눈; stumpfer S. 스키가 잘 미끄러지지 않는 눈; ihre Haut ist weiß wie S. 그녀의 피부는 눈같이 희다; 〈성구〉 und wenn der ganze Schnee verbrennt (die Asche bleibt uns doch)《통용어·농》눈이 모두 타 없어져도 (재는 남는 법)(우리는 결코 낙담하지 않는다); S. von gestern[**vorgestern, vom letzten, vom vergangenen Jahr**] 《통용어》아무도 관심을 두지 않는 일; aus dem Jahre S. 〈österr.〉아주 오래된, 옛날 옛적의, 태곳의: unser Auto stammt noch aus dem Jahre S. 우리 자동차는 아주 오래전이다; **Anno S.**[**im Jahre S.**] 〈österr.〉옛날 옛적이다. **2.** Eierschnee: das Eiweiß zu S. schlagen 달걀 흰자위를 휘저어서 거품을 일게 하다. **3.** (은어) 코카인(↑Snow).

schnee-, Schnee-: ~alge, die 〔식물〕(알프스와 극지방의) 오래된 눈 위에서 자라는 조류(藻類). **~ammer**, die 〔동물〕흰메새 속. **~arm** 〈Adj.〉눈이 적은(반대: ~reich): ein ~er Winter 눈이 적은 겨울. **~ball**, der **1.** 눈덩이: einen S. machen(werfen) 눈덩이를 만들다(던지다); auf jmdn. [nach jmdm.] (mit) Schneebälle(n) werfen 누구에게 눈덩이를 던지다. **2.** 〔식물〕불두화나무. **3.** 〔요리·지역적〕감자 경단. **~ballen** 〈h; 대개 부정형 및 과거분사로〉〈드물게〉눈덩이를 던지다. **~ball(en)strauch**, der 〈드물게〉↑ball (2). **~ballschlacht**, die 눈싸움. **~ballsystem**, das **1.** (구서독에서는 금지된) 눈덩이식 판매방식 (구매자가 새로운 고객을 소개함으로써 상품값의 일부를 할인받고 그 다음 고객도 같은 조건으로 할인받게 하는 방식). **2.** 연쇄 연락망, 비상 연락망. **~batzen**, der 《통용어》눈덩이. **~bedeckt** 〈Adj.〉눈 덮인: ~e Berge[Ebenen] 눈 덮인 산(평원). **~beere**, die 〔식물〕꼭두서니과의 일종. **~beladen** 〈Adj.〉눈이 쌓인: ~e Äste 눈 덮인[쌓인] 가지들. **~berg**, der 만년설이 덮인 산: an den Straßenrändern türmten sich ~e 도로가에는 눈이 산더미처럼 쌓였다. **~besen**, der 〔요리〕거품을 일게 하는 기구. **~blind** 〈Adj.〉눈 때문에 시력이 약해진, 설맹(雪盲)의. **~blindheit**, die 설맹(雪盲)의. **~bö**, die 눈보라. **~brett**, das 가파른 비탈에 쌓인 널빤지 모양의 눈(눈사태를 일으킬 우려가 있다). **~brille**, die 눈안경, 설맹 예방용 검은색 안경. **~bruch**, der (쌓인 눈의 무게로) 가지나 줄기가 부러짐. **~decke**, die 눈바닥. **~erhellt** 〈Adj.〉《시어》눈 때문에 환한. **~Eule**, die 《이음표와 함께》흰 올빼미. **~fahne**, die 바람에 휘날리는 분설(粉雪). **~fall**, der 〈대개 Pl.〉강설(降雪). **~fang**, der (지붕 가장자리에 세우는) 방설책(防雪栅). **~fink**, der 눈새(참새과). **~feld**, das 설원(雪原). **~fläche**, die 눈 덮인 땅(지역). **~fleck**, der 눈이 쌓인 지점. **~flocke**, die 〈대개 Pl.〉눈송이. **~floh**, der 원시 곤충류의 일종. **~fräse**, die 제설기(除雪機). **~frei** 〈Adj.〉**~gans**, die 〔동물〕흰 기러기. **~gebirge**, das 《아이·드물게》《만년설이 덮인》설산(雪山). **~gekrönt** 〈Adj.〉《시어》정상에 눈으로 덮인. **~gemse**, die ↑ziege. **~gestöber**, das 눈보라. **~glatt** 〈Adj.〉눈이 얼어서 미끄러운, 빙판길의. **~glätte**, die 빙판: Warnung vor S. 빙판에 대한 경고, 빙판 조심. **~glöckchen**, das 〔식물〕갈란투스. **~grenze**, die 설선(雪線). **~hang**, der 눈 (덮인) 비탈. **~harsch**, der ↑Harsch. **~hase**, der 산토끼(겨울에는 털이 하얗게 변함). **~haube**, die 〔군〕설상용(雪上用) 흰옷(위장용). **~hemd**, das 〔군〕설상용(雪上用) 흰옷(위장용). **~himmel**, der 눈을 머금은(눈이 올 것 같은)하늘. **~höhe**, die 적설(積雪)의 높이. **~höhle**, die 눈(덮인) 언덕. **~huhn**, das 〔동물〕뇌조(雷鳥). **~hütte**, die 눈으로 지은 오두막, 이글루. **~kanone**, die 인공설(人工雪) 제조(분사)장치. **~kappe**, die 《시어》↑haube. **~katze**, die 〔↑Laufkatze〕**1.** 크로스 칸추리 스키용 경주로를 고르는 기계. **2.** ↑raupe. **~kette**, die 《자동차 타이어의》미끄럼 방지 쇠사슬, 스노체인. **~kleid**, das 《시어》눈옷: die Sträucher tragen ein weißes S. 관목들

schneeig 1838

이 흰 눈옷을 입고 있다(흰 눈으로 덮여 있다). **~klumpen,** der 눈뭉치. **~koppe,** die 슈네코페(독일 동남부에 있는 1603m의 산). **~könig,** der 〈ostmd.〉↑Zaunkönig: **sich freuen wie ein S.** 〈통용어〉아주 기뻐하다. **~kristall,** das 〈대개 Pl.〉눈의 결정(結晶). **~kruste,** die 설빙판. **~lage,** die ↑ **~verhältnisse. ~landschaft,** die 설경(雪景). **~last,** die 눈의 무게: **die Äste brachen unter der S.** 가지들이 눈의 무게 때문에 꺾어졌다. **~laue, ~lauene,** die 《schweiz.》↑Lawine. **~lawine,** die ↑Lawine. **~lehne,** die (österr.) 눈 덮인 비탈. **~leopard,** der ↑Irbis. **~luft,** die 눈이 올 듯한 공기(대기). **~mann,** der 눈사람. **~mantel,** der 〈시어〉눈 외투, 눈옷(눈으로 덮인 풍경 따위를 이르는 표현). **~masse,** die 〈대개 Pl.〉눈더미. **~matsch,** der 녹기 시작한 질척질척한 눈. **~menge,** die 〈대개 Pl.〉많은 양의 눈. **~mobil,** das 설상차(雪上車). **~mond,** der 〈Pl. 없음〉〈시어〉정월, 일월. **~mütze,** die 〈시어〉↑ **~haube. ~naß** 〈Adj.〉눈에 젖은. **~pflug,** der **1.** 제설기, 제설 장치. **2.** [스키] 전제동(全制動). **~pflugbogen,** der [스키] 전체동회전(全制動回轉). **~pneu,** der 〈schweiz.〉↑Winterreifen. **~räumer,** der, **~räumgerät,** das 제설기, 제설 장치. **~raupe,** die 스키활주로 준비차(車). **~regen,** der 진눈깨비. **~reich** 〈Adj.〉눈이 많은(반대: ~arm). **~reifen,** der **1.** ↑ **~schuh** (2). **2.** 〈드물게〉M-und-S-Reifen. **~rose,** die ↑ Christrose. **~rute,** die (österr.) ↑ **~besen. ~schauer,** der 눈보라, 강한 강설(降雪). **~schaufel,** die 눈삽, 넉가래. **~schicht,** die 눈이 쌓인 층, 적설층(積雪層). **~scheber,** der ↑ **~schaufel. ~schimmel,** der (곡초(穀草)의) 설부병(雪腐病)(균). **~schippe,** die 《지역적》↑ **~schaufel. ~schipper,** der 《지역적·통용어》눈 치우는 사람. **~schläger,** der 〈드물게〉↑ **~besen. ~schleuder, ~schleudermaschine,** die 제설기, 제설차. **~schmelze,** die 눈이 녹음, 눈의 녹음. **~schuh,** der 〈고어〉 **1.** 스키. **2.** (눈에 빠지지 않기 위한) 눈신, 설상화(雪上靴). **~schutzanlage,** die ↑ **~zaun. ~sicher** 〈Adj.〉(스키 등을 위해서) 눈이 충분히 있는, 눈이 확실한. **~sturm,** der 눈보라. **~teppich,** der 〈시어〉↑ **~decke. ~treiben,** das 눈의 휘날림, 눈보라. **~verhältnisse** 〈Pl.〉눈 사정, 내린 눈의 상황. **~verwehung,** die 바람에 몰려 쌓인 눈더미. **~wächte,** die ↑Wächte. **~wasser,** das 눈 녹은 물, 눈 섞인 물. **~webe,** die 〈고형〉↑ **~wehe. ~wehe,** die 바람에 몰려 언덕이나 저지에 쌓인 눈더미. **~weiß** 〈Adj.〉〈감정〉눈 같이 흰, 백설(白雪) 같은. **~wetter,** das 〈Pl. 없음〉〈드물게〉눈(많이) 내리는 기후. **~wiesel,** die 설차유구조차(雪禍救助車). **~wittchen** [-'vɪtçən], das 〈그림동화〉백설공주. **~wolke,** die 설운(雪雲), 눈구름. **~wüste,** die 눈 덮인 황야. **~zaun,** der 방설루(防雪柵). **~ziege,** die 북미 고산 지대에 사는 산양.

schneeig ['ʃneːɪç] 〈Adj.〉 **1.** 눈으로 덮인. **2.** 《아이》눈 같은, 눈 모양의.

Schneid [ʃnaɪt], der; -(e)s, 〈südd., österr.〉 die 《통용어》용기, 과단, 결단력, 담력: **ihm fehlt der S.** 그에게는 용기가 없다: **jmdm. den(die) S. abkaufen** 누구의 용기를 꺾다.

schneid-, Schneid-: ~bohrer, der ↑Gewindebohrer. **~brenner,** der [기술] 절단용화염 램프, 화염 절단기. **~eisen,** das ↑ **~mutter. ~fähig** 〈Adj.〉 **a)** 절단될 수 있다. **b)** 〈드물게〉절단할 수 있다. **~fläche,** die ↑Schnittfläche. **~kante,** die 절단한 가장자리(↑ **~fläche**). **~kluppe,** die Kluppe. **~mutter,** die 〈Pl. ...muttern〉[기술] 숫나사 홈 파는 기계. **~ware,** die 〈대개 Pl.〉〈상〉날붙이(상품)(칼, 낫 따위). **~werkzeug,** das 절단 용구.

schneidbar ['ʃnaɪtbaːɐ̯] 〈Adj.〉잘리는, 절단될 수 있는. **Schneide** ['ʃnaɪdə], die; -n **1. a)** 날(칼 따위의): **die S. des Messers(der Axt)** 칼날(도끼날). **b)** 칼몸, 칼날 부분. **2.** [지리] 뾰족한 산등성이. **3.** ↑Schneidegrass.

Schneide-: ~bohne, die 〈대개 Pl.〉〈썰어서 요리하는〉콩(식물). **~brett,** das 도마. **~diamant,** der [기술] 절삭공구용 다이아몬드. **~gerät,** das 절단기, 작두, 자르는 도구. **~gras,** die [식물] (열대 및 아열대의) 갈대. **~maschine,** die 절단기, 작두, 자르는 기계. **~mühle,** die 〈드물게〉↑Sägemühle, Sägewerk. **~raum,** der (필름, 테이프의) 편집실. **~technik,** die **1.** 목판화 기법. **~tisch,** der [텔레비전] (필름, 녹음테이프 등을 편집하는) 편집 장치. **~werkzeug,** das 날붙이 공구. **~zahn,** der 앞니, 판치(板齒).

Schneidelholz-, das; -es [임업] 침엽수에서 베어낸 가지들. **Schneidelholzbetrieb,** der 〈Pl. 없음〉[임업] 나뭇가지치기(생장과 수확을 위해서).

schneiden¹ ['ʃnaɪdn] 〈h〉 **1. a)** 자르다, 절단하다: etw. in Scheiben(Streifen) s. 무엇을 얇은 조각으로(길게) 자르다; die Stämme zu Brettern s. 나무등치를 절단해서 널판지로 만들다: **hier ist ein Lüftchen, das zum Schneiden** 여기 공기는 아주 탁하다. **b)** 잘라 내다, 베어 내다, 오려(도려)내다: jmdm.(sich) eine Scheibe Brot(vom Brot) s. 누구에게(자기가 먹으려고) 빵의 한 조각 잘라 주다(잘라 내다); einen Artikel aus der Zeitung s. 신문에서 기사 하나를 오려 내다; Gras(Korn) s. 풀(곡초(穀草))을 베다. **2.** 깎다, 베다: das Haar(die Fingernägel) s. 머리(손톱)를 깎다. **3. a)** 잘라(깎아) 만들다: Bretter(Bohlen) aus den Stämmen s. 나무둥치를 절단해서 (두꺼운) 널빤지를 만들다. **b)** 새기다, 새기어 넣다: ein Gewinde s. 〈전문어〉나사를 파다. **c)** 새기다, 새기어 만들다, 파다: 〔전의〕 ein fein geschnittenes Gesicht 단정하에 생긴 얼굴. **4.** 재단하다, 마름질하다: das Kleid nach einem Muster s. 모형에 따라 옷을 재단하다. **5.** [영화·방송·텔레비전] **a)** ↑cutten: einen Film(ein Tonband) s. 필름(녹음테이프)을 편집하다. **b)** ↑mitschneiden: eine Sendung (auf Tonband) s. 어떤 프로그램을 (녹음테이프에) 녹음(녹화)해 두다. **6. a)** 〈베인〉상처를 입히다: ich habe mir(mich) in den Finger geschnitten 나는 손가락에 상처를 입었다. [전의] du schneidest dich eklig 너는 아주 잘못 생각하고 있다. **b)** 실수하여 자르다: mit der Schere in den Stoff s. 〈s.+sich〉《지역적》잘못 생각하다. **7.** 〈s.+sich〉《지역적》잘못 생각하다. **8.** [수의] ↑kastrieren. **9.** [의학 은어] **a)** (장기나 신체 부위를) 수술하다, 째다. **b)** (환자를) 수술하다. **10. a)** (좌회전 커브길에서) 중앙선을 침범하다. **b)** (추월이나 차선 선택에서) 급히 끼어들다(끼어들어 방해하다): ein LKW hatte ihn(seinen Wagen) geschnitten 트럭 하나가 그 앞(그의 차 앞)으로 급히 끼어들었다. **11.** 교차하다: die Autostraße schneidet hier die Bahnlinie 자동차길이 여기서 철도와 교차한다. **12.** [테니스·탁구] 볼을 깎(아치)다, 컷하다. **13.** 어떤 얼굴을 짓다: eine Grimasse(Fratze) s. 일그러진〈우스꽝스러운〉얼굴을 하다. **14.** (날붙이가 잘) 들다: die Sichel schneidet nicht mehr 〈s.〉이 들지 않는다[무디어졌다]. **15.** 가위로 이발하다: er kann nicht s. 그는 이발할 줄 모른다. **16.** (가위 따위로) 무엇을 야기하다: er hat mit dem Messer ein Loch ins Tischtuch geschnitten 그는 칼로 식탁보에 구멍을 내버렸다. **17.** 잘라서 어디다 넣다(첨가하다): Wurst in die Suppe schneiden 소시지를 조각내서 스프에 집어 넣다. **18.** 잘라 내어서 무엇을 만들다: Gucklöcher in die Türen s. 문을 뚫어 내다보는 구멍을 만들다. **19.** ↑einschneiden (2): 〔전의〕 die

Wagenräder schneiden in den Sand 자동차바퀴가 모래 속을 파고 든다(전진하지 못한다). 20. 에다, 에는 아픔을 주다, 에는 듯하다: ein schneidender Wind 살을 에는 듯한 바람; er spürte ein schneidendes Hungergefühl 그는 찌르는 듯한 배고픔을 느꼈다; [전의] es schnitt ihm ins Herz, sie so lachen zu hören 그들이 그렇게 웃는 소리를 듣고 그는 가슴을 찌르는 아픔을 느꼈다; er sprach mit schneidender Stimme(mit schneidendem Hohn) 그는 날카로운 목소리로(신랄한 냉소를 머금은 채) 말했다. 21. 보고도 못 본 체하다, 무시하다. 22. [스카트] 낮은 패로 치다: mit dem König s. 킹을 으뜸패로 내놓다. **Schneider** ['ʃnaɪdɐ], der; -s, - 1. 재봉사, 바느질하는 사람, 옷 짓는 사람: etw. beim(vom) S. arbeiten(machen) lassen 무엇(옷)을 마추다; [성구] herein, wenn's kein S. ist! 《농》 빚쟁이가 아니면 들어 오시오!; **frieren wie ein S.** 《통용어》 몹시 추위를 타다. 2. 《스카트》 30점: S. ansagen 상대방이 30점도 못 되리라고 예고하다; aus dem S. sein 30점 이상을 따다; **aus dem S. sein** 1) 《통용어》 어려운 상황을 벗어나다. 2) 《통용어》 서른살이 넘다. 3. 《탁구》 11점(한 세트에서): S. sein 11점도 못 따다; S. bleiben(nicht aus dem S. kommen) 11점 이상을 못 따다; **jmdn. S. spielen(machen)** 상대방이 11점 이상을 못 따게 하다. 4. 《통용어》 ↑Schneidegerät의 약칭. 5. [사냥] 발육 부진의 짐승. 6. [사냥] 짐승 한 마리도 못 잡은 사냥꾼. 7. 《통용어》 거세한 수퇘지. 8. [동물] a) 긴 다리 곤충류. b) ↑Weberknecht. 9. 잉어의 일종.

Schneider-: ~**arbeit**, die 맞춤 옷: der Anzug ist S. 이 양복은 맞춤 옷이다. ~**atelier**, das 재봉 작업실. ~**büste**, die ↑~puppe. ~**etikett**, das 맞춤옷 부착 상표. ~**forelle**, die 《통용어·농·준교어》 쳥어. ~**geselle**, der 견습 재봉사. ~**gesellin**, die ↑~geselle의 여성형. ~**handwerk**, das (Pl. 없음) 재봉일(직). ~**karpfen**, der 잉어(의 일종). ~**kleid**, das 맞춤옷. ~**kostüm**, das 맞춤 의복. ~**kreide**, das 재단용분필. ~**leinen**, das ↑Steifleinen. ~**meister**, der 재봉사의 우두머리, 숙련재봉사. ~**muskel**, der [해부] 봉공근(縫工筋). ~**puppe**, die 옷 만드는 데에 쓰이는 동체(胴體)의 모형, 마네킹. ~**schere**, die 재단가위. ~**sitz**, der 〈Pl. 없음〉 책상다리: im S. dasitzen 책상다리를 하고 앉아 있다. ~**werkstatt**, die 재봉사의 작업실. ~**zunft**, die 재봉사 조합.

Schneiderei [ʃnaɪdəˈraɪ], die; -en 1. 재봉사의 작업실[장]. 2. (Pl. 없음) a) 재봉일[직]: die S. hat er an den Nagel gehängt 그는 재봉일을 그만두었다. b) 재봉일(기술). **Schneiderin**, die; -nen ↑Schneider의 여성형. **schneiderisch** 〈Adj.〉 재봉일(기술)의. **schneidern** ['ʃnaɪdɐn] 〈h〉 1. 재봉하다, (옷을) 짓다: Kleider s. 옷을 짓다[만들다]; sie schneidert ihre Sachen selbst 그녀는 자기 옷들을 스스로 만든다. 2. 《은어》 (차체를) 설계하다. **schneidig** ['ʃnaɪdɪç] 〈Adj.〉 1. 《군대식으로》 정돈되있는, 자신만만한, 단호한. 2. 경쾌한, 멋진: [전의] -e Musik 신나는 음악. 3. 날이 있는(선), 잘 드는, 잘 베어지는. **Schneidigkeit**, die ↑Schneidig의 명사형.

schneien ['ʃnaɪən] 1. 〈h; 비인칭〉 눈이 오다, 눈 내리다: draußen hat es geschneit 밖에는 눈이 왔다; es schneit dicke Flocken(in dicken Flocken) 함박눈이 온다. [전의] es schneit (auf dem Bildschirm) 《텔레비전·스크린》 영상 스크린이 어른거린다. 2. 〈s〉 눈처럼 내리다. 3. 《통용어》 〈s〉 느닷없이 오다(나타나다).

Schneise ['ʃnaɪzə], die; -n 1. 숲속길 (벌채하여 생긴): eine S. (in den Wald) schlagen(hauen) 벌채하여 숲 속에 길을 트다. 2. ↑Flugschneise의 약칭. **schneiteln** ['ʃnaɪtəln] 〈h〉 [임업·농업] 가지를 치다, 가지치기

를 하다.

schnell [ʃnɛl] 〈Adj.〉 1. (반대: langsam 1) a) 빠른, 빠른 속도의: sie wurden immer -er 그들은 점점 더 빨라졌다; s. sprechen(schreiben) 빠른 속도로 말하다(쓰다). b) 빠른, 재빠른, 신속한, 급한: einen -en Entschluß fassen 신속하게 결정하다; eine -e Auffassung haben (무엇이든지) 빠르게 이해하다; sich s. einleben (zurechtfinden) 신속하게 적응하다(상황을 파악하다); s. (,s.)! 빨리 (빨리)!; nicht so s.! 너무 빨라!; -er! 좀 더 빨리!; mach s.! 급하게 하다, 서두르다; so s. wie((드물게)) als möglich 가능한 한 빨리; so s. macht ihm das keiner nach 당분간은 아무도 그처럼 할 수 없을 것이다; wie heißt er noch s. 《통용어》 그의 이름이 무엇이더라?(기억할 것 같으면서도 되지 않는 경우); **auf die -e** 《통용어》 1) 아무렇게나, 날림으로. 2) 당장에, 급하게. 2. 속력을 낼 수 있는: eine -e Straße(Strecke) 속력을 낼 수 있는 도로, 구간. 3. 《통용어》 빠르게(급하게) 마련할 수 있는: -es Geld 급히 구할 수 있는 돈, 급전. 4. (동작이) 잰, 재빠른, 민첩한, 민활한: sie ist sehr s. (bei der Arbeit) 그 여자의 (일)솜씨가 아주 재다; du bist zu s. 너는 너무 서둔다(조심스럽지 못하다); das geht mir zu s. 너무 빨라 (못 따라가겠다, 못 알아듣겠다); ich muß noch s. etwas nachsehen 잠간 무엇을 살펴보아야겠다.

schnell-, Schnell-: ~**arbeitsstahl**, der 고속도강(高速度鋼). ~**aufzug**, der 고속 엘리베이터. ~**bahn**, die [교통] ↑S-Bahn. ~**bauweise**, die 조립식 건축 방식. ~**binder**, der [건축] 순간 응고[결합] 시멘트. ~**bleiche**, die 《통용어》 (강근 내용이 쉽게 "바래는") 속성 과정. ~**bleichekurs**, der 《통용어》 속성 과정. ~**boot**, das 쾌속 전함. ~**bremsung**, die [철도] 급제동. ~**büffet**, das 간이 (뷔페) 식당. ~**büffett** [-byːgəlaɪ], die; -en 《구동독》 속성다림질(해 주는 곳). ~**bus**, der 고속버스. ~**dampfer**, der 《고어》 (북대서양횡단) 고속 여객선. ~**dienst**, der Expreßdienst, die ~**dreher**, der [경제·광고어] 빨리 팔리는 상품(반대: Langsamdreher). ~**drehstahl**, der ↑~arbeitsstahl. ~**drukker**, der [전산] 고속 프린터. ~**feuer**, das 〈Pl. 없음〉 [군] 속사(速射). ~**feuergeschütz**, das 속사포 (速射砲). ~**feuergewehr**, das 속사총(速射銃). ~**feuerpistole**, die 속사 권총. ~**feuerschießen**, das [사격] 속사 경기. ~**feuerwaffe**, die 속사 화기(速射火器). ~**filter**, der 속성 필터. ~**füßig** 〈Adj.〉 발 (결음)이 빠른. ~**füßlein**, die 빠름, 빠른 발걸음. ~**gang**, der [기술] ↑Overdrive. ~**ganggetriebe**, das [기술] 오버드라이브 장치, 증속구동(增速驅動) 장치. ~**gaststätte**, die 간이식당. ~**gefrierverfahren**, das 급속 냉동법. [1]~**gericht**, das 즉결 재판(소). [2]~**gericht**, das a) 간단하고 빠르게 조리될 수 있는 음식. b) 《식당에서》 빨리 되는 음식[요리]. ~**hefter**, der ↑Hefter. ~**imbiß**, der 《통용어》 간이 식사(음식). ~**käfer**, der [동물] 방아벌레. ~**kaffee**, der 《통용어》 ↑Pulverkaffee. ~**kocher**, der 《통용어》 ↑~kochtopf. ~**kochplatte**, die 속성전기풍로. ~**kochtopf**, der ↑Dampfkochtopf. ~**kraft**, die ↑Schnellkraft. ~**küche**, die 《구동독》 간이 식당. ~**kurs**, der 속성 과정. ~**kursus**, der 속성 과정. ~**laster** (비분리사: Schnellaster, der ↑~lastwagen. ~**lastwagen** (비분리사: Schnellastwagen), der 고속화물차. ~**lauf**, der 《육상·준교어》 단(중)거리 선수(주자). ~**läufig** (비분리사: schnelläufig) 〈Adj.〉 [기술] (기계 따위가) 빨리 돌아가는, 급속의. ~**lebig** (비분리사: schnellebig) 〈Adj.〉 a) 《드물게·전문어》 단명(短命)의. b) 활발한, 분주한. c) 오래가지 않는: eine -e Mode 오래가지 않는

유행. ~lebigkeit, die ↑~lebig의 명사형. ~merker, der 〈통용어·농·반어〉 머리 잘 돌아가는 친구, 눈치 빠른 사람. ~paket, das 【우편】 속달소포. ~presse, die 고속〈윤전〉인쇄기. ~rechner, der 전자계산기. ~reinigung, die 즉석 크리닝〈세탁소〉. ~restaurant, das 간이식당. ~richter, der 즉결재판 판사. ~schreiber, der 〈통용어〉 a) 글을 빨리 쓰는 사람, 속기사. b) 다작가(多作家). ~schrift, die 〈드물게〉 ↑ Kurzschrift. ~schritt, der 〈Pl. 없음〉〈대개 다음 용법으로〉 im S. 빠른〈급한〉 걸음으로. ~segler, der 〈옛〉속도가 빠른 요트. ~siede(r)kurs, der 〈통용어〉속성〈단기〉과정. ~stahl, der ↑~arbeitsstahl. ~straße, die 〈준〉고속도로. ~transporter, der 〈단거리용〉 소형화물차. ~triebwagen, der 【철도】 급행열차용 기관차. ~verband, der 간이붕대. ~verbindung, die 고속교통설비〈편〉. ~verfahren, das 1. 【기술】고속〈급속〉처리 방법. 2. 【법】즉결 재판〈절차〉. ~verkehr, der 【교통】1. 고속 교통. 2. 고속 교통편. ~wäscherei, die 즉석 세탁소. ~waage, die 자동저울. ~wachsend 〈Adj.〉〈식물이〉빨리 자라는. ~weg, der 【교통】고속로. ~wüchsig 〈Adj.〉빨리 자라는 성질의(↑~wachsend 참조). ~zug, das 급행열차. ~zugstation, die 급행 열차 정거장. ~zugverbindung, die 급행 열차편. ~zugzuschlag, der 급행〈할증〉요금.

Schnelle, die; -n 1. 〈Pl. 없음〉〈아어·드물게〉↑ Schnelligkeit. 2. 【지리】 ↑ Stromschnelle. 3. 【미술】(16세기의) 장식 맥주 조끼. **schnellen** ['ʃnɛlən] 1. 〈s〉뛰어오르다, 치솟다. sinken in die Höhe 그는 펄쩍 뛰어올랐다; 〈전의〉 die Preise waren schlagartig in die Höhe geschnellt 물가는 순식간에 치솟아 버렸다. 2. 〈h〉갑자기 던지다〈쏘다〉, 퉁겨 날리다, 튀기다. 3. 〈전의〉↑schnippen. **Schneller,** der; -s, - 1. 〈지역적〉손가락으로 튀기기〈튀기는 소리〉. 2. 〈지역적〉↑ Murmel. 3. 【음악】 프랄트릴러, 상방(上方)〈逆〉회음). **Schnellheit,** die 〈드물게〉↑ Schnelligkeit. **Schnelligkeit,** die; -en a) 속도, 속력. b) 〈Pl. 없음〉민첩〈민활〉함: die S., mit der sie arbeitet, ist erstaunlich 그녀의 잰 일 솜씨는 놀라운다. **Schnellkraft,** die 탄력, Elastizität. **schnellstens** 〈Adv.〉 가능한 빨리, 당장. **schnellstmöglich** 〈Adj.〉 가능한 한 빠른: den -en Termin wahrnehmen 가능한 한 빠른 시일에 출정(出廷)하다.

Schnepfe ['ʃnɛpfə], die; -n 1. 【동물】도요새. 2. a) 〈통용어〉계집〈년〉. b) 〈폄〉창녀. 3. 〈지역적〉 ↑ Schnabel (3).

Schnepfen-: ~dreck, der 【요리】도요새 내장 요리. ~jagd, die 도요새 사냥: auf S. gehen 〈경〉 유락에 가다, 창녀를 찾아가다. ~strich, der 1. 〈Pl. 없음〉【사냥】(발정기의) 도요새의 구애 비상(求愛飛翔). 2. 〈경〉유곽 지대, 창녀촌. ~vogel, der 〈대개 Pl.〉 도요새 같은 새들, 도요새. ~zug, der 【사냥】 봄, 가을철의 도요새의 이동〈떼〉.

Schneppe ['ʃnɛpə], die; -n 【Md., Niederd., mniederd. snibbe】 1. 〈지역적〉 ↑ Schnabel (3). 2. 〈지역적〉 ↑ Schnepfe (2). 3. 〈의상·옛〉 여자코르셋의 뾰족한 가슴 부분. **Schneppenhaube,** die 〈의상·옛〉↑ 뾰족한 두건. **Schneppentaille,** die 〈의상·옛〉뾰족한 가슴 부분이 있는 여자 코르셋. **Schnepper** ['ʃnɛpɐ], der; -s, - 1. 【제조】뒤로 젖힌 상태로 세우기. 2. ↑ Schnäpper. **schneppern** ['ʃnɛpɐn] 〈h/s〉【제조】상체를 뒤로 젖혔다가 도약하다. **Schneppersprung,** der 【제조】 상체를 뒤로 젖혔다가 급히 세우면서 뛰기(도약).

schnetzeln ['ʃnɛtsl̩n] 〈h〉 [↑schnitzeln의 별형] 〈지역적〉 (고기를) 얇게(얄찍하게) 썰다.

Schneuß [ʃnɔʏs], der; -es, -e [Schneise의 별형] 【건축】 ↑ Fischblase (2).

Schneuze ['ʃnɔʏtsə], die; -n 〈고어〉 ↑ Dochtschere. **schneuzen** ['ʃnɔʏtsn̩] 〈h〉 1. 코를 풀다: sich in ein Taschentuch s. 손수건에다 코를 풀다; die Nase s. 코를 풀다. 2. 〈고어〉 (양초의 심지를) 자르다: die Kerzen s. 양초 심지를 자르다. **Schneuztuch,** das 〈Pl. ...tücher〉 (südd., österr.·고어) ↑ Taschentuch.

schnicken ['ʃnɪkŋ] 〈h〉 〈지역적·의성어〉 1. ↑schnippen (2 b): mit den Fingern s. 손가락을 튀기다. 2. 훈들어 떨어뜨리다. **Schnickschnack,** der; -(e)s 〈통용어·폄〉 1. 소용없는 것, 쓸데없는 물건, 잡동사니: billiger[überflüssiger] S. 싸구려〈소용없는〉 잡동사니. 2. 허튼 소리, 빈 소리, 쓸데없는〈시시한〉 이야기.

schnieben* ['ʃniːbn̩] 〈h〉 [↑schnauben의 별형] 〈지역적〉↑schnauben (1). **schniefen** ['ʃniːfn̩] 〈h〉 〈지역적〉(코가 막혀서) 킁킁대며 숨쉬다.

schniegeln ['ʃniːgl̩n] 〈h〉〈통용어·폄〉 (남자가) 모양내다, 반질반질하게 차려 입다: ein geschniegelter Laffe 기생오라비같이 반질반질한 녀석; **geschniegelt und gebügelt(gestriegelt)** 〈통용어·농〉 때빼고 광낸, 잔뜩 모양을 낸.

schnieke ['ʃnikə] 〈Adj.〉 (berlin.) 1. 멋진, 우아한: sich s. herausputzen 멋지게 차려 입다. 2. 훌륭한, 걸출한: das ist ja s. 그것 참 근사하다.

Schniepel ['ʃniːpl̩], der; -s, - [niederd. snip(pe)] 1. 〈지역적·경〉 ↑ Frack. 2. 〈지역적·경〉 ↑ Penis. 3. 〈고어〉 ↑ Geck, ↑ Stutzer.

Schnipfel ['ʃnɪpfl̩], der; -s, - 〈지역적〉 ↑ Schnipsel. **Schnipfelchen,** das; -s, - 〈지역적〉 ↑ Schnipselchen. **schnipfeln** ['ʃnɪpfl̩n] 〈h〉 [↑schnippeln의 별형] 〈지역적〉 조각나게[토막지게] 자르다. **schnipp!** [ʃnɪp] 〈Interj.〉 〈가위로 자르는 소리〉 삭독, 석둑. **Schnippchen** 〈다음 용법으로만〉 jmdm. ein S. **schlagen** 〈통용어〉 누구의 계획을 좌절시키다〈계획에 방을 놓다〉. **Schnippe,** die; -n (말의) 윗입술 흰 부분. **Schnippel,** der / das; -s, - 〈통용어〉 ↑ Schnipsel. **Schnippelchen,** das; -s, - ↑ Schnippel의 축소형. **Schnippelei** [ʃnɪpəˈlaɪ], die; -en 〈통용어·폄〉 가위〈칼〉질, 가위〈칼〉로 자르기. **schnippeln** ['ʃnɪpl̩n] 〈h〉 〈통용어〉 1. 가위질하다, 가위〈칼〉로 잘라 내다: an der Wurst s. 소시지 토막을 잘라 내다. 2. 〈가위 등으로〉 잘라 내어 만들다: ein Loch (in den Stoff) s. (옷감에) (가위 등으로) 구멍을 내다. 3. 잘라 내다: wir schnippeln mit Scheren die faulen Trauben aus den Reben 가위로 포도넝쿨에서 상한 포도들을 잘라 낸다. 4. 잘게 썰다. 5. 〈통용어〉 바느질해서 만들다, 옷을 짓다. **schnippen** 〈h〉 1. a) 손가락으로 털다〈털어 버리다〉: die Asche der Zigarette in den Aschenbecher s. 담배재를 재털이에 털다. b) 손가락으로 톡톡 두드려 내다: er schnippte eine Zigarette aus der Packung 담배갑을 손가락으로 두드려 담배 한 개피를 꺼냈다. 2. a) 〈가위〉달칵[삭독]거리다. b) 손가락을 튀겨 소리를 내다.

schnippisch ['ʃnɪpɪʃ] 〈Adj.〉 [〈고형〉 Schnippe] 〈폄〉 (젊은 여인이) 새치름〈새침〉한, 톡톡 쏘아부치는, 건방진. **Schnippischkeit,** die; -en 1. 〈Pl. 없음〉 새치름함. 2. 새치름한 언사〈태도〉.

Schnippler ['ʃnɪplɐ], der; -s, - 〈은어〉 동맥을 잘라 자살하는 죄수. **schnipp, schnapp!** 〈Interj.〉 〈의성어〉 삭독삭독〈가위소리〉! **Schnippschnapp(schnurr),** das; -s 카드놀이의 일종. **Schnipsel** ['ʃnɪpsl̩], der / das; -s, - 조각, 토막, 자투리: S. von Stoff 옷감(헝겊) 조각. **Schnipselei** [ʃnɪpsəˈlaɪ], die; -en 가위질하기, 자르기. **schnipseln** ['ʃnɪpsl̩n] 〈h〉 ↑schnippeln. **schnipsen** ['ʃnɪpsn̩] 〈h〉 ↑schnippen.

Schnipser ['ʃnɪpsɐ], der; -s, - 손가락 튀기기[튀겨 소리내기].

Schnirkelschnecke ['ʃnɪrk]-], die; -n [동물] 달팽이류.

schnitt [ʃnɪt] ↑schneiden 참조. **Schnitt** [-], der; -(e)s, -e 1. 자름, 잘라 냄, 벰: der S. mit dem Messer ging tief ins Fleisch 살 속 깊이까지 칼로 베였다. 2. a) 자른[베인] 자리[자국], 절개: der S. ist gut verheilt 베인 자리는 잘 나았다[아물었다]. b) 잘라서 생긴 면, 단면(斷面). 3. 베어냄, 베어들임, 추수: einen S. (bei etw.) machen (통용어) (무엇에서) 이득을 보다. 4. (옷 따위의) 모양, 형: ihr Haar hat einen kurzen [modischen] S. 그녀는 짧은[유행하는] 머리 모양을 하고 있다; [경의] eine Wohnung mit gutem S. 공간 배치가 잘된 집[아파트]. 5. [생물·의학] (현미경용) 박편(薄片): ein histologischer S. 조직 검사용 박편. 6. [영화·텔레비전] a) (필름, 녹음 테이프의) 편집, 커팅. b) 영상의 연결: ein harter (den) S. (besorgt): Gisela Meyer 편집(담당): 기젤라 마이어. 7. ↑Schnittmuster: ein Kleidungsstück mit[nach] einem S. [ohne S.] nähen 옷을 본에 따라[본 없이] 짓다. 8. [도서] (책의) 등을 제외한 세 측면: der S. des Lexikons ist vergoldet 그 사전의 측면은 금박이 되어 있다. 9. 단면도(斷面圖): etw. im S. darstellen 무엇을 단면도로 나타내다. 10. (통용어) 평균, 평균치: die Strecke ist mit guten -en befahrbar 그 구간은 평균 속도로 (차를) 달릴 수 있다; er raucht im S. 20 Zigaretten am Tag 그는 하루에 평균 스무 가치의 담배를 피운다. 11. **der Goldene S.** [수학] 황금 분할. 12. [기하] 교점(交点), 교선(交線), 교면(交面). 13. (드물게) ↑Holz-, Linolschnitt. 14. (지역적·준고어) 작은 컵(반 컵)의 양. 15. [구기] (컷에 의한) 공의 회전.

schnitt-, Schnitt-: ~**blume**, die (대개 Pl.) a) 꽃꽂이용 꽃(종류): Nelken[Rosen] sind -n 카네이션[장미]은 꽃꽂이용 꽃이다. b) (꽃꽂이용으로) 꺾은 꽃. ~**bohne**, die ↑Gartenbohne. ~**brot**, das (조각으로) 잘라 포장한 빵. ~**entbindung**, die [의학] 제왕절개 분만. ~**fest** ⟨Adj.⟩ 잘 잘라지는, 잘 썰어지는. ~**fläche**, die 1. (절)단면. 2. [수학] ↑Schnitt (12). ~**form**, die 재단 형태. ~**frisur**, die 이발 모양. ~**führung**, die 절개[절단] 방식. ~**gerade** ⟨Adj.⟩ 똑바른, 자른 듯이 바른. ~**grün**, das (Pl. 없음) ↑Bindegrün. ~**gut**, das 썰 것, 벨 것. ~**holz**, das 제재(製材)한 목재. ~**kante**, die 자른 모서리[가장자리]. ~**käse**, der 얇게 잘라진[잘라 먹는] 치즈(반대: Streichkäse). ~**kurve**, die 곡선 형태의 교선(交線). ~**lauch**, der 파, 김장파. ~**lauchlocken** ⟨Pl.⟩ (통용어·농) 길찬[미끈한] 머리. ~**lauchsalat**, der 파가 들어간 샐러드. ~**linie**, die a) 교선(交線). b) 교차선. ~**meister**, der ↑Cutter. ~**meisterin**, die ↑Cutterin. ~**menge**, die [수학] 교집합(交集合). ~**modell**, das (재단 모형. ~**muster**, das a) (옷의) 본, 형지(型紙). b) (통용어) ↑~**musterbogen**. ~**musterbogen**, der 본[형지]이 그려져 있는 큰 종이. ~**punkt**, der a) [기하] 교점(交點): der S. zweier Geraden 두 직선의 교점. b) 교차 지점[지역]: im S. zweier Verkehrswege liegen 두 도로의 교차 지점[지역]에 놓여 있다. ~**reif** ⟨Adj.⟩ (곡식이) 거둬들일 수 있게 여문. ~**salat**, der ↑Pflücksalat. ~**verletzung**, die 칼로 다침[다친 상처]. ~**ware**, die 1. ↑Meterware. 2. ↑~**holz**. ~**werkzeug**, das ↑Schneidewerkzeug. ~**wunde**, die 베인 상처.

Schnittchen, das; -s, - 1. ↑Schnitte. 2. 무엇을 바르거나 얹은 작은 빵조각. **Schnitte**, die; -n 1. (지역적) 얇게 자른 빵(조각). 2. (지역적) 무엇을 바르거나 얹은 빵: eine S. mit Käse essen 치즈를 얹은 빵 조각을 먹

다. 3. (österr.) ↑Waffel. **Schnitter**, der; -s, - (준고어) ↑Mäher (2). **Schnitterin**, die; -nen (준고어) ↑Schnitter의 여성형. **schnittig** ['ʃnɪtɪç] ⟨Adj.⟩ [본래 = schneidig (1, 2)] 1. (특히 자동차가) 모양이 좋은, 날씬한: der Flitzer ist s. gebaut 그 스포츠카는 만든 모양이 날씬하다. 2. 《드물게》잘 드는, 잘 베이는(칼 따위가). 3. 추수할 수 있게 익은. **Schnittigkeit**, die ↑Schnittig의 명사형. **Schnittling** ['ʃnɪtlɪŋ], der; -s (bayr., 드물게 österr.) ↑Schnittlauch.

Schnitz [ʃnɪts], der; -es, -e (지역적) (과일, 감자 등을 껍질 벗겨 자른) 조각, 지스러기.

Schnitz-: ~**altar**, der 목각(木刻)한 제단 후벽. ~**arbeit**, die 목각[조각]물. ~**bank**, die (Pl. ...banke) 목(조)각, 작업대. ~**bild**, das 목각상(像). ~**holz**, das 조각용 목재. ~**kunst**, die 목각(조각)(예술). ~**messer**, das 목각[조각]용 칼. ~**werk**, das 목각[조각]품.

Schnitzel ['ʃnɪts]], das; -s, -] 얇게 썬 송아지고기[돼지고기], 커틀릿: Wiener S. 비엔나 슈니첼(송아지고기 커틀릿). 2. ⟨der / (österr.) das⟩ -s, -) (종이, 나무 등의) 잘라낸 조각, 작은 조각, 지스러기.

Schnitzel-: ~**bank**, die (Pl. -bänke) 1. (고어) (조각[목각]하는 사람의) 작업대. 2. (동네에서 일어난 일을 두고 하는) 해학시(諧謔詩)를 노래하는 자리. ~**jagd**, die 1. [승마] 종이지스러기의 흔적을 쫓아 목표물을 찾아내는 승마 술래잡기 놀이. 2. 종이 지스러기의 흔적을 쫓아 목표물을 찾아내는 (아이들의) 술래잡기 놀이. ~**werk**, das (주방 기계에 부착된) 써는 장치.

Schnitzelei [ʃnɪtsə'laɪ], die; -en 1. ⟨Pl. 없음⟩ (통용어) 잘게 써는 일. 2. ⟨Pl. 없음⟩ (지역적) 새김질, 조각, 목각. 3. (지역적) 새긴 것, 새기어 만든 것, 조각[목각]품. **schnitzeln** ['ʃnɪts]n] ⟨h⟩ 1. 잘게 썰다. 2. (지역적) ↑schnitzen. **schnitzen** ['ʃnɪtsn] ⟨h⟩ a) 조각하다, 새기다: er schnitzt an einem Kruzifix 그는 십자가를 새기고 있다. b) 새겨서[목조해서] 만들다, 깎아 만들다: eine Madonna s. 성모상을 새겨 만들다. c) (목조해서) 새겨 넣다: eine Inschrift in einen Holztafel ~ 나무판에 각명(刻銘)하다. **Schnitzer**, der; -s, - 1. 조각[목각]하는 사람. 2. (통용어) 실수, 잘못, 오류, 과실: mit der Bemerkung hat er sich einen groben S. geleistet 그가 그렇게 말한 것은 아주 큰 실수이다. **Schnitzerei** [ʃnɪtsə'raɪ], die; -en 1. 조각품, 목각품[장식]. 2. ⟨Pl. 없음⟩ 조각[목각](하는 일). **Schnitzler**, der; -s, - (schweiz.) ↑Schnitzer (1).

schnob [ʃnoːp], **schnöbe** ['ʃnøːbə] 1. ↑schnauben 참조. 2. ↑schnieben 참조. **schnobern** [ʃnoːbɐn] ⟨h⟩ [↑schnuppern의 별형] (지역적) ↑schnuppern (a): an etw. s. 무엇에다 코를 대고 냄새를 맡다.

schnöd [ʃnøːt] ⟨Adj.⟩ (südd., österr.) ↑schnöde.

Schnodder ['ʃnɔdɐ], der; -s (속어) 콧물. **schnodderig**, **schnoddrig** ['ʃnɔd(ə)rɪç] ⟨Adj.⟩ (원래는 코도 혼자 못 닦는 어린 사람을 두고 하는 말] (통용어) 건방진, 뻔뻔스러운, 버릇없는: seine -e Art 그의 건방진 기질. **Schnodderigkeit**, **Schnoddrigkeit**, die; -en (통용어·명) 1. ⟨Pl. 없음⟩ 건방짐, 불손, 불경(不敬). 2. 건방진(불손한) 언행(言行). **schnoddrig**: ↑schnodderig. **Schnoddrigkeit**: ↑Schnodderigkeit.

schnöde ['ʃnøːdə] ⟨Adj.⟩ (아어·偏) 1. 경멸해야 할, 가치 없는, 보잘것없는: es war nichts als -r Geiz s. Habgier) 그것은 비열한 인색함[탐욕] 이 외의 아무것도 아니었다. 2. 모욕적인, 업신여기는, 무례한, 매몰찬: jmdn. im Stich lassen 비열하게도 누구를 돌보지 않다; jmds. Unerfahrenheit s. ausnutzen 누구의 미숙함을 비열하게 이용하다. **schnöden** ['ʃnøːdn] ⟨h⟩ (schweiz.) ↑schnöde reden. 비열하게(모욕적으로) 말하다. **Schnödheit, Schnödigkeit** ['ʃnøːdɪçkaɪt], die; -en ⟨아어·

펌》 a) 〈Pl. 없음〉 무가치, 모욕적임, 비열함. b) 모욕적 [비열한] 언행(言行).
schnofeln ['ʃnoːfl̩n] 〈h〉 [↑schnüffeln의 별형] 《österr.·통용어》 **1. a)** ↑schnüffeln (1 a). **b)** 염탐하다. **2.** 《드물게》 콧소리로 말하다. **Schnoferl** ['ʃnoːfɐl], das; -s, -(n) 《österr.·통용어》 **1.** 화난[기분상한] 얼굴: mach jetzt kein S.! 우거지상을 하지마! **2.** ↑Schnüffler (1).
schnökern ['ʃnøːkɐn] 〈h〉 [↑schnäken] **1.** 《지역적》 ↑naschen (1). **2.** 《nordd.》 ↑schnüffeln (4 a).
schnopern ['ʃnoːpɐn], **schnoppern** ['ʃnɔpɐn] 〈h〉 《지역적》 ↑schnobern.
Schnorchel ['ʃnɔrçl̩], der; -s, - **1.** (잠수함 따위의) 배기[통풍] 장치. **2.** (스킨 다이빙] (잠수 중에 사용하는) 호흡관. **schnorcheln** ['ʃnɔrçl̩n] 〈h〉 호흡관을 이용해서 잠수하다. **Schnorcheltauchen**, das; -s 호흡관 이용 잠수.
Schnörkel ['ʃnœrkl̩], der; -s, - [고형》 Schnirkel] 곡선[소용돌이] 장식, 장식적 곡선(나선, 소용돌이): 전의 er beendete seinen Vortrag mit einem eleganten S. 그는 멋진 수사적 표현으로 강연을 마쳤다.
schnörkel-, Schnörkel-: **~kram**, der 《통용어·펌》 요란스러운 장식(형식). **~los** 〈Adj.〉 **a)** 장식이 없는, 비비꼬이지 않은, 분명한. **b)** 가식[허식]이 없는: er spricht eine klare, -e Sprache 그는 가식이 없고 분명한 언어를 구사한다. **~schrift**, die 장식적 필체.
Schnörkelei [ʃnœrkə'lai], die; -en 《통용어·펌》 요란한 장식, 가식, 허식. **schnörkelhaft** 〈Adj.〉 《드물게》 ↑schnörkelig. **schnörkelig**, schnörklig ['ʃnœrk(ə)lɪç] 〈Adj.〉 **a)** 곡선[나선, 소용돌이] 장식이 많은, 장식적[허식적]인. **b)** 곡선[나선, 소용돌이] 장식의. **schnörkeln** ['ʃnœrkl̩n] 〈h〉 《통용어》 곡선(나선) 무늬로 장식하다: eine geschnörkelte Vase[Schrift] 요란하게 장식된 화분[장식적인 필체]. **schnörklig**: ↑schnörkelig.
Schnörre ['ʃnœrə], die; -n [niederd. snurre] 《schweiz.·통용어》 입.
schnorren ['ʃnɔrən] 〈h〉 [↑schnurren (3)] 《통용어》 (거지처럼) 구걸하다, 좀붙다.
schnörren ['ʃnœrən] 〈h〉 《schweiz.·통용어》 아무렇게나 말해 대다[지껄여 대다].
Schnorrer, der; -s, - 구걸자. **Schnorrerei** [ʃnɔrə'rai], die; -en 《통용어·펌》 **1.** 〈Pl. 없음〉 구걸 행위(습관). **2.** 구걸짓(행동). **Schnorrerin**, die; -nen 《통용어·펌》 ↑Schnorrer의 여성형.
Schnösel ['ʃnøːzl̩], der; -s, - 《통용어·펌》 건방진 젊은이. **schnöselig**, schnöslig ['ʃnøːz(ə)lɪç] 〈Adj.〉 《통용어·펌》 (젊은이가) 건방진, 건방지게 구는: sich s. benehmen 건방지게 굴다. **Schnöseligkeit**, Schnösligkeit, die 《통용어·펌》 건방짐. **schnöslig** ↑schnöselig. **Schnösligkeit**: ↑Schnöseligkeit.
Schnucke ['ʃnʊkə], die; -n [niederd. snukken] 《드물게·nordd.》 (북독의) 황야에서 기르는 작은 양.
Schnuckelchen ['ʃnʊkl̩çən], das; -s, - 새끼양, 귀여운 아이(소녀에 대한 애칭). **schnuckelig**, schnucklig ['ʃnʊk(ə)lɪç] 〈Adj.〉 《통용어》 **a)** 귀여운, 사랑스러운. **b)** 참한, 예쁘장한: eine -e Kneipe 참한 술집. **Schnucki** ['ʃnʊki], das; -s, -s 《통용어》 ↑Schnuckelchen. **Schnuckiputz**, der; -es, -e 《통용어》 ↑Schnuckelchen. **schnucklig**: ↑schnuckelig.
Schnuddel ['ʃnʊdl̩], der; -s 《지역적》 콧물. **schnuddelig**, schnuddlig ['ʃnʊd(e)lɪç] 〈Adj.〉 **1.** 《지역적》 **a)** 콧물을 흘리는, 코가 묻은. **b)** ↑schmuddelig. **2.** (berlin.) 아주 맛있는[맛있게 보이는]. **schnuddeln** ['ʃnʊdl̩n] 〈h〉 《지역적》 코를 훌쩍이다[들이켜다]. **Schnuddelnase**, die; -n 《지역적》 콧물을 흘리는 코.

schnuddlig: ↑schnuddelig.
Schnüffel-: **~krankheit**, die 〈Pl. 없음〉 【수의】 (돼지의) 코감기. **~nase**, die 《통용어·펌》 염탐꾼. **~stoff**, der 《은어》 환각용 흡입제.
Schnüffelei [ʃnʏfə'lai], die; -en **1.** 《통용어·펌》 **a)** 〈Pl. 없음〉 (계속되는) 염탐짓. **b)** 구체적인 하나의 염탐, 뒷조사, 내사(内查). **2.** 〈Pl. 없음〉 《펌》 환각용 흡입제 상용, 본드 냄새 맡기. **schnüffeln** ['ʃnʏfl̩n] 〈h〉 《통용어》 ↑schnüffeln (1, 3). **schnüffeln** ['ʃnʏfl̩n] 〈h〉 [niederd. snuffelen] **1. a)** 코를 대고 냄새를 맡다. **b)** 냄새 맡다(느끼다): er schnüffelte Brandgeruch 그는 무엇이 타는 냄새를 맡았다. **2.** 《은어》 **a)** (접착제 따위를) 흡입해서 환각 상태에 빠지다: viele Schüler der Klasse schnüffelten 그 학급의 많은 학생들이 본드를 흡입했다 (환각 목적으로). **b)** (환각 목적으로) 무엇을 흡입하다. **3.** 《통용어》 코를 훌쩍거리다[들이마시다]. **4.** 《통용어·펌》 **a)** 염탐하다, 몰래 뒤적이다. **b)** (탐정, 간첩 등이) 뒷조사하다, 탐정하다, 내사(内查)하다. **Schnüffler** ['ʃnʏflɐ], der; -s, - 《통용어·펌》 **1. a)** 염탐꾼, (습관적으로) 염탐하기 좋아하는 사람. **b)** 직업적인 염탐꾼(탐정, 간첩, 형사 등). **2.** 《은어》 접착제(본드) 상습 흡입자. **Schnüfflerin**, die; -nen 《통용어·펌》 ↑Schnüffler의 여성형.
schnullen ['ʃnʊlən] 〈h〉 [↑lullen] 《의성적》 《지역적》 빨다: am Daumen s. 엄지손가락을 빨다. **Schnuller**, der; -s, - **a)** 고무 젖꼭지. **b)** 《지역적》 ↑Sauger (1 a).
Schnulze ['ʃnʊltsə], die; -n 《통용어·펌》 **a)** 값싼 감상적 유행가. **b)** 멜로드라마. **schnulzen** ['ʃnʊltsn̩] 〈h〉 《통용어·펌》 감상적으로 노래하다, 감상적인 유행가[음악]를 연주하다. **Schnulzensänger**, der; -s, - 《통용어·펌》 감상적 유행가 가수. **Schnulzensängerin**, die; -nen 《통용어·펌》 ↑Schnulzensänger의 여성형. **schnulzig** ['ʃnʊltsɪç] 〈Adj.〉 《통용어·펌》 감상적인, 눈물을 짜내는.
Schnupf-: **~tabak**, der 코담배. **~tabakdose**, **~tabaksdose**, die 코담배통(갑). **~tuch**, das 《준고어》 ↑Taschentuch.
schnupfen ['ʃnʊpfn̩] 〈h〉 **1. a)** 코담배를 맡다(코로 들이마시다). **b)** (코담배처럼) 코로 들이마시다. **c)** (마약 따위를) 코로 들이마시어 어떤 상태에 이르다: 139 Drogenabhängige schnupften oder spritzten sich im Jahr zu Tode 지난해에는 139 명의 마약 중독자가 마약을 코로 들이마시거나 주사를 하다가 사망했다. **2. a)** 코를 들이마시다, 코를 훌쩍이다. **b)** 훌쩍거리며 말하다.
Schnupfen [-], der; -s, - **1.** 코감기. (den[einen]) S. haben 코감기에 걸려 있다. **Kavaliersschnupfen**. **Schnupfenmittel**, das 코감기약. **Schnupfenspray**, das / der ↑Nasenspray. **Schnupfer**, der; -s, - 코담배 상용자. **Schnupferin**, die; -nen ↑Schnupfer의 여성형. **schnuppe** ['ʃnʊpə] 〈Adj.〉 《다음 용법으로만》 (jmdm.) s. sein 《통용어》 아무렇게나 해도 좋다, 상관없다 · 내게는 상관이다, ist mir's. 네가 그것을 어떻게 해도 내게는 상관이다.
Schnuppe [-], die; -n **1.** 《nordd., mitteld.》 까맣게 탄 초심지(의 끝). **2.** 《드물게》 ↑Sternschnuppe의 약칭. **Schnupperlehre**, die; -n 《schweiz.》 견습공 오리엔테이션. **schnuppern** ['ʃnʊpɐn] 〈h〉 **a)** 냄새를 맡다(맡아보다). **b)** 냄새를 맡다(느끼다); 전의 er wollte mal wieder Seeluft s. 《통용어》그는 다시 한번 바다 바람을 쏘이고 싶었다[바다로 가고 싶었다].

¹**Schnur** [ʃnuːɐ̯], die; Schnüre ['ʃnyːrə], 《또한》 -en **1.** 《축소형》 ↑Schnürchen 〈f〉 끈, 줄 : eine S. aufknoten 끈을 풀다; Perlen auf eine S. aufziehen 진주를 끈에 꿰다; **über die S. hauen** 《통용어》 ↑über die Stränge schlagen (↑Strang). **b)** (일용품에 붙어 있는) 끈, 줄. **c)** (의복, 가구 등에 부착된) 장식용 끈[줄]. **2.**

《통용어》《가전제품의》전선.

²**Schnur** [-], die; -en 《고어》 머느리.

schnur-, Schnur- (¹Schnur): **~artig** 〈Adj.〉 줄[끈, 실] 모양의. **~baum,** der [원예] 홑줄기 모양을 한 과일나무[울타리나무]. **~besatz,** der (옷 따위에 붙인) 끈 장식. **~förmig** 〈Adj.〉 줄[끈, 실] 모양의. **~gerade** 《통용어》 **~grade** 〈Adj.〉 《감정》 똑바른, 일직선의: die Straße verläuft s. 그 길은 일직선으로 나 있다. **~keramik,** die 《Pl. 없음》 [고고학] **1.** (신석기 시대의) 승문토기(繩紋土器). **2.** 승문토기 문화. **~keramiker,** der 《대개 Pl.》 [고고학] 승문토기 문화의 주체(주민). **~keramisch** 〈Adj.〉 [고고학] 승문토기 (문화) 의. **~spiel,** das ↑Fadenspiel. **~springen*** (보통 부정형과 과거분사로) 〈österr.〉 ↑seilspringen: wir sind schnurgesprungen 우리는 줄넘기를 했다. **~springen,** das 〈österr.〉 줄넘기. **~stracks** 〈Adv.〉 《통용어》 **a)** 곧장, 똑바로, 단도직입적으로. **b)** 당장, 즉시, 곧. **~wurm,** der [동물] 유형(紐形)동물.

Schnür-: ~band, das 《Pl. ...bänder》 《nordd., mitteld.》 구두끈. **~boden,** der **1.** [연극] 《무대천정에 있는》 대도구(大道具)를 매다는 곳, 배경을 거는 곳. **2.** [조선] 실도면장(實圖面場). **~brust,** die 《고어》 (여자의 가슴부위를 강조하는) 조끼형 코르셋. **~leib,** der, **~leibchen,** das 《고어》 ↑~mieder (1). **~mieder,** das **1.** 《옛》 코르셋. **2.** 조끼형 코르셋. **~riemen,** der **a)** 묶는(매는) 끈. **b)** 구두끈. **~schuh,** der (끈이 있는) 단화: Kamerad S. (↑Kamerad). **~senkel,** der 《nordd., md.》 구두끈. **~stiefel,** der (끈이 있는) 편상화(編上靴).

Schnürchen ['ʃnyːɐ̯çən] *das*; -s, - ↑Schnur (1): wie am S. 《통용어》 아무 막힘없이, 아주 순조롭게, 거침없이: er konnte das Gedicht wie am S. (hersagen) 그는 그 시를 유창하게 암송할 수 있었다. **schnüren** ['ʃnyːrən] **1.** 〈h〉 **a)** (끈 따위로) 매다: (jmdm. (sich)) die Schuhe s. 누구(자기)의 구두끈을 매어 주다(매다); Stiefel zum Schnüren 구두끈이 달린 장화, 편상화. **b)** (끈 따위로써) 하나로 묶다. **c)** 하나로 묶어서 무엇을 만들다: ein Bündel s. 묶어서 다발을 만들다. **d)** (풀리지 않게) 묶다: ein Paket s. 소포를 묶다. **e)** 어디에 끈으로 묶어 고정시키다, 매달다. **f)** (끈 따위를) 동여매다, 단단하게 묶다. **2.** 〈h〉 **a)** 죄다, 압박감을 주다: 전의 Todesangst schnürte ihm Kehle und Magen 죽음의 공포가 그의 목과 위로 죄어들었다. **b)** 〈s. + sich〉 죄어들다, 파고 들다. **3.** 〈s. + sich〉 〈h〉 《옛》 코르셋을 착용하다. **4.** 〈s〉 【사냥】 **a)** (여우 따위가) 한 직선[네 발을 일직선으로 그려] 달리다. **b)** 곧장 달려가다. **Schnürlregen** ['ʃnyːɐ̯-], *der*; -s, - 〈österr.〉 장대비, 작달비: Salzburger S. (↑Kamerad) 잘츠부르크의 장대비[잘츠부르크 지역의 특징적인). **Schnürlsamt,** *der*; -(e)s, - 〈österr.〉 코르덴(지).

schnurr-, Schnurr-: ~bart, der [niederd. snurre] 코밑 수염: (einen) S. tragen 코(밑) 수염을 하고 있다. **~bartbinde,** die (특히 밤 사이에) 코(밑) 수염이 헝크러지지 않게 하는 붕대. **~bärtig** 〈Adj.〉 코(밑) 수염을 한. **~haar,** das [동물] 《대개 Pl.》 (고양이의 기타 맹수의) 수염, 촉모(觸毛). **~pfeiferei** [------'-], die 《대개 Pl.》 《고어》 **a)** 엉뚱한(기이한) 착상(생각). **b)** 기물(奇物), 잡동사니, 골동품.

Schnurrant [ʃnʊ'rant], *der*; -en, -en 《고어》 떠돌이 악사(樂士). **Schnurre** ['ʃnʊrə], die; -n 《고어》 = Schnurrpfeife, ↑Schnurrpfeiferei 《고어·아이》 소담(笑談), 익살. **schnurren** ['ʃnʊrən] **1. a)** 《의성어》 〈h〉 윙[웡웡, 덜컹] 소리나다, 소리내다: der Ventilator [der Kühlschrank] schnurrt 환풍기[냉장고]가 윙 소리를 낸다. **b)** 〈s〉 윙[웡웡] 소리를 내며 가다(움직이다). **c)** 〈h〉 《통용어》 순조롭게 진행되다. **2.** 〈h〉 (고양이가 기분이 좋아서) 목을 그르렁 그르렁 울리다. **3.** 〈h〉 《지역적》 ↑ schnorren. **Schnurrer,** *der*; -s, - 《지역적·편》 ↑ Schnorrer. **Schnurrerei** [ʃnʊrə'raj], die; -en 《지역적·편》 ↑ Schnorrerei. **Schnurrerin,** die; -nen 《지역적·편》 ↑ Schnurrer의 여성형. **schnurrig** ['ʃnʊrɪç] 〈Adj.〉 《준고어·아이》 우스꽝스러운, 우스운, 기묘한: ein ~er Einfall 기이한 발상. **Schnurrigkeit,** die; -en **1.** 《Pl. 없음》 우스꽝스러움, 기묘함. **2.** 우스꽝스러운[기묘한] 언행(생각).

Schnürung, die; -en 《드물게》 **1.** 〈Pl. 없음〉 매는[묶는] 일. **2.** 매인[묶인] 상태.

schnurz [ʃnʊrts] 〈Adj.〉 《다음 용법으로만》 **(jmdm.) s. sein** 《통용어·경》 ↑ schnuppe: das ist mir s. und piepe 그것은 내게는 아무래도 좋다[상관없다]. **schnurzegal, schnurzpiepe, schnurzpiepegal** 〈Adj.〉 《다음 용법으로만》 **(jmdm.) s. sein** 《통용어·경》 아무래도 좋다, 전혀 상관 없다(↑ schnuppe).

Schnütchen ['ʃnyːtçən], *das*; -s, - ↑ Schnute. **Schnute** ['ʃnuːtə], *die*; -n 〈축소형: ↑ Schnütchen〉 [niederd. snūt(e)] **1.** 《친근·nordd.》 (특히 어린아이의) 입, 주둥이. **2.** 《통용어》 뾰로통한 얼굴: sie zieht schon wieder eine S. 그녀는 벌써 또 뾰로통한 얼굴을 한다.

schob [ʃoːp], **schöbe** ['ʃøːbə] ↑ schieben 참조.

Schober ['ʃoːbɐ], *der*; -s, - **1.** (건초, 짚 따위를 보관하는) 곳간, 헛간, 광. **2.** 〈südd., österr.〉 (건초, 짚, 곡식 등을 야외에 쌓아 놓은) 더미, 가리: Heu in s. setzen 건초를 더미로 쌓다. **Schöberl** ['ʃøːbɐl], *das*; -s, -(n) [본래 = (Hinein)geschobenes] 〈österr.〉 (구운 비스킷 조각 같은) 수프의 알맹이[건더기]. **schobern** ['ʃoːbɐn], **schöbern** ['ʃøːbɐn] 〈h〉 〈österr.〉 더미(가리)로 쌓다.

Schochen ['ʃɔxn̩], *der*; -s, Schöchen ['ʃœçn̩] 〈südd., schweiz.〉 (작은 크기의) 건초더미. ¹**Schock** [ʃɔk], *das*; -(e)s, -e 〔그러나: 2 Schock〕 **1.** 《준고어》 (개수의 단위) 60(개): ein S. Eier kostet[《드물게》 kosten] 15 Mark 달걀 60개가 15 마르크 한다. **2.** 《통용어》 다수, 무리: sie hat ein ganzes S. Kinder 그녀에게는 한무더기의 아이들이 있다.

²**Schock** [-], *der*; -(e)s, -s 《드물게: -e》 [frz. choc < niederl. schocken] **1.** 충격, 쇼크: bei dem Todesnachricht erlitt(bekam) sie einen (schweren, leichten) S. 사망 소식을 듣고 그녀는 (심한, 가벼운) 쇼크를 받았다. **2.** [의학] 쇼크, 급성순환부전상태(急性循環不全狀態).

schock-, Schock- (²Schock): **~artig** 〈Adj.〉 쇼크 같은, 충격적인. **~bahandlung,** die **1.** 쇼크의 치료. **2.** 충격 요법 (Elektro-, Insulinschock). **~farbe,** die (은어) 눈이 어지러운 색, 너무 야한 색. **~farben** 〈Adj.〉 《은어》 너무 야한 색의. **~gefroren, ~gefrostet** 〈Adj.〉 급속 냉동한. **~therapie,** die **~behandlung** (2). **~wirkung,** die **1.** 충격 작용. **2.** 충격의 영향, 쇼크 상태: unter S. stehen 쇼크 상태에 있다.

schockant [ʃɔ'kant] 〈Adj.〉 [frz. choquant] 《준고어》 분노를 불러일으키는, 상스러운, 음란한. **Shockelei** [ʃɔkə'laj], die; -en 〈지역적〉 ↑ Schuckelei. **schockeln** ['ʃɔkl̩n] (↑ schaukeln의 별형) 〈지역적〉 **a)** 〈h〉 = schuckeln 'a. **b)** 〈s〉 ↑ schuckeln (b). **schocken** ['ʃɔkn̩] **1.** [2; engl. to shock] **a)** (미풍 양속을 넘어서는 일로) 충격을 주다: der Horrorfilm schockte das Fernsehpublikum 그 괴기영화가 텔레비전 시청자에게 충격을 주었다. **2.** [의학] (신경 정신 질환자)를 충격 요법으로 치료하다. **3.** [핸드볼·투포환] (선자리에서) 손을 뻗치어 던지다. **Schocker** ['ʃɔkɐ], *der*;

-s, - 《통용어》 (미풍 양속이나 사회적 터부를 무시해서) 충격적인 작품[사람]. **schockieren** [ʃɔ'ki:rən] 〈h〉 [frz. choquer] (미풍 양속을 넘어서는 일로) 충격[쇼크]을 주다, 분노하게 하다, 아연실색하게 하다: über etw. schockiert sein 무엇에 대해서 아연실색하다, 놀라다. **shocking**: ↑shocking.

Schockschwerenot! [ʃɔk-ʃveːrə'noːt] 〈고어〉 제기랄, 빌어먹을! **schockweise** 〈Adv.〉 1. 60개씩, 60개 단위로. 2. 《통용어》 대량으로, 떼를 지어서.

Schockwurf, der; -(e)s, ...würfe 1. 【핸드볼】 (선 자리에서) 팔뻗혀 던지기. 2. ↑Kugelschocken.

Schof [ʃoːf], der; -(e)s, -e [↑Schaub의 저지 독일어] 1. (nordd.) 이엉, 개초(蓋草). 2. 【사냥】 들오리 혹은 기러기의 무리.

Schofar [ʃoˈfaːɐ̯], der; -(s), -oth [...faˈroːt; hebr. šôfār] 【유대교】 양의 뿔로 만든 피리.

schofel [ˈʃoːfl] 〈Adj.〉 [hebr. safal] 《통용어·폄》 좋지 못한, 비열한, 야비한: das war s. von ihm 그는 비열했다. **Schofel**, der; -s, - 《폄》 1. 조악품(粗惡品), 못쓸 물건, 쓰레기: lauter[nichts als] S.! 온통 엉터리 물건뿐이야[엉터리 물건뿐이야]. 2. 야비한 사내, 악한. **schofelig**, schoflig [ˈʃoːf(ə)lɪç] 〈Adj.〉 ↑schofel.

Schöffe [ˈʃœfə], der; -n, -n 배심원.

schöffen-, Schöffen-: **~bank**, die 〈Pl. ...bänke〉 배심원석. **~gericht**, das 배심 재판. **~kollektiv**, das (구동독) (여러 지방 법원의 배심원으로 이루어진) 배심원 공동체. **~stuhl**, der ↑~gericht: eine Strafsache vor den S. bringen 형사 사건을 배심 재판에 회부하다. **~wahl**, die 배심원 선출.

schöffenbar 〈Adj.〉 〈고어〉 배심원으로 선출될 자격이 있는. **Schöffin**, die; -nen ↑Schöffe의 여성형.

Schofför: ↑Chauffeur.

schoflig: ↑schofelig.

Schogun, Shogun [ʃoːɡʊn], der; -s, -e [jap. shōgun] 〈역사적〉 【일본 막부(幕府)의】 장군. **Schogunat**, Shogunat [ʃoɡuˈnaːt], das; -(e)s 〈역사적〉 장군의 직, 막부.

Schoko [ˈʃoko], die; -s (대개 단위 표시와 함께) 《통용어》 ↑Schokolade (1, 2)의 약칭. **Schokolade** [ʃokoˈlaːdə], die; -n [niederl. chocolate < span. chocolate < mex. chocolat] 1. 초콜릿: eine Tafel S. 초콜릿 한 장; Gebäck mit S. überziehen 과자에 초콜릿으로 당의를 입히다. 2. 《음료로서의》 코코아.

schokolade-, Schokolade- 《드물게》 ↑schokoladen-, Schokoladen-. **schokoladen** 〈Adj.〉 초콜릿의.

schokoladen-, Schokoladen-: **~bein**, das 〈Pl. 없음〉 (축구·은어) 두발 중 공격력이 약한 발. **~braun** 〈Adj.〉 암갈색의. **~creme**, die 초콜릿 크림. **~ei**, das 달걀 모양의 초콜릿. **~eis**, das 초콜릿 아이스크림. **~fabrik**, die 초콜릿 공장. **~farben**, **~farbig** 〈Adj.〉 초콜릿 색의. **~figur**, die 초콜릿으로 만든 (여러 가지) 모양의 과자. **~geschäft**, das 초콜릿 상점. **~glasur**, die 초콜릿 당의(糖衣). **~guß**, der ↑~glasur. **~hase**, der 토끼 모양의 초콜릿(과자). **~herz**, das 심장 모양의 초콜릿. **~krem**, die / 《통용어》 der ↑~creme. **~osterhase**, der 초콜릿으로 만든 부활절 토끼. **~plätzchen**, das 1. 초콜릿 모양의 조그만 과자. 2. 초콜릿 당의를 입힌 조그만 과자. **~pudding**, der 초콜릿 푸딩: S. mit Vanillesoße 바닐라 소스를 곁들인 초콜릿 푸딩. **~pulver**, das 초콜릿 가루(설탕을 섞은 코코아 가루). **~raspel** 〈Pl.〉 초콜릿 굵은 가루(과자 따위에 뿌리는). **~rippe**, die 초콜릿 조각(떼어낸). **~sauce**, die ↑~soße, die 《통용어》 **a)** (얼굴)의 더 나은 쪽: bei den meisten Menschen ist die sogenannte „Schokoladenseite" 대부분의 사람은 그 얼굴 왼쪽이 사진을 잘 받는 쪽이다. **b)** 좋은 점[면]. **~soße**, die 초콜릿 소스. **~streusel** 〈Pl.〉 초콜릿 플레이크. **~tafel**, die 판(板)초콜릿. **~taler**, der 동전 모양으로 만든 초콜릿. **~torte**, die 초콜릿 케이크. **~überzug**, der ↑~glasur.

schokolieren [ʃokoˈliːrən] 〈h〉 초콜릿으로 당의를 입히다.

Scholar [ʃoˈlaːɐ̯], der; -en, -en [lat. scholaris] (옛) (중세의) 학생, 대학생. **Scholarch** [ʃoˈlarç], der; -en, -en [lat. scholarcha] 【중세】 (수도원이나 주교좌 성당의) 부속 신학교 교장. **Scholarchat** [...ˈçaːt], das; -(e)s, -e 위의 직(職). **Scholastik** [ʃoˈlastɪk], die [lat. scholastica < griech. scholastikós] 1. 스콜라 철학[신학]. 2. 《폄》 편협하고 교조적인 학문지식, 공리공론. **Scholastikat**, das; -(e)s, -e 수학수사(修學修士) 【신학생】의 수학 기간. **Scholastiker** [ʃoˈlastikɐ], der; -s, - [lat. scholasticus] 1. 스콜라 철학자. 2. (특히 예수회의) 수학수도사(修學修道士). 3. 《폄》 공론가(空論家), 억지 이론을 펴는 사람. **scholastisch** 〈Adj.〉 1. 스콜라 철학[신학]적. 2. 《폄》 공론적, 억지 이론적. **Scholastizismus** [...ˈtsɪsmʊs], der; - 1. 일방적인 스콜라 철학[신학]적 입장. 2. 《폄》 공론, 억지 이론. **Scholiast** [ʃoˈliast], der; -en, -en [riech. scholiastés] (그리스, 로마) 고전의 주해자. **Scholie** [ˈʃoːliə], die; -n, **Scholion** [...iɔn], das; -s, Scholien [...iən; griech. schólion] (그리스, 로마) 고전의 주해, 주석.

scholl [ʃɔl], **schölle** [ˈʃœlə] ↑schallen 참조.

Scholle [ˈʃɔlə], die; -n [niederd. scholle] 1. **a)** 흙덩이. **b)** 〈Pl. 없음〉 경작지, 토지: 전의 die heimatliche S. 향토(鄕土), 고향. 2. ↑Eisscholle의 약칭. 3. 【지질】 지괴(地塊). 4. **a)** 【동물】 가자미과의 물고기. **b)** 【동물】 가자미.

Schollen-: **~brecher**, der 흙덩이를 부수는 농구. **~filet**, das 【요리】 가자미[넙치] 필레트. **~gebirge**, das 【지질】 지괴산지(地塊山地), 단층 산맥.

¹**schollern** [ˈʃɔlɐn] 〈h〉 【원예】 (언 땅을) 곡괭이로 파헤치다.

²**schollern** [-] 〈h〉 [↑schallern] 흙 떨어지는 소리를 내다[소리가 나다].

Scholli [ˈʃɔli] 《다음 용법으로만》 **mein lieber S.!** 《통용어》 (놀라움이나 불만을 표시) 원 세상에!

schollig [ˈʃɔlɪç] 〈Adj.〉 1. 흙덩이가 많은. 2. 흙덩이 모양의, 덩어리진: -e Erdklumpen 덩어리진 흙덩이들.

Schöllkraut [ˈʃœl-], das; -(e)s [lat. chelidonia (herba) < griech. chelidónion] 【식물】 애기똥풀.

schölte [ˈʃœltə] ↑schelten 참조.

Scholtisei [ʃɔltiˈtsai], die; -en (nordd.·고어) 면장(이 장)(의 직).

schon [ʃoːn] 〈Adv.〉 1. **a)** (일이 예상보다 더 일찍이 일어남을 표현) 벌써, 생각보다 빨리, 이미: s. bald darauf reiste er ab 그 후 그는 벌써 떠나 버렸다; nach fünf Kilometern lag er s. vorne 5킬로미터를 지나자 벌써 그는 선두에 섰다. **b)** (어떤 일이 일어난 뒤 곧 또다른 일이 일어남을 표현) 벌써, 하자마자 벌써: kaum hatte er den Rücken gewandt, s. ging der Krach los 그가 등을 돌리자마자 싸움이 벌어졌다. **c)** (어떤 일이 시작되기도 전에 그 일과 연관된 다른 일이 일어남을 표현) 벌써, 미리: ich komme in einer Stunde wieder, du kannst ja s. (mal) die Koffer packen 내가 한 시간 뒤에 다시 오겠네, 그 사이에 자네는 미리 짐이나 싸지. 2. **a)** (어떤 일이 그 양적인 면에서 예상보다 훨씬 큼에 대한 놀라움, 불만 등을 표현) 벌써, 정말: das ist s. sehr viel 이것은 정말 너무 많다; es ist s. fünf (Minuten) vor zwölf 벌써 열두 시 오 분 전이다(너무 늦었다고 볼 지경이다). **b)** (어떤 목적의 달성을 위해서는 예상보다 훨씬 적은 크기의 수단이나도 충분함을 표현) 벌써, …만으로도: s. für 500 DM kann man in die USA fliegen 500 마르크만 있으면 미국행 비행기표를 살 수 있다. 3. a) (때를 표시하는 부사(구) 등과 함께 어떤 일이 새로운 사실이 아님을 표현) 벌써, 이미: s. Platon hat diese Ideen vertreten 이미 플라톤이 이러한 사상을 주장한 바 있다. b) (어떤 일이 처음 일어나는 일이 아님을 표현) 이미, 벌써: wie s. gesagt 이미 말한 바와 같이. 4. (다른 중요한 것은 제쳐 두더라도 언급되는 것 하나만으로도 사정을 설명할 수 있음을 표현) …만이라도, 다만, 단지: (allein) s. der Gedanke daran ist schrecklich 그 생각만 해도 지나하는 바가 크다. 5. a) (표현의 감정적 강조) 참으로, 정말, 틀림없이: das will s. was heißen 그것은 정말 대단한 일이다; du wirst s. sehen 보면 알거야. b) (통용어) (조급함의 표현) 어서, 이제는 제발: mach[komm] s.! 어서 해라[오라]; und wenn s.! 그것이 무슨 대수로운 것인가?[별것 아니다]. c) (조건의 강조) 혹시, 만약에. d) (확신 또는 달램의 표현) 틀림없이, 꼭: keine Sorge, er wird s. wiederkommen 걱정마, 그는 틀림없이 다시 올 것이다. e) (제한적 동의, 양보의 표현) 하기야, 어쩌면: Lust hätte ich s., ich habe aber keine Zeit 하기야 그러고 싶은 생각은 있지만 시간이 없어. 6. (제한, 경시의 표현) 도대체, 그래 보았자: wem nützt das s.? 그것이 도대체 누구한테 도움이 된다는 말인가?; was weiß sie s.? 그 여자가 알고 있는 것이 무엇인가?(별로 없다). 7. (의문문에서) ↑noch (6).

schön [ʃøːn] (Adj.) 1. a) 아름다운(외모, 외형이): einen -en Körper haben 아름다운 육체를 가지고 있다, 육체가 아름답다; sie ist s. von Gestalt 그녀는 몸매가 아름답다; sie war die Schönste von allen 그녀는 모든 중에서 가장 아름다운 여인이었다. b) (시각적, 청각적으로) 아름다운, 고운, 멋진: eine auffällig -e Stimme haben 유난하게 아름다운 목소리를 가지고 있다; die Blumen sind sehr s. 꽃들이 아주 아름답다; er hat sehr s. Orgel gespielt 그는 오르간을 아주 멋지게 연주했다. c) (누구의 마음에 들게, 취향에 맞게) 마음에 드는: das sind nichts als -e Worte 그것은 미사여구에 지나지 않는다; bring mir bitte etw. Schönes mit 뭔가 멋진 것을 내게 가져와. d) 쾌적한, 기분좋은, 멋진: das war eine -e Zeit 그것은 참 좋은 시절이었다; er hatte einen -en Tod 그는 고통없이 숨졌다; ich wünsche Ihnen einen -en Sonntag[Abend, ein -es Wochenende] (인사말) 즐거운[편안한] 일요일[저녁, 주말]을 보내십시오; das Wetter ist anhaltend s. 날씨는 계속해서 화창하다. was hier passiert, das ist nicht mehr s. (통용어) 여기서 일어나고 있는 일은 너무 지나치다; 정규 das ist zu s., um wahr zu sein 그것은 사실이기에는 너무 멋지다[사실일 리가 없다]. e) (nordd.) ↑gut (1 a): das riecht[schmeckt] s. 냄새[맛]가 좋다. 2. a) 훌륭한, 좋은, 멋진: das war nicht s. von dir 네의 그 행동은 좋지 못했다; der Wein ist s. klar 이 포도주는 아주 맑다. b) (칭찬하는 말) 훌륭한, 나무랄 데없는. 3. (퇴색) (인사 형식으로): (recht) -e Grüße an ... bestellen …에 대한 간절한 안부 인사를 부탁하다; danke[bitte] s. 감사합니다[천만에요]. 4. (축소형: ↑schönchen) (퇴색) (동의의 표현) (also, na) s.! 그래 좋아(요)!; das ist ja alles s. und gut aber ... (통용어) 그것은 모두 좋다, 하지만 .... 5. (so와 결합하여) (비판적, 반어적 거리감을 표현): diese Partei steht, wie es so s. heißt, auf dem Boden der Verfassung 이 정당은 허울좋게 흔히 말하듯 헌법의 테두리 안에 있다. 6. (통용어) (명령문에서 강조) 꼭, 아주: s. langsam fahren! 아주 천천히 운전하세요!; paß s. auf! 아주 조심하세요. 7. (통용어) 상당한, 큰, 많은: 50 Mark in der Stunde ist ja ein -es Stück Geld 한 시간에 50마르크는 사실 꽤 큰 돈이다; er hat ein -es Alter erreicht 그는 고령에 이르렀다; er sitzt (ganz) s. in der Tinte 그는 상당히 난처한 입장에 빠져 있다. 8. (통용어 · 반어) 화나는: du machst (mir) ja -e Geschichten (반어) 멋진 일을 저질러 놓는군; 정규 das wäre ja noch -er! 그것은 절대 안된다.

Schön- (schonen): **~bezug**, der (의자, 가구 등을 보호하기 위한) 커버, 덮개. **~frist**, die 유예 기간. **~gang**, der 1. a) [자동차] 연료 절약 구동 장치. b) ↑overdrive. 2. (세탁기의) 민감(敏感) 섬유 세탁코스. **~klima**, das (기온의 변화가 작은) 비호성(庇護性) 기후. **~kost**, die (환자 등을 위해 소화하기 쉽도록 된) 규정식, 치료식. **~kostgericht**, das ↑~kost. **~platz**, der (구동독) (정신병의 환자, 임산부 등에게 주어지는) 쉬운 일자리. **~speise**, die ↑~kost. **~waschgang** ↑~gang (2). **~zeit**, die 【사냥】수렵 금지 기간.

schön-, Schön- (schön): **~bär**, der [동물] (습기많은 숲에 사는) 나비의 일종. **~blatt**, das 등황(藤黃), 자황(雌黃)을 얻어 내는 (동남 아시아의) 식물. **~druck**, der (Pl. -e) [인쇄] (반대: Widerdruck) **a)** 표면 인쇄, 일면 인쇄. **b)** 인쇄지의 양면 중 처음 인쇄된 면, **~echse**, die [동물] 도마뱀의 일종. **~färben** ⟨h⟩ 미화해서 말하다, 둘러서 말하다, 겉치레말을 말하다. **~färber**, der 말치레하는 사람. **~färberei** [-- -- --'-], die 말치레. **~färberisch** (Adj.) 미화하는, 말치레하는. **~geist**, der (폄) 문예 애호가, 문예가, 심미적 딜레탕트. **~geisterei** [-gaɪstəˈraɪ], die (폄) 문예 애호, 문인인 체하기. **~machen** ⟨h⟩ (통용어) 1. a) 아름답게 하다, 장식하다, 꾸미다. b) ⟨s. + sich⟩ 치장하다, 모양을 내다. 2. (개가) 앞발로 서다. **~reden** ⟨h⟩ (통용어) 아첨하다. **~rederei** [-- -- --'-], die 아첨(말). **~redner**, der 아첨꾼. **~rednerei** [-reːdnəˈraɪ], die 아첨(말). **~rednerisch** (Adj.) 아첨하는, 겉치레말을 잘하는. **~schreiben*** ⟨h⟩ 똑바로 쓰다, 정서(正書)하다. **~schreibheft**, das 습자(習字) 노트. **~schreibkunst**, die 정서법(正書法), 서예, 서도. **~schreibübung**, die 습자(習字) 연습. **~schrift**, die **a)** 똑바로 쓴 필체, 정서(正書). **b)** (통용어) ↑Reinschrift. **~tuer** [-tuːɐ], der; -s, - (통용어) 아첨꾼. **~tuerei** [-tuəraɪ], die (통용어) 아첨. **~tuerisch** [-tuːarɪʃ] (Adj.) (통용어) 아첨하는. **~tun*** ⟨h⟩ (통용어) 아첨하다: er tut ihr s. 그는 그 여자에게 아첨한다. **~wetterlage**, die [기상] 쾌청(快晴)상태(기간). **~wetterperiode**, die 쾌청(快晴)기간. **~wetterwolke**, die 평평한 적운(積雲).

schönchen [ˈʃøːnçən] (Adv.) (지역적) (친밀한 어조) ↑schön (4). **¹Schöne*** [ˈʃøːnə], die (반어) 여인, 여자: **die -n der Nacht** 밤거리의 여인들(유흥업소의 여종업원, 창녀 등). **²Schöne** [-], die (시적) Schönheit.

schonen [ˈʃoːnən] ⟨h⟩ **a)** 누구(무엇)을 혹사하지 않다, 조심해서 쓰다, 보호하다, 아끼다: seine Stimme[Augen, Kräfte] s. 목소리[눈, 힘]를 조심해서 쓰다[아끼다]; eine schonende Behandlung 관대한 처리. **b)** ⟨s. + sich⟩ 스스로의 건강을 생각하다: sie schont sich nicht[zu wenig] 그 여자는 자기 몸을 아끼지 않는다[너무 적게 돌본다].

schönen [ˈʃøːnən] ⟨h⟩ **1. a)** [섬유] ↑avivieren. **b)** (전문어) (탁한 액체, 특히 포도주를) 맑게 하다: 전의 bei der Urabstimmung soll das Ergebnis geschönt worden sein (노조) 투표에서 결과가 조작되었다는 소문이 있다. **2.** (준고어) 아름답게 하다.

¹Schoner [ˈʃoːnɐ], der; -s, - (준고어) (가구 따위의) 보호 커버.

²Schoner [-], der; -s, - [engl. schooner] 스쿠너 선

(船).
Schönheit, die; -en **1.** 〈Pl. 없음〉아름다움, 미(美): die klassische S. des Stils[seines Gesichts] 그 양식[그의 얼굴]의 고전적인 아름다움. **2. a)** 아름다운 것, 아름다운 점. **b)** sie ist eine ungewöhnliche[verblühte] S. 그녀는 비상한[한물간] 미인이다.
schönheits-, Schönheits-: **~begriff,** der 미개념(美概念). **~chirurgie,** die 미용 성형. **~empfinden,** das 미감, 미적 감각. **~farm,** die 〈[engl.-amerik. beauty farm]〉 휴양지 형태의 미용 센터, 미용 요양원[휴양소]. **~fehler,** der (전체의 미관을 해치는) 흠, 결점: der Fleck ist ein S. 그 얼룩이 흠이다. 전의 das Projekt hat (nur) einen kleinen S.: es ist zu teuer 그 계획에는 (단지) 한 가지 흠이 있다, 너무 비싸다는 사실이다. **~fleck,** der 뷰티 스포트, 미용반점. **~gefühl,** das 미적 감정, 미감. **~ideal,** das 미적 이상, 이상적인 아름다움. **~königin,** die 미용 여왕. **~konkurrenz,** die ↑~wettbewerb. **~korrektur,** die 미용 성형. **~kult,** der 미의 숭상. **~mittel,** das ↑Kosmetikum. **~operation,** die 미용 성형 수술. **~pflästerchen,** das (얼굴에 붙인) 미용 반점. **~pflege,** die 미용, 미용술. **~preis,** der 미인 대회의 상. **~reparatur,** die 미장 수리. **~salon,** der ↑Kosmetiksalon. **~sinn,** der 〈Pl. 없음〉미적 감각, 미의식. **~trunken** 〈Adj.〉《시어》아름다움에 취한. **~wettbewerb,** der 미인(선발) 대회.
Schönling, der; -s, -e 《폄》미남, 기생오라비.
schonsam ['ʃo:nza:m] 〈Adj.〉《고어》조심스러운, 관대한, 인정많은.
schönstens 〈Adv.〉《통용어》《퇴색》(다음과 같은 인사말로): ich lasse ihn S. grüßen 그에게 나의 각별한 인사를 전해 주십시오.
Schonung, die; -en **1.** 〈Pl. 없음〉조심스럽게 다룸, 아낌, 관용: das Gesetz kennt keine S. 법에는 사정이 없다; etw. ohne S. durchsetzen 무엇을 사정없이 관철하다; sie flehten um S. 그들은 관대한 처분을 간청했다. **2.** 유목(幼木) 보호 구역.
Schönung, die; -en 미화, 아름답게 하기.
schonungs-, Schonungs-: **~bedürftig** 〈Adj.〉돌봄을 필요로 하는, 무리해서는 안 되는. **~los** 〈Adj.〉사정없는, 단호한, 가차없는: etw. mit -es Offenheit anprangern 무엇을 단호히 비난하다. **~losigkeit,** die 단호함, 사정 없음. **~voll** 〈Adj.〉조심스러운, 관대한: jmdn. mit -em Respekt behandeln 누구를 조심스럽고 정중하게 다루다.
Schopf [ʃɔpf], der; -(e)s, Schöpfe ['ʃœpfə] **1. a)** ↑Haarschopf (a)의 약칭. **b)** 〈드물게〉한 줌의 털. **2.** [사냥] 도가머리, 관모. **3.** 수관(樹冠). **4.** (말의) 앞머리털. **5.** 〈schweiz.〉**a)** 헛간, 곳간. **b)** (비바람을 막는) 처마, 차양.
schopf-, Schopf-: **~artig** 〈Adj.〉두발(머리) 모양의. **~braten,** der 〈österr.〉돼지목살구이. **~förmig** 〈Adj.〉↑~artig. **~tintling,** der 먹물버섯의 일종(학명: Coprinus comatus).
Schöpf- ['ʃœpf-]: **~brunnen,** der 두레우물. **-e,** die; -n 〈준고어〉**1.** (물)바가지. **2.** 옹달샘. **~eimer,** der 두레박. **~gefäß,** das 물 긷는 그릇(그릇). **~kelle,** die 국자. **~krug,** der 물 긷는 단지. **~löffel,** der 국자, 구기. **~papier,** das 손으로 뜬 종이. **~rad,** das (물 긷는) 양수차(揚水車). **~werk,** das 양수 장치.
¹schöpfen ['ʃœpfn̩] 〈h〉**1.** 푸다, 긷다, 떠내다, 뜨다, 퍼내다: Wasser aus der Quelle s. 샘에서 물을 긷다; Suppe auf die Teller s. 수프를 접시에 떠서 담다; 전의 aus jahrelanger Erfahrung s. 여러 해의 경험을 이용하다. **2.** 《아어》숨을 들이마시다: er ging nach draußen, un Luft zu s. 그는 숨을 돌리기 위해서 밖으로 나갔다. **3.** 《아어》얻다, 얻어내다: sein Wissen[seine Weisheit] aus einem Buch s. 자기의 지식[지혜]을 책에서 얻다; neuen[wieder] Mut s. 새로운[새로이] 용기를 얻다; neue[wieder] Hoffnung s. 새로운[다시] 희망을 가지다; Verdacht s. 의심을 품다. **4.** [사냥] (산짐승이) 물을 마시다. **5.** 〈전문어〉반죽이 된 펄프를 떠내어 틀에 붓다.
²schöpfen [-] 〈h〉《고어》창조하다.
¹Schöpfer, der; -s, - [lat. creātor] **a)** 창조자, 창작자, 창시자, 작가: er war der S. großer Kunstwerke 그는 위대한 예술 작품들의 창조자이다; Gott ist der S. aller Dinge 하느님은 만물의 창조자이다. **b)** 〈Pl. 없음〉조물주, 신: dank deinem S., daß du mit so was nichts zu tun hast (통용어) 그런 일에 관여하지 않아도 되는 것을 고맙게 생각해라.
²Schöpfer [-], der; -s, - 《아어》**a)** 국자. **b)** 국자용 그릇.
Schöpfer-: 《아어》**~geist,** der 〈Pl. 없음〉창조적 정신. **~hand,** die 〈Pl. 없음〉창조의 손길. **~kraft,** die 창조력, 독창력.
schöpferisch ['ʃœpfərɪʃ] 〈Adj.〉창조적인, 독창적인: ein -er Mensch 창조적[독창적] 인간; eine Pause einlegen 새로운 발상을 위해 잠시 쉬다; er ist s. (veranlagt) 그는 독창성이 있다[창조적 재능을 타고 났다]. **Schöpfung,** die; -en **1.** 〈Pl. 없음〉(신의) 창조물, 피조물, 삼라만상, 천지만물: der Mensch als die Krone der S. 만물의 영장으로서의 인간. **2.** 《아어》(사람의) 창조물, 창작품, 작품: die -en der Literatur 문학 작품; die -en eines Beethoven 베토벤 같은 사람의 작품; diese Einrichtungen sind seine S. 이 시설은 그의 작품이다. **3.** 〈Pl. 없음〉**a)** 〈아어〉창조, 창작. **b)** (신의) 천지 창조, 창세.
Schöpfungs-: **~akt,** der 〈Pl. 없음〉(신의) 창조적 행위[작업]. 전의 《아어》der dichterische S. 문학적 창조 작업. **~bericht,** der 문학적 창조 작업. **~geschichte,** die 〈Pl. 없음〉천지 창조에 대한 이야기. **~tag,** der 창세기 7일 중의 하루, 천지 창조의 하루.
Schöppchen ['ʃœpçən], das; -s, - ↑Schoppen (1).
schöppeln ['ʃœplɲ] 〈h〉**1.** 〈지역적〉한 잔 마시다. **2.** 〈schweiz.〉유아에게 병우유를 주다[먹이다].
schoppen ['ʃɔpn̩] 〈h〉**1.** 〈südd., österr., schweiz.〉가득 채우다: Gänse s. 거위를 살찌게 먹이다. **2. a)** 불룩 나오다. **b)** (대개 과거분사로) 불룩 나오게 하다.
Schoppen [-], der; -s, - [frz. chopenne] **1.** 《축소형》Schöppchen 1/4리터 혹은 1/2리터의 포도주(드물게》맥주) 한 잔: einen S. trinken 1/4리터 포도주 한 잔을 마시다. **2.** (옛) 약 1/2리터 정도의 액량 단위. **3.** 〈südd., schweiz.〉젖먹이의 우유병. **Schoppenwein,** der 잔 포도주. **schoppenweise** 〈Adv.〉잔으로.
Schöps [ʃœps], der; -es, -e 〈ostmd., österr.〉거세된 숫양, 바보 (↑Hammel 1, 2).
Schöpsen-: **~braten,** der 〈ostmd., österr.〉양고기 구이. **~fleisch,** das 〈ostmd., österr.〉양고기. **~schlegel,** der 〈österr.〉양의 허벅다리 고기.
Schöpserne* ['ʃœpsɐrnə], das 〈österr.〉양고기.
schor [ʃoːɐ̯], **schöre** ['ʃøːrə] ↑¹scheren 참조.
schoren ['ʃoːrən] 〈h〉〈지역적〉(흙 따위를) 뒤집다, 파다.
Schores ['ʃoːrəs], der; - [↑Sore의 변형] [부랑자] ↑Beschores.
Schorf [ʃɔrf], der; -(e)s, -e **1.** (부스럼 등의) 딱지, 가피(痂皮): auf der Wunde hat sich S. gebildet 상처에 딱지가 생겼다; den S. abkratzen 딱지를 긁어 떼다. **2.** [식물] 창가병(瘡痂病), 더뎅이병. **schorfbedeckt** 〈Adj.〉딱지로 뒤덮인. **schorfig** ['ʃɔrfɪç] 〈Adj.〉**a)** 딱지가 앉은. **b)** 딱지로 되어 있는, 가피성(痂皮性)의: ein -r Ausschlag 가피성 발진(發疹). **c)** (표면이) 거칠거칠한,

금이 있는.
Schörl [ʃœrl], der; -(e)s, -e 흑전기석(黑電氣石).
Schorle ['ʃɔrlə], **Schorlemorle** ['ʃɔrləˈmɔrlə], die; -n 《드물게》 das; -s, -s 탄산수를 탄 포도주(사과주스).
Schornstein ['ʃɔrn-], der; -(e)s, -e 굴뚝, 연돌, 연통: ein gemauerter S. 벽돌로 만든 굴뚝; der S. wurde gereinigt(gepflegt) 굴뚝을 소제했다; der S. raucht (wieder) 《통용어》 사업이 (다시) 잘 된다; der S. raucht von etw. 《통용어》 무엇으로 생계를 유지하다: von irgend etwas muß der S. ja rauchen 무엇으로든지 생계를 유지해야 하지 않는가; etw. in den S. schreiben 《통용어》 무엇을 잃어버린 것으로 치부하다 (↑Esse (1 b)); sein Geld zum S. hinausjagen 《통용어》 자기 돈을 탕진하다. **Schornsteinfeger**, der 굴뚝 청소부.
Schose ['ʃoːzə], die; -n ↑Chose의 독일어화.
schoß [ʃɔs] ↑schießen 참조. ¹**Schoß** [ʃoːs], der; -es, Schöße ['ʃøːsə] 1. 무릎, 품: sich auf jmds.(sich jmdm. auf den) S. setzen 누구의 무릎 위에 앉다; sie nahm das Kind auf den S. 그녀는 애를 품에 안았다; seinen Kopf in jmds. S. legen 머리를 누구의 무릎에 묻다; ihre Hände lagen im S. 그녀의 손은 무릎 위에 놓여 있었다; wie in Abrahams S. (↑Abraham); etw. fällt jmdm. in den S. 저절로[애쓰지도 않았는데] 누구의 손에 들어오다. 2. a) 《아이》 모태, 모체: sie trägt ein Kind in ihrem S. 그녀는 임신 중이다; 전의 der fruchtbare S. der Erde 대지의 풍요로운 품속; er ist in den S. der Familie zurückgekehrt 그는 가족의 품속으로 되돌아왔다; im S. der Erde 대지의 품 속에 (서). b) 《은폐》 여성의 음부. 3. a) 《연미복 등의》 옷자락: er stürzte mit fliegenden Schößen hinaus 그는 옷자락을 날리며 뛰쳐나갔다. b) 《축소형》: ↑Schößchen) ↑Schößchen. ²**Schoß** [-], die; -en/Schöße ['ʃøːsə] 《österr.》 스커트. ³**Schoß** [ʃɔs], der; Schosses, Schosse↑Schölling. ⁴**Schoß** [-], der; Schosses, Schosse(n)/Schösse(r) ['ʃœsə, 'ʃœsɐ] 《고어》 세금, 관세, 조세.
Schoß- (¹Schoß): **~bluse**, die 허리주름 장식이 있는 블라우스. **~hund**, der 《축소형》 **~hündchen**, das (특히 부인들이 무릎 위에서 키우는) 애완견. **~kind**, das 귀염둥이, 응석둥이: 전의 ein S. des Glücks 행운아. **~rock**, der 《옛》 프록코트.
Schoßbrett, das; -(e)s, -er [mhd. schoʒbrett] (bayr. 고어) ↑²Schütz (1).
Schößchen ['ʃœsçən], das; -s, - [↑¹Schloß (3 b)의 축소형] (여성 재킷 따위의) 허리 주름 장식. **Schößchenjacke**, die 허리 주름 장식이 붙은 (여성) 재킷. **Schößchenkleid**, das 허리 주름 장식이 붙은 투피스. **Schosse**: ↑³,⁴Schoß의 복수형. **schösse** ['ʃœsə] ↑schießen. **Schöße**: ↑¹,²Schoß의 복수형. **Schössel** ['ʃøsl], das; -s, - 《österr.》 1. ↑Schüssel. 2. 연미복의 옷자락.
schossen ['ʃɔsn̩], (h) 《전문어》 (곡식, 채소 등이) 웃자라다. **Schossen-**: ↑⁴Schoß의 복수형. **Schosser**, der; -s, - 《전문어》 웃자란 채소(일년만에 벌써 꽃이 피어버리는 이년생 채소). **Schösser**: ↑⁴Schoß의 복수형. **Schößling** ['ʃœslɪŋ], der; -s, -e **a)** 햇가지, 어린가지. **b)** 가지꽂이로 키운 어린 식물: 전의 was also tun mit einem so zart geratenen S. (농) 그렇게 연약하게 생겨먹은 아이를 어쩌지?
Schot [ʃoːt], die; -en [niederd. schōte] [해양] 범각삭(帆脚索)(돛을 풍향에 맞게 조정하는 밧줄).
¹**Schote** [ʃoːtə], die; -n 1. 《식물》 꼬투리, 협과(荚果): die reifen S. sind aufgeplatzt(aufgesprungen) 익은 꼬투리들이 벌어졌다[터졌다]; -n aufbrechen 꼬투리를 쪼개다. 2. 《지역적》 완두.
²**Schote** [-], die; -n ↑Schot.
³**Schote** [-], die; -(e)n 《경》 우스개 소리: eine S. erzählen 우스개 소리를 하다.
⁴**Schote** [-], der; -n, -n [jidd. schōte, schaute] 《경》 바보, 천치.
schoten-, **Schoten-** (¹Schote): **~förmig** 〈Adj.〉 꼬투리 모양의, 깍지 모양의. **~frucht**, die ↑¹Schote (1). **~pfeffer**, der 《고어》 ↑Paprika.
¹**Schott** [ʃɔt], der; -(e)s, -s [frz. chott < arab. (maghrebinisch) šaṭ] [지리] 《북아프리카의》 얕은 함수호(鹹水湖)(의 마른 바닥).
²**Schott** [-], das; -(e)s, -en/《드물게》 -e [niederd. schot] 1. [선원] (배 안의) 방수 분리벽: 전의 die -en dicht machen (nordd.) 모든 문과 창문을 닫다. 2. (차량 구조물의) 문. ¹**Schotte** ['ʃɔtə], der; -n, -n 《nordd.》 청어새끼.
²**Schotte** [-], die 《südd., schweiz.》 유장(乳漿).
³**Schotte** [-], der; -n, -n 스코틀랜드 사람(남자).
¹**Schotten** ['ʃɔtn̩], der; -s 《südd., österr.》 응유(凝乳).
²**Schotten** [-], der; -s, - 체크 무늬의 천.
Schotten-: **~karo**, **~muster**, das 체크 무늬. **~rock**, der 1. ↑¹Kilt (1). 2. 체크 무늬 천 스커트. **~stoff**, der ↑²Schotten. **~witz**, der 스코틀랜드(사람의 인색함)에 대한 농담.
Schotter [ʃɔtɐ], der; -s, - 1. (도로 포장이나 철도 부설용) 자갈, 쇄석. 2. (강가의) 자갈, 조약돌.
Schotter-: **~decke**, die (도로의) 쇄석층. **~stein**, der 《대개 Pl.》 자갈, 조약돌. **~straße**, die 자갈만을 깐 도로. **~weg**, der 자갈길.
schottern ['ʃɔtɐn], (h) 자갈[쇄석]을 깔다. **Schotterung**, die; -en 자갈[쇄석]깔기, 자갈 바닥: die S. einer Bahnstrecke 선로의 자갈 바닥.
Schottin, die; -nen 스코틀랜드 여자. **schottisch** 〈Adj.〉 스코틀랜드의. **Schottisch**, der; -en, -en, **Schottische** ['ʃɔtɪʃ(ə)], der; -n, -n 스코틀랜드식 원무. **Schottland** (고유명사) 스코틀랜드. **Schottländer**, der; -s, - 스코틀랜드 사람. **schottländisch** 〈Adj.〉 스코틀랜드의.
Schraffe ['ʃrafə], die; -n 1. 《대개 Pl.》 선영(線影)의 줄. 2. ↑Serife. **schraffen** [ʃrafn̩] ⟨h⟩ ↑schraffieren. **schraffieren** [ʃra'fiːrən] ⟨h⟩ [niederd. schraffieren] 선영을 그리다. **Schraffierung**, die; -en 1. 선영 그리기. 2. ↑Schraffur. **Schraffrung**, die; -en 1. ↑Schraffur. **Schraffur** [ʃra'fuːɐ], die; -en 선영.
schräg [ʃrɛːk] 〈Adj.〉 1. 비스듬한, 기운, 경사진: eine -e Linie 빗금; das Zimmer ist s. 방의 벽이 기울었다; den Kopf s. halten 고개를 비스듬히 하다; s. stehende Augen 양끝이 올라간 눈; er wohnt s. gegenüber 그의 집은 비스듬히 건너편에 있다; 전의 Marie sah mich s. an 《통용어》 마리가 나를 삐딱하게[의심스러운듯이, 힐책하는 표정으로] 쳐다보았다. 2. 《통용어》 규범에서 벗어난, 보통과는 다른, 삐딱한: -e Musik 삐딱한 음악(재즈, 현대 음악); Nachbarn haben oft -e Vorstellungen 이웃 사람들은 가끔 이상한[삐딱한] 생각을 한다; er malte für damalige Begriffe zu s. 그는 그 당시 일반 관념에 비추어 보아서 너무 현대적으로 그림을 그렸다.
schräg-, **Schräg-**: **~aufzug**, der [전력] 《광산의 자재 공급용》 경사 리프트. **~balken**, der [문장] 사대(斜帶). **~band**, das 《Pl. -bänder》 [재봉] 사선(斜線), 바이어스. **~bau**, der 《Pl. 없음》 [광산] 경사 채굴. **~heck**, das 자동차의 경사진 후면. **~hin** 〈Adv.〉 비스듬하게. **~kante**, die 비스듬한 모서리〈가장자리〉.

~lage, die 〈드물게 Pl.〉 **a)** 경사 위치, 기울어진 위치: das Schiff hat S. 배가 기울어 있다. **b)** 〖의학〗 (태아의) 사위(斜位). **~laufend** 〈Adj.〉 비스듬한, 경사진. **~schnitt,** der 비스듬한 단면. **~schrift,** die 〖인쇄〗 (독일 고딕체의) 이탤릭체. **~streifen,** der 〖재봉〗 바이어스. **~strich,** der 사선(斜線)(/). **~über** [-'--] 〈Adv.〉《드물게》비스듬히 건너편에.

Schräge ['ʃrɛːgə], die; -n **1.** 빗면, 경사면. **2.** 비스듬한 위치(상태). **schrägen** ['ʃrɛːgn̩] 〈h〉 **a)** 비스듬히 되게 하다: den Kopf (zur Seite) S. 고개를 비스듬히 하다. **b)** ↑abschrägen. **Schragen** ['ʃraːgn̩], der; -s, - 《아어·준어·지역적》 다리를 엇걸은 받침대. **schragen** 〈h〉 《고어·지역적》 (나무)다리를 어긋나게 짜다. **Schrägheit,** die; - 비스듬함, 기울, 경사짐. **Schrägung,** die; -en 《드물게》 ↑Schräge.

schrak [ʃraːk], **schräke** ['ʃrɛːkə] ↑²schrecken 참조.

schral [ʃraːl] 〈Adj.〉 [niederd. schrāl] 〖선원〗 역풍(逆風)의, 앞바람이 부는(반대: raum). **schralen** ['ʃraːlən] 〈h〉 〖선원〗 역풍이 불다.

Schram [ʃraːm], der; -(e)s, Schräme ['ʃrɛːmə; spätmhd. schram, ↑Schramme] 〖광〗 (채굴층으로 통하는) 개착공(開鑿孔). **Schrambohrer, Schrämbohrer,** der; -s, - 〖광〗 개착용 착암기. **schrämen** ['ʃrɛːmən] 〈h〉 〖광〗 개착공을 뚫다. **Schrämmaschine,** die 〖광〗 착암기. **Schramme** ['ʃramə], die; -n 긁힌 상처, 찰과상: ~n am Arm 팔의 긁힌 상처; das Auto hatte schon eine S.(abbekommen) 자동차가 벌써 한번 긁혔다.

Schrammelmusik ['ʃram-], die 비엔나 대중 음악의 일종. **Schrammeln** 〈Pl.〉 〔원래 19세기에 비엔나에서 악단을 조직한 Schrammel 형제의 이름에서〕 비엔나 대중 음악을 연주하는 4중주단. **Schrammelquartett,** das; -(e)s, -e ↑Schrammeln.

schrammen ['ʃramən] 〈h〉 찰과상을 입히다: sich die Stirn (an der Wand) s. (벽에 부딪쳐) 이마를 다치다. **schrammig** ['ʃramɪç] 〈Adj.〉 《드물게》 다친, 상처가 난.

Schrank [ʃraŋk], der; -(e)s, Schränke ['ʃrɛŋkə] **1.** 〈축소형: ↑Schränkchen〉 장: eingebaute Schränke 붙박이장; einen S. aufstellen[öffnen, abschließen, aufbrechen, ausräumen] 장을 놓다[열다, 닫다, 깨뜨려 열다, 비우다]; etw. aus dem S. nehmen 무엇을 장에서 꺼내다; Kleider in den S. hängen 옷을 장속에 걸다; 〔전의〕 er ist ein S. 〖통용어〗 그는 아주 건장한 체격의 소유자이다. **2.** 〖사냥〗 (짐승의) 빗겨간 흔적.

schrank-, Schrank-: ~aufsatz, der 이층장의 윗부분. **~bett,** das 장롱 침대 (세워서 벽에 붙이면 장농이나 다름 침대). **~element,** das 복합 장농 가구의 일부. **~fach,** das 장농 서랍. **~fertig** 〈Adj.〉 세탁하여 옷장에 넣도록 된. **~koffer,** der 옷장식 가방. **~spiegel,** der 옷장 거울. **~tür,** die 장농문. **~wand,** die 한쪽 벽면을 덮는 조립식 장농. **~zimmer,** das 《준어》 ↑Ankleidezimmer.

Schränkchen ['ʃrɛŋkçən], das; -s, - ↑Schrank (1). **Schranke** ['ʃraŋkə], die; -n [mhd. schranke = absperrendes Gitter] **1.** 차단 횡목, 차단기: die S. öffnen[schließen] 차단기를 열다[닫다]; die S. wird heruntergelassen[geht hoch] 차단기가 내려지다[올라가다]; die S. passieren 차단기 설치 장소를 통과하다; **jmdn. in die -n fordern** 누구에게 도전하다; **für jmdn. in die -n treten** 누구를 위해서 나서다. **2.** 〈대개 Pl.〉 한계, 제한, 장벽: moralische -n 도덕적 장벽; der Phantasie sind keine -n gesetzt 상상에는 아무런 한계가 없다; in der Konvention durchbrechen[überspringen, überwinden] 인습의 벽을 깨뜨리다[뛰어넘다, 극복하다]; keine -n mehr kennen[sich keinerlei -n auferlegen] 절제할 줄 모른다, 자제하지 않는다; **sich in -n halten** 《아어》 자제하다, 분수를 지키다; **etw. hält sich in -n** 무엇이 도를 넘지 않다; **etw. in -n halten** 무엇을 지나치지 않게 하다, 절제하다; **jmdn. in die[seine] -n weisen[verweisen]** 누구에게 자제를 요구하다. **Schrankeisen,** das; -s, - 톱날을 휘는 기구. **schränken** ['ʃrɛŋkn̩] 〈h〉 **1.** 〖전문어〗 톱날을 교대로 좌우로 휘다. **2.** 〖사냥〗 (짐승이) 빗겨가다. **Schranken** ['ʃraŋkn̩], der; -s, - 《österr.》 〔건널목의〕 차단기.

schranken-, Schranken-: ~los 〈Adj.〉 **1. a)** 무제한의, 무절제한: ein ~er Despotismus 무절제한 폭정. **b)** ↑grenzenlos (2 a): ein ~es Vertrauen 무한한 신뢰. **2.** 《드물게》 차단기가 설치되어 있지 않은. **~losigkeit,** die 무제한, 무절제. **~wärter,** der ↑Bahnwärter. **~wärterhäuschen,** das 건널목 초소.

Schränker ['ʃrɛŋkɐ], der; -s, - 〔부랑자〕 금고털이.

Schranne ['ʃranə], die; -n 《südd.·준어》 **1.** (고깃간, 제과점 등의) 진열대. **2.** 곡물 시장.

Schranz [ʃrants], der; -es, Schränze ['ʃrɛntsə] 《südd., schweiz. 방언》 (옷감의 세모나게) 찢어진 곳. **Schranze** ['ʃrantsə], die; -n, 〈드물게〉 -n, -n 《대개 Pl.》 [mhd. schranze = Person, die ein geschlitztes Kleid trägt] 〈폄〉 **a)** 측근 아첨꾼. **b)** 《고어》 간신. **schranzen** ['ʃrantsn̩] 〈h〉 《고어·폄》 간신처럼 행동하다. **schranzenhaft** 〈Adj.〉 아첨을 잘하는, 알랑거리는.

Schrape ['ʃraːpə], die; -n [niederd. schrape] 〈nordd.〉 ↑Schrapper. **schrapen** ['ʃraːpn̩] 〈nordd.〉 ↑schrappen. **Schraper** ['ʃraːpɐ], der; -s, - 〖음악〗 타악기의 일종.

Schrapnell [ʃrap'nɛl], das; -s, -e / -s [영국인 장교 H. Shrapnel의 이름에 따라] **1.** 〖군·옛〗 유산탄(榴散彈)(↑Kartätsche (1)). **2.** 《속어·폄》 매력없이진 나이든 여인: er ist mit einem alten S. verheiratet 그는 어떤 할머니와 결혼했다. **Schrapnellkugel,** die 유산탄의 탄알.

Schrappeisen ['ʃrap-], das; -s, - 그릇 따위의 때를 긁어내는 도구. **schrappen** ['ʃrapn̩] [niederd. schrapen] 〈nordd.〉 **1.** 〈h〉 껍질을 긁어 내다: Kartoffeln s. 감자의 껍질을 긁어 내다; Fische s. 생선의 비늘을 긁다; 〔전의〕 jmdn. s. [sich den Bart s.] 〖농〗 누구를 면도해 주다 [스스로 면도하다]. **2.** 〈h〉 **a)** 긁어 닦다: Töpfe und Pfannen s. 솥과 냄비를 닦다. **b)** 긁어 닦아 내다: den Schmutz von den Stiefeln s. 장화에서 더러운 것을 긁어 내다. **3. a)** 〈s〉 긁는 소리를 내며 움직이다: der Kiel schrappte über den Sand 용골이 모래 위를 긁으며 지나갔다. **b)** 〈h〉 귀에 거슬리는 소리를 내다: auf der Geige s. 바이올린으로 깽깽소리를 내다. **4.** 〈h〉 〖폄〗 (돈, 재물 따위) 긁어 모으다. **Schrapper** ['ʃrapɐ], der; -s, - **1.** 〖기술〗 스크레이퍼. **2.** 《지역적》 긁는[깎는] 도구. **3.** 《지역적》 ↑수전노. **Schraps** [ʃraps], der; -es, -e (berlin.) 소용없는 물건, 고물. **Schrapsel** ['ʃrapsl̩], das; -s, - 〈nordd.〉 〔긁어낸〕 지스러기.

Schrat [ʃraːt], der; -(e)s, -e, 《südd.》 **Schrätel** ['ʃrɛːtl̩], der; -s, - (머리가 덥수룩한) 숲의 요정, 도깨비.

Schratsegel, das; -s, -〔niederd. schräd〕〖선원〗 삼각돛.

Schratt [ʃrat], der; -(e)s, -e ↑Schrat.

Schratte ['ʃratə], die; -n 《대개 Pl.》 〖지질〗 ↑²Karren. **Schrattenfeld,** das ↑Karrenfeld. **Schrattenkalk,** der 〈Pl. 없음〉 침식 석회함.

Schraub-: ~deckel, der 나사식, 돌려닫는 뚜껑. **~getriebe,** das 〖기술〗 ↑Schraubengetriebe. **~klotz,** der ↑ ~stollen. **~stock,** der 〈Pl.

...stöcke} [기술] 바이스: ein Werkstück in den S. (ein)spannen 공작물을 바이스에 물려 조이다. **~stockbacke,** die 바이스의 턱(아가리). **~stollen,** der 나사 스파이크. **~verschluß,** der 돌려 여닫는 마개. **~zwinge,** die [기술] 클램프, 시클램프.

Schräubchen [ˈʃrɔypçən], das; -s, - ↑Schraube (1).

Schraube [ˈʃraubə], die; -n **1.** 〈축소형: ↑Schräubchen〉 나사(못): die S. sitzt fest(hat sich gelockert) 나사가 꽉 조여져 있다(풀렸다); eine S. eindrehen [anziehen, lockern, lösen] 나사를 돌려서 끼우다(죄다, 느슨하게 하다, 풀다); das Türschild mit -n befestigen 문패(간판)를 나사로 부착하다; 〈전의〉 nach inneren Unruhen zog die Regierung die S. fester an 국내에 소요가 있고 나서는 정부는 나사를 좀더 단단히 조였다(자유를 억압했다); **eine S. ohne Ende** 1) [기술] 웜나사. 2) 끝이 없음, 악순환: Preissteigerung und Lohnerhöhung sind eine S. ohne Ende 물가 상승과 임금 인상은 서로 악순환 관계에 놓여 있다; **bei jmdm. ist eine S. locker(los(e))** 〈경〉 나사가 풀렸다[제 정신이 아니다]; **die S. überdrehen** 〈통용어〉 (요구 등의) 도가 지나치다(도를 지나치게 하다); **jmdn. in die -n nehmen** 〈통용어〉 누구를 윽박지르다(↑Daumenschraube); **jmdn. in der S. haben** 〈통용어〉 누구를 강요하다(협박하다). **2. a)** ↑Schiffsschraube의 약칭. **b)** ↑Luftschraube의 약칭. **3.** [스포츠] **a)** 〈체조·다이빙〉 S. drehen 몸을 한 바퀴 비틀. **b)** [비행] 옆으로 돌리기(비행). **4.** 〈통용어·폄〉 무뚝뚝한 중년여인.

Schraubel [ˈʃraubl], die; -n [식물] 어긋나기, 호생(互生). **schrauben** [ˈʃraubn] 〈h〉 **1. a)** 나사못으로 부착하다: eine Metallplatte auf das Gerät s. 기계에 금속판을 나사로 부착하다. **b)** 나사를 풀어서 (무엇을) 떼다: den Kotflügel von der Karosserie s. 차체에서 흙받이를 떼어 내다. **2. a)** 나사를 죄다, 틀어박다: die Mutter (fest) auf die Schraube s. 암나사를 숫나사에 꼭 죄다. **b)** 돌려서 열다(풀다): den Deckel vom Marmeladenglas s. 잼 유리병의 뚜껑을 돌려서 열다. **3.** 돌려서 올리다(내리다): den Klavierschemel höher (niedriger) s. 피아노 의자를 돌려서 높이다(낮추다). **4.** 상승〈Preise〈Ansprüche, Erwartungen) in die Höhe [ständig höher) s. 물가〈요구, 기대)를 크게[점점 더 크게] 상승시키다. **5.** 〈s. + sich〉 나선 모양으로 높이다(가다): der Adler schraubte sich in die Höhe 독수리가 빙빙돌며 하늘 높이 날아갔다. **6.** [체조] 공중에서 몸을 한 바퀴 비틀다.

schrauben-, Schrauben-: ~bakterie, die 〈대개 Pl.〉 〈드물게〉 ↑Spirille. **~bolzen,** der 나사볼트. **~dampfer,** der **1.** 스크루(추진) 기선. **2.** 〈경·폄〉 뚱보 중년여인. **~dreher,** der 〈전문어〉 나선형 운동. **~feder,** der 코일 스프링. **~fläche,** die 나사면, 나선면. **~flügel,** der 스크루(프로펠러)의 날개. **~förmig** 〈Adj.〉 나선형의. **~gang,** der 나사선. **~getriebe,** das 스큐기어, 베벨기어. **~gewinde,** das 나선(螺旋), 나사. **~kopf,** der 나사 머리: ein vierkantiger S. 사각형 나사머리. **~linie,** die 나선선, 나선. **~mutter,** 〈Pl. .-muttern〉 암나사, 너트: die S. fest anziehen (lockern) 너트를 단단히 죄다(풀다). **~presse,** die [기술] 나선 압착기, [기술] 나사선 톱니바퀴. **~salto,** der [체조] 회전공중제비. **~schlüssel,** der 스패너, 나사돌리개: 〈전의〉 du brauchst wohl einen S.? (약간 멍이 되 돌았니? ↑Schraubenzieher. **~spindel,** die 나사축. **~welle,** die [기계] 프로펠러(스크루)축. **~winde,** die [기술] 나사잭. **~windung,** die 나사선, 나선형. **~wurf,** der [수구] Rückhandwurf. **~ziege,** die [동물] 히말라야 지방에 서식하며 수놈이 나선형의 긴뿔을 가진 염소의 일종(학명: Capra falconeri). **~zieher,** der 드라이버, 나사 돌리개. **~zwinge,** die [기술] ↑Schraubzwinge.

schraubig [ˈʃraubɪç] 〈Adj.〉 〈전문어〉 나선형의. **Schraubung,** die; -en 〈전문어〉 나선형 운동. **Schraufen** [ˈʃraufn], der; -s, - {↑Schraube의 방언적 별형〉 〈österr.·통용어〉 **1.** ↑Schraube (1). **2.** (경기에서의) 패배.

Schrebergarten [ˈʃreːbɐ-], der; -s, ...gärten 〈제창자인 Schreber의 이름에 따라〉 (교외의) 소규모 주말 농장. **Schrebergartenkolonie,** die (소규모) 주말 농장 부락. **Schrebergärtner,** der 소규모 주말 농장의 소유자〈임대자〉: **geistiger S.** 시야가 좁은 사람(↑Kleinrentner).

Schreck [ʃrɛk], der; -(e)s, -e 공포, 경악, 놀람: ein großer (mächtiger, ungeheurer, höllischer, jäher, panischer, tödlicher) S. 커다란 (강력한, 엄청난, 지독한, 급격한, 정신을 잃은, 살인적) 공포; ein freudiger S. durchfuhr sie 환희와 전율로 그녀는 온몸이 오싹했다; ein heftiger S. befällt [ergreift, lähmt] jmdn. 격렬한 공포가 누구를 엄습한다(사로잡는다, 마비시킨다); der S. fuhr ihm in die Knochen 공포가 그의 뼈 속까지 파고 들었다; der S. saß [lag] ihr noch in den Gliedern 경악의 여운이 그녀의 사지에 아직 남아 있었다; einen S. bekommen 경악하다; krieg (bloß, ja) keinen S. 〈통용어〉 놀라지 마라〈용서해라〉; jmdm. auf den S. (hin) sollten wir erst mal einen Kognak trinken 〈통용어〉 놀란 가슴을 진정시키기 위해서 우선 코냑을 한잔씩 마시자; vor S. zittern [bleich sein] 공포로 떨다(창백하다); 〈성구〉 S., laß nach! 〈통용어·농〉 그럴 수가? 엎친데 덮친 격이군!; **ach du S.! / (ach) du mein S.! / (ach du) heiliger S.!** 〈통용어〉 아이구 맙소사, 큰일났다: ach du S., ich habe den Termin ganz vergessen 아이구 저런, 약속기일을 깜박 잊었다. **-schreck,** der 〈Pl. 없음〉 〈통용어; 복합어 구성시 규정어에서 지칭되는 집단에게 공포와 혐오의 대상이 되는 사람을 표현함, 예컨대〉 Bürger-, Beamten-, Rekrutenschreck.

schreck-, Schreck-: ~aphasie, die [의학] 경악 실어증. **~bild,** das 무서운 모습(광경, 생각). **~erfüllt** 〈Adj.〉 무서움으로 가득 찬. **~erstarrt** 〈Adj.〉 공포로 뻣뻣해진. **~färbung,** die [동물] 위협색. **~gespenst,** das **a)** 공포의 대상. **b)** 〈감정적 강도〉 치명적 위험, 공포: das S. eines Atomkrieges 핵전쟁의 공포. **~gestalt,** die [동물] 공포의 모습. **~geweitet** 〈Adj.〉 -e Pupillen 경악해서 크게 뜬 눈동자. **~lähmung,** die [의학·동물] 공포(경악)에 의한 마비. **~laut,** der **a)** [동물] ↑Schreckenslaut. **b)** [사냥] (사슴, 노루 따위의) 놀란 소리. **~mittel,** das 위협 수단. **~reaktion,** die 경악 반응. **~schraube,** die 〈통용어·폄〉 〈용모, 태도 따위가〉 불쾌한(추한, 징그러운〉 여자. **~schuß,** der 공포. **~schußpistole,** die (호신용) 공포탄 권총. **~sekunde,** die 공포(경악)의 일순간, 긴급 대응 시간. **~starre,** die 경악에 의한 경직 현상. **~stellung,** die [동물] [곤충의] 경악(위협)자세. **~stoff,** der 〈대개 Pl.〉 [동물] **1.** 경보 물질(무리를 이루고 사는 물고기가 부상당했을 때 분비한다). **2.** (특정 곤충이 자기 보호용으로 분비하는) 경보(위협) 물질. **~wort,** das 〈Pl. -e〉 〈드물게〉 ↑Schreckenswort.

Schrecke [ˈʃrɛkə], die; -n ↑Heuschrecke. **¹schrecken** [ˈʃrɛkn] 〈h〉 **1. a)** (아이) 놀라게 하다, 겁주다: jmdn. mit Drohungen s. 위협으로 누구에게 겁을 주다. **b)** ↑aufschrecken. **c)** (사냥) 무서워하다, 질겁을 하다. **2.** ↑abschrecken (2 b). **3.** (사냥) (노루, 사슴이) 놀란 소리를 내다. **4.** [사냥] (달아나는 짐승을)소리질

러 멈칫하게 하다. ²**schrecken**⁽*⁾ [-] ⟨s⟩ ↑²auf-schrecken. **Schrecken**, der; -s, - **1.** ↑Schreck: ein S. überkam sie 공포가 그녀를 엄습했다; die Nachricht verbreitete S. 그 소식은 사방에서 경악을 불러일으켰다; jmdn. in S. versetzen 누구를 전율시키다; etw. erfüllt jmdn. mit S. (아이) 무엇이 누구를 공포로 가득 채우다; bei dem Unfall mit dem (bloßen) S. davongekommen sein 사고에서 큰 부상[손해]을 입지 않다; der Gedanke hat für sie nichts von seinem S. verloren 《아이》 그 생각을 하면 그녀는 아직도 전율을 느낀다; 정구 lieber ein Ende mit S. als ein Ende 끝없는 공포보다는 공포의 종말을 !(대 나폴레옹 해방전쟁시의 구호). **2.** 《대개 Pl.》 《아이》 끔찍한 일, 참혹한 일: die Schrecken des Krieges 전쟁의 참상들. **3.** 《대개 정관사와 함께》 《감정》 공포의 대상: er ist der S. der Nachbarschaft 그는 이웃사람들한테는 공포의 대상이다. **schreckenerregend** 〈Adj.〉 소름끼치게 하는, 끔찍한.
schreckens-, Schreckens- (Schrecken 1): ~**anblick**, der 무서운 광경. ~**bild**, das 무서운 광경. ~**blaß** 〈Adj.〉 ↑~bleich. 〈Adj.〉 공포에 질려 창백한. ~**botschaft**, die 흉보. ~**herrschaft**, die 공포 정치. ~**laut**, der 공포(경악)의 외침[소리]. ~**meldung**, die 흉보[凶報]. ~**nachricht**, die 흉보 [凶報]. ~**nacht**, die 공포의 밤. ~**regime**, das 공포 정권. ~**ruf**, der 공포(경악)의 외침. ~**schrei**, der 공포 (경악)의 외침. ~**tat**, die 잔인한 행위, 폭행. ~**vision**, die 공포를 불러 일으키는 환상. ~**voll** 〈Adj.〉《아이》 **1.** 무시무시한: es war eine -e Zeit 그때는 무시무시한 시대였다. **2.** ↑schreckerfüllt: ein -er Blick 두려움에 가득 찬 시선. ~**wort**, das 〈Pl. -e〉 공포의 말마디. ~**zeit**, die 공포 시대, 끔찍한 시대.
schreckhaft 〈Adj.〉 **1.** 쉽게 놀라는: ein -es Kind 쉽게 놀라는 아이. **2.** 《시어·준고어》 끔찍한, 지독한: zu seiner -en Freude 광장히 기뻐서. **3.** 《고어》 무시무시한, 무서운: e Visionen 무시무시한 환상[미래상]. **Schreckhaftigkeit**, die 쉽게 놀라는 성질, 끔찍함.
schrecklich 〈Adj.〉 **1.** 무서운, 끔찍한, 처참한: die Unfallstelle bot einen -en Anblick 사고 현장의 광경은 끔찍했다; es nahm ein -es Ende 그 결말은 처참했다; er war s. in seinem Zorn 분노에 찬 그의 모습은 무시무시했다; 《명사화》 sie haben Schreckliches durchgemacht 그들은 끔찍한 일들을 체험했다. **2.** 《통용어·폄》 지겨운, 역겨운, 지긋지긋한: er ist ein -er Mensch 그는 지긋지긋한 사람이다; er hat sich (ganz) s. benommen 그는 (아주) 역겹게 굴었다. **3.** 《통용어》 **a)** 지독한, 대단한: eine -e Hitze 지독한 더위. **b)** 《형용사 및 동사를 강조》 지독한, 대단히, 끔찍히: jmdn. s. nett finden 누구를 대단히 친절하다고 생각하다; etw. s. gern tun 무엇을 하기를 끔찍하게 좋아하다. **Schrecklichkeit**, die; -en 참혹함, 끔찍함. **Schrecknis** ['ʃrɛknɪs], das; -ses, -se 《전문》 공포(전율)을 일으키는 것: die S. des Todes 죽음의 무서움.
Schredder: ↑Shredder.
Schrei [ʃraɪ], der; -(e)s, -e 부르짖음, 외침, 울부짖음: ein lauter[gellender] S. 크게[날카롭게] 외치는 소리; ein S. des Entsetzens[der Überraschung, der Freude] 전율[놀람, 기쁨]의 외침; die -e der Kinder 어린아이의 아우성; ein S. durchbrach die Stille 어떤 외치는 소리가 정적을 깨뜨렸다; einen S. ausstoßen 소리를 지르다; 전의 der S. der Armen nach Brot 《아이》 빵을 요구하는 가난한 사람들의 아우성; **der letzte S.** 《통용어》 최신 유행 (↑Dernier cri): sie ist stets nach dem letzten S. gekleidet 그녀는 항상 최신 유행의 옷을 입고 있다.
Schrei-: ~**adler**, der 《동물》 동유럽, 아시아, 인도에 서식하는 작은 독수리의 일종(학명: *Aquila pomarina*). ~**hals**, der 《통용어》 아우성치는 사람, 울보: na, du kleiner S. 《친근》 그래 이 꼬마 아우성쟁이야. ~**krampf**, der 《의학》 규환(叫喚) 경련[발작]: einen S. bekommen 규환 발작에 빠지다. ~**vogel**, der 《동물》 참새목의 일종(학명: *Clamatores*).

schreib-, Schreib-: ~**abteil**, das 《철도》 (열차의) 사무실용 객실. ~**arbeit**, die 문서 작업, 사무. 《드물게》 글투, 문체. ~**automat**, der 자동타자기, 워드프로세서. ~**bedarf**, der 문방구. ~**block**, der 〈Pl. -s〉 메모장. ~**faul** 〈Adj.〉 글[편지]쓰기 싫어하는. ~**faulheit**, die ↑~faul의 명사형. ~**feder**, die 펜, 깃펜. ~**fehler**, der 잘못 씀, 오기. ~**gerät**, das 필기 도구. ~**gewandt** 〈Adj.〉 잘 쓰는, 문장 쓰기에 속기를 하는. **b)** 문장력이 좋은. ~**heft**, das 공책, 노트. ~**kopf**, der (볼 타자기의) 볼(↑Kugelkopf), (프린터의) 헤드. ~**kopfmaschine**, die 볼 타자기. ~**kraft**, die (속기) 타자수. ~**krampf**, der 서경(書痙). ~**kreide**, die 분필, 백묵. ~**kunst**, die (Pl. 없음) 필법, 서법. ~**mappe**, die 여닫을 수 있는 필기판. ~**mäppchen**, das ↑Federmäppchen. ~**maschine**, die 타자기: er kann gut S. schreiben 그는 타자를 잘친다; etw. auf der S. schreiben 무엇을 타자로 치다; einen Bogen Papier in die S. einspannen 타자기에 종이를 한 장 끼우다; ein neues Farbband in die S. einlegen[einziehen] 새로운 리본을 타자기에 끼우다. ~**maschinenpapier**, das 타자 용지. ~**maschinenschrift**, die 타자기로 작성한 글. ~**papier**, das 필기용지. ~**platte**, die 책상판. ~**pult**, das 필기대. ~**satz**, der 〈Pl. 없음〉 [인쇄] Composersatz. ~**schale**, die 필기도구 그릇. ~**schrank**, der 책상겸용 장. ~**schrift**, die **1.** 필기체. **2.** [인쇄] 스크립트체. ~**stift**, der 필기구. ~**stil**, der 문체. ~**stube** die **a)** 《고어》 사무실. **b)** 《군》 (병영의) 사무실. ~**stubenhengst**, der 《군·폄》 사무실 졸병. ~**tafel**, die 흑[칠]판, 메모판. ~**tisch**, der 책상: am [hintern] S. sitzen 책상 책상(책상 뒤)에 앉아 있다. ~**tischgarnitur**, die 필기 도구 일체. ~**tischlampe**, die 탁상용 전등. ~**tischmörder**, der 살인 배후 조정자. ~**tischschublade**, die 책상 서랍. ~**tischsessel**, der 책상용 안락의자. ~**tischstuhl**, der 책상용 의자. ~**tischtäter**, der 범죄의 배후 조종자. ~**übung**, die 습자, 글씨 연습. ~**unkundig** 〈Adj.〉 글쓸줄 모르는. ~**unterlage**, die 책받침. ~**unterricht**, der (글씨)쓰기 연습 (시간). ~**utensilien** 〈Pl.〉 필기 도구. ~**verbot**, das 집필금지(령). ~**waren** 〈Pl.〉 문방구. ~**warengeschäft**, das 문방구점. ~**warenhandlung**, die 문방구 상회[상점]. ~**warenladen**, der 문방구 가게. ~**weise**, die **1.** 철자법, 필기법. **2.** ↑~stil. ~**wut**, die 《통용어·농》 미친듯이 많이 쓰기. ~**wütig** 〈Adj.〉 《통용어·농》 미친 듯이 많이 쓰는. ~**zeug**, das 필기 도구(용구). ~**zimmer**, das (호텔, 요양원 등의) 서재, 편지 쓰는 방.

Schreibe ['ʃraɪbə], die; -n **1.** 〈Pl. 없음〉 **a)** 《통용어》 ↑Schreibstil. **b)** 글로 쓰여진 것: 정구 eine S. ist keine Rede / eine Rede ist keine S. 글 쓰는 것과 말하는 것은 다르다. **2.** 《통용어》 ↑Schreibgerät. **schreiben**⁽*⁾ ['ʃraɪbn̩] ⟨h⟩ **1. a)** 쓰다, 적다: orthographisch richtig s 철자법에 맞게 쓰다; auf weißes Papier s. 흰 종이에 쓰다; auf[mit] der Maschine s. 타자 치다; in[mit] großen(kleinen) Buchstaben s. 대문자(소문자)로 쓰다; nach Diktat s. 받아쓰기 하다; 《명사화》 jmdm. das Schreiben beibringen 누구에게 글쓰는 법을 가르쳐 주다. **b)** 【필기 도구가 어떻게】 쓰이다: der Bleistift schreibt gut 이 연필은 잘 쓰인다. **c)** ⟨s. + sich⟩ 〈비인칭〉 (어떤 재료로) 글씨가 (잘, 잘못) 쓰이다: mit der neuen Feder schreibt es sich viel besser 새 펜은 훨씬 더 잘 쓰인다. **2. a)** (단어, 문장 등을) 쓰다: ein Wort [eine Zahl] s. 단어[숫자]를 쓰다; seinen Namen an die Tafel[auf einen Zettel] s. 그의 이름을 칠판(쪽지)에 쓰다; er schreibt eine gute Handschrift 그의 필적은 훌륭하다; [전의] Schmerz war in seinen Zügen geschrieben 고통이 그의 얼굴에 새겨져 있었다. **b)** (글, 문서 따위를), 작성하다: einen Brief s. 편지를 쓰다; jmdm.[an jmdn.] eine Karte[ein paar Zeilen] s. 누구에게 엽서[몇줄]를 쓰다; der Autor schreibt einen guten Stil 그 작가의 문체는 훌륭하다; die geschriebene Sprache 문어(文語); das geschriebene Recht 성문법(成文法). **c)** (음악 작품을) 쓰다, 작곡하다: eine Oper s. 오페라를 작곡하다. **3. a)** 글을 쓰다, 저술활동을 하다: er ist Maler, und sein Freund schreibt 그는 화가이고 그의 친구는 글 쓰는 사람이다; er hat schon immer gegen den Krieg geschrieben 그는 전부터 계속해서 그의 글에서 전쟁을 반대해 왔다; 〈명사화〉 er hat großes Talent zum Schreiben 그는 글 재주가 많은 사람이다. **b)** 글로 표현하다: sie schreibt englisch und deutsch 그녀는 영어로도 그리고 독일어로도 글을 쓴다. **c)** 집필하다: an einem Roman s. 소설을 집필하다. **4. a)** 글을 써 보내다: ihr Sohn hat lange nicht geschrieben 그들의 아들이 오랫동안 편지를 하지 않았다; von dem Vorfall[über den Vorfall] hat er nichts geschrieben 그 사건에 관해 그는 아무것도 써 보내지 않았다. **b)** 〈s. + sich〉 서신 왕래를 하다: schreibt ihr euch noch? 자네들은 아직도 서로 서신 왕래를 하는가?; ich schreibe mich mit ihm seit Jahren 〈통용어〉 나는 여러 전부터 그와 서신 왕래를 하고 있다. **5.** 〈s. + sich〉 《통용어》 …한 철자를 가지고 있다: er[sein Name] schreibt sich mit „k" am Ende 그의 이름의 끝 글자는 "k"이다. **6.** 〈s. + sich〉 〈준고어·지역적〉 (이름이) …이라고 한다: sie schreibt sich jetzt Müller 그녀의 성이 이제는 뮐러이다. **7.** 〈준고어〉 날짜가 몇 월 몇 일이다: wir schreiben heute den 21. September 오늘은 9월 21일이다. **8.** (금액을) 기입하다, 기장하다: schreiben Sie (mir) den Betrag auf die Rechnung [mein Konto] 그 금액을 내 계산서에 포함시키시오[내 구좌로 계산해 주시오]. **9.** …이라고 진단서에 쓰다: der Arzt hat ihn gesund geschrieben 의사가 그는 건강하다고 진단서에 썼다. **Schreiben** [-], das; -s, - 공식 편지, 서한, 문서, 통첩: ein amtliches(geheimes) S. 공식[비밀] 문서; ein S. abfassen(aufsetzen) 문서를 작성하다; für Ihr S. danken wir Ihnen 귀하의 서한에 대해 감사드립니다; sich in einem S. an jmdn. wenden 누구에게 문서(서한)를 보내다.

Schreiber, der; -s, - **1.** (글을) 쓴 사람, 필자. **2.** 〈준고어〉 서기: er war seines Zeichens S. 그는 직업이 서기였다. **3.** 〈폄〉 작자, 글쟁이: ein armseliger S. 형편없는 글쟁이. **Schreiberei** [ʃraibəˈrai], die; -en 〈폄〉 편지질: diese S. ans Finanzamt bringt ja doch nichts ein 이런 식으로 세무서에 아무리 편지질을 해도 소용이 없다. **Schreiberin**, die; -nen [mhd. schribærinne] ↑Schreiber (1, 3)의 여성형. **Schreiberling** [ˈʃraibɐlɪŋ], der; -s, -e 〈폄〉 삼문문사(三文文士). **Schreiberseele**, die; -n 〈폄〉 속좁은 관료적 인간. **Schreiberstube**, die; -n 〈고어〉 ↑Schreibstube (a). **Schreibung**, die; -en ↑Schreibweise (1).

schreien' [ˈʃraiən] 〈h〉 **1. a)** 소리지다, 외치다: laut [hysterisch, anhaltend, aus Leibeskräften] s. 크게 [신경질적으로, 계속해서, 젖먹던 힘을 다해] 소리치다; vor Angst s. 겁에 나서 소리치다; die Zuhörer schrien vor Lachen 〈통용어〉 청중들은 폭소를 터뜨렸다; er schrie wie ein gestochenes Schwein 〈통용어〉 그는 돼지 멱따는 소리를 했다; 〈명사화〉 das Schreien der Möwen 갈매기들의 우는 소리; **zum Schreien sein** 《통용어》 배꼽을 뺄 정도로 우습다: ihre Aufmachung war zum Schreien 그녀의 치장은 배꼽을 뺄 지경이었다. **b)** 〈s. + sich〉 소리쳐서 어떤 상태가 되다: wir haben uns auf dem Fußballplatz heiser geschrien 우리는 축구장에서 고함을 질러 목이 쉬었다. **2. a)** 언성을 높이다, 고함지르다: den ganzen Abend schon schreit er mit seinen Kindern 벌써 저녁 내내 그는 자기 애들한테 소리로 야단을 친다. **b)** 큰소리로 말하다, 외치다: er schrie Hilfe 그는 도와달라고 외쳤다. **c)** 소리치며 요구하다: die Kinder schrien nach ihrer Mutter 애들은 어머니를 찾아서 울부짖었다; [전의] das Volk schrie nach Rache [아어] 민중은 격렬하게 복수를 요구했다. **schreiend** [ˈʃraiənt] 〈Adj.〉 **1.** 아주 요란한, 야한: -e Farben(Musterungen) 요란한 색깔(무늬). **2.** 너무 심한, 언청나는, 천인공노할: -e Ungerechtigkeit 엄청난 불공평. **Schreier**, der; -s, - **1.** (큰소리로) 외치는 사람. **2.** 반항적 인간, 불평꾼, 선동가. **Schreierei** [ʃraiəˈrai], die; -en 《폄》 고함침.

Schrein [ʃrain], der; -(e)s, -e 〈아어·전문어〉 (보물이나 성유물을 담는) 함, 장. **Schreiner** [ˈʃrainɐ], der; -s, - (westmd., südd.) ↑Tischler. **Schreinerei** [ʃrainəˈrai], die; -en 〈지역적·특히 westmd., südd.〉 ↑Tischlerei. **schreinern** [ˈʃrainɐn] 〈h〉 《westmd., südd.》 ↑tischlern.

schreiten' [ˈʃraitn] 〈s〉 《아어》 **1.** 걷다, 걸어가다: feierlich(aufrecht, gemählich) s. 엄숙하게(꼿꼿이, 천천히) 걷다. **2.** er schritt von Entdeckung zu Entdeckung 그는 발견에 발견을 계속했다. **2.** (무슨 일을) 시작하다(착수하다), (무슨 일로) 넘어가다: zur Wahl s. 선거를 시작하다. **Schrittanz**, der 〈아어〉 일종의 느린 동작의 옛 사교춤. **Schreitvogel**, der ↑Stelzvogel.

Schrenz [ʃrents], der; -es, -e 〈준고어〉 질이 나쁜 종이. **Schrenzpapier**, das ↑Schrenz.

schrickst [ʃrikst], **schrickt** [ʃrikt] ↑²schrecken 참조.
schrie [ʃriː] ↑schreien 참조.
schrieb [ʃriːp] ↑schreiben 참조. **Schrieb** [-], der; -s, -e 《통용어·가끔 폄》 편지, 문건: ein langer(unfreundlicher) S. 긴(불친절한) 편지. **Schrift** [ʃrɪft], die; -en **1. a)** 문자, 글자: die griechische(lateinische) S. 그리스(라틴) 문자; **nach der S. sprechen** 〈지역적〉 표준어로 말하다. **b)** (구체적으로 나타난) 글자들, 글씨: die verblaßte S. auf einem Schild 표발위의 바랜 글씨. **c)** ↑Druckschrift (1). **d)** ↑Handschrift (1). **2.** 저서, 저술: eine philosophische S. 철학적 저서; eine S. über Medizin 의학에 관한 저작; sämtliche [die gesammelten] -en eines Dichters 어느 시인의 전집; **die (Heilige) S.** 성경, 성서: die (Heilige) S. auslegen 성서를 해석하다. **3.** (Pl.) 《schweiz.》 (신분) 증명서, 증명 서류: die -en kontrollieren(vorzeigen) 증명서를 검사하다(내보이다).

schrift-, Schrift-: ~**art**, die [인쇄] 활자의 종류, 자체. ~**auslegung**, die 성서 해석. ~**bild**, das **1.** [인쇄] **a)** 활자 서체. **b)** 자면(字面), 활자체. **2.** 필적(활자체)의 모양새. ~**deutsch** 〈Adj.〉 문어(文語)적 독일어의. ~**deutsche**, das 문어적 독일어. ~**experte**, der 〈법·형사〉 필적(감정) 전문가. ~**fälscher**, der 필적 위조자. ~**farn**, der [식물] 고란초과에 속하는 고사리의 학명: Ceterach officinarum. ~**form**, die (Pl. 없음) [법] 문서 형식. ~**führer**, der 서기, 기록 담당자. ~**gelehrte**, der 〈종교〉 유태의 율법학자. ~**gemäß** 〈Adj.〉 문서(문어)에 맞는. ~**gießer**, der 활자 주조자. ~**gießerei**, die 활자주조(소). ~**gläubig** 〈Adj.〉 성서

Schriftenreihe 1852

(의 자구)를 절대 신봉하는. **~grad,** der [인쇄] 활자의 크기. **~höhe,** die [인쇄] 활자의 높이. **~kegel,** der [인쇄] ↑Kegel (4). **~leiter,** der 〈준고어〉 [신문의] 편집부원. **~leitung,** die 〈준고어〉 [신문의] 편집부. **~linie,** die [인쇄] 인쇄 문자열의 밑금. **~metall,** das ↑Letternmetall. **~musterbuch,** das [인쇄] 활자 견본. **~probe,** die **1.** [인쇄] 활자 견본. **2.** 필적 견본. **~rolle,** die 〈문서〉두루마리. **~sachverständige,** der [법・형사] 필적(감정) 전문가. **~satz,** der **1.** [인쇄] ↑Satz (3 b). **2.** [법] (신청, 답변)서면. **~schneider,** der 활자 조각자. **~seite,** die 〈동전의〉 문자면. **~setzer,** der 식자공. **~spiegel,** der [인쇄] ↑Satzspiegel. **~sprache,** die 문어(文語). **~sprachlich** 〈Adj.〉 문어의, 문어적. **~steller,** der 작가, 저술가, 문필가: freier(freischaffender) S. 자유로운(고정된 근무처가 없는) 작가[문필가]. **~stellerei** [-ʃtɛləˈraɪ], die 〈Pl. 없음〉 작가활동, 저술(작업). **~stellerin,** die; -nen↑-steller의 여성형. **~stellerisch** 〈Adj.〉 작가의, 문필적, 문학의: sich s. betätigen 작가(저술) 활동을 하다. **~stellern** [-ʃtɛlɐn] 〈h〉 작가(저술) 활동을 하다. **~stellername,** der 필명. **~stück,** das 문서, 서면, 문건: ein S. aufsetzen(verlesen, unterzeichnen) 문서를 작성하다(낭독하다, 서명하다). **~type,** die ↑Drucktype. **~verkehr,** der 〈Pl. 없음〉 **a)** 서신[문서] 교환: mit jmdm. in regem S. stehen(in S. treten) 누구하고 활발한 서신 교환을 하고 있다(시작하다). **b)** 교환된 서신[문서]: den gesamten S. durchsehen 교환된 서신 전체를 살펴보다. **~verständig** 〈Adj.〉 **1.** 필적 감정 전문의. **2.** 성경에 정통한. **~walter,** der 〈나치〉 Redakteur. **~wart,** der ↑-führer. **~wechsel,** der ↑-verkehr. **~zeichen,** das [특히 인쇄] 글자, 문자. **~zug,** der **a)** 필적, 글자체. **b)** 〈Pl.〉 필체, 서체.
Schriftenreihe, die; -n 총서, 시리즈: eine naturwissenschaftliche S. 자연과학 총서. **Schriftenverzeichnis,** das; -ses, -se 문헌 목록. **schriftlich** 〈Adj.〉 글자[문서]의, 서면의, 문서에 의한, 쓰여진: eine -e Erklärung abgeben 서면 해명을 하다; eine -e Einladung erhalten 초대장을 받다; eine -e Prüfung machen 필기 시험을 보다; ein s. festgehaltenes Interview 기록된 인터뷰; laß dir das lieber s. geben 〈통용어〉 문서로 확인을 받아 두는 것이 더 좋을 것이다; [성구] das kann ich dir s. geben 〈통용어〉 그건 내가 너에게 보증할 수 있어; 〈명사화〉 haben Sie etwas Schriftliches darüber in der Hand? 〈통용어〉 그것에 관해 증빙 문서 가진 것 있어요, 가지고 있어요? **Schriftlichkeit,** die 〈드물게〉 문자화(정도). **Schrifttum,** das; -s 〈특정 분야에 관한〉 저작, 문헌: das S. zu diesem Thema 이 주제에 관한 문헌.
schrill [ʃril] 〈Adj.〉 〈의성어〉 날카로운, 귀청을 찢을 듯한, 새된: -e Schreie(Töne) ausstoßen 날카롭게 외치다; das -e Klingeln des Telefons 요란한 전화 소리.
schrillen [ˈʃrilən] 〈h〉 [engl. shrill] 〈의성어〉 날카로운 소리를 내다, 날카롭게 울리다: das Telefon schrillt durch das Haus 전화소리가 집안 가득히 날카롭게 울린다. **Schrillheit,** die 〈소리의〉 날카로움, 새됨.
schrinken [ˈʃriŋkn̩] 〈h〉 [engl. shrink] [섬유] 방축가공(防縮加工)하다.
schrinnen [ˈʃrinən] 〈h〉 〈nordd.〉 〈상처 등이〉 아프다.
Schrippe [ˈʃripə], die; -n 〈특히 berlin.〉 〈베를린의〉 작은 빵.
schritt [ʃrit] ↑schreiten 참조. **Schritt** [-], der; -(e)s, -e **1. a)** 걸음, 발걸음: große(kleine) -e (보폭이) 큰(잔, 빠른) 걸음; das Kind macht den ersten unsicheren S. 어린아이가 뒤뚱뒤뚱 걸음마를 한다; verlangsamte[beschleunigte] seinen S. [seine -e] 그

는 걸음걸이를 늦추었다[빨리했다]; bitte, treten Sie einen S. näher 한걸음 가까이 오세요; den S. wechseln 발 맞추다, 보조를 맞추다; ich möchte gerne noch ein paar -e gehen 〈통용어〉 나는 산보를 좀 하고 싶다; S. vor S. setzen 한걸음 떼어놓다; [성구] S. vor S. kommt auch zum Ziel 한걸음 한걸음씩 걸어도 목표에는 도달한다; **einen (guten) S. am Leib(e) haben** 〈통용어〉 걸음이 빠르다; **auf S. und Tritt** 가는 데마다, 도처에서: er verfolgte das Mädchen auf S. und Tritt 그는 그 처녀가 가는 곳마다 쫓아다녔다; **mit jmdm. S. halten** 누구와 같은 속도로 걷다; **mit etw. S. halten** 무엇에 뒤지지 않다. **b)** 보조: aus dem S. kommen 보조를 흐트리다, 조화를 잃다; im S. gehen 발 맞추어 가다. **c)** ↑Schrittempo. **2.** 〈Pl. 없음〉 걸음걸이, 걸음새: jmdn. am S. erkennen 걸음걸이를 보고 누구인지 알아보다. **3.** 일보의 거리[간격]: **jmdm. drei -e vom Leib(e) bleiben** 〈통용어〉 누구한테 가까이 가지 않다; **sich³ jmdn.[etw.] drei -e vom Leib(e) halten** 〈통용어〉 누구[무엇]를 멀리하다. **4.** 〈바짓〉가랑이: die Hose kneift im S. 바지가 가랑이에 끼인다. **5.** 조치, 조처: -e unternehmen[veranlassen] 조처를 취하다[처리토록 하다]; **der erste S.** 시작; **den ersten S. tun** 착수하다, 첫 걸음을 내딛다; **den zweiten S. vor dem ersten tun** 순서대로 하지 않다, 뒤바뀐 행동을 하다; **einen S. zu weit gehen** 한도를 넘어서다; **S. für S.** 한걸음 한걸음씩, 아주 천천히; **S. um S.** 점점 더.
schritt-, Schritt-: ~fehler, der [농구・핸드볼] 워킹(반칙). **~geschwindigkeit,** die ↑-tempo. **~kombination,** die [스포츠] (피겨 스케이팅 따위에서의) 일련의 연속 동작. **~landung,** die [육상] (멀리뛰기에서) 발로 내려 착지. **~länge,** die **1.** 보폭. **2.** [재단] 가랑이 길이. **~macher,** der **1.** ↑Pacemacher. **2.** [사이클] 선도 오토바이 운전자. **3.** [육상] 페이스 메이커. **4.** ↑Herzschrittmacher. **5.** 선도자, 선도그룹: S. für den technisch-wissenschaftlichen Fortschritt 기술 및 과학 발전을 위한 선도자(선도그룹). **~machermaschine,** die 선도 오토바이. **~messer,** der 보수계(步數計), 만보계. **~regel,** die [구기] 워킹(에 관한) 규칙. **~sprung,** der [체조] 걸음 자세의 도약. **~stellung,** die 걸음 자세. **~tanz,** die (비분절시) Schrittanz) 스텝 댄스. **~tempo,** das (비분절시) Schrittempo: 걸음걸이 속도. **~überschlag,** der [체조] 다리 앞뒤로 벌린 채 공중제비돌기. **~weise** 〈Adv.〉 한걸음 한걸음씩, 아주(천천히: wir mußten uns das s. erkämpfen 우리는 그것을 단계적으로 쟁취할 수밖에 없었다; eine s. Annäherung der Standpunkte 〈상이한〉 입장들의 점차적 접근. **~weite,** die 보폭. **~zähler,** der ↑-messer.
Schrofen [ˈʃroːfn̩], der; -s, - 〈österr.〉 (그리 가파르지 않은) 암벽. **schroff** [ʃrɔf] 〈Adj.〉 **1.** 가파른, 깎아지른 듯한: eine -e Felswand 가파른 암벽. **2.** 냉혹한, 쌀쌀한, 차가운: die -e Weigerung kränkte ihn sehr 그 차가운 거절 때문에 그는 마음이 많이 상했다. **3.** 급작스러운, 급격한: ein -er Übergang 급격한 변화. **Schroff** [-], der; -(e)s / -en, -en ↑Schrofen. **Schroffen** [ˈʃrɔfn̩], der; -s, - 〈österr.〉 ↑Schrofen. **Schroffheit,** die; -en **1.** 〈Pl. 없음〉 가파름, 냉혹함, 급격함. **2.** 냉혹한[쌀쌀한] 언행. **schroffig** [ˈʃrɔfɪç], **schrofig** [ˈʃroːfɪç] 〈Adj.〉 바위산(으로) 된이 있는.
schroh [ʃroː] 〈Adj.〉 〈(west)md.〉 거칠은, 투박한.
schröpfen [ˈʃrœpfn̩] 〈h〉 **1.** [의학] (치료 목적으로) 피부에서 피를 뽑다. **2.** 〈통용어〉 (돈을) 착취하다, (속에서) 빼앗다: sie haben ihn beim Kartenspielen ordentlich geschröpft 카드놀이에서 그는 상당히 뜯겼다. **3.**

【농업・원예】 a) (급성장을 막기 위해 곡물 따위의) 끝을 잘라내다. b) (과수의) 줄기에 금을 새기다. **Schröpfer,** der; -s, - 《드물게》↑Schröpfkopf. **Schröpfkopf,** der 뜸단지, 흡각(吸角), 흡종(吸鍾). **Schröpfung,** die; -en 피뽑기, 방혈, 이삭 잘라내기, 과수 줄기에 금새기기.

Schropphobel ['ʃrɔp-] ↑Schrupphobel.

Schrot [ʃroːt], der 《또는》 das; -(e)s, -e **1.** 〈Pl. 없음〉 거칠게 빻은 곡물(가루). **2.** 산탄: mit S. schießen 산탄을 발사하다. **3.** 《주조・주인》주화의 총중량: **von altem(echtem) S. und Korn** 1) 성실강직한. 2) 전형적인(↑Korn 6).

Schrot- (Schrot, schroten): **~ausschlag,** der (돼지의) 발진(發疹). **~axt,** die 〈옛〉 **1.** (목재용) 도끼. **2.** (광부용) 도끼. **~baum,** der 〈옛〉 (짐을 싣거나 내리는 데 쓰는) 통나무. **~blatt,** das 정곡화의 탁(탁)본. **~brot,** das 투박하게 빻은 곡물가루로 구운 빵. **~büchse,** die 산탄총. **~effekt,** der 〔전기〕산탄효과. **~feile,** die ↑Schruppfeile. **~flinte,** die ↑~büchse. **~hobel,** der ↑Schrupphobel. **~käfer,** der ↑Hirschkäfer. **~korn,** das 거칠게 빻은 곡물 낱알. **~kugel,** die 산탄(알). **~ladung,** die 산탄 장약. **~lauf,** der 산탄 총신(총열). **~leiter,** die 〈옛〉 (통을 싣고 내리는 데 쓰는) 사다리 모양의 통나무. **~mehl,** das 거친 곡식 가루. **~meißel,** der (금속 절단용의) 끌. **~mühle,** die 맷돌. **~patrone,** die 산탄의 탄창. **~säge,** die (통나무 절단용의) 큰톱. **~schere,** die 《옛》 (금속 절단용의) 가위. **~schnitt,** der 점각화(点刻畵). **~schuß,** der 산탄 사격, 산탄 발사. **~schußkrankheit,** die 잎에 곰팡이가 피는 핵과 식물의 병. **~stuhl,** der (드물게) ↑~mühle. **~waage,** die《준고어》↑Wasserwaage.

schroten ['ʃroːtn̩] 〈h〉 **1.** (곡물을) 거칠게 빻다. **2.** 《고어》 (무거운 짐을) 밀어서 〔굴려서〕 운반하다. **Schröter** ['ʃrøːtɐ]; der; -s, - 《드물게》↑Hirschkäfer.

Schrothkur, die; -en 〔오스트리아의 자연 요법 전문가 J. Schroth(1800~1856)의 이름에 따라〕 슈로트 요법(일종의 식이 요법).

Schrötling ['ʃrøːtlɪŋ], der; -s, -e 《고어》 (주조용) 금속편. **Schrott** [ʃrɔt], der; -(e)s, -e 〈드물게 Pl.〉 **1.** 고철, 파쇠: **S.** sammeln(lagern, verkaufen) 고철을 수집하다〔저장하다, 판매하다〕; mit S. handeln 고철 장사를 하다; **(ein Fahrzeug) zu S. fahren** 자동차 사고로 차를 엉망진창으로 망가뜨리다. **2.** 《통용어》 er weiß mit jedem S. etwas anzufangen 그는 온갖 고물을 가지고서도 무엇을 만들 줄 안다; 〔전의〕 sie erzählt viel S. 그녀는 온갖 터무니없는 소리를 한다.

schrott-, Schrott- (Schrott 1): **~handel,** der 고철상, 고철 거래. **~händler,** der 고철 장사. **~haufen,** der **1.** 고철 더미. **2.** 《통용어・농》 고물 자동차. **~laube,** die 《통용어・농》 ↑~haufen (2). **~platz,** der 고철 하치장. **~presse,** die 압착기. **~reif** 〈Adj.〉 고철이 다 된: ein -es Auto 낡아빠진 자동차; **(ein Fahrzeug) s. fahren** ↑Schrott 1. **~transport,** der 고철 수송. **~verwertung,** die 고철 이용. **~wert,** der 고철 가치.

schrubben ['ʃrʊbn̩] 〈h〉 〔niederd. schrubben〕 《통용어》 **1. a)** (솔 따위로) 박박 문지르다〔닦다〕: den Fußboden〔die Fliesen〕 s. 바닥〔타일〕을 박박 닦다; sie schrubbte dem Kind den Rücken 그녀는 아이의 등을 박박 밀어 주었다; 〈4격 목적어 없이도〉 zu Haus putzte und scheuerte und schrubbte sie 집에서 그녀는 쓸고 닦고 훔치고 했다. **b)** 닦아 내다: das Fett von den Kacheln s. 타일에서 기름기를 닦아 내다. **c)** 닦아서〔문질러서〕 어떤 상태로 만들다. **2.** (문 따위가) 끌리다.

Schrubber, der; -s, - 《통용어》 긴 자루가 달린 솔. **schrubbern** ['ʃrʊbɐn] 〈h〉 《지역적》 솔로 닦다, 청소하다. **Schrubbesen,** der; -s, - 《지역적》 ↑Schrubber.

Schrulle [ʃrʊlə], die; -n 〔niederd. schrul〕 《몸》 **1.** 기벽, 별난 생각: er hat den Kopf voller -n 그의 머리는 온갖 희한한 생각으로 가득 차 있다. **2.** 이상한〔변덕스런〕 노파. **schrullenhaft** 〈Adj.〉 《통용어》 ↑schrullig. **Schrullenhaftigkeit,** die; -en 〈드물게 Pl.〉《통용어》 ↑Schrulligkeit 참조. **schrullig** ['ʃrʊlɪç] 〈Adj.〉 《통용어》 a) 늙은이가 고집스러운, 괴팍한. b) 기묘한, 이상한. **Schrulligkeit,** die; -en **1.** 〈Pl. 없음〉 괴팍함, 기묘함. **2.** 괴팍〔기묘〕한 습관.

schrumm [ʃrʊm]!, **schrummfidebum** ['ʃrʊmfidabʊm]! 〔Interj.〕 《준고어・의성어》 《종지 화음 부분에서 현악기가 내는 소리》 붐붐.

Schrumpel ['ʃrʊmpl̩], die; -n 《지역적》 **1.** 주름(살). **2.** (주름살 투성이의) 할멈, 노파. **schrumpelig** ['ʃrʊmpəlɪç] ↑schrumplig. **schrumpeln** ['ʃrʊmpl̩n] 〈s〉 《지역적》 〔niederd., md. schrumpen〕 ↑schrumpfen.

schrumpf-, Schrumpf-: **~beständig** 〈Adj.〉 (섬유 따위가) 줄어들지 않는. **~blase,** die 〔의학〕 위축방광(萎縮膀胱). **~folie,** die (밀봉 포장용의) 플라스틱 필름. **~frei** 〈Adj.〉 줄어들지 않는: -e Stoffe 줄어들지 않는 옷감. **~germane,** der 《통용어・폄》 비계로만적 외모를 지닌 germane의 인종주의자. **~kopf,** der 〔민속〕노회하여 수축시킨 적의 두개골. **~leber,** die 〔의학〕 위축 간. **~niere,** die 〔의학〕 위축 신장.

schrumpfen ['ʃrʊmpfn̩] 〈s〉 **1.** 수축하다, 오그라지다. **2.** 줄어들다, 감소하다, 줄어들다: das Kapital schrumpft 자본이 감소한다. **schrumpfig** ['ʃrʊmpfɪç] 〈Adj.〉 ↑schrumplig. **Schrumpfung,** die; -en 수축, 축소, 감소. **Schrumpfungsprozeß,** der 감소〔축소〕 현상(과정). **schrumplig** ['ʃrʊmplɪç] 〈Adj.〉 《통용어》 **1.** 주름 투성이의, 쪼글쪼글한: eine -e Haut 쪼글쪼글한 피부. **2.** 구겨진.

Schrund [ʃrʊnt], der; -(e)s, Schründe ['ʃrʏndə] (특히 österr., schweiz.) **1.** 크레바스(빙하나 암벽이 깊게 갈라진 틈). **2.** 《드물게》 ↑Schrunde (1). **Schrunde** ['ʃrʊndə], die; -n **1.** 생채기, 열상(裂傷): ihre Hände waren voller -n 그녀의 손은 생채기 투성이었다. **2.** ↑Schrund (1). **schrundig** ['ʃrʊndɪç] 〈Adj.〉 《지역적》 **1.** (피부가) 튼, 거친. **2.** 갈라진, 틈난: -e Wege 갈라진 길.

Schrupp- 〔전문어〕: **~feile,** die 이가 큰 줄. **~hobel,** der 막대패. **~stahl,** der 애벌일에 쓰는 연장.

schruppen ['ʃrʊpn̩] 〈h〉 〔전문어〕 막대패 따위로 대강 다듬다, 건목치다.

Schub [ʃuːp], der; -(e)s, Schübe ['ʃyːbə] 〔연기, 잘못을 다른 사람에게 미룸(원래는 법률 전용어)〕 **1. a)** 《드물게》 밀기, 확 밀기. **b)** 〔물리학・공학〕 추진력. **c)** 〔기계〕 Scherung (1). **2.** 일단(의 사람, 물건): ein neuer S. wird eingelassen 새 일단이 들여보내진다; **jmdn. auf den S. bringen** (은어) 누구를 강제 출국 시키다; **per S.** 《은어》 강제로. **3.** (병의) 비정기적 발작. **4.** 《지역적》 ↑Schubfach.

schub-, Schub-: **~abschaltung,** die 〔자동차〕연료 공급 자동정지 장치. **~boot,** das ↑~schiff. **~düse,** die 〔기술〕 (로켓 엔진의) 추진 노즐. **~energie,** die ↑~kraft, **~fach,** das S. klemmt 서랍이 잘 열리지 않는다; das S. hineinschieben〔abschließen〕 서랍을 닫다〔잠그다〕. **~fenster,** das ↑Schiebefenster. **~festigkeit,** die ↑Scherfestigkeit. **~flotte,** die ↑Schubschiffahrt의 선단. **~haft,** die 〈Pl. 없음〉 Abschiebungshaft. **~karre,** die, **~karren,** der **1.**

Schubbejack

일류 손수레. 2. [체조] 들어올린 양 다리를 붙들어 주고 양손으로 걷게하기. ~**kasten**, der ↑~fach. ~**kraft**, die 1. ↑Schub (1 b). 2. ↑Scherkraft. ~**lade**, die, (드물게) ~**laden**, der ↑~fach. ~**ladisieren** [...ladi'zi:rən] ⟨h⟩ ⟪schweiz.⟫) 지연시키다, 서랍에서 잠재우다. ~**ladkasten**, der ⟪österr.⟫ ↑Kommode. ~**lehre**, die ⟪전문어⟫ ↑Schieblehre. ~**leichter**, der (무동력의) 너벅선, 부유콘테이너. ~**leistung**, die 추진력. ~**modul**, der [공학] 강성률(剛性率). ~**prahm**, der (무동력의) 화물 운반선. ~**schiff**, das 추진선(내륙 수로에서 동력이 없는 화물선을 밀어 주는 동력선). ~**schiffahrt**, die 추진 해운. ~**schlepper**, der ↑~schiff. ~**spannung**, die [공학] 전단응력(剪斷應力). ~**stange**, die ↑Pleuelstange. ~**tasche**, die [재봉] (비스듬한) 호주머니. ~**verband**, der 추진 수운 선단. ~**weise** ⟨Adv.⟩ 한 무리씩, 조금씩, 파상적으로: ein ~s Vorwärtskommen 점차적인 전진. ~**wirkung**, die 추진 효과.

Schubbejack ['ʃubəjak], der; -s, -s ⟪nordd.⟫ ↑ Schubiack. **schubben** ['ʃubŋ], **schubbern** ['ʃubɐn] ⟨h⟩ [niederd. schubben] ⟪nordd.⟫ 박박 긁다, 문지르다.

Schuber ['ʃu:bɐ], der; -s, - 1. 책 케이스. 2. ⟪österr.⟫ 빗장.

Schubiack ['ʃu:bjak], der; -s, -s (또는) -e [niederl. schobbejak] ⟪통용어·편⟫ 악당, 나쁜놈.

Schüblig ['ʃy:plɪç] ⟪schweiz.⟫ 방언⟫ ↑ Schübling.
Schübling ['ʃy:plɪŋ], der; -s, -e ⟪südd., schweiz.⟫ 소시지의 일종.

Schubs [ʃups], der; -es, -e ⟪통용어⟫ 밀기, 밀침: jmdm. einen S. geben 누구를 밀(치)다. **schubsen** ['ʃupsn̩] ⟨h⟩ 밀다, 밀치다: jmdn. zur Seite [vom Stuhl] s. 누구를 옆으로[의자에서] 밀치다; er schubste sich nach vorn 그는 밀치고 앞으로 나갔다. **Schubserei** [ʃupsə'raɪ], die; -, -en ⟪통용어·편⟫ 밀기, 밀치기.

schüchtern ['ʃʏçtɐn] ⟨Adj.⟩ **a)** 수줍어하는, 부끄럼 타는, 소심한: ein ~es Kind 수줍어하는 아이; er fragt s. 그는 소심한 자세로 묻는다. **b)** 미온적, 조심스러운: eine -e Hoffnung 희미한 희망; beim ersten -en Versuch 최초의 조심스러운 시도에서. **Schüchternheit**, die 수줍음, 부끄럼, 조심스러움.

Schuckelei [ʃʊkə'laɪ], die; -en ⟪지역적·편⟫ 흔들거림.
schuckeln ['ʃʊkl̩n] ↑ schaukeln의 지역적 병용형⟪지역적⟫ **a)** ⟨h⟩ 흔들리다, 흔들거리다: den Wagen hat mächtig geschuckelt 그 차는 아주 강하게 흔들거렸다. **b)** ⟨s⟩ 흔들거리며 가다: die alte Straßenbahn ist um die Ecke geschuckelt 그 낡은 전차가 흔들거리며 모퉁이를 돌아갔다.

schuddern ['ʃʊdɐn] ⟨h⟩ [niederd. schoddern] ⟪nordd., westmd.⟫ 떨다: sie schudderten im kühlen Abendwind 그들은 차가운 저녁 바람을 받고 몸을 떨었다; ⟪전의⟫ es schuddert mich bei diesem Gedanken 이 생각을 하면 몸이 떨린다.

schuf [ʃu:f], **schüfe** ['ʃy:fə] ↑ schaffen 참조.
Schuffel ['ʃʊfl̩], die; -n [mniederd. schuffel] ⟪전문어⟫ 호미.
Schuft [ʃʊft], der; -(e)s, -e [niederd. Schufut] ⟪편⟫ 악당, 나쁜놈, 깡패: ein gemeiner[elender] S. 비열한 악당.
schuften ['ʃʊftn̩] ⟨h⟩ [niederd. schoft, niederl. schuft] ⟪통용어⟫ **a)** 힘들여⟪혹독하게⟫ 일하다: sein Leben lang s. müssen 한 평생 동안 뼈빠지게 일해야 하다. **b)** ⟨s. + sich⟩ 힘들여 일해서 어떻게 되다: sich müde s. 지칠정도로 일하다. ¹**Schufterei** [ʃʊftə'raɪ],

die; -en ⟪통용어·편⟫ **1.** ⟨Pl. 없음⟩ (계속적인) 중노동, 뼈빠지게 일[공부]하기. **2.** (일회적인) 힘드는 일: der Umzug war vielleicht eine S.! 그 이사는 정말 힘드는 일이었다.

²**Schufterei** [-], die; -en ⟪편⟫ ↑ Schuftigkeit. **schuftig** ['ʃʊftɪç] ⟨Adj.⟩ ⟪편⟫ 비열한, 철면피 같은: ein -er Mensch 비열한 인간. **Schuftigkeit**, die; -en ⟪편⟫ **a)** ⟨Pl. 없음⟩ 비열함. **b)** 비열한 짓: -en begehen 비열한 짓을 하다.

Schuh [ʃu:], der; -(e)s, -e / - **1.** ⟨Pl. -e; 축소형: ↑ Schuhchen, Schühchen⟩ 구두, 신(발), 단화, 반화: hohe[feste, pelzgefütterte] -e 굽높은[단단한, 털로 안 댄] 구두; ein Paar -e 구두 한 켤레; ein eleganter [modischer] S. ⟪광고어⟫ 우아한[최신 유행의] 구두⟨단수 사용이 광고어적 특징⟩; die -e passen[drücken] 구두가 발에 맞다[눌린다]; die -e anziehen[zuschnüren] 구두를 신다[구두끈을 매다]; 성구 umgekehrt wird ein S. draus 하는 방법이 잘못됐다, 반대로 하면 된다; wissen, wo jmdn. der S. drückt ⟪통용어⟫ 누구의 숨은 고충[근심]을 알다; sich³ die -e nach etw. ablaufen 무엇을 위해[노력] 오랫동안 (헛되이) 애쓰다; sich³ etw. an den Schuhen abgelaufen haben ⟪통용어⟫ 진작부터 알고 있다; jmdm. etw. in die -e schieben 누구 탓으로 돌리다, 누구에게 덮어씌우다; nicht in jmds. -en stecken mögen 누구의 처지가 되고 싶지 않다; nicht in jmds. Haut stecken mögen ↑Haut 1 a.). **2.** ⟨Pl. -e⟩ [기술] **a)** (관·막대 따위의 연결부를 보강하는) 쇠테. **b)** ↑Brems-, Hemm-, Kabelschuh의 약칭. **3.** ⟨Pl. -⟩ ⟪예⟫ ↑Fuß (4).

schuh-, Schuh-: ~**absatz**, der ↑Absatz (1). ~**abstreifer**, der ↑Abtreter. ~**anzieher**, der ↑~löffel. ~**band**, das ⟨Pl. -bänder⟩ ⟪지역적⟫ ↑Schnürsenkel. ~**bandel**, das ⟪bayr., österr.·통용어⟫ ~**bändel**, das ⟪schweiz.·통용어⟫ ↑~band. ~**bendel**, der (또는) das ↑~bändel. ~**bürste**, die 구두솔. ~**creme**, die 구두약. ~**fabrik**, die 구두[신발]공장. ~**fetischismus**, der 구두 페티시즘[성욕 도착증]. ~**fetischist**, der 구두 페티시스트[성욕 도착자]. ~**fett**, das ↑Lederfett. ~**flicker**, der ⟪고어⟫ 신기료 장수. ~**geschäft**, das 구두[신발] 가게. ~**größe**, die 구두[신발] 크기: ich habe S. 39 내 구두 크기는 39이다; 성구 das ist nicht meine S. ⟪통용어⟫ 그것은 나한테 맞는 일이 아니다. ~**industrie**, die 신발 산업. ~**karton**, der 구두 상자. ~**kombinat**, das ⟪구동독⟫ 신발[구두] 공장. ~**laden**, der ⟨Pl. -läden⟩ 신발[구두] 가게. ~**lappen**, der 구두닦이 천. ~**leisten**, der 구두골. ~**löffel**, der 구두 주격. ~**los** ⟨Adj.⟩ 신발[구두]을 신지 않은, 맨발의. ~**lotter**, der ⟨다음 용법으로⟩ **den S. haben** ⟪schweiz.·통용어⟫ 신발끈이 풀린 채 돌아다니다. ~**macher**, der 구두장이, 제화공. ~**macherei** [-maxə'raɪ], die **1.** ⟨Pl. 없음⟩ 제화(공)기술: die S. erlernen 제화 기술을 배우다. **2.** 제화 작업장. ~**machermeister**, der 구두 기능장. ~**macherwerkstatt**, die 제화 작업장. ~**mode**, die 신발[구두] 유행. ~**nagel**, der 구두못. ~**nummer**, die 신발(구두) 치수(크기). ~**plattler** ⟨h; 부정형과 과거분사만 사용⟩ 슈플라틀러 춤을 추다: wer s. (hat practically geschuh-plattelt) 그는 슈플라틀러 춤을 출 줄 안다[멋지게 슈플라틀러 춤을 추었다]. ~**plattler**, der [plattelln = Platten (손바닥과 발바닥)을 치다] 슈플라틀러 춤(손바닥을 발바닥에, 손바닥으로 신발바닥, 무릎, 바지를 번갈아가며 때리는 남독지방의 민속 춤). ~**putzer**, der **a)** 구두닦이. **b)** (드물게) 구두닦이 기계. ~**putzkasten**, der 구두닦이 통. ~**riemen**, der ⟪westmd.⟫ ↑Schnürsenkel. ~**schachtel**, die ↑~karton. ~**schnabel**, der [동

물] 넓적부리황새과의 새. ~**schnalle**, die 구두 버클[źz쇠]. ~**sohle**, die 구두창; durchgelaufene -n 신어서 닳아진 구두창; **sich die -n nach etw. ablaufen** 무엇을 위해 [노력] 오랫동안 (헛되이) 애쓰다(↑Schuhe 1). ~**spanner**, der 구두 모양을 망가지지 않게 하기 위한 구두골. ~**spitze**, die 구두코. ~**waren** ⟨Pl.⟩ 신발류. ~**warenladen**, der 신발(구두) 가게. ~**werk**, das ⟨Pl. 없음⟩ 신, 신발: festes S. tragen 단단한 신발을 신고 있다. ~**wichse**, die ⟨통용어⟩ (검정) 구두약. ~**zeug**, das ⟨Pl. 없음⟩ ⟨통용어⟩ ↑~**werk**.

Schuhchen ['ʃuːçən], **Schühchen** ['ʃyːçən], das; -s, - ↑Schuh (1)의 축소형.

Schuhu ['ʃuːhuː], der; -s, -s ⟨의성어·지역적⟩ 부엉이.

Schuko- ⓦ ['ʃuːko, **Schutzkontakt의 약칭]: ~**steckdose**, die 특수 안전 콘센트. ~**stecker**, der 특수안전 플러그.

schul-, Schul-: ~**abgang**, der 졸업. ~**abgänger**, der 졸업생, 졸업하는 학생. ~**abschluß**, der 학력(學歷): welchen S. haben Sie? 어떤 학력을 가졌습니까? ~**alter**, das ⟨Pl. 없음⟩ 학령기. ~**amt**, das 1. 교육청. 2. ⟨고어⟩ 교직. ~**anfang**, der 1. ⟨Pl. 없음⟩ 국민 학교 입학일. 2. (방학 후의) 개학. ~**anfänger**, der 국민 학교 신입생. ~**angst**, die ⟨심리⟩ 학교 공포증. ~**arbeit**, die 1. ⟨대개 Pl.⟩ 숙제: sie hilft ihrem Kind bei den -en 그녀는 아이가 숙제하는 것을 도와준다. 2. ⟨österr.⟩ ↑Klassenarbeit. 3. ⟨Pl. 없음⟩ (학교의) 과업: die Unterrichtsstunde als Grundform der S. 학교 과업의 기본 형태로서의 수업 시간. ~**arzt**, der 교의(校醫). ~**ärztlich** ⟨Adj.⟩ 교의(校醫)의: ein -es Attest 교의의 진단서. ~**atlas**, der 학교(수업)용 지도. ~**aufbau** ⟨Pl. 없음⟩ 학제, 학교제도. ~**aufgabe**, die ⟨대개 Pl.⟩ 1. ~**arbeit** (1). 2. ⟨지역적⟩ Klassenarbeit: wir schreiben morgen wieder eine S. in Latein 우리는 내일 다시 라틴어 시험을 친다. ~**aufsatz**, der 학교 작문 숙제, 작문 숙제. ~**aufsicht**, die ⟨Pl. 없음⟩ (국가의) 학교에 대한 감독. ~**aufsichtsbehörde**, die 학교 감독 관청. ~**ausflug**, der 소풍. ~**ausgabe**, die 교과서판(版). ~**ausspeisung**, die ⟨österr.⟩ ↑~speisung. ~**bahn**, die ⟨österr.⟩ 학교 교육 과정. ~**bank**, die ⟨Pl. …bänke⟩ 학생용 걸상: [전의] von der S. (weg) kam er in die Lehre ⟨통용어⟩ 학교를 마치자 바로 그는 일을 배우기 시작했다; (noch) die S. drücken ⟨통용어⟩ (아직도) 학교에 다니다; **miteinander die (gleiche) S. gedrückt haben (miteinander) auf einer S. gesessen haben** ⟨통용어⟩ 동기동창생이다, 학교 다닐 때 같은 반이었다. ~**bau**, der ⟨Pl. -ten⟩ 학교 건물. ~**begehung**, die ⟨구동독⟩ (학부형 대표나 당의) 학교 시찰. ~**beginn**, der ↑~anfang (2). ~**behörde**, die ↑~amt (1). ~**beispiel**, das 전형적[고전적]인 (범)예. ~**beratung**, die (학생, 학부모, 교사에게 학교 생활을 대상으로 하는) 상담. ~**besuch**, der 1. 등교, 출석. 2. ⟨schweiz.⟩ (장학사 등의) 수업 참관. ~**betrieb**, der 1. 학사(學事). 2. (사회주의 국가의) 학교 부속 공장. ~**bibliothek**, die 학교 도서관. ~**bildung**, die ⟨Pl. 없음⟩ 학교 교육: eine gute (keine abgeschlossene) S. haben 학교 교육을 충분히 받다(학교 교육을 마치지 못하다). ~**brot**, das (학교에 먹기위해 가져가는) 샌드위치. ~**bub**, der ⟨südd., österr., schweiz.⟩ ↑~junge. ~**buch**, das 교과서. ~**bücherei**, die 교장 소장 도서, 학교 도서실. ~**buchkommission**, die 교과서 검정 위원회. ~**bus**, der 학교 버스, 통학 버스. ~**chor**, der 학교 합창단. ~**chronik**, die 학교 연대기(연혁). ~**diener**, der ⟨고어⟩ 학교 고사. ~**dienst**, der ⟨Pl. 없음⟩ 교직(근무): in den S. treten 교직에 들어서다; im S. tätig sein 교직에 종사하다. ~**drama**, das

[문예학] **a)** ⟨Pl. 없음⟩ (16～17세기 학교에서 상연하기 위해 교육적 목적으로 쓰여진) 학교 극(장르 명). **b)** 학교 극 형태의 연극. ~**eigen** ⟨Adj.⟩ 학교 소유의: -es Gelände 학교 소유 대지. ~**entlassen** ⟨Adj.⟩ 졸업한. ~**entlassene***, der/die 졸업자. ~**entlassung**, die 졸업. ~**entwachsen** ⟨Adj.⟩ 학령(學齡)이 지난. ~**erziehung**, die 학교 교육. ~**fach**, das (학교)의 과목, 교과(敎科). ~**fähig** ⟨Adj.⟩ ↑~reif. ~**fähigkeit**, die ⟨Pl. 없음⟩ 취학 적격. ~**fahrt**, die 수학여행. ~**fall**, der 전형적인 예. ~**feier**, die 학교의 축제. ~**ferien** ⟨Pl.⟩ 방학. ~**fernsehen**, das 학교[교육] 텔레비전. ~**fest**, das 학교 축제. ~**fibel**, die ⟨준고어⟩ ↑¹Fibel (1). ~**frei** ⟨Adj.⟩ 수업이 없는: heute ist [haben wir] s. 오늘은 수업이 없다. ~**fremd** ⟨Adj.⟩ 학교와 관계 없는, 학교에 속하지 않는. ~**fremdenprüfung**, die 졸업 자격 검정 고시. ~**freund**, der 학우, 동창(생). ~**freundin**, die ↑~freund의 여성형. ~**fuchs**, der ⟨통용어·준고어·폄⟩ 옹졸한 선생, 속이 좁은 사람. ~**funk**, der 교육 방송. ~**funktionär**, der ⟨구동독⟩ 학교 (담당) 간부. ~**gang**, der **1.** 등교 ⟨대개 다음 용법으로⟩ **der erste S.** (국민 학교 신입생의) 최초의 등교(일). **2.** ⟨승마⟩ 고등 마술(馬術)의 기술. ~**garten**, der (생물 수업용의) 학교 남새밭. ~**gebäude**, das 교사(校舍). ~**gebrauch**, der ⟨Pl. 없음⟩ ⟨다음 용법으로⟩ **für den S.** 학교용의: ein Geschichtsatlas für den S. 학교용 역사부도. ~**gegenstand**, der ⟨österr.⟩ ↑~fach. ~**geld**, das ⟨Pl. 없음⟩ 수업료: er ist von der Zahlung des -es befreit 그는 수업료를 면제 받고 있다. [성구] Du hast den S. umsonst ausgegeben [du kannst dir das [dein] S. wiedergeben lassen] 비싼 수업료 내고 배워 아는 것은 하나도 없구나. ~**geldfreiheit**, die ⟨Pl. 없음⟩ 수업료[학비] 면제. ~**gelehrsamkeit**, die ⟨폄⟩ ↑~weisheit. ~**gemäß** ⟨Adj.⟩ 규범에 맞는, 학교에서 가르치는 대로의. ~**gemeinde**, die 학교 공동체(교사, 학생, 학부모 등). ~**gerecht** ⟨Adj.⟩ 규범에 맞는, 모범적인. ~**gesetz**, das 학교법. ~**gesundheitspflege**, die 학교 보건. ~**glocke**, die ⟨준고어⟩ 학교 종. ~**gottesdienst**, der 학교 예배(미사). ~**grammatik**, die 학교 문법. ~**haus**, das 교사(校舍). ~**heft**, das (학생용) 노트. ~**hof**, der 교정(校庭). ~**hort**, der ⟨구동독⟩ 학교 부속 탁아소. ~**hygiene**, die ↑~gesundheitspflege. ~**hygienisch** ⟨Adj.⟩ 학교 위생[보건]의. ~**inspektion**, die 학교 시찰. ~**inspektor**, der 학사(學事). ~**jahr**, das **1.** 학년(도): in der Bundesrepublik beginnt das S. am 1. August 독일에서는 새 학년이 8월 1일에 시작한다. **2.** (학교의 단계로서의) 학년: die Lehrerin übernahm ein 7. S. 그 여선생은 7학년을 맡았다. ~**jugend**, die 재학 중인 청소년. ~**jugendberater**, der 청소년 학생 상담자. ~**junge**, der ⟨통용어⟩ (어린) 남학생. ~**kamerad**, der 학우. ~**kameradin**, die ↑~kamerad의 여성형. ~**kenntnisse** ⟨Pl.⟩ 학교에서 얻은 지식. ~**kind**, das 학동, 학동(學童). ~**kindergarten**, der (지진아를 위한) 학교 부설 유치원. ~**klasse**, die **a)** 학급. **b)** 학년(학교 단계로서의). ~**kleid**, das 교복. ~**kollege**, der ⟨schweiz., österr.⟩ 학우, ~kollege의 여성형. ~**kollegin**, die ⟨schweiz., österr.⟩ ~kollege의 여성형. ~**kollegium**, das ↑Lehrerkollegium. ~**krank** ⟨Adj.⟩ ⟨통용어⟩ 꾀병이 난, 꾀병을 부리는. ~**krankheit**, die: er hat mal wieder die S. 그는 (학교에 가기 싫어) 또 꾀병을 부린다. ~**landheim**, das 임간학교(林間學校). ~**leben**, das 학교생활. ~**lehrer**, der ⟨통용어⟩ 학교 선생, 교사. ~**leistung**, die 학교 성적. ~**leistungstest**, der 성적 평가고사. ~**leiter**, der 교장. ~**leiterin**, die 여교장.

Schuld

~leitung, die 1. 〈Pl. 없음〉 학교 운영(업무): mit der S. beauftragt sein 교장의[학교를 이끌] 임무를 받다. 2. 학교당국. ~mädchen, das 《통용어》 (어린) 여학생. ~mann, der 1. 《…männer》 교육자. ~mappe, die 학생용 가방, 책가방. ~mäßig 〈Adj.〉 a) 규범에 맞는. b) 학교의, 학교에 관한. ~medizin, die 〈Pl. 없음〉 학교〈정통〉 의학. ~meister, der 1. 《준고어·통용어·농》선생, 훈장. 2. 《폄》선생티를 내는 사람. ~meisterei [...majsta'raj], die; -en 1. 〈Pl. 없음〉 《준고어·통용어·농》선생 노릇. 2. 《폄》 a) 〈Pl. 없음〉 선생티내기. b) 선생티가 나는 언행. ~meisterhaft 〈Adj.〉 ~meisterlich 〈Adj.〉 《폄》 선생티가 나는. ~meistern (h) 《폄》 선생티를 내며 (남을) 가르치다(훈계하다): jmdn. s. 누구에게 훈계[설교]하다; er schulmeistert gern 그는 선생티를 잘 낸다. ~möbel, das 《대개 Pl.》 학교집기. ~modell, das 모델 학교. ~müde 〈Adj.〉 《통용어》 학교 다니기에 전력이 난. ~musik, die 1. 학교 음악, 음악 수업. 2. (음악 대학의 한 과목으로서의) 음악 교수법. ~note, die 학교 성적, 점수. ~orchester, das 학교 오케스트라. ~ordnung, die 학칙, 교칙. ~pädagogik, die 정통(학교) 교육학. ~pädagogisch 〈Adj.〉 정통(학교)교육학적(의). ~pause, die (수업 시간 사이의) 휴식(시간). ~pedell, der 학교 수위. ~pensum, das 학습량. ~pflegschaft, die (교사, 학부형, 학교 당국 등의 대표로 구성되는) 학교 자문 위원회. ~pflicht, die 〈Pl. 없음〉 취학 의무, 의무교육. ~pflichtig 〈Adj.〉 취학 의무가 있는, 학령에 달한: ein -es Kind 학교에 다녀야 할 아이; noch nicht s. sein 아직 학령에 달하지 않다. ~platz, der ↑hof. ~politik, die 학교 정책. ~politisch 〈Adj.〉 학교 정책상의. ~praktiker, der ↑ ~mann. ~praktikum, das 교생 실습. ~psychologe, der 학교 심리학자. ~psychologie, die 1. (학교 생활 문제를 대상으로 하는) 학교 심리학. 2. (심층 심리학에 대립되는) 정통 심리학. ~ranzen, der (등에 매는) 책가방, 란도셀. ~rat, der 장학사. ~raum, der 학교 공간, 교실. ~recht, das 〈Pl. 없음〉 교육법. ~reform, die 학교(학제) 개혁. ~reif 〈Adj.〉 (심신 발육에 있어서) 취학할 수 있게 자란. ~reife, die 취학 적격. ~reifetest, der 취학 적격 시험. ~sack, der 《schweiz.》 ↑~ranzen. ~schiff, das 연습선(함). ~schluß, der 〈Pl. 없음〉 1. 수업 종료: komm bitte nach S. gleich nach Hause 수업 끝나면 곧 집으로 와. 2. 〈지역적〉 학기, 학년의 종결, 종업, 졸업. ~schwänzer, der 《통용어》 무단결석자. ~schwänzerin, die ~schwänzer의 여성형. ~schwester, die 학교직이나 교육 분야에 근무하는 수녀. ~schwierigkeiten 〈Pl.〉 학습 부진(不振). ~sparen, das 학생 저금. ~speisung, die 〈Pl. 없음〉 학교 급식. ~sport, der 학교 체육. ~sprecher, der ↑Schülersprecher. ~sprecherin, die ~sprecher의 여성형. ~streß, der 《통용어》 학교(학생) 생활에서 오는 스트레스. ~stube, die 《준고어》 교실. ~stufe, die 학교의 단계. ~stunde, die 수업 시간. ~system, das 학교 제도, 학제. ~tag, der 수업일: heute ist sein erster S. 그는 오늘 처음 학교에 간다. ~tasche, die ↑~mappe. ~test, der ↑~leistungs-, ~reifetest. ~theke, die 《schweiz.》 ↑~mappe, ~ranzen. ~tor, das 교문. ~träger, der 《관》 학교 운영의 주체(국가, 지방 자치 단체, 법인 등). ~tür, die 교문. ~turnen, das 학교 체조. ~tüte, die (국민 학교 입학을 축하하는) 과자 봉지. ~typ, der 학교 유형(형태). ~uhr, die 학교 시계. ~unterricht, der 수업. ~verband, der 학교의 공동 운영을 위한 지방 연합체. ~versuch, der 실험 학교(학교 조직, 새로운 교수법 등을 실험하는). ~verwaltung, die 학교 관리, 학교(관리) 당국. ~vorstand, der 학교의 간부, 학교의 이사회. ~vorsteher, der 교장. ~wanderung, die 소풍. ~wart, der (지역의) 학교 수위. ~wechsel, der 전학. ~weg, der 통학길: einen kurzen[weiten] S. haben 학교까지의 거리가 가깝다[멀다]. ~weisheit, die 《폄》 얻어들은 지식: 成句 es gibt mehr Dinge zwischen Himmel und Erde, als unsere S. sich träumen läßt 천지 사이에는 우리가 생각하는 것보다 더 많은 것들이 있다. ~werkstatt, die 학교의 실습장. ~wesen, das 〈Pl. 없음〉 학교 제도, 학제. ~wettbewerb, der (학교 또는 여러 학교 사이의) 경시 대회(웅변, 콩쿠르, 미술 등). ~wissen, das ↑~kenntnisse. ~zeit, die 학생[학창] 시절. ~zentrum, das (장·단거리 학생이 병존하는) 복합 학교 건물. ~zeugnis, das (학교의) 성적 증명서, 성적표. ~zimmer, das 교실. ~zwang, der 〈Pl. 없음〉 취학 의무.

Schuld [ʃʊlt], die; -en 1. 〈Pl. 없음〉 책임, 죄과, 원인: es ist nicht seine (ihn trifft keine) S. 그의 잘못(책임)은 아니다; die S. liegt an[bei] mir 잘못은 내게 있다; er trägt die S. an dem Mißerfolg 실패의 책임은 그에게 있다; jmdm. [den Umständen] S. an etw. zuschreiben 무엇에 대한 책임을 누구[상황]에게 미루다[전가하다]; die [alle] S. auf jmdn. abzuwälzen [jmdm. zuzuschieben] suchen (모든) 잘못[허물]을 누구에게 미루려고 하다; jmdm. die S. (an etw.) geben (무엇에 대한) 책임을 누구에게 미루다; 〈다음 용법에서는 명사의 의미가 약해져서 소문자로〉 (an etw.) s. haben [sein] (무엇에 대한) 책임(죄)이 있다; jmdm. [einer Sache] (an etw.) s. geben (무엇에 대한) 책임(허물)을 누구[무엇]에게 미루다. 2. 〈Pl. 없음〉 죄, (법적, 도덕적인) 잘못. S. und Sühne 죄와 벌; er hat eine schwere S. auf sich geladen 〈아이〉 그는 큰 죄를 저질렀다; sich keiner S. bewußt sein 자기에 잘못은 전혀 없다고 생각한다. 3. 《대개 Pl.》 빚, 부채, 채무: (bei jmdm.) -en haben[machen] (누구에게) 빚을 지고 있다[지다]; eine S. tilgen[löschen] 빚을 갚다; jmdm. eine S. erlassen 누구에게 빚을 탕감해 주다; -en eintreiben 빚을 거두어 들이다; sein -en bezahlen[begleichen, abzahlen] 빚을 갚다〈청산하다, 변제하다〉; sich in -en stürzen 빚더미에 올라앉다; 成句 er hat mehr -en als Haare auf dem Kopf 《통용어》 그는 엄청난 빚을 지고 있다; tief [bis über die [beide] Ohren] in -en stecken 《통용어》 빚에 몰려 옴쭉달싹 못하다. 4. (tief) in jmds. Schuld sein[stehen] 〈아이〉 누구에게 큰 은혜를 입고 있다[신세를 지고 있다].

schuld-, Schuld-: ~abänderung, die [법·경제] 부채 관계 변경 계약. ~anerkenntnis, das [법·경제] 채무 승인. ~beitritt, der [법·경제] 병존적 채무 인수. ~bekenntnis, das 유죄 고백: s. ablegen 유죄 고백을 하다. ~beladen 〈Adj.〉 큰 죄를 진. ~betrag, der 부채액. ~betreibung, die 《schweiz.》 ↑Zwangsvollstreckung. ~beweis, der: -e gegen einen leugnenden Angeklagten führen 부인하는 피고에게 유죄의 증거를 제시하다. ~bewußt 〈Adj.〉 죄를 의식하는: s. schweigen 잘못을 의식하고 침묵을 지키다; eine -e Miene 죄의식을 드러내는 표정. ~bewußtsein, das 죄의식. ~brief, der ↑~schein. ~buch, das ↑Staatsschuldbuch. ~buchforderung, die [경제] 국가 채무 부책에 기록되는 여신 요청. ~fähig 〈Adj.〉 [법] 책임 능력이 있는. ~fähigkeit, die 〈Pl. 없음〉 [법] 책임 능력. ~forderung, die a) 지불 청구. b) 지불요청을 받은 채무. ~frage, die 죄(책임)의 (유무) 문제. ~frei 〈Adj.〉 죄없는. ~gefängnis, das 《옛》 채무자 구류소. ~gefühl, das 죄 감. ~geständnis, das 유죄: ein S. machen[ablegen] 유죄를 자백하다. ~haft, die 《옛》 채무 구류.

~knechtschaft, die 〈옛〉 채무 노예제. ~komplex, der 죄책감 콤플렉스. ~konto, das 《통용어》《대개 다음 용법으로》 etw. geht(kommt) auf jmds. S. 《통용어》무엇은 누구 책임(잘못)이다. ~los 〈Adj.〉《책임》없는, 최 없는 s. sich. fühlen 자신에게는 죄가 없다고 여기다. ~losigkeit, die 무죄, 결백. ~recht, das [법] 채권법. ~schein, der 차용증. ~spruch, der 유죄 선고(판결). ~summe, die 채무액, 부채액. ~titel, der [법·경제] 채무명의. ~tragend 〈Adj.〉잘못이 있는, 잘못된 쪽이. ~tragende', der / die 잘못된 쪽(사람). ~turm, der 〈옛〉 ↑~gefängnis. ~übernahme, die [법·경제] 채무 인수. ~umwandlung, die [경제] 채무의 전환. ~unfähig 〈Adj.〉 [법] 책임 능력이 없는. ~unfähigkeit, die [법] 책임 무능력. ~verhältnis, das [법·경제] 채무 관계. ~verschreibung, die [법·경제] 채권(債券). ~versprechen, das [법·경제] 채무 약속. ~voll 〈Adj.〉〈아어〉죄많은, 죄를 의식하는(느끼는). ~wechsel, der [은행] 약속어음. ~zins, der [은행] 부채의 이자.

schulden ['ʃʊldn] 〈h〉 a) 빚을 지고 있다, 지불할(갚을)의무가 있다: jmdm. eine größere Summe s. 누구에게 큰 액수를 빚지고 있다; was schulde ich Ihnen (für die Reparatur)? (수리비로) 얼마를 드려야 합니까? b) 누구에게 무엇을 할 의무가 있다, 은혜를 입고 있다: jmdm. Dank(eine Antwort) s. 누구에게 고마워(대답을) 해야 한다; 〈드물게〉 ich schulde ihm mein Leben 그는 내 생명의 은인이다.

schulden-, Schulden- (Schuld 3): ~berg, der 《통용어》 많이 쌓인 빚 s. abtragen 빚더미를 갚아 나가다. ~frei 〈Adj.〉 부채가 없는: ein -es Grundstück 저당잡히지 않은 토지. ~haftung, die [법] 채무 보증. ~last, die 〈무거운〉 빚더미. ~masse, die (파산시의)총 부채액. ~ruf, der 《schweiz.》 (파산 절차 등에서의) 채권 신고(를 종용하는) 공고. ~tilgung, die 빚을 갚음, 채무의 완전한 변제.

schuldhaft 〈Adj.〉 유책(有責)의, 유죄의, 자신의 책임[잘못]으로 인한: ein -es Verhalten 잘못이 있는 행동; dem Prozeß s. fernbleiben 재판에 참석하지 않음으로 해서 법을 어기다. **schuldig** ['ʃʊldɪç] 〈Adj.〉 1. 죄(책임)이 있는, 유죄의: der Angeklagte war s. 피고는 유죄였다; er hat sich des Betruges s. gemacht 〈아이〉그는 사기죄를 범했다; er ist an dem Unglück s. 그는 그 사고에 책임이 있다; sich. fühlen(bekennen) 자기가 유죄라고 느끼다(자백하다); auf s. plädieren [법] 유죄를 구형한다; auf s. erkennen [법] 유죄를 선고하다; **jmdn. s. sprechen** 누구를 유죄 판결한다. 2. a) 빚이 있는, 지불할 의무가 있는: jmdm. 100Mark [die Miete] s. sein 누구에게 100마르크를 갚아야 하다(임대료를 내야 하다); was bin ich Ihnen s.? 얼마를 지불해야 합니까?; jmdm. Dank[eine Erklärung] s. sein 누구에게 고마워 할 의무를 입고 있다(설명을 해야 한다); 전의 das ist sie sich selbst s. 그녀는 자신에게 떳떳함을 위해서 그렇게 할 수밖에 없었다; **jmdm. nichts s. bleiben** (공격, 비난에 상대방에 조금도 뒤지지 않게) 대응하다. b) 지당한, 마땅한, 당연한: jmdm. die ~ Achtung [den -en Respekt] erweisen 누구에게 마땅히 그래야 할 경의를 표시하다. **Schuldige'**, der / die 죄있는 사람, 유죄자. **Schuldiger** ['ʃʊldɪɡɐ], der, -s, - [성경] 죄지은 자. **schuldigermaßen** 〈Adv.〉 죄(잘못)에 상응하여, 당연히, 당연한. **Schuldigkeit**, die; -en 1. 의무, 책무, 책임: **seine (Pflicht und) S. tun** 당연히 할 일을 하다. 2. (준어) 빚(부채)(의 액수). **Schuldigsprechung**, die; -en 유죄 판결. **Schuldner**, der; -s, - 채무자, 빚진 사람. **Schuldnerin**, die; -nen ↑ Schuldner의 여성형. **Schuldnermehrheit**, die [법·경제] 복수 채무자. **Schuldnerverzeichnis**, das; -, -se [법] (등기소의) 채무자 목록. **Schuldnerverzug**, der; -(e)s [법] 채무 변제의 유예(지체).

Schule ['ʃuːlə], die; -n [lat. schola < griech. scholé = das Innehalten] 1. 학교: die S. besuchen 학교에 다니다; er will später an die (zur) S. gehen 《통용어》 그는 장차 교사가 되고자 한다; sie unterrichtet an einer privaten S. 그녀는 사립 학교 교사이다; er geht in(auf) die höhere S. 그는 고등 학교에 다닌다; wir sind zusammen in die(zur) S. gegangen 《통용어》 우리는 동기동창이다; jmdn. von der S. weisen 누구를 퇴학시키다; 상구 ich bin auch mal zur S. gegangen 누구는 학교 안 다닌 줄로 아냐? 전의 er ist in eine harte S. gegangen (hat eine harte S. durchgemacht) 그는 갖은 풍상을 다 겪었다; **alle -n durchsein (durchgemacht haben)** 《통용어》1) 인생 경험이 많다. 2) 온갖 계책을 다 알다, 세상 물정에 밝다; **aus der S. plaudern**《드물게》 schwatzen 비밀을 외부인에게 떠벌리다. 2. (건물로서의) 학교, 교사(校舍): **hinter (neben) die S. gehen**《통용어》학교를 빼먹다. 3. 〈Pl. 없음〉 (학교) 수업: die S. beginnt um 8 Uhr(ist um 1Uhr aus) 수업은 8시에 시작된다(학교는 1시에 파한다); heute haben wir (ist) keine S. 오늘은 수업이 없다; der S. versäumen(schwänzen) 학교를 빼먹다; komm nach der S. bitte gleich nach Hause 학교가 파하면 곧장 집으로 와라. 4. 〈Pl. 없음〉 교육, 수련, 훈련: sein Spiel verrät eine ausgezeichnete S. 그의 연주(연기)를 (들어) 보면 그가 탁월한 수련을 받았다는 사실을 짐작할 수 있다; **(die) Hohe S.** 1) 고등 마장 마술. 2) 고등 기술, 높은 경기(기량). 5. 학생과 교직원 전체, 전학교: die ganze S. versammelte sich in der Aula 전체 학생과 교직원이 강당에 모였다. 6. (학문, 예술 등의) 유파(流派), 학파: die S. Rembrandts 렘브란트풍(風)의 화파(畫派); 전의 er ist ein Pädagoge der alten S. 그는 전통적(고전적)인 교육자이다; **S. machen** (많은) 추종자 [동조자, 모방자]를 얻다: hoffentlich macht sein Beispiel nicht S.! 많은 사람이 그의 예를 따르는 일이 없어야 할텐데. 7. 교본, 입문서: S. des Flötenspiels 플룻 교본. 8. ↑Baumschule의 약칭. **¹schulen** ['ʃuːlən] 〈h〉 a) 교육(훈련)하다: jmdn. gründlich s. 누구를 철저하게 교육(훈련)하다; psychologisch geschulte Mitarbeiter 심리학 교육(훈련)을 받은 동료(직원). b) 단련(연마)하다: durch Auswendiglernen das Gedächtnis s. 암기를 통해 기억력을 단련하다; 〈s. + sich〉 er hat sich an den flämischen Malern geschult 그는 플랑드르 화가들을 모범으로 해서 그림공부를 했다; ein geschultes Auge(Ohr) haben 숙련된 눈(귀)을 가지고 있다. c) 길들이는, 조련하다: Blindenhunde s. 맹인용 개를 훈련시키다.

²schulen [-] 〈h〉 [mniederd. schulen] 《nordd.》겉눈질하다, 엿보다.

Schüler ['ʃyːlɐ], der; -s, - 1. 학생: er ist ein ehemaliger S. von ihm 그는 전에 그의 학생이었다; **ein fahrender S.** 〈옛〉 (중세의 대학을 전전하는) 학생. 2. 제자, 문하생: ein S. von Röntgen 뢴트겐의 제자; als Dramatiker ist er ein S. der alten Griechen 극작가로서 그는 고대 그리스인들을 모범으로 삼는다.

Schüler- (Schüler 1): ~arbeit, die 학생 작품. ~aufführung, die 학생(에 의한) 공연. ~austausch, der (국제간의) 학생의 교환(교류). ~ausweis, der 학생증. ~bibliothek, die 학교 도서관. ~bogen, der 《구동독·교육》학생 생활 기록부. ~briefwechsel, der (국제간의) 학생 서신 교환. ~brigade, die 《구동독》학생 작업반. ~bücherei, die ↑~bibliothek. ~fahrkarte, die 학생용 할인 승차권. ~heim, das 학생기숙

사. ~**hort**, der ↑Schulhort. ~**karte**, die ↑~**fahrkarte**. ~**kollektiv**, das 《구동독》 (사회주의적 과제를 수행하기 위한) 학생 작업조. ~**lotse**, der (학교 근처의) 통학 교통 안내 학생. ~**lotsendienst**, der 통학 교통 안내. ~**mitbestimmung**, ~**mitverantwortung**, die ↑~mitverwaltung (1). ~**mitverwaltung**, die 1. (학교 문제에 참여하는) 학생 대의원회. 2. (학사 문제에 참여하는) 학생 대의원회. ~**monatskarte**, die 학생용 월간 정기승차권. ~**mütze**, die (옛) 학생모. ~**parlament**, das (대도시의) 학생 대표(자치) 회의. ~**sprache**, die 〈Pl. 없음〉 학생어, 학생은어. ~**sprecher**, der 학생대표, 학생회장. ~**sprecherin**, die ↑~sprecher의 여성형. ~**streich**, der 학생의 장난. ~**tagebuch**, das 《구동독》 (학부모에게 보내는) 학교 통신문. ~**versammlung**, die 학생 총회, 학생 회의. ~**wochenkarte**, die 학생용 주간 정기 승차권. ~**zahl**, die 학생 수. ~**zeitung**, die 학생 신문.

schülerhaft 〈Adj.〉 1. (폄) 서투르고, 미숙한. 2. 학생다운, 학생 같은. **Schülerhaftigkeit**, die ↑schülerhaft의 명사형. **Schülerin**, die; -nen ↑Schüler의 여성형. **Schülerschaft**, die; -en (한 학교의) 전체 학생.
schulisch ['ʃuːlɪʃ] 〈Adj.〉 학교의, 학교에 관한: seine -en Leistungen sind gut 그의 학교 성적은 좋다; s. versagen 학업에서 낙오하다.

Schulp [ʃʊlp], der; -(e)s, -e [mniederd. schulp] (오징어 따위의) 딱딱한 껍질.
schülpen ['ʃʏlpn̩], **schülpern** ['ʃʏlpɐn] 〈h/s〉 [mniederd. schulpen] 《nordd.》 ↑schwappen.

Schulter ['ʃʊltɐ], die; -n 1. 어깨: hängende [vom Alter gebeugte) -n 축 처진 어깨 [나이들어 굽은 등]; die -n bedauernd hochziehen 유감의 표시로 어깨를 으쓱하다; die [mit den] -n zucken 어깨를 으쓱하다; jdmd. bis an die (bis zur) S. reichen 누구의 어깨에 미치다; 전의 die ganze Verantwortung liegt[lastet] auf seinen -n 모든 책임이 그의 양 어깨 위에 놓여 있다. **S. an S.** 1) 어깨를 나란히 하고, 아주 가까이. 2) 협력해서, 공동으로; jmdm. (드물게) **einer Sache) die kalte S. zeigen** 《통용어》 누구[무엇]를 냉대[무시]하다; **etw. auf die leichte S. nehmen** 무엇을 너무 가볍게 생각하다(↑Achsel 1 a); **etw. auf seine -n nehmen** 무엇을 떠맡다[책임지다]; **auf beiden -n (Wasser) tragen** 양다리 걸치다; jmdn. **über die S. ansehen** 누구를 경시하다[깔보다]; **auf jmds. -n stehen** 누구의 이론에 바탕을 두고 있다. 2. (옷의) 어깨 부분: die linke S. sitzt nicht 왼쪽 어깨의 부분이 잘 맞지 않는다; das Jackett ist in den -n zu eng 윗옷의 어깨가 너무 좁다. 3. (소, 돼지 따위의) 어깨죽지 부분, 견육(肩肉). 4. 산등성이 중의 수평한 부분.

schulter-, Schulter-: ~**blatt**, das 견갑골(肩胛骨). ~**breit** 〈Adj.〉 어깨넓이의[만한]. ~**breite**, die 어깨넓이. ~**brücke**, die [체조] ↑~standbrücke. ~**decker**, der 견익기(肩翼機). ~**frei** 〈Adj.〉 어깨를 드러낸. ~**gelenk**, das 어깨 관절, 견 관절. ~**gürtel**, der 견갑대(肩胛帶). ~**halfter**, die/das 어깨걸이 권총집. ~**hoch** 〈Adj.〉 어깨 높이의[만한]. ~**höhe** 〈Pl. 없음〉 어깨 높이. ~**klappe**, die 견장(肩章). ~**knochen**, der 어깨뼈, 견갑골. ~**kragen** der 어깨 비러 칼라. ~**kreisen**, das; -s [체조] 어깨 돌려 구르기. ~**lage**, die [의학] 사위(斜位). ~**lang** 〈Adj.〉 (머리칼이) 어깨까지 이르는: das Haar s. tragen 어깨까지 오는 긴 머리를 하고 있다. ~**linie**, die 어깨선[윤곽]. ~**niederlage**, die [레슬링] 폴 패(敗). ~**passe**, die (마줌옷의) 어깨 부분. ~**polster**, das (양복 등의 어깨에 넣는) 패트, 어깨뽕. ~**prellung**, die 타박상. ~**riegel**, der 〈대개 Pl.〉 ↑~klappe. ~**riemen**, der 어깨

띠, 견대. ~**schluß**, der 〈Pl. 없음〉 《schweiz.》 단결, 협동. ~**schwung**, der [레슬링] 어깨 걸어 던지기. ~**sieg**, der [레슬링] 폴 승(勝). ~**sitz**, der 무동타기. ~**stand**, der 1. 〈자연거 곡예〉 (자연거를 모는 사람의) 어깨 위에 서기. 2. [체조] (평행봉 등에서) 어깨 딛고 거꾸로 서기. ~**standbrücke**, die [체조] 어깨 딛고 거꾸로 서서 다시 다리를 내려 몸을 아치형으로 만들기. ~**stoß**, der [권투] (규칙 위반인) 어깨로 치기[밀기]. ~**stück**, das 1. 〈대개 Pl.〉 ↑~klappe. 2. 어깨죽지고기, 견육(肩肉). ~**tasche**, die 어깨에 거는 핸드백, 숄더백. ~**tuch**, das 〈Pl. -tücher〉 세일러 칼라의 어깨 부분. ~**verrenkung**, die 견갑탈구(肩胛脫臼), 어깨삠. ~**wärts** 〈Adv.〉 어깨쪽으로: den Kopf s. wenden 머리를 갸우뚱하다. ~**wehr**, die (군·옛) 견장(肩牆). ~**wurf**, der [레슬링] 상대의 양어깨가 바닥에 닿도록 던지는 기술. ~**zucken**, das; -s 어깨 으쓱함.

-**schulterig**, -schultrig [-ʃʊlt(ə)rɪç] 〈다음과 같은 합성어로, 예컨대〉 breitschulterig 어깨가 넓은. **schultern** ['ʃʊltɐn] 〈h〉 1. 어깨에 메다[지다]: ein Gewehr s. 총을 어깨에 메다. 2. [등산] 폴승으로 이기다.
Schultheiß ['ʃʊltaɪs], der; -en, -en 1. (구제) 면장, 동장, 이장. 2. 《schweiz.》 (루체른주의) 주지사. **Schultheißenamt**, das (고어) 면장(동장, 이장)직.
-**schultrig**: ↑schulterig 참조.
Schulung, die; -en 1. a) 교육, 훈련: eine eingehende klinische (politische) S. erfahren 상세한 임상[정치] 교육을 받다. b) 훈련, 단련, 학습: die ständige S. des Urteilsvermögens (der Stimme) 판단력[음성]의 지속적인 훈련. 2. 수련 과정, 강습회: an einer S. für Funktionäre teilnehmen 간부 수련 과정에 참여하다.
Schulungs- [Schulung 1 a]: ~**abend**, der 야간 강습회. ~**brief**, der Unterrichtsbrief. ~**kurs**, der 수련 과정. ~**lehrgang**, der 수련 과정. ~**leiter**, der 수련 지도자. ~**material**, das 수련 자료. ~**stunde**, die 수련[강습] 시간. ~**thema**, das 수련[강습] 주제.
Schulze ['ʃʊltsə], der; -n, -n 《구제》 면장, 동장, 이장. **Schulzenamt**, das 면장(동장, 이장)의 직책.
Schummel [ʃʊm], der; -s 《통용어》 속임(수). **Schummelei** [ʃʊməˈlaɪ], die; -en 《통용어》 1. 〈Pl. 없음〉 (계속적인) 속이기. 2. 속이기, 속임수. **schummeln** ['ʃʊm] 〈h〉 《통용어》 1. 속임수를 쓰다: beim Kartenspielen s. 카드놀이에서 속임수를 쓴다. 2. 몰래 [슬쩍] 옮기다[가져 가다]: Briefe in die Zelle s. 편지를 감방에 몰래 넣어 주다.
Schummer ['ʃʊmɐ], der; -s, - [mniederd. schummer ↑Schimmer의 병용형] 《지역적》 ↑Dämmerung. **schummerig**, schummrig ['ʃʊm(ə)rɪç] 〈Adj.〉 《통용어》 a) (빛의 상태가) 으스름한, 희미한, 어둠침침한. b) (조명 기구가) 희미한, 어둠침침한: die Beleuchtung ist schummrig 조명이 희미하다. **Schummerigkeit**, Schummrigkeit, die 《통용어》 희미함, 어둠침침함. **Schummerlicht**, das; -(e)s 《통용어》 어스름, 미광. **schummern** ['ʃʊmɐn] 〈h〉 1. (비인칭) 《지역적》 dämmern. 2. (전문어) (지도에서 고저, 경사를 나타내기 위해) 선영(線影)을 그려 넣다: eine geschummerte Karte 선영(線影)을 그려 넣은 지도. **Schummerstündchen**, das; -s, - 《지역적》 ↑Dämmerstündchen. **Schummerstunde**, die; -n 《지역적》 ↑Dämmerstunde. **Schummerung**, die; -en [1: mniederd. schummeringe] 1. 《지역적》 황혼, 새벽. 2. (전문어) a) 〈Pl. 없음〉 (지도에) 선영(線影) 그려 넣기. b) 선영(線影).
Schummler ['ʃʊmlɐ], der; -s, - 《통용어》 (눈)속임꾼. **Schummlerin**, die; -nen 《통용어》 ↑Schummler의 여성형.

schummrig: ↑schummerig. **Schummrigkeit**: ↑Schummerigkeit.
Schumperlied ['ʃompɐ-], das; -(e)s, -er 《ostmd.》속된 민요[사랑노래]. **schumpern** ['ʃompɐn] 〈h〉《ostmd.》《품에》 안고 어르다: die Großmutter schumperte das Kind 할머니는 애를 안고 얼렀다.
schund [ʃʊnt], der; -(e)s 《퍾》 **1.** (문학 등의) 시시한[저속한] 작품[것]: was liest du da wieder für einen S.? 무슨 시시한 책을 또 읽고 있니?; **S. und Schmutz** (↑Schmutz 1). **2.** 《통용어》 폐물, 고물, 못쓸 물건, 잡동사니: ich werfe den ganzen S. in den Müll 이 잡동사니를 모두 쓰레기통에 버리겠다.
Schund-: **~film**, der 《퍾》 저속[저질] 영화. **~heft**, das 《퍾》 저속 소설책. **~literatur**, die 〈Pl. 없음〉 저속 문학. **~roman**, der 《퍾》 저속 소설. **~ware**, die 《통용어·퍾》 저질품.
schundig ['ʃʊndɪç] 〈Adj.〉《통용어·퍾》 저질의, 저속한, 가치없는: dieser -e Kram gehört auf den Müll! 이 엉터리 물건은 쓰레기통에 버려야 한다.
Schunkel-: **~lied**, das 서로 팔을 걸고 그 리듬에 맞추어 몸을 흔들며 부르는 노래. **~schnulze**, die 《퍾》 ↑~lied. **~walzer**, der 왈츠 풍의 ↑~lied.
schunkeln ['ʃʊŋkln] [niederd., md. *schuckeln*의 병용형] **1. a)** 〈h〉 (한 자리에 같이 앉은 사람들이) 서로 팔을 걸고 노래에 맞추어 몸을 흔들다. **b)** 〈s〉 노래를 부르며 가다(움직이다). **2.** 《지역적》 **a)** 〈h〉 흔들거리다, 흔들리다, 동요하다: das kleine Boot schunkelte heftig und kippte fast um 그 조그만 배가 심하게 흔들려서 뒤집힐 뻔했다. **b)** 〈s〉 흔들거리며 움직이다[가다].
Schupf [ʃʊpf], der; -(e)s, -e 《südd., schweiz.》 밀기. **schupfen** ['ʃʊpfn] 〈h〉《südd., schweiz., österr.》 **a)** 밀다, 밀치다. **b)** 던지다.
Schupfen [-], der; -s, - 《österr., südd.》 광, 헛간.
Schupfer ['ʃʊpfɐ], der; -s, - 《österr.·통용어》 밀기.
Schupflehen, das; -s, - 《옛》 소작지. **Schupfnudel**, die; -n 〈대개 Pl.〉《südd.》 (밀가루, 감자 등으로 만든) 경단.
¹**Schupo** ['ʃuːpo], die 《통용어》 ↑**Schutzpolizei**의 약칭. ²**Schupo** [-], der; -s, -s 《통용어》 ↑**Schutzpolizist**의 약칭: er wurde von zwei -s abgeführt 그는 두 명의 보안 경찰관에 의해 연행되었다.
¹**Schupp** [ʃʊp], der; -(e)s, -e 《nordd.》 밀기, 밀치기, 찌르기: jmdm. einen S. geben 누구를 꾹 찌르다.
²**Schupp** [-], der; -s, -en [russ. *schuba*] 《전문어》 너구리의 모피.
Schüppchen ['ʃʏpçən], das; -s, - ↑Schuppe.
Schuppe ['ʃʊpə], die; -n **1.** 〈축소형〉↑Schüppchen》 비늘: die silbrig glänzenden -n des Fisches 물고기의 은빛으로 빛나는 비늘. **2.** 인모(鱗毛), 인엽(鱗葉), 비늘 잎. **3.** 〈축소형〉↑**Schüppchen**》 비늘 모양의 가공품: die schimmernden -n eines Harnisches 번쩍이는 갑옷 비늘. **4.** 〈대개 Pl.〉 **a)** 인비늘, 인설(鱗屑). **b)** (머리) 비듬. **5. es fällt jmdm. wie ~n von den Augen** 누구에게 갑자기 분명해지다, 누가 무엇을 홀연히 깨닫다.
Schüppe ['ʃʏpə], die; -n 《지역적》 ↑Schippe.
Schüppel ['ʃʏpl], der; -s, -(n) 《südd., österr.》 다발: ein S. Stroh 짚 한 다발.
schüppeln ['ʃʏpln] 〈h〉《고어》 밀고[굴려] 가다.
¹**schuppen** ['ʃʊpn] **a)** 〈h〉 **1.** 비늘을 (긁어) 벗기다: Fische s. 생선비늘을 벗기다. **2.** 〈s. + sich〉 **a)** 〈피부를 주어로〉 인비늘[인설]이 생기다〈생겨 떨어지다〉: seine Haut schuppt sich 그의 피부에 인비늘이 생긴다. die Haut schuppt stark 인비늘이 많이 생긴다. **b)** 〈사람을 주어로〉 인비늘이 생기다〈생겨 떨어지다〉: du schuppst dich [auf dem Rücken] 너(너의 등)한테 인비늘이 생긴다.
²**schuppen** [-] 〈h〉《지역적》 살짝 밀다.
schüppen ['ʃʏpn] 〈h〉《지역적》 ↑schippen.
Schuppen ['ʃʊpn], der; -s, - **1. a)** 헛간, 광, 창고, 달개집: den Traktor in den S. stellen 트랙터를 헛간에 넣다. **b)** ↑**Lokomotivschuppen**의 약칭. **c)** 부두의 창고. **2.** 《통용어·퍾》 엉터리로 지어 볼품없는 건물. **3.** 《통용어》 디스코홀.
Schüppen ['ʃʏpn], das 《지역적》 ↑Schippen.
schuppen-, **Schuppen-** (Schuppe-): **~artig** 〈Adj.〉 비늘 모양의: -e Metallplättchen 비늘 모양의 금속 조각. **~baum**, der 〔고대 식물학〕 인목(鱗木). **~bildung**, die 비듬[인설] 형성. **~blatt**, die 인편엽(鱗片葉). **~flechte**, die 〔의학〕 마른 버짐, 건선(乾癬). **~förmig** 〈Adj.〉 비늘 모양의. **~harnisch**, der 비늘갑옷. **~kriechtier**, das 〔동물〕 유린류(有鱗類). **~los** 〈Adj.〉 비늘이 없는. **~panzer**, der **1.** 〔옛〕 비늘갑옷. **2.** (거북 따위의) 등 딱지. **~reptil**, das 〔동물〕 ↑~kriechtier. **~tier**, das 〔동물〕 천산갑.
schuppig ['ʃʊpɪç] 〈Adj.〉 **a)** 비늘이 많은, 비늘로 덮인. **b)** 인비늘이 있는, 비듬이 있는(많은): sein Haar ist s. 그의 머리에는 비듬이 많다. **c)** 비늘 모양의: ein -es Ornament 비늘 모양의 장식. **Schuppung**, die; -en 《드물게》 인비늘 생기기.
Schups [ʃʊps], der; -(e)s, -e 《südd.》 ↑Schubs.
Schupsen ['ʃʊpsn] 〈h〉《südd.》 ↑Schubsen.
¹**Schur** [ʃuːɐ̯], die; -en **1. a)** 양의 털깎기: die Schafe zur S. zusammentreiben 털을 깎기 위해 양들을 한 곳에 몰다. **b)** 베어 낸 양모(羊毛). **2.** 〔농업〕 풀베기, 베어내기: bei der Wiese ist bald eine S. fällig 풀밭의 풀을 곧 한번 베어야 한다. ²**Schur** [-], der; -(e)s 《고어》 화나는〈귀찮은, 성가신〉 일, 번거로움: **jmdm. einen S. tun** 《고어》 누구를 귀찮게[화나게] 하다; **etw. jmdm. zum S. tun** 《고어》 누구를 약올리려고 무엇을 하다.
Schür-: **~eisen**, das 불쑤시개, 부지깽이. **~haken**, der 부지깽이. **~loch**, das 난로의 아궁이. **~stange**, die 부지깽이.
schüren [ʃyːrən] 〈h〉 **1.** (불을) 쑤셔서 돋우다, 돋구어 일으키다: das Feuer s. 불을 쑤셔서 돋우다. **2.** 부채질하다, 꼬드기다: jmds. Haß[Neid, Hoffnung] s. 누구의 미움[질투심, 희망]을 돋우다. **Schürer**, der; -s, - 《지역적》 부지깽이.
Schurf [ʃʊrf], der; -(e)s, Schürfe ['ʃʏrfə] 〔광〕 탐광(探鑛), 시굴(試掘).
Schürf-: **~arbeiten** 〈Pl.〉 **~bohrung**, die 〔광〕 시굴. **~feld**, das 〔광〕 시굴 지역. **~graben**, der 〔광〕 시굴갱. **~grube**, die 〔광·토건〕 (지층 조사 목적의) 시굴갱. **~kübel**, der 〔기술〕 스크레이퍼. **~loch**, das 〔광·토건〕 시추공. **~recht**, das 시추권. **~schacht**, der 〔광〕 시굴 지역. **~stelle**, die 〔광〕 시굴 지역. **2.** 상처난 자리. **~stollen**, der 〔광〕 시굴 횡갱(橫坑). **~wunde**, die 긁힌 상처.
schürfen [ʃʏrfn] 〈h〉 **1. a)** 할퀴어[긁어] 상처를 내다: sich³ die Haut[das Knie] s. 피부[무릎]에 긁힌 상처를 입다. **b)** 긁혀 어떤 상태가 되다: sich den Arm blutig s. 팔이 긁혀 피가 나다; sich die Haut aufs Blut s. 피가 날 만큼 피부를 긁다[까다]: er hat sich am Ellenbogen (leicht) geschürft 그는 무릎에 (가볍게) 생채기가 났다. **2.** (마을음을 내며 무엇 위로) 지나가다. **3.** [토목] 땅을 과내다(도로 건설을 위한 사전 작업 등으로). **4.** 〔광〕 **a)** 시굴(試掘)하다: nach Gold s. 금광을 찾으려 시굴하다; 〔전의〕 wenn wir der Sache wirklich auf den Grund kommen wollen, müssen wir allerdings noch erheblich tiefer s. 우리가 정말 이 문제의 근본을 규명하려면 아직도 상당히 더 깊이 조사해야

한다. **b)** 노천 채굴하다: Braunkohle s. 갈탄을 노천 채굴하다. **Schürfer**, der; -s, - [광] 시굴자. **Schürfung**, die; -en **1.** 생성기. **2.** 《드물게》시굴.

schürgen ['ʃyrgn] 〈h〉《지역적》**1.** 밀다: eine Wagen s. 자동차를 밀다. **2.** 몰다: das Vieh auf die Weide s. 가축을 풀밭으로 몰다.

-schürig ['ʃy:rɪç] 《다음과 같은 합성어로, 예컨대》 zweischürig (풀을) 한 해에 두 번 베는, (털을) 한 해에 두 번 깎는.

Schurigelei [ʃu:ri:gə'laɪ], die; -en《통용어·폄》**1.** 〈Pl. 없음〉(지속적인) 못살게 굴기, 괴롭히기. **2.** 괴롭히는(못살게 구는) 행동. **schurigeln** ['ʃu:ri:gln] 〈h〉《통용어·폄》 괴롭히다, 못살게 굴다: ich lasse mich von Ihnen nicht länger s.! 당신이 나를 못살게 구는 행위를 더이상 감수하지 않겠소!

Schurke ['ʃʊrkə], der; -n, -n《폄》무뢰한, 악당, 무뢰한, 깡패: ein gemeiner S. 야비한 악당. **Schurkenstreich**, der; -(e)s, -e《준고어·폄》못된 짓, 악랄한 행동, 비행. **Schurkentat**, die; -en《준고어·폄》↑Schurkenstreich. **Schurkerei** [ʃʊrkə'raɪ], die; -en《폄》나쁜 짓, 악한 짓, 악행, 비행: so eine verdammte S.! 이런 못된 짓이 있나! **Schurkin** ['ʃʊrkɪn], die; -nen《폄》↑Schurke의 여성형. **schurkisch** 〈Adj.〉《폄》악당 같은, 불량한, 파렴치한: die -en Praktiken der Ölgesellschaften 석유 회사들의 파렴치한 행태; er hat ziemlich s. gehandelt 그는 심히 파렴치하게 행동했다.

Schurre ['ʃʊrə], die; -n《지역적·전문어》활로(滑路).

schurren ['ʃʊrən] [mniederd. schurren, schurren의 병용형]《지역적》**1. a)** 〈h〉덜거리는[사르륵] 소리를 내다: die Takelage schurrte 삭구(索具)가 덜거덕거렸다. **b)** 〈s〉 사르륵 소리를 내며 움직이다[가다]. **2. b)** ↑ scharren (1 a) 참조. **Schurrmurr** ['ʃʊr'mʊr], der; -s [뒤섞어 놓여 있는 상태를 표시하는 언어유희적 표현] (nordd.) **a)** 뒤죽박죽. **b)** 잡동사니.

Schurwolle, die; -n《살아있는 양에서 깎은》 양모(羊毛): ein Pullover aus reiner[aus echter] S. 순수 양모로 만든 풀오버. **schurwollen** 〈Adj.〉《드물게》 양모의.

Schurz [ʃʊrts], der; -es, -e **a)**《작업용》 짧은 앞치마. **b)**《지역적》 앞치마. **c)** ↑Lendenschurz의 약칭. **Schürze** ['ʃyrtsə], die; -n [Niederd. < mniederd. schörte] **1.** 앞치마, 에이프런: eine S. voll Äpfel 앞치마 가득히 담은 사과; (sich) eine S. umbinden [vorbinden] 앞치마를 두르다; eine S. tragen 앞치마를 입고 있다; die S. ablegen 앞치마를 벗다; **jmdm. an der S. hängen**《통용어·폄》누구에게 종속되다, 누구의 꽁무니에 매달리다; **hinter jeder S. herlaufen (hersein)**《통용어·준고어·조롱》여자꽁무니를 쫓아다니다, 치마만 보면 쫓아가다. **2.** [사냥] 암노루놈의 음모(陰毛). **schürzen** ['ʃyrtsn] 〈h〉《느낌》**1. a)** (옷자락을) (걷어) 올려 허리 부분에 고정시키다, 치켜 올리다: sie schürzte ihr Kleid(das Kleid) u. stieg die Treppe hinauf 그녀는 치마를 치켜 올리고 층계를 올라갔다. **b)**《입술을》 뾰쪽 내밀다. **c)** (s. + sich)《입술이》 뾰쪽하다: ihre Lippen schürzten sich 그녀의 입술이 뾰쪽했다. **2.** 《아이》 **a)** 매듭을 짓다[묶다]: einen Knoten s. 매듭을 만들다; [전의] der Knoten (der dramatischen Handlung) ist geschürzt (연극의) 갈등이 곧 절정에 이른다. **b)** 묶어 매듭을 짓다. **c)** (s. + sich)《매듭으로 묶여서다》[전의] hier schürzt sich die dramatische Handlung zum Knoten 여기에서 극의 갈등이 첨예화된다.

schürzen-, Schürzen-: ~**artig**〈Adj.〉앞치마 모양의. ~**band**, das〈Pl. -bänder〉앞치마 끈: **jmdm. am S. hängen** 누구의 꽁무니에 매달리다(↑Schürze

1). ~**jäger**, der《통용어·폄》여자 꽁무니를 쫓아다니는 사람, 난봉꾼. ~**kittel**, der 앞치마가 달린 작업복. ~**kleid**, das 앞치마와 비슷한 가벼운 옷. ~**latz**, der 앞치마의 앞부분. ~**stoff**, der [섬유]《가사용 의복용을 위한》질긴 천. ~**tasche**, die 앞치마 주머니. ~**träger**, der 앞치마의 어깨걸이. ~**zipfel**, der 앞치마 자락: **jmdm. am S. hängen** 누구의 꽁무니에 매달리다(↑Schürze 1).

Schurzfell, das; -(e)s, -e《고어》가죽 앞치마. **Schurzleder**, das; -s, -《고어》가죽 앞치마. **Schürzung** ['ʃʏrtsʊŋ], die; -en《드물게》↑Schürzen의 명사형.

Schuß [ʃʊs], der; Schusses, Schüsse ['ʃʏsə] 《단위 표시일 때에는》 -). **1. a)** 사격, 발사, 발포: ein gezielter S. 조준 사격; ein S. mit einem Gewehr[Bogen] 총기 사격[활쏘기]; es fielen zwei Schüsse 두 발이 발사되었다; er erlegte den Bock mit einem einzigen S. 그는 한 발로 염소를 쓰러뜨렸다; [전의] der Fotograf kam nicht zum S.《통용어》사진가가 그 장면을 잡지 못했다; **weit[weitab] vom S.**《통용어》**1)** 위험한 곳에서 벗어난. **2)** 중심지에서 벗어난; **zum S. kommen**《통용어》활약할 기회를 얻다(↑Zug). **b)** 총탄, 총알, 화살: der S. hat getroffen(hat das Ziel verfehlt) 총탄이 명중했다(목표에서 벗어났다); einen S. abgeben 한 발 쏘다; [전의] der S. kann leicht nach hinten losgehen 《통용어》이 경우에는 제 도끼에 발등 찍히기 쉽다; das war ein S. nach hinten《통용어》그것은 제 도끼에 발등 찍히는 격이었다; **jmdm. einen S. vor den Bug setzen(geben)**《통용어》누구에게 엄중하게 경고하다; **etw. vor(in) den S. bekommen** [사냥] 사냥거리를 맞히다; **jmdm. vor(in) den S. kommen 1)** [사냥] 누구의 사정 거리 안에 들어가다. **2)**《통용어》평소 벼르던 누구와 공교롭게 맞닥뜨리다: na warte, wenn der Halunke mir mal vor den S. kommt! 이 악당, 내게 걸리기만 해봐라. **c)** 총격: er brach unter den Schüssen der Polizisten zusammen 그는 경찰들의 총격 속에서 쓰러졌다; **ein S. ins Schwarze**《통용어》명언, 정곡을 찌르는 말[답], 정답; **ein S. in den Ofen**《통용어》완전한 실패. **d)** 총성, 포성, 폭음, 발사음: in der Ferne hallte wieder ein S. durch die Nacht 멀리서 총성이 한 번 더 밤을 갈랐다. **e)** 총상(銃傷), 화살에 맞은 상처: er liegt mit einem S. im Bein im Lazarett 그는 다리에 총상을 입고 야전병원에 누워 있다; **einen S. haben**《통용어》머리가 좀 돌다, 제정신이 아니다. **f)** (탄환의 수효) 발(發), 발(放), 총알: er hatte noch drei S. im Magazin 그는 탄창에 아직 세 발을 가지고 있었다; **keinen S. Pulver wert sein**《통용어》아무런 값어치가 없다. **2. a)**〈축구〉 슛: ein S. aufs Tor 골을 향한 슛; sein Bewacher ließ ihn nicht zum S. kommen 그 수비하는 상대가 그에게 슛을 허용하지 않았다. **b)** 슛한 공. (공에 따위와 맞은) 슛한 공. **d)**〈Pl. 없음〉《스포츠·은어》슛하는 능력: er hat(besitzt) einen guten S. (im rechten Bein) 그는 (오른발로) 슛을 잘한다. **3.** [광] **a)** 발파공(發破孔). **b)** 발파, 폭파. **4.** (은어) **a)** 마약[헤로인]의 주사: **(jmdm.(sich)) einen S. setzen(drücken, machen)** (누구(자신)에게) 헤로인을 놓다(주사하다); **der goldene S.**《자살하기 위한》치사량(致死量)의 마약 주사. **b)** 마약 주사의 1회분. **5. einen S. tun(machen)**《통용어》(키가) 불쑥 자라다. **6.** 질주(疾走): **in S. bringen[S.]** 직활강하다; **in S. fahren**《통용어》직활강하다; **in S. kommen**《통용어》**1)** 활기를 띠다, 가속이 붙다. **2)** 시작하다. **7.** (액체의) 소량, 약간: einen S. Essig, in die Suppe tun 수프에 초를 약간 치다; Tee mit einem S. Rum 럼주를 약간 탄 차; Cola mit S. 술을 약간 탄 콜라; [전의] er hat einen S. Leichtsinn im Blut 그에게는

경솔한 기질이 약간 있다. **8.** [섬유] 씨실. **9. in**《(드물게)**im**》 **S. sein** 《통어어》 1) 이상 없다, 정상이다: mein Auto ist jetzt wieder (gut) in S. 내 자동차는 (다시) 정상이다. 2) 건강하다; **in S. kommen** 《통어어》 1) 정상화되다. 2) 건강해지다; **etw. in S. bringen(haben, halten, kriegen)** 《통어어》 무엇을 정상화하다[정상으로 시키다].

schuß-, Schuß-: ~abgabe, die 〈Pl. 없음〉 [격식 독어] 발사. **~bahn,** die ↑Geschoßbahn. **~bändig** 〈Adj.〉 [사냥] (개, 말 따위가) 총소리에 놀라지 않는. **~bein,** das [축구·운어] (축구 선수의) 슛하는 다리. **~bereich,** der ↑~feld. **~bereit** 〈Adj.〉 **1. a)** 사격 준비가 완료된: machen Sie sich s.! 사격 준비! **b)** 장진된, 발사 준비가 된. **2.** 《통어어》 **a)** (사람이) 촬영 준비가 된: die Fotografen machten sich s. 사진사들이 사진 찍을 준비를 했다. **b)** (카메라 등이) 촬영 준비가 된. **~dichte,** die [섬유] 씨실 밀도. **~entfernung,** die 사격 거리. **~faden,** der [섬유] 씨실. **~fahrt,** die [스키] 직활강. **~feld,** das **1.** 사계(射界): ein freies S. haben 사계가 탁 트이어서 정확히 조준할 수 있다: der Spieler hatte freies S. [축구] 그 선수는 방해 받지 않고 슛할 수 있는 기회를 잡았다. **~fertig** 〈Adj.〉 발사[촬영] 준비가 된. **~fest** 〈Adj.〉 **1.** 《kugelsicher》: -es Glas 방탄유리. **2.** [사냥] ↑~bändig. **~festigkeit,** die 총소리에 놀라지 않음. **~freudig** 〈Adj.〉《스포츠·운어》 자주 슛을 날리는. **~garn,** das [섬유] 씨실. **~gelegenheit,** die [스포츠] 슛 챈스. **~gerecht** 〈Adj.〉 [사냥] **1.** 사격에 익숙한. **2.** (사냥감이) 명중할 수 있는 거리에 있는. **~gerinne,** das [수리] 급류(急流)용의 배수로. **~gewaltig** 〈Adj.〉《스포츠·운어》 슛팅이 강한. **~glück,** das 《스포츠 운어》 득점운(運). **~kanal,** der [의학] 침투 총상, 총상관(銃創管). **~kraft,** die 〈Pl. 없음〉 [스포츠] 슛팅력. **~kreis,** der [하키] 슛팅 지역(반원). **~licht,** das [사냥] ↑Büchsenlicht. **~linie,** die 사선(射線): **in die[in jmds.] S. geraten** 공격[비판]의 대상이 되다: der Staatssekretär ist in die S. geraten 차관이 공격의 대상으로 부상했다; **sich in die S. begeben** 공격[비판] 대상이 되다. **~lücke,** die 《스포츠·운어》 슛을 할 수 있는 틈새. **~möglichkeit,** die [스포츠] 슛 챈스, 슛 기회. **~nähe,** die 사격(가능) 거리. **~pech,** das 《스포츠·운어》 득점운(運)의 결여. **~position,** die [스포츠] 슛(할 수 있는) 위치. **~recht** 〈Adj.〉 [사냥] ↑~gerecht. **~richtung,** die 사향(射向). **~scheu** 〈Adj.〉 총성을 겁내는(말, 사냥개 따위가). **~schwach** 〈Adj.〉《스포츠·운어》 슛팅 능력이 약한. **~schwäche,** die 《스포츠·운어》 슛팅 능력이 약함. **~sicher** 〈Adj.〉 《kugelsicher. **~stark** 〈Adj.〉《스포츠·운어》 슛팅 능력이 강한. **~stärke,** die 《스포츠·운어》 강한 슛팅 능력. **~verletzung,** die 총상(銃傷). **~waffe,** die 총기, 총: der Polizist machte von der S. Gebrauch 경관이 총기를 사용했다. **~waffengebrauch,** der [경찰] 총기 사용. **~wechsel,** der 총격전: es kam zu einem kurzen S. zwischen den Geiselnehmern und der Polizei 인질범과 경찰 사이에 짧막한 총격전이 있었다. **~weis** 〈Adv.〉 (österr.·통어어) 갑자기 대량으로. **~weite,** die 사정 거리. **~winkel,** der [스포츠] 슛팅 각도. **~wunde,** die 총상. **~zahl,** die 총 촬영 수(數). **~zeichen,** das **a)** 사격 당한 징후의 흔적. **b)** 짐승이 사격 당한 장소의 혼적(이것을 보고 사냥꾼은 그 짐승이 총을 맞았는지 그리고 맞은 경우 부상의 정도 등을 짐작함). **~zeit,** die [사냥] ↑Jagdzeit.

¹**Schussel** ['ʃʊs], der; -s, - 《통어어·쿤어》 경솔한 사람, 덜렁쇠. ²**Schussel** [-], die; -n **1.** 《통어어·쿤어》 경솔한 여자. **2.** 《지역적》 ↑Schusselbahn.

Schüssel ['ʃʏsl], die; -n **1. a)** 주발, 대접, 사발: eine S. aus Porzellan 사기주발; bringen Sie doch bitte noch eine S. Reis 밥 한 사발 더 가져오세요; ein Satz -n 사발 한 세트; **aus einer S. essen** 《통어어》 한 솥밥을 먹다; **vor leeren -n sitzen** 《통어어》 먹을 게 없어 굶(주리)다; **aus einer S. auf s** 진수성찬을 차렸다. **2.** 《경·편》 자동차. **3.** [사냥] 능에의 보금자리. **4.** [사냥] ↑Teller.

schüssel-, Schüssel-: ~flechte, die 매화나무 이끼. **~förmig** 〈Adj.〉 대접(사발, 주발) 모양의. **~pfennig,** der (옛) 옛날 은전. **~treiben,** des 《사냥·농》 사냥 뒤의 식사. **~tuch,** das 〈Pl. -tücher〉 (nordd.) 행주.

Schusselbahn, die; -en [지역적] 미끄럼틀. **Schusselfehler,** der; -s, - 《통어어·편》 경솔한 실수, 부주의한 과실. **schusselig, schußlig** ['ʃʊs(ə)lɪç] 〈Adj.〉 《통·편》 경솔한, 덜렁거리는, 침착하지 못한: sei doch nicht so s.! 그렇게 덜렁거리지 마라! **Schusseligkeit, Schußligkeit,** die; -en 《통어어·편》 **a)** 〈Pl. 없음〉 경솔함, 덜렁댐. **b)** 경솔한 행동. **schusseln** ['ʃʊsln] **1.** 〈h〉《통어어》 덤벙거리며 행동[일]하다: er hat bei seinen Hausaufgaben furchtbar geschusselt 그는 숙제를 하면서 지독히 덤벙거렸다(실수를 많이 했다). **2.** 〈s〉《통어어》 덜렁거리며 가다[돌아다니다]: sie schusselte aufgeregt durch die Wohnung 그녀는 홍분해서 덜렁거리며 집안을 돌아다녔다. **3.** [지역적] **a)** 〈h〉 미끄럼 타다. **b)** 〈s〉 미끄럼 타고 가다. **Schusser** ['ʃʊsɐ], der; -s, - 〈südd.〉 (놀이용의) 유리구슬. **schussern** ['ʃʊsɐn] 〈h〉 〈südd.〉 유리구슬을 가지고 놀다. **schussig** ['ʃʊsɪç] 〈Adj.〉 [지역적] 성급한, 서두르는, 덜렁거리는. **-schüssig** [-ʃʏsɪç] [섬유] 《수사와 합성어로, 예컨대》 zweischüssig 2횡사(위사)의. **Schußler** ['ʃʊslɐ], der; -s, - 《통어어》 ↑Schussel. **schußlig:** ↑schusselig. **Schußligkeit:** ↑ Schusseligkeit.

Schuster ['ʃuːstɐ], der; -s, - **1.** 《통어어》 제화공, 구두장이, 구두 수선공, 신기료 장수: 〔속담〕 S. bleib bei deinem Leisten 네가 아는 일이나 해라; **auf -s Rappen** (농) 도보로: auf -s Rappen reisen 도보로 여행하다. **2.** (편) 서투른[솜씨없는] 사람, 돌팔이. **3.** 《지역적》 좌두충, 장남거미. **4.** [탁구] 5득점.

Schuster-, schuster-: ~ahle, die (구두장이의) 송곳. **~arbeit,** die **1.** 〈Pl. 없음〉 구두 만드는[수선하는] 일: dieser Schuh ist gute S. 이 구두는 잘 만들어졌다. **2.** (편) 서투른[엉터리] 작업. **~baß,** der 《통어어·농》 엉터리 베이스(저음). **~brust,** die **1.** 움푹 들어간 가슴. **2.** (의학 운어) 홈질 함몰. **~draht,** der ↑Pechdraht. **~fleck,** der (음악 운어·편) 엉터리 고음. **~geselle,** der 제화점의 직공. **~handwerk,** das 〈Pl. 없음〉 제화업. **~hocker,** der 구두장이의 작업의자. **~junge,** der [2: 원래 쌀 빵의 지칭, 제화공의 낮은 사회 신분을 암시] **1.** (고어) 제화 견습공. **2.** (berlin.·쿤어) 호밀빵. **3. es regnet -n** (berlin.·경) 비가 억수로 온다. **4.** [인쇄] 한 페이지의 마지막에 있는 새 단락의 첫 줄. **~kotelett,** das 《nordd., berlin.·농》 구두장이 커틀레트 (감자 팬 케이크를 가리키는 말). **~kugel,** die (옛) (제화 작업장의 조명을 밝게 하기 위한) 물을 채운 유리공. **~laibchen,** das (österr.) 캐롬깨를 뿌린 둥근 밀(호)밀)빵. **~lehrling,** der 제화 견습공. **~palme,** die 엽란(葉蘭). **~pastete,** die 《nordd., ostmd.》 구두장이 만두(남은 고기, 야채, 감자 등으로 만든). **~pech,** das 구두실에 칠하는 역청. **~pfriem,** der 구두장이의 돗바늘. **~schemel,** der 구두장이의 작업의자. **~werkstatt,** die 구두장이의 작업장.

Schusterei [ʃuːstəˈraɪ], die; -en **1.** (고어) **a)** 구두장이

작업장. b) ⟨Pl. 없음⟩ 제화업. **2.** 《통용어·폄》 구두장이 일, 날림 일. **schustern** ['ʃuːstən] ⟨h⟩ **1.** 《고어·통용어》 구두장이로 일하다. **2.** 《통용어·폄》 서투르게 하다, 날림 일하다.

Schute ['ʃuːtə], die; -n [1: (m)niederd. schüte; 2: 넓은 형태에 따라] **1.** 거룻배, 평저선(平底船), 전마선: eine S. mit Sand Moräne 실은 거룻배. **2.** ↑Kiepenhut. **Schutenhut,** der ↑Kiepenhut.

Schutt [ʃut], der; -(e)s 돌[기왓장] 조각, 파편, 쓰레기: ein Haufen S. 파편[쓰레기] 더미; S. abladen verboten! 이 곳에 쓰레기를 버리지 마시오!; etw. in S. und Asche legen 무엇을 폐허로 만들다; in S. und Asche liegen 폐허가 되어 있다; in S. und Asche sinken 폐허가 되다.

Schutt-: ~abladeplatz, der 쓰레기 하치장: dieses Gerümpel gehört auf den S. 이 고물들은 갖다 버려야 할 것들이다; [전의] den Psychoanalytiker als S. benutzen 정신분석의(醫)를 하소연의 대상으로 삼다. **~berg,** der 산처럼 쌓인 쓰레기. **~feld,** das [지질] 돌 조각으로 덮인 벌판. **~halde,** die **1.** 돌조각[폐허] 더미. **2.** [지질] 애추(崖錐). **~haufen,** der 돌[쓰레기] 더미. **~karren,** der 쓰레기 운반용 수레. **~kegel,** der [지질] 원추형의 애추(崖錐), 충적추(沖積錐). **~platz,** der ↑~abladeplatz.

Schütt-: ~beton, der [토건] (쏟아 붓는) 콘크리트. **~boden,** der 《지역적》(곡물이나 짚을 저장하는) 광. **~gelb,** das ↑Luteolin. **~gewicht,** das [경제] 산적(散積) 화물의 평균 단위 중량. **~gut,** das [경제] 산적(散積) 화물. **~ladung,** die ↑Bulkladung. **~ofen,** der [제련] 직립배소로(焙燒爐), 괴광로. **~stein,** der 《schweiz.》 **~stroh,** das 긴 짚단(묶음).

Schütte ['ʃytə], die; -n **1. a)** 찬장서랍(설탕, 소금 따위를 넣어 두는); drei Flöffel Mehl aus der S. nehmen 밀가루 세 스푼을 서랍에서 퍼내다. **b)** (밀가루, 석탄 따위의) 운반 및 보관용기. **c)** 《해운》 슈트, 활송(滑送) 장치. **2.** 《지역적》 **a)** 더미, 짚단. **b)** (짚, 나뭇잎 등이) 쌓인 것: auf einer S. schlafen 짚을 깔고 자다. **3.** 《schweiz.》 ↑Schüttboden. **4.** [임업·식물] (침엽수의) 낙엽병. **5.** [사냥] **a)** (야생평 등을 위해 뿌려 놓는) 먹이. **b)** 먹이를 뿌려 놓는 곳.

Schüttel-: ~becher, der ↑Mixbecher. **~frost,** der 오한, 한전(寒顫): mit S. im Bett liegen 오한으로 누워 있다. **~krampf,** der [의학] ↑Klonus. **~lähmung,** die [의학] ↑Parkinsonsche Krankheit. **~reim,** der (두 단어 이상의 두운(頭韻)을 서로 전환한) 두운전환(頭韻轉換)(예컨대: ich wünsche, daß mein Hünengrab / in hundert mal im Grünen hab). **~rost,** der (난로 안의) 받침살대. **~rusche,** die 《광》 요동(搖動) 운반 장치, 셰이커콘베이어. **~sieb,** das 흔드는 체. **~vers,** der 《드물게》 두운전환이 사용된 시(詩).

schütteln ['ʃytln] ⟨h⟩ **1. a)** 흔들다: jmdn. (bei den Schultern nehmen und) kräftig s. 누구를 (어깨를 잡고) 힘차게 흔들다; (die Medizin) vor Gebrauch s.! (약을) 복용 전에 흔드시오!; die Betten s. 침구를 흔들어 깃털을 고루 펴지게 하다; drohend die Faust (die Fäuste) (gegen jmdn.) s. (누구에게) 주먹을 한껏으로 위협하다; verneinend den Kopf s. 머리를 흔들어 부정하다; verwundert den Kopf (über etw.) s. (무엇에 대해) 의아해 하면서 머리를 흔들다; jmdm. zur Begrüßung (beim Abschied) die Hand s. 반기면서[헤어지면서] 누구와 악수하다; (비인칭) es schüttelte ihn (vor Kälte [Ekel]) 그는 (추위로[역겨워서]) 몸을 떨었다; es schüttelte mich an ganzen Körper 나는 온몸이 떨렸다; [전의] das Grauen schüttelt ihn 공포가 그를 사로잡았다; eine von Krieg und Verrat geschüttelte Welt 전쟁과 배반으로 뒤흔들린 세상. **b)** ⟨s. + sich⟩ 몸을 뒤흔들다, 요동하다: der Hund schüttelt sich 개가 제몸을 뒤흔들다. **c)** ⟨s. + sich⟩ (온 몸이) 흔들리다, 요동치다: sich vor Lachen s. 우스워서 온 몸을 흔들다; sich vor etw. s. 무엇을 역겨워하다. **2.** 흔들어 떨어뜨리다, 털(어내)다: Obst (vom Baum) s. (나무를 흔들어) 과일을 떨어뜨리다; den Staub von [aus] den Kleidern s. 옷에서 먼지를 털다; jmdn. aus dem Schlaf s. 누구를 흔들어 잠에서 깨우다; **jmdm. (sich³) einen s.** 《경》 누구에게 수음을 시켜주다 (수음을 하다). **3.** 흔들다, 흔들어 놓다: mit dem Kopf s. 머리를 흔들다. **schütten** ['ʃytn] ⟨h⟩ **1. a)** 붓다, 쏟다: Wasser (aus dem Eimer) in den Ausguß s. (물통에서) 물을 개수대에 붓다; Mehl in ein Gefäß s. 밀가루를 용기에 부어 넣다; Korn auf den Boden s. 곡물을 바닥에 쏟다; sich etw. ins Glas s. 무엇을 자기 잔에 붓다. **b)** (비인칭) 《통용어》 (비가) 억수로 오다, 퍼붓다. **c)** 《통용어》 가득 쏟다: Boden voll Korn s. 바닥에 곡식을 가득 쏟아 놓다. **2.** 《전문어》 결실하다, 수확을 낳다: der Weizen schüttet gut in diesem Jahr 밀은 금년에 수확이 좋다.

schütter ['ʃytɐ] ⟨Adj.⟩ **1.** 드문드문한, 듬성듬성한, 성긴: sein Haar ist s. (geworden) 그는 머리가 많이 빠졌다. **2.** (아이) 옹색한, 초라한, 약한: mit ~er Stimme antworten 약한 목소리로 대답하다.

Schüttergebiet ['ʃytɐ-], das; -(e)s, -e [지질] (지진) 진역(震域). **schüttern** ['ʃytɐn] ⟨h⟩ 동요하다: der Fußboden schütterte etwas 바닥이 약간 진동했다. **Schüttler** ['ʃytlɐ], der; -s, - 《통용어》 덜덜 떠는 사람. **Schüttung,** die; -en 《전문어》 **1.** 《통용어》 a) 쏟아 부음. b) 산적 형태, 포장되지 않은 상태: die Kohlen werden in loser S. geliefert 석탄은 포장되지 않은 채 공급된다. **2.** 산적된 것, 산적(散積) 화물. **3.** 《전문어》 수원(水源)의 용출량, 수확량.

Schutz [ʃuts], der; -es, -e ⟨Pl. 없음⟩ 보호, 비호, 방어, 엄호, 원조, 구원, 옹호, 피난처, 대피소: die Hütte war als S. gegen [vor] Unwetter errichtet worden 그 오두막은 이상 기후시 대피소로 지어졌다; warme Kleider sind der beste S. gegen die Kälte 따뜻한 옷은 추위를 막아 주는 가장 좋은 수단이다; seine Begleitung bedeutete einen zuverlässigen S. für die Frauen 그 가 동반한 것은 여자들에게는 든든한 보호였다; den S. des Gesetzes genießen 법의 보호를 받다; jmdm. (seinen) S. gewähren 누구를 보호해 주다; vor dem Regen unter einem Baum S. suchen 빗속에서 나무 밑에서 비를 피하다; bei jmdm. (vor Verfolgung) S. suchen (추격을 피해) 누구한테서 보호를 구하다; die Verbrecher entkamen in [unter] dem S. der Dunkelheit 범인들은 야음(夜陰)을 틈타 도망쳤다; jmdn. um (seinen) S. bitten 누구한테 보호해 달라고 청하다; der Flüchtling stellte sich unter den S. der Polizei 그 피난민은 경찰의 보호에 몸을 맡겼다; unter jmds. S. aufwachsen 누구의 보호 아래서 자라다; das Fest stand unter dem S. des Bürgermeisters 축제는 시장의 후원 하에 열렸다; 《고어, 아어, 특정의 단어와 쌍을 이루어, 예컨대》 jmdm. S. und Schirm gewähren 누구를 보호 (후원)하다; zu S. und Trutz zusammenstehen 공수(攻守) 어느 경우에나 결속하다; **jmdn. [vor jmdm. [gegen jmdn.]) in S. nehmen** [누구에 대해서] 누구를 옹호하다. **2.** 《기술·은어》 안전 장치, 차폐 장치.

schutz-, Schutz-: ~alter, das 《은어》 청소년 연령. **~anstrich,** der **1.** (부식 방지의) 보호 도장(칠). **2.** [군·드물게] ↑Tarnanstrich. **~anzug,** der 안전 작업(전투)복, 방호복. 《법·옛》 (미성년자의) 보호 감독. **~bedürfnis,** das ⟨Pl. 없음⟩ 보호 필요성(욕구). **~bedürftig** ⟨Adj.⟩ 보호가 필요한. **~befohle-**

ne*, der / die 《법·준고어·아어》피보호자. **~behälter**, der 《구동독》(특별한 물질의) 보호용기. **~behauptung**, die [법] 변명: eine Aussage als S. werten 진술을 변명으로 평가하다. **~bekleidung**, die ↑~anzug. **~bereich**, der [군] 군사 보호 지역. **~blech**, das 1. (자동차 바퀴의) 진흙받이. 2. (기계의 특수 부분 따위를 보호하기 위한) 보호판. **~brief**, der 1. 《정치·외교·역사》(군주 국가가 특정 개인에게 주는) 통행증: einem gegnerischen Unterhändler einen S. ausstellen 적국의 교섭 대표에게 통행증을 발급하다. 2. [보험] (자동차 클럽의) 서비스 카드. **~brille**, die 보안용 안경. **~bündnis**, das 방어 동맹. **~bürger**, der 《역사적》보호령의 주민. **~dach**, das (비, 햇빛 등을 막아 주는) 지붕, 차일, 차양. **~damm**, der 둑, 제방. **~einrichtung**, die 보호 장치. **~engel**, der 1. [유태교·이슬람교·가] 수호 천사: seinen S. herausfordern 경솔하게 생명에 위험한 짓을 하다. 2. 보호자, 후원자. 3. (은어) 매춘부의 기둥 서방, 포주. **~fähig** 〈Adj.〉[법] 법적 보호를 받는[받을 만한]. **~fähigkeit**, die (Pl. 없음) 법적 보호를 받을 수 있음. **~farbe**, die 1. ↑Tarnfarbe. 2. 보호 도장용 도료(塗料). **~färbung**, die [동물] 보호색. **~film**, der 인조 보호막: Holz mit einem S. überziehen 목재에 보호막을 입히다. **~frist**, die [법] 보호 기간. **~gebiet**, das 1. (자연) 보호 지역. 2. 《역사적》보호령. **~gebühr**, die 보증 수수료: der Prospekt ist gegen eine S. von einer Mark erhältlich 이 안내서는 1마르크의 보증 수수료를 내면 받아 볼 수 있다. **~geist**, der; -(e)s, -er 1. 수호신. 2. (아어·시어) 보호자. **~gemeinschaft**, die [법] 《경제》 불안전한 유가증권 소유주들이 권익을 보호하기 위한 결성한 단체. **~gesetz**, das 보호법. **~gewahrsam**, der [법] 보호 유치(구류): jmdn. in S. nehmen 누구를 보호 유치하다. **~gewalt**, die 《역사적》↑²Mund. **~gitter**, das 안전[보안, 차폐], 격자[차폐](柵). **~glas**, das 1. 보호 유리. 2. 방탄 유리. **~glocke**, die (음식물 보호용) 유리덮개(뚜껑). **~gott**, der [신화] 수호신. **~göttin**, die 수호 여신. **~hafen**, der [항] 피난 항구. **~haft**, die [법] 1. (은폐) (정치적 동기가 숨은) 예비 검속(檢束): jmdn. in S. nehmen 누구를 예비 검속하다. 2. (옛) 보호 유치: jmdn. in S. nehmen 누구를 예비 검속하다. ↑**~häftling**, der 예비 검속된 자. **~haube**, die 1. 보호[보온] 뚜껑. 2. 《자동차》 ↑Haube (2 a). **~haut**, die 보호 피복(被覆). **~heilige***, der / die [가] ↑Patron (2). **~helm**, der 안전모 [헬멧]. **~herr**, der 1. a) 《역사적》 종주, 영주. B. 《역사적》 보호 통치권자. 2. 《고어》 후원자. **~herrschaft**, die 1. a) 《역사적》 종주권(宗主權). b) 《역사적》 보호 통치(권). 2. 《고어》 후원(자의 일). **~hülle**, die [전문어] 보안층, 보호견. **~hütte**, die (등산객의) 대피소. **~impfen** (h) 예방 접종을 하다. **~impfung**, die 예방 접종: eine S. (gegen Pocken) durchführen[erhalten] (홍역에 대한) 예방 접종을 실시하다[받다]. **~insel**, die (도글게) ↑Verkehrsinsel. **~kappe**, die (기기의) 덮개. **~karton**, der [도서] 책 케이스. **~klausel**, die [경제·정치] 보호 조항. **~kleidung**, die 안전 작업복. **~kontakt**, der [전기] 안전 접속 장치. **~kontaktsteckdose**, die 안전 접속 소켓 (약어: Schukosteckdose). **~kontaktstecker**, der 특수 안전 접속 플러그 (약어: Schukostecker). **~lack**, der 보호 도장용 와니스(칠). **~leiste**, die 보호띠. **~leute** ↑~mann의 복수형. **~los** 〈Adj.〉 보호자가 없는, 무방비인: dem Gegner [dem Unwetter] s. ausgeliefert sein 무방비로 적(궂은 날씨)에 노출되어 있다. **~losigkeit**, die 무보호[무방비] 상태. **~macht**, die 【정치】 1. (어떤 나라의 권익

을 보호해 주는) 보호국. 2. (어떤 나라를 제3국의 침공으로부터 보호해 주는) 보호(공여)국. 3. 《역사적》 종주국. **~mann**, der 〈Pl. -männer / -leute〉 1. 《통용어》 순경, 경찰: eiserner S. 《고어》 철(鐵)순경(도로, 공원 등에 설치되어 있던 구급 전화). 2. 《구기 은어》 전담(밀착) 수비수. **~mantel**, der 1. a) 방호용 외투. b) [미술] (성모 마리아가 펼쳐 들고 있는) 보호의 외투(자락). 2. 《전문어》 피복, 덮개. **~mantelmadonna**, die 보호의 외투자락을 펼쳐든 마돈나. **~marke**, die (등록)상표. **~maske**, die 보호마스크, 방독면. **~maßnahme**, die 【예방】 조치. **~mauer**, die 《전문어》 보호(방호)벽. **~mittel**, das 보호(방지, 예방) 수단, 예방약. **~netz**, das 1. [기술] 보호 그물. 2. [곡예] (추락에 대비한) 안전 네트. **~ort**, der 〈Pl. -orte〉 보호소, 피난처, 대피소. **~panzer**, der 보호 철갑(판). **~patron**, der ↑~heiliger. **~pflanzung**, die 《농업·임업》 방풍림(防風林), 산사태 방지림. **~plane**, die 보호용 천. **~platte**, die 보호용 널빤지. **~polizei**, die 보안경찰 (약어: ↑¹Schupo). **~polizist**, der 보안 경찰관 (약어: ↑²Schupo). **~polster**, der 보호[안전] 쿠션. **~raum**, der 피난처, 방공호. **~recht**, das [법] (저작권, 특허권 등의) 피보호권. **~scheibe**, die 방호 유리. **~schicht**, die 보호층. **~schild**, der 방패, (대포의) 방호판, 방패 모양의 보호물. **~schirm**, der 《전문어》 (전자파 등에 대한) 보호(보안) 필터. **~sperre**, die [권투] K.-o.-Sperre. **~staat**, der [정치] 1. 피보호국. 2. 《역사적》 보호령. **~stoff**, der 《전문어》 항체. **~suchend** 〈Adj.〉 보호를 구하는, 피난처를 찾는. **~truppe**, die 《역사적》 (구독일 식민지의) 방위(보안) 부대. **~truppler**, der 방위(보안) 부대원. **~überzug**, der 보호 커버. **~umschlag**, der 보호 포장(커버). **~und-Trutz-Bündnis** (세 개의 연결 부호 사용), das 《고어》 공수(攻守) 동맹. **~verband**, der 1. 붕대. 2. (특정 산업 분야의) 이익 보호 단체. **~verpflichtung**, die 《역사적》 ↑²Mund. **~vertrag**, der 《국제법》 보호 조약. **~vorkehrung**, die 보호[예방] 조치. **~vorrichtung**, die 보안 장치. **~waffe**, die 1. 《역사적》 호신용 장비(무기), 투구, 갑옷, 방패 등). 2. [펜싱] 보호 장구. **~wald**, der 방풍림, 산사태 예방림. **~wall**, der [방호]벽. **~wand**, die 보호벽. **~weg**, der 《österr.》 횡단 보도. **~wehr**, der 《고어·전문어》 보호[방어]장치 (보호벽 따위). **~wirkung**, die 보호[방어] 효과. **~zelt**, das (도로 공사시의) 보호 천막. **~zoll**, der [정치·경제] 보호 관세. **~zollpolitik**, die 보호 관세 정책. **~zollpolitiker**, der 《폄》 보호 관세주의자, 보호 관세를 지지하는 정치가.

¹Schütz [ʃʏts], der; -en, -en 1. ↑¹Schütze (1 a)의 고어. 2. ↑Feldschütz의 약칭.

²Schütz [-], das; -es, -e 1. 《전문어》 수문 (상하로 움직이는). 2. [전기] 전자개폐기.

¹Schütze [ˈʃʏtsə], der; -n, -n 1. a) 사수, 궁수(弓手): der S. konnte ermittelt werden 누가 쐈았는지 밝혀졌다. b) [스포츠] 슛하는 사람, 슛장이: der S. des dritten Tors 세 번째 골을 넣은 선수. 2. 사격 경험의 회원. 3. a) 육군 졸병, 소총수: S. Arsch (im letzten [dritten] Glied) 《군·준고어·속어》말단 졸병; S. Hülsensack 《군·고어》고문관. b) [구동독] 기계화 보병의 사병. c) 《고어》 보병. 4. [점성술] a) 궁수 자리: im Zeichen des -n geboren sein 궁수 자리 기간(11월 23일~12월 21일)에 태어나다. b) 궁수자리에 태어난 사람.

²Schütze [-], die; -n ↑²Schütz (1).

¹schützen [ˈʃʏtsn̩] (h) 1. 지키다, 보호하다, 방어하다: ein Land vor Feinden (gegen Feinde)s. 나라를 침입자들로부터[적에 대항해]s. 지키다; das Eigentum (vor [gegen] Übergriffe) s. 재산을 (침해받지 않도록) 보호

하다; sich vor(gegen) Ansteckung s. 전염되지 않도록 자기 몸을 보호하다; warme Kleidung schützt (dich) vor Kälte 따뜻한 옷은 추위로부터 (너를) 보호해 준다; ein schützendes Dach (비 등을) 막아 주는 지붕; eine (vor(gegen) Wind) geschützte Stelle (바람을 막아 주는) 안전한 장소. 2. 법적으로 보호하다: eine Erfindung durch ein Patent s. 어떤 발명품을 특허로 보호하다; ein Buch urheberrechtlich s. lassen 책을 저작권법상으로 보호 받게 하다; eine Landschaft(Tiere) s. (전문어) 어떤 지역(동물)을 지정 보호하다. ²schützen [-] ⟨h⟩ [기술] (물줄기를 수문으로) 막다.

Schützen [-], der; -s, - ↑Weberschiffchen.

Schützen-: **~bruder**, der 사격 클럽의 동료 회원. **~bruderschaft**, die 가톨릭 사격 클럽. **~division**, die (구동독 군) 기계화 사단, 기갑 사단. **~fest**, das 1. 사격(대회) 축제. 2. (구기 은어) (골이 많이 터지는) 골의 축제. **~feuer**, das (군) 소총 사격, 산개 사격. **~fisch** der 물총고기. **~gesellschaft**, die 사격협회. **~gilde**, die 사격협회. **~graben**, der 산병호(散兵壕), 참호: Schützengräben ausheben(ziehen) 참호를 파다. **~grabenkrieg** der 참호전(塹壕戰). **~haus**, das 사격 클럽의 회관. **~hilfe**, die (통용어) 원호 사격, 후원, 지원: jmdm. S. geben(gewähren) 누구를 후원(지원)하다; S. von jmdm. bekommen 누구에게서 후원(지원) 받다. **~hof**, der (사격장이 딸린) 사격 클럽 회관. **~kette**, die (군) 사격수(소총수)의 제상대형(梯隊形), 산개대형(散開隊形). **~könig**, der 1. 사격왕. 2. (구기 은어) 득점왕. **~linie**, die (군) 산개선(散開線). **~loch**, das 참호(개인용). **~panzer**, der 장갑차. **~panzerwagen**, der 장갑차. **~platz**, der 사격 대회장. **~reihe**, die (군) 산개선(散開線). **~schnur**, die (군) 모범 사수 휘장. **~stand**, der (군) (일 내지 이인용의) 소총수 참호. **~steuerung**, die Schützsteuerung, die (전자) 릴레이 제어. **~verein**, der 사격 클럽. **~wiese**, die 사격 축제(대회)가 열리는 초원. **~zunft**, die (schweiz.) 사격 클럽.

Schützer, der; -s -1. (복합어의 약칭으로서) 보호대, 보호하는 것(예컨대: Knieschützer 무릎 보호대). 2. (준고어・아이) 후원자, 보호인. **Schützling** ['ʃʏtslɪŋ], der; -s, -e 피보호자: die -e eines Trainers 어떤 감독 아래에 있는 선수들.

Schützsteuerung: ↑ Schützensteuerung.

Schw.: ↑ Schwester의 약어.

Schwa [ʃva], das; -(s), -(s) [hebr. šewa, Name des Vokalzeichens für den unbetonten e-Laut] (언어) 악센트가 없는 음절에서 모호하게 발음되는 e음(발음 기호: [ə]).

Schwabacher ['ʃva:baxɐ], die, **Schwabacher Schrift**, die (인쇄) 슈바바하 활자체.

Schwabbelei [ʃvabə'lai], die, ein- (통용어・폄) 혼들(출렁, 흐늘)거림. 2. (지역적) 수다(스러움).

schwabbelig, schwabblig ['ʃvab(ə)lɪç] ⟨Adj.⟩ (통용어) 흐늘(흔들, 출렁)거리는: ein -er Pudding 흐늘거리는 푸딩; ein -er Bauch(Busen) 출렁이는 배(가슴).

schwabbeln ['ʃvabln] ⟨h⟩ [aus dem Md., Niederd.: schwabben] 1. (통용어) 흔들(흐늘, 출렁)거리다: der Pudding schwabbelte auf dem Teller 푸딩이 접시 위에서 흔들거렸다. 2. (지역적・폄) 수다 떨다. 3. 【기술】 광택이 나게 연마하다. **Schwabber**, der; -s, - (선원) ⟨Dweil. **schwabbern** ['ʃvabɐn] ⟨h⟩ 1. (통용어) ↑schwabbeln (1). 2. (지역적・폄) ↑schwabbeln (2). 3. 【선원】 걸레로 닦다. **schwabblig**: ↑ schwabbelig.

¹**Schwabe** ['ʃva:bə], der; -n, -n 슈바벤인 (Schwaben).
²**Schwabe** ['ʃva:bə], die; -n ["슈바벤"과 "Schabe"의 발음의 유사성을 이용한 농] ↑ Schabe (1 a).

schwäbeln ['ʃvɛ:bn] ⟨h⟩ 슈바벤 방언으로 말하다: leicht s. 슈바벤 사투리를 약간 쓰다. **Schwaben** ['ʃva:bn], -s 슈바벤(남서독의 지역(주)). **Schwabenalter**, das; -s [슈바벤 사람은 40이 되어야 철이 난다는 옛 속담에 따라] 《농》 분별력이 생기는 나이 40세: das S. erreichen 분별력이 생기는 나이 40세가 되다. **Schwabenstreich**, der; -(e)s, -e 《농》 어리석은(우스꽝스러운) 짓. **Schwabenspiegel**, der ⟨Pl. 없음⟩ 슈바벤 슈피겔(중세 독일 법령집). **Schwäbin**, die; -nen 슈바벤 여자. **schwäbisch** ['ʃvɛ:bɪʃ] ⟨Adj.⟩ 슈바벤의, 슈바벤 방언의.

schwach [ʃvax] ⟨Adj.⟩ 1. (반대: stark 1) **a)** (신체나 힘이) 약한, 허약한: ein abgemagerter, -er Mann 여위고 약한 남자; sie konnte es mit ihren -en Armen nicht tragen 그녀의 약한 팔로는 그것을 들 수 없었다; eine -e Gesundheit haben 건강이 약하다; er ist schwächer als ich 그는 나보다 약하다; der Stärkere muß dem Schwachen helfen 강한 자가 약한 자를 도와야 한다; [전의] er ist auch nur ein -er Mensch 그도 약점이 있는 약한 인간에 불과하다; jetzt nur nicht s. werden 이제 마음을 약하게 먹어서는 안된다; wenn ich daran denke, wird mir ganz s. (통용어) 그것을 생각하면 맥이 빠진다; mach mich nicht s.! 나를 흥분시키지 [신경질나게 하지] 마라!; wenn ich diese Frau sehe, werde ich s. 이 여자를 보면 내 마음이 약해진다. **b)** (기능이) 약한, 나쁜: ein -es Herz (-e Augen) haben 심장 (눈)이 나쁘다; er hat -e Nerven 그는 신경이 약하다; [전의] er hat einen -en Willen 그는 의지가 약하다. 2. (반대: stark 2 a) 얇은, 연약한, 단단하지 않은: -e Bretter (Zweige) 얇은 판자(약한 가지); [전의] der Plan hat einige -e Stellen 그 계획에는 몇 가지 약점이 있다. 3. 수적으로 적은, 많지 않은: der -e Besuch einer Veranstaltung 행사의 많지 않은 관람자(수); der Saal war nur s. besetzt 홀에 자리잡고 앉은 사람은 소수였다. 4. 약한, 진하지 않은 (반대: stark 4): -er Kaffee 진하지 않은 커피; mit so wenig Fleisch wird die Brühe zu s. 고기를 그렇게 적게 넣으면 국물이 너무 멀겋게 된다. 5. (성능, 출력, 실력 등이) 약한, 빈약한 (반대: stark 5): ein -er Motor 출력이 약한 발동기; die Brille ist sehr s. 이 안경은 도수가 아주 약하다; die Firma ist finanziell recht s. 그 회사는 재정이 아주 빈약하다. 6. (반대: stark 6) **a)** (신체적・지적 능력이) 약한, 훌륭하지 못한: er ist der schwächste Schüler in der Klasse 그는 반에서 성적이 가장 나쁜 학생이다; eine -e Opposition 허약한 야당; der Schüler ist besonders in Mathematik recht s. 그 학생은 특히 수학에서 아주 약하다. **b)** 빈약한, 보잘것없는: die -e Arbeit eines Künstlers 어느 예술가의 빈약한 작품; ein -es Buch 내용이 빈약한 책; eine -e Vorstellung 보잘것없는 공연; die Party war s. (통용어) 그 파티는 별로였다. 7. 약한, 강렬하지 않은 (반대: stark 7): es erhob sich ein -er Wind 미풍이 불기 시작했다; eine -e Erinnerung an etw. haben 무엇을 희미하게 기억하다; nur -en Widerstand leisten 미온적으로 저항하다; um ihre Lippen spielte ein -es Lächeln 그녀의 입술 주위에 희미한 미소가 감돌았다; das ist doch nur ein -er Trost (통용어) 그것은 별 도움(소용)이 되지 못한다; das Geschäft ist zur Zeit s. 사업이 지금은 불황이다; sein Herz (Puls) schlägt nur noch s. 그의 심장(맥박)이 아주 약하게 뛰고 있다. 8. [언어] **a)** (동사의) 약변화의: -e Verben 약변화 동사들. **b)** (명사의) 약변화의: -e Substantive 약변화 명사들. **-schwach** [-ʃvax] ⟨접미사⟩~이 약한: einkommensschwache Bevölkerungsschichten 소득 수준이 낮은 주민층; lernschwache Kinder 학습 능력이 약한 아이들.

schwach-, Schwach-: ~**atmig** 〈Adj.〉 약하게[힘 없이] 숨쉬는, 숨이 약한. ~**begabt** 〈Adj.〉 재능이 떨어지는, 재능이 별로 없는. ~**betont** 〈Adj.〉 악센트[강세]가 약한[없는]. ~**bevölkert** 〈Adj.〉 인구 밀도가 낮은. ~**bewegt** 〈Adj.〉 움직임이 적은. ~**blau** 〈Adj.〉 엷은 청색의, 푸르스름한. ~**entwickelt** 〈Adj.〉 개발이 덜 된: ein -es Land 저개발국. ~**herzig** 〈Adj.〉 마음 약한, 비겁한. ~**kopf,** der 〈圖〉 바보, 천치. ~**köpfig** 〈圖〉 바보[천치]의, 어리석은. ~**punkt,** der ↑~**stelle.** ~**sichtig,** 〈Adj.〉 [의학] 시력이 약한, 약시의. ~**sichtigkeit,** die [의학] 약시(弱視). ~**sinn,** der 〈Pl. 없음〉 1. [의학] 정신 박약. 2. 〈통용어·圖〉 바보 같은 짓, 헛소리: was er da redet, ist doch S.! 그가 지껄이는 것은 말도 안되는 헛소리이다; so ein S.! 그런 바보 같은 짓[소리]이 또 어디 있을까? ~**sinnig** 〈Adj.〉 1. [의학] 정신 박약의: die Frau ist hochgradig s. 이 여인은 고도의 정신 박약증 환자이다. 2. 〈통용어·圖〉 바보 같은, 어리석은: was soll das -e Gerede? 무슨 엉터리 같은 소리를 하는거야? ~**stelle,** die 약점: eine S. in der Spionageabwehr 방첩 분야에서의 한 가지 약점. ~**strom,** der [전기] 약(전)양 전류. ~**stromleitung,** die [전기] 약 전류 전선. ~**stromtechnik,** die [전기·공업] 약전 공학(弱電工學).

Schwäche [ˈʃvɛçə], die; -n 1. a) 〈체력의〉 허약(함); 체력 부족; 〈갑작스러운〉 탈진: die körperliche[physische] S. eines Kindes 아이의 신체적 허약; er ist vor S. umgefallen[zusammengebrochen] 그는 탈진해서 쓰러졌다. b) 〈신체·기관, 기능의〉 약함: eine S. des Herzens 심장의 약함. 2. a) 〈인간의〉 약점, 결점: jeder hat seine persönlichen -n 누구에게나 개인적인 약점들이 있다; jmds. -n erkennen[ausnutzen] 누구의 약점을 알아차리다[이용하다]. b) 〈능력의〉 약함, 부족, 모자람: die militärische, strategische S. eines Gegners 상대방의 군사적, 전술적 약점; seine S. auf dem Gebiet der Fremdsprachen 그의 외국어 분야에서의 약점. 3. 〈Pl. 없음〉 편애, 오금(사족)을 못씀, 특별히 좋아함: seine S. für schöne Frauen ist bekannt 아름다운 여자라면 그가 오금을 못쓴다는 것은 잘 알려진 사실이다. 4. 〈사물의〉 약점, 결점: künstlerische -n eines Werkes 어떤 작품의 예술적 결점들; der Roman weist einige -n auf. 그 소설은 몇가지 약점들을 드러내고 있다.

Schwäche- (Schwäche 1 a): ~**anfall,** der 갑작스러운 탈진, 졸도: einen S. haben[erleiden] 갑작스럽게 탈진해 졸도하다. ~**gefühl,** das 무기력감[감], 쇠약감. ~**punkt,** der 약점, 약한 곳. ~**zustand,** der 무기력[탈진] 상태.

schwächen [ˈʃvɛçn̩] 〈h〉 1. 〈체력 등을〉 약화시키다; 쇠약하게 하다: das Fieber hat ihn geschwächt 높은 열이 그의 체력을 약화시켰다; 전의 den Gegner durch fortgesetzte Angriffe s. 계속된 공격으로 적을 약화시키다. 2. 약화시키다, 무력하게 하다: jmds. Macht s. 누구의 세력을 약화시키다; der Fehlschlag schwächte seine Position entscheidend 그 실패가 그의 입지를 결정짓으로 약화시켰다. **schwächer:** ↑**schwach**의 비교급. **Schwachheit,** die; -en 1. 〈Pl. 없음〉 약함, 허약, 무기력: die S. seines Körpers 그의 육체의 허약. 2. 《드물게》 Schwäche (2 a): menschliche -en 인간적인 약점; sich³ keine -en einbilden 〈통용어〉 헛된 기대를 하지 아니하다. **schwächlich** [ˈʃvɛçlɪç] 〈Adj.〉 허약한, 약골의, 병약한: ein -es Kind 허약한 아이; [전의] es war ein ziemlich -es Theaterstück 그것은 아주 형편 없는 연극이었다. **Schwächlichkeit,** die; -en 허약(함), 약함. **Schwächling** [ˈʃvɛçlɪŋ], der; -s, -e 〈圖〉 허약한 사람, 약골: 전의 der Thronfolger war ein S. 왕위 계승자는 허약한 인물이었다. **Schwach-**

matikus [ʃvaxˈmaːtikʊs], der; -s, -se / ...ker 《농·준고어》 ↑Schwächling. **schwächste:** ↑schwach의 최상급. **Schwächung,** die -en 1. 쇠약[허약]하게 함, 허약화, 쇠약: diese Krankheit führt zueiner erheblichen S. des Körpers 이 병은 신체의 현저한 허약화를 초래(招来)한다. 2. 약[무력]화: eine gefährliche S. seiner Position 그의 입지의 위험한 정도의 약화.

Schwad [ʃvaːt], der / das; -(e)s, -e 《준고어》 ↑Schwade. **Schwade** [ˈʃvaːdə], die; -n. **¹Schwaden** [ˈʃvaːdn̩], der; -s, - 한 줄로 베어 놓힌 곡식: die Maschine mäht das Getreide und legt es zu einem Schwad zusammen 이 기계는 곡물을 베어서 한 줄로 눕혀 놓는다.

²Schwaden [-], der; -s, - 1. 〈대개 Pl.〉 〈구름처럼 뭉쳐서 떠다니는〉 증기, 안개, 연기: dunkle S. von Rauch hingen über den Häusern 검은 연기 덩어리가 집들 위에 떠있었다; 전의 Mücken stiegen in S. auf und verfolgten uns 모기들이 무리를 짓고 나타나서 우리를 쫓아왔다. 2. 〈광〉 〈탄산가스를 많이 포함한 갱 내의〉 악성 가스.

¹schwadenweise 〈Adv.〉〈곡식, 풀이 베어져〉 줄을 이루어.

²schwadenweise 〈Adv.〉 구름같이 덩어리를 이루어.

schwadern [ˈʃvaːdɐn] 〈h〉 1. 〈südd.〉 재잘거리다, 수다떨다. 2. 〈물 따위가〉 찰박거리다, 철썩거리며 넘치다〈쏟아지다〉.

Schwadron [ʃvaˈdroːn], die; -en 〈ital. squadrone〉 〈군·구제〉 기병의 최소 단위 부대, 기병(소)대. **schwadronenweise,** schwadronsweise 〈Adv.〉 〈군·구제〉 〈기병의〉 최소 단위 부대별로, 여러 기병대를 잇달아. **Schwadroneur** [ʃvadroˈnøːɐ̯], der; -s, -e 〈↑schwadronieren의 프랑스어화한 조어〉 《준고어》 떠벌이, 수다쟁이, 허풍선이. **schwadronieren** [...ˈniːrən] 〈h〉 〈무엇에 관해서〉 떠들어 대다, 수다[허풍]떨다. **schwadronschef,** der 〈군·구제〉 기병 소대장. **schwadronsweise:** ↑schwadronenweise.

Schwafelei [ʃvafəˈlai], die -en 《통용어·圖》 쓸데없는 말, 수다. **Schwafeler,** Schwafler [ˈʃva(ː)flɐ], der; -s, - 《통용어·圖》 수다쟁이, 떠벌이. **schwafeln** [ˈʃvaːfln̩] 〈h〉 《통용어·圖》 떠벌이다, 수다떨다: was schwafelt er denn da wieder! 그가 무슨 수다를 또 떨고 있는거야! **Schwafler:** ↑Schwafeler.

Schwager [ˈʃvaːɡɐ], der; -s, Schwäger [ˈʃvɛːɡɐ] 1. 〈자매의 남편, 배우자의 남자 형제〉 자형, 처남, 매부, 형부, 제부. 2. 〈옛·특히 호칭으로서〉 역마차의 마부. **Schwägerin** [ˈʃvɛːɡərɪn], die; -nen 〈형제의 아내, 배우자의 자매〉 형수, 제수, 올케, 시누이, 처형, 처제. **schwägerlich** [ˈʃvɛːɡɐlɪç] 〈Adj.〉 〈드물게〉 남편[아내]의 형제자매의: er besuchte seine Schwester auf dem -en Gut 그는 자형 농장으로 자기 누이를 방문했다; das -e Verhältnis war getrübt 처가[시대] 형제와의 관계가 좋지 못했다. **Schwägerschaft,** die; -en 처가[시대]과의 인척 관계. **Schwäher** [ˈʃvɛːɐ], der; -s, - 《고어》 1. 장인, 시아버지, 장인. 2. 《준고어》 ↑Schwägerschaft.

Schwaige [ˈʃvaigə], die; -n 〈bayr.-, österr.〉 〈알프스 산중의〉 낙농 오두막. **schwaigen** [ˈʃvaign̩] 〈bayr., österr.〉 1. 〈알프스 산맥에서〉 낙농하다. 2. 낙농 오두막에서 치즈를 만들다. **Schwaiger,** der; -s, - 〈bayr., österr.〉 1. 알프스 산맥 ↑. 2. 〈알프스의〉 치즈 제조자. **Schwaigerin,** die; -nen ↑Schwaiger (2)의 여성형. **Schwaighof,** der; -(e)s, ...höfe 〈bayr., österr.〉 축산 농장.

Schwälbchen [ˈʃvɛlpçən], das; -s, - ↑Schwalbe의 축소형. **Schwalbe** [ˈʃvalbə], die; -n 제비: 속담 eine S.

macht noch keinen Sommer 제비 한 마리로 여름이 왔다고는 할 수 없다.
Schwalben-: ~**nest**, das 1. 제비집. 2. [선원] (선원실의) 작은 보관함. 3. 《선원·옛》 (군함의) 포탑. 4. 《군악대원의 건장. ~**nestersuppe**, die [요리] 연와(燕窩) 수프. ~**schwanz**, der 1. 제비꼬리, 연미(燕尾). 2. 《농·준고어》 **a)** 연미복. **b)** 연미복의 웃옷 뒷자락. 3. 산호랑나비. ~**schwanzverbindung**, die [기술] 열장이음, 열장장부촉. ~**schwanzzinkung**, die [기술] ↑~schwanzverbindung.

Schwalch [ʃvalç], der; -(e)s, -e [지역적] 증기, (자욱한) 연기: ein dunkler S. lag über den Dächern 지붕 위에는 검은 연기가 떠 있었다. **schwalchen** ⟨h⟩ [고어] 그을음을 내며 타다, 연기를 내다. **Schwalk** [ʃvalk], der; -(e)s, -e [niederd. swalk] (nordd.) 증기, (자욱한) 연기. **schwalken** [ʃvalkn̩] ⟨h⟩ (nordd.) 쐬돌아다니다. **Schwall** [ʃval], der; -(e)s, -e (한꺼번에 쏟아지는) 대량의 물[액체], 한바탕의 물; ein S. Wasser ergoß sich über ihn 대량의 물이 그에게 쏟아졌다.

schwallen [ʃvaln̩] ⟨h⟩ 《청소년·펌》 쉴 새없이 지껄이다, 수다 떨다. **Schwaller**, der; -s, - 《청소년·펌》 수다쟁이. **Schwallkopf**, der 《청소년·펌》 ↑Schwaller.

schwamm [ʃvam] ↑schwimmen의 과거형.

Schwamm [ʃvam], der; -(e)s, Schwämme [ʃvɛmə] 1. [동물] 해면(海綿). 2. (축소형: ↑Schwämmchen) 해면 스펀지 제품 (지우개, 청소·세면 도구 따위): einen S. anfeuchten[ins Wasser tauchen, ausdrücken] 해면을 물에 적시다[담그다, 스펀지에서 물을 짜내다]; etw. mit einem S. reinigen[abwischen] 무엇을 스펀지로 청소하다[닦다]; **S. drüber!** 《통용어》 그 이야기는[일]은 잊어버리기로 하자, **sich mit dem S. frisieren (kämmen) können** 《통용어·농》 대머리이다. 3. 《축소형: ↑Schwämmchen》 (südd., österr.) ↑Pilz (1): eßbare[giftige] Schwämme 식용[독]버섯. 4. 목재 부식균: in diesem Haus ist[sitzt] der S. 이 집에는 목재 부식균이 있다.

schwamm-, Schwamm-: ~**artig** ⟨Adj.⟩ 해면 모양의, 해면 상(狀)[질(質)]의. ~**dose**, die [고어] (청소 도구인) 해면[스펀지] 보관 상자. ~**gummi**, der / das 스펀지 (모양의) 고무. ~**gurke**, die / Luffa. ~**koralle**, die Lederkoralle. ~**kürbis**, der / Luffa. ~**spinner**, der [동물] 매미나방. ~**tuch**, das (흡수력이 강한) 스펀지 천[행주].

Schwämmchen [ʃvɛmçən], das; -s, - ↑Schwamm (2, 3).

schwämme [ʃvɛmə] ↑schwimmen 참조.

Schwammerl [ʃvaml], das; -s, -(n) [↑Schwamm (3)와 남독 축소어미의 결합형] (bayr., österr.) ↑Pilz (1). **schwammig** [ʃvamɪç] ⟨Adj.⟩ 1. 해면[스펀지] 모양의, 구멍이 많고 푹신푹신한. 2. 《펌》 부은, 부기(浮氣)가 있는: ein -es Geischt 부은 얼굴; ein -er Körper [Leib] 뚱뚱한 몸. 3. 《펌》 애매모호한, 분명하지 않은: ein -er Begriff 모호한 개념; sich s. ausdrücken 애매모호하게 표현하다. 4. 목재 부식균이 침투한: der Fußboden ist zum Teil s. 마루바닥의 일부에는 목재 부식균이 침투해 있다. **Schwammigkeit**, die ↑schwammig의 명사형.

Schwan [ʃvaːn], der; -(e)s, Schwäne [ʃvɛːnə] ⟨축소형: ↑Schwänchen⟩ 백조, 고니: Schwäne füttern 백조에게 모이를 주다; **mein lieber S.!** 《경》 1 (놀라움의 표현) 저런! 2 (농조 위협의 표현) 여보시오! **Schwänchen** [ʃvɛnçən], das; -s, - ↑Schwan의 축소형.

schwand [ʃvant], **schwände** [ʃvɛndə] ↑schwinden 참조.

schwanen [ʃvaːnən] ⟨h⟩ (통용어) (…에게 좋지 않은) 예감이 들다: ihm schwante nichts Gutes 그에게 불길한 예감이 들었다.

schwanen-, Schwanen-: ~**gesang**, der [백조가 죽기 전에 노래를 부른다는 고대 신화에 따라] 《아어》 (시인이나 작곡가의) 최후의 작품. ~**hals**, der 1. 백조의 목. 2. 《농》 길고 날씬한 목. 3. 말의 윗부분이 크게 굽은 목. 4. [사냥] (여우 따위의) 목. 5. [기술] S자 모양의 관(管) 따위. ~**jungfrau**, Schwanjungfrau, die [북구 신화] 백조의 처녀(마법에 의해 사람이 되기도 하고 백조가 되기도 하는). ~**weiß** ⟨Adj.⟩ 《아어》 백조처럼 흰, 새하얀.

schwang [ʃvaŋ] ↑schwingen의 과거형. **Schwang** [-], der 《다음 용법으로》 **im -e sein** 1) 유행하고 있다. 2) 많이 논의(회자)되고 있다; **in S. kommen** 유행되다. **schwänge** [ʃvɛŋə] ↑schwingen 참조.

schwanger [ʃvaŋɐ] ⟨Adj.⟩ 임신한, 잉태한, 애를 밴: (von jmdm.) s. sein[werden] (누구의 애를) 배고 있다(배다); sie ist im vierten Monat[zum zweitenmal] s. 그녀는 임신 4개월이다[두번째로 임신했다]; mit einem Kind (von einem Mann) s. gehen (어떤 남자의) 아이를 배고 있다; mit etw. s. gehen 《통용어·농》 무슨 생각[계획]을 품고 있다. **Schwangere***, die 임산부.

Schwangeren-: ~**beratung**, die 임산부 (건강) 상담. ~**fürsorge**, die 임산부 보호, 임산부 대책. ~**geld**, das 임신 휴직 수당. ~**gelüst**, das 임산부의 특정 음식에 대한 욕구. ~**gymnastik**, die ↑Schwangerschaftsgymnastik.

schwängern [ʃvɛŋɐn] ⟨h⟩ 1. 《펌》 (특히 남편이 아닌 자가) 임신시키다: ein Mädchen[eine Minderjährige] s. 처녀[미성년자]를 임신시키다. 2. (대기를) 무엇으로 가득 채우다: die Luft war von Rauch geschwängert 대기가 연기로 가득 차 있었다. **Schwangerschaft**, die; -en 임신 (상태), 수태: eine ungewollte S. 원하지 않은 임신; eine S. feststellen[unterbrechen] 임신을 확인 [중절]하다.

Schwangerschafts-: ~**abbruch**, der 임신 중절: einen S. vornehmen (lassen) 임신을 중절하다. ~**beschwerden** ⟨Pl.⟩ 임신 중독증. ~**erbrechen**, das 입덧. ~**gymnastik**, die (쉬운 출산을 위한) 임산부 체조. ~**narbe**, die (대개 Pl.) ↑~streifen. ~**streifen**, der (대개 Pl.) 임신선(妊娠線). ~**test**, der 임신 확인 검사. ~**unterbrechung**, die ↑~abbruch. ~**verhütung**, die / Empfängnisverhütung. ~**zeichen**, das 임신 징후.

Schwängerung, die; -en ↑schwängern의 명사형.

Schwanjungfrau: / Schwanenjungfrau.

schwank [ʃvaŋk] ⟨Adj.⟩ 《아어》 1. 길고 얇은, 가냘픈, 휘어지기 쉬운, 구부러지기 쉬운, 나긋나긋한: wie ein -es Rohr im Wind 바람에 날리는 갈대와 같이; auf -em Grund 불안정한(불확실한) 토대 위에. 2. 흔들거리는, 요동하는, 부정(不定)한, 든든하지 못한, 건들건들하는, 우물쭈물하는. **Schwank** [-], der; -(e)s, Schwänke [ʃvɛŋkə] 1. [문예] **a)** 익살(부림), 해학(諧謔), 농담, (산문과 운문에서) 소화(笑話). **b)** 소극(笑劇), 즉흥 익살극, 해학극. 2. 장난질, 재미있는 사건, 객기: einen S. aus seiner Jugendzeit erzählen 그의 어린 시절의 한 장난(질)에 대해 이야기하다. **schwanken** [ʃvaŋkn̩] 1. **a)** ⟨h⟩ 흔들리다, 흔들거리다, 동요하다: die Äste der Bäume schwankten leicht 나뭇가지가 가볍게 흔들거렸다; sie schwankte vor Müdigkeit 그녀는 고단하여[지쳐] 비틀거렸다; [전의] 흔들리다 zwischen beiden Parteien die Waage 두 정파간의 균형이 흔들리다. **b)** ⟨s⟩ 흔들대며(어디론가) 가다, 이동하다: der alte

Mann schwankte über die Straße 노인이 비틀거리며 길을 건너갔다. **2.** ⟨h⟩ 변덕스럽다, 일정하지 않다, 불확실하다: die Preise schwanken 가격이 유동적이다. **3.** ⟨h⟩ 망설이다, 결정하지 못하다, 오락가락하다: dieser Vorfall ließ (machte) ihn wieder s. 이 사건은 다시금 그를 망설이게 했다; ein schwankender Charakter 우유부단(優柔不斷)한 성격(의 인간); 〈명사화〉 ins Schwanken geraten 망설이다, 주저하다, 결심을 못하다. **Schwankung,** die; -en 흔들림, 동요, 주저, 불안정, 이상(異常), 변동, 편차(偏差), 편의(偏倚).

Schwanz [ʃvants], der; -es, Schwänze ['ʃvɛntsə] **1.** 〈축소형〉: ↑Schwänzchen (척추 동물의) 꼬리: 전의 die Kinder bildeten den S. des Festzugs 아이들이 축제 행렬의 후미(끝머리)를 이루었다; **den S.** ⟨경⟩ 아무도 … 않는다; **den S. einziehen** ⟨경⟩ 뒷걸음질하다, 꽁무니를 빼다, 호언장담하던 말을 취소하다, 겁내다, 굴복하다; **den S. hängen lassen** ⟨경⟩ 기가 꺾이다; **jmdm. auf den S. treten** ⟨경⟩ 누구를 모욕하다; **sich auf den S. getreten fühlen** ⟨경⟩ 모욕감을 느끼다; **Feuer unter den (dem) S. machen** 서두르도록 누구를 세차게 몰아 붙이다; **einen S. bauen (machen)** 《통용어》 《낙제 과목의》 추가 시험을 치루다 (↑bauen 8 a). **2. a)** 《속어 · 경》 자지. **b)** 《속어 · 폄 · 고어》 남성에 대한 욕설.

schwanz-, Schwanz-: **~appell,** der 《옛 · 군》 군의관의 진찰. **~borsten** 《대개 Pl.》 〈동물〉 곤충들 뒷쪽의 미각(尾角), 미엽(尾葉). **~ende,** das 꼬리의 끄트머리. **~feder,** die 《대개 Pl.》 꼬리깃. **~flosse,** die **1.** 꼬리 지느러미. **2.** ↑Flosse (3). **~haar,** das 꼬리털. **~lastig** ⟨Adj.⟩ 〈비행기의〉 미부(尾部)가 무거운, 뒷부분에 짐을 너무 많이 실은. **~los** ⟨Adj.⟩ 꼬리없는. **~lurch,** der 〈동물〉 유미(有尾) 양서류. **~meise,** die 박새속(屬)의 새. **~parade,** die 《옛 · 군》 = ~appell. **~spitze,** die 꼬리끝. **~stück,** das 〔요리〕 **a)** 소의 뒷다리 고기. **b)** 생선의 꼬리 부분(반대: Kopfstück). **~wedelnd** ⟨Adj.⟩ 꼬리를 흔드는. **~wirbel,** der 미추골(尾椎骨). **~wurzel,** die 꼬리에서 시작되는 몸통 부분.

Schwänzchen ['ʃvɛntsçən], das; -s, - ↑Schwanz (1). **Schwänzelei** [ʃvɛntsə'laɪ], die 《통용어 · 폄》 꼬리치기, 아첨, 추종(追從). **schwänzeln** ['ʃvɛntsln] **1. a)** ⟨h⟩ 꼬리를 치다, 꼬리를 흔들다: der Hund näherte sich schwänzelnd 개가 꼬리를 흔들며 다가왔다. **b)** ⟨s⟩ 꼬리를 치며 〈어디론가〉 가다. **2.** 《통용어 · 반어》 **a)** ⟨h⟩ 맵시를 부리며 〈경쾌하게〉 거닐다. **b)** ⟨s⟩ 경쾌하게 〈어디론가〉 가다. **3.** 《통용어 · 폄》 ⟨h/s⟩ 아첨을 떨다, 발을 마루에 스쳐 당기며 인사하다. **schwänzen** ['ʃvɛntsn] ⟨h⟩ 《통용어》 〈학교 수업, 교회 따위를〉 게으름 피워 빼먹다: die Katakomben sollten wir doch nicht s. 지하 납골당은 마땅히 가보아야 할 것이다; 〈4격 목적어 없이도〉 er hat neulich wieder geschwänzt 그는 최근 또다시 수업을 빼먹었다. **Schwänzer,** der; -s, - 《통용어》 게으름뱅이, 상습 결석자.

schwapp! [ʃvap] 〈Interj.〉 찰싹, 절벅, 철썩. **Schwapp** [-], der; -(e)s, -e, Schwaps [ʃvaps], der; -es, -e 《통용어》 **1.** 찰싹(때리는 물소리), 절벅(하는 소리). **2.** 물 쏟아지는 소리. **schwappen** ['ʃvapn] **1. a)** ⟨h⟩ 〈물이〉 찰랑찰랑 소리 내다, 소리를 내며 넘쳐 흐르다. **b)** ⟨s⟩ 〈물이〉 쫙 넘쳐 쏟아지다, 찰랑이며 흘러넘치다: der Kaffee ist aus der Tasse geschwappt 커피가 잔에서 넘쳐 흘렀다. **2.** 깔끔깔끔 넘쳐 흐르게 하다. **schwaps!** [ʃvaps] ↑schwapp. **Schwaps:** ↑Schwapp. **schwapsen** ['ʃvapsn] ↑schwappen.

Schwäre ['ʃvɛːrə], die; -n 《아어》 농양(膿瘍), 종기: 전의 daß es alte -n unseres Blutes sind 우리 혈족의 오랜 화근[문젯거리]인 것. **schwären** ['ʃvɛːrən] ⟨h⟩ 《아어》 곪아서 통증을 느끼다, 압통(壓痛)을 느끼다, 화농하다, 곪다. **schwärig** ['ʃvɛːrɪç] ⟨Adj.⟩ 《아어》 곪은, 화농한.

Schwarm [ʃvarm], der; -(e)s, Schwärme ['ʃvɛrmə] 떼, 무리, 군중, 집단: Heringe leben in Schwärmen 청어들은 떼 지어 산다. **2.** 《정서》 **a)** 열광적으로 존경 받는 사람. **b)** 《드물게》 열광의 대상물.

schwarm-, Schwarm-: **~beben,** das 《대개 Pl.》 〔지질〕 연속 지진. **~bildend** ⟨Adj.⟩ 〈동물〉 떼를 짓는, 떼를 이루는. **~geist,** der 《Pl. -geister》 **a)** 〈역사적〉 반종교 개혁 추종자, 광신자. **b)** 공상가, 환상가. **~linie,** die ↑Schützenlinie. **~weise** ⟨Adv.⟩ 떼를 지어, 득실거리며. **~zeit,** die ↑Schwärmzeit.

schwärmen ['ʃvɛrmən] **1. a)** ⟨h⟩ 〈동물, 특히 곤충들이〉 떼를 짓다, 떼지어 모이다, 우글거리다, 끼다, 몰려들다. **b)** ⟨s⟩ 떼를 지어 이동하다, 〈꿀벌이〉 새 집으로 옮겨 가다, 분봉(分蜂)하다: 전의 vielköpfige Menschenmenge schwärmte in die Neueröffnung der Kaufhäuser 많은 사람들이 새로 문을 연 백화점에 몰려들었다. **2.** ⟨h⟩ **a)** 누구를 열광적으로 존경하다, 무엇을 아주 좋아하다: in ihrer Jugned hatten sie für diesen Filmstar geschwärmt 젊은 시절에 그들은 이 영화배우에 빠져 있었다 〔열광했었다〕. **b)** 누구(무엇)에 열광적인 찬사를 보내다: 〈명사화〉 sie gerät leicht ins Schwärmen 그 여자는 쉽게 열광한다. **Schwärmer,** der; -s, - 《폄》 몽상가, 심취자, 탐닉자(耽溺者), 도취된 사람, 몽상가. **b)** 《역사적》 ↑Schwarmgeist (a). **2.** 불꽃의 일종, 폭죽(爆竹). **3.** 〔동물〕 〔열대 지방에 서식하는〕 박각시나방과. **Schwärmerei** [ʃvɛrmə'raɪ], die;-en 열광, 도취, 열중, 심취: eine jugendliche S. 청년기의 열광. **Schwärmerin,** die; -nen ↑Schwärmer (1 a)의 여성형. **schwärmerisch** ⟨Adj.⟩ **a)** 열광적인, 공상적인, 몰두하는, 꿈꾸는 듯한, 광신적인: er ist mir zu s. 그는 나에게 너무 열광적이다. **b)** 맹신적인, 광신적인, 열광적 성향의. **Schwärmzeit** ['ʃvɛrm-], die; -en 〈꿀벌이〉 벌집을 떠나는 시기, 분봉기(分蜂期).

Schwarte ['ʃvartə], die;-n [mhd. swart(e) = behaarte menschliche Kopfhaut, Haut von Tieren] **1. a)** 〔털난 동물, 특히 돼지의〕 외피(外皮), 〔햄, 베이컨의〕 두꺼운 껍질, 수피(樹皮): eine dicke (geräucherte) S. 두꺼운 〔훈제한〕 껍질 〔햄, 베이컨〕; die S. vom Schweinebraten 돼지 비계〔껍질〕 구이고기. **b)** 〔사냥〕 산돼지〔오소리, 기니 피그〕의 외피. **2.** 《통용어 · 폄》 〈원래는 돼지 가죽을 입힌〕 두꺼운〔낡은〕 책. **3.** 《경》 〈사람의〕 피부: **jmdm. juckt die S.** 너무나 방자하게 굴어서 누구를 호되게 때리다 (↑Fell C); **jmdm. die S. gerben** 누구를 심하게 두들기다 (↑Fell c); **daß (jmdm.) die S. kracht** 〔일과 노고와 관련하여〕 몹시, 심하게. **4.** 〔의학〕 경피〔硬皮〕, 못. **5.** 〔전문어〕 〔원목을 각재로 만들때 생기는〕 죽데기. **schwarten** ['ʃvartn] ⟨h⟩ **1.** 〔사냥〕 ↑ abschwarten. **2.** 《통용어》 〈가죽을〉 읽다, 탐독하다. **3.** 《지역적》 호되게 때리다. **Schwartenmagen,** der; -s, - ↑Preßkopf. **schwartig** ['ʃvartɪç] ⟨Adj.⟩ 껍질이 두꺼운, 외피가 있는.

schwarz [ʃvarts] ⟨Adj.⟩ **1.** 검은, 어두운, 짙은〔반대: weiß〕: -es Haar 흑발〔黑髮〕; sie ist s. gekleidet 그녀는 상복을 입고 있다; **s. werden** 〔카드 통용어〕 좋은 패를 받지 못하다; **jmd. kann warten, bis er s. wird** 《통용어》 누가 아무리 기다려도 소용없다. **wie. ist s. von Menschen (von etw.)** 무엇이 사람(무엇)으로 빽빽하다; **aus s. weiß machen** 뒤바꾸어 말하다; **s. aufweiß** 《통용어》 서면으로, 인쇄화하여. **2.** ⟨s⟩ 아주 검은 보이는; **-es Brot** 흑빵; **-er Kaffee** 블랙커피; der Kuchen ist s. geworden 《통용어》 케이크가 구울 때 까맣

게 탔다. **b)** 흑인(종)의: der -e Erdteil 아프리카. **3.** 《통용어》 더러운, 때묻은: jmdm. nicht das Schwarze unter dem Fingernapel gönnen 《통용어》 누구에게 악의를 품다. **4.** 《통용어·폄》 **a)** 가톨릭교의(보수적인). **b)** 기독교 정당에 속하는, 기독교 정당의. **5. a)** 불길한, 음울한: alles s. in s. sehen 만사를 비관적으로 보다. **b)** 사악한, 부정한, 비열한: eine -e Tat 비열한(사악한) 행위. **6.** 《통용어》 불법의, 당국의 허가없이: -e Geschäfte 불법 영업, 암거래; etw. s. kaufen 무엇을 불법으로 구입하다. **Schwarz** [-], das; -(es), - **1.** 흑一색, 검은 것: Frankfurter S. 프랑크푸르트 검정 물감(인쇄용). S. tragen 검은 옷을 입다[착용하다]. **2.** 〈Pl. 없음〉 ↑Noir.
schwarz-, Schwarz-: **~afrika** [ʃvarts|'afrika]; das; -s 사하라 남쪽 아프리카의 지역. **~arbeit**, die 〈Pl. 없음〉 불법 노동. **~arbeiten** 〈h〉 불법 노동을 하다. **~arbeiter**, der 불법 노동자. **~äugig** 〈Adj.〉 검은 눈의, 눈이 검은. **~bär**, der 흑곰. **~bärtig** 〈Adj.〉 검은 수염의, 수염이 검은. **~beere**, die 〈südd., österr.〉 ↑Heidelbeere. **~behaart** 〈Adj.〉 검은 털이 난. **~blättchen**, das ↑Mönchsgrasmücke. **~blau** 〈Adj.〉 암(暗)청색의, 짙은 청색의. **~blech**, das 흑판 (도금이나 칠을 하지 아니한). **~braun** 〈Adj.〉 흑갈색의. **~brenner**, der (불법) 밀주업자. **~brennerei**, die 밀주 행위. **~brot**, das 흑빵. **~bunt** 〈Adj.〉 《전문어》 〈소가〉 흑백으로 얼룩진: -e Kühe 얼룩소. **~dorn**, der 〈Pl. -dorne〉 ↑Schlehdorn. **~drossel**, die ↑ Amsel. **~erde**, die 〈지질〉 **a)** ↑Steppenschwarzerde. **b)** ↑Tirs. **~fahren*** 〈s〉 **a)** 불법 승차하다, 무임 승차하다. **b)** 면허없이 차를 운전하다. **~fahrer**, der 무허 운전자, 불법[무임] 승객. **~fahrt**, die 무면허 운전, 무임 승차. **~färbung**, die 흑색 염색. **~fäule**, die 〈식물의〉 흑갈병(黑褐病). **~filter**, der 〈전문어일 경우 대개〉 das 〈사진〉 〈외선의〉 적색 필터. **~fleisch**, das 〈지역적〉 훈제 베이컨. **~fersenantilope**, die ↑Impala. **~fuchs**, der **1. a)** 북아메리카의 적갈색 여우. **b)** 적갈색 여우의 모피. **2.** 적갈색의 말. **~gallig** 〈Adj.〉 《준고어》 우울한 성격의, 염세적인. **~galligkeit**, die 《준고어》 우울한 성격, 염세적 자세. **~gehen*** 〈s〉 《통용어》 **1.** wildern. **2.** 불법 월경(越境)하다. **~gekleidet** 〈Adj.; nur attr.〉 검은 옷(상복)을 입은. **~gelockt** 〈Adj.〉 검은 곱슬머리의. **~gerändert** 〈Adj.〉 검은 테를 두른. **~geräuchert** 〈Adj.〉 검게 훈제된. **~geräucherte**, das; -n 검게 훈제된 돼지고기. **~geschäft**, das 《금지물품》 불법 거래. **~gestreift** 〈Adj.〉 검은 줄무늬의. **~grau** 〈Adj.〉 암회색의. **~grün** 〈Adj.〉 암녹색의. **~haarig** 〈Adj.〉 흑발의. **~handel**, der 불법〔암〕 거래, 암거래상, 금지품 거래인. **~händler**, der 암거래인, 암거래상, 금지품 거래인. **~hemd**, das **1.** 흑셔츠(이탈리아의 파시스트 조직의 제복으로서). **2.** 〈대개 Pl.〉 흑셔츠 원(당원). **~hören** 〈h〉 **a)** 〈방송을〉 도청(盜聽)하다. **b)** 《준고어》 도강(盜講)하다. **~hörer**, der 도청자. **~käfer**, der 〈동물〉 〈열대 지방의〉 거저리과의 곤충. **~kehlchen**, das 독일에 많은 딱새(목과 머리가 검은) (학명: Saxicola torquata). **~kiefer**, die 《식물》 알프스의 많은 소나무(흑녹색의 넓은 갈라진 껍질이 특징) (학명: Pinus nigra). **~kittel**, der **1.** (사냥·농) 산(멧)돼지. **2.** (폄) 가톨릭 성직자. **3.** (축구·은어) 심판(검은 운동복을 입은). **~kümmel**, der 《식물》 니젤라속(특히 지중해 지역에서 야생). **~kunst**, die ↑Schabkunst. **~künstler**, der 마술사, 요술사. **~malen** 〈h〉 음울한 색채로 묘사하다, 염세적으로 서술하다. **~maler**, der 《통용어》 염세적으로 서술하는 사람, 비관론자, 염세주의자. **~malerei**, die 《통용어》 염세(비관)적 서술. **~markt**, der 암시장: etw. auf den S. (ver)kaufen 무엇을 암시장에서 사다(팔다). **~marktgeschäft**, das 암거래. **~marktpreis**,

der 암시장 시세. **~pappel**, die 《식물》 양버들, 서양 시나무(학명: Populus nigra). **~plättchen**, das ↑Mönchsgrasmücke. **~pulver**, das 흑색 화약(초석(硝石), 유황, 목탄을 섞어 만든). **~rock**, der 《폄》 승려(가톨릭의), 신부(神父). **~Rot-Gold** 《붙임표와 함께》 독일의 국기(1919년부터 1933년까지, 제 2 차 세계 대전 이후의). **~rotgolden** 〈Adj.〉 흑, 적, 황 삼색기의. **~Rot-Mostrich**, **~Rot-Senf**, das 《붙임표와 함께》 《통용어·농·반어》 흑, 적, 황 삼색기. **~sauer**, das 〈nordd.〉 초를 쳐서 만든 돼지새끼와 거위새끼 요리. **~schimmel**, der ↑Rappschimmel. **~schlachten** 〈h〉 도살하다, 밀도살하다. **~schlachtung**, die 밀도살. **~sehen*** 〈h〉 **1.** 《통용어》 비관적으로 생각하다(보다): für das Examen sehe ich schwarz 시험에 대해 나는 비관적으로 생각한다. **2.** 텔레비전을 불법 시청하다(신고나 시청료를 내지 않고). **~seher**, der **1.** 《통용어》 비관론자, 염세주의자. **2.** 텔레비전 불법 시청자. **~seherei** [-zeərai], die; -en 《통용어》 비관적 자세. **~seherisch** 〈Adj.〉 《통용어》 비관적인, 염세적인. **~seite**, die ↑Schwarzfleisch. **~sender**, der 무면허 무선 방송국. **~specht**, der 〈동물〉 까막딱다구리. **~storch**, der ↑Waldstorch. **~umflort** 〈Adj.〉 상장(喪章)을 단. **~umrändert** 〈Adj.〉 검은 테의, 검은 테두 두른. **~umrandet** 〈Adj.〉 …에 검은 테를 붙인, … 의 가장자리를 검게 한. **~wald** ['ʃvartsvalt], der; -(e)s 슈바르츠발트(독일 서남부에 있는 고원 산지). [1]**~wälder** ['ʃvartsveldə], der; -s, - 슈바르츠 발트(에 사는) 사람(주민). [2]**~wälder** 〈Adj.; 격변화 없음〉 슈바르츠 발트(사람)의. **~wasserfieber**, das 흑수열(黑水熱) (오줌이 까맣게 나오는 말라리아). **~weiß** 《또한》 **~-'-'** 〈Adj.〉 **a)** 흑백의. **b)** 흑백 사진의. **~weißaufnahme** [-'----], die 흑백 사진(촬영). **~weißbild** [-'---], das **a)** 흑백 사진. **b)** 흑백 사진 촬영. **~weißempfang** [-'----], der 흑백 (텔레비전) 수신. **~weißfernseher** [-'----], der 흑백 (텔레비전) 수상기. **~weißfernsehgerät** [-'----], das 흑백 (텔레비전) 수상기. **~weißfilm** [-'---], der **1.** 흑백 필름. **2.** 흑백 영화. **~weißfoto** [-'---], das ↑~weißaufnahme. **~weißfotografie** [-'-----], die **1.** 〈Pl. 없음〉 흑백 사진술. **2.** ↑~weißaufnahme. **~weißgerät** [-'----] ↑~weißfernsehgerät의 약칭. **~weißkunst** [-'---], die 흑백도법, 목화법. **~weißmalen** 〈h〉 흑백 논리적으로 단순화시켜 평가하다(서술하다). **~weißmalerei** [-'-----], die ↑~weißmalen의 명사형. **~weißrot** [-'---] 〈Adj.〉 흑, 백, 적 3색으로 된 옛 독일 국기의. **~Weiß-Rot**, das 《붙임표와 함께》 독일국기(1871년부터 1918년까지 그리고 1933년부터 1945년까지의). **~weißzeichnung** [-'----], die 〈흑백의〉 팬화. **~wild**, das 〈사냥〉 산돼지. **~wurz**, die ↑Beinwell. **~wurzel**, die 우엉. **~wurzelgemüse**, das 우엉으로 만든 야채.

¹**Schwarze*** ['ʃvartsə], der; -n, -n **1.** ↑Neger (1). **2.** 〈Pl. 없음. 정관사와 함께〉 《고어》 악마. **3.** 《österr.》 블랙커피. ²**Schwarze*** [-], die; -n ↑Negerin.
³**Schwarze** [-], das; -n 과녁의 중심, 관(貫): ins S. treffen 적절한 조치를 취하다, 정곡을 찌르다.
Schwärze* ['ʃvɛrtsə], die; -n **1.** 어두움, 검은 빛: 전의 die S. dieser Geschichte 암담한 이야기. **2.** 검정 물감.
Schwärzegrad, der; -(e)s, -e 〈사진〉 암흑도.
Schwarze Meer ['ʃvartsə 'me:ɐ], das; -n, -(e)s 흑해 (지중해의). **schwärzen** ['ʃvɛrtsə] 〈h〉 **1.** 검게[어둡게] 하다, 검게 물들이다, 더럽히다: der Ruß hatte ihre Gesichter geschwärzt 그으름으로 그녀의 얼굴은 검어졌다. **2.** 〈südd., österr.·통용어〉 밀수하다. **Schwärzer**, der; -s, - 〈südd., österr.·통용어〉 밀수자.

schwärzlich ['ʃvɛrtslɪç] 〈Adj.〉 거무스름한, 검은 빛을 띤. **Schwärzung**, die; -en **1.** 검게 함, 검게 물들임. **2.** [사진]〈필름 건판(乾板)의 흑화(黑化), 사진 농도(濃度).
Schwatz [ʃvats], der; -es, e -〈축소형: ↑Schwätzchen〉《친근》지껄임, 수다, 요설, 잡담: einen (kleinen) S. mit der Nachbarin halten 이웃집 여자와 (약간의) 잡담을 하다.
Schwatz-: **~base**, die 《통용어·폄》잘 지껄이는〔수다스러운〕여자. **~bude**, die《통용어·폄》국회. **~liese**, die《통용어·폄》수다스러운 여자. **~maul**, das《폄》떠벌이, 잔소리꾼, 수다쟁이. **~sucht**, die 〈Pl. 없음〉《폄》잡담벽, 요설벽, 지껄이기〔수다떨기〕좋아함. **~süchtig**〈Adj.〉《폄》떠벌이 벽이 있는, 수다떨기 좋아하는.
Schwätzchen ['ʃvɛtsçən], das; -s, - ↑Schwatz.
schwatzen ['ʃvatsn̩], 《südd.》**schwätzen** [ʃvɛtsn̩] 〈h〉**1.** 잡담하다: sie kam, um (ein bißchen) mit ihnen zu schwatzen 그녀는 그들과 잡담(좀)하려고 왔다; sie schwatzten gern Nachbarschaftsklatsch 그들은 이웃집 잡담하는 사람들. **2.**《폄》**a)** …에 대해 수다를 떨다: über die Regierung〔von seinen Lehrern〕정부〔선생님들〕에 대해 수다를 떨다. **b)** 수다 떨며 시간을 보내다: Unsinn〔dummes Zeug〕schwatzen 실없는〔어리석은〕말을 지껄이다. **c)** 수업 시간 중에 (옆과) 몰래 소곤대다: wer schwatzt da fortwährend? 누가 거기서 줄곧 떠드나? **3.**《폄》〈침묵을 지켜야 할 일을〕 지껄이다, 발설하다: da muß wieder einer geschwatzt haben! 누가 벌써 지껄여대었어! **Schwätzer**, der; -s, - 《폄》**1.** 떠벌이, 잔소리꾼. **2.** 수다쟁이. **Schwätzerei** [ʃvɛtsə'raɪ], die; -en ↑Geschwätz. **Schwätzerin**, die; -nen ↑Schwätzer의 여성형. **schwätzerisch**〈Adj.〉《폄》수다쟁이의, 재잘거리는. **schwatzhaft**〈Adj.〉《폄》지껄이는, 수다 떠는, 말 많은. **Schwatzhaftigkeit**, die - 지껄이기를 좋아함.
Schwebe ['ʃve:bə], die《다음 용법으로》**in (der) S.** 1) 공중에 떠 있는, 부유하며, 균형을 이루고: in S. zwischen Himmel und Erde 하늘과 땅 사이에 등동 떠 있는. 2) 결정을 못 본, 미(해)결의, 현안(懸案)의: eine Frage〔eine Entscheidung〕in der S. lassen 문제〔결정〕를 미해결로 놓아 두다.
Schwebe-: **~bahn**, die 현수(懸垂) 철도, 케이블 철도. **~balken**, der〔체조〕평균대. **~baum**, der **1.** ↑**~balken. 2.**〔육마〕마구간의 횡목. **~hang**, der〔체조〕(철봉, 평행봉, 링 따위서의) 몸을 아래로 하고 발을 앞으로 뻗는 자세. **~kabine**, die 케이블 철도의 객실. **~kippe**, die〔체조〕몸을 아래로 하고 발을 앞으로 뻗은 자세에서 차오르기. **~lage**, die 떠 있는 상태〔자세〕. **~stacheln**〈Pl.〉〔생물〕부유 미생물. **~stoff**, der ↑Schwebstoff. **~stütz**, der〔체조〕몸을 팔로 비티고 발을 앞으아 위로 뻗는 자세. **~teilchen**, das ↑Schwebstoff. **~zustand**, der 불확실한〔미결정〕상태(상황): ein politischer S. 정치적 불안정 상황, 안개 정국.
schweben ['ʃve:bn̩] **1. a)**〈h〉《공중에》걸려 있다, 등실등실 떠돌다, 부유하다: ein weißes Wölkchen schwebt am Himmel 흰구름 한 점이 하늘에 떠 있다; runde orangefarbene Papierlaternen schwebten 등 근 오렌지 종이 등이 흔들흔들 걸려 있다;〔전의〕ich schwebe mehr über dem Ganzen 나는 위에서 전체를 감독한다; ich schwebe zwischen Traum und Wirklichkeit 나는 비몽사몽간을 헤매고 있다; in Lebensgefahr s. 생명의 위험 속을 헤매다. **b)** (공중에서) 서서히 떠돌며 움직이다, 부동(浮動)하다: der Ballon schwebt dem Meer zu 풍선이 바다 쪽으로 서서히 날아간다; Schmetterlinge schweben von Blüte zu Blüte 나비들이 이꽃 저꽃으로 날아다닌다; sich schwebend〔schwebenden Schrittes〕fortbewegen 경쾌하게〔경쾌한 발걸음으로〕앞으로 나아가다;〔전의〕schwebende Betonung〔언어〕(운율적 자연적 발음간에 균형을 추구하는) 유동(流動) 강세. **2.** (사건이) 미결로 있다, 계류 중이다: die Sache〔der Prozeß〕schwebt noch 그 일〔소동 사건〕은 아직 미결〔계류중〕이다. **Schwebfliege**, die〔동물〕재니등에. **Schwebstoff**, der〔화학〕부유(浮遊) 물질. **Schwebung** ['ʃve:bʊŋ], die; -en〔물리·음향〕울림, 전음(顫音), 파동.
Schwede ['ʃve:də], der 스웨덴 사람.《다음 용법으로》**(du) alter Schwede!**《경》(다정하게 부르는 말) 여보게, 자네! **Schweden**; -s 스웨덴.
Schweden-: **~küche**, die 스웨덴(식) 주방. **~platte**, die〔음식업〕(빵 조각이 딸린) 냉어육 따위의 전채(前菜). **~punsch**, der 독 냉펀치(음료의 이름). **~schanze**, die 고대의 성채(城砦) (민속학적 명칭).
Schwedin ['ʃve:dɪn], die; -nen ↑Schwede의 여성형. **schwedisch** ['ʃve:dɪʃ]〈Adj.〉스웨덴(사람, 어)의. **Schwedisch**, das; -(s) 스웨덴어.
Schwefel ['ʃve:fl̩], der; -s〔화학〕유황(硫黃)(원소 기호: S).
schwefel-, Schwefel-: **~artig**〈Adj.〉유황질의, 유황상(狀)의. **~bad**, das **1.** 유황욕(硫黃浴), 유황천(泉). **2.** 유황 온천장. **~bakterie**, die《대개 Pl.》〔생물〕유황 세균, 티오박테리아(황화(黃化) 수소에서 유황을 유리시키는. **~bande**, die《통용어·폄·농》깡패들의 단체, 폭력단. **~bergwerk**, das 유황 광산(鑛山). **~blume**, **~blüte**, die 유황화(華). **~dampf**, der 유황증기. **~dioxyd** [--'-'-], das〔화학〕이산화(二酸化) 유황. **~doppelsalz**, das〔화학〕유황 복염(複鹽). **~eisen**, das〔화학〕↑Eisensulfid. **~farbe**, die **1.** ~-gelb. **2.** ↑~farbstoff. **~farben**, **~farbig**〈Adj.〉유황색의. **~farbstoff**, der〔화학〕유황 염료. **~gelb**〈Adj.〉유황색의. **~gelb**, das〈Pl. 없음〉유황색. **~geruch**, der 유황 냄새. **~haltig**〈Adj.〉유황을 함유하는. **~holz**, **~hölzchen**, das (고어) 성냥. **~kalkbrühe**, die 석회 유황 합제(石灰硫黃合劑) (식물 보호 처방제로 쓰임). **~kies**, der ↑Pyrit. **~kohlenstoff** [--'-'-], der〔화학〕이황화탄소(二黃化炭素). **~kopf**, der〔식물〕독밤버섯. **~kur**, die〔의학〕유황천 요법(硫黃泉療法). **~leber**, die〔화학〕황화 칼륨. **~milch**, die〔화학·의약〕유황(乳), 침전(沈澱) 유황. **~puder**, der 유황 분제(粉劑). **~quelle**, die 유황천(泉). **~regen**, der 증발 후 황색 층으로 남는 꽃가루를 함유하는 비, 유황의 비(성서의). **~salbe**, die 연고(軟膏). **~sauer**〈Adj.〉《대개 wie와 연결된 부가어적 용법으로》황산(黃酸)의: schwefelsaures Kallum〔화학〕↑Kallumsulfat. **~säure**, die〔화학〕황산. **~wasserstoff** [--'-'-], der〔화학〕황화수소. **~wasserstoffgruppe**, die〔화학〕황화수소 군(群). **~wasserstoffsäure**, die〔화학〕유황의 산소산(酸素酸).
schwefelig: ↑schweflig. **schwefeln** ['ʃve:fl̩n]〈h〉**1. a)** 유황으로 처리하다, 황화시키다. **b)** (유황을 태워) 살균〔소독〕하다, 가류(加硫)하다. **c)** (직물류를 이산화황으로) 표백하다. **2.**〔농업〕(과수나 포도나무 줄기에) 유황을 뿌리다(뿜다). **Schwefelung**, die; -en 유황으로 처리함. **schweflig**, **schwefelig** ['ʃve:f(ə)lɪç]〈Adj.〉**a)** 유황을 함유하는: -e Säure〔화학〕(무색의) 유황산; hier riecht es s. 여기에 유황 냄새가 난다. **b)** 유황질의, 유황상(狀)의.
Schwegel ['ʃve:gl̩], die; -n **1. a)** (중세의) 종적(縱笛)의 일종. **b)** 저, 피리. **2.** 적(笛)(구식 파이프 오르간의 개구

순관(開口脣管). **Schwegler,** der; -s, - 피리 부는 사람.

Schweif [ʃvaif], der; -(e)s, -e 긴[털이 무성한, 흔들리는] 꼬리, 끌리는 옷자락, 말단(Ende), 종자(從者), 남근(男根): 전의 ein Komet mit S. 살별, 혜성.

Schweif-: **~affe,** der (길고 털이 무성한 꼬리가 달린) 남미산 원숭이의 일종. **~kern,** der [해부·의학] 시상(視床) 옆에 있는 대뇌 부분. **~reim,** der [운율] 부가운(副加尾韻)〈쌍각운을 뒤따라 그 연의 제 3행과 6행의 각운을 맞추는 도식〉. **~säge,** die 세로 켜는 톱, 실톱의 일종. **~stern,** der ↑Komet. **wedeln** 〈h〉 **1.** (개가) 꼬리를 흔들다. **2.** 《고어·폄》 (상관에 대하여) 알랑거리다, 아첨하다. **~wedler** [-veːdlɐ], der; -s, -《고어·폄》 아부하는 사람, 추종자(追從者).

schweifen [ˈʃvaifn̩] **1.** 《아어》 ⟨s⟩ 빈들빈들 돌아다니다, 배회(徘徊)하다; 전의 seine Blicke s. lassen 죽 훑어(둘러) 보다. **2.** 《전문어》 〈h〉 휘게 하다, 만곡시키다. **Schweifung** die; -n **a)** ⟨Pl. 없음⟩ 만곡(彎曲), 휨, 부풂. **b)** 만곡선, 휜 선.

Schweige- (schweigen): **~gebot,** das 함구령(緘口令), 금구령(箝口令). **~geld,** das 입막이 돈. **~marsch,** der 침묵 행진[시위], 침묵 장례 행진. **~minute,** die (죽은 사람에 대한) 묵념 묵례[의 시간]; S. einlegen 묵념[묵도]하다. **~pflicht,** die (직무상 알면서도 지켜야 하는) 수비(守秘) 의무, 묵비(默秘) 의무: jmdn. von seiner S. entbinden 누구를 수비[묵비] 의무에서 해제(免除)시키다. **~zone,** die [음향] 침묵 지대, [음향상의] 사각(死角) 지대, 무음(無音) 지대.

schweigen* [ˈʃvaign̩] 〈h〉 **a)** 말을 하지 않다, 입을 다물다, 침묵하다: schweig! (명령조로)(그것에 대한 반대 의견을) 더 이상 말하지 말라!; man schweigt so vor sich hin 《통속어》 말없이 앉아 있다; über(von) etw. s. 무엇에 관해서 침묵을 지키다; zu allen Vorwürfen hat er geschwiegen 그는 어떤 비난에도 대응하지 않았다[침묵으로 일관했다]; 전의 darüber schweigt die Geschichte 그것에 대해서 역사도 침묵을 지키고 있다; ganz zu s. von ... 그건 그렇고, 여하간에. **b)** 그치다, (소동·폭풍 등이) 잠잠해지다, (음악 따위가) 중단되다: ab ein Uhr nachts schwieg der Sender 밤 1시부터 방송이 중단된다; die Geschütze schweigen (아이) 사격이 그쳐지다; von diesem Tag an schwiegen die Waffen (아이) 이날부터 정전(停戰)이다. **Schweigen,** das; -s 침묵, 무언: es herrschte tiefes S. 깊은 침묵이 [지배하고] 있었다; das S. brechen 침묵을 깨뜨리다; 성구 S. im Lande[im Walde] (당황이나 불안으로 인해) 아무도 감히 무엇을 말하지 못하다; **sich in S. hüllen** 침묵을 지킴으로써 온갖 억측을 자아내게 하다; **jmdn. zum S. bringen** 1) 강압이나 위협 등으로 누구를 말 못하게 하다. 2) (완곡한 표현) 누구를 죽이다. **schweigsam** [ˈʃvaikzaːm] 〈Adj.〉 과묵한, 말없는, 비밀을 지키는, 조심스러운. **Schweiger,** der (드물게) 침묵을 지키는 사람, 말 수가 적은 사람. **Schweigsamkeit,** die 침묵, 과묵.

Schwein [ʃvain], das; -(e)s, -e **1.** 〈축소형: ↑Schweinchen〉 **a)** 돼지: er blutet(schwitzt) wie ein S.《속어》그는 심하게[몹시] 피[땀]를 흘린다; sie haben sich wie die -e benommen 그들은 아주 난폭한 행동했다; 성구 wo haben wir denn schon zusammen -e gehütet?《상대가 무례한 말투로 나올 때》 우리가 언제부터 말 놓고 지내는 사이였소?**b)** 〈Pl. 없음〉 《통속어》 ↑Schweinefleisch의 약칭. **2. a)** 《속어·폄·욕》 (행동과 생각이) 저저분한 사람, 천한 사람. **b)** 〈축소형: ↑Schweinchen〉《속어》 더러운[불견한] 사람. **c)** 《통속어》 가련한[불쌍한] 놈; **kein S.** 《경》 아무도 ... 아니(하)다(niemand, kein Mensch). **3. (großes) S. haben** 《통속어》 횡재하다, 뜻밖의 행운이 굴러 들어오다, 운수가 좋다. **4.** [동물] (각종의) 우제류(偶蹄類)〈예컨대: Wild-, Warzenschwein〉. **-schwein,** das; -(e)s, -e 《Schwein (2 a)의 의미를 지닌 복합어의 어간으로 예컨대》 Kapitalisten-, Kommunistenschwein.

schwein-, Schwein-: **~igel,** der 《통속어·폄》 **a)** 더러운 사람, (모든 걸) 더럽히는 자. **b)** 음담꾼. **~igelei** [ʃvainɪɡəˈlai], die; -en 《통속어·폄》 추잡한 이야기, 음담. **~igeln** [ˈʃvainiɡln̩] 〈h〉《통속어·폄》**a)** 오점[얼룩]을 만들다, 더럽히다. **b)** 추잡한 말[음담]을 하다. **~kram,** der 《지역적》 무례한 것, 더러운 것, 음란한 것, 외설스러운 것.

Schweinchen [ˈʃvainçən], das; -s, - ↑Schwein (1 a, 2 b). **schweine-,** ¹**Schweine-**〈감정상의 지나침을 나타내는 접두어인 규정어로서, 예컨대〉 Schweinearbeit, -bande, -dusel, -glück: jmdn. schweinemäßig behandeln 누구를 아주 심하게[마구] 다루다.

²**Schweine-** ↑Schweins-도 참조): **~backe,** die (요리·nordd.) 돼지의 악골(顎骨). **~bandwurm,** der 산돼지에 기생하는 촌충. **~bauch,** der 돼지의 복부살. **~beuschel,** das (österr.·요리) 돼지 내장 요리. **~borste,** die 〈대개 Pl.〉 ↑Schweinsborste. **~braten,** der [요리] 돼지 불고기, 저육 구이. **~fett,** das ↑schmalz. **~filet,** das 돼지 필레로스. **~fleisch,** das 돼지고기, 저육. **~gulasch,** das / der 돼지고기 굴라시[스튜]. **~hack,** das (nordd.), **~hackfleisch,** das 썬[저민] 돼지고기. **~hatz,** die [사냥] ↑Sauhatz. **~herde,** die 돼지 떼[무리]. **~herz,** das [요리] 돼지의 심장. **~hirt,** der 돼지 치는[지키는] 사람. **~koben, kofen,** der ↑Koben. **~kopf,** der ↑Schweinskopf. **~kotelett,** das ↑Schweinskotelett. **~lendchen,** das, **~lende,** die [요리] 돼지 허릿살. **~maske,** die [도축] 돼지 머리 껍질. **~mast,** die 돼지 살찌우는 사료 (참나무 열매 따위). **~mästerei,** die 돼지를 살찌우기 (고기를 얻기 위하여). **~metzger,** der 《지역적》↑-stecher. **~ohr,** das (nordd.) ↑Schweinsohr. **~pest,** die 돼지 페스트. **~priester,** der 《폄·욕》 혐오감과 경멸감을 주는 남자. **~rippchen,** das, **~rippe,** die [요리] 돼지갈비(대). **~rotlauf,** der ↑Rotlauf. **~schlachter, ~schlächter,** der 《지역적》↑-stecher. **~schmalz,** das 돼지 기름. **~schnitzel,** das (잘게 썬) 돼지고기 저육. **~stall,** der ↑Saustall (1, 2). **~stecher,** der 《지역적·준고어》 돼지 도살업자(屠殺業者). **~trog,** der ↑Futtertrog. **~zucht,** die 양돈(養豚).

³**Schweine-** 〈속어·감정적 강화〉: **~arbeit,** die 어려운[불유쾌한, 힘든, 지루한] 일. **~fraß,** der ↑Fraß (b). **~geld,** das (부정한 수단으로 번) 거액의 돈, 더러운 뇌물. **~hund,** der (원래의 의미는 돼지 지키는 사냥 개, 나중에는 대학생 속어로 욕) 더러운[저분한] 놈, 추잡한 사람: **der innere S.** (비겁함과 심약함 때문에 생기는) 정당한 행위에 대한 마음 속의 주저.

Schweinerei [ʃvainəˈrai], die; -en 《속어·폄》**a)** 불결, 더러움, 오점: wer diese S. hier angerichtet hat, der soll sie auch wegmachen! 여기를 저저분하게 한 자가 역시 이걸 마땅히 치워야 한다! **b)** 더러운 일, 뻔뻔스러움, 비천함, 악한 짓거리: S.! (분노의 외침) 개판이군! **c)** 부도덕한 행위 (대개 성적인 면과 결부하여). **schweinern** [ˈʃvainɐn] 〈Adj.〉 (südd., österr.) 돼지(고기)의. **Schweinere',** das (südd., österr.) 돼지고기. **schweinisch** 〈Adj.〉 《통속어·폄》**a)** 불결한, 단정치 못한. **b)** 매우 추잡(음란)한, 상스러운: er hat sich s. benommen. 그는 상스러운 행동을 취했다.

schweins-, Schweins-(↑Schweine-도 참조): **~auge, ~äuglein,** das **1.** 돼지의 눈. **2.** (돼지 눈처럼)

작고 가는 눈. **~borste,** die 〈대개 Pl.〉 ↑ Borste (1 a). **~braten,** der [요리] 〈südd., österr., schweiz.〉 ↑ Schweinebraten. **~filet,** das ↑ Schweinefilet. **~fuß,** der 〈대개 Pl.〉 [요리] 돼지 족발. **~galopp,** der 〈다음 용법으로〉 **im S.** 〈통용어·농〉 급하게, 건성으로. **~gulasch,** das / der ↑ Schweinegulasch. **~hachse,** die [요리] 돼지의 무릎도가니. **~haxe,** die 〈südd.·요리〉↑~hachse. **~karree,** die 〈österr.·요리〉 돼지 갈비. **~keule,** die [요리] 돼지의 넓적다리 [허벅지] 고기. **~knochen,** der 돼지 뼈. **~kopf,** der **a)** 〈음식용의〉 돼지 머리. **b)** 돼지 대가리처럼 생긴 견고. **~kopfsülze,** die 〈눌러 절여서〉 젤리로 만든 돼지머리고기. **~kotelett,** das [요리] 돼지 갈비. **~leder,** das 돼지 가죽. **~ledern** 〈Adj.〉 돼지 가죽의. **~ohr,** das **1.** 돼지의 귀. **2.** 약하게 구운 과자. **3.** 식용 버섯의 일종. **~rippchen,** das 《요리·südd., österr.》 ↑ Schweinerippchen. **~rücken,** der 돼지의 등. **~schnitzel,** das 〈österr.〉 ↑ Schweineschnitzel. **~stelze,** die 〈österr.〉 ↑ Eisbein. **~wurst,** die 돼지고기로 만든 소시지. **~zunge,** die 돼지의 혀.

Schweiß [ʃvaɪs], der; -es, [의학] -e **1.** 땀: S. läuft jmdm. (in Strömen) übers Gesicht 땀이 누구의 얼굴에 (흠뻑) 흘러내리다; sich den S. trocknen 땀을 닦아 내다; (wie) in S. gebadet sein 땀에 흠뻑 젖어 있다; 성구 des -es der Edlen wert 〈아이〉 애써 해 볼 만하다; 전의 an dem Werk hängt der S. von Generationen 〈아이〉 이 일은 여러 세대의 걸을 해왔다; die Arbeit hat jmdm. viel S. gekostet 〈아이〉 이 일은 누구에게 아주 힘들었다; **im -e seines Angesichts** 그의 얼굴에 땀이 흘러야〈창세기 3장 19절〉. **2.** [사냥] 〈상처 입은 짐승의〉 피.

schweiß-, **¹Schweiß-** (Schweiß): **~absonderung,** die 땀의 분비, 발한. **~ausbruch,** der 《發汗》. **~band,** das 〈Pl.-bänder〉 **1. ~**leder. **2.** 〈테니스〉 (손바닥에서 땀이 흐르지 않도록) 손목에 감는 천(띠). **~bedeckt** 〈Adj.〉 땀에 흠뻑 젖은. **~bildung,** die 땀의 발생. **~bläschen,** die 〈대개 Pl.〉 [의학] 한진(땀띠). **~blatt,** das 〈대개 Pl.〉 ↑ Armblatt. **~drüse,** die 〈汗腺〉. **~drüsig** 〈Adj.〉. **~echt** 〈Adj.〉 〈전문어〉 (의복 따위가) 땀에 강한. **~echtheit,** die 〈전문어〉 〈의복 등의〉 내한성(耐汗性). **~fährte,** die [사냥] 상처 입은 짐승의 핏자국. **~feucht** 〈Adj.〉 땀에 젖어 축축한. **~fleck,** der 〈의복 등의〉 땀 얼룩(자국). **~fleckig** 〈Adj.〉 땀으로 얼룩진. **~friesel,** der / das 〈대개 Pl.〉 ↑ Friesel. **~fuchs,** der [동물] 자류마(紫騮馬)의 일종. **~fuß,** der 〈대개 Pl.〉 땀 잘 나는 발, 기름기 많고 냄새 나는 발. **~futter,** das 땀받이 안감. **~gebadet** 〈Adj.〉 땀에 흠뻑 젖은. **~geruch,** der 땀내. **~halsung,** die [사냥] 사냥개의 목에 걸어 주는 띠. **~hemmend** 〈Adj.〉 발한(發汗) 장애를 일으키는. **~hund,** der [사냥] 〈상처 입은 짐승의 피 냄새를 맡고서 추적하는〉 사냥개. **~leder,** das 〈모자 안쪽의〉 가죽 띠, 땀받이 가죽. **~naß** 〈Adj.〉 땀에 흠뻑 젖은. **~perle,** die 〈대개 Pl.〉 구슬 땀. **~pore,** die 땀 구멍. **~rand,** der 〈대개 Pl.〉 〈의복 따위의〉 땀 자국이 있는 가장자리. **~riemen,** der [사냥] 사냥 개의 목띠에 연결되는 가죽 줄. **~sekretion,** die ↑~absonderung. **~spur,** die ↑~fährte. **~treibend** 〈Adj.〉 땀을 내는, 발한성(發汗性)의: 전의 das war eine -e Arbeit 〈농〉 그것은 땀 흘릴 일이었다. **~triefend** 〈Adj.〉 땀방울이 뚝뚝 떨어지는, 땀에 흠뻑 젖은. **~tropfen,** der 〈대개 Pl.〉 땀방울: 전의 diese Arbeit hat manchen S. gekostet 이 일은 아주 힘들었다. **~tuch,** das 〈Pl.-tücher〉 [고어] 땀 닦는 수건. **~übergossen** 〈Adj.〉 땀이 퍼붓듯 쏟아지는, 땀이 흠뻑 젖어 나는. **~überströmt** 〈Adj.〉 땀이 흘러 넘치는. **~verklebt** 〈Adj.〉 땀에 젖은, 땀이 끈끈한. **~wolle,** die 〈전문어〉 털을 갓 깎았으나 아직 탈지(脫脂)하지 않은 양모.

²Schweiß- (schweißen 1): **~brenner,** der 용접(鎔接)·농의 연소기[버너]. **~brille,** die 용접용 보호 안경. **~draht,** der 용접봉(鎔接棒). **~fuge,** die ↑~naht. **~gerät,** das 용접 기구. **~naht,** die 용접 부분, 단접(鍛接)의 이음자리. **~stahl,** der 연강(練鋼). **~technik,** die 용접 기술. **~verfahren,** das 용접 방법.

schweißbar [ˈʃvaɪsbaːɐ̯] 〈Adj.〉 용접[단접]할 수 있는. **Schweißbarkeit,** die ↑ schweißbar의 명사형. **schweißen** [ˈʃvaɪsn̩] 〈h〉 **1.** [기술] 용접[단접]하다: Rohre aus Metall s. 금속관(管)〈파이프〉를 용접[단접]하다. **2.** 〈작의 목적이 없다면〉 in dieser Werkhalle wird geschweißt und lackiert 이 작업소에는 용접과 도장을 한다. **2.** 〈지역적〉 ↑ schwitzen. **3.** [사냥] 피를 흘리다(상처 입은 짐승이). **Schweißer,** der; -s, - 용접공. **schweißig** 〈Adj.〉 땀투성이의, 땀에 젖은. **Schweißung,** die; -en 용접, 단접.

Schweiz [ʃvaɪts], die **1.** 스위스: die französische S. 스위스의 불어 사용 지방. **2.** 〈지명에서 나온 형용사적 파생어와 연결해서만〉 die Holsteinische S. 홀슈타인의 스위스(경치가 좋은 스위스를 연상시키는 뜻에서). **¹Schweizer** [ˈʃvaɪtsɐ], der; -s, -, - **1.** 스위스 사람. **2.** 스위스 산 치즈의 약칭. **3.** [농업] (이 분야의 전문인이 원래 스위스 출신이라는 뜻에서) 젖을 짜는 사람, 가축을 돌보는 머슴, 낙농가(酪農家). **4.** [가톨릭 교회의] 잔일 보는 사람, 수위. **5.** (교황청의) 친위병, 용병(傭兵). **²schweizer** 〈Adj.; 격변화 없음〉 스위스의. **~bürger,** der 스위스 국민[시민].

schweizer-, Schweizer-: ~degen, der [인쇄] 식자겸 인쇄(전문)공. **~garde,** die 〈Pl. 없음〉 교황청 친위병(스위스에서 징모(徵募)한). **~deutsch** 〈Adj.〉 스위스(사투리) 독일어의. **~deutsch,** das; -(s) 스위스(사투리) 독일어. **~deutsche*,** das ↑~deutsch. **~haus,** das, **~häuschen,** das ↑ Chalet. **~land,** das; -(e)s 〈드물게〉 스위스 국. **~pfeife,** die [스위스 용병이 즐겨 쓰던 음관 악기(音管樂器)에서] [음악] **1.** ↑ Querpfeife의 옛 명칭. **2.** 스위스 오르간 음전(音栓). **~psalm,** der 스위스 국가(國歌).

schweizerisch [ˈʃvaɪtsərɪʃ] 〈Adj.〉 스위스 (사람, 말)의.

Schweizer Käse, der; - -s, - - 스위스 치즈(↑ ³Emmentaler).

Schweizerei [ʃvaɪtsəˈraɪ], die; -en 《드물게》 ↑ Meierei.

Schwel-: ~brand, der 〈불꽃없이〉 연기만 나는 연소. **~feuer,** das ↑~brand. **~gas,** das 〈대개 Pl.〉 [기술] 건류(하여 얻은) 가스. **~kohle,** die [기술] 건류용(乾溜用) 석탄(휘발분이 많음), 중탄(重炭)(휘발성이 많은 아탄(亞炭)의 일종). **~koks,** der [기술] 건류(후에 남는) 코크스. **~teer,** der [기술] 건류(후에 얻는) 타르.

Schwelchmalz [ˈʃvɛlçmalts], das; 공기로 건조한 맥아(麥芽).

schwelen [ˈʃveːlən] 〈h〉 **1.** 그을며 타다, (불꽃없이) 연기만 내며 타다: 전의 Haß [Verbitterung] schwelten in ihm 〈아이〉 증오심[분노]이 그의 마음 속에 꺼지지 않았다. **2.** [기술] (석탄을) 건류(乾溜)하다. **Schwelerei** [ʃveːləˈraɪ], die; -en [기술] 석탄 건류 장치.

schwelgen [ˈʃvɛlɡn̩] 〈h〉 **1.** 마시다, 삼키다, 포식(飽食)하다: es wurde geschwelgt und gepraßt. 한바탕 진창 먹고 마셨다. **2.** 〈아이〉 **a)** (생각이나 감정에) 탐닉하다, (무엇을) 향유하다: er schwelgte im Vorgefühl seines Triumphes 그는 승리하리라는 예감에 도취해 있었다. **b)** 과용[남용]하다. **Schwelger,** der; -s, - 《드물

Schwelgerei [ʃvɛlgə-ˈraɪ], die; -en 미식, 포식, 일락(逸樂), 탐닉. **schwelgerisch** ⟨Adj.⟩ 미식의, 포식 삼매(三昧)의, 일락(享樂)에 빠진, 탐닉의.

Schwell [ʃvɛl], der; -(e)s, -e [↑¹schwellen] [선원] 큰 물결, (파도의) 굽이침.

Schwell-: ~**formverb**, das [언어] ↑Funktionsverb. ~**kopf**, der **1.** 《농》(사람의) 머리. **2. a)** (사육제 또는 카니발의) 거대한 가면(假面). **b)** 사육제의 가면을 쓴 사람. ~**körper**, der 【해부】 해면체(海綿體). ~**vers**, der (운율) 음절 수가 늘어난 운(韻)의 시행. ~**werk**, das (오르간에서) 증감음함(增減音函)의 음전군(音栓群).

Schwelle [ˈʃvɛlə], die; -n **1.** 문지방, 문턱: nicht mehr seinen Fuß über ihre S. setzen 《아어》 더 이상 그녀의 집에 오지 않다; jmdn. von der S. weisen 《아어》 누구를 문전박대(門前薄待)하다, 누구를 문간에서 따돌리다; er befindet sich an der S. der Dreißiger 《아어》 그는 30대의 문턱에 서 있다(곧 서른살이 된다). **2.** ↑Eisenbahnschwelle의 약칭: -n erneuern(auswechseln) 침재(枕材)(침목)을 갈다(바꾸다). **3.** [지리] 해평(海坪), (육지의) 융기. **4. a)** 〖생리〗 자극(의 한)계, 자격역(刺激閾). **b)** 〖심리〗 (의식과 무의식 사이의) 한계, 역(閾): die S. des Wachbewußtseins 의식의 문턱. **5.** [토목] 목골(木骨) 건물의 맨 아래 받침 횡목(橫木).

¹schwellen* ⟨s⟩ **1.** 팽창하다, 부풀다, 붓다, 수위가 높아지다: die Adern auf der Stirn schwollen ihm 그는 (성이 나서) 핏대를 올렸다; [전의] die Knospen der Rosen schwellen 《아어》 장미 봉오리가 부풀어 오른다. **2.** 《아어》 (무섭게) 커지다, (범위나 강도가) 증가하다.

²schwellen ⟨h⟩ **1.** (아어) 부풀게 하다, 팽창시키다, 불룩하게 하다: [전의] wieder schwellte ihn das Glücksgefühl 《농》 그는 다시 행복감으로 부풀었다; mit geschwellter Brust 《농》 의기양양하여, 부푼 가슴으로. **2.** 《지역적》 물에 푹 삶다(끓이다). **3.** [제혁] (물이나 액체에 젖게 하여) 가죽을 부풀리다.

Schwellen-: ~**angst**, die (Pl. 없음) [광고 심리학] (특정 건물, 상점 등에 들어가기를 망설이는) 문턱 공포증. ~**holz**, das 침목 용재(枕木用材). ~**reiz**, der 〖생리〗 자극역치(刺激閾値). ~**wert**, der [물리·전기] 문턱값, 최소 한계치(限界値).

Schweller [ˈʃvɛlɐ], der; -s, - (오르간의) 증음 장치(增音裝置), 증세기(增聲器). **Schwellung**, die; -en **1.** [의학] **a)** 팽창, 증대, 융기. **b)** 부은 것, 부기(浮氣): die S.(der Mandeln) ist zurückgegangen (편도선의) 부기가 가라 앉았다. **c)** 종창(腫脹), 종기, 부어 오른 환부(患部), 발기(勃起). **2.** [지리] 원형 돌출 지역.

Schwelung, die; -en 〖기술〗 건류(乾溜).

Schwemm-: ~**boden**, der ↑~land. ~**fächer**, der [지질] ↑~kegel. ~**gut**, das ⟨Pl. 없음⟩ 강둑의 충적물. ~**kegel**, der [지질] 충적추(沖積錐), 충적 선상지(沖積扇狀地). ~**land**, das ⟨Pl. 없음⟩ 충적지. ~**sand**, der ⟨Pl. 없음⟩ 충적사(砂). ~**stein**, der ⟨대개 Pl.⟩ [토목] 《준고어》 속돌, 건재석.

Schwemme [ˈʃvɛmə], die; -n **1.** (가축 특히 말을) 씻기는 곳: die Pferde in die S. reiten[zur S. führen] 말을 세마장으로 끌고 가다; jmdn. **in die S. reiten** 《통용어》 1) 누구에게 к을 마시도록 꼬드기다. 2. 누구를 난처한 입장에 몰아 넣다; **in die S. gehen** 《지역적》 목욕하다. **2.** [경제] (일시적) 공급 과잉. **3.** (österr.) 염가 매장. **4.** 술집, 주막. **-schwemme**, die (в "공급 과잉"의 뜻으로 명사와 결합한 통용어의 기본어로, 예컨대) Butter- 버터 공급 과잉; Lehrerschwemme 교사 공급 과잉. **schwemmen** [ˈʃvɛmən] ⟨h⟩ **1.** 물 위로 떠위 보내다: das Wasser hat das Etikett von der Flasche geschwemmt 상표가 병에서 떨어져 물에 떠내려갔다. **2.** 《지역적·österr.》 (세탁물을) 빨다, 씻다. **3.** [제혁] (물 따위에) 담그다. **4.** (österr.) 재목을 떼로 엮어 떠우다.

Schwemmsel [ˈʃvɛms(ə)l], das; -s [전문어] 물 위에 떠 위지는 물체.

Schwende [ˈʃvɛndə], die; -n 화전(火田). **schwenden** [ˈʃvɛndn] ⟨h⟩ 화전으로 개간하다. **Schwendwirtschaft**, die [전문어] 화전 개간 이용.

Schwengel [ˈʃvɛŋəl], der; -s, - **1.** 종의 추, 종 불알. **2.** 펌프의 자루. **3.** 《속》 자지, 음경. **Schwengelbrunnen**, der 펌프 우물.

Schwenk [ʃvɛŋk], der; -(e)s, -s, 《드물게》 -e **1.** (급)전회, 방향 전환: [전의] ein modischer S. zur Mützer 모자를 쓰려는 유행 경향. **2.** [영화·텔레비전] (촬영기의) 선회.

Schwenk-: ~**arm**, der **1.** (기계 등의) 회전(선회)팔. **2.** ↑~**kran**. ~**bereich**, der 방향 전환[선회] 영역. ~**bewegung**, die 방향 전환 운동, 선회 운동. ~**braten**, der 《지역적》 불에다 이리저리 흔들어 구운 고기. ~**glas**, das ⟨Pl. ...gläser⟩ ↑Schwenker (1). ~**hahn**, der 방향 전환 수도꼭지. ~**kartoffeln** ⟨Pl.⟩ 버터에 흔들어 지진 감자. ~**kran**, der 선회 크레인. ~**pfanne**, die (테두리가 높은) 프라이팬.

schwenkbar [ˈʃvɛŋkbaːɐ̯] ⟨Adj.⟩ 선회(방향) 전환할 수 있는. **Schwenke**, die; -n 《지역적》 ↑Schaukel. **schwenken** [ˈʃvɛŋkn] **1.** ⟨h⟩ **a)** (무엇을 머리 위로) 흔들다: den Hut s. 모자를 흔들다. **b)** 《드물게》 (좌우로) 흔들다: sie schwenkten mit den Armen 그들은 팔을 이리저리 흔들었다. **c)** 《지역적》 흔들어 털어 내다: die Tropfen von der nassen Bürste s. 물방울을 젖은 솔에서 털어 내다. **2.** ⟨h⟩ 흔들어 씻다, 헹구다: die Gläser in heißem Wasser s. 컵을 뜨거운 물에 헹구다. **3.** ⟨s⟩ 방향을 바꾸다: nach rechts s. [군대 호령] 우향우; [전의] er ist in das anderer Lager geschwenkt 그는 다른 편(당)으로 전향하였다. **4.** ⟨h⟩ 방향[위치]를 바꾸다. **5.** ⟨h⟩ [요리] **a)** (이미 끓은 것을 뜨거운 기름 속에 넣고) 가볍게 흔들어 지지다. **b)** ↑sautieren. **6.** 《지역적》 내쫓다, 해고하다, 퇴학시키다. **Schwenker**, der; -s, - **1.** ↑Kongnakschwenker의 약칭. **2.** [영화·텔레비전] 촬영 조수. **Schwenkung**, die; -en 선회, 방향 전환: eine S. machen 방향 전환하다.

schwer [ʃveːɐ̯] ⟨Adj.⟩ **1. a)** 무거운 (반대: leicht 1 a): ein -er Koffer 무거운 트렁크; die Kiste war s. wie Blei 상자는 납덩이처럼 무거웠다; der Wagen war s. beladen 그 자동차는 짐을 가득 실었다; [전의] -e Schuhe 묵직한 구두; ein Armband aus -em Gold 순금 팔목시계; -er Boden 점토질 토양; -e Pferde (작업에 알맞은) 튼튼한 말; ein -es Geschütz 중장비 차량; -e Stoffe 이 촘촘한 옷감; das Auto hat -es Geld gekostet 《통용어》 그 자동차는 막대한 가격이다; die Gangster waren s. bewaffnet 갱단은 중무장을 하고 있었다. **b)** 〈nicht adv.〉 (도량 표시의 뒤에서) der Fisch war 3 Kilo s. 그 생선은 무게가 3킬로이다; wie s. bist du? 《통용어》 네 체중은 얼마냐?; er ist zu s. 《통용어》 그는 무게가 너무 나간다; [전의] eine mehrere Millionen -e Frau 《통용어》 많은 돈을 소유하고 있는 여자. **2. a)** 힘든(반대: leicht 2 a): -e Arbeit 힘든 일, 고역; sich etw. s. erkämpfen (무엇을 얻기 위해) 애써 투쟁하다. **b)** 어려운, 단순하지 않은(반대: leicht 2 b): die Frage ist s. zu beantworten 그 질문은 대답하기가 어렵다; [전의] er hat es s. mit sich selbst 그는 다루기 힘든(까다로운) 사람이다; 〈명사화〉 jetzt haben wir das Schwerste überstanden 이제 우리는 큰 어려움을 극복했다. **3.** 심한, 심각한, 중대한(반대: leicht 3): ein -er Schock 심한

충격; seine Verletzung ist nicht sehr s. 그의 부상은 그리 심(각)하지 않다; s. verletzt[verwundet] sein 심하게 다치다[부상 당하다]; sich s. ärgern (통용어) 심히 분개하다; s. im Irrtum sein 심한 오류를 범하다; das will ich s. hoffen 간절히 한사코 나는 그걸 기대한다. **4.** (반대: leicht) **a)** 소화가 잘 안되는: -es Essen 무거운 음식; (명사화) er darf nichts Schweres essen 그는 소화가 힘든 것을 먹어서는 안된다. **b)** (향기, 냄새가) 강한, 진한: ein -es Parfüm 짙은 향수. **c)** 아주 축축한[눅눅한]. **5.** [선원] 폭풍우의, 폭풍의: eine -e See fegte über Bord 격랑이 갑판 위로 몰아쳤다. **6.** 이해하기 어려운(반대: leicht 5 b); das Buch ist ihm zu s. 그 책은 그가 이해하기가 어렵다.

schwer-, Schwer-: **~arbeit**, die 〈Pl. 없음〉 중노동. **~arbeiter**, der 중노동자. **~arbeiterzulage**, die 중노동자 특별[특근] 수당. **~athlet**, der 중량 경기자. **~athletik**, die 중량 경기. **~athletisch** 〈Adj.〉 중량 경기의. **~behindert** 〈Adj.〉 [관] 중(重)신체 장애의. **~behinderte***, der / die [관] 중 신체 장애자. **~behindertenausweis**, der 중신체 장애자 증명서. **~behindertengesetz**, das 중 장애자 보호법. **~beladen** 〈Adj.〉 무거운 짐을 진(실은). **~benzin**, das 석유 벤진 (조명·용매(溶媒)용). **~beschädigt** 〈Adj.〉 **1.** 심한 손상을 입은. **2.** (전에는) ↑ schwerbehindert. **~beton**, der [토건] 콘크리트. **~bewaffnet** 〈Adj.〉 중무장의(반대: leichtbewaffnet). **~bewaffnete***, der 중무장한 사람. **~blütig** 〈Adj.〉 (선천적으로) 우울한 성질의, 지나치게 신중한. **~blütigkeit**, die ↑ ~blütig의 명사형. **~chemikalie**, die (대개 Pl.) 무기(無機) 화학공장의 제품(반대: Feinchemikalie). **~erziehbar** 〈Adj.〉 (장애로 인하여) 교육하기(가르치기)어려운. **~erziehbare***, der / die 가르치기 어려운 사람[학생]. **~erziehbarkeit**, die 교육상의 난점. **~fallen*** 〈s〉 〈h〉 곤란하다, 어렵다, 짐이 되다(반대: leichtfallen): du mußt das schon tun, auch wenn's (dir) schwerfällt 마음이 내키지 않더라도 너는 그걸 해야만 한다. **~fällig** 〈Adj.〉 묵직한, 답답한, 서투른, 어색한, 둔중한, 느릿느릿한: ein etwas -er Mensch 약간 둔중한[느린] 사람. **~fälligkeit**, die ↑ fällig의 명사형; [전의] die S. der Behörden 당국의 완만한[더딘] 행정[자세]. **~flüchtig** 〈Adj.〉 [기술] 쉽게 기화[증발]되지 않는. **~flüchtigkeit**, die 〈Pl. 없음〉 ↑ ~flüchtig의 명사형. **~flüssig** 〈Adj.〉 [기술] 점착성의, 용해(熔解)하기 어려운. **~flüssigkeit**, die 〈Pl. 없음〉 ↑ ~flüssig의 명사형. **~gängig** 〈Adj.〉 [기술] (톱니 사용) 하기가, 움직이기 어려운. **~gewicht**, das **1.** [중량 경기] **a)** 〈Pl. 없음〉 최 중량급. **b)** 최 중량급 선수(경기자). **2.** (통용어) 〈Pl. 없음〉 체중이 무거운 사람; [전의] die juristischen S. weit und breit bekannt 그는 유능한 법률가로 널리 알려져 있다. **3.** 〈Pl. 없음〉 주안(점)(主眼(点)), 요점: das S. liegt auf etw. 무엇에 중점[주관심사]이 놓여 있다. **~gewichtsmeisterschaft**, die (권투나 레슬링 등의) 중(重)량급(헤비급) 선수권. **~gewichtig** 〈Adj.〉 매우 중요한, 비중이 높은. **~gewichtler** [-gəvɪçtɐ]ɐ, der; -s. ↑ ~gewicht (1 b). **~gründig** 〈Adj.〉 (schweiz.) ↑ ~wiegend. **~gut**, das [해양] 중량품 (重量品), 중량 하물(荷物). **~halten*** 〈h〉 (비인칭) 어떤 일 하다, 어렵다: es hält schwer, sich mit der Sache anzufreunden 그 일에 익숙해지기가 어렵다. **~hörig** 〈Adj.〉 귀먹은, 난청(難聽)의: [전의] mir scheint, ihr seid (auf einem Ohr) s. (통용어) 너희들은 듣지 않으려 하는 것 같애. **~hörige***, der / die 청각 장애자. **~hörigkeit**, die 귀먹음, 난청(難聽). **~industrie**, die 중공업. **~industriell** 〈Adj.〉 중공업의. **~industrielle***, der 중공업자. **~kraft**, die 〈Pl. 없음〉 [물리·천문] 중력, **~krank** 〈Adj.〉 **a)** 중병[중증(重症)]의. **b)** [사냥] 총상을 입은. **~kranke***, der / die 중환자. **~kriegsbeschädigt** 〈Adj.〉 ↑ kriegsbeschädigt. **~kriegsbeschädigte***, der / die 전쟁으로 중상을 입은 부상병[부상자]. **~laster**, der (통용어) ↑ ~lastzug. **~lasttransport**, der ↑ ~lastzug. **~lastzug**, der 대형 화물차(트럭). **~löslich** 〈Adj.〉 잘 용해 안되는(반대: leichtmachen) **a)** 〈s. + sich〉 힘들어(어렵게) 하다. **b)** 곤란하게(괴롭게) 하다, 저해(沮害)하다: jmdm. die Arbeit[das Leben] s. 누구의 일[삶]을 어렵게(방해)하다. **~metall**, das 중금속. **~mut**, die 우울, 침울, 우수: in S. verfallen[versinken] 우울증[우울한 감정]에 빠지다. **~mütig** 〈Adj.〉 우울한: ihr Gesicht hat einen -en Zug 그녀의 얼굴에 우울한 기색이 감돌고 있었다: [전의] eine -e Landschaft 침울한 분위기의 경치[풍경]. **~mütigkeit**, die 우울. **~mutsvoll** 〈Adj.〉 〈아어〉 우울한, 우수어린. **~nehmen*** 〈h〉 어렵게 느끼다, 중대시하다, 심각하게 생각하다(반대: leichtnehmen): du brauchst die Sache nicht so schwerzunehmen 너는 그 일을 그리 심각하게 생각할 필요가 없다. **~öl**, das 중유. **~punkt**, der [물리] 중심(重心): [전의] der S. seiner Tätigkeit liegt in der Forschung 그의 활동[일]의 중심[점]은 연구에 있다. **~punktaktion**, die 중점에 따라 이루어진 행동. **~punktbetrieb**, der 《구동독》 중점 생산 기업[공장]. **~punktindustrie**, die 《구동독》 ↑ ~punktbetrieb. **~punktmäßig** 〈Adj.〉 중점적인, 중요도에 입각한. **~punktprogramm**, das 중점 계획, 주(요)목표. **~punktstreik**, der 중점 파업. **~reich** 〈Adj.〉 (통용어) 아주 부유한. **~spat**, der 〈광〉 Baryt. **~transport**, der ↑ ~lasttransport. **~tun***, sich 〈h〉 (통용어) 누구[무엇]으로 어려움을 겪다(반대: leichttun): er tut sich schwer mit dem Lernen 그는 학습하는 데 곤란을 겪고 있다. **~verbrecher**, der 중범(죄)자. **~verdaulich** 〈Adj.〉 소화시키기 어려운, 소화가 잘 안되는: [전의] eine -e Lektüre (통용어) 이해하기 어려운 작품. **~verkäuflich** 〈Adj.〉 팔기 어려운, 잘 안 팔리는(반대: leichtverkäuflich). **~verletzt** 〈Adj.〉 중상의(반대: leichtverletzt). **~verletzte***, der / die 중상자. **~verständlich** 〈Adj.〉 난해한(반대: leichtverständlich). **~verträglich** 〈Adj.〉 ↑ ~verdaulich. **~verwundet** 〈Adj.〉 중상을 입은(반대: leichtverwundet). **~verwundete***, der / die 중상자. **~wasserreaktor**, der 중수 원자로. **~wiegend** 〈Adj.〉 무거운, 중대한, 심각한.

Schwere, die 〈아어〉 **1.** 무거움, 무게, 중요성: etw. sinkt gemäß seiner S. nach unten 무엇이 무게에 따라 아래로 가라앉는: [전의] das Gesetz der S. 중력의 법칙. **2.** 곤란, 어려움의 정도, 고난(苦難). **3.** 규모, 강도(強度), 중대함: die S. der Verantwortung 책임의 중대함; [전의] das Gericht wendete das Gesetz in seiner vollen S. an 그 재판은 법을 아주 엄하게(강경하게) 적용하였다. **4. a)** (음식 등의) 소화가 잘 안 되는 성분: die S. der Weine 술의 강도(強度). **b)** (향기 등의) 강도. **c)** 축축함, (지속적인) 습도.

schwere-, Schwere-: **~anomalie**, die [지구물리] 중력 이상(重力異常). **~feld**, das [지구물리] 천체 지구의 중력계(界)[역(域)]. **~grad**, der 중요도, 심각(한 정)도. **~los** 〈Adj.〉 무중력의: die Raumfahrer befinden sich in einen -en Zustand 우주 비행사는 무중력 상태에 있다; [전의] der Tag war von einer -en Heiterkeit 〈아어〉 날이 아주[쾌적하게] 맑았다. **~losigkeit**, die 무중력 (상태), 경쾌함: [전의] die S. ihrer Bewegungen 〈아어〉 그녀의 경쾌한 움직임.

Schwerenot [ˈʃveːrənoːt, 《또한》 ¦--'-] 〈준고어〉 (분

노나 불만의 표현): S. (noch mal)! 제기랄!, 빌어먹을!; es ist, um die S. zu kriegen! 거의 미칠 것 같다!; daß dich die S.! 《저주의 표현으로서》빌어먹을 것 같으니라고! **Schwerenöter** [《또한》--'--], der; -s, -《통용어·농》민완가(敏腕家), 수완가, 난봉꾼; 경솔한 사람(Leichtfuß).

Schwerin [ʃveˈriːn] **1.** 슈베린(구동독의 도시). **2.** 구동독의 구역(지구). **3.** 슈베린 지구 내의 지역.

schwerlich ⟨Adv.⟩ 간신히, 겨우, 겨우 …않는(kaum).

schwerst-, Schwerst- (↑schwer-, Schwer-도 참조): ~**arbeit**, die 중노동. ~**arbeiter**, der 중노동자. ~**behinderte***, der/die 중장애자. ~**kranke***, der/die 중환자. ~**kriminalität**, die 중범죄.

Schwert [ʃveːɐ̯t], das; -(e)s, -er **1.** 검(劍), (큰) 칼: -er kreuzen 《아어》칼을 들고 서로 싸우다; 전의 die Luftwaffe ist Amerikas schärfstes S. im Dschungelkrieg 공군은 정글[밀림]전에서 미국의 가장 강력한[예리한] 전력이다; **ein zweischneidiges S.** 장단점을 모두 지니고 있는 것; **das S. des Damokles hängt [schwebt] über jmdm.** 《다모클레스(Syrakus왕 Dionysius 이세(二世)의 신하)가 연회석에서 한가닥의 모발(毛髮)로 매단 칼날 밑에 앉혀진 전설에서》위험이 누구에게 걸려 있다[맴돌다](↑Damoklesschwert); **das (sein S.) in die Scheide stecken** 《아어·교양어》분쟁을 끝내다. **2.** [조선] 평저선(平底船)의 측판(側板).

schwert-, Schwert- (↑schwer-도 참조): ~**adel**, der **1.** 《중세》도검귀족(刀劍貴族). **2.** 《무공(武功)에 의해 임명된》신귀족. ~**artig** ⟨Adj.⟩ 칼 모양의. ~**boot**, das 하수용골(下垂龍骨)을 갖춘 작은 배(↑Jolle (2)). ~**feger**, der [↑fegen (1)] 《옛》칼 벼리는 사람, 칼 대장장이. ~**fisch**, der [동물] 황새치, 범고래. ~**förmig** ⟨Adj.⟩ ~artig. ~**fortsatz**, der [해부] 흉골(胸骨)의 칼 돌기(突起), 검상(劍狀) 돌기. ~**geklirr**, das ↑Schwertergeklirr. ~**kampf**, der 칼싸움. ~**kämpfer**, der 칼싸움하는 사람, 검객(劍客). ~**klinge**, die 칼날. ~**knauf**, der 칼자루의 둥근 잡이. ~**leite** [-laitə], die; -n 《중세》↑Ritterschlag. ~**lilie**, die [식물] 아이리스(붓꽃속). ~**liliengewächs**, das 《대개 Pl.》 [식물] 아이리스, 사프란 등의 꽃 종속. ~**schlucker**, der 칼을 삼키는 곡예사. ~**streich**, der 칼로 치기[베기], 참격(斬擊); **ohne S.** 《아어·군고어》칼에 피를 묻히지 않고, 무혈로. ~**tanz**, der ↑Schwertertanz. ~**träger**, der [동물] 《담수어(淡水魚)의 일종으로》소드테일. ~**wal**, der [동물] 범고래.

Schwertel [ˈʃveːɐ̯tl̩], der/《드물게》das; -s, - **1.** 《드물게》↑Gladiole. **2.** 《österr.》↑Schwertlilie.

Schwertergeklirr, das; -s 칼이 맞부딪치는 소리.

Schwertertanz, der; -es, ...tänze 검무(劍舞), 칼춤.

Schwester [ˈʃvɛstɐ], die; -n **1.** 자매, 누이, 누이동생: 전의 die S. der Fichte ist die Weißtanne 소나무의 가장 닮은 자매목은 독일가문비이다. **2.** 동지[동료, 동문, 동계(의)] 여성, 친한 여자친구: unsere Brüder und -n im anderen Teil Deutschlands 동부 독일의 우리 동포. **3.** 수녀, 여승: die Barmherzigen un 《종단(宗團)의 명칭으로》자비의 수녀회(修女會). **4.** ↑Krankenschwester: sie arbeitet als S. 그녀는 간호사로 일한다. **5. eine barmherzige S.** 《은폐》《특정한 손님에게는 금전을 요구하지 않는》매춘부.

Schwester- (↑Schwestern-도 참조): ~**anstalt**, die 자매 시설(기관). ~**betrieb**, der ↑~firma. ~**firma**, die 《한 기업의》자매 회사. ~**herz**, das 《Pl. 없음》《고어·경》자매, 여자 친구. ~**kind**, das 《고어》생질(녀). 조카. ~**liebe**, die 자매간의 우애. ~**mann**, der 《고어》자매의 남편, 매부, 형부, 제부(弟夫). ~**partei**, die 《友黨》자매당. ~**schiff**, das 《船》자매선. ~**sohn**, der 《고어》생질, 조카(↑ ~kind). ~**stadt**, die 자매 도시. ~**tochter**, die 《고어》생질녀.

schwesterlich ⟨Adj.⟩ 자매의, 자매 같은. **Schwesterlichkeit**, die 자매적 친밀감[감정].

Schwestern- (↑Schwester-도 참조): ~**haube**, die 간호사 모자. ~**haus**, das ↑~wohnheim. ~**helferin**, die 간호보조원. ~**liebe**, die 자매애(姉妹愛), 자매간의 사랑. ~**orden**, der Frauenorden. ~**paar**, das 《아어》두 자매. ~**schule**, die 간호(전문) 학교. ~**schülerin**, die 간호 학교 (여)학생. ~**tracht**, die **1.** 간호사복(장). **2.** 수녀복(장). ~**wohnheim**, das 간호사 기숙사. ~**zimmer**, das 간호사 (대기)실.

Schwesternschaft, die 《한 병원의》 간호원단.

Schwibbogen [ˈʃvip-], der; -s, - [토건] 《두 집 사이의 통로 위에 가설된》 아치, 부벽(扶壁).

schwieg [ʃviːk] ↑schweigen 참조.

Schwiegel [ˈʃviːɡl̩] ↑Schwegel.

Schwieger [ˈʃviːɡɐ], die; -n 《고어》시어머니, 장모.

Schwieger-: ~**eltern** ⟨Pl.⟩ 시부모, 장인 장모. ~**kinder** ⟨Pl.⟩ 사위, 며느리, 자녀의 배우자. ~**mutter**, die **1.** 시어머니, 장모. **2.** 《은어》접합부의 죔쇠. ~**sohn**, der 사위. ~**tochter**, die 며느리. ~**vater**, der 시아버지, 장인.

Schwiele [ˈʃviːlə], die; -n **1.** 《대개 Pl.》경피(硬皮), (살가죽에 생기는) 못: durch die schwere Arbeit hat er -n an den Händen bekommen 심한 일로 해서 그는 손에 못이 박혔다. **2.** [의학] 자반(紫斑), 멍. **schwielig** [ˈʃviːlɪç] ⟨Adj.⟩ 못 투성이의, 못이 생긴, 멍투성이의, 멍이 있는: -e Fußsohlen 못이 생긴 발바닥.

Schwiemel [ˈʃviːml̩], der; -s, - **1.** 《nordd.》어지러움, 비틀거림, 현기(眩氣); 도취. **2.** 《ost)md.》주정뱅이, 방탕자. **Schwiemelei** [ʃviːməˈlai], die 《(ost)md.》 야 한법석떨기, 방탕한 생활. **Schwiemeler**, ↑Schwiemler. **Schwiemelfritze** 《(ost)md.》↑Schwieme (2). **schwiemelig, schwiemlig** [ˈʃviːm(ə)lɪç] ⟨Adj.⟩ 《nordd.》《어지러워》비틀거리는. **Schwiemelkopf**, der; -(e)s, ...köpfe 무모한 사람, 덜렁쇠. **schwiemeln** [ˈʃviːml̩n] ⟨h⟩ **1.** 《nordd.》비틀비틀하다, 흐느적거리다, 어지럽다. **2.** 《(ost)md.》절제 없이 지내다, 방탕한 생활을 하다, 흠뻑 마시고 먹다. **Schwiemler**, der; -s, - ↑Schwiemel (2). **schwiemlig**: ↑schwiemelig.

schwierig [ˈʃviːrɪç] ⟨Adj.⟩ **1. a)** 어려운, 쉽지 않은: die Maschine ist sehr s. zu bedienen 그 기계는 다루기가 아주 어렵다. **b)** 까다로운, 복잡한, 뒤얽힌, 미묘한: er befindet sich in einer -en Situation 그는 복잡한(불편한) 상황에 처해 있다; die Verhältnisse in diesem Land sind sehr s. geworden 이 나라의 사정은 아주 복잡다단하게 되었다. **2.** 다루기 힘든, 고집 센, 강경한, 만족시키기 어려운: ein -er Mensch[Charakter] 다루기 어려운[고집 센] 사람[성격]; im Alter wurde er immer -er 나이가 들면서 그는 더욱 완고해진다. **Schwierigkeit**, die; -en **1.** 어려움, 난점(難點), 난국(難局): hierin liegt die S. 여기에 어려움이 놓여 있다; dem Plan stehen beträchtliche -en entgegen 그 계획은 뚜렷한 어려움에 봉착했다; man muß erst die -en überwinden[aus dem Weg räumen] 사람들은 우선 난관을 극복[제거]해야 한다. 《대개 Pl.》 곤란, 어려운 상황; jmdm. -en machen 누구에게 불만을 일으키다, 누구를 애먹게 하다; wenn du damit nicht aufhörst, bekommst[kriegst] du -en 너는 그 일을 중단하지 않으면 곤란을 당할[받을] 것이다; jmdn. in -en bringen 누구를 난처하게 하다. **3.** [스포츠] 고난도(高難度).

Schwierigkeits-: ~**grad**, der 난이도(難易度). ~**note**, die [스포츠] 난이도 평(가)점. ~**stufe**, die

~grad.

schwill [ʃvɪl], **schwillst** [ʃvɪlst], **schwillt** [ʃvɪlt] ↑ ¹schwellen 참조.

schwimm-, Schwimm-: **~abzeichen,** das 수영 공로 훈장(표창). **~anlage,** die 수영 (경기)장. **~anstalt,** die (드물게) ↑Badeanstalt. **~anzug,** der 1. a) 수영복. b) 잠수(전투)복. 2. ↑Badeanzug. **~art,** die 수영법, 수영의 형(型)(예컨대: 평영(平泳)). **~aufbereitung,** die [체련] ↑Flotation. **~bad,** das 수영장. **~bagger,** der 준설선(浚渫船). **~bahn,** die 수영장의 코스. **~bassin,** die ↑**~becken. ~becken,** das 수영장. **~bekleidung,** die (드물게) 수영복. **~beutler,** der [동물] (물 속에 사는) 주머니쥐. **~bewegung,** die (대개 Pl.) 수영 동작. **~blase,** die 1. (물고기의) 부례. 2. 부낭, 부대(浮囊)(수영용의). **~dock,** das 부선거(浮船渠). **~fähig** 〈Adj.〉 수영을 할 수 있는, 뜰 수 있는. **~fähigkeit,** die 〈Pl. 없음〉 수영 능력. **~fest,** das 수영 경기 대회, 수영 축제. **~flagge,** die ↑Rettungsboje. **~flosse,** die 1. ↑Flosse (2). 2. (드물게) ↑Flosse (1). **~fuß,** der (대개 Pl.) (물새의) 유영족(遊泳足), (갑각류의) 영각(泳脚). **~gürtel,** der 1. 구명대. 2. (통속어·농) 허리 부분의 군살. **~halle,** die 실내 수영장. **~haut,** die (물새의) 물갈퀴. **~hose,** die 1. 수영용 팬츠, 수영복. 2. ↑Badehose. **~käfer,** der (곤충의) 물방개과, 말전되기. **~kissen,** das 부대(浮袋). **~kompaß,** der (알코올과 물이 혼합되어 작동되는) 유동자력(流動磁力) 나침반. **~körper,** der 부유물체, 낚시찌(의 몸통). **~kran,** der 크레인 선(船), 부유크레인. **~kunst,** die (대개 Pl.) 수영술. **~lehrer,** der 수영 교사. **~meister,** der (비분리사: Schwimmeister) 1. 수영 선수. 2. ↑Bademeister. **~panzer,** der (드물게) ↑Amphibienpanzer. **~ring,** der 원형 부대 (浮袋). **~sand,** der 유사(流砂). **~schüler,** der 수영을 배우는 사람, 수영 교습생. **~sport,** der 수영(상) 경기. **~stadion,** das ↑**~anlage. ~stil,** der ↑**~art. ~trikot,** das ↑**~anzug** (1 a). **~unterricht,** der 수영 강습. **~vogel,** der 유금류(遊禽類)의 새. **~wagen,** der 수륙 양용차. **~wanze,** die 물빈대. **~weste,** die 구명조끼.

schwimmen* [ʃvɪmən] 1. 〈h/s〉 헤엄치다, 수영하다, 뜨다: auf dem Rücken(im Schmetterlingsstil) s. 배영(背泳)(접영(蝶泳))하다; er hat(ist) im vergangenen Sommer viel geschwommen 그는 작년 여름에 수영을 많이 했다; er schwimmt wie ein Fisch[wie eine bleierne Ente] (통속어·농) 그는 수영을 아주 잘 한다 (못 한다); er ist über den Fluß geschwommen 그는 헤엄 쳐서 강을 건넜다. 2. 〈s〉 헤엄쳐 가다. 3. 〈s〉 a) 수영(경영) 경기에 출전하다. b) (경영에서) 일정한 시간 기록을 달성하다(이루다): einen neuen Rekord [neue Bestzeit] s. 신기록(최고 기록)을 내다. c) (시합에서) 경영(競泳)하다. 4. a) 〈h〉 (액체, 특히 물 위에) 뜨다. b) 〈h/s〉 (물 위에) 뜨다, 떠돌다: die Kinder ließen auf dem Teich Schiffchen s. 아이들이 연못 위에 조각배를 띄웠다; (과거분사로) schwimmende Fracht 선편 운송 화물; [전의] der Mond schwamm weich in einer Wolke 달이 구름 속에 아련히[어렴풋이] 보였다. 5. 〈h〉 a) 흠뻑 젖다, 넘치다, 물에 잠기다: ihre Augen schwammen in Tränen 그녀의 두 눈에 눈물이 가득했다. b) 물이 번지다, 물이 흠뻑 쏟아지다. 6. 〈s〉 무엇을 흠뻑[듬뻑] 누리다(향유하다): in Wonne s. 기쁨으로 넘치다. 7. 〈s〉 a) ↑verschwimmen. b) 몽롱히 보이다, 아물거리다, 가물대다. 8. 〈h〉 (통속어) 자신이 없어 불안(정)하다[혼들리다]: die Schauspielerin schwamm bei der Generalprobe 여배우는 총연습에서 몹시 헤매었다[불안정했다]; (명사화) ins Schwimmen kommen[geraten] (통속어) 당황하여 안정을 잃다, 휘청거리게 되다, 그로기가 되다. **schwimmenlassen*** 〈h〉 ↑fahrenlassen (2).

Schwimmer, der; -s, - [1: spätmhd. swimmer] 1. 수영하는 사람. 2. 수영 선수. 3. [기술] a) (수상 비행기의) 부주(浮舟). b) 부이, 부표, 구전(球栓), 플롯트. c) 부자(浮子). **Schwimmerbecken,** das (물깊이를 고려한) 수영 숙달자용 풀. **Schwimmerei** [ʃvɪməˈraɪ], die (통속어) (계속되는) 수영, 헤엄치기. **Schwimmergrenze,** die; -n (수영장에 설치된) 경계 표시. **Schwimmerin,** die; -nen ↑Schwimmer (1, 2)의 여성형. **schwimmerisch** 〈Adj.〉 수영의, 수영에 관계되는. **Schwimmerventil,** das; -s, -e [기술] 부이 판 (瓣).

schwind-, Schwind-: **~maß,** das [토목] 수축률, 수축도. **~spannung,** die [토목] 수축률(도). **~sucht,** die (고어) ↑Lungentuberkulose. **~süchtig** 〈Adj.〉 (고어) 소모성 질환에 걸린, (폐)결핵의. **~süchtige,** der/die (고어) 소모성 질환에 걸린 사람, (폐)결핵환자.

Schwindel [ˈʃvɪndl], der; -s 1. 현기증, 어지러움: ein leichter[heftiger] S. 가벼운[심한] 현기증. 2. (꿰) 사기, 속임수: ein ausgemachter[unerhörter] S. 그건 새빨간 거짓이다; den S. kenne ich! 그 속임수에는 안 넘어 간다!; auf jeden S. reinfallen 쉽게 속아넘어가다; **der ganze S.** (통용어·꿰) 전부, 일체: was kostet der ganze S.? 통틀어 얼마요?

schwindel-, ¹Schwindel- (Schwindel 1): **~anfall,** der 현기증(의) 발작. **~erregend** 〈Adj.〉 현기증을 일으키는, 어지럽게 하는: [전의] die Preise kletterten in -e Höhen 물가가 아찔할 정도로 치솟는다. **~frei** 〈Adj.〉 어지러움을 타지 않는, 현기증을 느끼지 않는. **~gefühl,** das 어지러움의 느낌, 현혼감(眩暈感).

²Schwindel- (Schwindel 2; schwindeln (2)) (꿰): **~manöver,** das 사기술책[계략]. **~meier,** der (통속어) 사기꾼(Schwindler). **~unternehmen,** das 사기기업, 유령 회사.

Schwindelei [ʃvɪndəˈlaɪ], die; -en (꿰) 1. 사기, 속임수. 2. 거짓말. **schwindelhaft** 〈Adj.〉 a) 사기의, 속임수의, 가짜의. b) (드물게) 부정직한, 교활한. **schwindelig** [ˈʃvɪndəlɪç] ↑schwindlig. **schwindeln** [ˈʃvɪndl̩n] 〈h〉 1. a) (비인칭) 어지러응을 느끼다: es schwindelt mir vor den Augen (나는) 눈앞이 어찔하다. b) 어지럽다, 빙빙도는 것 같다: mein Kopf schwindelt (mir) 나는 머리가 어지럽다; in schwindelnden Höhen 현기증 나는[아찔한] 높이에서. 2. (꿰) a) 사기하다, 속임수를 쓰다, 꾀를 부리다. b) 거짓말을 하다, 속이다: das ist aber geschwindelt 그것은 거짓이다. 3. 밀수하다, 속임수로 반입하다: etw. durch den Zoll s. 교묘히 속여서 세관을 통과시키다(또한) s. + sich/ sich durch das Leben s. 속임수로 살아가다.

schwinden* [ˈʃvɪndn̩] 〈s〉 (아어) a) 줄다, 감소하다, 쇠퇴하다, 시들다: [전의] der Mut(die Hoffnung) schwindet 용기(희망)가 사라진다. b) (시간이) 지나가다, 경과하다: die Jahre schwinden 세월이 지나간다; die Sinne schwanden ihm 그는 의식(정신)을 잃었다. c) 점점 사라지다, 꺼져가다, 없어지다: 〈명사화〉 vielleicht sind die Kokainwirkungen schon im Schwinden begriffen 코카인 작용은 아마도 벌써 소멸(감소) 중일 것이다. 2. (전문어) (냉각, 경화, 건조를 통한) 수축, 페이딩. **schwindend** [ˈʃvɪndn̩t], der; -s, - [engl. swindler] (꿰) 사기꾼, 속임수 쓰는 사람, 야바위치는 사람. **schwindlerhaft** 〈Adj.〉 (꿰) 사기의, 협잡의, 가짜의. **Schwindlerin,** die; -nen (꿰) ↑ Schwindler의 여성형. **schwindlerisch** 〈Adj.〉 (꿰) 사기의, 속임수의, 속임수를 노리는. **Schwindlerwe-**

sen, das 《Pl. 없음》사기 근성. **schwindlig** ['ʃvɪndlɪç] 〈Adj.〉 **1.** 어지러운. **2.** 현기증을 일으키는. **Schwindling**, der; -s, -e 들싸리버섯. **Schwindung**, die 《전문어》수축, 축약(縮化).

Schwing-: **~achse**, die [자동차] ↑Pendelachse. **~blatt**, das [드물게] ↑Membran. **~boden**, der 《체육관 등의》매트가 깔린 바닥. **~fest**, das (schweiz.) 레슬링(씨름) 경기 대회(스위스의). **~flügel**, der [토목] 《돌쩌귀로 여닫는》 창문짝. **~flügelfenster**, das 《위의 창문짝이 달린》창문. **~kreis**, der [전기] 진동 회로(回路). **~maschine**, die [농업] 타마기(打麻器). **~messer**, das 《고어》타마봉(打麻棒). **~metall**, das [기술] 충격 방지 고무판. **~quarz**, der ↑Piezoquarz. **~tor**, das 《진동(차고)문(안팎에서 열 수 있는). **~tür**, die ↑Pendeltür.

Schwinge ['ʃvɪŋə], die; -n **1.** 《아어》 **a)** 《큰새의》날개: [전의] die metallischen -n der Düsenmaschine 《아어》 제트의 금속 주익(主翼). **b)** ↑Flügel (1 b). **2.** (österr.) 두 개의 손잡이가 달린 바구니. **3.** [기술] 로커 아암, 흔들림. **4.** [농업] ↑Flachs-Hanfschwinge의 약칭.

Schwingel ['ʃvɪŋl̩], der; -s 김의털아재비속(屬)의 식물. **schwingen¹** ['ʃvɪŋən] **1. a)** 〈h〉 흔들어 움직이다, 왔다갔다하다, (뒤)흔들다: das Pendel s. lassen 추를 움직이게 하다. **b)** 〈h〉 《진동 기구로》이리저리 흔들다. **2.** 〈h〉 《머리 위에 팔을 뻗고》이리저리 몸을 움직이다: er hat grüßend den Hut geschwungen 그는 인사로 모자를 흔들었다. **3.** 〈s. + sich〉〈h〉 날렵하게 움직이다: [전의] der Vogel schwingt sich in die Luft 새가 날렵하게 공중으로 날아오른다; **schwing dich!** (südd.) 꺼져라, 사라져라! **4. a)** [물리] 〈h〉 《파동이》전파하다, (한 방향으로) 퍼지다. **b)** 〈h〉 《소리, 음 따위가》 울려퍼지다. **5.** 〈h〉 **a)** 진동하다, 진동 소리가 들리다: 《명사화》der Anschlag der Taste bringt die Saite zum Schwingen 건반을 치면 현(絃)이 울린다. **b)** 표현되다: ein bitterer Vorwurf schwingt in ihrer Stimme 그녀의 음성에는 신랄한 질책의 소리가 들어 있다. **c)** 소리(음향)가 남아 있다. **6.** [스키] 〈s〉 《몸을 흔들며》활강(滑降)하다. **7.** 〈s. + sich〉《아어》구비구비 이어 나가다. **8.** [농업] 〈h〉 도리깨질하다. **9.** (schweiz.) 〈h〉 《스위스식의》 씨름(레슬링)하다. **Schwinger**, der; -s **1.** [권투] 스윙. **2.** (schweiz.) 스위스식 레슬링(씨름) 선수. **schwingerisch** 〈Adj.〉(schweiz.) 스위스식 레슬링(씨름)의. **Schwinget** ['ʃvɪŋət], der; -s (schweiz.) ↑Schwingfest. **Schwingung**, die; -en **1.** 흔듦, 흔들기. **2.** 동요, 진동. **3.** [물리] 진동, 전동(顫動). **4.** 《아어》충격에 따른 자극(반응). **5.** 《아어》궁선(弓線), 곡선.

schwingungs-, Schwingungs-: **~dämpfend** 〈Adj.〉 진동을 감소(억제)시키는. **~ebene**, die [물리] ↑Polarisationsebene. **~dämpfer**, der [기술] 진동 완충기. **~dämpfung**, die [기술] 진동의 감소(억제). **~dauer**, die [물리] ↑Periode (3 a). **~fähigkeit**, die 진동 (능)력. **~gedämpft** 〈Adj.〉[기술] 진동완충의. **~kreis**, der [전기] Schwingkreis. **~periode**, die ↑Periode (3 a). **~richtung**, die [물리] 진동 방향(예컨대: 전자주파의). **~weite**, die [물리] 진동폭. **~zahl**, die ↑Frequenz (2 a). **~zustand**, der [물리] 진동 상태.

schwipp! [ʃvɪp], 〈Interj.〉 ↑schwapp!. **Schwippe** ['ʃvɪpə]; die; -n (지역어) ↑Peitsche. **schwippen** ['ʃvɪpn̩] **1.** 〈h〉 wippen. **2.** 〈h / s〉 schwappen. **Schwippschwager**, der; -s, ...schwäger 《통용어》배우자·형제자매의 (남편(아내), 형제자매의) ↑Schwager). **Schwippschwägerin**, die; -nen 《통용어》 ↑Schwippschwager의 여성형. **schwipp, schwapp!**: ↑schwapp.

schwips! [ʃvɪps] ↑schwapp. **Schwips** [-], der; -es, -e 《통용어》《술에》얼큰함, 미취(微醉): einen S. haben 한잔하다.

schwirbelig ['ʃvɪrbəlɪç], **schwirblig, schwirbeln** ['ʃvɪrbl̩n] 〈h〉《지역적》빙빙 돌다, 현기증나다. **schwirblig** ['ʃvɪrblɪç] 〈Adj.〉《지역적》어지러운.

Schwirl [ʃvɪrl], der; -s, -e 개개비속(휘파람새과)의 새.

Schwirr-: **~fliege**, die ↑Schwebfliege. **~flug**, der ↑Rüttelflug. **~holz**, das [인종] 흔들이나무(호주, 아프리카, 미국 등지의 원주민의 종교 용구). **~vogel**, der 《고어》↑Kolibri.

schwirren ['ʃvɪrən] [niederd. swirren] **1. a)** 〈h〉 떨리는 소리를 내다, 붕붕(윙윙)소리나다, 획획 소리나다: die Sehne des Bogens schwirrte 활 시위가 떨리는 소리를 냈다. **b)** 〈s〉 윙윙(획)소리내며 날다: [전의] Gerüchte schwirren durch die Stadt 소문이 시내에 두루 퍼지고 있다. **c)** 〈h〉〈s〉(어디로 급히) 가다. **2.** 〈h〉 《무엇으로》 시끌벅적하다: die Stadt schwirrt von neuen Nachrichten 시중은 새로운 소식으로 시끄럽다[들끓는다]; es schwirrte von Zurufen 갈채(환호)로 요란하다.

Schwitz-: **~bad**, das 한증욕(汗蒸浴). **~bläschen**, das 《대개 Pl.》 **1.** ↑Hidroa. **2.** ↑Friesel. **~kammer**, die 《옛》발한(한증) 욕실. **~kasten**, der **1.** 《옛》(머리만 내놓게 하는) 발한함(發汗函). **2.** [레슬링] 뒤에서 목조르기. **~kur**, die 발한(취한) 요법. **~packung**, die 땀을 내기 위해 뜨거운 음료를 마시며 몸에 축축한 수건과 담요를 뒤집어 쓰기. **~wasser**, das 《Pl. 없음》 ↑Kondenswasser.

Schwitze ['ʃvɪtsə], die; -n [요리] ↑Mehlschwitze. **schwitzen** ['ʃvɪtsn̩] 〈h〉 **1. a)** 땀을 흘리다, 땀이 나다: ich schwitze wie ein Affe[wie ein (Tanz)bär] 《통용어》나는 몸을 흠뻑 흘렸다; am ganzen Körper[unter den Armen] s. 온몸(겨드랑이)에 땀이 나다; ich bin ganz schön ins Schwitzen gekommen 나는 땀을 퍽 많이 흘렸다; über mathematischen Problemen s. 수학 문제를 풀려고 땀을 흘리다. **b)** 〈s. + sich〉 땀을 흘려 어떤 상태에 이르다: du hast dich ja total naß geschwitzt 너는 땀을 흠뻑 흘려 옷몸이 젖었다. **2. a)** 습기가 끼다〔배어 나오다〕, 눅눅하다. **b)** (나무에서) 진이 나오다. **3.** [요리] 버터 따위로 튀기다. **schwitzig** ['ʃvɪtsɪç] 〈Adj.〉《통용어》땀투성이의, 땀에 젖은, 땀이 나는.

Schwof [ʃvoːf], der; -(e)s, -e 《통용어》춤, 무도회. **schwofen** ['ʃvoːfn̩] 〈h〉《통용어》춤추다. **schwoien** ['ʃvoːyən], **schwojen** ['ʃvoːjən] 〈h〉 [선원] (바람, 조수로) 정박 중인 배의 방향이 바뀌어지다. **schwoll** [ʃvɔl], **schwölle** ['ʃvœlə] ↑¹schwellen 참조. **schwömme** ['ʃvœmə] ↑schwimmen 참조. **schwor** ['ʃvoːɐ̯], **schwören*** ['ʃvøːrən] 〈h〉 **1. a)** 맹세하다, 선서(서약)하다: feierlich s. 엄숙하게 선서하다; falsch s. 거짓 맹세하다; einen Schwur[Eid] s. 맹세(서약)하다. **b)** 서약을 통해 보장하다, 굳게 약속하다: ich könnte[möchte] (darauf) s., daß er es war 《통용어》그가 그 사람이었음에 틀림없어. **2. a)** 단언하다, 확언하다: ich schwöre (dir), daß ich davon nichts gewußt habe 내가 그것을 전혀 모르고 있었음을 단언한다. **b)** (엄숙히) 선서하다, 다짐하다: wir schworen uns ewige Treue[Freundschaft] 우리는 영원한 충성(우정)을 다짐했다. **3.** 〈s. + sich〉《통용어》《무엇을》확고히 다지다, 결심하다. **4.** 무엇을 가장 적합한 것으로 여기다, 누구를 무조건 신뢰하다, 맹신(盲信)하다: meine Mutter schwört ja auf ihren Kräutertee, aber ich nehme doch lieber Tabletten 나의 어머니는 약초차를 무조건 좋다고 하시지만, 나는 정제로 된 약을 즐겨 먹는다.

Schwuchtel [ˈʃvʊxtl], die; -n 《경·폄》 동성 연애자(특히 여성).

schwul [ʃvuːl] 〈Adj.〉 《통용어》 **1. a)** 동성애적 성향이 있는, 동성애에 민감한. **b)** 동성애적인, 동성애에 속하는. **c)** 《남성》 동성 연애자를 위한, 동성 연애자나 동성 (연)애의 성향이 짙은: -e Kneipen 동성연애자 술집. **2.** 《드물게》 레즈비언의.

schwül [ʃvyːl] 〈Adj.〉 [niederd. swūl, swōl] **a)** 무더운, 후덥지근한: -es Wetter 후덥지근한 날씨. **b)** 답답한, 불안한: eine -e Stimmung 답답한 기분. **c)** 자극적인, 색정적인: der -e Duft 자극적인 향기. **Schwül** [-], der; -(e)s 《österr. · 통용어》 술에 취해 얼떨떨함[정신을 잃음]. **Schwule*** [ˈʃvuːlə], der / 《드물게》 die 《통용어》 동성연애자. **Schwüle** [ˈʃvyːlə], die **a)** 무더움, 답답함. **b)** 불안, 가슴 답답함. **c)** 자극적인 기질, 색정적인 분위기.

Schwulen-: **~bar**, die ↑~-lokal. **~bewegung**, die 《남성》 동성 연애자 권익 보호 운동. **~gruppe**, die 《남성》 동성 연애자들 그룹[조직]. **~kneipe**, die 《통용어》 ↑~-lokal. **~lokal**, das 《남성》 동성 애자들이 주로 모이는 술집. **~organisation**, die ↑~-gruppe. **~szene**, die 〈Pl. 없음〉 《은어》 남성 동성애자들의 세계 [무대]. **~treff**, der 《통용어》 남성 동성 연애자들이 만나는 장소(대개 술집).

Schwulheit, die 《드물게》 동성애. **Schwuli** [ˈʃvuːli], der; -s, -s 《통용어》 남성 동성 연애자. **Schwulibus** [ˈʃvuːlibʊs] 〈다음 용법으로〉 **in S.** 《통용어 · 농》 곤경에, 궁지에: in S. sein[kommen] 곤경에 처하다, 궁지에 빠지다. **Schwulität** [ʃvuliˈtɛːt], die; -en 〈대개 Pl.〉 《통용어》 곤란, 불안, 곤경: in -en sein[kommen] 곤경에 빠지다.

Schwulst [ʃvʊlst], der; -(e)s 《폄》 **1.** {문체, 표현상의} 장식 과잉, 과장, 허식: ich mag den S. der barocken Kirchen nicht 바로크 교회의 지나친 장식을 나는 좋아하지 않는다. **2.** 《문예학·고어》 (주로 후기 바로크 시대 문체의) 장식 과잉성, 지나치게 꾸밈.

Schwulst-: **~periode**, die 《문예학·고어》 ↑~-zeit. **~stil**, der 《문예학·고어》 (특히 후기 바로크 문학의) 장식 과잉 문체. **~zeit**, die 《문예학·고어》 (후기 바로크 문학의) 장식 과잉 시대.

schwulstig [ˈʃvʊlstɪç] 〈Adj.〉 **1.** 부어오른. **2.** 《österr. · 폄》 ↑schwülstig. **schwülstig** [ˈʃvʏlstɪç] 〈Adj.〉 《폄》 과장된, 과대의, 지나치게 꾸민. **Schwülstigkeit**, die; -en 〈폄〉 ↑schwulstig의 명사형.

schwummerig, **schwummrig** [ˈʃvʊm(ə)rɪç] 〈Adj.〉 《통용어》 **a)** 어지러운, 느른한, 혼미된. **b)** 기분 나쁜, 불안한, 걱정되는.

Schwumse [ˈʃvʊmzə], die 《지역적》 ↑Prügel.

Schwund [ʃvʊnt], der; -(e)s **1. a)** 감소, 감퇴, 소멸: ein S. der Muskulatur 〈의학〉 (근육, 지체(肢體)의) 위축증, 무영양증. **b)** 〈상〉 (자연적 영향에 의한) 손실, 결손, 감소: bei längerer Lagerung ist mit Backwaren mit einem leichten S. (des Gewichtes) zu rechnen 오랜 저장시엔 제과 제품은 약간의 중량 손실이 예상된다. **c)** 〈상〉 (상품 포장에 의한) 손해, 손상. **2.** 〈상〉 손실. 3. 〈방송·무선〉 ↑Fading.

Schwund-: **~ausgleich**, der 〈방송·무선〉 《통용어》 페딩(수신전파의 세기가 주기적으로 변화하는 일의) 방지, 자동 음량 조절기(라디오의). **~maß**, das 《전문어》 ↑ Schwindmaß. **~regelung**, die 〈방송·무선〉 ↑~-ausgleich. **~stufe**, die 〈언어〉 (모음이 탈락되는) 소멸 단계.

Schwung [ʃvʊŋ], der; -(e)s, Schwünge [ˈʃvʏŋə] **1. a)** 스윙, 급히 원을 그리는 동작, 전동(顫動), 진동, 비약: der Skiläufer fuhr einen eleganten S. 스키 선수가 멋진 곡선을 그렸다. **b)** 휨, 궁선(弓線), 곡선. **2.** 〈Pl. 없음〉 비약, 약동: S. holen (크레너 기계 체조를 하기 위해) 빨리 흔들다, 빨리 진동시키다; **S. in etw. bringen** [etw. in S. bringen] 《통용어》 무엇에 활기를 불어넣다; jmdn. in S.[auf den S.] bringen 《통용어》 누구를 분발시키다; **in S. sein** 《통용어》 **1)** ↑ Fahrt. **2)** 성(盛)하다, 기분이 썩 좋다. **3)** 일이 잘 진척되다; **in S. kommen** 《통용어》 **1)** ↑ Fahrt **1. 2)** 번창하다, 융성하다. **3)** 일이 본 궤도에 오르다, 일이 호조(好調)를 보이다: **etw. in S. haben**[halten] 《통용어》 (맡은 일을) 잘 진척시키다, 좋은 진전도를 유지하다; **in etw. kommt S.** 무엇이 (순조롭게) 진행되다. **3.** 〈Pl. 없음〉 생기, 활기, 경쾌, 정신적 고양, 감격, 열성: mit viel S. an die Arbeit gehen 新기 있게 일에 달려 나가다. **4.** 〈Pl. 없음〉 활력, 감흥, 감동: seine Rede hatte keinerlei S. 그의 연설은 전혀 활력이 없었다. **5.** 〈Pl. 없음〉 《통용어》 다량(수).

Schwung-, **Schwung-**: **~bein**, das 〈스포츠〉 (체조·육상 경기에서 도약을 위한) 발진각(發進脚). **~brett**, das (탄력 있는) 도약판, 발판. **~feder**, die 〈동물〉 (새가 나는 데 바람을 가르는) 날개, 갈깃. **~kippe**, die 〈체조〉 (도약시의) 차오르기. **~kraft**, die 〈물리〉 ↑ Zentrifugalkraft. **~los** 〈Adj.〉 **a)** 활기[생기] 없는, 맥이 빠진. **b)** 감동[감흥] 없는. **~losigkeit**, die 무기력, 무미건조. **~rad**, das 〈기술〉 관성 바퀴, 속도 조절 바퀴. **~scheibe**, die 〈기술〉 아이들러 롤러[굴림판]. **~seil**, das 〈체조〉 (체조 연습시) 긴 밧줄[자일]. **~stemme**, die 〈체조〉 작식(법)(着地法). **~teil** 〈체조〉 몸체를 스윙시키는 체조 연습. **~übung**, die 〈체조〉 ↑~-teil. **~voll** 〈Adj.〉 **1.** 감동적인, 감격적인, 박력 있는. **2.** 생기 있는, 생기 있는, 비약적인. **3.** 우아하게 휜, 궁형(弓形)의. **~wurf**, der 〈핸드볼〉 사이드 숫.

schwunghaft 〈Adj.〉 호황의, 활기 있는, 유행 중인, 융성한: einen -en Handel mit etw. treiben (…을) 활발하게 장사하다[거래하다].

schwupp! 〈Interj.〉 《의성어》 (신속한 운동을 나타내는 소리) 쏴, 싹, 찰싹, 찰깍, 툭, 탁(↑schwapp!, schwipp!). **Schwupp** [-], der; -(e)s, -e 《통용어》 **1.** 탁 치는 소리: einen S.[auf einen] S. 《통용어》 단숨에, 단번에. **2.** 밀침, 때림, 타격: jmdm. einen (leichten) S. geben 누구에게 (가벼운) 일격을 가하다. **3.** (물 따위의) 찰싹하는 소리, 첨벙 뛰는 소리, 물벼락.

schwuppdiwupp! [ˈʃvʊpdiˈvʊp] 〈Interj.〉 《의성어》 ↑ schwupp. **Schwupper** [ˈʃvʊpɐ], der; -s, - (md.) 과실, 잘못, 실책. **schwups** [ʃvʊps] 〈Interj.〉 《의성어》 ↑ schwupp. **Schwups** [-], der; -es, Schwüpse [ˈʃvʏpsə] 《통용어》 ↑ Schwupp.

schwur [ʃvuːɐ̯] ↑ schwören 참조. **Schwur** [-], der; -(e)s, Schwüre [ˈʃvyːrə] **a)** 맹세, 서약: einen S. halten 서약하다; 〈전의〉 er hat den S. getan, nicht mehr zu trinken 그는 술을 끊기로 결심했다. **b)** 선서: die Hand zum S. erheben 선서하기 위해 손을 들다.

Schwur-: **~finger**, der 〈대개 Pl.〉 선서할 때 올리는 손가락. **~gericht**, das 배심 재판소. **~gerichtsprozeß**, der 배심 재판(소송). **~gerichtsurteil**, das 배심 재판 판결. **~gerichtsverfahren**, das 배심 재판 (소송). **~gerichtsverhandlung**, die 배심 재판 심리[공판]. **~hand**, die 선서할 때 올리는 오른손.

schwüre [ˈʃvyːrə] ↑ schwören 참조.

Schwyz [ʃviːts], Schwyz' 슈비츠(스위스의 주[칸톤]와 도시). **Schwyzer** [ˈʃviːtsɐ], der; -s, - 슈비츠의 주민.

Schwyzerdütsch [ˈʃviːtsadytʃ], das; -(s) 〈정관사와 함께〉 《schweiz.》 스위스 독일어. **schwyzerisch** 〈Adj.〉 스위스(어)의. **Schwyzertütsch** [ˈʃviːtsətytʃ], das; -(s) 〈정관사와 함께〉 《schweiz.》 스위스 독일어.

Science-fiction ['saɪəns'fɪkʃən], die [engl. science fiction] **a)** 사이언스 픽션, 공상 과학 물[소설, 영화, 만화, 통속 작품]. **b)** ↑ Science-fiction-Literatur. **Science-fiction-:** ~**Autor**, der 공상 과학 작가. ~**Autorin**, die ↑ ~Autor의 여성형. ~**Film**, der 공상 과학 영화. ~**Hörspiel**, das 공상 과학 방송극. ~**Literatur**, die (Pl. 없음) 공상 과학 문학. ~**Roman**, der 공상 과학 소설. ~**Schriftsteller**, der ↑ ~Autor. ~**Serie**, die 사이언스 픽션 시리즈.

Scientology [saɪən'tɔlədʒɪ], die [amerik. scientology] 심령 과학, 사이엔톨로지.

scil. = scilicet.

scilicet ['stsi:litsɛt] ⟨Adv.⟩ [lat.] ⟨교양어⟩ 즉, 말하자면 (약어: sc., scil.).

Scilla ['stsɪla, (ital.) 'ʃɪlla] ↑ Szilla.

Scoop [sku:p], der; -s, -s [engl. scoop] ⟨신문·언어⟩ (다른 신문이 보도하지 못한) 특종 기사.

Scooter: ↑ Skooter.

Scordatura [skɔrda'tu:ra], die ⟨음악⟩ ↑ Skordatur.

Score [skɔ:], der; -s, -s [engl. score] **a)** ⟨골프⟩ 경기자의 득점(성적). **b)** (특히 단체 경기에서) 득점, 성적. **c)** ⟨심리⟩ 실험 결과. **Scorekarte**, die ⟨골프⟩ 득점판. **scoren** ['skɔ:rən] ⟨h⟩ [engl. to score] ⟨스포츠⟩ 득점하다. **Scorer** ['skɔ:rɐ], der; -s, - [engl. scorer] ⟨골프⟩ 경기 기록수.

Scotch [skɔtʃ], der; -s, -s [engl. Scotch] **1.** 스카치 위스키. **2.** ↑ Scotchterrier. **Scotchterrier**, der [engl. Scotch terrier] 스카치 테리어(개의 일종).

Scotismus [sko'tɪsmʊs], der; - [engl. Scotism] ⟨철학⟩ (스코틀랜드 철학자이자 신학자인 J. Duns Scotus (약 1266~1308)에 따라) 스코터스주의(스콜라 철학의 한 갈래로서 주의주의(主意主義)적 특징을 지님). **Scotist** [sko'tɪst], der; -en, -en [engl. Scotist] ⟨철학⟩ 스코터스 철학자(주의자).

Scotland Yard ['skɔtlənd 'ja:d], der; - - **1.** 런던 시청 (경찰청). **2.** 위의 건물.

Scout [skaʊt], der; -(s), -s [engl. scout] ↑ Pfadfinder 의 영어 표기.

Scrabble ⓦ ['skræbl], das; -s, -s [engl. Scrabble] (활자가 찍힌 모난 돌을 글자 짜맞추기처럼 일정한 규칙에 따라 배열하는) 놀이의 일종.

scratch [skrætʃ] ⟨Adj.⟩ [engl.] ⟨골프⟩ 핸디(캡)이 없는. **Scratchspieler**, der ⟨골프⟩ 핸디가 없는 경기자.

Screening ['skri:nɪŋ], das; -s, -s [engl. screening], **Screening-Test**, der, **Screening-Verfahren**, das ⟨의학·생물·화학⟩ (기관·화학 물질 등에 대해 실시되는, 특정 국면에 대한 일련의) 적격 심[검]사.

Scribble ['skrɪbl], das; -s, -s [engl. scribble] ⟨광고⟩ (완성되기 이전의) 광고 도안 초본.

Scrip [skrɪp], der; -s, -s [engl. scrip] ⟨경제⟩ **1.** 가(假) 증권, 가 차용증서. **2.** 가 주권.

Scudo ['scu:do], der; -s, ...di [ital. scudo] (오늘날에는 쓰이지 않는) 이탈리아의 은화(단위).

sculpsit ['skʊlpsɪt; lat. sculpere의 3인칭 단수 완료형] (아무개)작(作) (동판화(銅版畫)의 작자 이름 뒤에 붙임; 약어: sc., sculps.).

Scylla: ↑ Szylla.

s. d. = siehe dies 이것을 보라(참조하라); siehe dort 같은 곳 참조.

SDP, die [Social Democratic Party] 영국 사회 민주당.

SDR = Süddeutscher Rundfunk 남독일 방송.

SDS = Societatis Divini Salvatoris 구세군(救世軍).

Se = Selen ⟨양⟩셀렌(원소 이름).

Seal [zi:l, ⟨engl.⟩ si:l], der ⟨또는⟩ das; -s, -s [engl. seal] **1. a)** 바다표범[해표]의 가죽. **b)** (갈색 및 흑색의) 바다표범 모피. **2.** 바다표범 모피 옷[의상]. **Sealmantel**, der 해표 외투. **Sealplüsch**, der ↑ Sealskin (b). **Sealskin** ['zi:lskɪn, ⟨engl.⟩ 'si:lskɪn], der ⟨또는⟩ das; -s, -s [a: engl. sealskin] **a)** ↑ Seal (1). **b)** 해표 모피를 모방한 직물[플러시].

Séance [ze'ãːs(ə)], die; -n [frz. séance] **1.** ⟨심령⟩ 영매(靈媒)가 낀 강령술(降靈術)의 모임. **2.** ⟨교양어·준고어⟩ 회합, 방호 조약 기구.

SEATO [ze'aːto, ⟨engl.⟩ 'si:toʊ], die [engl. South East Asia Treaty Organization] (1977년까지) 동남 아시아 방호 조약 기구.

Sebeha ['sɛpxa], die; -n [arab. (maghrebinisch) sabha] ⟨지리⟩ ↑ 'Schott.

Seborrhö, Seborrhöe [zebɔ'røː], die; ...öen [...øːən; lat. sebum u. griech. rhoé] ⟨의학⟩ 지루증(脂漏症), 피(皮)지루.

¹sec = Sekans; Sekunde 초(初).

²sec [sɛk] ⟨Adj.⟩ [franz. sec] ↑ dry. **secco** ['zɛko] ⟨Adj.⟩ [ital. secco] ↑ dry. **Secco** [-], das; -(s), -s ⟨음악⟩ ↑ Seccorezitativ. **Seccomalerei**, die 제코 회화(繪畫)기법, (마른 회반죽 위에 그리는) 템페라 화(畫) (반대: Freskomalerei). **Seccorezitativ**, das ⟨음악⟩ 제코, (건반 악기로만 반주되는) 서창(叙唱).

SECAM-System, das [frz. séquentiel à memoire] 컬러 텔레비전의 프랑스식 시스템.

Secentismus [zetʃen'tɪsmʊs], der; - [ital. secentismo] ⟨문예학⟩ (17세기의 이탈리아 바로크 문학·예술의 기교적·과장적인) Secento기의 예술 양식. **Secentist** [zetʃen'tɪst], der; -en, -en [ital. secentista] ⟨예술·문예학⟩ (이탈리아 바로크 예술 양식의 17세기) Secento기의 예술가(작가). **Secento** [ze'tʃɛnto], das; -(s) [ital. secento, seicento의 병용형] ⟨예술·문예학⟩ ↑ Seicento.

Sech [zɛç], das; -(e)s, -e [lat. secāre] 쟁기의 날, 보습.

sechs [zɛks] ⟨기수⟩ 6(의). **Sechs** [-], die; -en **a)** 6의 수. **b)** (카드놀이의) 6의 수를 가진 카드. **c)** (주사위의) 6점 (패). **d)** (성적이나 점수 평가에 있어서) 6점: eine S. geben 성적을 6점으로 매기다[을 주다]. **e)** ⟨통용어⟩ 6번 (홈의) 기차.

sechs-, Sechs-: ~**achser**, der ⟨통용어⟩ 여섯[6]축의 자동차. ~**achsig** ⟨Adj.⟩ ⟨숫자: 6achsig⟩ ⟨기술⟩ 여섯축의. ~**achteltakt**, der ⟨음악⟩ 6/8박자. ~**adrig** ⟨Adj.⟩ ⟨전기⟩ 6심(心)의, 심이 6개인. ~**armig** ⟨Adj.⟩ (전등 따위의) 가지가 6개인. ~**bändig** ⟨Adj.⟩ 6권(卷)의. ~**beinig** ⟨Adj.⟩ 6각(脚)의, 다리가 6개인. ~**blätt(e)rig** ⟨Adj.⟩ ⟨식물⟩ 6엽(葉)의 ~**eck**, das 6각형. ~**eckig** ⟨Adj.⟩ 6각형의. ~**einhalb** ⟨분수⟩ 6개 반의(숫자로 6½). ~**ender**, der; -s, - ⟨사냥⟩ 여섯 갈래진 뿔의 숫사슴. ~**flach**, das, ~**flächner**, der ⟨수학⟩ 6면체. ~**flächig** ⟨Adj.⟩ 6면(체)의. ~**füßer**, der **1.** ⟨동물⟩ (다리가) 발이 여섯개 달린 곤충(동물)(↑ Insekt). **2.** 6운각(韻脚)의 시구(詩句). ~**füßig** ⟨Adj.⟩ ⟨운율⟩ 6 (운)각의. ~**geschossig** ⟨Adj.⟩ 6층의. ~**hebig** ⟨Adj.⟩ ⟨음율⟩ 6각음의. ~**hundert** ⟨기수⟩ 600(의)(숫자: 600). ~**jährig** ⟨Adj.⟩ 여섯살의, 6년(간)의. ~**jährlich** ⟨Adj.⟩ 6년마다(의). ~**kampf**, der ⟨스포츠⟩ 6종 경기. ~**kant** [-kant], das ⟨또는⟩ der; -(e)s, -e ⟨기술⟩ 6면각체(대개 금속으로 된). ~**kanteisen**, das ⟨기술⟩ (단면이 6각형을 이루는) 철강재. ~**kantig** ⟨Adj.⟩ 단면이 6각형을 이루는, 여섯 모서리의. ~**kantmutter**, die 6각형(모서리)의 암나사. ~**kantschraube**, die 6각형(모서리)의 머리가 달린 나사. ~**kantstahl**, der ⟨기술⟩ 6면각 강철재. ~**köpfig** ⟨Adj.⟩ 6인의, 여섯 명으로 이루어진. ~**mal** ⟨반복수⟩ ⟨Adv.⟩ 6회에, 여섯 번에, 6배로. ~**malig** ⟨Adj.⟩ 6회의, 여섯번의

6배로. ~**monatig** 〈Adj.〉 6개월의, 반년의. ~**monatlich** 〈Adj.〉 6개월 마다(의). ~**monatziel**, das [상] 6개월 목표. ~**motorig** 〈Adj.〉 6발(엔진)의. ~**paß**, der (6개의 결합형이 조합된) 고딕식 꽃잎 모양의 무늬 장식. ~**rädrig** 〈Adj.〉 여섯 바퀴의, 6륜(輪)의. ~**saitig** 〈Adj.〉 6현(絃)의. ~**seitig** 〈Adj.〉 6면의. ~**silbig** 〈Adj.〉 6음절[철]의. ~**spaltig** 〈Adj.〉 6단(난)의. ~**spänner**, der 여섯 마리 말이 끄는 마차, 6두 마차. ~**spännig** 〈Adj.〉 6두 마차의. ~**spurig** 〈Adj.〉 6차선[궤도]의. ~**stellig** 〈Adj.〉 6자리의. ~**stern**, der ↑Hexagramm. ~**stimmig** 〈Adj.〉 6(화)음의, 6음조의. ~**stöckig** 〈Adj.〉 6층(건물)의, 제7층의. ~**strahlig** 〈Adj.〉 **1.** (별 중에서) 6각[모서리]의. **2.** 6광선 연동 장치의. ~**stündig** 〈Adj.〉 6시간의. ~**stündlich** 〈Adj.〉 6시간 마다(의). ~**tagefahrt**, die [모터 스포츠] (6일간 거행되는 난구간의) 국제 모토 싸이클 경주 대회. ~**tagerennen**, das [사이클 경주] 6일간의 자전거 경기 대회(밤낮으로 거행됨). ~**tagewerk**, das [기독교] ↑Hexaemeron. ~**tagewoche**, die 주 6일 근무 (제). ~**tägig** 〈Adj.〉 6일간의, 생후 6일의. ~**täglich** 〈Adj.〉 6일마다(의). ~**tausend** 〈기수〉 6천(의)(숫자: 6000). ~**tausender**, der 6천 미터급의 산. ~**teilig** 〈Adj.〉 6등분의, 여섯 부분으로 나눈. ~**tonner**, der 6톤 (적재량의) 차량. ~**uhrvorstellung**, die 6시 상연 [상영]. ~**uhrzug**, der 6시 기차. ~**unddreißigflach**, das 36면. ~**unddreißigflächner**, der 6면(의) ↑Triakisdodekaeder. ~**undeinhalb** 〈분수〉 $6\frac{1}{2}$(↑ ~einhalb). ~**undsechzig** 〈기수〉 66의. ~**undsechzig**, das; - 66점짜리 카드놀이(2∼4명이 하며 66점을 따면 1회가 끝나는 놀이). ~**vierteltakt**, der $\frac{6}{4}$박자. ~**wertig** 〈Adj.〉 [화학] 6가(價)의. ~**wöchentlich** 〈Adj.〉 6주마다(의)(↑ 6 wöchentlich). ~**wöchig** 〈Adj.〉 (생후) 6주(간)의(숫자: 6 wöchig). ~**zackig** 〈Adj.〉 6각[모서리]의. ~**zählig** 〈Adj.〉 [식물] (6개 또는 그 배)의 화관을 가진. ~**zeiler**, der 6행 (으로 된) 시(연). ~**zeilig** 〈Adj.〉 6행의. ~**zimmerwohnung**, die 방이 여섯개인 집(아파트). ~**zollig**, ~**zöllig** 〈Adj.〉 6인치 두께[폭, 길이]의(숫자: 6 zollig, 6 zöllig). ~**zylinder**, der 〈통용어〉 **a)** ↑Sechszylindermotor의 약칭. **b)** 6기통 자동차. ~**zylindermotor**, der 6기통 엔진. ~**zylindrig** 〈Adj.〉 6기통의(숫자: 6 zylindrig).

Sechsläuten ['zɛksɔʏtn̩], das; -s, - [옛 풍습에 따라 겨울이 지나 낮과 밤의 길이가 같아지는 춘분날 오후 6시에 치는 종소리] 《schweiz.》 취리히의 봄축제(4월 셋째 월요일). **Sechser** ['zɛksɐ], der; -s, - [소액 단위의 화폐, 1874년 이후 새로 유통된 5페니히짜리 동전] **1.** 《berlin.》 5페니히짜리 동전: ~ **nicht für einen S.** 《통용어》 조금도 (거의) 없다: er hat nicht für einen S. Humor 그는 유머가 조금도 없는 사람이다. **2.** 《통용어》 (당첨된) 6개의 숫자. **3.** 《지역적》 6자, 6번(F학점에 해당).

Sechser-: ~**karte**, die 6회용 승차표. ~**pack**, der 6개 한 꾸러미. ~**packung**, die 6개들이 물품 포장. ~**reihe**, die 6열[줄].

sechserlei 〈종수〉 6종류의. **sechsfach** 〈배수〉 〈숫자: 6 fach〉(↑ -fach] 6배[겹]의. **Sechsfache**, das; -n 6배(숫자: 6 fache). **Sechsling** ['zɛkslɪŋ], der; -s, -e (대개 Pl.) 여섯 쌍둥이. **sechst** [zɛkst] 〈다음 용법으로〉 **zu s.** 여섯 명씩. **sechst...** ['zɛkst...] 〈↑ sechs의 서수〉 제6의, 여섯째의: 《명사화》 Leo der Sechste 레오 6세. **sechst-**, **Sechst-** 〈↑ sechs의 서수〉 《복합어》 der sechsthöchste Berg der Welt 세계에서 여섯 번째로 높은 산. **sechstel** [zɛkstl] 〈분수〉 6분의1([$\frac{1}{6}$])의. **Sechstel** [-], das /《schweiz.》 der; -s, - 6분의 1[$\frac{1}{6}$]. **sechstens** ['zɛkstn̩s] 〈Adv.〉 (열거하는 순서로) 여섯째로.

Sechter ['zɛçtɐ], der; -s, - [lat. sextārius] **1.** 《옛》 곡량(穀量)의 단위(약 7리터). **2.** 《österr.》 물통, 대야, 특히 젖소의 젖을 받는 통.

sechzehn ['zɛçtseːn] 〈기수〉 16(의).

sechzehn-, **Sechzehn-**: ~**ender**, der; -s, - [사냥] 뿔이 16갈래로 갈라진 수사슴. ~**hundert** 〈기수〉 1600(의). ~**jährig** 〈Adj.〉 16년의. ~**meterlinie**, die [축구] 패널티 에어리어. ~**meterraum**, der [축구] ↑Strafraum. ~**millimeterfilm**, der 16밀리 영화.

sechzehntel [...tl̩] 〈분수〉 16분의 1(의). **Sechzehntel** [-], das /《schweiz.》 der; -s, - **a)** 16분의 1. **b)** [음악] ↑Sechzehntelnote. **Sechzehntelnote**, die [음악] 16분 음표. **sechzig** ['zɛçtsɪç] 〈기수〉 60(의). **Sechzig** [-], die 60(의 수); **Sechziger** ['zɛçtsɪgɐ] 〈Adj.〉 격변화 없음) 60년대의. **Sechziger** [-], der; -s, - 60세(대)의 사람. **Sechziger** [-], die 《통용어》 60전짜리 우표. **Sechzigerin**, die; -nen ↑Sechziger의 여성형. **Sechzigerjahre** [(또한) ---'--] 〈Pl.〉 60년대. **sechzigjährig** 〈Adj.〉 60세의. **sechzigst...** ['zɛçtsɪçst...] (↑ sechzig의 서수) 제60의. **sechzigstel** [...stl̩] 〈분수〉 60분의 1(의). **Sechzigstel** [-], das /《schweiz.》 der; -s, - 60분의 1.

Secondhandkleidung ['sɛkəndhænd-], die [engl. secondhand] 헌옷. **Secondhandladen**, der; -s, Secondhandläden ↑Secondhand-Shop. **Second-hand-Shop**, der; -s, -s [engl. secondhand shop] 중고품 가게[상점].

Secret Service ['siːkrɪt 'səːvɪs], der; - - [engl.] 영국 정보부.

SED = Sozialistische Einheitspartei Deutschlands 《구동독》 독일 사회주의 통일당.

Seda: ↑Sedum의 복수형.

Sedarim: ↑Seder의 복수형.

sedat [ze'daːt] 〈Adj.〉 [lat. sēdātus] 《고어·지역적》 조용한, 잠잠한, 침착한. **sedativ** [zeda'tiːf] 〈Adj.〉 [의학] 진정시키는, 진정의 효력이 있는. **Sedativ** [-], das; -s, -e [...iːvə] [의학] ↑Sedativum. **Sedativa** [-] ↑Sedativum의 복수형. **Sedativum** [zeda'tiːvʊm], das; -s, ...va [의학] 진정제, 진통제. **sedentär** [zedɛnˈtɛːɐ̯] 〈Adj.〉 [frz. sédentaire] **1.** 《고어》 정주(정착)하는, 자리를 잡는. **2.** [지질] (동·식물체의) 침전물로 된.

Seder ['zeːdɐ], der; -(s), Sedarim [zeda'riːm] [hebr. seder] [유태교] 유월절(逾越節)의 첫째 둘째날 밤 집에서 드리는 축제. **Sederabend**, der 유월절(첫째 둘째날 밤)의 축제일.

Sedez [ze'deːts], das; -es [zu lat. sēdecim = sechzehn] [서적] 전지 16절판(의 종이). **Sedezformat**, das [서적] 16절판.

Sedia gestatoria ['zeːdi̯a dʒɛsta'toːri̯a], die [ital. sedia gestatoria] [가] 교황 어가(御駕). **sedieren** [ze'diːrən] 〈h〉 [lat. sedēre] (약제를 써서 흥분을) 가라앉히다, 진정시키다. **Sedierung**, die; -en (투약으로) 진정시키기, 흥분을 가라앉힘. **Sedile** [ze'diːlə], das; -(s), ...lien [...li̯ən; lat. sedile] [가] 사제석(司祭席).

Sediment [zedi'mɛnt], das; -(e)s, -e [lat. sedimentum] **1.** [지질] 퇴적물(堆積物). **2.** [화학·의학] 침적 [전]물(沈積物), 침강(沈降)물, 침사(沈澱)물. **sedimentär** [zedimɛnˈtɛːɐ̯] 〈Adj.〉 [지질] 침적[침강]된, 수성(水成)의. **Sedimentärgestein**, das [지질] ↑Sedimentgestein. **Sedimentation** [zedimɛntaˈʦi̯oːn], die; -en **1.** [지질] 퇴적(堆積). **2.** [화학·의학] 침적, 침강. **Sedimentgestein**, das; -(e)s, -e [지질] 수성암, 침[퇴]적암. **sedimentieren** [zedimɛnˈtiːrən] 〈h〉 [지질] 침적[침강]하다. **2.** [화학·의학] 침전[침강]하다. **Sedimentlot**, das; -(e)s, -e 《전문어》 (해저

의 층과 구조를 알아보기 위해 쓰이는) 심해 음향 측연(深海音響測鉛). **Sedisvakanz** [zedɪsva'kants], die; -en [가] (교황이나 대주교의) 직위 공백 기간. **Sedition** [zedi'tsi̯oːn], die; -en [lat. sēditio] (고어) 반란, 봉기. **Seduktion** [zedʊk'tsi̯oːn], die; -en [lat. sēductio] 《고어》 유혹.
Sedum ['zeːdʊm], das; -s, Sedaˡ [lat. sedum] [식물] ↑ Fetthenne.

¹See [zeː], der; -s, -n ['zeːən] 호수: 성구 still ruht der S. 《통용어》 아무런 일(사건, 사고)도 없다; 전의 der Hund hat einen S. in der Küche gemacht (친군·은폐) 개가 부엌에 오줌을 쌌다. **²See** [-], die; -n ['zeːən] **1.** 《Pl. 없음》 **a)** 바다, 해양: die S. ging hoch 바다에 세찬 파도가 일었다; die offene S. 먼 바다, 원양, 대해, 공해; **auf S.** 해상에 [배를 타고]; **auf S. bleiben** (아어·은폐) 항해 중에 죽다; **auf hoher S.** 먼 바다에서; **in S. gehen[stechen]** 출범하다; **zur S.** 해군 계급의 표시(약어; z. S.): Kapitän zur S. 해군 대령; **zur S. fahren** 배에서 일하다; **zur S. gehen** 《통용어》 배 타다, 선원이 되다. **b)** [원어] 파도, 물결: schwere S. 거친 파도; in der kurzen S. 파고가 얕은 때[잔물결에]; die See ging lang 파도가 길게 밀려왔다. **2.** [선원] 물결, 波濤: das Schiff nahm haushohe -n über 그 배는 집채만큼 높은 파도에 뒤덮였다.

¹see-, See- (¹See): **~artig** 〈Adj.〉 바다와 같은. **~forelle**, die (담수에 사는 송어와 비슷한 연어)학명: Salmo trutta forma lacustris). **~grund**, der 해저(海底). **~jungfer**, die 물잠자리·인어. **~promenade**, die 호반 산책. **~rose**, die [식물] 수련. **~ufer**, das 호숫가.

²see-, See- (²See): **~aal**, der 《Pl. 없음》 ↑ Dornhai의 고기; 붕장어. **~adler**, der [동물] 흰꼬리수리. **~amt**, das [해양] 해난(海難) 심판소. **~anemone**, die [동물] **a)** ↑ Aktinie. **b)** ↑ ~rose. **~bad**, das 해수욕(장). **~bär**, der **1.** [동물] **a)** ↑ Bärenrobbe. **b)** ↑ Pelzrobbe. **2.** [선원] 갑자기 일어나는 해일. **3.** 《통용어·농》 늙은[노련한] 선원. **~beben**, das 해진(海震), 해저 지진. **~beschädigt** 〈Adj.〉 [해양] 해손(海損)을 입은. **~bestattung**, die 수장(水葬). **~blockade**, die 해상 봉쇄. **~brasse**, die **~brassen**, der ↑ Meerbrasse. **~brise**, die 바다 미풍. **~dorn**, der [식물] ↑ Sanddorn. **~drache**, der [동물] 전두류의 동물(학명: Holocephali). **~drift**, die 해상 표류물. **~Elefant**, der 《붙임표와 함께》 바다코끼리. **~erfahren** 〈Adj.〉 바다에 대해 잘 아는. **~Erfahrung**, die 《Pl. 없음》 《붙임표와 함께》 해상 경험. **~fähig** 〈Adj.〉 ↑ ~tüchtig. **~fahrend** 〈Adj.〉 항해의. **~fahrer**, der (순고어) 항해자. **~fahrernation**, die 해양국. **~fahrervolk**, das 해양 민족. **~fahrt**, die **1.** 《Pl. 없음》 해운: S. betreiben 해운업을 하다; **die christliche S.** (농) 해운에 관계되는 모든 것. **2.** 항해. **~fahrt(s)-buch**, das [해양] 선원 수첩. **~fahrt(s)schule**, die 해양 학교. **~feder**, die [동물] (깃털 모양의) 산호. **~fest** 〈Adj.〉 **1.** ↑ ~tüchtig. **2.** 뱃멀미를 안 하는. **3.** 선적(船積)에 견디는. **~fisch**, der 바닷물고기. **~fischerei**, die 해상 어업. **~flotte**, die 함(선)대. **~flugzeug**, das ↑ Wasserflugzeug. **~fracht**, die 뱃짐, 선하(船荷). **~frachtbrief**, der 선하 증권. **~funk**, der 해상 무선. **~gang**, der 《Pl. 없음》 파도(해면) 상태. **~gängig** 〈Adj.〉 [선원] ↑ ~tüchtig. **~gebiet**, das 해역. **~gefecht**, das 해전. **~gehend** 〈Adj.〉 [engl. seagoing] [선원] ↑ ~tüchtig. **~gemälde**, das ↑ ~stück. **~gestützt** 〈Adj.〉 《군》 함상(艦上)에 기지를 둔. **~gras**, das 거머리말. **~grasmatratze**, die 해초를 넣어 만든 매트리스.

~grün 〈Adj.〉 ↑ meergrün. **~gurke**, die [동물] 해삼. **~hafen**, der (반대: Binnenhafen) **1.** 해항(海港), 항구. **2.** 항구 도시. **~handel**, der 해상 무역. **~hase**, der (동물) 도치(과). **~hecht**, der 메를루사(바다에 사는 탐식성 물고기). **~heilbad**, das (바닷가에 위치한) 약탕(藥湯). **~herrschaft**, die 《Pl. 없음》 해상권, 제해권(制海權). **~höhe**, die 《드물게》 ↑ Meereshöhe. **~hund**, der **1.** 바다표범(속). **2.** 《Pl. 없음》 어린 바다표범 가죽으로 만든 모피. **~hundsbart**, der 《통용어》 ↑ ~hundsschnauzbart. **~hundsfang**, der 바다표범 잡이. **~hundsfänger**, der 바다표범 잡는 사람. **~hundsfell**, das 바다표범의 모피. **~hundsjagd**, die 바다표범 사냥. **~hundsjäger**, der 바다표범 사냥꾼. **~hundsschnauzbart**, der **~hundsschnauzer**, der 《통용어》 길게 늘어 뜨린 코(밑)수염. **~igel**, der [동물] 성게. **~jungfrau**, die [신화] ↑ Meerjungfrau. **~kabel**, das 해저 전선(케이블). **~kadett**, der [군] 해군 장교(사관) 후보생. **~kanal**, der (두 바다를 연결해 주는) 운하(運河). **~karte**, die 해도(海圖). **~kasse**, die [해양] 선원보험. **~kiste**, die ↑ Seemannskiste. **~klar** 〈Adj.〉 [선원] 출항 준비를 갖춘: ein Schiff s. machen 배의 출항 준비를 마치다. **~klima**, das [지리] 해양(성) 기후. **~krank** 〈Adj.〉 뱃멀미하는. **~krankheit**, die 뱃멀미. **~kreuzer**, der [요트] ↑ Kreuzer (2). **~krieg**, der 해전. **~kriegführung**, die 해상 전투 작전(지휘). **~kriegsrecht**, das 《Pl. 없음》 해전법(규). **~kuh**, die [동물] 해우류(海牛類)의 해우, 듀곤 무리). **~küste**, die 《드물게》 ↑ Küste. **~lachs**, der **a)** ↑ Köhler (2). **b)** 《Pl. 없음》 바다연어의 살(고기). **~leopard**, der [동물] 바다표범. **~leute**: ↑ ~mann의 복수형. **~lilie**, die [동물] 갯[바다] 나리강(Haarstern). **~lotse**, der [해양] 해상 안내인, 파일럿. **~löwe**, der [동물] 강치, 물개(과). **~luft**, die 《Pl. 없음》 바닷공기, 해풍: ich möchte mal wieder ein bißchen S. atmen[schnuppern] (통용어) 나는 다시 바다로 가보고 싶다. **~macht**, die 해군 강국(强國)(반대: Landmacht). **~mann**, der 《Pl.-leute》 선원, 뱃사람(수부). **~männisch** 〈Adj.〉 선원[수부]의, 선원 같은, 선원다운. **~manns-:** ↑ seemanns-, Seemanns-. **~mannschaft**, die 《Pl. 없음》 [선원] (총체적인) 선박 운용술. **~mäßig** 〈Adj.〉 《전문어》 해상 수송에 적당한. **~maus**, die **1.** 상어 또는 가오리의 알. **2.** ↑ ~raupe. **~meile**, die 해리(海里)(기호: sm). **~mine**, die 수뢰(水雷). **~moos**, das 《Pl. 없음》 바다 이끼, 두족류(식물을 연상시키는 장식용으로 쓰임). **~möwe**, die 갈매기. **~nadel**, die 실고동(소라)의 일종. **~nebel**, der 바다안개, 해무(海霧). **~nelke**, die 선모(腺毛)가 많이 달린 수련류, 말미잘(과) ↑ ~anemone). **~neunauge**, das ↑ Meerneunauge. **~not**, die 《Pl. 없음》 해난(海難): in S. geraten[sein] 해난에 처하다. **~notdienst**, der 해난 구조(작업). **~notkreuzer**, der ↑ ~notrettungskreuzer. **~notrettungsdienst**, der 해난 구조(작업). **~notrettungsflugzeug**, das 해난 구조 비행기. **~notrettungskreuzer**, der 해난 구조선. **~notruf**, der 해난 구조 요청(신호). **~notsignal**, **~notzeichen**, das 조난 신호(SOS). **~nymphe**, die [신화] ↑ Meerjungfrau. **~offizier**, der 해군 장교. **~ohr**, der [동물] 전복. **~otter**, der ↑ Meerotter. **~pferd**, **~pferdchen**, das [동물] 해마속(海馬屬). **~pocke**, die [동물] 굴등, 따개비속. **~protest**, der [해양·법] ↑ Verklarung. **~raub**, der 해상 약탈(掠奪), 해적 행위. **~räuber**, der 해적. **~räuberei**, die **1.** 《Pl. 없음》 해상 약탈. **2.** (대개 Pl.) 《드물게》 해적 행위. **~räuberisch** 〈Adj.〉 해상 약탈의, 해적 행위를 범하는.

~räuberschiff, das 해적선. ~räuberunwesen, das 〈Pl. 없음〉《俗》해상 노략질, 해상 행패, 해상 범죄. ~räuberwesen, das 〈Pl. 없음〉 해적질. ~raupe, die 털갯지네, 인충과(鱗蟲科), 아프로디테속(환형동물 다모(多毛)류의 한 과). ~recht, das 〈Pl. 없음〉 해상법(海上法). ~rechtlich 〈Adj.〉 해상법의. ~reise, die 해상 여행, 항해. ~reisende, der 해상 여행자(客). ~rose, die 말미잘(↑~anemone (2)). ~sack, der 선원용 가방(백). ~salz, das ↑Meersalz. ~sand, der 바닷모래, 해사(海砂). ~sandmandelkleie, die 〈화장〉가는 모래를 섞은 편도당(扁桃糖). ~schaden, der 〈관〉 해손(海損). ~schaden(s)berechnung, die 해손 산정(算定). ~scheide, die 〈동물〉 피낭류(被囊類). ~schiff, das 해선(海船), 해양 함선. ~schiffahrt, die 〈Pl. 없음〉 항해, 해운(반대: Binnenschiffahrt, Küstenschiffahrt). ~schiffahrt(s)straße, die 해로(海路), 수로. ~schiffer, der 해선 선장[원]. ~schildkröte, die ↑Meeresschildkröte. ~schlacht, die ↑~krieg. ~schlag, der 〈Pl. 없음〉【선원】1. 파고, 파장, 파도. 2. 조·간만의 작용. ~schlange, die 1. 바다뱀아과(亞科). 2. 【신화】 큰 뱀과 같은 바다 괴물. ~schwalbe, die 〈동물〉 제비갈매기(갈매기과). ~seide, die ↑Muschelseide. ~seite, die 바다를 향한 면(반대: Landseite). ~sieg, der 해군의 승리, 해전의 승리. ~skorpion, der ↑Drachenkopf. ~sperre, die 〈군〉 해상 봉쇄. ~spinne, die 두꺼비게. ~staat, der 《준고어》 해양국, 해군국. ~stadt, die 해안 도시. ~stern, der 〈동물〉 불가사리. ~straße, die 해로, 수로. ~straßenordnung, die 【법】해상 교통법, 해로법. ~streitkräfte 〈Pl.〉 해군력, 해군 부대. ~stück, das 【미술】 해양화(海洋畫). ~sturm, der 〈드물게〉 해상의 폭풍우. ~tang, der 해조(海藻). ~taucher, der 〈동물〉 아비새. ~teufel, der ↑~skorpion. ~tiefe, die 〈드물게〉 해심(海深). ~tier, das 〈드물게〉 ↑Meerestier. ~törn, der 〈선원〉 항해. ~transport, der ~handel. ~tüchtig 〈Adj.〉 항해에 적합한. ~tüchtigkeit, die ~tüchtig의 명사형. ~umschlagplatz, der 선상 화물을 옮겨 실을 장소. ~unfall, der 해난(사고). ~ungeheuer, das ↑Meerungeheuer. ~untüchtig 〈Adj.〉 내항성이 없는, 항해에 적합치 않은. ~untüchtigkeit, die 내항(耐航) 부능력. ~verkehr, der 해상 교통. ~versicherung, die 해상 보험. ~vogel, der 해조(海鳥). ~walze, die 해양(민)족. ~walze, die 【동물】 해삼(海蔘). ~wasseraquarium, das 해수 수족관. ~wasserstraße, die 해로, 항로. ~wasserwellenbad, das 인공 파도 설비가 있는 해수(海水) 수영장. ~weg, der 1. 해로, 항로. 2. 〈Pl. 없음〉 항해로: etw. auf dem S. befördern 무엇을 바닷길로 수송하다. ~weib, das [신화] ↑Meerjungfrau. ~wesen, das 〈Pl. 없음〉 해운(海運). ~wetteramt, das 해양 기상청. ~wetterbericht, der 해양 기상 통보. ~wetterdienst, der 해양 기상대. ~wind, der 해풍(반대: Landwind). ~wolf, der 【동물】 메기류의 일종(학명: Anarrhichas lupus). ~zeichen, das 〈부표, 등대 등의〉 항로 표지. ~zollgrenze, die 해상 세관 경계지. ~zollhafen, der 해상 통관항, 무역항. ~zunge, die 〈동물〉 서대기, 우설어(牛舌魚). ~zungenfilet, das 서대기의 등살.

seel-, Seel-: ~sorge, die 〈Pl. 없음〉(영적인) 사제직(司祭職), 목사직. ~sorger [...zɔrgɐ], der; -s, - 목사, 사제. ~sorgerisch [...zɔrgərɪʃ] 〈Adj.〉 목사[사제]의.

~sorgerlich, ~sorglich 〈Adj.〉 ↑~sorgerisch.

Seelchen ['zeːlçən], das; -s, - [↑Seele (3)의 축소형] 예민한 여인. Seele ['zeːlə], die; -n 1. 혼, 혼백, 혼령〈성〉혼, 심령, 혼, 영혼: Schaden an seiner S. nehmen 〈성서〉(도덕적으로) 타락하다; 成句 nun hat die arme (liebe) S. Ruh 이제 그 친구도 조용해질거야; 轉意 Spiel [Stil] hat keine S. 연주[문체]가 아무런 감동을 주지 못하다; sie lebten in einer Welt ohne S. 그들은 무정한 세계에 살고 있었다; ein Herz und eine S. sein 일심동체[마음을 터놓은 친구]가 되다〈Herz 2〉; eine schwarze S. haben 나쁜 성격을 지니다; jmdm. die S. aus dem Leib fragen 《통용어》 모든 것을 철저하게 캐묻다; jmdm. die S. aus dem Leib prügeln 《통용어》 누구를 매우 격렬하게 때리다; sich³ aus dem Leib reden 《통용어》 진정으로 말하다; sich³ die S. aus dem Leib schreien 《통용어》 큰 소리로 외치다; jmdm. etw. auf die S. binden 《통용어》 누구에게 무엇을 간청하다; jmdm. auf der S. knien 《통용어》 누구에게 간절히 요구하다; auf jmds. S. liegen [lasten]; jmdm. auf der S. liegen [lasten] (아이) 누구의 마음에 걸리다; jmdm. auf der S. brennen 《통용어》 누구에게 긴박한 문제이다; jmdm. aus der S. sprechen [reden] 《통용어》 다른 사람도 말하고 싶어 하는 바를 누구에게 말해 주다; aus ganzer (tiefster) S. 1) 깊이, 심히(zutiefst). 2) 감격[열광]적으로, 진심으로; in jmds. S. schneiden; jmdm. in die S. schneiden (아이) 누구의 마음을 매우 아프게 하다, 누구에게 큰 걱정거리를 안겨 주다; in tiefster [der] S. 1) 깊이, 심히. 2) 진심으로; mit ganzer S. 온 마음으로, 충심으로; mit Leib und S. 심신을 다하여, 철두철미하게(↑Leib); sich³ etw. von der S. reden [schreiben] 고민되는 일에 대해 말 또는 글로써 털어놓다. 2. 【종교】 (죽음 뒤에도 계속 산다는) 영혼: zwei Messen für die (armen) ~n (im Fegefeuer) (연옥 속에 있는) 두 가련한 영혼을 위한 두 미사; die S. aushauchen 죽다(↑¹Geist 1 a); hinter etw. hersein wie der Teufel hinter der (armen) S. 무엇에 매우 열중해 있다. 3. 사람, 인간, 개인: nirgends war eine menschliche S. (아이) 어디에도 사람이라고는 그림자도 없었다; er ist eine durstige S. 《통용어》 그는 (술을) 많이 마신다; eine Gemeinde mit [von] neunzig -n 《준고어》 60명의 교인을 가진 교구; der Ort hatte [zählte] knapp 5000 -n 그 지방 주민은 겨우 5000명에 달했다; 成句 zwei -n und ein Gedanke 몸은 둘이나 마음[생각]은 하나; eine S. von Mensch [von einem Menschen] sein 이해심 많은[자애로운] 인간이다. 4. die S. einer Sache (etw. w. S.) sein 무엇을 이룩하는 데 중요한 사람이다. 5. 【무기】 강(腔)(총, 포의). 6. 《전문어》 (닻줄, 전기줄 등의) 심(芯). 7. 【음악】 (현악기 등의) 버팀기둥.

¹seelen-, Seelen-: ~achse, die 【무기】 (대포의) 강축(腔軸). ~adel, der (아이) ↑~größe. ~amt, das 〈가〉고인을 위한 연미사. ~angst, die (아이) 극도의 공포. ~arzt, der a) 《통용어》 정신과 의사, 정신 분석의. b) 《통용어》 마음의 구제자(위안자). ~blindheit, die 【의학·심리학】 ↑Agnosie (1). ~bräutigam, der 【신비주의】 (영혼의 신랑으로서) 그리스도. ~briefkasten, der 〈농〉 마음의 우편함(신문, 잡지의 투고란). ~bunker, der 【심리학】 영혼의 방공호(교회 건물). ~drama, das 【문예학】 영혼극. ~fang, der 신도 획득의 노력, 신도 증가 운동. ~forscher, der 《俗》 ↑~arzt (a). ~friede(n), der 마음의 안정. ~gemeinschaft, die 감정의 일치, 영적 공동체. ~größe, die 고귀한 정신. ~güte, die (아이) ↑Güte. ~haushalt, der 《통용어》영적 상태, 심적 상태. ~heil, das 【기독교】 영혼의

²seelen-, Seelen-

구제, 제도(濟度) 〈전의〉 er ist auf mein S. bedacht [kümmert sich um mein S.] 〈농〉 그는 나의 마음 상태[안부]를 돌보아 준다. ~hirt(e), der 〈기독교・준교어〉 목사, 사제. ~klo, das 〈경〉 하소연의 상대자. ~kraft, die 〈준고어〉 ↑~stärke. ~kunde, die 〈아어・준고어〉 심리학. ~kundig 〈Adj.〉 인간 영혼을 잘 아는. ~kundlich [..kʊntlɪç] 〈Adj.〉 심리학적인, 심리적인. ~lage, die 〈아어〉 심리 상태, 마음의 상태. ~leben, das (Pl. 없음) 〈아어〉 정신 생활. ~lehre, die 〈고어〉 심리학. ~los 〈Adj.〉 a) 혼[정신]이 없는. b) 〈아어〉 무정한, 활기가 없는, 관심이 없는(반대: seelenvoll). ~losigkeit, die ↑~los의 명사형. ~massage, die 〈통용어〉 심리적 영향, 세뇌(洗腦). ~messe, die 〈가〉 고인을 위한 미사, 영절 미사. ~not, die 〈감정・아어〉 영혼의 번민(번뇌)(↑~angst. ~qual, die 〈감정・아어〉 내적 고통(↑~angst). ~roman, der 〈문예학〉 영혼 소설. ~schmalz, das 〈통용어〉 감상(感傷), 감동적인 말. ~schmerz, der 〈아어〉 ↑~angst. ~stärke, die 〈아어〉 마음의 굳셈, 강의(剛毅), 정신력. ~taubheit, die 〈의학・심리학〉 정신롱(精神聾), 인지(認知) 불능. ~tier, das 〈신비주의〉 환생동물(특히 새 따위). ~verfassung, die ↑~lage. ~verkäufer, der 〈폄〉 1. 〈선원・폄〉 불안정한 배, 결함이 있는 배. 2. 〈통용어〉 유괴자, 인신 매매자. ~verwandt 〈Adj.〉 같은 정신, 성질의. ~verwandtschaft, die 정신적 일치, 마음이 서로 맞음. ~voll 〈Adj.〉 기백[정신]이 넘치는, 깊은 정이 넘치는(반대: seelenlos b). ~wanderung, die 〈종교〉 윤회(↑Reinkarnation). ~wärmer, der 〈통용어〉 농〉 1. 털실로 짠 재킷. 2. 화주, 소주 (Schnaps). ~zustand, der ↑~lage.

²seelen-, Seelen-

〈감정〉: ~froh 〈Adj.〉 진심으로 기뻐하는, 대단히 안심이 되는. ~gut 〈Adj.〉 본성이 선량한, 친절한. ~ruhe, die 태연자약, 안심입명(安心立命): etw. in aller S. tun 무엇을 아주 편안한 마음으로 행하다. ~ruhig 〈Adj.〉 태연자약하게. ~vergnügt 〈Adj.〉 진심으로 만족[기뻐]하고 있는.

seelensgut ['ze:lɒnsˈguːt] 〈Adj.〉 ↑herzensgut. **seelisch** ['ze:lɪʃ] 〈Adj.〉 정신적인, 영혼의, 심리적인: -e Regungen [Belastungen] 정신적 자극[부담]; das -e Gleichgewicht verlieren 정신적 안정을 잃다.

seemanns-, Seemanns-: ~amt, das 해원청(局). ~art, die (Pl. 없음) 선원들간에 통하는 법식. ~ausdruck, der ↑~sprache. ~brauch, der 선원의 관습. ~braut, die 선원의 신부(애인). ~ehe, die 선원과의 결혼. ~gang, der (Pl. 없음) 선원 특유의 걸음걸이. ~garn, das (Pl. 없음) 〈뱃사람의〉 꾸민 이야기를 섞은 모험담: S. spinnen 항해 중의 놀라운 경험 등 꾸며서 이야기하다. ~grab, das 〈다음 용법으로〉 ein S. finden 〈아어〉 〈선원어〉 바다에서 목숨을 잃다. ~heim, das a) 해원 숙박소. b) 해원 숙박 전물. ~kiste, die (옛) 선원용 개인 물품 보관함. ~knoten, der 〈Schifferknoten. ~leben, das (Pl. 없음) 선원 생활. ~lied, das 뱃노래. ~los, das 〈경〉 선원의 숙명(운명). ~mission, die 〈기독교〉 해상 선교(전도)(단). ~sprache, die 선원 전문용어, 선원어. ~sprachlich 〈Adj.〉 선원어의. ~tod, der (선원의) 바닷물에서의 익사.

seen-, Seen-: ~artig 〈Adj.〉 ↑seeartig. ~gebiet, das 호수가 많은 지역. ~kunde, die 호소학, 호소학(湖沼學). ~kundlich 〈Adj.〉 호소학의, 호소학적인. ~platte, die 〈지리〉 호수와 늪이 많은 평탄한 지방.

Segel ['ze:gl] das; -s, - 돛: die S. einziehen 돛을 걷다 [말다]; die S. streichen 돛을 내리다; (die) S. setzen 〈선원〉 돛을 펴다; unter S. gehen 〈선원〉 출범하다; vor jmdm. [etw.] die S. streichen 〈아어〉 누

구(무엇)에 대한 투쟁[저항]를 포기하다; mit vollen ~n 〈통용어〉 힘껏, 총력을 기울여.

segel-, Segel-: ~anweisung, die 〈해양〉 해상 항해 지침. ~artig 〈Adj.〉 돛과 같은 모양의. ~boot, das 돛단배, 범선. ~fahrt, die 범주(帆走). ~falter, der 〈동물〉 범나비의 일종. ~fertig 〈Adj.〉 〈선원〉 (범선 또는 통단배의) 출항 준비를 갖춘. ~fläche, die 〈전문어〉 돛의 총표면. ~fliegen* (부정형으로만 쓰임) 활공(滑空)하다. ~flieger, der 글라이더, 글라이더 조종사. ~fliegerei, die 〈Pl. 없음〉 활공하기. ~fliegerohren (Pl.) 〈경〉 시원치않은 귀, 잘 듣지 못하는 귀. ~flosser [-flosɐ], der; -s, - 〈동물〉 엔젤피시(아마존 강에 서식하는). ~flug, der 활공. ~flugplatz, der 활공기[글라이더] 비행장. ~flugsport, der 활공[글라이더] 스포츠. ~flugwettbewerb, der 활공[글라이더] 경기대회. ~flugzeug, das 활공기, 글라이더. ~jacht, die 〈선원〉 yacht, die 범주 요트. ~karte, die 〈해양〉 범선용 해도(海圖). ~klar 〈Adj.〉 〈선원〉 출범 준비가 된. ~klub, der 요트 클럽, 요트 클럽. ~los 〈Adj.〉 돛이 없는. ~macher, der 돛을 제작하거나 수선하는 사람. ~ohren (Pl. 없음) 〈경〉 들리지 않는 귀, 먼 귀. ~partie, die 범선을 타고 가는 소풍. ~qualle, die 〈동물〉 (지중해와 대서양에 퍼져 있는) 해파리의 일종. ~regatta, die 범주 경기, 요트 경주. ~schiff, das 범선. ~schiffahrt, die 범선 운항(항해). ~schlitten, der ↑Eissail. ~schule, die 요트 학교. ~schulschiff, das 교육용 범선. ~sport, der 범주 스포츠. ~törn, der 〈선원〉 범주(帆走). ~tuch, das 돛배, 범포(帆布). ~tuchdach, das 즈크 천으로 만든 지붕. ~tucheimer, der 즈크 천으로 만든 양동이. ~tuchschuh, der 즈크 천의 구두. ~tuchverdeck, das 즈크 천으로 만든 덮개. ~werk, das (Pl. 없음) ↑Takelage. ~wind, der 순풍. ~yacht, die ↑~jacht. ~zeichen, das 〈스포츠〉 (국적, 배의 등급・등록 번호 등을 기록한) 배의 표시.

segeln ['ze:gln] [niederd. sēgelen] 1. 〈s〉 a) 범주(帆走)하다, (범선으로) 항해하다: das Schiff segelt mit [vor] dem Wind 그 배는 순풍에 돛을 달고 간다; Diese Publikation segelt unter dem Namen Literatur 〈통용어・조롱〉 이 간행물은 문학의 이름으로 유포되었다. b) 〈경〉 패 빨리 가다. 2. a) 〈s/h〉 (특정한 방향으로) 항해하다: er hat[ist] früher viel gesegelt 그는 전에 많이 항해했다. b) 〈s. + sich; 비인칭〉 〈h〉 특별한 상황 하에서[특정한 방법으로] 항해하다: bei diesem Sturm segelt es sich schlecht 이러한 폭풍에는 항해가 순조롭지 못하다. 3. a) 〈드물게〉 〈h〉 (어떤 방향으로) 키를 잡다. b) 〈s. + sich〉 〈h〉 항해시 어떤 특성을 지니다. c) 〈s/h〉 항해로 지나오다, 주행하다: 〈전의〉 die Opposition wäre gern einen anderen Kurs gesegelt 적군[상대팀]은 기꺼이 다른 코스에 접어들었을 테지. 4. 〈h/s〉 항행하여 이루어내다. 5. 〈드물게〉 〈h〉 범선으로 물건을 운반하다. 6. 〈s〉 a) 떠돌다, 미끄러지듯 날아가다: die Wolken segeln am Himmel 구름이 하늘에서 떠돌고 있다. b) 〈통용어〉 날다, 질주하다: ein Stein kam gesegelt 돌 하나가 날아왔다. c) 〈경〉 떨어지다. d) 〈경〉 쫓겨나다, 퇴직[퇴학]하다: von der Schule s. 학교에서 퇴학당하다. e) 〈경〉 (시험에) 떨어지다, 낙제하다. 7. 〈s/h〉 (글라이더 등이) 활공하다.

Segen ['ze:gn], der; -s, - 1. a) 〈종교〉 기도, 축복, 은혜: jmdm. den S. geben 누구에게 축복을 주다 또는 하다: S. erhalten 축복을 받다; über jmdn. [etw.] den S. sprechen 누구[무엇]에 대한 축복의 말을 하다; den S. sprechen (식사 전후에) 성호를 긋고 기도하다; es läutete zum S. 〈가〉 미사가 끝나는 종소리가 울리다. b) (Pl. 없음) 〈경〉 동의, 찬성: seinen S. zu etw. geben 무엇

에 동의[찬성]하다; meinen S. hast du! 나는 너에게 아무런 이의가 없다! **2.** 〈Pl. 없음〉 **a)** 하나님의 은총, 천복, 지복(至福), 번영, 후원, 성공. **b)** 행복, 행운, 환희: diese Erfindung ist ein wahrer S. 이 발명은 진정한 행운이다; etw. zum S. der Menschheit nutzen 무엇을 인류의 행복을 위해 이용하다; [속담] sich regen bringt S. 꾸준히 일하면 그에 맞는 성과가 나타난다. **3.** 〈Pl. 없음〉 **a)** 풍부한 결과, 풍년, 수익, 재보(財寶): das ist der ganze S.? 〈통용어·반어〉 그것이 전부인가? **b)** 〈통용어·반어〉 (불만족스럽게 여겨지거나 기대에 어긋나는) 전체량, 수확(량).

segen-, Segen- (↑segens-, Segens-도 참조): **~bringend** 〈Adj.〉 축복[행운]을 가져오는. **~erteilung**, die ↑~spendung. **~spendend** 〈Adj.〉 (아이) 축복하는, 이로운, 유익한. **~spendung**, die (신부에 의한) 축복.

segens-, Segens- (↑segen-, Segen-도 참조): **~formel**, die 축복의 의례[법식, 형식]. **~reich** 〈Adj.〉 **1.** 축복이 많은, 축복(은총)을 많이 받은, 다행[다복]한. **2.** 유익한, 유용한. **~spruch** die 축복의 기도, 축사, 하사(賀詞). **~voll** 〈Adj.〉 ↑~reich. **~wunsch**, der **1.** 축복의 기원, 축원. **2.** 〈Pl.〉 행복의 기원, 축하 인사.

Segerkegel ['zeːgɐ-], der; -s, - [독일 공학자 H. Seger(1839-1893)의 이름에서] [기술] 제게르 추(錐) (고온계(高溫計)의 일종). **Segerporzellan**, das; -s 제게르 도자기, 베를린의 도자기(제게르 공법에 입각하여 동양 도자기를 본떠 만듦).

Segge ['zɛgə], die; -n [niederd. segge] [식물] 사초속 (莎草屬).

Segler ['zeːglɐ], der; -s, - [niederd. sēgeler] **1. a)** 범선, (큰) 보트. **b)** ↑Segelflugzeug. **2. a)** 범주(帆走)(범주 스포츠)하는 사람. **b)** (아이) 비조(飛鳥). **3.** [동물] 칼새. **Seglerin** ['zeːglərɪn], die; -nen ↑Segler (2 a)의 여성형.

Segment [zɛ'gmɛnt], das; -(e)s, -e [lat. segmentum] **1.** [교양어] 조각, 부분. **2.** [기하] **a)** 선분 〈線分〉. **b)** (원의) 절편(切片). **3.** [동물·의학] 환절(環節), 체절(體節). **4.** [언어] 분절, 분할체.

Segment-: **~bogen**, der [건축] ↑Flachbogen. **~förmig** 〈Adj.〉 분분의, 절편의. **~massage**, die [의학] 체절 마사지. **~therapie**, die [의학] 피부로부터 신경계를 거쳐 분할 내부 기관까지 영향이 미치게 하는 분할 치료(법).

segmental [zɛgmɛn'taːl] 〈Adj.〉 절편[선분]형의. **segmentär** [...'tɛːɐ] 〈Adj.〉 분절[단편]으로 된. **Segmentation** [...ta'tsjoːn], die; -en **1.** ↑Furchung. **2.** ↑Segmentierung (2). **segmentieren** [...tiːrən] [교양어·전문어] h) 분할하다, 분절하다, 조각으로 나누다. **Segmentierung**, die; -en. **1.** [교양어] 분할. **2.** [동물] ↑Metamerie (1). **3.** [언어] 분할.

segnen ['zeːgnən] 〈h〉 [lat. sīgnāre] **1.** [종교] **a)** 축복(성)하다, …에(게) 행복하다[부여하다]: Brot und Wein s. (미사시에) 성찬 예식에 성호를 긋다: 《[다음]표현: ↑ + sich》 sich s. 성호를 긋다. **c)** (아이) 누구[무엇]에게 축복을 내리다: Gott segne dich(dein Werk)! 신의 가호가 그대[그대의 과업]에게 있기를! **2.** (아이·조롱) 행복하게 하다, 행복을 주다: 《대개 과거분사로》mit Talenten gesegnet sein 재능으로 축복 받다; gesegneten Leibes sein 《아이·고어》임신하다, 아이 밴 몸이다; ehe ich gesegneten Leibes war 내가 임신을 하기 전에는; in gesegneten 《아이》Landstrich 비옥한 풍토(토지); eine gesegnete 《아이》Ernte 풍작; im gesegneten 《아이》Alter von 88 Jahren 88세의 고령; er hat einen gesegneten 《아이》Schlaf [통용어] 그는 곤하게[잘] 잤다. **3.** [준고어] 무엇에 대해 다행스럽게 여기다, 무엇에 감사하다. **Segno** ['zɛnjo], das; -s, -s / ...ni ['zɛnji; ital. segno < lat. signum] [음악] (악곡 연주시) 반복되어야 할 부분의 표시 기호, 반복 연주(부분)표 (↑al segno, dal segno).

Segnung, die; -en **1.** 축복, 축복의 기도, 은총, 성별(聖別). **2.** 〈대개 Pl.〉 〈흔히 조롱〉 천혜, 혜택, 은택(恩澤).

Segregat [zegre'gaːt], das; -(e)s, -e [고어] 분리물(分離物).

¹Segregation [zegrega'tsjoːn], die; -en [lat. sēgrēgātio] [생물] (유전, 형질의) 분리. **²Segregation** [sɛgrɪ'geɪʃən], die; -s [engl. segregation] [사회] (사회적·인종적) 격리(隔離), 차별(差別). **segregieren** [zegre'giːrən] 〈h〉 [lat. sēgregere] [교양어] 분리하다, 격리하다.

Seguidilla [zegi'dɪlja, die [span. seguidilla < lat. sequi] 스페인 춤의 일종(3박자의 쾌활곡).

seh-, Seh-: **~achse**, die [의학] **1.** 시축(視軸). **2.** 시선. **~bahn**, die [해부·생리] 시(각)로(視(覺)路). **~behindert** 〈Adj.〉 시각 장애의. **~beteiligung**, die [텔레비전] 청취율. **~fehler**, der 시각 장애. **~feld**, das ↑Gesichtsfeld. **~geschädigt** 〈Adj.〉 시력이 약화된, 눈이 나빠진. **~hilfe**, die 시력 보조구(예컨대: 안경, 확대경, 망원경 등). **~hügel**, der ↑Thalamus. **~hügelregion**, die ↑~hügel. **~kraft**, die 〈Pl. 없음〉 시력: jmds. S. läßt nach[nimmt ab] 누구의 시력이 떨어지다[감퇴되다]. **~kreis**, der ↑Gesichtskreis (1). **~leistung**, die 나안시력(裸眼視力). **~leute** 〈Pl.〉 [통용어·농·캠] 구경꾼, 참판자, 방관자. **~linie**, die ↑~achse (2). **~loch**, das 동공(瞳孔). **~nerv**, der 시신경. **~öffnung**, die [해부] 동공(瞳孔). **~organ**, das [전문어] 시각 기관, 눈. **~probe**, die [전문어] 시력 검사(표). **~prüfung**, die [전문어] 시력 검사. **~purpur**, die [의학·동물] 시홍(視紅). **~raum**, der [전문어] 시공간(視空間). **~rohr**, das ↑Periskop. **~rot**, das ↑~purpur. **~schärfe**, die 시각의 명도도, 시력. **~schlitz**, der (벙커, 탱크 따위의) 내다보는 창, 내다보는 구멍(투우 따위의). **~schule**, die (특히 어린이의 약시, 사시 등의 치료를 위한) 안과 교정 시설, 시력 보호(홍보)학교. **~schwach** 〈Adj.〉 약시(弱視)의. **~schwäche**, die 약시. **~stäbchen**, die (눈의 아주 미세한 방추(紡錘) 모양의) (눈의) 망막 세포. **~störung**, die 시각 장애. **~test**, der 시력 검사. **~vermögen**, das 〈Pl. 없음〉 시력, 시각, 시력의 관점, 시각법. **~weite**, die **1.** 〈Pl. 없음〉 시계(視界), 시역(視域). **2.** [의학] 적정 시각 거리. **~werkzeug**, das 《전문어》시각 기관, 눈(↑~organ). **~winkel**, der ↑Gesichtswinkel (a). **~zentrum**, das [의학] 시각 중추.

sehen* ['zeːən] 〈h〉 [lat. sigṇāre] **1.** 보다, 관찰(목격)하다, 구경하다, 보이다: gut[schlecht] s. 시력이 좋다[나빠다]; sehe ich recht? (놀란 외침으로) 이런, 아뿔싸; er kann wieder sehen 그는 시력을 되찾았다; **jmdn. sehend machen** (아이) 누구의 눈을 뜨게 하다(시력을 회복시키다). **2. a)** (방향 표시로 함께) ···에 시선을 던지다, 보다: auf die Uhr s. 시계의 문자판를 보다; aus dem Fenster s. 창밖을 내다보다; durchs Schlüsselloch 열쇠 구멍을 통해 보다; in die Sonne s. 태양(햇빛)을 똑바로 바라보다; jmdm. in die Augen s. 누구의 눈을 똑바로 보다; nach der Uhr s. 시계의 문자판를 보다; nach [unten] sehen 위[아래]를 보다; siehe Seite 115 [지시적] 115쪽을 참조하라(약어: s. S.); siehe oben 위를 참조하라(약어: s. o.); siehe unten 아래를 참조하라(약어: s. u.); **sieh(e) da!** 〈통용어·농〉 그 곳을 참조하라!; **sieh mal (einer) guck!** [놀란 소리] 바로 그거야

[이거였어]!: **etw. sieht jmdm. aus den Augen** 무엇이 누구의 얼굴[표정]에 깃들어 있다. **b)** 〈s. + sich〉 눈길을 보내다, 시선을 던지다. **c)** 기대하다, 의식하다, 상상하다, 관심을 기울이다. **3.** (일부가) 나타나다, 보이다, 모습을 드러내다. **4.** ···에 면해 있다, ···에 향해 있다: die Fenster sehen auf den Garten (nach dem Garten) 창문이 뜰 쪽으로 나 있다. **5. a)** 바라보다, 알아채다: von jmdm. [etw.] ist nichts zu s. 누구[무엇]가 보이지 않는다(없다); er ist verletzt; den möchte ich s. 그가 다쳤다니 그럴리가 없어; der das kann!; laß [mich] s. 그럴 수가!; 보여 줘; wann sehen wir uns? 우리 언제 만날까?; wir sehen (이어) häufig Gäste (bei uns) zum Tee 우리집엔 종종 차를 마시러 오는 손님들이 있다; 〈과거 분사로〉 ein gern gesehener Gast 반가운 손님; überall gern gesehen sein 어디서나 기꺼이 환영 받는다; **etw. gern s.** 무엇을 좋아하다; **jmdn. [etw.] nicht mehr s. können** (통용어) 누구[무엇]를 더 이상 견딜 수[참을 수] 없다; **(und) hast du nicht gesehen** (통용어) 재빨리, 갑자기, 순식간에; **sich s. lassen(können)** 훌륭하다, 의젓하다, 비판의 여지가 없다; **sich mit jmdm. [etw.] s. lassen können** 누구와[무엇을] 남에게 보여도 부끄럽지 않다; **sich (bei jmdm.) s. lassen** (통용어) 누구에게 들르다, 누구를 잠깐 방문하다. **b)** 회상하다, 상상하다, 눈에 선하다: sie sah ihren Sohn schon als großen Künstler 그녀는 자기 아들이 벌써 대 예술가가 된 듯이 생각(상상)하고 있었다. **c)** 엿보다, 추론해 보다, 검토하다. **6. a)** 관찰하다, 관람하다, 구경하다: das muß man gesehen haben 볼 만한 일이다!; 구경할 가치가 있다!; laß (es) (mich) s. 나에게 보여다오. **b)** 〈s. + sich〉 ···이라고 알다, 생각하다, 여기다. **7.** 체험하다, 겪다: [전의] dieser Schrank hat auch schon bessere Zeiten gesehen (농) 이 장은 예전에는 상태가 더 좋았다. **8. a)** 알아보다, 확인하다: wie ich sehe, ist hier alles in Ordnung 내가 본(확인한) 바로는 이곳에는 모든 것이 순조롭다(정상이다); siehst du (wohl) (통용어) 봤지?(자신의 견해를 확인하는 표현); ich möchte doch (einmal) s. (한번) 확인해(알아) 보고 싶군; ihr werdet schon s. (was geschieht)! (무슨 일이 일어날지) 두고들 보라고!(경고의 표현); wir sahen uns betrogen 우리는 속았다는 것을 알았다; wir sehen uns genötigt, etwas zu tun 우리는 무엇을 반드시 해야 한다. **b)** 평가하다, 판단하다: das dürfen Sie nicht so eng s.! 당신은 그처럼 좁은 소견을 가져서는 안 된다!; 〈과거분사로〉 menschlich gesehen 인간적으로 볼 때; auf die Dauer gesehen 장기적으로 보면, 결국은. **c)** 인식하다, 파악하다: er hat in seinem Roman einige Figuren sehr gut gesehen 그는 그의 소설의 몇몇 인물을 매우 잘 형상화했다; er sah darin nichts Befremdliches 그는 그것을 전혀 낯설게 생각하지[여기지] 않았다; daran läßt sich s., wie ... 그것으로 ···임이 추정될 수 있다. **d)** 곰곰히 생각하다, 조사하다, 확인해 보다. **9. a)** 무엇[누구]을 돌보다, 보살피다. **b)** 추구하다, 탐구하다, 모색하다. **10. a)** 무엇을 눈여겨 보다, 주시하다, 무엇에 주의를 기울이다, 무엇을 중히 여기다, 무엇을 향해 있다: er sieht nur auf seinen Vorteil [aufs Geld] 그는 오로지 자기 이익[돈]만을 중히 여긴다. **b)** (지역적) 누구(무엇]를 주의하다, 잊지 않다. **11.** 해보다, 무엇을 성취하려 애쓰다, 무엇을 위하여 진력하다: [성구] man muß s., wo man bleibt (통용어) 장점은 한껏 활용해야 한다.

sehens-, Sehens-: ~**wert** 〈Adj.〉 볼 가치가 있는, 한번 볼 만한. ~**würdig** 〈Adj.〉 ↑~wert. ~**würdigkeit**, die 구경거리, 명소(名所)(예컨대: 예술, 건축, 자연 기념물).

Seher ['ze:ɐ], der; -s, - **1.** 보는 사람, 관람[관찰]자, 시령자(視靈者). **2.** [부랑자] 염탐꾼, 감시자, 밀정.

3. a) [사냥] (토끼, 여우 따위의) 눈. **b)** 〈Pl.〉《통용어, 농, 청소년》눈.

Seher- (Seher 1): ~**blick**, der 〈Pl. 없음〉 예언자의 안력(眼力), 천리안, 선각자의 형안(炯眼). ~**gabe**, die 〈Pl. 없음〉 예언의 재주[능력]. ~**kunst**, die 예언술, 점복술.

Seherin, die; -nen ↑Seher (1)의 여성형. **seherisch** ['ze:ərɪʃ] 〈Adj.〉 예언적인, 예언적인.

Sehne ['ze:nə], die; -n **1.** (근육의) 건(腱). **2.** (활 따위의) 현(弦): die S. spannen (활의) 현을 당기다. **3.** [기하] 현(弦).

sehnen ['ze:nən], sich 〈h〉 그리워하다, 동경하다: sich nach jmdm. [etw.] s. 누구[무엇]를 그리워하다, 동경하다; sich nach der Heimat s. 고향을 그리워하다; sich nach einer guten Tasse Kaffee s. 맛있는 커피 한 잔을 갈망하다; sie sehnte sich allein zu sein 그녀는 혼자 있기를 바라고 있었다. **Sehnen** [-], das; -s (아어) 그리움, 동경.

sehnen-, Sehnen-: ~**defekt**, der 건(腱)장애[손상]. ~**entzündung**, die [의학] 건염(腱炎). ~**haut**, die [의학] 건막(腱膜). ~**naht**, die [의학] 건(腱)의 접합수술. ~**plastik**, die [의학] 건(腱)치료 보형대(補形帶). ~**reflex**, der [의학] 건반사(腱反射). ~**riß**, der [의학] 건균열. ~**scheide**, die [의학] 건초(腱鞘). ~**scheidenentzündung**, die 건초염(腱鞘炎). ~**schnitt**, der [의학] 접선(원심(遠心)) 절단, 나무결 절단. ~**transplantation**, die [의학] 건이식(腱移植), 건이식술(術). ~**verkürzung**, die [의학] 건단축(腱短縮)(수술 등으로 인한). ~**verlängerung**, die [의학] 건연장(腱延張)(수술로 인한). ~**zerrung**, die [의학] 건절, 근육의 삠, 염좌(捻挫).

sehnig ['ze:nɪç] 〈Adj.〉 **1.** 건(腱) 모양의, 건이 있는, 힘줄이 불거진. **2.** 몸이 억센, 강인한.

sehnlich ['ze:nlɪç] 〈Adj.〉 동경하는: mein -ster Wunsch 나의 간절한 소원; jmdn. s. erwarten 누구를 (아주) 간절히 기다리다. **Sehnlichkeit**, die **1.** (드물게) 그리워함, 연모함. **2.** (schweiz.) 동경. **Sehnsucht** ['ze:nzʊxt], die; ...süchte […zʏçtə] 그리움, 동경, 갈망: eine brennende S. 불타는 듯한 그리움; S. nach der Heimat 향수; nach Italien, das Land der S. 동경의 나라, 이탈리아; von S. verzehrt werden 그리움으로 몸이 야위다; vor S. (fast) vergehen 그리움 (거의) 죽을 지경이다. **sehnsüchtig** 〈Adj.〉 그리워하는, 연모하는: etw. s. erwarten 무엇을 애타게 기다리다. **sehnsuchtsvoll** 〈Adj.〉 (아어) 그리움에 가득 찬, 열모하는.

sehr [ze:ɐ] 〈Adv.; mehr, meist...〉 매우, 몹시, 대단히: s. gut 대단히 좋은, (성적표의) 6단계 중 제 1위(수); danke s.! 대단히 감사합니다!; bitte s. 천만에요!; **sehren** ['ze:rən] 〈h〉《고어·시어》상처를 입히다, 해치다.

Seiber ['zaibɐ], der; -s 〈지역적〉 침, 타액. **seibern** ['zaibɐn] 〈h〉 〈지역적〉 침을 흘리다.

Seicento [sei'tʃɛnto], das; -(s) (ital. seicento) 17세기 이탈리아 예술.

Seich [zaiç], der; -(e)s, **Seiche** ['zaiçə], die **1.** 《지역적·경》 오줌, 소변. **2.** 《지역적·경·편》 수다, 다변(多辯), 잡담.

seichen ['zaiçn] 〈h〉 **1.** 《지역적·경》 오줌 누다, 소변보다. **2.** 《지역적·경·편》 쓸데없는 말을 하다, 수다 떨다.

Seiches [sef] [Pl.] [frz. seiches] 《전문어》 (호(湖), 만(灣))의 고유 진동으로서의 정진(靜振).

seicht [zaiçt] 〈Adj.〉 **1.** (물이) 얕은: ein -es Gewässer 얕은 하천(내). **2.** (편) 천박한, 피상적인: eine -e Komödie 천박한 코미디. **Seichtheit**, die; -en 천박한 [피상적인] 언행. **Seichtigkeit**, die; -en **1.** 〈Pl. 없음〉

음. 2. 천박한 말.
seid: ↑sein 참조.
Seide ['zaidə], die; -n a) 명주실, 생사(生絲). b) 견직물, 비단옷: reine S. 순견(純絹); die Jacke ist auf[mit] S. gefüttert 웃의 안감을 비단으로 대었다.
Seidel ['zaidl], das; -s, - 1. 용량의 단위 이름(지금은 특히 맥주잔의). 2. 《고어》 (1자이델 들이의) 조끼.
Seidelbast, der; -(e)s, -e 서양닥나무, 서향서향.
seiden ['zaidṇ] 〈Adj.〉 a) 비단의, 생사(生絲)의: ein -es Kleid 비단옷. b) 비단같이 부드러운[가는].
seiden-, Seiden-: ~**artig** 〈Adj.〉 비단(종)류의, 비단 같은, 견질(絹質)의. ~**äffchen**, das ↑Pinseläffchen. ~**atlas**, der 공단, 수자직(繻子織). ~**band**, das 명주실 본, der 明 ↑~leim. ~**bau**, der 〈Pl. 없음〉 양잠. ~**bluse**, die 비단 블라우스. ~**brokat**, der 단자(緞子), 금란(金襴). ~**damast**, der 비단 문직물(紋織物), 다마스커스 원산의 비단. ~**faden**, der 명주 섬유, 견사. ~**finish**, das 《전문어》 견사의 광택 최종 단계. ~**gewebe**, das 견직물. ~**glanz**, der 비단의 광택. ~**glänzend** 〈Adj.〉 비단 광택의, 비단처럼 윤이 나는. ~**gras**, das 견사초(絹絲草). ~**hemd**, das 비단 내의. ~**kleid**, das 비단옷. ~**kokon**, der 《드물게》 누에고치. ~**leim**, der 蠶의 생사를 에워싸고 있는, 아교 모양의 단백질. ~**matt** 〈Adj.〉 가물거리는, 희미하게 반짝이는. ~**papier**, das 얇고 투명한 종이, 박엽지(薄葉紙). ~**raupe**, die 누에. ~**raupenzucht**, die 양잠(養蠶). ~**reiher**, der 백의 왜가리. ~**schal**, der 비단 숄(목도리). ~**schnur**, die 비단 끈[줄]. ~**schwanz**, der 〈동물〉 여새과의 새. ~**spinner**, der 〈동물〉 누에나방과, 누에나방. ~**spinnerei**, die a) 명주짜기. b) 견방적 공장. ~**stickerei**, die 비단자수. ~**stoff**, der 견직물, 명주. ~**strumpf**, der 명주 양말, 면양말. ~**tuch**, das 명주 포. ~**weich** 〈Adj.〉 비단같이 부드러운, 아주 나긋나긋한. ~**zucht**, die ↑~raupenzucht.
seidig ['zaidɪç] 〈Adj.〉 비단같이 부드러운[빛나는]: etw. fühlt sich s. an. 무엇이 비단결 같은 촉감이다.
seiend ['zaiənt] ↑sein 참조. **Seiende*** ['zaiəndə], das; -n 【철학】 존재(하는 것).
Seife ['zaifə], die; -n 1. 비누: S. kochen[sieden] 비누를 제조하다. 2. [지질] 표사 광상(漂砂鑛牀), 모래 광상, 사금 광상. **seifen** ['zaifṇ] 〈h〉 1. …에 비누를 칠하다, 비누질하다. 2. [지질] 광상을 풀다.
seifen-, Seifen-: ~**artig** 〈Adj.〉 비누 같은. ~**artikel**, der 《대개 Pl.》 세탁(세제)제. ~**bad**, das 비누 목욕. ~**baum**, der ↑~baumgewächs. ~**baumgewächs**, das 무환자나무. ~**blase**, die 비누방울: 전의 die Reformen entpuppten sich als reine -n 개혁(운동)은 순전히 물거품이 되고 말았다. ~**fabrik**, die 비누 공장. ~**flocke**, die 비누 부스러기, 비누덩이. ~**gebirge**, das [지질] 광석 또는 보석이 매장되어 있는 산. ~**industrie**, die 비누 산업(공업). ~**kiste**, die 《통용어》 장난감 자동차. ~**kistenrennen**, das 장난감 자동차 경주. ~**kraut**, das 비누풀속(석죽과의 초본); 잎의 즙은 비누대용. ~**lappen**, der 《지역적》 ↑Waschlappen. ~**lauge**, die 비눗물. ~**mittel**, das 세척(세탁)제. ~**napf**, der ↑~schale. ~**oper**, die [engl.-amerik. soap opera] 《통용어》 (라디오·텔레비전의) 인기 연속극. ~**pulver**, das 가루 비누. ~**rinde**, die Quillajarinde. ~**schale**, die 비누갑. ~**schaum**, der 비누거품. ~**sieder**, der 《고어》 비누 제조인. jmdm. geht ein S. auf 《통용어 · berlin.》 누가 알게[깨닫게] 되다(↑Licht 2 a). ~**siederei**, die a) 〈Pl. 없음〉 비누 제조. b) 비누 공장. ~**wasser**, die 비눗물.
Seifer ['zaife], der; -s 《지역적》 ↑Seiber. **seifern** ['zaifen] 〈h〉 《지역적》 ↑seibern.

seifig ['zaifɪç] 〈Adj.〉 a) 비누투성이의, 미끈거리는, 미끄러운. b) 비누 모양의, 비누와 비슷한. **Seifner** ['zaifne], der; -s, - 《고어》 세광부(洗鑛夫).
Seige ['zaigə], die; -n [광] (갱 내의 물을 배수(排水)하기 위한) 구덩이. **seiger** ['zaige] 〈Adj.〉 [광] 수직의. **Seiger** [-], der; -s, - 《지역적·준고어》 시계, 모래 시계, 괘종(掛鐘).
Seiger-: ~**ofen**, der [제련] 용광로. ~**riß**, der [광] 종단면도(縱斷面圖). ~**schacht**, der [광] 수직입갱(垂直立坑), 수갱(竪坑).
seigern ['zaigen] 〈h〉 a) 《고어》 듣다, 새다. b) [제련] 용출(용리(鎔離))되다. **Seigerung**, die; -en [제련] 용해 분석, 용석(鎔析).
Seigneur [zɛnjøːɐ], der; -s, -s [frz. seigneur] 1. 《역사적》 《프랑스 봉건 시대의》 지배자, 영주, 군주. 2. 《교양어 · 고어》 ↑Grandseigneur.
Seihe ['zaiə], die; -n 《지역적》 a) 필터, 여과기. b) 찌꺼기, 찌끼. **seihen** ['zaiən] 〈h〉 ↑durchseihen. **Seiher** ['zaie], der; -s, - 《지역적》 여과기, 필터. **Seihpapier**, das (지역적) 여(과)지. **Seihtuch**, das 〈Pl. ...tücher〉 여과용 헝겊, 여포(濾布).
Seil [zail], das; -(e)s, -e 밧줄, 줄, 자일, 로프, 끈: er balanciert auf einem gespannten Seil 그는 팽팽한 줄을 탄다; etw. mit einem S. hochziehen 무엇을 로프로 끌어올리다.
seil-, Seil-: ~**akrobat**, der 줄 타는 광대. ~**artig** 〈Adj.〉 밧줄 모양의. ~**bahn**, die a) 케이블 카. b) 케이블카용 시설. ~**ende**, das 밧줄 끄트머리. ~**fähre**, die 로프에 의한 나룻배, 케이블페리. ~**fahrt**, die [광]인원 승강(人員昇降), 인원 (삭도에서의) 로프 운반(운송). ~**hüpfen** (부정형으로) ↑~springen. ~**hüpfen**, das 줄넘기, 줄놀이. ~**kommando**, das [등산] (등산대원 사이에 합의된) 수하(誰何), 부름. ~**künstler**, der ↑~akrobat. ~**mannschaft**, die ↑ Seilschaft. ~**scheibe**, die [광] 로프차(車), 활차(바퀴). ~**schwebebahn**, die ↑~bahn. ~**sicherung**, die [등산] 자일에 의한 안전 확보. ~**sitz**, der [등산] (부상자 운반을 위한) 밧줄 운반석. ~**springen** (부정형으로) 줄넘기를 하다, 줄을 넘다. ~**springen**, das 줄넘기, ~**stärke**, die 로프의 강도(强度). ~**steuerung**, die 견인줄을 써서 차를 조종하기. ~**tanz**, der 〈Pl. 없음〉 밧줄타기(춤): **Seiltänze vorführen** 《통용어》 줄타기를 연출하다. ~**tanzen** (부정형으로) 줄타기를 하다, 줄을 타다. ~**tänzer**, der ↑~akrobat. ~**tänzerin**, die ↑~tänzer의 여성형. ~**trommel**, die (로프를 감는) 바퀴, 사동(索胴), 케이블 드럼. ~**werk**, das 〈Pl. 없음〉 삭구(索具), 로프류. ~**winde**, die 밧줄을 끌어올리는 윈치. ~**ziehen**, das; -s 《드물게》 밧줄 당기기. ~**zug**, der 끌어 당기는 줄.
¹**seilen** ['zailən] 〈h〉 1. 밧줄을 꼬다, 새끼를 꼬다. 2. 《드물게》 밧줄로 끌다, (…에) 밧줄을 매다.
²**seilen** [-] 〈h〉 범주(帆走)하다.
Seiler ['zaile], der; -s 밧줄(새끼) 꼬는 사람.
Seiler-: ~**bahn**, die 밧줄(새끼) 꼬는 곳. ~**meister**, der 밧줄 제조 기능장. ~**ware**, die 《대개 Pl.》 밧줄[로프]류(類).
Seilerei [zailə'rai], die; -en 1. 〈Pl. 없음〉 밧줄[새끼] 제조. 2. 밧줄 제조소. **Seilschaft**, die; -en [등산] 한 밧줄에 같이 결합된 등반대: eine erfahrene S. 노련한 등반대.
Seim [zaim], der; -(e)s, -e [mhd.(honce)seim] 《고어·아어》 농밀액, 걸쭉한 즙, (오트밀 따위의) 죽.
seimig ['zaimɪç] 〈Adj.〉 《고어·아어》 걸쭉한, 끈적거리는.
¹**sein*** [zain] I. 1. a) 있다, 존재하다, 지속하다, 살아 있다:

²sein

gesund[müde] s. 건강[피곤]하다; er war sehr freundlich 그는 매우 친절했다; wie ist der Wein? 포도주는 맛[질]이 어떤가?; das ist ja unerhört! 이건 정말 엄청난[들어보지 못한] 일이다; wie alt bist du? 너는 몇 살이냐[나이가 얼마냐]?; der Hut ist aus der Mode 모자는 유행이 지났다; er war ganz außer Atem 그는 아주 숨을 헐떡였다; sie ist in Not[Gefahr] 그녀는 곤경[위험]에 처해 있다; er war bei ihnen zu Gast 그는 그들 집의 손님이었다; (비인칭) es ist kalt hier 여기는 춥다; es ist Sommer 여름이다; wie war es denn? 도대체 (사정이) 어땠느냐?; es ist nicht so, wie du denkst 네가 생각하는 것과는 사정이 다르다; es sei denn, (daß) ⋯이 아니(라)면; **sei es, wie es wolle; sei dem[dem sei], wie ihm wolle; wie dem auch sei** 사정이 어떻든간에; **nicht so s.** 《통용어》 대범하게[관대하게] 보이다; dem ist (nicht) so 사태는 그대로이다[그렇지 않다]. **b)** 누구의 것이, ⋯에 속하다: das ist meins(《통용어》 mir) 이건 나의 것이다; 전의 ich bin dein 《시어》 나는 사랑으로 너와 묶여 있다[나는 그대의 것]. **c)** 어떤 느낌을 지니다, 어떤 상태에 처하다: mir ist schlecht 나는 기분이 나쁘다; ist dir kalt? 너는 추우냐? 《비인칭》 es ist mir nicht gut heute 나는 오늘 기분이 별로 좋지 않다; **jmdm. ist, als (ob)** ⋯ 누가 (마치) ⋯인 듯한 느낌[인상]을 갖다; **jmdm. ist (nicht) nach etw.** 《통용어》 무엇을 할 욕망이 생기다[생기지 않는다]. **d)** 《대등격과 결합하여》《동질성, 분류 또는 배열을 표현》 er ist Lehrer 그는 선생이다; sie ist ja noch ein Kind 그녀는 정말 아직도 어린아이이다; die Katze ist ein Haustier 고양이는 가축이다; 성구 das wär's 됐다, 충분하다, 이게 전부다; **es s.** 바로 무엇을 한 사람[찾던 자]이다: du war es 네가 바로 그것을 한 사람이었다; **wer s.** 《통용어》 명성을 누리는 자다: im Fußball sind wir (wieder) wer 축구에서는 우리가 (다시) 영광을 누리는 자다; **nichts s.** 《통용어》 인생에 있어서 아무것도 성취하지 못하다, 아무것도 이룩하지 못하다. **e)** 《계산의 결과와 관련해서》 답(결과)을 얻다: fünfzehn und sechs ist《통용어》sind) einundzwanzig 15 + 6 = 21. **f)** 《비인칭》《일정한 시간(시점)의 표시로 쓰임》 es ist 19 Uhr 오후 7시이다. **2. a)** 《어떤 장소에》있다, 머물다, (그 곳으로) 가있다, (그 곳으로) 보내졌다: es war niemand im Haus 집엔 아무도 없었다; sie ist (dort) zur Kur 그녀는 요양하러 (거기에) 갔다. **b)** 《어떤 영역(방식)에서》 유래하다, (어디에서[누구로부터]) 나오다: er ist aus gutem Haus 그는 좋은 가문 출신이다. **3. a)** 《일정한 장소, 시간에》 거행되다, 개최되다, 진행되다: die erste Vorlesung ist morgen 첫 강의는 내일 개최된다. **b)** 《어떤 장소, 시간, 상태에서》 일어나다, 발생하다, 생기다: die meisten Unfälle sind nachts 대부분의 사고는 밤에 일어난다; 《비인칭》 es war im Sommer letzten Jahres 그 일이 일어난 것은 작년 여름이다. **c)** 《화법 조동사와 결합하여 대개 부정형으로》 발생하다, 일어나다, 행해지다, 되다: eine Sache wie diese darf[soll] nicht s. 이와 같은 일은 발생해서는 안된다; das kann doch nicht s.! 그럴리가 없다! 아무래도 그런 일은 있을 수 없다!; **wenn etwas ist** 《통용어》, rufst du mich an 무슨 중대한 일이 생기면 나에게 전화를 걸어라; war etwas《통용어》während meiner Abwesenheit? 내가 없는 동안에 (알릴 만한, 중요한) 일이 있었느냐? (비인칭) es sei![so sei es denn!](그러면) 됐어! 좋아! 그렇게 해 두자!; 성구 was s. muß, muß s. 그것은 불가피하다, 된 것 와야지; sei's drum 그것으로 잘 됐다 돼; **sei es ... sei es(sei es ...oder)** ⋯이거나 (아니면) ⋯건간에(양자택일). **4.** 있다, 존재하다, 지속하다, 실재하다: vieles wird noch s. 많은 것이 아직도 존재한다; wenn wir nicht mehr sind 우리가 죽어 없어지면; die Königinmutter ist nicht mehr 그 여왕의 어머니는 죽고 없다; das wird niemals s. 그런 일은 결코 일어나지 않을 것이다; das war einmal 그것은 지나간[끝난] 일이다; ist (irgend) etwas? 《통용어》 무슨 성가신 일이 있나? 《비인칭》 es sind keine Zweifel mehr 의심의 여지가 없다; 성구 was nicht ist, kann noch werden 항상 희망을 버릴 수는 없다; das menschliche sein 인생, 인간 존재; 성구 Sein oder Nichtsein, das ist hier die Frage 생존 여부가 달린 문제이다, 아주 중요한 결정의 기로에 있다. **II. 1.** 《조동사로서 zu 부정형과 함께》**a)**("können"과 결합된 수동형에 일치하여) er ist durch niemanden zu ersetzen 그는 누구와도 대치될 수 없다; das ist mit Geld nicht zu bezahlen 그것은 돈으로 지불(계산)될 수 있는 일이 아니다. **b)** ("müssen"과 연결된 수동형에 일치하여) fehlerhafte Exemplare sind unverzüglich zu entfernen 파본(책)은 즉시(지체 없이) 거두어들여[겨]야 한다. **2.** 《조동사로서 과거분사와 함께》**a)** 《완료형으로 쓰임》 der Regen ist schnell wieder abgetrocknet 비가 곧 다시 말랐다; 《동작을 표시하는 동사가 생략된 경우》 sie sind mit dem Wagen in die Stadt 《통용어》 그들은 (차를 타고) 시내로 갔다. **b)** 《상태의 수동》 das Fenster ist geöffnet 창문이 열려 있다. **Sein** [-], *das*; -s [철학] 존재, 생존, 있음, 유(有): ideales und materielles S. 이상적 존재와 물질적 존재; die Philosophie des -s 존재의 철학.

²**sein** [-] 〈Possessivpron.〉《소유 대명사의 3인칭 단수로 남성 또는 중성의 사람과 사물과 관련된 본질이나 사물, 행위나 특성의 소속 및 출처를 표시함》 **1. a)** 《명사 앞에서》 α) s. Hut 그의 모자; einer -er Freunde 그의 친구들 중의 하나; meinem Vater u. Hut《경》나의 아버지의 모자; das Dorf und -e Umgebung 《아어》 마을과 주위 풍경(환경); im Auftrag Seiner Majestät 폐하의 위임으로; das ist s. erstes Buch 이것은 그의(그가 쓴) 최초의 책이다; der Graben ist -e drei Meter breit 《통용어》 도랑은 넓이가 족히 3미터가 된다. β) 《습관, 관습적 소속성, 규칙 등의 표현》 er hat jetzt -e Tabletten 그는 지금 그의[그에게 정해진] 약을 먹어야 한다; er hat -en Zug verpaßt 그는 그의(그가 늘 이용하는) 기차를 놓쳤다; mit -em (ewigen) Genörgel 《통용어》 그에게 이미 습관이 되버린 헐뜯음으로. **b)** das Buch ist s. 《지역적》 이 책은 그의 것이다; das ist nicht mein Messer, sondern -s 《아어》 -es 이것은 나의 칼이 아니라, 그의 칼이다. **2.** 《아어》 ich hatte meine Werkzeuge vergessen und benutzte die -en 나는 나의 연장을 가지고 오지 못해서 그의 것을 사용했다; sie soll die Seine werden 그녀는 그의 아내가 될 것이다; er hat das Seine getan 그는 자기의 할당분(책임)을 다했다; 성구 jedem das Seine 각자는 가지고 싶어하는 것을 가져야; den Seinen gibt's der Herr im Schlaf 많은 사람은 애쓰지 않아도 다다를 수 있는 행복이 있다(제 복은 제가 타고 난다). ³**sein** [-] 《시어·고어》 ↑ seiner: sie gedachte s. 그녀는 그를 잊지 않았다. **seiner** ['zajnɐ] 〈인칭대명사 er의 2격〉 sie erinnerte sich s. 그녀는 그를 기억하고 있었다. **seinerseits** 〈Adv.〉 그에 관하여는, 그 자신으로서는, 그의 편(쪽)에서: es war ein Mißverständnis s. 그것은 그의 쪽에서의 오해였다. **seinerzeit** 〈Adv.〉 **1.** 이전에는, 옛날에는, 당시: s. s. ist fast 50 Jahre her, hatten wir alle kaum etwas zu essen 거의 50년이 흘러간 그 당시만 해도 우리 모두는 먹을 것이 별로 없었다. **2.** 《österr》 후에, 나중에: wir werden s. darüber noch einmal verhandeln 나중에 우리 다시 한번 그 문제에 대해 의논해 보자. **seinerzeitig** 〈Adj.〉 당시의, 그 무렵의. **seinesgleichen** 〈Pron.〉 격변화 없음 그 같은 사람, 그의 동류(同輩), 그 토래, 그와 동등한 것: als Meister des Gespräches hat er nicht s. 대화의 명수(대가)로서 그에게 필적(匹敵)할 사람

은 없다; von ihm und s. kann man nicht mehr erwarten 《쭘》 그와 그런 또래[부류]의 사람에게서 더 이상 기대할 만한 것은 없다; **seinethalben** 〈Adv.〉《준고어》↑seinetwegen, **seinetwegen** 〈Adv.〉 그 때문에. **seinetwillen** 〈Adv.〉《다음 용법으로만》**um s.** 그를 고려하여, 그를 위하여. **seinige** ['zaɪnɪɡə], der / die / das ·Possessivpron.〉《아이·준고어》《단 명사로서 가끔 대문자로 써서, 단수 중성은 재산, 의무, 복수는 가족, 친구, 부하를 의미함》: er wird das Seinige dazu beitragen 그는 그 일에 그의 몫[의무]을 다할 것이다; sie soll die Seinige werden 그녀는 그의 아내가 될 것이다 [그와 결혼할 것이다]; er wollte die Seinigen besuchen 그는 그의 가족을 방문하고자 했다.
seinlassen* 《통용어》하지 않다, 중지하다: ich werde es doch lieber s. 나는 차라리 그것을 하지 않을 것이다.
Seine ['zɛːn(ə), 〈frz.〉 sɛn], die 세느(프랑스에 있는 강).
Seising ['zaɪzɪŋ] ↑Zeising.
Seismik ['zaɪsmɪk], die 지진학(地震學). **seismisch** 〈Adv.〉 [griech. seismós] 1. 지진에 관한, 지진(学)의: -e Untersuchungen 지진 탐사(地震探査). 2. 지진에 의한, 지진으로 인한. **seismo-, Seismo-** [zaɪsmo-] 《"지진"을 뜻하는 규정어로서, 예컨대》 seismographisch, Seismologie. **Seismogramm**, das; -s, -e 지진 기상(記象), (지진계에 기록된) 진동도(圖). **Seismograph**, der; -en, -en ↑Seismometer. **seismographisch** 〈Adj.〉 지진계에 의한, 지진계의. **Seismologe**, der; -n, -n 지진학자. **Seismologie**, die ↑Seismik. **seismologisch** 〈Adj.〉 ↑seismisch (1). **Seismometer**, das; -s, - 지진계. **Seismometrie**, die 지진계측, 지진 관측. **seismometrisch** 〈Adj.〉 지진계에 따라, 지진계 측정에 의한.

seit [zaɪt] I. 〈Präp.³〉《아직도 진전되고 있는 상태, 과정이 시작된 시점 표시》…이래, 이후부터: s. kurzem[neuem] 얼마 전부터[근래]; dieses Problem hat mich s. eh und je[jeher] beschäftigt 《통용어》이 문제는 이미 항상 나의 관심을 끌었다. II. 〈Konj.〉《특정한 상태, 과정이 나타난 시점을 알림》…이래, …이후: s. er die Firma übernommen hat, ist der Umsatz gestiegen 그가 회사를 맡은 이후로, 매상이 올랐다.
seit- ['zaɪt-]: **~ab** [zaɪt|ap] 〈Adv.〉 **a)** 옆에, 곁에. **b)** 《드물게》↑beiseite (b). **~beugen** 〈h〉《체조》 옆구리 운동을 하다(두 다리를 벌린 상태에서 상체를 좌우로 번갈아 굽히는 동작). **~halte**, die 〈체조〉 양팔을 수평으로 벌리기. **~pferd**, das 〈체조〉 안마. **~spreizen**, das 《기계 제조》 착지시에 두 다리를 옆으로 뻗치기. **~wärts** I. 〈Adv.〉 **a)** 옆으로. **b)** 옆에. II. 〈Präp.²〉《아이》 곁에, 옆에, 언저리를 따라, 옆으로부터: s. des Weges 길 옆[옆으로]으로. **~wärtsbewegung**, die 옆으로의 움직임. **~wärtshaken**, der 〈권투〉 후크.
seitdem I. 〈Adv.〉 이[그]때부터. II. 〈Konj.〉《드물게》↑seit (II): s. sie liebt, ist sie völlig verändert 그녀는 사랑을 알게 된 뒤부터 완전히 변했다.
Seite ['zaɪtə], die; -, -n [mhd. sîte; 7: lat. latus에 따라] 1. a) 여러 평면 중의 한 면. b) 좌우면, 전후방, 상하면. c) (좌, 우의) 한 측면: der Kahn legte sich bedenklich auf die S. 배가 거의 뒤집힐 지경이었다[옆으로 넘어진다]. 2. a) 측, 측면, 편: wir wohnen auf der anderen S. des Flusses 우리는 강의 다른 쪽(편)에 살고 있다. b) (일정한 영역에서 멀리 떨어진) 한쪽, 한결; geh auf die[zur] S.! (옆으로) 비켜라!; jmdn. auf die S. winken 누구를 손짓하여 옆으로 불러내다; jmdn. zur S. nehmen (밀담을 하기 위하여) 누구를 곁으로 끌고 가다; 전의 jmdn. zur S. schieben 누구를 자리[직위, 지위]에서 밀어[쫓아]내다; etw. auf die S. schaffen 《통용어》 무엇을 부정한 방법으로 조달하다; jmdn. auf die S. schaffen 《경》 누구를 죽이다, 죽여 없애다; etw. auf die S. legen 무엇을 따로 놓아[모아]두다(↑Kante 2); **auf die große[kleine] S. müssen** (österr.) 〈특히 학생〉 대변[소변]보다; etw. **auf der S. haben** 무엇을 치우다[물리워 놓다](↑Kante 2); **zur S. sprechen** [연극] (무대에서 상대역에게가 아니고) 관객에게 말하다. c) 지역, 영토의 일부, 쪽. 3. a) 옆구리, 허(구)리: der Junge trägt sein Fahrtenmesser an der S. 젊은이는 하이킹용 칼을 옆구리에 차고 있다; sich im Schlaf auf die andere S. drehen 자면서 몸을 뒤치럭거리다; 전의 sie verbrachte eine glückliche Zeit an der S. ihres Mannes 《아이》 그녀는 그녀의 남편과 더불어 행복한 시간을 보냈다; **S. an S.** 나란히, 함께, 결탁하여(↑Schulter); **jmds. grüne S.** 《농》 누구와 아주 가까운 거리에서(↑grün 4); **lange -n haben** (지역적) 많이 먹고 마실 수 있다(원래 "몸에 많은 자리가 있다"의 뜻); **jmdn. jmdm.[etw. einer Sache] an die S. stellen** 누구를 누구와[무엇을 무엇과] 비교하다; **sich auf die faule S. legen** 드러누워 빈둥빈둥 게으름을 피우다(↑Haut); **jmdm. mit (Rat u. Tat) zur S. stehen** 누구의 곁에 서다, 누구를 돕다; **jmdn. nicht von der S. gehen[weichen]** 《통용어》 누구를 잠시도 혼자 내버려두지 않는다; **jmdn. von der S. ansehen** 누구를 얕잡아 보다, 곁눈으로 보다. **b)** 옆구리: mich[mir] schmerzt die ganze rechte S. 나의 오른쪽 옆구리가 온통 쑤신다; sich vor Lachen die -n halten 배를 움켜쥐고 웃다, 포복절도하다. 4. (동물의) 허(구)리. 5. 방면, 방향: von allen -n herbei 모든 방향에서; 전의 nach der S. der politischen Wissenschaft 정치학의 측면에서. 6. **a)** (공책, 신문) 지면. **b)** (책 따위의) 페이지, 쪽(약어: S): das Buch ist 300 -n stark 이 책은 300 페이지의 두께이다. **c)** 면: die untere(obere) S. 아래(위)면; 성구 das ist (nur) die eine[andere] S. der Medaille 이것은 동전의 한[다른] 면일 뿐이다; 속담 alles[jedes] Ding hat (seine) zwei -n 모든 것은 다 양면[장단점]이 있다, 옥에도 티가 있다. 7. [수학] **a)** (평면도형의) 변, (입체의) 면. **b)** (방정식 등의 좌우) 변, 항(項). 8. **a)** 여러 현상 중의 한 면, 방식, 양상: die menschliche(soziale, juristische) S. eines Konflikts 분쟁의 인간적(사회적, 법률적) 측면; die technische S. des Problems außer Acht lassen 이 문제의 기술적인 측면을 도외시하다; auf der einen S. …, auf der anderen S. … 한 쪽(편)에서는…, 다른 쪽 (편)에서는…; die Dinge von allen -n untersuchen 일 (사실)을 철저히[포괄적으로] 연구(조사)하다. **b)** (행동, 특성, 고유 성격 등의) (측)면, 관점: sein Charakter hat viele(zwiespältige) -n 그의 성격은 여러[분열적인] 면을 지니고 있다; heute kenne ich ihn ganz von einer S. … 나는 이전과는 전혀 다른 모습이다. **jmds. schwache S. sein** 《통용어》 1) 무엇을 특(별)히 잘할 능력이 없다. 2) 누구[무엇]에 약점을 지니다; **jmds. starke S. sein** 《통용어》 무엇을 특히 잘할 수 있다[능력이 있다]; Logik ist nicht gerade seine stärkste S. 논리학은 바로 그의 장기가 아니다. 9. **a)** 《어느 한쪽의》 입장, 측, 자기편 또는 쪽, 당파: beide -n zeigten sich in den Verhandlungen unnachgiebig 교섭 당사자 쌍방이 팽팽히 맞서 있다[양보하지 않았다]; die S. des Feindes 적측(전영); 《명사형이 퇴색되어 소문자로 쓰임》 auf seiten der Werktätigen herrscht Erbitterung 노동자 측에 분노가 일고 있다; 전의 auf d. S. des Fortschritts stehen 진보의 편에 서다; **jmdn. auf seine S. bringen[ziehen]** 누구를 자기 진영으로 끌어들이다[포섭하다]; **auf beiden -n Wasser tragen** 양쪽에 초연하다. **b)** 〈Pl. 없음〉 (특정한 관점, 기능을 대표하는) 사람, 단체: von dritter [offizieller] S. 제 3자[관변 소식통]로부터; von mei-

seiten-, Seiten-: ner S. 나의 견해[관점]로는. **10.** (혈연) 가족, 계[보]: von väterlicher[mütterlicher] S. 부[모]계로부터.
seiten-, Seiten-: ~**abweichung**, die 〖군〗 ↑Derivation (2). ~**altar**, der (성당의 큰 제단 옆에 있는) 소제단(祭壇). ~**angriff**, der 측면 공격. ~**ansicht**, die 측면도, 측면 투영(投影), 측면관(觀), 프로필. ~**arm**, der ↑Arm (2). ~**aus**, das 〖구기〗 ↑auslinie의 약칭. ~**ausgang**, der ↑Nebenausgang. ~**auslinie**, die 〖구기〗 ↑Auslinie. ~**bau**, der ↑Nebengebäude. ~**bewegung**, die 〖음악〗 ↑Gegenbewegung. ~**blick**, der 곁눈[질], 사시(斜視): jmdm. einen flüchtigen S. zuwerfen 홀끔 같은 질하다; 전의 ein S. ins „gewöhnliche" Leben „범속한[비열한]" 생활에 던지는 추파[곁눈질]. ~**bordmotor**, der (모터·보트의) 발동기. ~**bühne**, die 〖연극〗 무대의 옆부분. ~**deckung**, die 〖군〗 ↑Flankendeckung. ~**druck**, der 〈Pl. …drücke〉〖물리〗 측압(側壓), 횡압력. ~**eingang**, der 측면 입구. ~**fach**, das **1.** 측면 서랍. **2.** 〖드물게〗 ↑Nebenfach. ~**fläche**, die 〖Seite (1 b), 측면〗. ~**flügel**, der **1.** ↑Flügel (4). **2.** 측랑(側廊). ~**front**, die (건물의) 각면(刻面). ~**führung**, die 〖자동차〗(커브 운행시) 타이어의 접지 상태. ~**gang**, der **1. a)** ↑Nebengang. **b)** 열차 복도. **2.** 〖승마〗 두 발굽[2척(二蹠)]행진. ~**gasse**, der ↑Straße. ~**gebäude**, das ↑Nebengebäude. ~**gewehr**, das **a)** 〖옛〗(佩劍). **b)** 〖군〗 총검. ~**halbierende**, die; -n 〖기하〗 2등분선. ~**hieb**, der **1.** 〖펜싱〗 옆을 침, 측면 공격. **2.** 비꼼, 빈정댐. ~**kanal**, der 측선(側線)운하. ~**kette**, die 〖화학〗 측쇄(側鎖). ~**knospe**, die 〖식물〗 곁눈. ~**kulisse**, die 〖연극〗(무대의) 측면 장치[배경], 무대의 세트. ~**lage**, die 측위(側位). ~**lähmung**, die 반신마비[불수]. ~**lang** 〈Adj.〉 여러 페이지에 걸친, 여러 페이지에서 걸쳐서. ~**laut**, der 〖언어〗 ↑Lateral. ~**lehne**, die ↑Armlehne. ~**leitwerk**, das 〖항공〗 수직미익(垂直尾翼)(수직 안정판과 방향키의) (↑ ~**ruder**). ~**linie**, die **1.** ↑Nebenlinie (1, 2). **2.** 〖동물〗 ↑~**organ**. **3.** 〖구기〗 ↑Auslinie (2). ~**linienorgan**, das ↑~**organ**. ~**loge**, die 〖연극〗 측면 관람석. ~**moräne**, die 〖지질〗 ↑Randmoräne. ~**naht**, die 옆자리 이음, 측면 봉합. ~**organ**, das 〖동물〗(물고기, 양서류의) 감각 기관(속도 및 방향을 위한). ~**pfad**, der ↑~**straße**. ~**portal**, das 측면 입구. ~**richtig** 〈Adj.〉(원 물체와) 좌우가 일치하는, 맞는(반대: ~verkehrt). ~**riß**, der 〖토건〗 측면도. ~**ruder**, das 〖항공〗(수직) 방향타(舵). ~**scheitel**, der (머리카락의) 좌우 가름. ~**schiff**, das 〖토건〗(교회당의) 측면(側面)의 골마루, 측랑(側廊), 〖좌석 사이의〗 통로. ~**schneider**, der (가위와 비슷한) 집게. ~**schritt**, der 〖댄스〗 옆 걸음질(치기). ~**schwimmen**, das 측영(側泳), 횡영(橫泳), 사이드 스트로크. ~**sproß**, der ↑~Knospe. ~**sprung**, der **1.** 〖고어〗 옆으로 뛰기, 반회전, 선회. **2.** 탈선, 정사(情事). ~**ständig** 〈Adj.〉〖식물〗 옆쪽으로 나오는, 옆으로 자라는. ~**stechen**, das 옆구리를 찌르는 통증, 비장병(脾臟病). ~**steuer**, das 〖항공〗 ↑~**ruder**. ~**strang**, der 〖해부·생리〗(인후 림프 조직의) 측면 인대(靭帶). ~**straße**, die ↑Nebenstraße. ~**streifen**, der ↑Randstreifen. ~**stück**, das 〖드물게〗 **1.** 측면부, 측면의 일부, 옆조각. **2.** ↑Gegenstück. ~**tal**, das 지류 계곡. ~**tasche**, die **a)** 옆 호주머니. **b)** ↑~fach. ~**teil**, das, 〖또한〗 **1.** 옆(에 있는) 부분. **2.** 측면도. ~**trakt**, der ↑Nebentrakt. ~**trieb**, der 옆 곁가지. ~**tür**, die ↑Nebentür (1). ~**verkehrt** 〈Adj.〉 좌우가 거꾸로 된(반대: ~richtig). ~**wagen**, der 《schweiz.》 사이드 카. ~**wahl**, die 〖구기〗 사이드[코

트]의 선택. ~**wechsel**, der 〖구기〗(특히 정구, 펜싱에서) 코트의 바꿈[교환]. ~**weg**, der 옆길, 샛길. ~**weise** 〈Adj.〉 나란히. ~**wind**, der 옆에서 불어오는 바람. ~**zahl**, die **1.** 페이지[면]수. **2.** 쪽[페이지] 번호.
seitens ['zaitns]〈Präp.²〉〖격식독어〗 …의 측에서, …의 측면으로부터: s. des Gerichts 재판관 측에서.
seither 〈Adv.〉 **1.** 《드물게》 그 이후(seitdem). **2.** 《표준어 상으로 정확치 않음》 지금까지, 종래(bisher). **seitherig** 〈Adj.〉 **a)** 그 이후의, 그 후의. **b)** 《표준어 상으로 정확치 않음》 지금까지의, 종래의.
-seitig [-zaitiç]《다음의 합성어로, 예컨대》linksseitig, vielseitig, vierseitig(숫자: 4 seitig). **seitlich** ['zaitliç] **I.** 〈Adj.〉 옆의, 곁의, 옆을 향한, 옆으로부터의; 때때로. **II.** 〈Präp.²〉 옆에, 곁에: er stand s. des Weges 그는 길 옆에 서 있었다. **Seitling** ['zaitliŋ] der; -s, -e 〖식물〗 평이속(平茸屬).
seitlings [zaitlɪŋs]〈Adv.〉《드물게》 **a)** 옆(쪽)으로. **b)** 옆에, 옆으로. ~**seits** [-saits] 《다음의 복합어로, 예컨대》 dies-, jenseits, einerseits, seinerseits.
Sejm [se:(i)m, 《원어》 sɛjm], der; -s 〖poln. sejm〗 **a)** 《역사적》 폴란드 의회. **b)** 폴란드 인민의회.
sek. Sek. = Sekunde.
Sekans ['ze:kans], der; -, …nten [ze'kantn̩; lat. secāns] 〖수학〗 정할(正割)(기호: sec). **Sekante** [ze'kantə], die; -, -n 〖lat. linea secans〗〖수학〗 할선(割線).
Sekel ['ze:k], **Schekel** ['ʃe:k], der; -s, - [hebr. šeqɛl] **1.** 고대 바빌론 및 유태의 중량(동전) 단위. **2.** 1980년 이후의 이스라엘 화폐 단위(1 Schekel = 100 New Agorot).
sekkant [zɛ'kant] 〈Adj.〉〖ital. seccante〗《österr.·교양어》 귀찮은, 성가신(lästig), 추근추근하는(aufdringlich). **Sekkatur** [zɛka'tu:ɐ̯], die; -, -en 〖ital. seccatura〗《österr.·교양어》 성가시게 함. **sekkieren** [zɛ'ki:rən] 〈h〉〖ital. seccare〗《österr.·교양어》 성가시게 하다, 괴롭히다.
Sekond [ze'kɔnt], die; -en 〖ital. seconda〗《펜싱》 세컨드(칼 끝이 상대방의 허리 부분에 닿을 정도의 자세).
sekret [ze'kre:t] 〈Adj.〉〖lat. sēcrētus〗《고어》 비밀의. ¹**Sekret** [-], der; -s [lat. sēcrētus] 《고어》 내보. ²**Sekret** [-], das; -s, -e [lat. sēcrētum] 〖의학·생물〗 분비물[액]. ³**Sekret** [-], die; -en [lat. (oratio)secreta] 《가》 묵독축문(黙讀祝文). **Sekretar** [zekre'ta:ɐ̯], der; -s, -e 《고어》 지배인, 부서의 장. **Sekretär** [...'tɛ:ɐ̯], der; -s, -e[frz. secrétaire] **1.** 비서, 서기. **2. a)** (정당, 조합의) 서기장. **b)** 《드물게》 기록(담당). **3.** (독일의 연방, 주, 지방) 중급 관리의 칭호. **4.** 책꽂이를 겸한 책상. **5.** (아프리카의 초원에 서식하는) 서기관조(書記官鳥). **Sekretariat** [...ta'ria:t], das; -(e)s, -e [lat. secretariatus] **a)** 비서과, 사무국, 총무과. **b)** 위의 방. **Sekretärin**, die; -nen 여비서. **Sekretarius** [...'ta:rius], der; -, ...rii[...'ta:rii] 《고어》 비서관. ¹**sekretieren** [...'ti:rən] 〈h〉〖의학·생물〗 분비하다. ²**sekretieren** [-] 〈h〉 숨기다, 비밀로 하다. **Sekretin** [...'ti:n], das; -s, -e 〖의학〗 세크레틴. **Sekretion** [...'tsi̯on], die; -en [lat. secretio] **1.** 〖의학·생물〗(세포, 선(腺)의) 분비(물). **2.** 〖지질〗 외부의 분비물에 의한 암석 공간의 충전. **sekretorisch** [...'to:rɪʃ] 〈Adj.〉〖지질·생물〗 분비(작용)의.
Sekt [zɛkt], der; -(e)s, -e [frz. vin sec] 샴페인.
Sekt-: ~**fabrikant**, der 샴페인 제조(업)자. ~**flasche**, die 샴페인 병. ~**flöte**, die 좁다란 샴페인 술잔. ~**frühstück**, das 샴페인을 곁들여 오후 늦게 먹는 점심 아침식사. ~**glas**, das 〈Pl. -gläser〉 샴페인 잔. ~**kelch**, der (길다란 손잡이가 달린) 샴페인 잔. ~**kellerei**, die 샴페인 양조장. ~**korken**, der 샴페인 병 코르크 마개. ~**kübel**, der 샴페인 통. ~**kühler**, der 샴

페인 생각 저장통. ~laune, die 《농》 샴페인 기분(뜻밖의 행동을 가능하게 하는). ~pfropfen, der ↑~korken. ~pulle, die 《경》 샴페인 병. ~schale, die 접시 모양의 샴페인 잔. ~steuer, die 샴페인 소비세.

Sekte ['zɛktə], die; -n 종파, 교파, 분파. **Sektenwesen**, das 〈Pl. 없음〉 종파, 파벌. **Sektierer** [zɛk'tiːrɐ], der; -s, - **1.** 종파의 추종자(우두머리). **2. a)** 《공산주의》 종파주의자. **b)** 《구동독》 Linksabweichler. **Sektiererei** [...rə'raɪ], die; -en 《폄》 파벌, 분파. **sektiererisch** 〈Adj.〉 **1.** 종파의. **2. a)** 《공산주의》 (과격) 종파주의적인. **b)** 《구동독》 ↑linksabweichlerisch 참조. **Sektierertum**, das; -s 종파성, 파벌 행위.

Sektion [zɛk'tsi̯oːn], die; -en [lat. sectio] **1.** (분)과. **2.** [의학] 사체 해부, 부검. **3.** [기술] (특히 배의) 완성 부품. **4.** 《구동독》 (대학의) 학과.

Sektions-: ~**befund**, der [의학] 해부 소견. ~**chef**, der 《외스터.》 (부처의) 국장. ~**sitzung**, die 분과 회의, 과(課)[국(局)]원 회의. ~**weise** 〈Adj.〉 조(분단, 분과, 분대)별로.

Sektor ['zɛktoːɐ̯, (또한) zɛkto:ɐ̯], der; -s, -en [lat. sector] **1.** (전문) 영역, 분야. **2.** [기하] **a)** 선형(扇形). 전의 nur einen winzigen S. konnte er überblicken 그는 작은 단면(斷面)만 바라볼 수 있었다. **b)** ↑Kugelsektor. **3.** (제 2 차 세계 대전 이후 베를린과 비인의) 4개 점령 지구 중의 하나. **Sektorengrenze**, die (베를린의) 점령 지구 경계.

Sekund [ze'kʊnt], die; -en 《외스터.》 1/3600도(표시: ″) (↑Sekunde 3). **Sekunda** [ze'kʊnda], die; ...den [lat. secunda] **a)** 김나지움(9년제)의 제 6·7 학년. **b)** 《외스터.》 김나지움의 제 2학년. **Sekundakkord**, der; -(e)s, -e [음악] 두 개의 화음(Sekundquartsextakkord의 약칭). **Sekundaner** [zɛkun'daːnɐ], der; -s, - 김나지움의 제 6·7 학년 학생. **Sekundanerin**, die; -nen ↑Sekundaner의 여성형. **Sekundant** [...'dant], der; -en, -en [lat. secundāns (반대: secundantis)] **1.** 《교양어》 (결투의) 입회인. **2.** 《스포츠》 세컨드, 트레이너. **Sekundanz** [...'dants], die; -en 지원, 원조, 변호, (결투 등의) 입회. **sekundär** [...'dɛːɐ̯] 〈Adj.〉 [frz. secondaire < lat. secundārius] **1.** 《교양어》 제 2의, 2차적, 부차적인, 두번째 뜻의: eine -e Rolle 부수적인 역할. **b)** 종속적인, 간접적인. **2.** [화학] 제 2 (급)의. **3.** [전기] 지선(支線).

Sekundar- [...'daːɐ̯]: ~**arzt**, der 《외스터.》 (종합 병원의 과장이 아닌) 일반 의사. ~**lehrer**, der 《schweiz.》 중등 학교(Sekundarschule)의 교사. ~**schule**, die 《schweiz.》 중(등)학교(↑Realschule). ~**stufe**, die 초등학교 과정의 상부 연장 학년(5~10학년기).

Sekundär-: ~**elektronen** 〈Pl.〉 [물리] 2차 전자. ~**elektronenvervielfacher**, der [물리] ↑Multiplier. ~**emission**, die [물리] 2차 전자 방출(放出). ~**infektion**, die [의학] 2차 감염(感染). ~**literatur**, die [학문] (원전, 특히 문학작품의) 참고 문헌, 2차 문헌. ~**rohstoff**, der 《구동독》 폐물, 고물. ~**seite**, die [전기] 출력 전류부. ~**spannung**, die [전기] 2차 코일 전압. ~**spule**, die [전기] ↑~**wicklung**. ~**statistik**, die (재료에 대한) 부차적 통계 평가. ~**strahlung**, die [물리] 2차 복사(輻射). ~**strom**, der [전기] 2차 전류. ~**wicklung**, die [전기] 2차 코일.

Sekundawechsel, der; -s, - [상] 어음등본(謄本). **Sekündchen** [...]; -s, - ↑Sekunde (1). **Sekunde** [ze'kʊndə], die; -n [lat. secundus] **1.** 〈축소형: ↑Sekündchen〉 **a)** (약어: Sek.; 기호: s) 〈고형〉 sec) es ist auf die S. 12 Uhr 시간은 정각 12시이다. **b)** 《통상어》 순간, 잠시: eine S. [bitte]! 잠시만 기다려 주십시오!; ihr Gesicht wird in einer S. hart und verschlossen 그녀의 얼굴이 일순간 굳어진다. **2.** [음악] **a)** 2도(음). **b)** 2도 음정. **3.** 《전문어》 (각도·경위도(經緯度)의) 초(기호: ″). **4.** [인쇄·서적] 전지(全紙)의 두 장째 (3면)의 쪽수 표지 기호(↑Prime (2)).

sekunden-, Sekunden-: ~**herztod**, der [의학] 순간심장사(瞬間心臟死). ~**lang** 〈Adj.〉 수초 동안(의), 잠시 동안. ~**pendel**, das 초진자(秒振子)(주기가 2초인 진자). ~**schnell** 〈Adj.〉 매우 빠른, 몇 초 내에 일어나는. ~**schnelle**, die 〈Pl. 없음〉 (대개 다음 용법으로) **in S.** 일순간에, 눈 깜짝할 사이에(일어나는). ~**zeiger**, der (시계의) 초침(秒針).

sekundieren [zɛkun'diːrən] 〈h〉 [frz. seconder < lat. secundāre] **1. a)** 《교양어》 누구(무엇)를 변호(지지)하다. **b)** 《교양어》 지지를 표하다, 변호하다. **c)** 『음악』 반주하다. **2.** 《교양어》 (결투 등에) 입회하다. **3.** [스포츠] (시합 참가자를) 지도하다. **sekundlich** 《드물게》, **sekündlich** [ze'kʏntlɪç] 〈Adj.〉 매초의, 순간마다 일어나는. **Sekundogenitur** [zɛkʊndogeni'tuːɐ̯], die; -en [lat. secundō] [법·구제] 차자 상속권.

Sekurit 〈W〉 [zeku'riːt, (또한) ...'rɪt], das; -s [lat. sēcūritās] 안전유리. **Sekurität** [zɛkuri'tɛːt], die; -en [frz. securité < lat. sēcūritās] 《교양어》 안전, 보증.

sel. = selig 고(故) ···, 죽은.

sela [ze'la, (또한) ze'la:] 〈Interj.〉 《준고어》 (음악 연주시) 종결 부호(신호) 오케이, 끝. **Sela** [-], das; -s, -s [hebr. sęlaḥ] 구약 성경의 시편(詩篇)에 종종 나타나는 히브리어의 음악 지시 표시, (우리말 성경에서는) 셀라.

Selachier [ze'laxiɐ] 〈Pl.〉 [zu griech. sélachos] [동물] 상어류.

seladon [ze'ladon, (또한) 'zɛl..., zela'dõː] 〈Adj.〉 《준고어》 연록색의, 담록색의. **¹Seladon** [-], das; -s, -s [Céladon, ↑²Seladon의 회록색의 옷에서 유래] 여러 색조로 된 초록 빛 유약을 바른 중국의 도기(陶器). **²Seladon** [-], der; -s, -s [프랑스의 작가 뒤르페(H. d'Urfé)(1568~1625)의 소설 "L'Astrée"에 나오는 주인공 양치기의 이름] 《교양어·고어》 사랑에 고민하는 남자. **seladongrün** 〈Adj.〉 seladon. **Seladonporzellan**, das -s, -e ↑¹Seladon.

Selam (aleikum)! [se'laːm a'laɪkʊm] = Salam (alaikum)!.

Selamlik, der; -s, -s [türk. selâmlik] 회교도의 응접실.

selb... [zɛlp...] 〈Demonstrativpron.〉 《전치사와 융합된 형태 또는 앞에 있는 지시대명사와 함께 쓰임; der-, die-, dasselbe〉. **a)** an -en Tage 같은(동일한) 날; zur -en Zeit 같은 시간에. **b)** ↑ der-, die-, dasselbe의 약칭.

selb- 《교양어·고어》: ~**ander** 〈수〉 자기까지 둘이서 (miteinander). ~**dritt** 〈수〉 자기까지 셋이서: er war s. unterwegs 그는 다른 두 사람과 함께 길을 가는 도중이었다. ~**ständig** ↑selbständig. ~**viert** 〈수〉 (자기까지) 넷이서.

selber ['zɛlbɐ] 〈Demonstrativpron.: 격변화 없음〉 ↑selbst. **Selbermachen**, das; -s 《통용어》 스스로 만듦, 자가 생산: Möbel zum M. S. 자가 조립 가구. ['zɛlbɪç] 〈Demonstrativpron.〉 《준고어·고풍》 《앞서 언급된 사람이나 사실과 관련됨》 이 사람[것]의(dieser, diese, dieses selbe): zur -en Stunde 같은 시간에.

selbst [zɛlpst] **I.** 〈Demonstrativpron.: 격변화 없음〉 스스로, 자신이, 몸소, 혼자 힘으로: du hast es gesagt 너 자신이 그렇게 말했다; der Fahrer s. blieb unverletzt 운전자 자신은 부상 당하지 않았다; er wollte s. vorbeikommen 그가 몸소 들러 가려고 했다; sie muß alles s. machen 그녀 스스로 모든 것을 해야만 한다; das Kind kann schon s. laufen 그 아이는 벌써 혼자서 걸을 수 있다; sie hatte es s. gesehen 그녀는 그것

Selbst 1890

을 자기 눈으로 (직접) 보았다; das muß er s. wissen 그 것을 그 스스로가 알아야 한다 [그것은 완전히 그의 개인적 일이다]; er denkt nur an sich s. 그는 아주 이기적이다; etw. ganz aus sich s. tun 무엇을 완전히 자발적으로 행하다; etw. versteht sich von s. 무엇이 자명(백)하다; sie kommt nicht zu sich s. 그녀는 스스로를 위한 시간이 전혀 없다; **etw. s. sein** 《통용어》 무엇 그 자체이다. **II.** 〈Adv.〉 …조차, …마저: s. wenn er wollte, könnte er das nicht tun 비록 그가 하려고 할지라도 그는 그것을 이룩하지 못할 것이다; s. der Fahrer 운전수 조차[마저]. **Sẹlbst**, das; - 〈아어〉 자기, 자신, 자아(自我): das bewußte S. 의식된 자아; sein wahres S. finden 그의 참된 자아를 발견하다.

selbst-, Sẹlbst-: ~**abholer**, der a) 〈상〉《물건을 손수 운반해 가는》물품 구입자. b) 〔우편〕우편물을 몸소 받아 가는 우편 이용객. ~**achtung**, die 〔심리〕자존심, 프라이드, 자긍심. ~**analyse**, die 〔심리〕자기 분석. ~**anklage**, die a) 〈아어〉자책(自責), 자기 탄핵: sich in -en ergehen 자책감에 빠져 들다. b) 《드물게》↑~kritik. ~**anschluß**, der 《우편·고어》자동 접속, 자동 전화 교환(장치). ~**anschuldigung**, die ↑~anklage (a). ~**ansteckung**, die 〔의학〕자기 감염. ~**anzeige**, die 1. 〔법〕저자 자신에 의한 책 광고. 2. ↑~anzeiger. ~**anzeiger**, der 〔법〕자수자, 광고자 자신. ~**aufgabe**, die 〈Pl. 없음〉 a) 개인으로서의 자신의 과업. b) 삶의 의욕 상실, 자기 방기(放棄). ~**auflösung**, die 자기 용해, 자기 붕괴. ~**aufopferung**, die 자기 희생, 헌신(적 행위). ~**aufzug**, der 〔전문어〕《시계의》자동 태엽 장치. ~**auslieferung**, die ↑~anzeige (1). ~**auslöschung**, die 《전문어》↑~aufgabe. ~**auslöser**, der 〔사진〕자동 셔터, 셀프 타이머. ~**bedarf**, der 《드물게》↑Eigenbedarf. ~**bedienung**, die 1. 셀프 서비스식의 물품 구입 형태: ein Geschäft mit S. 셀프 서비스 상점. 2. (접객업소 따위에서의) 셀프 서비스. ~**bedienungsgaststätte**, die 셀프 서비스 식당. ~**bedienungsgeschäft**, das 셀프 서비스 상점. ~**bedienungsladen**, der 셀프 서비스 상점(가게). ~**bedienungsrestaurant**, das 셀프 서비스 식당. ~**beeinflussung**, die ↑~suggestion. ~**befleckung**, die 《가·준고어》자독(自瀆) 행위, 수음(手淫). ~**befreiung**, die 1. 〔법〕탈옥, 자기 해방. 2. 〔심리〕(강요, 부자유, 불안 등에서의) 자기 해방. ~**befriedigung**, die ↑Masturbation (a). ~**befruchtung**, die 자가수태(自家受胎). ~**begrenzung**, die ~beschränkung. ~**behalt** [-bə'halt], der; -(e)s, -e 자기 참여(피보험자가 손해의 일부를 부담하는 것)(↑~beteiligung). ~**behauptung**, die; -en 자기 주장. ~**beherrschung**, die 극기(克己), 자제(自制): S. üben 자제하다. ~**bekenntnis**, das 《대개 Pl.》 〈아어·준고어〉자기 고백, 자백. ~**beköstigung**, die 자취(自炊). ~**bemitleidung**, die 자기 동정. ~**beobachtung**, die ↑Introspektion. ~**beschädigung**, die 자해(自害)(행위). ~**bescheidung**, die 《아어》근신, 자족(自足). ~**beschränkung**, die 자제, 자기 규제, 자숙. ~**beschuldigung**, die ↑~anklage (a). ~**besinnung**, die 《아어》자성(自省), 자기 숙고. ~**bespiegelung**, die 나르시스적 자기 관찰, 자기 도취. ~**bestätigung**, die 〔심리〕자아 확인, 자기 의식. ~**bestäubung**, die 〔식물〕자가수분(受粉). ~**bestimmung**, die 〈Pl. 없음〉 [engl. self-determination] a) 〔정치·사회〕자결(自決), 자치(自治). b) 〔철학〕자율(自律). c) 〔정치〕민족 자결, 자결, 자치. ~**bestimmungsrecht**, das 〈Pl. 없음〉 a) 〔법〕(개인의) 자율권(自律權). b) 〔국제법〕(민족의) 자결권(自決權). ~**betätigung**, die 스스로(실제로) 함(하기).

~**beteiligung**, die 〔보험〕피보험자의 손해 분담(금). ~**betrachtung**, die 〈아어〉자아 성찰. ~**betrug**, der 자기 기만(欺瞞). ~**betrügerisch** 〈Adj.〉 자기 기만적인. ~**beweihräucherung**, die 《통용어·폄》거드름, 자만, 허풍. ~**bewirtschaftung**, die 자작. ~**bewunderung**, die ↑~beweihräucherung. ~**bewußt** 〈Adj.〉 a) 〔철학〕자각이 있는, 자부심이 있는(Stolz), 자기 도취에 빠진. b) 자신이 있는, 자신에 대한 의식이 강한: eine sehr -e Frau 매우 자신감이 있는 여인. ~**bewußtsein**, das a) 〔철학〕자각, 자의식. b) 자부, 자만, 자신(감): 전의 das nationale S. 국가적(민족적) 자부심. ~**bezeichnung**, die 자칭(명); das S. des Bürgertums 시민계급의 자부심. ~**bezichtigung**, die ↑~anklage (a). ~**bezogen** 〈Adj.〉 자기중심의. ~**bezogenheit**, die 자기 중심적 자세(태도). ~**bezwingung**, die 《아어》↑~überwindung. ~**bild**, das 〔심리〕자(我)상, (자신이 자신에 대해 갖는) 인물상(반대: Fremdbild). ~**bildnis**, das 자화상(自畫像). ~**binder**, der 《준고어》 1. ↑Krawatte. 2. 〔농업〕 Bindemäher. ~**biographie**, die 《준고어》↑Autobiographie. ~**bräuner** [-brɔynɐ], der; -s, - 일광욕. ~**bucher** [-buːxɐ], der; -s, - 〔우편〕요금 계산, 소인 및 우편물 발송 권한을 위임받은 우편 고객. ~**darstellung**, die a) 자기 묘사(표시), (경멸적으로) 연출(과시). b) ↑~bildnis. ~**disziplin**, die 〈Pl. 없음〉자기 규율, 자기 단련, 수양. ~**eigen** 〈Adj.〉 《고어》 《eigen의 뜻을 강조한 말》자기 자신의, 자기 고유의. ~**einkehr**, die 〈아어〉자성(自省), 명상(瞑想). ~**einschätzung**, die 자체 평가(사정). ~**eintritt**, der 《경제·법》위탁 경영하는 상점의 양도. ~**entäußerung**, die 《아어》자기 희생. ~**entfaltung**, die 자아 개발(발), 자기 발전. ~**entfremdung**, die 《특히 마르크스주의》자기 소외(疎外). ~**entlader**, der; -s, - 〈전문어〉 자동 경주(傾斜) 장치가 달린 화물차. ~**entlarvung**, die 자기 정체 폭로, 자기 신분 노출. ~**entleibung**, die 〈아어〉↑~mord. ~**entspannung**, die 자기 긴장 완화(어떤 기술의 도움으로). ~**entzündlich** 〈Adj.〉 자연 발화의. ~**entzündung**, die 자연 발화. ~**erfahrung**, die 〈Pl. 없음〉 〔심리〕 (그룹 대화를 통한) 자아 발견[체험]. ~**erfahrungsgruppe**, die 〔심리〕자아 발견(체험)을 위한 대화 집단. ~**erhaltung**, die 자기 보존. ~**erhaltungstrieb**, der 자기 보존 본능 [충동]. ~**erkenntnis**, die 〈Pl. 없음〉자아 인식, 자각: 속담 S. ist der erste Schritt zur Besserung 자각은 개선의 첫 걸음이다. ~**erniedrigung**, die 〈아어〉자기 비하(卑下). ~**erwählt** 〈Adj.〉 〈아어〉스스로 선택한, 자초한. ~**erzeuger**, der 자급자족 생산자. ~**erziehung**, die 독학(獨學). ~**fahrer**, der 1. 자동차를 빌려 손수 운전하는 사람. 2. 《전문어》자동 승강기. 3. 휠체어, 환자용 이동 의자. 4. 자가 운전자, 손수 운전자. 5. 《드물게》Partikulier. ~**fahrlafette**, die 〔군〕자주포가 (自走砲架). ~**finanzierung**, die 〔경제〕 Eigenfinanzierung. ~**findung**, die 〈아어〉자아 발견, 자아 체험. ~**gebacken** 〈Adj.〉 손수[스스로]구운. ~**gebastelt** 〈Adj.〉 손수 조립한(만든). ~**gebaut** 〈Adj.〉 자기 손으로 지은(만든). ~**gebrauch**, der 〈Pl. 없음〉 Eigengebrauch. ~**gebraut** 〈Adj.〉 자기 손으로 제조한. ~**gedreht** 〈Adj.〉 손수 만든: (명사화) eine Selbstgedrehte 《통용어》rauchen 손수 만 담배 (권련)를 피다. ~**gefällig** 〈Adj.〉 자만하는, 뽐내는. ~**gefälligkeit**, die 자만심. ~**gefühl**, das 〈Pl. 없음〉 《아어·드물게》↑~bewußtsein. ~**gemacht** 〈Adj.〉 자기가 만든, 자가제의. ~**genäht** 〈Adj.〉 손수 바느질한, 손수 꿰맨. ~**genügsam** 〈Adj.〉 자족하는, 자족적인. ~**genügsamkeit**, die 자족(自足).

~genuß, der 《준고어·편》 ↑~liebe. ~gerecht 〈Adj.〉《편》 자기 비판력이 없는, 독선적인: ein -es Verhalten 독선적인 행동. ~gerechtigkeit, die 《편》 독선. ~geschneidert 〈Adj.〉 자기 손으로[스스로] 재단한[만든]. ~geschrieben 〈Adj.〉 자기 손으로 쓴, 자필의. ~gespräch, das 《대개 Pl.》 혼잣말, 독백(獨白): -e führen 혼잣말하다, 독백하다; [전의]dies lange, leidvolle S. 길고 고통스런 자신과의 논쟁(싸움). ~gestrickt 〈Adj.〉 자기 손으로[스스로] 짠: [전의]seine -e Methode 《통용어·농》 그가 스스로 발견한 방법. ~gewählt 〈Adj.〉 스스로 고른, 자신이 선정한. ~gewiß 〈Adj.〉《아어·드물게》 자신이 있는, 자기에 확신이 갖고 있는. ~gewißheit, die 《드물게 아어》자신, 확신. ~gezogen 〈Adj.〉 1. 제 손으로 기른(동물), 제 손으로 가꾼(식물). 2. 《양초 등을》 자기 집에서 제조한, 손수 만든. ~haftend 〈Adj.〉↑~klebend. ~härtend 〈Adj.〉 [기술] 자체적으로 견고해지는[굳는]. ~haß, der [심리학] 자기 증오(自己憎惡). ~heilung, die 《의학》 1. 자연 치유(治癒). 2. 《외적 작용 없는》자체 건강 회복. ~heilungskraft, die [의학] 자연 치유력. ~herrlich 〈Adj.〉 독재적인, 독단적인: etw. s. entscheiden 무엇을 독재[독단]적으로 결정하다. ~herrlichkeit, die 《Pl. 없음》 독단성, 독단적 태도, 자화자찬. ~hilfe, die 1. 《Pl. 없음》 자조(自助), 자립, 자위(自衛): zur S. schreiten 자위 수단을 쓰다. 2. [법] 자력구제(自力救濟), 자구 행위(自救行爲), 자조(自助). ~hilfeaktion, die [사회정치] 자위 행위(自衛行爲), 자조 행위(自助行爲). ~hilfegruppe, die 《같은 어려움을 지니고 있는 사람들의 자조(自助)》 그룹. ~hypnose, die ↑ Autohypnose. ~induktion, die [전기] 자기 유도 (誘導). ~ironie, die 《Pl. 없음》 자조(自嘲). ~justiz, die [법] 《비합법의》 사적 제재(制裁). ~kasteiung, die 《아어》 자기 고행, 자기 금욕. ~klebefolie, die 저절로 붙는 금속의 박(箔) [석박(錫箔)]. ~klebend 〈Adj.〉 저절로 붙는[점착되는]. ~kontrolle, die 1. 자기 규제(自己規制), 자제심[력]. 2. 〔언론 분야에서〕자율 규제. ~kosten 〈Pl.〉[경제] 〈제조〉 원가, 실비. ~kostenpreis, der [경제] 〈상품의〉 원가, 실비 가격: etw. zum S. abgeben 무엇을 원가로 제공하다. ~kostenrechnung, die [경제] 〈상품의〉 자체 원가 산정, 원가 계산. ~kritik, die [철] 자기 비판, 자아 비판: S. üben 자기 비판을 하다. ~kritisch 〈Adj.〉 자기 비판적인. ~ladegewehr, das ↑~ladepistole. ~ladepistole, die 자동 권총. ~lader, der 《통용어》 ↑~ladepistole. ~ladevorrichtung, die 자동 장전 장치. ~lauf, der: etw. dem S. überlassen 무엇이 제 나름대로 굴러가게 [진행되게] 내버려두다. ~läufig 〈Adj.〉자동 정학적인. ~laut, der ↑Vokal. ~liebe, die 자기(애)애(愛). ~liegend 〈Adj.〉《전문어》《양탄자와 관련해서》붙이지[점착하지] 않은. ~lob, das 자화자찬. ~los 〈Adj.〉 몰아(沒我)의, 이기적이 아닌, 희생적인: ~e Hilfe 몰아적인[사심이 없는] 도움; er hat ganz s. gehandelt 그는 아주 사리사욕없이 행동했다. ~losigkeit, die 무사(無私), 무욕(無慾), 무아(無我). ~medikation, die [의학] 《의사 처방 없이》 자가 진단 및 처방. ~mitleid, das 《편》 자기 연민(憐憫). ~montage, die 자기[손수] 조립. ~mord, der: an sich versuchter S. 자살 미수; ein erweiterter S. [법] 동반 자살, 집단 자살: S. begehen [verüben] 자살하다; durch S. enden 자살로 끝내다; jmdn. in den [zum] S. treiben 누구를 자살하도록 몰다, 누구를 추궁한 나머지 자살하게 하다; ein S. mit Messer und Gabel 《통용어·농》 잘못된 또는 과도한 음식으로 서서히 몸을 망치는 것; [전의]etw. ist[wäre] reiner (glatter) S. 《통용어》 무엇은 완전한 자살 행위이다; sein Verhalten grenzt an S. 그의 태도는 자살 행위

에 가깝다. ~morddrohung, die 자살 위협. ~mörder, der 자살자. ~mörderin, die ↑~mörder의 여성형. ~mörderisch 〈Adj.〉 1. 《드물게》 자살을 하려는. 2. 매우 위태로운, 목숨을 내건. ~mordgedanke, der 《대개 Pl.》 자살하려는 생각. ~mordgefährdet 〈Adj.〉 자살할 위험성이 있는. ~mordkandidat, der a) 《드물게》 자살의 위험성이 있는 사람. b) 자살할 위험성을 내포하고 있는 자. ~mordversuch, der 자살미수 [기도]. ~mordwelle, die 자살의 누적[증가]. ~porträt, das ↑~bildnis. ~prüfung, die 《종교적인》 자성(自省), 내성(內省). ~quälerei, die 자학적인 태도[행위]. ~quälerisch 〈Adj.〉자학적인. ~redend 〈Adv.〉《과시적》↑natürlich (II 1). ~reflexion, die ↑~kritik. ~reinigung, die [생물] 자기 정화(淨化). ~schließend 〈Adj.〉《문 따위가》자동으로 닫히는. ~schuß, der 《대개 Pl.》 자동총(自發銃). ~schußanlage, die 《대개 Pl.》자발총 시설. ~schutz, der 자위. ~sicher 〈Adj.〉 자신있는, 자기자신에게 확신을 가진. ~sicherheit, die 자신(自信). ~steller [-stɛlɐ], der; -s, - [법] 자수자(自首者). ~steuerung, die [기술] 자동 조종(장치). ~studium, das Nur: sich Kenntnisse durch [im] S. aneignen 지식을 독학으로 습득하다. ~sucht, die 이기심, 이기주의. ~süchtig 〈Adj.〉 이기적인. ~suggestion, die 《드물게》 ↑Autosuggestion. ~tätig 〈Adj.〉 1. 자동의. 2. 《드물게》 자발적인, 적극적인. ~tätigkeit, die 자발성(Eigeninitiative). ~täuschung, die 자기기만. ~tor, das [구기] ↑Eigentor. ~tötung, die 〈관〉 ↑~mord. ~tragend 〈Adj.〉 [기술] 독자[립]적인, 외부의 지원없는. ~überhebung, die 《아어》 자기과시(誇示)[현시(顯示)]. ~überschätzung, die 자만, 자부. ~überwindung, die 극기(克己). ~unterricht, der ↑~studium. ~verachtung, die 자기 경멸. ~verantwortlich 〈Adj.〉↑eigenverantwortlich 참조. ~verantwortlichkeit, die 자기 책임. ~verbrennung, die 분신(焚身) 자살. ~verdient 〈Adj.〉 스스로 번. ~verfaßt 〈Adj.〉 스스로 쓴, 자작(自作)의. ~vergessen 〈Adj.〉《아어》《깊은 생각에 잠겨》자기를 망각한. ~vergessenheit, die 《아어》 몰아(沒我). ~verlag, der a) 저자 자신이 대표로 있는 출판사. b) 자비출판. ~verleger, der 자비출판자. ~verleugnung, die ↑~entäußerung. ~vernichtung, die 자기 말살(抹殺), 자멸(自滅). ~verschulden, das 《관》 자기[자체] 책임. ~verschuldet 〈Adj.〉 자기에게 책임이 있는. ~versorger, der 자급자. ~versorgung, die 자급. ~verständlich I. 〈Adj.〉 당연한, 스스로 명백한: etw. ist ganz s. für jmdn. 무엇이 누구에게 극히 당연하다. II. 〈Adv.〉 물론, 말할 것도 없이. ~verständlichkeit, die; -en 자명한, 당연: etw. als S. ansehen 무엇을 당연한 것으로 간주하다. ~verständnis, das 《Pl. 없음》 자기 이해, 자신에 대한 상(像): ein intaktes S. haben 자기자신을 올바르게 [온전히] 이해하다; [전의]das S. der Bundesrepublik 서독의 진면목[실상]. ~verstümmelung, die 자해(自害), 자해행위. ~versuch, der 자기 실험(연구목적으로 자신의 몸에 행해지는). ~verteidigung, die 자기 방어, 자력 방위(自力防衛). ~vertrauen, das 자신감: sein S. wiederfinden 자신감을 되찾다 [회복하다]. ~verwaltet 〈Adj.〉 자치(自治)적인. ~verwaltung, die 자치, 자치(행정). ~verwirklichung, die [engl. self-realization] 자아 실현. ~vorwurf, der 《대개 Pl.》 자책(自責), 자기 비난. ~wahl, die [우편] 《일반》 장거리 통화. ~wählfernverkehr, der ↑~wählferndienst. ~wertgefühl, das [심리] 자기

가치 의식. ~zerfleischung die 《아어》 (자기파괴적인) 극단적 자기 비판. ~zerstörerisch 〈Adj.〉 자기파괴적인. ~zerstörung, die 자기파괴. ~zeugnis, das 〈대개 Pl.〉 《아어·군고어》 자기 증인 기록. ~zucht, die 〈Pl. 없음〉 《아어》 ↑~disziplin. ~zufrieden 〈Adj.〉 《폄》 자기 만족하는: mit -em Lächeln 만족스런[느긋한] 미소로. ~zufriedenheit, die 자기 만족. ~zünder, der 자동연소물. ~zweck, der 〈Pl. 없음〉 자기 목적, 목적 자체. ~zweifel, der 자기 자신에 대한 의(구)심.

selbständig ['zɛlp-ʃtɛndɪç] 〈Adj.〉 a) 독립의, 자립의, 제 힘으로 하는. b) 자주적인, 자치의: die -en Berufe 자영업; das Land ist s. geworden 그 나라는 독립했다; sich s. machen 1) 〈상인이〉 자립하다. 2) 〈농〉 잃다, 없어지다. Selbständige*, der / die; -n 자영업자. Selbständigkeit, die 〈a〉 독립, 자립. b) 자주, 자력. selbstisch 〈Adj.〉 〈engl. selfish〉《아어·군고어》 이기적인, 자기 중심적인.

Selch [zɛlç], die; -en (bayr., österr.) ↑ Selchkammer.

Selch- (bayr., österr.) ~fleisch, das 훈제한 고기. ~kammer, die 훈제실. ~karree, das 훈제 갈비(고기).

selchen ['zɛlçn] (bayr., österr.): 훈제하다. Selcher, der; -s, - (bayr., österr.) 훈제품 제조인(판매인). Selcherei [zɛlçə'raɪ], die; -en (bayr., österr.) 훈제품 제조소. Selcherladen, der 훈제품 상점. Selchermeister, der 훈제(품) 장인(匠人).

Selekta [ze'lɛkta], die; ...ten [lat. selēctum] 〈옛〉 〈중·고등 학교의〉 영재 학급. Selektaner [...'ta:nɐ], der; -s, - 영재 학급의 학생. Selektanerin, die; -nen ↑ Selektaner의 여성형. selektieren [...'ti:rən] 〈h〉 《교양어》 1. 선발하다, 도태하다. 2. 《나치·은폐》 (강제 수용소에서 포로 가운데) 가스실에 넣을 사람을 뽑다. Selektierung, die; -en 선발, 선택. Selektion [...'tsio:n], die; -en 〈engl. selection〉 1. 〈생물〉 도태(淘汰)(Zuchtwahl). 2. 《교양어》 선발. 3. 《나치·은폐》 가스실 당자 선별. selektionieren [...'tsio:ni:rən] 〈h〉 ↑ selektieren. selektionistisch 〈Adj.〉 《교양어》 도태(선택)적인.

Selektions-: ~beschränkung, die 〈언어〉 선택 제한. ~filter, der / 〈전문어로 쓰일 때는 대개〉 das 〈광학〉 일정한 주파수의 광선만 통과시키는 필터. ~lehre, die, ~theorie, die ↑ Evolutionstheorie.

selektiv [zelɛk'ti:f] 〈Adj.〉 〈engl. selective〉 1. 선택적인(auswählend). 2. 〈무선〉 선택도가 높은, 분리도가 높은. Selektivität [...ivi'tɛ:t], die 〈무선〉 선택도(選擇度), 분리 감도.

Selen [ze'le:n], das; -s [griech. selēnē] 〈화학〉 셀레늄(비금속 원소 이름; 기호: Se). Selenat [zele'na:t], das; -(e)s, -e 〈화학〉 셀레늄산염(酸鹽). selenig [ze'le:nɪç] 〈Adj.〉 〈화학〉 아(亞)셀렌의. ¹Selenit [zele'ni:t], das; -s, -e 〈화학〉 아(亞)셀렌산염(酸鹽). ²Selenit [똑같이] ...nit], der; -s, -e [griech. líthos selēnítes] 〈광〉 Gips (1). Selenographie, die 월학(月學)(Mondbeschreibung), 월면지리(지지)학(月面地理(地誌))學. Selenologe, der; -n, -n 월학자(月學者), 월질학자(月質學者). Selenologie, die 월학(月學), 월질학(月質學). selenologisch 〈Adj.〉 월학의, 월질학(상)의. Selensäure, die 〈화학〉 셀레늄산(酸). Selenzelie, die 【물리】 셀렌광(光)전지. Selenzellenbelichtungsmesser, der 셀렌광전지 노출계.

Selfaktor [zɛlf'aktɔr], der; -s, -en [engl. self-actor] 자동방적(사)기(自動紡績(糸)機). Selfgovernment ['zɛlf'gʌvɐnmənt], (engl.) sɛlf'gʌvnmənt], das; -s, -s [engl. self-government] 자치 정부(Selbstverwaltung)의 영어 표기. Selfmademan ['zɛlfme:tmɛn, (engl.) 'sɛlfmeɪd'mæn], der; -s, ...men [...mɛn; engl. selfmade man] 자수 성가한 사람. Selfservice ['zɛlfsœːɐvɪs, (engl.) 'self'sɔːvɪs], der; - [engl. self-service] ↑ Selbstbedienung.

selig ['ze:lɪç] 〈Adj.〉 1. 〈가〉 a) 구원 받은, 천복을 받은, 천국으로 간: er hat ein -es Ende gehabt 〈믿음으로〉 는 영생 복락을 누리며 세상을 떠났다; bis an mein -es Ende 죽을 때까지, 죽음에 이르기까지; Gott hab ihn s.! 주여 그의 영혼을 구하옵소서! (옛날의 축복의 말); 〈성구〉 wer's glaubt, wird s. 믿는 자는 복되지어다(↑ glauben 2 a). b) 《준고어》 (어형 변화 없이 후치됨) 죽은, 작고한, 고인이 된, 고(故). c) (이름과 결합하여) 【가】 복자위(福者位)에 올려진, 성열(聖列)에 들게 됨. 2. a) 기쁨에 가득 찬, 환희에 넘친, 황홀한: er war s. über (schweiz. für) diese Nachricht 이 소식을 듣고 그는 기뻐했다. b) 《통용어》 얼큰히 취한, 거나한.

selig-, Selig-: ~preisen* 〈h〉 1. 《아어·고어》 행복하다고 여기다(인정하다), (…의) 행복을 찬양하다, 영광스럽게 하다. 2. 【가】 복자(福者)의 대열에 들었음을 찬양하다, 시복식(諡福式)을 거행하다. ~preisung, die 영광 찬양, 행복 찬양. ~sprechen* 〈h〉 【가】 누구를 복자위(福者位)에 올리다(교황이), 성인품(聖人品)에 올리다. ~sprechung, die; -en 【가】 시복식(諡福式)(교황이 죽은 자를 복자(福者) 명부에 넣기 및 그 식).

-selig [-ze:lɪç] 1. (다음의 복합어로, 예컨대) glückselig, gottselig, leutselig. 2. 〈준[비]접미사〉 (앞단어의 의미에 동화됨) fußballselige Jungen 축구에 열광하는 청소년들. Selige* [ze:lɪgə], der / die 1. a) 〈Sg.〉 〈고어·농〉 고인(故人), 작고한 남편, 작고한 부인. b) 〈Pl.〉 【가】 구원 받고 죽은 자, 천당에 간 사람. 2. 【가】 복자(福者位)에 올려진 사람. Seligkeit, die; -en 1. 〈Pl. 없음〉 (대개 "ewig"와 함께 동사로) 【가】 (천국의) 지복(至福), 정복(淨福): von einem Sieg hängt doch nicht meine S. ab 내가 반드시 승리해야 하는 것은 아니다; von diesem Motorrad hängt seine Seligkeit ab 그는 무슨 일이 있어도 오토바이를 갖고 싶어 한다. 2. 〈지극한〉 행복, 환희, 열락(悅樂), 축복: alle -en des Lebens auskosten 삶의 모든 희열을 맛보다; in S. schwimmen 《통용어》 무상의(더없는) 행복감에 빠지다.

Seller ['zɛlɐ, (engl) 'sɛlɐ], der; -s, - [engl. seller] ↑ Bestseller, ↑ Longseller의 약칭.

Sellerie ['zɛləri, (österr.) zɛla'ri:], der; -s, -(s) / (österr.) die; - / (österr.) -n [...'ri:ən] (ital.) 〈식물〉 셀러리(미나리과).

Sellerie-: ~gemüse, das 셀러리 야채. ~grün, das 셀러리의 줄기와 이파리. ~knolle, die 셀러리의 괴경(塊莖). ~kraut, das ↑~grün. ~salat, ~staude, die 셀러리 관목.

Seller-Teller ['zɛlɐ-, (engl.) 'sɛlɐ-], der; -s, - 〈신문이나 잡지에 공표되는〉 베스트 셀러 목록(책 또는 레코드곡 따위의).

selten ['zɛltn] 〈Adj.〉 1. 드문, 흔하지 않은, 좀처럼 없는: ein -es Ereignis 드문 사건; ein -e Gast 진객(珍客); eine -e Begabung 비범한 재능; sie war eine -e Schönheit 그녀는 빼어난 미모였다; -e Erden 화학 〈고어〉 희토류원소(稀土類元素); du machst dich sehr s. 《통용어》 좀처럼 만날 수가 없구나; [숙語] ein Unglück kommt s. allein 불행은 혼자 오지는 않는다; 《전의》 이건 s. ein -er Vogel 《통용어》 그는 진기한 사람이다. 2. 〈형용사와 부사를 강조〉 특히: ein s. schönes Exemplar 특히 아름다운 견본(책). Seltenerdmetall, das 〈화학〉 희토류의 금속. Seltenheit, die; -en 1. 드뭄, 흔하지 않음, 희유(稀有): das Edelweiß gehört zu den wegen ihrer S. geschützten Alpenpflanzen 에델바이스는 희귀성 때문에 알프스 보호 식물에 속한다. **2.** 희귀(진기)한 사물. **Seltenheitswert,** der 《Pl. 없음》희소 가치.

Selter, Selters ['zɛltɐ(s); 타우누스 지방의 광천수 생산지 (Nieder)selters에 따라》**1.** die ↑Seltersflasche의 약칭. **2.** das; - ↑Selterswasser의 약칭. **Selterflasche,** die ↑Seltersflasche. **Selterser** ['zɛltɐzɐ]《다음 용법으로》 **S. Wasser**《준고어》↑Selterswasser (1). **Seltersflasche,** die **a)** 광천수(鑛泉水)를 담은 병. **b)**《준고어》 광천수(를 담기 위한) 병. **Selterswasser,** das **1.** 《Pl.《종류》-wässer》광천수, 탄산수. **2.** 《Pl. -wasser》광천수 병 또는 잔. **Selterwasser,** das ↑Selterswasser.

seltsam ['zɛltza:m]《Adj.》기이한, 진기한: die -sten Erlebnisse 아주 기묘한 체험; ein -er Mensch 이상한 사람; ich habe ein -es Gefühl bei dieser Sache 나는 이 사건에 불길한 예감을 갖고 있다; sich s. benehmen 이상한 야릇한 행동을 취하다. **seltsamerweise**《Adv.》이상하게도, 불가사의하게도. **Seltsamkeit,** die; -en [Spätmhd. selzenkeit] 《Pl. 없음》 기이(이상)한 일〔물건, 방식〕. **b)** 특이(이상)한 행동〔사건〕.

Sem [ze:m], das; -s, -e [griech. sēma = Zeichen, Merkmal] [언어] 의소(意素)(의미소의 구성 성분). **Semantem** [zeman'te:m], das; -s, -e [griech.] 1. ↑ Semem. **2.**《드물게》↑Sem. **3.** 어휘의미소(語彙意味素)(어휘적·사전적 의미를 지니는 최소 요소). **Semantik** [ze'mantik], die [zu griech. sēmantikós = bezeichnend, zu: sēmaínein = bezeichnen, zu: sēma, ↑Sem] [언어] **1.** 의미론. **2.**《드물게》(한 단어, 문장, 텍스트의) 의미, 내용. **Semantiker,** der; -s, - [언어] 의미론(전문)학자. **semantisch**《Adj.》[언어] **1.** 의미론의. **2.** 의미(내용)에 관한. **Semaphor** [zema'fo:ɐ], das / (österr.) der; -s, -e [griech. sēma u. phorós] 신호주(柱). **Semasiologie** [zemazio...], die [griech. sēmasía] [언어] (역사)의미론, 어의학. **semaphorisch** [zema'fo:rɪʃ]《Adj.》신호주의(반대: Onomasiologie). **semasiologisch**《Adj.》[언어] (역사)의미론[의의론]의. **Semeiotik** [zemaiộ:tɪk], die《드물게》↑ Semiotik. **Semem** [ze'me:m], das; -s, -e [griech] 의미소(意味素).

Semester [ze'mɛstɐ], das; -s, - [lat. sēmēstris] **a)** 6개월, 반년, 학기: ein Student im dritten 3. 3학기째의 대학생; [대학생] ...학기생(生): die ersten S. 일학기생들; **ein älteres(höheres) S.**《통용어·농》고참학생.

Semester-: **~anfang,** der 학기 초[시작]. **~arbeit,** die ↑Seminararbeit. **~beginn,** der 학기초. **~ende,** das der Ferien《Pl.》방학. **~schluß,** der 학기 종결, 종강. **~zeugnis,** das 학기 수료 증서. **semestral** [zemɛsˈtraːl]《Adj.》《고어》반년마다의. **b)** 반년의.

semi-, Semi- [zemi- ; lat. sēmī]《"반(半)"을 뜻하는 규정으로서, 예컨대》: semiprofessionell, Semifinale. **~semiarid**《Adj.》[지리] 연중 대부분 건조한. **Semideponens,** das; -, ...nentia /...nenzien [언어] 반이태(半異態) 동사. **Semifinale** ['ze:mi-], das; -s, - / -s [스포츠] ↑Halbfinale. **semihumid** 《Adj.》[지리] 연중 대부분 습도가 높은. **Semikolon,** das; -s, -s / ...kola 세미콜론(;). **semilateral**《Adj.》 ↑halbseitig (a). **semilunar**《Adj.》[의학] 반달형의. **Semilunarklappe,** die [의학] (대동맥 출구에 있는) 반월 심장판막(瓣膜).

Seminar [zemi'na:ɐ], das; -s, -e / **1.** (österr., schweiz.) -ien [교수 지도하에 연구를 하는 대학생의] 세미나, 연습, (세미나의) 연구실: ein S. durchführen[leiten] 세미나를 주제(主宰)[지도]하다; [전의] das S. macht eine Exkursion 세미나의 참가자가 소풍을 간다. **2.** (대학의) 연구소, 학과. **3.** ↑Priesterseminar, Predigerseminar. **4. a)**《옛》(국민 학교) 교원 양성소, 사범 학교. **b)** (국가 시험에 대비한 예비 교원의) 학교 실습 과정.

Seminar-: **~arbeit,** die (대학의) 세미나의 리포트[논문]. **~bibliothek,** die 연구소 부속 도서실, 연구실 장서. **~leiter,** der 연구소장, 연구실장, 학과장, 세미나 지도 교수. **~schein,** der (대학의) 세미나 수료 증명서. **~teilnehmer,** der 세미나 참가자. **~übung,** die 대학의 세미나 연습.

Seminarist, der; -en, -en 사범 학교 학생, 신학교 학생, 세미나의 학생. **Seminaristin,** die; -nen ↑Seminarist의 여성형. **seminaristisch**《Adj.》사범 학교(신학교)의, 세미나의, 세미나 형식의, 사범 교육을 받은.

Semiologie [zemjolo'gi:], die [griech. sēmeîon = Zeichen + ↑-logie] **1.** [철학·언어] 기호론[학](Zeichentheorie), 부호론. **2.** [의학] ↑Symptomatologie. **semiologisch**《Adj.》기호론[학]의, 부호학적인. **Semiotik** [ze'mjo:tik], die [griech. sēmeiōtikós] **1.** [철학·언어] ↑Semiologie (1). **2.** [의학] ↑Symptomatologie. **semiotisch**《Adj.》기호론[학]적인, 부호학적인.

semipermeabel《Adj.》[↑semi-, Semi- 참조]《전문어》반투성(半透性)의: semipermeable Membranen 반투막(半透膜). **Semipermeabilität,** die 반투성(半透性). **semiprofessionell**《Adj.》반직업적, 세미 프로적.

semisch《Adj.》[언어] 의미 구성 성분의.

Semit [ze'mi:t], der; -en, -en 셈족(의 사람). **Semitin,** die; -nen ↑Semit의 여성형. **semitisch**《Adj.》셈 인종의. **Semitist** [zmi'tɪst], der; -en, -en 셈어학자. **Semitistik,** die 셈어학의. **semitistisch**《Adj.》셈어 문학의.

Semivokal, der; -s, -e ↑Halbvokal.

Semmel ['zɛm]], die; -n (österr. bayr., ostmd.) ↑ Brötchen: eine S. mit Butter bestreichen (젬멜, 밀가루) 빵에 버터를 바르다; **etw. geht weg wie warme ~** 무엇이 날개 돋힌 듯이 팔린다; jmdm. etw. **auf die S. schmieren** 누구에게 무엇을 깨우치다[꾸중하다](↑Butterbrot).

semmel-, Semmel-: **~blond**《Adj.》**a)** 연한 금발색의. **b)** 연한 금발의. **~brösel,** das 《대개 Pl.》 Brösel (b). **~kloß,** der《드물게》 ↑ ~knödel. **~knödel,** der (bayr., österr.) (버터, 빵가루, 계란, 향료를 넣어 만든) 밀가루 경단. **~mehl,** das ↑ ~brösel. **~teig,** der [제빵(업)] 빵반죽.

semper aliquid haeret [ˈzɛmpa ˈaːlikwɪt ˈhɛːret; lat.] 《교양어》《중상, 혐의에 의해》한번 불붙인 오점은 완전히 지워지지 않는다. **semper idem** [- ˈiːdəm; lat.]《교양어》항상 같은 사람이다[변함이 없다](소크라테스의 태연함에 대한 키케로의 말).

sempern ['zɛmpɐn] 《h》 (österr.·통용어) 불평하다, 한탄하다.

Sempervivum [zɛmpɐ'vi:vʊm], das; -s, ...va [...va] ↑Hauswurz.

semplice [zɛmˈpliːtʃe]《Adv.》[ital. semplice] [음악] 단순하게, 소박하게.

sempre ['zɛmpre]《Adv.》[ital. sempre] [음악] 항상.

Semstwo ['zɛmstvo], das; -s, -s [russ. semstvó]《구제》셈스트보(러시아 제정 시대의 지방 자치 단체).

¹Sen [zɛn], der; -(s), -(s) [indones. sén] 인도네시아의 화폐 단위(100 Sen = 1 Rupiah).

²Sen [-], der; -(s), -(s) [jap. sen] 전(錢)(일본의 화폐 단위: 1 Yen = 100 Sen).

sen. = senior.

Senar [ze'na:ɐ̯], der; -s, -e [lat. senārius] [고대 운율학] 6각 시행.

Senat [ze'na:t], der; -(e)s, -e [1. : lat. senātus] **1.** 《역사적》 (고대 로마의) 원로원. **2.** (의회의) 상원. **3.** (함부르크, 브레멘 등의) 시정부. **4.** (대학의) 평의회. **5.** (여러 명의 법관으로 된) 부(部). **Senator** [za'na:tɔr, 《또한》 ...to:ɐ̯], der; -s, -en [...na'to:rən; lat. senātor] 위의 위원. **senatorisch** [zena'to:rɪʃ] 〈Adj.〉 Senat의.

Senats-: ~beschluß, der Senat의 결의. **~präsident**, der Senat의 장(長). **~sitzung**, die Senat의 회의. **~sprecher**, der Senat의 대변인. **~verwaltung**, die Senat의 행정실. **~vorlage**, die Senat의 입법 초안.

Send [zɛnt], der; -(e)s, -e 《옛》 교구 재판.

Sǝnd- (senden): **~bote**, der 《옛》 사자(使者): 전의 die n- des Frühlings 봄의 사자. **~brief**, der 《옛》 공개 서한. **~gericht**, das 《옛》 ↑ Send. **~schreiben**, das 《옛》 공개장.

Sende-: ~anlage, die 송신 시설. **~antenne**, die [전기] 송신용 안테나. **~bereich**, der [방송·텔레비전] 송신 범위. **~einrichtung**, die ↑ ~gerät. **~folge**, die [방송·텔레비전] **1.** 방송 순서. **2.** 《드물게》 연속 방송물. **~gebiet**, das [방송·텔레비전] ↑ ~bereich. **~gerät**, das [전기] 송신기. **~haus**, das ↑ Funkhaus. **~leistung**, die [전기] 송신 출력. **~leiter**, der 방송 프로듀서. **~mast**, der 송신(안테나)탑. **~pause**, die [방송·텔레비전] 방송 휴식 시간: 전의 du hast jetzt erst einmal S. 《통용어》 너는 이제야 잠깐 해졌구나. **~plan**, der 방송 계획. **~programm**, das 《드물게》 방송 프로그램. **~raum**, der 방송실. **~reihe**, die 연속 방송물. **~saal**, der ↑ ~raum. **~schluß**, der 방송 종료. **~station**, die [방송·무선·텔레비전] 방송국, 송신소[국]. **~stelle**, der [방송·텔레비전] 방송국, 송신소[국]. **~stelle**, die [방송·텔레비전] 방송[송신] 장애. **~strahl**, der [방송] 안테나에서 송출되는 전자파 광선. **~turm**, der ↑ ~mast. **~ und Empfangsgerät**, das (붙임표와 함께) [전기] 송수신기. **~zeichen**, das ↑ Pausenzeichen (2). **~zeit**, die [방송·텔레비전] **1.** 방송 시간. **2.** 송신[송출] 시간.

senden ['zɛndn̩] 〈h〉 [방송 및 텔레비전에서] **1.** (e)의 〉 schicken (1) 참조: er hat das Paket nach Hamburg [an uns] gesandt《(드물게) gesendet》 그는 함부르크로 [우리에게] 소포를 보냈다. **2.** (아이) 〉 schicken (2) 참조: eine Abordnung s. 대표를 파견하다; Truppen s. 파병하다; 전의 die Sonne sandte《(드물게) sendete》 ihre wärmenden Strahlen zur Erde 태양이 따뜻한 햇살을 대지로 보냈다. **3. a)** ↑ausstrahlen (4) 참조: Radio Bern sendete《(schweiz.) sandte》 vor Jahren ein ähnliches Hörspiel 베른 방송은 몇 년 전에 비슷한 방송극을 보냈다(방송했다). **b)** 발신[송신]하다.

Sender, der; -s, -. **1. a)** 발신소, 송신소. **b)** 방송국: einen S. gut empfangen (라디오의) 수신 상태가 좋다; auf den S. sein. (은어) 방송되다. **2.** (드물게) 발송자, 발신인. **Senderanlage**, die ↑ Sendeanlage. **Sendersuchlauf** der [방송] (라디오 및 텔레비전의) 주파수 자동 탐색 장치. **Sendling** ['zɛntlɪŋ], der; -s, -e (고어·schweiz.) 사자, 사절. **Sendung**, die; -en **1. a)** 《드물게》 발송, 발송물, 송달물, 소포: die neue S. ist eingetroffen 새로운 송달물(소포)이 도착했다. **2.** 〈Pl. 없음〉 《아어》 **a)** 임무, 사명: die politische S. der Partei 당의 정치적 사명. **3. a)** [방송·텔레비전] 방송, 방영. **b)** 방송프로(그램): politische[kulturelle] en ausstrahlen 정치[문화] 방송 프로를 방영[방송]하다. **c)** 송신. **Sendungsbewußtsein**, das 사명감.

¹**Senegal** ['zeːnegal], der; -(s) 서 아프리카의 강. ²**Senegal**, -s, 《관사와 함께도 사용》 der; -(s) 세네갈(서 아프리카의 나라). **Senegalese**, der; -n, -n, **Senegaler**, der; -s, - 세네갈 국민[주민]. **Senegalesin**, die; -nen ↑ Senegalese의 여성형. **senegalesisch**, 《또한》 **senegalisch** 〈Adj.〉 세네갈의, 세네갈 사람의[말의].

Senesblätter ['zeːnəs-] ↑ Sennesblätter.

Seneschall ['zeːnəʃal], der; -s, -e 《역사적》 (중세 귀족의) 집사(執事), (프랑스 왕가의) 가령(家令), 청지기, 궁내 장관; 관할 구역의 수석 재판관; 기사 계급의 장로.

Seneszenz [zeːnɛs'tsɛnts], die [lat. senēscere = alt werden] [의학] 노령, 노쇠, 노화.

Senf [zɛnf], der; -(e)s, -e [lat. sināpi(s) < griech. sínapi] **1.** 양념용의 겨자: Würstchen mit S. 겨자를 바른 소시지; 전의 Sie geben jetzt also den ganzen S. an 《욕》 당신은 이제 다 털어놓는 셈이요; (seinen) S. dazugeben 《통용어》 (묻지도 않았는데) 자기의 생각(견해)를 표명하여, 말참견하다, 장광설을 늘어놓다. **2.** (지중해에 자라는 식물로서) 식용 겨자의 여러 종류.

sęnf-, Senf-: ~bad, das (특히 감기 치료를 위한) 겨자욕. **~butter**, die [요리] 겨자를 섞어 만든 버터. **~farben**, **~farbig** 〈Adj.〉 겨자색의, 황갈색의. **~gas**, das 머스터드 가스, 이페리트(독가스). **~gelb** 〈Adj.〉 ↑~farben. **~gurke**, die 겨자에 버무려 담근 오이. **~korn**, das 《대개 Pl.》 겨자씨. **~mehl**, das 겨자가루. **~öl**, das 겨자기름. **~packung**, die ↑ ~wickel. **~papier**, **~pflaster**, das 《옛》 겨자 연고[고약]. **~same**, der ↑ ~korn. **~soße**, die 겨자 소스. **~spiritus**, der 《옛》 겨자 연고. **~teig**, der 겨자 반죽. **~topf**, der 겨자 단지. **~tunke**, die ↑ ~soße. **~umschlag**, der ↑ ~wickel. **~wickel**, der 겨자 습포(濕布) 찜질.

Senge ['zɛŋə] (Pl.) 〈지역적〉 ↑ Prügel: S. beziehen [kriegen] 두들겨 맞다. **sengen** ['zɛŋən] 〈h〉 **1. a)** 《드물게》 겉을 슬쩍 그슬리다. **b)** (깃털 따위의) 끝을 다듬다, 태워서 벗기다: **s. und brennen** 《준고어》 방화하고 노략질하다. **2. a)** (겉이 슬쩍) 타다, 그을다, 눋다. **b)** 햇볕이 뜨겁게 비치다: eine sengende Hitze lag über der Stadt 불볕더위가 도시에 드리웠다. **3.** [섬유] **a)** gasieren, **seng(e)rig** ['zɛŋ(ə)rɪç] 〈Adj.〉 〈지역적〉 탄내가 나는, 눋은 내가 나는.

Senhor [zɛn'joːɐ̯], der; -s, -es [...'joːrɛs; port. senhor] **1.** (호칭으로) 신사, 씨, 님. **2.** 주인, 나리. **Senhora** [zɛn'joːra], die; -s [port. senhora] ↑ Senhor (1, 2)의 여성형. **Senhorita** [zɛnjoˈriːta], die; -s [port. senhorita] (포르투갈에서) 아가씨나 처녀의 존칭 및 호칭).

senil [ze'niːl] 〈Adj.〉 [lat. senīlis = greisenhaft] **1.** (교양어·폄) 연로한, 늙은, 노경(老境)의, 노쇠한. **2.** [의학] 노인성의: -e Demenz 노인성 치매(痴呆). **Senilität** [zeniliˈtɛːt], die (교양어·폄) 노쇠, 노령.

senior ['zeːnioːɐ̯, 《또한》 ...ioːɐ̯] 〈Adj.; 격변화 없이 인명의 뒤에 사용〉 [lat. senior = älter] 손위의, 노(老)…, 대(大)… 《반》 Junior》 《약 sen.》. **Senior** [-, der; -s, -en [zeˈnioːrən] **1.** 《반》 Junior **1**》 **a)** (폄) (아들과 관련해서) 아버지. **b)** 〈Pl. 없음〉 [상] (조합의) 대표자, 위원장, 특정한 나이에 든 사람. **2.** [스포츠] **a)** (18세 또는 운동 경기에 따라 20~23세 이상의) 고참 운동 선수. **b)** 한 팀의 최고참(연장) 선수. **3.** 《대개 Pl.》 【광고】 중년층 《반》 Junior 3》. **4.** 〈Pl.〉 (연금을 받는) 노령자, 노인: verbilligte Fahrten für -en 고령자 할인의 승차권. **5.** 연장자, 웃사람, 장로. **6.** [대학생] (학생 단체의) 간부, 대표. **Seniorat** [zeniˈoːraːt], das; -(e)s, -e [lat. senioratus = Würde, Amt eines Seniors (5). ↑Ältestenrecht (1). **Seniorchef,** der [상] (경영에 참여하는 아들을 둔) 노사장, 노주인, 권사장, 회장.

Senioren-: ~**heim,** das ↑Altenwohnheim. ~**karte,** die 경로 할인(우대)증. ~**klasse,** die [스포츠] 고참 선수급(級). ~**klub,** der 노인 여가 활동 클럽. ~**konvent,** der [대학생] 학생 조합 대표자 회의, 장로회의. ~**nachmittag,** der ↑Altennachmittag. ~**paß,** der 경로 우대증. ~**wohnheim,** das ↑Altenwohnheim.

Seniorin [zen'jo:rɪn], die; -nen ↑Senior (1 b, 2, 5)의 여성형. **Seniorreise,** die; -n [광고] 경로 여행, 효도 관광. **Senium** ['ze:nɪʊm], das; -s [lat. senium] [의학] 고령, 노년.

senk-, Senk-: ~**blei,** das [토건] ↑Lot (1 a). ~**fuß,** der [의학] 편평족(扁平足). ~**fußeinlage,** die 편평족의 신발용 깔개(안창). ~**grube,** die [토건] 수채, 배수로(排水路). ~**kasten,** der [토건] 케송(물에 새지 않게 짠 상자), (수중 공사용의) 잠함(潛函). ~**lot,** das [토건] ↑Lot (1 a). ~**recht** ⟨Adj.⟩ **1. a)** [기하] 수직의: die Schenkel des Winkels stehen s. aufeinander 2변이 서로 수직을 이루다. **b)** 직립의, 똑바른: bleib [halt] dich s.! (통용어) 넘어지지 않도록 해라!; **immer s. bleiben!** (통용어) 항상 태연(침착)하라, 동요하지 말라!; **das einzig Senkrechte** (통용어) 오로지 올바른 것, 유일하게 적당한 것. **2.** ⟪schweiz.⟫ 마음이 곧은, 정직한. ~**rechte,** die **a)** [기하] ↑Lot (3). **b)** 수직선. ~**rechtstart,** der 수직 이륙. ~**rechtstarter,** der **1.** ↑Coleopter. **2.** 갑자기 성공한 사람. ~**reis,** das (드물게) 휘묻이, 꺾꽂이. ~**rücken,** der (특히 말 같은 동물의) 척수하만(脊柱下彎), (노인의) 척수 전만증(前彎症). ~**schnur,** die ↑Lotleine. ~**waage,** die ↑Aräometer.

Senke ['zɛŋkə], die; -n 움푹한 곳, 구덩이, 분지(盆地), 저지(低地). **Senkel** ['zɛŋkl̩], der; -s, - **1.** ↑Schnürsenkel. **2. jmdn. in den S. stellen 1)** 누구를 얼마하게 꾸짖다. 2) 누구를 (원하는 방향으로) 교화시키다(옛 의미로 ↑Senkblei). **senken** ['zɛŋkn̩] ⟨h⟩ **1. a)** 가라앉히다, 내리다, 낮추다: den Kopf s. 머리를 숙이다; die Fahnen s. (조의를 표하기 위하여) 기(旗)를 내리다; [전의] den Blick [die Augen] s. (아이) 눈을 내리 깔다; er senkte die Stimme (아이) 그는 목소리를 낮추었다. **b)** 내리다, 함몰(침하)시키다: den Sarg ins Grab [in die Erde] s. 관을 묻다; [전의] (아이) jmdm. den Keim des Bösen ins Herz s. 누구의 가슴에 악의 씨를 심다. **2.** [광] **a)** (굴, 갱도의 의미) 더 깊이 파내려가다. **b)** abteufen 참조. **3.** ⟨s. + sich⟩ **a)** 내려앉다, 드리우다: der Vorhang senkt sich 막이 내린다. **b)** 가라앉다, 줄다; [전의] ⟪아이⟫ die Nacht senkt sich auf die Erde 밤이 대지 위(온누리)에 드리운다; Schlaf senkt sich auf die Augen 졸음이 와 눈이 스르르 감긴다. **4.** ⟨s. + sich⟩ 함몰(침하)하다, 침하하다: der Boden senkte sich 땅이 내려앉았다; die Mauer senkte sich 담이 주저앉았다. **b)** 완경사(緩傾斜)를 이루다, 길이 통하다: das Gelände senkte sich nach Osten 지대가 동쪽으로 기울다. **5. a)** 낮추다: die lange Trockenheit hat den Grundwasserspiegel gesenkt 오랜 가뭄으로 지하수위 낮아졌다. **b)** 내리다, 떨어뜨리다: das Fieber s. 열을 떨어뜨리다; die Löhne s. 임금을 감하다. **6.** ⟪전문어⟫ (못대가리를 박을) 구멍을 뚫다. **Senker,** der; -s, - **1.** [기술] (못대가리를 박을 구멍을 파는) 송곳. **2.** ⟨드물게⟩ 휘묻이, 꺾꽂이. **3.** [식물] (기생식물에 있어서) 기식(寄生) 뿌리의 일종. **Senkung,** die; -en **1.** ⟨Pl. 없음⟩ 가라앉음(않힘), 침하, 침강. **2.** ⟨Pl. 없음⟩ 저하, 감소. **3.** [지질] (지각(地殼)의) 침강 운동(沈降運動)(반대: Hebung 3). **4.** ⟪드물게⟫ ↑Senke. **5.** [운율] 억음(부)(抑音部)), 약음부(반대: Hebung 4). **6.** [의학] 혈액 강하(↑Blutsenkung의 약칭). **7.** [의학] ↑Deszensus (2).

Senkungs-: ~**abszeß,** der [의학] 유주농양(流注膿瘍). ~**feld,** das [지질] 사태(沙汰)로 구획된 침강 경계 지역. ~**geschwindigkeit,** die [의학] (혈액(血沈)의) 침강 속도(↑Blutkörperchensenkungsgeschwindigkeit의 약칭). ~**küste,** die [지리] 침식(강) 해안.

Senn [zɛn], der; -(e)s, -e ⟨bayr., österr., schweiz.⟩ (버터나 치즈를 만드는) 알프스 산지의 낙농가.

Senna ['zɛna], die ↑Sennesblätter.

¹**Senne** ['zɛnə], der; -n, -n ⟨bayr., österr.⟩ ↑Senn.

²**Senne** [-], die; -n ⟨bayr., österr.⟩ ↑Alm. **sennen** ['zɛnən] ⟨h⟩ ⟨bayr., österr.⟩ 낙농(酪農)일을 하다, 치즈를 만들다. **Sennerei** [zɛnə'raɪ], die; -en ⟨bayr., österr. schweiz.⟩ 알프스의 낙농장[치즈 제조장]. **Sennerin** ['zɛnərɪn], die; -nen ⟨bayr., österr.⟩ ↑Senn의 여성형.

Sennesblätter ['zɛnəs-] ⟨Pl.⟩ [lat. sene] 센나의 잎(하제(下劑)로 씀). **Sennesblättertee,** der 센나 엽차(하제(下劑)로 씀). **Sennespflanze,** die; -n ↑Kassie. **Sennesschote,** die; -n 센나 열매.

Sennhütte, die; -n ⟨bayr., österr.⟩ ↑Almhütte. **Sennin** ['zɛnɪn], die; -nen ⟨bayr., österr.⟩ ↑Sennerin. **Senntum,** das; -s, ...tümer ⟨schweiz.⟩ 한 사람의 목자가 이끄는 가축 무리[떼]. **Sennwirtschaft,** die ⟨bayr., österr.⟩ ↑Sennerei.

Senon [ze'no:n], das; -s [지질] 세논계(階). **senonisch** [ze'no:nɪʃ] ⟨Adj.⟩ 세논계(階)의.

Señor [zɛn'jo:ɐ̯], der; -s, -es [...'jo:rɛs; span. seɲor] **1.** (존칭 및 호칭으로서) 씨, 남, 귀하. **2.** 주인, 신사, 나리. **Señora** [zɛn'jo:ra], die; -s [span. seɲora] ↑Señor (1, 2)의 여성형. **Señorita** [zɛnjo'ri:ta], die; -s (미혼의 젊은 여인에 대한 호칭) 아가씨, 양.

Sensal [zɛn'za:l], der; -s, -e [ital. sensale] ⟨österr.⟩ 중개인(仲買人). 브로커. **Sensalie** [zɛn'za:li:], die; -n [...'li:ən], **Sensarie** [zɛn'za:ri:], die; -n [...'ri:ən] ⟨österr.⟩ 중매 수수료.

Sensation [zɛnza'tsi̯o:n], die; -en [frz. sensation] **1. a)** 감동, 세간의 대평판, 센세이셔널한 사건: die S. des Jahres 이 해의 이목을 집중시킨 대사건; S. machen [erregen] 인기[이목]을 끌다, 평판이 나다, 센세이션을 일으키다; etw. zur S. machen 무엇을 센세이셔널한 사건으로 만들다. **b)** 화제거리, 큰 이야깃거리. **2.** [의학] 감각(작용). **sensationell** [zɛnzatsi̯o'nɛl] ⟨Adj.⟩ [frz. sensationnel] 남의 이목을 끄는, 선정적인, 센세이셔널한.

sensations-, Sensations-: ~**bedürfnis,** das ↑~gier. ~**blatt,** das ⟪폄⟫ 저속한 신문, 선정적인 신문. ~**gier,** die ⟪폄⟫ 자극(흥분) 욕구. ~**haschereᵢ** [-haʃəˈraɪ], die; -en ⟪폄⟫ (사건을 센세이셔널하게 부채질하려는) 자극욕. ~**hunger,** der ⟪폄⟫ ↑~gier. ~**hungrig** ⟨Adj.⟩ ⟪폄⟫ 자극욕이 있는. ~**lust,** die ⟪폄⟫ ↑~gier. ~**lüstern** ⟨Adj.⟩ ⟪폄⟫ 자극을 구하는, 선정적인 것을 좋아하는. ~**mache,** die ⟪통용어·폄⟫ ↑~hascherei (1). ~**meldung,** die 센세이셔널한 보도. ~**nachricht,** die ↑~meldung. ~**presse,** die ⟪폄⟫ ↑~blatt. ~**prozeß,** der 센세이셔널한 소송. ~**sucht,** die ↑~gier.

Sense ['zɛnzə], die; -n **1.** 큰 낫: die S. dengeln 낫 날을 갈다; **S. sein** (경) 끝나다: Nun ist aber S. mit der Debatte! 이제 토론은 끝났다니까!; bei mir ist jetzt S. 충분히 되었으니 끝내자; (jetzt ist) S.! 끝!, 휴식이다! **2.** [zɛnzə] ⟨h⟩ ⟨드물게⟩ 낫으로 베다, 낫질하다.

sensen-, Sensen-: ~**baum,** der 낫자루[손잡이].

~blatt, das 낫 날. **~förmig** 〈Adj.〉 낫 모양으로 굽은, 낫 모양의. **~griff**, der 낫 손잡이. **~mann**, der 1. 《고어》 큰 낫으로 (풀) 베는 사람. 2. 《은혜》 죽음(의 신). **~schmied**, der 《옛》 큰 낫을 만드는 대장장이. **~stein**, der 낫을 가는 숫돌. **~wurf**, der ↑~baum.

sensibel [zɛn'zi:bļ] 〈Adj.〉 [frz. sensible] 1. 감지[지각] 할 수 있는, 느끼기 쉬운, 감수성이 많은 (강한), 민감 [다감]한: ein sensibles Kind 다감한[감정이 여린] 어린이; 전의 eine Creme für die sensible Haut um die Augen 눈 주위의 예민한[민감한] 피부에 바르는 크림. 2. 《의학》 (고통, 자극에) 예민한(반대: insensibel). **Sensibilisator** [zɛnzibili'za:tɔr, (또한)...to:ɐ̯], der; -s, -en [...za'to:rən] 【사진】 (색채 요소의) 증감제(增感劑). **sensibilisieren** [...'zi:rən] 〈h〉 1. 《교양어》 (...에 대하여) 쉽게 느끼게 하다, 민감하게 하다. 2. 《의학》 기관의 지각(知覺)을 예민하게 하다, 항체를 형성시키다. 3. 【사진】 (필름에) 감광성(感光性)을 주다, 감광도를 높이다. **Sensibilisierung**, die; -en 감각화, 예민화, 감광도 확대. **Sensibilismus** [...'!tsmʊs], der; - 《교양어·드물게》 외적 인상(자극)에 대한 (높은) 민감성. **Sensibilist** [...'!tst], der; -en, -en 《교양어》 (매우) 민감한 사람. **Sensibilität**, die [frz. sensibilité] 1. 《교양어》 감수력, 감각력, 감수성. 2. 《의학》 (기관과 특정한 신경 조직의) 자극 또는 통증의 예민성. 3. 【사진】 (필름의) 감광도(感光度). 4. 【전기】 충격에 반작용을 일으키는 방송 수신기의 감도. **sensitiv** [zɛnzi'ti:f] 〈Adj.〉 《교양어》 대단히 민감한, 감정이 섬세한, 과도하게 자극을 받는, 신경 과민의. **Sensitivität**, die 《교양어》 (지나치게) 민감함, 날카로운 감수성. **Sensitivitätstraining**, das 【심리】 ↑Senstivity-Training. **Sensitivity-Training** [zɛnzi'tivɪtɪ-], das; -s [engl.-amerik. sensitivity trainning] 【심리】 감수성 훈련. **Sensitometer** [zɛnzito'me:tɐ], das 【사진】 감광계. **Sensitometrie** [zɛnzitome'tri:], die 【사진】 감광 측정. **Sensomotorik** ['zɛnzo-, 〈또한〉- - - '- -], die 【심리】 지각(知覺)·운동 (양 기관의) 협력성. **Sensor** [zɛnzɔr], der; -s, -en [zɛn'zo:rən] 《대개 Pl.》 [engl. sensor] 【기술】 1. ↑Meßfühler. 2. 감지 장치, 센서. **sensoriell** [zɛnzo'riɛl], **sensorisch** [zɛn'zo:rɪʃ] 〈Adj.〉 《의학》 지각(知覺)의, 감관(感官)의, 감각(상)의, 감각에 기초한. **Sensorium** [zɛn'zo:rĭʊm], das; -s, ...rien [...riən] [lat. sēnsōrium] 1. 《교양어》 a) 《고어》 의식(Bewußtsein). b) 〈Pl.〉 감관(感官), 대뇌 피질(皮質), 감각 중추. 2. 《교양어》 감수성(능력), 감각. **Sensortaste**, die; -n ↑Sensor (2). **Sensualismus** [zɛnzŭa'lɪsmʊs], der; - [lat. sēnsuālis] 【철학】 감각론, 감각주의. **Sensualist** [...'!tst], der; -en, -en 감각론(주의)자. **sensualistisch** 〈Adj.〉 【철학】 1. 감각론(주의)의. 2. 《교양어》 감각(감성)적인. **Sensualität** [...li'tɛ:t], die [lat. sēnsualitās] 《의학》 감수력, 감성, 육감, 관능. **sensuell** [zɛn'zŭɛl] 〈Adj.〉 [frz. sensuel] 1. 《교양어》 감각(상)의, 감각적인. 2. 육감(관능)적인. **Sensumotorik**: ↑sensomotorik. **Sensus communis** ['zɛnzʊs ko'mu:nɪs], der; - - [lat. = die allgemein herrschende Meinung] 《교양어》 상식. **Sentenz** [zɛn'tɛnts], die; -en [lat. sententia] 1. 《교양어》 금언, 격언, 잠언, 명문구, (간결한 함축미의 말. 2. 〈Pl.〉 【신학】 신학의 명제론집 (命題論集). 3. 《법·고어》 선고, 판결. **sentenzartig** 〈Adj.〉 《교양어》 ↑sentenziös (a). **sentenzhaft** 〈Adj.〉 《교양어》 ↑sentenziös (a). **sentenziös** [zɛntɛn'tsĭø:s] 〈Adj.〉 [frz. sentencieux] 《교양어》 a) 격언조의, (표현이) 간결한. b) 금언(명구, 격언)이 많은. **Sentiment** [sãti'mã:], das; -s, -s [frz. sentiment] a) 감상(感傷), 감정, 심정, 정조(情懆). b) 《드물게》 선입감, 편견. **sentimental** [zɛntimɛn'ta:l] 〈Adj.〉 [engl.

sentimental] a) 《큼》 느끼기 쉬운, 다감한, 감정에 빠지는. b) 《드물게》 감상적인, 센티멘탈한, 낭만적인, 물아적인. **Sentimentale*** [zɛntimɛn'ta:lə], die 감상적인 소녀역을 하는 여배우. **sentimentalisch** 〈Adj.〉 a) 《고어》 ↑sentimental (b). b) 【문예학】 성찰적인: ~e Dichtung 성찰문학(반대: naiv 2). **Sentimentalität**, die; -en [engl. sentimentality] 《큼》 다감(多感), 감상(성).

Senussi [zɛ'nʊsi], der; -, -/...ssen 이슬람교 신봉자.

senza ['zɛntsa] 〈Adv.〉 [ital. senza] 【음악】 …없이 (대개 연주법 지시와 더불어 쓰임): s. pedale 페달을 밟지 않고; s. sordino 약음 악기는 빼고; s. tempo 속도 (박자)에 구애받지 않고.

Seoul [zɛ'u:l, 'ze:ʊl, (korean.) 'sʌul] 서울 (대한민국의 수도).

separat [zepa'ra:t] 〈Adj.〉 [lat. sēparātum] 떨어진, 분리된: die Wohnung hat einen -en Eingang 그 집은 별개(전용)의 입구가 있다. **Separat-** (Sonder-, Einzel-, Extra-를 뜻하는 명사로서, 예컨대) Separatgespräch 개별 회담, Separatinteresse 개별 (특별) 관심.

Separat-: **~abkommen**, das 개별 협정. **~druck**, der ↑Sonderdruck. **~eingang**, der 전용 (따로 난) 입구. **~friede(n)**, der 단독 강화(講和). **~friedensvertrag**, der 단독 강화 조약. **~staat**, der 통일된 국가의 영토 내에 있는 일부의 분리국가.

Separata: ↑Separatum의 복수형. **Separate** ['sɛp(ə)rɪt, 〈engl.〉 ...p(ə)ret], das; -s, -s [engl.-amerik. separate] 【의상】 분리복 (分離服) (따로 분리해서 입을 수 있는 2~3개로 이루어진 의복). **Separation** [zepara'tsĭo:n], die; -en [lat. sēparātio] 1. 【영토적·정치적】 분할(分割), 분열(分裂). 2. 《준고어》 분리, 격리. 3. (특히 18, 19세기에) 경지(耕地) 정리. **Separatismus** [...'tɪsmʊs], der; - [engl. separatism] 《큼》 (정치적·종교적·세계관적 영역에서) 분리[분립]주의, 분권론 (分權論). **Separatist** [...'tɪst], der; -en, -en [engl. separatist] 《큼》 정교 (政教) 분리주의자. **separatistisch** 〈Adj.〉 《큼》 분리 [분권] 주의적. **Separativ** [...ti:f], der; -s, -e [lat. sēparātīvus] 【언어】 분리격 (分離格), 분리탈격 (分離奪格). **Separator** [zepa'ra:tɔr, (또한) ...to:ɐ̯], der; -s, -en [...'to:rən; lat. sēparātor] 【기술】 원심분리기 (遠心分離器). **Separatum** [zepa'ra:tʊm], das; -s, ...ta 《대개 Pl.》 [lat. sēparātum] 《교양어》 ↑Sonderdruck. **Séparée** [zepa'reː], das; -s, -s ↑Chambre separée의 약칭. **separieren** [zepa'ri:rən] 〈h〉 [lat. sēparāre] 1. 《전문어》 (원심분리기로) 분리시키다. 2. 《준고어》 격리 [분리] 시키다.

Sephardim [ze'fardim, 〈또한〉 ...'di:m] 〈Pl.〉 《구약성서에 나오는, 후에 스페인과 관련된 지역 이름에 따라》 스페인, 포르투갈 및 동방계 유태인.

sepia [ze:pia] 〈Adj.〉 《격변화 없음》 흑갈색의, 세피아색의. **Sepia** [-], die; Sepien [...iən; lat. sēpia < griech. sēpía] 1. 발이 여덟 개의 두족류, 오징어. 2. 〈Pl. 없음〉 오징어의 먹물, 세피아 (오징어의 먹물로 만든 흑갈색의 채료).

sepia-, **Sepia-**: **~braun** 〈Adj.〉 ↑sepia. **~knochen**, der 오징어 뼈. **~schale**, die 오징어 껍질. **~schote**, die ↑Schulp. **~zeichnung**, die 세피아화 (畵).

Sepie ['ze:piə], die; -n ↑Sepia (1).

Sepp(e)lhose ['zɛpļ...], die; -n (멜빵이 달린) 가죽 반바지 (알프스 지방의 민속 의상). **Sepp(e)lhut**, der; -(e)s, ...hüte (양털과 장식 리본으로 치장된 알프스 지방의) 남성용 민속 모자.

Seppuku ['zɛpuku], das; -(s), -s [jap. seppuku] ↑Harakiri.

Sepsis ['zɛpsɪs], die; Sepsen [greich. sēpsis] 【의학】 ↑

Blutvergiftung.
Sept. = September.
Sept [zɛpt], Septe ['zɛptə], die; -en ↑Septime.
Septa: ↑Septum의 복수형.
Septakkord: ↑Septimenakkord. **Septarie** [zɛp'taːriə], die; -n [지질] 점토 또는 이회암(泥灰岩)의 균열.
Septe: ↑Sept. **September** [zɛp'tɛmbɐ], der; -(s), - [lat. (mēnsis) September] 9월(고대 로마력(歷)으로는 7월)(약어: Sept.). **Septenar** [zɛptɛ'naːr], der; -s, -e [lat. septēnārius] [운율] (로마의 운율론에서) 대개 강약격의 8운각 시행. **septennal** [zɛptɛ'naːl] 〈Adj.〉 [lat. septennālis] 《고어》 7년의. **Septennat**, das; -(e)s, -e [lat. sept(u)ennis], **Septennium** [zɛp'tɛniʊm], das; -s, ...ien [...iən; lat. sept(u)ennium] **a)** 《교양어·고어》 7년간. **b)** (1874~1887년의) 7년제 예산(독일 육군 방위 예산 방식). **septentrional** [zɛptɛntrio'naːl] 〈Adj.〉 [lat. septentriōnālis] 《교양어·준고어》 북(방)의. **Septett** [zɛp'tɛt], das; -(e)s, -e [ital. settetto] [음악] **a)** 7중주곡. **b)** 7중주[창]. **Septim** [zɛp'tiːm], die; -en [음악] ↑Septime. **septima** ['zɛptima], die; ...men [...'tiːmən; lat. septima] 《österr.》(김나지움의) 7학년. **Septimaner** [zɛpti'maːnɐ], der; -s, - 《österr.》 위의 학생. **Septimanerin**, die; -nen 《österr.》 ↑Septimaner의 여성형. **Septime** [zɛp'tiːmə], die; -n [lat. septimus] [음악] **a)** 7도음. **b)** 7도음정(音程). **Septimenakkord**, Septakkord, der [음악] 7음 화음. **Septimole** [zɛpti'moːlə], die; -n ↑Septole.
septisch ['zɛptɪʃ] 〈Adj.〉 [griech. sēptikós] [의학] **1.** 패혈증(敗血症)의. **2.** 부패한, 부패성의.
Septole [zɛp'toːlə], die; -n [음악] 7연부(連符). **Septuagesima** [zɛptua'geːzima], die [lat. septuagesima] (교회력(歷)에서) 부활절 전 9번째 일요일. **Septuaginta** [...'gɪnta], die [lat. septuāginta] (72 유태학자의 전설에 따라 쓰여진) 그리스의 가장 오래된 구약성서 번역(기호: LXX).
Septum ['zɛptʊm], das; -s, ...ta / ...ten (대개 Pl.) [lat. sēptum] [해부·의학·동물] 격벽(隔壁), 격막(隔膜), 중격(中隔). **Septumdefekt**, der [의학] **1.** 비격막(鼻隔膜) 손상. **2.** 선천성 심장 결함. **Septumdeviation**, die [의학] 비격막의 위축[비틀림].
sepulkral [zepʊl'kraːl] 〈Adj.〉 [lat. sepulcrālis] 《교양어》 묘석의, 매장과 관련된.
seq. = sequens. **seqq.** = sequentes.
sequens ['zeːkvɛns] [lat.] 《고어》 다음의, 계속되는(약어: seq.), **sequentes** [ze'kvɛntɛːs] [lat.] 《고어》 다음에 말하는 것들, 다음 페이지 아래에 적힌 것들(약어: seqq.).
sequentiell [zekvɛn'tsi̯ɛl] 〈Adj.〉 [engl. sequential] [전산] 《컴퓨터 프로그램 지시의 저장 및 작업의》 순서에 따른, 계속적인. **Sequenz** [ze'kvɛnts], die; -en [lat. sequentia] **1.** 《교양어·전문어》 연속, 속계, 순서, 차례. **2.** [음악] 반복[계속]가(歌), 속송. **3.** 중세기 예배식에서 부르는 찬송가(讚頌歌). **4.** [영화] 시퀀스(연속적으로 나타나는 장면으로 구성되는 하나의 국면 또는 삽화). **5.** [카드] 같은 무늬의 수가 순서대로 연속되는 3매 이상의 패. **6.** 시퀀스, 명령이나 데이타의 연속. **sequenzieren** [...'tsiːrən] 〈h〉 [음악] (일정한 주제를 고저음계에 따라) 반복[계속]하다. **Sequester** [ze'kvɛstɐ], der; -s, - [lat. sequester; 2: lat. sequestrum] **1.** [법] 계쟁물(係爭物) 보관인, 압류 재산 관리인. **2.** 《또한》 das [법] ↑Sequestration (1.). **3.** [치과] 부골편(腐骨片), 사골편(死骨片), 괴사편(壞死片). **Sequesterverwaltung**, die [법] ↑Sequestration (1). **Sequestration** [...ta'tsi̯oːn], die; -en [1: spätlat. sequestrātio] **1.** [법] 계쟁물 보관(처분), 재산 압류. **2.** [치과] 부골(腐骨)[분리편(分離片)] 형성 방지. **sequestrieren**

[zekvɛs'triːrən] 〈h〉 [lat. sequestrāre] **1.** [법] 압류하다, 강제 보관 처분에 붙이다. **2.** [의학] 부골(腐骨)을 형성하다. **Sequestrierung**, die; -en 압류, 강제 보관.
Sequestrotomie [...stroto'miː], die; -n [...iːən] [치과] 부골[분리편]의 제거 수술.
Sequoia [ze'kvo:ja], 《또한》 **Sequoie** [...jə], die; -n [lat.] [식물] [미국 인디언 지도자 Sequoyah(1760~1843)의 이름에서] 세코이아, 미국 삼(杉)나무.
Sera: ↑Serum의 복수형. **Sérac** [ze'rak, 《frz.》 se...], der; -s, -s [frz. sérac] [지리] 탑 모양의 빙괴(氷塊).
Serafim: ↑Seraph.
Serail [ze'raj, ze'raj(l), 《frz.》 se'raj], das; -s, -s [frz. sérai] 터키 황제[술탄]의 궁전, 군후(君侯)의 저택 또는 성(城).
Serapeion [zera'pajən], das; -s, ...eia [...aɪa; griech. Serapeîon]/**Serapeum** [...'peːʊm], das; -s, ...een [...eːən; lat. Serāpēum] (이집트·그리스의 신) Serapis의 신전(神殿).
Seraph ['zeːraf], der; -s, -e / -im /《초음파적》 Serafim [...fiːm; lat. seraphīm (Pl.)] [종교] (구약에 의거) 세라핌, 치품 천사(熾品天使), 육익(六翼) 천사(이사야서 6장 2절); 뱀의 몸에 날개를 가진 괴물. **seraphisch** [ze'raːfɪʃ] 〈Adj.〉 《교양어》 치품 천사와 같은, 청정(淸淨)한, 기품 높은, 황홀한.
Serapis [ze'raːpɪs] 세라피스(이집트·그리스의 신).
Serbe ['zɛrbə], der; -n, -n 세르비아 인(남부 슬라브계의 일족).
serbeln ['zɛrbl̩n] 〈h〉 《schweiz.》 시들다, 쇠퇴하다.
Serbling ['zɛrblɪŋ], der; -s, -e 《schweiz.》 시든 것[사람], 쇠약한 것[사람].
Serbien ['zɛrbi̯ən], das; -s 세르비아(구유고슬라비아의 한 방). **Serbin**, die; -nen ↑Serbe의 여성형. **serbisch** ['zɛrbɪʃ] 〈Adj.〉 세르비아의. **Serbokroatisch** [zɛrbokro'aːtɪʃ], das; -(s) (정관사와 함께만) **Serbokroatische***, das 세르보크로아트어.
seren [ze'reːn] 〈Adj.〉 [lat. serēnus] 《교양어·고어》 명랑한, 쾌활한.
Seren ['zeːrən] ↑Serum의 복수형.
Serenade [zere'naːdə], die; -n [frz. sérénade] **1.** [음악] 세레나데, 소야곡. **2.** (문화 유적지 같은 야외에서 개최하는) 연주회. **3.** 《고어》 ↑Ständchen. **Serenissima** [zere'nɪsima], die; ...mä ↑Serenissimus의 여성형. **Serenissimus** [...mʊs], der; -, ...mi [lat. serenissimus] **a)** 《고어》 전하(군주, 영주의 존칭). **b)** 《농》 소국(小國)의 군후(君侯). **Serenität** [zereni'tɛːt], die [lat. serēnitās] 《고어》 명랑, 쾌활.
Serge [zɛrʃ, 'zɛrʒe, 《frz.》 sɛrʒ], 《또한》 **Sersche** ['zɛrʃə], die, 《österr.》 der; -, -n [frz. serge] [섬유] 사지.
Sergeant [zɛr'ʒant, 《frz.》 sɛr'ʒã, 《engl.》 'saːdʒənt], der; -en, -en / 《frz. 발음시》 -s, -s [frz. sergent, engl. sergeant] [군] 하사관.
Serial ['sɪːrɪəl], das; -s, -s [engl. serial] 《텔레비전·방송 은어》 특집 연속물, 특집 연재 기사. **Serie** [ˈzeːri̯ə], die; -n [lat. seriēs] **1.** 계(열), 사건(사실)의 연속, 일련의 사건: eine S. schwerer Verkehrsunfälle 대형 교통사고의 연속(발생). **2. a)** 시리즈, 조, 연속, 조품: eine S. von Briefmarken 시리즈 우표. **b)** 벌, 질(帙), 시리즈: **in S. herstellen[bauen, fertigen]** 시리즈로 생산(건축, 완성)하다; **in S. gehen** 시리즈로[계속적으로] 생산되다. **3.** 대량 생산되다. **3.** 연속 방송품, 연속출판물, 총서(叢書): die Bildbände erscheinen als S. (in einer S.) 그 화집은 시리즈로 간행된다. **seriell** [ze'ri̯ɛl] 〈Adj.〉 [frz. sériel] **1.** (드물게) 일련의, 연속으로 (생산된, 출간된). **2.** [음악] 12음 기법의, 음열의, 계획된 일련

의 음조를 중심으로 한 작곡 기술을 사용하는: -e Musik 뮤직 세리엘. **3.** [전산] 연속적인, 순서에 따른, 직렬(直列)의.
serien-, Serien-: **~anfertigung,** die 연속 작업식 생산, 대량 생산. **~auto,** das 시리즈의 모델을 갖춘, 동일된 자동차 유형. **~bau,** der ⟨Pl. 없음⟩ 대량 생산식 건축. **~betrüger,** der 상습 사기범[범]. **~einbrecher,** der 상습 가택 침입자. **~fabrikation,** die 연속 작업식 제조. **~fahrzeug,** das ↑~auto. **~fertigung,** die ↑~anfertigung. **~held,** der (텔레비전, 방송의) 연속 방송물의 주인공. **~herstellung,** die ↑~fertigung. **~mäßig** ⟨Adj.⟩ **a)** 일련의, 계열의, 조(組)의, 대량생산 방식의. **b)** 규격 통일의. **~produktion,** die 대량 생산(품). **~reif** ⟨Adj.⟩ 대량 생산 기술을 갖춘, 대량 생산의 기술적 완성도를 지닌. **~reife,** die 대량 생산을 가능케 한 기술적 완성도. **~schalter,** der [전기] 다중회로(多重回路) 스위치. **~schaltung,** die [전기] ↑Reihenschaltung. **~täter,** der 연쇄범. **~wagen,** der ↑~auto. **~weise** ⟨Adv.⟩ **1.** 연속해서, 순차적으로, 시리즈로. **2.** (통상어) 대량으로, 대량 생산 방식으로.
Serife [ze'ri:fə], die; -n [engl. serif] [인쇄] 세리프, 알파벳 활자 앞·끝 부분의 작은 돌출선. **serifenlos** ⟨Adj.⟩ [인쇄] 세리프가 없는.
Serigraphie [zerigra'fi:], die; -n [...i:ən] lat. sēricus] ↑Siebdruck.
serio [ze:rjo] ⟨Adv.⟩ [ital. serio] [음악] 진지한, 근엄한, 침착한. **seriös** [ze'riø:s] ⟨Adj.⟩ [frz. sérieux] **1. a)** 단정한, 성실한, 품위 있는: ein -er Herr 품위 있는 신사; ein s. gekleideter Besucher 단정하게 옷을 입은 방문객. **b)** 진지한, 위엄 있는, 장중한. **c)** 《드물게》↑sölde (1). **2.** (특히 상업적인 면에서) 신용할 수 있는, 믿을만한, 신뢰감이 있는, 건실한. **3.** 진지한, 건실한, 심각한 생각의. **Serosität** [zerjozi'tɛ:t], die [mlat. seriositas] (아이) 진지함, 신뢰감, 건실(堅實), 품위, 단정.
Sermon [zɛr'mo:n], der; -s, -e [lat. sermo (반대: sermōnis)] **1.** (고어) 담화, 강연, 설교. **2.** (통용어) 지루한 잡담, 장황한 훈계.
Serodiagnostik [zero-], die [의학] 혈청 진단법. **Serologe** [...'lo:gə], der; -n, -n 혈청학자. **Serologie,** die 혈청학. **serologisch** ⟨Adj.⟩ 혈청학(상)의, 혈청학적인. **serös** [ze'rø:s] ⟨Adj.⟩ [의학] **1.** 혈장의, 장액성(漿液性)의. **2.** 혈장과 비슷한 분비물을 내는.
Serpent [zɛr'pɛnt], der; -(e)s, -e [frz. serpent] (옛) (뱀 모양의) 관악기, 세르팡. **Serpentin** [zɛrpɛn'ti:n], der; -s, -e [lat. serpentina] [광] 사문석(蛇紋石). **Serpentine,** die; -n **a)** 꼬불꼬불한 산길. **b)** 사행(蛇行) 곡선. **Serpentinenstraße,** die 고불고불한 길[도로].
Serradella [zera'dɛla], **Serradelle** [...lə], die; ...llen [port. serradella] [식물] (비료나 사료를 얻기 위해 가꾸는) 콩과(科)식물(토끼풀, 자운영(紫雲英) 따위).
Sersche ↑Serge.
Serum [ze:rum], das; -s, Seren / Sera [lat. serum] **1.** ↑Blutserum의 약칭. **2.** ↑Immunserum의 약칭.
Serum-: **~behandlung,** die 혈청 요법. **~diagnostik,** die [의학] ↑Serodiagnostik. **~eiweißkörper** ⟨Pl.⟩ [의학·생물] 혈청 단백체(질) (혈청과 임파선에 단백질과 글로불린이 들어 있는). **~elektrophorese,** die [의학] 혈청 검사시 전기 요법. **~konservenugn,** die 혈청 채취. **~konserve,** die 혈청 보존 방법(保存血清). **~proteine** ⟨Pl.⟩ [의학·생물] ↑eiweißkörper. **~therapie,** die ↑~behandlung.
Serval ['zɛrval], der; -s, -e / -s [frz. serval] [동물] 세르발(아프리카의 초원 지대에 사는 맹금의 일종). **Ser-**

valkatze, die ↑Serval.
Servante [zɛr'vantə], die; -n [frz. servante] 《고어》 (식기 운반용의) 사이드 테이블.
Servela ['zɛrvəla], die / der; -, -(s) [frz. cervelas] **1.** (지역적) ↑Zervelatwurst. **2.** ⟨südd.⟩ 작은 소시지.
¹Service [zɛr'vi:s], das; - [...'vi:s] / -s [...'vi:səs], - [...vi:s / ...vi:sə; frz. service] 한 벌의 식기류: ein einfaches (geblümtes) S. 소박한(꽃무늬가 있는) 그릇 한 벌. **²Service** [zœrvɪs, səːrvɪs], der / das; -, -s [...vɪs (또한) ...vɪsɪs] [engl. service] **1.** ⟨Pl. 없음⟩ **a)** 손님 접대, 서비스(특히 음식점 등에서). **b)** ↑Kundendienst (1): ein reibungslos funktionierender S. für ein Fabrikat 제품에 대한 마찰없는 아프터 서비스. **2.** [정구] **a)** 서브. **b)** (네트가 있는 운동 경기에서의) 서브볼. **servicefreundlich** ⟨Adj.⟩ [광고] 아프터 서비스를 잘 해주는. **Servicenetz,** das 아프터 서비스를 위한 조직망.
Servier-: **~brett,** die ⟨준고어⟩ ↑Tablett. **~fräulein,** das ⟨고어⟩ **~mädchen,** das ⟨준고어⟩ 여급, 웨이트레스. **~tisch,** der 측탁(側卓), 사이드 테이블. **~tochter,** der ⟨Schweiz.⟩ 여급, 여종업원. **~wagen,** der 바퀴 달린 식기대, 서비스 수레.
servieren [zɛr'vi:rən], ⟨h⟩ [frz. servir] **1.** 식사 시중을 하다, 손님을 접대하다: schon kam ein sauber gekleidetes Mädchen in das Zimmer und begann zu s. 옷을 깨끗이 입은 아가씨가 벌써 방안에 들어와 식탁에 음식을 차리기 시작했다. er hat ihr schon viele Lügen serviert 그는 그녀에게 벌써 수많은 거짓말을 했다. **2.** [테니스] 서브를 넣다. **3.** [축구] (좋은 위치에 있는 같은 팀 선수에게) 볼을 패스해 주다. **Serviererin** [zɛr'vi:rərɪn], die; -nen 여급. **Serviette** [zɛr'vjɛtə], die; -n [frz. serviette] 냅킨, **Serviettenkloß,** der (밀가루 반죽 후 수건에 싸서 소금물에 끓여 만든) 빵의 일종. **Serviettenring,** der 내프킨 링(각자의 냅킨을 말아 꽂아놓을 고리). **servil** [zɛr'vi:l] ⟨Adj.⟩ [lat. servilis] (교양어·폄) 노예 같은, 굴종적인, 천한, 아첨하는: ein -es Lächeln 비굴한 미소. **Servilismus** [zɛrvi'lɪsmʊs], der; -, ...men (교양어·폄), **Servilität** [...li'tɛ:t], die; -en [frz. servilité] (교양어·폄) **1.** ⟨Pl. 없음⟩ 노예 근성, 비굴성. **2.** 비굴한 언행. **Servis** [zɛr'vɪs], der; - [frz. service] (고어) **1.** 봉사, 서비스. **2.** (Pl. Servisgelder) **a)** 식비, 숙식비. **b)** 주택(住宅) 수당. **Serviteur** [zɛrvi'tø:ɐ], der; -s, -e [frz. serviteur] (고어) **1.** 부(副)식탁, 사이드 테이블. **2.** 절, 인사. **Servitium** [zɛr'vi:tsjʊm], das; -s, ...ien [...jən; lat. servitium] **1.** (고어) 충성, 노예, 숙명. **2.** (Pl.) (중세기에 새로 임명된 성직자가 교황청에 내는) 상납금(上納金). **Servitut** [zɛrvi'tu:t], das; -(e)s, -e [lat. servitūs (반대: servitūtis)] [법] ↑Dienstbarkeit (3).
Servo- [zɛrvo-; lat. servus] ("보조"를 뜻하는 규정어로서, 예컨대) Servobremse, Servogerät, Servoeinrichtung. **Servobremse,** die; -n [기술] 서보 브레이크, 배력(倍力) 브레이크. **Servofokus,** der; - [사진] ↑Autozoom. **Servolenkung,** die; -en [기술] 서보 조종 장치. **Servomotor,** der; -s, -en [기술] 서보 모터. **Servus!** ['zɛrvʊs; lat. servus] (특히 südd., österr.) (친한 사이의 작별 인사의) 잘 가게, 잘 있게.
Sesam [ze'zam], der; -s, -s [lat. sēsamum < griech. sḗsamon] **1. a)** 참깨(나무). **b)** 참깨(씨). **2. S., öffne dich!** (농) 열려라, 참깨(아라비안 나이트에 나오는 말).
Sesam-: **~bein,** das (해부) 종자골(種子骨). **~brot,** das 참깨를 뿌린 빵. **~brötchen,** das 참깨 하드롤. **~gewächs,** das (대개 Pl.) 참깨과 식물. **~knochen,** der (해부) ↑~bein. **~kuchen,** der (참기름을 짜고 난) 참깻묵(가축의 사료로 쓰임). **~öl,** das 참기름.
Sesel ['ze:zl], der; -s, - [lat. seselis < griech. séselis

털기름나무.
Sessel ['zɛsl], der; -s, - **1.** (쿠션이 있는) 의자, 안락의자: sich in einen S. setzen 안락의자에 앉다; 전의 der Minister hing allzu sehr an seinem S. 《통용어》 장관은 그의 자리에 너무 매달려 있었다. **2.** 《österr.》 ↑ Stuhl.
Sessel-: **~bahn**, die ↑~lift. **~lehne**, die 안락의자의 등받이. **~lift**, der 체어 리프트.
seßhaft ['zɛshaft] 〈Adj.〉 **a)** 거주하는: er ist jetzt s. in Berlin 그는 지금 베를린에 살고 있다. **b)** 정주(定住)[정착(定着)]하는(ansässig). **Seßhaftigkeit**, die 거주, 정주, 토착.
sessil [zɛ'si:l] 〈Adj.〉 [lat. sessilis] 【동물】(물 속에 사는 동물의) 다른 물체에 붙어 사는, 고착성(固着性)의. **Sessilität** [zɛsili'tɛ:t], die 【동물】(물 속에 사는 동물의) 고착성(예컨대: 산호). **¹Session** [zɛ'sio:n], die; -en [lat. sessio] 《교양어》 (장기간 지속되는) 회의, 회합, 공판(정), 회기(會期). **²Session** ['sɛʃən], die; -s [engl. session] 음악대 공연 (특히 재즈의).
Sester ['zɛstɐ], der; -s, - ↑ **Sechter**.
Sesterz [zɛs'tɛrts], der; -es, -e [lat. sēstertius] 고대 로마의 은화.
Sestine [zɛs'ti:nə], die; -n [ital. sestina] 【문예학】 **1.** 6행(시)연. **2.** 6행연시. **¹Set** [sɛt], das, 《또한》 der; -(s), -s [engl. set] **1.** 세트, 조(組), 벌. **2.** 매트 매트. **3.** 【사회심리】 (정신·육체적) 태도 (약물 중독자의). **²Set** [-], das; -(s) [engl. set] 【인쇄】세트(활자의 폭). **Settecento** [sɛte'tʃɛnto], das; -(s) [ital. settecento] 【예술】이탈리아의 18세기 문화와 예술. **Setter** ['zɛtɐ, 〈engl.〉 'seta], der; -s, - [engl. setter] 세터 종(種)의 사냥개. **Setting** ['lsɛtɪŋ], das; -s, -s [engl. setting] 【사회심리】 환경.
Settlement ['sɛtlmənt], das; -s, -s [engl. settlement] 《드물게》 정주(定住), 정착(定着), 식민지.
Setz-: **~arbeit**, die 【광·제련】 ↑~wäsche. **~ei**, das (nordostd.) 에그프라이. **~eisen**, das (못을 깊이 박는 데 사용하는) 철심. **~fehler**, der 【인쇄】 오식(誤植). **~gut**, das 묘종, 묘상(苗床). **~hammer**, der 코킹해머. **~hase**, der 【사냥】 Satzhase. **~holz**, das ↑Pflanzholz. **~kartoffel**, die (대개 Pl.) ↑Saatkartoffel. **~kasten**, der **1.** {원예}(야채 또는 꽃의 파종용) 묘판 상자(苗板箱子). **2.** 【인쇄】활자 상자. **~kopf**, der ↑Nietkopf. **~latte**, die 【토목】 ↑Richtscheit. **~maschine**, die 【인쇄】 주조식자기, 라이노 타이프. **2.** 【광】 습식 선광기(濕式選鑛機). **~maß**, das 【토목·농업】 흙의 침강(沈降)도(度). **~meißel**, der 【기술】 코킹 끌. **~milch**, die (지역적) ↑Sauermilch. **~schiff**, das 【인쇄】 ↑Schiff (3). **~stück**, das (지역적·고어) ↑Versatzstück. **~teich**, der (전문어) 양어지(池). **~waage**, die ↑Wasserwaage. **~wäsche**, die 【광업·제련】 (선광(選鑛)시 사용되는) 정련(精鍊)처치(법). **~zwiebel**, die (드물게) 심는 구경(球莖).
setzen ['zɛtsn̩] **1.** 〈s. + sich; h〉 **a)** 앉다, 착석하다: sich an den Tisch[ans Fenster] s. 테이블[창]가에 앉다; sich auf einen Stuhl s. 걸상에 앉다; sich in den Sessel s. (안락)의자에 앉다; sich in die Sonne[in den Schatten] s. 햇볕[그늘]에 앉다; sich zu Tisch s. 식사하러 식탁으로 가다. **b)** 《전치사와 함께》 어떤 상황에 처하다: sich an die Spitze s. 선두(정상)에 나서다; sich an jmds. Stelle s. 누구를 대신하다, 누구의 입장이 되다; jmdm. das Messer an die Kehle s. 누구의 지위를 빼앗다; sich bei jmdm. in Gunst s. 누구의 총애를 받다; sich mit jmdm. in Verbindung s. 누구와 관계[거래]를 맺다. **2.** 〈h〉 **a)** 앉히다, 얹다, 두다, 놓다: ein Kind auf einen Stuhl s. 어린 아이를 의자에 앉히다; den Hut auf den Kopf s. 모자를 쓰다; den Becher (zum Trinken) an den Mund s. 잔을 입에 대다; Karpfen in einen Teich s. 잉어를 연못에 풀어놓고 키우다; einen Stein (bei einem Brettspiel) s. (장기놀이에서) 말을 놓다. **b)** 《전치사와 함께》(누구를 위해) 어떤 상황을 야기시키다, (누구[무엇]를) 어떤 상황으로 이끌다: jmdn. auf schmale Kost s. 누구에게 먹을 것을 거의 주지 않다; einen Hund auf die Fährte s. 개로 하여금 (야수의) 발자국을 찾게 하다; ein Schiff auf Grund s. 배를 좌초시키다; etw. außer Betrieb s. (기계 따위의) 작동을 중단시키다; etw. in Betrieb s. (기계 따위를) 가동시키다; Dinge zueinander in Beziehung s. 사물간의 관계를 맺어 주다, 사물들을 서로 연결시켜 보다; etw. in einem Text in Klammern s. 텍스트의 무엇에 괄호를 치다; jmdn. in Erstaunen s. 누구를 놀라게 하다. **3.** 〈h〉 a) 지정된 장소에 심다: Kartoffeln s. 감자를 심다. **b)** 일정한 형태로 세우다, 비치하다: Holz s. 장작을 쌓다. **c)** 배열하다, 설치하다: einen Herd[Ofen] s. 아궁이[난로]를 설치하다; einen Zaun s. (지역적) 울타리를 치다(세우다). **d)** 꽃다, 올리다: vor der Ausfahrt die Segel s. 출발 전에 돛을 올리다. **e)** (어느 곳에) 쓰다, 기입하다: ein Gericht auf die Speisekarte s. 요리 이름을 식단표에 적어 넣다; etw. auf den Spielplan s. 무엇을 공연 계획에 올리다; einen Punkt[ein Komma] s. 점[콤마]을 찍다; (jmdm.) einen Betrag auf der Rechnung s. 〈누구〉의 요금을 계산(산출, 산정) 하다. **f)** 【인쇄】 식자(植字)하다: Lettern[ein Manuskript] s. 식자(植字)하다[원고를 조판하다]. **g)** 내기에 무엇을 걸다: seine Uhr als(zum) Pfand s. 그의 시계를 저당에 넣다[저당 잡히다]; 전의 auf jmdn. s. 누구의 성공[승리]을 믿다, 누구에게 신뢰감을 갖다; seine Hoffnung auf jmdn. [etw.] s. 누구[무엇]에게 희망(기대)를 걸다. **h)** 무엇을 규정하다, 확정(정)하다: jmdm. eine Frist s. 무엇에 시한(기일)을 정하다; die Freiheit absolut s. 자유를 절대적인 것으로 파악 (이해)하다; einer Sache eine Grenze[Grenzen, Schranken] s. 무엇을 제한[제지]하다; einer Sache ein Ende[Ziel] s. 무엇이 끝나도록 조치하다; du mußt dir ein Ziel s. 너는 그것을 목표[과제]로 삼아야 한다; Akzente s. 무엇을 특별히 강조하다. **i)** 【스포츠】 시드 배정하다(우수 선수끼리 처음부터 맞붙지 않도록 대진표를 짜다): die deutsche Meisterin wurde als Nummer zwei gesetzt 독일 여자 선수권자는 2번으로 시드 배정되었다. **4. a)** 〈s/h〉도약하다, 훌쩍 뛰어넘다. **b)** 〈s/h〉물을 건너다, 뛰어넘다. **c)** 〈h〉 물을 건너 주다. **5.** 〈s. + sich; h〉 **a)** 가라앉다, 침전하다(찌꺼기가), 맑아지다(액체가): die Lösung muß sich erst s. 용액(溶液)이 우선 맑아져야 한다; der Schaum auf dem Bier hat sich noch nicht gesetzt 맥주 거품이 아직도 줄지 않았다. **b)** 스며들다, 배다, 묻다, 부착(附着)하다: der Staub [Geruch] setzt sich in die Kleider 먼지가 옷에 묻어 있다(냄새가 옷에 배다). **6.** (사냥) 〈h〉 새끼를 낳다(토끼·사슴 등이), 알을 낳다(물고기가). **7. es setzt etw.** 《통용어》 얻어맞다. **Setzer**, der; -s, - 【인쇄】 식자공. **Setzerei** [zɛtsə'raɪ], die; -en 【인쇄】 식자실(植字室).
Setzling ['zɛtslɪŋ], der; -s, -e **1.** 휘묻이, 꺾꽂이, 싹. **2.** 양식(養殖) 중인 (물고기). **Setzung**, die; -en **1.** 규정, 놓기, 두기, 심기. **2.** 침강, 침전.
Seuche ['zɔʏçə], die; -n 유행병, 전염병: die S. breitete sich aus[griff um sich] 전염병이 널리 퍼졌다.
seuchen-, Seuchen-: **~abwehr**, die ↑~bekämpfung. **~bekämpfung**, die 역병 퇴치, 전염병 대책, 방역(防疫). **~fest** 〈Adj.〉【의학】면역의, 면역성의. **~festigkeit**, die 【의학】면역성. **~gefahr**, die 전염병 발생의 위험. **~gesetz**, das 전염병 예방법. **~herd**, der 전염병 발생원[유행지]. **~schutz**, der 전염병 방지.

~**verhütung**, die 전염병 예방.
seufzen [zɔyftsn] 〈*h*〉 **a)** 한숨을 쉬다, 탄식하다, 신음하다: tief s. 깊이 한숨을 쉬다; [전의] die Tür zu Georgs Zimmer seufzt leise 게오르크의 방문이 나즈막하게 삐걱 소리를 낸다. **b)** 탄식[신음]하며 말하다. **Seufzer**, der; -s, - 한숨, 탄식, 신음: ein S. der Erleichterung 안도의 한숨; einen S. ausstoßen 탄식하다, 한숨쉬다; seinen letzten S. tun 《아어》 죽다.
Sevilla [zeˈvɪlja] 세빌랴(남부 스페인의 도시).
Sevillana [sevɪlˈja(ː)na], die; -s (스페인 도시) 세빌랴에서 생긴 세기딜랴(Seguidilla)의 변형 무도곡.
Sex [zεks, seks], der; -(es) [engl. sex] 《통용어》 **1.** (향락 산업을 통해 널리 전파된) 성 현상, 섹스적 표현. **2.** 성행위, 성교. **3.** 성적 매력. **4.** 성, 섹스.
Sex-: ~**Appeal** 《붙임표와 함께》 [ˈzεks-, 《engl.》ˈseksəˈpiːl], der; 성적 매력(특히 여성의). ~**biene**, die 《경·폄》 섹시한 몸매를 지닌 여인. ~**bombe**, die 《경》 강력한 성적 매력을 지닌 여인(특히 여배우). ~**boutique**, die 섹스 서적 판매점(포르노 사진 및 성구(性具)를 판다). ~**film**, der 섹스 영화, 포르노 영화. ~**idol**, das 성적 우상(특히 여자). ~**laden**, der ↑~boutique. ~**Live-Show** 《붙임표와 함께》 die 섹스(라이브).쇼. ~**magazin**, das 섹스 잡지. ~**muffel**, der 《농》 섹스에 관심이 없는 남자, 목석. ~**objekt**, das ↑Sexualobjekt. ~**orgie**, die 성적 영광[방종], 섹스 광연(狂宴). ~**postille**, die 《조롱·폄》 섹스 설교집, 섹스 기도서. ~**praktik**, die 섹스 실습. ~**protz**, der 《농》 음담패설가. ~**shop**, der ↑~boutique. ~**spiel**, das ↑~praktik. ~**welle**, die 《통용어》 (금지되었다가 일시에 보편화된) 성적 자유 경향, 섹스 물결.
Sexagesima [zεksaˈɡeːzima] [lat. sexagesima] 부활절 전 60일째, 육순절(六旬節)의 주일(主日). **sexagesimal** [...ɡeziˈmaːl] 〈Adj.〉 60을 기수(基數)로 하는, 60진(법)의. **Sexagesimalsystem**, das 《Pl. 없음》 《수학》 60진법(進法). **Sexagon** [ˈzεksɡoːn], das; -s, -e [lat. sex u. griech. gōnía] 6각형(Sechseck).
Sex and Crime [ˈsεksandˈkraım; engl. sex and crime] 성과 범죄(내용을 담은) 영화 또는 잡지.
Sexer [ˈzεksɐ], der; -s, - 병아리 감별사. **Sexerin** [ˈzεksərɪn], die; -en ↑Sexer의 여성형. **sexig** [ˈzεksɪç] 〈Adj.〉 《드물게》 ↑sexy 참조. **Sexismus** [zεˈksɪsmʊs], der 성 차별, 여성 멸시, 남존 여비(男尊女卑). **Sexist** [zεˈksɪst], der; -en, -en 여성 멸시(남존 여비)론자. **Sexistin**, die; nen ↑Sexist의 여성형. **sexistisch** 〈Adj.〉 여성 멸시의, 남존 여비의. **Sexologe** [zεksoˈloːɡə], der; -n, -n 성 연구가, 성 과학자. **Sexologie**, die 성에 관한 학문, 성 과학. **Sexologin**, die; -nen ↑Sexologe의 여성형. **sexologisch** 〈Adj.〉 성 학문의, 성 과학적인.
Sext [zεkst], die; -en [lat. sexta(hōra)] **1.** [음악] ↑Sexte. **2.** [가] 성무일과(聖務日課)의 6시과(時課)(정오에 하는 근행(勤行)). **Sexta** [ˈzεksta], die; ...ten [lat. sexta classis] **a)** 9년제 김나지움의 제1학년(우리 나라의 국민 학교 5학년에 해당). **b)** 《österr.》김나지움의 제6학년. **Sextakkord**, der; -(e)s, -e [음악] 6의 화음(3화음의 제1전회(轉回)). **Sextaner** [zεksˈtaːnɐ], der; -s, - 김나지움의 제 6 학년생. **Sextanerblase**, die 《통·농》 약한 물집, 경미한 수포(水泡). **Sextanerin**, die; -nen ↑Sextaner의 여성형(六分儀). **Sextant** [...ˈtant], der; -en, -en [lat. sextans] [천문] 6분의. **Sexte** [ˈzεkstə], die; -n [lat. sexta vox] [음악] **a)** 6도(음정). **b)** 4전음계의 간격. **Sextett** [zεksˈtεt], das; -(e)s, -e [ital. sestetto] [음악] **a)** 6중(주)창곡. **b)** 6중주[창]단. **Sextillion** [...tɪˈljoːn], die; -en 100만의 6승(乘)(10[20]). **Sextole** [zεksˈtoːlə], die; -n [geb. nach ↑Triole] [음악]

6잇단음표, 6연음부(連音符).
sexual [zεˈksuaːl] 〈Adj.〉 [lat. sexuālis] 《드물게》 ↑sexuell.
sexual-, Sexual-: ~**aufklärung**, die 〈Pl. 없음〉 ↑Aufklärung (2 b). ~**delikt**, das ↑~straftat. ~**erziehung**, die 성교육. ~**ethik**, die 〈Pl. 없음〉 성 윤리, 성 도덕. ~**ethisch** 〈Adj.〉 성 윤리(학)의, 성 도덕상의[적인]. ~**forscher**, der ↑Sexologe. ~**forschung**, die ↑Sexologie. ~**hormon**, das ↑Geschlechtshormon. ~**hygiene**, die 성 위생학(논). ~**kunde**, die 〈Pl. 없음〉 (교과목으로서) 성 과학. ~**kundeunterricht**, der 성 교육. ~**leben**, das 〈Pl. 없음〉성 생활. ~**moral**, die ↑~ethik. ~**mord**, der ↑Lustmord. ~**mörder**, der ↑Lustmörder. ~**neurose**, die [의학·심리] 성(생활) 노이로제. ~**objekt**, das [섹스] (해소의) 대상. ~**organ**, das ↑Geschlechtsorgan. ~**pädagoge**, der **a)** 성 교육자. **b)** 성 교육학자. ~**pädagogik**, die 성 교육(학). ~**partner**, der 성교(성 행위)의 상대자. ~**pathologie**, die 성 병리학. ~**pathologisch** 〈Adj.〉 성 병리학의. ~**psychologie**, die 성 심리학. ~**straftat**, die 성적 범법, 성범죄. ~**täter**, der 성 범죄(행)자. ~**trieb**, der ↑Geschlechtstrieb. ~**verbrechen**, das 성 범죄. ~**verbrecher**, der 성 범죄자. ~**verkehr**, der ↑Geschlechtsverkehr. ~**wissenschaft**, die ↑Sexologie. ~**wissenschaftler**, der ↑Sexologe. ~**zyklus**, der [생물·의학] 성주기(性週期)(발정 주기 및 월경 주기의 총칭).
sexualisieren [zεksualiˈziːrən] 〈*h*〉 성적으로 연결시키다, 성적 측면을 강조하다. **Sexualisierung**, die; -en 성적 측면 강조, 섹스의 강조. **Sexualität** [...iˈtεːt], die 성적 특징; 성욕, 성적 능력, 성 생활; 성별: die S. des Mannes geht im Alter zurück 남성의 성욕은 노년에 들면 줄어든다. **sexuell** [zεˈksuεl] 〈Adj.〉 [frz. sexuel] 성의, 성적인, 성과 관계되는(sexual): ein Mädchen s. mißbrauchen 소녀를 강간(능욕)하다; **Sex und Crime** ↑Sex and Crime.
Sexuologe [zεksuoˈloːɡə], der; -n, -n (구동독) ↑Sexologe. **Sexuologie**, die (구동독) ↑Sexologie. **Sexuologin**, die; -nen (구동독) ↑Sexuologe의 여성형. **sexuologisch** 〈Adj.〉 (구동독) ↑sexologisch.
Sexus [ˈzεksʊs], der; -, - [ˈzεksuːs; lat. sexus = Geschlecht] **1.** 《드물게 Pl.》 [전문어] **a)** 성(Geschlecht, 속(屬)). **b)** 성욕(Geschlechtstrieb), 정. [문어·드물게] ↑Genus (2). **sexy** [ˈzεksi, 《또한》ˈsεksi] 〈Adj.〉 [engl. sexy] 《통용어》 성적 매력이 있는, 섹시한, s. aussehen[gekleidet sein] 섹시하게 보이다[옷을 입다].
Seychellen [zeˈʃεlən] 〈Pl.〉 세이셸 군도(群島).
Seychellennuß [zeˈʃεlənˌnʊs], die; ...nüsse (인도양 마다가스카르 북동의 세이셸 군도의 이름에서) 세이셸 호두[견과(堅果)]. **Seychellennußpalme**, die (세이셸 군도 특산의) 견과(야자)의 식물.
sezernieren [zetsεrˈniːrən] 〈*h*〉 [lat. sēcernere = absondern, ausscheiden] [의학·생물] 나누다, 분리하다. **Sezernierung**, die; -en [의학·생물] 분비(分泌).
Sezession [zetsεˈsjoːn], die; -en [lat. secessio = Absonderung, Trennung] **1.** 분리, 탈퇴, 이반(離反)(결합, 특히 종교·정치 단체로부터의). **2. a)** (기존 예술 연합체로부터의) 분리파, 시세션 파. **b)** 예술 협회를 탈퇴한 예술가 그룹. **c)** 《Pl. 없음》 오스트리아의 유겐트슈틸. **Sezessionist** [...ʃioˈnɪst], der;-en, -en **1.** 분리론자, 독립권 신봉자, 독립(탈당)파. **2. a)** 분리파의 일원. **b)** (오스트리아의) 유겐트슈틸 예술가. **sezessionistisch**

⟨Adj.⟩ 분리론적인, 분리[독립]파의, 시세션(풍)의. **Sezessionskrieg,** der ⟨Pl. 없음⟩ 미국의 시민 전쟁(1861~1865), **~stil,** der ⟨Pl. 없음⟩ ↑Sezession (2 c).

sezieren [zeˈtsiːrən] ⟨h⟩ [lat. secāre = (zer)schneiden, zerlegen] 【해부】 해부하다, 부검(剖檢)하다, 잘게 썰다[자르다]. **Seziermesser,** das 【해부】 해부도(解剖刀), 외과용 메스. **Seziersaal,** der 【해부】 (대학 병원 등의) 해부실.

SFB = Sender Freies Berlin 자유 베를린 방송.

sfr., ⟨다만 schweiz.:⟩ **sFr:** = Franken 프랑: 1 sFr. = 100 Rappen.

S-förmig ⟨Adj.⟩ S자 모양의.

sforzando [sfɔrˈtsando] ⟨Adv.⟩ [ital. sforzando] ↑sforzato. **Sforzando,** das; -s, -s / ...di ↑Sforzato. **sforzato** [...tsaːto] ⟨Adv.⟩ [ital. sforzato] 【음악】 특히 강하게, 강조된 음으로 (약어: sf, sfz). **Sforzato*** [-], das; -s, -s / ...ti 갑자기 센 (화)음.

sfumato [sfuˈmaːto] ⟨Adv.⟩ [ital. sfumato] 【예술】 윤곽이 뚜렷하지 않은 색으로, 베일에 감싸인 듯 몽롱하게.

SG = Sportgemeinschaft 운동 단체[협회].

S. g. = Sehr geehrt... (österr.) 편지 서두에 쓰는 낡은 문체.

Sgraffiato, Sgraffito [sgra...] ↑Graffiato, Graffito.

s'-Gravenhage [sxraːvənˈhaːxə] 네덜란드의 도시 ↑Den Haag의 공식 명칭.

sh, s = Shilling.

Shag [ʃɛk, (eng.) ʃæg], der; -s, -s [engl. shag] 가늘게 썬 파이프용 살담배. **Shagpfeife,** die ↑Shag용 파이프. **Shagtabak,** der ↑Shag.

¹Shake [ʃeik], der; -s, -s [engl. shake] 1. ↑Mixgetränk. 2. 쉐이크 댄스, **²Shake** [-], das; -s, -s [재즈] (대개 트럼펫, 트럼본, 색스폰 등으로 연주되는) 격렬한 진동음(바이브레이션). **Shakehands** [ˈʃeikhændz], das; -, - ⟨대개 Pl.⟩ [engl. shakehands] 악수. **Shaker** [ˈʃeikɐ], der; -s, - [engl. shaker] ↑Mixbecher.

Shampoo [ʃɛmˈpuː, (또한) ʃamˈpuː], **Schampoon** [ʃɛmˈpuːn, (österr.) ʃamˈpoːn], das; -s, -s [engl. shampoo] 샴푸, 세발제. **shampoonieren** [ʃɛmpuˈniːrən, (또한) ʃamp...] ⟨h⟩ ↑schampunieren, schamponieren.

Shantung, ↑Schantung.

Shanty [ˈʃɛnti, (또한) ˈʃanti], das; -s, -s / ...ties [...tiːs]: engl. shanty, chantey] 민요조의 선원의 노래 후렴이 있다.

Shaping [ˈʃeipɪŋ], die; -s [engl. shaping] ↑Shapingmaschine의 약칭. **Shapingmaschine,** die 【기술】 (금속 물질을 다듬는 데 쓰는) 평삭반(平削盤).

Share [ʃɛə], der; -, -s [engl. share] ↑Aktie의 영어 표기.

Shedbau: ↑Schedbau.

Sheriff [ˈʃɛrɪf], der; -s, -s [engl. sheriff] 1. (영국 또는 아일랜드의 주(州)의) 집정관. 2. (미국의) 보안관.

Sherpa [ˈʃɛrpa], der; -s, -s [engl. sherpa] (티베트의 한 종족 이름으로서 흔히 히말라야 등반대의 짐을 날라 주는) 티베트인 짐꾼. **Sherpani** [...paːni], die; -, -s ↑Sherpa의 여성형.

Sherry [ˈʃɛri], der; -s, -s [engl. sherry] 셰리(스페인 산 백포도주).

Shetland [ˈʃɛtlənd], der; -(s), -s [스코틀랜드의 북동에 있는 셰틀랜드 군도에서] 회색이 섞인 모직물. **Shetlandpony,** das 셰틀랜드(산의) 조롱말. **Shetlandwolle,** die 셰틀랜드(산의) 양모.

Shilling [ˈʃɪlɪŋ], der; -s, -s 1. 독일의 옛 화폐 이름. 2. 오스트리아의 화폐 단위. 3. 실링(10진법 도입 이전까지 영국의 화폐 단위; 1/20파운드) (기호: s, sh). 4. (케냐 및 동아프리카 국가의) 화폐 단위.

Shimmy [ˈʃɪmi], der; -s, -s [engl.-amerik. shimmy] (어깨나 허리를 흔들며 추는) 2/2 또는 3/4박자로 된 20년대의 사교춤.

Shintoismus usw.: ↑Schintoismus usw.

Shirt [ʃɔːt], das; -s, -s [engl. shirt] (짧은 팔의) 면 셔츠.

Shit [ʃɪt], der / das; -s [engl. shit] 《은어》 ↑Haschisch.

shocking [ˈʃɔkɪŋ] ⟨Adj.⟩ [engl. shocking] 놀랄 만한, 불쾌한, 분개할 만한.

Shoddy [ˈʃɔdi], das / der; -s, ⟨종류⟩ -s [engl. shoddy] 재생한 모사, 모직물.

Shogun usw.: ↑Schogun usw.

Shooting-Star [ˈʃuːtɪŋ ˈstaː], der; -s, -s [engl.-amerik. shooting star] **a)** (가요계의) 혜성. **b)** 히트곡.

Shop [ʃɔp], der; -s, -s [engl. shop] 점포, 상점. **Shop-in-Shop-System** [ˈʃɔpɪnˈʃɔp-], das; -s 연쇄 상가 제도. **Shopping** [ˈʃɔpɪŋ], das; -s, -s 쇼핑. **Shopping-Center,** das 쇼핑 센터.

Shorthornrind [ˈʃɔːɐ̯thɔrn-, (engl.) ˈʃɔːthɔːn], das; -(e)s, -er [engl. shorthorn] 영국산 쇼트혼(뿔이 짧은 비육우).

Shorts [ʃɔrts, (engl.) ʃɔːts] ⟨Pl.⟩ [engl. shorts] (스포츠 용 또는 여름에 입는) 짧은 반바지. **Short story** [ˈʃɔːt ˈstɔːri], die; ...ries [...rɪs; engl.-amerik. short story] 단편 소설. **Shorty** [ˈʃɔːrti], das der; -s, -s / ties [...tis; engl. shorty] 기장이 짧은 여성용 잠옷.

Shout [ʃaut], der; -s, -s, **Shouting** [ˈʃautɪŋ], das; -s [engl. shout] (재즈나 블루스에서) 소리 지르는 흑인풍의 노래 형식, 샤우트 송. **Shouter,** der; -s, - 샤우트 송의 가수.

Show [ʃoʊ], die; -s [engl. show] 쇼, 구경거리, 흥행: eine S. abziehen (↑Schau 2); eine S. machen (↑Schau 2); jmdm. die S. stehlen (↑Schau 2). **Show-: ~block,** der ⟨Pl. ~blöcke⟩ 삽입물로서의 쇼 (텔레비전 프로그램에서의). **~busineß,** das [engl. show business] ↑Schaugeschäft. **~down** [-ˈdaun], der / das; -(s), -s [engl. showdown] (서부극에서) 최후의 결투. **~geschäft,** das ↑Schaugeschäft. **~girl,** das 쇼걸. **~man** [-mən], der; -, ...men [...mən; engl. showman] 1. 흥행사, 쇼맨. 2. 선전에 능한 사람. **~master,** der 쇼 프로의 편성[기획]자, (텔레비전 프로그램의) 쇼 사회자. **~star,** der 인기 있는 쇼 출연자.

Shredder, Schredder [ˈʃrɛda], der; -s, - [engl. shredder] (고물 자동차의 해체에 쓰이는) 압쇄기(壓碎機).

Shrimp [ʃrɪmp], der; -s, -s ⟨대개 Pl.⟩ [engl. shrimp] (유럽산) 작은 식용 새우, 북해의 딱다기 새우의 일종.

Shunt [ʃant], der; -s, -s [engl. shunt] 1. 【전기】 분로(分路), 분류기(分流器). 2. 【의학】 **a)** (선천적 결함으로 인한) 대소 순환기의 연결. **b)** 대소 순환기의 혈관 연결 수술. **shunten** [ˈʃantn̩] ⟨h⟩ 【전기】 분로(分路)를 만들다(연결하다).

Shylock [ˈʃailɔk], der; -(s), -s [영국 극작가 W. Shakespeare(1564~1616)의 작품 『베네치아의 상인』에 나오는 주인공의 이름] 냉정한 수전노.

si [siː; ital. si] 시(장음계의 제 7음).

Si = Silicium 규소.

SIA = Schweizerischer Ingenieur- und Architektenverein 스위스 엔지니어·건축가 연맹.

Siamese [ziaˈmeːzə], der; -n, -n 시암(타이랜드의 옛 이름) 사람.

Siamesin, die; -nen ↑Siamese의 여성형.

siamesisch [ziaˈmeːzɪʃ] ⟨Adj.⟩ 《다음 용법으로》 sia-

mesische Zwillinge: ↑Zwilling. **Siamkatze** ['zi:am-], die; -n [Siam — 타일랜드의 옛 이름] 시암고양이 (꼬리가 길고 눈이 푸르고 귀, 앞발, 꼬리가 검은 색임).

Sibilant [zibi'lant], der; -en, -en [lat. sībilāns (반대: sībilantis) 〖언어〗 치음(齒音) (예컨대: s, z, sch).

Sibirer, der; -s, - 시베리아 주민. **Sibirien** [zi'bi:riən], -s 시베리아. **Sibirier** [zi'bi:riɐ], der; -s, - 시베리아주민. **sibirisch** [zi'bi:rɪʃ] 〈Adj.〉 시베리아의: -e Kälte 아주 혹독한(시베리아와 같은) 추위.

Sibylle [zi'bʏlə], die; -n [lat. Sibylla < griech. Síbylla] (고대 그리스 • 로마 시대의) 여자 예언자. **sibyllenhaft** 〈Adj.〉 ↑sibyllinisch. **sibyllinisch** [zibʏ'li:nɪʃ] 〈Adj.〉 〖교양어〗 신비로운, 불가사의한: -e Worte 모호한(신비로운) 말.

sic! [zi:k. zɪk] 〈Adv.〉 [lat. sīc] (인용문 뒤에 특별한 말 뒤에 삽입하여 "원문대로"임을 나타내는 말) 이대로, 원문대로.

sich [zɪç] 〈Reflexivpron.〉 **1. a)** 〈대개 문장의 주어를 도로 지칭함〉 sie waschen s. und die Kinder 그들은 자신의 몸을 씻고 아이들을 씻긴다: s. freuen 기뻐하다. **b)** 〈3격〉 damit haben sie s. geschadet 그것으로 그들은 스스로 손해를 입었다; s. etw. aneignen …을 익히다[섭렵하다]. **2.** 〈Pl.〉 서로, 서로를: sie helfen s. (gegenseitig) 그들은 서로 돕는다. **3.** 〈전치사 뒤에서〉 a) 자기, 자기 자신: das ist eine Sache für sich 이것은 별개의 문제로 고찰되어야 한다; nach der Sitzung hat er den Gast mit zu sich genommen 회의 후에 그는 손님을 자기 집으로 데리고 갔다; **etw. an sich** 그것 자체; das Ding an s. (사)물 자체; **an (und für) sich** 그것 자체, 원래, 본래 (단: 철학 용어로는 an ~(dat.)), 좌우, 즉자(卽自); (↑ an (3) 참조). **für sich** 홀로; (↑für (2 a) 참조); sie will ihn ganz für s. haben 그녀는 그를 아주 혼자 독점하려 한다; **von sich aus** 자진해서, 자발적으로: die Kinder haben von s. aus aufgeräumt 아이들은 자발적으로 청소를 했다. **b)** 〈전치사를 강조함〉 Geld bei s. haben 현금을 휴대하다. das hat nichts auf s. 그것은 본질적이 아니다; sie hat bei ihrem Klage die Gewerkschaft hinter s. 그 여자는 제소(提訴) 전에 있어서 노동조합의 지원을 받고 있다; **etw. an s. haben** 무엇을 간직하다(지니다); (↑an 3 참조). **an s. halten** 정욕, 감정 따위를 억누르다, 억제하다, 삼가다; (↑an 3 참조). **nicht (ganz) bei s. sein** 제정신이 아니다; (↑bei 2 g 참조). **wieder zu s. kommen** 제정신으로 되돌아오다 (↑kommen 12 참조). **4.** 〈종종 비인칭적 수동의 의미로〉 es läuft s. gut in diesen Schuhen 이 신발은 걷기에 편하다; (종종 "lassen"과 결합하여) das Brot läßt s. nicht schneiden 빵이 잘 잘라지지 않는다.

Sichel ['zɪçl], die; -n [lat. sēcula] (초승달 모양의) 낫: Hammer und S. (↑Hammer 1); 〖전의〗 der S. des Mondes 초승달; **sichelförmig** 〈Adj.〉 낫 모양의, 초승달 모양의. **~wagen**, der 고대 브리튼 사람의 전차(戰車)(낫과 창을 갖춘). **sicheln** 〈h〉 〈tr.〉 베다.

sicher [zɪçɐ]; lat. sēcurus] **I.** 〈Adj.〉 **1.** 안전한, 위험이 없는, 안심할 수 있는: bei dieser Maschine sollte man sich in -em Abstand halten 이 기계를 다룰 때에는 안전 거리를 유지해야 한다; hier konnte er vor allen Verfolgern s. sein 여기서 그는 모든 추적자들을 따돌릴 수 있었다; hier ist (es am -sten) wäre es. wenn du mit der Bahn führest 너는 기차(전차)를 타고 가는 것이 가장 안전할 것이다; sie spielt auf s. 그녀는 모험을 하지 않는다; 〖경기〗 er ist s. 그는 조심이 제일. **2.** 신뢰할 수 있는, 믿을 수 있는, 확실한: ein -er Beweis 확실한(믿을 수 있는) 증거; das weiß ich aus -r Quelle 그것을 나는 확실한 소식통으로부터 알고 있다; ein -es Einkommen haben 안정된 수입을 갖고 있다; dieser Mann ist nicht s. 이 남자는 믿을 수가 없다; **langsam, aber s.** (↑ langsam 참조). **3.** 숙달되어 있는, 자신이 있는: ein -es Urteil 틀림없는 판단; der Chirurg braucht eine -e Hand 외과 의사는 떨리지 않는 손이 필요하다; sie fährt sehr s. Auto 그녀의 운전 솜씨는 아주 믿을 만하다; er steht nicht mehr s. auf den Beinen 그는 술에 취해 비틀거린다. **4.** 자신(자부심)이 있는, 주저 없는: er seiner selbst sehr s. 그는 자신감에 차 있다. **5.** 의심의 여지가 없는, 틀림없는, 확실한: ich bin (mir) meiner Sache gar nicht so s. 나는 나의 일에 전혀 자신이 없다. **II.** 〈Adv.〉 확실히, 틀림없이, 의심의 여지가 없이: s. kommt er bald 확실히[틀림없이] 그는 곧 온다; du hast s. schon davon gehört 너는 틀림없이 벌써 그것에 대해 들었을 것이다; s. nicht! 분명히 아니다; „Kommst du?" „Aber s.!" 너는 오겠니? 그럼요! **-sicher** [-zɪçɐ] 〈준접미사〉 **a)** …이 확실한, …에 안전한: diebstahlsichere Aufbewahrung 도난에 안전한(도난 염려가 없는) 보관. **b)** (지칭되는 사람, 사물, 행위 등에) 적절한, 유용한: kindersichere Geräte 어린이들에게 안전한 기구.

sicher-, Sicher-: **~gehen** 〈s〉 확인하다, 확실을 기하다: um sicherzugehen 확실하게 하기 위해. **~stellen** 〈h〉 **1.** 안전하게 하다, 지키다 (위험 따위로부터): Diebsgut s. 도둑질한 물품을 압류하다. **2.** 보장하다, 보(확)보하다: jmdn. finanziell s. 누구를 재정 보장하다. **3.** 〈드물게〉 증명하다, 확정하다. **~stellung**, die 확보, 보장, 압류. **~wirkend** 〈Adj.〉; sicherer, am sichersten wirkend.〉 효력이 확실한, 효험이 있는.

Sicherheit, die; -en **1.** 〈Pl. 없음〉 안전, 무사, 걱정하지 않음, 안심: soziale[wirtschaftliche] S. 사회(경제) 안정; die öffentliche S. und Ordnung 공안(公私) 질서; die S. am Arbeitsplatz 작업장(에서)의 안전; die S. der Arbeitsplätze 일자리의 보장; die innere S. (테러, 반란, 폭력 등으로부터) 국가와 국민의 안전; in S. sein 안전하다; **jmdn. in S. bringen** 누구를 안전하게 하다; **sich [jmdn.] in Sicherheit wiegen** 자신[누구]이 안전하다고 믿다(믿게 하다) (사실은 그렇지 않은 데). **2.** 〈Pl. 없음〉 확실성, 확신: das steht mit S. fest 그것은 확실하다; ich kann es nicht mit (letzter) S. sagen 나는 그것을 확실하게는 말할 수 없다. **3.** 〈Pl. 없음〉 무류성(無謬性), 신뢰할 수 있음: die S. seines Urteils 신뢰할 수 있는 그의 판단. **4.** 〈Pl. 없음〉 민첩함, 자부심, 자신감, 침착함: S. im Benchmen 태도의 침착함. **5.** 〖경제〗 보증, 담보, 저당: -en geben[leisten] 담보를 제공하다; eine Monatsmiete muß als S. hinterlegt werden 일 개월 분 세가 담보로 예치되어야 한다. **6.** 〈Pl. 없음〉 ↑Staatssicherheitsdienst의 약칭.

sicherheits-, Sicherheits-: **~abstand**, der [교통] (자동차의) 안전 거리. **~auto**, das (안전을 위해 특별 설계된) 안전 자동차. **~beauftragte**, der/die 안전 관리자. **~behörde**, die 치안 당국. **~bestimmung**, die (대개 Pl.) **↑vorschrift**. **~bindung**, die 〖스포츠〗 (스키의) 안전 바인딩. **~debatte**, die 〖정치 • 언어〗 안전(보안) 논쟁. **~fach**, das ↑Geheimfach. **~faktor**, der 안전율(安全率) (재료의 강도와 허용 응력과의 비(比)). **~farbe**, die 안전 보호색 (사고 방지용의). **~garantie**, die 안전 보장. **~glas**, das 〈Pl. …gläser〉 안전 유리. **~gründe** 〈Pl.〉 〈다음의 용법으로〉 **aus -en** 안전을 이유로 해서, 가능한 위험을 제거하기 위해, 안전 때문에. **~gurt**, der **a)** 안전 벨트(자동차, 비행기 등의). **b)** ↑gürtel. **~gürtel**, der (항해자, 기계 제조 선수, 건축 노동자가 지붕이나 기계 위에서 사용하는 안전(연결) 벨트). **~halber** 〈Adv.〉 안전을 위하여, 보(호)안상. **~ingenieur**, der 안전 담당 기사,

~inspektion, die 《구동독》 a) (공장의) 안전 위생 검열반. b) (중앙 관청의) 위생 검열부. ~inspektor, der 《구동독》 안전 위생 검열관. ~kettchen, das (회중시계 따위의) 도난 방지용 안전 고리사슬. ~kette, die a) (문단속용) 안전 고리. b) 안전[차단] 쇠(安全[遮斷] 鎖). ~lampe, die 【광】 안전 등. ~leistung, die 보증, 담보 제공, 보석금(保釋金) 납부. ~maßnahme, die 안전 대책, 예방책. ~methode, 안전 방법. ~nadel, die 안전 핀. ~organe 〈Pl.〉 (특히 구동독) 보안 기관. ~pakt, der 【정치】 안전 보장 조약. ~polizei, die a) 보안 경찰. b) (나치) 비밀 경찰. ~rat, der 〈Pl. 없음〉 (국제 연합의) 안전 보장 이사회. ~risiko, das 〈정치·은어〉 (안전을 위협하는) 위험(인)물. ~schloß, das 안전 자물쇠. ~schlüssel, der (하나의 안전 자물쇠에만 맞는) 안전 열쇠. ~schwelle, die 안전성의 한계(치). ~ventil, das 【기술】 안전 판(瓣). ~verschluß, der (추가로 설치된) 안전 걸쇠. ~verwahrung, die ↑Sicherungsverwahrung. ~vorkehrung, die 안전 대책. ~vorschrift, die 안전 규칙.

sịcherlich 〈Adv.〉 확실히, 꼭, 틀림없이, 물론. **sichern** 〈h〉 **1. a)** 안전하게 하다, 확실하게 하다: ein Fahrrad (mit einem Speichenschloß) gegen Diebstahl s. 자전거에 (자물쇠로 채워) 도난 방지책을 쓰다; sich durch ein Seil (beim Bergsteigen) s. (등산시에) 자일로 위험에 대비하다; er hat sich nach allen Seiten gesichert 그는 사방의 비난으로부터 자신을 지켰다; das Gewehr s. 총에 안전 장치를 걸다. b) 보증[확언]하다: das Gesetz soll die Rechte der Menschen s. 법은 인권을 보장해야 한다; (과거분사) ein gesichertes Einkommen haben 확고한 수입을 가지다; seine Zukunft ist gesichert 그의 장래는 (경제적으로) 보장되어 있다. **2. a)** 소유하다, 조달[마련]하다, 확보하다: sich einen Platz, s. 자리를 확보하다, 좌석을 예약하다. **b)** (범행 장소에서 경찰이 증거물을) 수색하다, 찾아내다: die Polizei sichert die Spuren(Fingerabdrücke) 경찰은 흔적[지문]을 수색하고 있다. **3.** 〈사냥〉 귀 기울이다, 엿듣다, 주위를 둘러보고 냄새를 맡다. **Sicherung, die; -en 1. a)** 보호, 보전, 보장, 방비, 확보, 조달: die S. der Arbeitsplätze hat Vorrang 일자리의 보호가 우선(책)이다; diese Maßnahme dient der S. des Friedens 이 조처는 평화 보호[확보]에 기여한다. **b)** 보호[안전, 방비]책: Politik des knappen Geldes als S. gegen Inflation 인플레이션 방비책으로서 긴축 재정(금융) 정책. **c)** ↑Sicherheit (5). **2. a)** 【전기】 퓨즈: eine S. von 10 Ampère 10 암페어 짜리(의) 퓨즈; die S. ist durchgebrannt 퓨즈가 끊어졌다; jmdm. **brennt die S. durch** (통용어) 누가 자제력을 잃다. **b)** 안전 장치.

sịcherungs-, Sịcherungs-: ~abtretung, die 【경제】 담보를 건 채권 양도. ~geber, der 【경제】 담보 제공 채무자(반대: ~nehmer). ~grundschuld, die 【경제】 담보를 건 토지 채무(土地債務). ~gruppe, die 범죄 수사 전문 경찰 그룹. ~haken, der 안전 고리. ~hebel, der (총기의) 안전 지레. ~hypothek, die 【경제】 보전저당(保全抵當). ~kasten, der 두꺼비집. ~maßnahme, die ↑Sicherheitsmaßnahme. ~nehmer, der 【경제】 담보 취득 채권자(반대: ~geber). ~seil, das (등산 안전용, 구명용) 자일. ~übereignen 〈h〉 (부정형과 과거분사로만) 채무에 대한 담보를 (채권자에게) 걸다. ~übereignung, die 【경제】 담보 제공, 양도 담보(讓渡擔保). ~verwahrte*, der / die; -n, -n 【법】 보안 구금(대상)자(保安拘禁(處分)者). ~verwahrung, die 【법】 보안 구금.

Sịchler [zɪçlɐ], der; -s, - 〈동물〉 길고 굽은 낮 모양의 부리를 가진 새(특히: 마도요류(類)); 팔기오넬루스속(屬)의 새.

Sicht [zɪçt], die; -en 〈드물게 Pl.〉〈ital. vista〉 **1.** 〈Pl. 없음〉 **a)** 시계(視界): gute[schlechte] S. haben 시계가 좋다[나쁘다]; die S. öffnet sich 시계가 열리다. **b)** 시야 (視野): ein Schiff kommt in S. 배가 보인다[나타난다]; Land in S.! 육지가 보인다!; außer S. 시야 밖에, 보이지 않는 곳에; auf S. fliegen 육안 조종으로 비행하다. **c)** 〈드물게〉 봄, 보기. **2.** 관점, 견지, 견해: deine S. ist oberflächlich 너의 관점[견해]은 피상적이다; aus meiner S. ist das anders 나의 견해로는 그것은 다르다. **3.** 〈Pl. 없음〉 【상】 일람(一覽), 제시(提示): ein Wechsel auf S. 요구불 어음; **'auf lange[kurze] S.** 장(단)기적(안목).

sicht-, Sicht-: ~behinderung, die 시계 제한[방해]. ~beton, der 【건축】 (판자 자국을 그대로 남겨 둔) 생 콘크리트 벽. ~blende, die 시야 차단 블라인드. ~einlage, die 【금융】 보통 예금, 요구불 예금. ~feld, das ↑Blickfeld. ~fenster, das 【기술】 (기계 안을) 들여다볼 수 있는 창. ~flug, der 【항공】 시계(視界) 비행. ~gerät, das 【전자】 전광판. ~grenze, die 가시(可視) 한계, 시야. ~guthaben, die ↑einlage. ~karte, die 정기 승차권. ~kartei, die 【사무】 카드식 색인(索引). ~karteninhaber, der 【관】 정기 승차권 소유자. ~linie, die 【교통】 (길, 십자로 등이 보이는) 시계선. ~maschine, die (자동) 분류기. ~schutz, der 시계 보호[은폐]. ~verhältnisse 〈Pl.〉 (기후에 따른) 가시도(可視度), 투명도. ~vermerk, der ↑Visum. ~vermerkfrei 〈Adj.〉【관】 사증이 면제된. ~wechsel, der 【금융】 요구불 어음. ~weite, die 시계(視界)(거리): die S. betrug etwa zweihundert Meter 시계(거리)가 약 200미터가 된다; außer[in] S. sein 시계 밖[안]에 있다. ~werbung, die 시각적 광고.

sịchtbar ['zɪçtbaːɐ̯] 〈Adj.〉 **a)** 볼 수 있는, 보이는, 가시적인: die -e Welt 가시적 세계. **b)** 명백한, 자명한: -e Fortschritte machen 뚜렷한 발전을 이룩하다; etw. s. machen 무엇을 분명하게 하다. **Sịchtbarkeit**, die ↑ sichtbar의 명사형. **sịchtbarlich** 〈Adj.〉〈아어·고풍〉 분명히, 명백히, 눈에 띄게, 뚜렷이. **sịchten** ['zɪçtn̩] 〈h〉 **1.** (멀리서) 알아보다, 인지하다, 발견하다: sie sichteten am Horizont ein Schiff 그들은 수평선에서 배 한 척을 발견했다. **2.** 훑어보다, 일람하다: das Material s. 자료를 정리하다; **sịchtig** ['zɪçtɪç] 〈Adj.〉 (날씨가) 맑은, 시계가 좋은: bei -em Wetter 날씨가 맑을 때에. **-sichtig** [-zɪçtɪç; mhd. sihtee = sichtbar, sehend] (다음의 복합어로, 예컨대) kurzsichtig, weitsichtig. **Sịchtigkeit**, die (날씨의) 맑음, 투명함. **sịchtlich** ['zɪçtlɪç] 〈Adj.〉 눈에 띄게, 명백하게, 뚜렷이: mit -er Freude 기쁜 기색이 완연하게; s. erschrocken sein 놀란 모습이 뚜렷하다. **Sịchtung**, die; -en **1.** 〈Pl. 없음〉 알아봄, 발견. **2.** 감별, 정리.

Siciliano [zitʃi'lia:no], der; -s, -s / ...ni 〈ital. (danza) siciliana〉 시실리아 춤. **Sicilienne** [sisɪ'ljɛn], die; -s 〈frz. sicilienne〉 ↑Siciliano.

¹**Sicke** ['zɪkə], die; -n 【기술】 (장식) 홈.
²**Sicke** [-], die; -n 〈지역적·준고어·사냥〉 작은 새의 암컷.

sịcken ['zɪkn̩] 〈h〉 【기술】 (함석, 양철 따위에) 홈을 내다. **Sịckenhammer**, der 홈을 만드는 데 쓰는 망치. **Sịckenmaschine**, die 홈 만드는 기계.

Sịcker- (sickern): ~anlage, die 지하 배수 시설. ~grube, die ↑Senkgrube. ~schacht, der 배수 구멍이. ~stelle, die 물이 새는 곳. ~verlust, der 누수(漏水) 손실. ~wasser, das 〈Pl. 없음〉 **1.** 땅 속으로 스며드는 물. **2.** 새는 물, 누수(漏水).

sịckern ['zɪkɐn] 〈s〉 (물이) 듣다, 새다, 스며 나오다: das Regenwasser sickert in den Boden 빗물이 땅 속으로

스며든다; 전의 die Pläne der Regierung waren in die Presse gesickert 정부의 계획이 언론에 새어 나왔다.

Sick-out ['sɪkaʊt, '-'-, -'-], das; -s, -s [amerik. sick-out] (파업 참가에 대한 처벌을 피하기 위한) 질병 신고.

sic transit gloria mundi ['zi:k (zɪk) 'trænzɪt 'glo:ria 'mʊndi] 成句. 새 교황의 등극시에 공식적으로 사용되었음. 《교양어·농》《권력자가 몰락할 때에 쓰여》세상의 명예는 헛되이 가는 것.

Sideboard ['saɪdbɔːd], das; -s, -s [engl. sideboard] 사이드 보드, (뷔페 따위에서 음식을 차려 놓는) 낮은 탁자.

siderisch [zi'de:rɪʃ] 〈Adj.〉 [lat. sidereus] 별의: die -e Umlaufzeit 항성의 주기; ein -es Jahr 항성년; -es Pendel [심령] (광맥 및 수액을 찾는 데 쓰이는) 철진자 (鐵振子).

Siderit [zide'ri:t, 〈또한〉 ...rɪt], der; -s, -e [griech. sídēros] 능철광(菱鐵鑛), 운철(隕鐵). **Siderographie** [zidero...], die; -n [...i:ən] a) 〈Pl. 없음〉 요판(凹版) 인쇄술. b) 요판(凹版) 인쇄물. **Siderolith** [zidero'li:t, 〈또한〉 ...lɪt], der; -s / -en, -e(n) 운석(隕石). **Siderose** [zide'ro:zə], die; -n [의학] 철침착증, 철분 폐증 (肺症). **Sideroskop** [...'sko:p], das; -s, -e [zu griech. skopeïn = betrachten] 검침기(檢鐵器)(안과 치료 기구).

Sideronym [zidero'ny:m], das; -s, -e 이름이 알려지지 않은 별, 무명의 별.

Siderosphäre [zidero-], die [지질] ↑ Nife.

sie [zi:] 〈Personalpron.〉 3인칭 단·복수 1·4격) **1.** 〈여성 Sg.〉 **a)**《여성 명사를 지칭하는 인칭 대명사》〈1격〉„Was macht eigentlich Maria?" — „Sie geht noch zur Schule." 마리아는 대체 무슨 일을 하나? 그녀는 아직 학교에 다닌다; 〈2격〉ihrer, 〈고어〉ihr: wir werden uns ihrer annehmen 우리가 그녀를 떠맡겠다[돌보겠다]; 〈3격〉ihr: wir haben es ihr versprochen 우리는 그녀에게 그것을 약속했다; 〈4격〉ich werde s. sofort benachrichtigen 나는 그녀에게 즉시 알리겠다. **b)**《고어》《대문자로》《du나 Sie로 부르지 않는, 특히 낮은 신분의 여자에 대한 호칭》〈1격〉gebe Sie es zu! 그것을 인정하라!; hat Sie Ihren Auftrag erledigt? 당신은 당신의 일을 끝냈나?; 〈2격〉Ihrer, Ihr: ich bedarf Ihrer nicht mehr 나는 네가 더이상 필요치 않다; 〈3격〉Ihr: wer hat Ihr das erlaubt? 누가 너에게 그걸 허가했나?; 〈4격〉ich habe Sie nicht nach Ihrer Meinung gefragt! 나는 너에게 너의 의견이 어떤가를 물은 적이 없어! **2.** 〈Pl.〉 **a)**《복수 또는 다수의 개인과 사물을 표시하는 명사들을 표기》〈1격〉hier wollen s. jetzt eine Autobahn bauen《통용어》여기에서 그들은 이제 고속도로를 건설하려 한다; 〈2격〉《고어》ihr: um sich ihrer zu entledigen, verbrannte er die Sachen 그 사건의 혐의를 벗어나기 위해 그는 그 물건들을 태워버렸다; 〈3격〉ihnen: er wird sich bei ihnen entschuldigen 그는 그들에게 용서를 빌 것이다; 〈4격〉wir haben s. alle nach ihrer Meinung gefragt 우리는 그들 모두에게 의견을 물었다. **b)**《대문자로》《일반적으로 2인칭 단수·복수에 대한 의례적 (儀禮的) 호칭》〈1격〉nehmen Sie doch Platz, meine Herren[mein Herr]! 앉으시지요, 여러분 (선생님)에 대하여)!; 〈2격〉Ihrer, Ihr 《아어》: wir werden Ihrer gedenken 우리는 당신(들)을 기억할 것입니다; 〈3격〉Ihnen: ich kann es Ihnen nicht leicht sagen 나는 그것을 당신(들)에게 유감스럽게도 말할 수 없군요; 〈4격〉aber, ich bitte Sie! 하지만 저는 당신에게 간청합니다!; **zu etw. muß man Sie sagen** 《통용어·농》무엇의 질이 아주 뛰어나다. 〈명사화〉 **Sie** [-], das; -(s), -(s) 《당신이라는 호칭》: lassen wir doch das steife S.! 딱딱하게 당신이라는 경칭을 쓰지 맙

시다! ²**Sie** [-], die; -s 《통용어》여자 또는 암컷; der Kanarienvogel ist eine S. 그 카나리아 새는 암컷이다; Gepflegte, sehr sportliche S. sucht charmanten Freund 단정하고 아주 스포츠에 능한 여자가 매력적인 남자 친구를 찾습니다.

Sieb [zi:p], das; -(e)s, -e **1.** 체, 여과기: Tee durch ein S. gießen 차를 여과기로 걸러 만들다. **2.** [인쇄] 견사(絹紗) 스크린.

sieb-, Sieb-: ~**ähnlich** 〈Adj.〉체[여과기]와 비슷한. ~**artig** 〈Adj.〉체 모양의. ~**bein**, das [해부] 사골(篩骨). ~**bespannung**, die 체[여과기]의 망. ~**boden**, der, 체 바닥, 체의 바닥. ~**druck**, der 〈Pl. -e〉 **1.** 〈Pl. 없음〉 견사(絹紗) 스크린 날염법. **2.** (공판(孔版)) 날염(捺染). ~**drucker**, der 날염가(捺染家). ~**druckmaschine**, die 견사 스크린 날염기. ~**druckschablone**, die 견사스크린 날염틀. ~**drucktechnik**, die 견사 스크린 날염(기술). ~**druckverfahren**, das 견사스크린 날염법. ~**käse**, der 체로 거른 응유(凝乳) 치즈. ~**kette**, die [전기] ↑ ~schaltung. ~**kohle**, die 〈전문어〉 체로 거른 탄(炭). ~**kreis**, der [전기] 여러 주파수에서 특정한 주파수를 걸러내는 결선(結線), 여과 회로. ~**macher**, der 체 만드는 사람. ~**maschine**, die (제지 작업 과정에서 펄프의 탈수를 위해 쓰는) 걸름 기계. ~**mehl**, das 잘 걸러낸 밀가루. ~**platte**, die **1.** [해부] 사상판(篩狀板)(사골(篩骨)의 상부), 체판. **2.** [식물] 체 같은 구멍 뚫린 세포벽. ~**röhre**, die [식물] 사관 (篩管)(세포). ~**schaltung**, die [전기] 사상결선(篩狀結線), 여러 여과 회로로 구성된 스위치. ~**teil**, der [식물] ↑ Phloem. ~**zelle**, die [식물] 사관(篩管) 세포.

¹**sieben** ['zi:bn] 〈*h*〉 **1.** 체로 치다, 체로 쳐서 가르다, 거르다, 여과하다. **2.** (시험·검사 따위로) 선발하다, 가려내다: 〈4격 목적어 없이도〉 bei der Prüfung haben sie (schwer) gesiebt 시험에서 그들은 엄격하게 선발하였다.

²**sieben** [-] 《기수》칠 《숫자 7》, 일곱. **Sieben** [-], die; -en / -a) 7의 수, 신성(불길)의 수: die böse S. 불행의 수 7. **b)** 으뜸패 7의 카드: **böse S.**《통용어·준끄어》싸움 좋아하는 여자, 표독스러운 계집. **c)**《통용어》7번 열차 [버스].

sieben-, Sieben- (↑ acht-, Acht-도 참조): ~**adrig** 〈Adj.〉 [전기] 7심(心)(가닥)의. ~**armig** 〈Adj.〉 일곱 가지(가닥)의(촛대 따위). ~**bändig** 〈Adj.〉 일곱 권의. ~**blätt(e)rig** 〈Adj.〉; nicht adv.〉 [식물] (꽃)잎이 일곱인. ~**eck**, das 7각(형). ~**eckig** 〈Adj.〉 7각의. ~**einhalb** 《분수》 7½. ~**gescheit** 〈Adj.〉 《조롱》 ↑ neunmalklug. ~**geschossig** 〈Adj.〉 7층의. ~**hundert** 《기수》칠백, 700. ~**jährig** 〈Adj.〉 《숫자와 함께》 7jährig: **a)** 7년이 된, 일곱 살의. **b)** 7년 동안의: der Siebenjährige Krieg 7년 전쟁(1756~63년에 있었던 프로이센과 오스트리아와의 전쟁). ~**jährlich** 〈Adj.〉 7년 마다의. ~**köpfig** 〈Adj.〉 **1.** 일곱 사람의, 7인의: ein -es Gremium 7인 위원회. **2.** 머리가 7개 달린. ~**mal** 《반복수》, 〈Adv.〉 일곱 번, 7회. ~**malig** 〈Adj.〉 일곱 번의. ~**meilenschritt**, der 〈대개 Pl.〉 《통용어·농》 거인의 발걸음: -e machen 아주 빨리 걷다. ~**meilenstiefel** 〈Pl.〉 [frz. bottes de sept lieus의 차용 역어] 한 걸음에 7마일을 나는 장화(동화에서): 《다음 용법으로》 **S. anhaben** 〈통용어·농〉 성큼성큼 빨리 걷다; **mit ~n** 《통용어·농》 **1.** 큰 발걸음으로 빨리. **2.** 매우 빨리. ~**meter**, der; -s, -**a)** [실내 핸드볼] ↑ Siebenmeterwurf. **b)** [하키] ↑ Siebenmeterball 〈a〉. ~**meterball**, der [하키·실내 핸드볼] 7미터 페널티 드로우(힛트). ~**meterlinie**, die [실내핸드볼] 7미터 페널티 라인. ~**meterpunkt**, der [하키] 7미터 페널티 지점. ~**meterschießen**, das [하키] 7미터 페널티 지점에서의 승부 가리기. ~**meterwurf**, der [실내 핸드볼]

7미터 페널티 지점 숫. ~**monatig** 〈Adj.〉 7개월의, 일곱 달의. ~**monatlich** 〈Adj.〉 7개월마다의. ~**monatskind**, das 칠삭동이. ~**punkt**, der 7점 무당벌레. ~**sachen** 〈Pl.〉《소유 대명사와 함께 사용》《통용어》《특정한 일을 하기 위한》 도구 일체, 몸에 지니고 다니는 일용품: seine S. packen 소지품을 한데 모아 꾸리다. ~**saitig** 〈Adj.〉 7현(絃)의. ~**schläfer**, der **1**. 산쥐과의 동물(7개월간 동면을 한다는 뜻에서). **2**. 6월 27일(7인의 잠자는 성인 축제일). ~**stellig** 〈Adj.; nicht adv.〉 일곱 자리의. ~**stern**, der 별꽃. ~**stöckig** 〈Adj.〉 8층의. ~**strahlig** 〈Adj.〉《별이》 7각의. ~**stündig** 〈Adj.〉 7시간의. ~**stündlich** 〈Adj.〉 7시간마다의. ~**tagefieber**, das ↑Denguefieber. ~**tägig** 〈Adj.〉 7일간의. ~**täglich** 〈Adj.〉 《일이》 7일 마다의. ~**tausend** 7000 (의). ~**tausender**, der 7000미터 급의 산. ~**teilig** 〈Adj.〉 일곱 부분으로 된. ~**tonner**, der 7톤 차량. ~**uhrvorstellung**, die 〈어떤〉 7시 공연. ~**uhrzug**, der 7시(출발)기차. ~**undeinhalb** 〈분수〉 ↑einhalb. ~**undsiebzig** 77. ~**undsiebzigmal** 〈반복수; Adj.〉 77회(번)의. ~**wertig** 〈Adj.〉《화학》 7가(七價)의. ~**wöchentlich** 〈Adj.〉 7주마다의. ~**wöchig** 〈Adj.〉 7주간의. ~**zackig** 〈Adj.〉《별이》 7각의, 일곱 갈래의. ~**zahl**, die 〈Pl. 없음〉 7의 숫자. ~**zählig** 〈Adj.〉《식물》 일곱 화관의. ~**zehn** 〈고어〉 siebzehn. ~**zeiler**, der 7행시(詩). ~**zeilig** 〈Adj.〉 7행의. ~**zimmerwohnung**, die 방이 일곱인(거실 포함) 아파트.

Siebener ['zi:bənɐ], der; -s, - 〈지역적〉7번 노선(버스나 전차의), 〈주사위의〉7눈. **siebenerlei** 〈불변의〉7종(류)의, 일곱 가지의. **Siebenerschiit**, der; -en, -en ↑Ismailit. **siebenfach** 〈배수〉 7배(倍)〈중(重)〉의. [↑-fach] **Siebenfache***, das 7배. **Siebenling** [...lɪŋ], der; -s, -e 〈대개 Pl.〉 일곱 쌍둥이. **siebent** ['zi:bnt] 《다음 용법으로》 **zu s.** 일곱이 한 동아리를 이루어, 일곱이서. **siebent...** ['zi:bt...] 〈서수〉 ↑siebent... 참조. **siebent-**, **Siebent-** 〈서수〉 siebt-, Siebt- 와 동일. **siebentel** ['zi:bn̩tl] 〈분수〉 siebtel. **Siebentel** [-], das / der; -s, - ↑Siebtel. **siebentens** ['zi:bn̩təns] 〈Adv.〉 siebtens. **siebenzig** ['zi:bn̩tsɪç] 〈수사〉 ↑siebzig usw. **siebt** [zi:pt] 《다음 용법으로》 **zu S.** 일곱이서. **siebtn...** [zi:pt...] 〈서수〉 일곱 (번)째의. **siebt-**, **Siebt-** 〈서수〉 제7의, 일곱째의. **siebtel** ['zi:ptḷ] 〈분수〉 7분의 1. **Siebtel** [-], das / der; -s, - 7분의 1. **siebtens** ['zi:ptn̩s] 〈Adv.〉 일곱 번째로.

Siebung, die; -en **1**. 체질하기, 체질하여 가려내기. **2**. 〈시험, 검사 따위에서의〉 선발, 거르기.

siebzehn ['zi:ptseːn] 〈기수〉 17. **siebzehnhundert** 〈기수〉 1700의. **siebzehnjährig** 〈Adj.〉 17세의, 17년간의. **siebzehntel** [...tl] 〈분수〉 17분의 1. **Siebzehntel** [-], das / der; -s, - 17분의 1. **Siebzehntvier**, das; - 〈2사람 이상이 하는〉 카드놀이의 일종. **siebzig** [z:ptsɪç] 〈기수〉 70의. **Siebzig** [-], die; -, - 70. **siebziger** ['zi:ptsɪgɐ] 70(년)대의. **Siebziger** [-], der; -s, - 일흔살인 사람, 70대의 사람. **Siebzigerin**, die; -nen ↑Siebziger의 여성형. **Siebzigerjahre** 〈Pl.〉 〈어떤 세기의〉 70년대. **siebzigjährig** 〈Adj.〉 70년간의, 70세의. **siebzigst...** ['zi:ptsɪçst...] 제70의, 70번째의. **siebzigstel** [...stl] 〈분수〉 70분의 1. **Siebzigstel** [-], das / der; -s, - 70분의 1.

siech [ziːç] 〈Adj.〉 〈아어〉 특히 노인들에게 쓰이며 쇠약한, 앓는 몸인, 허약한. **Siechbett**, das; -(e)s, -en 〈고어〉 ↑Krankenbett (1). **Sieche***, der / die; 〈고어〉 병자, 환자. **siechen** ['zi:çn̩] 〈h〉 〈고어〉 오래 앓고 있다, 쇠약해 있다, 병들어 있다.

Siechen- 〈고어〉: ~**bett**, das ↑Siechbett. ~**haus**, ~**heim**, das 〈옛〉 병원(특히 불치병자의).

Siechheit, die 〈고어〉 ↑Siechtum. **Siechtum**, das; -s 〈아어〉 오랜 질환, 병체, 중환.

siede-, **Siede-**: ~**barometer**, das ↑Hyposometer. ~**druck**, der 〈Pl. -drucke〉 〈물리〉 비등압력(沸騰壓力). ~**fleisch**, das 〈südd., schweiz.〉 Siedfleisch. ~**grad**, der 〈드물게〉 ↑~punkt. ~**heiß** 〈Adj.〉 〈드물게〉 siedendheiß. ~**hitze**, die 〈드물게〉 비등열, 〈일반적으로〉 고열; 〔전의〕 die bis zur S. getriebene Nervosität und Gereiztheit 극도로 악화된 신경 쇠약과 과민 상태. ~**punkt**, der 〔물리〕 비등점. ~**salz**, das 〈염수(鹽水)에서 정제(精製)한〉 식염(食鹽). ~**temperatur**, die 〔물리〕 ↑~punkt. ~**wasserreaktor**, der 〔핵공학〕 비등수형(沸騰水型)원자로.

siedeln ['zi:dln̩] 〈h〉 정주(이주)하다, 이주시키다, 식민하다. **Siedelung**: ↑Siedlung.

Siedelungs-: ↑Siedlungs-.

sieden* ['zi:dn̩], 〈h〉 **1. a)** 《전문어로는 규칙 변화》 〈지역적·전문어〉 ↑kochen (3 a): Wasser siedet bei 100°C das ist es schon 100도에서 끓는다, 〔전의〕 mir siedet das Blut, wenn ich diese Ungerechtigkeit sehe 이런 부정을 보면 나는 극도로 흥분한다; in ihm siedete es 그는 몹시 흥분했다. **b)** 〈지역적〉끓이다, 비등시키다. **2.** 〈대개 강변화〉〈지역적〉 **a)** ↑kochen (1 a): gesottene Kartoffeln (bayr.) 껍질째 삶은 감자 〈격 목적어 없이도〉 in der Küche wurde gebraten u. gesotten 부엌에서는 굽고 삶았다. 〈과거분사의 명사화〉 Gebratenes und Gesottenes 굽고 삶은 것. **b)** ↑kochen (1 c): hart [weich] gesottene Eier 완숙(반숙) 계란. **3.** 〈지역적〉 ↑kochen (3 b). **4.** 〔지역적〕 ↑kochen (5). **5.** 〔지역적〕끓여 제조하다: Seife s. 비누를 만들다. **6.** 《대개 규칙 변화》 ↑kochen (6): er siedete (vor Wut) 그는 화가 불끈 치밀었다. **siedendheiß** **a)** 〈지역적〉 ↑kochendheiß. **b)** 〈통용어〉 《다음 용법으로》 jmdm. **s. einfallen** 잊어버렸던 것이 갑자기 생각나다. **Sieder**, der; -s, - 〔드물게〕 **1. a)** ↑Leim-, Salz-, Seifensieder의 약칭. **b)** ↑Tauchsieder의 약칭. **2.** 〔기술〕 물 끓이는 용기. **Siederei** [zi:də'rai], die; -en 〔드물게〕 끓여 만드는 작업(소) 〈특히: Seifensiederei〉. **Siedfleisch** ['ziːt-], das; -(e)s 〈südd., schweiz.〉 삶아 먹는 고기, 수프 고기.

Siedler ['zi:dlɐ], der; -s, - **1. a)** 이주자, 이민, 개척민. **b)** 〈구동독·옛〉 ↑Neubauer 〈반대: Altbauer〉. **2.** 〈지역적〉 ↑Kleingärtner. **3.** 개척 부락(농지) 소유자.

Siedler-: ~**bedarf**, der 〈지역적〉 정원 가꾸기 장비(의장). ~**familie**, die 이(식)민자 가족, 개척 농가 가족. ~**frau**, die 이(식)민자 부인, 개척 농가 부인. ~**haus**, das 개척 농가, 〈개척지〉이주자의 주거 가옥. ~**stelle**, die ↑Heimstätte (2). ~**stolz**, der 〈농·준고어〉 제 손으로 가꾼 〈엽〉언초.

Siedlerin, die; -nen ↑Siedler의 여성형. **Siedlung**, die; -en **1. a)** 〈도시 주변의 새로 개발된〉 주택지, 주택 단지: er wohnt in einer neuen S. (am Stadtrand). 그는 〈교외에 있는〉 새 아파트 단지에 살고 있다. **b)** 단지 주민 전체. **2.** 취락(聚落), 취락 지역. **3. a)** ↑Siedlerstelle. **b)** 〈구동독·옛〉 〈농지 개혁 후의〉 신(新)농민(주 1). **c)** 〔고어〕 영토, 영역. **4.** 〔Pl. 없음〕〈격식 독어〉 개척 부락으로 이주〔정착〕시킴. **5.** [동물학]〈동물의〉 떼, 집단, 군체(群體), 군생(群生).

siedlungs-, **Siedlungs-**: ~**archäologie**, die 취락 고고학. ~**bau**, der 〈Pl. -bauten〉 ↑Siedlungshaus. ~**dichte**, die ↑Bevölkerungsdichte. ~**form**, die 취락(聚落) 형태. ~**gebiet**, das 취락(식민) 지역. ~**gelände**, das 취락 부지〔단지〕. ~**geographie**, die 취락 지리학. ~**geschichte**, die 취락사(학)(聚落史(學)).

Sieg 1906

~**gesellschaft**, die ↑~unternehmen. ~**haus**, das 집단 가옥. ~**kern**, der 취락의 중심지. ~**kunde**, die 취락학(聚落學)(문화 지리학의 한 분야). ~**land**, das 〈Pl. 없음〉 취락지, 개척 이주지. ~**politik** 〈Pl. 없음〉 주거(이주) 정책. ~**programm**, das ↑~politik. ~**raum**, der 〈Pl. 없음〉 취락 공간[단지]. ~**unternehmen**, das 택지 주택 개발 공사. ~**wesen**, das 주거 제도.

Sieg [zi:k], der; -(e)s, -e 승리, 전승(반대: Niederlage 1): ein diplomatischer[politischer] S. 외교상의[정치적인] 승리; einen S. (über einen Feind) erringen [davontragen] (적에게서) 승리를 쟁취하다; jmdm. den S. entreißen 누구에게 이기다; auf S. spielen 《스포츠·은어》 승리하기 위해 전력을 다하다; S. Heil! 승리! (나치스의 인사말); 전의 ein S. über sich selbst 자기 자신의 극복; ein S. des Guten[der Wahrheit] 선[진실]의 승리.

sieg-, Sieg-: ~**gekrönt** 〈Adj.〉 (아어) 승리의 영관(榮冠)을 쓴, 승리에 빛나는. ~**gewohnt** 〈Adj.〉 싸우면 이기는, 상승(常勝)의. ~**heil**, das (나치) ↑Siegheilruf. ~**heilruf**, der (나치) "Sieg Heil!" (승리!)라는 인사말. ~**los** 〈Adj.〉 승리 없는, 성과 없는. ~**prämie**, die 《스포츠·특히 축구에서》 승리 특별 수당(상여금). ~**punkt**, der 《스포츠》 승점. ~**reich** 〈Adj.〉 a) 승리한, 승리에 빛나는: sie kehrten s. aus der Schlacht zurück. 그들은 전장에서 승리를 거두고 돌아왔다. b) 승리에 빛나는. c) 무적의, 승리에 넘치는, 승승장구의. ~**rune**: ↑Sigrune. ~**wette**, die (경마의) 단승식(單勝式). ~**wurz**, die ↑Gladiole.

Siegel ['zi:gl], das; -s, -e [lat. sigillum] **1. a)** 도장, 인장(印章), 인판(印判). **b)** 봉인(封印), 봉함(封緘): ein S. an etw. anbringen 무엇에 봉인(封印)하다; 전의 das Buch trägt unverkennbar sein S.; 이 책은 분명히 그의 작품이다; **(jmdm.) etw. unter dem S. der Verschwiegenheit (strengster Geheimhaltung) mitteilen** (누구에게) 무엇을 절대적인 비밀로 하여(타인에게 알리지 않는다는 조건으로) 전하다. **2. a)** (공인(公印)용) 스탬프. **b)** 공인(公印): ein S. fälschen 공인을 위조하다. **c)** 저당인(抵當印), 인감(印鑑). **3.** 문장(紋章).

siegel-, Siegel-: ~**abdruck**, der a) 인장(印章)을 찍음, 날인. b) ↑Siegel (2 b). ~**artig** 〈Adj.〉 《드물게》 도장 모양의, 도장 종류의. ~**baum**, der 봉인목(封印木), 시갈라리아(Sigillarie). ~**bewahrer**, der 《역사적》 《중세의》 국새상서(國璽尙書). ~**bild**, das 문장화(紋章畫). ~**bruch**, der (법) (불법적인) 개봉(開封), 봉인 훼손. ~**fälschung**, die 인장 위조. ~**führer**, der 문장(紋章) 보유자. ~**kunde**, die ↑Sphragistik. ~**kundlich** 〈Adj.〉 인장학의. ~**lack**, der 봉납(封蠟). ~**marke**, die (편지 봉투 위에 찍은) 봉인. ~**ring**, der 인장이 붙은 반지, 인장 반지. ~**stempel**, der 각인, 압인, 봉인. ~**wachs**, das 봉납.

siegeln ['zi:gln] (h) a) 날인(조인(調印)), 봉인(封印)하다. b) 《드물게》 공인(公印)으로 증명하다. **Siegelung**, Sieglung [zi:g(ə)luŋ], die; -en (드물게) 날인(봉인)(하기).

siegen ['zi:gn] (h) 이기다, 승리를 거두다: im Kampf s. 전투에서 승리하다; über jmdn. s. 누구에게 이기다; 전의 die Wahrheit wird am Ende obs. 진실은 결국에는 이긴다; 성공 Frechheit siegt 《통용어》 뻔뻔스러운 인간에 성공하다. **Sieger**, der; -s, - 승리자, 전승자 (반대: Besiegte): er wurde zum S. nach Punkten erklärt 그는 판정으로 승리자가 되었다; **zweiter S. sein[bleiben]** 《스포츠·은어》 (두 사람 간의 경기에서) 패배하다.

Sieger- (↑Sieges- 참조): ~**ehrung**, die 우승자 표창. ~**kranz**, der (승자에게 주어지는) 승리의 (월)계관(桂冠). ~**land**, das 전승국. ~**lorbeer**, der 월계관(승리자를 기리기 위한). ~**macht**, die 전승(戰勝) 열강. ~**mannschaft**, die 《스포츠》 우승 팀. ~**miene**, die 승리에 가득한 표정[얼굴]. ~**nation**, die 전승국. ~**podest**, das 시상대. ~**pokal**, der 우승컵(배). ~**pose**, die 승자의 포즈[모습]. ~**preis**, die 우승상(품), 포상. ~**runde**, die 《스포츠》 우승자가 경기장을 한바퀴 도는 것. ~**seite**, die 승자의 편. ~**staat**, der 전승국. ~**stolz**, der 승자의 자부심. ~**volk**, das 《드물게》 전승 국민. ~**wette**, die ↑Siegwette.

Siegerin, die; -nen ↑Sieger의 여성형.

sieges-, Sieges- (↑sieg-, Sieg-, Sieger-도 참조): ~**banner**, das (아어) ↑~fahne. ~**bewußt** 〈Adj.〉 승리를 기약하는, 승리를 확신하는, 의기양양한. ~**botschaft**, die ↑~nachricht. ~**chance**, die 《스포츠》 승리의 찬스[기회]. ~**fahne**, die 승리의 깃발. ~**fanfare**, die 승리의 팡파르. ~**feier**, die 승리 축제[축하식]. ~**freude**, die 승리의 기쁨. ~**froh** 〈Adj.〉 전승으로 환호하는, 승리의 기쁨에 찬. ~**geschrei**, das 승리의 함성, 개가(凱歌). ~**gewiß** 〈Adj.〉 ↑~bewußt. ~**gewißheit**, die 필승 확신. ~**göttin**, die (신화) 승리의 여신. ~**jubel**, der 승리의 환호, 승리의 환성. ~**kranz**, der 승리의 관, 월계관, 〈Pl. 없음〉 (아어) ↑~zug. ~**lorbeer**, der (아어) ↑~kranz. ~**marsch**, der ↑~zug. ~**meldung**, die 승전보. ~**nachricht**, die ↑~nachricht. ~**nachricht**, die 승전 소식. ~**palme**, die 승리의 종려 나뭇잎[가지]: 전의 die S. (아어) davontragen 승리(의 영예)를 쟁취하다. ~**parade**, die 《스포츠·승승》 축하 행진[퍼레이드]. ~**podest**, das ↑Siegerpodest. ~**prämie**, die ↑~preis. ~**preis**, der 승자의 상, 포상, 상품. ~**rausch**, der (아어) 승리의 열광[도취]. ~**säule**, die 개선 기념탑[주(柱)]. ~**serie**, die 《스포츠》 승리의 연속, 연승(連勝) 가도. ~**sicher** 〈Adj.〉 승리를 확신하는, 필승의. ~**stimmung**, die 승리의 고조된 감정, 승리감. ~**symbol**, das 승리의 상징. ~**taumel**, der (아어) ↑~rausch. ~**tor**, das **1.** 《스포츠》 ↑~treffer. **2.** 개선문. ~**treffer**, der 《스포츠》 결승점. ~**trophäe**, die 승자에게 주는 트로피. ~**trunken** 〈Adj.〉 승리에 도취된. ~**trunkenheit**, die 〈Pl. 없음〉 (아어) 승리에의 도취. ~**zeichen**, das ↑~symbol. ~**zug**, der 개선 행렬: 전의 das Taschenbuch hat seinen S. im Jahre 1935 angetretten 포켓북이 커다란 성과를 보기 시작한 것은 1935년부터였다. ~**zuversicht**, die 승리(에 대한) 확신, 필승의 의지, 확고한 의지.

sieghaft ['zi:khaft] 〈Adj.〉 **1.** 《고어》 승리를 쟁취한, 무적의, 승리의. **2.** 《아어》 다가올 성공을 의식하는, 성과를 확신하는. **Sieghaftigkeit**, die 승리, 승리에 대한 신념 [확신].

Sieglung: ↑Siegelung.

sieh [zi:], **siehe** ['zi:ə], **siehst** [zi:st], **sieht** [zi:t] ↑sehen 참조.

Sieke ['zi:kə], die; -n (사냥) ↑²Sicke.

Siel [zi:l], der / das; -(e)s, -e [niederd. sīl] (nordd.·전문어) **1. a)** 수문, 독, 수갑(水閘). **b)** ↑Sieltief. **2.** 하수구, 하수도 관.

Siel-: ~**haut**, die 《전문어》 하수도 관 벽에 붙은 찌꺼기. ~**tief**, das 《전문어》 배수로(排水路). ~**tor**, das 《전문어》 수문, 둑막이, 둑 차단대. ~**zeug**, das ↑Sielzeug.

Siele ['zi:lə], die; -n (준고어) **a)** ↑Brustblatt. **b)** ↑Sielengeschirr.

sielen ['zi:lən], sich (h) (지역적) 뒹굴다: sich im Bette s. 침대에서 빈둥거리다.

Sielengeschirr, das; -(e)s, -e (수레 끄는 짐승의) 마구(馬具). **Sielenzeug**, **Sielzeug**, das; -(e)s, -e ↑

Sielengeschirr.
Siemens ['zi:məns], das; -, - [독일의 발명가 W. von Siemens의 이름에서 유래] 【물리·전기】물체의 전도율(電導率)의 단위(기호: S).
Siemens-Martin- [독일 공업가 F. v. Siemens, W. v. Siemens(↑Siemens), 그리고 엔지니어이자 공업가인 P.Martin의 이름에서] 【기술】: ~**Ofen**, der 평로(平爐). ~**Prozeß**, der ↑~Verfahren. ~**Stahl**, der 평로강(平爐鋼), ~**Verfahren**, das 평로법(平爐法).
siena ['zie:na] 〈Adj.; 격변화 없음〉적갈색의. **Siena** [-], das; -s, -, 《통용어》-s [이탈리아의 도시 이름 Siena에서 유래] **1.** 적갈색. **2.** ↑Sienaerde. **Sienaerde**, die 농황토(濃黃土). **sienafarben**, **sienafarbig** 〈Adj.〉농황토색의.
Sierra ['ziɛra, 《span.》 'siɛrra], die; -s / ...rren [span. sierra < lat. serra] 《스페인어에서》산맥, 연산(連山).
Sierra Leone ['ziɛra leˈo:nə]; -, - 시에라리온(아프리카의 국가). **Sierraleoner**, der; -s, - 시에라리온 사람[주민]. **sierraleonisch** 〈Adj.〉시에라리온(사람)의.
Sierra Nevada ['ziɛra neˈvaːda], die; - 시에라 네바다 산맥(스페인과 미국에 있는 산맥).
Siesta ['ziɛsta, 《span.》 'siɛsta], die; -/-sten / -s [span. siesta < lat. (hōra) sexta] 낮의 휴식, 낮잠: (eine) S. halten[machen] 낮잠을 자다.
Siet- [ziːt-; zu mniederd. sît]: ~**land**, das 저(초원)지대. ~**wende**, die ~**wendung**, die 높은 곳에서 저지대로 흘러오는 물을 차단하는) 제방(水防).
siezen ['ziːtsn̩] 〈h〉 존칭 Sie라는 호칭을 쓰다(↑duzen 참조): jmdn. (sich) s. 누구에게[서로] Sie라는 호칭을 사용하다.
Sifflöte ['zɪfløːtə], die; -n [frz. sifflet] 시플레테(오르간의 플랫음).
Sigel ['ziːgl̩], das; -s, -, **Sigle**, die; -n [lat. sigla] 약기호(略記號), 속기 기호(速記記號), 약자(略字). **sigeln** ['ziːgln̩] 〈h〉 《전문어》 (특히 도서 목록에서) 약기호[자]를 쓰다.
Sightseeing ['saɪtsiːɪŋ], das; - [engl. sightseeing] 《은어》관광, 유람. **Sightseeing-Bus**, der 관광 버스. **Sightseeing-Tour**, die 관광 여행.
Sigill [ziˈgɪl], das; -s, -e [lat. sigillum] 《고어》 Siegel (1). **Sigillarie** [zigɪˈlaːri̯ə], die; -n 【식물】 ↑Siegelbaum. **sigillieren** [zigɪˈliːrən] 〈h〉 《고어》 봉인하다. **Sigle** ['ziːgl̩; frz. sigle] ↑Sigel.
Sigma ['zɪgma], das; -(s), -s [griech. sīgma] **1.** 시그마 (그리스 자모(字母)의 제18자), (Σ, σ, ς). **2.** 【의학】 ↑Sigmoid. **Sigmatiker** [zɪgˈmaːtɪkɐ], der; -s, - [의학] S 발음 부전증(不全症) 환자. **Sigmatikerin**, die; -nen ↑Sigmatiker의 여성형. **Sigmatismus** [zɪgmaˈtɪsmʊs], der; - [의학] S음 발음 부전(증)(發音不全症). **Sigmoid** [zɪgmoˈiːt], der; -(e)s, -e griech. -oeides] 【의학】S(자)상 결장(結腸).
sign. = signatum 기명 조인(記名調印)한.
Signa: ↑Signum의 복수형. **Signal** [zɪˈgnaːl, 《통용어》 zɪgˈnaːl], das; -s, -e [frz. signal < lat. signāle] **1.** 신호, 표지(標識), 신호 소리, 보고 전달의 신호: das S. zum Angriff[Rückzug] 공격[퇴각] 신호, ein S. beachten[übersehen] 신호를 주의하다[간과하다]; ein S. blasen[geben] 신호를 나팔을 불다(신호(로) 명령하다); 전의 hoffnungsvolle -e 가망있는 표지(징후); ein alarmierendes S. 경고 신호: 《교양어》충격 (동기, 원동력)을 주다. **2. a)** 【철도】 신호기, 교통 표지, 경보: das Signal steht auf „Halt" [auf „Freie Fahrt"] 신호기는 "정지"["자유통행"]로 나타나 있다. **b)** 《schweiz.》 거리 교통 표시.
signal-, Signal-: ~**anlage**, die 【교통】 신호 설비, 신호기. ~**ball**, der 【해양】 구형(球形) 신호기, 신호구. ~**brücke**, die 【철도】 (궤도 위에 설치된) 다리 모양의 신호기. ~**buch**, das 【해양】 (국제) 신호·약호 일람표, 전시 약호장. ~**farbe**, die (사람의 눈에 잘 띄는) 자극적 색깔. ~**farben**, ~**farbig** 〈Adj.〉자극적 색깔의. ~**feuer**, das ↑Signallicht (a). ~**flagge**, die 【해양】 (만국·국제 선박) 신호기(旗). ~**gast**, der 〈Pl.: -en -(드물게·또한) -gäste〉【해양】 신호 담당 선원, 신호수. ~**gerät**, das 신호기. ~**glocke**, die 신호 종. ~**horn**, das **a)** ↑Horn (3 c). **b)** 《구체》 군 통신용 나팔. ~**instrument**, das 신호 악기(예컨대: 북, 피리, 종 등). ~**knopf**, der 신호 단추. ~**lampe**, die 신호등. ~**laterne**, die 신호등. ~**licht**, das **a)** 신호등(불). **b)** 《schweiz.》 교통 신호등. ~**mast**, der **1.** 【해양】 신호주(柱). **2.** 【철도】 경보 신호주(柱). ~**munition**, die 조명탄, 발광탄. ~**patrone**, die 조명 탄환, 발광 탄약포. ~**pfeife**, die 기적(汽笛), 호적(號笛). ~**pfiff**, der 기적(汽笛) 신호. ~**pistole**, die 신호탄용 권총. ~**rakete**, die 신호 로켓(탄). ~**reiz**, der 【심리·행태】 ↑Schlüsselreiz. ~**ring**, der 【전문어】 자동차의 경적 누름판. ~**rot** 〈Adj.〉 적신호의. ~**schreibung**, die 【언어】 (명사나 문장 첫머리의) 대문자 표기. ~**schuß**, der 호포(號砲). ~**stab**, der 【철도】 (발차를 알려 주는) 신호봉(棒), (교통 순경의) 경봉(警棒). ~**stellung**, die 【철도】 이동 신호기의 설치. ~**system**, das 【심리·행태】 행동 반응 신호 체계. ~**trommel**, die 【민속】 신호 (信號鼓). ~**tuch**, das 【항공】 신호포(布). ~**wirkung**, die 신호(반응) 작용, 조건 반사 작용.
Signalement [zɪgnaloˈmãː, 《schweiz.》 ...ˈmɛnt], das; -s, -s / 《schweiz.》 - [frz. signalement < ital. segnalare < lat. signāle] **1.** 《bes. schweiz.》 여권, 신분증기재, 수배서 따위의) 인상서(人相書), 몽타주. **2.** 【육마】 (개, 말 따위의) 혈통서. **signalisieren** [...liˈziːrən] 〈h〉 **1. a)** 신호하다, 신호로 알리다: jmdm. eine Warnung[einen Befehl] s. 누구에게 경고[명령]의 신호를 보내다. **b)** 예시하다, 암시하다, 알리다: das Dröhnen scheint Gefahr zu s. 진동하는 소리는 위험을 암시하는 것 같다. **c)** 《교양어》 말로 전하다, 암시하다. **2.** (s. + sich) 《고어》 자기를 돋보이게 하다, 자기를 나타내다. **3.** 《고어》 누구에 대해 간단히 서술하다, 인상서[소견서]를 쓰다. **Signalisierung**, die; -en 신호(보내기), 통보, 암호, 암시. **Signatar** [...ˈtaːɐ], das; -s, -e [frz. signataire] **a)** (드물게) ↑Signatarmacht. **b)** 《고어》 (계약의) 서명자, 조인자. **Signatarmacht**, die 【정치】 조인국자, 조약 체결국. **Signatarstaat**, der 【정치】 ↑Signatarmacht. ~**signatum** [zɪgˈnaːtʊm; lat. signātum] 서명 날인한···(문서, 계약서 등 서명란의 날짜 앞에 쓰임) (약. sign.). **Signatur** [zɪgnaˈtuːɐ], die; -en [lat. signatura] **1. a)** 서명, 조인, 수결(手訣). **b)** 《교양어》 ↑Unterschrift. **2.** 기호, 분류 번호. **3. a)** (약의) 용법(用法), 용법전(用法箋), 용법전(藥品箋). **b)** 내용 표시부, (소포 등의) 내용품 표기. **4.** 【지도】 ↑Kartenzeichen. **5.** 【인쇄】 전지(全紙) 기호(접지 순서를 나타내는), 접지(摺紙) 묶음. **6.** 【서적】 (도서의) 분류[정리] 기호. **Signet** [zɪˈgnet, 《frz.》 sɪnˈjeː], das; -s, -e 《붙어 발음시》 -s [sɪnˈjɛːs; lat. signetum] **1. a)** 【서적】 (책의 겉장의) 인쇄소 및 출판사의 기호. **b)** 상표, 사표(社標), 마크. **2.** 《고어》 ↑Petschaft. **signieren** [zɪˈɡniːrən] 〈h〉 [lat. sīgnāre] **1. a)** 사인하다, 낙관(落款)하다: der Maler hat manche seiner Bilder nicht signiert. 화가는 자기의 많은 그림에 사인[낙관]을 하지 않았다. **b)** 《교양어》 서명하다, 조인하다. **2.** 《드물게》 기호를 달다, 레테르를 붙이다, 도서 번호를 붙이다. **Signierung**, die; -en 서명, 날인, 사인, 기호달기, 번호 달기. **signifikant** [zɪgnifiˈkant] 〈Adj.〉 [lat. sīgnifi-

cāns] **1.** 《교양어》 **a)** 본질적인, 두드러진, 중요한, 뚜렷이 알아볼 수 있는: eine -e Mehrheit sprach sich dafür aus 두드러진 다수가 그에 대해 찬의를 표명했다. **b)** 특징적인, 현저한, 전형적인: -e Merkmale 현저한 특징. **2.** 《언어·드물게》 ↑ signifikativ. **Signifikant** [-], der; -en, -en 《언어》 기표(記標), 기호 작용부, 기호 표시체(반대: Signifikat). **Signifikanz** [zɪgnifi-ˈkants], die 《lat. significantia》 《교양어》 의의(意義), 중요성. **Signifikanztest**, der 《통계》 중요도 조사(테스트). **Signifikat** [...'ka:t], das; -s, -e 《언어》 기의(記意), 기호 의미부(반대: Signifikant). **signifikativ** [...ka'ti:f] 〈Adj.〉 **1.** 《언어》 기호 내용에 속하는, 기호 의미부에 해당하는. **2.** 《교양어·고어》 ↑ signifikativ (1). **signifizieren** [...'tsi:rən] 〈h〉 《lat. significāre》 《교양어·드물게》 **a)** 고지(告知)하다. **b)** (…에) 기호를 붙이다, 표시하다.

Signor [sɪn'joːɐ̯], der; -, -i [...'joːri] 《ital. signor》 (이탈리아에서) 남성 이름 앞에 쓰는 호칭. **Signora** [sɪn'joːra], die; ...re / -s **1.** ↑ Signor의 여성형. **2.** ↑ Signore (1, 2)의 여성형. **Signore** [zɪn'joːrə], der; -, ...ri [...ri] (이탈리아에서) **1.** 씨, 님, 귀하, 선생 (성명과 함께 쓰이지 않음). **2.** 주인, 나리. **Signoria** [zɪnjoˈriːa], **Signorie** [zɪnjo'riː], die; ...ien; ital. signoria] 《역사적》 중세 이탈리아 도시 국가의 시회(市會). **Signorina** [zɪnjoˈriːna], die; -s 《드물게》 ...ne [...na; ital. signorina] (이탈리아에서 처녀에 대한 호칭) 영애(令愛), 아가씨. **Signorino** [zɪnjoˈriːno], der; -, -s / ...ni [ital.] (이탈리아에서) 도련님(젊은 청년에 붙이는 호칭).

Signum [ˈzɪɡnʊm], das; -s, ...gna [lat. sīgnum] 《교양어》 **1.** ↑ Signatur (1). **2.** 상표, 상징, 표시. **3.** 《의학》 병 징후, 병세.

Sigrist [ˈziːɡrɪst, ziˈɡrɪst], der; -en, -en [lat. sacrista] 《schweiz.》 교회의 성구(聖具) 관리인(Küster), 교회 일 보는 사람, 사찰(司察).

Sigrune, **Siegrune** [ˈziːk-], die; -n S음에 해당하는 루네 (Rune) 글자.

Sikahirsch [ˈzika-], der; -(e)s, -e [jap. shika] (동아시아에 서식하는) 꽃사슴.

Sikh [zi:k], der; -(s), -s [Hindi sikh] (인도의) 시크교도. **Sikhreligion**, die 시크교(敎). **Sikhtempel**, der 시크교 사원.

Sikkativ [zɪkaˈtiːf], das; -s, -e [...i:və; lat. siccāre] 《화학》 (페인트, 물감 따위에 섞는) 건조제(乾燥劑).

Silage [ziˈlaːʒə], die 《농업》 ↑ Silage (발효) 사료.

Silan [ziˈlaːn], das; -s, -e [↑ Silikon u. ↑ Methan] 《화학》 ↑ Siliciumwasserstoff.

Silastik [ziˈlastik], das; -s [↑ elastisch 참조] 《구동독》 《섬유》 탄성(彈性) 화학 섬유.

Silastik- 《구동독》 《섬유》: **~hose**, die 탄성 화섬 바지, **~pullover**, der 탄성 화섬 스웨터, **~stoff**, der 탄성 화학모직(織). **~strumpf**, der 탄성 화섬 양말.

Silbe [ˈzɪlbə], die; -n [lat. syllaba < griech. syllabe] 음절(音節): eine betonte S. 강세 음절; ich glaube die keine S. 나는 네 말을 한 마디도 믿지 않는다.

Silben-: **~klauber**, der 《고어·폄》 단어를 꼬치꼬치 캐는 사람. **~klauberei**, die 《고어·폄》 자구(字句)를 꼬치꼬치 캐기. **~länge**, die ↑ Quantität (2 b). **~maß**, die 《음절의 음절의 장단에 따르는》 운율. **~rätsel**, das 철자 수수께끼, 단어 맞추기. **~schrift**, die 음절 문자. **~stecher**, der 《고어·폄》 **1.** 문필가, 문학자. **2.** 자구(字句)를 꼬치꼬치 캐는 사람. **~träger**, der 《언어》 음절 주음(主音). **~trennung**, die 음절의 분철(법). **~zahl**, die 음절 음.

Silber [ˈzɪlbɐ], das; -s **1.** 은(기호: Ag): reines S. 순은. **2. a)** 은 그릇. **b)** 은 장신구. **c)** 《준이어》 은화, 은전. **3.** 은빛, 은광(銀光).

silber-, Silber-: **~ader**, die 은 광맥. **~akazie**, die ↑ Mimose (1). **~arbeit**, die 은 세공. **~auflage**, die 은 도금. **~ausbeute**, die 채은율(採銀率). **~barren**, der 은 막대기, 은괴(銀塊). **~bart**, der 《아어》 은빛 수염. **~becher**, der 은 잔. **~bergwerk**, das 은 광산. **~beschlag**, der 《박아(끼워) 넣은》 은장식. **~beschlagen** 〈Adj.〉 은 장식을 한. **~besteck**, das 은제 스푼, 나이프, 포크(수저 세트). **~bestickt** 〈Adj.〉 은실로 수 놓은. **~betreßt** 〈Adj.〉 은빛 몰로 짜여진. **~bisam**, der 러시아두더쥐의 모피. **~blank** 〈Adj.〉 은처럼 반짝이는. **~blech**, der 은박(銀箔). **~blick**, der 《통용어·농》 가벼운 사시(斜視). **~blond** 〈Adj.〉 연한 금발의. **~borte**, die 은빛 레이스. **~braut**, die 은혼식을 맞이하는 아내. **~bräutigam**, der 은혼식을 맞이하는 남편. **~brokat**, der 은빛 수놓은 비단. **~bromid**, das 《화학》 ↑ Bromsilber. **~bronze**, die **1.** 은을 함유한 구리 합금. **2.** 은빛 청동(색). **~distel**, die 은 엉겅퀴. **~draht**, der 은선(銀線). **~durchwirkt** 〈Adj.〉 은실로 짠. **~erz**, das 은이 함유된 광석. **~faden**, der 은의 실(銀絲): 〈詩的〉 sein Haar zeigte schon Silberfäden 그의 머리카락은 벌써 백발이 되었다. **~farben**, **~farbig** 〈Adj.〉 은빛깔의. **~fisch**, der 《지역적》 ↑ Ukelei. **~fischchen**, das 좀벌레. **~folie**, die 은박. **~fuchs**, der **1.** 은호(銀狐). **2.** 은빛여우. **2.** 은빛여우의 모피. **~führend** 〈Adj.〉 은을 함유하고 있는. **~fulminat**, das 《화학》 ↑ Knallsilber. **~fund**, der 은광 발굴. **~gefaßt** 〈Adj.〉 은을 함유한. **~gehalt**, der 은 함유량. **~geld**, das 은화. **~geschirr**, das 은 제품, 은 그릇. **~gewinnung**, die 은채광(銀採鑛). **~glanz**, der **1.** 《시어》 은빛 광채. **2.** ↑ Argentit. **~glänzend** 〈Adj.〉 《시어》 은빛으로 빛나는. **~grau** 〈Adj.〉 은회색의. **~groschen**, der 《역사적》 옛날의 은화(1/30 Taler)의 이름. **~haar**, das 은 머리, 백발. **~haarig** 〈Adj.〉 《아어》 은발의, 백발의. **~haltig** 〈Adj.〉 은이 들어 있는. **~hell** 〈Adj.〉 **1.** 은방울과 같은, 빛的. **2.** 《시어》 은과 같이 빛나는. **~hochzeit**, die 은혼식. **~hütte**, die 은 제련소. **~jodid**, das 《화학》 옥화은. **~kette**, die 은 목걸이. **~klang**, der 《아어》 청아한(맑은) 소리. **~kordel**, die 은 끈(끈). **~lamé**, das 은박. **~legierung**, die 은 합금. **~leuchter**, der 은촛대. **~licht**, das 《아어》 은빛. **~litze**, die ↑ ~borte. **~locke**, die 《아어》 은빛 고수머리, 은발. **~löffel**, der 은제 스푼. **~löwe**, der ↑ Puma. **~medaille**, die 은메달. **~medaillengewinner**, der 은메달 수상자. **~medaillengewinnerin**, die ↑ ~medaillengewinner의 여성형. **~mine**, die 은광(銀鑛). **~möwe**, die 《동물》 재갈매기. **~münze**, die 은화. **~paar**, das 《통용어》 은혼식을 맞이한 부부. **~papier**, das 은종이, 은박지. **~pappel**, die 은백양 (銀白楊). **~platte**, die 은쟁반. **~plattierung**, die 은도금. **~pokal**, der 은 굽 달린 은 잔. **~quell**, der 《시어》 맑은 샘. **~reiher**, der 《동물》 큰해오라기, 백로. **~ring**, der 은반지. **~sachen** 〈Pl.〉 《통용어》 은제품, (장식용)은그릇. **~salz**, das 《화학》 은염(銀塩), 실버솔트. **~schein**, der 《시어》 ↑ ~schimmer. **~schicht**, die 은광층(銀鑛層). **~schimmer**, der 《시어》 은빛(광휘). **~schmied**, der 은 세공사. **~schmuck**, der 은 장신구로 된 장식품. **~schnur**, die 은 끈. **~schüssel**, die 은접시, 은주발. **~stahl**, der 《기술》 함은강(含銀鋼). **~stickerei**, die 은실 자수. **~stift**, der 《미술》 은필(銀尖筆). **~stimme**, die 《아어》 은방울 같은 청아한 목소리. **~strähne**, die 은발[백발]의 다발.

~streif, der 《다음 용법으로》 S. am Horizont ↑~streifen. ~streifen, der 은선(銀線), 은빛 줄무늬: S. am Horizont [정치가 G.¹ Stresemann(1878~1929)의 연설에서 유래] 불행 중의 한 가닥의 희망. ~strich, der [동물] 은줄 표범나비. ~stück, das 《고어》 은화. ~tablett, das 은쟁반. ~tanne, die ↑Edeltanne. ~ton, der 1. 은빛 색조. 2. 《아어》 ↑~klang. ~tresse, die 은빛 몰. ~vergoldet 〈Adj.〉 은 도금된 (↑Vermeil). ~vogel, der 《시어》 비행기. ~vorkommen, das 은 생산. ~weide, die [식물] 은버들(버드나무의 일종). ~währung, die 은(화)본위. ~waren 〈Pl.〉 은제품. ~weiß 〈Adj.〉 은백색의. ~wert, der 함유하고 있는 은의 가치. ~wurz, die 〈Pl. 없음〉 ↑Dryas. ~zwiebel, die ↑Perlzwiebel.
-silber [-zɪlbɐ] ↑-silber 참조.
silberig ['zɪlbərɪç] ↑silbrig. Silberling ['zɪlbəlɪŋ], der; -s, -e 《옛》 은화: [전의] ich habe hier noch drei -e 《통용어》 나는 여기에 아직 1마르크짜리 동전 3개를 갖고 있다; jmdn. für dreißig -e verraten 누구를 은전 30개에 배반하다(마가복음 14장 10절: 유다가 은 30닢을 받고 예수를 배반한 것에서 유래). silbern ['zɪlbɐn] 〈Adj.〉 1. 은으로 만든, 은제의: ein -er Becher 은잔. 2. 은빛의, 흰빛의: 《시어》 das -e Mondlicht 은빛 월광. 3. 《시어》 청아한, 맑은: ein -es Lachen 맑은 웃음소리.
-silbig [-zɪlbɪç]《다음의 합성어로, 예컨대》 achtsilbig 8음절의. silbisch ['zɪlbɪʃ] 〈Adj.〉 [언어] 하나의 철자를 형성하는. -silbler [-zɪlplɐ], -silber 《다음의 합성어로, 예컨대》 Zwölfsilb(l)er [운율] 12음절의 시행.
silbrig ['zɪlbrɪç] 〈Adj.〉 1. 〈nicht adv.〉 은과 같이 빛나는. 2. 《아어》 맑은, 청아한 《소리의》. silbriggrau 〈Adj.〉 은회색의.
Sild [zɪlt], der; -(e)s, -(e) [norw. sild] [요식] 고깃 국물에 절인 청어.
Silen [zi'leːn], der; -s, -e [lat. Silēnus < griech. Seilēnós] [고대 신화] 실레노스(주신 바커스의 종복(從僕).
Silentium [zi'lɛntsjʊm], das; -s, ...tien [..jən; lat. silentium = Schweigen, zu: silēre = still sein] 1. 《준고어·농》 침묵: S.! 정숙! 2. [학교] 기숙사생의 숙제 시간.
Silhouette [zi'luɛtə], die; -n [frz. silhouette 프랑스 정치가 E. de Silhouette(1709~1767)의 이름에서] 1. a) 그림자의 윤곽. b) [미술] 그림자 그림. 2. [의상] 실루에 (옷의 외형, 윤곽). silhouettieren [zilʊɛ'tiːrən] 〈h〉 [frz. silhouetter] [미술] 《준고어》 그림자 그림을 그리다(가위로 오리다).
Silicagel ['ziːlikageːl], das; -s ↑Kieselgel. Silicat: ↑Silikat. Silicid, Silizid [zili'tsiːt], das; -(e)s, -e [화학] 규소와 금속의 결합물. Silicium, Silizium [zi'liːtsjʊm], das; -s [zu lat. silex] 규소(기호: Si). siliciumhaltig 〈Adj.〉 규소를 함유하고 있는. Siliciumwasserstoff, der [화학] 규소 수소. Silicon: ↑Silikon.
silieren [zi'liːrən] 〈h〉 [농업] 《사료 풀을》 사일로에 저장하다. Silierung, die 《의 발효를 얻기 위한》 사료 저장.
Silifikation [zilifika'tsjoːn], die; -en ↑Verkieselung. Silikastein ['ziːlika-], der; -(e)s, -e 규산석. silifizieren [zilifi'tsiːrən] 〈h〉 규(산)화하다. Silikat, 《전문어》 Silicat [zili'kaːt], das; -(e)s, -e [화학] 규산염. Silikatgestein, das [지질] 규산염(광)석. Silikon, 《전문어》 Silicon [zili'koːn], das; -s, -e [화학] 실리콘. Silikose [zili'koːzə], die; -n [의학] 규폐병(硅肺病). Silizid: ↑Silicid. Silizium usw.: ↑Silicium usw.
Silkgras ['zɪlk-], das; -es [engl. silk-grass] 실육카(실용 섬유).

Sillen [zɪlən] 〈Pl.〉 [griech. sílloi] [고대 문예학] 그리스의 풍자적 시문(학). Sillograph [zɪlo'graːf], der; -en, -en [griech. sillográphos] 위의 작가.
Silo ['ziːlo], der, 《또는》 das; -s, -s [span. silo] 1. 《전문어》 《곡물》저장탑, 사일로. 2. [농업] 사료 처리 시설.
-silo [-ziːlo], der, 《또는》 das; -s, -s 《帶》《명사와의 복합어를 이루는 접미사로서 대규모의 인원을 수용할 수 있는 멋있는 건물의 뜻을 지님, 예컨대》 Hotel-, Wohnsilo.
Silo-: ~futter, das [농업] ↑Gärfutter. ~mais, der [농업] (발효 저장용) 옥수수. ~reife, die [농업] 발효 저장할 정도로 익음. ~wagen, der [자동차·교통] 곡물 수송 특수 차량.
Silumin ⓦ [zilu'miːn], das; -s [화학] 실루민(규소와 알루미늄의 합금).
Silur [zi'luːɐ], das; -s [지질] 1. (고생대의) 실루리아 기(紀). 2. 《옛》 실루리아 계(系). silurisch [zi'luːrɪʃ] 〈Adj.〉 실루리아 기의, 실루리아 족의.
Silvaner [zɪl'vaːnɐ], der; -s, - a) 〈Pl. 없음〉 실바너(포도품종). b) 실바너 포도주.
Silvester [zɪl'vɛstɐ], der, 《또한》 das; -s, - [교황 Silvester 1세 (314~335)의 제일(祭日)인 12월 31일에서 유래함] 섣달 그믐날, 12월 31일.
Silvester-: ~abend, der 섣달 그믐날(밤), ~ball, der 섣달 그믐날(밤) 무도회. ~feier, die 섣달 그믐날 축제. ~karpfen, der 섣달 그믐날에 먹는 잉어. ~nacht, die 섣달 그믐날 밤. ~party, die 섣달 그믐날 파티. ~pfannkuchen, der 섣달 그믐날 먹는 밀가루 과자.
¹Sima [ziːma], das; -(s) [↑Silicium / ↑Magnesium] [지질] 시마(암층(岩層)).
²Sima [-], der; -en, -en [lat. sīma] [건축] 고대 그리스 사원의 물받이 홈통.
Simandl ['ziːmandl], der 《또는》 das; -s, - 《bayr., österr., 통용어》 공처가.
Simaschicht, die [지질] ↑¹Sima.
Simbabwe [zɪm'babvə], -s 짐바브웨(아프리카에 있는 국가).
similär [zimi'lɛːɐ] 〈Adj.〉 [frz. similaire] 《고어·전문어》 비슷한, 유사한. Similarität [...lari'tɛːt], die; -en 《고어·전문어》 유사성, 비슷함. simile [zi'miːle] 〈Adv.〉 [ital. simile] [음악] 비슷하게, 마찬가지로. Simile [-], das; -s, -s [lat. simile] 《교양어·고어》 비유, 비교. Simili [zi'miːli], das 《또는》 der; -s, -s [...; similia] 《전문어》 《특히 보석의》 모조. similia similibus [zi'miːlia zi'miːlibʊs; 〈lat.〉] 《교양어》 이열치열(以熱治熱). Similistein, der; -(e)s, -e 《전문어》 모조(가짜) 보석.
simmen ['zɪmən] 〈h〉 《의성어·ostniederd.》《벌레 따위가》 붕붕거리다, 윙윙대다.
Simmer ['zɪmɐ], das; -s, - 《옛》 옛날의 곡량(穀量) 단위 이름.
Simmerring ⓦ ['zɪmɐ-], der; -(e)s, -e [발명가인 독일의 기술자 W. Simmer (1888년 출생)의 이름에서] [기술] 심머링.
Simonie [zimo'niː], die; -n [...ɪən; lat. simonia; 돈으로 성직을 살 수 있다고 생각한 마법사에서 유래; 신약 성서 사도행전 8장 18~24절] [가] 성직(聖職)(성물(聖物))의 매매. simonisch [zi'moːnɪʃ], simonistisch [zimo'nɪstɪʃ] 〈Adj.〉 성직(성물) 판매의.
simpel ['zɪmpl] 〈Adj.〉 [frz. simple] 1. 간단한, 단순한: eine simple Rechenaufgabe 간단한 계산 문제. 2. 《帶》 소박한, 질박한, 검소한, 우직한: in einem simples Kleid 검소한 옷. 3. 《帶》 평범한, 특징 없는: ein simples Gemüt 평범한 감정. Simpel [-], der; -s, - 《통용어》

바보, 우직한 사람, 호인(好人). **Simpelfransen** 〈Pl.〉 《통용어·농》(여자 이마의) 눈 위까지 내려오게 자른 머리. **simpelhaft** 〈Adj.〉《지역적·통용어》단순한, 우직한. **Simpla** ['zɪmpla] ↑ Simplum의 복수형. **Simplex** ['zɪmplɛks], das; -, -e / …plizia [zɪm'pliːtsi̯a: lat. simplex] 【언어】 단일어(單一語)(반대: Kompositum), **simpliciter** [zɪm'pliːtsitɐ] 〈Adv.〉《교양어》오직, 단지, 간단히. **Simplifikation** [zɪmplifika'tsi̯oːn], die; -en 《교양어》↑ Simplifizierung. **simplifizieren** […i'tsiːrən] 〈h〉 [lat. simplificare]《교양어》(설명을) 단순[간단]하게 하다, 간이화(簡易化)하다: in simplifizierter Form darstellen 단순화된 형태로 서술하다. **Simplifizierung**, die; -en 단순화, 간이화(簡易化). **Simplizia**: ↑ Simplex의 복수형. **Simpliziade** [zɪmpli'tsi̯aːdə], die [Grimmelshausen의 소설에 나오는 주인공 Simplicissimus의 이름에 따라] 소박한 인간을 다룬 모험 소설[이야기]. **Simplizität** [zɪmplitsi'tɛːt], die [lat. simplicitās]《교양어·폄》단순, 우직, 소박, 검소. **Simplum** ['zɪmplʊm], das; -s, …pla 《경제》단일 세율(稅率).

Sims [zɪms], der 《또는》 das; -es, -e 장식 띠(Gesims), 추녀, 돌림띠.

simsalabim! ['zɪmzala'bɪm] 〈Interj.〉 마술 공연시 결정적 순간에 넣는 기합 소리.

Simse ['zɪmzə], die; -n 1. 습지에서 자라는 사초속(屬). 2. 《지역적》↑ Binse.

Simshobel, der; -s, - 장식용 대패.

Simulant [zimu'lant], der; -en, -en [lat. simulāns] 꾀병쟁이, 꾀병 앓는 사람. **Simulation** [zimula'tsi̯oːn], die; -en [lat. simulātio]《전문어》1. 거짓, 겉치레, 가장, 위장, 꾀병. 2. 흉내, 모방. **Simulator** [zimu'laːtɔr, 〈또한〉 …toːɐ̯], der; -s, -en [..toːrən: lat. simulātor]《전문어》시뮬레이터(조종 훈련 따위를 위해 자연, 우주의 환경, 조건 등을 만들어 내는 모의 장치). **simulieren** [zimu'liːrən] 〈h〉 [lat. simulāre] 1. 거짓말하다, 속이다, 분장하다, 체하다: eine Krankheit s. 꾀병을 부리다; ich glaube, er simuliert (nur) 그가 단지 아픈 체하는 것이라고 나는 생각한다. 2. 《전문어·교양어》 닮게 하다, 흉내내다, 모방하다: einen Raumflug s. 우주 비행을 모방하다. 3. 《준용어·지역적》(깊이) 생각하다: er fing an zu s. 그는 깊이 생각하기 시작했다. **simultan** [zimʊl'taːn] 〈Adj.〉 [lat. simultaneus]《전문어·교양어》동시에, 동시에 일어나는: -es Dolmetschen 동시 통역(반대: konsekutives Dolmetschen).

simultan-, Simultan-: **~bühne**, die 〔연극〕 병렬(並列)무대(특히 중세의 종교극에서처럼 전 무대 장치가 병렬되어 배우가 순서대로 사용하는 극 장연). **~darstellung**, die 〔미술〕 병렬[동시] 묘사 (특히 큐비즘에서처럼 서술 대상의 표면을 형성하는 심층적 원근법을 도외시한 묘사 방법). **~dolmetschen**, das; -s 《전문어》 동시 통역. **~dolmetscher**, der 《전문어》 동시 통역자. **~kirche**, die 〔종교〕 여러 종파가 함께 사용하는 교회, 제종파 공동 교회. **~partie**, die ↑~spiel. **~schach**, das ↑~spiel. **~schule**, die 〔Gemeinschaftsschule, ↑~spiel, das 〔장기〕 동시 (복수 지도) 대국(對局) (실력 있는 한 사람이 동시에 여러 사람과 두는 것). **~übersetzung**, die 〔통용어〕 동시 번역.

Simultan(e)ität [zimʊltan(e)i'tɛːt], die; -en [frz. simultanéité]《전문어·교양어》동시성(同時性), 공통성(共通性), 동시에 일어남(극 상연). **Simultaneum** [zimʊl'taːneʊm], das; -s [lat.]《전문어》(각 종파의) 교회 시설 공동 사용(요구). **Simultanität** = Simultaneität.

sin = Sinus 정현(正弦), 사인.

Sinai ['ziːnai], der; -(s) 시나이 반도에 있는 산맥.

Sinaihalbinsel, die 시나이 반도(이집트의).

Sinanthropus [ziˈnantropʊs], der; -, …pi / …pen [griech. Sínai / ánthrōpos] 〔인류〕↑ Pekingmensch.

Sinau [ziˈnaʊ], der; -e [mhd. sin- / tou] 〔식물〕 (다년생의 장미과) 톱풀속(屬)(Frauenmantel).

sind [zɪnt] ↑ 'sein 참조.

sine anno ['ziːnə'ano; lat.]《서적·고어》(발행) 연대 불명(약어: s.a.). **sine ira et studio** ['ziːnə 'iːra et 'stuːdi̯o; 〈또한〉 lat.]《교양어》증오도 편애(偏愛)도 없이, 공평하게, 객관적으로. **Sinekure** [ziːnə'kuːrə], die; -n [lat. sine cūra] ↑ Pfründe (a). **sine loco (et anno)** ['ziːnə'loːko (ɛt ano); lat.]《서적·고어》(책의) 발행 장소(와 발행 연도) 없음(약어: s.l.(e.a.)). **sine tempore** ['ziːnə 'tɛmpora; lat.]《교양어》(대학의 관례인) 15분의 지각 없이, 때를 어기지 않고, 정각에(약어: s.t.).

Sinfonie [zɪnfo'niː], = Symphonie [zymfo'niː], die; -n [..iːən; ital. sinfonia] 1. 교향악(곡). 2. (아이) 《총체적》조화: eine S. von Farben 색채의 조화; diese Bauten sind eine S. von[aus] Stein 이 건물들은 돌의 총화라 할 수 있다. **Sinfoniekonzert**, Symphoniekonzert, das 교향악 연주회. **Sinfonieorchester**, Symphonieorchester, das 교향악단. **Sinfonietta** [zɪnfoˈni̯eta], die; -ten [ital. sinfonietta] 〔음악〕 소교향곡. **Sinfonik** [zɪnˈfoːnik], Symphonik [zymˈfoːnɪk], die 〔음악〕 1. 교향(적) 수법[형상술]. 2. 교향악 작법, 교향(곡) 작성. **Sinfoniker**, Symphoniker, der; -s, - 〔음악〕 1. 교향악(곡) 작곡가. 2. 〈Pl.〉 교향악단원 전체. **sinfonisch** [zɪnˈfoːnɪʃ], symphonisch [zymˈfoːnɪʃ] 〈Adj.〉 〔음악〕 교향악의.

Sing. = Singular

Sing-: **~akademie**, die 합창 협회, 성악 전문 대학. **~bruderschaft**, die ↑ Kantorei (3). **~drossel**, die 〔동물〕 지빠귀의 일종. **~kreis**, der 작은 합창단. **~lust**, die 《드물게》 노래 부르고 싶은 욕망(기쁨). **~messe**, die 《가·예》 전례를 노래로 하는 미사. **~sang**, der 〈Pl. 없음〉 a) 서투른 노래, 혼자 흥얼대는 노래. b) 혼자 흥얼대는 가락. **~schule**, die 1. 《드물게》 음악 전문 학교. 2. 〈15·16세기의 장인(匠人) 가수들이 그들의 예술을 가르치는〉 성악[창가] 학교. **~schwan**, der (노랗고 검은 주둥이를 지니고 아름다운 소리를 내는) 백조. **~spiel**, das 〔음악〕 오페레타, 뮤지컬, 경가극(輕歌劇), 창가극(唱歌劇). **~spieldichter**, der 뮤지컬(오페레타) 작가, 창가 극작가. **~stimme**, die a) 성부(聲部). b) 노래소리(반대: Sprechstimme). **~stunde**, die 《지역적》 노래(성악) 시간. **~vogel**, der 우는 새, 지저귀는 새. **~weise**, die 노래부르는 법, (노래의) 곡조, 선율.

¹**Singapur** ['zɪŋɡapuːɐ̯, 〈또한〉 --ˈ-], 싱가포르 공화국. ²**Singapur** 싱가포르 공화국의 수도. **Singapurer**, der; -s, - 싱가포르 국민. **singapurisch** 〈Adj.〉 싱가포르(말)의.

singbar ['zɪŋbaːɐ̯] 〈Adj.〉 노래할 수 있는: ein leicht -er Part 노래부르기 쉬운 파트(성부(聲部)).

Singe-: 〔구동독〕: **~bewegung**, die 〈Pl. 없음〉 노래부르기 운동. **~gruppe**, die 노래 그룹[단체]. **~klub**, der ↑~gruppe.

singen ['zɪŋən] 〈h〉 1. a) 노래부르다, 읊다: er singt solo 그는 독창한다; er singt in einem Chor 그는 합창단에서 노래한다[합창단 소속이다]; nach Noten [vom Blatt] s. 악보에 따라[악보를 보고] 노래부르다; bist du s. gewesen?《통용어·농》너 잔돈 받으러 가니?; [속구] da hilft kein Singen und kein Beten 어쩌할 도리가 없다; das kann ich schon s.《통용어》나는 그걸 지겨울 정도로 들어 알고 있다; 〔완료〕 schluchzend sangen die Geigen (시어) 바이올린의 설운 소리가 흐느끼는 듯 울렸다; der Teekessel singt auf dem Herd 차 주전자가 화덕에서

끓는다; die Reifen des Autos begannen zu s. 〈전문어〉자동차 바퀴(타이어)가 윙윙대기 시작했다. **b)** …을 노래하다, 송송(誦誦)하다: ein Lied(eine Arie, einen Schlager) s. 노래(아리아, 유행가)를 부르다. **c)** 〈음역[성역](音域[聲域])에 따라〉 노래부르다: Sopran[Alt] s. 소프라노[알토]로 노래하다, 소프라노[알토]의 목소리를 가지고 있다. **2. a)** 노래하여 …(한 상태)가 되다: sich heiser[müde] s. 노래불러 목이 쉬다[지치다]; das Kind in den Schlaf s. 노래불러 아기를 재우다. **b)** 〈s. + sich; 비인칭〉 노래가 (잘, 잘못) 불리우다[되다]: mit trockner Kehle singt es sich schlecht 목이 칼칼하면 노래가 잘 안된다. **3.** 《시어·존고어》 무엇에 관해서 노래하다[서술하다]: 전의 jmds. Lob(Ruhm) s. 《아이》 누구를 찬양(칭송)하다. **4.** 《경》 (경찰 등에서) 공범을 대다[불다]. **Singerei** [zɪŋə'raj], die **1.** 《평》 마구 노래부르기, 엉터리 노래, 경 읽는 듯한[억양이 없는] 말투. **2.** 《통용어》《직업적으로 또는 취미로》노래부르기.

¹**Single** [sɪŋ], 〈engl.〉 sɪŋɡl; engl. single], das; -(s), -(s) **1.** 【배드민턴】단식(單式). **2.** 【골프】 2인 경기.
²**Single** [-], die; -(s) (레코드의) 싱글 음반(音盤).
³**Single** [-], der; -(s), -(s) 독신자. **Singledasein**, das 독신 생활. **Singleplatte**, die ↑ ²Single.
Sing-out ['sɪŋaut, '-'-', -'-'], das; -(s), -s [amerik. sing-out] 〈항의 집회에서의〉 노래부르기.
Singrün ['zɪŋɡryːn], das; -s ↑ Immergrün.
Singular ['zɪŋɡulaːɐ], der; -s, -e [lat. (numerus) singularis] 【언어】 (반대: Plural) **1.** 〈Pl. 없음〉 단수. **2.** 단수(형)(단어). **singulär** [...leːɐ], 〈Adj.〉 [lat. singularis] (교양어) **1.** 하나씩 나타나는, 드문, 진귀한: eine ganz -e Erscheinung 아주 드문 현상. **2.** 특이한, 독특한: eine -e Schöpfung 독특한 창작물.
Singular- 《언어》~**bildung**, die 단수 형성. ~**endung**, die 단수어미. ~**form**, die 단수형(태).
Singularetantum [zɪŋɡulaːrə'tantʊm], das; -s, -s / Singulariatantum|lat. singulāris / tantum] 【언어】 단수형 (單數)으로만 사용되는 명사: „das All" ist ein S. "das All"은 단수로만 사용되는 명사이다. **Singularis** [zɪŋɡu'laːrɪs], der; -, ...res [...reːs; lat. singulāris] (어어·고어) ↑ Singular. **singularisch** [zɪŋɡu'laːrɪʃ] 〈Adj.〉 【언어】 단수적(의), 단수에 속하는. **Singularismus** [zɪŋɡula'rɪsmʊs], der / [철학] 단원론(單元論). **Singularität** [zɪŋɡulari'tɛːt], die [lat. singularitas] **1.** (교양어) 단독, 특이성(特異性): die S. des Vorgangs 사건의 희귀성. **2.** [기상] 연중 특정한 시기에 항상 재현되는 기상. **3.** [수학] 특이점(特異點). **Singulett** [zɪŋɡu'lɛt], das; -s, -s [engl. singulet] [물리] 일중항(一重項), 일량(一量) 상태.
Sinika ['ziːnika] 〈Pl.〉 [griech. Sínai] 〈서적〉 중국의 역사, 문화, 언어에 관한 도서.
sinister [zi'nɪstɐ] 〈Adj.〉 [lat. sinister] 음울한, 불투명한, 불길한. **sinistra mano** [zi'nɪstra 'maːno] ↑ mano sinistra.
sinken' [zɪŋkn̩] 〈s〉 **1. a)** 가라앉다, 내려앉다, (태양이) 지다: der Ballon(das Flugzeug) sinkt allmählich 기구[비행기]가 천천히 내려앉는다. 전의 er ist moralisch tief gesunken 그는 도덕적으로 타락했다. **b)** 내려가다, (아래로) 떨어지다: langsam sinken die Blätter zur Erde 천천히 나뭇잎들이 땅에 떨어진다. **c)** 넘어지다, 주저앉다, 빠지다: 전의 todmüde sank er ins Bett 그는 지칠대로 지쳐 침대에 쓰러졌다; in Ohnmacht s. 《아이》 기절하다; in Schlaf s. 《아이》 깊이 잠들다. **d)** 바른 자세로서 내려앉다: jmdm. an die Brust s. 누구의 품에 안기다; in die Knie s. 꿇어앉다; sich《아이》 senken] in die Arme s. 서로 얼싸안다, 포옹하다. **2. a)** 낮아지다, 하락하다: der Wasserspiegel ist gesunken 수위가

떨어졌다. **b)** 감소하다, 줄어들다: der Blutdruck[das Fieber] sinkt 혈압[열]이 떨어진다; sinkende Temperaturen sind zu erwarten 기온이 내려가리라고 예상된다. **c)** 가치를 잃다, 떨어지다: die Kurse[Preise] sinken 증귀[물가]이 떨어진다; der Wert des Geldes ist gesunken 화폐 가치가 떨어졌다. **d)** 쇠퇴하다, 줄다: der Verbrauch(die Produktion) sinkt 소비(생산)가 준다. **Sinkkasten**, der; -s, ...kästen (폐수를 받는) 배수용 잠함(潛函). **Sinkstoff**, der; -(e)s, -e 〈대개 Pl.〉 침전물.

Sinn [zɪn], der; -(e)s, -e **1. a)** 〈대개 Pl.〉 감각(기능), 감관, 관능: die fünf -e: Hören, Sehen, Riechen, Schmecken, Tasten 5감(관): 청각, 시각, 후각, 미각, 촉각; **der sechste[ein sechster] S.** 제 6 감각: etw. mit dem sechsten S. wahrnehmen 무엇을 (제) 6감으로 인지하다; **seine fünf -e zusammennehmen [zusammenhalten]** 《통용어》 주의하다, 정신 집중하다; **seine fünf -e nicht beisammenhaben** 《통용어》 분별(력)이 없다. **b)** 〈Pl.〉 《아이》 의식, 지각(력), 반응력: seine -e hatten sich verwirrt 《아이》 그는 더 이상 똑똑히 생각할 수 없었다; 전의 bist du noch bei -en? 《누구의 행동에 대해서 격분하거나 노할 때의 외침》 자넨 제정신이 아니군! [넌 정신이 돈 게로군?]; ich war nicht mehr bei -en vor Zorn 《아이》 나는 매우 화가 났다. **c)** 〈Pl.〉 《아이》 육감, 관능, 성욕: jmds. -e erwachen 누구의 성욕이 눈뜨다. **2.** 〈Pl. 없음〉 감(수)성, 소질, 성향, 취미: sie hat viel S. für Blumen 그녀는 즐겨 꽃을 가꾼다[화초에 대한 취미가 있다]. **3.** 〈Pl. 없음〉 **a)** 《아이》 누구의 생각, 견해, 마음: er hat seinen S. (seine Einstellung) geändert 그는 자신의 견해를 바꾸었다; **jmdm. steht der S. (nicht) nach etw.** 누구가 무엇을 하고 싶어하지(않는다); **jmdm. aus dem S. kommen** 누구에 의해서 망각되다; **jmdm. nicht aus dem S. gehen** 《준고어》 누구의 마음에 오랫동안 잊혀지지 않고 남아 있다; **jmdm. nicht sich³ etw. aus dem S. schlagen** (↑Kopf 3) 무엇을 생각에서 지우다[잊다]; **jmdm. durch den S. gehen(fahren)** 누구의 마음에 불현듯 떠오르다 마음을 쓰게 하다; **jmdm. im S. liegen** 《준고어》 누구의 머리 속에서 뱅뱅 돌다[상기되다]; **etw. im S. haben** 어떤 특정한 것을 기획하다[마음먹다]; **mit jmdm.[etw.] nichts im S. haben** 누구[무엇]와 관계하지 않으려 하다; **jmdm. in den S. kommen** 누구의 생각에 떠오르다; **jmdm. nicht in den S. (hinein) wollen** 《준고어》 누구에게 이해되지 않다, 누구에 의해 내면적으로 용납되지 않다; **jmdm. zu S. sein(werden)** 《아이·드물게》〈es가 주어〉 ↑ zumute 참조. **b)** 《아이·드물게》 심성, 의향, 의사, 마음씨: ein hoher[edler] S. war ihm eigen 그는 숭고한 [고귀한] 심성을 지녔었다. **4.** 〈Pl. 없음〉 의미, 참뜻, 정신: der verborgene(geheime) S. einer Sache 어떤 일의 숨은(비밀의) 참뜻; im strengen(weitesten) S. 엄격한(넓은) 의미로는. **5.** (사물의 형이상학적인) 가치, 목표, 의의: nach dem S. des Lebens fragen 인생(삶)의 의미를 묻다; etw. ist ohne S. 무엇은 무의미[무가치]하다; **ohne S. und Verstand** 깊이 생각하지도 않고[맹목적으로], 사려분별 없이.

sjnn-, Sjnn-: ~**bereich**, der 【언어】 ↑ ~bezirk. ~**betäubend** 〈Adj.〉 《아이》 감각을 마비시키는[뇌쇄시키는], 몽롱하게 만드는. ~**betörend** 〈Adj.〉 《아이》 ↑ ~betäubend. ~**bezirk**, der 【언어】 Wortfeld. ~**bild**, das 상징, 표상, 비유: das Kreuz ist S. des Leidens 십자가는 고통의 상징이다. ~**bildhaft** 〈Adj.〉 《아이》 상징(상징)과 같은, 상징적인: etw. hat -en Charakter 무엇이 상징적 성격을 지니고 있다. ~**bildlich** 〈Adj.〉 상징으로서[상징을 통해서]의.

sinnen 1912

~deutung, die 의미 해석: die S. eines Gedichts 시의 의미 해석. ~entleert〈Adj.〉(아어) 의미를 잃은. ~entsprechend〈Adj.〉↑~gemäß (1). ~entstellend〈Adj.〉의미를 왜곡하는. ~ergänzung, die [언어] 동사가 필수적으로 요구하는 문장 성분, 보족어. ~fällig〈Adj.〉명백한, 쉽게 이해할 수 있는, 뚜렷한. ~fälligkeit, die《Pl. 없음》↑~fällig의 명사형. ~frage, die《Pl. 없음》의미에 대한 물음. ~gebung, die; -en (아어) 가치(의미)의 부여, 의미 해석. ~gedicht, das 〖문예학〗격언(적 단)시, 경구 (Epigramm). ~gehalt, der ↑Sinn (4). ~gemäß〈Adj.〉 1. 자구에 얽매이지 않고 의미에 맞추어: etw. s. übersetzen 무엇을 의역하다. 2.《드물게》a)↑~voll. b) 논리에 맞는, 모순이 없는, 시종일관한. ~getreu〈Adj.〉↑~gemäß (1). ~gleich〈Adj.〉의미가 같은. ~haft:↑sinnhaft. ~haltig〈Adj.〉(아어)↑~voll: eine -e Lebensform 슬기로운(뜻 깊은) 생활 형태. ~haltigkeit, die (아어) ↑~haltig의 명사형. ~los〈Adj.〉 1. 어리석은, 무의미한, 이성을 잃은. 2. (뿜) 과도한, 무절제한. ~losigkeit, die; -en 1.〈Pl. 없음〉무의미성. 2. 어리석은(소용없는) 행위. ~pflanze, die 함수초(↑Mimose (2)). ~reich〈Adj.〉 1. 재치 있는, 함목적적인. 2.《드물게》의미심장한, 함축적인. 3. ↑sinnig: das ist ja alles sehr s. 그것은 전부가 아주 신중하다(사려 깊다). ~spruch, der 금언, 격언, 경구. ~verloren〈Adj.〉(아어·드물게)↑gedankenverloren. ~verwandt〈Adj.〉[언어] ↑synonym. ~verwirrend〈Adj.〉(아어) 감각을 혼란시키는. ~voll〈Adj.〉 1. 교묘한, 슬기로운, 이성적인: -en Gebrauch von etw. machen 무엇을 슬기롭게 이용하다. 2. 누구를 위해 가치를 가지는, 만족할 만한: eine -e Arbeit[Tätigkeit] 가치가 있는 일[작업]. 3. 의미를 낳는, 함축성 있는. ~widrig〈Adj.〉(아어) 사리에 어긋나는, 말도 안되는, 터무니 없는. ~widrigkeit, die ↑~widrig의 명사형. ~zusammenhang, der 의미의 상관 관계, 문맥, 맥락.

sinnen* ['zɪnən]〈h〉(아어) 1. 곰곰이 생각하다, 심사숙고하다, 명상하다: lange, hin u. her s., wie ein Problem zu lösen sei 문제가 어떻게 풀려질 수 있을까 하고 오랫동안 이리저리 궁리하다. 2. 피하다, 뜻하다, 궁리하다: auf Mord [Rache, Flucht] s. 살인(복수, 도주)을 피하다 (고어)《4격목적어와 함께》Verrat s. 배반을 궁리하다.

sinnen-, Sinnen-: ~freude, die (아어) a) 감각으로 느끼는[체험하는] 삶의 희열(생의 기쁨). b)《Pl.》육체적, 관능적 쾌락(향락): -n genießen 관능적 쾌락을 즐기다. ~freudig〈Adj.〉(아어)↑~froh. ~froh〈Adj.〉(아어) 생의 기쁨에 찬(부문). ~genuß, der ↑~freude. ~gier, die (뿜) 육체적 쾌락을 추구하는 탐욕. ~kitzel, der《드물게》↑Kitzel (2). ~lust, die ~freude. ~mensch, der 單 관능적(감각, 육욕)주의자. ~rausch, der〈Pl. 없음〉(아어) 관능적 도취(경). ~reiz, der 심한 관능적 자극; ~taumel, der (아어) ↑~rausch. ~trug, der〔시어〕 환각, 착각. ~welt, die《Pl. 없음》〔특히 철학〕 감각(세)계, 물질(현상)계.

sinnes-, Sinnes-: ~änderung, die (아어) ↑~wandel. ~art, die (인간의) 성향(기질, 사고 방식). ~eindruck, der ↑~reiz:〔철학〕감관(感官) 인상: ein optischer S. 시각적 인상. ~empfindung, die ↑ Wahrnehmung. ~erfahrung, die 〈Pl. 없음〉감각(관능)을 통한 체험. ~genosse, der 동지(同志). ~leistung, die《전문어》감각(지각) 기관의 능력(수행력). ~nerv, der 〔생리〕지각 신경. ~organ, das (대개 Pl.) 감각(지각) 기관. ~reiz, der (생물) 감관에 대한 자극. ~schärfe, die 감관이 지닌 지각력의 정도. ~stö-

rung, die 감관 장해. ~täuschung, die 환각, (감관적) 착각, 망각. ~verwirrung, die《아어》(일시적) 정신 착란. ~vorstellung, die 감관 표상. ~wahrnehmung, die 지각. ~wandel, der 누구(무엇)에 대한 태도 변화(심경의 변화), 변심. ~werkzeug, das (대개 Pl.) ↑~organ. ~zelle, die (대개 Pl.) 〔해부·동물〕(특히 하등동물의) 지각세포.

sinnhaft〈Adj.〉《드물게 아어》의미를 내포한. **sinnieren** [zɪ'niːrən]〈h〉숙고하다, 곰곰이 생각하다(grübeln). **Sinnierer**, der; -s, - (하를-을) 자꾸(골똘히) 생각하는 사람, 몽상가, 꼬치꼬치 캐는 사람. **sinnig** ['zɪnɪç]〈Adj.〉 1. 재치 있는, 슬기로운, 교묘한, 뜻이 깊은, 함축 있는: ein -er Werbespruch (대개 조롱 내지 반어) 결맞지 않는 광고문(선전 문구). 2.〔고어〕명상적인, 곰곰이 생각하는. 3.《지역적》신중한, 조심스러운, 심사 숙고하는. **sinnigerweise**〈Adv.〉(대개 조롱 내지 반어) 의미 심장한 듯이, 교묘하게. **Sinnigkeit**, die ↑sinnig의 명사형. **sinnlich** ['zɪnlɪç]〈Adj.〉 1. 감각의, 감관의, 관능적인, 지각할 수 있는: ein -er Reiz [Eindruck] 감각적 자극(인상); etw. s. wahrnehmen 무엇을 감각적으로 지각하다. 2. a) 관능적 쾌락에 빠진, 육감(육욕)적인: den -en Genüssen[Freuden] zugetan sein 육체적 향락(쾌락)에 빠지기 쉽다. b) 성적 쾌락에 관심이 있는, 성적인: -es Verlangen; -e Begierden [Leidenschaften] 성적 욕구; 성적 탐욕(정욕); jmdn. nur s. lieben 누구를 오직 성적으로만 사랑하다. **Sinnlichkeit**, die 1. 감성, 감각 [물질]계, 감각, 관능, 육감성. 2. 감각적 욕구(욕망), 육욕: seine S. nicht beherrschen 그의 감각적 욕구를 제어하지 못하다.

Sinologe [zino'loːgə], der; -n, -n 중국학자. **Sinologie**, die [↑-logie] 중국학. **sinologisch**〈Adj.〉 중국학의.

Sinopel [zi'noːpl̩], der; -s, - 〔광〕〔적철광(赤鐵鑛)으로 싸인 수정; 흑해 연안의 도시 Sinop(e)에서 유래〕시노오플.

Sinopie [zino'piː], die; -n [...iːən] 〔예술〕(모자이크나 벽화를 그릴 때 거친 표면에 붉은 흙색으로 그리는 밑그림).

sintemal(en) [zɪntə'maːl(ən)]〈Konj.〉(고어·농)···때문에 (weil), 특히···인고로 (zumal): **s. und alldieweil**《고어·농》바로···인 까닭에(하므로) (weil).

Sinter ['zɪntɐ], der; -s, - 1. 종유석(鍾乳石). 2. 광재, 쇠 부스러기.

Sinter-: ~bildung, die; ~gebilde, das 종유석의 누층(累層)(형성). ~glas, das (Pl. 없음) 특히 필터 생산에 이용되는 침투성의 (구멍이 많은) 제재로서 유리 분말의 종유석으로 제조되는 물질.

sintern〈h〉〔기술〕 a) 탕화(湯花)가 생기다, 종유석이 형성되다. b) 둥글게 굳어지다, 소결(燒結)하다. **Sinterterrasse**, die 종유석의 단구(段丘). **Sinterung**, die, [기술] 반융(半融), 반용(半熔), 소결.

Sintflut ['zɪnt-], die (특히 〈신화와 전설에 등장하는〉 대홍수(전 대지를 뒤덮어 파멸을 몰고 왔다는 일종의 신의 벌); [성경] 노아의 홍수 (창세기 Ⅵ); 성규 nach mir die S. 뒤에 무슨 일이 생기든, (어떻게 되든) 나에겐 상관 없는 일; **eine S. von etw.**《감정적 과장》 느닷없이 등장하는 어떤 사물의 엄청난 양: eine S. von Briefen 느닷없이 밀어닥친 엄청난 양의 편지. **sintflutartig**〈Adj.〉 대홍수와 같은 것을 연상시키는: das Wasser schwoll s. an 물이 대홍수처럼 불어났다.

Sinto, der; -s, ...ti (대개 Pl.) 독일 출신의 집시(자칭).

Sintoismus, der; -, ↑Schintoismus.

Sinuitis [zinu'iːtɪs], die; ...itiden [...uiˈtiːdən] 〔의학〕↑Sinusitis. **Sinus** ['ziː-], der; -, - / -se [lat. sinus] 1. [수학] 정현(正弦), 사인(약어: sin). 2. 〔해부〕 a) (조직이나 기관에 생긴) 공동(空洞). b) 만(灣), 기관이나

신체상의 깊숙한 곳, 만곡(彎曲). **c)** 혈관[맥관]의 확장.
Sinusitis [zinu'zi:tɪs], die; ...itiden [...zi'ti:dn] 〖의학〗
《속》 비강의 염증.
Sinus-: **~kurve**, die 〖수학〗 정현(正弦) 곡선. **~satz**,
der 〈Pl. 없음〉 〖수학〗 정현[사인] 법칙, 삼각법의 정리
(定理). **~schwingung**, die 〖수학・물리〗 정현 진동.
sinwell [원뜻 immer rollend] 〈Adj.〉 〈schweiz.〉》 │
rund.
Sinzerität, die; -en 성실, 정직성.
Sioux ['zi:uks], der; -, - (북미 인디언의 한 종족인) 수 인
(人).
Sipho ['zi:fo], der; -s, -nen [zi'fo:nən; lat. sīphō] 〖동
물〗 (연체 동물의) 호흡관. **Siphon** ['zi:fō, 'zi:fɔŋ, zi'fō,
zi'fɔŋ, 〈südd., österr.〉 zi'fo:n], der; -s, -s [frz.
siphon] **1.** 방취용 마개, S자형의 방취관(防臭管)(
Geruchsverschluß). **2.** 사이펀 병, 탄산수 병, 흡수관
(吸水管). **Siphonflasche**, die ↑Siphon (2). **Siphonophore** [-'fo:rə], die; -n (대개 Pl.) 〖동물〗 관(管)해
파리. **Siphonverschluß**, der (하수관 따위의) 방취관
(防臭棺).
Sippe ['zɪpə], die; -n **1. a)** 〖인종〗 혈족, 씨족, 일문(一
門), 겨레붙이. **b)** 〈대개 농・폄〉 가족[일가 친척] 일동.
2. 〖생물〗 속(類), 족(族).
sippen-, Sippen-: **~amt**, das; -s, -er 호적 사무소.
~forschung, die 씨족학(氏族學), 계보[계통]학 (Genealogie). **~gemäß** 〈Adj.〉 씨족[혈족]적인. **~haft**,
die 연좌제, 가족 공동 책임(에 의한 구류). **~haftung**,
die **1.** 〖인종〗 친족에 대한 연대 책임. **2.** 〖특히 나치〗 연
좌제(連坐制). **~haupt**, das 〖인종〗 씨족장. **~kunde**,
die 씨족학, 계통[계보]학. **~kundlich** 〈Adj.〉 계보학
의, 씨족학의. **~tafel**, die; -n 족보(族譜), 계보. **~verband**, der 〖인종〗 ↑Sippe (1 a).
Sippschaft, die; -en **1.** 〈대개 폄〉 ↑Sippe (1 b). **2.**
《폄》 도당(徒黨), 일당, 한패.
Sir [sɐ, 〈또한〉 zø:ɐ], der; -s, -s [engl. sir < frz. sire]
1. (관사 및 Pl. 없음) (영국에서 성명과 결부시키지 않고
부르는) 신사에 대한 호칭: 님, 선생, 나리, 귀하, 각하:
treten Sie bitte ein, S.! 들어오시죠, 나리[선생님]! **2.**
《영국에서》 **a)** 〈Pl. 없음〉 하위 귀족에 속하는 남자의 칭
호, (준남작 또는 나이트 작에 대한 경칭) 경(卿). **b)** Sir
칭호를 지닌 자(항시 성이 아닌 이름과 결합하여 부름, 예
컨대: S. Edward). **Sire** [si:ɐ, 〈또한〉 zi:ɐ] 〈Pl. 없음)
[frz. sire] 《프랑스에서》 왕이나 황제에 대한 호칭, 폐
하.
Sirene [zi're:nə], die; -n [lat. Sīrēn(a) < griech. = 1:
그리스 신화에 나오는 바다의 요정 사이렌. 2: 《frz.》
siréne, 3: 암컷의 이 요정과 유사하다고 해서] **1.** 《교양
어》 아름답고 유혹적인 여자, 요부, 경보기, 사이렌, 경
적: die S. der Feuerwehr 소방대의 경적(소리). **3.**
Seekuh. **Sirenengeheul**, das 사이렌 소리. **Sirenengesang**, der [사이렌이 부른 노래에 따라] 《아어》 유혹적
이고 매혹적인 언사[서술]. **sirenenhaft** 《아어》 유혹적인, 매혹적인.
Sirius [zi:riʊs] ↑Hundsstern.
sirren ['zɪrən] 〈의성어〉 **1.** 〈h〉 붕붕거리다. **2.** 〈s〉 붕붕거
리면서 어디론가 가다.
Sirtaki [zɪr'ta:ki], der; -, -s [griech. (mundartl.) syrtáké] 지르타키(남자들이 추는 그리스의 민속춤).
Sirte, die; -n 《schweiz.》 ↑Molke.
Sirup ['zi:rʊp], der; -s, 《종류》 -e [lat. syrupus] **a)** 당밀
(糖蜜). **b)** 시럽.
Sisal ['zi:zal], der; -s (멕시코의 항구 도시 Sisal에 따라)
씨슬마(麻). **Sisalagave**, die 씨슬마를 추출해 내는 용설
란(龍舌蘭). **Sisalhanf**, der ↑Sisal.
sistieren [zɪs'ti:rən] 〈h〉 [lat. sistere] **1.** 《교양어》 (소송

수속 따위를) 정지[중지, 각하]하다. **2.** 《특히 법》 소환하
다, 인치(引致)[구류]하다. **Sistierung**, die; -en ↑sistieren의 명사형.
Sistrum['zɪstrʊm], das; -s, Sistren [lat. sistrum <
griech. seīstron] 딸랑이(딸랑 딸랑 소리나는 고대 이집
트의 악기).
Sisyphusarbeit ['zi:zyfʊs-], die 무의미한 헛수고, 결코
목표에 달할 수 없는 무거운 일[노동], 도로(徒勞).
Sitar [zi'ta:ɐ], der; -(s), -(s) [Hindi sitār] 지타르(기타와
유사한 인도의 현악기).
Sit-in [zɪt'ɪn], das;-s, -s [amerik. sit-in] 연좌 시위[데
모].
Sitte ['zɪtə], die; -n **1.** 관습[관례], 풍속[풍습]: die -n
und Gebräuche eines Volkes 한 민족의 관습과 풍속;
[전의] das sind ja ganz neue -n! (통용어; 예기치 않은
것에 대해 화가 났을 때) 거참 별난 일인 걸! **2.** 예의 범절
[예절]: gegen die (gute) S. verstoßen 미풍양속을
(을) 저촉되다[해치다]; 〈자주 Pl. 형으로 사용되지만 의미
는 Sg.과 동일함〉 die guten -n pflegen 미풍양속을 보존
하다[가꾸다]. **3.** 〈Pl.〉 행실, 품기, 도의[도덕]. **4.** 〈Pl.
없음〉 〈은어〉 풍기(단속, 감독, 취조) 경찰; ↑Sittenpolizei의 약칭. **5.** 《성경》 율법, 계명.
sitten-, Sitten-: **~apostel**, der ↑Moralapostel.
~bild, das **1.** 풍속도[풍속화]. **2.** ↑Genrebild. **~dezernat**, das 풍기(단속)경찰의 관할(부)서. **~gemälde**, das ↑~bild. **~geschichte**, die (민족의) 풍속사
(史). **~gesetz**, das ↑Moralgesetz. **~kodex**, der
윤리와 행동[도덕] 규범: bürgerliches[gesellschaftlicher] S. 시민적[사회적] 행동 규범. **~komödie**, die
풍속 희극. **~lehre**, die 윤리학, 도덕 철학. **~lehrer**,
der 윤리학자, 도덕 철학자, 도덕가(교훈가). **~los**
〈Adj.〉 부도덕의, 품행이 나쁜, 방종한(방탕한), 예의 없
는. **~losigkeit**, die ↑~los의 명사형. **~malerei**,
die (드물게) ↑Genremalerei. **~polizei**, die 풍속 경
찰. **~rein** 〈Adj.〉 도덕적으로 순결한, 품행이 방정한.
~prediger, der 《폄》 ↑Moralprediger. **~richter**,
der 《흔히 폄》 도덕가, 남의 품행을 비평하는 사람.
~roman, der 풍속 소설. **~schilderung**, die (시대
의) 풍속 묘사. **~streng** 〈Adj.〉 《준교어》 도덕적인 (도
덕상) 준엄한(엄격한). **~strenge**, die 도덕적 엄격성.
~strolch, der 《정서》 풍기문란자, 아녀자 폭행자.
~stück, das [문예학] 풍속(극)작품, 도덕극. **~verderbnis**, die (아이) ↑~verfall. **~verfall**, der (도덕
의) 타락, 풍기 문란. **~wächter**, der 《흔히 폄》 ↑
~richter. **~widrig** 〈Adj.〉 〖특히 법〗 풍속에[을] 어긋
나는[어지럽히는]: -e Werbung 풍속을 어지럽히는 광고
[선전]. **~widrigkeit**, die ↑~widrig의 명사형.
~zeugnis, das 품행 선행증(善行證), 품행 증명서.
~zwang, der 예법[식], 에티켓, 관례, 인습.
Sittich ['zɪtɪç], der; -s, -e [lat. psittacus < griech.
psíttakos] (미국, 아프리카, 남 아시아, 호주산의) 앵무
새.
sittig ['zɪtɪç] 〈Adj.〉 《고어》 예의바른, 품행이 단정한.
sittigen ['zɪtɪɡn] 〈h〉 〈parodist.〉 ...을 예의바르게
하다, 얌전한 행동을 하게 하다, 교화하다. **Sittigung**,
die ↑sittigen의 명사형. **sittlich** ['zɪtlɪç] 〈Adj.〉 **1.** 도
덕(상)의, 도덕적의, 윤리(상)의, 도덕적인: der -e Zerfall eines
Volkes 한 민족의 도덕적 타락: der ~e Wert eines
Kunstwerks 한 예술 작품의 윤리성[도덕적 가치]. **2.** 예
의 범절을 지키는, 도덕적으로 바른, 행동이 올바른(엄격
한). **Sittlichkeit**, die **1.** 예의 범절, 도의[도덕]:
öffentliche S. gefährden 공중도덕을 위태롭게 하다. **2.**
인륜(人倫), 도덕(德行), 도의, 도덕성.
Sittlichkeits-: **~delikt**, das 성 범죄(↑Sexualstraftat). **~gefühl**, das 도덕심, 도의심, 윤리적 감정.

sittsam 1914

~**verbrechen**, das 심한 성 범죄. ~**verbrecher**, der ↑Sexualtäter.
sittsam ['zɪtza:m] 〈Adj.〉《준고어》 **a)** 예의바른, 행실이 단정한, 점잖은, 조심성 있는, 정숙한: ein -es Benehmen[Betragen] 예의바른 행동. **b)** 겸손한, 수줍어하는, 온순한, 얌전한: s. erröten〔die Augen niederschlagen〕 얌전히 얼굴을 붉히다〔눈을 내리 감다〕. **Sittsamkeit**, die ↑sittsam의 명사형.
Situation [zitua'tsjo:n], die; -en [frz. situation] **a)** 《구어》 입장, 사정, 형편, 상황: aus dem Gespräch ergab sich eine neue S. 대화의 결과로 하나의 새로운 상황이 벌어졌다; sie fühlte sich der S. durchaus gewachsen 그녀는 (주어진) 입장을 능히 감당할 수 있다고 느꼈다; einen Ausweg aus einer komplizierten S. suchen[finden] 복잡한 상황으로부터 빠져나올 출구를 찾다〔발견하다〕. **b)** 형세, 위치, 정세, 경우, 국면: die allgemeine S. in diesem Lande hat sich verschärft [zugespitzt] 이 나라의 일반적인 정세는 날카로와졌다〔아슬아슬하게 되었다〕. **situationell** [...tsio'nɛl] 〈Adj.〉《특히 언어》 상황적인, 환경에 의존하는.
situations-, Situations-: ~**angst**, die【심리】↑~phobie. ~**bedingt** 〈Adj.〉 (어떤 특정한) 상황에 제약을 받는. ~**ethik**, die 상황 윤리〔도덕적 규범에서 벗어나지 않고 그때 그때 주어진 구체적 상황에 따라 도덕적인 결단을 내리는 윤리학의 한 방향〕. ~**gebunden** 〈Adj.〉 (주어진 특정한) 상황에(서) 연유하는〔구애되는〕. ~**gerecht** 〈Adj.〉 특정한 상황에 맞는〔상응하는〕. ~**komik**, die 이상한 상황에서 야기되는 우스꽝스러움. ~**komödie**, die 【연극】↑~phobie, die 【심리】상황 불안(예컨대: 시험 공포증이나 무대 위에서의 서투름). ~**plan**, der 《드물게》 부지(敷地) 계획, 배치도, 상황도〔狀況圖〕(Lageplan). ~**psychose**, die 【심리】 환경〔상황〕 정신병. ~**stück**, das 상황극(반대: Charakterstück).
situativ [zitua'ti:f] 〈Adj.〉《교양어》상황적인, 주어진 상황에 준하는. **situieren** 〈h〉 [frz. situer] 《교양어·문어》 (어떤 위치에) 놓다, 앉히다, 관련지우다 (대개 과거분사적 용법) **situiert** [zitu'i:ɐt] 〈Adj.〉 [frz. situé] 경제적으로 특정한 위치에 있는 (대체로 규정어 "gut"나 "schlecht"와 결합해서 사용): gut[schlecht] s. sein 형편이 좋다〔나쁘다〕, 좋은〔나쁜〕 지위에 있다. **Situierung** [zitu'i:ruŋ], die; -en 《교양어·österr.》 공간 배열, 위치.
Situla ['zitula], die; Situlen [zi'tu:lən; lat. situla] 청동기 시대의 양동이 비슷한 그릇.
Situs ['zi:tʊs], der; - [lat. situs] **1.**【해부】 신체 기관의 정상 위치〔원 위치〕, 자궁 내에서의 태아의 위치. **2.**【사회】 사회 계층상 같은 부류에 속하는 사람들의 기능권〔영역〕.
sit venia verbo ['zɪt 'vɛ:nia 'vɛrbo; lat.]《교양어》실례를 무릅쓰고 말씀 드리자면(약어: s.v.v.).
Sitz [zɪts], der; -es, -e **1. a)** (의자 따위의) 앉는 부분〔자리〕, 좌석: gepolsterte[enge] -e 쿠션이 있는〔협소한〕 좌석; sein S. ist leer (geblieben) 그의 좌석〔자리〕은 비어 있다〔있었다〕: jmdn. vom S. reißen[hauen] (↑Stuhl) 누구를 경악〔열광〕시키다. **b)** ↑Sitzfläche (1). **2.** 의석: die Partei hatte〔erhielt〕 40 -e im Parlament 그 정당은 원내에서 40석을 가졌다〔얻었다〕. **3.** 소재지, 본거지, 거처, 중심부: diese Stadt ist S. der Regierung 이 도시는 정부 소재지이다; die Vereinten Nationen haben ihren S. in New York 유엔의 소재지는 뉴욕이다; 〔전의〕 die Seele gilt als der S. des Gefühls〔der Empfindungen〕 영혼은 감정의 중심부로 통한다. **4.** 앉음새, 자세: ein steifer〔aufrechter〕 S. 뻣뻣한〔똑바른〕 자세; auf einen S. 《통용어》 단번에, 한숨에; auf einen S. fünf Glas trinken 한꺼번에 다섯 잔을 들이키다. **5.** (옷 따위가) 어울림, 딱 몸에 맞음: das Kostüm hat einen guten S. 그 의상은 썩 잘 어울린다. **6.** 하의 [바지]의 엉덩이 부분. **7.**【기술】대(臺), 받침, 좌(坐).
Sitz-: ~**arbeit**, die 앉아서 하는 일. ~**backe**, die (대개 Pl.) 《통용어》 ↑Gesäßbacke. ~**bad**, das 좌욕(坐浴), 반신욕(半身浴). ~**badewanne**, die 좌욕용 〔목욕〕통. ~**bank**, die 〈Pl. -bänke〉 걸상, 벤치. ~**bein**, das 【해부】 좌골. ~**brett**, das 앉는 자리에 붙인 널빤지. ~**buckel**, der 【의학】 특히 앉을 때 눈에 두드러지는 곱사등이. ~**ecke**, die (어떤 공간의) 구석에 설치해둔 앉는 자리. ~**falte**, die 앉음으로 해서 생기는 주름. ~**fläche**, die **1.** 앉는 자리. **2.** 《통용어·농》 엉덩이, 궁둥이. ~**fleisch**, das **1.** 《통용어·농》 (꾹 눌러 앉아 일하는 태평스러운) 끈기: 《대개 다음의 용법으로》 kein S. haben 잠시도 가만히 앉아 있지 못하다, 가만히 앉아 오래 일하지 못하다, 차분히 일할 끈기가 없다: **S. haben** **1)** 방문객으로서 좀처럼 떠날 생각을 하지 않다. **2)** 술집에서 오래 머물다. **2.** 《가벼운 농》 엉덩이, 궁둥이, 볼기(의 살). ~**füßler**, der 〈Pl.〉【동물】 연작류(燕雀類). ~**gelegenheit**, die 앉을(수 있는) 자리. ~**größe**, die ↑~riese. ~**gruppe**, die (서로 어울리는) 의자 및 소파 세트(조). ~**haltung**, die 앉는 자세. ~**kassa**, ~**kasse**, die 《österr.》 술집 등의 계산대〔지불 창구〕. ~**kassierin**, die 《österr.》 앉아서 현금 출납하는 여계산원. ~**kasten**, der (마차의) 박스, 칸막이 좌석. ~**kissen**, das (자리 위에 까는) 방석, 쿠션. ~**komfort**, der 앉기에 좋은 안락함. ~**korb**, der 앉아서만 일광욕을 즐길 수 있게 만든, 등받이가 있는 바구니형의 좌석. ~**krieg**, der 장기전(長期戰). ~**leben**, das 좌업(坐業) 생활. ~**leder**, das **1.** ↑Arschleder. **2.** 《드물게 가벼운 농》 ↑~fleisch (1): Genie ist Fleiß, Genie ist S. 천재란 열성이요 끈기이다. ~**möbel**, das (대개 Pl.) (의자 등의) 앉는 가구. ~**nachbar**, der 옆좌석의 사람. ~**ordnung**, die 앉는 서열: die S. festlegen[ändern] 개별 좌석 배치를 확정〔변경〕하다. ~**platz**, der 앉는 자리〔장소〕, 좌석: jmdm. einen S. reservieren 누구를 위해 자리를 예약하다. ~**polster**, das 쿠션. ~**position**, die 앉은 자세〔위치〕. ~**redakteur**, der 명의상의 편집인〔출판법을 위반했을 경우 죄를 뒤집어 쓰고 입옥(入獄)하는). ~**reihe**, die 좌석의 열. ~**riese**, die 《통용어·농》 앉으면 특히 크게 보이는 긴 몸통을 지닌 사람. ~**stange**, die (새장이나 우리의) 홰, 횃대. ~**stellung**, die ↑~position. ~**streik**, der 연좌 시위〔데모〕, 출근은 하지만 사무는 보지 않는 파업.
sitzen ['zɪtsn̩] 〈h; (südd., österr., schweiz.) s〉 **1. a)** 앉아 있다: das Kind kann nicht still[ruhig] s. 그 아이는 가만히〔조용히〕 앉아 있지 못한다; 〔퇴색〕 am Schreibtisch s. 책상에서 일하다; an[bei, über] einer Arbeit s. 어떤 일을 하고 있다, 어떤 일에 몰두하다; auf der Anklagebank s. 원고로서 법정에 서다; bei Tisch s. 식사 중이다; über den Büchern s. 열심히 독서하다, 배우다; 〈3격 목적어와 함께〉 sie hat dem Künstler [Maler] für ein Porträt〕 gesessen 그녀는 예술가〔화가〕가 초상화를 그리게끔 모델이 되(어 주)었다; **auf etw. s.** 《경》 무엇과 결별하고 싶지 않다, 무엇을 내어 놓거나 주고 싶어하지 않다; auf einem Buch s. 어떤 책을 손에서 놓으려고 하지 않다. **b)** 《schweiz.》 앉(는)다 (sich setzen). **c)** (동물이) 어떤 물건 위에 앉아 있다: die Henne sitzt (auf den Eiern) 암탉이 알을 품고 있다. **2. a)** 거주하는, 살고 있다; er sitzt zur Zeit in Afrika 그는 현재 아프리카에 거주하고 있다. **b)** 어떤 회의〔위원회〕의 구성원이다: im Parlament〔in einem Ausschuß〕 s. 국회〔위원회〕의 일원이다. **c)** 《통용어》장기간 감옥살이하다: im Gefängnis s. 감옥에 들어가 있

다. 3. 있다, 고착하다, 박혀 있다: der Hut saß ihm schief auf dem Kopf 그는 모자를 비스듬히 쓰고 있었다; [전의] der Schreck(die Angst) saß ihm noch in den Gliedern 불안가 아직도 그에게 영향을 미치고 있었다; **einen s. haben** 《경》약간 취하다(↑Affe 3). **4.** (옷이) 꼭 맞다, 어울리다: der Anzug sitzt gut [tadellos] 양복이 잘(험잡을 데 없이) 맞는다; eine gut sitzende Brille(Krawatte) 잘 어울리는 안경(넥타이). **5.** 《통용어》 **a)** 숙달되어 있다, 완숙하다. **b)** 적중하여 효과를 발하다.

sịtzen-, Sịtzen-: **~bleiben*** ⟨s⟩ **1.** 《통용어》 낙제하다: er ist (während seiner Schulzeit) zweimal sitzengeblieben 그는 학창 시절에 두 번 낙제했다. **2.** 《통용어·퓀》 시집을 못 가다: sie ist sitzengeblieben 그녀는 시집을 못 갔다. **3.** 《통용어》 무엇이 팔리지 않다. **4.** 《지역적》 (반죽이) 부풀어 오르지 않다. **-**《통용어·퓀》 낙제생. **~lassen*** ⟨s⟩ 《통용어》 **1. a)** 약혼을 이행하지 않다. **b)** 그대로 두다, (곤경에 처한 채) 버리다(im Stich lassen): er hat Frau und Kinder sitzenlassen(〚드물게〛 sitzengelassen) 그는 처자를 버렸다. **c)** 약속을 지키지 않고 허탕을 치게 하다. **2.** 유급(낙제)시키다: man hat ihn zwei Jahre vor dem Abitur sitzenlassen(〚드물게〛 sitzengelassen) 그는 김나지움(=독일 인문 고교)을 졸업하기 전에 2년간 유급했다. **-sitzer** [-zɪtsɐ] 《다음의 합성어로, 예컨대》 Viersitzer 4인승 자동차. **-sitzig** [-zɪtsɪç] 《다음의 합성어로, 예컨대》 viersitzig 4인승의. **Sịtzung**, die; -en **1. a)** 집회, 회의: eine öffentliche(geheime, außerordentliche) S. 공개(비밀, 임시) 회의; an einer S. teilnehmen 어떤 회의에 참석하다; [전의] das war aber eine ganz schön lange S.! 《통용어·농》 자넨 장시간 화장실에 가 있는 군! **b)** ↑Karnevalssitzung의 약칭. **2. a)** 모델이 되기 위해 앉음. **b)** 번번이 받는 치과 치료나 이발 요법.

Sịtzungs-: **~beginn**, der 개회. **~bericht**, der 의사(議事) 보고(↑protokoll). **~periode**, die (특히 국회의) 회기(會期), 개정기(開廷期). **~protokoll**, das 회의의 의사록(議事錄). **~saal**, der 회의장, 법정. **~tag**, der 회의일, 개정일. **~zimmer**, das 회의실.

Six Days ['sɪks 'deɪz] ⟨Pl.⟩ 〚engl. six days〛 《사이클》 Sechstagerennen(6일간 선수 교체 단체 경기)에 대한 영어 명칭.

Sịxt [zɪkst], die; -en 〚lat. sixtus〛 《펜싱》 시크스뜨, 제6의 자세(에페, 플러레에서는 가장 기본적인 자세).

Sixty-Nine [sɪksti'naɪn], die; - 〚engl. sixty-nine〛 《은어》 (두 사람이) 동시에 서로 상대의 성기를 입으로 애무는 성교, 식스티 나인(Neunundsechzig).

Siziliane [zitsi'lja:nə], die; -n 〚ital. siciliana〛 《문예학》 단 두 개의 교착운(交錯韻)을 가진 8행의 시칠리아 시연(詩聯), 스탠저. **Sizilianer** [zitsi̯a:nɐ], der; -s, - 시칠리아 사람(주민)(↑Sizilien). **sizilianisch** [zitsi'lja:nɪʃ] ⟨Adj.⟩ 시칠리아의. **Siziliano** [zitsi'lia:no] ↑ Siciliano. **Sizilien** [zi'tsi:liən], -s 시칠리아(섬). **Sizilienne** [zitsi'ljɛn], die 〚frz. sicilienne〛 ↑Eolienne. **Sizilier** [zi'tsi:liɐ], der; -s, - ↑Sizilianer. **sizilisch** [zi'tsi:lɪʃ] ⟨Adj.⟩ ↑sizilianisch.

SJ = Societatis Jesu [zotsi̯eta:tɪs'je:zu:] 예수회, 제주이트 교파.

SK = Segerkegel.

Skabies ['ska:biɛs], die 〚lat. scabiēs〛 《의학》 ²Krätze. **skabiös** [ska'biøːs] ⟨Adj.⟩ 《의학》 개선(疥癬)의, 딱지투성이의. **Skabiose** [ska'bio:zə], die; -n 〚lat. scabiōsus〛 《식물》 체꽃(속)(Krätzenkraut).

Skagerrak ['ska:gərak, 흔히 'sgaːʋərak, sgaʋərag], das (또는 der); -s 스카그라그(노르웨이와 Jütland 반도 사이의 해협).

Skai ⓦ₂ [skaɪ], das; -(s) 《인공어》 인조 피혁.

skål! [sko:l] ⟨Interj.⟩ 〚schwed., dän. skål!〛 축배(prost!, zum Wohl!)라는 뜻의 스칸디나비아 어.

Skala ['ska:la], die; …len / -s 〚ital. scala〛 **1.** 계기의 눈금·눈, 척도, 지침판: einen Meßwert von(auf) einer S. ablesen 눈금의 치수를 읽다. **2.** 등급, 단계, 도. **3.** 《음악》 음계. **4.** 《인쇄》 다색 인쇄에 필요한 색채도.

skalar [ska'la:ɐ̯] ⟨Adj.⟩ 〚lat. scalāris〛 《수학·물리》 도수의, 실수(實數)의: -e Größe. ↑¹Skalar. ¹**Skalar** [-], der; -s, -e 실수에 의해 정해진 양, 크기(스칼라)(반대: Vektor). ²**Skalar** [-], der; -s, -e ↑Segelflosser.

Skalde ['skaldə], der; -n, -n 〚aisl. skǻld〛 (중세 때 노르웨이와 아이슬란드의 궁정의) 음영(吟詠) 시인, 스칼데. **Skạldendichtung**, die 《문예학》 (중세 때, 특히 노르웨이 궁정에서 음영된 고대 북구의 시문학인) 스칼데 시문학. **skạldisch** ['skaldɪʃ] ⟨Adj.⟩ 《문예학》 스칼데(시문학)의, 스칼데적인.

Skale ['ska:lə], die; -n 《전문어》 ↑Skala (1).

Skalen-: **~antrieb**, der 《기술》 계기의 지침을 움직이게 하는 장치. **~knopf**, der 라디오의 다이얼. **~zeiger**, der 계기 지침.

Skalenoeder [skaleno'e:dɐ], das; -s, - 〚zu griech. skalēnόs = ungleichseitig / hédra = Fläche〛 《수학》 (같지 않은 12개 삼각형 표면의) 다면체.

skalieren [ska'li:rən] ⟨h⟩ 《심리·사회》 (행태나 능력 등을) 수치로 등급을 매기다, 분류하다.

Skalp [skalp], der; -s, -e 〚engl. scalp〛 《옛》 머리 가죽, (특히: 북아메리카 인디언이 적의 머리에서 벗기는 전승(戰勝) 기념의) 머리털이 붙은 두피(頭皮).

Skalpell [skal'pɛl], das; -s, -e 〚lat. scalpellum〛 외과용 메스, 해부도(解剖刀), 절단도(切斷刀).

skalpieren [skal'pi:rən] ⟨h⟩ 머리 가죽을 벗기다. **Skalpierung**, die; -en 《드물게》 ↑Skalpieren의 명사형.

Skandal [skan'da:l], der; -s, -e 〚frz. scandale〛 **1.** 《축소형》 ↑Skandälchen 추문, 스캔들, 험담, 비방: einen S. provozieren(verursachen) 추문(스캔들)을 일으키다(유발하다); dieser Filmstar lebt nur von -en 이 영화 배우의 삶은 스캔들 투성이다; **etw. ist ein S.** 무엇은 전대미문의 사전이다, 도저히 있을 수 없는 일이다. **2.** 《지역적》 소동, 야단법석.

skandal-, Skandal-: **~affäre**, die 유별나게 격분시키는 불쾌한 사건, 추문. **~blatt**, das 《퓀》 ↑~presse. **~geschichte**, die ↑~affäre. **~nudel**, die 《통용어》 선정적인 3류 신문. **~presse**, die 《퓀》 선정적인 3류 신문. **~süchtig** ⟨Adj.⟩ 《퓀》 추문(스캔들)에 매우 흥미를 지닌(느끼는). **~trächtig** ⟨Adj.⟩ 추문을 유발시키기 쉬운(스캔들로 발전할 수 있는). **~umwittert** ⟨Adj.⟩ 추문(스캔들)에 둘러 싸인, 추문의 분분한.

Skandälchen [skan'dɛ:lçən], das; -s, - ↑Skandal (1)의 축소형. **skandalieren** [skanda'li:rən] ⟨h⟩ 《고어》 소동을 빚다, 일으키다, 자아내다. **skandalisieren** [skandali'zi:rən] ⟨h⟩ 《교양어·준고어》 **a)** 격분시키다, 동요하게 만들다. **b)** 스캔들화하다, 추문으로 만들다. **c)** ⟨s. + sich⟩ 분노하다, 패씸하게 여기다: sich über etw. s. 무엇에 대하여 분격하다. **Skandalon** ['skandalɔn], das; -(s) 〚griech. skándalon〛 《교양어·준고어》 ↑Skandal. **skandalös** [skanda'løːs] ⟨Adj.⟩ 〚frz. scandaleux〛 격분시키는, 전대미문의, 파렴치한, 터무니없는: sein Benehmen ist einfach s. 그 사람의 행동은 패씸(불쾌)하기 짝이 없다.

skandieren [skan'di:rən] ⟨h⟩ 〚lat. scandere〛 《교양어》 **a)** 시구의 강음절을 의미와 무관하여 억양을 붙여 읽다. **b)** 운율에 따라 음절로 나누어 낭독하다, 읽다.

Skandinavien [skandi'na:viən], -s 스칸디나비아. **Skan-**

dinavier [skandi'naːviɐ̯], der -s, - 스칸디나비아 사람.
skandinavisch [skandi'naːvɪʃ] 〈Adj.〉 스칸디나비아의.
Skandium: ↑Scandium.
Skapolith [skapo'liːt (또한) ...lɪt], der; -s (또는) -en, -e(n) [zu griech. skápos = Stab / líthos = Stein] 규석, 스카폴리트.
Skapulier [skapu'liːɐ̯], das; -s, -e [lat. scapulae (가) 스카풀라리오(수도사의 어깨에서 앞뒤로 드리우는 겉옷).
Skarabäengemme [skara'bɛːən-], die; -n ↑Skarabäus (2). **Skarabäus** [skara'bɛːʊs], der; - [lat. scarabaeus, griech. kárabos] **1.** 뿔풍뎅이의 일종(↑Pillendreher (1)). **2.** 갑충석(甲蟲石)(갑충 모양으로 조각한 보석으로 고대 이집트 사람이 부적(符籍)이나 인장으로 사용하였음).
Skaramuz [skara'mʊts], der; -es, -e [ital. Scaramuccio, frz. Scaramouche] 스카라무슈(이탈리아 즉흥 희극과 프랑스의 희극에 나오는 익살꾼 역의 호언 장담형 병정).
Skarifikation [skarifɪka'tsi̯oːn], die; -en [lat. scarificātio] [의학] (간단한 혈액 채취를 위한) 난절법(亂切法).
skarifizieren [skarifi'tsiːrən] 〈h〉 [lat. scarificāre, zu: scarifus < griech. skariphos] [의학] 난절법을 적용하다, 난절도(亂切刀)로 조금 자르다(찌르다).
Skarn [skarn], der; -s, -e [schwed. skarn] [지질] 스카른(석회암, 백운암 혹은 이회암의 접촉으로 생성된 광물성의 암석).
skartieren [skar'tiːrən] 〈h〉 [ital. scartare] (österr. · 관) 낡은 서류 따위를 파기하다(↑ausscheiden (3) 참조).
Skat [skaːt], der; -(e)s, -e / -s [ital. scarto] 1. 스카트(3사람이 32장의 패를 가지고 노는 독일 카드 놀이의 일종): (einen zünftigen) S. dreschen(klopfen) (경) 스카트 놀이하다. **2.** 스카트 놀이에서 덮어두게 되는 두 카드: was lag im S.? 덮어둔 패는 무엇이었나?
Skat-: ~**abend**, der; mittwochs hat er seinen S. 수요일 저녁마다 그는 스카트 (놀이)를 한다. ~**blatt**, das 스카트 놀이의 카드. ~**bruder**, der **1.** (통용어) 스카트 광(狂). **2.** 정규 스카트 놀이 모임의 멤버(얼굴). ~**karte**, die **1.** 스카트의 32 카드 중 한 패. **2.** 〈Pl. 없음〉 스카트 놀이에 필요한 카드 한 벌. ~**partie**, die 스카트 놀이의 (한) 판, (한) 게임. ~**runde**, die **1.** 함께 스카트 놀이하는 패거리, 사람들. **2.** 스카트의 한 판. ~**spiel**, das **1.** ↑Skat (1). **2.** 〈Pl. 없음〉 스카트 놀이. **3.** 스카트의 한 판(승부), 한 게임. **4.** ↑Skatkarte (2). ~**spieler**, der 스카트 놀이하는 사람. ~**turnier**, das 스카트 (놀이) 대회.
Skateboard ['skeɪtbɔːd], das; -s, -s [amerik. skateboard] ↑Rollerbrett. **Skateboarder**, der; -s, - 스케이트보드 타는 사람.
skaten ['skaːtn̩] 〈h〉 스카트 놀이하다. **Skater** ['skaːtɐ], der; -s, - (통용어) 스카트 놀이꾼.
Skating-Effekt ['skeɪtɪŋ-], der; -s, -e [engl. skating] [기술] 스케이팅 효과. **Skating-Kraft** [-], die ...kräfte [기술] (Skating-Kraft에 의한) 레코드 판의 홈에 작용하는 픽업 바늘의 접착력을 줄이게 하는 대응력, 스케이팅력.
Skatol [ska'toːl], das; -s [griech. skátos] (단백질의 부패시에 생성되는 악취를 풍기는 화합물) 스카톨. **Skatologie** [skatolo'giː], die **1. a)** [의학] 분변학, 스카톨로지. **b)** [고생물] 화석 분묘에 관한 연구. **2.** [심리] 항문권에 관한 표현을 좋아하는 취향. **skatologisch** [...'loːgɪʃ] 〈Adj.〉 **1.** [의학·고생물] 분변학의 (에 관련된). **2.** [심리] 항문권에 관련된 표현을 좋아하는. **Skatophage** [...'faːgə], der; der; -n, -n [griech. phageîn] [의학·심리학] ↑Koprophage (2). **Skatophilie** [...fi'liː], die [griech. philía = Liebe, (Zu)neigung] [의학·심

리학] ↑Koprophilie.
Skazon ['skaːtsɔn], der; -s, -ten [ska'tsɔntn̩; lat. scazōn < griech. skázōn] [운율] 파행(跛行) 단장격(↑Choliambus).
SKE = Steinkohleeinheit.
Skeetschießen ['skiːt-], das; -s, - [engl. skeet shooting] [스포츠] **1.** 〈Pl. 없음〉 스키트 사격. **2.** 스키트 사격 대회.
Skelet: ↑¹Skelett (1 b). **Skeleton** ['skɛlətɔn, ...letɔn], der; -s, -s [engl. skeleton] [스포츠] (엎드려 조종하는) 낮은 경기용 썰매. **skeletotopisch** [skeleto-] 〈Adj.〉 [의학·생물] 골격과 관련해서 기관의 위치를 나타내 주는. **¹Skelett**, [의학] Skelet [ske'lɛt], das; -(e)s, -e [griech. skeletón(sōma)] **1. a)** 해골: er ist fast zum S. abgemagert 그는 거의 해골처럼 말랐다. **b)** 골격, 뼈대. **2.** [토목] 골조, 뼈대.
²Skelett [-], die [인쇄] 가는 자체(字體)의 일종.
Skelett-: ~**bau**, der 〈Pl. -ten〉 [토목] (반대: Massivbau) **1.** 〈Pl. 없음〉 골조형의 구조. **2.** 철골 구조물. ~**bauweise**, die [토목] 골조 구조법. ~**boden**, der [지질] (특히 산악 지대의) 암석 지반. ~**konstruktion**, die [토목] ↑¹Skelett (2). ~**montage**, die [토목] 골조[설골] 조립. ~**muskel**, der [해부] 골격 근(육). ~**teil**, das 골격부(위), 골조 부분.
skelettieren [skelɛ'tiːrən] 〈h〉 **1.** 골격만 남게 하다, 골격을 만들다. **2.** [생물] 〈잎을〉 먹어 엽맥(葉脈)만 남기다.
Skene [ske'neː], die; ...nai [griech. skēnḗ] **a)** 스케네(고대 극장에서 앞 무대의 후면에 접해 있는 분장실이 딸린 목조건축물). **b)** 앞 무대에 면한 스케네의 벽(그 앞으로 배우들이 등장함). **Skenographie** [...gra'fiː], die [griech. skenographía] 무대 장식용의 스케네 그림, 배경 도법.
Skepsis ['skɛpsɪs], die [griech. sképsis] 회의, 의심, 불신, 주저: voller S. einer Sache gegenüber sein 어떤 일에 대해서 전적으로 회의적이다. **Skeptiker** ['skɛptɪkɐ], der; -s, - [griech. Skeptikós] [철학자]. **1.** 회의론자, 불신 경향이 있는 사람. **2.** [철학] 회의주의자, 회의학파의 신봉자. **skeptisch** ['skɛptɪʃ] 〈Adj.〉 [griech. skeptikós] 회의벽이 있는, 회의적인: ich bin wirklich s., ob dieser Plan sich verwirklichen läßt 이 계획의 실현성에 대해서 나는 정말 회의적이다. **Skeptizismus** [skɛpti'tsɪsmʊs], der; - **1.** 회의적 태도(입장). **2.** [철학] 회의론(懷疑論), 회의학파.
Sketch [skɛtʃ], der; -(es), -(e)s / -s [engl. sketch] (특히 음악, 무용 등을 상연하는 술집의 버라이어티 쇼에 나오는) 풍자적 촌극, 스케치. **Sketsch**, der; -(e)s, -e ↑Sketch의 독어형.
Ski [ʃiː], Schi, der; -s, -er, (또한) - [norw. ski] 스키: S. laufen(fahren) 스키 타다.
ski-, Ski-: ~**akrobatik**, die ↑Trickski. ~**anzug**, der 스키복. ~**ausrüstung**, die 스키 장비. ~**bekleidung**, die 스키 의류(상). ~**bindung**, die 스키 바인딩(스키화를 스키에 연결시키는 장치). ~**bremse**, die 스키 제동 장치[브레이크], 멈춤쇠. ~**bob**, der **1.** 스키봅(두 개의 짧은 스키가 달린 자전차형의 스포츠 기구). **2.** 그 기자가 발에는 짧은 스키를 달고 스키봅에 앉아서 달려 내려가는 스포츠의 일종. ~**fahrer**, der 스키 타는 자, 스키어. ~**fliegen**, das; -s ↑Skiflug. ~**flug**, der 스키 비약대회의 비상. ~**funi** [-fʊni], der; -s, -s [lat. fūnis] (schweiz.) 스키어들을 케이블처럼 당겨 실어 나르는 리프트 모양의 장치, 스키장으로 수송하는 지역. ~**gymnastik**, die 스키용 체조. ~**haserl**, das (südd., österr. · 농) 스키 타는 아가씨. ~**hose**, die 스키복의 바지. ~**kjöring** [-çøːrɪŋ], das; -s, -s [norw. kjøring] 말 또는 오토바이로 스키어를 끄는 스포츠. ~**kurs(us)**, der 스키 강습. ~**langlauf**, der

Skonto

Langlauf. ~lauf, der **~laufen,** das; -s 스키 활주(滑走). **~läufer,** der 스키 활주자, 스키어. **~läuferin,** die ~läufer의 여성형. **~lehrer,** der 스키 강습 교사. **~lift,** der 스키 리프트. **~marathon,** das 50km 이상의 장거리 스키 경기. **~mütze,** die 스키용 모자. **~paradies,** das 이상적인 스키 지대. **~paß,** der 스키 리프트 정기 사용권. **~piste,** die ↑Piste (1). **~schuh,** der 스키화. **~schule,** die 스키 학교. **~sport,** der 스키 스포츠. **~springen,** das 스키 점프. **~springer,** der 스키 점프 선수. **~sprung,** der ↑~springen. **~spur,** die 스키 자국(흔적). **~stall,** der 스키 점도란(보관소). **~stiefel,** der 스키화. **~stock,** der 스키 스틱. **~träger,** der (자동차의 지붕에 설치된) 스키 운반대. **~urlaub,** der 스키 휴가. **~wachs,** das 스키용 왁스. **~wandern,** das; -s 스키를 타고 하는 소풍, 편력. **~wasser,** das 스키 타는 사람들이 즐겨 마시는 음료. **~zirkus,** der 《은어》 스키 지역에 분산되어 있는 리프트망[시스템].

Skiagraphie [skiagra'fi:], die; -n [...i:ən] griech. skiagraphía [고고] 사영법(寫影法), 투사법(投射法), 사영도(圖). **Skiaskopie** [...sko'pi:], die; -n [...i:ən] [의학] 검영법(檢影法).

Skier: ↑Ski의 복수형.

Skiff [skif], das; -(e)s, -e [engl. skiff < frz. esquif < ital. schifo] [스포츠] ↑Einer (2).

Skiffle [skifl], der / die; -s, - [engl.-amerik. skiffle] 스키플(원시 악기로 연주되는 재즈의 일종). **Skiffle-Group** [-gru:p], die; -s [engl.-amerik. skiffle group] 스키플을 연주하는 소규모 악단.

Skineffekt ['skin-], der; -(e)s, -e [engl. skin effect] 【전기】(고주과 전류의) 표피 현상.

Skinhead ['skinhed], der; -s, -s [engl. skinhead, eigtl. = 'Hautkopf'] (백구를 친 폭력적인) 젊은이, 스킨헤드(1970년대 영국에서 처음 출현).

Skink [skiŋk], der; -(e)s, -e [lat. scincus < griech. skíŋkos] 북아프리카 산 도마뱀의 일종.

Skinner-Box ['skinɐ-], die; -en [미국의 행동 과학자 B. F. Skinner(geb. 1904)에 따라서] 【사회】(동물 학습 과정 관찰용의) 스키너 상자.

Skinoid Ⓦ [skino'i:t], das; -(e)s [engl. skin] 가죽, 피혁.

Skip [skip], der; -(s), -s [engl. skip, Nebenf.] 수갱(垂坑)의 운반 철롱(鐵籠), 석탄 담는 그릇. **Skipförderung,** die 【광】철롱에 의한 채굴[반출].

Skipper ['skipɐ], der; -s, - [engl. skipper] 《은어》 요트의 선장.

Skis [ski:s] ↑Skus.

Skizze [skitsə], die; -n [ital. schizzo] 1. 스케치, 사생도, 초벌 그림, 견취도(見取圖): die S. einer Landschaft 풍경의 스케치: eine S. machen[anfertigen, hinwerfen] 사생도[견취도]를 작성하다. 2. **a)** 개요, 개략, 초안, 약도: die S. einer Rede 연설의 초안[개요]. **b)** (문학의) 소품, 단편, 소(품)곡(曲).

Skizzen~: **~block,** der 〈Pl. ...blöcke / -s〉 스케치북, 소품집, 사생장. **~buch,** das ↑~block. **~heft,** das ↑~block. **~mappe,** die 스케치를 보관하는 책갑[서류 가방].

skizzenhaft ⟨Adj.⟩ 스케치식[모양], 풍(의), 사생적인, 대강의: -e Entwürfe(Darstellungen) 대강의 구상[묘사, 서술]. **Skizzenhaftigkeit,** die - ↑skizzenhaft의 명사형. **skizzieren** [ski'tsi:rən] ⟨h⟩ [ital. schizzare] 1. 스케치하다: der Architekt skizziert das Gebäude 건축가는 그 건물의 견취도[약도]를 그린다. 2. **a)** 개략을 적다(그리다): er skizzierte das Thema des Vortrags 그는 강연 테마의 개요를 적었다. **b)** 초안을 잡다[쓰다], 구상하다: er skizzierte den Text für seine Rede 그는 자기 강연 텍스트의 초안을 잡았다. **Skizzierpapier,** das 스케치용 종이. **Skizzierung,** die; -en 스케치하는 일.

Sklave ['skla:və, 《또한》 ...a:fə], der; -n, -n [lat. s(c)lavus < griech. sklábos (중세 근동에서의 노예들은 대부분 슬라브 인들이었음)] 1. 《역사적》 노예: -n halten [kaufen, verkaufen] 노예를 부리다[사다, 팔다]. 2. 《흔히 폄》 무엇에[누구에게] 예속적인[굴종적인] 사람: er ist der S. seiner Gewohnheiten [seiner Leidenschaften] 그는 자신의 습관[정욕]의 노예이다. 3. 《은어》 피학대 음란증자(Masochist).

Sklaven-: **~arbeit,** die 1. 《옛》노예의 일. 2. 《폄》 고역, 천한 일. **~aufstand,** der 《옛》노예의 반란. **~dasein,** das 1. 《옛》노예적[예속적] 존재[삶]. 2. 무엇에[누구에게] 예속되어 있는 삶[존재]. **~halter,** der 《옛》 노예 소유자(사용자). **~haltergesellschaft,** die 《특히 마르크스주의적》노예제 사회. **~halterstaat,** der 노예제 국가. **~handel,** der 《옛》노예 매매. **~händler,** der 《옛》노예 매매자. **~jäger,** der 《옛》인신 매매를 위해 노예 사냥을 하는 자. **~markt,** der 《옛》노예 시장. **~moral,** die 【철학】(니체의) 노예 도덕(반대: Herrenmoral).

Sklaventum, das; -s 《아어》 ↑Sklaverei (1, 2). **Sklaverei** [skla:və'rai, 《또한》 ...a:fə...], die 1. 《옛》노예의 신분[처지, 상태], 노예 제도, 예속: jmdn. aus der S. befreien 누구를 노예의 신분에서 해방시키다. 2. 《흔히 폄》 **a)** 노예 근성, 예속, 굴종. **b)** 고역. **Sklavin,** die ↑Sklave의 여성형. **sklavisch** ['skla:vɪʃ, 《또한》 ...a:fɪʃ] ⟨Adj.⟩ 《교양어·폄》 1. 《옛》노예 근성의, 비굴한: er führt alle Befehle s. aus 그는 모든 명령을 맹목적으로 수행한다. 2. **a)** 맹종하는, 완전 의존적인: die Übersetzung lehnt sich s. an die Vorlage an 그 번역은 원본에 전적으로 의존하고 있다. **b)** 《경제》 (완전)모방적인, 모조적.

Sklera ['skle:ra], die; ...ren [griech. sklērós] 【해부】 눈의 진피(眞皮), 눈동자의 외피(外皮), 공막(鞏膜). **Sklerenchym** [skleren'çy:m], das; -s, -e [griech. 【식물】공막 경막(硬膜) 조직, 후막(厚膜) 조직. **Skleritis** [skle'ri:tɪs], die; ...ritiden [...ri'ti:dn] 【의학】 공막의 염증(Lederhautentzündung). **Sklerodermie** [sklerodɛr'mi:], die; -, ...mien [griech. dérma = Haut] 【의학】강피증(强皮症), 경피증(硬皮症). **Sklerometer** [sklero'me:tɐ], das; -s, - 광물의 경도계(硬度計). **Sklerophylengehölz,** das **Sklerose** [skle'ro:zə], die; -n 【의학】경화(증)(硬化(症)). **Skleroskop** [sklero'sko:p], das; -s, -e [griech. skopeín] 【기술】시경계(試硬計). **sklerotisch** [skle'ro:tɪʃ] ⟨Adj.⟩ 【의학】 1. 경화의, 경성의: -e Vorgänge [Prozesse] 경화 현상[과정]. 2. 경화증에[을] 걸린(않는). **Sklerotium** [skle'ro:tsiʊm], das; -s, ...ien [...iən] griech. sklērótēs] 【생물】공피(鞏皮) 보속균체(保續菌體: 균핵).

Skolex ['sko:lɛks], der; -, ...lizes [...litsə:s; griech. skólēx] 【생물·의학】두절(頭節: 촌충의 머리). **Skolion** ['sko:lion], das; -s, ...ien [...iən; griech. skólion] 고대 그리스 때 향연이 베풀어질 때 손님이 술을 돌ुग्ग기 위해서 읊은 잠언적 또는 풍자적 형태의 노래. **Skoliose** [sko'lio:zə], die; -n 【의학】척추측만(脊椎側彎). **Skolizes:** ↑Skolex의 복수형. **Skolopender** [skolo'pɛndɐ], der; -s, - [griech. skolópendra] 왕지네 속.

skontieren [skɔn'ti:rən] ⟨h⟩ [ital. scontare] 【상】 할인해 주다. **Skonto** ['skɔnto], der 《또는》 das; -s, -s / 《드물게》 ...ti [ital. sconto] 【상】 현금 지불시의 할인.

Skontration [skɔntra'tsio:n], die; -en [↑skontrieren 참조] 【부기】 결산(공제, 상쇄). **skontrieren** [skɔn'tri:rən] ⟨h⟩ [ital. scontrare] 【부기】 결산하다, 상쇄하다, 청산하다. **Skontro** ['skɔntro], das; -s, -s [ital. (libro) scontro] 【부기】 1. 상품 재고부, 재고 장부. 2. 상쇄, 공제, 결산, 잔액 계정. **Skontrobuch**, das ↑Skontro.

Skooter ['sku:tɐ], der; -s, - [engl. scooter] 스쿠터.

Skop [skɔp], der; -s, -s [engl. scóop] (서 게르만 족의 영주의 궁중에 매인) 종신(從臣) 출신의 궁정 가인(歌人).

Skopus ['sko:pʊs], der; -, ...pen [lat. scopus < griech. skopós] 1. 【신학】 강론 텍스트[설교문]의 핵심 사상, 강론의 지향점. 2. 【언어】 (규정어가 문장 내에서 미치는) 범위.

Skopze ['skɔptsə], der; -n, -n [russ. skopez] 19세기 초 러시아에 있었던 극도의 금욕주의를 표방한 종파의 신도.

Skorbut [skɔr'bu:t], der; -(e)s [lat. (16.Jh.) scorbūtus] 【의학】 괴혈병. **skorbutisch** ⟨Adj.⟩ 【의학】 1. 괴혈병의. 2. 괴혈병에 걸린.

Skordatur [skɔrda'tu:ɐ̯], die; -en [ital. scordatura] 【음악】 (특수음을 내기 위한) 현악기의 현의 조음(調音).

skoren (österr. · 스포츠) ↑scoren 참조.

Skorpion [skɔr'pio:n], der; -s, -e [lat. scorpio < griech. skorpíōn] 1. 【동물】 전갈. 2. 【점성】 a) 10월 24일과 11월 22일 사이의 수대기호(獸帶記號). b) 수대기호 전갈좌를 갖고 태어난 사람. **Skorpionsfliege**, die 전갈 집게 같은 것을 달고 있는 파리의 일종.

Skote ['sko:tə], der; -n, -n 6세기경 아일랜드에서 영국 북부로 이주한 게일족.

Skotom [sko'to:m], das; -s, -e [griech. skótos] 【의학】 망막(網膜) 위의 암점(暗点). **Skotomisation** [skotomiza'tsio:n], die; -en 【정신분석】 ↑skotomisieren의 행위. **skotomisieren** [...'zi:rən] ⟨h⟩ 【정신분석】 (심리적으로 처리할 수 없는 명확한 사실을) 거부[무시]하다. **Skotomisierung**, die, -en 【정신분석】 ↑skotomisieren의 명사형. **Skotophobie**, die; -n 【심리】 어두움에 대한 공포증, 불안감.

skr = schwedische Krone.

Skribent [skri'bɛnt], der; -en, -en [lat. scrībēns] (교양어·폄) 다작가(多作家), 필기자(筆記者); ein drittklassiger S. 삼류 작가. **Skribifax** ['skri:bifaks], der; -(es), -e (교양어·농·고어) ↑Skribent. **Skript** [skrɪpt], das; -(e)s, -en / -s [engl. script] 1. a) ↑Manuskript (1 b). b) ↑Manuskript (1 a). 2. (특히 법학도의 경우) 강의를 베낀 노트. 3. (대개 Pl. -s) 【영화】 대본, 【방송·텔레비전】 시나리오. **Skripta**: ↑Skriptum의 복수형. **Skripten**: ↑Skript, Skriptum의 복수형. **Skriptgirl**, das [engl. scriptgirl] 【영화】 스크립트 걸. **Skriptor** ['skrɪptor, (또한) ...toːɐ̯], der; -s, -en [...'to:rən; lat. scrīptor] a) (고어) 저술가, 저자. b) (고대와 중세기의) 서생, 필사자, 문사. **Skriptum** ['skrɪptʊm], das; -s, ...ten, (또한) ...ta [lat. scrīptum, ↑Skript] (österr. 그 외 준교어) ↑Skript (1, 2). **Skriptur** [skrɪp'tu:ɐ̯], die; -en [lat. scrīptūra] (대개 Pl.) (고어) 육필, 문서, 서류. **skriptural** [skrɪptu'ra:l] ⟨Adj.⟩ [1: lat. scripturalis] 1. 《교양어》 서체의, 문서에 관한. 2. ⟨Pl.⟩ ↑Skrofulose. **skrofulös** [skrofu'lø:s] ⟨Adj.⟩ 【의학】 아래의 병에 걸린. **Skrofulose** [skrofu'lo:zə], die; -n 【의학】 소아의 임파선조절과 피부에 발생하는 결핵성 종양.

Skrota: ↑Skrotum의 복수형. **skrotal** [skro'ta:l] ⟨Adj.⟩ 【의학】 음낭(陰囊)에 속하는, 음낭의. **Skrotal-**

bruch, der, **Skrotalhernie**, die 【의학】 음낭 헤르니아(↑Hodenbruch). **Skrotum** ['skro:tʊm], das; -s, ...ta [lat. scrōtum] 【의학】 음낭(↑Hodensack).

Skrubber ['skrabɐ], der; -s, - [engl. scrubber] 【기술】 가스 세척기.

Skrubs [skrʌbz] ⟨Pl.⟩ [engl. scrub] 《전문어》 하등품의 엽초.

¹Skrupel ['skru:pl̩], der; -, - ⟨대개 Pl.⟩ [lat. scrūpulus] 행동의 주저스러움, 양심의 가책, 의혹: moralische (religiöse) S. 도덕적(종교적) 의식[회의]; er hatte (kannte) keine S. 그의 행동엔 양심의 가책이 없었다; da hätte ich überhaupt keine S. 그 점에서는 나는 조금도 거리낌이 없을 것 같다. **²Skrupel** [-], das; -s, - [lat. scrūpulum] 옛날의 무게의 단위(약 1.25그람). **skrupellos** ⟨Adj.⟩ 《폄》 주저하지 않는, 양심이 없는: jmdn. s. betrügen 누구를 스스러워하지 않고 속이다. **Skrupellosigkeit**, die ↑skrupellos의 명사형. **skrupulös** [skru:pu'lø:s] ⟨Adj.⟩ [lat. scrūpulōsus] 《교양어·준교어》 (극도로) 양심적인, 마음 졸이는, 소심한, 지독히 꼼꼼한, 세심한. **Skrupulosität** [skru:pulosi'tɛ:t], die [lat. scrūpulositās] 《교양어·준교어》 ↑skrupulös의 명사형(지독히 꼼꼼함, 세심성, 소심성).

Skrutinium [skru'ti:niʊm], das; -s, ...ien [...iən; lat. scrūtinium] 1. 【특히 가】 a) 투표의 수합과 검표. b) (교황 따위의) 비밀 투표에 의한 선거. 2. a) 【가】 주교에 의한 수품(受品)[수세(受洗)] 지원자의 시험. b) 【기독교】 (초기 시대의) 세례 신청자에 대한 시험.

Skubanken [sku'baʃkn̩], **Skubanki** ['ʃkubaŋki] ⟨Pl.⟩ [tschech. škubánky] 《österr.》 (감자, 밀가루, 버터로 만든) 단자(團子).

Skull [skʊl], das; -s, -s [engl. scull] 【선원·조정】 한 손으로 젓는 노, 스컬. ein Paar -s 한 쌍의 노. **Skullboot**, das 노로 젓는 경조용(競漕用) 보트, 단정(短艇). **skullen** ['skʊlən] ⟨h/s⟩ [engl. to scull] 【조정】 노(스컬)로 젓다. **Skuller**, der; -s, - [engl. sculler] 1. ↑Skullboot. 2. 조정 선수.

Skulpteur [skʊlp'tø:ɐ̯], der; -s, -e [frz. sculpteur] 《교양어》 조각가. **skulptieren** [skʊlp'ti:rən] ⟨h⟩ 조각(彫刻)하다. **Skulptur** [skʊlp'tu:ɐ̯], die; -en [lat. sculptūra] a) 조각품. b) ⟨Pl. 없음⟩ 조각술(↑Bildhauerkunst), **skulptural** [skʊlptu'ra:l] ⟨Adj.⟩ 《교양어》 조각품 형상의, 조각품 같은. **Skulpturensammlung**, die; -en 조각품 수집(미술관). **skulpturieren** [skʊlptu'ri:rən] ⟨h⟩ 《교양어》 ↑skulptieren.

Skunk [skʊŋk], der; -s, -s / -e [engl. skunk < 《북미 북동부 지역의 인디언 어》 skunk] 1. ⟨Pl.: 대개 -e⟩ ↑Stinktier. 2. ⟨Pl.: 대개 -s⟩ a) 스컹크의 털가죽. b) 스컹크의 (털가죽으로 만든 값비싼) 모피 외투. **Skunkfell**, das; **Skunks**, der; -es, -e 《전문어》 ↑Skunk (2 b).

skurril [skʊ'ri:l] ⟨Adj.⟩ [lat. scurrīlis] 《교양어》 (모양이) 특이한, 괴상한, 우스꽝스러운, 기이한, 어처구니 없는: eine -e Idee (Phantasie, Geschichte) 기이한 아이디어[환상, 이야기]. **Skurrilität** [skʊrili'tɛ:t], die; -en [lat. scurrīlitās] 《교양어》 1. ⟨Pl. 없음⟩ 괴상한(별난·기이한) 모습, 우스꽝스러움. 2. (표현, 행동 등이) 특이한 것.

S-Kurve ['ɛs-], die; -n S형의 도로, 이중 커브.

Skus [sku:s], **Süs** [sky:s], der; -, - [ital. scusa, frz. excuse] 【카드】 (타로크 놀이에서) 조커와 유사한 역할을 행사하는 카드(牌).

Skye [skaɪ], der; -s, -s ↑Skyeterrier. **Skyeterrier**, der; -s, - 스카이 테리어(다리는 짧고 털과 꼬리가 긴 사냥개의 일종).

Skyjacker ['skaɪdʒɛkɐ], der; -s, - [engl.-amerik. skyjacker] 《드물게》 ↑Hijacker.

Skylight ['skaılaıt], das; -s, -s [engl. skylight] 〖선원〗(배의) 천정에서 들이비치는 빛〖조명〗, 천[채광]창(天窓). 천정에 달린 등, 스카이 라이트. **Skylightfilter**, der, 《대개 전문어》 das; -s, - [사진] 스카이 라이트 필터 〖(약간 붉은기가 도는) 여광기〗. **Skyline** ['skaılaın], die; -s [engl. skyline] 원거리에서 본 도시의 실루엣〖그림자 그림, 영상(影像)〗, 스카이라인.

Skylla ['skyla] ↑Szylla의 그리스어형.

Skyphos ['sky:fɔs], der; -, ...phoi [...fɔy; griech. skýphos] [고고] 상단에 두개의 수평 손잡이가 달린 고대 그리스의 (술)잔 모양의 음음 용기.

Skythe ['sky:tə], der; -n, -n (고대 이란의 유목민인) 스키타이 인. **skythisch** ['sky:tıʃ] 〈Adj.〉 스키타이의. **Skythisch**, das; -(s) (오직 정관사와 함께) 스키타이적인 것. **Skythische'**, das 〖시어〗 스키타이 어.

s.l. = sine loco 장소 미상(未詳).

Slacks [slɛks, 《engl.》 slæks] 〈Pl.〉 [engl.-amerik. slacks] 슬랙스(헐렁하고 긴 여성용 바지).

Slalom ['sla:lɔm], der; -s, -s [norw. slalåm] [스키·카누] 슬라롬(복잡하게 세워 놓은 기(旗) 사이를 활강(滑降)하는 경기).

Slalom-: ~**hang**, der 슬랄롬 코스로 쓰이는 언덕. ~**kurs**, der 슬랄롬 코스. ~**lauf**, der ↑Slalom. ~**läufer**, der 슬랄롬 경주자. ~**läuferin**, die 위의 여성형. ~**sieg**, der 슬랄롬 경기의 승리. ~**tauchen**, das; -s [잠수] 원주형 등을 통과해서 잠수하는 것.

Slang [slɛŋ], der; -s [engl. slang] a) 〖흔히 폄〗슬랭, 경솔하고 가벼운 통용어(비어, 속이). b) 특정 사회 집단이나 직업적 그룹의 통용어적 표현법, 〖전문〗 은어. **Slangwort**, das 〈Pl. -wörter〉 슬랭에 속하는 단어.

Slapstick ['slɛp-stık, 《engl.》'slæpstık], der; -s, -s [engl. slapstick] a) 〖특히 무성 영화에 나오는〗 익살극가, 골계극. b) 우스꽝스러운 삽입물, 익살맞고 고테스크한 개그(기발한 착상). **Slapstickkomödie**, die ↑Slapstick (a).

slargando [slar'gando] 〈Adv.〉 [ital. slargando] 【음악】 지속적으로 점점 느려지는.

S-Laut ['ɛs-], der 독일어 유·무성 발음의 s, ss, ß음.

Slave usw. ↑Slawe usw.

Slawe ['sla:və], der; -n, -n 슬라브 인(사람). **Slawentum**, das; -s 슬라브 인 기질과 문화. **Slawin**, die; -nen ↑Slawe의 여성형. **slawisch** ['sla:vıʃ] 〈Adj.〉 die -en Sprachen 슬라브 어.

slawisieren [slavi'zi:rən] 〈h〉 슬라브화시키다[하다]. **Slawisierung**, die 슬라브화. **Slawismus** [...'vısmus], der; -, ...men [언어] 1. 슬라브 어의 특징적 현상, 슬라브 특유의(관용) 어법. 2. 특정한 현대 슬라브 문어에서 나타나는 슬라브 정교어적 요소. **Slawist** [sla'vıst], der; -en, -en 슬라브어 학(연구)자. **Slawistik**, die 슬라브(어문)학. **Slawistin**, die; -nen ↑Slawist의 여성형. **slawistisch** 〈Adj.〉 슬라브어 어문학의. **slawophil** [slavo'fi:l] 〈Adj.〉 〖교양어〗 친(親) 슬라브파의. **Slawophile'** [...'fi:lə], der / die; -n, -n 1. 〖교양어〗 친 슬라브파(의 사람), 슬라브 심취가(心醉者). 2. 〖19세기의〗 슬라브 민족주의자.

s.l.e.a. = sine loco et anno 연도와 장소 불명(不明)〖미상〗.

slentando [slɛn'tando] 〈Adv.〉 [↑lentando 참조] 【음악】 ↑lentando.

Slibowitz ['sli:bovıts], Sliwowitz [...vovıts], der; -(es), -e [serbokroat. šljivovica] 매실(梅實)로 담은 화주(Pflaumenschnaps).

Slice [slaıs], der; -s, -s [...sız; engl. slice] 1. 【골프】 〈Pl. 없음〉 슬라이스, 우곡구(右曲球)로 침. b) 슬라이스로 친 공. 2. 【테니스】 a) 〈Pl. 없음〉 공을 깎듯이 쳐서 아래로 회전시키는 타법: einen S. schlagen [spielen] 슬라이스로 치다. b) 슬라이스 공. **slicen** ['slaısən] 〈h〉 slicte ['slaıstə], hat geslict [gə'slaıst] [engl. to slice] 【골프·테니스】 슬라이스 공을 치다.

Slick [slık], der; -s, -s [engl.-amerik. slick] [모터 스포츠] 프로필이 없는 넓은 경주용 타이어.

Sliding-tackling ['slaıdıŋ'tæklıŋ], das; -s, -s [engl. sliding tackling] 【축구】 슬라이딩 태클(상대편이 가진 공을 빼앗기 위해, 미끄려져 들어가는 동작).

Slimhemd ['slım-], das; -(e)s, -en [engl. slim] 날씬하게 보이도록 재단한 와이셔츠. **Slimpullover**, der; -s, - 날씬하게 보이도록 짠 스웨터(↑Slimhemd).

Sling [slıŋ], der; -s, -s [engl. sling = Schlinge, Riemen] ↑Slingpumps의 약칭. **Slingpumps**, der; -, - 슬링 펌프스(끈으로 묶어 매는, 뒤축이 낮은 슬리퍼식의 구두).

Slink [slıŋk], das; -(s), -s [engl. slink] 특종 면양의 꼬불꼬불한 노랑빛 도는 힌털.

Slip [slıp], der; -s, -s [engl. slip] 1. 〈복수에서는 단수의 뜻을 가질 때가 종종 있음〉 꼭 끼이는, 다리부분은 무릎에서 끝나는 남녀 및 아동용 짧은 내의, 슬립. 2. [기술] 프로펠러의 회전수에 의한 이론상의 항진 거리와 실제와의 차. 3. 〖선원〗 인양선가(引揚船架)(↑Aufschleppe). 4. 〖항공〗 측면 활공(滑空: 급강하하면서 옆으로 미끄러지는 비행). 5. 전표. **Slipon** ['slıpɔn], der; -s, -s [engl. slip-on] 스포츠형의 헐거운 남자용 외투. **slippen** ['slıpn] 〈h〉 [engl. to slip] 1. 〖선원〗 (배를) 인양선가로 끌어올리거나 내리다. 2. 〖선원〗 (닻줄, 밧줄을) 풀다, 놓아 주다. 3. 〖항공〗 측면활공하다. **Slipper** ['slıpɐ], der; -s, - [engl. slipper] 1. 〈대개 Pl. -s〉 슬리퍼(뒤축이 없는 편한 실내화). 2. (österr.) ↑Slipon.

Sliwowitz ['sli:vovıts] ↑Slibowitz.

Slogan ['slo:gn, 《engl.》'slougən], der; -s, -s [engl. slogan] 슬로건(표어, 강령, 모토).

Sloop [slu:p], die; -s [engl. sloop] ↑Slup.

Slop [slɔp], der; -s, -s [engl.-amerik. slop] 느린 트위스트 음악에 맞추어 무릎을 심히 움직여 추는 60년대의 유행춤.

Slot-racing ['slɔtreısıŋ], das; - [engl.-amerik. slot racing] 전기로 움직이는 장난감 자동차 놀이.

Slowake [slo'va:kə], der; -n, -n 슬로바키아 사람. **Slowakei** [slova'kaı], die; - 슬로바키아. **slowakisch** [slo'va:kıʃ] 〈Adj.〉 슬로바키아의. **Slowakisch**, das; -(s) (오직 정관사와 함께) 슬로바키아 어. **Slowakische'**, das 슬로바키아어.

Slowene [slo've:nə], der; -n, -n 슬로베니아 사람(남 슬라브인의 한 종족). **Slowenien** [slo've:niən], das; -s 슬로베니아. **Slowenier** [slo've:niə], der; -s, - ↑Slowene. **slowenisch** 〈Adj.〉 슬로베니아의. **Slowenisch** [slo've:nıʃ], das; -(s) (오직 정관사와 함께) 슬로베니아 어.

Slowfox ['slo:-, 'slou-], der; -(es), -e [engl. slow / fox] 느린 폭스트롯.

Slum [slam, 《engl.》 slʌm], der; -s, -s 〈대개 Pl.〉 [engl. slum] (도시의) 빈민굴(가), 슬럼.

Slump [slamp, 《engl.》 slʌmp], der; -(s), -s [engl. slump] 〖증권〗 ↑Baisse.

Slup [slu:p], die; -s [↑Sloop의 독어형] 〖선원〗 1. 돛대가 하나인 범선(帆船)〖요트〗. 2. ↑Sluptakelung. **Sluptakelung**, die 큰 돛과 앞돛이 딸린 삭구(索具) 장비의 일종.

sm = Seemeile 해리(海里).

Sm = Samarium 사마륨.

SM [ɛs'ɛm], der; -(s) 《언어》 ↑Sadomasochismus의 약어.

S.M. ['ɛs-'ɛm] = Seine Majestät 폐하(陛下).
Small Band ['smɔːl 'bænd], die; -, - [engl.-amerik. small band] ↑Combo. **Smalltalk** ['smɔːltɔːk], der, (또한) das; -s, -s [engl. small talk] 《교양어》 가벼운 대담(대화), 잡담.
Smalte ['smaltə] ↑Schmalte. **Smaltin** [smal'tiːn], der; -s [frz. smaltine] ↑Speiskobalt.
Smaragd [sma'rakt], der; -(e)s, -e [lat. smaragdus < griech. smáragdos] 취옥(翠玉). 에메랄드. **Smaragdeidechse**, die 검은 점이 있는, 등 부분이 에메랄드 빛을 띤 도마뱀. **smaragden** [sma'rakdn̩] 〈Adj.〉 **1.** 에메랄드로 만든(가 박힌). **2.** 에메랄드 같은[빛]의. **smaragdgrün** 〈Adj.〉 투명하게 밝은 녹색의. **Smaragdring**, der; -(e)s, -e 에메랄드 반지.
smart [smaːɐ̯t, (또한) smart; (engl.) smaːt] 〈Adj.〉 [engl. smart] **1.** 재치 있는, 잽싼, 민첩한, 빈틈없는. **2.** 날렵한, 멋진, 스마트한.
Smash [smæʃ], der; -(s), -s [engl. smash] 《스포츠》 **a)** ↑Schmetterschlag. **b)** ↑Schmetterball.
Smegma ['smegma], das; -(s) [griech. smḗgma] 《의학》 성기(性器) 피지전(皮脂腺)의 분비액, 치구(恥垢), 구지(垢脂), 스메그마.
Smog [smɔk, (engl.) smɔg], der; -(s), -s [engl. smog] 스모그. **Smogalarm**, der 스모그 경보.
Smokarbeit ['smoːk-], die, -en **a)** 장식 주름을 잡는 기술상의 손질. **b)** 장식 주름. **smoken** ['smoːkn̩] 〈h〉 [engl. to smock] 장식 주름을 잡다.
Smoke-in [smoʊk'ɪn], das; -s, -s 하시시를 함께 피우려고 모인《젊은이들》 회동. **Smoking** ['smoːkɪŋ], der; -s, -s österr. [e kurz. für engl. smoking jacket, zu: to smoke = rauchen] 《대개 검정색의》 약식 남성 야회복, 스모킹. **Smokingjackett**, das (껵연실용) 약식 남자 야회복 상의. **Smokingschleife**, die 스모킹 차림에 매는 나비 넥타이.
Smolensk [smo'lensk, (russ.) sma'ljɛnsk], 스몰렌스크 (구소련의 도시).
Smörgåsbord ['smœrgɔsbʊɐ̯d], der; -s, -s [schwed. smörgåsbord] (본요리 전에 나오는) 전채(前菜)류 식사.
Smörrebröd ['smœrəbrøːd], das; -s, -s [dän. smørrebrød] 고기 조각 같은 것을 많이 끼운《작은》 빵.
smorzando [smɔr'tsando] 〈Adv.〉 [ital. smorzando] 《음악》 사라지듯, 점점 여리게《약어: smorz.》. **Smorzando** [-], das; -s ...di 《음악》 점점 여려짐.
Smurde ['smʊrdə], der; -n, -n [lat. smurdus] (중세기의) 엘베 강과 잘레 강 사이 지역 및 슐레지엔 지방의 농노.
Smutje ['smʊtjə], der; -s [niederd. smutje] 《선원》 배의 요리사(Schiffskoch).
SMV = Schülermitverwaltung 학생 자치회.
Smyrna ['smyrna], der; -(s), -s 보풀이 긴 터키 양탄자.
Sn = Stannum 주석 (↑Zinn 1).
¹Snack [snak] (nordd.) ↑Schnack.
²Snack [snɛk, (engl.) snæk], der; -s, -s [engl. snack] 스낵, 간이음식점 (↑Imbiß (1)). **Snackbar**, die [engl. snack bar] 스낵 바(간단히 먹고 마실 수 있는 바).
sniefen ['sniːfn̩] 〈h〉 [engl.-amerik. to sniff] 《은어》 ↑schnüffeln (2). **Sniff** [snɪf], der; -s, -s [engl.-amerik. sniff] (마약) 냄새를 맡아 도취경에 빠지는 일. **sniffen** [engl.-amerik. to sniff, eigtl. = (은어) ↑schnüffeln (2). **Sniffing** ['snɪfɪŋ], das; -s [engl.-amerik. sniffing] 《은어》 ↑Sniff.
Snob [snɔp, (engl.) snɔb], der; -s, -s [engl. snob] (폄) 스노브, 신사인 체하는 속물, 허영과 거드름을 피우는 족속[인간], 맵시꾼. **Snobiety**: ↑High-Snobiety.
Snobismus [sno'bɪsmʊs], der; ......men [...mən; engl. snobbism] (폄) **1.** 〈Pl. 없음〉 스노브적 태도[자세]. **2.** 속물 근성, 신사연함, 거드름 피우는 언행. **snobistisch** 〈Adj.〉 《폄》 스노브적인, 스노브의.
Snow [snoʊ], der; -s [engl.-amerik. snow] 《은어》 흰 가루로 거래되는 마약, 특히 코카인 (↑Schnee (3)). **Snowmobil** ['snoʊ-], das; -s, -e [engl. snowmobile] ↑Schneemobil.
SO = Südost(en) 남동(부).
s.o. = siehe oben 위를 보라, 상기 참조.
¹so [zoː] ↑sol.
²so [-; mhd., ahd. sō] **I.** 〈Adv.〉 **1.** 《대개 강음으로》 〈지시적〉 그(이)렇게, 그(이)와 같이: so betrachtet(gesehen), scheinen seine Einwände nicht unberechtigt zu sein 그렇게 본다면, 그의 이의는 부당하지 않은 성 싶다; das kann man so oder so(so und so) deuten 그 것은 이렇게도 저렇게도 해설할 수 있다; so ist es! 그게 맞았어! (맞아요!); **so oder so** (in jedem Fall) 어쨌든, 여하간에. **2. a)** 《대개 강음으로》 〈강조, 즉 정도가 大를 가리킴〉 그만큼, 그토록, 아주, 매우, 대단히: so einfach ist das gar nicht 그것이 그렇게(아주) 간단한 것은 결코 아니야; warum kommst du so spät? 자넨 왜 이렇게 늦게 오는 거지?; sie war so erschrocken, daß sie kein Wort hervorbringen konnte 그녀는 너무나 놀람기에 한 마디도 입 밖에 낼 수가 없었다. **b)** 《강음으로》 《감탄문에서나 혹은 가끔 불변사 „ja"와 결합해서》 굉장히, 무척: ich bin (ja) so glücklich darüber! 나는 그 소식을 듣고 그너나 행복하다. **c)** 《약음으로》 《불변사로서 감정이나 진술을 강조할 시》 정말(로), 정녕: das war so ganz nach meinem Geschmack 그것은 정말 내 취향에 꼭 맞았다. **d)** 《대개 강음으로》 《비교 불변사 "wie"나 "als"의 상관 개념으로》: es kam alles so, wie er es vorausgesehen hatte 만사가 그가 예전했던 대로 되었 다; so weiß wie Schnee 눈처럼 흰; so früh(bald) wie [als] möglich 가능한 한 빨리. **3. a)** 《통용어》 《지시대명사의 기능으로》 그와 같은, 그런, 저런(solch, solche 《대개 강음으로》): so ein schönes Lied! 저런 아름다운 노래니까!; das ist auch so eine [einer] 저건 역시 그런 여자 [남자]야 《폄어적 의미》; so ein Pech [Zufall] 그건 정말 불운이야 [우연이야]!; und so was(폄) nennt man nun seinen Freund [seine Freunde] 그런 인간(들)이 그의 친구(들)이라니 말이야!; (na / nein / also) so was! (아니) 저런! (아뿔사!) 《놀람과 감탄의 부르짖음으로서》. **b)** 《강음, 성서적》 《관계대명사의 기능으로》: auf daß ich die, so unter dem Gesetz sind, gewinne (고린도 전서 9장 20절) 율법의 지배를 받는 자들을 얻으려고. **II.** 《통용어》 《강음으로》 거저, 무료로: ich habe so(ohne zusätzliche Arbeit, ohnehin) schon genug zu tun 덧붙여진 일이 없어도 나는 이미 할 일 투성이다. **5.** 《통용어》 **a)** 《시간과 수, 양 표시의 정확성을 상대화하》 약, 대강: 《약음으로》 so in zwanzig Minuten bin ich fertig 약 20분쯤이면 끝날거야; 《의미가 같은 부사와의 연결시에 강조의 뜻》 so etwa gegen 9 Uhr 대강 9시경에. **b)** 《"und"나 "oder"와 결부시에 한치: 불명확한 보충이나 정확한 표시를 후속적으로 상대화시킬 때》 따위, 그런거, 유사한 것: 《약음으로》 da kommen viele Fremde her, Matrosen und so 여기로 많은 낯선 사람들이 몰려오는데, 뱃사람들 따위일 거야; eine Stunde oder so mußt du für die Fahrt schon rechnen 가는 시간을 한 시간 정도는 틀림없이 계산해야 할거야. **c)** 《불변사로서 서술이나 보충질문의 불확실성이나 부수적 성격을 나타냄》: 《약음으로》 ich mache mir so meine Gedanken 나는 이리저리 생각해 본다. **6.** 《강음으로》 《문두에 단독으로 쓰여서》 **a)** 《바라는 대로 일이 끝남을을 시사하거나 결론적 확인이나 예고의 전주곡을 나타냄》: so, das wäre geschafft [erledigt] 그래, 그건 해결된 게지; so, und nun? 그래, 이제는 (어떡허지)? **b)**

(예고, 설명, 놀람, 의문에 대한 대답을 나타냄) : „er will morgen abreisen." – „so?" "그는 내일 떠난대." – "정말로?"; so? das wäre doch sonderbar 그럴까? 하지만 그건 이상한데. **7.** 《(아이)《불변사로서 권유문의 도입부에 위치하여 강조의 뜻을 가짐》《강세 없이》so komm schon endlich! 그러니 제발 와다오!; so glaub mir doch, ich wollte dich nicht kränken 그러니 제발 믿어다오, 나는 너를 모욕할 의도는 없었어. **II.** 〈Konj.〉 **1.** 《결과적》**a)** 《접속사 "so daß"의 한 부분으로》그래서, 때문에: er war krank, so daß er die Reise verschieben mußte 그는 아팠다, 그래서 여행을 연기하지 않을 수 없었다. **b)** 《(아이)》 그렇기 때문에, 그래서, 따라서, 그러니: du hast es gewollt, so trage (auch) die Folgen 네가 그걸 원했지 않느냐, 그러니 (역시) 그 책임을 져야지. **c)** 그 경우엔, 그렇다면, 그럼: 설구 hilf dir selbst, so hilft dir Gott 스스로 도우라, 그럼 하느님이 도와 주리라. **2.** 《(아이)》《조건적》만약: so Gott will, sehen wir uns bald wieder 만약 하느님의 뜻이라면 우리들은 곧 다시 만나게 될거야. **3.** 〈so + Adj., Adv.〉 《종종 auch (immer)와 결부해서 인용적》아무리 …해도: so leid es mir tut, ich muß absagen 아무리 괴롭더라도 나는 거절하지 않을 수 없다. **4.** 〈so + Adj., Adv. …so + Adj., Adv.〉 《비교의 뜻으로》So menschlich sauber Scheffer war, so anrüchig war Döpner 쉐퍼는 인간적으로 그토록 깨끗했지만 되프너는 아주 악평이 나 있었다. **5.** 《시간적 의미로 대개 즉시, 이내의 뜻 (und schon; da)》 es dauerte ganz nicht lange, so kam er 얼마 안 있어서, 곧 그가 왔다. **sobald** [zo'balt] 〈Konj.〉 …하는 즉시, …하자마자: er wird uns Bescheid sagen, s. er genauere Informationen hat 보다 더 정확한 정보를 얻는 즉시 그는 우리에게 알려줄 것이다.

soave [zo'a:və] 〈Adv.〉 [ital.] 《음악》 사랑스럽게, 부드럽게, 감미롭게.

Sobranje [zo'branjə], die; -n / das; -s, -n [bulg. (narodno) sabranie] 불가리아의 의회.

Sobrietät [zobrie'tɛ:t], die; - [lat. sōbrietās] 《교양어·고어》절제, 절도.

Soccer ['zɔka], das; / der; -s [engl. soccer] ↑ Fußball 의 미국식 명칭.

Soccus ['zɔkus], der; -, Socci ['zɔktsi; lat. soccus] 고대 희극에서 배우들이 신었던 뒤축이 없는 가벼운 신발.

Social engineering ['souʃəl ɛndʒɪ'nɪərɪŋ], das; - - [engl.-amerik. social-engineering] ↑ Human engineering.

Societas Jesu [zo'tsi:etas 'je:zu], die; - - [lat. = Gesellschaft Jesu] 《가》예수회(약어: SJ.). **Societas Verbi Divini** [- - 'vɛrbi di'vi:ni], die; - - - [lat. = Gesellschaft des Göttlichen Wortes] 《가》 전교와 사목(司牧)을 위한 사제와 수사들의 모임(연합회)(약어: SVD). **Société anonyme** [sɔsjetano'nim], die; - -, -s, -s [sɔsjetano'nim] 주식 회사(Aktiengesellschaft)의 불어 표기(약어: SA). **Society**: ↑ High-Society.

Söckchen ['zœkçən], das; -s, - **1.** ↑ Socke의 축소형. **2.** 《대개 Pl.》(어린애와 아가씨들의 여름용) 짧은 양말. **Socke** ['zɔkə], die; -n 《대개 Pl.》; 축소형: ↑ Söckchen) [lat. soccus, griech. sýkchos, sykchís] 장딴지 정도에 이르는 짧은 양말, 속스; 《전의》mir qualmen die -n 《통용어》나는 매우 서둘렀다; **sich auf die -n machen** 《통용어》출발하다. **jmdm. auf den -n sein** 《Ferse 1》 《통용어》 놀라서 어안이 벙벙하다. **Sockel** ['zɔkl], der; -s, - [frz. socle < ital. zoccolo] **1.** (받침)대(臺), 토대, (조각, 동상의) 대좌(臺座). **2.** 주춧대, 받침돌: S. des Hauses ist aus Sandstein 그 집의 토대(기저(基底))는 사암(砂岩)으로 되어 있다. **3.** 【전기】 소켓, 꽂는[끼는] 구멍. **4.** 《경제 은어》 ↑ Sockelbetrag의 약칭. **Sockelbetrag**, der 【경제】 (임금 인상 시의) 기본 인상액(이 액수에 다시 백분율로 추가되는 인상분들이 합산됨). **Sockelgeschoß**, das 《[土木業]》↑ Souterrain. **socken** ['zɔkn] 〈s〉 (지역적·준고어) 급히 가다(달리다): er ist durch die Gegend gesockt 그는 급히 그 지역을 통과했다. **Socken** [-], der; -s, - 《(südd., österr., schweiz.)》 ↑ Socke. **Sockenhalter**, der; -s, - 《대개 Pl.》 《옛》 남자용 양말대님(장딴지 둘레에 친).

Sod [zo:t], der; -(e)s, -e **1.** 《고어》 위통(胃痛), 가슴앓이. **2.** 《고어》 끓는 물, 삶아낸 국물, 같이 끓인 것. **3.** 《특히 schweiz.》 두레박으로 물을 끌어올리는 우물.

Soda ['zo:da], die,《(österr. nur so)》 / das; -s [span., ital. soda] **1.** 소다. **2.** 《das; -》 ↑ Sodawasser의 약칭.

Sodale [zo'da:lə], der; -n, -n [lat. sodālis] 《가》 협회 [신심회(信心會)]의 회원, 구성원. **Sodalität** [zodali'tɛ:t], die; -en [lat. sodālitās] 《가》 협회, 조합, 신심회 (Bruderschaft).

Sodalith [zoda'li:t, 《또한》 ...lɪt], der; -s, -e 【광물】 소우달라이트.

sodann [zo'dan] 〈Adv.〉 《고풍》 **1.** 그리고 나서 (dann 1), 그 다음에 (darauf, danach). **2.** 나아가서 (ferner), 그 밖에 (außerdem).

sodaß [zo'das] 〈Konj.〉 《österr.》 so daß.

Sodawasser, das; -s 《Pl. -wässer》 소다수(水).

Sodbrennen, das; -s 《특히 schweiz.》 가슴앓이. **Sodbrunnen**, der; -s, - 《특히 schweiz.》 ↑ Sod (3).

Sode ['zo:də], die; -n (nordd.) **1. a)** 뗏장, 잔디. **b)** 떼어내어 말린 이탄(泥炭)(조각). **Söde**: ↑ Sood의 복수형.

Sodium ['zo:djʊm], das; -s [engl., frz. sodium] Natrium의 옛 명칭.

Sodom ['zo:dɔm], das; - 《교양어》 소돔, 죄악과 저주의 장소: **S. und Gomorrha** 죄악과 저주의 상태(창세기 18장과 19장에 의하면 시민의 죄악 때문에 소돔과 고모라라는 사해 연안에 있었던 팔레스티나의 이 두 도시가 천상의 불로 저주를 받아 멸망했다고 함). **Sodomie** [zodo'mi:], die; [lat. sodomia] 수간(獸姦). **sodomisieren** [...i'zi:rən] 〈h〉 [frz. sodomiser] 《드물게 교양어》 계간 (鷄姦)하다, 남색(男色)[비역]을 행하다. **Sodomit** [zodo'mi:t], der; -en, -en [lat. Sodomīta] 수간하는 사람, 계간[비역]을 행하는 자, 남색자. **sodomitisch** 〈Adj.〉 계간을 행하는, 남색을 즐기는, 수간(남색)의. **Sodomsapfel**, der; -s, -äpfel ↑ Gallapfel.

soeben [zo'|e:bn] 〈Adv.〉 **a)** 《이제》 방금, 지금 막(곧): ich bin s. dabei, den Fehler zu korrigieren 나는 지금 막 잘못을 고치려는 참이다. **b)** 조금 [직] 전에, 방금: das Buch ist s. erschienen 그 책은 최신간이다.

Soest [zo:st] 조스트(노르트라인-베스트팔렌 주에 있는 도시 이름). **¹Soester** ['zo:stɐ], der; -s, - 조스트 시민(사람). **²Soester** 〈Adj.; 격변화 없음〉 die S. Börde 조스트의 풍요한 평원.

Sofa ['zo:fa], das; -s, -s [frz. sofa < arab. ṣuffa] 소파: sich aufs S. legen 소파에 드러눕다.

Sofa-: **~ecke**, die 소파의 등받이와 손받이 사이의 구석. **~garnitur**, die 《} Couchgarnitur. **~kissen**, das 소파용 방석(쿠션). **~lehne**, die 소파의 등받이.

sofern [zo'fɛrn] 〈Konj.〉 …할 경우에는, …하는 한 (vorausgesetzt, daß…).

Sofia ['zofja, 《또한》 'zo:fja] 소피아(불가리아의 수도).
¹Sofiaer ['zofjaɐ, 《또한》 'zo:...], der; -s, - 소피아 사람(시민). **²Sofiaer** 〈Adj.; 격변화 없음〉 소피아의.

¹Sofioter: ↑ ¹Sofiaer.
²Sofioter: ↑ ²Sofiaer.

soff [zɔf] ↑ saufen의 과거형. **Soff**, der; -(e)s 《지역적》

söffe 1922

1. ↑Suff. 2. ↑Gesöff. **söffe** ['zœfə] ↑saufen 참조. **Söffel** ['zœfl], **Söffer** ['zœfɐ], der; -s, - 《지역적》음주가, 대주가(大酒家), 주정뱅이.

Soffitte [zɔ'fıtə], die; -n [(frz. soffite <) ital. soffitta, soffitto] **1.** 《대개 Pl.》 [극장] 무대 상부의 매단 배경. **2.** ↑Soffittenlampe의 약칭. **Soffittenlampe**, die 관상(管狀)의 백열전구.

sofort [zo'fɔrt] 〈Adv.〉 **1. a)** 즉시(즉각), 곧: der Verunglückte mußte s. operiert werden 사고를 당한 사람은 즉각 수술을 받아야만 했다. **b)** 지체없이, 즉석에서: das muß s. erledigt werden 그것은 지체없이 처리되어야 한다; diese Regelung gilt ab s. 이 규칙(규정)은 이 순간부터 유효하다. **2.** 이내, 얼마 안 가서, 금방: bitte, haben Sie etwas Geduld, das Essen wird s. gebracht 조금만 참아 주세요, 식사는 금방 나올 것입니다. **Sofort-**: **~aktion**, die ↑~hilfe. **~bild**, das [사진] 즉석 사진. **~bildkamera**, die [사진] 즉석(현상)사진기, 인스턴트 사진기. **~einsatz**, der ↑~hilfe. **~hilfe**, die 응급 구조, 긴급 원조. **~maßnahme**, die 응급 조치[처치](↑~hilfe). **~programm**, das ↑~hilfe. **~verbrauch**, der: Fruchtsäfte für den S. ↑인스턴트 (용) 주스, 즉석에서 마실 수 있는 주스.

sofortig [zo'fɔrtıç] 〈Adj.〉 즉각의, 즉석의: das bedeutet den -en Abbruch der Beziehungen 그것은 관계의 즉각적인 단절을 의미한다.

soft [zɔft] 〈Adj.〉 〈engl. soft〉 **1.** [음악 특히 재즈] 소프트한(weich). **2.** 《은어》 다정다감하면서도 남성적인, 육감적이고 남성미가 있는. **Soft-**: 〈zärtlich, gefühlvoll, sanft, süß를 뜻하는 복합어의 규정어로서, 예컨대〉 Softlove 소프트한 사랑, Softporno 감미로운 포르노, Softromantik 다감한 낭만.

Soft-: **~ball** [-bɔːl], der; -s [amerik. soft ball] 소프트 볼. **~Eis**, das 《붙임표와 함께》 [amerik. soft ice] 소프트 아이스. **~rock**, der [amerik. soft rock] 소프트 록크 (로큰롤 음악의 한 형태). **~ware** [-wɛɐ], die; -s [engl.-amerik. software] 소프트 웨어(반대: Hardware).

Soft Drink, der; - -s, - -s [engl.-amerik. soft drink] 소프트 드링크 (가벼운 알콜을 함유의 음료: 아페리티프 따위). **Soft drug** ['-drag], die; - -, - -s [engl.-amerik. soft drug] 《은어》 중독성이 없는 환각제(예컨대: Haschisch 하시시, Marihuana 대마초, 마리화나). **soften** ['zɔftn] 〈h〉 [engl. to soften] [사진] (사진 확대시) 부드러운 인상을 주기 위한 손질을 하다. **Softener**, der; -s, - [engl. softener] [섬유] 황마 섬유를 부드럽게 하는 기계. **Softie** ['zɔfti], der; -s, -s, **Softy**, der; ...ties, ...ties [amerik. softie, softy] 《은어》 다정다감한 성품의 젊은이, 청년.

sog. = sogenannt 소위.

sog [zoːg], **söge** ['zøːgə] ↑saugen 참조. der; -(e)s, -e **1.** 배〔자동차, 비행기 따위〕가 지나간 뒤의 물〔공기〕의 소용돌이: 전의에 im S. der Städte. 《아이》 도시의 어쩔 수 없는 영향권 속에서. **2.** [해양] 부서지는 파도가 빨아들이는 흐름.

sogar [zo'gaːɐ] 〈Adv.〉 《고형》 so gar] **1.** 더욱이, 더군다나, 게다가 (obendrein; überdies): sie ging s. selbst hin 그녀는 더군다나 스스로 거기로 갔다; s. er hat sich gewundert 게다가 그가도 탄복하였다. **2.** 〔그〕뿐만 아니라, 심지어 …조차 (mehr noch): ich schätze sie, verehre sie s. 나는 그녀를 높이 평가할 뿐만 아니라, 존경하기까지 한다.

sogenannt ['zoːgənant] 〈Adj.〉 《흔히 조롱》 소위, 이른바, 자칭(自稱)의: wo sind denn deine -en Freunde? 소위 자네 친구란 사람들은 도대체 어디 있나? 《약어: sog.》.

soggen ['zɔgn] 〈h〉 소금물에서 결정체로 침전되다.

sogleich [zo'glaıç] 〈Adv.〉 **1.** 《경·아이》 …하자마자, 즉시(sofort). **2.** 《드물게》 곧, 지체없이.

sohin [zo'hin] 〈Konj.〉 《österr.·그 외 드물게》 그러므로, 이리하여(somit; also).

Sohlbank ['zoːl-], die; ...bänke [토목] 창턱. **Sohle** ['zoːlə], die; -n [lat. solum] **1.** 신바닥, 발바닥, 구두창: die -n sind durchgelaufen 구두 바닥이 다 닳았다; eine kesse〔heiße〕 S. aufs Parkett legen 《통용어》 아주 경쾌하게〔멋지게〕 춤추다; **sich etw.** (längst) **an den -n abgelaufen haben** (↑Schuh 1) 무엇은 조금도 신기하지 않다〔무엇은 이미 케케묵은 일이다〕; **auf leisen -n** 전혀 눈치채지 못하게, 가만히 살짝. **2.** ↑Fußsohle의 약칭: **sich**[3] **die -n nach etw. ablaufen** 〔wund laufen〕 (↑Fuß 1 a); **sich an jmds. -n**〔**sich jmdm. an die -n**〕 **heften hängen** (↑Ferse 1); jmdm. unter den -n brennen (↑Nagel 2). **3.** (골짜기, 강, 운하 따위의) 밑바닥, 저부(底部): die S. eines Grabens〔eines Tales〕 도랑〔수갱〕의 바닥. **4.** 【광】 **a)** 수평 갱〔도〕의 바닥〔하부 운행면〕. **b)** 수평 갱〔도〕, 평면 갱도. **5.** 【광】 지층 바로 아래 위치한 암층 (반대: Dach 2). **6.** 《지역적》 거짓말 (Lüge). **sohlen** ['zoːlən] 〈h〉 **1.** besohlen. **2.** 《지역적》 거짓말하다.

Sohlen-: **~gänger**, der [동물] 《사람, 원숭이, 곰 따위의》 척행(蹠行) 포유동물. **~leder**, das 구두의 바닥창. **~stand**, der [체조] 철봉이나 평행봉에서 바닥에 대고 몸을 굽혀 선 채로 양손으로 발 옆을 꽉 잡는 자세. **~umschwung**, der, **~welle**, die [체조] 상동과 자세로 돌고 도는 회전.

söhlig ['zøːlıç] 〈Adj.〉 【광】 수평의(waagerecht). **Sohlleder** ['zoːl-], das; -s, - ↑Sohlenleder.

Sohn [zoːn], der; -(e)s, Söhne **1.** 《축소형: ↑Söhnchen》 아들: ein legitimer〔natürliche (고어: *nicht ehelicher*)〕 S. 적자〔서자〕; er ist der älteste〔einzige〕 S. 그는 장자〔외아들〕이다; dieser große S. unserer Stadt 우리 시가 낳은 이 위대한 사람; **der verlorene S.** 1) 《아이》 탕아, 탕자(蕩子). 2) 소식이 두절된 자: da kommt ja der verlorene S.! 저기 소식 잃어버렸던 아들이〔돌아〕오는구나! 《누가복음 15장 11절》. **2.** 《Pl. 없음》 《친근》 《손아랫 사람에 대한 호칭》: - - -, mein S. 젊은 친구〔애야〕. **Söhnchen** ['zøːnçən], das; -s, - ↑Sohn (1)의 축소형. **Sohnemann** ['zoːnə-], -(e)s 《친근》 소아〔작은 아들〕, 애, 응석받이. **Sohnematz**, der; -es 《친근》 꼬마 아들〔애〕. **Söhnerin** ['zøːnərın], die; -nen 《고어》 며느리(Schwiegertochter).

Sohnes-: **~frau**, die 《고어》 며느리. **~liebe**, die 자식으로서의 애정. **~pflicht**, die 자식으로서의 의무, 효도.

Sohnsfrau, die; -en 《고어》 며느리.

sohr [zoːɐ] 〈Adj.〉 〔niederd. sōr〕 《바싹》 마른, 시든. **Sohr** [-], der; -s 〔nordd.〕 위통, 속 쓰리고 아픔. **Söhre** ['zøːrə], die; 〔nordd.〕 건조, 한발. **sohren** ['zoːrən], **söhren** ['zøːrən] 〈h〉 〔nordd.〕 바싹 마르다, 시들다.

soignieren [zoan'jiːrən] 〈h〉 [frz. soigner] 《드물게》 (정성들여) 손질하다, 돌보다. **soigniert** [zoan'jiːɐt] 〈Adj.〉 [frz. soigné] 손질이 잘된, 정성들인, 진지한 신사: -er Herr 외모를 잘 가꾼 신사.

Soiree [zoaˈreː], 〈frz.〉 'zoa...], die; -n [frz. soirée] 《아이》 **a)** 저녁 리셉션, 야회: er wurde zur S. im Hause des Botschafters gebeten 그는 대사의 관저에서 열리는 저녁 리셉션에 초대받았다. **b)** 야간 연주회〔흥행〕, 저녁 축하 공연.

Soixante-Neuf [sɔasãːtˈnœf], das; - [frz. soixante-neuf] ↑Sixty-Nine.

Soja ['zoːja], die; ...jen [jap. shōyu] 콩, 대두(大豆).

Soldbuch

Soja-: **~bohne**, die **a)** 대두(大豆), 콩. **b)** 대두 씨(앗) [종자]. **~brot**, das 콩가루로 만든 빵. **~käse**, der 두부. **~mehl**, das 콩가루. **~öl**, das 콩기름. **~soße**, die 〈간〉간장.
Sokratik [zo'kra:tɪk], die 〔그리스 철학자 Sokrates (469399 v. Chr.)에 따라〕 소크라테스식 문답법. **Sokratiker**, der; -s, - 〈대개 Pl.〉 [lat. Sōcraticus < griech. Sōkratikós] 소크라테스 학파(의 사람), 소크라테스 신봉자. **sokratisch** 〈Adj.〉 **1.** 〈nicht adv.〉 소크라테스(학파)적인: -e Methode 소크라테스적 방법(↑ Methode 1). **2.** 《교양어》 철학적으로 성숙된[균형이 잡힌], 현명한(weise).
sol [zo:l; ital. sol, ↑Solmisation] 솔, 〔전음계적 장음계의〕제5화음, G음.
¹Sol [-], das; -s, -e [화학] 교질(膠質)[콜로이드] 용액.
²Sol [-], der; -(s), -(s) [span. sol] 페루의 화폐 단위 (1 Sol = 100 Centavos) (기호: S/.).
³Sol [so:l], 《로마신화·lat.》 태양신, 졸.
Sol- (때때로 Sole-와 교체됨): **~bad**, das **1.** 약효가 있는 염천(鹽泉) 〈온천〉 요양지. **2.** 염천수에서의 목욕 요법. **~ei**, das 소금물에 딱딱하게 삶은 달걀. **~quelle**, die 일정한 양의 소금이 용해된 염천. **~salz**, das 소금물에서 채취된 소금. **~wasser**, das 〈Pl. ...wässer〉 **a)** 염천수. **b)** 소금이 함유된 물.
sola fide ['zo:la 'fi:də; lat.] 〔로마서 3장 28절에 따라〕 〔루터 신학의 기본 명제로서〕 죄인의 정당함[무죄임]을 인정하는 일은 전적으로 자신의 신앙을 통해서만 이루어진다는 원칙.
solang, solange [zo'laŋ(ə)] 〈Konj.〉 **a)** ...하는 동안, ...하는 한: solange du Fieber hast, mußt du im Bett liegen 열이 있는 한 너는 누워 있어야 한다. **b)** 〈조건적인 부수 의미로 부정하는 경우〉 Solange das Gerichtsurteil nicht rechtskräftig ist, kann das Unterhausmandat nicht aberkannt werden 법정 판결이 효력을 갖지 않는 한, 하원의원 자격은 박탈될 수 없다.
Solanin [zola'ni:n], das; -s, - [lat. sōlānum] [식물·화학] 솔라닌(가지과 식물에서 발견되는 유독 알칼로이드). **Solanismus** [zola'nɪsmʊs], der; -, ...men [공용어] 솔라닌 중독. **Solanum** [zo'la:nʊm], das; -s, ...nen [lat. sōlānum] [식물] 가지과 식물.
solar [zo'la:ɐ̯] 〈Adj.〉 [lat. sōlāris, sōlārius] [천문·과학·물리] 태양의, 태양에 관한[속하는], 태양에 의해 생기는: -e Phänomene beobachten 태양 현상들을 관찰하다.
Solar-: **~batterie**, die [물리·전자] ↑Sonnenbatterie. **~energie**, die [물리] ↑Sonnenenergie. **~farm**, die [기상] Sonnenfarm. **~generator**, der [물리·전자] 태양 전지. **~jahr**, das [천문] ↑Sonnenjahr. **~kollektor**, der [에너지] 태양열 집열판(기). **~konstante**, die [기상] 태양 상수(常數). **~kraftmaschine**, die [에너지] 태양에너지 이용 발전 시설; ↑Sonnenkraftanlage. **~kraftwerk**, das Sonnenkraftwerk. **~maschine**, die ↑kraftmaschine의 약칭. **~öl**, das 〔옛〕 태양유(갈탄의 타이르유), 경유(輕油). **~plexus** [〔또한〕 - - ' - -], der [lat. plexus sōlāris] [생리] ↑Sonnengeflecht. **~technik**, die [에너지] 태양에너지 이용기술. **~terrestrisch** 〈Adj.〉 [천문·기상·물리] 태양 활동이 대기와 지각에 미치는 영향에 관한: -e Physik 태양 물리학. **~thermisch** 〈Adj.〉 [기상·물리] 태양에너지 (열)에 관한. **~turm**, der [에너지] 탑 모양의 태양열 발전소. **~wind**, der [천문] ↑Sonnenwind. **~zelle**, die [물리·전자] ↑Sonnenzelle. **~zellengenerator**, der [물리·전자] ↑-batterie.
Solarimeter [zolari-], das; -s - [천문·기상·물리] 일광 측정기. **Solarisation** [...za'tsi̯o:n], die; -en [사진] 솔라리제이션(노출과다에 의한 반전(反轉) 현상]. **solarisch** 〈Adj.〉 ↑solar의 구형. **Solarium** [zo'la:ri̯ʊm], das; -s, ...ien [...i̯ən; lat. sōlārium] (호텔, 요양소 등에 있는) 일광욕실, 솔라리움.
Solawechsel ['zo:la-], der; -s, -s [ital. sola di cambio] 단명어음; ↑Eigenwechsel.
solch [zɔlç]: ↑solcher 참조. **solche**: ↑solcher 참조. **solcher** ['zɔlçɐ], **solche** ['zɔlçə], **solches** ['zɔlçəs] (solch [zɔlç]) 〈Demonstrativpron.〉 **1.** 〈부가어적 용법〉 **a)** 《변화는 보통 dieser와 같음; 단수에서는 그 앞에 ein을 놓을 수 있음, 이 경우에는 형용사의 혼합변화를 따름; ein 앞에 위치할 때에는 변화가 없고 ein만이 변화함》: solch ein[eine, ein]; 형용사 앞에 있는 경우는 변화해도 좋고 안해도 좋음》 그(저)러한, 이(그)와 같은: (ein) solcher Glaube 그와 같은 믿음; (eine) solche Handlungsweise 그러한 행동 방식; (ein) solches Vertrauen 그러한 신뢰; mit solchen Leuten kann ich nicht auskommen 그 따위 인간들과는 상종할 수 없다; die Taten eines solchen Helden 〈〔드물게〕 solches Helden〕 그와 같은 영웅의 행동(행위); die Wirkung solchen 〈〔드물게〕 solches〕 Sachverhalts 그러한 사태의 영향[작용]. **b)** 《정도나 밀도를 가리킴》 아주, 몹시, 심히, 크게, 강하게: ich habe solchen Hunger 나는 몹시 배고프다. **2.** 《명사적 용법; 앞이나 뒤에 언급된 것에 관련하여》 sie ist keine solche (num에 앞에 언급된 인물은 아니다; 〈강조〉 es gibt immer solche 〔(경)sone] und solche 〔(통용어)〕 언제나 이런 사람도 있고 저런 사람도 있는 법이다. **3.** 〈어미 없이〉 그(이)러한 (so (ein)): solch ein Tag 그러한 하루〔날〕.
solcher-: **~art I.** 그와 같은, 그런 식의. **II.** 〈Adv.〉 그런 방식으로. **~gestalt** 〈Adv.〉 《드물게》 ↑~art (II). **~maßen** 〈Adv.〉 ↑~art (II). **~weise** 〈Adv.〉 ↑~art (II).
solcherlei 〈부정의 종류: 격변화 없음〉 그러한 종류의: 〈부가어적 용법〉 s. (kostbarer) Hausrat 그러한 종류의 (값진) 가구; 〈명사적 용법〉 ich habe s. schon gehört 나는 그런것을 이미 들었다. **solches**: ↑solcher 참조.
Sold [zɔlt], der; -(e)s, -e (병사의) 급료, 봉급: heute gibt es S. 오늘은 봉급날이다; **im S. jmds.** 《아이》 누구를 시중들어서: **in jmds. S. stehen** 《경》 누구에 고용되어 남을 해치는 따위의 일을 하다. **Soldanella** [zɔlda'nɛla], die; ..en, **Soldanẹlle** [...'nɛlə], die; -n [ital. soldanella] 솔다넬라속의 각종 초본, 앵초과(科) 원산); ↑Troddelblume. **Soldat** [zɔl'da:t], der; -en, -en [ital. soldato] **1. a)** 병사, 군인: -en einberufen 징집하다; er wird S. (kommt zu den -en) 《통용어》 그는 입대한다; 〈강조〉 der wird S. (kommt zu den -en) 〔스카트 놀이·은어〕 입대한다! 〔카드 시작 전에 감추는 패를 이르는 말〕. **b)** 《구동독》 (최하위 계급의) 졸병. **2.** 병정 개비. **3.** 검붉은 색의 반대(↑Feuerwanze).
Soldaten-: **~friedhof**, der 군국 묘지. **~grab**, das ↑Kriegsgrab. **~heim**, das 군인 회관, 군인 휴양소. **~lied**, das 군가. **~presse**, die 군대의 정훈용 신문과 잡지. **~rat**, der ↑Arbeiter-und-Soldaten-Rat. **~rock**, der 〔드물게〕 ↑Uniformrock. **~sprache**, die 군대 은어. **~stand**, der 〈Pl. 없음〉 군인신분[계급]. **~tod**, der ↑Heldentod. **~verband**, der ↑Kriegerverein. **~zeit**, die ↑Militärzeit.
Soldatentum, das; -s - 군인(병사)의 신분[계급], 병[군]사, (군대의) 조직(편제). **Soldateska** [zɔlda'tɛska], die; ...ken [ital. soldatesca] 《경》 포악한 병정. **Soldatin** [zɔl'da:tɪn], die; -, -nen 'Soldat (1)의 여성형.
soldatisch 〈Adj.〉 ↑militärisch (2): eine -e Haltung 군인다운 자세. **Soldbuch**, das; -(e)s, -bücher:

Söldling ['zœldliŋ], der; -s, -e (兵) 용병(傭兵). **Söldner** ['zœldnɐ], der; -s, - 용병.

Söldner-: **~armee**, die ↑~heer. **~heer**, das 용병대; ↑Legion (2). **~führer**, der 용병대장.

Soldo ['zɔldo], der; -s, Soldi [ital. soldo] **1.** (이탈리아의) 옛 주화. **2.** 《민속적》 (이탈리아의) 동전(Lira의 1/20).

Sole ['zoːlə], die; -n [niederd. sole] (농도 짙은) 소금물, 염수.

Sole- (흔히 Sol-과 교체됨) **~bad**, das ↑Solbad. **~quelle**, die ↑Solquelle. **~salz**, das ↑Solsalz. **~wasser**, das ↑Solwasser.

Solei, das 소금물에 삶는 달걀.

Soleil [zo'lɛː], (frz.) so'lɛj], der; -(s) [frz. soleil] [섬유] 솔레이유 직조(織造) (섬세하고 광택이 나는 직포).

solenn [zo'lɛn] 〈Adj.〉 [frz. solennel] (교양어) 장엄한, 엄숙한: eine -e Festlichkeit 한 장중한 축제. **solennisieren** [zɔlɛni'ziːrən] 〈h〉 [lat. sollem(p)nizāre] (고어) 장엄하게 거행(집행)하다, 엄숙하게 증인하다. **Solennität**, die; -, -en [lat. sol(l)emnitās] (고어) 장엄, 엄숙, 장중한 의식(축제).

Solenoid [zoleno'iːt], das; -(e)s, -e [griech. sōlēn] [물리] 원통형의 코일, 솔레노이드.

Solfatara [zɔlfa'taːra], die; ...ren, **Solfatare** [...rə], die; -n [ital. solfatara] [지질] 화산에서 나오는 황화수소(黃化水素)의 유출(증기).

solfeggieren [zɔlfɛ'dʒiːrən] 〈h〉 [ital. solfeggiare] [음악] 계명(階名)으로 [곡]을 노래하다. **Solfeggio** ['zɔlˈfɛdʒo], das; -s, ...ggien [...ˈfɛdʒɨən; ital. solfeggio] [음악] (do·re·mi·fa 따위의) 계명에 의한 성악 연습(곡).

Soli [zoːli] ↑Solo의 복수형.

solid: ↑solide.

Solidar-: **~haftung**, die [경제·법] 연대 책임. **~pathologie**, die [의학] 고체병리학(固體病理學)(반대: Humoralpathologie). **~schuldner**, der (schweiz.·법) ↑Gesamtschuldner.

solidarisch [zoli'daːrɪʃ] 〈Adj.〉 [frz. solidaire] **1.** 한 마음의, 뜻이 같은, 연대 (책임)의: sich mit jmdm. s. fühlen [erklären] 누구와 연대감을 느끼다 [동감임을 선언하다]. **2.** [법] 연대 책임을 지는. **solidarisieren** [zolidari'ziːrən] 〈h〉 [frz. se solidariser] **a)** 〈s.+sich〉 누구를 옹호하다, 누구와 연대하다 [연대감을 표명하다]. **b)** 일치 단결하도록 하다. **Solidarisierung**, die; ↑solidarisieren의 명사형. **Solidarismus**, der; - [철학] (공익을 위한) 사회연대주의. **Solidarität**, die [frz. solidarité] **a)** 일치 단결(심), 연대(의식): S. anstreben 일치 단결을 추구하다. **b)** (특히 노동운동에서의) 연대감, 단결심, 일체감.

Solidaritäts-: **~aktion**, die (특히 구동독) 연대 행동(활동). **~erklärung**, die 연대(동조) 선언. **~gefühl**, das 연대감, 단결심. **~streik**, der 동조 파업.

Solidarschuldner, der (법·schweiz.) 연대 채무자.

solide [zo'liːdə], solid [zo'liːt] 〈Adj.〉 [frz. solide] **1.** 견고한, 단단한: diese Schuhe sind sehr s. 이 신은 매우 견고하다. **2.** 튼튼한, 견실한, 신용할 수 있는. **3.** 확실한, 단정한: er ist ein solider junger Mann 그는 착실한 청년이다.

soli Deo gloria! [zoːli 'deːo -; lat.] (교회의 각명(刻名)으로서) 오직 하느님께 영광을! (Gott (sei) allein die Ehre!) (약어: S. D. G.).

solidi ['zoːlidi] ↑Solidus의 복수형. **solidieren** [zoli'diːrən] 〈h〉 [lat. solidāre] (고어) 확인하다, 보증하다, 고정시키다. **Solidität**, die [1: frz. solidité] **1.** 견고성, 튼튼함. **2.** 착실한 생활(방식) **Solidus** ['zoːlidʊs], der; -, ...di [lat. solidus (aureus)] (로마 제국의) 금화.

solifluidal [zoli-] 〈Adj.〉 [지질] 유토(流土)의. **Solifluktion** [...fluk'tsi̯oːn], die; -en [lat. solum u. lat. fluctuāre] [지질] 유토(流土).

Soliloquent [...] 〈Adj.〉; -en, -en [↑Soliloquium] [음악] 수난곡에서의 독창자.

Soliloquist [zolilo'kvɪst], der; -en, -en [문예학] 독백의 저자. **Soliloquium** [...ˈloːkvi̯ʊm], das; -s, ...ien [...ˈkvi̯ən; lat. sōliloquium] [문예학] 고대의 신조서(信條書) 등에 나오는 독백.

Soling ['zoːlɪŋ], die / der / das [요트] 3인승의 범주(帆走)용 요트 (표지: Ω).

Solingen ['zoːlɪŋən] 졸링겐(노르트라인-베스트팔렌주 도시).

Solipsismus [zolɪ'psɪsmʊs], der; - [lat. sōlus (나)와 u. ipse] 『철학』 유아론(唯我論), 독재론(獨在論). **Solipsist**, der; -en, -en 유아론자. **solipsistisch** 〈Adj.〉 유아론적, 자기중심적.

Solist [zo'lɪst], der; -en, -en [frz. soliste, ital. solista] **1.** 독창[독주]자. **2.** (특히 축구) (단체 경기에서) 독주(獨走)하는 자. **Solistenkonzert**, das 독창(獨唱)회, 독주(獨奏)회. **Solistin** ['zoːlɪstɪn], die; -en Solist (1)의 여성형. **solistisch** 〈Adj.〉 **a)** 독창(독주)자의. **b)** 독창(독주)자로서 행동하는. **c)** 독창(독주)용의.

solitär [zoli'tɛːɐ̯] 〈Adj.〉 [frz. solitaire] [동물] 단독 생활하는, 군거(群居)하지 않는 (반대: sozial 2). **Solitär** [-], der; -s, -e [frz. solitaire] **1.** 외알박이 보석 (대개 금강석). **2.** (고어) (숲 외곽의) 고목(孤木). **3.** 〈Pl. 없음〉 혼자서 서양주사위놀이. **Solitärspiel** = ↑Solitär (3). **Solitüde** [zoli'tyːdə], die; -n [frz. solitude] 성(城)에의 은퇴.

¹Soll [zɔl], das; -s, Sölle [aus dem niederd.] [지질] 빙퇴석(氷堆石) 지구에 있는 원형 모양의 작은 소(沼).

²Soll [-], das; -s, -(s) **1.** [상·금융] 부채, 지출 (반대: Haben = S. und Haben einander gegenüberstellen 지출과 수입을 서로 대조하다. **2.** [상] 차변(借邊): einen Betrag ins S. eintragen 금액을 차변에 기입하다. **3.** [경제] **a)** 의무, 책무. **b)** 할당량, 예정액: ich habe heute mein S. nicht erfüllt 나는 오늘 하고자 한 일을 수행못했다.

¹Soll-: **~erfüllung**, die (구동독) (생산) 할당량의 달성. **~seite**, die [상·금융] 차변(란). **~zinsen** 〈Pl.〉 대여 금리(이식).

²Soll- (붙임표와 함께) **~Bestand**, der [경제] 계획 잔고(재고량), 예상액, 견적액(見積額). **~Bruchstelle**, die [기술] 설정(設定)단면, 계획 단면. **~Budget, das [세무] 예정(계획)예산. **~Ist-Vergleich**, der [경제] 예정비용과 실제지출의 대조. **~Stärke**, die [군] 단위 병력수(정원). **~Wert**, der 표준치(값), 고정가(치).

sollen* [zɔlən] 〈화법조동사의 경우: 다른 동사의 부정형과 결합하여 haben과 함께 완료형을 만들 때는 hat ..., sollen이나, 정동사의 경우엔 hat gesollt임) **1. a)** (명령, 지시, 마땅히 해야 할 일, 의무, 요구 따위를 표시하며 부정문에서는 금지를 나타냄; 또 명령은 주어의 명령이 아니라 주어가 다른 사람한테서 받는 명령을 나타냄) du sollst Vater und Mutter ehren 네 부모를 공경하라 (출애급 20장 12절); der soll mir nur mal kommen! 그 녀석 나에게 걸리기만 해봐라!; 〈동사가 생각되어 본동사로〉 nein, ich habe das nicht gesollt (ich habe das nicht tun sollen) 그 일을 나는 하지 말았어야만 했어. **b)** (화자의 소망, 의도, 계획을 나타냄) es soll ihm nützen 그에게 유익하길 바래요; du sollst dich hier wie zu Hause fühlen 여기가 집이라고 생각해 줘요; an dieser Stelle soll die neue Schule gebaut werden 이 장소에 새 학

교가 건립된다지; was soll denn das Großartiges sein? 무엇이 도대체 위대하단 말인가? 《반어적》; was soll's? 하는 수 없지? 《불번 사항에 대한 무관심》 c) 《문거나 부정적으로》 어쩌할 바를 모르는 상황을 나타냄: was soll ich nur machen? 어떻게 하면 좋을까? d) 《필연성을 나타냄》 man soll die Angelegenheit sofort erledigen 그 일은 즉시 처리되어야만 한다; warum hat er das gesollt? 《통용어》 그 일을 그는 왜 해야이 했을까? 〈정동사의 생략시〉; ich hätte eigentlich zur(in) die Schule gesollt 《통용어》 나는 위낙은 학교에 갔어야만 했었는데 (실은 다른 일을 했었다). 2. 《흔히 접속법 2식으로》 a) 《특정한 것이 기대될 수 있음을 나타냄》 du solltest dich schämen 너는 스스로 부끄러워할 줄 알아야 해. b) 《특정한 것이 소망스럽고, 정당하며, 이로움을 나타냄》 darüber soll(sollte) man Bescheid wissen 그 문제에 관해선 정통하고 있어야 하는데. 3. 《과거형으로 미래의 것을 나타냄》 er sollte seine Heimat nicht wiedersehen 그는 고향을 다시 보지 못하게 되었다. 4. 〈접속법 2식으로〉《가정·가능의 뜻》 sollte es regnen, (dann) bleiben wir zu Hause 비가 오는 경우에 우리는 집에 머물 것이다. 5. 〈현재형으로〉《자신의 정보에 대한 진실성을 보장하지 않는 개연, 추측, 의혹을 나타냄》 er soll gekündigt haben 그는 사표를 냈다는 소문이다. 6. 〈접속법 2식으로〉《의문문에서 화자의 의심을 나타냄》 sollte das wirklich wahr sein? 그게 정말 진실일까?

Söller [zœlɐ], der; -s, - [lat. sōlārium] 1. [건축] 발코니 (↑Altan). 2. 《schweiz.》 마루(바닥). 3. 《지역적》 다락방.

Solmisation [zɔlmiza'tsjoːn], die [ital. solmisazione] [음악] 계명(階名) 창법. **Solmisationssilbe**, die [음악] (do, re, mi, fa, sol, la, si의 음절에 따른 음계(音階)). **solmisieren** [zɔlmi'ziːrən] 〈h〉 [음악] (c, d, e, f, g, a, b의) 계명으로 노래하다[작업하다].

solo ['zoːlo] 〈Adj.; 격변화 없음; nicht attr.〉 [ital. solo] 1. [특히 음악] 독주가로서. 2. 《통용어·흔히 농》 혼자의, 단독의: ich bin(komme) heute s. 오늘은 난 혼자다. 〈명사화〉 **Solo** [-], das; -s, -s / Soli 1. [음악] 독창[주], 독창[독주] 곡. 2. [카드] 혼자서 여러 사람을 상대로 하는 놀이법.

Solo-: **~gesang**, der 독창. **~instrument**, das 독주악기. **~kantate**, die 독창 칸타타. **~karriere**, die 독창[독주]자로서의 (성공) 경력. **~maschine**, die (모터스포츠) (일인용) 오토바이. **~part**, der 독창[독주]부[파트]. **~platte**, die 독창[독주] 음반. **~sänger**, der 독창 가수. **~sängerin**, die ↑~sänger의 여성형. **~spiel**, das 〈Pl. 없음〉 독주. **~stimme**, die 독창 성부(聲部). **~tanz**, der 독무. **~tänzer**, der 독무자. **~tänzerin**, die ↑~tänzer의 여성형.

solonisch [zoˈloːnɪʃ] 〈Adj.〉 《교양어》 (솔론처럼) 현명한.

Solothurn ['zoːlotʊrn] (스위스의 한 도시 및 주) 졸로투른. **¹Solothurner**, der; -s, - 졸로투른 사람. **²Solothurner** 〈Adj.; 격변화 없음〉 졸로투른의. **solothurnisch** 〈Adj.〉 졸로투른의.

Solözismus [zolø'tsɪsmʊs], der; -, ...men [lat. soloecismus < griech. soloikismós] 《교양어》 문법상 (어법상)의 큰 오류(誤謬), 파격(破格).

Solper ['zɔlpɐ], der; -s, - 《지역적》 1. (고기를 절이는) 소금물. 2. 소금에 절인 살코기. **Solperfleisch**, das 《지역적》 ↑Solper (2).

Solspitze ['zoːl-], die; -n [lat. sōl] ↑Sonnenspitze.

Solstitialpunkt [zɔlsti'tsjaːl-], der; -(e)s, -e [천문] 지점(至點)(하지, 동지); ↑Sonnenwendepunkt. **Solstitium** [zɔl'stiːtsjʊm], das; -s, ...ien [...iən; lat. sōlstitium] [천문] ↑Sonnenwende.

solubel [zo'luːbl] 〈Adj.〉 [lat. solūbilis] [화학] 용해될 수 있는, 가용성의(반대: insolubel). **Solubilisation** [zolubiliza'tsjoːn], die; -en [화학] 가용화(可溶化). **Solutio** [zo'luːtsjo], die; -nes [zolu'tsjoːneːs], **Solution** [zolu'tsjoːn], die; -en [lat. solutio] [화학·약학] 용액(溶液).

Solutréen [solytreˈɛː], das; -(s) [선사] 구석기 시대 문화기, 구석기 시대 중기.

solvabel [zɔl'vaːbl] 〈Adj.〉 [1: lat. solvere; 2: solvable] 1. (드물게) 가용성의. 2. (고어) 지불 불능의. **Solvat** [zɔl'vaːt], das; -(e)s, -e [화학] 용매화[작용]로 생긴 화합물. **Solvatation** [zɔlvata'tsjoːn], die [lat. solvere] [화학] 용매화(溶媒化)[작용]. **Solvens** ['zɔlvɛns], das; -, ...venzien [zɔl'vɛntsjən] [의학] 점액(粘液) 용해제. **solvent** [zɔl'vɛnt] 〈Adj.〉 [ital. solvente] [특히 경제] 지불 능력 있는(반대: insolvent). **Solvenz** [zɔl'vɛnts], die; -, -en 지불능력성(반대: Insolvenz). **Solvenzien**: ↑Solvens의 복수형. **solvieren** [zɔl'viːrən] 〈h〉 [lat. solvere] 1. [화학] 녹이다, 용해시키다. 2. [특히 경제] 지불하다, 환불하다.

Soma [zoːma], das; -, ...ta [griech. sōma] 1. [의학·심리] 육체, 신체(반대: Geist, Seele, Gemüt). 2. [의학·생물] 체세(體細)포군. **Somatiker** [zoˈmaːtɪkɐ], der; -s, - (흔히 폄) 신체적 병리현상만을 다루는 의사. **somatisch** 〈Adj.〉 1. [의학·심리] 신체[육체]의, 육체적인: die -en Ursachen einer Krankheit 병의 신체적인 제 원인. 2. [의학·생물] 체세포의(반대: Keim-, Geschlechtszelle의). **somatogen** [zomato'geːn] 〈Adj.〉 1. [의학·심리] 육체에 기인한, 육체적인. 2. [의학·생물] 체세포에 의해 형성된. **Somatogramm**, das; -(e)s, -e [의학] 유아나 소아의 신체적 발달 도표. **Somatologie**, die (인류학의 한 분야인) [의학(생체)학, 신체론. **Somatometrie**, die 신체 계측법(計測法). **Somatopsychologie**, die 신체 심리학.

Somalia [zo'maːlia, (ital.) zoˈmaːlja], das -s 소말리아(동 아프리카에 있는 공화국). **Somalier**, der; -s, - 소말리아인. **somalisch** 〈Adj.〉 소말리아의.

Sombrero [zɔm'breːro], der; -s, -s [span. sombrero] (중남미에서 쓰는) 차양 넓은 모자, 솜브레로.

somit [zo'mɪt, (또한) 'zoːmɪt] 〈Adv.〉 이리하여, 따라서, 그러므로.

Sommer ['zɔmɐ], der; -s, - 여름: den S. an der See verbringen 여름을 바닷가에서 보내다; den S. über [den ganzen S. lang] war er unterwegs 여름 내내 그는 돌아다녔다; [전의] im S. des Lebens 인생의 한창 때에.

sommer-, Sommer-: **~abend**, der 여름날 저녁. **~anfang**, der 여름의 시작: am 22. Juni ist S. 여름의 시작은 6월 22일이다. **~anzug**, der 여름 양복. **~blume**, die 여름에 피는 꽃. **~deich**, der 하절용 제방(둑). **~fahrplan**, der 하절용 운행표. **~ferien** 〈Pl.〉 여름방학. **~fell**, das (동물의) 하모(夏毛). **~fest**, das 여름에 거행되는 (야외) 축제. **~frische**, die (준고어) a) 여름의 피서. b) 피서지. **~frischler** [-frɪʃlɐ], der; -s, - 피서객. **~frucht**, die 여름 과일. **~getreide**, das [농업] 하곡(夏穀). **~haar**, das (동물의) 하모(夏毛). **~halbjahr**, das 여름을 포함하는 반년. **~haus**, das 하계 별장. **~himmel**, der 여름 하늘: dies ist der S. 이것이 여름 하늘이다. **~hitze**, die 여름의 무더위, 혹서. **~hut**, der 여름 모자. **~kleid**, das 1. 여름용 원피스. 2. a) (동물의 짧은) 하모(夏毛). b) (조류의) 여름 깃털. **~kleidung**, die 여름 의복. **~kollektion**, die 여름 콜렉션. **~koog**, der 여름 제방으로 막은 저지(低地), 제내지(堤內地). **~loch**, das 《은어》 여름의 불황기(↑Sauregurkenzeit). **~luft**, die 여름 공기.

~mantel, der 여름용 외투. ~mode, die 여름 유행. ~monat, der a) 〈Pl. 없음〉〈고어〉6월. b) 여름 달(특히 6,7,8월). ~mond, der 〈Pl. 없음〉《시어·고어》6월; ↑~monat (a). ~morgen, der 여름 아침. ~nacht, die 여름밤. ~olympiade, die 하계 올림픽. ~pause, die 여름 휴식[휴가] 기간: der Wiederbeginn der parlamentarischen Arbeit nach der S. 여름휴회후 국회 활동의 재개. ~quartier, das (특정 동물이) 여름을 나는 곳. ~regen, der 여름비. ~reifen, der 보통 타이어. ~reise, die 여름 휴가 여행. ~residenz, die (군주 등의) 하계 저택. ~saat, die [농업] 여름에 뿌두는 곡물. ~sachen 〈Pl.〉여름용 의류[물건]. ~saison, die 여름 시즌[한철]. ~schlaf, der [동물] (뱀, 악어 따위의) 여름잠. ~schlußverkauf, der 여름 바겐세일. ~schuh, der 여름용 구두. ~semester, das 여름 학기. ~sitz, der 하계 저택[본부]. ~sonne, die 여름 태양. ~sonnenwende, die 하지(6월 22일 무렵). ~spiele 〈Pl.〉1. 하계 연극제[음악제]. 2. 하계 올림픽 경기. ~sprosse, die 〈대개 Pl.〉 주근깨. ~sprossig 〈Adj.〉주근깨가 있는. ~stoff, der 하절용 옷감[천]. ~tag, der 1. a) 여름날. b) [기상] 섭씨 25°나 그 이상의 기온에 달한 날. 2. 겨울을 보내고 여름을 맞는 축일. ~tags 〈Adv.〉여름날에. ~theater, das 여름철 연극. ~urlaub, der 여름 휴가. ~vogel, der 《schweiz.》나비. ~weg, der 《준고어》(도로 양측에 비 안 올 때만 사용할 수 있는, 비포장된) 여름용 보도(步道). ~weide, die (가축의) 여름 방목지(放牧地). ~weizen, der [농업] 여름에 수확하는 밀. ~wetter, das 여름 날씨. ~wind, der 여름 바람. ~wohnung, die 하계 숙소. ~wurz, die (식물의 뿌리에 기생하는) 초종용(草蓗蓉). ~zeit, die 1. 하절기. 2. 서머타임.

sömmerig ['zœmərɪç] 〈Adj.〉 《지역적》 《동식물이》겨울여름을 넘긴, 여름 한철을 지낸; ↑einsömmerig. sömmerlich 〈Adj.〉 a) 여름철의: draußen ist es schon ganz s. 밖은 이미 완전히 여름철이다. b) 여름에 적합한: -e Kleidung 여름에 알맞은 옷. ¹sömmern ['zœmən] 〈h. unpers.〉 《아어·군고어》 여름이 되다, 여름다워지다: es sommert schon 이미 여름이다. ²sömmern [-] 〈h〉 《발명가 P. Sommer에 의거》 《드물게》 (마모된 타이어를) 다시 (새 프로필로) 재생시키다: gesömmerte Reifen 재생 타이어.

sömmern ['zœmən] 〈h〉 1. 《지역적》 햇볕[여름볕]에 쬐다(↑sonnen (1) 참조). 2. (가축을) 여름 동안 방목하다. 3. [어업] (양어지나 못의) 바닥을 좋게 하기 위해 말리다.

sommers 〈Adv.〉여름[철]에, 여름 동안에.

sommers-, Sommers- (↑sommer-, Sommer-도 참조): ~anfang, der ↑Sommeranfang. ~über 〈Adv.〉여름 동안, 여름 내내[마다]. ~zeit, die ↑Sommerzeit.

Sommerung, die; -en [농업] ↑Sommergetreide.

Sömmerung, die; -en 1. 《지역적》 햇볕[여름볕]에 쬠. 2. 가축의 여름 방목. 3. [어업] (양어지나 못의) 바다을 건조시키는 일.

Sommität [zɔmi'tɛ:t], die; -en [frz. sommité] 《아어·고어》 고위층의 인물.

somnambul [zɔmnam'bu:l] 〈Adj.〉 [frz. somnambule] 몽유증(夢遊症)의, 몽유병자의[같은]. Somnambule*, der / die 몽유병자. somnambulieren [...bu'li:rən] 〈h/s〉 《교양어》 몽유(夢遊)하다, 몽중 보행하다. Somnambulismus [...'lɪsmʊs], der; - [frz. somnambulisme] [의학] 몽유증[병]. somnolent [...no'lɛnt] 〈Adj.〉 [spätlat. somnolentus = schlaftrunken] 《교양》 혼수 상태의, 기면성의(嗜眠性의). Somnolenz [...lɛnts], die; - [lat. somnolentia] [의학] 혼수(昏睡), 기면 상태.

son, sone ['zo:n(ə)] 〈Demonstrativpron.〉 [합성어: so + ein(e)] 〈경〉그러한(solch): sone nette Person 그런 친절한 인간.

sonach [zo'na:x] 〈Adv.〉 《드물게》 따라서, 그러므로 (demnach).

Sonagramm [zona-], das; -s, -e [lat. sonāre u. -gramm] 《전문어》 소나그람, (음성 따위의) 음향 구조의 도표. Sonagraph, der; -en, -en 《전문어》음향 감지기 표시기(측정기). sonagraphisch 〈Adj.〉음향 감지기로 표시된. Sonant [zo'nant], der; -en, -en [lat. sonāns] [언어학] 모음, 유성음. sonantisch 〈Adj.〉 [언어학] a) 모음의. b) 음절 형성적인. Sonar [zo'na:r], das; -s, -e [engl. sonar 《약어》 sound navigation ranging] [기술] 1. 〈Pl. 없음〉소나, 초음파를 이용한 대기나 수중 탐지. 2. ↑Sonargerät. Sonargerät, das [기술] 초음파 탐지기. Sonata [zo'na:ta], die; -, ...te ↑Sonate의 이탈리아명: [ital. S. da [a'tre:] 3중주 소나타; S. da camera [da 'ka:məra] 빠르게-느리게-빠르게로 속계되는 동음의 3악장으로 된 소나타; S. da chiesa [da'kje:za] 빠르고 느린 음정이 교체하는 4악장으로 된 소나타; 교회 소나타. Sonate [zo'na:tə], die; -n [ital. sonata] [음악] 소나타, 주명곡(奏鳴曲). Sonatenform, die [음악] ↑ Sonatensatz. Sonatensatz, der; -es [음악] 소나타 형식. Sonatensatzform, die [음악] ↑ Sonatensatz. Sonatine [zona'ti:nə], die; -n [ital. sonatina, sonata의 축소형] [음악] 소나티나, 소(小)소나타.

Sonde ['zɔndə], die; -n [frz. sonde] 1. [의학] 존데, 소식자(消息子), 카테에터, 탐침(探針): eine S. in den Magen einführen 존데를 위 속에 삽입시키다. 2. 《우주공간》 탐사기(↑Raumsonde의 약칭). 3. 기상 관측 기구 (↑Radiosonde의 약칭). 4. [기술] 탐사공으로부터 원유나 천연가스를 채굴하는 시설.

sonder [zɔndə] 〈Präp.⁴:〉 《대부분 추상명사와 결합하여》《아어·준고어》...없이(ohne): s. allen Zweifel 조금도 의심하지 않고.

sonder-, Sonder-: ~abdruck, der 〈Pl. -e〉 ↑ ~druck. ~abkommen, das 특별 협정. ~abschreibung, die [경제·세무] 특별 공제. ~abteil, die (특정 승객을 위한) 별실. ~aktion, die 특별 캠페인. ~anfertigung, die (주문에 의한) 특별 제작. ~angebot, das 특가 제공, 특매(特賣)품. ~auftrag, der 특별 위임, 특수 임무. ~ausgabe, die 1. 〈서적의〉 특별판(版), (신문, 잡지의) 특별호(號). 2. a) 〈대개 Pl.〉 [세무] 특별 지출. b) ↑ Extraausgabe (2). ~ausstellung, die 특별 전시. ~ausweis, der 특수 신분증. ~beauftragte*, der / die 특별위원[대리인]. ~bedeutung, die 특수 의미. ~behandeln 〈h〉《나치·완곡》 처형하다(사살하다). ~behandlung, die 1. 특별 대우하다(취급하다). 2.《나치·완곡》 살해, 처형. ~berichterstatter, der (신문의) 특파원. ~botschafter, der 특별 케이스, 특례. ~briefmarke, die 기념 우표. ~bus, der 특별(임시) 버스. ~dezernat, das 특별 관할[부서]. ~druck, der 〈Pl. -e〉 1. 별쇄(別刷). 2.《드물게》특별호[특별판](↑Sonderausgabe (1)). ~entwicklung, die 특수 발전. ~erlaubnis, die 특별 허가. ~fahrkarte, die 특별 승차권. ~fahrt, die 임시 운행. ~fall, der 특별 케이스, 특례. ~flugzeug, das 특별기. ~form, die 특수 형태[형식]. ~friede(n), der 단독 강화(和). ~genehmigung, die 특별 허가. ~gericht, das 1.《나치》(고등 법원에 설치된 정치범을 위한) 임시 법정. 2. 특별 재판소. ~gleichen: ↑sondergleichen. ~heft, das (잡지의) 특별호. ~interessen 〈Pl.〉특수 이해 관계. ~kindergarten, der 특별 유치원(학습 지진아를 위한). ~klasse, die 1.《통용어》(상품 따위의) 특별품[특급]. 2. 조

(組)별 복권의 특별조(組). **~kommando**, das 특공대. **~kommission**, die 특별 위원회. **~konto**, das 특별 계정(計定)〔계좌〕. **~korrespondent**, der ↑~berichterstatter. **~kosten**, die 〈Pl.〉 〔경제〕 특별비. **~kultur**, die 〔농업〕 특수 경작(예컨대: 포도나무나 향료식물 등). **~marke**, die ↑~briefmarke의 약칭. **~maschine**, der ↑~flugzeug. **~meldung**, die **1.** 《나치》 독일군의 승전에 관한 특별 방송. **2.** 《드물게》 임시 뉴스(↑~sendung). **~messing**, das (부식에 강한) 특수 합금 놋쇠. **~mission**, die 특별 임무. **~müll**, der (유독성의)특수 폐기물. **~nummer**, die **1.** 신문, 잡지의 특별호〔판〕. **2.** 추가적인 특별 호수. **~pädagoge**, der ↑Heilpädagoge 등의 특수 교육자. **~postwertzeichen**, das 〔우편〕 ↑~briefmarke. **~prägung**, die 특별 각인(인쇄, 주조). **~preis**, der (할인) 특가. **~programm**, das 특별 프로그램. **~ration**, die 추가분의 배급(할당)량. **~recht**, das 〔법〕 Privileg. **~re(e)lung**, die 특별[예외] 규정. **~schau**, die 특별 시범. **~schicht**, die 추가[특별, 임시] 작업반. **~schule**, die (신체 장애자나 정신 박약아, 학습 지진아를 위한) 특수 학교. **~schüler**, der 특수 학교의 학생. **~schülerin**, die ↑~schüler의 여성형. **~schullehrer**, der 특수 학교 교사. **~schullehrerin**, die ↑~schullehrer의 여성형. **~sendung**, die 특별 방송[방영] 프로. **~sitzung**, die 임시 회의. **~sprache**, die 〔언어〕 특수어 (직업, 계층 따위에 쓰이는 언어). **~status**, der (법률적, 정치적, 사회적) 특수 지위. **~stellung**, die 《드물게 Pl.》 특수 지위. **~stempel**, der 〔우편〕 특별 소인(消印), 기념 스탬프. **~tarif**, der 특별 (할인) 요금(표). **~urlaub**, der 〔군〕 특별 휴가. **~verkauf**, der 특별〔기념〕 매출. **~vermögen**, das 〔법〕 특별 재산. **~vollmacht**, die 〔법〕 개별적 대리권(代理權). **~vorstellung**, die 특별 상연. **~wunsch**, der 《대개 Pl.》 특별한 요망(희망). **~ziehungsrecht**, das 《대개 Pl.》 〔경제〕 IMF (국제 통화 기금) 특별 인출권(약어: SZR.). **~zug**, der 임시〔특별〕 열차. **~zuteilung**, die 특별 배급(↑~ration).

sonderbar ['zɔndɐbaːɐ] 〈Adj.〉 진기한, 이상(야릇)한, 기묘한, 별난: sich s. benehmen 이상야릇하게 행동하다. **sonderbarerweise** 〈Adv.〉 기묘[이상]하게도, 진기하게 느껴지게도에도 불구하고. **Sonderbarkeit**, die; -en **a)** 《Pl. 없음》 진기(기묘)성. **b)** 이상한(기이한) 표현[행동 등]. **sondergleichen** 〈Adv., 명사에 후치해서만〉 (감정을 강조해서) 비길 데 없는, 유례가 없는: **Sonderheit**, die, -en 《드물게》 특수성, 진기성. **sonderlich I.** 〈Adj.〉 **1.** 《오직 부정(형) 따위와 결합해서》 **a)** 《부가어적으로만》 특별히(유난히) 큰[강한], 대단한: etw. ohne ~e Mühe schaffen 무엇을 특별한 노력없이 달성하다. **b)** 〈형용사, 동사의 강조시〉 특별히, 매우: sie hat nicht s. gefreut 그녀는 특별히 좋아하지는 않았다. **2.** 별난, 이상한, 기묘한: jmdm. wird s. zumute 누구의 기분이 이상해지다. **II.** 〈Adv.〉《österr., schweiz. 고어》 특히, 무엇보다도. **Sonderlichkeit**, die; -en ↑Sonderbarkeit. **Sonderling** ['zɔndɐlɪŋ], der; -s, -e 별난 사람, 기인(奇人). **¹sondern** ['zɔndɐn] 〈h〉 《아어》 따로 하다, 나누다, 가르다, 떼다: die kranken Tiere von den gesunden s. 병든 동물을 건강한 동물로부터 격리시키다. **²sondern** [-] 〈Konj.〉 《(부정의 뜻이 담긴 문장을 받아 그 반대를 표시하고 언제나 뒷문장의 앞머리에 놓임)》 그렇지 않고(않으며), 그것과는 달리, 반대로 (richtiger gesagt, im Gegenteil): er zahlte nicht sofort, s. überwies den Betrag durch die Bank; 그는 즉각 지불하지 않고, 그 금액을 은행을 통해 송금하였다. 《(복합적인 Konj. 형태로)》 nicht nur..., s.(auch) 뿐만 아니라, …도. **sonders** ['zɔndɐs] ↑samt

(II). Sọnderung, die; -en 《아어》 분리, 선별(選別).

sondieren [zɔnˈdiːrən] 〈h〉 [frz. sonder] **1.** 《교양어》 (상황에 적응할 수 있기 위해서나 계획의 실천 가능성을 타진하기 위해) (조심스럽게) 탐사하다(살펴보다), 의향이나 마음을 떠보다: die öffentliche Meinung s. 여론을 조사해 보다. **2. a)** 〔의학〕 존대(소식자(消息子))로 검사하다, 탐침(探針)하다: eine Wunde[den Magen] s. 선데로 상처[위]를 검사하다. **b)** 기구로 검사하다: den Boden s. 지면을 탐침하다(탐사하다). **3.** 〔해양〕 측심(測深)하다. **Sondierung**, die; -en **1.** ↑sondieren의 명사형(das Sondieren). **2.** 〈대개 Pl.〉 Sondierungsgespräch. **Sondierungsgespräch**, das 탐색적 (예비)회담.

sone: ↑son 참조.

Sonẹtt [zoˈnɛt], das; -(e)s, -e [ital. sonetto] 〔문학〕 소네트, 14행시(詩). **Sonẹttenzyklus**, der 소네트 연작시(連作詩).

Song [sɔŋ], der; -s, -s [engl. song] **1.** 《통용어》 (히트)송, 유행가, 가요: ein S. von den Beatles. 비틀즈의 (히트)송. **2.** (비판적, 교훈적 내용의) 송(가요): ein S. von Brecht 브레히트의 가요. **Songdichter**, der 가요 작가.

sọnn-, Sọnn- (↑sonnen-, Sonnen- 참조): **~abend**: ↑Sonnabend. **~durchflutet**, **~durchglüht**, **~gebräunt** (österr., schweiz.) ↑sonnendurchflutet, -durchglüht, -gebräunt, **~seite**, die (österr., schweiz.) ↑Sonnenseite(반대: Schattseite). **~seitig** 〈Adj.〉(österr., schweiz.) ↑sonnenseitig(반대: schattseitig). **~tag**: ↑Sonntag. **~verbrannt** (österr., schweiz.) ↑sonnenverbrannt. **~wende**, die ↑Sonnenwende. **~wendfeier**, die 북구의 큰 횃불놀이 축제의 하나, 하지제(夏至祭). **~wendfeuer**, das 하지제 때에 붙이는 횃불.

Sonnabend ['zɔn|aːbn̩t], der; -s, -e [일요일 전의 저녁] (nordd.) ↑Samstag. **Sonnabends-**: ↑Dienstag-참조. **sọnnabendlich**, **sọnnabends** 토요일의, 토요일마다(에).

Sonne ['zɔnə], die; -n **1. a)** 〈Pl. 없음〉 태양, 해: die aufgehende[untergehende] S. 떠오르는[지는] 태양; die S. lacht 태양이 구름없는 하늘에서 빛난다; die Sonne meint es gut heute (scheint sehr warm) 햇볕이 오늘 아주 따뜻하다 die Sonne sticht 햇볕이 따갑다; er ist der glücklichste Mensch unter der S. 《아어》 그는 매우 행복하다; 〔성구〕 es gibt (doch) nichts Neues unter der S. 세상에는 새로운 것이 아무것도 없다(예언서 1장 9절). 〔속담〕 die S. bringt es an den Tag; es ist nichts so fein geponnen, es kommt doch an das Licht der ~n 아무리 감쪽같이 숨기려 해도 알려지기 마련이다. **b)** 햇볕, 햇볕(살), 일광, 양지: das Kind hat die S. im Gesicht 일광이 아이의 얼굴을 비치고 있다; geh mir aus der S.! 1) 햇빛을 막지 말아! 2) 썩 물러가도록 해!; er legt sich stundenlang in die S. 그는 여러 시간 누워서 햇볕을 쬐고 있다; **S. im Herzen haben** 〈준고어〉 쾌활한 인간이다. **2.** 《드물게》 **a)** Heizsonne의 약칭. **b)** ↑Höhensonne의 약칭. **sọnnen** 〈h〉 **1. a)** 〈s. + sich〉 (양지에서) 볕을 쬐다, 일광욕을 하다. **b)** 《지역적》 볕에 쬐다(말리다): die Betten s. 침대를 말리다. **2.** 〈s. + sich〉 무엇을 즐기다(자랑하다): sich in seinem Ruhm s. 자신의 명예에 도취하다.

sọnnen-, Sọnnen- 〈대개 Pl.〉 〔천문·의학·물리〕 태양 활동. **~anbeter**, der 〔농〕 일광욕의 예찬자 〔애호자〕. **~anbeterin**, die ↑~anbeter의 여성형. **~anbetung**, die ↑~anbeter (1). **~arm** 〈Adj.〉 〔기상〕 햇빛이 적은. **~aufgang**, der 해돋이, 일출(日出). **~auge**, das 옅은 노란색 꽃이 피는 해바라기

속의 식물. ~**bad**, das 일광욕. ~**baden** ⟨*h*⟩ 일광욕하다. ~**bahn**, die [천문] 황도(黃道), 태양의 궤도. ~**balkon**, der 일광욕용 발코니. ~**ball**, der 〈시어〉 태양. ~**bank**, die ⟨Pl. ..bänke⟩ 의자처럼 생긴 자외선 이용 일광욕 기구. ~**barsch**, der 화려한 색깔의 높은 등과 갈라지지 않은 지느러미를 지닌 농어속. ~**batterie**, die [물리·전자] 태양전지(Solarbatterie, Solarzellengenerator). ~**beglänzt** ⟨Adj.⟩ 〈시어〉 햇빛을 받아 빛나는. ~**beheizt** ⟨Adj.⟩ [기술] 태양 에너지로 난방된. ~**beobachtung**, die 태양 관측. ~**beschienen** ⟨Adj.⟩ 〈아이〉 햇빛을 받은. ~**bestrahlung**, die 일광의 조사(照射). ~**blatt**, das [식물] 햇빛 쪽으로 자라는 잎, 양엽(陽葉). ~**blende**, die 1. 차양. 2. [사진] 렌즈의 후드. ~**blume**, die 해바라기. ~**blumenkern**, der ⟨대개 Pl.⟩ 해바라기 씨. ~**blumenöl**, das 해바라기 기름[유(油)]. ~**brand**, der 1. 햇빛에 의한 화상. 2. 과도한 일광(日射)로 인한 식물 조직의 파괴. 3. 〈아이〉 뙤약볕(↑~glut). ~**bräune**, die (피부의) 그을음, 햇빛으로 탄 피부의 갈색. ~**braut**, die [식물] 미국산 엉거시과 관상식물(Helenium). ~**brett**, das (도물제》《수영장용》 횡목으로 된 나무갈피. ~**brille**, die 선 글라스. ~**creme**, die 햇빛 방지용 크림(↑~schutzmittel). ~**dach**, das 차일(↑~blume). ~**deck**, die (여객선의) 최상갑판. ~**durchflutet** ⟨Adj.⟩ 〈약어〉 햇빛이 넘쳐흐르는. ~**durchglüht** ⟨Adj.⟩ 〈아이〉 햇빛이 작열하는. ~**einstrahlung**, die [기상] ↑Insolation (1). ~**energie**, die [물리] 태양 에너지. ~**fackel**, die [천문] 태양면의 백반(白斑)(보통은 흑점의 주위). ~**farm**, die [기술] 태양 에너지 이용 시설(Solarfarm). ~**ferne**, die [천문] 원일점(遠日點), ↑Aphel. ~**fernrohr**, das 태양 망원경. ~**finsternis**, die 일식(日蝕): eine totale(partielle) S. 개기(부분) 일식. ~**fisch**, der 1. ↑~barsch. 2. [] Mondfisch. ~**fleck**, der ⟨대개 Pl.⟩ [천문] 1. 태양의 흑점. 2. 〈드물게〉 주근깨(↑Sommersprossen). 3. 〈아이〉 햇빛을 받은 면. ~**gebräunt** ⟨Adj.⟩ 햇빛에 그을린[검게 탄]. ~**geflecht**, das [생리] 복강(腹腔) 신경 조직(Solarplexus). ~**gelb** ⟨Adj.⟩ 샛노란(색)의. ~**gereift** ⟨Adj.⟩ 햇빛에 잘 익은. ~**gestirn**, das 〈시어〉 ↑Sonne. ~**glanz**, der 〈시어〉 밝은 햇빛. ~**glast**, der 〈시어〉 ↑glanz. ~**glut**, die 강렬한 뙤약볕(태양의 작열). ~**gott**, der [종교] 태양신. ~**göttin**, die [~gott의 여성형. ~**haus**, das 태양열 난방 건물. ~**heizung**, die 태양열 난방. ~**hell** ⟨Adj.⟩ 〈시어〉 태양처럼(햇빛으로) 밝은, 대낮같이 환한. ~**hitze**, die 태양의 작열, 태양으로 인한 더위. ~**hunger**, der 햇빛에 대한 갈망. ~**hungrig** ⟨Adj.⟩ 햇빛에 주린. ~**hut**, der 1. 차양이 넓은 모자. 2. [식물] 엉거시과의 정원식물(Rudbeckia). ~**jahr**, das [천문] 태양년(年)(Solarjahr). ~**klar** ⟨Adj.⟩ 1. ['--―] 〈아이〉 쾌청한, 양광으로 가득 찬, 화창한. 2. ['--―'] 〈통용어〉 명백한, 분명한, 의심할 여지없는. ~**kleid**, das 〈드물게〉 상반신 노출이 많은 옷, 해변용 옷. ~**kollektor**, der ⟨대개 Pl.⟩ [에너지] 태양열 집열기(Solarkollektor). ~**korona**, die (대개 Pl.) ↑Korona (1). ~**kraftanlage**, die [에너지] 태양에너지 이용(발전)시설. ~**kraftwerk**, das ↑~wärmekraftwerk의 약칭. ~**kringel**, der ⟨대개 Pl.⟩ (높은 구멍이 뚫린 것을 통해서) 햇빛이 평면에 만드는 환상고리. ~**kugel**, die 〈드물게〉 태양(↑~ball). ~**kult**, der [종교] 태양 숭배. ~**licht**, das ⟨Pl. 없음⟩ 햇빛, 일광. ~**liege**, die 누울 수 있는 일광욕용 의자. ~**los** ⟨Adj.⟩ 햇빛이 없는. ~**nah** ⟨Adj.⟩ 태양에 가까운(근접한). ~**nähe**, die [천문] 근일점(近日點)(↑Perihel). ~**oberfläche**, die 태양의 표면. ~**ofen**, der [에너지] 태양열 발전 시설물. ~**öl**, das ↑~schutzöl. ~**paddel**, das [우주] 태양 전지로 작동하는 태양 탐사기의 펼 수 있는 팔[노]. ~**parallaxe**, die [천문] 태양 시차(視差). ~**pflanze**, die [식물] 양생(陽生)식물(반대: Schattenpflanze). ~**plissee**, das 위에서 아래로 넓어지면서 퍼지는 주름천. ~**protuberanz**, die 〈대개 Pl.〉 [천문] 홍염(紅焰)(↑Protuberanz (1)). ~**rad**, das (자주 아이) (바퀴처럼 서술된) 태양, 태양륜(輪). ~**ralle**, die [조류] 황새의 일종(Eurypygidae). ~**reich** ⟨Adj.⟩ [기상] 햇빛 풍부한(반대: ~arm). ~**reiher**, der ↑~ralle. ~**röschen**, das [햇빛에서만 꽃이 개화됨] 백일화(白日花)속. ~**rose**, die (지역적) ↑~blume). ~**scheibe**, die (둥근 원반처럼 상정되는) 태양, 태양륜(↑~rad). ~**schein**, der 1. ⟨Pl. 없음⟩ 일광, 햇빛: sie hatten bei S. das Haus verlassen 그들은 해가 떠 집을 나섰다; [성구] des kleinen Mannes S. ist bumsen und besoffen sein 소인배가 좋아하는 일은 방사(房事)와 음주이다. 2. 《친근》 사랑하는 아이. ~**scheindauer**, die [기상] 일조(日照)시간. ~**schirm**, der 1. 양산. 2. 비취 파라솔. ~**schutz**, der 햇빛[직사 광선]보호(방어]물. ~**schutzcreme**, die ↑~schutzmittel. ~**schutzmittel**, das (직사 광선에 대한) 피부 보호제(약품이나 화장품 따위). ~**schutzöl**, das ↑~schutzmittel. ~**segel**, das 1. (갑판 위의) 차일, 천막. 2. (우주선이나 인공위성에 있는) 태양에너지 이용시설[장치]. ~**seite**, die 양지(陽地)쪽, 남쪽(반대: Schattenseite). ~**seitig** ⟨Adj.⟩ ↑~seite의 형용사형. ~**sicher** ⟨Adj.⟩ 일조(日照)가 확실한, 햇빛이 잘 드는. ~**sonde**, die [천문] 태양 탐사(관측)기. ~**spiegel**, der ↑Heliotrop (3). ~**spitze**, die [수공] 둥근 모티브의 가장자리 장식, 레이스. ~**stand**, der 태양의 위치(위상). ~**stäubchen**, das ⟨대개 Pl.⟩ 일광 중에 보이는 먼지. ~**stern**, der 불가사리. ~**stich**, der [의학] 일사병(日射病): einen S. haben [통용어] 미치다, 이상한 짓을 하다. ~**store**, der 창 커튼. ~**strahl**, der ⟨대개 Pl.⟩ 햇빛[살], 일광, 태양 광선. ~**strahlung**, die 태양 복사(輻射), 일사(日射). ~**strand**, der [광고] 일광과 따뜻함을 보장하는 해변. ~**sturm**, der [천문] 태양 에너지의 폭발. ~**system**, das [천문] 태양계. ~**tag**, der 1. 쾌청한 날. 2. [천문] 지구의 자전 시간(24시간), 일일. ~**tau**, der [식물] 끈끈이주걱. ~**terrasse**, die 일광욕용 테라스. ~**tierchen**, das [동물] 태양충(蟲)(공 모양의 중축사(中軸絲)의 골축(骨軸)을 가진 원생동물)(↑Heliozoon). ~**top**, der [의상] (젖가슴 위로만 가리는) 일광욕용 여성 웃도리. ~**überflutet** ⟨Adj.⟩ 〈시어〉 햇빛이 넘쳐흐르는, 양광 해시세. ~**untergang**, der 일몰, 해넘이. ~**verbrannt** ⟨Adj.⟩ 햇빛에 매우 탄(그을린)(↑~gebräunt). ~**vogel**, der (동양의 벌참새로 불리우는) 태양조(鳥), ~**wagen**, der [신화] 태양신의 마차. ~**wärme**, die 태양열. ~**wärmekraftwerk**, das [에너지] 태양 에너지 발전소. ~**warte**, die 태양 관측소. ~**wende**, die 1. 지점(至點)(Solstitium). 2. ↑ ¹Heliotrop (1). ~**wendfeier**, die ↑Sonnwendfeier. ~**wendfeuer**, das: ↑Sonnwendfeuer. ~**wendigkeit**, die [식물] 향일성(向日性). ~**wind**, der [천문] 태양풍(風)(Solarwind). ~**zelle**, die [물리·전자] 태양 전지.

sonnig [ˈzɔnɪç] ⟨Adj.⟩ 1. a) 햇빛이 비치는(쬐는): die Pflanze braucht einen -en Standort 식물은 햇빛이 쬐는 입지를 필요로 한다. b) 햇빛이 잘 드는(많은): [전의] sie hatten eine -e Jugend 그들은 밝은 젊은 시절을 보냈다. 2. a) 명량[쾌활]한, 개방적인, 친절한: ein -es Kind 쾌활한 아이. b) (반어) 거슬릴 정도로 소박[순진]한: **Sonntag** [ˈzɔnˌtaːk], der; -s, -e [lat. diēs Sōlis, griech. hēmēra Hēlíou] 일요일, 안식일, 주일; Weißer S. 백의의 주일(부활절 다음의 일요일). **Sonn-**

tag-, Sonntagabend, sonntägig, sonntäglich ↑ Dienstag- 등 참조. **sonntags** 〈Adv.〉 일요일에(↑ dienstags 참조).

¹Sonntags-: 《(직업으로서가 아니라 취미로서 영위하거나 서툰 솜씨로 수행하는 행위를 뜻하는 기본어에 대한 규정어로서, 예컨대》 Sonntagsmalerei.

²Sonntags-: ~**anzug**, der (일요일이나 축일에만 입는) 나들이옷, 좋은 옷(반대: Alltagsanzug). ~**arbeit**, die 일요일에 하는 일(작업, 근무). ~**ausflug**, der 일요일의 행락(行樂)[여행]. ~**ausflügler**, der 일요일[주말]의 행락객[여행자]. ~**ausgabe**, die (신문의) 일요판. ~**beilage**, die (신문의) 일요 부록. ~**braten**, der 일요일에 먹는 튀김[구운] 고기. ~**dienst**, der 1. 일요일의 근무[당번]. 2. 일요 근무자. ~**fahrer**, der 《뿜》운전에 미숙한 자, 일요 드라이버. ~**fahrverbot**, das 일요일의 자동차 운행 금지. ~**gesicht**, das 다정한 얼굴 표정. ~**gottesdienst**, der 주일 예배. ~**jäger**, der (반의) 서툰[풋나기] 사냥꾼. ~**junge**, der ↑~kind (1). ~**kind**, das 1. 일요일에 태어난 아이(행운아). 2. ↑Glückskind. ~**kleid**, das 나들이옷, 예복. ~**maler**, der 일요 화가, 아마쥬어 화가. ~**nummer**, die ↑~ausgabe. ~**predigt**, die 주일의 설교(↑~gottesdienst). ~**rede**, die 《뿜》 과장되지 않은 담화[설교]. ~**rückfahrkarte**, die 《옛》 주말 할인 왕복 승차권(차표). ~**ruhe**, die 1. 일요일의 정적[고요]. 2. 일요일의 휴식[안식]. ~**sachen** 〈Pl.〉 《통용어》 일요일의 의상. ~**schule**, die 1. 《옛》 어린이 예배[미사](↑Kindergottesdienst). 2. (특히 아동들을 위한) 주일 학교. ~**spaziergang**, der 일요 산책(산보). ~**staat**, der 《Pl. 없음》《농》과시적인 의상과 액세서리[나들이옷]. ~**vergnügen**, das (반의) 일요일의 도락[향락] 따위. ~**verkehr**, der 전형적인 일요일의 교통. ~**zeitung**, die 일요신문.

Sonnyboy ['sʌnɪ-, (또한) zɔnɪ-], der; -s, -s [engl. sonny boy] 도처에서 호감을 사는 명랑하고 매력적인 젊은이.

Sonogramm [zɔnɪ-], das; -(e)s, -e [lat. sonus] 《의학》 초음파 검사 방법의 결과로 나타난 곡선 도표. **Sonograph**, der; -en, -en 《의학》 초음파 검사기기. **Sonographie**, die; -n [..i:ən] 《의학》 초음파 검사(방법)(↑ Echographie). **sonographisch** 〈Adj.〉 초음파 검사의. **sonor** [zo'no:ɐ̯] 〈Adj.〉 [frz. sonore] 1. 잘 울리는, 낭랑한, 카랑카랑한: ein -es Lachen 낭랑한 웃음. 2. 【언어학】유성음(有聲音)의, 자명(自鳴)음의: -e Konsonanten 유성 자음. **Sonor**, der; -s, -e 【언어학】 유성의 자음(예컨대: m, n, l, r), 유성음. **Sonorität** [zonori'tɛ:t], die 《드물게 교양어》유성성, 자명성. **Sonorlaut**, der; -(e)s, -e 【언어학】 ↑Sonor.

sonst [zɔnst] 〈Adv.〉 1. 다른 때에는(zu anderer Zeit), 딴 경우에는(im anderen Fällen, bei anderen Gelegenheiten), 평상시에는(für gewöhnlich), 보통: Sie sind doch s. nicht so empfindlich 그들은 딴 때엔 그토록 민감하지 않다; er hat es wie s. gemacht 그는 여느 때처럼 했다. b) 옛날에, 그 당시에: s. stand hier doch ein Haus 옛날에는 여기에 집 한 채가 있었지. 2. 그 외에(darüber hinaus), 게다가(im übrigen), 그 밖에(außerdem): s. ist dort alles unverändert 그 외에 거긴 변하지 않았다; haben Sie s. noch Fragen? 그 밖에 또 질문이 있습니까?; [경어] s. noch was? 《경》또 뭐가 있나? 3. (만약) 그렇지 않으면(im andern Fall, andernfalls): tu es jetzt, s. ist es zu spät 지금하라, 그렇지 않으면 너무 늦을 것이다; wer käme s. in Frage? 그렇지 않으면 누가 문제가 되겠는가?

sonst-: 《통용어》 ~**einer** (Indefinitpron.) ↑~jemand. ~**jemand** (Indefinitpron.) 1. 그 밖에 아무나, 임의의 어떤 사람, 누구든 다른 사람(irgend jemand anders). 2. a) 누군가 특수한 자, 아주 특별난 어떤 자: man könnte denken, er ist s. 그는 매우 특별한 어떤 사람이라고 생각할 수 있다. b) 어떤 임의의 악인. ~**was** (Indefinitpron.) 1. 그 밖의 것, 무엇이든 다른 것: nimm einen Hammer oder s.! 망치든지 아니면 그 밖의 무엇이든 들어라! 2. a) 어떤 특수한 것. b) 어떤 나쁜[흉칙한] 것: ~**wer** (Indefinitpron.) ↑~jemand. ~**wie** 〈Adv.〉 1. 다른 어떤 방법으로. 2. 특수한 방법으로. ~**wo** 〈Adv.〉 1. 다른 어떤 곳에. 2. a) 아주 다른 어떤 곳에, 아주 멀리. b) 아주 좋거나, 아주 나쁜 장소에. ~**woher** 〈Adv.〉 다른 어떤 곳으로부터. ~**wohin** 〈Adv.〉 다른 어떤 곳으로.

sonstig ['zɔnstɪç] 〈Adj.〉 그 밖의, 그 외에 또 있는, 다른 때[장소, 방법]의: sein -es Verhalten war gut 그의 그 밖의 행동은 좋았다.

Sood [zo:t], der; -(e)s, Söde ['zø:də; niederd. sōt] (nordd.) 샘, 우물(Brunnen).

sooft [zo'ɔft] 〈Konj.〉 …할 때마다, 아무리 자주 …하더라도: s. er kam, brachte er Blumen mit 그는 올 때마다 꽃을 들고 왔다.

Soor [zo:ɐ̯], der; -(e)s, -e 【의학】(특히 영아의) 아구창(鵝口瘡). **Soormykose**, die 【의학】↑Soor. **Soorpilz**, der 아구창균(菌).

Sophisma [zo'fɪsma], das; -s, ...men [lat. sophisma < griech. sóphisma] 《교양어·드물게》↑Sophismus. **Sophismus** [zo'fɪsmʊs], der; -, ...men 《교양어》궤변(詭辯). **Sophist** [zo'fɪst], der; -en, -en [lat. sophista, sophistēs < griech. sophistḗs] 1. 《교양어·뿜》궤변가. 2. (기원전 4~5세기까지의 고대 그리스의) 궤변학파의 사람, 소피스트. **Sophisterei** [zofɪstə'raɪ], die; -en [lat. sophistria(ars)] 《교양어·뿜》궤변(을 농하기), 궤변적 논변. **Sophistik** [zo'fɪstɪk], die. sophistica (ars) < griech. sophistikḗ(téchnē)] 1. 《교양어·뿜》궤변적 논법(사고 방식), 궤변. 2. 【철학】궤변철학. b) 궤변가의 학설. **Sophistikation** [zofɪstika'tsio:n], die; -en [lat. sophisticatio] 【철학】억지 이론, 허위추론적 논변[논증], 궤변법. **sophistisch** [zo'fɪstɪʃ] 〈Adj.〉 [lat. sophisticus < griech. sophistikós] 1. 《교양어·뿜》궤변적의. 2. 【철학】궤변학파의.

Sophrosyne [zofro'zy:nə, ...ne], die [griech. sōphrosýnē] 《고대 그리스의》 절제[신중]의 미덕.

Sopor ['zo:pɔr, (또한) ...poːɐ̯], der; -s [lat. sopor] 【의학】강한 혼미 상태, 약한 실신 상태(혼수 상태보다는 약한 의식 장애). **soporös** [zopo'rø:s] 〈Adj.〉 ↑Sopor의 형용사.

Sopot [(polan.) 'sɔpɔt], -(e)s, ↑Zoppot의 폴란드어형.

sopra ['zo:pra] 〈Adv.〉 [ital. sopra] 【음악】 1. 위쪽에 (oben: 예컨대 피아노 연주시에 다른 한 손 위로 넘겨 짚는 손의 위치를 표시), 위에. 2. 표시된 음정보다 더 높이 (höher). **Soprano** [zo'pra:no], der; -s, -e [ital. soprano] 【음악】 1. a) 소프라노(최고성부). b) 《Pl. 없음》합창의 소프라노부(파트). 2. 《Pl. 없음》 a) 악곡의 소프라노 쪽. b) 합창에서의 소프라노 성부(Sopranstimme). 3. 소프라노 여가수.

Sopran- 【음악】: ~**blockflöte**, die ↑~**flöte**, die 소프라노(음에 맞춘) 블록 플루트. ~**instrument**, das (같은 종류의 알토 악기보다 5도 높여 맞춘) 소프라노 악기. ~**lage**, die 소프라노의 음역(성조)및 음색. ~**partie**, die 악보[악곡]의 소프라노 성부. ~**sänger**, der ↑Sopranist. ~**sängerin**, die ↑~sänger의 여성형. ~**schlüssel**, der 최고 음부 기호(最高音部記號). ~**solo**, das 소프라노 독창(곡). ~**stimme**, die 1. Sopran (1 a). 2. a) 합창의 소프라노 성부. b) 소프라노 용 악보.

Sopranist [zopraˈnɪst], der; -en, -en 소프라노 가수(대개 소년). **Sopranistin**, die; -nen 소프라노 여가수. **Sopraporte** [zopraˈpɔrtə], Supraporte [zu...], die; -n [ital. soprapporta] [건축] (특히 르네상스와 바로크 양식의) 문 위쪽 벽 부분의 장식부.

Sorabist [zoraˈbɪst], der; -en, -en [lat. sorabicus = sorbisch] **a)** 소르비아(구동독 남동부에 살고 있는 서슬라브계 종족; 일명 벤트족(Wende)) 어문학자. **b)** 소르비아학 연구자. **Sorabistik**, die 소르비아학(學). **Sorbe** [ˈzɔrbə], der; -n, -n (서슬라브 민족의) 소르브인(人), 벤트인(人). **sorbisch** [ˈzɔrbɪʃ] 〈Adj.〉 소르브(인)의. **Sorbisch**, das; -(s) (오직 정관사와 함께) 소르브어. **Sorbische***, das 소르브어.

Sorbet [ˈzɔrbət, (또한) zɔrˈbeː], der (또는) das; -s, -s, **Sorbett** [zɔrˈbɛt], Scherbett [ʃɛrˈbɛt], der / das; -(e)s, -e [(frz. sorbet <) ital. sorbetto < türk. serbet] [음식] **1.** 크림이나 얼음사탕을 넣은 와인이나 쥬스 따위의 청량 음료. **2.** 샤베트.

Sorbi-: ↑Sorbus의 복수형. **Sorbinsäure** [zɔrˈbiːn-], die; -n [lat. sorbum] [화학] 소르빈 산(酸). **Sorbit** [zɔrˈbiːt, zɔrˈbɪt], der; -s [화학] 소르비트(단맛이 나는 알코올의 일종). **Sorbose** [zɔrˈboːzə], die [화학] 소르비트에서 생겨나는 단순 탄산화물(化物). **Sorbus** [ˈzɔrbus], die; ...bi [lat. sorbus] 마가목속(屬), 마가목류의 나무나 그 열매.

Sordine [zɔrˈdiːnə], die; -n [음악] ↑Sordino. **sordiniert** [zɔrdiˈniːɐt] 〈Adj.〉 [음악] 약음기(弱音器)가 달린, 약음기로 연주하는. **Sordino** [zɔrˈdiːno], der; -s, -s /...ni [음악] 약음기(1). **Dämpfer** (1). **Sordun** [zɔrˈduːn], der (또는) das; -s, -e [ital. sordone] (16,17세기의) 파곳이나 오보에와 유사한 목관악기.

Sore [ˈzoːrə], die; -n [jidd. sechore < hebr. seˈḥôrā] [부랑자] 장물(Diebesgut).

Sorge [ˈzɔrɡə], die; -n [mhd. sorge, ahd. sorga] **1. a)** 〈Pl. 없음〉 불안(근심, 걱정)스러운 감정: keine S., wir schaffen das schon! 걱정마, 우린 꼭 해낸다니까!; ich habe (große) S., ob du das durchhältst 너가 그걸 견뎌낼지, 난 의심하고 있어; ich sehne mich in S. um dich (um deine Gesundheit) 난 네가(너의 건강이) 매우 염려스러워. **b)** (사람이나 사물에 대한) 불안한(걱정스러운) 생각: das ist eine große S. 그것은 매우 심각한 우려이다; -n peinigen mich unruhig 불안한 생각들이 나를 괴롭힌다; (finanzielle, berufliche) -n haben (재정적인, 직업적인) 우려를 갖다; ich mache mir -n um dich 나는 너를 걱정하고 있다; mach dir darum (darüber, deswegen) keine -n 그런 것 때문에 불안해 하진 마!; die -n vertreiben 불안한 생각을 쫓아(떨쳐)버리다; [경구] der hat -n! (통용어·반어) 그는 아무것도 아닌 일로 흥분한단 말이야!; deine -n möchte ich haben! (통용어·반어) 자넨 걱정도 팔자로 하네!; kleine Kinder, kleine -n — große Kinder, große -n (↑Kind 2) 자녀가 어리면 작은 걱정, 커지면 큰 걱정이다. **2.** 〈Pl. 없음〉 누구를 위한 배려(애씀), 돌보아 줌, 보호, 임무, 관심: die Zukunft seiner Kinder war seine größte S. 아이들의 장래가 그의 가장 큰 관심거리였다; das laß nur meine S. sein 그것은 내가 돌볼게(내게 맡겨라); **für jmdn. (etw.) S. tragen** (아이) 누구(무엇)를 돌보다. **sorgen** [ˈzɔrɡn̩] 〈h〉 **1.** 〈s. + sich〉 sich um jmdn. (etw.) s. 누구(무엇)를 근심(걱정)하다: du brauchst dich nicht zu sorgen, daß mir etwas passiert 나한테 무슨 일이 일어날까 염려할 필요는 없다니까. **2. a)** 돌보다, 보살피다: wer sorgt während unserer Abwesenheit für den Garten? 우리가 없는 동안 누가 정원을 보살피지? **b)** 배려하다, 애쓰다, 조달하다: hier ist für alles gesorgt 여기는 모든 것이 다 마련[준비]되어 있다; für die Kinder ist gesorgt 아이들의 장래는 걱정없다, 보장[배려]되어 있다. **c)** (되색한) 야기하다, 결과를 낳다: sein Auftritt sorgte für eine Sensation 그의 등장은 센세이션을 야기시켰다.

sorgen-, Sorgen-: ~**brecher**, der 《통용어·농》(근심을 없애는) 알코올, 술. ~**falte**, die 《대개 Pl.》(고뇌를 상징하는) 이마의 주름. ~**frei** 〈Adj.〉 근심[걱정]없는, 마음 편한. ~**freiheit**, die ↑frei의 명사형. ~**kind**, das 부모를 걱정시키는 아이[자식], 남의 속을 썩이는 일[사람]. ~**last**, die 짐이 되는 걱정 거리. ~**los** 〈Adj.〉 걱정[근심]없는. ~**losigkeit**, die ↑-los의 명사형. ~**schwer** 〈Adj.〉 《아이》 걱정이 태산 같은, 걱정 투성이의. ~**stuhl**, der 《준고어》 안락의자. ~**voll** 〈Adj.〉 걱정으로 가득 찬, 근심이 많은.

Sorgepflicht, die; -en 보호(부양) 의무. **Sorgerecht**, das; -(e)s, -e [법] 보호(부양)권: bei einer Scheidung muß das S. geregelt werden 이혼시엔 부양권이 타결되어야 한다. **Sorgfalt** [ˈzɔrkfalt], die 면밀성[정확성], 꼼꼼함[세심성], 신중성[주의깊음]: große S. auf etw. verwenden 어떤 것을 매우 꼼꼼하게 다루다. **sorgfältig** [ˈzɔrkfɛltɪç] 〈Adj.〉 꼼꼼한, 면밀한, 세심한, 신중한, 주의깊은: man ermahnte ihn, in seinen Abrechnungen künftig -er zu sein 그는 앞으로 결산할 때 더욱 신중을 기하도록 경고받았다. **Sorgfältigkeit**, die ↑Sorgfalt. **Sorgfaltspflicht**, die 특별한 주의(注意) 의무.

Sorgho [ˈzɔrɡo], der; -s, -s, **Sorghum** [ˈzɔrɡum], das; -s, -s [ital. sorgo] 수수속(屬)의 곡물.

sorglich 〈Adj.〉 《준고어》 꼼꼼한[세심한], 근심하는[불안한], 배려깊은: mit den Büchern s. umgehen 책을 조심스럽게 다루다. **Sorglichkeit**, die ↑sorglich의 명사형. **sorglos** 〈Adj.〉 **a)** 부주의한, 경솔한, 조심성 없는. **b)** 태평한, 근심[걱정]하지 않는: ein -es Leben 걱정없는 삶; er lebte s. in den Tag hinein 그는 하루하루 태평하게 살았다. **Sorglosigkeit**, die ↑sorglos의 명사형. **sorgsam** [ˈzɔrkzaːm] 〈Adj.〉 주의깊은, 주도면밀한, 신중한: bei -ster Pflege ist eine Besserung möglich 주의깊게 간호할 때 회복이 가능하다. **Sorgsamkeit**, die ↑sorgsam의 명사형.

Sororat [zoroˈraːt], das; -(e)s [lat. soror] [인종] 부인의 사후에 그 여동생과 결혼하는 관습.

Sorption [zɔrpˈtsi̯oːn], die; -en [↑Absorption의 약칭] [화학] 수착(收着).

Sorte [ˈzɔrtə], die; -n [ital. sorta] **1.** 종류, 품종, 품목: die einzelnen -n sind am Geschmack zu unterscheiden 각 품종은 맛에서 구별될 수 있다; diese S. (von) Rosen braucht viel Sonne 이 품종의 장미는 많은 햇빛이 필요하다; bitte ein Pfund von der besten S.! 최고급품으로 일 파운드 주세요!; [전의] er ist eine seltsame S. (Mensch) 《통용어·경멸》 그는 괴상한 인간이다. **2.** 〈Pl.〉 Devisen (b).

sorten-, Sorten-: ~**auswahl**, die (한 상품 중에서의) 품목 선택. ~**fertigung**, die ↑-produktion. ~**geschäft**, das, ~**handel**, der [금융] 환전업(換錢業). ~**kalkulation**, die [경제] 한 품목의 생산 원가 계산. ~**kreuzung**, die [생물] 품종 교배. ~**kurs**, der [금융] 외화 교환 비율. ~**liste**, die 품목표[리스트]. ~**markt**, der 외환 시장. ~**produktion**, die 다양한 품목의 상품들을 (특정 과정에 이르기까지는) 일괄적으로 제조하는 방법. ~**rein** 〈Adj.〉 [생물·농업] 순종의. ~**schutz**, der [농업·원예] 육종[품종] 보호. ~**verzeichnis**, das ↑~zettel. ~**zettel**, der [상] 상품 리스트, 품목 명세서.

Sorter [ˈsɔːtɐ], der; -s, - [engl. sorter] 분류기, 자동 선별기. **Sortes** [ˈzɔrteːs] 〈Pl.〉 [lat. sortēs] 고대에 신탁을

물을 때 사용한 나무나 청동으로 된 막대기나 판대기.
sortieren [zɔr'tiːrən] ⟨h⟩ [ital. sortire] 분류하다, 가려내다, 정리하다: die Wäsche in den Schrank s. 내의들을 옷장에 분류해 넣다; [전의] ich muß erst meine Gedanken s. 나는 우선 내 생각을 정리해야 한다. **Sortierer**, der; -s, - **a)** 선별공, 분류자. **b)** 분류기[자동 선별기]에서 일하는 사람. **c)** ↑Sortiermaschine. **Sortiererin**, die; -nen ↑Sortierer의 여성형. **Sortiermaschine**, die [전산] 자동 선별기. **sortiert** ⟨Adj.⟩ **1.** 분류된. **2.** 정선된, 고가의, 선택된, 품질 좋은: -e Ware 품질 좋은 상품. **Sortierung**, die; -en **1.** ⟨Pl. 없음⟩ 분류, 구분, 선별: er ist mit der S. seiner Briefmarken beschäftigt 그는 우표 분류에 열중하고 있다. **2.** 풍부한 품목[종류]. **Sortilegium** [zɔrti'leːgiʊm], das; -s, ...ien [...iən; lat. sortilegium] (고대의 신탁을 묻는 목제 또는 청동제) 제비에 의한 예언, 제비로 점치기. **Sortiment** [zɔrti'mɛnt], das; -(e)s, -e [ital. sortimento] **1.** 갖추어 놓은 물품 전체, 공급 물품[품목]: wir wollen unser S. an Lebensmitteln noch vergrößern 우리들은 식료품의 품목을 더 확대시키고자 한다. **2. a)** ↑Sortimentsbuchhandel의 약칭. **b)** (드물게) ↑Sortimentsbuchhandlung의 약칭. **Sortimenter**, der; -s, - ⟨은어⟩ 서적 소매상에서 일하는 점원.
sortiments-, Sortiments-: **~buchhandel**, der 서적 소매상. **~buchhändler**, der 서적 소매업자. **~buchhandlung**, die 서적 소매상[책방]. **~fremd** ⟨Adj.⟩ 정규 판매 품목이 아닌. **~gerecht** ⟨Adj.⟩ (특히 구둔독) 상품 공급(품목)에 상응하는.
Sortita [zɔr'tiːta], die; ...ten [ital. sortita] [음악] 18세기 이탈리아 오페라에서 주인공이나 프리마돈나가 부르는 제일 첫 아리아.
SOS [ɛsloː'ɛs], das; - [engl. save our ship(od. souls)의 약칭] (조난선) 구조의 국제 무선 신호: SOS funken 무전으로 구조 신호를 보내다.
sosehr [zoːzeːɐ̯] ⟨Konj.⟩ 아무리 …하여도: er mußte handeln, s. er auch am liebsten zurückgewichen wäre 그는 뒤로 물러서버리고 싶은 마음이 간절했지만 행동하지 않을 수 없었다. **soso** [zoː'zoː] **I.** ⟨Interj.⟩ **a)** (반어 또는 의심을 나타냄) 그럴 듯하군: s., du warst also gestern krank 그럴 듯하군, 그래 자넨 어제 아팠다지. **b)** (언급에 대해서 비교적 무관심한 태도를 나타냄) 그래 그런가: „Wir haben schön gespielt." „S., das ist recht." "우리 멋지게 연주했지." "그래 괜찮았어." **II.** ⟨Adv.⟩ (통용어) 그럭저럭, 겨우, 보통, 어느 정도로는: „Wie geht es dir, wie war es?" „S." "어떻게 지내니, 괜찮았어?" "그럭 저럭이야."
sospirando [zɔspi'rando], **sospirante** [zɔspi'srantə] ⟨Adv.⟩ [ital. sospirando] [음악] (특히 5성부로 된 성악곡에서) 흐느끼면서.
SOS-Ruf [ɛsloː'ɛs-], der; -(e)s, -e 긴급 구조 신호: der S. wurde nicht gehört SOS의 신호가 수신되지 못했다.
Soße, (또한) **Sauce** ['zoːsə], die; -n [frz. sauce] **1.** 소스. **2.** [연초] ↑Beize (1 f). **3.** (편) ↑Brühe (3).
soßen ['zoːsn̩] ⟨h⟩ [연초] ↑saucieren.
Soßen-: **~koch**, der ↑Saucier. **~löffel**, der 소스 스푼. **~rezept**, das 소스 만드는 처방. **~schüssel**, die ↑Sauciere.
soßieren [zo'siːrən] ⟨h⟩ [연초] ↑saucieren 참조.
sost. = sostenuto.
sostenuto [zɔste'nuːto] ⟨Adv.⟩ [ital. sostenuto] [음악] (약어: sost.) **a)** 소스테누토, (강도에 있어서) 균일하게, 음을 유지하다. **b)** (속도에 있어서) 약간 더 느리게, 각 음표를 충분히. **Sostenuto** [-], das; -s, -s / ...ti ⟨음악⟩ 위의 속도로 연주된 악곡.

Sotadeus [zota'deːʊs], der; -, ...ei [...'deːi; lat. Sōtadēus 기원전 3세기 고대 그리스 시인 Sotades (griech. Sōtádēs) 방식] [운율] (고대 운율학에서) 운각(韻脚)이 된 분류[약음 4 운각구(韻脚句)].
sotan [so'taːn] ⟨Adj.⟩ [mhd. sōtān] ⟨고어⟩ 그러한 (solch), 역사한.
Soter [zoː'teːɐ̯], der; -, -e [lat. sōtēr < griech. sōtḗr] **a)** [기] 예수 그리스도의 존칭[경칭]. **b)** 군주나 고대 그리스·로마시대의 신들의 명칭. **Soteriologie** [zoteriolo'giː], die [신학] 예수 그리스도의 구원론[구제론]. **soteriologisch** ⟨Adj.⟩ 구세론의.
Sotie [zo'tiː] ↑Sottie의 프랑스어 표기.
sott: ↑sieden 참조.
Sott [zɔt], der / das; -(e)s [niederd. sōt] ⟨nordd.⟩ 매연, 검댕, 그을음.
sötte ['zœtə] ↑sieden 참조.
Sottie [zɔ'tiː], die; -s [frz. sotie] [문예학] (운문으로 된 반교황적인) 풍자 무대극.
sottig ['zɔtɪç] ⟨Adj.⟩ ⟨nordd.⟩ 그을린.
Sottise [zɔ'tiːzə], die; -n (대개 Pl.) [frz. sottise] (교양어·준고어·편) 우둔하고 무례한 말(씨)(언표), 거리낌 없이 평하는 말[짓].
sotto ['zɔto] ⟨Adv.⟩ [ital. sotto] [음악] 솟토, (양 손을 교차해서 피아노를 칠 때) 다른 손 아래로(에서). **sotto voce** ['zɔto 'voːtʃə] ⟨Adv.⟩ [이탈] [음악] 소토 보체, 억제된 음으로(약어: s. v.), 작은 소리로.
Sou [su], der; -, -s [frz. sou] **a)** (옛) 5상팀의 프랑스 동전. **b)** (통용어) 보잘 것 없는 금전[동전]: dafür gebe ich keinen S. aus 그런 일에는 나는 한 푼도 쓸 수 없다.
Soubrette [zu'brɛtə], die; -n [frz. soubrette] [음악·연극] **a)** (희가극, 창극, 캬바레의) 소프라노를 위한 익살 역, 수브레트. **b)** 위의 역을 전문으로 맡는 여가수. **Soubrettenfach**, das ↑Soubrette (a): sie ist vom S. 그녀는 수브레테 전문이다.
Souchong [zu'ʃɔŋ], der; -(s), -s [engl. souchong < chines. hsiao-chung] 수송(중국산 홍차의 일종). **Souchongtee**, der ↑Souchong.
Soufflé [zu'fleː], das; -s, -s [frz. soufflé] [요식] 수플레(눈 모양의 계란 흰자위 음식; 푸딩, 슈크림 종류).
Souffleur [zu'fløːɐ̯], der; -s, -e [frz. souffleur] [연극] 프롬프터, 후견역(後見役). **Souffleurkasten**, der [연극] 프롬프터가 들어앉는 자리. **Souffleuse** [zu'fløːzə], die; -n [연극] ↑Souffleur의 여성형. **soufflieren** [zu'fliːrən] ⟨h⟩ [frz. souffler] **a)** 프롬프터로 일하다. **b)** (편) 누구에게 말할 것(대사(臺詞))을 미리 일러 주다, 후견 역할을 하다.
Souk [zuːk] ↑Suk.
Soul [soʊl], der; -s [engl.-amerik. soul] **a)** 흑인 영가, 솔: er begeistert das Publikum mit sanftem S. 그는 부드러운 흑인 영가로 청중을 열광시켰다. **b)** 흑인 영가에 따라 짝지어 추는 춤.
Soulagement [zulaʒə'mã:], das; -s, -s [frz. soulagement] ⟨고어⟩ 보조(補助), 경감(Erleichterung).
Soulmusik, die ↑Soul (a). **Soulmusiker**, der; -s, - 흑인 영가 연주가.
Sound [saʊnd], der; -s, -s [engl. sound] (재즈와 록 음악에서) 특징적인 사운드(음, 음향). **Soundcheck**, der [engl.-amerik. sound check] (재즈나 로크 앤드롤의 연주 전에 하는) 음향 (효과) 테스트. **Soundtrack** ['-trɛk], der; -s, -s [engl.-amerik. sound track] [영화] **a)** 사운드 트랙(유성 영화 필름의 음성녹음 채널). **b)** 영화(에 딸린) 음악.
soundso [zoː'ʊnt'zoː] ⟨통용어⟩ **I.** ⟨Adv.⟩ 이러저러하게, 이렇게도 저렇게도: ich habe ihm s. oft gesagt, (er soll...) 나는 그에게 (…해야 할 것이라고) 이렇게 저렇게

자주 말한 바 있다. II. 〈Adj.〉 (구체적인 명시가 중요하지 않거나 의도적으로 기피될 때의) 이러이러한: Paragraph s. 이러이러한 항(項). **soundsovielt...** 〈Ordinalz.〉 (통용어) (숫자의 명시가 중요하지 않거나 의도적으로 기피될 때): er hat am -en Januar einen Termin 그는 정월 어느날에 스케줄이 있다.

Soupçon [sʊ'psõː], der; -s, -s [frz. soupçon] 《교양어·고어》 의문, 혐의, 의혹.

Souper [zu'peː], das; -s, -s [frz. souper] (아어) 만찬(회): jmdm. zum S. einladen 누구를 만찬회에 초대하다. **soupieren** [zu'piːrən] 〈h〉 [frz. souper] (아어) 만찬을 들다: bei[mit] jmdm. s. 누구에게서[누구와] 만찬을 들다.

Sour [zaʊɐ, 《engl.》 saʊə], der; -(s), -s [engl. sour] 독한 레몬 칵테일.

Sousaphon [susa'foːn], das; -s, -e [미국 작곡가 J. Ph. Sousa(1854~1932)의 이름에 따라] 수자폰(Tuba 류의 관악기).

Souschef ['zuː-, (또한) 'suː-], der; -s, -s [frz. sous-chef] 1. 【요식】주방장 대리. 2. 《schweiz.》 역장의 대리인.

Soutache [zu'taʃə], die; -n [frz. soutache] 《의복》꾸밈줄, 가늘게 꼰 줄. **soutachieren** [zuta'ʃiːrən] 〈h〉 [frz. soutacher] 【섬유】 (옷의) 가장자리에 가는 줄을 두르다.

Soutane [zu'taːnə], die; -n [frz. soutane] (옛) 수단(가톨릭 성직자의 통상복). **Soutanelle** [zuta'nɛlə], die; -n [frz. soutanelle] (옛) 가톨릭 성직자의 무릎까지 이르는 프록 코트.

Souterrain ['zuːtɛrɛ̃ː], das / (지역적) der; -s, -s [frz. souterrain] (반)지하층: eine Wohnung im S. 주거용 지하층. **Souterrainwohnung**, die 집의 지하층에 있는 주거(주택).

Souvenir [zuvə'niːɐ̯], das; -s, -s [frz. souvenir] 기념(품) [전의] 의 Narbe an der Stirn ist ein S. aus dem 2. Weltkrieg 이마의 상흔은 2차 대전이 남긴 것이다. **Souvenirladen**, der 기념품 가게.

souverän [zuvə'rɛːn] 〈Adj.〉 [frz. souverain] 1. 주권을 행사하는(갖는), 독립적인: ein -er Staat 주권 국가. 2. (준어) **a)** 절대의, 독재[전제]의: ein -er Monarch 전제적 군주. **b)** 무제한의: die -en Rechte eines Staates 무제한적 국가 권력. 3. (아어) 침착한, 태연한: die Lage s. meistern 상황을 침착하게 극복하다. **Souverän** [-], der; -s, -e [frz. souverain] 1. 《준어》 (전체)군주[통치자]. 2. 《schweiz.》 전체 주권자(선거 주민): etw. wird vom S. mit großer Mehrheit angenommen 무엇이 전체 유권자에 의해서 다수결로 받아들여진다. **Souveränität** [zuvəreni'tɛːt] 1. 주권. 2. 국가의 (자주) 독립: die S. eines Landes respektieren 한 국가의 독립(권)을 존중하다. 3. (아어) 탁월성, 안정성, 침착성. **Souveränitätsanspruch**, der 한 국가의 (자주) 독립에 대한 요구. **Souveränitätsrecht**, das (대개 Pl.) 자주 독립권.

soviel [zo'fiːl] I. 〈Konj.〉 1. ···에 따르면, ···하는 한: s. ich weiß, kommt er heute nicht 내가 아는 바로는, 그는 오늘 온다. 2. (아예와 함께) 설령 ···일지라도: s. er sich auch abmüht, er kommt auf keinen grünen Zweig 설령 그가 노력한다 할지라도 그는 결코 성공(출세)하지 못하리라(욥기 15장 32절). II. 〈Indefinitpron.〉 그만큼, 그(와 같은) 정도의: er hat s. bekommen wie(《드물게》als) sein Bruder 그는 그의 형만큼 받았다; er nimmt s. wie[als] möglich 그는 할 수 있는 정도로는 지참한다. **sovielmal** 〈Konj.〉 그토록 자주(sooft): s. er es auch versuchte, es war vergebens 그는 아무리 자주 시도해 보았지만 허사였다.

Sowchos ['zɔfçɔs, -'-], der / das; -, -e [...'çoːzə russ. sowchos] ↑ Sowchose. **Sowchose** [zɔfçoːzə], die; -n 소브호즈(구소련 국영 농장).

soweit [zo'vaɪt] I. 〈Konj.〉 1. ···하는 한, ···에 따르면 (nach dem, was...): s. ich weiß, ist er verreist 내가 아는 한 그는 여행을 떠나고 없다. 2. ···만큼은[정도로는], ···까지는: s. ich dazu in der Lage bin, wie[als] möglich helfen 내가 할 수 있는 데까지는 기꺼이 돕고자 한다. II. 〈Adv.〉 대체로, 일반적으로는: wir sind s. zufrieden 우리들은 대체로 만족한다; s. wie[als] möglich werden wir ihm helfen 가능한 테두리 안에서는 우리는 그를 도와줄 것이다; **s. sein** 《통용어》1) 완료(준비)되다. 2) (비인칭) (특정 시점까지는) 진척되어 있다.

sowenig [zo've:niç] I. 〈Konj.〉 아무리 적은 양이라 하더라도 (항상): s. er auch davon weiß, er will immer mitreden 그는 그것에 관한 지식이 아무리 적다 하더라도 항시 참견하고자 한다. II. 〈Indefinitpron.〉 같은 정도로 적은: ich habe s. Geld wie du, also müssen wir den Plan aufgeben 나는 너와 마찬가지로 돈이 없다, 고로 우린 그 계획을 포기하지 않을 수 없다; rauchen Sie s. wie[als] möglich (*möglichst wenig*) 가능한 이 담배를 적게 피우시오. **sowie** [zo'viː] 〈Konj.〉 1. 그리고 (그 밖에) 또 역시, 및, 아울러, ···와 마찬가지로. 2. ···한 순간에, ···하자마자 동시에: s. sie uns sahen, liefen sie davon 그들은 우리를 보자마자 달아났다. **sowieso** [zoviː'zoː] 〈Adv.〉 하여간, 어차피: das brauchst du ihm nicht zu sagen, das weiß er s. schon 너는 그에게 그 말을 할 필요는 없다, 어차피 그는 그것을 이미 알고 있다. **das ist s.!** 《통용어》그것은 자명하다! **Sowieso** ['zoːvizoː] 《통용어》(다음과 같은 용법으로). **Herr (Frau, Direktor, Graf) S.** 이러이러한 신사(부인, 이사, 백작), 모(某)씨(부인, 이사, 백작).

Sowjet [zo'vjɛt, (또한) 'zɔvjɛt], der; -s, -s [russ. sowjet] 1. (역사적) ↑ Rat (3 c). 2. (구소련에서는) 노동자 대표회의, 소비에트(자치 기구): ein städtischer S. 시(市) 소비에트; der Oberste S. (*oberste Volksvertretung der Sowjetunion*) 소비에트 최고회의. **Sowjet-**: **~armee**, die 구소련 군대. **~bürger**, der 소비에트 연방의 국민, 구소련 국민. **~literatur**, die 1925년경 이후의 구소련 문학. **~mensch**, der 구소련인(人). **~regierung**, die 구소련 정부. **~regime**, das 구소련 정권. **~republik**, die (소비에트 연방을 구성하는) 소비에트 공화국. **~russe**, der 《통용어》 구소련인. **~russisch** [...rʊsɪʃ] 〈Adj.〉 《통용어》 구소련의. **~rußland** [...rʊslant], 《통용어》 구소련. **~stern**, der 구소련의 상징인 붉은 별. **~union** [...unio̯n], die 구소련(방); 약어: SU; ↑ UdSSR). **~wissenschaft**, die 소비에트학 Sowjetologie. **~zone**, die **a)** (제2차 대전 후의 독일의) 구소련 점령지구. **b)** 《구서독에서 준고어·폄》 구동독(DDR).

sowjetisch 〈Adj.〉 소비에트의. **sowjetisieren** [zɔvjɛti'ziːrən / ...jɛti...] 〈h〉 (폄) 소비에트식으로 구조화(재편성)하다, 소비에트화하다: ein besetztes Gebiet s. 점령지역을 소비에트화하다. **Sowjetisierung**, die ↑ sowjetisieren의 명사형. **Sowjetologie**, die 소련학(學).

sowohl [zo'voːl] 〈Konj.〉 《다음의 용법으로》 **s. als (wie) (auch)** ···도 ···도, ···과 마찬가지로 ···도 또한: er spricht s. Englisch als (auch) Französisch 그는 영어와 마찬가지로 불어도 말한다; s. er wie (auch) sie waren 《드물게》 war) erschienen 그도 그녀도 다 나타났다.

Sozi ['zoːtsi], der; -s, -s 《통용어·준고어·폄》 ↑ Sozialdemokrat의 약칭. **Sozia** ['zoːtsia], die; -s (농) ↑ Sozius (2 b)의 여성형. **soziabel** [zo'tsiaːbl] 〈Adj.〉

[frz. sociable] [사회] (꺼이이) 사회에 적응할 수 있는, 사교적인, 상냥한. **Soziabilität** [...iabili'tɛ:t], die [사회] 사회적 태도, 사교성, 붙임성. **Soziabilisierung**, die; -en [사회] 사회화의 첫단계. **sozial** [zo'tsi̯a:l] ⟨Adj.⟩ [frz. social] 1. a) 사회의, 사회적인: -e Lasten 사회복지 분담금. b) 사회(복지)의, 사회(봉사)의, 사회적 연대감이 강한: -e Ordnung(Bewegung) 사회 질서(운동); die -e Frage 사회 문제; die -e Revolution 사회(노동) 혁명. c) 사회(집단 귀속)적인: es besteht ein -es Gefälle 사회 계층적 낙차가 존재한다. d) 공익[보편성]에 기여하는, 사회적 유대 의식을 증진시키는: das Netz -er Sicherungen weiter ausbauen 사회(복지)적 안정망을 계속 확대시키다; -e Einrichtungen 사회적 공익 시설. 2. 《동물의 경우》 군거(群居)하는, 집단 형성적인(반대: solitär): -e Insekten 집단 생활하는 곤충.
sozial-, Sozial-: **~abbau**, der 사회 복지비의 삭감. **~abgaben** ⟨Pl.⟩ 사회 보장[보험] 분담금, 사회 보험료. **~amt**, das 사회 복지국(局), 복지 사무소. **~anthropologie**, die 사회 인류학. **~arbeit**, die 사회 봉사 활동, 사회 사업. **~arbeiter**, der 사회 사업가. **~arbeiterin**, die ↑~arbeiter의 여성형. **~beiträge** ⟨Pl.⟩ ↑~abgaben. **~beruf**, der 사회 봉사직(업). **~bevollmächtigte'**, der / die 《동독》 사회 보험 전권 위원. **~bindung** (다음 용법으로) S. des Eigentums 공익을 위해 재산을 사용해야 하는 의무. **~brache**, die 국가 경제적 이유로 휴경하게 된 경작지. **~demokrat**, der 1. 사회민주주의자. 2. 사민당원. **~demokratie**, die 사회 민주주의. **~demokratisch** ⟨Adj.⟩ 사회민주주의의. **~demokratismus**, der 《구동독·폄》 반증적 경향의 사회민주주의 노선(이념). **~einkommen**, das 복지 후생 보조금(예컨대 실업 수당, 주택 수당, 지원금 등등). **~etat**, der 《구동독》 사회 복지 관계 예산. **~ethik**, die 사회 윤리. **~fall**, der 사회 보조 의존자, 사회 복지 수혜자. **~fonds**, der 《구동독》 ↑~etat. **~fürsorge**, die 《구동독》 ↑~arbeit. **~geographie**, die 사회 지리학. **~gericht**, das 사회 복지 관계 재판소. **~gerichtsbarkeit**, die 사회 복지 관계 재판권(의 행사). **~geschichte**, die 사회사. **~gesetzgebung**, die 사회 복지 관계 입법. **~hilfe**, die (빈민 구제의) 사회 복지(사업). **~hygiene**, die 공중 위생. **~imperialismus**, der 1. 사회제국주의(제1차 세계 대전시에 레닌이 사용한 표현). 2. (반대자들이 소련의 외교정치적 실천을 지칭하는) 사회제국주의. **~kritik**, die ↑Gesellschaftskritik. **~kritisch** ⟨Adj.⟩ 사회 비판의. **~kunde**, die (교과목의 하나로서의) 사회과(科). **~lasten** ⟨Pl.⟩ 사회 보장(복지) 분담금. **~leistungen** ⟨Pl.⟩ 사회 복지(후생) 사업(이념). **~liberal** ⟨Adj.⟩《구서독》 a) 사회민주주의의 자유민주적 목표를 지향하는. b) 사민당(SPD)과 자민당(FDP)의 연합 정권의. **~lohn**, der 업적이 아닌 사회적 요인에 따라 지불되는 임금. **~medizin**, die 사회 의학. **~morphologie**, die [사회] 사회 형태론. **~ökologie**, die 사회 생태학(生態學). **~ökonomie**, die 사회 경제학. **~ökonomisch** ⟨Adj.⟩ 사회 경제학의. **~pädagoge**, der 사회 교육(담당)자. **~pädagogik**, die 사회 교육학. **~pädagogisch** ⟨Adj.⟩ 사회 교육학의. **~partner**, der (특히 임금 협상시의) 사용자나 노동자, 또는 그 단체나 대변자들. **~partnerschaft**, die 노사간의 공동이익 추구적 관계. **~plan**, der 《사회 (복지)지원계획. **~politik**, die 사회(복지)정책. **~politisch** ⟨Adj.⟩ 사회(복지) 정책의. **~prestige**, das 사회적 (지위에 기초한) 명망. **~produkt**, das 〔경제〕(1년간의) 국민 총생산(고). **~psychologie**, die 사회심리학. **~recht**, das ⟨Pl. 없음⟩ 사회 복지 수혜의 권리. **~reform**, die 사회 개혁. **~reformismus**, der 《구동독·폄》 사회개혁주의(↑

~demokratismus). **~rente**, die 사회 보험 연금, 국민 연금. **~rentner**, der 사회 보험 연금[국민 연금] 수급자 (수급자). **~staat**, der 사회 복지 국가. **~statistik**, die a) 사회 실태 통계. b) 사회 복지(후생) 통계. **~struktur**, die ↑Gesellschaftsform. **~tarif**, der 공공 시설 이용 할인 요금(예컨대 교통 수단 이용 요금). **~technologie**, die ↑Human engineering. **~therapie**, die 사회 치료법. **~tourismus**, der, **~touristik**, die (저소득층을 위한) 관광지원(책). **~vermögen**, das 1. 기업의 사회 복지 후생(지원) 자산. 2. 공익용 사회 자산(도로, 교량 등). **~versicherung**, die 사회 보험. **~versicherungsbeitrag**, der 사회 보험(분담)금. **~versicherungspflicht**, die 사회보험(가입) 의무. **~waise**, die (돌보아줄 부모나 친척도 없는) 사회(적) 고아. **~wesen**, das ⟨Pl. 없음⟩ 제반 사회복지 및 사회 교육의 대응책. **~wissenschaft** ⟨Pl.⟩ ↑Gesellschaftswissenschaft (2). **~wohnung**, die 사회 복지 주택[주거], 저소득자용 주택. **~zulage**, die 사회 복지 보조금[특별 수당].
Sozialisation [zotsi̯aliza'tsi̯o:n], die [frz. socialisation] [사회·심리] 사회화(社會化). **Sozialisationsprozeß**, der [사회·심리] 사회화 과정. **sozialisieren** [zotsi̯ali'zi:rən] ⟨h⟩ [frz. socialiser] 1. 〔경제〕 국영[공영]화하다: Industrien s. 산업을 국영화하다. 2. [사회·심리] 사회화하다, 사회에 적응할 수 있게 하다. **Sozialisierung**, die; -en ↑sozialisieren의 명사형. **Sozialismus** [zotsi̯a'lismʊs], der; -, ...men [engl. socialism] 1. ⟨Pl. 없음⟩ die Form des Kommunismus wird als die höchste Stufe des S. angesehen 공산주의는 사회주의의 최고의 단계로 간주된다. 2. 국영(공영)화를 옹호하는 정치 노선: der demokratische S. 민주적 사회주의 노선. **Sozialist** [...'lɪst], der; -en, -en [a: engl. socialist] a) 사회주의자. b) 사회당원: die -en haben ihre Propaganda verstärkt 사회주의자들이 선전 공세를 강화했다. **sozialistisch** ⟨Adj.⟩ 1. 사회주의의: die -e Revolution 사회주의 혁명. 2. (österr.) 사회민주주의의(sozialdemokratisch). **Sozialität** [...'tɛ:t], die [lat. sociālitās] (교양어) 인간 공동체, 인간 사회. **Soziativ** [zotsi̯a'ti:f, (또한) '- - -], der; -s, -e [...i:vǝ; lat. sociāre] [언어] 동반격(↑Komitativ). **Sozietät** [zotsie'tɛ:t], die; -en [frz. société] 1. a) [사회] 인간 공동체, 결사(結社)[단체]. b) [행태] (동물들의) 집단(군거(群居)). 2. 조합(組合), 협회: er trat einer S. von Wirtschaftsprüfern bei 그는 공인회계사 조합에 가입했다. **soziieren** [zotsi'i:rən], sich ⟨h⟩ [lat. sociāre] 〔경제〕 단합[연합]하다: die beiden Anwälte haben sich soziiert 두 변호사가 단합하였다.
sozio-, Sozio- [zotsi̯o-; lat. socius] (gesellschaftlich (사회적), Gesellschafts- (사회의)을 뜻하는 규정어로서). **Soziogenese**, die 〔생물·의학〕 사회적 요인에 의한 병 또는 심리 장애의 발생. **Soziogramm**, das; -s, -e [사회] 사회지학(社會誌學)적 도표. **Soziographie**, die 사회지학(社會誌學). **Soziolekt** ['lɛkt], der; -(e)s, -e [언어] 사회어(예컨대: 직업어, 10대의 언어)(반대: Idiolekt). **Soziolinguistik**, die 사회언어학. **soziolinguistisch** ⟨Adj.⟩ 사회언어학의. **Soziologe**, die; -n, -n 사회학자. **Soziologie** die [frz. sociologie] 사회학. **soziologisch** ⟨Adj.⟩ 1. 사회학의: eine -e Betrachtungsweise 사회학적 관찰 방식. 2. 《드물게》 사회의: die Menschen verändern sich mit der Differenzierung der -en Schichtung 인간은 사회적 계층의 분화와 더불어 변한다. **Soziologismus** [...lo-...], der; - 사회학 만능주의. **Soziometrie**, die [사회심리] 사회 측정(법), 계량 사회학(計量社會學). **soziometrisch** ⟨Adj.⟩ ↑Soziometrie의 형용사형:

-e Erhebungen 계량 사회학적 설문 조사. **sozioökonomisch** ⟨Adj.⟩ [사회] 사회 경제적인. **Soziopath**, der; -en, -en [심리] 사회병 질환자. **Soziopathie**, die; -n […iən; ↑-pathie (1)] [심리] 사회병 질환. **Soziotherapie**, die [심리·의학] ↑ Sozialtherapie. **Sozius** [ˈzoːtsius], der; -, -se [lat. socius] **1.** ⟨Pl. 《또한》 …ii⟩ [경제] 조합원, 사원. **2. a)** ⟨오토바이 등의⟩ (후부) 동승자(同乘者)의 좌석. **b)** ⟨오토바이 등의⟩ 동승자. **3.** [통용어·농] 동무, 친구, 한 패. **Soziusfahrer**, der ⟨오토바이 후부의⟩ 동승자. **Soziussitz**, der ⟨오토바이의⟩ 동승자석(席).

sozusagen [zoːtsuˈzaːgŋ̍, ˈ–––－] ⟨Adv.⟩ 말하자면, 소위, 거의, 어느 정도로는: es geschah s. offiziell 그것은 말하자면 공식화한 것이었다.

Sp. = Spalte (2).

Spachtel [ˈʃpaxtl̩], der; -s, - / ⟨österr.⟩ die; -n **1.** 〈석회, 시멘트 등을 나르거나 바르기 위한〉 주걱, 흙손: mit einem S. Gips in die Fugen streichen 틈 서리에다 주걱으로 석고를 바르다. **2.** ↑ Spachtelkitt의 약칭. **3.** 《드물게·통용어》 ↑ Spatel (1).

Spachtel-: ~**kitt**, der ↑ Kitt (1). ~**malerei**, die [회화] 주걱으로 물감을 칠하는 화법. ~**messer**, das ↑ Kitt (1). ~**spitze**, die [수공] 천에 둥그렇게 수를 놓은 후 수가 놓이지 않은 안쪽 부분을 잘라내어 버린 조각.

spachteln [ˈʃpaxtl̩n] ⟨h⟩ **1. a)** 주걱으로 바르고 평평하 하다: die Farben sind gespachtelt 물감들이 주걱으로 발려 있다. **b)** 주걱으로 일하다: die Wand s. 벽에 주걱으로 바르는 일을 하다. **2.** [친근] 음식을 즐겁게, 왕성한 식욕으로 먹다: er hat ganz schön gespachtelt 그는 아주 맛있게 퍼먹었다. **3.** [수공] 수가 놓이지 않은 안쪽 부분을 잘라내다.

spack [ʃpak] ⟨Adj.⟩ ⟨niederd. spa(c)k⟩ ⟨nordd.⟩ **1.** 깡마른, 여윈, 좁은. **2.** 꼭끼는: der Rock sitzt aber s. 그 상의는 몸에 꼭끼는군!

Spada [ˈspaːda, ˈʃp…], die; -s [ital. spada] ⟨검도·준고어⟩ 검(劍). **Spadille** [spaˈdɪljə, ʃp…], die; -n [frz. spadille] 《롬버놀이에서 제일 높은 으뜸패인》 스페이드의 에이스.

¹Spagat [spaˈgaːt], der ⟨österr.⟩ das; -(e)s, -e [ital. spaccata] 〈발레·체조〉 양 다리를 일직선으로 뻗고 바닥에 앉는 자세: (einen) S. machen 스파가트 자세를 취하다.

²Spagat [-], der; -(e)s, -e [ital. spaghetto] 《südd., österr.》 줄, 끈, 노끈. **¹Spaghetti** [ʃpaˈgeti, 《또한》 sp…] ⟨Pl.⟩ [ital. spaghetti] [요리] 스파게티: S. mit Tomatensoße 토마토 소스를 곁들인 스파게티. **²Spaghetti** [-], der; -(s), -s ⟨캠⟩ ↑ Spaghettifresser. **Spaghettifresser**, der; -s, - ⟨캠⟩ 이탈리아인. **Spaghettiträger**, der; -s, - 〈유행〉 멜빵의 일종.

Spagirik [spaˈgiːrɪk], die [griech. spán·a ageírein] **1.** 연금술(Alchimie)의 중세적 지칭. **2.** 광물학적·화학적 재료를 통한 약품생산.

Späh-: ~**panzer**, der [군] 정찰용 경장갑차. ~**patrouille**, die [군] **a)** 정찰, 순찰. **b)** 정찰대, 순찰대. ~**trupp**, der [군] **a)** ↑ ~ patrouille (b): der S. bestand aus 20 Mann 그 정찰대는 20명으로 구성되어 있었다. **b)** ↑ patrouille (a). ~**wagen**, der [군] 정찰차.

spähen [ˈʃpɛːən] ⟨h⟩ **a)** 엿보다, 주시하다: um die Ecke s. 모퉁이를 주시하다. **b)** 찾다, 살피다: er spähte nach ihr 그는 그녀가 있는지 찾아보았다. **Späher** [ˈʃpɛːɐ], der; -s, - 스파이, 감시인, 첩자; [군] 보병: S. aussenden 첩자(척후병)를 파견하다. **Späherauge**, das ⟨대개 Pl.⟩ 날카로운 감시의 눈: ihren -n entgeht nichts 아무것도 그들의 감시의 눈에서 벗어날 수 없다.

Späherblick, der ↑ Späherauge. **Spährei** [ʃpɛːəˈraɪ], die; -en ⟨지속적인⟩ 감시, 주시, 정찰.

Spahi [ˈspaːhi, 《또한》 ʃp…], der; -s, -s [frz. spahi] 《1834년부터 1962년까지》 북 아프리카 현주민 출신으로 구성된 프랑스 기병대의 대원.

Spakat [ʃpaˈkaːt], der; -(e)s, -e ⟨österr. 고어⟩ ↑ Spagat.

Spake [ˈʃpaːkə], die; -n [niederd. spake] [해양] **a)** 타륜(舵輪)의 둘레 바깥까지 튀어나온 살. **b)** 지렛대. **spakig** [ˈʃpaːkɪç] ⟨Adj.⟩ [niederd. spakig] ⟨nordd.⟩ 부패한, 썩기 쉬운, 곰팡이가 슬기 시작한, 얼룩진, 변색된.

Spalett [ʃpaˈlɛt, 《또한》 sp…], das; -(e)s, -e [ital. spalletta] ⟨österr.⟩ 나무로 된 덧창. **Spalettladen**, der ⟨österr.⟩ ↑ Spalett.

Spalettür, die ⟨österr.⟩ 가는 나뭇가지로 된 문. **Spalier** [ʃpaˈliːɐ], das; -s, -e [ital. spalliera] **1.** 《과수, 화초 따위를 재배하기 위한》 나무 또는 철사로 만든 격자 받침대: Wein rankt sich an -en empor 포도덩굴이 받침 시렁을 타고 기어오른다. **2.** 사람의 행렬 사이에 난 길; 사람 울타리: ein dichtes S. bilden 빽빽한 사람 울타리를 만들다, 촘촘히 도열하다; S. stehen 도열해 있는 사람들 틈에 끼어들어 서 있다.

Spalier- (Spalier 1): ~**baum**, der 격자받침 위에서 자라고 있는 나무(과수). ~**obst**, das **a)** 격자받침 위에서 자란 나무의 과일. **b)** 격자받침 위에서 자라고 있는 과수. ~**obstbaum**, der ↑ ~obst (b). ~**strauch**, der [식물] 땅 위에 붙어서 자라거나 격자받침 모양으로 땅을 뒤덮으며 자라는 관목.

Spalt [ʃpalt], der; -(e)s, -e **1.** ⟨축소형: ↑ Spältchen⟩ **a)** 틈, 터진 금, 균열, 분열, 불화: ein S. im Fels 바위 틈; die Tür einen S. offenlassen 문을 조금 열어두다. **b)** 《비어》 질(膣). **2.** 《레슬링》 ↑ Spaltgriff.

spalt-, Spalt-: ~**alge**, die ⟨대개 Pl.⟩ [해초가 분열 생식하는 대서] ↑ Blaualge. ~**breit** ⟨Adj.⟩ 틈(난)만한 너비의: eine -e Öffnung 조그만 구멍, 조금 갈라진 틈. ~**breit**, der; - 틈(난)만한 너비: die Tür einen S. öffnen 문을 조금 열다. ~**erbig** ⟨Adj.⟩ [생물] 이종(異種) 교배의. ~**fuß**, der ⟨Adj.⟩ [동물] 게 따위의 집게발. **b)** [의학] 기형적으로 갈라진 발. ~**griff**, der [레슬링] 상대의 두 다리 사이를 비집고 공격하여 상대방을 넘어뜨리는 법. ~**hand**, die [의학] 기형적으로 갈라진 손. ~**lampe**, die [의학] 안과용 전등(눈의 내부를 조명 또는 확대 관찰하기 위한). ~**leder**, das [제혁] 두툼두툼한 면을 제거하려고 다듬어 놓은 가죽. ~**material**, das [원자] 핵분열할 수 있는 물질. ~**öffnung**, die [식물] 숨구멍. ~**pilz**, der [생물·의학] ↑ Bakterie. ~**produkt**, das **1.** [물리] 핵분열시 생기는 방사능 물질. **2.** [화학] 화학 변화 과정에서 생겨나는 물질. ~**zone**, die [물리] 핵분열이 일어나고 있는 원자로의 부분.

spaltbar [ˈʃpaltbaːɐ] ⟨Adj.⟩ [물리] 분열할 수 있는: -es Material 분열할 수 있는 물질. **Spaltbarkeit**, die [물리] ↑ spaltbar의 명사형. **Spältchen** [ˈʃpɛltçən], das; -s, - ↑ Spalt (1), Spalte (1)의 축소형. **Spalte** [ˈʃpaltə], die; -n **1.** 〈축소형: ↑ Spältchen⟩ 갈라진 틈: -n im Fels sind für Bergsteiger gefährlich 바위틈은 등산객들에게 위험하다. **2.** [인쇄] 난, 단: die Buchseite hat zwei -n 그 책의 페이지는 두 난으로 되어 있다. **3.** 《österr.》 ↑ ¹Scheibe (2). **4.** 《비어》 질(膣).

spalten* [ˈʃpaltn̩] ⟨h⟩ **a)** ⟨수직으로, 또는 나뭇결을 따라⟩ 쪼개다, 빠개다: mit einer Axt Holz s. 도끼로 나무를 쪼개다; Frost und Hitze haben den Fels gespalten (gespaltet) 추위와 더위가 바위를 갈라지게 하였다. **b)** ⟨s. + sich⟩ 쪼개지다: das Holz spaltet sich gut 그 나무는 잘 쪼개진다. **c)** ⟨s. + sich⟩ 갈라지다: eine gespaltene Lippe haben 언청이다. **d)** 분열하다, 깨어지

다: eine Partei s. 정당이 분열하다. e) 〈s. + sich〉 분열하다, 불화하다: gespaltenes Bewußtsein [의학·심리] 정신분열증(Schizophrenie). 2. a) [물리] (에너지를 얻기 위해) 분열시키다: Atomkerne s. (중성자나 감마선을 작용시켜) 원자핵을 분열시키다. b) [화학] 변화시키다: Nahrungsstoffe werden im Darm durch Enzyme gespalten 영양분은 장에서 효소들을 통해 변화된다.

spalten-, Spalten-: ~bildung, die 틈이 생김. ~breite, die 단(段)의 나비. ~lang 〈Adj.〉 단의 길이만한: ein -er Artikel 한 단 길이만한 기사. ~weise 〈Adv.〉 단 모양으로: etw. s. setzen 무엇을 단별로 조판하다.

Spalter ['ʃpaltɐ], der; -s, - 《구동독에서는 폄》 분파자, 분열 책동자(정당 따위에서). spalterisch 〈Adj.〉 spalter의 형용사형: -er Aktivitäten bezichtigt werden 분열책동적인 행동을 했다 해서 문죄되다. -spaltig [-ʃpaltɪç] 〈Adj.〉《다음과 같은 합성어로, 예컨대》vierspaltig (4 spaltig) 4분된, 네 개의 단으로 되어 있는. Spaltung, die; -en a) 쪼개기, 가르기. b) 분열, 균열, 불화: S. des Bewußtseins [의학·심리] 정신 분열증.

spaltungs-, Spaltungs-: ~ebene [광물] 분열로 인해 생기는 면, 벽까면. ~irre 〈Adj.〉 [심리·의학] 정신 분열증의. ~irresein, das [의학·심리] 정신 분열증 (↑ Schizophrenie 1).

Span [ʃpaːn], der; -(e)s, Späne ['ʃpɛːnə] 〈대개 Pl.〉 1. 〈소축형: ↑Spänchen〉 나무조각, 대패밥: die Späne wegfegen 대패밥을 쓸어내다. 속담 wo gehobelt wird, (da) fallen Späne 대패질을 위해서는 대패밥이 떨어지게 마련이다 (유용한 일을 하기 위해서는 거기에 뒤따르는 약간의 부작용은 감수해야 한다). 2. Späne machen 《경》 까다롭게 굴다, 이의를 내세우다; mit jmdm. einen S. haben 〈지역적〉 누구와 다투다; einen S. ausgraben 《schweiz.》 트집잡다, 싸움을 걸다.

span-, Span-: ~abhebend 〈Adj.〉 [기술] spanend 참조: -e Bearbeitung 대패질 작업(가공). ~korb, der 대패밥으로 만든 바구니. ~los 〈Adj.〉 [기술] 대패밥질하지 않는. ~platte, die 대패밥을 눌러서 아교로 붙여 만든 접시. ~schachtel, die 대패밥으로 만든 상자.

Spänchen ['ʃpɛːnçən], das; -s, - ↑ Span (1)의 축소형. spanen ['ʃpaːnən] 〈h〉 [공업] (어떤 부품을) 대패질하여 만들다: spanende Bearbeitung 대패질 작업. ¹spänen ['ʃpɛːnən] 〈h〉 문지르다, 갈다, 연마(研磨)하다.

²spänen [-] 〈h〉《지역적》 젖을 떼다. Spanferkel, das; -s, - 《포쟁이에 꽂아서 구운》 아주 어린 새끼 돼지.

Spängchen ['ʃpɛŋçən], das; -s, - ↑ Spange의 축소형. Spange ['ʃpaŋə], die; -n 〈축소형: ↑Spängchen, Spängelchen〉 1. 쥠쇠, 버클, 연결쇠, 혁대쇠, 핀: sie trug eine S. im Haar 그녀는 머리에 핀을 꽂고 있었다. 2. 좁다란 가죽끈(구두의). 3. ↑ Armspange의 약칭. 4. ↑ Ordensspange의 약칭. 5.《은제》 수갑(↑Zahnspange). Spängelchen ['ʃpɛŋəlçən], das; -s, - ↑ Spange 의 축소형. Spangenschuh, der; -(e)s, -e 쥠쇠로 매게 되어 있는 숙녀화. Spangenwerk, das; -(e)s 《수공·고어》 문 또는 덧창에 사용되는 연결쇠 제조용의 총칭 (Gespänge).

Spaniel ['ʃpaːni̯əl, 'ʃpɛn...], der; -s, -s 〈engl. spaniel〉 《털이 부드럽고 축 늘어진》 스파니엘 종의 (사냥)개.

Spanien ['ʃpaːni̯ən], das; -s 스페인. Spanier ['ʃpaːni̯ɐ], der; -s, - 스페인 사람. Spaniole [ʃpaˈni̯oːlə], der; -n, -n 1492년 스페인에서 추방된 유태인의 자손. Spanisch ['ʃpaːnɪʃ], das; -(s) a) 스페인어 b) 스페인어문학(과). spanisch 〈Adj.〉 스페인(사람, 말)의: etw. kommt jmdm. s. vor 〈통용어·↑böhmisch〉그 참 괴상한

데 [까닭을 알 수 없는데] !

spann [ʃpan] ↑spinnen 참조. Spann [-], der; -(e)s, -e 발등: der Schuh drückt auf dem S. 구두가 발등을 아프게 한다.

spann-, Spann-: ~beton, der [토건] 철근 콘크리트. ~betonbrücke, die 철근 콘크리트 교량. ~bettuch, das ↑~laken. ~dienst, der 《구제》 농부가 마소를 동원하여 하는 부역. ~futter, das [기술] 가공할 부품을 선반에 고정시키는 장치. ~gardine, die 〈창의 상하에 막대를 달 장치하여 팽팽하게 한〉 커튼. ~hang, der [체조] 두 팔을 옆으로 뻗치고 하는 턱걸이. ~kraft, die 탄력, 장력(張力); 기력, 활력. ~kräftig 〈Adj.〉 《드물게》 기력(탄력, 활력)이 넘치는. ~laken, das 이불 포단에 팽팽히 깔 수 있겠금 네 귀를 바느질해 놓은 시트. ~rahmen, der 자수용 천을 고정시키는 수틀. ~reck, das [체조] 두 기둥을 각각 2개의 철사줄로써 지면에 고정시킨 철봉. ~säge, die 날이 틀에 고정되어 있는 톱. ~satz, der [언어] 접속사와 정동사 사이에 하나 또는 여러 개의 문장성분이 있는 부문장(예컨대: weil er immer so spät nach Huse kam) (↑ Kernsatz (3), Stirnsatz). ~schuß, der [축구] ↑~stoß. ~stahl, der [토건] 철근 콘크리트 제조용의, 특수사질로 된 《수공》 뽑음질 자수와 비슷하나 좀 더 길고 큰 장식 무늬를 만들어 내는 화채자수(花綵刺繍). ~stoff, der 〈수공·방직〉 쿠션을 붙이기 전에 가구를 둘러싸는 가벼운 목면직물, 초벌천. ~stoß, der [축구] 발등으로 공을 차기. ~stütz, der [체조] 평행봉 위에서 두 손을 한쪽 옆으로 뻗은 채 몸을 버티는 자세. ~teppich, der 〈Adj.〉가장자리를 마루 바닥에 고정시켜 놓은 융단. b) 《구동독》 모젠(毛氈) 등을 한 겹깐 위에 합성수지로 된 타일을 깔아놓은 마루 바닥. ~vorrichtung, die 팽팽하게 하는 장치. ~weite, die 1. (새, 곤충의) 펼친 날개 끝 사이의 거리, (비행기의) 주익(主翼) 사이의 간격: 전의 die geistige S. eines Menschen 한 인간의 정신적 역량의 폭(정도). 2. [토건] 교량 또는 아치의 폭.

Spanne ['ʃpanə], die; -n 1. 짧은 시간, 잠시 동안: die S. der Bewußtlosigkeit 잠깐 의식을 잃었던 시간; dazwischen lag eine S. von 12 Tagen 그 사이에는 12일이라는 시간적 간격이 놓여 있었다. 2. a) 《드물게》 공간적 거리, 간격: das ist eine ziemliche S. 그것은 상당한 간격이다. b) 옛 길이의 단위 (한 뼘: 약 20~25cm): eine S. lang 한 뼘 길이의. 3. a) [상] ↑Handelsspanne의 약칭. b) 가격의 차이. 4. [임업] ↑ Kluppe (a). spänne ['ʃpɛnə] ↑spannen 참조. Spannemann 《속어·숙어》 S. machen 《경》 무관한 사람으로서 매우 큰 관심을 표하며 세세히 경청하다. spannenlang ['ʃpanənlaŋ] 〈Adj.〉 (준고어) 한 뼘 길이의 (↑Spanne 2 b). spannen ['ʃpanən] 〈h〉 1. a) 팽팽히 하다, 펴다, 늘이다, 당기다, 죄다, 긴장시키다: die Saiten einer Geige s. 바이올린의 줄을 팽팽하게 하다; den Bogen s. 활을 당기다; die Katze spannte ihre Muskeln zum Sprung 고양이가 뛰려고 근육을 긴장시키고 있었다; gespanntes Gas [기술] 압력을 받고 있는 가스; 전의 seine Nerven waren zum Zerreißen gespannt 그의 신경은 폭발 직전의 긴장상태에 있었다. b) 단단히 묶다(매다): eine Wäscheleine s. 빨래줄을 잡아당겨 매다; die Männer spannten eine Plane über den Wagen 남자들은 자동차 위에다 포장을 단단히 덮었다. c) 〈s. + sich〉 팽팽히 되다, 긴장하다: sein Gesicht spannte sich 그의 얼굴이 긴장되었다. d) 넣어서 고정시키다: einen Bogen in die Schreibmaschine s. 종이 한 장을 타자기에 끼워 넣다. e) 《안전 장치를》 준비 상태로 놓다: einen Fotoapparat s. 사진기의 릴리즈를 풀다. 2. 〈의복 따위가〉 죄다, 켕기다: die Jacke spannt (mir) 윗도리가 (내)몸에 꼭 껜다; 전의 nach dem Sonnenbad spannte meine Haut 일광욕을

하고 나니 피부가 죄었다. **3.** (마구를) 메우다: ein Pferd an(vor) den Wagen s. 말을 마차에 메우다; 전의 die Pferde hinter den Wagen s. 정반대의 일을 하다. **4.** 〈s. + sich〉 (아이) 무엇 위에 뻗쳐〔아치를 이루고〕있다: die Brücke spannt sich über den Fluß 다리가 강물 위에 뻗쳐 있다. **5.** 《전문어》펼쳐진 두 날개의 끝 사이의 거리가 얼마나 달하다: die Tragflächen des Flugzeugs spannen zwanzig Meter 그 비행기의 주익(主翼)간 거리는 20미터이다. **6. a)** 《통용어》주의깊게 추적〔관찰〕하다: die Katze spannt auf die Maus 고양이가 숨어서 쥐를 기다린다; die Lage s. 정세를 탐지하다; er ist einer von den verklemmten Kerlen, die gern s. 그는 성향위를 숨어서 엿보기를 좋아하는 그런 비열한 인간들 중의 하나이다. **b)** (südd., österr.) 알아채다, 알게 되다: endlich hat er (es) gespannt, daß du ihn nicht leiden kannst 마침내 그는 네가 자기를 싫어한다는 것을 알아챘다. **spannend** 〈Adj.〉 긴장시키는, 흥미진진한: ein -er Roman 흥미진진한 소설; 성구 mach es doch nicht so s. 장황하게 늘어놓지 말고 요점을 말해라. **Spanner,** der; -s, - **1. a)** 팽팽히 하는 기구, 프레스(라켓·스키 따위가 휘거나 비틀어지는 것을 막는 고정기): den Tennisschläger in den S. stecken 라켓을 프레스에 넣다; (자수의) 틀; 스패너, 나사돌리개; 활의 사수(射手); [해부] 신근(伸筋) **b)** ↑Hosenspanner의 약칭. **c)** ↑Schuhspanner의 약칭. **d)** ↑Gardinen spanner의 약칭. **2.** [동물] 자벌레나방. **3.** [경] 성행위 장면을 엿보는 변태성욕자(Voyeur). **b)** 망보는 사람. **-spänner** [-ʃpɛnɐ], der; -s, - (다음과 같은 합성어로, 예컨대) Zweispänner 쌍두마차. **-spännig** [-ʃpɛnɪç] (다음과 같은 합성어로, 예컨대) zweispännig 쌍두의 (두 마리의 말이 끄는). **Spannung,** die; -en **1. a)** 긴장, 긴장된 호기심: im Saal herrschte atemlose S. 장내에는 숨막히는 긴장이 감돌고 있었다; etw. erregt S. 무엇이 긴장을 일으킨다. **b)** 긴장감을 불러일으키는 상태: ein Fußballspiel voller S. 긴장감이 넘치는 축구경기. **c)** 흥분 상태, 신경성 불안: psychische -en 심리적 긴장(불안); politische -en 정치적 긴장관계; die -en zwischen den beiden Staaten sind überwunden 두 나라 사이의 긴장관계는 극복되었다. **2.** [전기] 전압: die S. beträgt 220 Volt 전압은 220 볼트이다. **3. a)** 《드물게》 폄, 팽팽히 잡아당김, 펭핑함: die S. der Saiten hatte nachgelassen 현의 팽팽한 정도가 느슨해졌다. **c)** [물리] 장력(張力). **d)** 【의학】 (신체, 기관의) 상태, 활기. **spannungführend** ↑spannungsführend.

spannungs-, Spannungs-: ~**abfall,** der [전기] 한 전장(電場) 내에서의 전위차. ~**feld,** das 긴장의 장(場), 서로 적대적인 세력들이 작용하고 있어 긴장이 감도는 지역. ~**frei** 〈Adj.〉 긴장(적대) 관계가 없는(해소된). ~**führend** 〈Adj.〉 [전기] 전압을 띠고 있는. ~**gebiet,** das [전기] 긴장 지역, 전쟁 및 분쟁 발발이 우려되는 지역. ~**gefälle,** das [전기] ↑abfall. ~**geladen** 〈Adj.〉 긴장감으로 충만된: eine -e Atmosphäre 긴장감이 감도는 분위기. ~**herd,** der ↑~gebiet: internationale -e beseitigen 국제적 긴장의 불씨가 되고 있는 지역들을 제거하다. ~**irresein,** das 【의학】긴장병(↑Katatonie). ~**koeffizient,** der [물리] 전압계수. ~**los** 〈Adj.〉 ~frei. ~**messer,** der [전기] 전압계. ~**moment,** das 긴장 요소, 긴장 요인. ~**prüfer,** der [전기] ↑~sucher. ~**regler,** der [전기] 전압 조정기. ~**reich** 〈Adj.〉 긴장감이 넘치는, 흥미진진한. ~**schwankung,** die 전압의 동요. ~**stabilisator,** der [전기] ↑~regler. ~**sucher,** der [전기] 전압계수기. ~**teiler,** der [전기] 분압기(分壓器) (↑Potentiometer). ~**verhältnis,** das 긴장관계. ~**verlust,** der [전기] 전압 손실. ~**voll** 〈Adj.〉 ↑~reich. ~**zustand,** der 긴장 상태, 불화 상태.

Spant [ʃpant], das 《또한 항공》der; -(e)s, -en 《대개 Pl.》 [조선·항공] 늑재(肋材). **Spantenriß,** der [조선] 배의 늑재의 횡단면을 그린 설계도.

Spanung, die; -en 대패질하기.

spar-, Spar-: ~**aufkommen,** das (일정 기간 동안의) 저축 총액. ~**betrag,** der 저축액, 저축금. ~**brenner,** der 연료 절약형 연소기. ~**brief,** der [금융] 은행채. ~**buch,** das 예금통장. ~**büchse,** die 저금통. ~**einlage,** die 저축예금의 예금액. ~**flamme,** die (가스를 절약하는) 작은 불꽃: er arbeitet auf S. 《통용어·농》힘을 아끼며 슬슬 일하다. ~**förderung,** die 저축 장려(책). ~**geld,** das 저축, 저축한 돈. ~**girokonto,** das [금융] 저축성 지로예금. ~**giroverkehr,** der [금융] 저축성 지로예금을 통한 금전 수수[금전 거래]. ~**groschen,** der 《통용어》 저축한 푼돈. ~**guthaben,** das 예금 통장 잔액. ~**kasse,** die 저축 은행: Geld auf die S. bringen 돈을 저축 은행에 예금하다. ~**kassenbuch,** das ↑~buch. ~**kaufbrief,** der (구동독) 저축 은행 발행의 상품 구입권. ~**konto,** das 저축 예금 계좌. ~**maßnahme,** die 긴축 조치, 절약 방침. ~**motor,** der 연료 절약형 모터. ~**pfennig,** der ↑groschen. ~**prämie,** die 저축 장려금. ~**programm,** das **1.** [정치] 긴축 정책. **2.** (가전 제품에 있어서의) 연료 절감 계획. ~**quote,** die [경제] 국민 소득에 대한 국민 저축의 비율. ~**schwein,** das 돼지저금통. ~**schlachten** 《통용어·농》 돼지저금통을 열다. ~**strumpf,** der 《농》 비밀 지갑(돈을 감춰 두는), 봉창돈: sie hat noch einige Hunderter in ihrem S. 그녀는 아직도 백 마르크짜리 몇 개를 숨겨 두고 있다. ~**summe,** die 저축 총액. ~**tätigkeit,** die 저축 활동. ~**vertrag,** der 저축 계약 (금융 기관과의). ~**zins,** der (저축 예금 통장의 잔액에 따라 지급되는) 이자.

sparen ['ʃpaːrən] 〈h〉 **1. a)** 절약하다, 아끼다, 저축하다: er spart auf[für] ein eigenes Haus 그는 집을 마련하기 위해 저축한다; einen größeren Betrag für ein Auto s. 자동차를 사기 위해 상당히 큰 금액을 모으다; 속담 spare in der Zeit, so hast du in der Not neuen 옛 절약해서 곤란한 경우를 생각해서 저축해라. **b)** 절약하다, 검소한 생활을 하다: sie spart sogar am Essen 그녀는 식사에도 절약을 한다; 전의 er sparte nicht mit Lob 그는 칭찬을 아끼지 않았다. **2.** 쓰지 않다, 아끼다, 절약하다: Nerven s. 신경을 쓰지 아끼다; wenn wir per Anhalter fahren, sparen wir das Fahrgeld 노상 편승을 해서 가면 차비를 아낄 수 있다. **3. a)** 덜다, 덜어 주다, 면하게 하는: du sparst ihm viel Ärger, wenn du das nicht machst 네가 그걸 하지 않으면 너는 그에게 많은 고뇌를 덜어주는 것이다. **b)** (불필요해서) 그만두다: deine Ratschläge kannst du dir s. 네 충고는 듣고 싶지 않다. **4.** 〈고어〉(몸을) 아끼다, 건강에 주의하다: er sparte sich nicht 그는 몸을 아끼지 않았다. **Sparer,** der; -s, - 저축하는 사람, 절약하는 사람: die kleinen S. 소액 저축자; 속담 auf einen guten S. folgt (immer) ein guter Verzehrer 애써 저축하는 사람 뒤에는 헤프게 쓰는 사람이 나타나기 마련이다.

Spargel ['ʃpargl], der; -s, - 《또한 schweiz.》 die; -n [lat. asparagus < griech. asp(h)áragos] **1. a)** 아스파라거스. **b)** 〈Pl. 없음〉 아스파라거스 수풀: in dieser Gegend wächst viel S. 이 지역에서는 아스파라거스가 많이 우거진다. **2.** 아스파라거스의 순: S. stechen 아스파라거스를 캐다; ein Pfund frischen S. kaufen 신선한 아스파라거스 한 파운드를 사다.

Spargel-: ~**beet,** das 아스파라거스 밭. ~**bohne,** die 잎이 땅에 붙는 접형화(蝶形花)의 일종. ~**erbse,** die (드물게) ↑~bohne. ~**fliege,** die 아스파라거스파리(아스

파라거스에 기생하는 해충). ~gemüse, das 소스를 친 아스파라거스 순. ~grün, das 〈Pl. 없음〉 아스파라거스의 잎파리. ~hähnchen, das 아스파라거스풍뎅이(아스파라거스의 잎과 뿌리를 먹는 해충). ~kohl, der 콜리플라우어 비슷한 양배추. ~kopf, der ↑~spitze. ~kraut, das 〈Pl. 없음〉 ↑~grün. ~spitze, die 아스파라거스 순의 꼭지 부분. ~suppe, die 아스파라거스 수프.

Spark [ʃpark], der; -(e)s **a)** 작고 흰 꽃을 피우는 패랭이꽃. **b)** ↑Spörgel.

spärlich [ˈʃpɛːɐ̯lɪç] 〈Adj.〉 **a)** 적은, 모자라는, 드문드문한, 희박한: -er Beifall 보잘 것 없는 박수소리(근소한 반향); einen -en Haarwuchs haben 머리털이 드문드문하다; das Zimmer war s. beleuchtet 그 방의 조명은 매우 희미하였다. **b)** 모자라는, 불충분한: -e Kost 소찬; ein -es Einkommen 쥐꼬리만한 수입. **Spärlichkeit**, die ↑spärlich의 명사형.

Sparmannie [ʃparˈmanjə, sp...], die; -n [스웨덴 자연과학자 ↑A. Sparrman (1748~1820)에 따라] (실내의 화분에 심는) 보리수(Zimmerlinde).

sparren [ˈʃparən, sp...] 〈h〉 [engl. to spar] 【권투】 스파링하다(훈련을 위해 다른 선수와).

Sparren [ˈʃparən], der; -s, - **1.** ↑Dachsparren. **2.** 【문장】 **2.** ↑Chevron (2). **3.** 《통용어》 다른 사람들에게 약간 미친 짓으로 보이는 행위: laß ihm doch seinen S.! 그 친구 제멋대로 하게 내버려둬; einen S. (zuviel [zuwenig]) haben (아주 많이[약간]) 돌았다. **Sparrendach**, das 《nordd.》 서까래를 두 개씩 짜맞춘 지붕.

sparrig [ˈʃparɪç] 〈Adj.〉【식물】 옆으로 간격이 있는: s. wachsende Triebe 듬성듬성하게 떨어져 자라고 있는 싹들.

Sparring [ˈʃparɪŋ, ˈsp...], das; -s [engl. sparring] 【권투】 스파링. **Sparringskampf**, der 스파링 경기. **Sparringpartner**, der 스파링의 상대 선수.

sparsam [ˈʃpaːɐ̯zaːm] 〈Adj.〉 **1. a)** 아끼는, 절약하는: wir müssen mit dem Heizöl s. sein 우리는 연료용 기름을 절약해야 한다; [전의] s. mit Worten sein 말을 잘 하지 않다. **b)** 경제적인, 절약이 되는: die neue Generation von Automotoren ist sehr s. 신형 자동차 모터들은 매우 경제적이다. **2. a)** 근소한, 적은: -er Beifall 보잘 것 없는 반향[박수]. **b)** 모자라는, 불충분한: eine s. ausgestattete Wohnung 불충분하게 설비된 방. **Sparsamkeit**, die; -en **1.** 아낌, 절약: seine S. grenzt schon an Geiz 그가 아끼는 것은 이미 구두쇠 기질에 가까운 것이다. **2.** 희박함, 모자람, 불충분: die S. der Linienführung 부족한 선(線)의 구사(터치).

Spart [ʃpart], der / das; -(e)s, -e ↑Esparto.

Sparta [ˈʃparta, ˈsp...] 〈고대 그리스 도시〉.

Spartakiade [ʃpartaˈkjaːdə, sp...], die; -n (사회주의국가에서 개최되는) 스포츠 제전. **Spartakist** [ʃpartaˈkɪst, sp...], der; -en, -en [기원전 73~71년의 노예 폭동을 지휘한 로마의 노예 Spartakus의 이름을 따서] 스파르타쿠스 단(團)(1916~1919년 사이에 활동한 독일의 혁명 단체)의 단원.

Spartaner [ˈʃparˈtaːnɐ], der; -s, - 스파르타 인.

spartanisch [ʃparˈtaːnɪʃ] 〈Adj.〉 [lat. Spartānus] **1.** 스파르타의. **2. a)** 스파르타식의, 엄격한: eine -e Erziehung 스파르타식[의지, 정력, 절제, 극기를 위주로 하는] 교육. **b)** 간소한, 소박한, 소탈한: eine -e Einrichtung 필요 불가결한 것만 갖춘 가구 설비; s. leben 간소하게[질박하게] 살다.

Spartiat [ʃparˈtiaːt, sp...], der; -en, -en 스파르타 시민권을 가진 도리스인.

Sparte [ˈʃpartə, ˈsp...], die; -n [lat. spartam nancisci] **1.** 부문, 전문 영역: er hat schon in verschiedenen -n der Wirtschaft gearbeitet 그는 벌써 경제의 여러 분야에서 일한 바 있다. **2.** (신문의) 난[분야별 면]: die politische S. einer Zeitung 신문의 정치면.

Sparterie [ʃpartəˈriː], die [frz. sparterie] (무늬목, 가죽으로 만든) 편물 세공. **Spartgras**, das; -es, -gräser ↑Espartogras.

spartieren [ʃparˈtiːrən, sp...] 〈h〉 [ital. spartire] (개개 음으로 밖에 남아 있지 않은 옛 곡을) 총보(總譜)로 고쳐 쓰다.

Spasmen: ↑Spasmus의 복수형. **spasmisch** [ˈʃpasmɪʃ, ˈsp...], **spasmodisch** [ʃpasˈmoːdɪʃ, sp...] 〈Adj.〉 [griech. spasmṓdēs] 【의학】 경련성의: eine -e Herzrhythmusstörung 경련성 심장 박동 장애. **spasmogen** [ʃpasmoˈɡeːn, sp...] 〈Adj.〉 [griech. -genes] 【의학】 진경성(鎭痙性)의, 경련을 진정시키는. **Spasmolytikum** [ʃpasmoˈlyːtikʊm, sp...], das; -s, ...ka [griech. lýein] 【의학】 경련 해지제(解止劑). **Spasmus** [ˈʃpasmʊs, ˈsp...], der; -, ...men [lat. spasmus < griech. spasmós] 【의학】 경련.

Spaß [ʃpaːs], der; -es, Späße [ˈʃpɛːsə; ital. spasso] 〈축소형: ↑Späßchen〉 **1.** 농담, 해학, 익살, 장난: ist das S. oder Ernst? 그게 농담이냐 진담이냐?; da hört (für mich) der S. auf 그건 (나에겐) 정도가 너무 지나치다; keinen S. verstehen 농담을 모르다, 유머가 없다; [성구] S. muß sein! 농담도 있어야지!, 농담일 뿐이야!; S. beiseite(ohne S.) 농담은 말고!, 농담은 그만두고!; mach keinen S. [keine Späße] 원, 그럴 리가 있나; 자네, 그게 제 정신으로 하는 소린가?; **aus (lauter) S. und Tollerei**: ↑Jux. **2.** 〈Pl. 없음〉 재미스러움, 즐거움, 위안, 흥: etw. macht großen S. 무엇이 아주 재미있다; (ich wünsche dir für heute abend) viel S.! (오늘 저녁에) 재미 보게; jmdm. ist der S. vergangen 누구가 무엇에 대한 흥을 잃어버렸다; (na.) du machst mir (vielleicht) S.! (반어) 흥, 그래? (상대방의 납득할 수 없는 처신에 대한 불쾌한 놀라움의 표시); etw. aus [zum] S. machen 무엇을 재미삼아 하다.

Spaß-: ~**macher**, der 농담하는 사람. ~**verderber**, der (같이 농담을 하지 않음으로써) 다른 사람들의 기분을 잡치게 하는 사람. ~**vogel**, der 농담을 잘해서 곧잘 좌중을 웃기는 사람, 익살꾼.

Späßchen [ˈʃpɛːsçən], das; -s, - ↑Spaß의 축소형.

spaßen [ˈʃpaːsn̩] 〈h〉 **a)** 농담으로 말하다, 장난하다: Sie spaßen wohl! 농담하시는 것이겠죠!; mit jmdm. ist nicht zu s. 누구와는 조심해야 한다(쉽게 화를 내므로). **b)** 《준고어》 농담하다. **spaßeshalber** 〈Adv.〉 (농담 어에) 재미삼아, 장난으로: sie probierte die Brille s. auf 그녀는 재미로 안경을 껴보았다. **Spaßettel(n)** [ʃpaːˈsɛtl̩(n)] 〈Pl.〉 《österr.》 재담, 농담, 허튼 수작: etw. (대개 다음 용법으로) **S. machen** 농담[허튼 수작]을 하다.

spaßhaft 〈Adj.〉 농담섞인, 해학적인: -e Redewendungen 해학적인 성구들. **spaßig** [ˈʃpaːsɪç] 〈Adj.〉 **1.** 재미있는, 우스운, 이상스러운: eine -e Geschichte 재미있는[우스운] 이야기. **2.** 농담을 잘 하는, 재담에 소질이 있는: er ist ein spaßiger Bursche 익살스러운 젊은이.

Spastiker [ˈʃpastɪkɐ, ˈsp...], der; -s, - [lat. spasticus < griech. spastikós] **1.** 【의학】 경련 환자. **2.** 〈폄〉 백치.

spastisch [ˈʃpastɪʃ, ˈsp...] 〈Adj.〉 **1.** 【의학】 경련성의: s. gelähmt sein 경련성 마비이다. **2.** 〈폄〉 백치 같은. **Spastizität** [...tsiˈtɛːt, sp...], die 【의학】 경련성, 경련 상태.

spat [ʃpaːt] 〈Adv.〉 《지역적》 ↑spät (II).

¹Spat [-], der; -(e)s, -e / Späte [ˈʃpɛːtə] 【광물】 깨어질 때 박편(薄片)으로 깨어지는 광석(예컨대: 장석(長石), 형석).

²Spat [-], der; -(e)s 【수의】 (특히 말(馬)에서) 마비성 관

절염; 비절내종(飛節內腫).
spät [ʃpɛːt] I. 〈Adj.〉 (반대: früh 1) **1.** 늦은, 말기의, 후기의: am -en Abend 늦은 저녁에; im -en Mittelalter 중세 말엽에; die Werke des -en Goethe 후기 괴테의 작품들; wie s. ist es? 몇 시냐?; 성구 je -er der Abend, desto schöner die Gäste 밤늦게 오는 손님일수록 귀빈이지요(늦게 오는 손님에 대한 정중한 농담). **2.** 때늦은, 지각한, 기한이 넘은: eine -e Sorte Äpfel 만생종의 사과들; ein -es Mädchen 〈농〉 노처녀; -e Reue 때늦은 후회; Minuten -er 잠시 뒤에; wir sind s. dran 《통용어》 우리는 늦었다(늦겠다, 시간이 없다); 성구 du kommst noch früh genug zu s. 《통용어·농》 그렇게 서둘지 마라. II. 〈Adv.〉 저녁에: er arbeitet von früh bis s. (in die Nacht) 그는 아침 일찍부터 저녁 늦게까지 일한다.
spät-, Spät-: **~abends** [-'--] 〈Adv.〉 저녁 늦게. **~antike**, die 고대[그리스·로마 시대]의 말기. **~aufsteher** [-aufʃteːɐ], der; -s, - 늦게 일어나는 사람. **~aussiedler**, der 종전 후 뒤늦게 동부 지역에서 (강제) 이주해 들어오는 사람. **~barock** 〈Adj.〉 바로크 말기의. **~barock**, das / der 바로크 말기. **~dienst**, der 야근. **~entwickler**, der 신체나 정신의 일부가 비교적 늦게 발달하는 아동, 후기 발달자, 후숙증. **~folge**, die 후속결과, 후유증. **~frost**, der 늦추위, 여한(餘寒). **~frucht**, die 만생종의 과일, 늦과일. **~geburt**, die **1.** 늦은 출산. **2.** 늦게 출산된 아이. **~gemüse**, das 늦채소. **~geschäft**, das 《구동독》 폐점시간 이후에도 열려 있는 점포. **~gotik**, die 후기 고딕(예술). **~gotisch** 〈Adj.〉 ↑~gotik의 형용사형. **~heimkehrer**, der 종전 후 오래 되어서야 석방되어 귀환하는 전쟁 포로. **~herbst**, der 늦가을, 만추. **~holz**, das (Pl. 없음) 나이테 중 가을에 형성된 목재 부분(반대: Frühholz). **~jahr**, die 【영화·연극】 가을. **~kapitalismus**, der 후기 자본주의. **~kapitalistisch** 〈Adj.〉 ↑~kapitalismus의 형용사형. **~kartoffel**, die 늦감자. **~klassik**, die 후기 고전주의. **~klassisch** 〈Adj.〉 ↑~klassik의 형용사형. **~latein**, das 후기 라틴어(3~6세기의). **~lateinisch** 〈Adj.〉 ↑~latein의 형용사형. **~lese**, die **1.** 늦가을의 무렵의 완숙한 포도 (수확). **2.** 늦가을 포도로 만든 고급 포도주. **~mittelalter**, das 중세 말기. **~mittelalterlich** 〈Adj.〉 ~mittelalter의 형용사형. **~nachmittag**, der 늦은 오후. **~nachmittags** [-'----] 〈Adv.〉 늦은 오후에, 오후 늦게. **~nachrichten**, die 【방송】 하루의 마지막 뉴스. **~nachts** [-'-] 〈Adv.〉 밤늦게, 늦은 밤에. **~phase**, die 후기. **~programm**, das 《방송》 늦은 저녁 또는 밤에 방송(방영)되는 프로그램. **~pubertär** 〈Adj.〉 《교양어·폄》 때늦은 사춘기적인 (사람의 태도, 처신 따위가). **~reife**, die 늦은 성숙. **~renaissance**, die 후기 르네상스. **~romanik**, die 후기 낭만주의. **~römisch** 〈Adj.〉 로마제국 말기의(말엽의). **~schaden**, der 후유증. **~schicht**, die **a)** 저녁(밤에) 행해지고 있는 작업. **b)** 저녁 작업조. **~sommer**, der 늦여름. **~sommertag**, der 늦여름 날. **~sprechstunde**, die 《구동독》 (오후 늦게 또는 밤에 있는) 면담 시간[진찰 시간]. **~stadium**, das 매우 진척된 단계, 후기, 말기. **~verkaufsstelle**, die 《구동독》 폐점 시간이 지나서도 열려있는 판매점. **~vorstellung**, die 【영화·연극】 야간 상영(공연). **~werk**, das 《예술가 등의》 후기 작품. **~winter**, der 늦겨울. **~zeit**, die 후기, 말기. **~zünder**, der 《통용어·농》 **1.** 사물의 판단 능력이 늦고 둔한 사람(반대: Frühzünder). **2.** ↑~entwickler. **~zündung**, die (반대: Frühzündung) **1.** 【기술】 (연소모터의) 너무 늦은 점화. **2.** 《통용어·농》 너무 늦은 반응, 지둔한 이해력: er hat immer S. 그는 항상 이해가 늦다.
Späte, die 《고어》 늦음, 지각, 말기.

Spateisenstein, der; -s 《준광어》 ↑ Eisenspat.
Spatel [ʃpaːtl], der; -s, - (österr.) die; -n [lat. spat(h)ula < griech. spáthē] **1.** (의사, 약제사가 쓰는) 주걱. **2.** (화가, 조각가가 쓰는) 주걱.
spaten [ʃpaːtn] 〈h〉 《지역적》 파다, 삽질하다. **Spaten** [-], der; -s, - 삽; (트럼프의) 스페이드.
Spaten-: **~blatt**, das 삽날, 삽등. **~forschung**, die 발굴을 통한 고고학적 연구. **~stich**, der 삽으로 한 번 팜(뜸), 삽질.
später [ʃpɛːtɐ; ↑ spät (1)의 비교급] I. 〈Adj.〉 **a)** 나중의, 뒤에 오는: -e Generationen werden dies erst beurteilen können 다음 세대들이라야 비로소 이것을 평가할 수 있을 것이다. **b)** 그 다음의, 장래의: damals lernte er seine -e Frau kennen 그 당시에 그는 나중의 자기 아내를 알게 되었다. II. 〈Adv.〉 얼마 후에, 그 뒤에: er soll s. die Leitung der Firma übernehmen 그는 나중에 회사의 경영권을 인수하게 되어 있다; bis s.! (그날 중 다시 보게 될 것이 예상될 경우의 인사말로서) 이따 만나지! **späterhin** 〈Adv.〉 《아어》 ↑ später (II): s. verlor er sie aus den Augen 나중에 그녀는 그의 시야에서 사라지게 되었다. **spätest...**: ↑ spät (I)의 최상급. **spätestens** [ʃpɛːtəstns] 〈Adv.〉 늦어도: wir treffen uns s. morgen 우리는 늦어도 내일 만나게 된다.
Spatha [ʃpaːta, ʃp...], die; ...then [griech. spáthē] 【식물】 (종려 따위에서 꽃받침 위로 솟아난) 유난한 빛깔의 잎.
Spatien: ↑ Spatium의 복수형. **spatiieren** [ʃpatsi'iːrən, sp...], **spationieren** [ʃpatsio'niːrən, sp...] 〈h〉 【인쇄】 격자(隔字)하다, 자간(字間)을 두다. **Spationierung**, die; -en 격자 인쇄, 격자 문선. **spatiös** [ʃpa'tsjøːs, sp...] 〈Adj.〉 《인쇄·준교어》 글자 사이를 띈: -er Druck 격자 인쇄. **Spatium** [ʃpaːtsjʊm, 'sp...], das; -s, ...ien [lat. spatium] 【인쇄】 **1.** 글자 사이의 간격, 자간(字間). **2.** 공목(空木)(↑ Ausschluß (2)).
Spätling [ʃpɛːtlɪŋ], der; -s, -e **1.** 늦둥이, 늦게 낳은 아이, 동기들보다 훨씬 나이 어린 아이: sie war ein S., vierzehn Jahre jünger als ihre Schwester 그녀는 그녀의 언니보다 14살이나 아래인 늦둥이였다. **2.** 《드물게》 후기 작품. **3.** 《드물게》 일년 중 늦게 피는 꽃 따위.
Spatz [ʃpats], der; -en / -es, -en 《축소형: ↑ Spätzchen》 **1.** 참새(Sperling): wie ein (junger) S. schimpfen 흥분해서 큰소리로 욕하다; er ißt wie ein S. 《통용어》 그는 아주 적게 먹는다; 성구 du hast wohl -en unterm Hut? 《통용어·농》 모자를 벗지 그래?(모자를 벗는 것이 예의인 경우에 하는 것). 《속담》 besser ein S. in der Hand als eine Taube auf dem Dach 불확실한 것을 추구하느니보다 작지만 확실한 것으로 만족하는 것이 낫다; das pfeifen die -en von den[allen] Dächern 《통용어》 그건 더 이상 비밀이 아니다(벌써 누구나 다 안다); mit Kanonen auf[nach] -en schießen 작은 일에 온 수단을 동원하다(지나치게 반응하다). **2.** 《친근》 작은 아이, 허약한 아이. **3.** 《친근》 음경(陰莖).
Spätzchen [ʃpɛtsçən], das; -s, - ↑ Spatz의 축소형.
Spatzen-: **~gehirn**, **~hirn**, das 《폄》 부족한(제한된) 이해력. **~schreck**, der; -s, -e (österr.) ↑ Vogelscheuche.
Spätzin [ʃpɛtsɪn], die; -nen 《드물게》 ↑ Spatz (1)의 여성형. **Spätzle** [ʃpɛtslə] 〈Pl.〉 《schwäb.》 단자와 국수의 중간쯤 되는 음식 이름, 짤막짤막한 조각 국수. **Spätzli** [ʃpɛtsli] 〈Pl.〉 (schweiz.) ↑ Spätzle.
Spazier-: **~fahrt**, die 《드물게》 드라이브. **~gang**, der 산보, 산책: wir haben einen weiten S. gemacht 우리는 멀리까지 산보했다. **~gänger**, der 산보자, 산책하는 사람. **~ritt**, der 《드물게》 말을 타고 나가기, 승마 산책.

~stock, der 산보[산책]용 지팡이. ~weg, der 산보로, 산책길.

spazieren [ʃpa'tsi:rən] ⟨s⟩ [ital. spaziare] 1. 만보하다, 소요하다, 거닐다: die Besucher spazierten durch die Ausstellung 방문객[관람객]들은 전시장을 거닐었다. 2. 《준고어》 산보하다(spazierengehen).

spazieren-: ~fahren* 1. ⟨s⟩ 드라이브하다: sonntags (im Auto) s. 일요일에 (자동차로) 드라이브하다. 2. ⟨h⟩ (누구를) 드라이브시켜 주다: im Urlaub haben wir die Großeltern spazierengefahren 휴가 기간 동안에 우리들은 양친을 모시고 드라이브를 하였다. ~führen ⟨h⟩ 누구를 데리고 산보하다: einen Kranken s. 환자를 데리고 산보하다; [전의] sie führte am Sonntag ihr neues Kleid spazieren 《통용어·농》 그녀는 일요일에 그녀의 새 옷을 선보였다. ~gehen* ⟨s⟩ 산보[산책]하다: mit den Kindern im Wald s. 아이들과 숲 속을 산보하다[거닐다]. ~reiten* ⟨s⟩ 《드물게》 말을 타고 나가다, 승마 산책을 하다.

SPD = Sozialdemokratische Partei Deutschlands 독일 사회 민주당.

Specht [ʃpɛçt], der; -(e)s, -e 딱다구리: der S. klopft [hackt] 딱다구리가 나무를 쪼다. Spechtmeise, die 《동물》 동고비(↑Kleiber).

Speck [ʃpɛk], der; -(e)s, 《종류》-e 1. a) 《돼지의》 비계살, 베이컨: geräucherter, S. 훈제 베이컨; [성구] ran an den S.! 《통용어》 시작!, 작업하자!; [속담] mit S. fängt man Mäuse 미끼가 좋아야 쥐를 잡을 수 있다(그럴듯한 대가를 내세워야 사람들의 마음을 움직일 수 있다); den S. riechen 《통용어》 낌새를 채다(↑Braten). b) 《고래, 물개, 해마 따위의》 비계살. 2. 《통용어·농》 《인체의》 지방[脂肪]: S. ansetzen 《통용어》 체중이 붇다; (keinen) S. auf den Rippen haben 《통용어》 뚱뚱하다(깡마르다).

speck-, Speck-: ~bauch, der 《통용어·농》 북통배. ~bäuchig ⟨Adj.⟩ 《통용어·농》 북통배를 한. ~bohnen ⟨Pl.⟩ 베이컨을 곁들인 콩. ~deckel, der 《지역적·폄》 기름때가 번지르르한 모자, 약식 군모. ~griebe, die ↑Griebe (1 a, b). ~jäger, der 《통용어·준고어》 방랑자, 부랑자, 무숙자. ~käfer, der 짐승의 똥을 먹고 사는 여러 종류의 풍뎅이(예컨대: 쇠똥구리). ~knödel, der 《남독., 오스트리아》 조그만 비계덩이를 넣은 경단. ~kuchen, der 베이컨을 넣은 케이크(뜨거운 채 먹음). ~nacken, der 《통용어》 《사람의》 살찐 목. ~nackig ⟨Adj.⟩ 《통용어》 살찐 목을 하고 있는. ~polster, das 《통용어》 비계살(↑Fettpolster). ~scheibe, die 베이컨 조각. ~schicht, die 지방층. ~schwarte, die 베이컨의 두꺼운 껍질. ~seite, die 비계 있는 베이컨의 옆구리, 훈제 베이컨의 옆구리. ~soße, die 베이컨으로 만든 소스. ~stein, der 활석(滑石), 동석(凍石), 납석(蠟石). ~stippe, die 《nordd.》 베이컨으로 만든 소스. ~stück, ⟨속소형⟩ ~stückchen, das 베이컨 조각. ~torte, die 베이컨을 넣어 만든 케이크, 베이컨을 넣어 만든 파이. ~würfel, der 잘게 썬 베이컨 조각.

speckig [ʃpɛkɪç] ⟨Adj.⟩ 1. 기름때가 번지르르하게 닳고 더러운: ein -er Anzug 기름때가 묻은 옷. 2. 《통용어》 살찐: ein -er Nacken 비만한 목. 3. 《지역적》 덜 구운: -es Brot 덜 구워진 빵.

spedieren [ʃpe'di:rən] ⟨h⟩ [ital. spedire] 운송하다, 발송하다: Möbel mit der Bahn s. 가구를 철도편으로 운송하다; [전의] der Türsteher spedierte ihn ins Freie 《통용어·농》 문지기는 그를 바깥으로 내쫓았다. Spediteur [ʃpedi'tø:ɐ̯], der; -s, -e / 《schweiz.》 -en 운송업자. Spedition [ʃpedi'tsio:n], die; -en [ital. spedizione] a) 《화물의》 운송: die Firma übernahm die Waren 화물의 운송은 회사가 떠맡았다. b) 운송 회사: für den Umzug eine S. bestellen 이사를 하기 위해 운송 회사를 부르다. c) ↑Speditionsabteilung의 약칭.

Speditions-: ~abteilung, die 운송[수송]부. ~betrieb, der 운송 기업. ~firma, die 운송 회사. ~gebühr, die 운송료, 탁송료. ~geschäft, das 【경제】상품의 운반에 관한 계약, 운송업, 운송업. ~kaufmann, der 상품의 운반과 보관 업무에 종사하는 자.

speditiv [ʃpedi'ti:f] ⟨Adj.⟩ [ital. speditivo] 《schweiz.》 진척이 빠른, 방해받지 않는, 원활한: selbständig und -e Arbeit lieben 독자적이고 시원시원한 일을 좋아하다.

Speech [spi:tʃ], der; -es, -e / -es ['spi:tʃɪs; engl. speech] 《교양어》 연설, 인사말: einen (kleinen) S. machen 《짤막한》 연설을 하다.

¹Speed [spi:d], der; -s, -s [engl. speed] 【스포츠】《달리기 선수 또는 경마의》 속도, 역주(力走), 최후의 분발.
²Speed [-], das; -s, -s 《은어》 흥분제, 환각제: S. spritzen 흥분[환각]제를 주사하다, 흥분[환각]제 주사를 놓다. Speedway ['spi:dweɪ], der; -s, -s [engl. speedway] 자동차 경주. Speedwayrennen, das 【스포츠】 오토바이 경주.

Speer [ʃpe:ɐ̯], der; -(e)s, -e a) 창. b) 【육상】《창던지기 하는》 창.

Speer-: ~kies, der 【결정(結晶)】이 창 모양이므로 《광물》 백철광(↑Markasit). ~schaft, der 창의 자루. ~schleuder, die 《인종》 창을 쏘는 기구, 투창기. ~spitze, die 창끝, 창촉. ~werfen, das; -s 【육상】 창던지기. ~werfer, der 창던지기 선수. ~wurf, der 【육상】 a) ⟨Pl. 없음⟩ 창던지기. b) 《창던지기에서의》 투척.

spei-, Spei- (speien): ~gat, ~gatt, das 【선원】《선박의》 배수구. ~napf, der 《아어》 타구. ~täubling, der 《식용할 수 없는》 들싸리버섯. ~teufel, der ~täubling. ~übel ⟨Adj.⟩ 토할 것 같은, 메스꺼운.

speiben* ['ʃpaɪbn̩] 《süd., österr.》 a) 침뱉다. b) 토하다.

Speiche ['ʃpaɪçə], die; -n 1. 《수레바퀴 따위의》 살: eine S. ist verbogen 살 하나가 휘어졌다; dem Rad der Geschichte [dem Schicksal] in die -n greifen [fallen] 《아어》 역사[운명]의 수레바퀴를 멈추려 하다. 2. 요골(橈骨).

Speichel ['ʃpaɪçl̩], der; -s 침, 타액, 군침: der S. läuft ihm im Mund zusammen 그의 입에서는 군침이 돈다; [전의] jmds. S. lecken 누구에게 아랑거리다.

speichel-, Speichel-: ~absonderung, die 침의 분비. ~drüse, die 침샘, 타액선(腺). ~fluß, der 【의학】 침 과다분비, 타액루(漏), 침을 질질 흘리기. ~lecker, der 아첨꾼, 아양꾼. ~leckerei [- - - - - '- -], die; -en ⟨폄⟩ a) ⟨Pl. 없음⟩ 아첨, 알랑거림. b) 알랑방귀, 아첨하는 말. ~leckerisch ⟨Adj.⟩ 《폄》 아첨하는 [알랑거리는] 투의. ~reflex, der 《침을 분비하려 되는》 조건 반사. ~stein, der 【의학】《침의 분비를 저해하는》 침샘 결석(結石).

speicheln ['ʃpaɪçln̩] ⟨h⟩ 침을 질질 흘리다, 침을 튀기다: beim Schlaf s. 자면서 침을 흘리다.

Speicher ['ʃpaɪçɐ], der; -s, - [lat. spīcārium] 1. a) 창고, 곡창, 헛간. b) 《westmd., süd.》 다락방(↑Dachboden): die Wäsche auf dem S. trocknen 빨래를 다락방에서 말리다. 2. 【기술】 a) 저수지, 제방 위의 지대. b) 《전자 계산기의》 정보 기억 장치. c) 【전기】 축전지.

Speicher-: ~becken, das 저수지. ~bild, das 【물리】 Hologramm. ~geld, das 창고 보관료. ~gestein, das 【지질】 원유나 천연가스가 들어 있는 다공질(多孔質)의 암석, 유층암. ~gewebe, das 【식물】 《영양

speicherbar 분 등이) 저장되는 조직. **~kapazität,** die 저장 능력, 저장 용량. **~kraftwerk,** das [기술] 저수지를 끼고 있는 발전소. **~möglichkeit,** die 저장 가능성. **~ofen,** der ↑Nachtspeicherofen의 약칭. **~werk,** das [기술] (전자 계산기의) 기억 장치. **~zelle,** die [전산] 자료 저장 천공(穿孔).

speicherbar ['ʃpaiçəbaːr] 〈Adj.〉 저장[보관]할 수 있는. **speichern** ['ʃpaiçən] 〈h〉 저장하다, 보관하다, 창고에 넣다: in dem Stausee wird das Trinkwasser für die Stadt gespeichert 그 저수지에는 도시를 위한 식수가 저장된다; 전의 Wissen s. 지식을 섭렵하다(모으다). **Speicherung,** die; -en 저장, 보관.

Speichgriff ['ʃpaiç-], der; -(e)s, -e [체조] 눌러잡기 (골곡이 위쪽에 오도록 평행봉을 잡는 자세).

speien* ['ʃpaiən] 〈h〉 (아어) **a)** 침을 뱉다: er spie auf den Boden 그는 땅에다 침을 뱉었다. **b)** (입에서) 내뿜다: Blut s. 피를 토하다; 전의 der Vulkan speit Feuer 화산이 불을 내뿜고 있다. **c)** 토하다, 게우다: er wurde seekrank und mußte s. 그는 뱃멀미가 나서 토하지 않으면 안되었다.

Speierling ['ʃpaiərliŋ], der; -s, -e [식물] (유럽산) 마가목, 산마가목.

Speik [ʃpaik], der; -(e)s, -e [lat. spīca] **1.** (알프스에서 서식하는) 쥐오줌풀. **2.** ↑Lavendel. **3.** (알프스에서 서식하는, 푸른 꽃이 피는) 엥초.

Speil [ʃpail], der; -s, -e[niederd. spil(e)] (특히 소시지의 끄트머리를 막는) 나무 꼬챙이. **speilen** [ʃpailən] 〈h〉 (특히 소시지의 꼭지를) 꼬챙이로 막다, 꼬챙이를 꽂아 넣다. **Speiler** [ʃpailər], der; -s, - ↑Speil. **speilern** [ʃpailərn] 〈h〉 ↑speilen.

¹Speis [ʃpais], die; -en [zu ↑Speise] (südd., österr. · 통용어) 음식물 저장실, 찬장. **²Speis** [-], der; -es (westmd., süd(west)d.) 회반죽, 모르타르. **Speise** ['ʃpaizə], die; -n [lat. spe(n)sa] **1. a)** 음식, 요리, warme -n 더운 음식, 동 물 (고형(固形) 음식: **(mit) Speis und Trank** 《아어》 식사와 음료수(로써). **c)** (nordd.) 단것, 푸딩. **2.** ↑Glockenspeise의 약칭. **3.** [제련] 비금(砒金).

Speise- (speisen, Speise; ↑Speisen-): **~anstalt,** die 식당. **~apparat,** der [기술] 공급[급수·급탄] 장치. **~brei,** der [의학] 암죽, 미음. **~eis,** das 아이스크림. **~fett,** das 식용 지방. **~fisch,** der 식용 생선. **~folge,** die ↑Speisenfolge. **~gaststätte,** die (여러 가지 음식을 주문할 수 있는) 식당, 레스토랑. **~haus,** das (고어) ↑~gaststätte. **~kammer,** die 음식물 저장실. **~karte,** die 차림표, 식단(食單), 메뉴. **~kartoffel,** die 식용 감자. **~kasten,** der (österr.) ↑~schrank. **~kelch,** der [가] 성합(聖盒). **~krebs,** der 식용 게 (蟹). **~leitung,** die 급전선(給電線), 급수관(給水管). **~lokal,** das ↑~gaststätte. **~öl,** das 식용유. **~opfer,** das (종교) 소제(素祭), (음식으로 된) 제물(祭物). **~pilz,** der 식용 버섯. **~plan,** der **a)** (일정 기간 내의 여러 식사 시간 때에 나오게 되어 있는) 요리들[음식의 종류]: für einen S. für das Wochenende aufstellen 주말 식단을 짜다. **b)** 식단표. **~raum,** der 식당, 식사하는 방[홀]. **~rest,** der (Pl. -reste) 음식 남은 것, 먹다 남은 음식: überall standen Teller mit -en 도처에 먹다 남은 음식이 담긴 접시들이 널려 있었다. **~restaurant,** das (여러 가지 음식을 주문할 수 있는) 레스토랑. **~rohr,** die 급식관. **~röhre,** die (해부) 식도(食道), 밥줄. **~saal,** der 식당, 식사하는 홀. **~saft,** der (의학) 유미(乳糜). **~salz,** das 식염. **~schokolade,** die (아어) 초콜릿. **~schrank,** der 찬장. **~stärke,** die (요리나 빵 굽는 데에 쓰는) 옥수수 전분. **~täubling,** der 식용 들싸리버섯. **~wagen,** der 식당

차. **~wasser,** das 〈Pl. -wässer〉 [기술] (汽罐) 급수용 물. **~wirtschaft,** die 음식점. **~würze,** die 양념, 향료. **~zettel,** der ↑~plan (a, b). **~zimmer,** das **a)** 식당, 식사하는 방. **b)** 식당용 가구[설비]: ein neues S. kaufen 식당용 가구 일습을 새로 사다.

speisen⁽*⁾ ['ʃpaizn] 〈스위스에서는 강변화도 함 (spies, gespiesen) h〉 **1.** (아어) **a)** 식사하다: gut s. 식사를 잘 하다; ich wünsche wohl zu s. 많이 드십시오. **b)** (드물게) (음식을) 먹다. **2.** (아어) 먹이다, 급식하다: die Armen s. 빈민들에게 먹을 것을 주다; 전의 jmdn. mit leeren Versprechungen s. 누구를 감언이설로 꾀다; eine von[aus] humanistischer Tradition gespeiste Idee 인문적 전통에서 우러나온 생각. **3.** 공급하다, 인도하다: ein von[aus] zwei Flüssen gespeister See 두 개의 강으로부터 물이 흘러드는 호수; [기술] die Taschenlampe wird aus[von] zwei Batterien gespeist 이 회중 전등은 두 개의 축전지로부터 전원이 공급되고 있다.

Speisen- (Speise 1 a; ↑Speise-): **~aufzug,** der (음식을 운반하는) 승강기. **~folge,** die (아어) 식사의 메뉴, 식단의 전체 순서. **~karte,** die ↑Speisekarte.

Speiskobalt ['ʃpais-], das; -s (회백색, 청회색의) 코발트광.

Speisung, die; -en **1.** (아어) 급식. **2.** [기술] 공급, 급전(給電), 급수, 급탄: zur S. des Geräts sind 220 Volt erforderlich 그 기구의 전원 공급을 위해서는 220볼트가 필요하다.

Spektabilität [ʃpɛktabiliˈtɛːt, sp...], die; -en [lat. spectābilitās] (옛) **a)** 〈Pl. 없음〉 대학의 학장에 대한 존칭: Eure S. 학장 각하. **b)** 학장.

¹Spektakel [ʃpɛkˈtaːkl], der; -s, - 〈통용어〉 **1.** 소음, 시끄러운 소리: die Kinder machten einen großen S. 아이들이 큰소리로 떠들었다. **2.** 큰소리로 하는 말다툼, 분쟁, 싸움: es gab einen fürchterlichen S. 무서운 말다툼이 있었다. **²Spektakel** [-, 〈또한〉 sp...], das; -s, - [lat. spectāculum] **a)** (고어) (구경꾼의 이목을 끌기 위한) 흥미 위주의 떠들썩한 연극 작품: ein billiges S. 값싼 구경거리 연극. **b)** 야단법석, 구경거리: die Sturmflut war ein beeindruckendes S. 그 해일은 볼 만한 구경거리였다. **spektakeln** [...ln] 〈h〉 (드물게) 시끄러운 소리를 지르며 떠들다. **Spektakelstück,** das; -(e)s, -e 《폄》 흥미위주의 떠들썩한 연극 작품. **Spektakula** ↑Spektakulum의 복수형. **spektakulär** [ʃpɛktakuˈlɛːɐ̯, sp...] 〈Adj.〉 [frz. spectaculaire] 큰 소동을 일으키는: ein -er Kriminalfall 떠들썩한 범죄 사건; die Rede des Ministers war s. 그 장관의 연설은 큰 물의를 일으키는 것이었다. **spektakulös** [...ˈløːs, sp...] 〈Adj.〉 (고어) **1.** 비밀스러운, 이상한. **2.** 좋지 않은 소동을 일으키는, 물의를 일으키는. **Spektakulum** [ʃpɛkˈtaːkulum, sp...], das; -s, ...la 〈농〉 ↑²Spektakel.

Spektra: ↑Spektrum의 복수형. **spektral** [ʃpɛkˈtraːl, sp...] 〈Adj.〉 스펙트럼의.

spektral-, Spektral-: **~analyse,** die **1.** [물리·화학] 스펙트럼 분석, 분광 분석. **2.** [천문] 발광(發光) 스펙트럼 분석(천체의 분광 색채를 분석함으로써 그 천체의 화학적·물리적 특성을 구명하는 방법). **~analytisch** 〈Adj.〉 분광 분석의. **~apparat,** der [물리] 분광기(分光器). **~farbe,** die (대개 Pl.) [물리] 스펙트럼 색. **~gerät,** das ↑~apparat. **~klasse,** die (대개 Pl.) [천문] 스펙트럼 등급(항성들을 그 스펙트럼 분석 결과에 따라 분류한 등급). **~linie,** die [물리] 스펙트럼 선(線). **~typ,** der 스펙트럼 유형(↑~klasse).

Spektren: ↑Spektrum의 복수형. **Spektrograph** [ʃpɛktroˈɡraːf, sp...], der; -en, -en [기술] 분광 사진기. **Spektrographie,** die; -n [..iːən] [물리] 분광 사진. **spektrographisch** 〈Adj.〉 분광 사진기로 찍은, 분광

사진의. **Spektrometer**, das; -s, - [기술] 분광계. **Spektroskop** [...ˈskoːp], das; -s, -e [griech. skopeīn] [기술] (망원경이 달려 있는) 분광기, 망원 분광기. **Spektroskopie** [...skoˈpiː], die [물리] 망원 분광기로써 스펙트럼을 관찰·규정하는 일, 분광학. **spektroskopisch** ⟨Adj.⟩ Spektroskopie의 형용사형. **Spektrum** [ˈʃpɛktrʊm, ˈsp...], das; -s, ...tren, ⟪고어⟫...tra [1: engl. spectre, spectrum] **1.** 【물리】 **a)** 스펙트럼. **b)** (일정한 주파 영역 안에서의) 전자파(電磁波)의 진동. **2.** ⟪교양어⟫ (많은) 분파, 다양성: das ganze S. der modernen Literatur 현대 문학의 (많은) 분파들.

Spekula: ↑ Spekulum의 복수형. **Spekulant** [ʃpekuˈlant], der; -en, -en [lat. speculāns] 투기업자, 투기꾼. **Spekulation** [...laˈtsi̯oːn], die; -en [1: lat. speculātio] **1. a)** 공론(空論), 억측: -en über etw. anstellen 무엇에 대하여 공론을 벌이다[억측을 내세우다]. **b)** 【철학】 사변(思辯), 사색, metaphysische -en 형이상학적 사변. **2.** 【경제】 투기: durch S. an der Börse ist er reich geworden 그는 증권 투기를 통하여 부자가 되었다. **Spekulations-** (Spekulation 2): **~geschäft**, das 기성 사업, 투기. **~gewinn**, der 투기로 생긴 이익. **~kauf**, der 【경제】 투기 매입(買入). **~objekt**, das 투기대상. **~papier**, das 투기성 증권(등락의 폭이 심한). **~steuer**, die 투기 이익에 대하여 과하는 세금. **~wert**, der 투기의 대가, 투기 이익(↑ ~gewinn).

Spekulatius [ʃpekuˈlaːtsi̯ʊs], der; -, - (여러 가지 형상을 본뜬) 납작한 후추과자.

spekulativ [...laˈtiːf] ⟨Adj.⟩ [lat. speculātīvus] **1.** 사변적, 공리공론적: -e Philosophie 사변 철학. **2.** 【경제】 투기적인, 투기성의. **spekulieren** [ʃpekuˈliːrən] ⟨h⟩ [lat. speculārī] **1.** (통용어) 획득하기를 바라다, 적당히 계산하고 행동하다: auf eine Erbschaft s. 유산을 노리다. **2.** 투기하다: an der Börse s. 증권 투기를 하다; auf Hausse[Baisse] s. 등귀[하락]를 예상하여 투기를 하다; mit Grundstücken s. 토지 투기를 하다. **3.** 사색하다, 추론하다: es lohnt sich nicht, über diese Sache lange zu s. 이 일에 대해 오래 사색하는 것은 헛수고이다. **Spekulum** [ˈʃpeːkulʊm, ˈsp...], das; -s, ...la [lat. speculum] 【의학】 검강경(檢腔鏡)(자궁경, 비강경 따위).

Speläologe [speleo...], der; -n, -n [lat. spēlaeum < griech. spélaion] 동굴학자. **Speläologie**, die 동굴학. **speläologisch** ⟨Adj.⟩ 동굴학의.

Spelt [ʃpɛlt], der; -(e)s, -e (독일산의) 스펠트 밀(↑ Dinkel).

Spelunke [ʃpeˈlʊŋkə], die; -n [lat. spēlunca < griech. spēlygx] ⟪멸⟫ 더러운 술집, 평판이 좋지 않은 술집.

Spelz [ʃpɛlts], der; -es, -e ↑ Dinkel. **Spelze** [ˈʃpɛltsə], die; -n **a)** 영포(穎苞) (곡식 알의 껍질, (보리 따위의) 수염. **b)** (풀의) 마른 꽃잎. **spelzig** [ˈʃpɛltsɪç] ⟨Adj.⟩ 껍질을 지니고 있는.

spendabel [ʃpɛnˈdaːbl̩] ⟨Adj.⟩ (통용어) (음식 따위에) 인심이 후한, 인색하지 않은: er war heute sehr s., ich hat allen ein Bier bezahlt 그는 오늘 아주 후한 기분이어서 다(른)사람 모두에게 맥주 한 잔씩을 샀다. **Spende** [ˈʃpɛndə], die; -n [lat. spenda, spensa] 희사, 의연금품, 기부금; 【종교】 헌작(獻酌), 헌주: eine an Geld(Medikamenten) 금전[의약품구호]; es gingen viele -n ein 많은 기부금이 들어왔다. **spenden** [ˈʃpɛndn̩] ⟨h⟩ [lat. spendere **a)** 기부하다, 희사하다: Geld[Kleider] s. 돈[의복]을 기부하다; Blut s. 헌혈하다; reichlich s. 후히 성금을 내다; 〔전의〕⟪아어⟫ die Kühe spenden (uns) Milch 소는 (우리에게) 우유를 제공한다. **b)** 주다, 베풀다: die Sakramente s. 성사를 베풀다; 〔전의〕⟪아어⟫ einem Künstler Beifall s. 예술가에게 박수를 보내다.

Spenden-: **~aktion**, die 기부금 모금 운동. **~aufruf**, der 【기부금 모금에 호응해 달라는) 호소(문), 모금 운동을 위한 여론 환기. **~bescheinigung**, die 기부금 영수증 (세금 혜택 따위를 받기 위한). **~konto**, das 기부금 구좌, 헌금 구좌. **~liste**, die 기부자 명단. **~quittung**, die 기부금[헌금, 성금] 영수증. **~sammler**, der 기부금 모금자. **~sammlung**, die 기부금 모금.

Spender, der; -s, - **a)** 기부자, 희사자, 시여자, 자선가: wer war der edle S.? 〈농〉 이건 누가 한 일이냐? **b)** Blutspender의 약칭. **c)** (전문어) (면도날이나 휴지 따위가 많이 들어 있어서 조금씩 여며(뜯어) 쓸 수 있게 장치되어 있는) 통, 케이스: Rasierklingen im S. 케이스 안에 들어있는 면도날. **Spenderin**, die; -nen ↑ Spender (a, b)의 여성형.

spendier, Spendier- (통용어): **~freudig** ⟨Adj.⟩ 인심이 후한, 턱을 잘 내는. **~freudigkeit**, die ↑ ~freudig의 명사형. **~hosen** ⟨Pl.⟩ ⟪다음 용법으로⟫ **die S. anhaben** ⟪통용어·농⟫ 인심이 후하다, 관대하다. **~laune**, die 한턱 내고 싶은 기분, 인심 쓰고 싶은 기분. **spendieren** [ʃpɛnˈdiːrən] ⟨h⟩ (통용어) 남에게 선심 쓰다, 돈을 후히 쓰다, 남을 위해 돈을 내어주다: an seinem Geburtstag spendierte er Kaffee und Kuchen für alle 그는 자기 생일에 모두에게 커피와 케이크를 샀다. **Spendung**, die; -en ⟪드물게⟫ 기부, 희사, 헌금.

Spengler [ˈʃpɛŋlɐ], der; -s, - ⟪südd., österr., schweiz.⟫ ↑ Klempner. **Spenglerei** [...ləˈraɪ], die; -en **a)** ⟨Pl. 없음⟩ 함석 제조(가공). **b)** 함석장이의 공장[일터].

Spenser [ˈʃpɛnzɐ] (österr.) ↑ Spenzer. **Spenzer** [ˈʃpɛntsɐ], der; -s, - [engl. spencer, 영국의 G. J. Spencer 백작(1758~1834)의 이름에 따라] **a)** 짧고 꿰인 재킷의 일종(대개 부인용). **b)** 소매가 짧고 꿰인 부인용 내의.

Sperber [ˈʃpɛrbɐ], der; -s, - [동물] 새매. **Sperberbaum**, der; -(e)s, -bäume ↑ Spelerling. **sperbern** ⟨h⟩ ⟪schweiz.⟫ 날카로운 눈초리로 노려보다.

Sperenzchen [ʃpeˈrɛntsçən], **Sperenzien** [ʃpeˈrɛntsi̯ən] ⟨Pl.⟩ [lat. sperantia] (통용어·멸) 거역, 훼방: laß die S.! 괜히 방해(거역)하는 수작은 그만둬라.

Spergel [ˈʃpɛrɡl̩] ↑ Spörgel.

Sperling [ˈʃpɛrlɪŋ], der; -s, -e 참새: die -S in der Hand als eine Taube auf dem Dach 불확실한 것을 추구하느니보다 작지만 확실한 것으로 만족하는 것이 낫다.

Sperma [ˈʃpɛrma, ˈsp...], das; -s, ...men / -ta [lat. sperma < griech. spérma] 【생물】 정액(精液). **Spermabank**, die ⟨Pl. -banken⟩ ↑ Samenbank. **Spermaspender**, der ↑ Samenspender. **Spermato-**, **Spermato-** [spermato-] (정자(Samen)란 뜻의 규정어). **Spermatogenese**, die 【의학·생물】 정자 생성. **Spermatogramm**, das; -s, -e ↑ Spermiogramm. **Spermatophore** [...ˈfoːrə], die; -n (대개 Pl.) [griech. phorós] 【동물】 (하등 동물의) 정자속(束). **Spermatophyten** [...ˈfyːtn̩] ⟨Pl.⟩ [griech. phytón] 【식물】 종자식물, 현화(顯化)식물. **Spermatorrhö**, **Spermatorrhöe** [...toˈrøː], die; ...öen [...ˈrøːən; griech. rhoé] 【의학】 정액루, 유정(遺精). **Spermatozoen** ↑ Spermatozoon의 복수형. **Spermatozoid** [...tsoˈiːt], der; -en, -en ⟨대개 Pl.⟩ [griech. -oeidés] 【식물】 수꽃의 생식 세포. **Spermatozoon** [...tsoːɔn], das; -s, ...zoen [...ˈtsoːən; griech. zōon] ↑ Spermium. **Spermazet** [...ˈtseːt],

Spermazeti

das; -(e)s, **Spermazeti**, das, -s [lat. cētus < griech. kētos) 경랍(鯨蠟)(Walrat). **Spermien** ↑ Spermium의 복수형. **Spermiogenese** [spermjo-], die ↑ Spermatogenese. **Spermiogramm** [spermjo-], das; -s, -e [의학] (현미경으로 정액을 관찰할 때 나타나는] 정충의 모습(숫자, 동작 양태]. **Spermium** ['ʃpɛrmiʊm, 'sp...], das; -s, ...mien [...miən] [생물] (사람과 짐승의) 정충, 정자; (식물의) 정액 세포. **spermizid** [ʃpɛrmi'tsi:t] 〈Adj.〉 [lat. caedere] [의학] (피임제에 의하여) 정자를 죽이는. **Spermizid** [-], das; -(e)s, -e [의학] 정자를 죽이는 피임제.

sperr-, Sperr-: **~angelweit** 〈Adv.〉《감정》[돌쩌귀가 늘어갈 수 있는 한도까지] 활짝: die Türen standen s. offen 문들이 활짝 열려 있었다. **~balken**, der 《드물게》↑~Sperrbaum. **~ballon**, der [군] 방공 기구[3색 기구(阻塞氣球)]. **~batterie**, die [군] 입항 봉쇄를 위해 배치된 포대(砲隊). **~baum**, der 빗장, [통행 금지를 위한] 횡목(橫木); [군] 방책(防柵). **~bezirk**, der 일반인 폐쇄[통제] 구역. **~deckung**, die [펜싱] 〈자신의 약점을 감추면서 상대방의 공격을〉 받아 넘기기. **~druck**, der 〈Pl. 없음〉 [인쇄] 격자체[隔子體] 인쇄. **~feuer**, das [군] 저지(阻止) 사격. **~frist**, die [법] 일정한 행위가 금지되어 있는 기간(예컨대: 저작권 보호 기간, 지불 정지 기간 등]. **~gebiet**, das 일반인 폐쇄[통제] 지역. **~geld**, das 〈österr.〉 밤중에 문을 열어 주는 대가로 건물 관리인이 요구하는, 돈. **~getriebe**, das [기술] 제동(制動) 장치, 제륜기(制輪機). **~gürtel**, der 침입 저지망, 포위망. **~gut**, das 부피가 큰 화물. **~guthaben**, der [재정 [지불동결] 구좌에 들어 있는 잔고. **~haken**, der 〈지역적〉↑Dietrich. **~hebel**, der [기술] 제륜(制輪)[제동] 지렛대. **~holz**, das 〈Pl. 없음〉 합판, 베니어 판. **~holzplatte**, die 합판(의 판대기). **~holzwand**, die 합판 벽. **~jahr**, das [법] 일년간의 금지[정지] 기간. **~kette**, die 통행금지의 사슬, 바퀴를 못 돌아가게 하는 사슬. **~klausel**, die 배제[예외] 조건. **~klinke**, die [기술] 제동자(制動子), 깔쇠톱니, 바퀴가 못 돌아가도록 [바퀴가 거꾸로 돌지 않도록] 하는 걸쇠. **~konto**, das [경제] 폐쇄 구좌, 지불 동결 구좌. **~kraut**, das [식물] 깃털 모양의 작은 잎이 나고 청색·보라색·흰색 꽃이 피는 관목; 꽃고비. **~kreis**, der [전기·방송] [라디오의] 전파 트랩, 전파 흡수기. **~linie**, die [군] (통행 폐쇄를 해 놓은) 방어선. **~mauer**, die (골짜기를 막아 만든 댐의) 방벽, 방축. **~minorität**, die [정치·사항] 저지 가능 소수파(수적 열세에도 불구하고 특정 사항의 가결을 저지하는). **~müll**, der 부피가 큰 쓰레기(공설 쓰레기통에 들어가지 않아 특별 차편으로 쓰레기 하치장까지 운반해야 하는 쓰레기). 예컨대: 헌가구. **~müllabfuhr**, die 특별 쓰레기 수거(부피가 큰 쓰레기를 특별 차편으로 수거하는 일). **~rad**, das [기술] 깔쭉톱니 [한 방향으로만 돌게 만든], 깔쭉톱니바퀴. **~riegel**, der 횡목(橫木), 빗장. **~schicht**, die [토건] 방수재로 된 층, (보일러 따위의) 절연층. **~sitz**, die 맨 뒷줄의 관람석(영화관의), 맨 앞줄의 특별석(극장, 서커스의). **~stoß**, der [펜싱] 받아 찌르기(상대방의 공격에 대하여 자신의 약점을 감추며 반격하는 동작). **~stunde**, die ↑Polizeistunde. **~vermerk**, der (증명서 따위에 기재된) 제한 사항. **~vorrichtung**, die 잠그는 장치 (예: 빗장). **~weit** 〈Adv.〉 (통용어) ↑~angelweit. **~wert**, der [우표] 한정 발매 우표(수집 가치를 높이기 위해 발매 매수 등을 제한하여 판매하는). **~zeit**, die [통행] 금지 시간. **~zoll**, der 금지적 관세, 고액의 보호 관세. **~zone**, die 일반인 폐쇄[통제] 지대.

Sperre ['ʃpɛrə], die; -n **1. a)** 차단물, 빗장, (행정 금지의) 횡목: eine S. errichten 차단 장치를 설치하다: eine S. haben 《통용어》 (남의 행동 등을) 잘 이해하지 못하다. **b)** 개찰구, (극장 따위의) 입구: eine S. öffnen 개찰구를 열다. **2.** 봉쇄[금수] 조처: über die Einfuhr von billigem Wein ist eine S. verhängt worden 값싼 포도주의 수입에 관해서 금수 조처가 내려졌다. **3.** [스포츠] 진로 방해. **4.** [스포츠] 출전 금지 조처: über jmdn. eine S. (von drei Monaten) verhängen 누구에게 (3개월 간의) 출전 금지령을 내리다. **sperren** ['ʃpɛrən] 〈h〉 **1. a)** 차단하다, 폐쇄하다, 봉쇄하다: eine Brücke s. 교량을 지나는 교통을 차단하다; die Häfen sind gesperrt 항구들에의 선박 통행이 봉쇄되어 있다. **b)** (그 위치 상 통행로를) 막다, ein querstehender LKW sperrt die Straße 가로 서 있는 짐차 한 대가 길을 막고 있다. **2.** 유보(留保)시키다, 금지하다: die Einfuhr s. 수입을 금지하다; jmdm. den Urlaub s. 누구의 휴가를 중단하다. **3.** (이용자가 공급에 따른 의무를 이행하지 않을 경우에) 정지하다: dem Mieter wurde das Gas gesperrt 그 세 입자에게는 가스 공급이 중단되었다. **4.** [스포츠] 〈상대방의 진로를〉 방해하다. **5.** [스포츠] 출전을 금지하다: der Spieler wurde wegen eines schweren Fouls für drei Monate gesperrt 그 선수는 심한 반칙으로 인하여 3 개월간 출전 금지령을 받았다. **6. a)** (짐승을 우리에) 가두다: einen Vogel in einen Käfig s. 새를 새장 안에 넣다. **b)** 〈감정〉 가두다, 갇혀 넣다: er wurde in eine Einzelzelle gesperrt 그는 독방에 갇히었다. **7.** 〈s. + sich〉 거부하다, 거부적[폐쇄적] 태도를 취하다: ich sperrte mich gegen dieses Vorhaben 나는 그 계획에 대하여 거부적 태도를 취했다. **8.** [지역적] (문이) 잘 닫히지 않다: die Tür sperrt 문이 (무엇이 끼어) 잘 닫혀지지 않는다. **9.** [인쇄] 격자체로 인쇄하다: diese Wörter sind zu s. 이 단어들은 격자체로 인쇄할 것. **10.** (österr., südd.) **a)** 닫다: er hat das Tor hinter sich gesperrt 그는 안으로 들어가더니 대문을 닫아 버렸다. **b)** 상점 문을 닫다, 창구를 닫다. **c)** 작동하다, 맞다: der Schlüssel sperrt nicht 열쇠가 맞지 않는다. **11.** [동물] (새 새끼가 먹이를 얻어 먹으려고) 주둥이를 활짝 벌리다.

sperrig ['ʃpɛrɪç] 〈Adj.〉 (화물의) 부피가 큰, 옮기기 힘든[다루기 힘든]: -e Güter 부피가 큰 화물. **Sperrling**, der; -s, -e (감정) ↑Knebel (2). **Sperrung**, die; -en **1. a)** 차단, 폐쇄, 봉쇄. **b)** 위의 상태. **2.** (südd., österr.) 휴교, 폐업.

Spesen ['ʃpeːzn] 〈Pl.〉 [ital. spese] 비용, 잡비, 운임: hohe S. 많은 비용; [성구] außer S. nichts gewesen 《농》 수고만 했지 수확이 없었다.

spesen-, Spesen-: **~abrechnung**, die 비용 청산, 운임 계산. **~frei** 〈Adj.〉 잡비(운임) 지불필(支拂畢)의. **~platz**, der [금융] 수수료 발생 지역(거래 은행이 없어 현지의 수표나 어음으로 수금할 경우 비용이 드는 곳). **~rechnung**, die 비용 계산서, 운임 청구서. **~ritter**, der (팸) 많은 잡비가 들도록 하여 사리를 추구하는 자.

Spessart ['ʃpɛsart], der; -s 슈페사르트(독일 중부 산악 지대).

spetten ['ʃpɛtn] 〈h〉 (schweiz.) (일당 또는 시간당 노임을 받으며) 보조일을 하다. **Spetter**, der; -s, - (schweiz.) 보조 노동자, 날품팔이꾼. **Spetterin**, die; -nen (schweiz.) 보조 여공, 품팔이 여자.

Speyer ['ʃpaɪɐ] 슈파이어(라인 강변의 도시). **¹Spey(e)rer**, der; -s, - 슈파이어 사람. **²Spey(e)rer** 〈Adj.〉 (격변화 없음) 슈파이어의. **spey(e)risch** 〈Adj.〉 슈파이어의, 슈파이어적인.

Spezerei [ʃpeːtsəˈraɪ], die; -en (대개 Pl.) [ital. spezieria] **1.** (준고어) (해외의) 양념, 향료. **2.** 〈Pl.〉 (österr.·준고어) 조제(調製) 식품, 조제 식품점. **Spezereihandlung**, die (schweiz.·고어) 식료 잡화점. **Spezereiwaren** 〈Pl.〉 (고어) (조제) 식품, 식료품.

Spezi ['ʃpeːtsi], der; -s, -(s) [1: (고어) Spezial-

(freund)의 약칭] **1.** 《südd., österr. ·통용어》 친한 친구, 허물없는 친구: jmds. S. sein 누구의 친한 친구이다. **2.** 《통용어》 (레몬주스와 코카콜라를 섞은) 청량 음료. **spezial** [ʃpeˈtsiaːl] 〈Adj.〉 〈고어〉 ↑speziell. **¹Spezial-** [ʃpeˈtsiaːl-] ("특수-, 특별-"의 뜻을 지닌 합성어의 규정어로서, 예컨대) **-disziplin** 특수 학문; **-interview** 특별 인터뷰 등.
²Spezial-: **~abteilung**, die 특수 부처, 특수 과(課). **~anzug**, der 특수복. **~arzt**, der ↑Facharzt. **~ausbildung**, die 특수 훈련, 특수 교육. **~ausdruck**, der ↑Fachterminus. **~ausführung**, die 특별 시범. **~bereich**, der 특수 영역. **~disziplin**, die 특수 학문, (학문의) 특수 영역. **~fach**, das 특수 전문 분야. **~fahrzeug**, das 특수 차량(선박, 비행기). **~gebiet**, das 전문[특수] 분야. **~gerät**, das 특수 기구[연장]. **~geschäft**, das ↑Fachgeschäft. **~glas**, das 〈Pl. -gläser〉 특수 유리. **~holz**, das 특수 목재. **~karte**, die [지리] 특별 지도(地圖), 특수 지도. **~lack**, der 특수 라크. **~papier**, das 특수 종이, 특수지. **~prävention**, die [법] 재범 예방(책). **~schule**, die 《구동독》 특수 학교(각 전공학과를 중점적으로 교육하는 상급 의무 교육 기관). **~slalom**, der [스키] 단일 경기로서의) 회전 경기. **~sprunglauf**, der [스키] (합성 경기로서가 아니라 단일 경기로서의) 스키 도약. **~training**, das [스포츠] 특수 훈련. **~truppe**, die 특수 부대. **~wissen**, das 전문 지식. **~wörterbuch**, das 특별 사전, 특수 사전.
Spezialien [ʃpeˈtsiaːliən] 〈Pl.〉 〈고어〉 특수 사정, 상세한 사항. **Spezialisation** [ʃpetsializaˈtsioːn], die; -en [frz. spécialisation] 《드물게》 ↑Spezialisierung. **spezialisieren** [...ˈziːrən] 〈h〉 **1.** 〈s. + sich〉 전문으로 하다, 전공하다: nach dem Studium will er sich s. 대학을 마친 후 그는 전문 분야에 몰두하고자 한다; diese Buchhandlung hat sich auf Frauenliteratur spezialisiert 이 서점은 여성들을 위한 문학 서적을 전문적으로 취급하게 되었다. **2.** 《준고어》상세히[세목에 걸쳐] 다루다, 세분하다: die Firma hat die diversen Positionen auf ihrer Rechnung spezialisiert 그 상회는 계산서에서 각 가지 항목들을 세세하게 열거해 놓았다. **Spezialisierung**, die; -en **1.** 전문화, 전공화. **2.** 《준고어》상론, 세분. **Spezialist** [...ˈlɪst], der; -en, -en [frz. spécialiste] **a)** 전문가: ein S. in Finanzsachen 재정관계 전문가. **b)** 《대중적》전문의(專門醫). **-spezialist**, der; -en, -en 《특히 광고어에 자주 쓰이는 기본어로서, 규정어가 나타내는 분야의 전문가임을 나타냄, 예컨대》Anzugspezialist 의상 전문가; Kofferspezialist 가방 전문가. **Spezialistentum**, das; -s 전문가 근성, 전문[분과]주의. **Spezialität** [...liˈtɛːt], die; -en [frz. spécialité] **a)** 특색, 명물: das Gebäck ist eine Mannheimer S. 그 과자는 만하임의 명물이다. **b)** 장기, 특기, 좋아하는 일[음식]: das Restaurieren von Antiquitäten ist seine S. 골동품 수리는 그의 장기이다. **Spezialitätenrestaurant**, das 특별 요리만 파는 식당. **speziell** [ʃpeˈtsiɛl; frz. spécial] **I.** 〈Adj.〉 특별한, 특수한, 특이한, 독특한: das ist ein -es Problem 그것은 특수한 문제다; auf dein Spezielles 《통용어》건강을 축복하며!(축배시에); er ist mein -er Freund 《반어》그는 형편 없는 인간이지. **II.** 〈Adv.〉 특별히: s. für Kinder angefertigte Möbel 특별히 아동들을 위해 만든 가구들. **Spezies** [ˈʃpeːtsiɛs. ˈsp...], die [...ˌtsiɛs; lat. speciēs] 특수, 종류; dieser Film ist eine ganz neue S. 이 영화는 아주 새로운 종류이다.
Spezies-: **~kauf**, der [법] 개별 판매(반대: Gattungskauf). **~schuld**, die [법] 특정물 채무, 개별 채무(반대: Gattungsschuld). **~taler**, der (옛) 금화(金貨), 경화(硬貨)(지폐의 반대 개념으로서의).

Spezifik [ʃpeˈtsiːfɪk, sp...], die 《교양어》특성, 특유성, 특수성: die S. der Wirtschaftsstruktur eines Landes 한 나라의 경제 구조의 특수성. **Spezifika** [ʃpeˈtsiːfikum 의 복수형. **Spezifikation** [ʃpetsifikaˈtsioːn. sp...], die; -en [lat. specificatio] **1.** 상술(詳述), 상론. **2.** 명세서. **3.** [철학] 특수화. **Spezifikationskauf**, der [경제] 주문 생산 구매. **Spezifikum** [ʃpeˈtsiːfikʊm. sp...], das; -s, Spezifika [lat. specificus] **1.** 특성, 특유성, 특징: das S. der Moschee ist die Minarett 회교 사원의 특징은 그 첨탑에 있다. **2.** [의학] 특효약. **spezifisch** [ʃpeˈtsiːfɪʃ. sp...] 〈Adj.〉 [frz. spécifique] **a)** 특유의, 독특한, 특효가 있는: der -e Geruch von Pferd 말의 독특한 냄새; das -e Gewicht [물리] 비중; die -e Wärme [물리] 비열; das -e Mittel [의학] 특효약. **b)** 《형용사의 강조》전형적인, 특유의: diese Lebensweise ist s. englisch 이러한 생활 방식은 전형적으로 영국적인 것이다; ein s. weibliches Verhalten 여성 특유의 태도. **Spezifität** [ʃpetsifiˈtɛːt, sp...], die; -en 《교양어》특성, 특유성. **spezifizieren** [...ˈtsiːrən. sp...] 〈h〉 [lat. specificare] 《교양어》 상술하다, 상론하다: Ausgaben s. 지출을 세목별로 기술하다. **Spezifizierung**, die; -en 《교양어》 상술, 상론, 세목별 나열. **Spezimen** [ˈʃpeːtsiman, ˈsp... 《österr.》 ʃpeˈtsiːman], das; -s, /...imina [...ˈtsiːmina; lat. specimen] 〈고어〉 견본, 모형.
Sphäre [ˈsfɛːrə], die; -n [lat. sphaera < griech. sphaîra] **1.** 권(圈), 범위, 영역, 세력[유효] 범위, 전문: die politische S. 정치적 영역; das liegt nicht in meiner S. 그것은 나의 전문이 아니다. **2.** 천체, 천구(天球). **in höheren -n schweben** 《농》현실을 잊고 환상의 세계에서 살다.
Sphären-: **~gesang**, der 초자연적으로 아름답게 들리는 노래. **~harmonie**, die 《고대 그리스의 철학자 피타고라스의 설에 의하면》 천구의 화음, 하늘의 음악. **~klänge** 〈Pl.〉 초자연적으로 아름답게 들리는 소리. **~musik**, die **1.** ↑~harmonie. **2.** 초자연적으로 아름답게 들리는 음악.
Sphärik [ˈsfɛːrɪk], die [수학] 구면(球面) 기하학.
sphärisch [ˈsfɛːrɪʃ] 〈Adj.〉 [lat. sph(a)ericus < griech. sphairikós] **1.** die -e Astronomie 천구에 관한 천문학. **2.** [수학] 구상(球狀)의, 구면(球面)의: -e Trigonometrie 구면 삼각법. **Sphäroid** [sferoˈiːt], das; -(e)s, -e [griech. sphairoeidēs] **1.** 구(球)와 비슷한 물체(또는 그 표면). **2.** 회전 타원체(예: 지구). **sphäroidisch** [...ˈiːdɪʃ] 〈Adj.〉 ↑Sphäroid의 형용사형. **Sphärolith** [...ˈliːt], der; -s / -en, -(e)n [광물] 방사선상으로 배열되어 있는 구상(球狀)의 응집물. **sphärolithisch** [...ˈliːtɪʃ] 〈Adj.〉 [광물] (화성암이) 구형 또는 방사선상의 구조를 하고 있는. **Sphärologie** [sferoloˈgiː], die [구(球形)] 기하학. **Sphärometer**, das; -s, - [광학] 구면계(球面計), 스페로미터. **Sphärosiderit** [sfɛrozideˈriːt], der; -s, -e 구상(球狀) 능철광.
Sphen [sfeːn], der; -s, -e [griech. sphēn] ↑Titanit (1). **Sphenoid** [sfenoˈiːt], das; -(e)s, -e [griech. sphēnoeidēs] 쐐기 모양의 결정형(結晶形).
Sphingen: ↑Sphinx (1)의 복수형.
Sphinkter [ˈsfɪŋktɐ], der; -s, -e [sfɪŋkˈteːrə; griech. sphinktḗr] ↑Ring-, Schließmuskel (1).
Sphinx [sfɪŋks; lat. Sphīnx < griech. Sphígx] **1.** die; -e, 《대개 고고학》der; -, -e / Sphingen [ˈsfɪŋən] 스핑크스(사자의 모습을 하고 있고, 태양신 또는 왕의 상징으로서 남자의 두상을 하고 있는 이집트의 석상). **2.** die 불가해한 사람(것).

Sphragistik [sfra'gɪstɪk], die [griech. sphragistikós] 인장학(印章學). **sphragistisch** 〈Adj.〉 인장학의.

Sphygmograph [sfygmo-], der; -en, -en [griech. sphygmós] [의학] 맥파 묘사기(脈波描寫器), 맥박 기록기. **Sphygmographie**, die; -n [...i:ən] [의학] 맥박묘사, 맥박 기록. **Sphygmomanometer**, das; -s, - [의학] (간단한) 혈압계.

spianato [spia'na:to] 〈Adv.〉 [ital. spianato] [음악] 단순하게, 소박하게.

spiccato [spɪ'ka:to] 〈Adv.〉 [ital. spiccato] [음악] 스피카토로(↑saltato 참조). **Spiccato** [-], das; -s, -s / ...ti [음악] 스피카토(현악기에서 음을 서로 확연히 구분시키는 연주)(↑Saltato 참조.

Spick [ʃpɪk], der; -(e)s, -e 《학생·지역적》 ↑Spicker.

Spickaal [ʃpɪkla:l], der; -(e)s, -e [niederd. spɪk] (nordd.) 훈제 뱀장어.

Spickel [ˈʃpɪkl], der; -s, - [lat. spīculum] 《schweiz.》 (의복의) 무, (의복의 잘 해지는 곳에 덧대는) 헝겊 조각 (Zwickel).

spicken [ˈʃpɪkn] 〈h〉 **1.** (고기를 굽기 전에 바늘 모양의 꼬챙이로) 베이컨 조각을 끼워 넣다(맛을 돋구기 위해): den Braten s. 불고기에 기름을 바르다; den Speck s. 쓸데없는 짓을 하다. **2.** [문예] 잔뜩 첨가하다: eine Rede mit Zitaten s. 연설 중에 남의 말을 잔뜩 인용하다; eine gespickte Brieftasche 많은 돈이 든 서류가방. **3.** (경) 뇌물을 주다, 매수하다: er hat den Beamten ordentlich gespickt, um die Wohnung zu bekommen 그는 그 집을 얻기 위하여 관리를 단단히 매수해 놓았다. **4.** (지역적) 슬쩍 보고 베끼다, 커닝하다: der Schüler hat bei(von) seinem Nachbarn gespickt 그 학생은 자기 옆 자리의 친구가 쓴 것을 슬쩍 보고 베꼈다. **Spicker**, der; -s, - (지역적) **1.** 커닝하는 사람, 베껴 쓰는 사람. **2.** [학생] 몰래 베껴 쓰기 위한 답안, 부정 행위를 위한 메모지.

Spickgans, die; ...gänse 《nordd.》 훈제 거위(의 가슴).

Spicknadel, die; -n (여닫을 수 있는 귀를 지니고 있는) 바늘 모양의 꼬챙이(로서 베이컨 조각을 고기 속에 끼워 넣는 데에 쓰임). **Spickzettel**, der; -s, - [지역적·학생] 커닝을 위한 메모지, 부정 행위를 위한 쪽지.

Spider [ˈʃpaɪdɐ, sp..., 《engl.》 ˈspaɪdə], der; -s, - [engl. spider = leichter Wagen, eigtl. = Spinne] ↑ Roadster.

spie [ʃpiː] ↑speien 참조. **spieb** [ʃpiːp] ↑speiben 참조.

Spiegel [ˈʃpiːgl], der; -s, - [lat. speculum] **1. a)** 거울: in den S. sehen 거울을 보다; sie steht ständig vor dem S. 그녀는 항상 거울 앞에서 산다(허영심에 들떠 있다는 비난의 말로서); [성구] der S. lügt nicht 거울은 거짓 말하지 않는다; [전의] seine Romane sind ein S. des Lebens 그의 소설들은 인생의 거울이다; jmdm. den S. vorhalten 누구의 결점을 지적하다, 누구를 훈계하다; sich³ etw. hinter den S. stecken können (통용어) 1) sich etw. an den ↑Hut stecken können. 2) 명심하다, sich³ etw. hinter den S. stecken 《통용어》자기에게 불리한 것을 다른 사람이 보지 못하도록 감추다. **b)** [의학] ↑Spekulum. **2. a)** 수면(水面): der S. des Sees kräuselte sich im Wind 호수면에는 바람으로 인하여 잔물결이 일고 있었다. **b)** 수위(水位): der S. des Flusses ist seit gestern um 10cm gesunken 그 강의 수위는 어제 이래로 10cm가 낮아졌다. **3.** [의학] 농도, 함유율: die Nieren speichern Glucose bis zu einem S. von 150 mg in 100 ml Blut 콩팥의 포도당 저장율은 혈액당 150 mg이다. **4. a)** 예복의 비단 옷깃, 금장(襟章): die S. des Fracks glänzten 연미복의 비단 옷깃이 빛나고 있었다. **b)** (제복의 칼라에 단) 다른 색깔의 장식, 칼라의 장식. **5.** [동물·사냥] **a)** (사슴 따위의) 엉덩이 주위의 밝은 점. **b)** (새나 곤충의 날개 위에 나있는) 다른 색깔의 무늬(반점), (물고기의) 비늘. **6.** [조선] (배의) 고물. **7.** 도표, 요람: die Zeitschrift veröffentlichte einen S. der Lebenshaltungskosten 그 잡지는 생활비용에 관한 도표를 발표 하였다. **8. a)** [인쇄] ↑Satzspiegel. **b)** [서적] ↑Dublüre (2). **9. a)** [건축] (가장자리는 아치형으로 되어 있으나 중상부는 평평하게 되어 있는 천정의) 판자, 널, 우물반자의 칸. **b)** [목공] (문의) 널짝. **10.** (중세의) 규범서 (規範書), (중세의) 법감(法鑑). **11.** (표적의) 흑점, 중심점.

spiegel-, Spiegel-: ~bild, das 거울에 비친 상(像), 영상(映像), 경상(鏡象), 신기루: [전의] die Literatur als S. gesellschaftlicher Entwicklung 사회 발전의 투영으로서의 문학. **~bildlich** 〈Adj.〉↑~bild의 형용사형. **~blank** 〈Adj.〉 거울처럼 빛나는(반짝이는): die Schuhe s. polieren 구두를 반들반들하게 닦다. **~ei**, das [달걀 노른 자위가 거울처럼 반짝인다고 해서] 에그 프라이. **~fechterei** [-fɛçtəˈraɪ], die; -en 《폄》 **a)** 〈Pl. 없음〉 남을 속이려는 언동, 궤변; alles, was er tut, ist nichts als S. 그의 모든 행동은 속임수에 불과하다. **b)** 짐짓 해 보이는 짓: alle seine Versprechungen sind bloße ~en 그의 모든 약속은 그저 해보는 소리다. **~fernrohr**, das [광학] ↑Reflektor (3). **~galerie**, die (특히 바로크식 건축의 궁성에서) 많은 거울에 둘러 싸인 회랑(回廊). **~gewölbe**, das [건축] 가장자리는 아치형으로 되어 있고 중간은 평평한 천정. **~glas**, das 〈Pl. -gläser〉 **a)** 〈Pl. 없음〉 거울 제조용 판유리. **b)** (두껍게) 거울. **~glatt** 〈Adj.〉 거울처럼 빛나고 매끄러운: der See war s. 호면은 거울처럼 반짝이고 있었다. **~gleich** 〈Adj.〉 (고어) 대칭의, 대칭적인(symmetrisch). **~gleichheit**, die (고어) 대칭(Symmetrie). **~kabinett**, das (특히 바로크식 건축의 궁성에서) 많은 거울에 둘러 싸인 방(밀실). **~karpfen**, der (크고 빛나는 비늘을 지닌, 식용의) 잉어. **~malerei**, die [미술] **1.** 유리 뒷면 그림의 한 기법(석박(錫箔)을 사용해서 그림을 그려넣기도 함). **2.** (위의 기법으로 그린) 유리 그림. **~objektiv**, das [사진] 반사경을 갖춘 망원 렌즈. **~reflexkamera**, die [사진] (반사경을 갖춘) 레플렉스 카메라. **~saal**, der (사방이 거울로 둘러쳐진) 큰 방. **~scheibe**, die 거울 유리. **~schleifer**, der 경마용(鏡磨工), 거울용 유리를 갈고 닦는 사람. **~schrank**, der 거울이 달려 있는 장. **~schrift**, die 왼 글씨(거울에 비추면 원음을 읽는다) in S. schreiben 왼 글씨로 쓰다. **~strich**, der [인쇄] (한 문절이 시작됨을 표시하기 위해 긋는) 수평의 선. **~teleskop**, das [광학] ↑Reflektor (3). **~tisch**, der 경대, 화장대. **~verkehrt** 〈Adj.〉 ↑seitenverkehrt.

spiegelig 〈Adj.〉 (드물게) 거울 같은, 거울처럼 빛나는.

spiegeln [ˈʃpiːgln] 〈h〉 **1. a)** (거울처럼) 빛나 빛나다: spiegelnde Lackschuhe 반들거리는 에나멜 구두. **b)** 눈부시게 반사하다: das Bild war schlecht zu erkennen, weil das Glas spiegelte 유리 그림이 눈부시게 반사하기 때문에 그 그림은 잘 알아볼 수가 없었다. **2. a)** 〈s. + sich〉 거울에 비치다, 반영되다, 나타나다: die Bäume spiegeln sich im Fluß 나무들이 강물에 비친다; [전의] in ihrem Gesicht spiegelte sich Freude 그녀의 얼굴에 기쁜 기색이 나타났다. **b)** 반영하다, 나타내다: die Glastür spiegelte die vorüberfahrenden Autos 유리문에는 지나가는 자동차들이 비치고 있었다; [전의] seine Bücher spiegeln die Not des Krieges 그의 책들은 전쟁의 고난상을 반영하고 있다. **3.** 〈s. + sich〉 (드물게) 자기의 모습을 비춰 보다: sie spiegelte sich in allen Schaufenstern 그녀는 쇼 윈도마다 자기의 모습을 비춰보았다.

4. 【의학】 검강경(檢腔鏡)으로 진찰하다: den Kehlkopf s. 후두를 검강경으로 보다. **Spiegelung**, die; -en **a)** 비춰보기. **b)** 반사, 반영. **c)** 영상, 경상(鏡像). **spiegelungsgleich** 〈Adj.〉 【기하】 symmetrisch. **Spiegelungsgleichheit**, die 【기하】 대칭성(Symmetrie). **Spieglung**, die; -en ↑Spiegelung.
Spieker [ˈʃpiːkɐ], der; -s, - [niederd. spiker] [조선] 대갈못. **spiekern** [ˈʃpiːkɐn] 〈h〉 [조선] 대갈못으로 박다.
Spiel [ʃpiːl], das; -(e)s, -e **1. a)** 장난, 놀이, 유희: das Kind war ganz in sein S. 아이는 인형들과 노는 데에 아주 정신이 빠져 있었다. **b)** 경기, 게임, 시합, 오락: -e für Erwachsene und Kinder 성인과 아동을 위한 놀이(게임)들; das Königliche S. 장기(Schach); die Olympischen -e 올림픽 경기; ein S. vorschlagen[gewinnen] 한 게임을 하자고 제안하다[한 게임에 이기다]. **c)** 노름, 도박: sein Geld beim[im] S. verlieren; 도박[노름]에서 돈을 잃다; [성구] das S. ist aus 일은 끝났다, 만사가 다 틀렸다; [속담] Pech im S., Glück in der Liebe 노름에 지고, 사랑에 이기다. **d)** 경기, 시합, 게임: ein faires S. 한 공정한 경기; das S. endete 1 : 1[unentschieden] 그 경기는 1:1[무승부]로 끝났다; ein S. anpfeifen; 호루라기를 불어 경기 개시의 신호를 하다; sich³ das S. der Bundesliga ansehen 연방리그전의 한 게임[경기]을 구경하다. **2.** 〈Pl. 없음〉 경기 방식: ein defensives S. bevorzugen 방어적 경기를 선호하다; in der 2. Halbzeit fanden die Kölner zu ihrem S. 후반전에서 쾰른 선수들은 그들 자신의 페이스를 찾았다. **3.** (한 경기 중에서의 작은 단위의) 한 판, 한 게임(당구, 정구 등에서): beim Davis-Cup gewann der Australier nur die ersten beiden -e des ersten Satzes 데이비스 컵 쟁탈전에서 그 호주 선수는 제 1세트의 첫 두판밖에 이기지 못했다. **4. a)** (오락 기구의) 한 벌, 한 틀: das S. ist nicht mehr vollständig 그 카드는 더 이상 짝이 맞지 않는다; ein neues S. (Karten) kaufen (카드를) 새로 한 벌 사다. **b)** [전문어] 한 벌, 한 세트(↑Satz (6)); ein S. Stricknadeln 한 벌의 뜨개바늘[예컨대: 양말을 짜는 데는 똑같은 뜨개바늘 5개가 한 벌임). **5.** 〈Pl. 없음〉 **a)** (배우의) 연기: die begeisterte das Publikum durch ihr S. 그녀는 연기를 통해 관중을 열광시켰다. **b)** 연주: dem S. des Geigers zuhören 그 바이올리니스트의 연주를 듣다. **6.** 연극 작품, 희곡: ein S. für Laiengruppen 소인극(素人劇); ein S. im S. [문예학] 극중극(劇中劇). **7.** 〈schweiz.〉 (군) 악대: das S. der 3. Division zog auf 제 3사단의 군악대가 행진하고 있었다. **8.** 〈Pl. 없음〉 **a)** 움직임, 운동, 유동(遊動): das S. ihrer Hände 그녀의 손의 움직임; [전의] das S. der Gedanken 활발한 사념; ein seltsames S. der Natur 이상한 자연현상. **b)** (드물게) (빛, 색 따위가) 어른거림, 번쩍거림. **9.** 희롱, 장난, 책동(策動): das S. mit der Liebe 사랑의 불장난, 진지하지 않은 사랑; (s)ein S. mit jmdm.[etw.] treiben 누구[무엇]를 진지하게 생각하지 않고 놀림감으로 취급하다; ein falsches (doppeltes) S. 속임수. [성구] genug des grausamen -s! 그건 그만 해 두자! **10.** 유동(遊動)의 여지, 유격, 빈 틈. **11.** (사냥) (꿩 따위의) 꼬리. **12. das S. hat sich gewendet** 상황이 달라졌다[악화되었다](↑Blatt 4); **ein S. mit dem Feuer** 위험천만한 모험, 무책임한 희롱[교태]; **bei jmdm. gewonnenes S. haben** 누구한테서는 일이 뜻대로 잘 될 것이 예상된다, 누구 쯤이야 문제 없다; **mit jmdm. [etw.] ein leichtes S. haben** 누구[무엇]에게는 쉽게 이길 수 있다, 누구[무엇]은 간단하게 해치울 수 있다; **das S. verloren geben** 어떤 일에 손을 들다, 포기하다; **auf dem S. stehen** 손실을 당할 위험에 처하다: bei dieser Operation steht sein Leben auf dem S. 이 수술은 그의 생명을 건 모험이다; **etw. aufs S. setzen** 무엇을 모험에 걸다: seinen guten Ruf aufs S. setzen 자기의 명예를 걸다; **jmdn. [etw.] aus dem S. lassen** 누구[무엇]를 개입시키[끌어들이]지 않다: laß dabei meine Mutter aus dem S.! 내 어머니를 이 일에 끌어들이지는 말아라; **aus dem S. bleiben** 무관하게[논의의 대상에서 제외된 채] 있다; **im [mit] S. sein** 관련이 있다, 관계하다 있다; **jmdn. [etw.] ins S. bringen** 누구[무엇]를 관련시키다[끌어들이다]; **ins S. kommen** 작용하다, 영향을 미치다.
spiel-, Spiel-:~abbruch, der 경기 중단. **~alter**, das (아이들의) 한창 놀 나이. **~anzug**, der (아이들이) 놀 때 입는 옷. **~art**, die 변종(變種), 변형, 연주법: der Jazz in allen seinen -en 갖가지 재즈곡 일체. **~automat**, der 자동 도박(오락)기(슬로트머신 따위). **~ball**, der **1. a)** 【구기】 (경기에서 사용되는) 공. **b)** 【당구】 붉은 공(↑Karambole (c)). **c)** 【정구】 (한 게임을 이기기 위해서 필요한) 점수. **2.** 노리갯감, 희롱물: ein S. der Götter sein 제신(諸神)들의 희롱물이 되다. **~bank**, die (Pl. -banken) ~kasino. **~beginn**, der 경기 개시. **~bein**, das **a)** [스포츠] 동작을 일으키는 다리. **b)** [예술] (조각(彫刻)의) 체중(體重)을 받치고 있지 않은 다리. **~berechtigung**, die [스포츠] 출전 자격. **~brett**, das **1.** (장기, 바둑 따위의) 판. **2.** 【농구】 백보드, 배판(背板). **~dauer**, die 경기(공연) 시간. **~dose**, die 음악 상자, 자명악(樂)로울, 자동 주악기(自動奏樂器). **~ecke**, die (카드 놀이를 하는) 구석 자리. **~einsatz**, der (노름에) 거는 돈. **~ende**, das 경기 종반(終盤). **~fähig** 〈Adj.〉 경기할 수 있는: nach dem Unfall ist er nun wieder s. 사고가 있은 후 그는 이제 다시 경기할 수 있게 되었다. **~feld**, das 경기장, 코트. **~feldhälfte**, die 경기장(코트)의 반쪽. **~figur**, die (장기 따위의) 말. **~film**, der 극영화. **~fläche**, die 경기장, 코트. **~folge**, die (경기, 연주 따위의) 순서. **~form**, die (드물게) ↑~art. **~frei** 〈Adj.〉 (경기, 공연 따위가) 없는 -er Tag 경기(공연)이 없는 날. **~führer**, der [스포츠] 주장. **~gefährte**, der 놀이 친구. **~gefährtin**, die ↑~gefährte의 여성형. **~geld**, das **1.** 노름판에서 쓰이는 대용 돈. **2.** 노름에 거는 돈. **~gemeinschaft**, die (경기, 놀이를 위한) 모임. **~hahn**, der [사냥] ↑Birkhahn. **~hölle**, die (폄) 노름판. **~höschen**, das (아이들이 놀 때 입는) 짧은 바지. **~jahr**, das **a)** [스포츠] 경기 연도, 시즌. **b)** 공연 연도. **~kamerad**, der ↑~gefährte. **~karte**, die 카드. **~kartenfarbe**, die 카드의 색. **~kartenwert**, der (카드놀이에서 어떤 카드가 갖는) 가치. **~kasino**, das 카지노. **~kind**, das (한창 놀 나이의) 아이. **~klasse**, die [스포츠] (경기 성적에 따라 팀들을 분류한) 등급. **~kreis**, der 음악(연극) 동호인 그룹. **~leidenschaft**, die 도박벽(賭博癖). **~leiter**, der **a)** ↑Regisseur. **b)** (특히 텔레비전에서) 사회(↑ 퀴즈) 진행(사회)자. **~leitung**, die **1.** 연출. **2. a)** 〈Pl. 없음〉 경기 진행. **b)** 경기 진행자. **~macher**, der 《스포츠 · 은어》 게임 리더. **~mann**, der (Pl. -leute) **1.** (중세의) 음유 시인(吟遊詩人), 방랑 악사. **2.** 행진 고적대원. **~mannsdichtung**, die **1.** 음유 시인들의 시가(詩歌), 음유시 문학. **2.** [문예학] 원정 따위의 사랑을 익살스럽게 이야기하는 초기 궁정 서사시. **~mannsepos**, das 음유 서사시. **~mannspoesie**, die 음유 시문(吟遊詩文). **~mannszug**, der (군대, 소방대 따위의) 행진 고적대(鼓笛隊). **~marke**, die (카드 놀이 따위에서 돈 대신에 쓰는) 표, 칩(chip). **~meister**, der 《구 동독》 ↑~leiter (b). **~minute**, die [스포츠] (경기 후 경과된) 분: das Tor fiel in der 10. S. 경기 시작 10분만에 득점이 났다. **~münze**, die (카드 놀이 따위에 쓰이는) 대

spielbar 용 주화. ~**musik**, die (아마튜어도 비교적 쉽게 연주할 수 있는) 기악곡(器樂曲)(바로크 음악 이래의). ~**oper**, die [음악] 희가극(喜歌劇). ~**pädagogik**, die 놀이 교육학, 레크레이션 교육학. ~**pause**, die (전후반이사이의) 휴식 시간. ~**phase**, die 경기의 단계. ~**pfeife**, die (스코틀랜드 가죽피리의) 파이프. ~**plan**, der a) 공연 계획: ein Stück[eine Oper] auf den S. setzen 어떤 연극 작품[오페라]을 공연 계획에 넣다. b) (한 극단 또는 여러 극단의) 프로그램, 상연 계획 안내. ~**platz**, der 놀이터. ~**ratte**, die 《통용어·농》 1. 놀이에 빠진 사람. 2. 어떤 놀이를 자주 반복하는 어린이. ~**raum**, der 활동의 여지: keinen S. haben 융통성이 없다; 전의 das Gesetz läßt der Auslegung weiten S. 그 법은 달리 해석될 여지가 많다, 해석 가능성이 많다. ~**regel**, die 경기 규칙, 놀이의 규칙: -n für Fußball[Schach] 축구경기[장기]의 규칙; 전의 das verstößt gegen alle -n der Diplomatie 그것은 외교의 모든 원칙에 어긋난다. ~**runde**, die (경기의) 한 게임. ~**saal**, der (카지노 따위의) 노름판이 벌어지는 홀. ~**sachen** 〈Pl.〉 ↑~**zeug** (a). ~**saison**, die 1. (schweiz.) ↑~**zeit** (1 a). 2. [스포츠] ↑~**jahr** (a). ~**schar**, die (특히 초등학교로 구성된) 연주[연극] 동호인 그룹. ~**schuld**, die 《대개 Pl.》 노름빚. ~**schule**, die 1. (특히 어떤 종목의 놀이 한) 놀이 교습소. 2. 《준고어》 ↑ Kindergarten. ~**stand**, der 득점 상황: nach der 1. Halbzeit war der S. 1 : 1 전반전이 끝난 뒤의 득점 상황은 1 : 1이었다. ~**stark** 〈Adj.〉 [스포츠] 성적이 좋은. ~**stärke**, die [스포츠] 좋은 성적. ~**stein**, der (장기 따위의) 말. ~**straße**, die 교통을 차단시켜 어린이 놀이터로 개방시킨 도로. ~**stunde**, die (학교의) 휴식 시간, 쉬는 시간. ~**tag**, der 경기일. ~**teufel**, der 〈Pl. 없음〉 노름 귀신, 도박벽: vom S. besessen sein 광적인 노름꾼이다. ~**theorie**, die [수학·인공두뇌] 우연에 의해서 좌우되는 것이 아니라 경기규칙에 따라 결정되는 여러 가능성들 (예컨대 장기의 수 따위)을 분석하는 이론(경제적·정치적 문제의 해결에 응용됨). ~**therapie**, die [심리] 유희 요법(심리적 갈등 해소 방법으로서 놀이를 이용하는 심리 요법의 하나). ~**tisch**, der 1. 놀이를 위한 탁자. 2. (피아노, 오르간 따위의) 몸체. ~**trieb**, der 놀이에의 충동, 유희욕. ~**uhr**, die 자동주악기(自動奏樂器)가 달린 시계, 음악 시계. ~**verbot**, die 출전 금지. ~**verderber**, der 주좌의 흥을 깨는 사람, 초치는 사람: sei (doch) kein S.! (제발) 흥을 깨지 말아라, 남의 기분 잡치는 짓 말아라. ~**vereinigung**, die 스포츠 클럽[단체] (특히 이름으로서). ~**waren** 〈Pl.〉 (상품으로서의) 장난감. ~**warengeschäft**, das 완구점, 완구상. ~**warenhändler**, der 완구상, 완구업자. ~**warenhandlung**, die 완구점, 장난감 가게. ~**warenindustrie**, die 완구 제조업. ~**weise**, die 노는 법, 경기방식, 연주법, 연기법. ~**werk**, das (음악 시계 따위의) 기계적 장치. ~**wiese**, die 놀이용 풀밭. ~**witz**, der [스포츠] 묘기, 경기 중의 기지. ~**zeit**, die 1. a) (극장의) 연극 공연 시즌. b) (영화관에서 어느 영화가) 상영되는 기간: der Western wurde nach einer S. von nur einer Woche abgesetzt 그 서부 영화는 단지 1주일의 상영 기간을 기록했을 뿐이다. 2. [스포츠] 경기 시간. ~**zeithälfte**, die [스포츠] 경기 시간의 반, 전(후)반전. ~**zeitverlängerung**, die [스포츠] 경기 시간 연장. ~**zeug**, das a) 〈Pl. 없음〉 놀이에 쓰이는 장난감 일체. b) 장난감: ihr liebstes S. 그녀가 제일 좋아하는 장난감. ~**zeugeisenbahn**, die 장난감 철도, 모형 철도. ~**zeugmodell**, das 장난감 모형. ~**zeugpistole**, die 장난감 권총. ~**zimmer**, das 카드놀이하는 방, 놀이방. ~**zug**, der a) (장기 따위의) 수, 말의 움직임. b) [스포츠] 합동 패스 작전.

spielbar ['ʃpi:lbaːɐ̯] 〈Adj.〉 연주[상연]할 수 있는: dieses Drama ist kaum s. 이 희곡은 상연하기가 어렵다. **Spielbarkeit**, die 연주[상연] 가능성. **spielen** ['ʃpiːlən] 〈h〉 1. a) 놀다: die Kinder spielen im Hof 아이들이 마당에서 놀고 있다; 전의 der Wind spielte mit ihren Haaren 바람이 그녀의 머리카락을 흩날리게 했다. b) 만지작거리다: sie spielte mit ihrem Armband 그녀는 자기의 팔찌를 만지작거리고 있었다. c) (놀이를) 하다: Schach[Skat] s. 장기를 두다[스카트 놀이를 하다]; wollen wir noch eine Partie s.? 한 판 더 할까? d) [카드] (패를) 내다. e) (어떤 놀이를) 할 줄 알다: spielen Sie Skat? 스카트 놀이를 할 줄 아십니까? 2. 노름[도박]을 하다: um Geld s. 돈 내기를 하다; er begann zu trinken und zu s. 그는 음주와 도박을 시작했다. 3. a) (특정한 종류의 스포츠를) 하다: Fußball [Tischtennis] s. 축구[탁구]를 하다; sie spielt gut Tennis 그녀는 정구를 잘 친다. b) [스포츠 경기를] 하다: die Hockeymannschaft spielt heute gut 그 하키 팀은 오늘 좋은 경기를 하고 있다. c) 〈s. + sich; 비인칭적으로 도〉 경기를 할 수 있다; bei solchem Wetter spielt es sich schlecht 이런 날씨 하에서는 경기하기가 어렵다. d) (볼을 어느 지점에) 가져 가다: den Ball vors Tor s. 볼을 문 앞으로 몰아 가다. e) (볼을 특정한 방법으로) 차다: den Ball hoch(flach) s. 볼을 높게[낮게] 차다. f) (경기를 어떤 결과로써) 끝내다: sie haben 1 : 0[unentschieden] gespielt 그들은 1대 0[무승부]으로 경기를 끝냈다. g) [스포츠] (어떤 위치를) 보다: Torhüter s. 골 키퍼를 보다. 4. 〈s. + sich〉 (놀이나 경기를 한 결과 특정한 상태에) 이르다: er hat sich beim Roulette um sein Vermögen gespielt 그는 룰렛(도박의 일종)으로 재산을 다 잃게 되었다. 5. a) (악기를) 다룰 줄 알다: er spielt seit Jahren Geige 수년 전부터 그는 바이얼린을 연주하다. b) (악기로) 연주하다: eine Sonate (auf dem Klavier) s. (피아노로) 소나타를 연주한다; 전의 das Radio spielte eine Symphonie 라디오에서는 교향곡이 연주되고 있다. c) 음악을 연주하다: nach Noten s. 악보를 보고 연주하다; das Orchester spielt heute in Köln 그 교향악단은 오늘 퀼른에서 연주한다. 6. a) (극 중의 어떤 배역을) 맡아 하다: eine kleine Rolle[die Hauptrolle] s. 작은 배역[주역]을 맡아 하다; er spielt den Hamlet gut 그는 햄릿 역을 잘 한다; 〈4격 목적어 없이도〉 er spielte gut 그는 훌륭한 연기를 했다. b) (배우로서) 일하다. c) 〈s. + sich〉 (연기를 통해) ···에 이르다: mit dieser Rolle hat er sich in die erste Reihe gespielt 이 역으로써 그는 제1급 배우의 대열에 끼게 되었다. d) 공연하다, 상영하다: was wird heute im Theater[Kino] gespielt? 오늘 극장[영화관]에서는 무엇이 공연[상영]되고 있는가? 전의 was wird hier gespielt? 여기 지금 무슨 일이 벌어지고 있는 것이가? 7. (언제, 어디서) 일어난 것이다: dieser Roman spielt im 16. Jh. 이 소설은 16세기에 일어난 이야기이다. 8. ···인 체하다, ···을 가장하다, 임시로 ···의 역을 하다: sie spielt gerne die große Dame 그녀는 대단한 귀부인 체 하기를 좋아한다; als sie krank war, habe ich für sie die Köchin gespielt 그녀가 아팠을 때 난 그녀를 위해 요리사 역을 했다; (자주 과거분사로 쓰여) mit gespielter Gleichgültigkeit 짐짓 무관심을 가장하면서. 9. (무엇을 가지고) 장난하다, (누구와) 희롱하다: du darfst nicht mit deinem Leben s. 너는 네 인생을 모험에 걸어서는 안된다; er spielt gern mit Worten 그는 말장난을 좋아한다. 10. a) 조용히 움직이다, 살랑살랑 움직이다, (바람이) 솔솔 불다: 전의 ein Lächeln spielte um ihre Lippen 그녀의 입술 언저리에 한 가닥의 미소가 떠돌았다. b) (색조 따위가) 변하다, 옮아가다: ihr Haar spielt etwas ins Rötliche 그녀의 머리카락은 약간 붉으스레한 빛을 띠어 가고 있다. 11.

spindeln

슬쩍 내비치다, 흘리다. **12.** etw. s. **lassen** 활동시키다, 동원하다, 발휘시키다: seine Beziehungen s. lassen 그의 친분관계를 동원하다; laß doch deine Phantasie s.! 네 상상력을 발휘해 보아라! **sich mit etw. s.** 《österr.》l) 무엇을 장난삼아 하다. 2) 무엇을 쉽게 해치우다. **spielend 1.** ↑spielen 참조. **2.** 〈Adj.〉 갖고 노는, 손쉬운, 힘들지 않는: etw. s. lernen 무엇을 쉽게 배우다. **Spieler,** der; -s, - **a)** (운동) 선수, (장기 따위를) 두는 사람: ein fairer S. 깨끗한 경기를 하는 선수. **b)** 《괌》노름꾼, 도박꾼: ein leidenschaftlicher S. 도박에 미친 사람. **c)** 《드물게》연주자. **d)** 《드물게》↑Schauspieler의 약칭. **Spielerei** [ʃpiːləˈraɪ], die; -en **1.** 〈Pl. 없음〉(괌) 놀이함, 장난, 희롱: laß die S., iß jetzt endlich! 장난질을 그만 두고 이젠 제발 밥 먹어라! **2.** (괌) 용이한 일. **3.** (괌) 하찮은(지엽적인) 것. **Spielerin,** die; -nen ↑Spieler의 여성형. **spielerisch** 〈Adj.〉 **1. a)** 장난으로 하는, 놀기 좋아하는: mit -er Leichtigkeit 장난삼아 가볍게. **b)** 진지성이 결여된: **2.** (운동) 경기에 관한: eine s. hervorragende Mannschaft 경기면에서 뛰어난 팀. **spielig** [ˈʃpiːlɪç] 〈Adj.〉 《지역적》 **a)** 놀기 좋아하는, 도박에 열중한. **b)** 아주 명랑한, 개구장이의. **Spieliothek, Spielothek** [ʃpiːl(iː)oˈteːk], die; -en 카드 놀이방.

spienzeln [ˈʃpiːntsəln] 〈h〉《schweiz.》 **a)** 자랑스럽게 내보이다, 과시하다. **b)** 부러워하면서 슬쩍 바라보다.

Spier [ʃpiːɐ], der / das; -(e)s, -e **Spiere,** die; -n (선원) 둥근 재목(돛대, 활대 따위의). **¹Sperling** [ˈʃpiːɐˌlɪŋ], der; -s, -e (지역적) **1.** ↑Sandaal. **2.** ↑ Stint (1).

²Spierling [-] ↑Speierling.

Spierstaude, die; -n ↑Mädesüß.

Spierstrauch, der; -(e)s, -sträucher 왜조팝나무속의 각종 관목.

Spieß [ʃpiːs], der; -es, -e **1.** 창: **den S. umdrehen** [**umkehren**] (공격을 받고 나서) 똑같은 수단, 방법으로 반격하다; **den S. gegen jmdn. kehren** 《군고어》누구를 공격하다; **brüllen [schreien] wie am S.** 도살당하기 직전의 돼지 소리로 계속 울부짖다 (고함치다). **2. a)** 구이용 꼬챙이(Bratspieß): den Braten am S. drehen 고기를 꼬챙이에 꿰어 굽다. **b)** ↑ Spießbohren, **3.** (군) 상사(上士). **4.** (사냥) 어린 사슴의 아직 가장귀지지 않은 뿔. **5.** (인쇄) 단어 사이 또는 행간의 공목(空木)이 시커멓게 인쇄된 부분.

spieß-, Spieß-: ~**bock,** der (창 모양의 뿔이 있는 데 서) (사냥) **1.** 아직 가장귀지지 않은 어린 노루의 수컷. **2.** ↑Heldbock. ~**braten,** der 꼬챙이구이. ~**bürger,** der (괌) 인습에 젖은 편협한 인간, 속물. ~**bürgerlich** 〈Adj.〉 (괌) 편협한, 고루한, 속물 근성의: -e Vorurteile 속물적 편견들. ~**bürgerlichkeit,** die (괌) 편협성, 고루성, 속물 근성. ~**bürgertum,** das (괌) **1.** 속물 근성, 속물적 생활 방식. **2.** 속물 계급. ~**geselle,** der **1.** 《괌》↑Helfershelfer. **2.** 《농》친구, 패거리. ~**rute,** die 매(채찍)로 쓰이는 외가지: (대개 다음 용법으로) -**n laufen 1.** 《예전에 군대에서》열중(列中) 통과태형(笞刑)(매를 내리치는 2열 가운데를 통과해야 하는 벌)을 받다. **2.** 호기심, 적대감 등을 지니고 빤히 바라보는 많은 사람들 곁을 지나쳐 가다. ~**rutenlaufen,** das; -s ↑ ~ruten laufen의 명사형.

Spießchen [ˈʃpiːsçən], das; -s, - (음식을 손쉽게 먹을 수 있도록 통째 꽂아 놓은) 나무 꼬챙이. **spießen** [ˈʃpiːsn] 〈h〉 **1. a)** (창으로) 꿰찌르다, 꿰뚫다. **b)** 《드물게》같이 들어가 박히다: die Feder spießt beim Schreiben (ins Papier) 글을 쓸 때 펜촉이 (종이 속에). **2. a)** (뾰족한 도구로써) 집어 올리다: ein Stück Fleisch auf die Gabel s. 포크로 고기 한 점을 집어 올리다. **b)** (뾰족한물건에다가) 꽂다: Zettel auf einen Nagel s. 메모 용지를 못에다 꽂아 두다. **c)** 《드물게》 《뾰쪽한 물건으로》 부착시키다: ein Foto an die Wand s. 사진을 벽에 붙이다. **3.** 꽂다, 박다: eine Stange in den Boden s. 막대기를 땅에 꽂다. **4.** 〈s. + sich〉《österr.》**a)** (틈새 따위에) 끼이다, 꽂히다: die Schublade spießt sich 서랍이 끼어서 잘 열리지 않는다. **b)** 잘 진척되지 않다, 정체(停滯)되다.

Spießer [ˈʃpiːsɐ], der; -s, - **1.** ↑Spießbürger: ein selbstgefälliger S. 오만한 속물. **2.** [사냥] 아직 가장귀지지 않은 어린 수사슴 [노루, 순록의 수컷].

spießerhaft, spießerisch 〈Adj.〉《드물게》↑spießbürgerlich. **Spießertum,** das; -s ↑Spießbürgertum. **spießig** [ˈʃpiːsɪç] 〈Adj.〉 ↑spießbürgerlich: -e Provinzler 고루한 시골뜨기. **Spießigkeit,** die; -en ↑Spießbürgerlichkeit.

Spike [ʃpaɪk, spaɪk], der; -s, -s [engl. spike] **1. a)** [육상경기] (운동화의) 스파이크. **b)** [자동차] (타이어에 부착된) 못: Winterreifen mit -s 못이 박힌 겨울용 타이어. **2.** 〈대개 Pl.〉[육상경기] 스파이크 육상화: für Langstrecken sind -s nicht geeignet 장거리 경주에는 스파이크 육상화가 적합하지 않다. **3.** 〈Pl.〉[자동차] ↑ Spikesreifen. **Spikesreifen,** der [자동차] (못이 박힌) 겨울용 타이어.

Spill [ʃpɪl], das; -(e)s, -e (또는) -s [선원] 양묘기(揚錨機), 닻줄 감아 올리는 기계.

Spillage [ʃpɪˈlaːʒə, sp...], die; -n [mit der frz. Nachsilbe -age geb. zu engl. to spill] [경제] (포장을 잘못하여) 운송 중에 화물이 말라 발생하는 중량 손실.

Spille, die; -n 《nordd.》↑Spindel (1).

spillerig, spillrig [ˈʃpɪl(ə)rɪç] 〈Adj.〉《nordd.》말라빠진, 훌쭉한, 허약한: ein -es Mädchen 가냘픈 체격의 처녀.

Spilling [ˈʃpɪlɪŋ], der; -s, -e ↑Haferpflaume.

spillrig ↑spillerig 참조.

Spin [spɪn], der; -s, -s [engl. spin] **1.** [물리] 스핀(원자 안에서의 전자의 자전 운동을 표시하는 고유각(固有角) 운동량). **2.** [스포츠] ↑Effet.

Spina [ˈʃpiːna], die; ...ae [...ne; lat. Spina] [의학] **1.** 가시, 극상(棘狀) 돌기. **2.** 척추. **spinal** [ʃpiˈnaːl, sp...] 〈Adj.〉[의학] 척추의, 척수의: -e Kinderlähmung 척수소아마비.

Spinat [ʃpiˈnaːt], der; -(e)s, 《종류》-e 시금치: (den) S. pflücken 시금치를 뜯다; **höchster S.** 《österr. 통용어》능가하기 어려운 것, 탁월한 것.

spinat-, Spinat-: ~**grün** 〈Adj.〉 시금치 빛깔의, 진초록의. ~**wachtel,** die 《속어 · 괌》이상한 외모를 한 깡마른 노파. ~**wächter,** der 《österr. · 통용어 · 조롱》(초록색 제복을 입은) 경찰관, 수위, 경비원.

Spind [ʃpɪnt], der (또는) das; -(e)s, -e 옷장, (특히 병영에서 쓰는) 좁다란 장.

Spindel [ˈʃpɪndl], die; -n **1.** 방추차(紡錘體), 방추, 물레가락, 북. **2.** [기술] 축, 굴대, 무한 나선, 수나사. **3.** [건축] (나선형 층계의) 중심 기둥 **4.** [원예] (원주형(圓柱形)으로 전정(剪定)해 놓은) 관상수. **5.** [생물] 방추체. **6.** [자동차] 부동액(축전지 산도) 측정용 계기.

spindel-, Spindel-: ~**baum,** der **1.** ↑Spindel (4). **2.** [식물] 참빗살나무. ~**dürr** 〈Adj.〉바짝 마른, 깡마른: er war ein -es Männchen 그는 빼빼 마르고 조그만 체구의 남자였다. ~**förmig** 〈Adj.〉방추 모양의. ~**lehen,** das ↑Kunkellehen. ~**öl,** das [기술] 감마유(減磨油), 윤활유. ~**presse,** die [기술] 나사 프레스(나사를 이용하여 누르는 판금기계(板金機械)의 한 가지). ~**strauch,** der ↑ ~baum. ~**treppe,** die [토목] 나사 층층대, 나선계단.

spindeln [ˈʃpɪndln] 〈h〉[자동차] (부동액 측정기를 사용

Spinell [ʃpi'nɛl], der; -s, -e 〔광물〕 첨정석(尖晶石).

spinett [ʃpi'nɛt], das; -(e)s, -e 〔ital. spinetta〕 〔음악〕 스피넷(건반이 달린 발현악기(撥弦樂器)의 일종으로서 16~17세기에 쓰였음).

Spinn- (↑Spinnen-도 참조): **~angel**, die 인조 미끼의 낚시 바늘. **~band**, das ⟨Pl. ..bänder⟩ 〔섬유〕 〔화학〕 섬유 콘베이어. **~bruder**, der 〔약간 폄〕 망(몽)상가, 약간 정신이 돈 친구. **~drüse**, die (거미, 곤충 따위의) 섬유질에 분비선(分泌腺). **~düse**, die 〔섬유〕 화학 섬유 제조 시에 액체 원료를 다공질(多孔質)의 판에 압착하여 섬유 모양으로 뽑아내는 분사장치. **~faden**, der 거미줄. **~faser**, die 〔섬유〕 방적용(紡績用) 섬유, 실로 자아서 할 섬유. **~gewebe**, das 거미집, 거미줄. **~kabel**, das 분사 장치에서 여러 가닥으로 뽑혀져 나오는 섬유 콘베이어. **~köder**, der ↑Spinner (4). **~lösung**, die 〔섬유〕 인조섬유를 뽑아내는 액상(液狀) 원료. **~maschine**, die 1. 방적기. 2. 액상 원료에서 화학 섬유를 뽑아내는 분사기. **~rad**, das 물레: am S. sitzen 물레질하다. **~rocken**, der (물레에서) 실이 감기게 되어 있는 나무 막대. **~stoff**, der 방적용 섬유(원료). **~stube**, die 〔옛〕 마을 공동 방적실(겨울밤에 마을의 처녀들이 모여 실도 잣고 수도 놓고 즐기던 곳). **~web**, das, -s, -e (österr.) ↑~gewebe. **~webe**, die; -n 〈대개 Pl.〉 〔지역적〕 ↑~gewebe. **~wirtel**, der ⟨h⟩ (수동식 방차 밑에 달던) 플라이 휠임, 정속륜(整速輪).

Spinnaker [ˈʃpinakɐ], der; -s, - [engl. spinnaker] 〔선원〕 큰 삼각형 돛(경주용 요트의): mit dem S. segeln 큰 삼각형의 돛을 달고 달리다. **Spinnakerbaum**, der 〔요트〕 큰 삼각형 돛(을 지탱시키기 위한) 버팀목[저주].

Spinne [ˈʃpinə], die; -n 1. 거미: die S. zieht ihre Fäden 거미가 줄을 치고 있다. 〔속담〕 S. am Morgen bringt Kummer und Sorgen, S. am Abend erquickend und labend 아침에 보는 거미는 걱정거리를 가져오고 저녁 거미는 심신을 상쾌하게 한다; pfui S.! 〔통용어〕 쳇, 지긋지긋한 녀석 ! ; 피, 더럽다 ! ; 치, 그 까짓 것 !. 2. 〔폄〕 심술궂고 추악한 여자(깡마른): diese alte S.! 그 음험한 노파 같으니라구 !. 3. 〔교차〕 도시 가다 이상의 도로가 서로 교차하는 지점. **spinnefeind** ⟨Adj.⟩ 〔다음 용법으로〕 **(mit) jmdm. s. sein** 〔통용어〕 누구와 견원지간이다(사이가 앙숙이다), 누구를 독사처럼 싫어하다. **spinnen** [ˈʃpinən] ⟨h⟩ 1. **a)** (실을) 잣다, 방적하다: am Spinnrad sitzen und s. 물레에 앉아 실을 잣다. **b)** 실을 자아 가공하다: Flachs(Wolle) s. 삼(양모)을 (실로) 잣다. **c)** (방적을 통해) 생산하다: Garn s. 실을 제조하다. **d)** (섬유질액을) 분비하다: die Spinne spinnt an ihrem Netz 거미가 줄을 치고 있다. **e)** (섬유질액을 분비하여 거미줄, 고치 따위를) 만들다: die Spinne spinnt ihr Netz 거미가 줄을 치다. 〔전의〕 ein Lügengewebe(ein Netz von Intrigen) s. 거짓말을 꾸미다(음모의 함정을 파다). **f)** 〔섬유〕 (액상 원료를 분사시켜 화학 섬유를 뽑아내다, 생산하다: Perlon s. 페를론을 만들다. 2. 〔지역적〕 (고양이가) 그르렁거리다. 3. **a)** 생각해내다, 고안하다, 궁리하다: Ränke s. 음모를 꾸미다. 〔속담〕 es ist nichts so fein gesponnen, es kommt doch ans Licht der Sonnen 아무리 교묘하게 꾸며 봤자 어느 때인가는 드러나게 마련이다. **b)** 무엇을 두고 곰곰이 궁리하다, 무엇을 골똘히 생각하다: an einer Intrige s. 어떤 음모를 꾸미는 데에 부심하다. **c)** ⟨통용어 · 폄⟩ 이상한 생각을 하다, 헛소리를 하다: du spinnst ja ! 너 좀 돌았구나 !. **d)** ⟨통용어 · 폄⟩ 믿을 수 없는 주장을 하다, 그럴싸하게 보이게 하다, 속이다: das ist doch gesponnen 그것은 근거 없는 소리다, 낭설이다. 4. ⟨폄 · 고어⟩ 형을 치르다.

Spinnen- (↑Spinn-도 참조): **~ameise**, die 꿀벌개미. **~arm**, der 가늘고 긴 팔. **~bein**, das 1. 거미발. 2. 가늘고 긴 다리. **~faden**, der 거미줄. **~finger**, der 가늘고 긴 손가락. **~gewebe**, das 〔드물게〕 ↑Spinngewebe. **~netz**, das 거미줄, 거미가 쳐 놓은 그물. **~tier**, das 〈대개 Pl.〉 거미 목(目).

Spinner [ˈʃpinɐ], der; -s, - 1. 실잣는 사람, 방적공. 2. 〈통용어 · 폄〉 헛소리하는 친구, 머리가 좀 돈 사람. 3. 〔동물〕 누에나방. 4. (금속제의) 인조 미끼. **Spinnerei** [ʃpinə'raɪ], die; -en 1. **a)** 〈Pl. 없음〉 실잣기, 방적. **b)** 방적업, 방적공장. 2. ⟨통용어 · 폄⟩ **a)** 〈Pl. 없음〉 (계속해서) 이상한 생각(소리) 하기: deine -en haben uns schon genug Geld gekostet 너의 그 망상 때문에 우리는 이미 많은 돈을 썼다. **Spinnerin**, die; -nen 1. 실잣는 여자. 2. ↑Spinner (2)의 여성형. **spinnert** [ˈʃpinɐt] ⟨Adj.⟩ (südd. · 폄) 살짝 돈, 좀 이상한: ein -er Mensch 정신이 좀 이상한 사람. **spinnig** [ˈʃpinɪç] ⟨Adj.⟩ ↑spinnert. **Spinnerlied**, das 〔옛〕 마을의 공동 방적실에서 부르던 노래.

spinös [ʃpi'nø:s] ⟨Adj.⟩ [lat. spīnōsus] 〔교양어 · 준고어〕 까다로운, 사귀기 어려운, 남의 약점을 잘 들춰내는: -e Einfälle 이상한 착상, 기묘한 발상.

Spinozismus [ʃpino'tsɪsmʊs, sp...], der; - 네덜란드의 철학자 스피노자(Spinoza, 1632~1677)의 학설(범신론), 스피노자 철학. **Spinozist**, der; -en, -en 스피노자 학파의 사람, 스피노자 풍의 철학자. **spinozistisch** ⟨Adj.⟩ 스피노자 철학의, 스피노자 학파의.

spintisieren [ʃpɪnti'zi:rən] ⟨h⟩ ⟨통용어⟩ 이상한 생각에 열중하다, 꼬치꼬치 캐고 들다, 심사 숙고하다: anfangen (über etw.) zu s. 무엇에 대하여 꼬치꼬치 생각하기 시작하다. **Spintisierer**, der; -s, - 엉뚱한 생각에 몰두하는 사람, 꼬치꼬치 생각하는 사람. **Spintisiererei** [...zi:rə'raɪ], die; -en ⟨통용어⟩ 1. 〈Pl. 없음〉 자꾸만 이상하고 엉뚱한 생각을 하기. 2. 〈대개 Pl.〉 이상하고 엉뚱한 사고 과정.

Spion [ʃpi'o:n], der; -s, -e [ital. spione] 1. **a)** 간첩, 스파이: jmdn. als S. verdächtigen 누구에게 간첩의 혐의를 두다. **b)** 첩자, 정보원, 정탐꾼: der Bundestrainer hatte seine -e im Stadion des zukünftigen Gegners 연방팀 감독은 장차 적수가 될 팀의 경기장에 자기의 첩자들을 파견해 놓고 있었다. 2. **a)** (현관문에 설치된) 내다보는 구멍: durch den S. sehen 현관문의 구멍을 통해 내다보다. **b)** (창문의 바깥에 설치해 놓은) 거울, 거리낌 앞을 관찰하기 (위한) 백밀러. **Spionage** [ʃpio'na:ʒə, die [nach frz. espionnage] 첩보 활동, 스파이 행위: (für einen Geheimdienst) S. treiben (어떤 정보 기관을 위하여 첩보 활동을 하다.

Spionage-: **~abwehr**, die 방첩(防諜). **~affäre**, die 간첩 사건. **~agent**, der 간첩, 스파이. **~apparat**, der 첩보 기구, 첩보망, 첩보 보조 수단. **~dienst**, der 첩보 기관, 첩보 부대. **~fall**, der 간첩 사건. **~film**, der 간첩[스파이] 영화. **~netz**, das 첩보망. **~organisation**, die 첩보 기관, 간첩 조직. **~prozeß**, der 간첩 사건의 공판. **~ring**, der 간첩 조직, 첩보망. **~tätigkeit**, die 〈Pl. 없음〉 첩보[간첩] 활동. **~verdacht**, der 간첩의 혐의. **~zentrale**, die 간첩 활동 본부.

spionieren [ʃpio'ni:rən] ⟨h⟩ **a)** 간첩[첩보] 활동을 하다, 간첩(스파이) 노릇을 하다: für eine Großmacht s. 어떤 강대국의 스파이로 일하다. **b)** 〔폄〕 (남몰래, 불법적으로) 염탐하다, 관찰하다, 엿듣다. **Spioniererei** [ʃpioni:rə'raɪ], die; -en ⟨통용어 · 폄⟩ 1. 〈Pl. 없음〉 (남몰래, 불법적으로) 염탐하기, 간첩노릇. 2. 〈대개 Pl.〉 스파이로 인해 일어난 사건. **Spionin**, die; -nen ↑Spion (1)의 여성형.

Spiräe [ʃpi'rɛ:ə], die; -n [lat. spīraea < griech. speiraía, zu: speīra] 쇠조팝나무속. **spiral** [ʃpi'ra:l] ⟨Adj.⟩ 〔전문어〕 ↑spiralig.

spiral-, Spiral-: **~bohrer**, der 〔기술〕 나사 송곳, 나

선형 천공기. ~feder, die 나사 용수철, 태엽. ~förmig 〈Adj.〉 나선형의. ~linie, die 나선(螺線), 잠선(蠶線). ~nebel, der [천문] 나상 성운(螺狀星雲). ~windung, die 나선상의 선회, 나선 굴곡.

Spirale [ʃpiˈraːlə], die; -n [lat. spīra < griech. speîra]. **1. a)** 나선(螺線), 용수철 모양의 곡선: das Flugzeug beschreibt eine S. 그 비행기가 나선(螺線)을 그리며 날아오르고 있다: [전의] die S. der Rüstungsanstrengungen 상호 경쟁적 군비 증강. **b)** [기하학] 나선(螺線), 평면상에 있어서 소용돌이 모양의 곡선. **c)** 〈Pl.〉 나선(螺線)의 곡선들, (평면상, 공간상의) 나선 곡선: [전의] die Entwicklung verläuft in -n 일이 점점 고조된다[커진다]. **2. a)** 나선상의 물건, 나선형의 형상. **b)** 〈통용어〉 나선형의 자궁전(子宮栓): sie ließ sich eine S. einsetzen 그녀는 나선형의 페서리를 자궁에 삽입하도록 하였다. **spiralig** [ʃpiˈraːlɪç] 〈Adj.〉 나선(螺線) 모양의.

Spirans [ˈspiːrans, ʃp...], die; Spiranten [spiˈrantn̩, ʃp...], **Spirant** [spiˈrant, ʃp...], der; -en, -en [lat. spīrans (반대: spīrantis), 1. Part. von: spīrāre] [언어] 마찰음(f. sch 등). **spirantisch** [spiˈrantɪʃ, ʃp...] 〈Adj.〉 [언어] 마찰음의.

Spirille [ʃpiˈrɪlə, ʃp...], die; -n [대개 Pl.] [nlat. 〈축소상〉 von lat. spīra] [의학] 나선상균(螺旋狀菌).

Spirit [ˈspɪrɪt], der; -s, -s [engl. spirit] [심리] 유령, 망령.

Spiritismus [ʃpiriˈtɪsmʊs, sp...], der; - 심령론, 강신술(降神術), 영교술(靈交術). **Spiritist** [...ˈtɪst], der; -en, -en 심령론자, 강신(영교)술자. **spiritistisch** 〈Adj.〉 심령론의, 강신술의: eine -e Sitzung 강신술을 시행하는 모임(회합). **spiritual** [...ˈtuaːl] 〈Adj.〉 [lat. spīrit(u)ālis] ↑spirituell. **¹Spiritual** [-], der; -s / -en, -en [가] (사제단, 수도원에서의) 목자(牧者). **²Spiritual** [ˈspɪrɪtjʊəl], das / der; -s, -s [engl.-amerik. (negro) spiritual, zu: spiritual < frz. spirituel] ↑Negro Spiritual(옛 미국 흑인의 약칭). **Spiritualien** [ʃpiriˈtuaːliən, sp...] 〈Pl.〉 《중세의》 종무(宗務)(특히 주교의 종교상의 직권). **spiritualisieren** [...tualiˈziːrən] 〈h〉 《교양어》 영화(靈化)시키다(vergeistigen). **Spiritualisierung**, die; -, -en 영화(靈化). **Spiritualismus** [...tuaˈlɪsmʊs], der; - **1.** 유심론(唯心論)(반대: 유물론). **2.** 성령과의 교감을 중시하는 종교적 자세. **3.** 《고어》 ↑Spiritismus. **Spiritualist** [...ˈlɪst], der; -en, -en 유심론자, 성령체험주의자. **spiritualistisch** 〈Adj.〉 유심론의, 성령체험주의의. **Spiritualität** [...tualiˈtɛːt], die; - [lat. spīritualitas] 《교양어》 정신성, 영성(靈性)(반대: Materialität), **spirituell** [...ˈtuɛl] 〈Adj.〉 [frz. spirituel] **a)** 《교양어》 정신적인, 영적인: jmds. -e Entwicklung fördern 누구의 정신적(영적인) 발전을 북돋아 주다. **b)** 《교양어·드물게》 종교적인, 성직자의. **spirituos** [...ˈtuoːs], **spirituös** [...ˈtuøːs] 〈Adj.〉 [frz. spiritueux] 《드물게》 알코올을 많이 함유하고 있는, 알코올성의. **Spirituose** [...ˈtuoːzə], die; -n [대개 Pl.] [lat. spirituosa(Pl.)] 진한 알코올 음료(브랜디, 리쾨르 따위). **Spirituosengeschäft**, das 알코올 음료 판매점(업). **spirituoso** [ʃpiriˈtuoːzo] 〈Adv.〉 [ital. spirit(u)oso, zu: spirito] 《음악》 재치있고 생생하게. **¹Spiritus** [ˈʃpiːrɪtʊs], der; -, 《종류》-se [alchimistenlat. spiritus < lat. spīritus(原義)] 에틸알코올, 주정(酒精): ein Organ in S. konservieren 어떤 유기체(기관(器官))를 알코올에 넣어 보관하다. **²Spiritus** [ˈspiːrɪtʊs], der; -, -[...tus; lat. spīritus] 《다음 용법으로》 S. asper [-ˈaspɐ] 〈Pl. -asperi〉 [언어] (고대 그리스어의) 기음(氣音) 표시 부호([ʽ]): S. familiaris [-faˈmiːliarɪs] 《교양어》 집을 지키는 좋은 정령(精靈), 집의 수호신, 집안의 허물없는 사람. S. lenis [-ˈleːnɪs] 〈Pl. -lenes〉 [언어] (고대 그리스어의) 기음이 없

음을 표시하는 부호([ʼ]). S. rector [-ˈrɛktɔr] 《교양어》 지도적 인물, 중추 인물. S. Sanctus [-ˈzaŋktʊs] [기독교] 성신.

Spiritus-: ~**brennerei**, die 알코올 증류소. ~**kocher**, der 알코올 램프[버너]. ~**lack**, der (알코올을 용매(溶媒)로서 함유하고 있는) 라크. ~**lampe**, die 알코올 램프.

Spirkel [ˈʃpɪrkl̩], der; -s, - 《nordostd.》 **1.** ↑Griebe. **2.** ↑Spucht.

Spirochäte [ʃpiroˈçɛːtə, sp...], die; -n [griech. speîra u. chaítē] [의학] 스피로헤타(일종의 병원체).

Spiroergometer [spiro-, ʃp...], das; -s, - [의학] (단계적으로 신체 활동을 가중시킬 때의 산소 소비량에 의한) 신체 능력 측정계. **Spiroergometrie**, die [의학] 위의 계기를 사용하는 신체 능력 측정(법). **Spirometer** [spiro-, ʃp...], das; -s, - [의학] 폐활량계. **Spirometrie** [spiro-, ʃp...], die [의학] 폐활량 측정(법).

Spirre [ˈʃpɪrə], die; -n 《Niederd., spi(e)r》 [식물] 원추화서(圓錐花序). **spirr(l)ig** 〈Adj.〉 《nordd.》 작은, 가냘픈, 허약한.

spissen [ˈʃpɪsn̩] 〈h〉 《사냥》 (수꿩이) 암컷을 부르는 소리를 내다(발정하여).

Spital [ʃpiˈtaːl], das (스위스의 통용어에서는 der로도 쓰임); -s, Spitäler **1.** 《österr., schweiz.》 병원. **2.** 《고어》 **a)** 양로원. **b)** 구빈원(救貧院).

Spital- 《schweiz.; ↑Spitals-도 참조》: ~**aufenthalt**, der 입원환자, 구호 시설 체재, 재원(在院) 환자. ~**geistliche**ʼ, der (병원, 구호 시설에서 근무하는) 성직자. ~**kosten** 〈Pl.〉 병원(구호 시설) 체재비. ~**pflege**, die (병원·양로원·구빈원 따위에서의) 보살핌, 구완, 구호.

Spitäler, **¹Spitäler** [ʃpiˈtɛːlɐ], der; -s, - **1.** (지역적) 입원 환자. **2.** 《양로원, 구빈원 따위의》 재원자(在院者). **²Spitäler** ↑Spital의 복수형.

Spitals- 《österr.; ↑Spital-도 참조》: ~**abteilung**, die 환자 수용실, 병동(病棟). ~**arzt**, der (병원, 구호 시설의) 의사. ~**behandlung**, die 병원 치료. ~**belag**, der 《österr.》 [병원업] 입원 환자수. ~**kosten** 〈Pl.〉 입원비, 구호 시설 체재비. ~**pflege**, die (병원, 양로원, 구빈원 따위에서의) 보살핌, 구완, 구호. ~**schwester**, die (병원, 구호 시설의) 간호원. ~**verwaltung**, die 병원 행정, (양로원, 구빈원의) 행정, 원무과.

Spittel [ˈʃpɪtl̩], das, (schweiz.) der; -s, - 《schweiz.》 **1.** 《통용어》 병원. **2.** 《고어》 양로원, 구빈원.

spitz [ʃpɪts] 〈Adj.〉 **1. a)** 뾰족한: eine -e Nase 뾰족한 코. **b)** 뾰족하게: 예리한: die -en Bogen einer gotischen Kirche 고딕식 교회의 첨두(尖頭) 홍예: ein -er Winkel [기하] 예각(銳角). **2.** (음성, 소리가) 짧고 날카로운, 귀한: einen -en Schrei ausstoßen 날카로운 고함 소리를 지르다. **3.** 《통용어》 여윈, 홀쭉하다: s. aussehen 여위고 해쓱해 보이다. **4.** 비꼬는, 신랄한, 매서운: -e Bemerkungen 신랄한 말(언급). **5.** 《통용어》 **a)** 매력적인, 관능적인, 근사한. **b)** 음탕한, 정욕적인: sie hat ihn s. gemacht, dann aber nicht herangelassen 그녀는 그의 정욕에 부채질을 해놓고는 접근을 허락하지 않았다; [전의] auf dieses Gemälde bin ich schon lange s. 오래 전부터 나는 이 그림을 갖고 싶어 왔다; **s. auf jmdn. sein** (f.) 누구에게 욕심을 느끼다. **Spitz** [-], der; -es, -e **1.** (작고 입이 뾰족한) 포메라니아 종(種)의 개. **2.** 《지역적》 거나함, 얼근함. **3. mein lieber S.!** 《친근하게 타하는 말》이 사람아, 아니로세 《놀람, 경고의 뜻을 담고 함》. **4. a)** 《schweiz.》 ↑Spitze. **b) etw. steht auf S. und Knopf(S. auf Knopf)** 《südd.》 무엇에 관한 결정이 임박해 있는 지금 결정이 날지는 종이 한 장의 차이다. **5.** 《österr.》 **a)** 여송연 파이프, 궐련 물부리. **b)** ↑Tafelspitz의 약칭.

spitz-, Spitz-: ~**ahorn,** der (손 모양의 큰 잎의 주변이 톱니꼴을 하고 있는) 단풍나무. ~**bart,** der **1.** 아랫쪽으로 뾰족하게 뻗친 턱수염. **2.**《통용어》뾰족한 턱수염을 한 남자. ~**bärtig**〈Adj.〉뾰족한 턱수염을 하고 있는. ~**bauch,** der 불룩 튀어나온 배. ~**bein,** das [요리] 무릎 아래의 돼지 다리. ~**bergen, -s** (노르웨이의) 슈피츠 베르겐 군도(群島). ~**bekommen*** 〈h〉《통용어》↑~kriegen. ~**bogen,** der [건축] 첨두(尖頭) 홍예, 고딕식 아치. ~**bogenfenster,** das 고딕식 아치형 창문. ~**bogig**〈Adj.〉고딕식 아치를 하고있는, 첨두 홍예의. ~**bohne,** die [nach der spitzen Form des Gerstenkorns im Ggs. zur Form der Kaffeebohne]《통용어·농》(보리, 옥수수차의) 곡식 낱알. ~**bohnenkaffee,** der 《통용어·농》 보리[옥수수]차. ~**bohrer,** der 찢어 열거나 구멍을 뚫는 연장, 천공기. ~**bube,** der **1.**《폄》(교활한) 도둑, 사기꾼: Zuhälter und -n 뚜장이들과 건달들. **2.**《농》장난꾸러기, 알개, 악동. **3.**〈Pl.〉 (österr.) 달콤한 군과자의 일종. ~**bubenstreich,** der, ~**büberei** [-----'-]. die **1.** 도둑질, 사기, 속임수, 나쁜 짓[계획], 나쁜 장난. **2.**《드물게》〈Pl. 없음〉 뇌활함, 교활성, 장난기. ~**bübin,** die; -nen ↑~bube (1, 2)의 여성형. ~**bübisch**〈Adj.〉**1.** 교활한, 음흉스러운, 악독 같은. **2.**《고어·폄》사기꾼 같은, 도둑 같은. ~**dach,** das 뾰족한 지붕. ~**findig**〈Adj.〉《폄》지나치게 총명한, 억지설을 늘어놓는, 궤변을 농하는, 꼬치꼬치 캐는, 생트집을 잡는: jetzt wirst du s.! 자네 이젠 억지설(궤변)을 늘어놓는군 그래. ~**findigkeit,** die; -en 《폄》**a)**〈Pl. 없음〉지나치게 총명함, 억지, 궤변. **b)** 위와 같은 언설: verschone mich mit deinen -en! 자네의 그 억지설은 제발 그만두게나. ~**fuß,** der [의학] 첨족(尖足). ~**gewinde,** das [기술] 끝이 뾰족한 암나사. ~**giebel,** der 뾰족한 합각머리. ~**glas,** das 〈Pl. -gläser〉 밑이 뾰족한 술잔 (긴 다리와 둥근 받침이 달린). ~**haben***〈h〉《통용어》**1.** spitzbekommen[spitzgekriegt] haben의 약칭. **2.** ↑heraushaben (2 a). ~**hacke,** die 곡괭이: [전의] dieses Gebäude ist die S. zum Opfer gefallen 그 건물은 헐리었다. ~**keg(e)lig**〈Adj.〉원추형의. ~**kehre,** die **1.** 급(急)커브, 급회전해야 하는 길목둥이. **2.** (스키) 킥턴, 경사지에서의 180°선회. ~**kelch,** der 밑이 뾰족한 술잔(긴 다리와 둥근 받침이 달린 포도주 잔). ~**kohl,** der (뾰족한 타원형으로 알이 차는) 흰 양배추의 일종. ~**kopf,** der 첨두체(尖頭體), 비정상적으로 길고 뾰족한 머리. ~**köpfig**〈Adj.〉 첨두체의, 비정상적으로 길고 뾰족한 머리를 한. ~**kriegen**〈h〉《통용어》알아차리다, 알아보다, 알아내다: er hat den Schwindel gleich spitzgekriegt 그는 그 속임수를 이내 간파하였다. ~**krone,** die [식물] 원추체 모양의 수관(樹冠)(우듬지). ~**kühler,** der 《농》~bauch. ~**marke,** die [인쇄] 한 단락의 제 1행의 처음 낱말(눈에 띄는 자체(字體)로 문선하는), 단락 표시어. ~**maschine,** die 연필의 손끝을 돌려 연필을 깎는 기구, 연필깎이. ~**maus,** die **1.** 뾰족뒤쥐. **2.**《통용어·폄》얼굴이 깡마른 여자, 왜소한 사람. ~**morchel,** die [nach dem kegelförmigen ¹Hut (2)] 그물우산버섯의 일종(식용함). ~**name,** der 별명: jmdm. einen -n geben 누구에게 별명을 하나 붙여주다. ~**nasig**〈Adj.〉뾰족한 코를 한: ein -es Gesicht 뾰족한 코의 얼굴. ~**ohrig** 〈Adj.〉두 귀가 뾰족한. ~**pocken**〈Pl.〉 [nach zugespitzten Knötchen] ↑Windpocken. ~**säule,** die 《드물게》↑Obelisk. ~**senker,** der [기술] kegelförmigen Kopf 있는 ↑Krauskopf (3). ~**wegerich,** der 참밀경이. ~**wink(e)lig**〈Adj.〉예각의: ein -es Dreieck 예각삼각형. ~**züngig**〈Adj.〉독설의, 비꼬는 말을 하는, 신랄한, 매서운. ~**züngigkeit,** die 독설, 신랄함.

Spitzchen ['ʃpɪtsçən], das; -s, - ↑Spitze (1)의 축소형. **spitze** ['ʃpɪtsə]〈Adj.〉《통용어》↑klasse: die haben hier ein s. Hallenbad 그들은 여기에 근사한 실내 수영장을 지니고 있다. 그건 훌륭한 것이야. **Spitze** [-], die; -n **1.**〈축소형: ↑Spitzchen〉**a)** 뾰족한 끝, 첨두(尖頭): die S. eines Pfeils 화살축; **einer Sache die S. abbrechen[nehmen]** 무엇을 원만하게 하다, 무엇의 위험성을 제거하다; **jmdm. [einer Sache] die S. bieten**《준고어》누구[무엇]에게 용감히 맞서다[칼끝을 들이대다의 뜻에서]; **etw. steht auf S. und Knopf** ↑Spitz 4 b. **b)** 어떤 물건의 뾰족한 부분의 끝, 꼭대기, 정점(頂点): die S. eines Dreiecks 삼각형의 꼭지점. **c)** 길다란 것의 앞부분, 끝: die -n der Finger 손가락 끝; die -n erneuern lassen 구두장의 앞 의 부분을 새로 갈게 하다. **d)** (높이 서 있는 물건의) 꼭대기, 정점: auf der S. des Berges stehen 산 꼭대기에 서 있다; **die S. des Eisbergs** 빙산의 일각(一角). **e)** ↑Zigarren-, Zigarettenspitze의 약칭. **2. a)** 선두(先頭), 앞머리: die S. des (Eisenbahn)zuges 열차의 앞머리; an der S. marschieren 선두에서 행군(行進)하다. **b)** [구기] 선두 공격수: der Hamburger soll S. spielen 그 함부르크 출신의 선수가 선두 공격을 맡는다는 거야. **3. a)** [스포츠] 선두, 수위, 일등: das deutsche Boot hat die S. übernommen 독일의 보트가 선두를 차지하였다; der Verein liegt an der S. (der Tabelle) 그 클럽이 (순위표의) 선두를 점하고 있다. **b)** 지도적 위치, 상석(上席), 장(長), 우두머리: **an der S. von etw. stehen** 어떤 영역의 최고 위치를 차지하다. **4. a)** (업적·질에 있어서) 최우수, 최고수준: die S. bilden 최우수[최고, 일등품]이다. **b)** 지도적 그룹, 중역. **c)**〈Pl.〉지도적(영향력 있는) 인사들: die -n der Gesellschaft 사회의 지도적 인사들. **5. a)** 최고치, 최대량, 절정, 극한: die Verkaufszahlen erreichten in diesem Jahr die absolute S. 판매량은 이 해에 최고에 달하였다; **etw. auf die S. treiben** 무엇을 극단으로 밀고 나가다. **b)**《통용어》최우량품, 탁월한 기량[업적]의 인물: jmd. [etw.] ist einsame S. 누구는(무엇은) 타의 추종을 불허하는 최고이다. **6.** [경제] **a)** 어떤 청산을 하고 난 뒤의 잔액, 부금(錢). **b) freie -n**《구 동파》납부 의무량 초과분의 농산물(고가로 판매할 수 있었음). **7.** 독설, 비꼬는[신랄한 말(암시)]: seine Bemerkung war eine S. gegen dich 그의 말은 너를 두고 빈정대는 것이었다. **8.** (가장자리 장식용) 레이스의 일종. Brüsseler -n 브뤼셀산의 레이스; das Kleid ist mit -n besetzt 그 원피스는 레이스를 쳤다.

Spitzel ['ʃpɪts], der; -s, - [urspr. wiener., ↑Spitz (1)의 축소형]《폄》스파이, 간첩, 첩자, 밀정: er arbeitet als S. für den Staatssicherheitsdienst 그는 국가 정보 기관의 첩자로서 일하고 있다. **Spitzeldienst** der《대개 Pl.》첩자 노릇, 스파이 근무: für jmdn. -e leisten 누구의 첩자 노릇을 하다. **¹spitzeln** ['ʃpɪtsn]〈h〉《폄》첩자로서 일하다. **²spitzeln** [-]〈h〉【축구】발끝으로 공을 가볍게 치다. **spitzen** ['ʃpɪtsn]〈h〉**1.** 뾰족하게 하다: den Bleistift s. 연필을 뾰족하게 깎다; der Hund spitzt die Ohren 개가 두 귀를 쫑긋 세우다. **2.**《지역어》살펴보다, 엿보다: durch den Türspalt s. 문틈으로 엿보다. **b)** 주의깊게[귀담아] 듣다. **b)** 뾰족이 솟긋한 모양이군. **c)**《재귀동사로도 쓰임》간절히 바라다, 초조하게 기대하다: sich auf eine Einladung s. 초대해 주기를 고대하다; er spitzt auf einen besseren Posten 그는 더 나은 직위를 열망하고 있다. **¹Spitzen-: 1. a)**〈Spitze (5 a)〉를 뜻하는 규정어로서, 예컨대) **Spitzenbedarf** 최대 수요, ~**belastung** 첨단 부하(負荷), ~**einkommen** 최대 수입, ~**preis** 최고가, ~**qualität** 최고의 질등. **b)**〈Spitze (3 a, 4 a)〉를 뜻하는 규정어로서, 예컨대) **Spitzenbetrieb** 최우수 기업,

~darsteller 일류 배우, ~erzeugnis 최우량품, ~fahrer 선두를 달리는 운전자, ~film 우수 영화, ~mannschaft 가장 성적이 좋은 팀, ~produkt 최고급 상산품, ~qualität 최고급의 질, ~wein 최고급 포도주 등. 2. 〈Spitze (4 b, 4 c)를 뜻하는 규정어로서〉 **Spitzenfunktionär** 고위 당직자, ~**organisation** 영향력 있는 기구, ~**politiker** 고위 정치인 등.

spitzen-, **²Spitzen-** (Spitze 1~6): ~**geschwindigkeit**, die (차량의) 최대 속력. ~**gruppe**, die 1. 선두 그룹. 2. 수위 그룹, 맨 앞서 가는 일단: die S. der Konkurrenten 경쟁자들 중의 선두 그룹. ~**kampf**, der 최강자들[수위팀]간의 대결. ~**kandidat**, der 제1 번 후보자, 예선 선거 시 어느 정당의 수상 후보자, (한편 후보자. ~**klasse**, die 1. 최상급, 제1급품. 2. 최량질, 최고급품: Fabrikate der S. 최우수 제품; etw. ist S. 무엇이 질적으로 탁월하다. ~**könner**, der 일류 선수[기술자]. ~**kraft**, die 우수한 노동력[인력]: Spitzenkräfte ausbilden 우수한 인력을 기르다. ~**last**, die [전기] 첨단 부하(尖端負荷). ~**leistung**, die 탁월한 업적. ~**platz**, der 제1위, 선두. ~**position**, die 1. 선두, 앞자리, 지도적 위치. 2. 상석(上席), 장(長), 우두머리. ~**reiter**, der 선두를 달리는 사람[그룹, 사물]: der S. des Rennens 경주의 선두 주자. ~**spiel**, das [스포츠] 상위 팀 간의 경기. ~**spieler**, der 일급[일류] 선수. ~**sport**, der 탁월한 기량이 요청되는 스포츠. ~**sportler**, der 일류 선수, 챔피언, 유망한 선수. ~**stoß**, der [축구] 발끝으로 차기. ~**tanz**, der 토우 댄스. ~**tänzerin**, die 토우 댄스를 추는 여자. ~**wert**, der↑Höchstwert. ~**zeit**, die 1. 러시아워, 교통 혼잡 시간. 2. [스포츠] a) ↑Bestzeit. b) 탁월한 기록.

³Spitzen- (Spitze 8): ~**bluse**, die 레이스를 단 블라우스. ~**deckchen**, das 레이스 식탁보. ~**garnitur**, die 레이스가 달린 여성용 내의 별. ~**häubchen**, das 레이스로 된 여성용 모자. ~**haube**, die [옛] 레이스로 된 두건(모자). ~**höschen**, das 레이스가 달린 작은 바지 (반바지). ~**klöppelei**, die 레이스 짜기. ~**klöpplerin**, die 레이스를 짜는 여직공. ~**kragen**, der 레이스 칼라. ~**krause**, die 레이스의 주름 장식, 레이스의 가장자리 장식. ~**papier**, das 가장자리를 톱니처럼 자른 레이스 모양의 종이(케이크 받침 등으로 쓰임). ~**rüsche**, die 레이스 주름(~schub복의). ~**taschentuch**, das 레이스가 달린 여자 손수건. ~**tuch**, das 〈Pl. ...tücher〉 1. 레이스로 된 천. 2. ↑~taschentuch.

Spitzer [ˈʃpɪtsɐ], der; -s, - 〈통용어〉 ↑Bleistiftspitzer 의 약칭. **spitzig** [ˈʃpɪtsɪç] 〈Adj.〉 〈준고어〉 1. 뾰족한, 뾰족해지는. 2. 여윈, 홀쭉한: sie ist ganz s. im Gesicht 그녀는 얼굴이 아주 수척하다. 3. 신랄한, 비꼬는. **Spitzigkeit**, die 〈준고어〉 뾰족함; 수척함; 신랄성.

Splanchnologie [splançnoloˈɡiː], die [griech. splágchna u. lógos] [의학] 내장학(內臟學).

Spleen [ʃpliːn], 〈드물게〉 sp...], der; -s, -e / -s [engl. spleen] 1. 〈Pl. 없음〉 괴팍한 성격, 변덕스러운 성품: jmds. S. kennen 누구의 괴팍한 성질을 알고 있다. 2. 변덕, 기벽(奇癖), 괴상한 짓. 3. 광상(狂想), 미친 생각, 망상: du hast ja einen S.! 자네 정말 미쳤군. **spleenig** [ˈʃpliːnɪç], 〈드물게〉ˈsp...] 〈Adj.〉 기벽을 지닌, 망상에 사로잡힌. **Spleenigkeit**, die; -en 1. 〈Pl. 없음〉 괴팍한 성격, 변덕: jmds. S. kennen 누구의 괴팍한 성격을 알고 있다. 2. 미친 짓, 엉뚱한 착상.

Spleiß [ʃplaɪs], der; -es, -e 1. [선원] 두 개의 밧줄 끝을 꼬아 이은 접합부(接合部). -e. 2. [norddt. · 준고어] 조각, 파편. **spleißen*** [ˈʃplaɪsn̩] 〈h〉 1. [선원] (밧줄의 각 가닥을) 꼬아 잇다. 2. [norddt. · 준고어] a) (나무 따위를) 빠개다. b) 새의 깃털을 뽑아 내다.

Splen [spleːn, ˈʃpleːn], der [griech. splén] [의학 · 드물게] 비장(脾臟).

splendid [ʃplenˈdiːt, sp...] 〈Adj.〉 1. 《교양어 · 준고어》 인색하지 않은, 관후한, 손이 큰: sich jmdm. gegenüber s. erweisen 누구에게 선심쓰다(인색하지 않게 굴다). 2. 《교양어 · 준고어》 호사스러운, 화려한: -e Dekorationen 갖가지 화려한 장식. 3. [인쇄] 여백을 충분히 잡아 조판한: -er Satz 여백을 충분히 두고 짠 판(版). **Splendidität** [...diditɛːt, ...sp...] die [고어] 화려함; 관후성. **Splendid isolation** [ˈsplendɪd aɪsəˈleɪʃən], die [1: engl. splendid isolation] 1. 《역사적》 19세기 영국의 고립주의. 2. 《교양어》 (어느 나라, 정당의) 자발적 고립주의(비동맹 상태).

Spließ [ʃpliːs], der; -es, -e [토목] 개판(蓋板) 죽더미, 지붕 널빤지. **Spließdach**, das [토목] 평기와와 죽더미로 이은 지붕.

Splint [ʃplɪnt], der; -(e)s, -e [niederd. splinte] 1. [기술] 지전(止轉) 쐐기, 코터핀, 고정쇠. 2. 〈Pl. 없음〉 [식물 · 제재] 백목질(白木質), 백재(白材), 변재(邊材). **Splintholz**, das 백목질, 백변재(白邊材).

spliß [ʃplɪs] ↑spleißen 참조. **Spliß** [-], der; Splisses, Splisse ↑Spleiß의 별형. **splissen** [ˈʃplɪsn̩] 〈h〉 [지역적] ↑spleißen의 별형. **Split** [ʃplɪt] 스플리트(유고의 도시). **Split**, der; -(e)s, -e 《종류》 〈Pl. 없음〉 (도로 포장 및 콘크리트 제조에 쓰이는) 쇄석(碎石). **splitten** [ˈʃplɪtn̩] 〈h〉 [engl. to split] 1. [경제] 《주식 따위를》 분할하다, 분배하다: Aktien s. 주식을 분할하다. 2. [정치] 분할 투표하다, 후보자 투표와 정당 투표의 정당이 서로 다르게 투표하다: Wahlstimmen s. 분할 투표하다. **Splitter** [ˈʃplɪtɐ], der; -s, - 파편, [찢어진, 부서진] 조각: durch einen (Bomben-, Granat)splitter verwundet werden (폭탄 · 유탄의) 파편에 부상을 입다; das Glas zersprang in tausend Gls. 그 유리잔은 깨어져 산산조각이 났다.

splitter-, **Splitter-**: ~**bombe**, die [군] 파편 확산 효과가 큰 폭탄. ~**bruch**, der [의학] 분쇄(粉碎) 골절, 복잡 골절. ~**fasernackt** 〈Adj.〉 《통용어》 실오라기 하나 걸치지 않은. ~**frei** 〈Adj.〉 깨어지 때 파편이 생기지 않는: -es Glas 안전 유리. ~**graben**, der [군] 폭탄이나 유탄의 파편을 피할 수 있는 호(壕), 파편 대피호. ~**gruppe**, die (정치적·세계관적인) 소수 분파 그룹: radikale -n 과격한 소수 분파 그룹들. ~**nackt** 〈Adj.〉 《통용어》 완전히 벌거벗은. ~**partei**, die 분파 소수당(少數黨). ~**richter**, der [nach Matth. 7, 3] 《고어》 남을 헐뜯는 사람, 편협한 비평가. ~**sicher** 〈Adj.〉 1. 파편을 막아주는, 방탄(防彈)의: -e Unterstände 지하 파편 대피 호들, 지하 방공호들. 2. ↑~frei. ~**wirkung**, die (폭탄, 수류탄 등의) 파편 확산 효과, 파괴력.

splitterig, splittrig [ˈʃplɪt(ə)rɪç] 〈Adj.〉 1. 쪼개지기 쉬운. 2. 산산조각이 난: ein -es Brett 산산조각이 난 판자. **splittern** [ˈʃplɪtɐn] 1. 〈h〉 쪼개지다, 부서지다: das Holz splittert 그 나무는 잘 쪼개진다. 2. 〈s〉 조각 조각으로 깨어지다: Plexiglas splittert nicht 플라스틱 유리는 깨어지지 않는다. **Splitting** [ˈʃplɪtɪŋ, sp...], das; -s, -s [engl. splitting] 1. 〈Pl. 없음〉 [세무] 각 배우자에게 수입의 반에 대하여 징세하는 과세 방법, 분할 과세. 2. [경제] 주식 분할. 3. [정치] 분할 투표(정당 투표와 후보자 투표에서 각기 상이한 정당에 분할하여 투표하는 경우).

Splitting- [세무]: ~**system**, das 〈Pl. 없음〉 분할 과세제. ~**tarif**, der 분할 과세율. ~**verfahren**, das 〈Pl. 없음〉 분할 과세 방법[처리].

splittrig: ↑splitterig 참조.

SPÖ = Sozialistische Partei Österreichs.

Spodium [ˈʃpoːdiʊm, sp...], das; -s, -s [lat. spodium < griech. spódion] [화학] 골회(骨灰), 골탄(骨炭).

Spodumen [spoduˈmeːn, ʃp...], der; -s, -e [griech.

spodoúmenon] 휘석(輝石)의 일종(장식용 보석으로 쓰이는 담녹색의 투명 광물).

Spoiler ['ʃpɔylɐ], der; -s, - [engl. spoiler] **1.** [자동차 기술] 공기 압력으로 인하여 자동차가 땅에 더 잘 달라붙도록 작용하는 (경주용) 자동차의 금속 판. **2.** [항공] 비행기 날개 위에 부착되어 있는 개폐창(開閉窓)(양력(揚力)을 줄이는 작용을 함). **3.** [스키] 고개를 뒤로 젖힌 자세를 취할 때 도움이 되도록 스키장화의 목에 부착시키는 물건.

Spöke ['ʃpøːkə], die; -n [niederd. spök] 은상어(북해와 지중해의 바닥에 살며 검은 반점이 있는 은회색의 물고기로서 그 간으로부터는 간유(肝油)를 추출함).

Spökenkieker ['ʃpøːknkiːkɐ], der; -s, - a) ⟪nordd.⟫ 유령을 보는 사람, 환시자(幻視者), 천리안(千里眼). **b)** ⟪통용어・농・경⟫ 몽상가, 엉뚱한 생각에 몰두하는 사람.

Spökenkiekerei [...kiːkəˈraɪ], die; -en ⟪통용어・농・경⟫ 몽상, 엉뚱한 생각에 몰두하기. **Spökenkiekerin**, die; -nen ↑ Spökenkieker의 여성형.

Spolien ['spoːliən, 'ʃp...] ⟨Pl.⟩ **1.** (고대 로마의) 노획 무기, 노획품. **2.** (중세의) 가톨릭 성직자의 (동산)유산. **3.** [건축] 다른 건축물에서 떼어내어 재사용된 건재 가치의 부분(원주, 프리즈 등). **Spolienklage**, die [가] 권리나 재산 소유권의 박탈을 위한 소송. **Spolienrecht**, das (중세) 죽은 가톨릭 성직자의 유산을 차지할 수 있다는 군주의 권리(교황은 이를 인정하지 않았음).

Spompanade(l)n [ʃpompaˈnaːdn̩, ...dl̩n̩] ⟨Pl.⟩ [ital. spampanata] ⟪österr.・통용어⟫ ↑ Sperenzchen.

Spondeen [spɔnˈdeːən, ʃp...] ↑ Spondeus의 복수형.
spondeisch [...'deːɪʃ] ⟨Adj.⟩ **1.** 양양격(揚揚格)의. **2.** 양양격으로 쓰여진. **Spondeus** [...'deːʊs], der; -, ...en [...'deːən; lat. spondēus(pēs) < griech. spondeíos (poús), zu: spondê] [시학] (고전시어) 장장격(長長格), 양양격. **Spondiakus** [...'diːakʊs], der; -, ...zi [...atsi; lat. spondīacus < griech. spondeiakós] [시학] 6운각(韻脚)의 시구(詩句) 중 제 5 각이 양억양격(揚抑抑格)인 대신에 양양격으로 이루어진 형식.

Spondylarthritis [spɔndylarˈtriːtɪs, ʃp...], die; ...itiden [...'iːtɪdn̩] [의학] 척추 관절염. **Spondylitis** [...ˈliːtɪs], die; ...iti[...'iːtɪdn̩] [의학] 척추염.
Spondylose [...'loːzə], die; -n [의학] 추간 연골(椎間軟骨)에서 연유하는 척추병(脊椎病).

Spongia ['spɔŋgia, 'ʃp...], die; ...ien [...iən; lat. spongia < griech. spoggiá] ⟨생물⟩ 해면(海綿). **Spongin** [...ˈgiːn], das; -s ⟨생물⟩ 해면질. **spongiös** [...'giːøːs] ⟨Adj.⟩ [lat. spongiōsus] [의학] 해면질의, 구멍이 많은, 푸석푸석한. **Spongiosa** [...ˈgioːza], die [의학] 뼈의 (해면질) 내부 조직.

spönne ['ʃpœnə] ↑ spinnen 참조.

Sponsalien [spɔnˈzaːliən, ʃp...] ⟨Pl.⟩ [lat. spōnsālia, zu: spōnsus, zu: spondēre] (준고어) 약혼 선물.
sponsern ['ʃpɔnzɐn] ⟨h⟩ [engl. to sponsor] 후원(육성)하다. **Sponsion** [ʃpɔnˈzi̯oːn, sp...], die; -en [lat. spōnsio] ⟪österr.⟫ (약학) 석사의 학위 수여식. **Sponsor** ['ʃpɔnzɐ, (engl.) 'spɔnsə], der; -s, -s [engl. sponsor] **1.** 후원(육성)자, 스폰서: S. dieses Teams ist die Firma X 이 팀의 스폰서는 X회사이다. **2.** (특히 미국에서) 광고주. **Sponsorschaft**, die; -en 후원, 육성, 후원자임, 광고주로서의 자격.

spontan [ʃpɔnˈtaːn, sp...] ⟨Adj.⟩ [lat. spontāneus] **a)** 자신의 갑작스런 결심(충동)에서 연유한, 자발적인, 즉흥적인: sie ist in allen ihren Handlungen sehr s. 그녀는 모든 행동이 대단히 즉흥적이다; s. antworten [reagieren] 깊이 생각하지 않고 반사적으로 대답[반응]하다; -e Streiks 노동조합 본부의 지시를 받지 않고 현지에서 자동적으로 일어난 파업. **b)** ⟪교양어・전문어⟫ 자생의, 자연 발생적인: etw. entwickelt sich s. 무엇이 자연발생적으로 일어나다[생기다]. **Spontaneität**, ⟪드물게⟫ **Spontanität** [ʃpɔntan(e)i̯ˈtɛːt, sp...], die; -en [frz. spontanéité] ⟪교양어・전문어⟫ **1.** ⟨Pl. 없음⟩ **a)** 충동성, 즉흥성: die Spontaneität eines Entschlusses bewundern 어떤 결정이 그렇게 즉흥적으로 내려진 사실에 대하여 놀라워 하다. **b)** 자생적 성격, 무의식적[자발적] 행위. **2.** 즉흥적인[자연스럽고 충동적인]: seine Spontanitäten sind manchmal erfrischend 그의 솔직하고 꾸밈없는 말은 이따금 좌중을 즐겁게 한다. **Spontanfick**, der ⟪비어⟫ 충동적(우발적) 섹스 (이전 교제나 내적인 애정이 선행되지 아니한). **Spontanheilung**, die [의학] 자생적 치유(治癒). **Spontanität**: ↑ Spontaneität. **Sponti** ['ʃpɔnti], der; -s, -s [정치] 비교조적 좌파 그룹에 소속되는 사람.

Spor [ʃpoːɐ], der; -(e)s, -e (지역적) 곰팡이.
sporadisch [ʃpoˈraːdɪʃ, sp...] ⟨Adj.⟩ [frz. sporadique] **a)** 산재해 있는, 흩어진 채 따로따로 발견되는. **b)** 산발적인, 드문, 특발성(特發性)의: er kam nur noch s. zu uns 그는 간혹 가다가 우리를 방문했다. **Sporangium** [ʃpoˈraŋgi̯ʊm, sp...], das; -s, ...ien [...iən] ⟨식물⟩ 홀씨주머니, 포자낭(胞子囊).

sporco ['ʃpɔrko, sp...] ⟨Adv.⟩ (상・고어) 포장까지 포함하여, 총계해서 ⟨brutto⟩.

Spore ['ʃpoːrə], die; -n ⟨대개 Pl.⟩ [griech. sporá] **1.** [생물] 홀씨, 포자(胞子). **2.** [동물・의학] (열・화학 작용에 특히 저항력이 강한) 지속성 박테리아.

Sporen: ↑ Sporn의 복수형.

sporen-, **Sporen-** (Spore): **~behälter**, der [생물] 홀씨주머니, 포자낭. **~bildend** ⟨Adj.⟩ 홀씨(포자)를 형성하는. **~blatt**, das [식물] 포자낭을 달고 있는 양치류(羊歯類)의 잎. **~pflanze**, die 무자엽(無子葉) 식물, 은화(隱花) 식물. **~schlauch**, der [식물] 자낭(子囊菌類)의 자루 모양의 포자낭. **~tierchen**, das ⟨대개 Pl.⟩ [동물] 포자충(胞子蟲). **~tragend** ⟨Adj.⟩ 포자를 지니고 있는. **~träger**, der [생물] 포자병(胞子柄).

sporenklirrend ⟨Adj.⟩ 박차를 절렁이며, 늠름한[거드름 빼는] 걸음걸이로.

Spörgel [ˈʃpœrgl̩], der; -s, - [lat. spergula, spargula] 사료로서 재배하기도 하는 패랭이꽃과의 식물, 개미자리.

sporig ['ʃpoːrɪç] ⟨Adj.⟩ (지역적) 곰팡이가 슨, 곰팡내 나는.

Sporko ['ʃpɔrko, 'sp...], das; -s, **Sporkogewicht**, das [상] (포장까지 포함한) 총(總)중량.

Sporn [ʃpɔrn], der; -(e)s, **Sporen** ['ʃpoːrən] ⟨특히 전문어⟩ **-e 1.** ⟨Pl.: Sporen; 대개 Pl.⟩ 박차(拍車): einem Pferd die Sporen geben 말의 옆구리에 박차를 가하여 더 빨리 달리게 하다; sich³ die (ersten) Sporen verdienen (첫) 성과를 거두다[기록하다], 출세 가도를 달리다: er hat sich die ersten Sporen bei der Firma X verdient 그는 X회사에서 성공의 첫발을 다 디었다. **2.** ⟨Pl.: Sporen / 전문어⟩ **-e) a)** 며느리발톱(角質)의 뒷발톱, 며느리발톱: die Hähne gingen mit ihren Sporen aufeinander los 수탉들은 며느리발톱을 곤두세우고 서로 덤벼들었다. **b)** (곤충의 다리에 나는) 강모(剛毛). **c)** [의학] (발꿈치에 생긴 각질의) 돌기, 혹, 극(棘). **3.** ⟨Pl. -e⟩ [식물] 거(距), 꽃덮이의 일부가 늘어져서 며느리발톱처럼 된 것. **4.** ⟨Pl. -e⟩ 깎아지른 듯한 산록(山麓): mittelalterliche Burgen liegen oft auf Spornen 중세의 성(城)들은 대개 깎아지른 듯한 산록 위에 위치하고 있다. **5.** ⟨Pl. -e⟩ (옛) (적선을 공격하기 위하여 전함의 선수에 장치되어 있는) 충각(衝角)(잠수 충각). **6.** ⟨Pl. -e⟩ (비행기 꼬리의) 활재(滑材), 꼬리 바퀴(이・착륙시의 안정 장치). **7.** ⟨Pl. -e⟩ [군] 대포의 고정 장치(발사 후 포신이 뒤로 구르지 않게 하기 위한 것). **8.** ⟨Pl. 없음⟩ (아어・준고어) ↑ Ansporn. **spornen** ⟨h⟩ 박차를 가하다;

[전의] der mögliche Sieg spornt ihn zu Höchstleistungen 승리의 가능성이 그를 고무하여 최대의 실력을 발휘하게 한다. **Spornrädchen**, das 금속제의 작은 톱니바퀴(예컨대 라이터의). **spornstreichs** [-ʃtraiçs] ⟨Adv.⟩ 화급히, 전속력으로, 즉각: s. wegrennen 화급히 달려가버리다.

Sporophyll [sporo'fyl], das; -s, -e [식물] 포자(홀씨)를 지니고 있는 잎. **Sporophyt** [...'fyːt], der; -en, -en [griech. phytón = Pflanze] [식물] 〈세대 교번(世代交番)을 하는 식물의〉 포자를 형성하는 세대. **Sporozoon** [...'tsoːɔn], das; -s, ...zoen [...oːən] ⟨대개 Pl.⟩ [griech. zōōn] ↑ Sporentierchen.

Sport [ʃport], der; -(e)s, ⟨종류⟩ -e [engl. sport] **1. a)** ⟨Pl. 없음⟩ 스포츠, 운동, 체육: S. treiben 스포츠를 하다. **b)** ⟨Pl. 없음⟩ 체육계: der S. ist um zwei große Meister ärmer geworden 체육계는 두 사람의 훌륭한 선수를 잃었다. **c)** 스포츠(종류): Fußball ist ein sehr beliebter S. 축구는 대단히 인기있는 스포츠다. **2.** 오락, 취미, 레저: Fotografieren ist ein teurer S. 사진은 돈이 많이 드는 취미다; er sammelt Briefmarken als [zum] S. 그는 취미로 우표를 수집한다; **sich³ einen S. daraus machen, etw. zu tun** ⟨통용어⟩ 오기로 무엇을 자주 하다.

sport-, Sport- (sports-, Sports-도 참조): **~abzeichen**, das 체육 공로 휘장(徽章)[표장(表章)]. **~amt**, das 체육부[청]. **~angler**, der ↑~fischer. **~anlage**, die 체육 시설(운동장 및 스포츠 관계 회합 장소). **~anzug**, der 1. 체육복. 2. 간편한 복장, 레저복. **~art**, die 스포츠 종목. **~artikel**, das ⟨대개 Pl.⟩ 스포츠용품 운동구. **~arzt**, der 스포츠 관계 전문 의사. **~ausrüstung**, die 스포츠 장비. **~begeistert** ⟨Adj.⟩ 스포츠에 열광한. **~beilage**, die (신문 따위의) 스포츠 관계 부록. **~bericht**, der 스포츠 보고, 스포츠 기사. **~berichterstatter**, der 체육 기자. **~berichterstattung**, die 스포츠 기사 작성, 스포츠 통신. **~betrieb**, der ⟨Pl. 없음⟩ 스포츠 행사로 인한 사람들의 군집(群集), 스포츠로 인한 잡답(雜畓). **~bewegung**, die (국동독) 인민 스포츠 장려 운동. **~bluse**, die 간편한[스포티한] 블라우스. **~boot**, das 조정용 보트. **~coupé**, das ↑Coupé (3). **~disziplin**, die ↑~art. **~dreß**, der 운동 의상. **~ereignis**, die 스포츠 사건[행사], 스포츠 이변(異變). **~fan**, der 스포츠 팬, 스포츠 애호가. **~fanatiker**, der 스포츠 광(狂). **~fechten**, das; -s 펜싱, 검도. **~feindlich** ⟨Adj.⟩ 스포츠를 싫어하는. **~feld**, das (드물게 아이) 유명 경기장, 대표적 경기장. **~fest**, das (학교의) 운동회, (단체의) 체육 대회. **~fischen**, das; -s (스포츠로서의) 낚시. **~fischer**, der 스포츠 낚시꾼, 취미나 스포츠로서 낚시를 하는 사람. **~fischerei**, die 스포츠 낚시질. **~flieger**, der 스포츠 비행사. **~fliegerei**, die 스포츠 비행. **~flugzeug**, das 경기용 비행기. **~fotograf**, der 스포츠 사진기자. **~freund**, Sportsfreund, der 1. 스포츠 애호가. 2. ↑~kamerad. **~freundlich** ⟨Adj.⟩ 스포츠를 좋아하는, 스포츠에 호의적인. **~funktionär**, der 스포츠계 인사, 체육계 실무자. **~geist**, der ⟨Pl. 없음⟩ 스포츠 정신, 정정당당하게 싸우는 정신: S. haben [zeigen] 스포츠 정신을 지니고 있다[보여주다]. **~gemeinschaft**, die (구동독) 하급 스포츠 단체. **~gerät**, das 운동 기구. **~gerecht** ⟨Adj.⟩ 스포츠 규칙이나 정신에 어긋나지 않는. **~gericht**, das (경기 단체의) 심판 위원회. **~geschäft**, das 운동구점, 스포츠 용품점. **~geschehen**, das 스포츠 관계의 일, 스포츠 사건, 스포츠 행위. **~geschichte**, die 스포츠(사), 체육사. **~gewehr**, das (사격 경기용의) 총. **~größe**, die (스포츠계의) 거성, 천재, 유명 선수. **~halle**, die 실내 체육관. **~hemd**, das 1. 유니폼 상의. 2. 스포티한 셔츠(격식없이 입는). **~herz**, das [의학] 운동 선수의 심장(지속적인 훈련으로 비대 확장된). **~hochschule**, die 체육대학. **~hose**, die (특정 스포츠에 필요한) 바지. **~hotel**, das 동계 스포츠 선수들(애호가들)을 위한 호텔. **~jacke**, die 간편하고 스포티한 상의. **~journalist**, der 스포츠 기자. **~kamerad**, der 같은 단체에 소속되어 있으면서 함께 스포츠를 하는 친구(동료). **~kanone**, Sportskanone, die ⟨통용어⟩ ↑Kanone (2). **~karre**, die ⟨norddt.⟩ ↑~wagen (2). **~karriere**, die 스포츠 경력, 스포츠계의 출세가도. **~kleidung**, die 스포츠 복장. **~klub**, der ↑~verein. **~lehrer**, der a) 체육 교사. b) (특정 스포츠종목의) 지도자, 코치. **~leidenschaft**, die 스포츠에의 정열(몰두). **~liebend** ⟨Adj., adv.⟩ 스포츠를 애호하는. **~maschine**, die ↑~flugzeug. **~mäßig** ⟨Adj.⟩ ↑sportsmäßig. **~medizin**, die 스포츠 의학. **~mediziner**, der 스포츠 의학자(의학도). **~medizinisch** ⟨Adj.⟩ 스포츠 의학적인. **~meldung**, die 스포츠에 관한 소식(보도). **~motor**, der 스포츠 자동차의 강력 모터. **~mütze**, die 운동모, 스포티하게 보이는 모자. **~nachricht**, die 1. ↑~meldung. 2. ⟨Pl.⟩ 스포츠 소식, 스포츠에 관한 여러 가지 보도. **~pfad**, der ↑Trimm-dich-Pfad. **~philologe**, der 체육 교사(체육 이외에도 다른 두개의 과목도 맡는). **~platz**, der 운동장: auf den S. gehen 운동장으로 가다. **~preis**, der (체육 관계의) 상(賞). **~psychologie**, die 스포츠 심리학. **~presse**, die 스포츠 신문. **~redakteur**, der 스포츠란[면] 편집자. **~reiten**, das; -s 승마. **~reporter**, der 스포츠 기자. **~schaden**, der [의학] 스포츠 관계 부상. **~schießen**, das; -s (스포츠로서의) 사격. **~schlitten**, der 스포츠용 썰매. **~schuh**, der 1. (특정 스포츠에 필요한) 구두, 운동화. 2. 간편하고 스포티한 구두. **~schule**, die 체육학교. **~seite**, die (신문의) 스포츠면. **~sendung**, die (방송의) 스포츠 프로. **~sensation**, die 스포츠계에서의 대사건(센세이션). **~sprache**, die 스포츠 관계의 전문어 및 은어. **~stadion**, das 경기장. **~stätte**, die ⟨아이⟩ ↑~anlage. **~strumpf**, der 무릎까지 오는 알록달록한 양말. **~student**, der 체육 대학의 학생. **~stunde**, die 체육 시간. **~tauchen**, das; -s 스포츠로서의 잠수(장비를 갖추고 하는것도 포함하여). **~taucher**, der 스포츠 잠수가. **~teil**, der (신문의) 스포츠면. **~toto**, das/der 스포츠 경기의 결과를 예측하여 상금을 타게 되어 있는 일종의 공중(公衆) 노름(↑Fußballtoto). **~treibend** ⟨Adj.⟩ 스포츠를 하는. **~treibende***, der/die 스포츠를 하는 사람. **~übung**, die 운동 연습. **~unfall**, der 스포츠 사고. **~unterricht**, der 체육 수업. **~veranstaltung**, die 스포츠 행사, 운동 경기. **~verband**, der 체육 협회. **~verein**, der 스포츠 클럽, 스포츠 단체. **~verletzung**, die 스포츠를 하다가 입은 부상. **~waffe**, die (펜싱, 검도, 사격, 양궁 등에 쓰이는) 무기(칼, 총, 활 등). **~wagen**, der 1. 고성능 모터를 지닌 유선형 자동차(대개 2인승임). 2. 혼자 앉을 수 있는 아이들을 태우는 유모차. **~wart**, der (스포츠 클럽이나 협회에서 일하면서) 운동장과 스포츠 용구를 관리하는 사람. **~welt**, die ⟨Pl. 없음⟩ 《드물게》 체육계(界). **~wettkampf**, der 운동 경기(시합). **~wissenschaft**, die 체육학. **~zeitung**, die 스포츠 신문. **~zentrum**, das 스포츠의 중심지. **~zweisitzer**, der 고성능 모터를 지닌 유선형의 2인승 자동차.

Sportel [ʃ'pɔrtl], die; -n ⟨대개 Pl.⟩ (중세) 수수료(관청의), (특히 판사가 징수하는) 재판 수수료. **Sportelfreiheit**, die 수수료 면제.

sporteln (h) ⟨드물게⟩ (파적삼아, 심심풀이로) 약간 스포츠를 하다. **sportiv** [spor'tiːf] ⟨Adj.⟩ [engl. sportive,

Sportler [ˈʃpɔrtlɐ], der; -s, - 운동 선수, 스포츠맨, 운동가. **Sportlerherz**, das ↑Sportherz, **Sportlerin**, die; -nen ↑Sportler의 여성형. **sportlich** ⟨Adj.⟩ **1. a)** 스포츠에 관계되는: eine -e Karriere 스포츠맨으로서의 출세길; die Leistung ist s. hervorragend 그 성적[기록]은 경기력 차원에서 볼 때 탁월한 것이다. **b)** 공명정대한, 스포츠 정신에 위배되지 않는: -es Benehmen 스포츠맨다운 행동. **c)** (스포츠의 실적처럼) 경탄할 만한: -e Hochleistungsmotoren 근사한 고성능 모터들. **2. a)** 스포츠로 단련된, 탄력 있고 날씬한: sie wirkt sehr s. 그녀는 대단히 탄력 있고 날씬한 인상을 준다. **b)** (옷 따위가) 소박하고 실용적인, 젊고 멋진: -e Kleidung 스포티한 옷. **Sportlichkeit**, die ↑sportlich의 명사형.

sports-, **Sports-** (↑sport-, Sport-도 참조) ~**freund**, der ↑Sportfreund. ~**kanone**, die ↑Sportskanone. ~**mann**, der ⟨Pl. ...leute, 《드물게》...männer⟩ [nach engl. sportsman] 운동가, 운동 선수, 스포츠맨. ~**mäßig**, sportmäßig ⟨Adj.⟩ 운동 정신에 어긋나지 않는, 스포츠맨다운: -es Benehmen 스포츠맨다운 행동.

Spot [spɔt, ʃpɔt], der; -s, -s [engl. spot] **1. a)** (영화관, 텔레비전에서의) 짤막한 광고(영화). **b)** (라디오 방송 중에 삽입되는) 광고(문). **2.** ↑Spotlight의 약칭: den S. auf den Star richten 인기 배우에게 스포트라이트를 비추다.

Spot-: ~**beleuchtung**, die 스포트라이트 조명. ~**geschäft**, das 〖경제〗현물 매매, 현물 거래. ~**light** [-laɪt], das; -s, -s [engl. light] 〖연극・사진〗 스포트라이트, 각광(脚光): im S. 스포트라이트를 받고 있는, 세인의 주시(注視) 속에 있는. ~**markt**, der 〖경제〗 (대량으로 거래되는) 국제 시장. ~**preis**, der 〖경제〗 현물 시세.

Spott [ʃpɔt], der; -(e)s 조롱, 비웃음, 조소, 냉소; 비꼼, 풍자: seinen S. mit jmdm. [etw.] treiben 누구[무엇]를 조롱하다; zum Schaden auch noch den S. haben 그렇지 않아도 화가 나는 판에 남들의 조롱까지도 듣게 되다; er will sich nicht dem S. der Leute aussetzen 그는 남들의 웃음거리가 되지 않으려 한다; zum S. (der Leute) werden (사람들의) 웃음거리가 되다.

spott-, **Spott-**: ~**bild**, das **a)** 〈고어〉 ↑Karikatur (1 a). **b)** 희화(戱畵)의 관념이나 현상: ein S. seiner selbst 자기 자신의 희화. ~**billig** ⟨Adj.⟩ 〈통용어〉 지극히 싼. ~**drossel**, die **a)** 개똥지빠귀를 닮은 북아메리카산의 앵무새. **b)** ↑~vogel (b). ~**geburt**, die 〈교양어・경멸〉 추악한 인간, 괴물. ~**gedicht**, das 풍자시. ~**geld**, das 〈통용어〉 아주 적은 돈, 보잘 것 없는 액수의 돈. ~**lied**, das 풍자가(歌). ~**lust**, die ⟨Pl. 없음⟩ 남을 조롱하는 버릇. ~**lustig** ⟨Adj.⟩ 조롱하기를 즐기는. ~**name**, der 별명, 별호. ~**preis**, der 〈통용어〉 지극히 싼 값: zu -en einkaufen 아주 싼 값으로 쇼핑하다. ~**rede**, die 비꼬는(빈정대는) 말. ~**schrift**, die 풍자문, 비방문. ~**sucht**, die 조롱벽(癖). ~**süchtig** ⟨Adj.⟩ 조롱하기를 좋아하는. ~**vers**, der 풍자 시구(詩句). ~**vogel**, der **a)** 사람이나 다른 새의 소리를 흉내낼 수 있는 새. **b)** 남을 비꼬기를 좋아하는 사람, 조롱을 잘 하는 사람.

Spöttelei [ʃpœtəlaɪ], die; -en **a)** ⟨Pl. 없음⟩ 슬쩍[넌지시] 비꼬는 짓. **b)** 가볍게 슬쩍[넌지시] 비꼬는 말. **spötteln** [ˈʃpœtn̩] ⟨h⟩ 슬쩍 비꼬다, 넌지시 조롱하다: über jmdn. [etw.] s. 누구[무엇]를 은근히 비꼬다. **spotten** [ˈʃpɔtn̩] ⟨h⟩ **1.** 조롱하다, 비웃다, 놀리다, 비꼬다: du hast gut[leicht] s. 자네 비웃기는 쉽겠지만 내게는 만만찮은 일이었어; sie spotten über den Amtsschimmel 그들은 그 기계적인 사무처리를 비웃는다. **2.** (아이)⟨2격 지배⟩ **a)** 무시하다, 얕보다: der Gefahr s. 위험을 무릅쓰다. **b)** 불허하다: das spottet jeder Erklärung 그것은 도저히 설명할 수가 없다. **3.** 〖동물・행태〗(새가) 소리를 흉내내다: gespottete Lockrufe 흉내내어 유혹하는 소리. **Spötter** [ˈʃpœtɐ], der; -s, - **1.** 조롱하는 사람, 야유자. **2.** ↑Gelbspötter. **Spötterei** [ʃpœtəˈraɪ], die; -en **a)** ⟨Pl. 없음⟩ 조롱, 조소, 비웃음. **b)** 비웃는 말, 자꾸 빈정대는 짓. **spöttisch** [ˈʃpœtɪʃ] ⟨Adj.⟩ **a)** 조롱하는, 비웃는: jmdn. s. ansehen 누구를 조소적으로[비웃는 듯이] 쳐다보다. **b)** 조롱을 잘 하는, 비꼬기를 좋아하는.

S. P. Q. R. = Senatus Populusque Romanus 로마의 정부와 백성(한때 로마공화국의 공식 명칭).

Spr. = Sprüche Salomos.

sprach [ʃpraːx] ↑sprechen 참조.

sprach-, **Sprach-** (↑Sprachen-도 참조): ~**atlas**, der 언어 지도서[地圖書]. ~**barriere**, die **a)** ⟨대개 Pl.⟩ [언어・사회] 언어 장벽(하층민 자녀들의 학교 성적이나 사회적 출세에 지장이 되는). **b)** 언어 장벽(서로 다른 언어를 말하는 사람들 사이의). ~**bau**, der ⟨Pl. 없음⟩ 〖언어〗 언어의 문법적 구조. ~**begabt** ⟨Adj.⟩ 외국어 학습에 소질이 있는. ~**begabung**, die 외국어 학습에의 재능. ~**beherrschung**, die 언어의 자유로운 구사, 언어 숙달, 언어의 마스터. ~**benutzer**, der 〖언어〗 언어 사용자. ~**beratung**, die 문법・용자법 또는 문체 문제에 관한 조언(상담). ~**denkmal**, das 옛 시대에서 전승된 문학 작품이나 문서, 언어적 기념비[전승(傳承) 유산]. ~**didaktik**, die 언어 교수법. ~**dummheit**, die ⟨준고어⟩ 문법적으로 부정확한 말, 언어적 규범에 어긋나는 실수. ~**ecke**, die (신문・잡지의) 국어 문제 풀이란. ~**empfinden**, das ↑~gefühl. ~**entwicklung**, die **1.** 언어의 발달. **2.** ↑~lenkung. ~**erwerb**, der 〖언어〗 모국어 습득. ~**erziehung**, die 언어 교육(아동의 올바른 모국어 습득을 돕기 위한). ~**fähigkeit**, die ⟨Pl. 없음⟩ 〖언어〗 언어 능력. ~**familie**, die 어족(語族). ~**fehler**, der (신체적・심리적 요인에 의하여 특정한 음을 올바르게 발음하지 못하는) 발음 장해: einen S. haben 발음 장해를 지니고 있다. ~**fertig** ⟨Adj.⟩ ↑~gewandt. ~**fertigkeit**, die ⟨Pl. 없음⟩ ↑~gewandtheit. ~**forscher**, der 언어 연구가, 언어 학자. ~**forschung**, die 언어 연구, 언어학. ~**führer**, der (외국 여행객을 위한) 어학 안내서(실용 회화 중심의). ~**gebiet**, das ↑~raum. ~**gebrauch**, der 언어의 관용(慣用): nach allgemeinem S. 일반적 언어 관용에 따라. ~**gefühl**, das ⟨Pl. 없음⟩ **a)** 언어 감각: nach meinem S. ist das nicht richtig 그것은 내 언어 감각으로 판단할 때는 옳은 표현이 못된다. **b)** 〈드물게〉 언어적 부수 관념의 총량. ~**gemeinschaft**, die 〖언어〗 언어 공동체. ~**gemisch**, das 여러 다른 언어의 요소들이 뒤섞인 혼효(混淆). ~**genie**, das 언어의 천재. ~**geographie**, die 언어지리학. ~**geographisch** ⟨Adj.⟩ 언어지리학의. ~**geschichte**, die **a)** 어떤 언어의 역사. **b)** 〈언어학의 한 분야로서의〉 (어떤 특정 언어의) 발달사. **c)** 언어 발달사에 관한 저서. ~**geschichtlich** ⟨Adj.⟩ 언어 발달사적인. ~**gesellschaft**, die 국어학회(17세기 독일의). ~**gesetz**, das 언어 법칙. ~**gestört** ⟨Adj.⟩ 〖심리・의학〗 언어 장해를 지닌. ~**gewalt**, die ⟨Pl. 없음⟩ 강력(탁월)한 언어 구사력. ~**gewaltig** ⟨Adj.⟩ 강력한 언어 구사력을 가진. ~**gewandt** ⟨Adj.⟩ 언어에 능통한, 능변의. ~**gewandtheit**, die 언어의 능통, 능변. ~**grenze**, die 언어 경계선. ~**gut**, das ⟨Pl. 없음⟩ 전승된 언어 유산(어휘, 어법, 문법 등). ~**handlung**, die 〖언어〗 언어 행동(말하기, 듣기, 쓰기, 읽기 따위). ~**heilfürsorge**, die (관청・공공 기관의) 언어 장해아 구호(救護) [구어(救治)]. ~**heilkunde**, die ⟨Pl. 없음⟩ ↑Logopädie. ~**heimat**, die 말을 배운 고향. ~**inhalt**, der 〖언어〗 언어의 내용, 언어의 정신적인 면.

~**inhaltsforschung**, die [언어] 언어의 내용적 연구, 언어 내용학. ~**insel**, die 주변 지역과 다른 언어가 사용되는 작은 지역, 고립된 언어 지역. ~**kabinett**, das 《구동독》↑~labor. ~**karte**, die Sprachenkarte, die 언어 지도(地圖). ~**kenner**, der 여러 개의 외국어를 아는 사람, 언어 학자. ~**kenntnisse**〈Pl.〉어학 지식: gute S. haben [언어] 양호한 어학 지식을 갖추고 있다. ~**klischee**, das 진부한 상투어. ~**kompetenz**, die ↑ Kompetenz (2). ~**kritik**, die **1.** [언어] **a)** 한 언어가 지니고 있는 언어적 수단과 능력에 대한 평가. **b)** ↑~pflege. **2.** [철학] 언어가 지니고 있는 현실 내용과 진리 내용에 대한 인식론적 연구. ~**kultur**, die〈Pl. 없음〉**a)** 실제 사용되는 언어가 해당 언어의 문법적·문체적 규범에 상응하는 정도, 언어의 문화도(度). **b)** 언어적 규범을 충족시킬 수 있는 능력. **c)**《구동독》언어의 문화도를 높이려는 언어 육성 정책. ~**kunde**, die〈준고어〉**a)** 언어학. **b)** 언어학 교본(教本). ~**kundig**〈Adj.〉여러 나라 말을 할 줄 아는. ~**kundige*** , der / die 여러 나라 말을 할 줄 아는 사람. ~**kundler** [..kundlɐ], der; -s, - 〈고어〉언어학자. ~**kundlich**〈Adj.〉언어학의, 언어학에 관한. ~**kunst**, die **a)**〈Pl. 없음〉언어 예술. **b)** 말 재간, 능변. ~**kurs**, ~**kursus**, der 외국어 강좌. ~**labor**, das 어학 실습실. ~**laut**, der [언어] 발음된 소리. ~**lehre**, die ↑ Grammatik (1, 2). ~**lehrer**, der 외국어 교사. ~**lehrforschung**, die 언어 교습 연구, 어학 교수법 연구. ~**lenkung**, die 일반 언어 사용에 대한 정책적 조종, 표준어를 지향하는 계획적 언어 계발(啓發). ~**los**〈Adj.〉**a)**《감정》아연실색의, 말문이 막힌: über diese Unverschämtheit war er s. 이런 철면피한 행동을 보고 그는 말을 잃었다. **b)** 말이 없는, 무언의: in -em Einverständnis 말없이 동의하는 가운데에, 묵인 하에서. ~**losigkeit**, die 아연실색, 어이없음; 말 없음, 침묵. ~**manipulation**, die《폄》언어를 통한 조작. ~**melodie**, die 어조(語調), (언어의) 가락(어떤 언어나 방언의 특징이 되는). ~**mischung**, die 여러 가지 언어의 혼효(混淆). ~**mittler**, der 언어 중개자(통역자 또는 번역자). ~**mittlung**, die 언어 중개(통역 또는 번역). ~**norm**, die [언어] 언어 규범, 언어 규칙. ~**normung**, die 언어 규범의 설정(制定). ~**ökonomie**, die 언어 경제(가능한 한 수고를 덜 하면서 동일한 효과를 얻으려는 언어 현상; 발음의 단축, 어미의 일정화 등). ~**pflege**, die 국어 순화 및 보호, 표준어 시책. ~**pfleger**, der 국어 순화 및 육성을 위해 일하는 사람, 국어학자. ~**philosophie**, die 언어 철학. ~**planung**, die [언어] 표준어를 지향하는 언어 정책적 계획, 계획적 언어 정책. ~**politik**, die 언어 정책. ~**psychologie**, die 언어 심리학. ~**raum**, der 특정 언어나 방언이 사용되는 지역, 언어권(圈): der niederdeutsche S. 저지(低地) 독어 사용 지역. ~**regel**, die《대개 Pl.》 [언어] 한 언어의 문법상의 규칙, 어법. ~**regelung**, die《드물게》~**reglung**, die [정치] 어떤 특정한 사실이 공식적으로 어떻게 호칭·표현되어야 하는가를 규정하는 것(또는 그 규정). ~**reinheit**, die 국어의 순수성(외래어가 혼용되지 않은)(↑Purismus (1)). ~**reinigung**, die 국어 정화, 외래어 배척. ~**richtig**〈Adj.〉어법에 맞는, 문법상 옳은. ~**richtigkeit**, die ↑~richtig의 명사. ~**rohr**, das 메가폰, 확성 나팔: [전의] jmds. S. sein 1) 누구의 대변자이다: er ist das S. der Bürger dieser Stadt 그는 이 도시 시민의 대변자이다. 2)《폄》앵무새처럼 누구의 말을 그대로 전달하는 사람. ~**schatz**, der Wortschatz. ~**schicht**, die 언어의 계층. ~**schnitzer**, der《통용어》↑~verstoß. ~**schöpfer**, der 신조어[표현] 창조자. ~**schöpferisch**〈Adj.〉창조적 언어를 구사하는. ~**schranke**, die ↑~barriere (b). ~**schulung**, die 어학 훈련, 어학 훈련 과정. ~**schwäche**, die 언어 박약,

언어 장해. ~**silbe**, die [언어] 어법상의 철자(綴字)(예컨대: 어두—어간—어미) (반대: Sprechsilbe). ~**sinn**, der〈Pl. 없음〉언어 감각. ~**soziologie**, die 언어 사회학(↑Soziolinguistik). ~**spiel**, das [언어] 다른 활동의 일부로서 또는 다른 활동과 관련된 언어 활동. ~**spielerei**, die 언어 유희, 말 장난. ~**stamm**, der《언어·준고어》언어의 계통, 공통된 어원을 지닌 여러 어족(語族)들. ~**statistik**, die 통계 언어학. ~**stil**, der 어법, 표현법, 언어의 양식. ~**störung**, die [의학·심리] 언어 장애. ~**struktur**, die [언어] 언어 구조. ~**studium**, Sprachenstudium, das 언어 연구. ~**system**, das [언어] 언어 체계(↑Langue). ~**talent**, das 어학의 재능. ~**teilhaber**, der《언어》한 언어 공동체의 구성원. ~**üblich**〈Adj.〉언어 관행(慣行)의. ~**übung**, die 어학 연습. ~**unterricht**, der 어학 교수[수업]. ~**verein**, der 언어 학회, 국어 연구회. ~**vergleichung**, die 비교 언어학. ~**verstoß**, der 어법[문법 규칙] 위반. ~**verwandtschaft**, die 언어의 친근성. ~**verwirrung**, die 언어의 혼란(언어 공동체의 구성원들간의 이해 및 어의의 혼란). ~**widrig**〈Adj.〉언어의 본질에 어긋나는, 어법[문법]에 어긋나는. ~**wissenschaft**, die 언어학: allgemeine (vergleichende, angewandte) S. 일반(비교, 응용) 언어학. ~**wissenschaftler**, der 언어학자. ~**wissenschaftlich**〈Adj.〉언어학상의, 언어학적인. ~**zentrum**, das [해부·생리] 언어 중추.

Sprache ['ʃpraːxə], die; -n **1.**〈Pl. 없음〉(소질, 능력으로서의) 말, 말하는 능력: die menschliche S. 인간의 언어; jmdm. bleibt die S. weg 누구가 어안이 벙벙하여 말을 잃다; etw. verschlägt(raubt) jmdm. die S. 《아이》무엇이 누구를 놀라게 하여 말문이 막히게 하다. **2.**〈Pl. 없음〉《대개 숙어에》말하는 행위: **die S. auf etw. bringen(etw. zur S. bringen)** 어떤 화제를 유도하다(꺼내다); **mit der S. nicht herausrücken**《통용어》**herauswollen**》잘 말하려 하지 않다, 이야기하기를 꺼리다; **heraus mit der S.!**《통용어》1) 자, 용건을 말해라. 2) 자 이제는 네가 저지른 것을 털어 놓아라; **zur S. kommen** 언급(토의)되다. **3. a)** 말씨, 말투, 발음, 목소리: eine flüssige[schnelle] S. 유창한[빠른] 말씨; man erkennt ihn an der S. 말하는 소리를 듣고 사람들은 그를 알아본다. **b)** 표현법, 어풍(語風): die S. der Dichtung[des Alltags] 시어[일상어]; **eine deutliche S. (mit jmdm.) sprechen[reden]**(누구에게) 확고하게 자기 의견을 말하다; **eine deutliche S. sprechen**《대개 부정적인 측면을 노출시키는》분명한 증거가 되다: diese armseligen Hütten sprechen eine deutliche S. 이 초라한 오막살이들을 보면 분명히 알 수 있다. **4. a)** 언어, 국어, 모국어: die deutsche (lateinische) S. 독일어[라틴어]; sie unterhalten sich in englischer S. 그들은 영어로 담소한다. [전의] die S. des Herzens[der Leidenschaft] 마음[정열]의 언어; **die gleiche S. sprechen[reden]** 생각이 같아서 서로 이해하는 사이다; **eine andere S. sprechen[reden]** 서로 전혀 다른 말을 하고 있다, 서로 반대되는 의견이다; **in sieben -n schweigen**《농》전혀 의사 표시를 않다, 좌중에서 말없이 듣기만 하다. **b)** (기호, 몸짓 따위로 된 말): die S. der Taubstummen 농아자(聾啞者)의 언어.

spräche ['ʃprɛːçə] ↑sprechen 참조.

Sprachen- (sprach-, Sprach-도 참조.) ~**frage**, die 언어 문제(한 국가 안에서 상이한 언어를 가진 여러 종족 사이에 생기는). ~**gewirr**, das 언어의 혼란. ~**kampf**, der 언어 분쟁(한 국가 안에서 서로 다른 언어들이 우위와 인정도를 놓고 다투는). ~**karte**, die ↑Sprachkarte. ~**recht**, das 언어법(공용어·소수 민족어 등에 관한 법규). ~**schule**, die 외국어 학교. ~**studium**, Sprach-

studium, das 언어 연구.
-sprachig [-ʃpra:xɪç] 〈다음과 같은 합성어로, 예컨대〉 zweisprachig 두 나라 말을 하는, 두 가지 언어로 되어 있는; fremdsprachig 외국어의; deutschsprachig 독일어를 말하는, 독일어로 된. **sprachlich** ['ʃpra:xlɪç] 〈Adj.〉 언어상의, 문법상의, 문장상의: s. hervorragender Aufsatz 탁월한 문장으로 된 논문[작문]. **-sprachlich** [-ʃpra:xlɪç] 〈다음과 같은 파생어로, 예컨대〉 fremdsprachlich 외국어의; muttersprachlich 모국어의. **Sprachlichkeit**, die 언어 구사 능력.
sprang [ʃpraŋ], **spränge** ['ʃprɛŋə] ↑springen 참조.
spratzen ['ʃpratsn̩] 〈h〉 [aus dem südd., österr.] [제련] (금속이 녹았다가 다시 굳을 때) 픽 소리 내며 튀다, 불꽃이 흩어지다.
Spray [ʃpre:, ʃpre:; (engl.) spreɪ], der / das; -s, -s [engl. spray] 분무액(噴霧液): ein S. gegen Achselnässe 겨드랑이 땀냄새를 없애는 분무 제품[스프레이]. **Spraydose**, die 분무 약통. **sprayen** ['ʃpre:ən, 'ʃpr..., 'spreɪən] 〈h〉 [engl. to spray] **a)** 스프레이를 뿌리다: gegen Ungeziefer s. 해충 구제를 위해 스프레이를 뿌리다. **b)** …에 스프레이를 뿌리다: das Haar s. 머리카락에 스프레이를 뿌리다.
sprech-, Sprech-: **~akt**, der [언어] 언어 행위(구체적 의사 표현으로서의). **~angst**, die ↑Lalophobie. **~anlage**, die 인터폰, 구내 통화 장치. **~blase**, die (만화, 회화 등에서 인물의 입과 연결되는) 주머니 모양의 대화[생각] 내용 표시 부분. **~bühne**, die (문학 작품만 공연하는) 극장(劇團). **~chor**, der **a)** 합창하는 말[구호](예컨대: 대모할 때): sie protestierten mit Sprechchören 그들은 구호를 합창하면서 항의하였다. **b)** 공동 낭송 합창대: ein S. auf der Bühne 무대 위의 구호 합창대. **~erlaubnis**, die (수감자, 복역자와의) 면회 허가. **~erziehung**, die 담화[웅변술] 교육. **~faul** 〈Adj.〉 **1.** ↑mundfaul. **2.** (어린 아이가) 아직 불충분한 발음을 하면서 말하는. **~funk**, der 휴대용 무선전화: über S. verhandeln 휴대용 무선전화를 통해 협상하다. **~funkanlage**, die 휴대용[근거리] 무선전화 시설[장치]. **~funkgerät**, das 휴대용 무선전화기(Walkie-talkie). **~gesang**, der 서창(敍唱), 낭음(朗吟), 음창(吟唱). **~kunde**, die **a)** 담화술[웅변술] 교육 및 수사학에 관한 학문. **b)** 담화 및 수사학 교본. **~kundlich** [...kʊntlɪç] 〈Adj.〉 담화 및 수사학에 관한. **~kunst**, die 웅변술[낭독술, 낭음술]. **~lehrer**, der 담화술[웅변술] 교사. **~melodie**, die [언어] 어조(語調), 어조의 변화 (↑Intonation (5)). **~muschel**, die (전화기의)송화 나팔, 송화기(반대: Hörmuschel). **~organe** 〈Pl.〉 ↑werkzeuge. **~pause**, die (말을 하는 중의) 휴지(休止), 사이, 쉴참: eine kurze S. einlegen (말하다가) 짧막한 사이를 두다. **~platte**, die 말[낭독된 내용]이 녹음되어 있는 레코드. **~puppe**, die 말하는 인형(레코드 장치가 들어 있는). **~rolle**, die [연극] 말만 하는 배역(오페라 등 노래하는 배역이 많은 작품에서). **~silbe**, die [언어] 음절(音綴)(반대: Sprachsilbe). **~situation**, die 대화 보조(간호)원. **~stimme**, die 말할 때의 목소리, 말소리, 어성(語聲). **~störung**, die 어성 장애. **~stunde**, die 진찰 시간, 면담 시간: der Arzt hat heute keine S. 그 의사는 오늘 환자를 보지 않는다; in die S. gehen 진찰 시간[면담 시간]에 가다. **~stundenhelferin**, **~stundenhilfe**, die 진찰 보조(간호)원. **~tag**, der (관청의) 민원 업무 취급 요일(曜日). **~technik**, die 화술(話術), 낭독술. **~theater**, das 문학 작품 공연 극장[극단](반대: Musiktheater 1). **~übung**, die 회화 연습. **~unterricht**, der 회화 교수[수업]. **~verbot**, das 발언 금지[령]. **~verkehr**, der 〈Pl. 없음〉 말의 왕래, 담화. **~versuch**, der 말을 하려

는 시도: die ersten -e des Kindes 아기가 처음으로 말을 하려는 시도. **~vorgang**, der 말하는 과정(도중). **~weise**, die ↑Redeweise. **~weite**, die 말이 미칠 수 있는 거리, 말을 서로 주고 받을 수 있는 거리. **~werkzeuge** 〈Pl.〉 언어 기관(器官). **~zeit**, die **1.** 면회 시간 (예컨대: 수감자와의). **2.** ↑Redezeit. **~zelle**, die 전화실(室), 전화 박스. **~zimmer**, das 진찰실, 면담실.
Spreche ['ʃprɛçə], die 〈언어·은어〉 구어(口語), 말로 할 때의 표현법.
sprechen* ['ʃprɛçn̩] 〈h〉 **1. a)** 말하다(음이나 단어를 발음해 내다): vor Aufregung nicht s. können 흥분해서 말을 못하다. **b)** (특정한 방법으로) 말하다(표현하다): laut s. 큰 소리로 말하다; ins Mikrophon s. 마이크에 대고 말하다; er spricht gern in Bildern 그는 말할 때 비유적인 표현을 즐겨 쓴다. **c)** (사람처럼) 말하다: einen Papagei s. lehren 앵무새에게 말하기를 가르치다. **2. a)** (생각을) 말하다, 표명하다: er hat noch kein Wort gesprochen 그는 아직 한 마디도 말하지 않았다; er spricht doch nur Unsinn 그는 정말 허튼 소리만 하고 있지 않은가; der Richter hat das Urteil gesprochen 판사가 판결을 내렸다; ein Gebet[den Segen] s. 기도문을 읽다(축복하다). **b)** (특정한 언어를) 말하다, 말할 줄 알다: mehrere Sprachen s. 여러 나라 말을 하다; er spricht rheinische Mundart 그는 라인 지방의 사투리를 쓴다. **c)** (동물이) 말하다, 의사 표시를 하다. **3.** (의견, 판단을) 말하다: gut über jmdn. [von jmdm.] s. 누구에 대해 좋게 말하다; einige sprechen für den Vorschlag, andere dagegen 몇 사람은 그 제안에 찬성하지만 다른 사람들은 반대하고 있다; [전의] die Umstände sprechen für den Angeklagten 여러 가지 정황이 피고에게 유리하다; **für sich selbst s.** 더 이상의 설명이 필요 없다; **auf jmdn. [etw.] schlecht(nicht gut) zu s. sein** 누구[무엇]를 좋게 말하지 않다, 누구[무엇]을 싫어하다. **4. a)** 담화[담소]하다, 대화하다: sprechen Sie noch? 《전화 도중에 상대방에게 묻는 말》 듣고 계시는 겁니까?; über So persönliche Dinge sollte man nicht mit Fremden s. 그런 개인적인 일을 두고는 낯선 사람과 이야기하는 게 아니야; im Namen aller s. 모두의 이름으로 말하다; ich habe noch mit dir zu s. 난 너와 의논할 일이 있다. **b)** 이야기하다, 보고하다: sie sprach vom letzten Urlaub 그녀는 지난 번 휴가에 관해 이야기했다. **5. a)** 누구를 (우연히) 만나 얘기를 나누다: ich habe ihn schon lange nicht mehr gesprochen 난 벌써 오랫동안 그를 만나 얘기를 나누지 못했다. **b)** 면담하다: wann kann ich den Chef s.? 나야 언제 사장님을 만날 수 있나요?; Sie haben mich s. wollen? 나와 면담하고 싶으시다고요?; ich bin heute für niemanden mehr zu s.! 오늘 난 아무하고도 더 이상 만나지 않겠어! **6.** 강연하다, 연설하다: ein bekannter Physiker spricht heute über die Gefahren der Atomenergie 한 저명한 물리학자가 오늘 원자력의 갖가지 위험에 관하여 강연한다; er sprach frei 그는 원고 없이 연설했다. **7.** (아이) 나타나다, 보이다: manchmal sollte man sein Gefühl s. lassen 사람은 이따금 자기 감정을 있는 그대로 나타내야 할 것이다; aus seinen Worten spricht nur Haß 그의 말은 증오로 가득 차 있다.
sprechend 〈Adj.〉 뚜렷한, 설득력 있는, 적절한: einen -eren Beweis gibt es nicht 이보다 더 확실한 증거는 없다; er sieht seinem Vater s. ähnlich 그는 자기 아버지를 꼭 닮았다. **Sprecher**, der; -s, - **1. a)** 대의원, 대표자: er ist S. einer Bürgerinitiative 그는 한 시민 운동의 대표다. **b)** (정부나 그 부서의) 대변자: die Meldung wurde vom S. des Außenministeriums dementiert 그 보도는 외무부 대변인에 의해 부인되었다. **c)** 연사, 낭독자, 아나운서: er ist S. beim Rundfunk [im Fernsehen] 그는 라디오[텔레비전] 방송국의 아나운

서이다. **d)** (특정한 언어나 방언을) 말하는 사람. **2.** 《은어》 (교도소의) 면회[방문] 시간. **Sprecherin**, die; -nen ↑ Sprecher(1)의 여성형: sie ist S. beim Fernsehen 그녀는 텔레비전 방송국의 아나운서이다. **sprecherisch** 〈Adj.〉 말[언변]에 관한: eine hervorragende -e Leistung 탁월한 연설[언변].

Sprehe [′∫preː], die; -n 《(nord)westd.》 찌르레기 (¹Star).

Spree, die 슈프레 강(江).

Spree-Athen [′∫preːlaːtɛn] 《(의》 베를린(의 농담조 별칭).

Spreißel [′∫praisḷ], der / 《österr.》 das; -s, - **a)** 《südd.》 파편(Splitter). **b)** 《österr.》 대패밥, 지저깨비. **Spreißholz**, das 《Pl. 없음》 《österr.》 나무조각, 성냥개비용 나무.

Spreitdecke, die; -n 《schwäb.》 ↑ Spreite (1 a). **Spreite** [′∫praitə], die; -n **1.** 《schwäb.》 **a)** 침대보, (탁자의) 덮개. **b)** (타작하기 위해 곡물을) 널어 놓은 것. **2.** [식물] 잎의 펼쳐진 면. **spreiten** [′∫praitṇ] 〈h〉 《아어·고어》 펼치다. **Spreitlage**, die ↑ Spreite (1 b) 참조.

spreiz-, **Spreiz-**: **~beinig** 〈Adj.〉 두 다리를 벌린. **~dübel**, der (특히 얇은 벽에 치기 위한) 맞춤 못. **~fuß**, der [의학] 선상족(扇狀足). **~hose**, die 갓난아기의 잘못된 골곡 관절을 교정하기 위한 좌대(坐台). **~klappe**, die [항공] (비행기 날개 밑에 부착되어 있는) 착륙판[覆板]. **~salto**, der [체조] 두 다리를 벌리고 하는 공중제비. **~schritt**, der 두 다리를 뻗치고 걷는 음[걸이]. **~sprung**, der [체조] 두 다리를 벌리고 하는 도약. **~stellung**, die 한 다리를 벌린 자세, 두 다리를 벌린 자세. **~überschlag**, der [체조] 두 다리를 벌리고 하는 공중제비. **~windel**, die ↑ ~hose.

spreizbar 〈Adj.〉 펼칠[뻗칠, 벌릴] 수 있는. **Spreize** [′∫praitsə], die; -n **1.** [토목] 지름대, 지주(支柱). **2.** [기계 체조] 한쪽 다리 벌려 뻗기. **spreizen** [′∫praitsṇ] 〈h〉 **1. a)** 펼치다, 뻗다, 벌리다: die Beine[Finger] s. 두 다리[손가락들]를 벌리다(좍 뻗다). **b)** [방송] (수신기의 주파 영역을) 확장시키다: gespreizte Kurzwellenbereiche 확장된 단파 영역. **c)** (드물게) 펴다. **2.** 〈s. + sich〉 **a)** 짐짓 거절하다, 사양하다. **b)** 거드름 빼다, 뽐내다. **Spreizung**, die; -en 펼치기(↑ spreizen 1의 명사형).

spreng-, **Spreng-** (sprengen): **~bombe**, die (파열) 폭탄, 고성능 폭탄. **~geschoß**, das (총, 포에 의해) 쏘아진 폭탄, 파열탄. der 폭렬 유탄(榴彈). **~kammer**, der 약실(藥室), 폭약을 장전하는 곳. **~kapsel**, die 뇌관. **~kommando**, das 폭파 공작대. **~kopf**, der [군사] 탄두(彈頭). **~körper**, der 폭파체, 폭약 탄두: eine Bombe mit sehr großer S. 대단히 큰 폭파력을 지닌 폭탄. **~ladung**, die ↑ ¹Ladung (2). **~laut**, der 《아어·준고어》 Explosivlaut. **~loch**, das 폭파공(爆破孔), 폭약 장전용 구멍: Sprenglöcher bohren 폭파공을 뚫다. **~meister**, der 폭파 기능장(Schießmeister). **~mittel**, das 폭약, 폭발물. **~patrone**, die ↑ Patrone (2). **~pulver**, das ↑ Schießpulver. **~punkt**, der 폭약의 지점. **~satz**, der ↑ ~ladung: ein atomarer S. 핵폭탄. **~stoff**, der ↑ ~ladung: Dynamit ist ein gefährlicher S. 다이너마이트는 위험한 폭약이다. **~stoffanschlag**, der, **~stoffattentat**, das 폭약 암살 계획. **~stoffhaltig** 〈Adj.〉 폭약이 들어 있는. **~stoffpaket**, das 폭약이 들어 있는 소포(암살용도). **~stück**, das 폭발물의 파편. **~trichter**, der (폭발에 의하여 생긴) 구멍. **~trupp**, der ↑ ~kommando. **~wagen**, der 살수차. **~werk**, das [토목] 버팀목대. **~wirkung**, die 폭파 작용(효과).

Sprengel [′∫prɛŋl], der; -s, - **a)** 성당구(聖堂區), 교구(教區): er genießt in seinem S. großes Ansehen 그는 자기 교구 내에서 큰 신망을 얻고 있다. **b)** 《österr.·그외 준고어》 관할 구역, 담당 영역. **sprengen** [′∫prɛŋṇ] **1.** 〈h〉 **a)** 폭파하다, 폭발시키다: ein Haus s. 집을 폭파하다; der Geiselnehmer sprengte sich selbst in die Luft 납치범은 스스로 자폭하였다. **b)** 억지로 열다: eine Tür[ein Schloß] s. 문[자물쇠]을 부수고 억지로 열다. **c)** 안에서부터 뚫고 나오다, 돌파하다, 붕괴[와해]시키다: die Fesseln s. 사슬을 끊어 버리다; die Eingeschlossenen versuchten, den Ring zu s. 포위된 자들은 포위망을 뚫고 나오고자 하였다; [전의] die Freude sprengte ihm fast die Brust 그는 기쁨으로 인하여 거의 가슴이 터질 듯하였다; etw. sprengt den Rahmen eines Vortrages 무엇이 어떤 강연의 범위를 벗어나다; eine Demonstration s. 시위 행렬을 강제로 해산시키다. **2.** 〈h〉 **a)** (물을) 뿌리다: Wasser auf die Wäsche[über die Blumen] s. 빨래[꽃]에 물을 뿌리다(주다). **b)** 〈4격 지배〉 …에 물을 뿌리다: die Beete[den Rasen] s. 화단[잔디밭]에 물을 뿌리다. **3.** 《아어》 〈s〉 내닫다, 질주[돌진]하다. **4.** [사냥] 〈h〉 내몰다. **Sprenger**, der; -s, - ↑ Rasensprenger의 약칭. **Sprengung**, die; -en 폭파, 폭발; 파괴, 폭쇄, 돌파; 붕괴, 와해, 강제 해산; 살수(撒水); 몰이.

Sprengsel, der 《또는》 das; -s, - 《통용어》 ↑ Sprenkel.

Sprenkel [′∫prɛŋkl], der; -s, - 얼룩, 반점, 오점: ein weißes Kleid mit bunten -n 알록달록한 반점이 있는 흰 원피스. **sprenkelig**, **sprenklig** [′∫prɛŋk(ə)lɪç] 〈Adj.〉 반점이 많은, 얼룩 무늬가 있는. **sprenkeln** [′∫prɛŋkḷn] 〈h〉 **a)** 〈4격 지배〉 …에 얼룩무늬를 박다, …에 반점을 찍다: einen Stoff blau und gelb s. 어떤 천에다 파랗고 노란 반점을 찍다. **b)** 물을 뿌리다, 살수하다. **sprenklig**: ↑ sprenkelig.

sprenzen [′∫prɛntsṇ] 〈h〉 《südwestd.》 **1.** ↑ sprengen (2). **2.** (비인칭) es sprenzt 보슬비가 내리다.

Spreu [∫prɔy], die 왕겨; 북더기: die S. in Säcke füllen 왕겨를 자루에 담다; [전의] S. gehören 폐물 같은 인간에 속하다; **die S. vom Weizen trennen(sondern)** 옥석을 가려내다(마태복음 3장 12절).

sprich! [∫prɪç], **sprichst** [∫prɪçst], **spricht** [∫prɪçt] ↑ sprechen 참조. **Sprichwort**, das; -(e)s, …wörter 속담, 격언. **Sprichwörtersammlung**, die 속담집. **sprichwörtlich** 〈Adj.〉 **a)** 속담의, 속담으로 되어 버린: eine -e Redensart[Wendung] 속담처럼 되어 버린 성구(成句)[숙어]. **b)** 잘 알려진, 자주 인용되는: das ist der -e Tropfen auf den heißen Stein 이것이야말로 속담에서 "달군 돌에 물 한 방울"이라던 바로 그 물 한방울 격이다; ihre Unpünktlichkeit ist schon s. 그녀가 시간을 잘 지키지 않는다는 것은 이미 주지의 사실이다.

Sprießel [′∫priːgl], der; -s, - 《자동차》 (수레의 포장이나 차의 덮개를 팽팽하게 받쳐 주는) 버팀대, 버팀 살대.

Sprieß [∫priːs], der; -es, -e [토목] ↑ Spreize (1). **Sprieße** [′∫priːsə], die; -n **a)** [토목] 지름대, 지주(支柱). **b)** 《지역적》 사다리의 횡목(橫木)[단(段)]. **c)** 《지역적》 파편(Splitter). **Sprießel** [′∫priːsḷ], das; -s, - 《österr.》 **a)** (사다리의) 횡목 (새장 안 따위의) 가로장. **b)** 《지역적》 파편(Splitter). **¹sprießen** [′∫priːsṇ] [토목] 받치다, 버팀목을 대다, 괴다. **²sprießen** [-] 〈s〉 《아어》 싹트다, 발아하다; 번성하다: die Knospen sprießen 싹[꽃봉오리가]이 트다; die Saat sprießt 씨의 싹이 트다; [전의] immer neue Vereine sprießen aus dem Boden 자꾸 새로운 단체들이 생겨나고 있다. **Sprießholz**, das (Pl. …hölzer) 버팀목. **Spriet** [∫priːt], das; -(e)s, -e [선원] 제1 기움돛대, 선수 사장(船首斜橋). **Sprietsegel**, das [선원] 기움돛

대의 돛, 사장 종범(斜檣縱帆).
¹**Spring** [ʃprɪŋ], der; -(e)s, -e 〈솟아 오르는〉 샘.
²**Spring** [-], die; -e [선원] **a)** 계류삭(繫留索): ein Schiff auf S. legen mus 계류하다. **b)** (선미와 닻사슬을 잇는) 굵은 밧줄, 닻줄(이것으로 배의 위치를 조종할 수 있음).

spring-, Spring-: **~blende**, die [사진] (셔터를 눌러야만 자동으로 닫히는) 자동 조리개. **~brunnen**, der 분수. **~flut**, die 한사리, 대기(大起). **~form**, die 케이크를 굽는 납작하고 둥근 틀(케이크가 구워지고 나면 쉽게 틀을 떼어 낼 수 있다). **~frucht**, die [식물] 개열과(開裂果). **~insfeld**, der; -(e)s, -e [농] 기운 찬 젊은이, 덜렁쇠, 장난꾸러기, 말괄량이. **~kraut**, das 봉선화 (↑Impatiens). **~lebendig** 〈Adj.〉 《감정 강조》↑ quicklebendig. **~maus**, die 뛰는쥐(과). **~messer**, das 접는 칼. **~pferd**, das [승마] 도약 경기용 말. **~prozession**, die 무도 행렬(룩셈부르크의 Echternach 시의 민속 행사). **~prüfung**, die [승마] 도약 시험. **~quell**, der, **~quelle**, die **a)** (드물게) 간헐천(↑Geysir). **b)** 〈시어·준고어〉↑**~brunnen**. **~reiten**, das; -s [승마] ↑Jagdspringen. **~reiter**, der, **~reiterin**, die 도약 경기를 하는 (여)기수. **~rollo**, **~rouleau**, das (용수철의 힘으로) 자동으로 감아 올려지는 커튼. **~seil**, das ↑Sprungseil. **~spinne**, die 뛰는 거미(뛰어서 먹이를 잡아 먹으며 개미와 비슷하게 보임). **~stunde**, die (교사의) 쉬는 시간, 자유 시간(수업 시간 사이에 비어 있는). **~tanz**, der 뛰는 동작이 많은 춤. **~tide**, die ↑~flut. **~turnier**, das [승마] 도약 시험. **~wurz**, **~wurzel**, die [민속] 보물을 발견한다든가 자물쇠나 문을 여는 데에 도움이 되는 마력을 지닌 뿌리 (약초). **~zeit**, die **1.** 교미기(가축의). **2.** 한사리 때.

springen* [ˈʃprɪŋən] **1.** 〈s〉 **a)** 뛰다, 껑충 뛰다: mit Anlauf s. 도움닫기를 하여 높이뛰기를 하다; vor Freude in die Höhe s. 기쁜 나머지 껑충 뛰다; im See sprangen die Fische zuweilen 호수에서는 물고기들이 뛰고 있었다; [전의] wenn man beim Mühlespiel nur noch drei Steine hat, darf man s. 뮐레(서양 장기의 일종) 놀이에서 말이 세 개밖에 남지 않았을 경우에는 눈금을 뛰어 넘어 어디든지 말을 놓아도 된다. **b)** 뛰어들다, 뛰어가다, 뛰어서 …로 가다: die Katze ist auf den Tisch gesprungen 고양이가 탁자 위로 뛰어올랐다; nach etw. springen 뛰어서 무엇을 잡으려 하다; er sprang in den Hang 철봉에 뛰어올라 턱걸이를 하다; auf die Beine s. 벌떡 일어서다, aus dem Bett s. 침대에서 훌쩍 일어나다; aus dem Auto s. 자동차에서 급히 뛰어내리다; [전의] er springt von einem Thema zum anderen 그는 느닷없이 자주 화제(주제)를 바꾼다. **2.** 〈s/h〉 [스포츠] 〈높이뛰기 따위를〉 하다: jeder darf dreimal s. 각각 세 번씩 뛸 수 있다; 〈격 목적어와 함께〉 einen Salto gehockt s. 쪼그린 자세로 공중제비를 하다. **b)** …뛰기를 하여 …의 기록을 내다: er ist 5.20 m gesprungen 그는 5 m 20을 뛰었다; er hat einen neuen Rekord gesprungen 그는 뛰어서 신기록을 세웠다. **c)** (어떤 특정한 도약을) 하다: einen Salto s. 공중제비를 하다. **3.** 큰 동작으로 빨리 움직이다, 폴짝폴짝 뛰다: die Flammen sprangen von Haus zu Haus 화염은 이 집에서 저 집으로 삽시간에 건너 붙었다. **4.** 〈s〉 **a)** (südd., schweiz.) 뛰어가다, 서둘다. **b)** 〈지역적〉 (무슨 용무를 보기 위해) 잠깐 들르다. **5.** 〈s〉 **a)** (갑자기), 홱하고 움직이다: die Ampel sprang auf Grün 신호등이 갑자기 푸르게 변했다. **b)** 튀다, 툭 떨어져 나가다: mir ist dabei ein Knopf von der Jacke gesprungen 그 때 내 상의로부터 단추 하나가 툭 떨어져 나갔다. **c)** (강한 압력에 못이겨) 튕겨 나가다: die Lokomotive ist aus dem Gleis gesprungen 기관차가 탈선하였다. **etw. s. lassen** 《통용

어》 무엇을 기부(희사)하다. **6.** 〈s〉 **a)** 튀다, 튕겨 오르다: der Ball springt gut 공이 잘 튄다. **b)** 튀어 올라서 …로 가다: ein Ball sprang über die Straße 공이 튀어서 길 건너 쪽으로 갔다. **7.** 〈s〉 (아이) 내뿜다, 쏟아져 나오다. **8.** 〈s〉 **a)** 금이 나다, 금가다: die Vase ist gesprungen 그 화분은 금이 갔다. **b)** 쪼개지다, 툭 끊어지다: in Scherben s. 조각조각으로 깨어지다; eine Saite ist gesprungen (악기의) 현이 하나 끊어졌다. **c)** 탁 열리다, 갈라 터지다: gesprungene Lippen 얹챙이가 입술. **9.** 〈s〉 (드물게) 튀어 나오다: das Atelier sprang noch ein Stück weiter in den Garten 그 화실은 정원 쪽으로 조금 더 나온 곳에 자리잡고 있었다. **Springen** [-], das; -s, - 〈Pl. 없음〉 뛰기. **2.** Ski-, Fallschirm-, Jagdspringen의 약칭. **Springer**, der; -s, - **1.** Weit-, Hoch-, Stabhoch-, Ski-, Fallschirm-, Kunst-, Turmspringer등의 약칭. **2.** [동물] 뛰어서 움직이는 동물: Heuschrecken sind S.메뚜기는 뛰는 곤충이다. **3.** (서양 장기의) 말(馬). **4.** (고정된 일자리가 없이 회사가 이 일 저 일을 필요에 따라 맡아 하는) 노동자: er arbeitet als S. am Band 그는 콘베이어벨트에 차출되어 일하고 있다. **5. junger S.** 〈통용어〉 풋내기 젊은이. **6.** [농업] 종축(種畜), 종마(種馬). **Springerin**, die; -nen ↑Springer (1, 2, 4)의 여성형. **Springerl** [ˈʃprɪŋɐl], das; -s, - (bayr.) 레모네이드, 탄산수.
Springerle (südd.), **Springerli** (schweiz.) das; -, - 아니스가 든 크리스마스 과자의 일종.
Sprinkler [ˈʃprɪŋklɐ], der; -s, - 〈engl. sprinkler〉 **1.** 〈전문어〉 검은 털을 섞어 넣은 흰 밍크. **2. a)** (잔디밭에) 물 주는 기구. **b)** (자동 소화 장치의) 살수관. **Sprinkleranlage**, die; -n (천장에 부착되어 있는) 자동 소화 장치.
Sprint [ʃprɪnt], der; -s, -s 〈engl. sprint〉 [스포츠] **1.** [스포츠] **a)** 단거리 경주. **b)** 빙상 경주. **c)** (자전거의) 단거리 경주 (트랙에서 하는). **2.** [스포츠] 전속력의 질주: einen S. einlegen 전속력을 내어 달리다. **sprinten** [ˈʃprɪntn̩] 〈engl. to sprint〉 [스포츠] 〈s/h〉 (단거리를) 전속력으로 달리다〔주파하다〕: auf den letzten 400 m s. 마지막 400 미터를 같은 전속력으로 달리다; er sprintete die Strecke in 11 Sekunden 그는 그 거리를 11초에 주파하였다. **2.** 〈s〉 〈통용어〉 **a)** 빨리 달리다. **b)** 빨리 …로 달려 가다: um die Ecke s. 빨리 모퉁이를 돌아 달려가다. **Sprinter**, der; -s, - 〈engl. sprinter〉 [스포츠] **a)** 단거리 경주자(선수). **b)** 빙상 경주자(선수). **c)** (자전거의) 단거리 경주자. **Sprinterin**, die; -nen [스포츠] ↑Sprinter의 여성형. **Sprintrennen**, das; -s, - ↑Fliegerrennen (1). **Sprintstrecke**, die; -n [스포츠] ↑Kurzstrecke. **Sprintvermögen**, das; -s [스포츠] 전속력 질주력.

Sprissel [ˈʃprɪsl̩], das; -s, -n (österr.) ↑Sprießel.
Sprit [ʃprɪt], der; -(e)s, 〈종류〉 -e **1.** 〈통용어〉 연료, 기름, 휘발유: der Wagen braucht zu viel S. 그 자동차는 기름이 너무 많이 든다. **2. a)** 〈통용어〉 위스키, 소주. **b)** 〈Pl. 없음〉 〈전문어〉 에틸 알코올, 주정. **spritig** 〈Adj.〉 주정을 함유하는, 알코올 냄새(맛)가 나는. **Spritverbrauch**, der 〈통용어〉 연료 소비(량).

Spritz-: **~apparat**, der 분무기. **~arbeit**, die [미술] 물감을 뿌려 모양을 그리는 그림(화법). **~beton**, der [토목] 공보 콘크리트(분무식의). **~beutel**, der [요리] ↑Dressiersack. **~bild**, das [미술] 물감을 뿌려 모양을 그린 그림. **~brunnen**, der (südd., schweiz.) ↑Springbrunnen. **~decke**, die 방수(防水) 덮개, (마차 따위의) 진흙받이. **~düse**, die 분무관, 살수관. **~fahrt**, die 〈통용어·준고어〉 ↑Spritztour. **~flasche**, die **1.** 분무통. **2.** [화학] 세기병(洗氣瓶). **~gebäck**, das 〈지역적〉 **~gebackene***, das 부꾸미 모양의 과

자(반죽을 주출기(注出器)로 기름에 밀어 넣어 여러 가지 모양으로 구움). ~**gerät**, das 뿜는 기구, 분무식 뿌리개. ~**gurke**, die 오이의 일종(지중해에서 생산되며, 익으면 씨가 튀어 나옴). ~**guß**, der 〈Pl. 없음〉 《제조 기술》 (열가소성 물질의) 압력 주조법(鑄造法), 다이 카스팅, 이 카스트 주물(鑄物). ~**kuchen**, der ↑~gebäck. ~**lack**, der 분무식으로 칠할 수 있는 라크. ~**lackierung**, die 분무식 라크 칠. ~**leder**, das (드물게) 진흙받이(마차 따위의). ~**malerei**, die 물감을 본 위에 뿜어 그리는 그림(화법). ~**meister**, der 《옛》 소방대장(↑ Brandmeister). ~**pistole**, die (권총처럼 생긴) 분무기 (특히 라크 칠을 할 때의). ~**schutz**, der 튀는 물이나 진흙을 막아 주는 물건(덮개, 포장 따위). ~**tour**, die 《통용어》 근거리 드라이브, 차로 가는 소풍놀이: eine S. machen 짤막한 드라이브를 하다. ~**wagen**, der 《südd.》 ↑ Sprengwagen. ~**wasser**, das 〈Pl. 없음〉 튀는 물, 물보라.

Spritze ['ʃprɪtsə], die; -n 1. 분무기, 주출기(注出器), 분사식(噴射式) 도장기(塗裝機) 용 분무기. 2. a) ↑ Injektionsspritze의 약칭: die Schwester kochte die -n aus 간호원이 주사기들을 끓여 소독하였다. b) 주사: jmdm. eine S. bekommen 《은어》 누구에게 주사를 놓다; eine S. (in das Gesäß) bekommen (궁둥이에) 주사를 한 대 맞다; an der S. hängen (은어) 아편 중독이다. 3. a) 소방 펌프. b) 《통용어》 소방 펌프를 갖춘 소방차. c) 《통용어》 ↑ Strahlrohr: der Feuerwehrmann richtete die Spritze auf die Flammen 그 소방대원은 소방 호스의 끝(사출관(射出管)]을 화염을 향하여 들이대었다; **der erste Mann an der S. sein** 어떤 분야에서 결정적(지도적)인 역할을 담당하고 있다. 4. 《경》〈자동〉 화기(火器): die beiden Gangster ballerten mit ihren -n wild um sich 그 두 악한들은 그들의 화기를 주위에다 마구 쏘아대고 있었다. 5. 《통용어》 재정적 원조: das Unternehmen braucht eine S. 그 기업은 지금 재정적 원조를 필요로 하다. 6. 《스카트 놀이의 은어》 ↑ Kontra: jmdm. eine S. geben 누구에게 (2배 계산의 모험을 걸고) 맞서다; eine S. bekommen(kriegen) 누구의 도전을 받다. **spritzen** ['ʃprɪtsn] [mhd. sprützen, ↑sprießen] 1. 〈h〉 튀기다, 튀어서 묻히다: Tinte (Farbe) auf den Ärmel s. 잉크[페인트]를 마룻바닥에 묻히다; die Kinder planschten und spritzten 아이들은 첨벙거리며 물을 튀기고 있었다. 2. (액체 따위를) 분출[사출(射出)]시키다, 내뿜다: die Feuerwehrleute spritzten Wasser(Schaum) in die Flammen 소방대원들은 물[거품]을 화염에다 대고 쏘았다; Sahne auf eine Torte s. 케이크 위에 크림을 가하다. 3. 〈h〉 (비어) 사정(射精)하다. 4. 〈h/s〉 《통용어》 물을 뿌리다(끼얹다). b) 물을 뿌려 …한 상태로 만들다: er hat mich ganz naß gespritzt 그는 내게 물을 뿌려 흠뻑 젖게 만들었다. 5. a) 〈h〉 (액체 따위의 방울들이 사방으로) 튀다: das Fett ist gespritzt 굳기름이 사방으로 튀었다; 〈비인칭〉 Vorsicht, es spritzt! 조심하세요, 튑니다. b) (액체 따위의 방울들이 어디론가로) 튀다: das Wasser spritzte ihm ins Gesicht 그 물방울들이 그의 얼굴로 튀었다. c) 〈비인칭〉 《통용어》 가랑비[보슬비]가 내리다: es spritzt ein wenig 가랑비가 약간 내리고 있다. 6. 〈h/s〉 …에 물을 주다(뿌리다), 살수하다: den Rasen s. 잔디밭에 물을 주다. b) (약제 따위를) 살포하다: Obstbäume s. 과수에 농약을 살포하다(뿌리다): die Trauben sind garantiert nicht gespritzt 이 포도 송이에는 절대로 농약이 뿌려지지 않았습니다. c) (분사식 도장기를 써서) 페인트나 라크 칠을 하다: er will sein Auto neu s. 그는 자기 자동차를 새로 칠하려 한다. 7. 〈h〉 소다수 따위를 타서 묽게 하다: seinen Wein s. 자기 포도주에 소다수를 타다. 8. 〈h〉 a)

주입하다: der Arzt spritzt ihm ein Schmerzmittel 의사는 그에게 진통제를 주입시켰다. b) 《통용어》 주사 놓다: der Arzt hat ihn gespritzt 의사는 그에게 주사를 놓았다; (4각 목적어 없이도): er spritzt mich 환자 주사를 맞아 왔었다. 9. 〈h〉 a) 뿜어서 …을 만들어 내다: eine Eisbahn s. 물을 뿜어 스케이트장을 만들다. b) 《제조 기술》 압력 주조법(鑄造法)으로 제조된다: gespritzte Kunststoffartikel 압력 주조법으로 제조된 플라스틱 제품. 10. 〈s〉 《통용어》 a) 빨리 달려가다: er spritzte zum Telefon 그는 전화기 쪽으로 빨리 달려갔다. b) (누구의 비위를 맞추느라고) 부산하게 움직이다.

Spritzen-: ~**haus**, das 《준교어》 소화 펌프 창고. ~**meister**, der 《구제》 소방감(消防監). ~**wagen**, der 《준교어》 소방차.

Spritzer [ʃprɪtsɐ], der; -s, - 1. a) 튄 물방울, (액체의) 튄 방울: ein paar S. auf der Windschutzscheibe 자동차 앞 유리창 위에 있는 두 세 개의 물방울. b) (무엇을 뿌리거나 탈 액체의) 소량, 방울: ein S. Zitronensaft 한 방울의 레몬즙; Whisky mit einem S. Soda 소량의 소다를 탄 위스키. c) (튄 물방울(흙탕물)의) 얼룩. 2. 도장공(塗裝工): er ist als S. in einer Spielwarenfabrik beschäftigt 그는 완구 공장에서 도장공으로서 일하고 있다. 3. 《통용어》 마약 중독자: Kiffer und S. 마약 흡연 중독자와 주입 중독자. 4. **junger S.** 풋내기 젊은이(↑Springer). **Spritzerei** [ʃprɪtsə'raɪ], die; -en (가끔 폄) (자꾸만) 뿌리기, 튀기기. **spritzig** ['ʃprɪtsɪç] 〈Adj.〉 (포도주 따위가) 얼얼한, 향긋하게 톡 쏘는: ein -er Wein 얼얼한 포도주. b) 재치 있고 쾌활한, 재미있는: eine -e Komödie 들뜨고 쾌활한 희극; eine s. geschriebene Reportage 재간을 부려 재미있게 쓴 르포르타쥬[현지 보고문]. c) 재빠르고 날쌘. d) 고도의 가속력을 지닌: ein kleiner Sportwagen 가속력이 큰 조그만 스포츠형 자동차. **Spritzigkeit**, die 얼얼함, 들뜨고 쾌활함. **Spritzung**, die; -en (드물게) (약제 따위의) 살포, 주입(注入), 주사.

spröd [ʃpröːt] 〈자주〉 **spröde** ['ʃpröːdə] 〈Adj.〉 1. a) 깨지기(부서지기) 쉬운, 유연성이 없는: sprödes Glas 깨지기 쉬운 유리. b) 메마른, 껄칠껄칠한, 갈라 터진: spröde Lippen(Haare, Nägel) 껄칠껄칠한 입술(머리카락, 손톱). 2. 거칠은, 곱지 않게 들리는: eine spröde Stimme 거칠은 목소리. 3. a) 다루기 힘든는, 마음대로 되지 않는: ein sprödes Thema 다루기 힘든 주제. b) 냉담한, 거부 하는, 수줍은, 접근 빼는: ein sprödes Wesen haben 수줍은 성격이다; sich spröde geben(zeigen) 수줍은(점잖은) 체하다. c) 까다로운, 쉽게 친숙해 질 수 없는: die spröde Sprache des Dichters 그 시인의 (이해하기에) 까다로운 언어. **Spröde** [-], die 〈아어·준교어〉, **Sprödheit**, die, **Sprödigkeit** ['ʃpröːdɪçkaɪt], die 깨지기 쉬운(유연성이 없는) 성질, 수줍은(냉담한) 성격, 엄격성.

sproß [ʃprɔs] ↑²**sprießen** 참조. **Sproß** [-], der; Sprosses, Sprosse / Sprossen (축소형) (Spröß-chen) 1. 〈Pl. Sprosse〉 새 눈, 새싹, 어린 가지: der Baum treibt einen neuen S. 그 나무는 새 가지를 뻗으려 하고 있다. b) 《식물》 유관유배 식물(有管有胚(植物))의 줄기와 잎을 포괄하는 부분. 2. 〈Pl. Sprossen〉 〈아어〉 후예, (특히 귀족 가문의) 자손: der letzte S. eines stolzen Geschlechts 한 기품 있는 가문의 마지막 후예. 3. 〈Pl. Sprossen〉 《사냥》 ↑ Sprosse (3).

Sproß-: ~**achse**, die 《식물》 (유관유배 식물에서 잎을 달고 있는 기관으로서의) 줄기(둥치). ~**knolle**, die 《식물》 줄기의 굵은 마디 부분(양분을 저장하고 있는). ~**pflanze**, die 《식물》 유관유배 식물(有管有胚(植物)) ↑ Kormophyt. ~**vokal**, der 《언어》 삽입 모음(발음을

Sprößchen ['ʃprœsçən], das; -s, - **1.** ↑Sproß의 축소형. **2.** ↑Sprosse. **Sprosse** ['ʃprɔsə], die; -n 〈축소형: ↑Sprößchen〉 **1. a)** (사다리의) 디딤판: er stand auf der obersten S. der Leiter 그는 사다리의 맨 꼭대기에 올라 서 있었다; [전의] er steht auf der ersten [obersten] S. seiner Karriere 그는 출세할 수 있는 최상의 지위에 있다. **b)** (지역적) (창문 따위의) 가로대, 횡목. **2.** 〈österr.〉 ↑Kohlsprosse의 약칭. **3.** [사냥] 사슴뿔의 가지. **4.** 〈고어〉 주근깨. **sprösse** ['ʃprœsə] ↑²sprießen 참조. **sprossen** ['ʃprɔsn] (아어·준고어) **a)** 〈h〉 싹을 내다, 눈트다: im Frühling sprossen Bäume und Sträucher 봄에는 수목들과 관목들에 새 눈을 낸다. **b)** 〈s〉 싹이 트다: die Blumen sind aus der Erde gesproßt 화초들이 땅에서부터 돋아났다.

Sprossen-: **~fenster**, das 가로대(횡목)들을 하고 있는 창문. **~kohl**, der 〈Pl. 없음〉 〈österr.〉 ↑Rosenkohl. **~leiter**, die **1.** (디딤판들이 있는) 사다리. **2.** [체조] ↑Gitterleiter. **~wand**, die [체조] (고정식) 늑목(肋木).

Sprosser ['ʃprɔsɐ], der; -s, - 울새속(屬)의 일종. **Sprößling** ['ʃprœslɪŋ], der; -s, -e **1.** 〈고어〉 후예, 자손. **2.** 〈통용어·농〉 자녀, (특히) 아들. **Sproßsung**, die; -en (아어·준고어) 발아(發芽), 눈이 틈, 꽃 봉오리가 나옴.

Sprott [ʃprɔt], der; -(e)s, -e 〈지역적〉, **Sprotte** ['ʃprɔtə], die; -n 청어속(屬)의 일종: Kieler Sprotte 킬에서 나는 훈제 청어.

Spruch [ʃprʊx], der; -(e)s, Sprüche ['ʃprʏçə] **1. a)** 〈축소형: ↑Sprüchlein, Sprüchelchen〉 격언, 금언: ein alter S. 옛 격언; einen S. beherzigen 어떤 격언을 명심하다; ein S. aus der Bibel 성경에서 따온 한 구절. **b)** (중세 문학에서) 단창구(短唱句)(여러 절로 된 Lied와 구별되는), 잠언: die politischen Sprüche Walthers von der Vogelweide 발터 폰 포겔바이데의 정치적 단창구들; die Sprüche Salomos 솔로몬의 잠언. **2.** 〈대개 Pl.〉 〈통용어·멸〉 알맹이가 없는 발언, 진부한 상투어, 미사여구: das sind doch alles nur Sprüche! 그건 정말 모두가 다 부한 소리를 불과해! **Sprüche machen**(**klopfen**, **kloppen**) 호언 장담하다. **3.** 〈축소형: ↑Sprüchlein, Sprüchelchen; 대개 축소형〉〈통용어〉되풀이해서 외워대야 하는 말: der Vertreter leiert an jeder Tür seinen S. herunter 그 세일즈맨은 문간마다에서 자기의 판에 박힌 염불을 되뇐다. **4. a)** 판결, 평결. **b)** 예언, 신탁(神託): ein delphischer S. 델피의 신탁.

spruch-, Spruch-: **~band**, das 〈Pl. -bänder〉 **1.** (정치적) 구호나 슬로건을 쓴 현수막. **2.** (중세의 그림 안에 그려 넣어진) 글띠(명대(銘帶))(거기에 그림 설명을 적어 넣음). **~buch**, das 격언(금언)집. **~dichter**, der 단창구 시인, 격언 시인. **~dichtung**, die (중세 독일의) 단창구 문학(작품), 격언 시. **~kalender**, der 격언 캘린더(달력)(각 장마다 금언이 수록되어 있는). **~kammer**, die (법·구체) 나치스 당원으로 활약한 적이 있는가를 심사하는) 특별 재판소. **~körper**, der [법] 판결부(합의체의 재판관 회의 또는 단독 재판관). **~praxis**, die [법] 판결 실무(실제, 경험). **~reif** 〈n.a.〉 diese Angelegenheit ist noch nicht s. 이 사건은 아직 판결을 내릴 단계에 이르지 못했다. **~weisheit**, die 격언(금언)에 표현되어 있는 지혜.

Sprüche: ↑Spruch의 복수형.
Sprüche- (Spruch 2): **~klopfer**, der 〈통용어·멸〉 호언 장담꾼. **~klopferei** [-klɔpfəˈraɪ], die; -en (자꾸만) 호언 장담하기. **~macher**, der 〈통용어·멸〉 ↑~klopfer. **~macherei** [-maxəˈraɪ], die; -en 〈통용어·멸〉 ↑~klopferei.

Sprüchel ['ʃprʏçl̩], das; -s, -(n) 〈österr.〉, **Sprüchelchen** ['ʃprʏçlçən], **Sprüchlein** [...laɪn], das; -s, - ↑Spruch (1 a, 3)의 축소형.

Sprudel ['ʃpruːdl̩], der; -s, - **1. a)** 탄산이 많이 든 광천수, 소다수: zwei S. 〈통용어〉 탄산수 두 잔. **b)** 〈österr.〉 비 알코올성 청량 음료. **2.** 〈고어〉 샘, 분수, 솟아 오르는 물. **3.** 〈드물게 österr.〉 ↑Sprudler.

Sprudel-: **~kopf**, der 〈통용어·편〉 ↑Brausekopf. **~quelle**, die 〈준고어〉 분천(噴泉). **~stein**, der [지질] 탕화(湯花), 천화(泉華). **~wasser**, das 〈Pl. ...wässer〉 ↑Sprudel (1 a).

sprudeln ['ʃpruːdl̩n] **1.** 〈s〉 **a)** 솟아나다, 뿜어 나오다: eine Quelle sprudelte aus der Felswand 암벽으로부터 샘이 솟아나고 있었다; der Sekt sprudelt aus der Flasche 샴페인이 병에서부터 거품을 내면서 쏟아져 나온다; [전의] sein sprudelndes Temperament 그의 끓어 넘치는(분방한) 기질. **b)** (거품을 내면서) 흐르다, 부어지다. **2.** 〈h〉 **a)** 부글부글 끓다: das kochende Wasser sprudelte im Topf 끓는 물이 남비 안에서 부글거리고 있었다. **b)** 기포(氣泡)를 발하다, 거품을 내다: die Limonade sprudelt im Glas 레몬수가 유리잔 안에 작은 기포들을 일으키고 있다. **3.** 〈h〉 ↑überschäumen: vor Begeisterung s. 감격한 나머지 넘쳐 흐르는 기분이다. **4.** 〈h〉 〈통용어〉 황급하게 말하다. **5.** 〈österr.〉 〈h〉 휘젓다. **Sprudler** ['ʃpruːdlɐ], der; -s, - 〈österr.〉 교반봉(攪拌棒), (휘젓는) 나무 공이.

Sprue [spruː], die 〈engl. sprue〉 [의학] (비타민 B_2의 결핍으로 생기는) 열병의 일종.

Sprüh-: **~dose**, die ↑Spraydose. **~fahrzeug**, das (약제) 살포 차량. **~flasche**, die (약제) 살포병. **~flüssigkeit**, die 살포액, 살포약. **~gerät**, das 살포 기구. **~mittel**, das 살포제(撒布劑), 살포용 살충제. **~nebel**, der 안개 모양의 액체 분말. **~pflaster**, das 살포식 고약, 스프레이식 고약. **~regen**, der ↑Nieselregen. **~wagen**, der (약제) 살포차. **~wäscher**, der [기술] ↑Skrubber. **~wasser**, das 〈Pl. ...wässer〉 살포용 물.

sprühen ['ʃpryːən] **1. a)** (액체를 비산(飛散)시키다, 물보라를) 날리다, 살포하다: ich sprühte mir etwas Spray aufs Haar 나는 내 머리에 약간의 스프레이를 뿌렸다. **b)** (비인칭) 〈h〉 이슬비가 오다. **c)** 〈h〉 (물보라 따위가) 흩날리다. **d)** 〈s〉 흩날려서 …로 가다. **2. a)** 〈h〉 (불꽃 따위를) 튀기다: die Lokomotive sprüht Funken 기관차가 불꽃을 튀긴다; [전의] seine Augen sprühten Haß 그의 두 눈에는 증오의 빛이 번득이고 있었다; (4격 목적어 없이도) sein Augen sprühten vor Begeisterung 그의 두 눈은 감격한 나머지 빛을 발하고 있었다; sein sprühender Geist 그의 번득이는 기지; sein sprühendes Temperament 그의 생동감에 넘치는 기질. **b)** 〈h〉 (불꽃 따위가) 튀다. **c)** 〈s〉 (불꽃 따위가) 튀어서 …로 날아가다: [전의] aus seinen Augen sprühte jugendliches Feuer 그의 두 눈으로부터는 젊은이다운 정열의 불꽃이 발산하고 있었다. **d)** 〈h〉 번쩍이다, 반짝이다: der Brillant sprüht tausend Farben 그 보석은 수많은 빛깔을 내면서 번쩍인다.

Sprung [ʃprʊŋ], der; -(e)s, Sprünge ['ʃprʏŋə] **1. a)** 뜀, 뛰어오름, 도약, 비약: die Katze schnappte den Vogel im S. 고양이가 펄쩍 뛰어와 새를 잡았다; mit einem gewaltigen S. setzte er über die Mauer 세차게 한 번 훌쩍 뛰어서 그는 담을 넘었다; [전의] sein Herz machte vor Freude einen S. 그의 가슴은 기쁜 나머지 두근거렸다; die neue Stelle bedeutet für ihn einen großen S. nach vorn 그 새로운 일자리는 그에게는 큰 발전을 의미한다; der Schauspieler hat den S. zum Film nicht gewagt 그 배우는 영화 쪽으로 전향하는 모험

을 하지 않았다; die Schauspielerin machte einen S. 그 여배우는 대사를 빼먹었다; ich konnte seinen Sprüngen manchmal nicht ganz folgen 나는 그의 사고의 비약을 이따금 잘 따라갈 수가 없었다; S. auf, marsch, marsch! 《군대의 구령》 (누워 있던 자세에서) 뛰어 일어나 ! 뛰어가 !; 전의 ein qualitativer(dialektischer) S. 【철학】 양적인 변화에서 질적인 변화로의 도약[변혁]; ein S. ins Ungewisse(Dunkle) 물불을 가리지 않는 모험; ein S. ins kalte Wasser 《통용어》 그 결과를 미처 예상하지 못한 채 창졸간에 내려야 하는 결단; keine großen Sprünge machen können 《통용어》 (특히 경제적으로) 그다지 여유가 없다; auf einen S. 《(지역적》 einen S.》 잠깐 동안: ich gehe auf einen S. in die Kneipe 나는 잠깐 술집에 간다; auf den Sprung(e) sein [《드물게》 stehen] 《통용어》 막 …망 참이다, 하려고 하다 (↑ Begriff 3); auf dem Sprung(e) sein 《통용어》 바쁘다, 오래 머물 여유가 없다. b) 《스포츠에서의》 뛰기: es gelang ihm ein S. von 8,15 m. 그는 8 m 15 를 뛰는 데에 성공했다. 2. 《통용어》 짧은 거리, 한 번 뛰는 거리: er wohnt nur einen S. von hier 그는 여기서 지척의 거리에 살고 있다. 3. 금, 틈, 균열: im Porzellan ist ein S. 그 사기 그릇에 금이 갔다; 전의 sein katholischer Glaube hatte arge Sprünge bekommen 그의 가톨릭 신앙은 심한 균열을 겪게 되었다. ein S. in der Schüssel haben 《경》 제정신이 아니다, 좀 돌았다. 4. 【농업】 (수컷의) 교미 동작. 5. 【사냥】 토끼의 뒷다리: jmdm. auf die Sprünge helfen 《통용어》 (충고, 힌트를 통하여) 누구를 도와주다(사냥개가 토끼의 발자욱을 찾도록 사냥꾼을 돕는 데서); einer Sache³ auf die Sprünge helfen 《통용어》 어떤 일이 잘 되어 나가도록 처리하다; jmdm. auf[hinter] die Sprünge kommen 《통용어》 누구의 의도(간계)를 간파하다 (↑ Schlich). 6. 【사냥】 노루들의 무리. 7. 【지질】 단층(斷層). 8. 【조선】 갑판 전후 양단의 만곡 상승선(上昇線)(측면에서 본). 9. 【직조】 ↑ Fach (3).

sprung-, Sprung-: ~anlage, die 【스포츠】 1. (삼단뛰기, 장대높이뛰기, 멀리뛰기 따위를 위한) 도약 운동 시설(運動場). 2. (수영의) 도약 시설. ~balken, der 【스포츠】 (멀리뛰기, 삼단뛰기의) 도약판. ~becken, das (수영의) 도약을 할 수 있는 풀(수영장). ~bein, das 1. 뛰는 다리, 뛸 때 도약판에 닿는 다리. 2. 【해부】 복사뼈, 거골(距骨). ~bereit 〈Adj.〉 뛸 준비가 되어 있는; 전의 sein Mißtrauen ist immer s. 그는 항상 불신하려 하고 있다. ~brett, das 1. 【체조】 스프링 보드, 뜀판, 도약판; 전의 ein Amt als S. für[in] eine Karriere benutzen 어떤 직책을 출세의 발판으로 이용하다. 2. (수영의) 도약판, 뜀판. ~deckel, der 회중시계의 뚜껑(용수철의 작용으로 열어 젖힐 수 있는). ~fallwurf, der 【핸드볼】 뛰면서 골 앞에 내리 던지는 슛. ~feder, die 용수철, 스프링. ~federmatratze, die 스프링이 들어 있는 요(침대용). ~federrahmen, der 수많은 스프링을 팽팽하게 고정시켜 놓은 침대 틀(그 위에 침대 요를 얹는). ~fertig 〈Adj.〉《드물게》뛸 준비가 다 된. ~gelenk, das 【해부】 과(踝) 관절. ~grube, die 【스포츠】 (멀리뛰기를 위한) 모래사장. ~höhe, die 1. 뛰는 높이, 도약의 높이. 2. 【지질】 단층고(斷層高). ~hügel, der 【스포츠】 (장대) 높이뛰기의 선수가 뛰어 내리게 되어있는 (모래) 언덕. ~kasten, der 【스포츠】 뜀틀. ~kraft, die 도약력, 뛸 수 있는 힘. ~kräftig 〈Adj.〉 도약력을 지닌, 뛸 수 있는. ~latte, die 【스포츠】 높이뛰기의 횡목. ~lauf, der 【스포츠】 (스칸디나비아식 스키 경주의 일부로서의) 도약해서 달리기. ~pferd, das 【체조】 (손잡이가 없는) 목마. ~rahmen, der ↑~federrahmen. ~schanze, die 【스

키】 도약대, 점프대, 산체. ~seil, das (아이들의 줄넘기 놀이를 위한) 줄 (가운데가 굵고 양끝에는 손잡이가 달려 있는 것도 있음). ~stab, der (장대높이뛰기의) 장대. ~stelle, die 【수학】 함수의 값을 비약적으로 변화시키는 독립 변수의 값. ~technik, die 【스포츠】 도약[점프] 기술. ~tuch, das ⟨Pl. -tücher⟩ 1. (불이 났을 때 높은 곳에서 뛰어드는) 구명포(救命布). 2. 【스포츠】 트램펄린(trampoline)의 스키(튼튼한 직물). ~turm, der 【스포츠】 (수영의) 도약탑. ~übung, die 【스포츠】 뛰기(도약) 연습, (체조의) 뛰기 연습. ~weise 〈Adv.〉 뛰어서, 비약적으로, 급속히. ~weite, die 뛰는 거리, 도약 거리. ~wurf, der 【스포츠】 뛰면서 차는 슛[패스].

sprunghaft 〈Adj.〉 1. 이랬다 저랬다 하는, 초지 일관하지 못하는, 변덕이 심한: er hat ein sehr -es Wesen 그는 매우 변덕이 심한 성격이다. 2. a) 갑작스러운, 느닷없는: es war keine allmähliche Veränderung, sondern ein -er Umschlag 그것은 점진적인 변화가 아니라 급격한 변혁이었다. b) 비약적인, 급격히 치솟는: der -e Anstieg der Preise 물가의 급격한 상승. Sprunghaftigkeit, die 변덕(비약)이 심함.

SPS = Sozialdemokratische Partei der Schweiz 스위스 사회 민주당.

Spucht [ʃpuxt], der; -(e)s, -e 《지역적》 조그맣고 허약한 남자(청년). spuchtig 〈Adj.〉 《지역적》 조그맣고 허약한.

Spuck-: ~kuchen, der 《통용어·농》 씨를 빼지 않은 과일로 만든 케이크. ~napf, der 타구(唾具). ~schale, die (타액, 피 따위를 담기 위해 병원에서 쓰는) 납작한 접시.

Spucke ['ʃpukə], die 《통용어》 침: eine Briefmarke mit (etwas) S. befeuchten 우표에 침을 (약간) 칠하다; jmdm. bleibt die S. weg 《통용어》 놀란 나머지 할 말이 없다, 뜻밖이라 어이없다. spucken ['ʃpukŋ] ⟨h⟩ 1. a) 침을 (탁 뱉으며, 뱉다; 【통용어】 der Ofen spuckt 《통용어》 난로가 달아올라서 찌직찌직 소리를 낸다; der wird ganz schön s., wenn er das erfährt 그 친구가 이 사실을 알게 되면 꽤나 투덜거릴 걸. b) 뱉다, 토하다: Blut s. 피를 토하다; 전의 der Vulkan spuckt glühende Asche und Lava 그 화산은 벌겋게 달아오른 재와 용암을 뿜어내고 있다. c) …로 침을 내뱉다: jmdm. ins Gesicht s. 누구의 얼굴에다 침을 뱉다; auf den Boden [in die Luft] s. 땅바닥(공중)에다 침을 뱉다. d) 내뱉아서 …로 내주다: einen Kirschkern auf den Boden s. 버찌의 씨를 땅바닥으로 내뱉다. 2. (기계 따위가) 부릉거리다: der Motor begann zu s. 모터가 부릉거리며 작동하기 시작했다. 3. 《지역적》 구토하다, 게우다. 4. 《경》 경멸하다, 무시하다, 거부하다: auf jmds. Geld s. 누구의 돈을 경멸하여 거부하다; ich spucke auf deine Freundschaft 네 우정 따위는 필요 없어.

Spuk [ʃpu:k], der; -(e)s, -e 1. 불가사의하고 무시무시한 현상: der S. begann Schlag Mitternacht 그 불가사의한 현상은 밤 12시 정각에 시작되었다; die Reiter flogen wie ein S. an ihm vorüber 《아이》 그 말 탄 사람들은 마치 도깨비와도 같이 그의 옆을 스쳐 순식간에 사라져 버렸다. 2. a) 【폄】 끔찍하고 무시무시한 사건: der faschistische S. war vorbei 그 파쇼 분리 저격러씨한 파쇼 체제는 이제 지나간다. b) 《통용어·준교어》 소동, 야단법석: die Kinder machen ja wieder einen tollen S.! 그 아이들이 정말이지 다시금 야단법석을 부리고 있구나; 전의 mach doch wegen dieser Lappalie nicht so einen S. 이런 사소한 일을 가지고 제발 그렇게 야단법석을 떨지 말아라; die Sache lohnt den ganzen S. nicht 그 일을 가지고 이렇게까지 소동을 피울 필요가 없다. 3. 《고어》 도깨비, 유령.

Spuk-: ~erscheinung, die 도깨비 현상[모습].

spuken

~**geist**, der 귀신, 유령, 도깨비. ~**geschichte**, die 귀신(도깨비) 이야기, 괴담(怪談). ~**gestalt**, die 도깨비(의 형상), 귀신의 모습. ~**haus**, das 유령이 출몰하는 집. ~**sage**, die [민속] 유령이 나오는 전설, 괴기 전설. ~**schloß**, das 유령이 출몰하는 성(城). ~**wesen**, das 유령, 도깨비.
spuken [ʃpuːkn̩] a) ⟨h⟩ (유령으로서) 출몰하다: der Geist des Schloßherrn soll hier s. 그 성주(城主)의 혼백이 여기에 출몰한다고들 한다; 전의 dieser Aberglaube spukt noch immer in den Köpfen vieler Menschen 이 미신은 아직까지도 많은 사람들의 머리 속에서 가끔 떠오르곤 한다. b) ⟨s⟩ (유령이 나타나서) ···로 가다: ein schauriges Gespenst spukt allnächtlich durch die Gänge des Schlosses 소름 끼치는 유령이 밤마다 그 성의 복도를 가로질러 간다; **bei jmdm. spukt es** (드물게 쓰임) 누구가 제정신이 아니다, 누구가 돌았다. **Spukerei** [ʃpuːkəˈraɪ], die; -en (통용어) 유령의 출몰. **spukhaft** ⟨Adj.⟩ a) 불가사의하고 무시무시한, 끔찍스러운: eine -e Gestalt 끼기스러운 형상(형체); -e Vorgänge 끔찍스러운 사건들. b) 유령같은, 도깨비 같은, 음산한, 섬뜩한.
Spül-: ~**apparat**, der 세척기. ~**automat**, der 접시 닦는 기계. ~**bad**, das 세척 용액. ~**becken**, das **1**. (싱크대의) 물받이통, 그릇 씻는 곳. **2.** (치과의) 양칫물 뱉는 곳(세척 장치가 되어 있는). ~**bohren**, das; -s [광] 급액식(給液式) 천공(穿孔)[보링](어떤 액체를 공급해 가면서 구멍을 파는). ~**bürste**, die 설거지용 솔, 식기 씻는 솔. ~**eimer**, der (세척 장치가 없는 주방실의) 수채물 통. ~**gang**, der (접시 닦는 기계, 세탁기 따위의) 부시는 [헹구는] 과정. ~**kasten**, der (수세식 변소의) 물탱크, 물통. ~**küche**, die 설거지하는 곳[부엌]. ~**lappen**, der, ~**lumpen**, der (지역적) ↑tuch. ~**maschine**, die ↑Geschirrspülmaschine. ~**mittel**, das **1.** (주방용) 세제(洗劑). **2.** ↑Weichspülmittel. ~**schüssel**, die 설거지통, 개수통. ~**stein**, der [예전에는 석재로 만들었었기 때문] (지역적) (부엌의) 물받이통, 그릇 씻는 통, 수채. ~**tisch**, der ↑Abwaschtisch. ~**tuch**, das ⟨Pl. ...tücher⟩ 행주. ~**vorrichtung**, die 헹굼(세척) 장치. ~**wasser**, das ⟨Pl. ...wässer⟩ **1.** [기술] 헹구는 물, 헹군 물[개숫물]. **2** 세숫물, 개숫물(↑Abwaschwasser).
Spule [ˈʃpuːlə], die; -n **1.** 실패, 실꾸리: eine leere [volle] S. 빈[실이 가득 감긴] 실패; Garn auf eine S. wickeln 실을 실패에 감다. **2.** [전기] 코일.
Spüle [ˈʃpyːlə], die; -n 싱크대.
spulen [ˈʃpuːlən] ⟨h⟩ 실패에 감다: mit der Nähmaschine Garn s. 재봉틀로 실을 감다; etw. von einer Rolle s. 무엇을 두루마리(감긴 것)로부터 풀다.
spülen [ˈʃpyːlən] ⟨h⟩ **1. a)** 씻다, 부시다, 헹구다: die Haare s. 머리를 감다; den Pullover nach dem Waschen lauwarm s. 스웨터를 세탁한 다음 미지근한 물로 헹구다; Geschirr s. (지역적) 설거지하다; (4격 목적어 없이도) ich muß jetzt s. 난 이제 설거지를 해야 해; „Sie können jetzt s.", sagte der Zahnarzt "이제 양치하셔도 좋습니다" 하고 그 치과 의사는 말했다. **b)** 헹구어 내다: die Seife aus der Wäsche(vom Körper) s. 비눗기를 빨래로부터[몸에서] 헹구어(씻어) 내다. **2.** (수세식 변기의) 손잡이를 누르다: vergiß nicht zu s.! (용변 후에) 물로 씻어 내리는 것을 잊지 말아라. **3. a)** (물결로) 쓸다. **b)** (드물게) (물결에 의하여) 떠밀려지다. (파도 따위가) 몰아치다: das Meer spült ans Ufer 바닷물이 몰아쳐 해변으로 오다.
Spulentonbandgerät, das; -(e)s, -e 녹음기 (카세트 녹음기가 아닌). **Spuler**, der; -s, - **1.** 실감는 장치 (재봉틀 따위의). **2.** 실감는 사람(직공(職工)). **Spulerin**, die; -nen ↑Spuler (2)의 여성형.
Spüler, der; -s, - **1.** (통용어) (수세식 변기의) 단추, 손잡이: kräftig auf den S. drücken 세차게 변기의 단추를 누르다. **2.** 식당에서 (접시 닦는 기계로) 그릇 씻는 사람. **Spülerin**, die; -nen ↑Spüler (2)의 여성형. **Spülicht** [ˈʃpyːlɪçt], das; -s, -e (준고형) (설거지나 청소를 하고 난) 구정물. **Spülung**, die; -en **1. a)** 세척: eine S. (der Blase) vornehmen (수포(水泡)를) 세척하다. **b)** [기술] (불필요물의 제거를 위한) 헹굼. **2. a)** [기술] 헹굼 장치: die S. rauscht 수세 장치가 물 내려 가는 소리를 내다; die S. betätigen (변기의) 손잡이를 누르다.
Spulwurm, der; -(e)s, Spulwürmer 회충.
Spund [ʃpʊnt], der; -(e)s, Spünde [ˈʃpʏndə] / -e [lat. (ex)punktum] **1.** ⟨Pl. Spünde⟩ a) (통 따위의) 마개, 꼭지: eines S. einschlagen 마개를 (때려) 박다. b) [목공] 은살대(↑Feder 4. a). **2.** ⟨Pl. -e⟩ (통용어) 젊은 풋내기: was will der junge s.? 그 젊은 풋내기가 뭘 원하는 거지?
Spund- (Spund 1 a): ~**bohle**, die [토목] 철제, 목제 또는 콘크리트제의 널빤지(건축물 기초부의 방벽(防壁) 공사에 쓰이는. ~**hahn**, der (통 주둥이의) 마개, 꼭지. ~**loch**, das (통의) 마개 구멍. ~**verschluß** der Spund (1 a). ~**wand**, die [토목] (건축물 기초부의) 방벽(防壁), 방수벽, 수갑(水閘). ~**zapfen**, der (통 주둥이의) 마개, 꼭지.
spunden [ˈʃpʊndn̩] ⟨h⟩ **1.** (대개 과거분사로서 쓰임) [목공] eine gespundete Verschalung 은살대를 댄 판자붙임, 은살대 붙임. **2.** (드물게) **↑**verspunden. **spundig** ⟨Adj.⟩ (지역적) (빵 따위가) 설 구워진, 아직도 반죽기가 남아 있는. **Spundung**, die; -en **1.** (통에) 마개를 하기. **2.** [목공] 은살대 붙임.
Spur [ʃpuːɐ̯], die; -en **1. a)** 발자국, 자취, 흔적: eine neue S. im Schnee 눈 위에 난 새 발자국; die S. eines Wagens 자동차 바퀴 자국; eine S. verfolgen 발자국을 추적하다; eine S. aufnehmen 발자국을 발견하여 추적하기 시작하다; einer S. folgen[nachgehen] 발자국을 따라가다; [전의] von dem Vermißten fehlt jede S. 그 실종자에 관해서는 그 어떤 흔적도 찾아볼 수 없다; **eine heiße S.** (범죄 따위의) 단서: die Polizei hat eine heiße S. 경찰은 하나의 단서를 갖고 있다; **jmdm. auf die S. kommen 1)** 누구를 (범인으로) 지목하여 조사하다. **2)** 누구의 계교를 간파하다; **einer Sache auf die S. kommen** 어떤 일을 알아내다; **jmdm. auf der S. sein[bleiben]** 누구를 (계속) 추적하고 있다; **einer Sache auf der S. sein[bleiben]** 어떤 일을 알아내기 위해 (계속) 노력하고 있다; **auf jmds. -en wandeln, in jmds. -en treten** 누구의 뒤를 따르다, 누구를 본받다. **b)** [스키] 표시된 활주로(↑Loipe). **c)** (사냥) (작은 사냥감의) 발자국, 자취. **2.** (대개 Pl.) 흔적, 발자취, 형적(形跡), 유적: die -en des Krieges 전쟁의 상흔; ihr Gesicht zeigte die -en einer schweren Krankheit 그녀의 얼굴은 중한 병을 앓고 난 흔적을 보여 주고 있다; die Einbrecher haben keine -en hinterlassen 그 절도범들은 아무런 증거도 남기지 않았다; 전의 die -en vergangener Kulturen 옛 문화들의 유적. **3.** [교통] 차선: die S. wechseln 차선을 바꾸다; in[auf] der linken S. fahren 왼쪽 차선을 달리다. **4. a)** (녹음 테이프의) 트랙: das Bandgerät arbeitet mit vier -en 이 녹음기는 4개의 트랙에 녹음된다. **b)** [전산] (천공 테이프의) 트랙: Lochstreifen mit mehreren -en 여러 트랙을 가진 천공 테이프. **5.** [기술] ↑Spurweite. **6.** [자동차] 좌우 바퀴 상호간의 배치 상태(일정한 운전 방향을 지키는 데에 중요함): die S. kontrollieren 바퀴의 상태를 점검하다. **7.** 운전 방향, 궤도: der Wagen gerät beim Bremsen

aus der S. 그 자동차는 브레이크를 밟을 때 궤도를 벗어난다. **8.** 미량(微量), 소량: eine S. Essig 미량의 식초; da fehlt noch eine S. Paprika 여기엔 조금의 고추가 더 첨가되어야겠다; in der Lösung fanden sich -en von Zyankali 그 용액 속에는 소량의 청산가리가 들어 있었다; der Empfang war um eine S. zu kühl 그 영접은 약간 지나치게 냉담했다; **nicht die S. [keine S.]** 《통용어》 조금도 …하지 않다.

spur, Spur-; **~breite, die 1.** 발자국(활주로, 차선)의 나비(폭). **2.** ↑~weite. **~haltung, die** 【자동차】 (자동차의) 일정한 운전 방향 유지, 궤도 유지. **~los** 〈Adj.〉 **a)** 어디로 가버렸는지 종잡을 수 없는: das Buch ist s. verschwunden 그 책은 흔적도 없이 사라졌다. **b)** 흔적 (상흔, 영향)을 남기지 않으며: der Krieg ist nicht s. an ihm vorübergegangen 그 전쟁은 아무런 상흔도 남김이 없이 그의 곁을 스치고 지나간 것은 아니었다. **~kranz, der** 기차 바퀴의 불룩한 테두리, 플랜지 (flange). **~rille, die** 〈대개 Pl.〉 【교통】 차도가 가늘고 길쭉하게 패인 곳: Achtung, -n! 주의, 패인 곳! **~sicher** 〈Adj.〉 【자동차】 운전 방향을 유지하는, 궤도를 이탈하지 않는. **~stange, die** 【자동차】 활봉(滑棒), 조종축. **~wechsel, der** 차선 바꾸기: S. ist immer durch Blinken anzukündigen 차선을 바꿀 때는 항상 신호등을 통해 미리 예고해야 한다. **~weite, die** 【기술】 좌우바퀴 사이의 거리; 【철도】 궤간(軌間).

Spür-: **~hund, der** 추적용 사냥개, 수색견(搜索犬) 〈비유〉: -e ansetzen 수색견을 동원하다; 【전의】 ich halte mir den Mann als S. 나는 그 남자를 내 첩자로서 이용하고 있다. **~nase, die** 《통용어》 **a)** 예민한 후각: er hat eine gute (richtige) S. 그는 예민한 코를 지니고 있다. **b)** 육감이 예민한 사람: ich möchte wissen, wie diese S. das wieder herausgekriegt hat 나는 그 예민한 친구가 어떻게 그것을 다시금 탐지해 내었는지 알고 싶다. **~sinn, der 1.** (짐승의) 예민한 후각. **2.** 육감의 예민함, 형안(炯眼), 직관적 상황 판단력: S. für etw. haben 무엇에 대하여 예리한 판단력을 지니다.

spürbar ['ʃpy:ɐbaːɐ] 〈Adj.〉 **a)** 감지할 수 있는: es ist s. kälter geworden 날씨가 느낄 수 있을 정도로 차가워졌다. **b)** 현저한, 눈에 띄는: eine -e Zunahme der Kriminalität 범죄의 눈에 띄는 증가; die Gewinne sind s. zurückgegangen 이윤이 현저히 감소하였다.

spuren ['ʃpuːrən] 〈h〉 **1.** 《통용어》 시키는 대로 하다: wer nicht spurt, fliegt raus 명령대로 따르지 않는 자는 축출된다. **2.** 〈드물게〉 (자동차가) 운전 방향(궤도)을 그대로 유지하다: der Wagen spurt einwandfrei 그 자동차는 운전 방향을 이탈하는 일이 없다. **3.** 【스키】 **a)** 활주로 표시를 하다: gespurte Langlaufloipen 트랙 표시가 된 크로스칸트리 활주로. **b)** (스키를 타고) 눈 위에 처음으로 자국을 내며 가다.

Spuren-: **~element, das** 〈대개 Pl.〉 【생화학】 미량 요소(微量要素) (미량이지만 생물에 필요 불가결한 것). **~metall, das** 【금속】 미량 금속(微量金屬) (다른 금속의 광석에 미량으로 함유되어 있는 금속). **~nachweis, der** 증거 입증. **~sicherung, die** 【경찰】 **1.** (범죄 수사의) 증거 확보. **2.** (경찰서의) 증거 확보과: die Kollegen von der S. 증거 확보과의 동료들(직원들). **~stoff, der** 〈대개 Pl.〉 【생화학】 미량 물질(微量物質) (↑~element).

spüren ['ʃpyːrən] 〈h〉 **1.** (육체적으로) 감지하다, 느끼다: er spürte die Berührung ihrer Hand (auf seiner Haut) 그는 (자기 피부에) 그녀의 손이 닿는 것을 느꼈다; spürst du schon etwas (von der Spritze)? 벌써 (그 주사의) 효과를 느낄 수 있느냐?; er spürte Zorn in sich aufsteigen 그는 자기 체내에 분노가 치밀어 오르는 것을 감지하였다; ich spüre meinen Magen 나는 위에 통증을 느낀다; du wirst es noch am eigenen Leibe zu s. bekommen 네 자신도 그걸 곧 체감하게 될 것이다; sie spürte die lange Bahnfahrt doch sehr 그녀는 긴 기차 여행이 역시 힘들다는 것을 느꼈다. **2. a)** (감정적, 본능적으로) 느끼다, 알아채다, 예감하다: ich spürte, daß etwas Furchtbares passieren würde 나는 무엇인가 끔찍할 일이 일어날 것 같은 예감이 들었다; er ließ uns seine Verärgerung nicht s. 그는 자기가 화난 사실을 우리들에게 주지 않았다. **b)** (어떤 감정을) 느끼다: Abscheu (Enttäuschung) s. 혐오감(환멸)을 느끼다; ich spürte Hunger (Müdigkeit) 나는 시장기(피곤함)를 느꼈다. **3.** [사냥] (후각의 도움으로) 짐승의 발자국을 추적하다: die Hunde spüren (nach) Wild 사냥개들이 사냥감의 자취를 찾고 있다. **-spurig** [-ʃpuːrɪç]《다음의 합성어로, 예건 대》zweispurig, schmalspurig, großspurig. **Spurius** ['ʃpuːrɪʊs], der; -, - (österr.·경) ↑ Gespür, Riecher (2).

Spurt [ʃpʊrt], der; -(e)s, -s 〈드물게〉 -e [engl. spurt] **1.** [스포츠] 스퍼트, 최후의 분발, 라스트 헤비: einen S. machen (einlegen) 최후의 역주(力泳), 역투(力鬪)을 하다, 라스트 헤비를 걸다. **2.** 《통용어》 역주(力走), 있는 힘을 다해 달리기. **3.** [스포츠] 스퍼트 능력, 분발력: er hat einen guten S. 그는 최후의 분발력이 좋다.

spurt-, Spurt-: **~schnell** 〈Adj.〉 **a)** [스포츠] 스퍼트에서 특히 빠른: ein -er Läufer 스퍼트에서 특히 빠른 달리기 선수. **b)** 높은 가속 능력을 지닌: ein -es Auto 가속 성능이 높은 자동차. **~sieg, der** [스포츠] 최후의 분발 과정에서 쟁취한 승리. **~sieger, der** [스포츠] 최후의 분발 과정에서 우승한 선수. **~siegerin, die** ↑~sieger의 여성형. **~stark** 〈Adj.〉 [스포츠] 스퍼트에 특히 강한. **~vermögen, das** 스퍼트 능력, 최후의 분발력.

spurten ['ʃpʊrtn̩] [engl. to spurt] **1.** [스포츠] 〈s/h〉 속도를 내다, 한층 더 분발하다, 라스트 헤비를 걸다: der deutsche Achter spurtet schon 200m vor dem Ziel 독일의 8인승 조정(漕艇) 보트는 결승점 200 미터 앞에서 벌써 최후의 분발에 들어가고 있다. **2.** 〈s〉 《통용어》 **a)** 빨리 달리다: wir sind ganz schön gespurtet, um den Bus noch zu erreichen 우리는 버스를 붙잡아 탈 수 있기 위해 아주 빨리 달렸다. **b)** …로 빨리 달려가다: über den Hof s. 마당을 건너 질러 달려가다.

Sputa: ↑ Sputum의 복수형.

sputen ['ʃpuːtn̩], sich 〈h〉 [niederd. spōden]《준고어·지역적》서두르다.

Sputnik ['ʃpʊtnɪk, 'sp...], der; -s, -s [russ. sputnik] 구소련이 쏘아 올린 인공 위성.

Sputum ['ʃpuːtʊm, 'sp...], das; -s, ...ta [lat. spūtum] 【의학】 가래침, 객담(喀痰).

Sputze, die [zu ↑sputzen] 《(west)md.》 ↑Spucke. **sputzen** 〈h〉 [mundartl. Iterativbildung zu ↑ speien] 《(west)md.》 ↑ spucken.

Spvg., Spvgg. = Spielvereinigung.

Square dance ['skweə 'daːns], der; -, -s [...ɪz; engl.-amerik. square dance] 스퀘어댄스 (남녀 4쌍이 한 단위가 되어 추는 미국의 민속춤).

Squash [skvɔʃ], das; - [1: engl. squash] **1.** (특히 오렌지나 레몬을 으깬) 과즙 음료, (오렌지, 레몬) 스쿼시. **2.** [스포츠] 일종의 테니스 (벽으로 둘러쳐진 코트에서 고무공을 사용함). **Squash-Halle, die** 스쿼시 테니스를 하는 실내 경기장(코트).

Squatter ['skvɒtɐ, 《engl.》'skwɒtə], der; -s, - [amerik. squatter] 〈옛〉 (미국의 미개척지, 국유지에) 무단으로 들어가 사는 사람, 무단 거주자.

Squaw [skwɔː], die; -s [engl. squaw] **1.** (북 아메리카 인디언의) 아내. **2.** 인디언 여자.

Squire ['skvaɪɐ, 《engl.》'skwaɪə], der; -(s), -s [engl. squire] **1.** (영국의 신사 계급에 속하는) 대지주, 시골 신

사. 2. 《드물게》(미국에서) …나리, …남(치안 판사, 변호사 등에 대한 경칭).
sr = Steradiant.
Sr = Strontium.
SR = Saarländischer Rundfunk 자르주(州) 방송국.
Sr. = Seiner.
SRG = Schweizerische Radio- u. Fernsehgesellschaft 스위스 라디오 및 텔레비전 방송국.
Sri Lanka ['sriː 'laŋkɐ]; - -s 스리랑카. **Srilanker** [sri'laŋkɐ], der; -s, - 스리랑카 사람. **srilankisch** [sri'laŋkɪʃ] 〈Adj.〉 스리랑카의.
S-Rohr ['ɛs-], das; -(e)s, -e S자 모양으로 휘어진 관(管).
ß [ɛs'tsɛt, ↑a, A], das; -, - 에스 체트(독일 알파벳의 글자로서 청음(淸音)의 S로 발음되며, 단어의 중간이나 끝에만 올 수 있음).
SS [ɛs'ɛs], die ↑**Schutzstaffel** (독일 나치스 친위대)의 약칭.
SS- [ɛs'|ɛs-] : ~**Führer**, der 친위대의 통솔자(수령(首領)). ~**Leute**: ↑~**Mann**의 복수형. ~**Mann**, der 〈Pl. -Männer / -Leute〉 친위대의 대원[병사]. ~**Uniform**, die 친위대의 제복.
SS. = Sante, Santi.
SSD = Staatssicherheitsdienst 〈구동독〉 슈타지, 국가안보처.
SSO = Südsüdost(en) 남남동.
SSR = Sozialistische Sowjetrepublik 사회주의 소비에트 공화국.
SSW = Südsüdwest(en) 남남서.
st! [st(mit silbischem s)] 〈Interj.〉 ↑pst!.
st = Stunde; Stempelglanz.
St = Stratus; Saint.
St. = Sankt; Stück; Stunde; Saint.
s.t. = sine tempore.
S.T. = salvo titulo.
Sta. = Santa.
Staat [ʃtaːt], der; -(e)s, -en [lat. status] **1. a)** (통치 형태로서의) 국가, 나라: die sozialistischen -en Osteuropas 동구(東歐)의 사회주의 국가들; einem S. angehören 어떤 나라의 국민이다; im Interesse [zum Wohle] des -es 국익을 위하여; das bezahlt der S. 그건 국가(국가)가 지불한다; er ist beim S. angestellt 그는 공무원이다; das höchste Amt im S. 국가원수직; die Kirche wurde immer mehr zu einem S. im -e 교회는 점점 더 국가 권력으로부터 독립하게 되었다; von -s wegen 국책상(國策上), 국가 기관에 의하여. **b)** (영토를 지니는 주체로서의) 나라, 국가: die benachbarten -en 이웃 나라들; der Kanzler bereiste [besuchte] mehrere -en Südamerikas 수상은 남미의 여러 나라들을 방문하였다. **2.** 〈동물〉 (꿀벌, 개미 따위의) 사회성 집단, 떼, 무리: manche Insekten bilden -en 몇몇 곤충들은 집단 사회를 형성한다. **3.** 〈Pl. 없음〉 **a)** 〈통용어·존고어〉 화려하고 호사스러운 옷, 성장(盛裝): er kam in vollem S. 그는 정장을 하고 왔다. **b)** 〈고어〉 (어떤 군주의) 측근자(전원), 조신 백관(朝臣百官): mit dem S. seines Hauses 자기 왕가(王家)의 전체 신하들과 더불어. **c)** 〈통용어〉 《다음과 같은 숙어로서》 **etw. ist ein (wahrer) S.** 그것은 참으로 훌륭하다[장관(壯觀)이다]; **(viel) S. machen** 사치하다, 호사스럽게 살다; **mit etw. S. machen** 무엇을 과시하다; **(nur) zum S.** (단지) 자신을 과시하기 위하여, 남에게 잘 보이기 위해서.
staaten-, Staaten- (Staat 1, 2; ↑staats-, ¹Staats-도 참조): ~**bildend** 〈Adj.〉〈동물〉 군생(群生)하는, 떼를 지어 사는, 사회 생활을 하는: -e Insekten 사회 생활을 하는 곤충류. ~**block**, der 〈Pl. ...blöcke / -s〉 ↑Block (4 b). ~**bund**, der ↑Konföderation. ~**bündnis**, das ↑Föderation (a). ~**familie**, die (특히 구동독) 우방 제국(諸國), 한 가족 같은 국가들. ~**gemeinschaft**, die 《특히 구동독》 맹방 국가체, 우방들의 공동체: die sozialistische S. 사회주의 국가 공동체[연맹]. ~**lenker**, der 《(아이)》(한 나라의) 통치자. ~**los** 〈Adj.〉 국적이 없는, 무국적의: er ist s. 그는 국적이 없는 사람이다. ~**lose** * [...loːzə], der / die 무국적 상태. ~**losigkeit**, die; - 국적이 없음, 무국적 상태. ~**system**, das 국가 제도, ~**verbindung**, die 【국제법】 국가 결합(국가간의 결합체): die Vereinten Nationen sind eine S. 국제 연합은 일종의 국가 결합이다. ~**welt**, die 《정치》 세계의 일부 국가들 또는 세계의 전체 국가들, 국가계(界): die europäische S. 유럽의 국가들.
staatlich ['ʃtaːtlɪç] 〈Adj.〉 **a)** 국가의: -e Souveränität [Unabhängigkeit] 국가의 주권(독립(성)); die -e Macht ausüben 국가 권력을 행사하다; -e Anerkennung erlangen 국가로서의 승인을 얻게 되다. **b)** 국유의, 국립의: ein -es Museum 국립 박물관; etw. mit -en Mitteln subventionieren 무엇을 국가 재정으로써 [국고에서] 보조하다. **c)** 국가를 대표하는, 국가 대행의: -e Behörden 관공서; ein -er Beauftragter 전권(全權)대사, 공무[국무] 대행인. **d)** 국가가 수행하는, 국가에 의해 영위되는: -e Maßnahmen 국가의 조치, 행정 처분; ein s. geprüfter[anerkannter] Sachverständiger 국가 시험을 거친(공인(公認)) 전문가. **staatlicherseits** 〈Adv.〉[↑-seits]《격식 독어》국가 측에서는, 국가로서는. **Staatlichkeit**, die 국가로서의 지위[상태].
staats-, ¹Staats- (Staat 1, 2; ↑staaten-, Staaten-도 참조): ~**affäre**, die 《다음 용법으로》 **eine S. aus etw. machen** 《통용어》 대수롭잖은 것을 가지고 굉장한 사건으로 만들다 (↑Haupt- und Staatsaktion). ~**akt**, der **a)** 국가 의식(儀式): er wurde in einem S. mit dem Großen Verdienstkreuz geehrt 그는 한 국가 의식상에서 대훈장을 수여받았다. **b)** 국가 행위, 행정 조치. ~**aktion**, die 단호한 행정 조치, 정부의 중요한 활동[결단]: **eine S. aus etw. machen** 《통용어》 (↑Haupt- und Staatsaktion). ~**amateur**, der 《스포츠》 국가 지원 아마추어 선수(명목상은 아마추어이지만 사실상은 프로와 다름없는). ~**amt**, das 고위 관직. ~**angehörige** *, der / die 특정 국적을 가진 사람: er ist deutscher ~ 그는 독일국적 보유자이다. ~**angehörigkeit**, die 국적: seine S. ist deutsch 그는 독일 국적을 갖고 있다; er bemüht sich um die schwedische S. 그는 스웨덴 국적을 얻으려 애쓰고 있다. ~**angelegenheit**, die 〈대개 Pl.〉 국사(國事), 국가의 일. ~**angestellte** *, der / die 국가 공무원. ~**anleihe**, die **a)** 국가 차입(借入). **b)** 국채(國債). ~**anwalt**, der 검사(檢事). ~**anwältin**, die ↑~anwalt의 여성형. ~**anwaltschaft**, die 검찰: die S. hat Anklage erhoben 검찰이 기소하였다. ~**apparat**, der 국가 기구, 한 국가의 모든 기관과 인력. ~**ärar**, das 〈österr.·관〉 국고. ~**archiv**, das 국립 서고, 국립 문서 보관소. ~**aufgabe**, die 〈대개 Pl.〉 국가의 과제, 국무: die für die -n erforderlichen Mittel 국무 수행을 위해 필요한 재원. ~**aufsicht**, die 〈Pl. 없음〉 국가 관리, 국가의 지휘 감독: die Rundfunkanstalten stehen unter S. 방송국들은 국가의 지휘감독 하에 있다. ~**ausgabe**, die 〈대개 Pl.〉 국가 재정 지출. ~**bahn**, die 국영 철도. ~**bank**, die 〈Pl. ...banken〉 **a)** 국책(國策)은행. **b)** (몇몇 사회주의 국가의) 중앙은행. ~**bankett**, das (정부가 베푸는) 연회(宴會). ~**bankrott**, der 국가 재정 파탄. ~**beamte** *, der 국가 공무원. ~**beamtin**, die ↑~beamte의 여성형. ~**begräbnis**, das 국장(國葬). ~**besuch**, der (고위 정치인의) 타국 공식 방문.

~betrieb, der 국영(國營)기업체. ~bewußt 〈Adj.〉 국가의식을 지니고 있는: die Kinder zu -en Bürgern erziehen 아동들을 국가의식에 투철한 시민으로 교육시키다. ~bewußtsein, das 국가 의식. ~bibliothek, die ↑Nationalbibliothek. ~budget, das 국가 예산안. ~bühne, die 국립 무대(극장). ~bürger, der 국민, 국적 보유자: er ist deutscher S. 그는 독일 국민(국적 보유자)이다. S. in Uniform 제복 입은 국민(독일 연방 국군의 병사)(↑Bürger 1 a). ~bürgerkunde, die 1. 《옛》↑Gemeinschaftskunde. 2. 《구동독》국민 교육(중등학교의 교과목으로서 사회주의적 세계관의 이해를 로기 교육을 목적으로 함). ~bürgerlich 〈Adj.〉국민의, 공민의: -e Rechte 공민권, 국민으로서의 권리들. ~bürgerpflicht, die ↑Bürgerpflicht. ~bürgerrecht, das 《대개 Pl.》국민권, 공민권. ~bürgerschaft, die ↑angehörigkeit: er hat die deutsche S. 그는 독일 시민권(국적)을 갖고 있다. ~bürgschaft, die 국가 보증. ~chef, der 국가 원수(元首). ~diener, der 〈농·조롱〉관리, 공복(公僕). ~dienst, der 관리(공무원)로서의 직업 활동(봉직): im S. (tätig) sein 공무원으로서 일하고 있다. ~doktrin, die 한 국가의 정치적 원칙(주의). ~eigen 〈Adj.〉국유의: -e Betriebe 국영 기업체들. ~eigentum, das 국유(국가)재산. ~einnahme, die 《대개 Pl.》국가의 수입(收入). ~emblem, das 국장(國章), 나라의 표장(標章). ~empfang, der 정부가 베푸는 파티. ~erhaltend 〈Adj.〉기존 국가질서를 지원하는(지지하는): eine -e Kraft 국가질서 유지 세력. ~etat, der 국가 예산. ~examen, das 국가 시험. ~farben 〈Pl.〉《등계》국가의 상징이 되는 색깔들. ~feiertag, der ↑Nationalfeiertag. ~feind, der 반국가적 인물, 국적(國賊). ~feindlich 〈Adj.〉반국가적인: eine -e Untergrundorganisation 반국가적 지하조직. ~feindlichkeit, die 반국가적 태도(행위). ~finanzen 〈Pl.〉국가 재정. ~flagge, die ↑Nationalflagge. ~form, die 국체, 정체(政體). ~forst, der 국유림. ~führung, die 국가 영도(領導), 국가 지배; 국가의 지도자(의 총칭). ~funktionär, der 관료, 국가 기관의 직원. ~gast, der 국빈(國賓). ~gebiet, das 국토, 영토. ~gefährdend 〈Adj.〉국가의 존속을 위태롭게 하는, 반국가적인: -e Umtriebe 반국가적 음모(책동). ~gefährdung, die 반국가적 행위. ~gefängnis, das 국사범 형무소(교도소). ~geheimnis, das 국가 기밀: -se verraten 국가 기밀을 누설하다; 전의 das ist ja schließlich kein S. 《통용어》이것은 결코 그런 뭐 대단한 비밀도 아니다, 거기에 관해선 터놓고 얘기해도 무방하다. ~gelder 〈Pl.〉국고금, 공금: S. veruntreuen 국고금을 횡령(착복)하다. ~gerichtshof, der (독일 연방 공화국의 주에 있는) 헌법 재판소, 국사(國事) 재판소. ~geschäft, das 《대개 Pl.》국무(國務), 정무. ~gesetz, das 국법. ~gewalt, die a) 《Pl. 없음》국가 권력, 국권, 통치권. b) 《드물게 Pl.》 분립된 국가 권력: die richterliche S. 사법권(Judikative); die gesetzgebende S. 입법권(Legislative); die vollziehende S. 행정권(Exekutive); die klassischen -en 고전적 삼권. c) 〈Pl. 없음〉행정 집행권, 경찰: sich der S. widersetzen 공무 집행을 거역하다. ~grenze, die 국경(國境). ~gründung, die 국가 창건: des 20. Jahrestags der S. gedenken 개국 20주년을 기념하다. ~gut, das ↑Domäne (1). ~handel, der 《Pl. 없음》국가가 무역(국가에 의하여 행해지는) 무역. ~handelsland, das 국가 무역국(국가가 무역을 독점하는 나라). ~haushalt, der 국가 재정(재정). ~haushaltsplan, der 국가 예산안. ~hoheit, die 국가 주권. ~hymne, die 《특히 구동독》국가(國歌). ~kanzlei, die 1. (독일 각 주의) 수상청(首相廳). 2. 《schweiz.》주(州)의 수상청. ~kapitalismus, der 〖경제〗 국가 자본주의. ~karosse, die 국가 원수의 의장 마차(儀裝馬車). ~kasse, die a) (한 국가의) 현금 잔고: etw. aus der S. bezahlen 무엇의 대금을 국가의 현금 잔고에서 지불하다. b) ≒Fiskus: die Kosten des Verfahrens trägt die S. 소송 비용은 국고에서 부담한다. ~kirche, die 국교(國敎). ~kirchentum, das 《역사적》정교(政敎)일치제(국가 원수가 대개 국교의 최고위직을 겸임하는). ~klug 〈Adj.〉정치적 수완(지략)이 있는: ein -er Realpolitiker 정치적 지략을 갖춘 현실주의적 정치가. ~kommissar, der ↑Kommissar (1). ~kosten 〈Pl.〉《다음 용법으로》 auf S. 국가의 비용으로. ~krise, die 국가의 위기. ~kult, der (고대에 국가에 의해 행해지던) 예배, 제의(祭儀). ~kunde, die ↑ ~lehre. ~kunst, die 《아어》정치술: ein Beispiel römischer S. 로마 정치술의 일례(一例). ~kutsche, die ↑ ~karosse. ~lehre, die 국가학, 국가론. ~lotterie, die 국영 복권. ~macht, die 국가 권력: die S. an sich reißen 국가 권력을 탈취(독점)하다. ~mann, der 《Pl. ~männer》 국가적 정치인: er war ein großer S. 그는 위대한 정치가였다. ~männisch 〈Adj.〉정치가의 풍모를 지닌, 정치가다운: -e Fähigkeiten 정치가로서의 능력; s. handeln 정치가답게 행동한다. ~maschinerie, die 국가 기구(機構) (개인의 감정에 관계 없이 기계적으로 움직이는). ~minister, der 1. a) 국무 장관. b) 무임소 장관. 3. a) 《Pl. 없음》정무차관에 대한 칭호. b) 정무차관. ~ministerium, das 1. (바덴, 뷔르템베르크 주의) 수상청. 2. (바이에른 및 라인란트, 팔츠 주의) 성(省), 부(部). ~mittel 《Pl.》: etw. mit -n finanzieren 무엇을 국가 재원으로 지원하다. ~monopol, das 국가 독점(사업): für die Ausgabe von Banknoten besteht ein S. 화폐 발행은 국가 독점 사업이다. ~monopolistisch 〈Adj.〉《마르크스·레닌주의》국가독점적인: die -e Wirtschaft 국가독점 경제. ~monopolkapitalismus, der 《마르크스·레닌주의》국가독점 자본주의(약칭: ↑Stamokap). ~notstand, der 〖법〗국가 비상 사태. ~oberhaupt, das 국가 원수(元首). ~oper, die 국립 오페라단(오페라 극장). ~ordnung, die 국가 질서. ~organ, das 국가 기관: ein S. der Legislative 입법부의 한 기관. ~papier, das 《대개 Pl.》 〖경제〗국채(공채) 증권. ~partei, die (특히 일당 지배 체제 국가의) 국가 정당. ~philosoph, der 국가 철학자. ~philosophie, die 1. 국가 철학. 2. 국가론: Rousseaus S. 루소의 국가론. ~plan, der 《구동독》국가 경제 계획. ~politik, die 국가 정책. ~politisch 〈Adj.〉국가 정책의. ~polizei, die 국가 경찰: die Geheime S. 비밀 경찰(통용어 약칭: ↑Gestapo). ~präsident, der (공화국의) 국가 원수, 대통령. ~preis, der 국가 포상(褒賞). ~prüfung, die (대학 졸업시험으로서의)국가 시험. ~qualle, die 유자포(有和胞) 동물류, 해파리류. ~raison 《드물게》, ~räson, die 국시(國是), 레종데타르, 국가이유. ~rat, der 1. 행정부의 최고기관, 추밀원(樞密院). 2. (특히 스위스의 몇몇 주에서는) ↑Regierung (2). 3. a) 《Pl. 없음》추밀원 고문에 대한 칭호. b) 추밀원 고문. ~ratsvorsitzende', der / die 추밀원 의장. ~recht, das 《Pl. 없음》국법, 헌법. ~rechtler [..reçtla], der / -s, - 헌법학자. ~rechtlich 〈Adj.〉국법상의, 헌법의. ~regierung, die (한 나라의) 정부, 내각. ~religion, die 국교(國敎). ~reserve, die 《구동독》(소비재나 생산재의) 국가 저장품(비축품). ~roman, der 〖문예학〗(이상적인) 국가의 정치적·사회적 생활이 묘사되고 있는 소설, 국가 소설. ~säckel, der 《süd.·농》《Pl. 없음》≒ ~kasse, ~schatz 〖국재〗(국재, 귀금속, 현금 등의 보유고). ~schiff, das 《아어》국가.

~schreiber, der 《schweiz.》 (대부분의 주에서) 수상청 장관. ~schuld, die 〈대개 Pl.〉 국가의 부채(빚). ~schuldbuch, das 국가 부채 기록부. ~schutz, der 국가 보위(保衛), 국가 보안. ~schutzdelikt, das [법] 국가 보안 범죄. ~schützer, der 《통용어》 보안 관계 공무원, 보안 경찰관. ~sekretär, der a) 차관(次官): parlamentarischer S. 정무(政務) 차관. b) 《구동독》 고위 관료(차관 또는 내각 사무처의 장). ~sekretariat, das 《구동독》 내각 사무처. ~sekretärin, die ↑~sekretär의 여성형. ~sicherheit, die 1. 국가 안보: im Interesse der S. 국가 안보를 위하여;das Ministerium für S. 국가 안보부. 2. 《구동독의 통용어》 국가 안보처: ein Herr von der S. 국가 안보처 요원, 슈타지 요원. ~sicherheitsdienst, der 국가 안보처(구동독의 비밀 경찰업무 관장기관)(약어: SSD; 통용어적 약칭: ↑Stasi). ~sklave, der 고대 스파르타의 노예(Helot). ~sozialismus, der 국가 사회주의(모든 생산 수단이 국가 재산인 경제 제도). ~sprache, die 국가 공용어(公用語). ~steuer, die 〈대개 Pl.〉 국세(國稅). ~straße, die 국도(國道). ~streich, der 정변, 쿠데타(Coup d'Etat): der S. ist gelungen (gescheitert) 그 쿠데타는 성공했다 [좌절되었다]; einen S. durchführen [vereiteln] 쿠데타를 일으키다 [저지하다]. ~symbol, das 국가의 상징. ~system, das 국가 제도, 국가 체제, 국가 조직. ~tätigkeit, die 국가 활동: eine demokratische Kontrolle der S. 국가 활동의 민주적 감독(통제). ~theater, das 국립 극장. ~theoretiker, der 국가 철학자, 국가론자, 국가 이론가. ~theorie, die 국가론, 국가에 관한 이론. ~titel, der 《구동독》 국가가 수여하는 칭호. ~trauer, die 각 정부가 지정한 국가적 애도(哀悼): die Regierung hat eine dreitägige S. angeordnet 정부는 3일간의 애도 기간을 설정하였다. ~typ, der 국가 유형(類型). ~unternehmen, das 국영 기업체. ~verbrechen, das ↑~schutzdelikt. ~verbrecher, der 국가사범(國事犯), 정치범. ~verdrossenheit, die 국가나 정치에 대하여 무관심하거나 거부적인 태도(좋지 않은 체험이나 환멸로 인한). ~verfassung, die 헌법. ~verleumdung, die [법] 국가 비방(誹謗). ~vermögen, das 국유 재산. ~verschuldung, die 국가 부채. ~vertrag, der 조약(條約). ~verwaltung, die 국가 행정. ~volk, das (한 국가의) 주도적 민족. ~wald, der 국유림. ~wappen, das 국가의 문장(紋章). ~wesen, das 국가 제도, 국체(國體), 《공동체로서의》 국가: ein demokratisches S. 민주주의 국가. ~wirtschaft, die 국가 경제(학), 재정(학). ~wissenschaft, die 국가학. ~wohl, das 국가의 복지(福祉). ~zuschuß, der 국가 보조금.

²Staats- 《Staat 3; 준고어·정서적 강조》: ~kerl, der 위풍당당한 인물, 그럴듯한 남자, 쾌남아. ~kleid, das 《통용어·준고어》 예복, 화려한 나들이 옷. ~weib, das 품박하고 요염한 여인, 그럴듯한 여인.

Stab [ʃtaːp], der; -(e)s, Stäbe [ˈʃtɛːbə] 1. 《축소형: Stäbchen》 막대기, (격자, 우산 등의) 살, (새장의) 쇠, (장대높이뛰기의) 장대, 지휘봉, (재판관 등의) 권표장(權標杖), (릴레이 경주에서의) 바통: die eisernen Stäbe eines Käfigs 새장의 철제 쇠; der Dirigent hob den S. 그 지휘자는 지휘봉을 쳐들었다; den S. über jmdn.(etw.) brechen 누구에게 사형 판결을 내리다, 무엇을 혹독하게 비판하다. 2. a) [군] 사령부, 참모부, 막료: er ist Hauptmann beim《드물게》im》 S. 그는 참모부 소속의 대위이다. b) 참모진, 간부진: der technische S. eines Betriebs 기업의 기술 참모진; ein ganzer S. von Sachverständigen, Ärzten, Technikern wurde einberufen 전문가, 의사, 기술자로 구성된 전 참모진이 소집되었다.

stab-, Stab- (↑Stabs-도 참조): ~antenne, die (특히 라디오의) 막대꼴 안테나. ~eisen, das [기술] 막대기 모양의 강재(鋼材), 봉강(棒鋼). ~förmig 〈Adj.〉 막대 모양의. ~führung, die (음악의) 지휘: der S. hatte ... 지휘는 …가 맡았다. ~hochspringen' 〈s〉 [스포츠] 장대높이뛰기를 하다. ~hochspringer, der [스포츠] 장대높이뛰기 선수. ~hochsprung, der [스포츠] a) 〈Pl. 없음〉 장대높이뛰기. b) 장대높이뛰기의 도약. ~hochsprunganlage, die 장대높이뛰기 경기장. ~hochsprungstab, der 장대높이뛰기의 장대. ~hochsprungtechnik, die 장대 높이뛰기의 기술. ~kirche, die 판자로 지은 교회(스칸디나비아의). ~lampe, die 막대 모양의 회중전등, 손전등. ~magnet, der 막대 자석. ~puppe, die ↑Stockpuppe. ~reim, der [운율] a) (게르만 문학 특유의) 두운법(頭韻法). b) 《통속적》 ↑ Alliteration. ~reimen 〈h〉 《부정형 및 분사형으로만 쓰임》 [운율] 두운을 사용하다. ~sichtig 〈Adj.〉 [의학] 난시(亂視)의. ~sichtigkeit, die [의학] 난시(亂視)(↑Astigmatismus). ~stahl, der [기술] ↑~eisen. ~taschenlampe, die ↑~lampe. ~übergabe, die [육상] 바통 건네주기(릴레이 경주에서의). ~übernahme, die [육상] 바통 이어받기(릴레이 경주에서의). ~wechsel, der [육상] 바통 교환(릴레이 경주에서의). ~werk, das 〈Pl. 없음〉 [건축] (고딕식 창문의) 중간 설주. ~wurz, die [식물] 개사쇨쑥(↑Eberraute).

Stabat mater [ˈstaːbat ˈmaːtɐ], das; -, - 〈lat.〉 1. 〈Pl. 없음〉 [가] 십자가 아래 서 있는 성모(찬송가의 첫 구). 2. 위로 시작하는 찬송가의 이름.

Stäbchen [ˈʃtɛːpçən], das; -s, - 1. ↑Stab (1)의 축소형. 2. ↑Eßstäbchen의 약칭. 3. [해부] 망막의 간상체(桿狀體). 4. 《수공》 (편물의) 코. 5. 《통용어》 궐련. Stäbe: ↑Stab의 복수형.

Stabelle [ʃtaˈbɛlə], die; -n [lat. scabellum] 《schweiz.》 걸상(Schemel).

stäbeln [ˈʃtɛːbl̩n] 〈h〉 《지역적》 (식물을) 막대기에 받쳐 주다, 막대기에 감기게 하다.

staben [ˈʃtaːbn̩] 〈h〉 [운율] ↑stabreimen.

stabil [ʃtaˈbiːl] 〈Adj.〉 [lat. stabilis] 1. a) 견고한, 잘 견디는: ein -er Schrank 견고한 장; das Haus ist s. gebaut 그 집은 튼튼하게 잘 지어졌다. b) [물리] 불변의, 고정된: -e chemische Lösungen 불변 화학 용액. 2. 안정된, 토대가 튼튼한: eine -e Regierung (Währung) 안정된 정부(통화); etw. s. halten 무엇을 안정되게 (견고하게) 유지하다. 3. 튼튼한, 저항력이 강한 (반대: labil 2 a): eine -e Konstitution 건강한 체질. Stabile [ˈʃtaːbile. ˈst...], das; -s, -s 〈engl. stabile〉 [미술] 《대개 무엇을 기념하기 위해 땅 위에 세우는》 금속제의 추상 조각품. stabilieren [ʃtabiˈliːrən] 〈h〉 [lat. stabilire] 〈고어〉 ↑stabilisieren. Stabilisation [ʃtabilizaˈtsi̯oːn], die; -en 《드물게》 ↑Stabilisierung. Stabilisator [...ˈzaːtɔr, 《또한》...toːɐ̯], der; -s, -en [...ˈzaːtoːrən] 1. [공학] a) 전압 안전 장치. b) (자동차의) 동요 조정장치. 2. [화학] 안정제(安定劑). stabilisieren [...ˈziːrən] 〈h〉 1. a) 고정(안정)시키다: ein Gerüst durch Stützen s. 구조물에 지주(支柱)를 대어서 고정시키다. b) [특히 물리·공학] 안정되게 하다, 안정시키다: das Netzgerät ist gegenüber Netzspannungsänderungen stabilisiert 그 전기 기구는 전압 안정 장치가 되어 있다. b) (통화, 물가 따위를) 안정시키다: die Währung s. 통화를 안정시키다. b) 〈s. sich〉 안정되다. 3. a) 안정시키다, 회복시키다: das Training hat seine Gesundheit stabilisiert 트레이닝으로 말미암아 그의 건강이 회복되었다. b) 〈s. sich〉 안정되다, 회복되다: ihr Kreislauf hat sich wieder einigermaßen stabilisiert 그녀의 혈액 순환은 다시금 어느 정도 안정되었다. **Stabilisierung,** die; -en 안정(고정)시킴. **Stabilisierungsfläche,** die 【항공】 꼬리날개의 안정판. **Stabilisierungsflosse,** die (폭탄, 로켓, 자동차, 배 등의) 안정 꼬리날개. **Stabilität** [...ˈtɛːt], die [lat. stabilitās] 1. 안정성, 견고성, 안정도: die S. eines Hauses 가옥의 안정성. 2. die wirtschaftliche [politische] S. 경제적[정치적] 안정; die S. der Währung (der Preise) 통화(물가) 안정. 3. 안정성, 저항력: die S. des Kreislaufs 혈액 순환의 안정. **Stabilitätspolitik,** die 경제 안정 정책.

Stabs- (Stab 2 a; ↑stab-, Stabs-도 참조) 【군】: **~arzt,** der 의무 장교, 군의관(육군 대위에 해당). **~bootsmann,** der 〈Pl. ...leute〉 해군 상사. **~feldwebel,** der 상사. **~gefreite*,** der (육·공군의) 병장. **~offizier,** der 영관급 장교. **~quartier,** das 사령부, 본영. **~stelle,** der 참모부, 본부. **~unteroffizier,** der 중사. **~veterinär,** der 군 수의관. **~wachtmeister,** der 《구제》 상사 (↑~feldwebel).

stacc. = staccato.

staccato [staˈkaːto, 《또한》ʃt...] 〈Adv.〉 [ital. staccato] 【음악】 스타카토로, 분리하여, 단음적(斷音的)으로(반대: legato). **Staccato:** ↑**Stakkato.**

stach [ʃtaːx], **stäche** [ˈʃtɛːçə] ↑stechen 참조. **Stachel** [ˈʃtaxl], der; -s, -n 1. **a)** 가시: einen S. aus dem Finger ziehen 손가락의 가시를 뽑다. **b)** 〈Sg.〉 (특정 식물의) 가시(잎의 변형은 Dorn): die -n (통상적으로는 Dornen도 가능함) der Rose 장미의 가시. 2. **a)** (동물의) 가시: die -n des Igels 고슴도치의 가시. **b)** 〈Giftstachel의 약칭〉: der giftige S. des Skorpions 전갈의 독침. 3. (쇠의) 코리, (지팡이 따위의 끝에 단) 쇠붙이: ein Bergstock mit einem S. am unteren Ende 하단에 쇠붙이를 단 등산용 지팡이; **wider (gegen) den S. löcken** (↑löcken) 《아어》 거역하다, 반항하다. 4. 《아어》 **a)** 고통: der S. der Eifersucht [Reue] 질투[후회]의 고통. **b)** 끊임없는 자극: der S. des Ehrgeizes trieb ihn immer wieder zu höherer Leistung an 끊임없는 공명심이 그를 자꾸만 자극하여 더 높은 업적을 이루게 하였다.

Stachel-: **~beere,** die **a)** 구즈베리(gooseberry): die -n haben dieses Jahr nicht gut angesetzt 구즈베리는 올해에는 열매가 많이 열리지 않았다. **b)** 구즈베리 열매: Marmelade aus -n 구즈베리 열매로 만든 잼. **~beerbeine** 〈Pl.〉 《통용어·농》 (남자의) 털투성이 다리. **~beergelee,** die (또는) das (구즈베리 과즙의) 젤리. **~beermarmelade,** die 구즈베리 열매로 만든 잼. **~beerspanner,** der 구즈베리 나무에 서식하는 자벌레 나방. **~beerstrauch,** der 구즈베리 열매 관목. **~beerwein,** der 구즈베리 열매로 만든 술. **~draht,** der 철조망, 가시 철망: einen S. über einer Mauer anbringen 담장 위에 철조망을 치다; **hinter S.** (감옥, 수용소 따위에) 갇혀 있는, 수감된. **~drahtverhau,** der 가시 철망 울타리. **~drahtzaun,** der 가시 철망 울타리, 철조망 담. **~halsband,** das 안쪽에 쇠붙이가 있는 개목걸이. **~häuter** [-hɔytɐ], der; -s, - 〈대개 Pl.〉【동물】극피(棘皮)동물. **~pilz,** der 갓 밑부분에 가시·이빨·사마귀 모양의 것들이 나 있는 버섯. **~schwein,** das 【동물】 호저(豪猪). **~stock,** der 끝에 쇠붙이가 달린 지팡이. **~zaun,** der 《고어》 ↑~drahtzaun.

stachelig, stachlig [ˈʃtax(ə)lɪç] 〈Adj.〉 가시가 있는, 가시가 많은: ein -er Kaktus 가시 있는 선인장; 【전의】 sie führt heute wieder -e Reden 그녀는 오늘 다시금 신랄한 말을 하고 있다. **Stacheligkeit,** **Stachligkeit,** die; - 가시가 있음, 따끔따끔함, 신랄함. **stacheln** [ˈʃtaxln] 〈h〉 1. 《통계》 (가시로) 찌르다. 2. 자극[고무]하다:

etw. stachelt jmds. Argwohn 무엇이 누구의 시의심 (猜疑心)을 자극하다; jmdn. zu höheren Leistungen s. 누구를 자극하여 더 많은 업적을 내도록 하다. **stachlig:** ↑**stachelig. Stachligkeit:** ↑Stacheligkeit.

Stack [ʃtak], das; -(e)s, -e [niederd. stak] 《nordd.·전문어》 제방, 방파제(↑Buhne). **Stackdeich,** der 【해양】 기슭이 덤불 숲으로 안정되어 있는 방파제.

stad [ʃtaː] 〈Adj.〉《bayr., österr.》 조용한.

Stadel [ˈʃtaːdl], der; -s, - / 《schweiz.》 **Städel** [ˈʃtɛːdl] 《südd., österr., schweiz.》 건초 넣는 헛간.

Staden [ˈʃtaːdn], der; -s, ...en [s. ↑stauen] 강안, 강안로.

stadial [ʃtaˈdi̯aːl, st...] 〈Adj.〉 《교양어》 단계적인, 장(章) 별의. **Stadien:** ↑**Stadion** 및 ↑**Stadium**의 복수형. **Stadion** [ˈʃtaːdi̯ɔn], das; -s, ...ien [...i̯ən; griech. stádion] 경기장, 스타디움: ein S. für den Eissport 빙상 경기장; ein S. für 80 000 Zuschauer 8만 관중을 수용할 수 있는 경기장.

Stadion-: **~ansage,** die (경기장의) 장내 방송. **~ansager,** der ↑**~sprecher.** **~lautsprecher,** der (경기장의) 장내 확성기. **~sprecher,** der (경기장의) 장내 방송자, 장내 아나운서. **~zeitung,** die (독일의 각 지역 축구 클럽들이 발행하는) 소규모 스포츠 신문.

Stadium [ˈʃtaːdi̯ʊm], das; -s, ...ien [...i̯ən; lat. stadium < griech. stádion] 단계, 장(章), 절(節); 시기, 병기(病期): ein entscheidendes S. 결정적인 단계; die verschiedenen Stadien einer Krankheit 어떤 질병의 여러 단계, 병기(病期)들; in ein neues S. eintreten 새로운 단계에 접어들다.

Stadt [ʃtat], die; -, **Städte** [ˈʃtɛːtə] 1. 〈축소형: ↑Städtchen〉 **a)** 도시, 도회, 시, 시내(반대: Dorf): eine offene S. 【군】 무방비 상태의 도시; eine S. am Rhein 라인 강변의 한 도시; eine S. besichtigen 어떤 도시를 보다(구경하다); am Rande [im Zentrum] einer S., wohnen 어느 도시의 변두리[중심가]에 거주하다; sie muß in die S., um ein paar Dinge zu besorgen 그녀는 두세 가지의 물건을 사러 시내 중심가로 가야 한다; [성구] andere Städtchen, andere Mädchen 다른 곳에 가면 다른 아가씨들을 새로 사귀게 마련이다; **die Ewige S.** 영원의 도시 로마; **die Heilige S.** 성도(聖都) 예루살렘; **die Goldene S.** 찬란한 도시 프라하; **in S. und Land** 《순고어》 도처에. **b)** 어떤 도시의 전 주민: die ganze S. wußte schon davon 그 도시의 모든 시민들이 이미 그에 대해 알고 있었다. 2. 시의 행정 당국: er arbeitet bei der S. 그는 시청에서 일하고 있다.

stadt-, Stadt- (↑städte-, Städte-도 참조): **~ansicht,** die 시립 경관(景觀), 시의 유명한 경치. **~archiv,** das 시립 문서 보관소. **~autobahn,** die 도시 고속도로. **~auswärts** [-ˈ--] 〈Adv.〉 시내에서 시외로 (반대: ~einwärts): s. fahren (차를 타고) 시외로 나가다. **~bahn,** die 교외선 (↑S-Bahn). **~bau,** der 〈Pl. -bauten〉 도시 건축물. **~bauamt,** das 시 건설국[건설과]. **~baurat,** der 시 건설국[건설과]의 건설[건축] 위원(회). **~bekannt** 〈Adj.〉 전 시내에 두루 알려진: ein -es Lokal 시민들이 모두 잘 아는 식당. **~bevölkerung,** die 시의 주민 전체, 전체 시민. **~bewohner,** der 시의 주민, 시민. **~bezirk,** der 시의 행정 구역. **~bibliothek,** die 시립 도서관. **~bild,** das 시의 모습, 경관(景觀): der neue Bau hat das gesamte S. verändert 그 새 건축물은 도시의 전체 모습을 변화시켰다. **~bücherei,** die 시립 도서실. **~bummel,** der 《통용어》 시내 산책(구경). **~chronik,** die 시지(市誌), 시의 연대기. **~direktor,** der 행정 시장(市長). **~einwärts** [-ˈ--] 〈Adv.〉 시내로(반대: ~auswärts). **~entwässerung,** die 1. 도시의 하수 처리[배수]. 2. 시의 하수도국. **~fahrt,** die 시내 주행: der

Wagen ist für -en besonders geeignet 이 자동차는 특히 시내 주행에 적합하다. **~flucht,** die 도시 주민의 탈도시 현상(시골로의 이주). **~führer,** der 시(관광) 안내서. **~garten,** der 시립 공원. **~gärtnerei,** die 시영 원예 농장. **~gas,** das 《Pl. 없음》 《옛》 도시 가스(석탄에서 가공한). **~gebiet,** das 시역(市域), 시 관할구역. **~gemeinde,** die 시에 속하는 자치체(구(區)나 동(洞)). **~geschichte,** die 시의 역사; 시의 역사를 소재로 한 작품. **~gespräch,** das 1. 시내 통화(↑Ortsgespräch). 2. 《다음 용법으로》 S. sein(werden); zum S. werden 온 도시의 화제가 되다[되어 있다]: er ist mit seinem Vorhaben S. geworden 그는 그의 계획 때문에 온 도시의 화제의 대상이 되었다. **~graben,** der 《옛》 외호(外濠). **~grenze,** die 시계(市界). **¹~guerilla,** die 도시 게릴라(단). **²~guerilla,** die 도시 게릴라(단원). **~guerillero,** der ↑²~guerilla. **~haus,** das 1. 시행정 기관이 들어 있는 건물(과 3 건물): dieses Amt finden Sie im S. Nord 그 관청(부서)은 북부 시청에 있습니다. 2. 도시풍의 집(가옥). **~indianer,** der 《은어》 (인디언 차림의) 펑크족. **~innere',** die 《도(都)심》, 시내 중심부: die Straße führt direkt ins S. 이 길을 따라 가면 바로 도심에 이르게 된다. **~kämmerer,** der 시 재정국장. **~kasse,** die 1. 시의 재정: etw. aus der S. finanzieren 무엇을 시의 재정에서 부담하다. 2. 시의 재정[회계]국, 시 출납계의 창구): etw. bei der S. einzahlen 무엇을 시 출납계에 납입하다. **~kern,** der 도심(都心), 도심지, 시의 중심부. **~kernsanierung,** die 도심지 재개발. **~kind,** das 도시 태생의 아이, 도시 아동. **~klatsch,** der 《捕》 시내의 화제, 소도시민의 한담(잡담). **~klima,** das 도시의 오염된 기후. **~koffer,** der 《준고어》 쇼핑용의 작은 손가방. **~kommandant,** der 《군》 시 주둔 부대 사령관. **~kreis,** der 군(郡・Kreis)과 동급인 단일 시(다른 군에 소속되어 있지 않음). **~kundig** 〈Adj.; nicht adv.〉 어떤 도시를 잘 아는: ein -er Führer 그 도시에 정통한 안내원. **~leute** 〈Pl.〉 《고어》 도시민들, 도시 주민. **~mauer,** die 《옛》 도시의 외벽(外壁). **~mensch,** der 1. 도시 태생의 사람, 도시풍으로 사는 사람, 도회인. 2. 《고어》 도시 주민, 도시인. **~mission,** die 도시민 포교단(포교 활동). **~mitte,** die 도심, 중심부. **~musikant,** der 《옛》 시의 악사. **~nah** 〈Adj.〉 시에서 가까운: s. gelegene Grundstücke 시에 가까이 있는 토지. **~park,** der 시립 공원. **~parlament,** das 시 참사회. **~pfeifer,** der 《옛》 적수(笛手), 《동업 조합의 회원으로서 시에 봉사하는》 피리 부는 사람. **~plan,** der 시의 지도, 시가 지도. **~planer,** der 도시 계획 전문가(종사자). **~planung,** die 도시 계획. **~präsident,** der 《schweiz.》 시 참사회 의장. **~rand,** der 도시의 변두리(외곽): eine Siedlung am S. 도시 외곽의 주거지. **~randsiedlung,** die 도시 외곽의 주거지, 변두리 주택지. **~rat,** der 1. 시 참사회. 2. 참사회의 구성원, 참사. **~rätin,** die ↑rat (2)의 여성형. **~recht,** das 《중세에서 19세기까지》 도시법(都市法). **~ratsfraktion,** die 시 참사회의 정파(政派). **~reinigung,** die 시내 청소과[국]. **~rundfahrt,** die 시내 주유 드라이브, 시내 관광 드라이브. **~säckel,** der 《südd. · 자주 농》 ↑**~kasse** (1). **~sanierung,** die 시의 재개발, 구시가 재개발. **~schreiber,** der 1. 《구에》 시의 서기 [문서 관리인]. 2. 시 초청 작가(일정 기간 동안 그 시에 거주하면서 그 시에 대해 글을 써야 하는). **~staat,** der 도시 국가: Hamburg und Bremen sind -en 함부르크와 브레멘은 도시국의 동시에 주이기도 하다. **~streicher,** der 도시 부랑자[유랑인]. **~streicherin,** die; -nen ↑**~streicher**의 여성형. **~teil,** der a) 시의 일부, 시구(市區). b) 《통용어》 전체 구민(區民). **~theater,** das 시립 극장. **~tor,** das 《옛》 시의 성문. **~väter** 〈Pl.〉 《통용어·농》 시 행정[참사회]의 지도적 인물들. **~verkehr,** der 시내 교통. **~verordnete',** der / die Stadtrat (2). **~verordnetenversammlung,** die 시 참사회의, 시 참사회 총회. **~verwaltung,** die **a)** 시 행정, 시청. **b)** 《통용어》 시청에 근무하는 직원 전체. **~viertel,** das 시구(市區), 시의 일부 지역. **~wagen,** der 시내 주행(에 적합한) 자동차. **~wald,** der 시유림(市有林). **~wappen,** das 시의 문장(紋章). **~werke** 〈Pl.〉 시영 기업(대중교통, 공중 식당 등). **~wohnung,** die 도시의 주택. **~zentrum,** das 도심, 중심가(↑Innenstadt).

Städtchen ['ʃtɛ(:)tçən], das; -s, - ↑Stadt (1)의 축소형.
städte-, Städte- ↑stadt-, Stadt-의 복합어: **~bau,** der 〈Pl. 없음〉 도시 건설 계획, 광역 도시 계획. **~bauer,** der; -s, - 도시 건설 계획에 종사자(전문가). **~baulich** 〈Adj.〉 광역 도시 계획에 관계되는. **~bilder** 〈Pl.〉 《특히 미술》 도시 정경화(情景畵). **~bund,** der 《중세의》 도시 동맹(그들의 권익을 지키기 위한). **~kampf,** der 《스포츠》 도시 대항전. **~ordnung,** die 도시 조례 (條例), 도시들의 권리, 의무를 규정한 법. **~partnerschaft,** die 도시간 자매 결연, 도시간의 우의 관계(↑ Jumelage). **~planer,** der ↑Stadtplaner. **~planung,** die ↑Stadtplanung. **~tag,** der 도시 협의회 (공동의 이익을 달성하기 위해 몇몇 시가 구성한).

Städter ['ʃtɛ(:)tɐ], der; -s, - 1. 도시 거주자. 2. 도시인, 도회인(Stadtmensch). **städtisch** ['ʃtɛ(:)tɪʃ] 〈Adj.〉 1. 시(청)에 관계되는, 시 행정의, 시립의: -e Bauten 시 소유 건물들; ein -es Schwimmbad 시영 수영장; das Altersheim wird s. verwaltet 그 양로원은 시가 운영하고 있다. 2. 도시풍의, 도회의, 도회식의.
Stafel ['ʃtaːfl], der; -s, Stäfel ['ʃtɛːfl] 《schweiz.》 1. ↑ Alphütte. 2. ↑ Alpweide.
Stafette [ʃtaˈfɛta], die; -n [1 : ital. staffetta] 1. **a)** 《옛》 파발꾼, 기마 급사(騎馬急使). **b)** 일련의 전달자들, 계주 (繼走)식 전달 체계. 2. 호송차(호송 기마병)들의 행렬. 3. 《스포츠·고어》 **a)** ↑Staffel (1 b). **b)** ↑Staffellauf.
Stafettenlauf, der 《스포츠·고어》 ↑Staffellauf.
Staffage [ʃtaˈfaːʒə], die; -n 1. 부가물, 부차적 장식, 겉치레를 위한 것. 2. 《미술》 《특히 바로크의 그림에서》 첨경 (添景), 첨가 인물. **Staffagefigur,** die 《미술》 《그림의 경치를 돋보이게 하기 위한》 첨가 인물, 첨경人.
Staffel ['ʃtafl], die; -n 1. 《스포츠》 **a)** 《구성원의 성적이 공동 채점되는》 팀. **b)** 《특히 육상·스키·수영》 계주[계영] 팀(대개 4명으로 구성): die finnische S. lag in Führung 핀란드의 계주 팀이 선두이다. **c)** 제급. 2. 《군》 **a)** 제대(梯隊), 비행 중대. **b)** 《특히 해군》 제형(梯形), 대형(隊形), 제형 포진(布陣). 3. 호송차 행렬(↑Stafette (2)). 4. 《südd.》 계단, 층계참.
staffel-, Staffel-: **~anleihe,** die 《경제》 일정한 기간마다 이율이 달라지는 공채(채권). **~beteiligung,** die 《경제》 《주식지분 비율에 따른》 조합원들의 새로운 투자. **~förmig** 〈Adj.〉 사다리꼴의, 제형(梯形)포진을 한. **~lauf,** der 《육상·스키》 릴레이 경주, 계주(繼走). **~läufer,** der 《육상·스키》 릴레이 경주자, 계주자. **~miete,** die 《주택》 일정 기간마다 계단식으로 올리게 되어 있는 임대료, 《대개 Pl.》 《경제》 상품의 질·크기·포장에 따라 달리 책정되는 가격, 등급별 가격. **~rechnung,** die 《경제》 교호 계산에 있어서의 이식 계산. **~schwimmen,** das; -s 계영(繼泳), 릴레이식 수영 경기. **~sieger,** der 어떤 체급의 승자(勝者). **~spanne,** die 《대개 Pl.》 《경제》 《동일 상품의》 등급별 가격차. **~stab,** der 《육상》 《계주에서의》 바통(baton). **~weise** 〈Adv.〉 사다리꼴로, 《군》 제형(梯形)(제형(梯形)으로) 이루는, 제대(중대)별로. **~wettbewerb,** der 《스포

츠] 조(組)[팀]별 경기, (육상, 스키, 수영 따위에서의) 팀 경기.

Staffelei [ʃtafə'lai], die; -en [↑Staffel (4)] 화가(畫家): die S. aufstellen 화가를 세우다[설치하다]. **staffelig, stafflig** ['ʃtaf(ə)lɪç] 〈Adj.〉 사다리꼴의, 제형(梯形) 포진(布陣)의: eine -e Formation 제형(梯形) 대형(隊形)[포진]. **staffeln** ['ʃtafl̩n] 〈h〉 **1.** 사다리꼴로[계단식으로] 쌓아 올리다[배치하다]. **2. a)** 등급별로 분류하다[매기다]; Preise(Gebühren, Steuern) s. 가격[요금, 세금]을 등급별로 매기다[정하다]; nach Dienstjahren gestaffelte Gehälter 근무 연한에 따라 차등을 둔 봉급. **b)** 〈s. + sich〉 등급[차등]이 생기다: die Telefongebühren staffeln sich nach der Entfernung 전화 요금은 거리에 따라 등급별로 달라진다. **Staffelung, Stafflung,** die; -en 제형(梯形) 적재(積載); 제형 배치[포진]; 등급별 산정(算定).

staffieren [ʃta'fi:rən] 〈h〉 **1.** 〈드물게〉**1** ausstaffieren. **2.** 《österr.》장식하다. **3.** 〔재단〕천을 다른 것에 꿰매 붙이다[봉접하다]: Futter in einen Mantel s. 외투에 안감을 대다. **Staffierer,** der; -s, - 〈옷, 모자, 가방 따위의〉부품 제조자[취급자]. **Staffierung,** die 장식, 부속품 장부, 장비; 〔미술〕 첨경(添景).

stafflig↑staffelig. **Stafflung**:↑Staffelung.

Stag [ʃta:k], das; -(e)s, -e(n) [niederd. stach] 〔해양〕(돛대를 팽팽하게 묶고 받쳐 주기 위한) 철사밧줄(배의 세로 방향으로 매어져 있음), 지삭(支索), 유지삭(維持索).

Stagflation [ʃtakfla'tsio:n, st...], die [engl. stagflation] 〔경제〕불황 하의 물가고, 스태그플레이션.

Stagione [sta'dʒo:nə], die; -n [ital. stagione] 《ital.》 **1.** (오페라) 극장의 흥행 기간. **2.** 〈경제〉극단.

Stagnation [ʃtagna'tsio:n, st...], die; -en 〔교양어〕(물의) 괌, 정체, 정지; (경제의) 침체: die S. überwinden 침체 상태를 극복하다. **stagnieren** [ʃta'gni:rən, st...] 〈h〉 [lat. stāgnāre] 〔교양어〕(물이) 괴다, 중지[정지]하다, 정체하다; 침체하다: die Wirtschaft des Landes stagniert 나라의 경제가 침체한 상태에 있다. **Stagnierung,** die; -en 정체, 침체.

Stagsegel, das; -s, - 〔해양〕지삭(支索)에 묶어 단 삼각형의 돛.

stahl [ʃta:l]↑stehlen 참조.

Stahl [-], der; -(e)s, Stähle ['ʃtɛ:lə] / 〈드물게〉-e **1.** 강철: rostfreier S. 녹슬지 않는 강철; das Material ist hart wie S. 그 재료는 강철처럼 단단하다. 〔전의〕 er hatte Nerven aus S. 그는 강철 같은 신경의 소유자다. **2.** 《시어》(번뜩이는) 칼, 단검: der tödliche S. 그 살인적 칼.

stahl-, Stahl-: ~**arbeiter,** der 제강공, 제강 노동자. ~**armierung,** die (콘크리트에) 철근 넣기, 철근 압입하기. ~**bad,** das **1. a)** 철천욕(鐵泉浴) 요법. **b)** 철천욕 휴양지. **2.** 〈아어〉사람을 단련시키는 것(재난, 고난 따위). ~**band,** das 〈Pl. -bänder〉강철 끈(테이프, 콘베이어). ~**bau,** der **1.** 〈Pl. 없음〉강철을 주로 쓰는 건축술. **2.** 〈Pl. -ten〉강철을 주로 쓴 건축물(건물). **3.** 〈Pl. 없음〉강철을 가공하는 건축업 분야. ~**behälter,** der 강철 용기(容器), 강철 탱크, 강철 콘테이너. ~**besen,** der (타악기의) 손잡이 (철사다발을 묶어 맨 빗자루 모양의). ~**beton,** der 〔건축〕철근 콘크리트. ~**betonbau,** der **1.** 〈Pl. 없음〉철근 콘크리트를 주로 쓰는 건축술. **2.** 〈Pl. -ten〉철근 콘크리트를 주로 쓴 건축물. ~**betonplatte,** die 철근 콘크리트 판. ~**blau** 〈Adj.〉 **1.** 강철 빛깔의, 강청(鋼青)색의: ein -es Kleid 회청색의 옷. **2.** (자주 정서적 및 시적) 아주 푸른. ~**blech,** das 얇은 강철판. ~**block,** der 〈Pl. -blöcke〉강철 덩어리, 강철괴(塊). ~**brille,** die 강철 안경. ~**bügel,** der 강철 다리미, 강철 손잡이, 철제 등자(鐙子), 철제 고리. ~**draht,** der 강철선, 강철로 된 철사. ~**erzeugung,** die 강철 생산[제조]. ~**feder,** die **1.** 강철 펜, 철펜. **2.** 강철 용수철. ~**flachstraße,** die 〔도로〕(공사장을 우회하기 위해 가설된) 임시 강판 도로. ~**flasche,** die (가스용기 따위로 쓰이는) 큰 철제 병. ~**grau** 〈Adj.〉강철처럼 회색의, 청회색의. ~**hart** 〈Adj.〉 **1.** 강철처럼 단단한. ~**helm,** der 철모. ~**hochstraße,** die 〔도로〕(공사장 위를 지나가기 위한) 임시 강판 도로. ~**industrie,** die 제강 공업; 강철(가공) 공업. ~**kammer,** die (특히 은행의) 귀중품 보관실, 지하 금고. ~**kappe,** die (구두의) 앞과 뒤의 휘어지는 단단한 부분에 부착한 철제 테두리. ~**kocher,** der (휴대용) 강철壺. ~**konstruktion,** die 강철 구조물. ~**mantel,** der (특히 전문어) 강철 외피, 강철 덮개. ~**mantelgeschoß,** das 〔군〕강철제 가구. ~**mast,** der 강철제 돛대. ~**möbel,** die 〈대개 Pl.〉**1.** 강철제 가구. **2.**↑~rohrmöbel의 약칭. ~**nadel,** die 강철로 만든 바늘. ~**platte,** die 강철판. ~**produktion,** die 강철 생산. ~**quelle,** die [Eisenquelle. ~**rohr,** das 강관(鋼管). ~**rohrmöbel,** das 〈대개 Pl.〉강관(으로 만든) 가구. ~**roß,** das 〈통용어〉자전거. **3.** 〈자유 용수철 채찍. ~**saite,** die 강철현(鋼鐵絃), (현악기의) 철선. ~**schrank,** der (철제) 안전금고. ~**seil,** das 강삭(鋼索)(Drahtseil). ~**skelett,** das 〔토목〕철제 골조 (Skelett (2)). ~**skelettbau,** der 〔토목〕철제 골조 건축, 철제 골조물. ~**skelettbauweise,** die 〔토목〕철제 골조식 건축법[↑Skelettbauweise]. ~**stab,** der 강철봉, 강철 막대. ~**stecher,** der 철판화가(鐵板畵家). ~**stich,** der 〔판화〕**1.** 〈Pl. 없음〉철판[강판] 화법. **2.** 철판화, 강판화. ~**straße,** die 〔도로〕↑~flachstraße, ↑~hochstraße의 약칭. ~**stütze,** die 강철 지주, 강철 버팀목. ~**teil,** der 강철로 된 부분. ~**träger,** der 강철 들보[지주](↑Eisenträger). ~**trosse,** die 강삭(鋼索), 쇠밧줄. ~**tür,** die 철문. ~**verarbeitend** 〈Adj.〉강철을 가공하는: die -e Industrie 강철 가공(산)업. ~**waren** 〈Pl.〉강철 제품, 철물. ~**walzwerk,** das 강철 압연(壓延) 공장. ~**werk,** das 강철 공장, 제강소. ~**werker,** der 〈대개 Pl.〉〈은어〉제강공(↑Stahlarbeiter). ~**wolle,** die 강철[철선] 수세미.

stähle ['ʃtɛ:lə]↑stehlen 참조.

Stähle: ↑Stahl의 복수형. **stählen** ['ʃtɛ:lən] 〈h〉〈아어〉단련시키다, 저항력을 기르다: seine Muskeln s. 근육을 단련시키다. **stählern** ['ʃtɛ:lɐn] 〈Adj.〉 **1.** 강철로 되어 있는, 강철제의: 〔전의〕er hat -e Muskeln 그는 강철처럼 단단한 근육을 지니고 있다. **2.** 〈아어〉굳은, 흔들리지 않는. **Stählung,** die 단련, 강화; 단련.

stak [ʃtak], **stäke** ['ʃtɛ:kə]↑stecken (5, 6) 참조.

Stake ['ʃta:kə] die; -n, **Staken** ['ʃta:kn̩], der; -s, - [niederd. stake] (nordd.) 긴 나뭇막대, 상앗대, 버팀목. **staken** [-] [niederd. staken] (nordd.) **1. a)** 〈h〉 상앗대로 밀어 앞으로 가게 하다. **b)** 〈s〉 상앗대질을 하여 나아가다: wir sind an andere Ufer gestakt 우리들은 상앗대질을 하여 건너편 강변으로 갔다. **2.** 〈드물게〉〈s〉↑staksen. **3.** 〈지역적〉〈h〉(건초를) 쇠스랑으로 집어 올리다(나르다): Heu auf den Erntewagen staken 건초를 수확차에 싣다(쇠스랑으로 집어 올리다). **4.** 〈드물게〉〈h〉삐쭉 삐쭉 솟아나다. **Stakes** [ste:ks, ʃt..., 〈engl.〉steɪks] 〈Pl.〉 [engl. stakes] 〔경마〕**1.** 내기 경마에 건 돈. **2.** (승자가 모든 판돈을 다 차지하는) 내기 경마.

Staket [ʃta'ke:t] das; -(e)s, -e [niederd. staekkette] 〈지역적〉 옷가지로 만든 울타리, 울짱(↑Lattenzaun). **Stakete,** die; -n 〈österr.〉↑Latte. **Staketenzaun,** der 〈지역적〉옷가지로 된 정원 울타리. **stakig** ['ʃta:kɪç] 〈Adj.〉 **1.** 빳빳한, 서투른. **2.** 〈드물게〉삐쭉 솟아나며, 쑥 드러나는.

Stakkato [ʃta'ka:to, st...] das; -s, -s / ...ti [ital. staccato, ↑staccato 【음악】 음을 하나하나 끊어서 연주[발성]하기, 스타카토.

staksen ['ʃtaːksn̩] 〈s〉 《통용어》 뻣뻣한[서투른] 동작으로 움직이다[가다]. **staksig** ['ʃtaːksɪç] 〈Adj.〉《통용어》(뻣뻣한 다리로) 서투르게[어색하게] 걷는 모양.

Stalagmit [ʃtalakˈmiːt, 《또한》 ...mɪt; st...] der; -s / -en, -e(n) [lat. stalagmites] 【지질】 석순(石筍), 돌순(반대: ↑Stalaktit). **stalagmitisch** [《또한》 ...'mɪtɪʃ] 〈Adj.〉 석순처럼 생긴. **Stalaktit** [ʃtalakˈtiːt, 《또한》 ...tɪt; st...] der; -s / -en, -e(n) [lat. stalactites] 【지질】 종유석(鐘乳石), 돌고드름(반대: ↑Stalagmit). **Stalaktitengewölbe**, das 【예술】이슬람식 궁륭(穹窿), 이슬람식 천정. **stalaktitisch** [《또한》 ...'tɪtɪʃ] 〈Adj.〉 종유석[돌고드름]처럼 생긴.

Stalingrad ['staːlɪŋraːt, 'ʃt...] 스탈린그라드(↑Wolgograd).

Stalinismus [staliˈnɪsmʊs, ʃt...] der; - 스탈린주의, 스탈린식 통치 체제. **Stalinist** der; -en, -en 스탈린주의자. **stalinistisch** 〈Adj.〉 **a)** 스탈린(주의)에 관한: das -e System 스탈린 체제. **b)** 스탈린주의의, 스탈린주의의 원칙에 입각한. **Stalinorgel** [ʃtaːliːn-] die; -n 【군】 (2차 대전 때에 구소련군이 쓴) 동시 다발 로켓포.

Stall [ʃtal] der; -(e)s, Ställe ['ʃtɛlə] **1.** 《축소형: Ställchen》 (가축의) 우리, 마구간, 외양간: den S. säubern [ausmisten] 외양간을 청소하다[치다]; die Kühe in den S. treiben 소들을 외양간으로 몰아넣다 [전의] den S. müssen wir mal tüchtig ausmisten 《통용어》 여기에는 정리가 필요하다; sie kommt aus einem guten S. 《통용어·농》 그녀는 좋은 가정 출신이다; die beiden kommen aus demselben S. 그 두 사람은 꼭같은 가문 출신이다[똑같은 교육을 받았다]; **ein ganzer S. voll** 《통용어·농》 대단히 많은. **2.** 《은어》 **a)** ↑Rennstall (1)의 약칭. **b)** ↑Rennstall (2, 3)의 약칭.

Stall-: **~baum**, der ↑Latierbaum. **~bursche**, der 마구간 소년[머슴]. **~dung**, der (가축 우리의) 똥거름. **~dünger**, der ↑~dung. **~feind**, der 【Pl. 없음】《schweiz.》 (가축의) 내구성(內口性), 발굽병. **~fütterung**, die 축사내 사육, 사내(舍內) 사육. **~gasse**, die 마구간의 칸막이 사이의 통로. **~gebäude**, das 축사(畜舍). **~geruch**, der 외양간[마구간] 냄새. **~hase**, der (민속) 집토끼. **~knecht**, der 《준고어》 외양간[마구간] 지기, 마구간 머슴[하인]. **~laterne**, die 외양간[마구간]용의 (화재) 안전 램프. **~magd**, die 외양간[마구간] 하녀. **~meister**, der 마구간 감독, 마술(馬術) 교관. **~mist**, der ↑~dung. **~ordnung**, die 마구간 수칙(守則). **~tür**, die 마구간 문. **~wache**, die (기병대에서의) 마구간 보초(병).

Ställchen ['ʃtɛlçən] das; -s, - **1.** ↑Stall (1)의 축소형. **2.** 아기 우리(아기 보호용 격자 울타리가 있는). **Ställe:** ↑Stall의 복수형.

stallen ['ʃtalən] 〈h〉 **1.** 《드물게》 **a)** 마구간(우리)에 있다. **b)** 마구간(우리)에 넣다. **2.** 《지역적》 오줌누다(말이). **Stallung**, die; -en (대개 Pl.) 마구간, 외양간; 축사(舍).

Staminodium [ʃtamiˈnoːdiʊm, st...] das; -s, ...ien [...iən] 【식물】 불모화(不毛化)된 수꽃술.

Stamm [ʃtam] der; -(e)s, Stämme ['ʃtɛmə] **1.** 《축소형: Stämmchen》 ↑Baumstamm. **2.** 종족, 부족, 가족, 혈통, 계통: nomadisierende Stämme in Afrika 아프리카의 유목 민족들; **vom -e Nimm sein** 《통용어·농》 항상 이익만을 추구하다, 이익이 되는 것을 우선 취해 놓고 보려 하다. **3.** 【생물】 **a)** 문(門): dieses Tier gehört zum S. der Wirbeltiere 이 동물은 척추동물의 문에 속한다. **b)** (미생물 조직의) 최소 단위: einen S. einer bestimmten Bakterienart züchten 특정한 박테리아의 조직을 배양하다. **c)** (식물 재배에서) 동일 종자에서 나온 후예들. **d)** (동물 사육에서) 특징적으로 구별되는 유형. **e)** (동물 사육에서) 한 벌, 한 통, 일문(一門): ein S. Bienen 벌 한 통. **4.** 〈Pl. 없음〉 간부, 핵심 그룹. **5.** 【언어】 어간(語幹), 줄기. **6.** 《통용어》 특별 메뉴, (손의) 서비스 메뉴.

stamm-, Stamm- (↑stammes-, Stammes-도 참조): **~aktie**, die 【경제】 보통 주(株) (↑Vorzugsaktie). **~baum**, der **1.** 계보(系譜), 계보도; 족보: der S. der Familie reicht bis ins 17. Jahrhundert 그 가문의 계보는 17세기에까지 이른다; der Hund hat S. 그 개는 족보[혈통 증명서]가 있다. **2.** (동·식물계의) 계통수(系統樹). **3.** 【언어】 언어 계통수(系統樹), 언어 계보수. **~baumschema**, das 계통수(樹)의 도식, 계보 도식. **~baumzüchtung** die 【식물】 계통 배양[재배]. **~beisel**, das 《österr.》↑~lokal, ~kneipe. **~belegschaft**, die (광산, 제련소 등의) 장기근속 노동자 그룹. **~besatzung**, die (배, 비행기의) 상근[장기 근속] 승무원 그룹. **~buch**, das **1.** 《준고어》 방명록, 내방객 서명록: **jmdm. etw. ins S. schreiben** 누구의 비난받을 만한 무엇을 분명히 지적하다. **2.** **a)** ↑Familienstammbuch의 약칭. **b)** ↑Herdbuch. **~burg**, die 《귀족 가문의》 본성(本城). **~bürtig** 〈Adj.〉 【식물】 kauliflor. **~café**, das 단골 카페. **~daten** 〈Pl.〉 【전산】 상용(常用) 자료. **~einlage**, die 【경제】 (유한 책임 회사의) 기본 출자액. **~eltern** 〈Pl.〉 시조(始祖) 양위분, (한 씨족의) 3대 조부모. **~essen**, das 특별 메뉴, 오늘의 서비스 메뉴. **~form**, die **1.** 【언어】 동사의 기본형. **2.** (어떤 생물의) 원형(原形), 조상. **~gast**, der 단골 손님. **~gericht**, das (단골 손님을 위한) 특별 식단[요리]. **~gruppe**, die 【생물】 여러 문(門)을 포괄하는 단위. **~gut**, das 《옛》 (분할되지 않고 장자에게 상속되는) 세습지(世襲地). **~halter**, der (농) 가문 상속자, 장자(長子). **~haus**, das **1.** (기업의) 창립 사옥, 본사. **2.** 종가(宗家), 본가(本家), 본성(本城). **~hirn**, das 【생리】 Gehirnstamm. **~holz**, das 【임업】 (일정한 굵기 이상에 이른 나무 둥치에서 자른) 목재, 간재(幹材). **~kaffee**, das 단골 카페. **~kapital**, das 【경제】 (유한 책임 회사의) 자본금. **~kino**, das 단골 영화관. **~kneipe**, die 《통용어》 단골 주점. **~kunde**, der 단골 고객, 고정 손님. **~kundschaft**, die (집합적) 고정 손님, 단골 고객. **~land**, das 〈Pl. -länder, 《아어》 -e〉 발상지, 고국, 고향: das S. der Habsburger 합스부르크 가(家)의 본산(本山). **~lokal**, das 단골 음식점. **~mannschaft**, die (오래 전부터 있어 온) 팀, 상근 팀. **~miete**, die (극장의) 정기 예약 입장료. **~mieter**, der (극장의) 정기 예약 관람객. **~morphem**, das 【언어】 어간 형태소. **~mutter**, die 여시조(女始祖). **~personal**, das 상근 사원, 장기근속 직원, 간부. **~platz**, der (극장, 음식점 등의) 단골 손님 지정석, 고정석; 즐겨 앉는 좌석. **~publikum**, das 단골 고객, 고정 독자(관객). **~register**, das **1.** 【금융】 수표(영수증) 원부. **2.** 【군】 ↑~rolle. **~rolle**, die 【군】 징병 대상 장정명부. **~schloß**, das 본궁(本宮), 본성(本城). **~silbe**, die 【언어】 어간 음절. **~sitz**, der **1.** 고정석, 즐겨 앉는 좌석. **2.** 본사(本社): der S. einer Firma 어떤 회사의 본사. **3.** 종가(宗家), (조상 전래의) 저택. **~spieler**, der [스포츠] 정식 선수, 핵심 멤버. **~tafel**, die 계보도(系譜圖). **~tisch**, der **1.** 단골 손님 지정석의 식탁: am S. sitzen 단골 손님 지정석에 앉다. **2.** 단골 손님들의 모임[회합]: donnerstags hat er immer S. 그는 목요일마다 항상 단골손님들의 모임에 간다. **~tischpolitik**, die 〈Pl. 없음〉 《팸》 (단골 손님석에서 행해지는) 소박한 정치담론. **~ton**, der 【음악】 간음(幹音-

音), 원음(原音). **~tonart**, die [음악] (고대 그리스 음악의) 기본 조(調) 중의 하나. 데 시조(始祖). **~verwandt** ⟨Adj.⟩ **1.** (준고어) 종족이 비슷한, 같은 계통의. **2.** [언어] 동일 어간의, 어간이 같은. **~verwandtschaft**, die 동일어간 관계; 동일 종족 관계. **~vokal**, der [언어] 어간 모음, 간모음(幹母音). **~wähler**, der 고정(固定) 투표자(특정 정당이나 개인에 대한). **~wort**, das ⟨Pl. -wörter⟩ [언어] 어간어. **~würze**, die [양조] (맥주 양조 시의) 맥즙 원액(原液), 맥즙 엑스. **~zelle**, die [의학] ↑Hämoblast.

Stämmchen ['ʃtɛmçən], das; -s, - ↑Stamm (1)의 축소형.

stammeln ['ʃtamln] ⟨h⟩ **1. a)** (당황·불안·흥분해서) 말을 더듬다, 더듬더듬 말하다, 더듬더듬 말하다, 중얼거리다. **2. b)** [의학] (특정음의) 발음을 잘 하지 못하다.

stammen ['ʃtamən] ⟨h⟩ **a)** (공간적으로) 유래하다: die Früchte stammen aus Italien 그 과일들은 이탈리아 산이다; er stammt eigentlich aus Dresden 그는 원래 드레스덴 태생이다. **b)** (시간적으로) 유래하다, 전해져 내려오다: diese Urkunde stammt aus dem Mittelalter 이 증서는 중세의 것이다. **c)** ...출신이다, 유래하다: er Stammt aus einer Handwerkerfamilie 그는 수공업자 집안 출신이다. **d)** 유래하다, (누구의) 말[자손]이다: das Kind stammt nicht von ihm 그 아이는 그의 자식이 아니다.

stammern ['ʃtamɐn] ⟨h⟩ (지역적) ↑stammeln (1).

stammes-, Stammes- (stamm-, Stamm-도 참조): **~bewußtsein**, das 종족(혈통) 의식. **~entwicklung**, die [생물] ↑Phylogenie. **~fehde**, die 종족간의 투쟁[적대 관계]. **~führer**, der (한 종족의) 수장(首長)[지도자]. **~fürst**, der (한 종족의) 군주. **~geschichte**, die [생물] 계통진화사(系統進化史). **~geschichtlich** ⟨Adj.⟩ 계통진화사적인. **~häuptling**, der (한 종족의) 수장(首長). **~kunde**, die 종족학, 인종학. **~name**, der 종족명, 종족 이름. **~sage**, die 종족 전승 전설. **~sprache**, die (한 종족의) 언어, 종족 언어. **~verband**, der 종족 연맹. **~zugehörigkeit**, die 특정 종족에의 소속성.

stammhaft ⟨Adj.⟩ [언어] 어간(語幹)에 속하는.

stämmig ['ʃtɛmɪç] ⟨Adj.⟩ 힘센, 근골이 강장한, 옹골찬, 땅딸막하고 기운찬: ein -er Mann 근골이 강장한 남자. **Stämmigkeit**, die ↑stämmig의 명사형.

Stammler ['ʃtamlɐ], der; -s, - [의학] (특정음의) 발음 장애자.

Stamokap ['ʃta:mokap], der; -s ⟨은어⟩ 국가 독점 자본주의(**sta**ats**mo**nopolistischer **Kap**italismus) (↑staatsmonopolistisch 참조).

Stampe ['ʃtampə], die; -n (berlin.·자주 폄) 음식점, 주점. **Stampede** [stam'pe:də, ʃt..., ⟨engl.⟩ 'stæmpi:d], die; -n ⟨영어로 발음시⟩ -s ⟨engl.-amerik. stampede < span. (mex.)estampida⟩ (소떼 따위가) 놀라서 우르르 도망침. **Stamper** ['ʃtampɐ], der; -s, - (지역적) ↑Stamperl. **Stamperl** ['ʃtampɐl], das; -s,-n [bayr., österr. stampern]⟨südd., österr.⟩ 소주잔. **stampern** ⟨h⟩ ⟨österr.·통용어⟩ 쫓아내다, 쫓아버리다.

Stampf-: **~asphalt**, der ⟨옛⟩ 압축 천연 아스팔트. **~beton**, der (도로 포장용) 콘크리트. **~gerät**, das [공학] ↑Stampfer. **~kartoffeln** ⟨Pl.⟩ (지역적) ↑Kartoffelbrei.

Stampfe ['ʃtampfə], die; -n 짓찧는[으깨는] 기구, 절굿공이, 도쇄기(搗碎機). **stampfen** ['ʃtampfn] **1. a)** ⟨h⟩ 발을 구르다. **b)** ⟨s⟩ 발을 구르며[쿵쾅거리며] 가다(움직이다). **c)** ⟨h⟩ 발을 구르며 (무엇을) 나타내 보이다. **d)** ⟨h⟩ 발을 구르며 (무엇인가를) 털어 버리다. **2. a)** ⟨h⟩ 짓밟다,

(위에서 아래로) 다지다, 압착하다: Wände aus gestampftem Lehm 진흙을 다져 만든 벽. **b)** 으깨다, 짓찧다: die Kartoffeln (zu Brei) s. 감자를 (죽이 되도록) 으깨다. **c)** 때려 박다: die Pfähle werden in den Boden gestampft 말뚝들이 땅 속에 두드려 박혀진다. **3.** ⟨h⟩ **a)** 쿵쾅거리며 움직이다. **b)** [선원] (배가 심하게) 피칭하다, 뒷질하다. **Stampfer**, der; -s, - **1.** [기술] 도쇄기(搗碎機), 압착기. **2.** (끝이 뭉툭하게 되어 있는) 짓찧는[으깨는] 기구. **3.** ⟨드물게⟩ ↑Stößel.

Stampiglie [ʃtam'pɪljə, ...'piːljə], die; -n ⟨ital. stampiglia⟩ ⟨österr.⟩ **a)** Stampfe 찍는 기구, 압인구(押印具). **b)** 스탬프, 압인, 답인(踏印).

stand [ʃtant] ↑stehen 참조. **Stand** [ ], der; -(e)s, Stände ['ʃtɛndə] **1.** ⟨Pl. 없음⟩ **a)** 직립(直立), 섬, 서기: 전의 keinen guten S. bei jmdm. haben 누구의 협조 [호의]를 기대하기는 어렵다; bei jmdm. [gegen jmdn.] einen schweren S. haben ⟨통용어⟩ 누구를 이겨내기는 어렵다, 누구한테서 주장을 관철시키기는 어렵다; **aus dem S. (heraus)** ⟨통용어⟩ 즉석에서, 당장(↑Stegreif): das kann ich (so) aus dem S. nicht sagen 나는 그것을 지금 당장은 말할 수 없다. **b)** 정지(상태): den Motor im S. laufen lassen 정지 상태에서 발동을 걸어두고 있다. **2. a)** 서는 곳; [장터] 서식처: vor dem Bahnhof ist ein S. für Taxen 역 앞에 택시르는 곳이 있다. **b)** ↑Schießstand의 약칭. **c)** ↑Führerstand의 약칭. **3.** ⟨Pl. 없음⟩ **a)** ↑Ständchen. **b)** [상업] 진열대, 판매대, 가설 안내소: ein S. mit Gemüse 채소 판매대. **b)** (외양의) 칸막이, 칸(Box (1)). **4.** ⟨Pl. 없음⟩ **a)** 현황, 상황, 단계: nach dem neu(e)sten S. der Forschung 최근의 연구 상황을 보면. **b)** 상태, 사정, 형편· das Auto ist gut im Stand 그 자동차는 상태가 좋다; jmdn. in den vorigen S. zurückversetzen [법] 누구를 복귀시키다; **in den (heiligen) S. der Ehe treten** (아어) 결혼하다. **c)** 현재고(高), 현재의 정도: die Flutwelle hat ihren höchsten S. erreicht 해일은 최고 수위에 이르렀다; den S. des Thermometers ablesen 현재의 온도를 보다. **5. a)** ⟨Pl. 없음⟩ ↑Familienstand의 약칭: bitte Name und S. angeben 성명과 가족 상의 신분(미혼, 기혼 등)을 대시오. **b)** ↑Berufsstand의 약칭. **c)** 계층, 신분, 계급: Leute gebildeten -es 교양계층의 사람들; der S. des Adels 귀족 신분; **der dritte S.** (역사적) 제3 계급(귀족, 승려, 다음가는 시민 계급을 지칭). **d)** ⟨Pl.⟩ (역사적) (중세와 근세 초기의) 신분 대표 의회, 신분제 회: die Stände versammeln sich 각 신분의 대표들이 모두 모인다. **6.** ⟨schweiz.⟩ ↑Kanton. **7.** [사냥] 사냥구역 내의 조수(鳥獸) 총수(總數). **8.** ↑Blütenstand의 약칭.

stand-, Stand-: **~bein**, das **a)** [특히 스포츠] 서 있는 다리. **b)** [미술] 체중이 실려 있는 다리(반대: Spielbein). **~bild**, das **1.** ↑Statue. **2.** [영화] ↑foto. **~fähig** ⟨Adj.⟩ 설 수 있는. **~fest** ⟨Adj.⟩ **1.** 고정된, 요동하지 않는, 안정된: 전의 er ist nicht mehr ganz s. 그는 약간 취했다. **2.** [공학] 견고한, 오래 견디는. **~festigkeit**, die **1.** 안정, 부동(不動); 견고, 내구(耐久). **2.** ↑Standhaftigkeit. 전의 mit seiner S. ist es nicht weit her 그는 술을 많이 마시지 못한다. **2.** ↑Standhaftigkeit. **~fläche**, die **1.** 차지 면적, 서 있는 면적. **b)** (진열대, 판매대, 노점이 차지하는) 면적. **2.** 세워 둘 때 땅에 닿는 면, 밑면. **~foto**, das [영화] 스틸(still)(사진), 영화의 한 장면을 보통 사진기로 찍어 확대 인화한 사진. **~fuß**, der [특히 스포츠] 서 있는 발. **~fußball**, der ⟨은어⟩ 선수들이 많이 뛰지 않고 정위치를 지키며 공이 자기한테로 오기를 기다리는 축구. **~gas**, das [자동차] ↑Handgas (2). **~geld**, das ↑Marktgeld. **~gerät**, das 탁자가 달린 텔레비전 수상기. **~gericht**, das 즉결

군사재판. ~glas, das 〈Pl. -gläser〉 메스[메저링] 실린더(Meßzylinder). ~halten* (h) 1. 견디다, 저항하다: die Brücke hielt stand 그 교량은 끄떡없이 지탱하였다; [전의] wird sie diesen seelischen Belastungen s.? 그녀가 이 정신적 고통을 견디어낼까? 2. 물리치다, 저항하다: sie hat allen Versuchungen standgehalten 그녀는 모든 유혹을 이겨내었다. ~hochsprung, der 【육상】제자리 높이뛰기. ~kampf, der [스포츠] 서서 하는 게임, 스탠드 레슬링. ~lampe, die 《schweiz.》↑Stehlampe. ~laut, der 【사냥】(사냥감을 몰아세울 때의) 짖는 소리. ~leitung, die 【특히 라디오 방송】 스튜디오 간의 전화선. ~leuchte, die ↑Parkleuchte. ~licht, das 〈Pl. -er〉 1.〈Pl. 없음〉(자동차의) 주차등. 2.《대개 Pl.》《schweiz.》↑Begrenzungslicht. ~linie, die 【해양】(측심(測深)할 때의) 배의 위치표시선. ~miete, die ↑Marktgeld. ~ort, der 〈Pl. -e〉1. 현위치, 소재지, 거주하는 장소, 입장: der S. eines Betriebes 기업의 소재지; [전의] jmds. politischen S. kennen 누구의 정치적 입장을 알고 있다. 2. 【군】 주둔지. ~ortälteste*, der 【군】 주둔군[위수] 사령관. ~ortbestimmung, die 현위치 측정[확인]. ~ortfaktor, der 【경제】(기업의) 소재지 선정 요인. ~ortkatalog, der 【서적】 도서 배치 목록. ~ortkommandant, der 【군】 주둔군[위수] 사령관. ~ortorientierung, die 【경제】(어떤 기업의) 재무 실태 파악. ~ortübungsplatz, der 주둔군 연병장. ~pauke, die 【통용어】 설교, 훈계. ~photo, das ↑-foto. ~platz, der ↑Stand (2 a). ~punkt, der 1. 〈드물게〉 서 있는 곳(↑Stand (2 a)): [전의] er betrachtet die Dinge nur vom S. des Arbeitgebers 그는 사물을 단지 고용주의 입장만 관찰한다. 2. 견해, 견지, 입장: ein überholter S. 시대에 뒤떨어진 견해; jmds. S. nicht teilen können 누구와 견해를 달리하다; das ist doch kein S.! 그런 생각[처신]을 해선 안된다; jmdm. den S. klarmachen 【통용어】 누구에게 자기 견해를 분명히 밝힘으로써 그를 깨우쳐 주다[질책하다]. ~quartier, das 임시 숙소, 거점으로 삼는 숙소(등산 따위에서). ~recht, das 〈Pl. 없음〉계엄령, 전시법. ~rechtlich〈Adj.〉계엄령의, 전시법의: jmdn. s. erschießen 누구를 계엄법으로 다스려 총살하다. ~rede, die 〈드물게〉(장례식에서의) 설교, 서서 들어야 하는 연설, 축사. ~seilbahn, die 케이블 철도. ~sicher〈Adj.〉고정된, 요동하지 않는(↑fest (1)). ~sicherheit, die 확고 부동성, 안정성. ~spiegel, der 세워서 되어 있는 거울. ~spiel, das 《특히 축구·운이》 많이 띄지 않고서 자기 정위치에서 공을 처리하는 방법. ~sprung, der 【육상】(높이뛰기나 멀리뛰기에서 도움닫기 없이) 제자리 뛰기. ~spur, die (도로의) 비상 정지선. ~stoß, der (포환 던지기에서) 제자리[던지기]. ~uhr, die (마루 위에 놓게 되어 있는) 좁다란 상자 모양의 추시계. ~vermögen, das 지구력(持久力). ~versuch, der 【공학】 (타성의) 내구력 검사(테스트). ~vogel, der 【동물】 텃새, 유조(留鳥). ~waage, die 【체조】 수평자세(한 발로 서서 몸을 수평으로 유지하는): in die S. gehen 수평 자세를 취하다. ~weitsprung, der 【육상】 제자리 멀리뛰기. ~wild, das 【사냥】 텃짐승, 정류수(定留獸). ~zeit, die 【공학】 (기계 따위의) 사용 년수, 내구 기간.

¹Standard ['ʃtandart, 《또한》 'st...], der; -s, -s [engl. standard] 1. 표준, 기준, 규범, 모범: international festgelegte -s 국제 규격. 2. 수준: ein hoher S. der Bildung 높은 교양 수준; Fernsehen, Telefon, Kühlschrank und Waschmaschine gehören heute schon zum S. eines Haushalts 텔레비전, 전화, 냉장고, 세탁기는 오늘날 이미 가계의 기본 품목에 속한다. 3. 〈전문어〉↑Normal (1). 4. 【주전】(주화의) 법정 순도

(純度). ²Standard ['stændad], das; -s, -s 《은어》(재즈 악단의) 십팔번 연주 곡목.

standard-, Standard-: ~abweichung, die 【통계】 표준 편차. ~ausrüstung, die 표준 장비. ~beispiel, das 모범적인[전형적인] 예. ~brief, der 규격 편지[서한](체신부의 규격에 맞는). ~farbe, die 흔히 쓰는 색깔: die S. der Herrenbekleidung ist dunkelblau 신사복의 표준색은 흑청색이다. ~form, die 표준 형태[형식]. ~kalkulation, die 【경제】표준 산정(算定). ~klasse, die 【스포츠】규격 체급[종목](특정 제약 규정이 있는). ~kosten〈Pl.〉【경제】표준 비용. ~kostenrechnung, die 【경제】표준 비용 계산. ~lösung, die 표준 용액. ~modell, das 흔히 찾는 모델, 표준형, 보통형. ~nerz, der 천연 모피, 고급 밍크. ~papiere〈Pl.〉【증권】(주요 회사들의) 인기주. ~preis, der 【경제】 표준가격. ~sorte, die 흔히 있는 종류, 표준형. ~sprache, die 【언어】 표준어, 공통어. ~sprachlich〈Adj.〉표준어의, 공통어의. ~tanz, der 〈대개 Pl.〉 (무용경기의) 표준무곡들(느린 왈츠, 탱고, 슬로우폭스, 비엔나 왈츠 및 퀵스텝). ~typ, der (차, 기계 따위의) 표준형, 보통형. ~werk, das 정평 있는 책, (그 분야의) 기본[모범] 학술 서적. ~zeit, die ↑Normalzeit.

Standardisation [ʃtandardizaˈtsi̯oːn, 《또한》 st...], die; -en [engl. standardization] 규격 통일, 표준화. standardisieren [...diˈziːrən] (h) [engl. to standardize] 규격에 맞추어 통일하다, 규격화하다. Standardisierung, die; -en 규격화, 규격 통일, 표준 규격화.

Standarte [ʃtanˈdartə], die; -n [frz. estandart] 1. a) (군·옛) 군기, 부대의 깃발: bei der S. bleiben (고어) (부인의) 정조를 지키다. b) (고관의 자동차 따위에 다는) 깃발, 국가 원수 기, 시장기. 2. (나치) 《돌격대 및 친위대의》 연대급 부대. 3. 【사냥】(여우·늑대의) 꼬리. Standartenführer, der (나치) (돌격대 및 친위대의) 연대급 부대장. Standartenträger, der 수장기(首長旗)를 달고 다니는 사람(국가 원수, 왕, 시장 등).

Ständchen [ˈʃtɛntçən], das; -s, -. 1. ↑Stand (3)의 축소형. 2. 소야곡(小夜曲), 세레나데: jmdm. ein S. bringen 누구를 위해 소야곡을 부르다(연주하다). Stande [ˈʃtandə], die; -n 《schweiz.》 통(Faß, Bottich). stände [ˈʃtɛndə] ↑stehen 참조. Stände: ↑Stand (2, 3, 6~8)의 복수형.

Stände-: ~haus, das 《역사적》 신분 대표 의회당, 《신분제 의회의》 의사당. ~kammer, die 《역사적》 신분 대표(로 구성된) 상원. ~ordnung, die 《역사적》 신분 제도. ~rat, der 《schweiz.》 a) (스위스의) 상원. b) (각 주 대표로 구성되며, 상원에 해당함). b) 전주 의회 의원. ~recht, das 《역사적》 신분차등법. ~saal, der 《역사적》 신분 대표 의회당, 신분제 의회의 의사당. ~staat, der 《역사적》 신분 국가. ~tag, der 《역사》 신분 대회, 신분 대표 회의. ~wesen, das 〈Pl. 없음〉 신분제 계급 제도(의 기구들). ~versammlung, die 신분 대회.

Standen [ˈʃtandn̩], der; -, - 《지역적》↑Stande. Stander [ˈʃtandɐ], der; -s, - [niederd. stander] 1. (선박, 차량 따위의) 삼각기, 사령기, 신호기. 2. [선원] 짧은 강삭(鋼索), 철사줄. Ständer [ˈʃtɛndɐ], der; -s, - [niederd. stander, stender] 1. (물건을 세워 두는) 대(臺), 촛대, 걸상(옷상이), 우산꽃이, 자연스레 세워 두는 것: den Mantel am S. aufhängen 외투를 옷걸이에 걸다. 2. [사냥] (물새 이외의) 들새의 발이나 다리. 3. 《통용어》 발기한 남근(男根). 4. 【토목】 직립 기둥, 주각(柱脚). 5. 【전기】 고정자(固定子). Ständerlampe, die 《schweiz.》↑Stehlampe. Ständerpilz, der 담자균류(擔子菌類).

standes-, Standes-: ~amt, das 호적 사무소(출생, 사망, 결혼에 관한 사무를 관장하는 관청). ~amtlich〈Adj.〉호적 사무소를 통한[에 의한]: eine -e Trauung

호적 사무소에 신고함으로써 요식 행위를 끝마치는 결혼식. ~**beamte'**, der 호적 사무소의 관리, 호적계 서기. ~**bewußt** 〈Adj.〉 신분 의식이 강한. ~**bewußtsein**, das 신분 의식, 계급 의식. ~**dünkel**, der 〈蔑〉 오만한 신분 의식, 신분에 대한 망상. ~**ehre**, die 〈고어〉 (직업, 신분상의) 명예, 체면. ~**fall**, der 〈österr.〉 (호적계에서 취급되는) 일, 사건(출생·사망 및 결혼 관계의). ~**gefühl**, das (직업, 신분상의) 자의식, 감정. ~**gemäß** 〈Adj.〉 신분에 알맞는(어울리는). ~**herr**, der 〈역사적〉 원래 황제직속 귀족이었다가 1806년 이후부터 직속영주를 잃었으나 군주에 버금가는 특권을 누리던 귀족. ~**herrlich** 〈Adj.〉 ↑~herr의 형용사형. ~**herrschaft**, die ↑ Standesherr의 영지(領地). ~**kultur**, die 어느 신분(계급)의 특수한 문화. ~**matrikel**, die 〈österr.·관〉 호적부(戶籍簿). ~**organisation**, die 직능 대표 기구(조합). ~**person**, die 〈옛〉 고위 귀족, 지위가 높은 사람. ~**pflicht**, die 직업(계층·신분)상의 의무. ~**privileg**, das 〈대개 Pl.〉 높은 신분에 소속되어 있기에 누리는 특권. ~**recht**, das 〈대개 Pl.〉〈옛〉 어느 신분의 구성원들이 누리던 권리들. ~**register**, das 호적부 〈戶籍簿〉. ~**schranke**, die 〈대개 Pl.〉 신분간의 제약(차이). ~**sprache**, die (어떤 직업에 독특한) 직업어. ~**unterschied**, der 신분 간의 차이, 계층간의 상위(相違). ~**vorrecht**, das ↑~privileg. ~**vorurteil**, das 신분적[계급적] 편견. ~**würde**, die 〈옛〉 신분상의 체통 [권위]. ~**würdig** 〈Adj.〉 신분에 어울리는(맞는). ~**zugehörigkeit**, die 어느 신분에 소속해 있음; 소속 신분.

standhaft ['ʃtanthaft] 〈Adj.〉 마음이 굳은, 완강한, 단호 [확고]한, 의연한, 항구 불변인: sie ertrug s. ihr Leid 그녀는 괴로움을 꿋꿋하게 참아 내었다. **Standhaftigkeit**, die ↑standhaft의 명사형. **ständig** ['ʃtɛndɪç] 〈Adj.〉 **1.** 대단히 빈번한, 끊임없이 반복되는, 지속적인, 항시의: mit jmdm. in -er Feindschaft leben 누구와 항상 적대관계 속에서 살다; er ist s. unterwegs 그는 항상 여행 중이다. **2. a)** 상설의, 상임의: -es Mitglied einer Körperschaft sein 어떤 단체의 상임 구성원이다. **b)** 고정된, 불변의: ein -es Einkommen haben 고정 수입을 갖고 있다.
Standing ['stændɪŋ], das; -s 〈engl. standing〉 《드물게》 명성, 지위, 평판.
ständisch ['ʃtɛndɪʃ] 〈Adj.〉 **1.** 신분상의: die -e Ordnung 신분제도. **2.** 〈schweiz.〉 전주(全州) 의회의, 상원 (上院)의. **ständlich** 〈Adj.〉〈schweiz.〉 신분상의, 직업상의.
Standl, das; -s, - 〈bayr., österr.〉 스탠드식 매점.
Standlerin, die; -nen 〈österr.〉 스탠드식 매점의 여주인.
Stange ['ʃtaŋə], die; -n **1. a)** 〈축소형: ↑Stängelchen, Stänglein〉 막대기, 홰, 활대, (덩굴식물을 위한) 지주(支柱), (옷 가게의) 옷걸이: eine S. aus Eisen 쇠 막대기; **jmdm. die S. halten** 1) 누구를 비호하다; 누구의 편을 들다. 2) 《schweiz.》 누구와 경쟁하다[겨루다]; **jmdm. bei der S. halten** 누구로 하여금 어떤 일을 완결하도록 하다; **bei der S. bleiben** 어떤 일을 포기하지 않고 완결하다; **von der S.** 《통용어》 기성품의: Kleidung von der S. kaufen 기성복을 사다; ein Mann von der S. 평범한 사람, 범인. **b)** 〈무용·체조 연습을 위해 벽에 설치해 놓은〉 수평봉. **c)** ↑Kletterstange의 약칭. **d)** [마술] (장애물 위에 걸어두는) 막대기. **2. a)** 〈축소형: ↑Stängelchen, Stänglein〉 (막대 모양으로 된 어떤 물건) 한 개, 한 막대기: bring bitte zwei -n Weißbrot mit 흰 빵 두 개 가져와 줘! ; Schwefel in -n 막대 모양의 유황, 유황봉; **eine** (**hübsche, schöne**) **S. Geld** 《통용어》 대단히 많은 돈; **eine** (**ganze**) **S.** 《통용어》 많은 양: das kostet wieder eine S. 그것도 돈이 많이 드는 거야; **eine S. angeben** 《통용어》 호언장담하다, 허세를 부리다; **eine S.** (**Wasser**) **in die Ecke stellen** 《경》 (남자들이) 선 채로 오줌 누다. **b)** 《지역적》 긴 원통형의 맥주잔(퀼른 지방의). **3.** 《지역적》 ↑Deichsel: **einem Pferd die -n geben** 《속보 경마》 결승점을 앞두고 말에게 최고 속도를 내게 하다. **4.** 고삐나 재갈 중 짐승의 입 안에 들어가 있는 부분. **5.** 《속어》 발기한 음경[남근]. **6.** 〈대개 Pl.〉《사냥》 (사슴 따위의) 가지뿔, 왼쪽 또는 오른쪽의 뿔. **Stängelchen** ['ʃtɛŋçən], das; -s, - ↑Stange (1 a, 2 a)의 축소형.
stängeln ['ʃtɛŋ(ə)ln] 〈h〉 (덩굴식물 따위를) 막대기로 받쳐 주다.
stangen-, Stangen-: ~**bohne**, die 강낭콩. ~**bohrer**, der (목공용의) 큰 송곳, 나사 송곳. ~**brot**, das (막대 모양의) 빵. ~**förmig** 〈Adj.〉 막대 모양의. ~**gerüst**, das [건축] 막대기로 된 비계. ~**holz**, das **1.** 나무 막대기, 막대기를 만들기 위한 나무. **2.** [임업] 어린 간재(幹材). ~**käse**, der 막대 모양의 치즈. ~**pferd**, das 수레의 채에 직접 닿게 매어져 있는 말. ~**reiter**, der 수레의 채에 직접 닿게 매어져 있는 말의 기수(마부). ~**seezeichen**, das [해양] 수심계측용 막대. ~**spargel**, der 잘게 썰지 않은 아스파라거스. ~**weißbrot**, das 막대 모양의 흰 빵.
Stänglein ['ʃtɛŋlaɪn], das; -s, - ↑Stange (1 a, 2 a)의 축소형.
Stanitzel [ʃtaˈnɪts(ə)l], **Stanitzl** das; -s, - 〈österr.〉 뾰족한 종이 봉투.
stank [ʃtaŋk] ↑stinken 참조. **Stank** [-], der; -(e)s **1.** 《통용어》 승강이, 싸움: es gibt S. 분쟁이 있다. **2.** 《드물게》 ↑Gestank. **stänke** ['ʃtɛŋkə] ↑stinken 참조. **Stänker** ['ʃtɛŋkɐ], der; -s, - **1.** 《드물게》 ↑Stänkerer: so ein S.! 말썽꾸러기[싸움꾸러기] 같으니라구! **2.** 〔사냥〕 스컹크. **Stänkerei** [ʃtɛŋkəˈraɪ], die; -en 《蔑》 말다툼, 싸움. **Stänkerer**, der; -s, - 《통용어·蔑》 말썽부리기, 싸움꾼. **stänkerig** 〈Adj.〉 《통용어·蔑》 승강이를 잘 벌이는, 싸움[말썽]꾸러기의. **stänkern** ['ʃtɛŋkɐn] 〈h〉 《통용어》 **1.** 《蔑》 분쟁을 일으키다, 남의 흠을 찾다. **2.** 《드물게》 악취를 풍기다. **stänkrig** ['ʃtɛŋkrɪç] ↑stänkerig.
Stanniol [ʃtaˈnjoːl, st...], das; -s, -e 주석박(箔), 알루미늄박.
Stanniol-: ~**blättchen**, das (주석 또는 알루미늄의) 박지(箔紙). ~**folie**, das 주석박, 알루미늄박. ~**papier**, das (주석 또는 알루미늄의) 박지, 은박지.
stanniolieren [ʃtanjoˈliːrən, st...] 주석박으로 포장하다.
Stannum ['ʃtanʊm, 'st...], das; -s [lat. stannum] ≡ Zinn.
stantape [ʃtanˈtaːpeː] 〈österr.·경〉 ↑stante pede.
stante pede ['ʃtantə 'peːdə] 《통용어·농》 그 자리에서 당장, 즉각.
¹Stanze ['ʃtantsə], die; -n 〈ital. stanza〉 [운율] 스탠저, 8행련.
²Stanze [-], die; -n **1.** 천공기(穿孔機), 펀치 프레스기. **2.** 철인(鐵印), 압인. **stanzen** ['ʃtantsn] 〈h〉 **1.** (기계로) 형(型)을 찍어내다; 〔전산〕 편치하여 넣다. **2.** (무늬 따위를) 각인하다. **3.** 찍어내다, 도안해서 생산해 내다: eine gestanzte Aufschrift (스탬프로 찍은) 주소 성명(편지 겉봉의). **Stanzerei** [ʃtantsəˈraɪ], die; -en **1.** 《蔑》 찍어대기, 눌러대기. **2.** 찍어내거나 새겨내는 일이 주업인 업소. **Stanzform**, die; -en 판형(板型), 압인(각인)해 내는 본. **Stanzmaschine**, die; -n ↑²Stanze (1).
Stapel ['ʃtaːp(ə)l], der; -s, - [niederd. stapel] **1. a)** 퇴적, 더미: ein hoher S. Holz 높이 쌓아 놓은 나무[목재]. **b)** 퇴적장, 상품 하역장, 창고, 집산지. **2.** [조선] 조선대, 진

수대: das Schiff liegt noch auf dem S. 그 배는 아직도 건조 중이다; (ein Schiff) auf S. legen 배를 건조하기 시작하다(↑ ²Kiel); vom S. laufen 새로 만든 배가 진수하다; vom S. lassen 1) 진수시키다. 2) 《통용어·俗》(가소롭거나 대수롭지 않은 사실을) 공포하다, 알리다. 3. [섬유] 섬유의 길이의 단위. 4. (양모피의) 곱슬곱슬한 털다발들.

stapel-, Stapel-: ~faser [섬유] (잣기 위하여 특정한 길이로 잘라 놓은) 섬유. ~glas, das 〈Pl. -gläser〉 죽 쌓아 올려놓기 좋은 유리잔. ~holz, das ↑Klafterholz. ~lauf, der 진수. ~platz, der 상품 야적장, 창고. ~recht, das [역사적] (중세의 도시들이 지니고 있던) 개시권(開市權), die 〈대개 Pl.〉 1. 쌓아 올려 놓기 좋은 상품. 2. (유행에 민감하지 않아 대량 생산·판매되는) 옷 따위. ~weise 〈Adv.〉 대량으로.

Stapelia, Stapelie [ʃtaˈpeːlia, ...lia̯], die; -, ...ien [...iən] [식물] 새박덩굴과의 다육(多肉) 식물, 스타펠리아.

stapeln [ˈʃtaːp|n] 〈h〉 1. 쌓아 올리다: Bücher s. 책들을 쌓아 올리다. 2. 〈s. + sich〉 다량으로 쌓이다: im Keller stapeln sich die Vorräte 지하실에는 저장품[재고품]이 무더기로 쌓인다. Stapelung, die; -en 퇴적, 축적, 저장.

Stapfe [ˈʃtapfə], die; -n, Stapfen [ˈʃtapfn̩], der; -s, - ↑Fußstapfe(n)의 약칭. stapfen [-] 〈h〉 세게 디디며 걷다[밟다].

Staphylokokkus [ʃtafylo-, st...], der; -, ...kken 〈대개 Pl.〉 [griech. staphylḗ] [의학] 포도상 구균.

Stapler [ˈʃtaːplɐ], der; -s, - ↑Gabelstapler의 약칭.

¹Star [ʃtaːɐ̯], der; -(e)s, -e 〈schweiz.〉 –en 찌르레기: der S. pfeift 찌르레기가 울고 있다.

²Star [staːɐ̯, 〈또한〉 ʃta:ɐ̯], der; -s, -s [engl. star] 1. a) [연극·영화] 인기 배우, 스타: ein S. der Stummfilmzeit 무성 영화 시대의 명배우; [전의] sie war der S. des Abends 그녀는 그 날 저녁의 주인공이었다. b) (특정 분야에서 유명해진) 저명 인사. 2. ↑Starboot의 약칭.

³Star [ʃtaːɐ̯], der; -(e)s, -e 〈드물게 Pl.〉 [민간] 내장(内障): grauer S. 백내장(白內障)(↑²Katarakt); grüner 녹내장(綠內障)(↑Glaukom); jmdm. den S. stechen 《통용어》 누구를 깨우쳐 주다.

star-, Star-: ~agent, der 유명 중개업자. ~allüren 〈Pl.〉《폄》 스타의 거동, 변덕스럽고 허영에 찬 행동거지. ~anwalt, der 명변호사. ~architekt, der 명건축가. ~besetzung, die 인기 스타들이 출연하는 호화 배역. ~blind 〈Adj.〉 내장(内障)으로 앞을 보지 못하는. ~boot, das 3인승의 국제경기용 요트, 스타. ~brille, die 백내장 수술 후에 끼는 안경. ~dirigent, der 명지휘자. ~journalist, der 명기자. ~kasten, der ↑Starenkasten. ~kult, der 《폄》 명배우 숭배. ~mannequin, das 〈드물게〉 der 유명한 패션모델. ~matz, der 《친근》(새장 안의) 찌르레기. ~nummer, die (쇼 등에서) 특히 인기 있는 종목. ~operation, die 백내장 수술. ~parade, die 스타 퍼레이드, 여러 스타들의 등장.

Star [ʃtɛːɐ̯], der; -(e)s, -e [mhd. ster, ahd. stero] [지역적] 숫양, 양의 수컷.

starb [ʃtarp] ↑sterben 참조.

stären [ˈʃtɛːrən] 〈h〉 [지역적] (암양이) 발정하다, 암내 나다.

Starenkasten, der; -s, ...kästen 찌르레기의 보금자리 상자(나무에 매달아 주는).

stark [ʃtark] 〈Adj.; stärker, stärkste〉 1. (반대: schwach 1) a) 힘센, 억센, 건장한: 〈명사화〉 der Starke muß dem Schwächeren helfen 강자는 자기보다 약한 자를 도와야 한다; [전의] ein S. er Staat 강력한 국가; sich für jmdn. [etw.] s. machen 《통용어》 누구[무엇]를 위해 전력투구하다. b) 강한, 끈질긴, (성능이)

좋은: er hat -e Nerven 그는 신경이 강하다. 2. a) 굵은, 튼튼한, 질긴: der Baum hat -e Äste 그 나무는 가지들이 굵다. b) 《은폐》 살찐, 뚱뚱한, 부한. c) (두께나 부피를 나타내어): eine 20 cm -e Wand 20센티 두께의 벽; das Buch ist mehrere hundert Seiten s. 그 책의 부피는 수백 페이지에 달한다. 3. a) 적지 않은 수의, 많은, 다수의: das Land ist s. bevölkert 그 나라는 인구 밀도가 높다. b) (구성원의 수가) 많은, 큰 규모의: ein -es Heer 대규모의 군대. c) 〈nicht adv.〉 (특정한 수량을 가리켜) …명: eine etwa 20 Mann -e Bande 약 20명의 일당[도당]; wie s. ist die Auflage dieses Buches? 이 책은 몇 판이나 나왔느냐? d) 《드물게》 …은 족히 되는, 충분한(↑gut 3 b 참조). 4. 진한, 짙은(반대: schwach 4): -er Kaffee 진한 커피; -e Farben 짙은 색깔. 5. 성능이 좋은(반대: schwach 5): ein -es Fernglas 성능이 좋은 망원경. 6. (반대: schwach 6) a) 유능한, 우수한: der Boxer traf auf einen -en Gegner 그 권투선수는 강적을 만났다; der Schüler ist besonders in Mathematik s. 그 학생은 특히 수학에 능하다. b) (업적, 기록 따위가) 우수한, 탁월한: das ist sein stärkstes Werk 그것이 그의 최우수 작품이다. 7. 지독한, 굉장한, 심한, 격렬한: -e Hitze 지독한 더위, 혹서; das ist eine -e Übertreibung 그것 참 대단한 과장이다; er ist ein -er Trinker(Raucher) 그는 지독한 술꾼[초]이다; beide Fahrzeuge wurden s. beschädigt 두 자동차가 다 심하게 파손되었다; es geht s. auf Mitternacht 《통용어》곧 한밤중[자정]이다; das ist (aber wirklich zu) s.! 그건 정말 너무한데[너무 지나친데]! 8. [청소년] 굉장한, 근사한, 멋진: ein -er Film 끝내주는 영화; in deinen neuen Jeans siehst du aber s. aus! 새 블루진 옷을 입으니 너 참 근사한데! 9. (반대: schwach 8) [언어] a) 《동사》 강변화하는: die -e Konjugation (동사의) 강변화. b) 《명사가》 강변화하는: die -e Deklination (명사의) 강변화. -stark [-] (접미사적 사용) …이 많은, …이 강한: ein umsatzstarker Betrieb 매출액이 많은 업체.

stark-, Stark-: ~behaart 〈Adj.; stärker, am stärksten behaart〉 털이 많은, 털복숭이의. ~bevölkert 〈Adj.; stärker, am stärksten bevölkert〉 인구 밀도가 높은, 사람이 많이 모여 사는. ~bier, das (맥주 함유량이 많아) 독한[센] 맥주. ~farbig 〈Adj.〉 선명한 빛깔의, 짙은 색의. ~herzig 〈Adj.〉 용감한, 마음이 굳은, 침착한. ~knochig 〈Adj.〉 뼈대가 굵은, 골격이 튼튼한. ~leibig [-laibɪç] 〈Adj.〉 살찐. ~leibigkeit, die 비만(肥滿). ~strom, der [전기] 강전류. ~stromleitung, die 강전류의 전선. ~stromtechnik, die 〈Pl. 없음〉 강전(强電)공학. ~stromtechniker, der 강전류 관계의 기술자. ~ton, der [언어] ↑Hauptakzent. ~wind, der [선원] 6~7도의 강풍.

Stärke [ˈʃtɛrkə], die; -n 1. 〈Pl. 없음〉 a) (육체적인) 힘: die S. eines Mannes 남자의 힘; [전의] (내적·도덕적인) 힘: die S. ihres Glaubens 그녀의 신앙의 힘. b) 세력, 권력: die wirtschaftliche S. eines Landes 한 나라의 경제적 힘. c) 능력: die S. seiner Augen läßt immer mehr nach 그의 시력은 점점 감퇴되고 있다. 2. 견고성, 두께, 굵기: die S. der Mauern 벽의 두께[견고성]. 3. 수량, 사람 수: die S. einer Armee 군대의 병력; die S. der einzelnen Klassen 개별 학급들의 인원수. 4. 〈Pl. 없음〉 농도: die S. des Kaffees 커피의 농도; die S. der Säure messen 산의 농도를 측정하다. 5. 고성능, 6. a) 능력, 재능: Mathematik war niemals meine S. 수학은 결코 내가 잘하는 과목이 아니었다. b) 장점: die entscheidende S. des Systems ist seine Unkompliziertheit 이 제도의 결정적 장점은 이것이 복잡하지 않다는 데에 있다. 7. 격렬한 정도: die S. des Verkehrs 교통량. 8.

전분(澱粉), (빨래에 먹이는) 풀.
stärke-, Stärke- (Stärke 8): **~bildung,** die 전분 형성. **~binde,** die [의학] (풀먹인) 붕대. **~fabrik,** die 전분 제조 공장. **~gehalt,** der 전분 함유량. **~haltig** ⟨Adj.⟩ 전분을 함유하고 있는. **~kleister,** der 전분 풀. **~mehl,** das 전분 가루. **~puder,** der 고운 전분 가루. **~sirup,** der 전분 시럽. **~zucker,** der ↑Traubenzucker.
stärken ['ʃtɛrkn̩] ⟨h⟩ **1. a)** 기운(원기)를 돋우다, 강건하게 하다: regelmäßiges Training stärkt den Körper 규칙적인 연습은 몸을 튼튼히 해 준다. **b)** ⟨s. + sich⟩ (원기를 돋우기 위하여 간식으로) 무엇인가를 먹다(마시다): nach dem langen Marsch stärkten sie sich mit einem Imbiß 오랜 행진 끝에 그들은 간식으로 기운을 돋우었다. **2.** 유리(유력)하게 하다. **3.** (빨래에) 풀을 먹이다. **stärker** ['ʃtɛrkɐ] ↑stark의 비교급.
Starking ['starkɪŋ], der; -s, -s 스타킹(사과 품종의 하나).
stärkste ['ʃtɛrkstə] ↑stark의 최상급. **Stärkung,** die; -en **1. a)** 강화, 원기 보강: diese Behandlung führte zu einer S. seines Körpers 이 치료로 인하여 그의 몸은 원기를 회복하게 되었다. **b)** (원기를 돋우기 위한) 간단한 음식: nach der langen Wanderung nahmen wir eine kleine S. zu uns 오랫동안 걸은 후에 우리들은 원기를 돋우기 위해 간단한 음식을 먹었다. **2.** 유리하게 됨, 입장 강화. **Stärkungsmittel,** das [의학] 강장제(强壯劑)⟨↑Roborans⟩.
Starlet, Starlett ['ʃtaːɐ̯lɛt, 'st...], das; -s, -s [engl. starlet]《조롱·폄》벌써 대스타인 체 행동하는 젊은 여배우.
Stärling ['ʃtɛːɐ̯lɪŋ], der; -s, -e 찌르래기사촌.
Starnberger See ['ʃtarnbɛrgɐ-], der 스타른베르크 호 (湖)(독일 바이에른 주 남부에 있는).
Starost [ʃta'rɔst, 《또한》 st...], der; -en, -en [poln., russ. starosta] ⟨옛⟩ **1.** (폴란드나 제정 러시아의) 촌장(村長). **2.** (폴란드의) 영주, 지사. **Starostei** [ʃtarɔs'taɪ̯, st...], die; -en (폴란드의) 행정 구역.
starr [ʃtar] ⟨Adj.⟩ **1. a)** 뻣뻣한, 부동의, 탄력성이 없는: sie stand s. vor Schreck 그녀는 놀란 나머지 꼼짝 못하고 서 있었다. **b)** 부동의, 꽉 고정된. **2.** 고정된, 명한, 생기 없는: er schaute s. geradeaus 그는 명하니 앞을 응시하고 있었다. **3. a)** 융통성 없는: ein -es Prinzip 융통성 없는 원칙. **b)** 완고한, 굽히지 않는, 고집불통의.
starr-, Starr-: **~achse,** die [자동차] 고정 차축. **~kopf,** der ⟨폄⟩완미한 사람, 고집불통 사람. **~köpfig** ⟨Adj.⟩ ⟨폄⟩고집불통인, 옹고집의, 똥고집의: s. an etw. festhalten 무엇에 지나치게 집착하는. **~krampf,** der ↑Wundstarrkrampf의 약칭. **~sinn,** der ⟨폄⟩완미, 완고, 옹고집. **~sinnig** ⟨Adj.⟩ ⟨폄⟩ ~köpfig. **~sinnigkeit,** die ⟨폄⟩옹고집, 완고, 완미. **~sucht,** die ⟨Pl. 없음⟩ [의학] ⟨드물게⟩ ↑Katalepsie. **~süchtig** ⟨Adj.⟩ ⟨드물게⟩ ↑kataleptisch.
Starre ['ʃtarə], die 경직, 마비, 응시, 부동, 완고. **starren** ['ʃtarən] ⟨h⟩ **1.** 응시하다: in die Dunkelheit s. 어둠 속을 응시하다. **2. a)** ⟨폄⟩무엇으로 꽉 차 있다: das Zimmer starrt von Schmutz 그 방은 더러운 것으로 꽉 차 있다. **b)** ⟨정서⟩무엇으로 가득하 있어서 다른 것은 미처 보이지 않다. **3.** 우뚝 솟아 있다. **Starrheit,** die 경직, 마비, 응시, 부동, 완고, 고집.
Stars and Stripes ['staːz ənd 'straɪps] ⟨Pl.⟩ [engl.] 성조기.
Start [ʃtart, 《또한 österr.에서만》 start], der; -(e)s, -s / ⟨드물게⟩ -e [engl. start] **1. a)** (경주, 수영 따위의) 출발, 스타트: ein gelungener S. 잘한(성공적인) 출발; den S. freigeben (경기에서) 출발시키다; **fliegender**

S. [스포츠] 도움닫기 출발, 주행 중 출발; **stehender S.** [스포츠] 제자리 출발, 정위치 출발. **b)** 출발선, 스타트 라인. **c)** (경기에의) 참가. **2. a)** 이륙: der S. des Flugzeugs muß verschoben werden 비행기의 이륙이 연기되지 않으면 안된다; eine Maschine zum S. freigeben 비행기에 이륙을 허가하다. **b)** 이륙 지점. **3.** (자동차 따위의) 시동을 걸어(이), 출발시킴, 시동. **4. a)** (미래를 향한) 새 출발, 출범: alles Gute zum S. ins Berufsleben! 직장 생활을 출발함에 즈음하여 모든 것이 잘 되기를 비네! **b)** 초창기, 출발시기.
start-, Start-: **~ausweis,** der ↑~paß. **~automatik,** die [자동차] 자동 초크(Choke). **~bahn,** die 이륙 활주로(반대: Landebahn). **~berechtigung,** die ↑~erlaubnis (2). **~bereit** ⟨Adj.⟩ 출발(이륙) 준비가 다 되어 있는. **~block,** der ⟨Pl. -blöcke⟩ **1.** ⟨Pl.⟩ [육상] 스타팅 블록, 스타트대(臺), 출발대. **2.** [수영] 스타트단(壇). **~erlaubnis,** die **1.** 출전 허가서(공식 시합에의). **2.** 이륙 허가. **~fertig** ⟨Adj.⟩ ↑~bereit. **~flagge,** die 출발 신호를 알리는 깃발. **~geld,** das **1.** 경기 참가비. **2.** (프로선수가 경기참가 전에 받는) 계약금. **~hilfe,** die **1.** 출발 보조금. **2. a)** (시동이 안 걸리는 고장난 자동차에 대한) 배터리 연결. **b)** (추운 날씨에 시동이 잘 걸리도록 휘발유를 넣어 유입시키는) 조절 장치, 초크. **3.** (비행기 따위의) 이륙용 보조 엔진[로켓]. **~hilfekabel,** das (고장난 자동차가 시동이 걸리도록 하기 위한) 배터리 연결 전선. **~kapital,** das [경제] 최초 자본, 시동 자본. **~klar** ⟨Adj.⟩ ↑~bereit. **~kommando,** das 출발 명령, 이륙 지령, (로켓 등의) 발사 명령. **~läufer,** der (릴레이의) 첫 주자. **~linie,** die 스타트 라인, 출발선. **~loch,** das (육상·옛) 스타트용으로 지면에 파놓은 구멍. **~maschine,** die (육상·드물게) ~block (1). **~nummer,** der 참가 번호, 배 넘버. **~paß,** der 경기 참가 허가서. **~pistole,** die 출발 신호용 피스톨. **~platz,** der ↑Start (1 b). **~rampe,** die (로켓의) 발사장. **~recht,** das 출전권, 참가권. **~schiff,** das [요트] 지휘선. **~schuß,** der (청각적) 출발 신호. **~signal,** das (시각적 또는 청각적) 출발 신호. **~sprung,** der 다이빙식 출발. **~und-Lande-Bahn,** die 이착륙용 활주로. **~verbot,** das (공식 시합에의) 출전 금지. **~zeichen,** das ↑~signal. **~Ziel-Sieg,** der 출발부터 선두를 달렸던 우승.
starten ['ʃtartn̩, 《또한 österr.에서》 'startn̩] [engl. to start] **1. a)** ⟨h⟩ (달리기, 수영, 따위의 경기에서) 출발시키다: das Autorennen s. 자동차 경주를 출발시키다. **b)** ⟨s⟩ (출발 신호에 따라) 출발하다: er ist gut gestartet 그는 출발을 잘했다. **c)** ⟨s⟩ 출전하다, 참가하다, 뛰다. **2. a)** ⟨h⟩ 발사(이륙)시키다: die USA haben einen Satelliten gestartet 미국은 인공위성을 발사하였다. **b)** ⟨s⟩ 출발(이륙)하다. **3.** ⟨h⟩ 시동을 걸다: das Auto s. 자동차의 시동을 걸다. **4. a)** ⟨h⟩ (통용어) (사업, 계획 따위를) 시작하다, 개시하다. **b)** ⟨s⟩ (사업, 계획을 수행하기 위하여) 출발하다, 떠나가다. **c)** ⟨s⟩ 시작하다. **Starter,** der; -s, - [engl. starter] **1.** 출발 신호 담당자. **2.** 출전자. **3.** ↑Anlasser. **Starterklappe,** die ↑Choke.
Stase ['staːzə, 'ʃt...], Stasis [...zɪs], die; Stasen [griech. stásis] [의학] 혈행(血行) 정지, 울혈.
¹**Stasi** ['ʃtaːzi], die ⟨드물게⟩ (통용어) ⟨Staatssicherheitsdienst⟩ (국가 안전부, 구동독의 비밀 경찰)의 약칭. ²**Stasi** [-], der; -s, -s (통용어) (구동독의) 국가 안전부원, 공안 요원.
Stasimon ['staːzimɔn, 'ʃt...], das; -s, ...ma [griech. stásimon(mélos)] [문예학] (고대 그리스 극에서의) 합창대의 노래(막간의).
Stasis: ↑Stase.
stät [ʃtɛːt] (schweiz.) ↑stet.

statarisch [ʃtaˈtaːrɪʃ, st...] 〈Adj.〉 [lat. statarius] 《교양어·드물게》 서서히 나아가는, 정체하는: -e Lektüre 천천히 자구(字句)를 검토해 나가는 강독(반대: kursorische Lektüre). **State Department** [ˈsteɪt dɪˈpɑːtmənt], das; - - 미국의 국무성. **Statement** [ˈsteɪtmənt], das; -s, -s [engl. statement] 1. 공식 성명, 언명. 2. 〔전산〕 지시, 명령.
statieren [ʃtaˈtiːrən] 〈h〉 〔연극〕 단역[엑스트라]으로 출연하다.
stätig [ˈʃtɛːtɪç] 〈Adj.〉 1. (schweiz.) ↑stetig. 2. 《지역적》 《말이》 다루기 힘든, 고집이 센, 뒷걸음질치는. **Stätigkeit**, die ↑stätig의 명사형.
Statik [ˈʃtaːtɪk, 《또한》 ˈst...], die [griech. statikḗ (téchnē)] 1. 〔물리〕 **a)** 정역학(靜力學)(반대: Kinetik 1). **b)** 평형 정역학(반대: Dynamik 1). 2. 〔토목〕 안전도: die S. einer Brücke berechnen 교량의 안전도를 계산하다. 3. 《교양어》 정체(停滯)상태. **Statiker**, der; -s, - 정역학자, 평형 역학 전공의 토목 기사.
Station [ʃtaˈtsjoːn], die; -en [lat. statio] 1. a) 정류장, 정거장: wie viele -en müssen wir noch fahren? 아직 몇 정거장을 더 가야 합니까?; bei der nächsten S. müssen wir aussteigen 다음 정거장에서 우리는 내려야 한다. **b)** 역, 조그만 역. 2. **a)** 체류지, 경유지: freie S. (준고어) 무료 숙식; S. machen (항해 중에) 정박하다, (여행 중에) 잠시 쉬다. **b)** 〔가〕 지정 참예(參詣) 지점, 순례 행렬의 집합 지점. 3. (어떤 과정의) 중요한 단계. 4. (병원의) 과, 병동: die chirurgische S. 외과(병동); der Patient liegt auf S. drei 그 환자는 제3병동에 누워 있다; der Arzt ist auf S. 그 의사는 근무 중이다. 5. **a)** (관찰, 연구를 목적으로 하는 기술시설 따위) 관측소, 연구소. **b)** 방송국. **stationär** [ʃtatsjoˈnɛːɐ̯] 〈Adj.〉 [frz. stationnaire] 1. (특히 전문어) **a)** (특정 장소에) 고정된: ein -es Laboratorium 부속 실험실. **b)** 지속적인, 불변의. 2. 〔의학〕 입원의(반대: ambulant 2): -e Behandlung 입원 치료; es ist nötig, die Versorgung s. fortzusetzen 계속 입원 치료가 필요합니다. **stationieren** [...ˈniːrən] 〈h〉 1. 배치하다, 배속시키다, 주둔시키다: (자주 과거분사로 사용됨) die in Deutschland stationierten amerikanischen Truppen 독일에 주둔 중인 미군 부대들. 2. 갖다두다, 배치하다, 설치하다: Atomraketen in Deutschland s. 독일에 미사일을 배치하다. 3. (고어) 주차하고 있다. **Stationierung**, die; -en 배치, 배속, 주둔. **Stationierungskosten** 〈Pl.〉 주둔 비용.
stations-, **Stations-**: **~arzt**, der (병원의) 과의 책임 의사, 병동의 책임의사. **~ärztin**, die ↑~arzt의 여성형. **~dienst**, der 병동 근무, 관측소(출장소, 연구소) 근무. **~gebäude**, das 역사(驛舍), 정거장 건물. **~hilfe**, die (병동 근무의) 보조 간호원, 간호 보조 요원. **~kosten** 〈Pl.〉 입원비. **~pfleger**, der (각 병동의) 남자 간호원 책임자. **~schwester**, die (각 병동의) 수간호원. **~vorstand** (österr.), **~vorsteher**, der 역장.
statiös [ʃtaˈtsjøːs] 〈Adj.; -er, -este〉 [mit französierender Endung zu mlat. status, ↑Staat (3)] 《고어·아직도 지역적》 화려한, 장려한.
statisch [ˈʃtaːtɪʃ, 《또한》 ˈst...] 〈Adj.〉 1. 〔물리〕 정역학의(반대: dynamisch 1): -e Gesetze 정역학의 법칙들. 2. 〔토목〕 평형 역학적인. 3. 《교양어》 정체(停滯)적인.
stätisch [ˈʃtɛːtɪʃ] ↑stätig (2).
Statist [ʃtaˈtɪst], der; -en, -en [lat. statum] 1. 〔연극·영화〕 엑스트라, (대사를 맡지 않는) 단역(端役). 2. 하찮은 인물, 주변 인물. **Statisterie** [...təˈriː], die; -n [...iːən] 1 Komparserie. **Statistik** [ʃtaˈtɪstɪk, 《또한》 ˈst...], die; -en **1.** 〈Pl. 없음〉 통계학. **2.** 통계: offizielle -en 공식 통계. **Statistiker**, der; -s, - 1. 통계학자. 2.

통계가, 통계 분석가. **Statistin** [ʃtaˈtɪstɪn], die; -nen ↑Statist의 여성형. **statistisch** [ʃtaˈtɪstɪʃ, 《또한》 ˈst...] 〈Adj.〉 [lat. statisticus] 1. 통계학의. 2. 통계에 입각한, 통계상의. **Stativ** [ʃtaˈtiːf], das; -s, -e [...iːvə; lat. statīvus] 삼각대, 가(架): den Fotoapparat auf das S. schrauben 사진기를 삼각대 위에 설치하다. **Statoblast** [ʃtatoˈblast, st...] der; -en, -en [zu griech. statós (↑Statik) u. blastós = Keim] 〔생물〕 태선충류(苔蘚虫類)의 무성(無性) 생식 세포. **Statolith** [ʃtatoˈliːt, 《또한》 ...ˈlɪt, 《또한》 ˈst...] der; -s / -en, -e(n) [griech. statós u. ↑-lith] 〈대개 Pl.〉 〔해부〕 (귓속의) 평형석(平衡石). **Stator** [ˈʃtaːtɔr, 《또한》 ...toːɐ̯, 《또한》 ...ˈsˈt...], der; -s, ...oren [spät lat. statōr; zu lat. stāre] 〔공학〕 고정자(固定子). **Statoskop** [ʃtatoˈskoːp, st...], das; -s, -e [griech. statós (↑Statik) u. skopeĩn] 〔항공〕 고성능 고도(高度) 측정기.

statt [ʃtat] ↑anstatt. **Statt** [-], die 《아이·드물게》 장소: an jmds. S. 누구 대신에; an Eides S. 선서 대신에(↑Eid); an Kindes S. 양자로(↑Kind 2); an Zahlungs S. 돈을 지불하는 대신에(↑Zahlung).
statt-, **Statt-**: **~finden*** 〈h〉 일어나다, 행해지다, 개최되다: die Aufführung findet heute in der Aula statt 오늘 공연은 대강당에서 있습니다. **~geben*** 〈h〉 〔관〕 허가하다, 들어주다: dem Gnadengesuch wurde stattgegeben 사면원(赦免願)이 받아들여졌다. **~haben*** 〈h〉 《아이》 ↑~finden. **~halter**, der 1. 〔역사적〕 총독, 태수, 지사. 2. (schweiz.) **a)** 주(州)지사, 시장. **b)** (특히 주의) 장관 대리. **c)** ↑Gemeindepräsident. **~halterei** [-halttəˈraɪ], die; -en 〔역사적〕 총독 지사령. **~halterschaft**, die 총독(태수)의 직무(수행).
Stätte [ˈʃtɛtə], die; -n 《아이》 장소, 곳: eine heilige S. 성지(聖地); die S. des Sieges 전승지. **statthaft** [ˈʃtatˌhaft] 〈Adj.〉 《아이》 허용된, 허가된, 적법의, 합법적인: es ist nicht s., hier zu rauchen 여기서는 담배를 피우실 수 없습니다. **Statthaftigkeit**, die ↑statthaft의 명사형.
stattlich [ˈʃtatlɪç] 〈Adj.〉 [niederd. statelik] 1. 위풍당당한, 위엄이 있는: ein -er Mann 위풍당당한 남자. 2. 장려한, 근사한, 상당한 수량의, 많은: er besitzt eine -e Sammlung von Briefmarken 그는 적지 않은 수량의 우표를 수집하였다. **Stattlichkeit**, die ↑stattlich의 명사형.
Statuarik [ʃtaˈtu̯aːrɪk, 《또한》 st...], die 《교양어·드물게》 조각술, 조상성(彫像性). **statuarisch** 〈Adj.〉 [lat. statuārius] 조각술의, 입상(立像)같은. **Statue** [ˈʃtaːtuə, 《또한》 ˈst...], die; -n [lat. statua] 입상(立像), 조상: er stand unbewegt wie eine S. 그는 마치 입상처럼 꼼짝 않고 서 있었다. **statuenhaft** 〈Adj.〉 **a)** 입상 같은. **b)** 꼼짝 달싹하지 않는. **Statuenhaftigkeit**, die ↑statuenhaft의 명사형. **Statuette** [ʃtaˈtu̯ɛtə, 《또한》 st...], die; -n [frz. statuette] 작은 입상(조상). **statuieren** [ʃtatuˈiːrən, 《또한》 st...] 〈h〉 [spätmhd. statui(e)ren < lat. statuere, ↑Statue] 《교양어》 확립(확정)하다, 정하다, (본보기로) 보이다. **Statuierung**, die; -en 《드물게》 ↑statuieren의 명사형. **Statur** [ʃtaˈtuːɐ̯], die; -en [lat. statūra] 체격, 자태, 신장: er hat die S. seines Vaters 그는 아버지의 체격을 닮았다. **Status** [ˈʃtaːtʊs, 《또한》 ˈst...], der; -, - [...tuːs; lat. status] 1. 《교양어》 상황, 여건: der wirtschaftliche S. eines Landes 한 나라의 경제적 상황. 2. **a)** 신분, 지위: der S. der Intellektuellen 지성인의 신분. **b)** 〔법〕 법적 지위. 3. 〔의학〕 (건강)상태. **Status nascendi** [- nasˈtsɛndi], der; - - [lat.] 〔화학〕 발생기 상태. **Status praesens** [-ˈprɛːzɛns], der; - - [lat.] 〔의학〕 (환자의) 현재 증세(상태). **Status quo** [-kvoː], der; - - [lat.] 〔특히

법] 현재 상태, 현상(現狀). **Status quo ante** [- -'antə], der; - - - [lat. ante = vor] 《교양어》 이전(以前)의 상태. **Statussymbol,** das; -s, -e 신분 상징 표시[수단], 스테이터스 심벌: das Auto als S. 신분상징으로서의 자동차. **Statut** [ʃta'tuːt, 《또한》 st...], das; -(e)s, -en [lat. statutum] 규약, 정관(定款), 조례: -en aufstellen (ändern) 규약을 만들다(변경하다); das verstößt gegen die -en 그것은 규약에 어긋난다. **statutarisch** [ʃtatu'taːrɪʃ, 《또한》 st...] 〈Adj.〉 규약상의, 정관에 따른. **Statutenänderung,** die 규약 변경. **statutengemäß** 〈Adj.〉 ↑satzungsgemäß. **statutenwidrig** 〈Adj.〉 규약에 어긋나는.

Stau [ʃtau], der; -(e)s, -s / -e **1. a)** 흐르던 것이 괸 것, 정체(停滯). **b)** 〈Pl. 대개 -s〉 교통 체증: ein kilometerlanger S. 여러 킬로미터나 되는 교통 체증; nach dem Unfall bildete sich ein S. 사고 뒤에 교통 체증이 생겼다. **c)** 〔기상〕 (산지 앞에 정체된) 상승 기류. **2.** 〔드물게〕 둑, 보(洑), 댐.

stau-, Stau-: ~**anlage,** die ↑~werk. ~**becken,** das 저수지. ~**damm,** der 제방둑, 댐, **mauer,** die 제방벽, 높은 방죽. ~**punkt,** der 〔물리〕 (물 속에 잠겨 있는 물체의 부위 중에서) 흐르는 물의 속도가 0인 지점. ~**raum,** der 1. 〔전문어〕 저수용지. **2.** 〔선원〕 적재소, 싣는 곳. **3.** 《구동독》 (차도 위에 표시된) 정차 대기선. ~**see,** der (흐르는 물을 막아 만든) 저수지, 인공호. ~**stufe,** die 갑문(閘門)식 댐, 계단식 댐 (제방이 넘지 않도록 하기 위한). ~**wasser,** das 〈Pl. -wasser〉 《전문어》 계류(溪流). ~**wehr,** das 제방, 둑, 댐 (↑²Wehr). ~**werk,** das 〔전문어〕 = ²Wehr.

Staub [ʃtaup], der; -(e)s, 〔전문어〕 -e / Stäube ['ʃtɔybə] **1.** 먼지, 티끌: völlig mit[von] S. bedeckt sein 완전히 먼지로 뒤덮여 있다; **S. aufwirbeln** 먼지를 일게 하다, 센세이션을 일으키다; **den S. einer Stadt von den Füßen schütteln** 《아어》 어떤 도시를 영원히 떠나다 (마태복음 10장 14절); **sich aus dem Staub(e) machen** 《통용어》 슬쩍 자취를 감추다, 도망치다; jmdn.[etw.] **durch[in] den S. ziehen [zerren]** 《아어》 누구・무엇]를 비방하다, 명예를 훼손하다 (↑Schmutz 1); **vor jmdm. im Staub(e) kriechen; sich vor jmdm. in den S. werfen** 《아어·고어》 누구에게 굽실거리다, 누구에게 굴종하다; **(wieder) zu S. werden** 《아어·완곡》 죽다. **2.** 〔광물〕 (투명한 보석 안에 산재해 있는) 이물질(異物質).

staub-, Staub-: ~**abweisend** 〈Adj.〉 먼지 안 타는: -e Stoffe 먼지를 잘 타지 않는 직물[물질]. ~**bach,** der 물보라를 일으키며 흐르는 작은 개울[폭포]. ~**bedeckt** 〈Adj.〉 먼지에 덮힌, 먼지투성이의. ~**besen,** der 먼지떨이. ~**beutel,** der 〔식물〕 꽃가루 주머니, 꽃밥. ~**blatt,** das 〔식물〕 수꽃술. ~**blattkreis,** der 〔식물〕 원형(圓形)으로 배열된 수꽃술들. ~**brand,** der ↑Flugbrand. ~**brille,** die 먼지막이 안경. ~**bürste,** die 먼지 터는 솔. ~**dicht** 〈Adj.〉 먼지가 들어가지 않는, 먼지를 막는: etw. s. verpacken 무엇을 먼지가 들어가지 않게 포장하다. ~**entwicklung,** die 먼지를 일으킴: eine Sprengung mit starker S. 먼지를 많이 일으키는 폭파. ~**explosion,** die 분진(粉塵)[분체(粉體)] 폭발. ~**faden,** der 《대개 Pl.》 〔식물〕 수술. ~**fahne,** die 강풍에 회오리치는 먼지. ~**fänger,** der 《팜》 실내 장식품(먼지만 끼는). ~**fein** 〈Adj.〉 티끌처럼 작은(미세한). ~**fetzen,** der (österr.) ↑~tuch. ~**feuerung,** die 〔공학〕 (보일러에서의)석탄가루로 때기. ~**filter,** der 〔전문어 때는 대개〕das 〔공학〕 먼지 필터. ~**frei** 〈Adj.〉 먼지가 없는, 방진(防塵)의. ~**geboren** 〈Adj.〉 《성서적》 티끌에서 태어난, 현세의, 덧없는, 죽을. ~**geborene,** * der / die 《성서적》 인간.

~**gefäß,** das ↑~blatt. ~**hose,** die 먼지 회오리, 먼지 기둥. ~**kamm,** der 참빗, 빗살이 아주 가늘고 촘촘한 빗. ~**kohle,** die ↑Kohlenstaub. ~**korn,** das 〈Pl. -körner〉 먼지의 알갱이(粒子), 티끌. ~**lappen,** der 먼지 닦이 걸레. ~**lawine,** die 가루눈이 치솟는 눈사태. ~**lunge,** die ↑Pneumokoniose. ~**mantel,** der 먼지막이 코트, 가벼운 여름 외투. ~**maske,** die 먼지막이 마스크, 방진 마스크. ~**partikel,** das 《또한》 die ↑~korn. ~**pilz,** der ↑Bofist. ~**pinsel,** der 먼지 터는 브러시. ~**sand,** der 〔Schluff (1). ~**saugen** 〈h〉 ↑saugen (2 a): er staubsaugte 그는 진공 소제기로 청소를 했다; sie hat gestern eine Stunde staubgesaugt 그녀는 어제 한 시간 동안 진공 소제기로 청소를 하였다. ~**sauger,** der 진공 소제기, 흡진기. ~**schicht,** die 쌓인 먼지, 먼지의 층. ~**schweif,** der 〔천문〕 (먼지로 되어 있는) 혜성의 꼬리. ~**sturm,** der (사막의) 먼지 폭풍. ~**teilchen,** das ↑~korn. ~**trocken** 〈Adj.〉 **1.** [-'--] 《대개 팜》 바짝 마른. **2.** ['---] 〔전문어〕 (라크칠 따위가) 먼지가 달라붙지 않을 정도로 마른. ~**tuch,** das 〈Pl. -tücher〉 먼지닦이용의 부드러운 천. ~**wedel,** der 먼지떨이, 총채. ~**wolke,** die 사진(砂塵), 구름처럼 회오리쳐 올라간 먼지. ~**zucker,** der ↑Puderzucker.

Stäubchen ['ʃtɔypçən], das; -s, - 먼지의 입자(粒子), 작은 먼지, 티끌. **Stäube:** ↑Staub의 복수형. **stauben** ['ʃtaubn̩] 〈h〉 **1.** 《또한》 sich 1. (비인칭적) 먼지 나다. b) 먼지를 일으키다, 먼지를 피우다. **2.** 〔드물게〕 (먼지, 찌꺼기 따위를) 제거하다. **3.** 〔지역적〕 밀가루를 바르다. **stäuben** ['ʃtɔybn̩] 〈h〉 **1.** 〔드물게〕 먼지를 내다: der Teppich stäubt 양탄자에서 먼지가 난다. **2.** (더러운 것을) 제거하다, 털어 버리다. **3.** 흩날리다. **4.** 뿌리다. **5.** 〔사냥〕 (먼지생조가) 똥을 떨어뜨리다(싸다). **stäubern** ['ʃtɔybɐn] 〈지역적〉 먼지를 털다(제거하다). **staubig** ['ʃtaubɪç] 〈Adj.〉 먼지 투성이의, 먼지로 뒤덮인: die -en Kleider abbürsten 먼지 투성이의 옷을 솔질하다. **7.** 〈지역적·농〉 대취한, 만취한. **Stäubling** ['ʃtɔyplɪŋ], der; -s, -e ↑Bofist.

Stauche ['ʃtauxə], die; -n 〔지역적〕 **1.** (손가락이 나오는) 장갑, 짧은 토시(여성용의). **2.** 소매의 아랫부분. **3.** (부인용의) 머플러.

stauchen ['ʃtauxn̩] 〈h〉 **1.** 세게 누르다(치다), 찍다, 찌르다. **2.** 세게 눌러서 굵게 하다, 구부리다: 〔전의〕 ... ging gestaucht ⋯이 꾸부정하게 되었다. **3.** 〔공업〕 (나사 따위를) 찍어내다. **4.** 《드물게》 ⋯을 빼다 (↑verstauchen). **5.** 〔통용어〕 혼내다, 호되게 꾸짖다. **Staucher,** der; -s, - 〔지역적〕 **1.** ↑Stauche (1~3). **2.** 호되게 꾸짖음: einen S. kriegen[bekommen] 호된 꾸지람을 듣다. **Stauchung** ['ʃtauxʊŋ], die; -en 찍기, 누르기; 구부리기; 찍어내기; 탈구(脫臼).

Stäudchen ['ʃtɔytçən], die; -s, - ↑Staude의 축소형. **Staude** ['ʃtaudə], die; -n 〈축소형: ↑Stäudchen〉 **1.** 〔식물〕 다년초. **2.** (특히 südd.) ↑Strauch. **3.** 〔지역적〕 (배추 따위의) 포기. **stauden** ['ʃtaudn̩] 〈h〉 〔드물게〕 관목처럼 자라다.

stauden-, Stauden-: ~**artig** 〈Adj.〉 다년초의, 관목 모양의. ~**aster,** die 다년생 쑥부쟁이. ~**gewächs,** das ↑Staude (1). ~**salat,** der 〔지역적〕 ↑Kopfsalat. ~**sellerie,** der 다년생 셀러리.

staudig ['ʃtaudɪç] 〈Adj.〉 다년생의.

stauen ['ʃtauən] 〈h〉 **1.** (물의 흐름을) 막다: 〔전의〕 jmds. Redefluß s. 누구의 말(능변)을 가로막다. **2.** 〈s. + sich〉 **a)** 고이다, 막히다: an den Brückenpfeilern hat sich das Eis gestaut 교각들에 얼음덩이가 걸려 있었다. **b)** (교통이) 막히다, 정체하다: 〔전의〕 die

Wut hatte sich in ihm gestaut 그의 마음 속에는 분노가 쌓이고 쌓여 왔었다. 3. [선원] (짐을) 싣다, 부리다. **Stauer**, der; -s, - (부두의) 하역 인부.
Stauf [ʃtauf], der; -(e)s, -e / (액량 단위로서 숫자 뒤에 올 때): - ((지역적·고어)) **a)** 큰 잔, 조끼. **b)** (옛날의) 액량 단위(1.5ℓ 보다 약간 많음).
Staufferbüchse [ˈʃtaufə-], die; -n [공학] 슈타우퍼 윤활유 급유 장치. **Staufferfett**, das; -(e)s [미국의 제조 회사 Stauffer Chemical Company에서] 슈타우퍼 윤활유.
staunen [ˈʃtaunən] ⟨h⟩ [schweiz. stünen]. **1. a)** …을 보고(듣고) 놀라다: er staunte, daß sie schon da war 그는 그녀가 벌써 거기에 있는 것을 보고 놀랐다. **b)** …에 대해 감짝 놀라다: er staunte nicht schlecht, als seine Frau aufkreuzte 그는 자기 아내가 거기에 나타나자 적지 않이 놀랐다. **2.** 경탄하다: über jmds. Einfallsreichtum s. 누구의 풍부한 착상에 대하여 경탄하다. **Staunen** [-], das, -s **1.** 놀라움, 경악: jmdn. in S. (ver)setzen 누구를 놀라게 하다. **2.** 경탄, 감탄: seine Kühnheit hat unser S. erregt 그의 대담성이 우리의 경탄을 자아내었다. **staunenerregend** ⟨Adj.⟩ 경탄을 자아내는. **staunenswert** ⟨Adj.⟩ (아이) 놀랄 만한.
¹**Staupe** [ˈʃtaupə], die; -n (특히 개의) 디스템퍼, 견온병.
²**Staupe** [-], die; -n (옛) **1.** 공개 태형(苔刑). **2.** 매, 채찍. **stäupen** [ˈʃtɔypn̩] ⟨h⟩ ((옛)) 태형에 처하다. **Stäupung**, die; -en ↑stäupen의 명사형.
Staurolith [ʃtauroˈliːt, (또한) ...lɪt, st...], der; -s, -e [griech. staurós u. ↑-lith] [광물] 십자석(十字石).
Staurothek [...teːk, st...], die; -en [griech. théke] 성 십자가 성물함(聖物函).
Stauung, die; -en **1.** (물의 흐름을) 막기. **2.** ↑Stau (1 a ~c). **Stauungsniere**, die **1.** ↑Hydronephrose. **2.** 울혈신(鬱血腎).
Std. = Stunde. **Stdn.** = Stunden.
Ste = Sainte.
Steadyseller [ˈstedɪ-], der; -s, - [amerik. steady seller] 꾸준히 나가는 책.
Steak [steːk, ⟨드물게⟩ ʃt...], das; -s, -s [engl. steak] 스테이크, 구운 고기. **Steakhaus**, das; ↑Steakhouse. **Steakhouse** [ˈsteːkhaus] 스테이크 하우스.
Steamer [ˈstiːmɐ, ʃt...], der; -s, - [engl. steamer] [선원] 기선.
Stearin [steaˈriːn, (또한) st...], das; -s, -e [frz. stéarine] 스테아린(양초의 원료).
Stearin-; ~**kerze**, die, ~**licht**, das ⟨Pl. -er⟩ 스테아린 양초. ~**säure**, die [화학] 스테아린산(酸).
Steatit [steaˈtiːt, (또한) ...tɪt, st...], der; -s, -e [griech. stéar] [광물] 동석(凍石), 치막질(緻蜜質)의 활석. **Steatom** [steaˈtoːm, ʃt...], das; -s, -e [의학] ↑Balggeschwulst. **Steatopygie** [ʃteatopyˈgiː, st...], die [의학] 둔부 비만증. **Steatose** [...ˈtoːzə], die; -n [의학] ↑Fettsucht.

Stech-: ~**apfel**, der [식물] 흰독말풀. ~**becken**, das ↑Bettpfanne. ~**beitel**, der ↑Beitel. ~**eisen**, das ↑~beitel. ~**fliege**, die 피파리. ~**frage**, die [퀴즈 따위에서] 승자 결정을 위한 최후의 문제. ~**heber**, der 사이편, 흡액기(吸液器). ~**imme**, die ⟨대개 Pl.⟩ [동물] 침(針)이 있는 막시류(膜翅類)의 곤충(예컨대: 벌). ~**kahn**, der 상앗대로 나아가는 작은 배. ~**karre**, die 소형 손수레. ~**karte**, die 시간 등록 카드. ~**mücke**, die [동물] 모기(과). ~**paddel**, das 캐나다식 카누의 노 (한 쪽 끝에만 물갈퀴가 있는). ~**palme**, die 감탕나무 (과). ~**rüssel**, der (모기 따위의) 주둥이. ~**salat**, der ↑Schnittsalat. ~**schloß**, die (엽총에서) 건드리기만 하면 발사되게 되어 있는 장치. ~**schritt**, der [군] ↑Paradeschritt. ~**uhr**, die **1.** 타임레코더, (작업) 시간 등록기. **2.** ↑Wächterkontrolluhr. ~**vieh**, das (österr.) (도살용의) 송아지와 돼지. ~**winde**, die 청미래덩굴. ~**zirkel**, der 컴파스, 양각기(兩脚器).

stechen [ˈʃteçn̩] ⟨h⟩ **1.** 가시가 나 있다, 뾰족하다: das Wollzeug stach (ihn) auf der Haut ⟨통용어⟩ 그 모직물은 매우 꺼칠꺼칠하였다. **2.** 찌르다: sich an den Dornen der Rosen s. 장미 가시에 찔리다. **3. a)** (벌 등이) 침을 지니고 있다, 쏘는(무는) 성질이 있다: Bienen stechen 벌은 쏜다. **b)** (벌이) 쏘다, (모기가) 물다: das Insekt hatte ihm(ihn) ins Bein gestochen 그 곤충이 그의 다리를 쏘았다(물었다). **4.** (바늘, 무기 따위로) 찌르다, 찔러 넣다: mit der Injektionsnadel in die Vene s. 주사 바늘을 정맥에 찔러 넣다; [전의 er stichelisierend mit dem Finger in die Luft 그는 손가락으로 허공을 찌르는 시늉을 했다. **5.** (구멍을) 뚫다: Löcher in das Leder s. 가죽에 구멍들을 뚫다. **6.** [어업] (작살 따위로) 잡다: Aale s. 뱀장어를 잡다. **7.** 찔러 도살하다. **8.** (땅 표면에서) 채취하다, 뜨다: Rasen s. 잔디를 뜨다. **9.** (채소, 나물 따위를) 따다, 채취하다: Löwenzahn s. 씀바귀를 따다. **10.** ⟨(은어)⟩ 문신을 새기다. **11.** (비인칭) 쑤시는(찌르는) 듯이 아프다: es sticht mich im Rücken 나는 등이 쑤신다. **12.** (금속판에) 조각하다: etw. in Kupfer s. 무엇을 동판화로 새기다. **13.** [카드] **a)** (다른 무늬들을) 이기다, 으뜸패이다. **b)** (어떤 카드를) 그보다 더 나은 카드로 잡아 오다. **14.** [사냥] 건드리기만 하면 발사되는 장치를 잡아 놓다. **15.** [사냥] (주둥이로) 땅을 파다. **16.** [스포츠] (특히 승마) (동점일 때) 결정전을 벌이다. **17.** (시간 등록기에) 카드를 밀어 넣다. **18.** (해가) 쨍쨍 내리쬐다 (쬐이다): die Sonne sticht 해가 쨍쨍 내리쬐고 있다. **19.** (누구를) 자극하다, 불안하게 하다: die Neugier sticht ihn 호기심이 그를 자극한다. **20.** 드러나다, 우뚝 솟아나 보이다. **21.** 쏘아 보다, 노려보다: er hat stechende Augen 그는 쏘아 보는 눈을 하고 있다. **22.** (빛깔이) …한 기를 띠고 있다: ihr Haar sticht ins Rötliche 그녀의 머리카락은 붉으스름한 기를 띠고 있다. **23.** (노가) 물살을 가르다. **stechend** ⟨Adj.⟩ (냄새가) 코를 찌르는 듯한.
Stecher, der; -s, - **1.** ↑Kupferstecher (1)의 약칭. **2.** ((펌)) ↑Messerstecher의 약칭. **3.** ↑Stechschloß. **4.** [사냥] 도요새의 부리. **Stecherei** [ʃteçəˈrai], die; -en ((펌)) ↑Messerstecherei의 약칭.

steck-, Steck-: ~**becken**, das ↑Stechbecken. ~**brief**, der [법] 지명 수배서: einen S. gegen jmdn. erlassen 누구를 지명 수배하다. **2.** ⟨(은어)⟩ **a)** 약력, 인물 스케치. **b)** (상품 따위에 관한) 간단한 정보. ~**brieflich** ⟨Adj.⟩ 지명수배에 의한: jmdn. s. verfolgen(suchen) 누구를 지명 수배에 의하여 추적하다 (찾다). ~**dose**, die, 콘센트: den Stecker in die S. stecken 플러그를 콘센트에 꽂다. ~**kamm**, der ↑Einsteckkamm. ~**kartoffel**, die ⟨대개 Pl.⟩ ↑Saatkartoffel. ~**kissen**, das (옛) 포대기, 강보. ~**kontakt**, der (고어) ↑Stecker. ~**muschel**, die 키조개. ~**nadel**, die 핀: so voll sein, daß keine S. zur Erde(zu Boden) fallen kann 입추의 여지가 없이 만원이다. **etw.(jmdn.) suchen wie eine S.** ⟨통용어⟩ 무엇(누구)을 찾기가 마치 바늘 찾기; **eine S. im Heuhaufen suchen** ⟨통용어⟩ 불 속에서 바늘 찾기. ~**nadelkissen**, das 핀꽂이. ~**nadelkopf**, der 핀 대가리. **nadelkopfgroß** ⟨Adj.⟩ 대단히 작은. ~**nadelkuppe**, die ⟨드물게⟩ ↑~nadelkopf. ~**reis**, das ↑Steckling. ~**rübe**, die ⟨(지역적)⟩ ↑Kohlrübe (1). ~**schach**, das **1.** (말을 판에 꽂게 되어 있는) 체스(판). **2.** (eine Partie) S. spielen (은제·농) 성교하다. ~**schale**, die (꽃꽂이) 꽃꽂이 수반. ~**schloß**, das (상자 자물쇠의) 지르는 쇠막대. ~**schlüssel**, der 스패

너. ~schuß, der 맨관 총창(盲貫銃創), 유탄(榴彈) 총창. ~schwamm, der 【꽃꽂이】 꽃꽂이용 해면. ~tuch, das ↑Einstecktuch. ~vase, die 땅에 꽂게 되어있는 화병. ~vorrichtung, die 【전기】 꽂는 장치(콘센트와 플러그). ~zwiebel, die 씨양파.

stecken[1] ['ʃtekŋ] 〈자동사로 쓰일 경우: 과거형에서 강변화도 함; h〉 **1.** 〈과거형: steckte〉 **a)** 꽂다, 집어 넣다, 끼워넣다: er steckte die Papiere zu sich 그는 서류를 집어 넣었다; das Kind ins Bett s. 아이를 억지로 재우다; jmdm. ins Gefängnis s. 《통용어》 누구를 감옥에 집어 넣다; er wurde in eine Uniform gesteckt 그는 제복을 입어야 했다; er hat sein ganzes Vermögen in das Unternehmen gesteckt 그는 전 재산을 그 사업에 쏟아 넣었다; sich hinter jmdn. s. 《통용어》 누구를 부추기다, 꼬드기다; sich hinter etw. s. 《통용어》 무슨 일에 파묻히다. **b)** 끼다, 꽂다: einen Ring an den Finger s. 반지를 손가락에 끼다. **2.** 〈과거형: steckte〉 꽂다, 부착시키다: sich das Haar zu einem Knoten s. 쪽지다. **3.** 〈과거형: steckte〉 《지역적》 (씨감자, 씨양파 따위를) 땅에 심다. **4.** 〈과거형: steckte〉 《통용어》 찌르다 (밀고하다): es jmdm. s. 누구에게 바른 말을 하다. **5.** 〈과거형: steckte〉 〈아이: stak〉 **a)** 꽂혀 [질려, 박혀] 있다: der Brief steckt im Umschlag 그 편지는 봉투 안에 들어 있다; wo steckt bloß meine Brille 《통용어》 대체 내 안경이 어디 박혀 있지?; 전의 wo hast du denn so lange gesteckt? 《통용어》 이렇게 오랫동안 어디 박혀 있었나?; wo steckst du denn jetzt? 《통용어》 자네 요즘은 어디 사나[어디서 일하나]?; wir stecken sehr in der Arbeit 《통용어》 우리들은 일이 매우 많다; in jmdm. steckt etwas 《통용어》 누구가 소질[재능]이 있다; hinter etw. s. 《통용어》 무엇의 배후 인물이다. **b)** 끼워져[꽂혀] 있다: der Ring steckt am Finger 반지가 손가락에 끼워져 있다; der Schlüssel steckt 《통용어》 열쇠가 그냥 꽂혀 있다. **6.** 〈과거형: steckte〉 〈아이: stak〉 꽂혀(부착되어) 있다. **7.** 〈과거형: steckte〉 〈아이: stak〉 ...으로 가득 차 있다: die Arbeit steckt voller Fehler 그 작품은 결점 투성이다; 전의 er steckt voller Neugier 그는 호기심으로 충만해 있다.

Stecken [-], der; -s, - 《지역적》 ↑[1]**Stock** (1): **den S. nehmen (müssen)** 《통용어》 사직하다 (관직에서 물러나야 하다).

steckenbleiben* 〈s〉 **1. a)** 처박혀[꽂힌] 채 있다, 나아가지 않다: die Autos sind im Schnee steckengeblieben 자동차들은 눈에 처박혀 있다. **b)** 남아 있다, 정체되어 있다: 전의 etw. bleibt in den Anfängen stecken 무엇이 출발단계에 그대로 머물러 있다. **2.** 《통용어》 〈말문이〉 막히다. **steckenlassen*** 〈h〉 두다: den Schlüssel (im Schloß) s. 열쇠를 (자물쇠에) 꽂은 채로 두다; lassen Sie (Ihr Geld) stecken! 《통용어》 돈을 넣어 두십시오 (제가 지불하겠습니다). **Steckenpferd**, das, -(e)s, -e **1.** 목마. **2.** 도락, 장기(長技), 십팔번: **sein S. reiten** 《농》 자기가 좋아하는 화제로 돌아가서 말하다, 자기의 장기를 행하다.

Stecker ['ʃtɛkɐ], der; -s, - 플러그: den S. hineinstecken[herausziehen] 플러그를 꽂다[빼다]. **Steckling** ['ʃtɛklɪŋ], der; -s, -e 꺾꽂이[휘문이]의 가지. **Steelband** ['sti:lbɛnt, 《engl. ...》bænd], die; -s [engl. -amerik. steel band] 스틸 밴드(여러 가지 크기의) 드럼통 타악기들로 되어 있는 카리브 제도의 밴드). **Steeplechase** ['sti:pltʃeɪs], die; -n, -n [engl. steeplechase] 《승마》 장애물 경마. **Steepler** ['sti:plɐ], der; -s, - [engl. steepler] 장애물 경주마.

Steg [ʃteːk], der; -(e)s, -e **1. a)** 《좁은》 판자다리. **b)** 육교. **2. a)** ↑Bootssteg의 약칭. **b)** 잔교(棧橋). **3.** 《고어》 골목. **4.** 기러기발, 금휘(琴徽). **5.** ↑Bügel (3) **6.** 바지 고리. **7.** 《구두 밑바닥의》 우묵한 부분. **8.** 【기술】 (두 쇠시리 사이의) 가는 평연(平緣). **9.** 【인쇄】 **a)** 공목(空木), 인테르. **b)** 스틱. **c)** 공란, 여백 부분.

Steg-: ~**hose**, die 바지고리가 달린 《고어》 바지. ~**leitung**, die 【전기】 납작한 전선. ~**reif**, der 《다음 용법으로만》 **aus dem S.** 즉석에서, 즉홍적으로. ~**reifdichter**, der 즉흥시인. ~**reifdichtung**, die 즉홍시. ~**reifkomödie**, die 즉흥희극. ~**reifkünstler**, der ↑Improvisator. ~**reifrede**, die 즉흥 연설. ~**reifspiel**, das 즉흥극.

Stegosaurier [ʃtego-, 《또한》 st...], der; -s, - [griech. stégos] 검룡(劍龍).

Stegozephale [ʃtegotseˈfaːlə, st...], der; -n, -n [griech. kephalḗ] 《원시 시대의》 철갑두꺼비.

Steh-: ~**aufmanderl** (österr.), ~**aufmännchen**, das 오뚜기: 전의 er ist ein S. 《통용어》 오뚜기 같은 사람, 칠전팔기기의 사람. ~**bankett**, das 입식 향연. ~**bier**, das 서서 마시는 맥주. ~**bierhalle**, die 맥주 (파는) 선술집. ~**bild**, das **a)** 《사진·은어》 정지 사진. **b)** 【영화】 정지 영상. ~**bündchen**, das 《와이셔츠, 블라우스 따위의》 세움깃, (목에 접촉되는) 칼라. ~**café**, das 《드물게》 서서 마시는 커피집. ~**empfang**, der 입석 리셉션. ~**geiger**, der 《군고어》 (레스토랑 따위에서 서서 연주하는) 바이올리니스트. ~**imbiß**, der 서서 먹는 간이식당. ~**kaffee**, das 서서 마시는 커피집. ~**karzer**, der 《옛》 (간신히 서 있을 수 있을 정도로 협소한) 감금실. ~**kneipe**, die 《팸》 선술집. ~**konferenz**, die 《농》 입식(立式) 회의. ~**konvent**, der [대학생] (클럽 회원의 일임) 입석 모임: 전의 《교양어·농》 einen S. abhalten 모여 서서 숙의하다. ~**kragen**, der **a)** 스탠드 칼라. **b)** 《옛》 접지 않은 뻣뻣한 와이셔츠 깃: 전의 bis an den[bis zum] S. in Schulden stecken 《통용어》 꼼짝달싹 못할 정도로 빚이 많다. ~**kragenprolet, ~kragenproletarier**, der 《준고어·펌》 노동자 출신의 직원(사원). ~**lampe**, die 마루에 놓는 전등. ~**leiter**, die 삼각 사다리. ~**ohr**, das 《짐승의》 쫑긋 세워진 귀. ~**parkett**, das 《특히 극장의》 일층 앞쪽의 입석. ~**party**, die ↑~bankett. ~**platz**, der 입석. ~**pult**, das (서서 글을 쓰는) 높은 책상. ~**satz**, der [인쇄] (재사용 때까지 보존하는) 조판, 보존판. ~**tisch**, der (술집 따위의) 높은 탁자(에서 서서 마시는). ~**vermögen**, das 《Pl. 없음》 **a)** 《육체적》 내구력, 스태미너. **b)** 인내력, 끈기: bei Verhandlungen großes S. beweisen 협상에서 대단한 끈기를 입증하다.

stehen* ['ʃteːən] 〈h〉, 《südd., österr. / schweiz.》 〈s〉 **1. a)** 서다: wie angewurzelt s. 붙박인 듯이 서 있다; das Baby kann schon s. 그 아기는 벌써 설 수 있다; 〈명사적 용법〉 das lange Stehen fällt ihr schwer 그녀는 오래 서 있는 것이 힘들다; 전의 das kann er stehend freihändig 《통용어》 그것을 그는 아주 쉽게[완전하게] 할 수 있다. **b)** (어느 장소에) 서 있다: am Herd s. 《퇴색》 부엌일을 하는 중이다; hinter dem Ladentisch s. 가게일을 보다; die Mutter steht zwischen ihnen 그들 사이에는 어머니가 서 있다 (방해하다); vor einer Entscheidung s. 결단을 내려야 할 순간에 있다. **c)** 《schweiz.》 서다: er befahl dem Kind, in die Ecke zu s. 그는 아이에게 구석으로 가 서라고 명령했다. **d)** (무엇이) 서 있다: das Haus steht am Hang 그 집은 비탈에 서 있다; Schweißperlen standen auf seiner Stirn 그의 이마에는 땀방울이 맺혀 있었다; **mit jmdm.** (etw.) **s. und fallen** 누구(무엇)와 존망을 같이 하다; **jmdm. bis zum Hals(e)(bis oben, bis hier (hin)) s.** 《통용어》 누구라면 지긋지긋하다. **2. a)** 어떤 위치에 있다: die Ampel steht auf Rot 빨간 신호가 켜져 있다. **b)** (어떤 가치 안에) 있다, ...의 가치이다: die

Aktie steht gut 그 주식의 가격이 좋다. c) [스포츠] (스코어가) …이다: das Fußballspiel steht 1:1 그 축구 경기는 현재 1대 1이다. 3. (농작물의 착황 또는 생장 상태가) …이다: wie steht der Wein? 포도의 작황이 어떠한가? 4. (건물이) 서 있다: das Haus steht seit 20 Jahren 그 집은 20년 이래로 서 있다. 5. (물고기가) 움직이지 않고 가만히 있다. 6. [사냥] (사슴, 산짐승 따위가) 서식하다, 출몰하다. 7. [스키·빙상] (도약을) 성공적으로 해내다. 8. a) (차 따위가) 정지해 있다: der Zug steht 기차가 정지해 있다; [전의] einen feindlichen Angriff zum Stehen bringen 적의 공격을 저지하다. b) 작동하지 않다: die Uhr steht 시계가 멎어 있다. 9. 쓰여 있다: die Nachricht steht in der Zeitung 그 소식은 신문에 나 있다; das Zitat steht bei Schiller 그 인용은 쉴러에게서 따온 것이다. 10. 《통용어》 (s. + sich) 살아가다: er steht sich besser als vorher 그는 전보다 (경제적으로) 낫다. 11. 어떤 관계에 있다: er steht schlecht mit ihm 그는 그 남자와 사이가 좋지 않다. 12. (누구의 결단에) 달려 있다: es steht bei dir, ob und wann mit der Sache begonnen wird 그 일을 시작하는냐 마느냐, 그리고 언제 시작할 것인지는 네게 달려 있다. 13. 《통용어》 (준비 따위가) 끝나다: das Programm muß bald s. 그 프로그램은 곧 완성되어야 한다. 14. a) 보증이 되다: die Marke steht für Qualität 그 상표는 품질을 보증한다. b) 대표가 되다: sein Name steht für viele 그의 이름은 많은 사람들을 대표한다. 15. (누구의) 편이다: hinter jmdm. [zu jmdm.] s. 누구의 편을 들다, 누구의 편이다. 16. (벌치 따위가) 과해지다: auf Steuerhinterziehung steht eine Gefängnisstrafe 탈세에는 징역형이 과해진다. 17. (어떤) 형편이다: die Aussichten stehen fifty-fifty 전망은 반반이다; (비인칭) wie steht's mit der Arbeit 그 일은 어떻게 되어 가고 있느냐? 18. (흔히 부정형과 함께 비인칭적으로) es steht zu erwarten, daß… …가 기대되어지다. 19. (옷 따위가) 어울리다: der Hut steht dir gut 모자가 너한테 어울린다. 20. 《지역적》…로 살다[생활하다, 일하다]: er steht als Lehrer 그는 교사로 일하고 있다. 21. 《통용어·특히 청소년》인기있다. 22. [선원] (바람이 어떤 방향으로) 불고 있다: der Wind steht nach Norden 바람이 북쪽으로 불고 있다. 23. 《통용어》 발기하다. **stehenbleiben'** ⟨s⟩ **1. a)** 멈춰 서다, 정지하다: [전의] das Kind ist in der Entwicklung stehengeblieben 그 아이는 발육이 정지되었다. **b)** 정차하다: die Autos blieben vor der Bahnschranke stehen 자동차들이 철도 건널목 앞에 멈춰서 있었다. **2.** 고장나다: [전의] das Herz war ihr fast stehengeblieben vor Schreck 그녀는 놀란 나머지 심장이 멎을 지경이었다. **3.** (건물 따위가 파괴되지 않고) 남아 있다: bei den Fliegerangriffen war kein einziges Haus stehengeblieben 그 공중 폭격 때에 단 한 채의 가옥도 남아나지 못했다. **4. a)** 남아 있다, 잊혀진 채 있다: in der Garderobe ist ein Stock stehengeblieben 휴대품 보관소에 지팡이 하나 남아 있다. **b)** 그대로 두다: der Schrank soll hier s. 그 장은 여기에 그대로 둘 것이다. **5.** 잘못된 채 그대로 있다. **stehenlassen'** ⟨h⟩ **1. a)** 그대로 두다, 세워 두다: jmdn. an der Tür s. 누구를 문밖에 세워두다. **b)** 잊고 그냥 두다: er hat sein Paket im Laden stehenlassen 그는 자기 짐을 가게에 두고 그냥 갔다. **2.** (누구를) 내버려두다, 그냥 두고 가버리다: er hat Kollegen einfach stehenlassen 그는 동료를 그냥 두고 가버렸다. **3.** 자라도록 방치하다: das Unkraut s. 잡초를 자라도록 내버려두다; [전의] ich habe mir einen Bart stehenlassen 나는 수염을 길렀다. **4.** 먹다 말다: er hat die Suppe stehenlassen 그는 수프를 그냥 남겼다; für ein Stück Kuchen läßt er alles andere stehen 《통용어》 그는 케이크라면 만사를 제쳐 놓는다. **5.** (잘못

을) 간과하다. **Steher** ['ʃteːɐ], der; -s, - **1.** [경마] 장거리 경주(에 능한) 말. **2.** [사람] (보조 선수를 뒤따르는) 장거리 사이클 선수. **3.** [지역적] 믿을 만한 사람, 건실한 사람. **4.** ⟨österr.⟩ 울타리 기둥, 덧기둥. **Steherrennen,** das [경마·사이클] 장거리 경주.

stehlen' ['ʃteːlən] ⟨h⟩ **1.** 훔치다; du sollst nicht s.! 도둑질하지 마라!; [전의] jmdm. die Ruhe s. 누구의 안정을 빼앗다; der Komponist hat einem anderen ein Motiv gestohlen 《통용어》 그 작곡가는 다른 작곡가한테서 어떤 모티브를 표절하였다; jmdm. gestohlen bleiben, ⟨드물게⟩ jm. gestohlen werden können 누구에게는 상관 없다: er kann mir gestohlen bleiben 그가 어떻게 되든 내겐 상관 없다. **2.** ⟨s. + sich⟩ 몰래 빠져 나가다: sich aus dem Haus s. 몰래 집을 나가다; [전의] ein Lächeln stahl sich auf ihr Gesicht 《아어》 그녀의 얼굴에 살짝 미소가 떠올랐다. **Stehler,** der; -s, - ⟨드물게⟩ ↑Hehler. **Stehlerei** [ʃteːləˈraɪ], die; -en 《통용어·펌》 도둑질. **Stehlsucht,** die ⟨Pl. 없음⟩ [심리] ↑Kleptomanie. **Stehltrieb,** der ⟨Pl. 없음⟩ [심리] 도둑질에의 충동.

Steierin ['ʃtaɪərɪn], die; -nen ↑Steirer의 여성형. **Steiermark** ['ʃtaɪəmark], die; - 슈타이어마르크 주(오스트리아의 지방). ¹**Steiermärker** ['ʃtaɪəmɛrkɐ], der; -s, - 슈타이어마르크 사람. ²**Steiermärker** ⟨Adj.; 격변화 없음⟩ 슈타이어마르크의. **steiermärkisch** ['ʃtaɪəmɛrkɪʃ] ⟨Adj.⟩ 슈타이어마르크의.

steif [ʃtaɪf] ⟨Adj.⟩ **1.** 뻣뻣한, 굳은, 굽히기[휘기] 힘든: ein -er Kragen 뻣뻣한 깃. **2.** 움직일 수 없는, 마비된: sie ist ganz s. geworden 그녀는 (늙어서) 몸이 뻣뻣하게 되었다. **3.** 《통용어》 (성기가) 뻣뻣한. **4.** 서투른, 어색한: eine -e Haltung 뻣뻣한 자세. **5.** 형식적인, 딱딱한: [전의] ein -es Meublement 쾌적한 맛이 하나도 없는 가구. **6.** 진한, 걸쭉한, 된: die Marmelade ist zu s. geworden 잼이 너무 뻑뻑하게 되었다. **7.** [선원] 심한, 센, 당찬: eine -e See 험한 바다. **8.** 《통용어》 독한, 진한. **9. s. und fest** 《통용어》 확고하게.

steif-, Steif-: **~beinig** ⟨Adj.⟩ 《통용어》 다리가 뻣뻣한. **~halten'** ⟨h⟩ (다음 용법으로만) **die Ohren [den Nacken] s.** 《통용어》 용기를 잃지 않다, 기운내다. **~leinen** ⟨Adj.⟩ **1.** 버크럼으로 된, 뻣뻣한 아마포로 된. **2.** 《드물게·펌》 형식적인, 딱딱한, 재미없는: eine -e Unterhaltung 지루한 대화. **~leinen,** das [재단] 뻣뻣하게 만든 아마포, 버크럼.

Steifleinwand, die [재단] 뻣뻣한 아마포. **Steife** ['ʃtaɪfə], die; -n **1.** ⟨Pl. 없음⟩ (아어) 뻣뻣함, 어색함, 형식적인 태도. **2.** [토목] 지주(支柱), 버팀목. **steifen** ['ʃtaɪfn] ⟨h⟩ **1.** 《드물게》 **a)** 뻣뻣하게 하다. **b)** ⟨s. + sich⟩ 뻣뻣하게 되다. **2.** 《지역적》 ↑stärken (3). **3.** [토목] 지주를 대다, 기둥으로 받치다. **Steifheit,** die 굳음, 뻣뻣함, 진함, 무뚝뚝함. **Steifigkeit,** die **1.** 경직성, 출렁성, 완고성. **2.** [공학] 강도(剛度). **Steifung,** die 뻣뻣하게 하기, 풀먹이기, 지주를 세움.

Steig [ʃtaɪk], der; -(e)s, -e ⟨드물게⟩ 오르막길, 비탈길, 좁은 산길.

steig-, Steig-: **~bügel,** der **1.** 등자(鐙子): jmdm. den S. halten 《아어·펌》 누구의 출세를 돕다. **2.** [해부] 등자골(鐙骨). **~bügelhalter,** der 《펌》 출세 조력자. **~eisen,** das **1.** [등산] (등산화의) 아이젠. **2.** (갱, 굴뚝 따위의) 발 디딤쇠. **3.** (나무 전주의) 철제 등자. **~fähigkeit,** die [자동차] 등판(登坂) 능력, 가파른 길 등판 가능 비율. **~fell,** das [스키] (미끄럼 방지용) 모피. **~flug,** der 상승 비행. **~höhe,** die 상승 고도. **~leistung,** die [자동차] 등판 성능. **~leiter,** die 수직 사다리. **~leitung,** die 수직 홍통(管). **~riemen,** der 등자를 매는 가죽끈. **~rohr,** das 수직 파이프. **~wachs,** das [스키] 등행

(登行) 왁스.

Steige ['ʃtaigə], die; -n **1. a)** 《특히 südd., österr.》 비탈길. **b)** 《지역적》 조그만 계단. **2.** 《특히 südd., österr.》 (과일, 채소 따위를 담는) 판자 상자. **3.** 《südd., österr.》 (작은 짐승) 의 집. **steigen*** ['ʃtaigṇ] ⟨s⟩ **1.** 올라가다, 오르다: die Sonne steigt 해가 뜨다; Lerchen steigen in die Luft 종달새들이 공중으로 날아 오르다. **2. a)** (걸어서) 올라가다[내려가다]: bergauf s. 산 위로 올라가다; in den Keller s. 지하실로 내려가다; 속담 wer hoch steigt, fällt tief 높이 오를수록 떨어지는 정도도 크다. **b)** 뛰어오르다(내리다): aufs Fahrrad s. 자전거에 오르다; aus dem Zug s. 기차에서 내리다; in den Bus s. 버스에 타다; 전의 auf die Bremse s. 《통용어》 브레이크를 세게 밟다; in die Kleider s. 《통용어》 옷을 입다; ins Examen s. 《통용어》 시험을 치다. **c)** 퍼지다, 번지다: der Duft steigt mir in die Nase 향기가 내 코를 찌른다. **3.** (반대: fallen 3). **a)** 올라가다: das Fieber ist auf 40° gestiegen 열이 40도로 올랐다; 전의 Unruhe und Spannung waren gestiegen 불안과 긴장이 고조되어 있었다. **b)** 상승하다: etw. steigt im Wert 무엇의 가치가 상승하다. **c)** (가치, 중요성이) 커지다, 증대하다. **4.** 《통용어》 개최되다, 거행되다: eine Party steigt 파티가 열리다. **5.** (말이) 곤두서다. **6. a)** (물고기가) 상류로 움직이다, 강물을 거슬러 헤엄처 가다. **b)** (물고기가) 물 위로 떠오르다. **7.** [사냥] (산양 따위가) 기어오르다. **Steiger** ['ʃtaigɐ], der; -s, - **1.** [광업] 갱부장, 갱부 감독 **2.** (여객선의) 잔교. **3.** 《드물게》 ↑ Bergsteiger의 약칭. **Steigerer** ['ʃtaigərɐ], der; -s, - 경매인. **steigern** ['ʃtaigɐn] ⟨h⟩ **1. a)** 올리다, 높이다: die Geschwindigkeit s. 속도를 높이다; etw. findet ein gesteigertes Interesse 무엇에 대한 관심이 증대되었다. **b)** 증대시키다, 고조시키다: die Beleuchtung steigert den Effekt der Dekoration 그 조명은 장식의 효과를 높이고 있다. **2.** ⟨s. + sich⟩ **a)** 증대하다, 고조되다, 오르다, 높아지다: etw. steigert sich ins Unerträgliche 무엇이 참을 수 없는 지경에까지 이르렀다. **b)** [특히 스포츠] (기록이) 향상되다. **3.** ⟨s. + sich⟩ (어떤 감정에) 빠지다, 들어가다: sich in Wut s. 격노하다. **4.** (경매에서) 구입하다. **5.** [언어] (형용사를) 비교변화시키다: ein Adjektiv s. 한 형용사를 비교변화시키다. **Steigerung**, die; -en **1.** 증대, 고조: die S. der Produktion 증산 **2.** [특히 스포츠] 기록 향상. **3.** [언어] 비교변화(형용사의).

steigerungs-, Steigerungs-: **~fähig** ⟨Adj.⟩ 비교 증대시킬 수 있는. **2.** [언어] 비교 변화할 수 있는. **~form**, die 《언어》 《드물게》 ↑ Vergleichsform. **~grad**, der 비교의 등급. **~lauf**, der 《육상》 단계적으로 속도를 높이는 달리기(훈련의 한 형태). **~rate**, die [경제] 상승률. **~stufe**, die [언어] 비교의 급.

Steigung, die; -en **1. a)** 경사(도), 기울기: die S. beträgt 12% 12% 경사이다. **b)** 비탈, 고개. **2.** [공학] (나사의) 피치, 나사골의 간격. **Steigungstafel**, die [철도] 구배표(句配表), 기울기표. **Steigungswinkel**, der 기울기각(角).

steil [ʃtail] ⟨Adj.⟩ **1.** 가파른, 급경사의: ein -er Abhang 급경사의 비탈; die Sonne steht s. am Himmel 해가 하늘에 높이 떠있다; eine -e Handschrift 크고 바른 글씨체; 전의 eine -e Karriere 급상승의 출세가도. **2.** 《통용어 · 특히 청소년》 굉장한, 근사한, 눈에 띄는: ein -er Zahn 근사한 처녀; sie trägt eine -e Bluse 그녀는 멋진 블라우스를 입고 있다. **3.** [구기 · 특히 축구] 먼 거리에서 앞으로 찬(보낸).

Steil-: **~abfahrt**, die [스키] 가파른 내리막 구간. **~abfall**, der 가파른 내리막길. **~dach**, das 경사가 심한 지붕. **~feuer**, das ⟨Pl. 없음⟩ 《군》 곡사(탄).

~feuergeschütz, das [군] 곡사포. **~hang**, der 급경사면. **~kurve**, die 급경사 커브. **~küste**, die 급경사의 해안(반대: Flachküste). **~paß**, der [축구] 원격 패스. **~paßspiel**, das ⟨Pl. 없음⟩ [축구] 원격 패스(를 선호하는) 경기. **~rand**, der (소택지에 이르는) 연해지(沿海地)의 비탈. **~schrift**, die 크고 똑바르게 쓴 글씨체. **~spiel**, das ↑ ~paßspiel. **~ufer**, das 가파른 강변. **~vorlage**, die ↑ ~paß. **~wand**, die 가파른 암벽. **~wandfahrer**, der 수직의 원형 트랙에서 모터 사이클을 타고 고속 질주하는 곡예사. **~wandzelt**, das 수직 텐트.

Steile, die 《아어 · 드물게》 ↑ Steilheit. **steilen** ['ʃtailṇ] ⟨h⟩ 《드물게》 가파르게 솟다: 전의 ein gesteilter Stil 과장된[거드름 피우는] 문체. **Steilheit**, die 급경사, 가파름; [축구] 원격 패스.

Stein [ʃtain], der; -(e)s, -e / (수량 표시 때) - **1. a)** ⟨Pl. 없음⟩ 돌, 암석: ein Haus aus S. 돌로 지은 집; 전의 er hat ein Herz aus S. 《아어》 그는 목석 같은 사람이다. **b)** 자갈, 돌: ihm flog ein S. an den Kopf 돌이 날아와 그의 머리를 때렸다; wie ein S. schlafen 《통용어》 돌처럼 곤히 잠들다; 성구 der S. kommt ins Rollen 오랫동안 준비되어 오던 일이 시작되다; man könnte ebensogut -en predigen 쇠귀에 경 읽기; **der S. der Weisen** 《아어》 모든 수수께끼의 열쇠; **der S. des Anstoßes** 《아어》 화근; **jmdm. fällt ein S. vom Herzen** 누구 큰심음을 덜게 되다; **es friert S. und Bein** 《통용어》 살이 에이게 춥다; **S. und Bein schwören** 하늘에 두고 맹세하다; **den S. ins Rollen bringen** 《통용어》 오랫동안 준비되어 온 일을 시작하다; **jmdm. (die) -e aus dem Weg räumen** 누구를 위해 장애를 제거해 주다; **jmdm. -e in den Weg legen** 누구를 곤란하게 만들다; **jmdm. -e geben statt Brot** 《아어》 누구를 빈말로만 돕다; **weinen, daß es einen S. erweichen könnte** 심히 울다; **den ersten S. auf jmdn. werfen** 누구를 맨 먼저 탄핵하다; **jmdm. einen S. in den Garten werfen** 《통용어》 1) 누구에게 해를 입히다. 2) 《농》 누구의 호의에 답하다. **2.** ↑ Baustein의 약칭: **-e brennen** 벽돌[기와]을 굽다; **keinen S. auf dem anderen lassen** 무엇을 완전히 파괴하다. **3.** 보석: ein Schmuckstück mit wertvollen -en 값비싼 보석이 박힌 장신구; die Uhr läuft auf 12 -en 그 시계는 12석이다; **jmdm. fällt kein S. aus der Krone** 누구의 품위가 손상되지 않다(↑ Perle 1 a). **4.** 비석. **5.** (장기 따위의) 말: **bei jmdm. einen S. im Brett haben** 누구의 특별한 총애를 받고 있다. **6.** (핵과(核果)의) 단단한 씨: die -e der Aprikosen 살구의 핵. **7.** [트랙경기] ↑ Stoßstein의 약칭. **8.** ↑ Konkrement. **9.** 《지역적》 Bierkrug.

stein-, Stein-: **~adler**, der 검독수리, 수리, **~alt** ⟨Adj.⟩ 매우 늙은: ein -es Mütterchen 매우 나이가 많은 노파. **~artig** ⟨Adj.⟩ 돌 같은. **~axt**, die 돌도끼. **~bank**, die ⟨Pl. -bänke⟩ 돌 벤치. [지리] 석상(石床), 석층. **~bau**, der ⟨Pl. -ten⟩ 석조 건물. **~baukasten**, der 쌓기놀이 돌들. **~beil**, das 돌로 된 손도끼. **~beißer**, der **1.** 줄미꾸라지. **2.** ↑ Seewolf. **~bildung**, die 결석(結石)(형성). **~block**, der ⟨Pl. -blöcke⟩ 큰 돌덩이. **~bock**, der **1.** 고산 지대에 사는 염소의 일종(학명: Capra ibex). **2.** [점성] 염소자리, 마갈궁(磨羯宮)(12.22~1.19까지 태어난 사람이 이에 해당). **b)** 염소자리의 사람: sie ist (ein) S. 그녀는 염소자리이다. **~boden**, der ⟨Pl. 없음⟩ 돌로 된 바닥. **~bohrer**, der 착암기; 착암공(工). **~brech** [-brɛç], der; -(e)s, -e [옛날에 방광 결석 또는 신장 결석에 약초로 쓰였던 데서] 범의귀속, 바위취. **~brecher**, der **1.** 쇄석기. **2.** 《고어》 석공. **~brechgewächs**, das

steinen

[식물] 범의귀 과. **~brocken**, der 돌 파편, 돌 부스러기. **~bruch**, der 채석장. **~brucharbeiter**, der 채석공, 채석장 인부. **~brücke**, die 돌다리. **~butt**, der [피부에 난 돌 모양의 것이기 때문에] 돌넙치, 돌가자미. **~damm**, der 돌로 된 제방. **~denkmal**, das 묘석 기념물[비]. **~druck**, der 〈Pl. -e〉 1. 〈Pl. 없음〉 석판 인쇄. 2. 석판화. **~eiche**, die (지중해 지방 원산의) 상록 너도밤나무과의 일종(학명: *Quercus liex*). **~erweichen** (다음 용법으로) **zum S. weinen** 목석이라도 동정을 느끼게 할 정도로 울다. **~fall**, der [전문어] 낙석. **~fliese**, die 석판. **~frucht**, die [식물] 핵과(살구, 앵두 따위). **~fußboden**, der ↑~boden (2). **~garten**, der 고산 식물과 수석이 있는 정원. **~geworden** 〈Adj.〉 (아이) 돌로 된. **~grab**, das ↑~kistengrab. **~grau** 〈Adj.〉 연한 은회색의. **~gut**, das; -(e)s, 〈종류〉-e 1. 고령토. 2. 도기: sie verkaufen Porzellan und Steingut 그들은 도자기를 팔고 있다. **~gutgeschirr**, das 도기, 오지 그릇. **~hagel**, der 마구 떨어지는 낙석. **~halde**, die 낙석 더미. **~hart** 〈Adj.〉 (자주 꿈) 돌처럼 단단한. **~hauer** der [고어] 1. 석공. 2. 석수, 석공예가. **~hauerlunge**, die [의학] (석공의) 규폐(병)(硅肺病). **~haufen**, der 돌더미, 폐허. **~haus**, das 돌집, 석조 가옥. **~holz**, das 인조 목재(↑Xylolith). **~huder Meer** ['ʃtaɪnhuːdɐ-], das 베저(Weser) 강과 라이네(Leine) 강 사이에 있는 호수. **~kasten**, der 돌함, 돌돌집(↑). **~kauz**, der 금눈쇠올빼미. **~kern**, der [식물] 과일씨, 과핵. **~kistengrab**, das ↑Megalithgrab. **~klee**, der 전동싸리, 영륭향 등의 콩과 식물(Honigklee; Melilotus). **~klotz**, der 크고 무거운 돌. **~kohle**, die a) 〈Pl. 없음〉 석탄: S. fördern 석탄을 캐다. b) 〈자주 Pl.〉 (연료로서의) 석탄: mit -(n) heizen 석탄으로 덥히다. **~kohleeinheit**, die [전문어] (1 kg의 석탄에서 얻어지는) 열량의 단위(7000 kcal)(약어: SKE). **~kohlenbergbau**, der 탄광업. **~kohlenbergwerk**, das 탄광. **~kohlenflöz**, das 탄층. **~kohlenförderung**, die 채탄. **~kohlenformation**, die 석탄기(石炭紀). **~kohlengrube**, die 탄갱. **~kohlenlager**, das 탄층. **~kohlenproduktion**, die 석탄 생산. **~kohlenrevier**, das 채탄 광구. **~kohlenteer**, der 콜타르. **~kohlenzeche**, die 탄광, 탄갱. **~kohlenzeit**, die [지질] 석탄기(↑Karbon). **~koralle**, die 석산호(류). **~krankheit**, die [의학] ↑~leiden. **~kreuz**, das 돌십자가. **~lawine**, die 낙하 암반. **~leiden**, das [의학] 결석병. **~marder**, der 담비의 일종(학명: *Martes foina*). **~mauer**, die 석벽, 돌담. **~mehl**, das 돌가루. **~metz** [-mɛts], der; -en, -en 석공, 석수. **~nelke**, die ↑Kartäusernelke. **~obst**, das 핵과(核果). **~öl**, das 〈Pl. 없음〉 [고어] ↑Petroleum. **~operation**, die [의학] ↑Lithotomie. **~pfeiler**, der 돌기둥, 석제 교각. **~pflaster**, das 포석(鋪石). **~pilz**, der 살이 많고 어린 버섯이 돌과 비슷한 식용 버섯(학명: *Boletus edulis*). **~plastik**, die 규화(硅化) 플라스틱. **~platte**, die 석판. **~quader**, der 네모진 돌, 직방형 석재. **~reich** 〈Adj.〉 1. (드물게) 돌이 많은. 2. ['--] 굉장히 돈이 많은: -e Leute 굉장한 부자들. **~salz**, das 암염(岩鹽). **~sammlung**, die 수석 수집. **~sarg**, der 석관(石棺). **~schlag**, der [전문어] 1. 낙석. 2. 〈Pl. 없음〉 ↑Schotter. **~schlaggefahr**, die 〈Pl. 없음〉 낙석 위험. **~schleifer**, der 돌가는 사람[기구], 보석 연마공[기]. **~schleuder**, die 투석기(投石機). **~schliff**, der 1. 〈Pl. 없음〉 보석 연마. 2. 보석. **~schmätzer**, der [바위나 돌 틈에 서식하는 데서] 검은딱새속(학명: *Oenanthe oenanthe*). **~schneidekunst**, die 〈Pl. 없음〉 보석 조각술. **~schneider**, der 보석 조각사.

~schnitt, der ↑~schliff. **~schotter**, der 자갈, 쇄석(碎石). **~setzer**, der ↑Pflasterer. **~sockel**, der 돌받침대. **~stoß**, der a) 〈Pl. 없음〉 ↑~stoßen. b) (돌던지기의) 던지는 동작. **~stoßbalken**, der 돌던지기 할 때에 선수가 디뎌서는 안되는 선. **~stoßen**, das 〈Pl. 없음〉 [트랙] (포환던지기와 비슷한) 돌던지기. **~stufe**, die 돌계단. **~topf**, der 돌냄비. **~treppe**, die 돌계단. **~trog**, der 돌로 만든 함지. **~wall**, der 돌로 쌓은 방벽, 석루(石壘). **~wand**, die 돌벽, 암벽. **~werk**, das 채석장. **~wild**, das [사냥] ↑~bock (1), Fahlwild. **~wolle**, die 암석 섬유, 암면(岩綿), 록 파이버. **~wurf**, der 돌팔매질, 돌팔매가 닿는 거리: **(nur) einen S. weit (entfernt)** [준어] 엎어지면 코 닿을 거리의. **~wüste**, die [지리] 암석 사막(반대: Sandwüste). **~zeichnung**, die 돌의 그림(석판화). **~zeit**, die 〈Pl. 없음〉 석기 시대. **~zeitlich** 〈Adj.〉 석기 시대의: -er Mensch 석기 시대의 사람; [전의] diese Methode ist ja s. 《통용어·폄》 이것은 아주 낡은 방법이군 그래. **~zeitmensch**, der 석기 시대의 인간. **~zeug**, das 석기(炻器), (병, 화학 기구, 건축 자재 따위에 쓰이는) 도기.

steinen ⟨h⟩ [mhd. steinen = mit Grenzsteinen versehen] 〈전문어〉 (돌로) 경계를 긋다, 구획을 짓다.

steinern ['ʃtaɪnɐn] 〈Adj.〉 1. 돌로 된: eine -e Bank 돌 벤치; [전의] er war in diesem Moment von -er Ruhe 그는 이 순간에 돌처럼 침착해였다. 2. 돌처럼 굳은, 냉정한: ein -es Herz 돌처럼 찬 심장. **steinig** ['ʃtaɪnɪç] 〈Adj.〉 돌이 많은; [전의] der Weg zu ihrem hochgesteckten Ziel war sehr s. 〈아어〉 그들의 높이 설정된 목표에 도달하는 길은 매우 험난하다. **steinigen** ['ʃtaɪnɪgn̩] ⟨h⟩ [옛] 돌로 쳐 죽이다: [전의] wenn du nicht zu meiner Geburtstagsfeier kommst, wirst du gesteinigt 《통용어·농》 내 생일 잔치에 오지 않으면 넌 재미없다. **Steinigung**, die; -en ↑steinigen의 명사형.

steipen ['ʃtaɪpṇ] ⟨h⟩ (westmd.) ↑steipern. **Steiper** ['ʃtaɪpɐ], der; -s, - (west)md., süd(west)d.》 지주, 버팀대. **steipern** ['ʃtaɪpɐn] ⟨h⟩ 《(west)md., süd(west)d.》 받치다, …에 지주를 세워 주다.

Steirer ['ʃtaɪrɐ], der; -s, - (오스트리아의) 슈타이어마르크 지방의 주민. **Steireranzug**, der 슈타이어마르크의 민속 의상. **steirisch** ['ʃtaɪrɪʃ] 〈Adj.〉 슈타이어마르크의.

Steiß [ʃtaɪs], der; -es, -e 1. a) ↑Steißbein. b) 볼기, 엉덩이. 2. [사냥] (도요새 따위의) 꼬리. **Steiß-** **~bein**, das ↑Mongolenfleck. **~fleck**, der [의학] ↑Mongolenfleck. **~fuß**, der [동물] ↑Lappentaucher. **~geburt**, die [의학] 둔위(臀位) 분만, 역산(逆産). **~lage**, die [의학] 둔산위의(臀産位), 둔위(태아의). **~trommler**, der 《준어·폄》 교사, 훈장.

Stek [stɛk], der; -s, -s 〈선원〉 매듭.

Stele ['steːlə, ʃt...], die; -n [griech. stélē] [미술] (고대 그리스의) 석주 비문.

stell-, Stell- (stellen-) **~dichein** ↑Stelldichein. **~fläche**, die (가구 따위를 둘) 면적. **~hebel**, der 조정 레버. **~knopf**, der 조정 단추. **~knorpel**, der [해부] (후두의) 피열(披裂) 연골. **~macher**, der 달구지[수레] 목수. **~macherei** [...maxəˈraɪ], die; -en 1. 〈Pl. 없음〉 달구지[수레] 제작[수리]. 2. 달구지 공장[제작소]. **~motor**, der [공학] ↑Servomotor. **~netz**, das 정치망(定置網). **~platz**, der 1. 세울 자리: ein Campingplatz mit 250 Stellplätzen 250개의 자리를 갖춘 야영장. 2. 집합 장소. 3. [연극] (배우의 위치, 등장, 퇴장 등에 관한) 배치 연습. **~rad**, das 《시계 따위의》 조정륜(調整輪). **~schraube**, die 조정 나사.

~**spieler**, der 〔배구〕《드물게》↑Steller. ~**tafel**, die 입식(立式) 게시판. ~**tiefe**, die 가구 따위를 둘 공간적 여유〔깊이〕. ~**vertretend** 〈Adj.〉대리의, 대리권을 지닌: er leitete s. die Sitzung은 그 회의의 대리 사회를 보았다. ~**vertreter**, der 대리자, 대행자: der S. des Präsidenten 대통령 권한 대행자; der Papst als S. Gottes 【가】하느님의 대행자로서의 교황. ~**vertreterkrieg**, der 대리 전쟁. ~**vertretung**, die 대리, 대행. ~**wagen**, der 《österr.·고어》(공공) 승합 마차. ~**wand**, die (가구 따위를) 세울 벽면. ~**werk**, das 【철도】전철(轉轍) 장치. ~**werkmeister**, der 【철도】전철 관리 소장. ~**zeit**, die 집합 시간. ~**zirkel**, der (조정 나사가 달린) 컴퍼스.

Stellage [ʃtɛˈlaːʒə, 《österr.》] ʃtɛˈlaːʒ], die; -n [(m)niederd. stellage] **1.** 대(臺), 가(架), 스탠드. **2.** 【증권】 Stellagegeschäft. **Stellagegeschäft**, das 【증권】복합 선택 거래.

stellar [ʃtɛˈlaːr, st...] 〈Adj.〉[lat. stēllāris, zu: stella = Stern] 【천문】항성의. **Stellarastronomie**, die 항성천문학, 항성학.

Stellarator [ʃtɛlaˈraːtɔr, 《또한》 ...toːɐ̯, st..., 《engl.》 ˈstɛləreɪtə], der; -s, -en [...raˈtoːrən] / (영어식 발음시) -s [engl.-amerik. stellarator] 【핵물리】스텔러레이터 (핵융합 반응 시험 기구).

Stelldichein [ˈʃtɛldɪçaɪn], das; -(s), -(s) 《준고어》밀회, 데이트, 랑데부: ein S. (mit jmdm.) haben 누구와 데이트 약속이 있다; 전의 politische Vertreter von West und Ost gaben sich hier ein S. 동과 서의 정치 지도자들이 여기서 회담하였다. **Stelle** [ˈʃtɛlə], die; -n **1. a)** 소재지, 장소, 지점, 자리, 곳, 입장: sich an der vereinbarten S. treffen 약속된 장소에서 서로 만나다; stell den Stuhl wieder an seine S.! 이 의자를 다시 제자리에 갖다 놓아라; 전의 er ist an der S. seines verstorbenen Kollegen getreten 그는 죽은 동료의 자리를 맡았다; an deiner S. würde das nicht machen 내가 네 입장이라면 그것을 하지 않겠다; sich an jmds. S. setzen 누구의 입장이 되어 생각해 보다; **an S.** …의 대신에(↑anstelle); **auf der S.** 당장에, 즉각: der Verunglückte war auf der S. tot 사고를 당한 사람은 즉사하였다; **auf der S. treten** (통용어) (어떤 일이) 제자리 걸음을 걷다; **nicht von der S. kommen** 그 자리에서 꼼짝도 하지 않다 (↑Fleck 3); **zur S. sein** 출석해 있다 〔오다〕; **sich zur S. melden** (특히 군) 신고하다. **b)** (신체의) 부위: eine entzündete S. auf der Haut 피부의 염증이 있는 부위; 전의 seine Argumentation hat eine schwache S. 그의 논리는 약점을 지니고 있다. **2. a)** (책, 악곡 따위의) 부분: eine S. aus dem Buch zitieren 그 책에서 한 부분을 인용하다. **b)** (연설 따위의) 중간 부분: etw. an unpassender S. bemerken 무엇을 걸맞지 않은 순간에 언급하다. **3. a)** 자리, 서열, 지위: b) er steht in der Wirtschaft an führender S. 그는 경제계의 지도적 위치에 있다. **b)** 【수학】(숫자의) 자리: die erste S. hinter〔nach〕dem Komma 소수점 이하 첫자리. **4.** 일자리 (↑Arbeitsstelle의 약칭): eine gutbezahlte S. 벌이가 좋은 일자리; sich³ eine S. suchen 일자리를 구하다; seine S. aufgeben〔verlieren, wechseln〕그의 일자리를 그만두다〔잃다, 옮기다〕. **5.** 부서 (↑Dienststelle의 약칭): sich an die zuständige S. wenden 담당 관서에 가다; sich an höchster S. erkundigen 최고 담당 부서에 알아보다. **stellen** [ˈʃtɛlən] 〈h〉 **1. a)** 〈s. + sich〉서다: sich ans Fenster s. 창가에 서다; stell dich ans Ende der Schlange! 줄을 서라!; er stellte sich ihr in den Weg 그는 그녀가 가는 길을 막아섰다; sich auf die Zehenspitzen s. 발 끝으로 서다 (멀리 보기 위해); 전의 sich gegen jmdn. [etw.] 누구의

일〔무엇〕을 반대하고 나서다; sich hinter jmdn. s. 누구의 편을 들다; sich vor jmdn. s. 누구를 변호하다. **b)** 세우다, 갖다 놓다: 전의 jmdn. vor eine Entscheidung s. 누구로 하여금 어떤 결단을 하도록 하다; **auf sich (selbst) gestellt sein** (경제적으로) 혼자 살아가야 할 입장이다. **2.** 갖다 두다, 세워 놓다: das Geschirr auf den Tisch s. 그릇을 식탁 위에 놓다; die Blumen in die Vase s. 꽃을 화병에 꽂다; 전의 eine Frage in den Mittelpunkt der Diskussion s. 어떤 문제를 토의의 중심적 화제가 되도록 제기하다. **3.** (덫 따위를) 놓다: Fallen s. 덫을 놓다; **4.** 맞추다, 조절〔조정〕하다: die Weichen s. 레일을 바꾸다, 전철(轉轍)하다; er stellte seinen Wecker auf 6 Uhr 그는 자명종을 6시에 맞춰 놓았다. **5.** 제출하다, 내세우다 (책임·증인 등을 내세우다); eine Kaution s. 보증금〔보석금〕을 내다; die Firma stellt ihm Wagen 회사는 그에게 자동차를 제공한다. **6.** 〈s. + sich〉…인 체하다: sich krank s. 아픈 체하다; er stellte sich dumm (통용어) 그는 아무것도 모르는 체했다. **7.** 두다, 저장하다: den Sekt kalt stellen 샴페인을 찬 곳에 두다. **8.** (추적해서) 잡다. **9.** 〈s. + sich〉 **a)** 자수하다: der Täter hat sich (der Polizei) gestellt 범인이 (경찰에) 자수하였다. **b)** 출두하다, 응소하다: er muß sich am 1. Januar s. 그는 1월 1일에 입영해야 한다. **c)** (도전 따위에) 응하다: sich einer Diskussion s. 토론에 응하다. **d)** (드물게) 집합하다. **10.** 〈s. + sich〉 (태도, 자세, 입장 따위를) 취하다: wie stellst du dich zu diesem Problem 이 문제를 어떻게 생각하느냐?; sich mit jmdm. gut s. 누구와 잘 지내다. **11.** (누구에게) 급료를 주다: (대개 과거분사형으로) **gut gestellt sein** 벌이가 좋은; 《지역적》이제 나는 벌이가 나쁘지 않아. **12.** 〈s. + sich〉 《상·특히 österr.》 …의 가격이다: der Teppich stellt sich auf 8000 Mark 그 융단은 8000마르크의 가격이다. **13.** 연출하다, 배치하다: eine Szene s. 한 장면을 연출하다; dieses Familienfoto wirkt gestellt 이 가족 사진은 꾸며댄 것 같이 어색해 보인다. **14.** (귀 등을) 세우다: das Pferd stellt die Ohren 말이 두 귀를 세운다. **15.** (예상 따위를) 세우다: eine Diagnose s. 진단을 내리다. **16.** 〔퇴색〕(jmdm.) ein Thema s. (누구에게) 어떤 테마를 주다; Bedingungen s. 조건을 내걸다; etw. unter Naturschutz s. 무엇을 자연 보호로 묶다; sich zur Wahl s. 입후보하다; jmdn. vor Gericht s. 누구를 법정에 세우다; etw. in Zweifel s. 무엇을 의심하다; etw. unter Beweis s. 무엇을 입증하다. **stellen-, Stellen-**: ~**angebot**, das 구인(求人). ~**ausschreibung**, die 채용 공고. ~**besetzung**, die 공석 충원, 인사 배치. ~**bildung**, die (상급 기관을 만들 때 부서 업무 영역들로 몇 개의 업무 영역으로 나뉘는) 통합 과정. ~**dienstalter**, das 〔관〕근무년수. ~**gesuch**, das 구직. ~**inhaber**, der (현재의) 직책 수행자, (현재의) 재직자, 직위 소유자. ~**los** 〈Adj.〉일자리가 없는, 실직 상태의. ~**lose**, der / die 무직자, 실직자. ~**losigkeit**, die 무직, 실직. ~**markt**, der ↑Arbeitsmarkt. ~**nachweis**, der ↑Arbeitsnachweis. ~**plan**, der 인사 계획. ~**vermittlung**, die ↑Arbeitsvermittlung. ~**wechsel**, der 전직(轉職). ~**wechsler**, der 전직자. ~**weise** 〈Adv.〉곳곳에, 여기 저기에. ~**wert**, der **a)** 【수학】(숫자의) 자리값. **b)** 차지한 가치〔위치〕.

Steller [ˈʃtɛlɐ], der; -s, - 〔배구〕(공격을) 받쳐 주는 선수.

Stellerator: ↑Stellarator.

Stellerin, die; -nen 〔배구〕↑Steller의 여성형. **stellig** [ˈʃtɛlɪç] 〈Adv.〉《다음 용법으로》**jmdn. s. machen** 《österr.》누구를 찾아내다. **-stellig** -[ʃtɛlɪç] 《다음과 같

Stelling ['ʃtɛlɪŋ], die; -e, (또한) -s 〔선원〕(현측에서의 작업을 위해 갑판에서 그네처럼 드리운) 작업용 발판, (배와 부두를 잇는) 부교(浮橋). **Stellung**, die; -en **1. a)** 자세, 포즈: eine natürliche S. 자연스러운 자세; eine hockende S. einnehmen 쪼그리고 앉은 자세를 취하다. **b)** (성교 따위의) 체위, 자세: S. neunundsechzig 69식 체위. **2.** 위치: die S. der Planeten zur Sonne 태양에 대한 혹성들의 위치. **3.** 일자리, 직책, 지위: eine gutbezahlte S. 돈을 많이 버는 자리; eine hohe S. bekleiden 높은 직책을 갖다; sie ist seit einiger Zeit in S. 《준고어》 그 여자는 얼마 전부터 가정부로 일하고 있다. **4.** 〈Pl. 없음〉 지위, 명망: die gesellschaftliche S. 사회적 지위. **5.** 〈Pl. 없음〉 입장: eine kritische S. zu jmdm. haben 누구에 대해 비판적 태도를 지니다; **zu etw. S. nehmen** 무엇에 대하여 입장을 밝히다; **für jmdn. S. nehmen** 누구의 편을 들다. **6.** 진지: eine gut getarnte S. 잘 위장된 진지; **S. beziehen** (무엇에 관하여) 어떤 입장을 취하다. **7.** (österr.) ↑Musterung (2). **Stellungnahme**, die **a)** 입장 표명: eine eindeutige (klare) S. zu(gegen) etw. 무엇에 대한(반대하는) 명확한 태도 표명. **b)** 천명된 견해.

stellungs-, Stellungs-: ~**befehl**, der 〔군〕↑Einberufungsbefehl. ~**gesuch**, das ↑Stellengesuch. ~**kampf**, der 진지 전투. ~**kommission**, die (österr.) 징병검사 위원회. ~**krieg**, der 진지전(陣地戰). ~**los** 〈Adj.〉↑stellenlos. ~**lose***, der / die 무직자, 실직자. ~**losigkeit**, die 무직, 실업. ~**pflichtig** 〈Adj.〉 (österr.·관) 징병 검사 의무가 있는. ~**spiel**, das 〈Pl. 없음〉 〔축구〕 (골키퍼의 지시에 따른) 선수 배치. ~**suche**, die 구직: er ist auf S. 그는 일자리를 찾는 사람, 구직자. ~**suchende***, der / die 일자리를 찾는 사람, 구직자. ~**wechsel**, der 자세·태도·입장을 바꾸는 것; 진지 이동; 일자리를 바꿈, 전직. **Stellungsuche**, die 〈드물게〉 ↑Stellungssuche. **stellungsuchend** 〈Adj.〉 일자리를 찾고 있는. **Stellungsuchende***, der / die 〈드물게〉↑Stellungssuchende.

Stellwerk(s)meister, der 〔철도〕 전철(轉轍) 관리 소장.

St.-Elms-Feuer: ↑Elmsfeuer.

stelz-, Stelz-: ~**baum**, der 지주근(支柱根)을 하고 있는 나무. ~**bein**, das ↑~**fuß** (1, 2). ~**beinig** 〈Adj.〉 ↑füßig (1, 2). ~**fuß**, der **1.** 의족(↑Stelze 3). **2.** (통용어) 의족을 하고 있는 사람. **3.** (전문어) 염증이 있어 뻣뻣한 (말의) 발. ~**füßig** 〈Adj.〉 **1.** (통용어) 의족을 하고 있는. **2.** 뻣뻣한 걸음걸이의: 〔전의〕 eine -e Ausdrucksweise 뻣뻣한 표현법. **3.** (전문어) 말의 발이 뻣뻣한. ~**gang**, der 〔팜〕 뽐내는 걸음걸이. ~**läufer**, der 대말을 타고 걷는 사람. ~**schuh**, der ↑Stelzenschuh. ~**vogel**, der 〔동물〕 섭금류(涉禽類)(황새 따위). ~**wurzel**, die 〔식물〕 지주근(支柱根).

Stelze ['ʃtɛltsə], die; -n **1.** 〈대개 Pl.〉 대말, 죽마: Kinder laufen gerne ~n einher 아이들은 대말 타기를 좋아한다; wie auf ~n gehen 뻣뻣한 걸음걸이로 걷다. **2.** 섭금류(涉禽類). **3.** (나무로 만든) 의족. **4.** 〈대개 Pl.〉 **a)** 〈경〉 다리: meinen deine ~n aus dem Weg da라 좀 치워라. **b)** 〈경·감정〉 새다리(처럼 가는 다리). **5.** (österr.) ↑Kalbsstelze, ↑Schweinsstelze의 약칭. **stelzen** ['ʃtɛltsn̩] 〈s〉 뻣뻣하게 성큼성큼 걷다: der Reiher stelzt durch das Wasser 왜가리가 물 속을 성큼성큼 걸어간다; einen gestelzten Gang haben 뻐기는 듯한 걸음걸이를 하고 있다; 〔전의〕 eine gestelzte Ausdrucksweise 〈팜〉 거드름 피우는 표현법.

Stelzen-: ~**baum**, der 지주근(支柱根)을 지니고 있는 나무. ~**gang**, der 〔팜〕 뻣뻣한 걸음걸이. ~**geier**, der 〔동물〕 ↑Sekretär (5). ~**läufer**, der **1.** 대말(죽마) 타는 사람. **2.** 섭금류. ~**schuh**, der 굽이 매우 높은 나무신.

stelzig ['ʃtɛltsɪç] 〈Adj.〉 《드물게》 뻣뻣한 걸음걸이의.

Stemm-: ~**bein**, das 〔육상〕 디딤발. ~**bogen**, der 〔스키〕 디딤 회전. ~**eisen**, das ↑Beitel. ~**meißel**, der ↑~eisen. ~**schritt**, der 〔육상〕 (체중의 앞발에 실리는) 걸음걸이.

Stemma ['ʃtɛma, 'st-], das; -s, -ta [lat. stemma] **1.** 〔문예학〕 수서본[필사본]의 계통도. **2.** 〔언어〕 (문장 구조의) 수형도(樹形圖)〔계보수〕.

Stemme ['ʃtɛmə], die; -n 〔체조〕 팔로 몸을 버티기.

stemmen ['ʃtɛmən] 〈h〉 [mhd. stemmen = zum Stehen bringen, hemmen] **1.** 들어올리다: Gewichte s. 역기를 들어올리다. **2. a)** …에 대고 버티다, 받치다: sich (mit dem Rücken) gegen die Tür s. 등을 문에 대고 버티다; die Hände in die Seite s. 두 손을 허리에 받치다(자주 도전적인 몸짓으로). **b)** 〔스키〕 스키의 앞쪽 끝을 팔(八)자 모양으로 서로 붙이다. **c)** 〈s. + sich〉 〔스키〕 팔로 버티며 몸을 일으키다. **3.** 〈s. + sich〉 강력히 저항하다: sich gegen die Maßnahmen der Regierung s. 정부의 조치에 강력히 저항하다. **4.** (끌 따위로) 파다: ein Loch in die Wand s. 벽에 구멍을 내다. **5.** 〈경〉 (술을) 마시다: wollen wir einen s.? 한 잔 걸칠까? **6.** 〈경〉 (대개 무거운 물건을) 훔치다: einen Sack Kartoffeln s. 감자 한 자루를 훔치다.

Stempel ['ʃtɛmpl̩], der; -s, - **1.** 스탬프, 도장: den S. auf die Quittung drücken 영수증에 스탬프를 찍다; **jmdm.**[**einer Sache**] **seinen S. aufdrücken** 누구에게(무엇에) 자기의 입김을 불어넣다. **2.** 스탬프(인), 압인, 낙인(烙印), 소인(消印): die Briefmarken sind durch einen S. entwertet 우표들에는 소인이 찍혀 있다; 〔전의〕 der S. des Lächerlichen 우스꽝스러운 인상; **den S. von jmdm.**[**etw.**] **tragen** 분명히 누구〔무엇〕의 영향을 보이고 있다. **3.** 〔공학〕 금형(金型). **4.** (순량 등을 표시하는) 각인: das Silberbesteck trägt einen S. 그 은수저에는 각인이 찍혀 있다. **5.** 〔식물〕 암술. **6.** 〔토목·광업〕 (갱도의) 지주(支柱), 버팀목. **7.** 〔전의〕 seine Frau hat zwei mächtige S. 《경》 그의 아내의 두 다리는 매우 굵다. **7.** 〔공학〕 (압력 펌프의) 피스톤. **8.** 《통용어·드물게》 (자동차의) 가속기.

stempel-, Stempel-: ~**aufdruck**, der 스탬프를 찍음, 압인. ~**bruder**, der 《통용어·팜》 실업 수당 수혜자. ~**fälschung**, die 스탬프 위조. ~**farbe**, die 스탬프용 잉크. ~**gebühr**, die 인지세. ~**geld**, das 〈Pl. 없음〉 《통용어·준고어》 실업 수당. ~**glanz**, der 〔주전〕 (새 주화의) 깨끗한 광택. ~**halter**, der 스탬프 꽂이(걸이). ~**karte**, die 《통용어·옛》 실업 수당 수령 카드. ~**kissen**, das 스탬프 인주. ~**kissenfarbe**, die ↑~farbe. ~**marke**, die 인지(印紙). ~**maschine**, die 우표 소인기(消印機). ~**pflichtig** 〈Adj.〉 (österr.) gebührenpflichtig. ~**schneider**, der 각인사(刻印師). ~**ständer**, der 스탬프 걸이. ~**steuer**, die 인지세. ~**uhr**, die 《드물게》 Stechuhr (1) 시간 기록 시계, 스탬푸치.

stempeln ['ʃtɛmpl̩n] 〈h〉 **1.** 스탬프를 찍다, 소인을 찍다: einen Ausweis s. 신분증에 도장을 찍다. **2.** …을 스탬프로 찍다: Name und Anschrift hinten auf den Briefumschlag s. 봉투 뒷면에 스탬프로 성명과 주소를 찍다. **3.** (각인을) 찍다: Silberwaren s. 은제품에 (상표 따위의) 각인을 찍다. **4.** 《부정적 의미로》 낙인을 찍다: jmdn. zum Verbrecher s. 누구에게 범죄자의 낙인을 찍다. **5.** 《통용어·준고어》 실업 수당을 타다: er stempelt schon seit einem halben Jahr 그는 벌써 반년 전부터 실

업 수당을 타고 있다. **Stempelung,** 《드물게》 Stemplung, die; -en ↑stempeln의 명사형.
Stempen ['ʃtɛmpn̩], der; -s, - 《südd., österr.》 짤막한 말뚝.
Stemplung: ↑Stempelung.
Stendel ['ʃtɛndl̩], der; -s, - ↑Stendelwurz.
Stendelwurz ['ʃtɛndl̩-], die; -en **1.** 난초속(屬). **2.** 《지역적》↑Knabenkraut.
Stenge ['ʃtɛŋə], die; -n 〔선원〕 톱마스트(top mast), 중간 돛대. **Stengel** ['ʃtɛŋl̩], der; -s, - 줄기, 화경(花梗); 꽃자루: ein biegsamer S. 휘어지기 쉬운 꽃자루; 성구 ich bin beinahe vom S. gefallen 하마터면 간떨어질뻔했다.
stengel-, Stengel-: **~blatt,** das 〔식물〕 잎자루에 붙은 잎. **~brenner,** der 〈Pl. 없음〉 식물의 줄기에 갈색 줄이나 반점이 생기는 병. **~faser,** die 〔식물의 줄기에서 얻는〕 인피(靭皮)섬유. **~los** 〈Adj.〉 줄기가 없는.
-stengelig: ↑-stenglig. **stengeln** ['ʃtɛŋl̩n] 〈h〉 **1.** 《드물게》 줄기〔꽃자루, 잎자루〕를 내다. **2.** 《특히 berlin.》 서성대다. **-stenglig, -stengelig** [-ʃtɛŋ(ə)lɪç] 〈다음의 합성어로, 예컨대〉 kurzstengelig 꽃자루가 짧은.
Steno ['ʃteːno], die 〈대개 관사 없이〉 《통용어》 ↑Stenographie의 약칭: ein Diktat in S. aufnehmen 속기로 받아쓰다.
¹Steno-: **~bleistift,** der ↑-stift. **~block,** der 〈Pl. -blöcke / -s〉: ↑Stenogrammblock. **~daktylo** [- - -'- - -], die; -s 〈schweiz.〉 ↑daktylographin의 약칭. **~daktylographin** [- - - - -'- - -], die 〈schweiz.·관공어〉 ↑Stenotypistin. **~feder,** die 〈속기용 펜. **~halter,** der 속기 만년필. **~kontoristin** [- - - - -'- -], die 속기 및 타자 능력을 갖춘 여사무원. **~kurs,** der 《통용어》 속기 강좌. **~sekretärin** [- - - - -'- -], die 속기 및 타자 능력을 갖춘 여비서. **~stift,** der 속기용 연필.
steno-, ²Steno- [ʃteno-] griech. stenós〕 (〝좁은〟, 〝짧은〟을 뜻하는 복합어의 규정어로서, 예컨대〉 stenographisch, Stenogramm. **Stenograf:** ↑Stenograph. **Stenogramm,** das; -(e)s, -e [↑-gramm] 속기록: ein S. aufnehmen 속기로 받아 쓰다. **Stenogrammblock,** der 〈Pl. -blöcke / -s〉 속기용지철. **Stenogrammhalter,** der 속기용 메모용지책〔묶음〕을 죄어 두는 문구. **Stenograph,** der; -en, -en [↑-graph] 속기사. **Stenographie,** die; -n [...iːən; engl. stenography] 속기〔술〕. **Stenographiekurs,** der; -es, -e 속기 강좌. **stenographieren** 〈h〉 **1.** 속기하다. **2.** 속기로 받아 적다: eine Rede s. 연설을 속기로 받아 적다. **Stenographin,** die; -nen ↑Stenograph의 여성형. **stenographisch** 〈Adj.〉 **1.** 속기(술)의: -e Zeichen 속기 기호. **2.** 속기로 쓰여진. **Stenokardie** [ʃtenokarˈdiː, st...], die; -n [...iən; zu griech. kardía] 〔의학〕 협심증. **Stenose** [ʃteˈnoːzə, st...], die [griech. sténosis] 〔의학〕 협착(증). **stenotherm** [ʃtenoˈtɛrm, st...] 〈Adj.〉 [zu griech. thermós] 〔생물〕 (어항의 물고기 따위가) 온도 변화에 약한. **Stenothorax,** der; -(e)s, -e 〔의학〕 좁은 흉곽. **stenotop** [ʃtenoˈtoːp, st...] 〈Adj.〉 [zu griech. tópos] 〔생물〕 (동·식물이) 널리 분포되어 있지 않은. **stenotypieren** [...tyˈpiːrən] 〈h〉 속기한 뒤에 타자로 옮기다. **Stenotypistin** [...tyˈpɪstɪn], die; -nen 속기 및 타자 능력을 갖춘 여사무원.
stentando [stɛnˈtando], **stentato** [stɛnˈtaːto] 〈Adv.〉 [ital. zu: stentare] 〔음악〕 머뭇거리는, 오래 끄는.
Stentorstimme ['ʃtɛntor-, 'st..., 《또한》...toːɐ̯-], die; -n [트로이 전쟁의 영웅 Stentor의 이름에서] 《교양어》 힘 찬 장 엄 한 목소리.
Stenz [ʃtɛnts], der; -es, -e 《통용어·폄》 **1.** 잘난 체하는

청년, 멋 부리는 놈. **2.** 《드물게》 뚜쟁이. **stenzen** ['ʃtɛntsn̩] 〈h〉 《지역적·준고어》 배회하다, 돌아다니다.
Step [ʃtɛp, st...], der; -s, -s [engl. step] **1.** 탭댄스. **2.** 〔육상〕 (삼단뛰기의) 두 번째 뛰기.
Step-: **~eisen,** das 탭댄스용 구두의 앞과 뒷굽에 붙이는 철판. **~schritt,** der 탭댄스의 걸음. **~tanz,** der ↑Step (1). **~tänzer,** der 탭댄서. **~tänzerin,** die ↑~tänzer의 여성형.
Stephanit [ʃtefaˈniːt, 《또한》...nɪt], der; -s 〔오스트리아의 대공(大公) Stephan(1817~67)에 따라〕 〔광물〕 유안(硫安) 은광.
Stephanitag, der ↑Stephanstag. **Stephanstag,** der 성 스테판 축일(12월 26일).
Stepp-: **~anorak,** der (오리털이나 합성 섬유 따위를 넣은) 누비질한 방수 재킷. **~decke,** die (오리털 따위를 넣은) 누비 이불. **~futter,** die (솜, 모피 따위를 대고 누빈) 안감. **~jacke,** die (오리털 따위를 넣고) 누비질한 재킷. **~janker,** der 누비질한 재킷. **~maschine,** die 누비질 기계. **~naht,** die 누비질 자국. **~seide,** die ↑~futter. **~stich,** der 누비질, 박음질.
Steppe ['ʃtɛpə], die; -n [russ. step] 스텝 지대, 초원 지대, 대초원.
¹steppen ['ʃtɛpn̩] 〈h〉 누비질하다, 박음질하다.
²steppen [-] 〈h〉 [engl. to step] 탭댄스를 추다.
Steppen-: **~adler,** der (유럽의 스텝 지대에 사는) 흑갈색 독수리(학명: Aquila nipalensis). **~bewohner,** der 스텝 지대의 주민. **~brand,** der 스텝 지대의 불〔화〕재. **~fauna,** die 스텝 지대의 동물상(相). **~flora,** die 스텝 지대의 식물상(相). **~fuchs,** der 스텝 지대의 달단(韃靼)〔타타르〕 여우·(↑Korsak). **~gras,** das 스텝 지대에 자라는 각종의 풀(↑Esparto). **~huhn,** das 사막꿩. **~kerze,** die ↑Eremurus. **~klima,** das 스텝 지대의 기후. **~lilie,** die ↑Eremurus. **~schwarzerde,** die 〔지질〕 흑토. **~wind,** der 스텝 지대의 바람. **~wolf,** der Prariewolf.
Stepper ['ʃtɛpɐ, 'st...], der; -s, - 탭댄스를 추는 사람. **Stepperei** [ʃtɛpəˈraɪ], die; -en 누비 장식. **¹Stepperin** ['ʃtɛpərɪn], die; -nen [zu ↑¹steppen] 누비질 재봉공, 누비질하는 여자.
²Stepperin ['ʃtɛpərɪn, 'st...], die; -nen ↑Stepper의 여성형.
Steppke ['ʃtɛpkə], der; -(s), -(s) 《통용어·특히 berlin.》 꼬마.
Ster [ʃteːɐ̯], der; -s, -e / -s 《그러나 5 Ster》 [frz. stère] ↑Raummeter. **Steradiant** [ʃteraˈdiant, st...], der; -en, -en 〔수학〕 호도면적각(弧度面積角)(기호: sr).
Sterbe ['ʃtɛrbə], die (동물의) 죽을 병, 중병.
Sterbe-: **~ablaß,** der 〔가〕 임종 사죄(赦罪). **~amt,** das 〔가〕 ↑Totenmesse (a). **~bett,** das 임종(의 자리): an jmds. S. sitzen 누구의 임종을 하고 있다; auf dem S. liegen 임종의 침상에 누워 있다. **~buch,** das 사망자 등재부. **~datum,** das 사망 년월일. **~fall,** der 사망(사건). **~gebet,** das 죽어가는 사람을 위한 기도. **~geläut, ~geläute,** das 〈Pl. 없음〉 조종 소리. **~geld,** das 〈Pl. 없음〉 장례 보험금. **~gewand,** das 《아어·österr., südd.》 ↑~hemd. **~glocke,** die, 〈축소형〉 **~glöckchen,** das 조종(弔鐘). **~haus,** das 상가. **~hemd,** das 수의. **~hilfe,** die **1.** ↑Euthanasie (1). **2.** ↑~geld. **~jahr,** das 사망 연도, 죽은 해. **~kasse,** die 장례비 적립금고, 사망보험조합. **~kerze,** die 〔가〕 죽어가는 사람을 위해 밝히는 촛불. **~kleid,** das (아이) ↑~hemd. **~kissen,** die 임종을 편히 해 주는 베개. **~kreuz,** das 〔가〕 임종 기도자에 신부가 죽어가는 사람에게 주는 십자가. **~lager,** das 《아

어》↑~bett. ~**matrikel**, die 《österr.·관》사망자 명부. ~**messe**, die ↑~amt. ~**ort**, der 사망지. ~**rate**, die ↑Mortalität. ~**sakramente** 〈Pl.〉 [가] 종부성사. ~**segen**, der [가] 임종시의 축복. ~**statistik**, die 사망 통계. ~**stunde**, die 사망 시각, 임종 때. ~**tag**, der 죽은 날, 사망일, 기일(忌日). ~**urkunde**, die 사망 증명서. ~**wäsche**, die 수의(중에서 특히 속옷). ~**ziffer**, die ↑Mortalität. ~**zimmer**, die 임종한 방.

sterben[*'ʃtɛrbn*] 〈s〉 a) 죽다, 영면하다: im Alter von 78 Jahren s. 향년 78세로 죽다; an den Folgen eines Unfalls s. 사고로 죽다; im Sterben liegen 죽기 직전에 있다; 至고 daran stirbst du nicht gleich 《통용어》그렇다고 당장 죽지는 않아; 至의 seine Hoffnung ist gestorben 《아이》 그의 희망은 사라졌다; **zum Sterben langweilig(müde, einsam)** 《감정》대단히 지루한(피곤한, 외로운); **für jmdn. gestorben sein** 완전히 누구의 눈 밖에 나다; **gestorben (sein)** 1) 《경》(계획들이) 사장된. 2) 《영화·은어》(한 장면의 촬영이) 끝난. b) 〈같은 내용의 4격과 함께〉 (어떤 죽음을) 죽다: den Hungertod s. 굶어 죽다; sie starben einen absurden Tod 그녀는 허망하게 죽었다. c) 〈누구, 무엇을 위해〉목숨을 바치다: für seinen Glauben s. 그의 믿음을 위해 죽다. d) 〈3격과 함께〉 ihr ist kürzlich der Mann gestorben 그녀는 최근에 남편을 여의었다.

sterbens-, Sterbens- 《감정의 강조》: ~**angst**, die 죽을 지경의 공포. ~**bang** 〈Adj.〉 《아이》 죽도록 두려운. ~**elend** 〈Adj.〉 지독하게 비참한. ~**krank** 〈Adj.〉 a) ↑~elend. b) 위독한. ~**langweilig** 〈Adj.〉 지극히 지루한. ~**matt** 〈Adj.〉 《아이》 지칠 대로 지친. ~**müde** 〈Adj.〉 《아이》 죽도록 피곤한, 기진맥진한. ~**seele** 《다음 용법으로》 davon darf keine S. etwas erfahren 이에 관해서는 아무도 알아서는 안된다. ~**silbe**: ↑~wort. ~**übel** 〈Adj.〉 죽도록 기분 나쁜. ~**unglücklich** 〈Adj.〉 몹시 불행한. ~**wort**, 〈축소형〉 ~**wörtchen** 《다음 용법으로》**kein**(**nicht ein**) **Sterbenswort**[-**wörtchen**] 단 한 마디 말도.

Sterbet [*'ʃtɛrbət*], der; -s 《schweiz.》 (대량) 사망.
sterblich [*'ʃtɛrplɪç*] 〈Adj.〉 **1.** 죽을 운명의, 죽어야 할: alle Lebewesen sind s. 모든 생물은 죽게 되어 있다. **2.** 《통용어·감정의 강조》대단히, 몹시: sich s. blamieren 고개를 못들 정도로 웃음거리가 되다. **Sterbliche**, -n, -n **1.** [시어] 인간(죽음을 면치 못하는 자). **2. ein gewöhnlicher -r** 아주 평범한 인간. **Sterblichkeit**, die [1: spätmhd. sterblichheit] **1.** 죽어야 할 운명임, 덧없음. **2.** 사망 건수, 사망률. **Sterblichkeitsrate**, **Sterblichkeitsziffer**, die ↑Mortalität. **Sterblingswolle**, die 《전문어》 (죽은 양의 저질) 양모.

stereo [*'ʃtɛreo, 'st...*] **1.** ↑stereophon의 약칭. **2.** 《은어》양성애(兩性愛)의. **Stereo** [-], das; -s, -s **1.** 〈Pl. 없음〉↑Stereophonie의 약칭. **2.** ↑Stereotypieplatte 의 약칭.

¹**Stereo-** [-] (stereo 1, Stereo 1): ~**anlage**, die 스테레오[입체 음향] 장치. ~**anzeige**, die 스테레오 표시등. ~**box**, die 스테레오 확성기통. ~**decoder**, der 스테레오 해독기(解讀機). ~**empfang**, der 〈Pl. 없음〉 스테레오 수신. ~**fernsehen**, das 스테레오[입체음향] 텔레비전. ~**lautsprecher**, der 스테레오 확성기. ~**platte**, die 스테레오 음반. ~**plattenspieler**, der 스테레오 음반기. ~**rundfunkgerät**, das 스테레오 라디오. ~**sendung**, die 스테레오 방송. ~**ton**, der 스테레오 음. ~**tonband**, das 스테레오 녹음 테이프. ~**tonbandgerät**, das 스테레오 녹음기. ~**tonkopf**, der 스테레오 헤드. ~**tuner**, der 스테레오 파장 조정기. ~**turm** der 스테레오 탑. ~**verstärker**, der 스테레오 확성기.

stereo-, ²**Stereo-** [*ʃtereo-. st...*; griech. stereós] 〈고정된, 육중한, 입체적인을 뜻하는 규정어로서, 예컨대〉 stereotyp, Stereoskop. **Stereoakustik**, die 입체 음향학. **Stereobat** [*ʃtereo'ba:t, st...*], der; -en, -en [lat. stereobatēs < griech. stereobátēs] (그리스 신전의) 하부 구조[토대]. **Stereobild**, das; -(e)s, -er [광학] ↑Raumbild. **Stereochemie**, die 입체 화학. **Stereofilm**, der; -(e)s, -e 입체 영화. **Stereofografie**, die; -n **1.** 〈Pl. 없음〉 입체 촬영, 입체 사진술. **2.** 입체 사진. **stereographisch** 〈Adj.〉 입체화법의. **Stereokamera**, die; -s 입체 사진기. **Stereokomparator**, der; -s, -en [천문] 입체 비교 측정기. **Stereom** [*ʃtere'o:m, st...*], das; -s, -e [griech. stereóma] [식물] 견고(堅固)조직. **Stereometer**, das; -s, - [광학] 입체사진 감별기. **Stereometrie**, die [griech. stereometría] [수학] 입체기하학. **stereometrisch** 〈Adj.〉 입체기하학의. **stereophon** 〈Adj.〉 [음향·라디오] 입체 음향의, 스테레오의〈반대: monophon〉: die Oper ist s. aufgenommen 그 오페라는 스테레오로 녹음되었다. **Stereophonie**, die 입체음향(효과), 스테레오〈반대: Monophonie; 약칭: Stereo 1〉. **stereophonisch** 〈Adj.〉 ↑stereophon. **Stereophotogrammetrie**, die [측량] ↑Raumbildverfahren. **Stereophotographie**: ↑Stereofotografie. **Stereoskop**, das; -s, -e 입체경, 스테레오 스코프. **Stereoskopie**, die [zu griech. skopeĩn] 입체경학, 입체 사진술. **stereoskopisch** 〈Adj.〉 입체경의, 실체처럼 보이는. **stereotaktisch** 〈Adj.〉 [신경외과] a) 뇌자극술의. b) 뇌자극술에 의한. **Stereotaxie**, die [zu griech. táxis] ↑Stereotaxis 뇌자극 수술[요법].

stereotyp 〈Adj.〉 [frz. stéréotype] **1.** 《교양어》판에 박힌, 진부한: eine -e Antwort 틀에 박힌 대답; ein -s Lächeln 가면 같은 느낌을 주는 미소; etw. s. wiederholen 무엇을 판에 박힌 듯이 반복하다. **2.** [인쇄] 스테레오판[연판]으로 인쇄된. **Stereotyp**, das; -s, -e [심리] 고정적 판단, 판에 박힌 생각. **Stereotypdruck**, der [인쇄] 스테레오판 인쇄(물). **Stereotypeur** [*...ty'pø:ɐ*], der; -s, -e [인쇄] 스테레오판[연판] 제작공. **Stereotypie** [*...ty'pi:*], die; -n [*...i:ən*] [인쇄] **a)** 〈Pl. 없음〉 스테레오판 인쇄(술). **b)** ↑Stereotypieplatte. **2.** 〈Pl. 없음〉[심리·의학] 상동증(常同症). **Stereotypieplatte**, die [인쇄] 스테레오판, 연판. **stereotypieren** [*...ty'pi:rən*] 〈h〉 [인쇄] 스테레오판을 조조하다. **Stereotypmetall**, das [인쇄] 스테레오판 주조용 금속(합금). **Stereotypplatte**, die; -n 《드물게》 ↑Stereotypieplatte.

steril [*ʃte'ri:l, st...*] 〈Adj.〉 [frz. stérile] **1.** 무균(성)의: ein -er Verband 살균 붕대; die Injektionsnadel ist nicht s. 그 주사바늘은 소독되지 않은 것이다. 〈생물·의학〉불임의(不姙), 생식[번식]력이 없는, 열매를 맺지 않는, 무배종자(無胚種子)의. **3.** 《교양어·폄》 **a)** 정신적 불임의, 비창조적인. **b)** 냉정한, 삭막한, 살풍경한: ein kalter, -er Raum 썰렁하고 삭막한 방(공간). **Sterilisation** [*ʃteriliza'tsio:n, st...*], die; -en 살균, 소독; 불임으로 만들기, 단종(斷種). **Sterilisator** [*...'za:tor, ...to:ɐ*], der; -s, -en [*...za'to:rən*] 멸균기, 소독기. **Sterilisierapparat**, der ↑Sterilisator. **sterilisieren** [*...'zi:rən*] 〈h〉 [frz. stériliser] **1.** 살균하다, 소독하다. **2.** [의학] 불임으로 만들다: sich durch operative Unterbindung der Eileiter s. lassen 난관 결찰(結紮) 불임수술을 하다. **Sterilisierung**, die ↑Sterilisation. **Sterilisierungsapparat**, der ↑Sterilisator. **Sterilität** [*...'tɛt*], die [frz. stérilité] **1.** 무균성. **2.** 《생물·의학》생식 불능, 불임. **3.** 불모성, 내용이 없음, 비생산성.

Sterin [*ʃte'ri:n, st...*], das; -s, -e [생화학] 스테린.

Sterke [ˈʃtɛrkə], die; -n ⟨nordd.⟩ ↑ Färse.
Sterlet, Sterlett [ˈʃtɛrlɛt], der; -s, -e [russ. sterljad] 철갑상어의 일종.
Sterling [ˈstɛːlɪŋ, ⟨또한⟩ ˈʃtɛr..., ⟨engl.⟩ ˈstəːlɪŋ], der; -s, -e ⟨그러나: 5 Pfund sterling⟩ [engl. sterling] 영국의 화폐 단위: ein Pfund S. 영국화 1 파운드(약어: Pfd. St.; 기호: £, £Stg).
Sterling-: **~block**, der ⟨Pl. 없음⟩ 파운드화(貨) 통용권(通用圈). **~gebiet**, das ⟨Pl. 없음⟩ ↑ ~block. **~silber**, das 법정 순도(92.5%)의 은, 순은.
¹Stern [ʃtɛrn], der; -s, -e [engl. stern] ⟨선원⟩ ↑ ¹Heck (a).
²Stern [-], der; -(e)s, -e **1. a)** 별: ein leuchtender (funkelnder) S. 빛나는(반짝이는) 별; ein mit -en besäter Nachthimmel 별이 총총한 밤하늘; unter fremden -en leben ⟨시어⟩ 낯선 곳에서 살다; 전의 er ist ein aufgehender S. am Filmhimmel 그는 영화계의 새 스타이다; mit jmdm. geht ein neuer S. auf 누구가 그의 분야에서 각광을 받다; **-e sehen** ⟨통용어⟩ 한대 얻어 맞아 얼떨떨하다; **die -e vom Himmel holen wollen** ⟨아어⟩ 불가능한 일을 이루려 하다; **jmdm. [für jmdn.] die -e vom Himmel holen** 누구를 위해서라면 뭣이든 다 하겠다; **nach den -en greifen** ⟨아어⟩ 무엇인가 불가능한 것을 가지려고 하다. **b)** 운수, 운명(의 별): die -e stehen günstig ⟨점성⟩ 운세가 좋다; ein glücklicher S. hatte sie zusammengeführt ⟨아어⟩ 우연한 행운으로 인하여 그들은 다시 만나게 되었다; jmd. ist unter einem guten S. geboren ⟨아어⟩ 누구가 행운을 타고 태어났다; **in den -en (geschrieben) stehen** 아직 불투명하다, 아직은 분명치 않다; **unter einem guten S. stehen** ⟨아어⟩ 무엇이 유리한 출발을 하고 있다. **c)** 별: auf diesen S. ⟨시어⟩ 이 지구 위에서; er ist (ein Mensch) von einem anderen S. 그는 이 세상에 맞지 않는 사람이다. **2. a)** 별, 별 모양의 형상: -e zeichnen 별을 그리다. **b)** 별 모양의 훈장. **c)** 등급을 나타내는 별: ein Hotel mit fünf -en 별 다섯 개가 붙은 호텔; etw. ist eine Eins mit S. 무엇이 최상급이다. **d)** 별표(☆)⟨각주 따위를 표시하기 위한 것⟩. **3.** ⟨말 위의⟩ 이마의 흰 반점. **4.** ⟨사냥⟩ (산짐승의) 눈동자, 동공(瞳孔). **5.** ⟨애칭⟩ (연인을 부르는 말) 여보, 내 사랑: du bist mein S. 당신은 나의 사랑.

stern-, Stern- (↑sternen-, Sternen- 도 참조): **~anis**, der **a)** 대회향(大茴香)(목련과의 나무). **b)** 대회향(열매). **~anisöl**, das 대회향유(油). **~assoziation**, die ⟨천문⟩ 별무리, 성군(星群). **~bedeckung**, die ⟨천문⟩ 엄폐. **~besät** ⟨Adj.⟩ ⟨시어⟩ 별이 총총한, 별을 뿌려놓은 듯한. **~bild**, das 별자리, 성좌: das S. des Großen Bären 큰곰(별)자리, 대웅좌(大熊座). **~bildname**, der 별자리 이름. **~blume**, die 별 모양의 꽃. **~deuter**, der ↑Astrologe (a). **~deuterei**, die ⟨통용어·폄⟩ ↑ -deutung. **~deutung**, die ⟨Pl. 없음⟩ ↑ Astrologie. **~fahrt**, die ⟨스포츠⟩ 많은 출발점에서 중심에 있는 결승점에 달리는 자전거(자동차) 경주. **~flug**, der ⟨스포츠⟩ 많은 출발점으로부터 중심에 있는 결승점으로 날아드는 비행 시합. **~förmig** ⟨Adj.⟩ 별 모양의; 방사선 모양의. **~forscher**, der 별 연구가, 천문학자. **~gewölbe**, das ⟨건축⟩ 별 모양의 궁륭(穹窿) 천정. **~globus**, der ⟨천문⟩ ↑Himmelsglobus. **~gukker**, der ⟨통용어·농⟩ ↑Himmelsgucker. **~hagelbesoffen** ⟨Adj.⟩ ⟨속어⟩ 곤드레만드레 취한. **~hagelvoll** ⟨Adj.⟩ ⟨경⟩ ↑hagelbesoffen. **~haufen**, der ⟨천문⟩ 성단(星團), 성군(星群), 성운(星雲). **~haus**, das ⟨건축⟩ 중앙 건물을 중심에서 방사선상으로 연해 있는 고층 건물. **~hell** ⟨Adj.⟩ 별이 나 있어(총총한). **~helligkeit**, die【천문】 ↑Helligkeit (2 b). **~himmel**, der 별이 총총한 하늘. **~holz**, das ⟨Pl. 없음⟩ 방사선상으로 붙인 합판. **~jahr**, das 항성년(恒星年). **~karte**, die 별자리 그림(표), 천체도. **~katalog**, der 항성 목록. **~klar** ⟨Adj.⟩ 별을 볼 수 있을 정도로 맑은. **~kunde**, die ⟨Pl. 없음⟩ 천체학, 천문학. **~kundig** ⟨Adj.⟩ 별[천문학]에 관한 지식이 깊은. **~los** ⟨Adj.⟩ 별이 보이지 않는. **~marsch**, der 여러 곳에서 출발하여 중심에 있는 한 목적지에 도착하는 행진(행군). **~miere**, die 별꽃. **~motor**, der 【기술】 성형(星形) 발동기[모터]. **~name**, der 별 이름. **~ort**, der ⟨Pl. -örter⟩ 【천문】 (어떤 별의) 천구(天球) 상의 위치(astronomischer ↑Ort). **~schnuppe**, die 유성(流星), 별똥별. **~schnuppenschwarm**, der 유성군(流星群), 별똥별의 무리. **~singen**, das; -s ⟨지역적⟩ 공현절(公顯節)의 축가 행렬 풍습(아이들이 막대기에 별을 달고 노래를 부르며 가가호호를 방문, 돈이나 사탕을 받았음). **~singer**, der; -s, - ⟨지역적⟩ 공현절 축가 행렬 참가 어린이. **~stunde**, die ⟨아어⟩ **a)** 운명의 순간[시간] (긍정적 의미의): eine (neue) S. der [für die] Wissenschaft 학문의 발전을 위한 새로운 전기(轉機). **b)** ⟨드물게⟩ 결정적인 순간. **~system**, das 【천문】 항성계(恒星系), 별들의 단위 집합체. **~tag**, der 【천문】 항성일(恒星日). **~wanderung**, das 사방에서 출발하여 중심에 있는 목적지에 집결하는) 도보 여행. **~warte**, die 천문대, 천문관측소. **~wolke**, die 【천문】 성운(星雲). **~zeichen**, das ↑ Tierkreiszeichen (1). **~zeit**, die 【천문】 항성시(恒星時).

sternal [stɛrˈnaːl, st...] ⟨Adj.⟩ [griech. stérnon] 【의학】 흉골(胸骨)의.

Sternchen [ˈʃtɛrnçən], das; -s, - ↑²Stern 참조(특히 작은 별표(*)의 뜻으로 쓰임). **Sternchennudel**, die; -n ⟨대개 Pl.⟩ 작은 별 모양의 마카로니(수프에 넣는).

sternen-, Sternen- (↑stern-, Stern- 도 참조): **~auge**, das ⟨대개 Pl.⟩ ⟨시어⟩ 빛나는 눈. **~bahn**, die ⟨아어⟩ 혹성(유성)의 궤도. **~banner**, das ↑ Stars and Stripes. **~gefunkel**, das ⟨시어⟩ 별의 반짝임. **~hell** ⟨아어·시어⟩ ↑sternhell. **~himmel**, der ⟨아어⟩ ↑ Sternhimmel. **~klar**: ↑ sternklar. **~kranz**, der 【미술】 별로 된 장식 조각, 별로 된 추녀돌림띠. **~krone**, die 별장식의 왕관: Maria mit der S. 별장식의 왕관을 쓴 성모 마리아. **~kult**, der 별의 경배. **~licht**, das ⟨Pl. 없음⟩ ⟨아어⟩ 별빛. **~los**: ↑ sternlos. **~nacht**, die ⟨아어⟩ 별이 총총한 밤. **~schein**, der ⟨시어⟩ 별빛. **~wärts** ⟨Adv.⟩ ⟨시어⟩ 하늘을 향해, 하늘 쪽으로. **~weit** ⟨Adj.⟩ ⟨시어⟩ 한없이 먼 거리의. **~zelt**, das ⟨시어⟩ 별이 총총한 밤하늘.

Steroide [ʃteroˈiːdə, st...] ⟨Pl.⟩ 【생화학】 스테로이드. **Steroidhormon**, das; -s, -e ⟨대개 Pl.⟩ 【생화학】 스테로이드 호르몬.

Stert [ʃteːɐ̯t], der; -(e)s, -e ⟨nordd.⟩ ↑²Sterz (1). **¹Sterz** [ʃtɛrts], der; -es, -e ⟨südd., österr.⟩ 슈테르츠 (곡식 가루 반죽을 기름에 튀겨, 썰어놓은 음식). **²Sterz** [-], der; -es, -e **1.** ↑ Bürzel (1). **2.** ↑ Pflugsterz의 약칭. **sterzeln** [ˈʃtɛrtsn̩] ⟨h⟩ 【양봉】 (벌이) 하반신을 쳐들다.

stet [ʃteːt] ⟨Adj.⟩ [mhd. stæt(e), ahd. stāti] ⟨아어⟩ **a)** 불변의, 확고한: das -e Wohlwollen seines Chefs 그의 상관의 확고한 호의. **b)** 항구적인, 끊임없는, 지속적인: es ist den -en Streit mit seiner Frau leid 그는 자기 아내와의 끊임없는 싸움에 진력이 났다. **Stete** [ˈʃteːtə], **Stetheit**, die ⟨드물게 아어⟩ 불변성, 항구여일함, 지속성.

Stethoskop [ʃteto'skoːp, st...], das; -s, -e 【의학】 청진기.

stetig [ˈʃteːtɪç] ⟨Adj.⟩ 끊임없는, 지속적인: die Geburtenrate ist s. gestiegen 출산율은 끊임없이 증가하였다. **Stetigkeit**, die 불변성, 지속성, 항구성. **stets** [ʃteːts] 〈Adv.〉 [mhd. stætes] 항상, 언제나, 끊임없이: er ist s. zufrieden 그는 언제나 만족해 한다. **stetsfort** 〈Adv.〉 (schweiz.·준고어) 끊임없이, 지속적으로.

Stettin [ʃtɛˈtiːn] 슈테틴(오더강 안의 도시). **Stettiner**, der; -s, ~ 슈테틴 사람. **Stettiner** 〈Adj.; 격변화 없음〉 슈테틴의.

¹**Steuer** [ˈʃtɔyɐ], das; -s, - [niederd. stur(e) = Steuerruder] 키(舵), 조타기, 핸들, 조종간: das S. nach links drehen 핸들을 왼쪽으로 돌리다; das S. übernehmen (교대해서) 운전대를 잡다; Trunkenheit am S. 음주운전; 전희 er hat das S. der Partei übernommen 그는 당의 지휘권을 인수하였다. b) ↑Ruder (2): das S. führen 방향타를 잡다, 좌지우지하다. ²**Steuer** [-], die; -n 1. 세금: -n hinterziehen 탈세하다; den Bürgern immer neue -n auferlegen 시민들에게 자꾸만 새로운 세금을 과하다; die Unkosten von der S. absetzen 잡비를 세금에서 공제하다. 2. 〈Pl. 없음〉 〈통용어〉 ↑Steuerbehörde: bei der S. arbeiten 국세청에서 일하다.

¹**steuer-, Steuer-** 〈¹Steuer, steuern〉: ~**befehl**, der [전산] ↑Befehl (1 b). ~**bord**, das / (österr.) der [[선원·항공]] 우현(右舷) (반대: Backbord). ~**bord(s)** 〈Adv.〉 [선원·항공] 우현으로, 우측으로. ~**bordseite**, die ↑~bord. ~**feder**, die 〈대개 Pl.〉 ↑Schwanzfeder. ~**gerät**, das a) [방송] ↑Receiver. b) [전기] 자동 조종 장치, 음향 조절 장치. ~**gitter**, das [전자] 콘트롤 그리드, 제어 격자. ~**hebel**, der [항공] ↑~knüppel. ~**knüppel**, der [항공] 조종간(桿). ~**los** 〈Adj.〉 a) 키가 없는. b) 조타(조종)하는 사람이 없는. ~**mann**, der (Pl. -leute / (드물게) -männer) 1. 〈해양·엣〉 키잡이, 조타원 (선장 다음으로 높은 장교), 항해사. 2. ↑Bootsmann (2). 3. (조정) 키잡이, 타수: Vierer mit S. 키잡이 있는 4인승 경기. 4. [전기] 배전반(配電盤) 관리자. ~**mannpatent**, das 항해사 면허(증). ~**programm**, das [전산] 다른 프로그램을 조직·통제하는 프로그램. ~**pult**, das [전기] Schaltpult. ~**rad**, das a) (자동차의) 운전대, 조종간. b) 〈해양〉 조타륜, 키의 핸들. ~**ruder**, das 〈해양〉 ↑Ruder (2). ~**säule**, die (자동차운전의) 핸들 축(軸). ~**schalter**, der [기술] 제어 스위치, 조정 스위치. ~**system**, das 조종 방식. ~**ventil**, das [기술] 조종판(瓣), 조종 밸브. ~**vorrichtung**, die [기술] (누전·화재) 방지, 역진(逆進) 장치. ~**welle**, die [기술] 기계 자동 조종 전파. ~**werk**, das [전산] 조종기, 통제기.

²**steuer-, Steuer-** 〈²Steuer〉: ~**abzug**, der 세금 공제. ~**abzugsfähig** 〈Adj.〉 세금 공제 혜택을 받을 수 있는. ~**amt**, das 〈준고어〉 ↑Finanzamt. ~**angelegenheit**, die 〈대개 Pl.〉 세금 문제[관계·사항]. ~**änderungsgesetz**, das [세무] 세제 개정 법률. ~**anspruch**, der [세무] 조세권. ~**anteil**, der (어떤 비용에서) 세금이 차지하는 비율. ~**aufkommen**, das 조세 수입(총액). ~**aufsicht**, die 세무 감사. ~**ausfall**, der 세금 결손. ~**ausgleichskonto**, das [세무] 영업 대차 대조표와 징세 대차 대조표 사이의 사정(査定) 차액을 수하는 계정. ~**ausschuß**, der 세무 위원회. ~**banderole**, die ↑~zeichen. ~**batzen**, der 《schweiz.》 ~geld. ~**beamte*, der 《준고어》 ↑Finanzbeamte. ~**beamtin**, die ↑~beamte의 여성형. ~**befreiung**, die 〈Pl. 없음〉 면세, 세금면제. ~**begünstigt** 〈Adj.〉 세제상의 혜택을 받는: -e Wertpapiere 세금 혜택을 받는 유가증권. ~**begünstigung**, die 세제 상의 혜택. ~**behörde**, die ↑Finanzbehörde. ~**belastung**, die 세금 부담. ~**beleg**, der 세금 관계 서류, 세금 납부

증서. ~**bemessungsgrundlage**, die 과세용 기초 자료(금액). ~**berater**, der 세무사. ~**beratung**, die 세무 상담. ~**bescheid**, der 납세 고지서. ~**betrag**, der 세액. ~**betrug**, der 탈세. ~**bevollmächtigte**, der / die 세무 대행자. ~**bilanz**, die 과세용 대차 대조표. ~**bonus**, der 세금 혜택. ~**domizil**, das (schweiz.) 납세 거주지. ~**einheit**, die 소득세의 단위. ~**einnahme**, die 〈대개 Pl.〉 세수(稅收). ~**einnehmer**, der 〈구제〉 세금 걷는 관리. ~**erhöhung**, die 세금 인상. ~**erklärung**, die 납세 신고. ~**erlaß**, der 세금 면제, 면세. ~**erleichterung**, die 세부담의 경감, 감세. ~**ermäßigung**, die 세액 할인(경감). ~**ermittlungsverfahren**, das 세무 조사. ~**erstattung**, die 세금 환불. ~**fahnder** [-faːndɐ], der; -s, - 탈세 조사관, 세무 사찰관. ~**fahndung**, die 탈세조사, 세무사찰. ~**festsetzung**, die 세액사정. ~**flucht**, die a) 자본의 해외 유출을 통한 탈세. b) 해외 거주를 통한 탈세. ~**flüchtling**, der 해외 유출 탈세범, 해외도피 탈세자. ~**forderung**, die 납세 고지. ~**formular**, das 세무 신고서(식). ~**frei** 〈Adj.〉 면세의. ~**freibetrag**, der 면세액. ~**freigrenze**, die 면세 한도, 면세점(点). ~**freiheit**, die 〈Pl. 없음〉 면세. ~**geheimnis**, das (소득이나 재산에 대해) 비밀을 지켜야 할 의무. ~**gehilfe**, der 세무사 보조원. ~**geld**, das 〈대개 Pl.〉 (징수한) 세금, (국민이 낸) 세금. ~**gerechtigkeit**, die 조세 정의(원칙): mehr S. fordern 더 많은 조세 정의를 요구하다. ~**gesetz**, das 세법. ~**gesetzgebung**, die 조세 입법. ~**groschen**, der 〈대개 Pl.〉 〈통용어〉 ↑~geld. ~**hebel**, der 〈고어〉 ↑~bevollmächtigter. ~**hinterziehung**, die 탈세. ~**hoheit**, die 징세권, 조세권. ~**karte**, die ↑Lohnsteuerkarte. ~**klasse**, die 세액 등급. ~**last**, die 세금 부담. ~**lehre**, die 조세학, 조세 이론. ~**marke**, die 인지(印紙), (개의) 감찰(鑑札). ~**meßbescheid**, der 과세 사정 기준액 통지. ~**meßbetrag**, der 과세 사정 기준액. ~**minderung**, die 세금 경감. ~**moral**, die 납세 정신(의식). ~**nachlaß**, der 세금 감면. ~**oase**, die 〈통용어〉 세금 천국. ~**objekt**, das 과세대상. ~**paket**, das 〈운어〉 세금 관계의 일괄 법안: ein S. verabschieden 종합 세법안을 통과시키다. ~**paradies**, das ↑~oase. ~**pflicht**, die 납세 의무. ~**pflichtig** 〈Adj.〉 납세 의무가 있는. ~**pflichtige***, der / die 납세 의무자. ~**politik**, die 조세 정책. ~**politisch** 〈Adj.〉 조세 정책상의. ~**progression**, die 조세 누진, 누진과세의 원칙. ~**prüfer**, der ↑Buchprüfer, Wirtschaftsprüfer. ~**quote**, die 국민 총생산량에 대한 세수의 비율. ~**recht**, das 조세법. ~**reform**, die 세제 개혁. ~**rückstand**, der 세금 체불(액). ~**satz**, der 과세 표준 세액, 과세 표준액. ~**schraube**, die 《다음 용법으로》 **die S. anziehen** [überdrehen]; **an der S. drehen** 〈통용어〉 세금을 올리다. ~**schuld**, die a) 미납(체납) 세금. b) (특정 세금을 내야 하는) 의무. ~**senkung**, die 세금 인하. ~**strafrecht**, das 세무 형법. ~**straftat**, die 조세 관련 범행. ~**stundung**, die 세금 지불 기간의 유예. ~**subjekt**, das 납세 의무자. ~**system**, das 세제, 조세제도. ~**tabelle**, die 세율표. ~**tarif**, der 세율(표). ~**träger**, der 담세자. ~**umgehung**, die 탈세, (법의 허점을 이용한) 세 감면. ~**umwälzung**, die (간접세 부담의) 전가(轉嫁). ~**veranlagung**, die 세액 사정. ~**vergehen**, das 세법 위반. ~**vergünstigung**, die 세제상의 혜택(특전). ~**vergütung**, die 세금 환불. ~**vorauszahlung**, die 세금의 예납. ~**wesen**, das 〈Pl. 없음〉 조세제도, 세무. ~**zahler**, der 납세자. ~**zeichen**, das 납세필 인지. ~**zeichenfälschung**, die 인지 위조. ~**zettel**, der ↑~bescheid. ~**zu-**

schlag, der ↑Säumniszuschlag.
¹steuerbar ['ʃtɔyɐba:ɐ] 〈Adj.〉 조종할 수 있는. **²steuerbar** [-] 〈Adj.〉 [관] 과세 대상이 되는, 납세 의무가 있는. **Steuerbarkeit,** die 조세 가능. **Steuerer,** der, -s, - 《드물게》 조종자, 통제자. **steuerlich** 〈Adj.〉 조세의, 세금의: s. benachteiligt werden 세금상 불리하게 되다. **¹steuern** ['ʃtɔyɐn] **1.** 〈h〉 a) 키를 조종하여 움직이게 하다: wer hat den Wagen gesteuert? 누가 그 차를 운전했느냐?; 《4격 목적어 없이도》 nach rechts s. 오른쪽으로 향하도록 운항하다; [전의] ein Tief bei Island steuert Warmluft nach Frankreich 아이슬란드 부근의 저기압이 따뜻한 바람을 프랑스 쪽으로 몰고 온다. **b)** 〈s. + sich〉 조종되다: dieser Flugzeugtyp steuert sich gut 이 비행기 유형은 조종이 편하다. 〈해양·항공〉 (운항 방향을) 고수하다: Westkurs s. 서쪽으로 계속 항해하다. **2.** 〈s〉 **a)** 항해해 가다, 움직여 가다: das Flugzeug steuert nach Norden 비행기가 북쪽으로 가고 있다; [전의] wohin steuert unsere Politik? 이 나라 정치가 어디로 가고 있는가? **b)** 《통용어》 무엇을 목표로하여 나아가다: er steuerte durch die Tischreihen nach vorn 그는 책상들의 열을 뚫고 앞으로 나아갔다; [전의] er steuert unaufhaltsam in sein Unglück 그는 끊임없이 자신의 불행을 향하여 다가가고 있었다. **3.** 〈h〉 **a)** [기술] 조절하다, 작동시키다: automatisch gesteuerte Heizungen 자동조절되는 난방장치. **b)** 조종하다, 조절하다, 유도하다: diese Hormone steuern die Tätigkeit der Keimdrüsen 이들 호르몬은 생식선(生殖腺)의 활동을 조절해 준다. **4.** 《아어》〈h〉 (무엇을) 저지하다, (누구에게) 반대하는 행동을 하다: dem Unheil s. 재앙에 맞서 대항하다. **²steuern** [-] 〈h〉 《schweiz.》 세금을 내다.
Steuerung, die; -en **1.** [공학] **a)** 조종 장치: die S. gehorchte nicht mehr 조종장치가 말을 듣지 않았다. **b)** ↑Steuergerät: die (automatische) S. einschalten (자동) 조절장치의 스위치를 넣다. **2.** 〈Pl. 없음〉 키[조종간]를 움직여 가게 하는 행위. **3.** 〈Pl. 없음〉 **a)** [공학] 조절, 작동. **b)** 조종, 조정, 조절, 유도: die S. von Produktionsprozessen 생산과정의 조정. **4.** (아이) 저지, 해결: die S. der Wohnungsnot 주택난 해소.
steuerungs-, Steuerungs-: ~**anlage,** die [공학] 조종[조정] 장치[시설]. ~**computer,** der [전자] 통제[조정] 컴퓨터. ~**fähig** 〈Adj.〉 [특허 심리] 조정[통제] 능력이 있는, 있어야 할. ~**hebel,** der [공학] 조종간(桿). ~**mechanismus,** der [철도] 역전(逆轉) 장치. ~**methode,** die 조절[통제] 방식. ~**scheibe,** die [공학] 조정 [조절] 디스크[원반]. ~**technik,** die 〈Pl. 없음〉 [인공두뇌학] 제어기술. ~**ventil,** das [공학] 제어판(瓣). ~**vorgang,** der 조종[조정] 과정.
Steurer ['ʃtɔyɐɐ] ↑Steuerer.
Steven ['ʃte:vn], der; -s, - 〈niederd. steven〉 [조선] 수재(船首材), 선미재.
Steward ['stju:at], der; -s, -s [engl. steward] (배, 여객기의) 안내원, 접대원. **Stewardeß** ['stju:ɐdes, 〈또한〉 ...'des], die; ...dessen [engl. stewardess] ↑Steward의 여성형.
Stg. = Satang.
StGB = Strafgesetzbuch.
Sthenie [ste'ni:, 《또한》 ʃt...], die [griech. sthénos] [의학] 원기 왕성, 강장(强壯). **sthenisch** ['ste:nɪʃ, 《또한》 ʃt...] 〈Adj.〉 원기왕성한, 강장한.
stibitzen [ʃti'bɪtsn̩] 〈h〉 《친근》 슬쩍 하다, 슬쩍 손에 넣다: Eis aus dem Kühlschrank s. 냉장고에 있는 아이스크림을 슬쩍 훔쳐 먹다.
Stibium ['ʃtiːbium, 〈또한〉 st...], das; -s [lat. stibi(um) < griech. stíbi] ↑Antimon(기호: Sb).
stich! [ʃtɪç] ↑stechen의 단수 명령형. **Stich** [-], der;

-(e)s, -e **1. a)** (칼 따위로) 찌름: ein tödlicher S. mit dem Messer 칼로 찌른 치명적 상처; [전의] ein S. (von hinten) 빈정댐, 비꼼. **b)** 찔림, 따끔함: einen heftigen S. spüren 심한 통증을 느끼다. **c)** 《드물게》 주사바늘의 찌름: der S. in das Zahnfleisch war schmerzhaft 잇몸을 찌르는 주사바늘이 아팠다. **2. a)** (칼, 바늘로) 찔린 상처, 자상(刺傷): der S. eitert 찔린 곳이 곪는다. **b)** 《드물게》 주사바늘 자국. **3.** [펜싱] 찌르기: einen S. ausführen 찌르기를 행하다. **4. a)** 뜸(재봉, 자수의), 바늘자리: mit kleinen -en nähen 촘촘히 꿰매다. **5.** 찌르는 [쑤시는] 아픔, 자통(刺痛): [전의] das gab mir einen S. 그것이 내 마음을 몹시 상하게 하였다. **6.** ↑Kupferstich (1, 2), Stahlstich (1, 2)의 약칭: ein alter S. von Hamburg 함부르크 시의 모습을 그린 오래된 동판화 [철판화]. **7.** 〈Pl. 없음〉 (빛깔에 관하여) 기미, 경향: ihr Haar zeigte einen S. ins Rötliche 그녀의 머리카락은 약간 불그스름한 기를 띠고 있었다. [전의] er war immer einen S. zu korrekt gekleidet 그는 언제나 약간 지나치게 단정한 복장을 하는 경향이 있었다. **8. einen (leichten) S. haben 1)** 《통용어》 (음식이) 약간 상하다: die Milch hat einen S. 우유가 약간 상했다. **2)** 《경》 (사람이) 약간 돌았다: du hast ja'n S.! 자네, 약간 돈 것 같군 그래! **3)** 《지역적》 《속》 취했다. **9.** 《지역적》 썰어 따위를 칼로 한번 잘라 주는 분량》 조각. **10.** [카드] 으뜸패의 카드로 잡아온 카드들. **11. jmdn. im S. lassen 1)** 어려운 처지에 있는 사람을 돌봐주지 않다. **2)** 누구를 버리고 떠나다: er hat Frau und Kinder im S. gelassen 그는 처자를 버리고 떠났다. **3)** 《통용어》 (신체 기관 따위가) 더 이상 말을 듣지 않다: seine Augen ließen ihn im S. 그는 눈이 더 이상 보이지 않아 곤란을 겪었다, **etw. im S. lassen** 무엇을 포기하다[그만두다]; **S. halten** 옳음이 입증되다: sein Alibi hielt S. 그의 현장 부재가 입증되었었다. **12.** [건축] ↑Pfeilhöhe. **13.** 《지역적》 도로의 급경사, 가파른 오르막길. **14.** [제련] 압연하기. **15.** [사냥] 짐승의 목의 앞부분에 있는 급소: auf den S. schießen 목의 급소를 겨누어 쏘다. **16.** 《schweiz.》 사격 경기.

stich-, Stich-: ~**bahn,** die [철도] 지선(支線). ~**balken,** der [건축] 잘림 들보, 서까래. ~**bandkeramik,** die [고고] **1.** 음각(陰刻) 그림 무늬 장식의 도기 (신석기 시대의). **2.** 〈Pl. 없음〉 후기 신석기 시대. ~**blatt,** das [펜싱] (시합용 칼의) 날밑, (칼날과 칼자루 사이의) 반구형 금속제 막이(↑Glocke 6). ~**bogen,** der [건축] ↑Flachbogen. ~**dunkel** 〈Adj.〉 《지역적》 아주 캄캄한, 칠흑 같은. ~**entscheid,** der 결선 투표에 의한 결정. ~**fahren,** das; -s [승마] 결정전. ~**fest:** ↑hieb- und stichfest. ~**flamme,** die (폭발 시에) 갑자기 솟구쳐 오르는 화염. ~**frage,** die (퀴즈 따위에서) 동점시에 승자를 결정하기 위한 추가 질문. ~**graben,** der [군·옛] ↑Sappe. ~**halten** 〈h〉 《österr.》 옳다는 것이 입증되다. ~**haltig,** 《österr.》 ~**hältig** 〈Adj.〉 근거가 분명한, 반박할 수 없는: ein -es Argument 분명한 논거. ~**haltigkeit,** 《österr.》 ~**hältigkeit,** die (논거, 논증의) 확실성. ~**höhe,** die [건축] ↑Pfeilhöhe. ~**jahr,** das 예정 연도, 실시 연도, 기점 연도. ~**kampf,** der [스포츠] 승자 결정전. ~**kanal,** der **1.** [제련] 용해 철광 분출로. **2.** [수리] 두 운하 사이의 수로. ~**kappe,** die [건축] 작은 아치 (채광창을 위한). ~**loch,** das [주물] 용해주물 출구. ~**probe,** die 무작위 추출 검사[시험], 임의 추출 견본: -n vornehmen 임의로 견본을 추출하여 시험하다. ~**probenweise** 〈Adv.〉 임의로 추출하여. ~**reim,** der [문예학] 격행(隔行) 대화시에서 두 대화자가 같은 압운을 지닌 시행(詩行) 하나씩을 나누어 읊는 시형식. ~**säge,** die ↑Lochsäge. ~**straße,** die 막다른 길. ~**tag,** der 실시일, 시행 일자. ~**tiefdruck,** der [인쇄] 요판(凹版) 인

쇄. ~**verletzung**, die 찔린 상처, 자상(刺傷). ~**waffe**, die 찌르는 무기. ~**wahl**, die 결선 투표. ~**wort**, das 1. 〈Pl. -wörter〉 a) (사전 따위의) 표제어. b) 표제어 색인(찾아보기)의 각 낱말, 견출(見出) 단어. 2. 〈Pl. -e〉 a) [연극] 신호, 대사 중의 마지막 말: bei diesem S. tritt der Schauspieler auf die Bühne 이 말이 떨어지면 그 배우가 등장한다. b) (어떤 반응이나 행동을 유발시키는) 말, 언급: die Rede des Ministers gab das S. zu den Reformen 장관의 연설이 있자 개혁이 시작되었다. 3. 〈Pl. -e; 대개 Pl.〉 조항별 메모: er hat die Rede in -en festgehalten 그는 그 연설을 조목별로 메모해 왔다. ~**wortartig** 〈Adj.〉 항목별의. ~**wortregister**, das 표제어 찾아보기. ~**wortverzeichnis**, das 표제어 색인. ~**wunde**, die 자상(刺傷), 자창(刺創).

Stichel ['ʃtiçl], der; -s, - ↑Grabstichel의 약칭.

sti̇chel-, Sti̇chel-: ~**haar**, das 1. ↑Grannenhaar. 2. 【섬유】짧고 밝은 색의 토끼털, 거칠은 레용 모사. ~**haarig** 〈Adj.〉 강모(剛毛)의, 까끄러운. ~**haarstoff**, der 【섬유】 강모직(織). ~**rede**, die (아어·폄) 빈정대는 말.

Stichelei [ʃtiçə'laj], die; -en (통용어·폄) 1. a) 〈Pl. 없음〉 빈정대기, 비꼼: jmds. ständige S. satt haben 누구의 끊임없는 빈정대기에 싫증나다. b) 빈정대는(비꼬는) 말. 2. 〈Pl. 없음〉 부지런히 바느질 하기, 열심히 수놓는 일. **stichelin** ['ʃtiçln] 〈h〉 1. 빈정대다, 비꼬다, 비꼬는 말을 해서 자극하다(화나게 하다): sie muß ständig s. 그녀는 항상 빈정대는 말을 해야만 직성이 풀린다. 2. 열심히 바느질하다(수놓다). **stichig** ['ʃtiçiç] 〈Adj.〉 〈지역적〉 (음식물이) 약간 변한(상한). -**stichig** -[ʃtiçiç] (다음의 복합어로, 예컨대) blaustichig 푸른 기가 도는, 푸른 기미가 있는.

stichisch ['ʃtiçiʃ] 〈Adj.〉 [그리크. stíchos] 시행의 구별없이 형태상으로 같은 시구가 끊임없이 이어어지는.

Stichler ['ʃtiçlɐ], der; -s, - 〈폄〉 비방자, 독설가, 비꼬는 사람.

Stichling ['ʃtiçliŋ], der; -s, -e 〖동물〗 큰가시고기.

Stichomantie [ʃtiçomanˈtiː, st...], die 시구점(詩句占) (우연히 펼친 책면의 문구로 점을 침). **Stichometrie** [ʃt..., st...], die; -n [...iːən] 1. 【문예학】 시구(시행)의 수량 따지기(고대의 작품의 분량을 말하기 위하여 페이지로 가늠하는 대신에). 2. 〖양식〗 서로 반립하는 대화의 형식.

Stichomythie [ʃtiçomyˈtiː, st...], die; -n [...iːən]; griech. stichomythía [문예학] 〖극시에서의〗 격행(隔行) 대화.

stichst, sticht [ʃtiç(s)t] ↑stechen 참조.

Stick [ʃtik], der; -s, -s [engl. stick] 가늘고 길다란 막대기 과자(소금을 뿌려 짭잘한).

¹**Sti̇ck-** (sticken): ~**arbeit**, die 자수, 수예; 자수(수예)품. ~**garn**, das 자수용 실. ~**maschine**, die 수놓는 기계. ~**muster**, das 수예(자수)의 본. ~**mustertuch**, das 자수의 본을 세겨 놓은 천. ~**nadel**, die 자수 바늘. ~**rahmen**, der 수틀.

sti̇ck-, ²Sti̇ck- [대개 화학]: ~**gas**, das 〈고어〉 ↑~stoff. ~**husten**, der 〈준고어〉 ↑Keuchhusten. ~**luft**, die 질식할 듯한(나쁜) 공기. ~**oxid**, das 〖전문어〗산화질소(↑Monoxyd). ~**oxyd**, das ↑Monoxyd. ~**stoff**, der 질소(기호: N). ~**stoffbakterien** 〈Pl.〉 질소 고정균, 질소 박테리아. ~**stoffdünger**, der 질소비료. ~**stoffrei** 〈Adj.〉 질소가 없는, 질소를 함유하지 않은. ~**stoffgehalt**, der 질소 함유량. ~**stoffhaltig** 〈Adj.〉 질소를 함유하는. ~**stoffoxyd**, das ↑Monoxyd. ~**stoffsammler**, der 근류균(根瘤菌), 뿌리혹박테리아. ~**stoffverbindung**, die 질소 화합물. ~**stoffwasserstoffsäure**, die 질화수산.

Stickel ['ʃtikl], der; -s, -《süd., schweiz.》 말뚝, (식물의) 지주. **sticken** ['ʃtikn] 〈h〉 [수공] 1. 수놓다, 자수하다: sie stickt gern 그녀는 수놓기를 즐겨 한다. 2. a) 수를 놓아 만들다: Monogramme auf Taschentücher s. 성명의 머리글자를 손수건에 수놓다. b) 무엇에 수를 놓다: eine Decke s. (식탁)보에 수를 놓다. **sti̇ckendheiß** 〈Adj.〉 〖감정〗 질식할 것 같이 더운. ¹**Sti̇cker**, der; -s, - 수놓는 사람, 수예가. **Stickerei** [ʃtikəˈraj], die; -en 1. 〈Pl. 없음〉 수놓는 일, 자수. 2. a) 자수를 한 무늬, 수 장식: sie trug eine weiße Bluse mit -en 그녀는 자수 장식이 있는 블라우스를 입고 있었다. b) 자수품, 수예품: mit einer S. anfangen 수놓는 일을 시작하다. **Stickereibordüre**, die 수놓은 가장자리 장식. **Stickerin**, die; -nen ↑Sticker의 여성형. **stickig** ['ʃtikiç] 〈Adj.〉 질식할 것 같은: ein -er Raum 공기가 몹시 탁한 방.

²**Sticker** [st...] der; -s, - [engl. sticker] 스티커, 붙이는 종이쪽지.

Stiebel ['ʃtiːbl], der; -s, - 〈지역적〉 ↑Stiefel.

stieben[*] ['ʃtiːbn] 1. a) 〈s/h〉 흩날리다, 먼지처럼 날다: sie rannten davon, daß es nur so stiebte 그들이 달려가 버린 곳에는 먼지만이 흩날리고 있었다. b) 흩날려 가다: die Funken waren zum Himmel gestoben 불꽃들이 하늘로 흩날려 가고 있었다. 2. 〈s〉 잽싸게 달아나다, 놀라 흩어지다: alles stob mit Gekreisch von dannen 모두가 비명을 지르며 산지사방으로 흩어졌다.

stief-, Stief-: ~**bruder**, der a) 의붓형제, 배다른 형제. b) 서로 혈연은 없으나 그들의 부모의 결혼으로 말미암아 한 가족이 된 형제. ~**eltern** 〈Pl.〉 의붓부모. ~**geschwister** 〈Pl.〉 a) 양친 중의 한 쪽만 공통인 남매. b) 부모 중 한쪽도 공통 혈연이 없는 남매. ~**kind**, das 남편(아내)이 이전의 결혼 생활에서 낳은 자식: jmds. (einer Sache) S. sein 누구(무엇)에 의해 푸대접 받다: Rentenversicherung ist das S. der Regierung 연금 보험은 정부가 소홀히 하고 있는 부문이다. ~**mutter**, die 계모, 서모. ~**mütterchen**, das a) 〖식물〗 꼬까 오랑캐꽃, 팬지. b) 팬지꽃. ~**mütterlich** 〈Adj.〉 계모 같은, 애정이 없는, 불친절한: eine -e Behandlung erfahren 푸대접을 받다; 〖전의〗 die Natur hat ihn s. behandelt 그는 자연의 혜택을 받지 못했다. ~**schwester**, die a) 의붓 자매, 배다른 자매. b) 서로 혈연은 없으나 부모의 결혼으로 한 가족이 된 자매. ~**sohn**, der 남편(아내)이 이전의 결혼 생활에서 낳은 아들. ~**tochter**, die 남편(아내)이 이전의 결혼 생활에서 낳은 딸. ~**vater**, der 계부, 의부.

Stiefel ['ʃtiːfl], der; -s, - 1. a) 장화: mit -n durchs Wasser waten 장화를 신고서 물을 건너가다; 〖성구〗 das sind zwei Paar[zweierlei] S. 그건 전혀 다른 두 가지 사물이다; das zieht einem (ja) die S. aus 그것 참 무서운 〖엄청난, 있을 수 없는〗 일이군!; (das sind) lauter linke S. 《통용어》 모두 쓸데없는 것 투성이야!; 〖전의〗 drum mußte man Aufrührer unter dem S. halten 그 때문에 폭도들을 꼼짝 못하게 억압하지 않으면 안되었다; spanischer S. 차꼬의 일종(옛날의 고문 도구); jmdm. die S. lecken (↑Hintern) 누구에게 비굴하게 아첨하다; etw. haut jmdn. aus den -n 《통용어》 하도 놀라서 말문이 막히게 하다. b) 복사뼈까지 덮는 구두. 2. 장화 모양의 맥주잔: einen S. (Bier) bestellen 맥주 한 조끼를 주문하다; einen (tüchtigen, gehörigen, guten) S. vertragen(trinken)(können) 《통용어》 많이 마실 수 있다: sich³ einen S. einbilden 매우 자만하다. 3. einen S. zusammenreden(zusammenschreiben) 《통용어·폄》 어리석은 헛소리를 말하다(쓰다); seinen[den] (alten) S. weitermachen 《통용어》 평소에 하던 대로 계속 행동하다; einen S. arbeiten(schreiben, spielen, fahren) 《통용어》

폄) 날림(아무렇게나) 일을 하다[쓰다, 연주하다, 운전하다].

Stiefel-: ~**absatz**, der 장화의 뒤꿈치. ~**anzieher**, der 장화의 쵬쇠, 장화의 혹. ~**knecht**, der 탈화기(脫靴器), 장화를 쉽게 벗기 위한 기구. ~**lecker**, der 《폄·준고어》↑Speichellecker. ~**putzer**, der 장화닦이, 하인. ~**schaft**, der 장화의 몸통. ~**spitze**, die 장화의 첨두(尖頭)(끝). ~**wichse**, die 구두약.

Stiefelette [ʃti:fəˈlɛtə], die; -n 반(半)장화, 부츠. **stiefeln** [ˈʃti:fl̩n] 〈s〉 1. 《통용어》천천히 성큼성큼 걸어가다: in Richtung Wald s. 숲쪽으로 성큼성큼 걸어가다. 2. 〈s. + sich〉《고어》장화를 신다.

Stiefografie, Stiefographie [ʃtifograˈfi:], die 《독일의 속기사 H. Stief (1906~1977)에 따라》 25개의 기본기호를 지닌 속기법.

stieg [ʃti:k] ↑steigen 참조. **¹Stiege** [ˈʃti:gə], die; -n 1. a) 가파르고 좁다란 나무계단. b) 《südd., österr.》 계단. 2. ↑Steige (2).

²Stiege [-], die; -n [mniederd. stīge, asächs. stīga] 1. 《nordd.·준고어》 20개: eine S. Eier 달걀 20개. 2. 《지역칭》 ↑¹Hocke (1).

Stiegen- (¹Stiege 1 b) 《südd., österr.》: ~**absatz**, der 층계참. ~**aufgang**, der 오르는 계단. ~**geländer**, das 층계의 난간. ~**haus**, das ↑Treppenhaus.

Stieglitz [ˈʃti:glɪts], der; -es, -e ↑Distelfink.

stiehl! [ʃti:l], **stiehlst, stiehlt** [ʃti:l(s)t] ↑stehlen 참조.

stiekum [ˈʃti:kʊm] 〈Adv.〉 [jidd. sticke] 《통용어》 아주 몰래, 살금살금.

Stiel [ʃti:l], der; -(e)s, -e 1. a) 손잡이, 자루: der S. ist abgebrochen 자루 모양의 손잡이가 부러졌다. b) 《사탕 또는 아이스크림 등을 달고 있는》 막대: Eis am S. kaufen 막대아이스크림(아이스 바)을 사다. c) 《포도주 잔의》 목줄기 부분: Gläser mit langem S. 목이 긴 포도주 잔들. 2. a) 줄기. b) 잎자루, 꽃자루, 과일의 꼭지: die ~der Kirschen entfernen 버찌의 꼭지를 따내다[제거하다]. 3. a) 단추 꼭지. b) 《의학》 육경(肉莖).

stiel-, Stiel-: ~**auge**, das 《게 따위의》 유병안(有柄眼): ~**n machen[bekommen, kriegen]** 《통용어·농》 눈을 크게 뜨고 바라보다. ~**besen**, der 빗자루. ~**brille**, die 《고어》↑Lorgnette. ~**bürste**, die 자루가 달린 칫솔. ~**drehung**, die 《의학》신체 기관 사이의 접합부가 비틀린 상태, 경염전(莖捻轉). ~**eiche**, die 떡갈나무. ~**förmig** 〈Adj.〉 자루(柄) 모양의. ~**glas**, das 《Pl. -gläser》 수직의 손잡이가 있는 잔. ~**handgranate**, die 자루 모양의 수류탄. ~**los** 〈Adj.〉 자루(柄)가 없는. ~**pfanne**, die 자루가 달린 프라이팬. ~**stich**, der 《수공》 스템 스티치(장식 자수의 일종).

stielen [ˈʃti:lən] 〈h〉 《드물게》 자루[손잡이]를 달다. **-stielig** [-ˌʃti:lɪç] 《다음의 합성어로, 예컨대》 kurzstielig 자루(柄)가 짧은.

stiemen [ˈʃti:mən] 〈h〉 [niederd. stīmen] 《nordd.》 1. 〈비인칭〉 눈이 펑펑 쏟아지다. 2. 연기가 나다. **Stiemwetter**, das 《nordd.》 눈보라.

stier [ʃti:ɐ̯] 〈Adj.〉 1. 《시선이》 무표정한, 멍한: der Betrunkene sah s. in sein Bierglas 그 취객은 멍한 눈으로 맥주잔을 들여다 보고 있었다. 2. 《österr., schweiz.·통용어》 a) 빈털털이인, 돈이 없는: die beiden Freunde waren völlig s. 그 두 친구는 완전히 빈털털이가 되었다. b) 경기(景氣)가 없는, 황량한.

Stier [-], der; -(e)s, -e 1. 황소: er brüllte wie ein S. 그는 크게 고함을 질렀다; **den S. bei den Hörnern packen[fassen]** 어려운 상황에 처하여 대담하게 맞서 싸우다. 2. 《점성》 a) 《Pl. 없음》 황소 자리, 금우궁(金牛宮). b) 황소 띠로(4월 21일~5월 20일 사이에) 태어난 사람: er ist (ein) S. 그는 황소띠다.

stier-, Stier-: ~**kalb**, das ↑Bullenkalb. ~**kampf**, der 투우. ~**kampfarena**, die 투우장. ~**kämpfer**, der 투우사. ~**kopfhai**, der 뿔상어. ~**köpfig** 〈Adj.〉 1. 황소의 머리를 한: -e Flußgötter 황소 머리를 하고 있는 하신(河神)들. 2. 《준고어》 고집이 센, 완고한. ~**kult**, der 《이교》 황소 숭배. ~**nacken**, der 《자주 폄》 살찌고 억센 목덜미. ~**nackig** [-nakɪç] 〈Adj.〉 《자주 폄》 목이 굵고 튼튼한.

¹stieren [ˈʃti:rən] 〈h〉 [zu ↑Stier] ↑rindern.
²stieren [-] 〈h〉 멍하니[무표정하게] 바라보다: in die Luft s. 멍하니 허공을 응시하다.

Stierenauge, das; -s, -n 《schweiz.》에그 프라이. **stierig** 〈Adj.〉 《암소가》 수소를 찾고 있는, 발정한.

Stiesel [ˈʃti:zl̩], **Stießel** [ˈʃti:sl̩], der; -s, - 《통용어·폄》 미련퉁이, 버릇없는 놈: dieser S. grüßt nie 저 버릇없는 놈은 인사하는 법이 없다. **stieselig, stießelig, stieslig, stießlig** 〈Adj.〉 《통용어·폄》 버릇없는, 조야한, 미련한.

stieß [ʃti:s] ↑stoßen 참조.

¹Stift [ʃtɪft], der; -(e)s, -e 1. a) 못, 핀: mit einem S. befestigen 《대가리가 없는》 못으로 단단히 고정시키다. b) 《공학》 고정 핀. 2. ↑Blei-, Bunt-, Mal-, Zeichen-, Schreibstift의 약칭. 3. 《통용어》 a) 신참 견습공: der S. muß Bier holen 제일 막내가 맥주를 사 와야 한다. b) 난쟁이, 꼬마, 애송이. 4. 《Pl.》【양봉】 여왕벌의 알.

²Stift [-], das; -(e)s, -e / 《드물게》 -er 1. a) 《기독교》 종교 재단. b) 신학교: Hegel, Schelling und Hölderlin studierten am Tübinger S. 헤겔, 셸링, 횔덜린은 튀빙겐 신학교에서 공부하였다. c) 종교 재단에 소속된 건물: zum S. Neuburg bei Heidelberg wandern 하이델베르크 근교의 노이부르크 재단의 건물을 목표로 산행하다. 2. 《준고어》 a) 종파별 여학교: sie ist in einem (evangelischen) S. erzogen worden 그녀는 어느 (신교파의) 여학교에서 교육을 받았다. b) 《종교 재단이 운영하는》 양로원. **stiften** [ˈʃtɪftn̩] 〈h〉 1. a) 어떤 기관을 창설[설립]하다: ein Krankenhaus s. 돈을 대어 병원을 세우다. b) 《드물게》 창립하다: er hat einen Verein gestiftet 그는 어떤 협회를 하나 만들었다. 2. a) 기부하다, 기증하다, 희사하다: Bücher s. 책을 기증하다. b) 《특정 목적을 위해》 내어놓다: einen Kasten Bier (für die Feier) s. 《잔치를 위해》 맥주 한 박스를 내어놓다. 3. 만들다, 일으키다, 야기시키다: Frieden zwischen den Parteien s. 싸우는 당사자들 간에 평화를 심다.

stiftengehen 〈s〉 《통용어》 슬쩍 사라지다, 남몰래 달아나다: ich möchte am liebsten s. 나는 슬쩍 피해 버리고 싶은 마음이 간절하다.

Stiftenkopf, der; -(e)s, ...köpfe 《통용어》 a) 《윗 머리 칼이 솔의 털처럼 빳빳이 서는》 단발머리, 까까머리. b) 단발머리를 하고 있는 사람.

Stifter [ˈʃtɪftɐ], der; -s, - 《교회》 설립 기금 헌납자, 창설자, 기부(기증)자, 발기인.

Stifter-: ~**bildnis**, das 【미술】 설립 기금 헌납자의 상(像). ~**familie**, die 【미술】 설립 기금 헌납자의 가족상. ~**figur**, die 【미술】 설립 기금 헌납자의 상(像).

stiftisch [ˈʃtɪftɪʃ] 〈Adj.〉 《고어》 종교 재단의, 교회 재단에 속해 있는. **Stiftler** [ˈʃtɪftlɐ], der; -s, - 《고어》 신학교의 학생.

Stifts- (²Stift): ~**bibliothek**, die 신학교[종교 재단] 부속 도서관. ~**dame**, die 1. (옛) 교단(수도회)의 《신분이 높은》 여성 회원, 《귀족 출신의》 수녀. 2. 《준고어》 종교재단 부설의 여학교의 여학생. ~**fräulein**, das 《옛》 1. ↑~dame. 2. 《종교 재단 부설의》 여학교에 다니는 아가씨. ~**genosse**, der 같은 종교 재단의 회원. ~**herr**, der ↑

Stiftung

Chorherr (1, 2). **~hütte,** die 【유대교】천막 예배당, 임시 예배당. **~kapitel,** das 성직자 회의, 사제단 회의. **~kirche,** die 한 종교 재단에 소속된 교회, 사교단 산하 교회. **~schule,** die 《옛》 사교단 교회 부속학교, 수도원 부속 신학교. **~vorsteherin,** die 여자 수도회장, 여자 수도원장.

Stiftung, die; -en **1. a)** 기부, 기증, 희사; 기부금; 기금: eine wohltätige S. 자선 기금; er erhält Geld aus einer S. 그는 어떤 기금으로부터 원조를 받고 있다. **b)** 재단: eine S. des bürgerlichen Rechts 민법상의 재단법인; eine S. errichten 재단을 설립하다. **2.** 설립, 창립.

Stiftungs-: **~brief,** der ↑~urkunde. **~fest,** das 창립 축제, 창립 기념제. **~urkunde,** die 【법】기부증서(寄附狀), (재단의) 정관(定款).

Stiftzahn, der; -(e)s, -zähne 【치과】계속치(繼續齒).

Stigma ['stıgma, 'ʃt...], das; -s, ...men / -ta [lat. stigma < griech. stígma] **1. a)** 《교양어》특징, 징후: das S. des Verfalls tragen 몰락의 징후를 띠고 있다. **b)** 낙인, 오점, 불명예. **c)** 【가】성흔(聖痕). **2. a)** 【식물】주두(柱頭), 암술머리. **b)** 【생물】안점(眼点). **c)** 【동물】기공(氣孔), 기문(氣門). **Stigmatisation** [...tiza'tsio:n, ʃt...], die; -en 【가】성흔 인각(聖痕印刻)(예수 그리스도의 다섯 군데의 성흔이 인간에게 나타나는 현상). **stigmatisieren** [stıgmati'zi:rən, ʃt...] 〈h〉 [lat. stigmatizare] 《교양어・사회학》낙인을 찍다, 오명을 부여하다: er ist als Verräter stigmatisiert worden 그는 배반자로서 낙인이 찍혔다. **stigmatisiert** 〈Adj.〉 【가】성흔을 띤: eine -e Nonne 성흔을 띤 수녀. **Stigmatisierte*,** der / die 【가】성흔을 띤 사람. **Stigmatisierung,** die; -en 《교양어・사회학》낙인 찍음, 오명 부여.

Stigmen: ↑Stigma의 복수형.

Stil [ʃti:l, (또한) sti:l], der; -(e)s, -e [lat. stilus] **1.** 문체, 어법, 서체, 표현법: etw. im lyrischen S. vortragen 무엇을 서정적 어법으로 낭독하다. **2.** 양식, 스타일, 풍: der korinthische S. 코린트 양식; den S. Renoirs imitieren 르누아르의 화풍을 모방하다; das Haus ist im S. der Gründerzeit gebaut 그 집은 제국 창건 시대의 양식으로 지어진 것이다. **3.** 〈Pl. 없음〉버릇, 생활 태도, 행동 양식(方式): das ist schlechter politischer S. 그것은 좋지 않은 정치 스타일이다; das ist nicht mein S. 나는 그런 것은 하지 않는다; **im großen S. (großen -s)** 대규모의, 대형의: es handelt sich um einen Diamantendiebstahl großen -s 이건 대형 다이 아몬드 절도 사건이다. **4.** 【스포츠】영법(泳法), 주법(走法): sein S. im Laufen läßt noch zu wünschen übrig 그의 주법에는 아직 미흡한 점이 많다. **5. alten -s** 구력(舊曆)으로, 율리우스력(약어: a. St.); **neuen -s** 그레고리오력(약어: n. St.).

stil-, **¹Stil-:** **~analyse,** die 문체[양식] 분석. **~art,** die 문체의 종류; 《드물게》양식의 종류. **~bildend** 〈Adj.〉 문체[양식]를 만드는: sein Werk wirkte für eine ganze Epoche s. 그의 작품은 한 시대를 통틀어 문체[양식]의 모범이 되었다. **~blüte,** die 우스꽝스런 표현, 그릇된 어법. **~bruch,** der 문체적 부조화, 서로 어울리지 않는 양식[문체]의 혼합. **~bühne,** die 【연극】양식 무대, 추상[환상] 무대. **~ebene,** die 【특히 언어학】위상(位相), 양식[문체]의 층(層). **~echt** 〈Adj.〉어떤 양식을 정말 따른, 어떤 양식에 충실한. **~element,** das 【특히 언어학】어떤 문체[양식]의 특징적 요소. **~empfinden,** das 문체[양식]의 감각. **~entwicklung,** die 문체[양식]의 발전. **~epoche,** die 특정 예술 양식이 지배하는 시대. **~fehler,** der 양식[문체]상의 오류, (특정) 문체에 어긋나는 어법. **~figur,** die 【언어】↑Figur (8). **~frage,** die 문체[양식]의 문제. **~gefühl,** die 문체[양식]에 대한 센스. **~gemäß** 〈Adj.〉 문체[양식]에 따른[상응하는]. **~gerecht** 〈Adj.〉양식에 맞는, 스타일이 좋은. **~kleid,** das 이브닝드레스, 야회복. **~kunde,** die **1.** 〈Pl. 없음〉↑Stilistik (1). **2.** ↑Stilistik (2). **~kundlich** 〈Adj.〉문체론[상]의. **~lehre,** die **1.** 〈Pl. 없음〉↑Stilistik (1). **2.** ↑Stilistik (2). **~los** 〈Adj.〉 **a)** 특별한 양식이 없는: eine -e Kirche 특별한 양식에 속하지 않는 교회(의 건물). **b)** 어울리지 않는, 몰취미한: Wein aus Biergläsern zu trinken ist s. 맥주잔으로 포도주를 마시는 것은 품위없는 짓이다. **~losigkeit,** die; -en ↑~los의 명사형. **~merkmal,** das 문체[양식]상의 특징. **~mittel,** das 문체[양식]상의 수단. **~möbel,** das 《대개 Pl.》구식풍의 가구. **~note,** die 【스포츠】평점. **~richtung,** die 【언어・음악・미술】문체[양식]의 방향. **~schicht,** die 【언어】문체의 층(層)(아어, 속어, 비어 등의 층). **~sicher** 〈Adj.〉문체[양식]에 대한 센스가 있는, 독자적인 문체[양식]를 지니고 있는. **~übung,** die 문장 연습, 작문 연습. **~untersuchung,** die 문체[양식] 연구. **~voll** 〈Adj.〉 **a)** 고유한 스타일을 지닌, 문체가 분명한. **b)** 문체가 세련된, 품격이 있는, 우아한. **~wechsel,** der 문체[양식]의 변환(變換). **~widrig** 〈Adj.〉특정 양식에 거슬리는[어울리지 않는], 몰취미한. **~wörterbuch,** das 문체 사전, 바른 용례 사전.

Stilb [ʃtılp, st...], das; -s, - [griech. stílbē] 《물리・옛》스틸프(조명도의 단위)(기호: sb).

Stilett [ʃti'lɛt, st...], das; -s, -e [ital. stiletto] 단검, 삼각 단도, 비수.

stilisieren [ʃtili'zi:rən, (또한) st...] 〈h〉 《교양어》 **1.** (자연의 사물을) 양식화[단순화]하여 표현하다: einen Baum s. 나무를 추상화해서 그리다; stilisierte Menschen 특정 성격만 부각시켜 묘사한 사람들. **2.** 《순고어》특정한 양식에 맞도록 표현하다. **Stilisierung,** die; -en ↑stilisieren의 명사형. **Stilist** [ʃti'lıst, (또한) st...], der; -en, -en 《교양어》 **1.** 문장가: der Autor ist ein glänzender S. 그 작가는 뛰어난 문장가이다. **2.** 【스포츠】탁월한 기량의 소유자: der S. im Eiskunstlauf 피겨 스케이팅의 대가. **Stilistik** [ʃti'lıstık, (또한) st...], die; -en **1.** 〈Pl. 없음〉문체론, 양식론. **2.** 작문 교과서. **stilistisch** 〈Adj.〉 《교양어》문체(론)의, 양식(론)의.

still [ʃtıl] 〈Adj.〉 **1.** 소리가 들리지 않는, 소리없는: der Lautsprecher blieb s. 확성기가 소리를 내지 않고 있었다; s. vor sich hin weinen 소리없이 혼자 울다. **2. a)** 고요한, 조용한, 한적한: in eine -e Gegend ziehen 조용한 지역으로 옮기다. **b)** 떠들지 않는, 조용한: sei doch s.! 좀 조용히 해라!; (전의) es ist s. um jmdn. geworden 누구가 예전과는 달리 더 이상 주목의 대상이 되지 않는다. **3.** 정지하고 있는, 활기없는: der Wind hat sich gelegt, die Luft ist s. 바람이 누그러졌다, 그래서 공기가 잔잔하게 자고 있다. **4. a)** 여유가 있는, 평화로운, 평온한: überleg dir das in einer -en Stunde 한가한 시간에 거기에 관해 좀 생각해 봐라. **b)** 분주하지 않은, 침착한, 태연한: er reagiert in seiner -en Art souverän 그는 그의 그 침착한 태도 속에서 당당한 반응을 보였다. **5.** 신중한, 말수가 적은, 잠자코 있는: er saß den ganzen Abend s. in der Ecke 그는 저녁내내 말없이 구석에 앉아 있었다. **6. a)** 말로 표현하지 않는, 말없는: ein -er Vorwurf 말없는 비난; er leidet s. 그는 속으로 괴로워하고 있다. **b)** 남모르는, 내밀한: sie ist seine -e Liebe 그녀는 그의 내밀한 애인이다; **im -en 1)** 남이 모르는 가운데: er hat seine Flucht im -en vorbereitet 그는 도주할 준비를 남몰래 해왔다. **2)** 말없이 속으로: im -en fluchte ich 속으로 나는 욕을 퍼부었다.

still-, **¹Still-:** **~arbeit,** die 〈Pl. 없음〉【교육】자습, 숙제 해결을 위한 공부. **~bleiben*** 〈s〉 **1.** 꼼짝 않고 있다. **2.** ↑~halten (2). **~halteabkommen,** das **a)** 【

용] 지불유예. **b)** 휴전 협정. **~halten*** ⟨*h*⟩ **1.** 움직이지 않다. **2.** 꼭 참다. **~leben** (비분철식: Stilleben), das **1.** 정물(靜物): ein S. malen 정물을 그리다. **2.** 정물화: ein S. kaufen 정물화 한 장을 사다. **~legen** (비분철식: stillegen) ⟨*h*⟩ 중지시키다, 정지시키다, 폐쇄하다: die Fabrik wurde stillgelegt 공장이 폐쇄되었다. **~legung** (비분철식: Stillegung), die; -en 중단, 마비, 폐쇄, 폐지. **~liegen*** (비분철식: stilliegen) ⟨*h*⟩ 영업[운행]을 하고 있지 않다. **~schweigen*** ⟨*h*⟩ ⟨강조⟩ **a)** ↑ schweigen. **b)** 비밀을 엄수하다, 끝까지 침묵을 지키다: er hat stillgeschwiegen 그는 끝까지 침묵을 지켰다. **~schweigen, das a)** ⟨강조⟩ ↑ Schweigen: über etw. mit S. hinweggehen 무엇에 대해 아무 말도 않고 넘어가버리다; sich in S. hüllen (↑Schweigen). **b)** 비밀의 엄수: jmdm. S. auferlegen 누구에게 비밀을 지킬 것을 명하다. **~schweigend** ⟨Adj.⟩ **a)** 말없이: sie nahm die Beschimpfungen s. hin 그녀는 그 욕설을 말없이 감수하였다. **b)** 무언 중의, 암묵의: eine -e Voraussetzung 암묵적 전제. **~sitzen*** ⟨*h*⟩ **1.** 일을 하지 않고 있다, 놀고 있다: 그는 잠시도 놀고 있지 못하는 성격이다. **b)** [수학] er kann nicht s. 그는 잠시도 놀고 있지 못하는 성격이다. **~stand, der a)** 정지, 멈춰 섬: den Motor zum S. bringen 모터를 정지시키다. **b)** 정체(상태), 휴지(休止): in den Verhandlungen ist ein S. eingetreten 협상이 교착 상태에 접어들었다; eine Entzündung zum S. bringen 염증을 멎게 하다. **~stehen*** ⟨*h*⟩ **1.** 정지해 있다, 중단되어 있다: der Verkehr steht still 교통이 마비되어 있다; ihr Herz stand s. vor Schreck 그는 심장의 박동이 멎을 정도로 심히 놀랐다; ihr Mundwerk steht nie still 그녀의 입은 잠시도 쉬지 않는다. **2.** [군] 차려 자세로 서 있다: die Soldaten s. lassen 병사들을 차려 자세로 서 있게 하다; ⟨구령⟩ stillgestanden! 차려! **~vergnügt** ⟨Adj.⟩ 남의 눈에 띄지 않게[속으로] 만족해 하는(즐거워 하는): sie lächelte s. 그녀는 남모르는 만족의 미소를 띠었다.

²Still- (stillen 1 a): **~büstenhalter**, der 수유(授乳) 기간 동안에 착용하는 크고 앞을 열어 젖힐 수 있는 브래지어. **~dauer**, die 수유(授乳) 기간. **~fähig** ⟨Adj.⟩ 젖을 줄 수 있다, 수유 가능한. **~geld**, das ⟨구동독⟩ [생리] 수당. **~pause**, die ⟪구동독⟫ 수유를 위한 자유 시간. **~periode**, die 수유기(授乳期). **~zeit**, die ↑ ~periode.

stille ['ʃtɪlə] ⟨Adj.⟩ ⟨지역적⟩ ↑still. **Stille** [-], die **1. a)** 고요함, 정적, 평온: es herrschte sonntägliche S. 일요일다운 정적이 흐르고 있었다; in der Nacht 밤의 정적 속에서. **b)** (갑자기 들어선) 고요함, 침묵: in der S. fiel ein Ruf 고요한 침묵 속에서 한 고함 소리가 들려 왔다; **gefräßig** [S.] ⟨농⟩ 식사 도중에 대화가 중단되 는 일. **2.** 고요함, 잔잔함: die S. des Meeres 바다의 잔 잔함. **3. in aller S.** 조용히, 남몰래: die Beerdigung findet in aller S. statt 장례식은 가족끼리만 알게 조용히 거행된다. **stillen** ['ʃtɪlən] ⟨*h*⟩ **1. a)** 젖을 먹이다: wegen des hohen Fiebers konnte sie nicht s. 높은 신열 때문에 그녀는 젖을 먹일 수 없었다. **b)** (젖 먹이다가) 전염시키다. **2.** 충족시키다, 달래다: jmds. Lesehunger s. 누구의 독서 욕구를 충족시키다. **3.** 그치게 하다, 진정시 키다: den Husten s. 기침을 멎게 하다; die Schmerzen konnten nicht gestillt werden 그 통증은 진정시킬 수 가 없었다. **Stillung**, die 젖 먹이기, 충족, 진정(鎭靜).

Stilus ['ʃti:lʊs, 'st...], der; -, ...li [lat. stilus] ⟨고대⟩ (납 연필(蠟筆) 위에 글을 쓰기 위한) 철필, 골필.

stimm-, Stimm-: **~abgabe**, die 투표. **~apparat**, der [생리] 발성 기관(發聲器官). **~aufwand**, der 음성 의 소모. **~band**, das (대개 Pl.) 성대(聲帶). **~bandentzündung**, die 성대염(聲帶炎). **~bänder** ⟨Pl.⟩ 성 대. **~bandlähmung**, die 성대 마비. **~berechtigt** ⟨Adj.⟩ 투표권이 있는: alle -en Bürger 투표권이 있는 모든 시민들. **~berechtigte***, der / die 투표권자. **~berechtigung**, die 투표권. **~bezirk**, der ↑ Wahlbezirk. **~bildend** ⟨Adj.⟩ 발성의. **~bildung**, die **1.** 발성. **2.** [음악] 발성 연습. **~bruch**, der 변성(變聲). **~bücher** ⟨Pl.⟩ [음악] (옛) 성부(聲部)별 분보(分譜). **~bürger**, der ⟨스위츠.⟩ 유권자, 선거권이 있는 시민. **~enthaltung**, die **a)** 기권: S. üben 투표에 기권하다. **b)** 기권: die Resolution ist demnach bei 4 -en angenommen 이 결의안은 따라서 4표의 기권이 있는 가운데에 통과되었습니다. **~fach**, das [음악] (오페라에서 특정 성부(聲部)가 맡을) 역할. **~fähig** ⟨Adj.⟩ 투표권이 있는. **~führung**, die **1.** (다성 악곡에서의) 개개 성부의 진행과 그 상호 관계. **2.** (작곡가의) 운성법(運聲法). **~gabel**, die [음악] 음차 (音叉), 소리굽쇠. **~gewalt**, der 매우 굉장한[풍부한] 성량. **~gewaltig** ⟨Adj.⟩ 성량이 풍부한: s. eine Rede halten 쩌렁쩌렁한 목소리로 연설하다. **~kraft**, die 성량. **~kreuzung**, die 낮은 성부(聲部)가 잠시 높은 성부보다 더 높은 음을 내어야 하는 운성법, 음역 교차. **~lage**, die **a)** 음역(音域). **b)** [음악] 성역(聲域)(소프라노, 알토, 테너, 베이스). **~los** ⟨Adj.⟩ **a)** 거의 들리지 않는, 무음의: mit -er Stimme sprechen 거의 들리지 않는 목소리로 말하다. **b)** [언어] 무성(無聲)의(반대: stimmhaft): -e Konsonanten wie p,t,k 와 p,t,k 와 같은 무성 자음들. **~losigkeit**, die 무성(無聲)의 성질. **~mittel** (비분철식: Stimmittel), das 성량, 음량. **~organ**, das 발성 기관. **~recht**, das 투표권, 선거권, 표결권. **~ritze**, die 성문(聲門). **~ritzenkrampf**, der ↑Kehlkopfkrampf. **~ritzenlaut**, der 후두음(喉頭音)(↑ Glottal). **~schlüssel**, der [음악] 조율건(調律鍵). **~stock**, der [음악] **1.** (현악기의) 혼주(魂柱) (줄받침 밑에 있는 막대). **2.** (파아노 따위의) 음전(音栓). **~ton**, der [음악] ↑ Kammerton. **~umfang**, der 음역(音域): einen großen S. haben 음역이 넓다. **~verlauf**, der (다성 악곡에서의) 개별 성부의 진행(과정). **~vieh**, das ⟪멸⟫ 찬성 투표자들, 거수기들. **~wechsel**, der (사춘기의) 변성(變聲). **~zettel**, der 투표(용)지. **~zug**, der [음악] (관악기의) 조음 레버.

Stimmchen ['ʃtɪmçən], das; -s, - ↑ Stimme (2)의 축소형: ein zartes S. 부드럽고 귀여운(작은) 목소리. **Stimme** ['ʃtɪmə], der; -n **1.** 발성[발음] 능력: Fische haben keine S. 물고기들은 소리를 내지 못한다. **2.** ⟨축소형: ↑Stimmchen⟩ **a)** [음악], 음성: eine tiefe [sonore] S.; 낮은(낭랑한) 목소리; die S. versagte ihm 그는 더 이상 말을 계속할 수가 없었다; seine S. erheben (아이) 방언하기 시작하다, 울다: die S. heben 목청을 높이다; die -n der Vögel erkennen 새들이 지저귀는 소리를 알아채다[듣다]; ⟨전의⟩ eine innere S. warnte sie 일종의 예감이 그녀에게 경고를 하고 있었다; die S. des Blutes war stärker als die Vernunft 혈육의 정이 이성 보다 강했다; der S. der Natur folgen 본능에 굴복하다. **b)** 음성, 음질, 음색, 목소리: jmdn. an seiner S. erkennen 음성을 듣고 누구를 알아보다; mit zitternder [belegter] S. sprechen 떨리는[쉰] 목소리로 말하다. **c)** (노래하는) 목소리, 음성: eine voluminöse S. 성량이 풍부한 목소리; die S.! 황금의 목소리를 가진 사람이 구나 !; nicht bei S. sein 별로 노래할 기분이 아니다. **3.** [음악] **a)** 성역(聲域), 성부(聲部): ein Chor für vier -n 4부 합창곡. **b)** (각 성부를 위한) 분보(分譜): die -n in der Partitur mitlesen 총보를 함께 보면서 각자 자신의 분보를 읽다; die erste S. singen 소프라노(의 분보)를 부르다. **4.** [음악] **a)** ↑ Stimmstock. **b)** ↑ Register (3 a). **5.** (누구의) 의견, 입장, 의지: die -n des Protests mehren sich 항의의 소리가 점점 커진다; die S. des

stimmen 1994

Volkes 백성의 소리, 민심; seine S. gilt viel in dieser Stadt 그의 의견은 이 도시에서는 큰 비중을 지니고 있다. **6. a)** 투표(권), 표, 지지표: gültige -n 유효표; die abgegebenen -n auszählen 투표지를 집계하다; eine S. haben 한 표를 행사할 수 있다; sich der S. enthalten 기권하다. **b)** ↑Stimmrecht: keine S. haben 투표권[선거권, 의결권]이 없다. **stimmen** ['ʃtɪmən] ⟨h⟩ **1. a)** 맞다, 사실이다, 적중하다: seine Informationen stimmen meistens 그의 정보는 대개 맞다; stimmt auffallend! 〈반어〉 네가 알아챈 것이니 맞구 말구!; 정구 stimmt's, oder hab' ich recht? 《통용어·농》 어때, 내 주장대로지? **b)** 의심의 여지가 없다, 올바로 되어 있다, 정상적이다: die Rechnung stimmt 계산이 맞다; die Kasse stimmt bei ihm immer 《통용어》 그는 언제나 충분한 돈을 지니고 있다; Hauptsache, die Kohlen stimmen 중요한 것은 보수[임금]가 만족하는 사실이다; stimmt so! 됐어요!《급사가 돌려 주는 잔돈을 팁으로 그냥 가져도 좋다고 말할 때》; bei ihm stimmt etwas nicht 〈구〉 그는 약간 정신이 나갔다. **2.** 〈드물게〉 누구[무엇]에게 일치하다[어울리다]: das Blau stimmt nicht zur Tapete 푸른 색은 벽지에 어울리지 않는다. **3.** 〈…한〉 기분이 들게 하다: sie stimmte jeden von uns fröhlich 그녀는 우리들 각자의 기분을 즐겁게 해 주었다. **4.** 투표하다: für(gegen) den Kandidaten s. 그 후보자를 지지[반대]하는 투표를 하다. **5.** 〈악기의〉 음을 알맞게 조절하다: die Geige s. 바이올린의 음을 조절하다; das Klavier s. lassen 피아노의 조율을 맡기다.

Stimmen-: ~**anteil**, der 득표율. ~**auszählung**, die 투표의 집계. ~**einbruch**, der 득표 수의 격감. ~**fang**, der 《俗》 표 모으기(작전). ~**gewinn**, der 득표. ~**gewirr**, das 사람들이 웅성거리는 소리. ~**gleichheit**, die 동수 득표, 가부 동수. ~**kauf**, der 표의 매수. ~**mehrheit**, die 과반수 득표. ~**verhältnis**, das 표의 비율, 찬반 비율. ~**verlust**, der 득표 수의 감소. ~**zuwachs**, der 득표 수의 증가.

Stimmer, der; -s, - 조율사. **stimmhaft** ⟨Adj.⟩ 〖언어〗 유성(有聲)의〈반대: stimmlos〉: -e Konsonanten sind b,d,g 유성 자음들은 b,d,g이다. **Stimmhaftigkeit**, die 유성의 성질. **stimmig** ['ʃtɪmɪç] ⟨Adj.⟩ 조화된, 모순이 없는: die Illusion von einer -en Welt 조화로운 세계에 대한 환상. **-stimmig** [-ʃtɪmɪç] 〈다음의 합성어로, 예컨대〉 vierstimmig 4(성)부의. **Stimmigkeit**, die 조화, 일치(성), 통일성: die innere S. eines literarischen Werks 한 문학 작품의 내적 조화. **stimmlich** ⟨Adj.⟩ 목소리의, 음성상의: s. begabt sein 좋은 목소리를 타고 나다. **Stimmung**, die; -en **1. a)** 기분: seine düstere S. hellte sich bei ihrem Anblick auf 그의 우울하던 기분은 그녀를 보자 밝아졌다; seine S. an jmdm. auslassen 자기의 나쁜 기분을 누구에게 터뜨리다; jmdm. die S. verderben 누구의 기분을 잡치다; nicht in der (rechten) S. sein, etw. zu tun 무엇을 할 기분이 아니다. **b)** 분위기, (전체의) 기분: für (gute) S. im Saal sorgen 홀 안의 분위기가 좋도록 애쓰다. **c)** 〈Pl.〉 변덕, 《때 그때마다 변하는》 기분: -en unterworfen sein 변덕에 좌우된다[달려 있다]. **2.** 인상, 느낌, 정취, 정조: die merkwürdige S. vor einem Gewitter 폭풍 전야의 이상한 느낌; der Maler hat die S. des Sonnenaufgangs sehr gut eingefangen 그 화가는 일출의 분위기를 매우 잘 포착하였다. **3.** 분위기, 여론(공론): die S. war gegen ihn 전체의 여론이 그에게 반대하는 쪽이었다. **4.** 〖음악〗 **a)** 율(律): die reine [temperierte] S. 순수율[평균율]. **b)** 〈악기의〉 조율 상태: die S. der Geige ist zu hoch 그 바이올린의 톤은 너무 높다.

stimmungs-, **Stimmungs-**: ~**barometer**, das 《통용어》 전체 분위기(의 지침 상태): das S. steigt 분위기가 좋아진다. ~**bild**, das 정취가 풍부한 그림(묘사). ~**kanone**, die 《통용어·농》 분위기를 돋구는 사람. ~**kapelle**, die 분위기를 돋구는 악대(특히 무도곡 을 연주하는). ~**mache**, die 《폄》 여론 조작, 인기를 얻기(까내리기) 위한 공작. ~**macher**, der **1.** 《폄》 여론 조작자. **2.** 《통용어》 분위기를 돋구는 사람. ~**musik**, die 분위기 조성을 위한 음악, 배경 음악. ~**schilderung**, die 분위기 묘사, 정취가 풍부한 묘사. ~**umschwung**, der 분위기의 급변(대전환): der S. im Lande greift weiter um sich 국내 분위기가 계속 급변해 가고 있다. ~**voll** ⟨Adj.⟩ 정취가 풍부한: etw. s. vortragen 무엇을 정감이 넘치게 낭독하다. ~**wandel**, der 분위기의 변화. ~**wechsel**, der 분위기의 바뀜.

Stimulans ['stiːmulans, 《또한》 ʃt...], das; -, ...nzien [stimu'lantsi̯a, 《또한》 ʃt...] / ...ntia [stimu'lantsi̯a, 《또한》 ʃt...; lat. stimulans] 《교양어》 흥분제, 자극제: Koffein als S. gebrauchen 카페인을 흥분제로서 사용한다. **Stimulanz** [stimu'lants, 《또한》 ʃt...], die; -en 《교양어》 자극, 고무. **Stimulation** [stimula'tsi̯oːn, 《또한》 ʃt...], die; -en [lat. stimulatio] 《교양어·전문어》 자극, 흥분. **Stimuli**: ↑Stimulus의 복수형. **stimulieren** [...u'liːrən] ⟨h⟩ [lat. stimulāre, stimulen, anstacheln, zu: stimulus; ↑Stimulus] 《교양어·전문어》 자극[고무, 격려]하다, 촉진시키다, 분발시키다: das Publikum stimulierte die Schauspieler 관중이 배우들의 사기를 앙양시켰다. **Stimulierung**, die; -en 《교양어·전문어》 자극, 고무, 격려, 촉진. **Stimulus** ['stiːmulʊs, 《또한》 ʃt...], der; -, ...li [lat.] 《교양어》 자극(제), 고무.

¹**Stink-** (stinken): ~**bock**, der 〈지역적·속어·폄〉 ↑Stinker **(1)**. ~**bombe**, die 악취탄. ~**drüse**, die 〖동물〗 악취선(腺). ~**finger**, der (대개 Pl.) 《폄》 손가락: nimm deine (dreckigen) S. weg! 그 더러운 손가락 좀 치워라! ~**fritz**, der 《속어·폄》 ↑Stinker **(1)**. ~**fuß**, der (대개 Pl.) 《폄》 (더러운) 발. ~**käfer**, der 〈지역적〉 **1.** ↑Pillendreher. **2.** ↑Mistkäfer. ~**marder**, der 〖사냥〗 ↑Iltis. ~**käse**, der 〖정서적〗 냄새가 지독한 치즈. ~**morchel**, die 우산버섯의 일종 (비식용)〈학명: Phallus impudicus〉. ~**nase**, die 〖의학〗 취비증(臭鼻症). ~**stiebel**, der 〈지역적〉. ~**stiefel**, der 《폄》 변덕쟁이, 말썽꾸러기, 무례한. ~**tier**, das **1.** 스컹크류(類). **2.** 《폄》 지긋지긋한 사람. ~**wanze**, die

stink-, ²**Stink-** (감정의 강조): ~**besoffen** ⟨Adj.⟩ 《속어》 대취한. ~**faul** ⟨Adj.⟩ 《경》 매우 게으른. ~**fein** ⟨Adj.⟩ 《경》 지극히 세련된(고상한). ~**langweilig** ⟨Adj.⟩ 《경》 지독하게 지루한. ~**laune**, die 《경》 대단히 나쁜 기분. ~**normal** ⟨Adj.⟩ 《경》 아주 정상적인. ~**reich** ⟨Adj.⟩ 《경》 매우 부유한. ~**sauer** ⟨Adj.⟩ 《경》 대단히 화가 난. ~**vornehm** ⟨Adj.⟩ 《경》 극히 고상한〔세련된〕. ~**wut**, die 《경》 격노: eine S. auf jmdn. haben 누구에게 격노하다. ~**wütend** ⟨Adj.⟩ 《경》 대단히 노한.

¹**Stinkadores** [ʃtɪŋka'doːrɛs], die 《통용어·농》 나쁜(싸구려) 시거. ²**Stinkadores** [-], der; -, - 《통용어·농》 고약한 냄새가 나는 치즈. **stinken*** ['ʃtɪŋkn̩] ⟨h⟩ **1.** 《폄》 악취를 풍기다, 구린내 나다: aus dem Mund s. 입에서 냄새가 나다; stinkende Abgase 악취를 풍기는 배기 가스. **2.** 《경》 좋지 않은 특성을 갖다: er stinkt vor Faulheit! 그는 지독한 게으름뱅이다! **3.** 《통용어》 〈어떤 추측, 혐의를〉 가능케 하다, 시사하다: das stinkt nach Verrat 그것은 배반의 기미를 보이고 있다; nach Geld s. 매우 부자이다; an dieser Sache stinkt etwas 이 일에는 무엇인가가 잘못되어 있다. **4.**

《경》딱 질색이다: die Arbeit stinkt mir 나는 그 일은 이제 딱 질색이다. **Stinker**, der; -s, -《톔》**1.** 악취를 풍기는 사람. **2.** (화자의) 마음에 들지 않는 사람: er ist ein reaktionärer S. 그는 반동 분자이다. **stinkig** ['ʃtɪŋkɪç] 〈Adj.〉《톔》**1.** 악취를 풍기는: eine -e Zigarre 냄새가 고약한 시거. **2.** 마음에 들지 않는: -e Parolen 역겨운 슬로건들.

Stint [ʃtɪnt], der; -(e)s, -e [niederd. stint] **1.** 바다빙어과(科). **2.** 《nordd.》 어리석은 젊은이, 얼간이: **sich freuen wie ein S.** 기쁨에 열광하여 제 정신을 못 차리다.

Stipendiat [ʃtipɛn'diaːt], der; -en, -en 장학생, 연구비 수혜자.

Stipendien-: ~antrag, der 장학금 신청. **~geld**, das 장학금, 연구비. **~vergabe**, die 장학금 지급. **~verwaltung**, die **1.** 장학금 지급에 관한 업무. **2.** 장학금 관리 사무소.

Stipendist [...'dɪst], der; -en, -en 《bayr., österr.》↑ Stipendiat. **Stipendium** [ʃtiˈpɛndiʊm], das; -s, ...ien [...jən; lat. stipendium] 장학금, 학술[예술] 보조금: ein S. beantragen 장학금을 신청하다.

Stipp [ʃtɪp], der; -(e)s, -e **1.** ↑Stippe. **2. auf den S.** 《특히 nordd.》 즉시, 곧. **Stippbesuch**, der; -(e)s, -e 《특히 nordd.》 ↑Stippvisite. **Stippe** ['ʃtɪpə], die; -n [niederd. stip(pe)] 《특히 nordd.》 **1.** (죽 같은) 소스. **2.** 여드름, 농포(膿泡). **stippen** ['ʃtɪpn̩] 《h》 [niederd. stippen] 《특히 nordd.》 **1. a)** 적시다, 담그다: hartes Gebäck in den Kaffee s. 딱딱한 과자를 커피에 살짝 담그다. **b)** (살짝 적심으로써) 묻혀 내다: sie stippte das Fett mit einem Stück Brot aus der Pfanne 그녀는 한 조각의 빵으로써 냄비의 기름을 닦아 내었다. **2. a)** 살짝 건드리다: jmdm. an die Schulter s. 누구의 어깨를 살짝 건드리다. **b)** 살짝 밀다: er stippte mit einem Stock nach dem Maulwurf 그는 작대기로 두더지를 살짝 밀어 보았다. **c)** 잠깐 밀치며 움직이다. **stippig** ['ʃtɪpɪç] 〈Adj.〉 **1.** 흠이 있는. **2.** 《지역적》 여드름 투성이의. **Stippigkeit**, die **1.** 흠이 있음. **2.** 《지역적》 여드름이 많음. **Stippvisite**, die; -n 《통용어》 잠깐 동안의 방문: (bei jmdm.) eine S. machen 누구를 잠깐 방문하다.

Stipulation [stipula'tsi̯oːn, 《또한》 ʃt...], die; -en [lat. stipulatio] 《법・상》 계약, 협정. **stipulieren** [stipuˈliːrən, 《또한》 ʃt...] 《h》 [lat. stipulāri] **1.** 《법・상》 계약[협정]하다. **2.** 《교양어》 확정하다: vage Termini definitorisch s. 막연한 용어들의 개념을 분명히 정하다. **Stipulierung**, die; -en 계약, 협정; 확정.

stirb [ʃtɪrp], **stirbst**, **stirbt** ['ʃtɪrp(s)t] ↑ sterben 참조.

Stirn, 《아어》 **Stirne** ['ʃtɪrn(ə)], die; ...nen **1.** 이마: eine hohe Stirn 훤칠한 이마; er hat eine hohe Stirn 《은제・농》 그는 대머리다; über jmdn〔etw.〕die Stirn runzeln 누구〔무엇〕에 동의하지 않다; niemand konnte ihm ansehen, was hinter seiner Stirn vorging 아무도 그가 무엇을 생각하는지 알 수 없었다; sich mit der (flachen) Hand vor die Stirn schlagen 손바닥으로 자신의 이마를 치다(실수했거나 경솔한 행동을 했을 때); **jmdm.[einer Sache] die Stirn bieten** 누구에게[어떤 일에] 대놓고 맞서다; **die Stirn haben, etw. zu tun** 무엇을 할만큼 철면피다; **sich³ an die Stirn fassen[greifen]** 《통용어》 어쩔 줄 모르다; **jmdm. an der[auf der] Stirn geschrieben stehen** 누구의 얼굴을 보면 문득 알아챌 수 있다; **jmdm. etw. an der Stirn ablesen** 누구의 얼굴에서 그가 생각하는 바를 읽어내다; **mit eiserner Stirn** 1) 꿋꿋이: mit eiserner Stirn standhalten 꿋꿋이 견뎌내다. 2) 철면피하게: mit eiserner Stirn leugnen 철면피하게도 부인하다. **2.** [지질] (빙하의) 선단부(先端部).

stirn-, Stirn-: ~ader, die 앞 이마의 정맥. **~band**, das 〈Pl. -bänder〉 이마에 두른 띠, 머리띠. **~bein**, das [해부] 앞 이마의 뼈, 전두골(前頭骨). **~binde**, die 이마를 싸맨 끈(띠). **~fläche**, die 〈전문어〉↑~seite. **~glatze**, die 이마 위쪽의 대머리. **~haar**, das 앞 머리카락. **~höhle**, die 전두동(前頭洞), 전두 공동(前頭空洞). **~höhlenentzündung**, die 전두동염(前頭洞炎). **~höhlenkatarrh**, der 전두동 카타르. **~höhlenvereiterung**, die 전두동 화농(化膿). **~joch**, das (소의) 이마에 씌운 멍에. **~locke**, die 이마 위로 드러나지는 고수머리. **~mauer**, die [건축] ↑ Schildmauer. **~naht**, die [해부] (신생아의) 전두(前頭) 봉합(縫合). **~rad**, das [공학] 평치차(平齒車). **~reif**, der (부인의) 머리띠. **~riemen**, der (마구(馬具)의) 이마끈. **~runzeln**, das; -s 이맛살을 찌푸림, 찌푸린 얼굴. **~runzelnd** 〈Adj.〉 이맛살을 찌푸리는: s. ein Schreiben lesen 이마에 주름살을 지으면서 어떤 글을 읽다. **~satz**, der [언어] 정동사가 문두에 오는 문장. **~seite**, die 전면(前面), 정면; 건물의 전[정]면의 벽. **~wand**, die 이마의 전면, S. eines Gebäudes 건물의 전면. **~wunde**, die 이마의 상처. **~ziegel**, der (고대 건축에서의) 지붕 가장자리의 장식 벽돌.

Stirne↑ Stirn.

Sto. = Santo.

Stoa ['stoːa, 《또한》 'ʃtoːa], die; Stoen ['stoːən, 'ʃt...]; griech. Stoá] **1.** 〈Pl. 없음〉 스토아 학파. **2.** [미술] (고대 그리스의) 주랑(柱廊).

stob [ʃtoːp], **stöbe** ['ʃtøːbə] ↑ stieben 참조. **Stöberei** [ʃtøːbəˈrai], die; -en 흩날리기; 샅샅이 뒤지기; 대청소. **Stöberhund** ['ʃtøːbə-], der; -(e)s, -e [사냥] 짐승을 찾아내는 수렵견. **stöbern** ['ʃtøːbɐn] **1.** 《통용어》 〈h〉 (털어서) 샅샅이 찾아내다: in alten Archiven s. 낡은 서고를 뒤지다; der Hund stöbert 《사냥》 개가 사냥감을 찾다. **2.** 《지역적》 **a)** 〈비인칭〉 〈h〉 눈오다, 눈이 흩날리다: es begann zu s. 눈발이 흩날리기 시작했다. **b)** 〈h〉 흩날리다, 눈보라 치다. **c)** 〈s〉 눈이 어느 방향으로 흩날려 가다: draußen stöberte ein wilder Wind durch die Straßen 바깥에는 사나운 눈보라가 길거리를 휩쓸고 지나가고 있었다. **3.** 《südd.》 〈h〉 대청소하다: ein Zimmer s. 방의 먼지를 털다.

Stochastik [stɔˈxastɪk, 《또한》 ʃt...], die [griech. stochastiké (technē)] [통계] 추측 통계학, 추계학(推計學). **stochastisch** 〈Adj.〉 [griech. stochastikós] [통계] 추측 통계학의, 우연에 의해 좌우되는: -e Vorgänge 추측 통계학상의 경과.

Stocher ['ʃtɔxɐ], der; -s, - (이)쑤시개; 부지깽이. **stochern** ['ʃtɔxɐn] 〈h〉 쑤시다, (불을) 쑤석거려 일으키다: mit dem Feuerhaken in der Glut s. 불갈고리로 불을 쑤석거리다; mit einem Streichholz in den Zähnen s. 성냥개비로 이빨을 쑤시다.

Stöchiometrie [stø̞çi̯o-, ʃt...], die 화학량론(化學量論). **stöchiometrisch** 〈Adj.〉 화학량론(상)의.

¹Stock [ʃtɔk], der; -(e)s, Stöcke ['ʃtœkə] **1. a)** 〈축소형: Stöckchen〉 막대기, 지팡이: (steif) wie ein S. (자세가) 부자연스럽게 뻣뻣한; den S. zu spüren bekommen 매를 맞다; der Patient mußte am S. gehen 그 환자는 지팡이에 의지해서 걷지 않으면 안되었다; der Dirigent klopfte mit dem S. ab 그 지휘자는 지휘봉으로 중지 신호를 했다; **am S. gehen** 《통용어》 1) 몸이 몹시 불편하다. 2) 경제적으로 궁핍하다. 돈이 없다; **hoher S.** [아이스하키] 막대기(를 어깨 높이 이상으로 쳐드는) 반칙, 스틱 파울. **b)** ↑Skistock의 약칭. **2.** 그루터기: **S. und Stein** 모든 방해물에 개의치 않고, 저돌적으로; **über S. und Stein** 모든 방해물에 개의치 않고, 저돌적으로. **3.** 그루, (포도 또는 꽃의) 나무: bei den Rosen sind letzten Winter einige Stöcke erfroren 지난 겨울에 그 장미들 중 몇 그루가 얼어 죽었다; 전의 am S. sind noch unreife Trauben 포도 나무에 아직 덜 익은 포도송이가 달려 있다. **4.** ↑Bienenstock의 약칭. **5.** ↑Tierstock의 약칭. **6.** 차꼬, 칼: im S. sitzen 칼을 쓰고 앉아 있다, 감옥에 있다. **7.** 《südd.》 모탕. **8.** 《südd.》 산괴(山塊), 《산맥의》 주봉. **9.** 《südd., österr.》 ↑Opferstock의 약칭. **10.** ↑Kartenstock의 약칭. ²**Stock** [-], der; -(e)s, - 《단지 숫자와 함께》/-werk 《집의》 층《땅과 접한 층은 제외》: sie wohnen einen S. tiefer 그들은 한층 아래에 살고 있다; im 2. Stock wohnen 3층에 살고 있다. ³**Stock** [-], der; -s, -s [engl. stock] [경제] **a)** 재고, 현재 재고 량. **b)** 자본금, 원금.

¹**Stock-** (¹Stock, ²Stock): ~**ausschlag**, der [임업] 베어낸 그루터기에서 새로 자라난 싹《가지》. ~**bett**, das 2층 침대. ~**degen**, der 《옛》 속에 칼이 든 지팡이. ~**ente**, die 물오리. ~**fehler**, der **1.** 〔아이스하키〕 스틱 반칙. **2.** 〔하키〕 스틱 반칙. ~**fisch**, der **1.** 말린 대구, 대구포. **2.** 《통용어·폄》 재미없는〔지루한〕 인간. ~**haar**, das 《Pl. 없음》 개의 털옷. ~**haus**, das [zu ↑¹Stock (6)] 《옛》 감옥. ~**hieb**, der 태형(苔刑), 곤장 (↑~**schlag**): jmdn zu 25 -en verurteilen 누구를 곤장 25대에 처하다. ~**holz**, das 〔그루터기의〕 나무줄기, 뿌리 부분. ~**krankheit**, die 줄기나 뿌리에 혹이 생기는 병. ~**laterne**, die 막대기 끝에 매단 초롱. ~**locke**, die 《옛》 Korkenzieherlocke. ~**maß**, das 〔농업〕 《막대기로 잰》 가축의 몸통의 높이. ~**meister**, der 《옛》 간수. ~**prügel** 〈Pl.〉 《옛》 태형. ~**puppe**, die 막대기 끝에 달린 인형. ~**rose**, die 접시꽃. ~**schirm**, der **a)** 스틱 우산, 스틱으로도 쓸 수 있는 지팡이. **b)** 세로로 접을 수 없는 우산. ~**schlag**, der 태형(苔刑). ~**schlagen**, das; -s 〔아이스하키〕 스틱 반칙. ~**schwämmchen**, das 나무의 그루터기에서 총생(叢生)하는 식용 버섯의 일종《학명: Pholiota mutabilis》. ~**spitze**, die 지팡이의 끝. ~**uhr**, die 《österr.》 《상자에 든》 대형 시계. ~**werk**, das **1.** 〔집의〕 층(↑²Stock): die oberen -e brannten aus 꼭대기 층들이 불타 버렸다. **2.** 〔광〕 《광산의》 같은 층의 구조물, 광부(鑛廊). ~**werkbett**, das ↑~**bett**. ~**zahn**, der 《südd., österr., schweiz.》 어금니.

¹**stock-** 《감정의 강조; 형용사와만 결합됨》: ~**besoffen** 《속어》 매우 취한, 고주망태가 된. ~**betrunken** 《통용어》 대취한. ~**blind** 《통용어》 완전히 눈이 먼: 전의 er geht s. durchs Leben 그는 반평생을 인생을 살아간다. ~**dumm** 《통용어·폄》 지독히 어리석은. ~**dunkel**, ~**düster** 《통용어》 아주 캄캄한. ~**fremd** 전혀 모르는. ~**heiser** 《통용어》 완전히 목이 쉰. ~**katholisch** 《통용어》 철저한 가톨릭의. ~**konservativ** 《통용어》 극히 보수적인. ~**normal** 《통용어》 아주 정상적인. ~**nüchtern** 완전히 깨어 있는. ~**sauer** 〈Adj.〉 《경》 몹시 화가 난. ~**solide** 〈Adj.〉 《통용어》 극히 견실한. ~**steif** 아주 굳은〔뻣뻣한〕. ~**still** 《지역적》 쥐죽은 듯 고요한. ~**stumm** 《통용어》 **a)** 완전히 벙어리인. **b)** 한 마디도 입 밖에 내지 않는. ~**taub** 《통용어》 전혀 듣지 못하는. ~**voll** 《경》 ↑~**betrunken**.

²**stock-**, ²**Stock-** (stocken): ~**fäule**, die [임업] 《나무의》 속썩음. ~**fleck**, der 《천, 종이 따위의》 곰팡이 변색된 얼룩. ~**fleckig** 《천, 종이 따위》 곰팡이 얼룩이 진, 변색된. ~**punkt**, der 〔화학〕 《기름 따위의》 빙점, 응고점. ~**schnupfen**, der 코〔가 막히는〕 감기.

Stock-Car ['stɔk 'ka:], der; -s, -s 〔engl.-amerik. stock car〕 〔자동차〕 《일반 승용차 모양에 엔진만 다른》 경주용 자동차. **Stock-Car-Rennen**, das 위 모양 자동차 경주.

Stöckchen ['ʃtœkçən], das; -s, - ↑¹Stock (1 a)의 축소형. **Stöcke**: ↑¹Stock의 복수형. ¹**Stöckel** ['ʃtœk], der; -s, - 《통용어》 ↑Stöckelabsatz의 약칭. ²**Stöckel** [-], das; -s, - 《österr.》 옆 건물, 부속 건물. **Stöckelabsatz**, der; -es, -absätze 높고 뾰족한 굽, 하이힐. **stöckeln** ['ʃtœk]n] 〈s〉 《통용어》 하이힐을 똑딱거리며 걷다. **Stöckelschuh**, der; -(e)s, -e 하이힐. **stocken** ['ʃtɔkn] **1.** 〈h〉 **a)** 멎다, 정체하다: jmdm. stockt der Atem 누구의 호흡이 중단되다. **b)** 나아가지 않다, 부진하다, 막히다: der Verkehr stockte 교통이 막혔다; die Feder stockte ihm 그는 더 이상 글을 잘 쓸 수가 없었다; die Arbeiten gerieten ins Stocken 일이 정체 단계에 접어들었다. **2.** 〈h〉 멈추다, 중단하다: sie stockte in ihrer Erzählung 그녀는 이야기를 멈추었다; stockend etw. fragen 더듬거리며 무엇을 묻다. **3.** 《특히 südd., österr., schweiz.》 〈h / s〉 응고하다, 엉기다: die Milch stockt 그 우유는 응고하고 있다. **4.** 〈h〉 곰팡이 얼룩이 지다: die alten Bücher haben gestockt 그 고서들은 곰팡이 얼룩이 져 있다. **Stöcker** ['ʃtœkɐ], der; -s, - 〔몸매가 길죽한 데서〕 전갱이, 농어. **Stockerl** ['ʃtɔkɐl], das; -s, -(n) 《südd., österr.》 등받이가 없는 낮은 걸상.

Stockholm ['ʃtɔkhɔlm, 《또한》 -'-] 스톡홀름. ¹**Stockholmer** ['ʃtɔkhɔlmɐ, '-'--], der; -s, - 스톡홀름 사람. ²**Stockholmer** 〈Adj.; 격변화 없음〉 스톡홀름의.

stockig ['ʃtɔkɪç] 〈Adj.〉 **1.** 곰팡내 나는: s. riechendes Obst 썩은 냄새 나는 과일. **2.** 곰팡이 얼룩이 진: -e, alte Bücher 누렇게 변색된 고서들. **3.** 《지역적》 완고한: seidoch nicht so s.! 제발 그렇게 고집부리지 말아라! **-stöckig** [-ʃtœkɪç] 《숫자와 결합하여》 achtstöckig. **Stockung**, die; -en 중지, 중단, 정체, 응고, 울혈.

Stoff [ʃtɔf], der; -(e)s, -e **1.** 천, 옷감, 직물: ein gemusterter S. 무늬가 있는 천; etw. mit S. überziehen 무엇 위에 천을 씌우다. **2. a)** 물질, 실체, 성분: mineralische -e 광물성 물질; 전의 aus einem anderen S. gemacht sein 종류가 다른 것이다, 질적으로 다르다. **b)** 〈Pl. 없음〉 〔철학〕 질료(質料). **3.** 《경》 **a)** 술: neuen S. aus dem Keller holen 술을 지하실에서 새로 가져오다. **b)** 환각제, 마약: jmdm. S. verschaffen 누구에게 마약을 조달하다. **4. a)** 소재, 주제, 논제: als S. für ein Buch dienen 책의 소재가 되다; S. für einen neuen Roman sammeln 새 소설의 소재를 모으다. **b)** 화제, 기사거리, 《생각할》 대상: jmdm. viel S. zum Nachdenken geben 누구에게 많은 생각할 거리를 제공하다.

stoff-, **Stoff-**: ~**abschnitt**, der 〔길이와 나비를 대략 꾾은〕 옷감. ~**bahn**, die 《옷감의》 두루마리, 한 권(卷). ~**ballen**, der 한 두루마리의 직물〔천〕. ~**behang**, der 천〔직물〕으로 된 현수막(懸垂物). ~**bezeichnung**, die 〔언어〕 재료 명칭. ~**druck**, der 〈Pl. 없음〉 날염(捺染). ~**farbe**, die 〔비본질적: Stoffarbe, die 날염지〔地〕로서 적당한 색깔. ~**fetzen** 〔비본질적: Stoffetzen, der 〕 천 조각, 《재단하고 남은》 지스러기. ~**fülle**, die 〔비본질적: Stoffülle, die 교재〔조사 대상〕의 풍부함. ~**gebiet**, das 주제 영역, 소재 영역. ~**gemisch**, das ↑Gemisch (1). ~**haltig** 〈Adj.〉 내용〔알맹이〕이 있는. ~**huberei** [-hu:bəˈraɪ], die 《폄》 자료 수집벽, 자료 집착증. ~**hülle**, die 〔천으로 된〕 덮개, 커버; 면사포. ~**muster**, das **1.** 천에 새겨진 무늬. **2.** 직물의 견본. ~**plan**, der 교육 내용에 관한 계획안, 교육 과정. ~**probe**, die 직물의 견본. ~**puppe**, die 헝겊 인형, 헝겊 인형. ~**rest**, der 천 조각, 지스러기. ~**sammlung**, die 자료 수집. ~**serviette**, die 천으로 된 냅킨. ~**streifen**, der 〔직물〕 식서(飾緖), 《피륙의》 귀. ~**tapete**, die 직물로 된 벽술〔담〕. ~**teil**, der 〔천으로 된 부분. ~**tier**, das 천 헝겊으로 된 동물 인형. ~**wechsel**, der 신진대사. ~**wechselbedingt**

⟨Adj.⟩ 신진대사에 관계되는. **~wechselkrankheit**, die 대사장애 질환. **~wechselprodukt**, das ⟨대개 Pl.⟩ 대사 산물.

Stoffel ['ʃtɔfl̩], der; -s, - [민간 신앙에서 나오는 거인 Christoph의 이름에서] 《통용어·평》 무례한 남자, 야인, 바보. **stoffelig**, **stofflig** ['ʃtɔf(ə)liç] ⟨Adj.⟩ 《통용어·평》 조야한, 무례한, 우둔한.

stofflich ⟨Adj.⟩ 직물의; 물질의; 소재의. **Stofflichkeit**, die [zu ↑Stoff (2 b)] 구체성, 즉물성.

stofflig: ↑stoffelig.

stöhle ['ʃtøːlə] ↑stehlen 참조.

stöhnen ['ʃtøːnən] ⟨h⟩ **a)** 신음하다, 끙끙거리다: vor Schmerz s. 아파서 신음하다; 전의 《아이》 alle stöhnen unter der Hitze 모두가 더위에 괴로워하고 있다. **b)** 신음하면서 말하다: „Die reinste Fron", stöhnte ein Assistent "순전한 노역이군!"하고 한 조교가 신음하듯 내뱉었다.

stoi! [stɔy; russ. stoi!] 그만! 스톱!

Stoiker ['ʃtɔːikɐ, 《또한》'st...], der; -s, - [lat. Stōicus < griech. Stōikós] **1.** 스토아 학파의 철학자. **2.** 스토아주의자. **3.** 《교양어》 금욕주의자, 엄정한 도덕가: der neue Trainer ist ein S. 새 트레이너는 냉정하고 엄격한 사람이다. **stoisch** ['ʃtɔːɪʃ, 《또한》'st...] ⟨Adj.⟩ [lat. stōicus < griech. stōikós] **1. a)** 스토아 학과의: -e Philosophie 스토아 철학. **b)** 스토아주의의. **2.** 《교양어》 냉정한, 엄정한: er ertrug alles s. [mit -em Gleichmut] 그는 모든 것을 금욕적으로[금욕적인 태연한 자세로] 참아내었다. **Stoizismus** [ʃtɔiˈtsɪsmʊs, 《또한》 st...], der; - [↑Stoiker] **1.** 스토아주의(철학). **2.** 《교양어》 냉엄한 자세, 금욕·극기 주의, 냉정(冷静).

Stola ['ʃtoːla, 《또한》'st..., lat. stola < griech. stolḗ] die; ...len **1.** ⟨부인용의⟩ 숄: eine S. aus Pelz tragen 밍크 숄을 걸치다. **2.** [고대 로마의] 귀부인들이 몸에 두르는 긴 겉옷. **3.** [특히 가] 영대(領帶). **Stolgebühren** ['ʃtoːl-. 't..., 《또한》 ⟨Pl.⟩ [가] 성식 사례(聖式謝禮)《세례·혼인·장례 때에 사제에게 주는》.

Stolle ['ʃtɔlə], die; -n ⟨크리스마스 때 구워먹는⟩ 길쭉한 과자. **Stollen** ['ʃtɔlən], der; -s, - **1.** ↑Stolle. **2. a)** 지하 통로; einen S. ausmauern 벽에 돌을 쌓아 지하 통로를 만들다. **b)** [광업] ⟨약간 오르막의⟩ 갱도(坑道), 횡갱(橫坑): einen S. vortreiben 횡갱을 파나가다. **3. a)** 편자의 못⟨말이 미끄러지는 것을 막기 위한⟩. **b)** ⟨미끄러지지 않게 스포츠화의 밑창에 대는⟩ 금속제⟨가죽제⟩의 덧붙이기: das Sch. wechseln 덧창을 갈다. **4.** [음악] ⟨중세의 연가, 직장가에 있어서⟩ 동일한 형식의 두 시행 묶음으로 이루어진 전절(前節) 중의 한 묶음, 스톨레. **Stollenbau**, der ⟨Pl. 없음⟩ **1.** 횡갱(橫坑) 굴착⟨공사⟩. **2.** 횡갱 속에서의 채광[채탄](작업). **~gang**, der 지하 통로, 갱도. **~mundloch**, das [광] 갱도(횡갱)의 입구.

Stolper ['ʃtɔlpɐ], der; -s, - ⟨ostmd.⟩ 실족(失足). **Stolperdraht**, der; -(e)s, ...drähte 보행자가 걸려 넘어지도록 땅 위에 설치한 철사줄. **Stolperstein**, der 장애물, 난관: manchen S. aus dem Wege räumen 많은 장애물을 제거하다. **stolpern** ['ʃtɔlpɐn] ⟨s⟩ [stolpen, stölpen이 반복형으로 되어] **1. a)** 채어[걸려] 비틀거리다: sie stolperte, konnte sich aber gerade noch auffangen 그녀는 걸려 넘어질 뻔했으나 간신히 몸을 가눌 수 있었다; über seine eigenen Füße s. 자기의 발에 걸려 비트적거리다. **b)** 비트적거리며 앞으로 나아가다: sie stolperte durch die Dunkelheit 그들은 걸려 넘어질 듯하면서 어둠 속으로 나아갔다. **2. a)** 실족하다, 망하다: über eine Affäre s. 어떤 사건에 휘말려 망하다. **b)** 꺼림칙하게[불쾌하게] 여기다: über eine Bemerkung s. 어떤 말에 대해 분노를 느끼다. **c)** 《통용어》 누구와 우연히 마주치다: im Urlaub stolperte er über eine alte Bekannte 휴가 중에 그는 우연하게도 옛날에 알던 어떤 여자와 만나게 되었다.

stolz [ʃtɔlts] ⟨Adj.⟩ **1. a)** 자랑스러운, 의기양양한: auf seine Kinder s. sein 그의 자식들에 대해 자랑스럽게 여기다; s. wie ein Pfau[wie ein Spanier] ging er an uns vorbei 아주 자랑스럽고도 당당한 태도로 그는 우리 곁을 지나쳐 갔다. **b)** 거만한, 오만한, 방자한: ein -es Weib 오만한 여자; warum so s.? 왜 그렇게 거만하지? **2. a)** 장려한, 당당한: ein -es Gebäude 위풍당당한 건물. **b)** 《통용어》⟨금액 따위가⟩ 대단한, 엄청난: das Grundstück kostete die -e Summe von einer Million 그 토지는 일백만이라는 굉장한 액수가 나가는 것이었다. **Stolz** [-], der; -es **a)** 자랑, 자부심: sein ⟨männlicher⟩ S. verbietet ihm das 그의 ⟨남자로서의⟩ 자존심이 그것을 허락하지 않았다; seinen (ganzen) S. an etw. setzen 자신의 자존심을 걸고 무엇을 추진하다; sich in seinem S. gekränkt fühlen 자존심이 상하는 것으로 느끼다. **b)** 자랑, 자부심: jmds. (ganzer) S. sein 누구가⟨아주⟩ 자랑스럽게 여기는 것⟨사람⟩이다; aus falschem S. etw. ablehnen 괜한 자존심 때문에 무엇을 거부하다; von S. geschwellt[gebläht] sein 자부심으로 잔뜩 부풀어 있다. **stolzgeschwellt** ⟨Adj.⟩ 자부심에 찬: mit -er Brust blickte er in die Runde 자부심으로 잔뜩 부푼 가슴을 빼기며 그는 주위를 둘러 보았다. **stolzieren** [ʃtɔlˈtsiːrən] ⟨s⟩ 으스대며[빼기면서] 걷다, 위풍당당하게 걸어가다: unterm Vivat der Gäste stolzierte das Paar in den Saal 손님들이 만세를 부르는 가운데에 그 부부는 홀 안으로 점잔을 빼면서 걸어 들어왔다.

Stoma [ˈstoːma, ˈʃt...], das; -s, -ta [griech. stóma] **1.** [의학·동물] 입. **2.** [식물] 기공(氣孔). **stomachal** [stomaˈxaːl, ʃt...] ⟨Adj.⟩ [griech. stómachos] [의학] 위(胃)의 위를 통해 가는, 위에서 나오는, 위에 관한. **Stomachikum** [stoˈmaxikʊm, ʃt...], das; -s, ...ka [의학] 식욕 및 소화 촉진제. **Stomata**: ↑Stoma의 복수형. **Stomatitis** [stomaˈtiːtɪs, ʃt...], die; -, ...itiden [...ˈiːtidn̩] [의학] 구내염(口內炎). **Stomatologe** [stomato-, ʃt...], der; -n, -n 구강(口腔) 전문의[학]. **Stomatologie**, die [의학] 구강학(口腔學). **stomatologisch** ⟨Adj.⟩ [의학] 구강학의.

Stomp [stɔmp], der; -(s) [amerik. stomp] **1.** 스톰프⟨19세기의 아프리카식 미국 춤의 일종⟩. **2.** 멜로디의 진행에 있어서 일정한 모델의 리듬이 끊임없이 반복되는 전통적 재즈의 구성법.

stoned [stoʊnd] ⟨Adj.⟩ [engl.-amerik. stoned] ⟨은어⟩ 아주 취한, 마약에 취한.

stop! [stap, 《또한》 ʃtɔp; engl. stop!] 정지!, 서!, 멈춰! ↑Stopp. **Stopp** [-], der; -s, -s **1.** [스포츠] ↑Stoppball. **2.** ↑Stopp.

Stopf-: **~buchse**, **~büchse**, die [공학] 패킹 장치함(函). **~garn**, das 짜깁기에 쓰이는 실. **~korb**, der 짜깁기할 양말, 속옷 따위를 넣어 두는 바구니. **~nadel**, die 짜깁기용 바늘. **~pilz**, der ⟨양말 따위를 깁는 데에 쓰이는⟩ 버섯 모양의 목제 받침. **~trompete**, die [음악] 소리 구멍을 막아 고음을 내게 하는 트럼펫. **~twist**, der 짜깁기용 면사. **~wolle**, die 짜깁기용 모사(毛絲).

stopfen ['ʃtɔpfn̩] ⟨h⟩ **1.** 짜깁다, 짜깁기하다: ein Loch in der Hose s. 바지에 난 구멍을 짜깁다; sie trägt keine gestopften Strümpfe 그녀는 기운 양말은 신지 않는다. **2.** 채워 넣다, 채우다: etw. in die Tasche s. 무엇을 가방 안에 집어 넣다; das Kind stopft sich alles in den Mund 그 아이는 모든 것을 입 안에 쑤셔 넣는다. **3. a)** 채워 넣다, 가득 채우다, 충전(充塡)하다: ein Kissen mit Daunen s. 베개를 깃털로써 채우다; ich stopfte mir eine Pfeife 나는 파이프에 담배를 채웠다; 전의 der Saal war gestopft voll 《통용어》 그 홀

은 입추의 여지없이 꽉 찼다. **b)** [음악] 주먹이나 깔때기 모양의 기구로써 소리 구멍을 막아 음을 높이다: eine gestopfte Trompete 소리 구멍을 막은 트럼펫. **4.** (틀어) 막다: ein Loch im Zaun s. 울타리의 구멍을 막다. [전의] ein Loch im Etat zu s. versuchen 예산상의 손실〔구멍〕을 막으려고 시도하다. **5.** 《지역적》비육(肥肉)하다: Gänse s. 거위들을 비육하다. **6.** 《친구》아귀아귀 먹다: stopf nicht so! 그렇게 욕심사납게 마구 먹지 말아라! **7.** 변비를 일으키다: Kakao stopft 코코아는 변비를 일으킨다. jmdm. ein Mittel zum Stopfen verschreiven 누구에게 지사제를 처방해 주다. **8.** 포만감을 주다: Nußtorte stopft 호도케이크를 먹으면 배가 부르게 되다. **Stopfen** [-], der; -s, - 《지역적》마개, 코르크. **Stopfer,** der; -s, - **1.** 파이프에 담배를 채우는 기구. **2.** 《지역적》짜길기한 부분. **Stopfung,** die; -en 짜깁기, 처넣기, 채우기, 충전, 폐색(閉塞), 변비.

Stop-over ['stɔp-ouvə], der; -s, -s [engl.-amerik. stopover] 중간 기착(착륙).

stopp! [ʃtɔp] (Interj.) [↑stoppen의 명령형] 《통용어》 정지! : s. (mal), so geht das nicht 잠깐 멈춰! 이렇게 해서는 안돼! **Stopp** [-], der; -s, -s [↑stopp의 명사형] **a)** 정지(停止): ein Fahrzeug ohne S. passieren lassen 자동차를 정지시키지 않고 통과시키다. **b)** 중지, 금지: ein S. für den Import von Butter 버터의 수입 금지.

Stopp-: ~**ball,** der [스포츠] 스톱 볼(네트에 닿아 상대편 진영에 떨어지는). ~**licht,** das ⟨Pl. -lichter⟩ ↑Bremslicht. ~**preis,** der (공정(公定)) 최고 판매 가격. ~**schild,** das ⟨Pl. -er⟩ '일단 정지'의 교통 표지(판). ~**signal,** das ↑Haltsignal. ~**straße,** die 일단 정지해야 하는 도로, 비우선 도로. ~**uhr,** die 스톱위치.

¹Stoppel [ˈʃtɔpl], die;-n [niederd. -md. stoppel] **1.** ⟨대개 Pl.⟩ (곡식을 베고 난 뒤의) 남은 그루터기. **2.** ⟨Pl. 없음⟩《드물게》추수를 끝낸 뒤의 논밭. **3.** ⟨대개 Pl.⟩《통용어》↑Bartstoppeln.

²Stoppel [-], der; -s, -(n) [↑Stopfen의 방언적 축소형]《österr.》마개, 코르크.

stoppel-, Stoppel- (ˈStoppel⟩: ~**acker,** der ↑~feld. ~**bart,** der 《통용어》까칠까칠한 수염. ~**bärtig** ⟨Adj.⟩ 수염이 까칠까칠한, 면도를 하지 않은. ~**feld,** das 곡식을 베고 그루터기들만 남아 있는 밭. ~**frisur,** die ↑~haar. ~**haar,** das ⟨Pl. 없음⟩ 매우 짧게 깎은 머리. ~**haarig** ⟨Adj.⟩ 머리를 매우 짧게 깎은: ein ~ger Junge 까까머리 소년. ~**hopser,** der [군] 보병. ~**lähme,** die ↑Moderhinke.

stoppelig, stopplig [ˈʃtɔp(ə)lıç] ⟨Adj.⟩ 까칠까칠한, 까까머리의: ein stoppeliges Kinn 수염이 꺼칠꺼칠한 턱. **Stoppeligkeit,** Stoppligkeit, die ↑stoppeligheid 명사형. **stoppeln** [ˈʃtɔpln] ⟨h⟩ **1.** 《지역적》이삭을 줍다, 따고 남은 과일을 거두다. **2.** 《드물게》↑zusammenstoppeln.

Stoppelzieher, der; -s, - 《österr.》코르크 따개, 마개 뽑개.

stoppen [ˈʃtɔpn] ⟨h⟩ **1. a)** 멈추게 하다, 정지시키다, 저지하다: einen Wagen s. 자동차를 정지시키다; einen Gegner s. [권투] 상대의 공격을 방어하다; [전의] er war nicht mehr zu s. 한번 나오기 시작한 그의 연설은 더 이상 중단시킬 수 없었다. **b)** 정지시키다, 중단하다: seine Zahlungen s. 지불을 중지하다; das Vordringen von Pflanzenschädlingen s. 해충의 번성을 막다. **2.** 멈추다, 정지하다: das Auto stoppte an der Kreuzung 그 자동차는 네거리에서 멈춰 섰다; [전의] der Angriff stoppte 공격이 부진한 상태이다. **3.** 스톱위치로 시간을 재다: jmds. Lauf s. 누구가 달리는 시간을 스톱위치로 재다. **Stopper,** der; -s, - **1.** [축구] 스토퍼(주로 상대편 센터

포워드를 견제하는 방어수). **2.** [해양] 밧줄이나 닻줄을 매는 장치, 스토퍼. **3.** 《롤러 스케이트의》제동 장치. **Stopping** [ˈstɔpıŋ], das; -s, -s [engl. stopping] [경마] 말의 경주 능력을 감퇴시키는 약물 투여.

stopplig: ↑stoppelig 참조.

Stöpsel [ˈʃtœps], der; -s, - **1.** 마개: den S. aus dem Waschbecken ziehen 세면대의 마개를 뽑다. **2.** [전기] 콘센트 플러그, 접속전(栓). **3.** 《통용어·농》꼬마, 땅딸보 소년. **stöpseln** [ˈʃtœpsln] ⟨h⟩ **1. a)** 마개를 하다: den Badewannenabfluß s. 욕조의 마개를 꽂다. **b)** (마개를 꽂듯이) 넣다, 꽂다: den Schlüssel in das Zündschloß s. 자동차 시동을 위하여 열쇠를 꽂다. **2.** [전화] (전화선을) 연결시켜 주다(교환수가).

Stop-time [ˈstɔp'taim], die [engl.-amerik. stop time] [재즈] 스톱 타임(비트가 일시 정지하는 악절).

¹Stör [ʃtøːɐ̯], der; -(e)s, -e 철갑상어.

²Stör [-], die; -en [중세의 동업조합의 규약을 어기면서 (stören), 고객의 집에까지 가서 일해 준 데서] 《südd., österr., schweiz.》출장 작업, 고객의 집에 가서 하는 일: auf S. gehen 고객의 집으로 일하러 가다.

stör-, ¹Stör- (stören): ~**aktion,** die 방해[저지] 행동. ~**anfällig** ⟨Adj.⟩ 고장나기 쉬운: [전의] ein -cr Fahndungsapparat 잘 기능하지 않는 수배[수사] 기관. ~**anfälligkeit,** die 고장나기 쉬움. ~**dienst,** der 고장 서비스, 고장 변상 봉사실. ~**faktor,** der 방해 요인. ~**fall,** der 원전(原電) 사고. ~**fest** ⟨Adj.⟩ ↑~sicher. ~**festigkeit,** die ↑~sicherheit. ~**feuer,** das [군] 교란포격. ~**frei** ⟨Adj.⟩ ↑störungsfrei. ~**frequenz,** die 잡음을 일으키는 주파수. ~**geräusch,** das 방해음, 잡음. ~**manöver,** das 방해[저지] 공작. ~**schutz,** der [전파] 방해 방지(대책). ~**sender,** der 전파 방해 방송(국). ~**sicher** ⟨Adj.⟩ 잡음이 들리지 않는, 전파 방해를 받지 않는. ~**sicherheit,** die ⟨Pl. 없음⟩ ↑~sicher의 명사형. ~**stelle,** die [화학] (한 결정체에서) 결정 격자(結晶格子)의 구조가 부분적으로 다른(다른) 곳. ~**tätigkeit,** die 방해[저지] 활동. ~**trupp,** der 방해[저지] 행동대(隊).

²Stör- (²Stör) 《südd., österr., schweiz.·준101용》: ~**näherin,** die 출장 재봉사, 침모. ~**schneider,** der (고객의 집에 가서 일하는) 재단사. ~**schneiderin,** die ↑~schneider의 여성형.

Storax: ↑Styrax.

Storch [ʃtɔrç], der; -(e)s, Störche [ˈʃtœrçə] 황새: der S. steht reglos auf einem Bein 황새가 꼼짝 않고 한 발로 서 있다; bei ihnen war der S. 《친구·농》그들에게 아기가 태어났다; **wie ein S. im Salat gehen** 《통용어·농》뻣뻣하게 걷다; **der S. hat sie ins Bein gebissen** 《친구·농·군은어》 **1.** 그녀는 곧 아기를 낳게 되어 있다. **2.** 그녀는 아기를 낳았다; **da (jetzt) brat' mir einer einen S.!** 《통용어》이게 어쩐 일이야, 이런 변이 있나!

storch-, Storch- (↑Storchen-도 참조): ~**bein,** das 《통용어·농》황새 다리(길고 깡마른 다리). ~**beinig** ⟨Adj.⟩ 황새 다리 같은. ~**nest,** das ↑Strochennest. ~**schnabel,** der **1.** 황새의 부리. **2.** 제라늄. **3.** 사도기(寫圖器)(그림 따위를 확대 또는 축소하기 위한), 팬터그라프. ~**schnabelgewächs,** das ⟨대개 Pl.⟩ [식물] 쥐손이풀과(학명: Geraniaceae).

Störche: ↑Storch의 복수형. **storchen** [ˈʃtɔrçn] ⟨s⟩《통용어·농》뻣뻣한 다리로 뚜벅뚜벅 걷다.

Storchen- (↑storch-, Storch-도 참조): ~**gang,** der 황새같은 걸음걸이. ~**nest,** das 황새 둥지. ~**paar,** das 황새 한 쌍. ~**schnabel,** der ↑Storchschnabel (1).

Störchin [ˈʃtœrçın], die; -nen 황새의 암컷. **Störchlein,** das; -s, -: ↑Storch의 축소형.

¹**Store** [ʃtoːɐ̯, stoːɐ̯], der; -s, -s [frz. store] 흰 레이스로 된 커튼.
²**Store** [stoːɐ̯], der; -s, -s [engl. store] [항해] 창고, 짐칸.
Storen, der; -s, - ‹schweiz.› ↑ ¹Store.
stören ['ʃtøːrən] ‹h› **1.** 방해하다, 어지럽히다, 못하게 하다: jmdn. bei der Arbeit s. 누구의 작업을 방해하다; bitte lassen Sie sich nicht s. 신경쓰지 마시고 일을 계속하십시오; (목적어 없이도) störe ich? 제가 방해가 되는지요? **2.** 교란시키다, 침해하다, 악화시키다: einen Sender s. 어떤 방송국의 전파를 방해하다; das würde unser Vertrauensverhältnis nur s. 그것은 우리 사이의 신뢰에 금이 가게 하는 요인이 될 따름일 것이다. **3.** (누구를) 불쾌하게 하다, (누구에게) 싫다: die Enge des Raumes störte ihn 공간이 좁은 것이 그의 마음에 걸렸다. **4.** ‹s. + sich⁴› ‹통용어› …에 구애받다, …을 불쾌하게 여기다: die Hyänen stören sich nicht an Autos und selbst nicht an Menschen 하이에나들은 자동차들은 물론이고 사람들을 보고도 거리끼지 않는다. **Störenfried** ['ʃtøːrənfriːt], der; -(e)s, -e 평화를 깨뜨리는 자, 치안 교란자: die Polizei schritt gegen ständige -e ein 경찰은 상습 치안 교란자들의 단속에 나섰다. **Störer** ['ʃtøːrɐ], der; -s, - **1.** 교란자, 방해꾼. **2.** [송신] ‹südd., österr., schweiz.› 출장 작업자, 일터를 찾아다니며 벌이하는 수공업자, 유랑인. **Störerei** [ʃtøːrəˈraɪ], die; -en (종) 끊임없는 방해(교란).
storgen ['ʃtɔrgn̩] ‹h/s› (지역적) 객지를 유랑하다, 행상하다. **Storger**, der; -s, - (지역적) 유랑인, 행상.
stornieren [ʃtɔrˈniːrən], st... ‹(또한) st...› ‹h› [ital. stornare] **1.** [금융·상] (틀린 기장을) 정정하다. **2.** [상] 취소하다: einen Kaufvertrag s. 매매 계약을 취소하다. **Stornierung**, die; -en [금융·상] **1.** 기장 정정. **2.** 취소: die S. von Aufträgen 위탁(주문)의 취소. **Storno** ['ʃtɔrno, 'st...], der / das; -s, ...ni [ital. storno] [금융·상] ↑Stornobuchung. **Stornobuchung**, die; -en [금융·상] (반대 기입을 통한) 기장 정정.
störrig ['ʃtœrɪç] ‹드물게› ↑störrisch. **Störrigkeit**, die ‹드물게› ↑Störrischkeit. **störrisch** ['ʃtœrɪʃ] ‹Adj.› 완고한, 고집이 센, 말을 듣지 않는: s. schweigen 완강하게 침묵을 지키다. **Störrischkeit**, die 완고성, 반항적인 성질, 옹고집.
Störschneiderin, die ‹südd., österr., schweiz.› (고객의 집에 가서 일하는) 여재단사.
Storting ['stɔrtɪŋ], das; -s [norw. storting] 노르웨이의 의회.
Störung, die; -en **1.** 방해, 교란, 중단: jmds. Anwesenheit als S. empfinden 누구가 임석해 있는 것을 방해가 되는 것으로 느끼다. **2. a)** 교란, 침해: die S. von Ruhe und Ordnung 평온과 질서의 교란. **b)** 장해, 고장: gesundheitliche -en 건강상의 장해; die technische S. konnte schnell behoben werden 기술적인 고장은 빨리 고쳐질 수 있었다. **c)** [기상] 저압부(低壓部): atmosphärische -en 공전방해(空電妨害).
stÖrungs-, Störungs- ~feuer, das [군] ↑Störfeuer. **~frei** ‹Adj.› [특히 공학] 장해를 일으키지 않는, 고장이 없는, 잡음이 없는. **~front**, die [기상] 공전(전선(前線)). **~quelle**, die 고장(장해)의 원인. **~schutz**, der ↑Störschutz. **~stelle**, die 전화국 고장(신고)계. **~suche**, die 방해 전파 탐지. **~sucher**, der **1.** 방해 전파 탐지기. **2.** 방해 전파 탐지자.
Story ['stɔːri, ‹또한› 'stɔri], die; -s / ...ies [...riːs; engl.(-amerik.) story] **1.** 스토리, 이야기. **2.** ‹통용어› **a)** 이상한 사건, 믿을 수 없는 이야기: eine tolle S. 굉장한 이야기. **b)** 보고, 르포르타주, 기사: eine S. über einen Parteitag schreiben 전당 대회에 관한 보고 기사를

쓰다. **Storyboard** ['stɔːribɔːd], das; -s, -s [amerik. storyboard] 영화의 줄거리를 나타내기 위해 일련의 장면 사진들을 붙여놓은 널빤지.
Stoß [ʃtoːs], der; -es, Stöße ['ʃtøːsə] **1. a)** 밀침, 때림, 참, 타격, 충격: jmdm. einen S. in die Seite geben 누구의 옆구리를 때리다[차다]; **jmdm. einen S. versetzen** 누구에게 큰 타격을 입히다. **b)** [육상] (포환) 던지기: er hat noch zwei Stöße 그는 아직도 두 번 더 던질 기회가 있다. **2.** (무기로써) 침, 찌름: den ersten S. führen 제 1 격을 가하다. **3.** (수영, 조정 등의) 동작: mit kräftigen Stößen schwimmen 힘찬 동작으로 헤엄쳐 가다. **4. a)** 박동, 고동: in flachen Stößen atmen 가쁘게 숨쉬다. **b)** ↑Erdstoß (대지의 진동)의 약칭. **c)** 한번 내쉬는 공기(의 양): ein leicht bläulich gefärbter S. Zigarettenrauch kam aus ihrer Lunge 한 모금의 약간 푸르스름한 담배 연기가 그녀의 폐로부터 흘러 나왔다. **5.** (종이 따위의) 더미, 퇴적: sie schichteten das Brennholz in Stößen auf 그들은 땔나무를 층층이 쌓아 올렸다. **6.** [군] 공격, 출격: den S. des Feindes auffangen 적의 공격을 맞아 싸우다. **7.** [공학] 접합부. **8.** [광업] 갱도의 횡벽(橫壁). **9.** [사냥] (새의) 꼬리. **10.** [의학] 고단위 투약. **11.** [재단] ↑Stoßborte.
stoß-, Stoß- ~arbeit, die ‹Pl. 없음› 강행(強行) 공사, 돌관(突貫) 작업. **~artig** ‹Adj.› 충격적인, 돌발적인. **~ausgleich**, der [공학] 완충(緩衝). **~ball**, der [당구] 제 1 표적 공. **~band**, das ‹Pl. -bänder› ↑~borte. **~betrieb**, der ‹Pl. 없음› 단기간에 많은 성과를 올리려는 기업. **~borte**, die (바지의) 바대. **~dämpfer**, der [자동차] 완충기. **~dämpfung**, die [공학] 완충(작용). **~degen**, der 가늘고 긴 쌍날 칼. **~empfindlich** ‹Adj.› 충격에 민감한[약한]. **~fest** ‹Adj.› 충격에 강한: eine -e Uhr 충격에도 견디는 시계. **~garn**, das [사냥] (맹금 사냥용) 포획망. **~gebet**, das (위급할 때의) 짤막한 기도. **~geschäft**, das ‹Pl. 없음› 강행군하는 사업. **~gesichert** ‹Adj.› 충격에 안전한: eine -e Armbanduhr 방충(防衝) 손목시계. **~kante**, die 바대를 댄 바지 가장자리. **~keil**, der [특히 군] 설상진(楔狀陣)의 첨단부. **~kissen**, das [펜싱] 가슴받이(↑Plastron 3). **~kraft**, die **1.** 충격력: Stoßkräfte auffangen 충격력을 흡수하다. **2.** ‹Pl. 없음› 추진력, 박력: eine starke politische S. 강력한 정치적 추진력. **~kräftig** ‹Adj.› 충격력을 지닌, 추진력이 있는. **~richtung**, die 공격(추진) 방향. **~seufzer**, der 탄식조로 터져 나오는 아주 짤막한 말(유감 또는 소망의 표현). **~sicher** ‹Adj.› [특히 공학] ~fest. **~stange**, die 범퍼, 완충부. **~stein**, der [스포츠] 돌던지기에 사용되는 15kg 짜리의 가능 직방체. **~therapie**, die [의학] 대량 투여 요법. **~trupp**, der [군] 돌격대. **~truppler** [-trʊplɐ], der; -s, - [군] 돌격대원. **~truppunternehmen**, das 돌격대의 작전 행동. **~verkehr**, der ‹Pl. 없음› 혼잡 시간대의 교통. **~waffe**, die 찌르는 무기. **~weise** ‹Adv.› **1.** 단속(斷續)적으로, 간헐적으로. **2.** 층층이, 무더기로: im Keller lagen s. alte Zeitungen herum 지하실에는 여기저기 낡은 신문 더미들이 놓여 있었다. **~welle**, die [물리] 충격파. **~zahl**, die [물리] (분자의) 충돌 횟수. **~zahn**, der 엄니. **~zeit**, die **a)** 러시 아워, 교통 혼잡 시간대. **b)** 강행군 작업을 하는 시기: Stoßzeiten auf den Postämtern 우체국들이 매우 바쁜 시기.
Stößchen ['ʃtœsçən], das; -s, - ↑Stoß의 축소형.
Stößel ['ʃtøːsl̩], der; -s, - **1.** 절굿공이, 유봉(乳棒). **2.** [공학] 태핏, 철사(凸子). **stoßen¹** ['ʃtoːsn̩]. **1.** ‹h› **a)** 밀치다, (발로) 차다, (발로) 걷어차다 ‹용어로› 뜨다: jmdn. mit dem Fuß s. 누구를 발로 차다; der Stier stieß mit den Hörnern nach ihm 황소가 뿔로 그를 떠다. **b)** 찌르다,

쑤시다, 박다: jmdm. ein Messer in die Rippen s. 누구의 갈빗대를 칼로 찌르다; das Schwert in die Scheide s. 칼을 칼집에 꽂다. c) 밀쳐서 무엇을 만들다: er hat mit der Stange ein Loch in die Scheibe gestoßen 그는 막대기로 유리창을 쳐서 구멍을 내었다. d) 밀어젖히다, 밀어내다, 거부하다, 추방하다: jmdn. aus dem Zug s. 누구를 기차 밖으로 밀어 버리다; er hat die Kugel 20 Meter (weit) gestoßen 그는 포환던지기에서 20 미터를 던졌다; 전의 (아어) der Herrscher wurde vom Thron gestoßen 그 지배자는 권좌로부터 쫓겨났다; die Eltern haben den ungeratenen Sohn von sich gestoßen (아어) 그 부모는 못된 아들을 집에서 추방했다. 2. a) ⟨s⟩ 부딪히다, 충돌하다: gegen jmdn. s. 누구와 부딪히다. b) ⟨s. + sich⁴⟩ ⟨h⟩ 부딪히다, 채이다, 다치다: sich an der Tischkante s. 탁자 모서리에 부딪히다; sich³ an der Stirn eine Beule s. 이마를 부딪혀 멍이 들다. 3. ⟨s⟩ a) 누구와 우연히 마주치다: in der Stadt stießen sie auf alte Bekannte 그 도시에서 그들은 옛 지인들을 만나게 되었다. b) 예기치 않게 발견하다, 만나다: beim Aufräumen auf alte Fotos s. 청소를 하다가 옛 사진들을 발견하다; 전의 sie stießen auf Ablehnung 그들은 뜻밖에도 사람들의 반대에 부딪히게 되었다. 4. ⟨s⟩ 합류하다: zu den Rebellen s. 폭도들에 끼다. 5. ⟨s⟩ …으로 바로 통하다: die Straße stößt auf den Marktplatz 이 길로 바로 죽 가면 시장 광장이 나온다. 6. ⟨h⟩ …과 인접해 있다(an etw⁴.): sein Zimmer stößt an das der Eltern 그의 방은 양친의 방 바로 옆에 있다. 7. ⟨s. + sich⁴⟩ ⟨h⟩ …에 거부감을 느끼다: sie stießen sich an seinem Benehmen 그들은 그의 거동에 불쾌감을 느꼈다. 8. [사냥] ⟨s⟩ 내리 꽂히며 덤벼들다: der Habicht stößt auf seine Beute 매가 그의 먹이 위에 덮쳐 든다. 9. ⟨h⟩ 정확히 빻아 가루 내다, 빻다: gestoßener Pfeffer 가루로 만든 후추. 10. ⟨h⟩ a) 흔들리다, 요동치다: der Wagen stößt auf der schlechten Wegstrecke 자동차가 불량한 노면의 구간에서 덜컹거린다. b) 세차게 불다: der Wind stößt 질풍이 몰아치며; mit stoßendem Atem 숨을 할딱 떨이며. 11. ⟨h⟩ 사로잡다, 격렬히 엄습하다: ihn stieß ein Schluchzen 그는 격하게 흐느꼈다. 12. ⟨h⟩ ⟨Mus.⟩ 짧고 힘차게 불다: in die Trompete s. 트럼펫을 짧고 세차게 불다. 13. ⟨통용어⟩ 분명히 말하다, 확실하게 통고하다: ich habe ihm das gestern gestoßen 나는 그에게 어제 그것을 분명히 말해 주었다. 14. ⟨h⟩ (비어) (남자가) 성교하다. 15. ⟨h⟩ ⟨schweiz.⟩ a) (자전거 따위를) 밀다. b) (자동차를) 밀다. c) (문에 써 붙이는 말) 미십시오! **Stößer** ['ʃtøːsɐ], der; -s, - **1.** ↑ Sperber. **2.** ↑ Stößel. **3.** ⟨österr.⟩ 마부의 모자(운두가 높은). **Stoßerei** [ʃtøːsəˈraɪ], die; -en ⟨대개 복⟩ 끊임없이 찌름 [밀침]. **stößig** ['ʃtøːsɪç] ⟨Adj.⟩ 뜨는 버릇이 있는: ein -er Ziegenbock 잘 뜨는 수염소. **stößt** [ʃtøːst] ↑ stoßen 참조.

Stotinka [stoˈtɪŋka], die; ..ki [bulg. stotinka] 불가리아의 동전 (100 Stotinki = 1 Lew).

Stotterei [ʃtɔtəˈraɪ], die; -en ⟨대개 복⟩ 1. (Pl. 없음) 말더듬기. 2. 더듬거리며 하는 말, 눌변. **Stotterer** ['ʃtɔtərɐ], der; -s, - 말더듬이. **stotterig, stottrig** ['ʃtɔt(ə)rɪç] ⟨Adj.⟩ 말을 더듬는. **Stotterin** ['ʃtɔtərɪn], die; -nen ↑ Stotterer의 여성형. **stottern** ['ʃtɔtɐn] ⟨h⟩ [niederd. stoter(e)n] a) 말을 더듬다, 더듬거리다: stark s. 말을 많이 더듬다; 전의 der Motor stottert (통용어) 모터가 털털거린다; **auf Stottern** (통용어) 분할불로: ich habe mein Auto auf Stottern gekauft 나는 자동차를 분할불로 샀다. b) 더듬거리며 말하다: er stotterte, es tue ihm leid 그는 더듬거리며 미안하다고 말했다. **Stotterrerin** ['ʃtɔtrərɪn], die; -nen ⟨고어⟩ ↑ Stotterin. **stottrig**: ↑ stotterig.

Stotz [ʃtɔts], der; -es, -e, **Stotzen** ['ʃtɔtsn̩], der; -s, - **1.** ⟨특히 südd., österr., schweiz.⟩ 나무의 그루터기. **2.** ⟨특히 südd., mitteld., schweiz.⟩ 양동이, 빨래통. **3.** ⟨schweiz.⟩ 도살고기의 뒷다리, 넓적다리 고기. **stotzig** ['ʃtɔtsɪç] ⟨Adj.⟩ ⟨특히 südwestd., schweiz.⟩ **1.** 가파른. **2.** 통나무 같은, 억센, 무람한.

Stout [staʊt], der; -s, -s [engl. stout] 영국산의 독한 흑맥주, 스타우트.

Stövchen ['ʃtøːfçən], das; -s, - [niederd. stove의 축소형] ⟨특히 norddt.⟩ **1.** (음식을 식지 않게 덮히는) 보온대(臺). **2.** ⟨준고어⟩ (석탄을 사용한) 족온기(足溫器), 각파(脚爬).

Stove ['ʃtoːvə], die; -n [niederd. stove] ⟨norddt.⟩ 건조실.

stowen ['ʃtoːvn̩] ⟨h⟩ [niederd. stoven] ⟨norddt.⟩ 찌다, 스튜로 하다: gestowtes Obst 과일 스튜.

StPO = Strafprozeßordnung.

Str. = Straße.

strabanzen [ʃtraˈbantsn̩], **strawanzen** [ʃtraˈvantsn̩] ⟨h⟩ ⟨bayr., österr. · 방언⟩ 돌아다니다, 배회하다: er strabanzt den ganzen Tag, statt zu arbeiten 그는 일하지 않고 온종일 돌아다닌다. **Strabanzer, Strawanzer**, der; -s, - ⟨bayr., österr. · 방언⟩ 떠돌아다니는 사람, 싸다니는 사람.

Strabismus [ʃtraˈbɪsmʊs, st...], der; - [griech. strabismós] [의학] 사시(斜視), 사팔뜨기. **Strabometer** [ʃtrabo-, st...], das; -s, - [의학] 사시계(斜視計).
Strabotomie [...toːmiː], die; -n [...iːən] [의학] 사시절개(술)(切開術).

Straccino [straˈkiːno], der; -(s) [ital. stracchino 가을에 산에서 돌아오는 vacche stracche(피곤한 소)의 젖으로 만든다 해서] (북 이탈리아 산의) 연유(軟質) 치즈.

strack [ʃtrak] ⟨Adj.⟩ ⟨südd.⟩ 곧추 선, 뻣뻣한: -es Haar 뻣뻣한 머리카락. **stracks** [ʃtraks] ⟨Adv.⟩ a) 곧바로, 딴 데 들르지 않고 곧장: er eilte s. in die nächstgelegene Kneipe 그는 곧장 제일 가까운 술집으로 달려갔다. b) 즉각, 지체없이.

Straddle ['ʃtrɛdl], der; -(s), -s [engl. straddle] [육상] 가슴이 아래쪽으로 향한 자세로 막대를 넘는 높이뛰기. **Straddlesprung**, der 높이뛰기의 일종, 스트래들.

Stradivari [stradiˈvaːri], die; -(s), **Stradivarius** [...ˈvaːrɪʊs], die 이탈리아의 대가 스트라디바리(A. Stradivari(1644〜1737))의 제작소에서 나온 바이올린. **Stradivarigeige**, die 스트라디바리 바이올린.

straf-, Straf- ~**akte**, die 형사 소송의 기록. ~**aktion**, die 징벌 운동. ~**androhung**, die 처벌[형벌]을 내세우는 위협. ~**angst**, die [심리] 처벌 공포. ~**anstalt**, die 교도소, 감옥. ~**antrag**, der 1. 고소, 기소. 2. 구형. ~**anzeige**, die 고발: (eine) S. erstatten 고발하다. ~**arbeit**, die 학생에게 벌로 주어지는 과제. ~**arrest**, der [군] 영창(처분). ~**aufhebung**, die [법] 형의 면제. ~**aufhebungsgrund**, der [법] 형 면제의 이유. ~**aufschub**, der [법] 집행유예. ~**ausschließungsgrund**, der [법] 집행유예의 이유. ~**aussetzung**, die 집행유예, 형 집행의 일시 정지. ~**ausstand**, der 형의 면제. ~**bank**, die ⟨Pl. ...bänke⟩ [아이스하키 · 핸드볼] 반칙 선수 대기석. ~**bataillon**, das 징벌 대상 장병 대대. ~**befehl**, der [법] 약식(처벌)명령. ~**befugnis**, die [법] 처벌권, 형벌권. ~**bescheid**, der a) [법·옛] ~**verfügung**(q. v.). b) ⟨schweiz.⟩ 벌금통고. ~**bestimmung**, die 형벌 규정. ~**dauer**, die 형벌 기간. ~**ecke**, die [하키] 페널티 코너. ~**einsatz**, der [군] 벌금. ~**entlassene**, der/die 형 출감자. ~**erkenntnis**, das ⟨österr. · 법⟩ ↑ ~bescheid. ~**erlaß**, der 형의 면제, 특사(特赦): bedingter S. 조

부 특사. ~**erschwerend** 〈Adj.〉 [법] 형이 가중되는, 피고에게 더욱 불리한: ein -er Umstand 형이 더욱 무거워지게 되는 정상(情狀). ~**exerzieren** 〈h〉 [군] 징벌 훈련시키다. ~**expedition**, die 정벌, 토벌. ~**fall**, der 형사 사건, 범죄. ~**fällig** 〈Adj.〉 형을 받아야 하는, 범죄를 저지른. ~**fälligkeit**, die (Pl. 없음) 처벌 받아야 할 경우, 유죄. ~**frei** 〈Adj.〉 무죄의, 형이 면제된: jmdn. für s. erklären 누구의 무죄를 선언하다. ~**freiheit**, die (Pl. 없음) 무죄, 형 면제, 무죄 석방. ~**gefangene**, der / die 죄수, 기결수. ~**gericht**, das **1.** [법] 형사 법원. **2.** 징벌, 단죄. ~**gerichtlich** 〈Adj.〉 형사 법원의: eine -e Verfügung 형사 법원의 처분. ~**gerichtsbarkeit**, die 형사 재판(권). ~**gesetz**, das [법] 형법. ~**gesetzbuch**, das 형 법전(刑法典)(약어: StGB). ~**gesetzgebung**, die 형사 입법(刑事立法) ~**gewalt**, die 〈Pl. 없음〉 [법] **a)** 형벌권. **b)** 선고할 수 있는 형벌의 범위. ~**haft**, die 구금, 감금. ~**justiz**, die **a)** [법] 형사사법(司法). **b)** (폄) 형법으로 위협·억압하는 사법 기관. ~**kolonie**, die 유형지, 강제 노역장. ~**lager**, das 강제 수용소. ~**los** 〈Adj.〉 무죄의, 처벌되지 않는, 죄가 되지 않는. ~**losigkeit**, die 무죄(석방), 형 면제. ~**mandat**, das **a)** 처벌 명령, 벌금 지불 명령: ein S. für falsches Parken bekommen 주차 위반으로 벌금 딱지를 받다. **b)** 《법·옛》형사 처분, 즉결 처분(↑~verfügung a). ~**maß**, das 형량. ~**maßnahme**, die 처벌, 제재: ~n ergreifen 제재를 가하다. ~**methode**, die 처벌 방법. ~**mildernd** 〈Adj〉 형량을 경감시키는, 감형이 고려되는. ~**milderung**, die 감형. ~**minute**, die [특히 하키·핸드볼] 타임 페널티(일분 동안 장외 대기 명령). **b)** [특히 승마] 벌칙 가산 시간. ~**mündig** 〈Adj.〉 [법] 형법상의 성년에 이른, 형사 책임을 질 수 있는, 수형(受刑) 연령. ~**mündigkeit**, die [법] 형법상의 성년, 수형 연령. ~**porto**, das ↑Nachgebühr. ~**predigt**, die 《통용어》훈계, 설교: eine S. über sich ergehen lassen 훈계조의 설교를 듣다. ~**prozeß**, der 형사 소송. ~**prozeßordnung**, die [법] 형사 소송법(약어: StPO). ~**prozeßrecht**, das [법] ↑~prozeßordnung. ~**prozessual** 〈Adj.〉 [법] 형사 소송법상의. ~**punkt**, der [스포츠] 벌점. ~**rahmen**, der [법] 형량의 범위, 재량 범위. ~**raum**, der [특히 축구] 페널티 에어리어. ~**recht**, das 형법. ~**rechtler**, der [..reçtlɐ], der; -s, - 형법 학자, 형법 전문가. ~**rechtlich** 〈Adj.〉 형법(상)의. ~**rechtsreform**, die 형법의 개혁. ~**rede**, die ↑~predigt. ~**register**, das 범죄자 명부, 전과부(前科簿). ~**richter**, der [법] 형사 재판관, 형사 판사. ~**sache**, die 형사 사건: heute findet die Verhandlung in der S. statt 오늘은 형사 사건의 공판이 열린다. ~**schärfung**, die [법] ↑~verschärfung. ~**senat**, der 《상급 법원의》 형사 합의부. ~**stoß**, der **a)** [축구] 페널티 킥. **b)** [하키] 7미터 볼, 페널티. ~**tat**, die 범죄 행위, 범행. ~**täter**, der 범죄자: rückfällige S. 누범자들. ~**tilgung**, die [법] 전과 기록 말소, 조회되는 전과 기록. ~**tilgungsgrund**, der [법률] 전과 기록 말소 이유. ~**umwandlung**, die [법률] 형의 변경. ~**unterbrechung**, die [법] 형(집행)의 중단. ~**untersuchung**, die 《schweiz.·법》예비 심사(기소 여부를 결정하기 위한). ~**verbüßung**, die 형의 치름, 징역을 삶, 속죄. ~**verfahren**, das 형사 소송 절차. ~**verfolgung**, die [법] 형사 소추. ~**verfolgungsbehörde**, die 형사 소추 관여 기관. ~**verfügung**, die **a)** 《옛》형사 처분. **b)** 《schweiz.》재심 판결. ~**vermerk**, der 형사 전과 기록. ~**verschärfend** 〈Adj.〉 형량을 가중시키는: -e Umstände 형량을 가중시키는 정상 [정황]. ~**verschärfung**, die [법] 형량 가중. ~**ver-**

setzung 《부정형과 분사형》 좌천시키다: man hat ihn kurzerhand strafversetzt 그는 재빨리 좌천되었다. ~**versetzung**, die 좌천. ~**verteidiger**, der 형사(사건) 변호인. ~**verzeigung**, die 《schweiz.》 ↑~anzeige. ~**vollstreckung**, die 형의 집행. ~**vollzug**, der 행형(行刑), 형 집행. ~**vollzugsanstalt**, die [법] 교도소, 감옥. ~**weise** 〈Adj.〉 벌하여, 벌로: jmdn. s. versetzen 누구를 좌천시키다. ~**würdig** 〈Adj.〉 [법] 처벌해야 마땅한: ein -es Verhalten 처벌받을 만한 처신. ~**zeit**, die [스포츠] 장외 대기 시간; 벌칙으로 가산되는 시간. ~**zettel**, der 《통용어》 ↑Strafmandat (a). ~**zumessung**, die 형량 산정. ~**zuschlag**, der ↑~porto.

strafbar ['ʃtraːfbaːɐ̯] 〈Adj.〉 처벌해야 할, 죄가 되는, 유죄의: sich s. machen 법에 저촉되는 행위를 범하다. **Strafbarkeit**, die 처벌되는 짓, 유죄, 죄의 성립. **Strafe** ['ʃtraːfə], die; -n **a)** 벌, 징벌, 형벌: eine körperliche S. 체형(體刑); ewige -n [가] (지옥에 떨어질) 영원한 벌; eine S. aussprechen 형벌을 선고하다; er wird seiner S. nicht entgehen 그는 자기의 벌을 면치 못할 것이다; etw. ist bei S. verboten 《관》무엇을 행하면 형사 처벌을 받게 된다; jmdn. mit einer S. belegen 누구에게 어떤 벌을 과하다; etw. steht unter S. 어떤 행위는 처벌을 받게 된다; [성규] S. muß sein! 벌은 반드시 받게 되어 있다!; das ist die S.(dafür) 그것 참 고소하다!; das ist ja eine S. Gottes! 그것 참 지독하군!; [전의] die S. folgt auf dem Fuß 기어이 후유증이 나타나는군!; es ist eine S., mit ihm arbeiten zu müssen 그와 함께 일하는 것은 큰 고통이다; **jmdn. in S. nehmen** 누구를 (벌)받게 하다; **zur S.** 그 당연한 벌로서. **b)** 징역, 형: eine S. verbüßen 징역살다, 형을 치르다. **c)** 벌금: die Polizei erhob von den Parksündern eine S. 경찰은 주차 위반자들에게 벌금을 부과하였다; zu schnelles Fahren kostet S. 과속 운전을 하면 벌금을 물어야 한다. **strafen** ['ʃtraːfn̩] 〈h〉 **a)** 벌하다, 처벌하다: sie straft die Kinder wegen jeder Kleinigkeit 그녀는 사소한 일에도 자식들을 때린다; strafende Worte 꾸짖다; [성규] Gott strafe mich, wenn ich lüge 맹세코 거짓말이 아니다; [전의] er ist gestraft genug 《통용어》 그것으로 이미 그는 충분히 죄값을 치렀다; das Schicksal hat ihn schwer gestraft 그는 괴로운 운명을 겪지 않으면 안되었다; **mit jmdm. [etw.] gestraft sein** 누구[무엇] 때문에 골치를 앓다: mit seiner Frau ist er wirklich gestraft 그는 아내 때문에 정말 큰 고생을 하고 있다. **b)** 《드물게》…을 응징하다[꾸짖다]: ein Unrecht s. 어떤 불의를 응징하다. **c)** 《법·준고어》 벌로 누구의 생명이나 재산에 위해를 가하다: jmdn. am Leben s. 누구를 사형에 처하다.

straff [ʃtraf] 〈Adj.〉 **1.** 팽팽한, 켕긴, 빳빳한, 직립 부동의: die Saiten sind s. gespannt 현(絃)들이 팽팽히 죄어져 있다; eine -e Haltung 부동 자세. **2.** 엄격한, 빈틈없는: hier herrscht eine s. Zucht 여기서는 규율이 엄격하다; der Betrieb ist s. organisiert 이 기업은 빈틈없이 잘 조직되어 있다. **straffen** ['ʃtrafn̩] 〈h〉 **1. a)** 팽팽하게 하다, 빳짝 죄다: die Zügel s. 고삐를 죄다; der Wind straffte die Segel 바람에 돛이 팽팽히 부풀었다. **b)** 〈s. + sich〉 팽팽하게 되다: die Leinen strafften sich 밧줄들이 팽팽하게 되었다; seine Züge strafften sich wieder 그의 표정이 다시 긴장되었다. **2.** 엄격하게[간결하게] 만들다: die Leitung eines Betriebs s. 기업의 경영진을 엄격하게 짜다; einen Roman s. 소설의 구성을 간결하게 하여 긴장감을 살리다. **Straffheit**, die 팽팽함, 빳짝 죄어 있는 상태, 긴장, 탄력이 있음; 엄격성, 빈틈없음.

sträflich ['ʃtrɛːflɪç] 〈Adj.〉 처벌해야 할, 유죄의; 용서할 수 없는, 무책임한: er hat seine Kinder s. vernachlässigt 그는 무책임하게도 자식들을 돌보지 않았다. **Sträflichkeit**, die ↑sträflich의 명사형. **Sträfling** ['ʃtrɛːflɪŋ], der; -s, -e 《대개 পl》 죄수, 수감자. **Sträflingsanzug**, der 죄수복. **Sträflingskleidung**, die 죄수복, 죄수 복장.

Stragula Ⓦ ['ʃtraːgula, 'st...], das; -s [lat. strāgula] 스트라굴라(마루바닥에 까는 리놀륨 비슷한 제품).

Strahl [ʃtraːl], der; -(e)s, -en 1. 광선, 사광(射光), 빛줄기: die -en brechen sich 광선들이 굴절한다; ein S. fiel durch den Türspalt 문틈으로 한 광선이 들어오고 있었다; 전의 ein S. der Hoffnung lag auf ihrem Gesicht 그녀의 얼굴에 한 줄기 희망의 빛이 어른거리고 있었다. 2. 물줄기. 3. 《Pl.》 [물리] 광선, 복사선(輻射線), 방사선: sich gegen schädliche -en schützen 해로운 방사능선에 대해 자신의 몸을 보호하다. 4. [수학] 방사선, 반지름.

Strahl- (strahlen-, Strahlen-도 참조): **~antrieb**, der [공학] 제트 추진(推進). **~flugzeug**, das 제트기. **~kraft**, die (아어) 빛나는 후광, 영도력: eine Persönlichkeit von großer S. 구심점이 되는 훌륭한 인물, 영도력을 지닌 특출한 개성. **~pumpe**, die [공학] 분사(噴射) 펌프. **~richtung**, die 방사[분출]의 방향. **~rohr**, das 소방 호스 끝의 사출관(射出管). **~stärke**, die 분사[사출]의 강도, 물줄기의 세기. **~strom**, der [기상] ↑Jetstream. **~triebwerk**, das [공학] 제트 추진 기관(엔진].

Strahlemann ['ʃtraːlə-], der; -(e)s, ...männer 《통용어》 항상 환한 표정을 짓는 사람. **strahlen** ['ʃtraːlən] ⟨h⟩ 1. a) 광선을 발하다, 환하게 빛나다: die Sonne strahlt am Himmel 태양이 하늘에서 밝게 빛나고 있다; sie war der strahlende Mittelpunkt des Festes 그녀는 그 연회의 꽃이었다. b) 반짝이다: ihre Augen strahlten vor Begeisterung 그녀의 두 눈은 감동한 나머지 빛나고 있었다. c) 《드물게》 복사(輻射)하다, 사방으로 보내다: er sieht sich um nach dem Kachelofen, der Hitze strahlt 그는 열기를 방사하는 타일제 난로를 향해 돌아본다; 전의 die junge Frau strahlte Glück 그 젊은 여인은 자신의 주위에 행복감을 발산하고 있었다. 2. 환한 표정을 짓다: die Großmutter strahlte, als ihre Enkel kamen 손자들이 오자 할머니의 얼굴이 환하게 밝아졌다; sie empfing ihn mit strahlendem Gesicht 그녀는 환한 표정으로 그를 맞았다. 3. 방사하다: radioaktives Material s. 방사능 물질을 방출하다. 4. [방송] 《드물게》 방송[방영]하다.

strählen ['ʃtrɛːlən] ⟨h⟩ (südwestd., schweiz.) 머리를 빗다, 빗질하다: 전의 besser gestrählte Leute 부유한 사람들.

strahlen-, Strahlen- (↑Strahl-도 참조): **~abfall**, der 더 이상 이용할 수 없는 방사능선, 폐기물 방사선. **~behandlung**, die 방사선 요법. **~belastung**, die 방사선 장해. **~biologie**, die 방사선 생물학. **~brechung**, die [물리] 광선의 굴절. **~bündel**, das 1. [광학] 방사광선 속(束). 2. [수학] 광선 속(束), 반지름 속(束). **~büschel**, das [물리] 방사광선 속(束). **~chemie**, die 방사선 화학. **~dosis**, die [의학] 방사선 흡수량. **~empfindlich** ⟨Adj.⟩ [의학] 방사선에 민감한. **~empfindlichkeit**, die 《Pl. 없음》 [의학] 방사선에의 민감성. **~förmig** ⟨Adj.⟩ 방사(放射)상의, 사출형(射出形)의. **~forschung**, die 방사선학. **~gang**, der [물리] 광선 경로. **~kater**, der [의학·은어] 방사선 숙취, 방사선을 쪼이고 난 뒤의 후유증. **~körper**, der [물리] ↑Ziliarkörper. **~krankheit**, der [의학] 방사선 질환. **~kranz**, der 광륜(光輪), 후광: [미술] eine Madonna mit einem S. 후광 속의 마돈나. **~kunde**, die ↑Radiologie. **~messung**, die 광량 측정. **~müll**, der ↑~abfall. **~pilz**, der 《대개 Pl.》 《생물》 방사상균(放射状菌), 방선균(放線菌). **~pilzerkrankung**, die, **~pilzkrankheit**, die [의학] 방선균병. **~quelle**, die [물리] 전리(電離) 방사(능선, 방출원(原)[방출 물질), 방사선 원(源). **~resistent** ⟨Adj.⟩ [물리] 방사선(자외선)에 저항력이 있는. **~resistenz**, die [물리] 방사선 저항, 방사선 내구력. **~schaden**, der, **~schädigung**, die [물리] 방사선 손상, 방사선 장해. **~schutz**, der 방사선 보호 간막이, 방사선 피폭 보호(조치). **~sicher** ⟨Adj.⟩ 방사능선에 대해 안전한. **~symmetrie**, die [생물] ↑Radialsymmetrie. **~therapeut**, der [의학] 방사선 요법 전문의. **~therapie**, die [의학] 방사선 요법. **~tierchen**, das 방산충(放散蟲). **~tod**, der 방사선 장해로 인한 사망. **~wirkung**, die 방사선의 작용[영향·효과].

Strahler, der; -s, - 1. a) 광선 방사기. b) ↑Infrarotstrahler, ↑UV-Strahler의 약칭. 2. [물리] a) 광원(光源), 방사선 원(源). b) 반사판, 반사경: schwarzer S. [물리]빛을 반사하지 않는 물체. 3. ↑Heizstrahler의 약칭. 4. (schweiz.) 광물 채취(업)자. **strahlig** ⟨Adj.⟩ 방사상의, 사출형의, 방사상칭(放射相稱)의: -e Blüten 방사상칭화(放射相稱花). **-strahlig** [-ʃtraːlɪç] 《다음의 합성어로, 에컨대》 zwei-, drei-, vierstrahlig (4 strahlig): ein vierstrahliger Düsenjäger 4 발 제트기.

Strahlung, die; -en 1. [물리] a) (전자파의) 방출, 사출(射出), b) 방사선, 방사물질. 2. 《드물게》 영향, 작용, 발산.

Strahlungs-: **~bereich**, der [특히 물리] 방사선이 미치는 영역, 방사영권. **~charakteristik**, die [물리] 전자파의 진행 방향. **~druck**, der 《Pl. ...drücke》 [물리] 방사압, 복사압. **~empfänger**, der [물리·공학] 전자파 측정계. **~energie**, die [물리] 방사(복사)에너지. **~fluß**, der [물리] (단위 시간당) 방사(복사)에너지 방출량. **~gesetze** 《Pl.》 [물리] 방사 법칙. **~gürtel**, der [물리] (지구를 둘러싸고 있는) 방사대(帶), 반 알렌대(Van-Allen-Gürtel). **~heizung**, die 《전문어》 복사(輻射) 난방. **~intensität**, die [물리] 방사(복사) 강도. **~leistung**, die ↑~fluß. **~meßgerät**, das 복사[방사] 에너지 측정계. **~temperatur**, die 복사 온도. **~wärme**, die 복사열. **~zone**, die 방사지대(↑~gürtel).

Strähn [ʃtrɛːn], der; -(e)s, -e (österr.) 실타래, 실다발 (↑Stränne 3). **Strähne** ['ʃtrɛːnə], die; -n 1. 가닥, 다발: ein paar -n fielen ihr in die Stirn 두세 가닥의 머리가 그녀의 이마 위에 흘러 내렸다. 2. 단락, 단계, 시기: er hat derzeit eine gute S. 요즘 그는 하는 일마다 잘 된다. 3. 《지역적》 실타래: für diesen Pullover braucht man Pfund -n Wolle 이 자락욱 셔츠를 짜는 데에는 다섯 타래의 실이 필요하다. **strähnen** ['ʃtrɛːnən] ⟨h⟩ 《드물게》 (머리카락이) 가닥으로 되다, 다발로 되다: er strähnte seinen Bart 그는 턱수염을 가닥으로 비비 꼬았다. **strähnig** ['ʃtrɛːnɪç] ⟨Adj.⟩ 가닥으로 꼬인, 다발로 묶여진: sie hat fettiges, -es Haar 그녀의 머리카락은 기름이 배어 있었고 가닥으로 꼬여 있다.

Strak [ʃtrak], das; -s, -e [조선] 선체의 곡선부 판자, 뱃전판, 배밑판. **straken** ['ʃtrakn̩] ⟨h⟩ [niederd. straken] [조선·공학] a) 뱃전판(배밑판)을 대다. b) ⟨s⟩ (곡선을 그리며) 항로를 바로 잡아 달리다.

Stralsund ['ʃtraːlzʊnt, -ˈ-] 슈트랄준트(구동독의 항구도시). **¹Stralsunder** ['ʃtraːlzʊndɐ, -ˈ--], der; -s, - 슈트랄준트의 주민. **²Stralsunder** ⟨Adj.; 격변화 없음⟩ 슈트랄준트의.

Stralzierung [ʃtralˈtsiːrʊŋ, st...], die; -en [ital. stralciare], (österr.) **Stralzio** ['ʃtraltsi̯o, 'st...], das; -s, -s [ital. stralcio] 《상·고어》 (파산의) 법적 정리, 청

산(↑Liquidation 1).
Stramin [ʃtraˈmiːn], der; -s, 《종류》 -e [niederl. stramien] 자수용의 캔버스. **Stramindecke**, die 자수가 되어 있는 덮개(식탁보).
stramm [ʃtram] 〈Adj.〉 [niederd. stram] **1.** 팽팽한, 켕기는: das Hemd sitzt (zu) s. 셔츠가 너무 쩨인다. **2.** 기운찬, 실팍한, 옹골찬: ein -er Junge 건장한 젊은이; -e Beine haben 튼튼한 다리를 지니고 있다. **3.** 차려 자세의, 직립 부동의: eine -e Haltung annehmen 차려 자세를 취하다; [전의] er erhielt -en Applaus 《통용어》 그는 세차고 오랜 박수를 받았다. **4.** 야무진, 엄격한: hier herrscht -e Disziplin 이곳은 규율이 엄하다; ein -er Katholik 《통용어》 독실한 가톨릭 신자. **5.** 《통용어》 꾸준한, 끊임없이 나아가는: s. arbeiten 꾸준히 일하다. **strammen** ['ʃtramən] 〈h〉 **1.** 《드물게》 팽팽하게 만들다. **2.** 〈s. + sich〉 《준고어》 차려 자세를 취하다, 똑바로 서다. **Strammheit**, die 팽팽함, 긴장, 건장함, 부동 자세, 엄격성, 과단성, 성실성. **strammstehen*** 차려 자세로 서다: vor dem Major s. 소령 앞에 차려 자세로 서다; [전의] vor seiner Frau muß er s. 그는 자기 아내 앞에서는 꼼짝 못한다. **strammziehen*** 〈h〉 꽉 죄다, 팽팽히 하다: den Gürtel s. 허리띠를 바짝 죄다.
Strampel-: **~anzug**, der 롬퍼즈(아이들의 내리닫지 놀이옷). **~höschen**, das, **~hose**, die 《상·하가 붙어 있는》 아이들의 놀이옷, 롬퍼즈. **~sack**, der 《유아용의》 상·하가 붙은 침낭.
strampeln ['ʃtrampln] **1.** 〈h〉 손발로 바둥거리다, 허위적거리다, 발버둥치다: das Baby strampelt 아기가 발버둥거린다. **2.** 〈s〉 《통용어》 자전거를 타고 가다: mit dem Rad zur Arbeit s. 자전거로 출근하다. **3.** 〈h〉 《통용어》 애쓰다, 발버둥치다: ganz schön s. müssen 죽을 고생을 해야 한다.
strampfen ['ʃtrampfn̩] 〈h〉 《österr.》 《발을》 구르다, 짓밟다: den Schmutz von den Schuhen s. 발을 굴러 신에 붙은 흙을 털다.
Strampler ['ʃtramplɐ], der; -s, - ↑Strampelhose.
Strand [ʃtrant], der; -(e)s, **Strände** ['ʃtrɛndə] 바닷가, 해변: am S. in der Sonne liegen 햇볕을 받으며 해변에 누워 있다; das Schiff ist auf (den) S. gelaufen 배가 해변에 얹혔다[좌초했다].
Strand-: **~amt**, das 해난 감시소. **~anzug**, der 해변복. **~bad**, das 해수욕장. **~burg**, die 《해수욕장의 휴게용 등의자(간막이 의자) 주변에 둥그렇게 쌓은》 모래로 된 성벽: in den S. liegen und sich sonnen 모래 성벽 안에 누워 햇볕을 쬐다. **~café**, das 해변 카페(다방). **~distel**, die 해안의 사구(砂丘)에 자라나는 엉겅퀴(학명: *Eryngium aritimum*). **~flieder**, der [식물] 갯솔. **~floh**, der 꽃벼룩. **~gerechtigkeit**, die 《법·고어》 ↑-recht. **~gerste**, die 해변보리. **~gras**, das 해변의 풀. **~grasnelke**, die 바닷가각시패랭이꽃. **~gut**, das 《Pl. 없음》 해난 화물. **~hafer**, der [식물] 갯보리. **~haubitze**, die 《다음 용법으로》 wie eine S. sein 《통용어》 완전히 취했다, 대취해 있다. **~hauptmann**, der 해난 감시 소장. **~heide**, die ↑~grasnelke. **~hotel**, das 《준고어》 해변의 호텔. **~igel**, der 작은 성게의 일종. **~kiefer**, die 《지중해 연안의》 소나무. **~kleid**, das 해변복. **~kombination**, die 《해변에서 입기 위한》 서로 어울리는 몇 점의 옷가지들. **~korb**, der 해변의 등의자(초막). **~krabbe**, die 《유럽 해안의》 게. **~läufer**, der 붉은다리도요새. **~leben**, das 여름 해수욕장의 환락. **~linie**, die [지리] 해안선. **~nelke**, die a) ↑-flieder. b) ↑~grasnelke. **~promenade**, die 해변의 산보로. **~raub**, der 해난 화물의 절취(약탈). **~räuber**, der 해난 화물 절취(약탈)자. **~recht**, das [법] 해난 구조 법규. **~schnecke**,
die 바다달팽이. **~see**, der 석호(潟湖). **~seeigel**, der ↑-igel. **~segeln**, das; -s 《스포츠》 육상 요트 경기. **~vogt**, der 해난 감시관. **~wache**, die 해안 감시. **~wächter**, der a) 해안 감시원. b) 해난 감시원.
Strände- : ↑Strand 의 복수형. **stranden** ['ʃtrandn̩] 〈s〉 **1.** 뭍에 얹히다, 해안에 표착(漂着)하다, 좌초하다, 난파하다: der Tanker ist vor der französischen Küste gestrandet 그 유조선은 프랑스의 해안에서 좌초했다. **2.** 《아이》 좌초하다, 좌절하다, 실패하다: in einem Beruf s. 어떤 직업에서 좌절하다. **Strandung**, die; -en 좌초, 난파, 표착.
Strang [ʃtraŋ], der; -(e)s, **Stränge** ['ʃtrɛŋə] **1. a)** 새끼줄, 밧줄: die Glocke wird mit einem S. geläutet 그 종은 줄을 당겨 치게 되어 있다; diese Tat verdient den S. 이 범행은 교수형 감이다. **b)** 《마소의》 고삐: die Pferde legten sich mächtig in die Stränge 말들이 힘차게 끌기 시작했다; **wenn alle Stränge reißen** 《통용어》 부득이할 경우에는, 다른 방도가 없을 경우에는; **am gleichen S. ziehen** 동일한 목표를 추구하다; **über die Stränge schlagen(hauen)** 《통용어》 통상적인 규범을 벗어나는 과감한(방자한) 행동을 하다. **2. a)** 《실의》 묶음, 타래: für diese Stickerei braucht man 4 Stränge Garn 이 수를 놓는 데에는 4타래의 실이 필요하다. **b)** 가지, 갈래: verschiedene Stränge der Nerven waren durch die Verletzung zerstört 그 부상으로 인하여 여러 갈래의 신경 조직이 손상을 입었다. **c)** [전기] 코일. **3.** 직선으로 뻗어 있는 것(레일, 궤도 따위), 플록: in diesem Tunnel liegt ein S. der Untergrundbahn 이 터널에는 한 가닥의 지하철 레일이 놓여 있다; [전의] mehrere Stränge bildeten die Handlung des Films 그 영화의 줄거리는 여러 갈래로 되어 있다.
strang-, **Strang**-: **~dachziegel**, der [건축] 압출형(壓出成型)식 기와로 찍어낸 기와. **~förmig** 〈Adj.〉 노끈(밧줄) 모양의. **~gießanlage**, die [제련] 직접(연속) 주조(鑄造) 시설. **~guß**, der [제련] 직접(연속) 주조. **~gußanlage**, die [제련] 직접(연속) 주조 시설. **~pressen**, das; -s a) [제련] 선상 압출(線狀壓出)식 공정(工程). b) ↑Extrudieren. **~spannung**, die [전기] Phasenspannung. **~ziegel**, der ↑~dachziegel.
Strange ['ʃtraŋə], die; -n 《schweiz.》 《실의》 묶음, 타래: eine S. Wolle 털실 한 타래. **Stränge**- : ↑Strang 의 복수형. **strängen** ['ʃtrɛŋən] 〈h〉 《준고어》 《마소를》 메우다.
Strangulation [ʃtraŋgulaˈtsi̯oːn], die; -en [lat. strangulātio] **1.** 교살. **2.** [의학] 장염전증(腸捻轉症). **strangulieren** [ʃtraŋguˈliːrən] 〈h〉 [lat. strangulāre] 교살하다, 목졸라 죽이다: die Frau wurde stranguliert worden 그 부인은 교살되었다. **Strangulierung**, die; -en ↑Strangulation. **Strangurie** [ʃtraŋguˈriː, st...], die; -n [...ɪən; griech. straggouría] 유통성(有痛性) 배뇨 곤란.
Stranze ['ʃtrantsə], die; -n [↑¹strunzen의 별형] 《특히 südd.》 단정치 못한 여자, 흘게 늦은 여자.
strapaz-, **Strapaz**- 《österr.》 (↑ strapazier-, Strapazier- 도 참조). **~fähig** 〈Adj.〉 《österr.》 ↑strapazierfähig. **~fähigkeit**, die 〈Pl. 없음〉 《österr.》 ↑ Strapazierfähigkeit. **~hose**, die 《österr.》 ↑ Strapazierhose. **~schuh**, der 《대개 Pl.》 《österr.》 ↑ Strapazierschuh.
Strapaze [ʃtraˈpaːtsə], die; -n [ital. strapazzo] 신고(辛苦), 과로, 매우 힘드는 일: die Reise war eine große S. 그 여행은 매우 힘들었다; sich von den -n erholen 과로 상태에서 정상을 회복하다.
strapazier-, **Strapazier**-: **~anzug**, der 질긴 옷, 내구성이 강한 옷. **~fähig** 〈Adj.〉 질긴, 내구성이 강한:

ein Mantel aus -em Stoff 질긴 천으로 만든 외투. ~**fähigkeit**, die 《Pl. 없음》 내구력, 내구성. ~**hose**, die 질긴 천으로 만든 바지, 마구 입어도 잘 헤지지 않는 바지. ~**schuh**, der (대개 Pl.) 질긴 구두, 마구 신어도 오래 가는 구두.

strapazierbar 〈Adj.〉 혹사할 수 있는, 내구성이 강한. **Strapazierbarkeit**, die 내구력, 내구성. **strapazieren** [ʃtrapa'tsi:rən] 〈h〉 [ital. strapazzare] **1.** 마구 쓰다, 지나치게 많이 사용하다: seine Schuhe s. 신을 마구 신다; 전의 strapazierte Parolen 낡은 구호들. **2. a)** 혹사시키다, 과로하게 만들다: die Kinder strapazieren die Mutter 자식들 때문에 어머니가 너무 고되게 살고 있다; diese Reise würde ihn zu sehr s. 이 여행을 한다면 그는 너무 과로하게 될 것이다; 전의 jmds. Geduld s. 《통용어》 누구의 인내심을 시험하다. **b)** 〈s. + sich〉 자기 몸을 아끼지 않다, 과로하다: ich habe mich so strapaziert, daß ich krank geworden bin 나는 병이 들 지경으로 지나치게 일해 왔다. **strapaziös** [ʃtrapa'tsjø:s] 〈Adj.〉 힘에 겨운, 피로운: sie hat einen -en Alltag 그녀의 일과는 힘에 겨운 것이다.

Straps [ʃtraps, st...; 〈engl.〉 stræps], der; -es, -e [engl. straps (Pl.)] **a)** ↑Strumpfhalter: -e mit Rüschen 주름 장식이 달린 양말대님. **b)** 허리띠, 무도용 허리띠.

Strasbourg [stras'buːr] ↑Straßburg의 불어형.

Straß [ʃtras], der; - / Strasses, Strasse [프랑스의 보석상 G. F. Stras(1700∼1773)의 이름에서] **a)** 《Pl. 없음》 납을 함유한 유리로 만든 반짝이는 물질, 스트라스. **b)** 모조 보석, 인조 보석: eine Bluse mit Strassen besticken 블라우스를 인조 보석으로 수놓다.

straßab [ʃtraːs'ʔap] 〈Adv.〉 ↑straßauf. **straßauf** [ʃtraːs'ʔaʊ̯f] 〈Adv.〉 (다음 용법으로) **s.**, **straßab[s. und straßab]** (아이) 거리마다, 많은 거리를 두루: ich bin s., straßab gelaufen, um dich zu finden 나는 너를 찾기 위해 거리를 두루다녔다.

Straßburg ['ʃtraːsbʊrk], 슈트라스부르크(라인 강안에 있는 프랑스 알사스 지방의 도시: 1871∼1918은 독일 영토였음). ¹**Straßburger** [ʃtraːsbʊrgɐ], der; -s, - 슈트라스부르크 사람. ²**Straßburger** 〈Adj.; 격변화 없음〉 슈트라스부르크의. **straßburgisch** 〈Adj.〉 슈트라스부르크(말)의.

Sträßchen ['ʃtrɛːsçən], das; -s, - ↑Straße (1 a)의 축소형. **Straße** ['ʃtraːsə], die; -n [lat. strāta(via)] **1. a)** 《축소형: ↑Sträßchen》 가로(街路), 거리, 길: die S. führt zum Rathaus 이 길은 시청으로 통한다; die S. überqueren 길을 횡단하다; auf offener S. 중인 환시리에, 백주 대로상에서; man traut sich abends kaum noch auf die S. 밤에는 불안해서 길거리에 나다닐 엄두를 못낸다; bei Rot über die S. gehen 빨간 신호등일 때 길을 건너다; 전의 den Ausdruck hast du wohl auf der S. gelernt 그런 말을 너는 좋지 않은 곳에서 배운 것 같구나; die Jugendlichen von der S. holen 청소년들을 선도하다; **mit etw. die S. pflastern können** 《통용어》 얼마든지 많이 널려 있다: **jmdn. auf die S. setzen[werfen]** 《통용어》 1) 누구를 해고하다. 2) 누구에게 집을 비우라고 통고하다; **auf die S. liegen[sitzen, stehen]** 《통용어》 1) 직장이 없는 상태이다. 2) 숙소가 없다; **auf die S. gehen** 《통용어》 1) 데모하다. 2) (창녀로서) 몸을 팔다; **jmdn. auf die S. schicken** 누구를 창녀로서 몸을 팔게 하다. **b)** 도로, 지방 도로, 国도: wir blieben mit unserem Laster auf der S. liegen 우리들은 자동차가 펑크나서 길 위에서 고생했다; wir haben heute den ganzen Tag auf der S. gelegen (통용어) 우리들은 온종일 자동차를 타고 왔다. 그 거리에 사는 주민 전체, 온 동네: die ganze S. macht sich über ihn lustig 온 동네 사람들이 그를 놀려댄다.

straßen-, Straßen-: ~**abschnitt**, der 한 길거리(동네)의 일부, 통(統), 반(班). ~**anzug**, der (남자의) 평상복. ~**arbeiten** (Pl.) 도로 공사: Durchfahrt wegen S. gesperrt 도로 공사로 인하여 교통 차단 중. ~**arbeiter**, der 도로 공사 인부. ~**bahn**, die 시가(노면) 전차, 시가 철도. ~**bahndepot**, das 전차 종합 차고. ~**bahner** [...baːnɐ], der; -s, - (통용어) 전차 운전수, 전차 차장. ~**bahnfahrer**, der 시가(노면) 전차 운전수, 노면 전차 승객. ~**bahnhaltestelle**, die 전차 정거장. ~**bahnschaffner**, der 전차 차장. ~**bahnwagen**, der 전차. ~**bankett**, das ↑²Bankett (1). ~**bau**, der 《Pl. 없음》 도로 건설(공사): beim S. arbeiten 도로 공사의 현장에서 일하다. ~**bauamt**, das 도로 공사(公社). ~**bauer**, der; -s, - 도로 건설 기사(技師). ~**begleitgrün**, das 《Pl. 없음》 《관》 도로 우측 한계선. ~**bekanntschaft**, die 길에서 사귄 사람. ~**belag**, der 도로 표면 물질. ~**beleuchtung**, die 도로 조명. ~**benutzungsgebühr**, die ↑~zoll. ~**bild**, das 거리의 풍경; etw. paßt nicht in das S. 무엇이 그 길거리의 운치에 맞지 않는다. ~**bord**, das 《schweiz.》 ↑~rand. ~**böschung**, die 도로변의 사면(斜面). ~**café**, das 도로 카페. ~**damm**, der 제방 도로. ~**decke**, die 도로 포장 물질. ~**dorf**, das 집들이 모두 한 도로변에 있는 동네. ~**dreck**, der (약간 폄) 거리 위에 있는 오물, 거리에서 묻혀 온 오물. ~**ecke**, die 길 모퉁이. ~**fahrer**, der [사이클] 도로 사이클 선수. ~**fahrzeug**, das 도로 교통 수단, 자동차. ~**feger**, der (지역적) 도로 청소부. **b)** 《통용어·농》 시청률이 높은 텔레비전 영화(프로). ~**fertiger**, der; -s, - [공학] 도로 포장 기기(설비). ~**fest**, das 거리의 축제. ~**führung**, die 도로의 진로 (뻗음). ~**glätte**, die 도로의 미끄러움: Vorsicht, S.! 주의, 길이 미끄러움! ~**graben**, der 도로 옆의 도랑. ~**handel**, der 거리 판매. ~**händler**, der 노점 상인. ~**junge**, der 《폄》 ↑Gassenjunge. ~**kampf**, der (자주 Pl.) 시가전. ~**karte**, die 도로 지도, 시가 지도. ~**kehrer**, der; -s, - (지역적) ↑~feger. ~**kleid**, das 평상복. ~**kot**, der (고어) ↑~dreck. ~**köter**, der (폄) 길거리를 배회하는 개. ~**kreuzer**, der 《통용어》 크고 널찍한 승용차: ein amerikanischer S. 육중한 미국식의 자동차. ~**kreuzung**, die 십자로, 네거리, 교차로. ~**lage**, die (차량의) 주행 안정성. ~**lampe**, die 가로등. ~**lärm**, der 거리의 소음. ~**laterne**, die 가로등. ~**leuchte**, die 가로등. ~**mädchen**, das (대개 폄) 창녀, 매춘부. ~**maler**, der 《드물게》 ↑Pflastermaler. ~**meister**, der 도로 관리 소장. ~**meisterei**, die 도로 관리소. ~**musikant**, der 거리의 악사. ~**name**, der 길거리의 이름. ~**netz**, das 도로망. ~**niveau**, das 도로의 높이(고도). ~**passant**, der ↑Passant (1). ~**pflaster**, das 노면 포장, 포석. ~**rand**, der 도로의 가장자리. ~**raub**, der 노상 강도 (행위). ~**räuber**, der 노상 강도. ~**reinigung**, die **1.** 도로 청소. **2.** 도로 청소부: bei der S. arbeiten 도로 청소과에서 일하다. ~**rennen**, das [특히 사이클] 도로 경기, 시가 경주(반대: Bahnrennen(트랙 경기)). ~**roller**, der (중량 초과 철도 화물의) 도로 운반차. ~**sammlung**, die 길거리에서 행하는 수집. ~**sänger**, der 거리의 가수. ~**schild**, das (Pl. -er) **a)** 길거리 표지판. **b)** (통용어) ↑Wegweiser. **c)** ↑Verkehrszeichen. ~**schlacht**, die 시가전. ~**schmutz**, der ↑~dreck. ~**schuh**, der 길거리를 나다니는 데에 신는 신(반대: Hausschuh). ~**seite**, die **a)** 도로의 쪽. **b)** 길(도로)에 면한 쪽: das Fenster ging zur S. 그 창문은 길 쪽으로 나 있었다. ~**signal**, das 《schweiz.》 교통 표지. **~sperre**, die 도로(통행)의 차단《폐쇄》철책. **~sperrung**, die 도로(통행) 차단. **~staub**, der 길거리의 먼지. **~theater**, das **a)** 〈Pl. 없음〉 가두 연극. **b)** 가두 극단. **~tunnel**, der 지하도, 터널. **~überführung**, die 고가 도로. **~unterführung**, die 지하 차도. **~verbindung**, die 도로 연결망. **~verhältnisse** 〈Pl.〉 도로 사정. **~verkauf**, der 가두 판매. **~verkäufer**, der 가두 판매원, 노점상. **~verkehr**, der 도로 교통. **~verkehrsordnung**, die 도로 교통 규칙(약어: StVO). **~verkehrsrecht**, das 〈Pl. 없음〉 도로 교통법. **~verkehrs-Zulassungs-Ordnung**, die [교통] 도로교통 허가 규칙(약어: StVZO). **~verzeichnis**, das 길거리 이름 일람표. **~walze**, die 도로 공사용 압착 롤러. **~wärter**, der 도로 관리소 직원. **~weise** 〈Adv.〉 길거리 단위로: die Müllabfuhr erfolgt s. 쓰레기 수거는 거리 별로 한다. **~wischer**, der 《schweiz.》 ↑**~feger**. **~zeile**, die 길거리를 따라 주욱 늘어선 집들, 시가(市街). **~zoll**, der 도로 사용료. **~zug**, der 양쪽에 집이 주욱 늘어선 길. **~zustand**, der 도로 상태. **~zustandsbericht**, der 도로 상태에 대한 보도.

Straße-Schiene-Verkehr, der; -s [교통] 도로와 철도의 연결 수송.

Strata: ↑Stratum의 복수형.

Stratege [ʃtraˈteːgə, st...], der; -n, -n [frz. stratège] 전략가, 참모; 책략가.

Strategem [ʃtrateˈgeːm, st...], das; -s, -e [frz. stratagème] 《교양어》 **a)** 군략, 전략. **b)** 책략, 묘책.

Strategie [ʃtrateˈgiː, st...], die; -, -n [...iːən; frz. stratégie] 전략, 전술, 병법: sich auf eine bestimmte S. einigen 특정한 전략을 쓰기로 합의하다.

Strategiediskussion, die 전략 협의, 전술 토의.

strategisch [ʃtraˈteːgɪʃ, st...] 〈Adj.〉 [frz. stratégique] 병법 상의, 전술 상의, 전술적인: eine s. wichtige Brücke 전략상 중요한 교량.

Strati: ↑Stratus의 복수형.

Stratifikation [ʃtratifikaˈtsi̯oːn, st...], die; -en **1.** [특히 지학] 성층(成層), 층리(層理). **2.** [농업] 씨앗을 물이나 젖은 모래 속에 넣어 두는 일. **Stratifikationsgrammatik**, die [언어] 성층(成層) 문법. **stratifizieren** [...ˈtsiːrən] 〈h〉 **1.** [지학] (암석의) 성층 구조를 구분(분석)하다. **2.** [농업] (발아 촉진시키기 위해) 씨앗을 젖은 모래 속에 넣어두다.

Stratigraphie, die **1.** 층위학(層位學), 지층학. **2.** [고고학적 발굴시의] 문화 층서학(層序學). **3.** [의학] 단층(斷層) 사진술. **stratigraphisch** 〈Adj.〉 층위학의, 층위학적인. **strato-, Strato-** [ʃtrato-, st...] 〈또한〉 ʃtratɔ-, st...]; lat. strātum] 〈 성층(成層)의' 을 뜻하는 규정어로서, 예컨대〉↑Stratosphäre. **Stratokumulus**, der; -, ...li [기상] 층적운(層積雲). **Stratopause**, die [기상] 성층권 계면(界面). **Stratosphäre**, die [기상] 성층권. **Stratosphärenflug**, der 성층권 비행. **stratosphärisch** 〈Adj.〉 성층권의. **Stratum** [ˈʃtraːtʊm, ˈst...], das; -s, ...ta [lat. strātum] **1.** [언어] 성층 문법의 영역(예컨대: Syntax). **2.** [해부] 세포들이 이루고 있는 평행한 층. **Stratus** [ˈʃtraːtʊs, ˈst...], der; -, ...ti [기상] 층운(層雲). **Stratuswolke**, die [기상] 층운.

Straube [ˈʃtraʊbə], die; -n 《bayr., österr.》 〈표면이 울퉁불퉁하게〉 튀긴 과자. **sträuben** [ˈʃtrɔybn̩] 〈h〉 **1.** (털, 깃털 따위) **a)** 곤두세우다: der Hund sträubt das Fell 개가 털을 곤두세운다. **b)** 〈s. + sich〉 곤두서다: das Gefieder sträubt sich 깃털이 곤두선다; vor Entsetzen sträubten sich ihm die Haare 그는 깜짝 놀란 나머지 머리카락이 곤두섰다. **2.** 〈s. + sich〉 거역하다, 반항하다: sie sträubte sich mit allen Mitteln gegen die Heirat 그녀는 온갖 수단을 다해서 그 결혼에 반대했다. 전의 die Feder sträubt sich, diese schrecklichen Vorgänge zu beschreiben 그 엄청난 사건들을 묘사하자니 펜이 말을 잘 듣지 아니한다. **straubig** [ˈʃtraʊbɪç] 〈Adj.〉 《지역적》 ↑struppig.

Straubinger [ˈʃtraʊbɪŋɐ] 《다음 용법으로》 **Bruder S.** 《고어·농》 [바이에른의 도시 슈트라우빙이 언급되는 1820년경의 권주가 가사에서] 부랑자, 떠돌이.

Strauch [ʃtraʊx], der; -(e)s, Sträucher [ˈʃtrɔyçɐ] 관목, 덤불: einen S. pflanzen 관목 한 그루를 심다.

strauch-, Strauch-: **~artig** 〈Adj.〉 관목 모양의, 관목류의. **~besen**, der 빗자루, 싸리비. **~dieb**, der 《고어·펌》 노상 강도: du siehst ja aus wie ein S. 《통용어》 옷차림[행색]이 말이 아니구나. **~gehölz**, das 관목 숲, 관목 덤불[수풀]. **~ritter**, der 《고어·펌》 도적 기사(騎士), 말 타고 떠돌아다니는 사기꾼. **~werk**, das **a)** ↑Gesträuch (a). **b)** 관목의 가지들.

straucheln [ˈʃtraʊxln̩] 〈ist〉 《아어》 **1.** 채어서 비틀거리다, 발을 헛디디다: er strauchelte (vom Gehsteig) auf die Fahrbahn 그는 보도에서 발을 헛디뎌 차도로 내려서게 되었다. **2. a)** 좌절하다: als Wissenschaftler ist er gestrauchelt 학자로서는 그는 좌절했다. **b)** 길을 잘못 들다: in der Großstadt s. 대도시에서 길을 잘못 들다.

Strauchen [ˈʃtraʊxn̩], der; -s, - 《bayr.·österr.》 코감기.

strauchig [ˈʃtraʊxɪç] 〈Adj.〉 **1.** 관목으로 뒤덮여 있는: ein -er Abhang 관목이 우거진 비탈. **2.** 관목 모양의: ein -es Gewächs 관목 모양의 식물.

Sträuchlein, das; -s, - ↑Strauch의 축소형.

¹Strauß [ʃtraʊs], der; -es, Sträuße [ˈʃtrɔysə] 〈축소형: ↑Sträußchen〉 꽃다발: jmdm. einen S. weißen Flieders schicken 누구에게 흰 라일락 꽃다발을 보내다.

²Strauß [-], der; -es, -e [lat. strūthio < griech. strouthíōn] 타조: er steckt den Kopf in den Sand wie der Vogel S. 그는 타조처럼 머리를 모래 속에 쳐 박 (불쾌한[어려운] 일을 두고 눈을 감아 버린다).

³Strauß [-], der; -es, Sträuße [ˈʃtrɔysə] **1.** 《고어》 격렬한 싸움, 고투(苦鬪). **2.** 《준고어》 심한 말다툼, 논쟁: ich habe noch einen S. mit dir auszufechten 나는 자네하고 아직 담판을 벌여 해결할 일이 하나 남아 있네.

Strauß- (²Strauß, ↑straußen-, Straußen-도 참조.): **~farn**, der [포자낭을 달고 있는 잎들이 타조의 깃과 비슷하므로] 풀소넘(草麟鐵). **~gras**, das [원추화서(圓錐花序)가 타조의 꼬리깃과 비슷하므로] 겨이삭속(屬)의 포아풀 식물. **~vogel**, der 〈대개 Pl.〉 [동물] 타조.

Sträußchen [ˈʃtrɔysçən], das; -s, - ↑¹Strauß의 축소형.

Sträuße: ↑¹,³Strauß의 복수형.

straußen-, Straußen- (²Strauß; ↑Strauß-도 참조.): **~ähnlich** 〈Adj.〉 타조와 비슷한. **~ei**, das 타조 알. **~farm**, die 타조 사육장. **~feder**, die 타조의 깃. **~leder**, das 타조 가죽. **~vogel**, der ↑Straußvogel.

Straußwirtschaft, die; -en [현관 문 위에 가지 묶음을 내걸어 표시한 데서] 《특히 südd.》 자가 양조 포도주를 시음케 하는 임시 술집.

strawanzen: ↑strabanzen.

Strazza [ˈʃtratsa], die; ..zzen [ital. venetisch) strazza] 《전문어》 생사를 가공할 때 생기는 폐물. **Strazze** [ˈʃtratsə, ˈst...], die; -n 《상·준고어》 치부책, 장부.

streaken [ˈstriːkn̩] 〈h〉 [engl. to streak] 나체로 길거리를 질주하다. **Streaker** [ˈstriːkɐ], der; -s, - [engl. streaker] 나체로 거리를 질주하는 사람.

Streb [ʃtreːp], der; -(e)s, -e [광] 채굴 구획. **Strebbau**, der; -(e)s [광] 장벽식(長壁式) 채굴. **Strebe** [ˈʃtreːbə], die; -n 지주(支柱), 버팀목, 받침대: die Wand mußte mit -n gestützt werden 그 벽은 버팀목

들을 대어 받쳐 주어야만 되었다.
Strebe-: **~balken**, der 지주(支柱), 버팀목. **~bogen**, der [건축] 부벽(扶壁) 아치. **~pfeiler**, der [건축] 부벽(扶壁) 기둥[대각(臺脚)]. **~werk**, das [건축] 버팀벽의 구조물.

streben ['ʃtreːbn̩] **1.** 〈s〉 힘차게 나아가다, 전진[매진]하다: ins Freie s. 옥외로[바깥을 향해] 나아가다; die Pflanzen streben nach dem Licht 《아이》 식물들은 빛을 향해 뻗어 나간다; 전의 zum Himmel strebende Türme 《아이》 하늘로 치솟은 첨탑들. **2.** 〈h〉 노력하다, 애쓰다: nach Ehre s. 명예를 얻기 위해 노력하다. **Streber**, der; -s, - 〔폄〕야심가, 출세주의자, 엽관 운동가: er gilt bei seinen Kollegen als S. 그는 자기 동료들 간에는 야심가로 통하고 있다. **Streberei** [ʃtreːbə'raɪ], die 《폄》야심, 출세주의자적 행동, 영달주의. **streberhaft** 〈Adj.〉, **streberisch** 〈Adj.〉〔폄·드물게〕야심가다운, 출세주의적인: ein streberhafter Schüler 야심이 많은[경쟁심이 강한] 학생. **Strebernatur**, die; -en 〔폄〕 출세주의적 성격(을 지닌 사람): er ist eine unsympathische S. 그는 호감이 가지 않는 출세주의자이다. **Strebertum**, das; -s 〔폄〕 출세주의 근성, 영달주의적 태도, **strebsam** ['ʃtreːpzaːm] 〈Adj.〉야심이 있는, 열심히 노력하는: sie ist eifrig und s. 그녀는 열심히 노력하는 형이다. **Strebsamkeit**, die 열심히 노력하는 태도. **Strebung**, die; -en 《대개 Pl.》s. kannte seine geheimen -en 그녀는 그가 무엇을 위해 남모르게 노력하고 있는지를 알고 있다.

Streck-: **~bett**, das [의학] 신전(伸展) 침대(구부러진 척추를 펴기 위한). **~grenze**, die [공학] 탄성(彈性)한계. **~hang**, der [체조] 두 팔 뻗은 채 물구나무 서기: ein S. am Reck 철봉 위에서 두 팔 뻗은 채 물구나무 서기. **~metall**, das [강판을 두드려 편 데서] [공학·건축] 신전선(伸展線)[콘크리트 따위를 할 때 쓰이는 강판으로 된 격자). **~mittel**, das 타는 물질, 희석제. **~muskel**, der [의학] 신근(伸筋). **~phase**, die 〈 Streckung (2). **~probe**, die [공학] 신전성(伸展性)시험. **~sitz**, der [체조] 두 다리 뻗고 앉아 있기. **~verband**, der [의학] 신전(伸展)붕대. **~winkel**, der [수학] 보각(補角).

streckbar ['ʃtrɛkbaːɐ̯] 〈Adj.〉《드물게》뻗칠 수 있는, 늘일 수 있는, 신전성(伸展性)이 있는, 묽게 할 수 있는. **Streckbarkeit**, die 《드물게》신전성(伸展性), 유연성. **Strecke** ['ʃtrɛkə], die; -n **1. a)** 《길의》거리, 길이, 구간(區間), 노정(路程), 항로의 구간: jmdn. eine S. begleiten 누구의 가는 길을 한 구간(잠깐 동안) 동반하다; der Pilot fliegt diese S. öfter 그 비행사는 이 코스를 자주 비행한다; 전의 das Buch war über einige -n ziemlich langweilig 그 책은 몇몇 군데는 상당히 지루하였다; **auf der S. bleiben** 《통용어》1) 낙오하다, 좌절하다: bei dem scharfen Konkurrenzkampf ist er auf der S. geblieben 심한 경쟁에서 그는 낙오하고 말았다. 2) 수포로 돌아가다: alle Reformprogramme sind auf der S. geblieben 모든 개혁안들이 쓸데없는 것으로 되어 버렸다. **b)** 선로 구간, 철도선: die S. Saarbrücken-Paris 자르브뤼켄과 파리 사이의 노선; auf der S. arbeiten 선로 작업을 하다; der Zug hielt auf freier S. 기차가 정거장이 아닌 곳에서 섰다. **c)** [스포츠] 코스, (경주) 거리; er läuft nur die kurzen -n 그는 단거리만 달린다; die Läufer sind auf der S. 달리기 선수들이 출발한다; die Läufer sind noch auf der S. 달리기 선수들이 아직도 달리고 있는 중이다. **2.** [기하] 선분(線分): die S. AC bildet die Hypotenuse des Dreiecks ABC 선분AC는 직삼각형의 사변이다. **3.** [광] 갱도, 횡갱도: von dem Schacht gehen mehrere -n aus 그 수갱(竪坑)으로부터 여러 개의 갱도가 갈라지고 있다. **4.** [사냥] 사냥해서 잡은 포획물들(을 늘어놓은 장소): seine S. betrug nur wenige Fasanen 그가 잡은 것은 단지 한 두 마리 꿩뿐이었다; **(ein Tier) zur S. bringen** [사냥] 짐승을 사냥하다[쏘아 죽이다]; **jmdn. zur S. bringen** 누구를 체포하다: die Polizei hat die Bankräuber schließlich zur S. gebracht 경찰은 결국 그 은행 강도들을 체포하였다. **strecken** ['ʃtrɛkn̩] 〈h〉 **1. a)** 뻗다, 내뻗다, 내밀다: die Arme s. 팔을 뻗다[펴다]; die Schüler strecken den Finger 학생들이 집게 손가락을 쳐든다(말하려고 손을 든다). **b)** 《몸을》주욱 펴다: er streckte seine Glieder auf dem weichen Sofa 그는 부드러운 소파 위에서 사지를 주욱 뻗었다; der Hund streckte sich behaglich in der Sonne 개가 양지바른 곳에서 편하게 몸을 뻗치고 누워 있다; 전의 der Weg dahin streckt sich doch ziemlich 《친근》거기까지 가는 길은 제법 멀다. **c)** 내밀다, 내뻗다, 뭉게 하다: die Füße unter den Tisch s. 두 발을 책상 밑으로 내뻗다. **d)** 〈s. + sich〉 몸을 뻗다: sie streckte sich unter die Decke und schlief ein 그녀는 이불 밑으로 몸을 뻗고는 잠이 들었다. **e)** 〈s. + sich〉 《친근》 die Kinder haben sich in letzter Zeit mächtig gestreckt 그 아이들은 최근에 부쩍 자랐다. **f)** 《드물게》 죽 뻗치다, 죽 늘어서 있다: den Fluß entlang streckt sich eine größere Ortschaft 그 강을 따라 상당히 큰 마을이 뻗쳐 있다. **2.** 두드려 펴다, 길게[넓게] 만들다: Eisenblech durch Hämmern s. 철판을 망치질하여 펴다; 전의 das Muster des Kleides streckt ihre Figur 그 옷의 무늬가 그녀의 몸매를 날씬하게 보이도록 한다. **3. a)** 양을 늘이다, 묽게 하다: die Suppe ein wenig s. 수프에 물을 약간 타다. **b)** 아껴쓰다, 오래까지 자라도록 하다: wir müssen Holz und Kohle bis zum Frühjahr s. 우리들은 장작과 석탄을 아껴써서 봄까지 자라가도록 해야 한다. **4.** [사냥] 쏘아 죽이다: einen Vierzehnender s. 열 네 가닥의 뿔이 있는 수사슴을 쏘아서 죽히다.

strecken-, Strecken-: **~abschnitt**, der (도로, 철도, 경주자의) 구간(區間). **~arbeiter**, der 선로 작업원. **~aufseher**, der ↑**~wärter**. **~begehung**, die 선로 순회(巡回). **~block**, der 〈Pl. -s〉 선로 차단기(↑ Block 2). **~fahrt**, die 일정 구간(내에서의) 운행. **~fernsprecher**, der 선로(변에 설치되어 있는) 전화. **~flug**, der [글라이더] 멀리 날기, 긴 구간을 날아 목표점에 도달하기. **~führung**, die (철도, 경주, 활공) 구간의 뻗쳐 나가는 모양새. **~netz**, das 노선망, 철도[항공] 노선망. **~ordner**, der [스포츠] (경주 구간 배치의) 지시원. **~profil**, das [스포츠] 구간 약도[도면]. **~rekord**, der 구간 신기록. **~sprecher**, der [스포츠] 구간 경기 경과 발표자, 구간 진행자. **~strich**, der [인쇄] 대시(dash), 구간 표시 줄표. **~tauchen**, das; -s [수영] 잠수 유영(潛水泳) 경기. **~wärter**, der 선로 순회원(巡回員). **~weise** 〈Adv.〉구간 별로, 어떤 구간(곳, 부분)에서는, 부분적으로: 전의 das Buch war s. langweilig 그 책은 몇몇 군데가 지루했다.

Strecker, der; -s, - [의학] ↑ **Streckmuskel**(반대: Beuger). **Streckung**, die; -en **1.** 내뻗음, 두드려 폄, 신전(伸展), 압연(壓延). **2.** [특히 의학] 발육기(發育期).

Streetwork [ʃtriːtˌwɜːk], die [amerik. street work] 《은어》마약 중독자에 대한 현지(가두) 상담. **Streetworker** [...kɐ], der; -s, - [amerik. street worker] 《은어》마약 중독자에 대한 현지(가두) 상담자.

Strehler ['ʃtreːlɐ], der; -s, - [공학] 나사 산(山)을 만드는 공구.

Streich [ʃtraɪç], der; -(e)s, -e **1.** 《아이》타격, 일격, 때림: jmdm. den tödlichen S. versetzen 누구에게 치명적인 일격을 가하다; 숙담 von einem [vom ersten] -e fällt keine Eiche(↑ Eiche 1): 만사에는 때가 있는 법

이다; **auf einen S.** 《준구어》 일격에, 단숨에; **(mit etw) zu S. kommen** 《준구어》 무엇과의 관계가 좋게 되다, 무엇이 뜻대로 되다. **2.** 장난, 건방진 행동, 어리석은 짓: ein übermütiger S. 건방진 행동; **jmdm. einen S. spielen** 1) 누구에게 어떤 장난을 치다. 2) 누구를 속이다[저버리다]: das Schicksal hat ihm einen üblen S. gespielt 운명이 그에게 고약한 장난을 쳤다.

streich-, Streich-: **~bürste, die** 도장용(塗裝用) 솔. **~fähig** 〈Adj.〉 잘 발려지는, 바르기 쉬운: diese Butter bleibt auch gekühlt s. 이 버터는 하도 연해서 냉장고에서 꺼내어도 잘 발려진다. **~fähigkeit, die** 〈Pl. 없음〉 잘 발려지는[바르기 쉬운] 성질. **~fertig** 〈Adj.〉 바로 칠할 수 있는. **~fläche, die** ↑Reibfläche. **~form, die** (진흙 따위를 굽기 위해 채워넣는) 틀, 모형(模型). **~garn, das 1.** 소모사(梳毛絲). **2.** 소모사로 짜여진 천. **~garnstoff, der** 소모사 직(織). **~holz, das** ↑Zündholz. **~holzschachtel, die** 성냥갑. **~instrument, das** 현악기. **~käse, der** 빵에다 발라서 먹는 치즈. **~konzert, das 1.** 현악 협주곡. **2.** 현악 연주회. **~leder, das** 《준구어》 ↑riemen. **~linie, die** [지질] (지층의) 주향선(走向線). **~massage, die** [의학] 경찰법(輕擦法) 마사지. **~musik, die** 현악(곡). **~orchester, das** 현악 합주(단). **~quartett, das a)** 현악 4중주(단). **b)** 현악 4중주곡. **~quintett, das a)** 현악 5중주(단). **b)** 현악 5중주곡. **~riemen, der** 《준구어》 (칼날을 갈기 위한) 가죽 띠, 혁지(革砥). **~trio, das a)** 현악 3중주(단). **b)** 현악 3중주곡. **~wolle, die** (모사로 만든) 소모사(梳毛絲). **~wurst, die** 빵에 발라 먹을 수 있는 소시지.

Streiche ['ʃtraiçə], **die**; -n (옛) (보루의) 측면(側面), (요새의) 측방 설비(側防設備). **Streicheleinheit, die**; -en (口어) 〈농〉(칭찬, 애정 표시 따위의) 일정한 배당량: du hast wohl deine -en noch nicht gekriegt 아마도 아직 응분의 칭찬을 못받았다고 생각하는게로군! **streicheln** ['ʃtraiçln] 〈h〉 쓰다듬다, 어루만지다: jmdn. zärtlich s. 누구를 다정하게 쓰다듬어 주다; läßt sich der Hund s.? 이 개가 쓰다듬어 줘도 가만히 있나요?; 전의 ein feiner Sprühregen streichelte ihre erhitzten Gesichter 가는 가랑비가 그들의 뜨거운 얼굴들을 어루만져 주고 있었다. **Streichemacher, der**; -s, - 장난꾸러기, 장난치기를 좋아하는 사람. **streichen** ['ʃtraiçn] **1.** 〈h〉 **a)** 쓰다듬다 (되, 말 따위에 든 곡식을) 평미레로 평평하게 밀다: jmdm. liebevoll durch die Haare s. 누구의 머리카락을 다정하게 쓰다듬어 주다; er strich sich nachdenklich über den Bart 그는 생각에 잠겨 자기의 턱수염을 쓰다듬었다; manchmal streicht er noch die Geige 《준구어》 그는 아직도 가끔 바이올린을 켠다; (과거분사로) ein gestrichener Eßlöffel Mehl (평미레질한) 밀가루 한 숟갈; der Aschenbecher ist mal wieder gestrichen voll (통속어) 그 재떨이가 다시 금 그득히 찼다. **b)** 쓸어 버리다, 쓸어 올리다, 또 따위로] 거르다: mit einer raschen Bewegung strich sie die Krümel zur Seite 그녀는 재빠른 동작으로, 빵 부스러기들을 옆으로 쓸어냈다; die gekochten Tomaten durch ein Sieb s. [요리] 끓인 토마토를 체로 거르다. **2.** 〈h〉 **a)** 바르다: Butter aufs Brot s. 버터를 빵에다 바르다. **b)** 빵에다 무엇을 바르다; 빵을 먹을 수 있도록 만들다: Mutter streicht den Kindern die Brote 어머니가 아이들이 먹을 빵을 (칠해서) 만들고 있다. **c)** 칠하다, 페인트 칠을 하다: das ganze Haus s. 집안 전체를 칠하게 하다; ein grün gestrichener Zaun 초록색 칠을 해놓은 목책 울짱. **3.** 〈h〉 선을 그어 지우다, 말소하다, 취소하다: Nichtzutreffendes bitte s.! 맞지 않는 것을 지워 주십시오! (서식, 설문지 따위에서), 전의 du mußt diese Angelegenheit einfach aus deinem Gedächtnis s. 너

는 이 일을 그냥 잊어버려야 한다; deinen Urlaub kannst du s. (통속어) 자넨 휴가를 포기해야겠군. **4.** 〈s〉 **a)** 지나가다, 배회하다, 스쳐 지나가다: abends streicht er um ihr Haus 저녁 때면 그는 그녀의 집 주위를 배회한 다; die Katze streicht um meine Beine 고양이가 내 다리 근처를 살금살금 기어다니고 있다. **b)** [특히 사냥] (새가) 낮게 떠서 조용히 날아가다. **c)** 가볍게 스쳐 지나가다: ein leichter Wind streicht durch die Kronen der Bäume 가벼운 바람이 나무들의 가지끝들을 스치고 지나간다. **5. a)** 주향선(走向線)을 이루다. **b)** [지리] 뻗쳐 있다: das Gebirge streicht nach Norden 그 산맥은 북쪽으로 뻗쳐 있다. **6.** [조정] 〈h〉 노를 거꾸로 젓다: sie haben die Riemen gestrichen 그들은 노를 반대 방향으로 저었다. **7.** 《선원·고어》 〈h〉 (돛, 깃발을) 내리다, 감아 들이다: die Segel s. 돛을 내리다; **die Flagge s.** (↑Flagge); **die Segel s.** (↑Segel). **8.** (지역적) 〈h〉 (가축의) 젖을 짜다. **Streichen, das**; -s [승마] 말의 보행 과실(過失). **Streicher, der**; -s, - [음악] 현악기 연주가. **Streicherei** [ʃtraiçə'rai], die; -en 《폄》 자꾸만 칠하기, 계속 지우는[말소하는] 것. **Streichung, die**; -en **a)** 줄을 그어 지우는[말소하는] 일: einige -en in einem Text vornehmen 원문에서 몇몇 군데를 지우다. **b)** 지워놓은 부분.

Streif [ʃtraif], der; -(e)s, -e 《아어》 줄, 줄무늬, 선(線): ein silberner S. am Himmel 하늘에 나 있는 은빛의 선.

Streif-: **~band, das** 〈Pl. -bänder〉 [우편·금융] (인쇄 우편물 따위에 봉투 대신에 두른) 종이띠. **~banddepot, das** 귀중품 보관소(은행의). **~bandzeitung, die** [우편] 종이띠가 둘려진 신문. **~jagd, die** [사냥] 몰이사냥. **~licht, das** 〈Pl. -er〉 **1.** [드물게] 잠깐 비치는 한줄기 빛, 스쳐 지나가는 광선: die -er vorüberfahrender Autos 지나가는 자동차들의 불빛. **2.** 일단(一端)의 조명, 부분적 설명. **~schuß, der** 찰과탄(擦過彈). 맞힌 부상. **~zug, der 1.** 정찰, 순찰, 편력, 답사: Streifzüge durch die Gegend unternehmen 그 지역을 두루 답사하다. **2.** 요록(要錄), 적요(摘要): historische Streifzüge 간추린 역사.

Streifchen, das; -s, - ↑Streifen (1)의 축소형. **Streife** ['ʃtraifə], **die**; -n **1.** 순찰대, 정찰대, 수색대: er wurde von einer S. festgenommen 그는 순찰대에 의해 체포되었다. **2.** 순찰, 정찰: sie gehen auf S. 그들은 순찰을 나간다. **3.** 《지역적·준구어》 배회, 방랑, 편력, 답사. **streifen** ['ʃtraifn] **1.** 〈h〉 가볍게 스치다(닿다), 찰과상을 입히다: glücklicherweise hat ihn der Schuß nur gestreift 다행하게도 총탄은 그에게 찰과상만을 입히는 데에 그쳤다; sie streifte mich mit einem Blick 그녀는 힐끗 나를 쳐다보았다; einige Ortschaften haben wir auf dieser Reise nur gestreift 우리들은 이번 여행에서 몇몇 마을은 단지 피상적으로만 보고 지나쳤다. **2.** 〈h〉 피상적으로 다루다, 잠간 언급만 하다, 지나가다: er hat das Thema in seiner Rede kurz gestreift 그는 연설 중에 그 주제를 잠깐 언급하고 지나갔다. **3.** 〈h〉 **a)** (스치면서) 옮기다, (반지를) 빼다(끼다, (양말 따위를) 벗다: den Ring auf den Finger(vom Finger) s. 반지를 손가락에 끼다(손가락으로부터 빼다); den Pullover über den Kopf s. 자라목 털셔츠를 머리 위로 당겨서 벗다. **b)** (스치거나 문질러서) 따다, 제거하다: die trockenen Blätter von einem Zweig s. 가지에서 마른 잎들을 훑어서 따다. **4.** 〈s〉 **a)** 돌아다니다, 배회하다, 방랑하다. **b)** (드물게) 순찰하다. **Streifen** [-], der; -s, - **1.** (축소형: ↑Streifchen) **a)** 줄, 줄무늬, 선(線): ein silberner S. am Horizont 수평선에 나타난 은빛의 선; **in den S. passen** (통속어) 어울리다, 조화를 이루다: der neue Mitarbeiter paßt in den S. 그 신입 사원은 동료

streifen-, **¹Streifen-** 들과 잘 어울린다; **jmdm. (nicht) in den S. [(nicht) in jmds. S.] passen** ↑Kram 2. **b)** 좁고 길다란 부분: ein fruchtbarer S. Land 길죽한 모양의 비옥한 땅뙈기 하나. 《아이》 **c)** 길쭉한 띠 모양의 것, 길쭉길쭉한 장방형의 조각(片): Fleisch in S. schneiden 고기를 길쭉길쭉한 조각들로 썰다; **sich für jmdn. in S. schneiden lassen** 《통용어》 ↑Stück 1. 2. 《통용어》 영화.

streifen-, **¹Streifen-** (Streifen): **~bildung,** die 줄 [줄무늬, 선]의 형성. **~förmig** 〈Adj.〉줄무늬[줄, 띠, 길쭉한 장방형] 모양의. **~muster,** das 줄무늬. **~rost,** der ↑Gelbrost. **~stoff,** der 줄무늬가 있는 천(옷감). **~weise** 〈Adv.〉줄무늬를 이루어.

²Streifen- (Streife 1, 2): **~dienst,** der **a)** 순찰(근무): er wurde zum S. abkommandiert 그는 순찰 근무 명령을 받았다. **b)** 순찰 근무조(반). **~führer,** der 순찰 근무반장(조장). **~gang,** der 순찰행. **~polizist,** der 순찰 경관. **~ritt,** der 기마 순찰. **~sicherung,** die 순찰 경계(방위). **~wagen,** der 순찰차.

Streiferei [ʃtraifəˈrai], die; -en 배회, 돌아다님.

streifig [ˈʃtraifiç] 〈Adj.〉 선[줄무늬]이 있는: der Stoff wurde nach der Wäsche s. 그 천은 빨래를 하고 나니 얼룩덕룩한 줄무늬가 생겼다.

Streifling [ˈʃtraiflɪŋ], der; -s, -e 붉으스럼한 줄무늬가 있는 사과.

Streik [ʃtraik], der; -(e)s, -s [engl. strike] 동맹 파업, 스트라이크: ein wilder S. 노조합에 의해 계획되지 않은 불법 동맹 파업; einen S. ausrufen[(mit Gewalt) niederwerfen] 스타라이크를 일으키다[(폭력으로) 진압하다]; im S. stehen 동맹 파업 중이다; mit S. drohen 동맹 파업을 하겠다고 위협하다; [전의] der S. der Ärzte 의사들의 환자 진료 거부.

Streik-: **~aktion,** die 〈대개 Pl.〉 스트라이크 행위(운동). **~androhung,** die 동맹 파업의 예고. **~aufruf,** der 동맹 파업 호소(격문). **~ausbruch,** der 동맹 파업 발발. **~bewegung,** die 파업 행동에 표출되고 있는 운동. **~brecher,** der 동맹 파업 중에도 근무하는 자, 파업 이탈자. **~bruch,** der 동맹 파업 비준수(일탈). **~brüchig** 〈Adj.〉 동맹 파업을 지키지[따르지] 않는. **~drohung,** die 스트라이크를 일으키겠다는 위협. **~fonds,** der 파업 기금. **~front,** die 파업 전선(戰線): die S. aufbrechen 스트라이크 전선의 포문을 열다. **~geld,** das 스트라이크[파업] 수당(파업 기간 동안 노동 조합에서 지급하는). **~kasse,** die (노동 조합에서 설치한) 스트라이크 수당 지급 창구. **~komitee,** das 동맹 파업(계획, 실행) 위원회. **~leitung,** die 동맹 파업 지도부. **~posten,** der **1.** 파업 이탈자를 막기 위한 감시요원. **2.** 위의 보초들이 근무하는 위치(초소): S. beziehen 감시 장소(파업 이탈자들을 막기 위한)에서 보초를 서다. **~recht,** das 쟁의권(爭議權), 파업권. **~welle,** die 동맹 파업의 물결[조류].

streiken [ˈʃtraikn̩] 〈h〉[engl. to strike] **1.** 파업하다, 파업중에 있다: sie streiken für höhere Löhne 그들은 임금 인상을 위해 파업하고 있다. **2.** 《통용어》 **a)** 탈퇴하다, 더 이상 동참하지 않다: wenn das hier so weitergeht, streike ich irgendwann 이런 식이라면 나는 언젠가 탈퇴하겠다. **b)** 갑자기 고장(탈)이 나다: bei dem hohen Wellengang streikte ihr Magen 높은 파도에 그녀는 배탈이 나서 토하지 않을 수 없었다.

Streit [ʃtrait], der; -(e)s, -e **1.** 다툼, 불화, 말다툼, 언쟁, 논쟁, 싸움, 드잡이: ein wissenschaftlicher S. 학문적 논쟁; ein S. der Meinungen 의견 충돌; einen S. austragen 싸움(분쟁)을 조정하다[해결해 주다]; in S. geraten 누구와 싸우게 되다; **ein S. um des Kaisers Bart** 쓸데없는 논쟁(↑Kaiser 2). **2.** 《고어》 전투: zum

S. rüsten 전투 준비를 하다.

streit-, Streit-: **~axt,** die 《구제》 전투용 도끼(斧): **die S. begraben** 싸움을 그만두다, 화해하다(↑Kriegsbeil). **~fall,** der 논란이 되고 있는 문제, 쟁점: im S. entscheidet ein neutrales Gremium 논란[분쟁, 쟁점]이 생길 경우에는 중립적인 심의 위원회에서 결정한다. **~frage,** die 논란이 되는 문제, 쟁점. **~gedicht,** das [문예학] (특히 중세의, 대화체의 논쟁 형식으로 전개되는) 논쟁시. **~gegenstand,** der **1.** 논쟁의 대상. **2.** [법] 소송물(訴訟物). **~gespräch,** das 논쟁: zu einem politischen S. einladen 정치에 관한 논쟁에 초대하다. **2.** [문예학] ↑~gedicht. **~hahn,** der 《통용어·농》 다투기 좋아하는 사람. **~hammel,** der 《친근·농》 다투기 좋아하는 친구. **~hansel,** der (südd. österr. · 통용어) ↑Kampfhahn (2). **~kraft,** die 〈대개 Pl.〉 군대, 전력: die Streitkräfte Europas 유럽의 군대. **~lust,** die 〈Pl. 없음〉 투쟁심, 싸우기를 좋아하는 태세. **~lustig** 〈Adj.〉 싸우기를 마다 않는, 논쟁을 좋아하는. **~macht,** die 〈Pl. 없음〉 《준고어》 병력, 전력. **~objekt,** das ↑~gegenstand (1). **~punkt,** der 논쟁의 중심점, 쟁점. **~roß,** das 《고어》 ↑Schlachtroß. **~sache,** die **1.** 논쟁 사항, 소송 사항: in die S. der beiden wollte sie sich nicht einmischen 그녀는 그 두 사람의 다툼에 끼어들고 싶지 않았다. **2.** [법] ↑Rechtssache. **~schrift,** die 논박서, 반박문. **~sucht,** die 〈Pl. 없음〉 논쟁벽(癖), 투쟁벽. **~süchtig** 〈Adj.〉 논쟁벽이 있는. **~teil,** der 《österr.》 ↑Partei (2). **~verkündung,** die [법] 소송 고지(告知). **~wagen,** der (말이 끄는 고대의) 전차(戰車). **~wert,** der [법] 소송물의 가격.

streitbar [ˈʃtraitbaːɐ̯] 〈Adj.〉《아어》**1.** 싸우기를 좋아하는, 투쟁적인, 비판적인: er gilt als sehr s. 그는 매우 투쟁적인 사람으로 통한다. **2.** 《준고어》 호전적인, 용감한: -e Völkerstämme 호전적인 인종들. **Streitbarkeit,** die 싸우기를 좋아하는 성질, 호전성. **streiten** [ˈʃtraitn̩] 〈h〉 **1.** 싸우다, 다투다, 말다툼하다, 드잡이하다, 소송하다: die streitenden Parteien in einem Prozeß 소송 당사자들; 〈s. + sich〉 sich um ein Erbteil s. 유산 때문에 싸우다; [속담] wenn zwei sich streiten, freut sich der Dritte 황새와 조개가 서로 싸우면 어부가 좋아한다. **2.** 논쟁하다: darüber kann man s. 그거에 대해서는 이론이 있을 수 있다. **3. a)** 《아어》 ↑kämpfen (4) 참조: für Recht und Freiheit s. 정의와 자유를 쟁취하기 위해 있는 힘을 다해 투쟁하다. **b)** 《고어》 무장을 수행하다: mit der Waffe in der Hand s. 손에 무기를 들고 싸우다. **Streiter,** der; -s, - **a)** 《아어》 ↑Kämpfer (4). **b)** 《고어》 전사(戰士). **Streiterei** [ʃtraitəˈrai], die; -en (隈) (끊임없는) 다툼, 싸움, 논쟁. **streitig** [ˈʃtraitɪç] 〈Adj.〉 **1.** 《드물게》 이론의 여지가 있는, 논란의 대상이 되는, 문제가 되는: **jmdm. etw.⁴ s. machen** 누구에게 무엇에 대한 권리를 인정하지 않다. **2.** [법] 소송의 대상이 되는, 소송을 해야 되는: eine -e Verhandlung 논란의 대상이 되는 사건에 관한 공판(심리). **Streitigkeit,** die; -en 〈대개 Pl.〉 다툼, 싸움, 격렬한 논쟁.

Stremel [ˈʃtreːml̩], der; -s, - [mniederd. stremel] (nordd.) 길쭉한 띠 모양의 것: [전의] ein ganzer S. 《통용어》 다량, 다수; der macht am Tag seinen S. weg 《통용어》 그는 일을 수월하게 잘 해낸다.

stremmen [ˈʃtremən] 〈h〉 《지역적》 **1.** 조이다, 너무 팽팽하다: der Rock stremmt zu sehr 상의가 너무 죈다. **2.** 〈s. + sich〉 애쓰다, 노력하다.

streng [ʃtrɛŋ] 〈Adj.〉 **1. a)** 엄한, 엄중한, 가혹한: ein -er Verweis 엄한 힐책; er steht unter -er Bewachung 그는 삼엄한 경비[감시]를 받고 있다; sie ist sehr s. (mit den Kindern, zu den Schülern) 그녀는(아이

들한테, 학생들에게) 대단히 엄하다; etw.¹ wird aufs -ste bestraft 무엇이 매우 엄한 처벌을 받게 된다. **b)** 《südd., schweiz.》 힘든, 어려운: der Dienst war ziemlich s. 그 근무는 상당히 힘드는 것이었다. **2.**ª**)** 엄정한, 예외 없는, 대단히 정확한, 절대적인: es wurde -ste Pünktlichkeit gefordert 절대적인 정확성을 기할 것이 요구되었다; er ist ein -er Katholik 그는 독실한 가톨릭 신자이다; sich s. an die Vorschriften halten 규정을 엄격하게 준수하다. **b)** (규칙을) 엄격하게 준수하는, (어떤 양식에) 꼭 맞는: der -e Stil eines romanischen Bauwerks 로마네스크식 건축물의 꼭 맞는 양식; ein s. geschnittenes Kleid 근엄한 디자인의 옷. **3.** 냉엄한, 가차 없는: diese Frisur macht ihr Gesicht zu s. 그 머리 모양은 그녀의 얼굴을 너무 차겁게 보이도록 한다. **4.** (맛이) 쏘는 듯한, (혀 같이) 얼얼한: das Fleisch ist ein wenig s. im Geschmack 그 고기는 약간 얼얼한 맛이 난다. **5.** (날씨가) 매서운, 혹독한: -er Frost 혹독한 추위.

streng-, Streng-: ~genommen 〈Adv.〉 엄밀히 말하면[해석하자면]: s. dürfte er am Spiel gar nicht teilnehmen 엄밀히 말하자면 그는 그 경기에 참가할 자격이 없다. **~gläubig** 〈Adj.〉 독실한, 정통파의: ein -er Christ 신앙이 깊은 기독교도. **~gläubigkeit**, die 정통파적 신앙. **~nehmen'** 〈h〉 (드물게) 엄밀한 의미로 생각[해석]하다.

Strenge ['ʃtrɛŋə], die **1.** 엄격성, 엄함, 엄중: er hat die Kinder mit übergroßer S. erzogen 그는 자녀들을 너무 엄하게 길렀다; **katonische S.** 가차 없는 엄격성(↑katonisch 참조). **2. a)** 엄밀성, 정확성, 엄정성. **b)** (어떤 양식에) 꼭 들어맞음, 엄밀한 준수: die klassische S. eines Bauwerks 어떤 건축물의 엄밀한 고전 양식. **3.** 근숙함, 근엄성, 비사교성: die S. schien gemildert 그 딱딱하던 표정이 다소 부드러워진 것 같았다. **4.** (맛, 냄새 따위의) 얼얼함, 톡 쏨: ein Geruch von beißender S. 코를 찌르는 듯한 냄새. **5.** (추위의) 혹독함, 매서움: die S. des Frosts wurde immer ärger 추위가 더욱 더 혹독하여 갔다. **strengen** ['ʃtrɛŋən] 〈h〉 (고어·지역적) 잡아 당기다, 잡아 매다. **strengstens** ['ʃtrɛŋstns] 〈Adv.〉 지극히 엄하게, 예외 없이, 절대: Rauchen ist s. verboten 절대 금연입니다.

strenzen ['ʃtrɛntsn] 〈h〉 《südd.·통용어》 훔치다.

strepitoso [strepi'to:zo] 〈Adv.〉 [ital. strepitoso < lat. strepitus] [음악] 시끄럽게, 떠들썩하게.

Streptokọkkus [ʃtrɛpto-, st...], der; -, ...kken 《대개 Pl.》 [griech. streptós] 연쇄상구균. **Streptomycin**, 《독일어류》 **Streptomyzin** [...my'tsi:n], das; -s [lat. Streptomyces] [의학] 스트렙토마이신.

Stresemann ['ʃtre:zəman], der; -s [독일의 정치인 G. Stresemann의 복장에서] (검은 상의, 회색 조끼, 그리고 흑색 및 회색의 줄무늬가 있는 바지로 되어 있는) 신사복 차림.

Streß [ʃtrɛs, st...], der; Stresses, Stresse [engl. stress] 스트레스, 긴장, 압박: unter S. stehen 스트레스를 받고 있다.

Streß-: ~forscher, der 스트레스 연구가. **~reaktion**, die 스트레스 반응. **~situation**, die 스트레스를 일으키는[받는] 상황: in eine S. geraten 스트레스를 받는 상황에 빠지다. **stressen** ['ʃtrɛsn, 'st...] 〈h〉 《통용어》 스트레스를 주다. **stressig** ['ʃtrɛsɪç, 'st...] 〈Adj.〉 《통용어》 스트레스를 일으키는, 너무 힘드는. **Stressor** ['ʃtrɛsɔr, 《또한》 ...sɔːɐ̯; 'st...], der; -s, -en [...'soːrən] 〈전문어〉 스트레스 요인(소음, 불안 따위).

Stretch [strɛtʃ], der; -(e)s, -es ['ʃtrɛtʃɪs; engl. to stretch] (탄력성이 많은) 스트레치 직물. **Strẹtchgarn**, das 스트레치 사(絲). **Strẹtchgewebe**, das 스트레치 합성 모사로 짠 피륙.

Stretta ['ʃtrɛta], die; -s [ital. stretta] [음악] **a)** 스트레타(특히 아리아 곡에서 템포를 빠르게 하고 긴장감을 고조시킨 종결부). **b)** 스트레타(대위법 음악에서 주제가 완결되지 않은 가운데 응답부가 나타나는 부분; 주로 클라이맥스에서 사용됨). **stretto** ['ʃtrɛto] 〈Adv.〉 [ital. stretto < lat. strictus] [음악] 빠르게, 생동감 있게, 박진감 있게.

Streu [ʃtrɔy], die; -en (외양간의 바닥에) 깔아 주는 짚[낙엽], (짐승의) 잠자리, (사람의) 임시 잠자리.

Streu-: ~blumen 〈Pl.〉 (융단, 천 따위의) 작은 꽃들이 흩어져 있는 무늬. **~blumenmuster**, das 작은 꽃들이 많이 흩어져 있는 무늬(↑¹Millefleurs). **~büchse**, die (후추가루 따위를 뿌릴 수 있도록) 뚜껑에 구멍이 나 있는 그릇[병]. **~dose**, die (가루 양념 따위를) 뿌릴 수 있도록 되어 있는 통[그릇]. **~fahrzeug**, das (언 도로 위에) 모래, 소금 따위를 뿌리는 차량. **~feld**, das 산란 자기장(散亂磁氣場). **~feuer**, das [군] 산포 포격(사격), 일정 구간을 뿌리 듯 행하는 사격. **~frucht**, die [식물] 열개과(裂開果), 열과(裂果). **~gut**, die (겨울철의 언 도로에) 모래, 소금 등을 뿌리는 행렬. **~kolonne**, die (겨울철의 언 도로에) 모래 등을 뿌리는 행렬. **~licht**, das 〈Pl. 없음〉 [광학] 산광(散光). **~muster**, das (작은 꽃, 장식 따위들이) 여기저기 흩어져 있는 무늬, 산포문(紋). **~pflicht**, die (동(洞), 구(區), 또는 건물 소유주의) 언 길에 모래를 뿌려야 할 의무. **~salz**, das 언 길에 뿌리는 소금. **~sand**, der **1.** 언 노면 위에 뿌리는 모래. **2.** (옛) 잉크를 말리기 위해 뿌리는 모래. **~sandbüchse**, die (옛)(잉크 말리기 위해서) 뿌리는 모래가 든 통(뚜껑에 구멍들이 뚫려 있음). **~siedlung**, die (농가, 주택들이) 산재해 있는 거주지. **~wagen**, der (언 노면 위에) 모래나 소금을 뿌리는 차. **~zucker**, der 가루 설탕.

Streue ['ʃtrɔyə], die; -en 《schweiz.》 ↑Streu. **streuen** ['ʃtrɔyən] 〈h〉 **1. a)** 뿌리다, 살포하다: die Kinder streuten Blumen auf den Weg des Brautpaares 신랑신부가 가는 길 위에 아이들이 꽃들을 뿌려 주었다; Gerüchte unter die Leute s. 사람들에게 소문을 퍼뜨리다. **b)** (언 노면 위에) 모래, 소금 따위를 뿌리다: die Straßen (mit Salz) s. 도로에 (소금을) 뿌리다. **2.** 뿌려지다, 새다: das Salzfaß streut nicht mehr 소금통이 더 이상 뿌려지지 않는다. **3.** [사격] (탄환이) 비산(飛散)하다, (날아) (총의 산탄들이) 너무 넓게 흩어지다: die Flinte streut 이 총은 탄알들이 너무 넓게 흩어진다. **4. a)** (탄환이) 빗나가다, 맞지 않다. **b)** (전문어) (광선 따위가) 산란하다. **c)** (상정된 평균값을) 벗어나다: die Meßwerte sollten nicht zu sehr s. 측정치들이 너무 벗어나 위해서는 안된다. **5.** [의학] (병소(病巢) 따위가) 혈관을 통해 신체의 다른 부위들로) 번지다: der Krankheitsherd streut 병소가 온몸으로 번진다. **Streuer**, der; -s, - ↑ Streubüchse.

streunen ['ʃtrɔynən] 〈s / 드물게 h〉 (쫌) 돌아다니다, 배회하다, 여기저기에 출몰하다: die jungen Leute sind abends durch die Straßen gestreut 그 젊은이들은 저녁때에는 길거리를 배회하였다. **Streuner**, der; -s, - (쫌) 부랑자, 떠돌이, 배회하는 사람. **Streunerin**, die; -nen (쫌) ↑Streuner의 여성형.

Streusel ['ʃtrɔyzl], der / das; -s, - 《대개 Pl.》 (케이크 위에 뿌리는) 고명. **Streuselkuchen**, der 고명을 뿌린 케이크. **Streuung**, die; -en **1.** 살포, 배포, 유포. **2.** (탄환의) 비산(飛散). **3. a)** [표적에서] 빗나감: die S. einer Waffe 총의 맞지 않음(탄환이 너무 넓어 져서). **b)** 〈전문어〉 산란(散亂): die S. des Lichts 빛의 산란. **c)** [통계] (상정한 평균값으로부터의) 벗어남, 편차. **4.** [의학] (병소(病巢) 따위의) 확산(擴散), 번짐. **Streuungskoeffizient**, der [통계] (평균값으로부터의) 편차계수(偏差係數). **Streuungsmaß**, das [통계] (평균값으로 부터의)

편차, 상위(相違) 정도.
strich [ʃtriç] ↑streichen 참조. **Strich** [-], der; -(e)s, -e **1.** 〈축소형: ↑Strichelchen, ↑Strichlein〉 **a)** (필기 구로써 그은) 줄, 선(線): einen S. mit dem Lineal ziehen 자로써 줄을 긋다; S. für S. 한 획 한 획, 일일이; etw. in schnellen großen -en zeichnen 무엇을 빨리 대충 그리다; 〈전의〉er ist nur noch ein S. 그는 대꼬챙이처럼 말랐다; in wenigen -en umriß er seine Pläne 그는 불과 몇 마디 말로써 그의 계획을 설명하였다; **keinen S. tun(machen)** 《통용어》아무것도 하지 않다; **jmdm. einen S. durch die Rechnung (durch etw.) machen** 《통용어》누구(어떤) 계획을 방해하다 〈못하게 막다〉; **einen (dicken) S. unter etw. machen(ziehen)** 무엇을 처리된 것으로(끝난 일로) 간주하다; **noch auf dem S. gehen können** 아직은 비틀거리며 걸을 정도로 취하지 않았다; **unter dem S.** 이 해득실을 따져본 결과, 결론적으로 말해서; **unter dem S. sein** 《통용어》질이 아주 좋지 않다, 수준 이하이다; **unter dem S. stehen** (신문의) 오락란(문예란)에 실려 있다. **b)** 눈금, 줄(표): das Morsealphabet setzt sich aus Punkten und -en zusammen 모르스식 전신부호는 점과 선으로 구성되어 있다; **jmdm. den S. haben** 《통용어》↑Kieker 2. **2.** 〈Pl. 없음〉 필법, 화법(畫法). **3.** 〈대개 Pl.〉 삭제: er hat im Drehbuch einige -e vorgenommen 그는 시나리오의 몇몇 부분을 삭제하였다. **4. a)** 쓰다듬기, 문지르기. **b)** 〈Pl. 없음〉↑Bogenstrich(탄주법)의 약자: der zarte S. des Geigers 그 바이얼리니스트의 섬세한 탄주법. **5.** 〈Pl. 없음〉(동물의) 털의 결, 피부결: die Haare gegen den S. (mit dem S.) bürsten 털의 결을 거슬러(결에 따라) 솔질하다; **jmdm. gegen(wider) den S. gehen** 《통용어》누구가 거슬리다; **nach S. und Faden** 《통용어》 (직조공 시보가 짠 피륙을 검사함에 있어서) 호되게, 철저하게. **6.** 《드물게》지협(地狹), 길쭉하고 좁다란 땅뙈기: ein fruchtbarer Landes 비옥한 땅 한 뙈기. **7.** 《südd.; schweiz.》 (암소 따위의) 길다란 젖꼭지. **8.** [사냥] **a)** (새의) 조용하고 낮은 비상. **b)** 날아가는 새떼: ein S. Wildenten zog über den See der 때의 물오리들이 호수 위를 날아가고 있었다. **9.** 《경》 **a)** 〈Pl. 없음〉가두 외객 매춘: **auf den S. gehen** 《경》가두 매춘을 하다; **jmdn. auf den S. schicken** 《경》누구에게 가두 매춘을 강요하다. **b)** 가두 매춘 지역, 홍등가.
strich-, Strich-: **~ätzung**, die 〔인쇄〕 석각 요판(蝕刻凹版). **~einteilung**, die (계량기 따위의) 눈금. **~junge**, der 《경》가두 남색 매춘 소년(청년). **~kode**, der (상품의 가격 등을 표시한 컴퓨터용) 줄 부호. **~mädchen**, das 《경》가두 유색 매춘부. **~männchen**, das (불과 몇 획으로 간단히 그려놓은) 사람의 조그만 형상. **~punkt**, der 세미콜론(;). **~regen**, der [기상] (국지적인) 지나가는 비. **~vogel**, der 표조(漂鳥), 단거리 철새. **~weise** 〈Adv.〉 [기상] 국지적으로, 곳에 따라. **~zeichnung**, die 선화(線畵).
Strichcode, der (상품이나 그 내용물을 표시하는) 막대표시(바코드).
Strichelchen [ˈʃtriçlçən], das; -s, - ↑Strich (1)의 축소형. **stricheln** [ˈʃtriçln] 〈h〉 **1.** (가는 선을 그어) 그리다, 묘사하다. **2.** 가는 선들(평행의 점선들로써 뒤덮다): ein Dreieck s. 한 삼각형 위에다 섬세한 선들을 치다.
strichen [ˈʃtriçn] 〈h〉《경·드물게》가두 매춘 행위를 하다. **Strịcher**, der; -s, - ↑Strichjunge.
strichilieren [ʃtriçˈliːrən] 〈h〉《österr.》↑stricheln.
Strịchlein, das; -s, - ↑Strich (1)의 축소형.
¹Strick [ʃtrik], der; -(e)s, -e **1.** 밧줄, 새끼, 로프, 삼노끈: **wenn alle -e reißen** 《통용어》↑Strang 1 b; **jmdm. aus etw. einen S. drehen** 누구가 무엇을 악의적으로 해석하여 욕을 입히다; **den S. nicht wert sein** 《준어》가치없다, 영락했다; **den(einen) S. nehmen** (《아이》 **zum S. greifen**) 목을 매어 자살하다; **an einem (am gleichen) S. ziehen** 《전의》(↑Strang 1 b). **2.** 《친근·호의》악당, 약삭빠른 녀석, 개구쟁이: er ist ein ganz gerissener S. 그는 아주 약삭빠른 녀석이다. **²Strick** [-], das; -(e)s -(대개 관사 없이) [의상] 편물, 니트웨어.
Strịck-: **~apparat**, der 편물기. **~arbeit**, die 편물세공(일), 뜨개질(한 것). **~beutel**, der 편물 주머니, 편물세공 손가방. **~bündchen**, das 편물로 된 목단(소매끈). **~garn**, das 뜨개질(편물)용 실. **~jacke**, die 뜨개질한 재킷, 니트 재킷. **~kleid**, das 뜨개질한 옷(원피스). **~leiter**, die 밧줄 사다리: an einer S. herunterklettern 밧줄 사다리를 타고 내려오다. **~leiternervensystem**, das [동물] (환형동물·절지 동물에서 보여지는) 사다리꼴 신경계(神經系). **~maschine**, die 편물기계. **~mode**, die 니트 웨어 부문의 유행. **~muster**, das **a)** 뜨개질(편물) 무늬. **b)** 편물 무늬의 본, 니팅패턴: 〈전의〉 hier geht alles nach dem gleichen S. 《농》여기서는 모든 것이 동일한 방법으로 처리되는군. **~nadel**, die 뜨개바늘. **~stoff**, der 〈대개 Pl.〉〔전문어〕편물. **~strumpf**, der 손으로 뜨개질 중인 양말. **~waren** 〈Pl.〉편물. **~weste**, die 편물 조끼(가디건). **~zeug**, das **1.** 지금 작업 중인 뜨개질감(편물 세공감). **2.** 뜨개질(편물)에 필요한 용구(털실, 뜨개 바늘, 가위 따위).
stricken [ˈʃtrɪkŋ] 〈h〉 **a)** 뜨개질하다: an einem Pullover s. 뜨개질을 스웨터를 뜨다. **b)** 뜨개질을 통해(편물 기계로) 짜다(만들다): 〈전의〉 eine sauber gestrickte Story (은에) 썩 잘 꾸며진 이야기. **Strịcker**, der; -s, - 뜨개질하는 사람, 편물공(編物工). **Strickerei** [ʃtrikəˈraj], die; -en **1.** ↑Strickarbeit. **2.** 〈Pl. 없음〉《경》 (끊임없이) 뜨기, 짜기. **3.** 편물 공장. **Strịckerin**, die; -nen **1.** ↑Stricker의 여성형. **2.** 뜨개질하(고 있)는 여자.
Strịdor [ˈʃtriːdɔr, ˈst...], 〈(또한) ...doːɐ〕, der; -s [lat. stridor] [의학] (기관지 협착증으로 인한) 천식음(喘息音). **Stridulation** [ʃtridulaˈtsjoːn, st...], die 〔곤충학〕곤충이 (마찰음을 내며) 우는 것. **Stridulatiọnsorgan**, das 〔동물〕마찰기(摩擦器)(곤충류의 발음기(發音器)의 일종).
Strịegel [ˈʃtriːgl], der; -s, - [lat. strigilis] **a)** 말빗: das Pferd gründlich mit dem S. putzen 말을 빗으로 잘 빗기다. **b)** (고대의) 운동하고 난 뒤에 때를 긁어내는 기구. **striegeln** 〈h〉 **1.** 말빗으로 빗다(긁다): 〈전의〉 ich striegelte mir sorgfältig die Haare 나는 조심스럽게 머리를 빗었다. **2.** 《통용어》트집잡아 괴롭히다.
Strieme [ˈʃtriːmə], die; -n 《드물게》↑Striemen. **striemen** [ˈʃtriːmən] 〈h〉《드물게》피멍이 든 매 자국을 내다. **Striemen** [-], die; -, - 피멍이 든 둥근 모양의 (매) 자국: von der Mütze einen roten S. auf der Stirn haben 이마에 한 줄의 빨간 모자 자국을 지니고 있다. **striemig** [ˈʃtriːmɪç] 〈Adj.〉피멍이 든 빨간 매 자국이 있는: der striemige Rücken 피멍으로 빨갛게 된 등.
Striezel [ˈʃtriːts|], der; -s, - 《지역적》 **1.** 길쭉한(파배기 모양의) 비스킷. **2.** 악동, 무뢰한, 뻔뻔스러운 녀석.
striezen [ˈʃtriːtsn̩] 〈h〉《지역적》 **1.** ↑striegeln (2). **2.** 훔치다, 슬쩍 가로채다.
Strike [straik], der; -s, -s [engl.-amerik. strike] **1.** [볼링] 스트라이크(단번에 모두 다 넘어뜨림). **2.** [야구] 스트라이크.
strịkt [ʃtrikt, st...] 〈Adj.〉 [lat. strictus] 엄격한, 엄한, 엄밀한, 정확한, 꼼꼼한: -e Einhaltung der Gebote fordern 계율의 엄격한 준수를 요구하다; das -e Gegenteil

정반대. **strikte** ['ʃtrɪktə, st...] 〈Adv.〉 〈드물게〉 예외 없이, 아주 엄하게, 아주 꼼꼼하게: etw. s. verbieten 무엇을 엄금하다. **Striktion** [ʃtrɪk'tsjo:n, st...], die; -en [lat. strictio] 《드물게》 수축(收縮), 협착. **Striktur** [ʃtrɪk'tu:ɐ, st...], die; -en [lat. strictūra] [의학] (식도, 요도, 담관 등의) 협착증. **string.**: ↑stringendo. **stringendo** [strɪn'dʒendo; ital. stringendo] [음악] 절박하게, 점차 빠르게(약어: string.). **Stringendo** [-], das; -s, -s / ...di [음악] 차츰 빨라지는 템포. **stringent** [ʃtrɪŋ'gɛnt, st...] 〈Adj.〉 [lat. stringēns] 《교양어》 엄격한, 설득력(구속력)있는, 논리정연한: etw. s. nachweisen 무엇을 꼼짝할 수 없게 입증하다. **Stringenz** [...'gɛnts], die 《교양어》 엄격성, 논리정연성, 적확성. **Stringer** ['ʃtrɪŋɐ, 〈engl.〉 'strɪŋə], der; -s, - [engl. stringer] (비행기 제작·조선에서의) 종재(縱材), 수평 지주(支柱) 강판(鋼板). **stringieren** [ʃtrɪŋ'gi:rən, st...] 〈h〉 [1: ital. stringere; 2: lat. stringere] **1.** 〔펜싱〕(상대의 칼날을) 받아치다, 쳐막다. **2.** 《드물게》 수축시키다, 좁게 만들다. **Stringregal** ['ʃtrɪŋ-, 'st...], das; -(e)s, -e [engl. string] (벽에 붙박혀 있는 고리에 판자를 걸거나 올려놓는) 벽선반. **Stringwand** ['ʃtrɪŋ-, 'st...], die; Stringwände 벽선반들과 거는 장농들로 가득 채워진 벽면.
Strip [ʃtrɪp, strɪp], der; -s, -s [1: engl.-amerik. strip; 2: engl. strip] **1.** ↑Striptease의 약칭. **2.** (길쭉한 모양의) 반창고, **Stripfilm**, der; -(e)s, -e [인쇄] 복사숭에 쓰이는 특수 필름, 스트립 필름. **Striplokal**, das; -s, -e 《통용어》↑Stripteaselokal의 약칭.
Strippe [ʃtrɪpə], die; -n [Niederd. strupfe] **1.** 〈지역적〉 끈, 매는 끈, 노끈: ein Stück S. 노끈 한 타래. **2.** 《통용어》전선, 전화선: an der S. hängen 전화에다 대고 말을 많이 하다; wer war denn an der S.? 전화한 사람이 대체 누구요?; jmdn. an die S. bekommen 누구의 전화를 받다, 누구와 전화하게 되다; sich an die S. hängen 전화로 열심히 말하기 시작하다. **3.** 〈은어〉 (부업으로 하는) 음악 연주 아르바이트: eine S. haben 음악 연주 아르바이트를 하고 있다.
strippen ['ʃtrɪpn, 'st...] 〈h〉 [1: engl. to strip; 2: ↑streifen의 md., niederd. 형] **1.** 《통용어》 스트립 쇼를 하다. **2.** [인쇄] (스트립 필름에서 벗겨낸 유제층(乳劑層)을) 몽타쥬에 넣다. **3.** 〈은어〉 (카페 따위에서) 음악 연주 아르바이트를 하다: er strippt durch Frankreich 그는 연주 아르바이트를 하면서 프랑스를 돌아다니고 있다. **Stripper** ['ʃtrɪpɐ, 'st...], der; -s, - [engl. stripper] **1.** 〔의학〕 혈전(血栓)제거 기구. **2.** 〔공학·제련〕 불순물 분리 장치. **3.** 《통용어》 스트립 쇼하는 남자. **Stripperin**, die; -nen 스트립 걸, 스트립 쇼의 무희. **Stripping** ['ʃtrɪpɪŋ, 'st...], das; -s, -s [engl. stripping] 혈전〔정맥〕제거 수술.
stripsen ['ʃtrɪpsn] 〈h〉 〈지역적〉 ↑mopsen (2).
Striptease [ʃtrɪpti:z, 'st..., ɐ, (또한) das; - [engl.-amerik. striptease] 스트립 쇼: einen S. hinlegen 스트립 쇼를 거듭히 해보이다〔내다〕. **Striptease-** ~**lokal**, das 스트립 쇼가 있는 나이트 클럽〔술집〕. ~**tänzer**, der 스트립 쇼를 하는 남자. ~**tänzerin**, die 스트립 걸, 나체 춤을 추는 무희. ~**vorführung**, die 스트립 쇼의 상연.
Stripteaseuse [ʃtrɪpti'zø:zə, st...], die; -n [frz. stripteaseuse] ↑Stripteuse. **Stripteuse** [ʃtrɪp'tø:zə, st...], die; -n [농담조로 프랑스어로 만듦] 《통용어·농》 스트립 걸, 스트립 쇼의 무희.
strisciando [stri'ʃando; ital. strisciando] [음악] 미끄러지며, 미끄러지듯. **Strisciando** [-], das; -s, -s / ...di [음악] 미끄러지듯하는 주법〔창법〕.
stritt [ʃtrɪt] ↑streiten 참조. **Stritt** [-], der; -(e)s [zu ↑streiten 참조.] 〈bayr.〉 ↑Streit. **strittig** ['ʃtrɪtɪç] 〈Adj.〉 논란의 여지가 있는, 미해결의, 문제의: eine -e Frage 논란의 여지가 많은 문제.
Strizzi [ʃtrɪtsi], der; -s, -s 《südd., österr., schweiz.》 **1.** 뚜쟁이. **2.** 경박한 녀석, 교활한 놈, 뜨내기, 부랑자.
Strobe ['ʃtroːbə], die; -n [nlat. Pinus strobus] ↑Weymouthskiefer.
Strobel ['ʃtro:bl], der; -s, - 〈지역적〉 헝클어진 두발, 더벅머리. **strobelig, stroblig** ['ʃtro:b(ə)lɪç] 〈Adj.〉 《지역적》 ↑strubbelig. **Strobelkopf**, der; -(e)s, -köpfe 〈지역적〉 ↑Strubbelkopf. **strobeln** 〈h〉 〔griech. 지역〕 **a)** (두발이) 더부룩하다, 헝클어져 있다. **b)** (누구의) 두발을) 더부룩하게 하다. **stroblig**: ↑strobelig.
Strobo [ʃtro:bo], der; -s, -s [**Stromrechnungsboykotteur**의 약어] 〈은어〉 (원자력 발전에 항의하기 위해 전기세의 일부를 내지 않고 폐쇄 구조에 입금시키는) 반핵주의자.
Strobolight ['strobolaɪt], das; -s [engl. strobolight, stroboscopic light의 약어] 스트로보 전광, 섬광 전구. **Stroboskop** [strobo'sko:p, ʃt...], das; -s, -e [griech. stróbos] **1.** [물리·공학] 스트로보스코프(급속히 회전 또는 진동하는 물체를 관찰하는 기구). **2.** (옛) 스트로보스코프(동작을 분해한 그림들을 연속 회전시켜 움직이는 영상을 보여 주는 장치로서 영화의 전신), 요지경 반(盤). **stroboskopisch** 〈Adj.〉 스트로보스코프에 의한〔관한〕: -er Effekt [물리·공학] 스트로보스코프적 효과, 스트로보스코프 안의 섬광의 주파수가 관찰 물체의 운동 주파수보다 더 높을 때, 운동 물체가 마치 뒤로 물러나는 듯이 보이는 현상. **Stroboskoplicht**, das ↑Strobolight
Stroh [ʃtro:], das; -(e)s 짚, 밀짚, 보릿짚: wie nasse S. brennen 잘 타지 않는다; das Essen schmeckt wie S. 《통용어》 이 음식은 맛없다[속담] viel S. — wenig Korn 겉만 그럴 듯했지 막상 실속이 없다; **S. im Kopf haben** 《통용어》 어리석다; **leeres S. dreschen** 《통용어》 쓸데없는 말을 지껄이다.

stroh-, Stroh-: ~**ballen**, der 짚(을 상자 모양으로 묶은) 꾸러미〔뭉치〕. ~**besen**, der (볏)짚으로 만든 빗자루. ~**binder**, der (탈곡 후에) 짚을 뭉치 별로 묶는 기계. ~**blond** 〈Adj.〉 짚 빛깔 금발의, 아마(亞麻)색 연금발의. ~**blume**, die 밀짚국화. ~**bund**, der (Pl. -e) 짚단. ~**bündel**, das 짚 한 뭉음. ~**dach**, das 짚으로 인 지붕. ~**dumm** 〈Adj.〉 〔감정〕 매우 어리석은. ~**farben**, ~**farbig** 〈Adj.〉 짚 빛깔의, 담황색의. ~**feim**, der, ~**feime**, die, ~**feimen** [1] 집 더미, 짚 가리 (↑²Feim). ~**feuer**, das (확 타오르는, 그러나 빨리 꺼지기 쉬운) 짚불: 〔전의〕 das S. der ersten Begeisterung 처음 감격했을 때의 순간적 흥분. ~**futter**, das 사료로서의 짚. ~**gedeckt** 〈Adj.〉 짚으로 지붕을 인 (약 -es Haus 집). ~**geflecht** das 짚 세공. ~**gelb** 〈Adj.〉 짚처럼 노란, 담황색의. ~**gewebe**, das ↑ ~**stoff**. ~**halm**, der **a)** 밀짚, 짚 대: **sich (wie ein Ertrinkender) an einen S. klammern** (물에 빠진 사람처럼) 지푸라기에라도 매달리려 하다; **nach dem rettenden S. greifen** 마지막의 가능성을 붙잡고 매달리다; **über einen S. stolpern** 《통용어》 대수롭잖은 부분에서 좌절하다. **b)** 빨대. ~**haufen**, der 짚더미, 짚가리. ~**hut**, der 밀짚(맥고)모자. ~**hütte**, die 초가집. ~**koffer**, der 밀짚으로 만든 가방. ~**kopf**, der 《통용어·편》 바보, 명청이. ~**korb**, der 밀짚으로 만든 바구니. ~**lager**, das 짚을 깐 잠자리. ~**mann**, der 〈Pl. -männer〉 [2: frz. homme de paille의 차용어] **1.** ↑~**puppe**. **2.** 대리인, (유명무실한) 대표자. **3.** 〔카드〕 빈 자리(를 메꾸는 사람). ~**matte**, die 멍석, 거적. ~**miete**, die 짚을 덮어놓는 움(구덩이). ~**presse**, die (탈곡기의) 짚 압착기 부분(짚을 압착하여 뭉치로 포장하는

장치). **~puppe,** die 짚으로 만든 인형, 허수아비. **~sack,** der 짚을 채운 매트리스: (ach, du) heiliger [gerechter] S.! 《경》원, 이럴 수가!(불쾌한 경악의 표현). **~schober,** der 높다란 짚가리(짚더미). **~schuh,** der 짚신. **~schütte,** die (임시 잠자리로) 깔아주는 짚. **~seil,** das 새끼(줄). **~stern,** der 짚대로 만든 크리스마스 트리 장식용 별. **~stoff,** der 짚을 섞어 짠 직물(장식 등에 쓰이는). **~triste,** die 《südd., österr., schweiz.》(높다란 말뚝을 중심으로 그 위에) 쌓아놓은 짚더미. **~trocken** 〈Adj.〉《경정》 짚처럼 메마른, 아주 건조한. **~umflochten, ~umhüllt** 〈Adj.〉짚을 두른: eine -e Flasche 짚을 두른 병. **~wein,** der 짚 위에서 햇볕에 말린 포도로 만든 포도주(단맛이 나는). **~wisch,** der 짚 묶음으로 만든 작은 비. **~witwe,** die (통용어·농) 남편의 여행으로 인하여 일시적으로 빈 방을 지키는 아내. **~witwer,** der ↑~witwe의 남성형.

strohern ['ʃtroːɐn] 〈Adj.〉 [《고어》 strohen] **a)** 짚으로 된. **b)** 짚과 같은, 메마른: das Essen schmeckt s. 그 음식은 짚을 씹는 것 같다. **strohig** 〈Adj.〉 **a)** 짚처럼 보이는. **b)** 〈짚처럼〉 딱딱한, 메마른, 맛없는: s. schmecken 짚처럼 맛이 없다.

Strolch [ʃtrɔlç], der; -(e)s, -e **1.** 《펌》뜨내기, 부랑자, 무뢰한. **2.** 《친근·농》개구쟁이, 장난꾸러기. **strolchen** ['ʃtrɔlçən] 〈s〉 헤매고 다니다, 어슬렁거리다: durch die Straßen s. 길거리를 헤매고 다니다. **Strolchenfahrt,** die 《schweiz.》 훔친 차를 타고 다님.

Strom [ʃtroːm], der; -(e)s, Ströme **1. a)** 대하, 강: 전의 der S. der Zeit 시대의 물결; der S. der Rede versiegte 말이 막혔다; aus des Vergessens [der Vergessenheit] trinken 《시어》 망각의 물을 마시다, 과거사를 완전히 잊다(↑Lethe). **b)** 흐름, 흐르는 것, 분출: Licht schoß in mächtigen Strömen herein 빛이 세차게 콸콸 흘러 들어왔다; **in Strömen** 대량으로, 콸콸. **c)** (사람·차량의) 물결: sie schlossen sich dem S. der Flüchtlinge an 그들은 피난민들의 물결에 합류하였다. **2.** 조류(潮流), (물의) 흐름, 동향, 경향, 사조(思潮): mit dem S. schwimmen 대세에 순응하다; gegen[wider] den S. schwimmen 지배적 여론에 따르지 않다(거역하다). **3.** 전류: ein S. von zwölf Ampere 12 암페어의 전류; S. aus der Leitung nehmen 전선에서 전류를 취하다; den S. einschalten [abstellen] 전기 스위치를 넣다[끄다]; Wasserkraft in S. verwandeln 수력 발전을 하다; infolge schlechter Isolation und Feuchtigkeit stand der ganze Herd unter S. 절연이 불량하고 습기가 차 있는 탓으로 온 화덕에 전류가 통하고 있었다. **4.** 《경》돈.

¹**strom-, Strom-** (Strom 1, 2): **~ab(wärts)** [-'-(-)] 〈Adv.〉 강을 따라 내려가며, 하류로. **~an** [-'-] 〈Adv.〉《드물게》 강을 거슬러 올라가며, 상류로. **~auf(wärts)** [-'-(-)] 〈Adv.〉 강을 거슬러 올라가며, 상류로. **~bett,** das 강 바닥, 하상(河床). **~gebiet,** das 유역(流域). **~kilometer,** der (어떤 강의) 발원지로부터의 거리 단위: Schiffszusammenstoß bei S. 334 발원지로부터 334 km 지점에서의 선박 충돌 사고. **~linie,** die 【물리】 유선(流線). **~linienform,** die 【물리·공학】 유선형(流線形). **~linienförmig** 〈Adj.〉 유선형의. **~linienkarosserie,** die 유선형 차체. **~linienwagen,** der 유선형 자동차. **~regulierung,** die 수로(水路) 인공 관리. **~schnelle,** die [1: Schnelle (2)] 급류(지구). **~ufer,** das 강안(江岸). **~weise** 〈Adv.〉《고어》 세찬 흐름을 이루며, 도도히.

²**strom-, Strom-** (Strom 3): **~ableser,** der 전기미터 검침원. **~abnahme,** die ↑ **~entnahme. ~abnehmer,** der **1.** ↑ **~verbraucher. 2.** 【공학】 (전차 위의) 팬터 그래프, 집전 장치(集電裝置). **~abschal-**

tung, die 전류 차단, 스위치를 끄기. **~ausfall,** der 정전(停電), 전기가 나감. **~einsparung,** die 절전(節電), 전력 절약. **~entnahme,** die 전선에서 전류를 뽑아씀. **~erzeuger,** der 발전기. **~erzeugung,** die 발전(發電). **~führend** 〈Adj.〉 전류가 흐르고 있는. **~kabel,** das 전선, 전기 케이블. **~kosten** 〈Pl.〉 전기 요금, 전기 비용. **~kreis,** der 전기 회로, 회선. **~leitung,** die 송전(送電). **~leitungsmast,** der 전주(電柱), 송전탑. **~los** 〈Adj.〉 전류가 통하지 않는. **~menge,** die 전기 사용량. **~messer,** der ↑Peremeter. **~netz,** das 전력(공급)망, 회로망. **~preis,** der 전기 요금. **~quelle,** die 전원(電源). **~rechnung,** die 전기요금 계산 [청구]서. **~richter,** der 【전기】 정류기(整流器). **~schiene,** die **1.** 【전기·교통】 집전용(集電用) 제 3 레일, 접촉 레일. **2.** 【전기】 ↑Sammelschiene. **~schlag,** der 감전(感電)(↑Schlag 3 b). **~spannung,** die ↑Spannung (2). **~speicher,** der 축전지. **~sperre,** die (일부 지역의) 정전(停電). **~spule** 〈f〉 Spule (2). **~stärke,** die 전류의 강도. **~stoß,** der 충격 전류, 임펄스(↑Impuls 2 a). **~unterbrecher,** der 전류차단기. **~unterbrecher,** der 전류차단기. **~verbrauch,** der 전력 소비(량). **~verbraucher,** der 전력 소비자. **~versorgung,** die 전력 공급. **~wandler,** der 【전기】 변압기(↑Meßwandler. **~wärme,** die 전류열(전류가 도선을 통과할 때 발생하는 열), 줄(Joule) 열. **~wender,** der 【전기】 정류자(整流子), 전류기(轉換器). **~zähler,** der 전력 계량계, 검침계. **~zufuhr,** die 전력의 공급: jmdm. die S. sperren 누구에게 전력공급을 중단하다.

¹**Stromboli** ['strɔmboli], -s (이탈리아의) 스트롬볼리섬. ²**Stromboli,** der; - 스트롬볼리 섬의 화산.

strömen ['ʃtrøːmən] 〈s〉 **a)** (강이) 도도히 흐르다. **b)** (액체, 기체가) 솟구쳐 나오다, 흘러 나오다: Regen strömte ihm ins Gesicht 빗물이 그의 얼굴을 때렸다; bei(in) strömendem Regen 억수같은 비를 맞으며. **c)** (사람들이) 떼를 지어 오다, 밀려오다, 쇄도하다: das Publikum strömt 청중들이 밀려오고 있다.

Stromer ['ʃtroːmɐ], der; -s, - 《통용어·펌》 뜨내기, 부랑자: 전의 na, du kleiner S., wo warst du denn schon wieder? 《친근》 어이, 꼬마 방랑자, 또 어디엘 갔었지? **stromern** 《통용어》 **a)** 〈s〉 돌아다니다, 편력하다: sie stromern durch die Gegend 그들은 그 지방을 여기저기 돌아다닌다. **b)** 《펌》 〈h〉 떠돌아다니다, 싸다니다.

Strömling ['ʃtrøːmlɪŋ], der; -s, -e (동해 산의) 작은 청어.

Strömung, die; -en **1.** 물결, 흐름, 수류(水流), 조류(潮流): warme[kalte] S. des Meeres 난류[한류]; in eine S. geraten 조류에 휘말려 들다; gegen die S. anschwimmen 물결을 거슬러 헤엄치다, 시류에 거역해서 행동하다. **2.** 경향, 사조(思潮), 정신적 운동: eine revolutionäre S. vertreten 혁명적 경향을 대표하다; die S. der Zeit 시대의 흐름, 시대 정신.

strömungs-, Strömungs-: ~geschwindigkeit, die (하천의) 흐르는 속도, 유속(流速); 【물리】 유동(流動) 속도. **~günstig** 〈Adj.〉 【자동차】 공기 저항을 가능한 적게 받는. **~lehre,** die 【물리】 유체역학(流體力學)(↑Aero-, Hydrodynamik). **~richtung,** die 물결[조류]의 방향.

Strontianit [strɔntsiaˈniːt, (또한) ...nɪt, ʃt...], des, -e 스트론티안석(石). **Strontium** ['strɔntsi̯ʊm, 'ʃt...], das; -s 〈engl. strontium〉이 원소가 스트론티안석에서 처음 발견된 데서〉스트론튬(금속 원소의 하나; 기호: Sr).

Strophantin [strofanˈtiːn, ʃt...], das; -s, -e 스트로판틴(↑Strophanthus의 종자로 만든 강심제). **Strophan-**

thus [...'fantʊs], der; -, - [griech. strophḗ] 스트로판 투스(협죽도과의 만상(蔓狀) 관목으로 쓰는 약에 쓰임). **Strophe** ['ʃtroːfə], die; -, -n [lat. stropha < griech. strophḗ] [시학] 연(聯), 시절(詩節); [음악] 가절(歌節), 절: wir singen S. 1, 4 und 5 1절, 4절, 5절을 부르기로 하겠습니다.
Strophen-: ~**anfang**, der 연의 시작. ~**bau**, der 〈Pl. 없음〉연의 구조. ~**ende**, das 연의 끝부분. ~**form**, die 연의 형식. ~**gedicht**, das 연으로 되어 있는 시, 연시(聯詩). ~**lied**, das [음악] 동일곡의 가절들로 이루어져 있는 노래.
-**strophig** [-ʃtroːfɪç] 《숫자와 결합하여》〈Adj.〉 dreistrophig 3련으로 되어 있는. **strophisch** ['ʃtroːfɪʃ] 〈Adj.〉연(가절)으로 되어 있는.
¹**Stropp** [ʃtrɔp], der; -(e)s, -s **a)** [선원] 환삭(環索), 한쪽 끝이 올가미 또는 갈고리 모양으로 되어 있는 밧줄. **b)** (rhein.) 저고리, 수건 따위에 달려 있는 걸기 위한 고리 (↑Aufhänger (1)).
²**Stropp** [-], der; -(e)s, -s 《지역적·친근·농》 꼬마녀석.
¹**Strosse** ['ʃtrɔsə], die; -n [광] 계단 모양으로 판 갱도.
²**Strosse** [-], die; -n (westmd.) 기관(氣管), 목구멍.
strotzen ['ʃtrɔtsn̩] 〈h〉 **a)** 충만하고 있다, 넘쳐 흐르다, 팽배해 있다: er strotzt von(vor) Gesundheit(Lebensfreude) 그는 건강(삶의 기쁨)이 넘쳐 흐르고 있다. **b)** …을 매우 많이 지니고 있다: seine Rede strotzte vor Gehässigkeiten 그의 연설은 악의에 차 있었다.
strub [ʃtruːp] 〈Adj.; strüber, strübste〉 (schweiz.·방언) **1.** 더부룩한, 헝클어진다. **2.** 난삽한, 좋지 않은: der Weg ist sehr s. 그 길은 매우 상태가 좋지 않다. **Strubbelbart** ['ʃtrʊbl-], der; -(e)s, ...bärte 텁수룩한 턱수염. **strubbelig, strubblig** ['ʃtrʊb(ə)lɪç] 〈Adj.〉 더부룩한, 텁수룩한, 헝클어진. **Strubbelkopf** ['ʃtrʊbl-], der; -(e)s, ...köpfe **1.** 《통용어》 **a)** 더부룩한 머리. **b)** 머리가 더부룩한 사람. **2.** 회갈색 그물 버섯의 일종. **strubblig**: ↑ strubbelig.
Strudel ['ʃtruːdl̩], der; -s, - **1.** 소용돌이, 급류; 혼란: in einen S. geraten 소용돌이에 휩쓸려 들다; [전의] in den S. der Politik hineingerissen werden 정치의 소용돌이 에 휘말려 들다. **2.** 《südd., österr.》 롤케이크(사과 조각이나 건포도가 든).
Strudel-: ~**kopf**, der (고어) 정신이 혼미한 사람, 분별력이 없는 사람. ~**loch**, das ↑ Kolk (a). ~**teig**, der [요리] (기름기를 넣은) 밀가루 반죽. ~**topf**, der ↑ ~loch. ~**wurm**, der 〈대개 Pl.〉와충류(渦蟲類)(↑ Turbellaria).
strudeln ['ʃtruːdl̩n] **a)** 〈h〉 소용돌이치다, 휘몰아치다: gefährlich strudelt das Wasser unter dieser Brücke 이 다리 밑에서 물이 위험하게 소용돌이친다. **b)** 《드물게》〈s〉 소용돌이쳐 가다. **Strudler** ['ʃtruːdlɐ], der; -s, - **1.** 여울물을 걸러 먹고 사는 동물, 와충류. **2** 《südd., österr.》 둥이 롤케이크의 속으로 적당한 사과.
struktiv [ʃtrʊkˈtiːf, st...] 〈형〉 [미술·건축] 구조적인, 구조를 나타내는. **Struktur** [ʃtrʊkˈtuːɐ̯, st...], die; -en [lat. strūctūra] **1.** 구조, 구성: etw. in seiner S. verändern 무엇을 구조적으로 변화시키다. **2.** 구조적으로 엉켜 있는 전체, 기구(機構), 조직체: die Zelle ist eine lebendige S. 세포는 살아 있는 조직체이다. **3.** [섬유] 천의 양각(陽刻) 표면.
struktur-, Struktur-: ~**analyse**, die: die S. der Volkswirtschaft 경제의 구조적 분석. ~**änderung**, die 구조적 변화. ~**baum**, der [언어] 구조 수형도(樹形圖). ~**begriff**, der 구조 개념. ~**bestimmend** 〈Adj.〉구조를 좌우하는, 구조상 중요한: -e Züge einer Dichtung 문학작품의 구조상의 특징. ~**element**, das 복잡한 구조의 개개의 요소. ~**farbe**, die 〈대개 Pl.〉 [동물] (동물의 몸 표면의) 구조색. ~**formel**, die [화학] 구조식. ~**forschung**, die 구조 연구. ~**gewebe**, das [섬유] 양각(陽刻) 표면을 하고 있는 직물. ~**krise**, die [경제] 구조적 위기. ~**plan**, der [경제·정치·문화] 구조적 개혁 계획. ~**politik**, die 구조적 경제 개혁정책. ~**politisch** 〈Adj.〉구조적 경제정책의. ~**programm**, das 구조 개혁 계획안. ~**reform**, die 구조 개혁. ~**schwach** 〈Adj.〉 [경제] 공업화가 지체된. ~**stoff**, der ↑ ~gewebe. ~**tapete**, die 양각 표면의 벽지. ~**verbesserung**, die 구조 개선. ~**wandel**, der 구조 변화.
struktural [ʃtrʊktuˈraːl, st...] 〈Adj.〉 [언어] 구조에 관한, 구조적인. **Strukturalismus** [...raˈlɪsmʊs], der; - [frz. structuralisme] [언어] 구조주의. **Strukturalist**, der; -en, -en 구조주의자. **strukturalistisch** 〈Adj.〉구조주의의, 구조주의적인. **strukturell** [...ˈrɛl] 〈Adj.〉 [frz. structurel] **a)** [경제] 구조에서 유래하는, 구조적인: s. bedingte Arbeitslosigkeit 구조적 실업. **b)** ↑strukturral: die -e Grammatik 구조 문법. **strukturieren** [..ˈriːrən] 〈h〉 …에 …의 구조를 부여하다: die Wirtschaft völlig neu s. 경제의 구조를 일반시키다. **strukturiert** 〈Adj.〉 [섬유] 양각(陽刻) 표면을 한: stark -es Gewebe 심한 양각 표면을 하고 있는 직물. **Strukturiertheit**, die 부여된 구조, 구조성. **Strukturierung**, die; -en **a)** 구조 부여. **b)** 어떤 구조의 현존.
strullen ['ʃtrʊlən] 〈h〉 [mniederd. strullen] (nordd., md.·경) (세찬 소리를 내면서) 오줌 누다.
Struma ['struːma], die; ...men / ...mae [...mɛː; lat. strūma] [의학] **1.** 갑상선종(腫). **2.** 《준고어》(난소, 전립선, 부신, 뇌하수체 등이) 붓는 병. **strumös** [struˈmøːs] 〈Adj.〉 [lat. strūmōsus] [의학] 갑상선이 부은.
Strumpf [ʃtrʊmpf], der; -(e)s, Strümpfe ['ʃtrʏmpfə] **1.** 《축소형: **Strümpfchen**》양말: er kam auf Strümpfen ins Zimmer 그는 양말 바람으로(구두를 신지 않고) 방으로 들어왔다; [전의] sie hat ihr Geld im S. 그녀는 돈을 집에 보관하고 있다; jmds. **Strümpfe ziehen Wasser** 《통용어》누구의 양말이 미끄러져 내려와 주름이 접혀져 있다; **sich auf die Strümpfe machen** 《통용어》길을 떠나다, 출발하다. **2.** ↑**Glühstrumpf**의 약칭.
Strumpf-: ~**band**, das 〈Pl. -bänder〉 **1.** (양말이 미끄러져 내려오지 않게 하기 위한) 고무 밴드, 대님. **2.** ↑ ~halter. ~**bandgürtel**, der 가터 벨트, 거들. ~**fabrik**, die 양말 공장. ~**fetischismus**, der 이성(異性)의 양말에 대하여 성적 흥분을 느끼는 이상 색욕증. ~**fetischist**, der 위의 사람. ~**garn**, das 양말 제조용의 질긴 실. ~**gürtel**, der ↑ ~haltergürtel. ~**halter**, der (양말이 흘러내리지 않도록 하기 위한) 집게가 달린 고무밴드(거들에 맴), 가터. ~**haltergürtel**, der 가터 벨트, 거들. ~**hose**, die 팬티 스타킹. ~**maske**, die 복면용으로 얼굴 위에 뒤집어 쓴 양말. ~**naht**, die 양말의 솔기. ~**socke**, die 장딴지까지 올라오는 양말. ~**sohle**, die 양말 바닥. ~**waren** 〈Pl.〉양말류(類). ~**wirker**, der 양말제조공. ~**wirkerei**, die **1.** 〈Pl. 없음〉양말 제조. **2.** ↑ ~fabrik. ~**wirkerin**, die ↑ ~wirker의 여성형. ~**wirkmaschine**, die 양말 제조기. ~**wolle**, die (양말제조용의) 질긴 모사.
Strümpfchen [ˈʃtrʏmpfçən], das; -s, - ↑ Strumpf (1) 의 축소형.
Strunk [ʃtrʊŋk], der; -(e)s, Strünke ['ʃtrʏŋkə] [md. strunk] **1.** 《축소형: ↑ Strünkchen》 **a)** (양배추 따위의) 굵고 짧은 줄기. (나무의) 밑둥치, 그루터기: das Feuer hatte nur kahle Strünke zurückgelassen 화마가 지나간 자리에는 앙상한 그루터기들만 남아 있었다. **2.** 《준고

어) 농담조의 호의적 비판의 대상자, 딱한 사람: du bist ein S! 자네도 참 딱하네 그려! **Strünkchen** ['ʃtryŋkçən], das; -s, - ↑Strunk (1) 의 축소형.
Strunze ['ʃtrʊntsə], die; -n 〈지역적·준구어〉 ↑Schlampe. **¹strunzen** ['ʃtrʊntsn̩] 〈h〉 ((süd)westd.》 으스대다, 뽐내다.
²strunzen [-] 〈h〉 《westmd.·경》 오줌 누다.
Strupfe ['ʃtrʊpfə], die; -n 〈südd., österr.·고어〉 끈, 가죽끈, (구두의) 가죽 혀. **strupfen** ['ʃtrʊpfn̩] 〈h〉 《südd., schweiz.·방언》 벗다, 벗기다: die Strümpfe (von den Beinen) s. 양말을 벗다.
struppieren [ʃtrʊˈpiːrən] 〈h〉 (말을) 혹사시키다.
struppig ['ʃtrʊpɪç] 〈Adj.〉 [niederd. < mniederd. strubbich] (두발, 동물의 털이) 헝클어진, 더부룩한, 난발의: 전의 -es Gebüsch 뒤엉켜 있는 수풀. **Struppigkeit**, die 더부룩한 모습(외양). **struwwelig** ['ʃtrʊvəlɪç] 〈Adj.〉 《지역적》 ↑strubbelig. **Struwwelkopf** ['ʃtrʊv-]-, der; -(e)s, ...köpfe 〈지역적〉 ↑Strubbelkopf (1 a, b). **Struwwelpeter** ['ʃtrʊv-]-, der; -s, - [《고형》 Strubbelpeter] 〈통용어〉 더부룩한 머리를 한 아이.
Strychnin [ʃtryçˈniːn, st...], das; -s [frz. strychnine] 스트리키닌(독성이 강한 알칼로이드).
Stuartkragen ['stjuət-, 〈참조〉 'ʃtuːart-, 'st...], der; -s, - [스코틀랜드의 여왕 Maria Stuart(1542~1587)에 따라] (16세기에 유행한) 부인복의 칼라(빳빳하고 널따랗고 뒷쪽을 향해 곧추 선).
Stubben ['ʃtʊbn̩], der; -s, - [mniederd. stubbe] **1.** 《nordd.》 (벌채한 나무의) 그루터기: S. roden 그루터기를 뽑아 내고 개간하다. **2**《berlin.·경》 조아한 (중년)남자.
¹Stübchen ['ʃtyːpçən], das; -s, - 옛 액량 단위(3~4리터 정도).
²Stübchen [-], das; -s, - ↑Stube (1) 의 축소형. **Stube** ['ʃtuːbə], die; -n **1.** 《축소형: ↑Stübchen》 〈지역적·준구어》 방, 거실: 성구 (nur immer) rein in die gute S.! 〈통용어·농〉 어서 들어오세요!; **die gute S.** (특별한 경우에만 사용하는) 객실, 별실. **2. a)** (병영의) 내무반, (기숙사의) 공동 숙소: jeweils acht Mann lagen auf einer S. 한 방에 8명씩 숙영하였다. **b)** 한 내무반[방]을 쓰는 병사[학생]들: S. acht ist zum Dienst angetreten 제8내무반원들은 근무에 들어갔습니다.
stuben-, Stuben- (↑zimmer-, Zimmer-도 참조): **~älteste'**, der / die (병영의) 내무반장, (기숙사의) 실장, 급족령: **~arrest**, der 《통용어》(아동, 학생에 대한) 외출 금지, 금족령: er bekam von seinem Vater drei Tage S. 그는 아버지로부터 3일간 외출 금지령을 받게 되었다. **~besen**, der [말총으로 만든] 방 빗자루. **~decke**, die ↑Zimmerdecke. **~dienst**, der **a)** 내무반 근무, 방 당번. **b)** 실내 근무자. **~ecke**, die 방의 구석. **~farbe**, die (드물게) (방에만 있어서) 창백한 얼굴. **~fliege**, die 집파리. **~frau**, die 방 청소하는 여자. **~gelehrsamkeit**, die (준구어·폄) 탁상 지식, 책상물림 학문 (세상과 동떨어진). **~gelehrte'**, der (준구어·폄) 책상물림, 탁상공론가. **~genosse**, der 내무반(같은방) 동료, 룸메이트. **~hocker**, der 《통용어·폄》 방안에만 죽치고 있는(외출을 꺼리는) 사람. **~hockerei** [...hɔkəˈrai], die; -en 집에 박혀 있기, 외출기피. **~kamerad**, der 내무반 전우, (기숙사의) 동숙자, 룸메이트. **~luft**, die ↑Zimmerluft. **~mädchen**, das 《준구어》 **a)** 방청소부(婦). **b)** (호텔의) 방 청소하는 아가씨. **~rein** 〈Adj.〉 **a)** (개, 고양이 따위의) 똥, 오줌을 가려 누는. **b)** 《농》 불결하지 않은, 도덕적으로 깨끗한. **~tür**, die 방으로 통하는 문. **~vogel**, der 방 새장에서 기르는 작은 새. **~wagen**, der 갓난 아기용 실내 유모차(이동침대).

Stüber ['ʃtyːbɐ], der; -s, - 《드물게》 손가락 끝으로 코끝을 가볍게 튀김(누구를 가볍게 질책하기 위해; ↑Nasenstüber).
Stubsnase: ↑Stupsnase.
Stuck [ʃtʊk], der; -(e)s [ital. stucco] **a)** (석고, 석회, 모래를 섞어 만든) 장식용 석고(도료): die Decke ist in S. gearbeitet 천정은 장식용 석고로 되어 있다. **b)** 석고 세공 (품).
stuck-, Stuck-: **~arbeit**, die 석고 세공[작품]. **~decke**, die 석고 장식의 천정. **~gips**, der 장식용 석고의 원료로서 적합한 마른 석고. **~marmor**, der [미술] (바로크·로코코 시대의) 장식용 석고로 만든 모조 대리석. **~ornament**, das 석고 장식. **~plastik**, die 석고 조각(품). **~verziert** 〈Adj.〉 석고로 장식한. **~verzierung**, die 석고 무늬 장식(건축에서의).
Stück [ʃtyk], das; -(e)s, -e **1.** (전체의) 부분, 조각, 파편: kannst du mir ein S. Käse abschneiden? 치즈 한조각 잘라 줄 수 있겠니?; wir müssen die Scherben S. für S. einsammeln 우리들은 그 파편들을 한 조각한 조각 주워 모아야 한다; **etw.¹ ist nur ein S. Papier** 그것은 아직은 한 조각 종이에 지나지 않는다(약정 내용의 이행 여부는 아직 미지수이다); **sich³ von jmdm. [etw.]ein S. abschneiden (können)** (↑Scheibe 2); **sich für jmdn. in - reißen lassen** 《통용어》 누구를 위해 분골쇄신하다; **in vielen[allen] -en** 많은 점에서[모든 견지에서, 어떤 견지에서도 모두). **2.** (단위로서의) 1할, 조각, (땅의) 한 뙈기, (거리의) 한 구간, (책의) 한 대목, 한 절(節): sie nahm drei S. Zucker in den Tee 그녀는 각설탕 세 개를 차에 넣었다; ein S. Weg 한 구간의 길; ein S. aus einem neuen Buch vorlesen 새로운 책의 한 부분을 낭독하다; 전의 ein hartes S. Arbeit 고된(힘드는) 일; das hat ein S. Geld gekostet 그 일에 돈이 많이 들었다; ein S. weiterkommen 약간 진척되다; er ist ein S. von einem Philosophen 그는 일종의 철학자이다; **im(am) S.** 〈지역적〉(치즈, 버터 따위를) 자르지 않은 채, 온 것으로; **in einem Stück** 《통용어》 그칠 줄 모르게, 끊임없이. **3.** 품목, 작품, 제작품, (짐승의) 마리, (꽃)의 송이: ein antikes S. 고대의 물건 (가구); in seiner Zucht sind einige herrliche -e 그가 기르고 있는 것들 중에서 몇몇은 아주 우수하다; die Bilder wurden für den Katalog S. für S. numeriert 그 그림들은 카탈로그 작성을 위해 매 작품마다 번호가 붙여졌다; 《통용어》(불확실한) 다수의 수치 앞에서 Pl. -er) es sind noch -er dreißig 《통용어》 아직도 30개 가량이 더 있다; **große -e auf jmdn halten.** 《통용어》 누구의 능력을 높이 평가하다. **4.** 행위, 장난: da hat er sich aber mal wieder ein S. geleistet! 그가 또 다시 비열한 짓을 저질렀군!; **etw. ist ein starkes S.** 《통용어》 무엇이 너무 지나친 짓(뻔뻔스러운 행동)이다; **etw. ist ein S. aus dem Tollhaus!** 무엇은 믿을 수 없는(미친, 있을 수 없는) 일이다. **5.** 〈폄〉 계집년, 비열한 놈: sie ist ein freches S. 그 여자는 뻔뻔스러운 계집이다; **S. Malheur** 나쁜 놈, 못된 인간. **6. a)** 극본, 희곡, 작품: in diesem S. spielt er die Hauptrolle 이 작품에서 그는 주역을 맡을 것이다. **b)** 악곡(작품). **7. aus freien -en** 자발적으로: er half aus freien -en 그는 자발적으로 도왔다.
stück-, Stück-: **~arbeit**, die 〈Pl. 없음) **1.** 작품수에 따라 노임을 지불하는 일, 도급[청부] 일. **2.** 《통용어》 얼버무려 놓은 작품[제품], 서투른 작품. **~arbeiter**, der 도급 일꾼, 청부 일을 하는 사람. **~faß**, das [옛날 독일의] 큰 포도주 통(1200 ℓ 들이의). **~gewicht**, das (개 개의) 무게. **~gut**, das 낱개로 파는 상품; 개별 탁송 화물 (철도, 선박의). **~gutabfertigung**, die 개별 탁송 화물 취급(창구)(판관(창구)). **~kauf**, der ↑Spezieskauf. **~kohle**, die 괴탄(塊炭). **~kosten** 〈Pl.〉 【

제] 〈상품의〉 개당 생산가. ~**kurs,** der [증권] 주가, 1주당 시세. ~**liste,** die [공업] 부품명세표. ~**lohn,** der [경제] 제품의 개수에 따라 지불되는 노임, 도급 노임: im S. arbeiten 만드는 제품의 수량에 따라 노임을 받기로 하고 일하다. ~**maß,** das 낱개로 파는 상품의 단위(예컨대: Dutzend). ~**notierung,** die [증권] 주가 시세표에의 기입. ~**preis,** der 개당 가격. ~**rechnung,** die [경제] 개당 생산가와 판매가의 계산. ~**schuld,** die [법] ↑Speziesschuld. ~**ware,** die 낱개로 파는 상품. ~**weise** 〈Adv.〉 한 개씩, 낱개로, 조금씩 조금씩. ~**werk**《다음의 용법으로》**etw. ist**〔**bleibt**〕**S.** 무엇은 (어디까지나) 불완전한 것이다. ~**zahl,** die [경제] (일정 기간 내의) 생산 개수(個數): große -en erreichen 높은 생산량을 달성하다. ~**zeit,** die [경제] 개당 제작 소요 시간. ~**zinsen**〈Pl.〉[금융] 보증 이자(매각 기일까지 지불해야 할 유가 증권의 이자).

stückeln ['ʃtʏkļn] 〈*h*〉 (작은 천 조각들로) 이어 붙이다.
stückelos 〈Adj.〉[금융] (공채, 주식 등을) 여러 가지 액면으로 분할하지 않은. **Stückelung, Stücklung** ['ʃtʏk(ə)lʊŋ], die; -en **1.** 천 조각들로 이어 붙임. **2.** [금융] (돈, 유가 증권 따위를) 여러 가지 액면으로 분할하는 것: neue Banknoten verschiedener -en 여러 가지 액면권의 새 지폐(은행권).
stucken ['ʃtʊkṇ] 〈*h*〉《österr.·통용어》(갑자기) 열심히 공부하다, 들고 파며 외우다.
stücken ['ʃtʏkṇ] 〈*h*〉 ↑stückeln. **Stücker**: ↑Stück (3) 참조.
stuckerig ['ʃtʊkərɪç] 〈Adj.〉《nordd.》울룩불룩한, 덜커덩거리는: ein -er Weg 평탄하지 못한 길. **stuckern** ['ʃtʊkɐn] 〈*m*〉niederd. stuken] **1.** 〈*h*〉 덜커덕거리다. **2.** 〈*s*〉 덜커덩거리며 (차를 타고) 가다.
Stückeschreiber, der; -s, - 극작가.
stuckieren [ʃtʊˈkiːrən] 〈*h*〉 석고로 치장하다, 석회 도료를 바르다.
stückig ['ʃtʏkɪç] 〈Adj.〉《전문어》큰 덩어리로 되어 있는. **Stücklung**: ↑Stückelung.
stud. = studiosus 대학생.
Student [ʃtuˈdɛnt], der; -en, -en [mlat. studens] **a)** 대학생; in ewiger S.《통용어》만년 대학생(졸업이 늦은). **b)**《österr.》고등 학생.
Studenten-: ~ausweis, der 학생증(대학의). ~**bewegung,** die 학생 (저항) 운동: die S. der 60er Jahre 60년대의 학생 운동. ~**blume,** die ↑Tagetes. ~**brigade,** die 〈구동독〉 대학생 작업조(組). ~**bude,** die 《통용어》 대학생끼리의 결혼. ~**futter,** das 호두, 편도, 건포도를 섞어 놓은 군것질감. ~**gemeinde,** die 〈교목(敎牧)이 있는〉 대학생 종교 단체. ~**heim,** das ↑~wohnheim. ~**lied,** das 대학생 노래(주로 합창용의). ~**lokal,** das 대학생 술집. ~**mütze,** die 〈준고어〉(소속 우회에 따라 색깔이 다른) 대학생모(帽). ~**parlament,** das 〈대학생들의〉 대학의원. ~**pfarrer,** der [언어] 대학생어. ~**ulk,** der 대학생 농담[익살]. ~**unruhen**〈Pl.〉대학생 소요. ~**verbindung,** die 대학생조합, 〈옛날 독일의〉학우회. ~**vertreter,** der 대학생 대표. ~**vertretung,** die 대학생 대표기구. ~**werk,** das 〈대학 부설의〉 학생 후생 복지 기구. ~**wohnheim,** das 대학생 기숙사.

Studentenschaft, die; -en 〈어느 대학의〉 학생 전체. **Studentin,** die; -nen ↑Student의 여성형. **studentisch** 〈Adj.〉 대학생에 관한, 대학생에 속하는; **1.** 대학생의, 대학생을 통한. **Studie** ['ʃtuːdiə], die; -n **1.** 〈예가의〉 시작(試作), 스케치. **2** (개별 문제에 대한) 연구 논문, 시론(試論): eine S. über die Steuerreform 세제 개혁에 관한 시론. **Studien**: ↑Studium, ↑Studie의

복수형.
studien-, Studien-: ↑~**abbrecher,** der 대학 중퇴자. ~**abschluß,** der (각 학과의) 시험을 동반한 졸업(석사, 박사 등). ~**anfänger,** der 프레쉬맨, (대학의) 신입생. ~**assessor,** der 고등학교 준교사. ~**assessorin,** die ↑~assessor의 여성형. ~**aufenthalt,** der 외국 유학, 연구를 위한 체재. ~**beratung,** die (대학의) 교과과정 안내[상담]. ~**bewerber,** der 대학 입학 지원자. ~**brief,** der (방송 통신 대학의) 교재. ~**buch,** das (개인보관용의) 학적 기록부. ~**darlehen,** das 학비 대여(기금). ~**direktor,** der **1.** 교감(급 교사). **2.**《구동독》교사에 대한 경칭. ~**direktorin,** die ↑~direktor의 여성형. ~**fach,** das 전공(분야). ~**fahrt,** die 수학 여행, 답사. ~**förderung,** die 장학. ~**freund,** der 대학시절의 친구. ~**freundin,** die ↑~freund의 여성형. ~**gang,** der 학업 과정. ~**genosse,** der 학업 동료, 같은 학과의 친구. ~**genossin,** die ↑~genosse의 여성형. ~**gruppe,** die 연구 모임, 연구회. ~**halber** 〈Adv.〉학업[연구]을 목적으로 하여, 한번 알아보기 위해. ~**jahr,** das 학업의 햇수, 학년. ~**kamerad,** der 학업 동료, 학과 친구, 학우. ~**kameradin,** die ↑~kamerad의 여성형. ~**kolleg,** das 〈대학 부설의〉 입학 예비 과정(특히 외국인 학생들을 위한). ~**kollege,** der 학업 동료, 학과 친구. ~**kollegin,** die ↑~kollege의 여성형. ~**objekt,** das 연구 대상. ~**ordnung,** die 학업[졸업 시험] 규정. ~**plan,** der 연구 계획서. ~**platz,** der 대학 공부를 위한 자리(정원 내의 자리): keinen S. bekommen 입학하지 못하다. ~**professor,** der **1.** 교원 시보들을 가르치는 정교사. **2.** (옛) 고등학교 교사에 대한 칭호. ~**rat,** der **1.** 고등 학교 정교사. **2.**《구동독》교사에 대한 경칭. ~**rätin,** die ↑~rat의 여성형. ~**referendar,** der 고등학교 교원 시보(試補). ~**referendarin,** die ↑~referendar의 여성형. ~**reise,** die 수학 여행, 연구 여행, 답사. ~**richtung,** die 전공 계열. ~**zeit,** die 대학 시절. ~**ziel,** das 학업 목표. ~**zweck,** der 학업[연구]의 목적.

Studier-: ~lampe, die (옛) 독서용 램프. ~**stube,** die (준고어) 공부방, 서재. ~**zeit,** die 학업 시간. ~**zimmer,** das 서재.
studieren [ʃtuˈdiːrən] 〈*h*〉 [mlat. studiare < lat. studēre] **1. a)** 대학에 다니다: er studiert jetzt im achten Semester 그는 지금 8학기생이다;《통용어》auf Lehrer s. 교사가 될 목표로 대학에 다니다. **b)** 전공하다: sie studiert Gesang bei Prof. N. 그녀는 N교수한테서 성악을 공부하고 있다. **2. a)** 연구하다, 조사하다: eine Frage s. 어떤 문제에 대해 연구하다;《속담》 ein voller Bauch studiert nicht gern 배부른 사람은 공부하는 것을 싫어한다. **b)** 꼼꼼히 살펴보다: die Speisekarte s. 차림표를 자세히 읽어 보다. **c)** 익히다, 연습하다: eine Rolle für das Theater s. 배역을 익히다. **Studierende,** der/die ↑Student (a). **studiert**〈Adj.〉《통용어》대학에 다닌. **Studierte*,** der/die 대학에 다닌 사람, 학사.
Studiker ['ʃtuːdikɐ], der; -s, -《통용어·준고어》대학생. **Studio** ['ʃtuːdio], das; -s, -s [ital. studio < lat. studium] **1.** 〈예술가의〉 작업실, 아틀리에. **2.** 스튜디오 (영화, 라디오, 텔레비전의). **3.** 소극장, 실험 무대. **4.** 무용수의 연습장. **5.** 독실(獨室)의 아파트[셋방].
studio-, Studio-: ~aufführung, die 실험 무대에서의 상연(상영). ~**bühne,** die 실험 무대. ~**film,** der (스튜디오에서 찍은 소품의) 실험 영화. ~**mäßig** 〈Adj.〉 스튜디오에서 찍은[녹음한] 것이나 진배 없는. ~**meister,** der [텔레비전] 스튜디오 장치의 안전 담당 기사. ~**qualität,** die 스튜디오에서 녹음한(찍은) 것과 진배 없는 음질[화질].
Studiosus [ʃtuˈdioːzʊs], der; -, ...si [lat. studiōsus]

《통용어·농》대학생. **Studium** ['ʃtuːdi̯ʊm], das; -s, ...ien [lat. studium] **1.** 〈Pl. 없음〉 대학 공부: er hat das S. der Soziologie angefangen 그는 대학에서 사회학 공부를 시작했다; das S. mit dem Staatsexamen abschließen 국가 시험으로써 대학을 졸업하다. **2. a)** 연구, 조사: sich dem S. der Lebensgewohnheiten bestimmter Insekten widmen 특정 곤충의 생태에 대한 연구에 몰두하다. **b)** 〈Pl. 없음〉 검토, 살펴봄: 《통용어》 ins S. der Zeitung vertieft sein 신문 읽기에 몰두해 있다. **c)** 〈Pl. 없음〉 익힘, 습득. **Studium generale** ['stuːdi̯ʊm geneˈraːlə; lat.] (모든 학과 학생을 위한) 일반 교양 강좌.

Stufe ['ʃtuːfə], die; -n **1. a)** 계단, (사다리의) 가로장: die Treppe hat steile -n 그 층계는 계단이 가파르다; drei -n auf einmal nehmen 한꺼번에 세 계단을 오르다; 전의 die -n zum Ruhm erklimmen 명성의 계단을 오르다. **b)** (바위, 빙벽 따위의) 발 붙일 곳: -n in den Gletscher schlagen 빙하를 깨어 발판을 만들다. **2. a)** (발전의) 단계, 순위, 등급: **auf einer(der gleichen) S. stehen** 동등하다; **jmdn.[etw.] auf eine(die gleiche) S. stellen** 누구(무엇)를 동등한 위치에 놓다[동등하게 취급하다]; **sich mit jmdm. auf eine(die gleiche) S. stellen** 자신을 누구와 동등시하다. **b)** 정도, 도(度). **c)** 《음계》 뉴앙스, 색조. **3.** 《공학》 a) 작동 단계, 중간 단계. **b)** 로켓의 점화 순서: die erste S. absprengen 제 1 단계 로켓을 점화시키다. **4.** 지층. **5.** (광물) 둥글을 이룬 광괴(鑛塊). **6.** ↑Vegetationsstufe의 약칭. **7.** 평지들 사이에 있는 경사 지대. **8.** 〈음악〉 음도(音度). **9.** 〈재봉〉 (옷의) 수평 주름. **stufen** ['ʃtuːfn̩] 〈h〉 **1.** 계단 모양으로 만들다. **2.** 등급을 매기다: nach der Qualifikation s. 질에 따라 등급을 매기다.

stufen-, Stufen-: ~**abitur**, das 단계적(과목별) 대입 자격시험. ~**artig** 〈Adj.〉 계단 모양의, 단계적인, 등급이 있는. ~**barren**, der 〈체조〉 2단 평행봉. ~**boot**, das 층계선. ~**breite**, die 계단의 폭. ~**dach**, das 여러 개의 지붕들이 층을 이룬 지붕(탑 따위의). ~**drehschalter**, der 〈전기〉 단계식 스위치. ~**folge**, die **a)** 순위, 등위. **b)** (어떤 발전의) 순차, 연속적 단계. ~**förmig** 〈Adj.〉 계단 모양의. ~**gang**, der 단계, 순차적 발전. ~**gebet**, das 〈가·옛〉 신부와 제단의 계단 옆에 번복(服事)가 서로 번갈아 가며 하는 기도. ~**giebel**, der 〈건축〉 계단식 합각머리. ~**heck**, das (승용차의) 계단식 후미. ~**lehrer**, der (학교의 유형과는 관계없이 근무하는) 특정 학년 전담 교사. ~**leiter**, die 위계 질서, 순위, 등급: die gesellschaftliche S. 사회적 등급. ~**los** 〈Adj.〉 〈공학〉 중간 단계 없는. ~**plan**, der 단계별 계획. ~**portal**, das 〈건축·미술〉 계단식 정문 현관. ~**pyramide**, die 〈미술〉 계단식 피라밋. ~**rakete**, die 다단식 로켓. ~**rock**, der 여러 감을 층지게 이어 만든 치마. ~**saat**, die 〈농업〉 씨뿌리는 기계로 흩뿌린 씨앗. ~**weise** 〈Adv.〉 점진적으로, 단계적으로.

stufig ['ʃtuːfɪç] 〈Adj.〉 **1.** [지리] 비탈진, 경사진. **2.** 계단 모양의: eine s. geschnittene Frisur 층이 지게 깎은 머리. **-stufig** [-ʃtuːfɪç] (다음의 합성어로, 예컨대) mehrstufig 다층의. **Stufung**, die; -en **1.**계단을 만듦[이룸]. **2.** 계단식으로 되어 있음, 등급.

Stuhl [ʃtuːl], der; -(e)s, Stühle **1.** 〈축소형: ↑Stühlchen〉 의자, 걸상: jmdm. einen S. anbieten 누구에게 앉기를 권하다; 전의 als er von seinem Urlaub zurückkehrte, war sein S. anderweitig besetzt 그가 휴가에서 돌아와 그 자리는 딴 사람이 차지하고 있었다; **elektrischer S.** 전기 의자; **heißer S.** 〈청소년〉 오토바이, 모터 사이클; **jmdm. den S. vor die Tür setzen 1)** 누구에게 자기 집에서 나가라고 하다. **2)** 누구에게 (극적인) 해약 통고를 하다; **(fast) vom S. fallen** 《통용어》 무엇에 대해 매우 놀랐다[화가 났다]; **mit etw. zu S. kommen** 《통용어》 어떤 과업을 끝내다[잘 마무리하다]; **jmdn. (fast) vom S. reißen[hauen]** 《통용어》 누구를 깜짝 놀라게 만들다; **sich zwischen zwei Stühle setzen** 두 토끼를 다 놓치다; **zwischen zwei Stühlen sitzen** 여러가지 가능성을 다 놓친 상황에 처해 있다. **2.** 처치 의자(↑Behandlungsstuhl): er saß ängstlich auf dem S. des Zahnarztes 그는 불안하게 치과 의사의 처치 의자에 앉아 있었다. **3.** [가] 관청 소재지: der bischöfliche S. 주교구의 수도, 주교청의 소재지. **4.** [의학] **a)** 배변(↑Stuhlgang (a)). **b)** 대변, 똥.

stuhl-, Stuhl-: ~**bein**, das 의자의 다리. ~**drang**, der 〈Pl. 없음〉 [의학] 똥 마려움, 변의. ~**entleerung**, die [의학] 배변. ~**fördernd** 〈Adj.〉 [의학] 배변을 촉진하는. ~**gang**, der 〈Pl. 없음〉 **a)** ↑entleerung: regelmäßigen S. haben 규칙적으로 대변을 보다. **b)** ↑Stuhl (4 b). ~**kante**, die 의자 끄트머리. ~**kissen**, das 의자 위에 까는 방석. ~**lehne**, die **a)** 의자의 등받이. **b)** (드물게) 의자의 팔걸이. ~**regulierung**, die 배변 조절. ~**reihe**, die 의자의 열(列). ~**schlitten**, der (옛) 팔걸이가 있는 의자 모양의 썰매. ~**sitz**, der 의자에서 엉덩이가 닿는 부분. **2.** [승마] 무릎을 끌어당기고 앉은 그릇된 자세(반칙으로 간주됨). ~**trägheit**, die 〈Pl. 없음〉 Darmträgheit. ~**untersuchung**, die 대변 검사. ~**verhaltung**, die [의학] 변비, 배변 불통. ~**verstopfung**, die 변비증. ~**zäpfchen**, das ↑Suppositorium.

Stühlchen ['ʃtyːlçən], das; -s, - ↑Stuhl (1) 의 축소형.

Stuka ['ʃtuːka, 'ʃtʊka], der; -s, -s ↑Sturzkampfflugzeug.

stuken ['ʃtuːkn̩] 〈h〉 [(m)niederd. stüken] 《nordd.》 **a)** (액체에) 적시다. **b)** 가볍게 밀다[쿡 찌르다]: jmdn. in die Seite s. 누구의 옆구리를 쿡 찌르다.

Stukkateur [ʃtʊkaˈtøːɐ̯], der; -s, -e [frz. stucateur < ital. stuccatore] **a)** 석고 세공인. **b)** (드물게) ↑Stukkator. **Stukkator** [ʃtʊˈkaːtoːɐ̯, ...tor], der; -s, -en [...kaˈtoːrən; ital. stuccatore] 석고조각 예술가. **Stukkatur** [ʃtʊkaˈtuːɐ̯], die; -en 장식용 석고 세공.

Stulle ['ʃtʊlə], die; -n [niederd. stul] 《nordd., 특히 berlin.》 버터를 바른 빵 조각.

Stullen- 〈nordd., 특히 berlin.〉: ~**büchse**, die 도시락, 샌드위치 통. ~**paket**, das 샌드위치 꾸러미(봉지). ~**papier**, das 샌드위치 싸는 종이(유지).

Stulp-: ↑Stulpen-.

Stulpe ['ʃtʊlpə], die; -n [niederd. ↑stülpen] (장화나 장갑의) 깔때기 모양으로 접어 젖혀진 부분: Stiefel mit -n 밖으로 젖혀진 목이 있는 장화. **stülpen** ['ʃtʏlpn̩] 〈h〉 [mniederd. stulpen] **a)** 씌우다, 덮다. **b)** (모자 따위를) 급한 김에 아무렇게나 쓰다. **c)** 까뒤집다: 〈비〉 ihm sind die Taschen nach außen s. 호주머니들의 속을 까뒤집다. **d)** 뒤엎어서 쏟아 붓다.

Stulpen-, 《드물게》 Stulp- (Stulpe-): ~**ärmel**, der 밖으로 젖혀진 소맷부리. ~**handschuh**, der 밖으로 젖혀진 목이 있는 장갑. ~**stiefel**, der 밖으로 젖혀진 목이 있는 장화.

Stülpnase, die; -n 들창코, 사자코.

stumm [ʃtʊm] 〈Adj.〉 **1.** 말 못하는, 벙어리의: sie stellten sich t. 그들은 벙어리 시늉을 했다; 속담 -er Diener 봉사용 탁자, 사이드 테이블. **2. a)** 무언의, 침묵하는: 전의 das Radio blieb s. 라디오가 고장났다. b) ein -er Laut [언어] 무성음(無聲音)(프랑스어에서의 h 따위); **jmdn. s. machen** 《경》 누구를 죽이다. **b)** 말없는, 말이 수반되지 않는: eine -e Rolle 무언의 배역; s. (und starr) dasitzen 말없이 (꼼짝하지 않고) 앉아 있다. **3.** [의학]

a) 불현성(不顯性)의. b) 자신은 건강한: ein -er Träger von Erregern 건강한 보균자. 4. [제도] 문자 설명이 없는: eine -e Karte 문자 설명이 없는 지형 지도. **Stumme***, der / die 벙어리.

Stummel ['ʃtʊm], der; -s, - 동강, 남은 토막, 그루터기, 꽁초: der Aschenbecher ist voller S. 재떨이는 담배 꽁초로 가득하다; **den S. quälen** 《통용어·농》담배 피우다.

Stummel-: ∼**bein**, das 《동물》↑∼fuß. ∼**flügel**, der 《대개 Pl.》 (새의) 끝이 잘린 날개. ∼**fuß**, der 《대개 Pl.》 《동물》체절(體節) 동물의 몽당 다리. ∼**füßer**, der 《대개 Pl.》 《동물》몽당 다리를 하고 있는 체절 동물의 일종. ∼**pfeife**, die 몽당 파이프. ∼**rute**, die 몽당 막대. ∼**schwanz**, der (특히 개의) 끝이 잘린 짤막한 꼬리. ∼**zahn**, der (썩고 남은) 치아의 그루터기.

Stümmelchen, Stummelchen, das; -s, - ↑ Stummel의 축소형.

stümmeln ['ʃtʏ|n] ⟨h⟩ **1.** 《드물게》↑ verstümmeln. **2.** 《지역적》(수목·화초 따위를) 잘록하게 자르고 가지를 많이 치다.

Stummfilm, der; -(e)s, -e **1.** 《옛》무성 영화. **2.** 《전문어》동시 녹음이 되어 있지 않은 영화 필름.

Stummfilmzeit, die 무성 영화 시대. **Stummheit**, die 무성(無聲), 무언, 침묵.

Stump [ʃtʊmp], der; -s, -e 《지역적·준고어》↑ (Baum)stumpf. **Stumpe** ['ʃtʊmpə], der; -n, -n 《지역적》↑ (Baum)stumpf. **Stumpen** ['ʃtʊmpn], der; -s, - **1.** 《지역적》↑ (Baum)stumpf. **2.** 뭉툭하게 자른 짤막한 시가. **3.** ↑ Hutstumpen의 약칭. **4.** 《지역적》땅딸보. **Stümper** ['ʃtʏmpɐ], der; -s, - [niederd., md. < mniederd. stümper] 《폄》서투른[무능한] 사람: hier waren S. am Werk 이것은 서투른 사람이 해놓은 것이다. **Stümperei** [ʃtʏmpə'raɪ], der; -en 《폄》**1.** 《Pl. 없음》서투름, 솜씨없음, 미숙, 졸렬. **2.** 서투른[졸렬한] 작품. **stümperhaft** ⟨Adj.⟩ 《폄》서투른, 미숙한, 졸렬한. **Stümperin**, die; -nen 《폄》↑ Stümper의 여성형. **stümpermäßig** ⟨Adj.⟩ 《폄》↑ stümperhaft. **stümpern** ['ʃtʏmpɐn] ⟨h⟩ 《폄》서투른 솜씨로 일하다 [만들다].

stumpf [ʃtʊmpf] ⟨Adj.⟩ **1. a)** 무딘(반대: scharf): das Werkzeug ist s. geworden 그 연장은 날이 무뎌졌다. **b)** 뭉툭한, 뾰족하지 않은. **2.** 절두형(截頭形)의, 끝이 무지러진: ihre Nase ist s. 그녀의 코는 끝이 뭉툭[납작]하다; -er Kegel 원뿔대. **3.** (표면이) 꺼칠꺼칠한, 매끄럽지 않은, 광택이 없는: ihr Haar war von der Sonne ganz s. geworden 그녀의 머리카락은 햇볕 때문에 아주 윤기없이 되었다. **4.** (특히 빛깔이) 흐린, 빛바랜. **5.** [기하] 둔각의: ein -er Winkel 둔각. **6.** [의학] 좌상(挫傷)의. **7.** [시학] ↑ männlich (4 b): ein -er Reim 남성운(男性韻). **8. a)** 생기없는, 둔감한. **b)** 흐리멍덩한, 무감각한: sie waren gegen Schmerzen völlig s. geworden 그들은 고통에 대해 완전히 무감각하게 되어 있었다.

Stumpf [-], der; -(e)s, Stümpfe ['ʃtʏmpfə] 《축소형: ↑ Stümpfchen》남은 토막, 동강, 그루터기, 끄트머리: seine Zähne waren nur noch Stümpfe 그의 치아는 다 썩고 몇몇 그루터기만 남아 있었다; Stümpfe roden (벌채한 다음의) 나무의 그루터기를 뽑아내다; **mit S. und Stiel** 전부, 모조리, 뿌리째.

stumpf-, Stumpf-: ∼**nase**, die 《축소형》∼**näschen**, das 들창 코, 납작한 코. ∼**nasig** ⟨Adj.⟩ 납작코의. ∼**schmerz**, der [의학] (절단되고 남은 신체부위에서 느끼는) 환각적 고통. ∼**sinn**, der ⟨Pl. 없음⟩ **1.** 둔감(상태): in S. verfallen[versinken] 둔감 상태에 빠지다. **2.** 단조로움, 지루함. **3.** 《드물게》↑ Unsinn (2): er redet lauter S. 그는 순전히 허튼소리만 지껄인다. ∼**sinnig** ⟨Adj.⟩ **1.** 둔감한, 생기 없는, 아둔한: ein -es Leben führen 둔감한 삶을 살다. **2.** 단조로운, 사람을 바보로 만드는, 지루한. **3.** 《드물게》넌센스의, 허튼 수작의. ∼**sinnigkeit**, die 둔감성, 무미건조성, 무의미성. ∼**wink(e)lig** ⟨Adj.⟩ 둔각의.

Stümpfchen ['ʃtʏmpfçən], das; -s, - ↑ Stumpf의 축소형. **stumpfen** ['ʃtʊmpfn] ⟨h⟩ 《드물게》무디게[뭉툭하게, 둔감하게] 하다. **Stumpfheit**, die 무딤, 뭉툭함, 둔감, 흐릿함.

Stündchen ['ʃtʏntçən], das; -s, - 《친근》약 1시간: **jmds. letztes S. ist gekommen[hat geschlagen]** 누구의 최후의 시간이 다가왔다 (↑ Stündlein).

Stunde ['ʃtʊndə], die; -n **1.** 《축소형: ↑ Stündchen, Stündlein》시간(하루의 24분의 1): anderthalb -n 1시간 반 동안; über eine S. 《통용어》한 시간 이상; er hat -n und Tage dazu gebraucht 그는 거기에다 매우 오랜 시간을 들였다; der Standuhr schlug die fünfte S. (괘종 시계가) 탁상 시계가 다섯 시를 쳤다; sie zählten die -n bis zur Rückkehr 그들은 귀환의 순간을 초조하게 기다렸다; die Bahn verkehrt jede S. 열차는 매 시간마다 운행된다; von S. zu S. wurden sie unruhiger 시간이 흐를수록 그들은 더 불안해졌다; 〔성구〕 besser eine S. zu früh als eine Minute zu spät 1분 늦는 것보다는 한 시간 이른 것이 더 좋다; **jmds. letzte S. hat geschlagen[ist gekommen]** 누구의 마지막 순간이 다가왔다 (↑ Stündlein); **wissen, was die S. geschlagen hat** 상황이 정말 어떠한 지를 알다, 상황파악을 바로하다; **ein Mann der ersten S.** 처음부터 참여해 온 사람, 창당 멤버, 《아이》 **a)** 시간, 시기, 때: in guten und bösen -n zusammenstehen 고락의 세월을 함께 하다; **jmds. schwere S.** 《시어》산고의 시간; **die blaue S.** 《시어》여명의 시간; **die S. des Pan** 《시어》여름날의 낮 시간. **b)** 순간, 시간: die Gunst der S. nutzen 유리한 순간을 이용하다; seine (große) S. 그의 득의의 순간, 그가 능력을 발휘할 수 있는 때; zur S. haben wir keinerlei Nachricht von ihm Ergehen 《아이》지금 이 순간 우리는 그에 관한 아무런 소식도 갖고 있지 않다; **die S. der Wahrheit** 무엇[누구의 진실]이 입증되어야 하는 순간; **die S. Null** (↑ Null (1 a)); **die S. X** 무엇인가 결정적인 일이 일어날 미지의 시점; **in zwölfter S.** 최후의 순간에; **von Stund an** 《아이·준고어》이 순간부터. **3. a)** 《학교의》수업 시간: während der S. Unfug treiben 수업 시간 중에 장난을 치다. **b)** 《통용어》(과외·개인 교습의) 시간: sie nimmt englische -n bei einem Engländer 그녀는 한 영국인한테서 영어 교습을 받고 있다. **stünde** ['ʃtʏndə] ↑ stehen 참조. **stunden** ['ʃtʊndn] ⟨h⟩ 연기[유예]해 주다: man hat ihm die fällige Rate gestundet 사람들은 그가 내어야 할 불입금을 연기하였다.

stunden-, Stunden-: ∼**abstand**, der ⟨Pl. 없음⟩ 1시간의 간격: die Züge verkehren im S. 기차는 1시간 간격으로 운행된다. ∼**blume**, die 부용속(屬), das ↑ Horarium. ∼**buch**, das ↑ Horarium. ∼**deputat**, das (교사의) 주당 수업 시간수. ∼**frau**, die 《지역적》청소부(婦), 파출부. ∼**gebet**, das 정시과(定時課), 시도(時禱). ∼**geld**, das 《통용어》수업료, 교습 사례금. ∼**geschwindigkeit**, die 시속(時速). ∼**glas**, das 《고어》↑ Sanduhr. ∼**halt**, der (schweiz.) 행군시 한 시간 간격의 휴식 시간. ∼**hilfe**, die 파출 인력, 시간급 보조. ∼**hotel**, das (은폐) 연애[러브] 호텔. ∼**kilometer**, der 《대개 Pl.》《통용어》킬로미터 시(時)(km / h): er fuhr mit fast 200 -n 그는 거의 시속 200킬로미터로 차를 몰았다. ∼**kreis**, der [천문] 시권(時圈). ∼**lang** ⟨Adj.⟩ 《폄》여러 시간, 매 시간 동안의, 매우 오랜. ∼**leistung**, die 시간당 작업량. ∼**lohn**, der 시간제 임금[급료].

~mittel, das 시간당 평균치: sie fuhren mit einem S. von 90 km 그들은 시간당 평균 90 km의 속도로 차를 몰았다. **~plan**, der **a)** (학업, 작업) 시간표. **b)** (학업, 작업) 시간 계획표: einen S. an die Wand hängen 학업, 작업 시간 계획표를 벽에 걸다. **~schlag**, der (탑, 시계 따위의) 시간을 알리는 타종(打鐘): es beginnt mit dem S. acht 《통용어》 그것은 정각 8시에 시작한다. **~verdienst**, der 시간당 수입(벌이). **~weise** ⟨Adv.⟩ 시간으로, 임시로. **~weit** ⟨Adj.⟩ 수 시간 걸리는 거리의. **~zahl**, die 수업(근무) 시간수. **~zeiger**, der (시계의) 시침. **~zirkel**, der [천문] ↑~kreis.

-stündig [-ʃtyndɪç] ⟨다음의 합성어로, 예컨대⟩ achtstündig 8시간 걸리는. **Stündlein** [ˈʃtyntlaɪn], das; -s, - ↑Stunde (1)의 축소형: **jmds. letztes S. hat geschlagen(ist gekommen)** 《농·위험》 누구의 최후가 닥쳐왔다. **stündlich** [ˈʃtyntlɪç] ⟨Adj.⟩ **a)** 매 시간마다의: der Zug verkehrt s. 기차는 한 시간 간격으로 운행되고 있다. **b)** 지금 곧: sein Tod kann s. eintreten 그의 죽음이 시간을 다투고 있다. **c)** 늘, 항상, 시시각각으로. **-stündlich** [ʃtyntlɪç] ⟨다음의 합성어로, 예컨대⟩ achtstündlich 8시간마다. **Stundung**, die; -en (지불기한의) 연기(유예). **Stundungsantrag**, der 지불 유예 신청(서). **Stundungsfrist**, die 지불 유예 기간.

Stunk [ʃtʊnk], der; -s [원래 berlin., obersächs.] 《통용어·폄》 싸움질, 시비: S. anfangen 시비를 걸다.

Stunt [stant], der; -s, -s [engl. stunt = Kunststück, Trick] 위험 천만의 영화 장면: einen S. vollführen 위험하고 아슬아슬한 장면을 연기해 내다. **Stuntgirl** [ˈstant-], das; -s, -s [engl.-amerik. stunt] ↑Stuntwoman. **Stuntman** [ˈʃtantmən], der; -s, ...men [...mən; engl.-amerik. stunt man] [영화] 위험하고 아슬아슬한 장면을 떠맡는 남자 배우. **Stuntwoman** [ˈstantwʊmən], die; ...women [...wɪmɪn] ↑Stuntman의 여성형.

Stupa [ˈʃtuːpa, ˈst...], der; -s, -s [sanskr. stupaḥ] (인도의) 사리탑.

stupend [ʃtuˈpɛnt, (또한) st...] ⟨Adj.⟩ [lat. stupendus] 《교양어》 놀라운, 경탄을 자아내는.

Stupf [ʃtʊpf], der; -(e)s, -e 《südd., schweiz.·방언》 ↑Stups. **stupfen** [ʃtʊpfn̩] ⟨h⟩ 《südd., österr.·통용어, schweiz.·방언》 ↑stupsen: jmdn. zur Seite s. 누구의 옆구리를 찌르다. **Stupfer**, der; -s, - 《südd., österr.·통용어, schweiz.·방언》 ↑Stups.

stupid [ʃtuˈpiːt], (드물게) **stupide** [...ˈpiːdə] ⟨Adj.⟩ [frz. stupide < lat. stupidus] 《교양어·폄》 **a)** 우둔한, 멍청한. **b)** 지루한, 단조로운, 둔감하게 만드는.

Stupidität [ʃtupidiˈtɛːt], die; -en [lat. stupiditās] 《교양어·폄》 **1.** ⟨Pl. 없음⟩ **a)** 아둔함, 우둔성. **b)** 지루함, 단조로움, 둔감성: die S. des Arbeitsablaufs 작업 과정의 천편일률성. **2.** 멍청이 같은 언행. **Stupor** [ˈʃtuːpor, (또한) ...por, ˈst...], der; -s [lat. stupor] [의학] 지둔, 무감각, 혼미 상태.

Stupp [ʃtʊp], die 《österr.》 ↑Puder. **stuppen** ⟨h⟩ 《österr.》 ↑pudern.

Stuprum [ˈʃtuːprʊm, ˈst...], das; -s, ...pra [lat. stuprum] 《교양어·준고어》 능욕, 폭행, 강간.

Stups [ʃtʊps], der; -es, -e 《통용어》 밀기, 찌르기. **stups-, Stups-**: **~nase**, die (약간 위로 치켜진) 들창코. **~näschen**, das 《친근》 조그만 들창코. **~nasig** ⟨Adj.⟩ 약간 들창코의.

stupsen [ʃtʊpsn̩] ⟨h⟩ [↑stupfen의 niederd., md.형] 《통용어》 밀다, 가볍게 밀치다. **Stupser**, der; -s, - 《통용어》 밀침. **Stupserei** [ʃtʊpsəˈraɪ], die; -en 《통용어·폄》 자꾸만 밀치기, 귀찮게 쿡쿡 찌르는 짓.

stur [ʃtuːɐ̯] ⟨Adj⟩ [niederd. < mniederd. stür] 《통용어·폄》 **a)** 완고한, 완강한, 고집이 센: s. an etw. festhalten 무엇을 완강하게 고집하다; sich s. stellen 고집불통이다. **b)** 곧이 곧대로의: sie arbeiten s. nach Vorschrift 그들은 꼭 규정대로 일한다. **c)** 《드물게》 단조로운, 사람을 둔하게 만드는.

stürbe [ˈʃtʏrbə] ↑sterben의 접속법 Ⅱ식.

Stur Heil! ⟨Adv.⟩ 《통용어·폄》 상대가 고집 불통일 때 화가 나서 외치는 소리. **Sturheit**, die 《통용어·폄》 완고, 완강, 고집 불통; 융통성 없음; 단조로움.

sturm [ʃtʊrm] ⟨Adj.⟩ ⟨südwestd., schweiz.⟩ **a)** 현기증 나는, 어지러운: mir ist s. im Kopf 나는 머리가 어지럽다. **b)** 혼란스러운. **Sturm** [-], der; -(e)s, Stürme [ˈʃtyrmə] **1.** 폭풍, 폭풍우: der S. wütet(tobt) 폭풍이 미친듯이 분다; das Barometer steht auf S. 기압계는 폭풍우를 가리키고 있다; [전의] ein S. der Begeisterung brach los 폭풍 같은 열광(의 박수)가 터져 나왔다; **ein S. im Wasserglas** 컵 속의 폭풍, 하찮은 일로 큰 소란을 피움. **2.** 돌격: zum S. blasen 돌격 나팔을 불다; [전의] bei Beginn des Ausverkaufs setzte ein S. auf die Geschäfte ein 세일이 시작되자 가게들에 인파가 쇄도했다; **S. läuten(klingeln, schellen)** 큰 소리로 여러 번 종을 울리다; **gegen etw. S. laufen** 어떤 계획에 대해 강력히 투쟁(항의)하다. **3.** [스포츠] 공격수 전체, 전(全) 공격진: im S. spielen 공격수로 뛰다. **4.** ⟨Pl. 없음⟩ 《österr.》 발효 중인 포도즙. **5.** 《나치》 (돌격대 및 친위대의) 중대에 해당하는 부대 단위.

sturm-, Sturm- (↑Sturmes-도 참조): **~abteilung**, die 《나치》 나치스의 돌격대(약어: SA). **~angriff**, der ↑Sturm (2). **~ball** 《해양》 폭풍 경보의 표시로 거는 흑색 공. **~band**, das ⟨Pl. -bänder⟩ **1.** ↑Kinnriemen. **2.** (모자의) 턱끈. **~bann** 《나치》 나치스 친위대의 부대 단위. **~bannführer**, der 위의 부대장(소령에 해당). **~bereit** ⟨Adj.⟩ 돌격 준비가 되어 있는. **~bewegt** ⟨Adj.⟩ 《아어》 폭풍으로 일렁이는. **~bö**, die 뇌우를 수반한 돌풍. **~bock**, der 《군》 상륙용 주정(舟艇). **~brecher**, **~boot**, die 《군》 상륙용 주정(舟艇). **~bruch**, der 풍해(風害). **~deich**, der 안쪽 둑. **~erprobt** ⟨Adj.⟩ 《아어》 폭풍(재난)을 견뎌낸. **~fahne**, die 《옛》 해일. **1.** 해일. **2.** 평균 만조 수위를 크게 초과하는 밀물. **~fock**, die (폭풍 시에 다는) 선수(船首) 돛대의 돛. **~frei** ⟨Adj.⟩ **1.** (숙녀방 따위가) 이성《남》의 방문을 받을 수 있는. **2.** 《군·고어》 (진지, 요새 따위가) 함락될 수 없는. **~führer**, der 《나치》 나치스 돌격대의 중대장. **~gebraus**, das 《시어》 폭풍의 포효(윙윙거리는 소리). **~geläut(e)**, das 《아어》 폭풍 경보의 종소리. **~gepäck**, das 《군》 돌격 군장(軍裝). **~gepeitscht** ⟨Adj.⟩ 《아어》 폭풍에 휘말린. **~geschütz**, das 《군·옛》 자주포(自走砲). **~glocke**, die 《옛》 경종. **~haube**, die 《옛》 (보병의) 투구. **~hut**, der ↑Eisenhut (1). **~laterne**, die 내풍(耐風) 칸델라. **~lauf**, der **1.** 쇄도, (인파의) 밀려듦: es begann ein S. auf die Geschäfte 상점들에 사람들이 몰려들기 시작했다. **2.** 돌격 전진 속도, 질주: im S. durchquerten sie das Gelände 그들은 돌격 전진 속도로 그 지형을 횡단했다. **~läuten**, das; -s 《옛》 폭풍 경종을 울리기. **~leiter**, die **1.** 성(城) 공격용 사다리. **2.** [선박] Jakobsleiter. **~möwe**, die 갈매기. **~nacht**, die 《아어》 폭풍우가 휘몰아치는 밤. **~panzer**, der 《군》 돌격용 장갑차. **~reif** ⟨Adj.⟩ 《군》 폭풍(공략)시키기 전에 익은. **~reihe**, die 《스포츠》 공격수 전체, 전(全) 공격수. **~riemen**, der ↑band (1). **~schaden**, der ⟨대개 Pl.⟩ 폭풍우에 의한 피해. **~schritt**, der ⟨다음 용법으로⟩ **im S.** 돌격 행보로, 급히. **~schwach** ⟨Adj.⟩ [스포츠] (어느 팀이) 공격진이 약한. **~segel**, das 폭풍용용 돛. **~signal**, das

↑~warnungszeichen. ~**spitze**, die 【축구】 최전방 공격수. ~**stärke**, die 폭풍에 해당하는 바람의 강도. ~**taucher**, der 바다제비. ~**tide**, die 【해양】 폭풍에 의해 야기되는 조수의 간만(干滿). ~**tief**, das 【기상】 폭풍을 초래하는 저기압 지대. ~**vogel**, der 【동물】 바다제비과(科). ~**warnung**, die 【해양】 폭풍 경보. ~**warnungsstelle**, die 폭풍 경보 관리소. ~**warnungszeichen**, das 【해양】 폭풍 경보 표지. ~**wetter**, das 폭풍우. ~**wind**, der 《시어》 ↑Sturm (1). ~**wurf**, der 【임업】 나무들이 뿌리째 뽑혀진 폭풍 피해. ~**zeichen**, das **1.** ↑~warnungszeichen. **2.** 《아어》 ↑Fanal: die S. der Revolution 혁명의 신호탄. ~**zerfetzt** ⟨Adj.⟩ 폭풍에 짓찢긴: -e Fahnentücher 폭풍에 짓찢긴 깃발. ~**zerzaust** ⟨Adj.⟩ 폭풍에 의해 망가진.

Stürme: ↑Sturm의 복수형. **stürmen** [ˈʃtʏrmən] **1. a)** ⟨h⟩ 폭풍이 휘몰아치다: 전의 in ihm stürmten Depression und Todesängste 그에게는 의기 소침과 죽음에의 불안이 휘몰아치고 있었다. **b)** ⟨s⟩ 휘몰아쳐 가다. **2.** ⟨s⟩ 내닫다, 급히 뛰어 나가다: aus dem Haus s. 집 바깥으로 뛰어 나가다: auf die Straße s. 길거리로 내닫다. **3.** ⟨h⟩ 【군】 **a)** 돌격하여 점령하다: 전의 die Zuschauer stürmten die Bühne 관중들이 돌진하여 무대를 점령해 버렸다. **b)** 돌격하다: die Infanterie hat gestürmt 보병이 돌격을 했다. **4.** ⟨h⟩ 【스포츠】 **a)** (공격수로서) 뛰다: er hat am linken Flügel gestürmt 그는 왼쪽 날개에서 공격수로 활약했다. **b)** 공격을 펴다. **Stürmer**, der; -s, - **1.** 【스포츠】 공격수: S. spielen 공격수로 뛰다. **2.** 【대학생】 〈학회소속 학생들이 쓰는〉 원뿔대 모양의 학생모. **3.** 발효된 포도의 즙. **4.** 【고어】 무모하게 돌진하는 성격의 사람. **Stürmerei** [...'raj], die; -en 《병》 돌격, 공략, 공격. **Stürmer und Dränger**, der; -s / -s, - / - 【문예학】 질풍 노도파의 시인들.

Sturmes- (↑sturm-, Sturm-도 참조): ~**brausen**, das 《아어》 폭풍의 노호(怒號). ~**eile**, die 《시어 · 드물게》 《다음의 용법으로》 **mit S.** 대단히 급히[빠르게]. ~**stärke**, die 《아어 · 드물게》 폭풍에 해당하는 바람의 강도.

stürmisch [ˈʃtʏrmɪʃ] ⟨Adj.⟩ **1. a)** 폭풍우의, 폭풍이 부는: 전의 es waren -e Tage 그것은 사건이 많은[떠들썩한] 날들이었다. **b)** 폭풍에 의해 일렁이는, 매우 동요하는〔불안한〕. **2. a)** 격심한, 정열적인, 열렬한, 저돌적인: nicht so s.! 《농》 그렇게 미구 덤비지 말아라. **b)** 격한, 강력한, 열광적인: die Auseinandersetzung verlief sehr s. 그 논의는 매우 격렬하게 진행되었다. **3.** 급격한, 급속도의: eine ~e Entwicklung 급격한 발전.

Sturm und Drạng, der; - - -(e)s / - - - 【문예학】 질풍 노도(의 문학).

Sturm-und-Drạng-: ~**Dichter**, der 질풍 노도파의 시인. ~**Periode**, ~**Zeit**, die 《Pl. 없음》 【문예학】 질풍 노도의 시대(1767~85); 전의 《농》 in seiner S. hat er manches Abenteuer bestanden 젊음이 넘치던 시절에 그는 많은 모험들을 이겨내었다.

Sturz [ʃtʊrts], der; -es, Stürze [ˈʃtʏrtsə] / -e **1.** 《Pl. Stürze》 낙하, 떨어짐, 추락: 전의 《Pl. 없음》 S. der Preise 물가 폭락; ein S. der Temperatur 기온의 급강하. **b)** 넘어짐, 낙상, 전복: ein S. mit dem Fahrrad 자전거 타다 넘어짐; er hat einen S. gebaut(gedreht) 《통용어》 그는 (스키 또는 모터 싸이클을 타다가) 넘어져 중상을 입었다. **2.** 《Pl. Stürze》 실각, 전복, 퇴위: etw. führt zum S. eines Regimes 어떤 일 정권을 무너지게 하다. **3.** 《Pl. Stürze》 《자동차》 ↑Achssturz의 약칭: ein negativer(positiver) S. 자동차 바퀴의 위쪽이 안쪽으로〔바깥쪽으로〕 기운 경사(傾斜). **4.** 《Pl. -e / Stürze》 상인방(ㅅ 引枋). 《출입문, 창문 따위의》 윗 ینم. **5.** 《Pl. Stürze》 《südd., österr., schweiz.》 ↑Glassturz의 약칭. **6.** 《Pl. -e / Stürze》《westmd.》(나무의) 그루터기.

sturz-, Stụrz-: ~**acker**, der 《준고어》 갈아 뒤집어 놓은 밭: die Straße ist (wie) ein S. 《뜀》 도로의 노면상태가 매우 울퉁불퉁하다. ~**bach**, der 《Gießbach》: 전의 es regnete in Sturzbächen 비가 억수같이 퍼부었다. ~**bad**, das 《고어》 ↑Guß (2 a). ~**becher**, der (16세기에 쓰던) 깔때기 모양의 술잔(마신 다음에는 엎어서 세워둠). ~**besoffen** 《속어》, ~**betrunken** ⟨Adj.⟩ 《통용어》 (바로 걸을 수 없을 정도로) 만취한. ~**bett**, das 【수리(水利)】 ↑Tosbecken. ~**bomber**, der ↑~kampfflugzeug. ~**bügel**, der **1.** 【모터 스포츠】 바퀴에 부착한 철제 버팀쇠(전복시 모터를 보호하기 위한). **2.** (승마 · 옛) 안전 발걸이(기수가 낙마할 시에 자동으로 발이 풀려지도록 되어 있는). ~**entleerung**, die 【의학】 (대장 따위의 소화 기관이) 음식물을 매우 빨리 통과시킴. ~**flug**, der 급강하(수직 강하) 비행: zu S. stießen die Möwen aufs Wasser hinunter 갈매기들이 수면 위로 내리꽂듯이 내려왔다. ~**flut**, die (하천 따위의) 격류, 내리솟아지는 물결: 전의 eine S. von Fragen 마구 퍼부어지는 질문들, 빗발치는 질문 공세. ~**geburt**, die 【의학】 급산(急産). ~**glas**, das 《österr.》 ↑Glassturz. ~**gut**, das 하역장에 쏟아붓는 짐(모래, 석탄 따위). ~**hang**, der 【체조】 머리를 아래쪽으로 하고 링에 매달리기. ~**helm**, der (머리를 보호하기 위한) 안전 헬멧. ~**kampfflugzeug**, das 【군】 급강하 폭격기(약칭: Stuka). ~**kappe**, die 【경마 · 사이클】 안전모(두툼한 쿠션이 붙어 있는). ~**regen**, der 억수같이 쏟아지는 비. ~**see**, die ↑Brecher (1). ~**trunk**, der 《Pl. 없음》 【법】 여러 잔의 독주를 연거푸 마심. ~**verletzung**, die 낙상(落傷). ~**welle**, die ↑~see.

Stürze [ˈʃtʏrtsə], die; -n **1.** (지역적) (요리가 식지 않도록) 식기 위에 씌우는 뚜껑, 냄비 뚜껑의 축소형. **2.** 【음악】 (관악기의) 나팔 모양의 끝부분. **Sturzel** [ˈʃtʊrtsəl], **Stürzel** [ˈʃtʏrtsəl], der; -s, - (지역적) **1.** ↑Stürze (1)의 축소형. **2.** 뭉툭하게 잘린 끝, (나무의) 그루터기.

stürzen [ˈʃtʏrtsən] **1.** ⟨s⟩ a) 추락하다, 급히 떨어지다, 급락하다, 급강하하다: 전의 die Temperatur stürzte unter Null 기온이 갑자기 영하로 떨어졌다; die Kurse sind gestürzt 주가가 폭락했다. **b)** 쿵하고 넘어지다, 낙상하다: über einen Stein s. 돌에 걸려 넘어지다〔자빠지다〕. **2.** ⟨s⟩ **a)** 돌진하다: jmdm. [sich³] in die Arme s. 누구[서로] 격렬하게 포옹하다. **b)** (물 따위가) 쏟아지다: Tränen stürzten ihr aus den Augen 《아어》 그녀의 두 눈에서 갑자기 눈물이 쏟아져 나왔다. **c)** 《아어》 급경사를 이루다: an diesem Teil der Küste stürzen die Felsen steil ins Meer 해안의 이 부분에서 바위들이 바다로 급경사를 이루고 있다. **3.** ⟨s. + sich; h⟩ 덤벼들다, 급습하다: 전의 die Kinder stürzten sich auf die Süßigkeiten 아이들이 단것을 서로 먹으려고 달려들었다. **4.** ⟨h⟩ 추락시키다, 밀어뜨리다: sich von der Brücke in den Fluß s. 다리 위에서 강물에 뛰어들어 자살하다; 전의 seine Maßlosigkeit hat ihn ins Unglück gestürzt 무절제가 그를 불행에 빠뜨렸다. **5.** ⟨s. + sich; h⟩ ...에 탐닉하다[빠지다]: sich ins Vergnügen s. 향락에 빠지다. **6.** ⟨h⟩ **a)** 뒤엎다, 거꾸로 뒤집어 속을 비우다: (bitte) nicht s.! 뒤집지 마시오! (하물 포장용에 쓰는 문구); die Kasse s. 《준고어》 하루(판매 고)를 결산해 보다(금고를 완전히 털어서). **b)** 형(型)을 뒤집어 속을 꺼내다. **7. a)** ⟨h⟩ 실각시키다. **b)** 《드물게》 ⟨s⟩ 실각하다: die Regierung ist gestürzt 정부가 실각했다. **8.** ⟨h⟩ (지역적) (밭을) 갈아 뒤엎다.

Stuß [ʃtʊs], der; Stusses [jidd. stuß < hebr. šṭût] 《통용어 · 뜀》 허튼 수작, 승강질: S. verzapfen 허튼 소리를 하다.

Stutbuch [ˈʃtuːt-], das; -(e)s, ...bücher 말의 혈통 기록

부. **Stute** ['ʃtuːtə], die; -n **a)** 말의 암말. **b)** (당나귀, 낙타의) 암컷.

Stuten ['ʃtuːtn̩], der; -s, - [mniederd. stute(n)] (지역적) (건포도가 든) 흰빵.

Stuten- (Stute) : **~bäcker**, der ((nordd.·고어)) ↑ Konditor. **~brot**, das ↑Hippomanes. **~fohlen**, ((아이)) **~füllen**, das 망아지의 암컷. **~milch**, die 말 젖. **~zucht**, die 암말 사육.

Stuterei [ʃtuːtəˈraj], die; -en (고어) ↑Gestüt. **Stutfohlen**, das; -s, - ↑Stutenfohlen.

Stuttgart ['ʃtʊtɡart] 슈투트가르트(바덴·뷔르템베르크 주(州)의 수도). **¹Stuttgarter** ['ʃtʊtɡartɐ], der; -s, - 슈투트가르트 사람. **²Stuttgarter** ⟨Adj.; 격변화 없음⟩ 슈투트가르트의.

Stutz [ʃtʊts], der; -es, -e / **Stütze** [↑Stutzen] **1.** (지역적) 급격한 밑칼: **auf den S.** 돌연, 불시에. **2.** (지역적) **a)** 짧게 쓴 것. **b)** ↑Stutzen (1). **3.** (지역적) 벽판(壁板). **4.** (schweiz.) 급경사면.

Stütz [ʃtʏts], der; -es, -e (체조) 지지(支持), 양팔로 몸을 버티는 기본 자세: **der freie S.** 양팔로 몸을 버티어 공중에 떠오른 자세.

Stutz- ['ʃtʊts-] : **~bart**, der 짧게 깎은 수염. **~flügel**, der 소형(세미) 그랜드피아노. **~uhr**, die (탁자나 장위에 놓는) 상자 안에 든 시계.

Stütz- : **~apparat**, der **1.** [해부] 지지(支持) 골격. **2.** (정형외과용의) 지지(支持) 기구. **~balken**, der 받침 보, 버팀목. **~frucht**, die [농업] (완두 따위가 기댈 수 있도록 함께 재배하는) 지주(支持) 작물. **~gewebe**, das [생물] [식물·생물] 지지 조직(支持組織). **~griff**, der [체조] (연습 때 보조가) 팔 잡아 주는 것. **~kehre**, die [체조] 동작 후 다시 지지(支持)[버팀] 자세로 되돌아옴. **~korsett**, das (척추 등을 지지하기 위한) 정형외과용 코르셋. **~kurs**, der (열등생을 위한) 보충 수업(강좌). **~mauer**, die 옹벽(擁壁). **~pfeiler**, der 지주(支柱), 지지(支持) 말뚝. **~pfosten**, der 지주(直柱), 수직 지지재(材). **~punkt**, der **1.** 거점(據点), 기지(基地): **einen S. errichten** 거점을 확보하다. **2.** 지점(支点): **das Fahrzeug ruht auf vier -en** 자동차의 무게는 4개 지점에 실려 있다. **~rad**, das (아동용 자전거 따위의) 보조 바퀴. **~sprung**, der [체조] (특히 안마에서의) 버티고 휘돌기. **~stange**, die 지지(支持) 막대. **~strumpf**, der 다리 울혈 방지용 양말(부드러운 피륙으로 만든). **~verband**, der [의학] 지지(支持) 붕대.

Stütze ['ʃtʏtsə], die; -n **1.** [토건] 수직 지지재(支持材), 지주(支柱): **der Bau ruht auf -n aus Stahlbeton** 그 건축물은 철근 콘크리트로 된 기둥들이 떠받치고 있다. **2.** 보조, 의지물, 지팡이, 기둥: **die Sitze in den Bussen haben -n für Kopf und Arm** 이 버스의 좌석에는 머리 받침이 있다. **3.** 조력자, 의지가 되는 사람: **für jmdn. eine S. sein** 누구의 조력자[후원자]이다, **die -n der Gesellschaft** (대개 蔑) 사회의 영향력 있는 인사들. **4.** (준고어) 하녀, 가정부. **5.** (경) 실업(失業) 수당.

¹stutzen ['ʃtʊtsn̩] ⟨h⟩ **1.** (놀라서) 멈칫(주춤)하다: **er stutzte, dann trat er entschlossen ins Zimmer** 그는 걸음을 멈추고 주춤거리더니, 이윽고 단호히 방으로 들어갔다. **2. a)** [사냥] (사슴 따위가) 갑자기 멈춰서 주위를 살피다. **b)** (일반) 놀라서 ~하다 (2): **das Pferd stutzte bei dem Geräusch** 그 소리에 말이 깜짝 놀라 날뛰었다. **²stutzen** [-] ⟨h⟩ **a)** 끝을 자르다, 짧게 긁다. **b)** ↑ kupieren (1 a): **einen Hund den Schwanz s.** 개의 꼬리를 짧게 자르다. **c)** (농) (머리, 수염을) 짧게 깎다: **der Friseur hat ihn mächtig gestutzt** 이발사가 그의 머리를 매우 짧게 깎아 놓았다. **Stutzen** [-], der; -s, - **1.** 총신이 짧은 엽총. **2.** [공학] 접합관, 접속용 파이프. **3.** [공학] 나사 조이개. **4.** ⟨대개 Pl.⟩ (알프스 지방 남

성복의) 긴 양말(발 부분이 없음), 각반. **b)** (축구 선수용) 양말, 무릎까지 올라오는 양말.

stützen ['ʃtʏtsn̩] ⟨h⟩ **1.** 떠받치다, 지지하다, 버티게 해 주다, 부축하다: **der Verletzte mußte von zwei Personen gestützt werden** 그 부상자는 두 사람이 부축해 주어야 했다; [전의] **einen Diktator s.** 독재자를 지원해 주다. **2. a)** ⟨s. + sich⟩ ···에 의지하다: **sich auf die Ellenbogen s.** 팔꿈치에 몸을 괴다; [전의] **er kann sich auf reiche Erfahrungen s.** 그는 풍부한 경험에 의지할 수 있다. **b)** ···에 갖다 대다[받치다]: **die Arme in die Seiten s.** 두 팔로 허리집을 지다. **3.** ⟨s. + sich⟩ 근거하다. **4. a)** [금융·증권] 하락을 막다, (주가 따위를) 떠받치다. **b)** (구동독·경제) 소비 물가를 안정시키다.

stützen-, Stützen- : **~frei** ⟨Adj.⟩ [토건] 수직재가 없는, 지주를 사용하지 않은(지붕 따위가). **~konstruktion**, die [토건] 수직재 구조(물). **~wechsel**, der [미술] (로마네스크 식 교회당에서) 원주(圓柱)와 각주(角柱)가 서로 섞바뀌어 늘어서 있는 것.

Stutzer ['ʃtʊtsɐ], der; -s, - **1.** (준고어·蔑) 멋쟁이, 맵시꾼. **2.** 남자용의 짧은 외투. **3.** (schweiz.) ↑Stutzen (1). **stutzerhaft** ⟨Adj.⟩ 멋쟁이 같은: **sich s. kleiden** 옷차림에 멋을 부리다. **Stutzerhaftigkeit**, die 멋 부리는 행동. **stutzermäßig** ⟨Adj.⟩ ↑stutzerhaft. **Stutzertum**, das; -s 멋 부림, 모양냄. **stutzig** ['ʃtʊtsɪç] ⟨Adj.⟩ (다음의 용법으로) **s. werden** 의아하게 여기게 되다; **jmdn. s. machen** 누구에게 이상한 느낌[수상한 생각]이 들게 하다. **stützig** ['ʃtʏtsɪç] ⟨südd., österr.· 방언⟩ **1.** ↑stutzig. **2.** 완강한, 고집 센, 반항적인.

Stützung, die; -en 떠받침, 지지(支持), 버팀목을 괴기, 부축, 부조, 하락 방지. **Stützungskauf**, der ⟨대개 Pl.⟩ [금융·증권] 지지(支持) 매입.

StVO = Straßenverkehrsordnung.
StVZO = Straßenverkehrs-Zulassungs-Ordnung.

stygisch ['styːɡɪʃ, ʃt...] ⟨Adj.⟩ [griech. Stýx] ⟨드물게 시어·교양어⟩ 소름이 끼치는, 모골이 송연한.

stylen ['stajln̩] ⟨h⟩ [engl. to style, zu: style < mengl. stile < afrz. style < lat. stilus, ↑Stil] (문어) 스케치하다, 형상화하다: **eine neue Karosserie s.** 새 차체를 설계하다.

Styli : ↑Stylus의 복수형. **Styling** ['stajlɪŋ], das; -s [engl. styling] (일용품의) 디자인, 외형. **Stylist** [staj'lɪst], der; -en, -en [engl.] (일용품, 특히 자동차의) 외형 디자이너, 의장가(意匠家). **Stylistin**, die; -nen ↑Stylist의 여성형.

Stylit [sty'liːt, ⟨또한⟩ ʃt...], der; -en, -en [griech. stylítēs] (기독교) (초기 기독교의) 주두 성자(柱頭聖者), 주두 행자(行者). **Stylobat** [stylo'baːt, ⟨또한⟩ ʃt...], der; -es, -en [griech. stylobátēs] (그리스 신전 따위의) 원주(圓柱)의 기석(基石). **Stylus** ['styːlʊs, ⟨또한⟩ ʃt...], der; -, Styli [lat. stilus] [식물] ↑Griffel (2).

Stymphaliden [ʃtymfa'liːdn̩, ⟨또한⟩ ʃt...] ⟨Pl.⟩ [griech. Stymphalídes] [그리스 신화] 청동의 손톱, 날개, 부리를 지닌 괴조(怪鳥).

Styrax ['styːraks, ⟨또한⟩ ʃt...], **Storax** ['stoːraks, ⟨또한⟩ ʃt...], der; -(es), -e [lat. styrax (spätlat. storax) < griech. stýrax] **1.** ↑Styraxbaum. **2.** ⟨Pl. 없음⟩ 안식향(安息香). **Styraxbaum**, der [식물] 때죽나무. **Styrol** [sty'roːl, ʃt...], das; -s [화학] 스티롤, 스티렌. **Styropor** [ʃtyro'poːɐ, ʃt...] ⓇW₂ [ʃtyro'poːɐ, ʃt...], das; -s 스티로포르(방열, 포장 등에 쓰이는 합성수지의 일종).

Styx [ʃtyks, st...], der; - [그리스 신화] 명부(冥府)의 내, 삼도천(三途川).

SU = Sowjetunion 구소련.

s. u. = siehe unten! 아래 참조.

Suada [zuˈaːda], **Suade** [zuˈaːdə], die; ...den [lat.

suādus》《교양어·폄》**1.** 요설(饒舌), 장광설: er hielt eine lange S. 그는 장광설을 늘어놓았다. **2.** 〈Pl. 없음〉 설득력, 능변, 말재주. **suasorisch** [zuaˈzoːrɪʃ] 〈Adj.〉 [lat. suāsōrius] 《교양어》↑persuasiv. **suave** [ˈzuaːvə; ital. suave < lat. suāvis] [음악] 상냥한, 온화한.

¹**Suaheli** [zuaˈheːli], **Swahili** [svaˈhiːli], der; -(s), -(s) 스와힐리 인(스와힐리 어가 모국어인). ²**Suaheli**, Swahili, das; -(s), -(s) 스와힐리 어(반투어에 속하는 동 아프리카의 언어).

sub-, Sub- [zʊp-; lat. sub]《명사, 형용사의 접두어로서 다음의 의미들을 지님》하(下), 차(次), 부(副), 아(亞)《예컨대: subtropisch 아열대의).

Subacidität [zʊp|atsidiˈtɛːt], die [lat. acidus] [의학] 위산 과소(반대: Superacidität).

subakut [zʊp|-] 〈Adj.〉 [의학] 아급성(亞急性)의.

subalpin, 《드물게》 **subalpinisch** [zʊp|alˈpiːn(ɪʃ)] 〈Adj.〉[지리] 알프스 산록 지방의, 아고산대(亞高山帶)의.

subaltern [zʊp|alˈtɛrn] 〈Adj.〉 [lat. subalternus] **1. a)** 하위(下位)의, 결정권이 한정되어 있는: ein -er Beamter 하급 공무원. **b)** 《교양어·폄》 자주성(독창성)이 결여된, 수준이 낮은. **2.** 《교양어·폄》 비굴하게 구는. **Subalternbeamte***, der 하급(말단) 공무원. **Subalterne***, der / die 하급자, 하위자, 신하, 종업원, 말단 공무원. **Subalternität** [...niˈtɛːt], die 하급자의 신분, 말단 공무원의 신분, 비굴, 비하.

subantarktisch [zʊp|-] 〈Adj.〉[지리] 아(亞) 남극의.

subaqual [zʊp|aˈkvaːl] 〈Adj.〉 [lat. sub] [의학] 물 밑에 있는, 물로 하는: -es Darmbad 물로 하는 관장(灌腸).

subaquatisch [zʊp|-] 〈Adj.〉[지질] 물 밑에서 일어난: -e Faltung 물 밑에서 일어나는 습곡(褶曲) 작용.

subarktisch [zʊp|-] 〈Adj.〉[지리] 아(亞) 북극의.

subatomar [zʊp|-] 〈Adj.〉[물리] **a)** 원자보다 작은, 원자 내의. **b)** 원자 구성 요소의, 원자핵의, 소립자의.

Subbotnik [zʊˈbɔtnɪk], der; -(s), -s [russ. subbotnik] 《구동독》 자발적인, 무보수의 집단 봉사 노동. **Subbotnikschicht**, die 《구동독》 집단 봉사 노동의 (1교대) 시간.

subdermal [zʊp|-] 〈Adj.〉↑subkutan.

Subdiakon, der; -s, -e 《가·옛》 차부제(次副祭).

Subdominantakkord, der; -(e)s, -e, **Subdominantdreiklang**, der; -(e)s, ...klänge [음악]↑**Subdominante** (b). **Subdominante**, die; -n [음악] **a)** 하속음(下屬音). **b)** 하속 삼화음.

subfossil 〈Adj.〉[생물] 반화석(半化石)의, 역사 시대에 들어와서야 멸종된.

subglazial 〈Adj.〉[지질] 얼음(빙하) 밑에서 생긴, 얼음 밑에 있는.

Subhastation [zʊphastaˈtsi̯oːn], die; -en [lat. subhastātio] 〈관·고어〉공매(처분), 강제 경매(처분).

subito [ˈzuːbito ital. subito < lat. subitō] [음악] 급히, 즉시.

Subjekt [zʊpˈjɛkt], das; -(e)s, -e [lat. subiectum] **1.** [철학] 주체(반대: Objekt 1 b): der Mensch als S. der Geschichte 역사의 주체로서의 인간. **2.** [언어] 주어: S. und Prädikat eines Satzes 문장의 주어와 술어. **3.** 《폄》 놈, 자식, 인간. **4.** [음악] (둔주곡의) 주제, 주악상(主樂想). **Subjektion** [zʊpjɛkˈtsi̯oːn], die; -en [lat. subiectio] 자문 자답. **subjektiv** [zʊpjɛkˈtiːf] 〈Adj.〉[lat. subiectīvus] **1.** 주관의, 주관적인: 주관적 Fotografie 주관적 발언이 중시되는 사진(예술). **2.** 개인적인, 자기 본위의, 편견에 사로잡힌, 객관적이지 못한: etw. (zu) s. beurteilen 무엇을 (너무) 주관적으로 평가하다. **subjektivieren** [zʊpjɛktiˈviːrən] 〈h〉 (교양어) 주관적으로 보다(판단하다, 해석하다). **Subjektivie-**

rung, die; -en 《교양어》 주관적 고찰(판단, 해석), 주관화. **Subjektivismus** [...tiˈvɪsmʊs], der; -, ...men **1.** 〈Pl. 없음〉 [철학] 주관론, 주관주의. **2.** 《교양어》 자기 중심주의(적 태도), 자기 본위. **Subjektivist** [...ˈvɪst], der; -en, -en **1.** [철학] 주관론자, 주관주의자. **2.** 《교양어》 자기 중심주의자. **subjektivistisch** 〈Adj.〉 **1.** [철학] 주관론의, 주관주의의. **2.** 《교양어》 자기 중심주의적인, 자기 본위의. **Subjektivität** [...tiviˈtɛːt], die; -en 《교양어》 **1.** [철학] 주관성: die S. jeder Wahrnehmung 모든 지각의 주관성. **2.** 《교양어》 자기 중심적 본성, 자아 중심적 태도, 비객관성, 편견. **Subjektsatz**, der; -es, -sätze [언어] 주어절(主語節), 주어문. **Subjektsteuer**, die; -n [세무]↑Personensteuer(반대: Objektsteuer).

Subjunktiv [ˈzʊpjʊŋktiːf, 《또한》 - - ˈ -], der; -s, -e [...iːvə; spätlat. subiūnctīvus]《언어·드물게》↑Konjunktiv.

Subkategorie, die; -n [언어] 하위 범주, 하위 구분. **subkategorisieren** 〈h〉[언어] 하위 범주로 분류하다. **Subkategorisierung**, die; -en [언어] 하위 범주화, 하위 분류. **Subkategorisierungsregel**, die [언어] 하위 범주화(하위 분류)의 규준(規準).

subklassifizieren 〈h〉↑subkategorisieren 참조.

Subkontinent, der; -(e)s, -e [지리] 아대륙(亞大陸): der indische S. 인도 아대륙.

subkrustal [zʊpkrʊsˈtaːl] 〈Adj.〉[lat. sub u. crūsta] [지질] 지각 아래의.

Subkultur, die; -en [사회] 하위 문화, 주변 문화. **subkulturell** [(또한) ˈ - - - -] 〈Adj.〉 하위 문화적.

subkutan 〈Adj.〉 [a: lat. subcutāneus] **a)** [해부] 피하(皮下)의: -es Gewebe 피하 조직. **b)** [의학] 피하에 투여하는: eine -e Injektion 피하 주사.

sublim [zuˈbliːm] 〈Adj.〉 [lat. sublīmis] 《교양어》 **a)** 섬세한, 미묘한: ein -er Unterschied 섬세한[미묘한] 차이. **b)** 섬세한 감각으로 우러난: eine sehr -e Gedichtanalyse 아주 섬세한 시분석. **Sublimat** [zubliˈmaːt], das; -s, -e [lat. sublīmātum] [화학] **a)** 승화물(昇化物). **b)** 《고어》 염화 제 2 수은, 승홍(昇汞). **Sublimation** [...maˈtsi̯oːn], die; -en **1.** [화학] 승화. **2. a)** 《교양어·심리》 ↑Sublimierung (1 a). **b)** ↑Sublimierung (1 b). **sublimieren** [...ˈmiːrən] [lat. sublīmāre] **1.** 〈h〉 **a)** 《교양어》 드높이다, 숭고하게 하다, 승화(정화)하다, 승화시키다. **b)** 《교양어·심리》 (충동을) 예술적(문화적)으로 승화시키다: die sublimierte Erotik seiner frühen Gedichte 그의 초기 시에 나타난 승화된 에로틱. **2.** [화학] **a)** 〈s〉 승화하다. **b)** 〈h〉 승화시키다: einen Stoff s. 어떤 물질을 승화시키다. **c)** 〈s. + sich; h〉 ↑sublimieren (2 a). : das Eis hat sich sublimiert 얼음이 승화되었다. **Sublimierung**, die; -en **1. a)** 《교양어》 드높임, 숭고화, 순화. **b)** 《교양어·심리》 승화, 고양: die S. seiner sexuellen Wünsche 그의 성적 욕망의 승화. **2.** [화학] **a)** 〈s〉 ↑Sublimation (1). **b)** ↑das Sublimieren (2 b). **Sublimität** [...miˈtɛːt], die; -en [lat. sublīmitās] 《교양어》 [철학] 숭고, 고원.

sublunarisch 〈Adj.〉《교양어·고어》이승의, 현세의.

Subluxation, die; -en [의학] 아탈구(亞脫臼), 부전(不全) 탈구, 반 탈구.

submarin 〈Adj.〉《전문어》↑unterseeisch.

submers [zʊpˈmɛrs] 〈Adj.〉[lat. submersum] [생물] (해초가) 수면 아래 서식하는(반대: emers). **Submersion** [zʊpmɛrˈzi̯oːn], die; -en [lat. submersio] **1.** [지질] (유지의) 해저 수몰, 침수. **2.** [고어] 범람, 침수. **3.** [신학] 피세례자의 침수. **Submersionstaufe**, die [신학] 침수 세례, 세례식.

submikroskopisch 〈Adj.〉《전문어》현미경으로도 보

Subministration [zʊpmɪnɪstraˈtsi̯oːn], die; -en [lat. subministrātio] 《고어》 조력, 원조, 후원. **subministrieren** ⟨h⟩ [lat. subministrāre] 《고어》 조력하다, 원조하다, 후원하다.

submiß [zʊpˈmɪs] ⟨Adj.⟩ [lat. submissus] 《교양어·고어》 복종하는, 순종하는. **Submission**, die; -en [1: frz. soumission; 2: lat. submissio] **1.** 【경제】 **a)** 입찰. **b)** 낙찰, 도급. **c)** 《구동독》 ↑Kaufhandlung. **2.** 《교양어·고어》 **a)** 종속. **b)** 굴복.

Submissions- 【경제】: **~kartell**, das 공개 입찰 회사들의 카르텔. **~verfahren**, das 입찰 절차. **~weg**, der ⟨Pl. 없음⟩ 입찰 방식.

Submittent [zʊpmɪˈtɛnt], der; -en, -en [lat. submittēns] 【경제】 입찰자. **submittieren** [...mɪˈtiːrən] ⟨h⟩ [lat. submittere] 【경제】 입찰하다.

subnival ⟨Adj.⟩ 【기상·지리】 설선(雪線) 아래의.

Subnormale* |⟨또한⟩ '----|, die 【수학】 차법선(次法線).

suborbital [zʊp|-] ⟨Adj.⟩ [engl. -amerik. suborbital] 《우주》 정상 궤도에 미치지 못하는.

Subordination [zʊp|-], die; -en [2, 3: lat. subordinatiō] : **1.** 【언어】 ↑Hypotaxe (1). **2.** 《교양어》 하위(下位)에 놓기. **3.** 《준고어》 **a)** 종속, 복종, 순종. **b)** 종속(예속)된 입장. **subordinationswidrig** ⟨Adj.⟩ 《준고어》 복종을 거부하는. **subordinativ** ⟨Adj.⟩ 【언어】 종속의. **subordinieren** [zʊp|-] ⟨h⟩ [lat. subordināre] **1.** 【언어】 종속문을 만들다: ein subordinierter Satz 종속절; subordinierende Konjunktion 종속 접속사. **2.** 《준고어·교양어》 종속[예속]시키다.

subpolar ⟨Adj.⟩ 【지리】 아한대의, 극지(極地)에 가까운: -es Klima 아한대 기후.

Subproletariat, das; -(e)s, -e 【사회】 하급 프롤레타리아(노동력 활용이 불가능한).

subrezent ⟨Adj.⟩ 【지질】 현세[충적세(沖積世)] 바로 앞의.

sub rosa [zʊp ˈrɔza; (lat.)] 《교양어》 절대 비밀로.

Subrosion [zʊproˈzi̯oːn], die; -en [lat. sub u. rōsum] 【지질】 지하수에 의한 염분층[석회층]의 용해.

subsekutiv [zʊpzekuˈtiːf] ⟨Adj.⟩ 《교양어·고어》 후속의.

subsequent [zʊpzeˈkvɛnt] ⟨Adj.⟩ [lat. subsequī] 【지질】 적 종천의.

subsidiär [zʊpziˈdi̯ɛːɐ̯] ⟨Adj.⟩ [frz. subsidiaire] 《교양어·전문어》 **a)** 지원하는, 보조의: -e Maßnahmen 지원책. **b)** 임시 변통의, 미봉책의. **subsidiarisch** [...ˈdi̯aːrɪʃ] ⟨Adj.⟩ 《교양어·준고어》 ↑subsidiär. **Subsidiarismus** [...di̯aˈrɪsmʊs], der; - [정치·사회] **a)** 지원주의 원칙. **b)** 지원주의 지지. **Subsidiarität** [...di̯ariˈtɛːt], die **1.** [정치·사회] 상위 단체(특히 국가)는 하위 단체를 보이지 않게 지원해야 한다는 사회 정치적 원칙, 조성설(助成說). **2.** [법] 법규범의 지원(보조). **Subsidiaritätsprinzip**, das ⟨Pl. 없음⟩ [정치·사회] ↑Subsidiarität (1). **Subsidien** : ↑Subsidium의 복수형. **Subsidium** [zʊpˈziːdi̯ʊm], das; -s, ...ien [...i̯ən; lat. subsidium] **1.** ⟨Pl.⟩ [정치·고어] (동맹국의) 지원 전비(물자). **2.** 《고어》 보조, 지원. **Subsidiengelder**, der 전쟁 지원금. **Subsidienvertrag**, der 전비 지원 약정서.

sub sigillo (confessionis) [zʊp ziˈgɪlo (kɔnfɛˈsi̯oːnɪs); lat.] 《교양어》 비밀 엄수 약속하에.

Subsistenz [zʊpzɪsˈtɛnts], die; -en [lat. subsistentia] **1.** ⟨Pl. 없음⟩ 【철학】 (스콜라 철학에서) 자존(自存), 자립적 존재. **2.** ⟨Pl. 없음⟩ 《교양어》 생계, 물질적 생활 기반. **b)** ⟨Pl. 없음⟩ 물질적 존재(생존).

subsistenz-, Subsistenz- : **~los** ⟨Adj.⟩ 《교양어·고어》 생계 기반이 없는. **~mittel**, das 《교양어·고어》 생계 수단. **1.** ⟨Pl.⟩ ↑Existenzmittel. **2.** 《대개 Pl.》 ↑Lebensmittel. **~wirtschaft**, die 【경제】 자급 자족 경제. **~wirtschaftlich** ⟨Adj.⟩ 자급 자족 경제의.

subsistieren ⟨h⟩ [lat. subsistere] **1.** 【철학】 자존(自存)하다, 자립적으로 존재하다. **2.** 《교양어·고어》 (경제적으로) 자립하다.

Subskribent [zʊpskriˈbɛnt], der; -en, -en [lat. subscrībēns] 【서적】 예약 신청인. **Subskribentin**, die; -nen ↑Subskribent의 여성형. **subskribieren** [...ˈbiːrən] ⟨h⟩ [lat. subscrībere] 【서적】 《책 등을》 예약 주문[구독]하다 : ein [auf ein] Lexikon s. 사전을 예약 주문하다. **Subskription** [zʊpskrɪpˈtsi̯oːn], die; -en [lat. subscriptiō] **1.** 【서적】 주문 예약 : etw. durch S. bestellen 무엇을 예약 주문하다. **2.** (고대 필사본 말미의) 내용[저자] 확인. **3.** 【증권】 (서면의) 출자 약속, 주식 약.

Subskriptions- 【서적】: **~einladung**, die 서적 예약 권유[모집]. **~frist**, die 주문 예약 기한. **~liste**, die 예약자(신청자)명. **~preis**, der (할인된) 예약 가격.

sub specie aeternitatis [zʊp ˈspeːtsi̯ə ɛtɛrniˈtaːtɪs; (lat.)] 《교양어》 영원의 시점에서.

Subspezies, die; - [생물] ↑Unterart.

Substandardwohnung, die; -en 《österr.》 수도와 화장실이 없는 집.

substantial [zʊpstanˈtsi̯aːl] ⟨Adj.⟩ [lat. substantiālis] 《교양어·드물게》 ↑substantiell. **Substantialität** [...tsi̯aliˈtɛːt], die **1.** 【철학】 실체성. **2.** 《교양어》 물질성, 실질성, 본질성. **substantiell** [...ˈtsi̯ɛl] ⟨Adj.⟩ [frz. substantiel] **1.** 《교양어》 물질(성)의, 물체의. **2.** 자산의, 자본의, 실질적인. **3.** 《교양어》 본질적인 : eine -e Verbesserung 본질적인 개선. **4.** 《준고어》 영양이 풍부한 : eine -e Mahlzeit 영양이 풍부한 식사; (명사화) etwas Substantielles zu sich nehmen 실속 있는 것을 취하다 [먹다]. **substantiieren** [...tsi̯ˈiːrən] ⟨h⟩ 《교양어》 실체화하다, 실증(實證)하다 : einen Vorwurf s. 비난의 근거를 밝히다. **Substantiv** [ˈzʊpstantiːf, 《또한》 - - ˈ -], das; -s, -e [...iːvə; lat.] 【언어】 명사 : ein S. deklinieren 명사를 변화시키다. **substantivieren** [...tiˈviːrən] ⟨h⟩ 【언어】 명사화하다. **Substantivierung**, die; -en 【언어】 **1.** ⟨Pl. 없음⟩ 명사화. **2.** 명사적으로 쓰인 단어. **substantivisch** [zʊpstantiˈviːʃ, 《또한》 - - ˈ - -] ⟨Adj.⟩ 【언어】 명사로 쓰인, 명사적인 : eine -e Ableitung 파생명사. **Substantivitis** [...tiˈviːtɪs], die 《농평》 ↑Hauptwörterei. **Substanz** [zʊpˈstants], die; -en [lat. substantia] **1.** 《교양어》 물질, 물체 : eine flüssige S. 액체; chemische[organische] S. 화학[유기] 물질. **2.** ⟨Pl. 없음⟩ 원물(元物), 원금, 자산 : die Erhaltung der kunsthistorisch bedeutenden baulichen S. 미술사적으로 중요한 건축물의 보존; wir müssen wohl oder übel die S. angreifen 우리는 좋든 싫든 자산(원금)에 손을 대어야 한다; **etw. geht jmdm. an die S.** 《통용어》 무엇이 누구의 체력(기력)을 소모시키다. **3.** ⟨Pl. 없음⟩ 《교양어》 본질, 실체, 내용, 핵심, 골자 : dem Roman fehlt die literarische S. 이 소설에는 문학적 진수가 빠져 있다; in der S. eingreifende Veränderungen 근본적인 개조. **4.** 【철학】 **a)** 스스로 존재하는 것. **b)** 실체.

substanz-, Substanz- : **~begriff**, der 【철학】 실체 개념. **~los** ⟨Adj.⟩ 실체 없는, 내용 없는. **~losigkeit**, die 실체[본질, 내용] 없음. **~verlust**, der 《교양어》 실체[본질, 자산] 상실.

Substituent [zʊpstiˈtu̯ɛnt], der; -en, -en [lat. substituēns] 【화학】 치환기. **substituierbar** [...tuˈiːɐ̯baːɐ̯] ⟨Adj.⟩ 《교양어·전문어》 치환에 적합한, 대치될 수 있

는. **Substitu̲ie̲rbarkeit**, die 《교양어》↑substituierbar의 명사형. **substituieren** [...tu'iːrən] 〈*h*〉 [lat. substituere] 《교양어·전문어》 대치하다, 치환하다: ein Substantiv durch ein Pronomen s. 명사를 대명사로 대치하다; die Wasserstoffatome durch Natriumatome s. 수소 원자를 나트륨 원자로 치환하다. **Substitu̲ie̲rung**, die; -en 《교양어·전문어》 바꾸기, 대치, 대체, 치환. **Substitu̲t** [...'tuːt], das; -s, -e [lat. substitūtum] 《교양어》 대용품, 대체물. **²Substitu̲t** [-], der; -en, -en [lat. substitūtus] **1.** 매장(賣場) 책임자의 대리인. **2. a)** 《교양어·준고어》 대리인. **b)** [법] 《부》대리권자. **Substitu̲tin**, die; -nen ↑²Substitut의 여성형. **Substitution** [...tu'tsi̲oːn], die; -en [lat. substitūtio] 《교양어·전문어》 대리, 대용, 치환. **Substitutionsprobe**, die [언어] 대치법. **Substitutionstherapie**, die [의학] (약물) 대용요법(예컨대: 당뇨병에서 인슐린 요법).

Substra̲t [zʊp'straːt], das; -(e)s, -e [lat. substratum] **1.** 《교양어·전문어》 (물질적) 기초, 토대: organische -e 유기체. **2.** [철학] 기체(基體). **3.** [생물] 배지(培地), 배양기. **4.** [언어] **a)** 정복 민족 언어 속의 피정복 민족언어. **b)** 위의 어휘. **5.** [생화학] 기질(基質). **Substratlösung**, die [생물] 배양액. **Substratsprache**, die [언어] ↑Substrat (4 a).

subsumie̲ren [zʊpzu'miːrən] 〈*h*〉 [lat. sub u. sūmere] 《교양어》 (상위 개념, 범주, 주제에) 포괄시키다: einen Begriff einem anderen s. 한 개념을 다른 개념에 포괄시키다; etw. unter eine(unter einer) Überschrift s. 무엇을 하나의 표제어에 묶다. **Subsumie̲rung**, die 《교양어》↑subsumieren의 명사형. **Subsumption̲** [...] ↑Subsumtion. **subsumpti̲v**: ↑subsumtiv. **Subsumtion** [zʊpzʊm'tsi̲oːn], die; -en 《교양어》 포함, 포괄, 총속. **subsumtiv** [...'tiːf] 〈Adj.〉 《교양어》 포함하는, 포괄하는.

Su̲bsystem, das; -s, -e [언어·사회] 하위 체계, 하층 체계, 종속 시스템.

Subtange̲nte [(또한) '- - - -], die; -n [수학] 접선영(接線影).

Subtee̲n ['sʌbtiːn], der; -s, -s [amerik. subteen] [광고] 10대 초반(10~12세)의 청소년.

subterra̲n [zʊpte'raːn] 〈Adj.〉 [lat. subterrāneus] 《전문어》 지하의.

subti̲l [zʊp'tiːl] 〈Adj.〉 [lat. subtīlis] 《교양어》 **a)** 섬세한, 민감한, 세심한, 세밀한, 면밀한: eine -e Unterscheidung 세밀한 구별. **b)** 미묘한, 까다로운: ein -es Problem 복잡미묘한 문제. **Subtilität** [zʊptili'tɛːt], die; -en [lat. subtīlitās] 《교양어》 **1.** 〈Pl. 없음〉 섬세, 미묘, 미세, 면밀. **2.** 위의 것.

Subtrahe̲nd [zʊptra'hɛnt], der; -en, -en [lat. (numerus) subtrahendus] [수학] 뺄 수. **subtrahie̲ren** [...'hiːrən] 〈*h*〉 [lat. subtrahere] [수학] 빼다, 감하다(반대: addieren): 7 von 18 s. 18에서 7을 빼다; [전의] 《교양어》 alles äußerliche Beiwerk s. 일체의 허식을 벗겨내다. **Subtraktion** [...k'tsi̲oːn], die; -en [lat. subtractio] [수학] 빼기, 감산(반대: Addition). **Subtraktionsaufgabe**, die 빼기 과제. **Subtraktionsverfahren**, das 빼기 과정(절차). **subtraktiv** [...k'tiːf] 〈Adj.〉 빼기의, 뺴야 할, 뺸(반대: additiv): -e Farbmischung [사진] 감색법(減色法).

Su̲btropen 〈Pl.〉 [지리] 아열대. **subtro̲pisch** [(또한) '- '- -] 〈Adj.〉 [지리] 아열대의: -es Klima 아열대성 기후.

Su̲bunternehmer, der; -s, - [경제] 하청업자.

Suburbanisation [engl.-amerik. suburbanization] 도시권화, 교외화. **Suburb** ['sʌbəːb], der; -s [engl. suburb] 교외, 근교. **Suburbia** [sə'bəːbɪə], [engl.-amerik. suburbia] [사회] (도시권의) 외곽 도시. **suburbika̲risch** [zʊp'ʊrbi'kaːrɪʃ] 〈Adj.〉 [ital. suburbicario] [가] 로마 근교의: -e Bistümer (로마에 인접한) 추기경 직할 교구.

Subvention [zʊpvɛn'tsi̲oːn], die; -en 〈대개 Pl.〉 [lat. subventio] [경제] (공공 단체, 국가의) 보조금, 찬조금: hohe -en erhalten 고액의 보조를 [지원]받다. **Subventionsbegehren**, das [경제] 보조금[국고 보조] 신청. **subventionie̲ren** [...tsi̲o'niːrən] 〈*h*〉 [경제] 지원하다, 후원하다, 보조하다: eine staatlich subventionierte Forschungsarbeit 국고의 보조를 받는 연구 작업. **Subventionie̲rung**, die; -en 원조, 보조.

Subversion [zʊpvɛr'zi̲oːn], die; -en [lat. subversio] 《교양어》 (국가, 정부의) 전복, 타도(음모): S. betreiben 국가 전복을 꾀하다; er wurde der S. angeklagt 그는 내란음모죄로 고발되었다. **subversiv** [...'ziːf] 〈Adj.〉 [engl. subversive] 《교양어》 파괴적인, 전복을 꾀하는: -e Elemente 파괴 활동 분자; sich s. betätigen 파괴 활동을 행하다.

sub voce [zʊp 'voːtsə] 《교양어》 ...라는 표제어[주제]하에 (약어: s. v.).

Succus: ↑Sucus.

Such-: **~aktion**, die 수색 활동, 대대적 수색. **~antrag**, der (행방불명자의) 수색 신청. **~anzeige**, die ↑Vermißtenanzeige. **~arbeit**, die 수색 작업. **~automatik**, die [전기] **1.** ↑Sendersuchlauf. **2.** (녹음기등에서) 자동 선곡 장치. **~bild**, das ↑Vexierbild. **~bohrung**, die (지하 자원의) 탐사 시추. **~dienst**, der 행방 불명자 조사 기구. **~hund**, der ↑Spürhund. **~kind**, das (적십자 등에 등록된) 전쟁 미아. **~kommando**, das 수색 특공대. **~lauf**, der [전기] ↑Sendersuchlauf의 약칭. **~liste**, die 행방 불명자 명단. **~mannschaft**, die 수색 팀. **~meldung**, die 수색 신고. **~scheinwerfer**, der 탐조등. **~trupp**, der 수색대.

Su̲che ['zuːxə], die; -n **1.** 〈Pl. 없음〉 찾기, 수색, 탐색: eine S. nach jmdm. abbrechen 수색 작업을 중단하다; er ist auf der S. nach einem Job 그는 직업을 찾아 헤매는 중이다; jmdn. auf die S. (nach jmdm.(etw.)) schicken 누구를 (사람[물건]을) 찾으러 보내다. **2.** [사냥] 수색 / 사냥. **su̲chen** ['zuːxn̩] 〈*h*〉 **1. a)** 찾다, 뒤지다, 수색[탐색]하다: jmdn. (etw.) / nach jmdm. (etw.) s. 누구(무엇)를 찾다; ich gehe ihn jetzt s. 나는 지금 그를 찾으러 간다; den Bahnhof auf einer Landkarte s. 지도에서 역을 찾다; die Polizei sucht noch nach dem Täter (nach Spuren) 경찰이 아직 범인(흔적)을 찾고 있다; solche Leute muß man aber schon s. 《통용어》 그런 사람들은 아주 보기 드물다; da kannst du lange s. 《통용어》 아무리 찾아도 소용 없을 것이다; [성구] wer sucht, der findet 구하는 자는 찾으리라 (마태복음 7장 7절); **seinesgleichen s.** 빼어나다, 비길 것이 없다; **Suchen spielen** 《지역어》 숨바꼭질하다. **b)** 찾다, 구하다: einen Job s. 일자리를 찾다; er sucht Kontakt (Anschluß) 그는 사람들과 교제하려고 애쓴다; Verkäuferin gesucht 여점원 구함; [성구] da haben sich zwei gesucht und gefunden 《통용어》 두 사람은 천생연분이다. **c)** 찾아내려 하다: eine Lösung (einen Ausweg) s. 해결[돌파구]을 찾다; er sucht nach Worten 그는 적절한 말을 찾고 있다; er sucht hinter allem etwas Schlechtes 그는 매사에서 흠을 찾아내려 한다; die Gründe dafür sind in seiner Vergangenheit zu s. 그 원인은 그의 과거에서 찾아볼 수 있다. **d)** 얻고자 찾다: ich suche mir eine Freundin 나는 여자 친구를 찾고 있다. **2. a)** 추구하다, 꾀하다: seinen Vorteil s. 자신의 이

득을 꾀하다; (bei jmdm.) Trost s. 누구에게서 위로를 찾다; jmds. Anerkennung s. 누구에게서 인정을 받기를 원하다; ein Abenteuer s. 모험을 꾀하다; Streit s. 걸핏하면 싸우려 들다; was sucht denn der Kerl hier? 《통용어》 저 녀석 여기서 무얼 하겠다는 거야?; **irgendwo etw.(nichts) zu s. haben** 《통용어》 어디에 속하다{속하지 않다}: du hast hier überhaupt nichts zu s. 여기는 네가 상관할 일이 전혀 없다. **b)** 추구하다, 지향하다: die Pflanzen suchen stets das Licht 식물은 늘 빛을 따라 움직인다. **3.** 《아어》 시도하다, 애쓰다: etw. zu vergessen s. 무엇을 잊으려 애쓰다. **Sucher**, der; -s, - **1.** 《드물게》 찾는 사람. **2.** 《사진》 파인더. **Sucherbild**, das 파인더에 비친 상(像). **Sucherei** [zu:xə'raj], die; -en 《통용어》 열심 있는 짓거리. **Sucherkamera**, die; -s 《사진》 파인더가 달린 카메라.

Sucht [zuxt], die; Süchte **1.** 중독, …벽(癖): die S. nach Alkohol[Rauschgift] 알코올[마약] 중독; eine S. bekämpfen 중독을 퇴치하다; an einer S. leiden 어떤 중독으로 고생하다. **2.** 병적 욕망, …광(狂), 마니아: die S. nach Geld[nach Erfolg] 금전욕[출세욕]. **3.** 《고어》 질병: die fallende S. 간질(병).

sucht-, **Sucht-**: **~gefahr**, die 중독성. **~gefährdet** 〈Adj.〉 중독 위험에 처한. **~gift**, das 중독성의 독물(毒物). **~krank** 〈Adj.〉 중독증의, 중독된. **~kranke'**, der / die 중독자. **~krankheit**, die 중독증. **~mittel**, das 중독물.

süchtig ['zʏçtɪç] 〈Adj.〉 **1.** 중독된: s. (nach etw.) werden 《무엇에》 중독되다. **2.** 광적인: ihre fast -e Lernbegier 그녀의 거의 광적인 학습욕. **Süchtige'**, der / die 중독자. **Süchtigkeit**, die 중독, 중독성.

Suchung, die; -en 《드물게》 가택 수색, 샅샅이 뒤짐.

suckeln ['zʊkl̩n] 〈h〉 [↑saugen의 강의형] 《지역적》 **a)** 쭉쭉 빨다: das Kind suckelt an seiner Flasche 아기가 우유병을 쭉쭉 빤다. **b)** 쭉쭉 빨아먹다.

¹Sucre [(span.) 'sukre] 수크레(볼리비아의 수도).

²Sucre ['sukre], der; - [span. sucre; 볼리비아의 초대 대통령인 A. J. de Sucrey de Alcala(1795~1830)의 이름에 따라] 수크레(에콰도르의 화폐 단위); 1 Sucre = 100 Centavos).

Sucus ['zu:kʊs], der; -, …ci […tsi], 《전문어》 Succus ['zʊkʊs], der; -, Succi ['zʊktsi]; lat. sūc(c)us [약학] 약액 식물즙.

Sud [zu:t], der; -(e)s, -e **a)** 탕(湯), 국물, 삶은 물: den S. abgießen[zu einer Soße andicken] 삶은 물을 따라 버리다[졸여 소스를 만들다]. **b)** 《전문어》 졸인 액(汁).

Süd [zy:t], der; -(e)s, -e (반대: Nord): **⟨Pl.** 없음; 격변화·관사 없이⟩ **a)** [특히 선원·기상] ↑ Süden (1): der Konflikt zwischen Nord und S. 남북간의 갈등. **b)** (어떤 도시의) 남쪽, 남구(南區): Frankfurt Süd 프랑크푸르트 남쪽 시가(약: S). **2.** 《드물게 Pl.》《선원·시》↑Südwind.

süd-, **Süd-**: **~afrika** ['zy:tʔafrika, 《또한》 …ʔaf…], -s **1.** 남 아프리카. **2.** 남 아프리카 공화국. **~afrikaner**, der **1.** 남 아프리카 사람. **2.** 남 아프리카 공화국 사람. **~afrikanisch** ['zy:tʔafri'ka:nɪʃ] 〈Adj.〉 남 아프리카(공화국)의. **~amerika** ['zy:tʔa'me:rika] -s 남 아메리카, 남미. **~amerikaner**, der 남 아메리카인, 남미사람. **~amerikanisch** 〈Adj.〉 남 아메리카의, 남미의. **~asien** ['zy:tʔa:ziən], -s 아시아 남부, 남 아시아. **~dakota** ['zy:tda'ko:ta], -s 사우스다코타(미국 중앙 북부의 주). **~deutsch** 〈Adj.〉 남독의. **~deutschland** ['zy:tdɔytʃlant] -s 남독일, 독일 남부. **~fenster**, das 남향창(窓). **~flanke**, die 남쪽 측면, 남쪽 측면 보루. **~flügel**, der 남쪽 측면 건물, 《건물의》 남쪽 날개. **~frucht**, die 《대개 Pl.》 열대 과일. **~früchten**händler, der 《österr.》 열대 과일 상인. **~früchtenhandlung**, die 《österr.》 열대 과일 전문 가게. **~grenze**, die 남쪽 경계, 남방 한계. **~halbkugel**, die 남반구. **~hang**, der 남쪽 비탈. **~Karolina** ['zy:tkaro'li:na], -s 사우스캐롤라이나주. **~korea** ['zy:tko're:a], 《대개》 Südkorea; -s 남한, 한국. **~koreaner**, der 남한인, 한국인. **~koreanisch** 〈Adj.〉 남한의, 한국의. **~küste**, die 남쪽 해안, 남해안. **~land**, das 남국. **~länder** [-lɛndɐ], der; -s, - 남국인, 남구(南歐)인(지중해 연안국에 거주하는). **~länderin** [-lɛndɪʁ], die 남국 여인, 남구 여성. **~ländisch** [-lɛndɪʃ] 〈Adj.〉 남국의, 남방의, 남구의. **~licht**, das ⟨Pl. -lichter⟩ 남극광(南極光). **~ost** [-'-], der **1.** 남동(약어: SO). **2.** [선원] 남동풍. **~osten** [-'--], der 남동(약어: SO). **~östlich** [-'--] 〈Adj.〉 남동의. **~ostwind** [-'--], der 남동풍. **~pol**, der 남극. **~polargebiet**, das 남극 지역. **~polarland**, das [-'--'-], 남극 지방. **~polarmeer**, das 남극해. **~polexpedition**, die 남극 탐험대. **~punkt**, der [지리] 남점(南點). **~rand**, der 남쪽 가장자리. **~see**, die 남태평양, 남양. **~seeinsulaner**, der 남양[남양] 제도의 주민. **~seite**, die 남쪽, 남쪽면. **~seitig** 〈Adj.〉 남쪽(의). **~spitze**, die 남쪽 정상. **~staaten** [-'--], 《미국의》 남부 주(州)들. **~südost** [-'--'-], der **1.** 남남동(약어: SSO). **2.** [선원] 남남동풍. **~südosten** [-'--'-], der **1.** 남남동(약어: SSO). **~südwest** [-'--'-], der **1.** 남남서(약어: SSW). **2.** [선원] 남남서풍. **~südwesten** [-'--'-], der 남남서쪽(약어: SSW). **~teil**, der 남부, 남쪽 지역. **~tirol**, -s **1.** 티롤 지방의 남부. **2.** (1919년부터 이탈리아령이 된) 남 티롤. **~ufer**, das 남쪽 기슭, 남안(南岸). **~vietnam**, -s 베트남 남부, 남베트남. **~wand**, die 남쪽 벽. **~wärts** 〈Adv.〉 [↑-wärts] 남쪽으로. **~wein**, der 남국산 포도주. **~west** [-'-], der **1.** 서남(약어: SW). **2.** [선원] 서남풍. **~westafrika** [zy:t'vɛstʔafrika, 《또한》 …laf…]; -s 서남 아프리카(Namibia의 옛 이름). **~westen** [-'--], der 서남쪽(부)(약어: SW). **~wester** [-'vɛstɐ], der; -s, - 선원용 방수모(챙이 깊이 내려오고 뒷덜미에 방수포가 달린). **~westlich** [-'--] 〈Adj.〉 서남(쪽)의. **~westwind** [-'--'-], der 서남풍. **~wind**, der 남풍. **~zimmer**, das 남향 방(房).

Sudan [zu'da:n, 《또한》 'zu:dan], der; -(s) 수단(아프리카의 국가). **Sudaner** [zu'da:nɐ], der; -s, - 수단 인. **Sudangsin**, die; -nen ↑Sudanese의 여성형. **sudanesisch** [zuda'ne:zɪʃ], sudanisch 〈Adj.〉 수단의.

Sudation [zuda'tsioːn], die [lat. sūdātio] [의학] 발한(發汗). **Sudatorium** [zuda'to:riʊm], das; -s, …ien […jən], lat. sūdātōrium] [의학] 발한욕(浴), 한증(탕).

Sudel ['zu:dl̩], der; -s, - [niederd. sudde] **1.** 《schweiz.》 ↑Kladde (2). **2.** 《지역적》 **a)** ⟨Pl. 없음⟩ 오물. **b)** 괸 물, 더러움, 물웅덩이.

Sudel-: **~arbeit**, die 《통용어·폄》 ↑Pfuscharbeit. **~buch**, das 《지역적》 ↑Kladde (1 a). **~heft**, das 《지역적》 ↑Kladde (1 a). **~koch**, der 《지역적》 서투른 요리인. **~wetter**, das 《지역적》 음산한 날씨.

Sudelei [zu:də'laj], die; -en 《통용어·폄》 **1.** 너절한 솜씨. **2.** 아무렇게나 일함, 마구잡이 일, 날림 일. **Sudeler**: ↑Sudler. **sudelig**, sudlig ['zu:d(ə)lɪç] 〈Adj.〉 《통용어·폄》 아무렇게나 일하는, 마구잡이의: s. schreiben 엉터리로 휘갈기다. **sudeln** ['zu:dl̩n] 〈h〉 《통용어·폄》 **1.** 엉망으로 더럽히다: das Kind hat beim Essen gesudelt 아기가 밥을 먹으면서 엉망으로 처발라 놓았다. **2.** 아무렇게나 쓰다, 써갈기다. **3.** 되는 대로[날림으로] 일하다.

Süden ['zy:dn], der; -s **1.** 〈대개 관사 없이〉남(南), 남쪽 (반대: Norden): der Wind kommt von S. 바람이 남쪽에서 불어온다(약어: S). **2. a)** 남부, 남쪽 지방: im S. Frankreichs 프랑스 남부에. **b)** 남쪽 지역, 남방, 남유럽: wir fahren in den Ferien in den S. 휴가에 우리는 남쪽으로 간다.

Sudeten [zu'de:tn] 〈Pl.; 관사와 함께〉주데텐 산맥(슐레지엔과 뵈멘 사이의). **sudetendeutsch** 〈Adj.〉주데텐 지역 독일계의. **Sudetendeutsche**, der / die 주데텐 지역의 독일계 주민. **Sudetenland**, das; -(e)s 주데텐란트(체코·슬로바키아의 옛 독일인 거주 지역). **sudetisch** [zu'de:tɪʃ] 〈Adj.〉주데텐의.

Sudhaus, das; -es, -häuser 〈맥주 양조장의〉맥아즙 제조장.

südl. Br. = südlicher Breite.

Sudler, Sudeler ['zu:d(ə)lɐ], der; -s, - 《통용어·폄》날림으로 일하는 사람.

südlich ['zy:tlɪç] [niederd. sutlich] **I.** 〈Adj.〉〈반대: nördlich〉 **1.** 남쪽에 위치한: das -e Afrika 아프리카의 남부; s. von Sizilien 시칠리아 남쪽. **2. a)** 남향의: in -er Richtung 남쪽 방향으로. **b)** 남쪽으로부터 오는: -e Winde 남풍. **3. a)** 남쪽에 속하는, 남쪽에서 비롯한: in -es Klima 남방 기후. **b)** 남국적인, 남방이 특유의: sein -es Temperament 그의 남국인 기질. **II.** 〈Präp.²〉남쪽으로(반대: nördlich): s. des Flusses 강물 남쪽으로.

südlig: ↑sudelig.

Sudor ['zu:dɔr, -do:ɐ], der; -s [lat. sūdor] 【의학】땀.

Sudpfanne, die; -n 〈옛〉〈평평한〉액체 가열 용기.

Sues ['zu:ɛs] 수에즈(이집트의 도시).

Sueskanal ['zu:ɛskana:l], der; -s 수에즈 운하.

Sueve ['zue:va, 'sve:va] 수비 족(라인강 동부에 거주한 게르만인) 사람.

Suez ['zu:ɛs, 'zu:ɛts] ↑Sues.

Suff [zʊf], der; -(e)s 〈경〉 **1.** 취기. **2. a)** 음주벽: dem S. verfallen sein 술독에 빠졌다; sich dem stillen S. ergeben 남몰래 술을 즐기다. **b)** 폭음(暴飲). **Süffel** ['zvfl], der; -s, - 〈지역적〉술고래, 술꾼. **suffeln** [zʊfln] 〈h〉〈österr.·통용어〉↑süffeln. **süffeln** ['zyfln] 〈h〉 〈통용어〉 **a)** 즐기며 마시다. **b)** 즐겨 마시다. **süffig** ['zyfɪç] 〈Adj.〉〈술이〉〈술이〉맛있는, 마시기 좋은. **Süffigkeit**, die 〈술의〉감미, 맛있음.

suffigieren [zʊfi'gi:rən] 〈h〉 [lat. suffigere] 【언어】접미사를 붙이다. **Suffigierung**, die; -en 【언어】 접미사 조어.

Süffisance [zyfi'zã:s], die [frz. suffisance] 《교양어》우월감, 자만. **süffisant** [zyfi'zant] 〈Adj.〉 [frz. suffisant] 《교양어·폄》우월감을 과시하는, 자기 도취적이고, 잘난 척하는, 깔보는: mit -er Miene 사람을 깔보는 표정으로. **Süffisanz** [zyfi'zants], die 《교양어》↑Süffisance.

Suffix [zʊ'fɪks], das; -es, -e [lat. suffixum] 【언어】접미사, 후철(예컨대: -ung, -heit, -chen). **suffixal** [zʊfɪ'ksaːl] 〈Adj.〉 【언어】 접미사를 붙여 만들어진: -e Ableitungen 접미파생어. **suffixoid** [zʊfɪksoˈiːt] 〈Adj.〉 【언어】 접미사와 유사한, 준접미사적. **Suffixoid** [-], das; -(e)s, -e [griech. -oeidés] 【언어】 ↑Halbsuffix.

suffizient [zʊfi'tsi̯ɛnt] 〈Adj.〉 [lat. sufficiëns] 〈반대: insuffizient〉 **1.** 《교양어·드물게》충분한, 부족함이 없는, 넉넉한. **2.** 【의학】 기능이 양호한. **Suffizienz** [...'tsi̯ɛnts], die; -en [lat. sufficientia] 〈반대: Insuffizienz〉 **1.** 《교양어》충분함, 부족함 없음, 충당 능력. **2.** 【의학】〈신체 기관의〉기능 양호.

Süffler ['zyflɐ], der; -s, - 〈지역적〉애주가, 술꾼. **Süff-**

ling [zyflɪŋ], der; -s, -e 〈지역적〉↑Süffler.

suffocato [zʊfoˈkaːto; ital. suffocato] 【음악】가라앉은 약한 소리로, 소리죽여.

Suffragan [zʊfraˈgaːn], der; -s, -e [lat. suffraganeus] 【가】부(副)주교, 부감독. **Suffraganbistum**, das 부주교 관구, 부주교구. **Suffragette** [zʊfraˈgɛtə], die; -n [engl. suffragette] a) 영국의 과격 여성참정론자(1914년 이전의). **b)** 《준고어·폄》여권론자.

Suffusion [zʊfuˈzi̯oːn], die; -en [lat. suffūsio] 【의학】 피하 출혈.

Sufi ['zuːfiː], der; -(s), -s [arab. sūfī] 수피 교도(教徒), 수피즘 추종자. **Sufismus** [zuˈfɪsmʊs], der; - 〈이슬람의 신비교파인〉수피교(教). **Sufist** [zuˈfɪst], der; -en, -en ↑Sufi. **sufistisch** 〈Adj.〉 수피[교도]의.

suggerieren [zʊgeˈriːrən] 〈h〉 [lat. suggerere] 《교양어》 **1.** 암시하다, 넌지시 주다, 넌지시 비추다, 시사하다: jmdm. eine Idee s. 누구에게 어떤 생각을 은연 중에 불어넣다. **2.** 착각[어떤 인상]을 유발하다: die vielen Fachtermini sollen Wissenschaftlichkeit s. 많은 전문 용어들은 학문적이라는 인상을 불러일으키기 위하여 동원된 것이다. **suggestibel** [zʊgɛsˈtiːbl] 〈Adj.〉 [frz. suggestible] 암시를 받기 쉬운, 암시에 빠지기 쉬운. **Suggestibilität** [...tibiliˈtɛːt], die 《교양어》피(被)암시성, 암시감응성(感應性). **Suggestion** [...ˈti̯oːn], die; -en [lat. suggestio] a) 〈Pl. 없음〉 암시: jmds. Meinung manipulieren 누구의 의사를 암시를 통하여 [암암리에] 조종하다. **b)** 암시물. **2.** 〈Pl. 없음〉 암시력, 암시 효과: sie erlag der S. seiner Worte 그 여자는 그 남자의 말이 지닌 암시력에 빠져 들었다.

Suggestions-: **~behandlung**, die ↑~therapie. **~kraft**, die 암시력, 암시적 힘. **~therapie**, die 암시 요법.

suggestiv [zʊgɛsˈtiːf] 〈Adj.〉 《교양어》 a) 암시적, 시사적, 암시성 있는: die -e Wirkung der Werbung 광고의 암시 효과; eine -e Frage 유도적인 질문. **b)** 강한 심리적 영향력을 지닌: ein -er Blick 암시적 시선.

Suggestiv-: **~frage**, die 《교양어》유도성 질문, 유도 심문. **~kraft**, die 《교양어》암시력. **~werbung**, die 《전문어》충동 구매 광고. **~wirkung**, die 《교양어》암시 효과, 암시 작용.

Sugillation [zʊgɪlaˈtsi̯oːn], die; -en [lat. sūgillātio] 【의학】 피하일혈(皮下溢血), 광범성 피하 출혈.

Suhle ['zuːlə], die; -n 【사냥】〈짐승들이 이욕(泥浴)을 하는〉진창, 진흙탕. **suhlen** ['zuːlən] sich 〈h〉 【사냥】〈사슴, 멧돼지 따위가〉진창에서 뒹굴다, 이욕(泥浴)을 하다.

sühnbar ['zyːnbaːɐ̯] 〈Adj.〉 속죄할 수 있는. **Sühne** ['zyːnə], der; -n, -s 〈for etw.〉 leisten 〈무엇에 대하여〉 속죄하다; eine S. auf sich nehmen 죄값을 받다.

Sühne-: **~altar**, der 속죄의 제물을 바치는 제단. **~geld**, das 〈고어〉 속죄금, 배상금. **~maßnahme**, die 제재(制裁), 속죄 조치. **~opfer**, das 【종교】 속죄의 제물(희생물), 속죄양. **~termin**, der 【법】 조정(調停) 기한. **~tod**, der 〈아어〉 속죄의 죽음. **~verfahren**, das 【법】 조정 절차(수속). **~versuch**, der 【법】 조정 시도.

sühnen ['zyːnən] 〈h〉〈아어〉 a) 속죄하다, 죄값을 치르다: eine Schuld s. 죄의 대가를 치르다. **b)** 〈드물게〉〈속죄시키기 위하여〉처벌하다. **Sühnopfer**, das; -s, - 【종교】↑Sühneopfer. **Sühnung**, die; -en〈아어〉속죄함, 속죄 사함.

sui generis [zui ˈgeneris] 〈후치적으로〉 [lat.] 《교양어》독보적인, 유일무이한.

Suite ['sviːt(ə), ˈsvɪːtə], die; -n [frz. suite] **1.** 〈호텔의〉슈트룸, 특실. **2.** 【음악】 조곡(組曲). **3.** 〈고어〉 호종(扈從), 수행원, 종자(從者): der Herzog mit seiner S.

호종을 대동한 공작.
Suiten- (Suite 2): **~form,** die 〖음악〗 조곡 형식. **~komposition,** die 조곡의 작곡〖악곡〗. **~satz,** der 〖음악〗 조곡의 악장〖악절〗.
Suitier [svi'tie:, sui'tie:], der; -s, -s 《고어》 **a)** 익살꾼, 장난꾸러기. **b)** 난봉꾼, 바람둥이.
Suizid [zui'tsi:t], der; -(e)s, -e [lat. suī u. caedere] 《교양어》 ↑Selbstmord.
suizid-, Suizid- 〈교양어〉: **~absicht,** die 자살 계획〖의도〗. **~drohung,** die 자살 위협. **~gefährdet** ⟨Adj.⟩ 자살 위험에 처한, 자살 지경에 이른. **~versuch,** der 자살 기도.
suizidal [zuitsi'da:l] ⟨Adj.⟩ 《교양어・전문어》 **a)** 자살의. **b)** 《드물게》 자살로 인한: -e Todesfälle 자살로 인한 사망(사건들). **Suizidalität** [...dali'tɛ:t], die 《전문어》 자살 경향. **Suizidant** [...'dant], **Suizident** [...'dɛnt], der; -en, -en 《교양어・전문어》 자살(기도)자.
Sujet [zy'ʒe:, (frz.) sy'ʒɛ], das; -s, -s [frz. sujet] 《교양어》 주제, 테마, 모티프, 제재(題材): ein interessantes [alltägliches] S. 흥미 있는[일상적] 주제; ein S. gestalten 어떤 대상을 형상화하다.
Suk, Souk [zu:k], der; -(s), -s [arab. sūq] (근동의) 시장.
Sukkade [zʊ'ka:də], die; -n [roman] (감귤류의) 과일껍질 설탕절임.
Sukkubus ['zʊkubus], der; -, ...kuben [zʊ'ku:bn̩; lat. succubus] (중세 민간 신앙의) 꿈에 나타나는 처녀 귀신 (수면 중 남성과 정을 통한다는).
sukkulent [zʊku'lɛnt] ⟨Adj.⟩ 1: [lat. succlentus] **1.** 〖식물〗 즙이 많은, 다육질의. **2.** 〖해부〗 수분이 많은, 다액질의. **Sukkulente** [...tə], die; -n 《대개 Pl.》 〖식물〗 다육(多肉) 식물 (↑Fettpflanze). **Sukkulenz** [...ts], die 〖식물〗 다육질, 〖해부〗 다즙, 다액.
Sukkurs [zʊ'kʊrs], der; -es, -e [lat. succursum] 《군・고어》 지원, 원병. **b)** 원군.
sukzedieren [zʊktse'di:rən] ⟨h⟩ [lat. succēdere] 《고어》 뒤를 잇다, 계승하다. **Sukzession** [zʊktsɛ'sjo:n], die; -en [lat. successio] **1.** 왕위 계승, 상속. **2.** 〖법〗 계승. **3. apostolische S.** 〖가〗사도전승(使徒傳承). **4.** 〖생태학〗 천이(遷移). **Sukzessionskrieg,** der ↑Erbfolgekrieg. **Sukzessionsstaat,** der 《대개 Pl.》 ↑Nachfolgestaat. **sukzessiv** [zʊktsɛ'si:f] ⟨Adj.⟩ [lat. successivus] 《교양어》 점차적인: eine Verbesserung 점진적 개선. **sukzessive** [...'si:və] ⟨Adv.⟩ [zu lat. successive] 《교양어》 점차적으로, 차츰차츰. **Sukzessor** [...'tsɛsɔr, (또는) ...so:ɐ̯], der; -s, -en [...'so:rən; lat. successor] (권리의) 계승자, 후계자.
sul [zʊl; ital. sul] 〖음악〗 현(絃)상의.
Sulfat [zʊl'fa:t], das; -(e)s, -e 〖화학〗 황산염. **Sulfid** [zʊl'fi:t], das; -(e)s, -e 〖화학〗 황화물. **sulfidisch** ⟨Adj.⟩ 〖화학〗 유황을 함유한. **Sulfidmineral,** das 〖화학〗 황화광물. **Sulfit** [zʊl'fi:t, ...fɪt], das; -s, -e 〖화학〗 아황산염.
Sülfmeister ['zylf-], der; -s, - [1: niederd. sülfmēster, 2: niederd. sülfern] **1.** 《고어》 제염소 주인〖감독〗. **2.** 『비유・준고어』 ↑Pfuscher.
Sulfonamid [zʊlfona'mi:t], das; -(e)s, -e 《대개 Pl.》 〖약학〗 설폰아미드(세균성 질환용 설파제). **sulfonieren** [...'ni:rən] ⟨h⟩ 〖화학〗 설폰화(化)하다. **Sulfonierung,** die; -en 설폰화. **Sulfur** ['zʊlfur, (또는) ...fuɐ̯], das; -s [lat. sulfur] 유황(↑Schwefel의 라틴어 표기; 화학 기호: S). **sulfurieren** [zʊlfu'ri:rən] ⟨h⟩ ↑sulfonieren.
Sulky ['zʊlki, 'zalki, (engl.) 'sʌlkı], das; -s, -s [engl. -amerik. sulky] 〖승마〗 (경주용) 1인승 2륜마차.

Süll [zyl], der / das; -(e)s, -e [niederd. sille, sulle] **a)** 《nordd. 선원》 (높은) 문지방. **b)** 〖선원〗 물막이 창틀(↑Süllbord). **Süllbord,** das, **Süllrand,** der 〖선원〗 (보트의) 가장자리 물막이 턱.
Sultan ['zʊlta:n], der; -s, -e [arab. sulṭān] **a)** 술탄(회교국 군주의 칭호). **b)** 회교국 군주. **Sultanat** [zʊlta'na:t], das; -(e)s, -e **1.** 술탄의 영토. **2.** 술탄의 통치. **Sultanin,** die; -nen 술탄의 여인(아내, 어머니, 딸), 회교국 왕비(황태후, 공주, 왕자매). **Sultanine** [zʊlta'ni:nə], die; -n 씨없는 굵은 건포도.
Sulz [zʊlts], die; -en 〈südd., österr., schweiz.〉 ↑Sülze (1).
Sülz-: **~gericht,** das 수육. **~kopf,** der, **~kopp,** der; -s, ...köppe 멍청이, 얼간이. **~kotelett,** das 수육 커틀릿. **~wurst,** die 수육 소시지.
Sulze ['zʊltsə], die; -n **1.** 〈südd., österr., schweiz.〉 ↑Sülze (1). **2.** 〖사냥〗 ↑Sülze (2). **Sülze** ['zyltsə], die; -n **1. a)** 수육: eine Scheibe S. 얇게 썬 수육 한 조각. **b)** ↑Aspik. **2.** 〖사냥〗 ↑Salzlecke. **sulzen** ['zʊltsn̩] ⟨h⟩ 〈südd., österr., schweiz.〉 ↑sülzen (1).
sülzen ['zyltsn̩] ⟨h⟩ **1. a)** 수육을 만들다. **b)** (고깃국물이) 식어서 굳어지다. **2.** 《통용어》 ↑quatschen (1, 2). **sulzig** ['zʊltsɪç] ⟨Adj.⟩ 《드물게》 **a)** 젤리 상태의. **b)** (눈이 녹기 시작해) 질퍽한, 진창이 된. **Sulzknie,** das; -s, - 〖지역적〗 ↑Wackelknie.
Sulzschnee, der 〖스〗 질퍽한 눈.
Sumach ['zu:max], der; -s, -e 〖식물〗 옻나무(과).
Sumachgewächs, das; -es, -e 《대개 Pl.》 〖식물〗 옻나무과 식물(총칭).
Sumatra [zu'ma:tra, 'zu:matra], -s 수마트라 섬.
Sumer ['zu:mɐ], der; -s, - 수메르. **sumerisch** ⟨Adj.⟩ [zu'me:rɪʃ] 수메르의. **Sumerisch,** das; -(s) / 〖정관사와 함께〗 **Sumerische*,** das 수메르 어.
summ! [zʊm] ⟨Interj.⟩ 잉잉, 윙윙(벌이나 날파리 등의 소리).
Summa ['zʊma], die; Summen [lat. summa] **1.** 《고어》 합, 합계, 총계(약어: Sa). **2.** (중세 스콜라 철학의) 범론(汎論), 대전(大全). **summa cum laude** [-kʊm 'laudə; lat.] 《박사 학위 시험에서》 최우등으로, 수(秀).
Summand [zʊ'mant], der; -en, -en [lat. (numerus) summandus] 〖수학〗 가수(加數), 덧수. **summarisch** [zʊ'ma:rɪʃ] ⟨Adj.⟩ [lat. summarius] 개괄적인, 개요의, 간추린: eine sehr -e Darstellung 매우 개괄적인 기술; Einwände s. abtun 제기된 이의들을 일괄적으로 묵살해 버리다. **Summarium** [zʊ'ma:riʊm], das; -s, ...ien [...ji̯ən; l: lat. summārium] **1.** 《고어》 **a)** 요약, 대의, 개요, 적요. **b)** 총괄 개념. **2.** 〖언어・문예학〗 중세 자해(字解)집. **summa summarum** [-zʊ'ma:rʊm; lat.] 총계하여, 모두 합해서(총칭). **Summation** [zʊma'tsi̯o:n], die; -en [↑summieren] **1.** 〖수학〗 더하기, 가법. **2.** 〖전문어〗 합계, 총계.
Sümmchen ['zʏmçən]; das; -s, - [↑Summe (2)의 축소형] 《통용어》 어느 정도의 금액, 액수: das kostet ein hübsches S. 그 비용은 적잖은 액수다; er hat sich ein nettes S. zusammengespart 그는 상당한 액수의 돈을 저축했다. **Summe** ['zʊmə], die; -n [lat. summa] **1.** 〖수학〗 합, 합계: die S. von 20 und 4 ist [beträgt] 24 20과 4의 합은 24이다; eine S. errechnen [herausbekommen] 합산하다, 합계를 산출하다; 〖전의〗 eine vorläufige S. unseres grammatischen Wissens 우리의 문법적 지식의 잠정적 총체. **2.** 일정 금액: eine S. von 40 Mark 일금 40마르크; die volle S. zahlen 전액을 지불하다; in dieser S. sind die Nebenkosten enthalten 이 액수에는 부대 비용이 포함되어 있다. **3.** 〖드물게〗 ↑Summa (2). **¹summen** ['zʊmən] ⟨h⟩ 《고어》 **1.** summieren (1 a). **2.** ⟨s. + sich⟩ ↑summieren

(2).

²**summen** ['zʊmən] **1. a)** 윙윙[잉잉]거리다: die Bienen [Fliegen] summen 벌[파리]들이 윙윙거린다; es summt im Hörer 수화기에서 윙윙거리는 소리가 난다. **b)** ⟨s⟩ 윙윙거리며 날아가다: ein Mückenschwarm summt um die Lampe 모기떼가 전등을 에워싸고 윙윙거리고 있다. **c)** ⟨h⟩ (입을 다물고) 흥얼거리다: ein Lied s. 콧노래를 흥얼거리다; er summte leise vor sich hin 그는 혼자서 나직이 흥얼거리고 있었다.

Summenbilanz, die 〔경제〕 총액 결산.
Summenversicherung, die; -en 정액 보험(예컨대: 생명 보험).
Summer, der; -s, - 부저(신호기). **Summerzeichen**, das 윙하는 신호음.
summieren [zʊ'miːrən] ⟨h⟩ [lat. summare] **1. a)** 합계하다, 총계를 내다. **b)** 요약하다, 뭉뚱그리다. **2.** ⟨s. + sich⟩ 쌓이다, 축적되다, 불어나다: Minuten summieren sich zu Stunden 분(分)이 모여 시간이 된다. **Summierung**, die; -en 총계, 합계[내기].
Summton, der; -(e)s, ...töne (벌이나 날파리의) 잉잉거리는 소리.
Summum bonum ['zʊmʊm 'boːnʊm], das; - - [lat.] 〔철학〕 최고 선(善), 최고 가치, 신(神). **Summus Episcopus** ['zʊmʊs e'pɪskɔpʊs], der; - - [lat.] **1.** 〔가〕 교황. **2.** 〈옛·신교〉 (종교 개혁 이후 독일에서) 지방 교회 수장.
Sumo ['zuːmo], das; - [jap. sumō] 스모(일본 씨름).
Sumper ['zʊmpɐ], der; -s, - [zu ⟨österr.·방언⟩ sumpern] 〈österr.·통용어〉 속물.
Sumpf [zʊmpf], der; -(e)s, Sümpfe ['zʏmpfə] 늪, 소택지, 습지: Sümpfe entwässern 늪의 물을 빼다; in einen S. geraten 수렁에 빠지다; der Wagen ist im S. steckengeblieben 자동차가 진창에 빠져 꼼짝 못한다; 〔전의〕 er ist im S. der Großstadt versunken 그는 대도시의 수렁에 푹 빠져 있다.
Sumpf-: **~biber**, der ↑ Nutria. **~blüte**, die 〈통용어·폄〉 늪의 꽃, 악의 꽃, 퇴폐 현상. **~boden**, der 소택지, 진창. **~dotterblume**, die 두응동이 나물. **~(eisen)erz**, das ↑ Raseneisenerz. **~fieber**, das ↑ Malaria. **~gas**, das 소기(沼氣), 메탄 가스. **~gebiet**, das 늪지대, 습지, 소택지. **~gegend**, die 늪지대, 습지대. **~hirsch**, der (남미의) 늪지에 서식하는 사슴(학명: Blastocerus dichotomus). **~huhn**, das **1.** 〔동물〕 뜸부기. **2.** 〔경·농〕 밤새도록 술에 빠져 있는 사람. **~land**, das 〈Pl. 없음〉 습지, 늪지, 소택지. **~loch**, das 질척한 구덩이, 웅덩이, 수렁. **~ohreule**, die (늪지의) 수리부엉이. **~otter**, der ↑ Nerz (1). **~pflanze**, die 소택지[늪지] 식물. **~rohrsänger**, der (늪지대에 서식하는) 개개비(휘파람새과). **~schildkröte**, die 늪지 거북이. **~wasser**, das ⟨Pl. -wasser⟩ 늪물. **~wiese**, die 늪 습지의 초원. **~wurz**, die (습지에 서식하는) 난초과 식물(학명: Epipactis). **~zypresse**, die (북미 늪지대의) 낙우송, 주목(朱木).
sumpfen ['zʊmpfn] ⟨h⟩ **1.** 〈고어〉 질척해지다, 늪이 되다. **2.** 〔경〕 밤늦도록 퍼마시다. **3.** 〈전문어〉 도토(陶土)를 이기다, 반죽하다. **sümpfen** ['zʏmpfn] ⟨h⟩ 〔광〕 배수하다. **sumpfig** ['zʊmpfɪç] 〈Adj.〉 질척한, 질퍽한, 진창의: eine -e Stelle 질척질척한 곳.
Sums [zʊms], der; -es 〈통용어〉 ↑ Gesums: (einen) großen S. um etw. machen 무엇을 두고 야단법석을 떨다, 호들갑을 떨다. **sumsen** ['zʊmzn] 〈고어, 지역어〉 **1.** ⟨h⟩ ↑ summen (1 a, 2). **2.** ⟨s⟩ ↑ summen (1 b).
Sund [zʊnt], der; -(e)s, -e [niederd. sund] (특히 스웨덴과 덴마크 사이의) 해협.
Sünde ['zʏndə], die; -n **a)** (종교적 의미의) 죄, 죄악, 계율 위반: eine S. begehen 죄를 범하다; jmdm. seine -n vergeben 누구의 죄를 사해 주다; 성구 die(se) S. vergibt der Küster 〔지역적·농〕이는 중대한 과오는 아니다; **eine S. wider den (Heiligen) Geist** 성령을 모독할 만한 죄(마가복음 3장 29절); **faul wie die S.** 〈감정〉 게을러 빠진; **etw. wie die S. fliehen [meiden]** 〈감정〉 질겁을 해서 도망치다[피하다]; **eine S. wert sein** 〈농〉 (죄짓는 것조차 아랑곳하지 않을 만큼) 탐나는, 유혹적인. **b)** ⟨Pl. 없음⟩ 죄업, 원죄 상태: die Menschheit ist in S. geraten 인류는 원죄에 빠져 있다. **c)** 과실, 실책(돌이킬 수 없는), 과오(도덕적인): architektonische -n 건축상의 과실; es wäre eine (wahre) S., wenn... ···이야말로 바보짓인 것 같다; sie hat ihm seine -n verziehen 그 여자는 그의 과오[외도]를 용서하였다.

sünden-, **Sünden-**: **~babel**, das 〔폄〕죄악의 구렁텅이. **~bekenntnis**, das 죄의 고백. **~bock**, der 〈통용어〉 속죄양: einen S. suchen 속죄양을 찾다. **~fall**, der ⟨Pl. 없음⟩ 〔기독교〕 인류의 타락, 원죄: der S. und die Vertreibung aus dem Paradies 인류의 타락과 낙원으로부터의 추방. **~frei** ⟨Adj.⟩ 죄없는, 순결한, 결백한. **~geld**, das ⟨Pl. 없음⟩ 〈통용어〉 거액의 돈. **~konto**, das 〈통용어·농〉 ↑ register. **~last**, die ⟨Pl. 없음⟩ 죄의 무거운 짐. **~lohn**, der ⟨Pl. 없음⟩ 〈아어〉 **1.** 죄의 대가로 치르는 형벌. **2.** 악행의 대가로 받은 돈. **~los** ↑ sündlos. **~losigkeit** ↑ Sündlosigkeit. **~pfuhl**, der ⟨Pl. 없음⟩ 〔폄〕 죄악의 구렁텅이. **~register**, das **a)** 〈통용어·농〉 지은 죄의 목록. **b)** 〈가·옛〉 (고해를 위한) 죄과의 기록. **~rein** ⟨Adj.⟩ 〈아어〉 무구한, 결백한, 죄 없는. **~schuld**, die ⟨Pl. 없음⟩ 죄과, 죄. **~strafe**, die ↑ ~lohn (1). **~vergebung**, die 죄의용서, 면죄.

Sünder ['zʏndɐ], der; -s, - 죄인(종교, 도덕상의): Gott vergibt dem reuigen S. 하느님은 뉘우치는 죄인은 용서하신다; wie geht's, alter S.? 〈통용어·농〉 어떻게 지내나, 이 웬수야(친근한 사이에 반기는 인사); er lief wie ein ertappter S. davon 그는 죄짓는 들킨 사람처럼 도망쳤다. **Sünderin**, die; -nen ↑ Sünder의 여성형. **Sündermiene**, die 죄지은 듯한 표정. **Sundflut**, die ↑ Sintflut. **sündhaft** ⟨Adj.⟩ **1. a)** (아어) 죄가 있는, 죄 많은: ein -es Leben 죄 많은 인생. **b)** 잘못된, 부당한: mit dem Geld so um sich zu werfen ist s. 돈을 그렇게 뿌리는 것은 죄악이다. **2.** 〈통용어〉 **a)** (부도덕할 만큼) 엄청나게 높은: ein -er Preis 죄받을 만큼 턱없이 비싼 값. **b)** 매우 많은: für -es Geld mieteten wir uns einen Wagen 엄청난 고액으로 우리는 자동차를 빌렸다. **c)** (형용사 강조) 매우, 과도하게, 터무니없이: s. teuer 터무니없이 비싼. **Sündhaftigkeit**, die ↑ sündhaft의 명사형. **sündig** ['zʏndɪç] ⟨Adj.⟩ **a)** 죄가 있는, 죄를 지은: -e Welt 죄 많은 세상. **b)** 부정한, 불경스러운, 독신(瀆神)적인. **sündigen** ['zʏndɪɡn] ⟨h⟩ **a)** 죄를 범하다: gegen Gott s. 신에 대하여 죄를 범하다; in Gedanken(mit Worten) s. 마음(말)으로 죄 짓다. **b)** 위반하다, 과실을 범하다: gegen die Natur s. 자연을 훼손하다. **sündlich** ['zʏntlɪç] ⟨Adj.⟩ 〈지역적·준고어〉 ↑ sündig. **sündlos**, ⟨Adj.⟩ 죄 없는, 과실 없는. **Sündlosigkeit**, die ↑ sündlos의 명사형. **sündteuer** ⟨Adj.⟩ 〈österr.·통용어〉 터무니없이 비싼.

Sundainseln ['zʊnda|ɪnzln] ⟨Pl.⟩ 〈관사와 함께〉 (동남 아시아의) 순다 군도.
Sunna ['zʊna], die [arab. sunna] 수나(회교 정통파의 교설, 규범). **Sunnit** [zʊ'niːt], der; -en, -en 수니파(교도). **sunnjtisch** ⟨Adj.⟩ 수나의, 수니파의.
¹**Suomi** (finn.) ['sʊɔmi], das; - 수오미(핀란드의 핀란드식 명칭). ²**Suomi**, das; -s 핀란드어.

super ['zu:pɐ] 〈Adj.; 격변화 없음〉 [lat. super] 《경》 멋진, 최고의, 기막힌, 끝내 주는: seine neue Freundin ist s. 그애 새 여자 친구 끝내 준다라. **¹Super** [-], der; -s, - ↑Superheterodynempfänger의 약칭. **²Super** [-], das; -s ↑Superbenzin의 약칭. **¹super-, Super-** [lat. super] 명사, 부사, 형용사 앞에 붙어 "매우", "초(超)…"라는 의미를 더함(예컨대: superfein, -haltbar, -leicht, -doof, -schnell, -weich, Superauto, -batterie).

²super-, Super-: **~8-Film** [-'axt-], der 슈퍼 8mm 필름. **~8-Kamera**, die 슈퍼 8mm 필름용 카메라. **~benzin**, das 슈퍼 오일(약:²Super). **~cup**, der 《축구》 1. 슈퍼컵 대회. 2. 슈퍼컵 대회의 트로피. **~ding**, das 〈Pl. -er〉 《경·감정》 특제, 초대형, 초특급, 호화판. **~fein** ['zu:pɐfain] 〈Adj.〉 《감정》 극도로 섬세한(세련된). **~hit**, der 《경·감정》 대히트, 최고 히트. **~klug** 〈Adj.〉 《반어》 세상에 저혼자 똑똑한 척하는. **~leicht** 〈Adj.〉 극도로 가벼운. **~macht**, die 《초》강대국. **~mann**, der 〈Pl. -männer〉 《통용어·감정》 a) 슈퍼맨(능력이 뛰어난). b) 남성적인 남성. **~markt**, der [amerik. supermarket] 슈퍼마켓. **~modern** 〈Adj.〉 《감정》 초현대적, 최첨단의. **~nova** [(또한) -─'─-], die 《천문》 초신성(新星). **~preis**, der 《통용어·감정》 특별 염가. **~schlau** 〈Adj.〉 《반어》 극도로 영악한. **~schnell** 〈Adj.〉 《감정》 몹시 빠른, 엄청 빠른. **~star**, der 《통용어·감정》 슈퍼 스타. **~tanker**, der 초대형 유조선.

Superacidität [zupɐ|atsidi'tɛ:t], die [zu lat. super = über u. acidus = sauer, scharf] 《의학》 위산 과다(반대: Subacidität).

superarbitrieren [-|arbi'tri:rən] 〈h〉 [lat. super u. frz. arbitrer] 《군》 《österr.·옛》 불합격 판정을 내리다. **Superarbitrium** [...|ar'bi:triʊm], das; -s, ...ien [...iən; lat. super u. aribtrium] 《österr.·관》 최종 결정.

superb [zu'pɛrp], **süperb** [zy...] 〈Adj.〉 [frz. superbe] 《교양어》 탁월한, 출중한, 뛰어난.

superfiziell [zupɐfi'tsi̯ɛl] 〈Adj.〉 [lat. superficiālis] 《전문어·교양어》 표면적인, 피상적인. **Superfizies** [-'fi:tsi̯ɛs], die; -[...tsi̯e:s; lat. superficiēs] 《법·고어》 건축권.

Superhet [-hɛt], der; -s, -s ↑Superheterodynempfänger의 약칭. **Superheterodynempfänger** [zu:pɐhetero'dy:n-], der; -s, - [engl. superheterodyne receiver] 슈퍼 헤테로다인 수상기(↑Überlagerungsempfänger).

superieren [zupɐ'ri:rən] 〈h〉 [lat. super = von oben her] 《인공 두뇌》 기존 기호에서 상위[슈퍼] 기호를 만들다. **Superierung**, die; -en ↑superieren의 명사형.

Superinfektion, die; -en [lat. super] 《의학》 중감염(重感染)(같은 병균에 두 번 이상 감염되기).

Superintendent [zupɐ|ɪntɛn'dɛnt, (또한) 'zu:...], der; -en, -en [lat. superintendēns] (개신교의) 교구 감독, 노회장. **Superintendentur** [zupɐ|ɪntɛndɛn'tu:ɐ̯], die; -en a) 교구 감독직(職). b) 교구 감독의 관할 지역.

Superinvolution [zupɐ|-], die; -en 《의학》 (기관의) 퇴화(退縮)(비정상적으로 심한).

superior [zupɐ'ri̯o:ɐ̯] 〈Adj.〉 [lat. superior] 《교양어》 우월한, 탁월한. **Superior** [zu'pe:ri̯ɔr, (또한) ...i̯o:ɐ̯], der; -s, -en [zupɐ'ri̯o:rən] 《가》 수도원장. **Superiorin**, die; -nen ↑Superior의 여성형. **Superiorität** [zupɐri̯ori'tɛ:t], die [lat. superioritas] 《교양어》 우월, 우위, 우세.

Superkargo [zupɐ-], der; -s, -s [선원·상인] (선박, 항공의) 화물 감독인.

superlativ [-lati:f] 〈Adj.〉 [lat. superlātīvus] a) 《교양어·드물게》 뛰어난. b) [수사] 과장된. **Superlativ** [-], der; -s, -e [...i:və; 1: lat. (gradus) superlātīvus] 1. [언어] 최상급. 2. 《교양어》 a) 〈Pl.〉 최상의 것, 타의 추종을 불허하는 것: eine Veranstaltung der -e 최상의 행사. b) 극찬, 극언(極言): von jmdm. [etw.] in -en sprechen 누구[무엇]를 극찬하다. **superlativisch** [...lati:vɪʃ] 〈Adj.〉 1. [언어] 최상급의. 2. 《교양어》 a) 탁월한. b) 과장된. **Superlativismus** [zupɐlati'vɪsmʊs], der; -, ...men [수사] a) 〈Pl. 없음〉 최상급의 남용. b) 과장(된 표현). **superlativistisch** 〈Adj.〉 《교양어·폄》 과장의 경향이 있는, 극단적인.

Supernaturalismus: ↑Supranaturalismus.

Supernym [zupɐ'ny:m], das; -s, -e [griech. ónyma] [언어] ↑Hyperonym.

Superphosphat [zupɐ-], das; -(e)s, -e 과린산염.

superponieren [zupɐpo'ni:rən] 〈h〉 [lat. superpōnere] 《의학·교양어》 포개놓다. **superponiert** 〈Adj.〉 [식물] ((꽃)이파리가) 층층이 겹쳐져 있는. **Superposition**, die; -en [lat. superpositio] [물리] (힘이나 진동의) 중첩.

Superrevision [zupɐ-], die; -en [경제] 재검사, 재검열.

Supersekretion [zupɐ-], die; -en [의학] 과다 분비.

supersonisch [zupɐ'zo:nɪʃ] 〈Adj.〉 [engl. supersonic] 초음파의.

Superstition [zupɐsti'tsi̯o:n], die [lat. superstitio] 《고어》 미신.

Superstrat [zupɐ-], das; -(e)s, -e [언어] 피정복 민족 언어 속의 정복 민족의 언어.

Supervisor [sjupɐ'vaizɐ], der; -s, -s [engl.(-amerik.) supervisor] 1. [경제] 감독자. 2. [전산] 중앙 제어 장치, 슈퍼 바이저.

Superzeichen, das; -s, - [인공두뇌] 상위 기호.

Supinum [zu'pi:nʊm], das; -s, ...na [lat. (verbum) supīnum] [언어] (라틴어의) 명사적 동사 형태(예컨대: lectum = um zu lesen).

Süppchen ['zʏpçən], das; -s, - ↑Suppe의 축소형: **sein S. am Feuer anderer kochen** 《통용어》 남의 덕으로 자기 이익을 취하다; **sein eigenes S. kochen** 《통용어》 《공동 작업》 자기 실속만 차리다. **Suppe** ['zʊpə], die; -, -n 《축소형: ↑Süppchen》 [niederd.] 수국: eine dicke [dünne] S. 진한[묽은] 수프; S. löffeln 수프를 숟가락으로 떠먹다; ein Teller S. 한 그릇 수프; 《전의》 draußen ist eine furchtbare S. 《통용어》 바깥에 안개가 지독하게 끼어 있다; mir läuft die S. am Körper herunter 《통용어》 온몸에서 땀이 비오듯 흘러 내린다; **die S. auslöffeln (die man sich eingebrockt hat)** 《통용어》 자업 자득; **jmdm. (sich) eine schöne S. einbrocken** 《통용어》 누구[스스로]를 난처하게 만들다; **jmdm. die S. versalzen** 《통용어》 누구의 일에 초를 치다; **S. haben** 《지역적·경》 행운을 잡다; **jmdm. in die S. spucken** 《경》 누구의 일을 망치다; **jmdm. in die S. fallen** 식사 중인 누구를 방문하다(↑Salz (1)).

Suppedaneum [zʊpe'da:neʊm], das; -s, ...nea [lat. suppedāneum] 1. [미술] 십자가에 못 박힌 그리스도상(像)의 발 받침대. 2. 제단의 맨 윗단.

suppen ['zʊpn̩] 〈h〉 《지역적》 액체를 분비하다: die Wunde suppt 상처에서 진물이 흐르다.

Suppen-: ~einlage, die ↑Einlage (3). **~extrakt**, der 인스턴트 스프[재료](끓는 물만 부어주면 되는). **~fleisch**, das (Suppe를 끓이기 위한) 고기. **~gemüse**, das 수프용 야채, 국거리 채소. **~gewürz**, das 수프 양념(여러 가지 야채를 말려서 섞은). **~grün**, das 수프용

의(국거리) 생 야채(무, 샐러리, 파 등의). ~**huhn**, das 수프용 닭고기, 삶을 닭. ~**kasper**, der [그림 동화책] 《통용어》 수프를 싫어하는 아이, 입이 짧은 아이. ~**kelle**, die ~**K**a. ~**knochen**, der 《대개 Pl.》 국거리용 뼈. ~**koch**, der 수프 전담 요리사. ~**kraut**, das 《지역적》 ↑~**grün**. ~**löffel**, der 수프용 숟갈. ~**nudel**, die 《대개 Pl.》 수프에 넣는 국수. ~**schildkröte**, die 식용 거북이(살로 수프를 만드는). ~**schöpfer**, der 국자. ~**schüssel**, die 수프 그릇, 국사발. ~**spargel**, der 수프용 아스파라거스. ~**tasse**, die (찻잔형의) 수프 그릇. ~**teller**, der 수프 접시. ~**terrine**, die 수프 그릇. ~**würfel**, der 고형(固形) 인스턴트 수프(주사위 모양의). ~**würze**, die a) ↑~gewürz. b) ↑Speisewürze.

suppig ['zʊpɪç] 〈Adj.〉 수프 같은: der Reis ist zu s. 밥이 너무 질다.

Suppleant [zʊple'ant], der; -en, -en [frz. suppléant] 《schweiz.》 보충원, 보결(관청의). **Supplement** [zʊple'ment], das; -(e)s, -e [lat. supplēmentum] **1.** 증보판, 부록 별책, 보유편(補遺篇). **2.** ↑Supplementwinkel의 약칭.

Supplement-: ~**band**, der 《Pl. -bände》 《서적》 증보판, 보유편. ~**lieferung**, die ↑~band. ~**winkel**, der 《수학》 보각.

supplementär [zʊplemɛn'tɛ:ɐ̯] 〈Adj.〉 보충의, 보완의. **Supplent** [zʊ'plɛnt], der; -en, -en lat. supplēns] 《österr.·고어》 임시 충원 교사, 보조 교원. **Suppletion** [zʊple'tsi̯o:n], die [lat. supplētio = Ergänzung] ↑Suppletivismus. **Suppletivform** [...'ti:f-], die; -en 《언어》 (어형변화의) 보충형. **Suppletivismus** [...ti'vɪsmʊs], der; - [lat. supplētīvus] 《언어》 보충법 (예컨대: bin, war, gewesen). **Suppletivwesen** [...'ti:f-], das; -s ↑Suppletivismus. **suppletorisch** [...'to:rɪʃ] 〈Adj.〉 《교양어·고어》 보충적인, 보유(증보)의, 대리의. **supplieren** [zʊ'pli:rən] 〈h〉 [lat. supplēre] 《교양어·고어》 a) 보충하다, 추가하다. b) 대리하다, 대신하다.

Supplik [zʊ'pli:k], die; -en [frz. supplique] **1.** 《교양어·고어》 청원, 탄원서. **2.** 【가】 교황에게 내는 성직록 청원서. **Supplikant** [zʊpli'kant], der; -en, -en [lat. supplicāns] 《교양어·고어》 청원자. **supplizieren** [...'tsi:rən] 〈h〉 《교양어·고어》 청원서를 제출하다, 무엇을 청원하다.

supponieren [zʊpo'ni:rən] 〈h〉 [lat. suppōnere] 《교양어》 가정하다, 상정하다, 전제하다.

Support [zʊ'pɔrt], der; -(e)s, -e [frz. support] 【기술】 (공구 따위를 보내는) 활대(滑臺), 받침대. **Supportdrehbank**, die 【기술】 활대가 달린 선반(旋盤).

Supposition [zʊpozi'tsi̯o:n], die; -en [lat. suppositio] 《교양어》 가정, 상정, 추정. **Suppositorium** [...i'to:ri̯ʊm], das; -s, ...ien [lat. suppositōrium] 【의학】 좌약. **Suppositum** [zʊ'po:zitʊm], das; -s, ...ta [lat. suppositum] 《교양어·고어》 전제(된 것).

Suppression [zʊprɛ'si̯o:n], die; -en [lat. suppressio] 《전문어》 억압, 억제. **suppressiv** [...'si:f] 〈Adj.〉 《전문어·교양어》 억압적인, 억제적인. **supprimieren** [zʊpri'mi:rən] 〈h〉 [lat. supprimere] 《전문어·교양어》 억압하다, 억제하다, 누르다.

Suppuration [zʊpura'tsi̯o:n], die; -en [lat. suppūrātio] 【의학】 화농(化膿). **suppurativ** [...'ti:f] 〈Adj.〉 【의학】 화농성의.

Supra, das; -s, -s [lat. supra] (스카트에서) 주프라(Re에 대한 응수).

Supra-, **Supra-** 〈Pref.〉 "초(超)…"의 뜻.

supraleitend ['zu:pra-] 〈Adj.〉 [lat. supra] 【전자】 초전도(超傳導)성의: -er Draht 초전도성 전선(電線). **Supraleiter**, der; -s, - 【전기】 초전도체. **Supraleitfähigkeit**, **Supraleitung**, die 【전기】 초전도성.

supranational [zupra-] 〈Adj.〉 [lat. supra] 초국가적인. **Supranationalität**, die 초국가성.

supranatural [zupranatu'ra:l] 〈Adj.〉 [lat. supra] 【철학】 초자연의. **Supranaturalismus**, der **1.** 【철학】 초자연주의. **2.** 【신학】 초자연주의(18·19세기 개신교 신학에서 합리주의에 상반되는 방향의). **supranaturalistisch** 〈Adj.〉 초자연주의의, 초자연주의적인.

Supraporte: ↑Soporte.

suprasegmental [zupra-] 〈Adj.〉 [lat. suprā] 【언어】 초분절(超分節)적인(예컨대: 음높이, 악센트).

Suprastrom, der; -(e)s 【전기】 초전도체에 흐르고 있는 전류.

Supremat [zupre'ma:t], der / das, -(e)s, -e [lat. suprēmus] 《전문어·교양어》 패권, 최상권, 최고권한. **Supremat(s)eid**, der 《옛》 영국왕을 국교의 최고위자로 모시고 교황의 주권을 부인하는 선서. **Suprematie** [...ma'ti:], die; -, ...i̯en 《전문어·교양어》 패권, 최상권. **Suprematismus** [...'tɪsmʊs], der; - [russ. suprematism] 【미술】 예술 지상주의(러시아 화가 K. Malewitsch (1878~1935)가 일으킨 구성주의 일파의 운동). **Suprematist**, der; -en, -en 【미술】 예술지상주의자.

Sur [zu:ɐ̯], die; -en 《österr.》 (절임용의) 간국물, (육류의) 간국.

Sure ['zu:rə], die; -n [arab. sūra] 코란의 장(章).

Surfbrett ['sɜf-], das; -(e)s, ...bretter [engl. surfboard] 서핑 보드. **surfen** ['sɜfn] 〈h〉 [engl. surf] **1.** 파도타기를 하다. **2.** 윈드 서핑을 하다. **3.** 【요트】 배가 가능한 한 오래 물마루에 밀려 앞으로 가게 하다. **Surfer** ['sɜfɐ], der; -s, - [engl. surfer] **1.** 파도 타는 사람. **2.** ↑Windsurfer. **Surfing** ['sɜfɪŋ], das; -s [engl. surfing] **1.** 파도타기. **2.** ↑Windsurfing.

Surfleisch, das; -(e)s 《österr.》 염장육, 절임고기.

Surfriding ['sɜfraɪdɪŋ], das; -s [engl.] ↑Surfing (1).

Surimono [zuri'mo:no], das; -s, -s [jap. surimono] 스리모노、축하 카드로 쓰이는 목판 조각.

surjektiv [zʊrjɛk'ti:f] 〈Adj.〉 [frz. surjectif] 【수학】 전사(全射)의.

Surplus ['sɜ:plʌs], das; -, - [engl. surplus] 【상】 잉여, 잔고, 이익금.

Surprise-Party [sə'praɪz-], die; -s / ...ties [engl.-amerik. surprise party] 깜짝 파티.

surreal [sʊre'a:l] 〈Adj.〉 《교양어》 초현실적인, 기상천외한. **Surrealismus** [zʊrea'lɪsmʊs, 《또한》 zyr...], der; - [frz. surréalisme] 초현실주의, 쉬르레알리즘. **Surrealist** [...'lɪst], der; -en, -en [frz. surréaliste] 초현실주의자, 쉬르레알리스트. **surrealistisch** 〈Adj.〉 초현실주의의, 초현실주의적인.

surren ['zʊrən] 〈의성어〉 a) 〈h〉 응응거리다, 윙윙 울리다: der Ventilator surrt 환풍기가 응응거리다; 《명사화》 das Surren der Kameras 카메라에서 나는 즈르륵 소리. b) 〈s〉 응응거리며 가다(움직이다).

Surrogat [zʊro'ga:t], das; -(e)s, -e [lat. surrogātum] **1.** 《전문어》 대용품, 대용물. **2.** 【법】 대상물(代償物). **Surrogation** [...ga'tsi̯o:n], die 【법】 대위(代位).

sursum corda! ['zʊrzʊm 'kɔrda; ⟨lat.⟩] 마음을 드높이 [주를 향하여!](미사 때 서창의 문구).

Surtax ['sɜ:tæks], die; -es [...kɑsɪz; engl surtax], **Surtaxe** [zyr'taks], die; -n [frz. surtaxe] 【세무】 (소득세) 특별 부가세.

Surtout [syr'tu], der; -(s), -s [frz. surtout] (18세기의) 웃깃이 이중인 헐렁한 남성 외투.

Survey ['sɜ:veɪ], der; -(s), -s [engl. survey] **1.** (시장이

Survivals

나 여론) 조사. 2. 【경제】《상품 거래에서》 전문가의 감정서.
Survivals [sə'vaɪvəlz] 〈Pl.〉 [engl. survivals (Pl.)] [인종·민속] 과거 문화의 잔재, 유풍.
Suse ['zuːzə], die; -n [↑Susanne의 약칭] 《통용어·폄》 남이 무얼 해주기만 바라는 (수동적인) 여자.
Susine [zu'ziːnə], die; -n [ital. susina] 이탈리아 산 자두 (노랑이나 빨강색의).
suspekt [zʊs'pɛkt] 〈Adj.〉 [lat. suspectus] 《교양어》 의 심스러운, 수상한, 괴이쩍은: er ist mir s. 내가 보기에 그는 수상쩍다.
suspendieren [zʊspɛnˈdiːrən] 〈h〉 [lat. suspendere] 1. a) 정직시키다, 휴직(면직)시키다: Der Beamte ist vom Dienst suspendiert worden 그 공무원은 정직 처분을 받았다. b) 면제시키다: jmdn. vom Wehrdienst s. 누구를 징집 면제하다. 2. (식물적으로) 정지하다, 중단하다. 3. 【화학】 현탁액(懸濁液)화하다. **Suspendierung**, die; -en 면직, 정직, 휴직, 면제, 정지. **Suspension** [zʊspɛnˈzi̯oːn], die; -en [lat. suspēnsio] 1. 정직, 휴직, 정지. 2. 【화학】 현탁액화, 부유(액체). 3. 【의학】 《신체 부분을》 매달아놓기, 떠받쳐주기. **suspensiv** [...'ziːf] 〈Adj.〉 정지의, 중지시키는. **Suspensorium** [...'zoːrium], das; -s, ...ien [...i̯ən; lat. suspēnsum] 【의학】 (늘어지는 신체 부분을 떠받쳐주기 위한) 자루 모양의 붕대.
süß [zyːs] 〈Adj.〉 1. a) 단, 달콤한(반대: sauer 1 a): -e Sachen 단것. b) 감미로운, 달콤한 (냄새): das Parfüm duftet s. 이 향수 냄새는 감미롭다. 2. a) 《아어》 감미로운(선율의): eine -e Kantilene 아름답고 감미로운 선율. b) 《감정》 매혹적인, 어여쁜: ein -es Mädchen 어여쁜 소녀; 〈명사화〉 unsere Süße schläft schon 우리 귀여운 아가씨는 벌써 자고 있어요. c) 《아어》 기분좋은, 감미로운: ein -er Schmerz 감미로운 고통; träum s.! 잘자!, 좋은 꿈 꾸어라! 3. 알랑거리는, 아첨하는: jmdn. mit -en Worten einlullen 누구를 감언이설로 무마하다. **Süß** [-], das, -es 1. 《인쇄·지역적》 끝냈으나 아직 대금을 받지 못한 일. 2. 《고어》 감미료, 설탕덩이.
süß-, Süß-: **~gewässer**, das 《전문어》 담수전. **~gras**, das 《대개 Pl.》 ↑Gras (1). **~holz**, das 〈Pl. 없음〉 감초(甘草): S. raspeln 비위를 맞추다, 아첨하다. **~holzgeraspel**, das; -s 《통용어》 아부, 비위 맞추기. **~holzraspler** [-rasplɐ], der; -s, - 《통용어》 《여성에게》 비위를 맞추는 남자. **~holzsaft**, der 감초즙. **~holzstrauch**, der 【식물】 감초(덤불). **~kartoffel**, die ↑Batate (b). **~kirsche**, die 1. 단 버찌, 검은 버찌. 2. 단(검은) 버찌나무. **~klee**, der 【식물】 클로 바속(屬). **~maul**, der 《통용어》 단것을 좋아하는 사람. **~most**, der (발효하기 전의) 과즙. **~moster** [-mɔstɐ], der; -s, - (미발효) 과즙 생산자. **~rahm**, der 시게 하지 않은 크림. **~rahmbutter**, die 시게 하지 않은 크림 버터. **~sauer** 《연결 부호와 함께》〈Adj.〉 1. ↑sauersüß (1): sie essen die Bohnensuppe meist s. (zubereitet) 그녀는 콩국을 대개 달콤새콤하게 (요리하여) 먹는다. 2. 《통용어》 ↑sauersüß (2): ein süß-saures Lächeln 달콤새콤한 미소. **~speise**, die 단 음식(후식). **~stoff**, der 감미료(사카린 따위). **~waren** 《Pl.》 과자(류), 단것. **~warengeschäft**, das 과자점, 제과점. **~warenindustrie**, die 제과업(계). **~wasser**, das 〈Pl. -wasser〉 담수(淡水). **~wasserfisch**, der 《통용어·농》 내륙수로 (항행) 선원. **~wassermatrose**, der 《통용어·농》 내륙수로 (항행) 선원. **~wasserpolyp**, der 【동물】 담수 폴립. **~weichsel**, die 신맛이 강한 버찌. **~wein**, der (디저트용) 단 포도주.
Süße ['zyːsə], die 단맛, 감미, 감미로움, 맛 좋음, 맛 좋은 것. **süßen** ['zyːsn̩] 〈h〉 달게 하다: Tee mit Zucker s.

차를 달게 하다. **Süßigkeit** ['zyːsɪçkaɪt], die; -en 1. 〈대개 Pl.〉 (사탕, 초콜릿 등) 단것, 단 과자류. **süßlich** 〈Adj.〉 1. 조금 단, 달착지근한: der Wein ist mir zu s. 술이 내 입에는 너무 들척지근하다. 2. 《폄》 달콤한, 감상적(感傷的)인: ein -es Gedicht 달착지근한(감상적인) 시; ein -er Film 달착지근한 (애정) 영화. 3. 《폄》 알랑거리는: mit -er Miene 달콤한 표정으로. **Süßlichkeit**, die 달착지근함, 감미로움, 알랑거림. **Süßling** ['zyːslɪŋ], der; -s, -e 《고어·폄》 알랑거리는 사내.
Sust [zʊst], die 《schweiz.·순고어》 공용 창고, 휴게소, (알프스의) 보세 창고, 세관.
Sustain [səs'teɪn], das; -s, -s 〈engl.-amerik. sustain〉 【음악】 서스테인(신디사이저에서 특정 음높이로까지 올라갔다 떨어지는 시간). **Sustentation** [zʊstɛntaˈtsi̯oːn], die; -en [lat. sustentātio] 《고어》 원조, 부양.
suszeptibel [zʊstsɛp'tiːbl̩] 〈Adj.〉 [lat. susceptibilis] 《교양어·고어》 민감한, 예민한. **Suszeptibilität** [...tibiliˈtɛːt], die 1. 《교양어·고어》 민감함, 민감성, 예민성. 2. 【물리】 전기화율(化率), 감수율(感受率). a) **(di)-elektrische S.** 유전 감수율(誘電感受率). b) **magnetische S.** 자화율(磁化率). **Suszeption** [...'tsi̯oːn], die; -en [lat. susceptio] 《대개 다음 자극의 받아들임에 의한》: 굴광 작용에서 빛의 흡수에 의한). **suszipieren** [zʊstsiˈpiːrən] 〈h〉 [lat. suscipere] 【식물】 자극을 받아들이다.
Sutane: ↑Soutane. **Sutanelle:** ↑Soutanelle.
Sutasch: ↑Soutache.
Sutra ['zuːtra], das; -s, -s 〈대개 Pl.〉 [sanskr. sūtra] [힌두교] 수트라; 【불교】 경(經).
Sütterlinschrift ['zytɐliːn-], die [독일 그래픽 디자이너 L. Sütterlin(1865–1917)의 이름을 따라] 쥐털린 서체 (書體)(1935년부터 1941년까지 독일 학교에서 사용되는 둥글게 굴린 서체).
Sutur [zu'tuːɐ̯], die; -en [lat. sūtūra] 1. 【해부학】 (뼈, 두개의) 봉합, 봉선(縫線). 2. 【의학】 ↑Naht (1 b).
suum cuique! ['suːʊm ku'iːkvə; lat.] 《교양어》 각자에게 제 몫을 주라! 〈jedem das Seine!〉.
¹Suva ['zuːva, engl.: 'suːvə] 수바(피지의 수도).
SUVA, **²Suva** = Schweizerische Unfallversicherungsanstalt 스위스 사고 보험 회사.
suzerän [zutseˈrɛːn] 〈Adj.〉 [frz. suzerain] 【드물게】 종주(권)의. **Suzerän** [-], der; -s, -e [frz. suzerain] 《옛·국제법》 종주(宗主), 종주국. **Suzeränität** [...rɛniˈtɛːt], die [frz. suzeraineté] 《옛·국제법》 종주권, 종주의 지위 (속국에 대한).
s. v. = sotto voce; salva venia; sub voce.
SV = Sportverein.
sva. = soviel als.
SVD = Societas Verbi Divini.
svegliato [svɛlˈjaːto] 〈Adv.〉 [ital. svegliato] 【음악】 스벨랴토(쾌활하게, 씩씩하게).
SVP = Schweizerische Volkspartei.
s. v. v. = sit venia verbo.
svw. = soviel wie.
SW = Südwest(en).
Swahili ['sva-], die; -(s): ↑¹,²Suaheli.
Swami ['svaːmi], der; -s, -s [Hindi svāmī] 힌두 승려, 스님.
Swanboy ['svɔnbɔɪ], der; -s [engl. swanboy] 【섬유】용, 스완보이(양면에 보풀이 난 목면직물). **Swanskin** ['svɔnskɪn], der; -s [engl. swanskin] 【섬유】 ↑Swanboy.
Swapgeschäft ['svɔp-], das; -(e)s, -e [engl. swap] 【증권】 (중앙 은행의) 통화의 교환(주로 시세 안정을 목적으로 한), 선물(先物) 취인(取引).

SWAPO, die 남비아 해방 운동(South West African People's Organization).

Swapper ['svɔpɐ], der; -s, - [engl. swapper] 《언어》 부부 교환을 일삼는 자.

Swarabhakti [svaraˈbakti], das; - [sanskr. svárabhakti] 《언어학·준고어》 ↑ Sproßvokal.

Swasi, der; - ↑ Swasiland. **Swasiland** [ˈsvaːzilant] 스와질랜드.

Swastika [ˈsvastika], die; ...ken [sanskr. svastikaḥ] 고대 인도의 행운의 상징(톱니바퀴 혹은 卐자형의).

Sweater [ˈsvɛtɐ], der; -s, - [engl. sweater] 《준고어》 (머리를 끼어 입는) 자라목 스웨터, 터틀 스웨터, 풀오버.

Sweatshirt [ˈswɛt-ʃəːt], das; -s, -s [engl. sweat shirt] 스웨트 셔츠(추위를 막기 위하여) 경기 전후에 헐겁게 껴입는 웃옷.

Swebe [ˈsveːbə], der; -n, -n 스베브 족 사람(서게르만 부족의 하나). **swebisch** [ˈsveːbɪʃ] 〈Adj.〉 스베브족의.

Swedenborg [ˈsveːdn̩bɔrk, (Schwed.) ...bɔrj] 에마누엘 스베덴보리(1848기 스웨덴의 자연 연구가이며 접신론자). **Swedenborgianer** [sveːdn̩bɔrˈgiaːnɐ], des; -s, - 스베덴보리의 추종자.

Sweepstake [ˈswiːpsteɪk], das / der; -s, -s [engl. sweepstake] **1.** (당첨 번호가 미리 고시된) 복권(경품권) 판매. **2.** (건 돈을 승자에게 모두 주는) 스테이크 경마.

Sweet [swiːt], der; - [engl. sweet] 스위트(재즈를 모방한 여흥 음악). **Sweetheart** [ˈswiːthaːt], das; -s, -s [engl. sweetheart] 연인, 여보, 내 사랑(부르는 말로).

SWF = Südwestfunk 남서 독일 방송.

Swimmingpool, Swimming pool [ˈsvɪmɪŋpuːl], der; -s, -s [engl. swimming pool] 수영장.

¹**Swing** [svɪŋ], der; -(s), -s [engl. swing] **1.** 〈Pl. 없음〉 **a)** 스윙, 재즈 리듬(율동). **b)** (특히 1930~1945년의) 재즈 음악(유럽풍이 두드러지는). **2** ↑ Swingfox. ²**Swing** [-], der; -(s) [engl. swing] 《경제》 스윙, (무역 지불 협정에 있어서) 두 협정국 간에 부여하는 신용의 한도. **swingen** [ˈsvɪŋən] 〈h〉 [engl. to swing] **1. a)** 스윙을 연주하다. **b)** 스윙곡을 따라 춤추다. **2.** 《은어·은폐》 집단 혼음(그룹 섹스)을 행하다. **Swinger**, der; -s, - [engl.-amerik. swinger] 《은어·은폐》 집단 혼음을 행하는 자. **Swingfox**, der; -(es), -e 《댄스》 스윙 폭스(사교 댄스의 일종). **Swinging** [ˈsvɪŋɪŋ], das; -s [engl.-amerik. swinging] 《은어·은폐》 집단 혼음, 그룹 섹스.

Swissair [svɪsɛːɐ̯], die 스위스 항공사.

Switchgeschäft [ˈsvɪtʃ-], das; -(e)s, -e [engl. switch] 《경제》 (특히 환(換)차익을 노려) 제3국 통화로 결제하는 삼각 무역.

Sybarit [zybaˈriːt], der; -en, -en [lat. Sybarīta < griech. Sybarítēs] 《교양어·준고어》 고대 그리스의 도시 쉬바리스(Sybaris)의 시민들이 식도락으로 악명높았던 데서] 대식가, 미식가, 식도락가. **sybaritisch** 〈Adj.〉 《교양어·준고어》 향락에 빠진.

Sydney [ˈzɪdni] 시드니(오스트레일리아의 도시).

Syenit [zyeˈniːt, ...nɪt], der; -s, -e [lat. lapis Syēnītēs] 【지질】사이에나이트, 섬장암(閃長岩).

Sykomore [zykoˈmoːrə], die; -n [lat. sycomorus < griech. sykómoros] (근동산(産)) 무화과의 일종. **Sykomorenholz**, das 〈Pl. 없음〉위의 목재.

Sykophant [zykoˈfant], der; -en, -en [lat. sȳcophanta < griech. sykophántēs] **1.** 고대 아테네의 직업적 고소인. **2.** 《교양어·고어》 배반자, 비방자, 밀고자. **sykophantisch** 〈Adj.〉 [griech. sykophantikós] 《교양어·고어》 고소하는, 밀고하는.

Sykose [zyˈkoːzə], die; -n [griech. sȳkon] 【의학】모창(毛瘡).

Syllabar [zylaˈbaːɐ̯], das; -s, -e [griech. syllabé] 《교양어·고어》 철자(綴字) 교본, 입문서. **syllabieren** [ˈzylaˈbiːrən] 〈h〉 《교양어·고어》 음절로 나누어 말하다[발음하다]. **syllabisch** [zyˈlaːbɪʃ] 〈Adj.〉 **1.** 《교양어·고어》 음절의, 음절(단위)로. **2.** 【음악】 음절 단위로(각 음절이 한 음부를 지니도록) 작곡된. **Syllabus** [ˈzylabʊs], der; -, - / ...bi **1.** 《교양어·고어》 요약, 목록. **2.** 《옛·가》 유설표(謬說表), 이단설을 수록한 표. **Syllepse** [zyˈlɛpsə], **Syllepsis** [ˈzylɛpsɪs], die; ...epsen [lat. syllēpsis < griech. sýllēpsis] 【수사】 겸용법(兼用法)(한 문장 성분, 대개는 술어가, 주어의 성, 수, 인물이 상이한데도 겸용되는 경우; 예컨대: die Kontrolle wurde verstärkt und zehn Schmuggler verhaftet에서의 „werden"동사). **sylleptisch** [zyˈlɛptɪʃ] 〈Adj.〉 겸용법의.

Syllogismus, der; -, ...men [lat. syllogismus < griech. syllogismós] 【철학】 삼단논법. **Syllogistik**, die 【철학】 삼단논법. **syllogistisch** 〈Adj.〉 【철학】 삼단논법의.

¹**Sylphe** [ˈzylfə], der; -n, -n / die; -n [파라첼주스(1493~1541) 체계의 4대 정령(精靈)] 대기(공기)의 정령(精靈) (오버론, 아리엘 등). ²**Sylphe** [-], die; -n 《교양어》 (바람의 요정 같은) 우아한 여성. **Sylphide** [zylˈfiːdə], die; -n **1.** 바람의 요정. **2.** 날씬하고 우아한 처녀. **sylphidenhaft** 〈Adj.〉 《교양어》 사랑스러운, 우아한.

Sylvin [zylˈviːn], das / der; -s, -e [Sylvius라고 불리운 네덜란드 의사 F. Deleboe에 따라] 【지질】 칼리 암염(岩塩)(비료로 쓰이는).

Symbiont [zymˈbiɔnt], der; -en, -en [griech. symbiōn = zusammenleben] 《생물》 공생자(共生者). **symbiontisch** 〈Adj.〉 《생물》 ↑ symbiotisch. **Symbiose** [...ˈbioːzə], die; -n 【생물】 공생(共生): in S. leben 공생하다. **symbiotisch** [...ˈbioːtɪʃ] 〈Adj.〉 【생물】 공생의.

Symbol [zymˈboːl], das; -s, -e [lat. symbolum < griech. sýmbolon = 다시 합칠 수 있게끔 (반지 따위 물건을) 쪼개어 나눠 가지는 인식표] **1.** 상징, 표징(表徵), 심벌: die Taube als S. des Friedens 평화의 상징 비둘기. **2.** 《전문어》 기호, 부호: ein chemisches S. 화학기호.

symbol-, Symbol-: **~charakter**, der 〈Pl. 없음〉 상징적 의미: etw. bekommt S 무엇이 상징적 의미를 띤다. **~forschung**, die 상징 연구. **~gehalt**, der 상징 내용. **~kraft**, die 〈Pl. 없음〉 상징력. **~kunde**, die 〈Pl. 없음〉 상징학(론). **~sprache**, die ↑ Assembler. **~trächtig** 〈Adj.〉 상징능의, 상징. 상징을 함축한. **~trächtigkeit**, die 상징 함축성, 상징성.

symbolhaft 〈Adj.〉 상징적인: ein -es Maskottchen 상징적인 마스코트. **Symbolhaftigkeit**, die **1. a)** 상징적 의미, 상징 내용: eine Geste von tiefer S. 깊은 상징적 의미를 가진 몸짓[제스처]. **b)** 상징적 표현. **2. a)** 상징(기호)의 사용, 상징적 표현. **b)** 상징법. **symbolisch** 〈Adj.〉 상징(기호)의, 상징적인: diese Worte sind s. zu verstehen 이 말은 상징적으로 이해되어야 한다. **b)** 상징을 사용하는: -e Logik 기호논리학. **symbolisieren** [zymboliˈziːrən] 〈h〉 [frz. symboliser] **a)** 상징하다, 상징화하다: die Taube symbolisiert den Frieden 비둘기는 평화를 상징한다. **b)** 〈s. + sich〉 상징적으로 표현되다: in der Jugend symbolisiert sich der Fortschritt 젊음에는 진보의 상징이 들어 있다. **Symbolisierung**, die; -en 상징, 상징화. **Symbolismus** [...ˈlɪsmʊs], der; - **1.** 상징주의, 상징파. **2.** 《드물게 전문어》 기호 체계. **Symbolist** [...ˈlɪst], der; -en, -en 상징주의자. **symbolistisch** 〈Adj.〉 상징주의의, 상징주의적인.

Symmachie [zymaˈxiː], die; -n [...iːən; griech. symmachía] 고대 그리스의 도시 국가 동맹.

Symmetrie [zyme'tri:], die; -n [...i:ən; lat. symmetria < griech. symmetría] 대칭, 좌우동형(반대: Asymmetrie): die S. zweier geometrischer Figuren 두 기하학적 도형의 대칭. **Symmetrieachse**, die [특히 기하학] 대칭축. **Symmetrieebene**, die [특히 기하학] 대칭면. **symmetrisch** ⟨Adj.⟩ 대칭의, 대칭적인: eine -e geometrische Figur 대칭(기하)도형; eine -e Funktion [수학] 대칭식; [전의] der -e Aufbau eines Gedichts 시의 대칭적 구조.

sympathetisch ⟨Adj.⟩ [griech. sympathētikós] (《교양어》) 교감(交感)적인, 공감(共感)적인, 영적 교감을 불러 일으키는: -e Tinte 은현(隱現)잉크(가열이나 화학 처리로 글자가 나타남.). **Sympathie** [pa'ti:], die; -n [...i:ən; lat. sympathía < griech. sympátheia] 호감, 동감, 공감, (드물게) 감정 이입, 영적 교감 (반대: Antipathie): S. für jmdn. empfinden 누구에 대하여 호감을 느끼다; große S. für jmdn. haben 누구에 대하여 큰 호감을 가지다; jmds. S. gewinnen 누구의 호의를 얻다; bei aller S., so geht das nicht 아무리 선의를 갖고 봐준다 해도 그렇게는 안되겠다.

Sympathie-: **~bekundung**, die 호감[공감] 표명. **~kundgebung**, die 동조 선언. **~streik**, der 동정 파업.

Sympathikus [zym'pa:tikυs], der; - [lat. (nervus) sympathicus] [해부·생리] 교감(交感) 신경. **Sympathisant** [...pati'zant], der; -en, -en (심정적) 동조자 (극단적인 정치·사회적 그룹의): -en linksradikaler Gruppen 극좌파의 동조자. **Sympathisantentum**, das; -s 동조, 동조자 단체. **Sympathisantin**, die; -nen 『Sympathisant의 여성형. **sympathisch** [zym'pa:tιʃ] ⟨Adj.⟩ [frz. sympathique] 1. 호감이 가는, 마음에 드는: ein -er Mensch 호감이 가는 사람; Plastik ist kein so warmes und -es Material wie Holz 플라스틱은 목재처럼 따뜻하고 친밀하게 느껴지는 재료가 아니다; seine Rede war s. kurz 그의 연설은 기분좋게 짧았다. 2. aussehen 외모가 호감을 주다. 3. [고어] 공감하는, 동감의, 성미에 맞는. 4. [해부·생리] 교감성의, 감응성의: das -e Nervensystem 교감(交感) 신경 조직. **sympathisieren** [zympati'zi:rən] ⟨h⟩ 동조하다, 호감을 갖다, 지지하다: mit einer Partei s. 어떤 정당을 지지하다.

Symphonie: ↑Sinfonie.

Symphyse [zym'fy:zə], die; -n [griech. sýmphysis = das Zusammenwachsen] [의학] **a)** 뼈의 유착, 선유연골(線維軟骨) 결합. **b)** 골간접합(骨間接合), 골간결합(結合)(특히 치골의). **symphytisch** [zym'fy:tιʃ] ⟨Adj⟩ [의학] 함께 유착된.

Sympi ['zympi], der; -s, -s (은어) 극좌파 동조자.

Symposion [zym'po:zjɔn, ...'po:...], das; -s, ...ien [..iən; engl.-amerik. symposium < lat. symposium < griech. sympósion] 1. 심포지움, 토론회, 학술회의: ein zweitägiges, internationales S. 이틀 간의 국제 심포지움. 2. (고대 그리스의) 향연(철학적 대화 위주의). 3. (단일주제의) 논총(論叢). **Symposium** [...'pozjυm, (또한) ...'po:...], das; -s, ...ien [..iən] ↑Symposion의 라틴어형.

Symptom [zymp'to:m], das; -s, -e [lat. symptóma < griech. sýmptōma] **a)** [의학] 증상, 징후: ein typisches S. für Gelbsucht 전형적인 황달 증세. **b)** (《교양어》) 징조(부정적인), 특징: -e spätzeitlichen Erlösung 말기적인 해체 징조들. **Symptomatik** [zympto'ma:tιk], die [의학] 1. 전체증상, 징후군. 2. ↑Symptomatologie. **symptomatisch** [...'ma:tιʃ] ⟨Adj.⟩ (《교양어》) 징후를 나타내는, 징조가 되는, 징후의, 전형적인: die Wiederentdeckung des Manierismus war s.

für die moderne Lyrik 기교주의(매너리즘)의 재 발견은 현대시의 전형적인 징후였다. 2. [의학] 증상의, 대(對)증적인: eine -e Behandlung 대증요법. **Symptomatologie** [...matolo'gi:], die [의학] 징후학(↑Semiologie (2), ↑Semiotik (2)). **Symptomenkomplex**, der; -es, -e [의학] ↑Syndrom.

synagogal [zynago'ga:l] ⟨Adj.⟩ 유태교 미사의. **Synagoge** [zyna'go:gə], die; -n [lat. synagōga < griech. synagōgē] 1. 유태인의 교회당, 유태교당. 2. [미술] (Ecclesia와 함께) 구약성서를 상징하는 여인상(눈을 가리고 부러뜨린 막대를 든 모습이).

synallagmatisch [zynala'gma:tιʃ] ⟨Adj.⟩ [griech. synallagmatikós] [법] 쌍무적인: -er Vertrag 쌍무(雙務) 계약(반대: 편무 계약).

Synalöphe [zyna'lø:fə, zyn|a...], die; -n [lat. synalīphē < griech. synaloiphḗ] [운율] 어미의 모음이 다음 낱말의 두(頭)모음 때문에 생략되는 것(예컨대: mit deiner Lieb' umgehen).

Synandrie [zynan'dri:, zyn|a...], die [griech. sýn = zusammen u. anḗr = Mann] [식물] 수꽃술의 합착(合着), (여러 꽃의) 기형적인 결합 개화(結合開花). **synandrisch** [zy'nandrιʃ, zyn|a...] ⟨Adj.⟩ [식물] 수꽃술 합생(合生의).

Synapse [zy'napsə, zyn|a...], die; -n [griech. sýnapsis] [생물] 신경 세포의 연접부(連接部).

Synärese [zynɛ'rɛ:zə, zyn|ɛ...], **Synäresis** [zy'nɛ:rɛzιs, syn|ɛː...], die, ...resen [zynɛ're:zən, zyn|ɛ...; griech. synaíresis] [언어] 두 음절의 모음 하나가 줄어 한 음절로 되는 것(예컨대: gehen→gehn).

Synästhesie [zynɛste'zi:, zyn|ɛ...], die; -n [...i:ən; griech. synaísthēsis] **a)** [의학] 공(共)감각(타 감각 기관의 자극을 수용, 예컨대: 특정 음(音)을 들을 때 느껴지는 색감(色感)). **b)** [문예학] 공(共)감각(특히 상징주의 시에서 상이한 감각 분야를 결합시킨 표현, 예컨대 "푸른 종소리"). **synästhetisch** [zynɛ...,zyn|ɛ...] ⟨Adj.⟩ **a)** 공(共)감각의. **b)** (감각이) 불특정 자극으로 생성된.

synchron [zyn'kro:n] ⟨Adj.⟩ [griech. sýn = zugleich u. chrónos = Zeit] 1. [전문어] 동시의, 동속(等速)의 (반대: asynchron): -e Bewegungen 등속(等速) 운동. 2. [언어] (반대: diachron) **a)** 공시(共時)적: die Erforschung der -en Sprachzustandes 공시적 언어 연구. **b)** ↑synchronisch: eine -e Sprachbetrachtung 공시적 언어 고찰.

Synchron- [기술]: **~getriebe**, das 등속(等速) 맞물림 전동(傳動) 장치. **~maschine**, die 동기기(同期機). **~motor**, der 동기 발동기. **~satellit**, der 《전문어》 속도가 지구의 자전 속도와 동일하여 늘 지표의 동일 상공에 있는 인공 위성. **~sprecher**, der 더빙 담당자, 더빙 전문 성우(聲優). **~uhr**, die 동기(同期) (전기) 시계.

Synchronie [zynkro'ni:], die [frz. synchronie] [언어] (반대: Diachronie) **a)** 공시태(共時態). **b)** 공시적 (언어) 기술. **Synchronisation** [...niza'tsjo:n], die; -en [engl.-amerik. synchronization] ↑Synchronisierung. **synchronisch** ⟨Adj.⟩ [frz. synchronique] [언어] (반대: diachronisch) **a)** 공시태(共時態)의, 공시(론)적인: die Wörterbücher 공시적 사전; die moderne Linguistik ist weitgehend s. ausgerichtet 현대 언어학은 대부분 공시적인 방향으로 연구하고 있다. **b)** ↑synchron (2 a). **synchronisieren** [zynkroni'zi:rən] ⟨h⟩ 1. [영화] 동시 녹음하다, (특히 수입 필름을) 자국어로 녹음하다, 더빙(dubbing)하다: einen Film in der synchronisierten Fassung spielen 영화를 동시 녹음본 (本)으로 (더빙하여) 상연하다. 2. [기술] 동시 진행(작동)시키다. 3. 시간을 맞추다, 연계시키다: die Arbeit von zwei Teams s. 두 팀의 작업 시간을 맞추다. **Synchronisierung**, die; -en 동시 녹음, 더빙, 동시 진행, 시간 맞추기. **Synchronismus** [...'nısmʊs], der; -, ...men **1.** ⟨Pl. 없음⟩ 【기술】 동기(同期) (상태) (↑ Gleichlauf). **2.** (각 분야의 역사적 사건의) 시간적 일치, 역사적 사건들의 동시적 취급(배열). **synchronistisch** [..'nıstıʃ] ⟨Adj.⟩ **1.** 【기술】 동기성(同期性)의, 동시진행의. **2.** 공시적(共時的)인, 동시의, 동시적으로 편성(배열)한. **Synchrotron** ['zʏnkrotro:n], das; -s, -s 《또는》-e [zʏnkro'tro:nə] 【핵물리】 싱크로트론(하전 입자(荷電粒子) 가속 장치).

Syndaktylie [zʏndakty'li:], die; -n [...i:ən] 【의학】 (손가락, 발가락의) 유착, 합생(合生).

Syndetikon Ⓦ [zʏn'de:tikɔn], das; -s [griech. syndetikós] 진한 액체 접착제 이름. **syndetisch** [zʏn'de:tıʃ] ⟨Adj.⟩ 【언어】 접속사로 연결된.

Syndikalismus [zʏndika'lısmʊs], der; - [frz. syndicalisme] 신디칼리즘(19세기의 급진적 노동조합주의). **Syndikalist** [...'lıst], der; -en, -en 신디칼리스트. **syndikalistisch** ⟨Adj.⟩ 신디칼리즘의. **Syndikat** [zʏndi'ka:t], das; -(e)s, -e [amerik. syndicate] **1.** 【경제】 신디케이트, 공동 판매 카르텔. **2.** ↑ Verbrechersyndikat(미국 갱단 따위의 범죄 조직)의 약칭. **Syndikus** ['zʏndikus], der; -, ...izi [iʦi] 《또는》-se [lat. syndicus < griech. sýndikos] 【법】 법률 고문(법인 단체 따위의). **syndizieren** [zʏndi'ʦi:rən] ⟨h⟩ 【경제】 신디케이트를 결성하다. **Syndizierung**, die; -en 신디케이트 결성.

Syndrom [zʏn'dro:m], das; -s, -e [griech. syndromé = das Zusammenkommen] **1.** 【의학】 증후군(症候群). **2.** 【사회】 증후군, 신드롬.

Synechie [zyne'çi:, zʏn|ɛ...], die; -n [...i:ən; griech. synécheia] 【의학】 유착증(특히 홍채, 수정체 또는 굳은살의).

Synedrion [zy'ne:driɔn, zʏn'|ɛ:...], das; -s, -ien [..i:ən; griech. synédrion] **1.** 고대 그리스의 평의회. **2.** ↑ Synedrium. **Synedrium** [zy'ne:driʊm, zʏn'|ɛ:...], das; -s, ...ien [...i:ən; lat. synedrium] 유대인 최고 협의체(고대 예루살렘의), 70인 의회.

Synekdoche [zy'nɛkdɔxe, zʏn'|ɛ...], die; -n [...'dɔxn; lat. synekdochē < griech. synekdochḗ] 【수사】 제유(提喩), 대유(代喩)(예컨대: Segel로써 Schiff를 나타냄).

Synektik [zy'nɛktık, zʏn'|ɛ...], die [engl.-amerik. synectics] 시넥틱스(창조적 문제 해법).

synergetisch [zynɛr'ge:tıʃ, zʏn|ɛ...] ⟨Adj.⟩ [griech. synergētikós] 《전문어》 함께 일하는, 협력의. **Synergie** [zynɛr'gi:, zʏn|ɛ...], die [griech. synergía] **1.** 【집단 心理】 협력(작용)(↑ Synergismus (1)). **Synergismus** [zynɛr'gısmʊs, zʏn|ɛ...], der; - **1.** 【화학·약학·생리】 상승 작용(약의), 협력작용(근육 또는 기관 등의). **2.** 【기독 신학】 공로설(신의 은총과 인력의), 신인(神人) 협력설. **synergistisch** [zynɛ..., zʏn|ɛ...] ⟨Adj.⟩ 공로설(共勞說)의, 신인(神人) 협력설의.

Synesis ['zy:nezıs, 'zʏn...], die; - [griech. sýnesis; ...; griech. sýnesis] 【언어】 ↑ Constructio ad sensum, ↑ Constructio kata synesin.

Synhyponym ['zʏn-, – – –'–], das; -s, -e 【언어】 ↑ Kohyponym.

Synizese [zyni'ʦe:zə, zʏn|i...], **Synizesis** [zy'ni:ʦezıs, zʏn|i:...], die; zesen [...i'ʦe:zn; lat. synizēsis < griech. synízēsis] 【운율】 (단어 안의) 복모음으로의 융합.

synklinal [zʏnkli'na:l] ⟨Adj.⟩ [griech. sygklínein] 【지질】 향사(向斜)의.

Synkope, die; -n [zʏn'ko:pn; lat. syncopē < griech. sygkopḗ] **1.** [zʏn'ko:pə] 【음악】 절분(법), 당김음법, 싱코페이션. **2.** ['zʏnkope] **a)** 【언어】 어중음(語中音) 소실 (두 자음 사이의 악센트 없는 모음의 생략; 예컨대: ewiger 대신 ew'ger). **b)** 【운율】 약음 탈락(생략)(시구에서). **3** ['zʏnkope] 【의학】 **a)** ↑ Kollaps (1). **b)** 실신, 가사(假死). **synkopieren** [zʏnko'pi:rən] **1.** 【음악】 싱코페이션. **2. a)** 【언어】 (두 자음 사이의) 악센트 없는 모음을 없애다. **synkopisch** [zʏn'ko:pıʃ] ⟨Adj.⟩ **1.** 【음악】 당김음으로 이어지는, 싱코페이션의. **2.** 【언어·운율】 악센트 없는 모음이 소실되는, 약음이 생략되는.

Synkretismus [zʏnkre'tısmʊs], der; - [griech. sygkrētismós] **1.** 《전문어·교양어》 여러 학설의 융합, 여러 파(波)의 통합, 제설(諸說) 혼합주의. **2.** 【언어】 융합(2개 또는 2개 이상의 문법적으로 다른 기능을 가진 어형의)(↑ Kasussynkretismus). **Synkretist** [...'tıst], der; -en, -en 제설(諸說)(제파) 통합주의자. **synkretistisch** ⟨Adj.⟩ 《전문어·제파》 통합주의의, 융합적인, 통합적인.

Synod [zy'no:t], der; -(e)s, -e [russ. sinod < griech. sýnodos] 성무원(聖務院)(1721~1917)의 러시아 정교(正敎)의 최고 지도 기관): der Hilige S. 러시아 성무원. **synodal** [zyno'da:l] ⟨Adj.⟩ 교회[종교]회의의. **Synodale***, der / die 교회회의 구성원. **Synodalverfassung**, die 신교의 교회 자치제[법]. **Synodalversammlung**, die ↑ Synode. **Synode** [zy'no:də], die; -n [lat. synodus < griech. sýnodos] **1.** 【기독교】 (감독이 이끄는) 지역 총회. **2.** 【가】 주교 회의. **synodisch** ⟨Adj.⟩ **1.** 《드물게》 ↑ synodal. **2.** 【천문】 상합(相合)의, 삭망(朔望)의.

Synökie: ↑ Synözie.

synonym [zyno'ny:m] ⟨Adj.⟩ [lat. synōnymos < griech. synṓnymos] 【언어】 동의어의, 같은 뜻의: -e Redewendungen 뜻이 같은 표현, 동의의 숙어. **Synonym** [-], das; -s, -e 《또는》-a [lat. synónymum, zy'no:...; lat. synōnymum < griech. synṓnymon] 동의어(同義語)(반대: Antonym): „Antlitz" und „Visage" sind -e von „Gesicht" Antlitz와 Visage는 Gesicht의 동의어들이다. 《전의》 Schweden galt als ein S. für Wohlfahrtsstaat 스웨덴은 복지 국가의 대명사로 간주되었다. **Synonymenwörterbuch**: ↑ Synonymwörterbuch. **Synonymia** [...ny'mi:], die [lat. synōnymia < griech. synōnymía] 【언어】 동의성, 동의 어의적. **Synonymik** [...'ny:mık], die; -en **1.** ⟨Pl. 없음⟩ 동의어론. **2.** ↑ Synonymwörterbuch. **3.** ⟨Pl. 없음⟩ 《드물게》↑ Synonymie. **synonymisch** ⟨Adj.⟩ 【언어】 **1.** 동의어의, 동의 관계의. **2.** 《고형》 ↑ synonym. **Synonymwörterbuch**, das; -(e)s, ...bücher 동의어 사전.

Synopse [zy'nɔpsə], **Synopsis** [zy'nɔpsıs, zy'n...], die; Synopsen [zy'nɔpsn; lat. synopsis < griech. sýnopsis] **1.** 《전문어》 **a)** (문구의) 대비(對比) 수록, 대조나열(비교용의), 대조편람(原典對比). **b)** 복음 공관(共觀)(마태·마가·누가 3 복음서의 학습용 병렬(대비) 수록). 《교양어》 개관(概觀), 일람, 총람. **Synoptik**, die 【기상】 총관(總觀) 기상학, 광역(廣域) 기상 관찰. **Synoptiker**, der; -s, - (대개 Pl.) 공관 복음서의 저자, 공관 3 복음서(마태·마가·누가)의 저자(사가(史家)). **synoptisch** ⟨Adj.⟩ **1.** 《전문어》 공관적(共觀的)인. **2.** 《교양어》 개괄적인, 총관적인. **3.** 공관 3 복음 저자가 쓴: -en Evangelien 공관 복음서.

Synözie [zyno'ʦi:], **Synökie** [...'ki:], die; -n [..i:ən; griech. synoikoūn] **1.** 【동물】 (숙주(宿主)에게 득이나 해를 입히지 않는) 두 종류 이상의 생물의 공생. **2.** 【식물】 ↑ Monözie. **Synözisch** [zy'nø:ʦıʃ] ⟨Adj.⟩ **1.** 【동물】 공생하고 있는, 공생의. **2.** 【식물】 ↑ monözisch.

Syntagma [zʏn'tagma], das; -s, ...men / -ta [griech.

sýntagma] 【언어】 연립체, 통사체. **syntagmatisch** [...ta'gma:tɪʃ] 〈Adj.〉 연립적인, 통사체의. **Syntaktik,** die 【언어】 기호학의 통사론. **syntaktisch** 〈Adj.〉 【언어】 통사론적, 통사론의. **a)** 구문상의, 문장 구성의 올바른: -e Probleme der Lyrik Paul Celans 파울 챌란의 시의 구문상의 문제점들. **b)** 문장론의. **Syntax** ['zʏntaks], die; -en [lat. syntaxis < griech. sýntaxis] 【언어】 **a)** 구문(構文)론, 문장론, 통사론: die S. einer Sprache beherrschen 한 언어의 구문을 자유자재로 구사하다. **b)** 문장론, 구문론: eine vergleichende S. der germanischen Sprachen 게르만어의 비교 구문론. **c)** 구문론의 논지.

Synthese, die; -n [lat. synthesis < griech. sýnthesis] **1. a)** 《철학·일반어》 (Hegel 변증법의) 합(合), 진테제: eine S. aus[von, zwischen] Marxismus und Buddhismus 마르크시즘과 불교의 합명제. **b)** 《교양어·철학》 통합, 종합(반대: Analyse 1). **2.** 【화학】 합성(合成).

Synthese-: ~faser, die 합성 섬유(예컨대: Nylon). **~gas,** das 합성 가스. **~produkt,** das 합성품, 합성 물질.

Synthesis ['zʏntezɪs], die; ...thesen [...'te:zn̩] 《드물게》 ↑ Synthese (1). **Synthesizer** ['sɪntəsaɪze, 〈engl.〉 'sɪnθɪsaɪzə], der; -s, - [engl. sinthesizer] 신디사이저, (음향) 합성기. **Syntheta:** ↑ Syntheton의 복수형. **Synthetics** [zʏn'te:tɪks] 〈Pl.〉 [engl. synthetics] a) 화학 섬유. b) 합성 섬유 직물. **Synthetik** [...'te:tɪk], das; -s 인조섬유, 화학 섬유(직)(織): eine Bluse aus S. 화학(인조) 섬유로 된 블라우스. **Synthetiks:** ↑ Synthetics의 독어형. **synthetisch** 〈Adj.〉 **1.** 《전문어·교양어》 종합적인, 통합적인: -e Geometrie 종합 기하학; -e Sprachen 종합적 언어(반대: 분석적 언어); -es Urteil 【철학】 종합 판단. **2.** 【화학】 합성의: -e Edelsteine 합성 보석; das Zeug schmeckt s. 이 물건은 인공적인 맛이 난다. **synthetisieren** [zʏnteti'zi:rən] 〈h〉 합성하다, 합성적으로 생산하다: Vitamine s. 비타민을 합성하다. **Syntheton** ['zʏntetɔn], das; -s, ...ta [griech. sýnthetos] 【언어】 통사구의 어휘화(예컨대: „auf dem Kopf stehen"에서 만들어진 „kopfstehen").

Synzytium [zʏn'tsy:tsi̯ʊm], das; -s, ...ien [...i̯ən; griech. sýn u. kýtos] 【생물】 다핵체(多核體), 다핵질의 (多核質塊)(원형질 중의).

Syph [zʏf], der, -s 《경·은폐》 ↑ Syphilis의 약칭. **Syphilid** [zyfi'li:t], das; -(e)s, -e 【의학】 매독진(疹). **Syphilis** ['zy:fɪlɪs], die [Syphilus라는 이름의 성병에 걸린 양치기 이야기가 실린 16세기의 라틴어 교훈시의 제목에 따라] 매독. **syphiliskrank** 〈Adj.〉 매독에 걸린, 매독을 앓고 있는. **Syphilitiker** [zyfi'li:tɪkɐ], der; -s, - 매독환자. **syphilitisch** 〈Adj.〉 매독의, 매독성의.

Syrakus [zyra'ku:s] 시라쿠사(시칠리아의 도시). **Syrakuser** [zyra'ku:zɐ], der; -s, - 시라쿠사 사람(인). **syrakusisch** [zyra'ku:zɪʃ] 〈Adj.〉 시라쿠사의.

Syrer ['zy:rɐ], Syrier, der; -s, - 시리아 사람[인]. **Syrien** ['zy:ri̯ən], -s 시리아. **Syrier** ['zy:ri̯ɐ] ↑ Syrer. **syrisch** ['zy:rɪʃ] 〈Adj.〉 시리아의.

Syringe [zy'rɪŋə], die; -n [lat. syringa < griech. sȳrigx, 그 가지로 피리를 만들기 때문임] 【식물】 라일락, 자정향(紫丁香). **Syrinx** ['zy:rɪŋks], die; ...ngen [zy'rɪŋən; lat. sȳrinx < griech. sȳrigx] **1.** 목신(牧神)의 피리(↑ Panflöte). **2.** (새의) 명관(鳴管), 울대.

Syrologe [zyro...], der; -n, -n 시리아학(學)학자, 시리아 연구가. **Syrologie,** die 시리아학, 시리아 연구.

Syrte ['zʏrtə], die; -n [griech. sýrtis] 【고어】 여울.

System [zʏs'te:m], das; -s, -e [lat. systēma < griech. sýstēma] **1.** (학문·철학의) 체계, 학설: ein philosophisches S. 철학 체계; das Hegelsche S. 헤겔 학설. **2.** 방침, 수순(手順), 원칙, 계획성: ein raffiniert ausgeklügeltes S. 세련되게 머리를 짜내어 만든 일련의 계획; -e sozialer Sicherung 사회적 안전 장치들; dahinter steckt S. 그 뒤에는 모종의 의도가 숨겨져 있다; sein S. haben 나름의 방침을 가지고 있다. kein S. in etw. sehen 무엇에서 아무런 계획성을 찾아볼 수 없다; S. in etw. bringen 무엇에 체계(원칙)를 부여하다; in[bei] einer Sache S. walten lassen 일을 체계적으로 해나가다; nach einem bestimmten S. vorgehen 특정 원칙[방침]에 따르다; **gebundenes S.** 【건축·예술】 (로마네스크 교회 건축의) 정방형 평면 연결 방식. **3.** 체제, 제도, 조직, 기구(機構): ein kapitalistisches S. 자본주의 체제; parlamentarisches S. 의회제도; das bestehende gesellschaftliche S. 기존의 사회 체제[제도]; das marktwirtschaftliche S. 시장 경제 체제. **4.** 【물리·생물】 계(系), 계통, 체계: organische -e 유기질 체계; ein ökologisches S. 생태계. **5.** (공동 기능의) 설비[장치] 일습, 시스템: technische -e 기계 장치들[일습]; ein S. von Kanälen 운하망(網); ein S. von außenliegenden Strebebogen und Pfeilern trägt das Dach 추녀와 기둥 전체가 한쪽의 지붕을 떠받치고 있다. **6. a)** 【언어】 체계, 조직: -e von Lauten und Zeichen 소리와 기호의 체계. **b)** 선(線) 체계【구조】(예컨대: 오선지, 방안지): das geometrische S. der Koordinaten 좌표의 기하학적 체계. **c)** 【논리】 기호체계: das S. des Alphabets 알파벳 [체계]. **7. a)** 【생물】 분류(법). **b) periodisches S.** 【화학】 주기율 체계(↑ Periodensystem).

system-, System-: ~analyse, die 《전문어》 조직[시스템] 분석. **~analytiker,** der 조직 분석 전문가. **~bauweise,** die 【건축】 조립식 시공, 시스템 공법(工法). **~bedingt** 〈Adj.〉 체제 때문의, 체제적인, 체제 매인: etw. als s. hinnehmen 무엇을 체제 탓으로 여기고 감수하다. **~bedingtheit,** die 체제 제한성. **~charakter,** der 체제[체계]의 특성: etw. hat[trägt] S. 무엇이 체제의 특성을 지니고[띠고] 있다. **~eigen** 〈Adj.〉 ↑ ~immanent. **~erhaltend** 〈Adj.〉 체제 유지적인, 체제를 유지하는. **~erkrankung,** die 【의학】 유기체 전체의 발병(發病). **~feindlich** 〈Adj.〉 체제 적대적인. **~forschung,** die 시스템 연구. **~fremd** 〈Adj.〉 체제(원칙)에 맞지 않는, 시스템과 동떨어진. **~immanent** 〈Adj.〉 시스템(1, 3) 내재적인. **~kamera,** die 시스템 카메라(렌즈 등의 부품을 교체할 수 있는 전문 카메라). **~konform** 〈Adj.〉 체제에 순응하는, 체제 추종적인. **~kritik,** die 체제 비판. **~kritiker,** der 체제 비판자. **~kritisch** 〈Adj.〉 체제 비판적인: -e Äußerungen 체제 비판 발언. **~lehre,** die (군고어) ↑ Systematik (2). **~los** 〈Adj.〉 체계 없는, 원칙 없는. **~losigkeit,** die 무원칙, 비체계성. **~spezifisch** 〈Adj.〉 체제[제제] 특유의. **~theoretiker,** der 시스템 이론가. **~theoretisch** 〈Adj.〉 시스템 이론의. **~theorie,** die 시스템 이론(연결 시스템 상호간의 구조와 기능방식 연관에 대한 이론, 인공두뇌학의 한 분야). **~überwindung,** die ↑ ~veränderung. **~veränderer,** der 《팸》 체제 개혁가. **~veränderung,** die 체제 변화, 체제변혁. **~wette,** die (복권에서) 특정 원칙에 따른 내기. **~wetter,** der 위의 내기를 하는 사람. **~zeit,** die 〈Pl. 없음〉 《나치·팸》 의회 제도 시대(바이마르 공화국의). **~zwang,** der 제도의 강제에 의한 행동 방식.

Systematik [zʏste'ma:tɪk], die; -en **1.** 《교양어》 체계학, 조직론. **2.** 〈Pl. 없음〉 【생물】 분류학(법), 계통학: Begründer der S. ist Linné 분류학의 창시자는 린네이다. **Systematiker** [...tɪkɐ], der; -s, - **1.** 조직화하는

[체계를 세우는] 사람, 조직자, 조직 고수자. **2.** 분류학자.
systematisch ⟨Adj.⟩ **1.** 체계적인, 조직적인, 정연한, 계획적인, 수미일관한: eine -e Beeinflussung der öffentlichen Meinung 여론에의 조직적 영향 (끼치기); etw. s. betreiben 무엇을 조직적으로 행하다. **2.** 《전문어》 분류학의, 분류법의: ein -er Katalog 분류 목록.
systematisieren [...mati'zi:rən] ⟨h⟩ 체계화[조직화]하다, 계통을 세우다, 제도화하다, 분류하다: Montesquieu hat das Verfassungsrecht Englands systematisiert 몬테스큐는 영국의 헌법을 체계화하였다. **Systematisierung**, die ⟨-en⟩ 체계화, 조직화[하기].
systemisch [zys'te:mɪʃ] ⟨Adj.⟩ 《생물・의학》 유기체 전체의: -e Insektizide (수액을 통하여 전조직으로 운반되는) 흡수 살충[살균]제. **systemoid** [zvstemo'i:t] ⟨Adj.⟩《전문어》체계적인, 조직적인. **Systemoid** [-], das, ⟨-s, -e⟩《전문어》체계적[조직적] 형상.

Systole ['zystolə. 'to:lə], die, ⟨-n [...'to:lən]⟩ griech. systolḗ⟩ (반대: Diastole) **1.** 심장수축(심장이완과 규칙적으로 교대되는). **2.** [운율] 음절 단축(장모음이나 중모음의). **systolisch** ⟨Adj.⟩《전문어》심장 수축의.
Syzygie [zytsy'gi:], die, ⟨-n [...i:ən]; 2. griech. syzygía] **1.** 《천문》삭망(해, 달, 지구의 일직선상 접근 위치, 신월(新月) 또는 만월(滿月)때). **2.** [운율] 2중 운각(韻脚) (↑Dipodie).
s. Z. = seinerzeit.
Szczecin ['ʃtʃɛtʃi:n] ↑Stettin의 폴란드어 이름.
Szenar [stse'naːɐ̯], das, ⟨-s, -e⟩《전문어》**1.** ↑Szenarium (1). **2.** ↑Szenario (1, 3). **Szenario** [...'naːrio], das; -s, -s [ital. scenario < lat. scaenārium] **1.** [영화] 시나리오(줄거리와 대본의 중간 단계의). **2.** [연극] ↑Szenarium (1). **3.** 《전문어》 가상 시나리오(공공[산업] 계획의): ein S. mit alarmierenden Prognosen entwerfen 경고적 예측을 담은 시나리오를 작성하다.
Szenarist, der, ⟨-en, -en⟩ 시나리오 작가. **Szenarium** [...'naːriʊm], das, ⟨-s, ...ien⟩ **1.** [연극] 대본(연출가, 기사용의), 연출 대장(臺帳). **2.** [영화] ↑Szenario (1). **3.** 《전문어》 ↑Szenario (3). **4.** 《교양어》 무대, 장. **Szene** ['stseːnə], die; -n [frz. scène < lat. scaena, scēna < griech. skēnḗ] **1.** 장(場), 장면: erster Akt, dritte S. 제1막, 제3장; diese S. spielt im Kerker 이 장면은 무대가 감옥이다; eine S. drehen 한 장면을 찍다. **2.** (한 장면의) 무대, 현장: die Schauspieler warten hinter der S. auf ihren Auftritt 배우들이 무대 뒤에서 등장을 기다리고 있다; es gab Beifall auf offener S. 공연 도중에 갈채가 나왔다; 〈전의〉 dann betrat der Parteivorsitzende die S. 그 다음에는 당수(黨首)가 등장하였다; **die S. beherrschen** 좌중을 압도하다; **in S. gehen** 무대에 올려지다; **etw. in S. setzen** 1) 무엇을 무대에 올리다, 상연하다. 2) 실행하다, 실시하다: ein Programm Punkt für Punkt in S. setzen 계획을 하나하나 진행시켜 나가다. **3. a)** 극적 사건 [광경], 장면: eine rührende[traurige] S. 감동적인[슬픈] 장면; er wollte keine -n (beim Abschied) am Bahnhof 그는 정거장에서의 요란한 (이별의) 장면은 원하지 않았다. **b)** 격론, 소동, 심한 비난: es gab jedesmal eine S., wenn er diesen Wunsch vorbrachte 그가 이 소망을 내놓으면 번번히 요란한 언쟁이 벌어졌다; jmdm. -n machen 누구를 몹시 비난하다. **4.** 《통용어》 활동 분야, 〜계(界), … 생활: die literarische S. 문학계, 문단; die Bonner (politische) S. 본의 정계(政界); er kennt sich in der S. aus 그는 마약 분야에 정통하다(↑Scene).
-szene -stse:nə], die (《"…의 세계"라는 뜻을 가진 복합어의 기본어(基本語)로서, 예컨대》 Bücher-, Entführungs-, Jazz-, Sexszene.
Szenen-: ~applaus, der ↑-beifall. **~beifall**, der 공연 도중의 갈채[박수]. **~folge**, die 장면의 연속, 이어지는 장면들. **~wechsel**, der [연극] 장면의 바뀜(배경이 바뀌는).
Szenerie [stsenəˈriː], die; -n [...iən] **1.** [연극] 무대 장치, 무대 장면. **2.** (사건의) 무대, 광경: die -n des Romans o. der S. **szenisch** ⟨Adj.⟩ **a)** 장면의, 연극 장면 같은. **b)** 무대의, 무대(상연)에 적합한: eine s. einfallsreiche Aufführung 무대 연출에 있어서 착상이 풍부한 공연. **Szenograph** [stseno'graːf], der; -en, -en [griech. skēnográphos] 영화 미술가. **Szenographie** [...gra'fiː], die 영화 미술(촬영 세트의 기획, 제작 따위의). **Szenotest** ['stse:no-], der; -(e)s, -e / -s 《심리》장면(場面) 테스트.
Szepter ['stsɛptɐ], das, ⟨-s, -⟩ 《고형》↑Zepter.
szientifisch [stsien'tiːfiʃ] ⟨Adj.⟩ [lat. scientificus] 《전문어》학문적인, 과학적인. **Szientifismus** [...'tiːfɪsmʊs], der; - 《전문어》↑Szientismus. **Szientismus** [...'tɪsmʊs], der, 《전문어》 과학 편중. **Szientist** [...'tɪst], der; -en, -en 과학주의자. **szientistisch** ⟨Adj.⟩ 과학주의의, 과학주의적인.
Szilla ['stsila], die; ...llen [lat. scilla < griech. skílla] [식물] 무릇류(類).
Szintigramm [stsɪnti-], das; -s, -e [lat. scintillāre] [의학] 신티그램(섬광 촬영시의 분산 현상(기록)). **Szintigraph**, der; -en, -en [의학] 섬광 촬영기. **Szintigraphie**, die 섬광 촬영법(환자의 내부기관에 방사성 동위원소를 조사(照射), 그 분산 현상을 기록하는 환부 촬영법). **Szintillation** [...la'tsioːn], die; -en [lat. scintillātio] **1.** [천문] (항성의) 번쩍이는 빛. **2.** [물리] (방사선 조사(照射)로 발생하는) 인광체(燐光體)의 인광, 신틸레이션. **szintillíieren** [...'liːrən] ⟨h⟩ [천문・물리] 불꽃을 튀기다, 빛을 발하다, 섬광이 일다.
Szission [stsɪ'sioːn], die; -en [lat. scissio] 《고어》파열, 균열. **Szissur** [stsɪ'suːɐ̯], die; -en 《고어》쪼개진 틈, 균열.
SZR = Sonderziehungsrecht.
Szylla, Scylla [s'tsyla], Skylla ['skyla] 《다음 용법으로》 **zwischen S. und Charybdis** [ça'rʏpdɪs, 《또한》 ka...] 《교양어》 두 개의 악(惡) 중에서 하나를 택할 수밖에 없는 상황에 처한(메시나 해협의 위험한 소용돌이 Charybdis 맞은 편 암벽 위에 산다는 그리스 신화의 6두(頭) 여괴(女怪)에 따라).

T

t, T [te:; ↑a, A], das; -, - 독일어 자모의 스무 번째 자.
t = Tonne 톤.
T = Telsa; Tritium.
τ, T: ↑³Tau.
ϑ, Θ: ↑Theta.
Ta = Tantal.
Tab [ta:p], der; -(e)s, -e 《또는》 [tæb], der; -s, -s [engl. tab] 【사무】 카드의 (위쪽으로 튀어나온) 색인 기록 부분.
Tabak [ˈta(:)bak, 《österr.》 taˈbak], der; -s, 《종류》 -e [(frz. tabac <) span. tabaco, 아마도 카리브 섬 인디언 언어로부터] **1. a)** 담배, 연초: T. anbauen 담배를 재배하다. **b)** 담뱃잎: T. fermentieren 담뱃잎을 발효시키다. **2. a)** (껙연용으로 가공된) 담배: ein leichter (milder) T. 순한 담배; schwerer(starker) T. 독한 담배; **starker T.** ↑Tobak. **b)** ↑Kautabak, ↑Schnupftabak의 약칭: T. schnupfen 코담배를 냄새 맡다. **3.** 《관사, Pl. 없음》 담배 향(香).

tabak-, Tabak- (↑Tabak(s)-도 참조): **~asche**, die 《Pl. 없음》 담뱃재. **~bau**, der 《Pl. 없음》 담배[연초] 재배. **~blatt**, das 담뱃잎. **~braun** 〈Adj.〉 담배빛 갈색. **~brühe**, die 《전문어》 니코틴액(살충제), **~ernte**, die 담배 수확. **~fabrik**, die 담배[연초] 공장. **~farben** 〈Adj.〉 담배빛의. **~geruch**, der 담배 냄새. **~geschäft**, das 담배 가게. **~handel**, der 담배 거래 (교역). **~industrie**, die 담배 산업, 연초업계. **~krümel**, der 담배 부스러기. **~laden**, der 담배 가게. **~manufaktur**, die (준고어) 담배 공장. **~monopol**, das 【경제】 담배 전매(專賣). **~mosaikkrankheit**, die 【식물】 담배 모자이크 병. **~pflanze**, die 담배. **~pflanzer**, der 담배 재배자. **~pflanzung**, die 담배 재배, **~plantage**, die 담배 농장. **~raucher**, der 껙연가. **~regie** [taˈbak-], die 〈Pl. 없음〉 《österr.》 국립 연초 공장. **~schnupfen**, das; -s 코담배 냄새 맡기. **~schnupfer**, der 코담배 냄새를 맡는 사람, 코담배 상용자(常用者). **~staub**, der 담뱃가루. **~steuer**, die 연초세(稅). **~strauch**, der (식물로서의) 담배. **~trafik** [taˈbak-], die 《österr.》 담배 소매점. **~trafikant**, der (österr.》 담배 소매점 주인. **~verarbeitend** 〈Adj.〉 담배 가공의. **~verarbeitung**, die 담배 가공. **~verbrauch**, der 담배 소비. **~waren** 〈Pl.〉 (상품으로서의) 담배류. **~warenladen**, der 담배 가게.

Tabak(s)- (tabak-, Tabak-): **~beutel**, der 담배 쌈지. **~büchse**, die 담배통(상자형). **~dose**, die 담배통 (깡통형). **~pfeife**, die 담뱃대, 파이프. **~qualm**, der 자욱한 담배 연기. **~rauch**, der 담배 연기.

Tabasco ⓦ [taˈbasko], der; -s, **Tabascosoße**, die [멕시코의 주 이름 Tabasco에서] 타바스코 소스(멕시코식 매운 고추 양념).

Tabatiere [tabaˈtie:rə, ...ie:rə], die; -n [frz. tabtière] **1.** 《고어》 코담배 통. **2.** (österr.》 **a)** (파이프) 담배통. **b)** 궐련갑.

tabellarisch [tabeˈlaːrɪʃ] 〈Adj.〉 [lat. tabellārius] 표로 만든, 표로 나타낸: eine -e Übersicht 일람표. **tabel-**

larisieren [tabelariˈziːrən] 〈h〉 표로 만들다. **Tabellarisierung**, die; -en 표로 만들기. **Tabellarium**, das; -s, ...ria 총일람표(특히 책 부록의). **Tabelle** [taˈbelə], die; -n [lat. tabella] **1.** 일람표, 도표, 목록: eine statistische T. 통계표. **2.** 【스포츠】 전적표(戰績表), 순위표: die T. anführen 전적표에서 수위(首位)를 달리다; unsere Mannschaft belegt einen guten Platz in der T. 우리 팀이 전적표에서 좋은 자리를 점하고 있다.

tabellen-, Tabellen-: **~ende**, das 【스포츠】 전적표의 최하위. **~form**, die 표(表) 형태(형식): etw. in T. darstellen 무엇을 표로 나타내다. **~förmig** 〈Adj.〉 표로 나타낸. **~führer**, der 【스포츠】 전적표의 수위(首位) 점유 팀. **~führung**, die 【스포츠】 수위(首位) 점유. **~letzte*, der 【스포츠】 전적표상 최하위 선수[팀]. **~platz**, der 【스포츠】 전적표에서의 자리. **~spitze**, die ↑~führung. **~stand**, der 〈Pl. 없음〉 【스포츠】 전적표에서의 (현) 위치.

tabellieren [tabeˈliːrən] 〈h〉 《전문어》 (기계를 사용하여) 표로 나타내다. **Tabellierer**, der; -s, - 편치 카드 처리자. **Tabelliermaschine**, die 【전산】 편치 카드 처리기, 도표 작성 장치.

Tabernakel [taberˈnaːkl], das / der; -s, - [lat. tabernāculum] **1.** 【가】(성체(聖體)를 넣는) 성궤(聖櫃). **2.** 【건축】(성상(聖像) 따위를 안치하는) 닫집 달린 감실(龕室). **Taberne** [taˈbernə], die; -n (고어) ↑Taverne.

Tabes [ˈtaːbɛs], die [lat. tābēs] 【의학】 **1.** 척수(脊髓) 핵. **2.** (고어) 폐결핵. **Tabiker** [ˈtaːbikɐ], der; -s, - 【의학】 척수 결핵 환자. **tabisch** [ˈtaːbɪʃ] 〈Adj.〉 【의학】 **a)** 척수 결핵의. **b)** 척수 결핵을 앓는.

Tablar [taˈblaːr], das; -s, -e [frz. tablar < lat. tabulārium] (schweiz.》 서가의 판(板). **Tableau** [taˈbloː], das; -s, -s [frz. tableau < lat. tabula] **1. a)** 【연극】 극적인 장면, 군상(群像)(인상적인 무대 위의). **b)** (고어) 회화(Gemälde): Tableau! 《통용어·고어》 굉장한데! 그 정경을 상상해 보라! **2.** 【문예학】 (인물이 많이 등장하는 감동적인) 극적 장면. **3.** (österr.》 **a)** 일람표. **b)** (임대 주택 입구의) 세입자 명단 게시판. **Table d'hôte** [tablə ˈdoːt], die [frz. table d'hôte] (교양어·고어》 (식당·여관의) 공동 식탁(식사). **Tablett** [taˈblɛt], das; -(e)s, -s / -e [frz. tablette] 쟁반: jmdm. etw. auf einem silbernen T. servieren (anbieten) 《농·반어》 누구에게 무엇을 요란을 떨며 건네 주다; **nicht aufs T. kommen** 《통용어》 문제되지 않는다. **Tablette** [taˈblɛtə], die; -n [frz. tablette] 알약: -n (ein)nehmen 알약을 복용하다.

Tabletten-: **~form**, die 〈Pl. 없음〉 정제(錠劑)형: ein Arzneimittel in T. 알약, 정제. **~kur**, die 【의학】 정제(錠劑) 복용 요법. **~mißbrauch**, der 정제 남용. **~röhrchen**, das 원통형의 알약통. **~sucht**, die 〈Pl. 없음〉 정제 상습 복용. **~süchtige*, der / die 정제 상습 복용자.

tablettieren [tableˈtiːrən] 〈h〉 《전문어》 정제로 만들다. **Tablinum** [taˈbliːnʊm], das; -s, ...na [lat. tablīnum] 타블리눔(고대 로마 가옥의 중앙실(室)).

¹Tabor [dt., 《dän.》 ˈtaːbɔr, 《frz.》 taˈbɔːr], der; -(s)

(이스라엘의) 타보르 산(山).
²**Tabor** 타보르(체코의 도시).
Taborit [tabo'ri:t], der; -en, -en 타보르 파(派)(타보르시를 세운 급진 후스 교도).
Täbris ['tɛ:brɪs, (또한) ta'bri:s], der; - [이란의 도시 Täbris에 따라] 테브리스 양탄자.
tabu [ta'bu:] 〈Adj.〉 [engl. tabbo, tabu < Tonga (polynes. Sprache) tabu, tapu] 금기(禁忌)의, 금지된: dieses Thema ist t. 이 주제는 금기시되어 있다; Vaters Arbeitszimmer war für die Kinder t. 아버지 작업실에 아이들은 절대 들어가면 안된다. **Tabu** [-], das; -s, -s **1.** [인류학] 금기(禁忌), 터부: etw. ist mit (einem) T. belegt 무엇이 금기시되어 있다. **2.** 《교양어》 금지, 금제(禁制): ein sittliches T. 풍속상의 금기; ein T. antasten 금기를 깨뜨리다.
Tabu-: **~durchbrechung,** die 금기 깨뜨리기. **~schranke,** die 금기의 울타리. **~sitte,** die (대개 Pl.) 터부시되어 있는 풍습. **~überwindung,** die 금제 [금기] 극복. **~verletzung,** die 금기 깨뜨리기. **~wort,** das 〈Pl. -wörter〉 [언어·심리] 금기어(입에 담기 위험하여 은폐적 표현으로 대신하는 말; 예컨대: "Teufel" 대신 "der Leibhaftige").
tabuieren [tabu'i:rən] **tabuisieren,** **tabuisieren** [tabui'zi:rən] 〈h〉 《전문어·교양어》 금제(禁制)하다, 금단(禁斷)하다, 터부시하다: von der Gesellschaft tabuisierte Probleme 사회가 터부시하여 온 문제들. **Tabuisierung,** die; -en 금제, 금기시. **tabuistisch** [tabu'ɪstɪʃ] 〈Adj.〉 금기의.
tabula rasa [ta'bula 'ra:za] 〈h〉 《다음 용법으로》 **(mit etw.) t. r. machen** (무엇을) 깨끗이 처리해 버리다, 일소하다(frz. faire table rase). **Tabula rasa** [-], die [lat. tabula rasa] **1.** [철학] 타불라 라사(외부로부터 아직 하등의 인상도 받지 않은 심적인 백지(白紙) 상태). **2.** 《교양어》 백지(白紙). **Tabulator** [tabu'la:tor, ...to:rɐ], der; -s, -en [...'to:rən; engl. tabulator] [기술·사무] (타자기 등의) 탭 장치(지정 위치까지 걸림없이 움직여 가게 하는 기능), 도표 작성 장치. **Tabulatur** [...la'tu:ɐ], die; -en [lat. tabula] [음악] **1.** 작가(作歌) 규칙(중세 직장가인(職匠歌人)의). **2.** (14~18세기의) 악기용 기보법(記譜法).
Taburett [tabu'ret], das; -(e)s, -e [frz. tabouret] (schweiz.) 상자형 의자.
tacet [ta:tsɛt, (lat.)] [음악] 휴지(休止) 지시.
Tacheles [taxələs; jidd. tachles < hebr. tachliyt] 《다음 용법으로》 **T. reden** 《통용어》 남김없이 털어놓고 말하다.
tachinieren [taxi'ni:rən] 〈h〉 《österr.》 《통용어》 (근무시간에) 빈둥거리다. **Tachinierer,** der; -s, - 《österr.》 《통용어》 게으름뱅이. **Tachinose** [taxi'no:zə], die 《다음 용법으로》 **chronische T.** 《österr.》 《통용어·농》 만성 게으름, 만성 태만.
Tachismus [ta'fɪsmʊs], der; - [frz. tachisme] 점묘화법(點描畵法), 점묘주의. **Tachist** [ta'fɪst], der; -en, -en 점묘화법을 쓰는 화가, 점묘화가. **tachistisch** 〈Adj.〉 점묘주의의, 점묘화법의.
Tachistoskop [taxɪsto'sko:p], das; -s, -e [griech. táxtos + skopeîn] [심리] 순간 주의력 측정 장치, 순간 노출기. **Tacho** ['taxo], der; -s, -s ↑ Tachometer (1)의 약칭. **tacho-, Tacho-** [taxo-] (↑ tachy-, Tachy-도 참조) [griech. táchos = Geschwindigkeit] ("빠른 속도의"를 뜻하는 규정어로서 예컨대) Tachometer: **Tachograph,** der; -en, -en 기록 회전계(↑ Fahrtschreiber). **Tachometer,** der 《또한》 das; -s, - **1.** 회전 속도계(자동차의 순간 속도를 나타내는). **2.** Drehzahlmesser.

Tachometer- (Tachometer 1): **~nadel,** die 회전 속도계의 바늘. **~stand,** der 주행 거리 표시 계기 판의 현상태: ich habe den Wagen mit einem T. von 11000 km gekauft 나는 총 주행 거리 11000 km인 자동차를 샀다. **~welle,** die (엔진과 연결된) 회전 속도계의 주동 축(軸).
Tacho-: **~nadel,** die 《통용어》 ↑ Tachometernadel의 약칭. **~stand,** der 《통용어》 ↑ Tachometerstand의 약칭. **~welle,** die 《통용어》 ↑ Tachometerwelle의 약칭.
Tachtel ['taxtl] ↑ Dachtel.
tachy-, Tachy- [taxy-] (tacho-, Tacho-도 참조) [griech. tachys = schnell] 《빠른 속도를 뜻하는 규정어로서, 예컨대》 Tachygraph, tachygraphisch: **Tachygraph,** der; -en, -en **1.** 《드물게》 ↑ Tachograph. **2.** (고대의) 속기사(速記士). **Tachygraphie,** die; -n [griech. tachygraphein] (고대 그리스의) 속기법(速記法), 속기술. **tachygraphisch** 〈Adj.〉 (고대 그리스의) 속기법의. **Tachykardie** [...kar'di:], die; -n [...i:ən; griech. kardía] [의학] 심계항진(心悸亢進)(증). **Tachymeter,** das; -s, - [측지학] 태키미터 측량기. **Tachymetrie,** die [측지학] 태키미터 측량. **Tachyon** ['taxyon], das; -s, ...['o:nən] [핵물리] 태키온 (초광속 소립자(超光速素粒子)).
tacken ['takn̩] 〈h〉 《의성어》 쿵쿵(탁탁, 째각째각)거리다: ein Maschinengewehr tackt 기관총이 따르륵거린다.
Tackling ['tæklɪŋ], das; -s [engl.] [축구] 슬라이딩 태클(↑ Sliding-tackling의 약칭).
Tacks [teks] 《österr.》 ↑ Täcks. **Täcks, Täks** [-], der; -es, -e [engl. tacks] [수공] 제화(製靴)용 쐐기형 못(구두 밑창과 상피(上皮)의 연결에 쓰이는.
Tadel ['ta:dl̩], der; -s, - **1. a)** 비난, 질책, 꾸짖음, 나무람, 비판, 혹평: ungerechter T. 부당한 꾸짖음; einen T. erhalten 질책을 듣다; jmdm. einen T. erteilen 누구를 질책하다. **öffentlicher T.** 《구동독·법》 공개 비판: jmdn. zu einem öffentlichen T. verurteilen 누구에게 공개 비판 형을 언도하다. **b)** 《옛》 담임 일지에의 견책 사항 기입. **2.** 《아이》 결함, 흠: an ihm[seinem Leben] war kein T. 그에게는(그의 인생에는) 나무랄 데가 없다.
tadel-, Tadel- (tadels-, Tadels-도 참조): **~frei** 〈Adj.〉 흠 없는, 나무랄 데 없는. **~los** 〈Adj.〉 《감정》 나무랄 데 없는, 탁월한: sich t. benehmen 탁월하게 처신하다; t.! 《통용어》 기차다!, 굉장하군! **~losigkeit,** die 나무랄 데 없음, 완전 무결, 완벽. **~sucht,** die 〈Pl. 없음〉 《아이·폄》 비난하기 좋아하는 성벽, 잔소리 잘하기. **~süchtig** 〈Adj.〉 《아이·폄》 트집 잘 잡는, 꾸짖기 좋아하는.
Tadelei [ta:də'laɪ], die; -en 《폄》 줄곧 흠잡기, 꾸짖기.
tadelhaft 〈Adj.〉 《준고어》 비난할 만한(tadelnswert). **tadeln** ['ta:dl̩n] 〈h〉 비난하다, 꾸짖다, 책망하다, 힐책하다, 흠잡다, 잔소리하다: jmdn.(wegen seines Verhaltens) scharf t. 누구를 (그 처신 때문에) 심하게 힐책하다; ich tadle nicht gern 나는 비난하기를 좋아하지 않는다; tadelnde Blicke 비난의 눈초리. **tadelnswert** 〈Adj.〉 비난할 만한. **tadelnswürdig** 〈Adj.〉 tadelnswert.
tadels-, Tadels- (tadel-, Tadel-도 참조): **~antrag,** der [의회] 징계 동의. **~frei:** ↑ tadelfrei. **~votum,** das 징계 투표.
Tadler ['ta:dlɐ], der; -s, - 《드물게》 비난자, 혹평자. **Tadlerin,** die; -nen 《드물게》 ↑ Tadler의 여성형.
Taekwondo [tɛ'kvɔndo], das; - [korean. taekwondo] 태권도.
Tael [tɛ:l, te:l], das; -s, -s 〈단위를 나타낼 때〉 - [port.

Taf. = Tafel (2 b).

Tafel ['ta:fl], die; -n [lat. tabula]. **1. a)** 《축소형: ↑Täfelchen》판(板), 흑판, 화판, 게시판, 판자: eine hölzerne T. 목판(木板); der Lehrer schreibt etw. an die T. 선생님이 칠판에 무엇을 쓰다. **b)** 《schweiz.》교통 표지판. **c)** ↑Schalttafel의 약칭. **d)** 《축소형: ↑Täfelchen》(판 모양의) 조각: eine T. Schokolade (납작한 판(板)) 초콜릿 한 장; das Gestein brach in großen -n herunter 암석이 넙적한 조각들로 깨어져 떨어졌다. **e)** [지질] 대지(臺地). **f)** [미술] ↑Tafelbild의 약칭. **2. a)** 표, 목록. **b)** [인쇄] (책의) 전면(全面) 화보, 도판(약어: Taf.). **3.** (아어) **a)** 연회석, 잔칫상: eine festlich geschmückte T. 화려하게 장식된 연회석; die T.(ab)decken 잔칫상을 차리다(치우다). **b)** 〈Pl. 없음〉 식사, 연회: nach der T. 식후에; **die T. aufheben** 식사가 끝났다는 신호를 하다. **c)** 〈Pl. 없음〉 (정선된) 식사, (진미)요리: er legt großen Wert auf eine feine T. 그는 미식(美食)에 큰 가치를 둔다. **d)** 〈드물게〉 회사일 동.

tafel-, Tafel-: ~**apfel**, der (좋은 품질의) 식용 사과. ~**artig** 〈Adj.〉 판자 모양의. ~**aufsatz**, der 연회석 장식품, 식탁 중앙의 장식대(臺). ~**berg**, der [지질] 탁상(卓狀) 산지(꼭대기가 평평한 산). ~**besteck**, das 고급 식사 용구(나이프, 포크, 스푼). ~**bild**, das [미술] 판넬화(판에 그린 그림). ~**birne**, die (좋은 품질의) 식용 배 (梨). ~**butter**, die (옛) 고급 버터. ~**ente**, die 바다 오리의 일종(학명: Nyroca ferina, 회백색 깃털에 갈색 머리, 검은 가슴을 한 오리). ~**fertig** 〈Adj.〉 [요리] 곧 식탁에 내놓을 수 있는. ~**förmig** 〈Adj.〉 판(板)형의. ~**freuden** 〈Pl.〉 (아어) (좋은) 식사의 즐거움. ~**gebirge**, das [지질] 탁상(卓狀) 산맥, 위가 평평한 산맥. ~**gerät**, das 고급 식탁 용구. ~**geschirr**, das (고급) 식기(食器). ~**glas**, das 판 유리. ~**klavier**, das [음악] 테벨클라비어(18·19세기의 탁상 건반악기). ~**land**, das 〈Pl. -länder〉 [지질] 고원, 대지(臺地). ~**lappen**, der (식탁용) 행주. ~**leim**, der 판(板)모양의 아교. ~**leuchter**, der 식탁 장식용 촛대. ~**lied**, das 식탁에서 부르는 노래. ~**malerei**, die 판넬 회화. ~**margarine**, die (옛) 고급 마가린. ~**musik**, die (옛) 연회시에 연주되는 음악, 테벨 뮤직. ~**obst**, das [경제] 고급 식용 과일(바로 먹을 수 있는). ~**öl**, das 양질의 식용유. ~**runde**, die (아어) **1.** 연회용 식탁에 둘러앉은 자리, 회식자(會食者) 일동. **2.** 원탁(圓卓)에 둘러앉은 모임: zu einer T. einladen 원탁의 모임에 초대하다. ~**salz**, das 고운 식용 소금. ~**schere**, die [기술] 협석 절단기. ~**schwamm**, der (흑판)지우개. ~**service**, das 한 벌의 식기, 홈 세트. ~**silber**, das 연회용 은제 식기. ~**spitz**, der 〈österr.〉 쇠고기 엉치살. ~**traube**, die 〈대개 Pl.〉 [상] 특선(特選) 포도. ~**tuch**, das 〈Pl. -tücher〉식탁보, 테이블 클로스. ~**waage**, die [공업] **1.** 앉은뱅이 저울. **2.** (4각 판이 달린)대형 저울. ~**wagen**, der 화물 적재용 화차. ~**wasser**, das 〈Pl. -wässer〉병입(甁入) 광천수(미네랄 워터). ~**wein**, der **1.** 식탁용 포도주(↑Tischwein). **2.** [포도 재배] 최하급 독일 포도주. ~**werk**, das **1.** ↑Täfelung (2). **2.** 도판(圖版) 이 대부분인 책.

Täfelchen ['tɛ:flçən], das; -s, - ↑Tafel (1 a, d). **Tafelei** [ta:fə'lai], die; -en (옛) 잇달은 연회. **tafeln** ['ta:fln] 〈h〉 (아어) 좋은 음식을 먹고 마시다. **täfeln** ['tɛ:fln] 〈h〉 널빤지를 대다: eine Wand (braun) t. 벽에 (갈색) 널빤지를 대다. **Täfelung**, die; -en **1.** 널빤지 대기. **2.** 널빤지(의 벽), 벽장식용의 판(板). **Täfer** ['tɛ:fɐ] 〈schweiz.〉 ↑Täfelung. **Taferlklasse** ['ta:fɐl-], die; -n 〈österr.·농〉국민 학교 일학년. **Taferlklaßler** ['ta:fɐlklasl̩ɐ], der; -s, - 〈österr.·농〉국민 학교 일학년생. **täfern** ['tɛ:fɐn] 〈h〉 〈schweiz.〉 ↑täfeln. **Täferung**, die; -en 〈schweiz.〉 ↑Täfelung.

taff [taf] 〈Adj.〉 [jidd. toff < hebr. tóv] 《경》건장한, 억센.

Täflung ['tɛ:flʊŋ] 《드물게》 ↑Täfelung.

Tafsir [taf'si:ɐ̯] ↑Tefsir.

Taft [taft], der; -(e)s, 《종류》-e [ital. taffetà] 타프타, 호박직(琥珀織)《흔히 안감용의》: das Kleid ist ganz auf T. gearbeitet 《전문어》이 옷은 안감을 타프타로 댔다.

Taft-: ~**bindung**, die [방적] (인조)견의 평직(平織). ~**bluse**, die 호박직 블라우스. ~**kleid**, das 호박직 원피스.

taften ['taftn̩] 〈Adj.〉 타프타(호박직)의.

¹**Tag** [ta:k], der; -(e)s, -e **1.** 낮, 주간, 대낮: ein trüber T. 흐린 날; die -e werden kürzer 낮이 짧아진다; der T. bricht an (아어) 동이 튼다; der T. neigt sich 날이 저물다; er redet viel, wenn der T. lang ist (통용어) 그의 말을 믿고는 아무 것도 줄 수 없다; T. und Nacht arbeiten 밤낮으로 일하다; ein Unterschied wie T. und Nacht 심한 차이; des -(e)s (아어) 낮에; bis in den T. hinein schlafen 대낮까지 잠자다; 성구 es ist noch nicht aller -e Abend 아직 안심할 때가 아니다; jetzt wird's T. (통용어) 이제야 알겠군; nun wird's (aber) T.! (통용어) 이거야 원 못믿겠는걸!; 속담 man soll den T. nicht vor dem Abend loben 저녁이 오기 전에 낮을 찬양하지 말라(결과를 보기 전에 미리 좋아하지 말라); **hellichter T.** 백주(白晝) 대낮; **guten T.!** (통용어) T.! 안녕하십니까(낮 인사); (bei) jmdm. **guten T. sagen** (통용어) 누구네 집에 잠깐 들르다; **T., T. machen** (아동어) 손을 흔들어 보이다; **etw. an den T. legen** 무엇을 갑자기 드러내다; **etw. an den T. bringen** 무엇을 노출시키다; **an den T. kommen** 드러나다, 알려지다; **bei -e besehen** 밝은 데서 보다, 자세히 보다; **unter -s** 낮 동안; **über (unter) Tag(e)** [광] 갱(坑) 외(갱 내): über -e arbeiten 갱 외에서 작업하다. **2. a)** 날, 하루, 1주야: ein schöner T. 날씨 좋은 (멋진) 하루; ein freier T. 휴일, 일하지 않는 날; ein schwarzer T. 불운한 날; der T.X. 모(某)일, 디 데이(결정적인 일이 일어날 미정의 날); heute ist sein (großer) T. 오늘은 그에게 의미있는 날이; der T. hat 24 Stunden 하루는 24시간이다; welchen T. haben wir heute? 오늘은 며칠[무슨 요일]입니까?; der Brief kann jeden T. ankommen 그 편지는 어느 날이라도[빠른 시일 내에] 올 것이다; wievielmal des -es (〈고어〉 am Tage) 하루에 몇 번?; alle acht -e 일주일에 한 번씩; am T. vorher 그 전날; auf[für] ein paar -e verreisen 며칠 동안의 여행을 떠나다; T. für T. 매일매일, 날마다; in den T. hinein reden 되는대로 말하다; heute über acht -e 일주일 후에, 내주의 오늘에; den T. über 하루 내내; einen T. um den anderen 하루씩 걸러서, 격일로; es ging von T. zu T. aufwärts 나날이 향상되었다; sie hat sich von einem T. auf den anderen dazu entschlossen 그 여자는 하루밤 새에(갑자기) 그렇게 하기로 결심했다; 전의 tun, was der T. fordert 나날이(나날의 의무가) 요구하는 바를 행하라; etw. ist nur für den T. geschrieben 그것은 영구적 가치가 없는 글이다; keinen guten T. bei jmdm. haben (아어) 누구네 집에서 잘 지내지 못하다; 성구 **morgen ist auch(noch) ein T.** 내일도 날이니까; **der Jüngste T.** [종교] 최후의 심판일; **acht -e** 일주일; **der T. des Herrn** 1) (기·아어) 주일, 일요일. 2) (통용어·농) 신사의 날(남자들만의 모임 날, 아버지 날, 승천일); **T. der offenen Tür** 일반 공개의 날(관공서, 공장 등의); **eines -es** 어느 날엔가는, 어느 날; **eines**

schönen -es 장차 그 언젠가; **dieser -e** 1) 근일 중에, 머지 않아. 2) 요즈음, 근래; **sich³ einen T. im Kalender (rot) anstreichen** 달력에 어느 일자를 (빨갛게) 표해 놓다; **auf meine alten -e** 내가 늙어서도; **in den T. hinein leben** 되는대로[무심히] 살아가다. **b)** 기념일, 축일: der T. des Kindes 어린이날; T. der deutschen Einheit 통일의 날(6월 17일)(통독 이전에 구 동독의 노동자 봉기를 기념하여). **c)** 《Pl.》 세월, 시절, 수명: die -e der Jugend 젊은 시절; jmds. -e sind gezählt 누구의 수명이 얼마 남지 않았다; noch bis in unsere -e 우리의 현재에 이르기까지도. **d)** 《Pl.》 《통용어·은폐》 월경일: sie hat ihre -e 그 여자는 월경 중이다.

²**Tag** [tæg], der; -, -s [engl.-amerik. tag] 《음악》 재즈 끝부분의 짧은 후렴.

tag-, Tag- (tage-, Tage-; tages-, Tages-도 참조): **~aktiv** 〈Adj.〉 《동물》 주행성(晝行性)의(반: nachtaktiv). **~aus** [-'-] 〈Adv.〉 《다음 용법으로》 t., tagein 날이면 날마다, 매일매일. **~bau,** der 《südd., österr., schweiz.》 ↑Tagebau. **~blatt,** das 《südd., österr., schweiz.》 ↑Tageblatt. **~blindheit,** die 주맹(晝盲)(증)(↑Nachtsichtigkeit[Nyktalopie]). **~dieb,** der 《südd., österr., schweiz.》 ↑Tagedieb. **~dienst,** der 주간 근무(반대: Nachtdienst). **~ein** [-'-] 〈Adv.〉 ↑~aus 참조. **~fahrt,** die 《광》 갱(坑)을 나옴, 출갱(出坑). **~falter,** der 나비, 낮에만 날아다니는 나방. **~gebäude,** das 《광》 광산의 지상 건물. **~geld,** das 《südd., österr., schweiz.》 ↑Tagegeld. **~hell** 〈Adj.〉 1. 완전히 밝은: es war schon t. 벌써 날이 환히 밝았다. 2. 낯처럼 밝은: das Werksgelände ist nachts t. erleuchtet 공장 지대는 밤에도 대낮처럼 환하게 불을 밝혀져 있다. **~lohn,** der 《südd., österr., schweiz.》 ↑Tagelohn. **~pfauenauge,** das 공작 나비. **~portier,** der 주간 근무 수위(반대: Nachtportier). **~raum,** der 《südd., österr., schweiz.》 ↑ Tagesraum. **~reise,** die 《österr.》 ↑Tagereise. **~satzung,** die 1. 《österr.》 《관》 법정 기일. 2. 《schweiz.》 《옛》 신분제 의회. **~satzungserstreckung,** die 《österr.》 《관》 《법정》 기일의 연기. **~schicht,** die (반대: Nachtschicht) 1. 주간 근무. 2. 주간 근무반(전원). **~schmetterling,** der 『나비』 ↑ T. falter. **~seite,** die (땅의) 노천면(露天面): 전의 die T. des Lebens 인생의 밝은 면(양지). **~täglich** 〈Adj.〉 《강조》 날마다, 하루도 빠짐없는: es war t. dasselbe 허구헌 날 똑같았다. **~traum,** der ↑Wachtraum. **~undnachtgleiche,** die; -n ↑Aquinoktium. **~wache,** die 《österr., schweiz.》 1. 기상 시간(군인의). 2. 기상!(깨우는 소리). **~wacht,** die 《schweiz. österr.· 드물게》 ↑~wache. **~weise** 《südd., österr., schweiz.》 ↑tageweise. **~werk,** das 《südd., österr., schweiz.》 ↑Tagewerk.

Tagchen! ['taxçən] [↑Tag의 축소형] 《지역적》 안녕!

tage-, Tage- (tag-, Tag-; tages-, Tages-도 참조): **~arbeit,** die 《고어》 날품팔이 일, 일용(日用) 근로. **~bau,** der 《Pl. -e》 《광》 1. 《Pl. 없음》 노천 채굴, 지상 작업: Braunkohle im T. abbauen 갈탄을 노천 탄광에서 채굴하다. 2. 노천 광산. **~blatt,** das 《고어》 일보(日報), 일간 신문(지금도 일간지 이름 끝에 자주 쓰임). **~buch,** das 1. 일기: ein T. führen 일기를 쓰고 있다. 2. 지(日誌). 3. 『부기』 분개장(分介帳). **~buchaufzeichnung,** die 일기(기록). **~buchnummer,** die 일지(항목) 번호. **~dieb,** der 『본래: 하느님으로부터 날 (때로는 『맵』 무위도식자, 게으름뱅이, 한량. **~geld,** das 1. **a)** 출장(出張)시의 일당[지급 금액]. **b)** 《Pl.》 일급(日給), 일당(日當). 2. (입원비에 대한 보험 회사의 산정) 일

당 지금. **~lang** 〈Adj.〉 수일간, 며칠이나. **~lied,** das 『문예학』 중세 독일의 연가(동침한 남녀가 아침에 이별할 때 부르는). **~lohn,** der 일급, 일당: im T. stehen [arbeiten] 날품팔이 하다. **~löhner** [-.lø:nɐ], der; -s, - 날품팔이꾼, 일용 근로자. **~löhnern** [.lø:nɐn] 〈h〉 날품팔이로 일하다. **~marsch,** der [↑Tagesmarsch. **~reise,** die 1. 하루(걸리는) 여행(특히 예전에 말이나 수레로): nach Passau sind es zehn -n 파사우까지는 열흘 거리이다. 2. 하루에 여행할 수 있는 거리. **~weise** 〈Adv.〉 매일, 일간(日刊)으로 t. 하루에쓰임. **~werk,** das 1. 《Pl. 없음》 《준고어·아어》 하루의 일, 일상의 과제. 2. 하루의 작업: jedes T. einzeln bezahlen 하루 작업 분씩(따로따로) 지불하다. 3. 《옛》 (하루 경작량에 해당하는) 지적(地積) 단위.

tagen ['ta:gn] 〈h〉 1. 회의를 하다, 회의를 열다: der Ausschuß tagt 위원회가 열리다; sie tagen über Probleme des Umweltschutzes 환경 보호 문제에 대한 회의를 열고 있다. 2. 《비인칭》 **a)** (아어) 날이 새다, 아침이 되다: es fing schon an zu t. 벌써 날이 새기 시작했다. **b)** 《지역적》 겨우 생각이 나기 시작하다: jetzt tagt mir's[tagt es bei mir] 이제 겨우 알겠다.

tages-, Tages- (tag-, Tag-; tage-, Tage-도 참조): **~ablauf,** der 하루의 경과. **~anbruch,** der 동트기, 여명, 새벽: bei T. 동틀 때. **~anzug,** der ↑Straßenanzug. **~arbeit,** die 1. 하루의 일. 2. 일과(日課): die T. erledigen 하루 일을 처리하다. **~bedarf,** der 매일의 수요[필요]. **~befehl,** der 《군》 평일(平日) 명령, 일반 명령. **~bericht,** der 일보(日報), 시사 뉴스, 당일 뉴스. **~creme,** die 『화장』 주간용 영양 크림. **~decke,** die 침대보, 침대 커버, 『조각』 그 날의 일직(日直). **~dienst,** der 그 날의 일직(日直). **~einnahme,** die 하루 수입, 하루 매상고. **~einteilung,** die 하루(시간) 배분. **~ende,** die 하루의 끝. **~ereignis,** das 그 날의 주요 사건. **~fahrt,** die 하루 걸리는 차 타기. **~form,** die 『스포츠』 선수[팀]의 당일 컨디션. **~geschehen,** das 그 날에 일어난 일, 시사적 사건. **~gespräch,** das 그 날의 화제(話題): dieses Ereignis war (das) T. 이 사건이 그 날의 주요 화제였다. **~grauen,** das; -s 《아어》 여명, 새벽. **~hälfte,** die 하루의 절반, 반나절: in der zweiten T. 하루의 후반부, 저녁나절. **~heim,** das 주간 탁아소. **~hell** 《드물게》 ↑taghell 참조. **~helle,** die 하루 낮의 밝음. **~karte,** die 1. 그날의 메뉴, 정식(定食) 식단. 2. 일일권(一日券), 당일 통용의 승차권[입장권](하루 내내 유효함). **~kasse,** die 1. 주간 창구, 주간 매표소(口口). 2. 일일(一日) 매상고[수입]: die T. abrechnen 그날의 매상고를 정산하다. **~kino,** das ↑Aktualitätenkino. **~kleid,** das ↑ Alltagskleid. **~krippe,** die 주간 (유아) 탁아소. **~kurs,** der 《증권》 당일 시세(時勢). **~lauf,** der 하루의 흐름, 하루의 경과. **~leistung,** die 하루의 성과. **~licht,** das 《Pl. 없음》 일광, 밝음: das T. scheuen 세상을 꺼리다, 남의 눈에 안띄다; etw. ans T. bringen[ziehen] 무엇을 세상에 알리다; ans T. kommen 세상에 알려지다. **~losung,** die 1. 당일 암호: die T. bekanntgeben 그날의 암호를 알리다. 2. 《österr.》 ↑ ~einnahme. **~marsch,** der 1. 하루 걸리는 행정(行程). 2. 하루에 행군하는 거리: drei Tagesmärsche von hier 이곳으로부터 행군으로 사흘 거리. **~miete,** die 하루 임대료. **~mitte,** die 하루의 가운데. **~mittel,** das 『기상』 일일(一日) 평균치: die Temperatur betrug im T. 19 Grad 기온이 일(日) 평균 19도였다. **~mode,** die 시류(時流), (짧은) 유행. **~mutter,** die 《Pl. ...mütter》 탁아모(대개 자기 집에서 본인의 아이와 함께 남의 아이를 돌보는 여자). **~ordnung,** die [frz. ordre du jour, engl. order of the day] 의사 일정(議事日程), 회의 프로그램: die T. genehmigen 의사 일정에 동의하

다, 의사일정을 인가하다; einen Punkt auf die T. setzen 어떤 요목을 의사 일정에 올리다; von der T. absetzen 무엇의 토의를 중단하다; zur T. übergehen 일정으로 들어가다; zur T.! 본론으로 돌아갑시다!: **an der T. sein** 다반사이다(부정적인 것이 자주 일어날 때): Raubüberfälle waren an der T. 강도의 습격이 다반사였다; **über etw. zur T. übergehen** 무엇을 간과하다, 무엇을 고려하지 않다. **~ordnungspunkt**, der 의사 일정의 쟁점. **~pensum**, das 하루의 일과(日課), 일일 분담량. **~plan**, die 하루(日課) 계획(표). **~politik**, die 시사 정치 문제, 시국. **~politisch** 〈Adj.〉 시국의, 시사 정치적인. **~preis**, der [경제] 당일 가격(시세). **~presse**, die 〈Pl. 없음〉 일간 신문: die T. lesen 일간 신문을 읽다. **~produktion**, die 일일 생산. **~programm**, das 일일 계획. **~ration**, die 일일분 할당량(배급량, 군용 양식). **~raum**, der (주간)담화실. **~rhythmus**, der 하루의 리듬. **~rückfahrkarte**, die 당일 유효의 돌아오는 차표. **~satz**, der **1.** [법] 일일 할당 벌금액. **2.** 일일분 치료비. **~schule**, die 전일제(全日制) 학교(2부제나 야간제의 반대). **~stätte**, die 주간 탁아소. **~stunde**, die 주간의 (어느) 시각: zu jeder (beliebigen) T. 주간의 어느 시각에든지. **~temperatur**, die [기상] 낮기온. **~tour**, die 하루 여행, 하루 코스의 관광. **~umsatz**, der 하루 매상고. **~verpflegung**, die 하루 급식량. **~wache**, die **1.** 주간 근무, 주간 보초. **2.** 하루 근무자, 주간 보초병. **~wanderung**, die 하루 걸리는 산행[도보 여행]. **~zeit**, die 낮 동안의 어느 시각: **jmdm. die T.(ent)bieten** 《고어》 누구에게 아침 인사를 하다; **zu jeder Tages(-und Nacht)zeit** 주야중 언제든지[주야를 불문하고]. **~zeitlich** 〈Adj.〉 낮 동안의. **~zeitung**, die 일간지. **~ziel**, das 하루의 목표. **~zug**, der 주간 운행 열차.

Tagetes [taˈgeːtɛs], die [lat. tagētes] [식물] 천수국(千壽菊)속(屬)(Studentenblume).

-tägig [-tɛːgɪç] 《다음의 합성어로, 예컨대》 achttägig 8일간의.

Tagliata [talˈjaːta], die; -s [ital. tagliata < lat. tāliāre 《펜싱》] 손목 비틀어 찌르기. **Tagliatelle** [taljaˈtɛlə] 〈Pl.〉 [ital. tagliatelle] 얇고 넓은 스파게티 면(麵).

täglich [ˈtɛːklɪç] 〈Adj.〉 매일의, 나날의, 일상적인: der -e Bedarf 일상의 수요, 생활 필수품; unser -es Brot gib uns heute 우리에게 일용할 양식을 주옵시고(주기도문); die Täglichen Gebete [가] 일과 기도; -es Geld [금융] 콜 머니, 은행간의 요구불 단기 차입금. **-täglich** [-tɛːklɪç] 《다음의 합성어로, 예컨대》 achttäglich 8일마다(의).

Tagmem [taˈgmɛːm], das; -s, -e [engl.-amerik. tagmeme] [언어] 문법소(文法素). **Tagmemik** [taˈgmeːmɪk], die [engl.-amerik. tagmemics] [언어] 문법소론(文法素論).

tags [taːks] 〈Adv.〉 **1.** 낮에, 낮 동안. **2.** t. zuvor [davor] 그 전날에; **t. darauf** 그 다음날에. **tagsüber** 〈Adv.〉 낮 동안 내내, 온종일.

Taguan [ˈtaːɡuan], der; -s, -e [필리핀 원주민어] 인도날다람쥐.

Tagung [ˈtaːɡʊŋ], die; -en 회의, 집회, 대회: eine T. der Soziologen in Berlin 베를린(에서 열린) 사회학회; an einer T. teilnehmen 학회에 참석하다.

Tagungs-: **~büro**, das 회의 사무실. **~gebäude**, das 회의장(회의가 열리는 건물). **~ort**, der 〈Pl. …orte〉 회의장(회의소). **~programm**, das 회의 프로그램. **~teilnehmer**, der 회의 참가자.

Tahiti [taˈhiːti, 〈frz.〉 taiˈti]; -s 타히티 섬.

Tai [taj] ↑ ¹,²**Thai**.

Taifun [tajˈfuːn], der; -s, -e [engl. typhoon < griech. typhōn < chin. tai fung] 태풍.

Taiga [ˈtaiga], die [russ. taiga] (시베리아, 북미 북부의) 침엽수림(지대).

Tail-gate [ˈteilgeit], die; -(s) [amerik. tailgate] 테일 게이트 주법(뉴 올리언즈 재즈의 트롬본 주법(奏法)).

¹**Taille** [ˈtaljə, 〈österr.〉 tajljə], die; -n [frz. taille] **1.** 허리, 요부(腰部): eine schlanke T. haben 허리가 날씬하다; der Anzug sitzt auf T. 양복이 허리에 꼭 맞는다; jmdn. um die T. fassen 누구의 허리를 껴안다; Frauen mit T. 63 허리 둘레가 63cm인 여자. **2.** (옷의) 허리선, 허리 부분: die T. des Kleides ist zu eng 원피스의 허리 부분이 너무 꽉 끼인다. **3.** (준군어) (부인복의) 흉의(胸衣), 코르셋(Mieder): die T. aufknöpfen 흉의의 단추를 끄르다; per T. (특히 berlin.) 외투를 입지 않고(날씨가 따뜻할 때). ²**Taille** [taːj], die; -n [frz. taille] **1.** [음악] 타유(16~18세기에 통용된 테너의 프랑스식 표기). **2.** [카드] 패 떼기, 카드 넘기기. **3. a)** 타유 (중세 프랑스의) 봉건 영주에게 내는 세금. **b)** (1789년까지) 프랑스 비특권층에 대한) 재산 등급별 과세.

taillen-, Taillen- [ˈtaljən-] ⟨¹Taille⟩: **-betont** 〈Adj.〉 [의상] 허리선을 강조한. **~eng** 〈Adj.〉 [의상] 허리에 끼이는, 허리선을 좁힌: ein -es Kleid 허리가 달라붙게 한 원피스. **~hoch** 〈Adj.〉 [의상] 허리 높이의. **~kurz** 〈Adj.〉 [의상] 허리까지만 내려오는. **~los** 〈Adj.〉 [의상] 허리선을 살리지 않은. **~umfang**, der 허리 굵기. **~weite**, die 허리 둘레.

¹**Tailleur** [taˈjøːɐ̯], der; -s, -s [frz. tailleur] 《고어》 맞춤옷 재단사. ²**Tailleur** [-], das; -s, -s [frz. tailleur] 《schweiz. · 의상》 허리선을 살린 정장. **taillieren** [taˈjiːrən] 〈h〉 허리선을 살리다. **-taillig** [-taljɪç] 《다음의 합성어로, 예컨대》 eng-, kurztaillig 허리 부분이 짧은.

tailormade [ˈteilɔməid] 〈Adj.〉 [engl. tailormade] (준군어) 맞춤으로 재단한. **Tailormade** [-], das; - -s [engl. tailormade] (준군어) 맞춤집에서 재단한 옷.

Taiwan [ˈtaivan, taiˈva(ː)n], -s 대만, 타이완. **Taiwaner**, der; -s, - 타이완 인(人). **taiwanisch** 〈Adj.〉 타이완의, 타이완 사람의.

Take [teɪk, 〈engl.〉 teik], der / das; -s [engl. take] **1.** [영화 · 텔레비전] **a)** ↑ Einstellung (3). **b)** 촬영 완료 화면. **2.** (은어) (대마초나 마리화나) 피우기, 흡입.

Takel [ˈtaːkl], das; -s, - [niederd. takel] [선원] **1.** 무거운 도르래. **2.** ↑ Takelage. **Takelage** [takaˈlaːʒə], die; -n (범선의) 삭구(索具)(전체). **Takeler** [ˈtaːkələr] ↑ Takler. **takeln** [ˈtaːkl̩n] 〈h〉 [선원] (배에) 삭구를 장비하다. **Takelei**, die; -en [선원] **1.** 배에 삭구를 장비하기. **2.** 삭구 장비(종류). **Takelungsart**, die, **Takelwerk**, das; -(e)s, **Takelzeug**, das; -(e)s (드물게) 삭구(전체).

Take-off [ˈteikˌɔf], das; -s, -s [engl. take-off] **1.** 출발, 스타트(로케트, 비행기의). **2.** 시작(큰 행사의).

Takler [ˈtaːklɐ], der; -s, - 삭구를 장비하는 사람.

Taklung, die; ↑ Takelung.

Täks [tɛks], die; ↑ Täcks.

Takt [takt], der; -(e)s, -e [lat. tāctus] **1.** 〈Pl. 없음〉 박자(음악의): der T. eines Walzers; 왈츠 곡(曲) 박자; den T. angeben[schlagen] 박자를 맞추다[치다]; aus dem T. kommen 박자가 틀리다; im T. singen 박자에 맞추어 노래하다; 〈전의〉 jmdn. aus dem T. bringen 누구의 박자를 틀리게 하다, 혼란하게 만들다; **den T. angeben** 선창(先唱)하다, 영도하다; **nach T. und Noten** 《통용어 · 준고어》 정식으로, 또박또박, 철저히. **2. a)** 박(拍), 소절(小節): ein halber T. 반 박자; ein paar -e eines Liedes singen 노래 몇 소절을 부르다; [전의] ein paar -e ausrufen 조금 쉬다; dazu möchte ich auch ein paar -e sagen 《통용어》 거기에 대해서는

나도 몇 마디 말하고 싶다. **b)** 〔운율〕 박절(拍節), 박자(시행(詩行)의). **3. a)** 〈Pl. 없음〉 박자(리드미컬한 동작의): im T. rundern 박자에 맞추어 노를 젓다; im T. bleiben 동작의 리듬에 맞추다. **b)** 〔기술〕 피스톤의 1왕복 (↑Hub (2)). **c)** 〔정보 처리〕 동기(同期)적 과정의 리듬 중의 최소 시간 단위. **d)** 〔기술〕 컨베이어 벨트 작업 공정의 최소 단위[리듬]. **4.** 〈Pl. 없음〉 예절, 예의, (상대방에 대한) 배려, 분별, 조심스러움: keinen T. haben 예의가 없다; etw. aus T. tun 무엇을 타인에 대한 배려로 행하다.

¹takt-, Takt- (Takt 1~3): **~art**, die [음악] 박자(의 종류). **~bezeichnung**, die [음악] 박자 표시. **~fertigung**, die 〔기술〕 (컨베이어 벨트 공정의) 리듬에 맞춘 작업. **~fest** 〈Adj.〉 **1. a)** 박자가 정확한: t. singen 박자를 틀리지 않고 노래부르다. **b)** 똑같은 박자의: t. marschieren 똑같은 보조로 행진하다. **2.** 〈드물게〉 확실한, 정통한(능력이나 앎에서): auf einem Gebiet t. sein 어떤 분야에서 믿을 만하다. **3.** 〈드물게〉 튼튼한: zur Zeit nicht ganz t. sein 지금 아주 건강치는 않다. **~maß**, das [음악] 박자[의 종류]. **~mäßig** 〈Adj.〉 박자가 맞는. **~messer**, der ↑Metronom. **~schritt**, der 《군·schweiz.》 분열 행진 보조. **~stock**, der 지휘봉: den T. heben 지휘봉을 들다[올리다]. **~straße**, die 〔기술〕 회전 작업대[컨베이어 벨트〕와 작업석(席). **~strich**, der [음악] 박자 표시 선(線). **~teil**, der [음악] 박자의 부분: betonter T. 박자의 강조된[강한] 부분. **~verfahren**, das 〔기술〕 (개별 작업 과정이 규칙적으로 연이어지는) 컨베이어 벨트 작업 방식. **~wechsel**, der [음악] 박자 변화. **~widrig** 〈Adj.〉 박자에 어긋나는, 박자가 맞지 않는. **~zeit**, die [기술〕 (기계 작업의) 반복되는 시간 간격.

²takt-, Takt- (Takt 4): **~fehler**, der 예의에 어긋난, 무례한 실수. **~gefühl**, das 〈Pl. 없음〉 ↑Takt (4): ein feines T. haben 섬세한 예절 감각을 가지고 있다; kein T. haben 무례하다. **~los** 〈Adj.〉 무례한, 생각이 부족한: eine ~e Frage 예의상 적절치 못한 질문. **~losigkeit**, die; -en **1.** 〈Pl. 없음〉 무례, 사려 부족, 무신경. **2.** 무례한 언동. **~voll** 〈Adj.〉 아주 예의바른: sich t. benehmen 깍듯하게 처신하다.

takten ['taktn̩] 〈h〉 〔기술〕 **a)** (컨베이어 작업에서) 한 공정을 진척시키다. **b)** (피스톤을) 작동시키다.

¹taktieren [tak'tiːrən] 〈h〉 전략적으로 행동하다: geschickt t. 책략상 노련하게 처신하다.

²taktieren [-] 〈h〉 [↑Takt (1)] 《고어》 박자 맞추다, 강조하다.

-taktig [-taktɪç] 〔다음의 용법으로, 예컨대〕 achttaktig 8박자의.

Taktik ['taktɪk], die; -en 〔fr. tactique < griech. taktiké〕 전술, 용병술, 작전, 술책: eine wirksame T. 효과적인 작전; die T. des Verzögerns und Hinhaltens 지연 작전; nach einer bestimmten T. vorgehen 특정 작전에 따라 행하다; **die T. der verbrannten Erde** 〔군〕 초토(焦土) 작전. **Taktiker**, der; -s, - 전술가, 책략가.

taktil [tak'tiːl] 〈Adj.〉 〔lat. tāctilis〕 [의학] 촉각의, 촉각이 있는, 만져서 알 수 있는.

taktisch ['taktɪʃ] 〈Adj.〉 전술의, 작전상의, 기략이 뛰어난: -e Grundsätze 전술상의 제(諸)원칙; der Trainer gab seiner Mannschaft -e Anweisungen 트레이너가 맡은 팀의 작전 지시를 내렸다; -e Waffen 〔군〕 전술 무기; -e Zeichen 〔군〕 전술도(圖). etw. ist t. richtig 무엇이 작전상 옳다.

Tal [taːl], das; -(e)s, Täler ['tɛːlɐ] **1.** 〈축소형: ↑Tälchen〉 골짜기, 계곡, (반대: Berg): ein enges, tiefes T. 좁고 깊은 골짜기; über Berg und T. 산과 골짜기 너머, 〔전의〕 die Wirtschaft befindet sich in einem T. 경제가 불황의 늪에 빠져 있다; **zu T.** 《아어》 계류(溪流)를 따라, 아래 쪽으로. **2.** 《통용어》 계곡 주민 〔전체〕: wenn es eine Hochzeit gab, stand das T. kopf 결혼식이 있으면 온 골짜기가 벌컥 뒤집혔다.

tal-, Tal-: **~ab**, **~abwärts** [-'-(-)] 〈Adv.〉 골짜기 아래로, 아랫쪽으로. **~aue**, die 계곡 초지(草地). **~auf**, **~aufwärts** [-'-(-)] 〈Adv.〉 골짜기 위로, 윗 쪽으로. **~aus** [-'-] 〈Adv.〉 골짜기로부터, 골짜기 바깥으로: t. tut sich die weite Ebene auf 골짜기를 벗어나면 서 넓은 평야가 열린다. **~becken**, das ↑Becken (2 b). **~boden**, der 계곡 사이의 평지. **~breite**, die 골짜기의 폭. **~brücke**, die 골짜기 위에 놓인 다리. **~ein** [-'-] 〈Adv.〉 골짜기 안으로 (반대: talaus). **~einwärts** [-'--] 〈Adv.〉 **a)** ↑~ein. **b)** 골짜기 안으로 깊숙이. **~enge**, die 협곡(峽谷), 애로(隘路). **~fahrt**, die **a)** 〔항해〕 (배로) 골짜기 따라 내려가기 (반대: Bergfahrt 1). **b)** (차량의) 내리막 달리기; 〔전의〕 die T. des Dollars 달러화(貨)의 급락(急落). **~grund**, der ↑~boden. **~kessel**, der ↑ Kessel (3). **~mulde**, die 푹 분지(盆地), 분상(盆狀) 골짜기. **~niederung**, die 푹 들어간 골짜기. **~schi**: ↑~ski. **~schlucht**, die 협곡(峽谷), 심곡(深谷). **~schluß**, der 골짜기의 윗 쪽 끝. **~seite**, die 골짜기 측면, 산기슭을 따라 난 길. **~seitig** 〈Adj.〉 골짜기 곁의, 산기슭의. **~senke**, die 좁은 분지, 골짜기. **~ski**, der 사활강(斜滑降) (반대: Bergski). **~sohle**, die **1.** ↑~boden. **2.** 침체, 불황: die Wirtschaft befindet sich in einer T. 경제가 불황이다. **~sperre**, die 골짜기의 댐, 집수(集水)시설. **~station**, die 등산 철도의 아랫쪽 정거장(반대: Bergstation). **~überführung**, die ↑~brücke. **~wärts** 〈Adv.〉 골짜기 쪽으로(반대: bergwärts). **~weg**, der 골짜기 길.

Talar [ta'laːɐ̯], der; -s, -e 〔ital. talare < lat. tālāris〕 법복(法服), 학위(學位) 가운, 성의(聖衣).

Tälchen ['tɛːlçən], das; -s, - ↑Tal (1)의 축소형.

Talent [ta'lɛnt], das; -(e)s, -e 〔위탁된〕 땅, 후에는: (타고난) 재능; lat. talentum < griech. tálanton〕 **1. a)** 재능, 소질, 천부의 재능: hier zeigt sich sein T. zur Malerei 여기서 그림에 대한 그의 소질이 엿보인다; musikalisches T. 음악적 재능; T. für Sprachen haben 언어에 대한 재능이 있다; mit seinem T. in den [zur] Mathematik ist es nicht weit her 그는 수학에 별 재능이 없다; nun hocken wir da mit unserm T. 《통용어》 우리들은 이제 어쩔 줄을 모르고 있다. **b)** 재능[자질] 있는 사람, 인재(人材). **2.** 고대 그리스의 무게 및 화폐 단위.

talent-, Talent-: **~förderung**, die 인재 후원, 재능 개발. **~los** 〈Adj.〉 재능 없는. **~losigkeit**, die 재능 없음. **~probe**, die (신인 예술가의) 재능을 가늠할 수 있는): 첫 등단, 데뷔작. **~schau**, die ↑~schuppen. **~schuppen**, der 젊은 유행가 가수와 재즈 음악가들이 출연하여 재능을 발휘하는 공개 방송. **~suche**, die 인재 발굴(찾기). **~übung**, die 재능 훈련, 자질 개발 교육. **~voll** 〈Adj.〉 재능[자질]이 풍부한.

talentiert [talɛn'tiːɐ̯t] 〈Adj.〉 재능[소질] 있는: für Mathematik ist er wenig t. 그는 수학에는 별로 소질이 없다. **Talentiertheit**, die 재능[소질] 있음.

Taler ['taːlɐ], der; -s, - [16세기 동전 주조지 보헤미아의 St. Joachimsthal (현 체코의 Jáchymov) 의 이름 "Joachimstaler" 의 축소형] **a)** 탈러(18세기 중엽까지의 독일 은화(銀貨)), 독일 제국 은화. **b)** 《통용어》 3마르크 상당의 옛 은화.

Täler: ↑Tal의 복수형.

talergroß 〈Adj.〉 Taler 크기의. **Talerstück**, das;

-(e)s, -e 1 Taler 짜리 은화.
Talg [talk], der; -(e)s, -e [Niederd. talch] **1.** 수지(獸脂)(특히 소, 양의 신장의), 경지(硬脂). **2.** 피지(皮脂).
talg-, Tạlg-: **~artig** ⟨Adj.⟩ 수지의. **~drüse**, die (두피(頭皮)의) 피지선(皮脂腺). **~kerze**, die, **~licht**, das ⟨Pl. -er⟩ 수지로 만든 양초: jmdm. geht ein T. auf 누가 갑자기 깨닫다(↑Licht 2 b).
talgen ['talgŋ] ⟨h⟩ [niederd. talgen] **1.** 수지를 칠하다. **2.** ⟪nordostd.⟫ [카드] ↑schmieren (7). **talgig** ['talgɪç] ⟨Adj.⟩ **a)** 지방의, 지방이 묻은, 지방칠한. **b)** 수지 같은.
Talion [ta'lio:n], die; -en [lat. tālio] [법] 동태복수법(同態復讐法)(고대 형법상의 형별, 피해자가 받은 것과 똑같은 방법으로 저 해자에게 과하는 형벌).
Talisman ['ta:lɪsman], der; -s, -e [span. talisman. ital. talismano < arab. ṭilismān / griech. telesma] 부적, 호부(護符).
Talje ['taljə], die; -n [niederd. tallige, niederl. talie < ital. taglia < lat. tēlea] [선원] 활차, 도르래(배의). **taljen** ['taljən] ⟨h⟩ [선원] 도르래를 감아 올리다. **Tạljenreep**, das [선원] (도르래에 감긴) 밧줄, 로프.
¹Talk [talk], der; -(e)s [frz. talc < span. talque < arab. ṭalq] 활석(滑石).
²Talk [tɔ:k], der; -s, -s [engl. talk] ⟪언어⟫ 잡담, 한담, 환담, 대화(공개적인).
tạlk-, Tạlk- (¹Talk): **~artig** ⟨Adj.⟩ 활석 모양의. **~erde**, die [화학] 산화 마그네슘, 고토(苦土). **~puder**, der ↑Talkum. **~schiefer**, der [지질] 활석 편암(片岩). **~stein**, der 활석, 비누돌.
talken ['tɔ:kŋ] ⟨h⟩ [engl. to talk] ⟪언어⟫ **1.** 토크쇼를 진행하다. **2.** 환담하다. **Talkmaster**, der; -s - [engl.-amerik. talk master] 토크쇼 진행자. **Talk-Show**, die; -s [engl.-amerik. talk show] [텔레비전] 토크쇼, 대담(對談) 쇼 프로.
Talkum ['talkum], das; -s **1.** ↑¹Talk의 라틴어형. **2.** 분말 활석(滑石), 활석분(粉)(종이, 직물의 광택을 내기 위한). **talkumieren** [talku'mi:rən] ⟨h⟩ 활석분을 뿌려 넣다, 활석분 처리하다. **Tạlkumpuder**, der /⟪통용어⟫ das ↑Talkum (2).
Tạllin ⟪russ.⟫ 'tallin] 탈린(구소련 에스토니아 공화국의 수도).
Tạllinn ['talɪn] Tallin 의 에스토니아 식 표기.
Tallyman ['tælɪmən], der; -s, ...men [...mən; engl. tallyman] [상] (상품 선적 · 하선시의) 검수인(檢數人).
talmi ['talmi] ⟨Adj.⟩ [↑Talmi] ⟪österr.⟫ ⟪통용어⟫ ↑talmin. **Tạlmi** [-], das; -s [발명가 Tallois의 이름에서 유래] **1.** 가짜(장신구), 유사품. **2.** ⟪전문어⟫ 도금된 황동(黃銅).
Tạlmi- (Talmi 1): **~glanz**, der 가짜 장신구의 광채. **~gold**, das 금도금의 황동. **~schmuck**, der 모조 장신구, 장신구. **~ware**, die 모조 장신구 제품, 무가치한 물품.
talmin ['talmɪn] ⟨Adj.⟩ ⟪드물게⟫ 가짜의, 모조 장신구로 된.
Talmud ['talmu:t], der; -(e)s, -e [hebr. talmûd] **1.** ⟨Pl. 없음⟩ 탈무드(유태인 율법학자의 구전(口傳), 해설을 집대성한 책). **2.** 탈무드 본(本). **talmudisch** [tal'mu:dɪʃ] ⟨Adj.⟩ **a)** 탈무드의. **b)** 탈무드의 의미로. **Talmudismus** [talmu'dɪsmʊs], der; - 탈무드 교리. **Talmudist**, der; -en, -en 탈무드 학자(연구가). **talmudistisch** ⟨Adj.⟩ **a)** 탈무드의. **b)** ⟪폄⟫ 자구(字句)에 집착하는.
Talon [ta'lõ:, ⟪österr.⟫ ta'lo:n], der; -s, -s [frz. talon < lat. tālus] **1. a)** [증권] ↑Erneuerungsschein. **b)** (입장권 따위의) 검표 후 잘라 낸 부분. **2.** [카드] **a)** 돌리

고 남은 카드. **b)** 거는 돈(도박에서). **c)** 돌리지 않고 엎어 놓은 패(牌)(차례로 떼어 가는) **3.** [음악] 너트(바이올린 활 하단의 활줄 죄는 부분).
Talschaft ['ta:lʃaft], die; -en ⟪schweiz., westösterr.⟫ ⟨전체⟩ 골짜기[계곡] 주민. **Tạlung**, die; -en [지리] 골짜기와 유사한 지형(예컨대: Senke, Graben).
Tamarinde [tama'rɪndə], die; -n [lat. tamarinda < arab. tamr hindīy] **1.** 타마린드(열대 지방산 콩과의 상록 교목). **2.** 타마린드 열매(청량 음료, 약용, 조미용). **Tamarịndenbaum**, der ↑Tamarinde (1).
Tamariske [tama'rɪskə], die; -n [lat. tamarīx] 위성류(渭城柳).
Tambour ['tambu:ɐ̯ ⟪또한⟫ 'tam'bu:ɐ̯], der; -s, -e / ⟪schweiz.⟫ -en [frz. tambour < pers. tabīr] **1.** ⟪준고어⟫ 고수(鼓手)(특히 군대의). **2.** [건축] 호박 주춧돌, 돔 지붕의 원통형 아랫 부분. **3.** [직조] 방적 기계의 북(보풀 세우는 장치). **Tambourmajor**, der 군악대의 고수장(鼓手長). **Tambourmajorẹtte**, die ↑Majorette.
Tambur ['tambu:ɐ̯], der; -s, -e [frz. tambour] **1.** ⟨수공⟩ 자수틀. **2.** ↑Tambur. **tamburieren** [tambu'ri:rən] ⟨h⟩ **1.** 스킬 자수 바늘로 수를 놓다. **2.** ⟨전문어⟩ (가발 생산에서) 인조털을 망사와 가제 사이에 가리 마선이 나오도록 매듭지어 넣다. **Tamburịernadel**, die [수공] 스킬 자수 바늘. **Tamburịerstich**, der [수공] 스킬 자수 바늘로 수 놓기. **Tamburin** [tambu'ri:n, ' - - -], das; -s, -e [frz. tambourin] **1.** 탬버린. **2.** 체조 연습용 간이 탬버린. **3.** ↑Tambur (1). **Tamburizza** [tambu'rɪtsa], die; -s [serbokroat. tamburica] 탐부리차(만돌린 비슷한 세르비아, 크로아티아의 현악기).
Tamil ['ta:mɪl], das; -(s) 타밀 어(語). **Tamile** [ta:'mi:lə], der; -n, -n 타밀 사람(남부 인도 실론 섬에 사는 인종). **tamilisch** [ta:'mi:lɪʃ] ⟨Adj.⟩ 타밀의, 타밀어의.
Tamule [ta'mu:lə] ↑Tamile.
Tamp [tamp], der; -s, -e ⟪드물게⟫ ↑Tampen. **Tạmpen** ['tampn], der; -s, - [niederl. tamp] [선원] **a)** 밧줄 끝. **b)** (짧은) 밧줄.
Tampon ['tampɔn, ⟪또한⟫ tam'po:n, tã'põ:], der; -s, -s [frz. tampon] **1. a)** ⟨공업⟩ 탐폰, 면구(綿球), 지혈전(栓). **b)** 탐폰(월경(月經)용 면봉(綿棒)). **2.** [미술] 탐폰, 잉크볼(판면(版面)에 인쇄잉크를 바르기 위한). **Tamponade** [tampo'na:də], die; -n [의학] 탐폰으로 [지혈 연구로] 막음, 탐폰법. **Tamponage** [...'na:ʒə], die; -n [기술] 송곳 구멍 메우기(물이나 가스가 새지 않도록). **tamponieren** [...ni:rən] ⟨h⟩ [frz. tamponner] [의학] 탐폰으로 막다.
Tamtạm [tam'tam, ⟪또한⟫ ' - -], das; -s, -s [1: frz. tam-tam]. **1.** 징, 쾡과리. **2.** ⟨Pl. 없음⟩ ⟪통용어 · 폄⟫ 과대 선전, 요란법석, 소란: großes T.(um jmdn. (etw.)) machen 누구(무엇)를 두고 크게 법석을 떨다.
tan. = Tangens.
Tanagrafigur ['ta:nagra-], die; -en [그리스의 지역명 Tanagra에서 유래] [예술] 타나그라 인형(헬레니즘 시대의 채색 테라코타 토기상(土器像)).
Tananarịvo [tanana'ri:vo] 타나나리보(마다가스카르의 수도).
Tanbur ['tanbu:ɐ̯, ' - ' -], Tambur, der; -s, -e / -s [arab. ṭunbūr] [음악] 아라비아 만돌린(울림통이 작고 목이 긴 3, 4현의).
Tand [tant], der; -(e)s [span. tanto] ⟪아어 · 준고어⟫ 겉 치레만의 것, 무가치한 것, 허섭스레기.
tandaradẹi! ⟪mhd.⟫ tandaradei⟩ ⟨Interj.⟩ ⟪고어⟫ 얼싸 좋다, 어화둥둥(환호성). **Tändelei** [tɛndə'laɪ], die; -en **a)** 장난으로 하기. **b)** 남편의 희롱, 장난삼아 하는 연애, 시시덕거리기.
Tändeler ['tɛndəlɐ] ↑Tändler. **Tạndelmarkt** ['tan-

d|-] 《österr.》 **Tändelmarkt**, der; -(e)s, ...märkte 《지역적》 고물[중고품] 시장. **tändeln** ['tɛndln] 〈h〉 **a)** 장난(삼아) 하다, 농락하다. **b)** 남녀가 희롱하다, 시시덕거리다, 장난 삼아 연애하다. **Tändelschürze**, die 작은 장식용 앞치마(음식점 등에서 손님 접대시 입는).

Tandem ['tandɛm], das; -s, -s [engl. tandem < lat. tandem] **1.** 2인승 자전거(안장 및 페달이 앞뒤로 두 개씩 달린): 전의 die beiden Stürmer bilden ein eingespieltes T. 두 공격수가 (2인승 자전거를 탄 격으로) 합친 힘을 보여 주고 있다. **2.** 2류 마차(두 필의 말을 앞뒤로 나란히 맨). **3.** 〖기술〗동종의 부품이나 기관을 앞뒤로 연결시킨 기계[도구, 시설]. **Tandemachse**, die 〈자동차·기술〉 (트레일러 등의) 두 가닥으로 연결된 축(軸).

Tandler ['tandlɐ], der; -s, - 《österr.》〈통용어〉 **1.** ↑ Tändler. **2.** 희롱하는 사람. **Tändler** ['tɛndlɐ], der; -s, - 〈지역적〉 고물 장수.

tang = Tangens.

Tang [taŋ], der; -(e)s, 《종류》 -e [dän., norw. tang, schwed. tang] ↑ Seetang.

Tanga ['taŋga], der; -s, -s [portug. tanga] 미니 비키니.

Tangaslip, der 미니 비키니형 속옷. **Tangahöschen**, das 미니 비키니의 팬티.

Tanganjika [taŋgan'jiːka], -s 탕가니카(동 아프리카 Tansania의 일부로 1964년 Sansibar와 합병되어 Tansania가 됨).

Tangare [taŋ'gaːrə], die; -n [port. tangará] 〖동물〗 북남미 텃새의 일종.

Tangens ['taŋgɛns], der; - [lat. tangēns] 〖수학〗 탄젠트, 정접(正接)(기호: tan, tang, tg). **Tangenskurve**, die 〖수학〗 탄젠트 곡선. **Tangenssatz**, der 〖수학〗 탄젠트 정리(定理). **Tangente** [taŋ'gɛntə], die; -n [1 : lat. linea tangens] **1.** 〖수학〗 접선(接線). **2.** (한 지역(도시) 가장자리를 스쳐 지나가는) 외곽 도로(자동차 전용의). **3.** 〖음악〗 (클라비코드 등 현악기의 현을 치는 삽 모양의) 금속 조각.

Tangenten-: **~bussole**, die 정접 전류계(正接電流計). **~fläche**, die 〖수학〗 접선 곡선의 접선으로 이루어진 평면. **~flügel**, der 〖음악〗 평형의 대형 하프시코드. **~klavier**, das 평형의 하프시코드, 탄젠트 피아노. **~viereck**, das 〖수학〗 접선 4변형.

tangential [taŋgɛn'tsiaːl] 〈Adj.〉〖수학〗 접하는, 접선의, 정접(正接)의. **Tangentialebene**, die 접평면(接平面). **Tangentialschnitt**, der ↑ Sehnenschnitt. **tangieren** [taŋ'giːrən] 〈h〉 [lat. tangere] **1.** 《교양어》 접촉하다, 관계하다, 영향을 미치다: dieses Bauprojekt wird von den Sparmaßnahmen nicht tangiert 이 건축 프로젝트는 긴축 대책의 영향을 전혀 받지 않는다. **2.** 〖수학〗 접하다.

Tango ['taŋgo], der; -s, -s [span. tango] 탱고. **Tangojüngling**, der 《통용어·폄》 포마드 바른 여자 같은 젊은 남자.

Tank [taŋk], der; -s, -s, 《드물게》 -e [engl. tank, 2: 원래 영국의 첫 장갑차의 별명] **1.** (대형) 액체 저장용기, 탱크: den T. füllen 탱크를 채우다. **2.** 《준고어》 Panzer (4).

Tank-: **~angriff**, der 장갑차 공격. **~deckel**, der ↑ ~verschluß. **~fahrzeug**, das 급유차, 급수차. **~füllung**, die 탱크에 채울 액체나 가스의 양. **~inhalt**, der **a)** 탱크의 내용물. **b)** 탱크의 연료[양(量)]. **~lager**, das (석유, 기름 등의) 저장소. **~lastwagen**, 탱크 트럭, 유조차. **~lastzug**, der 유조열차. **~leichter**, der ↑ Leichter (b). **~säule**, die ↑ Zapfsäule. **~schiff**, das ↑ Tanker. **~schloß**, das 자물쇠가 달린 탱크의 마개. **~stelle**, die 주유소. **~uhr**, die ↑ Benzinuhr. **~verschluß**, der 자동차의 탱크 마개. **~wagen**, der ↑ ~fahrzeug. **~wart**, der 주유소 급유원(員). **~wärter**, der 《드물게》 ↑~wart. **~zug**, der ↑ ~lastzug.

tanken ['taŋkn] 〈h〉 [engl. to tank] **a)** 급유(給油)하다: 〈4격 목적어 없이도 사용됨〉 hast du schon getankt? 벌써 기름 넣었니?; 전의 frische Luft t. 신선한 공기를 쐬우다; der hat aber reichlich getankt! 《경》저 사람 꽤나 취했군. **b)** ↑ auftanken (b). **Tanker**, der; -s, - [engl. tanker] 유조선. **Tankerflotte**, die 유조선단.

Tann [tan], der; -(e)s, -e 《시어》 전나무 숲.

Tannast, der; -(e)s, ...äste (schweiz.) ↑ Tannenast.

Tannat [ta'naːt], das; -(e)s, -e 〖화학〗 타닌산염(酸鹽).

Tännchen ['tɛnçən], das; -s, - ↑ Tanne (1 a). **Tanne** ['tanə], die; -n **1. a)** 〈축소형〉 ↑ Tännchen〉 전나무. **b)** Tannenbaum (b)의 통용어적 약칭. **2.** 전나무 목재. **Tannenbaum**, der ↑ Tannenbaum의 고형. **¹tannen** 〈Adj.; nur attr.〉 [mhd. tennen, tennīn] 전나무 목재로 만든[가공한]. **²tannen** 〈h〉 ↑ tannieren.

Tannen-: **~ast**, der 전나무 가지. **~baum**, der **a)** 《통용어》 전나무. **b)** 성탄목, 크리스마스 트리: der T. brennt 크리스마스 트리의 촛불이 켜져 있다; 전의 die Bomber warfen zunächst Tannenbäume 폭격기가 (목표물 표시용) 야광탄을 먼저 떨어뜨렸다. **~dickicht**, das 전나무 총림(叢林). **~grün**, das 〈Pl. 없음〉 전나무의 푸른. **~häher**, der 산갈가마귀. **~harz**, das 전나무의 수지. **~holz**, das 전나무 목재. **~meise**, die 박새속(屬)의 일종. **~nadel**, die 전나무의 침엽(針葉). **~pfeil**, der ↑ Kiefernschwärmer. **~reis**, das (아어) 전나무 잔가지[어린 가지]. **~reisig**, das 전나무 다발, 전나무 총림. **~wald**, der 전나무 숲. **~zapfen**, der 전나무 열매. **~zweig**, der 전나무 잔가지.

Tannicht ['taniçt], **Tännicht** ['tɛniçt], das; -(e)s, -e 《고어》 전나무의 작은 숲.

tannieren [ta'niːrən] 〈h〉 [frz. tanner] 타닌 처리하다. 타닌 산으로 가공하다. **Tannin** [ta'niːn], das; -s, -(종류) -e [frz. tan(n)in] 타닌 산(酸). **Tanninbeize**, die 타닌산 소각(燒灼)[부식].

Tännling ['tɛnliŋ], der; -s, -e 어린 전나무. **Tannzapfen**, der; -s, - 《schweiz.》 ↑ Tannenzapfen.

Tansania [tan'zaːnja, tanza'niːa], -s 탄자니아. **Tansanier** [tan'zaːniɐ], der; -s, - 탄자니아 인(人). **tansanisch** [tan'zaːnɪʃ] 〈Adj.〉 탄자니아의. **Tansanit** [tanza'niːt, 《또한》 ...nɪt], der; -s, -e [탄자니아의 발견으로 이름에서 유래] 탄자니아 석(石)(청색 보석).

Tanse ['tanzə], die; -n 《schweiz.》 등에 지는 광주리.

Tantal ['tantal], das; -s [그리스 전설의 왕 이름 Tantalus에서 유래] 탄탈(중금속 이름, 기호: Ta). **Tantalat**, das; -(e)s, -e 〖화학〗 탄탈 산염(酸鹽). **tantalhaltig** 〈Adj.〉 탄탈을 함유한. **Tantalit** [tanta'liːt, 《또한》....lɪt] 탄탈 석(石). **Tantallampe**, der (예〗 탄탈 필라멘트로 만든 등. **Tantalusqualen** ['tantalus-] 〈Pl.〉 《교양어》 탄탈루스의 고통(욕망이 곧 충족될 것 같이 보이면서 영원히 충족되지 않는 괴로움).

Tantchen ['tantçən], das; -s, - ↑ Tante (1, 2 c). **Tante** ['tantə], die; -n [frz. 《아동》 tante < lat. amita] **1.** 〈축소형〉 ↑ Tantchen〉 숙모, 백모, 고모, 이모, 아주머니: denn geh'n wir zum Onkel, dann heiraten wir eben den Onkel 《통용어·농》 그럼 포기하지 뭐, 그만두 뒤(상대방이 여러 가지 요구를 많이 하는 말); meine T. [deine T.] 카드 게임 이름. **2. a)** 《아동어》 아주머니, 아줌마(아는 여자 어른에 대한 지칭): **T. Meier** 《은혜》 아주머니. 〈축소형〉 ↑ Tantchen〉 《통용어》 아줌마, 여자(비판적 거리를 두고 말할 때): eine komische T. 웃기는 아줌마[여자]. **3.** 《폄》 ↑ Tunte

(2). **-tante** [-tantə, zu Tante 2 c], die; -n 다소 폄하적으로 여성을 뜻하는 복합어의 기본어: Emanzipationstanten 여성 해방 운동을 하는 여자들. **Tante-Emma-Laden** [...'ema...], der; -s, - Läden 동네의 작은 잡화점, 구멍가게. **tantenhaft** 〈Adj.〉《폄》노파심이 많은, 설교조의.

Tantes ['tantəs] ↑ Dantes. **Tantieme** [tã'tie:mə, ...'iɛ:mə], die; -n [frz. tantième < lat. tantus] **a)** 이익 배당: T. beziehen 배당금을 받다. **b)** 《대개 Pl.》 (출판물 등의) 인세(印稅), 출연료.

tantig 〈Adj.〉 ↑ tuntenhaft.

Tantra ['tantra], das; -(s) [sanskr. tantra(m)] 탄트라 경전(經典)(힌두교 경전의 하나). **Tantriker** ['tantrikɐ], der; -s, - 탄트라 경전 신봉자. **tantrisch** ['tantrɪʃ] 〈Adj.〉 탄트라 경전의. **Tantrismus** [tan'trɪsmʊs], der; - 탄트라 신앙(1세기이래 인도에서 형성된 주술적·신비적 방법으로 해탈을 추구하는 종교적 경향).

Tanz [tants], der; -es, Tänze ['tɛntsə; mniederd. dans < frz. danse] **1.** (축소형: ↑Tänzchen) 춤, 무용, 무도, 댄스: einen T. einüben(vorführen) 어떤 춤을 익히다(공연하다); sie hat ihm den T. abgeschlagen 그녀는 그의 춤 신청을 거절했다; darf ich (Sie) um den nächsten T. bitten? 다음 춤을 청해도 될까요?; jmdn. zum T. auffordern 누구에게 (가벼운 절로) 춤을 청하다; **ein T. auf dem Vulkan** 활화산 위의 무도(위험을 잊고 쾌락에 빠지는 것); **der T. ums Goldene Kalb** 배금주의, 황금욕; **jmdm. den T. lange machen** 《지역적》 누구로 하여금 무엇을 오래 기다리게 하다. **2. a)** 무도곡, 댄스 곡목, **b)** 무곡, 무용곡. **3.** (Pl. 없음) 무도회, 춤 잔치: jmdn. zum T. einladen 누구를 무도회에 초대하다, 누구에게 춤추러 가자고 청하다. **4.** 〈축소형: ↑Tänzchen〉 소란, 요동, 다툼, 싸움, 언쟁: **einen T. aufführen** 《통용어》 대단찮은 일로 펄펄 뛰다.

tanz-, Tanz-: **~abend,** der **1.** 무도회의 밤, 저녁 댄스파티. **2.** (드물게) ↑Ballettabend. **~band,** die ↑ ³Band. **~bar,** die 춤도 출 수 있는 바. **~bär,** der 춤을 배운 곰. **~bein,** das 《다음 용법으로》 **das T. schwingen** 《통용어·농》 (주책 없이 이래저래기) 춤추러 대다. **~boden,** der 무도장, 댄스홀, 무도장 바닥, 댄스 플로어: auf den T. gehen 춤추러 가다. **~café,** das 춤도 출 수 있는 카페, 댄스 카페. **~diele,** die ↑ ~lokal. **~fest,** das 무도회, 춤 잔치. **~figur,** die ↑ Figur (6). **~fläche,** die 무도장(바닥), 댄스 플로어. **~freudig** 〈Adj.〉 춤을 즐기는. **~garde,** die 정예(精銳) 춤꾼들(카니발 등의). **~gaststätte,** die 〈드물게〉 ↑ ~lokal. **~girl,** das 무희(舞姬), 여자 댄서. **~gruppe,** die 댄스 그룹. **~gürtel,** der ↑ Straps (b). **~kapelle,** die ↑ ²Kapelle (3). **~karte,** die 〈옛〉 무도회의 파트너 표. **~kränzchen,** das 댄스 클럽. **~kunst,** die **1.** 〈Pl. 없음〉 무용 예술. **2.** 댄스 실(능력). **~kurs, ~kursus,** der **a)** 댄스 강습. **b)** 댄스 강습반, 무용 교실. **~lehrer,** der 무용 교사, 댄스 교사. **~lehrerin,** die ↑ ~lehrer 의 여성형. **~lehrgang,** der ↑ ~kurs. **~lied,** das 춤의 곡조, (민속) 춤을 출 때 부르는 노래. **~lokal,** das 춤을 출 수 있는 술집. **~lust,** die 〈Pl. 없음〉 춤 추고 싶은 마음(기분). **~lustig** 〈Adj.〉 춤추기를 좋아하는. **~mariechen** [-mari:çən], das; -s, - (카니발 축제 예행 연습에서) 춤 상대역 전담 소녀. **~maske,** die 제식을 위한 춤 출 때 쓰는 탈. **~maus,** die 춤추듯 맴도는 쥐(평형 기관의 유전형질 변화로). **~meister,** der **a)** 〈옛〉 (궁정의) 사교춤 인솔자(지도자). **b)** 〈고어〉 ↑ ~lehrer. **~meisterschaft,** die 춤 경연 대회. **~musik,** die 춤 무곡, 댄스 뮤직. **~orchester,** das 댄스용 오케스트라. **~paar,** das 춤 추는 한 쌍. **~parkett,** das ↑ ~boden. **~partner,** der 댄스 파트너. **~partnerin,** die ↑ ~partner의 여성형. **~pause,** die 댄스 도중의 휴식 시간. **~platte,** die 댄스음악 음반. **~platz,** der 《준고어》 (야외) 무도장. **~rhythmus,** der 댄스 리듬. **~saal,** der 댄스 홀. **~schritt,** der 댄스 스텝. **~schuh,** der **a)** 무도화. **b)** 발레 슈즈. **~schule,** die 댄스 교습소, 발레 학교. **~schüler,** der 댄스 교습생, 무용 학교 학생. **~schülerin,** die ↑ ~schüler의 여성형. **~sport,** der 운동으로 추는 춤, 스포츠 댄스. **~stunde,** die **a)** 무용 교습, 춤 강습, 댄스 레슨: T. nehmen 무용 강습을 받다. **b)** 무용(댄스) 강습 시간. **~stundenball,** der 댄스 강습의 무도회. **~tee,** der 오후의 댄스 모임. **~turnier,** das 스포츠 댄스 경연 대회. **~unterricht,** der ↑ ~stunde. **~veranstaltung,** die 댄스 모임. **~vergnügen,** das 춤의 즐거움, 무도회. **~wagen,** der 춤을 출 수 있는 단체 관광 열차. **~weise,** die **1.** 무도곡(선율). **2.** 춤 방식(개인적인).

tanzbar ['tantsba:ɐ̯] 〈Adj.〉 춤추기에 적합한, 춤출 수 있는. **Tänzchen** ['tɛntsçən], das; -s, - ↑Tanz (1, 4). **tänzeln** ['tɛntsn̩] **a)** 〈h〉 춤추듯 껑충껑충 뛰어 움직이다. **b)** 〈s〉 춤추듯 가볍게 나아가다. **tanzen** ['tantsn̩] [mniederd. dansen < frz. danser] **1.** 〈h〉 **a)** 춤추다: t. gehen 춤추러 가다; dort wird nach den Klängen einer Zigeunerkapelle getanzt 저곳에서는 집시 악단의 음악에 맞추어 춤추고들 있다; auf dem Seil t. 줄타기 밧줄 위에서 균형을 잡다; 전의 die Mücken tanzen über dem Wasser 모기들이 물 위에서 이리저리 날고 있다; die Buchstaben tanzten vor seinen Augen 활자들이 그의 눈 앞에서 아물거렸다. **b)** 〈t. + sich〉 《결과를 나타내어》 춤추어 어떤 상태에 빠지다: sie haben sich müde getanzt 그들은 춤추어 피곤해졌다. **2.** 〈h〉 …을 춤추다: Walzer t. 왈츠를 추다; den nächsten Tanz tanzt du doch mit mir? 다음 춤은 나와 함께 추겠어요? **3.** 〈s〉 춤추며 돌아다니다, 경중경중 뛰다. **Tänzer** ['tɛntsɐ], der; -s, - **1. a)** 춤추는 사람: die Fläche reicht nicht aus für so viele T. 춤추는 사람이 위낙 많아 무도장(바닥)이 모자라다. **b)** 춤 상대자, 춤 파트너. **2.** 무용수. **Tanzerei** [tantsə'rai], die; -en 《통용어》 소규모 댄스 파티. **2.** 《폄》 (줄곧) 춤추기, 춤질. **Tänzerin,** die; -nen ↑Tänzer 의 여성형. **tänzerisch** 〈Adj.〉 **a)** 춤의, 춤 풍(風)의: -e Bewegungen 춤추는 듯한 동작. **b)** 춤 (무용)과 관계되는.

Tao ['tao, tau], das; - [chin. tao] 노자 도덕교(道德敎)의 도(道). **Taoismus** [tao'ɪsmʊs, tau...], der; - 도교(道敎). **Taoist** [...'ɪst], der; -en, -en 도교 신자, 도교도(徒). **taoistisch** 〈Adj.〉 도교의.

Tape [te:p, teip], das, 《또는》 der; -, -s [engl. tape] [방송] 녹음 테이프. **Tapedeck,** das 오디오 시스템의 녹음기 본체.

Tapergreis ['ta:pɐ-], der; -es, -e 《통용어·폄》 수족을 떠는 늙은이, 고불. **taperig** ['ta:pərɪç] 〈Adj.〉 (nordd.) 노쇠한, 허약한. **tapern** ['ta:pɐn] 〈s〉 [mniederd. tapen] (nordd.) (불안정하게) 비틀거리다, 비척거리다.

Tapet [ta'pe:t], das [lat. tepētum] 《다음 용법으로만》 **aufs T. kommen** 《통용어》 거론되다; **etw. aufs T. bringen** 《통용어》 거론하다. **Tapete** [ta'pe:tə], die; -n [lat. tapeta] 벽지(壁紙), 도배지: **die -n wechseln** 《통용어》 1) 이사하다. 2) 일자리를 바꾸다.

Tapeten-: **~bahn,** die 벽지의 폭. **~druck,** der 〈Pl. 없음〉 벽지 인쇄. **~drucker,** der 벽지 인쇄공. **~flunder,** die 《농·준고어》 빈대, 벽지에 붙은 빈대. **~kleister,** der 도배 풀. **~leiste,** die (벽지 마무리) 반자 돌림. **~muster,** das 벽지 무늬. **~rolle,** die 벽지 두루마리. **~tür,** die 벽과 동일한 벽지를 바른 문. **~wechsel,** der 《통용어》 환경의 변화(휴가, 이사, 전직(轉職) 등의).

Tapezier [tape'tsi:ɐ̯], der; -s, -e 《südd.》 ↑Tapezierer. **Tapezier-**: ~**arbeit**, die 도배(작업). ~**bürste**, die 도배(용) 솔. ~**nagel**, der (틀, 반자, 벽 장식에 사용하는) 못. ~**tisch**, der 도배 작업대(도배지를 펼처 놓는). ~**werkstatt**, die 도배실, 실내 장식 업소.

tapezieren [tape'tsi:rən] ⟨h⟩ [ital. tappezzare] 1. 도배하다, 벽 장식을 대다: 전의 die Wand war mit Fotos von beliebten Stars tapeziert 벽이 온통 인기 스타 사진으로 뒤덮여 있다. 2. ⟪österr.⟫ (쿠션 가구의) 천갈이를 하다. **Tapezierer**, der; -s, - 도배공(工). **Tapeziererwerkstatt**, die ↑Tapezierwerkstatt.

Tapezierung, die; -en a) 도배(벽장식)하기. b) 도배된 벽지, 벽장식.

Tapfe ['tapfə], die; -n, **Tapfen** ['tapfn], der; -s, - ⟨대개 Pl.⟩ ↑Fußstapfe(n).

tapfer ['tapfɐ] ⟨Adj.⟩ 1. a) 용감한, 대담한, 과감한, 용기 있는, 겁내지 않는: ein -er Soldat 용감한 군인: t. [-en] Widerstand leisten 용감하게 저항하다. b) ⟪종종 아이들의 행동과 관련하여⟫ 씩씩한, 의젓한, 기특한: eine -e Haltung 의연한[의젓한] 태도. 2. 충분한, 철저한: t. essen und trinken 든든하게 먹고 마시다. **Tapferkeit**, die; 용감함, 씩씩함, 용기있는 태도. **Tapferkeitsmedaille**, die (특별히 용기있는 행위에 대한 표창) 메달, 용감 포장⟨勇敢褒章⟩.

Tapioka [ta'pio:ka], die, **Tapiokastärke**, die, [Tupi (남미의 인디언 언어) tapioc(a)] 타피오카(마니호트 구근 추출 식용 녹말).

Tapir ['ta:pi:ɐ̯, ⟪österr.⟫ ta'pi:ɐ̯], der; -s, -e [frz. tapir < Tupi (남미의 인디언 언어) tapira] [동물] 맥(貘).

Tapisserie [tapisə'ri:], die; -[..i:ən; frz. tapisserie] 1. a) 벽에 치는 융단. b) 태페스리 직(織)(그물 바닥 위의 자수). 2. ⟪준고어⟫ 수예점.

Tapisseriegeschäft, das 태페스리 가게. **Tapisseriewaren** ⟨Pl.⟩ 태페스리 제품. **Tapisseristin** [..'rɪstɪn], die; -nen 직업 여성 자수가.

tapp! [tap] ⟨Interj.⟩ 자박자박(맨 발로 걸을 때 나는 소리).

¹**Tapp** [-], der; -(e)s, -e ⟨nordd.⟫ 가볍게 침[두드림].

²**Tapp** (-), das; -es ⟨지역적⟩ 트럼프놀이의 일종. **tappen** ['tapn] a) ⟨s⟩ 위태롭게 더듬더듬 거리며 걸어가다: 전의 in eine Falle t. 덫 안으로 더듬더듬 걸어 들어가다. b) ⟨h / s⟩ 발자국 소리를 내다. c) ⟨h⟩ 불안하게 더듬다: nach dem Schalter t. 스위치를 더듬어 찾다; **im dunkeln⟨finstern⟩ t.** 암중모색하다. **tappig** ⟨Adj.⟩ ⟨지역적⟩ ↑täppisch. **täppisch** ['tɛpɪʃ] ⟨Adj.⟩ (껌) 서투른, 어색한, 무딘, 졸렬한.

tapprig ['taprɪç], **taprig** ['ta:p...] ⟨Adj.⟩ ⟨지역적⟩ ↑taperig. **Tapptarock**, das ⟨österr.⟫ / der -s, -s ↑²Tapp. **tappse** ['tapsə], **Tapps** [taps], der; -es, -e 1. ⟨통용어·껌⟩ 서투른 사람. 2. ⟨지역적⟩ ↑¹Tapp. **tapsen** ['tapsn] ⟨h / s⟩ ⟨통용어⟩ ↑tappen (a, b). **tapsig** ['tapsɪç] ⟨Adj.⟩ ⟨통용어⟩ 서투른, 둔중한, 둔한.

Tara ['ta:ra], die; ...ren [ital. tara < arab. ṭarḥ] [상] 1. 포장(용기)의 무게. 2. 상품 포장(약어: T, Ta).

Tarantel [ta'rant!], die; -, -n [ital. tarantola] 무도거미(독거미): **wie von der⟨einer⟩ T. gestochen⟨gebissen⟩** ⟨통용어⟩ 독거미에 쏘인 듯이, 미친 듯이.

Tarantella [taran'tela], die; -s / ...llen [ital. tarantella] 타란텔라 춤(남부 이탈리아의 민속춤).

Tarbusch [tar'bu:ʃ], der; -(e)s, -e [frz. tarbouch < arab. ṭarbūš] 터키모.

tardando [tar'dando; ital. tardando < lat. tardāre] ↑ritardando.

Tardenoisien [tardənoa'ziɛː], das; -(s) [프랑스의 발견지 이름에서 유래 La Fère-en-Tardenois] (유럽 석기 시대의 한 시기인) 타르드노아 기(期) 문화.

Taren: ↑Tara 의 복수형.

Tarent [ta'rɛnt] 타란토(이탈리아 남부 항구 도시). **Tarenter**, **Tarentiner** [tarɛn'ti:nɐ], der; -s, - 타란토 시민. **tarentinisch** [tarɛn'ti:nɪʃ] ⟨Adj.⟩ 타란토(사람)의.

Target ['ta:git], das; -s, -e [물리] 물표(物標) (레이다, 소나의 빔을 반사하는 목표물).

Targum [tar'gu:m], das; -s, -e / -im [..gu'mi:m; hebr. targūm] (히브리어) 구약 성서의 아라메아어 번역본.

Tarhonya ['tarhɔnja], die [ung. tarhonya] 타르호냐 (헝가리 음식의 일종).

tarieren [ta'ri:rən] ⟨h⟩ [ital. tarare] 1. [경제] ↑Tara 를 결정하다, 포장(용기)의 무게를 달다, 견적하다. 2. [물리] 저울의 균형을 맞추다. **Tarierwaage**, die 정밀 천칭(저울).

Tarif [ta'ri:f], der; -s, -e [frz. tarif < ital. tariffa < arab. ta'rīf] 1. a) 정가(定價), 협정 요금: **die -e der Bahn**[Post] 철도(우편) 요금. b) 정가(협정 요금)표. 2. 협정 임금(급료)의 액수 및 등급, 임금률: **nach T. bezahlt werden** 협정가(정가)대로 지불되다.

tarif-, Tarif-: ~**angestellte***, der / die 협정 임금 사원. ~**autonomie**, die 자율 요금[요금] 협정권, 임금 협약의 자율권. ~**bereich**, der 협정 요금 유효 범위. ~**erhöhung**, die 임금(가료[賃率]) 인상. ~**fähig** ⟨Adj.⟩ 임금 협상 권리(자격)가 있는. ~**fähigkeit**, die 임금 협상 체결 능력(자격). ~**gebiet**, das ↑~bereich. ~**gruppe**, die ↑Lohngruppe. ~**hoheit**, die (국가의) 요금 및 가격 결정권(權). ~**kommission**, die 임금 협상 위원회. ~**konflikt**, der 임금 협상상의 갈등. ~**lohn**, der 협정 임금. ~**los** ⟨Adj.⟩ 임금(요금) 협정 없이. ~**mäßig** ⟨Adv.⟩ 임금(요금) 협정의(에 맞는). ~**ordnung**, die 임금률 규정. ~**partei**, die ⟨대개 Pl.⟩ 임금 협정 측(測). ~**partner**, der ⟨대개 Pl.⟩ 임금 협상 파트너(근로자와 사용자 관계). ~**politik**, die 임금 정책. ~**politisch** ⟨Adj.; nicht präd.⟩ 임금 정책의. ~**recht**, das ⟨Pl. 없음⟩ 임금법, 노임법. ~**rechtlich** ⟨Adj.⟩ 임금법(노임법)의. ~**rente**, die 조기(早期) 퇴직 연금(근로자가 법정 정년(停年) 이전에 자청할 수 있는). ~**runde**, die (은어) (연례) 일괄 임금 협상(교섭). ~**satz**, der. a) ↑Gebührensatz. b) (특정 요금 그룹에 유효한) 협정 임금(세율). ~**streitigkeiten** ⟨Pl.⟩ 임금 분쟁. ~**system**, das 협정 요금(임금) 체계. ~**vereinbarung**, die 임금 협정. ~**verhandlung**, die ⟨대개 Pl.⟩ 임금 (인상) 교섭(협상). ~**vertrag**, der 임금 협약. ~**vertraglich** ⟨Adj.⟩ 임금 협약의.

tarifarisch [tari'fa:rɪʃ] ⟨Adj.⟩ [frz. tarifaire] ⟨드물게⟩ ↑tariflich. **tarifieren** [..'fi:rən] ⟨h⟩ 협정률(率)을 정하다(가격, 임금, 운임, 세금 등의). **Tarifierung**, die; -en 협정률 정하기. **tarifisch** ⟨드물게⟩, **tariflich** ⟨Adj.⟩ 협정(상)의, 정가표에 따른, 임금률대로의.

Tarlatan ['tarlatan], der; -s, -e [frz. tarlatane] 얇고 빳빳한 모슬린천(무대 의상, 가장(假裝) 의상용의).

tarn-, Tarn-: ~**anstrich**, der [군] 미채(迷彩)칠, 위장용 칠. ~**anzug**, der [군] 미채복(迷彩服), 위장복. ~**bezeichnung**, die 위장(僞裝) 표기(이름). ~**farbe**, die 미채색, 위장색. ~**farben** ⟨Adj.⟩ 미채색의, 위장색의. ~**färbung**, die Schutzfärbung. ~**firma**, die 위장(유령)회사. ~**kappe**, die [신화] 요술 두건, 마법의 외투(몸을 안 보이게 하는). ~**manöver**, das 위장 공작(工作). ~**mantel**, der 위장 외투. ~**name**, der 가명, 위명(僞名), 거짓 이름. ~**netz**, das [군] 위장망(網). ~**organisation**, die 위장(僞裝) 기관(조직).

tarnen ['tarnən] ⟨h⟩ 숨기다, 위장하다: **der Spitzel hat sich als Reporter getarnt** 밀정은 기자로 위장했다; **seine Aufregung tarnte er mit einem gleichmüti-**

gen Gesicht 훔분을 그는 태연한 얼굴로 숨겼다. **Tarnung**, die; -en a) 〈Pl. 없음〉 숨기기, 위장, 차폐. b) 차폐물, 위장 용구.
Taro ['taːro], der; -s, -s [Maori (뉴질랜드 원주민어) taro] [식물] 타로 토란(동남아, 아프리카 산의).
Tarock [ta'rɔk], das 〈또는〉 der; -s, -s [ital. tarocco] a) 타록 카드 게임(셋이 하는). b) 〈남성 명사로 사용〉 이탈리아식 트럼프 카드. **tarọcken, tarockieren** [...rɔ'-kiːrən] 〈/ɪ〉 타록 게임을 하다. **Tarọckpartie**, die 타록 승부 게임 한판. **Tarọckspiel**, das 타록 게임.
Tarpan [tar'paːn], der; -s, -e [russ. tarpan] (멸종된 유럽 산) 야생마.
Tarragona [tara'goːna], der; -s, -s [동명의 스페인 도시 이름에서 유래] 타라고나 산(産) 단 포도주.
Tarsus ['tarzʊs] der; -, ...sen [griech. tarsós] **1.** a) [해부] 부골(跗骨), 발목뼈. b) [동물] 곤충의 부절(跗節). **2.** [의학] 안검 연골(眼瞼軟骨).
¹Tartan ['tartan, 〈engl.〉 'taːtən], der; -(s), -s [engl. tartan] **1.** 타탄 체크(바둑 무늬)의 모직물(스코틀랜드 산). **2.** 산지(山地) 스코틀랜드인들의 체크 무늬 케이프.
²Tartan Ⓦ ['tartan], der; -s [조어] 타탄 외장(방수 인공 수지). **Tạrtanbahn**, die 타탄 트랙(육상 경기장의). **Tạrtanbelag**, der 타탄 외장(外裝).
Tartane [tar'taːnə], die; -n [ital. tartana] 외돛의 소형 어선(지중해의).
tartareisch [tarta'raɪʃ] 〈Adj.〉 [lat. Tartareus] (교양어) 저승의, 황천의. **Tartaros, ¹Tartarus** ['tartarɔs. ...rʊs], der; - [griech. Tártaros, lat. Tartarus] (그리스신화의) 저승, 황천, 명부(冥府).
²Tartarus [-], der; - [lat. tartarum] [화학·약학] 주석(酒石). **Tartrat** [tar'traːt], das; -(e)s, -e [frz. tartrate < lat. tartarum] [화학] 주석산(酒石酸).
Tartsche ['tartʃə], die; -n [frz. targe] 문장(紋章)이 그려진 방패(중세의).
Tartüff [tar'tʏf], der; -e [frz. tartuf(f)e, J. -B. Molière의 희곡의 주인공 이름에서 유래] (교양어) 위선자, 위선적 신앙인. **Tartüfferie** [tartʏfə'riː], die; -n [...iːən; frz. tartuf(f)erie] (교양어) 위선.
Täschchen ['tɛʃçən], das; -s, - ↑ Tasche 참조. **Tasche** ['taʃə], die; -n (축소형:↑Täschchen) **1.** 가방: eine T. zum Umhängen 어깨에 메는 가방. **2.** a) 호주머니, 포켓: die -n ausleeren(umstülpen) 호주머니를 다 털다(뒤집다); die Hände aus den -n nehmen(in die -n stecken) 손을 호주머니에서 빼다(호주머니에 넣다); 성구 faß mal einen nackten Mann in die T. (통용어·농) 빈털털이한테서 돈을 받을 수야 없지; jmdm. die -n leeren (통용어) 누구의 돈을 (몰래) 빼내다; sich³ die eigenen -n füllen (통용어·농) 사복(私腹)을 채우다; jmdm. die -n füllen (통용어) 누가 불법적으로 착복하는 것을 돕다; **etw. wie seine (eigene) T. kennen** (통용어) 무엇을 제 주머니 속처럼 휜히 알다; jmdm. auf der T. liegen (통용어) 누구의 부양을 받고 있다; etw. aus eigener(der eigenen) T. bezahlen 무엇을 스스로(자기 돈으로) 지불하다; jmdm. etw. aus der T. ziehen (통용어) 무엇을 누구에게서 (몰래) 빼내다; **(für etw. tief) in die T. greifen (müssen)** (통용어) 무엇에 대해서) 돈을 많이 지불(해야) 하다; **etw. in die eigene T. stecken** (통용어) 무엇(금액)을 착복하다; **in die eigene T. arbeiten[wirtschaften]** (통용어) 부당이득을 취하다; jmdm. in die[in jmds.] T. arbeiten[wirtschaften] (통용어) 누가 부당이득을 취하게끔 해 주다; **in jmds. T. [-n] wandern [fließen]** (통용어) 누구의 호주머니 속으로 흘러들다; jmdn. in die T. stecken (통용어) 누구보다는 훨씬

상수(上手)이다; **sich selbst in die[sich in die eigene] T. lügen** (통용어) 자신을 속이다; **etw. in der T. haben** (통용어) 1) 확실하게 얻을 것이다. 2) 무엇을 소유하고 있다; **jmdn. in der T. haben** (통용어) 누가 수중에 들어 있다. b) 주머니. **3.** 주머니[자루] 모양의 것. **4.** [요리] (주머니형의) 만두피(皮). **5.** [사냥] ↑Schnalle (3). **Täschelkraut** ['tɛʃl-], das; -(e)s ↑Pfennigkraut (1). **Tạschelzieher** ['taʃl-], der; -s, - 〈österr.·통용어〉 소매치기, 좀도둑.
Tạschen-: ~**ausgabe**, die 문고본(本)판. ~**billard**, das 〈농〉 손장난(바지 호주머니에 손을 넣은 채 〈자신의 남성〉 생식기를 만지작거리는). ~**buch**, das **1.** 문고본(本), 포켓판의 책. **2.** (호주머니에 넣고 다니는) 메모 수첩. ~**buchladen**, der 문고본 전문〈취급〉 서점. ~**buchreihe**, die 문고본 시리즈. ~**dieb**, der 소매치기, 좀도둑. ~**diebstahl**, der 소매치기(행위). ~**fahrplan**, der (휴대용) 열차 시간표. ~**feitel**, der 〈österr.·통용어·südd.〉 ↑Feitel. ~**feuerzeug**, das 〈드물게〉 휴대용 라이터. ~**flasche**, die 포켓형 (술)병. ~**format**, das 포켓형 책자, 소형 책자: ein Wörterbuch im T. 포켓형 사전; 전의 er ist ein Casanova im T. (통용어·농) 그는 축소판 카사노바이다. ~**futter**, das [섬유] 포켓 안감. ~**geld**, das 용돈. ~**inhalt**, der 호주머니 내용물. ~**kalender**, der 포켓형 달력. ~**kamm**, der 포켓 빗. ~**klappe**, die **1.** 호주머니 뚜껑. **2.** [해부] ↑Semilunarklappe. ~**krebs**, der 물거지과에 속하는 게의 일종. ~**lampe**, die 회중 전등. ~**lexikon**, das 포켓형 백과사전. ~**messer**, das 호주머니 칼. ~**packung**, die 〈주로 (휴대용) 포켓형〉 포장. ~**patte**, die (전문어) ↑~klappe (1). ~**rechner**, der 포켓형 전자 계산기. ~**schirm**, der 휴대용 접는 우산. ~**spiegel**, der 호주머니 손거울. ~**spieler**, der (준 고어〉 마술사. ~**spielerei**, die ↑~spielerkunststück. ~**spielerkunststück**, das 요술, 마술, 요술쟁이의 눈속임. ~**spielertrick**, der (俗) 요술, 눈속임. ~**träger**, der 〈스포츠·정치 은어〉 (자전거 경기에서) 물 나르는 사람, (축구 경기에서) 어시스트하는 사람, (정치 등에서) 가방이나 다른 심부름꾼, 실권 없는 사람. ~**tuch**, das 〈Pl. ...tücher〉 손수건. ~**uhr**, die 회중시계. ~**veitel**, der 〈österr.·통용어·südd.〉 휴대용 칼, 접 칼, 재크 나이프. ~**wörterbuch**, das 포켓형 사전, 소사전.
Tạscherl ['taʃɐl], das; -s, -n 〈österr.〉 [요리] 잼 등으로 채운 파이. **Taschner** ['taʃnɐ], der; -s, - 〈österr., südd.〉 ↑Täschner.
Täschner ['tɛʃnɐ], der; -s, - 가방 제조인. **Täschnerware**, die 〈대개 Pl.〉 가방 제품, 가방지.
Tasmanien [tas'maːniən], -s -s (오스트레일리아의) 태즈매니아 군도(群島). **Tasmanier**, der; -s, - 태즈매니아 인. **tasmanisch** 〈Adj.〉 태즈매니아 (인)의.
TASS, [ta-s, (russ.) tass], die (구소련의) 타스 통신 (Telegrafnoe Agentstvo Sovetskogo Sojuza).
Täßchen ['tɛsçən], das; -s, - ↑Tasse 참조. **Tasse** ['tasə], die; -n 〈축소형: ↑Täßchen〉 [frz. tasse < arab. tās(a) < pers. täšt] **1.** a) 잔(차, 커피용의): eine T. (starker) Kaffee (진한) 커피 한 잔; nehmen Sie noch ein Täßchen? 조금 더 따라드릴까요?; aus einer T. trinken [찻]잔으로 마시다; jmdn. zu einer Tee einladen 누구를 차 마시러 가자고 청하다; 성구 hoch die -n! (함께 들어) 건배!; 성구 **trübe T.** (통용어·폄·욕) 티미한 녀석, 덜떨어진 인간. b) 한 세트의 잔(잔과 밑받침); **nicht alle -n im Schrank[Spind] haben** (통용어) 제 정신(정상)이 아니다. **2.** 〈österr.〉 쟁반.
tạssen-, Tạssen-: ~fertig 〈Adj.〉 컵에 뜨거운 물만

부으면 되는(인스턴트 식품 따위가), 컵포장이 된, 즉석의. ~henkel, der 찻잔 손잡이. ~kopf, der 《드물게》 찻잔(밑받침 접시 위에 놓이는). ~rand, der 찻잔 가장자리.

Tast-: ~empfindung, die 촉감, 감각각. ~haar, das a) [동물] 촉모(觸毛). b) [식물] 촉모. ~körperchen, das [생리] 촉(각) 소체(小體). ~organ, das ↑~sinnesorgan. ~raum, der 《전문어》 촉감 공간[영역]. ~sinn, der (Pl. 없음) 촉각(觸角). ~sinnesorgan, das 촉각 기관. ~versuch, der 신중한 접근. ~wahl, die (Pl. 없음) [전화] 번호 누르기, 전화걸기(전자식 전화기의). ~wahlapparat, der [전화] 전자식 전화기(번호를 누르는). ~werkzeug, das ↑~organ. ~zentrum, das [생리] 촉각 중추. ~zirkel, der [기술] ↑Taster (6).

Tastatur [tasta'tuːɐ], die; -en [ital. tastatura] a) (피아노 따위의) 건반. b) 키보드(타이프라이터, 계산기 따위의).

tastbar ['tastbaːɐ] 〈Adj.〉 [의학] 촉각으로 인지할 수 있는, 감지(感知)할 수 있는, 손으로 만질 수 있는. Taste ['tastə], die; -n [ital. tasto <lat. taxāre] 1. a) 건반(피아노 따위의): (mächtig) in die -n greifen (격정적으로) 피아노를 연주하다. b) (피아노 따위의) 페달. 2. 누름 단추, 버튼, 키: eine T. drücken 키를 누르다.

tasten ['tastn̩] 〈h〉 [ital. tastare] 1. a) 손으로 더듬다, 만져 보다: tastende (vorfühlende) Fragen 넌즈시 알아보는(속을 떠보는) 질문. b) 더듬어 찾다: nach dem Lichtschalter t. 전기 스위치를 더듬어 찾다. c) 더듬어 알다, 촉지(觸知)하다, 확진하다. 2. 〈t. + sich〉 더듬어 나아가다: er tastete sich über den dunklen Flur 그는 어두운 마루를 더듬더듬 건너갔다. 3. 〈전문어〉 a) 키보드 가 있는 기계를 사용하다. b) (글, 숫자 등을) 키로 치다, 입력하다: einen Funkspruch t. 무선 통신을 치다.

Tasten-: ~druck, der 〈Pl. 없음〉 건반(키) 누르기. ~fernsprecher, der ↑~telefon. ~instrument, das 건반 악기. ~löwe, der 《통용어·농》 ↑~künstler. ~künstler, der 《농》 건반 악기 주자(奏者), (특히) 피아니스트. ~satz, der [전기] 키 한 벌(세트), 서로 관련이 있는 키의 숫자. ~schoner, der 건반 덮개(보호용). ~telefon, das 전자식 전화기(번호를 누르는).

Taster, der; -s, - 1. [동물] 촉각 기관, 촉모(觸毛), 촉수(觸手). 2. [기술] 탐조 장치, 주사(走査) 장치. 3. [기술] 키보드를 이용하는 기계(예컨대: Setzmaschine). 4. 〈전문어〉 키보드가 달린 기계를 쓰는 사람. 5. 키, 누름쇠. 6. [기술] 측경기(測徑器). 7. [기술] ↑Meßfühler.

tat [taːt] ↑tun 참조. Tat [-], die; -en 1. a) 행위, 행동, 실행, 이행: er ist ein Mann der T. 그는 행동파이다; jmdm. mit Wort und T. beistehen 누구에게 조언, 조력하다; etw. in die T. umsetzen 무엇을 실행에 옮기다. b) 행위, 업적, 행동한 것: eine gute T. vollbringen 위업을 완수하다; [성구] das ist eine T.! 《통용어》 그것은 매우 칭찬할 만한 행위이다! c) 범행, 범죄: eine T. begehen 범죄를 저지르다[범행하다]; er ist der T. verdächtig 그는 범죄 혐의가 있다; jmdn. auf frischer T. ertappen 누구를 [범행]현장에서 붙잡다. 2. in der T. 실제로.

tat-, Tat-: ~ablauf, der ↑~hergang. ~bericht, der 사건의 경과 보고. ~bestand, der 1. 사실의 내용(상황), 사실, 사태. 2. [법] [범죄의] 사실 구성 요건. ~bestandsaufnahme, die 《격식 독어》 사실 구성 요건 조서 작성. ~beteiligung, die [법] 범행에의 관여. ~einheit, die (Pl. 없음) [법] 일행위(一行爲) 수범(數犯)(하나의 행위가 두 개의 형법에 위배되는), 관념적(상상적) 경합범. ~fahrzeug, das 범행에 쓰인 차량. ~form, die [언어] ↑¹Aktiv. ~froh 〈Adj.〉 《준고어》 ↑tatenfroh. ~geschehen, das 사실[범죄 행위]의 발생. ~hergang, der 사실[범죄 행위]의 경과. ~kraft, die 활동력, 행동력, 실행력, 추진력, 정력, 원기. ~kräftig 〈Adj.〉 a) 활동력[행동력] 있는, 정력적인. b) 실행력[추진력] 있는, 적극적인. ~mehrheit, die 《Pl. 없음》 [법] 수행위(數行爲) 일형벌(一刑罰), 병합범, 실질적 경합범. ~mensch, der (성급한) 행동형의 인간, 행동적인 사람. ~motiv, das 행위의 동기(動機). ~ort, der 〈pl. -e〉 범행 장소. ~sache, die 사실: nackte -n 1) 적나라한 사실. 2) 《농》 벗은 신체(부분); es ist (eine) T., daß ... …은 사실이다; T.! 《통용어》 정말이야!; T.? 《통용어》 정말이야?; sich auf den Boden der -n stellen 사실에 입각하다; vollendete -n schaffen 기정 사실화하다; den -n ins Auge sehen 사실을 직시하다; jmdn. vor die vollendete T. [vor vollendete -n] stellen 누구를 기정 사실에 직면시키다; vor vollendeten -n stehen 기정 사실에 직면하다. ~sachenbericht, der 사실 보고[보도], 르포르타즈. ~sachenentscheidung, die [스포츠] 사실 심판(판결). ~sachenkenntnis, die 사실에 관한 지식. ~sachensinn, der 〈Pl. 없음〉 《드물게》 ↑Realitätssinn. ~sachenwissen, das ↑Faktenwissen. ~sächlich [《또한》 -'---] 〈Adj.〉 실제의, 사실의, 현실의, 확실한: der -e Grund ist ein ganz anderer 진짜 이유는 전혀 다른 것이다; ist das t. wahr? 그것이 정말 사실인가?; t.? 정말이야?; t.! 정말이야! ~sächlichkeit [《또한》 -'---], die 〈Pl. 없음〉 사실성. ~umstand, der (범행과 관련된) 정황, 간접 증거. ~verdacht, der (범행)혐의: er steht unter T. 그는 (범행) 혐의를 받고 있다. ~verdächtig 〈Adj〉 (범행) 혐의를 받고 있는. ~verdächtige*, der/die 범행 용의자. ~waffe, die 범행에 사용된 무기. ~zeit, die 범행 시간. ~zeuge, der 범행의 증인.

¹Tatar [ta'taːɐ], der; -en, -en 타타르 사람.
²Tatar [ta'taːɐ], das; -s, Tatarbeefsteak, das; -s [식사용 고기를 말 안장 밑에 넣고 달려 부드럽게 했다는 몽고계 타타르 족 이름에서 유래] (계란노른자, 양파 따위로 양념한) 다진 생고기. Tatarei [tata'raɪ], die 타타르(카스피 해와 몽골 사이에 위치한 타타르 인의 고향). Tatarennachricht, die; -en [크리미아 전쟁 때에 한 타타르 인 기병이 전한 Sebastopol 함락의 허보에서] 허보(虛報), 신빙성 없는 (충격의) 소식. Tatarensoße, die; -n [frz. sauce tatare] [요리] 타타르 소스(난황, 오이, 양념을 기름과 섞은 것). tatarisch [ta'taːrɪʃ] 〈Adj.〉 타타르[사람]의. Tatarisch, das; -(s) / 〈정관사와 함께〉 Tatarische, das; -n 타타르 어(語).

tatauieren [tatau'iːrən] 〈h〉 [polynes. tatau] [인종] ↑tätowieren.

täte ['tɛːtə] ↑tun 참조.

taten-, Taten-: ~drang, der 〈Pl. 없음〉 활동욕, 작업 촉박(促迫). ~durst, der (아이) (강한) 활동욕, 사업욕(事業慾), 공명심: er brennt (innerlich) vor T. 그는 (내적으로) 활동욕에 불타고 있다. ~durstig 〈Adj.〉 (아이) 사업(활동)욕이 왕성한, 공명심에 찬. ~froh 〈Adj.〉 《드물게》 활동을 즐기는, 활동적인. ~los 〈Adj.〉 무위(無爲)의, 방관적인: t. zusehen 수수방관하다. ~losigkeit, die 〈Pl. 없음〉 무위. ~lust, die 활동욕. ~lustig 〈Adj.〉 《드물게》 활동욕에 찬, 활동하고 싶어하는.

Täter ['tɛːtɐ], der; -s, - 범인: die Polizei hat von den -n noch keine Spur 경찰은 아직 범인을 찾지 못하고 있다. -täter [-tɛːtɐ], der; -s, - ("행위자"를 뜻하는 복합어로서, 예컨대) Ersttäter 초범.

Täter-: ~beschreibung, die 범인의 인상착의(묘사).

~gruppe, die ↑~kreis. ~kreis, der 범인 일당.
Täterin, die; -nen ↑Täter의 여성형. **Täterschaft,** die; -en 1. 〈Pl. 없음〉 범인임, 정범(正犯): seine T. ist erwiesen 그가 범인임이 증명되었다. 2. 〈schweiz.〉 범행 가담자 전원. **tätig** ['tɛːtɪç] 〈Adj.〉 1. 〈sein과 결합하여〉 a) 종사하는, 근무하는: als Lehrer t. sein 교사로 재직 중임; er ist in einer Bank[für eine ausländische Firma] t. 그는 은행[외국 회사]에 근무하고 있다. b) 일하고 있는, 활동 중인: [전의] der Vulkan ist noch t. 그 화산은 지금도 활화산이다; **t. werden** [관] 행동을 개시하다, 개입하다. 2. 활동적인, 활발한: heute war ich sehr t. 〈농〉 오늘은 일을 많이 했다. 3 행동으로 보여 주는, 적극적으로 행동하는: -e Mitarbeit[Unterstützung] 적극적인 협력[지지/지원]. **tätigen** ['tɛːtɪɡn̩] 〈h〉 〈상・격식 독어〉 (계약 등의 상행위를) 행하다, 이행하다, 체결하다: einen Kauf t. 구매하다; eine Bestellung t. 주문하다. **Tätigkeit,** die; -en 1. a) 활동, 일: die Firma entfaltet auch im Ausland eine rege T. 그 회사는 외국에서도 활발한 활동을 벌이고 있다; das gehört alles zu den -en einer Hausfrau 그것은 모두 주부가 해야 하는 일이다. b) 업무, 직업 활동, 일: nach zweijähriger T. als Lehrer 선생으로 2년 재직한 뒤. 2. 〈Pl. 없음〉 작동, 운전 (기계, 장치 따위의): die Maschine ist in(außer) T. 기계가 작동(휴무) 중이다; der Vulkan ist in T. getreten 화산이 분출했다. **-tätigkeit** [-tɛːtɪçkajt], die; -: 〈다음의 복합어로서 활동, 활약, 진행 등을 표시함, 예컨대〉 Bau-, Gewitter-, Kampf-, Störungstätigkeit.
Tätigkeits-: ~**bereich,** der 활동 범위(영역). ~**bericht,** der 활동 보고, 경과 보고. ~**drang,** der 활동(행동)욕. ~**feld,** das 활동 영역, 활동의 장(場). ~**form,** die 〈언어〉 ↑Aktiv. ~**gebiet,** das 활동 분야(영역). ~**merkmal,** das 업무의 특성. ~**verb,** das 〈언어〉 ↑ Handlungsverb. ~**wort,** das 〈언어〉 ↑ Verb.
Tätigung, die; -en 〈상・격식 독어〉 실행, 업무, (계약의) 체결. **tätlich** ['tɛːtlɪç] 〈Adj.〉 [niederd. dātlīk] 완력의, 폭력의, 구체적인, 실제의: jmdn. t. angreifen 누구에게 폭력을 가하다, 손찌검하다. **Tätlichkeit,** die; -en (대개 Pl.) 폭행, 폭력 행위, 구타, 격투: es kam zu -en. 폭력 사태에 이르렀다.
tätowieren [tɛto'viːrən] 〈h〉 [engl. to tattoo, frz. tatouer] a) 문신(文身)하다, 문신을 새기다. b) jmdn. [jmds. Hand] t. 누구에게[누구의 팔뚝에] 문신을 새겨 주다. c) 문신으로 모양을 새겨 넣다: jmdm. eine Rose auf den Arm t. 누구의 팔뚝에 장미 모양의 문신을 해 주다. **Tätowierer,** der; -s, - 문신사, 문신 새겨 주는 사람. **Tätowierung,** die; -en 1. 문신하기. 2. 문신으로 그린 그림(형상).
Tatra ['tatra], die 타트라 고원(카르파텐 산맥의).
Tätsch [tɛtʃ], der; -(e)s, -e 〈지역적〉 a) 죽. b) 부침개 (특히 젬멜 케이크). **Tatsche** ['tatʃə], die; -n 〈지역적〉 1. 손. 2. 가볍게 두드림, 만짐. **tätscheln** ['tɛtʃl̩n] 〈h〉 〈애무하듯〉 토닥이다, 쓰다듬다, 가볍게 치다: er tätschelte dem Pferd den Hals 말의 목덜미를 가볍게 쳤다. **tatschen** ['tatʃn̩] 〈h〉 〈↑tätschen의 병용형〉 〈통용어・폄〉 〈난폭하게〉 손을 대다, 덥썩 잡다. **tätschen** ['tɛtʃn̩] 〈h〉 〈지역적〉 ↑ tatschen.
Tatschkerl ['tatʃkɐl], das; -s, -n 〈österr.〉 ↑ Tascherl.
Tattedl: ↑Thaddädl.
Tattergreis ['tatɐ-], der; -es, -e 〈통용어・폄〉 수족을 떠는 늙은이. **Tatterich** ['tatərɪç], der; -s 〈통용어〉〈알코올 중독으로 인한〉 손의 떨림. **tatterig,** tattrig ['tat(ə)rɪç] 〈통용어〉 a) zitterig: mit -en Bewegungen 떨리는 동작으로. b) (노령으로) 몸을 떠는, 불안한: 정한: ein -er Greis 몸을 떠는 늙은이. **Tatterigkeit, Tattrigkeit,** die 〈통용어〉 ↑tatterig의 명사형. **tattern** ['tatɐn] 〈h〉 〈통용어〉 (전신을) 떨다.
Tattersall ['tatɐzal, (engl.) 'tætəsɔːl], der; -s, -s [engl. Tattersall's (horse market) 런던에 말 시장을 창설한 영국 마구간 관리장 R. Tattersall의 이름에서 유래] a) 말 시장. b) 마장(馬場).
Tattoo [tɛ'tuː], das; -(s), -s [engl. tattoo, 〈고어〉 taptoo < niederl. taptoe] 소등(消燈) 신호, 귀영(歸營) 신호.
tattrig: ↑tatterig.
tatütata! [ta'tyːtaˈtaː] 〈Interj.〉 뚜뚜, 빵빵(경적 소리를 나타내는 의성어).
Tätzchen ['tɛtsçən], das; -s, - ↑ Tatze 참조. **Tatze** ['tatsə], die; -n 〈축소형: ↑Tätzchen〉 1. (동물의) 앞발. 2. 〈통용어・감정 혹은 폄〉 넓적하고 억센 손. 3. 〈지역적〉 (벌로) 손바닥 때리기.
Tatzelwurm, Tazzelwurm ['tats-]-, der; -(e)s [민속] 알프스 산 중에서 산다는 전설적인 괴물, 용(龍).
¹Tau [tau], der; -(e)s 이슬: es ist T. gefallen (아어) 이슬이 내렸다; **T. treten** 맨발로 이슬 젖은 풀밭을 걷다(↑ Tautreten 참조); **vor T. und Tag** 〈시어〉 첫 새벽에.
²Tau [-], das; -(e)s, -e [Niederd. tou(we)] 밧줄, 닻줄: ein T. auswerfen 닻줄을 던지다; am T. klettern 밧줄을 타고 오르다(체조에서).
³Tau [-], das; -(s), -s [griech. taũ] 그리스 문자의 19번째 자모(T, τ).
tau-, ¹Tau- (¹Tau): ~**benetzt** 〈Adj.〉 〈아어〉 이슬 젖은. ~**feucht** 〈Adj.〉 이슬 젖은, 이슬로 축축한. ~**fliege,** die 초파리. ~**frisch** 〈Adj.〉 a) 이슬에 젖은 싱싱한 모습의. b) 싱싱한, 아주 신선한. ~**naß** 〈Adj.〉 이슬로 축축한. ~**punkt,** der (물리) 이슬점, 노점(露點). ~**treten,** das; -s 맨발로 이슬 젖은 풀밭 걷기(건강을 위하여). ~**tropfen,** der 이슬 방울. ~**wurm,** der ↑ Regenwurm.
²Tau- (²Tau): ~**ende,** das 1. 밧줄 끝. 2. 밧줄 뭉치. ~**klettern,** das; -s 〈체조〉 밧줄타기. ~**werk,** das 〈Pl. 없음〉 1. (재료로서나 그 재질과 연관해) 밧줄: geschmeidiges T. 유연한 밧줄. 2. 삭구(索具). ~**ziehen,** das; -s 줄다리기: [전의] das T. (Hin und Her) um die Gewährung der Zuschüsse ist zu Ende 보조금의 승인에 관한 줄다리기가 끝났다.
³Tau- (²tauen): ~**wasser,** das 〈Pl. -wasser〉 (눈이나 얼음이) 녹은 물. ~**wetter,** das 눈을 녹이는 날씨, 해동하는 날씨: [전의] er hoffe aber auf ein T. in der „Sowjetzone" 그러나 그는 "소련" 지역에서의 긴장 완화를 희망했다. ~**wetterperiode,** die 해빙기. ~**wind,** der (얼음이 녹는 날씨에 부는) 따스한 바람.
taub [taup] 〈Adj.〉 1. 귀머거리의, 귀가 먹은: auf einem Ohr t. sein 한 쪽이 귀머거리다; bist du denn t.? 〈통용어〉 도대체 너는 아무것도 안 들리느냐?; auf diesem Ohr ist er t. 〈통용어・농〉 이 문제에 관해서는 그는 들을채도 하지 않는다; er war t. für(gegen) alle Bitten 그는 모든 청을 들으려 하지 않았다. 2. 무감각한, 마비된: mit vor Kälte -en Fingern 추위 때문에 감각이 없어진 손가락으로. 3. 빈, 있어야 될 성분이 없는, 열매가 없는; 흐릿한, 광택 없는: eine -e Nuß 알맹이가 없는 호두; eine -e Ähre 쭉정이; ein -es Vogelei 새의 무정란(無精卵); -es Gestein 광석이 없는 암석, 폐석(廢石); der Pfeffer ist[schmeckt] t. 후추가 향이 나간다.
taub-, Taub-: ~**blind** 〈Adj.〉 〈드물게〉 농맹(聾盲)의. ~**blinde***, der / die 〈드물게〉 농맹자. ~**blindheit,** die 〈드물게〉 농맹. ~**nessel,** die (식물) 광대수염. ~**stumm** 〈Adj.〉 농아(聾啞)의. ~**stumme***, der / die 농아자. ~**stummenanstalt,** die 농아자 수용 시

설. ~**stummenlehrer**, der 농아 교사. ~**stummenschule**, die 농아 학교. ~**stummensprache**, die 〈농아자용〉수화(手話). ~**stummenunterricht**, der 농아 교육. ~**stummheit**, die 농아.

Täubchen ['tɔypçən], das; -s, -1. ↑¹Taube 참조. 2. 여자애인의 애칭. ¹**Taube** ['taubə], die; -n 〈축소형: ↑ Täubchen〉 1. a) 비둘기: sie ist sanft wie eine T. 그 여자는 비둘기처럼 온화하다; 성구 die gebratenen -n fliegen einem nicht ins Maul 〈통용어〉호박이 넝쿨째 굴러 떨어지지는 않는다. b) 【사냥】 암비둘기. 2. 〈대개 Pl.〉온건파, 비둘기파(반대: Falke 2).
²**Taube'** [-], der / die; -n, -n 귀머거리.

tauben-, Tauben- (¹Taube): ~**art**, die 비둘기속(屬). ~**blau** 〈Adj.〉연한 청회색의, 비둘기 색깔의. ~**dreck**, der 《통용어》 ↑ ~kot. ~**dung**, der 비둘기 똥 거름. ~**ei**, das 비둘기 알. ~**größ** 〈Adj.〉비둘기 알 크기의. ~**grau** 〈Adj.〉연한 청회색의. ~**haus**, das ↑ ~schlag. ~**kobel**, der 《südd., österr.》 ↑ ~schlag. ~**kot**, der 비둘기 똥. ~**mist**, der ↑ ~kot. ~**nest**, das 비둘기 장. ~**post**, die 비둘기 통신. ~**rasse**, die ↑ ~art. ~**schießen**, das; -s 비둘기 사냥. ~**schlag**, der 비둘기 장; 성구 bei ihm geht es (zu) wie im T. 《통용어》 그의 집엔 사람의 왕래가 그치지 않는다. ~**stößer**, der 〈드물게〉↑Wanderfalke. ~**zucht**, die 비둘기 사육(飼育). ~**züchter**, der 비둘기 사육자.

Tauber ['taubɐ], **Täuber** ['tɔybɐ], der; -s, -, **Tauberich** ['taubərɪç], **Täuberich** [tɔybərɪç], der; -s, -e [↑Enterich의 유동형] 수비둘기.

Taubheit, die 귀가 먹음, 무감각, 마비.

Täubin ['tɔybɪn], die; -nen 암비둘기.

Täubling ['tɔyblɪŋ], der; -s, -e 【식물】 들싸리버섯(독버섯의 일종).

tauch-, Tauch-: ~**boot**, das 잠수정(潜水艇). ~**ente**, die 〔동물〕흰쭉지오리(물오리과). ~**fähig** 〈Adj.〉잠수할 수 있는. ~**fähigkeit**, die 〈Pl. 없음〉↑ ~fähig 의 명사형. ~**fahrt**, die 〈Pl. 없음〉잠수 항해. ~**gang**, der 〔잠수부의〕잠수·부상(浮上)과정. ~**gerät**, das 잠수 장비. ~**klar** 〈Adj.〉〔선원〕잠수 준비가 완료된. ~**kugel**, die 〔심해 조사용〕잠수구(潜水球), 구형잠수기. ~**lackieren**, das; -s 〔기술〕락크에 담그어 락크 칠하기. ~**manöver**, das 〔잠수함의〕잠항작전. ~**panzer**, der 철갑 잠수복. ~**retter**, der 잠수함 탈출 구명 용구. ~**sieder**, der 수중 전열 히터. ~**sport**, der 스킨 다이빙. ~**station**, die 〔잠수함 탑승원의〕잠수 시의 위치, 잠수배치: **auf T. gehen** 〈통용어〉은둔하다. ~**tank**, der 〔잠수함의〕주배수용(注排水用) 탱크. ~**tiefe**, die 1. 잠수심도. 2. 【항해】↑ Tiefgang. ~**verfahren**, das 〔기술〕elektrophoretische T. 전기영동(泳動)식 담그기 처리.

tauchen ['tauxn] 1. a) 〈h / s〉 물 속으로 수영하다, 잠영(潛泳)하다: wir haben[sind] mehrmals getaucht, haben das Armband aber nicht gefunden 우리는 여러번 물 속에 들어갔으나, 팔찌를 찾지 못했다. b) 〈s〉 잠수(潜水)하다: das U-Boot ist auf den Grund des Meeres getaucht 잠수함은 해저(海底)까지 잠수했다. c) 〈h / s〉 잠영하며 찾다: er taucht nach Schwämmen 그는 잠영하면서 해면(海綿)을 찾는다. d) 〈h / s〉 물 속으로 가라앉았, 자태를 감추다: 전의 die Sonne taucht unter den Horizont 태양이 지평선 너머로 사라진다. 2. a) 〈h〉〔물이나 액체 속에〕 잠그다, 가라앉히다, 담그다: er taucht den Pinsel in die Farbe 그는 물감 속에 붓을 담근다; die Landschaft war in dichten Nebel getaucht 〔아이〕 전원 풍경은 짙은 안개 속으로 사라졌다. b) 〈h〉 강제로 물 속에 담그다: sie haben ihn ins [unter] Was-ser getaucht 그들은 그를 물 속에 처박았다. c) 〔무엇 속으로〕 들어가다, 사라지다; 떠오르다, 솟아 나오다: aus dem Wasser t. 물 속에서 떠오르다; 전의 er tauchte ins Dunkel des Gartens 그는 정원의 어둠 속으로 사라졌다; eine Insel taucht aus dem Meer 〔아이〕섬이 바다에서 서서히 모습을 드러낸다. **Taucher**, der; -s, -1. 잠수부, 잠수자. 2. 아비(阿比)〔물새의 일종〕.

Taucher-: ~**anzug**, der 잠수복. ~**ausrüstung**, die 잠수 장비. ~**brille**, die 잠수경, 수경. ~**glocke**, die 〔수중 작업용 종 모양의〕잠수(潜水器). ~**helm**, der 잠수모. ~**krankheit**, die ↑Caissonkrankheit. ~**kugel**, die ↑Tauchkugel. ~**maske**, die ↑ ~brille. ~**uhr**, die 잠수용 시계.

Taucherin ['tauχərɪn], die; -nen ↑Taucher (1)의 여성형.
¹**tauen** ['tauən] 〈비인칭; h〉 〔드물게〕이슬이 내리다: es hat (stark) getaut 이슬이 (흠뻑) 내렸다.
²**tauen** [-] 1. a) 〈비인칭; h〉 해동 날씨다, 날씨가 풀리다: seit gestern taut es 어제부터 날씨가 풀리고 있다. b) 〈s〉〔언 것이〕녹다: der Schnee ist von der Straße getaut 눈이 길에서 녹았다. c) 〈비인칭; h〉〔눈, 얼음 녹은 물이〕흘러내리다: es taut von den Dächern 지붕에서 눈〔얼음〕이 녹아 내린다. 2. 〈h〉〔눈, 얼음을〕녹이다: die Sonne hat den Schnee getaut 햇볕에 눈이 녹았다.
³**tauen** [-] 〈h〉〔nordd.〕 밧줄 등으로〔배〕 끌다: der Schlepper taut das Schiff aus dem Hafen 예인선(曳引船)이 항구에서 선박을 예인한다. **Tauer**, der; -s, - 《전문어》 예인선. **Tauerei** [tauə'rai], die 〔전문어〕 예선(曳船) 항행.

Tauern ['tauɐn] 〈Pl.; 항상 관사와 함께〉동 알프스의 산맥 이름.

Tauf-: ~**akt**, der 세례식, 영세식; 명명식. ~**becken**, das ↑ ~stein. ~**bekenntnis**, das 세례식에서의 신앙고백. ~**brunnen**, der 〈고어〉↑ ~stein. ~**buch**, das ↑ ~register. ~**formel**, die 세례 의식사(儀式辭)〔세례자가 하는 말〕. ~**gebühr**, die 세례 사례금. ~**gelübde**, das 세례 때의 선서. ~**geschenk**, das 세례 받는 사람에게 주는 선물. ~**gesinnte'**, der / die 〈드물게〉메노 일파의 교도(敎徒)〔기독교 재세례파의 한파〕. ~**kapelle**, die 세례당(堂). ~**kerze**, die 세례식용 초. ~**kirche**, die 세례 성당, 세례당. ~**kissen**, das 세례용 강보(襁褓). ~**kleid**, das 〔어린이에게 입히는〕세례복. ~**matrikel**, die 〔österr.·관〕↑ ~register. ~**name**, der 세례명. ~**pate**, der 대부. ~**patin**, die 대모. ~**register**, das 세례명부. ~**ritual**, das, ~**ritus**, der 세례식. ~**schale**, die 세례반(盤). ~**schein**, der 세례증서. ~**scheinchrist**, der 〔폄〕엉터리 신자. ~**stein**, der 세례반. ~**versprechen**, das ↑ ~bekenntnis. ~**wasser**, das 〈Pl. 없음〉세례용 성수. ~**zeuge**, der 세례 입회인〔대부〕. ~**zeugnis**, das ↑ ~schein.

Taufe ['taufə], die; -n 1. a) 〈Pl. 없음〉【기독교】 침례, 세례, 영세: die T. empfangen 세례〔영세〕를 받다. b) 【기독교】 세례〔영세〕식: eine T. vornehmen[an jmdm. die T. vollziehen] 〈누구에게〉세례를 베풀다; **jmdn. über die T. halten**【준고어】 aus der T. heben 누구의 세례에 입회하다〔대부/대모〕가 되다〕; **etw. aus der T. heben** 〈통용어〉창설〔창립〕하다. 2. 명명식, 봉납〔헌납〕식, 〔배의〕진수식: ich war gestern bei der T. der "Bremen" 나는 어제 "브레멘 호"의 진수식에 참석했다. **taufen** ['taufn] 〈h〉 1. 누구에게 세례〔영세〕를 주다: sich t. lassen 세례를 받다〔영세하다〕; ein getaufter Jude 〔기독교도로〕개종한 유태인; 전의 der Wirt hat den Wein getauft 〈통용어·농〉술집 주인이 포도주에 물을 탔다; der Wolkenbruch sind wir ganz schön getauft worden 〈통용어·농〉억수 같은 소나기에 우리는 흠뻑 젖었다. 2. a) 〈세례 때〉명명(命名)

하다: er wurde nach seinem Großvater Hermann getauft 그는 할아버지의 이름을 따서 헤르만이라고 명명되었다. **b)** (사람이나 동물, 물건 등에) 이름을 지어 주다: seinen Hund „Waldi" t. 그의 개를 "발디"라고 이름 붙이다. **c)** 명명식(봉납식, 진수식)을 거행하다: ein Schiff t. 배의 진수식을 거행하다. **Täufer** ['tɔyfɐ], der; -s, - **1.** 세례를 베푸는 사람. **2.** 재세례론자(再洗禮論者).
Täufling ['tɔyflɪŋ], der; -s, -e 세례 받는 사람.

taugen ['taugn̩] ⟨h⟩ **a)** 쓸모있다, 유용하다, 적합하다: er taugt nicht zu schwerer Arbeit[für schwere Arbeit] 그는 힘든 일에는 적합하지 않다. **b)** 일정한 품질이나 가치, 유용성을 가지고 있다: das Messer taugt nichts 그 칼은 전혀 쓸모가 없다; taugt er denn etwas? 도대체 그는 쓸 만한 인물인가? **Taugenichts** ['tauɡənɪçts], der; -/-es, -e ⟨준고어・폄⟩ ↑ Nichtsnutz.
tauglich ['tauklɪç] ⟨Adj.⟩ **a)** 쓸모있는, 유용한, 유능한, 적당한: er ist zu schwerer körperlicher Arbeit nicht t. 그는 힘든 육체 노동에는 적합하지 않다. **b)** (징병 검사에) 합격인: jmdn. t. schreiben 누구에게 병역 적격(兵役適格) 판정을 내리다. **Tauglichkeit**, die ↑ tauglich의 명사형.

taui̯g ['tauɪç] ⟨Adj.⟩ ⟨아어⟩ 이슬에 젖은, 이슬이 내린.
Taumel ['taum̩l], der; -s **1. a)** 현기(증), 몽롱함: ein T. befiel[überkam] ihn 현기증이 그를 엄습했다; ich bin noch wie im T. 나는 아직도 정신이 몽롱하다. **b)** 취함, 명정(酩酊), 도취, 흥분, 무아 자실(茫然自失), 환홀, 환희: er geriet in einen T. des Glücks 그는 황홀한 행복감에 빠져들었다. **2.** ⟨드물게⟩ 비틀거림, 비틀걸음, 갈짓자 걸음. **taumelig**, ⟨또한⟩ taumlig [tauml̩ɪç] ⟨Adj.⟩ **1. a)** 현기증 나는, 몽롱한: mir ist[wird] ganz t. 나는 몹시 현기증이 난다. **b)** 도취한, 흥분한. **2.** 흔들거리는, 비틀거리는: t. gehen 비틀거리며 걷다.
Taumellolch, der; -(e)s, -e 〔식물〕 독보리속(屬)의 일종. **taumeln** ['taumln̩] **a)** ⟨s/h⟩ 비틀거리다, 몸을 못 가누다: das Flugzeug begann zu t. 비행기가 흔들리기 시작했다; 〔전의〕 er war erfüllt von taumelnder Glückseligkeit 그는 황홀한 행복감에 가득찼다. **b)** ⟨s⟩ 비틀거리며 가다, 갈짓자걸음으로 걷다: Schneeflocken taumelten vom Himmel 눈송이가 하늘에서 흩날렸다.
taumlig: ↑ taumelig.
Taunus ['taunʊs], der; - 라인강 동남쪽의 편암질산(片岩質山).
taupe [to:p] ⟨Adj.; 격변화 없음⟩ [frz. taupe] 두더지 빛깔의.
Taurus ['tauɾʊs], der; - 소아시아 남부의 산맥.
Tausch [tauʃ], der; -(e)s, -e 교환, 교역, 무역: etw. durch T. erwerben 무엇을 물물 교환하여 얻다; etw.(für etw.) in T. geben[nehmen] 무엇을 (무엇과) 상환(相換)하여 주다[받다].
tausch-, Tausch-: **~anzeige**, die (물물) 교환 (신문) 광고. **~geschäft**, das (물물) 교환 거래. **~gesellschaft**, die 〔사회〕 (물물) 교환 경제 사회. **~handel**, der **1.** ↑ ~geschäft. **2.** ⟨Pl. 없음⟩ 〔경제〕 바터 무역. **~objekt**, das 교환 대상물. **~partner**, der 물물 교환의 상대자. **~verfahren**, das ↑ ~weg. **~verkehr**, der ↑ ~handel (2). **~vertrag**, der (물물) 교환 계약. **~ware**, die ↑ ~objekt. **~weg**, der ⟨Pl. 없음⟩ (물물) 교환 방식: auf dem ~ 물물 교환으로. **~weise** ⟨Adv.⟩ ⟨드물게⟩ (물물) 교환 방식으로. **~wert**, der 〔경제〕 교환 가치. **~wirtschaft**, die 〔경제〕 교환 경제.
tauschen ['tauʃn̩] ⟨h⟩ **a)** 교환하다, 바꾸다, 교역하다: Briefmarken[Münzen] t. 우표를[동전을] 교환하다; er tauschte seine Wohnung gegen eine größere 그는 그의 아파트를 좀더 큰 것과 바꾸었다; er hat das Zimmer mit ihm getauscht 그는 방을 그와 바꾸었다; 〔전의〕 sie tauschten Blicke 그들은 눈짓을 주고받았다; wir tauschten einen Gruß 우리는 인사를 주고받았다. **b)** ⟨mit을 동반하여⟩ 교환하다: sie tauschten mit den Rollen 그들은 역할을 바꾸었다. **c)** 다른 사람의 역할을 대신하다: die Nachtschwester hat mit einer Kollegin getauscht 야근 간호사가 그녀의 동료와 (근무 시간을) 바꾸었다; 〔상구〕 ich möchte mit niemandem t. 나는 누구의 처지와도 바꾸고 싶지 않다; ich möchte nicht mit ihm t. 나는 그의 처지가 되고 싶지 않다. **täuschen** ['tɔyʃn̩] ⟨h⟩ **1. a)** 미혹(迷惑)하다, 속이다, 기만하다: laß dich von ihm nicht t. 그에게 기만 당하지 말아라; der Schüler hat versucht zu t. 그 학생이 커닝을 하려 했다; wir dürfen uns nicht über den Ernst der Lage t. 우리는 상황의 심각성을 오판해서는 안된다; 〔전의〕 der Schein täuscht uns oft 겉만 보고는 믿을 수 없다, 빛 좋은 개살구; meine Ahnung hat mich nicht getäuscht 내 예감이 적중했다. **b)** 잘못된 인상을 주다: man hat den Eindruck, das Haus sei sehr hoch, aber ich glaube, das täuscht nur 그 집이 매우 높은 것 같은 인상이 들지만, 내 생각엔 그것은 착각일 뿐이다. **c)** 〔특히 스포츠〕 상대방을 속이다, 페인트 모션을 취하다. **2.** (t. + sich) 잘못 생각하다, 틀리다: wenn ich mich nicht täusche, hat es eben geklingelt 내가 착각하지 않았다면, 방금 벨이 울렸다; ich habe mich in ihm[im Datum] getäuscht 나는 그를 잘못 평가했다[날짜를 잘못 생각했다]. **täuschend** ⟨Adj.⟩ 사람을 속이는, 믿을 수 없는, 틀리기 쉬운: sie sind sich t. ähnlich 그들은 구별할 수가 없을 정도로 닮았다. **Täuscher**, der; -s, - 남을 속이는 사람, 사기꾼. **Tauscherei** [tauʃəˈɾaɪ], die; -en ⟨통용어⟩ (끊임없는) 교환. **Täuscherei** [tɔyʃəˈɾaɪ], die; -en ⟨통용어・폄⟩ (끊임없는) 속임, 기만, 사기, 위.

Tauschierarbeit, die; -en 〔공예〕 **a)** 상감(象嵌) 세공. **b)** 상감 세공예품. **tauschieren** [tauˈʃiːɾən] ⟨h⟩ [mfrz. tauchie] 〔공예〕 **a)** (금, 은 등으로) 상감하다. **b)** 무엇을 상감(세공)하다. **Tauschierer**, der; -s, - 〔공예〕 상감 세공사. **Tauschierung**, die; -en **a)** ⟨Pl. 없음⟩ 상감(세공)술. **b)** 상감 세공.
Täuschung, die; -en **1.** 기만, 속임, 사기: auf eine T. hereinfallen 속임수에 빠져들다. **2.** 미혹, 착각, 기대에 어긋남, 실망, 잘못 생각함: er gibt sich der T. hin, daß wir ihn unterstützen werden 우리는 그를 후원하리라 그는 착각하고 있다; optische T. 착시(錯視).
Täuschungs-: **~absicht**, die 사기 의도, 속일 의도. **~manöver**, das 위장 공작(僞裝工作), 페인트 모션(스포츠에서), 양동(陽動) 작전. **~versuch**, der 속임수 시도, 사기 시도.
tausend ['tauznt] ⟨기수⟩ **a)** 천, 1000: ein paar t. Zuschauer 이・삼천 명의 관중; t. und aber t. Ameisen 수천 마리의 개미; ich wette t. zu(gegen) eins, daß ... 〔통용어〕 …라고 나는 확신한다. **b)** ⟨통용어・감정⟩ 수많은, 헤아릴 수 없이 많은, 다수의: ich muß noch t. Sachen erledigen 나는 아직도 처리할 일이 산더미 같다; t. Dank 대단히 감사합니다. **¹Tausend** [-], der; -en (이라는 수). **²Tausend** [-], das; -s, -e / - **1.** ⟨Pl.: -⟩ (한 단위로서의) 천 개짜리: einige T. Zigarren 여송연 천 개들이 몇 갑(상자); eine Packung mit einem T. Büroklammern 종이집게 천 개들이 포장(약어: Tsd.). **2.** ⟨Pl.⟩ 수천, 다수: -e Zuschauer waren begeistert 수천의 관중이 감격했다; die Kosten gehen in die -e 〔통용어〕 비용이 수천 마르크 든다; die Tiere starben zu -en 동물들이 수천 마리씩 죽었다. **³Tausend** [-] ⟨다음 용법으로만⟩ **ei der T.** 《준고어: ↑ ¹Daus》 어럽쇼, 아이고, 괘씸한구.
tausend-, Tausend-: **~blatt**, das 〔식물〕 이삭물 수

세미(개미탑과)의 일종. ~**ein** 〈수형용사〉 1001의. ~**eins** 〈기수〉 1001. ~**fältig** 〈Adj.〉〈고어〉↑tausendfach. ~**fuß**, der 〈고어〉, ~**füßer**, der, ~**füßler**, der [lat. mīllepeda < griech. chiliópoús의 차용역어]【동물】다족류(多足類). ~**guldenkraut**《드물게》, ~**güldenkraut**, das 용담과의 초본. ~**jahrfeier**, die 천년제(千年祭). ~**jährig** 〈Adj.〉천년의(숫자로는: 1000jährig). ~**köpfig** 〈Adj.〉 eine -e Menschenmenge 무수한 군중. ~**künstler**, der 《통용어·농》다재다능한 사람(특히 손재주가), 재주꾼. ~**mal** 《반복수, Adv.》**a)** 천번, 천배. **b)** 《감정》수없이 여러 번, 매우 많이: das habe ich ihm schon t. gesagt 나는 그에게 벌써 수천 번 얘기했다. ~**malig** 〈Adj.〉천 번의, 천 배의 (숫자로는: 1000 malig). ~**markschein**, der 천 마르크짜리 지폐. ~**prozentig** 〈Adj.〉〈↑hundertprozentig의 강의형〉《통용어》천 퍼센트의, 아주 완전한, 완전히 확실한. ~**sackerment**!〈Interj.〉〈고어〉↑sapperlot!. ~**sasa**, ~**sassa** [-sasa], der; -s, -(s)【감탄사↑sa!의 강의형의 명사화】《감정》**1.** 팔팔 미인. **2.** 《준고어》↑Schwerenöter. ~**schön**, das; -s, -e, ~**schönchen** [...çən], das; -s, - ↑Maßliebchen. ~**seitig** 〈Adj.〉천 쪽의(숫자로는: 1000 seitig). ~**stimmig** 〈Adj.〉천의 목소리로. ~**undein** 〈수형용사〉↑-ein. ~**undeins** 〈기수〉↑~eins.

Tausender ['tauzndɐ], der; -s, - **1.** 《통용어》천 마르크 지폐: das kostet einen T. 그것은 천 마르크이다. **2.**【수학】천 단위의 수. **3.** 천 미터 이상의 고산(高山). **tausenderlei** 〈종수; 격변화 없음〉《통용어》천가지의, 가지각색의. **Tausenderstelle**, die; -n 천단위 숫자리. **tausendfach** 〈배수〉〈숫자로는: 1000 fach〉**a)** 천 배의, 천 겹의. **b)** 《통용어》수없이 여러 번[여러 방]. **Tausendfache**, das; -n 천배(숫자로는: 1000 fache). **tausendst...** ['tauznts...] 〈서수〉천 번째의(숫자로는: 1000.). **tausendstel** ['tauzntsl̩]〈분수〉천분의 일.
¹Tausendstel [-], das 《schweiz. 대개》der; -s, - 천분의 일. **²Tausendstel** [-], die 《통용어》↑Tausendstelsekunde의 약칭: Blende 4 bei einer T. 천분의 일초에 조리개 4(사진 촬영시). **Tausendstelsekunde**, die; -n: mit einer T. fotografieren 샤터 천분의 일초로 촬영하다. **tausendstens** ['tauzntstəns] 〈Adv.〉천 번째로(숫자로는: 1000.). **Tautazismus** [tauta'tsɪsmʊs], der; -, ...men 〈수사·양식〉동음반복(同音反復)(특히 연속된 단어들의 초음의). **tauto-**, **Tauto-** [tauto-; griech. tautó, to autó = dasselbe의 약칭, autós, ↑²auto, Auto-]《동일함을 뜻하는 규정어로서》**Tautologie**, die; -n [...'i:ən; lat. tautología < griech. tautología] 〈수사·양식〉**a)** 동의이어(同意異語) 반복, 유사어 반복 (예컨대: weißer Schimmel; nackt und bloß). **b)** 《드물게》↑Pleonasmus. **tautologisch** 〈Adj.〉〈수사·양식〉동의의, 어 반복의. **tautomer** [...'me:ɐ̯] 〈Adj.〉[griech. méros]【화학】호변이성(互變異性)의. **Tautomerie** [...me:ri:], die [화학] 호변이성.

Taverne [ta'vɛrnə], die; -n [ital. taverna] 이탈리아(식)의 술집, 음식점.

tax-, **Tax-** : ~**amt**, das 가격 사정소(價格査定所). ~**frei** 〈Adj.〉수수료 면세의, 무료의. ~**gebühr**, die ↑Taxe (1). ~**grenze**, die 《schweiz.》↑Zahlgrenze. ~**kurs**, der 【증권】 유가 증권의 예상 시세. ~**preis**, der 〈견적〉 가격. ~**wert**, der 사정 가치.

Taxa: ↑Taxon의 복수형.

Taxameter [taxa-], das 《또는》der; -s, - **1.** ↑Fahrpreisanzeiger. **2.** 〈고어〉↑Taxi. **Taxameteruhr**, die ↑Taxameter (1). **Taxation** [taksa'tsi̯o:n], die; -en [lat. taxātio] 【경제】견적, 사정(査定), 평가. **Taxa-tor** [ta'ksa:tɔr,《또한》to:ɐ̯], der; -s, -en [...ksa'to:rən; mlat. taxator] 【경제】 사정인, 평가자.

Taxbaum ['taks-], der; -(e)s, ...bäume 《드물게》주목(朱木).

Taxe ['taksə], die; -n [mlat. taxa] **1.** 공정 가격, 규정 요금. **2.** 사정액, 사정가. **3.** ↑Taxi.

Taxem [ta'kse:m], das; -s, -e [engl.-amerik. taxeme] 【언어】문법특성소(文法特性素), 배열소(配列素).

taxen ['taksn̩] 〈h〉 ↑taxieren (1).

Taxen: ↑²Taxis의 복수형. **Taxes**: ↑¹Taxis의 복수형. **Taxi** ['taksi], das,《또한 schweiz.》der; -s, -s [frz. taxi] 택시: ein T. bestellen(nehmen) 택시를 주문하다(타다); T. fahren 택시 운전이 직업이다, (손님으로) 택시를 타고 가다.

Taxi-: ~**chauffeur**, der 《준고어》↑-fahrer. ~**fahrer**, der 택시 운전사. ~**fahrerin**, die ↑-fahrer의 여성형. ~**fahrt**, die 택시 타고 가기. ~**girl**, das [amerik. taxi-girl, 택시처럼 세낼 수 있다는 뜻에서] 여자 직업 댄서. ~**rufsäule**, die 택시 호출용 기둥형 전화 장치. ~**stand**, der 택시 승차장. ~**unternehmen**, das 택시 운송업. ~**unternehmer**, der 택시 운송업자. ~**zentrale**, die 택시 배차 본부.

Taxidermie [taksidɐ'mi:], die [griech. táxis + dérma] 《전문어》《동물》박제(剝製), 박제술. **Taxidermist** [...dɐr'mɪst], der; -en, -en 《전문어》박제 제작자.

Taxie [ta'ksi:], die; -n 《생물》↑²Taxis.

taxierbar [ta'ksi:ɐ̯ba:ɐ̯] 〈Adj.〉과세할 수 있는, 평가(사정)할 수 있는. **taxieren** [ta'ksi:rən] 〈h〉 [frz. taxer] **1. a)** 《통용어》어림잡다, 견적하다: er hat die Entfernung auf 200 Meter taxiert 그는 거리를 200 미터로 어림잡았다. **b)** (가치, 가격을) 사정하다, 평가하다: seinen Schmuck t. lassen 그의 장신구를 감정케 하다. **2.** 《통용어》(판단을 내리기 위해) 엄밀히 관찰하다: mit Kennerblick taxierte er ihre Figur 전문가의 눈빛으로 그는 그녀의 몸매를 훑어보았다. **3.** 《교양어》판단하다: er hat die Situation richtig taxiert 그는 상황을 바로 판단했다. **Taxierer**, der; -s, - 《드물게》사정인, 평가자. **Taxierung**, die; -en 사정, 평가.

¹Taxis ['taksɪs], die; Taxes ['takse:s; griech. táxis] 【의학】(탈장(脫腸)이나 골절의) 정복술(整復術). **²Taxis** [-], die; Taxen 【생물】외부 자극에 의한 운동.

³Taxis: ↑Taxi의 복수형. **Taxiway** ['tæksɪweɪ], der; -(s), -s [engl.-amerik. taxiway] 유도로(誘導路)(공항의).

Taxler ['takslɐ], der; -s, - 《österr.·통용어》택시 기사.

Taxon ['taksɔn], das; -s, Taxa 《생물》분류군(생물 분류학상의 단위로서). **Taxonomie** [taksono'mi:], die [griech. táxis + nómos] **1.** 【식물·동물】분류학, 분류법. **2.** 【언어】분류론, 분류학(구조주의 언어학에서). **taxonomisch** [takso'no:mɪʃ] 〈Adj.〉분류학(법)의.

Taxus ['taksʊs], der; -, - 【식물】주목(朱木). **Taxushecke**, die 주목의 산 울타리(숲).

Taylorismus [telo'rɪsmʊs], der; -, **Taylorsystem** ['teɪlə-], das; -s [engl. taylor system, 미국의 기술자 F. W. Taylor(1856~1915)의 이름을 따라] 테일러주의 (테일러가 주창한 공장의 과학적 경영 관리법).

Tazette [ta'tsɛtə], die; -n [ital. tazetta] 수선화(水仙花)의 일종.

Tazzelwurm: ↑Tatzelwurm.

Tb = Terbium.

Tb [te:'be:], **Tbc** [te:be:'tse:], die ↑Tuberkulose의 약칭. **Tbc-krank** [...'tse:-], **Tb-krank** [te:'be:-] 〈Adj.〉결핵에 걸린. **Tbc-Kranke'**, **Tb-Kranke'**, der / die 결핵 환자.

T-bone-Steak ['ti:bəʊn-], das [engl. T-bone steak]

티본스테이크, 갈비 스테이크.

Tc = Technetium.

Te = Tellur.

Tea [tiː], der, 《또한》 das; -s [engl.-amerik. tea] 《은어》↑ Haschisch.

Teach-in [tiːtʃˈɪn] das; -(s), -s [amerik. teach-in] 《은어》(정치·사회 문제에 관한 대학에서의) 성토 대회, 토론회.

Teak [tiːk], das; -s [engl. teak] ↑ Teakholz의 약칭. **Teakbaum**, der 티크나무. **teaken** [ˈtiːkn̩] 〈Adj.〉《드물게》티크 재(材)의. **Teakholz**; das; -es, -hölzer 티크 재(材).

Team [tiːm], das; -s, -s [engl. team] 1. 팀, 조(組): an diesem Projekt arbeitet ein T. von Forschern 이 계획에 연구자 팀이 작업하고 있다. 2. 선수단: er spielt in unserem T. 그는 우리 팀에서 뛴다.

Team-: ~**arbeit**, die 〈Pl. 없음〉↑ ~work. ~**chef**, der 《은어》팀장(長). ~**geist**, der 〈Pl. 없음〉↑ Mannschaftsgeist. ~**manager**, der 1. 팀 메니저. 2. 선수단(팀)의 트레이너. ~**work** [-wəːk], das; -s [engl. teamwork] 팀 워크, 공동 작업.

Teamer [ˈtiːmɐ], der; -s, - [amerik. team(st)er] 《은어》노동 조합원 훈련 지도자. **Teamergruppe**, die 《은어》(노조의) 훈련 과정. **Teamster** [ˈtiːmstɐ], der; -s, - [engl. teamster] 트럭 운전사(자).

Tea-Room [ˈtiːruːm], der; -s, -s [engl. tearoom] 1. 찻집, 다방. 2. 《schweiz.》주류가 아닌 음료만 파는 카페.

Technetium [tɛçˈneːtsiʊm], das; -s [griech. technētós] 테크네튬(방사성 원소; 기호: Tc). **Technicolor** Ⓦ [tɛçnikoˈloːɐ̯], das; -s [amerik. Technicolor] (영화·옛) 테크니 컬러(천연색 영화 제작법의 하나). **Technicolorverfahren**, das 테크니 컬러 방식. **technifizieren** [tɛçnifiˈtsiːrən]〈h〉기술화하다, 기술의 성과를 적용하다. **Technifizierung**, die; -en 기계화, 기술화, 기술 적용. **Technik** [ˈtɛçnɪk], die; -en [frz. technique] 1. 〈Pl. 없음〉공학, 공업, 공업 기술, 공예: Segen und Fluch der T. 공업의 축복과 저주; im Zeitalter der T. leben 공업의 시대에 살다. 2. 기술, 작법(作法), 기능, 기량(技倆), 수완, 숙련, (예술의) 기교, 솜씨, 수법[手法]: die T. des Eislaufs 스케이트 타는 솜씨; die brillante T. des Pianisten erregte Bewunderung 피아니스트의 훌륭한 기교가 감탄을 불러일으켰다; eine bestimmte T. erlernen 특정 기술을 배우다. 3. 〈Pl. 없음〉(생산을 위한) 기계 설비, 기구 장치: die Lehrwerkstatt ist mit modernster T. ausgestattet 실습장은 현대적 기계 설비가 갖추어져 있다. 4. 〈Pl. 없음〉(기계나 기구의) 기술적 성질: er kennt sich mit der T. dieser Apparatur aus 그는 이 기계의 성질에 정통하고 있다. 5. 〈Pl. 없음〉기술진(技術陣), 기술 부문 종사자들. 6. 《österr.》공과 대학. **Technika, Techniken** ↑ Technikum의 복수형. **Techniker**, der; -s, - 1. 기술자, 기사(技師). 2. 기교가(技巧家), 정통한 사람, 숙련가: dieser Schachspieler ist ein vollendeter T. 이 장기 두는 사람은 장기의 명수다. **Technikerin**, die; -nen ↑ Techniker의 여성형. **Technikum** [ˈtɛçnikʊm], das; -s, ...ka, 《또한》...ken 공업[기술] 전문 학교. **technisch** 〈Adj.〉 [frz. technique] 1. 기술적인, 전문의, 공학의: -e Berufe 기술직; -e Hochschulen 공과 대학. 2. 기교적인, 기량상의, 기능[技能]기술[적]인: -es Können 기교상[기량상]의 능력; die Premiere mußte aus -en Gründen verschoben werden 이 초연은 기술적 이유에서 연기될 수밖에 없었다. **-technisch** [-tɛçnɪʃ] (접미사적 사용) erziehungstechnische Probleme 교육 기술상의 문제; verwaltungstechnische Mängel 관리

기술상의 결점. **technisieren** [tɛçniˈziːrən] 〈h〉 기술화[기계화, 공업화]하다: die technisierte Zivilisation 기계화된 문명. **Technisierung**, die; -en 기계화, 공업화, 기술화. **Technizismus** [...ˈtsɪsmʊs], der; -, ...men 1. 기술 용어. 2. 〈Pl. 없음〉기술 만능주의. **Technokrat** [tɛçnoˈkraːt], der; -en, -en [engl.-amerik. technocrat] 1. 기술이 정치의 주장자. 2. 기술 만능주의 신봉자. **Technokratie** [...kraˈtiː], die [engl.-amerik. technocracy] 기술이 정치(사회 경제 체제)의 관리를 전문 기술가에게 일임하자는 이론, 기술 만능주의. **technokratisch** [...ˈkraːtɪʃ] 〈Adj.〉 [engl.-amerik. technocratic] 1. 기술이 정치의. 2. 〈뜀〉기술[기능] 만능주의적, 테크노크라시적. **Technologe**, der; -n, -n 과학 기술학자. **Technologie**, die; -n [...iːən] spätgriech. technología] 1. 과학 기술, 테크놀로지. 2. 생산 기술(원료의 획득 및 가공의 전과정). 3. (학문으로서의) 기술, 공학, 응용 과학: die Ausarbeitung neuer T. im Bergbau 광업에서의 새로운 기술의 완성. **Technologietransfer**, der 《전문어》기술이전(移轉). **technologisch** 〈Adj.〉 (과학) 기술상의.

Techtelmechtel [tɛçtlˈmɛçtl̩], das; -s, - 정사(情事), 연애 관계, (남녀의) 은밀한 관계: er hat ein T. mit seiner Sekretärin 그는 여비서와 연애 관계에 있다.

Teckel [ˈtɛkl̩], der; -s, - [niederd.] 《전문어》↑ Dackel.

Ted [tɛt], der; -(s), -s ↑ Teddy-Boy의 약칭. **Teddy** [ˈtɛdi], der; -s, -s [Theodore의 애칭] ↑ Teddybär의 약칭.

Teddy-: ~**bär**, der [미국의 T. Roosevelt 대통령이 사냥을 좋아한 데서 유래함] 봉제의 장난감곰. ~**Boy**, der [붙임표와 함께》engl. teddy boy] 반항적 청년, 불량 청소년. ~**futter**, das 《은어》플러시 안감. ~**mantel**, der 플러시로 안감을 쓴 외투.

Tedeum [teˈdeːʊm], das; -s, -s [„Te deum (laudamus) = Dich, Gott (loben wir)"에서] 1. 〈Pl. 없음〉[가] (성[聖] 암브로시오의) 사은(謝恩) 찬미가. 2. [음악] 테데움의 곡(曲).

TEE [teːleːˈeː], der; -(s), -(s) [Trans-Europ-Express] 유럽 횡단 국제 특급(열차명).

¹**Tee** [teː], der; -s, 《종류》-s [malai. te(h) < chin. tʻe] 1. 차(茶)나무: T. anbauen[(an)pflanzen] 차를 재배하다. 2. a) 잎 일사귀, 차: schwarzer(grüner) T. 홍[녹]차. b) (음료로서의) 끓인 차: T. kochen 차를 다리다; eine Tasse[ein Glas] T. 차 한 잔; abwarten und T. trinken 《통용어》서둘지 마라, 즉시 대응하지 말고 사태의 추이를 관망하라. 3. a) 말린 약초잎[열매, 꽃]. b) 약초차: ein T. aus Lindenblüten 보리수 차. 4. (오후의) 다과회: jmdn. zum T. einladen 누구를 다과회에 초대하다.

²**Tee** [tiː], das; -s, -s [engl. tee] 1. [골프] 티, 공을 얹는 대(臺). 2. ↑ Abschlag (1 c).

tee-, Tee- (¹Tee): ~**bäckerei**, die 《österr.》↑ ~gebäck. ~**beutel**, der (일회용) 티백, 차봉지. ~**blatt**, das 〈대개 Pl.〉차의 잎. ~**brett**, das 차쟁반. ~**büchse**, die 차를 넣는 작은 통. ~**butter**, die 《österr.》(품질표시가 된) 최고급 버터. ~**Ei**, das 《붙임표와 함께》차 끓이는 데 쓰는 구멍이 많은 계란 모양의 금속구(金屬球). ~**Ernte**, die 《붙임표와 함께》차 수확. ~**farben** 〈Adj〉《드물게》차 색깔의. ~**gebäck**, das 차 마실때 먹는 과자, 차에 곁들여 내는 쿠키. ~**geschirr**, das 다기(茶器), 차용식기(茶用食器). ~**gesellschaft**, die 티 파티, 다과회. ~**glas**, das 〈Pl. -gläser〉차마실 때 쓰는 유리잔. ~**haube**, die 찻 주전자의 뚜껑(의 보온덮개). ~**haus**, das 찻집. ~**kanne**, die 찻주전자, 티포트. ~**kessel**, der 1. (물 끓이는, 차를 다리는) 주전자. 2.

《고어》바보, 얼간이. **3.** 동음이의어(同音異義語)를 찾는 사교 유회. **~küche,** die 《병원, 회사 등의》차나 커피를 끓일 수 있는 작은 부엌 시설. **~licht,** das 〈Pl. -er〉찻주전자를 데우는 데 쓰는 작은 초. **~löffel,** der 찻숟가락. **~löffelweise** 〈Adv.〉찻숟가락으로. **~maschine,** die 차 끓이는 기구. **~mütze,** die 찻주전자를 덮는 보온포(保溫布). **~plantage,** die 차 재배 농장. **~rose,** die 티로즈《차와 같은 향기가 나는 중국 원산의 장미》. **~schale,** die 《특히 österr.》↑**~tasse. ~service,** das 한벌의 차 도구. **~sieb,** das 차 거르는 체. **~strauch,** der 차나무. **~stube,** die ↑Tea-Room. **~stunde,** die 《늦은 오후의》티 타임. **~tasse,** die 찻잔. **~tisch,** der 다탁(茶卓), 차 탁자. **~trinker,** der 차를 마시는 사람. **~wagen,** der ↑Servierwagen. **~wärmer,** der 《찻주전자 위에 덮는》보온 커버. **~wasser,** das 〈Pl. 없음〉차를 끓이는 물. **~wurst,** die 훈제 고급 소시지.

Teen [tiːn], der; -s, -s 《대개 Pl.》[engl.-amerik. teen].
Teenager ['tiːneɪdʒə], der; -s, - [engl.-amerik. teen-ager] 틴 에이저(13세부터 19세까지의 청소년).
Teenie ['tiːni], der; -s, -s [amerik. teenie, teeny] 《은어》(13세부터 16세까지의) 십대 소녀. **Teeny**: ↑ Teenie.
Teer [teːr], der; -(e)s, 《종류》-e [Niederd.] 타르(석탄, 목재 따위의 건류액): den Schiffsrumpf mit T. bestreichen 선체에 타르를 칠하다.
teer-, Teer-: ~dach, das 타르 지붕. **~dachpappe:** ↑**~pappe. ~decke,** die 《도로의》타르 포장. **~farbe,** die 《대개 Pl.》타르 염료, 아닐린 색소. **~farbstoff,** der 타르 염료. **~faß,** das 타르 통. **~fleck,** der 타르 얼룩. **~getränkt** 〈Adj.〉타르 칠이 된. **~haltig** 〈Adj.〉타르를 함유한. **~jacke,** die 《농》선원. **~öl,** das 타르 기름. **~pappe,** die 타르 지(紙) 《지붕을 이는 데 쓰는》견유지(堅鞣紙). **~seife,** die 순수한 목(木)타르를 함유한 살균성 비누. **~straße,** die 타르로 포장한 도로.
teeren ['teːrən] 〈h〉**1.** 타르를 칠하다: jmdn. t. und federn 어떤 사람에 타르를 발라 깃털로 싸다(사형(私刑)의 일종). **2.** 타르로 도로를 포장하다. **teerig** ['teːrɪç] 〈Adj.〉**1.** 타르가 함유된, 타르를 칠한. **2.** 타르 같은. **Teerung,** die; -en 타르를 칠하기, (도로의) 타르 포장.
Tefilla [tef'siːɡ], der; -s, -s [türk. tefsir < arab. tafsīr] **1.** 《Pl. 없음》코란 주석학. **2.** 코란 주해.
Tegel ['teːɡl], der; -s [österr.] 《방언적》Tegel 석회 점토(粘土).
Tegucigalpa [teɣuθi'ɣalpa] 테구시갈파《온두라스의 수도》.
Teheran ['teːhəraːn, 《또한》 tehəˈraːn; 《pers.》 tehˈraːn] 테헤란《이란의 수도》.
Teich [taɪç], der; -(e)s, -e 연못, 저수지(통): -e im Herbst ablassen 연못의 물을 가을에 빼다; **der große T.** 《통용어·농》대서양.
Teich-: ~frosch, der ↑Wasserfrosch. **~huhn,** das ↑Ralle. **~karpfen,** der ↑Karpfen. **~kolben,** der ↑Rohrkolben. **~läufer,** der 소금쟁이의 일종. **~molch,** der 도롱뇽의 일종. **~muschel,** die 뻘조개속. **~pflanze,** die 연못식물. **~rohr,** das ↑Schilf. **~rohrsänger,** der 유럽산 개개비《파람새과의 작은 새》. **~rose,** die 개연꽃. **~schildkröte,** die 흰빰검정거북. **~wirt,** der 《전문어》양어가 양어경영《養魚池經營者》. **~wirtschaft,** die 《전문어》양어지 경영.
Teichoskopie [taɪçoskoˈpiː], die [griech. teichoskopía] 《문예학》조망대 관찰 보고(희곡에서).
teig [taɪk] 〈Adj.〉《지역적》↑mulsch. **Teig** [-], der; -(e)s, -e 반죽, 《일반적으로》끈적끈적한 죽: den T. mit Hefe kneten 반죽을 효모와 이기다; sie formte kleine Brezeln aus T. 그녀는 반죽으로 8자형의 비스킷 모양을 만들었다.
teig-, Teig-: ~artig 〈Adj.〉반죽 모양의. **~farbe,** die 《드물게》Pastellfarbe (1). **~fladen,** der ↑ Fladen (2). **~gitter,** das 《과실》케이크 위에 격자 모양으로 놓은 밀가루 반죽 장식. **~kloß,** der 반죽으로 만든 경단. **~knetmaschine,** die 반죽을 이기는 기계. **~maschine,** die **a)** ↑~knetmaschine. **b)** ~rührmaschine. **~masse,** die 반죽 덩이. **~menge,** die 반죽 양. **~mischmaschine,** die 반죽 혼합기. **~rädchen,** das 반죽으로 말은 것《↑Kuchenrädchen》. **~rolle,** die **1.** 반죽으로 말은 것. **2.** ↑Nudelholz. **~rührmaschine,** die 반죽 젖는 기계. **~schüssel,** die 반죽용 자배기. **~spritze,** die 짜개 주머니. **~tasche,** die 《속을 채우기 위해》반죽으로 만든 피. **~ware,** die 《대개 Pl.》면류(麵類).
teigig ['taɪɡɪç] 〈Adj.〉**1.** 《빵 따위가》덜 익은, 덜 구워진: der Kuchen ist innen t. 케이크 속이 덜 익었다. **2.** 반죽 같은, 연한. **3.** 반죽 투성이의. **4.** 《지역적》↑teig.
Teil [taɪl] **1.** 〈der; -(e)s, -e〉**a)** 전체의 일부, 부분, 《저작물 따위의》부, 편, 권: der hintere T. des Hauses ist eingestürzt 집 뒷편이 붕괴되었다; das Werk besteht aus acht -en 그 작품은 8부로 구성되어 있다. **b)** 《수량에 있어서의》부분, 지역, 구역: der schwierigste T. der Arbeit steht noch aus 그 일의 제일 힘든 부분이 여전히 남아 있다; ich habe das Buch erst zu einem kleinen T. gelesen 나는 그 책을 이제야 조금 읽었다; das war zum T. Mißgeschick, zum T. eigene Schuld 그것은 일부는 불운의 탓이었고, 일부는 자신의 잘못이었다. **2.** 〈der 《또는》 das; -(e)s, -e〉**a)** 몫, 배당, 상속분: jmdm. sein(en) T. geben 누구에게 그의 몫을 주다; sein(en) T. bekommen(kriegen) 《벌(罰)의》자기 몫을 받다; sein(en) T. abhaben(bekommen haben, weghaben) 1) 받을 몫을 이미 다 받았다. 2) 몸시 건강이 나빠졌다. 3) 자기 몫의 벌을 받았다; jmdm. sein(en) T. geben 누구에게 기탄 없이 이야기하다; **das bessere T.**《드물게》**den besseren T. erwählt [gewählt] haben** 올바른 결정을 내려 다른 사람보다 나은 생활이나 운명을 갖다; **sein(en) T. zu tragen haben** 불행한 삶이나 운명의 역경을 헤쳐나가야 하다; **sich³ sein T. denken** 내보임이 없이 자신의 생각을 정리하다. **b)** 내야 할, 할당당: ich will gern mein (en) T. dazu beisteuern 나는 기꺼이 내 몫의 기부금을 내겠다; jeder muß zu seinem T. mithelfen 각자 자신의 할당량으로 협력해야 한다. **3.** 〈der; -(e)s, -e〉파, 측(側), 편: diese Auseinandersetzung ist für alle -e peinlich 이 대결은 모든 편에 괴로운 일이다. **b)** 【법】 Partei (2): der klagende(schuldige) T. 원(피)고; man muß beide -e hören, um gerecht urteilen zu können 올바른 판단을 내리려면 양편 모두를 들어보아야 한다. **4.** 〈das; -(e)s, -e; 축소형: ↑Teilchen〉부품, 전체의 일부(독립성이 있는): ein defektes T. auswechseln 고장난 부분을 교환하다; um des Motors ausbauen und von Öl und Schmutz säubern 모터를 분해하여 기름때를 청소하다; **ein gut T.** 【법】[꽤] 많은 양.

teil-, Teil-: ~**abschnitt**, der 절(節), (각 공기(工期)별) 건설 예정 부분. ~**akzept**, das 【금융】어음 일부 인수(引受). ~**ansicht**, die 일부를 봄, 부분 광경[조망]. ~**aspekt**, der 부분적 관점. ~**auflage**, die (개정판, 증보판, 신판 등 같은 책의 여러 판 중의) 한 판. ~**automatisierung**, die 부분 자동화. ~**begriff**, der 부분 개념. ~**bereich**, der 부분 영역. ~**beschädigt** 〈Adj.〉 부분 파손된. ~**betrag**, der 분액(分額), 분담금, 할부금. ~**bild**, das 부분상(像). ~**disziplin**, die ↑~gebiet (2). ~**erfolg**, der 부분적 성공, 일부 성과. ~**ergebnis**, das 부분적 결과. ~**ertrag**, der 부분 소득[수익, 수확]. ~**fabrikat**, das 부분 완성 제품[상품]. ~**finsternis**, die (천체의) 부분식(蝕). ~**forderung**, die 일부 요구[청구], 【법】분할 요구 채권[질문]의 일부. ~**frage**, die 부분 질문. ~**gebiet**, das 1. (지리상, 행정상의) 구역. 2. (전문 분야의) 부분 영역. ~**habe**, die 몫, 할당. ~**haben*** 〈h〉 관여하다, 참가하다, 참여하다: an den Freuden der anderen t. 다른 사람의 기쁨을 함께 하다. ~**haber** [-ha:bɐ], der; -s, - 【경제】조합원, 주주(株主), 공동 경영자[출자자], 출자 사원[出資社員]. ~**haberin**, die; -nen ↑~haber의 여성형. ~**haberschaft**, die 출자 사원[조합원]의 지위[신분]. ~**haberversicherung**, die 【경제】출자자 보상 보험(공동출자자가 탈퇴할 때). ~**handlung**, die 부분 행위. ~**interesse**, das 부분적 이해, 일부 관여. ~**kaskoversichern** 〈h; 부정사와 과거분사에만 사용〉 일부 차체[선체, 기체] 보험에 들다. ~**kaskoversicherung**, die 【경제】(손해의 일부를 보상하는) 일부 차체[선체, 기체] 보험. ~**kostenrechnung**, die 【경제】일부[부분] 경비계산(청구서). ~**kraft**, die 분력(分力). ~**leistung**, die 【경제】일부급부(一部給付). ~**lösung**, die 부분적 해결. ~**mechanisierung**, die 일부 기계화. ~**menge**, die (일정량을 구성하는) 부분량, 【수학】부분집합(部分集合). ~**mobilisierung**, die 부분 동원. ~**möbliert** 〈Adj.〉 일부 가구가 설비된. ~**nahme** [-na:mə], die 1. **a)** 참여, 관여, 가입(加入), 출석: die T. am Kurs ist freiwillig 강좌에 참가하는 것은 자발적이다. 2. **a)** 관심, 흥미. **b)** 《아이》 동정, 연민, 동감: aufrichtige [herzliche] T. aussprechen 심심한 조의를 표하다. ~**nahmebedingung**, die 참가 조건. ~**nahmeberechtigt** 〈Adj.〉 참가 자격이 있는. ~**nahmeberechtigte***, der 참가 자격자. ~**nahmslos** [-na:msloːs] 〈Adj.〉 동정심 없는, 무관심한, 냉담한, 주의하지 않는: er schaute mich mit -en Augen an 그는 나를 무관심하게 쳐다보았다. ~**nahmslosigkeit**, die ↑~nahmslos의 명사형. ~**nahmsvoll** 〈Adj.〉 동정심[관심]이 많은. ~**nehmen*** 〈h〉 **1. a)** 참여하다, 관여하다: an Gottesdienst t. 예배[미사]에 참석하다. **b)** 경기 사나 집회 또는 경기에 능동적으로 참가하다: an den Wettkämpfen t. 경기에 출전하다. **c)** (학생으로) 출석하다: an Seminar t. 세미나에 출석하다. **2.** 동정[공감]하다: an jmds. Schmerz t. 누구의 고통에 동정하다. ~**nehmer**, der 참가자, 참석자, 관여자. ~**nehmerfeld**, das [스포츠] 경기에 참가한 선수들 전체. ~**nehmerin**, die ↑Teilnehmer의 여성형. ~**nehmerkreis**, der (어떠한 일이나 행사의) 참가자 전원. ~**nehmerland**, das 참가국. ~**nehmerliste**, die 참가(참석)자 명단. ~**nehmerstaat**, der 참가국. ~**nehmerzahl**, die 참가[참석]자 수. ~**packung**, die (신체의 특정 부위를) 찜질(붕대), 포전법(包纏法). ~**problem**, das 문제의 일부. ~**prothese**, die [치과] 부분 의치(義齒). ~**prozeß**, der 과정의 일부. ~**punkte** 〈Pl.〉 「∶」 나눗셈 기호로 쓰이는 콜론(6 : 2 = 3). ~**schuldverschreibung**, die 【법ㆍ경제】부분 사채권(社債券). ~**spannung**, die 【전기】부분 전압.

~**strecke**, die 구간(區間), (버스, 철도 등의) 노선일부. ~**streitkraft**, die 전체 전투 병력의 부분(예컨대: 공군, 해군). ~**strich**, der (저울, 계기 등의) 눈금. ~**stück**, das 부품, 부분. die 부분 체계. ~**ton**, der (대개 Pl.) 【물리】부분 음(音). ~**urteil**, das 【법】일부 판결(判決). ~**weise** 〈Adj.〉 부분적으로, 일부는, 어떤 부분은, 나누어서: wie t. berichtet (신문 보도나 뉴스 방송 등으로 이미) 일부 보도된 바와 같이. ~**wert**, der 【경제】(전체 가치의 구성 요소 중) 부분 가치, 일부 가격. ~**zahlung**, die 할부(금), 분할 지불(금); etw. auf T. kaufen 무엇을 할부로 구입하다. ~**zahlungsbank**, die 〈Pl. -en〉 ↑Kreditbank. ~**zahlungskredit**, der 분할 상환 신용 대출. ~**zeitarbeit**, die ↑~zeitbeschäftigung. ~**zeitbeschäftigte***, der / die 파트 타임(단기간의) 근로자. ~**zeitbeschäftigung**, die 파트 타임(단기간의) 근로, 일부 시간직(職). ~**zeitjob**, der ↑~zeitbeschäftigung. ~**zeitschule**, die 정시제학교(定時制學校)(예컨대: 직업 학교).

teilbar ['tailbaːɐ] 〈Adj.〉 나눌 수 있는, 구분할 수 있는. **Teilbarkeit**, die 나눌 수 있음. **Teilchen** ['tailçən], das; -s, - **1.** ↑Teil (4). **2.** 미립자(微粒子), ↑²Partikel. **3.** 《지역적》 비스킷: ein paar T. zum Kaffee holen 커피와 함께 먹을 비스킷 몇 조각을 가져오다. **Teilchenbeschleuniger**, der 【핵공학】입자가속기(粒子加速器). **Teilchenstrahlen** 〈Pl.〉 【물리】↑Korpuskularstrahlen. **teilen** ['tailən] 〈h〉 **1. a)** (부분으로) 나누다, 분할하다, 분리하다: etw. in gleiche Stücke t. 무엇을 같은 크기의 조각으로 나누다. **b)** (수를) 나누다(↑dividieren). **2. a)** 분배하다, 나누어 갖다: wir teilten den Gewinn unter uns Geschwistern 우리는 이익을 형제자매들끼리 나누어 가졌다. **b)** 나누어 주다, 함께 나누어 갖다: ich habe die letzte Zigarette mit ihm geteilt 그는 마지막 담배까지를 그와 나누어 피웠다. [전의] jmds. Ansicht[Auffassung, Meinung] t. 누구의 생각[견해, 의견]을 같이 하다. **3.** 양분하다, 둘로 쪼개다: das Schiff teilt die Wellen (아이) 배가 파도를 헤치며 나아간다. **4. a)** 공유하다, 함께 쓰다(사용하다): das Zimmer mit jmdm. t. 방을 누구와 함께 쓰다. **b)** 무엇을 함께 하다, 무엇에 함께 관여하다: Schicksal t. 운명을 같이하다. **c)** (감정이나 마음의 상태를) 누구와 함께 나누다(느끼다): jmds. Schmerz [Freude] t. 누구와 슬픔[기쁨]을 함께 하다. **5.** 〈t. + sich〉 〈아이〉 무엇에 똑같이 관여하다, 분담하다: Stadt und Staat teilen sich in die Kosten für den Neubau 시와 국가가 신축경비를 분담한다. **6.** 〈t. + sich〉 갈라지다, (길, 강 따위가) 분기(分岐)하다: nach der Biegung teilt sich der Weg 모퉁이가 지나면 길이 갈라진다. [전의] in diesem Punkt teilen sich die Ansichten 이 점에서 의견이 엇갈린다. **Teiler** ['tailɐ], der; -s, - 【수학】↑Divisor. **teilerfremd** 〈Adj.〉 【수학】공통약수가 없는. **Teilezurichter**, der; -s, - (기구나 기계의) 부품 검사원. **teilhaft** (드물게) ↑teilhaftig. **teilhaftig** [(또한) -'haftɪç] 〈Adj.〉 《다음 용법으로》 **jmdm.[einer Sache] t. werden**(sein) (아이ㆍ준고어) 누구[무엇]를 소유(공유)하게 되다(하고 있다). **-teilig** [-tailɪç] 《다음의 합성어로, 예컨대》 einteilig. **teils** 〈Adv.〉 《원래 부사적 2격》 일부는, 받은 **t. ..., t. ...** 일부는..., 일부는...: wir hatten im Urlaub t. Regen, t. Sonnenschein 우리는 비를 만나기도 하고 햇빛도 보면서 휴가를 보냈다; **t., t.** (통용어) 그럭저럭, 신통치 않은 《예컨대, 묻는 말에 대한 대답》: „Wie geht es dir?" "T., t." "어떻게 지내?" "그저 그래." **-teils** [-tails] 《다음의 합성어로, 예컨대》 größtenteils. **Teilung**, die; -en **a)** 나눔, 분할, 구분, 분리. **b)** 분할[분리] 상태: die T. Deutschlands beseitigen 독일의 분단 상황을 제거하다.

Teilungs-: ~artikel, der [언어] 부분 관사. ~klage, die [법] 분할 소송. ~masse, die [법] 배당 재단 (配當財團), 파산 재단. ~verhältnis, das 분배 비율. ~zeichen, das 접합부(接合符), 하이픈.

Teint [tɛ̃ː, 《또한》tɛŋ], der; -s, -s [frz. teint] **a)** 안색 (顔色), 피부색, 혈색. **b)** 얼굴 피부의 상태.

T-Eisen ['teː|-], das; -s, - T 자형쇠, T 형강(鋼).

Teiste ['tajstə], die; -n [norw. teiste] 바다오리속의 일종.

tektieren [tɛk'tiːrən] ⟨h⟩ [인쇄] 잘못 인쇄된 부분을 가려 식별을 불가능하게 하다.

Tektit [tɛk'tiːt, 《또한》...tɪt], der; -s, -e [griech. tēktós] [광물] 텍타이트, 유리질 물질.

Tektogenese [tɛkto-], die [지질] (지각의) 구조 운동 (構造運動). **Tektonik** [tɛk'toːnɪk], die [griech. tektonikós] **1.** [지질] 구조 지질학. **2.** [건축] **a)** (가구, 건축 따위의) 골조 구조, 구성. **b)** 구축학(構築學), 구조학. **3.** [문예학] (문학 작품의) 내적 구조. **tektonisch** ⟨Adj.⟩ **1.** 구조 지질학적인, 구조(학)적인. **2.** 지각의 구조운동적인: -e Beben 구조 지진(構造地震). **Tektonit** ['tɛkto'niːt, 《또한》nɪt], das; -s, -e [지질] 구조암(構造岩). **Tektonosphäre** [tɛktono-], die [지질] (지구 내부의) 구조권(圈).

Tektur [tɛk'tuːɐ̯], die; -en [spätlat. tēctūra] [인쇄] T Deckblatt (3 a).

Telamon ['teːlamon, 《또한》 tela'moːn], der; -s, -en [tela'moːnən; griech. telamón] [건축] (그리스 건축에서 기둥으로 썼던) 남상주(男像柱).

Telanthropus [te'lantropus], der; -, ...pi [griech. télos + ánthropos] [인류] 홍적세(洪積世)때 남 아프리카의 화석 인류.

Telaribühne [te'laːri-], die [mlat. telarium] (르네상스 시대의) 텔라리무대.

Tel Aviv-Jaffa [tɛl a'viːf-] 이스라엘의 도시.

Tele ['teːla], das; -(s), -(s) 《은어》 T Teleobjektiv의 약칭. **tele-, Tele-** [teːle-] **1** : griech. tēle; **2** : griech. télos] **1.** "원(遠)…"을 뜻하는 규정어로서, 예컨대》 Telefon. **2.** "끝, 목적"을 뜻하는 규정어. **Teleangiektasie** [...|aŋgiekta'ziː], die; -n [...ziːən; T Tele- (2), griech. aggeîon] [의학] 모세관 확장증(毛細管擴張症), 혈관성모반(母斑). **Telebrief**, der 전파의 위성을 통해 전달되는 통신편지. **Telefon** [...'foːn, 《통용어로는 또한》 'teːlafoːn], das; -s, -e [frz. téléphone, engl. telephone] **1.** 전화기: nicht ans T. gehen 전화를 받지 않다; am T. gewünscht [verlangt] werden 전화요청; sich ans T. hängen 《통용어》 전화하다. **2.** 전화 접속: T. beantragen 전화 가입 신청을 하다. **3.** 《드물게》 T Handapparat (1). **4.** 《통용어》 전화 통화. **Telefon-**: ~anruf, der T Anruf (2). ~anschluß, der T Fernsprechanschluß. ~apparat, der T Telefon (1). ~buch, das T Fernsprechbuch. ~dienst, der 《Pl. 없음》 전화 근무, 전화 당번. ~draht, der T ~kabel. ~gabel, die T Gabel (3 b). ~gebühr, die 《대개 Pl.》 전화 요금. ~gespräch, das 통화. ~häuschen, das T Fernsprechzelle (a). ~hörer, der T Handapparat (1). ~kabel, das 전화선. ~kabine, die T Fernsprechkabine, die 전화회선, 전화회선. ~mast, der 전화선용 전주(電柱). ~muschel, die 《드물게》 (전화기의) 송[수]화구. ~netz, das 전화망. ~nummer, die 전화 번호. ~rechnung, die (전화 요금 통지)계산서. ~schnur, die (소켓과 연결된) 전화줄. ~seelsorge, die 인생 상담 전화. ~überwachung, die 혐의자에 대한 전화 통화 감시. ~verbindung, die 전화 연락, 전화 접속. ~verzeichnis, das 전화번호부. ~zelle, die T Fernsprechzelle. ~zentrale, die 전화 교환실.

Telefonat [...fo'naːt], das; -(e)s, -e 통화, 전화 통지. **Telefonie** [...fo'niː], die **1.** T Sprechfunk. **2.** T Fernmeldewesen. **telefonieren** [...fo'niːrən] ⟨h⟩ **1.** 전화 통화하다: nach England t. 영국으로 전화하다. **2.** 《드물게》 전화 통지하다, 전화로 알리다: einem Freund t. 친구에게 전화로 알리다. **Telefoniererei** [...foniːrə'raj], die; -en 《폄》 (쉼없는) 전화질. **telefonisch** ⟨Adj.⟩ **1.** 전화로: den Eingang des Auftrags t. bestätigen 주문 접수를 전화로 확인해 주다. **2.** 전화의. **Telefonist** [...fo'nɪst], der; -en, -en 전신 기사, 전화 교환수. **Telefonistin**, die; -nen T Telefonist의 여성형. **Telefonitis** [...fo'niːtɪs], die 《통용어·농》 (지나치게 자주 전화하는) 전화병(病). **Telefoto**, das; -s, -s T Telefotografie의 약칭. **Telefotografie**, die; -n [망원 렌즈로 찍은] 망원(원거리) 사진. **telegen** [...'geːn] ⟨Adj.⟩ [engl. telegenic] (특히 사람이) 텔레비전(의 영상)을 잘 받는: er ist sehr t. 그는 텔레비전을 매우 잘 받는다. **Telegraf** [...'graːf], der; -en, -en [frz. télégraphe] 전신(기).

Telegrafen-: ~alphabet, das 전신 부호[기호]. ~amt, das 전신국. ~apparat, der 전신기(예컨대: 텔레타이프). ~beamte, der 전신국원. ~brief, der 전신편지, 전문(電文). ~büro, das 《옛》 전신 사업소(공적으로 중요한 소식을 전해 주는). ~dienst, der 전신업무. ~draht, der 전신 케이블. ~leitung, die 전신선(로). ~mast, der 전신주, 전주. ~netz, das 전신망. ~stange, die 전신 전주. ~verkehr, der 전신 교신. ~wesen, das 《Pl. 없음》 전신 제도. **Telegrafie**, die [frz. télégraphie] 전신(술), 전신법. **telegrafieren** [...gra'fiːrən] ⟨h⟩ [frz. télégraphier] 전보 치다, 타전하다: er hat (seinen Eltern) telegrafiert, daß er gut angekommen ist 그는 잘 도착했다고 (부모에게) 전보 쳤다; [전의] jmdm. t., was man beabsichtigt 《통용어·농》 의도하는 바를 신호로서 알리다. **telegrafisch** ⟨Adj.⟩ [frz. télégraphique] 전신술의, 전신으로: Geld t. anweisen 전신환으로 송금하다. **Telegrafist** [...gra'fɪst], der; -en, -en [frz. télégraphiste] 전신 기사, 전신원. **Telegrafistin**, die; -nen T Telegrafist의 여성형. **Telegramm** [...'gram], das; -s, -e [frz. télégramme, engl. telegram] 전보, 전신: ein T. absenden [aufgeben, schicken] 전보를 치다, 타전하다.

Telegramm-: ~adresse, die T Drahtanschrift. ~bote, der 전보 배달인. ~formular, das 전보 용지. ~gebühr, die 전보 요금. ~stil, der 《Pl. 없음》 전보 문체, 간결한 문체. ~wechsel, der 전보 교환. ~zustellung, die 전보 배달. **Telegraph**: T Telegraf. **Telekamera**, die; -s 망원 (렌즈가 부착된) 카메라. **Telekinese**, die [griech. kínēsis] [심령] 격동 현상(隔動現象)(건드리지 않고 물체를 움직이게 하는 심령 현상). **telekinetisch** ⟨Adj.⟩ 격동 현상의. **Telekolleg**, das; -s, -s /《드물게》-ien TV 학습강좌(매학기말 대학 자격 시험). **Telekonverter**, der [사진] T Konverter (2). **telekopieren** ⟨h⟩ 모사 전송(模寫電送)하다. **Telekopierer**, der; -s, - 모사 전송기, 팩시밀리 장치. **Telekopiergerät**, das; -(e)s, -e T Telekopierer.

Telemark ['teːləmark], der; -s, -s 노르웨이의 지방명에 따라] 《엣·스키》 텔리마크(동작의 한 가지). **Telemarkschwung**, der 텔리 마크.

Telemeter, das; -s, - 《드물게》 거리계, 측거의(測距儀), 동력 계측기, 텔레미터. **1.** Telemetrie. **2.** [공학] 측정치의 원거리 자동 전송. **2.** (텔레미터를 사용한) 원격 측정. **telemetrisch** ⟨Adj.⟩ 원격 측정의. **Tele-**

objektiv, das; -s, -e 〔사진〕망원 렌즈. **Teleologie** [teleo-], die [griech. télos] 〔철학〕목적론(반대: Dysteleologie). **teleologisch** 〈Adj〉목적론의. **Telepath**, der; -en, -en [engl. telepath] 텔레파시의 감수성이 있는 사람. **Telepathie**, die [engl. telepathy] 〔심령〕텔레파시, 정신 감응, 이심전심(以心傳心). **telepathisch** 〈Adj.〉1. 텔레파시의, 정신감응의. 2. 텔레파시를 하고 있는. **Telephon**: ↑Telefon. **Telephotographie**: ↑Telefotografie. **Teleplasma**, das; -s, ...men 〔심령〕텔레플라즈마, (영매체(靈媒體)에서 생긴다고 하는 가상적) 심령체(心靈體). **Telesatz**, der; -es ↑Fernsatz. **Teleskop** [...'sko:p], das;-s, -e [frz. téléscope] 망원경.

Teleskop-: **~antenne**, die 텔레스코픽 안테나, 신축식 공중선(空中線). **~auge**, das 〈대개 Pl.〉망원경안(望遠鏡眼)(심해동물 따위의). **~fisch**, der 1. 툭눈금붕어. 2. 망원경안을 가진 경골류(硬骨類)의 물고기. **~mast**, der 신축식 마스트. **~schiene**, die 신축식 레일. **~stoßdämpfer**, der 신축식 완충기(伸縮式 緩衝器), 통형(筒型) 완충기.

Teleskopie [...sko'pi:], die 시청을 조사(방법). **teleskopisch** [...'sko:pıʃ] 〈Adj.〉[frz. téléscopique] 1. 망원경으로(만) 보이는. 2. a) 망원경의. b) 망원경에 의한. **Telespiel**, das TV오락(기). **Telespot**, der; -s, -s 〈드물게〉↑Fernsehspot. **Telestichon** [te'lɛstıçɔn], das; -s, ...chen / ...cha [griech. télos + stíchos] a) 행말문자 맞춤시(詩)(각 시행의 마지막 문자 혹은 단어들을 차례로 나열하면 하나의 낱말이나 문장이 됨). b) 행말 문자(음절・어). **Teletest**, der; -(e)s, -s, 〈또한〉-e [engl. teletest] 시청자(률) 조사. **Television** [...vi-'zio:n, 〈engl.〉'tɛlıvıʒən], die [engl. television] 텔레비전(방송). **televisionieren** [...zio'ni:rən] 〈h〉〈schweiz.〉TV중계하다. **Telex** ['te:lɛks], der; -, -(e) [engl. teleprinter exchange] 1. 텔렉스. 2. a) 텔렉스 기계. b) 텔렉스 망. **telexen** ['te:lɛksp] 〈h〉텔렉스를 치다. **Telexverkehr**, der 〈Pl. 없음〉텔렉스 교신.

Teller ['tɛl ɐ, der; -s, - 1. 접시: ein tiefer T. 오목한 접시; er hat zwei T. Spaghetti gegessen 그는 스파게티 두 접시를 먹었다. 2. 스키 폴 끝 부분에 붙은 원반모양의 것. 3. 〈대개 Pl.〉〔사냥〕산돼지의 귀.

teller-, Teller-: **~brett**, das 접시 선반, 접시 걸이. **~eisen**, das 〔사냥〕(밟으면 잡히는) 둥근 철제 덫. **~fleisch**, das 〔특히 österr.〕수프 속에 익혀서 썰어 넣은 돼지고기나 쇠고기. **~förmig** 〈Adj.〉접시 모양의. **~groß** 〈Adj.〉접시 크기의. **~kappe**, die 둥글 납작한 모자(베레모 따위). **~mine**, die 원반형 지뢰. **~mütze**, die ↑~kappe. **~rand**, der 접시 가장자리. **~rund** 〈Adj.〉접시처럼 둥근. **~sammlung**, die (진귀한) 접시 수집. **~tuch**, das 〈Pl. -tücher〉〔지역적〕접시 닦는 데 쓰는 수건. **~wäscher**, der 접시닦이.

tellern ['tɛlɐn] 〈h〉손만 움직여 배영(背泳)하다.

Tellur [tɛ'lu:ɐ], das; -s [lat. tellūs (2격: tellūris)] 텔루륨(금속 원소: 기호: Te). **Tellurat** [telu'ra:t], das; -(e)s, -e 〔화학〕텔루륨산염(酸鹽). **tellurig** [tɛ'lu:rıç] 〈Adj.〉〔화학〕텔루륨의. **tellurisch** 〈Adj.〉〔지질〕지구의, 지구상의, 땅의. **Tellurit** [tɛlu'ri:t], das; -s, -e 〔화학〕아(亞)텔루륨산염. **Tellurium** [tɛ'lu:riʊm], das; -s, ...ien [...iən] 〔천문〕(지구의 자전, 공전을 나타내는) 지동의(地動儀).

Telophase [telo-], die; -n 〔생물〕핵분열의 말기(末期). **Telos** ['te:lɔs, 〈또한〉'te...], das; - [griech. télos] 〔철학〕목적.

telquel, 〈또한〉**tel quel** [tɛl'kɛl; frz. tel quel] 1. 〔상〕(상품의) 있는[그 상태] 그대로. 2. 〈드물게〉변경하지 않고.

Teltower Rübchen [...toɐ-], das; - -s, - - 〈대개 Pl.〉작고 하얀 순무.

Tema con variazioni ['te:ma 'kɔn varia'tsio:ni], das; - - - [ital.]〔음악〕주제에 의한 변주(變奏).

Tempel ['tɛmpḷ], der; -s, - [lat. templum] 1. (비 그리스도교의) 신전(神殿), 사원: ein Tempel des Zeus 제우스 신전; 〈전의〉der T. der Kunst 〈아이〉극장; jmdn. zum T. hinausjagen(hinauswerfen) 〈통용어〉(화가 나서) 누구를 내쫓다(요한복음 2장 15절, 마태복음 21장 12절 등 참조). 2. 고대 그리스 신전식의 건축물, (공원 따위의) 정자.

Tempel-: **~bau**, der 신전 건축, 신전 조영(造營). **~block**, der 〈Pl. -blöcke〉(아시아 신전에서 사용되는) 목탁형 악기. **~diener**, der 신전 관리인. **~gesellschaft**, die 〈Pl. 없음〉독일 성전파(1861년 호프만이 창립한 자유교회). **~herr**, der ↑Templer. **~orden**, der ↑Templerorden. **~prostitution**, die 〔문화인류〕신전 매음(賣淫)(종교적 행위로서 여자들의 성적 봉사). **~raub**, der 성물(聖物) 절취. **~räuber**, der 성물 절취자. **~ritter**, der ↑Templer. **~schänder**, der 신전 모독자. **~schändung**, die 신전 모독. **~schatz**, der 신전 보물. **~tanz**, der 신전 무용. **~tänzerin**, die 신전 무희.

Temper- (tempern): **~guß**, der 가단주철(可鍛鑄鐵). **~kohle**, die 템퍼 카본, 연화탄소(軟化炭素). **~ofen**, der 주철로(鑄鐵爐). **~stahl**, der ↑~guß.

Tempera ['tɛmpəra], die; -s [ital. tempera] 1. ↑Temperafarbe의 약칭. 2. 《드물게》↑Temperamalerei의 약칭. **Temperafarbe**, die 템페라, 수성도료(水性塗料). **Temperamalerei**, die 1. 〈Pl. 없음〉템페라 화법(畫法). 2. 템페라 화(畫). **Temperament** [tempəra'mɛnt], das; -(e)s, -e [lat. temperāmentum] 1. 기질(氣質), 성미, 체질: die vier -e (인간의) 네 가지 기질; ein sanguinisches(cholerisches, melancholisches, phlegmatisches) T. 다혈(담즙, 우울, 점액)질. 2. 〈Pl. 없음〉원기, 열정, 활력: sein T. zügeln 그의 열정을 억제하다; er läßt sich leicht von seinem T. fortreißen 그는 쉽게 자신의 격정에 휩쓸린다; 〈전의〉ein Sportwagen mit viel T. 매우 순발력 있는 스포츠카.

temperament-, Temperament-: **~los** 〈Adj.〉기개가 없는, 활기[활력]가 없는, 무기력한. **~losigkeit**, die ↑~los의 명사형. **~sache**, die 〈드물게〉↑Temperamentssache. **~voll** 〈Adj.〉활발한, 원기 있는, 정열적인, 격하기 쉬운.

Temperamentsausbruch, der; -(e)s, ...brüche 열정[열기]의 발산. **Temperamentssache**, die 《다음 용법으로》etw. [das] ist T. 무엇[그것]이 기질의 문제이다. **Temperatur** [tɛmpəra'tu:ɐ], die; -en [lat. temperātūra] 1. 온도, 기온, 체온: eine angenehme T. 쾌적한 기온; die Temperatur fällt[sinkt] unter Null [unter des Nullpunkt] 기온이 영하로 떨어지다; die T. messen 체온(기온)을 재다. 2. 〔의학〕(정상적인 체온보다 높은) 열: (erhöhte) T. haben 약간 열이 있다. 3. 〔음악〕조율(調律), 평균율.

temperatur-, Temperatur-: **~abhängig** 〈Adj.〉온도에 영향 받는. **~abhängigkeit**, die 〈Pl. 없음〉↑~abhängig의 명사형. **~abnahme**, die 온도 저하. **~anstieg**, der 온도 상승. **~ausgleich**, der (서로 다른 온도들 사이의) 온도 조절. **~bedingt** 〈Adj.〉온도에 제약되는. **~beständig** 〈Adj.〉(온도의) 변화에 견디는, 특정 온도까지는 안전한. **~differenz**, die ↑~unterschied. **~empfindlich** 〈Adj.〉열(온도)에 민감한. **~erhöhung**, die 온도 상승. **~fest** 〈Adj.〉↑~beständig. **~koeffizient**, der 〔물리〕온도 계수(計數). **~kurve**, die 체온[온도] 곡선. **~messer**, der 온

도 측정기, 온도계. **~meßgerät,** das 온도 측정기, 온도계. **~mittel,** das (일정 시간 내의) 온도 평균치. **~regler,** der (실내의) 온도 조절 장치, (자동) 온도 조절기. **~rückgang,** der 온도 하강(下降). **~schreiber,** der 자기(自記) 온도계, 온도 기록계. **~schwankung,** die 〈대개 Pl.〉 온도의 변동, 기(체)온의 변화. **~sinn,** der 온도감각. **~spitze,** die (일정 시간내의) 온도 최고치. **~steuervorrichtung,** die ↑~regler. **~sturz,** der 온도의 급강하. **~unterschied,** der 온도차. **~wechsel,** der 온도 변화. **~zunahme,** der 온도 상승.
Temperenz [tempəˈrɛnʦ], die [engl. temperance] 《교양어》 절제, (특히) 금주(禁酒), 절주(節酒). **Temperenzgesellschaft,** die 절제회, 금주회. **Temperenzler** [...ˈrɛnʦlɐ], der; -s, - 절제회 회원, 절제가, 금주가. **Temperenzverein,** der; -(e)s, -e 절제회, 금주회. **temperieren** [...ˈriːrən] 〈h〉 [lat. temperāre] 1. 알맞은 온도로 하다: das Zimmer angenehm t. 방을 쾌적한 온도로 하다; das Badewasser ist gut temperiert 목욕물이 알맞게 덥혀졌다. 2. 〈아어〉 완화하다, 조절하다, 알맞게 하다. 3. 【음악】 조율(調律)하다: temperierte Stimmung (↑Temperatur 3). **Temperierung,** die; -en 쾌적한 온도로 만듦; 완화, 조절. **tempern** [ˈtɛmpɐn] 〈h〉 【제련】 (금속을) 달궈 무르게 하다, 뜨임 열 처리를 하다.
Tempest [ˈtɛmpɪst], die; -s [engl. tempest] 〈요트〉 템피스트(경기용 2인승 요트). **Tempestboot,** das 템피스트. **tempestoso** [tɛmpɛsˈtoːzo] 〈Adv.〉 〈ital. tempestoso〉 【음악】 템페스토조의, 폭풍우 같은, 사나운.
Tempi [ˈTempo의 복수형. **Tempi passati** [ˈtɛmpi paˈsaːti; ital. = vergangene Zeiten] 《교양어》 그건 다 지나간 일이야!
Templeise [temˈplaɪzə], der; -n, -n 〈대개 Pl.〉 성배(수호의) 기사(騎士). **Templer** [ˈtɛmplɐ], der; -s, - [(a)frz. templier] 《역사적》 성당 기사, 템플 기사 단원. **Templerorden,** der 〈Pl. 없음〉 《역사적》 성당[템플]기사단(중세 예루살렘의 신전 또는 성지 참배의 순례자 보호를 목적으로 하였음).
tempo [ˈtɛmpo; ital. tempo] 【음악】 〈다음 용법으로〉 t. di marcia [ˈ- - di ˈmartʃa] 행진 속도로; t. giusto [ˈ- - ˈdʒusto] 알맞은[정상] 속도로; t. primo [ˈ- - ˈpriːmo] 본디의 빠르기로; t. rubato 속도를 자유로. **Tempo** [-], das; -s, -s / Tempi [ital. tempo] 1. 〈Pl. -s〉 템포, 속도, 속력: das vorgeschriebene(erlaubte) T. fahren 규정(허용) 속도로 달리다; in[mit] hohem T. 높은 속도로; auf Landstraßen gilt T. 100 지방도에서는 최고 시속 100km가 적용된다; Tempo (Tempo)! 〈통용어〉서둘러! 빨리 빨리! 2. 〈Pl. 대개 Tempi〉 〈음악〉 (적합한) 속도, 박자: der Dirigent nahm die Tempi zu rasch 지휘자가 연주의 템포를 빨리했다. 3. 【펜싱】 되받아치기(공격적 방어).
Tempo-: ~aktion, die 【펜싱】 ↑Tempo (3). **~begrenzung,** die ↑~limit. **~hieb,** der 【펜싱】 ↑Tempo (3). **~limit,** das 〈교통〉 속도 제한. **~sünder,** der 속도 위반자. **~taschentuch,** das (Tempo Ⓦ) 〈통용어〉 휴대용 화장지. **~verlust,** der 속도 상실. **~wechsel,** der 속도 변경.
Tempora: ↑Tempus의 복수형. **¹temporal** [tempoˈraːl] 〈Adj.〉 [lat. temporālis] 《언어》 시간적인, 때의. **²temporal** [-] 〈Adj.〉 [spätlat. temporālis] 【의학】 측두(側頭)의, 관자놀이의.
Temporal- 《언어》: **~adverb,** das 시간의 부사. **~bestimmung,** die 시간의 부사적 규정. **~satz,** der 시간의 부문장(als, während 등으로 시작하는).
Temporalien [tempoˈraːliən] 〈Pl.〉 [mlat. temporalia] 《중세》 교회의 세속적 재산, 성직자의 녹(祿).

tempora mutantur [ˈtɛmpora muˈtantuːɐ, lat. = die Zeiten ändern sich] 《교양어》 만상(萬象)은 변한다.
temporär [...ˈrɛːɐ] 〈Adj.〉 [frz. temporaire] 《교양어》 일시적인, 임시의, 잠정적인, 덧없는. **temporell** [...ˈrɛl] 〈Adj.〉 [frz. temporell] 《교양어·고어》 a) 일시적인, 덧없는. b) 현세의, 세속의. **temporisieren** [...riˈziːrən] [frz. temporiser] 《교양어·고어》 그럴 듯한 말로 기대를 갖게하다, 기회를 엿보다. **Tempus** [ˈtɛmpʊs], das; -, Tempora [ˈtɛmpora; lat. tempus] 《언어》 시제, 시칭.
ten. = tenuto.
Tenakel [teˈnaːkl], das; -s, - [lat. tenāculum] 【인쇄】 원도(原圖)틀, 원고대(原稿臺). **Tenazität** [tenaʦiˈtɛːt], die [lat. tenācitās] 《전문어》 끈기, 점착력, 점착성.
Tendenz [tɛnˈdɛnʦ], die; -en [frz. tendance] 1. a) 경향, 추세, 풍조: es herrscht die T., den Sport weiter zu kommerzialisieren 스포츠를 계속해서 상업화하려는 경향이 두드러진다; die Preise haben eine fallende T. 물가가 내려가는 추세이다. b) 〈자주 폄〉 뚜렷한 취향(趣向), 강한 경향, 편향(偏向), 의도, 목적: neue -en in der Literatur 문학의 새로운 경향들; seine Politik hat sozialistische -en 그의 정치는 사회주의적 의도를 지니고 있다. 2. a) 성벽, 성향(性向): er hat die T., immer auf seiner Meinung zu beharren 그는 항상 자기 주장을 고집하는 성향을 지니고 있다. b) 〈자주 폄〉 (표현 방식의) 경향성, 특정 의도: diese Zeitung verfolgt eine T. 이 신문은 경향성을 추구하고 있다.
Tendenz-: ~betrieb, der (정치, 교육, 종교 등의) 특정 이념을 표방하는 기업, 경향 기업. **~dichtung,** die 《자주 폄》 경향 문학. **~literatur,** die 《자주 폄》 경향 문학. **~roman,** der 《자주 폄》 경향 소설. **~schutz,** der (종업원 대표의 경영 참가권을 제한하는) 경향 기업 보호 규정. **~stück,** das 《자주 폄》 경향극(傾向劇). **~wende,** die 경향 전환, 추세 변이.
tendenziell [tɛndɛnˈʦiɛl] 〈Adj.〉 일반적 경향[추세]에 따르는. **tendenziös** [...ˈʦioːs] 〈Adj.〉 [frz. tendancieux] 《폄》 특정 의도가 있는, 경향성의, 치우친, 편향적인: etw. t. verfälschen 무엇을 특정 의도에 따라 변조하다.
Tender [ˈtɛndɐ], der; -s, - [engl. tender] 1. (기관차의) 탄수차(炭水車). 2. 【해양】 (모선에 딸린) 부속선(석탄, 물 등의 운송용), 보급선.
tendieren [tɛnˈdiːrən] 〈h〉 《교양어》 (의) 경향이 있다, (에) 기울어지다: die Partei tendiert nach links 그 정당은 좌경적이다; er tendiert dazu, den Vertrag abzuschließen 그는 계약을 체결하는 쪽으로 기운다; die Aktien tendieren uneinheitlich 〈증권〉 주가가 난조세의 경향이다.
teneramente [teneraˈmɛnte] 〈Adv.〉 [ital.] 【음악】 상냥하게, 애정을 갖고.
Teneriffa: 스 카나리아 군도의 섬.
Teneriffaarbeit, die; -en, **Teneriffaspitze** [teneˈrɪfa-], die; -n ↑Sonnenspitze.
Tenn [tɛn], das; -s, -e (schweiz.) ↑Tenne. **Tenne** [ˈtɛnə], die; -n 다진 바닥, (헛간 안의) 타작 마당.
Tennessee [...ˈsiː, (또한) ˈtɛnəsiː], der; -(s) 테네시 강. **Tennessee,** das 스 테네시 주.
Tennis [ˈtɛnɪs], das; - [engl. tennis] 테니스, 정구.
Tennis-: ~arm, der ↑~ell(en)bogen, **~ball,** der 정구공, 테니스공. **~crack,** der 《은어》 명 테니스 선수. **~dreß,** der ↑~kleidung. **~ell(en)bogen,** der [의학] 테니스엘보(정구를 치다가 걸리는 팔꿈치의 관절염). **~hemd,** das 테니스 셔츠. **~hose,** die 테니스 반바지. **~kleid,** das 테니스 복. **~kleidung,** die 테니스 복장. **~klub,** der 테니스 클럽. **~maschine,** die (테니스 연

습)볼 머선. ~**match,** das 테니스 시합. ~**meisterschaft,** die 테니스 선수권. ~**partner,** der 테니스 파트너. ~**partnerin,** die 여자 테니스 파트너. ~**platz,** der **1.** 테니스 코트. **2.** 복합 테니스 코트. ~**schläger,** der 테니스 라켓. ~**schuh,** der 테니스 화. ~**spiel,** das, ~**spielen,** das; -s 테니스 (경기). ~**spieler,** der 테니스 치는 사람, 테니스 선수. ~**spielerin,** die 여자 테니스 선수, 테니스 치는 여자. ~**turnier,** das 테니스 시합. ~**wand,** die 테니스 연습용 벽.

Tenno ['tɛno], der; -s, -s [jap. tennō] **a)** 〈Pl. 없음〉일왕(日王)의 칭호 및 지위. **b)** 일본 왕(그 칭호의 소유자).

¹Tenor [te'no:ɐ̯], der; -s, Tenöre ['te'nø:rə] /《또한 österr.》-e [ital. tenore] **1.** 테너(남성(男聲)의 최고음): er hat einen strahlenden T. 그는 아주 멋진 테너음을 갖고 있다. **2.** 〈Pl. 없음〉악곡에서의 독주 테너 성부. **3.** 테너 가수. **4.** 〈Pl. 없음〉(합창에서) 테너 가수부(部). **²Tenor** ['tenor], der; -s [lat. tenor] **1. a)** 근본 내용, 대의, (문서 따위의) 취지(趣旨): der T. seines Buches 그의 책의 취지. **b)** 【법】판결 주문(主文). **2.** 【음악】**a)** (교회 선법(旋法)의) 반복음. **b)** 테너 성부(聲部), (중세 성가의) 주성부(主聲部).

Tenor-: ~**buffo,** der 희가극 테너 가수(광대역의). ~**horn,** das 테너호른(금관 악기의 일종). ~**lage,** die 테너 음역(音域). ~**partie,** die 테너 성부. ~**sänger,** der 테너 가수. ~**schlüssel,** der 테너 기호, 차중 음부 (次中音部) 기호. ~**stimme,** die **1.** 테너의 목소리. **2.** 테너 음부.

Tenora [te'no:ra], die; -s [span. tenora] 【음악】옛 오보에(테너 음역의 목관 악기). **tenoral** [teno'ra:l] 〈Adj.〉【음악】 테너 음색의. **Tenore, Tenöre:** ↑'Tenor의 복수형. **Tenorist** [teno'rɪst], der; -en, -en 테너 가수.

Tensid [tɛn'zi:t], das; -(e)s, -e 〈대개 Pl.〉【화학】계면활성제(界面活性劑). **Tension** [tɛn'zio:n], die; -en [lat. tēnsio] 【물리】(기체, 증기 따위의) 팽창력, 압력, 응력(應力), 내력(內力), 외력(歪力), 장력(張力). **Tensor** ['tɛnzor, 《또한》...zo:ɐ̯], der; -s, -en [tɛn'zo:rən; lat. tēnsum] 【수학】텐서.

Tentakel [tɛn'ta:kl], der, 《또는》das; -s, - 〈대개 Pl.〉 [lat. tentāre] **1.** 촉수(觸手), 촉완(觸腕). **2.** 【식물】선모(腺毛). **Tentakulit** [tɛntaku'li:t, 《또한》...lɪt], der; -en, -en 텐타쿨리테스(고생대 초반에 서식한 연체 동물). **Tentakulitenschiefer,** der 【지질】텐타쿨리테스 점판암(粘板岩). **Tentamen** [tɛn'ta:mən], das; -s, ...mina [lat. tentāmen] **1.** (의과 대학생의) 예비 시험. **2.** 【의학】실험. **tentativ** [tɛnta'ti:f] 〈Adj.〉(교양어) 시도[시험]적인. **tentieren** [tɛn'ti:rən] 〈h〉 [frz. tenter] **1.** (고어·지역적) **a)** 조사하다, 시험하다. **b)** 시도하다, 기도하다. **2.** 《österr.·통용어》의도하다.

Tenue, 《드물게》 **Tenü** [tə'ny], das; -s, -s [frz. tenue] 《schweiz.》옷차림, 옷매무새; 복장, 옷, 제복.

Tenuis ['te:nuɪs, die; Tenues [...ue:s; lat. tenuis] 【언어】무성 파열음(破裂音)(예컨대: k, p, t).

tenuto [te'nu:to] 〈Adv.〉 [ital. tenuto] 【음악】지속해서.

Tepidarium [tepi'da:riʊm], das; -s, ...ien [...iən; lat. tepidārium] (고대 로마 목욕탕의) 미온욕실(微溫浴室), 온실.

Tepp [tɛp], der; -en, -en 《südd., österr., schweiz.》 ↑Depp. **teppert** ['tɛpɐt] 〈Adj.〉《österr.》↑deppert.

Teppich ['tɛpɪç], der; -s, -e [lat. tap(ē)tum, tapēte, tapēs < griech. tápēs, tápis] **1.** 융단, 양탄자: für den Staatsbesuch wurde ein roter T. ausgerollt (공식) 국가 방문을 위해 붉은 양탄자가 깔렸다; einen T. weben(knüpfen) 양탄자를 짜다; ein Zimmer mit dicken -en auslegen 방을 두터운 양탄자로 깔다; 전의 ein T. aus dichtem Gras 양탄자를 깐 듯 촘촘히 자란 초지(草地); **auf dem T. bleiben** 《통용어》실제적인 현실에 머무르다, 객관성을 지키다; **etw. unter den T. kehren** 《통용어》얼버무려 넘기다, 흐지부지 뭉개버리다. **2.** (특히 südd.) 모포, 담요.

Teppich-: ~**boden,** der 양탄자를 깐 바닥. ~**bürste,** die 양탄자 솔. ~**fabrik,** die 양탄자 (생산)공장. ~**fliese,** die 사각형의 천으로 된 바닥 깔개용 타일. ~**händler,** der 양탄자 취급상. ~**käfer,** der 양탄자 수시렁이. ~**kehrer,** der 양탄자 청소기. ~**kehrmaschine,** die 전기 양탄자 청소기. ~**klopfer,** der 양탄자 털개. ~**klopfmaschine,** die 전기 양탄자 털개. ~**klopfstange,** die ↑~stange. ~**knüpfer,** der; -s, - 양탄자 직공(織工). ~**knüpferin,** die; -nen 여자 양탄자 직공. ~**muster,** das 양탄자 무늬. ~**pflege,** die 양탄자 손질, 양탄자 관리. ~**reinigung,** die **a)** 양탄자 세탁. **b)** 양탄자 세탁소. ~**schaum,** der 양탄자 세탁용 포말(거품). ~**stab,** der (계단의) 양탄자(융단) 누르개(쇠막대기). ~**stange,** die 털기위해 양탄자를 거는 막대. ~**weberin,** die 여자 양탄자 직공(織工). ~**wirker,** der 양탄자 짜는 사람.

Tequila [te'ki:la], der; -(s) [동명의 멕시코 도시 이름에 따라] (멕시코 산) 용설란 줄기의 즙을 증류한 술.

Tera... [tera...; griech. téras] 〈1조배(10^{12})를 뜻하는 규정어로서, 예컨대〉 Terameter = 10^{12}m (기호: T). **teratogen** [terato'ge:n] 〈Adj.〉【의학·약학】(특히 약품 등에서) 기형 유발물질의. **Teratologie,** die 【의학·생물】기형학(畸形學). **Teratom** [...to:m], das; -s, -e 【의학】기형종(腫).

Terbium ['tɛrbiʊm], das; -s [스웨덴의 지명 Ytterby에서] 【화학】테르븀(희토류(稀土類)원소의 하나; 기호: Tb).

Terebinthe [tere'bɪntə], die; -n [lat. terebinthus < griech. terébinthos] ↑Terpentinpistazie.

Tergal [tɛr'ga:l], der (인공어) **1.** 폴리에스테르계의 합성 섬유. **2.** 테르갈 섬유로 짠 직물(織物).

Term [tɛrm], der; -s, -e [frz. terme] **1.** 【수학·논리】항(項), 명사(名辭). **2.** 【물리】(원자, 분자 등의) 에너지의 기준 단위. **3.** 《언어·드물게》↑Terminus. **Terme** ['tɛrmə], der; -n, -n [frz. terme] (고어) 경계석(石), 경계주(柱). **Termin** [tɛr'mi:n], der; -s, -e [lat. terminus] **1.** 기한, 기일, 기간, 유예(猶豫), 연기; 지불일, 인도일(日)(경기 따위의) 예정일: der letzte T. für die Zahlung ist der 1. Mai 지불 최종 유예 기한은 5월 1일이다; einen T. vereinbaren(einhalten, überschreiten, versäumen) 기한을 합의하다(엄수하다, 넘기다, 놓치다); einen T.(bei einem Arzt) haben (의사로부터) 진료 시간을 배정 받다; die Sitzung wurde auf einen späteren T. verschoben(verlegt) 회의는 추후로 연기되었다; **zu T. stehen** 예정에 들어 있다. **2.** 【법】심리일, 개정일(開廷日), 출정일(出廷日): heute ist T. in Sachen ... 오늘이 …건의 심리일이다; einen gerichtlichen T. anberaumen(wahrnehmen, vertagen) 법정 심리일을 정하다(출두하다, 연기하다).

termin-, Termin-: ~**änderung,** die 기일 변경. ~**angabe,** die 기일표시. ~**arbeit,** die 한시 작업(기일 작業). ~**börse,** die 【증권】선물환시장(先物換市場). ~**druck,** der 〈Pl. 없음〉시간(기한)을 지켜야하는 (심적)부담. ~**einlage,** die [은행] 기일부 예금. ~**gebunden** 〈Adj.〉기한(시간)이 정해진. ~**gemäß** 〈Adj.〉기일(기한)에 맞는, 일정에 따른. ~**gerecht** 〈Adj.〉 ~gemäß. ~**geschäft,** das 【증권】선물거래(先物去來). ~**kalender,** der 기일(일정)기록용 메모장, 공판일정표(公判日程表). ~**kontrolle,** die 기일[일정] 준

감독. ~**markt**, der 〖증권〗(유가 증권의) 정기 거래 시장, 선물 시장(반대: Kassamarkt). ~**plan**, der (일의) 처리 계획(표). ~**planung**, die 일정표 작성. ~**schwierigkeiten** ⟨Pl.⟩ 기한을 지키기 힘듦. ~**treue**, die 《구동독》(경제 계획에 관한) 기한 엄수. ~**überschreitung**, die 일정 초과. ~**verlegung**, die 〖법〗공판 연기. ~**verschiebung**, die 기일[일정] 연기. ~**verzögerung**, die 기일[일정] 지체. ~**verzug**, der 일정 지체[연기]: in T. geraten 일정이 지체되다.
terminal [tɛrmi'na:l] ⟨Adj.⟩ [lat. termināIis] **1.** 《전문어》종말의, 말기의, 말단의. **2.** 《고어》 경계(境界)의, 한계의. **Terminal** ['tø:gminǝl, 'tɐr..., ⟨engl.⟩ 'tǝ:minl; engl.-amerik. terminal (station)] **1.** ⟨der (또한) das; -s, -s⟩ a) 공항 터미널, 출입국 수속 홀. b) 〖철도의 이나 항구의〗화물 터미널. **2.** ⟨das; -s, -s⟩ 〖전산〗단말 장치(端末裝置), 단말기. **terminativ** [tɛrmina'ti:f] ⟨Adj.⟩ [lat. terminātum] 〖언어〗† perfektiv. **Terminator** [tɛrmi'na:tɔr, ⟨또한⟩...to:ɐ̯], der; -s, -en [...na'to:rǝn; lat. termināre] 〖천문〗(달·혹성의) 명암계선(明暗界線). **Termini**: † Terminus의 복수형. **terminieren** [tɛrmi'ni:rǝn] ⟨h⟩ **1.** 기한을 한정하다. **2.** 시간을 확정하다. **Terminierung**, die; en 기한을 정하기. **Terminismus** [...'nismʊs], der; - **1.** 〖철학〗 명사론(名辭論)〖주의〗. **2.** 〖신학〗 성총유한설(聖寵有限說). **Termini technici**: † Terminus technicus의 복수형. **terminlich** [...lɪç] ⟨Adj.⟩ 기한[간]의. **Terminologe** [termino-], der; -n, -n 술어〖전문어〗학자. **Terminologie**, die; -n [...iǝn] a) ⟨총칭적으로⟩ 전문용어, 학술어. b) 술어론. **terminologisch** ⟨Adj.⟩ 전문〖학술〗용어의. **Terminus** ['terminʊs], der; -, Termini [lat. terminus] 명칭, 사(辭), 술어(術語), 전문용어. **Terminus ad quem** [- at 'kvɛm], der; - - - [lat.] 최종 기한(最終期限). **Terminus ante quem** [- 'antǝ 'kvɛm], der; - - - [lat.] † Terminus ad quem. **Terminus a quo** [- 'a: 'kvo:], der; - - - [lat.] **1.** 시기(始期), (주장, 정책 따위의) 출발점. **Terminus post quem** [- 'pɔst 'kvɛm], der; - - - [lat.] † Terminus a quo. **Terminus technicus** [- 'tɛçnikʊs], der; -, Termini technici [...ni ...tsi; nlat.] 술어, 전문어.
Termite [tɛr'mi:tǝ], die; -n 흰개미.
Termiten-: ~**hügel**, der 흰개미의 집(탑). ~**säule**, die †~hügel. ~**staat**, der (엄격한 조직의) 흰개미 부락(群落), 흰개미 사회.
ternär [tɛr'nɛːɐ̯] ⟨Adj.⟩ [frz. ternaire] 〖특히 화학〗 셋으로 이루어진, 세 개 한벌의, 삼원(三元)의, 삼성분의.
Terne ['tɛrnǝ], die; -n [ital. terna] 세 가지 번호가 맞아야 당첨되는 복권. **Ternion** [tɛr'nio:n], die; -en [lat. ternio] 〖고어〗 세 개 한 벌, 셋으로 된 한 셋트. **Terno** ['tɛrno], der; -s, -s [ital. terno] 《österr.》 † Terne.
Terpen [tɛr'pe:n], das; -s, -e [† Terpentin의 약칭] 〖화학〗 테르펜(식물유(油)속의 탄화수소). **terpenfrei** ⟨Adj.⟩ 테르펜이 없는. **Terpentin** [tɛrpɛn'ti:n], das / 《대개 österr.》 der; -s, -e [lat. terebinthinus < griech. terebinthinos] a) 테르펜틴(침엽수의 수지, 송진). b) (통용어) † Terpentinöl. **Terpentinöl**, das 테레빈 유(油). **Terpentinpistazie**, die 테레빈나무.
Terpsichore [tɛrp'psiçorǝ], die 무도와 합창의 여신.
Terra ['tɛra], die; - [lat. terra] 〖지리〗 땅, 흙, 지구. **Terra di Siena** [- di 'zjɛ:na], die; - - - [ital.] † Sienaerde. **Terrain** [tɛ'rɛ̃:], das; -s, -s [frz. terrain] **1. a)** 〖특히 군〗지역, 영역, 분야; 지형, 地勢(지세): die Truppen haben in dem Kampf T. verloren [gewonnen] 부대는 전투에서 지역을 잃었다[획득했다]. 전의die Literatur ist für ihn ein unbekanntes T. 문학은 그에게는 생경한 영역이다; **das T. sondieren** 《교 양어》지형을 답사[정찰]하다, 사정을 상세히 조사하다. **b)** 부지, 대지(垈地). **2.** 〖지리〗 층, (지질) 계통. **Terra incognita** [- ɪn'kɔgnita], die; - - [lat. inkognito] 《교양어》 미지의 나라, 전인미답(前人未踏)의 영역, 새로운 분야〖학문 따위의〗. **Terrakotta** [tɛra'kɔta], die; -, ...tten 《österr.》, **Terrakotte**, die; -n [ital. terracotta] **1.** ⟨Pl. 없음⟩ 테라코타(구운 점토). **2.** 고대(古代) 테라코타 그릇이나 조각품.
Terramycin W [tɛramy'tsi:n], das; -s [engl. Terramycin] 〖의학·약학〗 테라마이신(항생물질).
Terrarienkunde [tɛ'ra:rjǝn-], die 육생(陸生)동물학. **Terrarium** [tɛ'ra:rjʊm], das; -s, ...ien [...iǝn] **1.** 육생(陸生) 동물 사육 상자(두꺼비, 도마뱀류를 기르는). **2.** (동물원의) 육생 동물 사육동(棟). **Terrasse** [tɛ'rasǝ], die; -n [frz. terrasse] **1.** 테라스, 노대(露臺), 노단(露壇); 옥상 정원; 계단형 건축물: auf der T. frühstücken 테라스에서 아침식사하다. **2.** 단지(段地), 대지(臺地), 단구(段丘).
terrạssen-, Terrạssen-: ~**artig** ⟨Adj.⟩ † ~förmig. ~**dach**, das 평평한 지붕, 납작 지붕. ~**dynamik**, die 〖음악〗 층계적 강도 변화. ~**förmig** ⟨Adj.; nicht adv.⟩ 테라스 형태의, 계단(대지) 모양의. ~**garten**, der 계단식 정원. ~**haus**, das 이층으로 된 연속식 주택. ~**treppe**, die 테라스 계단. ~**tür**, die 테라스 문.
terrassieren [tɛra'si:rǝn] ⟨h⟩ [frz. terrasser] 계단 모양으로 만들다, 단(壇)으로 만들다. **Terrassierung**, die; -en **a)** 계단 모양(단)으로 만들기. **b)** 테라스로 되어 있음. **Terrazzo** [tɛ'ratso], der; -(s), ...zzi [ital. terrazzo] 테라초(벽, 마룸의 장식 석재), (인조석 따위의 표면을) 갈아서 무늬나 광을 내는 콘크리트. **Terrazzofußboden**, der 테라초 바닥. **Terrazzostufe**, die 테라초 계단.
terrestrisch [tɛ'rɛstrɪʃ] ⟨Adj.⟩ [lat. terrestris] **1.** 《교양어·전문어》 지구의, 지상의, 현세의. **2. a)** 〖지리〗 물의, 육지의. **b)** 〖생물〗 육생(陸生)의.
terribel [tɛ'ri:bl] ⟨Adj.⟩ [frz. terrible] 《고어》 무서운.
Terrier [tɛriɐ̯], der; -s, - [engl. terrier (dog)] 테리어 《개의 일종》. **terrigen** [tɛri'ge:n] ⟨Adj.⟩ [lat. terra + † -gen 참조] 《생물》 육지에서 생긴, 땅에서 나는, 육생(陸生)의. **Terrine** [tɛ'ri:nǝ], die; -n [frz. terrine] 수프접시(질그릇), 질항아리, 사발, 주발: eine T. Erbsensuppe bestellen 완두콩 수프 한 접시를 주문하다; Punsch aus der T. schöpfen 편치를 항아리에서 푸다.
territorial [tɛrito'rjaːl] ⟨Adj.⟩ [lat. territorialis] 영토의, 영역의, 내륙의, 지역적인, 지방적인: die -e Integrität eines Staates 국가의 영토 종주권(宗主權)[불가침성]; -e Ansprüche (Forderungen) 영토 요구. 《구동독》 단위 지역의(군·읍 등).
Territorial-: ~**armee**, die 〖군〗(특히 영국, 프랑스 등의) 국(지)방 의용군, 국민군, 지역 방위군. ~**dienst**, der 《schweiz.》 † ~armee. ~**gewalt**, die ⟨Pl. 없음⟩ 영지권(領地權). ~**gewässer**, das 〖국민〗 Hoheitsgewässer. ~**heer**, das 〖군〗(국민) 방위군, 예비군. ~**hoheit**, die ⟨Pl. 없음⟩ † ~gewalt. ~**kommando**, das 〖군〗방위군(예비군) 사령부. ~**staat**, der 〖역사의〗(13세기 이후의) 제후국, (1871년 독일 제국 통일 이전의) 영방국가(領邦國家). ~**struktur**, die ⟨Pl. 없음⟩ 《구동독》 지구제(地區制), 지구 구성. ~**system**, das ⟨Pl. 없음⟩ 《역사적》(절대주의 시대의) 영주지상주의(領主上主義), 영주의 교회 지배설. ~**verteidigung**, die 〖군〗 (독일의) 지역 방위 임무 (민방위 및 독일 내 나토 연합군의 작전 지원 업무).
Territorialität [tɛritoriali'tɛ:t], die 속 속지성(屬地性), 속령성, 영토권. **Territorialitätsprinzip**, das 〖법〗속 지주의. **Territorium** [tɛri'to:rjʊm], das; -s, ...ien [...iǝn; lat. territōrium] **1.** (광대한) 토지, 지면, 지역,

지방: unerforschtes T. 미탐험 지역. 2. 국가(통치자)의 영토, 영역: fremdes T. verletzen 외국 영토를 침범하다. 3. (구동독) 지구(地區), 지방.

Terror ['tɛror, 《펌》...roːrɐ], der; -s [lat. terror] 《펌》 1. 공포, 공포정치, 테러(리즘): die Bevölkerung leidet unter dem T. 주민들이 테러에 시달린다. 2. (폭력 사용을 통한) 압력, 강압. 3. (매우 심한) 두려움, 공포

Terror- 《펌》: ~**akt**, der 테러 행위. ~**aktion**, die 테러행동. ~**anschlag**, der 테러 음모[획책]. ~**bande**, die 테러단. ~**gruppe**, die ↑~bande. ~**herrschaft**, die 테러[공포] 지배. ~**justiz**, die 테러[공포] 지배의 사법(司法)[법정]. ~**maßnahme**, die 테러방(지)책. ~**methode**, die 테러 방법. ~**organisation**, die 테러 조직. ~**prozeß**, der 테러[공포] 분위기의 소송. ~**regime**, das 테러 정권. ~**szene**, die 테러의 세계[현장]. ~**urteil**, das 테러[공포] 분위기의 판결. ~**welle**, die 파상적 테러 행위.

terrorisieren [tɛroriˈziːrən] 〈h〉 [frz. terroriser] 《펌》 1. 위협하다, (공포를) 불러 일으키다, 공포 정치를 하다: Banditen terrorisierten das Land durch Überfälle [Plünderungen] 악당의 무리들이 나라를 습격(약탈)으로 공포에 떨게 했다. 2. (통용어) 성가시게 하다, 귀찮게 하다. **Terrorisierung**, die; -en 위협함, 공포심을 불러 일으킴. **Terrorismus** [tɛroˈrɪsmʊs], der; - [frz. terrorisme] 《펌》 1. 공포[위협] 정치[정책], 테러 행위 [수단], 테러리즘. 2. 테러리스트 전체. **Terrorist** [tɛroˈrɪst], der; -en, -en [frz. terroriste] 《펌》 공포정치주의자, 폭력 정치가, 폭력 혁명주의자, 테러리스트. **Terroristenszene**, die 테러리스트[폭력 혁명주의자]의 세계. **terroristisch** 〈Adj〉 《펌》 공포심을 주는, 위협하는, 공포정치의, 테러의: -e Anschläge[Gewalttakte] 테러 획책[폭행].

Tertia ['tɛrtsia], die; ...ien [...iən; lat. tertia (classis)] 1. **a**) 《준고어》 9년제 김나지움의 제 4,5학년. **b**) 《österr.》 김나지움의 제 3학년. 2. 〈Pl. 없음〉 [인쇄] 16 포인트 활자(의 크기). **Tertial** [tɛrˈtsiaːl], das; -s, -e 《준고어》 학기(學期)(4개월). **Tertiana** [tɛrˈtsiaːna], die; -, -nen [lat. tertiāna] [의학] 3일열(三日熱). **Tertianafieber** [die] [의학] ↑Tertiana. **Tertianer** [tɛrˈtsiaːnɐ], der; -s, - (김나지움의) Tertia 학생. **Tertianerin**, die; -nen ↑Tertianer의 여성형. **tertiär** [tɛrˈtsiɛːɐ̯] 〈Adj.〉 [1: frz. tertiaire] 1. (교양어) **a**) 제 3의, 제 3위(位)의. **b**) 《펌》 삼류의. 2. [지질] 제 3기(紀)의. 3. [화학] 제 3차의: -e Alkohole 삼차 알코올. **Tertiär** [-], das; -s [지질] 제 3기(紀). **Tertiarier** ['tɛrˈtsiaːriɐ], der; -s, - [lat. tertiārius] [가] 제 3회원(평신도의). **Tertiarierin**, die; -nen ↑Tertiarier의 여성형. **Tertiariererorden** [die] -s, - 제 3회. **Tertium comparationis** ['tɛrtsium kɔmparaˈtsioːnɪs], das; -, ...ia - [lat.] (교양어) 비교점, 유사점. **Tertius gaudens** ['tɛrtsius ˈgaudɛns], der; - - [lat.] (교양어) 어부지리를 얻는 사람.

Terylen 〈W₂〉 ['tɛrylˈeːn], **Terylene** ['tɛrilin] 〈W₂〉, das; -s [engl. terylene] (인공어) 테릴렌(합성 섬유).

Terz [tɛrts], die; -en [1: lat. tertia; 2: lat. tertius; 3: lat. tertia (hōra)] 1. [음악] **a**) (원음(原音)에서 세어) 제 3도. **b**) 3도 음정(音程). 2. [펜싱] 제 3의 자세(상대방의 오른쪽 귀에서 왼쪽 허리에 걸쳐 찌르는 것). 3. [가] (성무일과의) 제 3시(時)(時禱). **Terzel** [ˈtɛrtsəl], der; -s, - [ital. terzuolo] [사냥] 수매(매 사냥용). **Terzerol** [tɛrtsəˈroːl], das; -s, -e [ital. terzerolo] 회중 권총, 소형 피스톨. **Terzerone** [tɛrtsəˈroːnə], der; -n, -n [span. tercerón] 《드물게》 (제 3의) 혼혈아(백인과 흑백 혼혈아 사이의). **Terzett** [tɛrˈtsɛt], das; -(e)s, -e [ital.

terzetto] 1. [음악] **a**) 3중창(주)곡: das T. aus dem „Rosenkavalier" hören "장미의 기사"중의 삼중창을 듣다. **b**) 3중창, 3중주. **c**) 3중주(창)단. 2. 3인조(組): Liebe im T. 삼각 관계의 사랑. 3. [문학] 3행 연구(聯句)(같은 각운을 밟은 연속 3행 시구). **Terziar** [ˈtɛrtsiaːɐ̯], der; -s, -en [가] 제 3회원(평신도의). **Terziarin**, die; -nen ↑Terziar의 여성형. **Terzine** [tɛrˈtsiːnə], die; -n [ital. terzina] [문학] 3운구법(韻句法)(3행 1절을 이루는 이탈리아의 시형; 예컨대: 단테의 신곡). **Terzquartakkord**, der; -(e)s, -e [음악] 3·4 화음.

Tesafilm 〈W₂〉 ['tɛza-], der; -(e)s (인공어) 테자필름(투명 접착테이프).

Tesching ['tɛʃɪŋ], das; -s, -e / -s 소구경의 총(권총).

Tesla ['tɛsla], das; -, - [크로아티아 출신의 미국 물리학자 N. Tesla(1856~1943)의 이름에서] 테슬라(기호: T.). **Teslastrom**, der; -(e)s [전기·의학] 테슬라류(氏)전류(고주파의).

Tessar 〈W₂〉 [tɛˈsaːɐ̯], das; -s, -e 테사르(사진렌즈의 이름).

Test [tɛst], der; -(e)s, -s, 《또한》 -e [engl. test] 시험, 검사, 감식, 심사, 테스트: -s haben ergeben, daß ... 테스트 결과는 ...으로 나타났다; einen T. mitmachen 테스트에 참여하다; mit den Patienten wurden mehrere klinische -s(-e) durchgeführt 환자들에게 많은 임상 검사(실험)가 시행되었다.

Test-: ~**bild**, das [텔레비전] (화상 조정용) 테스트 패턴, 시험 방송용 영상(도형). ~**ergebnis**, das 시험 결과. ~**fahrer**, der (새 자동차의) 시험 운전자, 테스트 드라이버. ~**fahrt**, die 시험 주행, 시운전. ~**fall**, der 선례, 테스트 케이스. ~**flug**, der 시험 비행. ~**frage**, die 시험 문제. ~**methode**, die 시(실)험 방법, 검사법. 2. 피험 물체. 시험 물체. ~**objekt**, das 1. 시험 물체. 2. 피험 물체(被驗物體). ~**person**, die (실험, 검사, 조사 등의 대상이 되는) 피험자(被驗者), 피조사자. ~**pilot**, der 테스트 파일럿, 시험 비행 조종사. ~**reihe**, die 일련의 시(실)험. ~**satellit**, der 실험 위성. ~**serie** die 1. 일련의 시험(테스트, 실험]. 2. 일련의 시제품. ~**spiel**, das [스포츠] 시험 경기. ~**stopp**, der 핵실험 금지. ~**stoppabkommen**, das, ~**stoppvertrag**, der 핵실험 금지 협정(조약). ~**strecke**, die (철도나 자동차의) 테스트코스. ~**verbot**, das 시(실)험 금지. ~**verfahren**, das 1. 시(실)험 방법, 검사법. 2. 시(실)험에 사용되는 방법.

Testament [tɛstaˈmɛnt], das; -(e)s, -e [lat. tēstāmentum] 1. 유언(장); 유언 작성: etw. in seinem T. verfügen 그의 유언장에 무엇을 지시(규정)하다; 전의 das politische T. Adenauers 아데나우어의 정치적 유산; **sein T. machen können** (통용어) 그는 혼잘이 날 것이다. 2. (기독교) (신과 사람과의) 계약: das Alte und das Neue Testament der Bibel 성경의 구약과 신약(약어: A. T. / N. T.). **testamentarisch** [...taˈrɪʃ] 〈Adj.〉 유언(장)의, 유언(장)에 의한: ein -es Vermächtnis 유언(장)에 따른 유산(정신적, 물질적); etw. t. bestimmen 무엇을 유언으로(유언장에서) 정하다.

Testaments- [법]: ~**eröffnung**, die 유언장의 개봉. ~**errichtung**, die 유언장의 작성. ~**vollstrecker**, der 유언 집행인. ~**vollstreckung**, die 유언 집행.

Testat [tɛsˈtaːt], das; -(e)s, -e [lat. tēstātum] 1. 증명서. 2. (대학·구제) (대학의) 청강 증명서. 3. (전문어) 검사 증명서. **Testator** [...tor, 《또한》...toːrɐ], der; -en [...taˈtoːrən; lat. tēstātor] [법] 유언자, 유언장 작성자.

Testazee [tɛstaˈtseːə], die; -n 〈대개 Pl.〉 [생물] 유각류(有殼類).

testen ['tɛstn̩] 〈h〉 [engl. to test] 시험하다, 테스트하다: die Zahnpasta wurde klinisch getestet 그 치약은 임상 시험되었다. **Tẹster**, der; -s, - 시험(검사)자.
testieren [tɛs'ti:rən] 〈h〉 [lat. tēstāri] **1. a)** 〈대학·구제〉청강을 증명해 주다. **b)** 〈교양어〉증명[감정]하다. **2.** 〖법〗유언하다, 유언장을 작성하다. **Testíerer**, der; -s, - 청강 증명을 해 주는 사람, 유언자. **testíerfähig** 〈Adj.〉〖법〗유언 능력이 있는. **Testíerfähigkeit**, die; 유언 능력(이 있음). **Testíerung**, die; -en 청강 증명, 유언 작성.
Testíkel [tɛs'ti:kl̩], der; -s, - [lat. tēsticulus] 〖의학〗고환, 불알. **Testíkelhormon**, das; -s, -e 〖의학〗남성(생식) 호르몬.
Testimónium [tɛsti'mo:niʊm], das; -s, ...ien [...iən] / ...ia [lat. tēstimōnium] 《법·고어》 증명(서). **Testimónium paupertátis** [-paʊpɐr'ta:tɪs], das; - -, ...ia - [lat. tēstimōnium u. paupertas] 《교양어·드물게》 빈곤 증명(서).
Testosteron [tɛstɔstə'roːn], das; -s 〖의학〗테스토스테론(고환 호르몬의 일종).
Testúdo [tɛs'tu:do], die; ...dines [...dines; lat. tēstūdo] **1.** 귀갑형 엄폐(龜甲型掩蓋), 귀갑형 큰 방패(옛날 성을 공격할 때 쓴 무기). **2.** 〖음악〗 **a)** (로마인들을) 리라. **b)** (15~17세기) 라우테. **3.** 〖의학〗귀갑상(龜甲狀)붕대.
Tẹstung, die; -en 시험, 검사.
Tetanie [teta'ni:], die; -n [...iən] 〖의학〗테타니, 강직성 경련증. **tetanisch** [te'ta:nɪʃ]〈Adj.〉〖의학〗**a)** 강직성의. **b)** 강직성 경련증의. **Tetanus** ['te:tanʊs, 'te...], der; - [lat. tetanus] 〖의학〗강직성 경련, 파상풍(破傷風).
Tetanus-: **~bazillus**, der 파상풍균. **~impfstoff**, der 파상풍 완진. **~impfung**, die 파상풍 예방 접종. **~schutzimpfung**, die 파상풍 예방 접종. **~serum**, das 파상풍(치료용) 혈청. **~spritze**, die 파상풍 예방주사.
Tete ['te:tə, 'tɛ:tə], die; -n [frz. tête] 〖군·고어〗(부대의) 선두(반대: ²Queue 2). **tête-à-tête** [tɛta'tɛ:t]〈Adv.〉[frz.(en) tête à tête]《고어》머리를 맞대고, 단둘이서, 몰래. **Tête-à-tête** [-], das; -, -s [frz. tête-à-tête] **a)**《순고어·농》밀회: sie überraschte ihren Mann bei einem T. mit seiner Geliebten 그녀는 애인과 몰래 만나고 있던 남편을 불시에 덮쳤다. **b)**《고어》밀담.
Tethys ['te:tʏs], die **1.** Uranos와 Gaia의 딸로 Okeanos의 처, 테티스. **2.** 〖지질〗고지중해(古地中海). **Tẹthysmeer**, das; -(e)s 〖지질〗고지중해.
tetr-, **Tetr-**: ↑tetra-, Tetra- 참조. **Tetra** ['tetra], der; -s 〖화학〗↑Tetrachlorkohlenstoff의 약칭. **tetra-**, **Tetra-**, (모음 앞에서는) **tetr-**, **Tetr-** [tetra(-); griech. tetra-]《"4(의)"를 뜻하는 규정어로서》. **Tetrachlorkohlenstoff**, der; -(e)s 〖화학〗4 염화탄소(약칭). **Tetrachord** [...'kɔrt], der; -(e)s, -e [lat. tetrachordon < griech. tetráchordon]〖음악〗4음 음계(音階). **Tetrade** [te'tra:də], die; - 〈전문어〉4수(數), 4개(個 벌), 4가 원소, 4분자. **Tetraeder** [...'|e:dɐ], das; -s, - 〖기하〗정 4면체. **Tetragon** [...'go:n], das; -s, -e [lat. tetragōnum < griech. tetrágōnon] 〖수학〗4각(변)형. **tetragonal** [...go'na:l] 〈Adj.〉 [lat. tetragōnālis] 〖수학〗4각(변)형의. **Tetrakishexaeder** [tetrakɪs-], das; -s, - 사육면체. **Tetralin** Ⓦ [...'li:n], das; -s 〖화학〗테트랄린. **Tetralogie** [...lo'gi:], die; -n [...iən] griech. tetralogía] 4부극, 4부작, 4부곡. **Tetrameter** [te'tra:metɐ], der; -s, - [lat. tetrameter < griech. tetrámetron]〖운율〗4운구(四韻脚句). **Tetrapodie** [...po'di:], die [griech. tetrapodía]〖운율〗4운각구, 4각률(四脚律). **Tetrarch**

[te'trarç], der; -en, -en [lat. tetrachēs < griech. tetrárchēs] 4분령(四分領)의 영주(고대의). **Tetrarchie** [tetrar'çi:], die; -n [...iən; lat. tetrarchia < griech. tetrarchía]〖역사적〗4분령 영주의 정치(영지). **Tetrode** [te'tro:də], die; -n 〖전기〗4극 진공관. **Tetryl** [te'try:l], das; -s 〖화학〗테트릴(기폭약).
Teuchel ['tɔyçl̩], der; -s, - [mhd. tiuchel]《südd., österr., schweiz.》(목재로 된) 수도관(水道管)
teuer ['tɔyɐ] 〈Adj.〉[mhd. tiure, ahd. tiuri] **1.** (값)비싼, 비용이 많이 드는, 고가인(반대: billig 1): ein teures Restaurant 음식값이 비싼 식당; seine Ausbildung hat teures Geld gekostet 그의 교육에는 많은 돈이 들었다; das ist mir zu t. 그것은 내게 너무 비싸다; wie t. ist das? (이것은) 값이 얼마입니까?; 〖전의〗er hat seinen Leichtsinn t. bezahlt 그는 경솔함으로 혼쭐이 났다; er wird sein Leben so t. wie möglich verkaufen 그는 최후까지 자신을 방어할 것이다[저항할 것이다]; ein teurer(t.) erkaufter Sieg 막대한 희생을 치른 승리; jmdn.(jmdm.) t. zu stehen kommen 누구에게 화를 미치다, t::때 결과를 가져 오다. **2.** (아이) 귀여운, 친애하는, 귀중한, 소중한: er schwört bei allem, was ihm lieb und t. ist 그는 엄숙히 맹세한다;〈명사화〉meine Teure(Teuerste)《농담조의 호칭》내 사랑. **Teuerung**, die; -en 물가고, 물가등귀.
Teuerungs-: **~rate**, die 물가 상승률. **~welle**, die 물가고의 파동. **~zulage**, die 물가(등귀에 따른) 수당〖가봉〗. **~zuschlag**, der 코스트 증가에 따른 가격 인상〖할증〗.
Teufe ['tɔyfə], die; -n 〖광〗〖갱〗깊은 곳, 깊이.
Teufel ['tɔyfl̩], der; -s, - [mhd. tiuvel, tievel, ahd. tiufal] **a)** 〈Pl. 없음〉악마, 악귀, 마귀, 마신, 사탄: der leibhaftige T. 악마의 화신; der Pferdefuß des -s 악마의 마각(馬脚); 〖성구〗der T. steckt im Detail 사소한 것이 일을 수행하는 데 골치를 썩히다; das(es) müßte doch mit dem T. zugehen, wenn...《통용어》...라면, 그것은 정말 심상치 않다[해괴하기 짝이 없는 일이다]; 〖속담〗in der Not frißt der T. Fliegen 물에 빠지면 지푸라기라도 붙잡는다; 〖전의〗der Kerl ist ein T.(in Menschengestalt) 그 녀석은 (사람의 탈을 쓴) 악마이다; der Kleine ist ein richtiger T. 《통용어》 그 꼬마는 진짜 악동(惡童)이다; der Bursche ist der reinste T.《통용어》그 녀석은 무모하다[앞뒤를 돌보지 않는다]; ein armer T. 가엾은 녀석, 불쌍한 녀석; **der T. ist los**《통용어》혼란(소동, 싸움박질)이 벌어지다; **jmdn. reitet der T.**《통용어》누가 귀신에 홀려 있다, 정신 나간 짓을 하다; **hole[hol']** dich der T.[der T. soll dich holen]《경》너같은 놈은 뒈져라[꺼져 버려라]; **in jmdn. ist (wohl) der T. gefahren**《통용어》누가 매우 뻔뻔하다[경망스럽다]; **T. auch!**[**T., T.!**]《경》(감탄이나 놀라움의 표현) 이런! ·이럴수가! ; **pfui T.!**《통용어》제기랄, 빌어먹을!; **(das) weiß der T.**《경》그것은 아무도 모른다; **etw. fürchten[scheuen] wie der T. das Weihwasser**《통용어》무엇을 매우 두려워하다[꺼리다]; **hinter etw. hersein wie der T. hinter der armen Seele**《통용어》무엇에 매우 탐욕적이다, 무엇을 무조건 가지려 하다; **kein T.**《경》아무도[어느 누구도] ...않다; **den T.**《경》전혀(금단도) ...않는; 비; ich werde den T. tun 나는 결코 않겠다; **den T. an die Wand malen**《통용어》(불길한) 말로 화를 자초하다; **den T. im Leib haben**《통용어》몹시 거칠다, 말괄량이다; **den T. mit[durch] Beelzebub austreiben** 바알세불의 힘을 빌어 귀신을 쫓아내다, 작은 화를 큰 화를 빌어 되치하다; **sich[sich³ Dat.] den T. auf den Hals laden**《통용어》자신을 커다란 곤경에 처하게 하다; **des -s sein**《통용어》귀신에 흘리다, 미치다; **des -s**

Teufelei 2062

Gebet(Gesang)buch 《통용어·농》 카드; auf T. komm raus 《통용어》 몹시, 심히, 있는 힘을 다해; in -s Küche kommen; 《통용어》 궁지[혼란]에 빠지다; jmdn. in -s Küche bringen 《통용어》 누구를 궁지에 몰다[빠뜨리다]; vom T. besessen sein 《통용어》《귀》 신들려 있다; sich zum T. scheren(zum T. gehen》 아무래도 좋다, 상관 없는 일이다; zum [《드물게》 beim] T. sein 《경》 망치다, 고장나다, 잃다; jmdn. zum T. wünschen 《경》 누가 (영원히) 가기를[사라지기를] 빌다; jmdn. zum T. jagen[schicken] 《경》 누구를 갑자기 추방[면직, 해고]하다; T. noch mal!; (den) T. auch!; Tod und T.!; in des -s(drei -s] Namen!; zum T.(mit dir)! (저주나 놀라움으로) 제기랄! , 빌어먹을! , (네 놈은) 꺼져! . b) 지옥의 악귀[악령]. **Teufelei** [tɔyfə'laj], die; -en 《편》 a) 〈Pl. 없음〉 악마 같은 성질, 간계, 악마적 의도. b) 악마[짐승] 같은 행위, 악행, 잔학 행위: er denkt sich ständig neue -en aus 그는 항상 새로운 악행을 생각해 낸다. **Teufelin**, die; -nen [b: mhd. tiuvelin(ne)] a) 《통용어》 다혈질의[격하기 쉬운] 여자. b) 《편》 여 악마, 잔인[악독]한 여자.

Teufels- [기괴하고 섬뜩한 형태를 지닌 동식물의 이름에]: **~abbiß**, der 《물어뜯은 것 같이 보이는 뿌리 때문에 따라》 체꽃. **~anbeter**, der 《대개 Pl.》 악마 숭배자. **~austreibung**, die [종교] ↑Exorzismus. **~beschwörung**, die 악마를 쫓아내기[불러오기]. **~braten**, der 《통용어》 a) 《농·호의적》 대담한 짓을 한 사람. b) 《편》 악당, 악동패. **~brut**, die 〈Pl. 없음〉 《욕》 악마의 권속, 악당들. **~ei**, das [민속] 뱀버섯과의 애버섯. **~fratze**, die 악마 같은 추한 얼굴. **~kerl**, der 《통용어》 나쁜 놈, 굉장한[멋진] 녀석. **~kralle**, die 〈짐승 발톱처럼 흰 꽃을 따라〉 영아자. **~kreis**, der 악순환: aus einem T. ausbrechen 악순환에서 벗어나다. **~kunst**, die 마법, 요술. **~messe**, die 악마[마귀]의 미사. **~nadel**, die 잠자리의 일종. **~rochen**, der 〈아〉열대 해양에 서식하는 대형 가오리. **~weib**, die 《통용어》 ↑Teufelin (a, b). **~werk**, das 《준고어》 악마의 소행, 악마 같은 짓. **~zeug**, das 《통용어·편》 매우 독한(쓴, 매운) 것 (술 따위). **~zwirn**, der **1.** ↑Bocksdorn. **2.** ↑Kleeseide. **teufen** ['tɔyfn̩] 〈h〉 [광] (수갱(竪坑) 따위를) 파내려 가다.

teuflisch ['tɔyflɪʃ] 〈Adj.〉 **1.** 악마의, 악마 같은, 흉악한, 간악한, 악성(惡性)의: ein -er Plan 흉악한 계획; etw. macht jmdm. -en Spaß 무엇이 누구에게 끔찍스런 즐거움을 주다. **2.** 《통용어·강조》 매우 큰[강한], 지독한, 유별난: es ist t. kalt 무섭게 춥다; die Wunde tut t. weh 상처가 지독히 아프다.

Teufung ['tɔyfʊŋ], die; -en [광] (수갱 따위를) 파내려 가기.

Teutone [tɔy'toːnə], der; -n, -n [lat. Teutonī (Pl.)] **1.** 튜튼 사람(게르만 민족의 한 부족), 독일인. **2.** 《농》 《태도나 모습이》 전형적 독일 사람. **Teutonengrill**, der 《편·농》 독일 관광객들이 즐겨 일광욕을 하는 남 유럽의 해변. **teutonisch** [tɔy'toːnɪʃ] 〈Adj.〉 [lat. Teutonicus] 《편·농》 〈전형적〉 독일 (사람)의: **Teutonismus** [tɔytoˈnɪsmʊs], der; - 《편》 〈전형적인〉 독일적 기질[태도].

tex / Tex.

Tex [teks], das; -, - 텍스(기호: tex).

Texaner, der; -s, - 텍사스 사람. **Texas**; **Texas'** 텍사스 주.

Texasfieber ['teksas-], das; -s [engl.-amerik. texas fever] 텍사스 우역(牛疫) 《진드기가 전염시키는 가축 전염병》. **Texasseuche**, die ↑Texasfieber.

Texoprintverfahren [tɛksoˈprɪnt-], das; -s [인쇄] 텍소프린트법. **¹Text** [tɛkst], der; -(e)s, -e [lat. textus] **1. a)** 텍스트, 본문, 원문, 원전: fremdsprachiger [literarischer] T. 외국어[문학] 텍스트; einen T. entwerfen 본문[원문]을 작성하다; den vollen T. einer Rede abdrucken 연설 전문을 인쇄하다; [다음에서 "Text"란 원래 "성경 구절"을 뜻한다] jmdm. den T. lesen 《통용어·준고어》 누구를 훈계하다, 누구에게 잔소리하다; aus dem T. kommen 《통용어》《귀》 이야기의 실마리를 잃다, 머리가 혼란해지다; jmdn. aus dem T. bringen 《통용어》 누구의 생각[머리]을 혼란시키다; weiter im T.! 계속하시오! , 계속해서 말하시오! . **b)** 본[원]문의 한 부분: der Lehrer teilte die zu lesenden -e aus 선생이 읽을 부분을 분배했다. **2.** 가사(歌詞). **3.** 성경의 구절(설교의 기본이 되는). **4.** (삽화 따위에 대하여) 인쇄된 자구, (삽화의) 설명문. **²Text** [-], der [인쇄] 20 포인트 활자.

text-, Text- (¹Text): **~abbildung**, die [인쇄] 본문 중의 삽화. **~abdruck**, der 본문[원전] 번각(翻刻), 본문 복제판(주석 없는). **~analyse**, die 《전문어》 본문(원전)분석. **~aufgabe**, die [수학] 문제. **~ausgabe**, die 《전문어》 주해가 없는 본문만의 책. **~automat**, der 단어 처리기, 워드 프로세서. **~band**, der 〈Pl. -bände〉 《주해나 해설이 없이》 본문만으로 된 책. **~baustein**, der 워드 프로세서에 입력시키기 전 준비된 텍스트. **~buch**, das 가사책, 대본. **~dichter**, der 〈가극 따위의〉 대본 작가, 작사가[작곡가]. **~erfassung**, die 《전문어》 텍스트 입력. **~fassung**, die 본[원]문의 판. **~gemäß** 〈Adj.〉 본문에 의거한, 원문대로의. **~geschichte**, die 본[원]문 생성사(生成史). **~gestalt**, die 본[원]문 형태. **~gestaltung**, die 각색, (노래의 곡에 대한) 작사. **~handbuch**, das (문자 프로그래밍의) 매뉴얼. **~interpretation**, die 본[원]문 해석. **~kritik**, die 《전문어》 본문 비평, 원문[원전] 비판. **~kritisch** 〈Adj.〉 본문 비평의, 원전 비판의. **~linguistik**, die 텍스트 언어학. **~passage**, die 원문의 구절. **~produktion**, die 텍스트 제작. **~programm**, das 〈문자〉 편집 프로그램. **~programmierung**, die 〈문자〉 편집 프로그래밍. **~rezeption**, die 텍스트 수용. **~schrift**, die [인쇄] 본문 활자(체)(↑Brotschrift). **~sorte**, die [언어] 텍스트 종류. **~stelle**, die 텍스트의 (한) 부분 [절, 구]. **~teil**, der 본문편(주해, 목차, 도해 등이 없는). **~verarbeitung**, die [사무] 텍스트 프로세싱, 문서 작성. **~vergleich**, der 원문[본문] 비교. **~vorlage**, die 텍스트 원본[원형]. **~wort**, das 〈Pl. -e〉 본문의 문구[특히 성경의].

Textem [tɛksˈteːm], das; -s, -e [언어] 텍스트 소(素).

texten ['tɛkstn̩] 〈h〉 (선전이나 광고문 또는 유행가의) 가사를 작성하다. **Texter**, der; -s, - 선전[광고문의 작성자, 작사자(유행가 따위의). **textieren** [tɛksˈtiːrən] 〈h〉 《드물게》 〈삽화, 그림 따위에〉 설명을 붙이다. **Textierung**, die; -en ↑texieren의 명사형. **textil** [tɛksˈtiːl] 〈Adj.〉 [frz. textile] **1.** 방직[직물]의: ein -er Fußbodenbelag 직물 바닥[마루] 깔개. **2.** 방직[섬유 공업[기술]의. **Textil** [-], das; -s **1.** 《드물게》 직물. **2.** 〈대개 관사없이〉 직물류, 섬유 공업품, 섬유 원료.

textil-, Textil-: **~abteilung**, die (백화점 등의) 섬유 제품 판매부. **~arbeiter**, der (방)직공, 섬유 노동자. **~arbeiterin**, die ↑arbeiter의 여성형. **~betrieb**, der 섬유업체[공장]. **~chemie**, die 섬유 화학. **~chemiker**, der 섬유 화학자. **~chemisch** 〈Adj.〉 섬유 화학의. **~druck**, der 〈Pl. 없음〉 날염(捺染). **~erzeugnis**, das 섬유[직물]제품. **~fabrik**, die 섬유 [방직] 공장. **~fabrikant**, der 섬유[직물] 제조업자[공장주]. **~faser**, die 방직 섬유. **~frei** 〈Adj.〉 《통용어·농》 나체의, 맨몸의. **~geschäft**, das 《통용어》 섬유 제품의

게. ~gewerbe, das 섬유[직]업체. ~großhandel, der 섬유[직물] 도매[상]. ~industrie, die 섬유[직물] 산업[공업]. ~ingenieur, der 섬유[방직] 기술자. ~kombinat, das 《구동독》 방적 콤비나트. ~kunst, die 《Pl. 없음》 섬유[직물] 공예(뜨개질, 자수 등의). ~laborant, der 섬유[방직] 실험실 기사. ~laborantin, die ↑~laborant의 여성형. ~laden, der 《통용어》 섬유 제품 가게. ~maschinenführer, der 방적공, 직공(織工). ~mechaniker, der ↑~ingenieur. ~rohstoff, der 섬유[방적] 원료. ~strand, der 《통용어·농》 수영복 착용의 해수욕장(나체 해수욕장에 반해서). ~technik, die 1. 《Pl. 없음》 방적 설비. 2. 방적 기술. ~techniker, der ↑~ingenieur. ~technisch 〈Adj.〉 방적 기술의. ~verarbeitend 〈Adj.〉 섬유 가공의. ~vered(e)lung, die [섬유] 섬유 [정리] 가공 처리[법]. ~waren 《Pl.》 섬유 제품, 직물류. ~warengeschäft, das 섬유 제품[직물류] 영업(상점). ~warenladen, der 섬유 제품[직물류] 상점.

Textilien [teksˈtiːli̯ən] 《Pl.》 1. [섬유] 섬유[방직] 공업품. 2. 직물류. textil, die ↑textilic 〈Adj.〉 섬유 [원전]과 같은. Textologie, die; - (특히 구동독 문예학) 텍스트학[론]. Textur [teksˈtuːɐ̯], die; -en [lat. textūra] 1. 《교양어》 1. (피륙의) 내용 구성, 구조, 조직. 2. [지질] 조직, 텍스튜어, 석리(石理). 3. 《화학·기계》 결정 집합 조직(結晶集合組織).

Textur- [섬유]: ~faden, der 텍스처 실. ~garn, das ↑~faden. ~seide, die 텍스처 실크.

texturieren [teksturi:rən] 〈h〉 [섬유] 짜서 만들다, (무늬를) 짜넣다.

Tezett, (또한) Tz ['tɛt.sɛt, (또한) te'tsɛt] (다음 용법으로) bis zum(bis, ins) (letzte) T. 《통용어》 완전히, 철저히, 충분히.

T-förmig ['te:-] 〈Adj.〉 T자형의.

tg = Tangens.

TGL = Technische Normen, Gütervorschriften und Lieferbedingungen 구동독의 공업 규격(구서독의 DIN에 해당됨).

Th = Thorium.

TH [teːˈhaː], die; -(s), Technische Hochschule 공과 대학.

Thaddädl ['tadɛdl], Tattedl ['tateːdl], der; -s, -(n) [원래 남자 이름 Thaddäus의 방언적 축소형; 옛 빈의 익살극의 우스꽝스런 인물에서] 《österr. · 통용어 · 폄》의지가 박약하고 단순한 위인.

¹Thai [tai], der; -(s), -(s) 태국 사람. ²Thai, das; - 태국어. Thailand ['tailant], -s 태국. Thailänder ['tailɛndɐ], der; -s, - 태국 사람. thailändisch ['tailɛndɪʃ] 〈Adj.〉 태국(말, 사람)의. Thaisprachen 《Pl.》 타이어족.

Thalamus ['taːlamus], der; -, ...mi [griech. thálamos] [해부] 시상(視床).

thalassogen [talaso-] 〈Adj.〉 [지리·지질] 해양성의, 해양 활동으로 인한. Thalassotherapie, die; -n [의학] 해수요법(海水療法).

Thalia [taˈliːa] 희극의 뮤즈(Muse).

Thalidomid [talidoˈmiːt], das; -s 《인공어》【약학】탈리도미드(수면 안정제).

Thalli ['taly] Thallus의 복수형. Thallium ['taliʊm], das; -s 탈륨(기호: Tl). Thạlliumverbindung, die 탈륨 화합물. Thạlliumvergiftung, die 탈륨 중독. Thallophyt [taloˈfyːt], der; -en, -en (대개 Pl.) [griech. thallós + phytón] ↑Lagerpflanze(반대: Kormophyt). Thạllus ['talʊs], der; -, Thalli [griech. thallós] [생물] 엽상체(葉狀體)(반대: Kormus).

Thanatologie [tanato-], die [griech. thánatos + ↑ -logie] 사망 연구(死亡 硏究), 사학(死學).

Theater [teˈaːtɐ], das; -s, - [frz. théâtre] 1. a) 극장, 공연장: das T. füllte sich rasch bis auf den letzten Platz 극장은 삽시간에 만원이 되었다. 성구 demnächst in diesem T. 《통용어》 근일 본 영화관 상영(영화의 예고편 광고 문안). b) 연극[무대]: am[beim] T. sein 《통용어》 극단에서 배우로서 활약하고 있다; sie will zum T. gehen 《통용어》 그 여자는 배우가 되려고 한다. c) 〈Pl. 없음〉 상연, 흥행: die Kinder spielen T. 아이들이 연극을 한다; T. spielen 《통용어》 연극 같은 짓을 하다, 시치미 떼다; jmdm. T. vormachen 《통용어》 누구에게 과장해서 표현하다. d) 〈Pl. 없음〉 연극 관객. e) 극단(원). 2. 〈Pl. 없음〉 연극, 무대 예술(특정 민족이나 시기 등의): episches T. 서사극. 3. 〈Pl. 없음〉《통용어·폄》 허위, 속임수, 겉치레, 법석, 소동, 소요, 격앙, 흥분: so ein T.! 그런 소동이라니!; ein furchtbares T. um [wegen] etw. machen 무슨 때문에 굉장한 법석을 떨다.

theater-, Theater-: ~abend, der 연극 공연이 있는 밤[저녁]. ~abonnement, das 연극 회원권, 연극(좌석)예약. ~agent, der 배우, 감독 등의 계약을 중개하는 사람. ~agentur, die 연극[단] 중개업(무). ~anrecht, das ↑~abonnement. ~aufführung, die 연극상연. ~bau, der 《Pl. -ten》 극장 건축[물]. ~begeisterung, die 연극에 대한 열광[감격]. ~besessen 〈Adj.〉 연극에 미친. ~besuch, der 연극 관람. ~besucher, der 연극 관람객. ~billet 〈schweiz.〉 ↑~billett. ~billeteur, der (österr.) 극장 안내원. ~billett, das 《schweiz. 그외에는 준고어》 ↑~karte. ~bühne, die ↑Bühne (1 a). ~dekoration, die Bühnendekoration. ~dichter, der (18, 19세기의) 극작가, 각본가(극장 전속의). ~direktor, der 《준고어》 무대 감독, 극장 지배인, 단장. ~donner, der 《조롱》 별 볼일[효과]없는 것으로 밝혀진 대단한 광고[고지]. ~erfolg, der (연극) 공연 성공. ~ensemble, das 극단(의 전원). ~ferien 《Pl.》 (극장의) 공연 휴가, 휴관(休館). ~foyer, das 극장 휴게실. ~friseur, der 극단 이발사. ~garderobe, die ↑Garderobe (3, 4). ~gemeinde, die (회원제의) 연극(관람) 협회(同好會). ~geschichte, die 《Pl. 없음》 a) 연극(무대)의 역사적 발전. b) (연극학 중의) 연극(무대)사. c) 연극(무대)사 서술. ~geschichtlich 〈Adj.〉 연극사의, 연극사적으로. ~glas, das ↑Opernglas. ~karte, die 극장 입장권. ~kasse, die 극장 매표소. ~kostüm, das ↑Kostüm (3 a). ~kritik, die a) 《Pl. 없음》 연극 평론. b) (연)극평(개별 작품이나 그 상연의). ~kritiker, der 연극 평론가. ~loge, die 극장의 칸막이 관람석. ~macher 《은어》 ↑~regisseur. ~mann, der 〈Pl. -leute〉 (은어) 연극 전문가. ~maschinerie, die Maschinerie (1 b). ~plastiker, der ↑Kascheur. ~premiere, die (연극의) 초연(初演). ~probe, die (연극의) 시연(試演). ~programm, das 연극 프로그램. ~publikum, die 《Pl. 없음》 연극 관객. ~raum, der (극장의) 홀(무대, 관중석 등으로 분리된). ~regie, die (연극의) 연출. ~regisseur, der 무대 감독, 연출가. ~ring, der 연극(관람) 동호회. ~saal, der 연극이 상연되는 홀이나 회당(會堂). ~saison, die ↑Spielzeit (1 a). ~schaffende*, die ↑die ↑Bühnenschaffende. ~schule, die 연극 예술 학교. ~skandal, der 연극 상연 스캔들. ~stück, das 각본, 희곡, 극. ~technik, die ↑Bühnentechnik. ~techniker, der 연극(무대) 기술자. ~vorstellung, die 상연, 연출. ~welt 《Pl. 없음》 연극[극단] 세계. ~wesen, das 《Pl. 없음》 연극 제도(관계 사항). ~wissenschaft, die 연극학. ~wissenschaftler, der 연극학 학자. ~wissenschaftlich 〈Adj.〉 연극학의. ~zeitschrift, die 연극

잡지. ~zettel, der 《고어》↑~programm.

Theatiner [tea'ti:nɐ], der; -s, - [이탈리아의 도시 Chieti의 라틴어 이름 Theate에서. 설립자의 한 사람이 이 도시의 주교로 있었음] 테아티노 수도(修道) 참사 회원 (약어: OTheat). **Theatinerin**, die; -, -nen ↑Theatiner의 여성형.

Theatralik [tea'tra:lık], die 《교양어·폄》연극조, 연극하는 듯한 과장된 태도, 호들갑스러움, 꾸며댄 듯함. **Theatraliker**, der; -s, - 《교양어》 1. 《고어》↑Dramatiker. 2. 《드물게》 연극적인 사람(언행)이). **theatralisch** ⟨Adj.⟩ [lat. theātrālis] 《교양어》 1. 극적인, 무대 효과가 있는, 연극(무대)의, 무대에(상연하기) 적합한, 배우다운. 2. 《폄》 연극조의, 연극처럼 꾸민, 과장된, 요란한, 부자연한. **theatralisieren** [teatrali'zi:rən] ⟨h⟩ 《교양어》 ↑dramatiseren (1).

Thé dansant [teda'sã], der; - -, -s -s [teda'sã; frz. thé dansant] 《고어》 소(小)무도회. **Thein** [te'i:n], der; -s [frz. théine] 테인, 다소(茶素).

Theismus [te'ısmʊs], der; - [철학·종교] 유신론(有神論), 인격신론(人格神論). **Theist**, der; -en, -en 유신론자, 인격신론자. **theistisch** ⟨Adj.⟩ a) 유신론의, 인격신론의. b) 유신론(인격신론)을 신봉하는.

Theke [t'e:kə], die; -n [lat. thēca < griech. thḗkē] a) 술집 식탁(테이블), 카운터. b) 《지역적》 (가게의) 계산(판매)대, 카운터: **unter der T.** 암거래로, 비공식적으로. **Thekenaufstellen**, der 카운터 디스플레이(진열용 광고 물품). **Thekendisplay**, das 《광고》 ↑Thekenaufsteller.

Thema [t'e:ma], das; -s, ...men / 《교양어·준고어》 -ta [lat. thema < griech. théma] 1. 테마, 주제, 제목, 논제, 화제, 소재(素材): das T. des Vortrags heißt (lautet) ... 강연의 주제는 …이다; dieses T. ist tabu 이 주제[논제]는 금기(금지) 사항이다; das ist für uns kein T. 그것은 우리에게 논의의 대상이 아니다; vom T. abschweifen[abkommen] 주제에서 벗어나다, 딴 데로 흐르다; zum T. zurückzukommen(wieder zum T. zu kommen) … 화제[주제]로 돌아오기 위해서; **T. (Nummer) eins** 《통용어》 1) 섹스, 연애(남녀의 주요 화제로서의). 2) (항간이나 어느 한 개인의 관심을 끄는) 주된 화제[얘깃거리]. 2. [음악] 주제, 테마, 주선율. 3. [언어] 제題(提題), 화제, 테마(반대: Rhema). **Thematik** [te'ma:tık], die; -en 1. 테마의 논구(論究)[논술], 테마의 선택. 2. [음악] 주제 짓기(작곡 기법). **thematisch** ⟨Adj.⟩ 1. 주제[논제]의, 논지[주지(主旨)]에 적합한; etw. nach ein-en Gesichtspunkten ordnen 무엇을 논제의 관점에 따라 정리하다. 2. [음악] 주제에 관한: -e Arbeit 주제의 전개[展開]; -es Verzeichnis[-er Katalog] 주제의 목록, 테마만 실린 책. 2. [언어] 어간(語幹)의(반대: athematisch 2). **thematisieren** [temati'zi:rən] ⟨h⟩ 1. 《교양어》 주제로 삼다, 논의하다. 2. [언어] (동사 변화 때에, 어간과 어미 사이에) 악센트 없는 모음을 넣다. **Thematisierung**, die; -en ↑thematisieren의 명사형. **Themavokal**, der; -s, -e [언어] (동사 변화 때에 어간과 어미 사이에 넣는) 악센트 없는 모음(예컨대: red-e-t), 간모음. **Themen**: ↑Thema의 복수형.

Themen-: ~**bereich**, der 주제[테마] 범위. ~**katalog**, der 주제[테마] 목록(색인). ~**komplex**, der ↑~**kreis**, der (상호 연관이 있는) 일련의 테마, 주제 범위. ~**liste**, die 주제[테마] 목록[리스트]. ~**plan**, der (복합)테마 구상(계획). ~**stellung**, die 테마 설정. ~**wahl**, die 주제 선택.

theo-, Theo- [teo-; griech. theós] 《"신(들)의, 신적인"을 뜻하는 규정어로서, 예컨대》 theologisch, Theologie. **Theobromin** [...bro'mi:n], das; -s [화학·약학] 테오브로민(이뇨제[利尿劑]). **Theodizee** [...di'tse:],

die; -n [...ɛːən; frz. théodicée(Leibniz. 1710)] [신학] 변신론(辯神論), 신정론(神正論), 신의론(神義論). **Theodolit** [...do'li:t], der; -(e)s, -e [측량] 경위의(經緯儀). **Theognosie** [...gno'zi:], **Theognosis** [griech. theognōsía], die [철학] 신의 인식. **Theogonie** [...go'ni:], die; -n [...i:ən; lat. theogonia < griech. theogonía] [철학] 신통(神統) 계보학, 신통(神統記). **Theokrat** [...'kra:t], der; -en, -en 《교양어》 신정(神政)주의자, 신권(神權)정치가, 제정(祭政)일치주의자. **Theokratie** [...kra'ti:], die; -n [...i:ən] griech. theokratía 《교양어》 신정(神政), 신정정체(政體), 신권정치, 제정일치, 신권국가. **theokratisch** [...'kra:tıʃ] ⟨Adj.⟩ 《교양어》 신정(주의)의, 신권정치적인. **Theologe**, der; -n, -n [lat. theologus < griech. theólogos] 신학자[도]. **Theologie**, die; -n [...i:ən; spätlat. theologia < griech. theología] a) 신학(神學). b) (형용사와 결합하여) 신학의 전문분야: praktische T. 실천 신학. **theologisieren** [teologi'zi:rən] ⟨h⟩ 신학을 논하다[연구하다].

Theologie-: ~**professor**, der 신학 교수. ~**student**, der 신학생. ~**studium**, das 신학 공부.

theologisch ⟨Adj.⟩ 신학(상)의, 신학적인: die -e Fakultät 신학부(部)(대학). **Theomanie**, die; -n [griech. theomanía] 《고어》 종교광(狂). **Theomantie** [...man'ti:], die; -n [...i:ən; griech. theomantía] 영감에 의한 예언. **Theomorph** [...'mɔrf], **theomorphisch** [...'mɔrfıʃ] ⟨Adj.⟩ [griech. theómorphos] 신의 모습을 한, 신형(神形)의. **Theophanie** [...fa'ni:], die; -n [...i:ən; griech. theopháneia] 《교양어》 신의 현현(顯現). **theophor** [...'fo:ɐ̯] ⟨Adj.⟩ [griech. theophóros] 신의 이름을 갖는. **Theophyllin** [...fy'li:n], das; -s 테오필린.

Theorbe [te'ɔrbə], die; -n [frz. t(h)éorbe < ital. teorba] [음악] (바로크 시기의) 저음 현악기.

Theorem [teo're:m], das; -s, -e [lat. theōrēma < griech. theṓrēma] 《교양어》 정리(定理), 정률(定律). **Theoretiker** [teo're:tıkɐ], der; -s, - 1. 이론가. 2. 공론가(空論家). **Theoretikerin**, die; -, -nen ↑Theoretiker의 여성형. **theoretisch** ⟨Adj.⟩ [lat. theōrēticus < griech. theōrētikós] (반대: praktisch) 1. 이론적인, 이론의, 학리상의: etw. t. untermauern(begründen) 무엇을 이론적으로 뒷받침하다. 2. 공리(空理)의, 공론적인: was du sagst, ist t. richtig, aber praktisch unbrauchbar 네가 말하는 것은 이론적으로는 옳지만, 실제론 쓸모가 없다; das ist mir alles zu t. 그것은 나에게는 모두가 허황되다. **theoretisieren** [teoreti'zi:rən] ⟨h⟩ 《교양어》 이론을 세우다[전개하다], 이론적으로만 생각하다. **Theorie** [teo'ri:], die; -n [...i:ən; lat. theōria < griech. theōría] 1. a) 설(說), 학리(學理), 학설: eine T. aufstellen(entwickeln, beweisen) 학설을 세우다[발전시키다, 증명하다]. b) 이론, 정설(定說): am Konservatorium T. lehren 음악 대학에서 이론을 가르치다. 2. a) 《Pl. 없음》(실제와 관련 없는) 순수 이론: die T. mit der Praxis verbinden 이론을 실제와 접합하다; das ist alles bloße[reine] T. 그것은 모두 순전한 이론이다 (실제적이 아닌; etw. ist graue T. 《교양어》 무엇이 비현실적이다. b) 《대개 Pl.》 공리(空理), 공론(空論). **Theorienstreit**, der 학설 논쟁, 이론 다툼.

Theosoph [...'zo:f], der; -en, -en [lat. theosophus < griech. theósophos] [신학] 신지(神智)학자, 접신론자(接神論者). **Theosophie** [...zo'fi:], die; -n [...i:ən; griech. theosophía] 신지학, 접신교(敎). **theosophisch** [...'zo:fıʃ] ⟨Adj.⟩ 신지학의. **theozentrisch** ⟨Adj.⟩ 신중심적인.

Therapeut [tera'pɔyt], der; -en, -en [griech. therapeutés】【의학·심리】임상의(사), 치료 전문가. **Therapeutik**, die【의학】치료학[법]. **Therapeutikum** [...ikʊm], das; -s, ...ka【의학·심리】치료약. **Therapeutin**, die; -nen ┃Therapeut의 여성형. **therapeutisch**〈Adj.〉**a**) 치료의;〈限定的〉: t. angewandte Antibiotika 치료에 사용된 항생물질. **b**) 치료를 받고 있는. **Therapie** [...'piː], die; -n [...iːən; griech. therapeía]【의학·심리】치료[요법]. **Therapieforschung**, die〈Pl. 없음〉치료법 연구(탐구). **therapieren** [...'piːrən]〈h〉【의학·심리】치료하다.

Theriak ['teːriak], der; -s [lat. theriaca < griech. thēriakḗ] 테리아카(중세의 해독 연약(煉藥)).

therm-, Therm-: ↑thermo-, Thermo- 참조. **thermaktin** [termak'tiːn]〈Adj.〉【물리】열 복사의. **thermal** [tɛr'maːl]〈Adj.〉[griech. thérmē]〈드물게〉**1**. 열의, 온도의, 온천의. **2**. 열[온도]을 이용한.

Thermal-: ~**bad**, das **1**. 온천(溫泉). **2**. 온욕(溫浴). **3**. ↑~schwimmbad. ~**quelle**, die 온천. ~**salz**, das 온천염(鹽). ~**schwimmbad**, das 온천 수영장. ~**wasser**, das〈Pl. -wässer〉온천수.

Therme ['tɛrmə], die; -n [lat. thermae(Pl.) < griech. thérmai] **1**. 온천. **2**.〈Pl.의 경우〉(고대 로마의) 공중 목욕탕. **Thermidor** [tɛrmi'doːɐ̯], der; -(s), -s [frz. thermidor] 프랑스 혁명력(歷)의 제11월. **Thermik** ['tɛrmɪk], die【기상】열 상승풍(熱上昇風), 상승 온난 기류, 테르믹. **Thermiksegelflug**, der 테르믹 활공. **Thermionen**〈Pl.〉[griech. thérmē + ↑Ion] [물리·화학] 열이온. **thermisch**〈Adj.〉【전문어】열의, 열에 의한. **Thermistor** [tɛr'mɪstɔr, 〈또한〉 ...toːɐ̯], der; -s, -en [...'toːrən; engl. thermistor] [전기] 터어미스터, 서미스터. **Thermit**ⓌⓏ [...'miːt,〈또한〉...mɪt], das; -s, -e 테르밋(철의 산화물과 알루미늄 가루와의 등량 혼합물).

Thermitschweißen, das -s 테르밋 용접. **thermo-, Thermo-**,《모음 앞에서는》therm-, Therm- [tɛrm(o)-; griech. thermós]《"열(熱), 온(溫)"을 뜻하는 규정어로서, 예컨대》thermoelektrisch, **Thermometer**, thermaktin, Thermionen, **Thermobehälter**, der; -s, - 보온 용기. **Thermochemie**, die 열화학. **thermochemisch**〈Adj.〉열화학의. **Thermochromie** [...kro'miː], die【화학】더어모크로미즘(열에 의해서 일어나는 포토크로미즘과 같은 가역적(可逆的)변색). **Thermodynamik**, die 열역학. **thermodynamisch**〈Adj.〉열역학의. **Thermoeffekt**, der; -s [물리] 열 영향. **thermoelektrisch**〈Adj.〉열전기(성)의. **Thermoelektrizität**, die 열전기. **Thermoelement**, das; -(e)s, -e 열전기(熱電地), 열전대(熱電對). **thermofixieren**〈h〉[섬유] (합성 섬유를) 내열(耐熱) 처리하다. **Thermogalvanometer**, der; -s, - 열전류검류계. **Thermogramm**, das; -s, -e **1**. 온도 자기 기록(溫度自記記錄). **2**. [기상] 시차 열도(示差熱圖), 시차 열 분절곡선(分折曲線). **Thermograph**, der; -en, -en [기상] 자기 온도계(自記溫度計). **Thermographie**, die 온도[체온] 기록. **Thermokaustik**, die [의학] 소작법(燒灼法). **Thermokauter**, der; -s, - [의학] 소작기(燒灼器). **Thermokraft**, die [물리] 열기 전력(熱起電力). **thermolabil**〈Adj.〉【물리】비내열성의(반대: thermostabil). **Thermolumineszenz**, die [물리] 열 루미네슨스, 열 발광(發光). **Thermolyse**, die [화학] 열리(熱離). **Thermometer**, das (österr., schweiz.) der; -s, - **1**. 한란계, 온도계, 체온계. das T. zeigt 5 Grad über[unter] Null 온도계가 영상[영하] 5도를 가르킨다. **2**. [부랑자어] 화주(火酒)[브랜디]병. **Thermometrie**, die; -n [...iːən]【전문어】온도 측정(법). **Thermonastie**, die [식물] 감열성(感熱性), 경열성(傾熱性). **thermonuklear**〈Adj.〉[물리]

열핵(熱核)의. **Thermonuklearwaffe**, die; -n 열핵 병기. **Thermopane**Ⓦ [...'peɪn], das; - 더어모팬, 단열창유리. **Thermopanefenster**, das 더어모팬 창, 단열창. **thermophil** [...'fiːl]〈Adj.〉【생물】호(好)열성의, 내(耐)열성의. **Thermophor** [...'foːa̯], der; -s, -e **1**. [의학] 탕파(湯婆). **2**. [물리] 전열장치(傳熱裝置). **3**. 보온기(保溫器). **Thermoplast**, der; -(e)s, -e [화학] 열가소성(熱可塑性) 물질, 가열가소물. **thermoplastisch**〈Adj.〉【화학】열가소성의. **Thermosflasche**, die; -n [Thermos Ⓦ] 보온병. **Thermosgefäß**, das; -es, -e [Thermos Ⓦ] ↑Thermosflasche. **thermostabil**〈Adj.〉[물리] 내열성의(반대: thermolabil). **Thermostat** [...'staːt], der; -(e)s / -en -e(n) [...staːtən] 온류조(恒溫槽), 정온기(整溫器), 부란기(孵卵器). **Thermostrom**, der; -(e)s [물리] 열전류(熱電流). **Thermotherapie**, die; -n [...iːən] 【의학】 온열 요법, 열기 요법.

thesaurieren [tezau'riːrən]〈h〉【경제】(보물 따위를) 모아두다, 집적(集積)하다, 저장하다. **Thesaurierung**, die; -en ↑thesaurieren의 명사형. **Thesaurus** [te'zaʊrʊs], der; -, ...ren / ...ri [lat. thésaurus < griech. thēsaurós] **1**. (고대 신전의) 보고(寶庫). **2**. 고전어 사서(辭書)[사전], 지식[어휘]의 보고. **3**. 분류어휘집.

These ['teːzə], die; -n [frz. thèse] **1**.《교양어》주장, 강령, 논제, 명제(命題): Luthers -n gegen den Ablaß 면죄(부)에 반대한 루터의 논제; eine T. aufstellen (entwickeln, formulieren, widerlegen) 어떤 명제를 세우다(전개시키다, 구성하다, 반박하다). **2**. [철학] 정립(定立), 테제, 정(正). **Thesenroman**, der [frz. roman à thèse] [문예학] 강령 소설, 명제 소설, 경향 소설. **Thesenstück**, das [연극학] 경향극. **thesenhaft**〈Adj.〉강령적으로, 명제적으로. **Thesis** ['teːzɪs,《또한》 'tezɪs], die; Thesen ['teːzn; griech. thésis] **1**. [운율] **a**) (고대 그리스 시의) 강음부(强音部). **b**)《현대의》약음부. **2**. [음악] 하박(下拍)(소절의 강부).

Thespiskarren ['tɛspɪs-], der; -s - [고대 그리스 비극의 창시자인 기원전 6세기의 비극 시인 테스피스의 이름을 따라]《교양어·농》순회 극단의 이동 무대, 순회 극단의 일단.

Thessalien [tɛ'saːliən], -s 테살리아(그리스 북부 지방). **Thessalier** [tɛ'saːliɐ], der; -s, - 테살리아 사람. **thessalisch** [tɛ'saːlɪʃ]〈Adj.〉테살리아(사람)의. **Thessalonicher** [tɛsa'loːnɪçɐ], der; -s, - 테살로니가 사람. **Thessaloniki** [tɛsalo'niːki, 《neugr.》 θesalo'niki] 테살로니카(그리스의 도시), **thessalonisch** [tɛsa'loːnɪʃ]〈Adj.〉테살로니카(사람)의.

Theta ['teːta], das; -(s), -s [griech. thēta] 그리스 자모의 여덟째 자(Θ, ϑ).

Thetik ['teːtɪk], die [철학] 명제론, 교조학, 도그마학. **thetisch**〈Adj.〉[철학] 정립(定立)적, 독단적.

Theurg [te'ʊrk], der; -en, -en [lat. theūrgus < griech. theourgós] [철학·문화인류] 기적을 행하는 사람, 마술[주술]사. **Theurgie** [teʊr'giː], die [lat. theūrgia < griech. theourgía] [철학·문화인류] 신기(神技), 기적, 요술, 마법.

Thi-: ↑Thio- 참조. **Thiamin** [ti-], der -s 티아민(비타민 B_1의 화학적 명칭).

Thigmotaxis [tɪgmo-], die; ...xen [griech. thígma u. táxis] [생물] 접촉 주성(接觸走性). **Thigmotropismus**, der; -, ...men [식물] 접촉 굽성(↑Haptotropismus).

Thing [tɪŋ], das; -(e)s, -e (고대 게르만의) 민회(民會), 재판의 집회, 법정. **Thingplatz**, der 국민 축제[집회]장. **Thingstätte**, die (고대 게르만의) 민회장, 법정.

Thio-,《모음 앞에서는》Thi- [ti(o)-; griech. theīon]

[화학]《"유황(硫黃)"을 뜻하는 규정어로서, 예컨대》 **Thioplast**, **Thiamin**. **Thioäther** ['ti:o-], der; -s, - [화학] 티오에테르. **Thioharnstoff** ['ti:o-], der; -(e)s [화학] 티오 요소(尿素). **Thiophen** [tio'fe:n], das; -s [화학] 티오펜. **Thioplast**, der; -(e)s, -e [화학] 티오 플라스틱.

thixotrop [tɪkso'tro:p] ⟨Adj.⟩ [화학] 틱소트로피의 속성을 지닌, 요변성의. **Thixotropie** [...tro'pi:], die [griech. thíxis / trópos] [화학] 틱소트로피, 요변성(搖變性).

Tholos ['to:lɔs,《또한》'tɔləs], die/der; -, ...loi [...lɔy] / ...len ['to:lən; griech. thólos] 톨로스(고대 그리스의 원형 건축물).

Thomas ['to:mas; 사도(使徒) 도마에서, 요한복음 20장 24~29절 참조] 《다음 용법으로》 **ein ungläubiger T.** 의심 많은 사람, 회의자, 믿지 않는 사람(사도 도마가 처음에 그리스도의 부활을 의심했던 것에서).

Thomas- [영국의 야금학자 S. G. Thomas(1850~1885)에서] [기술] ~**birne**, die토마스로(爐). ~**mehl**, das 토마스광재분(鑛滓粉). ~**schlacke**, die 토마스 광재. ~**stahl**, der 토마스 강(鋼). ~**verfahren**, das 토마스 처리법.

Thomismus [to'mɪsmʊs], der; - 토마스(학)설(중세의 성자의 신학자인 Thomas von Aquin의 설). **Thomist** [to'mɪst], der; -en, -en 토마스학도, 토마스설의 신봉자. **thomistisch** ⟨Adj.⟩ 토마스설[주의]의.

Thon [to:n], der; -s, -s [frz. thon < lat. thunnus] (schweiz.) ↑ Thunfisch.

Thor: ↑ Thorium.

Thora [to'ra:, (österr.) 'to:ra], die [hebr. tôrāh] [유태교] 모세의 율법서, 모세 오경(五經).

Thora- ~**lesung**, die 토라 독송(讀誦)(유태교 예배에서), 토라 독본. ~**rolle**, die [토라 독송을 위해] 토라가 적힌 (양피지) 두루마리. ~**schrein**, der (토라 두루마리의) 보관함 (유태교회당의).

thorakal [tora'ka:l] ⟨Adj.⟩ [의학] 흉부[흉곽]의. **Thorakoplastik** [torako-], die; -en [의학] 흉곽 성형술. **Thorax** ['to:raks], der; -(es), -e《전문어》....aces [to'ra:tsɛs; lat. thōrāx < griech. thórax] [해부] 1. 흉곽, 흉부. 2. 흉부(절족(節足)동물의).

Thorium ['to:rium], Thor [to:ɐ̯], das; -s [북구 전설의 신 Thor에 따라] 토륨(기호: Th).

Thraker ['tra:kɐ], der; -s, - 트라키아 사람. **Thrakien** ['tra:kiən], -s 트라키아(발칸 반도의 동부 지방). **thrakisch** ['tra:kɪʃ] ⟨Adj.⟩ 트라키아(어)의. **Thrazier** ['tra:tsiɐ] ↑ Thraker.

Threnodie ['treno'di:], die; -n [...i:ən; griech. thrēnōdía], **Threnos** ['tre:nɔs], der; -, ...noi [...nɔy griech. thrēnos] 애도가, 만가(輓歌).

Thriller ['θrɪlɐ], der; -s, - [engl.-amerik. thriller] 드릴러, 드릴이 있는 소설[영화, 극].

Thrips [trɪps], der; -, -e [griech. thríps] [동물] 삽주벌레.

Thromben ↑ Thrombus의 복수형. **Thrombose** [trɔm'bo:zə], die; -n [griech. thrómbōsis] [의학] 혈전증(血栓症). **Thromboseneigung**, die 혈전증 소질 [소인(素因)]. **thrombotisch** [...'bo:tɪʃ] ⟨Adj.⟩ [의학] 혈전(증)의. **Thrombozyt** [trɔmbo'tsy:t], der; -en, -en [의학] 혈소판(血小板), 전구(栓球). **Thrombozytose** [:..tsy'to:zə], die [의학] 혈소판[전구] 증가증. **Thrombus** ['trɔmbʊs], der; -, ...ben [griech. thrómbos] [의학] 혈전.

Thron [tro:n], der; -(e)s, -e [lat. thronus < griech. thrónos] **1. a)** 왕좌, 옥좌, 제위(帝位), 왕위, 고좌(高座): den T. besteigen 왕위에 오르다; jmdm. auf den T. erheben 누구를 왕위에 오르게 하다; jmdm. auf den T. folgen 누구의 왕위를 계승하다; jmdm. von T. stoßen 누구를 폐위하다; **jmdn.** [**etw.**] **auf den T. heben** 누구[무엇]를 어느 분야에서 제일로 인정하다; **jmds. T. wackelt** 《통용어》 누구의 권좌가 위협 받다; **jmdn.** [**etw.**] **vom T. stoßen** 누구[무엇]를 어느 분야의 최고의 자리에서 밀어내다. **b)** 군주제 정부, 왕가(王家), 왕권: auf den T. verzichten 왕권을 포기하다; das Bündnis von T. und Altar 《역사》 왕가와 교회의 동맹. **2.** 《농》 실내용 변기, 요강.

Thron- ~**anwärter**, der 왕위 계승자. ~**besteigung**, die 즉위. ~**entsagung**, die 퇴위, 양위(讓位). ~**erbe**, der 왕위 계승자. ~**erbin**, die ↑ ~erbe의 여성형. ~**erhebung**, die 즉위(식). ~**folge**, die 《Pl. 없음》 왕위 계승. ~**folger**, der 왕위 계승자. ~**folgerin**, die; -nen ↑ ~folger의 여성형. ~**himmel**, der (옥좌의) 천개(天蓋), 닫집. ~**lehen**, das (중세) 봉토 (封土), 영지(領地). ~**prätendent**, der 제위[왕위] 요구자. ~**räuber**, der ↑ Usurpator. ~**rede**, die (의회에서) 왕(황제)의 개회식사[알현어](勅語). ~**saal**, der 옥좌가 있는 방, 알현실(謁見室). ~**sessel**, der 옥좌. ~**vakanz**, die 공위(空位). ~**verzicht**, der ↑ ~entsagung. ~**wechsel**, der 왕위 경질[변동].

thronen ['tro:nən] ⟨h⟩ 왕좌에 앉아 있다, 왕위에 올라 있다, 통치[군림]하고 있다.

Thuja ['tu:ja], (österr.) **Thuje** ['tu:jə], die; ...jen [griech. thyía] [식물] ↑ Lebensbaum (1). **Thujaöl**, das 측백나무기름. **Thuje**: ↑ Thuja.

Thulium ['tu:liʊm], das; -s [전설의 섬 Thule에 따라] [화학] 툴륨(기호: Tm).

Thunfisch ['tu:n-], der; -(e)s, -e [lat. thunnus, thynnus < griech. thýnnos] 다랑어, 참치. **Thunfischsalat**, der 참치 샐러드.

Thurgau ['tu:ɐ̯gau̯] 투르가우(스위스 동북부의 주). ¹**Thurgauer**, der; -s, - 투르가우 사람. ²**Thurgauer** ⟨Adj.: 격변화 없음⟩ 투르가우의. **thurgauisch** ⟨Adj.⟩ 투르가우(말)의.

Thusnelda, Tusnelda [tʊs'nɛlda], die 《군인어에서; 예전에는 흔한 여자 이름》《명》애인, 연인(戀人).

THW = Technisches Hilfswerk 기술(공학) 편람(便覽).

Thymian ['ty:mia:n], der; -s, -e [lat. thymum < griech. thýmon] **a)** 백리향(百里香), 사향초. **b)** 《Pl. 없음》 백리향(사향초) 향신료(香辛料).

Thymian- ~**kampfer**, der ↑ Thymol. ~**öl**, das 티미유, 백리향 기름. ~**säure**, die ↑ Thymol.

Thymol [ty'mo:l], das; -s 티몰(방부제).

Thymus ['ty:mʊs], der; -, ...mi [griech. thýmos] [해부] 가슴샘, 흉선(胸腺). **Thymusdrüse**, die ↑ Thymus.

Thyratron ['ty:ratrɔn], das; -s, -e [tyra'trɔnə],《또는》-s [전기] 다이라트론(열 음극 방전관의 일종).

Thyreoiditis [tyreoi'di:tɪs], die; ...itiden [...di'ti:dn̩] [lat. Thyreoida] [의학] 갑상선염(炎).

Thyristor [ty'rɪstɔr, 《또한》-to:ɐ̯], der; -s, -en [...'to:rən] [전기] 다이리스터(반도체 소자(素子)의 일종). ~**schaltung**, die [전기] 다이리스터 접속.

Thyroxin [tyro'ksi:n], das; -s [lat. Thyreoidea + griech. oxýs] [의학] 티록신.

Thyrsos [tyrzɔs], der; -, ...soi [...zɔy], **Thyrsus** [...zʊs], der; -, ...si [lat. thyrsus < griech. thýrsos] [신화] 주신 바커스의 지팡이(담쟁이와 포도잎을 감은). **Thyrsosstab**, **Thyrsusstab**, der ↑ Thyrsos.

Ti = Titan.

Tiara [ti'a:ra], die; ...ren [lat. tiāra < griech. tiára] **1.** 고대 페르시아 및 앗시리아 왕의 모자. **2.** 《옛》(로마 교황

Tiber ['ti:bɐ], der; -s 중부 이탈리아의 강.

¹Tibet ['ti:bɛt], der; -s -e [1: 동명의 아시아 내륙 산지의 이름을 따라; 2: 다른 재생양모에 비해 탁월한 품질 때문에 티베트의 이름을 따라] **1.** ↑Mohair. **2.** 일종의 능모직물(綾毛織物).

²Tibet; -s **1.** 티베트. **2.** 티베트 고원. **Tibetaner**, der; -s, - 티베트 사람. **tibetanisch** 〈Adj.〉 티베트(사람, 말)의. **Tibetist**, das; -(s) 〈항상 정관사와 함께〉 **Tibetische**, das; -n 티베트말.

Tibia ['ti:bi̯a], die; Tibiae [...iɛ; lat. tibia] **1.**【해부】↑Schienbein. **2.** 티비아〈고대 로마의 피리의 일종〉.

Tic [tɪk], der; -s, -s [frz. tic]【의학】안면 경련, 틱병(病).

tick! [-] 〈Interj.〉 째깍째깍. **Tick** [-], der; -(e)s, -s [1: ↑Tic의 독어화; 옛날의 그러나 지금도 여전히 지역에 따라 사용되는 Tick, ↑ticken (2)의 영향을 받아] **1.** 〈통용어〉 광상(狂想), 변덕, 기벽(奇癖), 유벽(自負): einen T. haben 젠체하다, 변덕부리다, 정신이 이상하다. **2.** ↑Tic. **3.** 〈통용어〉 미세한 차이, 근소(僅少), 미소(微小). **ticken** ['tɪkn] 〈h〉 [1: ↑tick의 의성어] **1. a)** 째깍째깍 소리를 내다: die Uhr[die Zeitbombe] tickt 시계[시한폭탄]가 째깍째깍 소리를 내다; **jmd. tickt nicht (ganz) richtig[bei jmdm. tickt es nicht (ganz) richtig** 〈청소년어〉 누가 온전한 정신이 아니다[약간 돌았다]. **b)** 〈손 끝이나 뾰족한 것으로〉 가볍게 건드리다[두드리다]. **2.** 〈드물게〉 ↑tippen. **3.** 〈은어〉 구타하고 소지품을 강탈하다. **4.** 〈경〉 ↑schnallen. **Ticker**, der; -s, - **1.** 《의학 은어》 안면 경련성 환자. **2.** 《은어》 특수(톡렬) 강도. **3.** 《의학·은어》 맥박 감시기. **4.** 《은어》 텔레타이프 수신기, 증권시시세 전광판. **tickern** ['tɪkɐn] 〈h〉 《은어》 텔레타이프로 뉴스를 중계하다.

Ticket ['tɪkət], das; -s, -s [engl. ticket] **1. a)** 승차[승선]권, 탑승권(搭乘券) 비행기의. **b)** 〈드물게〉 입장권. **2.** 《드물게》 선거 프로그램, 정강(政綱).

ticktack! [tɪk'tak] 〈Interj.〉 재깍재깍〈시계 따위의 소리〉. **Ticktack** [-], die; -s 《아동》 시계.

Tide ['ti:də], die; -n [niederd. (ge)tide] (nordd.·선원) **a)** 조수의 간만(干滿). **b)** 〈Pl.〉 ↑Gezeiten. **Tide-** 〈선원〉 **~gebiet**, das 조수(潮水) 영향권. **~hafen**, der 고조항(高潮港). **~hochwasser**, das Hochwasser (1). **~hub**, Tidenhub, der 조수차(潮水差). **~niedrigwasser**, das Niedrigwasser (1).

Tidenhub ↑Tidehub. **Tidenkalender**, der; -s, - 간만표(干滿表).

Tie-Break ['taɪbreɪk], der / das; -s, -s [engl. tie-break]【테니스】타이 브레이크.

tief [ti:f] 〈Adj.〉 **1. a)** 깊은, 깊숙한: ein -er Abgrund 심연(深淵); die Pflanze schlägt -e Wurzeln aus/gibt -e Wurzeln tief in die Erde 식물이 뿌리를 깊이 내렸다;【전의】t. in Gedanken (versunken) sein 깊은 생각에 잠겨 있다; er ist t. gefallen [gesunken] 그가 타락했다 (도덕적으로). **b)** 깊고 넓고 크게 잡혀진 어떤 후치) 깊이의〈반대; hoch 1 e〉: eine fünf Meter -e Grube 5미터 깊이의 구렁. **c)** 지면에서 높이가 낮은〈반대; hoch 1 b〉: das Flugzeug fliegt t. 비행기가 저공 비행을 한다. **d)** 깊숙한〈바닥을 향해〉: eine -e Verbeugung machen 깊이 머리 숙여[허리 굽혀] 절하다; die Mütze in die Stirn ziehen 모자를 이마까지 푹 눌러쓰다; ein t. ausgeschnittenes Kleid 가슴이 깊이 패인 옷(여자의). **e)** 낮은 곳에 위치한: sie wohnen eine Etage tiefer 그들은 한 층 아래 산다. **f)** 낮은〈가치나 신분 등이〉: die Kosten sind zu t. veranschlagt 비용이 너무 낮게 견적되었다. **g)** 깊은〈그릇 등이〉: ein -er Teller 깊은 접시(바닥이). **2. a)** 깊숙이 들어간〈앞에서 볼 때〉: ein -er Wald 깊은 숲(속); die Bühne ist sehr t. 무대가 매우 깊숙하다. **b)** 〈척도와 결합하여 후치〉 (안 길이가) 깊은: der Schrank ist nur 30 cm t. 그 농은 단지 30 cm 깊이다. **3. a)** (내부로) 깊은: der Feind drang t. ins Land ein 적이 나라 깊숙이 침투했다; t. atmen 심호흡하다; **etw. geht bei jmdm. nicht t.** 무엇이 누구에게 별 인상을 주지 않다(마음을 별로 움직이게 하지 않다). **b)** 〈척도와 결합하여; 후치〉 깊은 (내부로): eine 10cm -e Stichwunde 10cm 깊이의 자상(刺傷). **c)** 〈매우〉 깊숙한, 깊은: im -sten Innern von jmds. Unschuld überzeugt sein 누구의 무죄를 마음 속 깊이 확신하다; seine Augen liegen t. 그의 눈이 움푹 들어가 있다. **4. a)** 깊은, 늦은〈시간적 연장〉: bis t. in die Nacht [den Herbst] (hinein) 밤 늦게까지[한가을까지]. **b)** 〈시간적으로〉 정점에 이른: im -en Winter 한겨울에. **5. a)** 〈동사를 강조하여〉 매우, 대단한, 깊은: jmdn. t. beeindrucken 누구에게 깊은 감명을 주다; etw. t. bedauern 무엇을 매우 유감으로 생각하다. **6.** 철저한, 심오한, 깊은: in diesen Worten liegt[steckt] ein -er Sinn 이 말 속에는 깊은 뜻이 담겨 있다. **7. a)** 〈빛깔이〉 진한, 어두운: ein -es Rot 진홍(眞紅)(색). **b)** 저음(音)의, 낮은〈반대: hoch 6〉: eine -e Stimme 저음. **Tief** [-], das; -s, -s **1.**【기상】기압골(지역)〈반대: Hoch 2〉;【전의】seelische -s 의기소침, 우울. **2.**【선원】심해(深海), 깊은 곳, 항로, 수로.

tief-, Tief- **~angriff**, der 저공(低空) 공격. **~ausläufer**, der【기상】기압골. **~bau**, der **1. a)** 〈Pl. 없음〉 지하(표)공사. **b)** 〈전문어〉 〈Pl. -ten〉 지하(표) 건축물. **2.** 〈Pl. -e〉 Untertagebau. **~bauamt**, das 건설국. **~bauingenieur**, der 건설(토목) 기술자(기사). **~beleidigt** 〈Adj.〉 심하게(매우) 모욕 받은. **~betroffen** 〈Adj.〉 심하게(매우) 놀란(당황한). **~betrübt** 〈Adj.〉 몹시 슬퍼하는. **~bewegt** 〈Adj.〉 깊이 감동한. **~blau** 〈Adj.〉 진한 남색의. **~blickend** 〈Adj.〉 혜안의, 통찰력이 예민한. **~bohren** 〈h〉 〈전문어〉 심부천공(深部穿孔)하다, 시추(試錐)하다. **~bohrung**, die 시추, 심부천공, 심층보링. **~braun** 〈Adj.〉 진한 갈색의. **~bunker**, der 지하방호(壕). **~decker**, der【항공】저익(低翼) 비행기, 단엽(비행)기. **~dringend** 〈Adj.〉 투시력이 있는. **¹~druck**, der 〈Pl. 없음〉【기상】저기압. **²~druck**, der, 〈Pl.없음〉 요판(凹版) 인쇄, 그라비아 인쇄. **b)** 〈Pl. -e〉 요판 인쇄물. **~druckform**, die 요판 인쇄용 판형(版型). **~druckgebiet**, das【기상】저기압 지대. **~druckverfahren**, die ↑²~druck (a). **~druckzylinder**, der【인쇄】윤전 그라비인쇄. **~dunkel** 〈Adj.〉 매우 어두운, 칠흑의. **~ebene**, die【지리】저원(低原), 저지. **~empfunden** 〈Adj.〉 진심(충심)으로부터의, 진심의. **~ernst** 〈Adj.〉 매우 진지한, 지극히 엄숙한. **~erschüttert** 〈Adj.〉 심한 충격을 받은. **~flieger**, der 저공용 비행기. **~fliegerangriff**, der 저공 공격. **~flug**, der 저공 비행. **~gang**, der; -(e)s 【조선】흘수(吃水);【전의】geistigen T. haben 정신(지)적인 깊이가 없는. **~garage**, die 지하 차고. **~gefrieren** 〈h〉 〈전문어〉 tiefgefrorenes Gemüse 냉동 야채. **~gefrostet** 〈Adj.〉 ↑~gekühlt. **~gefühlt** 〈Adj.〉 ↑~empfunden. **~gehend** 〈Adj.〉 ↑~greifend. **~gekränkt** 〈Adj.〉 ↑~beleidigt. **~gekühlt** 〈Adj.〉 〈급속〉 냉동된. **~geschoß**, das ↑Kellergeschoß. **~greifend** 〈Adj.〉 통렬한, 근본적인, 철저한, 심오한. **~gründig** [-grʏndɪç] 〈Adj.〉 두터운, 철저한: eine -e Frage stellen 의미 깊은 질문을 제기하다. **2.**【농업】바닥이 깊은, 〈농작물의〉 뿌리가 깊이 내릴 수 있는. **~gründigkeit**, die ↑~gründig의 명사형. **~halte** [-haltə], die; -n【체조】팔을 아래로 하여 깊이 몸통을 굽

한 자세. ~**hängend** 〈Adj.〉 축 늘어진(나뭇가지 등이). ~**inner...** 〈Adj.; 비교급 없음. 최상급: tiefinnerst〉《아이》마음 속 깊이의, 정신적으로 심오한. ~**innerlich** 〈Adj.〉《아이》↑~inner.... ~**kühlen** 〈h〉↑~gefrieren: tiefgekühlte Lebensmittel 냉동 식품. ~**kühlfach**, das ↑Gefrierfach. ~**kühlkette**, die ↑Gefrierkette. ~**kühlkost**, die 냉동 식품. ~**kühlschrank**, der ↑Gefrierschrank. ~**kühltruhe**, die ↑Gefriertruhe. ~**kühlung**, die (급속) 냉동. ~**ladeanhänger**, der ↑~lader. ~**lader**, der 긴 물건을 싣는 (기차의) 화차. ~**ladewagen**, der ↑~lader. ~**land**, das 〈Pl. -länder, 《또는》 -e〉 (해발 200m 이하의) 평지, 저지. ~**landbuch**, die [지리] 만입상 충적 평야(灣入狀沖積平野). ~**liegend** 〈Adj.〉 **1.** ein Anhänger mit -er Ladefläche 적재함이 낮은 연결차(트레일러). **2.** Metalle mit -em Schmelzpunkt 용해점이 낮은 금속. **3.** er hat -e Augen 그는 움푹 들어간 눈을 갖고 있다. ~**ofen**, der [기술] 균열로(均熱爐). ~**paß**, der [전기] 저역(低域) 필터. ~**pflügen** 〈h〉 [농업] ↑rigolen. ~**pumpe**, die [기술] 심부 펌프. ~**punkt**, der (최)저점, 최하점: einen seelischen T. haben 극도로 의기 소침해 있다. ~**reichend** 〈Adj.〉 ~greifend. ~**religiös** 〈Adj.〉 신심이 매우 돈독한. ~**rot** 〈Adj.〉 진홍의. ~**schlaf**, der 깊은 잠, 숙면. ~**schlag**, der [권투] (반칙이 되는) 벨트(배꼽) 아래 치기. ~**schlagschutz**, der [권투] ↑~schutz. ~**schürfend** 〈Adj.〉 남김없는, 철저한 조사의. ~**schutz**, der [권투] 프로텍터 컵, 노 파울 컵(국부 보호 방신구). ~**schwarz** 〈Adj.〉 칠(진)흑의. ~**see**, die [지리] 해저 1000m 이하의. ~**seefisch**, der 심해어. ~**seeforscher**, der 심해 연(탐)구자. ~**seegraben**, der [지리] 해구(海溝). ~**taucher**, der 심해 잠수부(함). ~**seetauchgerät**, das 심해 잠수닫(나)(정). ~**sinn**, der 〈Pl. 없음〉 **a)** 사려깊음, 통찰력, 명민(明敏), 명상. **b)** 깊은 뜻, 오묘함. ~**sinnig** 〈Adj.〉 **1.** 오묘한, 깊은 뜻의. **2.** 우울한. ~**sinnigkeit**, die 의미심장함, 사려깊음. ~**stand**, der 〈Pl. 없음〉 하위, 저수준, 침체, 퇴폐, 불황. ~**stapelei** [-ʃtapəˑlaɪ], die; -en **a)** 〈Pl. 없음〉 과소 평가. **b)** 과소 표현(표명). ~**stapler**, der 과소 평가자(반대: Hochstapler 2). ~**start**, der [육상] 크라우칭 스타트(단거리 경주에서). ~**stehend** 〈Adj.〉 낮은, 하위의, 열등한. ~**strahler**, der (가로나 경기장 위의) 투광조명기(投光照明機). ~**tauchen** 〈h〉 [스포츠] (10m 이하의) 물속 깊이 잠수하다. ~**tauchen**, das; -s 심해 잠수. ~**taucher**, der 심해 잠수자(정). ~**temperaturphysik**, die 저온 물리학. ~**ton**, der 〈Pl. -töne〉 [언어] 저음, 말의 제 2 악센트(반대: Hochton). ~**traurig** 〈Adj.〉 매우 슬픈. ~**verschneit** 〈Adj.〉 많은 눈에 덮인(묻힌). ~**wurzler** [-vʊrtslɐ], der; -s, - [식물] 심근성(深根性)의(반대: Flachwurzler). ~**ziehen*** 〈h〉 [기술] 디프 드로밍 가공하다.

Tiefe ['tiːfə], die; -n **1. a)** 깊음, 깊이: der Brunnen hat eine T. von zehn Metern 그 우물은 깊이가 10m이다. **b)** (해면이나 지표 아래로의) 거리, 심도. **c)** 《대개 전치사 "auf", "aus"나 "in"과 결합하여》 깊은 곳, 해연(海淵), 밑바닥, (깊은 속, 동굴, 구덩이, 나락(奈落)도 심연 (海淵): aus der T. des Wassers auf(empor) tauchen 물깊은 곳에서 부상하다(떠오르다); den Sarg in die T. lassen 하관(下棺)하다. **2. a)** (건물 따위의) 앞쪽에서 뒤쪽 방면까지의 거리(기), 세로간 깊이: die T. der Wunde 상처의 깊이. **b)** 《대개 전치사 "aus"나 "in"과 결합하여》 안(뒤)쪽(건물이나 지역의), 내면: aus der T. des Parks 공원 안쪽에서; [전의] die verborgensten -n des menschlichen Herzens 사람 마음속 깊이 숨겨진 내면. **3.** 〈Pl. 없음〉 (사상이나 정신의) 심원함, 깊음. **4.** 〈Pl. 없음〉 (감정이나 느낌 등의) 깊이, 강렬함. **5.** 〈Pl. 없음〉 (색상이) 진함. **6.** 〈Pl. 없음〉 저음(低音).

tiefen-, Tiefen-: ~**bestrahlung**, die [의학] 심부조사(深部照射). ~**erosion**, die [지질] 하각침식(下刻浸蝕). ~**gestein**, das [지질] 심성암(深成岩). ~**interview**, das [사회] 심층 면접. ~**linie**, die 수심 곡선(水深曲線). ~**messung**, die 심도 측정, 측심(測深). ~**person**, die [심리] 심층 인격. ~**psychologe**, der 심층 심리학자. ~**psychologie**, die 심층 심리학. ~**psychologisch** 〈Adj.〉 심층 심리학의[적]. ~**rausch**, der [의학] 잠수병(潛水病)에 의한 황홀 상태. ~**ruder**, das [조선] 수중타(水中舵). ~**scharf** 〈Adj.〉 [광학·사진] 초점 심도(焦點深度)가 있는, 초점이 맞은. ~**schärfe**, die [광학] Schärfentiefe. ~**sehen**, das; -s [의학] 입체시(立體視). ~**sehtest**, der 입체시 검사. ~**strömung**, die [지리] 심층류(深層流). ~**struktur**, die [언어] 심층 구조(반대: Oberflächenstruktur 2). ~**stufe**, die [지질] 지열 증가율. ~**therapie**, die [의학] ↑~bestrahlung. ~**winkel**, der [수학] 부각(俯角), 복각(伏角). ~**wirksam** 〈Adj.〉 심부(입체) 효과가 있는. ~**wirkung**, die **1.** 심부효과(작용). **2.** 입체 효과. ~**zone**, die [지질] 심층

Tiefst [tiːfst], das; -es, -e [금융·증권] ↑Tiefstkurs, Tiefstnotierung의 약칭.

tiefst-, Tiefst-~**angebot**, das 최저가 공급. ~**kurs**, der [금융·증권] 최저 시세(주식이나 외환 등의). ~**notierung**, die [금융·증권] ↑~kurs. ~**preis**, der 최저가. ~**temperatur**, die 최저 온도(기온). ~**wert**, der 최저 가치.

Tiegel ['tiːɡl̩], der; -s, - **1.** 도가니. **2.** 〈ostmd.〉 Pfanne.

Tier [tiːɐ̯], das; -(e)s, -e **1.** 동물, 짐승, 야수, 가축: die niederen(höheren) -e 하등(고등) 동물; [성구] jedem Tierchen sein Pläsierchen 《통용어·농》 누구나 자기 뜻대로 살아야 한다; [속담] quäle nie ein T. zum Scherz, denn es fühlt wie du den Schmerz 짐승도 사람처럼 고통을 느끼니, 재미로 짐승을 학대하지 말라; [전의] es ist ein T. 그는 짐승이다(야만이다); sie ist ein gutes T. 《경》 그 여자는 약간 모자라긴 하지만 마음씨가 좋다; **ein hohes[großes] T.** 《통용어》 유력한 인물, 명망가, 세력가. **2.** 〈사냥〉 암사슴.

tier-, Tier-: ~**anatomie**, die ↑Zootomie. ~**art**, die [동물] 동물의 종류. ~**arzt**, der 수의사. ~**ärztin**, die ↑~arzt의 여성형. ~**ärztlich** 〈Adj.〉 수의(사)의, 수의학(상)의. ~**asyl**, das ↑~heim. ~**bändiger**, der ↑Dompteur. ~**bändigerin**, die ↑~bändiger의 여성형 (↑Dompteuse). ~**besamer**, der ↑Inseminator. ~**bestand**, der (사냥터나 동물원의) 동물 총수. ~**bild**, das 동물화. ~**buch**, das 동물 (이야기)책. ~**epos**, das 동물 서사시. ~**erzählung**, die 동물이야기. ~**experiment**, das ↑~versuch. ~**fabel**, die 동물 우화. ~**fährte**, die ↑Fährte. ~**falle**, die (드물게) ↑Falle (1). ~**familie**, die [동물] 동물의 과(科). ~**fang**, der 〈Pl. 없음〉 사냥, 동물 포획(捕獲). ~**fänger**, der 동물 포획(업)자. ~**film**, der 동물 영화. ~**form**, die 동물 형태. ~**freund**, der 동물 애호가. ~**garten**, der 동물원(대개 작은). ~**gärtner**, der 동물원의 사육자. ~**gattung**, die [동물] ↑Gattung (2). ~**gehege**, das 동물 사육장, 동물 가두어 둔 곳. ~**geographie**, die ↑Geozoologie. ~**geschichte**, die 동물 이야기. ~**gestalt**, die 동물 형상, 짐승 모습. ~**haar**, das 짐승 털. ~**halter**, der 동물 사육자(飼育者). ~**haltung**, die 〈Pl. 없음〉 동물 사육. ~**haut**, die

짐승 가죽, **heilkunde,** die ↑-medizin. **~heim,** das **a)** 가축 수용 시설. **b)** 가축 수용 시설건물. **~kadaver,** der ↑Kadaver. **~kalender,** der 동물 그림(이 있는) 달력. **~kind,** das ↑²Junge. **~klinik,** die **a)** 동물 병원. **b)** 동물 병원 건물. **~kohle,** die 수탄(獸炭). **~kolonie,** die 〈동물〉 동물 군락(群落). **~körper,** der 짐승의 몸(통). **~körperbeseitigungsanstalt,** die 【관】 동물 사체(死體) 처리 시설 (약어: TBA). **~kreis,** der 〈Pl. 없음〉 〈천문·점성술〉 수대(獸帶), 12궁(宮). **~kreissternbild,** das 〈천문·점성술〉 (12궁의) 궁. **~kreiszeichen,** das 〈천문·점성술〉 1. =**kreissternbild.** 2. 수대 기호. **~kult,** der 동물 숭배. **~kunde,** die ↑Zoologie. **~laus,** die 동물에 기생하는 이. **~laut,** der 동물의 (특유한) 소리. **~lehrer,** der 동물 조련사(調練師). **~lieb** 〈Adj.〉 동물을 좋아하는[애호하는]. **~liebe,** die 〈Pl. 없음〉 동물 사랑[애호]. **~liebend** 〈Adj.〉 ↑=lieb. **~maler,** der 동물 화가. **~medizin,** die 〈Pl. 없음〉 수의학. **~park,** der (대규모의) 동물원. **~pfleger,** der 동물 사육사. **~pflegerin,** die ↑-pfleger의 여성형. **~physiologie,** die 동물 생리학. **~psychologie,** die 《준고어》 동물 심리학. **~quäler,** der 동물 학대자. **~quälerei** 〈- - - -´〉 die; -en 동물 학대: 〈전의〉 wie kannst du ihn nur so behandeln, das ist ja T.! 《농》 어떻게 너는 그를 그렇게 다룰 수 있느냐, 그거야말로 동물 학대나 다름없다! **~reich** 〈Adj.〉 동물이 많은, 여러 동물 종류가 있는. **~reich,** das 〈Pl. 없음〉 동물계(界). **~schau,** die 동물 전시. **~schutz,** der 동물 보호[애호]. **~schützer,** der 동물 보호[애호]자. **~schutzgebiet,** das 동물 보호 구역. **~schutzgesetz,** das 동물 보호법. **~schutzverein,** der 동물 보호 협회. **~seuche,** die 동물[가축] 전염[유행]병. **~soziologie,** die 동물 사회학. **~sprache,** die 동물 언어. **~staat,** die 동물 사회. **~stimme,** die 동물 소리. **~stimmenimitator,** der 동물 소리 모방자. **~stock,** der 〈동물〉 군체(群體). **~stück,** das 【미술】 ↑bild. **~versuch,** der 동물 실험. **~wärter,** der ↑-pfleger. **~welt,** der 〈Pl. 없음〉 동물계. **~zucht,** die 〈Pl. 없음〉 동물[가축] 사육, 축산(畜産). **~züchter,** der [가축] 사육가, 축산가.

Tierchen, das; -s, - ↑Tier (1). **tierhaft** 〈Adj.〉 《드물게》 동물의. **tierisch** 〈Adj.〉 1. **a)** 동물[짐승]의: die Erforschung -en Verhaltens 동물 행태 연구. **b)** 동물성의: -es Fett 동물성 지방. 2. 《俗》 동물적인, 짐승 같은, 잔혹한, 야비한, 거친, 충동적인: sein Benehmen war t. 그의 행동거지는 거칠다; das ist ja wirklich t. 《경》 그것이야말로 정말 뻔뻔스럽다[파렴치하다]; hier geht es immer so t. ernst zu 《俗》 여기서는 항상 너무 무미건조하다. **tierlich** 〈Adj.〉 《드물게》 ↑tierisch (1 a, b).

Tifoso [ti'fozo], der; -, ...si 《대개 Pl.》 [ital. tifoso] Fan의 이탈리아어.

tifteln ['tɪftļn] ↑tüfteln.

Tiger ['ti:gɐ], der; -s, - [lat. tigris < griech. tígris] 범, 호랑이.

Tiger-: **~auge,** das [빛깔에 따라] 호안석(虎眼石). **~färbung,** die 호랑이 털빛깔(의 무늬). **~fell,** das 호피(虎皮). **~hai,** der 뱀알상어. **~katze,** die (중남미산의) 범고양이, 삵쾡이. **~lilie,** die 참나리. **~pferd,** das 《드물게》 ↑Zebra.

Tigerin, die; -nen ↑Tiger의 여성형. **tigern** ['ti:gɐn] 1. 〈h〉 《드물게》 (…에) 호반(虎斑)을 넣다. 2. 〈s〉 《통용어》 (걸어서) 급히 나가다, 먼 길을 걷다. **Tigon** ['ti:gɔn], der; -s, - [engl. tigon] 〈동물〉 타이곤, 범사자. **tigroid** [tigro'i:t] 〈Adj.〉 [lat. tigris + griech. -oeidé] 【동물】 호반의, 표문(豹紋)의.

Tigris ['ti:grɪs], der; - 티그리스강(소아시아의 강 이름).

Tilbury ['tɪlbarɪ], der; -s, -s [engl. tilbury] 19세기 초 런던의 동방 차량제조인의 이름에 따라] 개폐 지붕의 2인승 2륜 경장(輕裝)마차.

Tilde ['tɪldə], die; -n [span. tilde] 1. 스페인어에서 **n** 위에 붙이는 발음 부호(예컨대: span. ñ[nj] in Señor, port. ã[ã] in São Paulo). 2. (사전 따위의) 반복 기호 (~).

tilgbar ['tɪlkba:ɐ̯] 〈Adj.〉 지울 수 있는, 삭제할 수 있는, 상각(償却)할 수 있는. **tilgen** ['tɪlgn̩] 〈h〉 [lat. dēlēre] 1. (아이) 지우다, 말살하다, 제거하다, 근절하다, 멸절하다: die Eintragung ins Strafregister wird nach einiger Zeit wieder getilgt 범죄 기록부의 기록은 어느 정도 시간이 지나면 다시 삭제된다; 전의 etw. aus seinem Gedächtnis[jmdn. aus der Erinnerung] t. 무엇을 그의 기억에서[누구를 추억에서] 지워버리다. 2. 경제·금융〉 상환(償還)하다, 변상(辨償)하다: 전의 eine Schmach t. 모욕[치욕]을 갚다. **Tilgung,** die; -en 1. (아이) 지움, 말살, 근절: die T. aller Spuren soll ihre Beseitigung sichern 모든 흔적의 제거. 2. 【경제·금융】 상각(償却), 상환, 변상: die T. der Schulden 부채 상환.

Tilgungs- [경제·금융]: **~anleihe,** die 점차 상각 공채(公債), **~fonds,** der 상각 자금, 감채 기금(減債基金). **~kapital,** das 점차 상각 공채 매각 대금. **~rate,** die 상환금(완납까지의 일정 기간에 내는). **~summe,** die ↑-rate.

Tilsiter ['tɪlzɪtɐ], der; -s, -, **Tilsiter Käse,** der; - -s, - - [원래 틸지트에서 생산되었음] 틸지트 산(産) 치즈.

Timbale [tɪm'ba:lə], die; -n [frz. timbale] 【요리】 팀발 (고기, 생선, 야채 등을 다져서 틀에 넣어 만드는 요리). **Timbales** [tɪm'ba:ləs] 《Pl.》 [span. timbales] 팀파니 (반구형의 북).

Timbre ['tɛ:br(ə), 《또한》 'tɛ:bɐ], das; -s, -s [frz. timbre] 【음악】 음색(音色), 음질(특히 목소리의): sein T. ist unverwechselbar 그(의) 음색은 혼동할 수가 없다. **timbrieren** [tɛ'bri:rən] 〈h〉 【음악】 (특정한) 음색 [음질]을 갖게 하다.

time is money [taɪm ɪz 'mʌnɪ; engl.] 시간은 돈이다.

timen ['taɪmən] 〈h〉 [engl. to time] 1. 《드물게》 시간(속도)을 재다[기록하다]. 2. 시간[시기]을 정하다: eine gut getimte Flanke 【스포츠】 적시(適時) 센터링.

Time-sharing ['taɪmʃɛarɪŋ], das; -s, -s [engl. time-sharing] 【전산】 시분할(時分割).

timid [ti'mi:t], **timide** [ti'mi:də] 〈Adj.〉 [frz. timide] 《교양어》 겁이 많은, 마음이 약한.

Timing ['taɪmɪŋ], das; -s, -s [engl. timing] 타이밍, 가장 알맞은 시기를 택하기.

Timokratie [timokra'ti:], die; -n [...i:ən] griech. timokratía] 《교양어》 1. 〈Pl. 없음〉 금권(金權) 정치, 재력(財力) 정치. 2. 금권[재력] 정치가 이루어지는 국가[지방]. **timokratisch** [..'kra:tɪʃ] 〈Adj.〉 [griech. timokratikós] 《교양어》 금전 정치의[적].

timonisch [ti'mo:nɪʃ] 〈Adj.〉 [전설적인 아테네의 인간 혐오자 티몬을 따라] 《교양어·고어》 인간 혐오의, 사람을 싫어하는.

Timotheegras [timo'te:-], **Timotheusgras** [ti'mo:teus-], **Timothygras** [ti'mo:ti-], 《드물게》 ['ti:moti-], das; -es [engl. timothy(grass)] 큰조아재비, 티머디(목초의 일종).

Timpano ['tɪmpano], der; -s, ...ni 《대개 Pl.》 [ital. timpano] Pauke의 이탈리아어, 팀파니.

tingeln ['tɪŋl̩n] 〈은어〉 **a)** 〈s〉 (대중 유흥업소에서) 쇼를 연출하다. **b)** 〈s〉 (대중 유흥업소에서) 쇼를 연출하며 돌아 다니다. **Tingeltangel** ['tɪŋl̩taŋ], 《österr.》 --'-

—], das / der; -s, - [Café chantant(frz.) 《음악을 연주하는 카페》 연주되는 음악의 의성어] 《준고어·팸》 **1.** 저속한 경[댄스] 음악. **2.** 저속한 음악을 연주하는 대중 술집[바]: er macht Musik in einem T. 그는 싸구려 술집에서 연주한다. **3.** 저급 술집에서나 보여 주는 오락.

tingieren [tɪŋˈgiːrən] ⟨h⟩ [lat. tingere] 《화학》 적시다, 염색하다. **Tinktion** [tɪŋkˈtsi̯oːn], die; -en [lat. tinctio] 《화학》 염색. **Tinktur** [tɪŋkˈtuːɐ̯], die; -en [lat. tīnctūra] 정기(丁幾), 텡크(제(劑)).

Tinnef [ˈtɪnɛf], der; -s [jidd. tinnef] 《통용어·팸》 **1.** 시시한 것, 잡동사니, 허섭쓰레기. **2.** 허튼 소리, 넌센스.

Tinte [ˈtɪntə], die; -n [lat. tincta (aqua)] **1.** 잉크: die T. fließt gut[trocknet rasch ab] 잉크가 잘 흐른다[빨리 마른다]; die T. muß erst trocknen 잉크로 쓴 것은 우선 말라야 한다; 전의 über dieses Thema ist schon viel (überflüssige) T. verspritzt[verschwendet] worden 이 테마에 관해선 벌써 많은 (불필요한) 잉크가 뿌려졌다[낭비되었다]; **das ist klar wie dicke T.** 그것은 명(명)백하다; **in der T. sitzen** 《통용어》 곤경에 처해 있다, 곤란받고 있다. **2.** 《아이》 색조, 농담(濃淡).

tinten-, Tinten- (Tinte 1): **~blau** ⟨Adj.⟩ 진한[어두운] 남색의. **~faß,** das 잉크병[스탠드]. **~fisch,** der ↑Kopffüßer. **~fleck,** der 잉크 얼룩. **~gummi,** der 잉크 지우개 고무. **~klecks,** der (넓은) 잉크 얼룩 (특히 종이 위의). **~kleckser,** der 《통용어》 **1.** 《팸》 ↑Schreiberling. **2.** ↑klecks. **~kuli,** der 잉크용 볼펜. **~löscher,** der. **1.** 《드물게》 ↑Löschwiege. **2.** (볼펜 모양의 액체) 잉크 지우개. **~pilz,** der ↑Schopftintling. **~schwarz** ⟨Adj.⟩ 새까만, 진흑(眞黑)의. **~spritzer,** der 잉크 튄 물, 잉크 얼룩. **~stift,** der ↑Kopierstift. **~wischer,** der 《옛》 펜촉 닦개.

tintig [ˈtɪntɪç] ⟨Adj.⟩ **1.** 잉크투성이의, 잉크로 더럽혀진. **2.** 잉크의, 잉크 같은. **Tintling** [ˈtɪntlɪŋ], der; -s, -e 帝룻밤버섯(학명: *Coprinus*)의 버섯.

Tintometer [tɪnto-], der; -s, - ↑Kolorimeter.

Tiorba [tiˈɔrba], die; …ben [ital. tiorba] ↑Theorbe.

Tip [tɪp], der; -s, -s [engl. tip] **1.** 《통용어》 신호, 눈짓, 암시, 힌트, 조언: jmdm. einen T. [-s] geben 누구에게 암시를 주다; einen T. befolgen[einem T. folgen] 조언을 따르다. **2.** (경마, 복권 따위의) 예상, 복권: ich muß noch meinen T. abgeben 나는 또 복권(표)를 내야 된다.

Tipi [ˈtiːpi], das; -s, -s [Dakota (미국 서부의 주) 인디언어 tipi] 티피, 북미 평원지방 인디언의 천막집.

¹Tipp- (**¹tippen** 3): **~fehler,** der 오자(誤字) 오타. **~fräulein,** das 여자 타이피스트. **~mädchen,** das ↑~fräulein. **~mamsell,** die 《농》 ↑~fräulein.

²Tipp- (**²tippen** 2): **~gemeinschaft,** die 복권, 경마 등을 함께 하는 그룹. **~schein,** der 복권[경마]용지. **~zettel,** der ↑~schein.

Tippel [ˈtɪpl̩], der; -s, - **1.** (nordd.) 작은 (반)점; ↑Tüpfel. **2.** (österr.·통용어) ↑Dippel (2). **Tippelbruder,** der; -s, …brüder (대개 농) ↑Landstreicher. **Tippelei** [tɪpəˈlaɪ̯], die 《통용어·팸》 (반복되는) 배회, 방랑. **tippelig,** tipplig [ˈtɪp(ə)lɪç] ⟨Adj.⟩ 《지역적》 까다로운. **tippeln** [ˈtɪpl̩n] ⟨s⟩ 《통용어》 **1.** (터벅터벅) 걷다, 어슬렁거리다: sie sind stundenlang durch den Wald getippelt 그들은 시간 여나 숲속을 어슬렁거렸다. **2.** (드물게) 뛰어가다. **¹tippen** [ˈtɪpn̩] ⟨h⟩ **1.** 가볍게 건드리다, (가볍게) 치다 (손가락이나 발가락으로): er tippte sich an die Stirn 그는 (가볍게 자신의) 이마를 쳤다; 전의 im Gespräch an die T. 조심스럽게 무엇의 얘기를 꺼내다; daran ist nicht zu t. 《통용어》 그것에는 이론의 여지가 없다; an seinen Vorgänger kann er nicht t. 《통용어》 그는 그의 전임자와 경쟁이 안된다. **2.** 《지역적》 3장의 패로 카드 놀이를 하다. **3.** 《통용어》 **a)** 타이프라이터로 치다. **b)** 타자로 완성하다(쓰다): einen Brief t. 편지를 타이프로 치다.

²tippen [-] ⟨h⟩ **1.** 《통용어》 추측[예상]하다: du hast richtig getippt 너는 바르게 예상했다; auf jmds. Sieg t. 누구의 승리를 점치다. **2. a)** (경마에) 걸다, (복권에) 예상 숫자를 표시하다, 복권(경마)용지를 내다: er tippt jede Woche 그는 매주 복권을 한다. **b)** 경마(복권)를 예상[측]하다.

Tippen [-], das; -s 《지역적》 3장으로 하는 카드놀이의 일종.

Tipper, der; -s, - 경마(복권)를 하는 사람.

tipplig: ↑tippelig.

Tippse [ˈtɪpsə], die; -n 《통용어·팸》 여자 타이피스트.

tipp, tapp! [ˈtɪp ˈtap] ⟨Interj.⟩ 똑똑(가벼운 발자국 소리).

tipptopp [ˈtɪp ˈtɔp] ⟨Adj.⟩ [engl. tiptop] 《통용어》 최(극)상의, 결점 없는: sie ist immer t. gekleidet 그 여자는 항상 옷맵시가 좋다.

Tirade [tiˈraːdə], die; -n [frz. tirade] **1.** 《교양어·팸》 수다, 장광설. **2.** 《음악》 패시지(일종의 장식음). **Tirailleur** [tira(l)ˈjøːɐ̯], der; -s, -e [frz. tirailleur] (군·옛) 산병(散兵). **tirailleren** [tira(l)ˈjiːrən] ⟨h⟩ [frz. tirailler] (군·옛) 산개(散開)하다. **Tirana** [tiˈrana, albanisch] tiˈrana] 티라나(알바니아의 수도). **Tiraß** [ˈtiːras], der; …sses, …sse [frz. tirasse] (사냥) 새그물. **tirassieren** [tiraˈsiːrən] ⟨h⟩ [frz. tirasser] (사냥) 새그물로 잡다.

tirili [tiriˈliː] ⟨Interj.⟩ 새(종달새 따위)가 지저귀는 소리. **Tirili** [-], das; -s 새(종달새 따위)의 지저귐. **tirilieren** [tiriˈliːrən] ⟨h⟩ (특히 종달새가) 지저귀다.

tiro! [ˈtiːro] ⟨Interj.⟩ [frz. tire haut!] (사냥) (특히 종달새가) 지저귀다.

Tirol [tiˈroːl]; -s 티롤(오스트리아의 주), 오스트리아 서부 및 이탈리아 북부의 산맥 지방. **¹Tiroler,** der; -s, - 티롤 사람. **²Tiroler** ⟨Adj.⟩ 티롤의. **tirolerisch** ⟨Adj.⟩ (österr.) 티롤(사람, 풍)의.

Tirolienne, 《전문어》 Tyrolienne [tiroˈli̯ɛn], die; -n [frz. tyrolienne] 티롤의 민속 무용.

Tironische Noten [tiˈroːnɪʃə-] ⟨Pl.⟩ [lat. notae Tironianae; Cicero의 노예이자 비서였던 M. Tullius Tiro의 이름에서] 고대 로마의 속기술(速記術).

Tirs [tɪrs], der; - [아랍어에서] 〔지질〕 버티졸((아)열대의 점토성 토양).

Tisch [tɪʃ], der; -(e)s, -e [lat. discus < griech. dískos] **1. a)** 테이블, 탁자, 책상, 식탁, 작업대: der T. war reich gedeckt 식탁엔 음식이 푸짐하게 준비되어 있었다; jmdm. einen T. (im Restaurant) reservieren 누구에게 (식당에) 테이블 하나를 예약하다; die Teller vom T. nehmen 접시를 식탁에서 치우다; **mit etw. reinen T. machen** 《통용어》 무엇의 현안을 일소하다; **am runden T.** 동[대]등한 자격으로; ein Gespräch am runden T. 대등한 자격의 대화; **am grünen T. (vom grünen T. aus)** 탁상공론으로; **jmdn. an einen T. bringen** 협상 테이블에 참여시키다; **sich mit jmdm. an einen T. setzen** 누구와 협상을 벌이다, 누구와 대화하다; **etw. auf den Tisch des Hauses legen** 《아이》 무엇을 공식적으로 알리다[제출하다]; **unter den T. fallen** 《통용어》 기각[무시]당하다, 고려되지 않다; **unter den T. fallen lassen** 《통용어》 기각[무시]하다, 고려하지 않다, 깔아뭉개다; **jmdn. unter den T. trinken** 《(경) saufen》 《통용어》 누구보다 술이 세다, 누구를 술마시기로 이기다; **etw. unter den T. kehren** 《통용어》 얼버무리다, 분명하지 않

다; getrennt sein von T. und Bett (부부가) 별거 (別居) 중이다; vom T. sein 《통용어》 처리(성취)되었다; vom T. müssen 《통용어》 처리(성취)되어야만 한다; etw. vom T. wischen 《통용어》 무엇을 사소한 것으로 처리하다, 무엇을 무시하다; zum T. des Herrn gehen 《아어》 (기독교도가) 성체(성찬)를 받다. b) (식탁 둘레에 앉은) 모든 사람, 회식자 일동. 2. 〈관사없이는 특정 전치사와 결합하여〉 식사, 음식: vor T. noch einen Spaziergang machen 식사 전에 아직 산보를 하다; jmdn. zu T. laden 누구를 식사에 초대하다; sich zu T. setzen 식탁에 앉다.

tisch-, Tisch-: ~bein, das 책상다리. ~besen, der (빵 부스러기 따위를 터는) 식탁용 소형 비. ~dame, die (연회석에서) 남자의 오른쪽 옆자리의 부인. ~decke, die 테이블보. ~dekoration, die 식탁 장식(물). ~ecke, die 식탁 모서리. ~ende, das 식탁 끝. ~fernsprecher, der ↑~telefon. ~fertig 〈Adj.〉 곧 식탁에 올려질. ~feuerzeug, das 탁상용 라이터. ~fußballspiel, das (오락용) 테이블 축구. ~gast, der (드물게) (식사에) 초대손님. ~gebet, das 식전(식후)의 감사 기도. ~gesellschaft, die 회식자 일동. ~gespräch, das 식사 중의 담화. ~glocke, die 탁상용 요령(搖鈴)[종]. ~grill, der 식탁용 불고기판. ~herr, der 만(오)찬회에서 부인의 상대역이 되어 주는 신사. ~kante, die 테이블 모서리(구석). ~karte, die 식탁의 좌석 표시 카드. ~kasten, der 〈지역적〉 ↑~schublade, ~klammer, die ↑~tuchklammer. ~lampe, die 테이블 스탠드, 탁상등. ~läufer, der 테이블 센터. ~manieren 〈Pl.〉 테이블 매너, 식사 예법. ~messer, das (준고어) 식탁용 나이프. ~nachbar, der 식탁에서의 옆 사람. ~ordnung, die 식탁의 좌석순. ~platte, die (책)상판. ~rand, der 테이블 가장자리. ~rechner, der 탁상용 계산기. ~rede, die 스피치. ~redner, der 식탁에서의 연설자. ~rücken, das; -s 심령의 힘으로 책상이 움직임. ~runde, die ↑~gesellschaft. ~schmuck, der ↑~dekoration. ~schublade, die (책)상 서랍. ~segen, der 〈준고어〉 ↑~gebet. ~sitte, die 1. 〈Pl.〉 ↑~manieren, 2. 식사 예절(관습). ~telefon, das 탁상 전화(기). ~tennis, das 탁구(卓球). ~tennisball, der 탁구공. ~tennismatch, das 탁구 시합. ~tennisnetz, das 탁구 네트. ~tennisplatte, die 탁구대. ~tennisschläger, der 탁구채(라켓). ~tennisspiel, das ↑Tischtennis. ~tuch, das (Pl. -tücher) 테이블보, 상보: 전의 das T. zwischen uns ist zerschnitten 우리는 절교다. ~tuchklammer, die 테이블 보 집게(미끄러져 내리는 것을 방지하는). ~vorlage, die 회의나 세미나에서 배부하는 안내 자료. ~wäsche, die 상보, 냅킨류. ~wein, der 식사 중에 마시는 약한 포도주. ~zeit, die 식사시간. ~zeug, das 《준고어》 식탁 용구 일체(상보, 식기 따위).

tischen ['tɪʃn] 〈h〉 《schweiz.》 식사 준비를 하다, 식사하다. Tischleindeckdich [tɪʃlaɪn'dɛkdɪç], das; - [그림 동화의 '식탁아 차려져라'라는 주문을 외우면 음식이 튀어나오는 마술 탁자에서] 《대개 농》 걱정없이 잘 살 수 있는 가능성, 호의호식할 수 있게 해 주는 것. Tischler ['tɪʃlɐ], der; -s, - 가구공, 소목장이.

Tischler-: ~arbeit, die 소목(小木)공[업]. ~geselle, der 가구공·소목장이 장인(匠人). ~handwerk, das 〈Pl. 없음〉 소목업, 가구. ~lehrling, der 가구공·소목장이 도제(徒弟). ~meister, der 가구공(소목장이) 기능장. ~platte, die (가구공(소목장이)용)합판 널빤지. ~werkstatt, die 가구공(소목장이) 작업장.

Tischlerei [tɪʃlə'raɪ], die; -en 1. 가구공 작업소[장]. 2. 〈Pl. 없음〉 a) 가구일, 가구 세공업, b) 가구공의 작업

[일]. tischlern ['tɪʃlɐn] 〈h〉 《통용어》 a) (이따금 취미로) 목공일을 하다. b) (이따금 취미로) 가구를 만들다.

¹Titan, 《또는》 Titane [ti'ta:n(ə)], der; ...nen, ...nen [lat. Titān(us) < griech. Titán] 1. 거인족(신)들과 싸워 정복된). 2. 〈교양어〉 위인(偉人), 거장(巨匠), 대가, 보스, 두목. ²Titan [-], das; -s 티타늄(기호: Ti).

titan-, Titan- (²Titan): ~eisen(erz), das ↑Ilmenit. ~erz, das 티탄 광석. ~haltig 〈Adj.〉 티탄을 함유하는.

Titane: ↑¹Titan. titanenhaft 〈Adj.〉 《교양어》 ↑ titanisch (2). Titanide [tita'ni:də], der; -n, -n 거인족의 자손. titanisch 〈Adj.〉 1. (드물게) a) 거인족의. b) 거인족 출신의. 2. 《교양어》 위대한, 거대한, 거인적. Titanit [tita'nit, 《또한》 ...nɪt], der; -s, -e 1. 티탄석. 2. ⓦ 티타나이트. Titanomachie [...noma'xi:], die [griech. titanomachía] [그리스 신화] 티타노마키아(제우스 신에 대항한 티탄 족의 전쟁).

Titel ['ti:tl, 《또한》 'tɪtl], der; -s, - [lat. titulus] 1. a) 칭호, 존칭, 학위, 작위, 관명: einen akademischen T. haben 학위 칭호를 갖다; er machte keinen Gebrauch von seinem T. 그는 그의 칭호를 사용하지 않는다. b) (스포츠의) 선수권, 타이틀: den T. eines Weltmeisters haben(tragen, halten) 세계 선수권 타이틀을 갖다 (지니다, 유지하다); er konnte seinen T. im Schwergewicht erfolgreich verteidigen 그는 중량급에서 그의 타이틀을 성공적으로 방어할 수 있었다. 2. a) 제명(題名), 제목, 표제: das Fernsehspiel wird jetzt unter einem anderen T. gezeigt 그 TV극은 지금 다른 제목으로 방영되고 있다. b) (책 제목의) 간행(발표) 작품: diese beiden T. sind vergriffen 이 두 작품은 절판입니다; der letzte T. des Sängers wurde ein riesiger Erfolg 그 가수의 마지막 곡은 대단한 성공이었다. c) ↑Titelblatt (a)의 약칭. 3. [법] (법령 따위의) 항(項), 장(章). 4. [경제] (예산의) 비목(費目).

Titel-: ~anwärter, der 선수권(타이틀) (획득)후보자. ~anwärterin, die ↑~anwärter의 여성형. ~auflage, die ↑~ausgabe. ~ausgabe, die [서적] (책의 표제만을 바꾼) 개제판(改題版). ~bewerber, der ↑~anwärter. ~bild, das ↑Frontispiz (2 a). b) (잡지의) 표지화(表紙畫). ~blatt, das a) [서적] (책의) 표제지(表題紙). b) ↑~seite (a). ~bogen, der [서적] (책의) 안 겉장. ~favorit, der ↑~anwärter. ~figur, der ↑~gestalt. ~foto, das (잡지 등의) 표지 사진. ~geschichte, die (잡지 등의) 표지(화) 관련 기사. ~gestalt, der (책이나 연극 따위의) 제명(題名) 주인공. ~gewinn, der 선수권(타이틀) 획득. ~halter, der 타이틀 소유자. ~halterin, die ↑~halter의 여성형. ~held, der ↑~gestalt. ~heldin, die ↑~held의 여성형. ~kampf, der 선수권 시합, 타이틀 매치. ~kirche, die [가] (로마 시의 추기경 명의의) 명의성당(名義聖堂). ~los 〈Adj.〉 칭호[표제]가 없는. ~part, der ↑~rolle. ~partie, die ↑~rolle. ~rolle, die (영화나 연극의) 제목과 같은 이름의 역. ~schrift, die [인쇄] Auszeichnungsschrift. ~schutz, der 〈Pl. 없음〉 [법] [저작권법상의] 제명(題名) 보호. ~seite, die a) (신문·잡지의) 제1면. b) ↑~blatt (a). ~song, der 표제 음악, 타이틀 송. ~story, die ↑~geschichte. ~sucht, die 〈Pl. 없음〉 칭호를 탐냄, 칭호광(狂). ~süchtig 〈Adj.〉 칭호를 탐내는. ~träger, der 칭호 소유자, 선수권 보유자. ~trägerin, die ↑~träger의 여성형. ~unwesen, das 칭호에 대한 과장된 가치 부여. ~verlust, der [스포츠] 선수권(타이틀) 상실. ~verteidiger, der 선수권 방어자. ~verteidigerin, die ↑~verteidiger의 여성형. ~wesen, das 〈Pl. 없음〉 칭호 사용(에 관한 사항). ~zeile, die [인쇄] 표제의 행, 큰

Titelei 제목(신문의).
Titelei [ti:tə'lai, 《또한》 tɪt...], die; -en [서적] (표지, 목차, 머리말 등) 책의 본문 앞에 위치한 항목들의 총칭. **titeln** ['ti:tḷn. 《또한》'tɪtḷn] 〈h〉《드물게》(어느 장소에) 있다.
Titer ['ti:tɐ], der; -s, - [frz. titre] 1. 【화학】역가(力價), 적정 농도(滴定濃度). 2. 【섬유】((인조)견사 따위의) 섬도(纖度), 번수(番手). **Titeranalyse**, die 《Maßanalyse.
Titicacasee, der; -s 〈안데스 산맥 중의〉 티티카카 호수.
Titoismus [tito'ɪsmʊs], der; - [유고의 대통령 티토(1892~1980)가 채택했던 국가주의적 공산주의의 변종] 티토주의. **Titoist** [...'ɪst], der; -en, -en 티토주의자.
Titration [titra'tsio:n], die; -en 【화학】(용량 분석을 위한) 적정(滴定)(법). **Titre** ['ti:tʁ], der; -s, -s [frz. titre] 《고어》↑Titer. **Titreranalyse**, die; -n 【화학】용량 분석. **titrieren** [ti'tri:rən] 〈h〉[frz. titrer] 【화학】적정하다, (견사의) 섬도를 검사하다. **Titrimetrie** [titri-], die 【화학】용량 분석.
titschen ['tɪtʃn] 〈h〉 (ostmd.) (액체에) 적시다.
Titte ['tɪtə], die; -n [niederd. titte] 《속어》젖꼭지, 유두(乳頭): er faßte ihr an die -n 그는 그녀의 젖꼭지를 만졌다. **Tittel(chen)** ['tɪtḷ(çən)] ↑Tüttel.
Titular [titu'la:ɐ], der; -s, -e [lat. titulus] 《교양어》 1. 명목상의 칭호 소유자. 2. 《고어》 칭호 소유자. **Titularbischof**, der [가】명의사교(名義司教). **Titulatur** [...la'tu:ɐ], die; -en 칭호(를 줌, 로 부름). **titulieren** [...'liːrən] 〈h〉 [lat. titulāre] 1. 《준고어》 칭호로 부르다: er legte Wert darauf, ordnungsgemäß tituliert zu werden 그는 합당한 칭호로 불려지는 것을 중요시했다. 2. (대개 경멸적으로) 어떤 칭호를 주다. 3. 《드물게》 ↑betiteln (a) 참조. **Titulierung**, die; -en 칭호로 부르기. **titulo pleno** ['ti:tulo, 《또한》 tɪt... 'ple:no; lat.] 완전한 칭호[직함]와 이름을 붙여서. **Titulus** ['ti:tulʊs, 《또한》 tɪt...], der; -, ...li [lat. titulus] (대개 운문으로 된 중세의) 그림[삽화] 설명(문).
Tituskopf ['ti:tʊs-, 《또한》 'tɪtʊs-], der; -(e)s, ...köpfe 《옛》 짧게 깎은 고수머리(여자의).
Tivoli ['ti:voli, 《또한》 'ti:vv...], das; -(s), -s [이탈리아의 도시명을 따라] 1. 유원지, 정원극장. 2. 당구의 일종.
tizian ['ti:tsian] 〈Adj.〉 [격변화 없음] [이탈리아의 화가 티치안(약 1477~1576)의 이름에서] **a)** ↑tizianblond의 약칭. **b)** ↑tizianrot의 약칭. **tizianblond** 〈Adj.〉 황색(黃褐色)의. **tizianrot** 〈Adj.〉 적갈색(赤褐色)의 (머리의).
tja! [tja(:)] 〈Interj.〉《통용어》어떻게, 이것 참, 어떻게 한다(의혹의 소리): t., nun ist es zu spät 자, 이젠 너무 늦었다; t., wer hätte das gedacht? 거 참, 누가 그것을 생각이나 했었나?
Tjalk [tjalk], die; -en [niederl. tjalk] 작은 외돛 짐배.
Tjost [tjɔst], die; -en 《또는》 der; -(e)s, -e [mhd. tjost. tjust(e) < afrz. jouste] (중세 기사시대의) 일대 일의 마상(馬上) 창시합. **tjostieren** [tjɔs'ti:rən] 〈h〉 [mhd. tjostieren < afrz. joster] (중세 기사가) 마상 창시합을 하다.
tkm = Tonnenkilometer.
Tl = Thallium.
Tm = Thulium.
Tmesis ['tme:zɪs], die; Tmesen [lat. tmēsis < griech. tmēsis] 【언어】분어법(分語法).
TNT = Trinitrotoluol.
To [to:], die; -s, **Tö** [tø:], die; -s 《통용어·은폐》 ↑Toilette (3): auf der Tö rauchen 화장실에서 흡연하다.
Toast [to:st], der; -(e)s, -e / -s [engl. toast 축배 전에 토스트 조각을 술잔에 담그던 옛 영국 풍속에서] **1. a)** 토스트 빵 조각. **b)** 구운 (토스트) 빵 조각: -s mit Butter bestreichen 구운 토스트 조각들에 버터를 바르다. **c)** 토스트용 흰 빵(조각). **2.** ↑Trinkspruch.
Toast-: **~brot**, das **a)** ↑Toast (1 c). **b)** ↑Toast (1 b). **~röster**, die ↑Röster (1). **~scheibe**, die ↑Toast (1 b).
toasten ['to:stn] 〈h〉 [engl. to toast] 1. (토스트 빵 조각을) 노르스름하게 굽다. 2. 축배(건배)하다. **Toaster** ['to:stɐ], der; -s, - [engl. toaster] ↑Röster (1).
Tobak ['to:bak], der; -(e)s, -e 《고어》 ↑Tabak (2 a): **starker T.** 《통용어·농》 지독한[뻔뻔스러운] 이야기, 심한 농담.
Tobel ['to:bḷ], der (österr.) 《또는》 das; -s, - 《südd., österr., schweiz.》 작은 골짜기, 협곡.
toben ['to:bn] 〈h〉 1. 〈h〉 미쳐 날뛰다, 거칠어지다, 광란하다, 난폭하게 굴다, 소란피우다: das Publikum tobte vor Begeisterung 관중들은 열광해서 미쳐 날뛰었다. 2. **a)** 〈h〉 떠들썩거리며 이리저리 뛰어다니다: die Kinder haben den ganzen Nachmittag im Garten getobt 아이들이 오후 내내 정원에서 떠들썩거리며 날뛰었다. **b)** 〈s〉 떠들썩거리며 어디론가 가다: die Kinder tobten durch die Straßen 아이들이 떠들썩하게 거리를 뛰어다녔다. 3. **a)** 〈h〉 (인간이나 자연현상이) 광포(狂暴)하게 굴다: über dem Atlantik toben Stürme 대서양에 폭풍우가 광란한다. **b)** 〈s〉 광란하며 옮겨가다(다니다): der Krieg tobte durchs Land 전쟁이 전국을 광란의 소용돌이로 몰아갔다. **Toberei** [to:bə'rai], die 《(껌) (계속적인) 광란, 소란, 미쳐 날뜀.
Toboggan [to'bɔgan], der; -s, -s [engl. (kanad.) toboggan] 터보건(캐나다 에스키모의 썰매).
Tobsucht, die 광란, 광포, 노발대발. **tobsüchtig** 〈Adj.〉 광란성의, 광포한, 노해 날뛰는: er wurde jedesmal fast t., wenn er davon hörte 그는 그것을 들을 때마다 거의 매번 미쳐 날뛰었다. **Tobsuchtsanfall**, der 광란의 발작.
Toccata: ↑Tokkata.
Tochter ['tɔxtɐ], die; Töchter ['tœçtɐ] 1. 《축소형 ↑Töchterchen》 딸, 여식: natürliche T. 여자 사생아; seine T. ist heiratsfähig 그의 딸은 시집 보낼 나이다; sie ist ganz die T. ihres Vaters 그 여자는 아버지를 꼭 닮았다; grüßen Sie bitte Ihr Fräulein T. 따님에게 안부 전해 주십시오. 《전의》 die große T. unserer Stadt 우리 시(市)의 고귀한 딸[저명 여자]; sich unter den Töchtern des Landes umsehen 〈농〉 그 지방 처녀들을 둘러보다; eine T. der Freude 〈아어·미화〉 frz. fille de joie 《매춘부, 창녀; sie ist eine echte T. Evas 《농》 그 여자는 진정한 여성이다. 2. 〈Pl. 없음〉 《자기보다》 나이 어린 여자의 호칭. 3. 〈schweiz.〉 소녀〔처녀〕 가정부. 4. (은어) ↑Tochtergesellschaft의 약어.
Tochter-: **~betrieb**, der ↑ gesellschaft. **~firma**, die ↑ gesellschaft. **~geschwulst**, die ↑Metastase. **~gesellschaft**, die 【경제】자회사, 지점. **~kind**, das 《고어·지역적》 외손(外孫). **~kirche**, die ↑Filialkirche. **~mann**, der 〈Pl. -männer〉《고어·지역적》사위. **~sprache**, die 분화어(라틴어로부터 분화된 프랑스어·스페인어 따위). **~zelle**, die 《생물》(세포 분열에 의한) 딸세포.
Töchterchen ['tœçtɐçən], das; -s, - ↑Tochter (1) 참조. **Töchterheim**, das; -(e)s, -e 《준고어》 여자 기숙사. **töchterlich** 〈Adj.〉 1. 딸의: er hat die -en Warnungen nicht beachtet 그는 딸의 경고를 무시했다. 2. 딸 같은. **Töchterschule**, die; -n 《고어》 여학교; ↑Lyzeum (1).
tockieren [tɔ-] ↑tokkieren.

Tod [to:t], der; -(e)s, -e **1.** 죽음, 사망, 사멸: der T. am Galgen[auf dem Schafott] 교수형(絞首刑)[단두대]에 의한 죽음; dieser Verlust war sein T. 이 손실이 그를 죽게 만들었다; auf den Schlachtfeldern wurden Millionen -e gestorben 수백만 명이 전사하였다; der Arzt konnte nur noch ihren T. feststellen 의사는 단지 그녀의 사망을 확인할 수 있을 뿐이었다; eines natürlichen[gewaltsamen] -es sterben 자연사하다[횡사하다]; für seine Überzeugung in den T. gehen (아이) 그의 신념을 위해 목숨을 버리다; freiwillig in den T. gehen (아이) 자살하다; er hat seinen Leichtsinn mit dem T. (-e) bezahlen müssen 그는 경솔로 인해 목숨을 잃어야 했다; er ist zu -e erkrankt 그는 죽을 병에 걸렸다; er hat sich zu -e gestürzt (지역적) 그는 추락사했다; er wurde zum -e verurteilt 그는 사형 선고를 받았다; 성구 umsonst ist (nur) der T.(und der kostet das Leben) 세상에는 공짜가 없다; 전의 mangelndes Vertrauen ist der Tod jeder näheren menschlichen Beziehung 불신은 모든 가까운 인간 관계의 끝을 의미한다; der Schwarze T. 중세의 페스트; der Weiße T. 눈 사태로 인한(눈더미 속에서의) 동사; den T. finden (아이) 죽다; tausend -e sterben (과장) (불안이나 절망감으로) 초죽음이 되다; des -es sein (아어·준고어) 죽어야만 한다; auf den T. (아어) 위독히; auf den T. krank sein (danieder)(liegen) 위독하다, 중태에 빠져 있다; auf[für] den T. (통용어·과장) 죽어도, 도저히, 극도로, 도대체; er konnte ihn auf[für] den T. nicht ausstehen 그는 죽어도(도저히) 그를 참아 낼 수 없었다; mit T. abgehen (고어) 죽다; zu -e kommen 죽다; zu -e (과장) 매우, 과도하게, 끔직스럽게; etw. zu -e reiten[hetzen/reden] 무엇을 신물나도록 반복하다. **2.** (시어 또는 아어) 사신(死神): der T. klopft an[lauert an der Straße] 사신이 문을 두드린다[거리에서 숨어 기다린다]; den T. vor Augen sehen 죽음을 예견하다; er ist dem T. von der Schippe [Schaufel] gesprungen 그는 죽을 뻔한 위기에서 벗어났다, 그는 죽을 병을 극복했다; er hat dem T. ins Auge gesehen 그는 죽음에 직면했었다; eine Beute des -es sein 죽다; tot sein. [-e] ringen 사경(死境)을 헤매다; T. und Teufel! (저주) 빌어먹을!, 제기랄!; weder T. noch Teufel(sich nicht vor T. und Teufel) fürchten 아무것도 두려워하지 않다.

tod-, Tod- (todes-, Todes-) **~bang** 〈Adj.〉 (아이고어) ↑sterbensbang. **~bereit** 〈Adj.〉 (아이) 죽을 각오가 됨. **~blaß** 〈Adj.〉 ↑totenblaß. **~bleich** 〈Adj.〉 ↑totenbleich. **~bringend** 〈Adj.〉 치명적인. **~elend** 〈Adj.〉 (과장) 매우 처(비)참한. **~ernst** 〈Adj.〉 (통용어) 매우 진지한. **~feind** 〈Adj.〉 불구대천의 원수인. **~feind**, der 불구 대천의 원수. **~feindin**, die ↑~feind의 여성형. **~feindschaft**, die 불구대천의 원수지간. **~geweiht** 〈Adj.〉 (아이) 죽음에 직면한, **zu -e** (아이) 죽을 병에 걸린, 위독한. **~krank** 〈Adj.〉 죽을 병에 걸린, 위독한. **~kranke***, der/die 중환자. **~langweilig** 〈Adj.〉 (과장) 매우(극히) 지루한. **~matt** 〈Adj.〉 (과장) ↑~müde. **~müde** 〈Adj.〉 (과장) 기진맥진한, 지칠 대로 지친. **~schick** 〈Adj.〉 (통용어) 매우 세련된. **~sicher** 〈통용어〉 **1.** 〈Adj.〉 분명한, 의심할 바 없는, 전적으로 신뢰할 수 있는. **2.** 〈Adv.〉 틀림없이, 의심할 바 없이: er kommt -. 그는 틀림없이 온다. **~sterbenskrank** 〈Adj.〉 (통용어·과장) ↑~krank. **~still** 〈Adj.〉 (드물게) ↑totenstill. **~sünde**, die 【가】 대죄(大罪), 죽을 죄, 영원한 죽음을 초래케 할 죄악: 전의 es ist eine T., den köstlichen Wein hinunterzustürzen, als wäre es Wasser 맛 좋은 포도주를 물 마시듯 쭉 들이키는 것은 엄청난 죄악이다. **~traurig** 〈Adj.〉 극도로 슬픈. **~unglücklich** 〈Adj.〉 (과장) 더 없이 불행한. **~wund** 〈Adj.〉 (아이) 치명상을 입은.

Toddy ['tɔdi], der; -(s), -s [engl. toddy] **1.** 종려주(棕櫚酒). **2.** 토디(위스키, 럼, 브랜디 등에 따스한 물, 설탕등을 가미한 음료).

todes-, Todes- ((또한) tod-, Tod-): **~ahnung**, die 죽음의 예감. **~angst**, die **1.** 죽음에 대한 불안. **2.** (과장) 단말마적 공포. **~anzeige**, die 사망 신고, 부고. **~art**, die 죽는 모양(방법). **~bereitschaft**, die 죽음에의 각오. **~datum**, das 사망 연월일. **~drohung**, die 살해 위협. **~erfahrung**, die 죽음(에)의 경험. **~erklärung**, die 사망 선고. **~fall**, der 초상, 사망. **~folge**, die 〈Pl. 없음〉 【법】 어떤 행위의 결과로 인한 죽음: Körperverletzung mit T. 상해치사(傷害致死). **~furcht**, die (아이) ↑**~angst** (1). **~gefahr**, die 《드물게》 ↑Lebensgefahr. **~jahr**, das 사망 연도. **~kampf**, der 단말마의 고통, 죽음의 고통. **~kandidat**, der 죽음에 임박한 사람. **~kommando**, das 결사대. **~kreuz**, das [lat. crux mortis] 【의학·언어】 죽음의 십자가(그래프 상에 열과 맥박의 그래프가 서로 교차하는 것으로 표시되는). **~lager**, das 죽음의 수용소. **~mut**, der 결[필]사적인 용기. **~mutig** 〈Adj.〉 결[필]사적인, 발악하는. **~nachricht**, die 부고, 부보(訃報). **~not**, die (아이) 생명의 위협, 단말마의 고통. **~opfer**, das (사고나 재난으로) 죽은 사람, 사고 사망자: der Verkehrsunfall forderte drei T. 교통 사고로 세 명이 죽었다. **~pein**, die (아이) ↑**~not**. **~qual**, die (아이) 죽음의 고통. **~schreck**, der 큰 공포. **~schrei**, der 사경에서의 부르짖음(외침). **~schuß**, der 저격탄. **~schütze**, der 저격병, 저격자. **~sehnsucht**, die 죽음에 대한 동경. **~spirale**, die 〈피겨·롤러 스케이팅〉 여자 선수가 남자 선수의 손을 잡고 남자 선수를 축으로 하여 한 발로 수평을 유지하면서 빙빙 도는 기술. **~stoß**, der 치명적 타격, 최후의 일격; 전의 diese Fehlkalkulation hat dem Unternehmen endgültig den T. gegeben 이러한 오판은 그 기업에 치명적인 타격을 입혔다. **~strafe**, die 사형: gegen jmdn. T. aussprechen 누구에게 사형 선고를 내리다. **~streifen**, der ↑**~zone**. **~stunde**, die 사망 시각, 임종. **~tag**, der 사망일, 기일(忌日). **~ursache**, die 사인(死因). **~urteil**, das 사형 선고: das T. an jmdm. vollstrecken(vollziehen) 누구에 대한 사형(선고)을 집행하다. **~verachtung**, die 죽음을 가볍게 여김: **etw. mit T. tun** (농) 죽음을 겁내지 않고 어떤 일을 하다. **~würdig** 〈Adj.〉 (아이) 죽어 마땅한: ein -es Verbrechen 죽어 마땅한 범죄. **~zeichen**, das 【의학】 죽음의 징후. **~zeit**, die 사망 시각. **~zelle**, die 사형수용 감방. **~zone**, die 무차별 발포 지역.

tödlich ['tøːtlɪç] 〈Adj.〉 **1.** 치명적인, 죽을 듯한, 살인적인: ein -er Unfall 치명적인 사고; Körperverletzung mit -em Ausgang 상해치사(傷害致死); er ist t. verunglückt 그는 사고로 사망했다; 전의 solche Äußerungen in seiner Gegenwart können t. sein 그가 있는 자리에서 그런 말을 한다는 것은 매우 위험한 결과를 초래할 수 있다. **2.** (감정적 과장) **a)** 극도의, 극단의, 비상한: -e Langeweile 극도의 지루함; etw. mit -er Sicherheit erraten 절대적인 확신을 가지고 무엇을 알아 맞히다. **b)** 〈동사나 형용사의 강조〉 매우, 몹시: jmdn. t. beleidigen 누구를 몹시 모욕하다[경멸하다].

Toe-loop ['tuːluːp, 'toːluːp, ⟨engl.⟩ 'toʊluːp], der; -(s), -s [engl. toe loop] 【피겨·롤러 스케이팅】 발가락 꼭지에 의한 도약회전.

töff! [tœf] 〈Interj.〉 [아동] 빵빵, 뿡뿡, 튀튀(자동차나 오토바이의 경적 혹은 엔진 소리). **Töff** [-], das, ((또한)) der; -s, -s ⟨schweiz.·통용어⟩ 오토바이.

Toffee ['tɔfi, 《또한》 'tɔfe], das; -s, -s [engl. toffee] 연한 크림 봉봉(사탕).

Toffel ['tɔfl], **Töffel** ['tœfl], der; -s, - 〈지역적〉 무골호인, 바보스러운 사람, 미련한 자.

Töfftöff, das; -s, -s 〔아동〕 자동차, 오토바이.

Toga ['to:ga], die; …gen [lat. toga] 고대 로마인의 외출용 긴 상의.

Togo ['to:go, 《frz.》 tɔ'go, 《engl.》 'touɡou], -s 토고(서부 아프리카에 있는 국가). **Togoer** ['to:goɐ], der; -s, - 토고인. **togoisch** ['to:gɔɪʃ] 〈Adj.〉 토고의. **Togolese** [toɡo'leːzə], der; -n, -n ↑Togoer.

togolesisch [togo'leːzɪʃ] 〈Adj.〉 ↑togoisch.

Tohuwabohu ['to:huva'bo:hu], das; -(s), -s [hebr. tohû wą vohu = 루터의 창세기(1:2). 번역에 따르면 사막과 황야를 뜻함] 혼돈, 혼란, 카오스: im ganzen Haus herrschte ein riesiges T. 온 집안에 커다란 혼란이 일어났다.

Toile ['tŏa:l], der; -s, -s [frz. toile] 섬세한 인견으로 된 직물. **Toilette** [tŏa'lɛtə], die; -n [frz. toilette] **1. a)** 〈Pl. 없음〉〔아어〕화장, 치장, 성장(盛裝): die morgendliche T. 아침 화장; T. machen 화장하다, 성장하다. **b)** 〔여성의〕사교용 복장: die Damen erschienen in großer T. 부인들은 성장을 하고 나타났다. **c)** 《고어》↑Frisiertoilette (화장대)의 약칭. **2. a)** 공중 화장실, 변소: eine öffentliche T. 공중 변소; auf die(in die, zur) T. gehen 변소에 가다. **b)** 화장실의 변기. **Toilette-** [tŏa'lɛt-]〈österr.〉↑Toiletten- 참조.

Toiletten-: ~**artikel**, der 화장용품, 화장류류. ~**becken**, das 변기. ~**fenster**, das 화장실 창문. ~**frau**, die 공중 변소 청소부. ~**garnitur**, die 화장도구 일체. ~**gegenstand**, der ↑~artikel. ~**mann**, der 공중 변소 청소인(남자). ~**papier**, das 화장지. ~**raum**, der ↑Toilette (2 a). ~**sachen** 〈Pl.〉화장품 (↑~artikel). ~**seife**, die 화장비누. ~**spiegel**, der 화장대 거울. ~**tasche**, die 세면도구용 손가방(↑Kulturbeutel). ~**tisch**, der ↑Frisiertoilette. ~**tür**, die 화장실 출입문. ~**wasser**, das 〔Pl …wässer〕↑Eau de toilette 화장수(化粧水).

Toise [tŏa:s], die; -n [frz. toise] 〔옛날 프랑스에서 사용하던〕길이의 단위(1.949m).

toi, toi, toi! ['tɔy 'tɔy 'tɔy]〈Interj.〉《의성어·통용어》1. 어떤 계획의 성과를 기원하는 말: t., t., t., für deine Prüfung! 시험을 잘 봐라! **2.** (unberufen과 함께) 아무튼 다행이다: ich habe jedesmal Glück gehabt, unberufen, t. t. t.! 나는 매번 운이 좋았다, 아무튼 다행이야!

Tokadille [toka'dɪljə], das; -s [span. tocadillo] 주사위로 하는 스페인의 말판놀이.

Tokajer, Tokajer [to'kajɐ, 'to:kajɐ], der; -s, - 헝가리의 도시 토카이산(産) 포도주. **Tokajerwein, Tokajerwein**, der ↑Tokajer.

Tokio ['to:kjo] 일본의 수도, 도쿄〔동경〕. **Tokioer** ['to:kjoɐ], **Tokioter** [to'kjo:tɐ], **1.** der; -, - 도쿄 사람. **2.** 〈Adj., 격변화 없음〉도쿄의.

Tokkata, 〔또한〕 **Toccata** [tɔ'ka:ta], die; …ten [ital. toccata] 《음악·의성어》건반악기를 위한 환상곡 풍의 음악〔곡〕. **tokkieren** [to'ki:rən] 〈h〉 [ital. toccare] 〔미술〕스케치풍으로 그리다.

Tokogonie [tokogo'ni:], die; -n [...iən] 〔생물〕유성생식(有性生殖), 유친발생(有親發生).

Tokus ['to:kʊs], der; -se [jidd. toches] 〈지역적〉엉덩이, Hintern: einem den T. verhauen 누구의 엉덩이를 때리다.

Töle ['tø:lə], die; -n **1.** (nordd.·폄) 개, 암캐, 똥개. **2.** 〈은어〉(여자 역의) 동성연애자.

tolerabel [tole'ra:bl] 〈Adj.〉 [lat. tolerābilis] 《교양어》허용할 수 있는, 너그러이 봐 줄 수 있는. **tolerant** [tole'rant] 〈Adj.〉 [frz. tolérant] **1.** 관대한, 관용의, 너그러운(반대: intolerant): t. sein gegen andere〔gegenüber anderen〕다른 사람들에게 관대하다. **2.** 《통용어·은폐》(성격으로) 개방적인. **Toleranz**, die; -en **1.** 〈Pl. 없음〉《교양어》관대, 관용(특히 종교나 정치 문제에서)(반대: Intoleranz): T. gegen jmdn. üben 누구에게 관용의 태도를 보이다. **2.** 〔의학〕(독극물이나 방사능에 대한) 인체의 저항력. **3.** 〔공학〕공차(公差), (기계의) 허용 오차.

Toleranz-: ~**bereich**, der 〔공학〕(오차의) 허용 범위. ~**breite**, die ↑~bereich. ~**dosis**, die 〔의학〕(유해 물질이나 방사능의) 허용량. ~**grenze**, die **1.** 《교양어》허용한계. **2.** 〔의학·공학〕허용량, 허용 오차. ~**schwelle**, die ↑~grenze.

tolerierbar [tole'riːɐ̯ba:ɐ̯] 〈Adj.〉허용될 수 있는, 묵인될 수 있는: diese Bleimengen sind noch t. 이 정도의 납 함유량은 아직은 괜찮다. **tolerieren** [tole'riːrən] 〈h〉 [lat. tolerāre] **1.** 《교양어》허용하다, 묵인하다, 참다, 관대히 취급하다. **2.** 〔공학〕(기계의 오차를) 허용하다. **Tolerierung**, die; -en ↑tolerieren의 명사형.

toll [tɔl] 〈Adj.〉 **1.** 《고어》미친, 광포한: er benahm sich wie t. 그는 미친 사람처럼 행동하였다. **2.** 《고어》 ↑tollwütig. **3.** ↑doll 참조: **t. und voll sein** 《통용어》 술에 몹시 취해 있다; **sich t. und voll essen** 《통용어》 절제 없이 많이 먹다. **4.** 《경》믿을 수 없는, 전대 미문의. **5.** 《통용어》(보통 이상으로) 좋은, 아름다운, 훌륭한, 멋있는. **6.** 《통용어》매우, 몹시, 강하게, 격렬하게.

toll-, Toll-: ~**dreist** 〈Adj.〉 《준교어》 《경》대담한, 대담스러운: er hat sich -e Sachen geleistet 그는 대담한 일을 해냈다. ~**haus**, das 《옛》정신 병원: **(etw. ist) ein Stück aus dem T.!** 《무엇이》정말 어처구니 없구만! ~**häusler**, der 《옛》정신병원 환자: 전의 dieser T.! 〔욕〕이 미친 놈아! ~**kirsche**, die 〔식물〕벨라도나(일종의 유독 식물). ~**kopf**, der 《통용어·폄》↑Wirrkopf. ~**kraut**, das **1.** 벨라도나, 흰독말풀. **2.** 〈지역적〉↑~kirsche. ~**kühn** 〈Adj.〉《폄》무모한, 만용의, 앞뒤를 돌보지 않는: der -e Held der 교회와 용감무쌍한 역사의 영웅. ~**kühnheit**, die; -en **1.** 〈Pl. 없음〉무모함, 만용. **2.** 무모한 언동, 만용적인 행동. ~**wut**, die 〔의학〕광견병〔狂犬病〕, 공수병〔恐水病〕. ~**wütig** 〈Adj.〉광견병에 걸린, 광견병의. ~**wutvirus**, der 광견병〔공수병〕바이러스.

Tolle ['tɔlə], die; -n 도가머리, 앞머리(↑Haartolle).

tollen ['tɔlən] **a)** 〈h〉법석대며, 날뛰다: die Kinder tollen im Garten 아이들이 정원에서 법석을 치면서 놴다. **b)** 〈s〉날뛰면서 어디로 가다: durch die Wiesen t. 날뛰면서 풀밭으로 가다. **Tollerei** [tɔlə'rai], die; -en 《통용어》법석대며 주위를 돎, 날뜀. **Tollheit**, die; -en **a)** 〈Pl. 없음〉광기, 발광, 미침. **b)** 미친 짓, 어리석은 짓.

Tollität [tɔli'tɛːt], die; -en 〔농〕카니발 왕자〔공주〕(카니발 단체의 대표자).

Tolpatsch ['tɔlpatʃ], der; -(e)s, -e 《통용어·농·폄》서투른〔미숙한〕사람, 투박한 사람. **tolpatschig** 《통용어·농·폄》서투른, 미숙한, 조야한, 투박한. **Tolpatschigkeit**, die ↑tolpatschig의 명사형.

Tölpel ['tœlpl], der; -s, - **1.** 《폄》멍청한〔미숙한〕사람, 바보, 조야한 젊은이. **2.** 견조(鰹鳥), 흑백색의 깃털을 가진 커다란 바다새. **Tölpelei** [tœlpə'lai], die; -en 《통용어·폄》무례, 조야한 행동, 무례한 짓. **tölpelhaft** 〈Adj.〉《폄》바보 같은, 우둔한, 단순한. **Tölpelhaftigkeit**, die ↑tölpelhaft의 명사형. **tölpeln** 〈s〉《드물게》바보처럼 비트적거리다. **tölpisch** ['tœlpɪʃ] 〈Adj.〉《드물게·폄》↑tölpelhaft.

Tölt [tœlt], der; -s [island. tölt] [승마] 행보(行步)와 속보(速步) 사이의 빠른발 동작.

Tolteke [tɔl'tɛːkə], der; -n, -n 톨테케 인, 멕시코의 옛 인디오. **toltekisch** ⟨Adj.⟩ 톨테케의, 톨테케 인의.

Tolubalsam ['toːlu-], der; -s (콜롬비아 톨루 산) 향유(香油).

Toluidin [tɔluˈiːdiːn], das; -s [화학] 색소 제조에 사용되는 톨루올의 아민. **Toluol** [tɔˈluːɔl], das; -s [화학] 톨루올, 툴루엔(벤졸 냄새가 나는 무색의 용해제).

Tomahawk ['tɔmahaːk], der; -s, -s [engl. tomahawk] 북미 인디언의 전투용 도끼, 일명 미사일의 이름.

Tomate [toˈmaːtə], die; -n[frz. tomate] a) 토마토가 열리는 식물. b) 토마토: rot werden wie eine T. 《통용어·농》 얼굴이 몹시 빨개지다; **(eine) treulose T.** 《통용어·농》 신용이 없는 사람, 의리없는 사람; **-n auf den Augen haben** 《俗》 무엇(누구)을 부주의로 인하여 못보다.

tomaten-, Tomaten-: ~**ketchup**, das 토마토 케첩. ~**mark**, das 토마토 과심(果心). ~**pflanze**, die 토마토가 열리는 식물. ~**rot** ⟨Adj.⟩ 토마토처럼 빨간, 붉은. ~**saft**, der 토마토 주스. ~**salat**, der 토마토 샐러드. ~**sauce**, ~**soße**, die 토마토 소스. ~**suppe**, die 토마토 수프.

tomatieren [tomaˈtiːrən], **tomatisieren** [...tiˈziːrən] ⟨h⟩ [요리] 토마토 소스를 섞다.

Tombak ['tɔmbak], der; -s [niederl. tombak] 네덜란드 황동(동과 아연의 합금).

Tombola ['tɔmbola], die; -s /...len [ital. tombola] 추첨, 제비뽑기(축제시 자선용 기증품을 대상으로).

Tommy ['tɔmi], der; -s, -s [engl. Tommy] 영국 병사의 별칭.

Tomographie [tomo-], die [의학] 단층 촬영(법).

¹**Ton** [toːn], der; -(e)s, 《종류》 -e 점토, 도토(陶土): 기: T. brennen[kneten] 점토를 굽다[개어 만들다].

²**Ton** [toːn], der; -(e)s, Töne ['tøːnə; lat. tonus] **1. a)** 음(音), 음향, 음성, (목)소리. **b)** 음조, 음색: der schöne T. ihrer Stimme 그녀 목소리의 아름다운 음색; ein ganzer(halber) T. [음악] 전(반)음; den T. auf dem Klavier anschlagen 피아노의 음계를 치다; 成句 der T. macht die Musik 말하는 어조(어투)가 중요하다; 轉義 man hört den falschen T. (in die falschen Töne) in seinen Äußerungen 그의 말에는 허튼 소리가 들린다; **den T. angeben** 좌중의 분위기를 지배하다, 유행을 선도하다; **jmdn.(etw.) in den höchsten Tönen loben** 누구(무엇)를 과장하여 칭찬하다. **c)** [방송·영화·텔레비전] 녹음: den T. steuern (aussteuern) (녹음 과정에서) 음을 조정하다. **2. a)** (대개 Sg.) 어조, 말투, 어세, 어투: was ist das für ein T.? 그 말이 말투가 어디 있느냐? (분노의 표현이); da hast du dich im T. vergriffen 너는 적절치 못한 어조로 말하였다; einen anderen(schärferen) T. anschlagen 어조를 [더 엄격한] 어조로 바꾸다. **b)** (통용어) (한 마디) 말, 말언: er konnte vor Überraschung keinen T. hervorbringen 그는 놀란 나머지 한 마디 말도 할 수 없었다; 成句 hast du(hat der Mensch) Töne 《俗》 거기에 있었나, 믿지 못할 일이야; **große(dicke) Töne reden(spucken)** (통용어·俗) 호언장담하다, 허풍을 떨다; **der gute T.** 기품있는 태도(예의, 예법): den guten T. verletzen 예법에 어긋난 짓을 하다. **3.** 악센트, 강세, 강음: bei diesem Wort liegt der T. auf der ersten Silbe 이 단어의 악센트는 첫 음절에 있다. **4.** [문예학] (중세 서정시에서의) 상호 제약적인 시연과 멜로디의 통일체. **5.** 색조: die Farbe ist einen T. zu grell 색의 뉘앙스(색조)가 너무 야(난)하다. **T. in T.** (두 가지 이상의 색조의) 뉘앙스만 다를 뿐 상호 조화를 이루면서; die ganze Inneneinrichtung ist T. in T. gehalten 모든 실내 설비가 색조의 조화를 이루고 있다.

¹**ton-, Ton-** (²Ton): ~**art**, die 점토류, 점토의 종류. ~**artig** ⟨Adj.⟩ 점토같은, 점토질의. ~**boden**, der 점토질의 토양, 흙. ~**eisenstein**, der [광] 점토질의 철광석. ~**erde**, die **1.** 《드물게》 ↑¹Ton. **2.** [화학] 반토, 산화 알루미늄. **3. essigsaure T.** 염색에 사용되는 백색의 점토 분말, 점일옹 점토질 액체. ~**gefäß**, das 옹기 그릇, 질그릇. ~**geschirr**, das 질그릇, 토기(土器). ~**grube**, die 점토갱(粘土坑). ~**haltig**, (österr.) ~**hältig** ⟨Adj.⟩ 점토를 함유하고 있는. ~**krug**, der 질항아리, 단지. ~**mineral**, das 수분이 함유된 알루미늄 규산염. ~**pfeife**, die 점토제 파이프. ~**plastik**, die 점토제 플라스틱. ~**scherbe**, die 질그릇 조각. ~**schicht**, die 점토층. ~**schiefer**, der [지질] 점판암 (粘板岩). ~**tafel**, die [고고] 글자가 새겨진 토기판. ~**taube**, die (옛) 점토로 만든 비둘기(사격 표적용), 클레이. ~**taubenschießen** die (옛) 클레이 사격(경기). ~**topf**, der 점 질그릇 단지. ~**ware**, die 토기류, 도기. ~**ziegel**, der 기와, 지붕기와.

²**ton-, Ton-** (²Ton): ~**abnehmer**, der ↑~abnehmersystem. ~**abnehmersystem**, das (축음기의) 픽업. ~**angebend** ⟨Adj.⟩ 지도적인, 주도권을 쥐고 있는, 모범적인. ~**arm**, der (축음기의) 픽업대. ~**art**, die **1.** [음악] (단조, 장조의) 조(調), 조성(調性): 轉義 das kann ich in jeder T. singen 그것을 이미 나는 그것을 어떤 속속들이 알고 있다; **etw. in allen -en loben(preisen)** 무엇을 갖가지 방법으로 칭찬하다[찬양하다]. **2.** 어조, 어투, 어세, 말투: in einer solchen T. lasse ich nicht mit mir reden 그러한 말투로 나와는 이야기를 할 수 없다; **eine andere(schärfere) T. anschlagen** 다른[더 엄격한] 어조로 바꾸다. ~**aufnahme**, die. ~**aufzeichnung**. ~**aufnahmegerät**, das 녹음기, 녹음 장치. ~**aufnahmewagen**, der [방송·텔레비전] 녹음 장치를 갖춘 차량. ~**aufzeichnung**, die [방송·텔레비전] 녹음. ~**ausblendung**, die [방송·텔레비전] (방송중) 차츰 음을 줄임. ~**ausfall**, der [방송·텔레비전] (방송중) 음의 중단됨. ~**band**, das ⟨Pl. -bänder⟩ **1.** 녹음 테이프: etw. auf T. (auf)nehmen 무엇을 녹음 테이프에 녹음하다. **2.** ↑Tonbandgerät의 약칭. ~**bandaufnahme**, die ↑Bandaufnahme. ~**bandaufzeichnung**, die 녹음. ~**bandgerät**, das 녹음기. ~**bandkassette**, die 《드물게》 ↑Kassette (3). ~**bandprotokoll**, das 녹음 테이프에 수록된 것[의사록]. ~**bezeichnung**, die [음악] 음명(音名). ~**bild**, das 동시음이 들어 있는 슬라이드[사진], 음상(音像). ~**bildschau**, die 음상의 상영. ~**blende**, die (라디오의) 음향 조절기. ~**dauer**, die 음향의 지속시간. ~**dichter**, der 《드물게·아어》 ↑Komponist. ~**dichtung**, die [음악] 작곡, 표제 음악에 속하는 관현악곡. ~**fall**, der 《드물게 Pl.》 **1.** 음의 억양: er hat einen schwäbischen T. 그는 슈바벤 지방의 억양을 가지고 있다. **2.** ↑Tonart (2). ~**film**, der 발성 영화, 유성 영화. ~**filmgerät**, das 발성 영화 영사기. ~**folge**, die 음열(音列), 선율의 진행, 짧은 가락. ~**frequenz**, die [물리] 가청주파수. ~**gebung**, die [언어] ↑Intonation (5). ~**gemälde**, die [음악] ↑~dichtung. ~**geschlecht**, das [음악] (장·단조로 구별되는) 조성(調性). ~**halle**, die 《옛》 콘서트 홀. ~**höhe**, die 소리의 높이. ~**holzschnitt**, der [그래픽] ↑Helldunkelschnitt. ~**ingenieur**, der [방송·텔레비전·영화] 음향 담당 기사. ~**kabine**, die [영화] 녹음용 방음실. ~**kamera**, die [영화] 사운드 카메라, 동시 녹음 촬영기. ~**konserve**, die [방송] (테이프나 음반에) 녹음된 방송. ~**kopf**, der ↑~abnehmer. ~**kräftig** ⟨Adj.⟩ (schweiz.) 색조가 진한. ~**kunst**, die (아어·드물게)

음악(예술). **~künstler**, der 《아이》 ↑Komponist. **~lage**, die [음악] 소리의 높이. **~leiter**, die [음악] (한 옥타브 내의) 음계: eine T. üben 음계 연습을 하다. **~loch**, das ↑Griffloch. **~los** 〈Adj.〉울리지 않는, 무음(無音)의, 악센트 없는: mit -er Stimme sprechen 악센트 없는 목소리로 말하다. **~losigkeit**, die 울리지 않음, 액센트 없음, 무음. **~malerei**, die [음악] 음화(音畫)(음악으로 회화적 인상을 주려고 하는 일), 의음, 의성. **~malerisch** 〈Adj.〉음화(音畫)의. **~meister**, der 〔방송·텔레비전·영화〕 ↑ingenieur. **~mischer**, der 〔영화·방송·텔레비전〕 1. 음성 조정반. 2. 녹음 기사, 음향 효과 담당자. **~möbel**, das 〔전문어〕오디오 장. **~qualität**, die 음질. **~satz**, der [음악] 1. 악곡, 악절. 2. 〈Pl. 없음〉화음론과 대위법. **~säule**, die 스피커 대. **~schneider**, der 《준고어》 음향 커트 담당자. **~schöpfer**, der 《아이》 ↑Komponist. **~schöpfung**, die 《아이》 ↑Komposition (1 b). **~setzer**, der 《준고어》 ↑Komponist. **~signal**, das 음향 표지, 음향 신호, 음향 시그널. **~signet**, das 음향 기호, 음향 표지. **~sprache**, die 1. [언어] 억양을 통해 뜻이 구별되는 언어. 2. 가락, 곡조(↑Melodik (2)). **~spur**, die 〔영화〕(영화 필름의) 사운드 트랙. **~stärke**, die 음의 강도. **~störung**, die 〔방송·영화·텔레비전〕 음향 중단, 음향 고장. **~streifen**, der ↑~spur. **~stück**, das 《준고어》 ↑Musikstück. **~studio**, das 〔방송·영화·텔레비전〕 녹음실. **~stufe**, die [음악] 음도(音度), 음계 중에서 어떤 음이 지니는 위치. **~system**, das [음악] 체계적인 음의 조직. **~technik**, die 〈Pl. 없음〉〔방송·텔레비전〕 음향 기술. **~techniker**, der 음향 기술자. **~technisch** 〈Adj.〉 음향 기술상의. **~träger**, der 〔전문어〕음을 수록 보존하는 매체(음반, 녹음 테이프 등). **~umfang**, der 1. [음악] 음역(音域). 2. [음악] 가청음역. 3. [음악] 각 음의 범위. **~werk**, das 《드물게》 ↑Komposition (1 b). **~wert**, der [사진] (흑백 사진에서) 검은 색조의 단계. **~wiedergabe**, die 음의 재생. **~zeichen**, das ↑Note (1 a).

tonal [toˈnaːl] 〈Adj.〉 [음악] 조성(調性)이 있는(반대: atonal). **Tonalität** [tonaliˈtɛːt], die [음악] 조성(調性)(반대: Atonalität).

Tonbank, die; …bänke [niederl. toonbank] 《nordd.》판매대, 카운터, 진열대.

Tondo [ˈtondo], das; -s, -s / …di [ital. tondo] [예술] (특히 15~16세기 피렌체의) 원형 회화.

Tone: ↑¹Ton의 복수형.

Töne: ↑²Ton의 복수형. **tonen** [ˈtøːnən] 〈h〉 [사진] (흑백 사진을) 조색(調色)하다. **tönen** [ˈtøːnən] 〈h〉 1. 《아어》울리다, 소리나다: aus dem Bar tönte Musik 바에서 음악이 울렸다. [전의] nichts als tönende Worte 《펌》시시한 이야기일 뿐이다. 2. 《통용어·펌》호언장담하다, 허풍을 떨다: der Kanzler tönte mal wieder 수상이 또 한 번 호언장담을 하였다. 3. 조색(調色)하다: sie hat ihr Haar (rötlich) getönt 그녀는 머리카락을 (붉게) 조색하였다.

tönern [ˈtøːnɐn] 〈Adj.〉 점토제의, 도기(남 점토질의.

Tonga [ˈtɔŋɡa, (engl.) ˈtɔŋə], -s 통가(남 태평양에 있는 섬 국가). **¹Tonger**, der; -s, - 통가인. **²Tongaer** 〈Adj.; 격변화 없음〉 통가의. **Tongainseln** 〈Pl.〉 남태평양의 통가 군도. **tongaisch** 〈Adj.〉 통가의, 통가 인의. **Tongasprache**, die 통가 어.

Toni: ↑Tonus의 복수형. **Tonic** [ˈtɔnɪk], das; -(s), -s [engl. tonic (water)] 토닉 소다수, 토닉 워터. **Tonic water** [ˈwɔːtə], das; - -s, - - 《드물게》 ↑Tonic.

¹tonig [ˈtoːnɪç] 〈Adj.〉 점토를 함유하고 있는.

²tonig [-] 〈Adj.〉《드물게》조색(調色)이 강한.

-tonig [-toːnɪç] 《다음의 합성어로, 예컨대》 hochtonig 가락이 높은.

-tönig [-tøːnɪç] 《다음의 합성어로, 예컨대》 eintönig 단조로운.

¹Tonika [ˈtoːnika], die; …ken [ital. (vocale) tonica] [음악] **a)** 음계의 주음(主音)[제 1 음]. **b)** 음악의 기본음. **c)** 첫 음계의 3화음. **²Tonika**: ↑Tonikum의 복수형. **Tonika-Do** [ˈ---ˈdoː], das; - [음악] 계명 창법을 통한 음악(성악) 교수법. **Tonikum** [ˈtoːnikʊm], das; -s, …ka [약학] 강장제(强壯劑). **¹tonisch** [ˈtoːnɪʃ] 〈Adj.〉 [음악] 주음의, 주 3화음의. **²tonisch** [-] 〈Adj.〉 [의학] **a)** 강직성의, 긴장성의. **b)** (근육 조직이) 긴장된, 수축된(반대: klonisch). **c)** 강장의, 강장성의. **tonisieren** [toniˈziːrən] 〈h〉 [의학] 강건하게 하다, 강장의 효과를 높이다. **Tonisierung**, die; -en [의학] 강장, 강건하게 하기.

Tonkabaum [ˈtɔŋka-], der; -(e)s, …bäume 통카나무 (남미 원산의). **Tonkabohne**, die; -n 《대개 Pl.》 통카나무의 열매(담배의 향료로 쓰임).

Tonnage [tɔˈnaːʒə, (österr.) toˈnaːʒ], die; -n [frz. tonnage] [해양] **1.** 배의 총 등록 톤수, (적재)톤수. **2.** (한 선박 회사의, 한 국가의) 전 선대, 함대. **Tönnchen** [ˈtœnçən], das; -s, - 1. 작은 통(↑Tonne (1) 참조). **2.** 《통용어·농》 키가 작고 뚱뚱한 사람. **3.** [대학생] 납작하고 부드러운 색채 두건. **Tonne** [ˈtɔnə], die; -n [lat. tunna] **1.** 《축소형》: ↑Tönnchen 큰 통(桶): er ist dick wie eine T. 그는 통처럼 매우 뚱뚱하다. **2.** 배의 총 등록 톤수(↑Bruttoregistertonne의 약칭). 무게의 단위(1000kg)(약어: t): eine Maschine mit einem Gewicht von 5 -n 5톤 무게의 기계. **4.** 《옛》(포도주나 맥주의) 부피 단위(100~700ℓ). **5.** [해양] 통 모양(의) 부표(浮標). **6.** 《통용어·농》키가 크고 뚱뚱한 사람. **7.** [건축] ↑Tonnengewölbe (원통형의 아치[천정, 지붕])의 약칭. **Tonneau** [tɔˈnoː], der; -s, -s [frz. tonneau] 《고어》 **1.** 1000kg의 배 적재량. **2.** 프랑스의 옛 부피 단위 (912 ℓ).

tonnen-, Tonnen-: **~dach**, das [건축] 아치형의 지붕. **~förmig** 〈Adj.〉 통 모양의. **~gehalt**, der 〈Pl.-e〉 [해양] 배의 등록 적재량. **~gewölbe**, das [건축] 아치형의 지붕. **~kilometer**, der [수송] 톤킬로미터 (1톤을 1km 나르는 일; 약어: tkm). **~last**, die 톤수, 적재량. **~leger**, der [해양] 부표 가설용 배. **~schwer** 〈Adj.〉 1톤이 넘는 무게의, 매우 무거운. **~weise** 〈Adv.〉 많은 양의, 몇 톤 무게의.

-tonner [-tɔnɐ], der; -s, - 《다음의 합성어로, 예컨대》 Achttonner (숫자와 함께 8 tonner) 적재량 8톤의 화물자동차. **tonnlägig** [ˈtɔnlɛːgɪç] 〈Adj.〉 [광] 《수갱(竪坑)이》 기울어진, 경사진.

Tonometer [tono-], das; -s, - [의학] 안구(眼球) 내 압력 측정기.

tonsillar [tɔnziˈlaːɐ̯], **tonsillär** […ˈlɛːɐ̯] 〈Adj.〉 [의학] 편도선의. **Tonsille** [tɔnˈzɪlə], die; -n [lat. tōnsillae(Pl.)] [의학] 편도선. **Tonsillektomie**, die [의학] 편도선 절제(수술). **Tonsillitis** […ˈliːtɪs], die; …iden […liˈtidn] [의학] 편도선염. **Tonsillotomie** […loˈtmiː], die; -n […iːən] [의학] 편도선 부분 절제(수술).

Tonsur [tɔnˈzuːɐ̯], die; -en [lat. tōnsūra] 〔가·옛〕(가톨릭 성직자, 特히 수도승의) 머리 중앙부 삭발. **tonsurieren** [tɔnzuˈriːrən] 〈h〉 (누구의 머리 중앙부를) 삭발하다.

Tönung, die; -en 1. 조색(調色). 2. 조색(調色)이 됨. **Tönung**, die; -en 1. 조색(調色). 2. 음이 울림, 명명, 공진.

Tonus [ˈtoːnʊs], der; -, Toni [lat. tonus < griech.

tónos) 1. [생리] (근육 조직의) 긴장. 2. [음악] 전음(全音).

top [tɔp] 〈Adj.〉 [engl. top] 최고의, 최상의, 훌륭한, 최현대식의: seine Englischkenntnisse sind t. 그의 영어실력은 최고다. ¹Top [-], das; -s, -s [engl. top] [섬유] (T셔츠와 비슷한) 소매없는 상의. ²Top [-], der; -s, -s [engl. top] [골프] 공의 윗부분을 치는 것.

¹top-, Top- [-; engl. (-amerik.) top, ↑top [명사 및 형용사와 결합하는 다음의 규정어로] a) 최고의, 최상의(예컨대: Topform 최상의 상태, Topleistung 최고의 업적, Topqualität 최고의 질, topfit 컨디션의 최고인). b) 정상의, 최고의 질의(예컨대: Topangebot 최상의 공급품, Topfahrzeug 최상의 자동차, Topkamera 최상의 카메라). c) 정상에 속하는, 최고급의, 지도적인(예컨대: Topathlet 최상의 운동 선수, Topmanager 최고 매니저, Topmanagement 최고의 경영, Topmodell 최고의 모델, Topstar 최고의 연예인).

²top-, Top-: ↑topo-, Topo-.

TOP, der (관사, 격변화 없이 숫자와 결합하여) 의제(議題)(Tagesordnungspunkt의 약어): fünf Wortmeldungen zu TOP 2 의제 2에 관련된 5개의 발언 신청.

Topas [to'pa:s, (österr.) 'to:pas], der; -es, -e [lat. topāzus < griech. tópazos] 토파즈, 황옥(黃玉). topasen [to'pa:zn] 〈Adj.〉 〈드물게〉 황옥의. topasfarben, topasfarbig 〈Adj.〉 황옥색의, 토파즈 색의. topasgelb 〈Adj.〉 토파즈와 같은 황색의.

Tope ['to:pə], die; -n [Hindi tope] ↑Stupa.

Topf [tɔpf], der; -(e)s, Töpfe ['tœpfə] (축소형: ↑Töpfchen) 1. 냄비: einen T. auf den Herd stellen 냄비를 화덕에 올려 놓다; [성구] jeder T. findet seinen Deckel 누구나 다 자기 짝이 있다; es[das] ist noch nicht in den T., was du kochst 〈통어〉그것은 아직 시기상조다; wie T. und Deckel zusammenpassen 《통어》서로 잘 어울린다; seine Nase in alle Töpfe stecken 〈통어·겸〉호기심이 매우 많다; jmdm. in die Töpfe gucken 《통어》호기심에 차서 매사에 관심을 갖다; alles in einen T. werfen 〈통어〉천편일률적으로 평가한다, 똑같이 취급하다. 2. a) 뚜껑없는 용기, 냄비: ein T. (mit, voll) Milch steht auf dem Tisch 우유가 (가득) 든 냄비가 식탁 위에 있다. b) (식료품 저장용) 단지, (도제나 석제) 단지: [전의] die Einkünfte gingen alle in den großen T. 수입은 모두 공공의 재산이 되었다. c) ↑Nachttopf (실내용 변기)의 약칭: er muß mal auf den T.(aufs Töpfchen) 〈통어·농〉그는 화장실에 가지 않으면 안된다. d) 화분.

topf-, Töpf-: ~blume, die 화분의 꽃, 분재. ~braten, der 〈지역적〉돼지 고기와 돼지 내장으로 만든 요리, 스튜 살코기 요리. ~deckel, der 냄비 [鐵綿]뚜껑, 솥뚜껑, 사발) 뚜껑. ~eben ['-'--] 〈Adj.〉〈지역적〉완전히 평평한, 완전한 평지의. ~flicker, der 땜쟁이(↑Kesselflicker). ~förmig 〈Adj.〉냄비(단지) 모양의. ~gucker, der 《농》 a) 호기심에서 요리 냄비를 들여다 보는 사람. b) 쓸데없이 남의 일에 참견하는 사람. ~hut, der 냄비 모양의 부인모. ~kratzer, der 냄비를 닦기 위한 철면(鐵綿)제품. ~kuchen, der (주발 모양의) 카스테라 일종(↑Napfkuchen). ~lappen, der 냄비 잡는 헝겊. ~markt, der 석제 냄비 단지의 시장. ~pflanze, die 화분에 심은 관상 식물. ~reiniger, der 냄비를 닦기 위한 세제나 기구. ~schlagen, das; -s 상금이 걸린 단지를 눈을 가리고 찾아 때리는 놀이. ~stürze, die 〈지역적〉↑Stürze.

Töpfchen ['tœpfçən], das; -s, - ↑Topf; Töpfe: ↑Topf의 복수형. topfen ['tɔpfn] 〈h〉 〈드물게〉 ↑eintopfen.

Topfen [-], der; -s 《bayr., österr.》 응고된 우유(Quark).

Topfen- 《bayr., österr.》: ~knödel, der (대개 Pl.) 응유(凝乳) 경단. ~palatschinke, die 응유를 속에 넣은 팬 케이크. ~strudel, der 응유를 속에 넣은 롤 파이. ~tascherl, das 응유를 속에 넣은 만두.

Töpfer ['tœpfɐ], der; -s, - 1. 도공(陶工). 2. 《드물게》↑Ofensetzer.

Töpfer-: ~erde, die 도토(陶土). ~handwerk, das (Pl. 없음) 도기 제조업. ~markt, der 〈고어〉도기 시장(↑Topfmarkt). ~meister, der 일급 도공. ~scheibe, die 녹로(轆轤). ~ton, der (Pl. -e) 도토(陶土). ~ware, die (대개 Pl.) 도기류, 도자기류. ~werkstatt, die ↑Poterie (2).

Töpferei [tœpfə'raɪ], die; -en 1. 도공의 작업장. 2. (Pl. 없음) a) 도기 제조업, 요업. b) 도기류. ¹töpfern ['tœpfɐn] 〈Adj.〉 〈드물게〉점토제의, 도제의. ²töpfern [-] 〈h〉 a) 도기를 만들다: in der Freizeit töpfert er gern 여가에 그는 즐겨 도기를 만든다. b) 점토(도토)를 가지고 물건을 만들다.

Topik ['to:pɪk], die [lat. topicē < griech. topikē(téchnē)] 1. [수사학] 토포스에 관한 학문, 토포스 론. 2. [철학] 총체론, 전체론(개연적인 명제에서 결론을 도출하는 방법). 3. [언어·고어] 에피셋(配語法). 4. [해부] 인체 기관의 위치론. topikalisieren [topikali'zi:rən] 〈h〉 [언어] (일정한 규칙에 따라) 문장 성분을 부각시키다. Topikalisierung, die; -en 특정 문장 성분을 부각시키기.

Topinambur [topinam'buːɐ], der; -s, -s / -e (또는) die; -en [frz. topinambour, 브라질 인디언 부족 이름에서] a) 토피남부르 줄기. b) 토피남부르 뿌리(감자의 일종).

topisch ['to:pɪʃ] 〈Adj.〉 [griech. topikós] 1. [의학] 국소(局所)의, 국부의, 부외적의, 외용(外用)의. 2. (교양어·드물게) 토포스를 사용하는, 토포스적인.

Toplader ['tɔp-], der; -s, - 세탁물을 위로부터 넣는 세탁기. topless ['tɔplɛs] 〈Adj.〉 [engl.(-amerik.)] 유방이 노출된, 젖가슴을 내놓은.

Topless-: ~bedienung, die 여성이 상체를 드러내 놓고 하는 서비스. ~mädchen, das 유방을 드러내 놓고 서비스하는 여자. ~nachtklub, der 유방을 드러낸 여자들이 서비스하는 야간 유흥업소.

topo-, Topo- [모음 앞에서는] top-, Top- [tɔp(o)-] 〈장소, 지역, 건물을 의미하는 복합어의 규정어로서, 예컨대〉topographisch, Topologie. topogen 〈Adj.〉[전문어] 지역적 위치에 따라 생겨난. Topograph, der; -en, -en [griech. topográphos] 지형 측량 기사, 지지(地誌) 편찬자. Topographie, die; -n [..iən; lat. topographia] 1. [지리] 지지(地誌), 지형학. 2. [기상] 기상도. 3. [해부] 인체 기관도, 국소(局所)해부학. Topographietruppe, die [군] 군사 지도 제작반. topographisch 〈Adj.〉 지지의, 지역의, 지형 측량의, 국소의. Topoi: ↑Topos의 복수형.

Topologie, die 1. [수학] a) 위상(位相)기하학. b) 지세학(地勢學). 2. [언어·드물게] 배어법. topologisch 〈Adj.〉 1. [수학] 위상 기하학의, 위상(位相)의. 2. [언어·드물게] 배어법(상)의, 배어법에 관한. Toponomastik [topono'mastɪk], Toponymik [topo'nyːmɪk], die 지명학(地名學). Topos ['tɔpɔs], der; -, Topoi ['tɔpɔy; griech. tópos] [문예학] 토포스, 문학적 상투 문구, 고정 이미지, 전통적인 말.

topp! [tɔp] 〈Interj.〉 [저지 독일의 법률어에서 유래, 약정시의 악수] 《준어口》 좋아, 알았어, 오케이(동의, 승인, 허가의 외침).

Topp [-], der; -s, -e(n) / -s [niederd. top] 1. [선원] 마스트의 꼭대기: eine Flagge im T. führen 마스트 꼭

topp-, Topp- 대기에 기를 달다; **vor T. und Takel** (폭풍우에) 일체의 돛을 달지 못하고. 2. 《드물게 농》(극장의) 최상단석.
topp-, Topp- (Topp 1) [선원·해양] **~flagge**, die 마스트 끝의 기. **~lastig** ⟨Adj.⟩ 삭구(索具)에 부담이 큰, 마스트에 부담이 큰. **~lastigkeit**, die 삭구가 받는 부담. **~laterne**, die 마스트 끝의 등, 장루등. **~licht**, das ⟨Pl. -er⟩ 마스트 끝의 등, 장루등. **~sau**, die 《속어》 ↑Pottsau (a, b). **~segel**, das 톱 마스트의 돛. **~takelung**, die 뱃머리 돛을 톱 마스트에 연결됨에 달기, 삭구(索具) 장비. **~zeichen**, das 해표(海標)의 끝에 붙은 부호.
Töppel, der; -s, - (지역적) (새의) 볏, 머리 깃.
toppen ['tɔpn] ⟨h⟩ 1. [선원] 활대를 올리다. 2. [화학] (원유에서 휘발유를) 증류하다. 3. [골프] 공의 윗 부분을 치다. **Toppen**: ↑Topp의 복수형.
Toppnant ['tɔpnant], die; -en [선원] 가장 높은 활대의 끝과 마스트의 윗쪽, 밧줄. **Toppsgast**, der; -(e)s, -en [선원] 톱 마스트 꼭대기에서 일하는 선원.
top-secret ['tɔpsi:krɪt] ⟨Adj.⟩ [engl.] 극비의: etw. als t. behandeln 무엇을 극비로 취급하다.
Topspin ['tɔpspɪn], der; -s, -s [engl. top spin] [구기] a) 강하게 공돌리기. b) 공을 강하게 돌려침.
Toque [tɔk], die; -s [frz. toque] 1. 《옛》 베레모형의 작은 모자. 2. 챙이 없는 부인모.
¹Tor [to:ɐ̯], das; -(e)s, -e 1. a) 성문(城門): durch das T. fahren 성문을 통과하다. b) 문, 출입문, 대문: das T. der Garage öffnet sich automatisch 차고의 문은 자동적으로 열린다; [전의] das T. zum Frieden öffnen 평화의 문을 열다; **vor den -en ...** (아어) (시의) 외과에서, 바로 근처에서, 문 밖에서. c) (이름과 결합하여) 출입구가 있는 독립된 성문(예컨대: das Brandenburger Tor 브란덴부르크 성문). 2. [구기] **a)** 골대: am T. vorbeischießen 골대 옆으로 차다; auf ein T. spielen 《은어》 상대방이 공격을 할 수 없도록 우세하게 경기를 펼치다; aufs [ins] T. schießen 골대를 향하여 (안으로) 차다; wer steht im T.? 골키퍼는 누구냐?; **ins eigene T. schießen** 〈통용어〉 자살골을 차다, 자신에게 손해가 되는 짓을 하다. **b)** 골, 득점: ein T. schießen [erzielen] 숫하여 골을 넣다; mit 2:1 -en siegen 2대 1로 승리하다; T.! 골인! 3. [스키] 막대로 표시된 통과로. 4. [지리] 암벽문, 빙하구, 빙하문.
²Tor [-], der; -en, -en 《아어·준고어》바보, 명청이, 세상물정에 어두운 사람.
tor-, Tor- (¹Tor) **~aus**, die [구기] 골 라인 밖. **~auslinie**, die [구기] 골대 이외의 골 라인. **~bau**, der ⟨Pl. -ten⟩ [건축] 독립된 성문. **~bogen**, der 성문의 아치. **~chance**, die [구기] 득점 기회. **~differenz**, die [구기] 골의 득실차. **~ecke**, die [구기] ↑ Eck (2). **~einfahrt**, die 성문, 성문 통로, 성문 출입구. **~erfolg**, der [구기] 득점 골. **~flügel**, der 성문의 좌우 측면 부분, 문짝. **~frau**, die 여자 골 키퍼. **~geld**, das 《옛》성문 통행료(특히 야간 통행료). **~gelegenheit**, die [구기] 득점 기회. **~gitter**, das 성문책(城門柵), 성문 울타리. **~halle**, die [건축] 성문에 있는 홀, 현관, 현관 앞의 차대는 곳. **~höhe**, die 성문의 높이. **~hüter**, der 1. ↑ -wache. 2. [구기] ↑ ~wart (1). **~jäger**, der [구기] 은어] 다득점 선수. **~kreis**, der [송구] ↑~raumlinie. **~latte**, die 골의 윗쪽 골대, 크로스바, 가로대. **~lauf**, der [스키·드물게] ↑Slalom. **~linie**, die 골대 사이에 이어 있는 라인, 골대 라인. **~linienaus**, das [구기] ↑Toraus. **~los** ⟨Adj.⟩ [구기] 득점 없이, 골 없이. **~mann**, der ⟨Pl. -männer, 《또한》 -leute⟩ ↑~wart (1). **~möglichkeit**, die 득점 가능성, 득점 기회. **~pfeiler**, der 골대, 골 포스트. **~pfosten**, der 골대, 골 포스트.

~posten, der 성문지기. **~raum**, der [구기] 골 에리어. **~raumlinie**, die [송구] (반원형의) 골 에리어 라인. **~schluß**, der ⟨Pl. 없음⟩ (드물게) ↑Toresschluß. **~schlußpanik**, die 《드물게 Pl.》폐문 시간이 될 것에 대한 공포심, 중요한 것을 제 때에 할 수 없을까 하는 두려움: aus T. heiraten 반려자를 더 이상 찾지 못하리라는 두려움에서 결혼하다. **~schuß**, der [구기] 슛. **~schütze**, der [구기] 득점한 선수. **~schützenkönig**, der (은어) 다득점 왕. **~stange**, die ↑ -pfosten. **~steher**, der ↑ -wart (1). **~verhältnis**, das 득점 사정(상황) (↑ -differenz). **~wache**, die (옛) 성문 보초, 성문 수위. **~wächter**, der 1. ↑~wache. 2. [구기·은어] ↑~wart, der 1. ↑~wache. 2. [구기] 골키퍼, 문지기. 2. (옛) ↑~wache. **~wärter**, der ↑ ~wache. **~weg**, der 성문, 성문 통로, 성문을 통해 나 있는 길. **~zone**, die [럭비] ↑Malfeld.
Tordalk ['tɔrt|-], der; -(e)s, -en 바다쇠오리의 일종.
tordieren [tɔr'di:rən] ⟨h⟩ [frz. tordre] [물리·기술] 비틀다, 비틀어 휘다, (양의) 꼬다.
Toreador [torea'do:ɐ̯], der; -s / -en, -e(n) [span. toreador] (말을 탄) 투우사. **Torero** [to're:ro], der; -(s), -s [span. torero] 투우사.
Toresschluß (다음 용법으로) **(kurz) vor T.** 마지막 순간에, 최후의 순간에.
Toreut [to'rɔyt], der; -en, -en [lat. toreutes < griech. toreutés] 금속공예가. **Toreutik** [...tɪk], die [lat. toreuticē < griech. toreutikē(téchnē)] 금속공예.
Torf [tɔrf], der; -(e)s, 《종류》 -e [niederd. torf] 1. 이탄(泥炭): T. stechen 이탄을 채굴하다. 2. ⟨Pl. 없음⟩ 이탄지, 이탄토.
torf-, Torf- **~artig** ⟨Adj.⟩ 이탄류의, 이탄과 같은. **~ballen**, der 말려서 압축한 이탄 덩이. **~beere**, die ↑Moltebeere. **~boden**, der ↑Torf (2). **~brikett**, das 이탄으로 만든 조개탄, 연탄. **~erde**, die 이탄토. **~feuer**, das 이탄을 연료로 하는 불, 이탄불. **~feuerung**, die 이탄으로 불때기, 이탄으로 불 붙이기. **~gewinnung**, die 이탄 채굴, 이탄 획득. **~haltig** ⟨Adj.; nicht adv.⟩ 이탄을 함유한. **~leiche**, die Moorleiche, 이탄 속에서 발견된 시체. **~moor**, das 이탄이 있는 소택지, 이탄소(沼). **~moos**, das 이탄지의 선태류, 수면(水綿). **~mull**, der (토양 개량용) 이탄 부식토. **~stechen**, das; -s 이탄 채굴. **~stecher**, der 이탄 채굴자. **~stich**, der 1. ↑ ~stechen. 2. 이탄 채굴장. **~streu**, die (축사 바닥에 깐) 이탄 분말. **~stück**, das 이탄 조각.
torfig ['tɔrfɪç] ⟨Adj.⟩ 이탄질의, 이탄을 함유한.
törggelen ['tœrgələn] ⟨h⟩ 《südtirol.》 (늦가을에) 새 포도주를 마시다. **Törggelefahrt, -partie**, die 《südtirol.》 새 포도주 시음장에 가기, 새 포도주 시음 파티.
Torheit, der; -en ⟨아어⟩ 1. ⟨Pl. 없음⟩ 우둔함, 바보스러움. 2. 어리석은 짓, 바보스러운 행동, 우행(愚行): er hat im Leben viele -en begangen 그는 생애를 통해 어리석은 짓을 많이 저질렀다.
Tori: ↑Torus의 복수형.
töricht ['tø:rɪçt] ⟨Adj.⟩ 《쯤》 a) 어리석은, 바보 같은, 철 없는, 우둔한: es wäre sehr t., das zu tun 그것을 한다면 매우 어리석은 짓일 것이다. b) 명청한, 우직한, 단순한: er ist zu t., das einzusehen 그것을 이해하기엔 그는 너무나 명청하다. c) 무의미한, 헛된, 쓸데없는. d) 《드물게》우스꽝스러운, 어처구니 없는. **törichterweise** ⟨Adv.⟩ 《쯤》 바보스럽게도: er schwieg t. 어리석게도 그는 말을 하지 않았다.
Tories: ↑Tory의 복수형.
Törin ['tø:rɪn], die; -nen ⟨아어·준고어⟩ ↑²Tor의 여성형.

Torino [(ital.) to'ri:no] 토리노, ↑Turin의 이탈리아식 표기.

törisch 〈Adj.〉 《bayr., österr.》 귀먹은, 청각 장애의.

¹Torkel ['tɔrk|], der; -s, - (또는) die; -n [lat. torculum] 《지역적》《목제어》포도 압착기. **²Torkel** [-], der; -s, - 《지역적》 1. 《Pl. 없음》 비틀거림, 현기증, 도취, 명정. 2. 요행: **T. haben** 요행을 얻다, 행운을 얻다. 3. a) 반미치광이. b) 손재주가 없는 사람, 몽상가, 공상가.

tork(e)lig ['tɔrk(ə)lɪç] 〈Adj.〉 《지역적》 비틀거리는, 현기증의, 갈짓자 걸음의. **torkeln** ['tɔrkln] 《통용어》 a) 〈s/h〉 (특히 술에 취하여) 비틀거리다, 갈짓자로 걷다: als er aufstand, torkelte er 그는 일어설 때 비틀거렸다. b) 〈s〉 비틀거리며 가다: er torkelte hin und her 그는 이리저리 비틀거리며 갔다.

Törl [tœrl], das; -s, - 《österr.》 암벽문, 빙하구, 빙하문, 산의 협곡.

Tormentill [tɔrmɛn'tɪl], der; -s [lat. tormentilla] 양지꽃속의 뿌리(약제로 사용됨).

Törn [tœrn], der; -s, -s [engl. turn] [선원] 1. 돛단배로 항해하기, 범선 항해. 2. 한 교대의 선상 근무 시간. 3. 줄이 엉킴. 4. (환각제에 의한) 환각 상태.

Tornado [tɔr'na:do], der; -s, -s [1: engl.-amerik. tornado] 1. (북미에 생기는) 강력한 회오리 바람. 2. [요트] 경기용 2인승 요트의 일종.

törnen: ↑²turnen.

Tornister [tɔr'nɪstɐ], der; -s, - [ostmd. Tanister] a) (특히 군인의) 배낭: den T. packen 배낭을 꾸리다. b) 《지역적》 학생 가방: ↑Schulranzen).

Toronto [to'rɔnto, 《engl.》 tə'rɔntoʊ] 토론토(캐나다의 도시).

torpedieren [tɔrpe'di:rən] 〈h〉 1. 《군》 배를 수뢰(어뢰)로 쏘다, 격침하다: feindliche Schiffe t. 적의 배를 어뢰로 격침시키다. **Torpedierung**, die; -en 수뢰(어뢰)로 격침시킴. **Torpedo** [tɔr'pe:do], der; -s, -s [lat. torpēdo] 어뢰, 수뢰.

Torpedo-: **~boot**, das 《옛》 어뢰정. **~boot(s)zerstörer**, der 《옛》 어뢰정 공격용 구축함. **~fisch**, der ↑Zitterrochen.

torpid [tɔr'pi:t] 〈Adj.〉 [lat. torpidus] 1. [의학·동물] 움직이지 않는, 부동의, 뻣뻣한, 무기력한. 2. [의학] a) 둔감한, 무감각한. b) 영향을 줄 수 없는. **Torpidität** [tɔrpidi'tɛ:t], die 1. [의학·동물] 움직이지 않음, 부동, 뻣뻣함, 무기력. 2. [의학] a) 둔감, 무감각. b) 무영향.

torquieren [tɔr'kvi:rən] 〈h〉 [lat. torquēre] 1. (고어) 고통을 주다, 고문하다. 2. [기술] 돌리다, 휘다, 구부리다.

Torr [tɔr], das; -s, - [이탈리아 물리학자 E. Torricelli(1608~1647)에 따라] 《물리·옛》 토르(기압의 미소한 단위, 1/760 기압).

Torrente [tɔ'rɛntə], der; -n [ital. torrente] [지리] (비가 많이 올 때만 흐르는) 시내, 하천.

Torselett [tɔrzə'lɛt], das; -s, -s (코르셋 모양의) 성 자극용 여성 내의. **Torsi**: ↑Torso의 복수형.

Torsion [tɔr'zjo:n], die; -en [lat. torsum] 1. [물리·기술] (나선형으로) 비틀음, 꼬임. 2. [수학] 공간곡선의 비틀림.

Torsions- [물리·기술]: **~elastizität**, die (물체를 비틀 때의) 탄력성. **~festigkeit**, die (물체를 비틀 때의) 저항 강도. **~kasten**, der (탄력성을 높여주는) 정구해의 틀. **~modul**, der 비틀림의 탄력성, 강성. **~waage**, die 비틀림 저울, 용수철 저울.

Torso ['tɔrzo], der; -s, -s (또는) ...si [ital. torso] 1. [예술] 토르소, 머리와 손발이 없는 조상(彫像): der T. eines Kriegers aus der römischen Antike 고대 로마 시대에 제작된 전사(戰士) 토르소. 2. 미완성의 작품, 단편(斷片): der Roman blieb ein T. 그 소설은 미완성인 채로 남았다.

Tort [tɔrt], der; -(e)s [frz. tort] (준고어) 모욕, 중상, 부정: jmdm. einen T. antun[zufügen] 누구에게 모욕을 주다(가하다).

Törtchen ['tœrtçən], das; -s, - [↑Torte의 축소형] 쇼트 케이크, 과자. **Torte** ['tɔrtə], die; -n [ital. torta] 1. 쇼트 케이크, 데코레이션 케이크, 파이. 2. [사냥] 처녀, 여자, 계집애. **Tortelett** [tɔrtə'lɛt], das; -s, -s, **Tortelette** [...'lɛtə], die; -n 파일 쇼트 케이크(의 카스텔라 부분).

Torten- (Torte 1): **~boden**, der 파일 쇼트 케이크의 밑바탕 부분. **~guß**, der 케이크 밑바탕을 만들기 위한 주물. **~heber**, der ↑~schaufel. **~platte**, die 케이크를 놓는 둥근 접시. **~schachtel**, die 케이크를 넣는 상자. **~schaufel**, die 케이크 조각을 떠내기 위한 주걱. **~spitze**, die 케이크 판 장식용 종이. **~spritze**, die 데코레이션 케이크용 주방 기구. **~stück**, das 케이크 조각.

Tortilla [tɔr'tɪlja], der; -s [span. tortilla] 1. (라틴 아메리카) 둥근 옥수수 빵. 2. (스페인)(여러 가지 내용물을 넣은) 오믈렛.

Tortur [tɔr'tu:ɐ̯], die; -en [lat. tortura] 1. (옛)(↑Folter (1)): jmdn. der T. unterwerfen 누구를 고문하다. 2. 고통, 학대, 간난, 괴로움.

Torus ['to:rʊs], der; -, Tori [lat. torus] 1. [예술] 고대 원주(圓柱)의 볼록한 원형 토대. 2. [수학] 원융환면(圓輪環面). 3. [의학] 융기, 부어오른 것.

Tory ['tɔri, (engl.) 'tɔ:rɪ], der; -s, -s / Tories ['tɔri:s, (engl.) 'tɔ:riz; engl. Tory] a) (옛) 영국의 토리(보수)당원. b) 영국의 보수당 정치인. **Torysmus** [tɔ'rɪsmʊs], der; - [engl. Toryism] 토리당이 대표하는 영국의 보수주의, 토리주의(主義). **torystisch** 〈Adj.〉 토리주의의, 보수주의의.

Tosbecken ['to:s-], das; -s, - [수리] 물살을 약화시키기 위한 인공 연못, 감세지(減勢池). **tosen** ['to:zn] 1. a) 〈h〉 (바람, 파도 따위가) 노호하다, 사납게 울부짖다: der Sturm tost 폭풍우가 세차게 몰아치다; (전의) tosender Lärm [Beifall] 굉장한 소음(박수갈채). b) 〈s〉 세차게 움직이다, 노호하듯 나아가다: ein Frühjahrssturm ist durch das Tal getost 봄철의 폭풍우가 계곡을 통해서 세차게 불었다. 2. 〈h〉 (고어) 미친듯이 날뛰다, 마구 날뛰다, 발악하다.

Tosische Schloß ['to:zɪʃə], das; -n Schlosses, -n Schlösser 《österr.》 (적의 침입으로부터) 절대적으로 안전한 성(城).

Toskana [tɔs'ka:na], die; - 중부 이탈리아의 토스카나 지방, 토스카나 주(州). **¹Toskaner** [tɔs'ka:nɐ], der; -s, - 토스카나 지방 사람. **²Toskaner** 〈Adj.; 격변화 없음〉 토스카나의. **toskanisch** [tɔs'ka:nɪʃ] 〈Adj.〉 토스카나풍의.

tosto ['tɔsto] 〈Adv.〉 [ital.] [음악] 빠르게, 급하게.

tot [to:t] 〈Adj.〉 1. a) 죽은, 생명이 없는: wenn du das tust, bist du ein -er Mann! 《경·과장된 의미으로》 그것을 한다면 너는 죽은 줄 알아라!; die Täter sollen gefaßt werden, t. oder lebendig 생사를 불문하고 범인들은 체포되어야 한다; lieber t. als rot (경) 빨갱이 사회(공산주의 사회)에서 살기 보다는 차라리 죽는 게 낫다; (전의) die Leitung (des Telefons) war auf einmal t. (전화)선이 갑자기 불통이 되었다; **mehr t. als lebendig(sein)** 기진 맥진하다, 힘이 다 빠지다; **halb t. vor Angst[Furcht, Schrecken] sein** (통용어) 불안(공포, 놀람)으로 죽은 듯, 완전히 죽다; **-er Mann** 〔광〕 폐갱(廢坑); **den -en Mann machen** (↑Mann 1) 죽은 사람처럼 물 위에 누워 떠가도록 하다. b)

생존하지 않은, 사망한: den Vermißten für t. erklären 실종된 사람을 죽은 것으로 선언하다; für mich ist dieser Kerl t. 나에게 이 녀석은 죽은 거나 다름없다, 이 놈에 대해서 더 이상 관심이 없다는 식; **ein -er Mann sein** (↑Mann 1) 죽은 사람이다, (사회적으로) 매장 당한 사람이다, 인생의 낙오자다; **t. und begraben** 《통용어》 오래 전에 잊혀진. **c)** (수목 따위가) 말라 죽은: ein -er Baum 말라 죽은 나무; 전의 eine -e Sprache 죽은 언어, 사어(死語). **d)** 무기(無機)의, 무생물의. **2. a)** 생기 없는, 활기없는, 무감각한: mit -en Augen ins Leere blicken 생기 없는 눈으로 허공을 쳐다 보다; -e Augen haben 《아이》 소경의 눈, 생기 없는(흐릿한) 눈. **b)** 생명이 없는, 움직임이 없는, 죽은 듯한, 고요한: t. und grau lag das Meer vor uns 바다는 우리 앞에 잿빛으로 조용히 누워 있었다; morgens bin ich immer ganz t. 《통용어》아침이면 나는 언제나 기운이 없다; 전의 er war geistig t. 그는 정신적으로 죽은 자나 다름없다; ein -er Winkel 사각(死角), 보이지 않는 공간 영역. **c)** (교통에) 쓸모없는, 사용할 수 없는, 쓸데없는, 효력을 잃은; -e Arm eines Flusses 통행이 불가능한 강의 지류; 전의 es Kapital 유휴 자본, 이윤이 전혀 없는 자본 투자; der -e Punkt 〖기계〗 사점(死点)(크랭크의); das -e Gewicht eines Fahrzeugs 차량 자체만의 무게, 사하중(死荷重); **-er Punkt** (↑Punkt 3 a); **auf dem -en Gleis sein** 《통용어》아무런 영향도 끼치지 못하다; **jmdn. [etw.] auf ein -es Gleis schieben** (↑Gleis a) 누구[무엇]를 영향력 없는 자리로 밀치다[무시하다]; **die Tote Hand** 〖법〗양도 불능의 재산을 소유하고 있는 공공법인(法人) (교회 따위).

tot-, Tot-: **~arbeiten,** sich 〈h〉 《통용어·감정》매우 심하게 일하다, 죽도록 일하다. **~ärgern,** sich 〈h〉 《통용어·감정》매우 노하다, 몹시 노하다, 매우 화내다. **~beißen*** 〈h〉 물어 죽이다. **~erklärte*,** der / die 죽었다고 선언된 자, 사망 선고된 사람. **~fahren** 〈h〉 치어 죽이다. **~fallen*,** sich 〈h〉 《준고어》추락 사고로 죽다, 떨어져 죽다. **~geboren** 〈Adj.〉 사산(死産)의: ein -es Mädchen 사산된 여아; **ein -es Kind sein** 《통용어》가망성이 없는 일이다, 좌절될 일이다. **~geborene*** 〈Pl.〉 《관·통계》사산아(반대: Lebendgeborene). **~geburt,** die (반대: Lebendgeburt) **a)** 사산(死產): sie hat eine T. gehabt 그녀는 아이를 사산하였다. **b)** 사산아. **~geglaubte*,** der / die 죽었다고 믿어진 사람. **~gehen*** 〈s〉 (nordd.) 〈짐승〉이 죽다. **~gesagte*,** der / die 죽었다고 선언된 사람. **~gewicht,** das 〖기술〗자체 중량. **~hetzen** 〈h〉 **1.** (막다른 골목으로) 몰아서 죽이다. **2.** 〈t. + sich〉 《통용어·감정》몰리어 죽다 (↑abhetzen (2)). **~holz,** das 〖조선〗배의 수면 밑에 적재한 역재(力材). **~kriegen** 〈h〉 《통용어》누구[무엇]가 파멸하도록[파괴되도록] 하다: **nicht totzukriegen sein** 《농》강인하다, 내구력이 강하다; 지칠 줄 모르다, 불사신이다. **~lachen,** sich 〈h〉 《통용어·감정》 웃어 죽도록 하다, 박장대소하다: über den Witz haben wir uns (fast, halb) totgelacht 그 위트에 대해서 우리는 (거의) 포복 절도하게 지경이었다; **zum Totlachen sein** 매우 우스꽝스럽다, 매우 우습다, 매우 재미있다. **~lage,** die 〖기술〗(피스톤이) 사점(死點)을 이루는 상태. **~last,** die 〖기술〗자체 중량, 사하중(死荷重), ↑Todgewicht. **~laufen*,** sich 〈h〉 《통용어》저절로 멈추다, 저절로 서다: die Verhandlungen liefen sich tot 교섭은 성과 없이 중단 되고 말았다. **~machen** 〈h〉 《통용어》 **1.** 죽이다, 매살하다: warum hast du den schönen Schmetterling totgemacht? 너는 왜 아름다운 나비를 죽였느냐? **2.** 〈t. + sich〉 《감정》 건강을 망치다, 몸을 해치다: sich für jmdn. [etw.] t. 누구[무엇]을 위하여 자신의 건강을 해치다. **~malochen,** sich 〈h〉 《경·감정》↑arbeiten.

~mannbremse, die, **~mannknopf,** der, **~mannkurbel,** die 〖기술〗(기관차의) 자동 제어 장치, 자동 브레이크. **~punkt,** der 〖기술〗사점(死点)(크랭크의). **~reden,** die 《통용어·감정》중단 없이 계속 말하다. **~reife,** die 〖농〗곡식이 너무 익어 떨어지는 단계. **~sagen** 〈h〉 (누구가) 죽었다고 말하다. **~saufen*,** sich 〈h〉 《경·감정》술을 너무 마셔서 죽다. **~schämen,** sich 〈h〉 《경·감정》죽도록[몹시] 부끄러워하다. **~schießen*** 〈h〉 《경·감정》총을 쏘아 죽이다, 사살하다: sich gegenseitig t. 서로 총을 쏘아 죽이다. **~schlag,** der 〖법〗고살(故殺), 살인, 살해. **~schlagen*** 〈h〉 《감정》때려 죽이다, 살해하다: eine Ratte mit einem Stock t. 막대기로 쥐를 때려 죽이다; 성구 dafür lasse ich mich (auf der Stelle) t. 《통용어》그거 아니면 나를 (당장) 죽여도 좋아, 그것은 확실해; 전의 die Zeit[den Tag] t. 《통용어》할 일 없이 시간[그 날]을 보내다, 시간을 낭비하다. **~schläger,** der **1.** 〖법〗살인자, 살해자, 고살(故殺)자. **2.** 흉신용 단장. **~schweigen*** 〈h〉 굳게 입을 다물다, 입을 봉하다, 완전히 침묵하다. **~schweigetaktik,** die 침묵 전략, 묵비 전략. **~spritzen,** sich 〈h〉 (은어) 마약 주사를 맞고 죽다. **~stechen*** 〈h〉 《통용어》찔러 죽이다. **~stellen,** sich 〈h〉 죽은 체 하다: der Käfer stellt sich tot 풍뎅이가 죽은 체하다. **~stellreflex,** der 조건 반사적으로 죽은 체 하기. **~stürzen,** sich ↑fallen. **~trampeln** 〈h〉 《통용어》↑~treten. **~treten*** 〈h〉 밟아 죽이다. **~trinken*,** sich 〈h〉 《통용어·감정》술을 지나치게 마셔서 죽다. **~weinen,** sich 〈h〉 《통용어·감정》대성 통곡을 하다, 몹시 울다. **~zeit,** die 〖기술·인공두뇌학〗전원을 준 시간과 실제 작동 시간 사이의 짧은 시간.

total [to'ta:l] 〈Adj.〉 [frz. total] **1. a)** 모든, 전체의, 총체의, 전면적인: der -e Terror[Krieg] 전면적인 테러[전쟁]; eine -e Mondfinsternis 개기 월식; -es Theater 관객도 동참하는 연극. **b)** 〈adv.〉 《통용어·강조》완전히, 전적으로, 철저히: t. übermüdet sein 완전히 피곤에 지치다. **2.** 《교양어·드물게》전체주의의: der -e Staat 전체주의 국가. **Total** [-], das; -s, -e [frz. total] 〈schweiz.·금융〉 총계, 총액.

total-, Total- (total) **1): ~analyse,** die 〖경제〗총체적 분석. **~ansicht,** die 전경(全景). **~anspruch,** der 전면적인 요구[주장]. **~ausfall,** der 전면적인 중단. **~ausverkauf,** der 재고 전부의 대매출. **~eindruck,** der ↑Gesamteindruck. **~erhebung,** die 〖통계〗전반적인 상승. **~mobilmachung,** die 총동원. **~operation,** die 〖의학〗인체의 한 기관을 전부 제거하는 수술. **~reflexion,** die 〖물리〗전반사(全反射)(빛의). **~schaden,** der 완전 손해, 전체 파손, 전파(全破): an beiden Fahrzeugen entstand T. 두 차량이 전파되었다. **~verlust,** der 전체 손실.

Totale [to'ta:lə], die; -n 〖영화·사진〗 **a)** 전경(全景)을 찍기 위한 카메라 조절, 전경 촬영; von der Großaufnahme in die T. gehen(fahren, überleiten, wechseln) 클로즈 업에서 전경 촬영으로 넘어가다. **b)** 전경(全景): etw. in der T. zeigen 전경으로 보여 주다.

Totalisator [totali'za:tor, (또한)...to:r], der; -s, -en [...za'to:rən] **1.** (공인된) 경마 복권 발매기(소)(약어: ↑Toto). **2.** 〖기상〗적산 강수량계(積算降水量計). **totalisieren** [...'zi:rən] **1.** 〖금융·고어〗합산하다, 합계를 내다. **2.** 《교양어·드물게》종합적으로 보다, 총괄하다.

Totalisierung, die; -en 합산, 합계, 총괄, 요약.

totalitär [...'tɛ:r] 〈Adj.〉 **a)** 〖정치·폄〗전체주의의, 전체주의적인: -es Regime 전체주의적인 정권. **b)** 《교양어·드물게》전체적인, 총체적인.

Totalitarismus [...ta'rɪsmʊs], der; - 〖정치·폄〗전체주의, 전체주의 체제.

totalitaristisch ⟨Adj.⟩ 《교양어・정치》전체주의적인, 전체주의의. **Totalität** [...'tɛ:t], die [frz. totalité] **1. a)** [철학] 총체성, 전체성. **b)** 《교양어》전체, 총체, 완전. **2.** 《교양어》전횡, 전체주의 권력. **Totalitätsanspruch**, der 《교양어》**a)** 전체주의적인 권력 행사의 요구(주장). **b)** 총체성[전체성]의 요구. **Totalitätszone**, die 《천문・지리》일식 지역. **totaliter** [to'ta:litɐ] ⟨Adv.⟩ [lat. totaliter] 《교양어》완전히.

Tote* ['to:tə], der / die 죽은 사람, 사망자: bei dem Unfall gab es zwei T. 그 사고에서 두 사람이 사망하였다; na, bist du von den -n auferstanden? 《통용어・농》그래, 죽은자 가운데서 다시 부활했나?, 그래 다시 돌아왔느냐?; 《성구》die -n soll man ruhen lassen 죽은 자를 나쁘게 이야기해서는 안된다.

Totem ['to:tɛm], das; -s, -s [engl. totem] [인종] 토템(미개 종족이 종교적으로 숭배하는 자연물・동식물).

Totem- [인종]: **~figur,** die 토템 상(像). **~glaube,** der 토템 신앙. **~pfahl,** der 토템 주(柱), 토템 신앙의 숭배물이 새겨지고 그려진 기둥. **~tier,** das 토템 신앙의 숭배 동물.

Tote Meer, das; -n -es 사해(死海)[팔레스타인에 있는 호수].

Totemismus [tote'mɪsmʊs], der; - [인종] 토템 신앙[제도]. **totemistisch** ⟨Adj.⟩ [인종] 토템 신앙의, 토템 제도의.

töten ['tø:tŋ] ⟨h⟩ **1. a)** 죽이다, 살해하다: jmdn. vorsätzlich mit Gift t. 누구를 계획적으로 독살하다; 《4격 목적이 없이도》《성서》du sollst nicht t. 살인하지 말라. **b)** ⟨t. + sich⟩ 자살하다. **2.** 《통용어》파괴하다, 멸하다: den Nerv eines Zahns t. 치아의 신경을 죽이다. [전의] Gefühle t. 감정을 죽이다[억제하다]; ein paar Flaschen Bier t. 몇 병의 맥주를 다 마시다; jmdm. **den (letzten) Nerv t.** (↑Nerv 1) 누구의 (마지막) 신경을 건드리다, 신경질 나게 하다, 모욕하다.

toten-, Toten-: **~acker,** der [고어] 묘지. **~ähnlich** ⟨Adj.⟩ 죽은 사람과 같은. **~amt,** das [가] 장례미사, 연(煉) 미사(↑~messe). **~bahre,** die 《장례식 동안의》관대(棺臺). **~baum,** der **1.** 《메로빙 왕조 시대의》 나무관(棺). **2.** ⟨schweiz.・고어⟩ 관(棺). **~beschauer,** der 검시 의사. **~beschwörung,** die 죽은 사람의 영을 불러냄, 강령술. **~bestattung,** die 매장, 장사지냄. **~bett,** das 임종의 자리. **~blaß,** ⟨Adj.⟩ 죽은 사람처럼 창백한. **~blässe,** die ↑Leichenblässe. **~bleich,** ⟨Adj.⟩ ↑~blaß. **~blume,** die (대개 Pl.) 《지역적》 묘지 주변에 심는 꽃(예컨대: 국화꽃), 금잔화. **~brett,** das ⟨bayr.⟩ 죽은 사람을 기리는 문구가 적힌 나무판: **aufs T. kommen** 죽다, 사망하다. **~buch,** das [인종] **a)** 고대 이집트 시대에 파피루스에 적은 종교적 경구 두루마리(망인과 함께 묻음). **b)** (티베트에서 망인의 귀에 들려주는) 종교적 경구. **~ehrung,** die ↑~feier. **~fahl** ⟨Adj.⟩ ↑~blaß. **~feier,** die 장례식, 제사, 위령제. **~fest,** das **a)** [종교] 죽은 사람을 기념하는 여러 가지 의식. **b)** [개신교] 사자(死者)의 위령 일요일. **c)** [가] 추사 이망 첨례일(追思已亡瞻禮日)(↑Allerseelen). **~flaute,** die [선원] 무풍(無風). **~fleck,** der (대개 Pl.) [의학] 사망 후의 피부 변색, 시반(屍斑). **~frau,** die 염(殮)하는 할멈(↑Leichenfrau). **~geläut, ~geläute,** das 장례의 종소리, 조종. **~geleit,** das 장례 행렬. **~gericht,** das [종교] **a)** 죽은 자에 대한 저승에서의 심판. **b)** 말세에 있을 (신의) 심판. **~gespräch,** das (대개 Pl.) [문예학] 망인(亡人)들의 대화 형식으로의 교훈적인 풍자문학(고전적 계몽주의 시대에 유행됨). **~glocke,** die 장례식 때 울리는 종, 조종. **~gräber,** der **1.** 송장벌레. **2.** 무덤을 파는 사람(인부), 매장자: [전의] die T. der Demokratie 민주주

의 매장자[파괴자]. **~halle,** die (장례 전의) 시체 보관소. **~hand,** die 죽은 사람 (같은) 손. **~hemd,** das 수의(壽衣). **~käfer,** der 풍뎅이의 일종, 검정풍뎅이. **~kammer,** die 시체 안치실. **~klage,** die 조사(弔詞), 만가. **b)** [문예학] 조시(弔詩). **~kopf,** der **1.** 죽은 자의 머리, 해골(骸骨). **2.** 해골 표식. **3.** ↑~kopfschwärmer. **~köpffchen,** das (중남미에 사는 백색 얼룩의) 만호리 원숭이. **~kopfschwärmer,** der 해골 나방(등에 해골무늬가 있음). **~kult,** der [인종] 사자(死者) 숭배. **~lade,** die **1.** [의학] (만성골수염에서의) 골구(骨柩). **2.** [고어] 관(棺). **~lager,** das ↑~bett. **~mahl,** das 《아어》장례객[문상객]의 식사. **~maske,** die 데드 마스크. **~messe,** die [가] 《장례식의 미사, 장례 미사. b) 추도 미사. **~opfer,** das [인종] 영전에 바치는 제물. **~reich,** das [신화] 저승, 황천. **~schädel,** der ↑~kopf (1). **~schau,** die [의학] 검시. **~schein,** der (의사의) 사망 진단서: den T. ausstellen 사망 진단서를 발부하다. **~schrein,** der 《아어・고어》관(棺). **~sonntag,** der [개신교] 사자(死者) 위령 일요일, 고인(故人) 추도일. **~stadt,** die [인종] ↑Nekropole. **~starre,** die 사후경직(硬直). **~still** ⟨Adj.⟩ 《강조》죽은 듯이 고요한. **~stille,** die 죽은 듯한 고요, 깊은 정적. **~tanz,** der **a)** [미술] (후기 중세 회화에 표현된) 죽음[해골]의 무도, 해골의 윤무. **b)** [음악] 해골의 무도곡. **~tempel,** der [인종] 사자(死者) 사당(神堂). **~trompete,** die 트럼펫 모양의 흑색 식용버섯. **~tuch,** das 《Pl. ...tücher》수의(壽衣). **~uhr,** die 살짝수염풍뎅이(죽은 사람을 암시한다고 함). **~verehrung,** die [인종] 사자 숭배, 조상 숭배. **~vogel,** der: (저승사자라고 믿는) 금눈쇠올빼미(↑Leicheneule). **~wache,** die 죽음의 침상과 관을 지키는 사람: die T. halten 침상을 지키다. **~wäscherin,** die 염(殮)하는 할멈(여자).

totenhaft ⟨Adj.⟩ 죽은 사람 같은. **Töter,** der; -s, - 살인자, 살해자.

Toto ['to:to:], das, 《또한》 der; -s, -s **a)** ↑Totalisator (경마 복권 발매기). **b)** ↑Sporttoto (스포츠 복권), ↑Fußballtoto (축구 복권)의 약칭: im T. tippen 복권에 당첨될 만한 숫자를 적다.

Toto-: **~annahmestelle,** die 복권 접수소. **~block,** der 《Pl. -s / -blöcke》 복권철(綴)[용지]. **~ergebnis,** das 복권 당첨 결과. **~gewinn,** der (대개 Pl.) 복권 당첨. **~schein,** der 복권 영수증[표]. **~spiel,** das 복권 놀이. **~zettel,** der 복권표.

Tötung, die; -en 살인, 살해. **Tötungs-** [법]: **~absicht,** die 살해[살인] 의도. **~delikt,** das 살인 범행, 과실 치사 행위, 살인죄. **~versuch,** der 살인 미수.

Touch [tatʃ], der; -s, -s [engl. touch] 《통용어》접촉, 접근 비슷함. **touchieren** [tu'ʃi:rən] ⟨h⟩ [frz. toucher] **1. a)** 《교양어・준고어》접촉하다. **b)** (장애물 승마시 장애물을) 살짝 건드리다. **c)** [펜싱] 상대방을 터치하다. **d)** [당구] 당구공을 손으로 만지다. **2.** [의학] 촉진(觸診)하다. **3.** [의학] 부식각(腐蝕杆)으로 (사마귀 따위를) 떼어 내다.

Toupet [tu'pe:], das; -s, -s [frz. toupet] **1.** 《옛》곱슬곱슬하게 한 앞머리(카락). **2.** 다리(대용모발). **toupieren** [tu'pi:rən] ⟨h⟩ 앞머리를 곱슬곱슬하게 하다, 머리를 부풀게 세우서 빗질하다. **Toupierung,** die; -en 《드물게》앞머리 손질.

Tour [tu:ɐ̯], die; -en [frz. tour] **1.** 소풍, 원족, 여행: eine schöne T. in die Berge machen 산으로 멋진 여행을 하다; **auf T. sein(gehen)** 《통용어》여행 중이다 (여행을 떠나다). **2.** (일정의) 구간, 거리, 행로, 도정: eine T. mit dem Bus fahren 버스로 한 구간을 여행을

떠나다. 3. a) 《통용어·폄》(잔꾀나 술책으로 무엇을 이루려는) 방법, 수법: immer dieselbe T.! 언제나 같은 수법이야!; **auf die dumme T. reisen[reiten]** 멍청한 수법으로 무엇을 이루려고 하다; **seine T. kriegen [haben]** 이상하게 행동하다, 불친절하다, 변덕을 부리다. b) 《통용어》(부당한) 계획, 기도, 시도: die T. ist schiefgegangen 그 계획은 실패로 끝났다; für dich ist die T. gelaufen 너는 실패하였다, 너는 운이 나빴다. 4. 《대개 Pl.》 《기술》 회전, 선회: der Motor läuft auf vollen[höchsten] -en 엔진은 전속력(최고의 속도)으로 회전한다; **in einer T.** 《통용어》 계속해서, 중단 없이: er erzählte in einer T. von seinen Frauengeschichten 그는 그의 여성 편력에 대해서 계속하여 이야기하였다; **jmdn. auf -en bringen** 《통용어》 1) 누구를 자극하다(감격케 하다). 2) 누구를 분노케 하다; **auf -en kommen** 《통용어》 1) 활기를 띠다, 기분이 나다: morgens komme ich nicht so recht auf -en 나는 아침에는 별로 기분이 나지 않는다. 2) 화나다, 분격하다; **auf -en sein** 《통용어》 원기가 있다, 컨디션이 좋다, 기분이 나다; **auf vollen[höchsten] -en laufen** 《통용어》 본격적(집중적)으로 진행되다: die Säuberungsaktion lief auf höchsten -en 숙청작업은 본격적으로 진행되었다. 5. (운동의) 동작: zwei -en links, zwei -en rechts stricken 왼쪽으로 두 번 오른쪽으로 두 번 뜨개질을 하다. 6. 《승가·öster.》 조련(調練) 승마에서 배우는 개개의 과제. **Tour d'horizon** [turdɔriˈzõ], die, 《또한》 der; -, -s - [tur-; frz. tour d'horizon] 《교양어》 (토론 주제에 관한) 개관. **touren** [ˈtuːrən] 《h》 1. (은어) 연주 여행을 하다. 2. 《통용어》 여행하다, 소풍가다.

Touren-: **~boot**, das 장거리 여행용 보트. **~rad**, das 장거리 여행용 자전거. **~schreiber**, der [기술] 회전 속도 측정기. **~ski**, der 장거리 여행용 스키. **~wagen**, der [모터 스포츠] 장거리 경주용 자동차. **~zahl**, die [기술] 회전수. **~zähler**, der [기술] 회전수 측정기.

Tourismus [tuˈrɪsmʊs], der; 《engl. tourism》 관광, 관광 여행. **Tourist** [...ˈrɪst], der; -en, -en [engl. tourist] 1. (휴가) 여행객, 관광객. 2. 《고어》 방랑객, 등산객.

Touristen-: **~führer**, der 관광 안내자, 여행 안내자, 관광[여행] 안내책자. **~führung**, die 관광 안내. **~hotel**, das 관광객을 위한 (검소한) 호텔. **~klasse**, die (기선, 비행기의) 3등 객석. **~reise**, die 관광 여행. **~rummel**, der 《폄》 관광객의 북적거림(번잡함). **~seelsorge**, die 관광객을 위한 사목 활동. **~verkehr**, der 관광 교통, 관광객 수송. **~zentrum**, das 관광 중심지.

Touristik [tuˈrɪstɪk], die 관광 사업[업무]. **touristisch** 〈Adj.〉 관광 업무의, 관광의, 관광 사업의.

Tournaiteppich [turˈnɛ-], der; -s, -e [벨기에의 도시 Tournai에 따라] (자카르식 문직기로 짠) 양탄자.

Tourné [turˈne], das; -s, -s [frz. tourné] [카드] (엎어 놓은 패를 뒤집어서 밝혀진) 으뜸패. **Tournedos** [turnəˈdoː], das, -/-...o:s(s), - [요리] 비프 스테이크의 일종. **Tournee** [turˈneː], die; -s / -n [...ən; frz. tournée] (극단, 예술가의) 순회 공연, 순회 여행: eine T. starten[machen] 순회 공연(연주 여행)을 시작하다(하다). **tournieren** [turˈniːrən] 〈h〉 [frz. tourner] 1. [요리] (버터, 감자 등을) 원하는 모양으로도 자르다. 2. (카드) 패를 까다. **Tournüre**: 세련된 맵시(행동)(↑Turnüre).

tour-retour [tuːɡreˈtuːɐ] 《österr.·준고어》 왕복(往復).
Towarischtsch [toˈvarɪʃtʃ], der; -s, -s, 《또한》 -i [russ. towarischtsch] 동지(同志), 동무.
Tower [ˈtaʊɐ], der; -(s), - [engl. (control) tower] (공항의) 관제탑.

tox-, Tox-: ↑toxi-, Toxi- 참조. **Toxalbumin**, das; -s, -e [생화학] 유독성 단백질. **Toxämie** [tɔksɛˈmiː], die, **Toxhämie** [...hɛˈmiː], **Toxikämie** [...ikɛˈmiː], die; -n [...iːən] [의학] 독혈증(毒血症).
toxi-, Toxi-, 《모음 앞에서》 tox-, Tox- [tɔks(i)-] ("독(毒), 독소(毒素)"를 뜻하는 규정어로서, 예컨대) toxigen, Toxikose, Toxalbumin. **Toxidermie** [...derˈmiː], die; -n [...iən] [의학] 중독진(中毒疹), 약물 복용에 따르는 피부병. **toxigen**, **toxogen** [tɔksoˈ-] 〈Adj.〉 [의학] 1. 독소성의. 2. 중독으로 생겨난. **Toxika**: ↑Toxikum의 복수형. **Toxikämie**: ↑Toxämie. **toxiko-, Toxiko-**, 《모음 앞에서》 toxik-, Toxik- [tɔksik(o)-; griech. toxikón (phármakon)] ("독, 독소"를 뜻하는 규정어로서, 예컨대) Toxikämie. **Toxikodermie** [...derˈmiː], die; -n [...iən] [의학] ↑Toxidermie. **Toxikologe** [tɔksikoˈloːɡə], der; -n, -n 독물학자(毒物學者). **Toxikologie**, die 독물학(毒物學), 중독학(中毒學). **toxikologisch** 〈Adj.〉 독물학(중독학)의[에 의한]. **Toxikose** [...ˈkoːzə], die; -n [의학] 독물로 인한 병, 중독(증). **Toxikum** [...kʊm], das; -s, ...ka [lat. toxicum < griech. toxikón] [의학] 독, 독물. **Toxin**, das; -s, -e [의학·생물] (세균성의) 독소. **Toxinämie** [...nɛˈmiː], die; -n [...iːən] [의학] 독혈증(毒血症). **toxisch** [ˈtɔksɪʃ] 〈Adj.〉 [의학] 1. 독물의, 유독한, 독성의. 2. 독으로 생긴, 중독의. **Toxizität** [...tsiˈtɛːt], die [의학] 유독성, 독질(毒質). **toxogen**: ↑toxigen. **Toxoid** [tɔksoˈiːt], das; -s, -e (예방 접종용) 변성 독소[말하자면]. **Toxoidimpfstoff**, der (중독 방지용) 예방 접종약. **Toxoplasmose** [...plasˈmoː-zə], die; -n [의학] 전염병.

TP: ↑Triangulationspunkt (3각점) 의 약어.
Trab [trap], der; -(e)s 속보(速步), 총총걸음: das Pferd in T. setzen 말을 속보로 가게 하다; 《전의》 er setzte sich in T. 《통용어》 그는 뛰기 시작하였다; mach ein bißchen T. dahinter! 《통용어》 그 일을 약간 서둘러라!; jmdn. auf T. bringen 《통용어》 더 빨리 행동하도록 누구를 몰아대다; auf T. kommen 《통용어》 빨리 앞으로 나아가다; auf T. sein 《통용어》 서두르다, 부산을 떨다; jmdn. in T. halten 《통용어》 누구를 조용히[가만히] 두지 않다. **Trabrennbahn**, die [경마] 속보(速步) 경마장. **Trabrennen**, das [경마] 속보(速步)경마.
Trabant [traˈbant], der; -en, -en 1. a) [천문] 위성: der Mond ist ein T. der Erde 달은 지구의 위성이다. b) 《우주 비행》 인공 위성. 2. a) 《옛》 친위병, 호위병, 경호인. b) 《옛》 수행인. c) 《폄》 추종자, 복종자, 하인. 3. (Pl.) 《통용어·폄》 아이들: unsere -en sind bei der Oma 우리의 아이들은 할머니 댁에 있다. 4. [전자] 텔레비전 화면 동시 녹음을 위한 보조 전자 장치. **Trabantenstadt**, die a) 《드물게》 위성 도시. b) 주거 도시.
traben [ˈtraːbn̩] 1. 〈h/s〉 속보로 달리다[달려 가다]. 2. 〈s〉 《통용어》 가다: der Junge trabte zur Schule 소년은 학교에 갔다. **Traber** [ˈtraːbɐ], der; -s, - 속보경기용 말.
Traber-: **~bahn**, die 【경마】 ↑Trabrennbahn. **~gestüt**, das 속보경기용 말의 양마소(養馬所)[종마소(種馬所)]. **~krankheit**, die [수의] (양(羊)의 바이러스병(치사율이 높은). **~pferd**, das ↑Traber. **~wagen**, der [경마] 한 필의 말이 끄는 1인용 2륜 마차(↑Sulky).
Tracer [ˈtreːsɐ], der; -s, - [engl. tracer] [의학·생리] 방사능 추적자(追跡子).
Trachea [traˈxeːa, 《또한》 ˈtraxea], die; ...een [...ˈxeːən; griech. racheía] [의학] 기관(氣管). **tracheal** [traxeˈaːl] 〈Adj.〉 [의학] 기관(氣管)의.
Tracheal- [의학]: **~kanüle**, die 기관 절개 수술 후 부착하는 작은[가는] 관. **~stenose**, die 기관(氣管) 협착

증. ~tubus, der ↑Tubus (3).
Trachee [tra'xe:ə], die; -n 1. 【동물】절족동물(節足動物)의 호흡 기관. 2. 【식물】(수분 운반용) 도관(導管).
Tracheen: ↑Trachea의 복수형. **Tracheide** [traxe'i:də], die; -n 【식물】의맥관(擬脈管). **Tracheitis** [...'i:tɪs], die; ...itiden [...ei'ti:dn] 【의학】기관염(氣管炎). **Tracheobronchitis** [traxeo-], die; ...itiden 【의학】기관 기관지염. **Tracheoskop** [...'sko:p], das; -s, -e 【의학】기관경(氣管鏡). **Tracheoskopie** [...sko'pi:], die; -n [...i:ən] 【의학】기관경 검사법. **Tracheostenose**, die; -n 【의학】↑Trachealstenose. **Tracheotomie** [...to'mi:], die; -n [...i:ən] 기관 절개(수술). **Trachom** [tra'xo:m], das; -s, -e 전염성 만성 결막염.
Tracht [traxt], die; -en 1. (고유) 복장, 의복, 의상: das Brautpaar erschien in Schwarzwälder T. 신랑 신부는 슈바르츠발트 지방 특유의 복장으로 나타났다. 2. 【양봉】꿀, 채수(採蚊). 3. 【농업】(작물의) 수확. 4. (지역적·준고어) 멤대, 멤빵. 5. (고어) 짐, 한 짐: eine T. Holz[Wasser] 한 짐의 나무[물]; **eine T. Prügel** (심한) 구타(타격, 매질). **Trachtbiene**, die 【양봉】꿀벌. **Trachtpflanze**, die 【양봉】벌꿀 식물.
trachten ['traxtn̩] ⟨h⟩ [lat. tractāre] (아어) 뜻하다, 노력하다, 의도하다: ihr ganzes Sinnen und Trachten war nur aufs Geldverdienen ausgerichtet 그녀의 모든 생각과 노력은 돈을 버는 데만 쏠려있었다; **jmdm. nach dem Leben t.** (↑Leben 1) 누구의 목숨을 노리다.
Trachten- (Tracht 1) ~**anzug**, der (전통적인) 민속 의상. ~**fest**, das 민속 의상 축제. ~**gruppe**, die 민속 의상 무용단. ~**hose**, die 민속 (의상식) 바지. ~**jacke**, die 민속 (의상식) 재킷. ~**kapelle**, die 민속 의상을 입은 악단. ~**kleid**, das 민속 (의상식) 복장(옷). ~**kostüm**, das ↑~anzug. ~**verein**, der 민속 의상회.
trächtig ['trɛçtɪç] ⟨Adj.⟩ 1. (포유 동물의) 임신 중의, 새끼를 밴: unsere Katze ist t. 우리 고양이는 새끼를 배고 있다. 2. (아어) 가득 찬, 풍부한, 함축된: ein von[mit] Gedanken -es Werk 사상이 풍부한 작품. **-trächtig** [-trɛçtɪç] (겹미어) …이 풍부한(예컨대: erfolgs-, profit-). **Trächtigkeit**, die 1. (포유 동물의) 임신. 2. (아어) 풍부함, 함축. **Trachtler** ['traxtlɐ], der; -s, - 민속 의상회 회원. **Trachtlerin**, die; -nen ↑Trachtler의 여성형.
Trachyt [tra'xy:t, (또한) ...'xyt], der; -s, -e [griech. trachýs] 조면암(粗面岩), 화산암(火山岩).
Track [trɛk], der; -s, -s [engl. track] 1. 【항해】항로. 2. 견인에 사용되는 물건(밧줄, 쇠사슬 등). 3. 경주로.
Tractus: ↑Traktus.
Trademark ['treɪdmaːk], die; -s [engl. trademark] 상표.
Tradeskantie [trades'kantsiə], die; -n [영국 원예가 J. Tradescant에 따라] (관상용) 자로초(紫露草).
Trade-Union ['treɪdjuːnjən], die; -s [engl. trade-ion] 노동 조합. **Tradeunionismus**, der; - [engl. tradeunionism] 영국의 노동 조합 운동. **Tradeunionist**, der; -en, -en [engl. trade-unionist] 1. 영국의 노동 조합원. 2. 영국의 노동 조합 운동원. **tradeunionistisch** ⟨Adj.⟩ 노동 조합 운동의.
tradieren [tra'diːrən] ⟨h⟩ [lat. trādere] (교양어) (후세에) 전하다, 전승하다, 구전(口傳)하다: tradierte Geschlechterrollen 전래적인(전통적인) 남녀 역할. **Tradition** [tradi'tsjoːn], die; -en [lat. trāditiō] **a)** 전승, 관습, 인습: demokratische -en pflegen 민주적인 전통을 가꾸다; an der T. festhalten 전통을 고수하다. **b)** (드물게) 전승시키기, 전하기: die T. dieser

Werte ist unsere Pflicht 이 가치를 전승시킨다는 것은 우리의 의무다. **traditional** [...tsjo'naːl] ⟨Adj.⟩ (교양어·드물게) 전통의, 인습의, 관습의, 전통적인(↑ traditionell). **Traditionalismus** [...na'lɪsmʊs], der; - (교양어) 전통주의, 인습의 고수. **Traditionalist**, der; -en, -en (교양어) 전통주의자, 전통주의 신봉자. **traditionalistisch** ⟨Adj.⟩ (교양어) 전통주의의, 전통주의적인. **Traditional Jazz** [trə'dɪʃənəl 'dʒæz], der; - - [engl.-amerik. = traditioneller Jazz] 【음악】 전통 재즈. **traditionell** [traditsjo'nɛl] ⟨Adj.⟩ [frz. traditionnel] 전통의, 인습의, 관습의, 전통적인: die -e Familienstruktur 전통적인 가족 구조.
traditions-, Traditions-: ~**beweis**, der 【가】(사도들의 발언과 행적을 통한) 교리 증명. ~**bewußt** ⟨Adj.⟩ 전통을 의식하는, 전통을 밝히는: ein -es Volk 전통 의식이 강한 민족. ~**bewußtsein**, das 전통의 의식(傳統意識). ~**gebunden** ⟨Adj.⟩ 전통에 얽매인, 인습(관습)에 묶인. ~**gemäß** ⟨Adj.⟩ 전통에 따른, 관습[인습, 관례]에 부합된. ~**reich** ⟨Adj.⟩ 전통이 풍부한, 오랜 전통을 가진. ~**verbunden** ⟨Adj.⟩ 전통에 얽매인, 전통에 예속된, 전통과 관련된.
Traduktion [tradʊk'tsjoːn], die; -en [frz. traduction] 1. (교양어) 번역. 2. 【수사학】같은 단어의 반복 사용.
traf [traːf] ↑treffen의 과거형. **träf** [trɛːf] ⟨Adj.⟩ (schweiz.) 적절한, 들어맞는, 꼭 맞는, 정확한: ein -er Ausdruck 적절한 표현. **träfe** ['trɛːfə] ↑treffen의 접속법 II식.
Trafik [tra'fɪk], die; -en [ital. traffico] (österr.) ↑ Tabaktrafik (담배 소매점)의 약칭. **Trafikant** [trafi'kant], der; -en, -en (österr.) 담배 소매점 주인. **Trafikantin**, die; -nen (österr.) ↑Trafikant의 여성형.
Trafo ['traːfo, (또한) 'trafo], der; -(s), -s ↑Transformator (변압기)의 약어. **Trafohäuschen**, das 변압기실. **Trafostation**, die 변전소.
Traft [traft], die; -en (nordostd.·옛) 큰 뗏목.
träg: ↑träge.
trag-, Trag- (↑Trage-): ~**altar**, der 휴대용 제단(祭壇). ~**bahre**, die 들것, 가마, 단가(担架). ~**fähig** ⟨Adj.⟩ 운반(적재, 부담)력이 있는, 생산력이 있는, 적절한: [전의] eine -e Parlamentsmehrheit haben 의안을 통과시킬 만한 의회 과반수를 가지다. ~**fähigkeit**, die (Pl. 없음) 운반(적재, 부담) 능력, 생산력. ~**fläche**, die 【항공】주익(主翼), 익면(翼面). ~**flächenboot**, das ~중익선(水中翼船). ~**flügel**, der ↑~fläche. ~**flügelboot**, das ↑~flächenboot. ~**gestell**, das 들통, 지게, 운반용 단가, 멤대. ~**gurt**, der 운반용 멤빵[벨트](↑Tragegurt). ~**himmel**, der (드물게) 천개(天蓋)(↑Baldachin (2)). ~**holz**, das 꽃과 열매를 가진 어린 싹(과일나무의)(↑Fruchtholz). ~**joch**, das (고어) 멤대, 목도. ~**konstruktion**, die 【기술】 받쳐주는 구조물. ~**korb**, der ↑Tragekorb. ~**kraft**, die 【기술·토건】운반(적재, 부담) 능력. ~**last**, die 짐, 짐어질 수 있는, 이송 수화물, 적재량. ~**lufthalle**, die [토건] 공기가 통하지 않는 직물로 만든 홀. ~**luftzelt**, das [토건] 공기가 통하지 않는 직물이나 인조 섬유로 만든 막사. ~**riemen**, der 짐을 지기 위한 멤빵[혁대, 가죽끈]. ~**rolle**, die 【기술】운반 도르래. ~**schicht**, die [도로] 도로 표면 밑의 기초 공사층. ~**schrauber**, der 【항공】헬리콥터(↑Drehflügelflugzeug). ~**seil**, das 【기술·토건】(승강기, 케이블 카, 다리 따위의) 하중(荷重) 와이어. ~**sessel**, der 가마. ~**stein**, der 《드물게》 와형(渦形)까치발(↑Konsole (1)). ~**tier**, das 《드물게》짐을 나르는 짐승. ~**weite**, die 1. 영향(력), 결과, 효과, 의미, 의의: etw. in seiner ganzen T. erkennen 무엇의 전체적인 영향을 인식하다. 2. 사정거리, 착탄거리,

도달거리. 3. [해양] 등대불을 인지할 수 있는 거리. ~werk, das [항공] 1. 날개의 총칭. 2. [토목] 받쳐 주는 부분, 지지물(支持物). ~zeit, die (동물의) 임신 기간 (↑Tragezeit), (태아의) 임신 월수.

Tragant [tra'gant], der; -(e)s, -e [lat. tragantum, tragacantha < griech. tragákantha] 1. 트라간트 고무나무. 2. 트라간트 고무액(접착제에 사용함).

tragbar ['tra:kba:ɐ] 〈Adj.〉 1. 운반할 수 있는, 짊어질 수 있는, 휴대용의: -e Radios[Fernseher] 휴대용 라디오 [텔레비전]. 2. 편안한[잘] 입을 수 있는, 어울리는, 몸에 꼭 맞는: diese Mode ist nicht t. 이 유행은 잘 어울리지 않다. 3. a) 부담할 수 있는: wirschaftlich t. sein 경제적으로 부담할 수 있다. b) 참을 수 있는, 견디어 낼 수 있는, 인내할 수 있는: der Minister ist für die Partei nicht mehr t. 그 장관은 당으로서 더 이상 용인될 수 없다. **Tragbarkeit**, die 어울림, 몸에 꼭 맞음, 부담, 견디어냄. **Trage** ['tra:gə], die; -n 목도, (짐 나르는) 멜대, 들것, 질빵(↑Tragbahre, -gestell).

träge ['trɛ:gə], träg [trɛ:k] 〈Adj.〉 1. a) 나태한, 완만한, 활기 없는, 마지못해 움직이는: er war zu t., um mitzuspielen 그와 같이 놀기에는 너무나 활기가 없다. b) 아둔한, 굼뜬, 느릿느릿한: [전의] der Fluß fließt t. dahin 강은 느릿느릿 흘러간다. 2. [물리] 관성의, 타성의: eine t. Masse 관성질량(慣性質量).

Trage- (trag-, Trag-): ~**bügel**, der (손가방 등의) 손잡이(↑Bügel (6 b)). ~**eigenschaft**, die 옷 맵시와 관련된 직물이나 섬유의 특성. ~**griff**, der 손잡이. ~**gurt**, der 운반용 멜빵[벨트]. ~**kiepe**, die (nordd.) 등에 지는 광주리. ~**korb**, der 운반용 광주리[바구니]. ~**tasche**, die 운반용 자루(가방). ~**tuch**, das (Pl. ...tücher) (애기용) 포대기. ~**zeit**, die (포유동물의) 임신 기간.

Tragelaph [trage'la:f], der; -en, -en [그] 산양노루(여러 가지 동물의 특성을 지닌 고대 그리스의 우화 동물). 2. 〈드물게〉 장르가 불분명한 문학 작품.

tragen* ['tra:gn] 1. a) 들다, 짊어지다, 가지고 가다: die Sanitäter trugen den Verletzten (auf einer Bahre) zum Krankenwagen 위생병들은 부상자를 (들것에 실어) 앰블런스로 들고 갔다. [전의] meine Beine[Knie] tragen mich kaum noch 나는 이제 거의 걸을 수가 없다; (schwer) an etw. zu t. haben 무거운 짐을 지다, 무엇을 부담으로 느끼다, 어떤 일로 고생하다: an dem Verlust hat er (schwer) zu t. 손해를 보고 그는 무척 고생하였다. b) 들어 나르다, 이동시키다, 옮기다: das Auto wurde aus der Kurve getragen 자동차는 커브 길에서 도로 밖으로 나갔다. c) 〈t. + sich〉 들어지다, 운반되다, 날라지다: das Gepäck läßt sich am besten auf der Schulter t. 그 수하물은 어깨로 나르는 것이 제일 좋다. 2. a) (떠)받치다, 쳐들고 있다, 떠받칠 수 있다: [전의] die Regierung wird nicht vom Volk getragen 그 정부는 국민에 의해서 떠받쳐지고 있지 않다; die tragende Idee eines Werkes 작품의 기본 이념; eine tragende Rolle spielen 중요한 역할을 맡다, 주역으로 연기하다. b) (무게를) 견디다, 참다, 부담하다: die Brücke trägt auch schwere Lastwagen 다리는 무거운 화물 자동차도 견디어 낸다; **zum Tragen kommen** 효과가 나다, 사용되다. c) 물 위에 떠내려가다: sich von den Wellen t. lassen 파도에 떠내려가도록 하다. 3. a) (짊어지는 것을) 견디어내다, 참다: er trägt sein Leiden mit Geduld 그는 자기의 고통을 인내로 견디어내고 있다. b) 받아들이다, 떠맡다: keine Verantwortung t. wollen 책임을 지려고 하지 않다. 4. a) (신체의 일부를 어떤 자세로) 자세를 취하다, 쳐들다: er trägt den Kopf[die Nase] hoch 그는 머리를[코를] 높이 쳐들고 다니다, 거만하다. b) (신체의 일부를 무엇으로) 받치다. 5. a) (옷을) 입고 있다, 착용하다, (모자를) 쓰다: er trägt Trauer[Schwarz] 그는 상복(喪服)을 입고 있다. b) (물건을, 장신구를) 몸에 지니고 있다: einen Ring am Finger[eine Perlenkette um den Hals] t. 손가락에 반지를, 목에 진주목걸이를 걸고 있다. c) 〈t. + sich〉 《드물게》 (어떤 식으로) 옷을 입고 있다. d) (어떤 식으로) 이발하다: sie trägt ihr Haar lang[kruz] 그녀는 머리를 길게[짧게] 하고 다닌다. e) 〈t. + sich〉 (옷감의 어떤 특성을) 가지다: der Stoff trägt sich sehr angenehm 이 옷감은 몸에 매우 편안하다. 6. (어떤 목적을 위해) 몸에 지니다, 가지고 다닌다. 7. a) 〈강조하여〉 가지다: einen Titel t. 청호를 가지다. b) 가지고 있다, …이 비치어져 있다: das Paket trägt den Stempel der Zollbehörde 소포에는 세관의 스탬프가 찍히어 있다. 8. 열매 맺다, 산출하다: der Baum trägt gut[noch nicht] 〈4격 목적어가 없이〉 이 나무는 열매가 잘 열린다[아직 열리지 않는다]; [전의] das Kapital trägt Zinsen 자본이 이자를 낳는다. 9. a) 임신하다: sie trägt schon das Kind 그녀는 벌써 임신 중이다. b) (동물이) 새끼를 배다. 10. (일정한) 사정 거리를 지니다: das Gewehr trägt nicht so weit 이 총은 사정거리가 그렇게 멀지 않다. 11. 〈추상명사와 결합하여〉 (어떠한 감정을) 지니다, 가지다, 품다: für etw. Sorge t. 무엇을 걱정하다. 12. 〈t. + sich〉 고려하다, (계획을) 가지다: er trägt sich mit dem Plan, sein Haus zu verkaufen 그는 자기의 집을 팔 계획을 가지고 있다. **Träger** ['trɛ:gɐ], der; -s, - 1. a) 짐을 나르는 사람, 운반인, 인부. b) ↑Gepäckträger (1)의 약칭. c) 환자·부상자의 운반인, 들것 운반병. d) 《드물게》 ↑Zeitungsträger의 약칭. 2. [토목] 받침대, 버팀목, 지주(支柱). 3. 〈대개 Pl.〉 (옷의) 멜빵. 4. a) 소유자, 보유자, 소지자: T. eines Ordens[mehrere Preise] sein 훈장 보유자[많은 상의 수상자]이다. b) 추진자, 담당자, (역할을) 떠받치고 있는 사람. c) (책임이 있는) 단체[기관]. 5. [기술] ↑Trägerwelle. 6. (특정 성격의) 소유자. **-träger** (겹미어로서 명사와 복합하여 …을 내포하고 있는 것, 예컨대) Energieträger, Eiweißträger.

träger-, Träger-: ~**flugzeug**, das 항공모함 적재기, 함재기. ~**frequenz**, die [무선] 반송파(搬送波) 주파수. ~**kleid**, das 멜빵이 달린 옷. ~**kolonne**, die 운반인[짐꾼] 행렬. ~**los** 〈Adj.〉 멜빵이 없는. ~**rakete**, die 추진 로켓(우주선·미사일 등의). ~**rock**, der 멜빵이 달린 스커트. ~**schürze**, die 멜빵이 달린 앞치마. ~**welle**, die [무선] 반송파(搬送波).

Trägerin, die; -nen ↑Träger의 여성형. **Trägerschaft**, die a) (법적 책임을 지는) 기구, 기관, 단체, 법인체. b) 법인체 성격.

Trägheit, die; -en 1. (Pl. 없음) 태만, 나태, 굼뜸, 완만. 2. [물리] 관성, 타성.

Trägheits-: ~**gesetz**, das [물리] 관성의 법칙. ~**kraft**, die [물리] 관성의 힘, 타성의 힘. ~**moment**, das [물리] 관성 모멘트.

tragieren [tra'gi:rən] 〈h〉 [연극] 비극적으로 연기하다. **Tragik** ['tra:gɪk], die 1. 비운, 비극, 비극적 사태(운명), 비참. 2. [문예학] 비극성, 비극적인 성격. **Tragiker**, der; -s, - [griech. tragikós] (고어) 비극 작가. **Tragikomik** [tragi'ko:mɪk], (또한) ['tra:gikomɪk] die (교양어) 희비극성, 희비극적인 사태(운명). **tragikomisch** [tragi'ko:mɪʃ], (또한) ['tra:giko:mɪʃ] 〈Adj.〉 (교양어) 희비극성의, 희비극적인. **Tragikomödie** [tragiko'mø:dɪə], (또한) ['tra:gikomø:dɪə], die; -n [lat. tragicomoedia] [문예학] 희비극(喜悲劇). **tragisch** ['tra:gɪʃ] 〈Adj.〉 [lat. tragicus < griech. tragikós] 1. 비극적인, 비장한, 비참한: das ist alles nicht so t. (통용어) 그것은 모두가 다 그렇게 나쁘지는 않다. 2. [문예학·연극] 비극의: ein -er Dichter 비극 작가(시인). **Tragö-**

de [tra'gø:də], der; -n, -n [lat. tragoedus < griech. tragōidós] [연극] 비극 배우. **Tragödie** [tra'gø:diə], die; -n [lat. tragoedia < griech. tragōidía] **1. a)** (Pl. 없음) 비극(悲劇). **b)** 비극작품: eine T. in [mit] fünf Akten 5막의 비극작품. **2. a)** 비극적인 사건. **b)** (통용어·감정적으로 과장하여) 파국적인 것으로 느껴지는 것: mach doch keine [nicht gleich eine] T. daraus! 그것을 그렇게 이상으로 더 심각하게 생각하지 말라! **Tragödiendarsteller,** der 비극 배우, 비극 연기자. **Tragödiendichter,** der 비극 작가, 비극 시인. **Tragödin,** die; -nen [연극] ↑Tragöde의 여성형.

trägst [trɛːkst], **trägt** [trɛːkt] ↑tragen의 현재 2인칭 단수.

Trailer ['treɪlɐ], der; -s, - [engl. trailer < mfrz. traill(i)er] **1.** 트레일러, 자동차 부수 차량. **2.** [영화] **a)** 예고편. **b)** (필름 끝에 있는) 무감광(無感光)의 필름 부분. **Trailerschiff,** das [engl. trailership] 트레일러 선(船).

Train [trɛ̃ː, 《österr.》 trɛːn], der; -s, -s [frz. train] (군·통용어) 보급 부대, 병참 부대. **Trainkolonne,** die 보급차량 행렬. **Trainee** [treɪ'niːz], der; -s, -s [engl. trainee] [경제] (각 부서에서) 실무 교육을 받은 회사원. **Trainer** ['trɛːnɐ, 'trɛːnə], der; -s, - [engl. trainer] **a)** [스포츠] (각종 스포츠의) 감독, 트레이너. **b)** [경마] (말의) 조련사.

Trainer-: ~**bank,** die (경기장가에 있는) 감독용 벤치 (의자). ~**lizenz,** die 트레이너 면허증, 트레이너 자격증. ~**schein,** der 트레이너 자격증, 조련사 자격증. ~**wechsel,** der 트레이너 교체, 감독 교체.

trainieren [trɛːˈniːrən, trɛˈniːrən] 〈h〉 [engl. to train < frz. traîner] **a)** 훈련을 시키다, 연습시키다. **b)** 훈련하다, 연습하다: er trainiert hart(für die nächsten Spiele) 그는 (다음 경기를 위하여) 강하게 훈련받고 있다. **c)** (기술적으로 완전무결하도록) 훈련하다: [전의] sein Gedächtnis t. 그의 기억력을 단련하다 (또는 t. + sich) sich im Rechnen t. 계산법을 익히다. **d)** (통용어) 연습하여 배우다(↑einüben) **Training** ['trɛːnɪŋ, 'trɛːnɪŋ], das; -s, -s [engl. training] 훈련, 연습, 단련, (말의) 조련(調練): ein hartes (strenges, spezielles) T. 강한 [엄격한, 특수한] 훈련; nicht mehr im T. sein 더 이상 연습하지 않다.

Trainings-: ~**abend,** der 훈련하는 밤. ~**anzug,** der ↑Sportanzug (1). ~**dreß,** der 운동복. ~**fleiß,** der 훈련의 근면함. ~**hose,** die 운동복 바지. ~**jacke,** die 운동복 상의. ~**lager,** das 합숙 훈련소, 트레이닝 캠프. ~**methode,** die 훈련 방법. ~**möglichkeit,** die **1.** 훈련할 수 있는 장소. **2.** 트레이닝을 위해 가능한 연습. ~**partner,** der 연습(훈련) 게임의 상대자. ~**pensum,** das 훈련량, 연습량. ~**plan,** der 훈련 계획. ~**programm,** das 훈련 프로그램. ~**schuh,** der 〈대개 Pl.〉 훈련화, 운동화. ~**zeit,** die [스포츠] 훈련 시간. ~**zentrale,** die《드물게》↑~zentrum. ~**zentrum,** das 훈련 본부.

Trajekt [traˈjɛkt], der / das; -(e)s, -e [lat. trāiectus] **1.** (강이나 호수를 건너 주는) 열차 운송선. **2.** [고어] 건너감, 도하, 도항. **Trajektdampfer,** der 열차 운반용 기선. **Trajektorie** [trajɛk'toːriə], die; -, -n [수학] 곡선, 포물선, 정각궤도(定角軌道). — trāiector [수학] 곡선, 포물선, 정각궤도(定角軌道).

Trakehner [traˈkeːnɐ], der; -s, - [동프러시아에 있었던 옛 지명 Trakehnen에서 유래] 트라케넨 산(産)의 말(馬).

Trakt [trakt], der; -(e)s, -e [lat. tractus] **1. a)** 건축물의 양쪽 날개 부분, 건물의 익부(翼部). **b)** 건물의 날개 부분에 살고 있는 사람 전부. **2.** [의학] 관상(管狀)장기의 도(道), 로(路). **traktabel** [trakˈtaːbl] 〈Adj.〉 [lat.] 《교양어》 다루기 쉬운, 취급하기 쉬운, 말을 잘 듣는, 싹싹한.

Traktament [traktaˈmɛnt], das; -s, -e [mlat. tractamentum] **1.** 《지역적》 접대, 향응, (여관의) 대우. **2.** 《교양어·준고어》 취급, 처리. **3.** 《군·준고어》 (병사의) 급료, 봉급. **Traktandenliste,** die; -n 《schweiz.》의 사일정 (議事日程). **Traktandum** [trak'tandʊm], das; -s, ...den [lat. tractandum] 《schweiz.》 교섭의 대상, 심의 사항. **Traktat** [trakˈtaːt], der / das; -(e)s, -e [lat. tractātus] 《교양어》 **a)** (학술적인) 논문. **b)** (종교상의) 소책자, 유인물, 논박문. (축소형) **Traktätchen** [trakˈtɛːtçən], das; -s, - [폄] 종교서, 기도서. **traktieren** [trakˈtiːrən] 〈h〉 [lat. tractāre] **1.** (나쁘게) 다루다, 골탕을 먹이다: jmdn. mit Vorwürfen t. 누구를 비난함으로써 고통을 주다 [골탕을 먹이다]. **2.** 《준고어》 《융숭하게》 대접하다, 제공하다. **Traktiegrung,** die; -en 골탕을 먹임, 나쁘게 대함. **Traktion** [trakˈtsi̯oːn], die; -en [lat. tractum] **1.** [물리·기술] 견인(牽引), 견인력. **2.** [철도] (기관차에 의한) 차량 견인의 종류. **Traktor** ['traktɔr, 《또한》 'trakto:ɐ], der; -s, -en [...'to:rən; engl. tractor, lat. tractum] 트랙터, 견인차, 견인기. **Traktorist** [traktoˈrɪst], der; -en, -en [russ. traktorist] (구동독) 트랙터 운전자(직업명). **Traktoristin,** die; -, -nen (동독) Traktorist의 여성형. **Traktrix** ['traktrɪks], die, Traktrizes [trakˈtriːtsɛs]; nlat. tractrix [수학] 평면 곡선, 추적선 (追跡線). **Traktur** [trakˈtuːɐ], die; -en spätlat. tractūra [음악] (음을 조성하는) 오르간의 장치. **Traktus** ['traktʊs], der; -, -gesänge [mlat. tractus < lat. tractus] (가톨릭 미사의) 영창(詠唱).

Tralje ['traljə], die; -n [mniederd. trallie < mnieder. tralie < (a)frz. treille < spätlat. trichila] 《nordd.》 (창문의 가는) 격자(格子), (격자 울타리 등의) 지주(支柱).

tralla! [traˈla:], **tralla(la)la!** [trala(la)ˈlaː, '---(-)-]〈Interj.〉《의성어》라라라라(가사가 없이 곡조만 즐겁게 부르는 노래소리). **trällern** ['trɛlɐn] 〈h〉 **a)** 노래를 곡조만으로 부르다, 콧노래를 부르다. **b)** 혼자 콧노래를 부르다.

¹Tram [traːm], der; -(e)s, -e/**Träme** ['trɛːmə] 《österr.》 ↑Tramen. **²Tram** [tram], die; -s 《schweiz.》, das; -s, -s》 《engl. tram》 《südd., österr., 준고어, schweiz.》 시가 전차 (↑Trambahn). **Trambahn,** die; -en 《südd.》 시가 전차.

Trame [traːm], die [frz. trame < lat. trāma] [섬유] 비단 직물의 씨실로 사용된 생사.

Träme: **a)** ↑¹Tram의 복수형. **Trämel** [ˈtrɛːml], der; - 《ostmd.》 둥거운 나무토막, 나무 그루터기. **Tramen** ['traːmən], der; -s, - [↑¹Tram] 《südd.》 각목 (角木), 들보.

Traminer [traˈmiːnɐ], der; -s, - [티롤 남부 지역에 있는 포도주 산지 Tramin에서 유래] **1.** 남부 티롤의 트라민 산(產) 적포도주. **2. a)** (Pl. 없음) 트라민 포도. **b)** 트라민 포도로 담근 백포도주.

Tramontana, Tramontane [tramɔnˈtaːna, ...nə], die; ...nen [ital. tramontana < lat. trānsmontānus] 알프스에서 내리부는 차가운 북풍 (이탈리아).

Tramp [trɛmp], der; -s [고어] trampl, der; -s, -s [engl. tramp] **1.** 방랑인, 도보로 떠돌이꾼, (떠돌아다니는) 임시 노무자. **2.** 부정기선, 임시 화물선.

Tramp-: ~**dampfer,** der ↑~schiff. ~**fahrt,** die 부정기선 운항 항해. ~**reeder,** der 부정기 화물선 선주, 부정기선 해운업자. ~**schiff,** das 부정기 (화물) 선. ~**schiffahrt,** die 부정기 (화물)선의 항해 (운항).

Trampel ['trampḷ], der; -s, - 《통용어·폄》 얼간이, 굼뜬 (솜씨없는) 사람 (특히 여자).

Trampel-: ~**loge,** die 《통용어·농》 극장 꼭대기의 값

trampeln

싼 (입석) 관람석. **~pfad**, der 자주 다녀서 저절로 생긴 길. **~tier**, das **1.** 쌍봉 낙타. **2.** 《폄》얼간이, 멍청이: paß doch auf, du T.! 조심해, 이 얼간아!

trampeln ['trampļn] **1.** 〈h〉 발을 동동 구르다: sie trampeln vor Kälte[vor Ungeduld] 그들은 추위어[초조해서] 발을 동동 구른다; Beifall t. 환호의 표시로 발을 구르다. **2.** 〈h〉 **a)** (어떤 상태가 되도록) 발을 구르다[차다]: er wurde von der Menge zu Tode getrampelt 그는 군중의 발에 치어 죽었다. **b)** 발을 굴러서 털다: du mußt (dir) den Schmutz von den Schuhen t. 너는 발을 굴러서 신발의 더러운 흙을 털어야 한다. **c)** 발을 굴러서 만들다: einen Pfad (durch den Schnee)t. 발을 굴러서(눈 사이로) 길을 내다. **3.** 〈s〉 《폄》발을 동동거리며 (난폭하게) 가다: warum bist du durch[auf] das Beet getrampelt? 너는 왜 화단(위)을 밟고 다녀 못쓰게 만들었냐? **trampen** ['trɛmpn, (또한) 'træm...] 〈s〉 [engl. tramp] **1.** 히치하이크하다: nach Paris t. 히치하이크로 파리까지 가다. **2.** (준고어) 방랑하다, 떠돌다. **Tramper**, der; -s, - 자동차 무전여행자, 방랑인, 떠돌이꾼. **Trampolin** ['trampoli:n, (또한) - - '-], das; -s, -e [ital. trampolino] 트램폴린, 도약대. **Trampolin-**: **~springen**, das 트램폴린 위에서의 도약. **~springer**, der 트램폴린 선수. **~sprung**, der 트램폴린 도약.
trampsen ['trampsn] 〈s / h〉 (지역적) ↑trampeln.
Tramway ['tramve, (또한) 'træmweɪ], die; -s [engl. tramway] (österr. · 준구어) 전차(電車).
Tran [tra:n], der; -(e)s, 《종류》-e **1.** 어유(魚油), 고래(물개)기름. **2.** 취해 있는 상태: **im T.** 1) (술, 환각제, 졸음, 피곤에) 취해 있다. 2) 정신이 없는, 먹한: etw. im T. vergessen 정신이 멍한 상태에서 무엇을 깜박 잊다.
Tran-: **~funsel**, **~funzel**, die 《통용어·폄》 **1.** 매우 약하고 희미한 등[램프]. **2.** 느림보, 얼간이, 멍청이. **~geruch**, der (고약한) 어유(魚油) 냄새. **~lampe**, die **1. a)** (옛) 어유(魚油)등, 고래기름 램프. **b)** 《지역적·폄》↑-funzel (1). **2.** 《지역적·폄》↑-funzel (2). **~suse** [↑Suse], **~tute**, (또는) **~tüte**, die 《통용어·폄》↑-funzel (2).
Trance ['trã:s(ə), (드물게) tra:ns], die; -n [engl. trance] (특히 최면 상태에서의) 혼수, 실신, 인사 불성, 망아지경: in T. fallen[geraten] 혼수[최면] 상태에 빠지다. **tranceartig** 〈Adj.〉 혼수 상태의, 최면 상태의. **Trancezustand**, der 혼수 상태, 최면 상태.
Tranche ['trã:ʃ(ə)] die; -n [frz. tranche] **1.** [요리] 손가락 두께의 고기[생선]토막. **2.** [경제] (공사채의) 분할액.
Tränchen ['trɛːnçən], das; -s, - ↑Träne 참조.
Tranchier- [trã'ʃiːɐ, (또한) tran'ʃiːɐ-, (österr.) Transchier-[...'ʃiːɐ-]: **~besteck**, das 구운 고기를 써는 대형 나이프와 포크. **~brett**, das 구운 고기를 써는 도마. **~gabel**, die 구운 고기용 대형 포크. **~messer**, das 구운 고기를 써는 대형 나이프.
tranchieren [trã'ʃiːrən, (또한) tran..., (österr.) transchieren [tran...] 〈h〉 [frz. trancher] [요리] 구운 고기를 썰다, 토막치다.
Träne ['trɛːnə], die; -n **1.** 《축소형: ↑Tränchen》눈물: jmdm. treten (die) -n in die Augen 누구의 눈에 눈물이 나다; mit Mühe die -n zurückhalten 눈물을 애써 억제하다; bittere -n weinen 통곡하다; die -n abwischen[abtrocknen] 눈물을 닦다; wir haben -n gelacht 우리는 눈물이 날 정도로 웃었다[매우 웃었다]. er war den -n nahe 그는 금시 일보직전이었다; in -n ausbrechen 와락 울음을 터뜨리다; sie ist in -n aufgelöst[schwimmt, zerfließt in -n] 그녀는 눈물을 철철 흘렸다[매우 심하게 울었다]; mit den -n kämpfen 울기 직전이다, 울음을 참으려고 애쓰다; unter -n lächeln 울면서 미소를 짓다; 전구 ich danke dir mit einer Träne im Knopfloch 《반어》 눈물겹도록 고맙다; 전의 ich vertrage keinen Alkohol, gib mir bitte nur eine T. [voll] 나는 술을 마시지 못한다, 그러니 딱 한 방울만 달라; **jmdm.[einer Sache] keine T. nachweinen** 누구에[무엇에] 대해서 슬퍼하지 않다. **2.** 《약간 폄》 ↑Tränentier (2). **tränen** 〈h〉 눈물이 나다[흐르다]: ihre Augen tränten zu t. 그녀의 눈에서 눈물이 나기 시작하였다. **Tränendes Herz** (↑Herz 5).
tränen-, Tränen-: **~ausbruch**, der 눈물이 왈칵 쏟아짐. **~bein**, das [해부] 누골(淚骨). **~drüse**, die 《대개 Pl.》 누선(淚線): **auf die -n drücken** 누선(淚線)을 자극하다, 감상적으로 만들다. **~drüsenentzündung**, die 누선염(淚腺炎). **~erstickt** 〈Adj.〉 (어어) 흐느끼는, 목메어 우는. **~feucht** 〈Adj.〉 눈물에 젖은. **~fluß**, der 눈물의 흐름. **~flüssigkeit**, die 누액(淚液). **~flut**, die 억수같이 흐르는 눈물. **~gang**, der [해부] ↑-nasengang. **~gas**, das 최루(催淚)가스. **~gaspistole**, die 최루탄 발사용 총. **~grube**, die [사냥] 사슴의 눈 밑에 있는 주름살. **~los** 〈Adj.〉 눈물 없는 [해부] 비루관(鼻淚管). **~naß** 〈Adj.〉 눈물 젖은. **~reich** 〈Adj.〉 눈물이 많은. **~sack**, der **1.** 눈물 주머니, 눈 밑에 있는 자루 모양의 주름살. **2.** [해부] 누낭(淚囊). **~schleier**, der 눈물의 장막. **~selig** 〈Adj.〉 감정에 겨워 눈물로 가득 찬. **~seligkeit**, die 성스러운 눈물, 눈물어린 기쁨[황홀]. **~spur**, die 《대개 Pl.》 눈물 자국. **~strom**, der 내물 같은 눈물. **~tier**, die **~tüte**, die 《폄》 **1.** 울보. **2.** 느림보, 굼뜬 사람, 아둔한 자. **~überströmt** 〈Adj.〉 눈물이 넘쳐흐른.

tranig ['tra:nɪç] 〈Adj.〉 **1. a)** 가득 찬 어유(魚油)의, 어유가 풍부한. **b)** 어유(魚油) 같은: das Öl schmeckt t. 그 기름은 생선 기름 맛이다. **2.** 《통용어·폄》지루한, 완만한, 느린: ein -er Film 지루한 영화.

trank [traŋk] ↑trinken 참조. **Trank** [-], der; -(e)s, Tränke ['trɛŋkə] 《축소형: ↑Tränkchen (흔히) Tränklein》 (아어) 음료, 마실것, 청량 음료: **(mit) Speis und T.** 음식물. **Tränkchen** ['trɛŋkçən], das; -s, - ↑Trank 참조. **Tränke** ['trɛŋkə] ↑trinken 참조. **¹Tränke** [-] ↑Trank의 복수형. **²Tränke** [-], die; -n 짐승이 물을 마실 수 있는 곳, 물먹이는 곳, 물통: das Vieh zur T. treiben 가축을 물마실 곳으로 몰다. **tränken** ['trɛŋkn] 〈h〉 **1.** (짐승에게) 물을 먹이다; die Pferde t. 말들에게 물을 먹이다. 전의 der Regen tränkt die Erde 비가 대지를 적시다. **2.** 담그다, 침투시키다: mit Öl getränktes Leder 기름에 적셔진 가죽; 전의 der Boden war von Blut getränkt 땅은 피로 적셔져 있었다. **Tränklein** ['trɛŋklaɪn], das; -s, - ↑Trank 참조. **Tränkmetall**, das; -s, -e [금속] 액화 금속에 적셔서 만든 연금속. **Trankopfer**, das; -s, - **a)** (제례시의) 헌주(獻酒). **b)** 신주(神酒), 제주(祭酒). **Tranksame** ['traŋksa:mə], die (schweiz.) 음료, 마실 것. **Tränkstoff**, der; -(e)s, -e 침투제(浸透劑). **Tränkung** ['trɛŋkuŋ], die; -en 물을 먹이기, (가죽에게) 물주기, 관개, 침투.

Tranquilizer ['træŋkwɪlaɪzə], der; -s, - 《대개 Pl.》 [engl. tranquil(l)izer] [의학·심리] 진정제, 신경 안정제. **tranquillo** [traŋ'kvɪlo] 〈Adv.〉 [ital. tranquillo] [음악] 조용히, 침착하게. **Tranquillo** [-], das; -s, -s / ...lli [음악] 조용히 연주되어야 할 악곡.

trans-, Trans- [trans-; lat. trans] [결합어로서] 저쪽으로, 통해서, 건너질러, 넘어서, 다른 상태로 따위의 뜻.

Transaktion, die; -en [lat. trānsāctio] (증자, 사채 발행, 합병 등 회사의 통상 업무를 벗어나는) 대규모 업무 업무.

transalpin, transalpinisch ⟨Adj.⟩ 〈로마에서 볼 때〉 알프스 저쪽의, 알프스 저쪽에 있는.

transatlantisch ⟨Adj.⟩ 대서양 저쪽의, 대서양 저쪽에 있는, 해외의.

Transbaikalien [transbaiˈkaːliən], -s 〈시베리아에 있는〉 바이칼 호수의 동쪽 지역.

Transchier-. ↑Tranchier. **transchieren** ↑tranchieren.

Transduktor [transˈdʊktɔr], der; -s, -en [...ˈtoːrən; lat. ductum] 【전기】 변환기(變換器).

Transept [tranˈzɛpt], der / das; -(e)s, -e [lat. transeptum] 【건축】 (십자형 교회당의) 익랑(翼廊), 수랑(袖廊), 횡당(橫堂).

Trans-Europ-Express [...ˈjyːroːpˈlɛksprɛs], der 〈약어: TEE〉 유럽 횡단 국제 특급 열차(유럽의 중요 도시를 연결하는 일등칸 열차).

Transfer [transˈfeːɐ̯], der; -s, -s [engl. transfer] 1. 【경제】 외국위체(外國爲替), 외화를 통한 지불 방법. 2. (국제 관광업에서의) 접속 수송. 3. 【스포츠·특히 축구】 (선수의) 이적(移籍). 4. 《교양어·준고어》 〈외국에로의〉 이민, 이주: die Familie beantragte ihren T. 그 가족은 이민 신청을 하였다. 5. **a)** 【심리·교육】 전이(轉移), 전용(轉用), 응용. **b)** 【언어】 응용(외국어 학습에 끼치는 모국어의 영향). **c)** 【언어】 ↑Transferenz.

Transfer-: ~**abkommen**, das 【경제】 외화 지불법에 관한 약정, 지불 협정. ~**klausel**, die 【경제】 지불 협정 불이행시를 위한 특별 약관. ~**liste**, die 【축구】 이적이 가능한 선수 명단. ~**schwierigkeit**, die 〈대개 Pl.〉 【경제】 지불 방법상의 어려움(난점). ~**straße**, die 【기술】 〈생산 공장의〉 자동 운송로. ~**summe**, die 【축구】 ↑Ablösesumme.

transferabel [transfeˈraːbl] ⟨Adj.; ...bler, -ste⟩ [engl. transferable] 【경제】 외화 교환에 적합한. **Transferenz** [...ˈrɛnts], die; -en 【언어】 **a)** ⟨Pl. 없음⟩ 외국어의 특수 현상을 모국어의 체계에 전이시킨 과정[결과]. **b)** (외국어의 단어나 의미의 모국어에로의) 전이(轉移), 도입. **transferieren** [...ˈriːrən] ⟨h⟩ [lat. trānsferre] 1. 【경제】 **a)** 외국에 지불하다(대체하다). **b)** 송금하다: eine Summe auf ein Konto t. 일정 액수의 돈을 구좌로 송금하다. 2. 【축구】 (선수를 다른 구단으로) 이적시키다. 3. (österr.·관) 전근시키다. **Transferierung**, die; -en 외국에 지불하기, 송금하기, (선수를 이적시키기.

Transfiguration, die; -en [lat. trānsfigurātio] **a)** ⟨Pl. 없음⟩ 【종교】 〈예수의〉 변용(變容). **b)** 【미술】 〈예수의〉 변용의 묘사.

transfinit ⟨Adj.⟩ 【수학·철학】 무한의.

Transformation, die; -en [lat. trānsformātio] (교양어·전문어) 변형, 변화, 변질, 변환, 변압, 형질 전환. **transformationell** [...joˈnɛl] ⟨Adj.⟩ 변형의, 변형적인. **Transformationsgrammatik**, die; -en 【언어】 변형문법(變形文法). **Transformationsregel**, die; -n 【언어】 변형 규칙.

Transformator [...ˈmaːtɔr, 〈또한〉 ...toːɐ̯], der; -s, -en [...maˈtoːrən; frz. transformateur] 변압기(變壓器).

Transformator-: ↑Transformatoren-.

Transformatoren- (Transformator:) ~**anlage**, die 변전소 시설. ~**bau**, der 변압기 제작. ~**blech**, das 변압기 제조시에 사용하는 특수 아연판. ~**fabrik**, die ↑~werk. ~**häuschen**, das 변전소. ~**werk**, das 변압기 생산 공장.

transformieren ⟨h⟩ [lat. trānsformāre] 1. 〈교양어·전문어〉 변형하다, 변화시키다, 변질시키다. 2. 【물리】 변압하다. **Transformierung**, die; -en 변형, 변화시키기, 변압하기.

transfundieren ⟨h⟩ [lat. trānsfundere] 【의학】 수혈(輸血)하다. **Transfusion**, die; -en [lat. trānsfusio] 【의학】 (혈관에) 주입(注入), 수액(輸液), 수혈: eine T. vornehmen 수혈을 실시하다.

Transgression [transɡrɛˈsjoːn], die; -en [lat. trānsgressio] 【지리】 해진(海進)(바다가 육지로 확장되는 것).

Transhumanz [transhuˈmants], die; -en [frz. transhumance] 〈낙농 가축의〉 계절 이동 목축.

Transistor [tranˈzɪstɔr, 〈또한〉 ...toːɐ̯], der; -s, -en [...ˈtoːrən; engl. transistor] 1. 【전자】 트랜지스터. 2. 트랜지스터 라디오.

transistor-, Transistor-: ~**empfänger**, der ↑~radio. ~**gerät**, das 【기술】 ↑~radio. ~**radio**, das 트랜지스터 라디오. ~**zündung**, die 〈자동차〉 트랜지스터 점화장치.

transistorieren [tranzɪstoˈriːrən], **transistorisieren** [...riˈziːrən] ⟨h⟩ 〈기계의〉 트랜지스터를 부착하다.

¹**Transit** [tranˈzɪt, 〈또한〉 ...ˈzɪt, 〈또한〉 tranˈzɪt] der; -s, -e [ital. transito] 【경제】 (제 3 국) 통과, 통과 무역, 통과 여행: diese Straße ist hauptsächlich für den T. 이 도로는 주로 통과 무역을 위한 것이다. ²**Transit** [-], das; -s, -s ↑Transitvisum의 약칭.

Transit-: ~**abkommen**, das 〈국가간의〉 통과 무역(왕래)에 관한 협정. ~**bahnhof**, der 통과 무역[여행] 전용역. ~**geschäft**, das 통과 무역[여행] 업무. ~**gut**, das 〈대개 Pl.〉 통과 무역 화물[상품]. ~**hafen**, der 통과 무역[여행] 전용 항구. ~**halle**, die ↑~raum. ~**handel**, der 통과 무역(제3국을 통해 상품을 수송하는 무역). ~**land**, das 〈Pl. -länder〉 (통과 무역 및 여행시의) 통과국, 경유국. ~**pauschale**, die 통과 무역국에 지불하는 일괄 사용료. ~**raum**, der (공항의) 통과 여행자 대기실. ~**reisende**', der / die 통과 여행자, (경유국 공항의) 통과 여객. ~**straße**, die 통과 무역[여행]용 도로. ~**strecke**, die 통과 무역[여행]용 도로구간. ~**verbindung**, die 통과 여객과의 접속(수송). ~**verbot**, das 통과 무역[여행]금지. ~**verkehr**, der (여객, 상품의) 통과 왕래. ~**visum**, das 통과 비자, 통과 사증(査證). ~**ware**, die ↑~gut. ~**weg**, der 통과 무역[여행]용 도로. ~**zoll**, der 통과관세, 통과 관세.

transitieren [tranziˈtiːrən] ⟨h⟩ 【경제】 (여객, 상품을) 통과하다: die Sendung muß mehrere Länder t. 그 발송물은 여러 나라를 통과하지 않으면 안된다. **transitiv** [ˈtranzitiːf, 〈또한〉 ‒‒ˈ‒] ⟨Adj.⟩ [spätlat. trānsitīvus, 원래 = übergehend, lat. trānsīre, ↑Transit] 【언어】 (타동사의: intransitiv): -e Verben 타동사들. **Transitiv** [-], das; -s, -e [...iːvə] 【언어】 타동사. **transitivieren** [...tiˈviːrən] ⟨h⟩ 【언어】 (자동사를) 타동사화하다, 타동사적으로 사용하다. **Transitivierung**, die; -en 타동사화. **Transitivum** [tranziˈtiːvʊm], das; -s, ...va ↑Transitiv. **transitorisch** [...ˈtoːrɪʃ] ⟨Adj.⟩ [lat. trānsitorius] 【경제】 일시적인, 단기적인: -e Aktiva (Passiva) 【부기】 (일시적인) 현재 자산(현재 부채). **Transitorium** [...ˈriʊm], das; -s, ...ien [...iən] 【경제】 〈국고의〉 임시 예산 항목(의 승인).

Transjordanien [transjɔrˈdaːniə], -s 트란스요르단(요르단 강의 동쪽 지방).

Transkaukasien [transkau̯ˈkaːziən], -s 카프카서스 산맥의 남쪽 코카사스 지방. **transkaukasisch** [transkau̯ˈkaːzɪʃ] ⟨Adj.⟩ 코카서스 산맥 남쪽 지방의.

Transkei [transˈkaj], die (또한 정관사와 함께) 트란스케이 공화국(남아프리카 공화국 내에 있는 형식상의 독립국).

transkontinental ⟨Adj.⟩ 대륙 횡단의.

transkribieren ⟨h⟩ [lat. trānscrībere] 1. 【언어】 **a)** 〈한 나라 말을 소리나는 대로 다른 나라 말로〉 옮겨 적다. **b)** 발음 기호로 표기하다. 2. 【음악】 편곡

하다. **Transkription** [...rɪp'tsi̯oːn], die; -en [lat. trānscrīptio] ↑transkriebieren의 명사형.
Translation [transla'tsi̯oːn], die; -en [lat. trānslātio] **1.** 《교양어·전문어》 **a)** 번역, 역. **2.** [물리] **a)** 병진(並進)운동. **b)** 평행이동. **3.** [언어] 통사적 품사전환. **4.** [가] 성유물을 다른 곳으로 옮김. **Translationswissenschaft**, die 번역학. **Translativ** ['translatiːf, (또한) ––'–, der; -s, -e [...iːvə] [언어] (핀란드어의) 방향을 나타내는 격(格).
Transliteration [translɪtera'tsi̯oːn], die; -en [언어] 음역(音譯), (발음대로) 옮겨적기. **transliterieren** [...'riːrən] ⟨h⟩ 음역하다, (발음대로) 옮겨적다, (라틴어 이외의 글자로 씌어진 것을 라틴어 글자로) 옮겨표기하다.
Translokation, die; -en **1.** 《고어》 장소의 이전(이전). **2.** [생물] (염색체 따위의) 전위(轉位). **translozieren** [...lo'tsiːrən] ⟨h⟩ **1.** 《고어》 장소를 이전하다. **2.** [생물] (염색체 따위를) 전위하다.
translunar, translunarisch ⟨Adj.⟩ [천문·우주] 달의 저편에 있는.
transluzent [translu'tsɛnt], **transluzid** ⟨Adj.⟩ [lat. trānslūcēns] 《교양어·전문어》 반투명의, 투명한, 들여다보이는. **Transluzenz** [...'tsɛnts], die 빛의 투과성, 투명.
transmarin, transmarinisch ⟨Adj.⟩ [lat. trānsmarīnus] 《준고어》 해외의.
Transmission, die; -en [lat. trānsmissio] **1.** [기술] 연동장치, 전동(轉動)장치. **2.** [물리] (광파·음파의) 투과. **Transmissionsriemen**, der (전동장치의) 벨트. **Transmissionswelle**, die 연결축, 전동축(轉動軸). **Transmitter** [trans'mɪtɐ], der; -s, - [engl. transmitter] **1.** [계측] 계측용 변압기. **2.** [의학] (신경계의) 자극 전달체. **3.** [통신] 송신기. **transmittieren** [...mɪ'tiːrən] ⟨h⟩ [lat. trānsmittere] 《교양어·전문어》 전달하다, 송달하다, 송신하다.
transmontan ⟨Adj.⟩ [lat. trānsmontānus] **1.** [지리] 산의 저편에 있는. **2.** (드물게) 알프스 남쪽의, 이탈리아의, 로마 교황 전권론의.
Transmutation [transmuta'tsi̯oːn], die [lat. trānsmutatio] [화학] 원소의 변화(변형).
transmutieren ⟨h⟩ [lat. trānsmūtāre] 《교양어·전문어》 변화하다, 변형하다.
transnational ⟨Adj.⟩ [정치·경제] 국제적인, 다국적의.
Transozean-: **~dampfer**, der 대양 횡단 기선. **~flug**, der 대양 횡단 비행. **~flugzeug**, das 대양 횡단 비행기.
transozeanisch ⟨Adj.⟩ 대양 횡단의, 바다 저편의, 해외의.
Transp.: ↑Transport의 약칭.
transparent [transpa'rɛnt] ⟨Adj.⟩ [frz. transparent] 투명한, 들여다보이는, 빛이 통하는, 비쳐 보이는: [전의] etw. a t. machen 무엇을 명료하게[분명하게] 하다. **Transparent** [-], das; -(e)s, -e **1.** 현수막. **2.** 투시화(透視畵).
Transparent-: **~apfel**, der 표피가 매끄러운 조생종 사과. **~leder**, das (북 제작용의) 투명 가죽. **~papier**, das 투사지, 투명한 종이. **~seife**, die 투명하게 비치는 비누.
Transparenz [...nts], die [frz. transparence] **1.** 《교양어》 투명(성), 투과(성), 명료성: Farben von leuchtender T. 빛처럼 투명한 색. **2.** [광학] 투명도, 광도(光度).
Transphrastik [trans'frastɪk], die [언어] 문장의 상관관계를 연구하는 언어학의 방법. **transphrastisch** [...'frastɪʃ] ⟨Adj.⟩ [언어] Transphrastik의 형용사형.
Transpiration [transpira'tsi̯oːn], die; -en [frz. tran-spiration] **1.** 《교양어》 (피부를 통한) 증발 작용, 발한(發汗), 땀흘림: in einer Sauna wird die T. angeregt 사우나 목욕탕에서는 발한 작용이 활발해진다. **2.** [생물] 증발 작용. **transpirieren** [...'riːrən] ⟨h⟩ [frz. transpirer] 《과시적·미화적》 땀이 나다, 땀을 흘리다, 발한(發汗)하다.
Transplantat [transplan'taːt], das; -(e)s, -e [lat. trānsplantāre] [의학] 이식체(移植體). **Transplantation** [...ta'tsi̯oːn], die; -en **1.** [의학] (신체의 조직, 장기의) 이식, 이식술: eine T. vornehmen[durchführen] 이식 수술을 하다. **2.** [식물] 접목, 접목술. **Transplanteur** [...'tøːɐ̯], der; -s, -e 《은어》 이식 수술을 하는 의사. **transplantieren** [...'tiːrən] ⟨h⟩ [lat. trānsplantāre] [의학] (신체의 이식이나 장기를) 이식하다: ihm wurde eine fremde Niere transplantiert 다른 사람의 콩팥이 그에게 이식되었다.
transpolar ⟨Adj.⟩ 극지(極地) 횡단의.
Transponder [trans'pɔndɐ], der; -s, - [engl. transponder] [통신] 송신소.
transponieren [transpo'niːrən] ⟨h⟩ [lat. trānspōnere] **1.** [음악] 조(調)를 바꾸다. **2.** 《교양어》 바꾸어 놓다, 환치하다, 옮겨 놓다. **3.** [언어] 다른 품사로 바꾸다. **Transponierung**, die; -en ↑transponieren의 명사형.
Transport [trans'pɔrt], der; -(e)s, -e [frz. transport] **1.** 수송, 이동, 운송, 운수, 운반: der T. von Gütern auf der Straße[mit der Bahn, per Schiff] 도로(기차, 배)를 이용한 화물 수송; jmdn. auf den T. schicken 누구를 보내(버리)다, 파견하다. **2.** 수송하기 위한 상품의 양, 수송해야 할 물품이나 사람의 수: ein T. mit Lebensmitteln ist eingetroffen 수송된 식료품이 도착하였다.
transport-, Transport-: **~agentur**, die 운수업 대리점. **~anlage**, die ↑Förderanlage. **~arbeiter**, der 수송 노동자. **~automatik**, die [사진] (카메라의) 자동 필름 송상 장치. **~band**, das ⟨Pl. -bänder⟩ [기술] ↑Förderband. **~begleiter**, der 수송(수송) 호위자. **~behälter**, der 수송용 탱크(물, 기름 따위의). **~bestimmung**, die (대개 Pl.) 운송 규정, 수송 규칙. **~beton**, der 레미콘(콘크리트). **~fähig** ⟨Adj.⟩ 운송(수송, 이송, 운반)할 수 있는. **~fähigkeit**, die ⟨Pl. 없음⟩ ↑fähig의 명사형. **~fahrzeug**, das 운반(수송, 운송) 차량. **~flugzeug**, das 수송기. **~führer**, der 수송 책임자, 수송 지휘관. **~gebühr**, die 수송비. **~gefährdung**, die [법] 교통 안전을 위협하는 행위, 교통 방해. **~gewerbe**, das 운수업. **~kette**, die 접속 수송 체계. **~kiste**, die 수송용 상자. **~kolonne**, die 수송 행렬. **~kosten** ⟨Pl.⟩ 수송비, 운임. **~maschine**, die ↑~flugzeug. **~mittel**, die 수송 수단, 수송 기관. **~netz**, das 수송망. **~polizei**, die 수송 호위 경찰. **~polizist**, der 수송 호위 경찰관. **~schiff**, das 수송선, 운송선. **~unfähig** ⟨Adj.⟩ 수송할 수 없는. **~unternehmen**, das ↑Spedition (b). **~unternehmer**, der ↑Spediteur. **~versicherung**, die 운송 보험. **~weg**, der 운송로. **~wesen**, das ⟨Pl. 없음⟩ 운수 조직, 수송제도, 운송(관계 사항). **~zeit**, die 운송 시간, 수송에 걸리는 시간. **~zug**, der 수송 열차.
transportabel [transpɔr'taːbl̩] ⟨Adj.⟩ [frz. transportable] 운송 가능한, 운반할 수 있는, 휴대용의: ein transprotables Fernsehgerät 휴대용 텔레비전 수상기. **Transportation**, die; -en [frz. transportation] 《드물게》 ↑Transportierung. **Transporter** [trans'pɔrtɐ], der; -s, - [engl. transporter] 장거리 수송용 자동차(배, 비행기). **Transporteur** [...'tøːɐ̯], der; -s, -e [frz. transporteur] **1.** 운송(업)자. **2.** 《수학·준고어》

†**Winkelmesser. 3.** 나름쇠(재봉틀의 천 나르는 장치).
transportieren [...'tiːrən] 〈h〉 [frz. transporter] **a)** 운송[수송, 이송, 운반]하다: Güter auf Lastwagen[mit der Bahn, per Schiff, im Flugzeug] t. 화물을 화물자동차[기차, 배, 비행기]로 수송하다. **b)** [기술] 기계적으로 움직이다[밀치다]: ein kleines Zahnrad transportiert den Film im Apparat 작은 톱니바퀴가 카메라의 필름을 옮겨준다. **Transportierung,** die; -en 운송, 수송, 이송, 운반.
Transposition, die; -en [lat. trānspositum] **1.** [음악] 조(調) 바꾸기, 전조(轉調), 조(調) 옮김. **2.** 《교양어》 전환, 치환(置換)(위치, 순서 따위의). **3.** [언어] 다른 품사로 바꾸기.
Transsexualismus [transzɛksua'lɪsmʊs], der; - [의학·심리] 다른 성(性)과의 심리적 동일시. **transsexuell** 〈Adj.〉 다른 성(性)과 동일시하는, 성전환의.
transsibirisch [transziˈbiːrɪʃ] 〈Adj.〉 시베리아 횡단의.
Transsilvanien [transzɪlˈvaːniən], -s [루마니아] 지벤뷔르겐 지방의 옛 이름, **transsilvanisch** [transzɪlˈvaːnɪʃ] 〈Adj.〉 지벤뷔르겐 지방의.
Transsubstantiation [transzʊpstantsiaˈtsioːn], die; -en [lat. transsubstantiatio] [가] 화체(化體), 성체 변질(聖體變質), 실체변화(미사 중 제물인 빵과 포도주가 그리스도의 살과 피로 변함). **Transsubstantiationslehre,** die 화체설, 성체변질론.
Transsudat [transzuˈdaːt], das; -(e)s, -e [lat. sudāre] [의학] 여출액(濾出液), 여출물, 누출액. **Transsudation** [...daˈtsioːn], die; -en [의학] 여출, 누출, 침출(浸出).
Transsylvanien: †**Transsilvanien.**
Transuran, das; -s, -e (대개 Pl.) [화학] 초(超)우라늄 원소. **transuranisch** 〈Adj.〉 [화학] 초우라늄 원소의.
transversal [transverˈzaːl] 〈Adj.〉 [lat. transversalis] 《전문어》 횡단의, 가로의, 비스듬한.
Transversal-: ~**bahn,** die 횡단 철도. ~**schwingung,** die [물리] 횡진동. ~**welle,** die [물리] 횡파(橫波).
Transversale, die; -n 〈zwei -(n)〉 [기하] 횡단선.
transvestieren [transvɛsˈtiːrən] 〈h〉 [심리·의학] 이성(異性)의 복장을 하다. **Transvestismus,** Transvestitismus [...vɛs(ti)ˈtɪsmʊs], der; - [lat. vestis] [심리·의학] 이성의 옷을 입고 싶어하는 병적인 성벽, 이성 모방증.
Transvestit [...ˈtiːt], der; -en, -en 여성 복장의 남자.
Transvestitenbar, die 여성 복장의 남자들이 모이는 바. **Transvestitenshow,** die 복장 도착자들이 펼치는 쇼. **transvestitisch** 〈Adj.〉 복장 도착의, 이성 모방적인. **Transvestitismus**: †**Transvestismus.**
transzendent [transtsɛnˈdɛnt] 〈Adj.〉 [lat. trānscendēns] **1.** [철학] 초월적인, 초감성적인, 초자연적인(반대: immanent 5). **2.** [수학] 대수(代數) 적이 아닌, 초대수(超代數)적인. **transzendental** [...ˈtaːl] 〈Adj.〉 [lat. transcendentalis] [철학] **a)** †**transzendent (1). b)** 선험적인. **Transzendentalismus** [...taˈlɪsmʊs], der; - [철학] 선험주의(先驗主義). **Transzendentalphilosophie,** die [철학] 선험 철학. **Transzendenz** [...ˈdɛnts], die [lat. trānscendentia] **a)** [교양어] 초감성적인 것, 초경험적인 것. **b)** [철학] 초월, 초월성.
transzendieren [...ˈdiːrən] 〈h〉 [lat. trānscendere] 《교양어》 초월하다. **Transzendierung,** die; -en 초월하기.
Trap [trap], der; -(s) [engl. trap] †**Trapschießen**의 약칭.
Trapez [traˈpeːts], das; -es, -e [lat. trapezium < griech. trapézion] **1.** [기하] 사다리꼴. **2.** 체조·곡예용 (공중) 그네: am [auf dem] T. turnen 공중 그네에서 체조를 하다.

trapez-, Trapez-: ~**akt,** der 공중 그네에서의 곡예. ~**förmig** 〈Adj.〉 사다리꼴 모양의, 사다리꼴형의. ~**kapitell,** das [건축] 사다리꼴 모양의 비잔틴식 주두(柱頭). ~**künstler,** der (그네를 타고 묘기를 펼치는) 공중 곡예사. ~**muskel,** der [해부] (척추 양쪽에 있는) 사다리꼴 근육. ~**nummer,** die 공중 곡예의 순번.
Trapezoeder [trapɛtsoˈeːdɐ], das; -s, - [griech. hédra] [기하] 편(偏) 6면체. **Trapezoid** [...oˈiːt], das; -(e)s, -e [griech. -oeidḗs] [기하] (평행형이 아닌) 부등 4변형.
trapp! [trap] 〈Interj.〉 《의성어》 탁탁, 다각다각(사람, 말의 속보음).
Trapp [-], der; -(e)s, -e [schwed. trapp] [지질] 트라프(현무암, 휘록암 따위의 화성암 총칭).
¹**Trappe** [ˈtrapə], die; -n 《사냥》 der; -n, -n [동물] 들기러기.
²**Trappe** [-], die; -n 〈nordd.〉 (더러운) 발자국: seine -n auf dem Teppich hinterlassen 그의 더러운 발자국을 양탄자 위에 남기다. **trappeln** [ˈtrapl̩n] **a)** 〈s〉 종종걸음으로 가다, 속보로 걷다. **b)** 〈h〉 짧은 보폭으로 빨리 걷다, 쿵쿵거리며 걷다. **trappen** [ˈtrapn̩] 〈s〉 [niederd. trampen] 쾅쾅 구르며 가다.
Trappenvogel, der; -s, ...vögel †¹**Trappe.**
Trapper [ˈtrapɐ], der; -s, - [engl. trapper] 《옛》 북미의 모피짐승 사냥꾼.
Trappist [traˈpɪst], der; -en, -en [frz. trappiste] 트라피스트 수도회(1664년에 창설된 시토 수도회의 분파로 금욕과 엄격한 침묵 속에서 생활하는 수도회) 회원(도승).
Trappisten-: ~**käse,** der 트라피스트 수도원에서 만든 치즈. ~**kloster,** das [건축] 트라피스트 수도원. ~**orden,** der 트라피스트 수도회.
Trappistin, die; -nen 트라피스트 수녀회 회원(수녀).
Traps [traps], der; - / -es, -e [engl. traps] [기술] (하수관 따위의) 악취 차단. **Trapschießen,** das; -s, -. **1.** 〈Pl. 없음〉 투척된 토제 비둘기를 표적으로 한 (트랩) 사격. **2.** 트랩 사격 대회[사격 경기].
trapsen [ˈtrapsn̩] 〈s/h〉 〈지역적〉 요란하게 발을 구르며 걷다.
trara! [traˈraː] 〈Interj.〉 《의성어》 따따따(나팔 소리).
Trara [-], das; -s **a)** 호른 소리. **b)** 《통용어》 야단법석, 소음, 과장된 선전: es gab wieder allerhand T. 다시금 갖가지 소음이 있었다.
trascinando [traʃiˈnando] 〈Adv.〉 [ital. trascinando] [음악] 속도를 낮추어, 시간을 끌면서, 느리게. **Trascinando** [-], das; -s, -s /...di [음악] 속도를 낮춘 연주, 느린 연주.
Traß [tras], der; Trasses, Trasse [niederl. tras] [지질] 트라스, 화산토(火山土)(가루 모양의 응회암으로 시멘트의 원료).
Trassant [traˈsant], der; -en, -en [ital. tratta] [경제] 어음 발행인. **Trassat** [...ˈsaːt], der; -en, -en [경제] (수표, 어음의) 지불인. **Trasse** [ˈtrasə], die; -n [frz. trace] **a)** [철도, 도로, 송전선 등의] 예정선, 설정노선. **b)** 철도 노반, (도로 공사 때의) 말뚝으로 표시된 선. **Trassée** [...seː], das; -s, -s [frz. tracé] 〈schweiz.〉 † Trasse (a, b). **Trassenführung,** die 예정 노선. **Trassenverlauf,** der 예정 노선. **trassieren** [traˈsiːrən] 〈h〉 [1: frz. tracer] **1.** (측량하여) 예정선을 설정하다[선정하다]: die neue Strecke t. 새 구간을 설정하다. **2.** [경제] 누구 앞으로 어음(手票)을 발행하다. **Trassierung,** die; -en †**trassieren**의 명사형.
trat [traːt], **träte** [ˈtrɛːtə] †**treten** 참조.
Tratsch [traːtʃ], der; -(e)s 《통용어·폄》 떠벌림, 허튼소리, 잡담. **Tratsche,** die; -n 《통용어·폄》 수다쟁이 여

tratschen ['tra:tʃŋ] 〈h〉 《통용어·폄》 수다떨다, 떠벌리다: über jmdn. (etw.) t. 누구(무엇)에 대하여 수다를 떨다. **Tratscherei** [tra:tʃəˈrai], die; -en 《통용어·폄》 수다떨기, 떠벌리기, 잡담.

Tratte ['tratə], die; -n [ital. tratta] 【금융】 (발행된) 환어음. **Trattoria** [trato'ri:a], **Trattorie** [trato'ri:], die; ...ien [...i:ən; ital. trattoria] (이탈리아의) 간이 음식점.

tratzen ['tratsn] 〈österr.》), **trätzen** ['tretsn] 〈h〉 (südd.) (사람·동물을) 화나게 하다, 놀리다, 우롱하다.

Trau- (trauen 3): **~altar**, der 혼례식(결혼식) 제단: (mit jmdm.) vor den T. treten (아이) 누구와 교회에서 결혼식을 올리다. jmdn. zum T. führen (아이·고어) 누구와 결혼하다. **~formel**, die (호적정 관리나 사제가 하는) 결혼식에서의 공식적인 문구. **~gespräch**, das 【신교】 (목사와 결혼하는 사람 간의) 결혼 준비 대화. **~rede**, die 주례사. **~register**, das 혼인 등기부. **~ring**, der 결혼 반지. **~schein**, der 혼인 증명서: ohne T. leben 《통용어》 결혼하지 않고 동거하다. **~zeuge**, der 혼인 증인, 결혼 입회인.

Träubchen ['trɔypçən], das; -s, - ↑Traube (1, 3). **Traube** ['traubə], die; -n 1. 《축소형: ↑Träubchen》 포도, 포도송이(↑Weintraube의 약칭): -n ernten 포도를 수확하다. 【성구】 jmdm. hängen die -n zu hoch (sind die -n zu sauer) 누구에게 포도가 너무 높이 달려 있다(포도가 너무 시다)(이솝 우화에 따라 바라던 것을 얻을 수 없을 때 바라지 않은 것처럼 자위하는 것). 2. 포도송이처럼 다닥다닥 붙어 있는 무리: eine T. summender Bienen 웅웅대는 벌들의 무리; sie hingen in -n an der Straßenbahn 그들은 전차에 포도알처럼 달려 있다. 3. 《축소형: ↑Träubchen》 【식물】 총상화서(總狀花序).

Träubel ['trɔybl], das; -s, - ↑Traubenhyazinthe.

trauben-, **Trauben-**: **~ernte**, die 포도 수확. **~förmig** 〈Adj.〉 포도 모양의. **~holunder**, der 서양 말오줌나무의 일종. **~hyazinthe**, die 히아신스와 비슷한 백합과의 식물. **~kamm**, der 포도송이 줄거리. **~kirsche**, die 귀룽나무, 구룡목(九龍木). **~kur**, die 포도 요법(비만 치료 식이요법). **~lese**, die 포도 수확(따기). **~maische**, die 눌러서 짜낸 포도즙(포도주 양조용의). **~most**, der 충분히 발효되지 않은 포도주. **~saft**, der 포도 주스. **~säure**, die 【화학】 포도산. **~schere**, die 커다란 포도송이를 따는 가위. **~wickler**, der 포도나비(애벌레 때 포도덩굴을 해침). **~zucker**, der 포도당.

traubig ['traubiç] 〈Adj.〉 《전문어》 포도송이 같은, 총상화서(總狀花序)의.

trauen ['trauən] 〈h〉 1. 믿다, 신뢰하다, 신용하다: diesem Mann kann man t. 이 사람은 믿을 수 있는 사람이다; 【성구】 ich traue dem Braten nicht 《통용어》 표면적으로는 좋게 보이나 내용은 나쁠 수도 있다; 《속담》 trau, schau, wem! 사람을 믿기 전에 우선 자세히 관찰하라! 2. 〈t. + sich〉 a) (감히 무엇을 할) 용기가 있다, 자신이 있다: ich traue mich(《드물게·지역적》 mir) nicht, auf den Baum zu klettern 나는 감히 이 나무에 올라갈 용기가 없다; du traust dich nicht! 너는 용기가 없구나! b) (어느 곳에) 갈 용기가 있다: sie traut sich nicht allein in die Stadt 그녀는 혼자 시내에 갈 용기가 없다. 3. 결혼시키다, 결혼식을 집전하다: der Pfarrer hat das Paar getraut 목사는 두 사람의 결혼식을 집전하였다.

Trauer ['trauɐ], die; - 1. a) 슬픔, 비애, 비통, 이픔: T. um den Tod eines nahen Angehörigen empfinden 가까운 친척의 죽음에 슬픔을 느끼다; er hat T. (ist in T.) 그는 죽은 사람에 대해서 슬퍼하고 있다; in stiller T. 〈in tiefer T.〉 조용한 슬픔 속에서[깊은 애도 속에서]. b) 《공식적인》 추도 기간, 애도 기간, 상복 기간: er hat schon vor Ablauf der T. wieder geheiratet 그는 상복 기간이 지나기도 전에 다시 결혼하였다. 2. 상복(喪服): eine Dame in T. 상복을 입은 부인.

trauer-, **Trauer-**: **~akt**, der 공식적인 추도식[장례식]. **~anzeige**, die 사망 광고, 부고. **~arbeit**, die 【정신분석】 (프로이트가 말한) 슬픔에 대한 심리적 대처. **~band**, das 〈Pl. -bänder〉 상장(喪章). **~binde**, die ↑~flor. **~botschaft**, die 사망 통지, 부고(訃告). **~brief**, der 사망 통지의 편지, 검은 테두리의 부고장. **~fahne**, die 조기(弔旗). **~fall**, der 사망, 사망건, 사망의 경우. **~feier**, die 추도식, 장례식. **~feierlichkeit**, die 〈대개 Pl.〉 **~feier**: an den -en teilnehmen 추도식에 참석하다. **~flor**, der 검은 리본이나 띠의 상장(喪章). **~gast**, der 〈대개 Pl.〉 조문객, 장례식 참석자. **~gefolge**, das 장례 행렬. **~geleit**, das 장례 행렬. **~gemeinde**, die 《아이》 전체 조문객. **~gesellschaft**, die 전체 조문객. **~gottesdienst**, der 장례 미사(예배), 영결식, 장례 미사. **~haus**, das 상가(喪家). **~hilfe**, die 유가족 후원, 유가족에게 주는 도움. **~jahr**, das (1년 간의) 상복 기간. **~karte**, die 사망 통지 카드. **~kleidung**, die 상복(喪服). **~kloß**, der 《통용어·농》 침울한 사람, 홍을 깨는 사람. **~kundgebung**, die 추도 시위. **~mantel**, der 【동물】 들신선나비. **~marsch**, der 【음악】 장송 행진곡. **~miene**, die 《통용어》 슬픔의 표정. **~musik**, die 장송곡. **~nachricht**, die 사망 통지[訃報), 사망 통지 기사. **~papier**, das (부보용) 검은 테두리의 편지지. **~rand**, der (부고 편지, 부고 카드, 부고 광고의) 은빛 혹은 검정 테두리: 【전의】 seine Fingernägel haben Trauerränder 《통용어·농》 그의 손톱에는 때가 끼어 있다. **~rede**, die 조사(弔辭), 추도사. **~schleier**, der 유족(특히 미망인)이 쓰는 검은 베일, 상(喪) 중에 쓰는 베일. **~spiel**, das 1. 비극(悲劇). 2. 《통용어》 비극적인 일, 불행. **~tag**, der 《통용어》 슬픈 날. **~voll** 〈Adj.〉 《아이》 슬픔에 찬, 비애에 찬. **~weide**, die 【식물】 수양버들. **~zeit**, die 상복 기간, 애도 기간, 상복 기간. **~zug**, der 장례 행렬.

trauern ['trauɐn] 〈h〉 1. 슬퍼하다, 애도하다, 비탄하다, 한 탄하다: um einen lieben Menschen t. 사랑하는 사람을 애도하다. 2. 상복을 입다: sie hat lange getrauert 그녀는 오래도록 상복을 입었다.

Trauf [trauf], der; -s, -e 【임업】 숲의 가장자리 지역. **Traufe** ['traufə], die; -n 처마, 낙수물.

Traufel ['traufl], die; -n [niederl. troffel, truweel] 《westmd.》 (벽돌장이, 미장이의) 흙손.

träufeln ['trɔyfln] 1. 〈h〉 방울방울 떨어지게 하다, 작은 방울을 떨어뜨리다: Benzin in das Feuerzeug t. 라이터에 휘발유를 방울방울 떨어뜨리다. 2. 《아이·준고어》 〈s〉 방울져 떨어지다. **träufen** ['trɔyfn] 〈h/s〉 《아이·고어》 ↑träufeln (1, 2).

traulich ['trauliç] 〈Adj.〉 a) 아늑한, 기분좋은, 유쾌한, 마음에 드는: beim -en Schein der Lampe 아늑한 등불빛에서. b) 《드물게》 친한, 친밀한, 은밀한: in -er Runde 친밀한 사람들만의 자리(모임)에서. **Traulichkeit**, die a) 아늑함, 쾌적함, 유쾌함. b) 친밀성, 친함, 은밀함.

Traum [traum], der; -(e)s, Träume ['trɔymə] 1. 꿈: Träume auslegen[deuten] 꿈을 해석하다; das Kind lebt noch im Reich der Träume 아이는 아직도 꿈나라에서 살고 있다[자고 있다]. 《속담》 Träume sind Schäume 남가일몽(꿈은 물거품이다). **nicht im T.** 꿈에도 (무엇을) 하지 않는, 전혀 하지 않는: nicht im T. hätte ich an eine solche Möglichkeit gedacht 꿈에도 나는 그런 가능성을 생각하지 않았을 것이다. 2. a) 환상, 몽상, 동경, 〈충족되지 못한〉 소원: das ist der T. meines Lebens 그것은 나의 삶의 꿈[간절한 소원]이다; der T. ist ausgeträumt[vorbei] 꿈은 사라졌다. b) 《통용어》

아주 아름다운 것, 동경해 마지 않던 사람(물건): ein T. von einem Auto 꿈 같은 자동차; dort kommt sein blonder T. 저기에 그가 꿈꾸던 금발의 미녀가 온다. ¹**Traum-**: 《명사와 결합하는 접두 규정어로서, 예컨대》 ↑Traumberuf, ↑Traumfrau.

traum-, ²**Traum-**: ～**ausleger**, der ↑～deuter. ～**beruf**, der 《통용어·감정》 이상적인 직업. ～**bild**, das **1.** 꿈의 모습, 꿈 속의 상(像). **2.** 환상, 환영, 이상. ～**buch**, das 해몽서(解夢書). ～**deuter**, der 해몽가, 꿈을 해석하는 사람. ～**deutung**, die 해몽(解夢), 꿈의 해석. ～**dichtung**, die 몽상(夢想)문학. ～**fabrik**, die 《조롱》 현실과 거리가 먼 몽상적인 영화의 세계, 영화 회사. ～**frau**, die 《통용어·감정》 이상적인 여인. ～**gebilde**, das ↑～bild (1, 2). ～**gesicht**, das 〈Pl. -gesichte〉《아어》 환상, 환영. ～**gestalt**, die 꿈 속에 나타나는 비현실적인 형자(모습). ～**haus**, das 이상적인 집, 꿈 속의 집. ～**karriere**, die 꿈 같은 출세길. ～**land**, das 꿈의 나라, 환상의 세계. ～**los** 〈Adj.〉 꿈을 꾸지 않은, 꿈이 없는: tief und t. schlafen 꿈도 꾸지 않고 깊이 잠들다. ～**note**, die 《스포츠 은어》 환상적인 점수. ～**tänzer**, der 《俚》 몽상가. ～**tänzerei** [-tεntsə'raj], die; -en 환상(몽상·꿈)에 사로잡힌 짓거리. ～**tänzerisch** 〈Adj.〉 환상가적인, 현실과 동떨어진. ～**verloren** 〈Adj.〉 혼자 꿈꾸는, 생각에 잠긴. ～**versunken** 〈Adj.〉 ↑～verloren. ～**wandeln** 몽유하다, 꿈을 꾸면서 걸어다니다. ～**welt**, die 꿈의 세계, 공상세계.

Trauma ['trauma], das; -s, ...men / -ta [griech. traūma] **1.** [심리·의학] 쇼크, 정신적 외상(外傷): ein T. haben[erleiden] 쇼크를 받다. **2.** [의학] 외상(外傷). **traumatisch** [trau'ma:tɪʃ]〈Adj.〉 [griech. traumatikós] **1.** [심리·의학] 쇼크의, 정신적 외상의, 쇼크로 생긴: sein Leiden ist t. bedingt 그의 고통은 쇼크 때문이다. **2.** [의학] 외상(外傷)의, 외상으로 생긴, 외상성의. **traumatisieren** [...mati'zi:rən] 〈h〉 [의학·심리] (정신적으로) 상해를 끼치다, 쇼크를 주다. **Traumatisierung**, die; -en ↑traumatisieren의 명사형. **Traumatologe**, der; -n, -n 외상학(外傷學) 전문의. **Traumatologie**, die 외상학.

Träume: ↑Traum의 복수형.
Traumen: ↑Trauma의 복수형.
träumen ['trɔymən]〈h〉 **1. a)** 꿈꾸다, 꿈에 보다: (schlaf gut und) träume süß! 〈잘 자라 그리고 단꿈을 꾸어라!〉 (친근한 사람간의 취침 인사). **b)** 꿈에 어떤 체험을 하다; 몽상하다: einen schönen Traum t. 아름다운 꿈을 꾸다; 〈sich + t.〉 er träumte sich schon in Paris 《아이》그는 벌써 파리에 가 있는 꿈을 꾸었다; **sich³ etwas nicht [nie] t. lassen** 무엇을 전혀 생각하지 않다. **2. a)** 공상에 잠기다, 환상에 빠지다: er träumt mit offenen Augen 그는 눈을 뜬 채 환상에 빠져 있다; träum nicht! 공상에 빠지지 말라! **b)** 소원하다, 동경하다, 희망하다: er träumte von einer großen Karriere 그는 크게 출세하기를 바랐다. **Träumer** ['trɔymɐ], der; -s, - **a)** 몽상가, 환상가. **b)** 《드물게》 꿈을 꾸는 사람. **Träumerei** [...mə'raj], die; -en 꿈꾸기, 몽상, 환상: sich seinen -en hingeben 자신의 환상에 빠지다. **Träumerin**, die; -nen ↑Träumer의 여성형. **träumerisch**〈Adj.〉 꿈의, 꿈꾸는, 꿈 같은, 몽상을 좋아하는, 환상에 잠기는. **traumhaft**〈Adj.〉 **a)** 꿈 속에서처럼, 몽환적인, 꿈 같은: -e Vorstellungen 꿈 같은 생각. **b)** 《통용어》 경탄스러운, 정말 아름다운, 매우 훌륭한.

Trauminet ['trauminet], der; -s, -s 《österr.·통용어》비겁자, 주저하는 사람, 우유부단한 사람. **traun** [traun]〈Adv.〉《고어》정말, 확실히.

Trauner ['traunɐ], der; -s, - 《österr.》 (평평하고 낮은)

화물선.

traurig ['traurɪç]〈Adj.〉 **1.** 슬픈, 슬퍼하는, 우수의, 우수에 잠긴: ein -es Gesicht machen 슬픈 표정을 짓다; worüber bist du so t.? 너는 무엇 때문에 그렇게 슬퍼하느냐? **2. a)** 슬픔[우수]을 자아내는, 유감스러운, 한탄스러운: eine -e Jugend hinter sich haben 슬픈 청소년기를 이미 겪고서 오다. **b)** 애처로운, 불쌍한, 가련한, 비참한, 참담한, 황량한, 암울한: in -en Verhältnissen leben 비참한 상황에서 살다. **Traurigkeit**, die; -en **a)**〈Pl. 없음〉traurig의 명사형: eine große T. erfüllte ihr Herz 커다란 슬픔이 그녀의 가슴을 메웠다. **b)** 슬픈 사건, 슬픈 일.

traut [traut]〈Adj.〉《아어·준고어·반어》 **a)** 아늑한 인상을 주는: das -e Heim 아늑한 집. **b)** 친한: im -en Familienkreis 흉허물 없는 가족(친구) 사이에서.

Traute ['trautə], die 《통용어》 무엇을 결행(決行)할 마음의 각오: er möchte es sagen, aber ihm fehlt die T. 그는 무엇을 말하고 싶지만 그럴 용기가 없다.

Trautonium (Ⓦ²) [trau'to:niʊm], das; -s, ...ien [...iən] 트라우토니움 (F. Trautwein(1889~1956)이 고안한 전자 악기의 일종).

Trauung ['trauʊŋ], die; -en 결혼(식), 혼례(식): eine kirchliche[standesamtliche] T. 교회[호적관청] 결혼.
Trauungstag, der 결혼일.

Travée [tra've:], die; -n [...vɛ:ən; frz. travée] [건축] Joch (7 a).

Traveller ['trɛvəlɐ], der; -s, - [engl. traveller] [선원] 큰 돛을 아래쪽으로 펼쳐 주는 장치. **Travellerscheck**, der; -s, -s ↑Reisescheck.

travers [tra'vɛrs]〈Adj.〉 [frz. en travers] [방직] 가로 무늬의. **Travers** [tra've:ɐ̯], der; - [...ɛ:ɐ̯(s)] [조마(調馬)] 우방횡보법(右方橫步法)의 일종. **Traverse** [tra'vɛrzə], die; -n [frz. traverse] **1.** [건축·기술] 횡량(橫梁), 횡목(橫木). **2.** [수리] (강물을 조절하는) 횡(橫)제방. **3.** [기술] 기계의 두 부분을 연결짓는 기기(機器). **4.** [군] Schulterwehr. **5.** [펜싱] 옆으로 피하기. **6.** [등산] ↑Quergang. **Traversflöte** [tra'vɛrs-], die; -n ↑Querflöte. **traversieren** [traver'zi:rən] [frz. traverser] **1.** 《교양어·고어》 교차하다, 가로지르다, 방해하다. **2.** [조마(調馬)]〈h/s〉 옆으로 혹은 비스듬히 걷다. **3.** 〈h/s〉 상대방의 공격을 옆으로 피하다. **4.** 〈h/s〉 [등산·스키] (암벽 따위를) 수평 방향으로 가로지르다. **Traversierung**, die; -en 수평 방향으로 암벽타기.

Travertin [traver'ti:n], der; -s, -e [ital. travertino] 장식용으로 쓰이는 담색의 석회석(石灰石) 일종.

Travestie [traves'ti:], die; -n [...iən; engl. travesty] [문예학] **1.** 〈Pl. 없음〉 트라베스티(잘 알려진 시가(時歌)의 형식을 풍자적으로 우스꽝스럽게 개작한 것). **2.** 트라베스티 장르에 속하는 문학 작품. **travestieren** [travɛs'ti:rən]〈h〉 [frz. (se) travestir] **1.** [문예학] 트라베스티로 만들다: eine Dichtung t. 어떤 작품을 트라베스티로 만들다. **2.** 《교양어·드물게》 우스꽝스럽게 만들다.

Trawl [tro:l], das; -s, -s [engl. trawl] [어업] 트롤 어망. **Trawler** ['tro:lɐ], der; -s, - [engl. trawler] [어업] 트롤 선.

Trax [traks], der; -es, -e [amerik. Traxcavator (Ⓦ²) (schweiz.)] **a)** 준설기(浚渫機). **b)** 포크레인.

Treatment ['tri:tmənt], das; -s, -s [engl. treatment] [영화·텔레비전] 영화 시나리오의 초안.

Trebe ['tre:bə], die 〈berlin.〉 《다음 용법으로》 **auf (der) T. sein, sich auf (der) T. befinden** 떠돌아다니다. **auf (die) T. gehen** 가출하여 떠돌아다니다. **Trebegänger**, der 〈berlin.〉 정처없이 떠돌아다니는 청소년 가출자, 부랑자, 방랑자. **Trebegängerei**

[-gεnəˈraɪ], die 《berlin.》 청소년이 정처없이 떠돌아다니는 것. **Trebegängerin**, die; -nen ↑Trebegänger의 여성형. **¹Treber** ['tre:bɐ], der; -s, - 《berlin.》 ↑Trebegänger.

²Treber [-] 《Pl.》《전문어》**a)** 맥주 제조시 생기는 보리찌꺼기. **b)** 《드물게》↑Trester.

Trecentist [tretʃɛnˈtɪst], der; -en, -en [ital. trecentista] [예술·문예학] 14세기의 이탈리아의 예술가, 시인. **Trecento** [treˈtʃɛnto], das; -(s) [ital. trecento] [예술·문예학] 이탈리아의 초기 르네상스(14세기).

Treck [trɛk], der; -s, -s [niederd. trek] 달구지에 세간을 싣고 가는 피난민[이주민]의 행렬: einen T. bilden 피난민[이주민]의 행렬을 짓다: auf den T. gehen 달구지(로) 세간을 싣고 피난가다. **trecken** ['trɛkn] 〈h/s〉 달구지(로) 끌어당기다, 끌다, 마차대를 지어[대열을 짜서] 행진하다(↑Trecker). **Trecker**, der; -s, - ↑Traktor. **Treckerfahrer**, der 견인차(트랙터) 운전수. **Treckfiedel**, die 《nordd.》↑Ziehharmonika. **Treckschute**, die 《고어》(말이 끄는) 예선(曳船). **Treckseil**, das 예인용 밧줄.

¹Treff [trɛf], das; -s, -s [frz. trèfle] (독일의 카드놀이) 십자(十字)카드(↑Kreuz (6)), 클로버.

²Treff [-], der; -s, -s《통용어》**a)** 회합, 집회, 모임: einen T. vereinbaren 만나기로 합의하다. **b)** 만나는 곳, 집합 장소. **³Treff** [-], der; -(e)s, -e 《고어》 **1.** 구타, 강타, 때림. **2.** 횡재.

¹Treff- (**¹Treff**): **~as** [《또한》-'--], das (트럼프의) 클로버 에이스. **~bube** [《또한》-'--], der (트럼프의) 클로버 귀공자(J). **~dame** [《또한》-'--], die (트럼프의) 클로버 퀸. **~könig** [《또한》-'--], der (트럼프의) 클로버 킹.

treff-, ²Treff- (treffen): **~fähigkeit**, die 명중률, 명중 능력. **~fläche**, die [펜싱] 찔러서 점수를 딸 수 있는 몸의 부분. **~genauigkeit**, die 명중의 정확성. **~gerade**, die [기하] 활무직선. **~punkt**, der **1. a)** 만나는 곳, 집합 장소. **b)** 중심지가 된 곳: Paris, T. der Mode 유행의 중심지 파리. **2.** [기하] 접점(接點). **~sicher** 〈Adj.〉 **a)** 정확한, 목표를 정확히 맞추는: [전의] eine -e Ausdrucksweise 정확한 표현법. **b)** 판단이나 평가가 정확한: ein -es Urteilsvermögen haben 정확한 판단력을 가지다. **~sicherheit**, die 〈Pl. 없음〉 명중의 정확성.

treffen ['trɛfn] **1.** 〈h〉 **a)** 총알 등이 어디(무엇)에 맞다: der Schuß traf ihn am Kopf[in den Rücken] 쏜 것이 그의 머리[등]에 맞았다; von einer Kugel tödlich getroffen, sank er zu Boden 실탄에 치명상을 입고 그는 땅에 쓰러졌다; 〈4격 목적어 없이〉der erste Schuß traf 첫번째 쏜 것이 맞았다; [전의] er fühlte sich von den Vorwürfen nicht getroffen 그는 그 비난이 자기를 겨냥한 것이라고 느끼지 않았다; jmdn. trifft keine Schuld 누구에게는 책임이 없다. **b)** 〈쳐, 찔러, 던져, 쏘아〉 맞히다: 〈ein Ziel ins Schwarze〉. 목표물을 정확하게 맞히다; der Jäger traf das Reh (in den Rücken) 사냥꾼이 노루(의 등)를 쏘아 맞혔다; 〈4격 목적어 없이〉 er hat gut getroffen 그는 잘 맞혔다. **2.** 〈h〉 **a)** 〈어느 사람을 우연히〉 만나다: einen alten Freund auf der Straße t. 옛 친구를 거리에서 우연히 만나다; [전의] ihre Blicke hatten sich getroffen 그들의 시선이 우연히 서로 마주쳤다. **b)** 〈약속을 하여〉 만나다: er trifft seine Freunde jede Woche beim Training 그는 매주 운동 연습하는 곳에서 그의 친구를 만난다; 〈t. + sich〉 sie trifft sich heute mit ihren Freunden 그 여자는 오늘 그녀의 친구들과 만난다. **3.** 〈예기치 않게〉 마주치다: 〈s〉 auf merkwürdige Dinge t. 이상한 일에 부딪치다; [전의] auf Widerstand t. 저항에 봉착하다. **4.** [스포츠] 〈경기의 상대로〉만나다 〈s〉: in den Finalkämpfen trifft er auf einen kubanischen Boxer 결승전에서 그는 쿠바의 권투 선수와 맞부딪친다. **5.** 〈h〉 알아맞히다: mit dem Geschenk hast du seinen Geschmack getroffen 그 선물로 너는 그의 취향을 제대로 알아맞혔다; auf dem Foto ist er gut getroffen 사진에는 그의 모습이 제대로 잘 나타나 있다; getroffen! 맞았다! **6.** 〈h〉 상심시키다, 충격을 주다: jmdn. in seinem Stolz t. 누구의 자존심에 충격을 주다. **7.** 〈h〉 (의도적으로) 손해를 끼치다: eine Mißernte hat die Bauern hart getroffen 흉작은 농부들에게 굉장한 타격을 주었다; 〈비인칭〉 weshalb mußte es immer mich t. 왜 내가 언제나 고통을 당해야 하는지. **8.** 〈비인칭〉 〈h〉 (어떠한 상태를 맞다): sie haben es im Urlaub mit dem Wetter bestens getroffen 그들은 휴가 중에 최상의 날씨를 맞았다; du triffst es heute gut 너는 오늘 기회가 좋다. **9.** 〈t. + sich; 비인칭〉 (어떠한 상태가) 되다, 일어나다〈h〉: es hatte sich so getroffen, daß beide zur gleichen Zeit dort zur Kur waren 두 사람이 같은 시기에 거기서 요양하게 되었다; [성공] wie es sich so trifft! 되는 대로! **10.** 〈대개 기능동사로〉〈h〉: Anordnungen t. 지시하다; eine Vereinbarung (Entscheidung) t. 합의하다 [결정하다]; eine Wahl (Vorbereitungen) t. 선택하다[준비하다]. **Treffen** [-], das; -s, - **1.** 만남, 모임, 회동, 회합: ein T. der Staatschefs 국가 원수간의 회동; ein T. verabreden [veranstalten] 회합을 약속[개최]하다; an einem T. teilnehmen 회합에 참석하다. **2.** [스포츠] 경기: das T. endete unentschieden 그 경기는 무승부로 끝났다. **3.** 〈군·고어〉조우전(遭遇戰): etw. ins T. führen (아어) 무엇을 찬반의 근거로 말하다. **treffend** ['trɛfn̩t] 〈Adj.〉 정확한, 꼭 맞는: ein -er Vergleich 정확한 비교. **Treffer**, der; -s, - **1. a)** 명중탄, 명중타: auf 10 Schüsse 8 T. haben 10발 중 8발이 명중하다. **b)** [구기] 득점골: ein T. fällt 골인하다, 득점하다. **c)** [권투] 명중타, 득점타. **2.** 당첨 득점수: einen T. erhalten 점수를 얻다. **2.** 당첨: einen T. machen 당첨되다; [전의] einen T. haben《통용어》행운을 얻다.

Treffer-: **~anzeige**, die [펜싱·사격] 명중했음을 알려주는 기구. **~index**, der [펜싱] 명중타 점수. **~quote**, die ↑~zahl. **~zahl**, die 명중률(점수).

trefflich ['trɛflɪç] 〈Adj.〉《준고어·아어·고풍·약간 반어》**a)** 탁월한, 뛰어난: ein -er Wissenschaftler 뛰어난 학자. **b)** 매우 좋은, 훌륭한: ein -er Wein 일급 포도주; die Sache ließ sich t. an 그 일은 훌륭한 것으로 나타났다; sich t. auf etw. verstehen 무엇을 아주 잘 할 줄 안다. **Trefflichkeit**, die 훌륭함, 탁월함. **Treffnis** ['trɛfnɪs], das; -ses, -se 〈schweiz.〉몫, 배당.

Treib-: **~achse**, die [기술] (기관차의) 추진축(軸), 운동축. **~anker**, der [요트] 방류묘(防流錨). **~arbeit**, die **a)** 〈Pl. 없음〉 금속판을 쳐서 모양을 내는 세공. **b)** 금속판을 쳐서 만든 세공물. **~ball**, der **1.** 〈Pl. 없음〉 불을 멀리 던져 상대방을 중앙선에서 가능한 한 멀리 몰아내는 구기의 일종. **2.** [배드민턴] 어깨 높이의 수평으로 불을 치는 것. **~ballspiel**, das ↑~ball (1). **~beet**, das 〈드물게〉↑Frühbeet. **~eis**, das 물 위에 떠다니는 얼음. **~fäustel**, der [광] 짧은 손잡이가 달린 쇠망치. **~gas**, das **1.** 추진 연료용 (액체)가스. **2.** 농축 가스. **~gemüse**, das [원예] 온실(에서 재배한) 야채. **~gut**, das 부유물. **~haus**, das 온실. **~hauseffekt**, der 온실 효과. **~hauskultur**, die 온실 재배(반대: Freilandkultur). **~hausluft**, die 〈Pl. 없음〉《대개 경멸》 온실공기처럼 불쾌한 공기. **~hauspflanze**, die 온실 재배 식물. **~holz**, das 〈Pl. 없음〉 유목(流木). **~jagd**, die [사냥] 몰이 사냥: [전의]《俚》sie machten eine T. auf die versprengten Gegner 그들은 낙오된 적들을 몰아냈다. **~ladung**, die 추진 탄약. **~mine**, die 부유 기뢰.

~**mittel**, das 1. [화학] 발포제. 2. [요리] (효소제 따위의) 부풀게 하는 재료. 3. [화학] ↑~gas (2). ~**netz**, das 《예》(원양어업) 유망(流網). ~**öl**, das 추진유. ~**prozeß**, der [금속] 정련(법). ~**rad**, das [기술] 주륜(主輪), 동륜(動輪). ~**riegelverschluß**, der (좌우 상하로 잠글 수 있는) 창문 자물쇠. ~**riemen**, der [기술] 피대. ~**sand**, der ↑Mahlsand. ~**satz**, der [기술] 동력을 내는 화학물질의 혼합물. ~**schlag**, der [배드민턴·골프·정구·탁구] 드라이브. ~**stange**, die [기술] ↑Pleuelstange. ~**stecken**, der 가축을 몰때 쓰는 지팡이, 막대기. ~**stoff**, der ↑Kraftstoff. ~**stofflager**, das (추진) 연료 저장소. ~**stoffpreis**, der (대개 Pl.〉(추진) 연료 가격. ~**stofftank**, der (추진) 연료 탱크. ~**stoffverbrauch**, der (추진) 연료 소비. ~**wehe**, die 〈대개 Pl.〉 [의학] 분만 진통.

treiben* ['traibṇ] 1. 〈h〉 (일정한 방향, 장소로) 몰다: die Kühe auf die Weide [nach Hause] t. 암소들을 목초지 [집]로 몰다; Gefangene in ein Lager t. 포로를 수용소로 몰아넣다; den Ball vor das Tor t 볼을 골문 앞으로 몰다; Hasen t. [사냥] 토끼를 몰다; den Reifen [den Kreisel] t. 굴렁쇠[팽이]를 굴리다[치다]. [전의] die Sehnsucht trieb ihn nach Hause 그리움은 그를 집으로 가도록 하였다; der Schmerz trieb ihr die Tränen in die Augen 고통 때문에 그녀의 눈에는 눈물이 났다; der Boom hat die Preise in die Höhe getrieben 호경기가 물가를 급상승시켰다. 2. 〈h〉 (극단적인 심리 상태로) 몰아넣다: jmdn. in den Tod [in den Selbstmord] t. 누구를 죽음[자살]으로 몰아넣다. 3. 〈h〉 재촉하다: jmdn. zur Eile [zum Aufbruch] t. 누구를 서두르도록 [출발하도록] 재촉하다; [전의] seine Eifersucht hatte ihn zu dieser Tat getrieben 그의 질투심이 그로 하여금 이 짓을 하도록 했다. 4. 〈h〉 움직이다, 추진하다: das Wasser treibt die Räder 물이 바퀴를 돌린다; die Maschine wird von Wasserkraft getrieben 기계는 수력(水力)으로 움직인다. 5. a) 〈s/h〉 떠 다니다, (물결에 의해서) 움직이다: etw. treibt auf dem Wasser 무엇이 물 위에 떠다닌다; treibende Wolken 떠가는 구름; [전의] er hat die Dinge zu lange t. lassen 그는 그 일을 너무 오랫동안 방치해 두었다; er läßt sich einfach [zu sehr] t. 그는 그저 [너무 지나치게] 피동적으로 움직인다. b) 〈s〉 (어떤 방향, 목표로) 가다: [전의] man weiß nicht, wohin die Dinge treiben 일이 어떻게 되어가고 있는지 모른다. 6. 〈h〉 [사냥] (암컷의) 뒤를 따라다니다: die Böcke treiben die Ricken 수사슴이 암사슴의 꽁무니를 따라다닌다. 7. 〈h〉 a) 때려 박다, 밀어 넣다: einen Nagel in die Wand t. 못을 벽에 때려 박다. b) (구멍을 뚫어) 만들다: einen Schacht (in die Erde) t. 수직갱도를 만들다; einen Tunnel durch den Berg t. 산을 뚫어 터널을 만들다. c) (눌러서) 짜내다, 거르다, 바수다: etw. durch ein Sieb t. 무엇을 체로 걸러 내다. 8. 〈h〉 a) 형상을 만들다, 세공하다: eine Schale aus getriebenem Gold 금을 세공하여 만든 사발. b) 세공하여 만들다: ein Gefäß (aus in Silber) t. (은으로) 그릇을 만들다. 9. 《통용어》(소변을, 땀을) 촉진시키다: Bier treibt 맥주는 소변을 촉진시킨다; Lindenblütentee treibt 보리수꽃 차(茶)는 발한(發汗)을 촉진시킨다; ein treibendes Medikament 발한제(發汗劑), 이뇨제(利尿劑). 10. 〈h〉 a) 열중하다, 정진하다: er treibt Französisch 그는 불란서어를 공부하고 있다; Studien t. 연구에 정진하다, 연구하다. b) 《통용어》 종사하다, 행하다(대개 의문문에서): was treibt ihr denn hier? 너희들은 여기서 도대체 무엇을 하고 있느냐?; was treibst du in den Ferien getrieben? 너희들은 휴가에 무엇을 했느냐? c) 행하다, 영위하다, (직업에) 종사하다: Handel t. 상업에 종사하다. d) 〈명사와 함께〉: Spionage t. 간첩 행위를 하다; Verschwendung t. 호화스럽게 생활하다; Mißbrauch mit etw. t. 무엇을 오용(誤用)하다. 11. 〈es와 함께; h〉 a) 《통용어·폄》(지나치게) 행동하다: er hat es zu weit getrieben 그의 행동은 너무 지나쳤다; so kann er es nicht mehr lange t. 그런 행동을 그는 (들키지 않고) 더 이상 오래 할 수 없을 것이다; [전의] er wird's nicht mehr lange t. 그는 곧 죽을 것이다. b) (지나치게) 다루다, 대하다: **es (mit jmdm.) t.** 《통용어·폐》(누구와) 성교하다. 12. 〈h〉 (드뭅게) (이스트에 의해서) 부풀어오르다: Der Hefeteig muß noch t. 반죽은 아직도 더 부풀어올라야 한다. 13. 〈h〉 〈s〉 솟다, 돋아나다: die Bäume beginnen zu t. 나무들이 돋아나기 시작한다. **b)** 싹트다: die Blätter treiben 싹트다. **c)** (꽃을, 싹을) 내밀다: Bäume treiben Blüten 나무들이 꽃을 피우다. 14. [원예] 〈h〉 (온실에서) 재배하다: Paprika in Gewächshäusern t. 온실에서 피망(고추)을 재배하다; im Frühbeet getriebener Salat 온상에서 재배한 야채. **Tr**e**iben**, das; -s, -. 1. 〈Pl. 없음〉 **a)** (많은 사람들의) 야단법석, 분망, 번잡: die stürzten sich in das närrische T. 그들은 법석이는 사육제 인파 속으로 들어갔다; er las unberührt von dem T. um sich herum 그는 주위의 혼란에 아랑곳하지 않고 책을 읽었다. **b)** (어떤 사람의) 활동, 행동: jmds. T. ein Ende machen 어떤 사람의 행동을 중지시키다. 2. [사냥] **a)** ↑Treibjagd. ein T. veranstalten 몰이 사냥을 개최하다. **b)** 몰이 사냥을 하는 지역. **Tr**e**iber**, der; -s, -. 1. [사냥] 몰이꾼 2. 마부, 가축떼를 모는 사람, 목양자. 《큠》 일을 재촉하는 사람, 작업 감독. 4. [요트] **Trei**b**erei** [traibə'rai], die; -en. 1. [원예] (온실 등에서의) 촉성 재배. 2. 《통용어·폄》(몰입없이) 몰아댐, 볶아댐, 재촉. **Tr**e**iberstufe**, die; -n [전자] 앰프의 강도 조절 장치.

Tre**idel** ['traidḷ], der; -s, -. (옛) 끄는 밧줄, 예선(曳船)의 밧줄. **Tr**e**idelei** [traidə'lai], die (옛) 배를 끌기, 예선업(曳船業). **Tr**e**ideler**, **Tr**e**idler** ['traidə(l)ɐ], der; -s, - (옛) 배를 끄는 인부. **tr**e**ideln** ['traidḷn] 〈h〉 [niederd. treilen] (옛) 화선선을 (강둑에서) 상류로 끌고가다. **Tr**e**idelpfad**, der (강이나 운하에 연한) 배끄는 길, 예선도(曳船道). **Tr**e**idelweg**, der ↑Treidelpfad. **Tr**e**idler**: ↑Treideler.

treife ['traifə] 〈Adj.〉 [jidd. tre(i)fe, trebe < hebr. ṭaref] 유태인이 먹어서는 안되는, 금지된, 불결한.

Tre**ma** ['treːma], das; -s, -s / -ta [griech. trẽma (2격: trẽmatos] 1. [언어] 분리 부호 (예컨대: naïv의 i위의 ¨). 2. [의학] 윗턱 앞니 사이의 빈틈. **Tremat**o**de** [trema'toːdə], die; -n (대개 Pl.) [griech. -ốdēs] [동물] 흡충류(吸蟲類).

tremola**ndo** [tremo'lando] 〈Adv.〉 [ital. tremolando] [음악] 트레몰로로, 떨리는 음으로, 전음(顫音)으로 (약어: trem.). **tremoli**e**ren** [tremo'liːran], tremulieren 〈h〉 [ital. tremolare] [음악] 1. 트레몰로로 연주하다. 2. 떨리는 음으로 노래부르다. **Tr**e**molo** ['treːmolo], das; -s, -s / ...li [ital. tremolo] [음악] 1. (악기 연주시의) 트레몰로, 떨리는 음, 전음(顫音). 2. (성악에서의) 떨리는 음. **Tr**e**mor** ['treːmɔr, ...moː], der; -s, -es [tre'moːres; lat. tremor] [의학] 근육의 진전(振顫), 근육의 무의식적인 떨림.

Tre**mse** ['trɛmzə], die; -n [niederd. trem(e)se] [nordd.] 수레국화.

Tremula**nt** [tremu'lant], der; -en, -en [lat. tremulāre] 파이프 오르간의 전음을 내는 장치, 트레물란트. **tremul**ie**ren**: ↑tremolieren.

Trenchcoat ['trɛntʃkoʊt], der; -(s), -s [engl. trench coat] 트렌치 코트.

Trend [trɛnt, (또한) trend], der; -s [engl. trend] 경향, 추세: der T. hält an [setzt sich fort] 이 추세는 지

속되고[계속되고] 있다; der T. geht in eine bestimmte Richtung 추세는 특정 방향으로 나아가고 있다.
Trend- (Trend): **~setter**, der 《은어》유행이나 추세의 방향을 결정하는 사람. **~setzer**, der ↑Trendsetter. **~wende**, die 경향 전환, 방향 전환.
Trendel ['trɛndl], der; -s, - 《지역적》**1.** 팽이. **2.** 굼뜬 사람. **trendeln** 《지역적》 〈h〉 꾸물거리다, 늑장부리다, 시간을 낭비하다. **Trendler**, der; -s, - ↑Trendel (2).
trenn-, Trenn-: ~diät, die (Pl. 없음) 군살빼기 다이어트. **~kanalisation**, die (빗물과 하수의) 분리 하수로. **~kommando**, das 《복싱》 껴안고 있는 두 선수의 분리를 요구하는 주심의 명령. **~kost**, die ↑~diät. **~linie**, die 분리선, 경계선, 절취선. **~messer**, das 실밥을 뜯어내는 데 쓰는 칼. **~punkte** 〈Pl.〉《드물게》↑ Trema (1). **~scharf** 〈Adj.〉 **1.** 《방송·무선》감도가 좋은, 분리가 잘되는, 똑똑하게 들리는. **2.** 《철학·통계》 구별이 정밀한. **~schärfe**, die **1.** 《방송·무선》 선택도, 감도, 분리도. **2.** 《철학·통계》 정밀한 구별성(판별성). **~scheibe**, die **1.** (공간 분리용) 유리판. **2.** (가공할 재료를 절단하는) 연마반(盤). **~wand**, die (내부 공간의) 분리벽.
trennbar ['trenba:ɐ̯] 〈Adj.〉 나눌 수 있는, 분리[분할]할 수 있는. **Trennbarkeit**, die ↑trennbar의 명사형.
trennen ['trɛnən] 〈h〉 **1. a)** 떼어 내다: die Knöpfe vom Mantel t. 외투에서 단추를 떼어 내다. **b)** (솔기, 코를) 풀다, 뜯다. **2. a)** 나누다, 분해하다: etw. chemisch [durch Kondensation] t. 무엇을 화학적으로[응축시켜] 분해하다. **b)** 분리시키다, 떼어 내다: das Erz vom Gestein t. 철광석에서 철을 빼내다. **3. a)** (사람, 사물을 공간적으로) 떼어놓다, 분리시키다, 격리시키다: der Krieg hatte die Familie getrennt 전쟁이 그 가족을 떼어 놓았고 nichts konnte die Liebenden t. 그 무엇도 사랑하는 그들을 떼어놓을 수 없었다; 전의 ihre Ehe wurde getrennt 그들은 이혼하였다. **b)** 나누다, 분리하다, 가르다, 떼어놓다: das Kind von der Mutter t. 아이를 엄마에게서 떼어놓다. **4.** 〈t. + sich〉 **a)** (어떤 지점에서) 헤어지다: sie trennten sich an der Straßenecke 그들은 길 모퉁이에서 헤어졌다; 전의 die Mannschaften trennten sich unentschieden 0:0 《스포츠》두 팀은 0 대 0 무승부로 헤어지고 말았다; die Firma hat sich von diesem Mitarbeiter getrennt 《은폐》회사는 이 직원을 해고하였다. **b)** (공동체, 동업에서) 헤어지다, 떨어져 나가다, 갈라서다: die Teilhaber des Unternehmens haben sich getrennt 그 기업의 동업자들은 갈라섰다; sie hat sich von ihrem Mann getrennt 그녀는 남편과 갈라섰다; sie leben[schlafen] getrennt 그들은 떨어져서 산다[잔다]; getrennte Kasse haben 통장을 따로따로 갖다. **c)** (무엇을) 버리다, 포기하다: sich von jeglichem Besitz t. 모든 재산을 포기하다; 전의 sich von einem Gedanken[einem Wunsch] t. 생각[소원]을 버리다; es war zu schön, ich konnte mich nicht t. 그것은 너무나 아름다워서 나는 포기할 수 없었다. **5.** 구분하다, 구별하다: Begriffe klar t. 개념을 분명히 구별하다; man muß die Person von der Sache t. 사람과 일을 구분하지 않으면 안된다. **6.** 갈라놓다, 분리시키다: Welten trennen uns 우리는 서로 다른 세계의 사람이다; zwischen ihnen gibt es mehr Trennendes als Verbindendes 그들 사이에는 연결시켜 주는 것보다는 분리시키는 것이 더 많다. **7. a)** 경계를 이루다, 분할하다, 나누다: eine hohe Hecke trennte die Grundstücke 높은 생나무 울타리가 대지(垈地)의 경계를 이루었다. **b)** 분리시키다, 떼어놓다: der Kanal trennt England vom Kontinent 해협이 영국을 대륙과 분리시키고 있다; 전의 nur noch wenige Tage trennen uns von unseren Ferien 우리의 휴가가 며칠 밖에 남지 않았다. **8.** (전화, 무선을) 끊다, 중단하다, 중지되다: die Verbindung wurde getrennt 통화가 중단되었다. **9.** 《방송·무선》(주파수를) 분리하다, 혼선을 일으키지 않다. **10.** 분철법(分綴法)에 따라 분철하다: ein Wort t. 한 단어를 분철하다. **Trennung**, die; -en **1.** (복합 물질의) 분해. **2.** 분리, 분리: die T. der Kinder von der Mutter 어머니와 자식의 격리. **3.** 헤어짐, 이탈, 별거: die T. von Tisch und Bett [가정] 식탁과 침대의 분리(이혼이 아닌 부분 별거 판정); in T. leben (부부가) 별거하다. **4.** 구분, 구별. **5.** 중단, 절단, 중지. **6.** 분철(分綴).
Trennungs-: ~angst, die 【심리】(관심 인물과의) 이별에 대한 불안. **~beihilfe**, die ↑~entschädigung. **~entschädigung**, die (직무로 인한) 가족 별거 수당. **~geld**, die ↑~entschädigung. **~linie**, die 분리선, 구분선, 경계선: ideologische -n 이데올로기상의 구분선. **~schmerz**, der 〈Pl. 없음〉 이별의 아픔. **~schock**, der 【심리】 이별의 충격. **~strich**, der **1.** 【언어】 하이픈(분철시 사용하는 짧은 실선), 연자(連字) 부호. **2.** 《드물게》 ↑~linie: einen T. ziehen [machen] (확연히 구분하여) 명확한 선을 긋다. **~stunde**, die 이별의 시간. **~weh**, das (아이·준고어) ↑~schmerz. **~zeichen**, das 【언어】 ↑~strich (1). **~zeit**, die 이별의 기간, 별거 기간.
Trense ['trɛnzə], die; -n [Niederd. trens(e)] **1. a)** 재갈. **b)** ↑Trensenzaum: einem Pferd die T. anlegen 말의 머리에 재갈이 달린 장구를 씌우다. **2.** 《지역적》 끈, 끈, 띠.
Trensen-: ~gebiß, das ↑Trense (1). **~ring**, der 재갈 끝에 달린 고리. **~zaum**, der 재갈이 달린 굴레. **~zügel**, der 재갈 고삐.
Trente-et-quarante [trɑ̃teka'rɑ̃:t], das; - [frz. trente-et-quarante] 트랑테카랑트(카드 놀이).
trenzen ['trɛntsn̩] 〈h〉 (사슴이 교미기에) 짧고 빠른 소리로 울다.
Trepang ['tre:paŋ], der; -s, -e / -s [engl. trepang] 말린 해삼. **Trepangsuppe**, die 【요리】 해삼탕.
treppab [trɛp'|ap] 〈Adv.〉 계단 아래에[아래로](반대: treppauf). **treppauf** [trɛp'|auf] 〈Adv.〉 계단 위에(위로): sie war den ganzen Tag t., treppab gelaufen 그녀는 온종일 계단을 오르락내리락 하였다. **Treppchen**, das; -s, - **1.** ↑Treppe 참조. **2.** 《스포츠·은어》 시상대. **Treppe** ['trɛpə], die; -n 《축소형: ↑Treppchen》 계단, 층계: die T. führt[geht] in den Keller 계단은 지하실로 통한다; -n steigen 계단을 오르다; wir haben heute die T. 《통용어》 오늘 우리는 계단 청소 당번이다; sie macht gerade die T. 《통용어》 그녀는 막 계단을 청소하고 있다; sie wohnen eine T. höher [tiefer] 그들이 한 층 위[밑]에 산다; 전의 ein besserer Friseur schneidet auch keine -n! 더 좋은 이발사는 층이 지게 머리를 깎지 않는다!; **die T. hinauffallen** 《통용어》 예상 밖으로 승진하다; **die T. hinuntergefallen [heruntergefallen] sein** 《통용어·농》 머리를 잘랐다.
Treppelweg ['trɛp|-], der; -(e)s, -e 《bayr., österr.》 ↑Treidelweg.
treppen-, Treppen-: ~absatz, der 층계 참. **~arm**, der [토목] ↑~lauf. **~artig** 〈Adj.〉 계단 모양의. **~aufgang**, der 위로 올라가는 계단(↑Aufgang (2 a)). **~beleuchtung**, die 계단의 조명. **~fenster**, das 계단실 창문. **~flur**, der 계단 복도. **~förmig** 〈Adj.〉 계단 모양의. **~geländer**, das 계단의 난간. **~giebel**, der [건축] 계단 모양의 박공(牔栱). **~haus**, das 계단실. **~hausfenster**, das 계단실 창문. **~hauslicht**, das 〈Pl. 없음〉 계단실 조명. **~lauf**, der [토목]

계단의 연결. **~läufer**, der 계단에 까는 양탄자. **~leiter**, die 계단 사다리. **~licht**, das 〈Pl. 없음〉↑~hauslicht. **~podest**, das ↑~absatz. **~reinigung**, die 계단 청소. **~rost**, der 【기술】 (난방기 등의) 계단식 받침대. **~schacht**, der 〈드물게〉↑~haus. **~schritt**, der 【스키】 계단 등행(登行). **~spindel**, die 【토목】↑Spindel (3). **~steigen**, das; -s 계단[층계] 오르기. **~stufe**, die 계단의 층. **~terrier**, der 〈통용어·농〉직업상 계단을 자주 오르내리는 사람. **~turm**, der 【건축】 층계탑. **~wange**, die 【토목】 층계 측면 받침대. **~witz**, der [frz. esprit d'escalier] (반어) 뒤가 개운치 않은 사건, 때늦은 경구(警句), 뒤늦게 생각난 지혜.

Tresen ['treːzn̩], der; -s, - 〈특히 nordd.〉 1. 술 따라 주는 대. 2. 판매대. **Tresor** [treˈzoːɐ̯], der; -s, -e [frz. trésor] 1. 금고: im T. aufbewahren 금고 안에 보관하다. 2. (은행의) 금고실.

Tresor-: **~fach**, das 금고안의 서랍 (↑Safe (b)). **~raum**, der (은행의) 금고실. **~schlüssel**, der 금고 열쇠.

Trespe ['trɛspə], die; -n 참새귀리(속의 풀). **trespig** ['trɛspɪç] 〈Adj.〉 참새귀리 풀이 많은.

Tresse ['trɛsə], die; -n 〈대개 Pl.〉 [frz. tresse] (옷이나 제복의) 장식테, 몰: **die ~n bekommen** (옛·군) 하사관이 되다: **die ~n verlieren** (옛·군) 강등되다. **Tressenbesatz**, der 테 장식, 몰 장식. **tressieren** [trɛˈsiːrən] 〈h〉 [frz. tresser] (가발 제작시) 짧은 머리칼을 실로 잇다.

Trester ['trɛstɐ], der; -s, - 1. (지역적) 과일주. 2. 〈Pl.〉 (전문어) a) 포도 압착 때 생기는 찌꺼기. b) 과일즙[야채즙]을 만들고 남은 찌꺼기. **Tresterbranntwein**, der ↑Haustrunk (1 b). **Tresterwein**, der ↑Haustrunk (1 a).

Tret-: **~auto**, das (페달이 달린) 어린이용 자동차. **~balg**, der (풍금에 달린) 발로 작동하는 송풍기. **~boot**, das 페달을 밟아 움직이는 작은 보트. **~eimer**, der 페달을 밟으면 뚜껑이 열리는 쓰레기통. **~hebel**, der ↑Fußhebel. **~kurbel**, die (자전거 등의) 페달. **~lager**, das 【기술】 (발)페달 집. **~mine**, die 촉발지뢰. **~mühle**, die 1. (옛) ↑Tretwerk. 2. 〈통용어·폄〉 판에 박은 듯한 단조로운 일. **~rad**, das (옛) 답차(踏車), 선차(旋車). **~roller**, der 발로 밟아 움직이는 롤러. **~schalter**, der ↑Fußschalter. **~schlitten**, der (옛) Stuhlschlitten. **~strahler**, der 자전거 페달의 반사경. **~werk**, das (옛) 발로 밟는 동력장치.

treten* ['treːtn̩] 1. 〈s〉 발을 내디디다, 가다: nach vorn [hinten] t. 앞으로[뒤로] 나아가다; ans Fenster t. 창가로 가다; auf den Balkon [auf den Flur, aus dem Haus] t. 발코니 [복도, 집]로 나가다; ins Zimmer [in einen Laden] t. 방 안 [가게 안]으로 들어가다; neben jmdn. t. 누구의 곁으로 가다; von einem Fuß auf den anderen t. 몸의 중심을 한 쪽 발에서 다른 쪽 발로 옮기다; vor die Tür [vor den Spiegel] t. 문 앞[거울 앞]으로 나오다; zu jmdm. t. 누구에게로 가다; zur Seite t. 한 걸음 옆으로 비키다; [전의] an jmds. Stelle t. 누구의 대리가 되다; er war in ihm Streit auf ihre Seite getreten 그는 싸움에서 그녀의 편을 들었다; die Sonne trat hinter die Wolken 해가 구름 뒤로 사라졌다. 2. a) 〈s/h〉 (잘못) 밟다, 디디다: er ist auf einen Regenwurm getreten 그는 지렁이를 밟았다; in Kot t. 똥을 밟다; ich bin [habe] ihm auf den Fuß getreten 나는 그의 발을 밟았다; du bist [hast] in etwas getreten 〈은어〉 너는 똥을 밟았다. b) 〈h〉 (의도적으로) 짓밟다: sie traten auf die brennenden Zweige 그들은 불타는 나뭇가지를 짓밟아 껐다. c) 〈h〉 (힘껏 밟아) 제거하다: (sich) den Schmutz von den Schuhen t. 신발에서 더러운 것을 제거하다. 3. 〈h〉 a) 차다: er hat den Hund getreten 그는 개를 발로 찼다; den Ball [das Leder] t. 〈축구·온어〉 공 차다, 축구하다; 〈4격 없이〉 das Pferd [der Esel] tritt 말[당나귀]이 발로 차다; [전의] man muß ihn immer t. 〈통용어〉 우리는 그를 항상 독촉하지 않으면 안된다. b) (어느 곳을, 어디를 향해) 발로 차다: jmdm [jmdn.] in den Bauch [in den Hintern] t. 누구의 배 [엉덩이]를 발로 차다; er trat gegen die Tür 그는 문에 발길질을 했다; [전의] nach jmdm. t. 〈통용어·폄〉 (상대에게 당한 것을) 부하에게 화풀이를 하다. c) 〈특히 축구〉 (공을 어디로) 차다: den Ball ins Tor t. 공을 골대 안으로 차 넣다. 4. 〈h〉 발로 밟아 작동시키다: die Pedale t. (피아노의) 페달을 밟다; die Bremse t. 브레이크(제동기)를 밟다; (전지차 목적어와 함께) auf die Kupplung t. (자동차의) 클러치를 밟다. 5. 〈h〉 (발로 밟아) 길을 내다: einen Pfad durch den Schnee t. 눈 사이로 길을 내다. 6. 〈축구〉 〈h〉 차다: eine Ecke [einen Freistoß, Elfmeter] t. 코너킥 [프리킥, 페날티킥]을 차다. 7. 〈h〉 밟아 넣다[박다]: sich einen Nagel in den Schuh [einen Dorn in den Fuß] t. 구두에 못[발에 가시]이 찔리다. 8. (명사와 결합하여 행위의 시작을 나타냄) in den Staatsdienst t. 관직에 취임하다; in den Hungerstreik t. 단식 투쟁을 벌이다. 9. 〈s〉 〈드물게〉 ↑eintreten (5). 10. 〈h〉 (날짐승들이) 교미하다: der Hahn tritt die Henne 수탉이 암탉과 교미하다. **Trẹter**, der; -s, - 〈대개 Pl.〉 〈통용어·폄〉 구두, 신발. **Treterei** [treːtəˈraɪ], die 〈통용어〉 발길질.

treu [trɔy] 〈Adj.〉 1. a) 신의 있는, 신뢰할 만한, 의리 있는, 믿을 수 있는, 성실한, 충실한: ein -er Freund 의리 있는 친구; die -e Freundschaft 변함없는 우정; sie ist eine -e Seele 〈친근〉 그녀는 충정어린 여자다; er war t. bis in den Tod 그는 죽을 때까지 신의가 있었다; t. zu jmdm. stehen 누구에게 의리를 지키다; [전의] er ist immer sich selbst t. geblieben 그는 언제나 자기 자신에게 충실하였다; seinem Glauben t. sein [bleiben] 자신의 신앙에 충실히 머물다. b) 정절을 지키는, 정조 있는: ein -er Ehemann 정절을 지키는 남편; jmdm. [einander] t. sein [bleiben] 누구[서로]에게 정조를 지키다. c) 〈통용어〉 충직한: er ist ein -er Kunde von uns 우리의 단골 손님. d) 충성스러운, 충실한: ein -er Diener 충성스러운 하인; jmdm. t. dienen 누구에게 충성스럽게 봉사하다. 2. 〈통용어〉 순박한, 우직한: sie hat einen -en Blick [-e Augen] 그녀의 시선[눈]은 천진난만하다; t. und bieder tat er alles 그는 모든 일을 성실하고 우직하게 행하였다; du bist ja t.! 〈통용어〉 너는 정말 단순한 사람이야! 3. (아이) ↑getreu (2).

treu-, Treu-: **~bruch**, der (구제) ↑Felonie: [전의] er hat einen T. an seinen Freunden begangen (아!) 그는 친구들을 배반하였다. **~brüchig** 〈Adj.〉 불충의, 배신의, 반역의. **~deutsch** 〈Adj.〉 〈통용어·폄〉 진짜 독일적인. **~doof** 〈Adj.〉 〈통용어·폄〉 우직한, 고지식한. **~eid**, der 1. 충성 서약. 2. (역사적) ↑Lehnseid. **~ergeben** 〈Adj.〉 (준고어) (특히 편지 말미에) 삼가 올림: Ihr -er (Freund) Hans Meyer 당신의 (친구) 한스 마이어 삼가 올림. **~geber**, der (전의) 위탁자, 신탁자. **~gesinnt** 〈Adj.〉 충성스러운, 충성심이 두터운. **~gut**, das 【법】 신탁 재산. **~hand**, die 〈Pl. 없음〉 【법】 ↑Treuhandschaft. **~händer** [-hɛndɐ], der 【법】 (타인의 재산이나 권리의) 수탁자: jmdn. als T. einsetzen 누구를 수탁자로 지정하다. **~händerdepot**, das (금융) 기탁한 유가 증권. **~händerin**, die 1. ↑~händer의 여성형. 2. 신탁 회사. **~händerisch** 〈Adj.〉 수탁의, 신탁의. **~handgebiet**, das 【국제법】 신탁 통치령. **~handgeschäft**, das 【법】 신탁 행위.

~**handgesellschaft**, die 〖법〗 신탁 회사. ~**handschaft**, die; -en 신탁 통치, 신탁 관리. ~**herzig** 〈Adj.〉 순진한, 천진난만한, 솔직한, 사람을 잘 믿는: ein -er Mensch 순진한 사람. ~**herzigkeit**, die 천진난만함, 순진함. ~**los** 〈Adj.〉 **a)** 신의가 없는, 신용할 수 없는, 의리 없는, 불성실한: t. gegen jmdn. handeln 누구에 대하여 신용없게 행동하다. **b)** 〈드물게〉 정조가 없는: ein -er Liebhaber 배신한 애인. ~**losigkeit**, die ~los 의 명사형. ~**nehmer**, der 〖법〗 ↑ -händer. ~**pflicht**, die ↑ Treuepflicht. ~**schwur**, der Treueschwur. ~**sorgend** 〈Adj.〉《친근》잘 보살펴 주는.

Treue ['trɔyə], die **1. a)** 신의, 신뢰, 의리, 성실, 충실: ewige〔unwandelbare, unverbrüchliche, unerschütterliche〕T. 영원한〔변함없는, 깨지지 않는, 흔들림이 없는〕신의; jmdm. T. schwören〔geloben〕누구에게 신의를 맹세하다; jmdm.〔einander〕die T. halten〔bewahren〕누구〔서로〕에게 신의를 지키다〔유지하다〕; an jmds. T. glauben〔zweifeln〕 누구의 신의를 믿다〔의심하다〕; in guten Treuen handeln 정당하다고 믿고 행동하다; **meiner Treu!**《고어》저런!〔감탄을 나타냄〕; **Treu und Glauben**〖법〗(법조문과는 상관 없는) 신의와 양심, **auf**〔〈드물게〉**in**〕**Treu und Glauben**〔통용어〕성실성을 믿고: jmdm. etw. auf Treu und Glauben überlassen 누구에게 신의와 양심을 믿고 무엇을 맡기다. **b)** 정조, 정절, 절개: die eheliche T. 부부의 정절. **c)** 고지식함, 변함없음: sie dankten ihrer Kundschaft für die T. 그들은 손님들의 변함없는 태도에 감사하였다. **d)** 충성, 충실, 충의: in T. zu jmdm. stehen〔halten〕누구에 대하여 충성하다. **2.** 정확, 엄정: die historische T. von etw. bemängeln 무엇에 관한 역사적 정확성을 놓고 비난하다.

Treue-: ~**bekenntnis**, das 충성 고백: ein T. ablegen 충성을 고백하다. ~**erklärung**, die 충성 선언. ~**gelöbnis**, das 충성 서약. ~**pflicht**, die 〖법〗 노동 계약 준수 의무. ~**prämie**, die 근속 수당. ~**rabatt**, der 단골 손님을 위한 가격 할인. ~**schwur**, der 충성 서약. ~**urlaub**, der (구동독) 근속 휴가. ~**versprechen**, das 충성(신의) 약속.

Treuga Dei ['trɔyga 'de:i], die; [mlat. treuga dei] 《구제》↑ Gottesfriede.

treulich ['trɔylɪç] 〈Adj.〉《준고어》충실한.

Trevira Ⓦ [tre'vi:ra], das; - 〖인공어〗**1.** 트레비라(합성 섬유). **2.** 트레비라 직물.

Tri [tri:], das; -《은어》코 흡입용 트리클로에틸렌. **Triade** [tri'a:də], die; -n [1: lat. trias (2격: triados) < griech. triás] **1.**《교양어》3의 수, 3개가 있음, 3개 조, 3 인조. **2.**〖종교〗삼위일체. **3.**〖운율〗(그리스 비극의) 한 그룹에 속하는 3연. **4.**〖수학〗3벡터를 다이얼로 곱할 때 생긴 크기. **triadisch** 〈Adj.〉 ↑ Triade의 형용사형.

Triage [tri'a:ʒə], die; -n [frz. triage]〖상인〗커피 찌꺼기, 찌꺼기 상품.

Triakisdodekaeder [triakıs-], das; -s, - [griech. triákis dódeka + hédra]〖수학〗36면체.

Triakisoktaeder [triakıs|ɔkta'|e:dɐ], das; -s, - [수학] 24면체.

Trial ['traɪəl], das; -s, -s [engl. trial] 오토바이 운전자에 대한 숙련도 시험. **Trial-and-error-Methode** ['traɪəl ənd 'erə-], die; [engl. trial and error]〖인공 두뇌학〗시행 착오를 통한 문제 해결법.

Triangel ['tri:aŋ], (österr.) tri'aŋl], der / (österr.) das; -s, - [lat. triangulum] **1.** 트라이 앵글(타악기의 일종). **2.**(지역적)(의복의) 삼각으로 찢긴 것. **triangulär** [triaŋgu'lɛ:ɐ] 〈Adj.〉 [lat. triangulāris]《교양어·드물게》3각형의. **Triangulation** [triaŋgula'tsjo:n], die; -en [lat. triangulare] **1.** [측지학] 3각 측량. **2.** [건축] (건물 측정시의) 3각 비교법. **Triangulationspunkt**, der [측지학] (3각 측량시의) 3각점(약어: TP). **triangulieren** [...'li:rən] 〈h〉 [측지학] 3각 측량하다, 3 각형으로 나누다. **Triangulierung**, die; -en 3각 측량.

Triarier [tri'a:riɐ], der; -s, - 〈대개 Pl.〉 [lat. triārius] (고대 로마의) 제 3 전열병(戰列兵). **Trias** ['tri:as, die **1.**《교양어·전문어》3의 수, 3인조, 3개조. 〈Pl. 없음〉 [지질] (중생대의) 3첩기 층. **Triasformation**, die 〈Pl. 없음〉 [지질] 3첩기 층 (2). **triassisch** [tri'asıʃ] 〈Adj.〉 [지질] 3첩기 층에 속하는.

Tribade [tri'ba:də], die; -n [lat. tribas < griech. tríbas] [의학] 동성애의 여성. **Tribadie** [triba'di:], die [의학] 여성간의 동성애. **Tribadismus** [...'dısmʊs], der; - ↑ Tribadie.

Tribalismus [triba'lısmʊs], der; - [lat. tribus] (아프리카 국가들의) 종족주의, 부족주의. **tribalistisch** 〈Adj.〉 종족주의의, 종족주의적인.

Triboelektrizität [tribo-], die [griech. tríbein] ↑ Reibungselektrizität. **Tribologie**, die [↑-logie] 마찰학. **Triboluminoeszenz**, die; -en [물리] (크리스탈을 깰 때 나는) 냉광(冷光). **Tribometer**, das; -s, - [물리·기술] 마찰계수 측정기. **Tribotechnik**, die 마찰 기술(분야).

Tribrachys ['tri:braxys], der; -, - [lat. tribrachys < griech. tríbrachys] [고대 운율] 3단 운각(三短脚脚), 단단단격(短短短格).

tribulieren [tribu'li:rən] 〈h〉 [lat. trībulāre]《지역적》(부탁 따위로) 성가시게 굴다.

Tribun [tri'bu:n], der; -s / -en, -e(n) [lat. tribūnus] **1.** ↑ Volkstribun. **2.** (고대 로마의) 부군단장. **Tribunal** [tribu'na:l], das, -s, -e [frz. tribunal] **1.** (고대 로마의) 재판관석. **2.** (아이) (상급) 재판소, 법정: vor dem T. stehen 법정에 서다. **3.** (국가의 비리 등을 따지는) 시민 법정: ein T. abhalten 시민 법정을 열다. **Tribunat** [tribu'na:t], das; -(e)s, -e [lat. tribūnātus] 호민관의 직위(직책). **Tribüne** [tri'by:nə], die; -n [frz. tribune] **1.** 연단(↑ Rednertribüne). **2. a)** 야외 관중석, 관람석: eine T. errichten 야외 관람석을 만들다. **b)** 관중, 청중. **Tribünenplatz**, der 야외 관람석의 자리. **tribunizisch** [tribu'ni:tsıʃ]〈Adj.〉 [lat. tribūnīcius] 호민관의. **Tribus** ['tri:bʊs, die [...bus. lat. tribus, 본래는 고대 로마의 가장 오래된 종족 중의 하나] **1.** 고대 로마의 선거구. **2.**(식물·동물·준교어) 아과(亞科). **Tribut** [tri'bu:t], der; -(e)s, -e [lat. tribūtum, 본래는 호민관에게 내는 세금] (옛) 전쟁 배상(금): einen T. fordern〔nehmen, zahlen〕배상금을 요구하다〔받다, 지불하다〕; [전의] einen hohen T. (an Menschenleben) fordern 많은 (인명) 피해를 요구하다; einer Leistung den schuldigen〔nötigen〕T. zollen 어떤 업적에 대하여 당연한 경의를 표하다(업적을 인정하다).

tribut-, Tribut-: ~**last**, die 배상금 지불 부담. ~**leistung**, die 배상금(공세) 지불 이행. ~**pflichtig** 〈Adj.〉 배상금(공세) 지불 의무를 진. ~**pflichtigkeit**, die 배상금 지불 의무. ~**verpflichtung**, die 배상금(공납) 지불 의무.

tributär [tribu'tɛ:ɐ]〈Adj.〉 [frz. tributaire] 《고어》 tributpflichtig.

Trichine [trı'çi:nə], die; -n [engl. trichina] 선모충(旋毛蟲).

trichinen-, Trichinen-: ~**haltig**〈Adj.〉 ↑ trichinös. ~**krankheit**, die 〈Pl. 없음〉 ↑ Trichinose. ~**schau**, die (육류 따위의) 선모충 검사. ~**schauer**, der 선모충 검사관.

trichinös [trıçi'nø:s]〈Adj.〉 선모충병의, 선모충병에 걸

린. **Trichinose** [trɪçiˈnoːzə], die; -n 선모충병.
Trichloräthen [triklo:ɐ̯|ɛˈteːn], **Trichloräthylen** [triklo:ɐ̯|-], das; -s 트리클로 에틸렌.
Trichomonas [trɪçoˈmoːnas, triˈçoːmonas], die; ...aden [...moˈnaːdn̩] 〈대개 Pl.〉 [griech. thríx + monás] [의학·생물] 편모충의 일종(음부에 가려움증을 유발).
Trichose [triˈçoːzə], die; -n [의학] 이상 발모(發毛).
Trichotomie [trɪçotoˈmiː], die; -n [...iːən; griech. trichotomía] **1.** [철학] 인간 본성의 삼분법(정신, 육체, 영혼). **2.** [법] 범죄 행위의 (정도에 따른) 3분법(위반, 위법, 범법). **trichotomisch** [...ˈtoːmɪʃ] 〈Adj.〉 [교양어] 3분법의.
Trichter [ˈtrɪçtɐ], der; -s, - **1.** 깔때기: etw. durch einen T. gießen 깔때기를 통해서 무엇을 붓다; **der Nürnberger T.** 쉽게 습득시키는 속성 교수법(뉘른베르크에서 발간된 Harsdörffer의 시학서 제목에서 유래됨); **auf den (richtigen) T. kommen** 〈통용어〉 (올바른) 해결책을 찾다; **jmdn. auf den (richtigen) T. bringen** 〈통용어〉 누구에게 (올바른) 문제 해결책을 가르쳐 주다. **2. a)** ↑Schalltrichter의 약칭. **b)** ↑Schallbecher의 약칭. **3.** ↑Granat-, Bombentrichter의 약칭. **4.** [지리] 화산의 분화구.
trichter-, Trichter-: ~**feld**, das 포탄 구덩이가 많은 지역. ~**förmig** 〈Adj.〉 깔때기 모양의. ~**grammophon**, das 〈옛〉 나팔이 달린 축음기. ~**mündung**, die [지리] 3각 하구.
Trichterling [ˈtrɪçtɐlɪŋ], der; -s, -e 깔때기 모양의 버섯. **trichtern** [ˈtrɪçtɐn] 〈h〉 **1.** 〈햄머 던지기〉 햄머를 (던지기 직전에) 위쪽으로 돌리다. **2.** 〈드물게〉 ↑eintrichtern 〈 〉.
Tricinium [triˈtsiːnium], das; -s, ...ia /...ien [...iən; lat. tricinium] [음악] (16~17세기의) 3성 악곡, 3중주곡.
Trick [trɪk], der; -s, -s / -e [engl. trick] **a)** 트릭, 술책, 속임수: ein raffinierter (billiger, übler) T. 교활한[허튼, 사악한] 술책. **b)** 요령, 비결: es gibt einen ganz simplen T. 아주 간단한 요령이 있다. **c)** 묘기: der T. eines Zauberers (Akrobaten) 마술사(곡예사) 묘기.
trick-, Trick-: ~**aufnahme**, die 트릭 촬영, 트릭 녹음, 특수 촬영. ~**betrug**, der 속임수를 쓴 사기. ~**betrüger**, der 속임수를 쓴 사기꾼. ~**dieb**, der 속임수를 쓴 도둑. ~**film**, der 트릭 영화. ~**kiste**, die 〈통용어〉 술책 [요령] 상자: in die T. greifen 다양한 술책을 쓰다. ~**reich** 〈Adj.〉 트릭이 많은, 술책이 많은: ein -er Politiker 술책이 많은 정치가. ~**ski**, der **1.** [스포츠] 곡예 특수 스키. **2.** 〈통용어〉 ↑~skilaufen의 약칭. ~**skilaufen**, das; -s 곡예 스키.
tricksen [ˈtrɪksn̩] 〈h〉 〈통용어·스포츠·은어〉 다양한 술수를 쓰다. **Trickser**, der; -s, - 〈통용어〉 술수를 쓰는 사람. **Trickserei**, die; -, -en 〈통용어·폄〉 천박한 술수 쓰기.
Tricktrack [ˈtrɪktrak], das; -s, -s [frz. trictrac] ↑⁴Puff.
Trident [triˈdɛnt], der; -(e)s, -e [lat. tridēns] [교양어] (포세이돈의) 삼지창.
¹Tridentiner [tridɛnˈtiːnɐ], der; -s - 트리엔트 사람.
²Tridentiner [-] 〈Adj. 격변화 없음〉 트리엔트의. **tridentinisch** [tridɛnˈtiːnɪʃ] 〈Adj.〉 트리엔트의. **Tridentinum** [tridɛnˈtiːnʊm], das; -s 트리엔트 종교회의 (1545~1563).
Triduum [ˈtriːduʊm], das; -s, ...duen [...dyən; lat. triduum] [교양어] 3일간의 시간.
trieb [triːp] ↑treiben 참조. **Trieb** [-], der; -(e)s, -e **1. a)** 충동, 본능, 욕망, 욕구: ein heftiger [blinder, tierischer] T. 강렬한 [맹목적인, 동물적인] 충동; ein natürlicher [mütterlicher] T. 자연적인 [모성의] 본능; einen T. zum Verbrechen haben 강한 범죄 성향을 가지다; seine -e zügeln [beherrschen, befriedigen] 그의 본능적인 욕구를 억제하다 [지배하다, 만족시키다]; seinen -en nachgeben 그의 본능적인 욕망에 굴복하다. **b)** 〈Pl. 없음〉 〈준고어〉 욕망, 욕구: keinen (besonderen) T. zur Arbeit haben 일하고 싶은 (특별한) 욕망을 가지지 못하다. **2.** (식물의) (어린) 싹: die Pflanze hat junge, frische -e entwickelt 식물에 어린 새싹이 돋아났다. **3.** [기술] **a)** 구동 (驅動), 전동 (傳動). **b)** 구동 장치, 전동 장치. **4.** [기술] [톱니수가 적은] 톱니바퀴.
trieb-, Trieb-: ~**artig** 〈Adj.〉 본능적인, 충동적인. ~**bedingt** 본능에 의한, 본능 때문인: -e Verhaltensweisen 본능적인 행동 양식. ~**befriedigung**, die [특히 성적인] 본능 충족, 욕구 충족. ~**fahrzeug**, das ↑~wagen. ~**feder**, die (시계 따위의) 태엽, 용수철: 〈전의〉 Haß war die eigentliche T. zu diesem Verbrechen 이 범행의 진정한 동기는 증오였다. ~**gestört** 〈Adj.〉 성도착적인. ~**handlung**, die 본능적 [충동적] 행위 [행동]. ~**kraft**, die **1.** (식물) 원동력, 추진력, 구동력. **2. a)** (반죽을) 부풀리는 힘. **b)** (식물) (씨앗의) 발아력. **3.** [사회학] 동인 (動因): Ehrgeiz war die T. seines Handelns 공명심이 그의 행동의 동기이었다. ~**leben**, das 〈Pl. 없음〉 본능적인 생활, 성생활: ein normales T. haben 정상적인 성생활을 하다. ~**mäßig** 〈Adj.〉 본능적인, 충동적인. ~**mittel**, das [요리] ↑Treibmittel (2). ~**mörder**, der 성욕으로 인한 살인자. ~**rad**, das [기술] ↑Treibrad. ~**sand**, der ↑Mahlsand. ~**stoff**, der (schweiz.) ↑Treibstoff. ~**täter**, der 성범죄자. ~**verbrechen**, das 성범죄. ~**verbrecher**, der 성범죄자. ~**wagen**, der 전동차, 동력차. ~**werk**, das 동력 장치. ~**werkschaden**, der 동력 장치 고장.
triebhaft 〈Adj.〉 충동적인, 본능적인. **Triebhaftigkeit**, die 충동, 본능, 충동성.
trief-, Trief-: ~**auge**, das 눈물젖은 눈. ~**äugig** 〈Adj.〉 〈통용어·폄〉 눈물 젖은 눈의. ~**naß** 〈Adj.〉 〈통용어〉 흠뻑 젖은.
Triefel [ˈtriːfl̩], der; -s, - (지역적) 명청이, 얼간이.
triefen [ˈtriːfn̩] 〈h/s〉 **1.** 〈s〉 듣다, 물방울져 떨어지다: der Regen trieft 비가 뚝뚝 떨어지다; ihm ist der Schweiß von der Stirn getrieft 그의 이마에서 땀이 뚝뚝 떨어졌다. **2.** 〈h〉 흠뻑 젖다: wir [unsere Kleider] trieften vom Regen 우리 [우리의 옷]은 비에 흠뻑 젖었다; wir waren triefend naß 우리는 완전히 흠뻑 젖어 있었다; 〈전의〉 seine Hände triefen von Blut (아이) 그의 두 손은 피로 흠뻑 젖어 있다 (사람을 많이 죽였다); seine Erzählungen triefen von [vor] Sentimentalität (반어) 그의 소설은 감상성이 넘칠 지경이다; der Chef trieft nur so von Wohlwollen 사장은 의심이 날 정도로 지나친 호의를 베푼다.
¹Triel [triːl], der; -(e)s, -e 물떼새 (도요새의 일종, 학명: Burhinug oedicnemus).
²Triel [-], der; -(e)s, -e [lat. trillus] **1.** 입, 주둥이, 아가리. **2.** 소 따위의 목 밑에 늘어진 주름. **trielen** [ˈtriːlən] 〈h〉 (südd.) 침을 흘리다. **Trieler** [ˈtriːlɐ], der; -s, - (südd.) **1.** 침을 흘리는 사람. **2.** (아이용) 침받이.
Triennale [triɛˈnaːlə], die; -n [lat. triennālis (triennāle)] 3년마다 개최되는 행사. **Triennium** [triˈɛnium], das; -s, ...ien [...iən; lat. triennium] [교양어] 3년간.
Trient [triˈɛnt] 트리엔트 (이탈리아의 도시). **¹Trienter** [triˈɛntɐ], der; -s, - 트리엔트 사람. **²Trienter** 〈Adj. 격변화 없음〉 트리엔트의.
Trier [triːɐ̯] 트리어 (독일 모젤 강변의 도시). **¹Trierer** [ˈtriːrɐ], der; -s, - 트리어 사람. **²Trierer** 〈Adj.; 격변

trierisch 화 없음》 트리어의. **trierisch** ['triːriʃ] 〈Adj.〉 트리어의.

Triere [triˈeːrə], die; -n [lat. triēris(navis) < griech. triḗrēs] 《고대 그리스의》 3단으로 노를 갖춘 전함.

Triesel ['triːzl], der; -s, -[rückgeb. aus ↑trieseln] 《지역적》 ↑Kreisel (1). **trieseln** 〈h〉 《지역적》 ↑kreiseln (2).

Triest [triˈest] 트리에스트(이탈리아의 도시) ¹**Triester** [triˈestɐ], der; -s, - 트리에스트 사람. ²**Triester** 〈Adj.; 격변화 없음》 트리에스트의.

Trieur [triˈøːɐ̯], der; -s, -e [frz. trieur] (곡식이나 씨앗의) 정선기, 선별기.

triezen ['triːtsn̩] 〈h〉 [Niederd. tritzen] 《통용어》 괴롭히다, 못살게 굴다: jmdn. mit etw. t. 누구를 무엇으로 괴롭히다.

Trifle [traɪfl̩], das; -s, -s [engl. trifle] 케이크 모양의 영국 디저트.

Trifokalbrille [trifoˈkaːl-], die; -n (근시, 보통, 원시) 3단계 안경. **Trifokalglas**, das; -es, ...gläser 3단계 안경 렌즈.

Trifolium [triˈfoːli̯ʊm], das; -s, ...ien [...i̯ən; 1: lat. trifolium] 1. [식물] ↑Klee. 2. 《교양어》 클로버 잎(↑Kleeblatt (1)).

trifft! [trɪft], **triffst** [trɪfst], **trifft** [trɪft] ↑treffen 참조.

Triforium [triˈfoːri̯ʊm], das; -s, ...ien [...i̯ən; lat. triforium] [건축] 트리포리움(로마네스크나 고딕식 교회 내부의 중랑, 제단부, 측랑 창문 아래 부분).

Trift [trɪft], die; -en 1. ↑Drift. 2. 《지역적》 a) ↑Hutung. b) (목장 내의) 가축 통로. **triften** ['trɪftn̩] 〈h〉 ↑flößen (1 a). ¹**triftig** ['trɪftɪç] 〈Adj.〉 [niederd. driftich] 〖선원〗 표류하는, 떠내려가는.

²**triftig** [-] 〈Adj.〉 설득력 있는, 납득할 만한, 적절한, 적확한, 근거가 충분한: -e Gründe(Einwände) 설득력 있는 근거(이의); etw. t. begründen 설득력 있게 무엇의 근거를 대다. **Triftigkeit**, die ↑triftig의 명사형.

Triga ['triːga], die; -s / ...gen[lat. trīga / iugum] 《교양어》 ↑Dreigespann.

Trigeminus [triˈgeːminʊs], der; -, ...ni [lat. (Nervus)trigeminus] [해부·생리] 삼차(三叉) 신경. **Trigeminusneuralgie**, die [의학] 삼차 신경통.

Trigger ['trɪgɐ], der; -s, - [engl. trigger] [전기] 1. 트리거(작동을 유발시키는 전기 접속 장치). 2. 작동을 유발시키는 자극. **triggern** 〈h〉 [engl. to trigger] [전기] 트리거를 이용해서 작동시키다.

Triglyph [triˈglyːf], der; -s, -e, **Triglyphe**, die; -n [lat. triglyphus < griech. tríglyphos = Dreischlitz] [건축] 트리글리프(도리아식 건축의 프리즈를 구성하는 세 줄의 홈).

Trigon [triˈgoːn], das; -s, -e [lat. trigonium < griech. trígōnon = Dreiwinkel] 《고어》 3각형. **trigonal** [trigoˈnaːl] 〈Adj.〉 [lat. trigōnālis] [수학] 3각형의, 3각의. **Trigonometrie** [trigono-], die 3각법. **trigonometrisch** 〈Adj.〉 3각법의: -e Funktion 3각함수; -er Punkt [측지] (3각 측량의) 3각점.

triklin, **triklinisch** [triˈkliːn(ɪʃ)] 〈Adj.〉 [lat. tri- + griech. klínein = neigen] 결정(結晶)이 삼사(三斜)인. **Triklinium** [triˈkliːni̯ʊm], das; -s, ...ien [...i̯ən; lat. triclīnium < griech. tríklinon] a) 《고대 로마의》 소파의 삼면을 에워싸는 큰 식탁. b) 위의 식탁이 있는 식당.

Trikoline [trikoˈliːnə], die 무명 포플린.

trikolor ['triːkolor, 《또한》 ...loːɐ̯] 〈Adj.〉 [lat. tricolor] (드물게) 3색의. **Trikolore** [trikoˈloːrə], die; -n [frz. (drapeau) tricolore] (특히 프랑스의) 3색기.

Trikompositum [triː-], das; -s, ...ta [언어] 세 단어의 합성어(예컨대: Einzimmerwohnung).

¹**Trikot** [triˈkoː, 《또한》 ˈtrɪko], der / das; -s, -s [frz. tricot] 메리야스 직물의 일종. ²**Trikot** [-], das; -s, -s 몸에 착 붙는 운동복(무용복), 트리콧. **Trikotage** [trikoˈtaːʒə], die; -n 《대개 Pl.》 [frz. tricotage] 트리콧 직(물). **Trikothemd**, das; -(e)s, -en 트리콧 내의. **Trikotwerbung**, die; -en 선수들의 트리콧에 부착하는 광고.

trilateral [triː-] 〈Adj.〉 [정치] 3국간의, 3자간의: -e Verträge 3국 협약, 3국 조약.

Trilemma [triː-], das; -s, -s / ...ta [철학] 상호 모순된 세 가지 결론.

Triller ['trɪlɐ], der; -s, - [ital. trillo, wohl lautm.] 떨리는 음, 전음(顫音): einen T. spielen[singen] 트레몰로로 연주하다[노래부르다]; **einen T. haben** 《경》 정신이 이상하다. **trillern** ['trɪlɐn] 〈h〉 1. a) 떨리는 소리 내다: eine Lerche flog trillernd durch die Luft 종달새가 떨리듯 지저귀면서 공중으로 날아갔다. b) (음을) 떨다: sie trillerte Lieder und Arien 그녀는 전음(顫音)으로 가곡과 아리아를 불렀다. 2. a) 호르라기를 불다. b) 호르라기 소리를 내다: ein Signal t. 호르라기 신호를 보내다. **3. einen t.** 《통용어》 나팔 불다(술 마시다). **Trillerpfeife**, die; -n 호르라기.

Trilliarde [trɪˈli̯ardə], die; -n 10해(=10^{21}). **Trillion** [trɪˈli̯oːn], die; -en [frz. trillion] 100 경(京)(=10^{18}).

Trilobit [triloˈbiːt, 《또한》 ...ˈbɪt], der; -en [griech. trílobos = dreilappig] 삼엽충(三葉蟲).

Trilogie [triː-], die; -n [...i̯ən; griech. trilogía] 삼부작.

Trimaran [trimaˈraːn], der; -s, -e [= „Dreirumpfboot"] 양쪽에 작은 선체가 달린 요트.

trimer [triˈmeːɐ̯] 〈Adj.〉 [griech. trimerḗs] 《전문어》 세 부분의.

Trimester [triˈmɛstɐ], das; -s, - [lat. trimēstris = dreimonatig] (년 3학기제의) 학기(3개월간).

Trimeter ['triːmetɐ], der; -s, - [lat. trimeter] (그리스 운율의) 3각 율시(三脚韻詩).

Trimm [trɪm], der; -(e)s [engl. trim] [선원] 1. (배 앞뒤의) 평형. 2. (선체의) 양호한 정비 상태.

Trimm-: **~klappe**, die [항공] 균형판. **~pfad**, der ↑Trimm-dich-Pfad. **~ruder**, das [항공] 균형타. **~tank**, der [해양] (특히 잠수함의) 균형(물)탱크. **~trab**, der 건강 유지를 위한 장거리 달리기. **~vorrichtung**, die [항공] (항공기의) 균형 장치.

Trimm-dich-Pfad, der; -(e)s, -e 신체 단련용 숲길.

trimmen [ˈtrɪmən] 〈h〉 [engl. to trim] 1. 신체 단련을 시키다. 2. 《통용어》 …하도록 단련시키다: seine Kinder auf Höflichkeit t. 아이들을 예의바르도록 단련시키다; sie trimmt sich auf jugendlich 그녀는 젊어지려고 노력한다. 3. a) (일정한 모양으로) 개의 털을 다듬다: einen Pudel t. 푸들의 털을 다듬다. b) 개털을 빗다. 4. a) [해양] (배, 비행기의) 균형을 잡다. b) [해양] 화물을 적당히 배치하다(쌓아 넣다). c) [해양] 《옛》(석탄을) 화구로 나르다. 5. [무선·전자] (주파수 따위를) 조정하다. 6. [핵공학] (원자로의 이상을) 조정하다, 수정하다.

Trimmer, der; -s, -1. ↑trimmen의 행위자. 2. 《통용어》 ↑Trimm-dich-Pfad. 3. 《해양·옛》 ↑Kohlentrimmer의 약칭. 4. [무선·전자] 무선 조정기, 진동 회로 조정기. **Trimmung**, die; -en 《Pl. 없음》 〖해양·항공〗 a) (배, 비행기의) 균형잡기. b) 균형이 잡힌 상태. 2. ↑Trimmvorrichtung.

trimorph, **trimorphisch** [triˈmɔrf(ɪʃ)] 〈Adj.〉 [griech. trímorphos] 〖광물·생물〗 세 가지 모양의. **Trimorphie** [trimɔrˈfiː], die, **Trimorphismus** [trimɔrˈfɪsmʊs], der; - [광물·생물] 3형성(三形性).

trinär [triˈnɛːɐ̯] 〈Adj.〉 [lat. trīnārius] 《전문어》 세 단위

로 된, 세 부분으로 이루어진.

Trine ['tri:nə], die; -n [katharina의 약칭] 1. 《통용어‧폄》 너절하고 명청한 여자. 2. 《폄》 ↑Tunte.

Trinidad ['trɪnidat, (engl.) 'trɪnɪdæd, (span.) triniðáð], 트리니다드(남미 북쪽 해안 앞에 있는 섬).

Trinidad und Tobago, -s - -s 트리니다드 토바고(카리브 해에 있는 섬 나라).

Trinitarier [trini'ta:riɐ], der; -s, - 1. (가톨릭의) 트리니타티스 수도회. 2. 삼위 일체론자. **Trinitarierin**, die; -nen 트리니타티스 수도회 수녀. **trinitarisch** [...'ta:rɪʃ] 〈Adj.〉 [기독교] 삼위 일체의. **Trinität** [trini'tɛ:t], die [lat. trinitās (격: trinitātis) = Dreizahl] [기독교] 삼위(일체). **Trinitatis** [trini'ta:tɪs], das; 〈대개 관사없이〉, **Trinitatisfest**, das; -(e)s 삼위일체 축일(성령 강림절 후의 첫 일요일).

Trinitrophenol [trinitro-], das; -s ↑Pikrinsäure. **Trinitrotoluol**, das; -s 티엔티(폭약)(약어: TNT).

trink-, Trink-: ~becher, der 술잔. **~branntwein**, der 브랜디, 화주(火酒). **~ei**, das (날것으로 먹을 수 있는) 달걀. **~fertig** 〈Adj.〉 (물에 타서) 마실 수 있는: -es Kakaopulver(Milchpulver) 물에 타서 마실 수 있는 카카오(우유)가루. **~fest** 〈Adj.〉 술에 강한: seine Frau ist auch ziemlich t. 그의 부인 역시 꽤나 술에 강하다. **~festigkeit**, die 술에 강함. **~flasche**, die 음료수병, 술병. **~freudig** 〈Adj.〉 술을 즐기는. **~freudigkeit**, die 술을 즐겨 마심. **~gefäß**, das (대개 손잡이가 달린) 술잔. **~gelage**, die 《대개 농》술자리, 주연. **~geld**, das 팁: grundsätzlich kein T. geben 원칙적으로 팁을 주지 않다; keinen Pfennig T. bekommen 한푼의 팁도 받지 못하다. **~glas**, das 〈Pl. ...gläser〉 음료수잔, 술잔. **~halle**, die 1. 광천수(鑛泉水) 마시는 곳. 2. 음료수 판매점. **~halm**, der (음료수 빨대. **~horn**, das 〈Pl. ...hörner〉 (옛) 뿔로 만든 술잔, 뿔 모양의 술잔. **~krug**, der (항아리 모양의) 술잔. **~kumpan**, der 《통용어‧드물게》 ↑Saufkumpan. **~kur**, die (광천수) 음용 요법. **~lied**, das 《준고어》 술자리에서 부르는 노래. **~milch**, die 음료용 우유. **~röhrchen**, das ↑~halm. **~schale**, die (접시처럼) 속이 얕은 잔. **~schokolade**, die 음료용 초콜릿. **~spruch**, der 건배의 말: einen T. auf jmdn. halten [ausbringen] 누구를 위하여 건배의 말을 하다. **~stube**, die 《준고어》 술집, (호텔의) 바. **~wasser**, das 〈Pl. 없음〉 음료수. **~wasseraufbereitung**, die 음료수의 정화. **~wasserversorgung**, die 급수.

trinkbar ['trɪŋkba:r] 〈Adj.〉 마실 수 있는, 마시기에 적당한: -es Leitungswasser 마실 수 있는 수돗물; der Wein ist durchaus t. 《통용어》 그 포도주는 마시기에 아주 좋다; etwas Trinkbares 《통용어》 마실 것. **Trinkbarkeit**, die 마실 수 있음. **trinken*** ['trɪŋkŋ̩] 〈h〉 1. a) 물 따위를 마시다: aus der Flasche t. 병채 마시다; in [mit] kleinen Schlucken(in großen Zügen) t. 홀금[꿀꺽꿀꺽] 마시다. b) 〈t. + sich〉 마시기에 ~하다: der Wein trinkt sich gut 그 포도주는 마실 만하다. c) 마셔서 어떤 상태가 되다: das Baby hat sich satt getrunken 갓난애는 배가 부르도록 마셨다. 2. 마시다: eine Tasse Kaffee[einen Schluck Wasser, eine Flasche Bier, ein Glas Wein] t. 한 잔의 커피(한 모금의 물, 한 병의 맥주, 한 잔의 포도주)를 마시다; er trank sein Bier in einem Zug 그는 맥주를 단숨에 마셨다; der Kognak schien ihm t. [ist zu t.] 《통용어》 꼬냑 맛이 좋다; die Schönheit[das Leben] t. 《시어》 아름다움 [삶]을 만끽하다. 3. a) (술을) 마시다: in der Kneipe sitzen und t. 술집에 앉아 술을 마시다. b) (술을) 마시지 않다; er trinkt keinen Tropfen 그는 한 방울의 술도 마시지 않는다; einen t. 《통용어》 (술을) 한 잔 하다; sich³ einen t. 《통용어》 (용기를 얻기 위하여) 술을 한 잔 마시다. c) 건배하다: auf jmdn. [jmds. Wohl, Glück, Gesundheit] t. 누구 (누구의 안녕, 행복, 건강)를 위하여 건배하다. d) 〈t. + sich〉 술을 마셔 어떤 상태가 되다: sich krank [arm, um den Verstand] t. 과음으로 병이 나다(재산을 탕진하다, 이성을 잃다). e) 습관적으로 마시다: er trinkt 그는 주정뱅이이다; 《명사화》 er kann das Trinken nicht mehr lassen 그는 더 이상 술을 끊을 수 없다. **Trinker**, der; -s, - 술꾼. **Trinkerei** [trɪŋkə'raɪ], die; -, -en 1. 《대개 폄》계속 쳐 마시기. 2. 《폄》음주벽: die T. hat seine Leber ruiniert 상습적인 음주가 그의 간을 망쳤다. 3. 《통용어》↑Trinkgelage. **Trinkerheilanstalt**, die; -en, **Trinkerheilstätte**, die; -n 알코올 중독자 요양소. **Trinkerin**, die; -nen ↑Trinker의 여성형.

Trinom [tri'no:m], das; -s, -e [수학] 삼항식(三項式), 3항수(數). **trinomisch** 〈Adj.〉 [수학] 3항식의, 3항 수의.

Trio ['tri:o], das; -s, -s [ital.trio] 1. [음악] a) 3중주(곡), 3중창(곡). b) 악장 사이에 삽입된 조용한 템포의 중간부. 2. 3인조 연주단. 3. 《대개 반어》 3인조, 트리오.

Triode [trio'də], die; -n [전기] 3극 진공관.

Triole [tri'o:lə], die; -n [zu lat. tri- = drei-] 1. [음악] 셋잇단음표. 2. 《교양어》 ↑Triolismus.

Triolenverkehr, der; -s [법] 3인간의 성교(性交). **Triolett** [trio'lɛt], das; -(e)s, -e [frz. triolet] [문예학] 이운각 팔행시(二韻脚八行詩)(1행이 4행에서, 처음 2행이 마지막 8행으로 반복됨). **Triolismus** [trio'lɪsmʊs], der; - 《교양어》 3인간의 성교.

Triosonate, die; -n [음악] (특히 바로크 시대의) 트리오 소나타.

Trip [trɪp], der; -s, -s [engl.trip] 1. 《통용어》 간단한 여행, 소풍: einen kleinen (kurzen, längeren) T. unternehmen 작은 (짧은‧비교적 긴) 여행을 하다. 2. 《은어》 a) 환각 상태: der T. war vorbei 환각 상태는 지나갔다. b) 환각제(특히 LSD): einen T. (ein) werfen [(ein) schmeißen] 《은어》 환각제를 주입하다. 3. 《은어》 무슨 일에 몰두하고 있는 단계.

¹Tripel ['tri:p], der; -s [도시명 Tripolis] [지질] 트리폴리 석(石)(연마제).

²Tripel [-], das; -s, - [frz.triple = dreifach] [수학] 3요소, 3개, 3조.

³Tripel ['tri:pl], der; -s, - 3중의 소득, 3중의 물건.

Tripel-: ~allianz, die [국제법] 3국 동맹, **~entente**, die [국제법] 3국 협상, 3국 협약(↑~allianz). **~fuge**, die [음악] 3중 푸가. **~konzert**, das [음악] 3중 협주곡. **~punkt**, der [물리‧화학] 3중점. **~takt**, der [음악] 3박자.

Triphthong [trɪf'tɔŋ], der; -s, -e [언어] 3중모음(重母音).

Triplet [tri'ple:], das; -s, -s [전문어] ↑Triplett (3). **Triplett** [tri'plɛt], das; -s, -e / -s [frz. triplet] 1. [물리] 삼중점. 2. [생물] (아미노산을 이루는 핵산의) 삼중기. 3. [광학] 3중 복합렌즈. **Triplette**, die; -n 세 부분으로 이루어진 보석. **triplieren** [tri'pli:rən] 〈h〉 [frz. tripler] 《교양어‧전문어》 3배 [3중]로 하다. **Triplik** [tri'pli:k, 《또한》 ...lik], die; -en [lat.triplex = dreifach] [법‧준고어] (원고의) 제 3차 응답. **Triplikat** [tripli'ka:t], das; -(e)s, -e [lat.triplicātio] 《드물게》 제 2사본. **Triplizität** [...tsi'tɛ:t], die [lat. triplicitās] [전문어‧드물게 교양어] 3배성, 3중성.

Tripmadam ['trɪpmadam], die; -en [frz. tripe-madame] [식물] (향료에 쓰이는) 비름의 일종.

Tripoden: ↑Tripus의 복수형. **Tripodie** [tripo'di:], die; -n [...i:ən; griech. tripodía] (고대 그리스 운율의) 3

Tripolis ['tri:polɪs, 《neugr.》'trɪpɔlis] 트리폴리스(리비아 공화국 수도).

trippeln ['trɪpḷn] 〈s〉 총총 걸음으로 걷다: trippelnde Schritte 총총 걸음. **Trippelgang**, der 총총 걸음걸이. **Trippelschritt**, der 총총 걸음.

Tripper ['trɪpɐ], der; -s, - 임질: sich den T. holen 임질에 걸리다.

Tripstrill [trɪps'trɪl] 《다음 용법으로》 in T. 《통용어·대개 농》 미지의 어느곳에.

Triptik: ↑Triptyk. **Triptychon** ['trɪptyҫɔn], das; -s, ...chen /....cha [griech. tríptychos = dreifach] 【예술】세 폭으로 된(성당 장식) 그림. **Triptyk** ['trɪptyk], **Triptik** ['trɪptɪk], das; -s, -s [engl. triptique] (자동차의) 국경 3중 통과.

Tripus ['tri:pu:s], der; -, ...poden [tri'po:dn̩; griech. trípous = dreibeinig, -füßig] (고대 그리스의) 3각대, 3 발이.

Trireme [tri're:mǝ], die; -n [lat.trirēmis (navis)] ↑ Triere.

Trisektion [tri-], die 【수학】(각의) 3(등)분.

Triset ['tri:sɛt], das; -(s), -s **1.** 세 짝. **2.** (다이아몬드 반지가 낀) 신부용 세 쌍 결혼 반지.

trist [trɪst] 〈Adj.〉 [frz.triste] 《교양어》 황량한, 쓸쓸한, 음산한: ein -er Regentag 비가 오는 음산한 날.

Triste ['trɪstǝ], die; -n (bayr., österr., schweiz.) 막대 위에 쌓아 올린 건초(짚) 더미.

Tristesse [trɪs'tɛs], die; -n [frz.tristesse] 《교양어》 슬픔, 비애, 애수. **Tristheit**, die 쓸쓸함, 황량함.

Tristichon ['trɪstɪҫɔn], das; -s, ...chen [griech. trístichos] 【운율】 3행시.

trisyllabisch [tri-] 〈Adj.〉 【언어】 3음절의, 3음철의. **Trisyllabum** ['trɪzʏlabʊm], das; -s, ...ba [lat. trisyllabum] 【언어】 3음절어(語), 3음철어.

Tritagonist [tritago'nɪst], der; -en, -en [griech. tritagōnistḗs] (고대 그리스 극의) 제 3의 배우.

Tritheismus [tri-], der; - 【기독교】 3신설(三神説), 3신이체론(三神異體論).

Trithemimeres [tritemime're:s], die (고대 운율에서) 두번째 강음각(強音脚) 다음의 휴지(休止)(특히 Hexameter 운율에서).

Tritium ['tri:tsiʊm], das; -s [griech. trítos] 3중 수소 (기호: T, ^{3}H).

Tritol [tri'to:l], das; -s ↑ Trinitrotoluol의 약칭.

¹Triton ['tri:tɔn, das; -s [tri'to:nǝn; griech. trítos = der dritte] 트리톤, 3중(양)자.

²Triton ['tri:tɔn, 《engl.》 traɪtn] 트리톤 신(포세이돈의 아들).

³Triton, der; ...onen, ...onen [그리스 신화] 트리톤 신 (포세이돈 휘하에 있는 바다 신).

Tritonshorn ['tri:tɔns-], das; -s, ...hörner [그리스의 바다신 트리톤에서] (바다에 사는 트럼펫 형의 커다란) 소라 고동.

Tritonus ['tri:tonʊs], der; - [griech.trítonos = mit drei Tönen] 【음악】 삼전음(三全音).

tritt! [trɪt] ↑treten 참조. **Tritt** [-], der; -(e)s, -e **1.** (발) 걸음; 걸음: leichte[leise, schwere, kräftige] 가벼운[조용한, 무거운, 힘찬] 발걸음; er hat einen falschen T. gemacht 그는 발을 헛디디었다. **2.** 〈Pl. 없음〉 **a)** 걸음새: einen leichten (federnden) T. haben 가볍게[사뿐사뿐] 발을 내디디다; man erkennt ihn an seinem T. 걸음걸이를 보고(발소리를 듣고) 그를 알아 차리다. **b)** 보조: er hatte den falschen T. 그는 보조(발)가 틀렸다; aus dem T. geraten(kommen) 보조(발)가 맞지 않게 되다; im T.marschieren (행진 때) 발을 맞추어 가다; ohne T., marsch! 제자리걸음!(군대 구령); 〖전의〗 T. fassen 1) 【군】 발을 맞추다. 2) 평상시의 생활 리듬을 되찾다. **3.** ↑Fußtritt (1 a): einen T. bekommen(kriegen) 《통용어》 얻어 당하다, 쫓겨나다. **4. a)** 디딤대, 승강대. **b)** ↑Stufe (1 b). **5.** (2~3단의) 간이사다리: auf den T. steigen 사다리에 오르다. **6.** (준고어) 실내의 약간 높은 대. **7.** 【사냥】 **a)** (들짐승, 들새의) 발자국. **b)** 《대개 Pl.》 (작은 새 따위의) 발.

tritt-, Tritt-: **~brett**, das 디딤대, 승강대. **~brettfahrer**, der 《평》 자기의 노력없이 남의 일에서 이익을 보는 사람. **~fest** 〈Adj.〉 **1.** (발을) 디디기에 튼튼한: die Leiter ist nicht t. 이 사다리는 밟고 올라가기에는 튼튼하지 않다. **2.** 밟아서 닳아지지 않는, 밟아도 오래가는. **~fläche**, die 발로 디디는 면. **~hocker**, der 접는 발판(디딤대). **~leiter**, die (2~3단의) 양다리 사다리. **~schemel**, der 발돋음대. **~sicher** 〈Adj.〉 ↑~fest (1), ~spur, die 발자국.

trittst [trɪtst] ↑treten 참조.

Triumph [tri'ʊmf], der; -(e)s -e **1. a)** 대승리, 대성공: ein beispielloser[unerhörter] T. 예가 없는[전대미문의] 대승리; ein T.der Technik[der Wissenschaft] 기술(과학)의 대승리; einen T. erringen[erleben] 승리 [대성공]을 거두다(체험하다). **b)** 《Pl. 없음》 승리감: T. spiegelte sich[zeigte sich] in seiner Miene 승리의 기쁨이 그의 얼굴에 나타나 있다; im T. 개가를 올리며. **2.** ↑Triumphzug.

Triumph-: **~bogen**, der [건축] **1.** (특히 고대의) 개선문. **2.** (특히 중세 교회에서) 예수나 교회의 승리를 상징하는 궁륭문. **~gefühl**, das 승리감. **~geheul**, das, **~geschrei**, das 승리의 아우성. **~kreuz**, das ↑ Triumphbogen (2)의 전면에 있는 십자가상. **~pforte**, die ↑~bogen (1). **~säule**, die 전승 기념비. **~wagen**, der (고대 로마의) 개선 마차. **~zug**, der 개선 행렬, 개선 행진.

triumphal [triʊm'fa:l] 〈Adj.〉 [lat. triumphālis] **a)** 승리에 찬: der -e Erfolg einer Theateraufführung 연극 공연의 대대적인 성공. **b)** 열광적인, 환호성에 감싸인: die Sieger wurden t. gefeiert 승자들은 열광적인 축하를 받았다. **triumphant** [...'fant] 〈Adj.〉 [lat.triumphāns] 《교양어》 **a)** 승리에 찬. **b)** 대성공의, 승리의.

Triumphator [...fa:tɔr, 《또한》 ...to:r], der; -s, -en [...fa'to:rǝn; lat. triumphātor] **1.** (고대 로마의) 개선장군. **2.** 《교양어》 성공인, 승리자. **triumphieren** [...'fi:rǝn] 〈h〉 [lat. triumphāre] **a)** 승리감을 느끼다, 개가를 부르다: etw mit triumphierender Miene sagen 무엇을 승리감에 도취된 표정으로 말하다. **b)** 대승을 거두다, 개가를 올리다: über seine Gegner(Rivalen, Feinde) t. 그의 적수(경쟁자, 적)에게 대승을 거두다; 〖전의〗 der Geist triumphiert über die Natur 정신은 자연에 대해 개가를 올리다.

Triumvir [tri'ʊmvɪr], der; -s/ -n, -n [lat.triumvir] 《역사적》 (고대 로마의) 3두정치 집정관(의 한 사람). **Triumvirat** [triʊmvi'ra:t], das; -(e)s, -e [lat. triumvirātus] 《역사적》 (고대 로마의) 3두정치.

trivalent [triva'lɛnt] 〈Adj.〉 【화학】 3가의.

trivial [tri'via:l] 〈Adj.〉 [frz.trivial] 《교양어》 **a)** 통속적인, 진부한, 저속한: -e Worte(Gedanken) 진부한 말(생각); ein -er Roman 통속 소설. **b)** 일상적인, 통상적인, 평범한.

Trivial-: **~autor**, der 통속 작가. **~literatur**, die 통속 문학. **~musik**, die 통속 음악, 대중 음악. **~name**, der [생물] 속명. **~roman**, der 통속 소설. **~schriftsteller**, der 통속 작가.

Trivialität [triviali'tɛ:t], die; -en [frz.trivialité] 《교양어》 **1.** 〈Pl. 없음〉 통속성, 진부성, 저속성: die T. eines

Gedankens 생각의 저속성. 2. 통속적인 언급, 진부한 생각.

Trivium ['tri:vjʊm], das; -s [lat.trivium = Kreuzung dreier Wege] 3학과(중세 대학의 교양 7학과중 하위 3과: 문법, 수사학, 논리학).

Trizeps ['tri:tsɛps], der; -, -e [lat.triceps = dreiköpfig] [해부] 삼두근(三頭筋).

trochäisch [trɔ'xɛ:ɪʃ] 〈Adj.〉 [lat. trochaicus < griech. trochaikós] [운율] 장단격의, 강약격의. **Trochäus** [trɔ'xɛ:ʊs], der; -, ...äen [..ɛ:ən; lat. trochaeus < griech.trochaîos = schnell] [운율] 장단격, 강약격. **Trochilus** ['trɔxilʊs], der; -, ...len [...'xi:lən; lat. trochilus < griech. tróchilos] [건축] (이오니아식 주각의) 둥근 홈통. **Trochit** [trɔ'xɪt, (또한)...xɪt], der; -s / -en, -en [griech.trochós = Rad] 트로키트 화석(바다나리 줄기의 화석). **Trochitenkalk**, der 〈Pl. 없음〉 트로키트 석회암.

trocken ['trɔkn̩] 〈Adj.〉 **1. a)** 마른, 건조한, 수분이 없는, 습기가 없는(반대: naß 1): -e Kleider 마른 옷; -e Kälte 건조한 추위; -en Fußes 발을 적시지 않고; -en Auges 울지 않고; -e Bohrungen 〈은어〉 성과 없는 석유 시추; sich t. rasieren 전기 면도기로 면도하다; noch t. nach Hause kommen 비오기 전에 집으로 오다; 〈명사화〉 auf dem Trock(e)nen sein 마른 땅에 있다, 육지에 있다; 전의 die -en Gäste 〈은어·펌〉 팁을 주지 않는 손님들; **t. sein** 〈은어〉 알코올 중독자가 술을 끊다: er ist schon seit fünf Wochen t. 그는 벌써 5주일 전부터 술을 끊었다; **auf dem trock(e)nen sitzen[sein]** 〈통용어〉 1) 해결책을 찾지 못하고 그냥 앉아 있다. 2) 돈이 없어 그냥 앉아 있다. 3)〈속〉마실 게 없다. **b)** 가물은, 비가 드문: ein -er Sommer 비가 적은 여름; bei -em Wetter 마른 날씨에. **c)** 말라 빠진, 바싹 마른, 메마른: -es Holz 바싹 마른 나무; -es Brot 말라 빠진 빵. **d)** 건성의, 기름기가 없는: eine -e Haut haben 건성 피부를 가지다. **e)** (음식을) 맨 것으로: -es Brot essen 아무것도 바르지 않은 빵을 먹다; die Kartoffeln(das Fleisch) t. essen 맨 감자(고기)를 먹다. **2.** ↑dry. **3. a)** 무미건조한, 재미없는: eine -e Abhandlung 무미건조한 논문; ein ziemlich -er Mensch 꽤나 무미건조한 사람. **b)** 간결한, 직설적인: er hat es ihm ganz t. ins Gesicht gesagt 그는 그의 얼굴에다 대고 그걸 아주 간략하게 말하였다. **c)** 과장이 없이 직선적이어서 웃음을 자아내는: einen -en Humor haben 직선적인 표현을 통한 유머를 가지다. **4.** (소리가) 딱딱한, 날카로운: ein -es Lachen 메마른 웃음. **5.** 《스포츠·은어》 기습적인 강슛[강편치]의: eine -e Rechte 기습적인 오른손 편치.

trocken-, Trocken-: **~anlage**, die 건조 시설. **~batterie**, die [전기] 건전지. **~beerenauslese**, die **1.** 가지에서 말린 포도. **2.** 말린 포도로 만든 《고급》 포도주. **~blume**, die 〈장식용〉 말린 꽃. **~boden**, der 〈세탁물〉 건조용 다락방. **~dock**, das ↑Dock (1). **~ei**, das 달걀 가루. **~eis**, das 드라이 아이스. **~element**, das [전기] 건전지. **~farbe**, die 《준 고어》 ↑pastellfarbe. **~fäule**, die 〈식물의〉 건조병, 마름병. **~fleisch**, das 말린 고기, 건육. **~futter**, das [농업] 건조 사료. **~fütterung**, die [농업] 건조 사료 주기. **~gebiet**, das [지리] 건조 지역. **~gemüse**, das ↑Dörrgemüse. **~gestell**, das 건조대. **~gewicht**, das [상] 마른 상태에서의 상품 무게. **~grenze**, die 〈Pl. 없음〉 [지리] 건조 지대와 다습(多濕) 지대의 경계선. **~haube**, die 〈세탁물의 머리 건조기〉. **~hefe**, die 건조(말린) 효모. **~kammer**, die 〔주물·제련〕 건조실, 건조로. **~klosett**, das 비수세식 변소. **~kurs**, der 실내 스키 강습. **~legen** 〈h〉 **1.** (아기의) 기저귀를 갈아주다: das Baby muß trockengelegt werden 아 기의 기저귀를 갈아주어야 한다. **2.** (배수로 등을 통해) 물을 빼다, 배수하다. **3.** 《통용어·농》 금주령을 내리다. **~legung**, die; -en ↑legen의 명사형. **~maß**, das 〔고어〕 말린 물건의 양, 건량(乾量). **~masse**, die 건조 (乾度): 30% in T. (약어: i. Tr.) 건조 30%. **~milch**, die 가루 우유, 분유. **~mittel**, das [화학] 건조제. **~obst**, das 건조 과일. **~ofen**, der 건조로. **~platz**, der (야외의) 세탁물 말리는 곳, 건조장. **~presse**, die [사진] 건조판. **~rasierer**, der 《통용어》 **1.** 전기 면도기. **2.** 전기 면도기 사용자. **~rasur**, die 전기 면도. **~raum**, der 건조실. **~reiben** 〈h〉 비벼 말리다: das Geschirr t. 접시를 닦아 말리다. **~reinigung**, die 드라이클리닝. **~schampon**, **~schampun**, das 가루 샴푸. **~schleuder**, die 〔 Wäscheschleuder. **~schleudern** 〈h〉 탈수기로 말리다. **~schwimmen**, das; -s ↑~übung. **~sitzen'** 《통용어》 술이 없이 앉아 있다: Gäste nicht t. lassen 손님에게 술을 주도록 하다. **~skikurs**, der ↑~kurs. **~spiritus**, der 고체 알코올. **~spinne**, die ↑Wäschespinne. **~starre**, die [동물] 〈양서류의〉 건조 경직, 가사 상태. **~stehen'** 〈h〉 [농업] (새끼를 배어) 우유가 나오지 않다. **~stoff**, der ↑Sikkativ. **~substanz**, die ↑~masse. **~tupfen** 〈h〉 (수건 등으로) 가볍게 두드려 닦아 내다. **~übung**, die [스포츠] (수영, 스키 등의) 예비 훈련. **~wald**, der [지리] 건조림. **~wäsche**, die 마른 세탁물. **~wischen** 〈h〉 닦아서 말리다. **~wohner**, der; -s, -《옛》 신축 건물이 마를 때까지 임시로 사는 사람. **~wolle**, die 방수용 가공 모사. **~zeit**, die 건조기.

Trockenheit, die; -en **1.** 〈Pl. 없음〉 건조(상태). **2.** 가뭄, 한발. **trocknen** ['trɔknən] **1.** 〈s/h〉 마르다: etw. trocknet schnell[leicht] 무엇이 빨리(간단히) 마르다; die Wäsche trocknet an der Luft 빨래가 바람에 마르다; er ließ sich von der Sonne t. 그는 햇볕에 몸을 말렸다; 〈명사화〉 die Kleider zum Trocknen aufhängen 옷을 내다 말리다. **2.** 〈h〉 **a)** 말리다, 건조시키다: die Wäsche auf dem Balkon t. 빨래를 발코니에서 말리다; sich die Hände an der Schürze t. 두 손을 앞치마에 닦다. **b)** 말리어 없애다: sich die Tränen t. 눈물을 닦다. **c)** 물기를 빼다, 닦다: Äpfel(Gemüse) t. 사과(야채)를 말리다. **Tröckne**, die (schweiz.) 계속되는 가뭄, 한발. **Trockner** ['trɔknɐ], der; -s, - **1.** ↑Händetrockner의 약칭. **2.** ↑Wäschetrockner의 약칭. **Trocknis** ['trɔknɪs], die; -, -en [임업] 건조나 한냉에 의한 식물의 손상. **Trocknung**, die; -n ↑trocknen의 명사형.

Troddel ['trɔdl̩], die; -n (끈 따위의) 술: eine Pudelmütze mit einer T. 작은 술이 달린 털모자. **Troddelblume**, die; -n 졸다넬라 꽃(알프스의 고산 관목으로 청보라 꽃이 핌).

Trödel ['trø:dl̩], der; -s **1.** 《통용어·펌》《의복, 가구, 살림 도구의》 고물, 잡동사니, 폐물, 허섭스레기, 하찮은 것. **2.** ↑Trödelmarkt의 약칭.

Trödel-: ~bude, die 《통용어》 ↑~laden. **~kram**, der 《통용어·펌》 고물, 잡동사니, 폐물. **~laden**, der 《통용어》 고물상, 헌 물건 가게. **~markt**, der 벼룩 시장, 고물 시장. **~ware**, die (대개 Pl.) 《통용어·펌》 ↑Trödel (1).

Trödelei [trø:də'laj], die; -en 《통용어·펌》 늑장, 게으름피기, 꾸물대기. **Trödelfritze**, der; -s, -n 《통용어·펌》 게으름뱅이(녀석). **Trödelliese**, die; -n 《통용어·펌》 게으름뱅이. **trödeln** ['trø:dl̩n] **1. a)** 〈h〉 게으름피우다, 늑장부리다: bei der Arbeit t. 일하는 데 늑장을 부리다. **b)** 〈h〉 《통용어》 서성거리다, 어슬렁거리다: durch die Straßen t. 거리를 배회하다. **2.** 〈h〉 〔고어〕 고물장사를 하다. **Trödler** ['trø:dlɐ], der; -s, - **a)** 《통용어·펌》 느림보, 게으름뱅이. **b)** 고물 장수. **Trödlerin**, die;

Trödlerladen

-nen ↑Trödler의 여성형. **Trödlerladen**, der; -s, -läden 《통용어》 고물상, 헌 물건 가게. **Troer** ['troːɐ], der; -s, - 트로이아 사람.
troff [trɔf], **tröffe** ['trœfə] ↑triefen 참조.
trog [troːk] ↑trügen 참조.
Trog [-], der; -(e)s, **Tröge** ['trøːgə] **1.** (장방형의) 큰 통, 함지: ein großer[hölzerner] T. 커다란(나무로 만든) 통. **2.** [지질] 침강 작용으로 생긴 긴 분지대. **3.** [기상] 고기압 지대로 뻗쳐나온 저기압 지대.
tröge [trøːgə] ↑trügen 참조.
Tröge: ↑Trog의 복수형.
Troglodyt [troglo'dyːt], der; -en, -en [lat. Trōglodytae < griech.Trōglŏdýtai = Höhlenbewohner] (고어) (빙하기의) 혈거인.
Trogon ['troːgɔn], der; -s, -s / Trogonten [tro'gɔntn̩, griech. trŏgṓn] 트로곤 새(열대 지방 숲에 서식하는 큰 새).
Trogtal, das; -(e)s, täler [지리] (빙하에 의해 생긴) U 자형 계곡.
Troicart: ↑Trokar.
Troier: ↑Troyer.
Troika ['trɔyka, 《또한》 'trɔːika], die; -s [russ. troika] (러시아의) 3두마차; 전의 트로이카 식(체제), 3두(三頭), 3두정치.
troisch ['trɔːiʃ] ⟨Adj.⟩ ↑trojanisch.
Troja ['troːja] 트로이아(소아시아의 고대 도시). **Trojaner** [tro'jaːnɐ], der; -s, - 트로이아 인. **trojanisch** [tro'jaːnɪʃ] ⟨Adj.⟩ 트로이아의.
Trokar [tro'kaːɐ̯], der; -s, -e / -s, **Troicart** [trɔa'kaːɐ̯], der; -s, -s [frz. trocart] [의학] (수술시 체내 액체나 고름을 제거하는) 삼지투관침(三支套管針).
Trölbuße [trøː-l], die; -n 《schweiz.》 (재판) 지체료. **trölen** ['trøːlən] ⟨h⟩ 《schweiz.·범》 (재판을) 지연시키다. **Trölerei** [trøːlə'raɪ], die 《schweiz.·범》 (재판) 지연시키는 짓거리.
Troll [trɔl], der; -(e)s, -e [Skand.] 트롤(북구 신화에 나오는 거인 또는 난쟁이로 변하는 요물). **Trollblume**, die; -n 금매화의 일종(학명: *Trollius europaeus*). **trollen** ['trɔlən] ⟨h⟩ **1.** 《통용어》 **a)** ⟨ı⟩ (t. + sich) 슬며시 사라지다, 꺼지다: troil dich! 꺼져라! **b)** ⟨s⟩ 천천히 가다, 천천히 움직이다: nach Hause t. 집으로 천천히 가다. **2.** (사냥) ⟨s⟩ (사슴, 멧돼지가) 빠른 걸음으로 이동하다.
Trolleybus ['trɔli-], der; ...busses, ...busse [engl. trolley bus] 《schweiz.》 트롤리 버스, 무궤도 전차.
Trollinger ['trɔlɪŋɐ], der; -s, - **1.** ⟨Pl. 없음⟩ 트롤링거 포도. **2.** 트롤링거 포도주.
Trombe ['trɔmbə], die; -n [frz.trombe] [기상] 회오리 바람.
Trommel ['trɔml], die; -n **1.** 북, 드럼: die T. schlagen[rühren] 북을 치다; **die T. für jmdn. [etw.] rühren** 《통용어》 누구[무엇]를 위하여 열심히 선전하다. **2. a)** die T. eines Revolvers 리볼버의 회전 탄창. **b)** die T. einer Waschmaschine 세탁기의 회전통. **c)** 전선이나 줄을 감는 회전통.
trommel-, **Trommel-**: **~bremse**, die [자동차] 원통형 제동기. **~fell**, das **1.** 북의 가죽. **2.** 고막(鼓膜): ihm war das T. geplatzt 그의 고막이 터졌다. **~feuer**, das (군) 집중 포화: T. der Fragen von Journalisten 기자들 질문의 집중포격. **~förmig** ⟨Adj.⟩ 북 모양의, 원통형의. **~ofen**, der (전문어) 원통형의 회전로. **~revolver**, der ↑Revolver (1). **~schlag**, der 북을 치기. **~schläger**, der ↑Trommler. **~schlegel**, der ⟨대개 Pl.⟩ ↑stock. **~sprache**, die (미개 민족의) 북을 통한 통신법. **~stock**, der ⟨대개 Pl.⟩ 북채.

~sucht, die [의학] ↑Aufblähung (2). **~waschmaschine**, die 원통형의 세탁조가 들어 있는 세탁기. **~wirbel**, der 북의 빠른 연타(連打).
Trommelei [trɔmə'laɪ], die; -en (범) 북을 계속 쳐대는 짓. **trommeln** ['trɔmln̩] ⟨h⟩ **1. a)** 북을 치다. **b)** 북으로 연주하다: einen Marsch t. 북으로 행진곡을 연주하다. **2. a)** 북 치듯 계속 두드리다: (mit den Fingern) auf den[(드물게 den] Tisch t. (손가락으로) 테이블을 두드리다; er trommelt mit Fäusten gegen[((드물게) an] die Tür 그는 주먹으로 문을 두드렸다. **b)** 계속 두드려 …하다: jmdn. aus dem Bett[aus dem Schlaf] t. 문을 두드려서 누구를 깨우다. **c)** 힘차게 두드려 무엇이 들리도록 하다: den Rhythmus auf die Tische t. 탁자로 장단치다. **d)** 북소리 같은 소리를 내다: der Regen trommelt auf das Verdeck des Wagens 비가 자동차 지붕에 장단을 친다. **e)** 방망이질하듯 뛰다: sie spürte ihr Herz t. 그녀는 심장이 방망이질하는 것을 느꼈다; (비인칭) es trommelt in meinem Schädel 머리가 욱신거린다. **3.** [사냥] (위험에 직면하여) 앞발로 땅을 치다.
Trommler ['trɔmlɐ], der; -s, - 북 치는 사람, 고수(鼓手).
Trompe ['trɔmpə], die; -n [(a)frz. trompe] [건축] 트롱페(교차벽면 상부의 돌출 홍예각 부분으로 둥근 지붕 건축술).
Trompe-l'œil [trɔp'lœj], der; - [frz. = Augentäuschung] [미술] 대상을 현실과 혼동할 정도로 정확히 그리는 정물화 양식(바로크 시대 유행).
Trompete [trɔm'peːtə], die; -n 트럼펫: T. [auf der T.] blasen 트럼펫을 불다. **trompeten** [...'peːtn̩] ⟨h⟩ **1. a)** 트럼펫을 불다. **b)** 트럼펫으로 연주하다: einen Marsch t. 트럼펫으로 행진곡을 부르다. **2. a)** 트럼펫과 비슷한 소리를 내다; sie trompetet 《통용어·농》 그녀는 나팔 소리를 내며 코를 풀었다. **b)** 큰소리로 말하다: eine Nachricht t. 소식을 큰소리로 말하다.
Trompeten-: **~baum**, der 개오동나무. **~geschmetter**, das 트럼펫 소리. **~schall**, der 트럼펫 소리. **~schnecke**, die ↑Tritonshorn. **~signal**, das 트럼펫 신호. **~solo**, das 트럼펫 독주. **~stoß**, der 나팔을 짧고 급하게 불기. **~tierchen**, das 나팔벌레.
Trompeter, der; -s, - 트럼펫 (연)주자. **Trompeterin**, die; -nen ↑Trompeter의 여성형. **Trompetervogel**, der (브라질에 서식하며, 트럼펫 소리를 내는) 두루미 종류의 큰 새(학명: *Psophiidae*).
Troparium [tro'paːriʊm], das; -s, ...ien [...jən] (동·식물원의) 열대관. **Trope** ['troːpə], die; -n [griech. tropḗ = (Hin)wendung, Richtung] (양식) 전의적 표현(예컨대: 술 대신에 Bacchus). **¹Tropen**: ↑Trope의 복수형. **²Tropen** ['troːpn̩] (Pl.) [griech. tropaí(hḗlíou) = Sonnenwende] 열대.
tropen-, **Tropen-** (²Tropen): **~anzug**, der 열대복(服). **~fieber**, das 열대열. **~helm**, der 열대 모자. **~institut**, das 열대 연구소. **~klima**, das 열대 기후. **~koller**, der 열대 신경증. **~krankheit**, die 열대병. **~medizin**, die 열대 의학. **~pflanze**, die 열대 식물. **~tauglich** ⟨Adj.⟩ (체질이) 열대 생활에 적합한. **~tauglichkeit**, die ↑~tauglich의 명사형.
¹Tropf [trɔpf], der; -(e)s, **Tröpfe** ['trœpfə] (대개 범) 바보, 멍청이.
²Tropf [-], der; -(e)s, -e [의학] (링게르 주사 등의) 주사 장치.
tropf-, **Tropf-**: **~flasche**, die ↑Guttiole. **~infusion**, die [의학] 링게르식 주사. **~naß** ⟨Adj.⟩ 흠뻑 젖은: Wäsche t. aufhängen 빨래를 젖은 채로 널다. **~rein**, die (österr.) ↑Durchschlag (2). **~röhrchen**, das ↑Pipette. **~stein**, das 종유석(鍾乳石),

순(石筍). ~**steinhöhle**, die 종유동(鍾乳洞). ~**teig**, der 《österr.》 수제비 반죽. ~**teigsuppe**, die 《österr.》 수제비(수프).
tropfbar ['trɔpfbaːrɛ] 〈Adj.〉 (물)방울지는. **tropfbarflüssig** 〈Adj.〉 ↑tropfbar. **Tröpfchen** ['trœpfçən], das; -s, - ↑Tropfen (1 a)의 축소형.
tröpfchen-, Tröpfchen-: ~**infektion**, die 【의학】 (기침, 재채기 때 튀어나온) 침을 통한 감염. ~**modell**, das 〈Pl. 없음〉 【핵물리】 (원자핵 구조의) 물방울 모형. ~**weise** 〈Adv.〉 1. 한 방울씩. 2. 《통용어》 소량으로, 조금씩: ein Manuskript t. abliefern 원고를 조금씩 내주다.
Tröpfe: ↑¹Tropf의 복수형. **tröpfeln** ['trœpfɛln] 1. 〈s〉 방울져 떨어지다, 뚝뚝 떨어지다: Blut tröpfelt auf die Erde[aus der Wunde] 피가 땅 위로[상처에서] 뚝뚝 떨어지다. 2. 〈h〉 한 방울씩 떨어뜨리다, 뚝뚝 떨어뜨리다: die Medizin mit dem Löffel t. 약을 숟가락에 한 방울씩 떨어뜨리다. 3. 〈h〉 (비인칭) 《통용어》 비가 뚝뚝 떨어지다: es tröpfelt schon wieder 비가 벌써 한 방울씩 떨어진다.
tropfen ['trɔpfn̩] 1. 〈s〉 (액체가) 뚝뚝 떨어지다, 방울져 떨어지다: der Regen tropft vom Dach 비가 처마에서 뚝뚝 떨어지다; Blut tropfte aus der Wunde 피가 상처에서 방울져 떨어지다; (비인칭) es tropft vom Dach 빗방울이 처마에서 떨어지다. 2. 〈h〉 (물건 자체에서) 물방울이 떨어지다: der Wasserhahn tropft 수도꼭지가 샌다. 3. 〈h〉 한 방울씩 떨어뜨리다. **Tropfen** [-], der; -s, - 1. a) 〈축소형: ↑**Tröpfchen**〉 (액체의) 방울, 물방울: ein T. Wasser[Öl] 물[기름] 한 방울; die ersten T. fallen 빗방울이 떨어지기 시작하다; 【속담】 steter T. höhlt den Stein 낙숫물이 댓돌을 뚫는다. b) (액체의) 작은 양: ein paar T. Parfüm 몇 방울의 향수; sie haben ihre Gläser bis auf den letzten T. geleert 그는 술잔을 마지막 방울까지 완전히 비웠다; **ein T. auf den heißen Stein** 《통용어》 달군 돌 위의 물 한 방울. 2. 〈Pl.〉 한 방울씩 먹는 약. 3. **ein guter[edler] T.** 《정서》 좋은 포도주.
tropfen-, Tropfen-: ~**fänger**, der (액체의) 방울 받이. ~**form**, die 〈Pl. 없음〉 물방울형. ~**förmig** 〈Adj.〉 물방울형의. ~**weise** 〈Adv.〉 1. 한 방울씩, 조금씩: eine Medizin t. einnehmen 약을 한 방울씩 먹다. 2. 《통용어》 ↑tropfchenweise (2).
Tröpferlbad, das 〈österr.〉 샤워 목욕.
Trophäe [tro'fɛːə], die; -n [lat. trop(h)aeum < griech. trópaion = Siegeszeichen] 1. 전승품(적의 무기, 기 따위), 전리품. 2. ↑Jagdtrophäe의 약칭. 3. (경기의) 트로피, 상패, 우승 기념품: er hat die T. errungen 그는 트로피를 획득하였다.
trophisch ['troːfɪʃ] 〈Adj.〉 [griech. trophé = Nahrung, Ernährung] 【의학】 (세포 조직의) 영양에 관한, 영양의. **Trophologe**, der; -n, -n [↑-loge] 영양학자. **Trophologie**, die [↑-logie] 영양학. **Trophologin**, die; -nen ↑Trophologe의 여성형. **trophologisch** 〈Adj.〉 영양학적인, 영양학의.
Tropical ['trɔpikl], der; -s, -s [engl. tropical] 트로피컬 직물. **Tropika** ['troːpika], die [lat. Malaria tropica] 【의학】 열대성 말라리아. **Tropikluft** ['troːpɪk-], die [기상] 〈아〉열대 공기. **Tropikvogel**, der; -s, …vögel 〈대개 Pl.〉 열대 조. **tropisch** ['troːpɪʃ] 〈Adj.〉 [engl. tropic] 1. 열대의: der -e Regenwald 열대우림. 2. 열대 지방 같은: -e Temperaturen 열대 지방 같은 온도. **Tropismus** [tro'pɪsmʊs], der; -, …men [griech. tropé, trópos = Wendung, Richtung] 【생물】 (식물의) 굴성, (동물의) 주성. **Tropopause** [tropo-, (또한) 'troːpo-], die [zu griech. paûsis = Ende] 【기상】 권계면, 대류정지면. **Tropophyt** [...'fyːt], der;

-en, -en [griech. phytón = Pflanze] 【식물】기후 변화가 심한 곳에서 자라는 식물. **Troposphäre**, die 【기상】 대류권.
troppo: ↑ma non troppo.
Tropus ['troːpʊs], der; -, Tropen ['troːpn̩; lat. tropus < griech. trópos] 1. ↑Trope. 2. a) 【중세 음악】 교회 선법. b) (그레고리오 성가의) 가사나 멜로디의 확대.
troß! [trɔs] 〈Interj.〉《지역적》빨리!
Troß [trɔs], der; Trosses, Trosse 1. 《군·옛》 수송대, 보급대. 2. 수행원, 추종자. 3. 행렬: der T. der Demonstranten 데모대들의 행렬. **Troßbube**, der; -n, -n 나이 어린 수송 인부. ¹**Trosse**: ↑Troß의 복수형. ²**Trosse** ['trɔsə], die; -n [aus dem Niederd. < niederd. trosse, whol über das Mniederl. < (a)frz. trousse, ↑Troß] 굵은 밧줄, 삼으로 만든 밧줄. **Troßknecht**, der; -(e)s, -e 〈옛〉수송대의 하역부. **Troßschiff**, das; -(e)s, -e 전투함대의 보조선.
Trost [troːst], der; -(e)s 위로, 위안(거리): die Kinder sind ihr ganzer T. 아이들은 그녀 위안의 전부이다; das ist ein schwacher T. 〈반어〉그것으로 위안이 되지 못한다; jmdm. T. zusprechen[spenden] 누구를 위로하다; aus etw. T. schöpfen 무엇으로 마음을 위로하다; nach geistlichem T. verlangen 하느님 말씀을 통한 위안을 요구하다; zum T. 위안의 마음으로; **(wohl) nicht (ganz[recht]) bei T.[-e] sein** 《통용어》제 정신이 아니다.
trost-, Trost-: ~**bedürftig** 〈Adj.〉 위로를 필요로 하는. ~**bringend** 〈Adj.〉 위로하는, 위안을 주는. ~**los** 〈Adj.〉 a) 위안의 길이 없는, (마음은) 달랠 길 없는: mir war t. zumute가 되었다 길 없는 기분이었다. b) 절망적인: -e Verhältnisse 절망적 상황. c) 황량한, 삭막한: einen -en Eindruck machen 삭막한 인상을 주다. ~**losigkeit**, die ↑los의 명사형. ~**pflaster**, das 〈농〉 간단한 위로(금). ~**pflästerchen**, das 〈농〉 ↑ ~pflaster의 축소형. ~**preis**, der 위로상. ~**reich** 〈Adj.〉 위안을 주는. ~**spender**, der 〈아이〉 위안(위로)자. ~**spruch**, der 위로의 말. ~**voll** 〈Adj.〉위로가 되는. ~**wort**, das 〈Pl. -e〉 위안의 말.
trösten ['trøːstn̩] 〈h〉 1. a) 위로하다, 위안을 주다: jmdn. (in seinem Leid) t. 누구에게(그의 고통을) 위로해 주다. b) (누구에게) 위안을 의미하다: dieser Gedanke tröstete ihn 이 생각은 그를 위안시켜 주었다. 2. 〈t. + sich〉 a) (무엇으로) 스스로의 마음을 위로하다. b) (무엇으로 대신) 스스로의 마음을 위안하다: über die Niederlage setzte sie sich mit einem Kognak getröstet 패배한 데 대하여 그는 꼬냑으로 마음을 달랬다; sich mit einer anderen Frau t. 다른 여자를 빨리 찾아서 자기 마음을 위로하다. **Tröster**, der; -s, - 위로하는 사람, 위안[위로]자: 〔전의〕die Arbeit war sein T. 그를 위안시켜 준 일이었다. **Trösterin**, die; -nen ↑Tröster의 여성형. **tröstlich** ['trøːstlɪç] 〈Adj.〉 위로의, 위안의: etw. als t. empfinden 무엇을 위로가 되는 것으로 느끼다. **Tröstung**, die; -en 위로, 위안(의 말 따위): er starb, versehen mit den -en der Kirche 【가】그는 임종 성사를 받고 죽었다.
Tröte ['trøːtə], die; -n [↑tröten과 관련] 《지역적》 1. 〔아동〕부는 것, 취주 악기. 2. 〈농〉메가폰. **tröten** ['trøːtn̩] 〈h〉 〔의성어·지역적〕 (악기 따위를) 불다.
Trott [trɔt], der; -(e)s, -e 1. 트로트, 속보. 2. 《약간 폄》천편일률: aus dem alltäglichen T. kommen 천편일률적인 일상 생활에서 벗어나다; in den alten T. verfallen 구습에 빠지다〔받아들이다〕. **Trotte** ['trɔtə], die; -n 〈südwestd., schweiz.〉 포도 압착기. **Trottel** ['trɔtl̩], der; -s, - 《통용어·폄》얼간이, 멍청이: ein harmloser [alter] T. 별 문제가 되지 않는[늙은] 얼간이. **Trottelei**

trottelhaft

[trotə'laj], die; -en 《통용어·폄》 얼간이 짓, 바보 짓.
trottelhaft 〈Adj.〉《통용어·폄》 멍청이의, 얼간이의.
trottelig, trottlig ['trɔt(ə)liç] 〈Adj.〉《통용어·폄》(노인이 되어) 머리가 흐려져, 멍청한 짓을 하는: ein -er Alter 머리가 흐려진 늙은이. **Trotteligkeit, Trottligkeit,** die 《통용어·폄》↑trottelig의 명사형. **trotteln** ['trɔtn̩] 〈s〉 《통용어·폄》 총총 걸음으로 걷다, 아장아장 걷다, 터벅터벅[느릿느릿] 걷다. **trotten** ['trɔtn̩] 〈s〉 무거운 발걸음으로 느릿느릿 걷다. **Trotteur** [trɔ'tøːr], der; -s, -s [1: frz. trotteur, 2: frz. trotter] 1. 편상화. 2.《준고어》 여성용 작은 모자. **Trottinett** ['trɔtinet], das; -s, -e [frz. trottinette] (schweiz.) ↑Roller (1).
trottlig: ↑trottelig. **Trottoir** [trɔ'toaːr], das; -s, -e/-s [frz. trottior]《준고어》↑Bürgersteig.
Trotyl [tro'tyːl], das; -s《인공어》↑Trinitrotoluol.
trotz [trɔts] 〈Präp²⁽³⁾〉 …에 반항해서, …을 무시하고, …에도 불구하고: t. aller Bemühungen 온갖 노력에도 불구하고; t. heftiger Schmerzen 강한 통증에도 불구하고; t. Frosts und Schnees 서리와 눈에도 불구하고; t. allem (alledem) 그것에도 불구하고, 그래도, **Trotz** [-], der; -es 반항(심), 거역, 고집: kindlicher [kindisch] T. 어린아이[어린애 같은]의 반항; jmdm. T. bieten 누구에게 반항하다; allen Warnungen der Freunde zum T. 친구들의 모든 경고를 무시하고; jmdm. zum T. 누구에게 반항해서.

trotz-, Trotz-: **~alter,** das 《3~4세 때의》 반항기: zweites T. (12~15세 때의) 제2의 반항기. **~dem I.** ['--, 《또한》'-'-] 〈Adv.〉 그럼에도 불구하고: es ging ihm schlecht, t. erledigte er seine Arbeit 사정이 나빴음에도 불구하고 그는 자기의 일을 끝마쳤다. **II.** [-'-] 〈Konj.〉《통용어》비록 ~임에도 불구하고, 비록 ~하지만(obwohl, obgleich). **~haltung,** die 반항적인 태도. **~kopf,** der 반항적인 사람[아이], 고집쟁이.《축소형》 **~köpfchen,** das《농》↑~kopf. **~köpfig** 〈Adj.〉 고집쟁이 같은, 반항하다른. **~phase,** die 《심리》↑~alter. **~reaktion,** die 반항적인 반응.
trotzen ['trɔtsn̩] 〈h〉 1.《아이》 반항하다, 맞서다, 도전하다: den Gefahren[dem Schicksal] t. 위험[운명]에 맞서다; [전의] diese Krankheit scheint jeder Behandlung zu t. 이 병은 모든 치료를 무시해 버리는 것 같다. 2. **a)** (어떤 동기로) 고집을 부리다. **b)** 반항적으로 말하다, 대들다. **c)** 《지역》 화를 내다: mit jmdm. t. 누구에게 화를 내다. 3.《준고어》 무엇을 (한사코) 고집하다. **Trotzer,** der; -s, - 《종자 배양》 꽃이 피지 않는 2년생 식물. **trotzig** [trɔtsiç] 〈Adj.〉 1. 고집 센, 반항적인: ein -es Kind 고집 센 아이; ein -es Gesicht machen 반항적인 얼굴을 하다. 2. 거슬리는, 뻣대는.
Trotzkismus [trɔts'kismʊs], der; - 트로츠키주의.
Trotzkist [...'ist], der; -en, -en 트로츠키주의자.
trotzkistisch 〈Adj.〉 트로츠키주의(자)의.
Troubadour ['truːbaduːr], 《또한》truba'duːr], der; -s, -e/-s [frz. troubadour] 트루바두르(12~13세기경 남프랑스 지방의 음유 시인): [전의] der griechische T. (교양·농·덕스).
Trouble [trʌbl], der; -s [engl. trouble] 《통용어》 트러블: er hat T. mit seiner Frau 그는 그의 부인과 트러블이 있다.
Troupier [tru'piːr], der; -s, -s [frz. troupier] 《준고어》 고참병.
Trousseau [trʊ'soː], der; ...ssos/-s, -s [frz. trousseau] 《교양·고어》 혼수, 지참금.
Trouvaille [truːˈvaːjə], die; -n [frz. trouvaille] 《교양·고어》 의외의 발견, 진귀한 발견. **Trouvère** [truˈvɛːr], der; -s, -s [frz. trouvère] 트루베르(12~13세기 북 프랑스의 음유시인).

Troyer, Troier ['trɔyɐ], der; -s, - [niederd. troye = Jacke, Wams] [선원] 선원의 면직물 내의, 선원의 줄무늬 자켓.
Troygewicht ['troy-], das; -(e)s, -e [engl. troy weight] 트로이 저울(영미에서 귀금속류를 단다).
Trub [truːp], der; -(e)s [↑trübe와 관련] 《전문어》 포도 주나 맥주 제조시의 침전물. **trüb**: ↑trübe.
trüb-, Trüb-: **~glas,** das 《Pl. 없음》《전문어》 불투명 유리. **~selig**: ↑trübselig. **~sinn,** der 우울, 우수, 의기 소침: in T. verfallen 우울하게 되다, 우울증에 빠지다. **~sinnig** 〈Adj.〉 우울한, 침울한, 의기소침의.
trübe ['tryːbə], 《드물게》trüb [tryːp] 〈Adj.〉 1. **a)** (물 따위가) 탁한, 흐린, 불투명한: trübe Augen 흐릿한 눈; **im trüben fischen** 《통용어》법석통에 사욕을 취하다. **b)** 희미한, 밝지 않은: trübes Licht 희미한 빛. **c)** (날씨가) 흐린, 칙칙한, 음울한: trübes Wetter 흐린 날씨; ein trüber Himmel 흐린 하늘. **d)** (색깔이) 흐릿한, 광택이 없는: ein trübes Gelb 탁한 황색. 2. **a)** 우울한, 슬픈, 울적한: eine trübe Stimmung 울적한 기분; ihm war trübe zumute 그의 기분은 우울하였다. **b)** 의심쩍은, 연치 않은: trübe Erfahrungen 불쾌한 체험. **Trübe,** die; -n 1. 《Pl. 없음》 탁함, 불투명, 우울, 울적. 2.《전문어》탁수(濁水).
Trubel ['truːbl], der; -s [frz. trouble = Verwirrung, Unruhe] 소동, 혼잡, 법석: großer(ungeheuer) T. 커다란(엄청난) 혼잡; aus dem T. herauskommen 혼잡의 와중에서 빠져 나오다; [전의] im T. der Ereignisse 사건의 와중에서.
trüben ['tryːbn̩] 〈h〉 1. **a)** (물 따위를) 흐리다, 불투명하게 하다, 탁하게 만들다: der Tintenfisch trübt das Wasser 오징어가 물을 흐리다. **b)** 〈t. + sich〉 흐려지다, 탁하게 되다: das Wasser trübt sich 물이 흐려지다. 2.《드물게》 **a)** (날씨 따위를) 흐리게 하다. **b)** 〈t. + sich〉 (날씨가) 흐려지다: der Himmel trübte sich 하늘이 흐려지다. 3. **a)** (마음을) 울적하게 만들다, 우울하게 하다, 슬프게 하다: etw. trübt die gute Stimmung 무엇이 좋은 기분을 우울하게 하다. **b)** 〈t. + sich〉 울적하게 되다, 우울해지다. 4. **a)** (의식, 판단력 따위를) 흐리게 하다: etw. trübt jmds. Urteil 무엇이 누구의 판단을 흐리게 하다. **b)** 〈t. + sich〉 흐려지다, 불분명하게 되다, 몽롱해지다: sein Bewußtsein hatte sich getrübt 그의 의식이[기억이] 흐려졌다. **trübetümp(e)lig** ['tryːbətʏmp(ə)liç] 〈Adj.〉 《지역적》 우울한, 울적한. **Trübheit,** die ↑trübe의 명사형. **Trübnis** ['tryːpnɪs], die; -se 《아이·시어》 비애, 슬픔, 황량함. **Trübsal** ['tryːpzaːl], die; -e 《아이》 1. (인생의) 고난, 곤궁: viele -e erdulden 수많은 고난을 견디다. 2. 《Pl. 없음》 슬픔, 비애, 비탄: jmdm. in seiner T. trösten 누구의 슬픔을 위로하다; **T. blasen** 《통용어》 슬픔에 빠져 있다. **trübselig** 〈Adj.〉 1. 쓸쓸한, 황량한: eine -e Gegend 비참한 지역. 2. 슬픈, 음울한, 애처로운: er machte ein -es Gesicht 그는 슬픈 얼굴을 하고 있었다. **Trübseligkeit,** die ↑trübselig의 명사형.
Trubstoff, der; -(e)s, -e 《대개 Pl.》 《전문어》 ↑Trub.
Trübung, die; -en 1. 흐림, 탁함, 혼탁: eine T. der Augen feststellen 눈의 흐림을 확인하다. 2. **a)** (상태 따위의) 악화: eine T. ihrer Freundschaft 그들 우정의 악화. **b)** (의식 따위의) 흐려짐, 몽롱함. 3. (공기 따위의) 흐려짐: eine T. der Luft 대기의 혼탁.
Truchseß ['trʊxtsɛs], der; ...sesses/-/《예》...sessen, ...sesse (중세의) 궁정 (취사 담당)관.
Truck [trʌk], der; -s, -s [engl. truck] 《드물게》 트럭.
Trucksystem ['trʌk-], das; -s [engl. truck system] 《구제》 현물 임금 제도.
trudeln ['truːdln̩] 1. 〈s〉 천천히 구르다, 회전하면서 떨어

지다: die welken Blätter trudeln auf die Erde 낙엽이 땅 위로 굴러 떨어지다. 2. ⟨s⟩ (통용어·농) 어슬렁어슬렁 걷다, 한가롭게 가다. 3. ⟨h⟩ (지역적) 주사위놀이를 하다.

Trüffel ['tryfl], die; -n, (통용어) der; -s, - [frz. truffle] 1. 트뤼플버섯, 지하에서 구근 모양으로 자라는 식용버섯(Tuber). 2. (럼주가 속에 든) 둥근 모양의 초콜릿.

Trüffel-: **~leberwurst**, die 트뤼플버섯이 가미된 간소시지. **~pastete**, die 트뤼플버섯이 가미된 간(肝) 만두. **~pilz**, der ↑Trüffel (1).

trüffeln ['tryfln] ⟨h⟩ 트뤼플버섯으로 양념하다.

trug [tru:k] ↑tragen 참조.

Trug [-], der; -(e)s (아어) **a)** 속임, 사기, 기만: **Lug und T.** 기만. **b)** (감각 기관의) 미망, 착각: ein T. der Phantasie 환상의 착각, 망상.

Trug-: **~bild**, das 착각, 환각, 환상, 망상. **~dolde**, die [식물] 다산화서(多散花序). **~gebilde**, das ↑~bild. **~schluß**, der 1. **a)** 잘못된 결론(추론): ein verhängnisvoller T. 불운한 오류 결론. **b)** [논리] 궤변. 2. [음악] 거짓마침, 위종지(僞終止).

trüge ['try:gə] ↑tragen 참조.

trügen ['try:gn] 속이다, 기만하다, 현혹시키다: dieses Gefühl trog sie 그녀는 이러한 감정에 속아넘어갔다; (흔히 4격 목적어 없이) der (äußere) Schein trügt 겉만 보고는 믿을 수 없다; wenn mich meine Erinnerung nicht trügt 나의 기억이 틀리지 않다면. **trügerisch** ['try:gərɪʃ] ⟨Adj.⟩ **a)** 허위의, 기만의, 기대에 어긋나는: eine -e Sicherheit [ein -es Gefühl] 기만적인 안전[거짓 감정]; das Eis ist tr. 얼음은 위험하다. **b)** (준고어) (누구를) 속이는. **trüglich** ['try:klɪç] ⟨Adj.⟩ (드물게) ↑trügerisch.

Truhe ['tru:ə], die; -n (뚜껑이 있는) 궤, 함. **Truhendeckel**, der 궤(함)의 뚜껑.

Trulla ['trʊla], **Trulle** ['trʊla], die; -n (약간 폄) 정숙하지 못한 여자.

Trum [trʊm], der / das; -(e)s, -e / Trümer 1. [광] **a)** 입갱(入坑)의 일부 구간. **b)** 지광맥(支鑛脈), 도맥(導脈). 2. [기계] 콘베어 벨트.

Trumeau [try'mo:], der; -s, -s [frz. trumeau = Keule (2)] [건축] (특히 18세기) 1. 창문 사이의 기둥. 2. 창문 사이의 벽에 부착된 거울.

¹Trumm [trʊm], der / das; -(e)s, -e / Trümmer ↑Trum. **²Trumm** [-], das; -(e)s, Trümmer (지역적) 큰 토막, 큰 동강, 큰 조각: ein T. von (einem) Buch 큰 책 한 권. **Trümmer** ['trʏmɐ] ⟨Pl.⟩ 파편, 잔해: die T. eines Flugzeugs 비행기의 잔해; die Stadt lag in -n 도시는 폐허가 되었다; etw. in T. legen 무엇을 산산 조각 내다; [전의] er stand vor den -n seines Lebens 그의 삶은 파멸된 상태이었다.

Trümmer-: **~berg**, der **a)** ↑~haufen. **b)** 폐허 더미. **~feld**, das 폐허. **~flora**, die [식물] 폐허에서 자라는 식물. **~fraktur**, die [의학] (빼가 조각난) 골절. **~frau**, die (통용어) (제2차 대전 후) 폐허를 치우는 여성 인부. **~gestein**, das [지질] 쇄설암(碎屑岩), 침적암(沈積岩). **~grundstück**, das 폐허 된 집터. **~haufen**, der 폐허, 폐허 더미. **~haft** ⟨Adj.⟩ (드물게) 파편 같은, 폐허 같은. **~landschaft**, die ↑~feld. **~schutt**, der 폐허 더미. **~stätte**, die ↑~feld.

Trumpf [trʊmpf], der; -(e)s, Trümpfe ['trʏmpfə] (카드의) 으뜸패: (einen) T. ausspielen[ziehen] 으뜸패를 내다[뽑다]; [정규] T. ist die Seele des Spiels 으뜸패는 카드놀이의 핵심이다(으뜸패를 내면서 하는 소리); [전의] etw. als seinen letzten T. ausspielen 그의 마지막 수단으로 무엇을 활용하다; alle Trümpfe in der Hand haben 유리한 모든 것을 손에 거머쥐다; **etw. ist T.** 무엇이 가장 중요하다, 무엇이 최고다; jmdm. sagen, was T. ist. 누구에게 상황이 어떤지를 설명하다.

Trumpf-: **~as** [(또한) -'-], das 트럼프의 에이스. **~farbe**, die 으뜸패 카드. **~karte**, die 으뜸패. **~könig**, der 트럼프의 킹.

trumpfen ['trʊmpfn] ⟨h⟩ 트럼프놀이를 하다.

Trunk [trʊŋk], der; -(e)s, Trünke ['trʏŋkə] (아어) 1. ⟨축소형: ↑Trünklein⟩ **a)** (아어) 음료, 마실 것: jmdm. einen kühlen T. reichen 누구에게 시원한 음료를 주다. **b)** (준고어) 한 모금: ein T. Wasser 물 한 모금. **c)** (고어) (술)마시기. 2. 음주벽: er ist dem T. verfallen 그는 술에 빠졌다. **Trünkchen** ['trʏŋkçən], das; -s, - ↑Trunk의 축소형. **Trunkelbeere** ['trʊŋkl-], die; -n ↑Rauschbeere. **trunken** ['trʊŋkn] ⟨Adj.⟩ (아어) 1. 술에 취한, 명정의, 술이 거나한: sie waren t. von[vom] Wein 그녀들은 포도주에 취해 있었다. 2. 무엇에 취한, 도취한, 열중한, 흥분한: t. von [vor] Freude[Glück] 기쁨[행복]에 취한; von einer Idee t. sein 어떤 이념에 도취되어 있다. **Trunkenbold** [-bɔlt], der; -(e)s, -e ⟨폄⟩ 대주가, 술고래, 술꾼. **Trunkenheit**, die 1. 주취, 명정: T. am Steuer 음주 운전. 2. (아어) 도취, 열중, 흥분, 심취. **Trünklein** ['trʏŋklaɪn], das; -s, - ↑Trunk (1)의 축소형. **Trunksucht**, die 음주벽, 알코올 중독. **trunksüchtig** ⟨Adj.⟩ 음주벽이 있는, 술에 중독된.

Trupp [trʊp], der; -s, -s ⟨축소형: ↑Trüppchen⟩ [frz. troupe] (행동 중에 있는) 일단, 떼, 무리, 대(隊): ein T. Polizisten 일단의 경찰관; in einzelnen -s 각개 반으로 나누어, 소부대별로. **Trüppchen** ['trʏpçən], das; -s, - ↑Trupp의 축소형. **Truppe** ['trʊpə], die; -n [frz. troupe] 1. **a)** 부대, 군: eine motorisierte T. 기계화 부대; reguläre[alliierte, feindliche] T. 정규군[연합군, 적군]; seine -n zusammenziehen[abziehen, in Marsch setzen, an die Front werfen] 그의 부대를 집결하다[후퇴시키다, 진군시키다, 전선으로 투입하다]; **von der schnellen T. sein** (통용어) 놀랄 정도로 무엇을 빨리 처리하다. **b)** ⟨Pl. 없음⟩ 전투 병력, 전방 부대: die kämpfende T. 교전군(交戰軍); wegen Entfernung von der T. 전선 이탈 때문에; jmdn. zur T. zurückversetzen 누구를 전방 부대에 복귀시키다. 2. (배우, 선수) 단.

truppen-, Truppen-: **~abbau**, der 병력 감축. **~abzug**, der 병력 철수, 철군. **~amt**, das 병과 사령부. **~arzt**, der ↑Militärarzt. **~aushebung**, die (고어) 징병. **~ausweis**, der 군인 신분증. **~betreuung**, die 부대 위문. **~bewegung**, die (대개 Pl.) 부대 이동, 병력 이동. **~dienst**, der (군 부대에서의) 군 복무. **~dienstlich** ⟨Adj.⟩ 군 복무의, 군 복무에 관한. **~einheit**, die (단위) 부대. **~führer**, der 부대장. **~führung**, die 부대 지휘. **~gattung**, die 병과. **~kolonne**, die 부대의 행렬. **~kontingent**, das (한 국가의) 병력 할당 수. **~konzentration**, die 부대 집결, 군대 집결. **~körper**, der 부대. **~massierung**, die (준 집결. **~parade**, die 열병(식), 사열(식). **~reduzierung**, die 병력 감축. **~schau**, die 사열(식). **~stärke**, die 병력. **~teil**, der ↑Einheit (3). **~transport**, der 병력 수송. **~transporter**, der (병력) 수송선, 수송기. **~übungsplatz**, der 연병장, 훈련장. **~unterkunft**, die 부대의 숙영(宿營). **~verband(s)platz**, der 전투대대의 응급 처치소. **~verdünnung**, die ↑~reduzierung. **~verpflegung**, die 부대의 급양. **~verschiebung**, die ↑~bewegung.

truppweise ⟨Adv.⟩ 무리를 지어, 분대별로.

Trüsche ['trʏʃə, 'try:ʃə], die; -n ↑Aalquappe.

Trust [trast, 《engl.》 trʌst, 《드물게》 trʊst], der; -(e)s, -e / -s [engl. trust(-company)] [경제] 트러스트, 기업 합동.
trust-, Trust- [경제]: **~artig** 〈Adj.〉 트러스트(식)의. **~bildung**, die 트러스트 형성. **~frei** 〈Adj.〉 트러스트에 속하지 않은.
Trustee [tras'tiː], der; -s, -s [engl. trustee] 수탁자(↑ Treuhänder의 영어식 표기).
Truthahn ['truːt-], der; -(e)s, ...hähne 칠면조의 수컷. **Truthenne**, die; -n 칠면조의 암컷. **Truthuhn**, das; -(e)s, ...hühner. 1. 칠면조. 2. ↑Truthenne.
Trutz [trʊts], der; -es 〈고어〉 방어, 저항. **Trutzburg**, die 《옛》 (포위, 공격용) 성곽. **trutzen** ['trʊtsn̩] 〈h〉 《고어》 ↑trotzen (1). **trutzig** ['trʊtsɪç] 〈Adj.〉 《고어·아어》 방어적인.
Trypanosoma [trypano'zoːma], das; -s, -men [griech. trýpanon = Bohrer + sōma = Körper] 트리파노소마(척추 동물에 기생하는 편모충 병원체).
Trypsin [try'psiːn], das; -s [의학] 트립신(췌장액 속의 단백질 분해 효소).
Tschad [tʃat, tʃaːt], 《대개 관사와 함께》 der; -s 차드(아프리카에 있는 국가). **Tschader** ['tʃadɐ, 'tʃaːdɐ], der; -s, - 차드 인. **tschadisch** ['tʃadɪʃ, 'tʃaːdɪʃ] 〈Adj.〉 차드의, 차드 인의.
Tschador [tʃa'dɔr, 《또한》 ...doːɐ̯], **Tschadyr** [...'dyr], der; -s, -s [pers. šādur(wān)] 차도르(페르시아 여성들의 얼굴 가리개).
Tschadsee, der; -s 차드 호(湖)(중앙 아프리카에 있음).
Tschako [tʃako], der; -s, -s [ung csákó = Husarenhelm] 《옛》(원통형) 군모 (지금은 대부분 경찰모).
Tschamara [tʃa'mara], die; -s / ...ren [poln. czamar(k)a, tschech. čamara] 차마라(꽃 장식이 있고 옷깃이 낮은 체코, 폴란드의 고유 의상 재킷).
Tschandu ['tʃandu], das; -s, -s [engl. chandoo] 끽연용 아편.
Tschapka ['tʃapka], die; -s [poln. czapka] 《옛》 참카 (장기병용 군모).
Tschapperl ['tʃapɐl], das; -s, -n 《österr.·통용어》 아둔한 아이, 바보스런 아이(사람).
Tscharda: ↑Csárda. **Tschardasch** ['tʃardaʃ], der; -(es), -(e) ↑Csárdás.
tschau! [tʃau; ital. ciao, venez. scia(v)o] 《경》《친한 사람들이 헤어질 때》안녕.
Tscheche ['tʃɛça], der; -n, -n 체코 사람.
Tschecherl ['tʃɛçɐ̯l], das; -s, -n 《österr.·통용어》 작은 카페.
Tschechin, die; -nen ↑Tscheche의 여성형. **tschechisch** ['tʃɛçɪʃ] 〈Adj.〉 체코 인의, 체코 어의. **tschechoslowake** [tʃɛçoslo'vaːkə], der; -n, -n 체코슬로바키아 사람. **Tschechoslowakei** [tʃɛçoslova'kai], die 체코슬로바키아 공화국. **tschechoslowakisch** [tʃɛçoslo'vaːkɪʃ] 〈Adj.〉 체코슬로바키아의.
Tscheka [tʃɛka], die [russ. tscheka] (1917~1922) 구소련 비밀 경찰.
Tscherkesse [tʃɛr'kɛsə], der; -n, -n 체르케세 사람(코카서스 지방에 사는 인종). **Tscherkessin**, die; -nen 체르케세 여자. **tscherkessisch** [tʃɛr'kɛsɪʃ] 〈Adj.〉 체르케세 인의.
Tscherkeßka [tʃɛr'kɛska], die; -s / ..ken [russ. tscherkeska] 체르케스카(코사서스 인종의 남자 민속 의상).
Tschernosem, Tschernosjom [tʃɛrnoˈzjɔm], das; -s [russ. tschernosjom] ↑Steppenschwarzerde.
Tscherwonez [tʃɛrˈvoːnɛts], der; -, ...wonzen [...ntsn̩] 〈그러나: 5 Tscherwonez〉 [russ. tscherwonez] 체르보네츠(옛 러시아의 화폐 단위).

Tschibuk [tʃi'buk], der; -s, -s [türk. cubuk] 터키인의 긴 담뱃대.
Tschick [tʃɪk], der; -s, - [ital. cicca] 《österr.·통용어》 담배(꽁초).
Tschikosch ['tʃiːkoːʃ, 《또한》 'tʃiko:ʃ], der; -(e)s, -e 형가리의 말 먹이는 사람.
tschilpen ['tʃɪlpn̩] ↑schilpen.
Tschinelle [tʃi'nɛlə], die; -n 《대개 Pl.》 [ital. cinelle] (준고어·아직 südd., österr.) 옛날의 쳄발로 악기.
tsching! [tʃɪŋ] 〈Interj.〉 《의성어》 쨍, 쨍.
tschingbum! [tʃɪŋ'bum], **tschingderassabum!** [...dərasaˈbum], **tschingderassassa!** [tʃɪŋdərasasa] 〈Interj.〉 《의성어》 (징, 북소리에서 나는) 쿵작작, 쿵작쿵작.
tschintschen ['tʃɪntʃn̩] 〈h〉 [engl. change] 《지역적·고어》 암거래하다.
Tschisma, der; -s, ...men [ung. csizma] 색깔 있는 헝가리의 짧은 장화.
Tschismen ['tʃɪsmən] ↑Tschisma의 복수형.
Tschoch [tʃɔx], der; -s 《österr.·통용어》 커다란 노력, 큰 수고. **Tschocherl** ['tʃɔxɐ̯l], das; -s, -n 《österr.· 통용어》 ↑Tschecherl.
tschüs [tʃyːs, 《südd.》 tʃys 《고어》 atschüs, niederd. adjüs] 《통용어》 안녕(헤어질 때의 인사).
Tschusch [tʃuʃ], der; -en, -en 《österr.·통용어·펌》 외국놈(특히 남동 유럽이나 오리엔트 지방에서 온).
Tsd.: ↑Tausend(천)의 약어.
Tsetsefliege ['tsɛtsə-], die; -n [Bantu (afrik. Eingeborenenspr.) tsetse 〈의성어〉] 체체파리.
T-Shirt ['tiː.ʃə:t], das; -s, -s [engl.-amerik. t-shirt] 티셔츠.
Tsuga ['tsuːga], die; -s / ...gen [jap.] 아메리카 솔송나무, 스키나무(학명: *Tsuga canadensis*).
Tsunami ['tsuːnami], der; -, -s [jap. tsunami] (바다 속 화산 작용에 의한) 해일.
T-Träger ['teː-], der; -s, - [토목] T자형 철제 도리.
TU [teː|uː], die; -s technische Universität의 약어(공과대학교).
Tuareg ['tuaːrɛk, 'tuːarek, tuaˈrɛk] 〈Pl.〉 투아레크 인(사하라 지방에 사는 Berber계의 유목민).
tua res agitur ['tua res 'agitʊr; lat.] 《교양어》 너에 관한 문제다.
Tuba ['tuːba], die; ...ben [lat. tuba] 1. a) 튜바(금관 악기의 일종). b) 〈고대 로마의〉 군용 나팔. 2. [해부] ↑Tube (2). **Tubargravidität** [tuˈbaːɐ̯-], die; -en [lat. tubaris] 〈의학〉 난관 임신.
Tübbing ['tybɪŋ], der; -s, -s [Niederd.] 〔광〕 갱내 설치용 반원형 철관.
Tube ['tuːbə], die; -n [engl. tube] 1. 작은 튜브[관]: eine T. Zahnpasta 치약 한 통; eine T. aufschrauben [zusammendrücken] 튜브를 열다[눌려 짜다]; **auf die T. drücken** 〈경〉 (자동차 따위의) 속도를 주다. 2. [해부] **a)** 이관(耳管). **b)** ↑Eileiter. **tubeless** ['tjuːblɪs] 〈Adj.〉 (자동차 타이어 등의) 튜브가 없는.
Tuben: ↑Tuba, Tubus의 복수형.
Tuben- (Tube 2): **~druchblasung**, die 1. ↑Pertubation. 2. ↑Luftdusche. **~katarrh**, der 이관염. **~schwangerschaft**, die ↑Tubargravidität. **~sterilisation**, die 난관 제거 불임 수술.
Tuberkel ['tuˈbɛrkl], der; -s, - / 《österr.》 die; -n [lat. tūberculum] [의학] 결핵결절(結核結節). **Tuberkelbakterie**, die, **Tuberkelbazillus**, der 결핵균.
tuberkular [tubɛrkuˈlaːɐ̯] 〈Adj.〉 [의학] 결핵상(狀)의.
Tuberkulin [...'liːn], das; -s [의학] 튜버쿨린. **tu-**

berkulös [...'lø:s], 〈österr.〉 **tuberkulos** [...'lo:s] 〈Adj.〉 [frz. tuberculeux] 【의학】 a) 결핵(성)의: tuberkulöse Hirnhautentzündung 결핵성 뇌막염. b) 결핵병의, 결핵에 침범된. **Tuberkulose** [...'lo:zə], die; -n 결핵(증)(약어: Tb, Tbc).

tuberkulose-, **Tuberkulose-**: **~bekämpfung**, die 〈Pl. 없음〉 결핵 퇴치. **~frei** 〈Adj.〉 결핵이 없는. **~fürsorge**, die 〈국가의〉 결핵 환자 보호(사업). **~hilfe**, die 〈Pl. 없음〉 ↑ ~fürsorge. **~krank** 〈Adj.〉 결핵병의. **~kranke**, der / die 결핵 환자. **~schutzimpfung**, die 결핵 예방 주사.

Tuberose [tubə'ro:zə], die; -n [lat. tūberōsus] 【식물】월하향(月下香)〈학명: *Polianthes*〉.

Tübingen ['ty:bɪŋən] 튀빙겐(독일의 도시). **¹Tübinger**, der; -s, - 튀빙겐 사람. **²Tübinger** 〈Adj.; 격변화 없음〉 튀빙겐의.

tubulär [tubu'lɛ:ɐ], **tubulös** [...'lø:s] 〈Adj.〉 [lat. tubula] 【해부·의학】 관(管) 모양의. **Tubus** ['tu:bʊs], der; -, ...ben / -se [lat. tubus] 1. 【광학】〈광학 기기의〉 원통형 몸체. 2. 【전문어】〈유리 기기의〉 관(管). 3. 【의학】(마취용) 삽관(插管), 투관(套管).

Tuch [tu:x], das; -(e)s, Tücher ['ty:çɐ] / -e 1. 〈Pl. Tücher; 축소형: ↑ Tüchlein, Tüchelchen〉 천 조각, 보자기: (sich) ein T. um den Kopf binden 머리에 두건을 매다; ein T. um die Schultern legen 숄을 어깨에 걸치다; etw. in ein T. wickeln 무엇을 보자기로 싸다; etw. mit einem T. [mit Tüchern] abdecken 무엇을 보자기로 덮다; **ein rotes[das rote] T. für jmdn. sein(wie ein rotes T. auf jmdn. wirken)** 〈통용어〉 누구를 분격시키다[흥분시키다](투우 때의 빨간 천에서 유래). 2. 〈Pl. -e〉 a) 표면이 펠트 모양으로 된 소모 직물: **buntes T.** 〈고어〉 군인, 병사; **leichtes T.** 〈지역적·준고어〉 경박한 사람. b) 【선원】 Segeltuch.

Tuch-: **~anzug**, der Tuch (2 a)로 된 의복. **~art**, die 천(직물)의 종류. **~artig** 〈Adj.〉 모직물과 같은, 천과 같은. **~bindung**, die 【섬유】↑ Leinwandbindung. **~fabrik**, die (모)직물 공장, 방직 공장, 직조 공장. **~fabrikant**, der 직물 공장 주인, 직조업자. **~fühlung**, die 〈Pl. 없음〉 [원래 군인의] 〈농〉 (옷자락이 닿을 만한) 가까운 거리: T. mit jmdm. haben[T. zu jmdm. halten] 누구와 밀접한 관계를 가지다[유지하다]; 〈전의〉 nach ihm haben ich 이상의 접촉(관계)을 갖지 않다; wir kamen schnell auf T. 우리는 빨리 그 까워졌다. **~handel**, der 포목 장사, 옷감 장사. **~händler**, der 직물(織物) 상인, 포목상. **~macher**, der 〈옛〉 직물공. **~mantel**, der 직물로 만든 외투. **~mütze**, die 직물로 만든 모자. **~seite**, die 직물의 표면[표면].

Tüchelchen ['ty:çlçən], das; -s, - Tuch (1)의 축소형. **tuchen** ['tu:xn̩] 〈Adj.〉 직물로 된.

Tuchent ['tuxn̩t], die; -en 〈österr.〉 깃털 이불.

Tüchlein ['ty:çlaɪn], das; -s, - ↑ Tuch (1)의 축소형.

tüchtig ['tʏçtɪç] 〈Adj.〉 1. 유능한, 수단이 있는: er ist sehr. t. (in seinem Fach) 그는 (자기 분야에서) 매우 유능한 사람이다. 〈명사화〉 freie Bahn dem Tüchtigen 유능한 사람에게 능력을 자유롭게 발휘할 수 있는 기회를. 2. 쓸모 있는, 힘찬 노력하는: ein -er Arbeit 근면한 작업; 〈반어〉 t., t.! 쓸 만하군! 쓸 만해! 3. a) 〈양, 범위, 강도 등이〉 충분한, 강한, 현저한: ein -er Schrecken 커다란 공포; ein -er Esser 대식가. b) 〈동사와 형용사 강조〉 매우, 몹시: es ist t. kalt 날씨가 매우 춥다. **-tüchtig** -['tʏçtɪç] 〈의사(擬似)접미사〉 ein funktionstüchtiger Motor 기능이 매우 좋은 엔진. **Tüchtigkeit**, die 1. 유능함. 2. 유용성, 쓸모 있음.

Tucke ['tʊkə], die; -n 1. 〈통용어·폄〉 (잔소리가 많은, 귀찮은) 노파. 2. 〈약간 폄〉↑ Schwuchtel. **Tücke** ['tʏkə], die; -n 1. 〈Pl. 없음〉 악의, 음험함: jmds. T. fürchten 누구의 악의를 두려워하다; 〈전의〉 die T. des Schicksals 운명의 장난; **die T. des Objekts** 대상물의 사용시에 봉착하는 의외의 난관. 2. 〈대개 Pl.〉 술책, 책략: er ist den -n seines Rivalen nicht gewachsen 그는 경쟁자의 책략에는 어쩔 수가 없었다. 3. 〈대개 Pl.〉 숨겨진 위험 요소: der Motor hat (seine) -n 엔진은 고장날 가능성이 있다.

tuckern ['tukɐn] 〈의성어〉 1. 〈h〉 통통 소리를 내다: der Motor tuckert 모터가 통통거린다. 2. 〈s〉 통통 소리를 내며 움직이다.

tuckig ['tʊkɪç] 〈Adj.〉 〈약간 폄〉 ↑ tuntig.

tückisch ['tʏkɪʃ] 〈Adj.〉 a) 악의 있는, 음험한: ein -er Mensch 음험한 사람. b) 위험스러운, 악성의: eine -e Krankheit 악성 질병. c) 위험을 시사하는, 위험을 예고하는. **tücksch** [tʏkʃ] 〈Adj.〉 〈nordd., ostmitteld.〉 노한, 감정을 상한: t. (auf jmdn.) sein 〈누구에 대해〉 노하다. **tückschen** ['tʏkʃn̩] 〈h〉 〈nordd., ostmitteld.〉 a) 〈속으로〉 원망하다. b) 화내다: mit jmdm. t. 누구에게 화내다.

tucktuck! [tʊk'tʊk] 〈Interj.〉 〈의성어〉 구구(닭 부르는 소리).

tüdelig ['ty:dəlɪç] 〈Adj.〉 〈nordd.〉 (나이가 들어) 약간 명청한, 서투른. **Tüder** ['ty:dɐ], der; -s, - [niederd. tud(d)er] 〈의성어〉 (가축을) 매어 두는 밧줄. **tüdern** ['ty:dɐn] 〈h〉 〈nord(ost)d.〉 1. a) 가축을 밧줄로 매어 두다. b) 서툴게 매다. 2. 혼란시키다.

Tudorbogen ['tju:dɔ-, (또한) 'tu:dɔɐ-], der; -s, - / 〈südd., österr.〉 Tudorbögen 【건축】 (위가 뾰족한) 튜더식 아치. **Tudorstil**, der; -(e)s 【건축】 튜더 건축 양식(영국의 후기 고딕 양식).

Tuerei [tuːə'raɪ], die; -en 〈통용어·폄〉 a) 〈Pl. 없음〉 짐짓 꾸밈. b) 점잔 뺌, 얌전 뺌.

¹Tuff [tʊf], der; -s, -e [ital. tufo] 【지질】 1. 응회암(凝灰岩). 2. 종유석(鍾乳石).

²Tuff [-], der; -s, -s [frz. touffe] 〈지역적〉 화환, 꽃다발.

Tuffstein, der; -(e)s, -e 1. ↑ ¹Tuff. 2. 응회암 석재.

Tüftelarbeit ['tʏftl-], die; -en 〈통용어〉 까다로운 일.

Tüftelei [tʏftə'laɪ], die; -en 〈통용어〉 1. 〈Pl. 없음〉 (어려운 일을) 꼼꼼하게 처리하기. 2. 까다로운 일.

Tüfteler : ↑ Tüftler. **tüftelig**, **tüftlig** ['tʏft(ə)lɪç] 〈Adj.〉 〈통용어〉 1. 까다로운. 2. 〈대개 폄〉 꼼꼼한, 자질구레한. **tüfteln** ['tʏftl̩n] 〈h〉 〈까다로운 일에〉 꼼꼼하게 매달리다.

Tufting- ['taftɪŋ-; engl. tufting]: **~schlingenware**, die 〈Pl. 없음〉 ↑ ~teppich. **~teppich**, der 보풀이 있는 양탄자. **~verfahren**, das (양탄자 표면에) 보풀을 만들어 넣는 공정(工程). **~ware**, die 〈Pl. 없음〉 ↑ ~teppich.

Tüftler, **Tüfteler** ['tʏft(ə)lɐ], der; -s, - 〈통용어〉 꼬치꼬치 파고드는 사람, 잔 신경을 쓰는 사람. **tüftlig**: ↑ tüftelig.

Tugend ['tu:gn̩t], die; -en 1. 〈Pl. 없음〉 덕, 덕성: den Pfad der T. wandeln 덕성의 길을 걷다; ein Ausbund an[von] T. 덕성의 모범. 2. 〈윤리상의〉 미덕, 가치, 장점: die T. der Bescheidenheit 겸손의 미덕; jeder Mensch hat seine -en und seine Fehler 사람은 누구나 장점과 단점이 있다. 3. 〈Pl. 없음〉 〈고어〉 a) 순결, 정절. b) 처녀성.

tugend-, **Tugend-**: **~bold**, der ↑ Tugendbold. **~held**, der a) 〈통용어·반어〉 덕망가, 도덕 군자. b) 〈폄〉 ↑ ~bold. **~lehre**, die 【철학·고어】 ↑ Ethik. **~los** 〈Adj.〉 〈준고어〉 덕이 없는, 예의가 없는. **~reich**

〈Adj.〉《준고어》 덕이 많은. **~richter,** der 《대개 쭴》 ↑Sittenrichter. **~system,** das 〖철학〗 덕목 체계. **~übung,** die (Pl. 없음) 《교양어》 덕행(德行), 수양. **~wächter,** der 《대개 쭴》 도덕의 파수꾼.

Tugendbold [-bɔlt], der; -(e)s, -e 《반어》 도덕 군자인 체하는 사람. **tugendhaft** 〈Adj.〉《준고어》 덕이 있는, 품행이 방정한, 고결한. **Tugendhaftigkeit,** die 《준고어》 ↑tugendhaft의 명사형. **tugendlich** 〈Adj.〉《고어》 ↑tugendhaft. **tugendsam** [...zɑːm] 〈Adj.〉《고어》 ↑tugendhaft.

Tukan ['tuːkan, (또한) tu'kaːn], der; -s, -e [span. tucan] (중남미에 서식하는) 큰부리새.

Tulaarbeit ['tuːla-], die; -en 〖공예〗 은상감 세공. **Tulasilber,** das; -s ↑Tulaarbeit.

Tularämie [tulare'miː], die 〖의학〗 야토병(野兎病).

Tulipan ['tuːlipan], der; -(e)s, -e, **Tulipane** [tuli'paːnə], die; -, -n ↑Tulpe.

Tüll [tyl], der; -s, 《종류》 -e [frz. tulle] 튈(망사직).

tüll-, Tüll-: ~ärmel, der 망사직의 소매. **~artig** 〈Adj.〉 망사직의. **~bluse,** die 망사직 블라우스. **~decke,** die 망사직 이불. **~gardine,** die 망사직 커튼. **~schleier,** der 망사직 베일. **~vorhang,** der 망사직 커튼.

Tülle ['tylə], die; -n 《지역적》 **1.** (사기병, 주전자 등의) 주둥이. **2.** (물건을 꽂는) 구멍, (촛대의) 초꽂이, (전기의) 소켓.

tulli ['tuli] 〈Adj.〉(österr.·통용어》 좋은, 훌륭한.

Tulpe ['tʊlpə], die; -n **1.** 튤립. **2.** 튤립 모양의 맥주잔. **3.** 《통용어·준고어》 기이한 사람.

Tulpen-: ~baum, der 튤립나무. **~beet,** das 튤립꽃밭. **~blüte,** die **1.** 튤립꽃. **2.** 튤립꽃이 피는 것: wir fahren zur T. nach Holland 우리는 튤립꽃이 필 때 네덜란드로 간다. **~feld,** das 튤립 밭. **~glas,** das ↑Tulpe (2). **~zucht,** die 튤립 재배. **~züchter,** der 튤립 재배가. **~zwiebel,** die 튤립의 구근(球根).

tumb [tʊmp] 〈Adj.〉 -er, -este》《약간 조롱》 우직한, 순진한.

¹Tumba ['tumba], die; Tumben [1: lat. tumba] **1.** 석관 모양의 묘비석. **2.** 〖가〗 《장례 미사용》 모형관(棺).

²Tumba [-], die; -s [span. tumba] ↑Conga (2).

Tumben-: ↑¹Tumba의 복수형.

Tumbheit, die 《약간 조롱조》 우직함, 순진함.

Tummel ['tʊm], der; -s, - 《지역적》 ↑Rausch (1).

tummeln ['tʊm|n] **1.** 〈t. + sich〉〈h〉 활발하게 이리저리 움직이다《돌아다니다, 뛰어다니다》: die Kinder tummeln sich im Garten 아이들이 정원에서 뛰어 놀다. **2.** 〈t. + sich〉〈h〉《지역적》↑beeilen (1). **3.** 《고어》〈h〉(말을) 빙빙 돌리다. **4.** 〈s〉《지역적》 어지러운 도로 움직이다. **Tummelplatz,** der; -es, -plätze 놀이터, 집합장: Schwabing, ein T. exzentrischer Originale 괴짜들의 집합소인 슈바빙 지역. **Tummler** ['tʊmlə], der; -s, - **1.** (16~18세기에 애호되었던) 오뚝이 술잔. **2.** (대목장의) 회전 목마. **Tümmler** ['tʏmlɐ], der; -s, - **1.** 쥐돌고래(돌고래속의 일종). **2.** (오랫동안 높이 날 수 있는) 집비둘기류.

Tumor ['tuːmɔr, 'tuːmoːɐ̯, 《통용어》 tu'moːɐ̯], der; -s, -en [tuˈmoːrən], -e [tu'moːra; lat. tumor] 〖의학〗 **1.** Geschwulst. **2.** 신생물.

Tumor- [《통용어》 -'-]: **~gewebe,** das ↑~zelle. **~operation,** die 종양 《제거》 수술. **~therapie,** die 종양 치료(법). **~wachstum,** das 종양의 성장. **~zelle,** die 종양 세포.

Tümpel ['tʏmp|], der; -s, - 웅덩이, 못.

Tumuli: ↑Tumulus의 복수형. **Tumult** [tu'mʊlt], der; -(e)s, -e [lat.tumultus] (흥분한 군중의) 혼란, 소동, 소란, 소요: ein riesiger[heftiger] T. 굉장한[격렬한] 소요. **Tumultuant** [...'tuant], der; -en, -en [lat. tumultuāre] 《교양어·드물게》 소동을 일으킨 사람, 선동자, 폭도, 폭동자. **tumultuarisch** [...'tua:rɪʃ] 〈Adj.〉 [lat. tumultuārius] 《교양어》 소란한, 떠들썩한. **tumultuos** [...'tuoːs], **tumultuös** [...'tuøːs] 〈Adj.〉; -er, -este) 《lat. tumultuosus》《교양어》 ↑tumultuarisch. **tumultuoso** [...'tuoːzo] 〈Adv.〉 [ital. tumultuoso] 〖음악〗 시끄러운, 소란스러운. **Tumulus** ['tuːmulʊs], der; -, ...li [lat.tumulus] 〖고고〗 (선사 시대의) 고분.

tun [tuːn]* 〈h〉 **I. 1. a)** (어느 행위를, 일을) 하다, 행하다: et.gern[freiwillig, auf eigene Verantwortung] t. 무엇을 즐겁게[자발적으로, 자신의 책임 하에] 하다; er hat das Richtige[Falsche] getan 그는 올바른[틀린] 일을 하였다; er tut nichts als meckern 《통용어》 그는 불평만 늘어 놓는다; ich weiß nicht, was ich t. soll 나는 무슨 일을 해야 할지 모른다; er hat sein möglichstes [Bestes] getan 그는 그의 최선을 다하였다; du kannst t. und lassen, was du willst 하든 말든 네 마음 대로이다; was kann ich für dich t.? 나는 너를 위해 무슨 일을 할 수 있을까?; tu mal etwas für deine Gesundheit 너의 건강을 위해 무엇인가 한 번 해 보렴; dagegen muß man etwas[kann man nichts] t. 그것에 반대하여 뭔가 하지 않으면 안된다[아무것도 할 수 없다]; was wirst du mit dem Geld t.? 그 돈으로 너는 무엇을 할 생각이냐?; was tust du mit dem Messer? 그 칼로 무슨 일을 할 생각이냐?; 〈4격 목적어 없이도〉 tu langsam! 《지역적》 천천히!; 〖성구〗 was t.? 어떻게 하지?; was tut man nicht alles! 《누구를 위해》 무엇을 마다 하겠는가!; **gut[recht, unrecht] (daran) t.** (무엇을 하는 것이) 좋은 [잘한, 못한] 일이다: du tätest gut daran, zum Arzt zu gehen ich t. 너는 의사에게 가는 것이 좋을 거야. **b)** 《특정한 일을》수행하다, 실행하다, 처리하다: er tut seine Arbeit[Pflicht] 그는 그의 일[의무]을 수행하고 있다; was hat er denn getan? 도대체 그가 무슨 짓을 하였는가?; der faule Kerl tut nichts[keinen Handschlag] 그 게으른 녀석은 손가락 하나 까딱 않는다; 〈4격 목적어 없이도〉 Mutter hat noch in der Küche zu t. 어머니는 부엌에서 아직도 하실 일이 있으시다; 〖성구〗 tu's doch! 할 테면 해 봐!; **mit etw. ist es (nicht) getan** 무엇으로 충분하다[충분하지 않다]: mit ein paar netten Worten ist nicht getan 몇마디 친절한 말로는 충분한게 아니다; **es nicht unter etw. t.** 《통용어》 무엇 이하로는 하지 않는다; **es tun** 《통용어·완곡》 거시기하다(성교하다). **c)** 《앞에 쓰여진 동사의 뜻을 받아서》 ich riet ihm zu verschwinden, was er auch schleunigst tat 나는 그에게 사라지라고 충고하였는데, 실제로 그는 정말 그렇게 했다. **d)** 《기능 동사로서, 특히 동작에서 파생된 명사와 결합하여》 einen Sprung[einen Blick aus dem Fenster] t. 도약하다(창 밖으로 한 번 내다 보다); 《비인칭》 plötzlich tat es einen furchtbaren Knall 갑자기 굉장한 폭음 소리가 났다. **e)** 야기하다, 불러일으키다: ein Wunder t. 기적을 일으키다; 〖성구〗 was tut's? 그게 어떠니?; das tut nichts 그건 아무렇지도 않아. **f)** (누구에게 무슨 일을) 베풀다, 끼치다: jmdm. (etw.) Gutes t. 누구에게 뭔가 좋은 일을 하다; jmdm. einen Gefallen t. 누구에게 호의를 베풀다; er hat viel an ihm getan 《통용어》 그는 그에게 좋은 일을 많이 하였다; er tut dir nichts 그는 너에게 아무 해도 끼치지 않는다; 《3격 목적어 없이도》 der Hund tut nichts 개는 물지 않는다. **2. es t.** 《통용어》 **1)** (목적을) 달성하다, 충분하다: Worte allein tun es nicht 말만으로는 충분하지 않다. **2)** 작동하다: das Auto tut's noch 자동차는 아직 잘 간다. **3.** 《지역적》 작동하다: das Radio tut nicht (richtig) 그 라디오는 (제대로) 작동하지 않는다. **4.** (어디로) 옮기다, 두다, 놓다: tu es in den Schrank 그것을 장 안에 넣어 두렴; Salz an(in) die Suppe t. 수프에 소금을 치다; den Jungen aufs Gymnasium t. 아들을 김나지움에 보내다. **5.** (처럼) 꾸미다, 가장하다, … 체하다: überrascht t. 깜짝 놀란 체하다; er tut (so), als ob er nichts wüßtes[als wüßte er nichts] 그는 아무것도 모르는 체한다; tu doch nicht so! 그런 척하지 마라!, 능청 떨지 마! **6.** 〈t. + sich〉 일어나다, 생기다, 변화하다: es tut sich immer noch nichts 아직도 아무런 변화가 없다. **7. es mit jmdm.(etw.) zu t. haben** 누구(무엇)와 상대하다: (es) mit etw. zu t. haben (통용어) 무엇으로 고통[어려움]을 겪다: er hat mit einer Grippe zu t. 그는 독감으로 고생하고 있다; sonst kriegst du es mit mir zu t.! 그렇지 않으면 너는 나에게 당할 것이다!; **mit sich (selbst) zu t. haben** 개인적인 문제를 갖고 있다; **(etw.) mit etw.(jmdm.) zu t. haben** 무엇(누구)과 접촉하다, 관계하다, 상대하다; **etw. mit etw. zu t. haben** 1) 무엇이 무엇과 (책임) 관계가 있다. 2) 무엇에 책임[죄]이 있다. 3) 누구의 무엇과 원인 관계에 있다: mit Kunst hat das wohl kaum etwas zu t. 그것은 예술이라 말할 수 없다; **mit jmdm.(etw.) nichts zu t. haben wollen** 누구(무엇)와 관계치 않으려 하다; **es ist um jmdn.(etw.) gatan** (아이) 누구[무엇]가 끝장이다; **jmdm. ist (es) um jmdn. (etw.) zu t.** (아이) 누구에게는 누구[무엇]가 문제다. **II.** 〈조동사〉 **1.** (부정형과 함께) 강조적으로) und tun tut keiner was (통용어) 그리고 누구도 무엇을 하려고 하지 않는다. **2.** (부정형과 함께; 접속법 대신으로; (지역적) das täte mich schon interessieren 그것이라면 벌써 나의 관심을 끌텐데. **Tun**, das; -s 행위: ein sinnvolles T. 의미 있는 행위; **jmds. T. und Treiben** (아이) 누구의 일거 일동; **jmds. T. und Lassen** (아이) 누구의 행동거지.

Tünche ['tʏnçə], die; -〈종류〉 **1.** (벽에 칠하는) 회. **2.** 〈Pl. 없음〉 (대개 폄) 겉치레, 가식: seine Höflichkeit ist nur T. 그의 정중함은 겉치레에 불과하다. **tünchen** ['tʏnçn̩] 〈h〉 벽회를 칠하다. **Tüncher**, der; -s, - 〈지역적〉 페인트공.

Tundra ['tʊndra], die; …ren [russ. tundra] 툰드라, 동토대(凍土帶).

Tunell [tu'nɛl], das; -s, -s 《südd., österr., schweiz.》 터널.

tunen ['tjuːnən] 〈h〉 [engl. to tune] 〈자동차〉 ↑frisieren (2 b). **Tuner** ['tjuːnɐ], der; -s, - [engl. tuner] **1.** [전기] 라디오 수신기, 튜너. **2.** (라디오, 텔레비전 등의) 주파수 조정기. **3.** 〈자동차 은어〉 엔진 조정 전문가.

¹**Tuneser** [tu'neːzɐ] 튀니지 인. ²**Tuneser** 〈Adj.〉 튀니지의. **Tunesien** [tu'neːziən], -s 〈아프리카 북부의〉 튀니지 공화국. **Tunesier** [tu'neːziɐ], der; -s, - 튀니지 사람. **tunesisch** [tu'neːzɪʃ] 〈Adj.〉 튀니지의, 튀니지 인의.

Tungbaum ['tʊŋ-], der; -(e)s, …bäume [chin. t'ung] 유동. **Tungöl**, das; -(e)s, 《종류》-e ↑Holzöl.

Tunichtgut ['tuːnɪçtguːt], der; -/-(e)s, -e [본래 = (ich) tu nicht gut] 말썽꾸러기.

Tunika ['tuːnika], die; …ken [lat. tunica] 투니카(고대 로마의 소매없는 옷). **Tunikate** [tuni'kaːtə], die; -n (대개 Pl.). [lat. tunicātus] 〈동물〉 ↑Mantelier.

Tuning ['tjuːnɪŋ], das; -s [engl. tuning] 〈자동차〉 (엔진 따위의) 성능 조정.

Tunke ['tʊŋkə], die; -n 〈지역적 드물게〉 ↑Tinte 1 참조. **tunken** ['tʊŋkn̩] 〈h〉 〈지역적〉 ↑eintauchen (1).

tunlich ['tuːnlɪç] 〈Adj.〉 〈준고어〉 **1.** 좋은. **2.** 가능한. **Tunlichkeit**, die 〈준고어〉 ↑tunlich의 명사형. **tunlichst** ['tuːnlɪçst] 〈Adv.〉 [↑tunlich의 최상급] **1. a)** 가능한 한. **b)** 가능하다면. **2.** 어떤 경우에도: Autofahrer sollten t. auf Alkohol verzichten 자동차 운전자는 무조건 술을 마셔서는 안된다.

Tunnel ['tʊnl̩], der; -s, -/《드물게》-s [engl. tunnel] **a)** 터널: einen T. bauen 터널을 만들다. **b)** 지하도, 지하통로, 땅굴. **c)** [럭비] (선수 사이의) 터널.

tunnel-, Tunnel-: ∼**ähnlich** 〈Adj.〉 터널과 비슷한. ∼**bau**, der 《Pl. 없음》 터널[지하도] 건설. ∼**bauer**, der; -s, - 터널[지하도] 건설 시공자. ∼**bund**, der 《의상》 허리띠를 집어넣는 의복의 고리. ∼**gurt**, der, ∼**gürtel**, der 《의상》 의복의 고리에 집어 넣는 허리띠. ∼**ofen**, der 〈기술〉 터널 모양의 긴 용광로. ∼**röhre**, die 터널 시공용 철관(鐵管). ∼**sohle**, die 《전문어》 터널[지하도]의 바닥. ∼**wandung**, die 터널 벽.

tunnelieren [tʊnə'liːrən] 〈h〉 《österr.》 터널을 뚫다: einen Berg t. 산에 터널을 뚫다. **Tunnelierung**, die; -en 《österr.》 터널뚫기.

Tunte ['tʊntə], die; -n [Niederd.] **1.** (통용어·폄) ↑Tante (2 a). **2.** (경·폄) 여자역 동성 연애자. **tuntenhaft** 〈Adj.〉 **1.** (통용어·폄) 노처녀 같은, 잔소리 많은. **2.** (경·대개 폄) 여자역 동성 연애자 같은. **tuntig** ['tʊntɪç] 〈Adj.〉 (통용어·폄) **1.** ↑tuntenhaft (1). **2.** (경·대개 폄) ↑tuntenhaft (2).

Tupamaro [tupa'maːro], der; -s, -s [span. tupamaro, 페루의 인디언 지도자 Túpac Amaru II.(1743∼1781)의 이름에서] 우루과이의 도시 게릴라.

Tupf [tʊpf], der; -(e)s, -e 《südd., österr., schweiz.》 ↑Tupfen. **Tüpfchen** ['tʏpfçən], das; -s, - ↑Tupfen 참조. **Tüpfel** ['tʏpfl̩], das; -s, - 《드물게》 ↑Tüpfelchen. **Tüpfelchen** ['tʏpflçən], das; -s, - [↑Tüpfel의 축소형] 작은 (반)점: 〈전의〉 nicht ein T. an etw. ändern 무엇을 단 한 점도 바꾸지 않다; **das T. auf dem i** i자 위의 작은 점, 마지막 끝손질. **Tüpfelfarn**, der; -(e)s, -e 미역고사리(속).

Tüpfelfarngewächs, das 미역고사리. **tüpfelig, tüpflig** ['tʏpf(ə)lɪç] 〈Adj.〉 **1.** (드물게) 반점이 있는. **2.** 〈지역적〉 아주 꼼꼼한. **tüpfeln** ['tʏpfl̩n] 〈h〉 작은 반점을 붙이다, 얼룩지게 찍다. (대개 과거분사로) **tupfen** ['tʊpfn̩] 〈h〉 **1. a)** 가볍게 (톡톡) 치다(두드리다): jmdm. auf die Schulter t. 누구의 어깨를 가볍게 치다. **b)** 살짝 대다: er tupfte sich den Mund mit der Serviette 그는 냅킨으로 입을 가볍게 닦았다. **c)** 가볍게 두드리듯 하다: den Schweiß von der Stirn t. 이마로부터 땀을 가볍게 두드려 닦아 내다. **2.** 점을 찍다: 〈대개 과거분사로〉 ein (blau) getupftes Kleid (파란색) 점박이 옷. **Tupfen** [-], der; -s, - 〈축소형〉 ↑Tüpfchen〉 점, 반점, 얼룩점. **Tupfer** ['tʊpfɐ], der; -s, - **1.** (얼룩)점. **2.** (상처 소독시나 청소용) 가제. **tüpflig**: ↑tüpfelig.

¹**Tupi** [tu'piː], der; -(s), -(s) 투피어(남미 열대 유림 지대에 사는 인디언 종족). ²**Tupi**, das; - 투피어(語).

Tür [tyːɐ̯], die; -en **1. a)** 문, 출입문: die T. zur Terrasse 테라스의 문; eine T. schließen 문을 닫다; an die T. klopfen 문을 노크하다; er wohnt eine T. weiter 그는 바로 옆에 산다; 〈성구〉 da ist die T.!, 〈통용어〉 문은 저쪽이야(나가)!; mach die T. von außen zu! 〈통용어〉 닫고 나가!; du kriegst die T. nicht zu! 〈통용어〉 정말 이럴 수가!; 〈전의〉 ihm stehen alle -en offen 그에겐 모든 가능성이 열려 있다; er fand nur verschlossene -en 그는 어디서나 냉대만 당했다; die T. nicht zuschlagen(offenhalten) 관대의 여지를 없애지 않다[남겨 두다]; er fand überall offene -en 그는 어디서나 환영을 받았다; **jmdm. die T. einlaufen[einrennen]**

(같은 일로) 누구를 계속 찾아다니며 괴롭히다; **offene -en einrennen** 《통용어》 다 된 일을 가지고 수고하다; **einer Sache T. und Tor öffnen** 어떤 일이 촉진되도록 하다; **hinter verschlossenen -en** 밀실에서, 비밀로; **mit der T. ins Haus fallen** 《통용어》 내키는 대로 말을 뱉다; **vor verschlossener T. stehen** 문은 닫힌 채 아무도 못 만나다; **zwischen T.und Angel** 《통용어》 서둘러, 황급히, 떠나가면서. **b)** 출입구, 통용문: **die T. geht ins Freie** 출입구가 밖으로 나있다; **aus der T. treten** 출입구를 통해 나가다; **jmdm. die T. weisen** 《아이》 누구에게 (나가라고) 문을 가리키다; **vor die T. sein**, 밖으로; **jmdn. vor die T. setzen** 《통용어》 1) 누구를 집에서 내쫓다. 2) 누구를 해고하다; **vor seiner eigenen T. kehren** 《통용어》 자기 앞가림을 하다; **vor der T. stehen** 박두하다, 임박하다. 2. **a)** (난로, 옷장 따위의) 문. **b)** (새장 따위의) 문구멍.

Tür-: **~angel**, die 돌쩌귀. **~bekleidung**, die 《전문어》 문얼굴. **~beschlag**, der 문에 달린 쇠장식. **~blatt**, das 《전문어》 ↑ ~flügel. **~drücker**, der ↑ ~griff, ~knauf, ~klinke. **~falle**, die 《schweiz.》 ↑ ~klinke. **~fenster**, das 문에 달린 작은 창. **~flügel**, der 날개문의 문짝. **~füllung**, die ↑ Füllung (3). **~futter**, das 《전문어》 ↑ Futter (2). **~glocke**, die 《준고어》 ↑ ~klingel. **~griff**, der 문손잡이. **~heber**, der (문을 열 때) 문을 약간 높혀 주는 장치. **~hüter**, der 《준고어》 문지기, 수위. **~kette**, die ↑ Sicherheitskette (a). **~klingel**, die 초인종. **~klinke**, die ↑ Klinke (1). **~klopfer**, der (현관의) 노커, 문 두드리는 쇠. **~knauf**, der 문 손잡이. **~knopf**, der ↑ ~knauf. **~laibung**, **~leibung**, die 《전문어》 문들의 안쪽 면. **~nachbar**, der 옆(방)에 사는 이웃. **~nische**, die 문 앞에 있는 니치. **~öffner**, der 문의 자동 개폐 장치. **~öffnung**, die 문을 닫기 위한 개구부(開口部). **~pfosten**, der 문설주, 문기둥. **~rahmen**, der 문틀. **~riegel**, der 문 빗장. **~ritze**, die 문 틈. **~schild**, das 문패. **~schließer**, der 1. (극장 등의) 문지기. 2. 문의 자동 개폐기. **~schlitz**, der 문 틈(새). **~schloß**, das 문의 자물쇠. **~schlüssel**, der 문의 열쇠. **~schnalle**, die (österr.) ↑ ~klinke. **~schwelle**, die; ↑ Schwelle (1), **~spalt**, der 문의 열린 틈. **~spalte**, die 《드물게》 ↑ ~spalt. **~spion** der ↑ Spion (2 a). **~staffel**, der -s, - / die; -n (österr.) ↑ ~schwelle. **~steher**, der ↑ ~hüter. **~stock**, der 1. (südd., österr.) ↑ ~rahmen. 2. 《광》 갱도의 버팀목. **~sturz**, der 《토목》 ↑ Sturz (4). **~summer**, der 《통용어》 ↑ ~öffner. **~verkleidung**, die 1. ↑ ~bekleidung. 2. (자동차 따위의) 문 안쪽에 입힌 것. **~vorhang**, der 문 대용 커튼. **~vorlage**, die (schweiz.), **~vorleger**, der 문입구의 매트. **~zarge**, die 《토목》 목제 문틀.

Turas ['tuːras], der; -, -se [frz. tour + niederd. as] 【기술】 (순설기 따위의) 체인 톱니바퀴.

Turba ['tʊrba], die; Turbae [tʊrbɛ; lat. turba] 【음악】 투르바(수난곡 등에서의 합창곡).

Turban ['tʊrbaːn], der; -s, -e [türk. tülbant] 터번.

Türbe ['tʏrbə], die; -n [türk. türe] (이슬람의) 탑 모양의 묘.

Turbellarie [tʊrbɛˈlaːri̯ə], die; -n 《대개 Pl.》 [lat. turbo] 【동물】 Strudelwurm, die **turbinare** [tʊrbiːˈraːn] 〈h〉 [lat. turbāre] 《교양어 · 고어》 불안하게 하다, 방해하다. **turbinal** ['tʊrbiːnaːl] 〈Adj.〉 【기술】 나사 모양의, 뒤틀린. **Turbine** [tʊrˈbiːnə], die; -n [frz.turbine] 【기술】 터빈.

turbinen-, Turbinen-: **~antrieb**, der 터빈 추진. **~bauer**, der; -s, - 터빈 제작자. **~bohren**, das; -s 【기술】 터빈 굴착. **~dampfer**, der 터빈 증기선. **~flugzeug**, das 터보 제트기. **~getrieben** 〈Adj.〉 터빈 추진식의. **~haus**, das 터빈이 있는 건물. **~schiff**, das 터빈 기선. **~triebwerk**, das 터보 제트 엔진.

Turbo ['turbo], der; -s, -s 《통용어》 터보(엔진) 자동차.

turbo-, Turbo- 【기술】 **~elektrisch** 〈Adj.〉 터보 발전의. **~generator**, der 터보 발전기. **~kompressor**, der ↑ Kreiselverdichter, der 터보 충전기. **~motor**, der 1. 터보 충전 엔진. 2. 《헬리콥터 등의》 터보제트엔진. **~Prop-Flugzeug** [...ˈprɔp...], das 터보 프로펠러 엔진 비행기. **~Prop-Maschine**, die 《붙임표와 함께》 ↑ ~Prop-Flugzeug. **~Prop-Triebwerk**, das 터보프롭 엔진. **~ventilator**, der 터빈 통풍기.

turbulent [tʊrbuˈlɛnt] 〈Adj.〉 [lat. turbulentus] 1. 시끄러운, 소란스러운: **ein -es Wochenende** 야단스러운 주말. 2. 【물리 · 천문 · 기상】 난(기)류의. **Turbulenz** [...ˈlɛnts], die; -en [lat. turbulentia] 1. **a)** 《Pl. 없음》 소란, 소동, 난동. **b)** 소란스러운 일(사건). 2. 【물리 · 천문 · 기상】 난류, 난기류. **Turbulenztheorie**, die 【천문】 (우주 생성론의) 난(亂)기류설.

turca ['tʊrka] 【음악】 ↑ alla turca.

Türe ['tʏːrə], die; -n (고형) ↑ Tür.

Turf [tʊrf, ⟨engl.⟩ təːf], der; -s [engl. turf] 《경마 · 흔어》 경마장.

Türgg, Türk [tʏrk], der; -(e)s, -en (오스만 제국의 국민이란 의미에서의 "Türke"와 관련) 〈schweiz.〉 1. 【군사】 전투 훈련, 기동 훈련. 2. **a)** 광고. **b)** (정치) 선전.

Turgeszenz [...ˈtsɛnts], die; -en 【의학 · 생물】 (세포, 조직의) 팽만, 팽창, 부풀음.

turgeszieren [...ˈtsiːrən] 〈h〉 [lat. turgēscere] 【의학 · 생물】 팽창하다, 부풀어오르다. **Turgor** [ˈtʊrɡɔr, 〈또한〉 ...oːr], der; -s [lat. turgor] 1. 【의학】 (피부 따위의) 긴장도. 2. 【식물】 (세포벽에 대한) 팽압(膨壓).

-türig [-tyːrɪç] (다음의 합성어로, 예컨대) **viertürig**.

Turin [tuˈriːn] 토리노(이탈리아의 도시 이름). ¹**Turiner**, der; -s, - 토리노 사람. ²**Turiner** 〈Adj.〉 토리노의. **turinisch** ⟨Adj.⟩ 토리노의.

Turing-Maschine [ˈtjuːrɪŋ-], die; -n [영국의 수학자 A. M. Turing(1912~1954)에서] 튜링 계산기.

Türk- [tʏrk-]: **~sprache**, die 【언어】 터르크 어. **~stamm**, der 튀르크 족. **~volk**, das 튀르크 종족.

Türk [tʏrk]: ↑ Türgg. **Türke** [ˈtʏrkə], der; -n, -n 1. 터키인. 2. **a)** 《통용어》 눈속임, 기만 행위: **einen ~ bauen** 《준고어》 눈가림하다. **b)** 《텔레비전 방송 · 음어》 사실처럼 위장한 장면. **Türkei** [tʏrˈkaɪ̯], die (소아시아의) 터키 공화국. **türken** [ˈtʏrkn̩] 〈h〉 《통용어》 위조하다, 날조하다: **getürkte Papiere** 위조 서류. **Türken** [-], der; -s [Türkenkorn에서] 〈österr. · 통용어〉 옥수수.

Türken-: **~blut**, das 적포도주와 샴페인을 혼합한 술. **~brot**, das 〈Pl. 없음〉 땅콩 캐러멜. **~bund**, der 〈Pl. ...bünde〉 1. 《고어》 터번. 2. ↑ ~bundlilie. **~(bund)lilie**, die 터번 모양의 나리(학명: *Lilium martagon*). **~koffer**, der 《약간 농》 플라스틱 봉지. **~säbel**, der (초생달 모양의) 터키 칼. **~sattel**, der 【해부】 터키 안장. **~sitz**, der 【Schneidersitz. **~sterz**, der 《österr.》 요리》 옥수수 가루 반죽으로 만든 완자. **~taube**, die 〈원산지의 이름에 따라〉 (터키 산) 산비둘기.

Turkey ['təːki], der; -s, -s [engl. cold turkey] 《음어》 (마약의) 금단 증상: **auf (den) T. kommen** (마약의) 금단 증상에 빠지다; **auf (dem) T. sein** (마약의) 금단 증상 상태에 있다.

Türkin, die; -nen ↑ Türke (1)의 여성형.

türkis [tyrˈkiːs] 〈Adj.〉 터키 옥색의, 청녹색의. **¹Türkis** [-], der; -es, e **1.** 터키옥. **2.** 터키옥 보석. **²Türkis** [-], das; - 청녹색, 터키옥색.
türkis-, Türkis-: **~blau** 〈Adj.〉 청녹색의. 〈명사화〉 **~blau,** das 청녹색. **~farben, ~farbig** 〈Adj.〉 ↑ türkis. **~grün** 〈Adj.〉 청녹색. 〈명사화〉 **~grün,** das 청녹색. **~ton,** der 청녹색 색조.
türkisch [ˈtʏrkɪʃ] 〈Adj.〉 터키(사람, 풍, 어)의.
Türkische' [ˈtʏrkɪʃə], der (österr.) 터키 커피. **türki schrot** [ˈtʏrkiʃroːt] 〈Adj.〉 터키 적색의, 진 빨간색의. **türkisen** [ˈtʏrkiːzn] 〈Adj.〉 ↑ türkis. **turkisieren** [tʊrkiˈziːrən] 〈h〉 터키화하다. **Turkmene** [tʊrkˈmeːnə], der; -n, -n 투르크멘 산 양탄자. **Turkologe** [tʊrko-], der; -n, -n 투르크 어문 학자. **Turkologie,** die 투르크 (어문)학. **turkologisch** 〈Adj.〉 투르크 학의.
Turm [tʊrm], der; -(e)s, Türme [ˈtʏrmə; lat. turris] **1. a)** 〈축소형〉 ↑ Türmchen **탑, 성탑:** einen T. besteigen (auf einen T. steigen) 탑을 오르다; **elfenbeinerner T.** (교양어) 〈구제〉 Elfenbeinturm. **b)** 〈구제〉 〈채무자 등을 가두어 두던〉 탑에 있는 감옥: jmdn. in den T. werfen [stecken] 누구를 탑에 있는 감옥에 투옥하다. **2.** (서양 장기의) 루크. **3.** 〈전문어〉 탑 모양의 암석. **4.** (군함, 댐의) 탑. **5.** (탑처럼 생긴) 잠수함의 상갑판. **6.** ↑ Sprungturm. **7.** 〔기술〕 크레인의 탑신. **8.** Stereoturm.
turm-, Turm-: **~bau,** der 〈Pl. -bauten〉 **1.** 〈Pl. 없음〉 탑의 건설: der T. zu Babel 바벨 탑의 건설. **2.** 탑. **~blasen,** das; -s, - (축제일에) 교회의 탑 위에서 나팔 불기. **~bläser,** der (교회의 탑 위에서) 나팔을 부는 사람. **~dach,** das 탑의 지붕. **~drehkran,** der 〔기술〕 탑 모양의 회전 크레인. **~falke,** der 황조롱이. **~fenster,** das 탑의 창문. **~hahn,** der 탑 꼭대기의 (닭 모양의) 풍향기. **~haube,** die 탑의 (둥근) 지붕. **~haus,** das 〔건축〕 **1.** ↑ Wohnturm. **2.** 탑 모양의 고층 빌딩. **~helm,** der 〔건축〕 ↑ ¹Helm (3). **~hoch** 〈Adj.〉 〈감정적〉 ↑ haushoch. **~knauf, ~knopf,** der 〔건축〕 탑 꼭대기의 꼭지. **~musik,** die 〔음악〕 **1.** 〈Pl. 없음〉 특정한 시간에 탑 위에서 울려 오는 탑 음악. **2.** 탑 음악용 악곡. **~schädel,** der 〔의학〕 탑상 두개, 뾰족머리. **~schaft,** der 〔건축〕 탑 기둥. **~spitze,** die 탑의 뾰족한 끝. **~springen,** das; -s 하이 다이빙. **~springer,** der 하이 다이빙 선수. **~springerin,** die 여자 하이 다이빙 선수. **~uhr,** die 시계탑의 시계. **~wächter,** der (옛) 탑지기. **~wagen,** der 〔기술〕 탑 모양의 작업차. **~zimmer,** das 탑에 딸린 방.
Turmalin [tʊrmaˈliːn], der; -s, -e [frz., engl. tourmaline] **1.** 전기석, 투르말린. **2.** 전기석 보석.
Türmchen [ˈtʏrmçən], das; -s, - ↑ Turm (1 a) 참조.
Türme: ↑ Turm의 복수형. **¹türmen** [ˈtʏrmən] 〈h〉 **1.** 탑처럼 쌓아올리다: er türmte die Bücher auf den Tisch 그 책상 위에 책들을 탑처럼 쌓아올렸다. **2.** 〈t. + sich〉 **a)** 탑처럼 쌓이다: auf dem Schreibtisch türmen sich die Akten (zu Bergen) 책상 위에 서류가 (산처럼) 높이 쌓이다. **b)** (아이) 솟아 오다.
²türmen [-] 〈s〉 〈경〉 달아나다, 도망치다: er ist aus dem Knast [ins Ausland] getürmt 그는 감옥에서 [외국으로] 달아났다.
Türmer, der; -s, - (옛) 탑지기, 종루지기.
Turn [tɐːɐ̯n, tœrn, 〈engl.〉 təːn], der; -s, -s [engl. turn] **1.** 〈항공 은어〉 선회. **2.** 〈통용어〉 (약물에 의한) 환각 상태: **auf dem T. sein** 환각 상태에 있다.
Turn- (¹Turnen): **~anzug,** der 체조복, 체육복. **~beutel,** der 체육복 주머니. **~fest,** das 체육 대회, 체조 대회. **~gerät,** das 체조 기구. **~halle,** die 실내 체육관. **~hemd,** das 러닝셔츠, 체조용 셔츠. **~hose,** die 체조용 바지, 트레이닝 바지. **~kleider** 〈Pl.〉, **~kleidung,** die 체조복, 체육복, 운동복. **~lehrer,** der 체조(체육) 교사. **~lehrerin,** die ↑ ~lehrer의 여성형. **~leibchen,** das 《österr.》 ↑ ~hemd. **~matte,** die 체조용 매트리스. **~philologe,** der (준 고어) (고등 학교에서 다른 과목도 가르치는) 체조 교사. **~platz,** der (옥외) 체조장. **~riege,** die 체조 선수단. **~saal,** der (특히 österr.) ↑ ~halle. **~sachen** 〈Pl.〉 (통용어) ↑ ~kleidung. **~schuh,** der 체조화, 운동화. **~schuhgeneration,** die 〈Pl. 없음〉 운동화 (를 즐겨 신은 1970, 80년대의 청소년) 세대. **~spiel,** das 체조 구기. **~sprache,** die 체조 전문어. **~stunde,** die 체조 시간, 체육 수업. **~übung,** die 체조 연습. **~unterricht,** der 체조 수업, 체육 수업. **~verein,** der 체조 협회. **~wart,** der (체조 협회 따위의) 체조 교사, 체조 지도자. **~zeug,** das ↑ ~kleidung.
¹turnen [ˈtʊrnən] **1.** 〈h〉 〔스포츠〕 **a)** (기계) 체조를 하다: am Barren t. 평행봉 체조를 하다. **b)** (특정의) 체조 동작을 수행하다. **2.** 〈통용어〉 **a)** 〈s〉 체조하듯 민첩하게 움직이다. **b)** 〈h〉 〈통용어〉 ↑ herumturnen (2).
²turnen [ˈtœːɐ̯nən, tœrnən] 〈h〉 [↑ ²anturnen] 〈은어〉 **1.** (약물에 의해) 환각 상태가 되다. **2.** 환각 작용을 일으키다: 〔전의〕 die Musik turnt wahnsinnig 음악이 사람을 미치게끔 한다.
Turnen, das; -s 체조, 체육. **Turner,** der; -s, - 체조인, 체조 선수. **Turnerei** [tʊrnəˈraɪ], die; -en 〈통용어·대개 폄〉 **1.** 〈Pl. 없음〉 체조하기. **2.** 재주넘기. **Turnerin,** die; -nen ↑ Turner의 여성형. **turnerisch** 〈Adj.〉 체조(체육)의. **Turnerkreuz,** das; -es, -e 체조인의 고리 십자(네 개의 F자로 만든 체조인의 상징 기호). **Turnerschaft,** die; -en 체조 선수단. **Turnersprache,** die ↑ ~n 체조인 전문어.
Turnier [tʊrˈniːɐ̯], das; -s, -e **1.** (중세의) 마상 무술 경기. **2.** 운동 경기 대회, 시합: an einem T. teilnehmen 운동 경기 대회에 참가하다.
Turnier-: **~pferd,** das 마상 경기용 말. **~platz,** der 마술 경기장. **~reiter,** der 마상 시합 참가자. **~reiterin,** die ↑ ~reiter의 여성형. **~sieg,** der 시합에서의 우승. **~sieger,** der 경기 대회 우승자. **~siegerin,** die ↑ ~sieger의 여성형. **~spieler,** der 경기 대회 참가 선수. **~spielerin,** die ↑ ~spieler의 여성형. **~tanz,** der **1.** 〈Pl. 없음〉 ↑ Tanzsport. **2.** 무도(舞蹈) 경기에 인가된 춤. **~tänzer,** der 무도 경기 참가자. **~tänzerin,** die ↑ ~tanzer의 여성형. **~teilnehmer,** der 운동 경기 대회 참가자.
turnieren [tʊrˈniːrən] 〈h〉 (고어) 무술 시합을 하다.
Turnüre [tʊrˈnyːrə], die; -n [frz. tournure] **1.** 〈Pl. 없음〉 〈교양어·고어〉 세련된 거동 [자세, 태도]. **2.** 〈의상·옛〉 (19세기 말에 유행한 부인복의) 치마 버팀대. **Turnürekleid,** das 〈의상·옛〉 치마 버팀대가 있는 부인복. **Turnus** [ˈtʊrnʊs], der; -, -se [lat. turnus] **1.** 순번, 순서, 윤번: in einem T. von 4 Jahren 매 4년마다; im T. 순번으로. **2.** ↑ Durchgang (2). **3.** (österr.) ↑ Schicht (3). **turnusgemäß** 〈Adj.〉 순번에 맞게. **turnusmäßig** 〈Adj.〉 **1.** 정기적으로 열리는: diese Kongresse finden t. statt 이 회의는 정기적으로 개최된다. **2.** 순번대로.
turteln [ˈtʊrtl̩n] 〈h〉 [2: lautm.] **1.** (농) (눈에 띌 정도로) 애정어린 태도를 취하다. **2.** (고어) (비둘기가) 구구 울다. **Turteltaube** [ˈtʊrtl̩taʊbə], die; -n [lat. turtur, lautm.] 잉꼬비둘기(학명: *Streptopelia turtur*): 〔전의〕 das sind ja zwei -n! 《통용어·농》 정말이지 두 마리의 잉꼬 비둘기야!
Turzismus [tʊrˈtsɪsmʊs], der; -, ...men [lat. turcus] 〔언어〕 (비 터키어의) 터키어적 특성.

TuS [tʊs, tuːs] ↑ **T**urn- **u**nd **S**portverein의 약칭.
¹Tusch [tʊʃ], der; -(e)s, -e 《환호 따위를 강조하기 위한》 취주 반주.
²Tusch [-], der; -es, -e 《österr. 통용어》 ↑ Tusche.
Tusch-: **~farbe**, die 《지역적》 ↑ Wasserfarbe. **~kasten**, der 《지역적》 ↑ Malkasten: die ist ja der reinste T. 《통용어》 저 여자는 얼굴에 페인트칠을 하고 있소. **~malerei**, die 1. 《Pl. 없음》 《특히 동 아시아의》 묵화. 2. 묵화 작품. **~zeichnung**, die 1. 묵화 소묘, 묵화 스케치. 2. 《지역적》 수채화.
Tusche [tʊʃə], die; -n 1. ↑ Ausziehtusche. 2. 《지역적》 ↑ Wasserfarbe. 3. ↑ Wimperntusche의 약칭.
Tuschelei [tʊʃəˈlai], die; -en 《대개 펌》 1. 《Pl. 없음》 쑥떡임. 2. 속삭이는 말. **tuscheln** [ˈtʊʃl̩n] 〈h〉《대개 펌》 a) 은밀하게 속삭이다, 쑥덕이다: mit jmdm. t. 누구와 은밀하게 속삭이다. b) 속삭이며 말하다, 귓속말을 하다: jmdm. etw. ins Ohr t. 누구의 귀에다가 무엇을 속삭이다.
¹tuschen [ˈtʊʃn̩] 〈h〉[frz. toucher] 1. a) 먹으로 그리다, 묵화를 그리다. b) 먹으로 윤곽을 그리다. 2. 속눈썹을 칠하다.
²tuschen [-] 〈h〉《지역적》 침묵시키다.
tuschieren [tʊˈʃiːrən] 〈h〉[2: frz. toucher] 1. 《전문어》《금속 면을 먹으로 찍어 튀어나온 부분을》 다듬다. 2. 《고어》 모욕하다.
Tuskulum [ˈtʊskulʊm], das; -s, ...la [고대 로마의 도시명 Tusculum에서] 《교양어·고어》 조용하고 쾌적한 별장.
Tusnelda: ↑ Thusnelda.
Tussahseide [ˈtʊsa-], die; -n [engl. tussah] 멧누에 실로 짠 비단. **Tussahspinner**, der; -s, - 참나무산누에나방.
Tussi, die; -s, -s 《경》 ↑ Thusnelda.
tut! [tuːt], **tüt** [tyːt] 〈Interj.〉 《아동》《의성어》 뛰뛰빵빵.
Tütchen [ˈtyːtçən], das; -s, - ↑ Tüte (1 a) 참조.
Tute [ˈtuːtə], die; -n 1. 《통용어》 경적, 호각. 2. 《지역적》 ↑ Tüte. **Tüte** [ˈtyːtə], die; -n 1. a) 《축소형: ↑ Tütchen》 종이 봉지, 봉지: angeben wie eine T. voll Mücken(Wanzen) 지나치게 허풍떨다; -n kleben(drehen) 《통용어》 교도소에 들어가 있다; nicht in die T. kommen 《통용어》 문제거리가 안 된다. b) ↑ Eistüte의 약칭. c) 《은어》《주머니 모양의》 음주량 측정기: in die T. blasen 음주량 검사를 받다. 3. 《통용어》 놈, 녀석. 4. **aus der T. sein** 《지역적》 기쁨에 들떠 정신이 없다.《↑ Häuschen》.
Tutel [tuˈteːl], die; -en [lat. tūtēla] 《준고어》 후견. **tutelarisch** [tuteˈlaːrɪʃ; lat. tūtēlāris] 〈Adj.〉《준고어》 후견의.
tuten [ˈtuːtn̩] 〈h〉 [niederd. tüten, lautm.] a) 각적(경적)이 울리다. b) 각적(경적)을 울리다: **von Tuten und Blasen keine Ahnung haben** 아무 것도 모르다. **Tütensuppe**, die; -n 《통용어》 봉지에 든 인스턴트 수프. **tütenweise** 〈Adv.〉 봉지로.
tüterig [ˈtyːtərɪç] 〈Adj.〉《nordd.》 ↑ tüdelig. **tütern** [ˈtyːtɐn] 〈h〉《nordd.》 ↑ tüdern (2).
Tuthorn, das; -(e)s, ...hörner 《아동》 ↑ Tute (1).
Tutor [ˈtuːtor, 《또한》 ˈtuːtoːɐ], der; -s, -en [tuˈtoːrən; lat. tūtor] 1. 《교육》 a) 튜터, 보충 학습 담당자. b) 《기숙사의》 초년생 지도 상급생. c) ↑ Mentor (c). 2. 《로마법》 교육자. **Tutorin** [tuˈtoːrɪn], die; -nen ↑ Tutor의 여성형. **Tutorium** [tuˈtoːrjʊm], das; -s, ...rien [...rjən] 《교육》《그룹별》 보충 학습, 튜터 제도.
Tüttel [ˈtytl̩], der; -s, - 《아주·아직 지역적》 작은 점. **tüttelig** [ˈtytəlɪç] 〈Adj.〉《지역적》 꼼꼼한, 까다로운, 예민한.

tutti [ˈtʊti; ⟨ital.⟩ tutti] [음악]《모든 음성, 악기》 전부 합쳐서. **Tutti** [-], das; -(s), -(s) [음악] a) 전체 합주, 총주. b) 전 합주곡. **Tuttifrutti** [tʊtiˈfrʊti], das; -(s), -(s) [ital. tutti frutti] 1. 여러 가지 과일로 만든 음식물. 2. 《고어》 잡탕, 혼합, 잡탕물. **Tuttispieler** [tuˈtiʃpiːlɐ], der; -s, - [음악] 독주 임무가 없는 《현악기》 연주자.
Tutu [tyˈty], das; -(s), -s [frz. tutu] 짧은 발레 치마.
TÜV [tyf], der; - [**T**echnischer **Ü**berwachungs**v**erein의 약어] 《자동차》 기술 정기 검사 협회: ein Auto beim T. vorführen 자동차 정기 검사를 받다.
Tuwort [ˈtuː-], das; -(e)s, Tuwörter ↑ Verb (동사).
Tweed [twiːt, ⟨engl.⟩ twiːd], der; -s, -s /-e [스코틀랜드의 강 이름에서]《섬유》 트위드(직물).
Twen [tvɛn], der; -(s), -s 20대.
Twenter [ˈtvɛntɐ], das(, der; -s)- [niederd. twenter] 《nord(west) d.》 두 살 난 망아지(양, 말).
Twiete [ˈtviːtə], die; -n [niederd. twiete] 《nordd.》 좁은 통로, 샛길.
Twill [tvɪl], der; -s, -s /-e [engl. twill] 《섬유》 a) 《준고어》《주머니감 따위에 쓰이는》 목면제 능직물. b) 생사나 화학 섬유제 능직물.
Twinset [ˈtvɪnsɛt], das, 《또한》 der; -(s), -s [engl. twin-set] 《유행》《세트로 된》 스웨터와 재킷.
¹Twist [tvɪst], der; -(e)s, -e [engl. twist] 꼰실, 연사(撚絲). **²Twist** [-, ⟨engl.⟩ twɪst], der; -s, -s [engl.-amerik. twist] 1. 트위스트 춤. 2. 《테니스》 a) 《Pl. 없음》 친 공의 회전. b) 공이 회전하도록 치는 공. 3. 《체조》 Schraube (3 a). **twisten** [ˈtvɪstn̩] 〈h〉[engl.-amerik. to twist] 트위스트 춤을 추다.
Two-Beat [ˈtuːbiːt], der; - [engl.-amerik. two-beat] 《재즈》《2박자가 강조되는》 전통 재즈. **Two-Beat-Jazz**, der ↑ Two-Beat.
Twostep [ˈtuːstɛp], der; -s, -s [engl. two-step] 3/4박자의 빠른 춤, 투스텝.
Tyche [ˈtyːça, ˈtyːçe], die [griech. týchē] 《교양어》 숙명, 운명. **Tychismus** [ˈtyːçɪsmʊs], der; - [철학] 우연주의.
Tycoon [tai̯ˈkuːn], der; -s, -s [engl.-amerik. tycoon < jap. taikun] 《교양어》 1. 대재벌. 2. 《정당 따위의》 실력자, 보스.
Tympanalorgan [tympaˈnaːl-], das; -s, -e [동물] 곤충의 청각 기관. **Tympanie** [...ˈniː], die [의학·동물] 고창(鼓腸). **Tympanon** [ˈtympanɔn], das; -s, ...na [griech. týmpanon] 1. [건축] 팀파논(고대 신전의 박공 벽면). 2. [음악] ↑ Hackbrett (2). 3. ↑ Tympanum (3). **Tympanonrelief**, das 팀파논에 장식된 부조. **Tympanum** [ˈtympanʊm], das; -s, ...na [1~3: lat. tympanum < griech. týmpanon] 1. [건축] ↑ Tympanon (1). 2. 팀파니(고대의 소북). 3. (고대의) 수차(水車). 4. 《해부·준고어》 고실(鼓室).
Tyndalleffekt [ˈtɪndl-], der; -(e)s [아일랜드의 물리학자 J. Tyndall(1820~1893)의 이름에서] 틴들 현상(빛의 산란 현상).
Typ [tyːp], der; -s, -en [lat. typus < griech. týpos] 1. a) 형(型), 타입, 유형: Fehler dieses -s sind relativ selten 이런 유형의 잘못은 비교적 드물다; er ist nicht der T., so etwas zu tun 그는 그런 짓을 할 타입이 아니다; sie ist genau mein T. 《통용어》 그 여자는 바로 내가 좋아하는 타입이다; 정규 dein T. wird verlangt 《통용어》 누가 너와 얘기하고 싶어한다; dein T. ist hier nicht gefragt 《경》 너 같은 사람은 여기서 필요 없어. b) 특정 유형의 사람: er ist ein ganz anderer T. als sein Bruder 그는 그의 형제와는 아주 다른 유형의 사람이다. 2. 《2격《또한》 -en》《통용어》《개인적 관계에 있는》 젊은

친구, 녀석: ein netter T. 친절한 녀석. **3.** 〈Pl. 없음〉 【특히 철학】 ↑Typus (2). **4.** 【기술】 모델, 형(型): eine Maschine des -s[vom T.] Boeing 707 보잉 707 형 비행기. **5.** 【문예】 ↑Typus (3).

typ-, Typ- (↑Typen-도 참조): **~geprüft** 〈Adj.〉 【기술】 모델 검사를 받은. **~norm**, die 【기술】 공산품 규격. **~normung**, die 공산품 규격 설정. **~prüfung**, die 【기술】 특정 모델에 대한 기술 검사. **~schild**, das 〈Pl. -er〉 【자동차】 (자동차의) 모델 표찰.

Type ['ty:pə], die; -n **1.** 【인쇄】 활자. **2.** 타자기의 활자. **3.** 【특히 österr.】 ↑Typ (4). **4.** 【통용어】 밀가루 등급. **5.** 《통용어》 별난 사람: eine Komische[originelle] T. 우스꽝스러운[독특한] 사람. **typen** ['ty:pn] 〈h〉 《전문어》 (제품을) 규격화하여 생산하다.

Typen- (↑typ-, Typ-도 참조): **~bau**, der 〈Pl. ...bauten〉 【토목】 규격 건물. **~bezeichnung**, die 등급명, 등급 표시. **~druck**, der 〈Pl. ...drucke〉 【인쇄】 **1.** 〈Pl. 없음〉 활판 인쇄(법). **2.** 활판 인쇄물. **~element**, das 【토목】 규격화된 건축재. **~haus**, das 【토목】 규격 주택. **~hebel**, der (타자기의) 활자채, 타이프바. **~komik**, die, **~komödie**, die 【문예학】 유형 희극(특정한 유형의 인물로부터 웃음을 자아내는 희극). **~lehre**, die 〈Pl. 없음〉 【특히 심리】 ↑Typologie (1). **~lustspiel**, das 【문예학】 ↑~komödie. **~möbel**, das 〈대개 Pl.〉 규격형 가구. **~psychologie**, die 유형 심리학. **~reihe**, die 【기술】 모델(제안)의 우선 순위. **~reiniger**, der **1.** 타자기 활자 청소용 연성 고무. **2.** 타자기 활자 청소용 브러시. **~satz**, der 【인쇄】 식자기(植字機) 조판. **~schild**, das 〈Pl. -er〉 【자동차】 ↑Typschild. **~setzmaschine**, die 【인쇄】 식자기. **~träger**, der (타자기의) 활자대(臺).

Typhlitis [tyˈfliːtɪs], die; ...tiden [a. liˈtiːdn; griech. typhlós = blind] 【의학】 ↑Blinddarmentzündung.

Typhon [ty'fo:n], das; -s, -e [lat. typhôn < griech. typhôn] 타이폰(압축 공기를 이용한 선박용 사이렌).

typhös [tyˈføːs] 〈Adj.〉 【의학】 **a)** 티푸스 성의. **b)** 티푸스의. **Typhus** ['ty:fus], der; - [griech. typhos] 【의학】 (장)티푸스.

Typhus-: **~bakterie**, die 티푸스 균. **~epidemie**, die 티푸스 전염병. **~erkrankung**, die 티푸스 발병. **~erreger**, der 티푸스 병원체. **~kranke***, der / die 티푸스 환자. **~schutzimpfung**, die 티푸스 예방 주사.

Typik ['ty:pɪk], die; -en 【심리】 유형학, 유형 심리학. **typisch** ['ty:pɪʃ] 【lat. typicus < griech. typikós】 〈Adj.〉 **a)** 전형적인: er ist ein -er [der -e] Berliner 그는 전형적인 베를린 사람이다. **b)** 독특한, 특징적인: eine t. deutsche Eigenart 독일적 특성; das war wieder mal t. Manfred 《통용어》 그것이야말로 만프레드다운 일이었어; Typisch! 《통용어·폄》 그(그녀)다워! **typischerweise** 〈Adv.〉 전형 그대로, 특징에 걸맞게. **typisieren** [typiˈziːrən] 〈h〉 《교양어·전문어》 **1.** 유형으로 구분하다. **2.** 유형화하다, 특징적으로 묘사하다. **3.** 《준고어》 ↑typen. **Typisierung**, die; -en 《교양어·전문어》 유별화, 유형화, 규격화. **Typograph**, der; -en, -en [frz. typographe] 【인쇄】 **1.** 《고어》 식자공. **2.** 행별 활판 식자기. **Typographie**, die; -n [...i:ən; frz. typographie] 【인쇄】 **1.** 〈Pl. 없음〉 (활판) 인쇄술. **2.** 인쇄의 체제. **typographisch** 〈Adj.〉 [frz. typographique] 【인쇄】 활판 인쇄술의. **Typologie**, die; -n [...i:ən] 【특히 심리】 **1.** 〈Pl. 없음〉 유형(심리)학. **2.** 유형체계. **3.** 전체적 특징. **typologisch** 〈Adj.〉 【특히 심리】 유형학(상)의. **Typometer**, das; -s, - 【인쇄】 활자 크기를 재는 자. **Typoskript**, das; -(e)s, -e 타자된 원고. **Typung** ['ty:puŋ], die; -en 《전문어》 《공산품의》 규격화. **Typus** ['ty:pus], der; -, Typen [lat. typus < griech. týpos] **1.** 《교양어》 **a)** ↑Typ (1 a). **b)** ↑Typ (1 b). **2.** 【특히 철학】 (사물이나 개체의) 원형, 기본형. **3.** 【문예·미술】 전형(적 인물).

Tyrann [ty'ran], der; -en, -en [lat. tyrannus < griech. týrannos] **1.** (고대 그리스의) 전제 군주. **2.** 《폄》 권위적인[전제적인] 사람: unser Jüngster ist ein kleiner T. 《농》 우리집 막내아들은 작은 폭군이다. **Tyrannei** [tyraˈnaj], die; -en [lat. tyrannis < griech. tyrannís] **a)** 전제 정치, 폭정, 학정. **b)** 《교양어》 포학한 행위, 압제: die ganze Familie litt unter der T. des Vaters 온 가족이 아버지의 억압 밑에서 고통을 당했다.

Tyrannen-: **~herrschaft**, die ↑Tyrannei (a). **~mord**, der 전제자[폭군] 살해. **~mörder**, der 폭군[압제자] 살해자.

Tyrannentum, das; -s 《드물게》 학정, 폭정, 압제. **Tyrannin**, die; -nen ↑Tyrann의 여성형. **Tyrannis** [ty'ranis], die [griech. tyrannís] **1.** (고대 그리스의) 전제 정치. **2.** 《교양어》 ↑Tyrannei (a). **tyrannisch** [ty'ranɪʃ] 〈Adj.〉 전제적인, 폭정의, 전횡의, 포학한. **tyrannisieren** [tyraniˈziːrən] 〈h〉 [frz. tyranniser] 《폄》 전제 정치를 하다, 폭군처럼 행동하다, 전횡하다: das Baby tyrannisiert die Eltern 갓난애가 부모에게 폭군 노릇을 한다. **Tyrannosaurus** [tyrano'zaurɔs], der; -, ...rier [..riə] 폭군공룡(거대한 육식 공룡).

Tyrolienne: ↑Tirolienne.

Tyrosin [tyro'zi:n], das; -s [griech. tyrós] 【생화학】 티로신(방향족 아미노산의 하나).

Tz: ↑Tezett.

U

u, U [u:], das; -, - 독일어 자모의 스물 한 번째 자, 다섯 번째 모음. **ü, Ü** [y:], das; -, - U, u의 변모음.
U = Unterseeboot 잠수함; Uran 우란.
u., 《회사명》& = **und** …과, 및, 그리고.
u. a. = **und and(e)re, und and(e)res** 등등, 운운; **unter ander(e)m, unter ander(e)n** 그 중에서도, 특히.
u. ä. = **und ähnliche(s)** 기타 이와 비슷한 것.
u. a. m. = **und and(e)re mehr, und and(e)res mehr** 기타 등등, 운운.
u. 《(또는) U.》 **A. w. g.** = **um** 《(또는) Um》 **Antwort wird gebeten** 회답 요망.
U-Bahn, die; -en ↑ Untergrundbahn의 약칭.
U-Bahn-: ~hof, der 지하철 역. **~Netz,** das 지하철망. **~Schacht,** der 지하철용 굴이나 공간. **~Station,** die 지하철(정차)역. **~Tunnel,** der 지하철용 굴. **~Wagen,** der 지하철 차량.
übel ['y:bl] 〈Adj.〉 (아이) **1.** 기분 나쁜, 불쾌한, 역겨운: ü. schmecken(riechen) 나쁜 맛(냄새)이 난다; **nicht ü.** 《(B-에》괜찮은; **nicht ü. Lust haben, etw. zu tun** 무엇을 한다는 게 썩 싫지만 않다. **2.** (상태, 상황이) 불리한, 곤란한, 나쁜: es steht ü. um uns 우리의 사정이 나쁘다; das kann ü. ausgehen 그것은 결과가 나쁠 수 있다; er ist wirklich ü. dran 그는 정말 나쁜 상황에 처해 있다. **3.** 기분이 좋지 않은, 메스꺼운, 욕지기가 나는: sie ist ü. gelaunt 그 여자는 기분이 좋지 않다; jmdm. ist ü. 누구는 속이 메스껍다. **4. a)** (도덕적으로) 나쁜, 사악한, 불량한: er steht in üblem Ruf 그는 평판이 나쁘다. **b)** 매우 나쁜, 지독한: jmdm. ü. mitspielen 누구를 매우 나쁘게 대하다. **Übel** [-], das; -s, - **1.** 불쾌, 해, 나쁜 일: **ein notwendiges Ü.** 필요악; **das kleinere von zwei -n (das kleinere Ü.)** 덜 나쁜 악. **2.** (대개 아어) 고통, 병: die Symptome seines alten -s 그의 오랜 지병의 증세. **3.** (Pl. 없음) (아어·선고어) 악(惡): der Grund(die Wurzel) allen -s 모든 악의 근원.
übel-, Übel-: ~befinden, das (드물게) 몸이 불편함. **~beleumdet** 〈Adj.〉 평판이 나쁜(반대: gutbeleumdet). **~beraten** 〈Adj.〉 übler beraten, am übelsten beraten) 잘못(나쁜) 조언을 받은. **~gelaunt** 〈Adj.〉 übler gelaunt, am übelsten gelaunt) 기분이 언짢은. **~gesinnt** 〈Adj.〉 악의가 있는, 사악한. **~launig** 〈Adj.〉 기분이 나쁜. **~laumigkeit,** die; -en ↑ ~launig의 명사형. **~mann,** der (Pl. -männer) (지역적) ↑ Gauner (2). **~nehmen*** 〈h〉 (누구의 태도를) 나쁘게 받아들이다. **~nehmerei** [-ne:mə'raɪ], die; -en 항상 화를 냄, 무엇이나 나쁘게 받아들임. **~nehmerisch** [-ne:mərɪʃ] 〈Adj.〉 감정을 상하기 쉬운, 성마른. **~riechend** 〈Adj.〉 나쁜 냄새가 나는, 악취가 나는. **~sein,** das 메스꺼움, 불쾌, 기분이 언짢음. **~stand,** der ↑ Übel (1). **~tat,** die (아어) 악행, 범행. **~täter,** der 악인, 범죄자. **~tun*** 〈h〉 (드물게) 나쁜 짓을 하다. **~wollen*** 〈h〉 (누구에게) 악의를 품다: in übelwollender Neugier 악의에 찬 호기심. **~wollen,** das; -s 악의, 나쁜 마음, 나쁨.
Übelkeit, die; -en **1.** (Pl. 없음) 메스꺼움, 구역질 남. **2.** 기분이 나쁜 상태.

¹**üben** ['y:bn] 〈h〉 **1.** (특수한 일을) 연습하다: jeden Tag ü. 매일 연습하다. **2.** (어떤 일을 반복하여) 익히다, 연습하다: heute üben wir einparken(das Einparken) 우리는 오늘 좁은 공간에 주차하는 법을 익힌다. **3.** 훈련하다: durch Auswendiglernen das Gedächtnis ü. 외움으로써 기억력을 훈련하다. **4.** (ü. + sich) (숙달이 되도록) 연습하다, 익히다: sich in Rechtschreibung ü. 정서법을 연습하다, [전의] sich in Geduld(Nachsicht) ü. 참으려고(관대해지려고) 노력하다. **5.** (아어) **a)** ↑ ausüben (3): Einfluß auf jmdn. ü. 누구에게 영향을 끼치다. **b)** 행하다, 실행하다(↑ ausführen (3 c)). **6. a)** (악기를) 연습하다, 배우다: sie übt täglich zwei Stunden Klavier 그 여자는 매일 두 시간씩 피아노를 연습한다. **b)** (악기로) 연주 연습을 하다: sie übten (Werke von) Haydn und Mozart 그들은 하이든과 모차르트(의 작품)을 연습했다. **7.** (퇴색) **a)** 보여 주다, 표명하다: Gerechtigkeit ü. 정의를 보여 주다. **b)** 하다, 이행하다, 실천하다: Kritik(Rache) ü. 비판(복수)하다.

²**üben** [-] 〈Adv.〉 (방언) ↑ drüben.

über ['y:bɐ] **I.** 〈Präp.3/4〉 **1.** (공간적) **a)** 〈3격과 함께〉 …의 위쪽에: die Lampe hängt ü. dem Tisch 램프가 탁자위에 걸려 있다; die Familie, die ü. uns wohnt 우리집 바로 위층에 살고 있는 가정. **b)** 〈4격과 함께〉 …의 위쪽으로: das Bild ü. das Sofa hängen 그림을 소파 위쪽에 걸다. **c)** 〈3격과 함께〉 …의 위에: Nebel liegt ü. der Wiese 안개가 풀밭 위에 깔려 있다. **d)** 〈4격과 함께〉 …의 위로: eine Decke ü. den Tisch breiten 식탁보(테이블보)를 식탁(테이블) 위에 깔다; einen Pullover ü. die Bluse ziehen 블라우스 위에다 스웨터를 입다; er legte die Jacke ü. den Stuhl 그는 의자 위에다 재킷을 놓았다. **e)** 〈4격과 함께〉 …의 위를 통해서(횡단해서): ü. die Straße(den Platz) gehen 도로(광장)를 횡단하다; ein Flug ü. die Alpen 알프스 산맥을 넘는 비행. **f)** 〈4격과 함께〉 …의 위로 (움직이는): seine Hand strich ü. ihr Haar 그의 손은 그 여자의 머리카락을 쓰다듬었다; Tränen liefen ihr ü. die Wangen 눈물이 그 여자의 뺨 위로 흘러내렸다. **g)** 〈3격과 함께〉 …의 저 편에, …의 건너편에: sie wohnen ü. der Straße 그들은 도로 건너 편에 산다. **h)** 〈4격과 함께〉 …의 위를 넘어서(초과하여): das Wasser reicht ü. die Stiefel 물이 장화 위까지 차오르다; bis ü. die Knöchel im Schlamm versinken 발목 위까지 진구렁창에 빠지다; der Fluß tritt ü. die Ufer 강물이 둑을 넘어 범람하다. **i)** 〈4격과 함께〉 …을 지나여 (수평 이동시의): unser Spaziergang führte uns ü. die Altstadt hinaus 우리는 구 시가지를 지나 산보를 나갔다. **j)** 〈4격과 함께〉 …을 통과(경유)하여: ü. Karlsruhe nach Stuttgart fahren 칼스루에를 경유하여 슈투트가르트로 가다; dieser Zug fährt nicht ü. Mannheim 이 기차는 만하임을 경유하여 가지 않는다. **2.** (시간적) **a)** 〈4격과 함께〉 …의 기간 중에, …동안에: er kommt ü. Mittag nach Hause 그는 점심 시간에 집으로 온다; ü. den Winter in Italien sein 겨울 동안에 이탈리아에 있다. **b)** 〈4격과 함께〉 (일정 기간이) 지난 후에: heute ü. drei Wochen 3주 후 오늘. **c)** 〈3격과 함께〉 …하는 사이에: gestern ist sie ü. der Arbeit [ü. den Büchern) eingeschlafen 어제 그 여자는 일을 하는[책을 읽는] 사이에 잠이 들었다. d) 〈4격과 함께〉 (일정 기간이) 경과하여: sie ist ü. die besten Jahre hinaus 그 여자의 가장 좋은 시절은 지나갔다; es ist zwei Stunden ü. die Zeit 정해진 시간보다 두 시간이 늦다. 3. a) 〈3격과 함께〉 (지위나 순서에서)…의 우위에, …의 위에: ü. dem Durchschnitt liegen 평균보다 위에 있다; niemanden ü. sich anerkennen 자기보다 우위에 있는 사람을 아무도 인정하지 않다; er steht ü. mir 그는 나보다 정신적으로 더 우위에 있다, 그는 나의 상관이다. b) 〈3격과 함께〉…보다 더 높은, …이상(以上)에: eine Temperatur ü. Null 영상(零上)의 온도; ü. dem Gefrierpunkt 빙점(氷点) 이상의. c) 〈4격과 함께〉 (순서에서) 제일 높은: Musik geht ihm ü. alles 그는 무엇보다도 음악을 가장 좋아한다; es geht nichts ü. ein gutes Essen 무엇보다도 좋은 음식이 제일 중요하다. d) 〈4격과 함께〉…을 지배하는: jmdn. herrschen 누구를 지배하다; Macht ü. jmdn.[etw.] haben 누구[무엇]를 지배할 권력을 가지다. 4. 〈4격과 함께〉…의 위에(누적하여): Schulden ü. Schulden 빚 위에 빚. 5. 〈3격과 함께〉…의 결과로, …때문에: ü. dem Streit ging ihre Freundschaft entzwei 싸움 때문에 그들의 우정이 깨졌다. 6. 〈4격과 함께〉(정도가)…이상으로: ü. jmds. Verstand 누구의 오성을 뛰어넘어서 (잘 모르다); er wurde ü. Gebühr gelobt 그는 정도 이상으로 칭찬을 받았다. 7. 〈4격과 함께〉…에 대하여〈관하여〉: ü. etw.[jmdn.] sprechen 무엇[누구]에 관하여 말하다; einen Bericht ü. eine Reise verfassen 여행 보고서를 작성하다. 8. 〈4격과 함께〉…의 액수(금액)에 달하는: eine Rechnung über 50 DM 50 마르크 액면의 청구서[계산서]. 9. 〈4격과 함께〉…를 통하여, …의 중개로: einen Aufruf ü. alle Sender richten 모든 방송을 통하여 호소하다; er bekam die Anschrift ü. einen Freund 그는 친구를 통해서 그 주소를 얻었다. 10. 〈4격과 함께〉 〈아어·시어〉…위(저주를 보내는): Fluch ü. die Mörder 살인자들에 대한 저주. 11. 〈4격과 함께, 특정 동사에 종속되어〉: ü. jmdn.[etw.] weinen 누구[무엇]을 염두에 두고 울다; ü. jmdn. rufen 〈지역적〉 누구를 부르다; sich ü. jmdn.[etw.] ärgern[freuen] 누구[무엇] 때문에 화가 나다[기뻐하다]; sich ü. etw. einigen 무엇에 대하여 의견이 일치하다. (의문대명사와 함께) was regst du dich so auf? 너는 무엇 때문에 그렇게 흥분하는가? 12. 〈4격과 함께〉 (특정 수보다) 더 많은, …이상의: Kinder ü. 10 Jahre 10세 이상의 아이들. II. 〈Adv.〉 a) 〈수량·정도의 초과〉…보다 더, …이상으로: ü. einen Meter breit 넓이가 1미터 이상인; ü. zehn Pfund schwer 무게가 10파운드 이상인; ü. eine Woche lang dauern 일주일 이상으로 계속되다. b) 〈단어의 쌍으로〉 ü. und ü. 완전히, 위에서 아래까지: sein Anzug war ü. und ü. mit Schmutz bedeckt 그의 옷이 온통 더러워졌다. 2. …을 위로: Gewehr ü. 〖군〗 어깨 총 ! 3. 〈4격 명사 후치로〉일정 기간 내내: den ganzen Tag ü. fleißig lernen 온종일 열심히 배우다. 4. 〈darüber의 뜻으로〉〈지역적〉: da habe ich noch gar nicht ü. nachgedacht 거기에 대해서 나는 아직 전혀 생각해 보지 않았다. III. 〈Adj.〉〈통용어〉 1. 남은, 여분의: es ist noch Kaffee ü. 커피가 아직 남아 있다. 2. a) 우월한: sie ist ihm geistig um einiges ü. 그 여자는 정신적으로 그 보다는 약간 우월하다. b) 싫증난, 물린.

Überaktivität, die -en 과잉 활동.

überall [(또한) ――́―] 〈Adv.〉 a) 도처에, 어디에나, 사방에: ich habe dich ü. gesucht 나는 너를 도처에서 찾았다. b) 언제나, 어떤 일에나.

überallher [―――́―, (또한) ――́――, ――́――] 〈Adv.〉 사방팔방으로부터, 모든 곳으로부터. **überall-**

hin [―――́―, (또한) ――́――, ――́――] 〈Adj.〉 사방팔방으로, 모든 곳으로.

überaltert 〈Adj.〉 1. 노인층이 다수를 점하는, 고령화된. 2. 〈경멸〉 너무 늙은. 3. 시대에 뒤떨어진, 진부한. **Überalterung**, die, -en 고령화, 노후화.

Überangebot, das; -(e)s, -e 공급 과잉(수요에 대한).

überängstlich 〈Adj.〉 너무 소심한, 너무 겁을 내는. **Überängstlichkeit**, die ↑überängstlich의 명사형.

überanstrengen 〈h〉 과로시키다, 혹사하다: er hat sich(seine Kräfte) überanstrengt 그는 과로하였다(자기의 힘을 무리하게 썼다). **Überanstrengung**, die; -en 1. 과로, 무리. 2. 혹사.

überantworten 〈h〉 〈아어〉 1. 맡기다, 위임하다: Funde einem Museum ü. 발굴물을 박물관에 맡기다. 2. 인도하다, 건네 주다: der Verbrecher wurde dem Gericht überantwortet 범인은 법원에 인도되었다. **Überantwortung**; die; -en ↑überantworten의 명사형.

Überarbeit, die 초과 노동, 시간외 노동. **überarbeiten** 〈h〉 〈통용어〉 초과 노동을 하다, 과외로 일하다. **überarbeiten** 〈h〉 1. 개정하다, 가필하다, 수정 보완하다: das Manuskript ü. 원고를 가필하다. 2. 〈ü. + sich〉 과로하다, 무리하게 일하다. **Überarbeitung**, die; -en 1. 개정, 가필, 수정 보완. 2. 〈Pl. 없음〉《드물게》과로.

Überärmel, der; -s, - 《드물게》 ↑Ärmelschützer.

überäugig 〈Adj.〉 〈고어〉 사시(斜視)의, 곁눈으로 보는.

überaus [(또한) ――́―, ――́―] 〈Adv.〉 〈아어〉 지나치게, 비상하게, 극도로.

überbacken (요리된 음식물의) 표면을 굽다.

Überbau, der; -(e)s, -e / -ten 1. 〈Pl. -e; 드물게〉《마르크스주의》상부 구조. 2. 〖법〗 대지의 경계를 넘은 건축(물). 3. 〖토목〗 부상 돌출부, 돌출 구조물. 4. 〖교량〗의 상부 구조. **überbauen** 〈h〉 대지의 경계를 넘어 집을 짓다. **überbauen** 〈h〉 (건물의) 상부에 증축하다, 위층을 짓다. **überbaut** 〈Adj.〉 〈전문어〉 (말의) 뒷 잔등이 앞 잔등보다 더 튀어나온. **Überbauung**, die; -en ↑überbauen의 명사형.

überbeanspruchen 〈h〉 과중한 부담을 주다, 혹사시키다. **Überbeanspruchung**, die; -en 혹사, 과중한 노동, 과로.

überbehalten* 〈h〉 〈지역적〉 ↑übrigbehalten.

Überbein, das; -(e)s, -e 〖의학〗 외골증(外骨症), 골종(骨腫).

überbekommen* 〈h〉 1. 〈통용어〉 싫증나다. 2. einen [eins] ü. 〈통용어〉 한 대 맞다.

überbelasten 〈h〉 과중한 부담을 주다, 과중하게 짐을 싣다. **Überbelastung**, die; -en 과중한 하중[적재, 부담].

überbelegen 〈h〉 (병원, 호텔 등에서) 정원 이상으로 사람을 받아들이다(사람을 채우다): man hat das Krankenhaus überbelegt 그 병원은 정원 이상으로 환자를 입원시켰다. **Überbelegung**, die; -en 정원 초과, 초만원.

überbelichten 〈h〉 〖사진〗 (필름을) 과도하게 노출시키다. **Überbelichtung**, die; -en 과도 노출, 노출 과도.

überbeschäftigt 〈Adj.〉 (일이 너무 많아서) 부담이 과중한. **Überbeschäftigung**, die; -en 〖경제〗 과잉 고용, 초완전 고용.

überbesetzt 〈Adj.〉 초만원의, 정원 초과의.

Überbesteuerung, die; -en 지나친 과세(課稅), 과중 과세.

überbetonen 〈h〉 과도하게 강조하다. **Überbetonung**, die; -en ↑überbetonen의 명사형.

überbetrieblich 〈Adj.〉 초기업적인, 범기업적인.

Überbett, das; -(e)s, -en 《지역적》이불, 새털이불.

Überbevölkerung, die ↑Übervölkerung.
überbewerten ⟨h⟩ 과대 평가하다. **Überbewertung**, die; -en 과대 평가.
überbezahlen: 과도하게 지불하다. **Überbezahlung**, die; -en ↑überbezahlen의 명사형.
überbietbar [...'bi:tba:ɐ̯] ⟨Adj.⟩ 능가할 만한. **überbieten*** ⟨h⟩ **1.** (다른 사람보다도) 더 많이 제공하다, 더 많이 값을 부르다: jmdn. um einige hundert Mark (bei einer Auktion) ü (경매에서) 누구보다도 몇 백 마르크 더 비싼 값을 부르다. **2.** 능가하다, 보다 낫다: er hat den Rekord um zwei Meter überboten 그는 종전 기록보다 2미터 정도 더 좋은 기록을 올렸다. **Überbietung**, die; -en ↑überbieten의 명사형.
überbinden* ⟨h⟩ ⟨schweiz.⟩ 의무를 과하다[지게 하다].
Überbiß, der; ...bisses, ...bisse ⟨통용어⟩ 위쪽 앞니와 아래쪽 앞니의 교합(咬合).
überblasen* ⟨h⟩ ⟨음악⟩ (기본음 대신 더 높은 부분음이 나도록 목관악기를) 강하게 불다.
überblatten ⟨h⟩ ⟨전문어⟩ 널판을 덧붙이다. **Überblattung**, die; -en ⟨전문어⟩ 널판 접합.
überbleiben* ⟨s⟩ ⟨통용어⟩ ↑übrigbleiben. **Überbleibsel** [...blaips]], das; -s, - ⟨통용어⟩ 나머지, 잔재, 잔유물, (성)유물.
überblenden ⟨h⟩ ⟨방송·텔레비전·영화⟩ 오버 랩[한 화면에 다른 화면이 겹치게]하다. **Überblendung**, die; -en 오버 랩.
Überblick, der; -(e)s, -e **1.** 조망, 전망. **2.** ↑Übersicht (1). **überblicken** ⟨h⟩ ↑übersehen (1, 2).
überborden [...'bɔrdn̩] ⟨h/s⟩ **1.** ⟨지역적⟩ 제방을 넘쳐 범람하다. **2.** ⟨schweiz.⟩ 도(度)를 넘다, 탈선하다.
überbraten* ⟨h⟩ ⟪다음 용법으로⟫ jmdm. einen [eins] ü. ⟨통용어⟩ 누구에게 일격을 가하다.
überbreit ⟨Adj.⟩ 너무 넓은. **Überbreite**, die 정상 이상의 넓이.
überbremsen ⟨h⟩ 너무 강하게 제동을 걸다.
überbrennen ⟨h⟩ ⟪다음 용법으로⟫ jmdm. einen [eins] ü. ⟨통용어⟩ 누구에게 일격을 가하다.
überbringen* ⟨h⟩ (아이) 가지고 가다, 지참하다, 전달하다: jmdm. eine Nachricht ü. 누구에게 소식을 전하다; Glückwünsche von jmdm. ü. 누구의 축하 인사를 전달하다. **Überbringer**, der; -s, - ⟨수표, 어음의⟩ 지참인, ⟨편지 따위를⟩ 가지고 가는 사람, 전달자. **Überbringung**, die; -en 지참, 전달.
überbrücken ⟨h⟩ **1.** 극복하다, 난관을 제거하다: eine Frist[einen Zeitraum] ü (어려운) 기간을 잘 넘기다. **2.** ⟪드물게⟫ ...에 다리를 놓다. **Überbrückung**, die; -en ↑überbrücken의 명사형.
Überbrückungs-: **~beihilfe**, die (어려운 상황을 극복키 위한) 보조금, 임시 원조(금). **~geld**, das ↑~beihilfe. **~hilfe**, die ↑~beihilfe. **~kredit**, der [금융] 단기(신용)대부, 단기 금융. **~maßnahme**, die 긴급구호 조치.
überbürden ⟨h⟩ **1.** (아이) 짐을 과중하게 싣다, 과중한 부담을 주다. **2.** ⟨schweiz.⟩ 짐을 싣다[지우다]. **Überbürdung**, die; -en ↑überbürden의 명사형.
übercharakterisieren ⟨h⟩ 성격을 너무 강하게 부여하다, 특성을 지나치게 묘사하다.
Überdach, das; -(e)s, ...dächer 차양, 달개 지붕.
überdachen [...'daxn̩] ⟨h⟩ 차양을 설치하다. **Überdachung**, die; -en ↑überdachen의 명사형.
Überdampf, der; -(e)s ⟨전문어⟩ 초과된 증기.
überdauern ⟨h⟩ 보다 오래 계속하다, 오래 가다[견디다].
Überdecke, die; -n 외피, 웃덮개, 이불. **überdecken** ⟨h⟩ ⟨통용어⟩ (덮개로) 덮다, 씌우다. **überdecken 1.** (무엇의 표면을) 덮다. **2.** 감추다, 은폐하다. **Überdeckung**, die; -en **1.** 덮기, 씌우기. **2.** 은폐(된 것).
überdehnen ⟨h⟩ 과도하게 늘이다[연장하다].
überdenken* ⟨h⟩ 곰곰이 생각하다, 숙고하다.
überdeutlich ⟨Adj.⟩ **1.** 지나치게 분명한. **2.** 매우 분명한.
überdies [(또한) ¹---] ⟨Adv.⟩ 그 위에, 그 외에, 그 밖에.
überdimensional ⟨Adj.⟩ 통상의 테두리를 벗어난, 매우 큰, 거대한. **überdimensionieren** ⟨h⟩ 너무나 거대하게 계획하다[형성하다]. **Überdimensionierung**, die; -en ↑überdimensionieren의 명사형.
überdosieren ⟨h⟩ ⟨전문어⟩ (약을) 적량 이상으로 처방하다[조제하다]. **Überdosierung**, die; -en ⟨전문어⟩ **1.** 적량 이상의 처방. **2.** 과도한 복용량. **Überdosis**, die; ...dosen 과다 복용량: sie starb an einer Ü. Schlaftabletten 그 여자는 수면제 과다 복용으로 죽었다.
überdrehen ⟨h⟩ **1.** (시계의 태엽 등을) 과도하게 감다[돌리다]. **2.** 엔진의 회전수를 너무 높이 올리다. **3.** (도야시) 몸을 너무 강하게 돌리다. **4.** [영화] (필름을) 너무 빨리 돌리다. **überdreht** ⟨Adj.⟩ ⟨통용어⟩ (지나친 피로와 긴장으로) 신경이 날카로운, 흥분된. **Überdrehung**, die; -en ↑überdrehen의 명사형.
¹**Überdruck**, der; -(e)s, ...drücke [물리] (정상 기압 이상의) 과중 압력. ²**Überdruck**, der; -(e)s, -e [우표] 덧인쇄(우표의 금액 변경 따위의).
Überdruck-: **~atmosphäre**, die ⟨옛⟩ 과중 압력(과 기압)의 단위. **~kabine**, die ↑Druckkabine. **~turbine**, die ↑Reaktionsturbine. **~ventil**, das (과중 압력에 대비한) 안전판.
überdrucken ⟨h⟩ 중복 인쇄를 하다.
Überdruß [...drʊs], der; ...drusses 싫증, 권태, 진저리, 넌더리: aus Ü. am Leben Schluß machen 생에 대한 권태 때문에 자살하다; etw. bis zum Ü. hören 무엇을 싫증이 날 때까지 듣다. **überdrüssig** [...drʏsɪç] ⟨Adj.⟩ ⟪다음 용법으로⟫ jmds./eine Sache ⟪(다음의)⟫ jmdn./eine Sache ü. sein[werden] 누구[어떤 일]에 넌더리가 난다: er ist des Lebens ü. 그는 생에 싫증이 난 사람이다; wir sind seiner ü. geworden 우리는 그 자에 대해서 신물이 난다.
überdüngen ⟨h⟩ 지나치게 거름을 많이 하다, 지나치게 비료를 주다.
überdurchschnittlich ⟨Adj.⟩ 평균 이상의, 평균치를 넘는.
übereck ⟨Adv.⟩ **1.** (방의) 구석 모서리에. **2.** 구석 앞으로 비스듬히.
Übereifer, der; -s 과도한 열성[열의]. **übereifrig** ⟨Adj.⟩ ⟨대개 폄⟩ 지나치게 열성인[열심인].
übereignen ⟨h⟩ (재산을) 주다, 양도하다. **Übereignung**, die; -en 재산 양도.
Übereile, die 서두름, 화급, 조급, 성급. **übereilen** ⟨h⟩ **1. a)** 너무 서두르다, 너무 급하게 하다: er ließ seine Abreise übereilt 그는 출발을 매우 서둘렀다; eine übereilte Flucht [Heirat] 성급한 도주[결혼]. **b)** (ü. + sich) 지나치게 서두르다, 경솔히 굴다. **2.** [사냥] (어린 사슴이) 걸을 때 뒷다리를 앞다리 앞으로 갖다 놓다.
Übereilung, die; -en 서두름, 성급, 경솔.
übereinander ⟨Adv.⟩ **1.** (서로) 포개어져서, 겹쳐서. **2.** 서로에 관하여.
übereinander- (übereinander 1): **~legen** 포개다. **~liegen*** 포개어져 있다. **~schichten** ⟨h⟩ 포개어 층을 쌓다. **~schlagen*** ⟨h⟩ (팔짱을) 끼다, (다리를) 포개다: er saß auf seinem Stuhl, die Beine übereinandergeschlagen 그는 두 다리를 포갠채 의자에 앉아 있었다. **~setzen** ⟨h⟩ 포개어 놓다. **~sitzen*** ⟨h⟩ 포개어 놓여져 있다. **~stehen*** ⟨h⟩ 포개어 세워져 있다. **~stel-**

len ⟨h⟩ 포개어 (세워) 놓다. **~werfen*** ⟨h⟩ 포개지도록 던지다.

übereinfallen* ⟨s⟩ 《드물게》 (의견, 견해가) 일치하다.

übereinkommen* ⟨s⟩ 《아어》 (누구와 의견이) 일치하다, 합치하다. **Übereinkommen,** das; -s, - 일치, 합의, 협정: ein Ü. treffen[erzielen] 협정을 체결하다(맺다). **Übereinkunft** [...kunft], die; ...künfte [...kʏnftə] 일치, 합의, 협정.

übereinstimmen ⟨h⟩ 1. (의견이) 일치하다, 동감이다: in diesem Punkt stimme ich mit ihm überein 이 점에 있어서 나는 그와 의견이 같다. 2. 같다, 동일하다: die Farbe der Vorhänge stimmt mit dem Ton der Tapeten überein 커튼의 색은 벽지의 색조와 같다; übereinstimmende Ansichten 일치된 견해. **Übereinstimmung,** die; -en 일치, 합치, 합의: etw. in Ü. bringen 무엇을 일치[조화]시키다; in Ü. mit jmdm. handeln 누구와 의견이 일치되어 행동하다.

übereintreffen* ⟨s⟩ 《드물게》 ↑übereinkommen.

überempfindlich ⟨Adj.⟩ 지나치게 예민한, 과민한. **Überempfindlichkeit,** die; -en (신경)과민, 과민증.

überempirisch ⟨Adj.⟩ 초경험적인, 형이상학의.

übererfüllen ⟨h⟩ [russ. perewypolnit의 차용역이] (구동독) 계획 목표를 초과 달성하다. **Übererfüllung,** die; -en 계획 목표의 초과 달성.

Überernährung, die 영양(營養) 과다.

übererregbar ⟨Adj.⟩ 흥분을 잘 하는, 흥분 과잉의. **Übererregbarkeit,** die ↑übererregbar의 명사형.

überessen* ⟨h⟩ 포식하다, 물리도록 많이 먹다. **überessen*** ⟨h⟩ 소화량 이상으로(배탈이 나도록) 먹다.

überfachlich ⟨Adj.⟩ 전공과 무관한.

überfahren ⟨드물게⟩ 1. ⟨h⟩ (배로) 건네 주다, 운반하다. 2. ⟨s⟩ (배로) 건너다. **überfahren*** ⟨h⟩ 1. (자동차 따위가 동물을) 치다: einen Fußgänger ü. 보행자를 치다; eine rote Ampel ü. 빨간 신호를 무시하고 통과하다. 3. 무엇의 위를 지나가다(통과하다, 스치다). 4. (통용어) 누구에게 무시하다, 누구에게 주어보지 않고 행동하다. 5. (스포츠・은어) 압승하다. **Überfahrt,** die; -en 너감, 도항(渡航). **Überfahrtgeld,** das 뱃삯, 도항료.

Überfall, der; -(e)s, ...fälle 1. 습격, 기습, 갑작스런 공격: der Ü. auf die Bank 은행 습격; einen Ü. auf das Nachbarland planen 이웃 나라에 대한 기습을 계획하다; (전의) verzeihen Sie bitte meinen Ü. (통용어・농) 저의 불의의 방문을 용서하십시오. 2. 졸라맨 곳 위로 드리워진 의복의 일부. 3. [법] (이웃 땅으로 과일이) 떨어짐 (떨어진 과일은 이웃집의 소유가 됨).

Überfall-: ~hose, die (무릎 부분에서 졸라맨 폭넓은) 반바지, 니커보커즈. **~kommando,** das (경찰의) 특별 기동대. **~rohr,** das ↑Überlaufrohr. **~wagen,** der (경찰의) 긴급 출동 차량. **~wehr,** das (넘치는 물이 흘러내리는) 제방, 둑.

überfallen* ⟨s⟩ 《드물게》 1. 무엇 위로 떨어지다, 넘어오다(드리워 있다). 2. 《사냥》 (사슴 따위가) 장애물을 뛰어넘다. **überfallen*** ⟨h⟩ 1. 습격하다, 기습하다: jmdn. hinterrücks (드물게) ü. 누구를 뒤(노상)에서 급습격하다; ein Land (ohne Kriegserklärung) ü. (선전포고 없이) 한 나라를 기습하다; (전의) verzeihen Sie, daß ich Sie überfallen habe 당신을 예고 없이 방문하게 된 걸 용서하십시오. 2. (생각, 감정 따위가) 엄습하다, 압도하다: eine plötzliche Müdigkeit hat ihn überfallen 갑작스런 피곤감이 그를 엄습하였다. **überfällig** ⟨Adj.⟩ 1. (배, 비행기가) 연착한, 예정 시각을 넘긴. 2. 기한이 지난: der Wechsel ist ü. 그 어음은 결제 기일이 지났다.

Überfallskommando (österr.) ↑Überfallkommando.

Überfang, der; -(e)s, ...fänge 《전문어》 (무색 유리에 덧씌운) 색채 유리막. **überfangen*** ⟨h⟩ 《전문어》 유리에 얇은 색채 유리를 덧씌우다. **Überfangglas,** das; -es, -gläser 《전문어》 색유리가 덧씌워진 유리.

überfärben ⟨h⟩ 1. [섬유] (기존의 유색 직물에 다시) 채색하다, 색을 입히다. 2. 《전문어》 염색하다. **Überfärbung,** die; -en ↑überfärben의 명사형.

überfein ⟨Adj.⟩ 지나치게 정교한, 매우 섬세한, 극히 예민한. **überfeinern** [...fajnɐn] ⟨h⟩ 너무 섬세하게 만들다. **Überfeinerung,** die; -en 과도한 섬세화, 난숙.

überfettet ⟨Adj.⟩ 지방분이 너무 많은.

überfirnissen ⟨h⟩ 니스를 칠하다.

überfischen ⟨h⟩ a) 물고기를 남획하다, 물고기를 지나치게 많이 잡다. b) 남획으로 물고기 양을 줄이다. **Überfischung,** die; -en 물고기 남획.

überflanken ⟨h⟩ [체조] (목마를) 가로 뛰어넘다.

Überfleiß, der; -es 지나친 근면. **überfleißig** ⟨Adj.⟩ 지나치게 근면한(부지런한).

überfliegen* ⟨h⟩ 1. 날아서 넘다: fremdes Territorium ü. 타국의 영토 위를 날아서 통과하다. 2. 대강 훑어보다: einen Text rasch ü. 텍스트를 빨리 훑어 보다. 3. 얼굴에 스쳐 지나가다(살짝 나타나다).

überfließen* ⟨s⟩ 1. (아어) a) ↑überlaufen (1 a). b) ↑überlaufen (1 b): (전의) sein Herz fließt vor Begeisterung über 그의 심장이 감격으로 넘쳐 흐른다. 2. 넘쳐 흘러 들어가다, 뒤섞이다. **überfließen*** ⟨h⟩ 《드물게》 넘쳐 흐르다, 넘치다.

Überflug, der; -(e)s, ...flüge 통과 비행.

überflügeln ⟨h⟩ 능가하다. **Überflüg(e)lung,** die; -en 능가.

Überfluß, der; ...flusses [lat. superfluitas, (또는) lat. abundantia의 차용역이] (필요 이상의) 풍부, 과잉, 과다: ein Ü. an Nahrungsmitteln 식료품의 과다; etw. ist in[im] Ü. vorhanden 무엇이 과다하게(필요 이상으로) 있다; [속담] Ü. bringt Überdruß 너무 많으면 싫증난다. **Überflußgesellschaft,** die (폄) 소비 사회 (↑Konsumgesellschaft). **überflüssig** ⟨Adj.⟩ 불필요한, 쓸데없는: -e Worte machen 불필요한 말을 하다; etw. für ü. halten 무엇을 불필요하다고 간주하다. **überflüssigerweise** ⟨Adv.⟩ 불필요하게. **Überflüssigkeit,** die; -en ↑überflüssig의 명사형.

überfluten ⟨s⟩ 《드물게》 범람하다, 넘치다: der Fluß ist übergeflutet 강물이 범람하였다. **überfluten*** ⟨h⟩ 1. 물로 덮다, 침수시키다. 2. ↑überschwemmen (2). **Überflutung,** die; -en 범람, 홍수.

überfordern ⟨h⟩ 지나치게 요구하다, 부당한 값을 요구하다: sich überfordert fühlen 요구가 과중하다고 느끼다; das Herz[den Kreislauf] ü 심장(혈액 순환)에 과중한 부담을 가하다. **Überforderung,** die; -en 과대한 요구, (값의) 부당한 요구.

überforsch ⟨Adj.⟩ 지나치게 정력적인(힘센, 억센).

Überfracht, die; -en 중량 초과 화물(짐). **überfrachten** ⟨h⟩ 《준고어》 ↑überladen. **Überfrachtung,** die; -en 중량 초과 적재.

überfragen ⟨h⟩ 《드물게》 무리한 질문을 하다, 답변할 수 없는 질문을 하다: **überfragt sein** 능력(지식, 권한)이 미치지 못하는 질문을 받다: da bin ich überfragt 무리한 질문이어서 나는 대답할 수가 없다.

überfremden ⟨h⟩ (외국의) 영향을 과도하게 끼치다. **Überfremdung,** die; -en 1. 과도한 외국 영향. 2. 외국 영향의 과도.

überfressen*, sich ⟨h⟩ (동물이) 지나치게 많이 먹다, 과식하다.

überfrieren ⟨s⟩ 살얼음이 얼다.

Überfuhr, die; -en (österr.) 1. 나룻배. 2. 건너감, 도항(渡航).
überführen [(또한) --'--] ⟨h⟩ 1. (교통 수단을 이용하여) 운반하다, 옮기다: der Tote wurde in die Heimat überführt(übergeführt) 시신은 고향으로 옮겨졌다. 2. (상태를) 바꾸다: eine Flüssigkeit wird in den gasförmigen Zustand überführt((드물게)) übergeführt) 액체가 기체 상태로 바뀐다. **überführen** ⟨h⟩ 1. (누구의 죄를) 증명하다, 확인하다: der Angeklagte wurde (des Verbrechens) überführt 피고는 유죄로 인정되었다. 2. (무엇 위에) 육교가 놓여 있다. **Überführung**, die; -en 1. 이송, 옮김. 2. (죄상의) 증명, 확인, 입증. 3. 육교, 고가교(高架橋). **Überführungskosten** ⟨Pl.⟩ 이송료, 운반료.
Überfülle, die 과다, 충만, 과잉. **überfüllen** ⟨h; 대개 과거분사로⟩ (정량, 정원 이상으로) 너무 채우다: das Stadion war überfüllt 경기장 관람석은 초만원이었다. **Überfüllung**, die; -en 초만원, 대혼잡, 과식.
Überfunktion, die; -en 〔의학〕 (병적인) 과다 기능(반대: Unterfunktion).
überfüttern ⟨h⟩ a) (가축에게) 먹이를 지나치게 주다. b) (친근) 음식물을 과다하게 주다. **Überfütterung**, die; -en ↑überfüttern의 명사형.
Übergabe, die; -n 1. 넘겨 줌, 인도, 수교(手交). 2. 적에게의 양도, 항복: über die Ü. der Stadt verhandeln 도시의 양도에 관하여 교섭하다. **Übergabeverhandlung**, die; -en 양도 교섭, 항복 교섭.
Übergang, der; -(e)s, ...gänge 1. a) 건너감, 넘어감: der Ü. der Truppen über den Fluß 군대의 도강(渡江). b) 도하 지점, 통과 지점, 건널목: ein Ü. über die Bahn für Fußgänger 보행자용의 철로 건널목. 2. 이행, 경과, 변화, 변천: beim Ü. vom Handbetrieb auf maschinelle Fertigung 수공업에서 기계 공업으로 이행 시에. 3. ⟨Pl. 없음⟩ ↑Übergangszeit (1, 2). b) 일시적 해결. 4. (상등급에로의) 변경 차표.
übergangs-, **Übergangs-**: **~bahnhof**, der ↑Grenzbahnhof. **~beihilfe**, die (병역 의무 후의) 임시 보조금. **~bestimmung**, die 경과 규정. **~epoche**, die 과도기, 과도기적 시대. **~erscheinung**, die 과도기적 현상. **~form**, die 과도기적 형태. **~geld**, das (사고보험에 의한) 일시 보조금. **~gesellschaft**, die 1. 과도기적 사회. 2. ((마르크스주의)) 과도기 단계(자본주의와 공산주의의 중간 단계). **~heim**, das 임시 보호소. **~laut**, der 〔언어〕 경과음. **~los** ⟨Adj.⟩ 중간 단계가 없는. **~lösung**, die 잠정적 해결(책). **~mantel**, der 봄·가을용 외투. **~periode**, die 1. ↑~zeit (1). 2. ((마르크스주의)) ↑~gesellschaft (2). **~phase**, die ↑~zeit (1). **~ritus**, der ⟨대개 Pl.⟩ 〔인종〕 ↑Initiationsritus. **~stadium**, das ↑~zeit (1). **~station**, die ↑~bahnhof. **~stelle**, die ↑Übergang (1 b). **~stil**, der 과도적 양식. **~stufe**, die 과도기 단계. **~vertrag**, der 잠정 협정. **~zeit**, die 1. 과도기, 과도기적 시대. 2. 과도적 계절(봄과 가을).
Übergardine, die; -n (2중 커튼 중) 실내측 커튼.
übergeben ⟨h⟩ 1. a) 넘겨 주다, 수교하다: jmdm. ein Päckchen(einen Brief) ü. 누구에게 소포(편지)를 넘겨주다; etw. den Flammen ü. ((아어)) 무엇을 송두리째 불타버리게 하다. b) 보관시키다, 위탁하다: jmdm. etw. zu treuen Händen ü. 누구에게 무엇을 믿고 맡기다(위탁하다). c) 양도하다. 2. a) 인도하다, 위임하다: ich übergebe diese Angelegenheit meinem Anwalt 나는 이 일을 내 변호사에게 위임한다. b) 임무를 넘겨주다, 임무를 부여하다: jmdm. [an jmdn.] die Führung ü. 누구에게 지휘를 위임하다[맡기다]. 3. (적에게) 넘겨주다(양도하다). 4. 이용토록 하다, 개방하다: eine Brücke dem Verkehr ü. 다리를 개통하다. 5. ⟨ü. + sich⟩ 구토하다, 게우다. **übergeben*** ⟨h⟩ ((통용어)) 1. 덮다, 덮어씌우다. 2. jmdm. einen[eins] ü. 누구에게 일격을 가하다(↑überbraten 참조).
Übergebot, das; -(e)s, -e (경매시 남보다) 비싸게 매긴 값.
Übergebühr, die; -en 초과 수수료.
übergehen ⟨s⟩ 1. (소유권이) 넘어가다, 바뀌다, 옮아가다: das Geschäft ist auf seine Frau übergegangen 그 상점은 그의 부인에게로 소유권이 넘어갔다. 2. (화제가) 바뀌다, 전환하다: zu einem anderen Punkt ü. 화제가 다른 점으로 넘어가다; die Truppen sind zum Angriff übergegangen 부대는 공격으로 전환하였다. 3. (상대편으로) 넘어가다, 달아나다. 4. (다른 상태로) 변하다: die Leiche war schon in Verwesung übergegangen 시체는 이미 부패하기 시작하였다. 5. 엇물리다, 섞이다. 6. 〔선원〕 (파도가 갑판 위를) 넘나들다, 넘치다. 7. 〔선원〕 (선내의 화물이) 이동하다. 8. ((아어)) 넘쳐흐르다, 넘치다. 9. 〔농사〕 (동물의 암컷이) 새끼를 배지 않다. **übergehen*** ⟨h⟩ 1. a) 무시하다, 간과하다: er überging unsere Einwände 그는 우리의 이의를 무시하였다. b) 생략하다, 뛰어넘다: einige Seiten[Kapitel] ü. 몇 페이지[장(章)]를 뛰어넘다. c) 무시하다, 억누르다: den Hunger ü. 배고픔을 참고 지나치다. 2. a) (누구를) 무시하다: sie überging ihn 그녀는 그를 무시해 버렸다. b) (누구를) 고려하지 않다: er fühlt sich übergangen 그는 자기가 고려되지 않았다고 느낀다. 3. ((드물게)) 무엇의 위를 무심히 지나치다. 《사냥》 (짐승의) 발자국을 간과하다. b) (짐승을 보지 못하고) 그냥 지나치다. **Übergehung**, die 간과, 무시, 묵살, 빠뜨림.
übergemeindlich ⟨Adj.⟩ 지방 행정 구역을 초월한, 여러 행정 구역을 포괄한.
übergenau ⟨Adj.⟩ ((흔히 폄)) 매우 면밀한, 지나치게 꼼꼼한[세밀한].
übergenug ⟨Adv.⟩ 십이분, 남아돌 정도로, 너무나 많은.
übergeordnet ⟨Adj.⟩ 1. ↑überordnen 참조. 2. ⟨Adj.⟩ 상위의, 더 포괄적인.
Übergepäck, das; -(e)s 〔항공〕 중량 초과 수하물.
übergescheit ⟨Adj.⟩ ((폄)) 지나치게 영리한, 너무나 재치가 있는.
Übergewicht, das; -(e)s, -e 1. a) ⟨Pl. 없음⟩ 체중 초과: an Ü. leiden 체중 초과로 고생하다. b) (편지, 소포 따위의) 중량 초과. 2. **Ü. bekommen(kriegen)** ((통용어)) 균형을 잃다. 3. a) ⟨Pl. 없음⟩ 우위, 우세, 우월: das militärische[wirtschaftliche] Ü. gewinnen 군사적[경제적] 우위를 획득하다. b) 더 큰 의미, 더 큰 중요성. **übergewichtig** ⟨Adj.⟩ 체중 초과의. **Übergewichtigkeit**, die 체중 초과.
übergießen* ⟨h⟩ 1. 물을 붓다(끼얹다): soll ich noch etwas Soße ü.? 약간의 소스를 거기다 끼얹어야 할까요? 2. ((드물게)) 엎지르다, 흘리다. 3. ((드물게)) 한 그릇에서 다른 그릇으로 옮겨 붓다. **übergießen*** ⟨h⟩ 뿌리다, 끼얹다: 〔전의〕 jmdn. mit Hohn ü. 누구에게 조소를 퍼붓다. **Übergießung**, die; -en ↑übergießen의 명사형.
übergipsen ⟨h⟩ 깁스를 바르다. **Übergipsung**, die; -en ↑übergipsen의 명사형.
überglänzen ⟨h⟩ 1. 〔요리〕 a) ↑glacieren (2). b) ↑glasieren (b). 2. 〔전의〕 밝게 비추다.
überglasen ⟨h⟩ 유리로 덮다, 유리 천정을 만들다. **Überglasung**, die; -en ↑überglasen의 명사형.
überglücklich ⟨Adj.⟩ 매우 행복한, 무한히 기쁜.
übergolden ⟨h⟩ 금으로 입히다, 금 도금을 하다.
übergrasen ⟨h⟩ 〔전문어〕 ↑überweiden. **Übergrasung**, die; -en 정도가 지나친 풀베기.

übergrätschen ⟨h/s⟩ 〖체조〗기구 위로 두 발을 벌리다.
übergreifen' ⟨h⟩ 1. (피아노, 기계체조 등에서) 한 손을 다른 손 위로 넘기다. 2. 퍼지다, 번지다, 확산되다: die Epidemie hat auf andere Gebiete übergegriffen 전염병이 다른 지역으로 확산되었다. **übergreifen'** ⟨h⟩ 《전문어》덮다. **übergreifend** ⟨Adj.⟩ 결정적인, 지배적인, 우위의. **Übergriff,** der; -(e)s, -e (부당한) 간섭, (권리의) 침해.
übergroß ⟨Adj.⟩ 매우 큰, 거대한. **Übergröße,** die; -n (의복의) 특대호.
übergrünen ⟨h⟩ 녹색 식물로 덮다.
überhaben' ⟨h⟩ 《통용어》 1. 옷 위에 다른 옷을 걸치다: sie hatte nur einen leichten Mantel über 그녀는 가벼운 외투만을 걸쳤다. 2. 싫증이 나다. 3. 《지역적》 남겨 두고 있다, 남겨 가지고 있다.
Überhaft, die 〖법〗 (구금이 끝난 직후의) 추가 구금, 추가 징역.
überhalten' ⟨h⟩ 1. 《통용어》위에 받치다[지니다]. 2. 〖임업〗 남겨 두다, 보존하다. **überhalten'** ⟨h⟩ (österr. · 고어) ↑übervorteilen. **Überhälter** [...heltɐ], der; -s, - 〖임업〗 벌목시 남겨진 나무, 보존목.
überhändigen ⟨h⟩ (고어) ↑aushändigen. **Überhandnahme** [...na:mə], die; -n (부정적인 것의) 격증, 만연. **überhandnehmen'** ⟨h⟩ (부정적인 것이) 격증하다, 만연하다.
Überhang, der; -(e)s, ...hänge 1. a) (특히 건축) (창문 따위의) 돌출 부분, 목골(木骨) 가옥의 돌출 부분. b) (90도 이상 경사진) 돌출 암벽. c) 이웃 토지로 뻗어난 가지. 2. (상품의) 과잉, 재고. 3. 어깨에 걸치는 옷, 솔.
¹überhängen' ⟨h⟩ a) (특히 건축) (건물의 일부가) 밖으로 돌출하다. b) 수직 이상의 경사로 돌출하다. c) (가지가) 이웃 대지로 뻗어 드리우다. **²überhängen** ⟨h⟩ 어깨 위에 걸치다: jmdm. einen Mantel ü. 누구의 어깨에 외투를 걸쳐 입히다. **¹überhängen'** ⟨h⟩ 《드물게》늘어뜨려 덮다: die Mauer war von Efeu überhangen 담이 담쟁이 덩굴로 뒤덮여 있었다. **²überhängen** ⟨h⟩ 《드물게》덮다, 가리다. **Überhangmandat,** das; -(e)s, -e 〖정치〗 과잉 의석, 초과 의석(비례제 선거에 의해 배정된 의석수 이 외에 지역구에서 당선된 추가 의석). **Überhangsrecht,** das; -(e)s 〖법〗 경계를 넘은 나뭇가지를 자를 수 있는 권리.
überhapps, überhaps [...'haps] ⟨Adv.⟩ (österr. · 통용어) 1. 대충, 약. 2. 성급히, 피상적으로, 별 생각 없이.
überhart ⟨Adj.⟩ 매우 단단하게.
überhasten ⟨h⟩ a) 지나치게 서둘러 행하다, 너무 서두르다. b) (ü. + sich) 너무 서둘러 경솔한 행동을 하다. **Überhastung,** die; -en a) 《Pl. 없음》너무 서두름. b) 경솔한 언동.
überhäufen ⟨h⟩ a) 너무 많이 주다, 공급 과잉이 되게 하다: jmdn. mit Geschenken ü. 누구에게 과분하게 선물을 주다. b) 《드물게》 (무엇 위에) 첩첩이 쌓다. **Überhäufung,** die; -en 누적, 공급 과잉.
überhaupt ⟨Adv.⟩ 1. 총괄적으로, 통틀어, 전반적으로, 대체로: er ist ü. selten zu Hause 그는 대체로 집에 있을 때가 드물다. 2. (부정의 강조) 전혀, 결코, 완전히: das stimmt ü. nicht 그것은 전혀 맞지 않다; davon kann ü. keine Rede sein 그런 말은 결코 할 수 없다. 3. 《und와 결합하여 삽입구로》…는 차치해 두고, 그 외에, 게다가. 4. (의문문의 강조) 도대체, 도무지: wie konnte das ü. passieren? 도대체 그런 일이 어떻게 일어 날 수 있었단 말인가? 5. 《드물게》특히.
überheben' ⟨h⟩ 《통용어》 저편으로 들어 올리다(↑hinüberheben). **überheben'** ⟨h⟩ 1. 《준고어》누구로 하여금 무엇을 면케 하다(↑entheben (1). 2. ⟨ü. +

sich⟩ 《준고어》 불손하다, 외람되다. 3. ⟨ü. + sich⟩ 《통용어》 무거운 물건을 잘못 들어 다치다(↑sich verheben). **überheblich** [...'he:plɪç] ⟨Adj.⟩ 불손한, 외람된, 건방진: seine Kritik ist ü. 그의 비판은 건방지다. **Überheblichkeit,** die; -en a) 《Pl. 없음》 불손, 외람됨, 건방짐. b) 《드물게》 건방진 발언. **Überhebung,** die; -en 《준고어》 ↑Überheblichkeit.
Überhege, die 〖임업·사냥〗 지나치게 큰 야생 동물 방목장.
überheizen ⟨h⟩ 지나치게 덥게 하다[난방하다]: ein überheizter Raum 지나치게 난방이 된 공간.
überhell ⟨Adj.⟩ 극도로 밝은, 지나치게 밝은.
überhin ⟨Adv.⟩ 《준고어》 ↑obenhin.
überhitzen [...'hɪtsn] ⟨h⟩ 너무 뜨겁게 가열하다: [전의] die überhitzte Konjunktur 과열된 경기(景氣). **Überhitzer,** der; -s, - 과열기, 과열 장치. **Überhitzung,** die; -en 과열.
überhöhen ⟨h⟩ 높이다, 높게 짓다. **überhöht** ⟨Adj.⟩ 너무나 높여진, 너무 높은: mit -er Geschwindigkeit fahren 너무 높은 속도로 달리다. **Überhöhung,** die; -en 1. 상승, 증가, 증대, 확대. 2. 지나치게 높이기. 3. 〖토목〗 (건물, 성토) 중앙부의 돌출. 4. 〖지리〗 (지형 모형도에) 고저(高低)를 만들어 넣음.
Überhol- (überholen 1 a): **~manöver,** das (차의) 추월 동작, 추월 행위. **~spur,** die (차선 중의) 추월선: auf die Ü. wechseln 추월선으로 차선을 바꾸다. **~verbot,** das 추월금지. **~versuch,** der 추월 시도, 추월 행위. **~vorgang,** der 추월.
überholen ⟨h⟩ [engl. to overhaul] 1. (배로) 저 편으로 나르다(건네다): hol über! (옛) 좀 건네 주시오! (사공을 부르는 소리). 2. 〖선원〗 (배가 바람 때문에) 옆으로 기울다. 3. 〖선원〗 돛을 다른 편으로 돌리다: hol über! 돛을 다른 쪽으로 돌려라! **überholen'** ⟨h⟩ 1. a) 추월하다: kurz vor dem Ziel wurde er überholt 목표 지점 직전에서 그는 추월 당했다, (4격 목적어 없이) man darf nur links ü. 좌측으로만 추월할 수 있다; Überholen streng verboten! 추월 절대 금지! b) 능가하다, 앞지르다: er hat seine Mitschüler überholt 그는 동급생들을 앞질렀다. 2. (기계의) 결점을 검사수리하다: eine Maschine[einen Motor] ü. 기계[엔진]를 검사하여 수리하다. **überholt** ⟨Adj.⟩ 낡아빠진, 시대에 뒤진, 시대 착오적인, 진부한. **Überholung,** die; -en (기계의) 검사 수리: der Wagen muß zur Ü. in die Werkstatt 자동차는 검사 수리를 위해 공장에 가야 한다. **überholungsbedürftig** ⟨Adj.⟩ 검사 수리가 필요한.
überhören ⟨h⟩ 《통용어》 너무 자주 듣다. **überhören** ⟨h⟩ 1. a) (부주의로) 듣지 못하다: er hat das Klingeln überhört 그는 초인종 소리를 듣지 못하였다. b) 듣지 못한 체 하다, (발언을) 무시하다: das möchte ich (lieber) überhört haben! 나는 그것을 (차라리) 안 들은 걸로 하고 싶다! 2. 《고어》 ↑abhören (1).
Über-Ich, das; -(s), -s /《드물게》 - 〖심리〗 (Freud 학설의) 초자아(超自我).
überindividuell ⟨Adj.⟩ 초 개인적인, 초 개성적인.
Überinterpretation, die; -en 과잉 해석. **überinterpretieren** ⟨h⟩ 과잉 해석하다.
überirdisch ⟨Adj.⟩ 1. 초 지상적인, 초 현세적인, 천국의, 신성의, 영적인. 2. 《고어》 ↑oberirdisch.
überjährig ⟨Adj.⟩ 《준고어》 수년이나 계속된, 몇 년이 지난.
überkämmen ⟨h⟩ 《통용어》 또 한번 대충 머리를 빗다.
überkandidelt [...kandi:dlt] ⟨Adj.⟩ 《통용어》 엉뚱한, 별난, 약간 미친.
Überkapazität, die; -en 《대개 Pl.》 〖경제〗 과잉 생산 능력.

überkippen ⟨s⟩ 넘어지다, 전복되다.
Überklasse, die; -n [생물·특히 식물] (분류상의) 상강(上綱)(강(綱)과 아문(亞門)의 중간 단계).
überkleben ⟨h⟩ 무엇 위에 덧붙이다.
Überkleid, das; -(e)s, -er (준고어) 옷 위에 걸치는 의복(외투 따위). **überkleiden** ⟨h⟩ 《아어·준고어》 덮다, 씌우다, 입히어 가리다. **Überkleidung**, die 외의(外衣). **Überkleidung**, die; -en 《아어·준고어》 덮어 씌우는 것, 씌우개.
überklettern ⟨h⟩ 기어 올라 넘다.
überklug ⟨Adj.⟩ 《반어》 ↑superklug.
überknöcheln ⟨h⟩ ⟨österr.·통용어⟩ 발을 삐다.
überkochen ⟨s⟩ 끓어서 넘치다: die Milch kocht gleich über 우유가 금방 끓어서 넘친다. **überkochen** ⟨h⟩ ⟨österr.⟩ 살짝 삶다, 다시 끓이다.
überkommen* ⟨s⟩ 1. [선원] (바닷물이) 갑판을 적시다. 2. (지역적) 도착하다. 3. (지역적) 억지로 내놓다, 억지로 말을 꺼내다. **überkommen*** 1. ⟨h⟩ (느낌, 감정이) 엄습하다, 덮치다: Angst überkam ihn 불안이 그를 엄습하였다. 2. (준고어·사로) ⟨h⟩ **a)** ⟨s⟩ 전하다, 전승시키다: überkommene Bräuche 전래된 관습. **b)** ⟨h⟩ (준고어) 유전을 받다.
Überkompensation, die ⟨전문어·(잉)보상, 보상 과잉. **überkompensatorisch** ⟨Adj.⟩ ⟨전문어⟩ 과보상의. **überkompensieren** ⟨h⟩ ⟨전문어·교양어⟩ 과잉 보상하다. **Überkompensierung**, die; -en ↑ überkompensieren의 명사형.
überkonfessionell ⟨Adj.⟩ 초교파적인, 초종파적인.
überkreuzen ⟨h⟩ 1. 건너가다, 횡단하다(↑kreuzen (2)). 2. ↑kreuzen(1): mit überkreuzten Beinen dasitzen 다리를 꼬고 앉아 있다. 3. ⟨ü. + sich⟩ (선이) 교차하다.
überkriegen ⟨h⟩ ⟨통용어⟩ 싫증이 나다, 한 대 맞다.
überkronen [...'kro:nən] ⟨h⟩ [치과] 이에 인공치관(齒冠)을 씌우다. **Überkronung**, die; -en ↑ überkronen의 명사형.
überkrusten [...'krustn] ⟨h⟩ 1. [요식업] 겉 표면을 살짝 굽다(↑gratinieren). 2. 딱딱한 표피막으로 덮다.
überkugeln, sich ⟨h⟩ 굴러 넘어지다.
überkühlen ⟨h⟩ ⟨요리·österr.⟩ 서서히 식히다, 냉각시키다.
überladen* ⟨h⟩ ⟨드물게⟩ ↑umladen (1). **¹überladen*** ⟨h⟩ 과도하게 짐을 싣다: mit Arbeit überladen sein 너무 일이 많아 부담이 크다. **²überladen** ⟨Adj.⟩ 과장된, 장식과잉의. **Überladenheit**, die 장식 과잉(상태). **Überladung**, die; -en 과도한 적재, 과중한 부담, 지나친 치장.
überlagern ⟨h⟩ 1. 무엇 위에 층이 지다. 2. (전파 따위가) 겹치다, 혼선이 되다: diese Ereignisse haben sich überlagert 이 사건들이 겹쳐서 일어났다. 3. 너무 오래 저장하다. **Überlagerung**, die; -en a) 겹침, 중첩. **b)** 중첩된 상태. **c)** [물리] ↑Interferenz (1). **Überlagerungsempfänger**, der [무선] 슈퍼헤테로다인 수신기, 수퍼 라디오.
Überland- [(또한) --'--...]: **~bahn**, die 1. 교외선 전차[철도]. 2. (옛) 대륙횡단 철도. **~bus**, der 교외 버스, 장거리 버스. **~fahrt**, die 장거리 주행. **~kraftwerk**, das 원거리(광역) 발전소. **~leitung**, die 원거리 송전선. **~partie**, die (시골로의) 장거리 소풍. **~verkehr**, der (장거리) 육상 교통, 도시간 교통. **~werk**, das ↑~kraftwerk. **~zentrale**, die ↑~kraftwerk.
überlang ⟨Adj.⟩ 너무 긴, 지나치게 긴. **Überlänge**, die; -n 1. (기성복 호수에서) 너무 긴 길이. 2. 지나치게 긴 시간.

überlappen [...'lapn] ⟨h⟩ 겹치다, 합치다. **Überlappung**, die; -en ↑überlappen의 명사형.
überlassen* ⟨h⟩ ⟨통용어⟩ ↑übriglassen. **überlassen** ⟨h⟩ 1. (이용하도록) 맡기다, 넘겨주다: jmdm. etw. zur Erinnerung ü. 누구에게 무엇을 기념으로 넘겨주다; er hat mir seinen alten Wagen billig überlassen 그는 헌 자동차를 나에게 싸게 팔았다. 2. (누구의 보호하에) 두다, 위탁하다: jmdm. sich selbst ü. 누구를 단 하 없이 내버려 두다(방치하다). 3. (간섭 없이 각자의 판단에) 맡기다: die Erziehung der Kinder den Eltern ü. 애들의 교육을 부모에게 맡기다; jmdm. die Wahl ü. 누구에게 선택을 맡기다. 4. a) (누구를 어떤 상태로) 내버려 두다: jmdn. seiner Verzweiflung ü. 누구를 절망적인 상태로 내버려 두다. **b)** ⟨ü. + sich⟩ 몸을 맡기다. **Überlassung**, die; -en 인도, 양도, 맡김, 유기 (↑überlassen의 명사형).
Überlast, die; -en 1. 초과 중량(하중), 과중 적재. 2. [전기] 과부하. **überlasten** ⟨h⟩ **a)** 짐을 과중하게 싣다. **b)** 과중한 부담을 주다: die Straße ist total überlastet 도로가 완전히 포화상태다. **c)** 지나친 부담을 주다: das Herz ü. 심장에 과도한 부담을 안겨 주다; (흔히 과거분사로) wir sind zur Zeit mit Arbeit überlastet 우리는 지금 일 때문에 과도한 부담을 안고 있다. **überlastig** ⟨Adj.⟩ (배가 짐을) 너무 많이 실은. **Überlastung**, die; -en 중량 초과, 부담 과잉, 초과 하중.
Überlauf, der; -(e)s, ...läufe. 1. (넘치는 물의) 배출(유출)구. 2. [전문어] (일정 숫자 영역의) 초과. **Überlaufbecken**, das ↑Überlauf (1). **überlaufen*** ⟨s⟩ 1. **a)** (액체가) 넘쳐 흐르다, 넘치다. **b)** 넘치도록 가득 차다. 2. 적에게로 넘어가다, 달아나다: Hunderte von Soldaten sind (zum Feind) übergelaufen 수백명의 군인이 (적군으로) 넘어갔다. **überlaufen*** ⟨h⟩ 1. (공포의 감정이) 엄습하다, 쇄도하다, 밀려들다: im Frösteln (Schauer) überlief ihn 한기(전율)가 그를 엄습하였다. 2. [특히 스포츠] **a)** 달려서 앞지르다, 지나쳐 달리다. **b)** 달려서 뛰어 넘다. **c)** (물건을) 밟아 넘어뜨리다. 3. (사람들이) 너무 많이 몰려 들다: (대개 과거분사로) der Kurort ist überlaufen 그 요양지에는 너무나 많은 사람들이 몰려들었다. 4. (색, 색조가 표면을) 뒤덮다. **Überläufer**, der; -s, - 1. 적에게로 넘어간 군인, 탈영병, 도망병. 2. [사냥] 생후 2년째인 멧돼지. **Überlaufrohr**, das 넘치는 물의 유출관, 월류 관(越流管).
überlaut ⟨Adj.⟩ 소리가 지나치게 큰, 너무 시끄러운.
überleben ⟨h⟩ 1. 살아 남다, 견디어 내다: eine Katastrophe ü. 재앙에서 살아 남다; sie haben den Krieg überlebt 그들은 전쟁에서 살아 남았다; du wirst's schon[wohl] ü.! (흔히 반어) 너는 잘 견디어 낼 거야!; (목적어 없이도) die Soldaten wollten nur ü. 병사들은 오직 살아 남기만 바랬다. 2. 누구보다 오래 살다: sie überlebte ihren Mann (um fünf Jahre) 그녀는 남편보다 (5년을) 더 오래 살았다; der überlebende Teil [부부 중] 더 오래 산 사람. 3. ⟨ü. + sich⟩ 시대에 뒤떨어지다, 진부하게 되다: überlebte Vorstellungen 진부한 생각. **Überlebende***, der/die 살아남은 사람.
überlebens-, **Überlebens-**: **~chance**, die 생존 가능성: der Verunglückte hat kaum -n 사고를 당한 사람은 생존의 가능성이 거의 없다. **~fähig** 생존할 수 있는, 그래도 생존의 문제. **~kampf**, der 생존 경쟁, 생존을 위한 투쟁. **~rate**, die [특히 의학] 생존율. **~training**, das 생환 훈련. **~zelle**, die (빌딩의) 화재 대피소.
überlebensgroß ⟨Adj.⟩ 실물보다 큰. **Überlebensgröße**, die (다음 용법으로) **in Ü.** 실물 이상의 크기로.
überlegen ⟨h⟩ 1. 덮다: ich habe ihr eine Decke übergelegt 나는 그녀에게 이불을 덮어 주었다. 2. ⟨통용

어)》 무릎 위에 올려 놓고 궁둥이를 때리다. 3. 〈ü. + sich〉 상체를 숙이다, 옆으로 기울다. ¹**überlegen** 〈h〉 숙고하다, 고려하다, 생각해 보다: etw. gründlich[reiflich, genau] ü. 무엇을 철저하게[충분하게, 정확하게] 숙고하다; ich habe mir meine Worte genau überlegt 나는 정확하고 숙고해서 말했다; er hat es sich inzwischen anders überlegt 그는 그 사이에 달리 생각하였다; 〈4격 목적어 없이도〉(lange) hin und her ü. (오랫동안) 이리저리 숙고하다. ²**überlegen** 〈Adj.〉 **a)** 능가하는, 〈누구보다〉 우세[우월]한, 뛰어난: ein -er Sieg 압도적인 승리; jmdm.(an Intelligenz, Kraft weit) ü. sein 누구보다(지적인 면에서, 힘이 훨씬 더) 우월하다; die Mannschaft hat ü. 3:0 gewonnen 그 팀은 3:0으로 압승하였다. **b)** 우월감의, 깔보는. **Überlegene'**, der / die / das 우월[우세]한 사람. **Überlegenheit**, die 능가, 우세, 우월, 탁월: die wirtschaftliche[militärische] Ü. eines Staates 한 국가의 경제적[군사적] 우세. **Überlegenheitsgefühl**, das 우월감. **überlegt** 〈Adj.〉 심사숙고한, 신중한, 생각이 깊은. **Überlegung**, die; -en **a)** 〈Pl. 없음〉 숙고, 고려, 사려, 신중: bei ruhiger[reiflicher] Ü. 침착하게[충분하게] 숙고할 경우에; nach sorgfältiger Ü. für etw. stimmen 신중한 고려 끝에 무엇을 찬성하다. **b)** 〈대개 Pl.〉 성찰, 고찰: etw. in seine -en (mit) einbeziehen 그의 성찰에 무엇을 연계시키다[포함시키다].

überleiten 〈h〉 옮기다, 옮겨 가다, 〈새로운 것으로〉 인도하다: zu einem neuen Thema ü. 새로운 테마로 화제를 옮기다. **Überleitung**, die; -en ↑überleiten의 명사형.

überlesen* 1. 〈독서시 무엇을〉 간과하다, 빠뜨리고 읽다. 2. 대충 읽다, 대충 훑어 보다.

Überlichtgeschwindigkeit, die 초광속(超光速).

überliefern 〈h〉 1. 전하다, 전승시키다: ein Werk der Nachwelt ü. 어느 작품을 후세에 전하다; etw. ist mündlich[schriftlich] überliefert 무엇이 구두[문자기록]로 전해지다. 2. 〈아어·준고어〉 넘겨주다, 맡기다, 양도하다: jmdn. der Justiz[dem Gericht, Feind] ü. 누구를 사법 당국에[재판에, 적에게] 넘기다. **Überlieferung**, die; -en 1. **a)** 〈Pl. 없음〉 전송, 전래. **b)** 전승된 것, 전래된 것(전설 따위). 2. 관습, 전통.

Überliegegeld, das; -(e)s, -er [선원] 정박일수 초과 할증료, 체선(滯船)료. **überliegen*** 〈h〉 [선원] 기한을 초과하여 정박하다. **Überliegezeit**, die; -en [선원] 초과 정박 기간, 체선 기간.

überlisten 〈h〉 속이다, 기만하다. **Überlistung**, die; -en ↑überlisten의 명사형.

überm ['y:bəm] 〈Präp. + Art.〉 〈통용어〉 über dem.

übermachen 〈h〉 〈준고어〉 1. 유산으로 주다: jmdm. sein Vermögen ü. 누구에게 그의 재산을 유산으로 물려주다. 2. 송부[송달]하다.

Übermacht, die 우세, 우위, 강대: die militärische Ü. eines Landes 한 나라의 군사적 우위. **übermächtig** 〈Adj.〉 1. 우세한, 우위의. 2. 매우 강력한.

übermalen 〈h〉 〈통용어〉 스케치에 채색하다, 무엇 위에 칠하다. **übermalen** 〈h〉 덧그리다, 덧칠하다. **Übermalung**, die; -en 1. 덧칠, 보필(補筆). 2. 덧칠된 색층 [그림].

übermangansauer 〈Adj.〉 《화학·고어》 과망강산의. **Übermangansäure**, die; -n [화학] ↑Permangansäure.

Übermann, der; -(e)s, ...männer 《드물게》 ↑Supermann (a). **übermannen** [...'manən] 〈h〉 1. 엄습하다, 압도하다: Verzweiflung übermannte ihn 그는 절망감이 그를 압도하였다. 2. 〈준고어〉 이기다, 제압하다.

übermannshoch 〈Adj.〉 《정서》 사람의 키보다 더 큰.

übermarchen 〈h〉 《schweiz.·그 외 고어》 경계를 넘다. **Übermarchung**, die; -en ↑übermarchen의 명사형.

Übermaß, das; -es, -e 1. 〈Pl. 없음〉 과도, 과량, 과잉, 과다: ein U. an[von] Freude 과도한[엄청난] 기쁨; etw. im Ü. haben 무엇을 과도하게 가지다. 2. [기술] (두 부품을 끼어 넣을 때) 안쪽 부품의 직경 과대, 내경(內徑) 과대. **übermäßig** 〈Adj.〉 **a)** 과도한, 과다한, 엄청난: -er Alkoholgenuß 과도한 음주; -e Intervalle [음악] 증음정(增音程). **b)** 《형용사, 부사, 동사 강조》 지나치게, 몹시, 정상 이상의: ü. hohe Kosten 엄청나게 많은 비용; sich ü. anstrengen 과도하게 노력하다[애쓰다].

übermästen 〈h〉 지나치게 살찌우다, 너무 비대하게 하다.

Übermensch, der; -en, -en [철학] 초인(超人) (Nietzsche의 개념으로 신을 대신하는 이상적 인간). **übermenschlich** 〈Adj.〉 1. 초인의, 초인적인: eine -e Leistung 초인적인 업적. 2. 〈준고어〉 초자연적인, 신적인.

Übermikroskop, das; -(e)s, -e **a)** ↑Elektronenmikroskop. **b)** 《드물게》 ↑Ultramikroskop. **Übermikroskopie**, die 전자현미경 검사.

übermitteln 〈h〉 전달하다, 송부[송달]하다: jmdm. eine Nachricht[Meldung, Glückwünsche] ü. 누구에게 뉴스[통지, 축하]를 전하다. **Übermittelung**, 〈자주〉 **Übermittlung**, die; -en 전달, 송부, 송달, 인도.

übermögen* 〈h〉 〈고어〉 극복하다, 제압하다.

übermorgen 〈Adv.〉 모레.

übermüde 〈Adj.〉 지나치게 피로한, 과로한, 기진맥진한. **übermüden** 〈h〉 너무 피로하게 하다, 과로하게 하다. **Übermüdung**, die; -en 과로.

Übermut, der; -(e)s 1. 신이 나서 떠들기, 들 뜸: etw. aus lauter[purem] Ü. 그냥 순전히 들뜬 나머지 무엇을 행하다. 2. 〈준고어〉 오만, 불손, 자만심, 방자: [속담] Ü. tut selten gut 자만 끝에 불붙는다[쉬슨다]. **übermütig** 〈Adj.〉 1. 아주 명랑한, 원기 발랄한, 기분이 들떠 있는. 2. 오만한, 거만한, 방자한, 불손한. **Übermütigkeit**, die; -en **a)** 〈Pl. 없음〉 〈기분이〉 들뜸. **b)** 오만, 불손, 방자.

übern ['y:bən] 〈Präp. + Art.〉 〈통용어〉 über den.

übernächst... 〈Adj.〉 다음 다음의.

übernachten [...'naxtn̩] 〈h〉 밤을 지내다, 묵다, 숙박하다: im Hotel[Zelt, bei Freunden] ü. 호텔[텐트에, 친구집]에서 숙박하다. **übernächtig** 〈Adj.〉 〈österr.·그 외는 준고어〉 ↑übernächtigt. **übernächtigen** 〈h〉 〈드물게〉 ↑übernachten. **Übernächtigkeit**, die 〈드물게〉 밤을 지샘, 철야. **übernächtigt** 〈Adj.〉 밤을 샌, 철야한, 잠이 부족해 피로한. **Übernächtler** [...'nεçtlɐ], der; -s, - 〈schweiz.〉 **a)** 부랑자, 밤 숙박손님. **Übernachtung** [...'naxtʊŋ], die; -en 밤 숙박: Zimmer mit Ü. und Frühstück 아침 식사가 딸린 숙박용 방. **Übernachtungsgebühr**, die; -en 숙박료.

Übernahme, die; -n 1. 〈Pl. 없음〉 인수, 취임. 2. 인수 물건: wörtliche -n aus einem Werk 한 작품으로부터 글자 그대로 인용. **Übernahmekurs**, der 《금융·증권》 (유가 증권의) 인수가. **Übernahmsstelle**, die 〈österr.〉 ↑Annahmestelle.

Übername, der; -ns, -n [lat. supernomen의 차용역어] 《schweiz.·언어·그 외 준고어》 별명, 이명(異名).

übernational 〈Adj.〉 초 국가적인.

übernatürlich 〈Adj.〉 1. 초 자연적인, 불가사의의, 신비적인. 2. 실물 크기 이상의: Statuen in -er Größe 실물보다 더 큰 입상.

übernehmen* 〈h〉 1. 〈통용어〉 어깨에 걸치다[메다]. 2. [선원] **a)** 갑판에 물이 넘치다. **b)** 〈드물게〉 ↑übernehmen (2 b). **übernehmen*** 〈h〉 1. **a)** 넘겨 받다, 수취하

Übernehmer

다, 인계 받다. **b)** (소유권, 관리를) 넘겨 받다, 인계 받다: er hat das Geschäft übernommen 그는 상점을 넘겨 받았다. **c)** (임무, 책임을) 넘겨 받다, 떠맡다, 지다: der Kopilot übernahm das Steuer 부조종사는 조종간을 넘겨 받았다; die Vormundschaft(den Vorsitz) ü. 후견인 역(의장직)을 떠맡다; er übernahm die Verteidigung des Angeklagten 그는 피고의 변호를 맡았다; die Titelrolle ü. 주역을 맡다; er übernahm die Kosten für ihren Aufenthalt 그는 그녀의 체재 비용을 부담하였다; die Garantie(Gewähr) für etw. ü. 무엇에 대하여 보증하다; die Verpflichtung ü. 의무를 지다; die Verantwortung für etw. ü. 무엇에 대한 책임을 지다. **2. a)** (타 회사의 직원을) 넘겨 받다, 인수하다: die Mutterfirma übernahm die Angestellten der aufgelösten Tochterfirma 모회사는 해체된 자회사의 직원을 인계 받았다. **b)** [선원] 배에 싣다. **3.** 인용하다, 전용하다, 차용하다: Ideen[Methoden] ü. 착상(방법)을 차용하다. **4.** (ü. + sich) 무리하다, 도를 지나치다, 과로하다: sich beim Arbeiten ü. 무리하게 일하다. **5. a)** (österr. · 통용어) ↑übertölpeln. **b)** 《준고어》 ↑übermannen (1). **Übernehmer,** der, -s, - 인수인, 청부인, 승계인.

übernervös ⟨Adj.⟩ 신경 과민의.

übernutzen ⟨h⟩ 과도하게 사용하다. **Übernutzung,** die ↑übernutzen의 명사형.

überordnen ⟨h⟩ **1. a)** 상위에 두다, 우위에 두다: den Beruf der Familie ü. 가정보다 직업을 우위에 두다. **b)** ⟨과거분사로⟩ ↑übergeordnet (1). **2.** ⟨보통 과거분사로⟩ **a)** (누구를) 상위[상위 직책]에 임명하다: er war ihm als Verkaufsleiter übergeordnet 그는 판매부장으로서 그의 상관이 되었다; sich an eine übergeordnete Instanz wenden 상급 관청(상급심)에 청원하다. **b)** 보다 포괄적인 체계 안으로 정리하다: übergeordnete Begriffe 상위 개념. **Überordnung,** die, -en ↑überordnen의 명사형.

Überorganisation, die 과도한 조직화. **überorganisieren** ⟨h⟩ 과도하게 조직하다.

überörtlich ⟨Adj.⟩ [관] 일정 장소에 국한되지 않은, 초지역적인.

überparteilich ⟨Adj.⟩ 초당파적인, 중립적인. **Überparteilichkeit,** die 초당파성.

Überpflanze, die, -n [식물] 착생식물(↑Epiphyt). **überpflanzen** ⟨h⟩ (통용어) ↑überpflanzen (1 b). **überpflanzen** ⟨h⟩ **1. a)** (의학·드물게) ↑transplantieren. **b)** 《준고어》 ↑verpflanzen (1). **2.** 《준고어》 무엇 위에 온통 심다 ⟨대개 과거분사로⟩. **Überpflanzung,** die, -en [의학·드물게] ↑Transplantation.

überpinseln ⟨h⟩ 붓으로 색을 칠하다, 덧그리다.

überplan-, Überplan- (구동독 경제): **∼bestand,** der 계획 초과 재고. **∼gewinn,** der 계획 초과 이윤. **∼mäßig** ⟨Adj.⟩ 계획 초과의, 계획 이상의.

überplanen ⟨h⟩ 《드물게》 포장을 덮어 씌우다.

Überpreis, der, -es, -e 부당하게 비싼 가격.

überprobieren ⟨h⟩ (지역적) 시험삼아 옷을 입어 보다.

Überproduktion, die, -en [경제] 과잉 생산, 생산 초과.

überproportional ⟨Adj.⟩ (교양어) 균형 이상의, 과도하게 증가한[강한].

überprüfbar [...'pryːfbaːr] ⟨Adj.⟩ 검증[검사, 점검]할 수 있는. **Überprüfbarkeit,** die ↑überprüfbar의 명사형. **überprüfen** ⟨h⟩ **a)** (재)검사하다, 점검하다, 조사하다, 심사하다: eine Rechnung ü. 검산하다. **b)** 숙고하다, 재고하다. **Überprüfung,** die, -en 검사, 감사, 점검, 심사, 재고, 숙고. **Überprüfungskommission,** die 검사[심사] 위원회.

überpudern ⟨h⟩ 《통용어》 재차 분을 바르다. **überpudern** 분가루 층으로 덮다.

überquellen* ⟨s⟩ **a)** (솟아) 넘치다. **b)** (무엇이) 넘치도록 가득 차다.

überquer ⟨Adv.⟩ (österr. · 그 외 준고어) 가로로, 가로질러, 교차하여: (특히 다음 용법으로) **ü. gehen** 실패하다; **mit jmdm. ü. kommen** 누구와 의견이 일치하지 않다. **überqueren** ⟨h⟩ **1.** 가로 지르다, 횡단하다. die Straße(einen Fluß) ü. 도로(강)를 횡단하다. **2.** 교차하다. **Überquerung,** die; -en ↑überqueren의 명사형.

überragen ⟨h⟩ 수평으로 돌출하다[튀어 나오다]. **überragen** ⟨h⟩ **1.** 무엇의 위에 우뚝 솟다. **2.** 능가하다, 낫다: jmdn. an Geist ü. 누구를 정신면에서 능가하다. **überragend** ⟨Adj.⟩ 무엇을 월등 능가하는, 탁월한: (형용사 강조) von ü. großer Bedeutung sein 대단히 큰 의미가 있다.

überraschen [...'raʃn] ⟨h⟩ **1.** 놀라게 하다, 소스라치게 만들다: die Nachricht hatte alle überrascht 그 소식은 모든 사람을 깜짝 놀라게 하였다; von etw. überrascht sein 무엇으로 인해서 깜짝 놀라다. **2.** (의외의 일로) 깜짝 기쁘게 하다: jmdn. mit einem Geschenk ü. 누구를 예기치 않은 선물로 깜짝 기쁘게 하다; 정군 ich lasse mich ü. (흔히 반어) 어떻게 될런지 두고 보겠다; lassen wir uns ü. 우리 한번 놀래 보자꾸나[기다려 보자꾸나]. **3.** 불시에 덮치다[붙잡다]: die Einbrecher wurden (von der Polizei) überrascht 가택 침입자는 (경찰에 의해) 불시에 붙잡혔다. **4.** 갑자기 덮치다, 누구 위에 갑자기 몰려들다. **überraschend** ⟨Adj.⟩ 놀라운, 뜻밖의, 의외의, 불의의: ein -er Erfolg 의외의 성과; die Sache nahm eine -e Wendung 그 일은 의외의 방향으로 변했다. **überraschenderweise** ⟨Adv.⟩ 놀랍게도. **Überraschung,** die; -en **1.** ⟨Pl. 없음⟩ 놀람, 놀라게 함, 의외의 일, 불시 방문: etw. löst Ü. aus 무엇이 놀람을 자아내다; vor(드물게) aus lauter Ü. 정말로 놀란 나머지; zu meiner größten Ü. 내가 깜짝 놀라게도; zur allgemeinen Ü. 모든 사람이 깜짝 놀라게도. **2. a)** 의외의 불쾌한 사건: eine unangenehme(unerfreuliche, schlimme) Ü. 불쾌한(반갑지 않은, 나쁜) 의외의 사건. **b)** 예기치 않은 기쁜 일: das ist aber eine Ü! 그것은 정말 깜짝 반가운 일이야!; für jmdn. eine kleine Ü. kaufen 누구를 위해 깜짝 놀랄 작은 선물을 사다.

Überraschungs-: ∼angriff, der 기습 공격. **∼coup,** der 불의의 타격(습격). **∼effekt,** der 의외의 효과, 깜짝 놀랄 효과. **∼erfolg,** der 의외의 성과. **∼moment,** das 놀라운 순간, 깜짝 놀라게 하는 순간. **∼sieg,** der 의외의 승리, 기습 승리. **∼sieger,** der 의외의 승리자.

Überreaktion, die; -en 과민 반응, 과잉 반응.

überrechnen ⟨h⟩ **1.** 대충 계산하다, 어림 계산하다. **2.** 《드물게》 검산하다. **Überrechnung,** die; -en 어림계산; 검산.

überreden ⟨h⟩ 누구에게 무엇을 (하도록) 권유하다, 설득하다, 납득시키다: jmdn. zum Mitkommen[zum Kauf] ü. 누구에게 같이 가도록[사도록] 설득하다. **Überredung,** die; -en 권유, 설득, 설복. **Überredungskraft,** die 설득력, 설복력. **Überredungskunst,** die **a)** 설득술. **b)** ⟨Pl.⟩ 설득의 말.

überregional ⟨Adj.⟩ 초지역적인.

überreich ⟨Adj.⟩ 엄청나게 많은, 과도하게 풍부한, 지나치게 화려한.

überreichen ⟨h⟩ 수여하다, 증정하다, 제출하다, 건네 주다: jmdm. eine Urkunde ü. 누구에게 증서를 수여하다.

überreichlich ⟨Adj.⟩ 엄청나게 많은, 과도하게 풍부한[넉넉한].

Überreichung, die; -en 수여, 수교, 제출, 증정.
Überreichweite, die; -n [통신] 엄청나게 큰 가시청 거리.
überreif ⟨Adj.⟩ 너무 익은, 무르익은, 난숙한. **Überreife**, die 너무 익음, 난숙.
überreißen* ⟨h⟩ [정구] 공이 세차게 돌도록 치다.
überreiten* ⟨h⟩ ⟪드물게⟫ 말굽으로 짓밟다.
überreizen ⟨h⟩ 1. 지나치게 자극하다, 과도하게 흥분시키다: er ist durch zu viel Arbeit überreizt 그는 일을 너무 많이 해서 신경이 곤두서 있다. 2. [카드] a) ⟨ü. + sich⟩ 가지고 있는 끗발 이상으로 부르다. b) 특정 카드의 끗발 이상으로 부르다. **Überreiztheit**, die 신경 과민 상태, 과도한 흥분 상태. **Überreizung**, die; -en a) 과도한 자극. b) 과도한 흥분 상태.
überrennen* ⟨h⟩ 1. 돌격하여 점령하다, 급습하다, 유린하다. 2. ⟪통용어⟫ ↑überfahren (4). 3. 달려가 밀쳐 넘어뜨리다.
Überrepräsentation, die; -en 과다한 대표(성).
überrepräsentiert ⟨Adj.⟩ 과다하게 대표된, 대표자의 수가 너무 많은.
Überrest, der; -(e)s, -e ⟨대개 Pl.⟩ 나머지, (최후의) 잔존물, 잔여: die -e einer alten Festung 옛 성채의 폐허; **die sterblichen -e** ⟨아어·미화⟩ 시체, 유골.
überrieseln ⟨h⟩ ⟨아어⟩ 무엇 위로 졸졸 흐르다. **Überrieselung, Überrieslung**, die; -en ↑überrieseln의 명사형.
Überrock, der; -(e)s, ...röcke ⟨고어⟩ 1. 신사용 외투. 2. 프록 코트.
Überrollbügel, der; -s, - (경주용 자동차의) 안전 철대. **überrollen** ⟨h⟩ 1. 전차(戰車)로 유린하다(짓밟다). 2. 굴러서 뒤덮다. **Überroller**, der; -s, - [레슬링] 어깨 구르기.
überrumpeln ⟨h⟩ 기습하다. **Überrumpelung, Überrumplung**, die; -en a) ⟨Pl. 없음⟩ 기습, 습격, 불시의 공격. b) 기습적인 행동[발언].
überrunden ⟨h⟩ 1. (트랙 경주에서) 한 바퀴 앞서 달리다. 2. 능가하다. **Überrundung**, die; -en ↑überrunden의 명사형.
übers ['y:bɐs] ⟨Präp. + Art.⟩ ⟪통용어⟫ über das.
übersät ⟨Adj.⟩ 온통 덮인, 산재(散在)된.
übersatt ⟨Adj.⟩ 포만한, 진저리가 나는, 싫증난. **übersättigen** ⟨h⟩ 포만시키다, 넌덜머리나게 하다, 과포화시키다. **übersättigt** ⟨Adj.⟩ 과포화의, 싫증난, 물린. **Übersättigung**, die; -en 포만, 포식, 식상, 과포화.
Übersatz, der; -es, ...sätze [인쇄] 초과 조판(일정량을 초과한 조판).
übersäuern ⟨h⟩ 너무 시게 하다, 과산화시키다: einen übersäuerten Magen haben 위산과다인 위를 가지다. **Übersäuerung**, die; -en [의학] 위산 과다증.
Überschall-: ~flug, der 초음속 비행. **~flugzeug**, das 초음속 비행기. **~geschwindigkeit**, die 초음속. **~knall**, der 초음속 돌파 폭음.
Überschar, die; -en [광] (광구간의) 중간지(中間地).
überschatten 그늘로 가리다, 그늘지게 하다, 덮어 가리다: [전의] die schlechte Nachricht überschattete das Fest 나쁜 소식이 축제의 분위기를 어둡게 만들었다.
überschätzen ⟨h⟩ 과대 평가하다(반대: unterschätzen): jmds. Kräfte ü. 누구의 힘을 과대 평가하다; die Wirkung seiner Lehre ist kaum zu ü. 그의 학설의 영향은 아무리 높이 평가해도 부족하다. **Überschätzung**, die; -en 과대 평가(반대: Unterschätzung).
überschaubar [...ʃaubɐ] ⟨Adj.⟩ 쉽게 개관할 수 있는. **Überschaubarkeit**, die ↑überschaubar의 명사형.

überschauen ⟨h⟩ 조망하다, 개관하다.
überschäumen ⟨s⟩ a) 거품을 내며 넘치다: das Bier schäumt über 맥주가 거품을 내면서 넘친다. b) 거품을 내며 넘치도록 가득 차다: eine überschäumende Freude 억제할 길 없는 기쁨.
Überschicht, die; -en 시간 외 노동.
überschießen* ⟨s⟩ ⟪지역적⟫ 끓어 넘치다. **überschießen*** ⟨h⟩ 1. [특히 사냥] 위로 빗나가게 쏘다. 2. [사냥] (특정 지역에서) 과도하게 수렵하다. **überschießend** ⟨Adj.⟩ 과도한, 일정한 정도를 초과하는.
überschlächtig [-ʃlɛçtɪç] ⟨Adj.⟩ 낙수식(落水式)의, 상사식(上射式)의(물을 떨어뜨려 수차나 물방아를 회전시키는).
überschlafen* ⟨h⟩ 하룻밤을 넘기면서 숙고하다(↑beschlafen (2)).
Überschlag, der; -(e)s, ...schläge 1. 어림 계산, 개산(槪算): einen Ü. der Ausgaben machen 지출을 어림 계산하다. 2. 회전, 도립회전. 3. [곡예 비행] 공중회전(↑Looping). 4. [전기] 플래시 오버. **überschlagen¹** ⟨h⟩ (다리를) 꼬다(교차시키다): mit übergeschlagenen Beinen dasitzen 다리를 꼰 채 앉아 있다. 2. ⟨s⟩ 무엇 위로 재빠르게 움직이다, 재빠르게 뛰어 넘다. 3. ⟨h⟩ (감정 상태가) 극단화하다, 급변하다: seine Begeisterung ist in Fanatismus übergeschlagen 그의 감동은 열광으로 급변하였다. 4. ⟨s⟩ ⟪드물게⟫ ↑überschlagen (4). **¹überschlagen*** ⟨h⟩ 1. 뛰어넘다, 생략하다: ein Kapitel [mehrere Seiten] beim Lesen ü. 한 장(章)[여러 페이지]를 건너뛰어 읽다; eine Mahlzeit ü. 식사를 한 끼 거르다. 2. 대략 계산하다, 어림 계산하다. 3. ⟨ü. + sich⟩ 엎어지다, 전복하다, 넘어지다: die Wellen überschlugen sich 파도가 계속 밀려왔다; [전의] der Verkäufer überschlug sich fast [통용어] 판매원은 거의 넘어질 정도로 열심히 일했다. 4. ⟨ü. + sich⟩ 음성이 고음의 쇳소리로 갑자기 변하다. 5. ⟨ü. + sich⟩ 중첩되다, 잇따라 생기다, 계속해서 일어나다: die Ereignisse überschlugen sich 사건이 잇따랐다. **²überschlagen** ⟨Adj.⟩ 미지근한, 미온의. **überschlägig** [...ʃlɛːgɪç] ⟨Adj.⟩ 대략의, 어림하는: etw. ü. berechnen 무엇을 대략 계산하다. **Überschlaglaken**, das; -s, - 덮는 보(시트).
überschläglich [...ʃlɛːklɪç] ⟨Adj.⟩ 대략적인, 어림잡은.
überschließen* ⟨h⟩ [인쇄] (시행을 맞추기 위해) 마지막 단어를 윗 행의 남은 공간으로 꺾어 올려 꺾쇠 괄호를 치다.
überschnappen ⟨s⟩ ⟪통용어⟫ 1. 머리가 돌다, 이성을 잃다: du bist wohl total übergeschnappt? 너의 머리가 완전히 돈 게 아닌가? 2. ⟨s⟩ ⟪통용어⟫ ↑überschlagen (4). 3. ⟨s⟩ ⟨아어⟩ 따위가 잘아지다, 벗겨지다.
überschneiden*, sich ⟨h⟩ 1. 교차되다, 중첩되다: [전의] die beiden Themenkreise überschneiden sich 두 가지의 주제 영역이 서로 중첩된다. 2. (부분적으로) 동시에 일어나다. **Überschneidung**, die; -en 교차, 중첩, 중복.
überschnell ⟨Adj.⟩ 너무 빠른, 지나치게 빠른, 광장히 빠른.
Überschnitt, der; -(e)s, -e [특히 골프·정구] 올려치기(↑Topspin).
überschreiben* ⟨h⟩ 1. 표제[제목]를 달다. 2. 명의를 변경하다, 양도하다: er hat das Haus (auf den Namen) seiner Frau [auf seine Frau] überschrieben 그는 그 집을 자기의 부인에게[부인의 이름으로] 명의를 변경하였다[부인에게 양도하였다]. 3. ⟪상·준고어⟫ 환(換)으로 송금하다. **Überschreibung**, die; -en 1. 명의의 변경, 양도. 2. ⟪상·준고어⟫ 환결제, 송금, 전기(轉記).
überschreien* ⟨h⟩ 1. 더 큰소리를 질러 누구의 소리를 안 들리게 하다, 누구보다 더 큰소리를 지르다. 2. ⟨ü. +

überschreiten sich〉 소리를 너무 질러 목이 쉬다.
überschreiten* 〈h〉 1. 넘어가다, 넘다: die Truppen haben die Grenze des Landes überschritten 군부대가 국경을 넘었다; 전의 er hat die Siebzig bereits überschritten 그는 벌써 70세를 넘었다; etw. überschreitet jmds. Fähigkeiten 무엇은 누구의 능력 밖이다. 2. (제한, 범위를) 넘어서다, 벗어나다, 위반하다: die vorgeschriebene Geschwindigkeit ü. 규정된 속도를 넘어서다[위반하다]. **Überschreitung**, die; -en 월권, 위반, 초과.
Überschrift, die; -en 제목, 표제.
Überschuh, der; -(e)s, -e 물이 들어오지 않는 오버 슈즈[덧신].
überschuldet 〈Adj.〉 많은 부채를 진. **Überschuldung**, die; -en 많은 부채를 짐, 채무 초과.
Überschuß, der; ...schusses, ...schüsse 1. 잔액, 잔여금, 이윤, 흑자: hohe Überschüsse erzielen[haben] 높은 이윤을 달성하다[획득하다]. 2. 잉여, 과잉: ein Ü. an Frauen 여성의 과잉. **überschüssig** 〈Adj.〉 잉여의, 과잉의.
überschütten 〈h〉 (통용어) 1. (누구 위로) 쏟아 붓다. 2. (잘못하여) 엎지르다, 흘리다. **überschütten** 〈h〉 듬뿍 붓다, 뿌리다, 끼얹다, 깔다, 덮다: etw. mit Erde ü. 무엇을 흙으로 덮다. **Überschüttung**, die; -en ↑ überschütten의 명사형.
Überschwang, der; -(e)s 1. (감정, 열광의) 충일, 과잉. 2. (준고어) 충만, 풍부.
Überschwängerung, die; -en [의학] 과임신(↑ Nachempfängnis).
überschwappen 〈s〉 (통용어) a) 넘쳐 흐르다. b) (용기의 내용물이) 넘쳐 흐르도록 가득 차다.
überschwemmen 〈h〉 1. 홍수가 나다, (…으로) 범람하다: der Fluß hat die Wiesen überschwemmt 강물이 풀밭으로 범람하였다; 전의 das Land wurde von Touristen überschwemmt 그 나라는 관광객으로 넘쳐났다. 2. 넘치다, 가득 채우다: mit Informationen überschwemmt werden 정보가 홍수를 이루다. **Überschwemmung**, die; -en 범람, 침수, 홍수: die Ü. richtete große Schäden an 홍수가 큰 피해를 끼쳤다. **Überschwemmungsgebiet**, das 홍수 지역, 수해 지역. **Überschwemmungskatastrophe**, die 홍수 피해, 수해.
überschwenglich [...ʃvɛŋlɪç] 〈Adj.〉 (감정 표현이) 과도한, 지나친, 열광적인, 매우 다감한: sie machte sich -e Hoffnungen 그녀는 터무니없는 희망을 가졌다; sich ü. bedanken 과도하게 고마워하다. **Überschwenglichkeit**, die; -en 1. (Pl. 없음) 과도한 태도, 성향. 2. 과도한 언행.
überschwer 〈Adj.〉 너무 무거운, 너무 어려운.
Überschwung, der; -(e)s, ...schwünge 《österr.》 군제복에 딸린 넓은 혁대.
Übersee 〈관사 없음〉 (다음 용법으로) **aus[für, in, nach, von]** Ü. 해외로부터 온[해외를 위한, 해외에, 해외로, 해외의]: nach Ü. auswandern 해외로 이민가다.
Übersee-: **~brücke**, die 해외 운항 전용 부두. **~dampfer**, der 외국행 기선. **~hafen**, der 해외 운항 항구. **~handel**, der 해외 무역. **~verkehr**, der 해외 운항.
überseeisch 〈Adj.〉 해외의, 해외로부터의, 해외로 보내는, 해양 횡단의.
übersehbar [...ˈzeːbaːɐ̯] 〈Adj.〉 1. 시계가 좋은, 조망할 수 있는: ein gut -es Gelände 시계가 좋은 지형. 2. 개관할 수 있는. **übersehen*** 〈h〉 (통용어) 너무 자주 보아 싫증이 나다. **übersehen*** 〈h〉 1. 조망하다, 멀리 내다보다, 개관하다. 2. (전체 연관을) 파악하다, 이해하다: seine Lage ü. 그의 상황을 파악하다. 3. a) (잘못하여) 간과하다: ein Verkehrsschild ü. 교통 표지판을 간과하다. b) 무시하다.
übersenden* 〈h〉 (건네) 보내다, 탁송하다: jmdm. ein Paket[eine Nachricht] ü. 누구에게 소포[소식]를 보내다; er hat mir das Buch übersandt[übersendet] 그는 나에게 책을 보냈다. **Übersendung**, die; -en 송부, 송달, 전달, 운송.
übersensibel 〈Adj.〉 매우 민감한, 매우 예민한.
übersetzbar [...ˈzɛtsbaːɐ̯] 〈Adj.〉 번역할 수 있는. **Übersetzbarkeit**, die 번역 가능성. **übersetzen** 1. a) 〈h〉 건너편 강가로 건네주다: jmdn. an[auf] das andere Ufer ü. 누구를 다른쪽 강가로 건네주다. b) 〈i / s〉 건너가다: die Truppen setzten zum anderen Ufer über 부대는 다른 편 강가로 건너갔다. 2. 〈h〉 (발, 손가락을) 교차시키다. **übersetzen** 〈h〉 1. 번역하다, 통역하다: etw. wörtlich[frei] ü. 무엇을 직역하다[의역하다]; einen Text aus dem[vom] Englischen ins Deutsche ü. 어떤 텍스트를 영어에서 독일어로 번역하다; der Roman wurde in viele Sprachen übersetzt 그 소설은 많은 나라 말로 번역되었다. 2. (다른 것으로) 바꾸다, 변형하다. **Übersetzer**, der; -s, - a) 번역가, 통역사. b) 번역기, 부호해독기. **Übersetzerin**, die; -nen ↑ Übersetzer의 여성형. **übersetzt** 〈Adj.〉 a) 《schweiz.》 너무 높이 책정된. b) 〈전문어〉 부담이 큰, 너무 많은. c) [기술] 일정 전동비[변속비]를 가진. **Übersetzung**, die; -en 1. a) (Pl. 없음) 번역, 통역. b) 번역된 텍스트. c) 번역서, 번역본: dieses Buch ist in (einer) Ü. erschienen 이 책은 번역본으로 출간되었다. 2. [기술] 전동비(傳動比), (자전거 등의) 톱니바퀴 연동비, 변속비.
Übersetzungs-: **~arbeit**, die 번역 작업. **~büro**, das 번역 사무소, 번역 회사. **~deutsch** (한 편의) 번역 독어. **~fehler**, der 오역(誤譯). **~maschine**, die 번역기(계). **~verhältnis**, das [기술] 변속비, 변압비(↑ Übersetzung (2)).
Übersicht, die; -en 1. (Pl. 없음) 통찰력, (전체 연관에 대한) 이해, 조망, 전망, 개관. 2. 개요, 대의(大意).
übersichtig 〈Adj.〉 (고어) 원시의, 선견지명이 있는, 달견의(↑ weitsichtig) **Übersichtigkeit**, die (고어) 조망성, 원시(遠視). **übersichtlich** 〈Adj.〉 1. 조망할 수 있는, 시계가 좋은. 2. 일목요연한, 이해하기 쉬운, 명료한: eine -e Darstellung 일목요연한 서술. **Übersichtlichkeit**, die 조망성, 일목요연. **Übersichtskarte**, die; -en (넓은 지역을 개관할 수 있는) 일반지도, 약도, 지형도.
übersiedeln [(또한) --ˈ--] 〈s〉 이주하다, 이사가다: von Mainz nach Köln ü. 마인츠에서 쾰른으로 이주하다. **Übersied(e)lung** [(또한) --ˈ--(-)-], die; -en 이주, 이사, 이민. **Übersiedler** [(또한) --ˈ--], der; -s, - 이주자.
übersinnlich 〈Adj.〉 초감각[초감성]적인, 초자연적인, 신비적인: -e Kräfte besitzen 초감성적인 힘을 지니다. **Übersinnlichkeit**, die ↑ übersinnlich의 명사형.
Übersoll, das; -s 목표량의 초과 달성.
übersonnt 〈Adj.〉 (아이) 햇빛을 받은.
überspannen 〈h〉 1. (무엇 위로) 걸쳐 있다, 펴져 있다: eine Hängebrücke überspannt (in 50m Höhe) den Fluß 강 위에 (50m 높이로) 현수교가 놓여 있다. 2. (무엇으로) 덮다, 깔다. 3. 너무 강하게 펴다: einen Bogen ü. 활을 지나치게 당기다. **überspannt** 〈Adj.〉 a) 터무니없는, 과장된, 극단적인: -e Forderungen 터무니없는 요구. b) 지나치게 흥분한, 엉뚱한, 별난, 기상천외의: er ist ein etwas -er Mensch 그는 약간은 괴짜[엉뚱한] 사람이다. **Überspanntheit**, die; -en 1. (Pl. 없음) 과장, 극단. 2. 엉뚱한 행동[언행]. **Überspannung**, die; -en [전

기] 과전압. **Überspannung**, die; -en 1. 과도한 긴장, 지나친 팽팽함. 2. **a)** 〈Pl. 없음〉 팽팽하게 치기[덮기]. **b)** 팽팽하게 덮어씌운 천, 덮개. **Überspannungsschutz**, der [전기] 과전압 제어 장치.
überspielen 〈h〉 1. 슬쩍 넘기다[비키다]: eine peinliche Situation gut ü. 어려운 상황을 슬쩍 잘 넘기다. 2. [방송·텔레비전] (녹음, 녹화된 것을) 재차 녹음[녹화]하다, 중계하다: eine Platte auf ein Tonband ü. 음판을 녹음 테이프에 옮기다. 3. **a)** [스포츠] (상대방을) 기술을 부려 이기다: der Stürmer überspielte die gesamte gegnerische Abwehr 공격수는 상대방의 전 수비진을 따돌렸다. **b)** 기교를 부려 (상대를) 제압하다[제치다].
überspielt 〈Adj.〉 **a)** [스포츠] 너무나 잦은 경기로 지친. **b)** (österr.) 너무나 잦은 연주로 낡아빠진. **Überspielung**, die; -en **a)** 슬쩍 넘김(비켜 감). **b)** [방송·텔레비전] 중계 방송, 중계 녹음[녹화].
überspinnen 〈h〉 거미줄로 덮다, 그물로 덮다.
überspitzen 〈h〉 너무 뾰족하게 하다, 너무 강조하다, 과장하다: eine überspitzte Formulierung 과장된 표현.
Überspitztheit, die; -en 과장, 지나친 강조. **Überspitzung**, die; -en **a)** 〈Pl. 없음〉 과장하기, 지나친 강조. **b)** 과장된 발언(행동).
überspönig [...ʃpøːnɪç] 〈Adj.〉 (nordd.) 엉뚱한, 별난, 기상 천외의.
übersprechen 〈h〉 [방송·텔레비전] 원어 대신 다른 말을 집어 넣다, 더빙하다.
überspringen 〈s〉 1. 단숨에 뛰어 가다, 급히 전이하다: 전의 ihre Fröhlichkeit sprang auf alle über 그녀의 기쁨은 모든 사람들에게 전파 되어 나갔다. 2. 갑자기 바뀌다, 갑자기 넘어가다: der Redner sprang auf ein anderes Thema über 연설자는 다른 테마로 갑자기 넘어갔다.
überspringen 〈h〉 1. 뛰어넘다: einen Graben ü. 호를 뛰어넘다. 2. 생략하다, 빠트리다, 건너뛰다: wir haben einige Seiten übersprungen 몇몇 페이지를 건너뛰었다. **Überspringung**, die; -en 뛰어넘기, 생략, 건너뛰기.
übersprudeln 〈h〉 솟아 넘치다, 세차게 내뿜다: das kochende Wasser ist übergesprudelt 끓는 물이 세차게 흘렀다; 전의 vor[von] guten Einfällen ü. 좋은 착상들로 넘쳐나다.
übersprühen 〈s〉 넘치다, 솟구쳐 터지다: vor Freude ü. 기쁨을 맘껏 나타내다. **übersprühen** 〈h〉 (무엇 위로) 뿌리다, 날리다: den Rasen mit Wasser ü. 잔디에 물을 흠뻑 뿌리다.
Übersprungbewegung, die; -en [행태] (상황에 맞지 않는) 엉뚱한 동작. **Übersprunghandlung**, die; -en [행태] 엉뚱한 행동, 전위(轉位) 행동.
überspülen 〈h〉 (무엇의) 위를 씻다, 물에 적시다, 넘치다: die Wellen überspülen den Strand 파도가 해변을 적신다.
überspurten 〈h〉 [스포츠] 역주하여 추월하다.
überstaatlich 〈Adj.〉 초국가적인, 여러 나라를 포괄한.
Überständer, der; -s, - [임업] (벌채하지 않은) 방치된 노목(老木). **überständig** 〈Adj.〉 **1.** [농업] 수확(벌채)에서 남겨진: ein -er Baum 벌채에서 남겨진 잔목. **2.** (고어) 낡은, 너무 오래된, 시대에 뒤처진. **3.** 《준고어》 남은, 잔여의.
überstark 〈Adj.〉 너무 강한.
überstechen 〈h〉 [카드] 윗패[으뜸패]로 치다. **überstechen** 〈h〉 [카드] 윗패[으뜸패]로 쳐서 누구를 이기다.
überstehen 〈h〉 위에 있다, 돌출하다, 우뚝 솟다. **überstehen** 〈h〉 견디어 내다, 극복하다, 이겨 내다: eine Gefahr[eine Krise] ü. 위험[위기]을 극복하다: eine hätten wir[das wäre] überstanden 그건 극복하였 거나

다름없어(안도의 표시); der Großvater hat es überstanden 《완곡》 할아버지가 돌아가셨다.
übersteigen 〈s〉 뛰어오르다, 기어오르다. **übersteigen** 〈h〉 **1.** (기어)올라가 넘다, 뛰어넘다: die Mauer ü. 담을 넘다. **2.** 능가하다, 넘어서다: das übersteigt meine Kräfte 그것은 나의 힘에 버겁다; das übersteigt unsere Erwartungen 그것은 우리의 기대를 능가하고 있다; die Kosten übersteigen den Voranschlag 그 비용은 견적보다 더 많다. **übersteigern** 〈h〉 **1.** 과도하게 올리다: die Preise ü. 가격을 지나치게 올리다. **2.** 〈ü. + sich〉 도가 지나치다: er übersteigerte sich in seinem Zorn 그는 지나치게 화를 냈다. **Übersteigerung**, die; -en ↑übersteigern의 명사형. **Übersteigung**, die; -en 뛰어넘음, 올라서 넘기.
überstellen 〈h〉 [관] (다른 부서로) 인도하다, 넘기다. **Überstellung**, die; -en 인도, 전근.
überstempeln 〈h〉 (무엇 위에) 소인을 찍다, 정정 도장을 찍다.
Übersterblichkeit, die 지나치게 높은 사망률.
übersteuern 〈h〉 **1.** [전기] (마이크 따위를) 과변조(過變調)하다. **2.** [자동차] 핸들을 심하게 꺾다. **Übersteuerung**, die; -en 과변조, 심하게 핸들 꺾기, 과도 정세(徵稅).
überstimmen 〈h〉 **1.** 투표에서 (누구를) 이기다. **2.** 다수결로 거부하다: einen Antrag ü. 제안을 다수결로 거부하다. **Überstimmung**, die; -en ↑überstimmen의 명사형.
überstrahlen 〈h〉 **1.** (아이) 환하게 하다, 빛으로 덮다: die Sonne überstrahlt das Tal 해가 계곡을 환히 비추고 있다; 전의 die Freude überstrahlte ihr Gesicht 그녀의 얼굴에 기쁨의 빛이 넘쳤다. **2.** 강한 빛으로 다른 것을 가리다.
überstrapazieren 〈h〉 지나치게 고생시키다, 너무나 힘겹게 만들다.
überstreichen 〈h〉 **1.** 표면에 바르다, 덧칠을 하다. **2.** [전기] (측정 영역을) 포괄하다.
überstreifen 〈h〉 옷을 급히 걸치다[입다].
überstreuen 〈h〉 (전 표면에) 뿌리다, 끼얹다, 바르다: den Kuchen mit Zucker ü. 케이크에 설탕을 뿌리다.
überströmen 〈s〉 **1.** 넘치다, 넘쳐흐르다: 전의 er strömte über vor Glück 그는 행복에 넘쳐 있었다. **2.** (아이) (누구에게로) 건너가다, 옮아 가다. **überströmen** 〈h〉 범람하다, 침수시키다: der Fluß überströmte die Wiesen 강물이 들판으로 범람하였다.
Überströmventil, das; -s, -e [기술] 안전판.
Überstrumpf, der; -(e)s, ...strümpfe [준고어] 덧양말, 각반.
überstülpen 〈h〉 덮어씌우다: sich einen Helm ü. 안전모를 쓰다.
Überstunde, die; -n 시간외 근무, 초과 근무: bezahlte -n 수당을 받는 초과 근무; -n machen 시간 외 근무를 하다. **Überstundengeld**, das 초과 근무 수당. **Überstundenzuschlag**, der ↑-geld.
überstürzen 〈h〉 **1. a)** 몹시 서둘러 하다, 성급하게 하다, 너무 급하게 굴다: eine Entscheidung ü. 너무 서둘러 결정을 내리다; (흔히 과거분사) eine überstürzte Flucht 황급한 도피. **b)** 〈ü. + sich〉 《준고어》너무 서두르다, 허둥대다: sich beim Essen(Sprechen) ü. 황급하게 식사하다(말하다). **2.** 〈ü. + sich〉 《준고어》 서로 밀치다, 잇따라 엎어지다: die Wogen überstürzen sich 파도가 간단 없이 밀려든다. **b)** 잇따라 일어나다: die Nachrichten überstürzten sich 뉴스가 잇따라 터져 왔다. **Überstürzer**, der; -s, - [레슬링] 머리나 어깨 위로 들어올리기. **Überstürzung**, die 급히 서두르기, 성급함, 당황하여 허둥댐: nur keine Ü. 당황하지는 말아

라.

übertakeln ⟨h⟩ [선원] 돛을 너무 많이 달다.

übertariflich ⟨Adj.⟩ 급여 규정 이상의, 급여표[요금표] 이상의: -e Bezahlung 급여 규정 이상의 지불.

übertäuben ⟨h⟩ (더 강한 영향으로) 들리지 않게 하다, 느끼지 못하게 하다: das Kopfweh übertäubte selbst ihre Zahnschmerzen 두통이 너무 심해서 그녀의 치통마저 느끼지 못하게 하였다. **Übertäubung**, die; -en ↑ übertäuben의 명사형.

übertauchen ⟨h⟩ 《österr.》 (별다른 조치 없이) 극복하다, 이겨내다: eine Grippe ü. 감기를 그럭저럭 잘 넘기다.

übertechnisiert ⟨Adj.⟩ 기술(화) 과잉의, 너무 기술화된.

überteuern ⟨부정형이나 과거분사로⟩ 값을 너무 올리다, 값을 너무 비싸게 매기다: überteuerte Waren 값이 너무 비싸게 매겨진 상품, 지나치게 비싼 상품. **Überteuerung**, die; -en 터무니없는 가격 인상 ↑ überteuern의 명사형.

übertippen ⟨h⟩ 타자를 덧쳐서 오자를 정정하다.

übertiteln ⟨h⟩ 표제(제목)를 달다.

übertölpeln [...'tœlpɔn] ⟨h⟩ (기습적으로) 누구에게 사기를 치다, 누구를 속이다: sich nicht ü. lassen 사기 당하지 않도록 하다. **Übertölp(e)lung**, die; -en 사기치기, 속이기.

übertönen ⟨h⟩ a) (어떤 소리를 보다 더 큰소리로) 들리지 않게 하다, 압도하다: der Chor übertönte die Solistin 합창단의 소리가 독창하는 여자의 소리를 압도했다. b) 《드물게》 느끼지 못하게 하다. **Übertönung**, die; -en ↑ übertönen의 명사형.

Übertopf, der; -(e)s, ...töpfe (도자기 등으로 만든) 장식용 덧화분.

übertourig [...tu:rɪç] ⟨Adj.⟩ [기술] 엔진 회전수가 너무 높은, 고회전의: ein Auto ü. fahren 엔진의 회전수가 너무 높은 채 자동차를 몰다.

Übertrag [...tra:k], der; -(e)s, ...träge [부기] (다음 페이지로의) 이월, 이월 액수. **übertragbar** [...'tra:kba:ɐ̯] ⟨Adj.⟩ **1.** 전용할 수 있는: diese Methode ist auf andere Gebiete ü. 이 방법은 다른 영역에 전용할 수 있다. **2.** 양도할 수 있는, 타인에 의해 사용될 수 있는: diese Fahrkarte ist nicht ü. 이 차표는 타인에 의해 사용될 수 없다. **3.** 전염성의, 감염되는: eine -e Krankheit 전염병. **Übertragbarkeit**, die ↑ übertragbar의 명사형. **¹übertragen¹** ⟨h⟩ **1. a)** 중계(방송)하다 : das Fußballspiel (live, direkt) aus dem Stadion ü. 축구 경기를 운동장으로부터 (생방송으로, 직접) 중계하다. **b)** 옮겨 녹음(녹화)하다. **2. a)** 번역하다, 번안하다. **b)** (다른 형식으로) 옮기다, 바꾸다: eine Erzählung in Verse ü. 소설을 시행 형식으로 옮기다. **3.** (다른 곳에) 다시 한 번 쓰다[그리다]: einen Aufsatz ins Heft(in die Reinschrift) ü. 논문을 노트에 옮겨 쓰다[논문을 정서하다]; die Zwischensumme auf die nächste Seite ü. 중간집계를 다음 페이지에 옮겨 적다. **4.** 전용하다, 전용[비유]의 의미로 쓰다: ein Wort übertragen(in übertragener Bedeutung) gebrauchen 단어를 비유적[전용된 의미]으로 쓰다. **5. a)** 기술을 전달한다, 전동(傳動)하다. **b)** (임무나 직책을) 양도하다, 위임하다: der Direktor übertrug ihm die Leitung des Projekts 국장(소장)은 그 프로젝트의 지휘 감독을 그에게 맡겼다. **6. a)** 감염(전염)시키다: diese Insekten übertragen die Krankheit (auf den Menschen) 이 곤충들은 (사람에게) 병을 전염시킨다. **b)** ⟨ü. + sich⟩ 전염되다, 감염되다. **7. a)** ⟨ü. + sich⟩ 영향을 끼치다, 전달되다. **b)** 전달하다, 전파하다: er übertrug seine Begeisterung auf alle anderen 그는 자기의 감격을 다른 모든 사람에게 전파했

다. **8.** [의학] 출산 예정일을 넘기다: ⟨흔히 과거분사로⟩ ein übertragenes Kind 출산 예정일을 넘긴 아이. **²übertragen** ⟨Adj.⟩ 《österr.》 너무 많이 사용해서 낡은, 헌 것의. **Überträger**, der; -s, - [통신] 변압기, 중계기. **Überträger**, der; -s, - [의학] 전염병 보균자 [전달 물질]. **Übertragung**, die; -en **1.** 중계(방송). **2. a)** 번역. **b)** 변형, 바꿈. **3.** 전용, 전의(轉義). **4.** ⟨Pl. 없음⟩ **a)** [기술] 동력 전달, 전동. **b)** (임무, 직책의) 양도, 위임, 위촉, 부여. **5.** (병의) 감염, 전염. **6.** [의학] 출산 예정일을 넘긴 임신 상태. **Übertragungsvermerk**, der [금융] (수표의) 양도기입, 이서(↑ Giro (2)). **Übertragungswagen**, der 방송 중계차(약어: Ü-Wagen).

übertrainieren ⟨부정형이나 과거분사로⟩ [스포츠] 과도하게 훈련시키다[연습시키다]: der Sportler ist übertrainiert 그 운동 선수는 과도하게 훈련을 받았다. **Übertraining**, das; -s [스포츠] 과도한 훈련, 무리한 연습.

übertreffen ⟨h⟩ **a)** (다른 사람을) 능가하다, 낫다: jmdn. in der Leistung ü. 업적면에서 누구를 능가하다; jmdn. an Fleiß (weit[bei weitem, um vieles]) ü. 근면면에 있어서 누구보다 (훨씬) 낫다; er hat sich selbst übertroffen 그는 기대 이상으로 자기 역량을 발휘하였다. **b)** (다른 것을) 능가하다, 상회하다: das Ergebnis übertraf alle Hoffnungen 결과는 모든 기대치 이상이었다.

übertreiben¹ ⟨h⟩ **a)** 과장하다(반대: untertreiben). **b)** 도를 지나치다, 정도가 지나치다: die Sauberkeit(Sparsamkeit) ü. 지나치도록 청결하다[절약하다]; übertreibe es nicht mit dem Training 훈련을 과도하게 하지 말아라; ⟨흔히 과거분사로⟩ übertriebene Höflichkeit(Vorsicht) 과도한 예의[조심성]. **Übertreibung**, die; -en **1.** ⟨Pl. 없음⟩ ↑ übertreiben의 명사형. **2. a)** 도를 넘는 행동[표현], 과장된 언동. **b)** 과장.

übertreten¹ 1. [스포츠] ⟨h / s⟩ (표시선을) 벗어나다, 선을 밟다. **2.** ⟨s⟩ 범람하다: der Fluß ist nach den Regenfällen übergetreten 비가 온 후에 강물이 범람했다. **3.** ⟨s⟩ 침입하다, 들어가다. **4.** 《특히 österr.》 ⟨s⟩ (다른 단계로) 넘어가다: er ist in den Ruhestand übergetreten 그는 퇴직하여 연금 생활자가 되었다. **5.** ⟨s⟩ 옮기다, 입장을 바꾸다: zu einer anderen Partei(Konfession) ü. 다른 정당으로 당적을 바꾸다(개종하다). **übertreten²** ⟨h⟩ **1.** 헛디더 발을 삐다: ich habe mir den Fuß übertreten 나는 발을 삐었다. **2.** (계율이나 법을) 위반하다: ein Gesetz[eine Vorschrift] ü. 법[규정]을 위반하다. **Übertreter**, der; -s - (법을) 위반한 자. **Übertretung**, die; -en **a)** 법률 위반, 반칙. **b)** (법·에, 아직도 schweiz.) 경범죄. **Übertretungsfall**, der 《다음 용법으로》 **im Übertretungsfall(e)** [관] 만약 위반했을 경우에는.

übertrieben [...'tri:bn̩] ⟨Adj.⟩ 과장된, 과도한, 지나친 (↑ übertreiben의 과거분사). **Übertriebenheit**, die; -en ↑ Übertreibung (2 a, b).

Übertritt, der; -(e)s, -e **1.** 개종, 당적 이적. **2.** 침입, 들어감. **3.** (österr.) 이행, 넘어감: der Ü. in den Ruhestand 정년 퇴직.

übertrocknen ⟨s⟩ 《österr.》 표면이 마르다.

übertrumpfen ⟨h⟩ **1.** [카드] 으뜸패를 쳐서 이기다: er hat ihn[seine Karte] übertrumpft 그는 으뜸패로 그(그의 카드패)를 이겼다. **2.** 훨씬 능가하다: jmds. Leistung ü. 누구의 업적을 훨씬 능가하다.

übertun¹ ⟨통용어⟩ 위에 걸치다(입다). **übertun**, sich ⟨h⟩ 《드물게》 (몸을) 너무 혹사하다, 과로하다: übertu dich nicht! tun dir nicht weh, um vieles! 너를 혹사하지 말라!

übertünchen ⟨h⟩ 물 몰타르로 끝칠하다, 백색 도료로 칠하다. **Übertünchung**, die; -en ↑ übertünchen의 명

사형.
überübermorgen ⟨Adv.⟩ 《통용어》 글피, 3일 후.
überversichern ⟨h⟩ 초과 보험에 가입하다. **Überversicherung**, die; -en 1. 《Pl. 없음》 초과 보험 가입. 2. 초과 보험.
übervölkern [...'fœlkɐn] ⟨h⟩ 인구 과잉이 되게 하다, (사람으로) 가득 채우다: viele Touristen übervölkern die Insel im Sommer 여름에는 많은 관광객들이 그 섬을 가득 메운다. **übervölkert** ⟨Adj.⟩ 인구 과잉의, 인구가 밀집된. **Übervölkerung**, die 인구 과잉, 인구 과밀.
übervoll ⟨Adj.⟩ **a)** (넘칠 만큼) 너무 가득 찬, 너무 많은. **b)** 초만원의.
übervorsichtig ⟨Adj.⟩ 과도하게 조심스러운, 지나치게 신중한.
übervorteilen [...'fɔr...] ⟨h⟩ 타인의 무지를 이용하여 이익을 취하다, 감언으로 속여넘기다, 속이다. **Übervorteilung**, die; -en ↑übervorteilen의 명사형.
überwach ⟨Adj.⟩ 극도로 긴장된, (홍분제 따위로) 의식이 깨어 있는. **überwachen** ⟨h⟩ 1. 감시하다, 사찰하다: einen Agenten bei Tag und Nacht [auf Schritt und Tritt, scharf] ü. 간첩을 밤낮으로[끊임없이, 날카롭게] 감시하다. 2. 감독하다: die Polizei überwacht den Verkehr 경찰이 교통을 감독하다.
überwachsen ⟨h⟩ 1. 자라서 표면을 덮다, 우거져서 표면을 가리다: das Moos hat den Pfad überwachsen 이끼가 오솔길을 덮었다. 2. 《드물게》 자라서 뻗어 나오다, 무엇 위로 더 많이 자라다: den Zaun überwachsen 울타리보다도 더 많이 자라다.
überwächten [...'vɛçtn̩] ⟨h⟩ [↑Wächte 참조] 코니스(바람에 의해 쌓인 눈)로 덮다.
Überwachung, die; -en 감시, 사찰, 감독; 피(被)감시.
Überwachungs-: ~**dienst**, der 감독[사찰] 업무, 감독 근무. ~**stelle**, die 감시 장소. ~**system**, das 감시 체제.
überwallen ⟨s⟩ 끓어올라 넘치다: [전의] vor Glück [Zorn] ü. 《아어》행복감[분노]으로 가득 차다. **überwallen** ⟨h⟩ 《드물게》 넘쳐흘러 덮다.
überwältigen [...'vɛltɪgn̩] ⟨h⟩ 1. 폭력으로 제압하다, 극복하다: der Dieb wurde überwältigt und abgeführt 도둑놈이 제압되어 연행되었다. 2. 압도하다, 엄습하다: Freude überwältigte ihn 그는 기쁨으로 압도되었다; ⟨술어적인 과거분사로⟩ sie war von dem Anblick völlig überwältigt 그녀는 그 광경에 완전히 압도당했다; ⟨현재분사로⟩ einen überwältigenden Eindruck auf jmdn. machen 누구에게 강렬한 인상을 주다; jmdn. mit überwätigender Mehrheit wählen 누구를 압도적인 다수로 선출하다. **Überwältigung**, die; -en 제압, 정복, 압도.
überwälzen ⟨h⟩ [특히 경제] (비용 따위를) 떠넘기다, (죄나 책임을) 전가하다.
Überwärmung, die; -en [의학] (치료법에서의) 과온(過溫) 과열(過熱), 강한 가열. **Überwärmungsbad**, das 과열욕(浴).
überwechseln ⟨s⟩ 1. (장소를) 옮기다, 이동하다: von der linken auf die rechte Fahrspur ü. 왼쪽 차선에서 오른쪽 차선으로 바꾸다. 2. a) 옮겨가다, 바꾸다, 옮기다: zu einer anderen Partei ü. 다른 당으로 당적을 바꾸다. b) (다른 분야나 다른 학교로) 바꾸다, 옮기다: vom Chemie- zum Biologiestudium ü. 대학의 전공분야를 화학에서 생물학으로 바꾸다. 3. [사냥] (산짐승이 다른 구역으로) 이동하다, 넘어가다.
Überweg, der; -(e)s, -e ↑Fußgängerüberweg (횡단보도)의 약칭.

überweiden ⟨h⟩ (가축에게 목초지의 풀을) 지나치게 뜯기다. **Überweidung**, die; -en ↑überweiden의 명사형.
überweisen* ⟨h⟩ 1. (계좌를 이용하여) 송금하다, 지불하다: die Miete ü. 집세를 계좌로 송금하다. 2. (환자를 다른 의사에게) 넘기다, 보내다. 3. 이송하다, 회부하다, 넘기다: eine Akte einer anderen[an eine andere] Behörde ü. 서류를 다른 기관으로 넘기다. 4. 《österr.・드물게》 운반하다, 옮기다.
überweißen ⟨h⟩ 백색 도료로 칠하다.
Überweisung, die; -en 1. **a)** 계좌 송금. **b)** 송금된 돈: ich habe die Ü. erhalten 나는 송금된 돈을 수령하였다. 2. **a)** (환자의) 이송, 위탁. **b)** ↑Überweisungsschein의 약칭.
Überweisungs-: ~**auftrag**, der [금융] 송금 신청, 송금 지시. ~**formular**, das 송금 양식, 대체 용지. ~**schein**, der (다른 의사에게 보내는) 치료 의뢰서, 치료 위탁장. ~**verkehr**, der [금융] 지로 계좌를 통한 송・입금 행위(↑Giroverkehr).
überweit ⟨Adj.⟩ 과도하게 넓은. **Überweite**, die; -n (옷의) 특대호.
Überwelt, die; -en 초월적 세계, 피안, 내세, 저승.
überweltlich ⟨Adj.⟩ 초현세적인, 내세의, 천당의.
überwendlich [...'vɛntlɪç] ⟨Adj.⟩ [↑winden 참조] [수공] 공그른 바느질의, 사룹 뜬. **überwendlings** ⟨Adv.⟩ [수공] 공글러서, 사뜨기로.
überwerfen* ⟨h⟩ (옷을) 걸치다, (옷을) 급히 걸쳐 입다.
überwerfen*, sich ⟨h⟩ 누구와 말썽이 나서 사이가 나빠지다: schon vor Jahren hat er sich mit seinem Bruder überworfen 그는 이미 몇 년 전에 자기의 형[동생]과 사이가 나빠졌다. **Überwerfung**, die; -en überwerfen의 명사형.
überwerten ⟨h⟩ 《드물게》 과대 평가하다, 사실보다 높이 평가하다. **überwertig** [...ve:ɐ̯tɪç] ⟨Adj.⟩ 과대 평가된, 지나치게 중요시된: -e Ideen [심리] 지배 관념, 강박 관념. **Überwertigkeit**, die; -en 과대 가치, 과대 평가된 가치. **Überwertung**, die; -en 과대 평가.
Überwesen, das; -s, - 《드물게》 초월적[초인적] 존재.
überwiegen* ⟨h⟩ 《통용어・드물게》 중량을 초과하다, 너무 무겁다: der Brief wiegt über 이 편지는 중량 초과다. **überwiegen*** ⟨h⟩ 1. (무엇보다) 중요하다[우위를 점하다], 우세하다, (무엇을) 능가하다, 압도하다: im Süden des Landes überwiegt das Laubholz 나라의 남부에는 활엽수가 압도적으로 많다; ⟨현재분사로⟩ der überwiegende Teil der Bevölkerung 주민의 절대 다수; mit überwiegender Mehrheit 압도적인 다수로. 2. (다른 것을) 압도하다, (다른 것보다) 영향력이 더 크다: bei ihm überwog das Gefühl die Vernunft 그는 감정이 이성을 압도해 버렸다. **überwiegend** [(또한) '----] ⟨Adv.⟩ 무엇보다도, 주로: sich ü. mit Politik befassen 주로 정치를 다루다.
überwindbar [...'vɪntbaːɐ̯] ⟨Adj.⟩ 극복할 수 있는, 자제할 수 있는.
überwindeln [...'vɪndl̩n] ⟨h⟩ 《österr.》 천의 가장자리를 감침질하다.
überwinden* ⟨h⟩ 1. (아이) 이기다, 승리하다, 투쟁하여 제거하다: er hat seinen Gegner nach hartem Kampf überwunden 그는 격렬한 싸움 끝에 그의 적을 이겼다; ein Gesellschaftssystem ü. 사회 체제와 싸워 이기다. 2. **a)** 극복하다, 정복하다: Hindernisse [Probleme] ü. 장해들[문제들]을 극복하다; die Krise ist überwunden 위기는 이제 극복되었다. **b)** (어떤 태도, 마음을) 극복하다, 이겨내다, 버리다: seine Bedenken [sein Mißtrauen] ü. 그의 의구심[불신감]을 극복하다. 3. (ü. + sich) 극기하다, (마음 내키지 않는 일을) 참고 행하다:

er konnte sich nur schwer ü., das zu tun 그는 마음을 간신히 가다듬고 그것을 할 수 있었다. **Überwinder**, der; -s, - 승리자, 정복자, 극복자, 극기자. **überwindlich** 〈Adj.〉 《드물게》 극복할 수 있는, 자제할 수 있는. **Überwindung**, die 극복, 정복, 극기, 자제, 결의: es kostet mich (einige, viel) Ü., das zu tun 그것을 하는 데는 (약간의, 많은) 자제를 필요로 한다.

überwintern 〈h〉 **1. a)** 겨울을 나다, 월동하다: diese Vögel überwintern in Afrika 이 새들은 아프리카에서 겨울을 보낸다. **b)** 《동물이》 겨울잠을 자다, 동면하다. **2.** 《식물이》 겨울을 넘기다. **überwinternd** 〈Adj.〉월동성의, 다년생의(↑perennierend). **Überwinterung**, die; -en 월동, 동면, 겨울나기.

überwölben 〈h〉 **1.** (무엇의) 위에 둥근 천정을 이루다. **2.** (무엇) 위에 아치를 만들다. **Überwölbung**, die; -en **1.** 〈Pl. 없음〉 둥근 천정을 만들기. **2.** 둥근 천정, 아치.

überwölken, sich 〈h〉 《아어》 구름으로 덮이다, 흐리다.
überwuchern 〈h〉 무성하게 덮다, 우거지다, 만연하다.
Überwucherung, die; -en 우거짐, 만연, 무성하게 뒤덮음.

Überwurf, der; -(e)s, ...würfe **1.** 덧옷, 망토, 코트: einen weißen Ü. tragen 하얀 망토를 입고 있다. **2.** 《österr.》장식용 침대보. **3.** [레슬링] 상대방을 어깨 위로 들어올려 뒤로 던지기.

Überzahl, die **a)** 절대 다수, (수적으로) 우세: die Ü. der Vorschläge 절대 다수의 제안들; 《대개 다음 용법으로》 **in der Ü. sein** 절대 다수를 점하다. **b)** 많은 수, 다수, 대다수: eine Ü. von Zuschauern 많은 수의 관객들. **überzahlen** 〈h〉 너무 많이 지불하다, 지나치게 많은 대가를 치루다: mit 10 DM ist diese Ware überzahlt 이 상품의 가격이 10마르크라면 너무 많이 지불한 것이다. **überzählen** 〈h〉 수를 다시 세다, 검산하다. **überzählig** [...tsɛlɪç] 〈Adj.〉 (일정 수를) 초과한, 과잉의, 여분의, 정원 외의.

überzeichnen 〈h〉 **1.** [증권] (주식 등을) 공급 이상으로 주문하다[신청하다]: die Anleihe ist um 20% überzeichnet worden 공채는 20 % 초과하여 신청되었다. **2.** 과장하여 묘사하다, 지나치게 묘사하다. **Überzeichnung**, die; -en 신청 초과, 응모 초과, 과장 표현.

Überzeit, die; -en **a)** 〈Pl. 없음〉 초과 근무 시간. **b)** 《schweiz.》 초과 근무 시간. **Überzeitarbeit**, die 《schweiz.》 초과 근무, 시간외 근무. **überzeitlich** 〈Adj.〉 시간을 초월한, 영원히, 불후의, 불멸의.

überzeugen 〈h〉 **1.** 납득시키다, 확신시키다: ich habe ihn von meiner Unschuld überzeugt 나는 그에게 나의 무죄를 납득시켰다; 《격 목적어 없이도》 im Rückspiel wußte die Mannschaft zu ü. 이차 경기에서 그 팀은 기대에 완전히 상응하게끔 활약하였다 《현재분사로》 überzeugende Gründe[Beweise] 납득이 가는[확실한, 설득력이 있는] 이유[증거]; eine Aufgabe überzeugend lösen 과제를 아주 만족스럽게 해결하다. **2.** 〈ü. + sich〉 (무엇을) 확인하다, 납득하다, 확신하다: bitte überzeugen Sie sich selbst! 스스로 확인해 보십시오!; 《과거분사로》 fest[hundertprozentig] von etw. überzeugt sein 무엇에 대하여 확고하게 [100%] 확신을 가지다; ich bin von ihm [seinen Leistungen] nicht überzeugt 나는 그(그의 업적)에 대하여 확신을 가지지 못한다; er ist sehr von sich selbst überzeugt 그는 확신에 찬 사람이다 [그는 자신을 매우 확신하고 있다]. **überzeugt** 〈Adj.〉확신하고 있는, 확신에 찬: er ist ein -er Marxist 그는 확고 부동한 마르크스주의자다. **Überzeugtheit**, die 확신, 설득된 상태. **Überzeugung**, die; -en **1.** 〈Pl. 없음〉《드물게》설득, 설복. **2.** 확신, 신념, 주의: die religiöse [politische] Ü. eines Menschen 인간의 종교적[정치적] 신념; etw. aus[mit] Ü. tun 무엇을 확고한 신념에서 행하다; meiner Ü. nach[nach meiner Ü.] 나의 확신에 따르면, 내 생각으로는 틀림없이; zu der Ü. kommen[gelangen] 확신에 이르다[도달하다]. **Überzeugungs-** : **~arbeit**, die 《구동독》 설득을 위한 선전 활동. **~kraft**, die 설득력. **~täter**, der [법] 확신범.

überziehen* 〈h〉 **1.** (옷을) 입다, (다른 옷 위에) 걸치다: ich zog (mir) eine warme Jacke über 나는 따뜻한 재킷을 걸쳤다. **2.** 《다음 용법으로만》 **jmdm. eins[ein paar] ü.** 한 대 (막대기로) 한 번[몇 번] 치다. **überziehen*** 〈h〉 **1. a)** 바르다, 칠하다, 덮다, 가리다: etw. mit Lack ü. 무엇에 라크칠을 하다; [전의] sie überzogen das Land mit Krieg 그들은 전쟁으로 온 나라를 황폐화시켜 버렸다. **b)** (무엇을 무엇 위로) 씌우다, 입히다: die Betten müssen frisch überzogen werden 침대의 시트를 새로 깔아 덮어만 안된다. **2. a)** (무엇을) 서서히 덮다. **b)** 〈ü. + sich〉 서서히 덮이다(싸이다): der Himmel überzog sich mit Wolken 하늘은 구름으로 서서히 덮였다. **3. a)** (한도를) 넘다, (시간을) 초과하다: sein Konto (um 300DM) ü. 통장의 잔고보다 (300마르크를) 더 인출하다; er hat seinen Urlaub überzogen 그는 휴가기간을 초과했다; der Moderator hat (um) 3 Minuten überzogen 앵커는 방송 시간을 3분간 초과하였다. **b)** 과장하다: eine überzogene Reaktion 과장된 반응. **4.** [특히 정구·탁구] 공이 회전하면서 가로質 치다, 탑 스핀으로 치다. **Überzieher**, der; -s, - **1.** 덧입을 외투. **2.** 《경》 콘돔. **Überziehung**, die; -en (예금의) 초과 인출(↑überziehen의 명사형). **Überziehungskredit**, der [금융] ↑Dispositionskredit.

überzüchtet 〈Adj.〉 (동식물을) 일방적으로 육성해서 약해진, 저항력이 약해질 정도로 (품종) 개량한.

überzuckern 〈h〉 설탕을 뿌리다.

Überzug, der; -(e)s, ...züge **1.** (표면의) 겉껍질, 박피, 외피: Holz mit einem Ü. aus klarem Lack 표면을 투명한 도료로 칠한 목재. **2.** (교환 가능한) 덮개, 카버, 시트, 자루.

überzwerch 《südd., österr.》 **I.** 〈Adv.〉 가로질러, 비스듬하게, 삐딱하게: die Beine ü. legen 두 다리를 꼬다. **II.** 〈Adj.〉 **1.** 《준고어》 미친, (성격이) 비뚤어진; 불쾌한, 적의가 있는. **2.** 《지역적》 오만한, 거만한, 방자한.

Ubikation [ubika'tsjo:n], die; -en [lat. ubī = wo (hin)] 《österr.》 병영, 병사(兵舍).
Ubiquist [ubi'kvɪst], der; -en, -en [lat. ubīque] [생물] 범존종(汎存種).
ubiquitär [ubikvi'tɛ:ɐ̯] 〈Adj.〉 [frz. ubiquitaire] [특히 생물] 도처에 분포되어 있는, 전세계에 널리 퍼져 있는. **Ubiquität** [ubikvi'tɛ:t], die; -en [frz. ubiquité] **1.** 〈Pl. 없음〉 [생물] (동식물의) 편재(遍在). **2.** 〈Pl. 없음〉 [신학] 신의 편재. **3.** [경제] 도처에서 얻을 수 있는 재화.
üblich ['y:plɪç] 〈Adj.〉 세간에 널리 행해지는, 보통의, 통례의, 관례의: nach der -en Methode 통례의 방법에 따라; etw. zu den -en Preisen verkaufen 무엇을 보통의 가격으로 팔다; er verspätete sich wie ü. 그는 언제나처럼 지각하였다. **-üblich** [-y:plɪç] 〈접미어〉...에 통상 있는: die saisonübliche Preissteigerung 철에 따라 통상 있는 [계절적인] 물가 상승. **üblicherweise** 〈Adv.〉 통례적으로, 관례대로, 보통은: ü. trinken wir um 5 Uhr Tee 우리는 보통 다섯시에 차를 마신다. **Üblichkeit**, die; -en **a)** 〈Pl. 없음〉 보통, 관례, 통례. **b)** 통례적인 것.

U-Bogen, der; -s, - / 《südd., österr.》 ...Bögen ↑U-Haken.

U-Boot ([군] Uboot), das; -(e)s, -e ↑Unterseeboot (잠수함)의 약칭.

U-Boot-: ~**Besatzung**, die 잠수함 승무원. ~**Hafen**, der 잠수함 기지. ~**Krieg**, der 잠수함전.
übrig ['y:brɪç] ⟨Adj.⟩ **1.** 남은, 나머지의, 여분의: von der Suppe ist noch etwas ü. 아직 약간의 수프가 남아 있다; ich habe noch etwas Geld ü. 나에겐 아직도 돈이 얼마 있다; **ein -es tun** 마지막 남은 조치를 취하다; **für jmdn. viel(etw., nichts) ü. haben** 누구에게 호감을 많이[약간, 갖고 있지 않다]: für Sport hat er nichts ü. 그는 스포츠에 아무런 흥미도 가지고 있지 않다; **im -en** 그 밖에, 덧붙여, 그것은 그렇고, 그런데. **2.** ⟨드물게⟩ 쓸데없는, 불필요한, 소용 없는: er ist hier völlig ü. 그는 여기선 전혀 쓸모가 없는 사람이다.
übrig-: ~**behalten*** ⟨h⟩ 남겨서 가지고 있다. ~**bleiben*** ⟨s⟩ 남아 있다, 남겨져 있다: von der Torte ist nichts(nicht ein Stück) übriggeblieben 케이크가 전혀[단 한조각도] 남아 있지 않다; **jmdm. bleibt nichts (anderes (weiter)) ü. als ...** 누구에게 ···이외엔 (다른 더 이상)) 아무것도 남아 있지 않다, 누구는 ···할 수밖에 없다. ~**lassen*** ⟨h⟩ 남겨 두다, 남기다: er hat ihr nichts übriggelassen 그는 그녀에게 아무것도 남겨 놓지 않았다; **jmd.(etw.) läßt (in etw.) nichts zu wünschen übrig** 누구(무엇)는 (무슨 점에서) 더 이상 바랄 게 없다; **jmd.(etw.) läßt (in etw.) vieles (stark, sehr) zu wünschen übrig** 누구(무엇)는 (무슨 점에서) 기대에 전혀 부응하지 못하고 있다.
übrigens ['y:brɪɡns] ⟨Adv.⟩ 그밖에, 덧붙여, 더우기, 게다가, 그건 그렇고, 말이 나온 김에: du könntest mir ü. einen Gefallen tun 그런데 너는 나의 부탁을 들어줄 수 있을 거야.
Übung, die; -en **1.** ⟨Pl. 없음⟩ **a)** 연습, 훈련 (↑**üben**의 명사형): das ist alles nur Ü.(das macht die Ü.) 그 모든 것은 훈련의 결과일 뿐이다[그것은 연습만 하면 된다]; etw. zur Ü. tun 무엇을 연습으로 하다; ⟨속담⟩ Ü. macht den Meister 연습이 명인을 만든다. **b)** 숙련, 숙달, 실습, 연습: aus der Ü. kommen(außer Ü. sein) 노련함을 잃다, 《솜씨가》 둔해져 있다; in der Ü. sein (bleiben) 노련하다, 숙련되어 있다. **2. a)** 연습 문제, 과제. **b)** 연습곡. **3.** [스포츠] 체조, 운동, 연습, 훈련: gymnastische Ü. zur Entspannung der Wirbelsäule 척추 이완을 위한 체조(운동); das ist eine leichte (schwere) Ü. 그것은 (쉬운[어려운] 훈련이다. **4.** (군사) 훈련, 기동 훈련: an einer militärischen Ü. teilnehmen 군사 훈련에 참가하다. **5.** 연습을 위한 강좌, 연습: eine Ü. für Fortgeschrittene (über Goethes Lyrik) 고급반 학생을 위한(괴테의 서정시에 관한) 연습 강좌. **6.** [가] 근행(勤行), 묵상: der Mönch unterzieht sich den täglichen geistlichen -en 수도승이 매일 있는 묵상에 들어갔다. **7.** ⟪südd., österr., schweiz.⟫ 관습, 풍습, 풍속.
übungs-, Übungs-: ~**arbeit**, die ⟨복습을 위한⟩ 연습 과제, 연습 시험. ~**aufgabe**, die 연습 문제. ~**buch**, das 연습장, 연습 교본. ~**firma**, die ⟨실습용⟩ 모의 회사. ~**flug**, der 연습 비행, 훈련 비행. ~**gelände**, das 연병장, 훈련장. ~**gerät**, das [체조] 연습용 기계 체조 기구. ~**halber** ⟨Adv.⟩ 연습 삼아, 연습으로, 연습을 위하여. ~**hang**, der [스키] 연습용 사면(斜面). ~**kurs**, der, 연습(을 위한 교육) 과정. ~**leiter**, der 연습 책임자, 훈련 책임자. ~**mäßig** ⟨Adj.⟩ 연습에 따른, 훈련에 부합된. ~**munition**, die 연습탄, 공포탄. ~**platz**, der **1.** 연병장, 훈련장. **2.** 연습용 운동장. ~**sache**, die ⟨다음 용법으로⟩ **etw. ist (reine) Ü.** 무엇은 (순전히) 연습만 하면 될 문제다(무엇은 (오로지) 연습의 문제일 뿐이다). ~**schießen**, das 연습 사격, 연습용 사격. ~**stück**, das **a)** ⟨언어 교육에서의⟩ 연습 문제, 연습용 교

재. **b)** [음악] 연습곡, 에뛰드. ~**zweck**, der 연습 목적, 훈련 목적.
Ucha [u'xa], die ⟨russ. ucha⟩ ⟨보리나 밀알이 들어 있는⟩ 러시아의 물고기 수프.
Ucht, Uchte ['ʊxt(ə)], die; ...ten ⟨nordd.·준고어⟩ 새벽, 여명.
Ud [u:t], die; -s ⟨arab. 'ūd⟩ 아랍의 현악기.
u. d. ä. = und dem ähnliche(s) 등등, 따위.
u. desgl. (m.) = und desgleichen (mehr) 등등, 따위.
u. dgl. (m.) = und dergleichen (mehr) 등등, 따위.
u. d. M. = unter dem Meeresspiegel 해면하.
ü. d. M. = über dem Meeresspiegel 해발, 해면상.
UdSSR [u:de:ɛs|ɛs|'ɛr] = Union der Sozialistischen Sowjetrepubliken 사회주의 소련 연방 공화국.
u. E. = unseres Erachtens 우리들의 생각으로는.
U-Eisen, das; -s, - U자형의 철강.
Ufer ['u:fɐ], das; -s, - 해안, 강가, 호숫가, 물가: ein steiles(steiniges) U. 가파른(돌로 된) 해안; der Fluß ist über die U. getreten 강물이 범람하였다; ⟨전의⟩ zu neuen U. aufbrechen 새로운 해안에서; **vom anderen U. sein** ⟨통용어⟩ 동성연애자이다.
ufer-, Ufer-: ~**bau**, der ⟨Pl. -bauten⟩ 제방. ~**befestigung**, die **1.** 호안 공사. **2.** 호안 보호 시설. ~**böschung**, die (강이나 호수) 제방의 경사면. ~**geld**, das (하역 작업을 위한) 접안(接岸) 사용료. ~**landschaft**, die 연안(岸邊) 풍경. ~**läufer**, der [동물] 강가에 서식하는 갈색의 도요새. ~**los** ⟨Adj.⟩ 끝없는, 무한정의, 무한정의: -e Diskussionen 끝없이 진행되는 토론; **etw. geht ins uferlose** 무엇이 무한정[결말없이] 계속 되다. ~**losigkeit**, die ~los의 명사형. ~**promenade**, die 바닷가(호숫가, 강가) 산책(로). ~**region**, die [동물] 연안 지역, 연안 지방. ~**schnepfe**, die [동물] 강가에 서식하는 도요새의 일종. ~**schwalbe**, die [동물] 배가 하얀 갈색 제비. ~**straße**, die 연안 도로. ~**streifen**, der 해안의 가늘고 긴 지대. ~**weg**, der 해안길, 호숫가의 길, 강가의 길. ~**zone**, die = ~**region**.
uff! [ʊf] ⟨Interj.⟩ 후휴(피로 또는 안도의 숨소리): uff, das war schwer! 후휴, 그건 무거웠어[어려워요]!
Uffz. = Unteroffizier 하사관.
UFO, Ufo ['u:fo], das; -(s), -s ⟨engl. unidentified flying object⟩ 미확인 비행물체, 유에프오. **Ufologe**, der; -n, -n 미확인 비행물체 연구가.
Ufologie, die 미확인 비행물체 연구, 외계인에 의한 지구 구원설.
U-förmig ⟨Adj.⟩ U자형의.
Uganda [u'ɡanda, ⟨engl.⟩ juˈɡændə]; -s 우간다(아프리카에 있는 공화국). **Ugander** [uˈɡandɐ]; der; -s, - 우간다인. **ugandisch** [uˈɡandɪʃ] ⟨Adj.⟩ 우간다의.
uh! [u:] ⟨Interj.⟩ 어머나, 이것 참, 어크(놀람, 공포의 외침).
U-Haft, die = ↑**Untersuchungshaft**(미결 구류)의 약칭.
U-Häkchen, das; -s, -, **U-Haken**, der; -s, - (독일어 필기체 u자 위에 붙이는) 궁형 기호(ŭ).
Uhr [u:ɐ], die; -en ⟨lat. hōra⟩ **1.** ⟨축소형: ↑**Ührchen**⟩ 시계: eine goldene(automatische, wasserdichte, genau gehende) U. 금(자동, 방수, 정확한) 시계; die U. tickt(geht vor) 시계가 가다(빨리 가다); die U. aufziehen (richtig stellen) 시계의 태엽을 감다(시계를 정확하게 맞추다); auf die U. sehen 시각을 알아보다; an(auf, nach) meiner U. ist es halb sieben 나의 시계에 의하면 6시 반이다; ⟨전의⟩ eine innere U. haben 시간 감각을 가지다; **jmds. U. ist abgelaufen** ⟪시어⟫ 누구의 수명이 다 되었다; **wissen, was die U. geschlagen hat** 상황이 실제로 어떠했는지를 알다; **rund um die U.** ⟨통용어⟩ 24시간 내내. **2.** 시간, 시

각: wieviel U. ist es? 몇 시입니까?; es ist genau [Punkt] acht U. 정확히 8시입니다; gegen drei U. früh 새벽 3시경; Sprechstunde von 16 bis 19 U. 16시에서 19시까지의 면담시간.

Uhr- (↑Uhren-): **~armband, ~band,** das 《Pl. -(arm)-bänder》 팔목 시계의 줄. **~feder,** die 시계의 태엽. **~gehäuse,** das 시계 케이스[집]. **~glas,** das 시계 유리. **~kasten,** der ↑Uhrenkasten. **~kette,** die 회중 시계에 달린 줄. **~macher,** der 시계 수리공, 시계 장수. **~macherei** [-maxəˈraj], die; -en 1. 시계 제조업. 2. 시계 제작소(수선소). **~macherhandwerk,** das 시계 제조숳. **~machermeister,** der 시계 제작 명인. **~macherwerkstatt,** die 시계 공장[제작소]. **~pendel,** das 시계추(↑Perpendikel (1)). **~schlüssel,** der 시계의 태엽 감개. **~tasche,** die 회중시계용 호주머니. **~werk,** das 시계의 기계 장치. **~zeiger,** der 시계 바늘. **~zeigerrichtung,** die 시계바늘이 가는 방향. **~zeigersinn,** der 시계바늘이 가는 방향. **~zeit,** die (시계가 보여 주는) 시각. **~zeitangabe,** die 시각의 표시.

Ührchen ['y:ɐçən], das; -s, - ↑Uhr (1).

Uhren- (↑Uhr-): **~bauer,** der; -s, - ↑~fabrikant. **~fabrik,** die 시계 공장. **~fabrikant,** der 시계 공장주인, 시계 제조업자. **~fabrikation,** die 시계제작. **~gehäuse,** das ↑Uhrgehäuse. **~geschäft,** das 시계 상점. **~industrie,** die 시계 공업. **~kasten,** der 상자형 대형 시계나 벽시계의 집. **~laden,** der 시계 상점.

Uhu [ˈuːhu], der; -s, -s 《원래 의성어》 수리부엉이.

ui! [uj] 〈Interj.〉 어참, 오, 아(경탄의 소리). **ui je!** 〈Interj.〉 〈österr.〉 ↑oje!

Ukas [ˈukas], der; -ses, -se [russ. ukas] 《농》 칙령, 포고령, 명령.

Ukelei [ˈuːkəlaj], der; -s, -e / -s [Slaw.] 등이 청록색인 잉어.

Ukraine [ukraˈiːnə, 《또한》 uˈkrajnə], die 우크라이나 공화국. **Ukrainer** [ukraˈiːnɐ, 《또한》 uˈkrajnɐ], der; -s, - 우크라이나 인. **ukrainisch** [ukraˈiːnɪʃ, 《또한》 uˈkrajnɪʃ] 〈Adj.〉 우크라이나의. **Ukrainisch,** das; -(s), 〈정관사와 함께〉 **Ukrainische*,** das; -n 우크라이나 인의 말.

Ukulele [ukuˈleːla], die 《또는》 das; -, -n [hawaiisch ukulele] 우쿠렐레(하와이의 민속 기타).

UKW [uːkaˈveː, 《또한》 ¯¯¯] 《관사 없이》 ↑Ultrakurzwelle(초단파 주파수)의 약칭: UKW einstellen FM(초단파) 주파수에 맞추다. **UKW-Empfänger,** der 초단파 수신기, FM 수신기. **UKW-Sender,** der 초단파 송신기.

Ul [uːl], die; -en (nordd.) 1. 부엉이(↑Eule (1)): 《속담》 was dem einen un Ul ist, ist dem andern sin Nachtigall 부엉이를 좋아하는 자도 있고 밤꾀꼬리를 좋아하는 사람도 있는 법이다[누구나 소원은 다른 법이다]. 2. 밤나방(↑Eule (4)).

Ulan [uˈlaːn], der; -en, -en [poln. ułan] 《예》 창기병(槍騎兵).

Ulan bator 울란바토르(몽고 인민 공화국의 수도).

Ulanka [uˈlaŋka], die; -s [poln. ułanka] 창기병의 군복.

Ulcus [ˈʊlkʊs], das; -, ...cera [ˈʊltsera] ↑Ulkus의 의학 전문어.

Ulema [uleˈmaː], der; -s, -s [arab. ʿʊlamāʾ] 이슬람교의 법학자 겸 종교학자.

ulen [ˈuːlən] 〈h〉 (nordd.) 비로 쓸다, 비로 청소하다.

Ulenflucht, die; -en (nordd.) 1. 〈Pl. 없음〉 《시어》 황혼, 어스름, 부엉이가 나는 시간. 2. 다락방의 천창(天窓).

Ulk [ʊlk], der; -s / 《드물게》 -es, -e 농담, 익살, 장난: einen U. machen 익살을 부리다[장난을 치다]; er hat es nur aus U. getan 그는 장난으로 그것을 했다.

Ülk [ylk], der; -(e)s, -e (nordd.) 스컹크, 스컹크의 모피.

ulken [ˈʊlkṇ] 〈h〉 익살떨다, 장난치다: mit jmdm. u. 누구와 장난을 치다. **Ulkerei** [ʊlkəˈraj], die; -en **a)** 《Pl. 없음》 익살, 장난. 장난치기. **b)** 농담, 장난. **ulkig** 〈Adj.〉 《용어》 **a)** 우스꽝스러운, 익살맞은: etw. u. darstellen 무엇을 우스꽝스럽게 묘사하다. **b)** 기이한, 기묘한, 진기한. **Ulknudel,** die; -n 《통용어》 우스꽝스러운 사람[여자].

Ulkus [ˈʊlkʊs], das; -, Ulzera [ˈʊltsera; lat. ulcus] 《의학》 궤양(潰瘍), 종양.

Uller [ˈʊlɐ], der; -s, - (스키 타는 사람의) 부적.

¹Ulm [ʊlm] 울름(독일에 있는 도시).

²Ulm, ¹Ulme [ˈʊlm(ə)], die; ...men 《광》 《갱내의》 측벽.

²Ulme [-], die; -n [lat. ulmus] 1. 느름나무. 2. 느름나무 목재. **Ulmenblatt,** das 느름나무 잎. **Ulmenholz,** das 느름나무 목재.

Ulster [ˈʊlstɐ, 《engl.》 ˈʌlstə], der; -s, - [engl. ulster] 1. 《남성용》 얼스터 외투(방한용 긴외투). 2. 얼스터 외투용 천.

Ulsterstoff, der ↑Ulster (2).

ult. = ultimo.

Ultima [ˈʊltima], die; ...mä / ...men [lat. ultimus] (단어의) 최종 음절, 말미음절, 끝음절. **Ultima ratio,** die [lat] 《아어》 최후 수단, 최후의 타개책. **ultimativ** [ʊltimaˈtiːf] 〈Adj.〉 최후 통첩식의, 단호한, 최후 통첩 같은: der Text klingt allzu u. 그 문구(文句)는 너무나 단호하게 들린다. **Ultimatum** [...ˈmaːtʊm], das; -s, ...ten / -s 《교양어》 《외교상의》 최후 통첩: das U. läuft morgen ab 최후 통첩의 기간이 내일로 끝난다; (jmdm.) ein U. stellen (누구에게) 최후 통첩을 보내다. **ultimo** [ˈʊltimo] 〈Adv.〉 그믐날에, (그 달의) 말일에(약어: ult.). **Ultimo,** der; -s, -s [ital. (a di) ultimo] 《상》 그믐날, (그 달의) 말일. **Ultimogeschäft,** das 《금융》 월말 거래, 월말 청산.

Ultra [ˈʊltra], der; -s, -s [frz. ultra] 《은어》 급진론자, 과격파, 극단론자. **ultra-, Ultra-** 〈접두어〉 초과해서, 넘어서, 극단의. **Ultrafiche** [...ˈfiːʃ, 《또한》 ˈʊltra-], das / der; -s, -s 《문서·정보》 마이크로 필름. **Ultrafilter,** der /《전문어》 das; -s, - 《화학·생물》 한외(限外) 여과기[여과막]. **ultrahart** 〈Adj.〉 《물리·의학》 침투력이 매우 강한: Krebsbehandlung mit en Strahlen 침투력이 강한 방사선 암 치료. **Ultrakurzwelle,** die; -n 1. **a)** 《물리·무선·방송》 초단파. **b)** 《방송》 《라디오의》 FM가청(可聽)범위(약어: UKW). 2. ↑Ultrakurzwellentherapie(초단파 치료법)의 약칭. **Ultrakurzwellenempfänger,** der FM 수신기. **Ultrakurzwellensender,** der 초단파 송신기(송신기). **Ultrakurzwellentherapie,** die 《의학》 초단파 치료법. **ultramarin** 〈Adj.〉 《격변화 없음》 감청색의, 군청색(群靑色)의. **Ultramarin,** das; -s [lat. ultramarinus] 감청색, 군청색. **Ultramikroskop,** das; -s, -e 초정밀현미경. **Ultramikroskopie,** die 초정밀 현미경 검사. **ultramontan** 〈Adj.〉 [lat. ultramontanus] 교황권 지상주의의, 교황 전권론의. **Ultramontane*,** der / die 교황권 지상주의자, 교황권 전권론자. **Ultramontanismus** [...montaˈnɪsmʊs], der; - 《역사적》 (특히 19세기 말엽의) 교황권 지상주의.

ultra posse nemo obligatur [ˈʊltra ˈpɔsə ˈneːmo obliˈgaːtʊr] [lat.] 누구나 능력 이상의 의무를 질 필요는 없다(고대 로마법의 기본 원리). **ultrarot** 〈Adj.〉 《물리》 적외선의. **Ultrarot,** das; -s 《물리》 적외선. **Ultra-

schall, der; -(e)s 〖물리〗 1. 초음파, 불가청 음파(반대: Infraschall). 2. 〖통용어〗 ↑Ultraschallbehandlung(-untersuchung)(초음파 요법(검진))의 약징.
Ultraschall-: **~behandlung**, die 〖의학·기술〗 초음파 요법. **~diagnose**, die 〖의학〗 초음파 진단(검진). **~prüfung**, die 〖기술〗 초음파를 통한 재료검사. **~schweißung**, die 〖기술〗 초음파 용접. **~therapie**, die 〖의학〗 초음파 요법. **~untersuchung**, die 〖의학·기술〗 초음파 검사. **~welle**, die 초음파.
Ultrastrahlung, die; -en 우주선(線)(↑Höhenstrahlung). **ultraviolett** ⟨Adj.⟩ 〖물리〗 자외선의. **Ultraviolett**, das; -s 〖물리〗 자외선(약어: UV). **ultraweich** ⟨Adj.⟩ 〖물리〗 (방사선 등의) 침투력이 약한.
Ultrazentrifuge, die 〖기술〗 초원심 분리기.
Ulzera: ↑Ulkus의 복수형. **Ulzeration** [ʊltseraˈtsi̯oːn], die; -en 〖의학〗 궤양 형성. **ulzerieren** [...ˈriːrən] ⟨h⟩ 〖의학〗 궤양이 되다, 궤양으로 변하다. **ulzerös** [...ˈrøːs] ⟨Adj.⟩ 〖의학〗 궤양성의.
um [ʊm] I. ⟨Präp.⁴⟩ 1. 《공간적, 대개 herum과 결합하여》 a) 《주회(周回) 운동》 (무엇의) 주위를, (무엇을) 돌아: um das Haus gehen 집을 빙 돌다; Erde und Planeten kreisen um die Sonne 지구와 행성들은 태양의 주위를 돈다. b) 《포위》 (무엇을) 둘러싸(면서/싸고): einen Verband um die Wunde wickeln 상처에 붕대를 감다; sie trägt eine Kette um den Hals 그녀는 목에 목걸이를 차고 있다. c) 〈um(강세)+sich〉《확산》 주위로, 사방으로: er schlug wie wild um sich 그는 미친듯이 폭력을 휘둘렀다; die Seuche hat immer weiter um sich gegriffen 전염병이 점점 더 넓게 번져 갔다. 2. 《시간적》 a) 《정확한 시간》 정각 (몇) 시에: um sieben (Uhr) bin ich wieder zu Hause 7시 정각에 나는 다시 집에 있을 것이다. b) 《대개 herum과 결합하여 대략의 시점》 경에: um die Mittagszeit 점심 때쯤에; um Weihnachten (herum) 성탄절경에(전후로); um den 15. Juli (herum) 7월 15일경에. 3. a) 《규칙적인 교체》 교대로, 번갈아. b) 《명사+um+동일명사》《연속·규칙적인 반복》 연속으로, 반복하여: Tag um Tag 하루하루; Schritt um Schritt geht es vorwärts 한발짝 한발짝 앞으로 나간다[진척된다]. 4. 《비교에서의 차이의 정도》 쯤, 만큼, 정도: den Rock um 5cm kürzen 스커트를 5cm 만큼 짧게 줄이다; er ist um einen Kopf größer als sein Bruder 그는 그의 동생보다 머리 하나만큼 더 크다. 5. 《준고어》《교환·대가·가격》 (얼마의) 가격으로: ein Kleid u. achtzig Mark kaufen 옷을 80마르크에 사다. 6. a) 《관계대명사와 결합하여》 hier sind die Papiere, um die Sie mich gebeten hatten 당신이 나에게 부탁했던 서류가 여기 있다. b) 《통용어》 〈was와 결합하여〉 um was geht es denn? 도대체 무엇이 문제인가? c) 《nordd.·경, 표준어로 맞지 않음》〈da와 함께〉 da wird man sich um kümmern müssen 그것에 신경을 써야 할 것이다. 7. 《대개 특정 단어에 종속되어》 bitten um. etw. 무엇을 청하다; Sorge[das Wissen] um etw. 무엇에 대한 걱정[지식]. II. ⟨Adv.⟩ 1. 약, 대략, 대개: das Gerät wird um (die) zweitausend Mark (herum) wert sein 그 기재는 약 2000마르크쯤 값이 나간다. 2. um und um 《지역적》 완전히, 전부, 철저하게: die Sache ist um und um faul 그 일은 완전히 엉망진창이다. III. ⟨Konj.⟩ 1. 〈um+zu 부정형〉 a) 《무엇을》 하기 위하여, 하려고: er kam, um mir zu gratulieren 그는 나를 축하하러 (나를 위하여) 왔다. b) 〈zu+형용사 뒤에서〉 die Aufgabe ist zu schwierig, um sie auf Anhieb zu lösen 그 과제는 일격에 해결하기에는 너무 어렵다. c) 《형용사+genug 뒤에서》 er ist schnell genug, um das zu schaffen 그는 그 일을 해낼 수 있을 만큼 충분히 빠르다; ich war dumm genug, um das nicht einzusehen 나는 너무나 멍청해서 그것을 인식하지 못했다. d) 《앞에서 언급한 내용의 후속 결과로》그래서, 그 다음에: er hat mit Novellen angefangen, um erst im Alter Romane zu schreiben 그는 단편 소설을 쓰기 시작했다가 만년에야 비로소 장편 소설을 썼다. 2. 〈um so+비교급〉 a) 《je+비교급과 결합하여》 그만큼 더, 더욱이: je schneller der Wagen (ist), um so größer (ist) die Gefahr 자동차가 빠르면 빠를수록 위험은 더욱더 커진다; nach einer Ruhepause wird es um so besser gehen! 휴식을 취하고, 나면 더욱 더 좋아질 것이다. b) 《als, weil, da로 연결되는 부문장 내용의 결과를 증폭시켜》… 하기 때문에 그럴수록 더: diese Klarstellung ist um so wichtiger, als es bisher nur verschiedentlich Gerüchte gab 지금까지 소문만 무성했기 때문에 이 해명은 더욱더 중요하다; um so besser! 그럴수록 더 좋다!
umackern ⟨h⟩ ↑umpflügen.
umadressieren ⟨h⟩ 수신인의 주소를 고쳐 쓰다.
umändern ⟨h⟩ 바꾸다, 변경하다, 다른 모양으로 고치다: ein Kleid u. 옷을 고치다. **Umänderung**, die; -en 변경, 고침.
umarbeiten ⟨h⟩ 개작하다, 개조하다, 고쳐 쓰다, 수정하다: er arbeitete das Drama in ein Hörspiel um 그는 그 희곡을 라디오 드라마로 개작하였다. **Umarbeitung**, die; -en a) 개작, 개조, 수정. b) 개작품.
umarmen [ʊmˈʔarmən] ⟨h⟩ 얼싸안다, 껴안다, 포옹하다: jmdn. zärtlich[liebevoll] u. 누구를 부드럽게[사랑스럽게] 껴안다; sie haben sich (gegenseitig《《아이》 einander]) umarmt 그들은 서로를 포옹하였다. **Umarmung**, die; -en 포옹.
Umbau, der; -(e)s, -ten 1. a) 개축, 개조: wegen Umbau(s) geschlossen 개축 때문에 폐쇄(된). b) 개축 가옥(건물). 2. 《가구 등의》 외장(外裝): ein U. aus Holz[Plastik] 목재[플라스틱]로 된 외장. **umbauen** ⟨h⟩ 개축하다, 개조하다, 구조를 바꾸다: ein Haus[ein Geschäft] u. 집[상점]을 개조하다; die Bühne u. 무대 장치를 전환하다; 《전의》 die Verwaltung[eine Organisation] u. 행정 기구[조직]를 개편하다. **umbauen** ⟨h⟩ 건조물로 둘러싸다: einen Platz mit Wohnhäusern u. 광장을 주택들로 에워싸다.
umbehalten* ⟨h⟩ 《통용어》 (외투 따위를) 입은 채로 있다.
Umbellifere [ʊmbɛliˈfeːrə], die; -n 〈대개 Pl.〉 [lat. umbella] ↑Doldengewächs.
umbenennen* ⟨h⟩ 이름을 고치다, 개칭하다, 명칭을 바꾸다: man hat die technischen Hochschulen in Universitäten umbenannt 공과 대학을 대학교로 개칭하였다. **Umbenennung**, die; -en 개칭.
Umber [ˈʊmbɐ], der; -s, -n 1. 〈Pl. 없음〉 엄버(천연의 갈색 안료). 2. 지중해산 갈색 민어.
umbeschreiben* ⟨h⟩ 〖기하〗 외접원(外接圓)을 그리다: 《대개 과거분사로》 ein umbeschriebener Kreis 외접원.
umbesetzen ⟨h⟩ (어떤 직위의) 사람을 바꾸다, 대역을 내세우다, 배역을 변경하다: eine Rolle u. 대역을 대체하다. **Umbesetzung**, die; -en 배역 교체, 직위 교체.
umbesinnen*, sich ⟨h⟩ 고쳐 생각하다, 생각이 바뀌다.
umbestellen ⟨h⟩ 바꾸어 주문하다, 누구를 다른 시간[장소]에 오게 하다.
umbetten ⟨h⟩ 1. (환자를) 다른 침대로 옮기다. 2. 이장(移葬)하다. **Umbettung**, die; -en ↑umbetten의 명사형.
umbiegen* 1. ⟨h⟩ 구부리다, 휘게 하다. 2. ⟨s⟩ a) 방향을 틀어서 가다: an dieser Stelle muß man scharf nach links u. 이 곳에서 급격하게 좌회전하지 않으면 안된다. b) 반대 방향으로 회전하다: der Weg bog nach Süden

umbilden um 길이 반대 방향인 남쪽으로 구부러졌다.

umbilden ⟨h⟩ **a)** 변경하다, 개조하다, 개편하다: das Kabinett wurde umgebildet 내각이 개편되었다. **b)** ⟨u. + sich⟩ 바뀌다, 개조되다, 개편되다. **Umbildung**, die; -en 변경, 개조, 개편, 개량.

umbinden' ⟨h⟩ **1.** 휘감다, 동여매다, 몸에 걸치다: einen Schal u. 숄을 걸치다. **2.** (책을) 다시 제본하다, 새로 매다. **umbinden'** ⟨h⟩ (끈 따위로) 묶다, 동여매다.

umblasen' a) 불어서 넘어뜨리다: der Wind blies ihn fast um 그는 바람에 넘어질 뻔하였다. **b)** 《경》 무참하게 사살하다. **umblasen'** ⟨h⟩ (누구의, 무엇의) 주위로 바람이 세차게 불다: ein kalter Wind umblies ihn 차가운 바람이 그의 주위로 세차게 불었다.

Umblatt, das; -(e)s, Umblätter 여송연의 내포장 잎.
umblättern ⟨h⟩ 책장을 넘기다.

umblicken, sich ⟨h⟩ **a)** (주위를) 둘러보다: ich blickte mich nach allen Seiten um 나는 주위 사방을 둘러보았다. **b)** 뒤돌아보다.

Umbra ['umbra], die [lat. umbra] **1.** [천문] 태양 흑점의 중심 암흑부. **2. a)** 철과 망간 함유의 점토로 만든 진갈색 안료. **b)** 진갈색. **Umbrabraun**, das ↑Umbra (2 b). **Umbraerde**, die 진갈색의 안료를 얻을 수 있는 점토. **Umbralglas** ⟨um'bra:l-⟩ Ⓦ, das; -es, ...gläser (자외선과 적외선 차단) 선글라스의 안경알.

umbranden ⟨h⟩ (아이) (파도 따위가 무엇에 부딪혀서) 부서지다.

umbrausen ⟨h⟩ (파도, 바람 따위가) 주위에 노호하다, 주변에서 윙윙거리다: 전의 von Beifall umbraust, trat der Schauspieler ab 우뢰 같은 박수소리에 감싸여서 배우가 퇴장하였다.

umbrechen' **1.** ⟨h⟩ **a)** 꺾어서 넘어뜨리다: der Sturm bricht Bäume um 폭풍이 나무들을 꺾어 넘어뜨린다. **b)** 파헤치다, (땅을) 갈아엎다. **2.** ⟨s⟩ 꺾이어 지면으로 넘어지다. **umbrechen'** ⟨h⟩ [인쇄] (행, 단, 면으로) 조판하다: der nächste Satz muß noch umbrochen werden 식자의 나머지 부분은 아직도 조판이 되지 않으면 안된다. **Umbrecher**, der; -s, - [인쇄] ↑Metteur.

umbringen' ⟨h⟩ 죽이다, 살해하다: einen Menschen mit Gift u. 사람을 독살하다; er hat sich selbst umgebracht 그는 자살하였다; 전의 ein fast nicht umzubringendes Material 《통용어》 매우 견고한 물질; sich für jmdn. fast u. 누구를 위하여 몸을 아끼다.

Umbruch, der; -(e)s, Umbrüche **1.** (정치 분야에서의) 근본적 변혁, 대개혁. **2.** 〈Pl. 없음〉 [인쇄] **a)** 조판. **b)** 조판된 식자. **3.** [농업] 땅을 갈아엎음. **4.** [광] 구부러진 갱도. **Umbruchkorrektur**, die [인쇄] **a)** 일차 조판 교정. **b)** (일차 조판교정 등) 교정쇄, 견본 인쇄. **Umbruchrevision**, die 이차 조판 교정.

umbuchen ⟨h⟩ **1.** [경제] (금액을) 다른 곳에 옮겨 적다, 다른 계좌로 이송하다: dieser Betrag wird umgebucht 이 금액은 다른 곳에 이기(移記)된다. **2.** (여행의) 예약 날짜와 행선지를 변경하다: eine Reise u. 여행의 예약을 변경하다. **Umbuchung**, die; -en 이기(移記), 전기(轉記), 여행의 예약 변경.

umdatieren ⟨h⟩ 일시를 변경하다.
umdecken ⟨h⟩ 덮개를 바꾸다, 식탁을 바꾸어 차리다.
umdekorieren ⟨h⟩ 달리 장식하다, 새로 장식하다.
umdenken' ⟨h⟩ **a)** 생각[사고 방식]을 근본적으로 바꾸다. **b)** 달리 판단하다. **Umdenkprozeß**, der 사고(思考) 전환의 과정.

umdeuten ⟨h⟩ 해석을 바꾸다, 새로운 해석을 하다.
Umdeutung, die; -en 해석의 변경, 신해석.
umdichten ⟨h⟩ (문학 작품을) 개작하다, 다시 쓰다.
Umdichtung, die; -en (문학 작품의) 개작.
umdirigieren ⟨h⟩ (다른 곳으로 가도록) 바꾸어 지시하다: der Transport wurde nach Stuttgart umdirigiert 수송의 행선지가 슈투트가르트로 변경되어 지시되었다.

umdisponieren ⟨h⟩ 배치[배열]를 변경하다.

umdrängen ⟨h⟩ (…의) 주위에 밀어닥치다, 쇄도하다: Menschen umdrängten das Gebäude 사람들이 그 건물의 주위로 밀어닥쳤다.

umdrehen **1.** ⟨h⟩ **a)** 돌리다, 회전시키다, (뒷면으로) 뒤집다: jmdm. den Arm u. 팔을 비틀다; ein Geldstück u. 주화를 뒷면으로 뒤집다. **b)** 반대쪽으로 돌리다: er drehte sich um und ging hinaus 그는 뒤로 돌아 밖으로 나갔다; 전의 einen Spion u. 간첩을 전향시켜 역이용하다. **c)** ⟨u. + sich⟩ 머리를 뒤로 돌리다: sich nach einer Frau u. 머리를 뒤로 돌려 여자를 보다. **d)** (속을) 뒤집다: die Taschen u. und ausbürsten 호주머니를 뒤집어 먼지를 털다. **2.** ⟨h / s⟩ 되돌아가다, 반대 방향으로 방향을 틀다: das Boot dreht um 보트가 반대 방향으로 선회한다. **Umdrehung**, die; -en (반대 방향으로의) 선회, 회전, 반전. **Umdrehung**, die; -en 자전(自轉), (자체) 회전: der Motor macht 4000 -en in der Minute 엔진은 일 분에 4000번 회전한다.

Umdrehungs- [물리·기술]: **~achse**, die 회전축. **~geschwindigkeit**, die 회전 속도. **~zahl**, die ↑ Drehzahl.

Umdruck, der; -(e)s, -e **1.** ⟨Pl. 없음⟩ 석판 인쇄에 의한 전사(轉寫). **2.** 전사법에 의한 인쇄. **umdrucken** ⟨h⟩ **1.** 전사법으로 인쇄하다. **2.** 내용을 바꾸어 인쇄하다. **Umdruckverfahren**, das ↑ Umdruck (1).

umdüstern, sich ⟨h⟩ (아이) 사방이 어둠으로 휩싸이다: der Himmel umdüsterte sich 하늘은 온통 어둠으로 휩싸였다[구름으로 뒤덮였다].

umeinander ⟨Adv.⟩ 서로, 번갈아, 교대로: sie kümmerten sich nicht u. 그들은 상대방에 대해서 서로가 신경을 쓰지 않았다.

umerziehen' 재교육하다. **Umerziehung**, die; -en 재교육.

umfächeln ⟨h⟩ 《시어》 바람이 (누구의) 주위로 살랑살랑 불다: ein warmer Wind umfächelt mich 따뜻한 바람이 나의 주위로 조용히 분다.

umfahren' **1.** ⟨h⟩ 차로 치어 넘어뜨리다: der Betrunkene fuhr ein Verkehrsschild um 음주 운전자가 교통표지판을 치어 넘어뜨렸다. **2.** ⟨s⟩ 《통용어》 길을 돌아가다, 우회로로 가다. **umfahren'** ⟨h⟩ **a)** 주위를 돌다, 비켜가다: das Hindernis umfahren 장애물을 비켜서 가다. **b)** 둘레를 돌다, 맴돌다, 유람하다. **Umfahrt**, die; -en (드물게) ↑Umweg. **Umfahrung**, die; -en **1.** 주항(周航), 일주. **2.** 《österr., schweiz.》 ↑Umgehungsstraße. **Umfahrungsstraße**, die 《österr.》 우회 도로.

Umfall, der; -(e)s, Umfälle 《통용어·폄》 (심경, 생각의) 급변, 표변, 변절. **umfallen'** ⟨s⟩ **1. a)** 전복하다: die Vase ist umgefallen 꽃병이 넘어졌다. **b)** 실신하여 넘어지다: ohnmächtig [tot] u. 실신하여 넘어지다[넘어져 죽다]; 《명사화》 zum Umfallen müde sein 넘어질 정도로 피곤하다. **2.** 《통용어·폄》 변절하다, 생각을 바꾸다: der Zeuge ist wieder umgefallen und weiß von nichts 증인이 다시 태도를 바꾸어 아무것도 모른다고 한다. **Umfaller**, der; -s, - 《통용어·폄》 쉽게 태도를 바꾸는 사람, 변절자.

umfälschen ⟨h⟩ 위조하다, 변조하다, 왜곡하다.

Umfang, der; -(e)s, Umfänge **1. a)** 둘레의 길이, 위: den U. eines Kreises berechnen 원의 둘레를 계산하다. **b)** 넓이, 크기, 굵기, 부피, 몸집: sein Bauch hat einen beträchtlichen U. 그의 배는 꽤나 나왔다. **2.** 음량, 범위: der U. des Schadens 손해의 크기; der

Angeklagte war in vollem Umfang(e) geständig 피고는 전부를 자백하였다. **umfangen'** ⟨h⟩ (아어) 껴안다, 포옹하다, 감싸다: sie umfing ihr Kind 그녀는 그녀의 아이를 껴안았다. [전의] Dunkelheit umfing uns 어둠이 우리를 감싸다. **umfanglich** ['ʊmfɛŋlɪç] ⟨Adj.⟩ 광대한, 범위가 넓은, 부피가 큰, 굵은, 방대한 양의. **umfangmäßig**: ↑umfangsmäßig. **umfangreich** ⟨Adj.⟩ 범위가 넓은, 광대한, 대규모의, 방대한, 음량이 풍부한.

Umfangs-: ~**berechnung**, die 전체 분량의 견적. ~**mäßig**, umfangmäßig ⟨Adj.⟩ 전체의 크기(분량)에 걸맞는(관한). ~**winkel**, der [기하] 원주각(圓周角).

umfärben 색을 다시 칠하다, 염색을 다시 하다. **Umfärbung**, die ⟨-en 다른 색으로 염색하기.

umfassen ⟨h⟩ 1. 테를 바꾸다. 2. ⟨⟨nordd.⟩⟩ 껴안다, 쥐다, 잡다: umgefaßt gehen 껴안고서 가다. **umfassen** ⟨h⟩ 1. (손, 팔로) 껴안다, 포옹하다, 쥐다, 잡다: jmdn. [jmds. Arme] u. 누구(누구의 팔)를 껴안다; [전의] jmdn. mit Blicken u. 누구를 시선으로 사로잡다. 2. a) 둘러싸다, 에워싸다: den Garten mit einer Hecke u. 정원을 생울타리로 둘러싸다. b) ⟨군⟩ 포위하다. 3. 포함[포괄]하다, 지니다: dieser Überblick umfaßt verschiedene Epochen 이 개관은 여러 시대를 포괄하고 있다. **umfassend** 포괄적인, 광대한, 해박한, 두루 미치는: ein -es Geständnis ablegen 전면적인 자백을 하다; jmdn. u. informieren 누구에게 포괄적인 정보를 주다. **Umfassung**, die; -en a) 껴안음, 포옹. b) 포위, 에워쌈, 둘러친 담(울타리). **Umfassungsgraben**, der ⟨옛⟩ 성채 둘레의 못. **Umfassungsmauer**, die 성채 [요새]에 둘러친 장벽, 외벽.

Umfeld, das; -(e)s, -er 1. [심리·사회] 주변 환경: das soziale U. eines Kriminellen 범죄자의 사회적 환경. 2. ⟨드물게⟩ 주변 지역(↑Umgebung).

umfirmieren ⟨h⟩ 회사의 명칭(형태)을 바꾸다(변경하다): in eine Aktiengesellschaft u. 주식 회사로 개칭하다.

umflattern ⟨h⟩ (…의) 둘레에 나부끼다.

umflechten' ⟨h⟩ 떠서(엮어서) 싸다, 편물로 싸다.

umfliegen' ⟨s⟩ 1. 우회하여 날다(비행하다): wegen des Nebels mußten wir weit u. 안개 때문에 우리는 멀리 우회하여 비행해야만 했다. 2. ⟨경⟩ ↑umfallen (1 a, b). **umfliegen'** ⟨h⟩ a) 주위를 맴돌며 날다. b) 피하여 날다: ein Hindernis u. 장해를 피하여 날다.

umfließen' ⟨h⟩ (…을) 돌아서 흐르다, 환류하다, 굽이쳐 흐르다: [전의] ein eng die Figur umfließendes Kleid 신체의 지체에 찰싹 달라붙은 옷.

umfloren [ʊm'floːrən] ⟨h; 과거분사나 재귀동사로⟩ a) 얇은 흑사(黑紗) 베일로 덮다: das Bild des Verstorbenen ist umflort 사망인의 사진이 검은 베일로 덮여 있다. b) ⟨u. + sich⟩ 베일로 덮이다, 흐려지다: ihr Blick umflorte sich 그녀의 시선은 눈물에 가려 흐려졌다; mit von Trauer umflorter Stimme 슬픔에 잠긴 목소리로.

umfluten ⟨h⟩ (아어) ↑umfließen.

umformen ⟨h⟩ 변형하다, 변조하다, 개조하다: einen Roman (ein Gedicht) u. 소설(시)을 변형하다; Gleichstrom zu Wechselstrom u. (전류의) 직류를 교류로 변류하다. **Umformer**, der; -s, - [전기] (전압, 전류, 주파수 등의) 변환기기. **umformulieren** ⟨h⟩ 표현을 바꾸다, 문안을 바꾸다, 새로 표현하다. **Umformung**, die; -en 변형(개조), (전류의) 변환.

Umfrage, die; -n a) 여론 조사, 세론 조사: eine U. (zur[über die] Atomkraft) machen (원자력에 관한) 여론 조사를 하다; etw. durch eine U. ermitteln 무엇을 여론 조사를 통해 알아내다. b) (해당 부서에) 앙케트 조

사, 설문 조사[조회]. **Umfrageergebnis**, das 여론 조사의 결과. **umfragen** ⟨h; 부정형과 과거분사로⟩ 여론 조사를 하다.

umfrieden, ⟨드물게⟩ **umfriedigen** [ʊm'fri:dɪgn] ⟨h⟩ (아어) ↑einfried(ig)en. **Umfriedigung**, ⟨혼히⟩ **Umfriedung**, die; -en 1. ⟨Pl. 없음⟩ 담(울타리)를 둘러치기. 2. 담, 울타리.

umfrisieren ⟨h⟩ [통용어] **a)** 변경하다, 약점을 감추기 위해 변조하다. **b)** [자동사] ↑frisieren (2 b).

umfüllen ⟨h⟩ 옮겨 붓다(채우다), 그릇을 바꾸어 채우다. **Umfüllstutzen**, der [기술] 옮겨 채우기 위한 작은 연결관. **Umfüllung**, die; -en 옮겨 붓기(채우기).

umfunktionieren ⟨h⟩ 기능을 변경시키다, 원래의 목적과는 달리 사용하다: eine Vorlesung in ein Happening u. 강의를 하나의 해프닝으로 만들다. **Umfunktionierung**, die; -en 기능 변경, 기능 개조.

Umgang, der; -(e)s, Umgänge 1. ⟨Pl. 없음⟩ **a)** 교제, 사교, 인간 관계: mit jmdm. U. haben 누구와 교제하다; durch den U. [im U.] mit Ausländern hat er seine Sprachkenntnisse erweitert 그는 외국인과의 교제를 통해 언어 실력을 향상시켰다; jmd. ist für jmdn. kein U. 누구는 누구에게 교제할 만한 상대자가 아니다. **b)** 관계, 관련, 종사, 다룸: der U. mit Büchern 책과의 친숙한 관계. 2. **a)** [미술·건축] 회랑(↑Rundgang (2)). **b)** 기도 행렬, 행진, (…의) 주위를 도는 예배 행렬.

umgänglich ⟨Adj.⟩ 사교적인, 상냥한, 교제하기를 좋아하는, 붙임성 있는: seine Frau war früher umgänglicher 그의 부인은 옛날 더 사교적이었다. **Umgänglichkeit**, die 사교성.

umgangs-, **Umgangs-**: ~**form**, die ⟨대개 Pl.⟩ 사교[교제] 형식, 예식, 예의범절, 에티켓: gute (schlechte] -en haben 좋은[나쁜] 에티켓을 가지다. ~**sprache**, die 1. [언어] **a)** (표준어와 방언 사이에 위치한) 일상어, 구어. **b)** 속어, 비어, 슬랭. 2. 통용어, (특정 집단에서의) 사용어. ~**sprachlich** ⟨Adj.⟩ 일상어의, 통용어의, 구어적인. ~**ton**, der ⟨Pl. …töne⟩ 교제 방식, 교제시의 어투[화법], 교제시의 품격: im Betrieb herrscht ein herzlicher U. 기업체 안에서는 다정한 말투가 지배적이다.

umgarnen [ʊm'garnən] ⟨h⟩ 야양떨다, 아첨하다, 감언이설로 현혹하다: mit schönen Worten umgarnte sie ihren Chef 그녀는 그럴싸한 말로 그녀의 상관을 사로잡았다. **Umgarnung**, die; -en ↑umgarnen의 명사형.

umgaukeln ⟨h⟩ (아어) 주위를 나풀나풀 날아다니다.

umgeben' ⟨h⟩ **a)** 입히다, 걸치게 하다, 씌우다: gib dem Kind lieber ein Cape um! 아이에게 차라리 케이프를 걸쳐 주어라! **umgeben'** ⟨h⟩ **a)** 에워[둘러]싸다, 두르다: sie umgaben ihr Haus mit einer Hecke 그들은 생울타리로 집을 둘러쌌다; [전의] jmdn. mit Liebe u. 누구를 사랑으로 감싸다. **b)** 둘러싸다, 둘러싸인 상태로 있다: eine Hecke umgibt das Haus 생울타리가 집을 둘러싸고 있다; er war rings von Feinden umgeben 그는 적들로 빙 둘러싸여 있었다.

Umgebinde, das; -s, - {토목·ostmd.⟩ (지붕을 떠받치는) 대들보, 기둥.

Umgebung, die; -en **a)** 주위의 지역, 주변, 주위 환경[경치]: eine schöne U. 아름다운 (매혹적이)주변 지역. **b)** 주위 사람, 측근자, 주위 세계[환경]: er versuchte, sich der neuen U. anzupassen 그는 새로운 주위 환경에 적응하려고 노력했다; aus der U. des Kanzlers 수상의 측근으로부터.

Umgegend, die; -en ⟨통용어⟩ 주위 지역, 인근 지역, 교외, 근교.

umgehen' ⟨s⟩ 1. **a)** 돌아다니다, 유포되다, 퍼지다: ein Gerücht [die Angst] geht um 소문[불안]이 퍼진다. **b)**

(유령이) 출몰하다, 돌아다니다. **2.** 무엇을 꾀하다, 무엇을 흉중에 품다: mit einem Plan[einem Gedanken] u. 계획[생각]을 흉중에 가지다. **3. a)** 다루다, 취급하다: grob mit jmdm. [etw.] u. 누구[무엇]을 함부로 다루다; freundlich miteinander u. 서로가 친절하게 대하다; mit Geld nicht u. können 돈을 (제대로) 취급할 줄 모르다[항상 너무 많이 쓰다]. **b)** (누구와) 교제하다, 사귀다: niemand mochte mit ihm u. 아무도 그와 사귀고자 하지 않았다; sie gehen schon lange miteinander um 그들은 이미 오래 전부터 서로 사귀고 있다; [속담] sage mir, mit wem du umgehst, und ich sage dir, wer du bist 사귀는 사람을 보면 그 사람을 알 수 있다. **4.** 《nordd.》우회하다. **umgehen'** ⟨h⟩ **a)** 우회하다, 길을 빙 돌아가다. **b)** 피하다, 비켜 가다. **c)** 무시하다: Gesetze u. 법을 무시하다[법망을 빠져나가다]. **umgehend** ⟨Adj.⟩ 금방, 즉각, 곧장: er schickte u. das Geld 그는 곧장 돈을 보냈다. **Umgehung**, die; -en **1.** 우회, 회피, 무시. **2.** ↑Umgehungsstraße 의 약칭. **Umgehungsgefäß**, das [의학] ↑Kollateralgefäß. **Umgehungsstraße**, die 우회도로.

umgekehrt ⟨Adj.⟩ 역의, 반대의, 거꾸로의, 반대쪽의: in -er Reihenfolge 역순으로.

umgestalten ⟨h⟩ 변형(변조)하다, 개조하다, 개혁하다: einen Hof zu einem Spielplatz u. 마당을 놀이터로 개조하다. **Umgestaltung**, die; -en 변형, 변조, 개조, 변혁.

umgießen' ⟨h⟩ **1.** 옮겨 붓다, 딴 그릇으로 옮겨 따르다. **2.** (금속을) 다른 형태로 주조하다. **3.** 《통용어》(실수로) 내용물을 엎지르다[쏟다]: wer hat die Milch umgegossen? 누가 우유를 엎질렀는가?

umgittern ⟨h⟩ 격자(格子)로 둘러싸다, 주위에 격자를 대다. **Umgitterung**, die; -en **a)** 격자로 둘러쌈. **b)** 격자, 창살.

umglänzen ⟨h⟩ 《시어》(…의) 주위를 빛내다, 빛으로 둘러싸다.

umgolden ⟨h⟩ 《시어》금빛으로 감싸다.

umgraben' ⟨h⟩ (땅을) 파서 뒤집다, 파 일구다: ein Beet[den Garten] u. 화단[정원]을 파 뒤집다. **Umgrabung**, die; -en (땅을) 파서 뒤집기.

umgreifen' ⟨h⟩ **1.** 손 잡는 법을 바꾸다. **2.** 《드물게》퍼지다, 만연하다, 뻗치다: die Berge griffen weit um 산들이 멀리 뻗쳐 있었다. **umgreifen'** ⟨h⟩ **1.** (손으로) 잡다, 쥐다, 붙들다. **2.** 포함하다, 포괄하다, 내포하다.

umgrenzen ⟨h⟩ 빙 둘러 경계를 짓다: eine Hecke umgrenzt das Grundstück 생울타리가 대지를 빙 둘러 경계를 짓고 있다; [전의] (과거분사로) ein klar umgrenztes Aufgabengebiet 명확하게 한정된 과제 영역. **Umgrenzung**, die; -en **a)** 제한, 한정, 경계 짓기. **b)** 경계선.

umgründen ⟨h⟩ [경제] 기업의 법적 형태를 바꾸다: eine Kommanditgesellschaft in eine Aktiengesellschaft u. 합자 회사를 주식 회사로 변경하다. **Umgründung**, die; -en (기업의) 법적 형태의 변경.

umgruppieren ⟨h⟩ 재편성하다, 재정돈하다. **Umgruppierung**, die; -en 재편성, 재정돈.

umgucken, sich ⟨h⟩ 《통용어》**a)** 주위를 둘러보다: [성구] du wirst dich noch u.! 너는 아마 깜짝 놀랄 걸! **b)** 뒤돌아보다: er ging, ohne sich (nach mir) umzugucken 그는 (나를) 뒤돌아 보지도 않고 갔다.

umgürten ⟨아ー·준고어⟩ 띠로 두르다, 허리에 차다: er hat (sich) das Schwert umgegürtet 그는 칼을 허리에 찼다. **umgürten'** ⟨아ー·준고어⟩ 띠를 두르다.

umhaben' ⟨h⟩ 《통용어》몸에 입고[지니고, 걸치고, 두르고, 차고] 있다: einen Mantel[eine Schürze] u. 외투를 입고 있다[앞치마를 걸치고 있다].

umhacken ⟨h⟩ **a)** 잘라서 넘어뜨리다: einen Baum u. 나무를 잘라 넘어뜨리다. **b)** 괭이로 파 뒤집다: die Erde u. 땅을 괭이로 파 뒤집다.

umhäkeln ⟨h⟩ (무엇의) 가장자리를 코바늘로 둘러 뜨다.

umhalsen ⟨h⟩ (누구의) 목을 껴안다, 포옹하다: er umhalste seinen Vater 그는 자기 아버지의 목을 껴안았다. **Umhalsung**, die; -en 목을 껴안음, 포옹.

Umhang, der; -(e)s, Umhänge 어깨에 걸치는 옷, 숄, 케이프.

Umhänge-, 《드물게》**Umhäng-**: **~beutel**, der 어깨에 걸치고 다니는 주머니. **~tasche**, die 어깨에 걸치고 다니는 작은 가방[핸드백]. **~tuch**, das 어깨걸이, 숄, 목도리.

umhängen ⟨h⟩ **1.** 바꿔 걸다, 옮겨 걸다. **2.** (목이나 어깨에) 걸치다, 걸쳐 주다: jmdm. [sich] einen Mantel u. 누구에게 외투를 걸쳐 주다[외투를 걸쳐 입다]. **umhängen'** ⟨h⟩ **1.** 둘레에 걸다, 드리워 싸다: das Rednerpult mit Fahnen u. 연단 주위를 깃발로 장식하다. **2.** (…을) 휘감다, 휘감아 드리우다. **Umhangtuch**, das 《드물게》↑Umhängetuch.

umhauen' ⟨h⟩ **1. a)** 도끼로 베어 눕히다: er ließ den Baum u. 그는 나무를 도끼로 눕히도록 했다. **b)** 《통용어》한 대 쳐서 거꾸러뜨리다, 때려 눕히다: einen Angreifer u. 공격하는 사람을 때려서 넘어뜨리다. **2.** 견딜 수 없게 만들다: die Hitze im Saal hat viele Leute umgehauen 홀 안의 더위 때문에 많은 사람들이 견딜 수 없었다; [성구] das haut einen um! 《경》그것은 사람을 깜짝 놀라게 하다.

umheben' [ʊm'heːbn̩] ⟨h⟩ [인쇄] 조판의 일부를 변경하다(다시 하다).

umhegen ⟨h⟩ (아어) **1.** 애정으로 돌보다. **2.** 《준고어》주위에 두르다, 울타리를 치다.

umher ⟨Adv.⟩ 빙 둘러, 주위에, 근처에, 사방에, 이리저리: weit u. lagen Trümmer 폐허 더미가 주위 사방에 널려 있었다.

umher- (↑herum-): **~blicken** ⟨h⟩ 사방을 둘러보다, 두리번거리다. **~fahren'** ⟨s⟩ (차를 타고) 이리저리 돌아다니다. **~flattern** ⟨s⟩ ↑herumflattern (1). **~fliegen'** ⟨s⟩ **1.** 이리저리 날다. **2.** 사방으로 흩어져 날다. **~gehen'** ⟨s⟩ 이리저리 걸어다니다, 배회하다. **~irren** ⟨s⟩ (길을 몰라) 이리저리 방황하다: in der Gegend u. 그 근처에서 방황하다. **~jagen 1.** ↑herumjagen (1). **2.** ⟨s⟩ 이곳저곳 쫓아다니다. **~laufen'** ⟨s⟩ **1.** 이리저리 걸어다니다. **2.** ↑herumlaufen (4). **~liegen'** ⟨s⟩ ↑herumliegen (2 b). **~reisen** ⟨s⟩ 정처 없이 여행하다, 이리저리 여행하다. **~schauen** ⟨h⟩ (지역적) ↑~blicken. **~schleichen'** ⟨s⟩ ↑herumschleichen (1). **~schlendern** ⟨s⟩ ↑herumschlendern. **~schweifen** ⟨s⟩ 이리저리 떠돌아다니다, 유랑하다: er schweift in der Gegend umher 그는 그 주위에서 이리저리 떠돌아다닌다; [전의] seine Augen im Zimmer u. lassen 방 안에서 여기저기 두리번거리다. **~schwirren**: ↑herumschwirren. **~spähen** ⟨h⟩ ↑~blicken. **~springen'** ⟨s⟩ ↑herumspringen. **~stolzieren** ⟨s⟩ 《통용어》↑herumstolzieren. **~streifen** ⟨s⟩ ↑herumstreifen. **~streuen** ⟨h⟩ 《쯤》여기저기 뿌리다. **~streunen** ⟨s⟩ 《쯤》↑herumstreunen. **~strolchen**, **~stromern** ⟨s⟩ 《통용어·쯤》이리저리 쏘다니다, 이곳저곳 떠돌아다니다. **~taumeln**, **~torkeln** ⟨s⟩ 비틀거리며 돌아다니다. **~tragen'** ⟨h⟩ ↑herumtragen (1). **~treiben' 1.** ⟨h⟩ ↑herumtreiben (1). **2.** ⟨s⟩ 떠돌아다니다, 표류하다: ein Stückchen Holz treibt in den Wellen umher 나무 한 조각이 파도에 떠다닌다. **3.** (u. + sich) ⟨h⟩ 정처없이 떠돌아다니다: sich in der

Gegend [in den Straßen] u. 그 근처[거리]에서 정처없이 떠돌아 다니다. ~**wandern** ⟨s⟩ 유랑[방랑]하다, 편력하다. ~**wirbeln 1.** ⟨h⟩ ↑herumwirbeln (1). **2.** ⟨s⟩ ↑herumwirbeln (2). ~**ziehen'** ⟨s⟩ ↑~gehen.
umhinkommen' ⟨s; 부정으로만⟩ 《드물게》 ↑umhinkönnen. **umhinkönnen'** ⟨h; 부정으로만⟩ 비켜갈 수 있다, 피할 수 있다: ich kann nicht umhin, die Einladung anzunehmen 나는 그 초청을 받아들일 수밖에 없다.
umhören, sich ⟨h⟩ (여러 사람의 말을) 두루 들어보다, 여기저기서 들어보다: ich werde mich (danach) u. 나는 (그것에 대해서) 두루 들어보겠다.
umhüllen ⟨h⟩ 싸다, 덮다, 말다, 입다. **Umhüllung**, die; -en 쌈, 덮음, 쌈, 덮는것, 덮개, 베일.
Umiak ['u:miak], der / das; -s, -s [eskim. umiaq] (에스키모 인의) 여성용 보트.
Uminterpretation, die; -en 다른 해석, 신 해석. **uminterpretieren** ⟨h⟩ 다르게 해석하다, 새로이 해석하다.
umjubeln ⟨h⟩ 에워싸고 환호하다, 열광적으로 환영하다: der Sieger wurde von allen umjubelt 승자는 모든 사람들로부터 열광적인 환영을 받았다.
umkämpfen ⟨h; 대개 과거분사로⟩ (무엇을 얻으려고) 격전을 벌리다, 전투하다, 투쟁하다: ein heiß umkämpfter Sieg 격전 후의 승리.
Umkarton, der; -s, -s 보르 상자, (포장용) 마분지[판지] 상자.
Umkehr, die (반대 방향으로의) 전환, 귀환, 후퇴; sich vor dem Erreichen des Gipfels zur U. entschließen 정상에 도달하기 전에 귀환을 결정하다; 전의 in diesem Stadium gibt es keine U. 이 단계에서 후퇴란 없다. **umkehrbar** [...ke:ɐ̯baːɐ̯] ⟨Adj.⟩ 뒤집을 수 있는, 역(逆)이 가능한, 도치할 수 있는: diese Behauptung ist u. 이 주장은 그 역(逆)도 가능하다. **Umkehrbarkeit**, die 전환 가능, 가역성(可逆性). **umkehren 1.** ⟨s⟩ 돌아가다, 귀환하다, 복귀하다: auf halbem Wege u. 도중에서 되돌아가다. **2.** ⟨h⟩ 《드물게》 **a)** (반대 방향으로) 돌리다, 뒤집다: einen Tisch [ein Blatt Papier] u. 책상을 반대쪽으로 돌리다 [종이 한 장을 뒤집다]; 전의 bei diesem Gedanken kehrte sich ihm das Innerste [alles] um 이 생각을 하자 그는 속이 온통 뒤집혔다. **b)** ⟨u. + sich⟩ 몸을 (뒤로) 돌리다, 반대 방향으로 돌리다: sich noch einmal (nach jmdm.) u. (누구를 향해) 다시 한번 몸을 돌리다. **c)** 뒤집다: Strümpfe u. 양말을 뒤집다; das ganze Haus (nach etw.) u. (무엇을 찾기 위해) 온 집을 샅샅이 뒤지다 (수색하다). **3.** ⟨h⟩ **a)** 반전시키다, 역전시키다. **b)** ⟨u. + sich⟩ 반전되다, 거꾸로 되다, 역전되다. **Umkehrfarbfilm**, der, **Umkehrfilm**, der [사진] 반전(反轉) 필름, 슬라이드용 필름(반대: Negativfilm). **Umkehrfunktion**, die [수학] 역함수. **Umkehrung**, die; -en **1.** 반전, 역전, 뒤집음, 전환, 도치. **2.** [음악] **a)** 음정의 전회(轉回). **b)** 화음의 전회. **c)** 전회를 통한 음정(화음).
umkippen 1. ⟨s⟩ **a)** (차, 배 등이) 뒤집히다, 전복되다, 넘어지다, 쓰러지다: die Leiter kippte um 사다리가 넘어졌다; er ist mit dem Stuhl umgekippt 그는 의자와 함께 옆으로 쓰러졌다. **b)** 《통용어》 실신하여 쓰러지다. **c)** 《통용어 · 폄》 (사상, 신조를) 바꾸다, 변절하다, (태도를) 굽히다: im Kreuzverhör kippte der Zeuge um 집중적인 (교차) 심문에서 증인은 자기의 태도를 굽혔다. **d)** 《통용어》 표변하다, 돌변하다: die Stimmung im Saal kippte plötzlich um 홀 안의 분위기가 갑자기 바뀌었다. **e)** 《통용어》 (오래되어) 변질되다. **f)** 《은어》 (물이 생물학적으로) 죽다. **2.** ⟨h⟩ (잘못하여) 쓰러뜨리다, 넘어뜨리다, 전복시키다.

umklammern ⟨h⟩ 꽉 붙들다, 움켜쥐다, 꽉 잡다: jmdn. (mit beiden Armen) u. 누구를 (두 팔로) 껴안다; 전의 Furcht umklammerte ihn 그는 공포에 사로잡혔다. **Umklammerung**, die; -en ↑umklammern의 명사형.
umklappbar ['ʊmklapbaːɐ̯] ⟨Adj.⟩ (의자 따위를) 젖힐 수 있는. **umklappen 1.** ⟨h⟩ (다른 쪽으로) 젖히다, 접어 개다, 걷어 올리다: die Rücklehne eines Autositzes u. 자동차 의자의 등받이를 젖히다. **2.** ⟨s⟩ 《통용어》 실신하다, 기절하다.
Umkleide ['ʊmklai̯də], die; -n 《통용어》 ↑Umkleideraum. **Umkleidekabine**, die; -n 갱의실(更衣室). **umkleiden** ⟨h⟩ 《아이》 ↑umziehen (2): 〈명사화〉 jmdm. beim Umkleiden behilflich sein 누구가 옷을 바꿔 입는 것을 도와 주다. **umkleiden** ⟨h⟩ 씌우다, 덮다, 가리다: einen Kasten mit grünem Tuch u. 상자를 초록색의 보로 덮다. **Umkleideraum**, der; -(e)s, ...räume 갱의실. **Umkleidung**, die; -en《드물게》 옷을 바꿔 입음. **Umkleidung**, die; -en **1.** 덮어 씌움. **2.** 덮어 씌우는 것, 씌우개.
umknicken 1. ⟨h⟩ **a)** 접다: ein Blatt Papier u. 종이 한 장을 접다. **b)** 구부리다, 꺾다, 부러뜨리다. **2.** ⟨s⟩ 부러지다, 꺾이다. **3.** ⟨s⟩ (발이) 삐다: er ist (mit dem Fuß) umgeknickt 그는 발을 삐었다.
umkommen' ⟨s⟩ **1.** (사고나 천재로) 생명을 잃다, 죽다: im Krieg [bei einem Erdbeben] u. 전쟁에서 [지진이 나서] 죽다; 성구 du wirst nicht gleich u. 《통용어》 너는 금방 죽지 않아 (아무렇지도 않아). **2.** 《통용어 · 정서》 (죽을 정도로) 견디다, 죽을 지경이다: u. vor Hitze [Angst] 더위 [불안]를 도저히 견딜 수 없다; 〈명사화〉 die Luft war zum Umkommen 공기가 몹시 나빴다. **3.** (식품등이) 부패하다, 썩다: nichts u. lassen 그 무엇도 썩도록 내버려두지 않다.
umkopieren ⟨h⟩ [사진] (필름을) 복제하다.
umkrallen ⟨h⟩ 발톱으로 움켜잡다 [움켜쥐다].
umkrampfen ⟨h⟩ 발작적으로 [경련을 일으키면서] 움켜잡다.
umkränzen ⟨h⟩ 화환으로 장식하다, 화환으로 둘러싸다: 전의 der See ist von Wäldern umkränzt (그) 호수는 숲의 화환으로 둘러싸여 있다. **Umkränzung**, die; -en 화환으로 둘러쌈, 화환 장식.
Umkreis, der; -es, -e **1.** 〈Pl. 없음〉 주변 지역, 주위, 인근 지역: im U. der Stadt 도시의 주변 지역에서; 80 km im Umkreis [im U. von 80 km] 주변 80 km 내의 지역에서; 전의 im U. der Parteivorsitzenden 당수의 주변에 (측근에). **2.** [기하] 외접원: der U. eines Dreiecks 삼각형의 외접원. **umkreisen** ⟨h⟩ 둘레를 돌다, 회전하다: die Planeten umkreisen die Sonne 혹성들이 태양의 둘레를 돌다; 전의 seine Gedanken umkreisten das Thema 그의 생각은 테마의 주위를 맴돌았다. **Umkreisung**, die; -en ↑umkreisen의 명사형.
umkrempeln ⟨h⟩ **1.** ↑aufkrempeln. **2.** 뒤집다: Strümpfe u. 양말을 뒤집다; 전의 das ganze Haus (nach etw.) u. (무엇을 찾기 위하여) 온 집을 수색하다. **3.** 《통용어》 완전히 바꾸다, 근본적으로 변경하다: einen Menschen u. 한 인간의 성격을 근본적으로 개조하다. **Umkrempe(l)ung**, die; -en ↑umkrempeln의 명사형.
Umlad ['ʊmlaːt], der; -s 《schweiz.》 화물을 갈아 [옮겨] 실음. **Umladebahnhof**, der; -(e)s, ...höfe 화물을 갈아 싣거나 옮겨 싣는 역. **umladen'** ⟨h⟩ **1.** 화물을 옮겨 싣다. **2.** 화물을 바꿔 싣다: einen Frachter u. 화물선의 짐을 바꿔 싣다; 〈4격 목적어 없이〉 wir haben auf Malta umgeladen 우리는 말타에서 화물을 바꿔 실었다.

Umladung, die; -en 화물을 옮겨[바꿔] 실음.
Umlage, die; -n 할당액, 분담금, 부과금: die U. beträgt 35 Mark pro Person 일인당 할당액은 35마르크 다.
umlagern ⟨h⟩ (다른 보관 장소로) 옮기다. **umlagern** ⟨h⟩ 에워싸다, (…의) 주위로 몰려들다, 포위하다. **Umlagerung**, die; -en 다른 보관 장소로 옮기기.
Umland, das; -(e)s 주변 지역.
umlassen* ⟨h⟩ 《통용어》 걸친[입은] 채로 놓아두다.
umlauern ⟨h⟩ 사방에서 엿보다, 주위에서 숨어 기다리다.
Umlauf, der; -(e)s, Umläufe 1. a) 《Pl. 없음》 회전, 원 운동, (천체의) 공전: der U. der Erde um die Sonne 태양의 둘레를 도는 지구의 공전. **b)** 선회. 2. 《Pl. 없음》 (혈액의) 순환: der U. des Blutes im Gefäßsystem 혈관 계통의 혈액 순환. 3. 《Pl. 없음》 유포, 유통: diese Münze ist seit zehn Jahren in[im] U. 이 주화는 10년 전부터 유통되고 있다; in U. bringen[geben, setzen] 유통시키다[유포시키다, 퍼뜨리다]; Geldscheine aus dem U. ziehen 지폐를 유통에서 제거하다; ein Wort kommt in U. 한 단어가 최근에 널리 퍼지고 있다. 4. 회람문, 통문. 5. ↑Panaritium. 6. 《승마》 《장애물 경기의》 전과정 일주. 7. 《경제·교통》 유통 기간, (차량, 선박의) 회송 시간.
Umlauf-: **~bahn**, die 《천문·우주》 (천체, 인공 위성의) 궤도: einen Satelliten in eine U. um die Erde schießen 인공 위성을 지구 궤도로 쏘아 올리다. **~berg**, der 《지질》 (강)물줄기의 변형으로 생긴 강 가운데의 산. **~(s)geschwindigkeit**, die 회전 속도. **~kühlung**, die 《기술》 (물에 의한) 회전 냉각. **~vermögen**, das 《경제》 유동 자산(반대: Anlagevermögen). **~(s)zeit**, die 1. (천체의) 공전 주기, (혈액의) 순환 주기. 2. 《경제·교통》 유통 기간, (차량, 선박의) 회송 시간.
umlaufen* 1. ⟨s⟩ (…을) 부딪쳐 넘어뜨리다 달리다. 2. ⟨s⟩ (잘못하여) 우회하다, 빙 돌아가다. 3. 《대개 현재분사로》 **a)** ⟨s⟩ 회전하다, 원 운동을 하다, (천체가) 공전하다, 선회하다. **b)** ⟨s⟩ (축을 중심으로) 돌다, 회전하다. **c)** 빙 둘러 나 있다. **d)** 《기상》 (바람이) 방향을 끊임없이 바꾸다. 4. ⟨s⟩ 순환하다, (혈액이) 돌다. 5. ⟨s⟩ 유통하다, 유포되다, 퍼지다: über ihn laufen Gerüchte um 그에 관한 갖가지 소문이 나돌고 있다. **umlaufen'** ⟨h⟩ (…의) 주위를 회전하다[선회하다]: der Mond umläuft die Erde 달은 지구 둘레를 선회한다. **Umläufer**, der; -s, - (österr.) ↑Umlauf (4).
Umlaut, der; -(e)s, -e 《언어》 1. 《Pl. 없음》 모음의 변음. 2. 변모음. **umlauten** ⟨h; 대개 피동태로⟩ 《언어》 변모음화하다. **Umlautung**, die; -en 변모음화.
Umleg(e)kalender, der; -s, - (일, 주, 월 단위로 된) 카렌다. **Umleg(e)kragen**, der; -s, - 《재봉》 깃이 높은 칼라. **umlegen** ⟨h⟩ 1. 휘감다, 걸치게 하다, 입히다: jmdm. [sich] einen Verband u. 누구에게 붕대를 감아 주다[붕대를 감다]. 2. 누이다, 넘어뜨리다, 눕히다: Bäume u. 나무를 베어 눕히다; der Regen hat das Getreide umgelegt 비가 곡식을 쓰러뜨렸다; 《또한》 u. + sich 》 das Getreide hat sich umgelegt 곡식이 넘어졌다. 3. 젖히다, 접다: den Kragen u. (옷의) 칼라를 젖히다. 4. **a)** 《통용어》 때려눕히다: jmdn. mit einem Boxhieb u. (권투에서) 누구를 한 방으로 때려눕히다. **b)** 《경》 쏘아 죽이다, 사살하다. **c)** 《속어》 성교하다: ein Mädchen u. 처녀와 성교하다. 5. **a)** 옮기다, (위치를) 바꾸다: einen Kranken u. 환자를 다른 병실로 옮기다. **b)** (다른 곳에) 부설하다, 옮기다: ein Telefongespräch u. 다른 전화 가입자로 통화하다. **c)** (기일을) 변경하다. 6. 배분하다, 할당하다, 부과하다: die Ausgaben auf die Beteiligten u. 지출 경비를 참가자들에게 할당하다.

umlegen ⟨h⟩ 둘러싸다, 빙 둘러 장식하다. **Umlegung**, die; -en ↑umlegen의 명사형.
umleiten ⟨h⟩ 우회시키다, 다른 방향으로 돌리다: einen Zug u. 기차를 우회시키다. **Umleitung**, die; -en 1. 우회. 2. 우회로: eine U. fahren (차가) 우회로로 가다. **Umleitungsschild**, das 우회로 표지판.
umlenken ⟨h⟩ 1. **a)** 진로를 반대 방향으로 돌리다, 다른 쪽으로 향하게 하다: den Wagen u. 차를 돌리다. **b)** 방향을 틀다, 되돌리다: der Fahrer lenkte um 운전자가 방향을 돌렸다. 2. 다른 방향으로 유도하다: der Lichtstrahl wird umgelenkt 광선이 다른 방향으로 유도된다. **Umlenkung**, die; -en ↑umlenken의 명사형.
umlernen ⟨h⟩ 1. 다르게 하는 법을 배우다, 달리 생각하는 법을 배우다, 다시 배우다. 2. 다른 것[다른 직업·다른 방]을 배우다.
umliegend ⟨Adj.⟩ 부근의, 주변의, 근처에 있는: die -en Dörfer 부근에 있는 마을들.
Umluft, die 《기술》 환기된 공기. **Umluftanlage**, die 환기 장치.
ummachen ⟨h⟩ 《통용어》 바꾸다, 변경하다, 다르게 만들다.
ummanteln ⟨h⟩ 《전문어》 외피(外皮)를 두르다. **Ummantelung**, die; -en 《전문어》 1. 외피[외벽]을 두름. 2. 외피, 피복, 외벽, 겉통.
ummauern ⟨h⟩ 주위에 담을 쌓다, 외벽으로 둘러싸다. **Ummauerung**, die; -en 1. 외벽을 두름. 2. 외벽, 주벽.
ummelden ⟨h⟩ (명의, 주소의) 이전[변경] 신청을 하다. **Ummeldung**, die; -en 이전 신고, 변경 신고.
ummodeln ⟨h⟩ 변형하다, 개조하다, 개작하다. **Ummodelung, Ummodlung**, die; -en 변형, 개조, 개작.
ummünzen ⟨h⟩ 1. (전환시켜) 이용하다, 활용하다: wissenschaftliche Erkenntnisse in technische Neuerungen u. 학문적인 인식을 기술 혁신에 활용하다. 2. 《폄》 왜곡하여 해석하다, (어거지로) 다른 의미를 부여하다: eine Niederlage in einen Sieg[zu einem Sieg] u. 패배를 승리라고 억지 주장을 하다. **Ummünzung**, die; -en ↑ummünzen의 명사형.
umnachten ⟨h⟩ 《아어》 (정신을) 착란시키다, 몽롱하게 하다, 흐릿하게 하다: der Wahnsinn umnachtet jmds. Verstand 광기가 누구의 이성을 혼미하게 만든다; 《과거분사로》 geistig umnachtet sein 정신이 혼미하다[정신 착란이다]. **Umnachtung**, die; -en 《아어》 광기, 정신 착란, 혼미.
umnähen ⟨h⟩ (무엇을) 싸서 단단히 꿰매다.
umnebeln ⟨h⟩ 1. (…을) 안개로 뒤덮다[감싸다]. 2. (시선, 정신을) 몽롱하게 하다, 흐리게 하다: mit umnebeltem Blick 몽롱한 시선으로. **Umnebelung, Umneblung**, die; -en ↑umnebeln의 명사형.
umnehmen* ⟨h⟩ 《통용어》 몸에 걸치다[입다].
umnieten ⟨h⟩ 《경》 쏘아 넘어뜨리다, 쏘아서 죽이다.
umnumerieren 번호를 달리[새로이] 매기다.
umordnen 달리[새로이] 정돈하다, 배치를 바꾸다. **Umordnung**, die; -en 배열 변경, 재정돈, 재정리.
Umorganisation, die; -en 개편된 조직[기구, 편제], 조직 개편. **umorganisieren** ⟨h⟩ 조직을 개편하다, 편성을 변경하다, 재편성하다: das Schulwesen u. 학교제도를 개편하다. **Umorganisierung**, die; -en 조직 개편, 재편성.
umorientieren, sich ⟨h⟩ (자기의) 입장을 재정립하다, 방향 설정을 바꾸다. **Umorientierung**, die; -en 입장의 재정립, 새로운 방향 설정.
umoristico [umoˈrɪstiko] ⟨Adv.⟩ [ital. umoristico]

[음악] 유쾌하게, 명랑하게, 익살스럽게.
umpacken ⟨h⟩ **1.** (다른 용기에) 짐을 옮겨 꾸리다: in einen Koffer u. 허름을 트렁크에 옮겨 꾸리다[포장하다, 싸다]. **2.** 짐을 다시 꾸리다: den Koffer u. 트렁크의 짐을 다시[바꿔서] 꾸리다.
umpflanzen ⟨h⟩ 식물을 옮겨 심다, 이식하다, 갈아 심다. **umpflanzen** ⟨h⟩ (식물을) 주위에 심다, (식물을 심어) 둘러싸다: den Rasen mit Blumen u. 잔디밭 둘레에 꽃을 심다. **Umpflanzung**, die; -en 이식, 옮겨 심기.
umpflügen ⟨h⟩ 쟁기로 갈아 젖히다[넘기다].
Umpire ['Ampaɪə], der; -, -s [engl. umpire] [스포츠] 심판원.
umpolen ⟨h⟩ [물리·전기] 전극을 교환하다. **Umpolung**, die; -en 전극 교환.
umprägen ⟨h⟩ 주화를 개조하다: 전의 etw. prägt jmdn. [jmds. Charakter] um 무엇이 누구[누구의 성격]를 바꾸다[변화시키다]. **Umprägung**, die; -en ↑umprägen의 명사형.
umprogrammieren ⟨h⟩ [전산] 프로그램을 바꾸다 [고치다]. **Umprogrammierung**, die; -en 프로그램 교환[수정].
umpumpen ⟨h⟩ 펌프로 (무엇을) 갈아 채우다.
umpusten ⟨h⟩ 《통용어》 불어서 넘어뜨리다.
umquartieren ⟨h⟩ 다른 숙소(거처)로 옮기게 하다. **Umquartierung**, die; -en 숙소 이전, 전숙(轉宿).
umrahmen ⟨h⟩ **1.** (액자(틀)로) 에워싸다, 액자에 넣다: ein Bart umrahmt sein Gesicht 수염이 그의 얼굴을 둘러싸고 있다. **2.** (무엇에) 일정한 틀을 부여하다: einen Vortrag mit Musik[musikalisch] u. 강연 전후에 음악을 연주하다. **Umrahmung**, die; -en **1.** ↑umrahmen의 명사형. **2.** 액자, 틀.
umranden [ʊmˈrandn̩] ⟨h⟩ 테를 두르다, 테두리를 하다: mit Rotstift u. 빨간 연필로 테를 두르다. **umrändert** ⟨Adj.⟩ 테를 두른, 빙 둘러 장식을 한. **Umrandung**, die; -en **1.** 테를 두르기. **2.** 테, 가장자리.
umrangieren ⟨h⟩ (기차를) 측선(側線)으로 이동시키다: einen Zug[einen Waggon] u. 열차를 측선으로 옮기다(차량을 재편성하다). **2.** (열차가) 선로를 바꿔서 가다: die Lok muß u. 기관차는 다른 선로로 가지 않으면 안된다.
umranken ⟨h⟩ 덩굴로 휘감다: Efeu umrankt das Fenster 담쟁이 덩굴이 창문을 휘감는다; 전의 Legenden umranken jmdn. [etw.] (아어) 누구[무엇]는 전설에 싸여 있다.
Umraum, der; -(e)s, Umräume 《전문어》 주위의 공간, 둘러싸고 있는 공간. **umräumen** ⟨h⟩ **1.** 다른 곳으로 옮기다, 배치를 바꾸다: Bücher u. 책의 위치를 바꾸다. **2.** (가구 따위를 옮겨 방의) 모양새를 바꾸다: ein Zimmer u. 실내의 배치를 바꾸다(변경하다). **Umräumung**, die; -en ↑umräumen의 명사형.
umrechnen ⟨h⟩ 환산하다: Dollars in Mark u. 달러를 마르크로 환산하다; (과거분사로) das kostet umgerechnet 250 Mark 그것의 값은 환산해서 250마르크이다. **Umrechnung**, die; -en 환산. **Umrechnungskurs**, der 환율, 환전 시세.
umreisen [ʊmˈraɪzn̩] ⟨h⟩ 여행하며 돌아다니다, 주유하다.
umreißen⟨h⟩ **1.** 넘어뜨리다, 쓰러뜨리다: der Sturm hat das Zelt umgerissen 폭풍우가 천막을 쓰러뜨렸다. **2.** 무너뜨리다, 파괴하다: einen Zaun u. 울타리를 무너뜨리다. **umreißen**⟨h⟩ 윤곽을 그리다, 스케치하다, 요약 기술하다: die Situation kurz[mit wenigen Worten] u. 상황을 짧게[몇마디 말로] 요약하다; (과거분사로) fest umrissene Vorstellungen von etw. haben 무엇에 대하여 윤곽이 뚜렷한 생각을 가지다.
umreiten* ⟨h⟩ 말에 부딪쳐 넘어뜨리다. **umreiten*** ⟨…의) 주위를 말을 타고 돌다, 말을 타고 순회하다.
umrennen* (…을) 넘어뜨리고 달리다: einen Passanten u. 보행자를 쓰러뜨리고 달리다.
Umrichter, der; -s, - [전기] 변압 정류기.
umringen ⟨h⟩ 에워싸다, 둘러싸다, 포위하다: Neugierige umringten das Fahrzeug 호기심이 많은 사람들이 차를 에워쌌다.
Umriß, der; Umrisses, Umrisse 윤곽, 스케치, 개요, 아우트라인: etw. im U. [in groben Umrissen] zeichnen 무엇의 약도를 그리다[윤곽을 그리다]; 전의 etw. im U. [in groben Umrissen] darstellen 무엇의 개요를 기술하다.
Umriß-: ~**karte**, die [지리] 약도, 간이 지도. ~**linie**, die 《대개 Pl.》 스카이 라인, 윤곽선. ~**zeichnung**, die 약도, 스케치.
Umritt, der; -(e)s, -e 기마 행렬, 기마로 돌기.
umrühren ⟨h⟩ 저어서 뒤섞다, 휘젓다: die Suppe (mit dem Kochlöffel) u. 수프를 (요리 주걱으로) 휘젓다.
umrunden ⟨h⟩ 주위를 일주하다, 빙 돌다: den See (zu Fuß, mit dem Auto) u. 호수를 (도보로, 자동차로) 일주하다. **Umrundung**, die; -en 일주.
umrüsten ⟨h⟩ **1. a)** (군대의) 장비를 바꾸다, 무장을 교체하다: eine Armee auf andere Bewaffnung u. 군대를 다른 무장 체제로 바꾸다. **b)** 무장[장비]을 바꾸다. **2.**《전문어》(기계의) 장치를 바꾸다: 《4격 목적어 없이도》 auf andere Reifen[Räder] u. 다른 타이어[바퀴]로 교체하다. **Umrüstung**, die; -en 장비 교체.
ums [ʊms] ⟨Präp. + Art.⟩ = um das.
umsäbeln ⟨h⟩ 《스포츠·은어》 파울로 상대방 선수를 넘어뜨리다.
¹**umsacken** ⟨h⟩ 다른 자루에 옮겨 넣다.
²**umsacken** ⟨s⟩《통용어》실신하여 쓰러지다.
umsägen ⟨h⟩ 톱으로 베어 넘기다.
umsatteln ⟨h⟩ **1.** (무엇의) 안장을 바꾸다[교체하다]: ein Pferd u. 말의 안장을 바꾸다, 업종을 바꾸다: er hat auf Tankwart umgesattelt 그는 주유소의 급유원으로 직업을 바꿨다.
Umsatz, der; -es, Umsätze **1.** (일정 기간의) 총매상고: der U. steigt[sinkt] 매상고가 올라가다[내려가다]; Reklame hebt den U. 광고는 매상고를 올려 준다; einen U. von über drei Millionen Mark haben 3백만 마르크 이상의 매상고를 가지다; U. an《(드물게》von》Seife 비누 매상; U. machen 《은어》 높은 매상을 올리다. **2.** [특히 의학·화학] (화학 반응에 의한) 부산물 생성, 대사(代謝).
Umsatz-: ~**analyse**, die [경제] 매상(고) 분석. ~**anstieg**, der 매상(고) 증가. ~**beteiligung**, die (종업원의) 매상 참여. ~**plan**, der [구동독 경제] 매상 계획. ~**provision**, die **1.** [경제] 매상 코미션[수수료]. **2.** [금융] 대출 코미션, (은행 상품) 매상 구전. ~**rückgang**, der 매상(고) 저하. ~**steigerung**, die 매상(고) 증가. ~**steuer**, die 거래액 세, 판매세(稅). ~**vergütung**, die 매상 보상금.
umsäumen ⟨h⟩ 가장자리를 접어서 감치다. **umsäumen 1.** ⟨h⟩ 둘레에 가두리 장식을 하다, 테두리를 하다. **2.**《아어》 둘러싸다, 둘레를 이루다.
umschaffen* ⟨h⟩ 변형하다, 개조(개작)하다. **Umschaffung**, die; -en 변형, 개조, 개작.
umschalten ⟨h⟩ **1. a)** 전환하다, 바꾸다: das Netz von Gleichstrom auf Wechselstrom u. 회로망의 전류를 직류에서 교류로 전환하다; 《4격 목적어 없이도》 wir schalten jetzt ins Stadion um 우리는 이제 경기장으로 마이크를 바꾸겠다. **b)** (자동적으로) 바뀌다, 전환되다: die Ampel schaltet gleich (auf Gelb) um 신호등이 금방 (노란색으로) 바뀐다. **2.** 《통용어》(태도, 생각을) 바꾸

Umschalter

다, 전환하다: nach dem Urlaub wieder (auf die Arbeit) u. 휴가가 끝난 뒤 다시 (작업으로) 전환하다. **Umschalter,** der **1.** [기술] 스위치, 전환 개폐기. **2.** (타자기의) 시프트 키. **Umschalthebel,** der 전환(변속) 레버, 스위치. **Umschaltung,** die; -en 전환, 개폐.

umschatten ⟨h⟩ ⟪아어⟫ 그늘[어두움]로 에워싸다, 그늘로 덮다.

Umschau, die 둘러보기, 돌아보 보기, 주위를 둘러 봄: ⟪대개 다음 용법으로⟫ **(nach jmdm.[etw.]) U. halten** ⟨누구[무엇]를 찾으려고⟩ 주위를 둘러보다[탐색하다]. **umschauen,** sich ⟨h⟩ ⟪지역적⟫ ↑umsehen.

Umschicht, die; -en ⟨광⟩ (작업) 교대. **umschichten** ⟨h⟩ **1.** 바꿔 쌓다[포개다], 재편성하다. **2.** (u. + sich) (사회적) 변화하다, 분배 구조가 바뀌다: die Bevölkerung schichtet sich um 주민의 계층구조가 바뀌다. **umschichtig** ⟨Adj.⟩ (작업) 교대제의, 교대 근무의. **Umschichtung,** die; -en 바꿔 쌓기, 재편성, 계층의 변화. **Umschichtungsprozeß,** der 사회 계층의 변동과정.

umschießen* ⟨h⟩ 쏘아서 넘어뜨리다.

umschiffen ⟨h⟩ 다른 배로 옮기다[옮겨 싣다]: Güter (Waren) u. 화물(상품)을 다른 배로 옮겨 싣다. **umschiffen*** ⟨h⟩ 빙 돌러 항해하다, 주항(周航)하다, 우회하여 항행하다. **Umschiffung,** die; -en 다른 배로 옮기기[옮겨 싣기]. **Umschiffung,** die; -en 우회 항행, 주항(周航), 항행(回航).

Umschlag, der; -(e)s, Umschläge **1. a)** 싸는 것, 싸개, 포장지, (책의) 겉표지. **b)** ↑Briefumschlag (편지 봉투)의 약칭. **2.** 찜질: kalte[heiße] Umschläge 냉[더운] 찜질. **3.** (옷 가장자리의) 접힌 부분, 단: eine Hose mit[ohne] U. 접혀진 끝단이 있는[없는] 바지. **4.** ⟨Pl. 없음⟩ 급변, 격변, 변혁: ein plötzlicher U. des Wetters 날씨의 급변; U. einer Qualität in ihr Gegenteil [특히 철학] 정반대에로의 급격한 질의 전환[변화]. **5.** ⟨Pl. 없음⟩ **a)** [경제] 옮겨 싣기. **b)** [경제] 매상, 거래, 활용. **6.** ⟨Pl. 없음⟩ [수공] (자수의) 감치기.

Umschlag-: ~**bahnhof,** der ↑Umladebahnhof. ~**entwurf,** der (책의) 겉표지 도안설계, 겉표지 초안. ~**hafen,** der 화물을 옮겨 싣는 항구, 환적항(換積港). ~**kragen,** der ↑Umleg(e)kragen. ~**manschette,** die 반쯤 걷어올린 셔츠부리. ~**platz,** der 화물을 옮겨 싣는 곳, 환적장(換積場). ~**seite,** die [출판] 네면으로 된 책표지 부분의 한 면. ~**tuch,** das ⟨Pl. -tücher⟩ ↑Umschlag(e)tuch. ~**zeichnung,** die 겉표지 도안, 커버 디자인.

umschlagen* 1. ⟨h⟩ 젖히다, 걷어[접어] 올리다, 뒤집다, (책의 페이지를) 넘기다: die Seiten eines Buchs u. 책의 페이지를 넘기다. **2.** ⟨h⟩ 쳐서 쓰러뜨리다, 때려 눕히다. **3.** ⟨h⟩ 걸치다, 걸쳐주다, 휘감다, 싸다: jmdm. [sich] eine Decke u. 누구에게 이불을 덮어주다[이불을 덮다]. **4.** ⟨s⟩ **a)** 넘어지다, 뒤집히다, 전복되다. **b)** (바람이) 갑자기 방향을 바꾸다: der Wind ist umgeschlagen 바람이 갑자기 방향을 바꾸었다. **5.** ⟨s⟩ 급변하다, (정반대로) 변하다: das Wetter schlug um 날씨가 돌변했다; die Stimme schlug ihr um 그녀의 목소리가 갑자기 바뀌었다; der Wein ist umgeschlagen 포도주가 변질되었다; eine Qualität schlägt in ihr Gegenteil um [철학] 질이 정반대로 바뀌다. **6.** ⟨h⟩ (화물을) 옮겨 싣다. **7.** [수공] ⟨h⟩ 실로 감치다. **umschlagen*** ⟨h⟩ [인쇄] (뒷면 인쇄를 위해 종이를) 넘기다, 뒤집다. **Umschlag(e)tuch,** das; -(e)s, …tücher (머리, 어깨 등에 걸치는) 큰 수건, 숄, 무릎싸개.

umschleichen* ⟨h⟩ 주위를 살금살금 다니다, 살그머니 다가가다.

umschließen* ⟨h⟩ **1. a)** 에워싸다, 포위하다. **b)** 둘러싸

다: eine hohe Mauer umschließt den Park 높은 담이 공원을 빙 둘러싸다. **2. a)** (손, 팔로) 잡다, 붙잡다: jmdn. mit beiden Armen fest u. 누구를 두 팔로 단단히 붙잡다. **b)** 포함하다, 포괄하다. **Umschließung,** die; -en 에워 쌈, 포위, 붙잡기, 포옹, 포함.

umschlingen* ⟨h⟩ 휘감다, 걸치다, 걸쳐주다: sich ein Halstuch u. 목도리를 걸치다. **umschlingen*** ⟨h⟩ **1.** (팔로) 잡다, 껴안다: die beiden umschlangen sich 두 사람은 서로 포옹하였다. **2.** 감감다, 감겨붙다. **3.** (무엇을 무엇으로) 휘감다, 감싸다. **Umschlingung,** die; -en 포옹, 감싸기, 휘감기.

Umschluß, der; Umschlusses, Umschlüsse (미결수의) 통합 존치(存置).

umschmeicheln ⟨h⟩ **1.** 아양을 떨며 달라붙다. **2.** (누구에게) 아양떨다, 재롱떨다.

umschmeißen* ⟨h⟩ ⟪통용어⟫ 넘어뜨리다, 뒤엎다, 당황하게하다.

umschmelzen* ⟨h⟩ 녹여서 변형하다[개조하다], 다시 녹이다. **Umschmelzung,** die; -en ↑umschmelzen의 명사형.

umschminken ⟨h⟩ [연극·영화] 분장하다.

Umschmiß, der; …isses, …isse **1.** ⟪통용어⟫ (주장 따위의) 취소, 철회, 파약. **2.** ⟪은어⟫ (연극 따위를) 망침, 실패하도록 함.

umschnallen ⟨h⟩ 둘러 차다(띠다), 둘러서 차다.

umschnüren ⟨h⟩ (끈이나 실로) 묶다, 동여매다: ein Paket mit einem Bindfaden u. 소포를 묶는 끈으로 동여매다. ⟨전의⟩ die Gegner u. (군·아어) 적을 포위하다. **Umschnürung,** die; -en **1.** 묶기, 동여매기. **2.** 묶는 끈[실].

umschreiben* ⟨h⟩ **1.** 고쳐 쓰다, 바꿔 쓰다, 새로 쓰다. **2.** 글자를 정정하다(바꾸다). **3.** 다른 문자로 음역하다, 음을 다른 문자로 표기하다: chinesische Schriftzeichen in lateinische Schrift u. 한자를 라틴어 문자로 음역하다 [표기하다]. **4.** 명의를 바꾸다, 양도하다: Grundbesitz (auf jmdn.) u. 부동산을 (누구에게) 양도하다. **umschreiben*** ⟨h⟩ **1.** 범위를 한정하다, 윤곽을 분명히 하다: jmds. Aufgaben (genau, kurz) u. 누구의 임무를 (정확히, 간단히) 규정하다. **2.** 다른 말로 바꿔서 쓰다[말하다], 말을 돌려서 표현하다(묘사하다): etw. mit einer Geste u. 무엇을 몸짓으로 표현하다. **3.** [특히 기하] 원으로 둘러싸다, (무엇의) 주위에 원을 그리다: ein Dreieck mit einem Kreis u. 삼각형을 원으로 둘러싸다[삼각형의 외접원을 그리다]. **Umschreibung,** die; -en ↑umschreiben의 명사형. **Umschreibung,** die; -en **1.** ⟨Pl. 없음⟩ ↑umschreiben의 명사형. **2.** (범위의) 한정, 말을 돌려서 표현하기, 우언법(迂言法).

umschreiten* ⟨h⟩ ⟪아어⟫ 주위를 활보하다.

umschrieben [umˈʃriːbn] ⟨Adj.⟩ ⟪전문어⟫ 윤곽이 분명한, 한계가 뚜렷한, 국부적인: ein -es Ekzem [의학] 국부적인 습진. **Umschrift,** die; -en **1.** [언어] **a)** 음표문자, 음성 표기법(↑Lautschrift). **b)** (다른 문자로의) 음역. **2.** 고쳐 쓴 텍스트, 수정된 텍스트. **3.** [특히 주전] (주화, 메달) 둘레의 문자(각명).

umschubsen ⟨h⟩ ⟪통용어⟫ 밀쳐서 넘어뜨리다.

umschulden ⟨h⟩ **1.** 빚을 유리하게 차환(借換)하다, (빚을) 유리한 조건의 다른 빚으로 바꾸다: wir müssen rechtzeitig u. 우리는 제때에 유리한 조건의 빚으로 바꾸어야 한다. **2.** 빚의 조건을 더 유리하게 바꾸다. **Umschuldung,** die; -en [재정] ↑umschulden의 명사형.

umschulen ⟨h⟩ **1.** 전학시키다, 전학시키다: ein Kind auf ein Gymnasium u. 아이를 김나지움으로 전학시키다. **2. a)** (전직을 위해) 재교육[재훈련]하다: einen

Piloten auf einen neuen Flugzeugtyp u. 조종사를 새로운 형의 비행기를 조종할 수 있도록 재교육시키다. b) 재교육을 받다. 3. 정치적인 재교육을 시키다: Kriegsgefangene u. 전쟁포로를 정치적으로 재교육하다. Umschüler, der; -s, - 전학[전향]한 사람. Umschülerin, die; -nen ↑Umschüler의 여성형. Umschulung, die; -en 전학[전향], 재교육.

umschütten ⟨h⟩ 1. 엎지르다, 뒤엎어 쏟다. 2. (다른 그릇으로) 옮겨 붓다[담다].

umschwärmen ⟨h⟩ 1. 주위를 떼지어 나르다, 떼를 지어 모여들다. 2. 열렬히 숭배하다: sie war von vielen umschwärmt 그녀는 많은 사람들로부터 열광적인 숭배를 받았다.

umschweben ⟨h⟩ 주위를 떠돌다[맴돌다].

Umschweif, der; -(e)s, -e 《대개 Pl.》 장광설, 불필요한 언변(연동), 우회의 말:《대개 ohne와 함께》 etw. ohne -e erklären 곧바로[솔직하게, 단도직입적]으로 설명하다.

umschweifen [um'ʃvaifn] ⟨h⟩ 《아어》 이리저리 헤매다, 방황하다. umschweifig ['umʃvaifɪç] ⟨Adv.⟩ 장황한, 장광설의, 불필요하게 말을 돌리는.

umschwenken ⟨s⟩ 1. 방향을 바꾸다, 선회하다. 2. 《약간 폄》 (견해, 생각, 태도)갑자기 바꾸다, 변절하다, 전향하다.

umschwirren ⟨h⟩ 윙윙 소리를 내며 맴돌다, 빙빙 돌다: Moskitos umschwirrten ihn 모기들이 윙윙거리며 그의 주위를 맴돌았다; 전의 die Mädchen umschwirrten ihn 처녀들이 그를 열광적으로 숭배하였다.

Umschwung, der; -(e)s, Umschwünge 1. 근본적인 변화, 급변, 격변, 변혁: ein politischer[wirtschaftlicher] U. 정치적[경제적] 급변; ein U. tritt ein 급격한 변화가 일어나고 있다. 2.《체조》회전, 선회. 3.《schweiz.》가옥 주위의 부지.

umsegeln ⟨h⟩ 돛단배로 주항(周航)하다, 돛단배로 우회 항행하다. Umseg(e)lung, die; -en (범선의) 우회 항행, 주항, 회항(回航).

umsehen*, sich ⟨h⟩ 1. a) 사방을 둘러보다[구경하다, 보고 다니다]: du darfst dich bei mir nicht u. 내 방[집]을 둘러보지 말아라(방을 보지 못했다는 뜻); 강구 du wirst dich noch u. 《통용어》 너는 달리 생각하게 될 걸 [너는 꽤 놀라게 될 걸]. b) 두루 둘러보아서 알게 되다, 견문을 넓히다, 경험을 쌓다: sich in einer Stadt[in der Welt] u. 도시[세계]를 알게 되다. 2. 몸을 돌리다, 뒤돌아 보다: sich mehrmals (nach jmdm.) u. (누구를 보기 위해) 여러 번 뒤돌아 보다. 3. 찾아 보다: sich nach einer Stellung[nach einem Taxi] u. 일 자리[택시]를 찾아보다. Umsehen, das 《다음 용법으로》 im U. 갑자기, 순식간에, 금세.

umsein* ⟨s⟩《통용어》끝나다, 마치다, 이미 지나다: die Pause ist um 휴식 시간이 이제 끝났다.

umseitig ⟨Adj.⟩ 뒷면[이면]에 있는, 뒷면의, 반대쪽의. umseits ⟨Adv.⟩ 《관》 ↑umseitig.

umsetzbar [...zɛtsba:ɐ̯] ⟨Adj.⟩ 매매할 수 있는, 교환할 수 있는. umsetzen ⟨h⟩ 1. a) 다른 자리[곳]에 앉히다, (누구의) 자리를 옮기다: einen Schüler u. 학생을 다른 자리에 앉히다. b)⟨u. + sich⟩자리를 바꾸어 앉다, 옮겨 앉다. c) [철도] (열차를) 다른 선(유치선)으로 유도하다. d) [역도] 역기를 가슴까지 들어올려 두 팔로 받치다. e) [제조] 기구를 잡은 손을 몸의 중심에 맞추어 함께 회전하다. 2. ↑umpflanzen. 3. a) 변화시키다, 변환[전환]하다, 전화(轉化)하다: Wasserkraft in Strom u. 수력을 전력으로 전환시키다. b) ⟨u. + sich⟩ 바뀌다, 변하다, 전환되다. c) 고치다, 개작하다, 변형하다: Prosa in Verse u. 산문을 운문으로 고치다; Erkenntnisse in die Praxis u. 인식을 실천에 옮기다; Geld in Bücher u.《통용어》책을 사기 위해 돈을 지출하다. d) 팔다, 매각하다:

Waren im Wert von 3 Millionen Mark u. 300만 마르크 상당의 상품을 매각처분하다. Umsetzer, der; -s, - [통신] 변환기. Umsetzung, die; -en ↑umsetzen 의 명사형.

Umsicht, die 고려, 신중, 사려, 용의주도: mit U. handeln 신중하게 행동하다. umsichtig ⟨Adj.⟩ 신중한, 사려깊은, 조심성 있는. Umsichtigkeit, die ↑ umsichtig의 명사형.

umsiedeln 1. ⟨h⟩ 이주시키다, 옮겨서 살도록 하다: einen Teil der Bevölkerung u. 주민의 일부를 이주시키다. 2. ⟨s⟩ 이주하다, 이사하다: in ein anderes Land u. 다른 나라로 이주하다. Umsied(e)lung, die; -en 이주. Umsiedler, der; -s, - 이주민.

umsinken* ⟨s⟩ 넘어지다, 천천히 쓰러지다.

umso: 《österr. 표기법》 = um so 그만큼, 더욱. umsomehr, umso mehr: 《österr. 표기법》 = um so mehr 그만큼 더, 그럴수록 더욱 더.

umsonst ⟨Adv.⟩ 1. 공짜로, 무료로, 거저, 무보수로: etw. u. ([지역적] für u.] bekommen 무엇을 공짜로 얻다. 2. a) 헛되이, 소용없이: u. auf jmdn. warten 누구를 헛되이 기다리다; 강구 das hast du nicht u. getan 《통용어·은폐》 그대로 나는 너에게 복수를 하겠다. b) 목적없이, 이유없이, 까닭없이.

umsorgen ⟨h⟩ 돌보다, 마음을 쓰다, 간호하다.

umsortieren ⟨h⟩ 새로 분류하다, 달리 정리하다.

umsoweniger, umso weniger:《österr. 표기법》= um so weniger 그만큼 더 적게.

umspannen ⟨h⟩ 1. 끄는 짐승을 갈다: Pferde u. 마차의 말을 갈다. 2. [전기] (전류를) 변압하다. umspannen ⟨h⟩ 1. a) 잡다, 싸안다. b) 꽉잡다, 싸다. 2. 포괄하다, 포함하다: diese Entwicklung umspannt einen Zeitraum von mehr als dreißig Jahren 이러한 발전은 30년 이상의 기간에 걸쳐 이루어진 것이다. Umspanner, der; -s, - ↑Transformator. Umspannstation, die; -en ↑Umspannwerk. Umspannung, die; -en 변압, 말(馬)을 바꾸기. Umspannung, die; -en (손, 팔로) 잡음, 포괄, 포함. Umspannwerk, das; -(e)s, -e 변전소, 변압 장치.

umspeichern ⟨h⟩ [전산] (입력된 정보를) 옮겨 입력하다, 새로 입력하다, 다시 입력하다.

umspielen ⟨h⟩ 1. (…의) 주위를 사푼사푼 움직이다, 하늘거리며 둘러싸다: ein Lächeln umspielte ihre Lippen 그녀의 입술가에 미소가 감돌고 있다. 2. [음악] a) 패러프레이즈 하다, 변주하다. b) 여러 화음으로 이행시켜 연주하다. 3. [구기] (상대방을) 교묘하게 피하다: den Torwart u. 골키퍼를 교묘하게 따돌리다.

umspinnen ⟨h⟩ 실을 자아서 감싸다, 외피로 둘러싸다.

umspringen* ⟨s⟩ 1. 갑자기 바뀌다, 급변하다: der Wind sprang auf Nordost um 풍향이 갑자기 북동쪽으로 바뀌었다; die Ampel war schon (auf Rot) umgesprungen 신호등이 이미 (빨간색으로) 바뀌었다. 2. (폄) (…을) 부당하게 다루다[취급하다]: mit jmdm. übel u. 누구를 나쁘게 다루다. 3. [스키] 점프 턴(도약 회전)하다. 4. [체조] 도약해서 한 번 회전하다. 5. 강구 는 법을 바꾸다[고치다]. umspringen* ⟨h⟩ 주위를 깡충 깡충 뛰며 돌다: die Hunde umspringen den Jäger 개들이 사냥꾼의 주위를 깡충깡충 뛰며 돈다. Umsprung, der; -(e)s, Umsprünge 1. [스키] 공중에서의 도약 회전. 2. [체조] 손잡는 법을 바꾸기.

umspülen 주위를 씻(어내)다, 주위를 적시다.

umspüren [철도] 선로의 간격을 바꾸다.

Umstand, der; -(e)s, Umstände 1. 사정, 사태, 상황, 경우, 형편, 정상(情狀): einem Angeklagten mildernde Umstände zubilligen 피고에게 정상을 참작하

여 형량을 매기다; dem Patienten geht es den Umständen entsprechend 환자는 상태에 걸맞게 그런대로 괜찮아; besonderer Umstände halber 특별한 사정 때문에; das tue ich unter (gar) keinen Umständen 어떤 경우에도 나는 그것을 하지 않겠다; unter allen Umständen 어떤 경우라도, 무조건; **unter Umständen** 사정(형편, 경우)에 따라서는, 아마도, 어쩌면; **in anderen Umständen sein** 《은폐》임신중이다; **in andere Umstände kommen** 《은폐》임신하다. 2. 〈대개 Pl.〉 (쓸데없는) 형식(격식)을 차림, 허식, 번거로움, 귀찮음, 성가심, 헛수고, 머뭇거림: mach (dir) meinetwegen keine (großen) Umstände! 나 때문에 (너무) 번거롭게 하지 말아라 !; nur keine Umstände! 제발 번거롭게 굴지 말아라 ! ; ohne alle Umstände 주저하지 않고, **umständehalber** 〈Adv.〉사정에 따라, 형편상. **umständlich** ['ʊmʃtɛntlɪç] 〈Adj.〉 1. 형식적인, 허례허식의, 귀찮은, 성가신, 번거로운: diese Methode ist zu u. 이 방법은 너무나 번거롭다. 2. 쓸데없이 철저한(자세한), 까다로운. **Umständlichkeit**, die ↑umständlich의 명사형.

u̱mstands-, U̱mstands-: **~angabe**, die [언어] 부사적 규정어, 부사적 상황어(↑Adverbialbestimmung). **~badeanzug**, der 임신부용 수영복. **~bestimmung**, die [언어] ↑~angabe. **~ergänzung**, die [언어] 상황보족어. **~fürwort**, das [언어] 대명사적 부사(↑Pronominaladverb). **~halber** 〈Adv.〉 《드물게》 ↑umständehalber. **~hose**, die 임신부용 바지. **~kasten**, der 《통용어·폄》↑~krämer. **~kleid**, das 임신부용 원피스. **~kleidung**, die 임신부용 옷. **~krämer**, der 《통용어·폄》형식을 지나치게 차리는 사람, 겉치레 꾼, 까다로운 사람. **~satz**, der [언어] 상황문, 부사절(↑Adverbialsatz). **~wort**, das [언어] 부사(↑Adverb). **~wörtlich** [언어] 《드물게》 부사적인, 부사의(↑adverbial).

u̱mstechen' 〈h〉 [농업] 파 엎다, (땅을) 파 뒤집다, 뒤섞다. **umste̱chen** [ʊmˈʃtɛçn̩] 〈h〉 《지역적》 ↑umstecken (2).

u̱mstecken 〈h〉 1. 《플러그를》 다른 자리에 꽂다. 2. 《옷 따위의》 끝을 접어 편으로 고정시키다. **umste̱cken** 〈h〉 주위에 꽂다.

u̱mstehen' 〈s〉 《österr.·통용어·bayr.》 1. (동물이) 죽다, (식물이) 고사하다. 2. 물러서다, 비켜서다. **umstehen'** 〈h〉 주위에 둘러서다, 둘러싸다: Neugierige umstanden den Verletzten 호기심이 많은 사람들이 부상자를 빙 둘러쌌다; 《과거분사로》 ein von Weiden umstandener Teich 수양버들로 둘러쌓인 연못. **u̱mstehend** 〈Adj.〉 1. (주위에) 둘러서 있는. 2. 뒷 페이지의: -e Erklärung 뒷 면에 있는 설명; im -en 뒷 페이지에.

U̱msteig(e)-: **~bahnhof**, der 갈아타는 역, 환승역. **~fahrschein**, der 갈아타는 차표. **~karte**, die ↑ ~fahrschein. **~station**, die ↑~bahnhof.

u̱msteigen' 〈s〉 1. a) (차를) 갈아타다: in ein anderes Auto u. 다른 자동차로 갈아타다. b) [스키] ↑umtreten (1). 2. 《통용어》(새로운 것으로) 옮아 가다, 전직하다, 전향하다, 개종하다: er will auf einen anderen Wagen u. 그는 (지금의 차를) 다른 차로 바꾸고자 한다. **U̱msteiger**, der; -s, - 《통용어》 갈아타는 차표.

U̱mstellbahnhof, der; -(e)s, ...höfe [철도] 화물 차량 교환 역, 화물 차량 재편성 역. **umste̱llbar** [...ˈʃtɛlbaːɐ̯] 〈Adj.〉 《장소를》 교환할 수 있는, 바꿀 수 있는, 변경할 수 있는. **u̱mstellen** 〈h〉 1. (위치를) 바꾸다, 바꾸어 놓다, 옮기다: Wörter(Sätze) in einem Text u. 텍스트 안의 단어[문장]의 순서를 바꾸다; eine Fußballmannschaft u. 《스포츠》축구 팀을 개편하다(축구 팀의 배치를 바꾸다). 2. (레버, 시계침 따위를) 조절[조정]하다, 전환하다. 3. a) 전환하다, (다른 방식, 직종으로) 바꾸다: die Produktion auf Spielwaren u. 제품을 장난감 생산으로 전환하다; 〈u. + sich〉 sich (auf einen anderen Lebensstil) u. (다른 생활양식으로) 태도를 전환하다. b) 상황의 변화에 적응시키다: 〈u. + sich〉 sich auf ein anderes Klima u. 다른 기후에 적응하다; er kann sich nicht mehr u. 그는 환경의 변화에 더이상 적응할 수가 없다. **umste̱llen** 〈h〉 에워싸다, 둘러싸다, 포위하다. **Umstellprobe**, die; -n [언어] ↑Verschiebeprobe; (시험 삼아 해본) 어순 변경. **U̱mstellung**, die; -en 치환, 전환, 도치, 전향. **Umste̱llung**, die; -en 에워싸기, 포위. **U̱mstellungsprozeß**, der; ...esses, ...esse 전환 과정, 치환 과정, 적응 과정.

u̱mstempeln 〈h〉 도장을 다시[새로] 찍다.

u̱msteuern 〈h〉 (배의) 방향을 전환하다, 방향을 틀다. **U̱msteuerung**, die; -en 방향 전환, 역진, 반전.

u̱mstimmen 〈h〉 1. (악기의) 가락을 바꾸다. 2. [의학] 신체 기관의 기능을 바꾸다. 3. (누구의) 기분[태도]을 전환시키다: er ließ sich nicht u. 그는 태도[마음]를 바꾸는 사람이 아니었다. **U̱mstimmung**, die; -en 가락을 바꾸기, 심경의 변화.

u̱mstoßen' 〈h〉 1. 밀쳐(부딪쳐) 넘어뜨리다. 2. **a)** 철회하다, 취소하다, 뒤엎다: einen Plan(ein Testament) u. 계획[유언장]을 완전히 바꾸다. **b)** 망치다, 파괴하다.

umstra̱hlen 〈h〉 《아어》 주위를 환히 비추다, 빛으로 둘러싸다.

umstre̱ichen* 〈h〉 1. 주위를 배회하다. 2. 구하려고 사방을 쏘다니다.

u̱mstricken 〈h〉 다시 뜨개질하다, 고쳐서 짜다(뜨다). **umstri̱cken** 〈h〉 1. 《고어》 둘러싸다, 휘감다 ; 전의 von Intrigen umstrickt sein 음모에 말려들다. 2. 현혹시키다, 농락하다. **Umstri̱ckung**, die; -en 둘러싸기, 현혹, 농락.

umstri̱tten 〈Adj.〉 이론이 분분한, 논쟁의 여지가 있는: ein -er Autor 평가가 분분한 저자.

umströ̱men 〈h〉 주위를 흐르다, 환류하다.

u̱mstrukturieren 〈h〉 구조[조직, 기구]를 바꾸다. **U̱mstrukturierung**, die; -en 조직 개편, 기구 개편, 구조 전환.

u̱mstufen 〈h〉 [특히 관] 등급을 새로[바꿔] 매기다.

u̱mstülpen 〈h〉 1. 거꾸로 하다, (그릇 따위를) 뒤엎다. 2. 뒤집다, 걷어 올리다, 접어 올리다: 〈u. + sich〉 der Schirm hat sich umgestülpt 우산이 뒤집혔다. 3. 근본적으로 개혁하다(바꾸다): ein System[jmds. Leben] u. 체제[누구의 생활]을 근본적으로 개혁하다. **U̱mstülpung**, die; -en. 전복, 뒤엎음, 개혁.

U̱msturz, der; -es, Umstürze 전복, 변혁, 혁명: an einem U. beteiligt sein 혁명에 참여하다; 전의 diese Erfindung bedeutet einen U. in der Technik 이 발명은 기술상의 혁명을 뜻한다. **U̱msturzbewegung**, die; -en 혁명[변혁] 운동. **u̱mstürzen** 〈s〉 넘어지다, 쓰러지다, 와해되다: die Mauer ist umgestürzt 담벽이 무너졌다. 2. 〈h〉 넘어뜨리다, 전복시키다, 와해시키다; 전의 ein System[eine Regierung] u. 체제[정부]를 전복시키다. 3. 급격하게 변화시키다, 뒤집어 엎다. **U̱mstürzler** ['ʊmʃtʏrtslɐ], der; -s, - 《폄》(정부를) 전복하려는 자, 혁명가, 혁명당원. **u̱mstürzlerisch** 〈Adj.〉 《폄》 국가의 전복을 꾀하는, 혁명적인. **U̱mstürzung**, die; -en 전복, 변혁, 혁명, 개혁. **U̱msturzversuch**, der; -(e)s, -e 혁명 기도, 변혁 시도, 전복 기도.

u̱mtanzen 〈h〉 주위를 춤추며 돌다.

u̱mtaufen 〈h〉 1. 《통용어》 개칭[개명]하다: eine Straße (eine Schule) u. 거리[학교]의 이름을 바꾸다. 2. 세례를 다시 베풀다.

Umtausch, der; -(e)s, -e 1. a) 교환: diese Waren sind vom U. ausgeschlossen 이 상품은 교환할 수 없는 것이다. b) 교환하여 줌. 2. (외국 화폐로의) 환전, 환금: der U. von Dollars in Deutsche Mark 달러를 독일 마르크로 환전하기. **umtauschen** ⟨h⟩ 1. a) 교환하다: etw. in(gegen) etw. u. 무엇을 무엇과 바꾸다. b) 교환하여 주다. 2. a) (외국 화폐로) 환전하다, 환금하다: vor der Reise Geld u. 여행 전에 돈을 바꾸다. b) (외환을 국내 화폐로) 환전하다. **Umtauschrecht,** das; -(e)s 상품을 교환할 수 있는 권리.
umtippen ⟨h⟩ (통용어) 새로[고쳐서] 타자 치다.
umtiteln ⟨h⟩ 제목[표제]을 바꾸다.
umtoben ⟨h⟩ (아어) (…의) 둘레를 미친 듯이 날뛰다.
Umtopf, der; -(e)s, Umtöpfe 장식용 겉화분.
umtopfen ⟨h⟩ 화분을 갈아주다.
umtosen ⟨h⟩ (아어) (파도, 바람이) 주위에서 노호하다.
umtreiben* ⟨h⟩ 1. 불안하게 하다, 휘몰아 대다: sein (schlechtes) Gewissen trieb ihn um 그의 양심(양심의 가책)이 그를 불안하게 하였다. 2. ⟨u. + sich⟩ (아어) 이리저리 돌아 다니다, 유랑(방랑)하다. 3. 《드물게》회전시키다, 순환시키다. 4. 《지역적》 운영하다, 경영하다.
umtreten* [스키] 1. 스키를 옮겨 방향을 바꾸다. 2. (발로) 밟아 쓰러뜨리다.
Umtrieb, der; -(e)s, -e 1. a) (Pl. 로만) 《럼》(국가 전복의) 음모, 책동, 비밀 운동: er wurde wegen verräterischer u. verhaftet 그는 반역적인 음모 활동 때문에 체포되었다. b) 《지역적》(개인의) 활동. 2. a) [임업] 윤벌기(輪伐期). b) [농업·포도] (다년생 식물, 가축의) 이용 기간(사용 주기). 3. 《광》 환경 갱도, **umtriebig** [ˈʊmtriːbɪç] ⟨Adj.⟩ 《지역적》 활동적인, 매사에 열심인.
Umtriebigkeit, die 《지역적》 활동성.
Umtrunk, der; -(e)s, Umtrünke (잘 아는 사람들끼리의) 함께 술마시기, 돌아가면서 마시기.
umtun* ⟨h⟩ (통용어) 1. 몸에 두르다. 2. ⟨u. + sich⟩ a) (어느 장소, 영역을) 자세히 알려고 노력하다: sich in einer Stadt[in der Welt] u. 도시(세계)의 것을 자세히 알려고 돌아다니다. b) 찾으려고 애쓰다: sich nach einer Arbeit u. 일자리를 찾아 돌아다니다: er tat sich nicht nach mir um 그는 나에게 신경을 쓰지 않았다.
U-Musik, die ↑Unterhaltungsmusik(경음악, 오락 음악)의 약칭.
umverteilen ⟨h⟩ [경제] (국민 소득을) 재분배하다, 달리 분배하다. **Umverteilung,** die; -en [경제] 재분배 (↑Redistribution).
umwachsen* ⟨h⟩ (…의) 주위에 자라다, 휘감고 자라다.
umwallen ⟨h⟩ (아어) (…의) 주위에서 떠돌다. **Umwallung,** die; -en 1. 주위에서 떠돌기. 2. 누벽, 방벽, 성벽.
Umwälzanlage, die; -n (물 따위의) 순환[회전] 장치. **umwälzen** ⟨h⟩ 1. 다른 쪽으로 굴리다: [전의] umwälzende Ereignisse 획기적인[혁명적인] 사건. 2. (공기, 물 등을) 순환시키다, 회전시키다. **Umwälzpumpe,** die; -n 순환 펌프. **Umwälzung,** die; -en 1. 혁명, 변혁, 근본적인 변화: eine geistige[technische] U. 정신 [기술] 혁명. 2. 순환, 회전.
umwandelbar [ˈʊmvandlbaːɐ̯] ⟨Adj.⟩ 변경할 수 있는, 변화될 수 있는, 변할 수 있는. **umwandeln** ⟨h⟩ **a)** 변화시키다, 변형하다, 개조하다: Stickstoff in Sauerstoff u. 질소를 산소로 변화시키다; durch dieses Ereignis ist er wie umgewandelt 이 사건으로 그는 완전히 다른 사람처럼 변했다. **b)** ⟨u. + sich⟩ 완전히 바뀌다, 변하다.
umwandeln ⟨h⟩ (아어) 주변을 돌아다니다. **Umwandelung** (드물게) ↑Umwandlung.
umwanden ⟨h⟩ 담(벽)으로 둘러싸다, 주위에 판자벽을 치다. **Umwandung,** die; -en ↑umwanden의 명사형.

umwandern ⟨h⟩ 주위를 걷다(빙 돌다).
Umwandlung, (드물게) Umwandelung, die; -en 변화, 변경, 개조, 변형. **Umwandlungsprozeß,** der 변화 과정.
umweben* ⟨아어⟩ 신비스럽게 둘러싸다, 직물처럼 짜서 싸다.
umwechseln ⟨h⟩ (돈을) 바꾸다, 교환하다, 환전하다. **Umwechselung,** ⟨더 자주⟩ **Umwechslung,** die; -en 교환, 환전.
Umweg, der; -(e)s, -e 우회로, 에움길: einen U. (über einen anderen Ort) machen (다른 곳을 경유하여) 우회하다[돌아가다]; [전의] auf -en davon erfahren 간접적으로[제삼자를 통해] 그것에 관하여 듣다; ohne -e 우회함이 없이(솔직하게). **umwegig** [ˈʊmveːgɪç] ⟨Adj.⟩ ⟨준고어⟩ 우회로의, 멀리 도는.
umwehen ⟨h⟩ 바람이 강하게 불어서 무엇을 넘어뜨리다.
umwehen ⟨h⟩ (…의) 주위에 바람이 불다.
Umwelt, die; -en **a)** 주위 세계, 환경: die natürliche [soziale] U. 자연[사회] 환경. **b)** 주위 인물, 측근 인물.
umwelt-, Umwelt-: ~bedingt ⟨Adj.⟩ 환경의 제약을 받는, 환경에 좌우되는. **~bedingung,** die ⟨대개 Pl.⟩ 환경 조건. **~belastung,** die 자연 환경의 악화. **~bewußtsein,** das 환경 의식. **~einfluß,** der ⟨대개 Pl.⟩ 환경의 영향, 환경 요인. **~faktor,** der 환경 요인. **~feindlich** ⟨Adj.⟩ 환경 오염의, 공해를 발생시키는, 환경 적대적인 (반대: ↑~freundlich). **~forschung,** die ⟨Pl. 없음⟩ **a)** [생물] 생태학(↑Ökologie). **b)** [사회] 환경 연구. **~frage,** die 환경 문제: sich mit -n beschäftigen 환경 문제에 몰두하다. **~freundlich** ⟨Adj.⟩ 환경을 해치지 않는, 무공해의(반대: ↑~feindlich). **~gesetz,** das 환경법. **~gesetzgebung,** die 환경 보호법 제정. **~gestaltung,** die ⟨Pl. 없음⟩ 환경 보존[환경 개선] 작업. **~katastrophe,** die 환경 재난. **~kriminalität,** die 환경 오염 범죄. **~neutral** ⟨Adj.⟩ 자연 환경을 해치지 않는, 무공해의. **~reiz,** der 생물체에 대한 환경의 자극. **~schäden** ⟨Pl.⟩ 환경 악화에 의한 손해. **~schädlich** ⟨Adj.⟩ 환경을 해치는, 환경에 유해한, 환경을 오염시키는. **~schutz,** der 환경 보호, 환경 보전. **~schützer,** der 환경 보호론자. **~schutzgesetz,** das 환경 보호법. **~schutzkosten** ⟨Pl.⟩ 환경 보호 경비(비용). **~schutzmaßnahmen,** die ⟨Pl.⟩ 환경 보호 조치. **~schutzpapier,** das 환경 보호 증서. **~sünder,** der (통용어) 환경 파괴자. **~verschmutzung,** die 환경 오염, 공해. **~zerstörung,** die 환경 파괴.
umwenden[*] **1. a)** (뒷 페이지로) 넘기다, 뒤집다: die Seiten eines Buches u. 책의 페이지를 넘기다. **b)** 방향을 돌리다[바꾸다]: einen Wagen u. 차의 방향을 바꾸다. **c)** (드물게) (양말 따위를) 뒤집다. **2.** ⟨u. + sich⟩ 몸을 돌리다, 머리를 뒤로 돌리다: sich nach einem Mädchen u. 처녀를 향해 몸을 돌리다. **3.** (규칙 변화) 반대 방향으로 돌리다, 되돌아가다: der Autofahrer[das Auto] wendete um 자동차 운전자[자동차]가 U회전을 했다.
umwerben* ⟨h⟩ 구애[구혼]하다, 호의를 얻기 위해 노력하다.
umwerfen* ⟨h⟩ 1. 부딪쳐 넘어뜨리다, 전복시키다. 2. 《고어》 (땅을) 파엎다, 뒤집어 엎다. 3. (옷 따위를) 걸치다: sich einen Mantel u. 외투를 걸쳐 입다. 4. (통용어) **a)** 당황하게 하다, 어쩔 줄 모르게 하다, 놀라게 하다: das Ereignis hat sie umgeworfen 그 사건은 그녀를 당황하게 만들었다; dieser Schnaps wird dich nicht (gleich) u. 이 소주는 너를 (금방) 취하게 하지는 않을 것이다; (흔히 현재분사로) ein umwerfendes Erlebnis 충

격인적 체험; der Erfolg der Musikgruppe ist u. 음악 그룹의 성공은 굉장할 것이다. b) 파괴하다, 망치다: das wirft den ganzen Plan um 그것은 모든 계획을 망친다.
umwerten ⟨h⟩ (…의) 평가를 바꾸다, 재평가하다. **Umwertung**, die; -en 평가의 변경, 가치 전도.
umwickeln ⟨h⟩ 휘감다, 동여매다: etw. mit einer Schnur u. 무엇을 실로 동여매다. **umwickeln** ⟨h⟩ 1. 주위를 동여싸다. 2. 《드물게》 (기저귀를) 갈아 채우다: das Baby u. 갓난애에게 기저귀를 갈아 채우다. **Umwick(e)lung**, die; -en 동여맴. **Umwick(e)lung**, die; -en 동여서 싸기, (기저귀를) 갈아 채움.
umwidmen ⟨h⟩ 〔관〕 용도를 변경하다. **Umwidmung**, die; -en 용도 변경.
umwinden* ⟨h⟩ 1. 휘감다, 동여매다, 회전시켜 감다. 2. 휘감다, 칭칭 감기다: Efeu umwindet die Baumstämme 담쟁이넝쿨이 나무줄기를 휘감고 있다. **umwinden*** ⟨h⟩ 느슨하게 감다, 느슨하게 새로 감다.
umwittern ⟨h⟩ (비밀 따위로) 감싸다, 둘러싸다, 주위에 떠돌다.
umwogen ⟨h⟩ 주위에 물결이 일다, 물결을 치며 환류하다.
umwohnend ⟨Adj.⟩ 부근[근처]에 살고 있는. **Umwohner**, der; -s, - 부근의 주민, 이웃 주민들.
umwölken ⟨h⟩ 1. ⟨u. + sich⟩ 구름으로 뒤덮이다, 구름으로 흐려지다: der Himmel umwölkte sich 하늘은 구름으로 뒤덮였다; 전의 sein Blick umwölkt sich merklich 그의 시선은 눈에 뜨일 정도로 어두워진다. 2. 구름처럼 덮다, 덮어 감추다. **Umwölkung**, die; -en ↑umwölken의 명사형.
umwuchern ⟨h⟩ 무성하게 자라다, 우거지다.
umwühlen ⟨h⟩ 파헤다, 뒤집다, 뒤져 찾다. **Umwühlung**, die; -en ↑umwühlen의 명사형.
umzäunen ⟨h⟩ 울타리를 두르다, 울타리를 치다. **Umzäunung**, die; -en 1. 울타리를 두름. 2. 울타리.
umzeichnen ⟨h⟩ 새로[바꾸어] 그리다.
umziehen* 1. a) ⟨s⟩ 이사하다, 이주하다: in eine größere Wohnung(nach München) u. 더 큰 집[뮌헨]으로 이사하다. b) ⟨h⟩ (이사할 때) 옮기다, 운반하다: einen Schrank[das Klavier] u. 장[피아노]을 옮기다. 2. ⟨h⟩ 옷을 바꿔 입다, 옷을 갈아 입다: sich nach der Arbeit[fürs Theater] u. 작업이 끝난 뒤에[극장에 가기 위하여] 옷을 갈아 입다. **umziehen*** ⟨h⟩ 1. 에워싸다, 둘러싸다, 빙 둘러 줄을 치다. 2. 《드물게》 a) 덮다, (덮어) 씌우다. b) ⟨u. + sich⟩ 구름이 끼다, 구름으로 뒤덮이다: der Himmel hat sich umzogen 하늘에는 구름이 끼었다.
umzingeln ⟨h⟩ 포위하다, 에워싸다: die Polizei umzingelte das Gebäude 경찰이 건물을 포위하였다. **Umzingelung**, 《드물게》 **Umzinglung**, die; -en 포위, 에워쌈.
umzirken [ʊmˈtsɪrkn̩] ⟨h⟩ 《준고어》 원으로 둘러싸다, 주위에 원을 그리다.
Umzug, der; -(e)s, Umzüge 1. 이사, 이주: der U. in eine neue Wohnung 새 집으로의 이사. 2. 행렬, 시가 행진: politische Umzüge verbieten 정치적인 시위 행진을 금지하다. **Umzügler** [ˈʊmtsyːklɐ], der; -s, - 《통용어》 1. 이사하는 사람. 2. 시가 행진 참가자.
umzugs-, **Umzugs-** (Umzug 1): **~halber** ⟨Adv.⟩ 이사 때문에. **~kosten** ⟨Pl.⟩ 이사 비용. **~tag**, der 이삿날, der 이사 날짜.
umzüngeln ⟨h⟩ (…의) 주위에 활활 타오르다, 불꽃[화염]으로 둘러싸다.
un-, **¹Un-** [ʊn-] ⟨nicht를 뜻하는 전철⟩ 《기초어에 대한 부정, 반대를 나타냄》 (예컨대: Ungesäuert, unrein, unangebracht, unweit, Unruhe, Unsitte, Unmensch, Unkraut, Unstern). **²Un-** [-] ⟨sehr groß를 뜻하는 전철⟩ 《부정적 개념을 가진 기초어에 대한 강조를 나타냄》 (예컨대: Ungewitter, Unkosten, Unsumme).

UN [uːˈɛn] ⟨Pl.⟩ 영어의 **United Nations**(국제 연합)의 약어.
unabänderlich [⟪또한⟫'-----] ⟨Adj.⟩ 변[경]할 수 없는, 영원 불변의: seine Entscheidung ist u. 그의 결정은 변경할 수 없다; 《명사화》 sich in das Unabänderliche fügen 변경할 수 없는 사실에 순응하다. **Unabänderlichkeit** [⟪또한⟫'------], die 변경 불가, 영원불변.
unabdingbar [⟪또한⟫'-----] ⟨Adj.⟩ a) 절대적으로 필요한, 불가결(不可缺)의: eine -e Voraussetzung 절대적으로 필요한 전제 조건. b) 〔법〕 임의 합의로 대체할 수 없는. **Unabdingbarkeit** [⟪또한⟫'------], die 절대적인 필요성, 필수 불가결. **unabdinglich** [⟪또한⟫'-----] ⟨Adj.⟩ ↑unabdingbar.
unabhängig ⟨Adj.⟩ 1. a) 예속되지 않은, 좌우되지 않은, 독립의: eine -e Wochenzeitung 초당파적인 주간 신문; vom Geld u. sein 돈에 좌우되지 않다. b) 자주적인, 주권을 가진, 독립적인. 2. a) 독자적인, 무관한: die Tiere leben hier u. vom Menschen 동물들은 이곳에서 인간과는 무관하게 살고 있다. b) 영향을 받지 않은, 관련이 없는, 독자적인. **Unabhängigkeit**, die 독립, 자주, 자유. **Unabhängigkeitsbedürfnis**, das 독립의 욕구. **Unabhängigkeitserklärung**, die 독립 선언.
unabkömmlich [⟪또한⟫'------] ⟨Adj.⟩ 없어서는 안되는, 불가결의. **Unabkömmlichkeit** [⟪또한⟫'------], die 불가결(성). **Unabkömmlichstellung** [⟪또한⟫'-------], die 〔관〕 (더 중요한 일을 위한) 징집 면제.
unablässig [⟪또한⟫'-----] ⟨Adj.⟩ 끊임없는, 부단한, 중단 없는. **Unablässigkeit** [⟪또한⟫'------], die ↑unablässig의 명사형.
unabsehbar [⟪또한⟫'-----] ⟨Adj.⟩ 1. 예견할 수 없는, 내다볼 수 없는. 2. 광대한, 끝없는, 개관할 수 없는. **Unabsehbarkeit** [⟪또한⟫'------], die 예견 불가능, 전망 불가능, 광대함.
unabsetzbar [⟪또한⟫'-----] ⟨Adj.⟩ 파면[해임]할 수 없는, 종신직의. **Unabsetzbarkeit** [⟪또한⟫'-------], die 파면[해임]할 수 없음.
unabsichtlich ⟨Adj.⟩ 고의가 아닌, 의도적이 아닌. **Unabsichtlichkeit**, die 비고의성, 비의도성.
unabweisbar [ʊnˈapˈvaɪsbaːɐ̯, ⟪또한⟫'-----] ⟨Adj.⟩, **unabweislich** [ʊnˈapˈvaɪslɪç, ⟪또한⟫'------] ⟨Adj.⟩ 거부할 수 없는, 불가피한.
unabwendbar [...ˈvɛntbaːɐ̯, ⟪또한⟫'-----] ⟨Adj.⟩ 불가피한, 숙명적인: ein -es Ereignis 〔법〕 (보험금을 탈 수 없는) 불가피한 사고. **Unabwendbarkeit** [⟪또한⟫'------], die 불가피성, 숙명적임.
unachtsam ⟨Adj.⟩ 부주의한, 경솔한, 방심한: seine Frau ist ein wenig u. 그의 부인은 약간 경솔하다. **Unachtsamkeit**, die 부주의, 경솔, 방심: jmdn. der U. zeihen 누구의 부주의를 비난하다.
una corda [ˈuːnaˈkɔrda, ⟨ital.⟩] 〔음악〕 우나 코르다(피아노 연주시 페달을 밟아 약음을 내도록 하는 악보상의 지시).
unähnlich ⟨Adj.⟩ 닮지 않은. **Unähnlichkeit**, die 닮지 않음, 상이함.
unanbringlich [...ˈbrɪŋlɪç] ⟨Adj.⟩ 《우편》 배달할 수도 없고 반송할 수도 없는.
unanfechtbar [⟪또한⟫'-----] ⟨Adj.⟩ 논란[논쟁, 이론]의 여지가 없는, 확실한(근거가 있는). **Unanfechtbarkeit** [⟪또한⟫'------], die 논란의 여지가 없음,

확실함.

unangebracht 〈Adj.〉 부적당한, 어울리지 않는, 적절치 못한: etw. für u. halten 무엇을 적절하지 못하다고 간주하다.

unangefochten 〈Adj.〉 이의가 없는, 논쟁의 여지가 없는: das Testament blieb u. 유언장은 아무런 이의도 없었다; er blieb u. Sieger 그는 이론의 여지가 없이 확실한 승자였다.

unangemeldet 〈Adj.〉 **1.** 예고 없는, 사전 통지가 없는: u. tauchten Freunde bei ihm auf 예고 없이 친구들이 그의 집에 나타났다. **2.** 신고하지 않은.

unangemessen 〈Adj.〉 부적당한, 어울리지 않은, 격에 맞지 않은. **Unangemessenheit**, die 부적당, 부적절.

unangenehm 〈Adj.〉 **a)** 불쾌한, 싫은, 언짢은: ein -er Mensch 호감이 가지 않는(싫은) 사람. **b)** 기분 나쁜, 고통스러운: -e Erfahrungen mit jmdm. machen 누구와는 기분 나쁜 체험을 하다; die Frage war ihm höchst u. 그 질문은 그에게 정말 불편한 것이었다; es war u. kalt 고통스러울 정도로 추운 날씨였다. **c) u. werden (können)** 화가 나다(화가 날 수 있다).

unangepaßt 〈Adj.〉【특히 사회】부적당한, 부적절한, 어울리지 않는. **Unangepaßtheit**, die 적절치 못한 태도, 부적당.

unangesehen 〈Präp.²/⁴〉《관·고어》(…을) 고려하지 않고, (…에) 개의치 않고: u. der(die) Umstände 상황을 고려하지 않고.

unangetastet 〈Adj.〉 **1.** (소모하기 위해) 건드리지 않은, 손을 대지 않은. **2.** (권리·명예가) 침해되지 않은.

unangreifbar [(또한)'----] 〈Adj.〉 공격할 수 없는, 난공불락의, 약점이 없는. **Unangreifbarkeit**, die [(또한)'----] 공격불능, 난공불락.

unanim [una'niːm] 〈Adj.〉《교양어》만장일치의, 이구동성의. **Unanimität** [unanimi'tɛːt], die [frz. unanimité]《교양어》만장(전원) 일치, 이구 동성.

unannehmbar [(또한)'----] 〈Adj.〉 받아들일 수 없는, 수락할 수 없는: -e Bedingungen stellen 수락할 수 없는 조건을 내세우다. **Unannehmbarkeit**, die [(또한)'----] 수락 불능, 받아들일 수 없음. **Unannehmlichkeit**, die; -en〈대개 Pl.〉 불쾌한 일, 화가 나는 일, 불편한 것: jmdm. -en machen(bereiten) 누구에게 불쾌한 일을 만들어 주다.

unansehnlich 〈Adj.〉 볼품없는, 초라한. **Unansehnlichkeit**, die 볼품없음, 초라함.

unanständig 〈Adj.〉 버릇(예의)없는, 무례한, 점잖치 못한: -e Witze erzählen 음란한 농담을 하다; sich u. benehmen 버릇없게 굴다. **2.** (형용사 강조) 매우, 굉장히: u. dick sein 굉장히 뚱뚱하다. **Unanständigkeit**, die; -en **1.**〈Pl. 없음〉 무례함, 버릇없음. **2.** 외설적인 언동, 점잖치 못한 행동.

unanstößig ['ʊn|anʃtøːsɪç] 〈Adj.〉 비위를 거슬리지 않는, 감정을 건드리지 않는. **Unanstößigkeit**, die ↑unanstößig의 명사형.

unantastbar [(또한)'----] 〈Adj.〉 **1.** 침해할 수 없는, 공격할 수 없는, 건드릴 수 없는: die Würde des Menschen ist nach dem Grundgesetz u. 인간의 존엄성은 기본법에 의하면 침해할 수 없다. **2.** (소모를 위해) 손을 댈 수 없는. **Unantastbarkeit** [(또한)'----], die ↑unantastbar의 명사형.

unanzweifelbar [ʊn|an'tsvaɪfl̩baːɐ] 〈Adj.〉 의심의 여지가 없는.

unappetitlich 〈Adj.〉 **1.** 식욕을 돋구지 않는, 맛없는. **2. a)** 불결한, 지저분한, 더러운: ein u. aussehender Stadtstreicher 지저분하게 보이는 도시 부랑자. **b)** 구역질 나는, 역겨운. **Unappetitlichkeit**, die; -en ↑unappetitlich의 명사형.

¹**Unart**, die; -en **a)** 예의바르지 못함, 무례, 나쁜 버릇: das ist eine alte U. von ihm 그것은 그의 오래된 나쁜 습관이다. **b)** (아이의) 버릇없는 태도. ²**Unart** [-], der; -(e)s, -e〈고어·지역적〉버릇없는 아이, 악동. **unartig** 〈Adj.〉 버릇없는, 무례한, 행실이 나쁜: die Kinder waren heute sehr u. 아이들은 오늘 매우 버릇이 없었다. **Unartigkeit**, die; -en **1.**〈Pl. 없음〉버릇없음, 무례한 태도. **2.** 버릇없는 행실(언동).

unartikuliert 〈Adj.〉 **1.** 발음이 불명료한(↑inartikuliert). **2.** 짐승처럼 으르렁대는, 큰 소리의. **3.**《언어·드물게》관사가 없는, 무관사의.

Una Sancta ['uːna 'zaŋkta], die [lat.] 성스러운 교회(가톨릭 교회가 스스로를 일컫는 말).

unästhetisch 〈Adj.〉 미적이 아닌, 더러운, 불쾌한, 역겨운.

Unau ['uːnau], das; -s, -s [frz. unau] 우나우(남미산의 나무늘보).

unaufdringlich 〈Adj.〉 은은한, 강제적이 아닌, 검손한. **Unaufdringlichkeit**, die ↑unaufdringlich의 명사형.

unauffällig 〈Adj.〉 **a)** 눈에 띄지 않는, 수수한: eine -e Kleidung 수수한 옷. **b)** (눈에 띄지 않을 만큼) 날렵한, 능란한, 교묘한: u. verschwinden 잽싸게 사라지다. **Unauffälligkeit**, die ↑unauffällig의 명사형.

unauffindbar [(또한)'----] 〈Adj.〉 찾아낼 수 없는.

unaufgefordert 〈Adj.〉 요구되지 않은, 자발적인: u. etw. tun 무엇을 (누구의 요청없이) 자발적으로 하다.

unaufgeklärt 〈Adj.〉 미해명의, 미궁에 빠진, 계몽되지 않은: das Verbrechen blieb u. 범죄는 미해결로 남았다.

unaufhaltbar [(또한)'----] 〈Adj.〉《드물게》저지할 수 없는, 멈추지 않는. **unaufhaltsam** [ʊn|aʊf'haltzaːm, (또한)'----] 〈Adj.〉 저지할 수 없는, 정지시킬 수 없는, 멈추지 않는: das Wasser stieg u. 수위(水位)가 시시각각 계속 올라갔다. **Unaufhaltsamkeit** [(또한)'----], die ↑unaufhaltsam의 명사형.

unaufhörlich [ʊn|aʊf'høːɐlɪç, (또한)'----] 〈Adj.〉 끊임없는, 부단한, 계속적인: u. klingelt das Telefon 전화 소리가 계속 울린다.

unauflösbar [(또한)'----] 〈Adj.〉 **1.** 용해되지 않는, 분해되지 않는. **2.** 풀리지 않는, 해답 불능의. **3.** ↑unauflöslich (1). **Unauflösbarkeit** [(또한)'----], die 불용성, 해답 불능. **unauflöslich** [ʊn|aʊf'løːslɪç, (또한)'----] 〈Adj.〉 **1. a)** 해명(해결)할 수 없는. **b)** 해산할 수 없는, 해체될 수 없는: eine -e Lebensgemeinschaft 해체될 수 없는 (결혼)생활 공동체. **2.** ↑unauflösbar (1). **3.** ↑unauflösbar (2). **Unauflöslichkeit** [(또한)'----], die 해명(해결, 해산, 해체) 불가.

unaufmerksam 〈Adj.〉 **1.** 부주의한, 주의력이 산만한: im Unterricht u. sein 수업 시간에 주의력이 부족하다. **2.** (타인에 대한) 호의가 없는, 불친절한: das war u. von ihm 그는 친절하지 않았다. **Unaufmerksamkeit**, die 부주의, 주의력 부족(산만), 불친절.

unaufrichtig 〈Adj.〉 정직(성실)하지 못한, 부정직(불성실)의, 솔직하지 못한: eine -e Haltung 부정직한 태도. **Unaufrichtigkeit**, die; -en **a)**〈Pl. 없음〉부정직, 불성실: jmdm. seine U. vorwerfen 누구의 부정직성을 비난한다. **b)** 부정직(불성실)한 언동.

unaufschiebbar [ʊn|aʊf'ʃiːpbaːɐ, (또한)'----] 〈Adj.〉 연기할 수 없는. **Unaufschiebbarkeit** [(또한)'----], die 연기 불가능. **unaufschieblich** [...'ʃiːplɪç, (또한)'----] 〈Adj.〉《드물게》↑unaufschiebbar.

unausbleiblich [ʊn|aʊsˈblaɪplɪç, (또한) '----] ⟨Adj.⟩ (결과로서) 반드시 일어나는, 불가피한, 필연적인: die -en Folgen seines Leichtsinns 그의 경솔함이 야기시킨 필연적인 결과.

unausdenkbar [(또한) '----] ⟨Adj.⟩ 생각해낼 수 없는, 상상[예측]할 수 없는: die Folgen sind u. 결과는 예측할 수가 없다. **unausdenklich** […ˈdɛŋklɪç, (또한) '----] ⟨Adj.⟩ (드물게) ↑unausdenkbar.

unausführbar [(또한) '----] ⟨Adj.⟩ 실행[실현] 불가능의. **Unausführbarkeit** [(또한) '-----], die 실행[실현] 불가능.

unausgebildet ⟨Adj.⟩ (전문적인) 교육이 안됨, 훈련이 부족한.

unausgefüllt ⟨Adj.⟩ 1. (서식용지에) 기입하지 않은: ein Formular u. zurückgeben 서식용지를 기입하지 않은채 되돌려주다. 2. (시간이) 채워지지[선용되지] 않은. 3. (정신적으로) 불만스러운. **Unausgefülltsein**, das 기입[미기]되어[채워져] 있지 않음, 불만.

unausgeglichen ⟨Adj.⟩ **a)** (정신적으로) 균형이 없는, 인격이 원만치 않은. **b)** (수지가) 불균형. **Unausgeglichenheit**, die (정신적인) 불균형, 수지 불균형.

unausgegoren ⟨Adj.⟩ (뜸) (사상, 이론이) 완전히 정립되지 않은, 미완의.

unausgeschlafen ⟨Adj.⟩ 충분히 자지 못한, 수면 부족의.

unausgesetzt ⟨Adj.⟩ 끊임없는, 간단없는, 부단의.

unausgesprochen ⟨Adj.⟩ 입 밖에 내지 않은, 무언의: in ihren Worten lag u. ein Vorwurf 그녀의 말 속에는 무언의 비난이 들어 있었다.

unauslöschlich [ʊn|aʊsˈlœʃlɪç, (또한) '----] ⟨Adj.⟩ (아이) 지울 수 없는, 잊혀지지 않는.

unausrottbar [ʊn|aʊsˈrɔtbaːɐ̯, (또한) '-----] ⟨Adj.⟩ 근절[절멸]할 수 없는.

unaussprechbar [(또한) '----] ⟨Adj.⟩ 발음하기 어려운: er hat einen -en Namen 그는 이름을 발음하기 어려운 이름을 가지고 있다. **unaussprechlich** […ˈʃprɛçlɪç, (또한) '----] ⟨Adj.⟩ **a)** (남에게) 말할 수 없는. **b)** 말로 표현할 수 없는, 이루 형용할 수 없는: in einem Elend leben 이루 형용할 수 없는 비참한 상황에서 살다. **Unaussprechlichen** (Pl.) (frz. inexpressibles의 차용역) (준고어) ⟨농⟩ 팬티.

unausstehlich […ˈʃteːlɪç, (또한) '----] ⟨Adj.⟩ 견딜 수 없는, 참을 수 없는. **Unausstehlichkeit** [(또한) '-----], die 견딜 수 없음, 참을 수 없음.

unaustilgbar [(또한) '----] ⟨Adj.⟩ ⟨아이⟩ ↑unauslöschlich.

unausweichlich [(또한) '----] ⟨Adj.⟩ 피할 수 없는, 불가피한. **Unausweichlichkeit** [(또한) '-----], die 피할 수 없음, 불가피성.

unautorisiert ⟨Adj.⟩ 판권이 없는, 승인되지 않은: eine -e Herausgabe eines Buches 판권이 없는 서적 출판.

unautoritär ⟨Adj.⟩ 권위주의적이 아닌.

Unband, der; -(e)s, -e / …bände (Pl.) (고어·지역적) 난폭한 아이, 악동. **unbändig** ⟨Adj.⟩ 억제[제어]할 수 없는, 엄청난, 터무니 없는: ein -er Wunsch[Zorn] 무한한 소망[엄청난 분노]; u. viel Geld haben 대단히 많은 돈을 가지다.

unbar ⟨Adj.⟩ 현금이 아닌.

unbarmherzig ⟨Adj.⟩ 1. 무자비한, 냉혹한, 잔인한: jmdn. u. strafen 누구에게 무자비한 벌을 주다. 2. 가차 없는: die Uhr lief u. weiter 시계는 가차 없이 계속 돌아갔다. **Unbarmherzigkeit**, die 무자비, 냉혹, 무정함.

unbeabsichtigt ⟨Adj.⟩ 고의가 아닌, 의도적이 아닌.

unbeachtet ⟨Adj.⟩ 주의를 끌지 못한: dieser Gesichtspunkt blieb weitgehend u. 이 관점은 전반적으로 주의를 끌지 못했다. **unbeachtlich** ⟨Adj.⟩ 분명히 인식할 수 없는, 부지부식간의.

unbeanstandet ⟨Adj.⟩ 이의가 없는, 군소리[불평]가 없는: einen Artikel u. lassen 신문 기사를 이의없이 놔두다.

unbeantwortbar [ʊnbəˈantvɔrtbaːɐ̯, (또한) '----] ⟨Adj.⟩ 답변할 수 없는, 해답이 불가능한. **unbeantwortet** ⟨Adj.⟩ 답이 없는: einen Brief u. lassen 편지를 답신 없이 그냥 두다.

unbearbeitet ⟨Adj.⟩ 가공하지 않은, 손 대지 않은, 미처리의.

unbebaut ⟨Adj.⟩ 건물이 서지 않은, (토지의) 미개간의.

unbedacht ⟨Adj.⟩ 경솔한, 사려 없는, 분별 없는: u. etw. reformieren 무엇을 경솔하게 개혁하다. **unbedachterweise** [ˈʊnbədaxtɐˈvaɪzə] ⟨Adv.⟩ 경솔하게, 사려 없이, 분별 없이. **Unbedachtheit**, die; -en 경솔한 태도. **unbedachtsam** ⟨Adj.⟩ 경솔한, 사려 없는, 지각 없는. **unbedachtsamerweise** [ˈʊnbədaxtzamɐˈvaɪzə] ⟨Adv.⟩ ↑unbedachterweise. **Unbedachtsamkeit**, die; -en 경솔한[사려 없는] 행동[언동].

unbedarft [ˈʊnbədarft] ⟨Adj.⟩ 무경험의, 미숙한, 단순한, 소박한: er lächelte u. 그는 소박하게 미소를 지었다. **Unbedarftheit**, die ↑unbedarft의 명사형.

unbedeckt ⟨Adj.⟩ 드러난, 노출된.

unbedenklich ⟨Adj.⟩ 1. (대개 adv.) 우려할 필요가 없는, 위험하지 않은, 아무 문제 없는. 2. 우려가 되지 않는, 안심할 수 있는: dieser Witz ist nicht u. 이 농담은 문제가 있다. **Unbedenklichkeit**, die 1. 우려스럽지 않은 태도. 2. 우려[의구심] 없음, 안심. **Unbedenklichkeitsbescheinigung**, die 1. (토지 이전 등기 시의) 답세 능력 증명서. 2. 납세 증명서.

unbedeutend ⟨Adj.⟩ 1. **a)** 중요하지 않은, 명망 없는, 보잘 것 없는: als Minister war er völlig u. 장관으로서 그는 완전히 보잘 것 없었다. **b)** 의미없는, 중요치 않은: eine zahlenmäßig -e Parteigruppe 숫자적으로 별 의미없는 당내 그룹. 2. (수량으로) 적은, 사소한, 매우 작은: eine -e Änderung 미세한 개정[변화]. **Unbedeutendheit**, die ⟨드물게⟩ ↑unbedeutend의 명사형.

unbedingt [(또한) --'-] **I.** ⟨Adj.⟩ **a)** 무제한의, 절대적인: jmdm. u. vertrauen 누구를 절대적으로 신뢰하다. **b)** 무조건의: -e Reflexe ⟨생리⟩ 무조건 반사. **c)** ⟨schweiz.·법⟩ 집행 정지 기간[보호 관찰 기간]이 없는. **II.** ⟨Adv.⟩ 어떠한 상황에서도, 무조건, 절대적으로: du mußt u. zum Arzt gehen 너는 무조건 의사에게 가야 한다; „Soll er kommen?" „Unbedingt" 그는 와야 하니? 물론이고 말고. **Unbedingtheit** [(또한) --'--], die ↑unbedingt의 명사형.

unbeeindruckt [(또한) --'--] ⟨Adj.⟩ 감명을 주지 못한: das Ergebnis ließ ihn u. 결과는 그에게 감명을 주지 못했다.

unbeeinflußbar [(또한) '-----] ⟨Adj.⟩ 영향을 줄 수 없는. **Unbeeinflußbarkeit** [(또한) '------], die ↑unbeeinflußbar의 명사형. **unbeeinflußt** ⟨Adj.⟩ 영향을 받지 않은, 감화되지 않은.

unbeendet ⟨Adj.⟩ 끝나지 않은, 미완성의.

unbefahrbar [(또한) '----] ⟨Adj.⟩ 통행할 수 없는, 차가 다닐 수 없는: die Straße ist zur Zeit u. 그 도로는 현재 통행할 수가 없다. **unbefahren** ⟨Adj.⟩ 1. 차가 다닌 적이 없는, 배가 항해한 적이 없는. 2. [선원] 경험이 없는, 미숙한: der Matrose ist noch u. 그 선원은 아직 경험이 없다.

unbefangen ⟨Adj.⟩ 1. 얽매이지 않은, 구김이 없는, 솔직한. 2. 선입견[편견]이 없는, 공평 무사한: ein -er Zeuge [법] 공평 무사한[중립적인] 증인. **Unbefan-**

genheit, die 얽매이지 않음, 선입견이 없음, 공평 무사.
unbefleckt ⟨Adj.⟩ **1.** 《드물게》 더럽혀지지 않은, 청결한. **2.** (아이) (윤리적으로) 오점이 없는, 순결한, 결백한: seine Ehre u. erhalten 그의 명예를 오점 없이 유지하다.
unbefriedigend ⟨Adj.⟩ 불만족스러운, 불충분한. **unbefriedigt** ⟨Adj.⟩ 만족하지 않은, 불만스러운, 실망한. **Unbefriedigtheit**, die 불만족, 불만, 불충분.
unbefristet ⟨Adj.⟩ 기한이 없는, 무기한의.
unbefruchtet ⟨Adj.⟩ 수정(受精)이 되지 않은.
unbefugt ⟨Adj.⟩ 권능[자격]이 없는: -er Waffenbesitz 무기 불법 소지; 《명사화》 Zutritt für Unbefugte verboten 관계자 이외 출입 금지.
unbegabt ⟨Adj.⟩ 재능[소질]이 없는. **Unbegabtheit**, die 무재능.
unbegehbar ⟨Adj.⟩ (사람이) 통행할 수 없는.
unbeglaubigt ⟨Adj.⟩ 공증이 되지 않은, 공인되지 않은.
unbeglichen ⟨Adj.⟩ 미지불의.
unbegreiflich [(또한) '- - - -] ⟨Adj.⟩ 이해할 수 없는, 상상할 수 없는: ein -er Entschluß 이해할 수 없는 결정; das ist für sie ganz u. 그것은 그녀에게 전혀 이해할 수 없는 일이다. **unbegreiflicherweise** ⟨Adv.⟩ 이해할 수 없게도. **Unbegreiflichkeit** [(또한)'- - - - -], die; -en ↑unbegreiflich의 명사형.
unbegrenzt [(또한) - -'-] ⟨Adj.⟩ **1.** 《드물게》《공간적으로》경계선이 없는, 무한한. **2.** 제한이 없는, 제약이 없는, 무한의. **Unbegrenztheit** [(또한) - -'- -], die 제한이 없음, 무한정.
unbegründet ⟨Adj.⟩ 근거[이유] 없는.
unbehaart ⟨Adj.⟩ 털이 나지 않은, 벗어진, 매끈한.
Unbehagen, das; -s 불쾌(감), 불편한 심기: U. an der Politik (ver)spüren 정치에 대한 불쾌감을 인식하다(알아 차리다); etw. mit U. betrachten 무엇을 불쾌하게 관찰하다. **unbehaglich** ⟨Adj.⟩ **a)** 불쾌감을 일으키는. **b)** 불쾌함을 느끼는, (심기가) 불편한: ihm war u. zumute 그는 기분이 불쾌하였다; sich (recht) u. fühlen (정말로) 불쾌한 걸 느끼다. **Unbehaglichkeit**, die; -en 불(유)쾌, 심기 불편.
unbehandelt ⟨Adj.⟩ (화학적인) 미처리의, 가공되지 않은.
unbehauen ⟨Adj.⟩ (석재, 목재 따위가) 베어지지 않은, 잘라 다듬지 않은.
unbehaust ⟨Adj.⟩ (아이) 주소 부정의, 정처 없는: ein -es Leben führen 정처 없는 생활을 하다.
unbehelligt [(또한) '- - - -] ⟨Adj.⟩ 괴로움[방해]을 받지 않은: nachts u. nach Hause kommen 밤에 아무런 방해도 받지 않고 집으로 오다.
unbeherrscht ⟨Adj.⟩ 자제심이 없는, 감정을 억누르지 못한. **Unbeherrschtheit**, die; -en **1.** 자제력이 없는 태도. **2.** 자제력이 없는 행동[언동].
unbehilflich ⟨Adj.⟩ 《드물게》 ↑unbeholfen. **Unbehilflichkeit**, die 《드물게》 ↑unbhilflich의 명사형.
unbehindert ⟨Adj.⟩ 방해 받지 않은, 훼방 받지 않은.
unbeholfen ['ʊnbəhɔlfn̩] ⟨Adj.⟩ (동작, 정신이) 둔한, 서투른, 어색한: -e Bewegungen 어색한 동작. **Unbeholfenheit**, die 어색함, 둔함, 서투름.
unbeirrbar [ʊnbəˈʔɪrbaːɐ̯; (또한) '- - - - -] ⟨Adj.⟩ 현혹되지 않는, 동요되지 않는, 확고한: u. seinen Weg gehen 동요되지 않고 그의 길을 가다. **Unbeirrbarkeit** [(또한)'- - - - - -], die ↑unbeirrbar의 명사형. **unbeirrt** [(또한) '- - -] ⟨Adj.⟩ 현혹(미혹)되지 않은, 동요되지 않은: u. seine Pflicht tun 현혹되지 않고 그의 의무를 다 하다. **Unbeirrtheit** [(또한) '- - - -], die ↑unbeirrt의 명사형.
unbekannt ⟨Adj.⟩ **a)** 알려지지 않은, 무명의, 미지의: ein -er Künstler 알려지지 않은 예술가; eine -e Größe [특히 수학]미지수; Empfänger u. (우편물의) 수취인 불명; ich bin hier u. 나는 이곳을 잘 알지 못한다; er ist u. verzogen 그는 미지의 곳으로 이사하였다; 《명사화》 ein Unbekannter sprach ihn unterwegs an 도중에 모르는 사람이 그에게 말을 걸었다; eine Unbekannte [수학] 미지수; Anzeige gegen Unbekannt [법] 미지의 범인 고발[고소]. **b)** 저명하지 않은, 무명의: er ist noch eine -e Größe 《농》 그는 아직도 미지수의 사람이다.
unbekannterweise ⟨Adv.⟩ 개인적으로 모르지만(면식 없이): bitte grüßen Sie Ihre Frau u. (von mir) 아직 모르지만 당신의 부인에게 (저의) 안부를 전해 주십시오. **Unbekanntheit**, die 알려지지 않음, 무명.
unbekleidet ⟨Adj.⟩ 옷을 입지 않은, 벌거벗은.
unbekümmert [(또한) - -'- -] ⟨Adj.⟩ **a)** 근심[걱정]이 없는, 홀가분한, 거리낌이 없는: sich u. unterhalten 거리낌없이 이야기를 나누다. **b)** 걱정[근심] 하지 않는, 개의치 않는: u. über alle herzeihen 모든 사람에 대하여 개의치 않고 욕하다. **Unbekümmertheit** [(또한) - -'- - -], die 개의치 않음, 거리낌 없음.
unbelastet ⟨Adj.⟩ **1.** (마음의) 부담이 없는, 걱정(근심) 없는: er war u. von Gewissensbissen 그는 양심의 가책이 없었다. **2.** (정치적으로) 나쁜 전력이 없는: er ist politisch u. 그는 정치적으로 나쁜 전력이 없다. **3.** 《화폐》 채무가 없는, 저당 잡히지 않은: das Grundstück ist u. 그 토지는 저당잡하지 않다.
unbelebt ⟨Adj.⟩ **1.** 생명이 없는, 무생물의. **2.** 활기가 없는, 통행이 없는, 인적이 드문: eine -e Gegend 인적이 드문 지역.
unbeleckt ⟨Adj.⟩ 《경》 물들지 않은, 경험[지식]이 없는: von der Kultur relativ -e Volksstämme 비교적 문명에 물들지 않은 종족들.
unbelehrbar [(또한) - - -'- -] ⟨Adj.⟩ 가르칠 수 없는, 교육시킬 수 없는, 고집이 센: diese Fanatiker sind u. 이 광신자들은 달리 교육시킬 수가 없다. **Unbelehrbarkeit** [(또한) '- - - - -], die ↑unbelehrbar의 명사형.
unbeleuchtet ⟨Adj.⟩ 불빛이 없는, 조명이 없는.
unbelichtet ⟨Adj.⟩ [사진] (필름이) 노출되지 않은, 미감광의.
unbeliebt ⟨Adj.⟩ 사랑 받지 못하는, 인기가 없는: sich mit etw. (bei jmdm.) u. machen 무슨 때문에 (누구에게) 미움을 사다. **Unbeliebtheit**, die 인기 없음, 사랑 받지 못함.
unbelohnt ⟨Adj.⟩ 보답 받지 못한, 무보수의.
unbemannt ⟨Adj.⟩ **1.** 승무원이 없는, 무인의: ein -es Raumschiff 무인 우주선. **2.** 《통용어·농》 (여성이) 결혼하지 않은.
unbemerkt ⟨Adj.⟩ 남의 눈에 띄지 않은, 눈치채이지 않은.
unbemittelt ⟨Adj.⟩ 자산이 없는, 무자산의.
unbenommen [(또한) '- - - -] ⟨Adj.⟩ (다음 용법으로) **etw. bleibt[ist] jmdm. u.** 무엇은 누구의 자유 재량에 맡겨져 있다: dieses Recht bleibt Ihnen u. 이 권리는 당신의 자유 재량에 맡겨져 있다.
unbenutzbar [(또한) '- - - - -] ⟨Adj.⟩ 이용[사용]할 수 없는. **unbenutzt**, 《지역적》 **unbenützt** ⟨Adj.⟩ **1.** 이용[사용]되지 않는, 쓰이지 않는. **2.** 아직 사용되지 않는, 미사용의.
unbeobachtet ⟨Adj.⟩ 남에게 관찰되지 않은, 남의 눈에 띄지 않은: sich (bei etw.) u. glauben (무슨 일을 하는데) 남에게 들키지 않았다고 믿다.
unbequem ⟨Adj.⟩ **1.** 불편한, 귀찮은, 번거로운. **2.** 불편한 존재는, 까다로운 : ein -er Politiker[Schriftsteller] 까다로운 정치가[문필가]. **Unbequemlichkeit**, die; -en **1.** 불편한 사물. **2.** 《Pl. 없음》 불편, 불쾌함.

unberechenbar [((또한)) '-----] ⟨Adj.⟩ 1. 미리 계산할 수 없는, 예측할 수 없는: ein -er Faktor der Wirtschaft 미리 계산할 수 없는 경제 요인. 2. 기분 내키는 대로의, 종잡을 수 없는: ein -er Mensch 기분 내키는 대로 행동하는 사람. **Unberechenbarkeit** [((또한)) '------], die a) 예측 불능. b) 종잡을 수 없음.

unberechtigt ⟨Adj.⟩ 권리[자격] 없는, 근거[이유] 없는, 부당한. **unberechtigterweise** ⟨Adv.⟩ 권리[권한, 자격] 없이, 근거없이, 부당하게도.

unberücksichtigt [((또한)) '-----] ⟨Adj.⟩ 고려되지 않은, 참작되지 않은: etw. u. lassen 무엇을 고려하지 않다(무엇을 무시하다).

unberufen [((또한)) '-'--] ⟨Adj.⟩ 자격[권한]이 없는, 부적격의: der Brief ist in -e Hände gelangt 편지가 남의 손에 들어가다.

unberufen! [((또한)) '-----] ⟨Interj.⟩ 말해서 뭘 해!

Unberührbare[((또한)) '------], der / die 인도의 최하층 천민(↑Paria (1)). **unberührt** ⟨Adj.⟩ 1. a) 손대지 않은, 건드리지 않은: sein Essen u. lassen 식사를 하지 않고 그대로 두다. b) 자연 그대로의, 있는 그대로의: ein Stück -e Natur 있는 그대로의 한 조각 자연. c) 숫처녀의: ein -es Mädchen 숫처녀. 2. 영향을 받지 않은, 감동이 없는, 냉정한: mit -er Objektivität 냉철한 객관성으로. **Unberührtheit**, die ↑unberührt의 명사형.

unbeschadet ['ʊnbəʃa:dət, ((또한)) --'--] I. ⟨Präp.²⟩ (…과) 관계 없이, 상관 없이, (…에도) 불구하고: u. aller Rückschläge sein Ziel verfolgen 모든 사태 악화에도 불구하고 그의 목표를 추구하다. II. ⟨Adv.⟩ (준으로) 방해를 받지 않고, 무사히. **unbeschädigt** ⟨Adj.⟩ a) 손해[피해] 없는, 파손되지 않은. b) (준으로) (사람이) 부상 당하지 않은, 무사한.

unbeschäftigt ⟨Adj.⟩ 하는 일이 없는, 무직의.

unbeschalt ['ʊnbəʃa:lt] ⟨Adj.⟩ [동물] 갑각(甲殼)이 없는.

unbescheiden ⟨Adj.⟩ 불손한, 뻔뻔한, 너무 요구가 많은: man sollte aber auch nicht u. sein 그러나 불손해도 안된다. **Unbescheidenheit**, die 불손, 뻔뻔함.

unbescholten ['ʊnbəʃɔltn] ⟨Adj.⟩ 비난 받지 않은, 결점 없는, 평판이 좋은, 흠있는: ein -er Mensch 평판이 좋은 사람. **Unbescholtenheit**, die ↑unbescholten의 명사형. **Unbescholtenheitszeugnis**, das 무전과(無前科) 증명서.

unbeschrankt ⟨Adj.⟩ 차단기가 없는.

unbeschränkt [((또한)) --'-'] ⟨Adj.⟩ 무제한의, 절대적인. **Unbeschränktheit** [((또한)) --'--], die 무제한.

unbeschreiblich [ʊnbə'ʃraɪplɪç, ((또한)) '-----] ⟨Adj.⟩ a) 말로써 표현할 수 없는, 무엇이라 형용할 수 없는: eine -e Empfindung 말로서 형용할 수 없는 느낌; es erging ihm ganz u. (아이) 그는 정말 형용할 수 없을 정도로 나쁘게 지냈다. b) (지나쳐서) 말로 표현할 수 없는, 대단한: sie war u. schön 그녀는 말로 형용할 수 없을 만큼 (매우) 아름다웠다. **Unbeschreiblichkeit** [((또한)) '-----], die 말로 표현할 수 없음. **unbeschrieben** ⟨Adj.⟩ 쓰여 있지 않은, 백지(白紙)의.

unbeschützt ⟨Adj.⟩ 보호가 없는, 무방비의.

unbeschwert ⟨Adj.⟩ 고뇌가 없는, 걱정(근심)이 없는, 안락한: eine -e Kindheit 근심이 없는 유년기. **Unbeschwertheit**, die ↑unbeschwert의 명사형.

unbeseelt ⟨Adj.⟩ 영혼이 없는, 생기가 없는, 생명이 없는.

unbesehen [((또한)) '-----] ⟨Adj.⟩ 검토하지 않은, 음미하지 않은: das glaube ich dir u. 나는 너의 그 말을 주저치 않고 믿겠다.

unbesetzt ⟨Adj.⟩ 공석의, 빈자리의.

unbesiegbar [ʊnbə'zi:kba:g, ((또한)) '-----] ⟨Adj.⟩ 정복[격파]될 수 없는, 무적의: der Gegner glaubte sich u. 적은 스스로 무적이라고 믿었다. **Unbesiegbarkeit** [((또한)) '------], die 이겨낼 수 없음, 정복될 수 없음. **unbesieglich** [ʊnbə'zi:klɪç, ((또한)) '-----] ⟨Adj.⟩ ⟨드물게⟩ ↑unbesiegbar. **Unbesieglichkeit** [((또한)) '------], die ↑Unbesiegbarkeit. **unbesiegt** [((또한)) '----] ⟨Adj.⟩ 지지 않은, 불패(무패)의, 격파되지 않은.

unbesonnen ⟨Adj.⟩ 사려가 없는, 분별 없는, 경솔한. **Unbesonnenheit**, die; -en 1. ⟨Pl. 없음⟩ 무분별함, 경솔. 2. 경솔한 행동(언동).

unbesorgt ⟨Adj.⟩ 걱정(근심) 없는, 걱정할 필요가 없는: seien Sie u. 걱정하지 마십시오.

unbespielbar [((또한)) '----] ⟨Adj.⟩ [스포츠] 경기를 할 수 없는. **unbespielt** ⟨Adj.⟩ (녹음 테이프) 미사용의.

unbeständig ⟨Adj.⟩ a) 안정되지 않은, 수시로 변하는, (의견, 의도)을 자주 바꾸는: ein -er Charakter 수시로 변하는 성격. b) 수시로 교차되는, 일정치 않은: das Glück ist u. 행복이란 수시로 변한다. **Unbeständigkeit**, die 변화 무쌍.

unbestätigt [((또한)) --'---] ⟨Adj.⟩ 확인되지 않은, 미확인의, 비공식의: nach -en Meldungen 미확인 보도에 의하면.

unbestechlich [((또한)) '-----] ⟨Adj.⟩ a) 매수되지 않는, 청렴 결백한: ein -er Beamter 청렴 결백한 공무원. b) 현혹(동요)되지 않는, 절조 있는: eine -e Wahrheitsliebe 확고한 진리애. **Unbestechlichkeit** [((또한)) '-----], die ↑unbestechlich의 명사형.

unbestimmbar [((또한)) '----] ⟨Adj.⟩ 규정[결정]할 수 없는, 정돈[분류]할 수 없는: eine Frau -en Alters 년령을 알 수 없는 부인. **Unbestimmbarkeit** [((또한)) '-----], die ↑unbestimmbar의 명사형.

unbestimmt [((또한)) --'--] ⟨Adj.⟩ a) 막연한, 모호한, 애매한: jmdn. mit -em Mißtrauen ansehen 누구를 막연한 불신으로 쳐다보다. b) 확정되지 않은, 정해지지 않은, 불확실한: in einer -en, fernen Zukunft 언제인가 먼 미래에. c) [언어] 부정(不定)의, 미정의: -es Fürwort 부정 대명사. **Unbestimmtheit**, die 애매모호, 불확정, 부정(不定), 미정. **Unbestimmtheitsrelation**, die; -en [물리] 불확정성적 관계 (↑Unschärferelation).

unbestreitbar [ʊnbə'ʃtraɪtba:g, ((또한)) '-----] ⟨Adj.⟩ 이론(異論)의 여지가 없는, 의심의 여지가 없는, 명백한: seine Fähigkeiten waren u. 그의 능력은 의심의 여지가없다. **unbestritten** [((또한)) --'---] ⟨Adj.⟩ 반론[논쟁]의 여지가 없는, 확실한, 명백한: eine -e Tatsache 이론(異論)의 여지가 없는 사실. b) 이의가 제기되지 않은, 이의없는.

unbeteiligt [((또한)) --'---] ⟨Adj.⟩ 1. 관심 없는, 냉담한: ein -er Zuschauer 관심 없는 관객. 2. 관여(참가)하지 않은: er war an dem Mord u. 그는 살인(사건)에 가담하지 않았다. **Unbeteiligtheit**, die 무관심, 무관여, 참가하지 않음.

unbetont ⟨Adj.⟩ 강세(악센트)가 없는, 강조되지 않은.

unbeträchtlich [((또한)) --'---] ⟨Adj.⟩ 적은, 사소한, 하찮은: seine Schulden waren (nicht) u. 그의 부채는 적었다(적지 않았다). **Unbeträchtlichkeit**, die 소량, 사소함, 하찮음.

unbetreten ⟨Adj.⟩ 사람의 발이 닿지 않은, 인적 미답의.

unbeugbar [((또한)) '----] ⟨Adj.⟩ [언어] 불변화의 (↑indeklinabel). **unbeugsam** [((또한)) --'--] ⟨Adj.⟩ 불굴의, 굽히지 않는, 강인한, 타협 없는: ein -er Verfechter dieser Idee 이 이념을 위한 불굴의 투사. **Unbeugsamkeit** [((또한)) -'---], die ↑unbeug-

sam의 명사형.
unbewacht 〈Adj.〉 감시하지 않은, 지키는 사람이 없는: in einem -en Augenblick 아무도 보지 않는 순간에.
unbewaffnet 〈Adj.〉 무장하지 않은, 비무장의: mit -em Auge 〈준고어·농〉 (망원경 없이) 육안으로.
unbewältigt [〈또한〉 ーー'ーーー] 〈Adj.〉 (고난, 장해가) 극복되지 않은, 해결되지 않은: ein -es Problem 미해결의 문제.
unbewandert 〈Adj.〉 정통하지 않은, 무지한, 미숙한.
unbeweglich [〈또한〉 ーー'ーーー] 〈Adj.〉 **1. a)** 움직이지 않는: die Luft war u. 대기가 움직이지 않았다. **b)** 부동의, 고정의: -e Sachen 부동산. **2.** (표정의) 변화가 없는, 둔감이 없는: sie sahen sich mit -em Blick an 그들은 고정된 시선으로 서로 쳐다보았다. **3.** 적응력이 없는, (정신적으로) 유연하지 못한: er ist (geistig) u. 그는 (정신적으로) 유연하게 대처하지 못한다. **4.** 고정된 날짜의: Weihnachten ist ein -es Fest 성탄절은 고정 축제일이다. **Unbeweglichkeit** [〈또한〉 ーー'ーーー], die ↑unbeweglich의 명사형. **unbewegt** 〈Adj.〉 **1.** 움직이지 않는. **2.** (표정의) 변화가 없는, 평정의.
unbewehrt 〈Adj.〉 **1.** 〈준고어〉 무장하지 않은. **2.** [토건·기술] (철근 따위로) 보강되지 않은.
unbeweibt 〈Adj.〉《통용어·농》 아내를 두지 않은, (남자가) 결혼하지 않은.
unbeweisbar [〈또한〉 'ーーーー] 〈Adj.〉 증명(입증)할 수 없는. **unbewiesen** 〈Adj.〉 **1.** 증명(입증)되지 않은: eine -e Hypothese 증명되지 않은 가설. **2.** 《드물게》 능력이 입증되지 않은.
unbewirtschaftet [〈또한〉 ーー'ーーーー] 〈Adj.〉 (토지가) 경작되지 않은, 관리(경영)되지 않은, (국가에 의해) 통제되지 않은.
unbewohnbar [〈또한〉 'ーーーー] 〈Adj.〉 **a)** (집, 방이) 사람이 살 수 없는. **b)** (지역이) 사람이 살기에 적합하지 않은, 주거 불능의. **unbewohnt** 〈Adj.〉 **a)** 사람이 살지 않는. **b)** (지역에) 사람이 정주하지 않은.
unbewußt 〈Adj.〉 **a)** 무의식의, 알지 못하는: das -e Denken(Handeln) 무의식적인 생각(본능적인 행동). **b)** 자기도 모르는: die -e Sehnsucht nach etw. 무엇에 대한 자기도 모르는 동경. **c)** 의도적[고의적]이 아닌. **Unbewußte**, das; -n [심리] 무의식: das kollektive U. 집단 무의식. **Unbewußtheit**, die 무의식, 의도성[고의성]이 없음.
unbezahlbar [ʊnbəˈtsaːlbaːɐ̯, 〈또한〉 'ーーーー] 〈Adj.〉 **1.** (너무 비싸서) 지불할 수 없는, 지불 불능의. **2. a)** (너무 값진 것이어서) 돈으로 살 수 없는, 대단히 걸작인: ein -es Gemälde 돈으로 따질 수 없는 명화. **b)** 《통용어·농》 없어서는 안되는, 훌륭한: er ist einfach u.! 그는 한 마디로 훌륭한 사람이다. **Unbezahlbarkeit**, die ↑unbezahlbar의 명사형. **unbezahlt** 〈Adj.〉 **a)** 지불되지 않은: -er Urlaub 무급 휴가. **b)** 미불(未拂)의, 아직 지불이 안된.
unbezähmbar [ʊnbəˈtsɛːmbaːɐ̯, 〈또한〉 'ーーーー] 〈Adj.〉 제어(억제)할 수 없는. **Unbezähmbarkeit** [〈또한〉 ーー'ーーーー], die 제어(억제)불능.
unbezweifelbar [ʊnbəˈtsvaɪ̯fl̩baːɐ̯, 〈또한〉 'ーーーーー] 〈Adj.〉 의심할 수 없는, 의심의 여지가 없는, 확실한.
unbezwingbar [ʊnbəˈtsvɪŋbaːɐ̯, 〈또한〉 'ーーーー], 《더 자주:》 **unbezwinglich** [〈또한〉 'ーーーー] 〈Adj.〉 **a)** 정복(공략)할 수 없는. **b)** 억제할 수 없는, 억누를 수 없는: eine unbezwingbare[unbezwingliche] Trauer 억제할 수 없는 슬픔.
Unbilden [ˈʊnbɪldn̩] 〈Pl.〉 《아어》 매우 불쾌한(불편한) 것: die U. des Wetters 불쾌한 날씨. **Unbildung**, die 무교양, 무교육: etw. aus U. sagen 교양이 없는 가닭에 무엇을 말하다. **Unbill** [ˈʊnbɪl], die 〈아어〉 불법,

부당, 모욕, (마음을) 상하게 함, 부당한 취급: alle U. des Krieges 전쟁의 온갖 불법. **unbillig** 〈Adj.〉 《아어》 정당하지 못한, 공정하지 못한, 부당한. **Unbilligkeit**, die 《아어》 ↑unbillig의 명사형.
unblutig 〈Adj.〉 **1.** 피를 흘리지 않은, 무혈의: ein -er Putsch 무혈 쿠테타. **2.** [의학] 무혈의(외과적 수술이 아니어서 피를 흘리지 않는).
unbotmäßig 〈Adj.〉 《농·반어》 순종하지 않는, 복종을 거부하는, 반항적인: eine -e Kritik 반항적인 비판. **Unbotmäßigkeit**, die 순종[복종]하지 않음, 반항적임.
unbrauchbar 〈Adj.〉 사용할 수 없는, 소용 없는. **Unbrauchbarkeit**, die 사용 불능, 소용 없음.
unbunt 〈Adj.〉 색조가 없는(백색, 회색, 흑색의).
unbürokratisch 〈Adj.〉 관료적이 아닌: jmdm. sehr u. eine Genehmigung erteilen 누구에게 비관료적으로 허가서를 발부하다.
unbußfertig 〈Adj.〉 [기독교] 회개하는 기색이 없는, 개전의 정이 없는. **Unbußfertigkeit**, die ↑unbußfertig의 명사형.
uncharakteristisch 〈Adj.〉 특색이 없는.
unchristlich 〈Adj.〉 비기독교(도)적인, 기독교 교리에 어긋나는. **Unchristlichkeit**, die 비기독교성, 기독교적이 아님.
Uncle Sam [ˈʌŋkl̩ ˈsæm; 《engl.-amerik.》] 샘 아저씨 (미국이나 미국인에 대한 농담조의 호칭), (약어) U. S. (= United States)를 Uncle Sam의 이니셜로 해석하여이.
und [ʊnt] 〈Konj.〉 **1. a)** 《단어, 구, 문장의 병렬적인 결합, 열거, 연결》 그리고, ...과(와), 및, 또한: Äpfel u. Birnen 사과와 배; essen u. trinken 먹고 마시다; Tag u. Nacht 낮과 밤; 《und로 연결되는 보통문의 문두에 위치하여·고어》 그래서, 그리하여: wir haben uns sehr darüber gefreut, u. danken wir Dir herzlich 우리는 그것에 대하여 매우 기뻤다, 그래서 우리는 너에게 진심으로 감사하고 있다; 《형식적인 연결, 열거》 u. ähnliches 기타 이와 유사한 것(약어: u. ä.); u.(viele) andere(mehr) 그 외, 기타 등등(약어: u. (v.) a. (m.)); u. dergleichen 이와 같음, 등등(약어: u. dgl.); u. so fort (weiter) ...등등 (약어: usf., usw.); u. so 《통용어·정서》 기타 등등;《두 기수의 덧셈》 drei u. vier ist sieben 3 더하기 4는 7이다. **b)** 《단어의 반복병렬을 통해 명확한 규정을 피함》 um die u. die Zeit 언제 언제 경에; er sagte, er sei der u. der 자기는 어쩌 어떠한 사람이라고 그는 말했다. **c)** 《단어의 반복병렬을 통해 강조·계속을 뜻함》 das Geräusch kam näher u. näher 소음은 점점 더 가까이 들려왔다; es regnete u. regnete 비가 내리고 또 내렸다[계속 내렸다]. **2. a)** 《주문장과 주문장을 연결시켜 앞문장 내용의 해설, 확인, 결과, 대립을 나타냄》 그래서, 그런데: sie rief, u. alle kamen 그녀가 외치자 모든 사람이 왔다; Arbeit war zu Ende, u. er freute sich 일이 끝나자 그는 기뻐하였다; 《반어·대립적 연결》 그런데: er u. hilfsbereit! 그가 남돕기를 좋아한다고 ! (천만에); 《선행 문장에 대한 종속 문장적인 보완·해명을 나타냄》 so gut u. hilf mir ein wenig 호의를 베풀어서 나를 조금만 도와 주게. **b)** 《양보, 조건의 성격을 띤 종속적인 문장의 앞에 위치하여》 그렇지 않으면: du mußt es tun, u. fällt es dir noch so schwer 너는 그것을 해야 해, 그렇지 않으면 네가 더욱 어려워질거야. **c)** 《보완적인 답을 요구하는 반대 질문의 서두에서》 그러면, 그런데: „Die Frauen wurden gerettet." „Und die Kinder?" 부인들은 구조되었다 — 그럼 아이들은?
Undank, der; -(e)s 《아어》 배은(背恩), 망은(忘恩), 배은 망덕: das ist krasser U. 그것은 엄청난 배은망덕이다. 〈속담〉 U. ist der Welt Lohn 배은은 세상의 상습.
undankbar 〈Adj.〉 **1.** 배은의, 망은의, 감사할 줄 모르

Undankbarkeit 2148

는: ein -er Mensch 배은 망덕한 사람. 2. 보람이 없는, 가치가 없는: eine -e Aufgabe 보람이 없는 임무. **Undankbarkeit**, die 1. 배은, 망은, 배은 망덕한 태도[언동]. 2. 보람이 없음.

undatiert 〈Adj.〉 날짜가 적혀 있지 않은.

Undation [unda'tsio:n], die [lat. undatio = das Wellenschlagen] [지질] 지각의 수직 변동, 지각의 융기와 침강.

undefinierbar [undefi'ni:ɐba:ɐ, 〈또한〉 '-----] 〈Adj.〉 정의할 수 없는, 설명할 수 없는: -e Laute [Geräusche] 무엇인가 알 수 없는 소리[소음]; eine -e Angst 설명할 수 없는 불안; der Kaffee war u. 〈俚〉 커피 맛이 뭔가 이상했다.

undeklinierbar [〈또한〉 ---'--] 〈Adj.〉 [언어] 불변화의(↑indeklinabel).

undemokratisch [(또한) '-----] 〈Adj.〉 비민주적인: eine -e Haltung[Methode] 비민주적인 태도[방법].

undenkbar 〈Adj.〉 생각할 수 없는, 상상할 수 없는, 불가사의한: so etwas wäre früher u. gewesen 그런 것은 옛날같으면 감히 상상할 수도 없었다. **undenklich** [un-'dɛŋklɪç] 〈Adj.〉 〈다음 용법으로만〉 seit[vor] -er Zeit[-en Zeiten] 아주 오랜 옛날부터[태고 이래].

Underdog ['Andədɔg], der; -s, -s [engl. underdog] 〈교양어〉 사회적 약자(피압박자), 사회적 하층민.

Underflow ['Andəfloʊ], der; -s, -s [engl. underflow] 〈전문어〉 전자 계산기에도 나타나지 않는 극미한 수치의 등장.

Underground ['Andəgraʊnd], der; -s [engl. underground] 〈교양어〉 1. 비합법적인 지하 세계, 범죄 세계 (↑Untergrund (4 a)). 2. 기존 문화에 대항하는 전위예술 운동. 3. ↑Undergroundmusik의 약칭. **Undergroundfilm**, der 전위[실험] 영화(공인받지 못한 영화). **Undergroundmusik**, die 〈실험적〉 전위 음악.

Understatement ['Andə'steitmənt], das; -s, -s [engl. understatement] 〈교양어〉 a) 〈Pl. 없음〉 의도적인 과소 표현. b) 의도적으로 과소 표현하는 언동.

undeutbar 〈Adj.〉 해석[설명]할 수 없는. **undeutlich** 〈Adj.〉 a) 불명료한, 불분명한: etw. nur u. erkennen 무엇을 다만 불분명하게 인식하다. b) 불확실한, 부정확한, 모호한, 애매한: sich u. ausdrücken 자신의 의사를 모호하게 표현하다. **Undeutlichkeit**, die 불명료, 불확실, 모호.

undeutsch 〈Adj.〉 독일적이 아닌, 독일적 전형이 아닌, 독일어의 어법에 어긋난. b) 〈특히 나치〉 비독일적인: -e Literatur 비독일적인 문학.

Undezime [un'de:tsimə], die; -n [lat. ūndecimus = der elfte] [음악] a) 11도 음계의 11번째 음. b) 11도 음계.

undialektisch 〈Adj.〉 1. [철학] 변증법적이 아닌, 비변증법적인: -e philosophische Methode 비변증법적인 철학 방법. 2. 〈교양어〉 지나치게 일면적인, 도식적인, 경직된.

undicht 〈Adj.〉 (물, 공기, 광선 등이) 새는, 틈새가 있는: ein -es Dach[Fenster] 비가 새는 지붕[창문]. **Undichtigkeit**, die; -en ↑undicht의 명사형.

undifferenziert 〈Adj.〉 〈교양어〉 a) 세분화되지 않은, 미분화(未分化)의: eine -e Kritik 차별 없는 비판. b) 〈형태, 색, 기능 따위가〉 차이가 없는, 획일적인. **Undifferenziertheit**, die ↑undifferenziert의 명사형.

Undine [un'di:nə], die; -n 운디네(여성의 물의 요정).

Unding, das 1. 〈대개 다음 용법으로〉 ein U. sein 넌센스이다, 무의미하다, 불합리하다: es ist ein U., die Kinder so spät noch allein weggehen zu lassen 아이들을 그렇게 늦은 시간에 홀로 가도록 하는 것은 정말 넌센

스다. 2. 〈드물게〉 (불안을 자아내는) 기형적인 물건.

undiplomatisch 〈Adj.〉 비외교적인, 책략이 뛰어나지 못한.

undiskutabel [(또한) ----'--] 〈Adj.〉 〈교양어·俚〉 토론할 필요도 없는, 명백한(↑indiskutabel).

undiszipliniert 〈Adj.〉 〈교양어〉 a) 규율이 없는. b) 버릇이 없는, 제멋대로의: ein -er Mensch 버릇이 없는 사람. **Undiszipliniertheit**, die 규율이 없음, 버릇이 없음.

undogmatisch 〈Adj.〉 〈교양어〉 독단적이 아닌, 비교조적인.

undramatisch 〈Adj.〉 1. 비희곡적인. 2. 극적이 아닌, 평범한: der -e Verlauf eines Ereignisses 사건의 평범한 경과.

Undulation [undula'tsio:n], die; -en [lat. undula = kleine Welle] 1. [물리] 파상 운동, 파동. 2. [지질] 조산(造山) 운동시의 지각 변화. **Undulationstheorie**, die [물리] 빛의 파동설. **undulatorisch** [...'to:rɪʃ] 〈Adj.〉 [물리] 파상의, 파동의.

unduldsam 〈Adj.〉 너그럽지 못한, 편협한: ein -er Mensch 너그럽지 못한 인간. **Unduldsamkeit**, die 너그럽지 못함, 비관용적임.

undulieren [undu'li:rən] 〈h〉 [의학·생물] 파동하다: **undulierende Membran** [생물] (단세포 동물의 파상 운동을 위한) 파동막.

undurchdringbar [undurç'drɪŋba:ɐ, 〈또한〉 '-----] 〈드물게〉 ↑undurchdringlich (1). **undurchdringlich** [(또한) '----] 〈Adj.〉 1. 관통[침투]할 수 없는: ein -er Nebel 앞을 내다볼 수 없는 짙은 안개; eine -e Nacht 칠흑같이 어두운 밤; 〈전의〉 ihr Geheimnis schien u. 그녀의 비밀은 도무지 알 수가 없었다. 2. 의중을 알 수 없는. **Undurchdringlichkeit** [(또한) '-----], die 관통[침투] 불능.

undurchführbar [(또한) '-----] 〈Adj.〉 실행[실시]할 수 없는, 실천 불가능의. **Undurchführbarkeit** [(또한) '------], die 실행 불능, 실천 불가능.

undurchlässig 〈Adj.〉 투과시킬 수 없는, 침투성이 없는: ein(für Luft und Wasser) -es Gefäß (공기와 물이) 투과되지 않는 그릇. **Undurchlässigkeit**, die 비투과성.

undurchschaubar [(또한) '----] 〈Adj.〉 1. (사물의 본질, 연관을) 인식할 수 없는, 이해할 수 없는: die Zusammenhänge sind u. 연관성은 알 수가 없다. 2. (사람의 성격, 의중을) 알 수 없는, 간파할 수 없는: ein -er Mensch 의중을 알 수 없는 사람. **Undurchschaubarkeit** [(또한) '-----], die 간파 불능, 인식 불능.

undurchsichtig 〈Adj.〉 1. 불투명한: -es Glas 불투명 유리. 2. 의도를 알 수 없는: eine -e Rolle 불투명한[의중을 알 수 없는] 역할. **Undurchsichtigkeit**, die 불투명(도).

Und-Zeichen, das; -s, - „und"(그리고)의 대치 기호 (&).

uneben 〈Adj.〉 평탄하지 않은, 울퉁불퉁한; 기복이 있는: der Weg ist u. 길은 우툴두툴하다; **nicht u. sein** 〈통용어〉 나쁘지 않다(괜찮다): der neue Lehrer ist nicht u. 새로 부임한 선생님은 나쁘지 않다; ein nicht -er Plan 나쁘지 않은 계획. **Unebenheit**, die; -en a) 〈Pl. 없음〉 평탄하지 않음, 울퉁불퉁함. b) 울퉁불퉁한 곳: die -en des Geländes 지역의 울퉁불퉁한 곳.

unecht 〈Adj.〉 1. a) 모조의, 인조의, 가짜의: -er Schmuck 인조 보석. b) 기만적인, 진정이 아닌: -e Freundlichkeit 기만적인 친절; seine Freude wirkte u. 그의 기쁨은 진정이 아니라는 인상을 주었다. 2. [수학] 가분수의: -e Brüche 가분수. 3. [화학·섬유] (특정의

화학적 영향으로) 색이 변하는: -e Farben 가변성의 색. **Unechtheit**, die ↑unecht의 명사형.
unedel 〈Adj.〉 **1.** 《아어》 고귀[고결, 고상]하지 않은, 비천한: er hat sehr u. an ihr gehandelt 그는 그녀에 대하여 매우 상스럽게 행동하였다. **2.** (금속 등이) 매우 흔한, 별 가치가 없는, 산화되기 쉬운: unedle Metalle 비(卑)금속류.
unehelich 〈Adj.〉 **a)** 서출의, 사생(私生)의: ein -es Kind 사생아. **b)** 사생아를 가진: eine -e Mutter 사생아가 있는 어머니, 미혼모. **Unehelichkeit**, die 서출, 내연 관계.
Unehre, die 《아어》 불명예, 치욕, 면목 없음: etw. macht jmdm. U. 무엇이 누구를 욕되게 하다. **unehrenhaft** 〈Adj.〉 《아어》 불명예스러운, 수치스러운, 치욕적인: -e Absichten[Taten] 수치스러운 의도[행위]. **Unehrenhaftigkeit**, die ↑unehrenhaft의 명사형. **unehrerbietig** 〈Adj.〉 《아어》 불경스러운, 무례한, 불손한. **Unehrerbietigkeit**, die 《아어》 불경, 무례, 실례. **unehrlich** 〈Adj.〉 **a)** 불성실한, 솔직하지 못한, 비열한: -e Absichten 비열한 의도. **b)** 부정직한, 신용이 없는, 사기성의: auf -e Weise 부정한 방법으로; u. erworbenes Geld 부정하게 획득한 돈. **Unehrlichkeit**, die 불성실, 부정직.
uneidlich 〈Adj.〉 [법] 선서가 없는.
uneigennützig 〈Adj.〉 이기적이 아닌, 사욕이 없는, 사심이 없는: ein -er Freund 사심이 없는 친구. **Uneigennützigkeit**, die 이기적이 아님, 사욕없음.
uneigentlich I. 〈Adj.〉 《드물게》 본래적이 아닌, 전의의, 비유적인. **II.** 〈Adv.〉 《농》 아주 그런게 아니면.
uneingeschränkt [《또한》 ---'-] 〈Adj.〉 무제한의, 제약[구속] 없는: die -e Freiheit 절대적인 자유; eine -e Vollmacht 무제한의 전권(全權).
uneingestanden ['ʊnlaɪŋəʃtandn̩, 《또한》 ---'--] 〈Adj.〉 고백할 수 없는, 감추어진.
uneingeweiht 〈Adj.〉 사정에 정통하지 못한, 문외한의.
uneinholbar [ʊn|aɪn'hoːlbaːɐ̯, 《또한》 '----] 〈Adj.〉 **a)** (너무 앞서서) 따라잡을 수 없는. **b)** 따라 잡힐 수 없는, 경쟁이 될 수 없는: ein -er Abstand 다른 사람이 따라 잡을 수 없는 거리.
uneinig 〈Adj.〉 의견이 일치하지 않은, 불화의: in diesem Punkt sind sie (sich) immer noch u. 이 점에 있어서 그들은 (서로가) 아직도 의견의 일치를 보지 못하고 있다. **Uneinigkeit**, die -en: 의견의 불일치, 불화.
uneinnehmbar [ʊn|aɪn'neːmbaːɐ̯, 《또한》 '----] 〈Adj.〉 난공 불락의, 공략[점령] 불능의: die Burg liegt u. auf einem Berg 성은 산 위에 있어서 난공불락이었다. **Uneinnehmbarkeit** [《또한》 '----], die 난공불락, 공략[점령]불능.
uneins 〈Adj.〉 《드물게》 ↑uneinig: er war u. mit ihm 그는 그 사람과 의견이 일치하지 않았다; er ist mit sich selbst u. 그는 결심을 못하고 있다.
uneinsichtig 〈Adj.〉 분별없는, 철없는, 완고한(개전의 빛이 없는): ein -es Kind 철없는 아이. **Uneinsichtigkeit**, die 분별 없음, 철없음, 완고함.
unempfänglich 〈Adj.〉 감수성이 없는, (무엇을 느끼지 못하는, 둔감. **Unempfänglichkeit**, die 무감수성, 둔감, 영향을 받지 않음.
unempfindlich 〈Adj.〉 **1.** 무감각한, 둔감한, 무관심한: er ist u. gegen Beleidigungen 그는 모욕적인 언동에 둔감한 사람이다. **2.** (병에 대한) 저항력이 강한, 병에 걸리지 않는. **3.** 더럽혀지지 않는, 변색되지 않는: -e Tapeten 더럽혀지지 않는[변색되지 않는] 벽지. **Unempfindlichkeit**, die ↑unempfindlich의 명사형.
unendlich 〈Adj.〉 **1. a)** (시·공간적으로) 끝없는, 무한한, 무궁한: die -e Weite des Ozeans 끝없이 광활한 대양; eine -e Zeit war vergangen 무한정의 시간이 흘러갔다; das Objektiv auf „u" einstellen [사진] 렌즈의 초점거리를 "u"(무한대의 거리)에 맞추다; 《명사화》 der Weg scheint bis ins Unendliche zu führen 그 길은 가도가도 끝이 없는 것처럼 보인다; **bis ins -e** 끝임없이, 끝이 없이, 무한히. **b)** [수학] 무한의: eine -e Zahl [크기, Größe, Reihe] 무한수[무한대, 무한급수]; Parallelen schneiden sich im Unendlichen 평행선은 무한대에서 서로 교차한다. **2.** 《정서》 **a)** 매우 큰, 굉장한: mit -er Sorgfalt 굉장히 조심스럽게. **b)** (동사, 형용사를 강조) 매우, 굉장히, 아주; u. weit[groß, hoch] 굉장히 넓은[큰, 높은]; sich über etw. u. freuen 무엇에 대하여 굉장히 기뻐하다. **unendlichemal**, unendlichmal 《반복수, Adv.》 **a)** 《드물게》 무한히, 끝임없이, 수만번. **b)** 《정서》 매우 자주, 계속하여: ich habe ihn u. gewarnt 나는 그에게 계속하여 경고하였다. **Unendlichkeit**, die **1.** 무한, 무궁, 무제한. **2.** 《아어》 무한성, 영원성, 영겁. **3.** 《통용어》 ↑Ewigkeit (2): es dauerte eine U., bis er zurückkam 한 없는 시간이 경과한 후에야 그는 되돌아 왔다. **unendlichmal**: ↑unendlichemal.
unentbehrlich [《또한》 ---〈Adj.〉 없어서는 안 될, 불가결의, 필수의: der Apparat ist mir[für mich] u. 그 기재는 나에게 필수불가결이다; **sich u. machen** 맡은 직분에 절대필요한 사람으로서 일하다. **Unentbehrlichkeit** [《또한》 '-----], die 불가결, 필요, 필수적임.
unentdeckt [《또한》 ---] 〈Adj.〉 **1.** 미발견의, 아직 알려지지 않은: ein bislang -er Krankheitserreger 지금까지 알려지지 않은 병균. **2.** 주목을 받지 못한.
unentgeltlich [《또한》 '----] 〈Adj.〉 무상의, 무료의, 무보수의: er arbeitete dort u. 그는 거기서 무보수로 일했다. **Unentgeltlichkeit** [《또한》 '-----], die 무료, 무보수.
unentrinnbar [ʊn|ɛnt'rɪnbaːɐ̯, 《또한》 '----] 〈Adj.〉 《아어》 피할 수 없는, 면할 수 없는, 불가피한. **Unentrinnbarkeit** [《또한》 '-----], die 《아어》 피할 수 없음, 불가피성.
unentschieden 〈Adj.〉 **1. a)** 결정되지 않은, 미결의: die Sache ist noch u. 그 일은 아직 미결 상태다. **b)** [스포츠] 무승부의: das Spiel endete u. 경기는 무승부로 끝났다. **2.** 《드물게》 ↑unentschlossen (b): ein -er Mensch[Charakter] 결단력이 없는 사람[성격]. **Unentschiedenheit**, die ↑unentschieden의 명사형.
unentschlossen 〈Adj.〉 **a)** 결정을 못내린, 결심을 못한: er machte einen -en Eindruck 그는 결심이 서지 않은 인상을 주었다. **b)** 결정을 주저하는, 우유부단한, 망설이는. **Unentschlossenheit**, die 미결정, 우유부단.
unentschuldbar [《또한》 '----] 〈Adj.〉 용서할 수 없는: ein -es Verhalten 용서할 수 없는 태도.
unentschuldigt 〈Adj.〉 변명 없는, 무단의: -es Fernbleiben 무단 결석[결근].
unentwegt [《또한》 '---] 〈Adj.〉 불굴의, 완고한, 지속적인: er sah sie u. an 그는 그녀를 계속 응시하였다; das Telefon läutete u. 전화 소리가 계속 울렸다.
unentwirrbar [《또한》 '----] 〈Adj.〉 **1.** 풀기 어려운, 엉클어진. **2.** 정리할 수 없는, 수습 불능의: eine politische Lage 수습 불능의 정치 상황. **Unentwirrbarkeit** [《또한》 '-----], die 뒤엉킴, 수습[해결] 불능.
unerachtet [ʊnlɛɐ̯'|axtət, 《또한》 '----] 〈Präp.[2]〉 《고어》 ↑ungeachtet.
unerbittlich [ʊn|ɛɐ̯'bɪtlɪç, 《또한》 '----] 〈Adj.〉 **1.** 용서 없는, 가차 없는, 엄격한: ein -er Kritiker[Lehrer] 가차없는 비평가[교사]. **2.** 무자비한, 냉엄한, 냉혹한:

das -e Schicksal 냉혹한 운명. **Unerbittlichkeit** [((또한)) '-----], die 가차없음, 무자비, 냉엄, 냉혹.
ụnerfahren 〈Adj.〉 경험이 없는, 무경험의, 미숙한: er ist noch u. auf seinem Gebiet 그는 자기의 분야에서 아직 경험이 없다. **Ụnerfahrenheit**, die 무경험, 미숙.
unerfindlich [((또한)) '----] 〈Adj.〉 (아어) 설명할 수 없는, 이해할 수 없는, 납득할 수 없는: etw. geschieht aus -en Gründen 납득할 수 없는 이유에서 무엇이 일어나다.
unerforschlich [υn|εɐ̯ˈfɔrʃlɪç, ((또한)) '----] 〈Adj.〉 (아어) 불가해한, 탐구할 수 없는, 신비스러운: nach Gottes -em Ratschluß 하느님의 불가해한 뜻에 따라(부고에서 사용하는 표현). **Unerforschlichkeit** [((또한)) '-----], die 이해 불능, 탐구 불능.
ụnerfreulich 〈Adj.〉 반갑지 않은, 불쾌한, 싫은: eine -e Nachricht 반갑지 않은 소식.
unerfüllbar [((또한)) '-----] 〈Adj.〉 실현할 수 없는, 충족될 수 없는: die Bedingungen sind u. 조건들은 충족될 수 없다. **Unerfüllbarkeit** [((또한)) '-----], die 실현 불가능, 충족 불가능. **ụnerfüllt** 〈Adj.〉 1. 실현되지 않은, 충족되지 않은: seine Forderungen [Bitten] blieben u. 그의 요구 사항[요청]들은 충족되지 않았다. 2. 욕구 불만의: ein -es Leben 욕구 불만의 삶. **Ụnerfülltheit**, die 충족되지 않음, 욕구 불만.
ụnergiebig 〈Adj.〉 수확[수익]이 없는, 불모의, 비생산적인: eine -e Arbeit 수확이 없는 작업[논문]. **Ụnergiebigkeit**, die ↑unergiebig의 명사형.
unergründbar [((또한)) '-----] 〈Adj.〉 헤아릴 수 없는, 불가해한: die -en Motive zu einer Tat 설명할 수 없는 행위 동기. **Unergründbarkeit** [((또한)) '-----], die 설명[이해] 불능, 불가해. **unergründlich** [((또한)) '----] 〈Adj.〉 1. 설명할 수 없는, 알 수 없는, 수 수께끼 같은: ein -es Lächeln 뜻을 알 수 없는 미소. 2. (준고어) 바닥을 알 수 없는: das -e Meer 바닥을 알 수 없는 깊은 바다. **Unergründlichkeit** [((또한)) '-----], die 설명[이해] 불능, 불가해.
ụnerheblich 〈Adj.〉 하찮은, 사소한, 경미한, 중요치 않은: -e Unterschiede 사소한 차이; die Verluste waren nicht u. 손실은 경미하지 않았다. **Ụnerheblichkeit**, die 사소함, 경미함, 중요치 않음.
¹**unerhört** [ˈʊnlɛɐ̯hø:ɐ̯t] 〈Adj.〉 (아어) 청허되지 않은, 충족되지 않은, 받아들여지지 않은: seine Liebe blieb u. 그의 사랑은 짝사랑으로 끝났다. ²**unerhört** 〈Adj.〉 1. (감정적 과장) **a)** 굉장히 큰, 엄청난: eine -e Anstrengung 엄청난 노력. **b)** (형용사·동사 강조) 매우, 대단히, 엄청나게: eine u. interessante [schwierige] Sache 엄청나게 흥미있는[어려운] 일. 2. (폄) 괘씸한, 수치스러운, 뻔뻔스러운, 파렴치한: sein Verhalten war einfach u. 그의 태도는 그야말로 뻔뻔스러운 것이었다. 3. (아어) 전대미문의, 미증유의, 전례없는.
unerkannt [ˈʊnlɛɐ̯kant] 〈Adj.〉 인지되지 않은, 알려지지 않은.
unerkennbar [ʊnlɛɐ̯ˈkɛnba:ɐ̯, ((또한)) '----] 〈Adj.〉 인식[식별]할 수 없는, 인지 불능의. **Unerkennbarkeit**, die 인식[식별] 불능, 인지 불능.
unerklärbar [((또한)) '-----] 〈Adj.〉 (드물게) ↑unerklärlich. **Unerklärbarkeit** [((또한)) '-----], die 설명 불능, 불가해. **unerklärlich** [((또한)) '----] 〈Adj.〉 설명할 수 없는, 불가해한, 이유를 알 수 없는: es ist (mir) u., wie das geschehen konnte 그것이 어떻게 일어날 수 있었는지 (나는) 알 수가 없다. **Unerklärlichkeit** [((또한)) '-----], die 설명 불능, 불가해.

unerläßlich [ʊn|ɛɐ̯ˈlɛslɪç, ((또한)) '-----] 〈Adj.〉 불가결의, 절대로 필요한, 필수적인: eine -e Voraussetzung 필수적인 전제 조건; wir halten dies für u. 우리는 이를 필수 불가결한 것으로 생각한다.
unerlaubt [ˈʊnlɛɐ̯laupt] 〈Adj.〉 허가되지 않은, 금지된, 불법의: eine -e Handlung 불법 행위.
ụnerledigt 〈Adj.〉 처리[해결]되지 않은, 미처리의, 미해결의: vieles ist u. geblieben 많은 것이 미결로 남아 있다.
unermeßlich [ʊn|ɛɐ̯ˈmɛslɪç, ((또한)) '-----] 〈Adj.〉 (아어) 1. **a)** 끝이 없는, 무한한: in -er Ferne 무한히 먼 곳에서. **b)** (수·양적으로) 헤아릴 수 없는[없이 많은]: der Weg ist von einer -en Menschenmenge umsäumt 길은 헤아릴 수 없이 많은 군중들로 싸여 있다; **(bis) ins -e** 무한히, 끝없이. 2. (정서) **a)** 굉장한, 엄청나게 큰: -en Schaden anrichten 엄청난 손해를 끼치다; etw. ist von -er Bedeutung 무엇은 굉장한 의미를 지니고 있다. **b)** (형용사·동사 강조) 매우, 엄청나게, 굉장히. **Unermeßlichkeit** [((또한)) '-----], die ↑unermeßlich의 명사형.
unermüdlich [ʊn|ɛɐ̯ˈmy:tlɪç, ((또한)) '----] 〈Adj.〉 지칠줄 모르는, 지치지 않는, 쉬지 않는, 근면한: u. arbeiten 지칠줄 모르고 일하다. **Unermüdlichkeit** [((또한)) '-----], die ↑unermüdlich의 명사형.
ụnernst 〈Adj.〉 진지하지 못한. **Ụnernst**, der; -(e)s 진지하지 못한 태도.
ụnerotisch 〈Adj.〉 에로틱하지 않은.
unerquicklich 〈Adj.〉 (아어) 달갑지 않은, 반갑지 않은, 불쾌한: eine -e Situation 달갑지 않은 상황. **Ụnerquicklichkeit**, die 달갑지 않음, 불쾌.
unerreichbar [((또한)) '-----] 〈Adj.〉 도달[달성]할 수 없는, 연락이 안되는. **Unerreichbarkeit** [((또한)) '-----], die ↑unerreichbar의 명사형. **unerreicht** [ʊn|ɛɐ̯ˈraiçt, ((또한)) '----] 〈Adj.〉 달성되지 않은, 도달되지 않은: der Rekord ist u. geblieben 기록은 갱신되지 않았다.
unersättlich [ʊn|ɛɐ̯ˈzɛtlɪç, ((또한)) '----] 〈Adj.〉 1. (드물게) 물릴 줄 모르는, 탐욕스러운, (식욕이) 왕성한. 2. 만족될 줄 모르는: er ist u. in seinem Wissensdurst 그는 지식욕에 있어서 만족될 줄 모른다. **Unersättlichkeit** [((또한)) '-----], die ↑unersättlich의 명사형.

ụnerschlossen 〈Adj.〉 **a)** 개발되지 않은, 미개발의, 미개척의: ein -es Gebiet 미개척 분야. **b)** 채굴되지 않은.
unerschöpflich [((또한)) '----] 〈Adj.〉 1. 무진장의, 무한의: eine -e Menge von Lebensmitteln 무진장 많은 식료품. [전의] ihre Geduld war u. 그녀의 인내는 한도가 없었다. 2. 논의에 끝이 없는, 무한정의: ein -es Thema 끝없이 논의할 수 있는 주제. **Unerschöpflichkeit** [((또한)) '-----], die ↑unerschöpflich의 명사형.
ụnerschrocken 〈Adj.〉 겁내지[놀라지] 않는, 대담한, 용감한: ein -er Kämpfer für die Freiheit 용감한 자유의 투사. **Ụnerschrockenheit**, die 용감성, 대담성, 놀라지 않음.
unerschütterlich [ʊn|ɛɐ̯ˈʃʏtɐlɪç, ((또한)) '----] 〈Adj.〉 흔들리지 않는, 부동의, 확고한: ein -er Glaube [Optimismus] 확고한 믿음 (낙관주의); sein Wille ist u. 그의 의지는 확고하다. **Unerschütterlichkeit** [((또한)) '-----], die 확고함, 흔들리지 않음.
unerschwinglich [((또한)) '----] 〈Adj.〉 조달[감당]할 수 없는: u. teure Grundstücke 지불할 수 없을 정도로 비싼 토지.
unersetzbar [((또한)) '----] 〈Adj.〉 (드물게) ↑

unersetzlich, unersetzlich [(또한)) '-----]〈Adj.〉대체[대용, 대신]할 수 없는, 보충[보상]할 수 없는: ein -er Verlust 보상할 수 없는 막대한 손실. Unersetzlichkeit [(또한)) '-----], die 대체[보상] 불가능.

unersprießlich [(또한)) --'--〈Adj.〉(아이) 무익한, 무용한, 쓸데없는: ein -es Gespräch 무익한 대화.

unerträglich [(또한)) '-----]〈Adj.〉a) 견딜[참을] 수 없는, 견디기 어려운: in einer -en Lage sein 견딜 수 없는 상태에 있다; seine Launen sind u. 그의 변덕은 참을 수 없다. b) 〈형용사·동사 강조〉매우, 참을 수 없을 정도로, 대단히: es ist u. heiß 견딜 수 없을 정도로 덥다. Unerträglichkeit [(또한)) '-----], die 참을[견딜] 수 없음.

unerwähnt ['ʊnlɛɐvɛːnt]〈Adj.〉언급[거론]되지 않은: etw. u. lassen. 무엇을 언급하지 않은 채 두다.

unerwartet ['ʊnlɛɐvartat, (또한)) --'--]〈Adj.〉예기치 않은, 불의[의외]의, 돌연한: eine -e Nachricht 예기치 않은 소식; etw. völlig u. tun 무엇을 정말로 예기치 않게 행하다; es geschah nicht ganz u. 그것은 예기치 않게 일어난 일은 아니었다.

unerweisbar [(또한)) --'--]〈Adj.〉(드물게) 실증[증명, 입증]할 수 없는. unerweislich [(또한)) --'--]〈Adj.〉(드물게) ↑unerweisbar.

unerwidert ['ʊnlɛɐviːdɐt]〈Adj.〉1. 대답(답장)이 없는, 대답을 못받은: sie ließ seinen Brief u. 그녀는 그의 편지에 답장을 쓰지 않았다. 2. 반응[응답]이 없는: seine Liebe zu ihr blieb u. 그녀에 대한 그의 사랑은 짝사랑으로 머물렀다.

unerwünscht〈Adj.〉원하지(반갑지) 않은: ein -er Besucher 원치 않은 방문객; eine -e Schwangerschaft 원치 않은 임신. Unerwünschtheit, die ↑unerwünscht의 명사형.

unerzogen ['ʊnlɛɐtsoːgn]〈Adj.〉배우지 못한, 막된, 버릇없는.

UNESCO [u'nɛsko, 《engl.》 juˈnɛskoʊ], die 유네스코 (국제 연합 교육 과학 문화 기구 = 영어 United Nations Educational, Scientific and Cultural Organization의 약어).

unfachmännisch〈Adj.〉비전문가적인.

unfähig〈Adj.〉1. 재능[능력, 역량]이 없는, 무능한: ein -er Mitarbeiter 무능한 직장 동료. 2. zu etw. u. sein 무엇을 할 능력이 없다: er ist zu einer solchen Tat [(아이) einer solchen Tat] u. 그는 그런 행위를 할 능력이 없다. Unfähigkeit, die 무능(력), 무자격.

unfair〈Adj.〉a) 공평(공정)하지 못한, 부정(부당)한: ein -es Verhalten 공정하지 못한 태도. b) [스포츠] 반칙의, 부정적인, 비열한: ein -er Spieler 신사답지 못한 선수. Unfairneß, die 공평(공정)하지 못함, 부정적, 비열.

Unfall, der; -(e)s, Unfälle (갑작스러운) 사고, 재해, 상해, 재난: einen tödlichen U. erleiden 사고로 목숨을 잃다; U. mit tödlichem Ausgang 사망 사고; einen U. haben[erleiden] 사고를 당하다; einen U. verursachen 사고를 내다; bei einem U. ums Leben kommen 사고로 사망하다; Tod durch U. 사고 사(死); in einen U. verwickelt werden 사고에 휘말리다 [연루되다].

unfall-, Unfall-: ~arzt, der 사고 현장의 응급 처치 의사. ~auto, das ↑~wagen 2. ~beteiligte', der / die [보험] 사고에 연루된 사람, 사고 당사자. ~chirurgie, die 사고 재해 외과. ~fahrer, der [보험] 교통 사고를 일으킨 운전자. ~flucht, die [법] ↑Fahrerflucht. ~flüchtig〈Adj.〉사고를 내고 도망(뺑소니)친. ~folgen〈Pl.〉사고 후유증: er starb an den U. 그는 사고 후유증으로 죽었다. ~forschung, die 사고[재해] 연구. ~frei〈Adj.〉무사고의. ~gefahr, die 사고 위험: bei diesem Wetter besteht erhöhte U. 이런 날씨에는 사고 위험이 높다. ~gefahrenquelle, die 사고 위험 진원지. ~gegner, der [보험] 사고 가해자 혹은 피해자. ~geschädigte', der / die [보험] (교통) 사고로 인한 신체 장해자. ~häufigkeit, die 사고 빈도수. ~hergang, der 사고 경위. ~hilfe, die 1. 사고시의 구조 작업. 2. ↑~station. ~klinik, die ↑~krankenhaus. ~krankenhaus, das 사고 부상자 구급병원. ~opfer, das 사고 희생자. ~ort, der 〈대개 Pl.〉 ↑~stelle. ~persönlichkeit, die [심리] (심리 구조에 의한) 상습 사고 유발자(↑Unfäller). ~quote, die 사고 발생률. ~rate, die ↑~quote. ~rente, die [보험] 상해 연금. ~schaden, der 사고 피해. ~schock, der 사고 쇼크. ~schutz, der 사고[재해] 예방(책). ~schutzvorschrift, die 사고[재해] 예방 규정. ~sicher〈Adj.〉사고에 안전하게 대비한. ~station, die (병원의) 응급(처치)실. ~statistik, die 사고 통계. ~stelle, die 사고 현장. ~tote, der / die 사고(死). ~tote, der 〈대개 Pl.〉 사고 사망자. ~trächtig〈Adj.〉사고 위험이 높은, 사고가 나기 쉬운. ~ursache, die 사고 원인. ~verhütung, die ↑~schutz. ~verletzte', der / die [보험] 사고로 인한 부상자. ~versicherung, die a) 상해[재해] 보험: eine U. abschließen 상해 보험에 가입하다. b) 상해 보험 회사. ~wagen, der 1. [보험] 사고로 파손된 차량. 2. 구급차. ~zeit, die 사고 발생 시각. ~zeuge, der 사고의 목격자. ~ziffer, die 사고 발생 건 수.

Unfäller ['ʊnfɛlɐ], der; -s, - [심리] 상습적인 사고 유발자.

unfaßbar [(또한)) '----]〈Adj.〉a) 이해할 수 없는, 불가해의: es ist u., wie das geschehen konnte 그것이 어떻게 일어날 수 있었는지 이해할 수 없다. b) 상상할(믿을) 수 없는: eine -e Armut[Grausamkeit] 상상을 초월하는 빈곤[잔인성]. unfäßlich [(또한)) '---]〈Adj.〉↑unfaßbar.

unfehlbar [(또한)) '---]〈Adj.〉1. 오류(실수)가 없는, 틀림이 없는: es gibt keine -en Menschen 오류가 없는 사람은 없다; ein -er Instinkt 오류가 없는 본능. 2. 확실한, 틀림없이, 꼭. Unfehlbarkeit [(또한)) '-----], die (교황의) 무류성(無謬性). Unfehlbarkeitsglaube(n) [(또한)) '------], der [가] (교황의) 무류성에 대한 믿음.

unfeierlich〈Adj.〉장엄(장중, 엄숙)하지 않은.

unfein〈Adj.〉조야한, 투박한, 세련되지 못한, 무례한. Unfeinheit, die 조야함, 무례, 세련미가 없음.

unfern〈Präp.[2] / Adv.〉(드물게) ↑unweit.

unfertig〈Adj.〉끝나지 않은, 미완성의: ein -es Manuskript 미완성 원고. b) 원숙하지 못한, 미숙한: ein junger unfertiger Künstler 아직은 미숙한 젊은 예술가. Unfertigkeit, die 미완성, 미숙.

Unflat ['ʊnflaːt], der; -(e)s〈아이·준고어〉오물: 전의 《아이·폄》die Presse kübelte U. auf ihn 신문은 그에게 욕설(험담)을 퍼부었다. unflätig [ʊnfleːtɪç]〈Adj.〉〈아이·폄〉더러운, 불결한, 야비한, 거친: ein -es Benehmen 아주 야비한 태도. Unflätigkeit, die; -en 1. 〈Pl. 없음〉더러움, 불결. 2. 야비한 언동.

unflektiert ['ʊnflɛktiːɐt]〈Adj.〉[언어] (어미가) 변화되지 않는.

unflott〈Adj.〉(다음 용법으로) nicht u. 《통용어》정말 훌륭한[아름다운, 괜찮은]: eine gar nicht -e Person 정말로 아름다운 인물.

unfolgsam〈Adj.〉순종하지 않는, 제멋대로 구는, 말을 잘 듣지 않는. Unfolgsamkeit, die 불순종, 고분고분하지 않음.

Unform, die; -en 《드물게》 기형, 불구, 꼴사나움. **unförmig** 〈Adj.〉 기형적인, 볼품없는, 균형이 안 잡힌: er hat einen -en Kopf 그는 기형적인 머리를 가지고 있다. **Unförmigkeit**, die ↑unförmig, 볼품없음.

unförmlich 〈Adj.〉 1. 형식[격식, 의식]에 맞지 않는: eine ganz -e Begrüßung 완전히 격식에 맞지 않는 인사. 2. [고어] ↑unförmig.

unfrankiert 〈Adj.〉 우표를 붙이지 않은.

unfraulich 〈Adj.〉 여성답지 않은, 비여성적인.

unfrei 〈Adj.〉 1. 자유롭지 않은, 부자유의, 예속된: ein -es Leben 예속된 삶; er lebte von einem Bauern 《역사적》 농노(農奴). 2. (도덕적인) 규범에 얽매인, (내적으로) 자유롭지 않은: früher wurden die Kinder -er erzogen 이전에는 아이들이 지금보다 더 부자유스럽게 교육되었다. 3. [우편] 우표를 붙이지 않은: das Paket u. schicken 우표를 붙이지 않고 소포를 보내다. **Unfreie***, der / die 《역사적》 (노예나 농노 따위의) 부자유 신분의 사람. **Unfreiheit**, die 부자유, 예속. **unfreiwillig** 〈Adj.〉 1. 자발적이 아닌, 강제적인, 타의적인: sie mußten das Land u. verlassen 그들은 강제적으로 그 나라를 떠나지 않으면 안되었다. 2. 의도적이 아닌, 의도하지 않은: er hat u. ein Bad genommen [농] 그는 물에 빠졌다.

unfreundlich 〈Adj.〉 1. 우호적이 아닌, 불친절한, 퉁명스러운: ein -es Gesicht machen 불친절한 얼굴을 짓다; ein -er Akt [외교·국제법] 비우호적인 행위; sei doch nicht so u. zu ihm《드물게》gegen ihn] 그에게 그렇게 불친절하게 굴지 말라; jmdn. sehr u. behandeln. 누구를 매우 불친절하게 대하다. 2. 마음에 안드는, 불쾌한, 음울한: ein -es Wetter[Klima] 음울한 날씨[기후]. **Unfreundlichkeit**, die; -en 1. 〈Pl. 없음〉비우호적임, 불친절. 2. 불친절한 언동.

Unfriede, der; -ns, 《드물게》 **Unfrieden**, der; -s 불화, 다툼, 적대(관계): er stiftet immer Unfrieden 그는 언제나 불화를 조성한다; sie lebten in Unfrieden 그들은 불화 속에서 살았다.

unfrisiert [ˈʊnfriziːɐ̯t] 〈Adj.〉 1. 조발하지 않은, 머리를 빗지 않은: -e Haare 빗질하지 않은 머리. 2. 《통용어》 **a)** 꾸미지 않은, 사실대로의, 미화시키지 않은: eine -e Bilanz 꾸밈이 없는 결산. **b)** [자동차 공학] (자동차의 성능을) 개조하지 않은.

unfroh 〈Adj.〉《드물게》 기쁘지 않은, 유쾌하지 않은, 심기가 언짢은.

unfromm [ˈʊnfrɔm] 〈Adj.〉 경건하지 않은, 신앙심이 없는, 불경스런.

unfruchtbar 〈Adj.〉 1. 열매를 맺지 않는, 생산하지 않는, 불모의: [전의] meine Anregungen fielen auf -en Boden 내가 고무 격려한 것은 아무런 반향도 불러 일으키지 못했다. 2. [생물·의학] 번식력이 없는, 임신 불능의, 불임의: eine -e Frau 임신 불능의 여자, 석녀. 3. 수익[소득]이 없는, 성과 없는, 비생산적인: eine -e Diskussion 비생산적인 토론. **Unfruchtbarkeit**, die ↑unfruchtbar의 명사형. **Unfruchtbarmachung**, die; -en 단종(법), 피임(법).

Unfug, der; -(e)s 1. 폐를 끼치는 행동, 못된 장난, 난폭한 행위, 비행(非行): grober U. 공공 질서 문란 행위; allerlei U. treiben 온갖 못된 짓을 하다. 2. 허튼 소리, 넌센스: rede keinen U.! 허튼 소리 하지 말라!.

ungalant 〈Adj.〉 《교양어·준고어》 (여성에 대하여) 정중하지 못한, 불친절한, 비신사적인.

ungangbar [《또한》 -ˈ--] 〈Adj.〉《드물게》통행할 수 없는.

ungar 〈Adj.〉 [농업] 농경에 적합치 않은.

Ungar [ˈʊŋɡar], der; -n, -n 형가리 인. **ungarisch** [ˈʊŋɡarɪʃ] 〈Adj.〉 형가리의, 형가리 인[어]의. **Ungarisch**, das; -(s) 형가리 어. **ungarländisch** [ˈʊŋɡarlɛndɪʃ] 〈Adj.〉《드물게》↑ungarisch. **Ungarn** [ˈʊŋɡarn], -s 형가리.

ungastlich 〈Adj.〉 1. 손님 대접이 나쁜, 손님에게 불친절한. 2. 체재할 기분이 나지 않는, 매력 없는, 황량한. **Ungastlichkeit**, die ↑ungastlich의 명사형.

ungeachtet [《또한》 --ˈ--] I. 〈Präp.²〉 《아어》 …에도 불구하고, …을 고려하지 않고: u. seiner Verdienste wurde er entlassen 그의 공적에도 불구하고 그는 해고되었다. II. 〈Konj.〉《준고어》 ↑obwohl.

ungeahndet 〈Adj.〉 벌을 받지 않은.

ungeahnt [ˈʊŋɡəaːnt 《또한》 --ˈ-] 〈Adj.〉 예기치 못한, 예상 외의, 의외의: es gab -e Schwierigkeiten 예상 외의 어려움들이 있었다.

ungebärdig [ˈʊŋɡəbɛːɐ̯dɪç] 〈Adj.〉 《아어》 버릇이 없는, 난폭한, 우악스러운. **Ungebärdigkeit**, die ↑ungebärdig의 명사형.

ungebeten 〈Adj.〉 초대되지 않은, 반갑지 않은: -e Gäste 불청객; er hat sich u. eingemischt 그는 원치도 않았는데 간섭하였다.

ungebeugt [ˈʊŋɡəbɔykt] 〈Adj.〉 1. 굽지 않은. 2. 불굴의, (뜻을) 굽히지 않는: er blieb trotz aller Schicksalsschläge u. 온갖 비운에도 불구하고 그는 굽힐 줄 몰랐다. 3. [언어] ↑unflektiert.

ungebildet 〈Adj.〉 《편》 교양(교육)이 없는, 미개한, 배우지 못한.

ungebleicht [ˈʊŋɡəblaiçt] 〈Adj.〉 표백되지 않은, 바래지 않은.

ungeboren 〈Adj.〉 태어나지 않은, 태내의.

ungebrannt 〈Adj.〉 **a)** 타지 않은, 구워지지 않은(기와, 도기 따위가). **b)** 볶아지지 않은: -er Kaffee 볶아지지 않은 커피.

ungebräuchlich 〈Adj.〉 잘 사용되지 않는, 쓰이지 않는: eine -e Methode 잘 사용되지 않는 방법. **ungebraucht** [ˈʊŋɡəbrauxt] 〈Adj.〉 아직 사용되지 않은, 미사용의, 새 것의.

ungebrochen 〈Adj.〉 1. **a)** (광선, 음파 따위가) 굴절되지 않은. **b)** (색이) 바래지 않은, 맑은: ein -es Blau 바래지 않은 청색. 2. (역경, 불행, 실패 등에) 굴하지 않는, 낙담하지 않는: mit -em Mut 불요불굴의 용기로.

Ungebühr, die 《아어》 부정, 불법, 무례: er wurde wegen U. vor Gericht bestraft 그는 법정 모욕죄로 벌을 받았다. **ungebührend** 〈Adj.〉 ↑ungebührlich. **ungebührlich** [《또한》 --ˈ--] 〈Adj.〉 《아어》 **a)** (사회 통념상) 부적당한, 온당치 못한. **b)** 격에 벗어난, 부당한, 지나친: das ist ein u. hoher Preis 그것은 부당하게 비싼 가격이다. **Ungebührlichkeit**, die; -en 1. 〈Pl. 없음〉부적당, 무례, 부당. 2. 온당치 못한 언동.

ungebunden 〈Adj.〉 1. 제본되지 않은, 미제본의. **b)** 끈을 매지 않은: mit -en Schuhen gehen 신발의 끈을 매지 않고서 가다. **c)** [요리] (수프 등이) 진하지 않은, 멀건. **d)** [요리] 통에 담겨져 있지 않은, 음이 단절된. **e)** [문예학] 운율이 없는, 산문 형식의. 2. 속박(구속, 제약) 받지 않은, 자유로운: sein freies, -es Leben 자유롭고 속박받는 그의 생활. **Ungebundenheit**, die ↑ungebunden의 명사형.

ungedeckt 〈Adj.〉 1. **a)** 덮이지 않은, 덮개가 없는. **b)** 식탁이 차려지지 않은: die Frühstückstische waren noch u. 아침 식사가 아직 차려지지 않았다. 2. **a)** 보호되지 않은, 엄호[차폐]가 없는: er bekam einen Haken auf das -e Kinn 그는 무방비의 턱에 후크를 한 대 맞았다. **b)** [구기] 방어(마크)되지 않은: ein -er Spieler 마크되지 않은 선수. 3. [금융] (계좌에) 준비금이 없는, 무담보의, 부도의: ein -er Scheck 부도 수표.

ungedient 〈Adj.〉 병역 미필의. **Ungediente***, der 병역 미필자.

ungedruckt ['ʊngədrʊkt] ⟨Adj.⟩ 인쇄되지 않은, 미발표의.

Ungeduld, die 조급, 성급, 초조, 안달: U. befiel [ergriff] ihn 초조감이 그를 엄습하였다; in großer U. [mit U., voller U.] auf jmdn. warten 광장히 초조하게 누구를 기다리다. **ungeduldig** ⟨Adj.⟩ 조급한, 성급한, 초조한, 안달하는: ein -er Mensch (성격이) 조급한 사람; u. auf eine Antwort warten 대답을 초조하게 기다리다.

ungeeignet ⟨Adj.⟩ 부적당한, 적합지 않은, 적임이 아닌: das Buch ist als Geschenk für ihn u. 그 책은 그에게 줄 선물로 적합하지 않다; er ist für diesen Beruf [zum Lehrer] u. 그는 이 직업[교사]에 적합하지 않다.

ungefähr ['ʊngəfɛːɐ̯, ͜ ͜ '͜] ohngefähr] I. ⟨Adv.⟩ 약, 대략, 대강, 대충(= etwa, zirka): u. drei Stunden 약 세 시간; wann u. will er kommen? 대략 언제쯤 그가 오고자 하는가?; u. um diese Zeit 대략 이 때쯤에; **von u.** 정말 우연히, 뜻밖에: etw. von u. sagen[erwähnen] 무엇을 우연히 말하다[언급하다]; **nicht von u.** 우연히, 그럴만한 이유에서: nicht von u. ging der Trainer zu einem anderen Verein 감독이 다른 구단으로 옮긴 것은 우연이 아니었다. II. ⟨Adj.⟩ 대략의, 개략적인, 개괄적인: eine -e Darstellung 개략적인 서술. **Ungefähr** [(또한) ͜ ͜ '͜], das; -s ⟨아어·준고어⟩ 운명, 우연.

ungefährdet ['ʊngəfɛːɐ̯dət, (또한) ͜ ͜ '͜ ͜] ⟨Adj.⟩ 위험이 없는, 안전한: die Kinder können dort u. spielen 아이들은 거기서 안전하게 놀 수 있다.

ungefährlich ⟨Adj.⟩ 위험하지 않은, 위험이 없는: nicht ganz u. 꽤 위험한. **Ungefährlichkeit**, die 위험하지 않음, 위험이 없음.

ungefällig ⟨Adj.⟩ 호의가 없는, 무뚝뚝한, 불친절한. **Ungefälligkeit**, die ↑ungefällig의 명사형.

ungefärbt ['ʊngəfɛrpt] ⟨Adj.⟩ 염색[착색]되지 않은: 전의 die -e Wahrheit 미화되지 않은 사실, 꾸밈이 없는 진실.

ungefestigt ⟨Adj.⟩ (성격이) 확고하지 못한, 불안정한: er ist noch jung und u. 그는 아직 어려서 동요되기 쉽다.

ungeflügelt ⟨Adj.⟩ [생물] 날개가 없는.

ungeformt ⟨Adj.⟩ 형상[형체]이 없는.

ungefragt ⟨Adj.⟩ **a)** 질문을 받지 않은, 스스로: etw. sagen 아무런 질문도 받지 않고 무엇을 말하다. **b)** 사전에 물어보지 않은.

ungefreut ⟨Adj.⟩ ⟨schweiz.⟩ 기쁘지[편치] 않은, 좋지 않은.

ungefrühstück ['ʊngəfryːʃtʏkt] ⟨Adj.⟩ ⟨통용어·농⟩ 아침 식사를 하지 않은.

ungefüge ['ʊngəfyːgə] ⟨Adj.⟩ ⟨아어⟩ **a)** 볼품없는, 조야한, 육중한: ein -r Bursche (체구가) 육중한 녀석. **b)** 서투른, 조잡하, 어색한, 둔중한: eine u. Sprechweise 어색한 말투. **ungefügig** ⟨Adj.⟩ ⟨드물게⟩ **1.** ↑ungefüge (a). **2.** 순종하지 않는, 버릇없는. **Ungefügigkeit**, die ↑ungefügig의 명사형.

ungegessen ⟨Adj.⟩ **1.** 먹지 않고 놔둔. **2.** ⟨통용어·농⟩ 식사하지 않은: komm bitte nu.! 식사를 하지 말고 오너라!

ungegliedert ['ʊngəgliːdɐt] ⟨Adj.⟩ 비조직적인, 불명료한.

ungehalten ⟨Adj.⟩ ⟨아어⟩ 화가 난, 성이 난, 불쾌한: er war sehr u. über diese Störung[wegen dieser Angelegenheit] 그는 이 방해에 대해[이 일 때문에] 매우 화가 났다. **Ungehaltenheit**, die ⟨아어⟩ 화[성]가 남.

ungeheißen ['ʊngəhaisn̩] ⟨Adj.⟩ ⟨아어⟩ 명령[요청]을 받지 않은, 자발적인.

ungeheizt ['ʊngəhaitst] ⟨Adj.⟩ 난방이 안된, 데우지 않은.

ungehemmt ⟨Adj.⟩ **1.** 제약[속박]이 없는, 거침없는: 전의 -e Freude 억제할 수 없는 기쁨. **2.** 주저함이 없는, 서슴없는: er hat ganz u. darüber gesprochen 그는 그것에 관하여 정말 서슴없이 말했다.

ungeheuer [(또한) ͜ ͜ '͜ ͜] ⟨Adj.⟩ **a)** (크기, 강도, 부피가) 엄청난, 거대한: eine -e Menge 엄청나게 많은 수량; ein -es Vermögen 엄청나게 많은 재산; eine -e Leistung 엄청나게 큰 업적. **b)** ⟨형용사·동사 강조⟩ 엄청나게, 대단히, 매우: u. wichtig 엄청나게 중요한; sich u. freuen 아주 기뻐하다; **ins -e** 엄청나게, 무지무지하게: die Kosten stiegen ins -e 경비가 무지무지하게 커졌다. **Ungeheuer**, das; -s, - **1.** (전설상의) 괴물, 괴수: ein siebenköpfiges U. 머리가 일곱인 괴물; 전의 sie ist ein wahres U. 그녀는 진정 극악무도한 사람이다. **2.** ⟨정서⟩ 기형물, 괴물: ein U. von einem Hut 괴물 같은 모자. **ungeheuerlich** [(또한) ͜ ͜ '͜ ͜ ͜] ⟨Adj.⟩ **1.** ⟨드물게⟩ **a)** ↑ungeheuer (a). **b)** ⟨형용사·동사 강조⟩ ↑ungeheuer (b). **2.** ⟨폄⟩ 언어도단의, 전대미문의, 터무니없는: eine -e Behauptung 터무니 없는 주장. **Ungeheuerlichkeit** [(또한) ͜ ͜ '͜ ͜ ͜ ͜], die; -en ⟨폄⟩ **1.** ⟨Pl. 없음⟩ 엄청남, 비상함, 거대함, 기괴함. **2.** 터무니없는[언어 도단의] 언동.

ungehindert ['ʊngəhɪndɐt] ⟨Adj.⟩ 방해 받지 않은, 저지되지 않은: wir konnten u. passieren 우리는 저지 받지 않고 통과할 수 있었다.

ungehobelt ['ʊngəhoːblt, (또한) ͜ ͜ '͜ ͜] ⟨Adj.⟩ **1.** 대패질 안된, 매끄럽지 않은. **2. a)** 조야한, 거친: eine -e Ausdrucksweise 거친 표현 방식. **b)** ⟨폄⟩ 정중하지 못한, 버릇없는.

ungehörig ⟨Adj.⟩ (사회 통념상) 부적당한, 부당한, 무례한, 건방진: etw. in -em Ton sagen 무엇을 정중하지 못한 어조로 말하다; eine -e Antwort geben 주제넘은 대답을 하다. **Ungehörigkeit**, die; -en ⟨Pl. 없음⟩ 부적당함, 무례함, 건방짐. **2.** 무례한[건방진] 언동.

ungehorsam ⟨Adj.⟩ 순종하지 않는, 명령에 불복종하는, 반항적인: -e Kinder 순종하지 않는 아이들; er ist seiner Mutter gegenüber u. 그는 그의 어머니에게 반항적이다. **Ungehorsam**, der; -s 불복종, 항명(抗命).

ungehört ['ʊngəhøːɐ̯t] ⟨Adj.⟩ 들리지 않은, (요구가) 무시된: sein Ruf blieb[verhallte] u. 그의 외침은 누구의 귀에도 들리지 않았다.

Ungeist, der; -(e)s ⟨아어·폄⟩ 유해한 이데올로기, 파괴적인 광신주의: der U. des Militarismus 군국주의라는 파괴적 광신주의. **ungeistig** ⟨Adj.⟩ ⟨드물게⟩ 사고력이 없는, 교양이 없는, 영리하지 못한.

ungekämmt ['ʊngəkɛmt] ⟨Adj.⟩ 빗질[조발]하지 않은.

ungeklärt ['ʊngəklɛːɐ̯t] ⟨Adj.⟩ 해명[해결]되지 않은, 불분명한: eine -e Frage 해결되지 않은 문제.

ungekocht ['ʊngəkɔxt] ⟨Adj.⟩ 요리하지 않은, 삶지[끓이지, 익히지] 않은.

ungekrönt ['ʊngəkrøːnt] ⟨Adj.⟩ 대관식을 치르지 않은, 무관의[無冠의] 왕: der -e König der Artisten 곡예사들의 제왕[최고 실력자].

ungekündigt ⟨Adj.⟩ 해직[해고]되지 않은, 사직하지 않은.

ungekünstelt ⟨Adj.⟩ 작위적[가식적]이 아닌, 꾸밈이 없는, 자연스러운, 참된: ein -es Benehmen 자연스러운 태도.

ungekürzt ['ʊngəkʏrtst] ⟨Adj.⟩ 단축[생략]되지 않은, 줄이지 않은: eine Rede u. abdrucken 연설문을 줄이지 않고 전부 인쇄하다.

ungeladen ⟨Adj.⟩ 초대되지 않은, 초청 받지 않은.

Ungeld, das; -(e)s, -er (중세의) 공과금, 물품세(稅).

ungelegen 〈Adj.〉 (시간적으로) 마땅치 않은, 부적당한, 불편한, 거북한: er kam zu recht -er Stunde 그는 정말 마땅치 않은 시각에 왔다. **Ungelegenheit**, die; -en 〈대개 Pl.〉 불편함, 거북함, 성가심, 폐, 귀찮음: jmdm. große -en machen 누구에게 큰 폐를 끼치다; in -en kommen[geraten] 곤경에 빠지다.

ungelegt ['ʊngəle:kt] 〈Adj.〉 아직 낳지 않은(달걀).

ungelehrig 〈Adj.〉 가르치기 어려운, 잘 이해하지 못하는, 머리가 둔한.

ungelehrt 〈Adj.〉 〈준고어〉 학식이 없는, 무학의, 무지한.

ungelenk 〈Adj.〉 〈아어〉 유연하지 않은, 경직된, 서투른: eine -e Schrift 솜씨가 서툰 글씨. **ungelenkig** 〈Adj.〉 (동작이) 유연하지 못한, 뻣뻣한. **Ungelenkigkeit**, die ↑ungelenkig의 명사형.

ungelernt 〈Adj.〉 직업 교육을 받지 못한.

Ungelernte*, der / die 직업 교육을 받지 못한 근로자.

ungelesen 〈Adj.〉 읽지 않은, 읽히지 않은.

ungeliebt 〈Adj.〉 **1.** 사랑 받지 못하는, 미운: den -en Mann verlassen 미운 남편으로부터 떠나가다. **2.** 싫은, 마음에 내키지 않는, 인기 없는: den -en Beruf aufgeben 싫은 직업을 포기하다.

ungelogen 〈Adv.〉〈통용어〉 참으로, 실로, 확실히, 정말로: ich habe u. 20 Stunden geschlafen. 참말이지 나는 스무 시간이나 잠을 잤다.

ungelöscht ['ʊngəlœʃt] 〈Adj.〉 (불이) 꺼지지 않은: -er Kalk 생석회.

ungelöst 〈Adj.〉 풀리지 않은, 미해결의.

Ungemach, das; -(e)s 〈아어·준고어〉 불쾌, 불편, 마땅치 않음, 재난, 불행: großes U. erleiden(erfahren) 큰 불행을 겪다; jmdm. U. bereiten 누구에게 불편을 끼치다.

ungemacht 〈Adj.〉 정돈(설치)되지 않은: in -en Betten schlafen 정돈되지 않은 침대에서 자다.

ungemäß 〈Adj.〉 〈다음 용법으로〉 **jmdm.(einer Sache) u. sein** 누구(무슨 일)에게 적합하지 않다.

ungemein [(또한) – – '–] 〈Adj.〉 **a)** (양, 정도가) 보통 이상의, 비상한, 대단한, 엄청난: er genießt -e Popularität 그는 엄청난 인기를 누리고 있다. **b)** 〈형용사·동사 강조〉 매우, 대단히, 몹시: u. schwierig[wichtig] 매우 어려운[중요한]; u. fleißig[klug] 굉장히 부지런한 [영리한].

ungemessen [(또한) – – '– –] 〈Adj.〉 〈아어·드물게〉 ↑unermesslich (1 b): **(bis) ins -e** 측량할 수 없을 정도로, 무한히.

ungemindert ['ʊngəmɪndɐt] 〈Adj.〉 경감(감소)되지 않은.

ungemischt 〈Adj.〉 섞인 것이 없는, 순수한.

ungemütlich 〈Adj.〉 **1. a)** 편안(아늑, 포근)하지 않은: ein -es Zimmer 아늑하지 않은 방. **b)** 화기애애하지 못한, 딱딱한, 험악한, 기분 투툭한: eine -e Stimmung 험악한 기분. **2.** 기분 나쁜, 불쾌한: in eine -e Lage geraten 기분 나쁜 상태에 빠지다; **u. werden** 〈통용어〉 불친절해지다, 거칠게 굴다, 기분 나쁘게 되다. **Ungemütlichkeit**, die ↑ungemütlich의 명사형.

ungenannt 〈Adj.〉 익명의, 무명의: ein -er Helfer 익명의 후원자.

ungenau 〈Adj.〉 **a)** 정확(정밀)하지 않은, 부정확한: -e Messungen 부정확한 측정; eine -e Formulierung 부정확한 표현. **b)** 철저하지 못한, 세밀하지 못한. **Ungenauigkeit**, die; -en **1.** 〈Pl. 없음〉 부정확. **2.** 엄정하지 못한 것, 틀림, 오류.

ungeniert [(또한) – – – '–] 〈Adj.〉 거리낌(기탄)없는, 어려워하지 않는, 마음을 터놓은: etw. u. aussprechen 무엇을 거리낌없이 발설하다. **Ungeniertheit** [(또한)

– – ' – –], die; -en 거리낌없음, 거리낌없는 태도.

ungenießbar [(또한) – – ' – –] 〈Adj.〉 **1.** 먹을[마실] 수 없는: -e Pilze 먹을 수 없는 버섯; das Essen in der Kantine ist u. 구내 식당의 식사는 먹을 수 없을 정도로 나쁘다. **2.** 〈통용어·농〉 (불편한 성미 때문에 타인에게) 싫어지는, 참기 어려운, 짜증스러운. **Ungenießbarkeit** [(또한) – – ' – – –], die ↑ungenießbar의 명사형.

Ungenügen, das; -s **1.** 〈아어〉 부족, 불충분. **2.** 〈아어·고어〉 불만족, 불만. **ungenügend** 〈Adj.〉 불충분한, 부족한, 모자라는: eine -e Planung 불충분한 계획; die Treppe war u. beleuchtet 계단의 조명은 불충분하였다.

ungenutzt ['ʊngənʊtst], 〈(더 자주)〉 **ungenützt** [...nʏtst] 〈Adj.〉 이용(사용)되지[하지] 않은.

ungeordnet 〈Adj.〉 무질서한, 정리되지 않은, 난잡한. **Ungeordnetheit**, die 무질서, 난잡.

ungepflegt 〈Adj.〉 돌보지 않은, 손질하지 않은: ein -er Rasen[Garten] 돌보지 않은 잔디(밭)[정원]. **Ungepflegtheit**, die; -en 돌보지 않음, 손질하지 않은 상태.

ungeprüft ['ʊngəpry:ft] 〈Adj.〉 시험되지 않은, 검사하지 않은.

ungerächt 〈Adj.〉 〈아어〉 복수되지 않은, 보복당하지 않은, 벌받지 않은.

ungerade 〈Adj.〉 【수학】 홀수의: die -n Hausnummern 홀수의 (가옥) 번지.

ungeraten 〈Adj.〉 잘못 길러진, 버릇없는, 행실이 막된: ein -es Kind 행실이 막된 아이.

ungerechnet ['ʊngərɛçnət] 〈Adj.〉 계산되지 않은, 계산에 포함되지 않은: ①die Kosten für das Porto u. 우송료는 제외하고; ②〈2격 지배 전치사로도〉 u. der zusätzlichen Unkosten 기타 제경비는 제외하고서.

ungerecht 〈Adj.〉 바르지 않은, 부정한, 불공평한, 정의에 반하는, 부당한: die Strafe ist u. 벌은 부당하다; jmdn. u. behandeln 누구를 부당하게 취급하다. **ungerechterweise** 〈Adv.〉 불공평하게, 부당하게. **ungerechtfertigt** 〈Adj.〉 정당성이 없는, 부당한: eine -e Maßnahme 부당한 조치. **Ungerechtigkeit**, die; -en **1.** 〈Pl. 없음〉 부정, 불공평, 부당, 불의(不義): so eine himmelschreiende U.! 그 따위 언어 도단의 부정이라니! **2.** 부당한 언동.

ungeregelt 〈Adj.〉 **1.** 규제 없는, 무질서한, 불규칙적인, 문란한: ein -es Leben führen 무질서한 생활을 하다. **2.** 〈드물게〉 처리되지 않은, 지불하지 않은.

ungereimt ['ʊngəraɪmt] 〈Adj.〉 **1.** 운(韻)을 따르지 않는, 운문(無韻)의, 운이 없는. **2.** 불합리한, 당치 않은: ein -es Gerede 의미없는 허튼 소리. **Ungereimtheit**, die; -en **1.** 〈Pl. 없음〉 불합리, 무의미. **2.** 무의미한 언동, 앞뒤가 맞지 않음, 맞는 정신.

ungern 〈Adv.〉 마지 못해서, 억지로.

ungerochen 〈Adj.〉 〈고어·농〉 복수당하지 않은, 벌받지 않은.

ungerührt ['ʊngəry:ɐt] 〈Adj.〉 감동이 없는, 무감동의, 냉담한: mit -er Miene 냉담한 표정으로. **Ungerührtheit**, die 무감동, 냉담, 무관심.

ungerupft ['ʊngərʊpft] 〈Adj.〉 〈대개 다음 용법으로〉 **(nicht) u. davonkommen** 〈통용어〉 (위험에서) 무사히 빠져 나오다[빠져 나오지 못하다].

ungesagt ['ʊngəza:kt] 〈Adj.〉 말하지 않은, 언급하지 않은.

ungesalzen 〈Adj.〉 소금을 치지 않은, 무염의.

ungesattelt ['ʊngəzat!t] 〈Adj.〉 안장이 없는.

ungesättigt 〈Adj.〉 **1.** 〈아어〉 배가 부르지 않은, 아직도 배가 고픈: u. das Lokal verlassen 배가 부르지 않은 상태로 음식점을 떠나다. **2.** 【화학】 불포화의, 포화되지 않은.

ungesäuert ['ʊngəzɔyɐt] 〈Adj.〉 효모가 들어가지 않은.

¹ungesäumt ['ungəzɔymt, 《또한》 --'-] 〈Adj.; 특히 adv.〉 〈아어·준고어〉 지체[주저]하지 않는, 즉석의.

²ungesäumt 〈Adj.〉 웃단을 대지 않은, 옷에 깃을 대지 않은.

ungeschält ['ungəʃɛ:lt] 〈Adj.〉 껍질을 벗기지 않은, (벼 따위를) 쩧지 않은.

ungeschehen 〈Adj.〉 《다음 용법으로》 **etw. u. machen** (무슨 일을) 일어나기 이전의 상태로 환원시키다.

ungescheut ['ungəʃɔyt, 《또한》 --'-] 〈Adj.; 대개 adv.〉 〈아어〉 두려워하지 않는, 거리낌없이, 대담하게.

ungeschichtlich 〈Adj.〉 비역사적인, 역사적 근거가 없는.

Ungeschick, das -(e)s ↑Ungeschicklichkeit: das ist durch mein U. passiert 내가 서툴러서 그 일이 일어 났다. **ungeschicklich** 〈Adj.〉 《드물게》 ↑ungeschickt. **Ungeschicklichkeit**, die; -en 1. 〈Pl. 없음〉 서투름, 졸렬, 미숙. 2. 서투른 행동[태도]: sich für eine U. entschuldigen 미숙한 행동에 대하여 사과하다. **ungeschickt** 〈Adj.〉 1. a) 서투른, 어색한, 미숙한: ein -es Mädchen (솜씨가) 서투른 처녀. b) 영리하지 못한, 재간없는, 세련되지 못한: sich u. ausdrücken 세련 미 없이 말하다. 2. 〈지역적〉 a) 《드물게》 실제적이 아닌, 사용하기 불편한. b) 〈시간적으로〉 부적당한, 맞지 않는: sein Besuch kam (ihr) sehr u. 그의 방문은 (그녀에게) 시간적으로 아주 적합지 않았다. **Ungeschicktheit**, die 서투름, 졸렬, 미숙, 세련되지 않음.

ungeschlacht ['unɡəʃlaxt] 〈Adj.〉 《렴》 1. a) 모양이 흉한, 꼴사나운, (체구가) 모양없이 거대한: ein -er Mann 거한(巨漢). b) 거대한, 육중한. 2. 거친, 조야한, 정중치 못한. **Ungeschlachtheit**, die; -en ↑ungeschlacht의 명사형.

ungeschlagen [《또한》 --'--] 〈Adj.〉 패배하지 않은, 무패의.

ungeschlechtlich 〈Adj.〉 〔생물〕 무성(無性)의: -e Vermehrung 무성 번식.

ungeschliffen 〈Adj.〉 1. 연마하지[갈지] 않은. 2. 《렴》 세련되지 않은, 거친, 조야한. **Ungeschliffenheit**, die; -en ↑ungeschliffen의 명사형.

Ungeschmack, der; -(e)s 《드물게》 좋지 않은 맛, 맛없음, 미적 감각이 없음.

ungeschmälert ['ungəʃmɛ:lɐt, 《또한》 --'--] 〈Adj.〉 〈아어〉 감소되지 않은, 무한한.

ungeschmeidig 〈Adj.〉 〔기술〕 유연하지 않은, 유연성이 없는.

ungeschminkt ['ungəʃmiŋkt] 〈Adj.〉 1. 화장하지 않은. 2. 가식이 없는, 있는 그대로의, 미화하지 않은: jmdm. die -e Wahrheit sagen 누구에게 꾸밈없는 진실을 말하다.

ungeschoren 〈Adj.〉 1. 베지[자르지] 않은, 깎지[면도 하지] 않은. 2. 성가심[불편, 방해, 괴로움]이 없는: er gelangte u. über die Grenze 그는 아무런 방해를 받지 않고 국경을 넘었다.

ungeschrieben 〈Adj.〉 〈글로〉 쓰여지지 않은, 문서화되지 않은: dieser Artikel wäre besser u. geblieben 이 기사는 쓰지 않았다면 더 좋았을 텐데; **ein -es Gesetz** 불문율(不文律).

ungeschult ['ungəʃu:lt] 〈Adj.〉 1. 교육〔훈련〕을 받지 않은. 2. 훈련되지 않은, 미숙한.

ungeschützt 〈Adj.〉 보호받지 않은, 무방비의.

ungeschwächt ['ungəʃvɛçt] 〈Adj.〉 〈쇠〉약해지지 않은, 약화되지 않은.

ungesehen 〈Adj.〉 남의 눈에 뜨이지 않은: u. ins Haus gelangen 남의 눈에 뜨이지 않고 집 안에 들어가다.

ungesellig 〈Adj.〉 a) 비사교적인, 교제를 싫어하는. b) 〔생물〕 비군집성(非群集性)의, 무리를 지어 살지 않는.

Ungeselligkeit, die ↑ungesellig의 명사형.

ungesetzlich 〈Adj.〉 비합법적인, 위법의, 불법의: er hat sich auf -e Weise bereichert 그는 불법적인 방법으로 부자가 되었다. **Ungesetzlichkeit**, die; -en 1. 〈Pl. 없음〉 불법, 위법. 2. 불법적인 행동.

ungesittet 〈Adj.〉 예의가 없는, 품위 없는, 버릇 없는: sich völlig u. verhalten 전적으로 예의 없이 굴다.

ungestalt 〈Adj.〉 〈아어·준고어〉 1. 〈아어〉 형상[형태]이 없는. 2. 〈고어〉 기형의, 불구의, 몹시 추한. **Ungestalt**, die; -en 〈아어·준고어〉 기형, 흉물. **ungestaltet** 〈Adj.〉 (사람에 의해) 형성되지 않은, 형상이 없는.

ungestempelt ['ungəʃtɛmpəlt] 〈Adj.〉 (우편물에) 소인이 없는: eine -e Sondermarke 소인이 찍히지 않은 기념 우표.

ungestielt 〈Adj.〉 잎자루[꽃자루]가 없는.

ungestillt ['ungəʃtɪlt] 〈Adj.〉 〈아어〉 채워지지 않은, 충족되지 않은: -e Neugier[Sehnsucht] 채워지지 않은 호기심〔동경〕.

ungestört ['ungəʃtø:ɐt] 〈Adj.〉 방해〔훼방〕받지 않는, 간단 없는: u. arbeiten 방해받지 않고 일하다. **Ungestörtheit**, die ↑ungestört의 명사형.

ungestraft ['ungəʃtra:ft] 〈Adj.; 대개 adv.〉 벌 받지 않은: u. davonkommen 벌을 받지 않고 빠져 나오다.

ungestüm ['ungəʃty:m] 〈Adj.〉 〈아어〉 1. 격심한, 격렬한, 격정적이고, 열렬한: eine -e Liebkosung 격렬한 애무. 2. 《드물게》 (자연의 힘이) 거칠고 사나운, 광포한, 세찬: ein -er Wind 세찬 바람. **Ungestüm** [-], das; -(e)s 〈아어〉 격렬, 격정, 맹렬, 격렬한 태도; jugendliches U. 청소년의 혈기. 2. 《드물게》 거칠고 사나움, 광포.

ungesühnt ['ungəzy:nt] 〈Adj.〉 〈아어〉 속죄되지 않은, 처벌을 받지 않은: das darf nicht u. bleiben 그것은 죄 값음을 받아 마땅하다.

ungesund 〈Adj.〉 1. 건강하지 않은, 병든: sein Gesicht hat eine -e Farbe 그의 얼굴은 건강하지 않은 안색이다. 2. 건강에 해로운, 건강에 나쁜: ein -es Klima 건강에 해로운 기후; Rauchen ist u. 흡연은 건강에 해롭다. 3. 건전치 못한, 비정상적인: diese Entwicklung der Wirtschaft ist u. 이러한 경제 발전은 건전치 못하다.

ungesüßt ['ungəzy:st] 〈Adj.〉 설탕을 넣지 않은, 달게 하지 않은, 무가당의: den Tee u. trinken 설탕을 치지 않고 차를 마시다.

ungetan 〈Adj.〉 행해지지 않은, 이행되지 않은.

ungeteilt ['ungətailt] 〈Adj.〉 1. 나뉘지 않은, 분할되지 않은: das Grundstück ging u. in seinen Besitz über 그 토지는 분할되지 않고 전부 그의 소유가 되었다. 2. 전원 일치의, 완전한, 전반적인: mit -er Freude 완전한 기쁨으로.

ungetragen 〈Adj.〉 (옷을) 아직 입지 않은.

ungetreu 〈Adj.〉 〈아어〉 충실치 못한, 신뢰가 없는, 불성실한.

ungetrübt ['ungətry:pt] 〈Adj.〉 탁하지[흐려지지] 않은, 침해받지 않은, 맑은: -es Glück 한 점의 암영도 없는 행복. **Ungetrübtheit**, die ↑ungetrübt의 명사형.

Ungetüm ['ungəty:m], das; -(e)s, -e 1. a) 괴물, 흉물스러운 것): sie trug ein U. von einem Hut 그녀는 흉물스런 모자를 쓰고 있었다. b) 〈준고어〉 매우 크고 무서운 동물, 괴물.

ungeübt 〈Adj.〉 연습하지 않은, 미숙한, 훈련되지 않은: mit seinen -en Händen 미숙한 솜씨로. **Ungeübtheit**, die 미숙, 미숙련.

ungewandt 〈Adj.〉 세련되지 못한, 숙달되지 않은, 미숙한, 서투른. **Ungewandtheit**, die ↑ungewandt의 명사형.

ụngewaschen 〈Adj.〉 **1. a)** 씻지 않은, 더러운: mit -en Händen 손을 씻지 않고서. **b)** 헹구지 않은, 씻어내지 않은. **2. ein -es Maul** 험구, 독설.

ụngewiß 〈Adj.〉 **1.** 불확실한, 불확정의, 의심스러운: eine ungewisse Zukunft 불확실한 미래; er ließ seine Absichten im ungewissen 그는 자기의 의도를 확실히 밝히지 않았다; eine Fahrt ins Ungewisse 불확실한 방향에로의 진행. **2.** 미결심의, 미결정의, 확신이 서지 않은, 불명확한: ich bin mir noch u. [im ungewissen], was ich tun soll 나는 무엇을 해야 할지 아직 확실하지 않다; jmdn. über etw. im ungewissen lassen 무엇에 대하여 누구에게 명확한 말을 하지 않다. **3.** 《아어》 규정[인식]할 수 없는, 막연한, 모호한, 어떤: ein ungewisses Licht 규정할 수 없는 어떤 빛. **Ungewißheit**, die〈어〉불확실, 불확정, 불확실한 상태, 미결심: sie konnte die U. nicht ertragen 그녀는 불확실한 상태를 견딜 수 없었다; in U. sein 불확실하다.

Ụngewitter, das; -s **1.** 《고어》뇌우, 폭풍우. **2.** 격노한 비난, 격분.

ụngewöhnlich 〈Adj.〉 **1.** 일상(통상)적이 아닌, 보통이 아닌, 이례적인, 진기한: diese Methode ist nicht u. 이 방법은 이례적인 게 아니다. **2. a)** 비상한, 엄청난: sie ist eine -e Begabung 그녀는 비상한 재능을 가진 사람이다. **b)** 〈형용사·동사 강조〉매우, 대단히, 비상하게: eine u. schöne Frau 드물게 아름다운 여자. **Ungewöhnlichkeit**, die ↑ungewöhnlich의 명사형. **ungewohnt** 〈Adj.〉 **a)** 익숙(친숙)하지 않은, 낯선: die Arbeit ist ihr [für sie] noch u. 그 일은 그녀에게는 아직 익숙하지 않다. **b)** 보통이 아닌, 별난, 이례적인: etw. mit -er Schärfe sagen 무엇을 이례적으로 예리하게 말하다.

ụngewollt 〈Adj.〉 고의가 아닌, 의도적이 아닌, 원치 않은, 마음에도 없는: eine -e Schwangerschaft 원하지 않은 임신.

ụngewürzt ['ʊngəvʏrtst] 〈Adj.〉 양념을 치지 않은.

ụngezählt ['ʊngətsɛːlt] 〈Adj.〉 **1.** 《드물게》 셀 수 없는, 수(없이) 많은. **2.** (수를) 세지 않고: er steckte das Geld u. ein 그는 돈을 세어 보지 않고 집어 넣었다.

ụngezähmt ['ʊngətsɛːmt] 〈Adj.〉 길들이지 않은, 야성 그대로의: 전의 -e Leidenschaften 억제되지 않은 정열.

ụngezeichnet 〈Adj.〉 서명[사인]이 없는: ein -er Artikel 서명이 없는 〔신문〕 기사.

Ụngeziefer, das; -s 유해한 작은 동물, 해충, 독충: U. vernichten 해충을 없애다. **Ungezieferbekämpfung**, die ↑Ungezieferbekämpfung. **Ungezieferbekämpfungsmittel**, das 살충제. **Ungeziefervertilgung**, die 해충 구제[박멸].

ụngeziemend 〈Adj.〉 (아이) 어울리지 않는, 온당치 않은, 무례한.

ụngezogen 〈Adj.〉 버릇 없는, 본데 없는, 막된: eine -e Antwort 불손한 대답. **Ungezogenheit**, die; -en **1.** 〈Pl. 없음〉 버릇없음, 불손. **2.** 버릇없는 언동.

ụngezuckert ['ʊngətsʊkɐt] 〈Adj.〉 설탕을 치지 않은.

ụngezügelt ['ʊngətsyːgl̩t] 〈Adj.〉 자제력이 없는, 억제하지 못하는, 고삐 풀린: -er Haß 도가 지나친 증오.

ụngezwungen 〈Adj.〉 강요되지 않은, 자연스러운, 억지가 아닌: er plauderte frei und u. 그는 거짓 것 없이 자유롭게 잡담을 하였다. **Ungezwungenheit**, die ↑ungezwungen의 명사형.

ụngiftig 〈Adj.〉 독이 없는.

Ụnglaube, der; -ns, 《드물게》 **Unglauben**, der; -s **1.** 믿지 않음, 불확실, 회의: jmds. Unglauben spüren 누구가 믿지 않음을 느끼다. **2.** (신에 대한) 불신, 무신앙: der passive Unglaube 신에 대한 피동적인 불신. **unglaubhaft** 〈Adj.〉 **1.** 믿을 수 없는, 신용[신뢰]할 수 없는, 믿을 가치가 없는: eine -e Geschichte 믿을 수 없는 이야기. **2.** 《드물게》 ↑unglaublich (2 b): u. schön sein 믿을 수 없을 정도로 아름답다. **ụngläubig** 〈Adj.〉 **1.** 믿지 않는, 의심하는, 회의적인: ein -es Gesicht machen 믿지 않는 표정을 짓다. **2.** 무종교의, 신을 믿지 않는. **Ụngläubige***, der / die 신앙(종교)이 없는 사람, 무신론자, 회의주의자. **Ungläubigkeit**, die 의심, 회의, 무종교, 무신앙. **unglaublich** [ʊnˈɡlaʊplɪç, 《또한》 '- - -《österr.》] 〈Adj.〉 **1. a)** 믿을 수 없는, 황당 무계한: eine -e Geschichte 황당무계한 이야기; das grenzt ans Unglaubliche 그것은 거의 믿을 수 없을 정도다. **b)** 몹시 화나게 하는, 전대 미문의, 패씸한: die Zustände hier sind u. 이곳의 상태는 믿을 수 없을 정도로 나쁘다. **2.** 《통용어》 매우 큰, 엄청난. **b)** 동사의, 지나친, 극도의: sie sieht noch u. jung aus 그녀는 아직 놀라울 정도로 젊게 보인다. **Unglaublichkeit** [《또한》 '- - - -], die ↑unglaublich의 명사형. **unglaubwürdig** 〈Adj.〉 믿지 못할, 신빙성이 없는: dieser Zeuge ist u. 이 증인은 믿지 못할 사람이다. **Unglaubwürdigkeit**, die ↑unglaubwürdig의 명사형.

ụngleich 〈Adj.〉 **1.** 같지 않은, 동등하지 않은, 불평등의, 상이한, 서로 다른: sie sind ein -es Paar 그들은 서로 차이가 지는 〈어울리지 않는〉 한 쌍; ein -er Kampf 불공평한 싸움[시합]; mit -en Mitteln kämpfen 불공평한 수단으로 싸우다. **2.** 〈비교급을 강조하여〉 훨씬, 아주, 매우: die neue Straße ist u. besser als die alte 새 도로는 구 도로보다 훨씬 더 좋다. **3.** 〈3격 지배 전치사 역할로〉 《아어》 …과는 달리[다르게].

ụngleich-, Ụngleich-: ~artig 〈Adj.〉 이종(異種)의, 다른 모양의, 이질의, 상이한. **~artigkeit**, die 이종성, 상이성. **~behandlung**, die 불공평한 치료[취급], 균일하지 못한 취급. **~erbig** [-ɛrbɪç] 〈Adj.〉 [생물] ↑heterozygot. **~erbigkeit**, die [생물] ↑Heterozygotie. **~förmig** 〈Adj.〉 동형이 아닌, 모양이 다른. **~förmigkeit**, die 부등형, 부등양(不同樣). **~geschlechtig** 〈Adj.〉 동성(同性)이 아닌, 성이 서로 다른. **~geschlechtlich** 〈Adj.〉 **1.** 이성(異性)에의. **2.** 동성이 아닌, 성이 서로 다른. **~mäßig** 〈Adj.〉 **1.** 불규칙적인, 고르지 못한: der Puls schlägt u. 맥박이 고르지 않게 뛴다. **2.** 불균형의, 균일(균등)하지 않은: der Besitz ist u. verteilt 재산은 균일하게 배분되지 않았다. **~mäßigkeit**, die 부등형, 고르지 않음, 불균치. **~namig** [-naːmɪç] 〈Adj.〉 **a)** 〔수학〕 분모(分母)가 서로 다른, 이분모(異分母)의. **b)** 〔물리〕 이종(異種)의, 이질(異質)의. **~namigkeit**, die ↑namig의 명사형. **~seitig** 〈Adj.〉 〔수학〕 부등변의: ein -es Dreieck 부등변 삼각형. **~seitigkeit**, die 부등변, 부등면. **~stoffig** 〈Adj.〉 《드물게》 이종의, 이질의, 부등질의. **~stoffigkeit**, die 부등질[불균질]성. **~zeitig** 〈Adj.〉 비동시적인, 비동시성의.

Ụngleichgewicht, das; -(e)s, -e 불균형, 불안정. **ụngleichgewichtig** 〈Adj.〉 불균형의, 불안정의. **Ụngleichheit**, die; -en 부동(不同), 불평등, 같지[닮지] 않음. **Ụngleichung**, die; -en 〔수학〕 부등식.

Ụnglimpf, der; -(e)s 《고어》 치욕, 오욕, 모욕, 부당: jmdm. U. zufügen 누구에게 모욕을 가하다. **unglimpflich** 〈Adj.〉 《고어》 굴욕적인, 치욕스러운, 부당한.

Ụnglück, das; -(e)s, -e **1.** 사고, 참사, 재난, 흉사: ein schweres U. ist geschehen (passiert, hat sich ereignet) 대참사가 일어나다; laß nur, das ist kein U. 걱정 두게, 그것은 그렇게 나쁜진 않네; ein U. verhindern [verhüten] 사고를 미연에 방지하다; ein U. verursachen 사고를 일으키다; bei dem U. gab es viele Verletzte 그 사고로 많은 사람들이 다쳤다. **2.** 〈Pl. 없음〉 **a)** 불행, 비참, 참화, 재해: jmdn. ins U. bringen [stoßen, stürzen]》《아어》 누구를 불행 속에 빠뜨리다; **in sein U. rennen**《통용어》 자기도 모르는 사이에 불행으로 치닫다. **b)** 불운, 곤경; U. im Beruf 직업상의 불운; das U. gepachtet haben 불운이 따라다니다; das U. wollte es, daß er Alkohol getrunken hatte 재수 없게도 그는 술을 마셨었다;《성구》ein U. kommt selten allein 불운은 홀로 오지 않는다;《통용어》wie ein Häufchen U.《아어》매우 불행(비참)한 모습으로; **zu allem U.** 설상 가상으로, 엎친 데 덮친 격으로; zu allem U. wurde er dann auch noch krank 설상 가상으로 그는 병마저 들었다. **unglückbringend**〈Adj.〉불행을 가져오는. **unglücklich**〈Adj.〉**1.** 슬픈, 의기 소침한, 불운한, 비통한: ein -es Gesicht machen 비통한 표정을 짓다; jmdn. sehr u. machen 누구를 매우 불행하게 만들다. **2.** 불행한, 불리한, 실패한: ein -er Zufall 불행한 우연; eine -e Liebe 실연, 비련, 짝사랑; die Sache nahm einen -en Ausgang 그 일은 불행한 결말로 끝났다. **3.** 《구(수)》없는, 서투른, 미숙한: sie hat eine -e Hand in der Auswahl ihrer Freunde 그녀는 남자 친구를 고르는 눈이 없다; er stürzt so u., daß er sich das Bein brach 그는 재수 없이 넘어져 다리를 부러뜨렸다. **unglücklicherweise**〈Adv.〉불행[불운]하게도.

unglücks-, Unglücks-~bote, der 흉보[비보]의 사자(使者). **~botschaft,** die 흉보, 비보, 나쁜 소식. **~fahrer,** der 사고를 낸 운전자. **~fall,** der〈Pl. ...fälle〉**a)** (큰) 사고, 대참사: bei einem U. ums Leben kommen 큰 사고가 나서 목숨을 잃다. **b)** 불행한 사건, 재난. **~jahr,** das 재수가 없는 해, 액년(厄年), 흉년(凶年). **~kind,** das 《고어》 †~mensch. **~maschine,** die 사고가 난 (추락한) 비행기. **~mensch,** der《통용어》불운한 사람, 운이 나쁜 사람. **~nachricht,** die †~botschaft. **~nacht,** die 사고가 난 밤. **~ort,** der 〈Pl. -e〉 사고가 난 장소, 사고 현장. **~rabe,** der《통용어》†~mensch. **~schwanger**〈Adj.〉《아어》불행의 계기를 품고 있는, 불운의 싹을 가진. **~serie,** die 일련의 불행[불운]. **~stätte,** die 《아어》†~ort. **~stelle,** die †~ort. **~strähne,** die †~serie. **~tag,** der **a)** 재수 없는 날. **b)** 불운한 날, 흉일. **~vogel,** der 《통용어》†~mensch. **~wagen,** der 사고를 낸 자동차. **~wurm,** der 《통용어》†~mensch. **~zahl,** die 불길한 수. **~zeichen,** das 불길한 징조, 흉조.

unglückselig〈Adj.〉**1.** 비운의, 불운한, 가엾은, 비참한. **2.** 불행한, 불리한, 실패한: er wollte die -e Zeit vergessen 그는 불행한 시절을 잊고자 하였다. **unglückseligerweise**〈Adv.〉불행[불운]하게도. **Unglückseligkeit,** die 불행, 불운, 비참.

Ungnade, die 《다음 용법으로》 **bei jmdm. in U. fallen**《조롱》누구의 노여움을 사다; **bei jmdm. in U. sein**《조롱》누구의 총애를 잃다; **sich³ jmds. U. zuziehen**《조롱》누구의 총애를 잃다. **ungnädig**〈Adj.〉**1.**《조롱》불편한 심기를 드러내는, 못마땅한, 불쾌한, 불친절한: jmdm. einen -en Blick zuwerfen 누구에게 못마땅한 시선을 던지다; etw. u. aufnehmen 무엇을 불쾌하게 받아들이다. **2.**《아어》무자비한, 비참한, 가혹한. **Ungnädigkeit,** die 기분이 나쁨, 불쾌, 불친절.

ungrad《통용어》, **ungrade**〈Adj.〉†ungerade.
ungrammatisch〈Adj.;《드물게》Adv.〉[언어] 문법에 어긋난, 문법에 맞지 않는, 비문(非文)의.
ungraziös〈Adj.〉우아하지 않은, 보기에 나쁜, 추한.
ungreifbar〈또한〉−′−−]〈Adj.〉《아어·드물게》구체적이 아닌, 불명료한, 분명치 않은. **Ungreifbarkeit,** die 불명료, 불분명.

Unguentum [uŋˈguɛntum], das; -s, ...ta [lat. unguentum]〈약학〉연고 (약어: Ungt.).

Ungulat [uŋguˈlaːt], der; -en, -en 〈대개 Pl.〉[lat. ungulātus]【동물】유제류(有蹄類).

ungültig〈Adj.〉무효의, 통용되지 않는, 효력이 없는: -e Banknoten 통용되지 않는 은행권; bei der Wahl gab es viele -e Stimmen 선거에서 많은 무효표가 있었다; eine Ehe für u. erklären 혼인의 무효를 선언하다. **Ungültigkeit,** die 무효, 실효. **Ungültigkeitserklärung,** die 무효 선언, 실효 선언.

Ungunst, die **1.**《아어·준고어》노여움, 불쾌, 불만: **sich³ jmds. U. zuziehen** 누구의 노여움을 사다;《전의》die U. des Schicksals[des Wetters] 혹독한 운명[날씨]. **2. zu jmds. -en** 누구에게 불리하여. **ungünstig**〈Adj.〉**a)** 불리한, 재계가 나쁜: ein -er Zeitpunkt 불리한 시점; etw. ist für jmdn. u. 무엇이 누구에게 불리하다. **b)**《아어》노여움에 찬, 비호의적인. **Ungünstigkeit,** die †ungünstig의 명사형.

ungustiös〈Adj.〉《österr.》식욕을 돋구지 않는, 구미가 당기지 않는, 맛없는.

ungut〈Adj.〉**1. a)** 좋지 않은, 불쾌한, 적당치 않은: ein -es Gefühl 불쾌한[좋지 않은] 감정. **b)** 비호의적인, 나쁜, 부정적인. **c)** 불쾌한, 싫은, 냉소적인. **2.**《퇴색하여 다음 용법으로》**nichts für u.** 언짢게 생각하지 마십시오.

unhaltbar〈또한〉−′−−]〈Adj.〉**1. a)** 근거 없는, 근거가 박약한, 유지할 수 없는: eine -e Einstellung [Theorie] 근거가 박약한 입장[이론]. **b)** 참기 어려운, 견딜 수 없는, 개선이 필요한: der Mann ist für mich u. 그 사람은 우리에게는 불필요한 존재이다. **2. a)**【군】(진지를) 지탱할 수 없는, (공격을) 저지할 수 없는. **b)**【구기】(볼을) 잡을 수 없는, 막아낼 수 없는. **Unhaltbarkeit** [《또한》−′−−−], die †unhaltbar의 명사형. **unhaltig**〈Adj.〉【광】광석을 함유하지 않은.

unhandlich〈Adj.〉취급하기 어려운, 다루기 힘든[불편한]: das Auto ist in den Kurven u. 그 자동차는 커브에서 다루기가 힘들다. **Unhandlichkeit,** die 다루기 힘듦, 취급하기 어려움.

unharmonisch〈Adj.〉**a)** 조화[융화]되지 않는. **b)** (색, 모양 따위가) 어울리지 않는, 불균형의, 부조화의.

Unheil, das; -s《아어》재해, 재앙, 해악, 화, 불행: das U. brach herein 재난이 엄습했다; U. anrichten[verhindern] 재해를 일으키다[막다].

unheil-, Unheil-《아어》**~abwehrend**〈Adj.〉재해[재앙]을 막아 주는, 유해한. **~bringend**〈Adj.〉재해[재앙]을 가져오는, 유해한. **~drohend**〈Adj.〉매우 위협적인, 흉조의, 불길한. **~kündend**〈Adj.〉†~verkündend. **~schwanger**〈Adj.〉재해[재앙]을 품고 있는, 화를 내포하고 있는. **~stifter,** der 재해를 야기하는 사람. **~verkündend**〈Adj.〉재해를 예고하는, 재해를 알려 주는. **~voll**〈Adj.〉재앙을 가져오는, 화로 가득 찬, 위험이 많은.

unheilbar [《또한》−′−−]〈Adj.〉난치의, 불치의: an einer -en Krankheit leiden 불치의 병에 걸려 있다;《전의》ein -er Pessimist 치유 불능의 비관론자. **Unheilbarkeit** [《또한》−′−−−], die 불치, 난치, 치유 불능.
unheilig〈Adj.〉《준고어·농》신성하지 않은, 경건하지 못한, 기독교적이 아닌. **Unheilsbote,** der; -n, -n 《아어》나쁜 소식을 전해 주는 사람.

unheimlich [《또한》−′−−]〈Adj.〉**1.** 섬뜩한, 으스스한, 스산한: ein -es Gefühl 섬뜩한 느낌; uns allen war (es) u. zumute 우리 모두는 으스스한 기분이 들었다. **2.**《통용어》**a)** 매우 많은[많은], 엄청난: eine -e Angst 엄청난 불안. **b)**《형용사·동사 강조》굉장하게, 대단히, 매우: sie ist u. nett 그녀는 굉장히 상냥하다; sie hat sich u. gefreut 그녀는 매우 기뻐했다. **Unheimlichkeit** [《또

한) -'---], die ↑unheimlich의 명사형.
unhistorisch ⟨Adj.⟩ 비역사적인, 역사적 관련을 무시한.
unhöflich ⟨Adj.⟩ 예의가 없는, 무례한, 정중하지 못한: eine -e Antwort 무례한 대답. **Unhöflichkeit**, die; -en **1.** ⟨Pl. 없음⟩ 무례한 태도. **2.** ⟨대개 Pl.⟩ 무례한[정중치 못한] 언동.
unhold ⟨Adj.⟩ ⟨시어·존고어⟩ 악의적인, 적대적인: ⟪특히 다음 용법으로⟫ jmdm. [einer Sache] u. sein 누구 [무슨 일]에 대하여 호의적이 아니다[악의를 품고 있다]. **Unhold**, der; -(e)s, -e **1.** (동화·미신 상의) 악마, 악령, 괴물, 요괴: der U. entführte die Prinzessin 요괴가 공주를 납치하였다. **2.** ⟪폄⟫ **a)** 잔인한 사람, 사악한 사람. **b)** 파렴치범. **Unholdin**, die; -nen 마녀, 독부.
unhörbar [(또한) '- - -] ⟨Adj.⟩ 들리지 않는, 알아 듣기 어려운: etw. mit -er Stimme sagen 거의 들리지 않는 목소리로 무엇을 말하다. **Unhörbarkeit** [(또한) '- - - -], die ↑unhörbar의 명사형.
unhygienisch ⟨Adj.⟩ 비위생적인.
uni ['yni, y'ni:] ⟨Adj.⟩ 격변화 없음 [frz. uni, adj. **2.** Part. von : unir] 단색의, 무늬가 없는. **¹Uni** [-], das; -s, -s 단색, 무늬가 없음: Blusen in verschiedenen -s 여러 가지 단색의 블라우스들. **²Uni** ['ʊni], die; -s (은어) ↑Universität의 약어: auf der U. sein 대학교에 다닌다. **uni-, Uni-** [uni-; lat. unus] ⟨다음의 뜻을 지닌 규정어⟩ 유일의, 일회적인, 통일적인. **unieren** [u'ni:rən] ⟨h⟩ [lat. unīre, zu: ūnus] (종교, 종파를) 통합하다, 합병하다, 통일하다: unierte Kirchen 1) 동방 귀일 교회. 2) 프로테스탄트 통합 교회. **uniert** ⟨Adj.⟩ (종교, 종파가) 통합[통일, 합병]된. **unifarben** ['yni-, (또한) y'ni:-] ⟨Adj.⟩ 단색의. **Unifikation** [unifika'tsioːn], die; -en ⟨전문어⟩ 통일, 통합, 합병, 연합, 단일화. **unifizieren** [...fi'tsiːrən] ⟨h⟩ [lat. ūnificāre] ⟨전문어⟩ (규격을) 통일하다, 통제하다, 통합하다, 단일화하다: Arbeitsgänge u. 작업 과정을 통제합하다; Anleihen u. ⟪경제⟫ 공채를 통폐합하다. **Unifizierung**, die; -en ⟪특히 전문어⟫ (규격의) 통일, 통합, 통폐합. **uniform** [uni'fɔrm] ⟨Adj.⟩ [frz. uniforme] ⟪교양어⟫ 같은 형[형식]의, 동형(同形)의, 획일적인: -e Schulkleidung 교복. **Uniform** [-, 'ʊnifɔrm, 'uːniform (österr.)] die; -en [frz. uniforme] (군인, 경찰 등의) 제복, 군복: die grüne U. der Polizei 녹색의 경찰 복제; die U. anlegen [ablegen] 제복을 입다 [벗다]; er kam in voller U. 그는 정복을 착용하고 왔다; **Bürger in U.** 독일 국방군의 군인.
UNICEF ['u:nitsɛf, (engl.) 'ju:nɪsɛf] die 국제연합 아동기금 (United Nations International Children's Emergency Fund의 두음 약어).
Uniform-: ~**bluse**, die 제복의 블라우스. ~**gürtel**, der 제복에 딸린 허리띠. ~**hemd**, das 제복의 셔츠. ~**hose**, die 제복의 바지. ~**jacke**, die 제복의 상의. ~**knopf**, der 제복의 단추. ~**kragen**, der 제복의 칼라 [상의 깃]. ~**mantel**, der 제복의 외투. ~**rock**, der 제복의 상의. ~**stück**, das 제복의 일부[상의, 바지 등]. ~**träger**, der 제복 착용자. ~**verbot**, das 제복 착용 금지. ~**zwang**, der ⟨Pl. 없음⟩ 제복 착용 의무.
uniformieren [unifɔr'miːrən] ⟨h⟩ **1.** 제복을 입히다: Rekruten u. 신병에게 군복을 입히다; uniformierte Männer 제복을 착용하는 남자들. **2.** ⟪교양어·폄⟫ 획일화 (균일화)하다. **Uniformierte**', der / die 제복 착용자. **Uniformierung**, die; -en 획일화, 균일화. **Uniformismus** [...fɔr'ɪsmʊs], der ⟪교양어·폄⟫ 획일주의. **Uniformist**, der; -en, -en ⟪교양어·폄⟫ 획일주의자. **Uniformität** [...fɔrmi'tɛːt], die [lat. ūniformitās] ⟪교양어·폄⟫ 획일성, 균일성. **unigefärbt** ['yni-, (또한) y'niː-] ⟨Adj.⟩ ↑unfarben. **unikal** [uni'kaːl]

⟨Adj.⟩ [lat. ūnicus] ⟪전문어·교양어⟫ 유일무이한, 무후무한, 비교할 게 없는. **Unikat** [uni'kaːt], das; -(e)s, -e [lat. ūnicus] **1.** ↑Unikum (1). **2.** 한 통뿐인 서류. **Unikum** ['uːnikʊm], das; -s, ...ka (österr.) / -s [lat. ūnicum] **1.** ⟨Pl. ...ka⟩ ⟪전문어⟫ 유일본, 둘도 없는 것, 정본(正本), 진본(珍本): diese Briefmarke ist ein U. 이 우표는 하나밖에 없는 진품이다. **2.** ⟨Pl. -s⟩ **a)** 진귀한 것, 희한한 것, 특이한 것. **b)** ⟪통용어⟫ 기이한[괴상한] 사람, 괴짜. **unilateral** ⟨Adj.⟩ [정치] 일방의, 일방적인, 한쪽만의: -e Verhandlungen 일방적인 협상.
uninformiert ⟨Adj.⟩ 정보를 갖지 못한, 알지 못하는. **Uninformiertheit**, die 무정보, 알지 못함.
uninteressant ⟨Adj.⟩ **1.** 흥미 없는, 재미없는, 지루한, 관심 없는: seine Meinung ist hier u. 그의 의견은 여기 있는 누구의 관심도 끌지 못한다. **2.** ⟪상⟫ 이문(이득, 이익)이 없는: etw. ist preislich u. 무엇은 가격상 이문이 없다. **uninteressiert** ⟨Adj.⟩ 흥미[관심] 없는, 무관심한: ein -es Gesicht machen 무관심한 표정을 짓다. **Uninteressiertheit**, die 무관심.
Unio mystica ['uːnio 'mystika], die [lat., aus: ūnio u. mysticus] ⟪신학⟫ (신과 인간 영혼과의) 신비적 일치 [합일]. **Union** [u'nioːn], die; -en [lat. ūnio] (단체, 국가, 교회 간의) 연합, 연맹, 동맹, 연방: einer U. beitreten [angehören] 연맹에 가입하다 [속하다]; die Junge U. 청년연맹(독일의 기민당과 기사당 산하의 통일 청년 조직).
Unionist, der; -en, -en [engl. unionist] **1.** 연합주의자, 연맹(동맹)회원. **2.** ⟪역사적⟫ (미국 남북 전쟁 당시의) 연방주의자. **unionistisch** ⟨Adj.⟩ 연합[연맹, 동맹, 연방]의, 연맹[연맹, 동맹, 연방]에 속하는. **Union Jack** ['juːnjən 'dʒæk], der; - -s, - -s [engl. Union Jack] 유니언 잭 (영국 국기). **Unionskirche**, die ⟨주로 Pl.⟩ (프로테스탄트의) 통합 교회. **Unionspartei**, die ⟪대개 Pl.⟫ (독일 연방 공화국) 기독교 민주주의 연맹(CDU)과 기독교 사회주의 연맹(CSU) 중의 한 당. **Unionsrepublik**, die 소비에트 공화국. **unipetal** [unipe'taːl] ⟨Adj.⟩ ⟪식물⟫ 단엽의, 홑잎의. **unipolar** ⟨Adj.⟩ ⟪물리·전기⟫ 단극의. **Unipolarmaschine**, die ⟪전기⟫ 단극 발전기.
unirdisch ⟨Adj.⟩ 세속적이 아닌, 저 세상의.
Unisex, der; -(es) [engl. unisex] 유니 섹스(남녀 구별이 없는 복장·두발의 경향). **unison** [uni'zoːn] ⟨Adj.⟩ [ital. unisono] ⟪음악⟫ 동일음으로 노래[연주]하는. **unisono** [...no] ⟨Adv.⟩ [ital. unisono] ⟪음악⟫ 유니소노, 동일음으로, ⟪교양어⟫ 이구 동성으로: u. singen 동일음으로 노래하는, 제창하다. **Unisono** [-], das; -s, -s /...ni ⟪음악⟫ 동음(同音), 동도(同度), 제창(齊唱). **unitär** [uni'tɛːɐ̯] ⟨Adj.⟩ [frz. unitaire, zu : unité] ⟪교양어⟫ ↑unitarisch (1). **Unitarier** [uni'taːriɐ̯], der; -s, - 유니테리언 교도(삼위 일체설을 반대하는 프로테스탄트의 일파). **unitarisch** ⟨Adj.⟩ **1.** ⟪교양어⟫ 통일[합일]을 지향하는. **2.** 유니테리언 교파(주의)의. **Unitarismus** [...ta'rɪsmʊs], der; - **1.** (연방 국가나 연맹 국가에서의) 중앙 집권 주의. **2.** 유니테리언 주의, 유니테리언 파의 교리. **Unitarist**, der; -en, -en 중앙 집권 주의자. **unitaristisch** ⟨Adj.⟩ 중앙 집권 주의의, 중앙 집권 주의적인. **Unität** [uni'tɛːt], die; -en [lat. ūnitās] ⟪교양어⟫ **a)** 통합, 합일, 일치. **b)** 유일성, 일회성. **United Nations** [juː'naɪtɪd 'neɪʃənz] ⟨Pl.⟩ [engl. united nations] 국제 연합(약어 : UN). **United Nations Organization** [- - - ɔːɡənaɪ'zeɪʃən] das ↑United Nations(약어 : UNO). **univalent** [univa'lɛnt] ⟨Adj.⟩ ⟪화학⟫ (원자 결합시의) 일가(一價)의. **Univerbierung** [univɛr'biːrʊŋ], die; -en [zu lat. ūnum u. lat. verbum] [언어] 일어화 (一語化)(구문론상으로 연관이 있는 2단어가 하나의 단어로 결합하는 것, 예컨대 : die Gewähr leisten 에서 ge-

währleisten으로). **universal** [univer'za:l] 〈Adj.〉 [lat. ūniversālis] 《교양어》 1. 일반의, 보편적인, 전체의, 총괄적인, 포괄적인: ein -es Wissen 해박한 지식. 2. 전세계의, 우주의.

Universal-: **~bank**, die 〈Pl. -banken〉 일반 은행. **~bibliothek**, die (모든 분야의 책을 갖추고 있는) 일반 도서관. **~bildung**, die 보편적 교양. **~empfänger**, der [의학] (어떤 혈액형도 받을 수 있는) AB 혈액형 소유자. **~episkopat**, das [가] (교황의) 최고 주교권. **~erbe**, der 포괄[단독] 상속인: jmdn. als[zum] -n einsetzen 누구를 단독 상속인으로 정하다. **~erbin**, die 단독 상속녀. **~genie**, das 만능 천재. **~geschichte**, die 세계사. **~geschichtlich** 〈Adj.〉 세계사의, 세계사적인. **~instrument**, das [기술] (여러 개를 동시에 측정할 수 있는) 만능 측정기. **~lexikon**, das 백과 사전. **~maschine**, die (갖가지 용도에 사용할 수 있는) 만능 기기[특히 부업용품]. **~mittel**, das 만병 통치약. **~motor**, der [전기] 직류 교류 겸용 전동기. **~spender**, der [의학] (누구에게나 혈액을 수혈할 수 있는) O 혈액형 소유자.

Universalie [univer'za:liə], die; -n [1: lat. universale] 1. 〈Pl.〉 [철학] 보편[일반] 개념, 보편타당한 진술. 2. [언어] (모든 언어에 공통적인) 언어적 보편성. **Universalismus** [...za'lɪsmʊs], der 1. [철학·정치·경제] 보편주의. 2. [신학] 만인[보편] 구제설. **universalistisch** 〈Adj.〉 보편주의의, 보편주의적인. **Universalität** [universali'tɛ:t], die [lat. ūniversālitās] 《교양어》 1. 보편성, 일반성, 전체성: die U. der Kirche 교회의 보편성. 2. 보편적 교양(창조적) 다면성. **universell** [univer'zɛl] 〈Adj.〉 [frz. universel] 1. 전반적인, 일반적인, 포괄적인: eine Frage von -er Bedeutung 보편적인 의미를 지닌 문제. 2. 다방면의, 다면적인: ein u. begabter Mensch 다방면에 재능을 가진 사람. **Universiade** [univer'zja:də], die; -n 유니버시아드 대회(국제 대학생 올림픽 대회). **universitär** [...zi'tɛ:ɐ̯] 〈Adj.〉 《교양어》 대학의. **Universitas litterarum** [uni'verzitas lɪte'ra:rʊm], die ↑ Universität의 라틴어 표기. **Universität** [...zi'tɛ:t], die; -en 1. 〈종합〉 대학교: die U. (in) München 뮌헨 대학교; die Technische U. 공과 대학교; an der U. immatrikuliert sein 대학에 등록을 하고 있다; Dozent an der U. 대학 강사; er wurde als Professor an die U. Kiel berufen 그는 킬 대학교에 교수로 초빙되었다; auf die(zur) U. gehen 대학에 다니다, 대학생이다. 2. (교수와 학생을 포함한) 대학 전체. 3. 대학 건물.

universitäts-, **Universitäts-**: **~absolvent**, der 대학 졸업생[자]. **~ausbildung**, die 대학 교육. **~besuch**, der 대학에 다님. **~bibliothek**, die 대학 도서관. **~buchhandlung**, die 대학 서점. **~eigen** 〈Adj.〉 대학교에 속한. **~gebäude**, das 대학교 건물. **~gelände**, das ↑ Campus. **~institut**, das 대학교 연구소. **~klinik**, die 대학 병원. **~laufbahn**, die 대학교수로서의 경력(인생). **~lehrer**, der 대학 선생. **~professor**, der **a)** 대학 (정)교수. **b)** 〈österr.〉 교수 (칭호). **~reife**, die (드물게) 대학 입학 자격(증). **~stadt**, die 대학 도시. **~studium**, das 대학에서의 학업. **~verwaltung**, die 대학 행정. **~wesen**, das 〈Pl. 없음〉 대학의 제도(조직).

Universum [uni'vɛrzʊm], das; -s [lat. ūniversum] 우주(공간), 천지 만물: in Raumschiff in U. schießen 인공 위성을 우주로 쏘아 올리다; 성구 ein U. in Formen und Farben 형태와 색깔이 무한한 다양성.

unkameradschaftlich 〈Adj.〉 친구(동무, 동지, 동료) 같지 않은, 우정이 없는. **Unkameradschaftlichkeit**, die 친구(동지)답지 않은 것(언동).

Unke ['ʊŋkə], die; -n 1. 두꺼비, 무당개구리. 2. 《통용어》 불행(흉사)을 예언하는 사람, 만사를 비관적으로 보는 사람. **unken** ['ʊŋkn̩] 〈h〉 불행(흉사)을 예언하다, 만사를 비관적으로 보다.

unkenntlich 〈Adj.〉 식별하기 어려운, 알아볼 수 없는: er hatte sich durch Bart und Brille u. gemacht 그는 수염과 안경으로 남들이 알아볼 수 없게 하였다. **Unkenntlichkeit**, die 식별할(알아볼) 수 없음: bis zur U. 식별할 수 없을 정도로. **Unkenntnis**, die 무지, 무식, 알지 못함: etw. aus U. falsch machen 모르는(無知)해서 무엇을 잘못하다; in U. (über etw.) sein (무엇에 관하여) 알지 못하다; 성구 U. schützt nicht vor Strafe (법규를) 모른다고 해서 처벌을 면할 수는 없다.

Unkenruf, der; -(e)s, -e 1. 두꺼비(무당개구리)의 우는 소리. 2. 비관적인 예언, 불행의 예언. **Unkerei** [ʊŋkə'rai], die; -en 모든 것을 언제나 비관적으로 말하기, 끊임없이 투덜대기.

unkeusch 〈Adj.〉 《아어·준교어》 순결[정결]하지 않은 (성적으로). **Unkeuschheit**, die 순결[정결]하지 않음.

unkindlich 〈Adj.〉 아이답지 않은, 숙성한, 조숙한. **Unkindlichkeit**, die 아이답지 않음, 숙성, 조숙.

unkirchlich 〈Adj.〉 반(비)교회적인, 경건하지 않은.

unklar 〈Adj.〉 1. **a)** 탁한, 불투명한, 흐릿한: ein -es Bild 흐릿한 상; -es Wetter 흐린 날씨. **b)** 선명하지 않은, 불명확한, 모호한, 몽롱한, 막연한: -e Empfindungen 막연한 느낌. 2. 불분명한, 불명확한, 명료하지 않은, 이해할 수 없는: es ist mir u. [mit u.], wie das geschehen konnte 그것이 어떻게 일어날 수 있었는지 내게는 이해되지 않는다; sich u. ausdrücken 자기의 뜻을 불분명하게 말하다. 3. 명백하지 않은, 불확실한, 애매한: jmdn. über etw. im -en lassen 무엇에 관하여 누구에게 진상을 알리지 않은 채 애매하게 두다; sich über etw. im -en sein 무엇을 어떻게 해야 할지 잘 모르다. 4. [선원] 출항 준비가 안 된. **Unklarheit**, die; -en 불분명, 불명료, 불명확, 애매한 점: bestehen noch -en? 아직도 불분명한 점이 있는가?

unklug 〈Adj.〉 현명하지 못한, 영리하지 못한, 어리석은, 무분별한: es war u. von dir, ihm Geld anzubieten 네가 그에게 돈을 주겠다고 한 것은 현명하지 못한 일이었다. **Unklugheit**, die; -en 1. 〈Pl. 없음〉 현명[영리]하지 못함, 어리석음. 2. 현명[영리]하지 못한 언동.

unkollegial 〈Adj.〉 동료답지 않은, 비우의적인, 불친절한.

unkomfortabel 〈Adj.〉 편안하지 않은, 불편한.

unkommentiert 〈Adj.〉 1. 학문적 주석이 없는. 2. 입장 표명이 없는.

unkompliziert 〈Adj.〉 복잡하지 않은, 취급이 간단한: ein -er Mensch (생각이) 복잡하지 않은 사람; ein -er Bruch [의학] 단순 골절(單純骨折).

unkontrollierbar [(또한) ˗˗˗'˗˗˗] 〈Adj.〉 제어 (통제, 억제)하기 어려운, 검사(검문, 감사)할 수 없는. **Unkontrollierbarkeit** [(또한) ˗˗˗'˗˗˗], die 통제(제어, 점검) 불능. **unkontrolliert** 〈Adj.〉 통제 [제어]되지 않은.

unkonventionell 〈Adj.〉 《교양어》 **a)** 비전통적인, 전통[인습]에서 벗어난, 상투적이 아닌: -e Entscheidungen 관행에서 벗어난 결정. **b)** 형식에 얽매이지 않은, 강제성이 없는: hier geht es u. zu 여기서는 형식에 얽매이지 않는다.

unkonzentriert 〈Adj.〉 집중력이 없는, 집중하지 않은. **Unkonzentriertheit**, die 집중력이 없음.

unkörperlich 〈Adj.〉 1. 육체가 수반되지 않는, 비육체적인: Liebe kann nicht u. sein 사랑은 육체와 분리될 수 없다. 2. [스포츠] 몸을 내던지지 않는.

unkorrekt 〈Adj.〉 **a)** 맞지 않은, 부정확한, 옳지 않은:

-es Deutsch 부정확한 독일어. b) 불공정한, 부정한, 부당한: jmdn. u. behandeln 누구를 온당치 않게 취급하다. **Unkorrektheit**, die; -en **1.** 〈Pl. 없음〉 부정확, 부정, 부정, 불공정. **2.** 부당(부적절)한 언동.
Unkosten 〈Pl.〉 **a)** 〈책정된 경비 이외의〉 잡비, 비용, 기타 경비: die U. belaufen sich auf 500 Mark 잡비가 500 마르크에 달하다; die U. (für etw.) tragen (무엇에든) 비용을 부담하다; **sich in U. stürzen** 많은 돈을 지출하다; **sich in geistige U. stürzen**〈반어〉정신적으로 [지적]으로 주목할 만한 것을 이룩하다: 전의 bei seiner Rede hat er sich nicht gerade in geistige U. gestürzt. 그의 연설은 대단한 것이 아니었다. **b)**〈통용어〉지출. **Unkostenbeitrag**, der 잡비 분담액.
Unkraut, das; -(e)s, Unkräuter **1.**〈Pl. 없음〉잡초: U. jäten (ausreißen) 잡초를 뽑다; 속담 U. vergeht (verdirbt) nicht 〈농〉 잡초는 죽지 않는다, 나(우리, 그) 같은 사람에게는 아무 일도 일어나지 않는다; 전의 das U. mit der Wurzel ausreißen 악을 근절시키다. **2.** (하나하나) 잡초.
unkraut-, **Unkraut-**: **~bekämpfung**, die 잡초 제거, 제초(除草). **~bekämpfungsmittel**, das 제초제(劑). **~pflanze**, die 잡초. **~vertilgung**, die ↑ ~bekämpfung. **~vertilgungsmittel**, das 제초제.
unkriegerisch〈Adj.〉 군인답지 않은, 전투적[호전적]이 아닌, 용감하지 않은, 평화를 사랑하는.
unkritisch〈Adj.〉 **1.** 무비판적인, 무비판적으로: eine Meinung(ein Vorurteil) u. übernehmen 의견(선입견)을 무비판적으로 받아들이다. **2.**〈드물게〉문제가 되지 않는, 위험하지 않은.
Unktion [uŋkˈtsioːn], die; -en [lat. únctio] 〔의학〕(연고 따위를) 문질러 바름, 도찰(塗擦).
unkultiviert〈Adj.〉 〈 폄 〉 세련되지 않은, 교양이 없는, 야만의, 미개한, (토지를) 경작(개간)하지 않은: sich u. benehmen 교양 없이 행동하다. **Unkultiviertheit**, die 〈 폄 〉 무교양, 야만, 미개, 세련미 없는 거동. **Unkultur**, die〈 폄 〉교양의 결여, 무교양, 야비, 야만.
unkündbar [(또한) -ˈ--]〈Adj.〉해약[해고]할 수 없는, 취소(파기) 불가능한: eine -e Stellung haben 해고될 수 없는 자리를 얻다; als Beamter er u. 그는 공무원으로서 신분이 보장되어 있다. **Unkündbarkeit** [(또한) -ˈ---], die 해약[취소, 해고] 불능.
unkundig〈Adj.〉〈전문〉 지식이 없는, 정통하지 못한, 모르는: einer Sache u. sein (아이) 무엇에 정통하지 못하다.
Unland, das; -(e)s, Unländer 〈농업·드물게〉 불모지, 황무지, 경작[개간]할 수 없는 땅.
unlängst〈Adv.〉 얼마 전에, 최근에.
unlauter〈Adj.〉〈아어〉 **a)** 불순한: -e Absichten 불순한 의도. **b)** 공정하지 못한, 부당[부정]한: -er Wettbewerb (특히 상업상의) 불공정한 경쟁. **Unlauterkeit**, die; -en 불순, 불공정, 부정, 부당.
unleidig〈Adj.〉〈고어〉↑unleidlich. **Unleidigkeit**, die; -en〈고어〉↑Unleidlichkeit. **unleidlich**〈Adj.〉 **1.** 기분이 나쁜, 심기가 불편한. **2.** 참을 수 없는, 견디기[감당하기] 어려운: -e Wirtschaftsverhältnisse 감당하기 어려운 경제 사정. **Unleidlichkeit**, die; -en ↑unleidlich의 명사형.
unlesbar [(또한) -ˈ--]〈Adj.〉(책 따위가) 읽을 수 없는, 읽기 어려운. **Unlesbarkeit** [(또한) -ˈ---], die ↑unlesbar의 명사형. **unleserlich** [(또한) -ˈ---]〈Adj.〉(글씨가) 읽을 수 없는, 판독 불능의, 판독하기 어려운. **Unleserlichkeit** [(또한) -ˈ----], die ↑unleserlich의 명사형.
unleugbar [ˈʊnlɔykbaːɐ̯, (또한) -ˈ--]〈Adj.〉부정(부인)할 수 없는, 논의의 여지가 없는, 명백한.

unlieb〈Adj.〉 **1.**〈대개 다음 용법으로〉 jmdm. nicht u. sein 누구에게 반가운(환영할) 일이다. **2.**〈지역적〉↑ unliebenswürdig. **unliebenswürdig**〈Adj.〉 무뚝뚝한, 애교없는, 상냥하지 않은, 불친절한: er war sehr u. (zu mir) 그는 (나에게) 매우 무뚝뚝하였다. **Unliebenswürdigkeit**, die; -en **1.**〈Pl. 없음〉무뚝뚝한 [불친절한] 태도. **2.** 애교가 없는(상냥하지 못한) 언동. **unliebsam** [ˈʊnliːpzaːm]〈Adj.〉불쾌한, 싫은, 언짢은, 탐탁지 않은: -e Folgen 달갑지 않은 결과. **Unliebsamkeit**, die; -en ↑unliebsam의 명사형.
unlimitiert〈Adj.〉〈교양어·전문어〉제한(한정)이 없는, 무(제)한의.
unliniert〈österr.〉, **unliniiert**〈Adj.〉(용지에) 선(줄)이 그어져 있지 않은, 선이 없는.
unliterarisch〈Adj.〉 문학적이 아닌, 비문학적인.
Unlogik, die 비논리성, 부조리. **unlogisch**〈Adj.〉 논리적이 아닌, 비논리적인, 조리가 없는.
unlösbar [(또한) -ˈ---]〈Adj.〉 **1.** 분리할 수 없는, 불가분의, (혼인을) 해소할 수 없는: ein -er Zusammenhang 불가분의 연관. **2.** 풀리지 않는, 해결되지 않는, 풀 수 없는: ein -es Problem 해결할 수 없는 문제. **3.**〈드물게〉↑unlöslich (1). **Unlösbarkeit** [(또한) -ˈ----], die ↑unlösbar의 명사형. **unlöslich** [(또한) -ˈ---]〈Adj.〉 **1.** 용해되지 않는, 녹지 않는, 불용해성의. **2.** ↑unlösbar (1). **Unlöslichkeit** [(또한) -ˈ----], die ↑unlöslich의 명사형.
Unlust, die 의욕 부진, 마음이 내키지 않음, 혐오, 불쾌, 불만: er ging mit U. an die Arbeit 그는 내키지 않는 마음으로 일하러 갔다; 전의 U. beim Aktienkauf〔증권〕(증권 시장의) 증권 매입세 부진. **Unlustempfindung**, die〈드물게〉, **Unlustgefühl**, das 불만의 감정, 불쾌한 느낌, 혐오감. **unlustig**〈Adj.〉 마음이 내키지 않는, 의욕이 없는, 불쾌한, 혐오스런.
unmanierlich〈Adj.〉 버릇없는, 무례한, 예의가 없는, 조야한.
unmännlich〈Adj.〉〈폄〉남자[사나이]답지 못한. **Unmännlichkeit**, die 남자답지 못함.
Unmaß, das; -es 〈아어〉 **1.** 과잉, 과도, 다량, 다수: ein U. an(von) Arbeit 과도한 일. **2.**〈드물게〉 무절제.
Unmasse, die; -n〈통용어〉↑Unmenge.
unmaßgeblich [(또한) -ˈ---]〈Adj.〉 표준이 되지 않는, 중요하지 않은, 권위가 있는: das -e Urteil eines Laien 문외한의 별 의미 없는 판단; nach meiner -en Meinung (겸손의 표현법) 저의 하찮은 의견으로는. **unmäßig**〈Adj.〉 **1.** 절제[절도]가 없는, 무절제한, 무절제하게: u. trinken(essen) 무절제하게 마시다(먹다). **2. a)** 과도한, 정도가 지나친, 보통 이상의, 극심한: -er Durst 극심한 갈증. **b)**〈형용사 강조〉과도하게, 지나치게, 엄청나게. **Unmäßigkeit**, die 무절제, 무절도.
Unmenge, die; -n〈정서〉매우 많은 수량, 다수, 다량: eine U. von(an) Bildern 수많이 많은 그림들; eine U. Geld 큰 액수의 돈; Beispiele dafür gibt es in -n 거기에 대한 예는 무수히 많다.
Unmensch, der; -en, -en〈폄〉잔혹[잔인]한 사람, 비인간, 난폭한(몰인정한) 사람, 폭군: 성구 ich bin ja schließlich kein U.〈통용어〉나도 알고 보면 비정한 사람은 아니다. **unmenschlich** [(또한) -ˈ---]〈Adj.〉 **1. a)** 비인간적인, 비정한, 잔인(잔혹)한: ein -es Terrorregime 비인간적인 테러 정권. **b)** 반인간적인, 인간에 적대적인. **c)** 인간의 품위에 맞지 않는, 비인간적인. **2.** 〈통용어〉인간으로 견딜 수 없는, 극심한, 초인적인: -e Schmerzen 극심한 고통; sie haben Unmenschliches geleistet 그들은 초인적인 일을 해냈다. **b)**〈형용사·동사 강조〉〈통용어·흔히 감정적으로 과장하여〉매우, 대단히, 지독하게: es ist u. kalt 지독하게 춥다. **Unmenschlichkeit**

[《또한》 -'---], die; -en 1. 〈Pl. 없음〉 비인간적임, 비정, 잔인, 잔혹. 2. 비인간적인(비정한, 잔인한) 행동.

unmerkbar [《또한》 '---] 〈Adj.〉 눈에 띄지 않는, 지각하기 어려운, 눈치 챌 수 없는. unmerklich [《또한》 '---] 〈Adj.〉 눈에 띄지 않는, 감지할 수 없는: eine -e Veränderung 눈에 띄지 않는 변화; es wurde u. dunkel 어느새 날이 저물었다.

unmeßbar [《또한》 '---] 〈Adj.〉 측량할 수 없는, 끝이 없는. Unmeßbarkeit [《또한》 '----], die 측정[측량] 불능.

unmethodisch 〈Adj.〉 일정한 방법이 없는, 체계적이 아닌.

unmilitärisch 〈Adj.〉 군대(군인)답지 않은, 군기에 어긋난.

unmißbar [ʊn'mɪsbaːɐ] 〈Adj.〉《schweiz.》없어서는 안 될, 불가결의, 필수의.

unmißverständlich [《또한》 ---'--] 〈Adj.〉 a) 오해의 여지가 없는, 명료한: eine -e Formulierung 명확한 표현. b) 매우 분명한, 명백한; jmdm. u. die Meinung sagen 오해의 여지가 않도록 명백하게 의견을 말하다. Unmißverständlichkeit [《또한》 ---'---], die 오해의 여지가 없음, 명명백백.

unmittelbar 〈Adj.〉 a) 직접의, 직접적인: sein -er Nachkomme[Vorgesetzter] 그는 직계 후손[직속 상관]; -en Einfluß auf etw. ausüben 무엇에 직접적인 영향을 끼치다; -e Lebensgefahr 급박한 생명의 위협; ein u. (vom Volk) gewähltes Parlament (국민이) 직접 뽑은 국회. b) (공간적으로) 인접한, (시간적으로) 즉시의: in -er Nähe 바로 근처에; ich fahre u. nach dem Essen los 나는 식사가 끝난 직후에 출발한다. c) (우회, 환승이 없이) 직접의, 곧 바른: die Straße führt u. zum Bahnhof 그 길은 곧장 역으로 통한다. Unmittelbarkeit, die (시 · 공간적으로) 직접(성), 인접, 즉각, 즉시.

unmöbliert 〈Adj.〉 가구가 없는.

unmodern 〈Adj.〉 유행에 뒤진, 케케묵은: -e Möbel 유행에 뒤진 가구; auch u. kleiden 유행에 뒤진 옷차림을 하고 있다. 2. 《드물게》 a) 시대에 뒤진, 낡아빠진. b) 시대(감각)에 맞지 않는.

unmodisch 〈Adj.〉 유행에 뒤진, 유행에 맞지 않는.

unmöglich [《또한》 -'--] I. 〈Adj.〉 1. a) 실행[실현, 이행, 실천]할 수 없는, (실현) 불가능한: eine -e Aufgabe 이행할 수 없는 임무; technisch u. 기술적으로 실현 불가능한; das Unmögliche möglich machen wollen 불가능한 것을 가능한 것으로 만들고자 하다. b) 생각(상상)할 수 없는, 있을 수 있는, 그럴 수가 없는: das ist absolut u. 그것은 절대적으로 있을 수 없는 일이다. 2. a) 《통용어 · 폄》 비상식적인, 용인할 수 없는: ein -es Benehmen 몰상식한 태도; du bist u. 너는 용인할 수 있는 처신을 하고 있다. b) 《대개 절대 최상급으로》 《통용어》 희한한, 진기한, 이상한: alle möglichen und -en Gegenstände 아주 진기한 것을 포함한 온갖 물건들. c) sich u. machen 《통용어》 [체면, 면목]을 잃다; jmdn. u. machen 누구를 망신시키다. II. 〈Adv.〉 《통용어》 a) (불가능하기 때문에) …아니다: ich kann das u. allein schaffen 나는 그것을 혼자서 해낼 수 없다. b) (옳지 않기 때문에) …아니다: ich kann ihn jetzt u. im Stich lassen 나는 이제 그를 버려둘 수가 없다; das geht u. 그럴 수가 없다. Unmöglichkeit [《또한》 -'---], die; -en ↑unmöglich의 명사형.

Unmoral, die 부도덕, 불륜: vorehelicher Geschlechtsverkehr ist für ihn der Inbegriff der U. 혼전의 성교가 그에게는 부도덕의 핵심이다. unmoralisch 〈Adj.〉 비도덕적인, 부도덕한, 반도덕적인: ein -er Lebenswandel 부도덕한 처신. Unmoralität, die ↑Amoralität.

unmotiviert 〈Adj.〉 1. 동기[근거]가 없는. 2. 【언어】 (언어의 형태와 의미 사이에) 연관(동기)이 없는.

unmündig 〈Adj.〉 a) 성년에 이르지 않은, 미성년의: -e Kinder 미성년인 아이들; jmdn. für u. erklären 누구를 금치산자로 선고하다. b) 스스로 결정할 능력이 없는, 미숙한. Unmündigkeit, die 미성년, 미숙.

unmusikalisch 〈Adj.〉 비음악적인, 음악에 재능이 없는, 음악을 모르는. unmusisch 〈Adj.〉 비예술적인, 예술에 소질이 없는.

Unmut, der; -(e)s (아이) 불만, 불쾌감, 역정: er machte seinem U. Luft 그는 불만을 터트렸다. unmutig 〈Adj.〉 (아이) 불쾌한, 불만스러운: ein -es Gesicht 불만에 찬 얼굴.

unmuts-, Unmuts- (아이): ~bekundung, die 불만의 토로. ~bezeugung, die 불만(불쾌감)의 토로[표현]. ~falte, die 불쾌감 때문에 생기는 이마의 주름. ~voll 〈Adj.〉 《드물게》 불쾌감(불만)으로 가득 찬.

unnachahmlich [ʊn'naːxlaːmlɪç, 《또한》 --'---] 〈Adj.〉 모방할(흉내낼) 수 없는, 견줄 만한 것이 없는: er hat eine ~e Gabe zu erzählen 그는 아무도 따를 수 없는 이야기 재능을 가지고 있다. Unnachahmlichkeit [《또한》 --'----], die 모방할 수 없음, 비교될 수 없음.

unnachgiebig 〈Adj.〉 양보하지 않는, 굽히지 않는, 완고한, 고집이 센. Unnachgiebigkeit, die ↑unnachgiebig의 명사형.

unnachsichtig 〈Adj.〉 관대하지 않은, 임(격)한; jmdn. u. bestrafen 누구에게 엄한 벌을 주다. Unnachsichtigkeit, die 관대하지 않음, 엄격성. unnachsichtlich 〈Adj.〉 ↑unnachsichtig.

unnahbar [ʊn'naːbaːɐ, 《또한》 '---] 〈Adj.〉 접근할 수 없는, 접근하기 어려운: eine -e Haltung (다른 사람이) 접근하기 어려운 태도; sie wirkt u. 그녀는 접근하기 어려운 인상을 준다. Unnahbarkeit [《또한》 '----], die ↑unnahbar의 명사형.

Unnatur, die (아이) 부자연스러움, 자연에 거슬리는 성격. 2. 자연의 법칙에 어긋나는 것, 부자연스러운 것. unnatürlich 〈Adj.〉 1. a) 자연에 반하는, 부자연스러운, 자연 법칙에 어긋나는: ein -es Licht 햇빛과는 다른 빛; ein -er Tod 횡사, 변사. b) 본성(천성)에 반하는, 자연에 맞지 않는: eine -e Lebensweise 천성에 거슬리는 생활 방식. 2. 인위적인, 꾸민, 자연스럽지 않은: ein -es Lachen 꾸민 웃음. Unnatürlichkeit, die 부자연성, 부자연스러운 언동.

unnennbar [《또한》 ---] 〈Adj.〉 (아이) 1. ↑unsagbar (1). 2. 명명할 수 없는, 이름을 붙일 수 없는. Unnennbarkeit [《또한》 '----], die ↑unnennbar의 명사형.

unnormal 〈Adj.〉 1. 비정상적인, 보통이 아닌: sein Herz schlägt u. schnell 그의 심장은 비정상적으로 빨리 뛴다. 2. (정신이) 이상한, 정상이 아닌.

unnotiert 〈Adj.〉 【증권】 상장(上場)되지 않은.

unnötig 〈Adj.〉 a) 불필요한, 없어도 되는: eine -e Maßnahme 불필요한 조치. b) 쓸데없는, 무의미한: -e Risiken vermeiden 쓸데없는 모험을 피하다; jmdm. -e Sorge ersparen 누구에게 쓸데없는 걱정을 끼치지 않다.

unnötigerweise 〈Adv.〉 쓸데없이, 불필요하게.

unnütz ['ʊnnʏts] 〈Adj.〉 무익한, 쓸데없는, 소용없는: -e Ausgaben 쓸데없는 지출; -es Gerede 무의미한[허튼] 수다; er ist nur ein -er Esser 《폄》 그는 식충일 따름이다. b) 《폄》 쓸모없는, 무익한. c) 쓸데없는, 무의미한. unnützerweise 〈Adv.〉 a) 쓸모없이. b) 쓸데없이, 불필요하게.

UNO ['uːno], die 국제 연합(United Nations Organization의 약칭).

uno actu ['uːnoˈaktuː; lat.] 《교양어》 중단하지 않고.

unökonomisch 〈Adj.〉 비경제적인.

unordentlich 〈Adj.〉 **a)** 질서[규율]를 존중하지 않는[무시하는]: er arbeitet furchtbar u. 그는 정말 게으르게 일한다. **b)** 무질서한, 정리[정돈]되지 않은, 너저분한, 난잡한: ein -es Zimmer 정돈되지 않은 방; 전의 ein -es Leben führen 무질서한 생활을 하다. **Unordentlichkeit**, die ↑unordentlich의 명사형. **Unordnung**, die 무질서, 정돈되지 않음, 혼란, 난잡, 만맥: etw. in U. bringen 무엇을 어지럽히다; 전의 ihr seelisches Gleichgewicht war in U. geraten 그녀는 정신적 균형이 흐트러졌다.

unorganisch 〈Adj.〉 **1.** 《교양어》 유기적이 아닌, 비유기적인. **2.** 《전문어》 **a)** ↑anorganisch (2). **b)** 《드물게》 ↑anorganisch (1).

unorthodox 〈Adj.〉 《교양어》 정통파가 아닌, 비정통적인, 이단의.

unorthographisch 〈Adj.〉 정서법에 어긋난.

unpaar 〈Adj.〉 《생물·드물게》 짝이 없는, 외짝의, 쌍을 이루지 않는. **Unpaarhufer** [-hu:fɐ], der; -s, - 《동물》 기제류(奇蹄類)(말처럼 가운데 발가락이 특히 발달된 포유동물류). **unpaarig** 〈Adj.〉 《생물·해부》 짝이 없는, 외짝의, 쌍을 이루지 않는. **Unpaarigkeit**, die 《생물·해부》 짝이 없음, 외짝. **Unpaarzeher** [-tse:ɐ], der; -s, - 《동물》 ↑Unpaarhufer.

unpädagogisch 〈Adj.〉 비교육적인, 교육상 좋지 않은.

unparteiisch 〈Adj.〉 비당파적인, 불편 부당한, 중립적인, 공정(公평)한: ein -er Dritter 불편 부당한 제3자; u. urteilen 공정하게 판단하다; ein Unparteiischer soll entscheiden 중립적인 사람이 결정해야 한다. **Unparteiische**, der 《스포츠·은어》 심판. **unparteilich** 〈Adj.〉 **1.** 당파에 속하지 않은, 무소속의. **2.** ↑unparteiisch. **Unparteilichkeit**, die 불편부당, 중립, 무소속, 공평.

unpaß 〈Adj.〉 **1.** jmdm. u. kommen 《지역적》 《시간적으로》 누구에게 적합하지 않다. **2.** 《준고어》 ↑unpäßlich. **unpassend** 〈Adj.〉 **a)** (시간에) 맞지 않는, 부적당한: er kam im -sten Augenblick 그는 아주 부적당한 순간에 왔다. **b)** (때와 장소에) 어울리지 않는, 부적절한, 실례되는: eine -e Bemerkung (장소에 맞지 않아) 실례되는 말.

unpassierbar [《또한》 --'--] 통행(통과)할 수 없는.

unpäßlich [ˈʊnpɛslɪç] 《대개 Adj.》 기분이 나쁜(언짢은), 몸이 찌뿌듯한: sich u. fühlen 기분이 나쁘다. **Unpäßlichkeit**, die; -en 기분이 언짢음, 몸의 컨디션이 나쁜 상태.

unpathetisch 〈Adj.〉 격정[열정, 정열]이 없는.

Unperson, die; -en 《은어》 (특히 전체주의 국가에서) 숙청된 인물, 과거의 인물, 잊혀진 인물: jmdn. zur U. erklären 누구를 숙청 인물로 선언하다. **unpersönlich** 〈Adj.〉 **1. a)** 개인적이 아닌, 비개성적인, 개인적인 특색이 없는: in einem -en Stil schreiben 개성이 없는 문체로 쓰다. **b)** 개인적인 감정을 개입시키지 않는, 냉정한, 일반적인, 사무적인: ein sehr kühler, -er Mensch 매우 냉정하고 사무적인 사람. **2. a)** 《철학·종교》 사람이 아닌, 의인화되지 않은: ein -er Gott 인간이 아닌 신. **b)** 《언어》 비인칭의. **Unpersönlichkeit**, die ↑unpersönlich의 명사형.

unpfändbar [《또한》 -'--] 〈Adj.〉 《법》 (담보물로서) 압류할 수 없는. **Unpfändbarkeit** [《또한》 -'---], die 《법》 압류[차압] 불능(파산한 채무자의 사회적 보호를 위하여).

unplaciert [ˈʊnplasiːɐt, 《또한》 ˈʊnplatsiːɐt] ↑unplaziert. **unplaziert** 〈Adj.〉 **1.** 조준이 정확하지 않은 공. **2.** 《스포츠·드물게》 상위권[등수]에 들지 못한.

un pochettino [ʊn pokeˈtːiːno; ital.] 【음악】 아주 조금.

un poco [ʊn ˈpɔko; ital.] 【음악】 약간, 조금.

unpoetisch 〈Adj.〉 시적이 아닌, 비시적인, 시적 정취가 없는.

unpoliert 〈Adj.〉 갈지 않은, 매끄럽지 않은, 광택이 없는.

unpolitisch 〈Adj.〉 비정치적인, 정치에 관심이 없는.

unpopulär 〈Adj.〉 **a)** 대중성이 없는, 통속적이 아닌: Steuererhöhungen sind meist u. 세금 인상은 대개 대중의 지지를 받지 못한다. **b)** 평판이 나쁜, 사랑을 받지 못하는, 인기 없는.

unpraktisch 〈Adj.〉 **1.** 비실제적인, 비실용적인, 불편한: ein furchtbar -es Gerät 굉장히 비실용적인 기기. **2.** 미숙한, 노련하지 않은, 비실천적인: ein -er Mensch 세상 일에 어두운 사람.

unprätentiös 〈Adj.〉 《교양어》 별다른 야심이 없는, 소박한, 단순한.

unpräzis 〈Adj.〉 《österr.》, **unpräzise** 〈Adj.〉 《교양어》 명확하지 않은, 부정확한, 정밀하지 않은.

unproblematisch 〈Adj.〉 문제성(어려움, 의문)이 없는, 단순 명쾌한: die Entscheidung des Verfassungsgerichts ist nicht ganz u. 헌법재판소의 결정은 문제성이 전혀 없는 것은 아니다.

unproduktiv 〈Adj.〉 **1.** 《경제》 비생산적인. **b)** 수확[소득]이 없는: ein -es Gespräch 소득이 없는 대화. **Unproduktivität**, die 비생산성, 수확이 없음.

unprogrammgemäß 〈Adj.〉 프로그램에 어긋난.

unproportioniert 〈Adj.〉 균형이 잡혀있지 않은. **Unproportioniertheit**, die 불균형성.

unpünktlich 〈Adj.〉 **a)** 시간을 잘 지키지 않는, 부정확한: ein furchtbar -er Mensch 지독하게 시간을 지키지 않는 사람. **b)** 지각한, 정시보다 뒤늦은: der Zug kam u. 기차가 연착하였다. **Unpünktlichkeit**, die ↑unpünktlich의 명사형.

unqualifiziert 〈Adj.〉 **1. a)** 자격이 없는, 무자격의: **b)** 부적격의. **2.** 《범》 수준 이하의: eine -e Kritik 수준 이하의 비평.

unrasiert 〈Adj.〉 면도하지 않은: 성구 u. und fern der Heimat 《농》 집 떠난지 오래되어 규칙적인 생활을 하지 못함.

¹**Unrast**, die; 《아어》 (내심의) 불안, 불안정, 침착하지 못함: er war voller U. 그는 매우 불안정했다; eine Zeit voller U. 심적으로 불안정한 세월. ²**Unrast**, der; -(e)s, -e 《고어》 심적으로 불안정한 아이(사람).

Unrat, der; -(e)s 《아어》 오물, 배설물, 쓰레기, 폐물: den U. wegfegen 오물을 치우다; U. wittern 나쁜 일을 예감하다.

unrationell 〈Adj.〉 비효율적인, 불합리한, 비경제적인, 비능률적인.

unratsam 〈Adj.〉 권할 수 없는, 불리한, 현명하지 못한, 상책이 아닌.

unreal 〈Adj.〉 《드물게》 비현실적인. **unrealistisch** 〈Adj.〉 비현실적인, 구체성이 없는, 실현 불가능한.

unrecht 〈Adj.〉 **1.** 《아어》 옳지 않은, 부당한, 잘못된, 나쁜(반): recht 1 c): auf -e Gedanken kommen 그릇된 생각에 빠지다; **u. (daran) tun** 옳지 않은 일을 하다. **2. a)** 부적당한, 불리한, 어울리지 않는: er kam gerade im -en Augenblick 그는 바로 적당하지 않은 순간에 나타났다. **b)** 그릇된: auf dem -en Weg sein 그릇된 길에 접어들다; **(bei jmdm.) an den Unrechten[an die Unrechten) geraten(kommen)** 사람을 잘못 찾아들다(만나다). **Unrecht**, das; -(e)s 부정, 부당(반대: Recht 3): **jmdn. ins U. setzen** 누구로 하여금 자신이 올바르다는 주장을 내세우지 못하게 하다[만들다]; **zu U.** 잘못하여, 부당하게, 그릇되게: jmdn. zu U. verdächtigen 누구를 잘못[부당하게] 의심하다.

b) 그릇된[부당한] 행위: ein U. begehen 부정행위를 저지르다; jmdm. ein U. (an)tun[zufügen] 누구에게 부당한 행동을 하다. **c)** 오류, 과실, 불공평, 부조리: ein U. beseitigen[bekämpfen] 부조리를 제거[퇴치]하다. **2.** 〈어떤 경우에는 명사적 기능이 약화되어 소문자로〉 **unrecht bekommen** 정당성을 인정을 받지 못하다다; jmdm. **unrecht geben** 누구의 견해를 잘못됐다고 말하다(표현하다); **unrecht haben** 부당하다, 잘못 생각하다; jmdm. **unrecht tun** 누구를 부당하게 평가하다: mit deinen Verdächtigungen tust du ihm u. 자네가 의심한다는 것은 그에게 부당한 짓일세. **Unrechtmäßig** 〈Adj.〉 불법[위법]의: -er Besitz 불법 소유. **unrechtmäßigerweise** 〈Adv.〉 불법[위법]으로: er hat es sich u. angeeignet 그는 그것을 불법으로 취득했다. **Unrechtmäßigkeit**, die; -en **1.** 〈Pl. 없음〉 불법(행위): die U. seines Vorgehens steht außer Frage 그의 행위의 불법여부는 문제 밖이다. **2.** 불법[위법] 행위, 반칙: solche -en können wir nicht dulden 그런 반칙을 우리는 좌시할 수 없다. **Unrechtsbewußtsein**, das; -s 〈법〉 죄의식, 죄책감: ein vorhandenes U. ist Voraussetzung für die Bestrafung eines Täters 범인을 처벌하는데는 죄책감의 유무가 전제된다. **Unrechtsstaat**, der; -(e)s, -en 비법치국가.
unredigiert 〈Adj.〉 〈신문기사 등이〉 편집인으로부터 끝손질이 안된.
unredlich 〈Adj.〉 부정직[불성실]한: auf -e Weise erwerbenes Eigentum 부정한 방법으로 취득한 돈. **Unredlichkeit**, die; -en **1.** 〈Pl. 없음〉 부정직, 불성실. **2.** 부정직한 행위.
unreell 〈Adj.〉 진실하지 않은: -e Geschäfte 성실치 못한 사업.
unreflektiert 〈Adj.〉 〈교양어〉 숙고를 거치지 않은(반대: reflektiert): -er Fortschrittsglaube 무성찰적 진보사상.
unregelmäßig 〈Adj.〉 **a)** 변칙적인, 고르지 못한: er hatte -e Zähne 그는 고르지 못한 치아를 지녔다. **b)** 부정기적인, 불규칙한: ein -er Pulsschlag 불규칙적인 맥박. **Unregelmäßigkeit**, die; -en **1.** 〈Pl. 없음〉 불규칙성. **2. a)** 비정상. **b)** 〈대개 Pl.〉 반칙, 부정, 횡령: bei der Stimmenauszählung sind -en vorgekommen 개표 과정에서 부정이 드러났다.
unregierbar [(또한) --'---] 〈Adj.〉 통치할 수 없는: ein -es Land 통치할 수 없는 나라.
unreif 〈Adj.〉 **1.** 익지 않은, 여물지 않은: die Äpfel sind noch u. 그 사과들은 아직 익지 않았다. **2. a)** 미숙한, 발달하지 못한: einen -en Eindruck auf jmdn. machen 누구에게 미숙한 인상을 주다. **b)** 완숙하지 못한, 완성되지 못한: dieses Frühwerk macht einen -en Eindruck 이 초기작품은 완숙하지 못한 인상을 준다. **Unreife**, die 미숙. **Unreifheit**, die 미숙.
unrein 〈Adj.〉 **1.** 순수하지 않은, 탁한, 결점이 있는: er singt etwas u. 그는 노래 솜씨가 약간 부족하다. **2.** 깨끗하지 못한, 더러운, 불결한: -es Wasser 깨끗하지 못한 물; 〈전의〉 -e Gedanken 나쁜[부도덕한] 생각; **etw. ins -e schreiben** 무엇을 임시로 기록하다; **ins -e sprechen[reden]** 〈통용어·농〉 충분히 숙고되지 않은 생각을 발하다. **3.** 〈종교〉 죄악에 물든, 부정(不淨)한: das Fleisch -er Tiere darf nicht gegessen werden 부정한 동물의 고기는 먹어서 안된다. **Unreinheit**, die; -en **1.** 〈Pl. 없음〉 더럽히기, 감염, 감염체, 오물: mit der Spektralanalyse können solche -en nachgewiesen werden 스펙트르 분석을 통해 그런 감염현상은 증명될 수 있다. **b)** 피부를 불결하게 만드는 것(물질): hilft gegen Mitesser und sonstige -en der Haut 여드름과 그 밖의 피부 질환 퇴치에 도움이 된다.

Unreinigkeit, die; -en 《드물게》 ↑Unreinheit.
unreinlich 〈Adj.〉 불결한, 더러운. **Unreinlichkeit**, die 불결, 더러움.
unrentabel 〈Adj.〉 이익[수입]이 없는: ein u. arbeitender Betrieb 이익이 없는 상업. **Unrentabilität**, die 채산성이 없음. **unrentierlich** 〈Adj.〉 《드물게》 ↑unrentabel.
unrettbar [un'rɛtba:ɐ, (또한) '---] 〈Adj.〉 구할 수 없는, 도울 수 없는: er ist u. verloren 그는 구제할 수 없을 정도로 망했다.
unrichtig 〈Adj.〉 **1.** 그릇된, 적절하지 않은: von einer -en Annahme ausgehen 그릇된 가정(假定)에서 출발하다. **2.** 잘못된, 옳지 않은, 결함이 있는, 틀린: eine -e Schreibung (Aussprache) 틀린 글씨(발음). **3.** 《드물게》 ↑unrecht (1). **unrichtigerweise** 〈Adv.〉 부정확하게, 맞지 않게. **Unrichtigkeit**, die; -en **1.** 〈Pl. 없음〉 부정확함, 틀림. **2.** 오류, 과실, 틀린 진술(주장).
unritterlich 〈Adj.〉 점잖치 않은, 기사답지 않은. **Unritterlichkeit**, die; -en **1.** 〈Pl. 없음〉 기사답지 않음. **2.** 기사답지 않은 행위.
unromantisch 〈Adj.〉 낭만적이 아닌, 몽상적이 아닌, 냉정한.
Unruh ['unru:], die; -en 〔기술〕 〈기계의〉 평형륜(平衡輪). 〈시계의〉 균형 바퀴.
unruh-, Unruh-: ~achse, die 평형륜의 축(軸), 균형 바퀴굴대. **~antrieb**, der 균형 바퀴에 의한 시계 작동. **~herd**, der 《드물게》 ↑Unruheherd. **~reif**, der 평형륜의 굴레처럼 생긴 부분. **~stifter**, der 《드물게》 ↑Unruhestifter. **~uhr**, die 균형 바퀴식 시계. **~voll** 〈Adj.〉 〈아어〉 불안(동요)으로 가득찬, 불안한. **~welle**, die 균형 파장.
Unruhe, die; -n **1.** 〈Pl. 없음〉 불안: in der Klasse herrscht dauernde U. 교실 안은 지속적인 불안에 휩싸여 있다; 〔전의〕 diese Region ist ein Herd ständiger U. 이 지역은 지속적인 분쟁의 발원지이다. **2.** 〈Pl. 없음〉 흔들림, 움직임: seine Finger sind in ständiger U. 그의 손가락은 끊임없이 움직이고 있다. **3.** 〈Pl. 없음〉 동요, 소요: er stiftete U. im Betrieb 그는 공장에서 소요를 책동했다. **4.** 〈Pl. 없음〉 **a)** 〈마음의〉 불안: eine große U. überkam ihn 커다란 불안이 그를 엄습했다. **b)** 근심, 걱정. **5.** 〈Pl.〉 폭동, 소요, 혼란: bei den -n kamen fünf Menschen ums Leben 폭동시 다섯 사람이 생명을 잃었다.
unruhe-, Unruhe-: ~herd, der 〔정치〕 ↑Krisenherd. **~stifter**, der 〔폄〕 평화의 교란자, 폭도, 선동자. **~stifterin**, die 《폄》 ↑Unruhestifter의 여성형. **~voll** 〈Adj.〉 《아어》 ↑unruhvoll.
unruhig 〈Adj.〉 **1. a)** 소란한, 동요하는, 거친: die Kinder sind schrecklich u. 아이들이 몹시 소란을 떨고 있다; 〔전의〕 das Tapetenmuster ist mir zu u. 그 양탄자무늬가 나에게는 너무 어지럽다. **b)** 시끄러운, 떠들썩한: tagsüber is es hier sehr u. 여기는 온종일 매우 시끄럽다. **c)** 순조롭지 못한, 한결같지 않은, 고르지 못한: der Kranke hatte eine -e Nacht 그 환자는 잠을 제대로 자지 못했다; der Motor läuft sehr u. 그 모터는 돌아가는 상태가 아주 순조롭지 않다; -e Zeiten 격동의[다사다난한] 시기. **2. a)** 〈마음이〉 불안한: ein -er Mensch 불안해하는 인간. **b)** 근심스러운, 걱정에 찬: sie blickte u. um sich 그녀는 걱정스럽게 주위를 둘러 봤다.
unrühmlich 〈Adj.〉 명예스럽지 못한, 수치(창피)스러운: er nahm ein -es Ende (als Verräter) 그는 (배반자로서) 오욕에 찬 종말을 맞이했다. **Unrühmlichkeit**, die 《드물게》 불명예, 수치스러움.
unrund 〈Adj.〉 〔특히 공학〕 **a)** 둥글지 않은. **b)** 〈은어〉〈모터의 회전과 연관해서〉 고르지 않은, 털털거리는: der

-e Lauf eines Motors 모터의 고르지 않은 회전.
uns [ʊns] 〈대명사 ↑wir의 3/4격〉 **1.** 〈인칭대명사〉 우리들에게, 우리들을(↑wir 참조). **2.** 〈재귀대명사〉 우리 자신[스스로]에게[를]: wir haben u. (4격) geirrt 우리들이 혼동했다. **3.** 〈상호대명사의 형으로〉 서로: wir helfen u. (gegenseitig) 우리는 상부상조한다.
unsachgemäß 〈Adj.〉 목적에 맞지 않는, 부적절한: ein Gerät u. bedienen 기재를 용도에 맞지 않게 사용하다.
unsachlich 〈Adj.〉 사실에 부합되지 않는, 객관성이 없는(반대: sachlich 1): er argumentiert u. 그는 객관성이 결여된 논리를 편다. **Unsachlichkeit**, die 부적합성, 부적절함.
unsagbar [〈또한〉' – – –〉] 〈Adj.〉 **a)** 〈감정〉 아주 큰[강한], 이루 형언할 수 없는: wir haben Unsagbares erlitten 우리는 아주 큰 고통을 당했다. **b)** 〈형용사·동사 강조〉 대단히, 극도로: sich u.freuen 대단히 기뻐하다. **Unsagbare** [〈또한〉' – – – –], die; -en 형언할 수 없음. **unsäglich** [ʊnˈzɛːklɪç, 〈또한〉' – – – –] 〈Adj.〉 〈아어〉 ↑unsagbar. **Unsäglichkeit** [〈또한〉' – – – –], die; -en 〈아어〉 ↑Unsagbarkeit
unsanft 〈Adj.〉 버릇없는, 조야한, 거친, 과격한, 우악스러운: jmdn. u. wecken 누구를 거칠게 깨우다.
unsauber 〈Adj.〉 **1. a)** 〈아주〉 깨끗하지 않은, (약간) 더러운: die Küche sah ziemlich u. aus 부엌이 상당히 불결해 보였다. **b)** 더러운, 너저분한: das Küchenpersonal macht mir einen ziemlich -en Eindruck 주방 사람들이 나에게는 상당히 더러운 인상을 준다. **2. a)** 지저분한, 태만한, 정돈이 안된: der Riß ist u. verschweißt 그 균열은 용접이 엉망이다. **b)** 〈음〉(정밀)하지 않은: der Lautsprecher hat einen -en Klang 그 스피커는 정확한 음을 내지 못한다. **3.** 부정한, 비열한, 불손한: sein Geld auf -e Weise verdienen 부정한 방법으로 돈을 벌다. **Unsauberkeit**, die; -en 부정함, 불손.
unschädlich 〈Adj.〉 해가 없는, 악의 없는, (인체에) 무해한: diese Insekten sind völlig u. 이 곤충들은 전연 무해하다. **etw.(jmdn.) u. machen** 무엇(누구)의 위해력(危害力)을 제거하다: einen Spion u. machen 스파이의 위해력을 제거하다. **Unschädlichkeit**, die 무해함. **Unschädlichmachung** [-maxʊŋ], die 해가 없게 하기, 위해를 제거하는 일.
unscharf 〈Adj.〉 **a)** 흐린, 윤곽이 뚜렷하지 않은, 선명하지 않은: das Foto ist u. 그 사진은 선명하지 않다. **b)** 초점이 잘 맞지 않는: ein billiges, -es Fernglas 값싸고 별 효과 없는 망원경. **c)** 정확(정밀)하지 않은, 무딘: u. denken 생각이 무디다(에리하지 않다). **Unschärfe**, die; -n **1.** 〈Pl. 없음〉 불명료, 불선명. **2.** 선명하지 않은 부분(예컨대 사진에서). **Unschärfebereich**, der 〈광학·사진〉 선명하지 않게 보이거나 모사된 지점. **Unschärferelation**, die 〈물리〉 불확정성 원리.
unschätzbar [〈또한〉' – – –〉] 〈Adj.〉〈감정〉 **a)** 엄청나게 큰, 어마어마한: deine Hilfe ist für uns u.[von -em Wert] 너의 도움은 우리에게 엄청나게 큰 것이다(큰 가치를 지녔다). **b)** 대단히 값나가는(귀중한), 평가할 수 없는: du hast mir -e Dienste geleistet 너는 나에게 귀중한 도움을 주었다.
unscheinbar 〈Adj.〉 눈에 띄지 않는, 수수한, 초라한: die Blüten sind ganz u. 이 꽃들은 전연 눈에 띄지 않는다. **Unscheinbarkeit**, die 수수함, 초라함.
unschicklich 〈Adj.〉 〈아어〉 꼴불견인, 어울리지 않는, 부적당한, 〈아어〉 점잖지 못한: ein äußerst -es Benehmen 극히 방자한 거동. **Unschicklichkeit**, die; -en **1.** 〈Pl. 없음〉 불손, 방자함. **2.** 불손한 언행.
unschlagbar 〈Adj.〉 **1.** 격퇴(퇴치)할 수 없는, 물리칠 수 없는: ein -er Gegner 물리치기 어려운 적. **2.** 〈통용어·감정〉 능가할 수 없는, 불세출의: im Gitarrespielen ist er u. 기타 연주에 있어서는 그가 단연 탁월하다. **Unschlagbarkeit**, die 탁월함, 월등함.
Unschlitt [ˈʊnʃlɪt], das; -(e)s, 〈종류〉 -e 〈지역적·준고어〉 수지(獸脂), 지방(脂肪). **Unschlittkerze**, die 〈지역적·준고어〉 수지로 만든 초. **Unschlittlicht**, das 〈Pl. -er〉 〈지역적·준고어〉 수지를 이용한 등(燈).
unschlüssig 〈Adj.〉 **1.** 결정짓지 못하는, 결단성이 없는, 망설이는: ich bin mir noch u. (darüber), was ich tun soll 나는 무엇을 해야 할지 아직 결정을 내리지 못했다. **2.** 〈드물게〉 설득력이 없는: die Argumentation ist in sich u. 그 논증은 설득력이 없다. **Unschlüssigkeit**, die 망설임, 우유 부단함.
unschmelzbar [〈또한〉' – – –〉] 〈Adj.〉 녹지 않는, 불용성(不溶性).
unschön 〈Adj.〉 **1.** 아름답지 않은, 추한: ein -er Klang 아름답지 않은 음(향). **2. a)** 친절하지 않은, 불손한, 저속한: es war sehr u. von ihm, das zu tun 그가 그런 짓을 했다는 것은 대단히 이를 데 없다. **b)** 싫은, 불쾌한, 언짢은: ein -es, naßkaltes Wetter 차고 습한 불쾌한 날씨. **Unschönheit**, die; -en 〈드물게〉 불미스러움.
unschöpferisch 〈Adj.〉 창조적이 못되는, 비창조적인.
Unschuld, die **1.** 무죄, 결백: seine U. stellte sich schnell heraus 그의 무죄는 곧 밝혀졌다. **2. a)** 순수, 순결: die U. ihres Herzens 그녀의 마음의 순결. **b)** 소박, 천진 난만, 순진: in seiner kindlichen U. hat er alles für bare Münze genommen 그는 순진해서 모든 것을 곧이곧대로 받아들였다. **eine U. vom Lande** 〈농·대개 조롱〉 순진한 촌색시. **3.** 순결(처녀성): einem Mädchen die U. nehmen(rauben) 어떤 처녀의 순결을 빼앗다(강탈하다). **unschuldig** 〈Adj.〉 **1.** 무죄의, 책임이 없는: er ist an dem Unfall nicht ganz u. 그 사고에서 그가 책임이 전연 없는 것은 아니다: an seinem Erfolg ist er (selbst) allerdings völlig u. 〈반어〉 그의 성공은 완전히 불로 소득이다. **2. a)** (도덕적으로) 순수한, 때묻지 않은, 음험하지 않은: u. wie ein neugeborenes Kind 갓 태어난 아기처럼 순수하다. **b)** 순진한, 순수한: jmdn. u. ansehen 누구를 순진하게 바라보다. **3.** 악의 없는, 저의 없는: er hat doch nur ganz u. gefragt 그는 저의가 전연 없이 물었다. **4.** 동정의, 순결한. **Unschuldige***, der/die 죄 없는 사람.
unschulds-, Unschulds-: **~beteuerung**, die 〈대개 Pl.〉 (자신의) 무죄 선언, 결백의 선언. **~beweis**, der 무죄 증명. **~blick**, der 순진한 시선. **~engel**, der 〈조롱〉 ↑~lamm: er spielt wieder den U. 그는 또 순진한 천사인 것처럼 행동한다. **~lamm**, das 〈조롱〉 순진한 사람. **~miene**, die 순진한 표정: eine U. aufsetzen 순진한 표정을 짓다. **~voll** 〈Adj.〉 순수한, 순진한.
unschwer 〈Adv.〉 〈아어〉 쉬운, 가벼운: das läßt sich (das kann man) u. feststellen 그것은 쉽사리 확인할 수 있다.
Unsegen, der; -s 〈아어〉 불운, 재난, 저주, 실패: dieser Krieg ist ein U. für das ganze Volk 이 전쟁은 전국민에게 재난을 가져온다.
unselbständig 〈Adj.〉 **a)** (외부의 도움에) 의존하는, 독립적이지 못한: der Junge ist für seine 18 Jahre noch sehr u. 그 청년은 나이 열 여덟이나 됐는데 아직도 심히 남에게 의존한다. **b)** 자립하지 않는, 의존한 상태의: ich bin u. 나는 자립하지 못하고 있다[피고용인이다]. u. beschäftigte Personen 피고용인. **Unselbständigkeit**, die 의존(성), 비독립성.
unselig 〈Adj.〉〈아어·감정〉 **1. a)** 좋지 못한[나쁜]: er verfluchte sein -es Geschick 그는 그의 악운을 저주했다. **b)** 불길한, 숙명적인: ach wie doch nie auf diesen -en Gedanken gekommen! 이런 불길한 생각은 하지 말았어야 하는 건데! **2.** 〈드물게〉 불행한, 비운의:

Unseliges Polen! So edel im Unglück ...! 불행한 폴란드여! 불운 속에서도 그렇게 고고하다니…! **unseligerweise** ⟨Adv.⟩ 《아이》 불행하게도, 유감스럽게도. **Unseligkeit**, die 불운, 불행.
unsensibel ⟨Adj.⟩ 《교양어》 민감하지 못한, 감수성이 적은. **Unsensibilität**, die 《교양어》 무감각, 무감동.
unsentimental ⟨Adj.⟩ 《교양어》 비감상적인, 센티멘탈하지 않은.
¹unser ['ʊnzɐ] ⟨Possessivpron.⟩ ⟨소유대명사의 1인칭 복수⟩ 우리의. **1. a)** ⟨명사의 부가어로⟩ α) u. Sohn 우리 아들, -e Angehörigen 우리 친척들. β) ⟨습관이나 습관(반복)적인 행위의 표현⟩: wir müssen erst einmal -en Mittagsschlaf halten 우리는 우선 낮잠부터 자야 해(습관화된 낮잠을 말함). γ) ⟨¹mein (1 a)의 복수로서 군주나 통치자 및 필자나 단상에 있는 사람이 겸손의 표시로 사용⟩: wir kommen damit zum Hauptteil -er Abhandlung 이것으로 이제 본 논문의 본론에 도달했습니다. δ) ⟨친근함을 나타내는 표현으로 특히 어린이나 환자를 대상으로 사용⟩: nun wollen wir mal sehen, wie es -em Bäuchlein heute geht 어디 좀 봅시다, 배가 오늘은 좀 어떤지. **b)** α) ↑¹mein (1 b) 참조. β) ⟨¹mein (1 b)의 복수형 ↑γ 참조⟩. **2.** 《아이》 **a)** ↑¹mein (2) 참조. **b)** ⟨¹mein (2)의 복수형⟩. **²unser** [-] ⟨인칭대명사 ↑wir의 2격⟩ **unsereiner** ⟨Indefinitpron.⟩ 《통용어》 **a)** 우리들과 같은 사람, 우리들 중의 한사람: mit unsereinem können sie ja's machen! 우리 같은 사람들은 저들이 마음대로 쥐고 흔들수 있지! **b)** 화자(話者) 자신을 가리킴: aber auf unsereinen nimmt kein Mensch Rücksicht! 나 따위에게 관심을 두는 사람은 한 명도 없군! **unsereins** ⟨Indefinitpron.⟩ 《통용어》 ↑unsereiner. **unsererseits**, **unsrerseits**, 《드물게》 **unsersseits** ⟨Adv.⟩ 우리로서는, 우리 편(측)에서: daraufhin haben wir u. Anzeige erstattet 이어서 우리 측에서 고소했다. **unseresgleichen**, **unsresgleichen**, 《드물게》 **unsersgleichen** ⟨Indefinitpron.; 격변화 없음⟩ 우리와 같은 사람, 우리들의 동배(↑meinesgleichen 참조). **unseresteils**, **unsresteils** ⟨Adv.⟩ 《드물게》 우리로 말하면, 우리 측에서: wir u. ziehen uns jetzt zurück 우리 측에서 이제 물러서다. **unserethalben**: ↑unserthalben. **unseretwegen**: ↑unsertwegen. **unseretwillen**: ↑unsertwillen. **unserige**: ↑unsrige.
unseriös ⟨Adj.⟩ **1.** 점잖지 않은, 정중하지 않은: solche schreienden Farben machen einen -en Eindruck 그런 야한 색깔은 차분한 인상을 주지 않는다. **2.** (팸) 특히 업무적인 측면에서) 신빙성이 없는, 믿을 만하지 못한. **3.** 《드물게》 진지하지 않은, 진심이 아닌: auf ihre Heiratsanzeige hin hat sie fast nur -e Zuschriften bekommen 그녀의 결혼 광고에 온 답신은 거의 장난 끼섞인 것들 뿐이었다.
unserseits: ↑unsererseits. **unsersgleichen**: ↑unseresgleichen. **unserthalben**, **unsrethalben** ⟨Adv.⟩ 《준어》 ↑unsertwegen. **unsertwegen**, **unsretwegen** ⟨Adv.⟩ **1.** 우리들 때문에, 우리를 위하여: du brauchst doch u. nicht extra zu warten 너 우리 때문에 일부러 기다릴 필요 없다. **2.** 우리 염려는 말고: u. kannst du das ruhig, gerne tun 우리 염려는 말고 안심하고 그걸 해라. **unsertwillen**, **unsretwillen** ⟨Adv.⟩ 《항상 um과 결합하여》 우리를 위하여: das hat er alles nur um u. getan 그 모든 것을 그는 단지 우리를 위해서 했다. **Unservater**, das; -s, - 《schweiz.》 ↑Vaterunser.
unsicher ⟨Adj.⟩ **1. a)** 위험한, 안전하지 않은: so ein altes Auto ist mir zu u. 그런 낡은 차는 나에게는 너무 위험하다; etw. (einen Ort) u. machen 《통용어》 **1)** 《농》 잠시 어떤 장소에 (즐기기 위해) 머무르다: Pfing-sten hat Roland wieder Paris u. gemacht 로랑은 오순절에 다시 파리에 잠시 체류했다. **2)** 나쁜 짓을 하여 창궐하다: Automarder machen die Innenstadt u. 자동차 도둑이 시내에 우글거린다. **b)** 위험한, 위태로운: der Weltfriede ist -er geworden 세계 평화가 위태로워졌다. **2.** `a)** 실패할 위험성이 있는, 모험적인: ich habe dabei immer ein etwas -es Gefühl 이 문제에 관해서는 나는 여전히 무언가 불안한 생각이 들어(큰 모험을 하지않을까 하는 느낌). **b)** 믿지 못할: ich kann es mir nicht leisten, so einem -en Burschen tausend Mark zu leihen 저런 믿지 못할 청년에게 천 마르크를 빌려 줄 수 없다. **3. a)** 서투른, 능력이 미치지 못하는: das Kind ist noch etwas u. auf den Beinen 그 어린아이는 아직 다리를 제대로 가누지 못한다. **b)** 자신이 없는: er wurde zusehends -er 그는 점점 자신을 잃었다. **c)** 정확히 알지 못하는: ich hätte es schwören können, aber jetzt hast du mich u. gemacht 그것을 장담할 수 있었는데, 이제 자네가 날 자신 없게 만들었어. **4.** 불확실한: der genaue Termin ist noch u. 정확한 일정은 아직 확실치 않다. **Unsicherheit**, die; -en **1.** ⟨Pl. 없음⟩ 불확실한, 불확실한 것. **2.** 예측할 수 없음, 잴 수 없음: er hatte Angst vor den -en der Zukunft 그는 예측할 수 없는 장래에 대해 불안해 했다. **Unsicherheitsfaktor**, der 불확실한 요인.
unsichtbar ⟨Adj.⟩ 눈에 보이지 않는: für das menschliche Auge -e Organismen 사람의 눈에는 보이지 않는 유기물들; statt zu helfen, machte er sich u. 《통용어・농》 돕는 대신에 그는 자취를 감추었다. **Unsichtbarkeit**, die 불가시성. **unsichtig** ⟨Adj.⟩ 몹시 안개가 낀, 우중충한 (날씨): die Luft wird u. 하늘이 우중충해진다. **Unsichtigkeit**, die unsichtig의 명사화.
unsilbisch ⟨Adj.⟩ 철(綴)을 이루지 않는[못하는]: ein -er Laut 철을 이루지 못하는 음.
unsinkbar ['ʊnzɪŋkbaːɐ̯, (또한) --̂-] ⟨Adj.⟩ 가라앉지 않는, 가라앉을 염려가 없는: ein -es Kunststoffboot 가라앉을 염려가 없는 플라스틱 보트.
Unsinn, der; -(e)s **1.** 무의미, 불합리: sie diskutierten über Sinn und U. der integrierten Gesamtschule 그들은 통합적 종합 학교가 의미를 지녔는지, 무의미한지에 관해 토론했다. **2.** 무의미한 짓, 터무니 없는 행동(생각), 넌센스: rede doch keinen U.! 허튼 소리 하지 말게!; da habe ich einen ziemlichen U. gemacht 내가 정말 아주 그르쳤어[잘못했어]; „Macht es dir etwas aus, wenn ich rauche?" - „Unsinn!" 내가 담배 피우면 자네에게 지장이 있겠나? - 전연 상관없어! 《통용어》 **3.** 행패, 망나니 짓: laß doch den U.! 망나니 짓들 그만 둬! **unsinnig** ⟨Adj.⟩ **1.** 제정신이 아닌, 무의미한, 어리석은, 불합리한: -e Forderungen stellen 당치 않은 요구를 내세우다; es ist völlig u., so etw. zu tun 그런 것을 하다니 정말 어리석군. **2.** 《통용어》 **a)** 엄청나게 큰, 강한: ich habe -en Durst 나는 목이 몹시 마르다. **b)** 〈형용사・동사 강조〉 아주, 심히, 매우: u. schnell fahren 아주 빨리 달리다; sich u. freuen 매우 기뻐하다. **3.** 《준어》 비이성적인, 제정신이 아닌, 미친: sich u. gebärden 미친 듯이 행동하다. **unsinnigerweise** ⟨Adv.⟩ 극단으로, 터무니없이, 불필요하게: ich hatte mir u. einen dicken Pullover angezogen 나는 필요이상으로 두터운 스웨터를 입었었다. **Unsinnigkeit**, die 어리석음, 무의미함: da wurde mir die U. meines Tuns bewußt 내 행동의 어리석음을 나는 깨달았다.
unsinnlich ⟨Adj.⟩ **1.** 《드물게》 명백하지 않은, 구상적이 아닌: der Unterricht war u. 그 강의는 일목요연하지 못했다. **2. a)** 비감각적인, 정신적인: ein -es, rein platonisches Verhältnis 정신적인, 순수하게 플라토닉한 관계. **b)** 비관능적인, 성(性)적이 아닌: ein -er [u.

Unsitte 2166

veranlagter] Mensch 관능적인 면에 관심이 없는 사람.
Unsitte, die; -n 《팸》 악습, 폐풍(弊風): das Fahren mit Standlicht ist eine gefährliche U. 정차등을 켜고 차를 모는 것은 위험한 악습이다. **unsittlich** 〈Adj.〉 **1.** 비[부]도덕적인, 패륜의, 천한: sich jmdm. u. nähern 추잡하게 누구에게 접근하다. **2.** [법] 풍속에 어긋나는: ein -er Vertrag 풍속에 어긋나는 계약. **Unsittlichkeit**, die; -en **1.** 〈Pl. 없음〉 패덕, 풍속에 어긋남. **2.** 부도덕한[에의 어긋나는] 행위. **unsittsam** 〈Adj.〉 점잖치 못한: ein -es Benehmen 점잖치 못한 거동.

unsoldatisch 〈Adj.〉 군인답지 않은, 군인에게 어울리지 않는.

unsolid: ↑unsolide. **unsolidarisch** 〈Adj.〉 《팸》 연대감이 없는, 공동체 의식이 없는. **unsolide**, **unsolid** 〈Adj.〉 **1.** 견실치 못한, 견고하지 못한: die Möbel sind mir zu u. (gearbeitet) 내가 보기에 이 가구는 견고하지 않게 만들어졌다. **2.** 단정치 못한, 믿을 수 없는, 방탕한: er lebt sehr u. 그는 매우 방탕하게 생활한다. **Unsolidität**, die 〈교양어〉 ↑unsolide의 명사형.

unsozial 〈Adj.〉 **1.** 반사회적인, 사회적 약자의 이익에 반하는: -e Mieten 반사회적인(엄청나게 비싼) 집세. **2.** [동물] 《드물게》 독거성(獨居性)의

unspezifisch 〈Adj.〉 《교양어》 비전문적인, 전문적이 아닌.

unspielbar [(또한)'---] 〈Adj.〉 **1.** [스포츠] 운동 (에 사용)할 수 없는. **2.** 연주될 수 없는. **Unspielbarkeit** [(또한)'----], die ↑unspielbar의 명사형.

unsportlich 〈Adj.〉 **1.** 운동과는 거리가 먼, 운동을 하지 않는: er ist ziemlich u. 그는 운동과는 거리가 아주 먼 사람이다. **2.** 스포츠 정신에 어긋나는, 졸렬한: so etwas ist u. 그러한 것은 스포츠 정신에 어긋난다; er hat sehr u. gespielt 그는 매우 (운동에서) 졸렬했다. **Unsportlichkeit**, die; -en **1.** 〈Pl. 없음〉 ↑unsportlich의 명사형. **2.** 스포츠 정신에 어긋나는 행위.

unsre ['ʊnzrə] unsere(↑¹unser 참조).

unsrerseits: ↑unsererseits. **unsresgleichen**: ↑unseresgleichen. **unsresteils**: ↑unseresteils. **unsrige** ['ʊnzrɪɡə], der, die, das; -n, -n 〈소유대명사〉 항상 관사와 함께》 《아어·준고어》 우리들의 것: euer Haus ist größer als das u. 너희 집은 우리 것보다 크다; wir haben das Unsrige getan 우리는 우리의 의무를 다했다: wir wollen die Unsrigen wiedersehen 우리는 우리 식구들을 다시 보려고 한다.

unstabil 〈Adj.〉 ↑instabil. **Unstabilität**, die; -en ↑unstabil의 명사형.

unständig 〈Adj.〉 《드물게》 고정되어 있지 않은, 영구적이 아닌, 불안정한.

Unstäte ['ʊnʃtɛːtə], die 〈고어·시어·아어〉 변하기 쉬움, 불안함.

unstatthaft 〈Adj.〉 허용되지 않는, 불법[위법]의, 금지된, 부적당한. **Unstatthaftigkeit** [...tɪçkaɪt], die ↑unstatthaft의 명사형.

unsterblich 〈Adj.〉 **1.** 불사(不死)의, 불멸의: die Götter sind u. 신(神)들은 불사의 존재다. **2.** 불후의, 영원한: -e Werke der Literatur 불후의 명작들. **3.** 〈형용사·동사 강조〉 《통용어》 매우, 굉장히: sich u. in jmdn. verlieben 누구에게 깊이 사랑에 빠지다. **Unsterbliche*** , der / die 그때 불멸(불사)의 존재(이를테면 신들). **Unsterblichkeit**, die **a)** 불멸, 불사: die U. der Götter[der Seele] 신[영혼]의 불멸. **b)** 〈종교〉 영생 (永生)(죽음 뒤의 세계): nach dem Tod gehen wir in die u. ein 죽음 뒤에 우리는 영생의 세계로 간다; **über die U. der Maikäfer philosophieren** 《통용어·농》 하잘 것 없는 주제에 대해 거창하게 떠들어 대다. **Unsterblichkeitsglaube**, der; -ns, 《드물게》 **Un-**

sterblichkeitsglauben, der; -s [종교] 영생에 대한 믿음.

Unstern, der; -(e)s 〈아어〉 흉성(악운의 별), 불행, 불운: dorthin hat ihn sein U. geführt 그의 흉성이 그를 그곳으로 인도했다.

unstet 〈Adj.〉 〈아어〉 **a)** 불안한, 차분[침착]하지 않은: er ist ein -er Mensch 그는 불안한[불안해 보이는] 사람이다. **b)** 한결같지 않은, 변하기 쉬운, 자주 변하는: er ist ein -er Charakter 그는 성격이 변덕스럽다. **Unstetheit**, die 〈Pl. 없음〉 〈아어〉 ↑unstet의 명사형. **unstetig** 〈Adj.〉 **1.** 〈고어〉 ↑unstet. **2.** 〈전문어〉 불연속의: eine -e Funktion 불연속 함수(函數). **Unstetigkeit**, die 불연속성. **Unstetigkeitsstelle**, die 〈수학〉 불연속점.

unstillbar [ʊn'ʃtɪlbaːɐ̯, (또한) '---] 〈Adj.〉 가라앉히기 어려운, 멎게 하기 어려운(피, 갈증 따위): ein -es Verlangen 억제할 수 없는 갈망.

unstimmig 〈Adj.〉 불일치의, 부조화의, 모순된: eine (in sich) -e Argumentation (내적으로) 모순된 논증. **Unstimmigkeit**, die; -en **1.** 〈Pl. 없음〉 불일치, 부조화, 모순. **2.** 〈대개 Pl.〉 불일치점, 모순점: alle -en beseitigen 제반 모순을 제거하다. **3.** 〈대개 Pl.〉 의견의 상위(相違), 이의, 오류: bei dem Gespräch konnten wir alle -en ausräumen 그 대화에서 우리는 제반 의견의 차이를 없앨[좁힐] 수가 있었다.

unstofflich 〈Adj.〉 비물질적인, 정신적인.

unsträflich [(또한) -'--] 〈Adj.〉 《준고어》 나무랄 데 없는.

unstreitig [(또한) -'--] 〈Adj.〉 논쟁의 여지가 없는, 확실한: sie ist u. eine sehr attraktive Frau 그녀는 분명 매우 매혹적인 여자다. **unstrittig** (또한) -'--] 〈Adj.〉 《드물게》 **1.** 분명한, 결정적인: es gibt einige -e Punkte 몇 가지 분명한 점들이 있다. **2.** ↑unstreitig.

Unstrut, die 잘레(Saale) 강의 지류.

Unsumme, die; -n 〈감정〉 엄청난 금액: das verschlingt eine U. 그것은 엄청난 금액을 잡아 먹는다.

unsymmetrisch 〈Adj.〉 〈좌우〉 불균형의, 불균제의, 비대칭적인.

unsympathisch 〈Adj.〉 《팸》 **1.** 기분 나쁜, 호감이 가지 않는, 혐오감을 주는: er ist ein sehr -er Mensch 그는 호감이 가지 않는 사람이다; sie ist nicht u. 그녀는 본래 호감이 가는 여자다. **2.** 마음에 들지않는, 불쾌한: dieser Gedanke ist mir höchst u. 내 생각은 내 마음에 전연 들지 않는다.

unsystematisch 〈Adj.〉 비조직적인, 비체계적인, 무계획적인.

untadelhaft [(또한) -'---] 〈Adj.〉 《드물게》 ↑untadelig. **Untadelhaftigkeit** [(또한) -'-----], die 《드물게》 무결점, 완전함. **untadelig**, **untadlig** [ʊn'tɑːd(ə)lɪç, (또한) '--(-)-] 〈Adj.〉 나무랄 데 없는, (도덕적으로) 흠잡을 데 없는: ein -es Benehmen 나무랄 데 없는 행동; u. gekleidet sein 단정하게 옷을 입다. **Untadeligkeit**, **Untadligkeit** [(또한) '--(-)---], die 무결점, 완전함.

untalentiert 〈Adj.〉 《팸》 재능[소질]이 없는, 재주가 없는.

Untat, die; -en 〈감정〉 비행(非行), 범행, 참혹한 행위: er soll für seine -en büßen 그는 자신의 비행을 참회해야 한다. **Untätchen** ['ʊntɛːtçən], **Untätelchen** ['ʊntɛːtlçən] 〈Untat의 방언〉 작은 오점, 얼룩: **an jmdm.**[**etw.**] **ist kein U.** 누구[무엇]이 나무랄 데 없다. **Untäter**, der; -s, - 《드물게》 비행(범행)을 저지른 사람: die U. wurden streng bestraft 그 흉악범들은 중벌을 받았다. **untätig** 〈Adj.〉 하는 일 없이, 무위(無爲)의, 빈둥거리는: er ist niemals u. 그는 한번도 하는 일

없이 빈둥거린 적이 없다. **Untätigkeit**, die ↑untätig의 명사형. **Untätigkeitsklage**, die 《법》직무 유기(태만) 제소.

untauglich 〈Adj.〉 **a)** 쓸모없는, 부적격으로: er ist für den Posten u. 그는 그 직위에 적합치 못한 위인이다. **b)** 불합격의(징병 검사에서), 군에 갈 수 없는: er ist u. 그는 군에 갈 수 없다. **Untauglichkeit**, die 부적격, 쓸모없는 일(물건).

unteilbar [(또한) ˈ−−−] 〈Adj.〉 **a)** 가를 수 없는, 불가분의: das Atom galt lange Zeit als u. 원자는 오랫동안 분리할 수 없는 것으로 간주됐다; das Erbe(der Besitz) ist u. 그 유산(재산)은 갈라서는 안된다. **b)** 〖수학〗나눌 수 없는: Primzahlen sind -e Zahlen 소수(素數)는 나눌 수 없는 숫자이다. **Unteilbarkeit** [(또한) ˈ−−−−], die 불가분성. **unteilhaft** 《드물게》, **unteilhaftig** 〈Adj.〉 《다음 용법으로》 **einer Sache** 〈2격〉 **u. sein**[**bleiben, werden**]《아어·준고어》무엇으로부터 제외[고립]되어 있다[되다].

unten ['ʊntn] 〈Adv.〉 (반대: oben) **1. a)** 아래에, 아래쪽에, 아래층에, 밑에(화자를 중심으로): er steht u. auf der Leiter 그는 사다리의 아래쪽에 서 있다; wir warten u. (an der Haustür) 우리는 아래 (대문)에서 기다리겠습니다; sie wohnen u. 그들은 아래[일층, 아래쪽]에 살고 있다. **b)** 아래 부분에, 아래쪽 끝에: der Rost frißt sich von u. nach oben 녹이 아래쪽에서 위쪽으로 슨다. **c)** (밑)바닥에: die Sachen liegen ganz u. im Koffer 그 물건은 가방의 가장 밑 쪽에 있다. **d)** 아래쪽을 향하여: der Tote lag mit dem Gesicht nach u. auf dem Pflaster 그 죽은 사람은 얼굴을 포도(鋪道)에 대고 누워 있었다. **e)** (쓰여지거나 인쇄된 면의) 하단부에: der Ort liegt weiter u. auf der Landkarte 그 지역은 지도의 아주 아래쪽에 있다. **2.** (수평적 방향에서) 뒤쪽에, 뒤끝에: ein Polizist steht da u. an der Ecke 경찰 한명이 저 뒤쪽 모퉁이에 서 있다. **3.** (텍스트에서) 아래에, 후에 나오는: wie u. angeführt 아래에 언급된 바 있듯이; an u. angegebener Stelle 아래에 제시된 글에. **4.** 〖통용어〗(지도상에서) 남쪽에: wir waren schon öfter da u. 우리는 그곳 남쪽에 자주 가봤다. **5.** (신분상) 가장 말단에 위치한: er ist ein Mann von u. 그는 서민 출신이다. **6.** 〖통용어〗신체의 아래 부분에 위치한(특히 생식기가 있는 부분).

unten-: ~an 〈Adv.〉 《드물게》아래에, 뒤끝에, 말단에: u. stehen 맨 끝에[말단에] 서 있다. **~drunter** 〈Adv.〉 〖통용어〗다른 어떤 것 아래[안]쪽에: ein dickes Hemd u. anhaben 두꺼운 내의를 (다른 옷가지[겉옷] 속에) 입고 있다. **~durch** 〈Adv.〉 (무엇의) 아래쪽을 관통해서. **~erwähnt** 〈Adj.〉 아래에서 언급한. **~genannt** 〈Adj.〉 아래에서 든(말한). **~her** 〈Adv.〉 《보통 von unten her》 아래로부터. **~herum** 〈Adj.〉 〖통용어〗아래 부분에(특히 신체의): der Baum ist u. ganz kahl geworden 그 나무는 아래 부분이 아주 벌거숭이가 됐다. **~hin** 〈Adv.〉 《드물게》아래쪽으로. **~rum** 〈Adv.〉 〖통용어〗↑~herum. **~stehend** 〈Adj.〉 ↑~erwähnt.

unter ['ʊntɐ] **I.** 〈Präp.³/⁴〉 ↑unterm, untern, unters 참조. **1.** 〈장소〉 **a)** 〈3격과 함께〉 (의) 밑에, 아래에: der Hund liegt u. dem Tisch 그 개는 책상 밑에 누워 있다; u. jmdm. wohnen 누구의 아래층에 산다. **b)** 〈4격과 함께〉 《움직임을 나타내는 동사와 함께》(의) 밑에, 아래로: sich u. einen Baum setzen 어떤 나무 아래에 가 앉는다; die Scheune war bis u. die Decke mit Heu gefüllt 그 창고는 천정(밑)에 이르기까지 건초로 가득 찼다. **c)** 〈3격과 함께〉 《사람이나 것이 그 밑으로 통과하게 되는 장소나 지점과 연관》: der Zug fährt u. der Brücke durch 기차가 다리 밑을 통과한다. **d)** 〈3격과 함께〉 《사람이나 어떤 것이 무엇에 의해 덮여 있는 상태》: sie trägt eine Bluse u. dem Pullover 그녀는 스웨터 속에 블라우스를 받쳐 입었다; etw. befindet sich dicht u. der Oberfläche 무엇이 표면 아래(부분)에 밀착되어 있다. **e)** 〈3격과 함께〉 《사람이나 어떤 것이 그 바로 위에 있는 장소나는 지점과 연관되고, 이동을 나타내는 동사와 함께 사용》: sie zog eine Jacke u. den Mantel 그녀는 외투 속에 재킷을 입었다; er war mit dem Kopf u. Wasser geraten 그는 머리를 거꾸로해서 물속에(물표면 아래로) 들어갔다. **f)** 〈3격과 함께〉 《(가치, 서열(등급) 따위의 하위)》: u. dem Durchschnitt sein 평균이하이다; die Temperatur liegt u. Null[u. dem Gefrierpunkt] 기온이 영도(빙점) 아래이다. **g)** 〈4격과 함께〉 《(이동)》: u. Null sinken 영도 이하로 내려가다. **h)** 〈3격 지배〉 《(수(량) 따위의 하위)》 = von weniger als: Kinder u. 10 Jahren 열 살 미만의 아동들. **2.** 《시간》〈3격과 함께〉 **a)** (süddt.) 하는 동안에(↑während): u. der Woche hat er keine Zeit 주 중에는 그가 시간이 없다; er liest die Zeitung gewöhnlich u. dem Kaffeetrinken 그는 신문을 마시면서 커피를 마시면서 읽는다. **b)** 《(준고어: 어떤 일이 발생한 날짜와 연관해서)》: die Chronik verzeichnet u. dem Datum des 1. Januar 1850 eine große Sturmflut 그 연대기에 의하면 1850년 1월 1일이라는 날짜에 큰 일이 있었다. **3.** 〈상황〉 〈3격과 함께〉 《하는 가운데 《특히 부수적인 상황을 표시》: u. Angst[Tränen, Schmerzen] 불안한[눈물을 흘리는, 고통스러운] 가운데. **b)** (↑mit와 유사한 뜻으로 사용됨): u. Zwang 강압적으로; u. Aufbietung aller Kräfte 전력을 다하여. **c)** 《조건을 표시함》: u. der Voraussetzung[Bedingung] 그 전제[조건] 아래. **4.** 〈3격과 함께〉 《사람의 명사형과 함께·병발적인 상황을 표시》: etw. geschieht u. Ausnutzung 무엇이 착취와 더불어 행해지다. **5.** 〈3/4격과 함께〉 《(예속, 종속)》: u. jmds. Leitung 누구의 지도 아래; u. jmds. Regiment[Herrschaft] 누구의 통치[지배] 아래; u. jmdm. stehen 누구보다 아랫자리에 있다. **6. a)** 〈3/4격과 함께〉 《(귀속, 소속)》: etw. u. ein Thema stellen 무엇을 한 주제(테마)에 귀속시키다. **b)** 〈3격과 함께〉 《(부속, 소속)》: u. einem Pseudonym 익명으로; das Schiff fährt u. nigerianischer Flagge 그 선박은 나이제리아의 기를 달고 항해한다. **7.** 〈3격과 함께〉 **a)** 《(다른 물건이나 사람들 가운데 있음을 표시)》…가운데에, 사이에: der Brief befand sich u. seinen Papieren 그 편지는 그의 서류들 속에 있었다; u. anderem[anderen] 특히, 그 중에서도(약어: u. a.). **b)** 〈4격과 함께〉 《(어떤 무리나 그룹 속으로 들어가는 것)》: er mischte sich u. die Gäste 그는 내빈들 속에 끼어들었다; er geht zu wenig u. Menschen 그는 사람들과 잘 어울리지 않는다. **8.** 〈3격과 함께〉 《(↑von과 유사한 의미로 사용됨)》 중에서: nur unter u. vierzig Bewerbern kam in die engere Wahl 40명의 지원자들 중에서 단지 한 사람만이 좁은문을 통과하여 선발됐다. **9.** 〈3격과 함께〉 《(↑zwischen과 유사한 의미로 사용됨)》사이에: es gab Streit u. den Erben[Freunden] 상속자들(친구들) 사이에 싸움이 벌어졌다; sie wollten u. sich sein[bleiben] 그들은 그들끼리만 있고 싶어했다; u. uns gesagt 우리 둘 사이이니까 하는 애기지만. **10. a)** 〈3격과 함께〉 《(무엇이 처해 있는 상황을 표시)》: der Kessel steht u. Druck[Dampf] 그 보일러에 압력을 받고 있다(증기로 가득 차 있다); den Hochofen u. Feuer halten 용광로에 불이 들어 있다[용광로가 가동 중이다]. **b)** 〈4격과 함께〉 《(이동)》: etw. u. Druck setzen 무엇에 압력을 가한다. **11.** 《(원인)》〈3격과 함께〉 《(동사의 의미 내용을 낳게 한 원인을 표시)》: u. einer Krankheit[u. Gicht] leiden 어떤 병으로 시달리다. **II.** 〈Adv.〉 = weniger als 보다적은: die Bewerber waren u. 30 (Jahre alt) 지원자들은 30세 미

만의 사람들이었다.
Unter [-], der; -s, - 독일의 카드 놀이에서, 잭에 해당하는 카드.
unter... [-] 〈Adj.〉 (반대: ober...) **1. a)** 아래쪽의, 밑의, 하부의: der -e Knopf 아래 단추; das -e[-ste] Stockwerk (제일) 아래층; **das Unterste zu oberst kehren** 《통용어》 온통 뒤죽 박죽으로 만들다(↑ober... 참조). **b)** 강하구에 가까이 있는: am -en Teil des Rheins 라인 강의 하구 지역에. **2.** 하급[하층]의: die -en Klassen[Ränge] 하층 계급[아래 서열]. **3.** (표면의) 안쪽[뒤쪽]의: die -e Seite von etw. 무엇의 뒤[안]쪽면. **4.** 끝(쪽)의, 아래(쪽)의: er sitzt am -en Ende des Tisches 그는 탁자의 맨끝쪽에 앉아 있다.
Unterabschnitt, der; -(e)s, -e (책의) 장(章) 속의 절(節).
Unterabteilung, die; -en (하위) 분과.
Unterarm, der; -(e)s, -e 아래팔, 전박(前膊). **Unterarmstand**, der 〈체조〉 전박을 이용한 신체 운동의 일종. **Unterarmtasche**, die 팔에 끼고 다니는 여자 핸드백.
Unterart, die; -en 〈생물〉《드물게》아종(亞種).
Unterausschuß, der; ...usses, ...üsse 분과[소] 위원회.
Unterbau, der; -(e)s, -ten **1. a)** 기초[지하] 공사: einen festen, stabilen U. für etw. schaffen 무엇을 위한 견고하고 튼튼한 기초 공사를 하다. **b)** 〈Pl. 없음〉 토대, 기초, 근거: er wollte der empirischen Medizin einen wissenschaftlichen U. geben 그는 경험 의학에 학문적 토대를 주려고 했다. **2.** (가구 등의) 아래 부분, (용상이나 조각의) 받침대. **3. a)** 〈도로〉 노상(路床), 노반(路盤). **b)** 〈철도〉 노상(路床), 노반(路盤). **4.** 〈임업〉 **a)** 조림목(造林木). **b)** 〈Pl. 없음〉 조림(造林). **5.** 〈광〉 막장.
Unterbauch, der; -(e)s, ...bäuche 아랫배, 하복부(下腹部).
unterbauen 〈h〉 (의) 밑에 세우다, 구축하다. **Unterbauung**, die; -en 토대 구축, 기반 구축.
Unterbegriff, der; -(e)s, -e [논리] 하위 개념.
Unterbekleidung, die; -en 내의, 속옷.
unterbelegen 〈h〉 (호텔이나 병원에서) 수용 능력에 미달되다, 빈 자리가 있다: die Hotels waren zu 30 Prozent unterbelegt 호텔들은 30프로쯤의 객실이 비어 있었다. **Unterbelegung**, die; -en (병실, 객실의) 여분, 비어 있음.
unterbelichten 〈h〉 [사진] (필름을) 불충분하게 노출시키다: 〈전의〉 er ist (geistig) wohl etwas unterbelichtet 〈경〉 그는 약간 (정신이) 돌았다. **Unterbelichtung**, die; -en (필름의) 노출 부족.
unterbeschäftigt 〈Adj.〉 (일이) 고용이 부진한, 고용 부담력에 못 미치는. **Unterbeschäftigung**, die; -en [경제] 불완전 고용.
unterbesetzt 〈Adj.〉 (참여자 및 노동력이) 부족한: die Behörde ist personell unterbesetzt 그 관청은 직원이 부족하다.
Unterbett, das; -(e)s, -en 얇은 깃털 이불.
Unterbevollmächtigte*, der / die [법] 부대리권자 (副代理權者)(↑Substitut (2 b)). **Unterbevollmächtigung**, die; -en [법] 부대리권, 재위임.
unterbewerten 〈h〉 과소 평가하다. **Unterbewertung**, die; -en 과소 평가.
unterbewußt 〈Adj.〉 [심리] 잠재 의식의. **Unterbewußtsein**, das; -s [심리] 잠재 의식.
unterbezahlen 〈h〉 저임금을 지불하다: die Kassiererinnen sind[werden] unterbezahlt 그 여자 출납계원들은 저임금을 받는다. **Unterbezahlung**, die; -en 저임금.

Unterbezirk, der; -(e)s, -e 소구역.
unterbieten* 〈h〉 **1.** (값을) 싸게 부르다, 싸게 입찰하다: er hat alle Konkurrenten unterboten 그는 모든 경쟁자들보다 싸게 입찰했다; 〈전의〉 etw. ist (im Niveau) kaum noch zu u. 무엇의 품질이 형편 없이 저질이다. **2.** [스포츠] 시간을 단축시키다: einen Rekord u. (경기에서) 기록을 단축시키다. **Unterbietung**, die; -en 염가 입찰, 기록 단축.
Unterbilanz, die; -en [경제] 결손, 적자(회계), 부족액.
unterbinden* 〈h〉 《통용어》 (의) 하부를 묶다. **unterbinden*** 〈h〉 **1.** 저지[방해]하다: man hat alle Kontakte zwischen ihnen unterbunden 사람들은 그들 사이의 접촉을 일체 저지시켰다. **2. a)** 〈드물게〉 중지(중단)하다. **b)** [의학] 결찰(結紮)하다: sie hat sich u. lassen 그녀는 불임 수술을 받았다. **Unterbindung**, die; -en 저지, 금지, 결찰.
unterbleiben* 〈s〉 일어나지[행해지지] 않고 있다, 중지되다: das hat (künftig) zu u.! 그것은 (앞으로) 중지되어야 해.
Unterboden, der; -s, ...böden **1.** [토양] 심토(心土), 저토(底土). **2.** (바닥깔개 밑의) (밑)바닥. **3.** 선박이나 차량의 밑바닥 아랫면.
Unterboden, der; ~schutz, der 〈자동차〉 차체 하부의 보호관. ~wäsche, die 차체 하부 세척. ~versiegelung, die ↑Unterbodenschutz.
unterbrechen* 〈h〉 **1. a)** 하던 일을 (일시) 중단하다: er mußte sein Studium u. 그는 학업을 중단해야 했다. **b)** (누구의 말을) 중단시키다: er unterbrach sie[ihren Redestrom] gelegentlich mit Fragen 그는 이따금 질문을 통해 그녀의 말[능변]을 중단시켰다. **c)** 방해[차단]하다: ein schrilles Läuten unterbrach das Gespräch 어떤 날카로운 소리가 대화를 방해했다. **2.** 〈대개 과거분사로〉 (어떤 관계를) 일시적으로 중지하다: die Bahnstrecke ist durch einen Unfall unterbrochen 선로 통행이 사고로 두절됐다. **3.** 〈대개 과거분사로〉 표면의 균형이 무엇으로 인해 깨지다. **Unterbrecher**, der; -s, - [전기] 전류 단속기[차단기].
Unterbrecher- [전기]: ~kontakt, der 전류단속기의 접선. ~schalter, der 전류 단속기의 스위치. ~schaltung, die 전류단속기의 결선(結線).
Unterbrechung, die; -en **a)** 중단, 차단, 두절, 단류(斷流). **b)** 중단(차단, 단류)되어 있는 상태.
unterbreiten 〈h〉 《통용어》 밑에 펴다[깔다]: eine Decke u. 이불을 깔다. **unterbreiten** 〈h〉 〈아어〉 제출[제시]하다, 열람하도록 내어놓다: jmdm. ein Programm[Vorschläge, einen Plan] u. 누구에게 프로그램[제안, 계획]을 제시하다. **Unterbreitung**, die; -en ↑unterbreiten의 명사형.
unterbringen* 〈h〉 **1.** (안전한 곳으로) 갖다 놓다[보관하다]: sie konnten die Sachen nicht alle im Kofferraum u. 그들은 자동차의 트렁크에 모든 물건들을 다 넣을 수는 없었다; 〈전의〉 er wußte nicht, wo er dieses Gesicht u. sollte 그는 이 얼굴을 어디서 보았는지 알 수가 없었다. **2. a)** 숙소를 마련해 주다, 묵게 하다: die Kinder sind (bei den Großeltern) sehr gut untergebracht 그 어린이들은 (조부모 집에서) 편히 묵었다. **b)** 《통용어》 누구를 취직시키다: er brachte seine Freundin beim Film unter 그는 자기의 여자 친구(애인)를 영화사에 취직시켰다. **3.** 〈통용어〉 처분하다, 양도하다: er hat sein Manuskript bei einem Verlag[einer Zeitung] untergebracht 그는 그의 원고를 어떤 출판사[신문사]에 양도했다. **Unterbringung**, die; -en **1.** 숙영(宿營), 창고 격납(格納), 입고(入庫), 투자. **2.** 《통용어》 숙(박)소: eine drittklassige U. 3급 숙박소. Un-

terbringungsmöglichkeit, die 수용 능력.

Unterbruch, der; -(e)s, ...brüche 《schweiz.》↑ Unterbrechung.

unterbügeln ⟨h⟩ 〔통용어〕 ↑unterbuttern (1).

unterbuttern ⟨h⟩ 〔통용어〕 **1.** (누구의 자주성을) 억압하다, 무시하다: sich nicht u. lassen 억압 당하고 있지 않다. **2.** (추가로) 소비하다: das restliche Geld wurde noch mit untergebuttert 남은 돈 또한 몽땅 다 지출됐다.

unterchlorig ⟨Adj.⟩ 〔화학〕 차아염소산(次亞塩素酸)의.

Unterdeck, das; -(e)s, -s 하갑판(下甲板).

Unterdeckung, die; -en 〔상〕 불충분한 담보.

underderhand ⟨Adv.⟩ 살짝, 살그머니, 우연히, 되는대로(unter der Hand로 쓸 수도 있음): etw. u. verkaufen 무엇을 몰래 팔다.

unterdes ⟨Adv.⟩ 《드물게》↑unterdessen. **unterdessen** ⟨Adv.⟩ ↑inzwischen.

Unterdominante, die; -n 〔음악〕↑Subdominante.

Unterdruck, der; -(e)s, ...drücke **1.** 〔물리·기술〕 저압(低壓). **2.** ⟨Pl. 없음⟩〔의학〕저혈압. **unterdrücken** ⟨h⟩ **1.** 억제하다, 억누르다: sie versuchte, ihre Empörung zu u. 그녀는 분노를 참으려고 애를 썼다. **2.** (보도를) 통제하다, (사실을) 은폐하다: Nachrichten [Informationen] u. 보도[정보]를 통제하다. **3.** 제한하다, 억압하다: Andersdenkende u. 사상[의견]이 다른 사람들을 억압하다; die unterdrückten Völker erhoben sich 압제 당한 민족들이 봉기했다. **Unterdrücker**, der; -s, - 《캠》억압자, 억압자, 진압자, 독재자. **unterdrückerisch** ⟨Adj.⟩《캠》통제적인, 제한적인, 억압적인. **Unterdruckgärung**, die; -en 저압 발효. **Unterdruckkammer**, die 〔의학〕저압실. **Unterdrückung**, die; -en **a)** 억압, 압제, 진압, 억제; 〔법〕(사실의) 은폐. **b)** 억압[압제, 진압, 억제]된 상태 및 그렇게 되는 현상. **Unterdrückungsmethode**, die 〈대개 Pl.⟩ 억압[압제, 진압, 억제]책[방법].

unterducken ⟨h⟩《지역적》물 속으로 집어 넣다.

unterdurchschnittlich ⟨Adj.⟩ 평균(치) 이하의: u. begabt sein 재주가 뒤지다.

untereinander ⟨Adv.⟩ **1.** 아래로 나란히: die Bilder u. aufhängen 그림을 아래위로 나란히 걸다. **2.** 상호간에, 서로서로: sich u. helfen 상부상조하다.

untereinander- (untereinander 1): ~**legen** ⟨h⟩ 아래(세로)로 나란히 놓는다. ~**liegen*** ⟨h⟩ 아래(세로)로 나란히 있다. ~**stehen*** ⟨h⟩ 아래로 나란히 서[놓여] 있다. ~**stellen** ⟨h⟩ 아래로 나란히 놓는다[세운다].

Untereinheit, die; -en 하위 단위.

unterentwickelt ⟨Adj.⟩ **a)** 〔토건〕 발달이 덜된: das Kind ist geistig und körperlich u. 그 아이는 정신적으로 그리고 육체적으로 지진아이다. **b)** 〔정치〕 (경제적으로) 저[미]개발된: -e Länder 저개발국. **Unterentwicklung**, die; -en 미[저]개발, 미성숙.

unterernähren ⟨h⟩ 영양을 제대로 공급하지 않다: 38,6 Prozent der Erdbevölkerung sind unterernährt 지구의 전 인구의 38.6 퍼센트는 영양 실조 상태에 있다. **Unterernährung**, die 영양 실조.

unterfahren* ⟨h⟩ **1. a)** 〔토건〕 건물 밑에 터널 따위를 뚫다. **b)** 〔광〕 굉도를 파다. **2.** (자동차 따위를 타고) 무엇의 밑을 통과하다: wir unterfuhren einen Viadukt 우리는 육교 밑을 (차를 타고) 통과했다.

Unterfamilie, die; -n 〔생물〕 아목(亞目).

unterfangen*, sich ⟨h⟩ **1.** (아어) **a)** (어려운 것을) 감행 [기도]하다: sich u., ein sechsbändiges Wörterbuch zu verfassen 여섯 권짜리 사전의 편찬 작업을 감행하다. **b)** (뻔뻔스럽게도 무엇을) 감행[기도]하다: er unterfing sich, ihr einen Handkuß zuzuwerfen 그는 뻔뻔스럽게도 그녀의 손에다 키스를 했다. **2.** 〔토건〕 토대를 보강하다. **Unterfangen**, das; -s **1.** 감행, 모험, 기도: es ist ein aussichtsloses U., die Delegierten umzustimmen 대표 위원들의 마음을 돌리게 하는 일은 전연 가망이 없는 기도이다. **2.** 〔토건〕 토대의 보강.

unterfassen ⟨h⟩ 〔통용어〕 **1.** 팔을 끼다: seine Braut u. 자기 신부의 팔을 끼다. **2.** 밑에서 받치다, 부축하다: einen Verwundeten u. 부상자를 부축하다.

unterfertigen ⟨h⟩ 〔관〕 서명하다: in Schriftstück u. 어떤 문서에 서명하다. **Unterfertiger**, der; -s, - 〔관〕서명자. **Unterfertigte***, der / die 〔관〕 서명자. **Unterfertigung**, die 〔관〕 서명.

Unterfeuerung, die 〔기술〕 **1.** (난로에) 불 지피기. **2.** (난로에) 불 지피는 장치.

unterfliegen* ⟨h⟩ (비행기를 타고) 무엇의 밑을 지나가다 〔통과하다〕: den feindlichen Radarschirm u. 적의 레이다 망 밑으로 날아가다.

unterflur ⟨Adv.⟩ 〔기술·토건〕 바다(땅) 밑에.

Unterflur-: ~**bewässerung**, die 지하 관수(灌水), ~**garage**, die 지하 차고. ~**hydrant**, der 지하 급수전 [소화전]. ~**motor**, der 〔자동차〕 자동차 바닥에 설치된 모터. ~**straße**, die 〔토건〕 지하도.

unterfordern ⟨h⟩ 누구에게 부담 없는 요구를 하다.

unterführen ⟨h⟩ **1.** 도로나 터널을 다른 것의 밑으로 통하게 하다. **2.** 〔인쇄〕 동어(同語) 부호(⺀)를 붙이다. **Unterführer***, der; -s, - 하급 부대 지휘관. **Unterführung**, die; -en **1.** 저로(低路) 교차, 입체 교차, 구름다리 밑의 지하도 또는 철도. **2.** 〔인쇄〕 동어(同語) 부호(⺀)붙이기. **Unterführungszeichen**, das 동어 부호(⺀).

Unterfunktion, die; -en 〔의학〕 기능 감퇴(반대: Überfunktion).

Unterfutter, das; -s, - (옷의) 안, 안감, 안접; ein U. einnähen 안감을 대다. **unterfüttern** ⟨h⟩ **1.** 안감을 대다. **2.** 무엇으로 밑을 대다: die Schienen sollen mit Dämmaterial unterfüttert werden 철도는 축제(築堤)로 밑을 깔아야 한다. **Unterfütterung**, die; -en ↑ unterfütern의 명사형.

Untergang, der; -(e)s, ...gänge **1.** 가라앉음, (수평선 아래에의) 침몰(반대: Aufgang): den U. der Sonne beobachten 일몰을 관찰하다. **2.** (배의) 침몰. **3.** 몰락, 멸망, 파멸: der U. des Römischen Reiches 로마 제국의 멸망; jmdn. vor dem U. bewahren 누구를 파멸로부터 구출하다.

untergangs-, **Untergangs-**: ~**reif** ⟨Adj.⟩ 쇠퇴한, 한물간. ~**stimmung**, die 쇠퇴[몰락]의 기운. ~**punkt**, der 〔천문〕 별이 지는 자리.

untergärig ⟨Adj.⟩ 액저(液底) 저온 발효의. **Untergärung**, die; -en 액저 효모에 의한 저온 발효.

Untergattung, die; -en 〔동물〕 아속(亞屬), 아종(亞種).

untergeben ⟨Adj.⟩ (직업상) 하위의, 예속된. **Untergebene***, der / die 부하(직원), 신하: jmdn. wie einen u behandeln 누구를 마치 부하 다루듯 대하다.

untergehen* ⟨s⟩ **1.** (해 따위가) 지다(반대: aufgehen): 〔전의〕 jmds. Stern ist im Untergehen 누구의 명성(명망)이 사라진다. **2.** 가라앉다, 침몰하다, 물에 빠지다: das Schiff ging innerhalb weniger Minuten unter 그 배는 수분도 못 되서 가라앉았다. 〔전의〕 die Musik ging in dem wüsten Lärm unter 음악이 사나운 소음 때문에 들리지 않았다; im Gedränge[im Gewühl] u. 혼잡한 사람들 틈 속으로 사라지다. **3.** 몰락[멸망]하다, 파멸[파괴]되다, 붕괴하다: es war, als ob die Welt u. wollte 세상이 마치 멸망하는 듯했다.

untergeordnet 1. ↑unterordnen 참조. **2.** ⟨Adj.⟩ **a)** 종속하는, 하위(下位)의, 부(副)차적인, 제 2 차의, 별반 중요하지 않은: dieser Aspekt ist von -er Bedeutung 이 측면은 별로 중요한 의미를 지니지 않는다. **b)** [언어] 구문상 종속적인: -e Sätze 종속문.

Untergeschoß, das; ...geschosses, ...geschosse 지하층.

Untergestell, das; -(e)s, -e **1.** ↑Fahrgestell (1). **2.** 《농》(사람의) 다리: sie hat ein tolles U. 그녀는 멋진 다리를 지녔다.

Untergewand, das; -(e)s, ...gewänder **1.** (südd., österr.)(부인의) 속옷, 아랫막이. **2.** 《아이》 겉옷에 받쳐 입는 속옷.

Untergewicht, das; -(e)s 표준량 이하의 중량: U. haben 중량 미달이다. **untergewichtig** ⟨Adj.⟩ 중량 미달의.

Unterglasurfarben ⟨Pl.⟩ 《전문어》도자기의 색(채).

untergliedern ⟨h⟩ ↑gliedern (a): einen Text stärker u. 텍스트를 세분하다. **Untergliederung**, die; -en 항목 세분. **Untergliederung**, die; -en 세분된 각 항목.

untergraben' ⟨h⟩ (비료 따위를) 파고 묻다: der Gärtner hat den Dünger untergegraben 정원사는 비료를 땅에 묻었다. **untergraben**' (눈에 보이지 않게 무엇을) 파괴하다, 전복시키다: jmds. Autorität[Ansehen, Ruf] u. 누구의 권위(명망, 명성)를 추락시키다; er untergräbt seine Gesundheit 그는 자신의 건강을 해치고 있다. **Untergrabung**, die; -en 매장, 추락, 전복.

Untergrenze, die; -n 마지막 한계.

Untergriff, der; -(e)s, -e **1.** [레슬링] 허리돌려치기. **2.** [체조] ↑Kammgriff.

Untergrund, der; -(e)s, ...gründe **1.** [농업] 심토(心土): den U. lockern 심토를 갈다. **2. a)** [토건] 기초, 토대가 되는 땅: fester[felsiger, sandiger] U. 견고한 [돌이 많은, 모래가 많은] 지반. **b)** ↑Boden (5): der U. des Meeres 해상(海床). **c)** 《드물게》 기초, 근본, 토대: seiner Arbeit fehlt der wissenschaftliche U. 그의 논문에는 학문적인 기초가 결여되어 있다. **3.** (캔버스의) 밑칠, 직물의 기본색: eine schwarze Zeichnung auf rotem U. 붉은 바탕색에다 그린 검은색 그림. **4.** ⟨Pl. 없음⟩ [정치] **a)** ↑Untergrundbewegung의 약어: in den U. gehen 지하조직에 가입하다. **b)** ↑Untergrundbewegung의 약어: in Jordanien wurde ein neuer U. aufgebaut 요르단에 새로운 지하 운동 단체가 조직됐다. **5.** 《드물게》 ↑Underground (2).

Untergrund-: **~bahn**, die 지하철(약어: U-Bahn; ↑Metro). **~bewegung**, die [정치] 지하 (저항) 운동: sich der U. anschließen 지하 저항 운동에 가담하다. **~film**, der 지하 단체가 만든 영화, 지하 영화. **~literatur**, die 지하 문학. **~musik**, die 지하 음악. **~organisation**, die [정치] 지하 조직.

untergründig [...grvndɪç] ⟨Adj.⟩ 지중(지하)의, 지하에 숨은, 잠행 생활을 하는.

Untergruppe, die; -n ↑Unterabteilung.

Unterhaar, das; -(e)s, -e 모피의 (짧은) 속털.

unterhaben ⟨h⟩ 《nordd.》 어떤 것을 다른 옷 속에 입다.

unterhaken ⟨h⟩ 《통용어》 (누구의) 팔을 끼다: er hakte seine Frau unter 그는 자기 부인의 팔을 꼈다.

unterhalb I. ⟨Präp.²⟩ …의 하부(아래쪽)에, 하류에: u. des Fensters steht ein kleiner Tisch 창문 아래쪽에 조그만 탁자가 놓여 있다. **II.** ⟨Adv.⟩ ("von"과 결합하여) …의 아래쪽에: die Altstadt liegt u. vom Schloß 고도(古都)가 성 아래쪽에 위치해 있다.

Unterhalt, der; -(e)s **1. a)** ↑Lebensunterhalt. **b)** (사생아를 위한) 양육비, (별거[이혼] 부인[남편]을 위한) 생계비: er muß U. zahlen 그는 부양료를 지불해야 한다. **2.** 수리, 손질. **unterhalten**' ⟨h⟩ 《통용어》 밑에 대다[받치다]: einen Eimer u. 물통 밑에 받치다. **unterhalten**' ⟨h⟩ **1.** 생계비를 부담하다, 부양하다: er hat eine große Familie zu u. 그는 대가족을 부양해야 한다. **2. a)** 잘 손질[수리, 정돈]하다, 보존[유지]하다: schlecht unterhaltene Gleisanlagen 손질이 제대로 안 된 철로. **b)** 설치하다, 비용을 대다, 관리하다: das Auto muß unterhalten werden(will unterhalten sein) 자동차는 손질을 잘해 두어야 한다. **3. a)** 유지[보존]하다: das Feuer im Kamin u. 벽난로의 불을 꺼지지 않게 하다. **b)** (정신적인 관계를) 유지하다: Kontakte mit[zu jmdm.] u. 누구와 접촉을 유지하다; die beiden Staaten unterhalten normale diplomatische Beziehungen 양국가는 정상적인 외교 관계를 유지하다. **4.** ⟨u. + sich⟩ 이야기를 나누다, 담소하다: wir haben uns über das neue Theaterstück unterhalten 우리는 새로운 극작품에 대해서 얘기를 나눴다. **5.** 누구를 환대하다, 대접[상담, 위로]하다, 즐겁게 해 주다: seine Gäste mit spannenden Erzählungen u. 손님들을 재미있는 이야기로 즐겁게 해 주다: ein unterhaltendes Buch 재미있는 책. **Unterhalter**, der; -s, - (직업적으로) 다른 사람을 즐겁게 해 주는 사람. **unterhaltlich** ⟨Adj.⟩ 《드물게》↑unterhaltsam. **unterhaltsam** ⟨Adj.⟩ 즐거운, 유쾌한, 재미있는, 흥미 깊은: der Abend war recht u. 그날 저녁은 아주 즐거웠다. **Unterhaltsamkeit**, die 즐거움, 위로, 재미, 흥미 깊음.

unterhalts-, Unterhalts- (Unterhalt 1 b): **~anspruch**, der 생계비 청구. **~beihilfe**, die (국가 차원에서의) 생계비 보조. **~beitrag**, der 생활비의 부조(扶助). **~berechtigt** ⟨Adj.⟩ 부양 받을 권리가 있는. **~berechtigte**', der / die 부양 받을 권리가 있는 사람. **~forderung**, die 생계비 요구. **~gewährung**, die 생계비 지불 승낙. **~klage**, die 생계비 청구 소송. **~kosten** ⟨Pl.⟩ 생계비, 부양비, 유지비. **~pflicht**, die (법적인) 부양 의무. **~pflichtig** ⟨Adj.⟩ 부양 의무가 있는. **~pflichtige**' der / die 부양 의무를 지닌 자. **~verpflichtet** ⟨Adj.⟩ 부양 의무가 있는. **~zahlung**, die 생계비 지불.

Unterhaltung, die; -en **1.** ⟨Pl. 없음⟩ 《드물게》부양, 생계비 부담. **2.** ⟨Pl. 없음⟩ 수리, 정돈, 보수: der Staat muß für die U. der Straßen sorgen 국가는 도로 보수에 신경을 써야 한다. **3.** ⟨Pl. 없음⟩ 유지, 보조: die U. diplomatischer Beziehungen 외교 관계의 유지. **4.** 환담, 담소: mit jmdm. eine U. führen 누구와 담소하다; sich an der U. nicht beteiligen 담소에 끼어들지 [참여하지] 않다. **5. a)** 즐거움, 위로: jmdm. gute, angenehme U. wünschen 누구에게 유쾌하고 즐거운 시간이 되기를 기원하다; ich schreibe zu meiner eigenen U. Geschichten 나는 재미삼아 소설을 쓴다; etw. zur U. der Gäste beitragen 손님들을 즐겁게 하려고 무엇을 하다. **b)** 《준고어》 재미있는 일(행사): an allen -en teilnehmen 재미있는 일에는 전부 참여하다.

Unterhaltungs-: **~beilage**, die (신문의) 오락 부록, 오락. **~elektronik**, die ⟨Pl. 없음⟩ (녹음기, 전축, 비디오 따위와 같은) 전자 오락 기구. **~film**, der 오락 영화. **~industrie**, die 오락 산업. **~kosten** ⟨Pl.⟩ 유지비. **~künstler**, der ↑Unterhalter. **~lektüre**, die 오락용 읽을거리. **~literatur**, die 《폄》오락 문학. **~musik**, die 《폄》 경(대중)음악(반대: ernste Musik; 약어: U-Musik). **~orchester**, das 경음악 관현악단. **~programm**, das 오락 프로그램. **~roman**, der 오락 소설. **~sendung**, die (라디오나 텔레비전의) 오락 프로. **~teil**, der **1.** ↑~beilage. **2.** 오락 프로그램의 일부.

Unterlegene

unterhạndeln ⟨h⟩ [정치] 상의[교섭, 담판]하다. **Unterhändler**, der; -s - [정치] 중재자, 상의자, 담판자, 교섭자, 중개상인, 브로커. **Unterhạndlung**, die; -en [정치] 상의, 교섭, 담판, 중재, 조정, 중개: mit jmdm. in -en treten 누구와 담판에 들어가다.
Ụnterhaus, das 1. 하원, 민의원. 2. 가옥의 하부, 1층.
Ụnterhaut, die 〈생물·의학〉 피하(皮下), 진피(眞皮).
unterhẹben' ⟨h⟩ [요리] ↑unterziehen (3).
Ụnterhemd, das; -(e)s, -en 러닝셔츠.
Ụnterhitze, die 밑에서 올라오는 열.
unterhöhlen ⟨h⟩ 1. …의 밑을 구멍[도려]내다. 2. ↑ untergrạben. **Unterhöhlung**, die; -en 구멍내기, 전복.
Ụnterholz, das; -es 교목 아래 나는 소관목이나 잡초(복층림(複層林)의 최하층), 총림(叢林).
Ụnterhose, die; -n 팬티: eine kurze U. anhaben 짧은 팬티를 입고 있다; in -n 팬티만 입고.
Ụnterinstanz, die; -en 하급심, 하급 재판소.
unterịrdisch ⟨Adj.⟩ 땅 밑의, 지중의, 지하의: die Ölleitung verläuft[liegt] u. 송유관이 지하로 깔려[놓여] 있다.
Ụnteritalien, -s 남부 이탈리아.
Ụnterjacke, die; -n 〈전문어〉(남자용) 러닝셔츠.
unterjọchen ⟨h⟩ 억압하다, 억누르다, 정복하다, 예속시키다. **Unterjọchung**, die; -en 억압, 정복, 예속.
unterjubeln ⟨h⟩ 〈경〉(억지로) 떠맡기다: diesen Trotteln kann man alles u. 이런 얼간이들에게는 무엇이든 떠맡겨도 된다.
unterkẹllern ⟨h⟩ (집에) 지하실을 만들다. **Unterkẹllerung**, die; -en 지하실 설치.
Ụnterkiefer, der; -s, - 아래턱, 하악(下顎): jmds. U. fällt [klappt herunter] (통용어) 대단히 놀라다.
Ụnterkiefer-: **~drüse**, die 악하선(腺). **~gelenk**, das 하악관절. **~knochen**, der 아래턱 뼈, 하악골(下顎骨).
Ụnterkirche, die; -n [건축] a) ↑Krypta. b) (아래위로 위치해 있는 교회 중에서) 아래 교회.
Ụnterklasse, die; -n [생물] 아강(亞綱).
Ụnterkleid, das; -(e)s, -er 1. ↑Unterrock. 2. (어깨 끈이 달린 비치는) 속옷. **Ụnterkleidung**, die; -en ↑ Unterwäsche.
unterkọmmen ⟨s⟩ 1. a) 숙소를 찾다, 숙박하다, 피난처[숨을 곳]를 찾다: in einer Pension unterkommen 여인숙에 투숙하다. b) 《통용어》직장을 얻다, 취직하다: als Hausmeister bei einer Firma unterkommen 회사의 건물 관리인으로 취직하다. 2. 《통용어》관심 가진 사람을 찾아내다. 3. (österr.) ↑begegnen (1 b) wenn dir etw. Verdächtiges unterkommt, melde es sofort! 의심스러운 일에 마주치면 즉시 연락해라! **Ụnterkommen**, das; -s, - 1. 숙소, 피난소, 피난처. 2. 《준고어》직장, 일자리.
Ụnterkörper, der; -s, - a) 신체의 하부, 하체. b) 몸통의 아래 부분.
unterkötig [...køːtɪç] ⟨Adj.⟩ 〈지역적〉 피하가 화농된, 안으로 썩은.
unterkriechen' ⟨s⟩ 〈통용어〉숨을 곳을 찾다, 숨다: er kroch in einer Scheune unter 그는 헛간에 숨었다.
unterkriegen ⟨h⟩ 《통용어》정복하다, 억압하다.
unterkühlen ⟨h⟩ a) 표준 체온 이하로 내리다: den Patienten u. 환자의 체온을 낮추다. b) [기술] 응고점(凝固點) 이하로 냉각하다, 과냉(過冷)하다: Wasser u. 물을 지나치게 냉각시키다. **unterkühlt** ⟨Adj.⟩ 침착한, 냉철한. **Unterkühlung**, die; -en a) 표준 체온 이하로 내리기, 응고점 이하 냉각. b) 표준 체온 이하, 과냉 상태.
Ụnterkunft, die; ...künfte [...kʏnftə] 1. 숙소, 피난처[소]: die Soldaten sind in ihre Unterkünfte [Quartiere] zurückgekehrt 군인들이 숙소[병영]로 귀환했다. 2. 숙박.
Ụnterlage, die; -n 1. (밑)받침, 깔개, (들것 아래에 까는) 요, 대(臺): eine U. aus Gummi 고무로 만든 깔개; etw. als U. benutzen 무엇을 깔개로 이용하다; der Patient muß auf einer harten U. schlafen 그 환자는 딱딱한 요 위에서 자야만 한다; [전의] eine gute finanzielle U. 《드물게》Grundlage) haben 재정적 토대가 든든하다. 2. ⟨Pl.⟩ (기초가 되는 사실, (필요한) 자료, 수단; 논거, 증거: sämtliche in Anforderer 서류 일체를 요구하다. 3. 【식물】대목(臺木). 4. 【레슬링】상대편 밑에서 취하는 방어 자세.
Ụnterland, das; -(e)s 저지(低地). **Ụnterländer** [...lɛndə], der; -s, - 저지의 주민.
Ụnterlänge, die; -n [문헌] 알파벳 소문자에서 평선 아래로 처지는 부분(획)(반대: Oberlänge).
Ụnterlaß, der (다음 용법으로) **ohne U.** 〈감정〉끊임없이. **unterlạssen'** ⟨h⟩ a) (해야 할 일을) 하지 않다, 게을리하다: etw. aus Furcht vor den Folgen u. 결과가 두려워 행하지 않다. b) 중지(중단)하다, 단념하다: etw. nicht u. können 무엇을 단념할 수 없다; es wird gebeten, das Rauchen zu u. 담배를 끊으라고 한다. c) 《es와 결합하여, 대체로 과거시제》(마땅히 해야 할 일을) 방치하다, 행하지 않다: Richter und Staatsanwälte unterließen es, die Vorkommnisse zu untersuchen 판사와 검사들이 사건 수사를 방치했다. **Unterlạssung**, die; -en 하지 않음; 중지, 중단; 단념; 태만; 부작위(不作爲), 의무 불이행, 채무 불이행.
Unterlạssungs-: **~delikt**, das [법] 부작위범(죄). **~klage**, die [법] 부작위의 소송. **~straftat**, die [법] ↑~delikt. **~sünde**, die (종교·반어) 태만죄.
Ụnterlauf, der; -(e)s, ...läufe (하천의) 하류. **unterlạufen'** 1. ⟨s⟩ 잘못하여[실수로] 나오다, 나타나다: manchmal unterläuft einem ein Fehler 이따금 사람은 실수를 한다; ihm ist ein Irrtum[Versehen] unterlaufen 그는 착각(실수)을 했다. 2. 《통용어》⟨s⟩ begegnen (1 b) 3. ⟨h⟩ a) [구기] (높이 뛰어오른 상대편 선수) 밑에서 방해 동작을 하다. b) 무력하게[효력이 없게] 만들다: die Zensur[das Regierungsprogramm] u. 검열[정부 시책]을 무력하게 만들다. 4. ⟨s; 대개 과거분사로) 피하 출혈하다: (mit Blut, blutig) unterlaufene Striemen 피하 출혈되어 부풀어오른 자국. **unterlạufen'** ⟨s⟩ 1. 《준고어》↑unterlaufen (1). 2. 《통용어》↑ unterlaufen (2). **unterläufig** ⟨Adj.⟩ [기술] 하부에서 구동(驅動)시킨, 하사식(下射式)의: ein -es Wasserrad 하사식 수차(水車). **Unterlạufung**, die; -en 피하 출혈.
Ụnterleder, das; -s, - (구두) 밑창, 안가죽.
Ụnterleg-: **~keil**, der ↑Bremsklotz. **~klotz**, der ↑Bremsklotz. **~ring**, der [기술] **~scheibe**, die [기술] 리쇠, 좌금(座金).
unterlẹgen ⟨h⟩ 1. 아래[밑]에 놓다[넣다, 깔다]: der alten Frau ein Kissen u. 노파에게 베개를 괴 주다: sie legten der Henne Eier zum Brüten unter 그들은 암탉에게 알을 품게 해 주었다. 2. 부가하다: er hat dem Text einen anderen Sinn untergelegt 그는 그 텍스트를 다른 뜻으로 해석했다. **¹unterlẹgen** ⟨h⟩ 1. (의) 밑에 두다, 안을 대다[붙이다]: Spitzen mit Seide u. 레이스에 비단 안을 대다. 2. (음악) 가사 따위를 붙이다: einem Film Musik u. 영화에 음악을 깔다. **²unterlẹgen** ⟨Adj.⟩ 《대개 sein과 결합하여》압도된, (누구에게) 진, 굴복한; 약한, 열등한; 패소한: dem Gegner an Zahl u. sein 적보다 수적으로 열세하다; er ist seiner Frau u. 그는 자기 부인보다 약하다. **Unterlẹgene'**,

der / die 진 사람, 패배자, 약한 사람(다른 사람보다).
Unterlegenheit, die; -en 열세, 약함. **Unterlegenheitsgefühl**, das 열등감. **Unterlegung**, die; -en 부가. **Unterlegung**, die; -en 안을 대기; (가사 따위를) 붙이기.
Unterleib, der; -(e)s, -er a) 아랫배, 하복부: Schmerzen im U. haben 아랫배가 아프다. b) 《은폐》여성의 성기. **Unterleibchen**, das; -s, - ↑Leibchen (2 a).
Unterleibs-: **~erkrankung**, die ↑~krankheit. **~geschichte**, die 《병고·음혜》1. ↑~krankheit: sie hat schon allerlei -n gehabt 그녀는 온갖 하복부 병에 걸렸었다. 2. 섹스에 관한 이야기. **~krankheit**, die (부인의) 하복부 병. **~krebs**, der 자궁암. **~leiden**, das (부인의) 하복부 병. **~operation**, die 하복부 수술. **~schmerz**, der (대개 Pl.) 하복부 통증.
Unterlid, das; -(e)s, -er 아랫 눈썹.
unterliegen* ⟨h⟩ 《통용어》 밑에 가로 놓여 있다, 토대(기초)가 되어 있다: das Badetuch liegt unter 목욕 수건이 밑에 놓여 있다. **unterliegen*** 1. ⟨s⟩ 굴복하다, 지다: bei(in) einem Wettbewerb u. 시합에서 지다; auch die unterlegene Mannschaft hat ausgezeichnet gespielt 시합에 진 팀도 게임은 훌륭히 했다. 2. (무엇의) 지배를 받고 있다: die Kleidung unterliegt der Mode 의복장은 유행의 지배를 받고 있다(유행하는 옷이다); etw. unterliegt der Schweigepflicht 무엇에 대해 침묵의 의무가 있다; 《비인칭》 es unterliegt keinem Zweifel, daß dieser Fall eintritt 《아어》 이 경우는 틀림없이 발생하게 되었다; einer Täuschung u. (퇴색) 착각하다, 잘못 생각하다; der Bearbeitung u. 개작되다.
Unterliek, das; -(e)s, -en (선원) 돛의 아래쪽 끄트머리.
Unterlippe, die; -n 아랫 입술.
unterm ['untem] ⟨Präp. + Art.⟩ 《통용어》 unter dem.
untermalen ⟨h⟩ 1. 배경 음악을 깔다: eine Erzählung mit Flötenmusik u. 이야기에 플롯으로 배경 음악을 깔다. 2. (미술) 기초칠을 하다. **Untermalung**, die; -en a) 배경 음악을 깔기, 기초칠 하기. b) 배경 음악이 깔려 있음, 밑칠이 되어 있음.
Untermann, der; -(e)s, …männer 1. [레슬링] 상대 밑에 깔린 선수. 2. [텀블링] 체조나 곡에 따위에서 다른 선수들을 밑에서 받쳐 주는 사람.
Untermaß, das; -es, -e 《드물게》(저울질 따위에서) 부족(용)량.
untermauern ⟨h⟩ 1. (…의) 하부에 기벽(基壁)을 만들어 보강하다; 기초를 구축하다: ein Gebäude u. 건물의 기벽을 만들어서 받쳐 주다. 2. 근거를 마련하다: etw. wissenschaftlich [fest] u. 무엇을 학문적으로[확고하게] 기초를 세우다. **Untermauerung**, die; -en ↑untermauern의 명사형.
untermeerisch [..meːrɪʃ] ⟨Adj.⟩ 《해양》 ↑unterseeisch.
Untermenge, die; -n 《수학》 ↑Teilmenge.
untermengen ⟨h⟩ 무엇 속에) 섞어 넣다: Rosinen (unter den Teig) u. 건포도를 (반죽에) 섞어 넣다. **untermengen** ⟨h⟩ (무엇을 무엇과) 섞다: Korn mit Hafer u. 곡식을 귀리와 섞다.
Untermensch, der; -en, -en (폄) 인간 이하의 사람, 열등한 인간, 짐승 같은 사람.
Untermiete, die; -n ⟨1. (Pl. 없음) a) 재 임대차(再賃貸借), 전차(轉借), 빌린 것을 또 빌림: der Preis für die U. ist zu hoch 재 임대차 금액이 너무 높다. b) (가옥, 건물 따위의) 전대(轉貸): ein Zimmer in U. (ab)geben 방 하나를 전대하다; jmdn. in[zur] U. nehmen 누구에게 전대하다. 2. 재임대료. **Untermieter**, der; -s, - 재임대자: bei jmdm. als U. wohnen 누구의 집

에 재입대자로 살다. **Untermieterin**, die; -nen ↑ Untermieter의 여성형.
unterminieren ⟨h⟩ 1. (의) 밑(에 구멍)을 파다, (의) 토대를 허물다[약하게 하다], (을) 서서히 쇠퇴시키다, 몰래 해치다: jmds. Ansehen u. 누구의 명성을 손상시키다. 2. (군) 폭발물[지뢰]을 부설하다. **Unterminierung**, die; -en ↑unterminieren의 명사형. **Unterminierungsversuch**, der 파괴(공작) 기도.
untermischen ⟨h⟩ (무엇에) 섞다. **untermischen** ⟨h⟩ (무엇을 무엇과) 섞다: Gemüse, das als Salat mit Mayonnaise untermischt ist 샐러드용으로 마요네즈와 섞인 야채. **Untermischung, Untermischung**, die; -en 혼합, 혼입.
untermogeln ⟨h⟩ 《통용어》 슬쩍 집어 넣다.
untermotorisiert ⟨Adj.⟩ [자동차] 성능이 약한 모터가 달린.
untern ['untən] ⟨Präp. + Art.⟩ 《통용어》 unter den.
Unternächte ⟨Pl.⟩ (지역적) 크리스마스부터 공헌제(公現祭)에 이르는 열이틀 밤(↑Nächte).
unternehmen* 팔 밑에 끼다, 무엇을 무엇 밑에 들다. **unternehmen*** ⟨h⟩ 1. a) 착수하다, 단행하다, 감행하다: eine Reise u. 여행을 하다. b) (재미있는 일을) 하다, 계획하다: in den Ferien können wir viel zusammen u. 휴가 중에 우리들은 여러 가지 일을 함께 벌일 수 있다. 2. a) 꾀하다, 하다, 행하다: es wird Zeit, etw. gegen die Mißstände zu u. 곤경을 타개하기 위해 무엇인가를 꾀할 때가 되었다. b) ⟨es와 함께, 부정 + 4격과 결합하여⟩ ⟨아어⟩ 떠맡다, (책임 따위를) 지다: er hat es nur widerstrebend unternommen, den Vorfall zu melden 그는 마지못해 이 사건을 보고할 책임을 떠맡았다. **Unternehmen**, das; -s, - 1. 기도(企圖), 시도, 계획: ein U. durchführen[aufgeben] 어떤 계획을 수행[포기]하다; viele Soldaten sind bei diesem U. ums Leben gekommen 많은 군인들이 이번 작전에서 목숨을 잃었다. 2. 사업, 기업: ein U. liquidieren 기업을 폐업하다. **unternehmend** ⟨Adj⟩ 기업심이 왕성한, 진취적인, 박력이 있는, 수완이 있는, 적극적인.
Unternehmens-: ⟨Unternehmen 2⟩: **~berater**, der 기업 고문. **~beratung**, die 기업 상담. **~form**, die 기업 형태. **~forschung**, die 기업 연구. **~führung**, die ↑Management. **~gesellschaft**, die (경제) 회사, 기업. **~gründung**, die 기업 설립, 창업. **~konzentration**, die 기업 집중. **~leiter**, der 기업의 장(長). **~leitung**, die 기업 관리, 기업의 수뇌부. **~politik**, die 기업 정책. **~zusammenschluß**, der 기업 연합.
Unternehmer, der; -s, - [frz. entrepreneur] 기업(사업)가, 사업주; 경영자.
unternehmer-, Unternehmer-: **~freiheit**, die ⟨Pl. 없음⟩ 기업적인 결정의 자유. **~geist** 기업 정신. **~gewinn**, der [경제] 기업주 수익(이윤). **~organisation**, die 경영자 조직. **~seite**, die ⟨Pl. 없음⟩ 경영자: von U. 경영자 측으로부터. **~verband**, der 경영자 단체. **~vertreter**, der 경영자 대표.
unternehmerisch ⟨Adj.⟩ a) 기업(사업)가의, 경영자의. b) 기업(사업)가다운, 경영자다운. **Unternehmerschaft**, die; -en 사업(기업)가, 경영자(의 총칭). **Unternehmertum**, das; -s a) 사업(기업)가, 경영자(의 총칭). b) 기업가 정신(기질). **Unternehmung**, die; -en 1. ↑Unternehmen (1). 2. 《드물게》 ↑Unternehmen (2).
unternehmungs-, Unternehmungs-: **~geist**, der ⟨Pl. 없음⟩ 진취적인 정신(기상), 모험심. **~lust**, die 활동 의욕, 사업욕. **~lustig** ⟨Adj.⟩ 기업심(사업욕)이

강한, 담력이 있는, 진취적인, 모험을 좋아하는, 의욕에 찬.
Unteroffizier, der; -s, -e **a)** ⟨Pl. 없음⟩ 하사관(하사에서 상사까지): U. vom Dienst 이하사관(약어: UvD, U. v. D.). **b)** ⟨Pl. 없음⟩ 하사. **c)** 하사, 중사, 상사.
Unteroffizier(s)-: anwärter, der 하사관 후보생(약어: UA). **~ausbildung**, die 하사관 교육. **~dienstgrad**, der 하사관 계급. **~laufbahn**, die 하사관 경력. **~lehrgang**, der 하사관 교육과정. **~messe**, die 하사관 식당(집회소). **~rang**, der 하사관 서열. **~schule**, die 하사관 학교.
unterordnen ⟨h⟩ **1.** ⟨u. + sich⟩ 〈누구(무엇)에게〉 종속되다, 따르다, 순응하다: sich anderen nicht u. 다른 사람들을 따를 수가 없다, 다른 사람들에게 예속될 수가 없다; ⟨3격 목적어 없이도⟩ sie kann sich (einfach) nicht u. 그 여자는 쉽사리 따르지 않는다(고분고분하지 않는다). **2. a)** 무엇을 어떤 다른 일을 위해 제쳐 놓다: seine eigenen Interessen politischen Notwendigkeiten u. 자신의 이해 관계를 정치적 필연성을 위해 제쳐 놓다. **b)** ⟨과거분사로⟩ ↑untergeordnet (2) 참조. ⟨보통 과거분사로⟩ **a)** …에 종속[예속]시키다, …에 예하에 두다: jmdm. untergeordnet sein 누구에게 예속되어 있다. **b)** 보다 낮은 개념에 예속[종속]시키다: ein untergeordneter Begriff 하위[종속] 개념. **unterordnend 1.** ↑unterordnen 참조. **2.** ⟨Adj.⟩ [언어] 〈접속사가〉 부분[종속문]을 이끄는(예컨대: "ob", "weil"). **Unterordnung**, die; -en **1.** 종속, 예속, 복종, 하위에 있음. **2.** [언어] ↑Hypotaxe. **3.** [생물] 아목(亞目).
Unterpfand, das; -(e)s, …pfänder **a)** 《아이》 증거, 표시. **b)** 〈고어〉 ↑Pfand (1 a).
Unterpflasterbahn, Unterpflasterstraßenbahn, die; -en 도시 지하철(일부 구간이 도로 밑으로 뚫려 있음; 약어: U-Strab).
unterpflügen ⟨h⟩ 쟁기로 파묻다, 갈아 부치다〈종자 따위를〉.
Unterprima, die; …primen 〈준고어〉 9년제 김나지움의 8학년(우리 나라 고교의 3학년에 해당함). **Unterprimaner**, der; -s, - 김나지움의 8학년 학생. **Unterprimanerin**, die; -nen ↑Unterprimaner의 여성형.
unterprivilegiert ⟨Adj.⟩ 〈교양어〉 〈사회적으로〉 혜택을 받지 못하는, 소외된, 박해 받는. **Unterprivilegierte***, der / die 〈사회적으로〉 억압 받는 자, 소외된 자.
Unterpunkt, der; -(e)s, -e **1.** 하위의 점, 아래점. **2.** 철자 따위의 아래에 위치한 점.
unterqueren ⟨h⟩ **1.** 무엇의 아래를 통과하다. **2.** 무엇의 아래를 지나가다: diese Straße unterquert die Autobahn 이 도로는 고속도로 밑을 지나간다.
Unterrasse, die; -n 아종(亞種).
unterreden, sich ⟨h⟩ 〈아이〉 누구와 이야기하다, 상의[회담]하다. **Unterredung**, die; -en 담화, 회담, 상의, 담판.
Unterrepräsentanz, die 수적으로 약함, 대표성이 적음. **unterrepräsentiert** ⟨Adj.⟩ 〈교양어〉 수적으로 약한, 대표성이 적은: Arbeiterkinder sind an den Universitäten u. 대학에는 노동자의 자녀가 수적으로 열세에 있다.
Unterricht, der; -(e)s, -e 강의, 수업, 교육, 교수, 가르침: U. (in etw.) erteilen[geben] 〈무엇을〉 강의하다; U. (in etw.) nehmen 〈무엇에 대한〉 강의를 듣다, 〈무엇을〉 배우다. **unterrichten** ⟨h⟩ **1. a)** 가르치다, 강의[교수]하다: er unterrichten an einem Gymnasium[in Göttingen] 그는 김나지움에서 가르친다[괴팅겐에서 강의한다]. **b)** 특정 과목을 가르치다[강의하다]: er unterrichtet Englisch 그는 영어를 가르친다; er unterrichtet in Englisch 〈통용어〉 그는 영어 과목을 가르친다. **c)** 누구에게 강의하다, 누구를 가르치다: sie unterrichtet ihre Kinder im Malen 그 여자는 자식들에게 그림 그리기를 가르친다. **2. a)** 무엇을 알리다[보고하다]: jmdn. sofort über die Ereignisse(von den Ereignissen) u. 누구에게 그 사건에 대해 즉시 보고하다; ich bin (bestens) unterrichtet 나는 정확하게 알고 있다. **b)** ⟨u. + sich⟩ 〈무엇을〉 알게 되다, 〈무엇에 대한〉 정보를 입수하다: sich über den[über den] Stand der Dinge u. 그 사건의 경위에 대해 알게 되다. **unterrichtlich** ⟨Adj.⟩ **a)** 수업[강의]의, 교육의. **b)** 수업[강의]상의, 교육상의.
unterrichts-, Unterrichts-: ~ablauf, der 수업[교육] 과정[경과]. **~ausfall**, der 휴강, 수업 중지. **~beginn**, der 수업 시작. **~betrieb**, der ⟨Pl. 없음⟩ ↑Lehrbetrieb (2). **~brief**, der ↑Studienbrief. **~dauer**, die 강의 시간(의 길이). **~einheit**, die [교육] **1.** 어떤 교재를 다루는 데 소요되는 시간의 단위, 강의[수업] 시간 단위. **2.** 한 (포괄적인) 테마를 다루는 데 소요되는 시간: die U. „Romantik" beanspruchte 24 Unterrichtsstunden '낭만주의' 강의는 24 시간을 필요로 하였다. **~entwurf**, der 강의 요목, 강의 계획서. **~erfahrung**, die 수업 경험. **~fach**, das 교수[수업] 과목. **~film**, der 교재용 영화. **~forschung**, die [교육] 교수법연구. **~frei** ⟨Adj.⟩ 수업이 없는, 결강의. **~gegenstand**, der 교과목, 수업 대상. **~gerät**, das 교재도구. **~gespräch**, das [교육] 대화식 수업. **~gestaltung**, die 강의 구성[형태]. **~hilfsmittel**, das ⟨대개 Pl.⟩ [학교] 교재, 교육 용구. **~kunde**, die ⟨Pl. 없음⟩ ↑Didaktik. **~kundlich** ⟨Adj.⟩ ↑didaktisch (a). **~lehre**, die ↑Didaktik. **~material**, das 교재. **~methode**, die 수업 방법, 교수법. **~mittel**, das ⟨대개 Pl.⟩ [학교] ↑Lehrmittel. **~pause**, die (수업 사이의) 휴식 시간. **~pensum**, das [교육] 수업 진도 목표. **~plan**, der [학교] 수업 시간표. **~praxis**, die **1.** 수업의 실제. **2.** 수업[교직] 경험: keine(langjährige) U. haben[besitzen] 수업 경험이 전혀 없다[오랜 수업 경험이 있다]. **~programm**, das 수업 계획. **~raum**, der 교실. **~schritt**, der [교육] 수업 진도. **~stoff**, der [학교] 교재. **~stunde**, die 수업 시간. **~tag**, der 수업일. **~tätigkeit**, die 수업(행위). **~technologie**, die [교육] 수업 기술. **~verlauf**, der 수업의 경과. **~wesen**, das ⟨Pl. 없음⟩ 교육 제도, 학제. **~ziel**, das 수업목표. **~zweck**, der 수업 목적. **~zweig**, der 수업 계열.
Unterrichtung, die; -en 가르침; 지시, 교시; 통지, 보고.
Unterrock, der; -(e)s, …röcke 페티코트, 속치마, 슬립; 《농》 여자, 여성.
unterrühren ⟨h⟩ 저어서 섞다.
unters ['untɐs] ⟨Präp. + Art.⟩ 《통용어》 unter das.
Untersaat, die; -en [농업] 간종(間種)(휴한지에 재배하는 농작물).
untersagen ⟨h⟩ 금하다, 금지하다: etw. polizeilich [amtlich] u. 무엇을 법[행정적]으로 금지하다; der Arzt untersagte ihm, Alkohol zu trinken 의사는 그에게 음주를 금했다. **Untersagung**, die; -en 〈드물게〉 금지, 엄금.
Untersatz, der; -es, …sätze **1.** 받침(대), (물건을 얹어 두는) 시렁; 주춧돌, 굄돌, 굄목, 교각: Untersätze für die Gläser 유리잔 받침; das Bügeleisen auf einen U. stellen 다리미를 받침대 위에 놓다; fahrbarer U. 《통용어 · 농》 자동차. **2.** 《통용어 · 농》 차량: sich einen fahrbaren U. kaufen 자동차를 사다. **3.** [논리] 소전제 (小前提).
Unterschallgeschwindigkeit, die; -en 아음속(亞音速).

unterschätzen ⟨h⟩ 과소 평가하다, 낮게 (어림)잡다; 깔보다, 얕잡다, 나쁘게 말하다, 헐뜯다; 실제 가격보다 낮게 평가하다(반대: überschätzen): eine Gefahr u. 위험을 과소 평가하다; man sollte seinen Gegner nie u. 자기 적을 결코 얕잡아 봐서는 안된다; seine Erfahrungen sind nicht zu u. 그의 경험들은 무시할 수가 없다(주목할 만하다). **Unterschätzung**, die; -en 과소 평가(반대: Überschätzung).

unterscheidbar [...'ʃaitbaːɐ] ⟨Adj.⟩ 구별(분간)할 수 있는. **unterscheiden*** ⟨h⟩ **1. a)** 구별하다, 판별(식별, 감별)하다: der Verfasser unterscheidet drei Gesichtspunkte 그 저자는 세 가지 관점을 구별한다; zwischen Richtigem und Falschem u. 옳은 것과 그른 것을 구별한다; man muß Wesentliches von Unwesentlichem u. können 우리는 본질적인 것과 비본질적인 것을 구별할 수 있어야 한다. **b)** 구분하다: mein und dein nicht u. können 내것과 네것을 구분할 수가 없다. **c)** 식별(판별)하다: die Zwillinge sind kaum zu u. 그 쌍둥이는 거의 식별할 수가 없다; er unterscheidet die Schnäpse am Geruch 그는 냄새로 소주의 종류를 판별한다. **2.** ⟨u. + sich⟩ 구분되다, 구별되다: sich grundlegend[deutlich] von jmdm. u. 근본적으로[분명하게] 누구와 구별되다; ⟨전치사 없이도⟩ in diesem Punkt unterscheiden sich die Parteien überhaupt nicht 이 점에서는 각 정당들이 전연 구별되지 않는다. **3.** 구분지우다: ihre Musikalität unterscheidet sie von ihren Verwandten 그 여자를 친척들과 구분해 주는 것은 그 여자의 음악성이다. **4.** 식별(인지)해 내다: ich unterscheide zwei weiße Flecke am Horizont 나는 지평선에서 두개의 흰 점을 식별해냈다, **Unterscheidung**, die; -en 구분, 구별, 식별, 판별.

Unterscheidungs-: ~**gabe**, die 식별[식별] 재능[기질]. ~**merkmal**, das 식별 표시. ~**vermögen**, das ⟨Pl. 없음⟩ 식별[판별] 능력.

Unterschenkel, der; -s, - 종아리, 하퇴(부).

Unterschicht, die; -en **1.** 하층(반대: Oberschicht). **2.** ⟪드물게⟫ 기층(基層).

unterschieben* ⟨h⟩ 누구, 무엇 밑으로) 밀어 넣다: er hat ihr ein Kissen untergeschoben 그는 그 여자 밑에 베개를 밀어 넣었다; [전의] ein untergeschobenes Kind [Testament] 바뀌어진 어린애(위조된 유언장). **unter-schieben*** ⟨h⟩ **a)** 떠맡기다: jmdm. eine unangenehme Sache u. 누구에게 불쾌한 일을 떠맡기다. **b)** (누구에게 무엇을) 전가하다, (누구에게 어떤 사실이 있다고) 무고(誣告)하다: diese Äußerungen unterschiebt man mir 이 말을 내가 했다고 무고한다. **Unterschiebung**, die; -en 떠맡기기, 전가. **Unterschiebung**, die; -en ⟪드물게⟫ 밑으로 밀어넣기.

Unterschied, der; -(e)s, -e [mhd. underscheid, ahd. untarsceid] **1.** 차이, 상이: der U. zwischen Tier und Mensch 짐승과 사람과의 차이; ein U. wie Tag und Nacht 너무 심한 차이, 천양지차: es ist (schon) ein (großer) U., ob du es sagst oder er 그걸 너가 하느냐 혹은 그 사람이 하느냐는 큰 차이가 있다 [전혀 다른 이야기이다]; darin liegt der ganze U. 그 점이 바로 결정적인 차이가 있다; zwischen Arbeit und Arbeit ist noch ein U. 중요한 것은 일의 질(質)이다; das macht einen(keinen) U. 그것은 전혀 다르다(아주 똑같다); **der kleine U.** ⟪통용어·농⟫ 남자의 성기. **2.** 구분, 구별, 상이, 어긋남: einen U. machen zwischen dem eigenen Kind und dem Adoptivkind 친자와 양자를 구분하다; bei der Beurteilung der Schüler -e machen 학생들을 평가함에 있어 차별을 두다; im U. zu ihm[zum U. von ihm] ... 그와는 달리.

unterschieden ⟨Adj.⟩ ↑unterschiedlich (a, b).

Unterschiedenheit, die ↑Besonderheit. **unterschiedlich** ⟨Adj.⟩ 다른, 상이한, 구분되는, 가지가지의, 여러 가지의: die Qualität ist recht u. 질이 전연 다르다; Schüler u. behandeln 학생들을 차별을 두어 대하다. **Unterschiedlichkeit**, die; -en 다름, 상이함. **Unterschiedsbetrag**, der; -(e)s, ...beträge ↑Differenz(betrag). **unterschiedslos** ⟨Adj.⟩ 구별이 없는, 차별을 두지 않는.

unterschlächtig [-ʃlɛçtɪç] ⟨Adj.⟩ ⟪전문어⟫ 하사식(下射式)의(수차(水車)).

Unterschlag, der; -(e)s **1.** ↑Schneidersitz. **2.** [인쇄] 조판 페이지의 가장 밑줄(보통 공백의). **3.** [조선] 종량(縱梁)(창구(艙口)에 새로 미는 재목). **unterschla-gen*** ⟨h⟩ (팔, 다리를) 겹치다[포개다]. **unterschla-gen*** ⟨h⟩ **a)** 횡령[착복]하다, 유용하다: Mitgliedsbeiträge unterschlagen 회비를 착복하다; Briefe u. 편지를 중도에서 가로채다. **b)** 숨기다, 공표하지 않다: entscheidende Tatsachen u. 결정적인 사실을 숨기다. **Unterschlagung**, die; -en 횡령, 착복, 유용, 가로챔; 은닉: -en begehen 횡령[착복]하다.

Unterschleif, der; -(e)s, -e ⟪고어·지역적⟫ ↑Unterschlagung.

unterschließen* ⟨h⟩ [인쇄] 동일 시행으로 붙여 쓰다.

Unterschlupf, der; -(e)s, -e 숙소, 피난소, 도피처, 은신처: jmdm. U. gewähren 누구에게 은신처를 허락하다; der Dachs kam aus seinem U. hervor 오소리가 은신처에서 모습을 드러냈다. **unterschlupfen** ⟨s⟩ (südd.) ↑unterschlüpfen. **unterschlüpfen** ⟨s⟩ (통용어) 은신처(숙소 등)를 찾다: in einer Höhle(Scheune) u. 동굴(헛간) 속에 은신처를 발견하다.

Unterschnabel, der; -s, ...schnäbel (새의) 아래 부리.

unterschneiden* ⟨h⟩ **1.** [토건] ...의 하부를 비스듬히 자르다[절단하다]. **2.** [탁구] 내려 깎아 치다. **Unterschneidung**, die; -en [토건] 실내 벽에 붙인 띠 같은 돌출부의 밑을 도려냄, 하부를 끊어(베어)냄. **Unterschnitt**, der; -(e)s, -e [탁구] 깎아 내려 치기.

unterschreiben* ⟨h⟩ **a)** 서명하다, 기명(記名)하다: unterschreiben Sie bitte hier links 여기 왼쪽에 서명하십시오. **b)** (서명하여) 동의(시인)하다, 확증하다: einen Scheck blanko u. 백지 수표를 발행하다; [전의] diese Behauptung kann ich nicht u. ⟪통용어⟫ 나는 이 주장에 동의할 수 없다.

unterschreiten* ⟨h⟩ (보다) 적다, (에) 미달이다. **Unterschreitung**, die; -en 미달.

Unterschrift, die; -en [spätmhd. underschrift] **1.** 서명, 사인: eine U. leisten 서명하다; seine U. unter etw. setzen 문서 아래에 자신의 서명을 하다; er muß seine U. beglaubigen lassen 그는 (자신의) 서명을 공증받아야 한다; jmdm. etw. zur U. vorlegen 누구에게 무엇을 서명하라고 내놓다. **2.** ↑Bildunterschrift의 약칭.

Unterschriften-: ~**aktion**, die 서명 행위. ~**kampagne**, die 서명 운동. ~**mappe**, die (서류) 결재판. ~**sammlung**, die 싸인받기, 서명 운동.

unterschriftlich ⟨Adv.⟩ ⟪관⟫ 서명으로[하여]: etw. u. bestätigen 무엇을 서명하여 증명하다.

unterschrifts-, **Unterschrifts-**: ~**berechtigt** ⟨Adj.⟩ 서명할 권한이 있는. ~**berechtigung**, die 서명할 권한이 있음. ~**bestätigung**, die 서명 확인. ~**fälschung**, die 서명 위조. ~**probe**, die 등록필 사인[서명](은행 따위에 제출한). ~**reif** ⟨Adj.⟩ 서명을 단계에 다다른, 서명해도 좋은. ~**vollmacht**, die 서명권 위임.

Unterschuß, der; ...schusses, ...schüsse ⟪고어⟫ 부족

액, 손실, 적자.
unterschweflig ⟨Adj.⟩ [화학] 아황산이 적게 함유된.
unterschwellig ⟨Adj.⟩ 잠재 의식의.
Untersee, der; -s 보덴 호(湖)의 한 부분.
Unterseeboot, das; -(e)s, -e 잠수함, 잠수정(약어: U-Boot). **~hafen**, der 잠수함 기항지. **Unterseebootbekämpfung**, die, **Unterseebootkrieg**, der 잠수함전. **unterseeisch** [...ze:ɪʃ] ⟨Adj.⟩ [지질] 수중 (해중)의, 해저의.
Unterseite, die 아래쪽, 하변, 밑, 바닥; 밑받침. **unterseits** ⟨Adv.⟩ [↑ ...seits] 밑(바닥)에, 하변에, 아래쪽에.
Untersekunda, die; ...sekunden 《준고어》 김나지움의 6학년(우리 나라 고교 1년에 해당). **Untersekundaner**, der; -s, - 《준고어》 김나지움의 6학년생. **Untersekundanerin**, die; -nen 《준고어》 ↑ Untersekundaner의 여성형.
untersetzen ⟨h⟩ 밑에 괴다[놓다]. **untersetzen** ⟨h⟩ **1.** (무엇을 무엇과) 섞다[혼합하다]: der Wald ist mit Sträuchern untersetzt 숲이 덤불과 섞여 있다. **2. a)** [자동차] 감속하다. **b)** [전기] (전류를) 서서히 보내다: elektronische Signale u. 전기 신호를 서서히 보내다. **Untersetzer**, der; -s, - (화분) 받침, 받침 접시. **untersetzt** ⟨Adj.⟩ 땅딸막한, 짧고 굵은(pyknisch). **Untersetztheit**, die ⟨Pl. 없음⟩ 땅딸막함, 짧고 굵음. **Untersetzung**, die; -en **a)** [자동차] 감속, 기어를 저단으로 걸기. **b)** [전기] 전류를 서서히 보내기: die U. des Transformators angeben 변압기의 전류를 서서히 보내다. **Untersetzungsgetriebe**, das [자동차] 감속기어 (장치).
untersiegeln ⟨h⟩ [관] (의 밑에) 날인하다.
untersinken* ⟨s⟩ 아래로 가라 앉다, 침강[침몰]하다.
unterspickt ⟨Adj.⟩ ⟨österr.⟩ 지방질이 낀(많은).
unterspielen ⟨h⟩ 《드물게》 **1.** 경시하다, 과소평가하다: die Unruhen wurden unterspielt 소요를 가볍게 생각했다. **2.** (냉담하게) 별것 아닌 것으로 표현[서술]하다.
unterspülen ⟨h⟩ (물이 흘러서) 밑을 파(내리)다, 깎아내다, 침식하다: die Flut hat das Ufer unterspült 강물이 강둑 밑을 파들어갔다. **Unterspülung**, die; -en ↑ unterspielen의 명사형.
unterst... ['ʊntəst...] ⟨Adj.⟩ ↑ unter의 최상급. ¹**Unterste** ['ʊntəstə], das; -n ↑ unter... 참조.
Unterstand, der; -(e)s, ...stände **1.** 지하[방공]호, 엄폐부: die Soldaten waren in den Unterständen 군인들은 지하호 속에 있었다. **2.** 피신처, 은신처. **3.** ⟨österr.⟩ 숙(박)소. **Unterständer**, der; -s, - **1.** 대들보, 기둥. **2.** [문장] 방패[문장(紋章)]의 아래 부분. **unterständig** ⟨Adj.⟩ (씨방이) 밑에 붙은, 밑에 있는; (씨방이) 하위(下位)의; (동물의 발이) 뒤에 달린. **unterstandslos** ⟨Adj.⟩ ⟨österr.⟩ ↑ obdachlos.
unterstehen* ⟨h⟩ (의) 밑에 있다, (의) 밑에서 비를 피하다: er hat beim Regen untergestanden 그는 (무엇 밑에 들어서서) 비를 피했다. **unterstehen*** ⟨h⟩ **1. a)** 감독 하에 있다, (의) 밑에 있다, 관할 하에 있다: das Militär untersteht der Exekutive 군대는 행정부의 감독 하에 있다. **b)** (무엇의) 지배 하에 있다, 무엇에 의해 규정되다: es untersteht keinem Zweifel, daß ... ...은 의심할 여지가 없다. **2.** ⟨u. + sich⟩ (무엇을) 감히 하다: untersteh dich nicht, darüber zu sprechen! 그것에 대해 감히 말하지 마라!; untersteh dich! 그만둬! (경고조로); was unterstehen Sie sich! 감히 그런 말[짓]을 하다니!
unterstellen ⟨h⟩ **1. a)** 넣어 두다, 간직하여 두다, 치우다: das Fahrrad im Keller u. 자전거를 지하실에 치우

다. **b)** ⟨u. + sich⟩ 피하다: ich habe mich während des Regens untergestellt 나는 비가 오는 동안 몸을 피했다. **2.** (무엇) 밑에 두다: einen Eimer u. 양동이를 밑에 두다(놓다). **unterstellen** ⟨h⟩ **1. a)** (누구의) 밑에 두다, 지배 하에 두다, (에) 종속시키다: die Behörde ist dem Innenministerium unterstellt 그 관청은 내무부 관할 하에 있다. **b)** (무엇의 운명을) 맡기다: er hat ihm mehrere Abteilungen unterstellt 그는 그에게 여러 부서를 위임했다. **2. a)** 가정하다, 간주하다, 가정하여 보다: ich unterstelle (einmal), daß ... 나는 (일단) ...이라고 가정해 본다. **b)** (책임을) 전가하다, 무고하다: was unterstellen Sie mir eigentlich? 도대체 무슨 책임을 나한테 전가하는 겁니까? **Unterstellmöglichkeit**, die 보관 가능성. **Unterstellraum**, der 보관 장소. **Unterstellung**, die 보관, 피신. **Unterstellung**, die; -en **1.** 종속, 하위에 둠; 배속, 직속; 위임. **2.** 비방, 무고, (책임의) 전가.
untersteuern ⟨h⟩ [자동차] 핸들을 적게 꺾으며 커브를 돌다.
Unterstimme, die; -n 악곡의 가장 낮은 파트.
Unterstock, der; -(e)s, **Unterstockwerk**, das; -(e)s, -e ↑ Souterrain.
unterstopfen ⟨h⟩ (밑에) 채워 넣다.
unterstreichen* ⟨h⟩ **1.** (의) 밑에 줄을 긋다, 밑줄[언더라인]을 긋다: die Fehler mit Rotstift unterstreichen 잘못된 부분 밑에 빨간 연필로 줄을 긋다. **2.** 힘주어 말하다, 강조하다, 역설하다: das kann ich nur u.! 나는 그것을 강조할 수밖에 없다!, 그것에 전적으로 찬성이다! **Unterstreichung**, die; -en 밑줄긋기, 언더라인 치기; 강조, 역설.
unterstreuen ⟨h⟩ (의) 밑[아래]에 뿌리다: Stroh u. 짚을 깔아 주다.
Unterströmung, die; -en 저류(底流), 하층류(물이나 공기의).
Unterstufe, die; -n 저학년, 초급, 하급; 저급, 낮은 정도 [단계].
Unterstufenlehrer, der 저학년[초급반] 교사.
unterstützen ⟨h⟩ (무엇) 밑에 바치다[괴다]. **unterstützen** ⟨h⟩ **1. a)** 보조하다, 원조[부조]하다: er wird von seinen Freunden finanziell unterstützt 그는 친구들로부터 경제적 도움을 받는다. **b)** 도와주다: jmdn. bei einer Arbeit tatkräftig[mit Rat und Tat] u. 누가 어떤 일을 하는 데 적극적으로[물심 양면으로] 돕는다. **2.** 후원하다, 지지하다: ich unterstütze ein Projekt mit allen Mitteln u. 어떤 계획을 모든 수단을 동원해서 후원하다; deine Faulheit unterstütze ich nicht länger 네 게으름을 더이상 조장하지 않겠어. **Unterstützung**, die; -en **1.** 보조, 원조, 부조; 후원, 지원: er ist auf finanzielle U. [auf U. durch den Staat] angewiesen 그는 경제적 후원[국가 보조]에 의존하고 있다; ohne seine U. kann der Plan nicht gelingen 그 계획은 그의 지원 없이는 성공할 수 없다. **3.** 보조(후원, 지원)금: die U. beträgt 200 Mark 보조 금액은 200마르크이다.
unterstützungs-, **Unterstützungs-**: **~bedürftig** ⟨Adj.⟩ 원조(보조)가 필요한, 곤궁(빈궁)한. **~beihilfe**, die 지원금, 보조금. **~berechtigt** ⟨Adj⟩ 원조를 받을 자격이 있는. **~empfänger**, der 보조금을 받고 있는 사람. **~geld**, das 지원[보조, 후원]금. **~kasse**, die 보조 기금, 공제 금고.
Untersuch, der; -s, -e ⟨schweiz. 드물게⟩ ↑ Untersuchung. **untersuchen** ⟨h⟩ **1. a)** 조사하다, 정사(精査)하다, 연구하다: die gesellschaftlichen Verhältnisse u. 사회적 상황을 조사하다; ein Problem u. 어떤 문제를 연구하다. **b)** [시험(분석)]하다: den Eiweißgehalt von etw. u. lassen 무엇의 단백질 함유량을 분석하게 하

다. **2. a)** 진찰(검진)하다: sich ärztlich u. lassen 의사의 진찰을 받다; jmdn. auf seinen Geisteszustand (hin) u. 누구의 정신 상태를 검진하다. **b)** (환부(患部)를) 진단하다. **3.** 심리(심문)하다, 취조하다: einen Fall gerichtlich u. 사건을 법정 심리하다; den Tathergang u. 범행 경위를 심문하다. **4.** 수색(검색)하다: die Soldaten untersuchten die Fahrzeuge auf(nach) Waffen 군인들이 무기의 탐재 여부를 가리기 위해 비행기를 검색했다. **5.** 검사하다: das Auto auf seine Verkehrssicherheit (hin) u. 자동차의 안전성을 검사하다. **Untersuchung, die;** -en **1. a)** 조사, 정사(精査), 연구; 시험, 분석: die U. der Gesteinsschichten 암층 조사; eine U. anstellen(anfertigen) 검사(관찰, 수사)하다. **b)** 진찰(검진), 진단: sich einer gründlichen U. unterziehen 정밀 검진을 받다. **2.** 심리(심문), 취조: die polizeiliche U. läuft noch 경찰의 심문이 아직 진행되고 있다; eine U. fordern(beantragen, anordnen, durchführen, einstellen) 수사를 요구(신청, 명령, 수행, 중지)하다. **3.** 수색, 검색. **4.** 검사. **5.** 연구(논문): eine tiefgreifende U. 철저한 분석(논문); eine U. veröffentlichen 논문을 출판하다.

Untersuchungs-: **~ausschuß,** der 조사 위원회. **~befund,** der 조사(검사) 결과. **~bericht,** der 조사보고. **~ergebnis,** das 조사(검사) 결과. **~gefangene*,** der / die 미결수. **~gefängnis,** das 미결 감옥. **~haft,** die 미결 구류: in U. sitzen 미결수로 복역 중이다; jmdn. in U. nehmen 누구를 (미결) 구류시키다 (약어: U-Haft.). **~häftling,** der 미결수. **~kommission,** die ↑~ausschuß. **~methode,** die 조사(검사) 방법. **~objekt,** das 조사(검사) 대상. **~richter,** der 예심 판사. **~station,** die ↑Forschungsstation. **~verfahren,** das 심리(신문(訊問)) 절차. **~zimmer,** das 진찰실.

Untertag(e)- [광]: **~arbeiter,** der 광부, 갱내 노동자. **~bau,** der **1.** 〈Pl. 없음〉 갱내 채굴. **2.** 〈Pl. -e〉 광갱(鑛坑) 시설. **~vergasung,** die 채굴되지 않은 석탄층의 기화(氣化).

untertags 〈Adv.〉 〈österr., schweiz.〉 낮에.

untertan 〈Adj.〉 (다음 용법으로) **sich(einer Sache) jmdn.(etw.) u. machen** (아이) 누구를 자기에게 복종시키다(무엇을 자기의 예속시키다); **jmdm.(einer Sache) u. sein** 〈준고어〉 누구(무엇)에게 예속(종속)되어 있다. **Untertan,** der; -s (또는 -en, -en 〈옛〉 신민, 신하: die Schüler zu -en erziehen 〈폄〉 전의 학생들을 노예 같은 인간으로 교육시키다. **Untertanengeist,** der 〈Pl. 없음〉 〈폄〉 신하 근성, 비굴한 마음. **Untertanenpflicht,** die 신민(신하)의 의무. **untertänig** [...tɛːnɪç] 〈Adj.〉 〈폄〉 종속(예속)되어 있는, 스스로를 낮춘, 검손한, 공손한: Ihr -ster Diener 돈수재배(頓首再拜)(편지 끝에 쓰는 고풍스러운 말). **Untertänigkeit,** die 공손, 근손; 종속, 예속; 신속(臣屬).

Untertasse, die; -n (컵의) 받침 접시: **fliegende U.** 비행 접시.

Untertaste, die; -n (피아노 따위의) 백건(白鍵).

untertauchen 1. a) 〈s〉 (물 속으로) 가라앉다, 잠수하다: [전의] die Kiste tauchte unter 상자가 파도에 잠겼다. **b)** 〈h〉 물 속에 잠기게 하다, 가라앉히다. **2.** 〈s〉 **a)** 사라지다, 모습을 감추다. **b)** 잠적하다, 숨다: den Bankräubern gelang es, in Südamerika unterzutauchen 은행 강도들은 남미로 잠적하는 데 성공했다. **untertauchen** 〈h〉 (의) 밑으로 잠수하다, 자태를 감추다: die Robben können das Packeis u. 물개(바다표범)들은 유빙(流水) 밑으로 잠수할 수 있다.

Unterteil, das / der; -(e)s, -e 하부(下部), 바닥(부분).

unterteilen 〈h〉 **a)** (면적이나 공간을) 분할하다: das Zimmer ist durch ein großes Bücherbord unterteilt 그 방은 큰 책꽂이(서가)로 분할되어 있다. **b)** 세분하다, 분류하다: die Skala ist in 10 Teile unterteilt 그 눈금은 10등분되어 있다. **Unterteilung, die;** -en 세분, 소구분, 분류.

Untertemperatur, die; -en 저체온(증)(低體溫(症)).
Untertertia, die; ...tertien 〈준고어〉 ↑Gymnasium의 4학년. **Untertertianer,** der; -s, - 〈준고어〉 ↑Gymnasium의 4학년 학생.

Untertitel, der; -s, - **1.** 부제(副題), 작은 표제. **2.** (영화의) 자막(字幕); der Film wird in der Originalfassung mit -n gesendet 그 영화는 원판에 자막을 달아서 방영된다. **untertiteln** [...'tiːtln], 〈또한〉 ...'tɪtl̩n] 〈h〉 **1.** 부제를 달다. **2. a)** 자막을 넣다. **b)** (그림이나 사진에) 설명을 달다. **Untertitelung,** die; -en ↑untertiteln의 명사형.

Unterton, der; -(e)s, ...töne 〈대개 Pl.〉 **1.** [물리·음악] 하음(下音); 제2음정, 배음(陪音). **2.** 색조, 울림; 저류(低流): seine Stimme hatte einen drohenden U. 그의 음성에는 위협적인 어조가 담겨 있었다; mit einem U. von Zweifel 의심스러운 말투로.

untertourig [...tuːrɪç] 〈Adj.〉 [기술] 저회전의.
untertreiben* 〈h〉 (에) 실제보다 싼 값을 매기다, (실제의 수량, 정도보다) 적은 수를 부르다, 적게 말하다(말하기)(반대: übertreiben). **Untertreibung,** die; -en 낮추어 말하기; 과소표현.

untertunneln 〈h〉 (의) 밑에 터널을 파다. **Untertunnelung,** die; -en ↑untertunneln의 명사형.
untervermieten 〈h〉 전대(轉貸)하다. **Untervermietung,** die; -en 전대(轉貸).
unterversichern 〈h〉 부분 보험에 들다. **Unterversicherung,** die; -en 부분 보험 가입.
unterversorgen 〈h〉 〈대개 과거분사로〉 공급을 부족하게 하다: der Markt ist unterversorgt 그 시장은 공급이 부족하다. **Unterversorgung,** die; -en 공급이 원활치 못함.

unterwandern 〈h〉 **a)** 서서히 침투해 가다: die Kommunisten versuchten, die Armee zu u. 공산주의자들이 군에 침투하려고 했다. **b)** (고어) (나라, 민족 따위를) 이주민의 침투로 약화시키다. **Unterwanderung,** die; -en ↑unterwandern의 명사형.

unterwärts 〈Adv.〉 〈통용어〉 **a)** 아래에, 밑에, 하부에: bist du u. auch warm genug angezogen? 너 밑에도 (아랫도리도) 충분히 따뜻하게 입고 있니? **b)** 아래쪽으로, 내려가서(abwärts).

Unterwäsche, die; -n **1.** 〈Pl. 없음〉 속옷(러닝 셔츠, 팬티 따위). **2.** 〈은어〉 ↑Unterbodenwäsche의 약칭.
unterwaschen* 〈h〉 아래를 씻다, (물이 우묵하게) 파들어 가다. **Unterwaschung,** die; -en ↑unterwaschen의 명사형.

Unterwasser, das; -s ↑Grundwasser.
Unterwasser-: **~archäologie,** die 해저 고고학(고고학의 한 분야로 해저 유물에 관해 연구함). **~aufnahme,** die 수중 촬영. **~ball,** der 〈Pl. 없음〉 수구(水球)의 일종. **~behandlung,** die ↑~massage. **~flora,** die 수중식물. **~forscher,** der ↑Aquanaut. **~forschung,** die ↑Aquanautik. **~jagd,** die 작살을 이용한 고기잡이. **~kamera,** die 수중 카메라. **~kraftwerk,** das 수중 발전소. **~massage,** die 수중 안마(마사지). **~station,** die 수중 관측(탐지)소. **~streitkräfte** 〈Pl.〉 해저 전투력.

unterwegs 〈Adv.〉 **a)** 도중(도상)에: er ist bereits u. 그는 이미 오는 중이다; ich war gerade u., als der Anruf kam 전화가 왔을 때 나는 막 오는 중이었다; er ist den ganzen Tag u. 그는 온종일 집에 붙어 있지 않는다;

der Brief ist u. 편지가 오는 중이다(저쪽에서 이미 띄웠다): [전의] bei seiner Frau ist ein Kind [etwas Kleines] u. 《통용어》 그의 부인은 임신 중이다. **b)** 여행 중에: wir haben u. viel Interessantes gesehen 우리는 여행 중에 재미있는 것들을 많이 보았다. **c)** 밖에 있는, 집에 있지 않은: wer ist denn um diese Uhrzeit noch u.? 누가 도대체 아직까지 이 시간에 집에 들어가지 않았겠는가?; die ganze Stadt war u. 전(全)시민이 밖에 나와 있었다.

unterwēilen 〈Adv.〉 [고어] **1.** 이따금(manchanal). **2.** 그 사이에, 그러는 사이에(währenddessen).

unterweisen* 〈h〉 [아어] 가르치다, 지도하다: jmdn. in Geschichte u. 누구에게 역사를 가르치다; er unterwies die Kinder, wie sie sich verhalten sollten 그는 어린이들에게 어떻게 행동해야 할지를 가르쳤다. **Unterweisung**, die; -en 가르침, 지도.

Unterwelt, die 〈Pl. 없음〉 **1.** [그리스 신화] 명부(冥府), 황천, 저승, 지옥. **2.** (대도시의) 암흑가, 악의 세계: in der U. verkehren 암흑가에 드나들다. **unterweltlich** 〈Adj.〉 암흑가의; 명부의, 황천의.

unterwerfen* 〈h〉 **1. a)** 지배하에 두다; 굴복(복종, 예속)시키다, 정복하다. **b)** 〈u. + sich〉 굴복(복종, 예속)하다: die germanischen Volksstämme wollten sich nicht u. 게르만 종족들은 굴복하려 들지 않았다. **2.** 〈u. + sich〉 복종하다, 따르다: er unterwarf sich dem Urteil 그는 판결에 복종했다. **3.** [퇴색] 원치않게시키다, (싫은 일에) 부닥치게 하다: jmdn. einem Verhör u. 누구를 심문하다; etw. einer Kontrolle u. 무엇을 통제하다. **4. jmdm. [einer Sache] unterworfen sein** 누구에게[무엇에] 예속(종속)되어 있다. **Unterwerfung**, die; -en 굴복시키기, 정복; 굴복, 복종(하기); 수락. **Unterwerfungsgebärde**, die [행태] ↑Demutshaltung. **Unterwerfungsklausel**, die [법] (판정 따위의) 수락 조건.

Unterwęrksbau, der; -(e)s [광] 지하 채굴(地下採掘).

unterwertig 〈Adj.〉 《전문어》 가격 이하의, 가치가 적은, 열등한. **Unterwertigkeit**, die 《전문어》 가치 이하, 열등.

unterwinden*, sich 〈h〉 [고어] (을) 떠맡기다, 꾀(감행)하다.

Unterwolle, die 〈Pl. 없음〉 [사냥] 속털(피부에 가장 인접해 있는 털).

unterwürfig [...'vʏrfıç, '----] 〈Adj.〉 《팜》 겸손(공손)한, 굴종하는, 자기를 낮춘, 비굴한, 노예 같은: sich jmdm. in -er Haltung nähern 누구에게 비굴한 자세로 접근하다; sich jmdm. u. machen 누구를 굴종시키다, 자기의 부하로 삼다. **Unterwürfigkeit**, die 겸손, 공손, 자기 비하, 비굴. **Unterwürfigkeitshaltung** [행태] ↑Demutshaltung.

unterzeichnen 〈h〉 서명하다: den Friedensvertrag u. 강화 조약을 비준하다: das Gesetz ist unterzeichnet worden 그 법률은 서명됐다(법적 효력이 부여됐다). **Unterzeichner**, der; -s, - 서명자, 기명자; 예약자, 신청자, 언더라이터(공채 따위의). **Unterzeichnete***, der / die [관] ↑Unterzeichner. **Unterzeichnung**, die; -en 서명, 비준, 승인.

Unterzeug, das; -(e)s 《통용어》 ↑Unterwäsche.

unterziehen* 〈h〉 **1.** 속에 입다: noch eine Pullover u. 또 하나의 스웨터를 입다. **2.** [토건] 설치하다: sie haben einen Träger untergezogen 그들은 대들보를 하나 설치했다. **3.** [요리] (음식물을) 층지게 포개 넣다: Eischnee (unter eine Speise) u. 계란 흰자위를 (요리 속에) 깔아 넣다. **unterziehen*** 〈h〉 〈u. + sich〉 (힘든 일을) 떠맡다: er unterzog sich dieser Aufgabe 그는 이 과업을 떠맡았다. **2.** [퇴색] jmdn. [etw.] einer Untersuchung u. 누구[무엇]를 조사(검사)하다; ich muß mich einer Operation u. 나는 수술을 받아야만 한다.

untief 〈Adj.〉 《드물게》 얕은, 깊지 않은. **Untiefe**, die; -n **1.** 얕은 곳, 깊지 않은 곳. **2.** 아주 깊음, 끝모를 깊이, 심해, 심연.

Untier, das; -(e)s, -e 괴물, 괴수(怪獸): [전의] ihr Mann ist ein U. 그 여자의 남편은 괴물 같은 사람이다.

untilgbar [《또한》 '---] 〈Adj.〉 《아어》 지울[없앨] 수 없는, 근절할 수 없는.

Untote*, der / die 〈대개 Pl.〉 ↑Vampir (1).

untragbar [《또한》 '---] 〈Adj.〉 **1.** 짊어지기 어려운, 지탱하기 힘든: finanziell u. sein 경제적으로 지탱(부담)하기 힘들다. **2.** 참기 힘든, 참을 수 없는: er ist für seine Partei u. 그는 그의 당에 참을 수 없는 존재다. **Untragbarkeit** [《또한》 '----], die 부담 불능, 참기 어려움.

untrainiert 〈Adj.〉 훈련(연습)이 덜 된.

untrennbar [《또한》 '---] 〈Adj.〉 나눌[떼어 놓을] 수 없는, 불가분의, 밀접한. **Untrennbarkeit** [《또한》 '----], die 불가분성, 불가분의 관계.

untreu 〈Adj.〉 **a)** 《아어》 불성실한, 부정직한: er ist seinen Freunden u. geworden 그는 친구들에게 불성실한 인간이 됐다; er ist sich selbst u. geworden 그는 자신을 기만했다. **b)** 부정(不貞)한: seine Frau ist ihm u. geworden 그의 부인은 그를 배반했다. **Untreue**, die **1.** 불성실, 배신, 부정. **2.** [법] 배임: er wurde wegen fortgesetzter U. entlassen 그는 계속적인 배임 행위 때문에 파면당했다.

untröstlich [《또한》 '----] 〈Adj.〉 위로할 수 없는, 슬픈, 어쩔 도리 없는, 위로가 되지 않는: ich bin u., daß ich das vergessen habe 내가 그걸 잊어버리다니, 대단히 슬픈 일이다.

untrüglich [《또한》 '---] 〈Adj.〉 확실한, 틀림이 없는, 그릇됨이 없는, 분명한.

untüchtig 〈Adj.〉 쓸모없는, 무능한. **-untüchtig** [-ʊntʏçtıç] (접미사적 사용) 능력이 없는: ein lebensuntüchtiger Mensch 생활 능력이 없는 사람. **Untüchtigkeit**, die 무능함, 능력 없음, 무능력.

Untugend, die; -en 악습, 부덕, 악덕, 도덕적 결함.

untunlich 〈Adj.〉 《군고어》 하기 어려운, 실행 불가능한, 그만두는 것이 좋은.

untypisch 〈Adj.〉 전형적이 아닌, 대표적이 아닌.

unüberbietbar [《또한》 '-----] 〈Adj.〉 능가할 수 없는, 더할 나위없는.

unüberbrückbar [ʊn'yːbɐˈbrʏkbaːɐ̯, 《또한》 '-----] 〈Adj.〉 조정하기[화해시키기] 어려운, 없애기 어려운 (장애 따위). **Unüberbrückbarkeit** [《또한》 '-----], die ↑unüberbrückbar의 명사형.

unüberhörbar [ʊnˈyːbɐˈhøːɐ̯baːɐ̯, 《또한》 '-----] 〈Adj.〉 건성으로 들어넘길 수 없는.

unüberlegt 〈Adj.〉 무분별한, 부주의한, 경솔한: u. antworten 경솔하게 대답하다. **Unüberlegtheit**, die; -en **1.** 〈Pl. 없음〉 경솔함, 무분별함. **2.** 경솔한[무분별한] 언행.

unüberschaubar [《또한》 '-----] 〈Adj.〉 조망할 수 없는, 개관할 수 없는, 엄청나게 큰.

unüberschreitbar [ˈʊnyːbɐˈʃraɪtbaːɐ̯, 《또한》 '-----] 〈Adj.〉 《드물게》 넘기(기) 어려운, 극복하기 어려운.

unübersehbar [《또한》 '-----] 〈Adj.〉 **1.** 간과(묵과)할 수 없는, 흘려넘길 수 없는. **2.** 끝이 없는, 어마어마한: eine -e Menge von Menschen hat sich versammelt 엄청나게 많은 사람들이 모였다; [전의] -e

Schwierigkeiten 엄청난 시련. b) 〈형용사 강조〉매우, 엄청난: das Gelände war u. groß 그 지대는 엄청나게 넓었다. **Unübersehbarkeit** [(또한) '------], die ↑unübersehbar의 명사형.
unübersetzbar [(또한) '------] 〈Adj.〉 번역할 수 없는.
unübersichtlich 〈Adj.〉 전망하기 어려운, 일목 요연하지 않은, 내다볼 수 없는, 한눈에 보기 힘든. **Unübersichtlichkeit**, die ↑unübersichtlich의 명사형.
unübersteigbar [ʊnly:bɐ'ʃtaikba:ɐ̯, (또한) '------] 〈Adj.〉 타고 넘기 어려운, 극복하기 어려운, 어쩔 수 없는, **unübersteiglich** [...'ʃtaikliç, (또한) '------] 〈Adj.〉《드물게》 ↑unübersteigbar.
unübertragbar [(또한) '------] 〈Adj.〉 옮기기 어려운, 전도(傳導)하기 어려운, 양도할 수 없는, 팔 수 없는, 비전염성의, 번역하기 어려운.
unübertrefflich [(또한) '------] 〈Adj.〉 능가하기 어려운, 비할 데 없는, 탁월한. **Unübertrefflichkeit** [(또한) '------], die ↑unübertrefflich의 명사형. **unübertroffen** [(또한) '------] 〈Adj.〉 능가 할 수 없는, 뛰어난.
unüberwindbar [(또한) '------] 〈Adj.〉《드물게》 ↑unüberwindlich. **unüberwindlich** [(또한) '------] 〈Adj.〉 이겨내기 어려운, 정복하기 어려운, 무적의, 없애기 어려운. **Unüberwindlichkeit** [(또한) '------], die ↑unüberwindlich의 명사형.
unüblich 〈Adj.〉 일반[상]적이 아닌, 사용할 수 없는.
unumgänglich [(또한) '-----] 〈Adj.〉 절대적으로 필요한, 불가피한: diese Maßnahmen sind u. 이 조치는 불가피하다;《경우에 따라서 첫음절에 강음을 두어서》 사교성이 없는. **Umgänglichkeit** [(또한) '------], die 불가피성, 접근 불가능(성).
unumschränkt [ʊnlʊm'ʃrɛŋkt, (또한) '----] 〈Adj.〉 제한(국한)되지 않은, 절대적인, 전제의: jmdm. -e Vollmacht geben 누구에게 전권을 부여하다; der -e Monarch 절대[전제] 군주.
unumstößlich [ʊnlʊm'ʃtø:sliç, (또한) '------] 〈Adj.〉 전복할[뒤집을] 수 없는, 변경시킬 수 없는, 결정적인: dieser Termin steht u. fest 이 기일은 절대 변경시킬 수 없다. **Unumstößlichkeit** [(또한) '------], die 확고 부동함.
unumstritten [(또한) '------] 〈Adj.〉 이론의 여지가 없는, 확실한: eine -e Tatsache 이론의 여지가 없는 사실.
ununterbrochen [(또한) '------] 〈Adj.〉 끊임없는, 중단되지 않는, 잇따른: es hat seit Tagen u. geregnet 며칠 전부터 비가 끊임없이 내렸다. **ununterscheidbar** [(또한) '------] 〈Adj.〉 구분[분간]할 수 없는.
unveränderbar [(또한) '------] 〈Adj.〉《드물게》 ↑unveränderlich. **Unveränderlich** [(또한) '------] 〈Adj.〉 변화시킬 수 없는, 변하지 않는, 변하기 어려운, 불변의. **Unveränderlichkeit** [(또한) '------], die ↑unveränderlich의 명사형. **unverändert** [(또한) '------] 〈Adj.〉 a) 변화없는: in seinem Aussehen war er u. 외모로 볼 때 그는 변화가 없었다. b) 변함없는, 여전한.
unverantwortbar [ʊnfɐɐ̯'antvɔrtbaːɐ̯, (또한) '------] 〈Adj.〉《드물게》 ↑unverantwortlich (1). **unverantwortlich** [(또한) '------] 〈Adj.〉 1. 책임을 지지 않는, 무책임한, 용서할 수 없는: dieses Verhalten ist u. 이 행동은 무책임하다. 2.《드물게》 책임감이 없는. **Unverantwortlichkeit** [(또한) '------], die ↑unverantwortlich의 명사형.
unverarbeitet [(또한) '------] 〈Adj.〉 1. 가공되지 않은, 자연[천연] 그대로의, 원료 그대로의. 2.《생각 따위가》미숙한, 생경한: -e Erinnerungen 어설픈 기억.
unveräußerlich [(또한) '------] 〈Adj.〉 1. 《아이》내어줄 수 없는, 양도할 수 없는. 2.《드물게》 팔 수 없는, 매각할 수 없는. **Unveräußerlichkeit** [(또한) '------], die 《아이》 ↑unveräußerlich의 명사형.
unverbaubar [(또한) '------] 〈Adj.〉《건물로 인해》 조망이 막히지 않는.
unverbesserlich [ʊnfɐɐ̯'bɛsɐliç, (또한) '------] 〈Adj.〉 개선[교정]할 수 없는, 향상시킬 수 없는, 고칠 수 없는, 수선할 수 없는: er ist eben u. 그는 개선의 여지가 없는 사람이다. **Unverbesserlichkeit** [(또한) '------], die 《드물게》 ↑unverbesserlich의 명사형.
unverbildet 〈Adj.〉 소박한, 순진한.
unverbindlich [(또한) '------] 〈Adj.〉 1. 구속력이 없는, 의무를 지지 않는. 2. 무뚝뚝한, 불친절한, 퉁명스런. **Unverbindlichkeit** [(또한) '------], die; -en ↑unverbindlich의 명사형.
unverblümt [(또한) '------] 〈Adj.〉 솔직한, 노골적인, 꾸밈없는: ich habe ihm u. meine Meinung gesagt 나는 그에게 내 의견을 솔직하게 털어놓았다. **Unverblümtheit** [(또한) '------], die; -en ↑unverblümt의 명사형.
unverbraucht 〈Adj.〉《소모되지 않아》신선한: die Luft ist angenehm kühl und u. 공기가 알맞게 시원하고 신선하다. **Unverbrauchtheit**, die 《드물게》 신선함.
unverbrüchlich [ʊnfɐɐ̯'brʏçliç, (또한) '------] 〈Adj.〉《아이》깨질 수 없는, 범할 수 없는: -e Treue 변함없는 성실. **Unverbrüchlichkeit** [(또한) '------], die ↑unverbrüchlich의 명사형.
unverbürgt [(또한) '------] 〈Adj.〉 보증이 없는, 확인되지 않은, 믿기 어려운: -e Nachrichten 확인되지 않은 소식통.
unverdächtig [(또한) '------] 〈Adj.〉 의심스럽지 않은, 믿을[신뢰할] 수 있는.
unverdaulich [(또한) '------] 〈Adj.〉 소화하기 어려운, 잘 소화되지 않는. **Unverdaulichkeit**, die; ------], die ↑unverdaulich의 명사형. **unverdaut** [(또한) '------] 〈Adj.〉 소화되지 않은, 소화 못하는.
unverdient [(또한) '------] 〈Adj.〉 a) 받을 가치가[자격이] 없는. b) 부당한: e Vorwürfe 부당한 비난. **unverdientermaßen**, **unverdienterweise** 〈Adv.〉과분하게, 부당하게, 까닭없이.
unverdorben 〈Adj.〉 1. 손상[부패]되어 있지 않은. 2. 《몸가짐이》 단정한[깨끗한], 타락하지 않은, 결백한. **Unverdorbenheit**, die ↑unverdorben의 명사형.
unverdrossen [(또한) '------] 〈Adj.〉 끈기있는, 꾸준한, 지치지 않는. **Unverdrossenheit** [(또한) '------], die ↑unverdrossen의 명사형.
unverdünnt 〈Adj.〉 희석시키지 않은.
unverehelicht 〈Adj.〉 [관] 미혼[독신]의.
unvereinbar [(또한) '------] 〈Adj.〉 일치(양립)하지 않는, 모순되는. **Unvereinbarkeit** [(또한) '------], die; -en 1. 〈Pl. 없음〉 불일치, 모순. 2. 〈Pl.〉 서로 일치하지 않는 것들.
unverfälscht [(또한) '------] 〈Adj.〉 거짓이 없는, 섞인 것 없는, 진짜의, 순수한. **Unverfälschtheit** [(또한) '------], die ↑unverfälscht의 명사형.
unverfänglich [(또한) '------] 〈Adj.〉 위험이 없는, 마음이 놓이는, 악의 없는, 무해한.
unverfroren [(또한) '------] 〈Adj.〉 얼매이지 않은, 태연한, 뻔뻔스러운, 방약 무인의: jmdn. u. nach etw. fragen 무엇에 대해 누구에게 아무렇게나 질문하다. **Unverfrorenheit** [(또한) '------], die; -en 1. 〈Pl.

없음> 태연함, 뻔뻔스러움. 2. 뻔뻔스러운 것.
unvergällt〈Adj.〉 변성[변질]되지 않은.
unvergänglich [(또한) --'--]〈Adj.〉 변함없는, 불멸[불사, 불후]의, 영원한. **Unvergänglichkeit** [(또한) --'---], die 불멸, 불사, 불후, 영원함.
unvergessen〈Adj.〉 잊어버리지 않는, 기억하고 있는: er wird u. bleiben 그는 기억에 남을 것이다. **unvergeßlich** [(또한) --'---]〈Adj.〉잊혀지지 않는, 씻어 없앨 수 없는: dieses Erlebnis bleibt u. 이 경험은 잊혀지지 않을 것이다.
unvergleichbar [(또한) '----]〈Adj.〉 비교할 수 없는, 비길 데 없는, 탁월한. **unvergleichlich** [(또한) '----]〈Adj.〉 1. ↑unvergleichbar. 2.《감정》(무엇과) 비교가 안되는, 유일한: ein -er Mensch 유일 무이한 인물. 3.〈형용사 강조〉 매우, 대단히: sie ist u. schön 그 여자는 대단히 미인이다.
unvergoren〈Adj.〉 발효가 안 된.
unverhältnismäßig [(또한) --'---]〈Adv.〉 비교가 안 될 정도로, 지나친, 균형이 잡히지 않은.
unverheiratet〈Adj.〉 미혼인, 독신의.
unverhofft ['ʊnfɛɐhɔft, (또한) --'-]〈Adj.〉 뜻밖의, 예기[기대]하지 않은, 예상 외의: 승규 u. kommt oft 뜻밖의 일은 흔히 있는 법.
unverhohlen ['ʊnfɛɐhoːlən, (또한) --'--]〈Adj.〉 숨김없는, 솔직한.
unverhüllt〈Adj.〉 감추어져 있지 않은, 숨김없는, 드러내 놓은.
unverkäuflich [(또한) --'---]〈Adj.〉 팔 수 없는, 팔 것이 아닌, 비매품인. **Unverkäuflichkeit** [(또한) --'----], die ↑unverkäuflich의 명사형.
unverkennbar [ʊnfɛɐˈkɛnbaːɐ, (또한) '----]〈Adj.〉 오인할 여지가 없는, 틀림없는, 극히 명백한: -e Symptome 전형적인 징후.
unverlangt〈Adj.〉 요구되지 않는.
unverläßlich〈Adj.〉《드물게》신뢰할 수 없는, 불확실한, 의심스러운. **Unverläßlichkeit**, die《드물게》↑unverläßlich의 명사형.
unverletzbar [(또한) '----]〈Adj.〉 상해를 입히지 못하는, 범하기 어려운, 불가침의, 신성한. **unverletzlich** [(또한) '----]〈Adj.〉 건드릴 수 없는(↑unverletzbar). **Unverletzlichkeit** [(또한) '-----], die ↑unverletzlich의 명사형. **unverletzt**〈Adj.〉 다치지 않은, 무사한.
unverlierbar [ʊnfɛɐˈliːɐbaːɐ, (또한) '----]〈Adj.〉《아이》 잃을 수 없는, 없어지지 않는. **unverlöschlich** [ʊnfɛɐˈlœʃlɪç, (또한) '----]〈Adj.〉《아이》 1. 지워지지 않는. 2. 사라지지 않는.
unvermählt〈Adj.〉《아이》미혼(독신)의.
unvermeidbar [(또한) '----]〈Adj.〉 면할 수 없는, 하지 않을 수 없는. **unvermeidlich** [(또한) '----]〈Adj.〉 1. **a)** 피할 수 없는 unvermeidbar): sich in das Unvermeidliche fügen 운명(적인 일)에 순응하다. **b)** 불가피한, 피치 못할: gewisse Härten sind bei dieser Maßnahme u. 이 대책을 세우는 데 어느 정도의 강경성은 불가피하다. 2.《조동》↑obligatorisch (1 b) 참조. **Unvermeidlichkeit** [(또한) '-----], die ↑unvermeidlich의 명사형.
unvermerkt〈Adv.〉《아이》**a)** 남의 눈에 띄지 않는, 눈치 채이지 않는, 들키지 않는. **b)** 자기도 모르게.
unvermindert〈Adj.〉 감소하지(줄지) 않는: der Sturm hielt mit -er Stärke an 폭풍이 계속 강하게 일었다.
unvermischt〈Adj.〉 혼합되어 있지 않은, 잡것이 없는, 순수한.
unvermittelt〈Adj.〉 중개(매개)가 없는, 직접의, 갑자

기, 돌연: seine -e Frage überraschte sie 그의 급작스러운 질문은 그 여자는 놀랐다. **Unvermitteltheit**, die《드물게》↑unvermittelt의 명사형.
Unvermögen, das; -s 무(능)력, 불능,〈zu 부정사와 함께〉…할 수 없음: sein U., sich einer Situation schnell anzupassen, hat ihm schon oft geschadet 상황에 빨리 적응하지 못하기 때문에 그는 자주 해를 입었다. **unvermögend**〈Adj.〉 1. 재산이 적은(없는). 2.《준고어》무능한,〈zu 부정사와 함께〉…할 수 없는, …할 힘이 없는: sie stand vor ihm, u., ihn anzublicken 그녀는 그를 쳐다보지 못한 채 그 앞에 서 있었다. **Unvermögenheit**, die《드물게》가난, 곤궁, 무자산. **Unvermögenheit**, die《고어》무(능)력, 무능. **Unvermögensfall**, der [관] im U. 지급 능력이 없는 경우에는.
unvermutet〈Adj.〉 생각지도 않던, 뜻밖의.
Unvernunft, die《감정》어리석은 행동, 어리석음, 무분별, 도리에 어긋남, 부조리: bei diesem Sturm auszulaufen ist die reine U., bei diesem Sturm auszulaufen 이런 폭풍우에 출항을 한다는 것은 참으로 어리석은 행위다. **unvernünftig**〈Adj.〉 이성없는, 철없는, 부조리의: es ist sehr u., das zu tun 그런 짓을 하는 것은 대단히 어리석다. **Unvernünftigkeit**, die; -en 1.〈Pl. 없음〉↑Unvernunft. 2. 어리석은 것.
unveröffentlicht〈Adj.〉 공개되지 않은, 출판(발행)되지 않은, 공표되지 않은.
unverpackt〈Adj.〉 포장되지 않은, 싸지 않은.
unverputzt〈Adj.〉 회반죽을 바르지 않은.
unverrichtet《다음 용법으로》**-er Dinge** ↑unverrichteterdinge; **-er Sache** ↑unverrichtetersache. **unverrichtetedinge, unverrichtetersache**〈Adv.〉 목적을 이루지 못하고, 성공하지 못하고, 빈털터리로: u. umkehren 성공하지 못하고 되돌아서다.
unverritzt ['ʊnfɛɐrɪtst]〈Adj.〉[광] 미채굴의.
unverrückbar [ʊnfɛɐˈrʏkbaːɐ, (또한) '----]〈Adj.〉 움직일 수 없는, 부동의, 동요하지 않는: mein Entschluß steht u. fest 내 결심은 확고부동이다.
unverrückt〈Adj.〉 부동의, 움직이지 않은, 정착(고정) 된.
unverschämt〈Adj.〉《감정》 1. 부끄러움을 모르는, 뻔뻔스러운, 염치없는: der Bursche grinste u. 그 청년은 뻔뻔스럽게 희죽거렸다. 2. 정도를 넘는, 지나친: er hatte geradezu -es Glück 그는 방금 분에 넘치는 행운을 맞이했다. 3.〈형용사 강조〉《통용어》매우, 대단히: er kam u. braun von Urlaub zurück 그는 새까맣게 그을린 피부로 휴가에서 돌아왔다. **Unverschämtheit**, die; -en 1.〈Pl. 없음〉무례함, 뻔뻔스러움, 철면피, 몰염치. 2. 몰염치한 것, 상스러운 것(말).
unverschleiert〈Adj.〉 은폐(위장)되지 않은, 노출된.
unverschließbar [(또한) --'---]〈Adj.〉 닫힐 수 없는, 잠기지(채워지지) 않는. **unverschlossen** [(또한) --'---]〈Adj.〉 닫히지 않은, 잠기지 않은.
unverschuldet [(또한) --'---]〈Adj.〉 죄를 짓지 않은, 벌을 받을 까닭이 없는, 부당한(벌 따위), 부채가 없는. **unverschuldetermaßen, unverschuldeterweise**〈Adv.〉 죄없이, 까닭 없이, 부당하게.
unversehens ['ʊnfɛɐzeːəns, (또한) --'--]〈Adv.〉 뜻밖에, 부지 중에, 의외에도, 돌연: ich sah mich u. getäuscht 나는 내가 속았다는 것을 알았다.
unversehrt〈Adj.〉 **a)** 다치지 않은, 부상이 없는: er konnte sich u. aus dem brennenden Haus retten 타는 집에서 그는 다친 곳 없이 몸을 피해 나올 수 있었다. **b)** 손상이 없는, 온전한: das Siegel des Briefes ist u. 그 편지의 봉인은 온전하다. **Unversehrtheit**, die ↑unversehrt의 명사형.
unversiegbar [ʊnfɛɐˈziːkbaːɐ, (또한) '----]

〈Adj.〉 고갈되지 않는, 다함이 없는, 끊임없는, 무진장의.
unversieglich [ʊnfɛɐ̯'ziːklɪç, 《또한》 '----]
〈Adj.〉 ↑unerschöpflich.

unversöhnbar ['ʊnfɛɐ̯zø:nbaːɐ̯, ---'-]
〈Adj.〉 《드물게》 ↑unversöhnlich (1). **unversöhnlich** [《또한》 --'--] 〈Adj.〉 **1.** 화해할 수 없는: -e Gegner (서로) 화해할 수 없는 적들. **2.** 중재[조정]할 수 없는: ihre Meinungen standen sich u. gegenüber 그들의 의견은 서로 조정되지 않은 채 대립되어 있었다. **Ụnversöhnlichkeit** [《또한》 --'---], die ↑unversöhnlich의 명사형.

ụnversorgt 〈Adj.〉 살림 준비가 되어 있지 않은, 자력(自力)[생활력]이 없는.

Ụnverstand, der; -(e)s 무지각, 몰상식, 어리석음, 무지, 무분별. **ụnverstanden** 〈Adj.〉 이해되지 않은, 오해 받은: sich u. fühlen 오해를 받고 있다고 느끼다. **ụnverständig** 〈Adj.〉 몰이해한, 명청한, 어리석은, 무지한: ein -es Kind 이해가 더딘 아이. **Ụnverständigkeit**, die ↑unverständig의 명사형. **ụnverständlich** 〈Adj.〉 **a)** 불명료한, 확실치 않은, 알아듣기 힘든. **b)** 이해하기 어려운, 불가해(不可解)한: es ist mir einfach u., wie so etwas passieren konnte 그런 일이 어떻게 일어날 수 있었는지 나에게는 도무지 이해가 안 된다. **Ụnverständlichkeit**, die; -en **1.** 이해할 수 없음. **2.** 이해할 수 없는 것[말]. **Ụnverständnis**, das; -ses 무지각, 몰이해.

ụnverstellt [《또한》 --'--] 〈Adj.〉 **1. a)** 정위치에 있는. **b)** 장애가 없는, 장애물이 없는. **2.** 정직한, 꾸밈이 없는, 있는 그대로의.

ụnversteuert [《또한》 --'--] 〈Adj.〉 관세 면제의, 납세치 않은, 세금이 없는: -e Zigaretten 면세 담배.

ụnversucht [《또한》 --'--] 〈Adj.〉 《다음 용법으로》 **nichts u. lassen** 갖은 수단을 동원하다.

ụnverträglich [《또한》 --'---] 〈Adj.〉 **1.** 소화시키기 힘든, 소화시킬 수 없는. **2.** 융통성[협조심, 사교성]이 없는. **3.** 화해하지 않는, 남과 조화되게 지내지 못하는. **Ụnverträglichkeit** [《또한》 --'----], die ↑unverträglich의 명사형.

ụnvertraut 〈Adj.〉 **a)** 친근하지 않은, 친근한 느낌을 주지 않는, 낯선 (감을 주는): dies alles war mir u. 이 모든 것이 나에게는 낯설게 느껴졌다. **b)** 《지역적》 의심[의혹]하는, 신용하지 않는. **Ụnvertrautheit**, die ↑unvertraut의 명사형.

ụnvertretbar [《또한》 --'---] 〈Adj.〉 대표할 수 없는, 추천할 수 없는: eine -e Methode 추천할 수 없는 방법.

ụnverwandt 〈Adj.〉 시선을 고정시킨, 쏘아보는, 꼼짝않고: er starrte sie u. an 그는 그 여자를 꼼짝않고 응시했다.

ụnverwechselbar [《또한》 '-----] 〈Adj.〉 혼동되지 않는, 뚜렷한. **Ụnverwechselbarkeit** [《또한》 '------], die ↑unverwechselbar의 명사형.

ụnverwehrt [《또한》 --'--] 〈Adj.〉 허용된, 금지되지 않은: etw. ist[bleibt] jmdm. u. 무엇이 누구에게 허용[허락]되어 있다.

ụnverweilt [《또한》 --'--] 〈Adj.〉 《준고어》 지체 없는, 주저하지 않는, 즉각적인.

ụnverwertbar [《또한》 '----] 〈Adj.〉 거절될 수 없는, 금지되지 않은.

ụnverweslich [《또한》 --'--] 〈Adj.〉 《준고어》 썩지 않는, 부패하지 않는, 불멸의, 영원한. **Ụnverweslichkeit** [《또한》 --'----], die 《드물게》 ↑unverweslich의 명사형.

unverwischbar [ʊnfɛɐ̯'vɪʃbaːɐ̯, 《또한》 '----]
〈Adj.〉 씻어서[닦아] 없애기 어려운, 지우기 어려운, 말살할 수 없는.

unverwundbar [《또한》 '----] 〈Adj.〉 상처 입힐 수 없는, 불사신의. **Unverwundbarkeit** [《또한》 '-----], die ↑unverwundbar의 명사형. **ụnverwundet** 〈Adj.〉 상처 없는, 부상을 입지 않은.

unverwüstlich [ʊnfɛɐ̯'vy:stlɪç, 《또한》 '----]
〈Adj.〉 질긴, 오래가는, 강건한, 파괴하기 어려운: ein -er Stoff für Polstermöbel 질긴 가구용 천; 《전의》 -er Mensch 끈질긴 사람. **Unverwüstlichkeit** [《또한》 '------], die ↑unverwüstlich의 명사형.

ụnverzagt 〈Adj.〉 믿음직스런, 용감한, 대담한, 겁내지 않는. **Ụnverzagtheit**, die ↑unverzagt의 명사형.

unverzeihbar [ʊnfɛɐ̯'tsaibaːɐ̯, 《또한》 '----]
〈Adj.〉 ↑unverzeihlich. **unverzeihlich** [《또한》 --'---] 〈Adj.〉 용서하기 어려운, 용서할 수 없는: ein -er Fehler 용서할 수 없는 과오.

unverzichtbar [《또한》 '----] 〈Adj.〉 포기할 수 없을 정도로 중요한: diese Rechte sind u. 이 권리들은 포기할 수 없다. **Unverzichtbarkeit** [《또한》 '-----], die ↑unverzichtbar의 명사형.

unverzinslich [《또한》 '----] 〈Adj.〉 【금융】 이자가 없는, 무이자의.

unverzüglich [ʊnfɛɐ̯'tsy:klɪç, 《또한》 '----]
〈Adj.〉 지체 없는, 주저하지 않는, 즉시[즉각]의: -e Hilfsmaßnahmen einleiten 즉각적인 구조 대책을 강구하다.

ụnvollendet [《또한》 --'--] 〈Adj.〉 완성되지 않은, 미완성의, 끝나지 않은.

ụnvollkommen [《또한》 --'--] 〈Adj.〉 **1.** 불완전한, 불비(不備)의: der Mensch ist u. 인간은 불완전하다. **2.** 불충분한, 부족한. **Ụnvollkommenheit** [《또한》 --'---], die; -en **1.** 《Pl. 없음》 부족, 불충분, 미완성(품). **2.** 결함, 부족된 점.

ụnvollständig [《또한》 --'---] 〈Adj.〉 불충분한, 부족한, 불완전한: ein -es Ergebnis 만족하지 못한 결과. **Ụnvollständigkeit** [《또한》 --'----], die ↑unvollständig의 명사형.

ụnvorbereitet 〈Adj.〉 준비[채비]하지 않은, 즉석의: er ging u. in die Prüfung 그는 준비가 안된 상태로 시험에 임했다.

unvordenklich ['ʊnfoːɐ̯dɛŋklɪç] 〈Adj.〉 《준고어》 아주 오래 전에: in fernen Zeiten 옛날 옛적.

ụnvoreingenommen 〈Adj.〉 선입관에 사로잡혀지 않은, 편견 없는, 치우치지 않는, 공평한. **Ụnvoreingenommenheit**, die ↑unvoreingenommen의 명사형.

unvorgreiflich [《또한》 '----] 〈Adj.〉 《고어》 기선(機先)을 제(制)하려 하지 않는, 표준이 될 수 없는.

ụnvorhergesehen 〈Adj.〉 예견(예측)하지 않은, 뜻하지 않은, 의외의: -e Schwierigkeiten 의외의 난관. **ụnvorhersehbar** 〈Adj.〉 뜻밖의, 의외의, 미리 생각지 못한.

ụnvorschriftsmäßig 〈Adj.〉 규정[규칙] 위반의, 규정[규칙]을 위반한, 규정[규칙]대로가 아닌. **Ụnvorschriftsmäßigkeit**, die; -en 규정[규칙] 위반.

ụnvorsichtig 〈Adj.〉 지각이 없는, 신중하지 않은, 부주의한, 덤벙대는, 경솔한, 무분별한, 무모한: eine -e Bemerkung machen 경솔한 발언을 하다. **ụnvorsichtigerweise** 〈Adv.〉 경솔하게, 무모하게, 신중성이 없이, 지각 없이. **Ụnvorsichtigkeit**, die; -en **1.** 《Pl. 없음》 경솔함, 무모함, 무분별함. **2.** 경솔한[무모한] 짓[말].

unvorstellbar [《또한》 '-----] 〈Adj.〉 《감정》 **1.** 상상할 수 없는, 생각할 수 없는: es ist mir u., daß er uns verraten hat 그가 우리를 배반하리라고는 상상도 못했다. **2.** 〈형용사・동사 강조〉 매우, 심히: u. leiden 몹시 괴로

위하다.

unvorteilhaft 〈Adj.〉 **1.** (외관상) 인상이 좋지 않은: das Kleid ist sehr u. für dich 그 옷이 너에게는 전연 어울리지 않는다. **2.** 이익이 없는, 불리한.

unwägbar [(또한) '---] 〈Adj.〉 저울질할 수 없는, 달 수 없는. **Unwägbarkeit** [(또한) '-----], die; -en **1.** (Pl. 없음) ↑unwägbar의 명사형. **2.** 저울질할 수 없는 것, 달 수 없는 것.

unwahr 〈Adj.〉 진실(진정)이 아닌, 허위(허구)의, 성실하지 않은, 부정직한: was du da sagst, ist einfach u. 네가 지금 말하고 있는 것은 사실이 아니다. **unwahrhaftig** 〈Adj.〉 《아어》 성실하지 않은, 부정직한, 허위의. **Unwahrhaftigkeit**, die; -en **1.** (Pl. 없음) 부정직, 불성실. **2.** 부정직한(불성실한) 것[말]. **Unwahrheit**, die; -en **1.** (Pl. 없음) 거짓, 허위, 비사실, 부정직: die U. seiner Behauptungen ist leicht festzustellen 그의 주장이 사실이 아니라는 것은 쉽사리 확인할 수 있다. **2.** 거짓말, 거짓된 것: die U. [-en] sagen 거짓말을 한다.

unwahrscheinlich 〈Adj.〉 **1. a)** 사실(진실) 같지 않은, 있음직하지 않은, 가능하지 않는. **b)** 사실(진실)과 부합되지 않는, 믿을 수 없는, 황당무계한. **2.** 《통용어》 **a)** 대단히 큰, 대단히 많은: da hast du -es Glück gehabt 넌 대단히 큰 행운을 잡았다. **b)** 《형용사·동사 강조》 매우, 무척, 엄청나게: er hat sich u. gefreut 그가 무척 기뻐했다. **Unwahrscheinlichkeit**, die; -en **1.** (Pl. 없음) ↑unwahrscheinlich의 명사형. **2.** 사실(진실) 같지 않은 것[말].

unwandelbar [(또한) '-----] 〈Adj.〉 《아어》 변화하지 않는, 불변의, 확고부동한. **Unwandelbarkeit** [(또한) '-----], die 그의 불변(성).

unwegsam [...ve:kza:m] 〈Adj.〉 통행하기 어려운[힘든], 길이 없는. **Unwegsamkeit**, die 《드물게》 ↑unwegsam의 명사형.

unweiblich 〈Adj.〉 《폄》 여자답지 않은, 말괄량이의(반대: weiblich): ihre Gesichtszüge sind u. 그녀의 얼굴 모습은 여자 같지 않다. **Unweiblichkeit**, die ↑unweiblich의 명사형.

unweigerlich [ʊnˈvaigɐlɪç, (또한) '----] 〈Adj.〉 거역(저항)하지 않는, 반대하지 않은, 무조건의, 피할 수 없는: eine Frage, die u. kommen muß 피할 수 없는 질문.

unweit I. 〈Präp.[2]〉 멀지 않은[인접한] 곳에: das Haus liegt u. des Flusses 그 집은 강과 인접해 있다. **II.** 〈Adv.〉 멀지 않은 (곳에), 인접한.

unwert 〈Adj.〉 《아어》 무가치한, 보잘 것없는: einer Sache u. sein[scheinen] (2격과 함께) 《아어》 …할 가치가 없다[없는 것처럼 보인다]. **Unwert** [-], der; -(e)s 《아어》 무가치한 것.

Unwesen, das; -s **a)** 《아어》 불편, 폐해(弊害), 곤경, 불공평. **b)** 행패, 난폭, 불법, 소동: sein U. treiben 《폄》 행패를 부리다.

unwesentlich 〈Adj.〉 **1.** 본질적이 아닌, 핵심적이 못되는, 중요하지 않는. **2.** (비교급 앞에서 약화 용법으로) 약간, 조금: er ist nur u. jünger als du 그는 너보다 약간 젊었다. **Unwesentlichkeit**, die; -en 《드물게》 **1.** (Pl. 없음) ↑unwesentlich의 명사형. **2.** 비본질(핵심)적인 것.

Unwetter, das; -s - 악천후, 사나운 날씨, 폭풍우, 뇌우.

Unwetter-: ~**gebiet**, das 악천후 지역. ~**geschädigte**, der/die 악천후의 피해[희생]자. ~**katastrophe**, die 악천후(로 인한) 재앙[재난]. ~**schaden**, der 악천후 피해. ~**warnung**, die 악천후(가 올 것이라는) 경고[경보].

unwichtig 〈Adj〉 중요하지 않은, 사소한: Geld ist dabei u. 돈은 거기서 중요하지 않다. **Unwichtigkeit**, die; -en **1.** ↑unwichtig의 명사형. **2.** 중요하지 않은 것 [말].

unwiderlegbar [(또한) '-----] 〈Adj.〉 반박[논박]할 수 없는, 부정할 수 없는. **Unwiderlegbarkeit** [(또한) '------], die ↑unwiderlegbar의 명사형. **unwiderleglich** [(또한) '-----] ↑unwiderlegbar. **Unwiderleglichkeit** [(또한) '------], die ↑unwiderleglich의 명사형.

unwiderruflich [(또한) '-----] 〈Adj.〉 취소(변경)할 수 없는, 철회할 수 없는: meine Entscheidung ist u. 내 결정은 최종적인 것이다. **Unwiderruflichkeit** [(또한) '------], die 《드물게》 ↑unwiderruflich의 명사형.

unwidersprechlich [(또한) '-----] 〈Adj.〉 《드물게》 반대할 수 없는, 항변할 여지가 없는. **unwidersprochen** [(또한) '------] 〈Adj.〉 반대(부인)되지 않는, 반박되지 않는: diese Behauptungen dürfen nicht u. bleiben 이 주장을 그냥 두어서는 안된다(반대의 견을 제시해야 한다).

unwiderstehlich [ʊnvɪdɐˈʃteːlɪç, (또한) '-----] 〈Adj.〉 **1.** 반항(저항)하기 어려운, 억제할 수 없는. **2.** 아주 매력적인(뿌리 칠수 없을 정도로): er hält sich bei den Frauen für u. 그는 자신이 여성들에게 매력적인 존재라고 생각한다. **Unwiderstehlichkeit** [(또한) '------], die ↑unwiderstehlich의 명사형.

unwiederbringlich [(또한) '-----] 〈Adj.〉 (아어) 회복(만회, 회수)할 수 없는: das ist u. dahin 그것은 영원히 가버렸다. **Unwiederbringlichkeit** [(또한) '------], die ↑unwiederbringlich의 명사형.

Unwille, der; -ns (아어) 불쾌, 불만, 분노: jmds. -n erregen(hervorrufen) 누구의 분노를 사다[기분을 상하게 하다]. **Unwillen**, der; -s ↑Unwille. **unwillentlich** 〈Adj.〉 고의가 아닌, 꾸민 것이 아닌. **unwillig** 〈Adj.〉 **1. a)** 불쾌한, 화나, 언짢은: er ist über die vielen lästigen Fragen u. geworden 그는 수차례의 성가신 질문에 불쾌해졌다. **b)** 마음에 내키지 않는, 억지로 하는, 마지못해 하는. **2.** 《드물게》 원하지 않는: er war u., dagegen Schritte zu unternehmen 그는 거기에 대해 어떤 조치를 취하고 싶지 않았다.

unwillkommen 〈Adj.〉 환영 받지 않는, 달갑지 않은: wenn du mir helfen willst, so ist mir das nicht u. 자네가 나를 돕겠다면, 마다하지 않겠네.

unwillkürlich [(또한) --'--] 〈Adj.〉 고의가 아닌, 무의식적인, 자기도 모르는, 본의 아닌: als ich seine Stimme hörte, drehte ich mich u. um 그의 음성을 들었을 때 나는 나도 모르게 몸을 돌렸다.

unwirklich 〈Adj.〉 《아어》 사실이 아닌, 비현실(적)인: seine Stimme klang u. fern und fremd 그의 음성은 꿈결처럼 멀리 그리고 낯설게 들렸다. **Unwirklichkeit**, die; -en **1.** (Pl. 없음) ↑unwirklich의 명사형. **2.** 사실이 아닌 것[말], 비현실적인 것[말].

unwirksam 〈Adj.〉 효력(효과, 효험)이 없는, 무효의: die Maßnahme erwies sich als u. 그 대책은 효과가 없는 것으로 판명됐다. **Unwirksamkeit**, die 《드물게》 무효과, 무효.

unwirsch 〈Adj.〉 투덜대는, 기분이 언짢은, 화나, 불친절한: jmdn. u. abfertigen 누구를 불친절하게[냉정하게] 거절하다.

unwirtlich 〈Adj.〉 **a)** 황폐한, 한적한, 마음에 들지 않는. **b)** 대접이 나쁜, 불친절한. **c)** (날씨가) 쌀쌀한. **Unwirtlichkeit**, die ↑unwirtlich의 명사형.

unwirtschaftlich 〈Adj.〉 **1.** 비경제적인, 검약하지 않는, 낭비적인: eine -e Betriebsführung 비경제적 경영. **2.** 가계(家計)운영에 수완이 없는[적은]. **Unwirtschaftlichkeit**, die ↑unwirtschaftlich의 명사형.

Unwissen, das; -s 《드물게》 무지, 알지 못함. **unwissend** 〈Adj.〉 **1.** 무지한, 배우지 못한, 아둔한: sich u. stellen 어리석은 체하다. **2.** 모르는, 무의식의. **Unwissenheit**, die **a)** 알지 못함, 무지, 모름: 〔성구〕 U. schützt nicht vor Strafe 무지가 벌을 면케하지는 않는다. **b)** 무식, 무학, 배우지 못함.
unwissenschaftlich 〈Adj.〉 학문적이 아닌, 비과학적인. **Unwissenschaftlichkeit**, die ↑unwissenschaftlich의 명사형.
unwissentlich 〈Adj.〉 모르는, 알지 못하는.
unwohl 〈Adv.〉 **a)** 건강이 좋지 않은(신체적), 편찮은: mir ist(ich fühle mich) seit gestern u. 나는 어제부터 몸이 좋지 않은 것 같다; u. werden(sein) 《준말에 · 은폐》 몸하다(월경 중이다). **b)** 기분이 좋지 않은, 불쾌한: ich fühle mich in dieser Gesellschaft sehr u. 나는 이런 사람들과 어울리면 기분이 언짢다. **Unwohlsein**, das; -s 편치 않음, 일시적인 건강 장애. **Unwohnlich** 〈Adj.〉 살기에 적당치 않은, 거주할 기분이 안 나는, 불쾌한. **Unwohnlichkeit**, die ↑unwohnlich의 명사형.
Unwucht, die; -en 《전문어》 (차 바퀴의) 불균형.
unwürdig 〈Adj.〉 《감정》 **1.** 위엄을 손상하는, 체면이 깎이는: die -e Behandlung der Asylanten 망명객의 비인도적 대우. **2.** ···의 값어치가 없는, 자격이 없는: er ist für ihn ein -er Gegner 그는 그에게는 자격이 안되는 적이다; das ist eines Rechtsstaats u. 그건 법치국가에 합당치 않다. **Unwürdigkeit**, die 가치[품위, 위엄]이 없음, 무자격.
Unzahl, die 《감정》 무수(無數), 부지기수: er hat eine U. Freunde 그는 친구가 수없이 많다. **unzählbar** [《또한》'----] 〈Adj.〉 셀 수 없는, 무수한. **unzählig** [ʊnˈtsɛlɪç, 《또한》 '----] 〈Adj.〉 《감정》 **1.** 헤아릴 수 없을 정도로 많은, 무수한: ich habe es -e Male versucht 나는 그것을 무수히 시도해 보았다. **2.** 《형용사 강조》 매우, 대단히: u. viele Menschen 대단히 많은 사람들. **unzähligemal** 〈Adv.〉 《감정》 몇 번이나, 수없이.
unzähmbar [《또한》'---] 〈Adj.〉 길들일 수 없는, 다루기 힘든, 영악한. **Unzähmbarkeit** [《또한》'----], die ↑unzähmbar의 명사형.
unzart 〈Adj.〉 《드물게》 세심(면밀)하지 못한, 감수성이 없는, 동정심(이해심)이 없는, 우락부락한. **Unzartheit**, die ↑unzart의 명사형.
¹**Unze** [ˈʊntsə], die; -n [a: engl. ounce; b: lat. uncia] **a)** 온스(영국의 중량 단위: 28.35g). **b)** 옛 중량 단위 (30g).
²**Unze** [-], die; -n [frz. once] 《드물게》 재규어(Jaguar).
Unzeit, die 《다음의 용법으로》 **zur U.** 《아이》 좋지 않은 때에, 나쁜 때에, 시기를 타지 못하고. **unzeitgemäß** 〈Adj.〉 **1.** 때를 맞추지 못한, 시기 적절치 않은, 때 아닌. **2.** 계절에 맞지 않는. **unzeitig** 〈Adj.〉 《드물게》 **1.** 나쁜 때에, 적절치 못한 때에, 시의를 얻지 못한. **2.** 《고어 · 지역적》 설익은, 덜 익은.
unzensiert 〈Adj.〉 검열(검사) 받지 않은.
unzerbrechlich [《또한》'----] 〈Adj.〉 부수기[으스러뜨리기, 깨뜨리기] 어려운. **Unzerbrechlichkeit** [《또한》'-----], die ↑unzerbrechlich의 명사형.
unzerkaut 〈Adj.〉 씹지 않은.
unzerreißbar [《또한》'----] 〈Adj.〉 찢기 어려운, 찢어(끊어)지지 않는. **Unzerreißbarkeit** [《또한》'-----], die ↑unzerreißbar의 명사형.
unzerstörbar [《또한》'----] 〈Adj.〉 파괴할 수 없는: 〔전의〕 sein Glaube an das Gute im Menschen war u. 선(善)에 대한 그의 믿음은 확고부동하다. **Unzerstörbarkeit** [《또한》'-----], die ↑un-

zerstörbar의 명사형. **unzerstört** 〈Adj.〉 파괴되지 않은.
unzertrennbar [《또한》'----] 〈Adj.〉 《드물게》 분리시킬[떼어놓을] 수 없는. **Unzertrennbarkeit** [《또한》'-----], die ↑unzertrennbar의 명사형. **unzertrennlich** [《또한》'----] 〈Adj.〉 《감정》 서로 떨어질 수 없는, 밀접한: die beiden sind u. 두 사람은 서로 떨어질수 없는 사이다. **Unzertrennliche** [《또한》'-----] 〈Pl.〉 모란잉꼬(앵무새과)(↑ Inseparables). **Unzertrennlichkeit** [《또한》'----], die ↑unzertrennlich의 명사형.
Unzialbuchstabe [ʊnˈtsɪaːl-], der; -ns, -n 언설 자체 (字體)(↑ Unzialschrift). **Unziale** [ʊnˈtsɪaːlə], die; -n [lat.(litterae) unciālēs = ↑ Unzialschrift. **Unzialschrift**, die 언설 문자(기원 4, 5세기에 개발된 둥그스름한 문자, 고대 로마의 최종 문자임).
unziemend 〈Adj.〉 《드물게》 ↑unziemlich. **unziemlich** 〈Adj.〉 《아이》 어울리지 않는, 부적당한, 예법에 어긋나는, 무례한. **Unziemlichkeit**, die; -en **1.** 〈Pl. 없음〉 ↑unziemlich의 명사형. **2.** 어울리지 않는 것(말), 무례한 것(언동).
Unzierde, die 《드물게》 오점, 얼룩, 흠, 불명예, 치욕: jmdm.〔einer Sache〕 zur U. gereichen 《아이》 누구(무엇)에게 치욕을 안겨 주다.
unzivilisiert 〈Adj.〉 《뜀》 난폭한, 미개한.
Unzucht, die 《준고어》 난봉, 음탕, 외설, 간음, 매음: gewerbsmäßige U. treiben 매춘(賣春) 행위를 하다.
unzüchtig 〈Adj.〉 음탕한, 외설적인, 음란한: er wurde wegen Verbreitung -er Schriften bestraft 그는 음란서적 배포혐의로 처벌을 받았다. **Unzüchtigkeit**, die; -en **1.** 〈Pl. 없음〉 ↑Unzüchtig의 명사형. **2.** 《드물게》 음탕한(음란한) 것(말).
unzufrieden 〈Adj.〉 만족하지 못한, 불만[불평]의: der Lehrer ist mit den Leistungen u. 선생이 성적(성과)들에 대해 불만족해 한다. **Unzufriedenheit**, die 불만, 불평.
unzugänglich 〈Adj.〉 **1.** 가기 힘든, 길이 없는, 접근하기 어려운, 통행하기 어려운. **2.** 사귀기(가까이 하기) 어려운, 비사교적인, 무뚝뚝한: er ist sehr u. 그는 사귀기 힘들다. **Unzugänglichkeit**, die ↑unzugänglich의 명사형.
unzukömmlich 〈Adj.〉 **1.** 《österr.》 어울리지 않는, 부당한, 부적당한. **2.** 《österr.》 부족한, 불충분한. **3.** 《schweiz.》 실익(수익)이 없는, 보람이 되지 않는. **Unzukömmlichkeit**, die; -en **1.** 〈Pl. 없음〉 ↑unzukömmlich의 명사형. **2.** 〈Pl.〉 《österr.》 불편, 폐해 (弊害), 불공평, 불공정.
unzulänglich 〈Adj.〉 《아이》 부족한, 불충분한: man hat unsere Bemühungen nur u. unterstützt 사람들은 우리의 노고에 미미한 도움밖에 주지 않았다. **Unzulänglichkeit**, die; -en **1.** 〈Pl. 없음〉 부족(함), 불충분. **2.** 부족한 것(말), 불충분한 것(말).
unzulässig 〈Adj.〉 허용되지 않는, 금지된. **Unzulässigkeit**, die 〈Pl. 없음〉 불허, 금지.
unzumutbar 〈Adj.〉 부당한 요구를 하는, 요구할 수 없는: etw. als u. zurückweisen 무엇을 부당한 요구로 거절하다. **Unzumutbarkeit**, die; -en **1.** 〈Pl. 없음〉 요구 불가.
unzurechnungsfähig 〈Adj.〉 책임 능력이 없는, 제정신이 아닌, 제정신을 잃은: er war zum Zeitpunkt der Tat u. 그는 범행 당시 온전한 정신이 아니었다. **Unzurechnungsfähigkeit**, die ↑unzurechnungsfähig의 명사형.
unzureichend 〈Adj.〉 모자라는, 불충분한.
unzusammenhängend 〈Adj.〉 연관성[통일성, 일관

성]이 없는, 지리멸렬(支離滅裂)한: der Bewußtlose stammelte -e Worte 의식을 잃은 자가 앞뒤가 맞지 않는 말들을 더듬거렸다.

unzuständig ⟨Adj.⟩ (에) 속하지 않는, 직권[권한]이 없는, 관할이 다른. **Unzuständigkeit**, die ↑unzuständig의 명사형.

unzustellbar ⟨Adj.⟩ [우편] (우편물이) 배달 불가능.

unzuträglich ⟨Adj.⟩ 《다음 용법으로》 jmdm.[einer Sache] u. sein (아이) 누구[무엇]에게 해롭다[불리하다]. **Unzuträglichkeit**, die; -en 1. ⟨Pl. 없음⟩ 해로움, 이롭지 못함, 불리함. 2. 해로운 것[말], 이롭지 못한 것[말], 불리한 것[말].

unzutreffend ⟨Adj.⟩ 적절[적확]치 않은, (들어)맞지 않은, 해당하지 않은, 틀린: Unzutreffendes bitte streichen! 해당되지 않는 것을 지우시오! (주로 서식에 사용되는 문구).

unzweckmäßig ⟨Adj.⟩ 목적에 맞지 않는, 부적당한, 당치 않은, 득책(得策)이 아닌. **Unzweckmäßigkeit**, die ↑unzweckmäßig의 명사형.

unzweideutig ⟨Adj.⟩ -애매하지 않은, 명백한, 명료한. **Unzweideutigkeit**, die 명백, 명료(함).

unzweifelhaft [《또한》 -'---] ⟨Adj.⟩ 의심스럽지 않은, 의심할 바 없는, 명백한: er ist u. begabt 그는 틀림없이 재능이 있다.

Upanischad [u'pa:niʃat]; -en [upani'ʃa:dn] ⟨대개 Pl.⟩ [sanskr. upaniṣad] 우파니사트(優婆尼沙土)(바라문교의 철학 및 신학사상을 나타내는 일군의 성전으로 후기 베다 문학에 속함; 운문과 산문으로 되어 있음).

Uperisation [uperiza'tsjo:n], die; -en [Ultrapasteurisation의 약칭] (우유의) 초저온 살균. **uperisieren** [...'zi:rən] ⟨h⟩ 초저온으로 살균하다.

UPI [ju:pi:aɪ; United Press International] 미국의 통신사 이름.

Upperclass ['apʌkla:s], die [engl. upper class] ⟨Pl. 없음⟩ 상류층, 상류 계급.

Uppercut ['apʌkɛt, ⟨engl.⟩ 'ApəkAt], der; -s, -s [engl. uppercut] 〔권투〕 어퍼컷(주먹을 아래서 위로 올려치는 동작).

Upper ten ['ʌpə 'tɛn] ⟨Pl.⟩ [engl., upper ten thousand의 약칭] ⟨교양어⟩ 최상류 계급.

üppig ['Ypɪç] ⟨Adj.⟩ **1. a)** 풍요한, 넘쳐 흐를 정도의, 막대한, 울창한, 번성한: 전의 in -en Farben 색깔이 다채로운; sie habe es nicht ü. 그들은 돈이 풍부하지 않다. **b)** 풍만한(신체 및 신체의 일부분 등이): -e Frauengestalten 풍만한 여성의 몸매. **2.** 《지역적》 오만한, 거만한, 겸손하지 않은, 자기 도취한. **Üppigkeit**, die ↑üppig의 명사형.

up to date ['ʌp tə 'deɪt; engl.] ⟨교양어⟩ 시대에 맞는, 현대식의, 현대적인, 신식의.

Ur [u:ɐ], der; -(e)s, -e ↑Auerochse.

ur-, Ur- ⟨접두사⟩ **1.** 급수[정도]가 높음을 표시(예컨대: uralt). **2.** 조상, 자손 등 친척관계를 나타낼 때(예컨대: Urenkel). **3.** 근원, 발생, 출현 따위를 나타냄(예컨대: Urmensch).

Urabstimmung, die; -en 〔원래=직접투표〕 (회사 운영에 관한 사항의 결정을 위해 조합원 전원이 참가하는) 직접투표.

Uradel, der; -s 옛 귀족(작위 수여 등을 통해서 귀족 신분에 오른 것이 아니라 본디 귀족 출신인 사람).

Urahn, der; -(e)s / -en, -en **a)** 선조(先祖). **b)** ⟨고어·지역적⟩ 증조부. **¹Urahne**, der; -n, -n ↑Urahn의 별형. **²Urahne**, die; -n ↑Urahn의 여성형; 증조모.

Ural [u'ra:l, ⟨russ.⟩ u'ral], der; -(s) **1.** 우랄 산맥. **2.** 우랄강. **uralisch** ⟨Adj.⟩ 우랄 산맥[강]의.

uralt ⟨Adj.⟩ 《감정적 과장》 매우 늙은, 대단히 오랜, 태고의, 옛날 옛적의: ein -er Mann 고령의 노인; das ist ein -er Trick 그건 아주 오래 전부터 써먹던 속임수다. **Uralter**, das; -s 태고, 옛날 옛적, 고령.

Urämie [urɛ'mi:], die; -n [...i:ən; griech. oũron haĩma] 〔의학〕 요독증(尿毒症). **urämisch** [u'rɛ:mɪʃ] ⟨Adj.⟩ 〔의학〕 요독증의, 요독증으로 인한.

Uran [u'ra:n], das; -s [18세기에 발견된 Uranus(천왕성)에 따라] 〔화학〕 우란, 우라늄(방사성 원소의 하나; 기호: U).

Uran-: ~**bergbau**, der 우라늄 채광. ~**bergwerk**, das 우라늄 광산. ~**blei**, das 〔책〕 우라늄 연(鉛). ~**brenner**, der 《드물게》 우라늄 원자로. ~**erz**, das 우라늄 광석. ~**glimmer**, der 우라늄 운모(雲母). ~**haltig** ⟨Adj.⟩ 우라늄을 함유한. ~**mine**, die 우라늄 광산(↑Uranbergwerk). ~**oxid** ↑ ~oxyd의 화학 전문어. ~**oxyd**, das 산화 우라늄. ~**pechblende**, die 역청(瀝靑) 우라늄 광, 섬(閃) 우라늄 광, 피치블렌드. ~**pecherz**, das ↑Pechblende. ~**strahlung**, die 우라늄 방사[사출(射出)]. ~**vorkommen**, das 우라늄 산출(出).

Uranfang, der; -(e)s, Uranfänge 최초, 원초, 발단, 원시, 연원(淵源). **uranfänglich** ⟨Adj.⟩ 최초의, 원초의, 처음의.

Urangst, die; Urängste 원초적 불안.

Urania [u'ra:nia] **1.** 우라니아(뮤즈 아홉 여신의 하나, 천문을 다스림). **2.** 아프로디테의 별명(로마 신화에서는 비너스).

Uranismus [ura'nɪsmus], der; - [Urania, 〔고대 그리스의 사상가 아프로디테〕에서 유래] 〔드물게〕 남자의 동성애(아프로디테의 아버지 Uranos가 그녀를 아내없이 낳은 데서 유래), 남색(男色). **Uranist** [...'nɪst], der; -en, -en 〔드물게〕 남자 동성 연애자, 호모(색슈얼).

Uranos ['u:ranɔs], **¹Uranus** ['u:ranʊs] 우라누스(그리스의 신으로 하늘을 의인화시킨 것임).

²Uranus, der; - ⟨Astr.⟩ 천왕성.

urassen ['urasən] ⟨österr.·통용어⟩ 낭비하다, 허비[탕진]하다. **Urasserei** [urasə'raɪ], die; -en ⟨österr.·통용어⟩ 낭비, 허비, 탕진.

Urat [u'rat], das; -(e)s, -e [griech. oũron] 〔화학·의학〕 요산염(尿酸塩). **urātisch** ⟨Adj.⟩ 〔의학〕 **a)** 요산(尿酸)에 의해 발생한 **b)** 요산의, 요산에 관계된.

uraufführen ⟨h⟩ (각본, 악곡을) 초연하다, (영화를) 개봉하다: dieser Film wurde 1960 uraufgeführt 이 영화는 1960년에 처음 상영되었다. **Uraufführung**, die; -en 초연, (영화의) 개봉.

Uräusschlange [u'rɛʊs-], die; -n [griech. ouraĩos] 이집트 산의 코브라, (고대 이집트 왕관의) 뱀 모양의 장식.

urban [ur'ba:n] ⟨Adj.⟩ [lat. urbānus] **1.** ⟨교양있는, 세상 물정을 잘 아는, 사교가다운. **2.** 도시(풍)의, 도회적인. **Urbanisation** [urbaniza'tsjo:n], die; -en [1: span. urbanización] **1. a)** 도시화, 도회화(都會化). **b)** (도시화 작업으로 생긴) 신흥(현대) 도시(주택지). **2.** 세련(洗練). **urbanisieren** [...'zi:rən] ⟨h⟩ **1.** 도시화[도회화]하다. **2.** 세련(순화)하다. **Urbanisierung**, die; -en 도시화[도회화]. **Urbanist**, der; -en, -en 도시학 연구가. **Urbanistik**, die 도시학. **urbanistisch** ⟨Adj.⟩ 도시학의[으로]. **Urbanität**, die ⟨Pl. 없음⟩ [lat. urbānitās] **a)** 세련됨, 우아, 교양. **b)** 도회적임, 도회적 분위기.

urbar ['u:ɐba:ɐ] [niederd. orbar] ⟨다음 용법으로⟩ **u. machen** 개간[개발]하다, 경작하다. **Urbar** [u:ɐ'ba:ɐ, ⟨또한⟩ 'u:ɐba:ɐ], das; -s, -e 경지[토지]대장, 징세대장.

urbarisieren [u:ɐ̯bari'zi:rən] 〈h〉 《schweiz.》 개간[개발]하다, 경작하다. **Urbarisierung**, die; -en 《schweiz.》 개간, 개척, 개발, 경작. **Urbarium** [ʊr'ba:riʊm], das; -s, ...ien [...i:ən] ↑ Urbar. **Urbarmachung**, die; -en ↑ Urbarisierung.

Urbedeutung, die; -en 근본 의미, 원뜻, 본래의 뜻.

Urbeginn, der; -(e)s ↑ Uranfang.

Urbestandteil, der; -(e)s, -e 원성분(原成分), 본래의 성분.

Urbevölkerung, die; -en 원주민, 토착민.

Urbewohner, der; -s, - ↑ Urbevölkerung.

urbi et orbi ['ʊrbi ɛt 'ɔrbi; lat.] [가] 전세계에, 온누리에(로마 교황의 메시지의 인사말): etw. urbi et orbi verkünden 《교양어》 무엇을 전세계에 알리다.

Urbild, das; -(e)s, -er a) 원상(原像), 원형, 진짜의. b) 전형, 모범, 이상. **urbildlich** 〈Adj.〉 원형의, 진짜의, 이상적인, 아주 완전한.

urchig ['ʊrçɪç] 〈Adj.〉 《schweiz.》 야생의, 자연그대로의, 진짜의.

Urchristentum, das; -s 초기[원시] 기독교. **urchristlich** 〈Adj.〉 a) 초기 기독교의, 사도(使徒) 시대의. b) 초기 기독교인의.

Urd ['ʊrt] 운명의 3여신의 최연장자로 과거를 맡아보는 여신.

Urdarm, der; -(e)s [생물] 원장(原腸). **Urdarmtier**, das ↑ Gasträa.

urdeutsch 〈Adj.〉 순(수한)독일의, 독일 전형의.

Urdruck, der; -(e)s, Urdrucke [박보 문제] 〔문제의〕 첫 공개.

Urdu ['ʊrdu], das; - 파키스탄의 공용어(인도 아리안 어에 속함).

Urea ['u:rea], die [lat. urea] [의학] 《화학》 요소(尿素). **Ureid** [ure'i:t], das; -(e)s, -e [화학] 우레이트(요소에서 유출해 낸 화합체).

ureigen 〈Adj.〉 〈감정〉 고유의, 본연의, 특유한: ob ich das tue oder nicht, ist meine -ste Sache 그걸 하느냐 안하느냐는 순전히 내 자신의 문제이다. **ureigentümlich** 〈Adj.〉 특유의, 고유의, 특유한, 유별난.

Ureinwohner, der; -s, - ↑ Urbevölkerung.

Ureltern 〈Pl.〉 1. [고어] 선조. 2. [기독교] 인류의 조상 [시조].

Urenkel, der; -s, - a) 증손자(曾孫子)(Großenkel). b) 후손. **Urenkelin**, die; -nen 증손녀(Großenkelin).

Ureter [u're:tɐ], der; -s, -nen [...'re:rən], 《또한》- [griech. ouretḗr] [의학] 수뇨관(輸尿管). **Urethan** [ure'ta:n], das; -s, -e [화학] 우레탄. **Urethra** [u're:tra], die; ...thren [griech. ourḗthra] [의학] 요도(尿道). **Urethritis** [ure'tri:tɪs], die; ...itiden [...i'ti:dn̩] [의학] 요도염(尿道炎). **uretisch** [u're:tɪʃ] 〈Adj.〉 [의학] 이뇨(利尿)(성)의.

urewig 〈Adj.〉 〈감정〉 아주 오래된, 장구한.

Urfassung, die; -en [문예 작품의] 초고.

Urfehde, die; -n [mhd. urêhe(de)] 《중세》 복수 단념의 서약: U. schwören 복수를 단념할 것을 서약하다.

Urform, die; -en 원형(原形). **urformen** (부정형 및 과거분사로) [기술] 원형을 뜨다[만들다].

Urft [ʊrft], die; - 독일 Rur강의 지류.

Urgemeinde, die; -n [예루살렘에 있는] 원시 기독교 교구, 가장 오래된 유태인 기독교 교구.

urgemütlich 〈Adj.〉 《통용어》 아주[대단히] 안락한[아늑한], 아주 기분 좋은. **Urgemütlichkeit**, die ↑ urgemütlich의 명사형.

urgent [ʊr'gɛnt] 〈Adj.〉 [lat. urgēns] 《교양어·준고어》 미룰수 없는, 다급한, 급박한, 절박한. **Urgenz** [...nts], die; -en [lat. urgentia] 《교양어·준고어》 절박, 긴급,

화급, 경고, 독촉.

urgermanisch 〈Adj.〉 원시 게르만(식, 민족)의.

Urgeschichte, die a) 태고사, 원시사. b) 태고[원시] 사학(史學). **Urgeschichtler**, der; -s, - 태고[원시]사학자. **urgeschichtlich** 〈Adj.〉 태고[원시]시대의, 태고사의.

Urgesellschaft, die 원시 사회.

Urgestalt, die; -en 원형, 원래의 모습.

Urgestein, das; -(e)s, -e 원생암석(原生岩石), 원성암 (原成岩).

Urgewalt, die; -en 《아어》 강력한 힘, 근원력(根元力), 자연의 힘: die U. des Meeres 바다의 거대한 힘. **urgewaltig** 〈Adj.〉 a) 《아어》 강력한, 압도적인, 무척 힘이 강한[센]. b) 《통용어》 대단히[엉청나게] 큰.

urgieren [ʊr'giːrən] 〈h〉 [lat. urgēre] 《österr.》 몰아치다[몰아대다], 재촉하다, 강요하다.

Urgroßeltern 〈Pl.〉 증조부모. **Urgroßmutter** die 증조모. **urgroßmütterlich** 〈Adj.〉 증조모의. **Urgroßvater**, der 증조부. **urgroßväterlich** 〈Adj.〉 증조부의.

Urgrund, der; -(e)s, Urgründe 근원, 근본 원인, 궁극적인 기반: der U. alles Seins 만물의 근본.

Urheber, der; -s, - a) 원흉, 장본인, 발기인, 창립[창시]자, 원조(元祖): die U. des Staatsstreichs wurden verhaftet 쿠테타의 주모자가 체포됐다. b) [법] 개작자, 작가, 저작자.

urheber-, Urheber- (Urheber b): **~recht**, das [법] a) 저작권. b) 저작권법. **~rechtler** [-rɛçtlɐ], der 저작권 전문 변호사[법률가]. **~rechtlich** 〈Adj.〉 저작권의[에 의거한]: auch Übersetzungen sind u. geschützt 번역물도 역시 저작권법에 의거 보호된다. **~(rechts)schutz**, der [법] 저작권 보호. **Urheberin**, die; -nen ↑ Urheber의 여성형. **Urheberschaft**, die 장본인[작자, 발기인]임[신분].

Urheimat, die; -en 본래의 고향(특히 한 민족의), 출생지, 본적지.

Uri ['u:ri], -s 우리(스위스의 주).

Urian ['u:riaːn], der; -s, -e a) 《고어·멸》 달갑지 않은 [보기 싫은] 사람. b) 〈Pl. 없음〉 악마(↑Meister Urian 참조).

Uriasbrief ['u:ri:as-], der; -(e)s, -e 우리아의 편지("이 편지의 지참자를 죽이라"고 쓰여 있는 편지; 구약셩서 사무엘 하 6장 14〜15절; 지참자에게 불행을 가져오는 편지를 일컬음).

urig ['uːrɪç] 〈Adj.〉 a) 야생의, 조야한, 자연 그대로의, 본원적인. b) 특이한, 진기한, 독창적인: ein -er Kauz 이상한 사람, 기인(奇人).

Urin [u'ri:n], der; -s, -e [lat. ūrīna] [의학] 오줌, 소변: bringen Sie Ihren U. (zur Untersuchung) mit 댁의 소변을 받아 오십시오(검사를 위해); 정구어 ich hab (spü)re) das im U. 《경》 나는 충분히 짐작한다.

Urin-: **~ausscheidung**, die 소변 배설. **~entleerung**, die 소변 배설. **~glas**, das 수뇨병(受尿甁), 오줌병. **~probe**, die [의학] 소변 시험. **~untersuchung**, die 검뇨(檢尿), 소변 검사.

urinal [uri'naːl] 〈Adj.〉 [lat. ūrīnālis] 소변[오줌]의. **Urinal** [-], das; -s, -e **1.** [남자 환자용] 소변병 (受尿瓶). **2.** [위생] [남자 화장실의] 소변기. **urinieren** [uri'niːrən] 〈h〉 [lat. urinare] 오줌 누다, 소변 보다(harnen). **urinös** [...'nøːs] 〈Adj.〉 [의학] 오줌 같은, 요소(尿素)를 포함한.

Urinstinkt, der; -(e)s, -e (근원적) 잠재 본능. **Urkanton**, der 스위스 연방의 원주(原州)(Uri와 Schwyz 및 Unterwalden).

Urkirche, die 원시[초기](기독교) 교회.

Urknall, der; -(e)s (우주 폭발론의) 대폭발, 빅 뱅(영어: big bang).
urkomisch 〈Adj.〉 매우[아주] 우스운(우스꽝스러운).
Urkraft, die; Urkräfte 근원력, 원초적(자연적) 힘.
Urkunde, die; -n 증서, 증권, 증거서류, 문서, (공공) 기록, 특허(면허)장, 원전(原典) 원본, 정본; die U. ist notariell beglaubigt 이 문서는 공증이 되어 있다. **urkunden** 〈h〉 〈전문어〉 a) (문서, 기록 따위를) 기초(작성)하다. b) 문서(사료)로 나타나다.
urkunden-, Urkunden-: **~beweis**, der [법] 문서에 의한 증명, 서증(書證). **~fälscher**, der (공)문서 위조자. **~fälschung**, die (공)문서 위조. **~forscher**, der 고문서(古文書)학자. **~forschung**, die 고문서 연구. **~lehre**, die 1. 고문서학(Diplomatik). 2. 고문서학 교본. **~sammlung**, die (고)문서 수집.
urkundlich 〈Adj.〉 문서(상)의, 문서[기록, 증서]에 의한, 전거있는, 믿을 만한, 보증된: ein -er Nachweis 문서상의 증거. **Urkundsbeamter**, der [법] 문서계원(文書係員), 법원서기.
Urlandschaft, die; -en 태고[본래]의 경관(景觀).
Urlaub ['u:ɐ̯laup], der; -(e)s, -e 휴가, 사가(賜暇), (군의) 외출[상륙] (허가): U. bis zum Wecken [군] 외박; den(seinen) U. antreten 휴가에 들어가다; er hat sich noch U. (für Weihnachten) aufgespart 그는 (성탄절을 위해) 휴가를 아꼈다; auf[in, im] U. sein 휴가 중이다; in U. gehen[fahren] 휴가를 가다; von jmdm. (etw.) U. machen 누구와(무엇과) 한동안 헤어지다. **urlauben** 〈h〉 《통용어》 휴가를 가지다[보내다]. **Urlauber**, der; -s 휴가생, 휴가 여행자, 휴가 중인 사람: der Strom der U. reißt nicht ab 휴가 여행자 행렬이 끊이질 않는다.
Urlauber- **~schiff**, das (휴가 여행자들을 위한) 유람선. **~siedlung**, die (휴가 여행객을 위한) 휴양촌. **~zug**, der a) 휴가 열차. b) 휴가병 열차.
Urlauberin, die; -nen ↑Urlauber의 여성형.
urlaubs-, Urlaubs-: **~anschrift**, die 휴가 중의 주소. **~anspruch**, der 휴가를 받을 권리. **~dauer**, die 휴가기간. **~gast**, der 휴가 여행객, 휴양객. **~geld**, das a) 휴가 수당. b) 휴가 비축금. **~gesuch**, die 휴가원. **~kasse**, die ↑**~geld** (b). **~liste**, die (회사의) 휴가 리스트[명부]. **~ort**, der (Pl. -e) 휴가지. **~plan**, der (대개 Pl.) 휴가 계획. **~platz**, der ↑Ferienplatz. **~reif** 〈Adj.〉 (다음 용법으로) u. sein (통용어) (고된 일로 인해) 휴가가 긴급하게 필요하다. **~reise**, die 휴가 여행. **~reisende'**, der/die 휴가 여행자. **~schein**, der [군] 휴가증. **~sperre**, die 1. [군] 휴가 금지. 2. 《österr.》 (휴가로 인한) 휴업. **~tag**, der 휴가일. **~termin**, der 휴가 기간. **~überschreitung**, die 휴가 기일 초과. **~verlängerung**, die 휴가 (기간) 연장. **~vertretung**, die a) 휴가자 직무 대리. b) 휴가자 직무 대리인. **~zeit**, die a) 휴가철, 여행철[시즌]. b) 휴가 기간.
Urlinde [ʊɐ̯ˈlɪndə], die; -n 〈교양어·드물게〉 여자 동성 연애자의 남자역.
Urmeer, das; -(e)s, -e 태고의 바다.
Urmensch, der; -en, -en 원인(原人), 원시인, 구석기 시대 인간. **urmenschlich** 〈Adj.〉 1. 원시인의. 2. 인간 본래의, 전형적인 인간의.
Urmeter, das; -s 미터 원기(原器).
Urmund, der; -(e)s 원구(原口). **Urmundlippe**, die [생물] 원구순(原口脣)(원구의 입술 모양의 융기).
Urmutter, die; Urmütter 인류 최초의 어머니.
Urne ['ʊrnə], die; -n [lat. urna] 1. 항아리, 단지, 유골 단지. 2. 투표함: das Volk wird zu den -en gerufen (아어) 국민에게 투표하러 갈 것을 요구한다. 3. 추첨함.
Urnen-: **~beisetzung**, die 유골함 안치, 납골. **~feld**, das (선사 시대의) 납골 장지(공동묘지). **~felderkultur**, die 납골 장지 시대(후기 청동기 시대의). **~friedhof**, der ↑**~feld**. **~grab**, das 납골(용)묘. **~hain**, der (아어) ↑**~feld**. **~halle**, die 납골당(納骨堂), 유골 안치소. **~nische**, die 납골당의 벽감.
¹**Urner** ['ʊrnɐ], der; -s, - ↑Uri의 거주자. ²**Urner** 〈Adj.〉 격변화 없음) ↑Uri(사람)의. **urnerisch** 〈Adj.〉 Uri의, Uri 거주자의.
Urninde [ʊɐ̯ˈnɪndə], die; -n 〈교양어〉 여자 동성 연애자.
Urning ['ʊrnɪŋ], der; -s, -e (드물게) ↑Uranist.
Urobilin [urobiˈliːn], das; -s [griech. oûron + lat. bilis] [의학] 우로빌린(오줌과 더불어 배설된 담즙색소).
urogenital 〈Adj.〉 [의학] 비뇨 생식기의. **Urogenitalsystem**, das, **Urogenitaltrakt**, der [의학] 비뇨 생식기의 계통.
U-Rohr ['uː-], das, -(e)s, -e [기술] U자(字)통(관).
Urolith [...ˈliːt, (또한) ...lɪt], der; -en, -e(n) [griech. oûron = + ↑-lith] [의학] 요석(尿石), 요도 결석. **Urologe**, der; -n, -n 비뇨기과 전문의(醫). **Urologie**, die 1. 비뇨기(과)학. 2. (일부 종합 병원의) 비뇨기과. **urologisch** 〈Adj.〉 비뇨(기과)의.
Urometer, das; -s, - [의학] 요비중계(尿比重計).
Uroma, die; -s [아동] 증조모(Urgroßmutter).
Uropa, der; -s, -s [아동] 증조부(Urgroßvater).
Uroskopie [urosko'piː], die; -n [...i:ən]; griech. oûron + skopeĩn] [의학] 소변 검사, 요(尿) 분석.
urplötzlich 〈Adj.〉 아주 갑작스런, 돌연한.
Urprodukt, das; -(e)s, -e 원료(原料), 원시 생산물. **Urproduktion**, die; -en [경제] 원료(원시) 생산(자연으로부터 직접 얻어지는 생산으로 이를테면 농업, 임업, 수산업, 수렵, 광업 등).
Urquell, der; -(e)s / ⟨시어⟩ ↑Urquelle. **Urquelle**, die; -n 원천, 근원, 기원, 본원.
Ursache, die; -n 원인, 이유, 동기, 근거, 구실: was war die U. des Unfalls[für den Unfall] ? 사고의 원인이 무엇이었나?; die U. ermitteln [feststellen] 원인을 조사하다[확인하다]; 성구 kleine U., große Wirkung 작은 일이 (가끔) 큰 결과를 가져온다; keine U.! 별 말씀을, 천만의 말씀을, 감사(사과)하실 것(까지는) 없습니다; 속담 keine Wirkung ohne U. 아니 땐 굴뚝에 연기 나랴. **Ursachenforschung**, die [철학] 원인연구. **ursächlich** 〈Adj.〉 a) 원인의. b) 원인이 되는, 원인을 이루는, 인과적인: der Gerichtsmediziner stellte fest, daß Mißhandlungen für den Tod des Kindes u. waren 법의(法醫)가 그 어린아이의 죽음은 학대가 원인이 됐다고 밝혔다. **Ursächlichkeit**, die; -en ↑Kausalität.
Urschel [ʊrʃl], die; -n 〈ostmd.〉 어리석은 (젊은) 여자.
urschen ['ʊrʃn] 〈h〉 〈ostmd.〉 ↑urassen.
Urschlamm, der; -(e)s ↑Urschleim.
Urschleim, der; -(e)s 원형질(原形質): vom U. an 처음(애초)부터.
Urschrift, die; -en 원본, 원문, 본문, 정본, 원서, 초고, 초안. **urschriftlich** 〈Adj.〉 원문(정본, 원서)의: wir senden Ihnen den Vertrag u. zu 우리는 계약서를 원본으로 당신들에게 보내드리겠습니다.
Urschweiz [ˈuːɐ̯ʃvaits], die 〈또한〉 die 스위스 연방의 가장 오래된 지역(Uri, Schwyz 및 Unterwalden 등).
ursenden 〈h; 정동사로는 사용 안됨〉 [방송·텔레비전] 최초 방송(방영)하다. **Ursendung**, die; -en [방송·텔레비전] 최초 방영(방송).
urspr. = ↑ursprünglich.

Ursprache, die; -n 1. 【언어】↑Grundsprache. 2. ↑ Originalsprache.

Ursprung, der; -(e)s, Ursprünge 시작, 원천, 기원, 근원, 출처, 원산지: etw. auf seinen U. zurückführen 무엇의 근원을 추적하다; sie sind zum U. des Amazonas vorgedrungen 그들은 아마존강의 원천으로까지 돌진해 갔다. **ursprünglich** ['uːɐ̯ʃprүŋlɪç,《또한》—'——] 〈Adj.〉 **1.** 처음의, 최초의: aus -er Scheu wuchs bald Vertrauen 처음에는 수줍어하더니 곧 스스럼이 없어졌다; wir wollten u. nicht verreisen, fuhren dann aber doch erst hin 처음에 우리는 여행을 떠나지 않으려 했으나 그후 떠나고야 말았다. **2.** 진짜의, 위조되지 않은, 자연의, 원시적인: der Mensch hat seine -e Beziehung zur Natur verloren 인간은 자연과의 순수한 관계를 잃어버렸다. **Ursprünglichkeit**, die 원천성, 자연성, 순수한 본질, 원시성.

Ursprungs-: **~attest**, das ↑~zeugnis. **~gebiet**, **~land**, das ↑Herkunftsland. **~nachweis**, der ↑~zeugnis. **~ort**, der 〈Pl. -e〉 원천지, 원산지. **~zeugnis**, das 원산지 증명서.

urst [ʊrst] 〈Adj.〉 〈구동독 청소년〉 대단한, 상당한, 매우 〈아름다운〉.

Urstand, der; -(e)s, Urstände 원래〔최초〕의 상태, 원상. **Urständ** ['uːɐ̯ʃtɛnt], die 〈다음 용법으로〉 **(fröhliche) U. feiern** 잊어버리고 있었던 것이 다시 나타나다〔대두되다〕.

Urstoff, der; -(e)s, -e **a)** 원소(元素, 原素). **b)** 물질, 재료(Materie). **urstofflich** 〈Adj.〉 〈고어〉 원소의, 원재료의.

Urstromtal, das; -(e)s, ...täler 〔지질〕 빙하(계)곡.

Ursuline [ʊrzu'liːnə], die; -n, **Ursulinerin** [...ərɪn], die; -nen 〔성녀 Ursula의 이름에 따라〕 우르술라 수녀회의 수녀〔젊은 여성들의 교육을 목적으로 함〕.

Urteil ['ʊrtai̯l], das; -s, -e **1.** 〔법〕 판결, 재결, 선고, 평결, 판정: das U. ergeht morgen 내일 선고가〔판결이〕 내린다; das U. lautet auf Freispruch 무죄 판결이 내렸다; ein Urteil fällen〔aufheben〕 판결을 내리다〔무효로 하다〕. **2.** 평가, 판단, 의견(진술), 비평: sein U.〔über den neuen Roman〕 war vernichtend 〔그 새로 출간된 소설에 대한〕 그의 비평은 혹독했다; ein U. abgeben 평가하다, 판단을 내리다; sich ein U.〔über jmdn.〔etw.〕〕 bilden 〔누구〔무엇〕에 대해〕 평가하다. **3.** 〔철학〕 판단, 명제(命題).

Urteilseite, das; -s, - 〔물리〕 ↑²Quark.

urteilen 〈h〉 **1. a)** 평가〔판단〕하다, 의견을 진술하다, 비평하다: (un)parteiisch u. (불)공평하게 평가하다; wie urteilst du über diesen Film? 너는 이 영화에 대해 어떻게 생각하니? **b)** 〔특정의 인상에 따라〕 평가〔하다〕: man soll nicht nach dem ersten Eindruck u. 첫인상에 따라 평가해서는 안 된다. **2.** 〔철학〕 판단하다, 논리적인 결론을 내리다.

urteils-, Urteils-: **~begründung**, die 판결 이유. **~fähig** 〈Adj.〉 판단〔비판〕 능력이 있는. **~findung**, die 〔법〕 판결 도달(성립). **~kraft**, die 〈Pl. 없음〉 판단력. **~los** 〈Adj.〉 판단력〔분별〕이 없는. **~losigkeit**, die ↑~los의 명사형. **~schelte**, die 판결 비평. **~spruch**, der 판결, 선고. **~verkündung**, die 판결 언도. **~vermögen**, das ↑~fähigkeit. **~vollstreckung**, die, **~vollzug**, der 판결의 집행.

Urtext, der; -(e)s, -e **a)** 원문, 본문, 원서(Urschrift). **b)** (번역된 작품의) 원문〔원 텍스트〕, 원전.

Urtier, das; -(e)s, -e **1.** ↑Urtierchen. **2.** 〔감정〕 원시적 본 존재. **Urtierchen**, das; -s, - 〈대개 Pl.〉 ↑Protozoon.

Urtikaria [ʊrti'kaːri̯a], die [lat. urtica] ↑Nesselsucht.

Urtrieb, der; -(e)s, -e 근원적 욕구, 본능.

urtümlich ['uːɐ̯ty:mlɪç] 〈Adj.〉 **a)** 본원(근원, 원시, 본성)적인, 본연의, 조야한. **b)** 태고의. **Urtümlichkeit**, die ↑urtümlich의 명사형.

Urtyp, der; -s, -en, **Urtypus**, der; -, ...pen 원형(原型).

¹**Uruguay** [uru'guai̯, 'uːrugvai̯; 《span.》 uru'rṷai̯], der; -(s) 남 아메리카의 하천 이름. ²**Uruguay**, -s 우루과이.

¹**Uruguayer** [uru'guaːjɐ, 《또한》 'uːrugvai̯ɐ], der; -s, - 우루과이 사람. ²**Uruguayer** 〈Adj.〉 격변화 없음〉 우루과이 〔사람〕의. **uruguayisch** 〈Adj.〉 우루과이〔사람〕의.

Urur-: **~ahn**, der **a)** 조상(祖上), 선조. **b)** 〔고어·지역적〕 고조부. **~ahne**, die ↑~ahn의 여성형. **~enkel**, der 현손자. **~enkelin**, die 현손녀. **~großeltern** 〈Pl.〉 고조부모. **~großmutter**, die 고조모. **~großvater**, der 고조부.

Urvater, der; -s, Urväter 인류 최초의 아버지.

urväterlich 〈Adj.〉 오래된, 조종(선조)의. **Urväterzeit**, die 〈대개 Pl.〉 태고, 옛날.

Urvertrauen, das; -s 〔사회〕 (인간이 태어날 때부터 모자(母子)의 관계로 인해 습득한 주위 세계에 대한) 원초적 신뢰.

urverwandt 〈Adj.〉 계통(어족)이 같은, 선조가 같은. **Urverwandtschaft**, die ↑urverwandt의 명사형.

Urviech, Urvieh, das; -(e)s, Urviecher 〔농〕 세상 물정 모르는 (순진한) 사람, 괴물 같은 사람.

Urvogel, der; -s, Urvögel 시조조(始祖鳥)(↑Archäopteryx).

Urvolk, das; -(e)s, Urvölker **a)** 원시 민족. **b)** 원주민, 토착민.

Urwahl, die; -en 〔정치〕 예비 선거〔간접 선거에서 선거인의 선거〕. **Urwähler**, der; -s, - 예비선거 선거권자.

Urwald, der; -(e)s, Urwälder 원시림, 밀림: 〔전의〕 der Mann hatte einen U. auf der Brust 그 남자는 가슴에 털이 많았다. **Urwaldgebiet**, das 원시림 지역.

Urwelt, die; -en 원시〔태고〕 세계. **urweltlich** 〈Adj.〉 원시〔태고〕 세계의.

urwüchsig ['uːɐ̯vyːksɪç] 〈Adj.〉 **a)** 원래의, 조야한, 자연 그대로의, 자연생의, 야생의: die Landschaft dort ist noch u. 그곳의 경치는 아직 자연 그대로이다. **b)** 순수한, 인공이 가해지지 않은. **Urwüchsigkeit**, die 〈Pl. 없음〉 ↑urwüchsig의 명사형.

Urzeit, die; -en **1.** 원시시대, 태고. **2.** 〈Pl.〉 **in(vor, zu) -en** 아주 오래 전에, 태고에; **seit -en** 아주 오래 전부터, 태고적부터. **urzeitlich** 〈Adj.〉 태고의, 원시 시대의.

Urzelle, die; -n 원세포(原細胞).

Urzeugung, die 〔생물의〕 자연 발생.

Urzustand, der; -(e)s, Urzustände 원상태, 원시 상태. **urzuständlich** 〈Adj.〉 원(시) 상태의.

u. s. = ut supra의 약자(상술한 바와 같이, 위와 같이).

USA 〈관사와 함께; Pl.〉 [engl. United States of America의 약어] 미합중국.

Usambaraveilchen [uzam'baːra-], das; -s, - 〔중앙 산괴(山塊) Usambara에서〕 아프리카 제비꽃〔세인트 폴리아〕속의 화초〔푸르거나, 붉고 또는 흰색깔을 띤 꽃잎 앞단같은 잎을 지닌 관상 식물의 일종〕.

US-Amerikaner, der 미국인. **US-amerikanisch** 〈Adj.〉 미국(인)의.

Usance [y'zãːs], die; -n [frz. usance] 《교양어》 관례, 〈商〉관습(↑Handelsgebrauch). **usancemäßig** 〈Adj.〉 『商』 관례(관습)에 따른, 상(商)관습의.

Usancenhandel, der 【금융】 외국환업(外國換業).
Usanz [u'zants], die; -en《schweiz.》↑Usance.
Usbeke [ʊs'be:kə], der; -n, -n 구소련・아프가니스탄 및 중국 서부에 거주하는 터키 민족. **usbekisch**〈Adj.〉Usbeke 민족의. **Usbekische SSR**, die 중앙 아시아에 있는 구소련의 이름. **Usbekistan** [ʊs'be:kista:n, ...tan], -s Usbekische SSR의 약칭.
Uschanka [ʊ'ʃaŋka], die; -s [russ. uschanka] 귀막이가 달린 털모자.
Uschebti [ʊ'ʃɛpti], das; -s, -(s) [ägypt. wšbty] 고대 이집트의 부장품(副葬品)으로 사용된 토용・土俑).
US-Dollar, der ↑Dollar.
User ['ju:zɐ], der; -s, - [engl. user]《은어》약물 중독자.
usf. = und so fort 기타, 등등.
Uso ['u:zo], der; -s [ital. uso] 【경제】↑Usance.
USSR [u:|ɛs|ɛs'|ɛr] = Ukrainische Sozialistische Sowjetrepublik 우크라이나 소비에트 사회주의 공화국.
U-Strab ['u:ʃtra(:)p], die; -s ↑Unterpflasterstraßenbahn의 약어.
usuell [u'zu̯ɛl]〈Adj.〉[frz. usuel] 【학문】관례(관용)의, 관용상의, 통례의(반대: okkasionell). **Usukapion** [uzuka'pi̯o:n], die; -en [lat. ūsūcapio] (로마법에 있어서의) 소유권 취득. **Usur** [u'zu:ɐ̯], die; -en [lat. ūsūra] 【의학】(조직, 뼈의) 소모(消耗), 마멸. **Usurpation** [uzʊrpa'tsi̯o:n], die; -en [lat. ūsurpātio] 강탈, 점유 침탈(侵奪), (주권, 왕위 따위의) 찬탈. **Usurpator** [...'pa:tor, (또한)...to:ɐ̯], der; -s, -en [...pa'to:rən; lat. ūsurpātor] 찬탈자. **usurpatorisch**〈Adj.〉**a)** 찬탈의. **b)** 찬탈에 의한(찬탈자의). **usurpieren** [...'pi:rən]〈h〉[lat. ūsurpāre] 찬탈하다, 횡령하다. **Usurpierung**, die; -en 찬탈, 횡령. **Usus** ['u:zts], der; - [lat. ūsus] 관습, 습관, 관례, 관용: das ist hier so U. 그건 이곳의 관습(습관)이다. **Ususfruktus** [uzus'fruktˌs], der; - [lat. ūsusfrūctus] 【법】용익(用益), 용익권(↑Nießbrauch).
usw. = und so weiter 기타, 등등.
Utah ['ju:ta], -s 유타(미국의 주). **Utensil** [utɛn'zi:l], das; -s, -ien (대개 Pl.) [lat. ūtēnsilia (Pl.)] 용구, 도구, 기구: bei solchem Wetter ist der Regenschirm das wichtigste U. 이런 날씨에 우산은 아주 중요한 용구이다.
Uteri: ↑Uterus의 복수형. **uterin** [ute'ri:n]〈Adj.〉【의학】자궁(子宮)의. **Uterus** ['u:terʊs], der; -, ...ri [lat. uterus] 【의학】자궁(↑Gebärmutter). **Uteruskarzinom**, das 【의학】자궁암. **Uterusruptur**, die 자궁 파열.
Utgard ['u:tgart], -s 【북유럽 신화】악마와 거인의 왕국.
utilitär [utili'tɛ:ɐ̯]〈Adj.〉[frz. utilitaire] 이익을 위한 [추구하는]. **Utilitarier** [...'ta:ri̯ɐ], der; -s, - ↑Utilitarist. **Utilitarismus** [...ta'rɪsmʊs], der; - [engl. utilitarianism] 【철학】공리설, 공리주의. **Utilitarist**, der; -en, -en 공리주의자, 공리주의의 대변자. **utilitaristisch**〈Adj.〉**a)** 이익을 추구하는, 이익에 따라 행동하는. **b)** 공리주의의, 공리설의. **Utilität** [...'tɛ:t], die

[lat. ūtilitās]《교양어》실리, 공리(↑Nützlichkeit).
Utopia [u'to:pi̯a], das; -s [영국의 인문주의자 Th. More (1478~1535)의 작품 제목에서] 이상향(理想鄉), 무하유향(無何有鄉), 유토피아. **Utopie** [uto'pi:], die; -n [...i:ən; frz. utopie] (유토피아적) 몽상, 공상, 유토피아적 계획: das ist doch (eine) U.! 그건 유토피아적인 생각이야! **Utopien** [u'to:pi̯ən], das; -s〈대개 관사없이〉↑Utopia. **utopisch** [u'to:pɪʃ]〈Adj.〉유토피아의, 공상적인, 몽상적인, 가공적인: -er Roman 【문예학】1. 이상국가나 이상사회를 그린 소설. 2. 공상과학 소설. **Utopismus** [uto'pɪsmʊs], der; ...men 1. 유토피아적 이상론. **Utopist** [uto'pɪst], der; -en, -en 공상적 사회 개혁가, 유토피아를 꿈꾸는 사람, 몽상가.
Utra: ↑Utrum의 복수형. **Utraquismus** [utra'kvɪsmʊs], der; - [lat. utraque] 양형색론(兩形色論)(성찬식 때에 떡과 포도주의 두 가지를 배령하는 당의 주장). **Utraquist** [utra'kvɪst], der; -en, -en《역사적》양형색론자(兩形色論者)(↑Hussiten의 온화파로서 성찬식때 빵과 포도주 두 가지를 요구함). **utraquistisch**〈Adj.〉양형색론(兩形色論)의, 양형색론자의.
Utrecht ['u:trɛçt, (niederl.) 'y:trɛxt] 우트레히트(네덜란드 중부의 주 및 도시) **¹Utrechter**, der; -s, - 우트레히트 지역의 거주자. **²Utrechter**〈Adj.; 격변화 없음〉우트레히트 지역(거주자)의. **Utrum** ['utrʊm], das; -s, ...tra [lat. utrum] 【언어】남녀 공성형(共性形)(스웨덴어 등에서).
ut supra ['ʊt 'zu:pra; lat.] 【음악】상술한 바와 같이, 위와 같이(약어: u. s.).
u. U. = unter Umständen 경우(사정)에 따라서는.
u. ü. V. = unter üblichem Vorbehalt …을 관용상 유보하여.
UV [u'fau] ↑Ultraviolett.
UV-: **~Filter**, das 【사진】자외선 차단 필터(여광기). **~Lampe**, die ↑Höhensonne (2 a). **~Strahlen** 〈Pl.〉【물리】자외선. **~Strahler**, der 자외선 발사기(發射機). **~Strahlung**, die 【물리】↑Höhenstrahlung.
Uviolglas [u'vi̯o:l-], das; -es《인공어》자외선 투과용 유리.
Uvula ['u:vula], die; ...lae [...lɛ; lat. uvula] 【의학】구개(↑Zäpfchen (3)). **uvular** [uvu'la:ɐ̯]〈Adj.〉【언어】구개(口蓋)의. **Uvular** [-], der; -s, -e 【언어】구개음.
u. w. = unseres wissens 우리가 알기로는.
Ü-Wagen ['y:-], der; -s, - ↑Übertragungswagen의 약어.
u. Z. = unsere(r) Zeitrechnung 우리식 연호에 의하면.
Uz [u:ts], der; -es, -e《통용어》놀려댐, 야유, 조롱.
Üz [y:ts], das; -es, -e《지역적・농》어린애, 개구쟁이.
Uz-: **~bruder**, der《통용어》농담쟁이, 남 놀려대기 잘 하는 사람. **~name**, der《통용어》↑Spitzname. **~vogel**, der《통용어》↑~bruder.
uzen ['u:tsn]〈h〉《통용어》야유하다, 조롱하다, 놀려대다.
Uzerei [u:tsə'raɪ], die; -en《통용어》↑Neckerei.

V

v, V [fau; ↑a, A], das; -, - 독어 자모의 스물 두째 자.
v = velocitas(↑Geschwindigkeit (a)).
V = ↑Vanadin; ↑Vanadium; ↑Volt; ↑Volumen; 로 마숫자 5.
V. = ↑vertatur.
v. = ↑vom; ↑von; ↑vor; ↑vide; ↑vidi.
V. = ↑Vers.
VA = ↑Voltampere.
v. a. = vor allem 무엇보다도.
va banque [va'bāk, 《또한》 va'baŋk; frz.] 《다음 용법으로》 **va b. spielen** 1) (노름에서) 모든 것을 다 걸다. 2) 《교양어》 큰 모험을 하다. **Vabanquespiel,** das; -(e)s 《교양어》 모든 것을 건 모험.
vacat ['va:kat; 《lat.》 ↑Vakat] 《교양어‧고어》 빈, 없는, 결핍된.
Vacheleder ['vaʃ-], das; -s [frz. vache] 부드러운 암소가죽. **vacheledern** ['vaʃ-] 〈Adj.〉 부드러운 암소가죽의. **Vacherin** [vaʃ(ə)'rɛ̃], der; -, -s [frz. vacherin] 1. 크림이 많이 든 스위스 산 치즈. 2. 크림과 딸기 등으로 만든 단 음식의 일종. **Vachetten** [va'ʃɛtn] 〈Pl.〉 [frz. vachette] (무두질해서 처리한) 부드러운 쇠가죽.
Vademekum [vade'me:kʊm], das; -s, -s [lat. vāde mēcum] 《교양어‧준고어》 교과서, 지침서, 입문서, 편람.
Vadium ['va:djʊm], das; -s, …ien […jən; lat. vadium] (고대 독일법에서의) 차금(借金) 징표(채무 계약을 체결할 때 채권자에게 주어지는 증표로 채무가 이행되면 다시 되돌려 받음).
vados [va'do:s] 〈Adj.〉 [lat. vadōsus] 〔지질〕 지각(地殼) 부위에서 순환하는(지하수 따위).
Vaduz [fa'dʊts, 《또한》 va'du:ts] 파두츠(↑Liechtenstein의 수도).
vae victis! ['vɛ: 'vɪkti:s; lat.] 《교양어》 패자는 불행하다(위협조의 문구).
vag: ↑vage. **Vagabondage** [vagabon'da:ʒə, (österr.) …a:ʒ], die [frz. vagabondage] (österr.‧그 외 고어) 방랑(생활), 방랑벽(癖). **Vagabund** [vaga'bʊnt], der; -en, -en 《준고어》 방랑자, 유랑인, 뜨내기: [전의] er ist ein (richtiger) V. 그는 (진짜) 방랑인이다. **Vagabundenleben,** das 〈Pl. 없음〉 방랑 생활. **Vagabundentum,** das; -s 《드물게》 방랑(성). **vagabundieren** [vagabʊn'di:rən] 〈h/s〉 [frz. vagabonder] 1. 〈h〉 뜨내기 생활을 하다, 부랑자 생활을 하다. 2. 〈s〉 방랑〔유랑〕하다: er ist mit seiner Freundin durch viele Länder vagabundiert 그는 애인과 함께 여러 나라들을 유랑했다. **Vagabundin,** die; -nen ↑Vagabund의 여성형. **Vagant** [va'gant], der; -en, -en [lat. vaqāns] 1. (중세의) 방랑 가인(歌人)(신학 대학생이 많았음). 2. 《고어》 ↑Vagabund. **Vagantendichtung,** die 〈Pl. 없음〉 〔문예학〕 방랑가인 시가(詩歌). **Vagantenlied,** das 〔문예학〕 ↑Vagantendichtung의 노래(특히 연가, 권주가, 무도가). **vage** ['va:gə], **vag** [va:k] [frz. vague] 불확정의, 막연한, 모호한. **Vagheit,** die; -, -en 〈Pl.〉 막연, 모호. **vagieren** [va'gi:rən] 〈h〉 [lat. vagāri] 《준고어》 방랑〔유랑〕하다, 떠돌다. **vagil** [va'gi:l] 〈Adj.〉

[lat. vagus] 〔동물〕 자유 운동성의, 붙박이가 아닌. **Vagilität** [vagili'te:t], die 〔동물〕 자유 운동성, 자유 운동성 동물의 생활 방식.
Vagina [va'gi:na], die; …nen [lat. vagina] 〔의학〕 ↑Scheide (2). **vaginal** [vagi'na:l] 〔의학〕 질(膣)의. **Vaginismus** [vagi'nɪsmʊs], der; -, …men 〔의학〕 Scheidenkrampf. **Vaginitis** […'ni:tɪs], die; …itiden […ni'ti:dn̩] 〔의학〕 ↑Kolpitis.
Vagotomie [vagoto'mi:], die; -n […i:ən] 〔의학〕 미주신경절단(迷走神經切斷). **Vagotonie** […to'ni:], die; -n […i:ən] 〔의학〕 미주신경긴장(증)(迷走神經緊張(症)). **Vagotoniker** […'to:nikɐ], der; -s, - 〔의학〕 미주 신경 긴장증 환자. **Vagus** ['va:gʊs], der; - [lat. Nervus vagus의 약칭] 〔해부〕 미주 신경(迷走神經).
vakant [va'kant] 〈Adj.〉 [lat. vacāns] 《교양어》 빈, 공석의, 결원의: der philosophische Lehrstuhl ist v. 철학 교수 자리가 비어 있다. **Vakanz** [va'kants], die; -en [lat. vacantia] 1. 《교양어》 a) 비어 있음. b) 공석, 비어 있는 자리. 2. 〔지역적‧준고어〕 방학. **Vakat** ['va:kat], das; -(s), -s [lat. vacat] 〔인쇄〕 공면(空面). **Vakatfläche,** die 〔인쇄〕 ↑Vakat. **Vakatseite,** die 〔인쇄〕 ↑Vakat. **Vakuole** [va'kʊo:lə], die; -n 〔생물〕 세포 내의 공포(空胞), 액포(液胞), 포장(胞腔), 기강(氣腔).
Vakuum ['va:kʊʊm], das; -s, …kua / …kuen […kʊən] 1. 〔물리 물리〕 a) 진공(眞空). b) 진공 상태. 2. 《교양어》 빈공간, 빈틈.
vakuum-, Vakuum- (Vakuum 1): **~apparat,** der 진공 장치, 진공 증발기. **~bremse,** die 〔기술〕 진공 제동기(브레이크). **~destillation,** die 〔기술〕 진공 증류(蒸留). **~extraktor** [-ɛkstraktor, …to:ɐ̯], der; -s, -en […to:rən; lat. extractum] 〔의학〕 ↑Saugglocke. **~meter,** das 〔기술〕 진공계(計). **~pumpe,** die 〔기술〕 진공(배기) 펌프. **~röhre,** die 〔전자〕 Elektronenröhre. **~schmelzofen,** der 〔제련〕 진공 용광로. **~stahl,** der 진공 정련강(精鍊鋼). **~trocknung,** die 〔기술〕 (식품 따위의) 진공 건조. **~verpackt** 〈Adj.〉 (식품 따위가) 진공 포장된. **~verpackung,** die (식품 따위의) 진공 포장.
vakuumieren [vakuu'mi:rən] 〈h〉 〔기술〕 (액체를 저압 상태에서) 증발시키다.
Vakzin [vak'tsi:n], das; -s, -e 《드물게》 ↑Vakzine. **Vakzination** [vaktsina'tsjo:n], die; -en 〔의학〕 a) 왁친 주사. b) 종두. **Vakzine** [vak'tsi:nə], die; -n 〔의학〕 왁친, 우두진(牛痘疹). **vakzinieren** [vaktsi'ni:rən] 〈h〉 〔의학〕 우두 접종(接種)을 하다, 왁친 주사를 놓다. **Vakzinierung,** die; -en 〔의학〕 우두 접종.
Val [va:l], das; -s, - [Äquivalent의 약칭] 〔화학‧물리〕 ↑Grammäquivalent. **vale!** ['va:le; lat.] 《교양어‧고어》 안녕히 가십시오〔계십시오〕! (lebe wohl!)
Valencia [va'lɛnsi̯a, 《또한》 va:lɛnsi̯a] 발렌치아(스페인의 항구 도시).
Valenciennesspitze [valɑ̃'si̯ɛn-], die; -n [프랑스 도시 Valenciennes에서] 꽃 모양으로 된 레이스.
Valentinstag, der 성(聖) 발렌타인데이(2월 14일).
Valenz [va'lɛnts], die; -en [lat. valentia] 1. 〔언어〕 단

어(특히 동사)의 결합가(結合價), 발렌츠. **2.** 〔화학〕↑ Wertigkeit. **Valenzelektron**, das 〔화학〕 가전자(價電子), 원자가(原子價) 전자. **Valenzzahl**, die 〔화학〕 원자가(原子價).
Valeriana [vale'ria:na], die; …nen [lat. valeriana] 〔식물〕↑ Baldrian (1).
¹**Valet** [va'let, (또한) va'le:t], das; -s, -s 〔〔고형〕Valete, lat. valete] 《고어·농》 잘 있어!(↑Lebewohl): **jmdm. (einer Sache) V. sagen** 〈아어〉 누구〔무엇〕를 포기하다, 누구〔무엇〕와 떨어지다, 헤어지다.
²**Valet** [va'le:], der; -s, -s [frz. valet] 프랑스 카드놀이의 잭.
valete! [va'le:tə; lat. ↑vale] 잘들 가게〔있게〕! (lebt wohl!). **Valeur** [va'lø:ɐ̯], der; -s, -s [frz. valeur = Wert < lat. valor] **1.** 〔금융〕〈고어〉 유가 증권(Wertpapier). **2.** 〈대개 Pl.〉〔회화〕 색가(色價), 발뢰르. **valid** [va'li:t] 〈Adj.〉 [lat. validus] **1.** 〈고어〉 유효한. **2.** 〔교양어〕〔학문〕 믿을 수 있는, 영향〔작용〕이 큰. **Validation** [valida'tsjo:n], die; -en [frz. validation] **1.** 〈고어〉 유효 선언. **2.** 〔교양어〕〔학문〕↑Validierung. **validieren** [vali'di:rən] 〈h〉 [frz. valider] **1.** 《고어》 유효하게 하다〔만들다〕. **2.** 《교양어》〔학문〕 중요성(신빙성, 가치)을 확인하다. **Validierung**, die; -en 《교양어》〔학문〕 validieren (2)의 명사형. **Validität** [validi'tε:t], die 〈Pl. 없음〉 [frz. validité] **1.** 〈고어〉 (법적) 유효성. **2.** 〔교양어〕〔학문〕 신빙(뢰)성, 타당성, 정당성. **valieren** [va'li:rən] 〈h〉 [lat. valēre] 《고어》 가치가 있다, 통용되다, 유효하다. **Valin** [va'li:n], das; -s 〔인공어〕 각종 단백질에 나타나는 아미노산.
valleri, vallera! [faləˈri, faləˈra, …va… va…] 〈Interj.〉 오, 기쁘도다!(기쁨을 나타내는 외침, 특히 노래에서)
Valletta [va'lεta] 발레타(Malta의 수도).
Valor ['va:lor, (또한) 'va:loːɐ̯], der; -s, -en [va'loːrən; lat. valor] 〔경제〕 가치, 봉급. **Valoren** 〈Pl.〉〔경제〕 귀중품(유가증권), 장신구, 보석. **Valorenversicherung**, die 〔경제·보험〕 귀중품 운송 보험. **Valorisation** [valoriza'tsjo:n], die; -en 〔경제〕 (정부) 가격 인상 조치. **valorisieren** […'zi:rən] 〈h〉〔경제〕 (생산자를 위해 정부가 가격 인상 조치를 취하다. **Valorisierung**, die; -en 〔경제〕↑ Valorisation. **Valuta** [va'lu:ta], die; …ten [ital. valuta] 〔경제·금융〕 **1. a)** 외환〔통화〕. **b)** 외국돈 (화폐), 외화. ↑ Wertstellung. **3.** 〈Pl.〉 외국 화폐의 이자 지불표.
Valuta- 〔경제·금융〕: **~anleihe**, die 독일인에 의해 발행됐으나 외국화로 기재된 채무 증서. **~geschäft**, das 환전업. **~klausel**, die (어음의) 대가 문구(對價文句), 대가 비율(보증) 문구. **~kredit**, der 외화 크레디트(신용 대부). **~Mark**, die (붙임표와 함께)〈Pl.-〉(구동독) 외화로 기재된 가격 환산 단위(마르크로 표시되어 있음). **~papier**, das 외화 단위로 기재된 유가 증권.
valutieren [valu'ti:rən] 〈h〉 [↑Valuta] **1.** 〔경제·금융〕 이자 기산일(利子起算日)을 정하다. **2.** 《드물게》 평가하다, 가치를 매기다. **Valutierung**, die; -en ↑ valutieren의 명사형. **Valvation** [valva'tsjo:n], die; -en [frz. évaluation] 〔경제〕 가치 평가(사정). **valvieren** [val'vi:rən] 〈h〉 [↑Valuta] 평가하다, 사정하다.
Vamp [vεmp], der; -s, -s [engl.-amerik. vamp] 요부(妖婦), 뱀프. **Vampir** ['vampiːɐ̯, (또한) -'-'], der; -s, -e [serbokroat. vampir] **1.** 〔동물〕 (吸血鬼). **2.** 착취자, 고리 대금업자. **3.** (남미산) 흡혈 박쥐. **Vampirismus** [vampi'rɪsmus], der; - 〈드물게〉 흡혈귀의 존재를 믿는 미신.
Vanadin [vana'di:n], das; -s ↑ Vanadium. **Vanadinit** [vanadi'ni:t, (또한) …nɪt], der; -s 갈연광(褐鉛鑛).

Vanadium [va'na:diʊm], das; -s 〔화학〕 바나듐(금속원료). **Vanadiumoxid, Vanadiumoxyd**, das 〔화학〕 산화 바나듐. **Vanadiumstahl**, der 바나듐 강(鋼).
Van-Allen-Gürtel [væn'lælɪn-], der; -s, - [미국의 물리학자 J. A. Van Allen(1914~)의 이름에서] 〔물리〕 밴-앨런대(帶).
Vancouver [ven'kuːvɐ] 뱅쿠버(캐나다의 도시).
Vandale-: ↑ Wandale.
vanille [va'nɪljə, (또한) va'nɪljə] 〈Adj.〉: 격변하 없음 연노랑의, 엷은(밝은) 황색의. **Vanille** [-], die [frz. vanille] **1.** 바닐라(열대산의 난초과 식물). **2.** 바닐라(향료).
Vanille-: **~aroma**, das 바닐라 향기. **~eis**, das 바닐라 아이스크림. **~geruch**, der 바닐라 향기. **~geschmack**, der 바닐라 맛. **~kipferl**, das (österr.) 바닐라 크라상. **~pudding**, der 바닐라 푸딩. **~sauce**, die 〔=soße〕. **~schote**, die **1.** 바닐라 열매. **2.** ↑ ~stange. **~soße**, die 바닐라 소스. **~stange**, die 말려서 쪼그러든 막대기 모양의 바닐라 열매(단 음식에 조미료로 사용). **~zucker**, der 바닐라 설탕.
Vanillin [vanɪ'liːn], das; -s 바닐린(바닐라 열매 속에 함유된 물질로 향료 및 조미료로 사용됨). **Vanillinzucker**, der 비닐린 설탕.
vanitas vanitatum ['va:nitas vani'ta:tʊm; lat.] 《교양어》 모든 것이 덧없다.
Vanuatu [vænua'tu:], -s 바누아투(태평양 상에 있는 섬나라).
Vapeurs [va'pøːɐ̯s] 〈Pl.〉 [frz. vapeurs] 《교양어·고어》 **1.** (체내의) 가스, 방귀. **2.** (언짢은) 기분, 우울, 짜증. **Vaporimeter** [vapori-], das; -s, - 《준고어》 (숲속의) 알코올 농도 측정기. **Vaporisation** […za'tsjo:n], die; -en **1.** 〔준고어〕↑ vaporisieren의 명사형. **2.** 《의학·옛》 증기 지혈법(蒸氣止血法). **vaporisieren** […'ziːrən] 〈h〉《준고어》 **1.** ↑ Vaporimeter로 알코올 함유량을 측정하다. **2.** 증발〔기화(氣化)〕하다. **Vaporisierung**, die; -en 《준고어》↑ vaporisieren의 명사형.
Vaquero [va'keːro, (span.) ba'kero], der; -(s), -s [span. vaquero] (미국의 남서부 및 멕시코의) 카우보이, 목동.
VAR = Vereinigte Arabische Republik 아랍 연합 공화국.
var. = **Varietät**.
Varia ['va:ria] 〈Pl.〉 [lat. varia] 〔출판〕 잡보(雜報), 잡록(雜錄), 잡동사니. **variabel** [va'ria:bl̩] 〈Adj.〉 가변의, 변하기 쉬운, 불확정의, 유동적: variable Preise 유동적인 가격; die Spielweise der Mannschaft ist sehr v. 팀의 경기 방식은 아주 다양하다. **Variabilität** [variabili'tɛ:t], die [frz. variabilité] 《교양어》 가변성, 변이성. **Variable*** [va'ria:blə], die 〔전문어·수학·물리〕 변수 (變數)(반대: Konstante): 〔전의〕 die V. eines Forschungsgegenstandes 〔특히 사회학〕 연구 대상의 불확정적 측면. **variant** [va'riant] 〈Adj.〉 [frz. variant] 《교양어》 가변적인, 변화하는(반대: invariant). **Variante**, die; -en [frz. variante] **1.** 《교양어》 변형〔變形〕, 변이, 변종, 변화. **2.** 〔문예학〕 (여러 판본이 있을 때) 어떤 구절의 상이한 표현. **3.** 〔음악〕 장단조의 상호변이.
variantenreich 〈Adj.〉 《특히 스포츠》 변화가 많은. **Varianz** [va'riants], die 〔통계〕 분산. **variatio delectat** [va'riatsio de'lektat; lat.] 《교양어》 기분 전환은 기쁨을 가져다 준다. **Variation** [varia'tsjo:n], die; -en [frz. variation] **1. a)** 변화, 변경, 변이, 변모. **b)** (변형)된 것. **2.** 변주(變奏), 변주곡: -en über ein Thema aus einer Symphonie von Beethoven 베토벤 교향곡의 어떤 테마에 의한 변주곡. **3.** 〔생물〕 변종(變種), 변이(變異). **4.** 〔수학〕 변분(變分).
variations-, Variations-: **~breite**, die 변화의 폭,

변동 폭. ~**fähig** 〈Adj.〉 변화 가능한, 가변의. ~**möglichkeit**, die 변화 가능성. ~**rechnung**, die 변분법 (變分法).
Variator [va'ria:tor, (또한) ...to:ɐ], der; -s, -en [..ia'to:rən] ↑ Variometer (3). **Varietät** [varie'tɛ:t], die; -en [lat. varietās] 〔생물〕 변종(약어: var.).
Varieté, (schweiz.) **Variété** [varie'te:], das, -s, -s [Varietétheater의 약칭] **1.** (노래, 곡예, 버라이어티 쇼 등의 여러 가지를 상연하는) 보드빌 극장, 바리에테: sie möchte gern zum V. 그 여자는 보드빌 극장 무대에 출연하고 싶어한다. **2.** 보드빌 극장 공연, 버라이어티 쇼. **Varietétheater**, **Variététheater**, das ↑ Variété (1). **variieren** [vari'i:rən] (h) [frz. varier] **a)** 변하다, 변화하다, (서로) 다르다. **b)** 변화시키다, 바꾸다: in dieser Komposition hat er ein Volkslied variiert 〔음악〕 이 작곡에서 그는 민요를 변주시켰다.
varikös [vari'kø:s] 〈Adj.〉 〔의학〕 정맥류(靜脈瘤)의, 정맥류를 형성하는. **Varikose** [...'ko:zə], die; -n 〔의학〕 정맥류로 인한 통증. **Varikosität** [...kozi'tɛ:t], die; -en 〔의학〕 정맥류 형성. **Varikozele** [...o'tse:lə], die; -n 〔의학〕 정색정맥류(精索靜脈瘤).
Varinas [va'ri:nas, (또한) va'ri:nɑs], der; -, 〈종류〉 -[베네수엘라의 도시 Barinas에서] 남미산 담배(엽송연).
Variograph [vario-], der; -en, -en ↑ Variometer (1, 2)의 측정 수치를 도표화하는 기구. **Variola** [va'ri:ola], die; ...lä [...le:] / -s [va'ri:olən], **Variole** [va'ri:o-lə], die; -n 〈대개 PL.〉 〔의학〕 천연두, 두창(痘瘡). **Variolation** [variola'tsio:n], die; -en 〔의학·옛〕 종두. **Variometer** [vario'me:tɐ], das; -s [-gr. · 물리] **1.** 〔특히 항공〕 바리오미터. **2.** 자력 변화계. **3.** 〔방송〕 자동유도계(自動誘導計), 바리오미터. **Varioobjektiv** ['va:rio-], das; -s, -e [사진] ↑ Zoomobjektiv.
Varistor [va'rɪstor, (또한) ...to:ɐ], der; -s, -en [...'to:rən; engl. varistor] [기술·물리] 배리스터. **Varityper** ['vɛritaɪpɐ] der; -s, - [engl. Varityper] 타자기의 원리에 의해 만든 주조 식자기. **Varix** [va'rɪks], die; Varizen [va'ri:tsn], **Varize** [va'ri:tsə], die; -n [lat. varix] 〔의학〕 정맥류(靜脈瘤). **Varizelle** [vari'tsɛlə], die; -n 〈대개 PL.〉 〔의학〕 수두(水痘), 풍두(風痘), 가두(假痘). **Varizen:** ↑ Varix의 복수형. **Varizenverödung**, die; -en 〔의학〕 정맥류의 퇴치.
vasal [va'za:l] 〈Adj.〉 [lat. vās] 〔의학·생물〕 혈관의.
Vasall [va'zal], der; -en, -en 〔중세의〕 봉신(封臣), 가신(家臣), 신하, 종복, 노예.
Vasallen-: ~**dienst**, der 〔역사적〕 ↑ Lehnsdienst. ~**eid**, der 〔역사적〕 ↑ Lehnseid. ~**pflicht**, die 〔역사적〕 Lehnspflicht. ~**staat**, der 〔폄〕 ↑ Satellitenstaat.
Vasallentum, das; -s 가신〔신하〕의 신분, 신하(임), 영주에 대한 신하의 관계 총칭. **vasallisch** 〈Adj.〉 신하[가신]의, 종속적인. **Vasallität** [...li'tɛt], die 〈PL. 없음〉 영주에 대한 신하의 관계(봉건 제도에서), 종속, 예속. **vasallitisch** [...'li:tɪʃ] 〈Adj.〉 종속[예속] (관계)의.
Väschen ['vɛ:sçən], das; -s, - ↑ Vase, **Vase** ['va:zə], die; -n 〈축소형: ↑ Väschen〉 [frz. vase] **1.** 꽃병(↑ Vase의 축소형). **2.** 고대 그리스·로마 시대의 여러 가지 용도로 사용되던 병. **Vasektomie** [vaz-], die; -en [의학] **1.** 정관 절제(精管切除). **2.** 혈관의 부분 절제(切除).
Vaselin [vazə'li:n], das; -s, **Vaseline**, die 와셀린.
vasen-, **Vasen-:** ~**förmig** 〈Adj.〉 꽃병 모양의. ~**malerei**, die 꽃병에 그린 그림(고대 그리스, 로마 시대의). ~**ornamentik**, die 꽃병 장식.
vaskulär [vasku'lɛ:ɐ], **vaskulär** [...'lɛ:ɐ] 〈Adj.〉 [lat. vāsculum] 〔의학·생물〕 **a)** 혈관의, 맥관(脈管)의. **b)** 혈관을 가진. **Vaskularisation** [...lariza'tsjo:n], die;

-en 〔의학〕 혈관 신생(新生). **vaskulös** [...'lø:s] 〈Adj.〉 〔의학〕 혈관이 많은. **Vasoligatur** [vazo-], die; -en 〔의학〕 정관 결찰(精管結扎). **Vasomotoren** [vazo-] 〈PL.〉 〔의학〕 혈관 운동 신경. **vasomotorisch** 〈Adj.〉 **a)** 〔의학〕 혈관 운동 신경의. **b)** 혈관 운동 신경으로 인한. **Vasoresektion** [vazo-], die; -en ↑ Vasektomie. **Vasotomie** [...to'mi:], die; -n [...i:ən] 〔의학〕 정관 절개술(精管切開術).
vast [vast] 〈Adj.〉 [lat. vāstus] 〔고어〕 **a)** 광대한, 광막한. **b)** 황량한, 황폐한. **Vastation** [vasta'tsjo:n], die; -en [lat. vāstātio] 〔교양어·고어〕 황폐.
Vater ['fa:tɐ], der; -s, **Väter** ['fɛ:tɐ] **1. a)** 〈축소형: ↑ Väterchen (1)〉 아버지, 부친: der leibliche[eigene] V. 친 아버지; ein werdender V. 〈농〉 예비 아버지, 부인이 아이를 배고 있는 경우를 이름); er ist ganz der V. 그는 아주 아버지를 쏙 빼어 닮았다; **V. Staat** 〔농〕 국민의 경제 및 조세 등을 관장한다는 의미에서의 국가; **V. Rhein** 〈시어·감정적〉 아버지 라인 강(라인 강을 아버지에 비유한 말); **Heiliger V.** [가] 교황; **kesser V.** 〈경·폄〉 동성 연애를 하는 여자들 중 남자역, 부치; **ach, du dicker V.!** 〔통용어〕 〔기쁨, 경탄 등에 쓰임〕 이게 웬일이야! **b)** 대리부(代理父), 아버지 역할을 하며 아이 또는 여러 아이들을 돌보고 교육시키는 남자: es wäre gut, wenn die Kinder wieder einen V. hätten 그 아이들에게 다시 아버지가 생긴다면 좋으련만. **c)** 보호자, 수호자: **V. des Vaterlandes** 국부. **d)** 〔통용어·농·폄〕 노인, 영감, 늙은이: na, V., wie geht es denn? 노인장, 어떻게 지내시오? **2.** (동물의) 수컷. **3.** 〔가〕 **a)** 〈드물게〉 ↑ Pater. **b)** 가톨릭의 고위 성직자에 대한 존칭. **4.** 〈PL. 없음〉 〔종교〕 (전지 전능의) 신, 아버지 하느님: der V. im Himmel 하늘에 계신 아버지 하느님. **5.** 〈PL.〉 〔아어·고어〕 조상, 선조: er ist in das Land seiner Väter zurückgekehrt 그는 조상들의 나라로 되돌아갔다; sich zu den Vätern versammeln[zu seinen Vätern versammelt werden] 〔아어·고어·농〕 죽다, 세상을 떠나다. **6.** 〔기술〕 전축관을 만들기 위한 주형 (鑄型)(↑ Mutter (3), Matrize (2 b) 참조).
vater-, **Väter-:** ~**bild**, das 〔심리·〕 〔부친〕 상(像). ~**bindung**, die 〔심리〕 부고착(父固着) 감정적으로 아버지 쪽으로 쏠리는 현상. ~**figur**, die 부친으로서의 이상상. ~**freuden** 〈대개 PL.〉 (다음 용법으로) **V. entgegensehen** 〔아어·폄〕 곧 아버지가 된다. ~**haus**, das 〔아이〕 부모의 집, 생가(生家). ~**herrschaft**, die ↑ Patriarchat (2). ~**herz**, das 부정(父情). ~**komplex**, der 〔심리〕 부친 콤플렉스(↑ Mutterkomplex (1) 참조). ~**land**, das 〈PL. -länder〉 〔아어·감정〕 조국, 고국, 본국. ~**ländisch** [-lɛndɪʃ] 〈Adj.〉 〔아어·감정〕 조국의, 애국의: in einem Geiste erzogen worden sein 애국 정신 속에서 성장했다. ~**landsliebe**, die 〔아어·감정〕 조국애, 애국심. ~**landsliebend** 〈Adj.〉 〔아어·감정〕 조국을 사랑하는, 애국적인. ~**landslos** 〈Adj.〉 〔아어·폄〕 조국애[애국 정신]가 없는, 매국적인: eine -e Gesinnung 매국적인 생각. ~**landsverräter**, der 〔아어·폄〕 반역자, 매국노. ~**landsverteidiger**, der 〔아어·감정〕 군인, 조국 방위자. ~**landsverteidigung**, die 조국 방위, 국방(國防). ~**liebe**, die 부성애(父性愛), 아버지의 사랑. ~**los** 〈Adj.〉 아버지가 없는, 아버지를 잃은: er ist v. aufgewachsen 그는 편모 슬하에서 자랐다. ~**losigkeit**, die ↑ -los의 명사형. ~**mord**, der 〔아이〕 부친 살해. ~**mörder**, der **1.** 부친 살해범. **2.** 〔옛·농〕 고풍의 높은 칼라. ~**name**, der 〔또한〕 **Vatersname**, der **1.** ↑ Patronymikon. **2.** 〔고어〕 ↑ Familienname. ~**pflicht**, die 〈대개 PL.〉 아버지의 의무, 부친으로서의 의무. ~**recht**, das 아버지의 권리, 부권(父權). ~**rechtlich** 〈Adj.〉 부권의, 부권 사회의[사

회적인). ~stadt, die 《아어》 고향 도시, 태어난 도시: bei[an] jmdm. V. vertreten 누구를 아버지처럼 보살펴 주다. ~stelle, die 아버지의 자리(역할) 《↑Mutterstelle 참조》. ~tag, der 《농》 아버지의 날(독일에서는 그리스도의 승천일(Himmelfahrtstag)을 아버지의 날로 택하여 이날 많은 남자들이 부인을 동반하지 않고 모처럼 많은 양의 술을 마시거나 소풍을 즐김). ~tier, das 〔농업〕 《가축의》 수컷. ~unser 〔《또한》— —'— —〕, das; -s, - 주기도문(主祈禱文): jmdm. ein[das] V. durch die Backen blasen können 《농》 누가 몹시 말라서 뺨이 훅하다.

Väterchen, das; -s, - 〔지역적·친근〕 ↑Väterchen. **Väterchen** ['fɛ:tɐçən], das; -s, - 1. ↑Vater (1 a). 2. 〔드물게〕 노인, 늙은이. **V. Frost** 《농》 혹독한 추위.

väterlich 〈Adj.〉 1. 아버지의, 아버지 편의, 아버지다운: die Erbfolge folgt der -en Linie 유산 상속이 부계 (父系)로 이어진다. 2. 《아버지처럼》 보살피는, 친절한: jmdm. einen -en Rat geben 누구에게 자상한 충고를 하다. **väterlicherseits** 〈Adv.〉 《친척 관계에서》 아버지 쪽으로. **Väterlichkeit**, die 아버지다움, 아버지다운 점.

Vaters- 〔↑vater-, Vater-도 참조〕: ~**bruder**, der 《고어》 아버지의 형(아우), 백부, 숙부. ~**name**, der 《 Vatername. ~**schwester**, die 《고어》 고모, 아버지의 누님(누이동생), 백모, 숙모.

Vaterschaft, die; -en 아버지임, 아버지 신분, 부자(父子) 관계.

Vaterschafts-: ~**anerkennung**, ~**anerkenntnis**, die 친부〔부자 관계〕 인정. ~**bestimmung**, die 친부 〔부자 관계〕 확인. ~**gutachten**, das ↑~bestimmung. ~**klage**, die 친부〔부자 관계〕 확인 소송. ~**nachweis**, der 친부〔부자 관계〕 증명. ~**prozeß**, der ↑~klage.

Vati ['fa:ti], der; -s, -s 《친근》 아빠.

Vatikan [vati'ka:n], der; -s 1. 바티칸 궁전(로마 교황의 궁전). 2. 교황청(로마·가톨릭 교회의 최고 주무 부서). **vatikanisch** 〈Adj.〉 바티칸의, 교황청의. **Vatikanstadt**, die 바티칸 시(교황 지배 하에 있는 독립 국가).

Vaudeville [vodə'viːl, 〔frz.〕 vod'vil], das; -s, -s [frz. vaudeville] 1. (1700년 경의) 프랑스의 경가극(輕歌劇)에 삽입된 통속 가요. 2. (18세기 초의) 프랑스의 풍자 희가극. 3. 종결윤창(처음에는 프랑스의 희가극에만 있던 것이 후에는 오페라에 그리고 독일의 경가극에도 삽입됨).

V-Ausschnitt ['fau-], der; -(e)s, -e V자형 네크라인.

v. Chr. = vor Christo, vor Christus; v. Chr. G. = vor Christi Geburt 기원전.

v. d. = vor der.

VDE = Verband Deutscher Elektrotechniker 독일 전기 기술자 협회.

VDI = Verein Deutscher Ingenieure 독일 기술자 협회.

Vdk = Verband der Kriegsbeschädigten, Kriegshinterbliebenen u. Sozialrentner 상이 군인, 군인 유족, 국민 연금 수혜자 총연합회.

VDM = Verbi Divini Minister / Ministra 《schweiz.》 서품을 받은 개신교 신학자.

VDS = Verband Deutscher Studentenschaften 독일 총 학생회 연맹; 1975년 이후부터는 Vereinigte Deutsche Studentenschaften(독일 총학생회)으로 개칭.

vdt. = ↑vidit.

v. d. Z. = vor der Zeitrechnung 기원전.

VEB = volkseigener Betrieb 구 동독의 인민 소유 기업, 즉 국영 기업.

Vedette [ve'dɛtə], die; -, -n [frz. vedette] 《드물게》 저명한 예술가(특히 배우), 스타, 명배우.

vedisch: ↑wedisch.

Vedute [ve'du:tə], die; -n [ital. veduta] 〔미술〕 《도시 및 산야를 사실주의적 기법으로 그린》 풍경화.

vegetabil [vegeta'biːl] 〔전문어〕 ↑vegetabilisch. **Vegetabilien** [...'biːliən] 〈Pl.〉 식물성 식품, 야채. **vegetabilisch** 〈Adj.〉 〔전문어〕 ↑pflanzlich: -e Fette 식물성 지방(脂肪).

Vegetarianer [...'ria:nɐ], der; -s, - ↑Vegetarier. **Vegetarianismus** [...ria'nɪsmʊs], der; - ↑Vegetarismus. **Vegetarier** [vege'ta:riɐ], der; -s, - 〔고형〕 Vegetarianer < vegetarisch 채식가, 채식자.

vegetarisch 〈Adj.〉 식물의, 채식(주의)의. **Vegetarismus** [...ta'rɪsmʊs], der 〈Pl. 없음〉 채식주의. **Vegetation** [...'tsioːn], die; -en a) 《어떤 지역의》 식물계. b) 식물의 성장, 식생(植生).

vegetations-, Vegetations-: ~**decke**, die ↑ Pflanzendecke. ~**fläche**, die 〔식물〕 Grünfläche (b). ~**formation**, die 〔식물〕 ↑Formation (5). ~**gebiet**, das ↑~zone. ~**grenze**, die 식물 성장이 가능한 지역의 한계. ~**gürtel**, der ↑~zone. ~**kegel**, der 〔식물〕 ↑~punkt. ~**kult**, der 〔종교〕 《특히 동양 지역의》 초목 숭배 신앙(매년 피고 지고하는 식물 및 이 식물의 신성을 숭배하는 신앙》. ~**los** 〈Adj.〉 식물이 성장하지 않는. ~**organ**, das 〔식물〕 《잎이나 뿌리 같은》 식물의 영양 공급기관. ~**periode**, die 《식물의》 그 해의 생장기. ~**punkt**, der 〔식물〕 생장(성장)점. ~**stufe**, die 《고도에 따라 상이한 식물군의 분포를 보이는》 고산대, 식생대. ~**zeit**, die ↑~periode. ~**zone**, die 식물대(植物帶), 군락대(群落帶).

vegetativ [vegeta'tiːf] 〈Adj.〉 [lat. vegetāre와 관련] 1. 식물(성)의. 2. 《생물》 무성(無性)의, 무성 생식(無性生殖)의: sich v. vermehren 무성 생식으로 번식하다. 3. 《의학·생물》 자율(신경)의: -es Nervensystem 자율 신경계(自律神經系). **Vegetativum** [...'ti:vʊm], das; -s, ..va [lat.] 〔해부·생리〕 자율 신경계. **vegetieren** [vege'ti:rən] 〈h〉 [lat. vegetāre] 1. 《팜》 근근히 〔궁핍하게〕 살아가다. 2. 〔식물〕 무성 생식 상태이다.

vehement [vehe'mɛnt] 〈Adj.〉 [lat. vehemēns] 《교양어》 맹렬(격렬)한, 거센: etw. v. verteidigen 무엇을 열렬히 방어하다. **Vehemenz** [...'mɛnts], die 〈Pl. 없음〉 [lat. vehementia] 《교양어》 맹렬, 격렬, 거셈.

Vehikel [ve'hi:kl], das; -s, - [lat. vehiculum] 1. 《팜》 《낡아 빠진》 차(량), 달구지: er schwang sich auf sein V. und fuhr davon 그는 훌쩍 달구지에 뛰어 오르더니 그 곳을 떠나 버렸다. 2. 《교양어》 매체(媒體), 수단: die Sprache ist das V. aller geistigen Tätigkeit 언어는 모든 정신적 활동의 매체이다.

Veigelein ['faigəlain], das; -s, - 《고어》 ↑Veilchen (1). **Veigerl** ['faigɐl], das; -s, -n 《bayr., österr》 ↑ Veilchen (1). **Veilchen** ['failçən], das; -s, - 〔고형〕 Vei(ol)chen 의 축소형》, 오랑캐꽃: **wie ein V. im Verborgenen blühen** 은거자다, 숨어서 살다; **blau wie ein V.** 《통용어·농》 매우 술에 취한. 2. 《통용어·농》 눈 주위에 퍼렇게 든 멍.

veilchen-, Veilchen- (Veilchen 1): ~**blau** 〈Adj.〉 보라색의: 〔전의〕 als er nach Hause kam, war er v. 《통용어·농》 그가 집에 왔을 때는 몹시 술에 취해 있었다. ~**duft**, der 오랑캐꽃 향기. ~**farben**, ~**farbig** 〈Adj.〉 ↑~blau. ~**holz**, das ↑Jakarandaholz. ~**strauß**, der 제비꽃 꽃다발. ~**wurzel**, die 제비꽃 뿌리.

Veitsbohne ['faits-], die; -n 〔지역적〕 ↑Saubohne. **Veitstanz**, der; -es 무도병(舞蹈病)(일종의 경련).

Vektor ['vɛktor, 《또한》 ...to:ɐ], der; -s, -en [...'to:rən; engl. vector] 〔수학·물리〕 벡터(반대: ¹Skalar).

Vẹktor- [수학]: ~**addition,** die 벡터의 합(合). ~**feld,** das 벡터 장(場). ~**rechnung,** die 벡터 계산 (수학의 한 영역).

vektoriẹll [vɛkto'riɛl] ⟨Adj.⟩ [수학] 벡터(계산)의.

Vela ↑ Velum의 복수형. **velar** [ve'laːʁ] [언어] 연구개 음(軟口蓋音)의. **Velar** [-], der; -s, -e [언어] 연구개음 (예컨대: g, k 따위). **Velarlaut,** der [언어] ↑ Velar.

Velin [ve'liːn, (또한) ve'lɛː], das; -s [frz. vélin] **1.** (예전에 책 제본에 사용했던) 부드러운 양피지. **2.** 모조지.

Velleität [vɛlei'tɛːt], die; -en [frz. velleité] [철학] 불완전 의욕, 속심, 미의(微意).

Velo ['veːlo], das; -s, -s [↑ Velozipèd의 약칭] 《schweiz.》자전거. **veloce** [ve'loːtʃe] ⟨Adv.⟩ [ital. veloce] 《음악》빠른, 급속한. **Velodrom** [velo-'droːm], das; -s, -e [frz. vélodrome] 벨로드롬(커브에 경사를 둔 자전거 경주장).

Velotour, die 《schweiz.》↑ Radtour.

Velour [va'luːʁ, (또한) ve...], das; -s, -s / -e [↑ ¹Velours] [전문어] ↑ ²Velours. **Velourleder,** das [전문어] ↑ ²Velours. **Veloursleder. ¹Velours** [va-'luːʁ, (또한) ve...], der; -s [...'luːʁs], -[...'luːʁs] frz. velours] 벨로아, 비로드: der Sessel war mit V. bezogen 안락의자는 비로드로 씌워 있었다. **²Velours** [-], das; -s [...'luːʁs], -[...'luːʁs] 《종류》 -s [...'luːʁs] 세무 가죽. **Veloursleder,** das ↑ ²Velours. **veloutieren** [vəlu-'tiːrən, (또한) ve...] ⟨h⟩ [frz. velouter] [섬유] 비로드 [세무 가죽]같이 보이게 하다. **Veloutine** [vəlu'tiːn, (또한) ve...], der; -(s), -s [frz. véloutine] 린네르(대개 여자용 옷감으로 사용).

Velozipèd [velotsi'peːt], das; -(e)s, -e [frz. vélocipède] 《고어》자전거. **Velozipedist** [...pe'dɪst], der; -en, -en [frz. vélocipédiste] 《고어》자전거 타는 사람, 자전거 선수.

Velpel ['fɛlp] ↑ Felbel.

Velum ['veːlʊm], das; -s, Vela [lat. vēlum] **1.** [가] **a)** 성물보(聖物褓). **b)** 사제의 어깨에 두르는 보(褓). **2.** (고대) 집대문이나 사원에 햇빛을 막기 위해 드리운 커튼. **3.** [해부·언어] 연구개(軟口蓋). **4.** [동물] (달팽이나 조개의) 면반(面盤). **Velum palatinum** ['veːlʊm pala'tiː-nʊm], das; - -, Vela ...na [해부·언어] ↑ Velum (3).

Velvet ['vɛlvət], der / das; -s, -s [engl. velvet, lat. villus = zottiges Haar] (목화로 만든) 비로드. **Velveton** ['vɛlvətən], der; -s, -s [engl. velveton] 모조 비로드.

Vendemiaire [vãde'miɛːʁ], der; -(s), -s [frz. vendémiaire] 포도월(葡萄月) (프랑스 혁명력 첫째 달; 9월 22일 ~10월 21일).

Vendẹtta [vɛn'dɛta], die; ...tten [ital. vendetta] 근친간(近親間)의 복수(이탈리아어).

Vene ['veːnə], die; -n [lat. vēna] [의학] 정맥(Blutader) (반대: Arterie).

Venẹdig [ve'neːdɪç] 베니스(이탈리아의 도시).

Venenentzündung, die 정맥염(靜脈炎). **Venenklappe,** die [해부] 정맥변(靜脈瓣).

venenös [vene'nøːs] ⟨Adj.⟩ [lat. venēnōsus] [전문어] 독이 있는, 독성의.

venerabel [vene'raːbl] ⟨Adj.⟩ [lat. venerābilis] 《교양어·고어》존경할 만한. **Venerabile** [...'raːbilə], das; -(s) [lat. venerābile] [가] ↑ Allerheiligste (3). **venerabilis** [...'raːbilɪs] ⟨lat.⟩ [가] 「존경하는」 높으신 (가톨릭 성직자를 높여서 부를 때) (약어: ven.). **Veneration** [...ra'tsjoːn], die; -en [lat. venerātio] 《교양어·고어》존경, 외경(畏敬). **venerieren** [...'riːrən] ⟨h⟩ [lat. venerārī] 《교양어·고어》(성스러운 대상으로) 존경하다. **venerisch** [ve'neːrɪʃ] ⟨Adj.⟩ [lat. venerius =

[의학] 성병의, 화류병(花柳病)의, 매독(梅毒)의: -e Krankheiten 화류병(花柳病). **Venerologe** [venero...], der; -n, -n [↑-loge] 성병학 분야의 전문의. **Venerologie,** die [↑-logie] [의학] 성병학.

Veneter ↑Venetien의 거주자. **Venetien** [ve'neːtsjən]; -s 이탈리아 북부의 지역 이름. **Venezia** [ve'neːtsia] ↑ Venedig의 이탈리아 어. **Venezianer,** der; -s, - 베니스·인(사람). **venezianisch** ⟨Adj.⟩ 베니스(사람)의.

Venezianischrot [vene'tsjaːnɪʃ-], das; -s, - 《통용어》↑ Englischrot.

Venezolaner [venetso'laːnɐ], der; -s, - 베네수엘라 사람. **venezolanisch** ⟨Adj.⟩ 베네수엘라(사람)의 (↑ venzuelisch). **Venezuela** [vene'tsueːla] -s 베네수엘라(남미의 국가). **Venezuger** ↑Venezolaner. **venezuglisch:** ↑ venezolanisch.

Venia legẹndi ['veːnia 'leːgɛndi], die [lat.] 《교양어》(교수 자격 시험(Habilitation)을 거쳐 취득한) 교수 자격.

veni, vidi, vici ['veːni 'viːdi 'viːtsi] ⟨lat.⟩ 왔노라, 보았노라, 이겼노라(시저가 첼라 전쟁의 승리에 대해 한 말) 《교양어》그건 상상외로 빠른 성공이었다, 오자마자 성공했다.

Vẹnner ['fɛnɐ], der; -s, -s 《schweiz.》사관 후보생, 견습사관.

venös [ve'nøːs] ⟨Adj.⟩ [lat. vēnōsus] [의학] 정맥(성)의, 정맥이 많은.

Ventil [vɛn'tiːl], das; -s, -e **1.** (기체 또는 액체의) 출입을 조절하는 장치, 밸브, 통풍판(瓣): ein V. öffnen [schließen] 밸브를 열다(잠그다); 전의 ein V. für seine Wut suchen 분노의 출구를 찾다. **2. a)** (관악기의) 피스톤, 음전(音栓). **b)** 음전(音栓), (올갠의) 공기 조절판.

Ventil- (Ventil 1): ~**gummi,** das / der 밸브용 고무관(管). ~**horn,** das 활전(活栓)이 두세개 달린 엽적(獵笛). ~**röhre,** die [전기] (준고어) ↑Gleichrichterröhre. ~**spiel,** das [기술] 모타의 밸브의 활동 공간. ~**steuerung,** die [기술] 밸브(판(瓣)) 장치, 밸브(판) 운동.

Ventilation [vɛntila'tsjoːn], die; -en [frz. ventilation < lat. ventilātio] **1. a)** 통풍, 통기(通氣), 환기: in den Räumen herrscht eine viel zu schwache V. 환기가 잘 안된다. **b)** ↑Lüftung (2). **2.** 《교양어·드물게》↑Ventilierung. **Ventilator** [...'laːtɔr, (또한)...toːɐ], der; -s, -en [la'toːrən; engl. ventilator] 환풍기, 환기 장치: der V. surrt 환풍기 소리가 윙윙 거린다. **ventilieren** [...'liːrən] ⟨h⟩ [frz. ventiler < lat. ventilāre] **1.** (드물게) 환기시키다, 통풍시키다. **2.** 《교양어》숙고하다, 토의하다, 논의하다: ein Vorhaben v. 어떤 계획을 숙의(熟議)하다.

Ventilierung, die; -en **1.** 《드물게》통풍, 환기. **2.** 《교양어》숙고, 토의, 논의.

Ventose [vã'toːs], die; -(s), -s [frz. ventôse] 풍월(風月) (프랑스 혁명력 제6월; 2월 19일~3월 20일).

ventral [vɛn'traːl] ⟨Adj.⟩ [lat. ventrālis] [의학] **a)** 배(腹)의, 배 쪽의. **b)** 배에 있는, 복벽(腹壁)에 있는. **ventre à terre** [vãtra'tɛːʁ; frz.] [승가] (말의) 갤럽(질구(疾驅)). **Ventrikel** [vɛn'triːkl], der; -s, - [lat. ventriculus] [해부] **1.** 심실(心室), 뇌실(腦室). **2.** 배 모양으로 튀어 나온 부분(예컨대: 위(胃)). **ventrikular** [vɛntriku'laːɐ̯], **ventrikulär** [...'lɛːɐ̯] ⟨Adj.⟩ [의학] 심실의, 뇌실의, 위의. **Ventriloquist** [...lo'kvɪst], der; -en, -en 《교양어》복화자(腹話者), 복화술사(腹話術師) (Bauchredner).

¹Venus ['veːnʊs] 비너스(로마의 여신). **²Venus,** die 금

성(金星).

Venus- ['veːnʊs-; 사랑의 여신 Venus에서; 동물이나 식물 이름에서 종종 아름다운(유혹적인) 외모를 표현]: **~berg,** der [lat. Mons veneris에서 유래] [해부] 여자의 음부(陰阜), 불두덩. **~fliegenfalle,** die 파리잡이 풀(북미의 늪 지대에 서식하는 육식 식물). **~hügel,** der ↑~berg. **~muschel,** die 껍질에 다채로운 색채 무늬를 지닌 조개. **~sonde,** die 금성 탐사기(金星探査機).

veraasen ⟨h⟩ ⟪경·nordd.⟫ 낭비하다, 헛되이 쓰다.

verabfolgen [fɛɐ̯|ap-] ⟨h⟩ ⟪격식 독어·선고어⟫ ↑ verabreichen: jmdm.ein Medikament v. 누구에게 약을 주다; jmdm. eine Tracht Prügel v. ⟪농⟫ 누구를 때리다. **Verabfolgung,** die; -en 인도, 교부, 건네 줌.

verabreden ⟨h⟩ 1. ⟨구두로⟩ 약속하다, ⟨구두로⟩ 약정(협정)하다: ich habe mit ihm verabredet, daß wir uns morgen treffen 나는 내일 만나기로 그와 약속했다; ⟨과거분사형으로⟩ sie trafen sich am verabredeten Ort 그들은 약속된 장소에서 만났다. 2. ⟨v. + sich⟩ ⟨누구와 만날⟩ 약속을 하다: ich habe mich mit ihr im Café verabredet 나는 그 여자와 카페에서 만나기로 약속했다.

verabredetermaßen ⟨Adv.⟩ 약속한 대로, 협정(약정)한 대로. **Verabredung,** die; -en 1. ⟪Pl. 없음⟫ ⟨구두의⟩ 약속. 2. a) 협정: ich konnte unsere V. leider nicht einhalten 유감스럽게도 난 약속을 지킬 수가 없게 됐다; wie auf eine V. verließen sie gleichzeitig den Raum 약속이나 한 것처럼 그들은 동시에 그 방을 나갔다. **b)** ⟨약속된⟩ 만남: ich habe heute abend eine V. mit einem Mädchen 나는 오늘 저녁에 어떤 처녀와 데이트 약속이 있다.

verabreichen [fɛɐ̯|ap-] ⟨h⟩ ⟪격식 독어⟫ ⟨일정한 양의⟩ 마실 것이나 먹을 것을⟩ 주다, 교부하다: ein Medikament intravenös v. 정맥 주사를 놓다. **Verabreichung,** die; -en ↑verabreichen의 명사형.

verabsäumen [fɛɐ̯|ap-] ⟨h⟩ ⟪격식 독어⟫ 등한시하다, 게을리하다, …하지 않다: er hat es verabsäumt, mich in Kenntnis zu setzen 그는 나에게 그것을 알리지 않았다.

verabscheuen [fɛɐ̯|ap-] ⟨h⟩ **a)** ⟨정서적으로⟩ 싫어하다, 꺼리다, 혐오감을 느끼다: er verabscheut Spinnen 그는 거미를 싫어한다. **b)** ⟨윤리적으로⟩ 싫어하다, 꺼리다, 혐오하다: er verabscheut den Krieg 그는 전쟁을 혐오한다.

verabscheuens-, Verabscheuens-: **~wert** ⟨Adj.⟩ ⟪아어⟫ 혐오스러운, 싫은, 꺼려지는. **~würdig** ⟨Adj.⟩ ⟪아어⟫ ↑~wert. **~würdigkeit,** die ⟪아어⟫ ↑~würdig의 명사형.

Verabscheuung, die ⟪아어⟫ 싫어함, 꺼려함, 혐오함.

verabscheuungs-, Verabscheuungs-: ↑verabscheuens-, Verabscheuens-.

verabschieden [fɛɐ̯|ap-fiːdn̩] ⟨h⟩ 1. ⟨v. + sich⟩ 작별 인사를 하다, 작별을 고하다: sich von jmdm. v. 누구에게 작별 인사를 하다. 2. **a)** ⟨떠나는 방문객과⟩ 작별 인사를 하다. **b)** ⟨퇴임하는 사람에게⟩ 작별 인사를 하다. 3. ⟨법안 따위를⟩ 의결하다, 통과시키다, 가결하다: morgen soll der Haushalt verabschiedet werden 예산안은 내일 통과되어야 한다. **Verabschiedung,** die; -en ⟨법률 따위의⟩ 의결, 통과. **verabschiedungsreif** ⟨Adj.⟩ ↑ beschlußreif.

verabsolutieren [fɛɐ̯|apzolu'tiːrən] ⟨h⟩ 절대화하다, 절 대시하다. **Verabsolutierung,** die; -en ↑verabsolutieren의 명사형.

verachten ⟨h⟩ 경멸하다, 멸시하다, 업신여기다: er verachtet ihn (wegen seiner Feigheit) 그는 그를 (비겁하다고) 경멸한다; ⟨전의⟩ er hat die Gefahr [den Tod] stets verachtet 그는 항상 위험[죽음]을 두려워하지 않았

다; **nicht zu v. sein** ⟪통용어⟫ 환영할 만한 일이다. **verachtenswert** ⟨Adj.⟩ ⟪아어⟫ 경멸할 만한, 경멸을 받을 만한[받아 마땅한]: seine Feigheit ist v. 그의 비겁함은 경멸을 받을 만하다. **verachtenswürdig** ⟨Adj.⟩ ⟪아어⟫ ↑verachtenswert. **Verächter** [fɛɐ̯|ɛçtɐ], der; -s, - 경멸하는 사람, 업신여기는 사람. **Verächterin,** die; -, -nen ↑Verächter의 여성형. **verächterisch** ⟨Adj.⟩ ⟪드물게⟫ 경멸에 찬, 경멸적인. **verächtlich** [fɛɐ̯|ɛçtlɪç] ⟨Adj.⟩ 1. 경멸적인, 깔보는, 얕보는: v. von jmdm. sprechen 누구에 대해 경멸적으로 말하다. 2. 경멸할 만한, 업신여길 만한: **jmdn. [etw.] v. machen** 누구[무엇]를 경멸하다. **Verächtlichkeit,** de ↑verächtlich의 명사형. **Verächtlichmachung** [-maxʊŋ], die ⟪격식 독어⟫ 업신여김. **Verachtung,** die 경멸, 멸시, 모멸, 경시, 업신여김: jmdn. mit V. strafen 누구를 경멸적으로 무시하다. **verachtungsvoll** ⟨Adj.⟩ ⟪아어⟫ 경멸에 가득 찬. **verachtungswürdig** ⟨Adj.⟩ ⟪아어⟫ ↑verachtenswert.

veralbern ⟨h⟩ 1. 바보 취급하다, 우롱하다, 놀리다. 2. 비웃다, 조롱하다. **Veralberung,** die; -en 우롱, 조롱, 비웃음.

verallgemeinern [fɛɐ̯|alɡəˈmaɪnɐn] ⟨h⟩ 일반화[보편화]하다: neu gewonnene Erfahrungswerte v. 새로 얻은 경험을 일반화하다. **Verallgemeinerung,** die; -en 1. 일반화, 보편화. 2. 일반화하는 말[진술].

veralten [fɛɐ̯|altn̩] ⟨s⟩ 낡아지다, 시대에 뒤지다, 쓸모가 없어지다, 쇠퇴하다: Waffensysteme veralten schnell 무기체계가 너무 빨리 쓸모가 없어진다; ⟨대개 과거분사로⟩ veraltete Methoden 낡은 방법.

Veranda [ve'randa], die; …den [engl. veranda(h) < Hindi verandā < port. varanda] 베란다.

veränderbar [fɛɐ̯|ɛndɐbaːɐ̯] ⟨Adj.⟩ 변할 수 있는, 변하기 쉬운, 가변성의: die Wirklichkeit ist v. 현실은 변할 수 있다. **Veränderbarkeit,** die 변화 가능성(↑veränderbar의 명사형). **veränderlich** ⟨Adj.⟩ **a)** 변하는, 고정되지 않은: -e Sterne [천문] 변광성(變光星)(빛의 밝기가 시간에 따라 변하는 별들): das Wetter bleibt auch morgen noch v. 내일도 날씨는 변덕을 부릴 것이다. **b)** 변할 수 있는(↑veränderbar): eine ~e Größe [수학] 변수(變數). **¹Veränderliche*,** die ⟪수학⟫ 변수(變數). **²Veränderliche*,** der ⟪대개 Pl.⟫ ⟪천문⟫ 변광성(變光星). **Veränderlichkeit,** die; -en ↑veränderlich의 명사형. **verändern** ⟨h⟩ [mhd. verendern, -andern] 1. 변화[변경]시키다, 변경하다: er will die Welt v. 그는 세상을 변화시키려 한다; diese Begegnung sollte sein Leben (von Grund auf) v. 이번 만남이 그의 인생을 (근본적으로) 변화시킬 것이다. 2. ⟨v. + sich⟩ 달라지다, 변하다, 변화하다: du hast dich aber verändert! 넌 정말 변했구나!; die Situation hat sich seither grundlegend verändert 그 이후로 상황이 근본적으로 달라졌다; wir müssen der veränderten Lage Rechnung tragen 우리는 형편이 달라졌다는 점을 고려해야 한다. 3. ⟨v. + sich⟩ **a)** ⟨직업을⟩ 바꾸다. **b)** ⟨고어⟩ 결혼하다. **Veränderung,** die; -en [mhd. verenderunge, -anderung] 1. 변경, 변화, 변동, 변혁: an etw. eine V. vornehmen 무엇을 고치다. 2. 달라짐, 달라진 결과, 변화의 결과, 달라진 것: es waren keine -en festzustellen 달라진 것이라고는 하나도 찾아볼 수 없었다. 4. ⟪드물게⟫ 직위 변동.

verängstigen ⟨h⟩ 겁나게 하다, 불안하게 하다: ⟨대개 과거분사로⟩ ein verängstigtes Tier 겁먹은 짐승. **Verängstigung,** die; -en 1. 겁줌, 불안하게 함. 2. 겁먹음, 불안함.

verankern ⟨h⟩ 1. 닻으로 고정시키다: ein Floß v. 뗏목을 닻으로 고정시키다. 2. …을 튼튼하게 고정시키다, 확고

하게 하다: 전의 man wollte dieses Recht auch in der Verfassung v. 사람들은 이 권리를 헌법상으로도 근거를 갖게 하려고 했다. **Verankerung**, die; -en 1. 정박(停泊), 고정(固定). 2. 고정됨, 확고하게 됨.

veranlagen [fɛɐ̯ˈanlaːgn̩] ⟨h⟩ [고어 Anlage = ↑Steuer 1. [세무] 세액(稅額)을 사정하다: die Ehegatten werden gemeinsam (zur Einkommensteuer) veranlagt 부부는 (소득세가) 공동 과세된다. 2. [경제] 《österr.》 ↑anlegen (6 a). **veranlagt** [↑Anlage (6)] ⟨Adj.⟩ 소질(성향)이 있는, 재능이 있는: ein homosexuell -er Mann 동성애 기질이 있는 남자; für etw. v. sein 무엇에 소질이 있다. **Veranlagung**, die; -en 1. [세무] (세액의) 사정(査定). 2. [경제] 《österr.》 투자. 3. 성향, 소질, 기질: er hat eine V. zum Politiker 그는 정치가가 될 소질이 있다. **Veranlagungssteuer**, die [세무] 사정(査定)된 세금.

veranlassen ⟨h⟩ 1. …을 하게 하다, 야기시키다, 유발하다: jmdn. v., einen Antrag zurückzuziehen 누가 제안을 철회하게 하다; er sieht sich veranlaßt, Klage zu erheben 그는 고소를 제기해야 한다고 판단하고 있다. 2. 누구를 부추겨 무엇이 일어나게 하다, 무엇을 하도록 사주[유혹]하다: könntest du v., daß ich um 7 Uhr geweckt werde? 자네 내가 7시에 깰 수 있도록 해 줄 수 있겠니? **Veranlasser**, der; -s, - 야기자(惹起者), 발기인, 사주자(使嗾者). **Veranlassung**, die; -en 1. 야기시킴, 유발. 2. 부추김, 사주[유혹], 권유: zur weiteren V. [관] 차후의 기회를 위해서(약어: z. w. V.). 3. 동기(動機), 계기: du hast keine V., unzufrieden zu sein 너는 불만족해 할 이유가 없다. **Veranlassungsverb**, **Veranlassungswort**, das ⟨Pl. …wörter⟩ [언어학] ↑Kausativ.

veranschaulichen [fɛɐ̯ˈanʃaulɪçn̩] ⟨h⟩ 구체적으로 설명하다, 실례(삽화나 도해)로 나타내다, 눈에 보이게 하다: eine mathematische Gleichung graphisch v. 방정식을 좌표로 그려 보이다. **Veranschaulichung**, die; -en 도해, 예증.

veranschlagen ⟨h⟩ 어림잡다, 견적하다: 전의 die Bedeutung des Vertrages kann gar nicht hoch genug veranschlagt werden 그 조약이 지닌 의미는 아무리 높게 평가해도 지나치지 않는다. **Veranschlagung**, die; -en 평가, 견적, 개산(槪算).

veranstalten [fɛɐ̯ˈanʃtaltn̩] 1. 개최[실행]하다: Tagung v. 회의를 개최하다. 2. 《통용어》하다, 행하다: veranstalte bloß keinen Zirkus 공연히 소란 피우지 마! **Veranstalter**, der; -s, - 발기인, 주최자, (연회 따위의) 주인역. **Veranstalterin**, die; -nen ↑Veranstalter의 여성형. **Veranstaltung**, die; -en 1. 개최, 거행. 2. 모임, 행사, (스포츠의) 시합: die V. findet im Freien statt 그 행사는 야외에서 개최된다. **Veranstaltungskalender**, der 행사 예정표.

verantworten 1. …의 책임을 지다, 떠맡다: ich kann das (vor Gott[mir selbst, meinem Gewissen]) nicht v. 나는 그것에 대해 (신 앞에서[내 자신에 대고, 내 양심에 대고]) 책임지지는 못한다. 2. ⟨v. + sich⟩ (피고로서) 자신을 변호[변명]하다, (비난에 대해) 자신을 변호[변명]하다: der Angeklagte hat sich wegen Mordes zu v. 그 피고는 살인죄로 법정에 섰다. **verantwortlich** ⟨Adj.⟩ 1. a) …에 대해 책임[의무]이 있는: die Eltern sind für ihre Kinder v. 부모는 자기 자식들에 대한 책임이 있다; ich fühle mich dafür v., daß alles klappt 나는 모든 것이 잘 성사되게 할 책임이 있다고 느낀다. b) 변명[보고, 설명]할 의무가 있는: der Abgeordnete ist dem Volk v. 국회 의원은 국민에게 보고할 의무가 있다. c) …에 대한 책임을 진, …에 대해 죄를 진: du kannst den Arzt nicht für ihren Tod v. machen 너는 그 의사에게 그녀의 죽음에 대한 책임을 물을 수는 없다. 2. 책임 있는: er sitzt an -er Stelle 그는 책임 있는 자리에 있다. 3. 책임감이 있는. **Verantwortliche***, der / die 책임자, 책임을 떠맡은[떠맡을] 사람. **Verantwortlichkeit**, die; -en 1. ⟨Pl. 없음⟩ 책임짐, 책임있음. 2. 책임, 의무: die Rechte und -en der vier Mächte 4대 강국의 권리와 책임. 3. ⟨Pl. 없음⟩ 책임 의식, 책임감. **Verantwortung**, die; -en 1. a) 책임: die V. lastet schwer auf ihm 그는 책임이 무겁다; ich übernehme die V. 내가 책임을 지겠다; diese V. kann dir niemand abnehmen 그 누구도 이 책임을 너로부터 덜어 줄 수 없다; ich tue es auf deine V. 내가 하는 이 일에 대한 책임은 네가 지는 것이다; etw. in eigener V. durchführen 무엇을 자기 책임 하에 행하다. b) ⟨Pl. 없음⟩ 책임을 떠맡음: eine anarchistische Gruppe hat die V. für den Anschlag übernommen 한 무정부 단체가 그 기도의 소행이라고 밝혔다; **jmdn. (für etw.) zur V. ziehen** 누구에게 (무엇에 대한) 책임을 묻다. 2. ⟨Pl. 없음⟩ 책임감, 의무감. 3. 《고어·지역적》 변명, 변호.

verantwortungs-, **Verantwortungs-**: ~**bereich**, der 책임 영역[범위], 책임 분야. ~**bereitschaft**, die ⟨Pl. 없음⟩ 책임질 용의[각오]. ~**bewußt** ⟨Adj.⟩ 책임감있는: er handelt sehr v. 그는 매우 책임감있게 행동한다. ~**bewußtsein**, das ⟨Pl. 없음⟩ 책임 의식. ~**freudig** ⟨Adj.⟩ 기꺼이 책임을 지는, 책임을 떠 하려하는 사람. ~**freudigkeit**, die ↑freudig의 명사형. ~**gefühl**, das ⟨Pl. 없음⟩ 책임감. ~**los** ⟨Adj.⟩ 책임감이 없는, 책임을 질 줄 모르는. ~**losigkeit**, die ↑los의 명사형. ~**voll** ⟨Adj.⟩ 1. 책임이 있는, 책임이 중대한. 2. 책임감이 있는, 책임을 질 줄 아는.

veräppeln [fɛɐ̯ˈɛpl̩n] ⟨h⟩ 《통용어》 1. (누구를) 놀리다, 바보 취급하다. 2. 비웃다, 조롱하다. **Veräppelung**, die; -en ↑veräppeln의 명사형.

verarbeiten ⟨h⟩ 1. a) 《제작에》 재료로 사용하다, 가공하다: verarbeitende Industrie [경제] 가공 산업; 전의 er hat in seinem Roman viele Motive aus der Mythologie verarbeitet 그는 자신의 장편 소설의 많은 모티브를 신화에서 취했다. b) 《무엇으로》 만들다: Gold zu Schmuck v. 금을 장식품으로 만들다; 전의 einen historischen Stoff zu einem Roman v. 역사적인 소재를 장편 소설로 만들다. c) 《제작에 소모》하다: wir haben schon drei Säcke Zement verarbeitet 우리는 벌써 시멘트 세 포대를 소비했다. d) ⟨v. + sich⟩ 《재료로》 사용되다: der Leim verarbeitet sich gut 그 아교는 사용되기가 좋다. 2. a) 소화하다[시키다]. b) (정신적, 심리적으로) 이겨내다, 극복하다, 소화시키다: so einen Film kann ein achtjähriges Kind noch gar nicht v. 그런 영화는 여덟 살짜리 어린이가 이해하기에는 아직 너무 벅차다. **verarbeitet** ⟨Adj.⟩ 1. 일하여 지친: sie sieht ganz v. aus 그녀는 일로 몹시 지쳐 보인다. 2. 가공된. **Verarbeitung**, die; -en 1. 가공, (정신적인) 소화, 정리(整理), 섭취. 2. 가공 방식.

verargen [fɛɐ̯ˈargn̩] ⟨h⟩ 《아어》 나쁘게 생각하다, 원망하다. **verärgern** ⟨h⟩ 화(성)나게 하다, 기분을 상하게 하다: wir dürfen die Kunden nicht v. 우리는 고객의 기분을 상하게 하여서는 안된다. **Verärgerung**, die; -en a) 화내게 함. b) 화가 남, 짜증이 남.

verarmen [fɛɐ̯ˈarmən] ⟨s⟩ 가난해지다, 영락(零落)하다: 전의 vor dem Fernseher allmählich geistig v. 텔레비전 때문에 정신이 점차 황폐하여 가다. **Verarmung**, die; -en 가난해짐, 영락함.

verarschen [fɛɐ̯ˈarʃn̩], 《또한》…ˈlaːɐ̯ʃn̩] ⟨h⟩ 《속어》 1. 놀리다, 바보 취급하다: du willst mich wohl v.? 자넨 나 놀리려 하나? 2. 비웃다, 조롱하다. **Verarschung**, die; -en 《속어》↑verarschen의 명사형.

verarzten [fɛɐ̯'|artstn̩] 〈h〉 《또한》..'a:ɐtstn̩] **a)** 응급 치료(처치)하다. **b)** (누구의 상처에) 붕대를 감아 주다, (상처를) 치료하다. **c)** 《드물게》 (지역, 집단을) 의사로서 담당하다. **Verarztung**, die; -en 《통용어》↑verarzten의 명사형.

veraschen [fɛɐ̯'|aʃn̩] **1.** 〈h〉 (화학) (유기 물질을 가열 등의 방법을 통해) 회화(灰化)시키다. **2.** 〈s〉 《드물게》 재가 되다. **Veraschung**, die; -en ↑veraschen의 명사형.

verästeln [fɛɐ̯'|ɛstln̩], sich 〈h〉 가지를 치다, 가지가 나다, 세분화되다: [전의] der Strom verästelt sich 그 강은 지류(支流)가 많다. **Verästelung**, 《드물게》 **Verästlung**, die; -en **1.** 가지를 침, 가지가 많음. **2.** 가지(들), 지류.

veratmen 〈h〉 (아어·시어)↑verschnaufen.

verätzen 〈h〉 부식(腐食)시키다, 상하게 하다. **Verätzung**, die; -en **1.** 부식시킴, 상하게 함. **2.** 상처, 부식.

verauktionieren 〈h〉 경매하다, 경매에 부치다. **Verauktionierung**, die; -en 경매(競賣).

verausgaben [fɛɐ̯'|ausɡabn̩] 〈h〉 **1.** (격식 독어)↑ausgeben (2 a): riesige Summen v. 엄청난 금액을 지출하다. **2.** (격식 독어)↑herausgeben (4 b). **3.** 《드물게》 분배하다, 나누어 주다. **4. a)** 〈v. + sich〉 전력을 다하다, 진을 빼다. **b)** 《드물게》 무엇을 위해 (힘을) 소모하다. **Verausgabung**, die; -en ↑verausgaben의 명사형.

verauslagen [fɛɐ̯'|ausla:ɡn̩] 〈h〉 (격식 독어)↑auslegen (3): jmdm. [für jmdn.] Geld v. 누구에게 돈을 빌려 주다(쓰게 하다). **Verauslagung**, die; -en (격식 독어)↑verauslagen의 명사형.

Veräußerer, der; -s, - (법) 양도인(讓渡人), 매각인(賣却人). **veräußerlich** 〈Adj.〉 (법) 양도(매각)할 수 있는. **veräußerlichen** [fɛɐ̯'|ɔysɐlɪçn̩] 〈h/s〉 (교양어) **1.** 〈h〉 피상화[외면화]되다, 천박하게 만들다. **2.** 〈s〉 피상화[외면화]되다, 천박해지다. **Veräußerlichung**, die; -en (교양어)↑veräußerlich의 명사형. **veräußern** 〈h〉 (법) **1.** 양도(매각)하다. **2.** (권리를) 위임하다. **Veräußerung**, die; -en 매각, 양도, 위임.

Verb [vɛrp], das; -s, -en [lat. verbum] (언어학) 동사(動詞).

Verb- (언어학): **~endung**, die 동사 어미. **~form**, die 동사형. **~zusatz**, der 동사 첨가어(an, ein, auf 등과 같은 분리 전철 따위).

Verba: ↑Verbum의 복수형.

¹verbacken* 〈verbäckt / 《또한》 verbackt, verbackte / 《준고어》 verbuk, hat verbacken〉 **1. a)** (밀가루 따위를) 빵을 굽는 데 쓰다. **b)** 구어서 무엇을 만들다. **c)** (빵을) 굽는 데 소모하다. **d)** 〈v. + sich〉 (빵이) (어떤 식으로) 구어지다: das Mehl verbäckt sich gut 이 밀가루는 빵이 잘된다. **2.** 〈v. + sich〉 (맛 따위가) 빵을 굽는 사이에 없어지다.

²verbacken (지역적) **a)** 〈s〉 끈적끈적해지다, 잘 붙다. **b)** 〈h〉 끈적끈적하게 하다, 잘 붙게 하다. **c)** 〈v. + sich〉 〈h〉 달라붙다.

verbal [vɛr'ba:l] 〈Adj.〉 [lat. verbālis] **1.** (교양어) 말로써, 말을 통한, 구두(口頭)의: Gefühle, die sich v. nicht ausdrücken lassen 언어로 표현될 수 없는 감정들. **2.** (언어) 동사적(의), 동사처럼, 동사를 통한: -e Ableitungen von Adjektiven 형용사에서 이끌어낸 동사. **Verbal** [-], das; -(e)s, -e 《schweiz.》 보고, 기록, 조서(調書).

Verbal-: **~abstraktum**, das (언어) 동사 파생 (추상) 명사. **~adjektiv**, das (언어) **1.** 동사적 형용사(형용사로 사용되는 동사 형태(예컨대: geschossen)). **2.** 《드물게》 동사 파생 형용사. **~definition**, die (고어)↑Nominaldefinition. **~erotiker**, der (성교육) 외

설적인 것을 입에 즐겨 담음으로써 성적 만족을 느끼는 사람. **~injurie**, die (법) (구어) 구두 명예 훼손, 구두 모욕. **~inspiration**, die (신학) 성서 언어 영감설(靈感說). **~konkordanz**, die (학문) (알파벳 순의) 용어 색인(索引). **~kontrakt**, die (법) 구두 계약. **~nomen**, das (언어) 동사적 명사(예컨대: Vermögen). **~note**, die (외교) 구상서(口上書). **~phrase**, die (언어) 동사구(動詞句). **~präfix**, das (언어) 동사의 전철(예컨대: be-, ver-, aus- 등). **~stil**, der 〈Pl. 없음〉 [언어] 동사적 문체(동사를 선호하는 문체). **~substantiv**, das (언어) 동사적 명사(예컨대: Trennung, Gehen).

Verbale [vɛr'ba:lə], das; -s, ...ien [...iən] **1.** (언어) 동사 파생 명사(예컨대: Denker). **2.** 〈대개 Pl.〉 (언어) 구두(口頭)상의 발언. **verbalisieren** [vɛrbali'zi:rən] 〈h〉 **1.** (교양어) 말로써 표현하다. **2.** (언어) (어떤 단어에서) 동사를 만들다. **Verbalisierung**, die; -en ↑verbalisieren의 명사형. **Verbalismus** [vɛrba'lɪsmʊs], der 《폄》 **1.** (교양어) 자구 천착(字句穿鑿)(자구에 집착하는 경향(성향)). **2.** [교육] (교육에 있어서 의미의 주석은 중요시하나 인식은 경시하는 경향). **Verbalist**, der; -en, -en 《폄》 **1.** (교양어) 자구 천착자(Verbalismus (1)). **2.** [교육] 언어주의자(Verbalismus (2)). **verbalistisch** 〈Adj.〉 《폄》 **1.** (교양어) 자구 천착적인. **2.** [교육] 언어주의의, 언어주의적인. **verbaliter** [vɛr'ba:litɐ] 〈Adv.〉 (교양어) 글자 그대로, 축어적(逐語的)으로.

verballern 〈h〉 **1.** (통용어) (총포를) 마구 쏘아 대다(낭비하다): Silvester werden jedes Jahr Millionen sinnlos verballert 매년 섣달 그믐이 되면 수백만 마르크의 금액이 화약 터지는 값으로 무의미하게 낭비된다. **2.** (통용어) 잘못 쓰다, 빗맞추다. **3.** (지역적) 팔다, 돈으로 만들다. **4.** (지역적) 때리다, 구타하다.

verballhornen [fɛɐ̯'balhɔrnən] 〈h〉 [16세기의 인쇄업자 Bal(l)horn의 이름에서] 도리어 개악(改惡)하다. **Verballhornung**, die; -en **1.** 개악. **2.** 개악(改惡)된 것.

Verband, der; -(e)s, Verbände **1.** 붕대: er hatte einen dicken V. um den Kopf 그는 머리에 붕대를 잔뜩 감고 있었다. **2.** 동맹, 조합, 협회, 연합, 단체: einen V. bilden(gründen) 단체를 구성하다; sich zu einem V. zusammenschließen 단체로 연합하다. **3** (군) **a)** 연대, 부대. **b)** 비행기 편대(編隊). **4.** 집단(集團): die erwachsenen Kinder verlassen den V. der Familie 성장한 자식들은 가족이라는 집단을 떠난다; **im V.** 집단적으로. **5. a)** [토목] (벽돌 등의) 짜맞춤, 조립. **b)** [토목] 구조물의 구조. **c)** (조선) 강력체.

Verband(s)- (Verband 1): **~kasten**, der 붕대 상자, 구급 상자. **~kissen**, das 자동차 부착용 붕대 상자. **~klammer**, die 붕대 고정 집게. **~material**, das 붕대 재료. **~mull**, der 붕대, 가제. **~päckchen**, das (휴대용) 붕대 꾸러미. **~platz**, der (군) 구호소(↑Hauptverbandsplatz). **~raum**, der 구호실. **~schere**, die 붕대 자르는 특수 가위. **~stoff**, der **1.** 《드물게》↑~material. **2.** 붕대 재료(예컨대: 면 모슬린). **~watte**, die 붕대 재료용 탈지면. **~wechsel**, der 붕대 교환. **~zellstoff**, der ↑~mull. **~zeug**, das 붕대 재료. **~zimmer**, das ↑~raum.

verbandeln [fɛɐ̯'bandl̩n] 〈h〉 [↑¹Band (I 1)과 관련] (지역적) (든든하게) 연결하다. **Verbänderung**, die; -en [식물] ↑Fasziation (1). **Verbändestaat**, der; -(e)s, -en [사회] (압력 단체의 지배(영향) 국가.

verbands-, Verbands- (Verband 2, 3): **~flug**, der ↑Formationsflug (a). **~gemeinde**, die (행정) 지방(지역) 단체. **~kasse**, die ↑Vereinskasse. **~leben**, das ↑Vereinsleben. **~leiter**, der 협회(조합)

장. ~leitung, die 협회[조합] 지도부. ~liga, die [스포츠] 최상위 리그. ~spiel, das [스포츠] 연맹 경기. ~vorsitzende*, der / die 협회[조합]장, 연맹 회장. ~vorstand, der 협회[조합, 연맹]의 지도부(이사회). ~zeichen, das 협회[연맹, 조합]의 회장(배지). ~zeitschrift, die 협회[연맹, 조합] 회보.

verbạnnen ⟨h⟩ 추방하다, 귀양 보내다: er wurde (für zehn Jahre) auf eine kleine Insel verbannt 그는 조그만 섬으로 (10년간) 유형 당했다. 전의 jmdn. in den Außendienst v. 누구를 외근(外勤)으로 좌천시키다. **Verbạnnte***, der 피추방자, 유배자, 망명자. **Verbạnnung**, die; -en 1. 유형, 추방, 귀양, 유배. 2. 추방된, 유형[유배, 망명] 생활: das Buch hat er in der V. geschrieben 그는 망명 생활을 그는 망명 생활을 하는 동안에 집필했다. **Verbạnnungsort**, der 유형지, 망명지.

verbarrikadieren [fɐɡbarika'diːrən] ⟨h⟩ [↑Barrikade와 관련] 1. 〈바리케이드로〉 차단하다: die Demonstranten hatten die Straße mit umgestürzten Autos verbarrikadiert 데모 군중이 전복된 자동차들로 도로를 차단했다. 2. ⟨v. + sich⟩ 〈바리케이드를 통해 상대편의 침입으로부터〉 자신을 보호하다.

Verbạskum [vɛr'baskʊm], das; -s, ...ken [lat. verbascum] ↑ Königskerze.

verbauen ⟨h⟩ 1. a) 건물로 메우다[차단하다]: jmdm. durch einen Neubau die Aussicht v. 새 건물을 지어서 누구(집)의 전망을 막아 버리다; 전의 jmdm. (sich) die Zukunft v. 누구(자기)의 장래를 망치다. b) 《뜀》 모양없이 짓다, 졸렬하게 짓다. 2. a) 건축에 사용하다: das Haus war alt, es war sehr viel Holz darin verbaut 그 집은 매우 낡았는데 건축 자재로 상당히 많은 나무가 사용되었던 것이다. b) 건축에 소비[소모]하다: er hat sein ganzes Vermögen verbaut 그는 전 재산을 건축에 소비했다. 3. 《뜀》 잘못 짓다, 무의미한 건축 공사를 하다: 〈대개 과거분사로〉 ein ziemlich verbautes Haus 아주 잘못 지어진 집. 4. 《드물게》 ↑bebauen (1). 5. 《전문어》 고정시키다(무너지지 않도록).

verbauern [fɐɡ'baʊɐn] ⟨s⟩ [↑ ¹Bauer (1)] 농군같이 되다, 촌스럽게 되다. **Verbauerung**, die ↑verbauern의 명사형.

Verbauung, die; -en 건물로 막음, 잘못 지음.

verbeamten [fɐɡbə'|amtn] ⟨h⟩ 1. 공무원으로 임용하다. 2. 《뜀》 관리(공무원)의 영향하에 두다: die Parlamente werden immer stärker verbeamtet 국회가 점차 심하게 행정부의 영향을 받는다. **Verbeamtung**, die ↑verbeamten의 명사형.

verbeaten [fɐɡ'biːtn] ⟨h⟩ [↑Beat] 《통어》 비트 음악으로 편곡하다 (↑verjazzen 참조).

verbeißen* ⟨h⟩ [2~4: mhd. verbīȝen] 1. ⟨v. + sich⟩ 무엇을 꽉 물고 늘어지다[붙다]: 전의 er hat sich in ein Schachproblem verbissen 그는 장기 문제에 몰두했다. 2. 〈사냥〉 물어서 상처를 내다: die Knospen waren von Hasen verbissen 토끼들이 꽃봉오리들을 물어뜯어 망쳐 놨다(다 먹어 치웠다). 3. 《드물게》 a) 〈이를〉 악물다. b) 깨물다. 4. 꾹 참다: die Tränen vergeblich v. 눈물을 참으려해도 계속 흐른다.

verbẹllen ⟨h⟩ 〈개가〉 짖어 짐승이 있는 곳을 알리다.

Verbẹne [vɛr'beːnə], die; -n [lat. verbēna] 마편초과 (馬鞭草科)의 식물.

verbẹrgen* ⟨h⟩ 1. 숨기다, 은폐하다: er hatte den Verfolgten bei sich verborgen 그는 쫓기는 자를 자기 집에 숨겨 줬다; 전의 er versucht seine Unwissenheit hinter leeren Phrasen zu v. 그는 자신의 무지를 빈소리들로 은폐하려 한다; ich konnte meine Verlegenheit nicht v. 나는 당황함을 숨길 수가 없었다. 2. 보이지 않게 하다, 감추다. 3. 침묵하다, 비밀로 하다: ich habe nichts zu v. 나는 숨길 것이 하나도 없다[죄지은 것이 없다]; er hat offenbar etw. zu v. 그는 분명 무언가 숨기고 있음에 틀림없다. 4. ⟨v. + sich⟩ 숨다, 숨겨져 있다: hinter einer schönen Larve verbirgt sich oft Dummheit 아름다운 가면 뒤에는 종종 어리석음이 숨겨져 있다. **Verbẹrgung**, die; -en 숨김, 숨음, 은닉, 은폐.

verbescheiden* ⟨h⟩ 《관·고어》 ↑¹bescheiden (4).

verbẹssern ⟨h⟩ [mhd. verbeȝȝern] 1. 개선[개량]하다: er will das Schulwesen v. 그는 학제를 개혁하려 한다; 〈과거분사〉 die fünfte, verbesserte Auflage des Buches 그 책의 개정 5판. 2. a) 수정[정정]하다: lies den Aufsatz noch einmal durch und verbessere ihn 이 작문을 다시 한번 훑어보고 수정해라. b) 오류를 제거하다[바로 잡다]. 3. ⟨v. + sich⟩ 개선[개량]되다, 좋아지다: die Verhältnisse haben sich in den letzten Jahren entscheidend verbessert 상황이 근년에 들어 결정적으로 개선되었다. 4. ⟨v. + sich⟩ 보다 나은 (경제) 상태에 접어들다: wenn er die Stelle bekäme, würde er sich v. 그 일자리만 얻으면 그는 경제 사정이 좋아질텐데. 5. (누구의 말을) 바로잡다, verbesserte sich aber sofort 그는 말을 실수했지만 곧 바로 잡았다. **Verbẹsserung**, die; -en 1. 개량, 개정, 수정, 정정 개혁. 2. 교정: die V. einer schriftlichen Arbeit 논문의 교정. 3. 개선.

verbẹsserungs-, Verbẹsserungs-: ~bedürftig ⟨Adj.⟩ 개량[개선]할 필요가 있는. ~bedürftigkeit, die 개선[개량] 필요성. ~fähig ⟨Adj.⟩ 개정[개량, 개선]할 수 있는. ~fähigkeit, die ⟨Pl. 없음⟩ 개정[개량, 개선] 가능성. ~vorschlag, der 개량[개선] 제안[안의]. ~würdig ⟨Adj.⟩ 개량[개선]할 만한. ~würdigkeit, die ↑~würdig의 명사형.

verbeugen, sich ⟨h⟩ [älter nhd. ↑verbiegen과 구분되지 않음] 누구에게 몸을 굽히다, 절하다. **Verbeugung**, die; -en 절, 인사: er machte eine stumme V. 그는 말없이 절했다.

verbeulen ⟨h⟩ 모양을 망그러뜨리다, 찌그러뜨리다: du hast die Kanne verbeult 네가 주전자를 찌그러뜨렸어; 전의 verbeulte Hosenbeine 무릎이 불룩 나온 바지 가랑이. **Verbeulung**, die; -en ↑verbeulen의 명사형.

verbi causa ['vɛrbi 'kaʊza; lat.] 예컨대(= zum Beispiel) 〈약어: v. c.〉.

verbiegen* ⟨h⟩ 1. 구부려서 상하게 하다, 잘못 구부리다, 뒤틀다: verbieg mir nicht immer meine Stricknadeln 내 뜨개 바늘을 항상 그렇게 구부러뜨리지 말아 줘; 전의 diese Erziehung hat seinen Charakter (ihn charakterlich) verbogen 이 교육은 그의 성격을 비뚤어지게 해놨어. 2. ⟨v. + sich⟩ 구부러지다, 비틀리다: die Lenkstange hat sich bei dem Sturz verbogen 넘어지는 통에 〈자전거의〉 핸들이 비틀어졌다; ⟨sich 없이도⟩ das Blech verbiegt leicht 그 함석은 잘 구부러진다. **Verbiegung**, die; -en 비틀림, 쭈그러뜨림, 구부림.

verbiestern ⟨h⟩ [Niederd. < mniederd. vorbīsteren 에서, bīster = umherirrend; gereizt < (m)niederl. bijster을 의미] 1. ⟨v. + sich⟩ 〈지역적〉 길을 잃다. 2. ⟨v. + sich⟩ 〈통어적〉 a) 일을 그르치다. b) 집착하다, 〈맹목적〉으로 몰두하다. 3. 〈지역적〉 당황하게 하다, 당혹하게 하다: 〈대개 과거분사로〉 verbiestert dasitzen 당황하여[명하니] 앉아 있다. 4. 〈지역적〉 성나게 하다, 기분 상하게 하다: 〈대개 과거분사로〉 er ist völlig verbiestert 그는 심하게 화가 나 있다. **Verbiesterung**, die; -en ↑verbiestern의 명사형.

verbieten* ⟨h⟩ [mhd. verbieten, ahd. farbiotan] 1. a) 금하다, 금지하다(반대: erlauben 1): sie hat ihm das Haus verboten 그 여자는 그가 자신에게 발을 들여 놓는

것을 금지했다; Durchfahrt (bei Strafe) verboten! 차량 통행 금지 (위반시 의법 처단); 전의 das verbietet mir mein Ehrgefühl 내 명예가 그것을 금한다(명예를 생각해서 난 그런 일을 할 수 없다); das verbietet mir mein Geldbeutel (농) 주머니 사정이 그걸 허락하지 않는다. **b)** 법적으로 금하다(반대: erlauben 1): dieser Film soll demnächst verboten werden 이 영화는 곧 상영 금지된다고 한다. **c)** (의식적으로) 포기하다, 기피하다: er verbot sich eine Antwort 그는 대답을 그만두었다. **2.** ⟨v. + sich⟩ 불가능하다.

verbi gratia ['verbi 'graːtsia; lat.] 예컨대(= zum Beispiel)(약어: v. g.).

verbilden ⟨h⟩ (에) 그릇된 교육을 하다, (을) 잘못된 교육으로 그르치다: ⟨4격 목적어 없이도⟩ wieweit bildet oder verbildet Theater? 극장(연극)이 어느 정도 교육적인가 아니면 비교육적인가? **verbildet** ⟨Adj.⟩ ⟨드물게⟩ (신체의 일부가) 잘못 형성된, 기형인. **verbildlichen** [fɛɐ̯'bɪltlɪçn̩] ⟨h⟩ (아이) 그림(비유)으로 표현하다, 상징화하다. **Verbildlichung**, die; -en ↑verbildlichen의 명사형. **Verbildung**, die; -en **1.** 교육을 그르침, 그릇된 교육. **2.** ⟨드물게⟩ 모양을 망침, 기형 형성.

verbilligen ⟨h⟩ **1.** 할인해 주다, 값을 싸게 하다[대개 주다]: ⟨자주 과거분사로⟩ verbilligter Eintritt für Kinder 미성년자 할인 입장(권). **2.** ⟨v. + sich⟩ 값이 싸지다. **Verbilligung**, die; -en ↑verbilligen.

verbimsen ⟨h⟩ (통용어) 심하게 때리다[매질하다, 구타하다].

verbinden* ⟨h⟩ **1. a)** (무엇을) 붕대로 감다: jmdm. [sich] den Fuß v. 누구[자기]의 발을 붕대로 감다. **b)** (누구를) 붕대로 감다. **2.** 끈, 안대 따위로 어느 부위를 가리다: jmdm. die Augen v. 누구의 눈을 가리다. **3.** 한데 묶다: Tannengrün zu Kränzen v. 전나무 잎들을 묶어서 엽환(葉環)을 만들다. **4.** [출판] (책을) 오철(誤綴)하다. **5. a)** 하나로 잇다, 합일하다[합일시키다]: zwei Bretter (mit Leim, mit Schrauben) miteinander v. 두 개의 널빤지를 (아교로, 나사로) 이어 붙이다. **b)** 결합하다(결합시키다). **c)** ⟨v. + sich⟩ 화합[결합]하여 새로운 것을 만들다: beim Rühren verbindet sich das Mehl mit der Butter 저으면 밀가루가 버터와 결합된다. **6. a)** 연결하다: zwei Punkte durch eine Linie (miteinander) v. 두 점을 선으로 잇다. **b)** 연결시키다: ein Tunnel verbindet beide Flußufer 터널이 두 강변을 연결시킨다(터널을 통해 두 강변이 연결된다). **7.** 전화로 통용하게 하다, 전화상으로 누구를 대주다: würden Sie mich bitte mit Herrn N. v.? 모씨 좀 대주시겠습니까?; (Entschuldigung, ich bin) falsch verbunden (실례했습니다) 전화가 잘못 연결되었습니다. **8.** ⟨v. + sich⟩ 같이 나타나다, 공존하다: bei ihm verbanden sich Wagemut und kühle Besonnenheit 그는 용기와 냉철한 이성을 겸비한 인물이었다; dies ist mit großen Schwierigkeiten verbunden 그것에는 대단한 어려움이 따른다. **9.** (어떤 본질적인 것을 보완적인 것과) 결합(연결)시키다: er verbindet Kraft mit Geschicklichkeit 그는 힘에다 재능까지 갖추고 있다. **10. a)** 누구와의 관계에 바탕[기본]이 되다: mit ihm verbindet mich nichts (mehr) 그와 나를 연결시켜 줄 아무런 근거도(이제는 더 이상) 없다; ⟨4격 목적어 없이도⟩ gemeinsame Erlebnisse verbinden 공동체험은 서로를 결속시키는 역할을 한다. **b)** (아이 · 준교어) 감사의 의무를 지우다: ich bin Ihnen (dafür, deswegen) sehr verbunden (그것에 대해) 심심한 감사의 말씀을 드려야겠습니다. **11.** ⟨v. + sich⟩ ⟨드물게⟩ 동맹(연합)을 하기 위해, 결합하여, 연대하다: er wird sich mit der Tochter des Bürgermeisters (ehelich) v. 그는 시장의 딸과 결혼하겠습니다. **12. a)** (무엇과의) 연상 작용을 일으키다. **b)** ⟨v. + sich⟩ 연상되다: mit diesem Namen verbinden sich (für mich) schöne Erinnerungen 이 이름은 (나에게) 아름다운 추억을 연상시킨다. **Verbinder**, der; -s, - [구기] 링커. **verbindlich** [fɛɐ̯'bɪntlɪç] ⟨Adj.⟩ **1.** 친절한, 고마운, 사랑스러운, 공손한, 상냥한: er hat eine sehr -e Art 그는 매우 정중한 태도를 지녔다. **2.** 구속력이 있는, 의무를 지우는: eine allgemein -e Norm 일반적으로 통용되는 규정. **Verbindlichkeit**, die; -en **1.** ⟨Pl. 없음⟩ **a)** 친절함, 사랑스러움, 정중함. **b)** 구속력, 책임, 책무. **2. a)** 친절한[정중한] 언동[행위, 말씨]. **b)** ⟨대개 Pl.⟩ 의무. **c)** ⟨Pl.⟩ 〖경〗 빚, 채무: -en (gegen jmdn.) haben (누구에게) 빚을 지다. **Verbindlichkeitserklärung**, die 〖관〗 책임 천명[선언]. **Verbindung**, die; -en **1. a)** 결합(↑verbinden 5). **b)** 융합(↑verbinden 5 c). **c)** 연결(↑verbinden 6 a). **d)** 연접, 접근(↑verbinden 8). **e)** 결합, 연결(↑verbinden 9). **f)** 단합(↑verbinden 11). **2.** 관계, 결합, 합착(合着). **3.** [특히 화학] 화합(↑verbinden 5 c): Wasser ist eine V. aus Wasserstoff und Sauerstoff 물은 수소와 산소의 화합(물)이다. **4. a)** 연결(↑verbinden 6 a): die kürzeste V. zwischen zwei Punkten ist eine Gerade 두 점사이의 최단 거리는 직선이다. **b)** 연락, (전화상의) 연결, 통신선: ich bekomme keine V. mit ihm 나는 그와 연락이 없다; sich mit jmdm. in V. setzen 누구를 방문하다, 누구에게 전화하다. **c)** 교통편: durch die Schneefälle war die V. zur Außenwelt unterbrochen 눈이 와서 외부와의 교통이 두절되었다. **5.** 배합, 조합: **in V.** (mit) 더불어, 결합하여: die Karte ist nur in V. mit dem Berechtigungsausweis gültig 이 표는 자격 증명서를 지참할 때에만 유효하다. **7. a)** 연고(緣故) 관계, 접촉: mit jmdm. V. aufnehmen 누구와 연고를 맺다; den Posten hat er durch persönliche -en bekommen 그는 그 직위를 개인적인 연고 관계를 통해 얻었다. **b)** 친분, 연분. **8.** 학생 단체, 학생 연맹: in eine V. eintreten 학생 단체에 가입하다. **9.** 관계, 관련(↑Konnex 1): zwischen den gestrigen Vorfällen und meiner Entscheidung besteht keine V. 어제의 사건들과 내 결정에는 아무런 관련이 없다. **10.** [구기] **a)** 공수(攻守) 연결. **b)** 링커진.

Verbindungs-: **~bruder**, der [대학생] ↑Korpsbruder. **~farbe**, die ⟨대개 Pl.⟩ 어떤 학생 단체를 상징하는 색. **~frau**, die (여자) 연락원, 중개인. **~gang**, der 연락 통로. **~glied**, das ↑~stück. **~graben**, der **1.** 지하 연결 통로. **2.** [군] 교통호(交通壕). **~haus**, das 학생 연합 회원들의 집합소. **~kabel**, das 연결 케이블. **~leute**: ↑~mann의 복수형. **~linie**, die **1.** 연락선(線). **2.** [군] 연락 노선(路線). **~mann**, der ⟨Pl. ...männer/...leute⟩ 연락원, 중개인. **~offizier**, der [군] 연락 장교. **~punkt**, der 연결점. **~raum**, der ↑~zimmer. **~rohr**, das 연락관(管), 접수관(接手管). **~schlauch**, der 연결 호스. **~schnur**, die 연결용 끈[실]. **~spieler**, der [구기] ↑Verbinder. **~stecker**, der ↑Gerätestecker. **~stelle**, die ↑~punkt. **~straße**, die 연결 도로. **~strich**, der ↑~linie (1). **~stück**, das 접합부, 턱솔재(材). **~student**, der ↑Korpsstudent. **~stürmer**, der [특히 축구] 링커로서의 공격수. **~tür**, die 연결문(門). **~weg**, der ↑~straße. **~wesen**, das ⟨Pl. 없음⟩ ↑Vereinswesen. **~zimmer**, das 두 공간을 연결시켜 주는 방.

Verbiß, der; Verbisses, Verbisse **a)** 깨물어 해 입힘. **b)** 깨물어 입힌 상처. **verbissen** [fɛɐ̯'bɪsn̩] ⟨Adj.⟩ **a)** 완강한, 끈질긴, 굽힐[포기할] 자세가 아닌:

ein -er Gegner 굽힐 줄 모르는 적. b) 긴장된, (표정이) 굳은: ein -er Ausdruck 긴장된 표정. c) 《대개 adv.》《통용어》편협하게 현학적으로: man soll nicht alles so v. nehmen 모든 것을 그렇게 편협하게 봐서는 안된다. **Verbissenheit**, die 〈verbissen의 명사형. **Verbißschaden**, der; -s, -schäden 〖사냥〗↑Verbiß (b).

verbitten, sich* 〈h〉《누구에게 무엇을》거절하다: ich verbitte mir diesen Ton 그런 투로 내게 말하지 마시오.

verbittern [fɛɐ̯'bɪtɐn] 〈h〉 **1.** ↑vergällen (2): jmdm. das Leben v. 누구의 인생을 비참하게 만들다. **2.** 불쾌하게 하다, 기분을 씁쓸하게 하다: die vielen Enttäuschungen, Krankheit und Alter hatten ihn verbittert 여러차례의 실망과 병 그리고 나이가 그를 우울하게 했다; er hatte harte, verbitterte Züge 그는 괴롭고 씁쓸한 표정을 짓고 있었다. **Verbitterung**, die; -en **1.** 《드물게》불쾌함, 씁쓸함. **2.** 불쾌한 기분, 씁쓸한 마음: voller V. sein 기분이 아주 씁쓸하다.

¹**verblasen** 〈h〉 **1.** 〖사냥〗각적(角笛) 신호를 불어서 알리다(포수가 쏜 짐승이 쓰러졌음을 알리기 위해). **2.** 《v. + sich》(악기 따위를) 잘못 불다(취주하다), 가락이 안맞게 불다. **3.** 《지역적》불어 날리다, 불어 없애다. ²**verblasen** 〈Adj.〉〖↑verwaschen (c)〗《폄》(특히 구어체에서) 명료하지 않은, 불분명한. **Verblasenheit**, die; -en **1.** 《Pl. 없음》불명료함. **2.** 불명료한 표현.

verblassen 〈s〉 **a)** (색깔이) 희미해지다, 퇴색하다: die Farben verblassen im Laufe der Zeit immer mehr 색깔이 시간의 흐름에 따라 점차 퇴색한다. **b)** 희미한 빛을 발하다. **2.** 《아어》약해지다, 사라지다.

verblatten 〈h〉 **1.** 〖목공〗판자를 잇다. **2.** 〖사냥〗엽적(葉笛)을 잘못 불다: ein Reh v. 엽적을 잘못 불어 노루가 도망가게 하다. **verblättern** 〈h〉 **1.** ↑¹verschlagen (4). **2.** 《v. + sich》책장을 잘못 넘기다. **Verblattung**, die; -en **1.** 〖전문어〗↑Überblattung. **2.** 〖사냥〗↑verblatten (2)의 명사형.

verblauen 〈s〉 〖전문어〗(나무에) 균류(菌類)가 생겨 색이 푸르스름하게 되다. **Verblauung**, die; -en ↑verblauen의 명사형.

Verbleib [fɛɐ̯'blaɪ̯p], der; -(e)s **1.** 소재, 체재소, 행선, 은신처: über seinen V. ist nichts bekannt 그의 행방에 관해 알려진 바가 아무것도 없다. **2.** 잔류. **verbleiben** 〈s〉 〖mhd. ver(b)līben〗 **1.** 합의하다: wollen wir so v., daß ich dich morgen abend anrufe? 내가 내일 저녁에 자네에게 전화하도록 할까? **2.** 《아어》**a)** 체류하다, 머무르다: niemand wußte, wo sie verblieben waren 그들이 어디에 체류했는지 아무도 몰랐다: [전의] im Amt v. 관직에 머무르다(유임하다). **b)** 《드물게》어떤 상태로 계속 있다(↑bleiben (1 b)). **c)** 《동격명사와 함께》↑bleiben (1 c): er verbliebt zeit seines Lebens ein Träumer 그는 일생을 몽상가로 보냈다: in Erwartung Ihrer Antwort verbleibe ich Ihr N. N. 귀하의 답신을 기다리며 당신의 아무쪼록 올림(편지의 끝머리에 인사말로 많이 쓰임). **d)** 남다, 남아 있다(↑bleiben(1 e), übrigbleiben): nach Abzug der Zinsen verbleiben noch 746 Mark 이자를 제하고도 아직 746 마르크 남았다. **e)** 《zu + 부정형과 함께》《드물게》↑bleiben (1 f). **3.** 《드물게》↑bleiben (2).

verbleichen 〈verblich / ↑verblichen〉 verbleichte, ist verblichen / 《또한 verbleicht》 / ↑Verbliche 참조/ [mhd. verblīchen, ahd. farblīchan] **1. a)** 《색이》바래다(↑verblassen (1 a)): die Vorhänge verbleichen immer mehr 커튼의 색이 점점 퇴색해 간다: [전의] verblichener Ruhm 퇴색한 명성. **b)** 점차 꺼져 가다(↑bleiben (1 b)): die Mondsichel verblich 초생달 점차 희미하게 사라져 갔다. **2.** 《아어·고어》죽다.

verbleien [fɛɐ̯'blaɪ̯ən] 〈h〉 〖기술〗 **1.** 납을 입히다: verbleiter Stahl 납을 입힌 쇠. **2.** 《드물게》납으로 봉하다, 납으로 만든 틀에 끼우다. **3.** 납성분을 첨가하다. **Verbleiung**, die; -en 〖기술〗↑verbleien의 명사형.

Verblend-: **~krone**, die 〖치과〗외장치관(外裝齒冠). **~mauer**, die 〖건축〗↑~mauerwerk. **~mauerwerk**, das 〖건축〗무엇을 가리기 위한 벽. **~stein**, m 〖토목〗무엇을 가리기 위한 담장용 벽돌.

verblenden 〈h〉 **1.** 현혹시키다: sich nicht v. lassen 현혹 당하지 않다. **2.** (아름답고 더 낫게 보이기 위해) 덮다, 덮어 싸다: eine Fassade mit Aluminium v. 건물의 전면을 알미늄으로 덮다. **3.** 〖치과〗치관을 외장(外裝)하다. **Verblendung**, die; -en **1.** 눈이 멂, 현혹됨, 생각이 모자람: in seiner V. glaubte er, er könne ihn besiegen 그는 생각이 모자라 나머지 자기가 그를 이길 수 있다고 믿었다. **2.** 〖특히 건축〗**a)** ↑verblenden (2)의 명사형. **b)** 덮어 씌운 것. **3.** 〖치과〗**a)** 치관의 외장. **b)** 〖치과〗외장 재료. **Verblendungszusammenhang**, der 〖사회철학〗현혹 연관 관계(사회 구조와 그 사회 구조에서 유래하는 시민 사회 이데올로기의 연관 관계).

verbleuen 〈h〉《통용어》심하게 구타하다.

verblichen [fɛɐ̯'blɪçn̩] ↑verbleichen 참조. **Verblichene***, der / die 《아어》고인(故人).

verblöden [fɛɐ̯'blø:dn̩] **1.** 《고어》〈s〉 정신 박약자가 되다. **2.** 《통용어·감정》**a)** 〈s〉 우둔해지다, 정신적으로 무디어지다: bei dieser Arbeit muß man allmählich 이 일을 하다가 사람이 점점 바보가 된다. **b)** 〈h〉 《누구를》무비판적으로 만들다. **Verblödung**, die ↑verblöden의 명사형.

verblüffen [fɛɐ̯'blʏfn̩] 〈h〉 [Niederd. < mniederd. vorbluffen에서] 어리벙벙하게 하다, 놀라게 하다: er verblüffte seine Lehrer durch kluge Fragen 그는 기발한 질문으로 선생들을 놀라게 했다: 《utra 목적어 없이도》 er verblüffte im Gespräch durch jähe Umsprünge 그는 대화 도중에 갑작스런 비약으로 (사람들을) 놀라게 했다. **verblüffend** 〈Adj.〉 놀라운, 어이없는: ein völlig -es Ergebnis 아주 어이없는[예상치 못한] 결과. **Verblüfftheit**, die ↑Verblüffung. **Verblüffung**, die; -en 놀람, 어리둥절함.

verblühen 〈s〉 **1.** 꽃의 한철이 끝나다, 시들다: [전의] ihre Schönheit war verblüht 그녀의 아름다움도 이제 시든 상태였다. **2.** 《은어》남몰래 슬쩍 사라지다.

verblümt [fɛɐ̯'bly:mt] 〈Adj.〉《드물게》완곡한, 비유적인, 암시적인. **Verblümtheit**, die 《드물게》↑verblümt의 명사형.

verbluten 〈s〉 출혈하여 죽다: 〈v. + sich〉 〈h〉 wenn nicht bald Hilfe kommt, verblutet er sich 구조대가 빨리 오지 않으면 그는 피를 많이 흘려 죽게 될 것이다. **Verblutung**, die; -en 출혈.

verbocken 〈h〉《통용어》(소홀히 하여) 망치다, 잡치다: jeder verbockt mal was 누구나 한번쯤은 실패한다. **verbockt** 〈Adj.〉 거만스러운, 고집센.

verbodmen [fɛɐ̯'bo:dmən] 〈h〉《옛》〖해양〗(선박을) 저당(抵當)잡어 쓰다. **Verbodmung**, die; -en《옛》《통용어》↑Bodmerei.

verbohren, sich 〈h〉《통용어》**a)** 《짜증은 나지만 어떤 일에》몰두하다. **b)** 어떤 일에 집요하게 매달리다: in eine fixe Idee v. 어떤 고정 관념에서 떠나지 못하다. **verbohrt** 〈Adj.〉《통용어·폄》옹고집의, 통찰력이 부족한. **Verbohrtheit**, die《통용어·폄》옹고집, 고집불통.

verbolzen 〈h〉 **1.** 〖기술〗볼트로 죄다. **2.** 《통용어》(공을) 잘못 차 골인시키지 못하다.

¹**verborgen** 〈h〉 ↑verleihen.
²**verborgen** 〈Adj.〉 [↑verbergen 참조] **1.** 사람 눈에 안

떠이는, 숨겨진, 외진: ein -es Tal 숨은 계곡. **2.** 남모르는, 잘 보이지 않는: er hat -e Talente 그는 숨은 재주를 가지고 있다; **im -en** 1) 비밀리에: seine Sünden konnten nicht im -en bleiben 그의 죄악이 끝내 숨겨질 수는 없었다. 2) 다른 사람이[외부에서] 눈치채지 못하는데: sie wirkte im -en 그녀는 남이 눈치채지 못하게 영향력을 행사했다. **Verbọrgenheit**, die 잠복, 잠재, 내밀, 은거.
verbos [vɛr'bo:s] 〈Adj.〉 〈고어〉 다변의, 말많은, 장황한.
verbösern [fɛɐ̯'bø:zən] 〈h〉 《농》 (좋게 하려다가) 더 한층 악화시키다. **Verbösgerung**, die; -en **1.** 《농》 **a)** 악화시킴, 악화됨. **b)** 개악(改惡). **2.** [법] (상소자에 대한) 불이익 판결.
Verbot [fɛɐ̯'bo:t], das; -(e)s, -e **1.** (어떤 행위의) 금지, 금지령(반대: Gebot 1 b): ein V. erlassen[bekanntmachen, übertreten] 금지령을 내리다[포고하다, 위반하다]; er hat gegen mein ausdrückliches V. geraucht 그는 내가 단호하게 금지했음에도 불구하고 담배를 피웠다. **2.** (어떤 존재, 현상의) 금지, 금지령: das gesetzliche V. der Kinderarbeit 연소자 노동에 대한 법적 금지; sie sprechen sich für ein weltweites V. von Atomwaffen aus 그들은 전세계적인 핵무기 금지를 찬성하고 있다. **verboten** 〈Adj.〉《통용어》 **1.** 금지된. **2.** 불가능한 (2 a): du siehst (einfach) v. aus 너는 (한 마디로) 있을 수 없는 몰골을 하고 있다. **verbọtenerweise** 〈Adv.〉 금지(됐음)에도 불구하고.
verbots-, Verbots-: **~bestimmung**, die 금지 규정. **~gesetz**, das 금지법. **~irrtum**, der [법] 금지의 착오. **~norm**, die [법] 금지 규정(↑~bestimmung). **~schild**, das 〈Pl. -er〉 [교통] (그림이나 기호로 된) 금지 표지판(반대: Gebotsschild). **2.** (글자로 된) 금지 표시판. **~tafel**, die ↑Verbotsschild (2). **~widrig** 〈Adj.〉 금지 위반의: -es Überholen 교통 법규를 위반한 추월. **~zeichen**, das [교통] 금지 표지(반대: Gebotszeichen). **~zeit**, die 금지 기간: bei Parken während der -en erfolgt Abschleppung 금지 시간에 주차하면 견인한다. **~zone**, die 금지 구역.
verbrämen [fɛɐ̯'brɛ:mən] 〈h〉 **1.** (무엇의) 가장자리에 장식을 달다. **2.** (결점 따위를) 꾸며서 은폐시키다: das ist doch alles nur wissenschaftlich verbrämter Unsinn 그것은 단지 학문적으로 위장된 넌센스일 뿐이다. **Verbrämung**, die; -en ↑verbrämen의 명사형.
verbraten* 〈h〉 **1.** 너무 굽다, 잘못 굽다: das Fleisch ist völlig verbraten 그 고기는 완전히 잘못 구워졌다. **2.** ↑ ¹verbacken (1 c). **3.** 〈v. + sich〉 ↑¹verbacken (2). **4.** 《경》 (돈 따위를) 소비[낭비]하다: einen Lottogewinn v. 복권 당첨금을 다 써버리다. **5.** 《경》 말하다, 발설하다.
Verbrauch, der; -(e)s, 〈전문어〉 Verbräuche 〈Pl. 없음〉 소비, 소모: der V. an[von] etw. nimmt zu 무엇의 소비가 늘다; einen großen V. an etw. haben [용어] (무엇을) 많이 사용[소비]하다. **verbrauchen** 〈h〉 **1. a)** 소모[소비]하다, 다 써버리다: alle Vorräte waren verbraucht 모든 저장품이 바닥났다; 전의 alle seine Kräfte[Energien] v. 힘을 다 빼버리다. **b)** 일정한 에너지를 필요로 하다: der Wagen verbraucht zuviel Kraftstoff 이차는 연료를 너무 많이 필요로 한다. **2.** 〈v. + sich〉 힘이 다 빠지다, 쇠진하다: sie hat sich in ihrer Arbeit verbraucht 그녀는 작업을 하다 힘이 다 빠졌다. 〈자주 과거분사로〉 ihr Gesicht sah krank und verbraucht aus 그녀의 얼굴은 병약하고 탈진된 것처럼 보였다. **3.** 마멸시키다, 못 쓰게 될 때까지 사용하다, 써서 낡게 하다: (대체로 과거분사로) verbrauchte Kleider 다 해진 옷가지; die Luft in den Räumen ist verbraucht 실내의 공기가 혼탁하다. **Verbrauucher**, der; -s, - [경제] 소비자(Käufer, Konsument).
Verbraucher-: **~aufklärung**, die 〈Pl. 없음〉 (소비자 단체의) 소비자 계몽. **~beratung**, die **1.** 소비자 상담. **2.** 소비자 상담소. **~genossenschaft**, die Konsumgenossenschaft. **~markt**, der [광고] ↑Supermarkt. **~organisation**, die 소비자 조직. **~preis**, der 소비자 가격. **~schutz**, der 소비자 보호(규정). **~verband**, der 소비자 단체. **~verhalten**, das 소비자 동향. **~zentrale**, die 소비자 협회(↑~verband).
Verbrauchs- [경제]: **~forschung**, die 소비 경향 조사. **~gewohnheiten** 〈Pl.〉 소비 경향(습성). **~gut**, das 〈대개 Pl.〉 소모품, 소비품, 소비재. **~güterindustrie**, die 소비재 산업. **~land**, das 〈Pl. ...länder〉 소비 국가(수출품이 소비되는). **~lenkung**, die 〈Pl. 없음〉 소비 조작(유도)(광고 등을 통한). **~planung**, die 소비 계획. **~rückgang**, der 소비 감소. **~steigerung**, die 소비 증가. **~steuer**, die 〈↑Verbrauchsteuer. **~wert**, der 소비 가치.
Verbrauchsteuer, die; -n [세무] 소비세.
verbrechen* 〈h〉 **1.** (보통 현재[과거]완료로) 《농》 어떤 죄를 범하다, 어리석은 짓을 저지르다: was hast du denn da wieder verbrochen? 너 또 무슨 짓을 저질렀니?; wer hat denn dieses Gedicht verbrochen? 누가 이러한 시를 주제 넘게 썼느냐? **2.** [사냥] (짐승의) 발자취를 나뭇가지를 꺾어 표시하다. **3.** [해체·석공] ↑absetzen. **Verbrechen**, das; -s, - **a)** 범죄: ein V. begehen[verüben, ausführen] 범죄를 저지르다; ein V. aufklären 범죄를 규명(해결)하다. **b)** (켬) 비행, 파렴치한 행위, 무책임한 행동: Kriege sind ein V. an der Menschheit 전쟁은 인류에 대한 죄악이다. 전의 es ist doch kein V., mal ein Glas Bier zu trinken 맥주 한 잔쯤 마신다고 나무랄 사람없다.
Verbrechens-: **~aufklärung**, die 〈Pl. 없음〉 범죄 규명. **~bekämpfung**, die 〈Pl. 없음〉 범죄 퇴치. **~verhütung**, die 〈Pl. 없음〉 범죄 방지.
Verbrecher, der; -s, - 범죄자: einen V. verurteilen 범죄자에게 유죄 판결을 내리다.
Verbrecher-: **~album**, das 《옛》 ↑~kartei. **~bande**, die ↑³Gang (a). **~jagd**, die 범죄자 추적. **~kartei**, die 범죄자 리스트(명부). **~kolonie**, die 《드물게》 ↑Strafkolonie. **~nest**, das 범죄자 소굴. **~physiognomie**, die (켬) 범죄형 얼굴. **~syndikat**, das 범죄자들의 조직. **~welt**, die 〈Pl. 없음〉 암흑가, 범죄자의 세계.
Verbrecherin, die; -nen ↑Verbrecher의 여성형.
verbrecherisch 〈Adj.〉 **a)** 범죄의, 범죄자의: es war v., so zu handeln 그런 행동은 범죄적이었다. **b)** 범죄를 두려워 않는, 무자비한, 가차없는. **Verbrechertum**, das; -s 범죄성, 범죄자의 세계.
verbreiten 〈h〉 **1. a)** 유포(살포)하다: eine Nachricht (durch den Rundfunk, über Rundfunk und Fernsehen) v. 뉴스를 (라디오와 텔레비전을 통해) 전파하다; er ließ v., daß er sein Geschäft aufzugeben beabsichtige 그는 자신의 사업을 포기할 생각이라고 소문을 퍼뜨렸다. **b)** 〈v. + sich〉 퍼지다, 넓어지다, 많은 사람들에게 알려지다. **2. a)** 널리 퍼뜨리다: den Samen der Bäume 바람이 나무 씨앗을 널리 퍼뜨리다. **b)** 〈v. + sich〉 널리 퍼지다: ein übler Geruch verbreitete sich im ganzen Haus 악취가 온 집안에 진동했다. **3.** 주위에 전달하다, 발하다: der Kachelofen verbreitete Wärme 타일제 난로가 열을 발했다; 전의 Angst und Schrecken v. 불안과 공포를 조성하다(자아내다). **4.** 〈v. + sich〉(켬) 상세하게 논의하다(표현하다), 누구에 대해 장황하게 늘어놓다: sich über ein

Thema v. 어떤 테마에 관해 논의하다. **verbreitern** [fɛɐ̯'braitɐn] ⟨h⟩ **a)** 넓히다: 전의 die Basis für etw. v. 무엇을 위한 토대를 튼튼히 하다. **b)** ⟨v. + sich⟩ 넓어지다: 전의 sein Lächeln verbreiterte sich 그의 얼굴에 미소가 번졌다. **Verbreiterung**, die; -en **a)** 넓힘, 확장. **b)** 넓힌 지역(곳): die V. der Straße erlaubt ein Parken ohne Behinderung des Verkehrs 넓어진 거리 덕분에 교통 장애 없이 주차할 수 있다. **Verbreitung**, die 유포, 살포, 널리 퍼뜨림; 발설. **Verbreitungsgebiet**, das 분포 구역, 만연 지역.

verbrennbar ⟨Adj.⟩ 연소할 수 있는, 가연성의. **verbrennen¹ 1.** ⟨s⟩ **a)** 소실되다, 재가 되다: die Passagiere verbrannten in den Flammen 승객들이 불에 타 죽었다; in der ganzen Gegend riecht es verbrannt 《통용어》 온 지역이 불에 탄 냄새로 가득하다. **b)** 과열시켜 못쓰게 만들다: der Kuchen ist (im Ofen) verbrannt 케이크가 (오븐에서) 탔다. **2.** ⟨s⟩ 작열하는 태양열로 인해 완전히 말라 버리다: das Land ist von der glühenden Hitze völlig verbrannt 이 땅은 이글거리는 태양열로 완전히 메말라 버렸다. **3.** (대개 과거분사로) (햇볕에) 그을리다. **4.** ⟨h⟩ 소각하다: einen Toten v. 《통용어》 죽은 사람을 화장하다; sich selbst v. 분신 자살하다; 정구 so was hat man früher verbrannt! 《농》 이 친구 몹쓸 사람이군! **5.** 《화학》 ⟨s⟩ **a)** 연소(燃燒)하다. **b)** ⟨h⟩ 연소시키다. **6.** ⟨h⟩ 화상을 입히다: ich habe mir die Finger verbrannt 나는 손가락을 데었다. **7.** ⟨h⟩《통용어》 소모하다. **Verbrennung**, die; -en **1.** 소실, 소각. **2.** 화상: schwere -en erleiden 심한 화상을 입다. **Verbrennungs- 《기술》: ~energie**, die 연소 에너지. **~gas**, das 연소 가스. **~kammer**, die 연소실(室). **~kraftmaschine**, die 내연 기관. **~maschine**, die 내연 기관(內燃機關). **~motor**, der 내연 기관. **~produkt**, der 연소 생성물. **~prozeß**, der 연소 과정. **~raum**, der ↑Brennkammer. **~temperatur**, die 연소 온도. **~vorgang**, der 연소 과정. **~wärme**, die 연소열.

verbriefen [fɛɐ̯'bri:fn̩] ⟨h⟩ 《아어·준고어》 문서로 확인(보증)하다: jmdm. ein Recht v. 누구의 권리를 문서로 확인하다. **Verbriefung**, die; -en ↑verbriefen의 명사형.

verbringen¹ ⟨h⟩ **1. a)** (일정 기간 동안을) 머물다: sie haben ihren Urlaub an der See[in den Bergen] verbracht 그들은 휴가를 해변[산]에서 보냈다. **b)** (시간을) 보내다: er hat sein Leben in Armut und Einsamkeit verbracht 그는 일생을 가난과 고독 속에서 보냈다. **2.** 《관》 (일정한 지역으로) 가져가다: er hatte sein Vermögen ins Ausland verbracht 그는 자신의 재산을 해외로 반출했다. **3.** (지역적) 낭비하다, 탕진하다. **Verbringung**, die ↑verbringen의 명사형.

verbrüdern [fɛɐ̯'bry:dɐn], sich ⟨h⟩ 친교를 맺다, (형제처럼) 친하게 지내다: die Soldaten verbrüderten sich mit den Aufständischen 군인들은 시위자들과 서로 친하게 지냈다. **Verbrüderung**, die; -en 친교를 맺기, 화목.

verbrühen ⟨h⟩ (뜨거운 액체에) 데게 하다: ich habe mir den Arm verbrüht 나는 팔을 데었다. **Verbrühung**, die; -en **1.** 데임, 부상. **2.** (뜨거운 액체에) 데인 상처.

verbrutzeln ⟨s⟩ 《통용어》 너무 구워서 오그라들다 《까맣게 되다》.

verbuchen ⟨h⟩ 《상·금융》 장부에 기입하다, 기장(記帳)하다: 전의 er konnte bei seiner Arbeit einen Erfolg(für sich) v. 그는 작업에서 성과를 올렸다. **Verbuchung**, die; -en 기장, 등록.

verbuddeln ⟨h⟩ 《통용어》 매장하다, 흙 속에 묻다.

Verbum ['vɛrbʊm], das; -s, Verben / Verba 《언어》 《준고어》 동사: V. finitum [-fi'ni:tʊm] 정동사(定動詞), 동사 정형; V. infinitum [-'ɪnfini:tʊm] 동사 부정형, 부정 (不定) 동사.

verbumfeien [fɛɐ̯'bʊmfajən], verfumfeien [...'fʊm...] ⟨s⟩ 《↑verbumfiedeln 참조》 《지역적》 타락하다, 자학하다. **verbumfiedeln** [fɛɐ̯'bʊmfi:dl̩n] ⟨h⟩ [gebumfiedelt] 《지역적》 낭비하다, 탕진하다.

verbummeln 《통용어·껌》 **1.** ⟨h⟩ **a)** (시간을) 헛되이 보내다: sie wollten einmal einen ganzen Tag v. 그들은 한번쯤 온종일 빈둥거리며 지내기로 했다. **b)** (시간을) 보내다. **2.** ⟨h⟩ 부주의로 등한히 하다(잊어버리다, 잃어버리다): einen Termin v. 약속 기일을 놓치다(부주의하여). **3.** ⟨s⟩ 타락하다: er ist ein verbummelter Student 그는 타락한 대학생이다.

Verbund, der; -(e)s, -e **1.** 《경제》 기업의 결합, 합동: Unternehmen in einen V. überführen 기업들을 결합 상태로 만들다. **2.** 《기술》 소재(素材), 부품의 결합. **Verbund-: ~bauweise**, die 《토건》 (건축 자재의) 결합 방식. **~betrieb**, der 《Pl. 없음》 《기술》 (여러 기재를 결합하는) 기계 시설 조작법. **~fahren¹** (부정형으로) (승객으로서) 동일 계열의 여러 교통시설을 이용하다. **~fenster**, der 《토건》 이중(삼중) 유리 창문. **~glas**, das 《기술》 합판 유리. **~guß**, der 《기술》 복합 주조(鑄造). **~karte**, die ↑lochkarte. **~lochkarte**, die 《전산》 복합 천공 카드. **~maschine**, die ↑Compoundmaschine. **~netz**, das 《발전소의》 송전망(送電網). **~pflasterstein**, der 《대개 Pl.》 보도 블록. **~platte**, die 《토건》 여러 다른 층으로 된 주초(柱礎). **~stoff**, der ↑~werkstoff. **~system**, das 운수업체의 기업 활동. **~werkstoff**, der 《기술》 ↑Kompositwerkstoff. **~wirtschaft**, die 《Pl. 없음》 ↑Verbund (1).

verbünden [fɛɐ̯'bʏndn̩], sich ⟨h⟩ 연합(동맹)하다: die beiden Staaten haben sich (miteinander) verbündet [sind (miteinander) verbündet] 두 국가가 (서로) 동맹 관계를 맺었다; Arbeiter und Bauern verbündeten sich 노동자와 농민이 서로 연대했다. **Verbundenheit**, die 연대감: in alter V. Dein ... 당신의 …로부터 (편지의 끝머리에 인삿말로 쓰임). **Verbündete¹**, der / die ↑Alliierte (a), Föderierte: 전의 er hat seine Schwester zu seiner ~n gemacht 그는 누이를 자기 편으로 만들었다.

verbunkern ⟨h⟩ 《군》 **1.** 방공호로 무장하다. **2.** 방공호 속에서 보내다.

verbürgen ⟨h⟩ **1.** ⟨v. + sich⟩ (누구의) 무엇을 보증하다: ich verbürge mich für ihn[für seine Zuverlässigkeit] 나는 그 사람[그 사람의 신뢰성]을 보증한다. **2. a)** 보증하다, 보장하다: das Gesetz verbürgt bestimmte Rechte 그 법은 소정의 권리를 보장한다. **b)** 신용하다: die Nachrichten sind verbürgt 그 보도는 믿을 만하다.

verbürgerlichen [fɛɐ̯'bʏrgɐlɪçn̩] ⟨s⟩ 《자주 껌》 **a)** 시민 사회의 규범에 자신을 적응시키다. **b)** 시민 계급 사회에 동화하다. **Verbürgerlichung**, die ↑verbürgerlichen의 명사형. **Verbürgung**, die; -en 보증.

verbürokratisieren ⟨h⟩ 《껌》 관료주의화되다: die Parteien sind total verbürokratisiert 당(黨)들이 모두 관료주의적이 되었다.

verbüßen ⟨h⟩ 《법》 벌받다, 징역형을 받다, 보상(배상)하다. **Verbüßung**, die; -en 벌받기.

verbuttern ⟨h⟩ **1.** 버터로 만들다(우유를). **2.** 《통용어·자주 껌》 허비하다, 낭비하다: das ganze Öl v. 기름을 모두 허비하다.

verbüxen [fɛɐ̯'bʏksn̩] ⟨h⟩ (nordd.) 구타하다.

Verbzusatz, der; -es, Verbzusätze [언어] ↑Präverb.
Vercharterer, der; -s, - (비행기, 선박 따위를) 전세 주는 사람이나 회사. **verchartern** ⟨h⟩ (비행기, 선박 따위를) 전세 주다. **Vercharterung**, die; -en ↑verchartern의 명사형.
verchristlichen [fɛɐ̯'krɪstlɪçn̩] ⟨h⟩ 기독교 정신으로 꽉 차게 하다. **Verchristlichung**, die ↑verchristlichen의 명사형.
verchromen [fɛɐ̯'kroːmən] ⟨h⟩ 크롬으로 도금하다. **Verchromung**, die; -en **1.** ↑verchromen의 명사형. **2.** 크롬층, 크롬 도금.
Verdacht [fɛɐ̯'daxt], der; -(e)s, -e / Verdächte [...'dɛçtə] [↑verdenken 참조] 혐의, 의혹: ein V. verdichtet sich(bestätigt sich) 혐의가 짙어지다[입증되다]; jmdn. wegen -s auf Steuerhinterziehung verhaften 누구를 탈세 혐의로 체포하다; einen V. erregen 혐의를 불러 일으키다; einen V. hegen 의혹을 품다; jmdn. im(in) V. haben 누구에게 혐의를 두다; in V. kommen(geraten) 혐의를 받다; er ist über allen V. erhaben (아이) 그는 전혀 혐의를 받지 않고 있다; [전의] ich habe dich als Spender der Blumen in V. ⟨통용어·농⟩ 짐작컨대 네가 이꽃을 가져왔을 것 같애, **auf V.** ⟨통용어⟩ 정확히 알수 없이, 어떤 사실이 옳다는 [의미있다는] 가정 하에. **verdächtig** [fɛɐ̯'dɛçtɪç] ⟨Adj.⟩ **a)** 혐의가 있는, 혐의를 받는, 의심스러운: die Sache ist (mir) v. 그 일은 (나 내 생각엔) 의심스럽다; jmd. kommt jmdn. v. vor 누구에게 의심스럽게 생각 된다; er ist dringend der Tat v. 그가 그 사건의 유력한 혐의자이다. **b)** 수상쩍은, 이상한: die Geräusche waren v. 소음이 수상쩍게 들려왔다; es war v. still 이상하게도 조용했다. **-verdächtig** [-fɛɐ̯dɛçtɪç] ⟨접미어로서⟩ **a)** …의 혐의가 있는: mordverdächtig sein …살인 혐의가 있는. **b)** …이 기대되는: medaillenverdächtig 메달이 기대되는. **Verdächtige**, der / die 혐의자, 수상한 사람. **verdächtigen** [fɛɐ̯'dɛçtɪɡn̩] ⟨h⟩ 누구에게 혐의를 두다: jmdn. des Diebstahls[als Dieb] v. 누구에게 도둑 혐의를 두다; [전의] etw. als wirklichkeitsfern v. 무엇을 사실과 거리가 멀다고 간주하다. **Verdächtigte**, der / die 혐의자. **Verdächtigung**, die; -en 혐의를 둠, 중상, 무고(無告). **Verdachtsgrund**, der; -(e)s, …gründe [법] 용의 사실, 간접 증거.
verdammen [fɛɐ̯'damən] ⟨h⟩ [mhd. verdam(p)nen, ahd. firdamnon < lat. damnāre = bußen lassen, verurteilen, damnum, ↑Damnum과 관련] **a)** 혹평하다, 결정적인 유죄 판결을 내리다, 금지하다: seine Lehre wurde auf der Synode verdammt 그의 학설은 종교회의에서 (유포) 금지되었다; verdammt (noch mal, noch eins)! 제기랄! **b)** 무엇을 하도록 강요하다: [전의] etw. ist zum Scheitern verdammt 무엇이 실패할 운명이다; er war zum Nichtstun verdammt 그는 아무 것도 할 수가 없었다[거다릴 수밖에 없었다]. **verdammenswert** ⟨Adj.⟩ ⟨아이⟩ 벌을 받아야 할, 저주 받아야 할, 괘씸한.
verdämmern ⟨s⟩ ⟨시어⟩ **1.** 서서히 희미하게 사라지다, 보이지 않게 되다: die Konturen verdämmerten 윤곽이 서서히 사라졌다. **2.** (몽매한 가운데에) 세월을 보낸다.
Verdammnis [fɛɐ̯'damnɪs], die [신학] 영겁(永劫)의 벌, 지옥에 떨어짐. **verdammt** ⟨Adj.⟩ **1.** (폄) **a)** (울분의 분노를 표현하며, 주어 앞에서 주어의 의미를 약화시킨 함): dieser -e Blödsinn 이런 엉터리 없는 생각. **b)** 망할 놈의, 형편없는: dieser -e Kerl hat mich belogen 이 형편없는 녀석이 날 속였다. **c)** (어떤 일과 연관하여) 억수운, 지긋지긋한. **2.** ⟨통용어⟩ **a)** 대단히 큰, 심한: ich habe einen -en Hunger 나는 배가 엄청나게 고프다. **b)** (형용사 및 동사 강조) 매우, 대단히: es war v. kalt 날씨가 매우 춥다; sie ist ein v. hübsches Mädchen 그녀는 대단히 예쁜 처녀다. **Verdammte**, der / die [신학] 영겁(永劫)의 벌을 받은 자. **Verdammung**, die; -en **Verdammungsurteil**, das 유죄 선고, 판정, 평결(評決)(특히 배심원의). **verdammungswürdig** ⟨Adj.⟩ ⟨아이⟩ 벌을 받아야 할, 저주 받아야 할.
verdampfen a) ⟨s⟩ 기화(증발)하다: [전의] sein Ärger war schnell verdampft 《드물게》 그의 분노는 곧 식었다. **b)** ⟨h⟩ 기화(증발)시키다: eine Flüssigkeit v. 어떤 액체를 증발시키다. **Verdampfer**, der; -s, - [기술] 증발 장치, 증발기(蒸發器). **Verdampfung**, die; -en 기화, 증발. **Verdampfungsanlage**, die 증발 시설. **Verdampfungsgerät**, das 증발 기구.
verdanken ⟨h⟩ **1.** 누구[무엇] 덕분으로 생각하다, 무엇에 대해 누구의 덕분을 지고 있다: er weiß, daß er seinem Lehrer viel zu v. hat 그는 자기 선생님에게 많은 덕을 입고 있다는 사실을 알고 있다; das haben wir deinem Trödeln zu v., daß wir zu spät gekommen sind 네가 늑장을 부리는 바람에 우리는 늦게 왔다. **2.** ⟨v. + sich⟩ ⟨드물게⟩ 무엇에 근거(기인)하다. **3.** ⟨⟨schweiz., österr.⟩⟩ 무엇에 대해 감사하다. **Verdankung**, die; -en ⟨드물게⟩ ⟨은⟩덕, 신세.
verdarb [fɛɐ̯'darp] ↑verderben 참조.
verdaten [fɛɐ̯'daːtn̩] ⟨h⟩ [전산] (텍스트 및 정보를) 데이터로 옮기다. **Verdater**, der; -s, - [전산] 데이터 처리자.
verdattert [fɛɐ̯'datɐt] ⟨Adj.⟩ ⟨통용어⟩ 당황한, 놀란, 어리둥절한: ein -es Gesicht machen 당황한 표정을 짓다.
Verdatung, die; -en [전산] (텍스트 및 정보를) 데이터로 옮김, 정보처리.
verdauen [fɛɐ̯'daʊən] ⟨h⟩ **1.** 소화시키다, 삭히다: der Magen kann diese Stoffe nicht v. 위가 이런 물질을 소화해내지 못한다; ⟨격 조응하⟩ der Kranke verdaut schlecht 그 환자는 소화를 잘 못한다; [전의] einen Schock nicht v. können 충격을 이겨낼 수 없다. **2.** [권투] ⟨은어⟩ 타격을 육체적으로 이겨내다. **verdaulich** [fɛɐ̯'daʊlɪç] ⟨Adj.⟩ 소화시킬 수 있는: [전의] sein Stil ist schwer v. 그의 문체는 이해하기 곤란하다. **Verdaulichkeit**, die 소화 가능, 이해할 수 있음. **Verdauung**, die 소화: jmds. V. ist normal 누구의 소화 상태는 정상이다; er leidet heute unter beschleunigter V. ⟨농⟩ 그는 설사 한다.
verdauungs-, Verdauungs-: **~apparat**, der [해부] 소화기(관). **~beschwerden** ⟨Pl.⟩ 소화 장애. **~enzym**, das ⟨대개 Pl.⟩ 소화 효소. **~fördernd** ⟨Adj.⟩ 소화를 촉진시키는. **~kanal**, der [해부] 소화관(消化管). **~organ**, das ⟨대개 Pl.⟩ [해부] 소화기(관). **~prozeß**, der 소화 과정. **~saft**, der ⟨통용어⟩ (식후 반주로서의) 화주(火酒). **~schwäche**, die ↑~störung. **~spaziergang**, der ⟨통용어⟩ 식사 후 소화를 위한 짧은 산책. **~störung**, die 소화 불량[장애]. **~trakt**, der [해부] ↑~apparat. **~vorgang**, der 소화과정. **~weg**, der ↑~kanal.
Verdeck, das; -(e)s, -e [niederd.] **1.** (배의 가장 위에 위치한) 갑판. **2.** (차의) 개폐식 지붕: das V. zurückschlagen 차의 지붕을 뒤로 젖히다. **verdecken** ⟨h⟩ **a)** 가리다(시야를): ein Baum verdeckt uns die Sicht 나무 한 그루가 우리의 시야를 가리고 있다. **b)** 무엇을 덮다[가리다]: er verdeckte sein Gesicht mit den Händen 그는 두 손으로 자신의 얼굴을 가렸다; [전의] er hat geschickt seine wahren Absichten verdeckt 그는 교묘하게 자신의 진정한 의도를 위장했다.
verdenken ⟨대개 "können"과 함께 부정적으로⟩ ⟨아이⟩ 나쁘게[악의로] 해석하다, 곡해하다: das kann ihm

niemand v. 그 누구도 그의 그러한 행동을 나쁘게 생각하지 않는다.

verdepschen [fɛɐ̯'dɛpʃn̩] ⟨h⟩ (österr.) 몹시 때리다, 무리하게 모양을 망그러뜨리다.

Verderb [fɛɐ̯'dɛrp], der; -s **1.** (음식류의) 부식, 변질. **2.** (아어) 비운, 불운: etw. ist jmds. V. 무엇이 누구의 불운이다. **verderben*** [fɛɐ̯'dɛrbn̩] **1. a)** ⟨s⟩ (너무 오래 방치해서) 부패[부식]하다, 변질하다: die Wurst verdirbt leicht [ist verdorben] 소시지는 쉽게 상한다. **b)** ⟨h⟩ 못쓰게 만들다, 상하게 하다: die Reinigung hat das Kleid verdorben 세탁소가 옷을 망쳐 놓았다; 전의 die Firma verdirbt mit Billigangeboten die Preise 그 회사는 물건들을 값싸게 내놓음으로써 가격을 엉망으로 만든다. **2.** ⟨h⟩ 파괴하다, 망쳐 놓다: die Nachricht hat ihnen den ganzen Abend verdorben 그 소식이 그들의 온 저녁을 망쳐 놨다. **3.** ⟨v. + sich⟩ ⟨h⟩ 무엇을 해치다, 무엇에 해를 입히다: hast du dir den Magen verdorben? 자네 위에 이상이 생겼나? **4.** (아어) ⟨h⟩ 악영향을 끼치다(특히 도덕적으로): 성구 Geld verdirbt den Charakter 돈이 인간을 망친다(더럽힌다). **5.** ⟨s⟩ (아어·준고어) 영락하다, 죽다. **6. es mit jmdm. v.** 누구의 호의를 저버리다: er wollte es nicht uns v. 그는 우리와의 우정을 저버리려 하지 않았다. **Verderben**, das; -s **1.** 부식, 부패. **2.** (아어) 불행, 비운: der Alkohol war sein V. 술이 그를 망쳤다; jmdn. dem V. ausliefern 누구를 불행에 빠뜨리다. **verderbenbringend** ⟨Adj.⟩ 숙명적인, 불행한, 불운의, 비참한. **Verderber**, der; -s, - (드물게) 파괴자, 손상자, (흥을) 깨는 사람. **verderblich** ⟨Adj.⟩ **1.** 부패[변질]하기 쉬운: leicht -e Lebensmittel 상하기 쉬운 음식. **2.** 아주 부정적인, 구제불능의(도덕, 윤리적 면에서): sein Einfluß ist [wirkt] v. 그의 영향이 아주 부정적으로 작용한다. **Verderblichkeit**, die ↑verderblich의 명사형. **Verderbnis**, die; -se (아어·준고어) 타락, 퇴폐, 타락의 근원, 부패, 악화, 유해물. **verderbt** [fɛɐ̯'dɛrpt] ⟨Adj.⟩ [adj. mhd. verderben의 과거분사 (약변화) = zugrunde richten, töten] **1.** 《아어·준고어》 타락한, 부패한. **2.** [문예] 읽을 수 없게 된, 판독이 어려운. **Verderbtheit**, die ↑verderbt의 명사형.

verdeutlichen [fɛɐ̯'dɔytlɪçn̩] ⟨h⟩ 명료하게 하다, 설명하다. **Verdeutlichung**, die; -en 명료화, 설명.

verdeutschen [fɛɐ̯'dɔytʃn̩] ⟨h⟩ 1. 독일어로 번역하다: einen fremdsprachigen Text v. 외국 텍스트를 독일어로 옮기다. **2.** (통용어) 누구에게 무엇을 보다 쉬운 말로 설명하다[이해시키다]. **Verdeutschung**, die; -en ↑verdeutschen의 명사형. **Verdeutschungswörterbuch**, das (고어) ↑Fremdwörterbuch.

verdichtbar [fɛɐ̯'dɪçtba:ɐ̯] ⟨Adj.⟩ (전문어) 진하게 할 수 있는, 농축[압축]할 수 있는. **Verdichtbarkeit**, die ↑verdichtbar의 명사형. **verdichten** ⟨h⟩ **1.** [물리·기술] 진하게 하다, 농축[압축]하다: 전의 Ereignisse künstlerisch [zu einem Drama] v. 사건들을 예술적으로[희곡으로] 압축하여 형상화시키다. **2.** 빽빽하게 확장시키다. **3.** ⟨v. + sich⟩ 점차 진하게 되다, 농축[압축]되다: 전의 ein Verdacht [ein Gerücht] verdichtet sich 혐의[소문]가 짙어지다 [구체화되다]. **4.** [토건] 보다 밀도 있는 상태로 만들다. **5.** [토건] 공간적으로 밀집하게 하다 [빽빽이 들어차게 하다]. **Verdichter**, der; -s, - [기술] ↑Kompressor. **Verdichtung**, die; -en 농축, 밀집화, 치밀화. **Verdichtungsraum**, der [관] 인구 밀집 지역.

verdicken ⟨h⟩ 진하게 하다, 응고시키다, 경화시키다: die Hornhaut verdickt sich 티눈이 단단해진다. **Verdickung**, die; -en **1.** 진해짐, 응고. **2.** 경화된 부위.

verdienen ⟨h⟩ **1. a)** 벌다, 얻다: den Lebensunterhalt v. 생활비를 벌다; er hat sich sein Studium selbst verdient 그는 학비를 스스로 벌었다; sie geht Geld v. (통용어) 그녀는 돈을 벌기 위해 일한다; (4격 목적어 없이도) (통용어) beide Eheleute verdienen 부부가 번다(맞벌이한다). **b)** 일정한 벌이가 있다: was [wieviel] verdienst du? 자네 얼마나 버나 [벌이가 얼마나 되나]? **c)** 등을 얻다 [보다], 이익을 챙기다: bei der Sache ist nichts zu v. 그 일은 벌이가 되지 않는다. **2.** (얼을) 가치가 있다, …할 만하다, …에 상당하다: er hat seine Strafe verdient 그는 벌을 받아 마땅하다; sie hat den gutmütigen Mann nicht verdient 그녀는 그런 사람좋은 남편의 아내 자격이 없다; er hat nichts Besseres verdient 그에게 그 일이 일어난 것은 당연하다; er verdient (es), erwähnt zu werden 그 사람도 마땅히 언급되어야 한다; womit habe ich das verdient? 제가 이걸 받을 자격이 있나요?; er hat die verdiente Strafe bekommen 그는 자기가 저지른 죄에 대한 벌을 받았다. **Verdiener**, der; -s, - (가족의) 생계비를 버는 사람, 부양자: die Mutter ist der V. in ihrer Familie 그녀의 가정에서는 어머니가 생계비를 번다. **¹Verdienst**, der; -(e)s, -e 벌이, 수익, 임금: von seinem (kleinen) V. leben müssen (보잘 것 없는) 벌이로 생계를 꾸려나가야 한다; er hat die Arbeit nicht um des -es willen übernommen 그는 돈 때문에 그 일을 떠맡은 것이 아니다. **²Verdienst**, das; -(e)s, -e 업적, 공적, 공로, 공: seine -e als Naturforscher sind unbestritten 자연과학자로서의 그의 업적은 논란의 여지가 없다; er hat sich große -e um die Stadt erworben 그는 이 시(市)를 위해 큰 공적을 남겼다; seine Tat wurde nach V. belohnt (아어) 그의 행위는 상을 받을 만했다.

verdienst-, Verdienst-: ~adel, der (옛) 공로 귀족(반대: Geburtsadel, Erbadel). ~ausfall, der 실업(失業), 일자리를 잃음. ~bescheinigung, der 증명. ~einbuße, die 수입 손실 [감소]. ~entgang, der; -(e)s (österr.) ↑ ~einbuße. ~grenze, die (보험) 수입의 상한선. ~höhe, die 수입액 [수입 정도]. ~kreuz, das 공로 십자 훈장. ~los ⟨Adj.⟩ 벌이가 없는. ~medaille, die 공로 메달. ~minderung, die 수입의 감소, 벌이가 줄어듦. ~möglichkeit, die 돈벌이 가능성. ~orden, der 국가 공로 훈장. ~quelle, die 수입원(源). ~spanne, die [경제] ↑Gewinnspanne. ~voll ⟨Adj.⟩ **a)** 공로[공적]이 있는, 업적이 많은: er hat v. gehandelt 그는 업적을 인정받을 만큼 행동했다. **b)** (부가어적으로) 공적 [업적]이 있는.

verdienstlich ⟨Adj.⟩ (준고어) ↑verdienstvoll. **Verdienstlichkeit**, die ↑verdienstlich의 명사형. **verdient** ⟨Adj.⟩ **1.** 공적 [업적]이 있는, 공로가 많은: ein -er Mann 공로가 많은 남자: **sich um etw. v. machen** 무엇을 위해 큰 공을 세우다. **2.** (대개 Adv.) [스포츠] (은어) 업적에 따라, 응당, 마땅히: v. in Führung gehen 당연히 선두에 서다. **verdientermaßen** ⟨Adv.⟩ 실적에 맞게, 응당, 마땅히. **verdienterweise** ⟨Adv.⟩ verdientermaßen.

verdieseln ⟨h⟩ [철도] 디젤 기관차를 달다. **2.** (은어) (난방용 연료를) 불법으로 (자동차) 연료로 사용하다.

Verdikt [vɛr'dɪkt], das; -(e)s, -e [engl. verdict] **1.** [법] (고어) 심판, (배심원의) 판결. **2.** (교양어) 유죄 선고.

Verding, der; -(e)s, -e (준고어) 고용(계약), 청부(계약). **Verdingbub**, der (schweiz.) 입양된 고아 (소년). **verdingen** (V.; verdingte / verdang, verdingt / verdungen); h) **1.** (고어) **a)** ⟨v. + sich⟩ 고용살이하다, 고용되다: sich (für ein geringes Entgelt) bei einem Bauern v. 어떤 농부의 집에서 적은 임금을 받고 고용되다. **b)** 벌이하러 가다, 품팔러 가다. **2.** [관] (공시

를 통해) 위탁[고용]하다. **Verdinger,** der; -s, - 〔관〕 고용주, 고용 관청. **verdinglichen** ['fɛɐ'dɪŋlɪçn̩] 〈h〉 [철학] **1. a)** 구체화[실체화]하다. **b)** 물질화하다. **2.** 〈v. + sich〉 구체화되다, 물질화되다. **Verdinglichung,** die; -en 구체화, 물질화. **Verdingung,** die; -en 〔관〕 공시 고용[위탁].
Verdingungs- [관]: ~**ausschuß,** der 고용 위원회. ~**ordnung,** die 고용 규정. ~**unterlagen** 〈Pl.〉 고용 관계 서류.
verdirb [fɛɐ'dɪrp], **verdirbst** [fɛɐ'dɪrpst], **verdirbt** [fɛɐ'dɪrpt] ↑ verderben 참조.
verdolen [fɛɐ'do:lən] 〈h〉 [수리(水利)] (개천 따위를) 복개하다.
verdolmetschen 〈h〉《통용어》(누구에게 무엇을) 통역해 주다. **Verdolmetschung,** die; -en 통역(행위).
Verdolung, die; -en [수리(水利)] 복개(공사).
verdonnern 〈h〉《통용어》**a)** ~에게 유죄 선고를 내리다: jmdn. wegen Diebstahls zu 6 Monaten Gefängnis v. 누구에게 절도죄로 6개월 구금형을 내리다. **b)** 누구에게 싫은[꺼리는] 일[과업]을 맡기다: er war dazu verdonnert, jeden Abend den Mülleimer auszuleeren 그는 매일 저녁 쓰레기통을 비우는 일을 맡게 되었다. **verdonnert** 〈Adj.〉《통용어》놀란, 당황한, 어안이 벙벙한.
verdoppeln 〈h〉 **a)** 곱으로 하다, 배가(倍加)하다, 중복시키다: sie haben ihren Export v. können 그들은 수출을 배로 늘릴 수 있었다; [전의] seine Anstrengungen v. 배전의 노력을 기울이다; als es zu regnen begann, verdoppelten sie ihre Schritte 〈아이〉비가 오자 그들은 걸음을 더욱 재촉했다. **b)** 〈v. + sich〉배로 되다, 곱으로 되다. **Verdoppelung, Verdopplung,** die; -en 배가, 중복, 강화(强化).
verdorben [fɛɐ'dɔrbn̩] ↑ verderben 참조. **Verdorbenheit,** die (도덕적) 타락(성).
verdorren 〈s〉 (열기로 인해) 바싹 마르다, 말라 죽다: in dem trockenen Sommer sind die Wiesen verdorrt 가문 여름에 풀밭들이 모두 바싹 말라버렸다.
verdösen 〈h〉《통용어》**1.** (무엇을) 멍청하게 보내다, 졸면서 〈시간을〉보내다: er sieht ganz verdöst aus 그는 잠에 취한듯이 보인다. **2.** (무엇하는 것을) 잊어버리다.
verdrahten 〈h〉 **1.** (철조망 따위로) 출입을 막다, 폐쇄하다. **2.** [전기・전자] 배선(配線)하다. **Verdrahtung,** die; -en 폐쇄; 배선.
verdrängen 〈h〉 **1.** 누구를 밀어내다[쫓아내다]: [전의] jmdn. aus seiner Stellung [Position] v. 누구를 그의 자리[직위]에서 쫓아내다; synthetische Stoffe haben das Holz weitgehend verdrängt 합성 물질이 줄곧 목재를 대체하게 되었다. **2.** [심리] 억압하다, (의식에서 무의식 상태로) 쫓아내다: einen Wunsch[ein Schuldgefühl] v. 어떤 소망[죄책감]을 떨쳐버리다. **Verdrängung,** die; -en 쫓아냄, 밀어냄, [심리] 억압.
verdrecken [fɛɐ'drɛkn̩] 〈통용어·폄〉**a)** 〈h〉 더럽히다: die ganze Wohnung v. 온 집안을 더럽히다. **b)** 〈s〉 더러워지다: die Kinder waren von oben bis unten verdreckt 아이들은 얼굴에서 발끝까지 온통 더러워진 몰골을 하고 있었다.
verdrehen 〈h〉 **1. a)** 비틀다, 비비꼬다: sie verdrehte den Kopf um alles zu sehen 그녀는 고개를 돌려 모든 것을 살펴봤다. **b)** 삐다: ich habe mir den Fuß verdreht 나는 다리를 삐었다. **2.**《통용어·폄》(의도적으로) 왜곡[곡해]시키다: du versuchst mir die Worte zu v. 너는 내 말을 왜곡시키려고 한다. **3.** 〈통용어〉(필름을) 사용하다. **Verdreher,** der; -s, - 《통용어·폄》곡해[왜곡]자. **Verdreherei,** die; -en 《통용어·폄》곡해 행위, 왜곡 행위. **verdreht** 〈Adj.〉《통용어·폄》미친, 엉

뚱한, 괴팍한: seine Frau ist ganz v. 그의 부인은 아주 괴팍하다. **Verdrehtheit,** die; -en **1.** 〈Pl. 없음〉↑ verdreht의 명사형. **2.** 엉뚱한[괴팍한] 행위. **Verdrehung,** die; -en 비틈, 왜곡.
verdreifachen 〈h〉 **a)** 3배[3중]로 하다. **b)** 〈v. + sich〉 3배[3중]로 되다. **Verdreifachung,** die ↑ verdreifachen의 명사형.
verdreschen* 〈h〉《통용어》심하게 때리다[구타하다].
verdrießen* ['fɛɐ'dri:sn̩] 〈h〉 《아어》(누구의 마음을) 불쾌하게 하다: es sich³ nicht v. lassen 〈아어〉무엇을 싫어[꺼려]하지 않다. **verdrießlich** 〈Adj.〉 **a)** 짜증나는, 불쾌한, 신경질나는: ein -es Gesicht machen 불쾌한 얼굴을 하다. **b)** 〈아어·준고어〉불쾌한, 기분 나쁜: ich find es v., daß ich seine Arbeit machen mußte 내가 그의 일을 하게 되었다는 것이 기분에 차지 않는다. **Verdrießlichkeit,** die; -en **1.** 〈Pl. 없음〉언짢음, 불쾌함, 짜증남. **2.** 〈대개 Pl.〉부담스러운 일, 기분 나쁜 일.
verdrillen 〈h〉 **a)** 〈철사나 실 따위를〉 꼬다. **b)** 〈v. + sich〉서로 꼬이다. **Verdrillung,** die; -en [기술] ↑ Torsion.
verdroß [fɛɐ'drɔs], **verdrösse** ['fɛɐ'drœsə] ↑ verdrießen 참조. **verdrossen** [fɛɐ'drɔsn̩] **1.** ↑ verdrießen 참조. **2.** 〈Adj.〉기분 나쁜, 흥미 없는: einen -en Eindruck machen 기분 나쁜 표정[인상]을 짓다. **Verdrossenheit,** die 불쾌, 짜증, 역정, 언짢음.
verdrucken 〈h〉 **1.** 무엇을 잘못 인쇄하다: dieses Wort ist verdruckt 이 단어는 잘못 인쇄되었다. **2.** 인쇄하여 다 써 버리다, 인쇄에 써 없애다: mehrere Rollen Papier täglich v. 매일 여러 롤의 종이를 인쇄에 쓰다.
verdrücken 〈h〉 **1.** 《통용어》 꿀꺽 먹어 치우다: die Kinder haben den ganzen Kuchen verdrückt 아이들이 케이크를 몽땅 먹어 치웠다. **2.** 《지역적》 눌러 으깨다, 으깨다, 쭈글쭈글하게 하다. **3.** 〈v. + sich〉《통용어》슬쩍 도망치다. **4.** 〈v. + sich〉[광] 광맥의 두께가 얇아지다. **Verdrückung,** die; -en **1.** [광] 얇아진 광맥. **2. in V. geraten[kommen]** 《통용어》곤경에 처하다.
Verdruß [fɛɐ'drʊs], der; Verdrusses, die Verdrusse 불만, 불쾌, 화남: V. über etw. haben[empfinden] 무엇에 대해 불쾌하게 생각하다.
verduften 〈h〉 **1.** 향기를 잃다: der Kaffee ist verduftet 그 커피는 향기를 잃었다. **2.** 《통용어》재빠르게 슬쩍 떠나다[도망치다]〈좋지않은 일을 피하기 위해〉: in eine andere Stadt v. 다른 도시로 슬쩍 도망치다.
verdummen a) 〈h〉 우둔[무지]하게 만들다, 우롱하다: man versucht, uns zu v. 사람들이 우리를 우매하게 만들려고 한다. **b)** 〈s〉 우매[둔]해지다. **Verdummung,** die 백치화, 우둔화, 우롱.
verdumpfen a) 〈h〉 둔하게 만들다. **b)** 〈s〉 둔해지다, (소리 따위가) 희미해지다: der Lärm verdumpfte langsam 그 시끄러운 소리는 서서히 약해졌다.
verdunkeln 〈h〉 **1.** 소등하다, 빛을 차단시키다: alle Häuser mußten verdunkelt werden 모든 집은 빛이 새어 나가지 않도록 창문들을 모두 가려야만 했다. **2.** 〈h〉덮어서 어둡게 하다[흐리게 하다]: [전의] dieser Vorfall verdunkelte ihr Glück 이 사건으로 인해 그녀의 행복엔 그늘이 지게 되었다. **b)** 〈v. + sich〉 어두워지다, 흐려지다: [전의] ihre Gesichter verdunkelten sich 그들의 표정이 어두워졌다. **3.** [법] 은폐하다, 감추다. **Verdunkelung,** 《또한》 **Verdunklung,** die; -en **1.** 빛의 차단. **2.** 소등 커튼. **3.** 〈Pl. 없음〉[법] 위장, 은폐.
Verdunk(e)lungs-: ~**gefahr,** die 〈Pl. 없음〉[법] 증거 인멸 우려. ~**papier,** das 〈소등용〉두터운 검은색 종이. ~**rollo,** das 〈감아 올리는〉 소등용 커튼. ~**rouleau,** das ↑ ~rollo.

verdünnen ⟨h⟩ **1.** 엷게[묽게] 하다, 희석시키다: sie verdünnt sich den Kaffee mit viel Milch 그녀는 우유를 많이 타서 커피를 묽게 한다. **2.** ⟨드물게⟩ **a)** 끝을 뾰족하게 만들다. **b)** ⟨v. + sich⟩ 가늘어지다, 뾰족해지다. **3.** ⟨드물게⟩ ↑ausdünnen (1 b). **4.** [군] ⟨은어⟩ 병력을 줄이다, 군축하다: Truppen v. 부대 규모를 줄이다. **verdünnisieren** [fɛɐ̯dyni'ziːrən], sich ⟨[↑dünn] (통용어)⟩ 슬쩍 떠나가다[도망치다]: er hat sich rechtzeitig verdünnisiert 그는 적당한 때에 슬쩍 꼬리를 뺐다. **Verdünnung**, die; -en **1.** 희석(하기), 희박화(稀薄化): etw. bis zur V. tun (통용어) 무엇을 신물이 날 때까지 한다. **2.** 페인트 희석제, 신나.
verdunsten a) ⟨s⟩ ⟨드물게⟩ 하다, 기화하다. **b)** ⟨h⟩ 증발시키다. **verdünsten** ⟨h⟩ ⟨드물게⟩ ↑verdunsten (b).
Verdunster, der; -s, - 가습기. **Verdunstung**, die 증발, 기화. **Verdünstung**, die 증발시킴.
Verdunstungs- [물리]: **~kälte**, die 기화 냉기[한기]. **~kühle**, die ↑~kälte. **~messer**, der 증발계(計). **~wärme**, die 기화열.
verdürbe [fɛɐ̯'dyrbə] ↑verderben 참조.
Verdure [vɛr'dyːrə], die; -n [frz. verdure] (15~17세기경의) 녹색 식물이 그려진 벽 장식용 양탄자.
verdursten ⟨s⟩ 목말라 죽다: Tiere und Reiter sind in der Wüste verdurstet 동물들과 그것들을 탄 사람들이 사막에서 목말라 죽었다; [전의] die Pflanzen sind verdurstet 식물들이 말라 시들어 버렸다.
verdusseln ⟨지역적⟩ **1.** ⟨h⟩ (부주의로) 깜빡 잊다. **2.** ⟨s⟩ 우둔해지다.
verdüstern ⟨h⟩ **1.** 어둡게 하다: [전의] ⟨(아이)⟩ Sorgen verdüstern ihr Gemüt 근심 때문에 그녀의 기분이 우울해졌다. **2.** ⟨v. + sich⟩ 어두워지다, 침울해지다: [전의] seine Miene[sein Gesicht] hat sich verdüstert (아이) 그의 표정은 침울해 졌다. **Verdüsterung**, die; -en 어둠, 우울, 침울.
verdutzen [fɛɐ̯'dʊtsn̩] ⟨h⟩ [niederd.] 누구를 놀라게 하다(혼란시키다): ein verdutztes Gesicht machen 놀란 얼굴을 하다. **Verdutztheit**, die 놀람, 아연, 당혹.
verebben ⟨s⟩ (특히 소음이) 점차 약해[적어]지다: seine Erregung verebbte 그의 흥분이 점차 가라앉았다.
veredeln [fɛɐ̯'eːdl̩n] ⟨h⟩ **1.** (아이) (사람과 관련하여) 귀하게 하다, 고상하게 하다, 세련시키다: Leid veredelt den Menschen 고통은 인간을 고귀하게 만든다. **2.** (전문어) (질적으로) 향상시키다; Else Müller, verehelichte Meyer 원명 Else Müller(결혼 후는 E. Meyer). **b)** 《드물게》 결혼시키다. **Verehelichung**, die; -en (관) 결혼.
verehren ⟨h⟩ **1. a)** (신성한 것으로) 숭배하다: sie verehrten Schlangen als göttliche Wesen 그들은 뱀을 신성한 존재로 숭배했다. **b)** ⟨h⟩ 누구를 높이 평가하다 [존경하다], 사모하다: er hat seine Mutter sehr verehrt 그는 자기 어머니를 대단히 존경했다; verehrtes Publikum 존경하는 청중 여러분; sehr verehrte Frau Müller! (편지의 첫머리에) 존경하는 Müller 부인에. **c)** 《준고어》 프로포즈하다: er verehrte lange Zeit ein Mädchen, das ihm dann einen Korb gab 그는 오랜 기간 동안 한 소녀에게 프로포즈했으나 그녀는 그를 퇴짜놨다. **2.** (농) 누구에게 (가벼운) 선물을 하다: er verehrte ihm eine Freikarte 그는 그에게 무료 입장권을 선사했다. **Verehrer**, der; -s, - **1.** (준고어·농) (어떤 여인을) 사모하는 남자. **2.** 숭배자, 신봉자: ein großer V. von Wagner 바그너 숭배자. **Verehrerin**, die; -nen ↑Verehrer (2)의 여성형. **Verehrerpost**, die ↑Fanpost. **Verehrung**, die **a)** 숭배. **b)** 존경심, 사모: V. für jmdn. empfinden 누구에게 존경심을 느끼다; in (mit) tiefster V. zu jmdm. aufsehen 누구를 깊이 존경하는 마음으로 우러러 보다.
verehrungs-, Verehrungs-: ~voll ⟨Adj.⟩ 존경 (사모)하는. **~würdig** ⟨Adj.⟩ 존경(사모)할 만한. **~würdigkeit**, die ↑~würdig의 명사형.
vereiden [fɛɐ̯'aidn̩] ⟨h⟩ (고어) ↑vereidigen. **vereidigen** [fɛɐ̯'aidɪgn̩] ⟨h⟩ 선서시키다(무엇을 준수할 것을): einen Zeugen auf etw. v. 증인에게 무엇을 준수할 것을 선서시키다; der Präsident wird auf die Verfassung vereidigt 대통령은 헌법을 준수할 것을 선서하게 된다. **Vereidigung**, die; -en 선서, 서약.
Verein [fɛɐ̯'ain], der; -(e)s, -e **1.** 협회, 단체, 조합: einen V. gründen(einem V. angehören, beitreten) 어떤 협회를 창단하다[에 속하다·가입하다]; aus einem V. austreten 협회에서 탈퇴하다; sich in[zu] einem V. zusammenschließen 어떤 협회에 가입하다; [농] das ist ja ein seltsamer V.! (통용어·반어) 거참 진기한 그룹이군!; in dem V. bist du? (통용어·폄) 너 그런 사람들과 어울리는 거냐? **2. im V. (mit)** 누구(무엇)와 협동하여; **in trautem V. (mit)** (농·반어) 예기치 못하게 누구(무엇)와 함께(어울려): er plauderte in trautem V. mit seinem politischen Gegner 그는 우연하게도 그의 정적(政敵)과 어울려 이야기[정담]를 나누었다.
vereinbar [fɛɐ̯'ainbaːɐ̯] ⟨Adj.⟩ 결합할 수 있는, 일치하는, 모순되지 않는. **vereinbaren** [fɛɐ̯'ainbaːrən] ⟨h⟩ **1.** 협정(약속)하다: ein Treffen[einen Termin](mit jmdm.) v. (누구와) 만날 것[만날 시간]을 약속하다; es war vereinbart worden, daß ... ...하기로 약속되어 있었다. **2.** (대개 "sein", "können" 혹은 "lassen"과 함께) 조화[일치]시키다: diese Forderung war mit seinen Vorstellungen nicht zu v. 이 요구는 그의 생각과 일치될 수가 없었다. **Vereinbarkeit**, die; -en 조화[일치] 가능성. **Vereinbarung**, die; -en **1.** 약속하기, 협정[협약]함. **2.** 약정, 협정, 약속: eine schriftliche[mündliche] V. 문서로 된[구두상의] 약정; eine V. treffen 약속[약정]하다. **vereinbarungsgemäß** ⟨Adj.⟩ 약속[협정]에 따라, 약속대로.
vereinen ⟨h⟩ (아이) **1.** (큰 단위로) 뭉치다, 힘을 합치다, 합동[연합]하다: Unternehmen zu einem Konzern, v. 기업들을 (콘체른으로) 연합시키다. **2.** ⟨v. + sich⟩ 합쳐지다, 결합하다. **3. a)** 일치(조화)시키다: Gegensätze v. 대립상들을 조화시키다. **b)** ⟨v. + sich⟩ 결합해 있다, 동시에 존재하다. **4.** 동시에 소유하다(지니다): er vereint alle Kompetenzen in seiner Hand 그는 모든 권한을 한 손에 쥐고 있다.
vereinfachen [fɛɐ̯'ainfaxn̩] ⟨h⟩ 간소화하다, 단순화하다, 간략하게 하다: eine Methode v. 방법을 간소화시키다. **Vereinfachung**, die; -en **1.** 간소화, 단순화, 간략화(하기). **2.** 간소화된[단순화].
vereinheitlichen [fɛɐ̯'ainhaitlɪçn̩] ⟨h⟩ 단일화하다, 통일하다: Schreibweisen v. 서체(書體)를 통일시키다. **Vereinheitlichung**, die; -en ↑vereinheitlichen의 명사형.
vereinigen ⟨h⟩ **1.** 하나로 하다, 합일(결합, 합병)하다: Teile zu einem Ganzen v. 여러 부분들을 하나로 통일

하다. 2. ⟨v. + sich⟩ 결합[연합, 합병, 합일]되다: die beiden Verbände vereinigten sich 두 협회가 결합하여 하나로 되었다; 전의 《아이》 in ihrem Roman vereinigen sich verschiedene Stilelemente 그녀의 소설에서는 상이한 여러 가지 문체 요소들이 한데 어우러져 있다. 3. 전체로 규합하다: die Beerdigung hatte die Familie wieder einmal vereinigt 장례 덕분에 가족이 다시금 규합되었다; er vereinigt alle Macht in seiner Hand 그는 모든 권력을 한손에 거머쥐었다. 4. ⟨v. + sich⟩ 공동 작업을 위해 모이다: sich zu einem Gottesdienst v. 미사 드리러[예배 보기] 위해 모이다. 5. ⟨v. + sich⟩ 만나서 하나가 되다: an diesem Punkt vereinigen sich zwei Straßen 이 지점에서 두 거리가 만난다. 6. 《아이》 성교하다, 교미하다. 7. 《드물게》 ↑vereinbaren (2). **Vereinigung,** die; -en 1. 합일, 통일, 통합, 합동. 2. [법] 협회, 연맹(공동 목표를 추구하기 위한): eine V. zum Schutz seltener Tiere 희귀 동물 보호 연맹. **Vereinigungsfreiheit,** die ⟨Pl. 없음⟩ [법] ↑Koalitionsfreiheit.

vereinnahmen [fɛɐ̯'|aɪnaːmən] ⟨h⟩ [상] (돈 따위를) 받다, 거두어 들이다(↑einnehmen (1)): 전의 die Kinder haben den Besuch ganz für sich vereinnahmt 《농》 아이들이 방문객을 독차지했다. **Vereinnahmung,** die; -en 받음, 거두어 들임.

vereins-, Vereins- (Verein): **~abzeichen,** das 협회 회장《마크》. **~beitrag,** der 협회 회비. ⟨Adj.⟩ 협회 소유의. **~elf,** die 11인회[단체]《축구 따위의》. **~fahne,** die 단체 기(旗), 협회 기. **~farbe,** die 《대개 Pl.》 협회 색. **~haus,** das 협회 건물[회관]. **~intern** ⟨Adj.⟩ 협회내(內)의. **~kamerad,** der 협회 동료. ⟨Kasse, die 협회 회계, 단체[조합]기금. **~kassierer,** der 《südd., österr., schweiz.》 협회 회계[재무 담당자]. **~leben,** das ⟨Pl. 없음⟩ 협회 생활[활동]. **~leitung,** die 협회 지도부. **~lokal,** das 협회 단골 술집. **~mannschaft,** die 협회 소속 팀. **~meier,** der 《통용어·폄》 협회의 극성[열성] 회원. **~meierei,** die ⟨Pl. 없음⟩《통용어·폄》 협회 활동을 위한 극성[열성]. **~mitglied,** das 협회[조합] 회원. **~recht,** das ⟨Pl. 없음⟩ [법] 협회 관계 법률. **~register,** das 협회[사단 (社團)] 등록부. **~satzung,** die 협회 정관. **~vermögen,** das 협회 재산. **~vorsitzende',** der / die 협회 의장. **~wechsel,** der 협회 이적(移籍). **~wesen,** das ⟨Pl. 없음⟩ 결사·조합(의 제도, 활동).

vereinsamen [fɛɐ̯'|aɪnazəmən] **a)** ⟨h⟩ 고립시키다, 고독하게 만들다: das Alter hatte ihn vereinsamt 나이가 그를 고독하게 만들었다. **b)** ⟨s⟩ 고독해지다, 외로워지다. **Vereinsamung,** die 고립, 고독.

vereinseitigen [fɛɐ̯'|aɪnzaɪtɪɡŋ̍] ⟨h⟩ 편파적[일방적]으로 행하다[표현하다]. **Vereinseitigung,** die; -en 편파적 행동[표현].

vereinzeln ⟨h⟩ 1. [임업] (나무를) 솎다. 2. 《아이》 갈라 놓다, 따로따로 떼어놓다. 3. ⟨v. + sich⟩ 점차 드물어지다, 적어지다. **vereinzelt** [fɛɐ̯'|aɪntsl̩t] ⟨Adj.⟩ 산발적인, 드문, 산재해 있는, 흩어져 있는: -e Schüsse waren zu hören 산발적인 총성이 들렸다; es gab nur noch v. Regenschauer 이제는 단지 산발적인 빗발만이 내리고 있었다. **Vereinzelung,** die; -en 1. 분리, 분산, 솎음. 2. 분리, 개별화, 분매(分賣).

vereisen 1. ⟨s⟩ **a)** 동결(氷結)하다; 얼다: Fensterscheiben vereisen 창 유리들이 얼다. **b)** 《드물게》 얼음으로 덮이다. 2. [의학] ⟨h⟩ 마취[마비]시키다. **Vereisung,** die; -en 1. 빙결(氷結). 2. 빙결 상태. 3. [의학] 《통용어·임》 마비. 4. 빙하 작용. **Vereisungsgefahr,** die 빙결 위험.

vereiteln [fɛɐ̯'|aɪtl̩n] ⟨h⟩ 좌절시키다, 수포로 돌아가게 하다, 실패케 하다: einen Versuch v. 어떤 시도를 좌절시키다; das Attentat wurde vereitelt 그 암살 계획은 수포로 돌아갔다. **Vereitelung, Vereitlung,** die 좌절시킴.

vereitern ⟨s⟩ 곪다, 화농하다: die Wunde ist vereitert 상처가 곪았다. **Vereiterung,** die; -en 1. 화농, 곪기. 2. 곪아있음, 화농 상태.

Vereitlung: ↑Vereitelung.

verekeln ⟨h⟩ 구역질나게 하다. **Verekelung, Vereklung,** die; -en 구역질, 구토.

verelenden [fɛɐ̯'|eːlɛndn̩] ⟨s⟩ 《아이 · 그 외 마르크스주의》《물질적》 궁핍에 빠지다, 가난해지다. **Verelendung,** die ↑verelenden의 명사형. **Verelendungstheorie,** die 《특히 마르크스주의》 궁핍화 이론.

verenden ⟨s⟩ **a)** 《짐승이》 죽어가다: Pferde verendeten Tausende von Flüchtlingen verendeten 수천 명의 피난민들이 고통스럽게 죽어갔다. **b)** [사냥] 《짐승이》 총에 맞아 죽다.

verengen ⟨h⟩ 1. ⟨v. + sich⟩ 좁아지다: seine Pupillen verengten sich 그의 동공이 작아졌다[오므라들었다]; 전의 der Spielraum verengte sich für sie 그들[그녀] 의 활동 영역이 좁아졌다. 2. 좁히다, 좁게 만들다. **verengern** [fɛɐ̯'|ɛŋɐn] ⟨h⟩ 1. ⟨v. + sich⟩ 좁아지다. 2. 좁히다. **Verengerung,** die; -en 협착, 수축. **Verengung,** die; -en 1. 좁아짐, 좁힘. 2. 좁아진 곳[장소].

vererbbar [fɛɐ̯'|ɛrpbaːɐ̯] ⟨Adj.⟩ 상속할 수 있는, 유전되는. **Vererbbarkeit,** die ↑vererbbar의 명사형. **vererben** ⟨h⟩ 1. 상속시키다, 유산으로 남기다: jmdm. sein Vermögen testamentarisch v. 누구에게 그의 재산을 유언(장)으로 상속시키다; 전의 ich habe meinem Freund das Fahrrad vererbt 《통용어·농》 나는 내 친구에게 자전거를 선물했다[물려 줬다]. 2. 《생물·의학》 **a)** 유전시키다: Begabung (seinen Nachkommen [auf seine Nachkommen]) v. 재능을 (그의 자손에게) 유전시키다. **b)** ⟨v. + sich⟩ 유전되다: diese Krankheit hat sich (vom Vater auf den Sohn) vererbt 이 병은 아버지로부터 아들한테로 유전되었다. **vererblich** ⟨Adj.⟩ 유전되는, 상속되는. **Vererbung,** die; -en [생물·의학] 유전.

Vererbungs-: ~genetik, die [생물] ↑Molekulargenetik. **~gesetz,** das 《대개 Pl.》 유전 법칙. **~lehre,** die ↑Genetik. **~theorie,** die 유전 이론.

verestern [fɛɐ̯'|ɛstɐn] ⟨h⟩ [화학] 에스테르화하다. **Veresterung,** die; -en [화학] 에스테르화(化).

verewigen [fɛɐ̯'|eːvɪɡŋ̍] ⟨h⟩ [↑ewig와 관련] 1. **a)** 잊지 못하게 만들다, 죽지 않게 하다, 영원화하다, 불후화하다. **b)** ⟨v. + sich⟩ 오랜 흔적을 남기다, 영원히 전해지다: viele Besucher der Burg haben sich an den Wänden verewigt 《농》 성채를 방문한 많은 사람들은 벽에 자기 이름을 새겨 넣어 길이 남기려 했다. 2. 오래 지속시키다. **verewigt** [fɛɐ̯'|eːvɪçt] ⟨Adj.⟩《아이》 죽은, 고인이 된: mein -er Vater 나의 선친(先親). **Verewigte',** der / die 죽은 사람, 고인(故人). **Verewigung,** die; -en 영원화, 불후화, 작고.

¹verfahren' [1 a: niederd] 1. ⟨s⟩ **a)** 처리하다, 다루다: wir werden folgendermaßen verfahren 우리는 다음과 같이 다루어 나가겠습니다. **b)** 누구에 대해 어떤 태도로 나오다: übel mit jmdm. (gegen jmdn.) v. 누구를 나쁘게 대하다. 2. ⟨h⟩ **a)** ⟨v. + sich⟩ 잘못된 방향으로 (차를 타고) 가다. **b)** (차를 타서 돈을) 쓰다: ich habe heute 50 DM mit dem Taxi verfahren 나는 오늘 택시비로 50마르크를 썼다. 3. [광] (한 교대 일을) 끝내다. **²verfahren** ⟨Adj.⟩ 잘못되어 절망적인 상황에 이른: die Sache ist völlig v. 이 일은 완전히 절망적이 되고 말았다. **Verfahren,** das; -s, - 1. 방법, 방식, 취급, 처리, 처

verfahrens-, Verfahrens- 치: ein V. anwenden(entwickeln, erproben) 어떤 방법을 사용하다(개발하다, 시험해 보다). **2.** [법] 소송 절차[수속]: ein V. gegen jmdn. einleiten(eröffnen) 누구를 상대로 소송을 걸다.

verfahrens-, Verfahrens-: ~**frage**, die 〈대개 Pl.〉소송 문제. ~**ingenieur**, der 프로세스 공학의 엔지니어. ~**mäßig** 〈Adj.〉[법] ↑prozedural. ~**recht**, das 〈Pl. 없음〉[법] 소송 관계법, 재판 관계법. ~**rechtlich** 〈Adj.〉[법] 소송법의. ~**regel**, die 〈대개 Pl.〉처리 규정, 소송 규정. ~**technik**, die 공정(工程) 공학, 프로세스 공학. ~**techniker**, der 프로세스 공학 기사. ~**weise**, die 방식, 취급법, 처치법, 수속.

Verfall, der; -(e)s **1. a)** 붕괴, 무너짐: ein Gebäude dem V. preisgeben 한 건물을 붕괴되도록 방치하다. **b)** 쇠약. **c)** 멸망, 패망: der V. des Römischen Reiches 로마 제국의 멸망. **2.** 무효화됨, 상실, 실효(失効). **3.** [법] 불법으로 취득한 재산의 환수. **4.** [도건] ↑Verfallung.

Verfall- (verfallen; ↑Verfalls-도 참조): ~**datum**, das [금융] ↑tag. ~**erklärung**, die [법] 국가로 귀속시키는 법적 조치. ~**tag**, der **a)** 만기일, 지불 기일. **b)** [금융] (어음이나 수표의) 지불 만기일. ~**zeit**, die [금융] 부채 상환 만기일, 지불 기한.

verfallen* 〈s〉 **1. a)** 붕괴되다, 무너지다: er läßt sein Haus v. 그는 자기 집을 부수게 한다. **b)** 쇠약[쇠퇴]해지다. **c)** 멸망하다. **2.** 무효화되다, 효력을 상실하다: die Eintrittskarten sind verfallen 입장권들은 무효가 되었다. **3. a)** 어떤 상태로 빠져들다: Trübsinn v. 우울해지다. **b)** 한 상태에서 다른 상태로 옮아가다: in Dialekt v. (표준말을 쓰던 사람이) 사투리를 쓰다. **4.** 누구(무엇)에 예속되다: dem Alkohol v. 술에 빠지다(중독되다); sie war diesem Mann verfallen 그녀는 이 남자에게 예속되었다; er ist dem Tode verfallen 《아어》 그는 죽음에 임박해 있다. **5.** 무엇에 이르다, 무엇에 생각이 미치다: auf eine abwegige Idee v. 그릇된 생각에 사로잡히다. **6. a)** 누구[무엇]에게 귀속되다: der Besitz verfällt dem Staat 그 재산은 국가에 귀속된다. **b)** 《격식 독어》어떤 것의 영향권에 들다: einer Strafe v. 벌을 받다.
verfällen 〈h〉 《schweiz.》 [법] 유죄 판결을 내리다.

Verfalls-(Verfall; ↑Verfall-도 참조): ~**datum**, das ↑Verfalldatum. ~**erscheinung**, die 쇠약 현상, 멸망 현상. ~**stadium**, das 쇠약 단계, 멸망 단계. ~**symptom**, das 쇠약 징조, 멸망 징조. ~**tag**, der ↑Verfalltag. ~**zeit**, die **a)** 쇠약[쇠퇴] 시기, 멸망[패망]기. **b)** [금융] ↑Verfallzeit.

Verfallung, die; -en [도건] 높이가 다른 두 용마루의 연결. **Verfällung**, die; -en 《schweiz.》 [법] 유죄 판결(을 내림). **Verfällungsruteil**, das 《schweiz.》 [법] 유죄 판결.

verfälschen 〈h〉 **1.** 위조[변조]하다, 날조하다: die Geschichte v. 역사를 날조하다. **2.** 질을 떨어뜨리다: Wein v. 포도주를 변조하다. **Verfälscher**, der; -s, - 위조자 [범], 날조자. **Verfälschung**, die; -en **1.** 〈Pl. 없음〉 위조(변조, 날조)(됨). **2.** 위조, 변조, 날조.

verfangen* 〈h〉 **1.** 〈v. + sich〉 (그물, 올가미 따위에) 걸려[매달려] 있다: die Angel hatte sich im Schilf verfangen 낚시가 수초에 걸렸다; [전의] sich in Widersprüchen v. 모순에 빠지다. **2.** 원하던 작용(반작용)을 불러 일으키다. **verfänglich** [fɛɐ̯ˈfɛŋlɪç] 〈Adj.〉 곤란해질 우려가 있는, 위험한 (입장에 처할 우려가 있는): eine verfängliche Frage 함정 질문. **Verfänglichkeit**, die; -en **1.** 위험성, 함정, 교약함. **2.** 위험한[곤란한] 입장[행위, 발언].

verfärben 〈h〉 **1. a)** 변색되다: sein Gesicht verfärbte sich vor Ärger 그는 화가 나서 얼굴색이 달라졌다. **b)** 물들이다: das rote Hemd hat die ganze Wäsche verfärbt 붉은색 셔츠 때문에 온 빨래가 물들었다. **2.** 〈v. + sich〉 [사냥] (들짐승이) 털을 갈다. **Verfärbung**, die; -en **1.** 〈Pl. 없음〉 변색, 털갈이. **2.** 변색된 지점, 얼룩.

verfassen 〈h〉 쓰다, 작성하다, 저작하다: einen Artikel für eine Zeitung(einen Roman) v. 신문[소설]을 위해 기사를 쓰다. **Verfasser**, der; -s, - 필자. **Verfasserin**, die; -nen ↑Verfasser의 여성형. **Verfasserschaft**, die 저작자임, 저작권. **verfaßt** 〈Adj.〉 헌법[기본법, 정관]을 지닌[갖춘]. **Verfassung**, die; -en **1. a)** 헌법(↑Konstitution): die V. tritt in(außer) Kraft 헌법이 효력을 발생[상실]하다; die V. beraten(ändern) 헌법을 논의하다(개정하다). **b)** (한 사회의) 제도, 규약. **2.** 〈Pl. 없음〉 심신 상태: ich war(befand mich) in guter(bester, schlechter) V. 나는 컨디션이 좋은[최상의, 나쁜] 상태였다. **verfassunggebend** 〈Adj.〉 헌법을 제정하는.

verfassungs-, Verfassungs- (Verfassung 1): ~**ändernd** 〈Adj.〉 헌법을 개정하는. ~**änderung**, die 헌법 개정. ~**beschwerde**, die [법] 위헌 항고(違憲抗告). ~**bruch**, der 헌법 위반, 위헌. ~**feindlich** 〈Adj.〉 헌법을 반대하는, 반체제적인. ~**gemäß** 〈Adj.〉 헌법에 기초하는, 합헌적인. ~**gericht**, das 헌법 재판소. ~**gerichtlich** 〈Adj.〉 헌법 재판소의. ~**gerichtsbarkeit**, die 헌법 재판권. ~**geschichte**, die **a)** 헌법사(史). **b)** 헌법사학(憲法史學). ~**initiative**, die 《스위스에서》 헌법 개정안. ~**mäßig** 〈Adj.〉 헌법에 따른, 합헌적인. ~**mäßigkeit**, die 합헌성. ~**organ**, das 〈자주 Pl.〉 헌법 기관. ~**recht**, das 헌법. ~**rechtlich** 〈Adj.〉 헌법의. ~**revision**, die 헌법 개정. ~**ritzung**, die 《schweiz.》 ↑~bruch. ~**schutz**, der **1.** 헌법 옹호, 호헌(護憲), 사회 질서 보호. **2.** 《통용어》 연방 안전 기획부. ~**schützer**, der 《통용어》 연방 안전 기획부 요원. ~**staat**, der 입헌국. ~**treu** 〈Adj.〉 헌법(체제)에 충실한, 사상이 온건한. ~**treue**, die 헌법에 충실함, 체제 순응, 온건성. ~**urkunde**, die ↑Charta. ~**widrig** 〈Adj.〉 헌법 위반의, 위헌의. ~**widrigkeit**, die 〈Pl. 없음〉 헌법 위반, 위헌.

verfaulen 〈s〉 부패하다, 썩다: ein verfaulter Zahn 썩은 치아, 충치. **Verfaulung**, die; -en 부패.

verfechten* 〈h〉 (무엇을 위하여) 투쟁하다, 옹호하다: eine Lehre v. 어떤 학설을 옹호하다. **Verfechter**, der; -s, - 옹호자, 변호자, 주장자. **Verfechtung**, die; -en 옹호, 변호, 주장.

verfehlen 〈h〉 **1. a)** (늦어서) 놓치다: den Zug v. 기차를 놓치다. **b)** 그르치다, 소정 목표를 이룩하지 못하는: der Schuß verfehlte das Tor um 1 Meter 그 슛은 골대를 1미터 가량 빗나갔다; [전의] der Schüler hat das Thema verfehlt 그 학생은 주제(主題)를 올바로 파악하지[다루지] 못했다; er hat seinen Beruf verfehlt 그는 직업을 잘못 선택했다(다른 분야의 일을 하도 잘 해내기 때문에); eine verfehlte Familienpolitik 잘못된 가족 정책. **2.** 《아어》 소홀히 하다: ich möchte (es) nicht v., Ihnen zu danken 당신에게 감사드려야겠군요. **3.** 〈v. + sich〉 《준고어》 (잘못을) 저지르다, 잘못하다. **Verfehlung**, die; -en 위반, 과오.

verfeinden [fɛɐ̯ˈfaɪndn], sich 〈h〉 적대 관계에 빠지다[적대 관계로 되다]: sich mit jmdm. v. 누구와 적대 관계에 빠지다; zwei (miteinander) verfeindete Familien (서로) 반목하는 두 가문. **Verfeindung**, die; -en 반목, 적대시.

verfeinern [fɛɐ̯ˈfaɪnɐn] 〈h〉 **a)** 정제(精製)하다, 세련하다, 고상하게 하다: die Methoden sind verfeinert worden 방법들이 세련되었다. **b)** 〈v. + sich〉 정제(세련, 순화, 개량)되다. **Verfeinerung**, die; -en **1.**

제, 세련, 순화(됨). 2. 정제[세련, 순화]된 것.
verfemen [fɛɐ̯'feːmən] ⟨h⟩ 《아어》 법률의 보호 밖에 두다, 추방[배척]하다: die Nazis haben diesen Maler verfemt 나치 요원들은 이 화가를 매장시켰다. **Verfemte*, der / die** 추방[배척]된 자. **Verfemung, die**; -en 《아어》 추방, 배척, 매장.

verferkeln ⟨h⟩ (포유류가) 낙태(유산)하다.

verfertigen ⟨h⟩ 작성[제작, 조제]하다. **Verfertiger, der**; -s, - 작성자, 제작자, 조제자. **Verfertigung, die**; -en 만들어 냄, 작성, 제작, 조제.

verfestigen ⟨h⟩ a) 견고하게 하다. b) ⟨v. + sich⟩ 견고하게 되다: der Lack hatte sich durch das Trocknen verfestigt 래커가 마르는 과정에서 단단하게 굳었다. **Verfestigung, die**; -en 견고화, 굳음, 안정화.

verfetten ⟨s⟩ 지방화하다, 기름이 끼다, 뚱뚱해지다: bei dem Futter verfetten die Tiere 그 사료는 동물들을 기름지게 한다. **Verfettung, die**; -en 【특히 의학】 지방과다, 비만(肥滿).

verfeuern ⟨h⟩ 1. a) 땔감으로 사용하다. b) (땔나무 따위를) 다 때버리다. 2. (총알 등을) 다 쏘아 없애다: sie hatten die ganze Munition verfeuert 그들은 탄약을 모두 쏘아 버렸다. **Verfeuerung, die**; -en 땔감[탄약] 소모.

verfilmen ⟨h⟩ a) 영화화하다, 영화로 만들다. b) (마이크로) 필름에 담다. **Verfilmung, die**; -en a) 영화화, (마이크로) 필름에 담음. b) 영화(화된) 필름, 마이크로 필름.

verfilzen ⟨s⟩ (털 따위를) 엉클어지게 하다: 전의 die Konzerne haben sich völlig verfilzt 콘체른들이 완전히 복종(鐵綜) 상태에 이르렀다. **Verfilzung, die**; -en 엉클어짐, 착종.

verfinstern ⟨h⟩ a) 어둡게 하다. b) ⟨v. + sich⟩ 어두워지다: 전의 seine Miene verfinsterte sich 그의 표정이 어두워졌다. **Verfinsterung, die**; -en 1. 어둡게 하기, 음울화. 2. 어둠, 일식, 월식.

verfirnen ⟨s⟩ 만년설[전해의 눈]이 되다. **Verfirnung, die**; -en 만년설화(化).

verfitzen ⟨h⟩ 《통용어》 a) 엉키게 하다. b) ⟨v. + sich⟩ 얽히다, 엉클어지다: ihre Haare haben sich beim Liegen verfitzt 그녀의 머리가 누워있는 통에 엉클어졌다.

verflachen [fɛɐ̯'flaxn̩] 1. a) ⟨s⟩ 평평하게 되다. b) ⟨v. + sich⟩ 평평하게 되다: die Hügel haben sich im Laufe der Zeit verflacht 언덕이 세월이 흐름에 따라 평평해졌다. 2. ⟨h⟩ 평평하게 하다. **Verflachung, die**; -en 1. 평탄화, 평평함, 천박화. 2. 평평한 지역.

verflackern ⟨s⟩ 가물거리며 꺼지다.

verflechten* ⟨h⟩ a) 짜(엮어) 맞추다. b) ⟨v. + sich⟩ 서로 얽히다, 한데 엉클어지다: Phantasie und Wirklichkeit verflochten sich immer mehr 환상과 현실이 점점 더 뒤엉켜지게 되었다. **Verflechtung, die**; -en 1. 엮어 맞춤, 짜맞춤, 얽힘. 2. (밀접한) 관련, 관계, 연루(連累).

verfliegen* 1. ⟨h⟩ a) ⟨s⟩ (비행기를) 잘못 운항하다. b) (비행기를 운항하여) 연료를 소모하다. 2. ⟨s⟩ a) (효력이) 사라지다, 없어지다. b) 휘발하다; 날아가 버리다: wenn man die Flasche nicht schließt, verfliegt das Parfüm 병뚜껑을 닫아놓지 않으면 향수가 다 날아간다. c) (빨리) 지나가다, 스쳐가다: die Stunden verflogen im Nu 시간이 순식간에 스쳐갔다.

verfliesen ⟨h⟩ 《특히 전문어》 ↑ fliesen.

verfließen* ⟨s⟩ 1. (색채 따위가) 바래다[흐려지다]. 2. 《아어》 (시간이) 흘러가다[지나다]: das verflossene Jahr 지난 해.

verflixt [fɛɐ̯'flɪkst] ⟨Adj.⟩ [↑ verflucht의 왜곡된 형태] 《통용어》 1. 기분 나쁜, 화나는. 2. 《볍》 a) 심한. b) 빌어먹을, 저주받을: so ein -er Kerl 저런 망할 녀석. c) 불쾌한, 매우 기분나쁜. d) v. (nochmal) [v. noch eins,

v. und zugenäht] 젠장, 제기랄! 망할 것. 3. a) 대단히 심한, 매우 큰. b) 매우, 대단히: das sieht v. nach Betrug aus 그건 정말 사기[거짓]처럼 보인다.

Verflochtenheit, die; -en a) ⟨Pl. 없음⟩ 한데 엉클어져 있음, 분규. b) 무엇과 연루되어 있는 것.

verflossen 1. ↑ verfließen 참조. 2. ⟨Adj.⟩ 《통용어》 예전의, 지나가 버린: ihr Verflossener 그녀의 옛 남자 친구[전 남편].

verfluchen ⟨h⟩ a) 누구에게 천벌이 내리기를 기원하다. b) (누구를) 크게 원망하다, (누구에게) 매우 화를 내다: ich könnte mich selbst v., daß ich nicht darauf gekommen bin 나는 거기까지 (생각이) 미치지 못했던 자신이 원망스럽다; verflucht (noch einmal)! 빌어먹을!; verflucht noch eins! 빌어먹을!; verflucht und zugenäht! 빌어먹을! **verflucht** ⟨Adj.⟩ 《통용어》 1. 《볍》 a) ↑ verdammt (1 a). b) ↑ verdammt (1 b). c) 불쾌한, 매우 기분 나쁜. 2. a) 대단히 심한, 매우 큰. b) 매우, 대단히: es ist v. heiß heute 오늘은 날씨가 대단히 덥다.

verflüchtigen [fɛɐ̯'flʏçtɪɡn̩] ⟨h⟩ 1. 【특히 화학】 a) 발산 [휘발]시키다. b) ⟨v. + sich⟩ 발산[휘발]되다. c) ⟨v. + sich⟩ 달아나 버리다, 사라지다: der Parfümgeruch hat sich verflüchtigt 향수 냄새가 다 날아가 버렸다; 전의 seine Heiterkeit verflüchtigte sich rasch 그의 유쾌함은 어느 새 사라져 버렸다; **sich verflüchtigt haben** 《통용어·농》 찾아낼 수 없다, 발견할 수 없다. 2. ⟨v. + sich⟩ 《통용어·농》 남몰래 살며시 떠나다(도주하다). **Verflüchtigung, die**; -en 발산, 휘발, 도주, 사라짐.

Verfluchung, die; -en 1. 저주, 원망(받음). 2. 저주, 원망.

verflüssigen [fɛɐ̯'flʏsɪɡn̩] ⟨h⟩ 《특히 전문어》 a) 액체화하다, 녹이다. b) ⟨v. + sich⟩ 녹다, 액체로 되다. **Verflüssiger, der**; -s, - 【기술】 액화기, 액화 장치. **Verflüssigung, die**; -en 《특히 전문어》 액화.

Verfolg [fɛɐ̯'fɔlk] ⟨"in"으로 나 "im"과 함께 사용되며 그 다음에 2격이 옴⟩ 《격식 독어》 경과, 진행: im[in] V. dieser Angelegenheit 이 사건의 경과[진행] 중에. **verfolgen** ⟨h⟩ 1. a) 추적하다, 뒤쫓다: einen Verbrecher v. 어떤 범인을 추적하다; jmdn. auf Schritt und Tritt v. 누구를 바짝 뒤쫓다; 전의 er ist vom Pech[vom Unglück] verfolgt 그는 운이 나쁘다; der Gedanke daran verfolgte ihn 그 생각이 그의 뇌리를 떠나지 않았다. b) 누구에게 짐이 되다, 누구를 압박하다: er verfolgte sie mit seinem Haß 그는 그녀의 마음을 증오로 압박했다. c) (정치적, 인종적, 종교적 이유로) 박해하다: dieses Regime verfolgt oppositionelle Kräfte erbarmungslos 이 정부는 야당 인사들을 가차없이 박해한다. d) 추적하다. e) 【법】 (공무로) 누구[무엇]를 단호하게 공격하다, 누구에 대한 단호한 수단을 강구하다: eine Handlung gerichtlich v. 어떤 행위에 대해 법적 조치를 취하다. 2. 실현시키려고 노력하다, 추구하다: Zweck v. 목표를 추구하다. 3. 주의깊게 관찰하다: er verfolgte den Prozeß in der Zeitung 그는 그 재판 기사를 신문에서 일일이 읽었다. **Verfolger, der**; -s, - 추적자, 추적자. **Verfolgung, die**; -en 1. a) 추적(당함): die V. aufnehmen[abbrechen] 추적하다[추적을 중단하다]. b) (정치적, 종교적, 인종적) 박해, 추방. c) (공무상의) 대책 강구. 2. 추구(함).

Verfolgungs-: **~fahren, das** 【사이클 경주】 ↑ ~rennen. **~jagd, die** 《도망자 따위와 매한》 끈질긴 추적. **~rennen, das** 【사이클】 추월 경기. **~wahn(sinn), der** 【심리】 추적 망상(追跡妄想).

verformbar ⟨Adj.⟩ 형태를 변화시키는, 변형시킬 수 있는. **Verformbarkeit, die**; -en ↑ verformbar의 명사형. **verformen** ⟨h⟩ a) (무의식적으로) 형태를 변화시

키다, 변형시키다. b) ⟨v. + sich⟩ 변형되다. 2. 《전문어》일정한 형태로 만들다. **Verformung**, die; -en 1. 변형. 2. (신체 따위의) 변형된 부위.
verfrachten [fɛɐ̯ˈfraxtn̩] ⟨h⟩ 화물로 보내다, 싣다, 적재하다, 운송하다: 〖전의〗 er hat seine Tante zum Bahnhof verfrachtet 《통용어·농》그는 아주머니를 역으로 모셔드렸다. **Verfrachter**, der; -s, - (배 따위의) 임대인(賃貸人), 선주(船主). **Verfrachtung**, die; -en 선적, 운송.
verfranzen [fɛɐ̯ˈfrant͡sn̩], sich ⟨h⟩ a) 〖항공〗 비행 방향을 잘못 잡다. b) 《통용어》 길을 잃다.
verfremden [fɛɐ̯ˈfrɛmdn̩] ⟨h⟩ 낯설게 (묘사, 표현)하다. **Verfremdung**, die; -en 1. 낯설게 하기, 낯설게 됨. 2. 낯선 표현(묘사). **Verfremdungseffekt**, der 〖문예〗소외(疏外) 효과, 소이(疏異) 효과.
¹verfressen* ⟨h⟩ 《경》다 먹어 치우다(짐승같이): er hat seinen ganzen Wochenlohn verfressen 그는 일주일 급료를 몽땅 먹어 없앴다. **²verfressen 1.** ↑¹verfressen. 2. ⟨Adj.⟩ 《폄》 게걸스러운, 대식[탐식]하는: sei nicht so v! 그렇게 욕심 내지 마라! **Verfressenheit**, die 《폄》 게걸스러움, 대식.
verfrischen ⟨h⟩ 〖사냥〗 (산돼지가) 유산[낙태]하다.
verfroren [fɛɐ̯ˈfroːrən] ⟨Adj.⟩ a) 얼어 죽은, 얼어서 빳빳해진: -e Hände 언 (두) 손. b) 추위타는.
verfrühen [fɛɐ̯ˈfryːən], sich ⟨h⟩ 생각보다 일찍 오다: diese Maßnahme erscheint (halte ich für) verfrüht (내가 보기에) 이 조치는 시기 상조다. **Verfrühung**, die; -en 너무 이름, 시기 상조.
verfügbar [fɛɐ̯ˈfyːbaːɐ̯] ⟨Adj.⟩ 마음대로 처리되는, 자유로 처리할 수 있는, 자기 마음대로 할 수 있는: -es Kapital 〖경제〗 자유 분이 가능한 자본, 유동 자본; das Buch ist zur Zeit nicht v. 그 책은 당장은 이용할 수 없다. **Verfügbarkeit**, die 자유로 처분할 수 있음.
verfugen ⟨h⟩ 〖토목〗 (벽의) 이은 틈을 메워 바르다.
verfügen ⟨h⟩ 1. (공적으로) 조치를 취하다, 지시하다, 명령하다: das Gericht verfügte die Schließung des Lokals 법원이 그 술집의 폐쇄를 명했다. 2. a) (누구를) 처리하다, 멋대로 다루다: man verfügt über mich, als ob ich ein Kind sei 사람들이 나를 마치 어린애처럼 멋대로 다룬다; bitte verfügen Sie über mich 제가 도와드릴 일이 있으면 말씀하십시오. b) 소유하다, 지니다(그래서 마음대로 사용할 수 있다): über große Erfahrung v. 많은 경험을 지니다. 3. ⟨v. + sich⟩ 《격식 독어·농》(어디로) 가다.
Verfugung, die; -en 〖토건〗 1. (벽의) 이은 틈의 메우기. 2. 메운 틈.
Verfügung, die; -en 1. (당국 혹은 법원의) 지시, 법령, 규정: eine V. erlassen[aufheben] 법령을 반포하다 [폐기하다]. 2. ⟨Pl. 없음⟩ 처리, 처치(권한): jmdm. die (volle, freie) V. über etw. geben[überlassen] 누구에게 무엇의 대한 처리를 (완전히) 맡기다; (jmdm.) etw. zur V. stellen (누구에게) 무엇을 마음대로 사용할 수 있게 해주다; sein Amt zur V. stellen 그의 공직을 내놓다; etw. steht jmdm. zur V. 누가 무엇을 마음대로 사용해도 되다.
verfügungs-, **Verfügungs-**: ~**berechtigt** ⟨Adj.⟩ 처분권이 있는. ~**gewalt**, die 처분권. ~**recht**, das 처분권.
verführbar [fɛɐ̯ˈfyːɐ̯baːɐ̯] ⟨Adj.⟩ 유혹되기 쉬운, 매수할 수 있는. **verführen** ⟨h⟩ a) (나쁜 길로) 유혹하다, 타락시키다: darf ich Sie zu einem Bier v. 《통용어·농》맥주 한 잔 사드려도 될까요? b) (성교(性交)를 하도록) 유인하다: er hat das Mädchen verführt 그는 처녀를 농락했다. **Verführer**, der; -s, - 유혹자, 타락시키는 자, 색마. **Verführerin**, die; -nen Verführer의 여성

형. **verführerisch** ⟨Adj.⟩ a) 유혹적인. b) 매혹적인, 매력적인: sie sieht v. aus 그녀는 매우 매혹적으로 생겼다. **Verführung**, die; -en 1. 유혹. 2. 매흐(적임). **Verführungskunst**, die 유혹술, 유혹하는 솜씨.
verfuhrwerken ⟨h⟩ 《schweiz.》서투른 솜씨로 일을 망치다, 엉망으로 하다.
verfüllen ⟨h⟩ 〖광〗 a) (흙이나 돌로) 채워 막다. b) 짐을 싣다. **Verfüllung**, die; -en ↑verfüllen의 명사형.
verfumfeien: ↑verbumfeien.
verfuttern ⟨h⟩ 《통용어》 먹는 것으로 다 써 버리다. **verfüttern** ⟨h⟩ a) (동물에게) 먹이로 주다. b) 사료로 다 써버리다.
Vergabe, die; -n (누구에게) 맡김, 줌, 위임, 위탁. **vergaben** [fɛɐ̯ˈɡaːbn̩] ⟨h⟩ 《schweiz.》선사하다, 양도하다. **Vergabung**, die; -en 《schweiz.》선사, 양도.
vergackeiern [fɛɐ̯ˈɡakˌʔaɪ̯ɐn] ⟨h⟩ 《통용어》 놀리다, 희롱하다.
vergaffen, sich ⟨h⟩ 《통용어》 누구[무엇]에 반하다.
vergagt [fɛɐ̯ˈɡɛ(ː)kt] ⟨Adj.⟩ 《통용어》 (너무) 많은 개그가 지닌.
vergällen ⟨h⟩ 1. 《전문어》 (음식물 따위에) 다른 것을 타서 못먹게 하다: Alkohol v. 알코올에 다른 것을 타서 먹지 못하게 하다. 2. (누구의 즐거움을) 망치다, 누구를 불쾌하게 하다: jmdm. das Leben v. 누구의 삶에 대한 기쁨을 앗아가다. **Vergällung**, die; -en 〖전문어〗 ↑vergällen의 명사형.
vergaloppieren, sich ⟨h⟩ 《통용어》 무엇을 경솔하게 말하다[행동하다], 서둘러 일을 망치다, 경솔하게 말하다.
vergammeln 《통용어》 ⟨h⟩ 1. (음식물 따위를) 오래 둬서 상하게[못쓰게] 만들다: iß die Bananen auf, sonst vergammeln sie 그 바나나 빨리 먹어 치워라, 그렇지 않으면 상한다. 2. (일정 기간을) 시간을 허비하다, 무위도식하다. **vergammelt** ⟨Adj.⟩ 《통용어·폄》 (차림이) 단정치 못한.
Vergangenheit, die; -en 1. a) ⟨Pl. 없음⟩ 과거, 옛날, 지난 세월: die jüngste V. 멀지 않은 과거; die unbewältigte V. 극복되지 않은 과거(특히 나치스의 범죄); etw. gehört der V. an 어떤 것이 더 이상 시대에 맞지 않다; er hat mit der V. gebrochen 그는 과거를 청산했다. b) 어떤 사람의 현재까지의 삶(즉 과거): er hat eine bewegte V. 그는 활동적인 생활을 해왔다; eine Frau mit V. 과거가 있는 여인. 2. 〖언어〗 과거에 일어난 사건. b) (동사의) 과거시제. **Vergangenheitsbewältigung**, die 과거의 극복.
vergänglich [fɛɐ̯ˈɡɛŋlɪç] ⟨Adj.⟩ 일시적인, 덧없는, 무상한, 허무한: alles Irdische ist v. 모든 지상적[속세적] 삶은 덧없다. **Vergänglichkeit**, die 지나가버리기 쉬움, 덧없음, 허무함, 무상함.
verganten ⟨h⟩ 《schweiz.·그 외 고어》 파산시키다. **Vergantung**, die 《schweiz.·그 외 고어》 강제 경매.
vergären* a) ⟨h⟩ 발효시키다. b) ⟨s⟩ 〖전문어〗 발효되다. **Vergärung**, die; -en 발효.
vergasen ⟨h⟩ 1. 〖전문어〗 가스로 변화시키다, 기화하다. 2. a) 가스로 죽이다. b) (해충 따위를) 독가스로 소탕하다. **Vergaser**, der; -s, - [자동차] 기화기(氣化器), 가스발생로(爐).
Vergaser- [자동차] ~**brand**, der [자동차] 기화기의 발화(發火). ~**einstellung**, die 기화기 설치. ~**kraftstoff**, der 기화기를 위한 연료(예컨대: 휘발유). ~**motor**, der 오토 모터(내연 기관의 일종으로 Otto라는 엔지니어에 따름).
vergaß [fɛɐ̯ˈɡaːs], **vergäße** [fɛɐ̯ˈɡɛːsə] ↑vergessen 참조.
Vergasung, die; -en 1. 기화함, 기화됨. 2. 가스로 죽이는 과정. 3. bis zur V. 《통용어》 싫증이 날 때까지.

vergattern ⟨h⟩ 1. [군] 보초설 때 수칙을 지킬 의무를 지우다. 2. 격자(格子)로 두르다, 격자를 붙이다. **Vergatterung**, die; -en ↑vergattern의 명사형.

vergeben* ⟨h⟩ 1. (아이) 용서하다: Schluß damit, die Sache ist vergeben und vergessen 그 문제는 용서하고 잊었으니 이제 그만두자; ⟨4격 목적어 없이⟩ vergib mir 용서하라. 2. 주다, 수여하다, 주어 버리다: eine Stelle v. 한 자리[직책]를 주다; heute wurde der Friedensnobelpreis vergeben 오늘 노벨 평화상이 수여되었다; ich bub Samstag schon vergeben 나는 토요일에 이미 계획이 있다; seine Töchter sind alle schon vergeben 그의 딸들은 모두가 이미 약혼을 했거나 결혼했다. 3. 해치다, 손해를 입히다: **sich (et)was[nichts] v.** 자기의 품위를 해치다[지키다]. 4. [스포츠] 좋은 기회를 놓치다: auf den letzten 100 Metern vergab der Läufer die Chance zum Sieg 마지막 100미터를 남겨놓고 경주자는 우승할 기회를 놓치고 말았다; Müller erreichte den Ball noch, aber er vergab 뮐러는 공을 잡기는 했으나 골인을 시키지는 못했다. 5. [카드] **a)** ⟨v.+sich⟩ 카드[트럼프]를 잘못 가르다. **b)** 카드[트럼프]를 잘못 돌리다.

vergebens ⟨Adv.⟩ 무익하게, 쓸데없이, 보람없이, 헛되이: ich habe lange gesucht, aber es war v. 나는 오래도록 찾았지만 허사였다. **vergeblich** ⟨Adj.⟩ 성과없는, 헛된, 쓸데없는, 보람없는: meine Bemühungen waren v. 내 노력은 헛되었다. **Vergeblichkeit**, die 허사, 헛수고. **Vergebung**, die; -en 1. (아이) 용서, 허락함: die V. der Sünden 면죄, 사죄. 2. 줌, 수여.

vergegenständlichen [fɛɐ̯ˈɡeːɡn̩ʃtɛntlɪçn̩] ⟨h⟩ [철학] 1. **a)** 대상화(구체화, 실체화)하다. **b)** (꿈) 대상(사물)으로 만들다. 2. ⟨v.+sich⟩ 자신을 (무엇 속에서) 표현하다: der Mensch vergegenständlicht sich in seiner Arbeit 인간은 노동 속에서 자신을 표현한다. **Vergegenständlichung**, die; -en [철학] 대상화, 사물화, 실체화.

vergegenwärtigen [fɛɐ̯ˈɡeːɡn̩vɛrtɪɡn̩], ⟨또한⟩ ---'---], 생생하게 그려내다, 눈 앞에 보듯이 그려내다, 명백하게 의식[기억]하다. **Vergegenwärtigung** ⟨또한⟩ ---'---], die; -en ↑vergegenwärtigen의 명사형.

vergehen* 1. ⟨s⟩ **a)** (시간이) 지나가다, 경과하다, 흐르다: die Tage vergingen (mir) wie im Fluge (나에게는) 날들이 쏜살같이 지나갔다; wie doch die Zeit vergeht! 세월이 참 잘도 흘러가는구나!; ⟨자주 과거분사 형으로⟩ vergangenes Jahr 작년, 지난 해. **b)** (감정 따위가) 중지하다, 사라지다: bei dem Anblick verging ihr der Appetit ⟨통용어⟩ 보는 순간 그녀의 식욕이 싹 가시었다; die Freude an dem Fest war ihnen vergangen 그들에게는 축제에 대한 기쁨이 사라졌다. **c)** 발산하다, 소멸하다. 2. ⟨s⟩ **a)** (아이) 죽다. **b)** 감동하다(그래서 죽음을 무릅쓰다): vor Liebe v. 사랑에 눈이 멀다. **c)** ⟨드물게⟩ 녹아 흐르다, 녹다, 없어지다. 3. ⟨v.+sich⟩ ⟨h⟩ 법[규범]을 위반하다: sich an fremdem Eigentum v. ⟨아이⟩ 남의 재산을 훔치다. **Vergehen**, das; -s, - 법규위반[위법] 행위. **Vergehung**, die; -en ⟨드물게⟩ ↑Vergehen.

vergeigen ⟨h⟩ ⟨통용어⟩ 망치다, 실패하다: ⟨4격 목적어 없이도⟩ unsere Mannschaft hat wieder vergeigt 우리 선수들이 시합에 또다시 졌다.

vergeilen ⟨s⟩ ↑geilen (2) [식물] 햇빛 부족으로 줄기만 멀쑥히 자라다. **Vergeilung**, die; -en [식물] ↑vergeilen의 명사형.

vergeistigen [fɛɐ̯ˈɡaɪ̯stɪɡn̩] ⟨h⟩ 정신화(精神化)하다, 정신적(이지적)으로 만들다. 영화(靈化)하다. **Vergeistigung**, die; -en 정신화, 영화(靈化).

vergelten* ⟨h⟩ 대응하다, 보복하다, 보답하다, 갚아 주다: man soll nicht Bösem v. 악을 악으로 갚아서는 안된다; vergelt's Gott! 신의 은총이 있으시길! (감사의 표현). **Vergeltung**, die; -en 1. 보답, 되갚음, 응답. 2. 보복, 복수.

Vergeltungs-: ~akt, der 보복 행위. **~aktion**, die ↑~akt. **~maßnahme**, die 보복 조치. **~schlag**, der 보복의 일격, 잔인한 보복 조치. **~waffe**, die ↑V-Waffe.

vergenauern ⟨h⟩ ⟨schweiz.⟩ 자세하게 하다.

Vergenossenschaftlichung, die; -en ⟨구동독⟩ 협동조합화.

vergesellschaften ⟨h⟩ 1. [경제] 사회화[국유화]하다: Industrien v. 산업을 국유화하다. 2. [사회·심리·행태] 사회의 일원으로 편입시키다, 사회 생활을 하게 하다. 3. ⟨v.+sich⟩ [생물·의학] 공존(共存)[제휴]하다. **Vergesellschaftung**, die; -en ↑vergesellschaften의 명사형.

vergessen* [fɛɐ̯ˈɡɛsn̩] ⟨h⟩ 1. 잊(어 버리)다, 망각하다: ⟨반대: behalten 3⟩: ich habe seinen Namen vergessen 난 그의 이름을 잊었다; ich habe vergessen, was ich sagen wollte 난 내가 무엇을 말하려고 했는지 잊어 버렸다; ⟨4격 목적어 없이도⟩ ich vergesse sehr leicht 난 잘 잊어 버린다. 2. 무엇에 대해 더 이상 생각지 않다: ich habe meinen Schirm im Zug vergessen 나는 우산을 기차에 잊고 내렸다; er wird noch einmal seinen Kopf vergessen ⟨통용어·농⟩ 그는 머리까지도 잊어 버리고 다닐 것이다(물건을 자주 잊어 버릴 때 쓰는 말); ich habe ganz (völlig) vergessen, daß heute Sonntag ist 난 오늘 일요일인지 까맣게 모르고 있었다; der Kummer war bald vergessen 근심이 곧 잊혔다; über der Arbeit seine Frau v. 일에 열중하느라 부인을 잊다; das vergißt sich nicht so leicht 그 일은 잊혀지지 않는다; vergiß dich selbst nicht ⟨친근⟩ 너도 좀 들어(먹어)라; das kannst du v.! ⟨통용어⟩ 그건 잊어 버려! (별 것 아니니까); den Mantel vergessen ⟨통용어⟩ 그 외투는 더 입을 수가 없다; ⟨2격 목적어와 함께⟩ vergiß nicht deiner Pflichten! ⟨고어·아어⟩ 네 의무를 잊어서는 안돼!; ⟨전치사 목적어와 함께⟩ vergißt jedes Jahr auf((드물게)) an ihren) Geburtstag ⟨südd., österr.⟩ 그는 매년 그녀의 생일을 잊는다; **jmdm. etw. nie (nicht) v.** 누구의 무엇을 결코 잊지 않다. 3. ⟨v.+sich⟩ 자제력을 잃다, 흥분으로 어쩔줄 모르다: in seinem Zorn vergaß er sich völlig 화가 나서 그는 자제력을 잃었다. **Vergessenheit**, die 망각: der V. anheimfallen 잊혀지다, in V. geraten(kommen) 잊혀지다, 망각되다. **vergeßlich** [fɛɐ̯ˈɡɛslɪç] ⟨Adj.⟩ 잊기 잘하는, 잘 잊어 버리는, 건망증의. **Vergeßlichkeit**, die 잘 잊음, 건망증, 둔함.

vergeuden [fɛɐ̯ˈɡɔɪ̯dn̩] ⟨h⟩ 허비[낭비·탕진]하다: es ist keine Zeit mehr zu v. 더 이상 허비할 시간이 없다 (매우 바쁘다). **vergeuderisch** ⟨Adj.⟩ ⟨드물게⟩ 낭비가 심한. **Vergeudung**, die; -en 낭비, 허비(됨).

vergewaltigen [fɛɐ̯ɡəˈvaltɪɡn̩] ⟨h⟩ 1. (특히 부녀자를) 폭행하다, 능욕하다. 2. 압제[압박]하다, 박해하다: ein Volk (kulturell, wirtschaftlich) v. 한민족을 (문화적·경제적으로) 압박하다. **Vergewaltiger**, der; -s, - 폭행범, 압제자, 압박자. **Vergewaltigung**, die; -en **a)** 폭력, 압제, 압박, 억압. **b)** 폭력[압제, 억압] 행위.

vergewissern [fɛɐ̯ɡəˈvɪsɐn], sich ⟨h⟩ [↑gewiß와 관련] 확인하다: bevor er fortging, vergewisserte er sich, daß die Fenster verschlossen waren 집을 떠나기 전에 그는 창문들이 잘 잠겼는가 확인했다. **Vergewisserung**, die; -en 확인.

vergießen* ⟨h⟩ 1. **a)** 잘못 붓다. **b)** 엎지르다, 쏟다. **c)** (피, 눈물 따위를) 흘리다: bei der Arbeit Schweiß v.

vergiften 일을 하느라고 땀을 흘리다(애쓴다는 뜻). 2. 《전문어》 a) (녹은 물질을) 주형(鑄型)에 붓다. b) 주형으로 무엇을 만들어 내다.

vergiften ⟨h⟩ 1. (에) 독을 타다[바르다]: 전의 solche Eindrücke können die Seele eines Kindes v. 그런 인상은 어린이의 정서를 해칠 수 있다. 2. ⟨v.+sich⟩ 중독되다, 독을 마시다: sich durch verdorbenen Fisch v. 상한 생선을 먹고 식중독에 걸리다. 3. 약물로 죽이다, 독살하다: sie hatte ihren Mann vergiftet 그녀는 남편을 독살했다. **Vergiftung**, die; -en 1. 중독, 독살. 2. 중독증. **Vergiftungserscheinung**, die 중독 증세.

vergilben 1. ⟨s⟩ 오래되어 허옇게[누렇게] 되다: das Laub vergilbt 낙엽이 누렇게 되다. 2. ⟨h⟩《드물게》누렇게[허옇게] 만들다. **Vergilbung**, die; -en《드물게》↑ vergilben의 명사형.

vergipsen ⟨h⟩ 1. a) 흰 반죽을 발라서 메우다. b) 흰 반죽으로 고정시키다[단단하게 하다]. 2. 《드물게》 깁스를 하다.

vergiß [fɛɐ̯ˈɡɪs], **vergißt** [fɛɐ̯ˈɡɪst] → vergessen 참조.

Vergißmeinnicht, das; -(e)s, -e [사랑하는 사람들이 (헤어질 때) 서로를 잊지 않기 위해 주고받은 꽃] 물망초(勿忘草).

vergißmeinnicht-, Vergißmeinnicht-: **~auge**, das 《대개 Pl.》 밝은 청색의 눈. **~blau** ⟨Adj.⟩ 밝은 청색의, 하늘색을 띤. **~strauß**, der 물망초 다발.

vergittern ⟨h⟩ 격자(格子)로 두르다, …에 격자[창살]를 붙이다: die Schaufenster v. 진열장에 격자를 붙이다. **Vergitterung**, die; -en 1. 격자로 두름[붙임]. 2. (어떤 것을 보호하기 위한) 격자.

verglasen 1. ⟨h⟩ …에 유리를 끼우다, …에 유리 장치를 하다: das Fenster neu v. 창유리를 새로 끼우다; **du kannst dich v. lassen**〔laß dich v.〕《berlin.》 그만 두고 꺼져! 2. ⟨s⟩ 《드물게》 유리화하다, 굳어지다. **Verglasung**, die; -en 1. ↑verglasen의 명사형. 2. 판유리.

Vergleich [fɛɐ̯ˈɡlaɪ̯ç], der; -(e)s, -e 1. 대조, 비교: ein treffender V. 적절한 비유; dieser V. ist weit hergeholt〔hinkt〕 이 비교는 맞지 않는다〔나쁘다〕; das ist doch〔ja〕 kein V.! 야 그건 비교가 안돼!; einen V. zwischen den beiden Inszenierungen anstellen〔ziehen〕 두 무대 상연을 비교해 보다; in dieser Hinsicht hält er den V. mit seinem Bruder nicht aus 이 점에 있어서는 그가 그의 동생[형]보다 뒤떨어진다[형]; im V. zu mit (od.) gegenüber 와의 비교에 의해(본 말). 2. 비유(언어상의); 예컨대: 칠흑 같은 밤. 3. 《법》 조정, 화해, 타협, 협정: einen V. anstreben〔anbieten, schließen〕 타협을 시도하다〔제안하다, 맺다〕. 4. 《스포츠》 맵시. **vergleichbar** [fɛɐ̯ˈɡlaɪ̯çbaːɐ̯] ⟨Adj.⟩ 비교[대조]할 수 있는. **Vergleichbarkeit**, die 비교, 대조, 비유. **vergleichen*** ⟨h⟩ 1. a) 비교[대조]하다: eine Kopie mit dem Original v. 사본을 원본과 대조해 보다; das ist (doch gar) nicht zu v. (mit …)! 《통용어》 그건 전연 비교가 안돼!; verglichen mit Hamburg ist diese Stadt doch hinterste Provinz! 함부르크와 비교해보면 이 도시는 훨씬 후지다. b) 비유하다. 2. ⟨v. + sich;⟩ 보통 화법 조동사 및 부정사와 함께〉 자신을 무엇과 비교하다: mit ihm kannst〔darfst〕 du dich nicht v. 너는 그와는 비교도 안된다. 3. ⟨v. + sich⟩ 《법》 타협하다.

vergleichs-, Vergleichs-: **~form**, die [언어] (형용사 따위의) 비교변화형. **~gläubiger**, der [법] 화해 수속에 참여한 채권자. **~größe**, die 비교 성분. **~jahr**, das [통계] 기준년, 비교의 해. **~kampf**, der 《스포츠》 대항 경기. **~maßstab**, der 비교의 척도(기준). **~material**, das 비교 자료. **~miete**, die 최고 가격으로 책정된 집세. **~möglichkeit**, die 비교 가능성: uns fehlen die -en 우리에게는 비교 가능성이 없다. **~monat**, der 비교의 달. **~objekt**, das 비교 대상. **~partikel**, die [언어] 비교의 불변화사(不變化詞)(als, wie 따위). **~punkt**, der 유사점. **~satz**, der [언어] ↑Komparativsatz. **~schuldner**, der [법] 화해 수속에 참여한 채무자. **~stufe**, die [언어] 비교의 등급(원급, 비교급, 최상급)의 하나. **~weise** ⟨Adv.⟩ 비교적. **~wert**, der 비교 가치. **~zahl**, die 비교 수치. **~zeit**, die 비교 시기(↑Vergleichszahl[tag]). **~zweck**, der 비교 목적.

Vergleichung, die; -en 비교, 대조, 대비, 조정, 타협.

vergletschern ⟨s⟩ 빙하가 되다. **Vergletscherung**, die; -en 빙하화.

verglimmen* ⟨s⟩ 꺼져가다, (서서히) 꺼지다.

verglühen ⟨s⟩ a) 타서 없어지다: die Kohle verglühte zu Asche 석탄이 꺼져서 재로 되었다. b) 작열(灼熱)이 식어가다.

vergnatzen ⟨h⟩ 《지역적》 화[성]나게 하다, 기분 나쁘게 하다.

vergnügen [fɛɐ̯ˈɡnyːɡn̩] ⟨h⟩ 1. ⟨v. + sich⟩ 즐기다: sie vergnügte sich mit ihrem Liebhaber auf den Bahamas 그녀는 바하마에서 그녀의 애인과 즐거운 시간을 보냈다. 2. 《드물게》 누구를 즐겁게 해주다(↑belustigen (1 b)). **Vergnügen**, das; -s, - ⟨Pl. 없음⟩ 1. 만족, 낙, 즐거움; es ist ein V., ihm zuzusehen 그를 바라보고 있는 것은 즐거운 일이다; es ist〔war〕 mir ein V. 기꺼이 하는 일입니다[한 일입니다]; es war mir ein V., Sie kennenzulernen 당신을 알게되어 기뻤습니다; mit wem habe ich das V.? 《준고어》 성함이 어떻게 되시는지요?; an etw. sein V. finden〔haben〕 무엇에서 즐거움을 찾다; sich an etw. daraus machen, etw. zu tun haben 하는 것이 대단히 즐겁다; (na〔dann〕) viel V.! 《통용어·반어》 재미 많이 봐!, 잘해 봐라!; mit (dem größten) V. 기꺼이 (요구에 대해 정중하게 수락할 때 쓰임); etw. aus reinem V. tun, zum vollen V. tun 순수한 즐거움에서 하다. 2. a) 즐거운 일, 즐거움을 주는 대상, 기쁨: es war ein (sehr) zweifelhaftes V. 그건 결코 유쾌하지 않았다; nur seinem V. nachgehen 자신의 즐거움[만족]만을 추구하다; 격구 immer rein ins V.! 자 어서 재미를 보시오! b) 《준고어》 무도회, 오락회: ein V. besuchen 어떤 무도회[오락회]에 가다. **vergnügenshalber** ⟨Adv.⟩ 만족[기쁨]을 위해서[때문에]. **vergnüglich** [...ˈɡnyːklɪç] ⟨Adj.⟩ a) 기쁜, 즐거운, 즐거움을 주는. b) 기분이 좋은, 유쾌한. **Vergnüglichkeit**, die; -en 《드물게》 즐거운 일[것]. **vergnügt** [...ˈɡnyːkt] ⟨Adj.⟩ a) 기분이 좋은, 유쾌한: eine -e Gesellschaft 유쾌한 모임; er rieb sich v. die Hände 그는 기분이 좋아 두 손을 비벼댔다. b) 기쁜, 즐거운, 즐거움을 주는. **Vergnügtheit**, die; -en 즐거운 일, 즐거움을 주는 대상, 기쁨. **Vergnügung**, die; -en ⟨Pl.⟩ a) 즐거운 일, 즐거움을 주는 대상, 기쁨. b) 유흥, 놀이.

vergnügungs-, Vergnügungs-: **~ausflug**, der ↑ -fahrt. **~betrieb**, der 1. ⟨Pl. 없음⟩ 즐거움. 2. ↑ -stätte. **~dampfer**, der 유람선. **~etablissement**, das 《준고어》 ↑ Etablissement (2 b, c). **~fahrt**, die 유람 여행. **~halber** ⟨Adv.⟩ ↑ vergnügenshalber. **~industrie**, die 유흥 산업. **~lokal**, das 유흥 식품 업소. **~park**, der 유원지. **~reise**, die ↑ -fahrt. **~reisende***, der / die 유람 여행자. **~stätte**, die 유흥업소. **~steuer**, die 〔세무〕 Vergnügungssteuer, 유흥세, 오락세. **~sucht**, die ⟨Pl. 없음⟩ 《자주 폄》 향락벽(享樂癖). **~süchtig** ⟨Adj.⟩ 향락벽이 있는. **~viertel**, das 유흥가, 향락가.

Vergnügungsteuer: ↑ Vergnügungssteuer.

vergolden ⟨h⟩ 1. …에 도금하다, 금빛으로 하다[빛나

다): 전의 die Abendsonne vergoldete die Giebel 저 녁 햇살이 박공 지붕을 금빛으로 물들였다. **2.** 《아이》 미화하다, 쾌적하게 하다. **3.** 《통용어》 《업적에 대해》 대가를 지불하다: er ließ sich sein Schwegen v. 그는 침묵의 대가를 받았다. **Vergolder**, der; -s, - 도금사, 도금장이. **Vergoldung**, die; -en **1.** 도금. **2.** 도금층.

vergönnen ⟨h⟩ **1.** 허락하다: 《대개 비인칭으로》 es war ihm (vom Schicksal) nicht vergönnt, diesen Tag zu erleben 그는 이 날을 맞이하지 못하고 죽었다[운명이 그것을 허락치 않았다]. **2.** 기꺼이 주다, 베풀다: mögen dir noch viele Jahre vergönnt sein 자네 오래오래 살게.

vergotten [fɛɐˈɡɔtn] ⟨h⟩ 신으로 모시다. **vergöttern** [...ˈɡœtɐn] ⟨h⟩ 《신처럼》 숭배하다, 공경하다. **Vergötterung**, die; -en 신격화. **vergöttlichen** [...ˈɡœtlɪçn] ⟨h⟩ 신으로 만들다, 신으로 모시다. **Vergöttlichung**, die; -en 사람의 신격화 (↑vergöttlichen의 명사형). **Vergottung**, die; -en 신으로 모심.

vergötzen [fɛɐˈɡœtsn] ⟨h⟩ 《명》 우상화하다. **Vergötzung**, die; -en 우상화.

vergraben* ⟨h⟩ **1. a)** 묻어서 감추다《눈에 안띄게 하다》. **b)** ⟨v. + sich⟩ 구멍을 파서 숨다, 땅 속으로 숨어버리다, 참호 속에 숨다: 전의 sich immer mehr v. 점점 움추리다. **2. a)** 감추다, 숨기다. **b)** 무엇 속으로 숨기다. **3.** ⟨v. + sich⟩ 무엇에 깊이 몰두하다: sich in die Arbeit v. 작업에 깊이 몰두하다.

vergrämen ⟨h⟩ **1.** 누구에게 불쾌감을 일으키다, 누구를 기분 나쁘게 하다: der Wähler v. 유권자를 노하게 하다. **2.** 《사냥》 겁내어 달아나게 하다: die Vögel v. 새들을 쫓아 버리다. **vergrämt** ⟨Adj.⟩ 분노에 가득 찬: sie sieht v. aus 그 여자는 화난 것처럼 보인다.

vergrätzen [fɛɐˈɡrɛtsn] ⟨h⟩ 《지역적》 화나게 하다.

vergrauen ⟨s⟩ 《드물게》 《윤기 따위가 본의 아니게》 잿빛이 되다.

vergraulen ⟨h⟩ 《통용어》 **1.** 불친절하게 행동함으로써 《누구를》 쫓아버리다. **2.** 《드물게》 ↑verleiden.

vergreifen*, sich ⟨v.⟩ **1. a)** 잘못 잡다《짚다》: der Gitarrist hat sich mehrmals vergriffen 기타연주자가 여러 차례 곡을 잘못 연주했다. **b)** 잘못 선택하다. **2.** 무엇을 제것으로 만들다: sich an fremdem Eigentum v. 남의 것[소유물]을 제것으로 만들다. **3.** 누구에게 폭력[폭행]을 가하다.

vergreisen [fɛɐˈɡraɪzn] ⟨s⟩ **1.** 노쇠하다, 연로하다. **2.** 고령(高齢)화하다. **Vergreisung**, die 노쇠, 연로, 고령화.

vergriffen [fɛɐˈɡrɪfn] ⟨Adj.⟩ 《책이》 절판된, 매진된: ein -es Buch 절판된 책.

vergröbern [fɛɐˈɡrøːbɐn] ⟨h⟩ **a)** 거칠게 하다: etw. vergröbert darstellen 무엇을 거칠게 표현하다. **b)** ⟨v. + sich⟩ 거칠어지다. **vergröberung**, die; -en ↑vergröbern의 명사형.

Vergrößerer, der; -s, - 확대경. **vergrößern** [fɛɐˈɡrøːsɐn] ⟨h⟩ **1.** 《반대: verkleinern 1》 **a)** 확대《확장》하다: sein Repertoire v. 그의 레퍼토리를 넓히다. **b)** ⟨v. + sich⟩ 《통용어》 《집, 건물 따위의 공간을》 확장하다: wir sind umgezogen, um uns in einem größeren Haus zu leben 더 큰 집에서 살기 위해 우리는 이사했다. **c)** ⟨v. + sich⟩ 확대《확장》되다: der Betrieb hat sich vergrößert 그 기업은 확장되었다. **2.** 《반대: verkleinern 2》 **a)** 《수, 량, 정도》 늘리다《증가시키다》: die Maßnahme hatte das Übel noch vergrößert 그 조치는 일을 더 악화시켰다. **b)** ⟨v. + sich⟩ 수가 늘어나다《증가되다》: die Zahl der Mitarbeiter hat sich vergrößert 직원의 수가 늘었다. **3.** 무엇을 다량으로 재생산하다 《반대: verkleinern 4》. **4.** 《확대경 따위로》 크게 보이게 하다 《반대: verkleinern 5》.

Vergrößerung, die; -en **1.** 확대《확장》(됨)《반대: Verkleinerung 1》. **2.** 확대된 사진 《반대: Verkleinerung 2》.

vergrößerungs-, Vergrößerungs-: **~apparat**, der ↑Vergrößerer. **~form**, die 《언어》 확대형. **~glas**, das 확대경, 돋보기. **~papier**, das 확대 인화지(印畵紙). **~silbe**, die 《언어》 증대철(增大綴)《의미를 크게 확장하는 전철·후철》. **~spiegel**, der 확대경, 볼록면경.

vergucken, sich ⟨h⟩ 《통용어》 **1.** 누구에게 반하다. **2.** 잘못 보다《하다》, 틀리다.

vergülden ⟨h⟩ 《시어·고어》 ↑vergolden.

Vergunst [spätmhd. vergunsten = erlauben과 관련, ↑Gunst와 관련] 《항상 "mit"와 함께》 《고어》 실례입니다만, 실례지만. **Vergünstigung**, die; -en 은전(恩典), 은혜, 특전, 편의: -en bieten[gewähren, genießen] 특전을 베풀다《주다, 누리다》.

vergüten [fɛɐˈɡyːtn] ⟨h⟩ **1. a)** 《대가를》 지급하다: jmds. Unkosten v. 비용을 지급하다. **b)** 《관》 보상《배상》하다, 사례하다: (jmdm.) eine Arbeit[Tätigkeit] v. 《누구에게》 일[활동]에 대한 사례를 하다. **2.** 《전문어》 질적으로 개선하다: Linsen v. 렌즈의 질을 개선하다. **Vergütung**, die; -en **1.** 보상, 배상, 사례. **2.** 보수, 사례금.

verh.: ↑verheiratet《기혼의, 결혼한》의 약칭.

Verhack, der; -(e)s, -e [landsch. verhacken = zerhacken과 관련] 《고어》 ↑Verhau. **verhackstücken** ⟨h⟩ 《통용어》 **1.** 혹평하다: die Aufführung wurde von der Kritik (völlig) verhackstückt 그 공연은 비평계로부터 《완전히》 혹평을 받았다. **2.** 《nordd.》 무엇에 대해 조언《중재》하다.

Verhaft 《다음 용법으로》 **in V. nehmen** 《고어》 체포《구금》하다; **in V. sein** 《고어》 체포되어 있다. **verhaften** ⟨h⟩ [1: mhd. verheften, 원래 = festmachen] **1.** 체포《포박》하다, 구금《구인, 구류, 수감》하다: er ließ ihn v. 그는 그를 체포하게 했다. **2.** 《드물게》 의식〈기억》에 남기다: dieser Eindruck hat sich ihm unauslöschlich verhaftet 이 인상은 그의 기억에 사라지지 않고 남아있다. **verhaftet** ⟨Adj.⟩ 무엇에 사로잡힌: dem Zeitgeist v. sein[bleiben] 시대 정신에 사로잡혀 있다. **Verhaftete***, der / die 수인, 죄수, 수감자. **Verhaftung**, die; -en **1.** 체포, 구금, 포박, 구인, 구류, 수감 (됨). **2.** 《드물게》 《무엇에》 사로잡혀 있음. **Verhaftungswelle**, die 체포 사태.

verhageln ⟨s⟩ 우박의 피해를 입다《입어 파괴되다》.

verhaken ⟨h⟩ **a)** 고리로 단단하게 연결하다. **b)** ⟨v. + sich⟩ 《어디에》 걸리다. **c)** 《도》 막히게 되다, 잘라다.

verhallen 1. ⟨s⟩ 《울림이》 점점 사라지다: 전의 seine Mahnungen sind ungehört verhallt 그의 경고는 아무도 듣지않은 채로 소멸되었다. **2.** ⟨h⟩ 《기술》 《음악의 녹음시》 여운의 효과를 내다.

Verhalt, der; -(e)s, -e 《고어》 **1.** 《Pl. 없음》 ↑Verhalten. **2.** ↑Sachverhalt. **¹verhalten*** ⟨h⟩ ⟨v. + sich⟩ **a)** ···한 태도를 취하다, 어떤 상황에 특정하게 대응하다: sich im Verkehr richtig[falsch] v. 《도로의 교통 상황에서》 올바르게[틀리게] 행동하다. **b)** 일정한 행동을 취하다: sich jmdm. gegenüber[gegen jmdn., zu jmdm.] korrekt v. 누구를 상대로 올바르게 행동하다. **2.** ⟨v. + sich⟩ 《어느 사정[상태]에》 《비인칭》 mit der Sache verhielt es sich ganz anders 그 일은 사정이 완전히 달랐다; wie verhält es sich eigentlich mit seiner Wahrheitsliebe? 그의 진리애(眞理愛)는 도대체 어떻게 된거야? **b)** 다른 어떤 것과 비교하여 어떤 상황을 띠고 있다: a verhält sich zu b wie x zu y a와 b의 관계는 x와 y와의 관계와 같다. **3.** 《아이》 억제《자제, 제어》하

다: seinen Schmerz[Zorn, Unwillen] v. 자신의 고통[분노, 불쾌감]을 억제하다. **4. a)** 〈아이〉 가다가 멈춰서다: 〈4격 목적어 없이도〉 am Ausgang[an der Kreuzung] verhielt er einen Augenblick 출구[교차로]에서 그는 잠시 가던 길을 멈췄다. **b)** 【승마】 ↑ ¹parieren (2). **5.** 〈v. + sich〉 〈지역적〉 누구와 사이가 좋다. **6.** (österr., schweiz.·판) 의무를 지우다. **7.** 《schweiz.·그 외 고어》 잠그다, 닫다. **²verhalten** 〈Adj.〉 **1. a)** 억눌린, 감추어진: in seinen Worten [seinem Ton] lag -er Spott 그의 말[어조] 속에는 조소가 감추어져 있었다. **b)** 삼가는, 사양하는, 조심스러워하는: sie ist ein scheues und -es Wesen 그녀는 수줍고 내성적인 성품을 지녔다. **2.** (음이나 색 따위가) 억제된: er sprach mit -er Stimme 그는 억제된 음성으로 말했다. **Verhalten**, das; -s, 《전문어》 - 행동, 거동, 태도: das V. in Notsituationen 비상시의 태도[행동]; ein arrogantes V. an den Tag legen 오만한 행동을 드러내다; Tiere mit geselligem V. 모여살기를 좋아하는 동물. **Verhaltenheit**, die 억제, 자제.
verhaltens-, Verhaltens-: **~änderung**, die 행동 변화. **~auffällig** 〈Adj.〉 【심리·의학】 행동이 남다른 [눈에 띄는]. **~forscher**, der 행동 과학 연구가, 생태학자. **~forschung**, die 〈Pl. 없음〉 행동 과학 연구, 생태 연구. **~gestört** 〈Adj.〉 【물리·의학】 행동 장애의: -e Kinder 행동 장애아. **~gestörtheit**, die 〈Pl. 없음〉 행동 장애. **~kodex**, der ↑Kodex (4). **~lehre**, die 〈Pl. 없음〉 행동학, 행동 연구. **~maßregel**, die 《대개 Pl.》 행동의 특징, 행동의 특칙. **~merkmal**, das 행동의 특징. **~muster**, das 행동 표본, 행동(의)형(型): typisch männliches Verhaltensmuster 전형적으로 남성적인 행동형. **~norm**, die 행동 규범. **~regel**, die 《대개 Pl.》 행동규칙. **~störung**, die 《대개 Pl.》 【의학·물리】 행동 장애. **~therapie**, die 행동 장애 제거를 위한 심리요법. **~weise**, die 태도[방식].
Verhältnis [fɛɐ̯'hɛltnɪs], das; -ses, -se **1.** 관계, 사이: im V. zu früher ist er jetzt viel toleranter 예전과 비교하여 그는 지금 퍽 관대해졌다; der Aufwand stand in keinem V. zum Erfolg 경비가 성과에 비해 너무 많이 들었다. **2.** 개인과 개인과의 관계, 사이: es herrscht ein vertrautes V. zwischen uns 우리는 서로 믿는〔친밀한〕 관계다; herzliches V. zu jmdm. haben 누구와 마음이 터놓는 관계다; zu jmdm. in gespanntem V. stehen 누구와 긴장 관계다. **3. a)** 《통용어》 연애 관계: mit jmdm. ein V. haben 누구와 연애 관계를 갖다; ein V. eingehen[anfangen, lösen] 관계를 맺다[시작하다, 끊다]. **b)** 친밀한 관계를 맺고 있는 사람, 연인. **4.** 《Pl.》 상태, 상황, 사정: meine -se erlauben mir solche Ausgaben nicht 나의 (경제적) 사정이 그런 지출을 허용치 않는다; die gesellschaftlichen -se einer Zeit 한 시대의 사회적 상황; sie kommt[stammt] aus kleinen -sen 그녀는 서민 출신이다; sie lebt über ihre -se 그녀는 분에 넘치는 생활을 한다.
verhältnis-, Verhältnis-: **~gleich** 〈Adj.〉 비례의, 대등한 관계에 있는. **~gleichung**, die 【수학】 ↑Proportion (2 b). **~mäßig** 〈Adj.〉 **1.** 비교적: diese Arbeit ist v. leicht 이 작업은 비교적 쉽다. **2.** 비례하여, 비율로, 고르게: Gewinne v. aufteilen 이익을 고르게 분배하다. **~mäßigkeit**, die; -en 걸맞음, 상응, 적절, 타당. **~wahl**, die 비례대표제 선거〈반대: Mehrheitswahl〉. **~wahlrecht** 〈Pl. 없음〉 비례대표제 선거법〈반대: Mehrheitswahlrecht〉. **~wahlsystem**, das 비례대표제 선거 제도. **~wort**, das 〈Pl.-wörter〉 전치사. **~zahl**, die 【통계】 비례수, 비례항(項).
Verhaltung, die **1. a)** 〈아이〉 억제, 자제, 제어. **b)** 〈의학〉 정체, 체류. **2.** 《고어》 태도, 행동. **Verhaltungs-**(**maß**)**regel**, die 《대개 Pl.》 행동의 규칙. **Verhaltungsweise**, die ↑Verhaltensweise.
verhandeln 〈h〉 **1. a)** 상의〔토의, 담판〕하다: über den Friedensvertrag v. 평화 협정에 대해 담판하다; 〈4격 목적어와 함께〉 eine Sache noch v. müssen 어떤 일에 대해 아직 토의해야 하다. **b)** 심리〔공판〕하다: das Gericht verhandelt gegen die Terroristen 법정이 테러리스트들을 심리하다〔재판하다〕. **2.** 《고어·팜》 팔다. **Verhandlung**, die; -en 〈자주 Pl.〉 상의, 토의, 담판: die V. führen 상의〔토의, 담판〕하다; mit jmdm. in -en stehen 누구와 무엇에 대해 담판〔토의〕하다. **b)** ↑ Gerichtsverhandlung의 약칭: die V. fand unter Ausschluß der Öffentlichkeit 재판이 비공개리에 열렸다; die V. mußte unterbrochen werden 공판이 중지되다.
verhandlungs-, Verhandlungs-: **~angebot**, das 협상 제안. **~basis**, die ↑~grundlage. **~bereit** 〈Adj.〉 토의〔담판〕할 준비가 된. **~bereitschaft**, die 〈Pl. 없음〉 토의의 자세. **~ergebnis**, das 토의〔담판〕결과. **~gegenstand**, der 토의〔담판〕대상. **~grundlage**, die 협상 기반(基盤). **~ort**, der 토의〔담판, 협상〕장소. **~partner**, der 토의〔협상·담판〕상대자. **~pause**, die 토의〔협상〕중지. **~punkt**, der 토의〔협상〕의 문제점. **~sprache**, die 협상〔토의, 담판〕어(語). **~tag**, der 【법】 협상〔담판·토의〕일, 재판〔심리〕일. **~tisch**, der 협상 탁자(테이블): an den V. zurückkehren 협상 테이블로 돌아가다〔재협상하다〕. **~weg**, der 《다음 용법으로》 **auf dem V.** 협상〔담판〕을 통해서.
verhangen 〈Adj.〉 **1.** 짙은 구름에 덮인, 흐릿한: ein -er Himmel 구름이 짙게 낀 하늘. **2.** 무엇으로 덮인〔가려진〕.
verhängen 〈h〉 **1.** 덮어서 가리다〔덮다〕: er verhängte den Spiegel mit einem schwarzen Tuch 그는 거울을 검은 보자기로 덮었다. **2.** 포고〔판결〕하다, 벌로 규정하다: Hausarrest[eine Strafe] v. 가택 연금〔처벌〕을 명하다; der Schiedsrichter verhängte einen Elfmeter 심판이 페널티킥을 선언했다. **Verhängnis** [fɛɐ̯'hɛŋnɪs], das; -ses, -se 액운, 운명, 숙명: aber diese Frau wurde ihm zum V. 이 여자가 그에게 불행을 초래했다. **verhängnisvoll** 〈Adj.〉 불행한, 액운의, 숙명적인: seine Politik erwies sich als v. 그의 정책은 치명적으로 판명되었다. **verhängt** 〈Adj.〉 《다음 용법으로》 **mit -em Zügel** 고삐를 느슨히 하여; **Verhängung**, die; -en 포고, 판결.
verharmlosen [fɛɐ̯'harmloːzn̩] 〈h〉 경시하다, 하찮은 일로 다루다. **Verharmlosung**, die; -en ↑verharmlosen의 명사형.
verhärmt 〈Adj.〉 슬픔에 젖은, 노심초사하는.
verharren 〈h〉 〈아이〉 **a)** (잠시) 머물러 있다. **b)** 무엇을 고수하다: er verharrte in seiner Resignation 그는 계속 체념했다. **Verharrung**, die ↑verharren의 명사형.
verharschen 〈s〉 **a)** 얼음이 되다: der Schnee verharscht 눈이 얼다, 결빙(結氷)하다. **b)** 딱지가 생겨 아물다. **Verharschung**, die; -en **1.** ↑verharschen의 명사형. **2.** 상처가 아문 자리〔부위〕.
verhärten 〈h〉 **a)** 강하게 하다, 단단하게 하다. **b)** 냉정〔냉담〕하게 하다, 얻매하다: ihr Schicksal hat sie [ihr Herz] verhärtet 그녀의 운명이 그녀를 냉담한 사람으로 만들었다. **2. a)** 〈s〉 강해지다, 단단해지다: das Gewebe verhärtet 그 조직이 단단해진다. **b)** 〈v. + sich〉 〈h〉 강해지다, 단단해지다. **c)** 〈v. + sich〉 냉담해지다, 무뚝뚝하게 행동하다, 거부적인 태도를 취하다: sich gegen seine Mitmenschen v. 그의 이웃에게 냉담하다. **Verhärtung**, die; -en **1.** ↑verhärten의 명사형. **2.** 조직 경화증(硬化症).
verharzen 〈s〉 수지화(樹脂化)하다. **Verharzung**, die;

-en 수지화(樹脂化).

verhascht 〈Adj.〉《통용어》약물 중독증에 걸린.

verhaspeln 〈h〉《통용어》**a)** 〈v. + sich〉《급히 말함으로써》말의 갈피를 잡지 못하다: sich vor Aufregung v. 흥분해서 말을 제대로 못하다. **b)** 엉templated키다, 얽히다.

verhaßt 〈Adj.〉《몹시》미운, 혐오할만한, (보기) 싫은, 증오스러운: er ist überall v. 그는 도처에서 미움을 받는다; sich bei jmdm. v. machen 누구에게 대단한 미움을 사다.

verhätscheln 〈h〉《폄》응석으로 길러 그르치다: sie hat ihr Kind verhätschelt 그녀는 자기자식을 응석꾸러기로 만들었다. **Verhätschelung, Verhätschlung,** die; -en ↑verhätscheln의 명사형.

verhatscht 〈Adj.〉《österr.·통용어》(구두가) 다 낡은.

Verhau [fɛɐ̯'haʊ], der 《또는》das; -(e)s, -e 가시울타리, 철조망.

verhauchen 1. 〈h〉 숨을 내쉬다: sein Leben v. 《시어》죽다, 숨을 거두다. **2.** 〈s〉 《아어》 서서히 꺼지다.

verhauen 〈h〉 《통용어》**1.** 마구 때리다: jmdm. den Hintern v. 누구의 볼기짝을 때리다; 전의 du verhaust (ja ganz, total) verhauen aus! 넌 정말이지 구제 불능처럼 보인다. **2.** 무엇을 나쁘게 만들다, 오류투성이의 글을 쓰다: eine Mathematikarbeit v. 수학 과제를 엉망으로 쓰다. **3.** 〈v. + sich〉 《무엇에》오류를 범하다[잘못 생각하다]. **4.** 낭비하다, 탕진하다: er hat den ganzen Lohn in einer Nacht verhauen 그는 전급료를 하룻밤에 탕진해 버렸다.

verheben*, sich 〈h〉 무거운 것을 잘못 들다가 몸을 다치다: er hat sich beim Verladen der Kisten verhoben 상자를 싣다가 그는 몸을 다쳤다.

verheddern [fɛɐ̯'hɛdɐn] 〈h〉 《통용어》**1. a)** 엉클어지다, 신체의 한 부분이 어디에 걸려 있다: sich in den Netzen v. 그물에 걸리다. **b)** 〈v. + sich〉 이야기하거나 책을 읽다가 여러차례 말을 더듬다. **2.** 착종된다, 혼란시키다, 엉키게 하다: die Fäden v. 실을 엉키게 하다.

verheeren [fɛɐ̯'heːrən] 〈h〉 황폐하게 만들다: der Krieg hatte weite Gebiete verheert 전쟁이 넓은 지역을 두루 황폐하게 만들었다. **verheerend** 〈Adj.〉**1.** 무서운, 끔찍한, 파멸적인, 비참한: die Schäden waren v. 피해가 끔찍했다. **2.** 《통용어》(강조적으로) 추악한, 징그러운. **Verheerung,** die; -en 황폐화(됨).

verhehlen 〈h〉 [↑verhohlen 참조] **1.** 《아이》(감정, 생각 따위를) 비밀로 하다, 발설하지 않다: seine wirkliche Meinung v. 자기의 진의를 감추다; sie verhehlte nicht, daß sie ihn mochte 그녀는 그를 좋아한다는 것을 감추지 않았다. **2.** 《드물게》 감추다, 은폐하다.

verheilen 〈s〉 (상처가) 완전히 아물다, 유착(癒着)하다. **Verheilung,** die; -en 아묾, 유착.

verheimlichen [fɛɐ̯'haɪmlɪçn̩] 〈h〉 숨기다, 비밀에 붙이다, 알리지 않고 두다: der wirkliche Sachverhalt ließ sich nicht v. 진상은 숨길 수가 없다; da gibt's doch nichts zu v.! 비밀로 할게 뭐 있어!（누구나 알 수 있는 일이란 뜻). **Verheimlichung,** die; -en 숨김, 비밀에 붙임.

verheiraten 〈h〉 **1.** 〈v. + sich〉 결혼하다: er hat sich mit einer Japanerin verheiratet 그는 일본 여자와 결혼했다; er[sie] ist verheiratet 그[그녀]는 기혼이다《약r.: vehr.; 기호: ∞〉; 〈자주 과거분사형으로〉 eine verheiratete Frau 기혼녀; 전의 ihr Mann ist mit seinem Verein verheiratet 그녀의 남편은 그가 속한 협회와 결혼했다(그곳에서 시간만 있으면 붙어산다는 뜻); ich bin mit der Firma doch nicht verheiratet 《통용어·농》나는 이 회사와 결혼한 것이 아니다(이 회사를 언제라도 떠날 수 있다는 뜻). **2.** 《군고어》 결혼시키다. **Verheiratete*,** der / die 기혼자, 결혼한 사람. **Ver-**

heiratung, die; -en 결혼, 혼인.

verheißen* 〈h〉 《아이》(누구에게 무엇을 주기로) 약속하다: man verhieß ihm eine große Zukunft 그에게는 장래가 보장되어 있다. **Verheißung,** die; -en 《아이》 약속, 계약. **verheißungsvoll** 〈Adj.〉 유망한, 길조의, 가망이 있는 : seine Worte klangen v. 그의 말은 희망적으로 들렸다.

verheizen 〈h〉 **1.** 난방에 사용하다[써버리다]: Holz [Kohle, Öl] v. 나무[석탄, 기름]를 때다. **2.** 《폄》 능력을 고려하지 않고 지칠 때까지 사람을 마구 부린다. **Verheizung,** die; -en ↑verheizen의 명사형.

verhelfen* 〈h〉 (누구를 도와) 무엇을 얻게 하다[달성시키게 하다]: jmdm. zu seinem Recht[zum Erfolg] v. 누구를 도와 그의 권리를 얻게 하다[그가 성공하게 하다].

verherrlichen [fɛɐ̯'hɛrlɪçn̩] 〈h〉 …을 기리다, 찬미[예찬]하다, …에게 영광을 돌리다. **Verherrlichung,** die; -en 찬미, 예찬, 기림, 송덕.

verhetzen 〈h〉 사주(使嗾)하다, 부추기다, 꼬드기다. **Verhetzung,** die; -en 사주, 부추김, 꼬드김.

verheuern 〈h〉 【선원】 용선(用船)하다, 배에 화물을 싣다.

verheulen 〈h〉 《통용어》 ↑verweinen.

verhexen 〈h〉 마법을 걸다, 마법을 걸어 형체를 변화시키다: die böse Fee hatte den Prinzen (in einen Vogel) verhext 나쁜 요정이 왕자에게 마법을 걸었다(걸어 새로 만들었다); das ist (ja, doch rein) wie verhext! 《통용어》일이 왜 이렇게 안풀려!

verhimmeln 〈h〉 《통용어》 신으로 모시다, 찬미하여 숭배하다. **Verhimmelung,** die; -en ↑verhimmeln의 명사형.

verhindern 〈h〉 무엇(이 일어남 또는 이루어짐)을 저지하다, 방해하다: den Krieg mit allen Mitteln zu v. suchen 온갖 수단을 동원하여 전쟁이 일어나지 않도록 노력하다; er ist dienstlich verhindert 그는 직무 때문에 올 수가 없다; ein verhinderter … sein 《통용어》 …의 소질은 있으나 이를 직업으로 이용하지 못하다: er ist ein verhinderter Dichter[Lehrer] 그는 시인[선생]이 되었으면 좋은 sample 사람이다. **Verhinderung,** die; -en 방해, 저지, 장애, 지장. **Verhinderungsfall,** der 《다음 용법으로》 **im -e** 【관】 지장이 있을 경우에는.

verhoffen 〈h〉【사냥】(야생 동물이) 멈춰서서 경계한다.

verhohlen [fɛɐ̯'hoːlən] 〈Adj.〉 [↑verhehlen 참조] 감추어진, 비밀의, 은폐된.

verhöhnen 〈h〉 조롱[조소]하다, 경멸하다, 깔보다: einen Gegner v. 적을 깔보다. **verhohnepipeln** [fɛɐ̯'hoːnəpiːpl̩n] 〈h〉《통용어》 조롱하다, 우스개거리로 만들다. **Verhohnepipelung,** die; -en ↑verhohnepipeln의 명사형. **Verhöhnung,** die; -en 조롱, 경멸, 깔봄.

verhökern 〈h〉 《통용어·폄》(물건을) 팔아버리다.

Verholboje, die 【선원】 범선을 예인시켜 놓는 부표(浮標).

verholen 〈h〉 【선원】 (배를) 끌다.

verholzen 〈s〉 나무로 변하다, 목질화(木質化)하다. **Verholzung,** die; -en 목질화.

Verhör [fɛɐ̯'høːɐ̯], das; -(e)s, -e 신문(訊問), 심문(尋問), 청취: mit jmdm. ein V. anstellen 누구를 심문하다; jmdm. einem V. unterziehen 누구를 심문하다; 전의 der Lehrer nahm den Übeltäter ins V. 선생이 잘못한 학생을 엄격하게 추궁했다. **verhören** 〈h〉 **1.** 심문[신문]하다. **2.** 〈v. + sich〉 잘못 듣다, 빠트리고 듣다, 오해하다: du mußt dich verhört haben 네가 잘못 들었음에 틀림없다.

verhornen 〈s〉 **a)** 각질화(角質化)하다. **b)** 티눈이 생기다. **Verhornung,** die; -en ↑verhornen의 명사형.

verhudeln 〈h〉《지역적》 엄병덤병하여 일을 망치다.
verhüllen 〈h〉 **a)** 덮다, 싸다, 덮어[싸서] 감추다, 은폐하다: das Gesicht mit einem Schleier v. 얼굴을 베일로 가리다; 전의 ein verhüllender Ausdruck 완곡한 표현. **b)** 덮어 주다, 가리어 주다, 안 보이게 하다: der Umhang verhüllte sie bis zu den Füßen 그 어깨걸이 옷이 그녀를 발끝까지 감쌌다. **Verhüllung**, die; -en ↑verhüllen의 명사형.
verhundertfachen 〈h〉 **a)** 백배로 하다[늘리다]. **b)** 〈v. + sich〉 백배로 늘다.
verhungern 〈h〉 굶어 죽다.
verhunzen 〈h〉《통용어·폄》(무엇을) 일그러뜨리다, 못 쓰게 만들다, 망치다: durch seine miserable Übersetzung hat er das Gedicht verhunzt 형편없는 번역으로 그는 시를 망쳐놨다; du hast dir mit dieser Sache (durch diese Sache) dein ganzes Leben verhunzt 이 일로 자네는 자네의 전인생을 망쳐버렸네. **Verhunzung**, die; -en 망침, 그르침.
verhuren 〈h〉《폄》오입질하여 탕진하다.
Verhurstung [fɛɐ̯ˈhʊrstʊŋ], die 덤불숲을 이룸.
verhurt 〈Adj.〉《폄》음탕한, 호색의.
verhuscht〈Adj.〉《통용어》자신이 없는, 수줍고 소심한.
verhüten 〈h〉《불행 따위를》예방하다, 방지[회피]하다, 방호(防護)하다: ein Unheil v. 불행을 예방하다; eine Empfängnis[Schwangerschaft] v. 피임하다; der Himmel verhüte, daß das passiert! 그 일이 일어나지 않도록 신의 가호가 있기를! **Verhüterli**, das; -s, -(s)《농》콘돔.
verhütten 〈h〉 광석을 제련하다, 용광(熔鑛)하다. **Verhüttung**, die; -en 제련, 용광.
Verhütung, die; -en 예방, 방지, 방호, 회피. **Verhütungsmittel**, das 피임약[기구].
verhutzelt 〈Adj.〉《통용어》오므라든, 주름이 많은, 생기가 없는: ein -es Gesicht haben 주름진 얼굴이다.
Verifikation [verifikaˈtsi̯oːn], die; -en [lat. verificatio]《교양어》(진실함의) 확인, 실증, 입증(반대: Falsifikation 2). **verifizierbar** [...ˈtsiːɐ̯baːɐ̯]〈Adj.〉《교양어》(진실함을) 입증할 수 있는. **Verifizierbarkeit**, die 확인[증명, 입증]할 수 있음. **verifizieren** [verifiˈtsiːrən]〈h〉 [lat. verificare]《교양어》확인[증명, 입증]하다(반대: falsifizieren 2). **Verifizierung**, die; -en ↑Verifikation.
verinnerlichen 〈h〉 1. 내면화하다, 내실화하다, 정신적으로 하다: sein Leben v. 그의 삶을 내면화하다. 2.《전문어》↑internalisieren (1, 3). **Verinnerlichung**, die; -en 내면화, 정신화.
verirren, sich 〈h〉 **a)** 길을 잃다: sich im Wald[Nebel] v. 숲[안개] 속에서 길을 잃다; 전의 eine verirrte Gewehrkugel 사선(射線)을 벗어난 총알. **b)** 예기치 않은 곳에 도달하다. **Verirrung**, die; -en 탈선, 오류, 착오, 과오.
Verismo [veˈrismo], der; - [ital. verismo] (19세기 중엽 이탈리아 예술의) 극단적 사실주의. **Verismus** [veˈrɪsmʊs], der; - [lat. vērus] 1. ↑Verismo. 2. 사회 비평적 성향을 띤 극단적 사실주의. **Verist** [veˈrɪst], der; -en, -en 극단적 사실주의자. **veristisch** 〈Adj.〉 1. 극단적 사실주의적인. 2. 철저하면서 사실에 충실한. **veritabel** [veriˈtaːbl]〈Adj.〉 [lat. vēritās]《교양어·준고어》진실의, 사실의, 말 그대로의.
verjagen 〈h〉 1. 쫓아내다, 몰아내다: der Wind hat die Wolken verjagt 바람이 구름을 걷어갔다; 전의 die unangenehmen Gedanken v. 불쾌한 생각들을 떨쳐버리다. 2. [nordd.] 누구를 놀라게 하다. **Verjagung**, die; -en ↑verjagen의 명사형.
verjähren 〈s〉 시효가 소멸하다, 시효가 지나다: die Forderung[Anklage] ist verjährt 요구[기소]는 시효가 지났다. **verjährt** 〈Adj.〉《준고어》매우 오래된, 매우 낡은. **Verjährung**, die; -en 소멸 시효. **Verjährungsfrist**, die 소멸 시효 기간.
verjazzen 〈h〉 재즈 스타일로 고치다.
verjubeln 〈h〉《통용어》유흥으로 탕진하다.
verjuchheien [fɛɐ̯jʊxˈhai̯ən] 〈h〉《지역적》↑verjubeln.
verjüngen [fɛɐ̯ˈjʏŋən] 〈h〉 1. 되젊어지게 하다: du hast dich verjüngt 자네 더 젊어졌군; die Nationalmannschaft v. 국가 대표 선수를 젊은 층으로 교체하다. 2. 〈v.+sich〉(위로 갈수록) 가늘어[좁아]지다. **Verjüngung**, die; -en 되젊어짐, 회춘(回春), 갱신; 끝이 뾰족해짐. **Verjüngungskur**, die 회춘요법. **Verjüngungsmittel**, das 회춘법[회춘제].
verjuxen 〈h〉《통용어》1. 유흥으로 탕진하다. 2. 장난삼아 놀려대다.
verkabeln 〈h〉 **a)** 전선을 깔다[설치하다]. **b)** 전화 케이블을 연결하다. **Verkabelung**, die; -en 전선 설치[연결].
verkackeiern [fɛɐ̯ˈkakˌai̯ɐn] ↑vergackeiern.
verkadmen [fɛɐ̯ˈkatmən] 〈h〉 ↑kadmieren.
verkahlen 1. 〈s〉 듬성듬성해지다, (나무에) 잎들이 줄어들다. 2. 〈h〉 [임업] 벌채하여 나무를 없애다. **Verkahlung**, die; -en ↑verkahlen의 명사형.
verkalben 〈h〉 (암소가) 유산하다.
verkalken 〈s〉 1. [의학] 석회질화하다, 경화하다(동맥이). 2.《통용어》노쇠하다: in diesem Alter beginnt man bereits zu v. 이 나이가 되면 사람은 이미 노쇠하기 시작한다. 3. (무엇이) 석회가 쌓여 기능을 잃다.
verkalkulieren, sich 〈h〉 오산(誤算)하다, 계산을 잘못하다.
Verkalkung, die; -en 석회화, 경화, 노화(假燒).
verkamisolen [fɛɐ̯kamiˈzoːlən] 〈h〉《준고어》몹시 구타하다[때리다].
verkannt: ↑verkennen 참조.
verkanten 〈h〉 1. 모[세로]로 세우다 잘못 세우다: der Grabstein war verkantet 묘비가 잘못 세워져 있었다. 2. 가장자리가 어디에 꽉 끼다. 3. [사격] 조준을 잘못하여 빗맞히다.
verkappen 〈h〉 1. 〈v.+sich〉 감쪽같이 변장[가장]하다: (대개 과거분사로) ein verkappter Spion 철저히 위장된 간첩. 2. [사냥] (사냥새에게) 모자를 씌우다.
verkapseln 〈h〉 포낭으로 싸다: 전의 warum verkapselst du dich so? 자넨 왜 그렇게 주위와 담을 쌓고 지내나? **Verkapselung**, die 《드물게》 **Verkapslung**, die; -en ↑verkapseln의 명사형.
verkarsten [fɛɐ̯ˈkarstn̩] 〈s〉 불모지가 되다. **Verkarstung**, die; -en ↑verkarsten의 명사형.
verkarten 〈h〉 카드식 색인이나 컴퓨터를 위해 낱개의 카드에 분류하여 기입하다. **Verkartung**, die; -en ↑verkarten의 명사형.
verkasematuckeln [fɛɐ̯kazəmaˈtʊkl̩n] 〈h〉《경》1. 짧은 시간에 다량으로 소비하다. 2. 상세하게 설명하다.
verkäsen 1.a) 〈h〉 치즈로 만들다. **b)** 〈s〉 치즈가 되다. 2. [의학] 건락상(乾酪化)하다. **Verkäsung**, die; -en ↑verkäsen의 명사형.
verkatert [fɛɐ̯ˈkaːtɐt] 〈Adj.〉《통용어》숙취(宿醉)한.
Verkauf, der; -(e)s, Verkäufe 1. 판매, 매각, 매도: etw. zum V. anbieten 무엇을 팔려고 내놓다; etw. zum V. bringen《격식적어》무엇을 팔다; das Grundstück kommt[steht] zum V. 대지가 매물로 나와있다. 2. 〈Pl. 없음〉 [상] ↑Verkaufsabteilung: er arbeitet im V. 그는 판매부에서 일한다. **verkaufen** 〈h〉 1. 팔다, 매각[판매]하다: unter seinem Wert v. 제값보다 싸게 팔다; er hat ihm seinen Wagen[hat seinen

Wagen an einen Kollegen] verkauft 그는 그에게[한 동료에게] 자기 차를 팔았다; sie verkauft ihren Körper 《감정·폄》 그 여자는 몸을 판다; 〈4격 목적어 없이도〉 wir verkaufen glänzend 판매가 잘 된다; **verraten und verkauft sein** 버림받다, 곤경에 처하다. **b)** 〈v. + sich〉 팔리다, 팔릴 만하다: dieser Artikel verkauft sich gut[schlecht] 이 상품은 잘 팔린다[팔리지 않는다]. **2.** 〈v. + sich〉 〈지역적〉 잘못 사다. **3.** 〈v. + sich〉 매수당하다: sich dem Feind[an den Feind] v. 적에게 매수당하다. **4.** 〈통용어〉 누구(무엇)를 누구의 구미(취향)에 맞도록 주선하다: eine Story den Lesern v. 줄거리를 누구의 구미에 맞도록 꾸미다. **Verkäufer,** der; -s,- **1.** 판매원, 점원. **2.** 판매〔매각〕자. **Verkäuferin,** der; -nen↑Verkäufer의 여성형. **verkäuferisch** 〈Adj.〉 판매원의: -e Erfahrung haben 판매원 경험을 지니다. **verkäuflich** 〈Adj.〉 **1.** 팔 수 있는, 팔리는. **2.** 팔기로 된: diese Gegenstände sind (nicht) v. 이것들은 매물이다[이 아니다]. **Verkäuflichkeit,** die ↑verkäuflich의 명사형.

verkaufs-, Verkaufs-: ~**abteilung,** die 판매부. ~**agent,** der 대리상(代理商). ~**angebot,** das 판매를 위해 상품을 내놓음. ~**artikel,** der 매물. ~**ausstellung,** die 전시 판매장(전시회장 판매장). ~**automat,** der 자동판매기. ~**bedingungen** 〈Pl.〉 판매 조건. ~**berater,** der 판매 상담역. ~**brigade,** die 〈구동독〉 ↑Brigade (3). ~**bude,** die ↑Kiosk. ~**direktor,** der ↑~leiter. ~**einrichtung,** die 〈구동독〉 소매 시설. ~**erlös,** der 판매고, ~**fahrer,** der 상품 운반의 운전수. ~**fläche,** die 〈백화점 등의〉 매장(면적). ~**fördernd** 〈Adj.〉 판매를 촉진시키는. ~**förderung,** die 판매 촉진책. ~**gespräch,** das 구매를 권유하기 위한 고객과의 상담. ~**kanone,** die 〈통용어〉 판매 수완이 뛰어난 판매원. ~**kiosk,** der 노점. ~**koje,** die 전시장 등에 구매 상담을 위해 마련된 장소. ~**kraft,** die 판매원, 점원. ~**kultur,** die 〈Pl. 없음〉 판매 문화. ~**leiter,** der 판매부장. ~**messe,** die 판매 전시장. ~**objekt,** das ↑~artikel. ~**offen** 〈Adj.〉 개점(開店) 중인: ein ~er Samstag 상점들이 문을 여는 토요일. ~**organisation,** die 판매 조직. ~**pavillon,** der 노점. ~**personal,** das 판매 요원. ~**politik,** die ↑Geschäftspolitik. ~**praktik,** die 판매 전략. ~**praxis,** die 판매 실무. ~**preis,** der 정가, 파는 값. ~**programm,** das 어떤 기업이 시장에 내놓는 상품의 총체. ~**psychologie,** die 판매 심리학. ~**raum,** der 매장(賣場). ~**rückgang,** der 매출 감소. ~**schau,** die ↑~ausstellung. ~**schlager,** der 특히 잘 팔리는 상품. ~**schluß,** der ↑Ladenschluß. ~**schulung,** die 판매원 교육. ~**schwach** 〈Adj.〉 매상이 적은. ~**stand,** der 매점, 스탠드. ~**stätte,** die 판매소. ~**stelle,** die 판매소. ~**stellenleiter,** der 판매소장. ~**tisch,** der 판매대. ~**wert,** der ↑~preis. ~**zahl,** die 〈대개 Pl.〉 매상고. ~**zeit,** die ↑Geschäftszeit. ~**ziffer,** die 〈대개 Pl.〉 매상고.

verkaupeln 〈h〉 〈ostmd.〉 몰래 팔다[교환하다].

Verkehr [fɛɐ̯'keːɐ̯], der; -s /〈드물게〉-es, 〈전문어〉-e **1. a)** 교통, 왕래, 운수: fließender V. 소통이 원활한 교통; ruhender V. 소통이 정체된 교통; der V. stockt [kommt zum Erliegen] 교통이 정지(마비)되다; der V. staut sich an der Kreuzung 교차로에서 교통이 막히다. **b)** 상거래, 통상 거래, 통상 교역: etw. aus dem V. ziehen 무엇을 더이상 사용 못하도록 하다; jmdn. aus dem V. ziehen 〈통용어·농〉 누구에게 더이상 일을 맡기지 않다; etw. in (den) V. bringen 무엇을 유통시키다. **2. a)** 교제, 접촉: er ist kein V. für dich 그는 너와 교제할 사람이 못된다; den V. mit jmdm. einschränken[abbrechen] 누구와의 교제를 제한[중지]하다. **b)** 《은폐》 성교(性交): vorehelicher V. 혼전(婚前)성교. **verkehren 1.** 〈h / s〉〈정기적으로〉 왕래하다, 운행하다, 다니다: der Omnibus verkehrt alle 15 Minuten 버스가 15분만에 한번씩 다닌다. **2.** 〈h〉 **a)** 누구와 교제하다: mit jmdm. brieflich v. 누구와 서신을 교환하다. **b)** 누구집(혹은 술집)에 정기적으로 들리다: in diesem Lokal verkehrten viele Künstler 이 술집에는 많은 예술가들이 드나들었다. **c)** 《은폐》 〈누구〉와 성관계를 맺다. **3.** 〈h〉 **a)** 거꾸로 되게 하다, 반대로 만들다, 변화시키다. **b)** 〈v. + sich〉 거꾸로 되다, 반대로 되다: die Stimmung hat sich in ihr Gegenteil verkehrt 분위기가 역전되었다. **verkehrlich** 〈Adj.〉 교통의.

verkehrs-, Verkehrs-: ~**ablauf,** der 교통 유통. ~**ader,** die 주요 간선 도로. ~**ampel,** die ↑Ampel (2). ~**amt,** das 교통국, (시의) 관광 안내소, 관광국. ~**arm** 〈Adj.〉 교통량이 적은. ~**aufkommen,** das 통과 차량 수, 교통량. ~**behinderung,** die 교통 장애. ~**beruhigend** 〈Adj.〉 [교통] 교통 체증에서 벗어난. ~**beruhigung,** die [교통] 교통 통제. ~**betrieb,** der 〈대개 Pl.〉 운수업. ~**büro,** das ↑~amt. ~**chaos,** das 〈감정〉 교통 지옥. ~**delikt,** das 교통 법규 위반. ~**dichte,** die 교통량, 통과 차량 수. ~**disziplin** 〈Pl. 없음〉 교통 법규를 잘 지키는 행위, 교통 규율. ~**einrichtung,** die 교통 안전 시설. ~**erziehung,** die 교통 안전 교육. ~**fläche,** die 도로의 용적(면적). ~**fliegerei,** die 〈통용어〉 대중 항공 교통. ~**flugzeug,** das 여객기, 정기 항공기, 민간 항공기. ~**fluß,** der 〈Pl. 없음〉 끊임없는 도로 교통. ~**frei** 〈Adj.〉 교통 차량이 다니지 않는. ~**funk,** der 교통 정보. ~**gefährdung,** die 교통상의 위험. ~**gerecht** 〈Adj.〉 교통 법규를 잘 지키는. ~**geschehen,** das 교통 현장(現場). ~**getümmel,** das 교통 혼잡. ~**günstig** 〈Adj.〉 교통편이 좋은. ~**helfer,** der 〈구동독〉 교통 안내원. ~**hindernis,** das 교통 장애. ~**insel,** die (교통) 안전 지대. ~**knotenpunkt,** der ↑Knotenpunkt (2). ~**kontrolle,** die 교통 순찰. ~**lage,** die **1.** 도로 교통 상황. **2.** 교통편이 좋은 위치. ~**lärm,** der 교통 소음. ~**licht,** das 〈Pl.-er〉 〈드물게〉 (교통 신호등의) 신호. ~**linie,** die **1.** ↑Linie (6 a). **2.** 교통 안내원, 교통 정리원. ~**lotse,** der ↑~flugzeug. ~**maschine,** die ↑~flugzeug. ~**meldung,** die 교통 정보. ~**minister,** der 교통부 장관. ~**ministerium,** das 교통부. ~**mittel,** das 교통 수단. ~**nachricht,** die 〈대개 Pl.〉 ↑~meldung. ~**netz,** das 교통망. ~**opfer,** das 교통 사고로 인한 희생자. ~**ordnung,** die 교통 법규(↑Straßenverkehrsordnung의 약칭). ~**planer,** der 교통 계획 담당자. ~**planung,** die 교통 계획. ~**politik,** die 교통 정책. ~**polizei,** die 교통 경찰. ~**polizist,** der 교통 경찰관. ~**psychologie,** die 교통 심리학. ~**recht,** das 〈Pl. 없음〉 **1.** [법] 천자와의 교류 권리. **2.** 도로교통법(↑Straßenverkehrsrecht의 약칭). ~**regel,** die 〈대개 Pl.〉 교통 규칙. ~**regelung,** 《또한》~**reglung,** die 도로 교통 규칙(규정). ~**reich** 〈Adj.〉 교통량이 많은. ~**rowdy,** der 〈캄〉 교통 깡패, 교통 법규 위반자. ~**schild,** das 〈Pl. -er〉 교통 표지판. ~**schrift,** die **1.** 〈Pl. 없음〉 속기 문자. **2.** ↑Schreibschrift. ~**sicher** 〈Adj.〉 안전 운행을 보장하는. ~**sicherheit,** die 〈Pl. 없음〉 교통 안전. ~**signal,** das 교통 신호. ~**situation,** die ↑~lage (1). ~**spitze,** die 교통이 가장 번화한 시간, 러시 아워. ~**sprache,** die 공통어, 통용어. ~**stau,** der 교통 정체. ~**stauung,** die 교통 정체(현상). ~**steuer,** die [세무] 교통세. ~**stockung,** die 교통 정체(현상). ~**störung,** die 교통 장애(두절).

~straße, die 교통로, 공도(公道). **~streife**, die ↑ Polizeistreife. **~strom**, der 교통의 흐름. **~sünder**, der 《통용어》교통(법규) 위반자. **~tauglichkeit**, die 교통 운행에 관한 적응력. **~teilnehmer**, der 도로 사용자. **~tote**, der 〈대개 Pl.〉교통 사고로 인한 사망자. **~tüchtigkeit**, die ↑~tauglichkeit. **~unfall**, der 교통 사고. **~unterricht**, der 교통 안전 교육. **~verbindung**, die 교통편(便), 교통 연계. **~verbot**, das 통행(진입) 금지. **~verbund**, der 교통 기업체 연합, 운송 협회. **~verein**, der 교통(관광) 협회. **~verhältnisse** 〈Pl.〉 ↑~lage (1). **~vorschrift**, die 〈대개 Pl.〉 ↑~regel. **~weg**, der 1. 교통로, 교통편. 2. (통지문 및 지시문의) 하달(下達) 경로. **~wert**, der [경제] 시장(유통) 가격. **~wesen**, das 〈Pl. 없음〉 교통 제도(관계, 체계, 업무). **~widrig** 〈Adj.〉 교통 법규 위반의. **~zählung**, die 교통량 조사. **~zeichen**, das 교통 표지.

verkehrt [fɛɐ̯'keːɐ̯t] 〈Adj.〉 거꾸로의, 전도된, 반대의, 잘못된: eine Zigarre am -en Ende anzünden 담배불을 거꾸로 붙이다; **(mit etw.) an den Verkehrten kommen** 《통용어》예기치 않은(엉뚱한) 결과를 가져오다. **Verkehrtheit**, die; -en **a)** 〈Pl. 없음〉전도(顚倒), 부조리, 불합리, 배리(背理), 심술. **b)** 잘못된 것(일), 거꾸로 된 것(일). **verkehrtherum** 〈Adv.〉 **a)** 반대로, 거꾸로, 뒤집어: einen Pullover v. anziehen 스웨터를 거꾸로[뒤집어] 입다. **b)** 반대쪽에 있는, 거꾸로 된: **v. sein** 〈경〉동성애(호모) 관계에 있다. **verkehrtrum** 〈Adv.〉 ↑verkehrtherum. **Verkehrung**, die; -en 전도, 도착(倒錯), 곡해, 착오.

verkeilen 〈h〉 1. 쐐기로 죄다(잠그다): die Eingänge waren verkeilt 입구가 사람들로 꽉 막히다. 2. 〈v. + sich〉 밀착되다, 누구에게 반하다. 3. (지역적) 마구 때리다.

verkennen* [fɛɐ̯'kɛnən] 잘못 보다, 오인하다, 오해하다, 잘못 판단하다, 부인하다: den Ernst der Lage v. 사태의 심각성을 인식하지 못하다; ein verkanntes Genie (농) 인정받지 못한 천재. **Verkennung**, die; -en 오인, 오해, 부인.

verketten 〈h〉 1. 쇠사슬로 잠그다. 2. 쇠사슬로 잇다, 연결하다. **Verkettung**, die; -en 연쇄, 연결, 연속.

verketzern 〈h〉 이단자의 낙인을 찍다, 이단시하다. **Verketzerung**, die; -en 이단시함, 증상.

verkienen [fɛɐ̯'kiːnən] 〈s〉 [식물·임업] (송진 과잉으로) 죽다(枯死)하다.

verkieseln 〈s〉 〈전문어〉 규산화(硅酸化)하다, 규화(硅化)하다. **Verkieselung**, die; -en 규산화, 규화(硅化).

verkitschen [fɛɐ̯'kɪtʃn] 〈h〉 1. (작품을) 졸작으로 만들다, 키취로 만들다: einen Roman in der Verfilmung v. 소설의 영화화가 졸작이 되었다. 2. 《지역적》 헐값으로 팔다, 마구 팔아치우다. **Verkitschung**, die; -en ↑verkitschen의 명사형.

verkitten 〈h〉 시멘트로 접합하다, 봉니(封泥)로 봉하다.

verklagen 〈h〉 1. 고소(고발)하다. 2. 《지역적·아어》누구에 관해 고층(불평)을 말하다.

verklammern 〈h〉 1. 집게(죔쇠)로 죄다(함께 묶다), 괄호 속에 넣다. 2. 〈v. + sich〉 어디에(누구에게) 꽉 달라붙다. **Verklammerung**, die; -en ↑verklammern의 명사형.

verklappen 〈h〉 《전문어》 (쓰레기, 폐물 따위를) 물속에 가라앉히다. **Verklappung**, die; -en ↑verklappen의 명사형.

verklapsen 〈h〉 《통용어》얕보다, 우롱하다, 놀리다.

verklaren [fɛɐ̯'klaːrən] 〈h〉 [↑verklären Form으로 nd. 형](nordd.) 설명하다, 명확히 하다. **verklären** 〈h〉 1. 〈대개 수동으로〉 [종교] 변용(變容)시키다, 신성하게 하다. 2. 미화시키다, 아름다운(행복한) 외관을 부여하다. 3. 〈v. + sich〉 아름다운[행복한] 표정(외관)을 지니다: [전의] die Vergangenheit verklärt sich in der Erinnerung 과거는 기억 속에서 미화되어 나타난다. **verklärt** 〈Adj.〉 성스러운, 미화된, 행복이 깃든. **Verklärung**, die; -en [해양·법] (해난 사고를 알리는 선장의) 항해 보고. **Verklärung**, die; -en 1. 변용, 미화. 2. (예수의) 변용. **Verklärungsbericht**, der; -(e)s, -e [해양·법] ↑Verklärung.

verklatschen 〈h〉 《통용어》 누구를 중상(모함)하다, 고자질하다.

verklauseln [fɛɐ̯'klauzln] 〈h〉 《드물게》 ↑verklausulieren. **Verklauselung**, die; -en 《드물게》 ↑Verklausulierung. **verklausulieren** 〈h〉 1. …에 단서를 붙이다, 단서로 제한(규정)하다. 2. 교묘하게(복잡하게) 표현하다: sich sehr verklausuliert ausdrücken 알아듣기 힘듦게 표현하다. **Verklausulierung**, die; -en 1. 단서를 붙임. 2. 단서가 붙음.

verkleben 1. **a)** 〈s〉 접착력이 있다, 잘 달라붙다. **b)** 〈h〉 붙이다, 달라붙게 하다: (von Blut) verklebte Haare (피가) 뒤엉킨 머리카락. 2. 〈h〉 발라서 봉하다: die Wunde mit Heftpflaster v. 상처에 반창고를 붙이다. 3. 서로 접착 시키다. 4. 《드물게》다 붙이다. **Verklebung**, die; -en ↑verkleben의 명사형.

verkleckern 〈h〉《통용어》1. 먹으면서 흘리다. 2. (돈을) 낭비하다, 마구 쓰다. **verklecksen** 〈h〉 1. 얼룩지게 하다, 더럽히다. 2. 흘러내려 얼룩지게 하다.

verkleiden 〈h〉 1. 변장(가장, 위장)시키다: 〈대개 v. + sich〉 sich zum Fasching als Matrose v. 사육제 때 선원으로 가장하다. 2. (무엇으로) 덮다, 씌우다: eine Fassade mit Marmor v. 건물의 정면을 대리석으로 입히다. 3. 아름답게[시적으로] 쓰다: Tatsachen poetisch v. 사실을 시적으로 미화하여 표현하다. **Verkleidung**, die; -en 1. **a)** 변장, 위장, 가장. **b)** 변장복, 위장복, 변장. 2. **a)** 덮음, 씌움. **b)** 덮는 것, 씌우는 것: eine V. aus Holz 나무로 덮어 씌움.

verkleinern [fɛɐ̯'klainɐn] 〈h〉 1. (반대: vergrößern 1) **a)** (용적, 크기를) 축소시키다, 작게 줄이다: einen Betrieb v. 사업의 규모를 축소시키다. **b)** 〈v. + sich〉 (통용어) (이사하여) 공간을 줄이다. **c)** 〈v. + sich〉 (용적·크기가) 줄다, 축소되다. 2. (반대: vergrößern 2) **a)** (양, 수, 규모 등을) 줄이다, 축소하다. **b)** 〈v. + sich〉 (양, 수, 규모 등이) 줄다, 감소하다. 3. (왜곡시켜) 과소평가하다: damit will ich seine Verdienste nicht v. 그의 공적을 과소평가하려는 것은 아니다. 4. 무엇을 축소하여 재생산하다(반대: vergrößern 3). 5. (광학렌즈 따위를 통해) 더 작게 보이게 하다(반대: vergrößern 4). **Verkleinerung**, die; -en 1. ↑verkleinern의 명사형 (반대: Vergrößerung 1). 2. 축소 사진(반대: Vergrößerung 2). **Verkleinerungsform**, die [언어] 축소형. **Verkleinerungssilbe**, die [언어] 축소접미사, 축소철(綴).

verkleistern 〈h〉 1. 《통용어》 **a)** (풀로) 붙이다: [전의] Tatsachen(Widersprüche) v. 사실(모순)을 덮어버리다. **b)** ↑verkleben (1.2). 2. 《전문어》(무엇이) 풀처럼 되게 하다, 접착성을 띠게 하다. **Verkleisterung**, die; -en ↑verkleistern의 명사형.

verklemmen 〈h〉 1. **a)** 〈v. + sich〉 걸려서[끼어서] 움직이지 않다: die Tür hat sich verklemmt 문이 끼어서 움직이지 않는다. **b)** 《드물게》걸려서 움직이지 못하게 하다. 2. 〈대개 과거분사로〉압착(압축)하다, 눌러 합치다: ein schmerzlich verklemmter Mund 고통스럽게 꽉 다문 입. **verklemmt** 〈Adj.〉 경직된, 자연스럽지 못한: v. lächeln 억지로 웃다. **Verklemmtheit**, die; -en 1. 〈Pl. 없음〉 경직(됨), 경직성. 2. 경직성을 야기시

키는 연행. **Verklemmung,** die; -en **1. a)** ⟨Pl. 없음⟩ 꼼짝달싹 않음. **b)** 경직(성), 압축[착]. **2.** ↑Verklemmtheit (1).

verklickern ⟨h⟩ 《경》(정확히) 설명하다.

verklingen* ⟨s⟩ 울림[소리]이 멎다, 사라지다: 전의 ⟨아어⟩ die Begeisterung verklingt 감격이 차츰 사라지다.

verklitschen ⟨h⟩ 《지역적》 행상하다, 도부치다.

verkloppen ⟨h⟩ 《통용어》 **1.** 마구 때리다, 구타하다. **2.** 헐값으로 팔다, 처분하다, 행상하다.

verklüften [fɛɐ̯'klyftn̩] sich ⟨h⟩ 【사냥】 (여우 따위가) 추적을 피해 굴을 파다.

verklumpen ⟨s⟩ 덩어리가 되다. **Verklumpung,** die; -en ↑verklumpen의 명사형.

verknacken ⟨h⟩ 《통용어》 유죄 판결을 내리다: man hat ihn zu einem Jahr Gefängnis verknackt 그는 1년 징역형의 판결을 받았다. **verknacksen,** sich ⟨h⟩ 《통용어》 삐다: ich habe mir den Fuß verknackst 나는 발을 삐었다.

verknallen ⟨h⟩ 《통용어》 **1.** (화약, 탄환을) 다 써버리다 [쏘아버리다]. **2.** ⟨v. + sich⟩ 열렬히 사랑하다. **3.** 《통용어·준고어》 유죄 판결을 내리다.

verknappen ⟨h⟩ **a)** 결핍되게 하다, 모자라게 만들다. **b)** ⟨v. + sich⟩ 결핍되다, 부족되다. **Verknappung,** die; -en 결핍, 부족, 바닥이 남.

verknassen [fɛɐ̯'knasn̩], **verknasten** [fɛɐ̯'knastn̩] ⟨h⟩ 《경》 징역형을 언도하다.

verknäueln, verknäulen, sich ⟨h⟩ ↑knäueln.

verknautschen a) ⟨h⟩ ↑knautschen (1 a). **b)** ⟨h⟩ 《지역적》 ↑knautschen (1 b).

verkneifen* ⟨h⟩ **1.** ⟨v. + sich⟩ 《통용어》 **a)** 억제하다, 참다: ich konnte mir das Lachen kaum v. 나는 웃음을 참을 수가 없었다. **b)** 단념[체념]하다, 포기하다. **c)** 《드물게》 압축[압착]하다, 오므리다.

verkneten ⟨h⟩ 반죽하다.

verkniffen ⟨Adj.⟩《쀼》찡그린, 비뚤어진: sein Mund ist v. 그의 입이 일그러졌다[비죽거렸다]. **Verkniffenheit,** die 《쀼》 ↑verkniffen의 명사형.

verknittern ⟨h⟩ 《지역적》 ↑zerknittern.

verknöchern ⟨s⟩ (생각이) 굳어지다, 유연성이 없어지다: 《대개 과거분사로》 ein verknöcherter Beamter 고루한 관리. **Verknöcherung,** die; -en ↑verknöchern의 명사형.

verknorpeln [fɛɐ̯'knɔrpl̩n] ⟨s⟩ 【의학】 연골화(軟骨化)하다. **Verknorp(e)lung,** die; -en 연골화(軟骨化).

verknoten ⟨h⟩ **a)** ↑knoten (a): den Schal um den Hals v. 숄을 목에 둘러 묶다. **b)** ↑knoten (b). **c)** ⟨v. + sich⟩ 얽히다, 휘감기다, 엉클어지다. **d)** 묶어서 매다, 동여매다, 매듭지게 하다. **Verknotung,** die; -en ↑verknoten의 명사형.

verknüllen ⟨h⟩ 《지역적》 ↑zerknüllen.

verknüpfen ⟨h⟩ **1.** ↑knoten (b): die Enden der Schnur miteinander v. 실의 양끝을 서로 잇다. **2.** 결합시키다. **3. a)** 연결시키다, 관련시키다: zwei Gedankengänge miteinander v. 두개의 생각을 서로 관련시키다. **b)** ⟨v. + sich⟩ 관련이 있다, 연관되다. **4.** 【사냥】 (동물들이) 교미하다. **Verknüpfung,** die; -en ↑verknüpfen의 명사형.

verknurren ⟨h⟩ 《경》 **1.** 유죄 판결을 내리다. **2. verknurrt sein** 1) 누구와 싸우다. 2) 화가 나다, 분노하다.

verknusen [fɛɐ̯'knuːzn̩] 《다음 용법으로》 jmdn. (etw.) **nicht v. können** 《통용어》 누구[무엇]가 싫다[역겹다].

verkochen 1. a) ⟨s⟩ 너무 오래 끓어서 증발해 버리다. **b)** ⟨s⟩ 죽이 될 때까지 삶다. **c)** ⟨v. + sich⟩ ⟨h⟩ 너무 삶기어 파괴[분해]되다. **2.** ⟨h⟩ 푹 삶아서 달리 이용하다. **b)** 푹 삶아서 다른 것으로 가공하다.

¹**verkohlen 1.** ⟨s⟩ 타서 숯처럼 되다. **2.** ⟨h⟩ 숯으로 만들다.

²**verkohlen** ⟨h⟩ 《통용어》 우롱[조롱]하다, 놀려대다: ich fühle mich verkohlt 난 조롱을 당한 기분이다. **Verkohlung,** die; -en ↑¹verkohlen의 명사형.

verkoken ⟨h⟩ (탄을) 코크스로 만들다. **Verkokung,** die; -en ↑verkoken의 명사형.

verkommen* **1. a)** 영락[타락]하다; die ist nach dem Tode der Eltern immer mehr verkommen 그 여자는 부모가 세상을 떠난 후 점점 타락해 갔다. **b)** 황폐해지다[쇠퇴하다]. **2.** (음식 따위가) 썩다, 상하다. **3.** ⟨österr.⟩ 떠나가다. **4.** ⟨schweiz.⟩ 동의하다. **Verkommenheit,** die ↑verkommen의 명사형. **Verkommnis,** das; -ses, -se ⟨schweiz.⟩ 협정, 계약.

verkomplizieren ⟨h⟩ 복잡하게 만들다.

verkonsumieren ⟨h⟩ 《통용어》 ↑konsumieren.

verkoppeln ⟨h⟩ 잇대어 붙이다, 병합하다, 결합하다. **Verkopp(e)lung,** die; -en ↑verkoppeln의 명사형.

verkorken 1. ⟨h⟩ 코르크 마개로 막다. **2.** ⟨s⟩ 코르크가 되다.

verkorksen [fɛɐ̯'kɔrksn̩] ⟨h⟩ 《통용어》 **1.** 기분을 상하게 하다[잡치다]. **2.** (실수하여) 망치다[못쓰게 하다]: der Schneider hat das Kostüm verkorkst 재단사가 의상을 망쳐놨다. **3.** (위를) 버리다.

verkörnen ⟨h⟩ 《전문어》 ↑granulieren (1).

verkörpern [fɛɐ̯'kœrpɐn] ⟨h⟩ **1.** (무대나 영화에서) 연기하다; die Schauspielerin hat die Iphigenie vorbildlich verkörpert 그 여배우는 이피게니에 역을 훌륭하게 연기해 냈다. **2.** 구체화하다, 구현하다, (…의) 화신이다: er verkörpert noch den Geist des alten Preußen 그는 옛 프러시아의 정신을 아직도 구현하고 있다. **Verkörperung,** die; -en 구체화, 화신(化身), 권화(權化).

verkosten 1. ⟨h⟩ ⟨österr.⟩ 맛을 보다, 시식[시음]하다. **2.** 《전문어》 맛을 감정하다. **Verkoster,** der; -s, - 시식 [시음]자, 맛 감정가.

verkostgelden [fɛɐ̯'kɔstɡɛldn̩] ⟨h⟩ ⟨schweiz.⟩ 하숙[기숙]시키다. **verköstigen** [fɛɐ̯'kœstɪɡn̩] ⟨h⟩ ↑beköstigen. **Verköstigung,** die; -en ↑verköstigen의 명사형.

Verkostung, die; -en 시식[시음].

verkrachen 《통용어》 **1.** ⟨v. + sich⟩ ⟨h⟩ 누구와 사이가 나빠지다, 싸우다: sich mit seinem Vater v. 아버지와 싸우다. **2.** ⟨s⟩ 파산하다, 실패하다: 《자주 과거분사로》 ein verkrachter Poet 실패한 시인.

verkraften [fɛɐ̯'kraftn̩] ⟨h⟩ **1.** 극복하다: sie hat dieses Erlebnis seelisch nicht verkraftet 그 여자는 이 경험을 정신적으로 극복해 내지 못했다. **2.** 【철도】 (철도 노선을) 자동차 노선으로 대체하다. **3.** 《고어》 ↑elektrifizieren.

verkrallen ⟨h⟩ **1.** ⟨v. + sich⟩ 무엇에 달라붙다, 매달리다. **2.** 움켜쥐다: sie verkrallte ihre Hand in seinen Ärmel 그 여자는 손으로 그의 팔소매를 움켜 쥐었다.

verkramen ⟨h⟩ 《통용어》 잘못 놓다, 잘못 놓고 잊어버리다.

verkrampfen ⟨h⟩ **1. a)** ⟨v. + sich⟩ 경련[쥐]이 일어나다: die Muskeln verkrampften sich 근육에 경련이 일어나다. **b)** 경련적으로 움츠리다. **2. a)** 경련적으로 꽉 움켜쥐다. **b)** ⟨v. + sich⟩ 경련적으로 꽉 움켜쥐다. **3.** 경직되다, 마비되다: 《자주 과거분사로》 er ist völlig verkrampft 그는 완전히 경직됐다. **Verkrampftheit,** die 경직[마비]된 사람[상태]. **Verkrampfung,** die; -en **1.** 경련, 경직, 마비. **2.** 경련[경직, 마비] 상태.

verkratzen ⟨h⟩ 상처[자국]가 나도록 할퀴다, 긁다.

verkrauchen, sich ⟨h⟩ 《대개 현재형으로》 《지역적·

verkrauten md.》 ↑verkriechen.
verkrauten ⟨s⟩ 잡초로 우거지다, 무성하다. **Verkrautung**, die; -en ↑verkrauten의 명사형.
verkrebst [fɛɐ̯'kre:pst] ⟨Adj.⟩ 《통용어》 암이 크게 번진.
verkriechen*, sich ⟨h⟩ 은거하다, 칩거하다, 숨다: der Igel hat sich im Gebüsch verkrochen 고슴도치가 숲 속에 숨었다; ich werde mich jetzt ins Bett v. 《통용어》 이제 잠자리로 가겠습니다; du brauchst dich nicht vor ihm zu verkriechen 자네 그 사람 앞에서 꿀릴 필요 없어.
verkröpfen ⟨h⟩ [건축·토건] ↑kröpfen (3 a). **Verkröpfung**, die; -en [건축·토건] 운각(雲拱)이 있는 초엽, 귀틀.
verkrümeln ⟨h⟩ 1. 《빵 부스러기 따위를》 흩뿌리다. 2. ⟨v. + sich⟩ 《통용어》 슬그머니 사라지다(달아나다).
verkrümmen 1. a) ⟨s⟩ 구부러지다. **b)** ⟨v. + sich⟩ ⟨h⟩ 구부러지다: seine Wirbelsäule hat sich verkrümmt 그의 척추가 휘었다. 2. ⟨h⟩ 구부러 뜨리다. **Verkrümmung**, die; -en 굴곡, 만곡.
verkrumpeln ⟨h⟩ 《지역적》 《의복 따위를》 구기다.
verkrüppeln [fɛɐ̯'krʏp|n] ⟨h⟩ 1. ⟨s⟩ 기형으로 성장하다, 불구가 되다: 2. ⟨h⟩ 기형[불구]으로 만들다: der Krieg hat ihn verkrüppelt 《드물게》 전쟁이 그를 불구로 만들었다. **Verkrüpp(e)lung**, die; -en 발육 부전, 불구, 기형.
verkrusten [fɛɐ̯'krʊstn] ⟨s⟩ 딱지가 앉다[되다]: 《자주 과거분사로》 eine verkrustete Wunde 딱지가 앉은 상처. **Verkrustung**, die; -en ↑verkrusten의 명사형.
verkühlen, sich ⟨h⟩ 1. 《지역적》 ↑erkälten (1 a): ich habe mich ein bißchen verkühlt 나는 감기가 약간 걸렸다. 2. 《드물게》 서늘해지다, 식다. **Verkühlung**, die; -en 냉각(冷却), 감기.
verkümmeln ⟨h⟩ 《통용어》 무엇을 돈으로 바꾸다.
verkümmern 1. ⟨s⟩ 생장[발육]이 위축되다, 쇠약해지다: 전의 seelisch v. 정신적으로 위축되다. 2. ⟨h⟩ 《아어·고어》 감하다, 가치를 떨어뜨리다. **Verkümmerung**, die; -en 발육 부전, 쇠약, 위축, 삭감.
verkünden ⟨h⟩ 《아어》 1. a) 알리다, 공포(포고)하다. b) 《큰 소리로》 선언하다: freudestrahlend verkündete sie ihre Verlobung 기쁨에 차서 그녀는 자기의 약혼을 선언했다. 2. 《지역적》 《목사가 설교단에서》 약혼을 공고하다. 3. 《드물게》 ↑verkündigen (1). 4. 예고하다, 통고하다. **Verkünder**, der; -s, - 《아어》 알리는 사람, 공포[포고]자, 예고자. **verkündigen** ⟨h⟩ 《아어》 1. 선언하다, 전도[설교]하다: das Wort Gottes v. 하느님의 말씀을 전도하다. 2. a) ↑verkünden (1 a). b) ↑verkünden (1 b). 3. ↑verkünden (3). **Verkündiger**, der; -s, - 《아어》 알리는 사람, 전도(설교)자, 공포자, 포고자. **Verkündigung**, die; 1. 전도, 설교, 선언, 고지(告知). 2. 선언[전도, 고지]된 것, 전언, 통지. **Verkündigungsauftrag**, der 선언(고지) 명령, 전도[설교] 임무. **Verkündung**, die; -en 알림, 공포, 포고, 통지, 예고. **Verkündungsblatt**, das ↑Gesetzblatt.
verkupfern ⟨h⟩ 구리를 입히다, 구리로 도금하다. **Verkupferung**, die; -en 구리도금.
verkuppeln ⟨h⟩ 1. 《드물게》 ↑kuppeln (1 a). 2. 《두 사람을》 연결하다[붙여 주다], 중매하다: er hat seine Tochter mit einem reichen Mann verkuppelt 그는 그의 딸을 돈많은 남자와 맺어줬다. **Verkupp(e)lung**, die; -en ↑verkuppeln의 명사형.
verkürzen ⟨h⟩ 1. a) 길게 하다, 짧게 하다: das Brett (um 10 cm) v. 널판지의 길이를 (10 cm 가량) 줄이다; eine verkürzte Fassung 축소판(版). b) ⟨v. + sich⟩ 짧아지다, 줄어들다. 2. 《시간을》 단축시키다: den Urlaub v. 휴가를 단축하다; ich verkürzte mir die Wartezeit durch einen Spaziergang 나는 기다리는 시간의 무료함을 산책으로 달랬다. 3. [구기] 점수의 차이를 좁히다. 4. 《드물게》 무엇을 제한하다, 감하다. **Verkürzung**, die; -en ↑verkürzen의 명사형.
verlachen ⟨h⟩ ↑auslachen (1).
Verlad [fɛɐ̯'la:t], der; -s 《schweiz.》 ↑Verladung.
Verlade-: **~anlage**, die 하적장(荷積場), 하적 시설. **~bahnhof**, der 화물역. **~brücke**, die 교형 기중기(橋形起重機). **~kai**, der 화물을 취급하는 부두, 양륙장(揚陸場). **~kran**, der ↑Ladekran. **~platz**, der 적하장(積荷場). **~rampe**, die 짐 싣는 곳, 양륙장.
verladen* ⟨h⟩ 1. 싣다, 적재하다. 2. 《통용어》 속이다: die Wähler v. 유권자를 속이다. **Verlader**, der; -s, - 1. 적재인, 운송업자. 2. 《전문어》 하주. **Verladung**, die; -en 싣기, 적재, 하적(荷積).
Verlag [fɛɐ̯'la:k], der; -(e)s, -e 《österr.》 Verläge 1. 출판(사), 발행(소), 간행(소): ein Buch in V. geben 《준고어》 책을 출판하도록 하다; in welchem V. ist das Buch erschienen? 그 책은 어느 출판사에서 나온 것입니까? 2. 《상·준고어》 중개업, 도매업. 3. 《schweiz.》 산재해 있음, 흩어져 있음. **verlagern 1.** ⟨h⟩ a) 《무게, 중점 등을》 옮기다. b) 옮겨놓다. c) ⟨v. + sich⟩ 이전하다, 옮아가다. **Verlagerung**, die; -en 이동, 이전, 전위(轉位), 변위(變位).
verlags-, Verlags-: **~anstalt**, die ↑Verlag (1). **~buchhandel**, der 출판업. **~buchhändler**, der ↑Verleger. **~buchhandlung**, die 출판사. **~eigen** ⟨Adj.⟩ 출판사에 속하는. **~erzeugnis**, das 출판물. **~handlung**, die ↑~buchhandlung. **~haus**, das ↑Verlag (1). **~katalog**, der 출판 도서 목록. **~kaufmann**, der 출판사 판매원. **~leiter**, der 출판사 지배인. **~lektor**, der (출판사의) 원고 심의자, 편집 고문. **~programm**, das 출판 도서 목록. **~prospekt**, der 출판 도서 안내책자(팜플렛). **~recht**, das [법] 1. 출판법. 2. 판권(版權). **~redakteur**, der (출판사의) 편집장. **~vertrag**, der 『법』출판계약. **~werk**, das 출판(간행)물. **~wesen**, das 출판.
verlammen ⟨h⟩ 《양이나 염소가》 유산(낙태)하다.
verlanden ⟨s⟩ 《강, 바다, 호수 등이》 점차 육지가 되다. **Verlandung**, die; -en ↑verlanden의 명사형.
verlangen ⟨h⟩ 1. 요구하다, 청구하다: du verlangst Unmögliches von mir 자네는 나에게 불가능한 것을 요구하고 있어; das ist zuviel verlangt 그건 지나친 요구다. 2. a) 필요로 하다, 요하다: diese Arbeit verlangt Geduld 이 일은 인내가 필요하다. b) 《어떤 특정한 상황에서》 명하다, 요구하다: der Anstand verlangt, daß du dich entschuldigst 예의를 지키려면 자네가 사과해야 하네. 3. 대가를 요구하다. 4. 무엇을 보여 달라고 요구하다. 5. 《전화상으로》 누구와 통화할 것을 요구하다: du wirst am Telefon verlangt 자네에게 전화왔네. 6. 《아어》 a) 누가 오도록 요구하다: die Sterbende verlangte nach einem Priester 죽음을 앞둔 그 여자는 신부를 요청했다. b) 무엇을 달라고 요구하다, 바라다, 원하다. c) 누구를 그리워하다. **Verlangen**, das; -s, - 《아어》 1. 욕망, 열망, 갈망: ein starkes V. nach etw. haben 무엇에 대한 강한 욕망을 지니다; ein V. erfüllen(befriedigen) 욕망을 채우다(충족시키다). 2. 요구, 청구, 희구.
verlängern [fɛɐ̯'lɛŋɐn] ⟨h⟩ 1. a) 길게 하다, 늘이다. b) ⟨v. + sich⟩ 《드물게》 길어지다, 길게 되다. 2. a) 《유효 기간을》 연장[연기]하다, 갱신하다: er ließ seinen Paß v. 여권을 연장시키다. b) ⟨v. + sich⟩ 《유효 기간이》 연기되다, 연장되다. c) 《기간을》 연장하다, 연기하다: die Pause verlängern 휴식 시간을 연장하다. 3. 《수프, 우유 따위를》 묽게 하여 양을 늘리다. 4. [구기] 공을 논스톱로 차다. **Verlängerung**, die; -en 연기, 연장, 갱신, 계속. **Verlängerungsschnur**, die 연장(延長)용 케이블[전선]. **Verlängerungsstück**, das ↑Verlängerungsschnur.
verlangsamen [fɛɐ̯'laŋzaːmən] ⟨h⟩ a) 느리게 하다, 늦추다. b) ⟨v. + sich⟩ 느려지다, 늦어지다: die Entwicklung verlangsamt sich 발전 속도가 늦어지고 있다. **Verlangsamung**, die; -en ↑verlangsamen의 명사형.
verlangtermaßen ⟨Adv.⟩ 청구[소망]대로.
verläppern ⟨h⟩ ⟪통용어⟫ 1. a) ⟨시간, 돈을⟩ 서서히 낭비하다, 없애다. b) ⟨v. + sich⟩ 조금씩 낭비되다, 없어지다. 2. 조금씩 고갈되다.
verlaschen ⟨h⟩ ⟪기술⟫ ↑laschen (a). **Verlaschung**, die; -en ⟪기술⟫ ↑verlaschen의 명사형.
Verlaß [fɛɐ̯'las], ⟪다음의 용법으로⟫ **auf jmdn.[etw.] ist (kein) V.** 누구[무엇]는 믿을 수 있다(없다). **¹verlassen*** ⟨h⟩ 1. ⟨v. + sich⟩ 믿다, 기대다, 기대하다: sich auf seine Freunde v. 친구들에게 기대하다; du solltest dich nicht immer auf andere v. 항상 다른 사람을 믿지만 말게. 2. 떠나다, 버리다: verlassen Sie sofort meine Wohnung! 당장 내 집에서 나가시오!; ⟨과거분사로⟩ das Haus war verlassen 그 집은 비어 있었다. ⟨전의⟩ wir verlassen jetzt dieses Thema 우리 이제 이 테마는 그만해 둡시다. 3. ⟨누구와⟩ 헤어지다, ⟨누구를⟩ 버리다, 유기하다: unser treusorgender Vater hat uns für immer verlassen ⟨은폐⟩ 우리의 자애로운 아버지께서 돌아가셨다; ⟨전의⟩ alle Kräfte verließen ihn 그는 기력을 완전히 잃었다; ⟨과거분사로⟩ sie fühlte sich ganz verlassen 그 여자는 자기가 완전히 버림받았다고 느꼈다. **²verlassen** ⟨Adj.⟩ 버림받은, 고독한, 쓸쓸한, 황량한, 안사는. **Verlassenheit**, die 고독, 황량, 쓸쓸함. **Verlassenschaft**, die; -en ⟪österr., schweiz.⟫ 유산, 유고(遺稿). **Verlassenschaftsabhandlung**, die ⟪österr·판⟫ 유산상속 싸움. **verlässig** ⟨Adj.⟩ ⟪고어⟫ 믿을 만한, 신뢰[신용]할 수 있는, 의지가 되는. **verläßlich** [fɛɐ̯'lɛslɪç] ⟨Adj.⟩ 성실한, 신뢰[신용]할 수 있는, 틀림없는, 확실한. **Verläßlichkeit**, die 신빙성, 신뢰성, 신용도.
verlästern ⟨h⟩ 험구하다, 비방하다, 중상하다. **Verlästerung**, die; -en 험구, 비방, 중상.
verlatschen ⟨h⟩ ⟨신발을⟩ 오래 신어 닳게 하다.
Verlaub ⟪다음의 용법으로⟫ **mit V.** ⟪아어⟫ 실례입니다만.
Verlauf, der; -(e)s, Verläufe 1. (선 따위의) 뻗음, 연장, 진로: den V. einer Grenze festlegen 경계의 선을 확정하다. 2. 진행, 경과, 발전, 결과: die Ereignisse nahmen einen guten V. 사건이 좋게 끝나다; im V. der Diskussion 토론이 진행되는 동안에. **verlaufen*** 1. ⟨s⟩ (길 따위가) 어떤 방향으로 뻗어 있다: die Straße verläuft schnurgerade 도로가 일직선으로 뻗어 있다. 2. ⟨s⟩ 경과하다, 진행되다: die Generalprobe ist glänzend verlaufen 총연습이 멋지게 진행됐다. 3. 용해하다, 풀리다. 4. ⟨s⟩ (물감 따위가) 마구 번지다 (흘러 내리다): die Tinte verläuft auf dem schlechten Papier 잉크가 저질 종이에 마구 번진다. 5. a) ⟨s⟩ 어디로 사라지다. b) ⟨v. + sich⟩ ⟨h⟩ ↑verlaufen (5 a.): der Weg verlaufen sich im Gestrüpp des Heidekrauts 길이 히드 숲 속에서 없어졌다. 6. ⟨v. + sich⟩ ⟨h⟩ 가다가 길을 잃다: die Kinder haben sich verlaufen 어린아이들이 길을 잃었다. 7. ⟨v. + sich⟩ ⟨h⟩ a) (군중이) 흩어지다. b) (물, 조수가) 흘러가 버리다, 빠지다. **Verlaufsform**, die ⟪언어⟫ 진행형.
verlausen 1. ⟨s⟩ 이가 들끓다. 2. ⟨h⟩ ⟪드물게⟫ 이를 옮기다. **Verlausung**, die; -en ↑verlausen의 명사형.

verlautbaren [fɛɐ̯'laʊtbaːrən] 1. ⟨h⟩ 공고하다, 고시하다: über den Stand der Untersuchungen wurde noch nichts verlautbart 조사 상황에 대해 아직 아무런 발표도 없다. 2. ⟨s⟩ (아어) 공고되다, 고시되다, 알려지다. **Verlautbarung**, die; -en 공고, 고시, 성명. **verlauten** 1. ⟨h⟩ 알리다, 발설하다. 2. ⟨s⟩ (널리) 알려지다: wie verlautet, ist es zu Zwischenfällen gekommen 알려진 바와 같이 돌발사건이 일어났다.
verleben ⟨h⟩ 1. 지내다, 보내다: seine Kindheit auf dem Lande v. 유년 시절을 시골에서 보내다. 2. ⟪통용어⟫ 소모[소비]하다. **verlebendigen** [fɛɐ̯lɛˈbɛndɪɡn̩] ⟨h⟩ 1. 생생히 보여주다, 소생시키다, 살려내다: dieser Roman verlebendigt die Zeit nach 1945 이 소설은 1945년 이후의 시대를 생생하게 보여준다. 2. 생명을 부여하다. **Verlebendigung**, die; -en ↑verlebendigen의 명사형. **verlebt** ⟨Adj.⟩ 방탕한 생활을 한 흔적이 있는, 방탕으로 쇠약해진. **Verlebtheit**, die 소모, 쇠약, 무기력, 노쇠.
¹verlegen ⟨h⟩ 1. 잘못 놓다, 놓고 잊어버리다. 2. 연기하다: die Premiere ist (auf nächste Woche) verlegt worden 초연이 (다음주로) 연기됐다. 3. 옮기다, 이전하다: den Wohnsitz aufs Land v. 거처를 시골로 옮기다. 4. ⟪전문어⟫ ↑legen (4): der Teppichboden muß noch verlegt werden 양탄자를 깔아야 한다. 5. 폐쇄하다, 차단하다, 봉쇄하다: den Truppen war der Rückzug verlegt 부대의 퇴로가 차단당했다. 6. ⟨v. + sich⟩ ↑legen (7): sich auf ein bestimmtes Fachgebiet v. 특정한 전공 분야에 몰두하다. 7. 출판[간행]하다.
²verlegen ⟨Adj.⟩ 1. 당황한: er war[wurde] ganz v. 그는 완전히 당황(해)했다. 2. **um etw. v. sein** 무엇을 필요로 하다, 무엇이 없다: er ist immer um Geld v. 그에게는 쓸 돈이 언제나 없었다; **nicht[nie] um etw. v. sein** 결코 대답에 막히는 법이 없다. **Verlegenheit**, die; -en 1. ⟪Pl. 없음⟫ 당황, 당혹: seine V. verbergen 당혹감을 감추다. 2. 곤경, 곤란: jmdm. -en bereiten 누구를 곤경에 빠트리다; jmdm. aus einer V. helfen 누구를 곤경에서 구해주다.
Verlegenheits-: **~geschenk**, das 마땅한 것을 못찾아 어쩔 수 없이 고른 선물. **~lösung**, die ↑Notlösung. **~mannschaft**, die ⟪구기⟫ 응급히 구성된 팀. **~pause**, die 어색한 침묵의 순간.
Verleger [fɛɐ̯'leːgɐ], der; -s, - 출판[발행]자. **Verlegerin**, die; -nen ↑Verleger의 여성형. **verlegerisch** ⟨Adj.⟩ 출판[발행]자의. **Verlegerzeichen**, das; -s, - ↑Druckerzeichen. **Verlegung**, die; -en 이전, 이동, 전치(轉置), 잘못 놓음, 놓고 잊음, 연기, 출판, 발행.
verleiden ⟨h⟩ 싫(어하)게 만들다: jmdm. den Urlaub v. 누구의 휴가를 망쳐놓다. **Verleider**, der; -s, - ⟪schweiz.⟫ 싫증, 권태, 불쾌, 혐오. **Verleidung**, die; -en ↑verleiden의 명사형.
Verleih [fɛɐ̯'laɪ̯], der; -(e)s, -e 1. ⟪Pl. 없음⟫ 빌려 줌, 대여. 2. 전당포업, 대본업(貸本業), 의복을 세놓는 집. **verleihen*** ⟨h⟩ 1. 빌려 주다, 대여하다: ich verleihe meine Bücher nicht gerne 나는 책 빌려 주는 것을 별로 좋아하지 않는다. 2. 수여하다, 기부하다: jmdm. einen Orden[einen Titel] v. 누구에게 훈장[칭호]을 수여하다. 3. 부여하다, 마련해 주다: die Wut verlieh ihm neue Kräfte 분노가 그에게 새로운 힘을 부여했다. **Verleiher**, der; -s, - 대여자, 대주(貸主), 양도자. **Verleihung**, die; -en 대여, 대출, 임대, 수여, 부여, 양도. **Verleihungsurkunde**, die 대여[대출] 증서, 수여증서.
verleimen ⟨h⟩ 아교로 잇다, 연결하다. **Verleimung**, die; -en ↑verleimen의 명사형.
verleiten ⟨h⟩ 유인하다, 유혹하다, 미혹하다: jmdn.

verleitgeben zum Trinken v. 누구에게 술을 마시도록 유혹하다.
verleitgeben* ⟨h⟩ 《방언》(맥주, 포도주 따위를) 따르다.
Verleitung, die; -en 유인, 유혹, 미혹.
verlernen ⟨h⟩ (배운 것을) 잊다, 잊어버리다: 전의 sie hat das Lachen verlernt 그녀는 웃음을 잃었다.
¹verlesen* ⟨h⟩ **1.** 큰소리로 낭독하여 알리다(공표하다). **2.** ⟨v. + sich⟩ 잘못 읽다. **²verlesen*** ⟨h⟩ ↑²lesen (b).
Verlesung, die; -en ↑¹verlesen (1)의 명사형.
verletzbar [fɛɐˈlɛtsbaːɐ] ⟨Adj.⟩ 상하기 쉬운, 감정이 상하기 쉬운, 민감한. **Verletzbarkeit**, die ↑verletzbar의 명사형. **verletzen** ⟨h⟩ **1.** 해치다, 상하게 하다, 상처를 입히다: ich habe mich am Kopf verletzt 나는 머리를 다쳤다; sie war schwer(leicht) verletzt 그 여자는 중상(경상)을 입었다. **2.** 감정을 해치다, 화나게 하다, 모욕하다: sie fühlte sich in ihrer Ehre verletzt 그 여자는 자기 명예가 손상당했다고 느꼈다. **3. a)** 범하다, 위반하다, 어기다: den Anstand v. 품위를 손상시키다. **b)** 불법적으로 경계를 넘어서다, 침입하다: die Grenzen eines Landes v. 한 나라의 국경을 침입하다. **verletzlich** ⟨Adj.⟩ 다치기 쉬운, 약한, 감정이 예민한. **Verletzlichkeit**, die ↑verletzlich의 명사형. **Verletzte***, der / die 부상자, 피해자. **Verletzung**, die; -en **1.** 상해, 부상(당한 자리): er hat eine V. am Kopf 그는 머리에 부상을 입었다; sie ist den schweren erlegen 그 여자는 심한 부상으로 생명을 잃었다. **2.** 모욕, 감정을 해침, 위반, 침해. **Verletzungsgefahr**, die 상해(부상) 위험.
verleugnen ⟨h⟩ 부인하다, 부정하다, 거절하다: das läßt sich nicht v. 그것은 부인할 수 없는 사실이다; sich (am Telefon) v. lassen (전화가 걸려오자) 집에 있으면서 없다고 말하게 하다. **Verleugnung**, die; -en 부인, 부정, 거절, 방기, 중지.
verleumden [fɛɐˈlɔymdn̩] ⟨h⟩ 비방하다, 중상하다, 헐뜯다; jmdn. aus Haß v. 증오한 나머지 누구를 중상하다. **Verleumder**, der; -s, - 비방(중상)자. **verleumderisch** ⟨Adj.⟩ **a)** 비방(중상)적인. **b)** 비방(중상)자와 같은. **Verleumdung**, die; -en 비방, 중상, 모략.
Verleumdungs-: **~feldzug**, der ↑~kampagne. **~kampagne**, die 중상 모략전(戰). **~klage**, die 명예훼손 고소. **~prozeß**, der 명예 훼손 소송(재판).
verlieben, sich ⟨h⟩ 사랑에 빠지다, 반하다: er hat sich (in sie) verliebt 그는 (그 여자에 대한) 사랑에 빠졌다; 전의 in dieses Bild bin ich geradezu verliebt 나는 이 그림에 반했다; **zum Verlieben sein(aussehen)** 《통용어》매혹적으로 보이다. **Verliebte***, der / die 연인, 애인. **Verliebtheit**, die 연애, 열애(熱愛), 사랑하는 상태, 연모, 반하기 쉬움.
verlieren* [fɛɐˈliːrən] ⟨h⟩ **1.** (물건을) 잃어버리다, 분실하다: was hast du deinen hier verloren? 《통용어》자네 여기 무엇하러 왔나?; du hast hier nichts verloren! 《통용어》여긴 자네가 올 곳이 못 되네, 가게!; irgendwo nichts verloren haben 《통용어》어디에 있을 자격이 없다; an(bei) jmdm. verloren sein 누구를 위한 노고가 헛되다: alle ärztliche Kunst war an ihr(bei ihn) verloren 어떤 의술도 그녀에게는 도움이 되지 못했다. **2. a)** (일행을) 잃어버리다: wir müssen aufpassen, daß wir uns in diesem Gewühl nicht v. 이 혼잡한 사람들 속에서 서로 잃어버리지 말도록 우리 조심하세. **b)** (이별, 죽음으로 인해) 잃다: seinen besten Freund v. 가장 친한 친구를 잃다. **3. a)** 상실하다: er hat im Krieg einen Arm verloren 전쟁에서 그는 팔을 하나 잃었다. **b)** 벗어던지다, 떨어뜨리다: im Herbst verlieren die Bäume ihre Blätter 가을이면 나무들로부터 잎이 떨어진다. **4.** 새어나와 없어지게 하다: der Reifen verliert Luft 바퀴에 바람이 빠졌다. **5.** (자기 잘못으로) 중요한 것

을 지키지 못하다(잃다): sein Ansehen v. 체면을 잃다; die Sprache v. 《놀라서》말문이 막히다; **für jmdn. (etw.) verloren sein** 누구(무엇을) 위해 도움이 되지 못하다. **6. a)** (아름다움 따위를) 잃다. **b)** 적어지다, 약화되다: an Wirkung(Wert, Reiz) v. 효과(가치, 매력)이 감소되다. **c)** 강도가 줄다: Kaffee verliert sein Aroma 커피의 향이 줄어들다. **7.** (싸움, 경기 등에서) 지다, 패배하다: ein Fußballspiel (mit) 1 : 2 v. 축구경기에서 일대 1로 패하다; es ist noch nicht alles verloren 아직 약간의 희망은 있다; 《4격 목적어 없이도》 wir haben nach Punkten verloren 우리는 판정으로 졌다; **nichts (mehr) zu v. haben** 더 이상 잃어버릴 것이 없다; **jmdn. (etw.) verloren geben** 누구(무엇)를 위한 노력을 포기하다. **8.** (돈, 물건을) 손해보다, 잃다. **9.** ⟨v. + sich⟩ **a)** 없어지다, 점차 사라지다: seine Begeisterung wird sich schnell v. 그의 감탄은 점차 사그라들 것이다. **b)** (시야에서) 사라지다: der Weg verliert sich im Nebel 그 길은 안개 속으로 사라졌다. **c)** 길을 잃다. **10.** ⟨v. + sich⟩ **a)** 누구(무엇)에게 헌신하다, 전념하다: sich in Hirngespinsten v. 몽상에 잠기다. **b)** 본질에서 이탈하다. **Verlierer**, der; -s, - **1.** 잃은 사람, 분실자, 손실자. **2.** 패(배)자. **Verlies** [fɛɐˈliːs], das; -es, -e (중세) 지하감옥, 토굴옥(土窟獄).
verloben ⟨h⟩ **1.** ⟨v. + sich⟩ 약혼하다(반대: sich entloben): sie hat sich mit ihrem Jugendfreund verlobt 그 여자는 어릴 때 친구와 약혼했다. **2.** (옛) 약혼시키다. **Verlöbnis** [fɛɐˈløːpnɪs], das; -ses, -se (아이) 약혼, 약혼식. **Verlobte***, der / die 약혼자. **Verlobung**, die; -en **1.** 약혼(반대: Entlobung): eine V. (auf)lösen(rückgängig machen) 파혼하다.
Verlobungs-: **~anzeige**, die 약혼 광고(통지). **~feier**, die ↑Verlobung (2). **~geschenk**, das 약혼 선물. **~ring**, der 약혼 반지. **~zeit**, die 약혼 시절.
verlochen ⟨h⟩ ⟨schweiz.⟩ 파묻다, 매장하다.
verlocken ⟨h⟩ (아어) 유혹하다, 미혹하다: der See verlockt zum Baden 바다를 보니 수영하고 싶어진다; das ist nicht sehr verlockend 그것은 그렇게 유혹적이지 않다. **Verlockung**, die; -en 유혹, 미혹.
verlodern ⟨h⟩ (아어) **1.** 불이 꺼지다, 타다 말다. **2.** 소실되다, 타다 없어지다.
verlogen [fɛɐˈloːɡŋ̍] ⟨Adj.⟩ 《괌》 **a)** 거짓말쟁이의, 허위의. **b)** 부정적인, 불성실한. **Verlogenheit**, die 거짓, 허위, 부정직, 불성실.
verlohen ⟨s⟩ (아이) ↑verlodern.
verlohnen ⟨h⟩ **a)** ⟨v. + sich⟩ lohnen (1 a): dafür verlohnt es sich zu leben! 그런 때문에 인생은 살 만한 거야!; ⟨sich 없이도⟩ die Mühe hat verlohnt 노력한 보람이 있었다. **b)** ↑lohnen (1 b).
verlor [fɛɐˈloːɐ̯], **verlöre** [fɛɐˈløːrə], **verloren** [fɛɐˈloːrən] ↑verlieren 참조. **verlorengehen*** ⟨s⟩ **1.** 없어지다, 분실되다: mein Paß ist verlorengegangen 내 여권이 없어졌다; an ihm ist ein Techniker verlorengegangen 《통용어》그는 훌륭한 기술자가 될 뻔했는데. **2.** 패배하다, 지다. **Verlorenheit**, die **1.** 망아(忘我). **2.** 고독, 황량.
¹verlöschen ⟨h⟩ 《드물게》 ↑¹löschen (1 a). **²verlöschen*** ⟨s⟩ (아이) 꺼지다: das Feuer(die Kerze) verlischt 불(촛불)이 꺼지다; 전의 sein Ruhm wird nicht v. 그의 명성은 사라지지 않을 것이다.
verlosen ⟨h⟩ 제비를 뽑아 결정(분배)하다, 추첨하다. **Verlosung**, die; -en 제비뽑기, 추첨.
verlöten ⟨h⟩ **1.** [기술] ↑löten (1). **2. einen v.** 《농》 ↑heben (1 a).
verlottern 《괌》 **1.** ⟨s⟩ 방탕에 빠지다, 타락하다, 엉망이 되다: er ist total verlottert 그 남자는 완전히 타락했다.

2. 〈h〉 (돈, 시간 따위를) 마구 소비하다, 탕진하다. **Verlotterung,** die; -en ↑verlottern의 명사형.
verludern 《괌》 **1.** 〈s〉 방탕하다, 타락하다, 영락하다. **2.** 탕진하다, 방탕하게 쓰다. **3.** [사냥] (들짐승이) 죽다.
verlumpen 1. 〈s〉 방탕하다, 타락하다, 영락하다. **2.** 〈h〉 탕진하다, 방탕하게 쓰다. **Verlumpung,** die; -en ↑ verlumpen의 명사형.
Verlust, der; -(e)s, -e **1.** 분실, 잃음, 상실: in V. geraten [관] 없어지다, 분실되다. **2.** 사별(死別). **3.** 손상, 손실, 손해: der Gegner hatte[erlitt] schwere -e 적은 지대한 손실을 입었다. **4.** 적자, 결손(반대: Gewinn 1): etw. mit V. verkaufen 무엇을 밑지고 팔다.
verlust-, Verlust-: **~anzeige,** die 분실 공고(광고). **~betrieb,** der 적자 회사. **~geschäft,** das 적자 사업. **~konto,** das 손실 계정. **~liste,** die 사상자 명단, 피해 목록. **~meldung,** die 분실 신고. **~punkt,** der ↑ Minuspunkt (1). **~reich** 〈Adj.〉 손실이 많은. **~zeit,** die 잃어버린 시간.
verlustieren [fɛɐ̯lʊs'tiːrən], sich 〈h〉 《조롱》 재미있어하다, 즐거워하다: sich auf einer Party v. 파티를 즐기다.
verlustig (다음의 용법으로) **einer Sache v. gehen** [관] 무엇을 잃다; **jmdn. einer Sache für v. erklären** [관·준고어] 누구에게서 무엇을 박탈한다고 선고하다.
verm.: ↑vermählt(기혼의, 결혼한)의 약칭.
vermachen 〈h〉 ↑vererben (1): [전의] ich habe ihm meine Briefmarkensammlung vermacht 《통용어·농》 나는 그에게 나의 수집우표를 선사했다. **Vermächtnis** [fɛɐ̯'mɛçtnɪs], das; -ses, -se **1.** [법] ↑²Legat: [전의] das V. der Antike 고대(古代)의 유산[유물]. **2.** 유언. **Vermächtnisnehmer,** der [법] 유산 수취인, 수유자(受遺者).
vermahlen 〈h〉 《드물게》 (찧어) 밀가루로 만들다.
vermählen [fɛɐ̯'mɛːlən] 〈h〉 《아어》 **1.** 〈v. + sich〉 결혼하다: sie hat sich mit ihm vermählt 그 여자는 그 남자와 결혼했다. **2.** 《준고어》 결혼시키다. **Vermählte*,** der / die 《아어》 기혼자, 결혼한 사람. **Vermählung,** die; -en 결혼. **Vermählungsanzeige,** die ↑Heiratsanzeige (1).
vermahnen 〈h〉 《준고어》 엄하게 훈계하다, 강력히 간하다, 경고하다. **Vermahnung,** die; -en 엄계(嚴戒), 경고.
vermakeln 〈h〉 《경제 은어》 (중개사로서) 중개하다[팔다]: Grundstücke v. 대지를 중개하다[팔다].
vermaledeien [fɛɐ̯malə'daɪ̯ən] 〈h〉 《과거분사로》 [lat. maledicere] 《통용어》 저주하다: dieses vermaledeite Auto springt nicht an 이 망할 놈의 자동차가 시동이 안 걸려. **Vermaledeiung,** die; -en (1의 명사) 저주.
vermalen 〈h〉 **1.** 그려서 소모하다: die ganze Farbe v. 색깔을 모두 다 쓰다. **2.** 색을 마구 칠하다.
vermännlichen [fɛɐ̯'mɛnlɪçn̩] 〈h〉 남성화하다[남성화시키다].
vermanschen 〈h〉 《통용어》 **1.** 섞다, 혼합하다. **2.** 낭비하다. **3.** 되는 대로 섞어서 망치다: [전의] eine vermanschte Figur haben 제멋대로 생긴 모양을 지니다.
vermarken 〈h〉 ↑¹vermessen (1): Land v. 땅의 구획을 짓다.
vermarkten 〈h〉 **1.** (공개하여) 돈벌이를 하다. **2.** [경제] 시장에 내놓다. **Vermarktung,** die; -en ↑vermarkten의 명사형.
Vermarkung, die; -en 구획, 측량.
vermasseln [fɛɐ̯'masl̩n] 〈h〉 《경》 **1.** 그르치다, 잡치다, 망쳐놓다: jmdm. ein Geschäft v. 누구의 사업을 망치다. **2.** 틀리게 쓰다: die Prüfung v. 시험 답안을 엉망으로 쓰다.

vermassen [fɛɐ̯masn̩] 〈h〉 《괌》 **1.** 무엇을 대중 상품으로 만들다. **2.** 대중화하다. **Vermassung,** die; -en 대중화.
vermatten [fɛɐ̯'matn̩] 〈s〉 《schweiz.》 지치다, 흐릿해지다.
vermauern 〈h〉 **1.** 벽으로 두르다(막다): einen Eingang v. 입구를 폐쇄하다. **2.** 벽공사에 소비하다(모래 따위를).
vermehren 〈h〉 **1. a)** (수, 무게, 용적 따위를) 늘리다, 증가(증대)시키다: seinen Besitz v. 재산을 증식시키다. **b)** 〈v. + sich〉 늘다, 증가(증대)하다. **2.** 〈v. + sich〉 번식하다. **Vermehrung,** die; -en 증가, 증대, 번식.
vermeidbar [fɛɐ̯'maɪ̯tbaːɐ̯] 〈Adj.〉 피할 수 있는. **vermeiden*** 〈h〉 피하다, 기피하다, 꺼리다; 방지[예방]하다: läßt sich ein Zusammentreffen nicht v.? 만남은 피할 수 없단 말인가? **vermeidlich** 〈Adj.〉 피할 수 있는. **Vermeidung,** die; -en 기피, 회피; 방지.
vermeil [vɛr'mɛːj] 〈Adj.〉 [frz. vermeil] 진홍색의. **Vermeil** [-], das; -s 도금(鍍金)한 은(銀); 진홍(眞紅).
vermeinen 〈h〉 믿다, 상상하다, 추정하다; 잘못 생각하다, 오산하다. **vermeintlich** [fɛɐ̯'maɪ̯ntlɪç] 〈Adj.〉 상적인, 추정의, 허위의, 자칭하는, 소위: der -e Gangster entpuppte sich als harmloser Tourist 그 이른바 갱단은 악의없는 관광객으로 밝혀졌다.
vermelden 〈h〉 《준고어·농》 통지하다, 보고하다.
vermengen 〈h〉 **1. a)** 섞다, 혼합하다: Eier und Zucker mit Mehl v. 계란과 설탕을 밀가루와 섞다. **b)** 〈v. + sich〉 섞이다, 혼합되다. **2.** 혼동하다, 혼란시키다: zwei völlig verschiedene Begriffe miteinander v. 전연 다른 두 개념을 서로 혼동하다. **Vermengung,** die; -en 혼합, 혼동, 혼란, 혼잡, 착오.
vermenschlichen [fɛɐ̯'mɛnʃlɪçn̩] 〈h〉 **1.** 인간화하다, 교화(敎化)하다. **2.** 인간처럼 묘사하다, 의인화(擬人化)하다. **Vermenschlichung,** die; -en 인간화, 의인화, 인도화(人道化), 교화(敎化).
Vermerk [fɛɐ̯'mɛrk], der; -(e)s, -e 각서, 메모; 기입, 기재; 비고. **vermerken** 〈h〉 **1.** 메모하다, 기입하다, 적어 놓다: einen Termin im Kalender v. 달력에 기간[기일]을 적어놓다. **2.** 무엇을 알다, 인지하다: (jmdm.) etw. übel v. (누구의) 무엇을 나쁘게 생각하다, 무엇 때문에 화가 나다.
¹vermessen* 〈h〉 **1.** 재다, 측량하다: Land v. 대지를 측량하다. **2.** 〈v. + sich〉 잘못 재다, 오측(誤測)하다. **3.** 〈v. + sich〉 《아어》 주제넘은 짓을 하다, 외람된 일을 하다. **²vermessen** 〈Adj.〉 《아어》 대담한, 주제넘은, 불손한, 뻔뻔스러운. **Vermessenheit,** die; -en 오만, 불손.
Vermesser, der; -s, - 측량자[사]. **Vermessung,** die; -en 측량.
Vermessungs- 〈¹vermessen (1): **~amt,** das Katasteramt. **~ingenieur,** der 측량 기사, 측량사. **~schiff,** das 측량선(船). **~urkunde,** die 측량 기록 문서. **~wesen,** das 〈Pl. 없음〉 Geodäsie.
vermickert [fɛɐ̯'mɪkɐt] 〈Adj.〉 [ost]niederd. mikkern] 《통용어·괌》 허약한, 약질인, 보잘것없는, 불구(기형)의.
vermieft [fɛɐ̯'miːft] 〈Adj.〉 ↑miefig.
vermiekert [fɛɐ̯'miːkɐt] 〈Adj.〉 《지역적》 ↑vermickert.
vermiesen [fɛɐ̯'miːzn̩] 〈h〉 《통용어》 누구에게 무엇을 싫어하도록 하다: jmdm. den Urlaub v. 누구의 휴가를 망치다.
vermieten 〈h〉 빌려주다, 임대하다, 세놓다: eine Wohnung v. 집을 세놓다. **Vermieter,** der; -s, - **1.** 대주(貸主), 임대인. **2.** (세든 쪽에서 본) 집주인. **Vermieterin,** die; -nen ↑Vermieter의 여성형. **Vermietung,** die; -en 빌려줌, 임대.

Vermillon [vɛrmi'jõː], das; -s [frz. vermillon] 황화제2수은(黃化弟二水銀).

vermindern ⟨h⟩ **a)** 줄이다, 감소시키다, 약하게 하다: die Gefahr v. 위험을 줄이다. **b)** ⟨v. + sich⟩ 줄다, 감소하다, 약해지다: sein Einfluß vermindert sich 그의 영향력이 줄어든다. **Verminderung**, die; -en 감소, 감축, 축소.

verminen ⟨h⟩ 지뢰[기뢰]를 부설하다.

Verm.-Ing. ↑ Vermessungsingenieur의 약칭.

Verminung, die; -en 기뢰[지뢰]부설.

vermischen ⟨h⟩ **1. a)** ⟨철저하게⟩ 섞다, 혼합하다. **b)** 첨가하여 섞다. **2.** ⟨v. + sich⟩ **a)** ↑ mischen (2 a): Wasser vermischt sich nicht mit Öl 물은 기름과 섞이지 않는다. **b)** 첨가되어 섞이다. **Vermischung**, die; -en 혼합, 혼화; 교배; 합금, 혼합물.

vermissen ⟨h⟩ **1.** 누구[무엇]이 없음을 아쉬워하다, 있으면 좋겠다고 생각하다, 그리워하다: seine Kinder sehr v. 자식들을 몹시 그리워하다. **2.** 없음을 깨닫다: 〔전의〕 er ist (im Krieg) vermißt 그는 (전쟁에서) 실종되었다; man hat dich in der Vorlesung vermißt 강의 중에 너를 찾았다. **3.** ⟨드물게⟩ ↑ missen (1). **Vermißte**, der / die 행방 불명자, 실종자. **Vermißtenanzeige**, die 실종신고, 수색원(搜索願).

vermitteln ⟨h⟩ **1.** 중재[조정]하다: in einem Streit v. 분쟁을 중재하다. **2.** 성사시키다, 성립시키다: eine Ehe v. 결혼을 성사시키다. **3. a)** 주선하다, 알선하다: jmdm. eine Stelle v. 누구에게 일자리를 알선하다. **b)** 중개하다: das Arbeitsamt vermittelt die ausländischen Arbeitnehmer an die Firmen 노동청이 외국인 근로자들을 회사들과 연결시켜준다. **4.** (사상 등을) 전달[전수]하다: er kann sein Wissen nicht v. 그는 자기 지식을 전수할 줄 모른다. **vermittels(t)** ⟨Präp.²⟩ ⟨격식높이⟩ ↑ mittels. **Vermittler**, der; -s, - **1.** ⟨중매⟩ 중개〕자, 주선자, 조정자, 브로커. **2.** (전문)직업 소개인, 중개업자.

Vermittler-: **~provision**, die 중개 수수료. **~rolle**, die 중개역, 중재역.

Vermittlerin, die; -nen ↑ Vermittler의 여성형. **Vermittlung**, die; -en ⟨중개[매개], 주선, 중재, 조정. **2. a)** 전화 교환국. **b)** 전화 교환원.

Vermittlungs-: **~amt**, das **1.** 중재부처(部處). **2.** ↑ Vermittlung 2. **~ausschuß**, der 조정 위원회, 양원(兩院)협의회. **~gebühr**, die 중개 수수료. **~stelle**, die **1.** ↑ ~amt. **2.** 중개업소. **~versuch**, der 조정[중개] 시도(試圖).

vermöbeln [fɛɐ̯'møː.b|n] ⟨h⟩ ⟨대학생⟩ ⟨경⟩ 때리다, 구타하다. **Vermöb(e)lung**, die; -en ⟨경⟩ 구타, 때림.

vermodern ⟨s⟩ ↑ ¹modern. **Vermoderung**, die; -en 썩음, 부패.

vermöge [fɛɐ̯'møː.gə] ⟨präp.²⟩ ⟨아어⟩ …의 힘으로, …에 의하여, …의 결과로, …의 도움으로: v. seiner Beziehungen 그의 교제에 힘입어. **vermögen*** ⟨h⟩ ⟨아어⟩ **1.** ("zu" 부정형과 함께) …할 능력[힘]이 있다, 할 수 있다(können (1 a) 참조): er vermag (es) nicht, mich zu überzeugen 그는 나를 설득시킬 수가 없다. **2.** 성취시키다, 이룩하다: Vertrauen vermag viel 신뢰는 [신뢰하면] 많은 것을 성취한다. **Vermögen**, das; -s, - **1.** ⟨Pl. 없음⟩ ⟨아어⟩ 능력, 힘, 재능: soviel in meinem V. liegt, will ich mich gern dafür einsetzen 내 힘이 닿는 한 그것을 위해 전력 투구하겠다. **2.** 재산, 자산, 부(富), 자력(資力): durch Erbschaft zu V. kommen 상속을 받아 부자가 되다; er hat V. 그는 부유하다. **vermögend** ⟨Adj.⟩ 재산이 있는, 부유한: er ist v. 그는 부유하다.

vermögens-, **Vermögens-** (Vermögen 2): **~abgabe**, die ⟨옛⟩ 재산세. **~anlage**, die 투자. **~anteil**, der 재산 배당. **~aufteilung**, die 재산 분배. **~berater**, der ↑ Anlageberater. **~besteuerung**, die 재산세 부과. **~bildung**, die ⟨전문어⟩ 재산 형성, 재산 축적; 재형 저축. **~einziehung**, die 재산 압류, 재산 몰수. **~erklärung**, die ⟨재정⟩ 재산 신고. **~lage**, die 재산 상태. **~los** ⟨Adj.⟩ 재산이 없는, 무자력(無資力)인. **~masse**, die 전재산, 재산 전체. **~politik**, die 재산, 분배에 관한 재산 정책. **~politisch** ⟨Adj.⟩ 재산 정책 (상)의. **~recht**, das 재산권[법]. **~rechtlich** ⟨Adj.⟩ 재산권[재산법]상의. **~schaden**, der 재산 손실, 부유한. **~steuer**, die ⟨세무⟩ 재산(자산)세. **~teilung**, die 재산분할. **~verhältnisse** ⟨Pl.⟩ 재산 상태. **~versicherung**, die 재산 보험. **~verteilung**, die 재산 분배. **~verwaltung**, die 재산 관리. **~wert**, der 재산가치. **~wirksam** ⟨Adj.⟩ 재산 형성(축적)에 작용하는: -es Sparen 재산을 모으는 힘이 되는 저축. **~zuwachs**, der 재산 증식.

Vermögensteuer: ↑ Vermögenssteuer. **vermöglich** ⟨Adj.⟩ ⟨지역적⟩ 재산이 있는, 부유한.

Vermont [vɐrˈmɔnt, ⟨engl.⟩ vəːˈmɔnt], -s 버몬트(미국의 주 이름).

vermooren [fɛɐ̯ˈmoːrən] ⟨s⟩ 점차 늪지로 된다.

vermottet [fɛɐ̯ˈmɔtət] ⟨Adj.⟩ ⟨지역적⟩ 좀이 쓴[먹은].

vermorschen [fɛɐ̯ˈmɔrʃn] ⟨s⟩ 썩다.

vermückert [fɛɐ̯ˈmʏkɐt], **vermükert** [fɛɐ̯ˈmyːkɐt] ⟨Adj.⟩ ⟨지역적·평⟩ ↑ vermickert, vermiekert.

vermummeln ⟨h⟩ ⟨친근⟩ ↑ ¹mummeln. **vermummen** ⟨h⟩ **1.** 무엇 속에 감싸다. **2.** 변장(가장)시키다. **Vermummung**, die; -en 복면, 변장, 가장. **Vermummungsverbot**, das 복면(가장) 금지.

¹vermuren ⟨h⟩ ⟨지역적·전문어⟩ (토지가 돌 따위로) 황폐해지다.

²vermuren ⟨h⟩ ⟨선원⟩ (선박을) 두개의 닻으로 정박시키다; 안정[고정]시키다.

vermurksen ⟨h⟩ ⟨통용어⟩ 서툰 솜씨로 망치다.

vermuten [fɛɐ̯ˈmuːtn] ⟨h⟩ 추측하다, 추정하다, 억측하다, 상상하다, 예기하다: ich vermute ihn in der Bibliothek 그는 도서관에 있는 것 같대; wir haben euch noch gar nicht so früh vermutet 우리는 네가 그렇게 일찍 올 줄은 전연 예기치 못했다. **vermutlich I.** ⟨Adj.⟩ 추측[짐작]되는, 진실인 듯한: der -e Täter konnte gefaßt werden 혐의자가 체포될 수 있었다. **II.** ⟨Adv.⟩ 추측[짐작]컨대. **Vermutung**, die; -en 추측, 짐작, 상상, 예상, 추정, 억측: eine V. haben (äußern) 추측하다(추측을 말로 표현하다).

vernachlässigen [fɛɐ̯ˈnaxlɛsɪɡn̩] ⟨h⟩ **1.** ⟨누구를⟩ 등한히 하다, 소홀히 하다, 돌보지 않다, 경시하다, 무시하다: sie fühlte sich (von ihrem Mann) vernachlässigt 그 여자는 (남편으로부터) 홀대를 받는다고 느꼈다. **2.** ⟨무엇에 필요한 배려를⟩ 게을리하다, 저버리다: seine Pflichten[die Schule] v. 자기 의무[학교 수업]을 게을리하다. **Vernachlässigung**, die; -en 내버려둠, 소홀, 경시, 무시, 태만.

vernageln ⟨h⟩ **1.** 못을 박아서 막다[폐쇄하다]: die Türen und Fenster des Hauses waren mit Brettern vernagelt 집의 문들과 창문들을 널판지에 못을 박아 폐쇄시켰다. **2.** ⟨전문어⟩ 서투르게편자를 박아 말의 발굽을 다치다. **vernagelt** ⟨Adj.⟩ ⟨통용어·평⟩ 고루한, 편협한; 우둔한: er ist völlig v. 그는 아주 편협하다.

vernähen ⟨h⟩ **1.** 꿰매 붙이다, 깁다: der Arzt vernähte die Wunde 의사가 상처를 꿰맸다. **2. a)** 기워서 잘 마무리하다. **b)** 바느질로 (실을) 다 써버리다. **3.** 바느질하다.

Vernalisation [vɛrnaliza'tsjoːn], die; -en [lat. vernālis] 야로비 농법(소련의 촉성 재배법의 일종), 춘화(春化)

처리. **vernalisieren** [...'zi:rən] ⟨h⟩ 야로비 농법으로 재배하다, 춘화처리하다.
vernarben ⟨s⟩ 흉터가 생기다, (상처가) 아물다. **Vernarbung**, die; -en 흉터 생김.
vernarren, sich ⟨h⟩ **a)** (누구에게) 애착을 가지다, (누구[무엇]를) 선호하다: er war in den Ort vernarrt 그는 그 지역에 애착을 가지고 있었다. **b)** 홀딱 반하다, 열렬히 사랑하다: er vernarrte sich in die hübsche Verkäuferin 그는 예쁜 여점원에게 홀딱 반했다. **Vernarrtheit**, die; -en 열중, 탐닉, 홀딱 빠짐.
vernaschen ⟨h⟩ **1. a)** (드물게) 미식(美食)하다, 군것질하다. **b)** 식도락(食道樂)에 소비하다: er hat sein ganzes Taschengeld vernascht 그는 그의 용돈 전부를 식도락(군것질)에 소비했다. **2.** 《경》 (누구를) 살짝 따먹다(성교). **3.** 《경》 누구를 이기다(배제하다), 제압하다: seinen Konkurrenten v. 그의 경쟁자를 물리치다.
vernascht ⟨Adj.⟩ 미식(군것질)을 즐기는, 식도락의.
vernebeln ⟨h⟩ **1.** 안개(증기, 연기)로 덮다(가리다): [전의] der Alkohol hat ihnen die Köpfe[das Gehirn] vernebelt 알코올이 그들의 머리를 몽롱하게 만들었다. **2.** 《전문어》 액체를 분무(噴霧)시키다, 뿜다: ein Schädlingsbekämpfungsmittel v. 살충제를 뿌리다. **3.** 은폐시키다, 엄폐하다. **Vernebelung, Verneblung**, die; -en 연기(안개)로 가림, 은폐; 연막 구성.
vernehmbar [fɛɐ̯'ne:mbaːɐ̯] ⟨Adj.⟩ (아이) 들리는, 알아들을 수 있는: ein kaum -er Laut 거의 알아들을 수 없는 소리. **vernehmen*** ⟨h⟩ **1.** (아이) **a)** 듣다, 청취하다: Schritte auf dem Flur v. 복도에서 나는 발자국 소리를 듣다. **b)** 누구로부터 알다, 소문으로 듣다: von jmdm. nichts mehr v. 누구에 관해 더 이상 듣지 못하다. **2.** (피고, 증인 등을) 심문(신문)하다: jmdn. als Zeugen v. 누구를 증인으로 심문하다. **Vernehmen**, das 《다음 용법으로》 **dem[allem, gutem, sicherem] V. nach** [모든·믿을 만한·정확한] 소식통에서 들은 바에 의하면.
Vernehmer, der; -s, - 심문[신문]자. **Vernehmlassung** [fɛɐ̯'ne:mlasʊŋ], die; -en ⟨schweiz.⟩ 의견 발표, 태도 표명; 공시, 고시. **vernehmlich** [fɛɐ̯'ne:mlɪç] ⟨Adj.⟩ 확실히 들리는, 분명히 들을 수 있는. **Vernehmung**, die; -en 심문, 신문: eine polizeiliche [gerichtliche] V. 경찰[법정] 심문. **vernehmungsfähig** ⟨Adj.⟩ 심문할 수 있는 (상태에 처한). **Vernehmungsrichter**, der 심문 담당 재판관. **vernehmungsunfähig** ⟨Adj.⟩ 심문할 수 없는 (상태에 처한).
verneigen, sich ⟨h⟩ (아이) ↑verbeugen. **Verneigung**, die; -en (아이) 절, 인사.
verneinen [fɛɐ̯'nainən] ⟨h⟩ **1. a)** 아니라고 대답하다 (반대: bejahen (1)): eine Frage ohne zu zögern v. 질문에 지체없이 아니라고 대답하다. **b)** 부정[부인]하다, 거부하다: er verneint die Gewalt 그는 폭력을 거부한다. **2.** [언어] ↑negieren (2). **Verneinung**, die; -en **1. a)** 부정, 부인 (반대: Bejahung (1)). **b)** 거절, 거부. **2. a)** [언어] 부정(否定). **b)** 부정사(否定詞). **Verneinungsfall**, der 《다음의 용법으로》 **im -e** [격식 독어] 아니라는 대답일 경우에는. **Verneinungswort**, das ⟨Pl. ...wörter⟩ [언어] 부정사(否定詞).
vernetzen [fɛɐ̯'nɛtsn̩] ⟨h⟩ [화학·기술] (분자를) 그물 모양으로 결합시키다. **Vernetzung**, die; -en [화학·기술] 망상(網狀)결합.
vernichten [fɛɐ̯'nɪçtn̩] ⟨h⟩ 없애다, 절멸하다, 근절하다; 파괴하다; 폐기하다, 무효로 하다, 파기하다; 취소하다: Schädlinge v. 해충을 박멸하다; [전의] jmds. Hoffnungen v. 누구의 희망을 꺾다; ein vernichtender Blick traf ihn 경멸의 눈초리가 그를 노려봤다. **Vernichtung**, die; -en 절멸, 근절, 파괴, 폐기, 파기; 취소; 섬멸.

Vernichtungs-: **~feldzug**, der 섬멸전. **~haft**, die 죄수를 육체적·정신적으로 파멸시키는 투옥(投獄). **~krieg**, der ↑~feldzug. **~lager**, das 집단 학살 수용소(2차 대전시 유태인의). **~potential**, das 대량 학살 무기의 잠재력(성능). **~waffe**, die 대량 학살 무기. **~werk**, das 말살(파괴, 섬멸) 행위. **~wut**, die 《드물게》 ↑Zerstörungswut.
vernickeln [fɛɐ̯'nɪkl̩n] ⟨h⟩ 니켈을 입히다, 니켈 도금을 하다. **Vernick(e)lung**, die; -en 니켈 도금.
verniedlichen [fɛɐ̯'ni:tlɪçn̩] ⟨h⟩ 과소 평가하다, 대수롭지 않게 여기다. **Verniedlichung**, die; -en 과소 평가.
vernieten ⟨h⟩ 대갈못으로 죄다(고착시키다). **Vernietung**, die; -en **1.** ↑vernieten의 명사형. **2.** 대갈못으로 죈 자리.
Vernissage [vɛrnɪ'sa:ʒə], die; -n [frz. vernissage] (교양이) (미술 전람회 첫날의) 특별 초대, 전람회 개막.
Vernunft [fɛɐ̯'nʊnft], die (아이) 이성; 이해력, 사고력, 판단력, 지력(智力); 분별, 도리, 조리: er hat gegen alle Regeln der V. darauf bestanden 그는 이성의 모든 법칙에 반해 그것을 고집했다; **V. annehmen[zur Vernunft kommen]** 이성을 회복하다; **jmdn. zur V. bringen** 누구를 본심[이성]으로 돌아가게 하다.
vernunft-, Vernunft-: **~begabt** ⟨Adj.⟩ 이성을 지닌. **~ehe**, die 이지적[타산적] 결혼 생활. **~gemäß** ⟨Adj.⟩ 합리적인, 도리에 합당한, 이성적인. **~glaube**, **~glauben**, der 이성 신앙, 합리주의. **~grund**, der 《대개 Pl.》 조리, 도리, 이성적 동기. **~heirat**, die 이지적[타산적] 결혼. **~mensch**, der 분별력있는 사람, 이성적 인간. **~schluß**, der [철학] 이성적 추론(경험에 의하지 않은), 추리(推理), 논리학의. **~widrig** ⟨Adj.⟩ 배리의, 불합리한, 이성(도리)에 어긋나는. **~widrigkeit**, die; -en **a)** 《Pl. 없음》 불합리, 배리. **b)** 비이성적 발언, 불합리한 언사.
Vernünftelei [fɛɐ̯nʏnftə'lai], die; -en (준고어·폄) **1.** 《Pl. 없음》 궤변 (행위): V. betreiben 궤변을 늘어 놓다. **2.** 궤변적 언설, 당치도 않은 말. **vernünfteln** [fɛɐ̯'nʏnftl̩n] ⟨h⟩ (준고어·폄) 궤변을 늘어놓다, 당치도 않은 말을 꾸며대다. **vernünftig** [fɛɐ̯'nʏnftɪç] ⟨Adj.⟩ **1. a)** 이성적인, 합리적인, 이성이 있는: er ist sonst ganz v. 그는 평소에는 대단히 이성적인 사람이었다; sei doch v.! 정신 좀 차리게! **b)** 분별있는, 신중한; 의미있는, 이성을 보여주는: mit ihm kann man kein -es Wort reden 그와는 전혀 말이 통하지 않는다; eine solche Fahrweise ist einfach nicht v. 그런 식의 운전은 한마디로 분별이 없는 것이야. **2.** 《통용어》 이성적이지 않는, 제대로 된, 올바른: weißt du ein -es Mittel dagegen? 그것에 대한 올바른 대처 방법을 자넨 알고 있나?; ein -es Buch lesen 양서를 읽다; ich möchte gerne ein -es Stück Fleisch essen 고기 한 조각을 정식으로 먹고 싶다.
vernünftigerweise ⟨Adv.⟩ 도랴상, 당연히, 합리적으로. **Vernünftigkeit**, die (드물게) 이성적임, 합리성, 분별, 상식. **Vernünftler** [fɛɐ̯'nʏnftlɐ], der; -s, - 《준고어·폄》 궤변론자, 궤변가.
vernuten [fɛɐ̯'nu:tn̩] ⟨h⟩ 길쭉한 홈으로 접합하다. **Vernutung**, die; -en ↑venuten의 명사형.
veröden 1. ⟨s⟩ **a)** 인적이 없다, 황량하다. **b)** 황폐해지다: das Land verödet immer mehr 이 땅은 점점 황폐해진다. **2.** [의학] **a)** ⟨h⟩ 팽창된 혈관을 주사로 진정시키다. **b)** ⟨s⟩ ↑obliterieren (2). **Verödung**, die; -en ↑veröden의 명사형.
veröffentlichen [fɛɐ̯'œfn̩tlɪçn̩] ⟨h⟩ **a)** 널리 알리다, 공고[공시, 공포]하다: der Text wurde im Wortlaut veröffentlicht 그 텍스트는 토씨하나 틀리지 않고 발표되었다. **b)** 출판[발행]하다: einen Roman bei einem Verlag (in verschiedenen Sprachen) v. 소설을 한 출판사

에서 (여러 나라말로) 출판하다. **Veröffentlichung**, die; -en **1.** 공고, 공시, 출판, 발행. **2.** 출판물, 간행물.
verölen ⟨s⟩ 기름투성이가 되다.
Verona [(ital.) veˈroːna, (engl.) vəˈroʊnə] 베로나(이탈리아의 도시 이름).
Veronese [veroˈneːzə], der; -n, -n, ¹**Veroneser** [veroˈneːzɐ], der; -s, - 베로나의 주민. ²**Veroneser** ⟨Adj.; 격변화 없음⟩ 베로나의.
Veronika [veˈroːnika], die; ...ken ↑ʼEhrenpreisʼ.
verordnen ⟨h⟩ **1.** (의사가) 처방하다: jmdm. ein Medikament (eine Kur) v. (의사가) 누구에게 약을 먹으라고 [휴양을 하라고] 지시하다. **2.** 《드물게》 명령 [지령] 하다, 규정 [제정] 하다: strenge Maßnahmen v. 엄중한 조치를 취하다. **Verordnung**, die; -en **1.** 명령, 지령, 규정, 제정, 법령, 처방. **2.** 명령 [지령] 서, 처방전. **Verordnungsblatt**, das 관보(官報).
verpaaren ⟨h⟩ 《동물》 **a)** ⟨v. + sich⟩ 짝을 이루다. **b)** 《드물게》 《동물을》 짝 지어주다.
verpachten ⟨h⟩ 임대하다, 소작하게 하다: Grundstücke v. 대지를 임대하다. **Verpächter**, der; -s, - 임대인, 지주(地主). **Verpachtung**, die; -en 임대.
verpacken ⟨h⟩ 포장하다, 짐을 꾸리다: alles in eine (einer) Kiste v. 모든 것을 상자에 넣어 포장하다; 전의 sie hatte die Kinder in Wolldecken verpackt 그 여자는 아이들을 모포로 감싸주었다. **Verpackung**, die; -en **1.** 《Pl. 없음》 포장. **2.** 포장 재료. **Verpackungsmaterial**, das 포장 재료.
verpaffen ⟨h⟩ 《통용어·폄》 담배(궐련)로 소비하다.
verpanschen ⟨h⟩ 《통용어》 ↑panschen (1).
verpäppeln ⟨h⟩ 《통용어》 버릇없이 길러서 연약하게 만들다: du darfst das Kind nicht so v. 아이를 그렇게 어하게 길러서는 안돼.
verpassen ⟨h⟩ **1. a)** 놓치다, 만나지 못하다: den Zug v. 기차를 놓치다; er hat seine Frau verpaßt 늦는 바람에 그는 부인을 만나지 못했다. **b)** 제때 이용하지 못하다, 놓치다: eine Chance v. 기회를 놓치다; er verpaßte den Rekord 그는 기록을 깰 수 있는 기회를 놓쳤다. **2.** 《통용어》 《누구에게 싫어하는 것을》 주다, 공급하다, 분배하다: der Arzt verpaßte ihm eine Spritze 의사가 그에게 주사를 놓았다; jmdm. eine Ohrfeige v. 누구에게 따귀를 때리다; **jmdm. eins (eine, ein Ding) v.** 《통용어》 누구를 마구 때리다.
verpatzen ⟨h⟩ 《통용어》 서투른 솜씨로 인해 망치다: der Schneider hat den Anzug ziemlich verpatzt 재단사가 솜씨가 서툴러 옷을 거의 망쳤다.
verpennen ⟨h⟩ 《경》 ↑¹verschlafen (1, 2). **verpennt** [fɛɐ̯ˈpɛnt] ⟨Adj.⟩ ↑²verschlafen.
verpesten ⟨h⟩ 《폄》 악취로 가득 채우다, 《자연 환경을》 오염시키다: 전의 die politische Atmosphäre v. 정치 분위기를 오염시키다. **Verpestung**, die; -en 오염, 전염, 불결, 타락.
verpetzen ⟨h⟩ 《학생·폄》 밀고하다, 고자질하다, 비방하다.
verpfählen ⟨h⟩ 말뚝(기둥)을 박다(세우다), 울타리를 두르다. **Verpfählung**, die; -en ↑verpfählen의 명사형.
verpfänden ⟨h⟩ 전당잡히다, 저당하다(잡히다), 담보로 하다: 전의 sein Wort (seine Ehre) für etw. v. 《아이》 무엇에 대한 약속을 확실하게 하다. **Verpfändung**, die; -en 저당, 담보.
verpfeifen' ⟨h⟩ 《통용어·폄》 밀고하다, 배반하다, 누설하다: einen Plan v. 계획을 누설하다.
verpflanzen ⟨h⟩ **1.** 이식(移植)하다: 전의 alte Menschen lassen sich ungern v. 늙은이들은 이주하기를 싫어한다. **2.** ↑transplantieren. **Verpflanzung**, die; -en 이식(移植).

verpflegen ⟨h⟩ ...에게 먹을 것을 공급하다, 부양하다: die Soldaten werden in dieser Zeit nur kalt verpflegt 군인들은 이 시기에 찬 음식만 공급 받는다. **Verpflegung**, die; -en **1.** 《Pl. 없음》 양식 지급, 부양, 급식. **2.** 《부양》 음식, 양식: warme (kalte) V. 따뜻한 (찬) 음식. **Verpflegungssatz**, der ↑Ration.
verpflichten [fɛɐ̯ˈpflɪçtn̩] ⟨h⟩ **1. a)** 확약시키다, 약속하게 하다: jmdn. feierlich (durch Eid) v. 누구로 하여금 엄숙하게 [서서를 통해] 약속하게 하다; jmdn. zu Stillschweigen v. 누구로 하여금 침묵할 것을 확약하게 하다. **b)** ⟨v. + sich⟩ 의무를 지다, 확약하다, 약속하다: sich vertraglich v., die Arbeit zu übernehmen 그 일을 맡을 것을 계약을 통해 약속하다. **2. a)** (특히 예술가 등을) 고용하다, 고용 계약을 맺다, 채용하다: Schauspieler ans Stadttheater v. 배우 한 명을 시립극장에 채용하다. **b)** ⟨v. + sich⟩ (계약을 통해) 채용되다: er hat sich auf (für) drei Jahre verpflichtet 그는 3년간의 고용계약을 맺었다. **3.** 의무를 지우다, 요구하다: er fühlte sich verpflichtet, ihr zu helfen 그는 그녀를 도와야 한다는 의무감을 느꼈다; ich bin Ihnen zu Dank verpflichtet 나는 당신에게 감사드릴 의무가 있습니다. **Verpflichtung**, die; -en **1.** 약속, 확약, 맹세: die V. der Beamten auf den Staat 국가에 대한 공무원의 (충성) 맹세. **2.** 채용, 고용: die V. neuer Künstler ans Stadttheater 새 배우들의 시립극장에의 전속 채용. **3. a)** (무엇에 대한) 책임, 의무: familiäre (gesellschaftliche) -en 가족에 대한 [사회적] 의무, 책임; eine V. (-en) übernehmen (erfüllen) 책임을 맡다 (다하다). **b)** 《대개 Pl.》 채무, 부채: er hat ungeheure (finanzielle) -en 그는 거대한 (재정적인) 채무를 지고 있다. **Verpflichtungsfähigkeit**, die 《법》 채무 능력. **Verpflichtungsgeschäft**, das 《경제·법》 채무변제 법률 행위.
verpfründen [fɛɐ̯ˈpfrʏndn̩] ⟨h⟩ 《südd., schweiz.》 (재산을 한몫에 넘겨주고 그 대가로) 평생에 걸친 생계를 세우게 하다. **Verpfründung**, die; -en ↑verpfründen의 명사형.
verpfuschen ⟨h⟩ 《통용어》 (태만, 부주의, 서투른 솜씨 등으로) 일을 망치다, 엉망으로 하다, 파괴하다: eine Arbeit v. 일을 망치다.
verpichen ⟨h⟩ 《전문어》 ↑pichen: **auf etw. verpicht sein** 무엇에 집착하다, 전념하다(↑erpicht 참조).
verpieseln, sich ⟨h⟩ 《지역적·경》 **1.** 스며들어 없어지다, 흩어지다. **2.** (슬며시) 도망치다, 달아나다.
verpimpeln ⟨h⟩ [↑pimpeln과 관련] 《통용어》 ↑verpäppeln.
verpinkeln ⟨h⟩ 《경》 오줌으로 더럽히다: verpinkelte Unterhosen 오줌으로 더럽혀진 팬티.
verpissen ⟨h⟩ **1.** 《속어》 ↑verpinkeln. **2.** ⟨v. + sich⟩ 《경》 (은밀히) 사라지다, 도망치다.
verplanen ⟨h⟩ **1.** 잘못 계획하다. **2.** 쓸 용도를 정하다.
verplappern, sich ⟨h⟩ 《통용어》 무심코 누설하다, 실수하여 말해버리다.
verplatinieren ⟨h⟩ 백금을 입히다.
verplatten ⟨h⟩ 판으로 덮다, 장식하다.
verplätten ⟨h⟩ 《통용어》 두들겨 패다.
verplaudern ⟨h⟩ **1. a)** 잡담으로 시간을 보내다. **b)** ⟨v. + sich⟩ 오랜 시간을 잡담으로 소일하다. **2.** 《드물게》 무심코 누설하다.
verplempern ⟨h⟩ **1.** 《통용어》 낭비하다, 헛되이 쓰다. **2.** 《통용어》 ⟨v. + sich⟩ (시간이나 가능성을) 헛되이 낭비하다. **3.** 《지역적》 흘리다, 잘못 붓다.
verplomben [fɛɐ̯ˈplɔmbn̩] ⟨h⟩ 납으로 봉하다. **Verplombung**, die; -en ↑verplomben의 명사형.
verpönen [fɛɐ̯ˈpøːnən] ⟨h⟩ [lat. poena] 《준고어》 (나쁜 것으로 생각하여) 피하다, 거부하다, 금지하다, 경멸하다:

den Genuß von Alkohol v. 술 마시는 것을 금하다; 《아이》 ein verpönter Dichter 금지된 시인.
verpoppen ⟨h⟩ 대중화하다, 유행에 따르게 하다.
verposematuckeln [fɛɐˈpoːzəmaˈtʊkļn] ⟨h⟩ 《통용어》 ↑verkasematuckeln (1).
verprassen ⟨h⟩ 탕진하다, 흥청대며 낭비하다.
verprellen ⟨h⟩ 1. 감정을 자극하다, 화나게 하다. 2. [사냥] (서투른 행동으로) 사냥감을 놓치다.
verproletarisieren 프롤레타리아트화하다. **Verproletarisierung**, die ↑verproletarisieren의 명사화.
verproviantieren ⟨h⟩ 식량을 공급하다. **Verproviantierung**, die ↑verproviantieren의 명사화.
verprügeln ⟨h⟩ 심하게 때리다, 구타하다.
verpuffen ⟨s⟩ 1. 약하게 폭발하다. 2. 효과를 보지 못하다, 성과없이 지나가버리다. **Verpuffung**, die; -en, verpuffen (1)의 명사형.
verpulvern ⟨h⟩ 《통용어》 낭비하다, 마구 쓰다.
verpumpen ⟨h⟩ 《통용어》 ↑verleihen.
verpuppen [fɛɐˈpʊpņ], sich ⟨h⟩ 《동물》 (애송이) 번데기가 되다. **Verpuppung**, die; -en 《동물》 ↑verpuppen의 명사형.
verpusten ⟨h⟩ 《통용어·특히 nordd.》 ↑verschnaufen.
Verputz, der; -es ↑Putz (1). **verputzen** ⟨h⟩ 1. 회칠을 하다, 회반죽을 바르다: ein frisch verputztes Gebäude 새로 회칠을 한 건물. 2. 《통용어》 짧은 시간에 먹어 치우다. 3. 《통용어》 허비하다, 낭비하다. 4. 《스포츠은어》 쉽게 이기다. **Verputzer**, der; -s, - 회칠하는 사람.
verqualmen ⟨h⟩ 1. (특히 담배가) 연기를 내면서 타다. 2. 《통용어·폄》 담배 연기로 가득 차게 하다. 3. 《통용어·폄》 ↑verrauchen (2).
verquält [fɛɐˈkvɛːlt] ⟨Adj.⟩ 《드물게》 심한 고통을 당한.
verquasen ⟨h⟩ ⟨nordd.⟩ 낭비하다.
verquasseln ⟨h⟩ 《통용어·대개 폄》 1. ↑verplaudern (1 a). 2. ⟨v. + sich⟩ ↑verplappern.
verquast [fɛɐˈkvaːst] ⟨Adj.⟩ 《지역적》 ↑verworren.
verquatschen ⟨h⟩ 《통용어》 1. ↑verplaudern (1). 2. ⟨v. + sich⟩ ↑verplappern.
verquellen ⟨s⟩ 팽창하다, 부어오르다, (습기로 인해) 붇다.
verquer ⟨Adj.⟩ 1. 비스듬한, 비뚤어진, 삐딱한, 좋지 못한. 2. 이상한, 기이한, 특이한: -e Vorstellungen [Ideen] 기발한 착상(아이디어); **jmdm. gehen [alles] v.** 어떤 것[모든 것]이 제대로 되지 않다; **jmdm. v. kommen** 적합하지 않게 생각되다.
verquicken [fɛɐˈkvɪkŋ̩] ⟨h⟩ 굳게 결합시키다, 연결시키다. **Verquickung**, die; -en ↑verquicken의 명사형.
verquirlen ⟨h⟩ ↑verrühren.
verquisten [fɛɐˈkvɪstņ] ⟨h⟩ [niederd. vorquisten] ⟨nordd. · 준고어⟩ ↑verquasen.
verquollen [fɛɐˈkvɔlən] ↑verquellen의 과거분사.
verrabbesacken [fɛɐˈrabəzakņ], (또는) **verrabbensacken** [...ˈrabņ...] ⟨s⟩ ⟨berlin.⟩ 퇴락하다, 초라해지다, 몰락하다.
verrammeln ⟨h⟩ 《통용어》 폐쇄하다: alle Türen waren verrammelt 모든 문이 폐쇄되어 있었다. **Verrammelung**, **Verrammlung** die; -en ↑verrammeln의 명사형.
verramschen ⟨h⟩ 《통용어·폄》 싼 값으로 팔아치우다.
verrannt [fɛɐˈrant] ↑verrennen의 과거분사.
Verrat [fɛɐˈraːt], der; -(e)s 1. 누설. 2. 배신, 배반, 반역, 모반: ein schändlicher V. 수치스러운 배신; V. an der gemeinsamen Sache begehen 공동의 일을 배반하다.
verraten 1. a) (비밀 등을) 누설하다, 발설하다: ein Geheimnis[einen Plan] v. 비밀(계획)을 누설하다. **b)** ⟨v. + sich⟩ (부주의한 행동, 언사 등으로) 누설되다, 드러나다. **c)** 《통용어·농·반어》 말하다, 언급하다, 설명하다: er hat mir nicht den Grund für seine plötzliche Abreise verraten 그의 갑작스러운 여행의 동기에 대해서 그는 나에게 아무런 설명도 하지 않았다. 2. 배반하다, 반역하다: das Vaterland v. 조국을 배반하다; seine Überzeugungen[Ideale] v. 그의 신념[이상]을 배신하다; verraten und verkauft sein[sich verraten und verkauft fühlen] 버림받고 배신 당하다[버림받고 배신 당했다고 느끼다]. 3. a) 드러내다, 보여 주다: seine wahren Gefühle nicht v. 그의 속마음을 드러내지 않다; seine Zeichnung verrät eine große Begabung 그의 그림은 그가 큰 재능을 지녔음을 보여 준다. **b)** ⟨v. + sich⟩ 드러나다, 알아볼 수 있게 되다. 4. **a)** 드러나게 하다, 나타내 주다: er ist Schweizer, seine Sprache verrät ihn 그는 스위스 사람이다, 그의 말이 그것을 나타내 주고 있다. **b)** ⟨v. + sich⟩ 자신을 드러내다. **Verräter** [fɛɐˈrɛːtɐ], der; -s, - 배신자, 매국노. **Verräterei** [fɛɐrɛːtəˈraɪ], die; -en 1. 누설. 2. 배신, 배반. **Verräterin**, die; -en Verräter의 여성형. **verräterisch** ⟨Adj.⟩ 1. 배신적인, 배반의, 반역적인: -e Pläne[Absichten] 배신적인 계획[의도]. 2. 무의식 중에 드러내는, 뚜렷이 해 주는.
verratzt [fɛɐˈratst] ⟨Adj.⟩ 《다음 용법으로》 **v. sein** 《통용어》 어려운[절망적인] 처지에 빠지다.
verrauchen 1. ⟨s⟩ (연기나 수증기 등이) 사라지다, 흩어지다: 전의 sein Zorn war verraucht 그의 분노는 풀어졌다. 2. ⟨h⟩ 흡연 때문에 (돈을) 쓰다. 3. ⟨h⟩ 연기로 가득 채우다: eine verrauchte Kantine 담배 연기로 자욱한 구내 식당. **verräuchern** ⟨h⟩ 연기로 가득 채우다, 연기로 그을리다. **verraucht** ⟨Adj.⟩ ↑rauchig (4).
verrauschen ⟨s⟩ (소리가) 점차 사라지다.
verrechnen 1. 계산하다, 청산하다: einen Scheck v. 수표를 다른 구좌에 예입하다. **2.** ⟨v. + sich⟩ **a)** 잘못 계산하다. **b)** 잘못 생각하다, 오산하다. **Verrechnung**, die; -en 계산, (특히) 청산: die V. der Überstunden 초과 수당 계산.
Verrechnungs-: **~abkommen**, das ↑Clearingabkommen. **~betrag**, der 계산 총액. **~einheit**, die [경제] (독일) 국내 및 국제 무역에서의 계산 단위(약어: VE.). **Verrechnungskonto**, das [경제] 청산 계정. **~scheck**, der [경제·금융] 대체 수표(對替手票).
verrecken ⟨s⟩ 《경·감정》 《통용어》 죽다, 뒈지다, 뻗다: soll der doch von mir aus v.! 《폄》 그 녀석 뒈지든 말든 나하고는 상관없다; 전의 unser Geld verreckte (약간 폄) 돈의 가치가 형편없어졌다; **ums V.** 《경》 절대로, 죽어도 …하지 않다: er wollte ums V. nicht mitmachen 그는 절대로 참여하려 하지 않았다.
verreden ⟨h⟩ 《드물게》 **1.** ⟨v. + sich⟩ ↑verplappern. **2.** zerreden.
verregnen 1. ⟨s⟩ 비로 인해 망치다, 파괴되다: hoffentlich verregnet uns nicht der Urlaub 휴가가 비 때문에 망쳐지지 않았으면 좋으련만; eine verregnete Ernte 비 때문에 망친 추수. **2.** ⟨h⟩ [전문어] 분무기로 뿌리다.
verreiben ⟨h⟩ 골고루 문질러 바르다.
verreisen ⟨s⟩ ⟨h⟩ 여행을 하다, 여행을 떠나다: die Nachbarn sind verreist 이웃들은 여행 중이다.
verreißen ⟨h⟩ 1. ⟨지역적⟩ ↑zerreißen. 2. 《은어》 심한 비판을 하다, 혹평하다: der Schauspieler wurde in allen Zeitungen verrissen 그 배우는 모든 신문에서 혹심한 비판을 받았다. 3. 《통용어》 갑자기 방향을 바꾸다: (비인칭) es verriß ihm das Steuer 그는 갑자기 핸들을 꺾었다. 4. [구기] 불을 엉뚱한 방향으로 보내다.
verreiten ⟨h⟩ **1.** 《승마》 서투른 승마 솜씨로 (말을) 망치다. **2.** ⟨v. + sich⟩ 승마 중에 길을 잃다.

verrenken 〈h〉 **1.** 관절을 빼다, 탈구시키다: ich habe mir den Fuß verrenkt 나는 발목을 삐었다. **2.** 몸을 홱 돌리거나 휨으로서 자세를 이상하게 하다. **Verrenkung,** die; -en **1.** 탈구, 탈골. **2.** 몸을 비틀거나 꿈.

verrennen*, sich 〈h〉 **a)** 〈생각과 언행에 있어서〉 그릇된 방향으로 빠져들다: sich immer mehr v. 점점 더 나쁜 방향으로 빠져들다; ein völlig verrannter Mensch 완전히 그릇된 길로 빠져버린 사람. **b)** 무엇에 꽉 달라붙다, 집착하다: sich in eine Idee v. 어떤 고정 관념에 집착되어 빠져나오지 못하다.

verrenten [fɛɐ̯'rɛntn̩] 〈h〉 〈관〉 은퇴시키다, 정년 퇴임시키다. **Verrentung,** die; -en ↑verrenten의 명사형.

verrichten 〈h〉 〈자주 아어〉 완수하다, 수행하다, 하다. **Verrichtung,** die; -en **a)** 〈Pl. 없음〉 실행, 완수, 수행. **b)** 〈수행해야 할〉 일, 용무: seinen täglichen -en nachgehen 그의 일상적인 업무로 전념하다.

verriegeln 〈h〉 빗장을 지르다(반대: entriegeln): die Tür war von innen verriegelt 그 문은 안쪽으로 빗장이 걸려 있었다. **Verriegelung,** die; -en **1.** 빗장을 지름. **2.** 빗장.

verringern [fɛɐ̯'rɪŋɐn] 〈h〉 **a)** 줄이다, 축소하다: die Kosten v. 비용을 줄이다; das Tempo[den Abstand] v. 속도[간격]을 줄이다. **b)** 〈v. + sich〉 줄어들다, 축소되다: die Aussichten auf Besserung haben sich verringert 개선의 전망은 감소되었다. **Verringerung,** die ↑verringern의 명사형.

verrinnen* 〈s〉 **1.** 흘러가다, 스며들다. **2.** 〈아어〉 사라지다, 흘러가다, 흩어지다: schon ist wieder ein Jahr verronnen 벌써 또 일년이 흘러갔다.

Verriß, der; ...risses, ...risse 〈은어〉 혹평: einen V. über einen Schauspieler schreiben 어느 배우에 대해 혹평을 쓰다.

verröcheln 〈h〉 〈아어〉 목을 골골거리며 죽다.

verrocken 〈h〉 록 뮤직풍으로 바꾸다: 〈대개 과거분사로〉 eine verrockte Melodie 록 뮤직화된 멜로디.

verrohen [fɛɐ̯'ro:ən] **a)** 〈h〉 거칠게 하다, 잔인하게 만들다. **b)** 〈s〉 거칠고 잔인하게 되다.

verrohren [fɛɐ̯'ro:rən] 〈h〉 〈전문어〉 관을 장치하다, 배관하다. **Verrohrung,** die; -en 〈전문어〉 ↑verrohren의 명사형.

Verrohung, die; -en ↑verrohen의 명사형.

verrollen 1. 〈s〉 〈소리 등이〉 서서히 사라지다. **2.** 〈v. + sich〉 〈통용어〉 잠자러 가다. **3.** 〈h〉 〈통용어〉 구타하다.

verrosten 〈s〉 녹슬다: mein Wagen ist ganz verrostet 〈통용어〉 내 차는 온통 녹투성이다.

verrotten 〈s〉 **1.** 썩다, 부패하다: das Holz verrottet 목재가 썩어간다. 〈전의〉 eine verrottete Gesellschaft 썩어버린 사회. **2.** 〈특히 날씨의 영향으로 인해〉 썩다, 못 쓰게 되다, 황폐해지다. **Verrottung,** die ↑verrotten의 명사형.

verrucht [fɛɐ̯'ru:xt] 〈Adj.〉 **1.** 〈아어·경건어〉 흉악한, 사악한, 무도한: ein -er Mörder 흉악한 살인자. **2.** 〈자주 농〉 방종한, 죄악에 찬, 비난 받을 만한: ein -es Viertel 방탕스럽고 죄악에 찬 지역(환락가). **Verruchtheit,** die ↑verrucht의 명사형.

verrücken 〈h〉 장소를 옮기다, 위치를 바꾸다: einen Stuhl v. 의자를 옮기다; 〈전의〉 die Grenzen dürfen nicht verrückt werden 경계선은 변경되어서는 안된다.

verrückt [fɛɐ̯'rʏkt] 〈Adj.〉 **1.** 〈경〉 제정신이 아닌, 미친: bei dem Lärm kann man ja v. werden 소음 때문에 정말 미칠 지경이다; 우리말 ich werde v.! 이거 미칠 노릇이군! 〈놀라움의 표시〉; **wie v.** 〈통용어〉 아주 많이[강하게, 빨리]: wie v. laufen 미친 듯이 빨리 달리다; es hat die ganze Nacht wie v. geregnet 밤새도록 미친 듯이 비가 쏟아졌다; **v. spielen** 〈통용어〉 1) 절제력을 잃고 이상한 행동을 하다: der Chef spielt heute mal wieder v. 우리 사장 오늘 또 정상이 아니군. 2) 고장나다, 제기능을 못하다: meine Uhr spielt v. 내 시계가 고장이다. **2.** 〈통용어〉 이상한, 기발한, 보통이 아닌: -e Ideen [Einfälle] 기상 천외의 아이디어[착상]; 〈명사화〉 so etwas Verrücktes! 그것 참 기발하군!; **auf etw. v. sein** 미친 듯이 좋아하다, 꽉 가지려고 하다; **auf jmdn. [nach jmdm.] v. sein** 〈통용어〉 누구에게 홀딱 반하다: er ist ganz v. auf dieses Mädchen[nach diesem Mädchen] 그는 이 처녀에게 홀딱 반했다. **3.** 〈통용어〉 보통을 넘어선, 매우: der Tee war v. heiß 그 차는 무척 뜨거웠다. **Verrückte*,** der / die 미친 남자, 미친 여자. **Verrücktheit,** die; -en **1.** 〈Pl. 없음〉 광기, 정신 착란. **2.** 기발한 착상, 비정상적인 생각. **Verrücktwerden,** das; -s 〈특히 다음 용법으로〉 **das(es) ist (ja) zum V.** 〈통용어〉 이건 정말 미칠 노릇이군.

Verruf, der 〈대개 다음 용법으로〉: **in V. kommen [geraten]** 평판이 나빠지다; **jmdn. in V. bringen** 악평하다, 소문이 나쁜, 신용을 잃게 하다. **verrufen** 〈Adj.〉 소문이 나쁜, 평판이 나쁜: eine -e Gegend 〈환락가와 같이〉 평판이 좋지 않은 지역. **Verrufserklärung,** die; -en 배척, 보이콧.

verrühren 〈h〉 저어서 섞다.

verrunzelt [fɛɐ̯'rʊntsl̩t] 〈Adj.〉 주름살투성이의.

verrußen 1. 〈s〉 그을다, 그을음으로 덮이다, 그을음투성이가 되다. **2.** 〈h〉 〈드물게〉 그을리다, 그을음투성이로 만들다: die Fabrik hat die ganze Gegend verrußt 그 공장은 이 지역 전체를 그을음투성이로 만들었다. **Verrußung,** die; -en ↑verrußen의 명사형.

verrutschen 〈s〉 미끌어져 움직이다: der Rock war ihr verrutscht 그녀의 치마가 미끌어져 내렸다.

Vers [fɛrs], der; -es, -e **1.** 운율, 운문(韻文)의 행(行), 시행(詩行): gereimte[reimlose] -e 운(韻)이 있는[무운(無韻)의] 시행; schlechte[kunstvolle] -e 보잘것없는 [세련된] 시행; -e dichten(niederschreiben) 시(詩)를 짓다(쓰다); die Strophen dieses Gedichtes haben vier -e 이 시의 절은 4행(行)으로 이루어져 있다; etw. in -e setzen 무엇을 시[詩]로 표현하다; **leoninischer V.** [운율] 레오니우스의 시각(詩格), Hexameter (6운각 시구)의 일종; **saturnischer V.** [운율] 고대 로마 시대의 가장 오래된 시각(詩格); **sich³ einen V. auf etw. [aus etw.] machen können** 이해하다, 파악하다: mit der Zeit konnte er sich auf ihr Verhalten[aus ihrem Verhalten] einen V. machen 시간이 지남에 따라 그는 그 여자의 태도를 이해할 수 있었다. **2. a)** 노래 및 특히 성가의 구절. **b)** 성서의 가장 작은 단위, 절(節).

Vers- (Vers 1): ~anfang, der 시행의 시작. **~drama,** das [문예학] 운문극, 시극. **~ende,** das 시행의 끝. **~epos,** das 운문 서사시. **~erzählung,** die [문예학] 운문 소설. **~fuß,** der [운율] 시행(詩行)의 리듬상의 최소 단위, 운각(韻脚). **~komödie,** die [문예학] 운문 희극. **~kunst,** die ↑Dichtkunst (1). **~künstler,** der 〈자주 농〉 운문 시인. **~legende,** die 운문 성담(聖譚). **~lehre,** die ↑Metrik (1). **~maß,** das ↑Metrum (1). **~novelle,** die [문예학] 운문 단편 소설. **~roman,** der [문예학] 운문 장편 소설. **~takt,** der ↑Takt (2 b). **~wissenschaft,** die 〈드물게〉 ↑Metrik (1).

versachlichen 〈h〉 〈감정을 배제하고〉 객관화하다, 사실적이며 객관적인 형태로 표현하다: er war bemüht, die Diskussion stärker zu v. 그는 그 토론을 좀더 사실적이고 객관적으로 진행하려고 애를 썼다. **Versachlichung,** die ↑versachlichen의 명사형.

versacken ⟨s⟩ 《통용어》 **1. a)** 잠기다, 침몰하다. **b)** 빠지다. **2.** 가라 앉다, 물러 앉다. **3.** 정체하다, 돌지 않다. **4.** 방종한 생활로 인해 타락하다.

versagen ⟨h⟩ **1. a)** 실패하다, 이루지 못하다, 좌절하다: total v. 완전히 실패하다; im Leben völlig v. 일생을 완전히 허당치다; die Regierung hat versagt 정부는 말한 바 일을 제대로 하지 못했다; 〈명사화〉 das Unglück ist auf menschliches Versagen zurückzuführen 그 불행은 사람의 실수에 기인한다. **b)** 갑자기 기능을 발휘하지 못하다, 고장나다: der Revolver versagte 권총이 발사되지 않았다. **2.** 〈아이〉 를 거절하다, 거부하다, 허용하지 않다: jmdm. seine Hilfe v. 누구에게 도움을 거절하다; er hat diesem Plan seine Zustimmung versagt 그는 이 계획에 동의할 것을 거부했다; 〈비인칭으로도〉 es war uns versagt, diesen Raum zu betreten 우리에게 는 이 방의 출입이 금지되어 있었다. **b)** 포기하다, 단념하다: in dieser Zeit mußte ich mir vieles v. 이 시기에 나는 많은 것을 단념해야만 했다. **c)** ⟨v. + sich⟩ 말을 듣지 않다, 복종하지 않다. **Versager**, der; -s, - **a)** 실패자, 기대에 어긋난 사람: beruflich ist er ein glatter V. 직업적인 면에서 보면 그는 두말할 필요 없는 실패자이다. **b)** 실패, 좌초: das Buch(Theaterstück) war ein V. 그 책(연극)은 실패작이었다. **c)** 결함, 부족분, 결점, 고장. **Versagung**, die; -en 거절, 거부; 포기, 단념: die V. der Arbeitserlaubnis 노동 허가 거부.

Versal [vɛrˈzaːl], der; -s, ...lien [...liən] 〈대개 Pl.〉 [lat. versus] [인쇄] 대문자. **Versalbuchstabe**, der [인쇄] 대문자.

versalzen 1. ⟨h⟩ 소금을 너무 넣다, 소금을 너무 많이 넣어서 맛을 버리다: die Suppe ist total versalzen 그 스프는 너무 짜서 먹을 수 없다. **2.** ⟨h⟩ 《통용어》 망치다, 파괴하다: er hat mir die ganze Freude versalzen 그는 내 기쁨을 온통 망쳐 놓았다. **3.** ⟨s⟩ 〈전문어〉 소금기를 띠다, 염기를 지니다. **Versalzung**, die; -en ↑ versalzen (3) 의 명사형.

versammeln ⟨h⟩ [mhd. versamenen] **1. a)** 한 데 모으다, 집합시키다: die Gemeinde in der Kirche v. 신도들을 교회로 불러 모으다. **b)** ⟨v. + sich⟩ 모이다, 집합하다: wir versammelten uns um den Eßtisch 우리는 식탁 주변에 모여 앉았다. **2.** [승마] (말이) 정신을 집중하도록 만들다. **Versammlung**, die; -en **1. a)** 〈Pl. 없음〉 모임, 집합. **b)** 집회, 회합, 회의: eine politische V. 정치적인 집회; eine V. einberufen(verbieten) 회의를 소집하다(금지시키다); an einer V. teilnehmen 회의에 참석하다. **2.** 〈Pl. 없음〉 [승마] **a)** 말의 주의력을 집중시키기. **b)** 주의력이 집중되어 다음 동작의 준비가 된 말의 자세.

Versammlungs-: **~freiheit**, die 〈Pl. 없음〉 집회의 자유. **~leiter**, der 회의 진행자. **~lokal**, das 회의 장소. **~ort**, der ↑ ~lokal. **~raum**, der 집회실, 회의실. **~recht**, das ↑~freiheit. **~saal**, der ↑~raum.

Versand [fɛɐ̯ˈzant], der; -(e)s **1.** 물품, 상품의 발송. **2.** (기업의) 상품 발송부. **3.** Versandhaus의 약칭.

versand-, Versand-: **~abteilung**, die 〈Versand (2).〉 **~bereit** ⟨Adj.⟩ ↑~fertig. **~buchhandel**, der 서적 통신 판매업. **~fertig** ⟨Adj.⟩ 발송 준비가 끝난: -e Waren 발송 준비가 끝난 상품. **~geschäft**, das ↑ ~handel. **~gut**, das ↑~artikel. **~handel**, der 통신 판매업. **~haus**, das 통신 판매 회사. **~hauskatalog**, der 통신 판매 회사의 상품 카탈로그. **~kasten**, der 상품 운송 상자. **~kosten** ⟨Pl.⟩ 상품 운송 비용.

versanden ⟨s⟩ **1.** 모래로 (채워져서) 막히다, 모래로 덮이다. **2.** 점점 약해지다가 마침내 그쳐 버리다: die Gespräche(Verhandlungen) sind versandet 대화(협상) 는 흐지부지되어 버렸다. **Versandung**, die versanden (1)의 명사형.

versandt [fɛɐ̯ˈzant] ↑ versenden 참조.

versatil [vɛrzaˈtiːl] ⟨Adj.⟩ [lat. versātilis] 《교양어·준고어》 **1.** 재빠른, 민첩한, 숙련된. **2.** 변덕이 심한, 불안정한. **Versatilität** [...tiliˈtɛːt] 《교양어·준고어》 ↑ versatil의 명사형.

Versatz, der; -es **1.** 《드물게》 저당 잡힘, 담보, 저당. **2.** [광] **a)** 채탄한 곳을 잠석으로 메꿈. **b)** 채탄한 빈 공간을 메꾸는 잠석.

Versatz-: **~amt**, das 〈südd., österr.〉 ↑ Leihhaus. **~material**, das 〈Pl. 없음〉 [광] ↑ Versatz (2 b). **~stück**, das 무대 장치 중 쉽사리 바꿀 수 있는 부분, 소도구.

versaubeuteln [fɛɐ̯ˈzaʊbɔɪ̯tln] ⟨h⟩ 《통용어》 **1.** 부주의한 행동으로 망치다, 더럽히다. **2.** 부주의로 잃어버리다.

versauen ⟨h⟩ 《속어》 **1.** 심하게 더럽히다. **2.** 완전히 망쳐 놓다: er hat uns damit den ganzen Abend versaut 그는 우리에게 그날 밤을 완전히 망쳐 놓았다.

versauern [fɛɐ̯ˈzaʊɐn] ⟨s⟩ **1.** 시어지다, 산성을 띠다: der Wein versauert 포도주가 시어지다. **2.** 《통용어》 정신적으로 시들어지다, 노쇠하다.

versaufen' **1.** ⟨h⟩ 《속어》 (재산 등을) 술을 마셔 없애 버리다: den ganzen Lohn v. 술로 봉급을 몽땅 날리다. **2.** ⟨s⟩ 〈지역적·경〉 익사하다. **3.** ⟨s⟩ [광갱] (광갱 등이) 물에 잠기다.

versäumen ⟨h⟩ **1. a)** 늦게서 놓치다: den Zug [den Omnibus] v. 기차[버스]를 놓치다. **b)** 방문하지 않다, 참석하지 않다: er hat ziemlich lange den Unterricht versäumt 그는 꽤 오랫동안 그 수업을 듣지 않았다. **c)** 제대로 행하지 않다, 태만히 하다: seine Pflicht v. 그의 의무를 태만히 하다; 〈명사화된 과거분사〉 Versäumtes nachholen 태만히 했던 것을 만회하다. **d)** 허송하다, 보내다, 허송하다, 놓치다: eine gute Gelegenheit v. 좋은 기회를 놓쳐 버리다; er will nichts v. 그는 아무것도 놓아두려고 하지 않는다; die schönsten Jahre seines Lebens v. 그의 생애의 가장 아름다운 해들을 헛되이 보내다. **2.** ⟨v. + sich⟩ 《지역적》 무엇에 너무 오래 매달려 있다, 너무 오래 지체하다. **Versäumnis**, das; -ses, -se / 《고어》 die; -se 소홀히 한 것, 소홀, 태만, 실수: ein V. wiedergutmachen 소홀히 했던 것을 다시 바로 잡는다. **Versäumnisurteil**, das [법] 민사 소송에 있어서의 궐석 판결. **Versäumung**, die; -en ↑ versäumen의 명사형.

verschachern ⟨h⟩ 《폄》 값을 에누리해서(깎아서) 팔다: den Familienschmuck v. 가보를 에누리해서 팔다.

verschachtelt [fɛɐ̯ˈʃaxtlt] ⟨Adj.⟩ 서로 얽혀 있는, 일목요연하지 못한: 〈전의〉 ein -er Satz[Bericht] 뒤죽박죽인 문장[보고서].

verschaffen ⟨h⟩ **a)** 누구에게 무엇을 마련해 주다, 알선·주선해 주다: jmdm. Geld[Arbeit] v. 누구에게 돈[일자리]를 마련해 주다; wie hat er sich bloß diese Informationen verschafft? 그가 도대체 어떻게 이 정보들을 얻을 수 있었을까? **b)** 누구에게 무엇을 얻도록 조처하다, 힘쓰다: du mußt dir Respekt v. 너는 (다른 사람들로부터) 존경을 받도록 애써야 한다.

verschalen ⟨h⟩ **1.** 판자로 대다, 싸다, 덮다. **2.** ↑ schalen.

verschalken ⟨h⟩ [선원] ↑ schalken.

verschallen* ⟨s⟩ 〈고어·드물게〉 (소리가) 점차 사라지다.

verschalten, sich 변속 기어를 잘못 조작하다.

Verschalung, die; -en **1.** 판자 빼기. **2.** 널판지, 판자.

verschämt [fɛɐ̯ˈʃɛmt] ⟨Adj.⟩ 당혹 수줍어하는, 부끄러워하며 약간 당황하는: ein -es Lächeln 수줍은 미소.

Verschämtheit, die 부끄러움, 수줍음, 수치.

verschandeln [fɛɐ̯'ʃandln] ⟨h⟩ 모양을 일그러트리다, 미관을 해치다: die Narbe verschandelte[entstellte] ihr Gesicht 흉터가 그녀의 얼굴을 흉하게 만들었다. **Verschandelung**, 《드물게》 **Verschandlung**, die; -en ↑verschandeln의 명사형.

verschanzen ⟨h⟩ [↑Schanze와 관련] **1.** 《군·구제》 **a)** 보루를 쌓다, 방벽을 쌓다, 요새를 만들다: eine Stellung v. 진지를 요새화하다. **b)** ⟨v. + sich⟩ 보루나 방벽 뒤에 진을 치다: die Truppen verschanzten sich hinter dem Bahndamm 부대는 철둑 뒤에 진을 쳤다; 전의 sich in seinem Büro v. 사무실에 틀어박혀 있다. **2.** 무엇을 핑계로 삼다, 변명의 구실로 삼다. **Verschanzung**, die; -en ↑verschanzen의 명사형.

verschärfen ⟨h⟩ **a)** 날카롭게 하다; 강하게[엄격하게] 하다; 상승시키다, 강화하다: die Kontrolle[Zensur] v. 통제[검열]를 엄격하게 하다; Gegensätze v. 대립을 첨예화시키다. **b)** ⟨v. + sich⟩ 날카롭게[격렬하게, 강하게] 되다; 상승되다, 강화되다: die Gegensätze verschärfen sich immer mehr 대립이 점차 격화[고조]되고 있다. **Verschärfung**, die; -en ↑verschärfen의 명사형.

verscharren a) 묻어서 감추다, (땅 속에) 파묻다: er hat den Revolver im Wald verscharrt 그는 권총을 숲 속에 파묻었다. **b)** 《자주 폄》 아무렇게나 몰래 매장하다.

verschatten ⟨h⟩ 《아어》 그늘 지우다, 어둡게 하다. **Verschattung**, die; -en ↑verschatten의 명사형.

verschätzen ⟨h⟩ **a)** 《드물게》 잘못 추정[평가]하다: die Größe von etw. v. 무엇의 크기를 잘못 추정하다. **b)** ⟨v. + sich⟩ 추정이나 평가에 있어서 오류를 범하다: du hast dich in der Entfernung verschätzt 너는 거리 추정을 잘못했다.

verschauen, sich ⟨h⟩ 《österr.》 사랑에 빠지다.

verschaukeln ⟨h⟩ 오도하다, 속이다.

verscheiden* ⟨s⟩ 《아어》 죽다. **Verscheiden**, das 사망, 서거.

verscheißen* ⟨h⟩ 《속어》 똥, 오물로 더럽히다: **(es) bei [mit] jmdm. verschissen haben** 《속어》 누구와 견원지간이 되다. **verscheißern** [fɛɐ̯'ʃaɪsɐn] ⟨h⟩ 《속어》 바보로 취급하다.

verschenken ⟨h⟩ **1.** 선사하다, 나누어 주다: alle seine Sachen v. 그가 가진 모든 것을 나누어 주다; 전의 ein Lächeln v. 미소를 보내 주다. **2.** ⟨v. + sich⟩ 《아어》 누구와 은밀한 관계를 맺다. **3.** 불필요하게 내주다, 허비하다, 이용하지 못하다: den Sieg v. 승리할 수 있는 기회를 이용하지 못하고 패하다.

verscherbeln ⟨h⟩ 《통용어》 싸구려로 팔아 넘기다.

verscherzen, sich ⟨h⟩ 경솔하고 부주의한 행동으로 인해 상실하다.

verscheuchen ⟨h⟩ 위협하여 쫓다, 몰아내다: 전의 vergebens versuchte er seine Müdigkeit zu v. 그는 노곤함을 몰아내려고 시도했으나 헛수고였다.

verscheuern ⟨h⟩ 《통용어》 ↑verscherbeln.

verschicken ⟨h⟩ **1.** ↑versenden. **2.** 요양보내다. **Verschickung**, die; -en ↑verschicken의 명사형.

verschiebbar [fɛɐ̯'ʃiːpbaːɐ̯] ⟨Adj.⟩ 밀어 움직일 수 있는; 연기할 수 있는. **Verschiebebahnhof**, der; -(e)s, ...höfe ↑Rangierbahnhof. **Verschiebeprobe**, die 《언어》 [문장의 어느 부분이 전체 문장의 의미변화없이 위치를 옮길 수 있는지 알아보기 위한] 문장의 재구성. **verschieben*** ⟨h⟩ **1. a)** 밀어 옮기다, (밀어서) 위치를 바꾸다: den Schrank ein wenig v. 장을 약간 밀어 옮기다; 전의 das verschiebt das ganze Bild 그것은 전체 모습을 바꾸어 놓는다. **b)** ⟨v. + sich⟩ 옮겨지다, 위치가 바뀌다, 밀리다. **2. a)** 연기하다: die Sache läßt sich nicht länger v. 그 일은 더 이상 연기될 수 없다; 속담 verschiebe nicht auf morgen, was du heute kannst besorgen 오늘 할 수 있는 것을 내일로 미루지 마라. **b)** ⟨v. + sich⟩ 연기되다, 미루어지다: die Abreise hat sich verschoben 여행 출발이 연기되었다. **3.** 《경》 불법으로 판매하다: er verschob die Sachen auf dem schwarzen Markt 그는 그 물건들을 암시장에서 불법 판매했다. **Verschiebung**, die; -en ↑verschieben의 명사형.

verschieden [fɛɐ̯'ʃiːdn] ⟨Adj.⟩ **1.** (비교급 없음) 서로 다른, 차이가 나는: -er Meinung sein 의견을 달리하다; zwei ganz -e Farben 두 개의 전혀 다른 색깔; etw. auf -e Weise ausdrücken 무엇을 상이한 방법으로 표현하다; das ist von Fall zu Fall v. 그것은 경우에 따라서 다르다. **2. a)** ⟨Pl.; 부가어적 또는 독립적으로⟩ 몇몇의: -e Zuschauer waren unzufrieden 몇몇 관중들이 불만족이었다. **b)** ⟨Sg.; 독립적으로⟩ 몇 개, 이것저것: -es war mir unklar 몇 가지가 나에게는 불분명했다; das behandeln wir unter dem Tagesordnungspunkt Verschiedenes 우리는 그것을 기타 사항으로 다루겠다. **verschieden-, Verschieden-: ~artig** ⟨Adj.⟩ 다양한, 여러 종류의: die Materialien sind sehr v. 자료들은 매우 다양했다. **~artigkeit**, die 다양, 다양함. **~farbig** ⟨Adj.⟩ **a)** 색이 다른, 상이한 색깔의: drei -e Sorten 색이 서로 다른 3종류. **b)** 여러 가지 색의, 다양한 색채의. **~gestaltig** [-gəstaltɪç] ⟨Adj.⟩ 다양한 형태의.

verschiedenemal (《또한》 [-'-'-'-] ⟨Adv.⟩ 여러 번, 자주. **verschiedenerlei** [↑-lei] 《부정수사; 격변화 없음》 다양한, 여러 가지의. **Verschiedenheit**, die; -en 상이함, 서로 다름. **verschiedentlich** [fɛɐ̯'ʃiːdntlɪç] ⟨Adv.⟩ 여러 번, 자주.

verschießen* **1.** ⟨h⟩ **a)** 쏘다, 발사하다. **b)** 쏘아 버리다, 쏘아 없애다: er hat alle Patronen verschossen 그는 가진 탄환을 모두 쏘아 버렸다. **2.** 《축구》 잘못 차서 골인시키지 못하다: einen Elfmeter v. 페널티 킥을 실축하다. **3.** ⟨v. + sich⟩ ⟨h⟩ 《통용어》 홀딱 반하다. **4.** ⟨s⟩ 색이 바래다.

verschiffen ⟨h⟩ **1.** 배로 운송하다: Kohlen v. 석탄을 배로 수송하다. **2.** ⟨v. + sich⟩ **a)** 《속어》 오줌으로 더럽히다. **b)** 《경》 몰래 도망치다. **Verschiffung**, die; -en ↑verschiffen (1)의 명사형. **Verschiffungshafen**, der 선적 항구.

verschilfen ⟨s⟩ 갈대로 뒤덮이다.
verschimmeln ⟨s⟩ 곰팡이 슬다.
verschimpfieren ⟨h⟩ 《고어》 ↑beschimpfen.
Verschiß, der (다음 용법으로만) **in V. geraten[kommen]** 《속어》 나쁜 평판을 얻다, 신임을 상실하다; **jmdn. in V. tun** 《속어》 누구의 평판을 나쁘게 만들다.

verschlacken ⟨s⟩ **1.** 타고 남은 찌꺼기로 차다. **2.** 《지질》 용암이 굳어지다. **Verschlackung**, die; -en ↑verschlacken의 명사형.

¹verschlafen* ⟨h⟩ **1.** 늦잠 자다: ich bin heute morgen zu spät gekommen, weil ich verschlafen habe 나는 오늘 아침 늦잠을 자서 지각했다; ⟨v. + sich⟩ er hat sich gestern verschlafen 그는 어제 늦잠을 잤다. **2. a)** 잠으로 시간을 보내다: sein halbes Leben v. 반생을 잠으로 허비하다. **b)** 《통용어》 《약속을》 잊다: die Verabredung v. 약속을 잊어버리다. **3.** 잠을 자버림으로써 극복하다, 잊어버리다: seinen Kummer v. 잠을 자버림으로써 걱정을 잊어버리다. **²verschlafen** ⟨Adj.⟩ 잠에 취한, 잠이 덜 깬: er war noch ganz v. 그는 아직도 잠에 잔뜩 취해 있었다; 전의 er wohnt in einem Städtchen 그는 잠들어 버린 듯이 조용한 소도시에 산다. **Verschlafenheit**, die ↑²verschlafen의 명사형.

Verschlag, der; -(e)s, Verschläge **1.** 사방 벽이 판자로 된 단출한 방. **2.** 《수의》 ↑Rehe. **¹verschlagen*** ⟨h⟩ **1.**

a) (판자로) 막다, 봉하다. **b)** (나무 판대기, 널판지 등을) 못을 박아 연결시키다. **3.** 〈지역적〉마구 때리다. **3.** [요리] 섞다. **4.** 읽으려고 펴놓은 책장을 잘못해서 넘겨 버리다. **5.** [구기] 공을 잘못 치다. **6.** (특정한 능력, 감정 등을) 일시적으로 마비시키다, 빼앗다: deine Frechheit hat mir die Sprache verschlagen 네 뻔뻔함은 나의 말문을 막아 버렸다; 〈비인칭〉 als er das hörte, verschlug es ihm die Rede 그것을 들었을 때 그의 말문이 막혀 버렸다. **7.** (특별한 상황이나 우연으로 인해) …에 달하게 하다: der Sturm hatte das Schiff an eine unbekannte Küste verschlagen 태풍이 그 배를 낯선 해안에 달하게 했다. **8.** 〈대개 부정사와 함께〉 **a)** 〈지역적〉도움이 되다, 유용하다: das Medikament verschlägt nichts 그 약은 전혀 효과가 없다. **b)** 〈준고어〉중요하다. **9.** [사냥] (갬)를 너무 때려서 겁쟁이로 만들다. **10.** 〈v. + sich〉 [사냥] **a)** (탄알 따위가) 빗나가다. **b)** 흩어져서 도망치다.
²**verschlagen** 〈Adj.〉 **1.** (펌)교활하다. **2.** 〈지역적〉미지근한. **Verschlagenheit**, die 교활, 노회.

verschlammen 〈s〉 진흙투성이가 되다. **verschlämmen** 〈h〉 진흙으로 채우다, 막다. **Verschlammung**, die; -en ↑verschlammen의 명사형. **Verschlämmung**, die; -en ↑verschlämmen의 명사형.

verschlampen 《통용어·펌》 **1.** 〈h〉 **a)** 잃다. **b)** 잊다. **2.** 〈s〉 영락하다, 퇴락하다.

verschlanken [fɛɐ̯ˈʃlaŋkn̩] 〈h〉 (은어) 축소하다, 감소하다. **Verschlankung**, die; -en (은어) ↑verschlanken의 명사형.

verschlechtern [fɛɐ̯ˈʃlɛçtɐn] 〈h〉 **1.** 더욱 악화시키다: durch dein Verhalten hast du deine Lage verschlechtert 네 태도로 해서 너는 상황을 더욱 악화시켰다. **2.** 〈v. + sich〉 더욱 악화되다: sein Gesundheitszustand hat sich plötzlich verschlechtert 그의 건강 상태는 갑자기 더욱 악화되었다. **Verschlechterung**, die; -en ↑verschlechtern의 명사형.

verschleiern [fɛɐ̯ˈʃlaiɐn] 〈h〉 **1.** 베일로 가리다: 〈전의〉der Himmel verschleierte sich 하늘이 흐렸다. **2.** 숨기다, 감추다: seine wahren Absichten v. 진정한 의도를 감추다. **Verschleierung**, die; -en ↑verschleiern의 명사형. **Verschleierungstaktik**, die 은폐 전술. **Verschleierungsversuch**, der 은폐 기도.

verschleifen* 〈h〉 〈전문어〉갈아서 매끈하게 하다. **Verschleifung**, die; -en ↑verschleifen의 명사형.

verschleimen 〈h〉 점액(담)이 차게 하다: 〈대개 과거분사로〉verschleimte Bronchien 담으로 가득 찬 기관지. **Verschleimung**, die; -en ↑verschleimen의 명사형.

Verschleiß [fɛɐ̯ˈʃlaɪs], der; -es, -e **1.** 소모, 마모, 마모로 인한 감가: moralischer V. [경제] 기술적 발달로 인해 야기된 기계의 가치 저하. **2.** 〈österr.〉 소매; 판매.

Verschleiß-, Verschleiß-: ~erscheinung, die 마모 현상. **~fest** 〈Adj.〉쉽게 마모되지 않는, 내구성의. **~festigkeit**, die 내구성, 견고함. **~frei** 〈Adj.〉조금도 마모되지 않은. **~krankheit**, die [의학] 소모성 질환. **~prüfung**, die 내구성 시험. **~teil**, das 마모가 심한 부품.

verschleißen* **1.** 〈h〉 **a)** 소모하다, 마모시키다: bei dieser Fahrweise verschleißt man die Reifen schneller 이런 식으로 운전하면 타이어를 빨리 마모시키게 된다. **b)** (비정상적으로) 빨리 소모하다: der Junge verschleißt alle drei Monate eine Hose 저 사내아이는 석달마다 바지 하나를 헤어트린다. **2.** 〈s〉 소모되다, 마모되다. **3.** 〈h〉 〈österr.〉소매하다. **Verschleißer**, der; -s, - 〈österr.〉소매 상인. **Verschleißerin**, die; -nen 〈österr.〉여자 소매 상인. **Verschleißpreis**, der 〈österr.〉소매 가격. **Verschleißstelle**, die 〈österr.〉

상점, 판매처.

verschleppen 〈h〉 **1.** 강제로 끌고 가다: die Einwohner des Ortes wurden im Krieg verschleppt 그곳의 주민들은 강제로 전쟁에 끌려갔다. **2.** (질병 등을) 널리 퍼뜨리다. **3. a)** 질질 끌다, 지연시키다: einen Prozeß v. 재판을 질질 끌다. **b)** (병을) 제때에 치료하지 않아 악화시키다: eine verschleppte Grippe 질질 끌어 악화된 독감. **Verschleppung**, die; -en ↑verschleppen의 명사형. **Verschleppungsmanöver**, das 지연 전술. **Verschleppungstaktik**, die ↑Verschleppungsmanöver.

verschleudern 〈h〉 **1.** 헐값으로 팔아 치우다. **2.** 《펌》낭비하다: Steuergelder v. 세금을 낭비하다. **Verschleuderung**, die; -en ↑verschleudern의 명사형.

verschlicken 〈s〉 ↑versanden (1). **Verschlickung**, die; -en ↑verschlicken의 명사형.

verschließbar [fɛɐ̯ˈʃliːsbaːɐ̯] 〈Adj.〉잠글 수 있는, 폐쇄할 수 있는. **verschließen*** 〈h〉 **1. a)** 잠그다, 폐쇄하다: die Schublade v. 설합을 잠그다; der Besuch stand vor verschlossener Tür 그 방문객은 닫혀진 대문 앞에 서 있었다. 〈전의〉mit seinem schlechten Zeugnis bleiben ihm viele berufliche Möglichkeiten verschlossen 그의 나쁜 성적 때문에 그에게는 많은 직업적 가능성이 폐쇄되었다. **b)** 닫다, 꽉 잠그다: eine Flasche mit einem Korken v. 병을 코르크 마개로 봉하다. **c)** 안에 넣고 잠그다: 〈전의〉seine Gedanken in seinem Herzen v. 그의 생각을 가슴 속에 굳게 가두어두다. **2.** 〈v. + sich〉 **a)** 감추다, 숨기다: sein Charakter bleibt mir verschlossen 그의 성격은 나에게는 수수께끼로 남아 있다. **b)** 받아들이지 않다, 자신을 폐쇄하다.

verschlimmbessern 〈h〉 《조롱·펌》좋게 하려다가 더욱 망쳐놓다. **Verschlimmbesserung**, die; -en ↑verschlimmbessern의 명사형.

verschlimmern [fɛɐ̯ˈʃlɪmɐn] 〈h〉 **1.** 더욱 악화시키다. **2.** 〈v. + sich〉 악화되다. **Verschlimmerung**, die; -en ↑verschlimmern의 명사형.

¹**verschlingen*** 〈h〉 얽히게 하다, 엮어 놓다, 꼬아서 잇다: die Fäden zu einem Knoten v. 실을 엮어서 매듭을 만들다. (자주 과거분사로) verschlungene Wege 꼬불꼬불한 길들.

²**verschlingen*** 〈h〉 (황급히, 게걸스럽게) 먹어 치우다: der Hund verschlang das Fleisch 개가 고기 조각을 황급히 먹어 치웠다. 〈전의〉 ich habe den Roman in einer Nacht verschlungen 나는 하룻밤에 그 소설을 다 읽었다; der Bau dieser Straße hat Unsummen verschlungen 이 길을 만드는 데 많은 돈이 들었다.

Verschlingung, die; -en **1.** ↑¹verschlingen의 명사형. **2.** 올가미, 매듭.

verschlossen [fɛɐ̯ˈʃlɔsn̩] **1.** ↑verschließen 참조. **2.** 〈Adj.〉수줍어하는, 내향적인: er ist sehr v. 그는 매우 내향적인 사람이다. **Verschlossenheit**, die ↑verschlossen의 명사형.

verschlucken 〈h〉 **1. a)** 꿀떡 삼키다, 삼켜 버리다: (aus Versehen) einen Kern v. (잘못해서) 씨를 삼키다. 〈전의〉die Teppiche verschluckten seine Schritte 양탄자가 그의 발자국 소리를 들리지 않게 했다. **b)** 억누르다, 참다: er hat die Tränen verschluckt 그는 눈물을 꾹 참았다. **2.** 〈v. + sich〉 (잘못 삼켜서) 사래 들리다: beim Lachen v. 웃다가 사래 들리다.

verschludern 〈h〉 《통용어·펌》 **1.** 잃어버리다. **2.** 망치다, 버려 놓다. **3.** 태만히 하여, 영락(타락)하게 만들다: sein Talent v. 그의 재능을 썩히다.

Verschluß, der; Verschlusses, Verschlüsse **1.** 폐쇄, 잠금; 폐쇄 장치. **2.** (자물쇠를 채워서) 넣어 둠, 보관함: etw. hinter[unter] V. halten[aufbewahren] 자물쇠

Verschluß- 를 채워서 안전하게 보관하다. **3.** 〔의학〕 폐색증.

Verschluß-: ~**band,** das 〈Pl. ...bänder〉접착 테이프. ~**deckel,** der 뚜껑, 덮개, 마개. ~**kappe,** die ↑~deckel. ~**laut,** der 〔언어학〕 폐색음. ~**sache,** die 자물쇠가 채워져서 보관되는 것; 은밀한 일. ~**schraube,** die ↑Schraubverschluß. ~**vorrichtung,** die 폐쇄장치, 폐쇄기.

verschlüsseln 〈h〉 암호화하다(반대: entschlüsseln): eine verschlüsselte Nachricht 암호화된 통신. **Verschlüsselung,** 〈드물게〉 **Verschlüßlung,** die; -en ↑verschlüsseln의 명사형.

verschmachten 〈s〉 〈아어〉 (갈증, 배고픔, 더위 등으로) 고생하며 죽어가다.

verschmähen 〈h〉 〈아어〉 (경멸적으로) 거부하다, 물리치다. **Verschmähung,** die ↑verschmähen의 명사형.

verschmälern 〈h〉 **1.** 좁게 만들다: die Straße mußte verschmälert werden 그 거리는 좁혀질 수밖에 없었다. **2.** 〈v. + sich〉 좁아지다. **Verschmälerung,** die; -en **1.** ↑verschmälern의 명사형. **2.** 협소화되는 곳.

verschmausen 〈h〉 〈친근〉 즐기면서 먹다.

verschmelzen* **1.** 〈h〉 (금속 등을) 녹여서 융합(화합)하다: Kupfer und Zink zu Messing v. 구리와 주석을 녹여 놋쇠를 만들다; 〈전의〉 zwei Dinge zu einer Einheit v. 두 가지 것을 하나의 통일체로 융합시키다. **2.** 〈s〉 녹아서 하나가 되다: 〈전의〉 die beiden Firmen verschmolzen zu einem Konzern 그 두 회사는 합병되어 하나의 콘체른을 형성했다. **Verschmelzung,** die; -en **1.** 용해, 융합. **2.** 용해 물체.

verschmerzen 〈h〉 고통을 이겨내다, 견디어 내다: eine Enttäuschung v. 환멸을 참고 견디다.

verschmieren 〈h〉 **1.** (빈 곳을) 메꾼 다음 그 표면을 매끈하게 고르다. **2.** 〈통속어〉 칠해서 다 써버리다, 바르는 데 다 쓰다. **3.** 마구 칠하다: eine verschmierte Fensterscheibe 마구 칠해진 유리창. **4.** 〈펌〉 마구 쓰고 그려서 더럽히다.

verschmitzt [fɛɐ̯'ʃmɪtst] 〈Adj.〉 영리한, 꾀가 많은. **Verschmitztheit,** die ↑verschmitzt의 명사형.

verschmockt [fɛɐ̯'ʃmɔkt] 〈Adj.〉 〈은어〉 별 내용 없이 일시적 효과만 노리는.

verschmoren 〈s〉 **a)** 너무 삶아서 망치다. **b)** 푹 삶아서 익히다.

verschmuddeln 〈통속어·펌〉 **1.** 〈h〉 〈드물게〉 기름때로 더럽히다. **2.** 〈s〉 기름때로 더럽혀지다.

verschmust 〈Adj.〉 〈통속어〉 아첨을 잘 하는.

verschmutzen 1. 형편 없이 더럽히다. **2.** 〈s〉 더러워지다: dieser Stoff verschmutzt leicht 이 옷감은 쉽게 더러워진다. **Verschmutzung,** die; -en ↑verschmutzen의 명사형.

verschnabulieren 〈h〉 〈친근〉 즐겁게 먹다.

verschnappen, sich 〈h〉 〈지역적〉 잘못해서 발설하여 누설하다.

verschnaufen 〈h〉 숨을 돌리기 위해 잠깐 쉬다: warte, ich muß mich kurz v. 기다려라, 나 좀 돌려야겠다. **Verschnaufpause,** die 숨 돌릴 여가.

verschneiden* 〈h〉 **1.** 가지런히 자르다: die Büsche v. 관목의 가지를 쳐서 모양을 잡아 주다. **2.** 거세하다. **3.** 잘라낸 조각들을 한 데 접합시키다. **4.** 거세하다. **5.** 다른 술을 섞다. **Verschneidung,** die; -en **1.** ↑verschneiden의 명사형. **2.** 〔등산〕 암벽 사이의 틈.

verschneien 〈s〉 온통 눈에 덮여 있다: 〈주로 과거분사〉 verschneite Wälder 눈 덮인 숲.

verschnellern [fɛɐ̯'ʃnɛlɐn] 〈h〉 〈드물게〉 **1.** 가속하다, 빠르게 하다. **2.** 〈v. + sich〉 빨라지다. **Verschnellerung,** die; -en ↑verschnellern의 명사형.

verschnippeln 〈h〉 〈지역적〉 ↑verschneiden (2).

Verschnitt, der; -(e)s, -e **1. a)** Verschneidung (1). **b)** 여러 종류의 술을 섞어 만든 술. **2.** 자르고 남은 자투리. **-verschnitt,** der; -s 〈보통 사람 이름과 결합하여 복합어를 구성하는 핌어적 기근어(基根語)〉 Herbergerverschnitt 헤르베르거 아류. **Verschnittene*,** der ↑Kastrat (1).

verschnörkeln 〈h〉 여러 가지 무늬로 장식하다: 〈주로 과거분사로〉 eine verschnörkelte Schrift 멋있게 장식해서 쓴 글씨. **Verschnörk(e)lung,** die; -en 여러 무늬로 치장된 장식.

verschnupfen 〈h〉 〈통용어〉 화나게 하다: 〈대부분 과거분사로〉 wegen dieser Sache ist der Chef ganz schön verschnupft 이 일 때문에 사장이 화가 잔뜩 났다. **verschnupft** 〈Adj.〉 코감기에 걸린: v. sprechen 코 맹맹이 소리를 하다. **Verschnupfung,** die; -en 감기에 걸림, 화가 남.

verschnüren 〈h〉 끈으로 묶다. **Verschnürung,** die; -en **1.** ↑verschnüren의 명사형. **2.** 묶는 끈, 밧줄.

verschollen [fɛɐ̯'ʃɔlən] **1.** ↑verschallen. **2.** 〈Adj.〉 오랫동안 행방불명된, 실종된: ihr Vater ist im Krieg v. 그녀의 아버지는 전쟁 중에 실종되었다. **Verschollenheit,** die ↑verschollen의 명사형.

verschonen 〈h〉 **a)** 해치지 않다, 손상을 입히지 않다: der Sturm hat kaum ein Haus verschont 폭풍우는 집 한 채 성하게 남겨 놓지 않았다. **b)** 귀찮게 굴지 않다, 성가시게 하지 않다: verschone mich mit deinen Fragen 네 질문으로 나 좀 귀찮게 하지 마라.

verschönen 〈h〉 아름답게 하다, 미화하다: ich habe mir den Abend mit einem Theaterbesuch verschönt 나는 연극 구경을 함으로써 그 밤을 더욱 멋있게 만들었다. **verschönern** [fɛɐ̯'ʃøːnɐn] 〈h〉 더욱 아름답게 하다.

Verschonung, die; -en ↑verschonen의 명사형.

Verschönerung, die; -en **1.** 미화, 미식, 장식. **2.** 장식용 물건.

verschorfen [fɛɐ̯'ʃɔrfn̩] 〈s〉 딱지가 지다: die Wunde ist verschorft 상처에 딱지가 졌다. **Verschorfung,** die; -en **1.** ↑verschorfen의 명사형. **2.** 딱지, 결가(結痂).

verschrammen 1. 〈h〉 찰과상을 입히다, 상채기를 내다, 훼손하다. **2.** 〈s〉 〈드물게〉 찰과상을 입다, 상처가 나다. **Verschrammung,** die; -en **1.** 〈Pl. 없음〉 ↑verschrammen의 명사형. **2.** 찰과상, 긁힌 상처, 상채기.

verschränken 〈h〉 (팔, 다리를) 교차시키다: er schränkte die Arme auf der Brust 그는 가슴 위에 팔짱을 끼었다. **Verschränkung,** die; -en ↑verschränken의 명사형.

verschrauben 〈h〉 나사못으로 죄다: die Teile werden (miteinander) verschraubt 이 부분들은 (서로서로) 나사못으로 꽉 조여진다. **Verschraubung,** die; -en **1.** ↑verschrauben의 명사형. **2.** 나사못 연접부.

verschrecken 〈h〉 놀래게 하다, 혼란시키다.

verschreiben* 〈h〉 **1.** 〈v. + sich〉 잘못(틀리게) 쓰다. **2.** 쓰는 데 소비하다: zwei Bleistifte v. 연필 두 자루를 글을 쓰는 데 써서 없애다. **3.** 처방하다: der Arzt hat ihm Bestrahlungen verschrieben 의사는 그에게 방사선 치료를 받도록 처방했다. **4.** 〈v. + sich〉 헌신하다, 몰두하다: er hat sich (mit Leib und Seele) der Forschung verschrieben 그는 (몸과 마음을 다하여) 그 연구에 몰두했다. **5.** (문서로) 소유권을 양도하다: Faust verschrieb seine Seele dem Teufel 파우스트는 악마에게 자신의 영혼을 넘겨줄 것을 문서로 약속했다. **Verschreibung,** die; -en **1.** 양도증, 소유권의 양도. **2.** 처방전. Ver-

schreibungspflicht, die 처방의 의무. **verschreibungspflichtig** 〈Adj.〉 의사의 처방이 있어야만 구할 수 있는: ein -es Medikament 의사의 처방이 있어야만 살 수 있는 약품.

verschreien* 〈h〉 비방하다, 평판을 나쁘게 하다: 〈대개 과거분사로〉 er war bei ihnen als Geizhals verschrien 그는 그들 사이에서 수전노라고 소문이 나 있었다.

Verschrieb, der; -s, -e 〈schweiz.〉 ↑Schreibfehler.

verschriften [fɛɐ̯ˈʃrɪftn̩] 〈h〉 【언어학】 문자화하다: die Sprache v. 말을 문자화하다. **verschriftlichen** [fɛɐ̯ˈʃrɪftlɪçn̩] 〈h〉 《드물게》 글로 적다, 문자화하다. **Verschriftlichung**, die; -en 《드물게》 ↑verschriftlichen의 명사형. **Verschriftung**, die; -en 【언어학】 ↑verschriften의 명사형.

verschroben [fɛɐ̯ˈʃroːbn̩] 〈Adj.〉 《큄》 비정상적인, 비뚤어진, 괴팍한: ein -er alter Mann 괴팍한 노인. **Verschrobenheit**, die; -en 1. 괴팍함, 비정상, 비뚤어짐. 2. 괴팍한 언행.

verschroten 〈h〉 〈곡물을〉 대충 빻다.

verschrotten 〈h〉 폐품화하다: ich mußte mein Auto v. lassen 나는 내 자동차를 폐차시켜야만 했다. **Verschrottung**, die; -en ↑verschrotten의 명사형.

verschrumpeln 〈s〉 〈통용어〉 말라서 쭈글쭈글해지다. **verschrumpfen** 〈s〉 〈드물게〉 ↑verschrumpeln.

verschuben [fɛɐ̯ˈʃuːbn̩] 〈h〉 〈은어〉 〈다른 감옥으로〉 옮기다. **Verschubung**, die; -en 〈은어〉 ↑verschuben의 명사형.

verschüchtern 〈h〉 기를 꺽다, 위축시키다: jmdn. mit Drohungen v. 누구를 위협해서 기를 꺽어 놓다. **Verschüchterung**, die; -en ↑verschüchtern의 명사형.

verschulden 1. 〈h〉 책임을 지다, 책임이 있다: er hat sein Unglück selbst verschuldet 그의 불행은 자업자득이다. **2. a)** 〈s〉 부채를 지다: durch seinen aufwendigen Lebensstil ist er immer mehr verschuldet 낭비가 심한 생활 태도로 인해 그는 점점 더 많은 부채를 지게 되었다; 〈자주 과거분사〉 eine hoch(bis über die Ohren) verschuldete Firma 빚투성이 회사. **b)** 〈h; v. + sich〉 〈h〉 돈을 빌리다: für den Bau seines Hauses hat er sich hoch v. müssen 집을 짓느라고 그는 많은 빚을 겨야만 했다. **Verschuldung**, die; -en 채무, 부채.

verschulen 〈h〉 **1.** 〈전문어〉 묘목을 옮겨 심다. **2.** 〈자주 큄〉 중·고등 학교꼴로 되어 가다: das Studium wird immer mehr verschult 대학에서의 공부는 점차 고등 학교식으로 되어간다. **Verschulung**, die; -en ↑verschulen의 명사형.

verschupfen 〈h〉 〈지역적〉 배척하다, 〈계모처럼〉 학대하다.

verschusseln 〈h〉 〈통용어〉 **a)** 〈부주의로〉 잃어버리다. **b)** 잊어버리다.

verschütten 〈h〉 **1.** 잘못 붓다, 흘리다: Salz v. 소금을 쏟드리다. **2. a)** 파묻다, 〈흙, 모래로〉 덮다: **es bei jmdm. verschüttet haben** 〈지역적〉 누구의 기분을 상하게 하다. **b)** 〈흙, 모래 등을 부어서〉 메우다. **verschüttgehen*** [fɛɐ̯ˈʃʏt-] 〈s〉 〈통용어〉 잃어버리다. 《경》 **a)** 죽다, 목숨을 잃다. **b)** 몰락하다, 영락하다. **3.** 【부랑자】 체포되다. **Verschüttung**, die; -en ↑verschütten의 명사형.

verschwägern [fɛɐ̯ˈʃvɛːɡɐn], sich 〈h〉 결혼을 해서 인척 관계를 맺게 되다. **Verschwägerung**, die; -en ↑verschwägern의 명사형.

verschwatzen 〈h〉 **1.** 지절이며 시간을 보내다: den ganzen Morgen v. 아침 나절을 내내 잡담으로 보내다. **2.** 〈s〉 〈잘못해서〉 누설하다, 발설하다. **3.** 〈österr.〉 고자질하다.

verschweben 〈s〉 《시어》 살며시 스쳐 지나가다.

verschweigen* 〈h〉 **1.** 의식적으로 말하지 않다, 비밀로 하다, 숨기다: er hat uns seine Krankheit verschwiegen 그는 우리에게 자신의 병을 숨겨 왔다. **2.** 〈v. + sich〉 〈드물게〉 무엇에 대해 침묵하다.

verschweißen 〈h〉 용접하여 결합시키다. **Verschweißung**, die; -en ↑verschweißen의 명사형.

verschwelen 1. 〈s〉 **a)** 〈불꽃 없이 연기만 뿜으며〉 타다. **b)** 불이 꺼지면서 연기를 내뿜다. **2.** 〈h〉 건류(乾溜)하다: Kohle v. 석탄을 건류하다. **Verschwelung**, die; -en ↑verschwelen의 명사형.

verschwenden 〈h〉 허비하다, 낭비하다, 탕진하다: sein Geld[seine Zeit] v. 그의 돈[시간]을 낭비하다; sie verschwendete keinen Blick an ihn 그 여자는 그 남자에게 시선 한번 던지지 않았다; du verschwendest deine Worte 네 말은 아무 소용이 없다. **Verschwender**, der; -s, - 낭비자, 허비자. **verschwenderisch** 〈Adj.〉 **1.** 낭비적인, 돈과 물건을 헤프게 쓰는: ein -er Mensch 낭비벽이 심한 사람; sie geht v. mit ihrem Geld um 그 여자는 돈을 아주 헤프게 쓴다. **2.** 아주 풍요로운, 호화로운. **Verschwendung**, die; -en 낭비, 허비. **Verschwendungssucht**, die 낭비벽. **verschwendungssüchtig** 〈Adj.〉 낭비벽이 심한.

verschwiegen [fɛɐ̯ˈʃviːɡn̩] **1.** ↑verschweigen. **2.** 〈Adj.〉 **a)** 비밀을 잘 지키는, 과묵한: ein zuverlässiger und -er Mitarbeiter 신뢰할 수 있고 입이 헤프지 않은 직원. **b)** 조용하고, 쓸쓸한, 사람들이 잘 찾지 않는: einen -en Ort aufsuchen 〈통용어·은폐〉 화장실을 찾다. **Verschwiegenheit**, die 과묵함, 침묵, 비밀: strengste V. bewahren 철저하게 비밀로 하다.

verschwiemelt 〈Adj.〉 〈nordd., ostmd.〉 〈눈과 얼굴이 부어 올라서〉 방탕한 밤을 지낸 것처럼 보이는.

verschwimmen* 〈s〉 불분명하다, 윤곽이 흐릿해지다: 〈자주 과거분사로〉 das Foto ist ganz verschwommen 그 사진은 형편 없이 흐릿했다; 〈전의〉 diese Formulierung ist reichlich verschwommen 이 표현은 아주 불분명하다.

verschwinden* 〈s〉 **a)** 보이지 않게 되다, 사라지다: der Zug verschwand in der Ferne 그 기차는 먼 곳으로 사라져 갔다; die Kassette war spurlos verschwunden 그 카세트는 흔적없이 사라져 버렸다; ich muß mal v. 〈통용어·은폐〉 화장실에 가야겠다; ich bin müde und verschwinde jetzt 나는 피곤해서 이제 자러 가야겠다; verschwinde! 꺼려라!; neben ihm verschwindet sie 그 남자의 키에 가려 그 여자는 거의 보이지 않는다; 〈현재분사로〉 eine verschwindende Minderheit 보잘것 없는 소수. **b)** 도둑맞다: in unserem Betrieb verschwindet immer wieder Geld 우리 회사에서는 늘상 돈이 없어지곤 한다.

verschwistern [fɛɐ̯ˈʃvɪstɐn] 〈h〉 **1.** 밀접하게 연관시키다. **2.** 〈v. + sich〉 형제 자매처럼 밀접한 관계가 되다. **3.** (miteinander) verschwistert sein 〈서로서로〉 형제 자매간의 관계에 있다. **Verschwisterung**, die; -en ↑verschwistern의 명사형.

verschwitzen 〈h〉 **1.** 땀으로 흠뻑 적시다: 〈대개 과거분사로〉 der Kragen ist verschwitzt 옷깃이 땀으로 흠뻑 젖었다. **2.** 〈통용어〉 잊어 버리다, 태만히 하다.

verschwollen [fɛɐ̯ˈʃvɔlən] 〈Adj.〉 심하게 부어 오른: vom Weinen -e Augen haben 울어서 두 눈이 퉁퉁 부어 올랐다.

Verschwommenheit, die; -en 불분명, 모호, 뚜렷하지 못함.

verschwören* 〈h〉 **1.** 〈v. + sich〉 **a)** 비밀리에 작당하다, 결탁하다, 공모하다: sich (mit anderen Offizieren) gegen die Regierung v. 〈다른 장교들과 함께〉 반정부적인 공모를 하다. **b)** 〈고어〉 맹세하다, 선서하다. **2.**

⟨v. + sich⟩ 전력을 다하다, 헌신하다: er hatte sich der Freiheit verschworen 그는 자유를 위해 몸을 바쳤다. 3. ⟨고어⟩ 그만 둘 것을 맹세하다: er hatte den Alkohol verschworen 그는 금주를 맹세했다. **Verschworene***, der / die 1. ↑ Verschwörer. 2. 무슨 일에 헌신한 사람. **Verschwörer**, der; -s, - 공모자, 모반자. **verschwörerisch** ⟨Adj.⟩ 모반적인. **Verschwörermiene**, die; -n 모반자의 얼굴 표정. **Verschwörung**, die; -en (특히 국가 질서에 대한) 반란, 결탁, 공모.

versehen* ⟨h⟩ 1. a) 누가 무엇을 얻도록 배려하다, 공급하다, 갖추게 하다: mit allem Nötigen wohl versehen sein 모든 필요한 것을 잘 갖추고 있다. b) 준비하다, 갖추어 주다: einen Text mit Anmerkungen v. 텍스트에 주해를 달다. c) [가] 종부성사를 베풀어 주다: der Pfarrer kam, um den Kranken zu v. 그 병자에게 종부성사를 베풀기 위해 신부가 왔다. 2. (임무, 직무 등을) 수행하다: seine Pflichten gewissenhaft v. 그의 의무를 양심적으로 수행하다. 3. a) ⟨v. + sich⟩ 잘못 보다, 착각하다: ich habe mich in der Größe versehen 나는 크기를 잘못 보았다. b) 태만히 하다, 소홀히 하다. c) ⟨v. + sich⟩ 실수를 범하다, 잘못하다: sich beim Ausfüllen eines Formulars v. 서류 작성을 잘못하다. 4. ⟨아어·준고어⟩ 예기하다, 무엇을 기대하다: 성구 ehe man sich's versieht 생각했던 것보다 빨리. **Versehen**, das; -s, - 실수, 잘못: ihm ist ein V. unterlaufen(passiert) 그는 실수를 했다. **versehentlich** I. ⟨Adv.⟩ v. fremde Post öffnen 실수로 남의 우편물을 열다. II. ⟨Adj.⟩ 실수로 herer 생긴, 깜빡 잊은. **Versehgang**, der; -(e)s, ...gänge [가] 종부성사를 베풀어 주기 위한 성직자의 행차, 노자성사 수여.

versehren ⟨h⟩ ⟨고어⟩ 해치다, 상처를 입히다. **Versehrte***, der / die (특히 사고나 전쟁으로 인한) 신체 불구자, 장애자. **Versehrtensport**, der 신체 장애자 스포츠. **Versehrtheit**, die 신체 장애, 불구. **Versehrung**, die; -en 1. 훼손, 손상. 2. 상처, 신체 장애.

verseifen ⟨전문어⟩ 1. ⟨h⟩ 감화하다. 2. ⟨s⟩ 감화되다. **Verseifung**, die; -en 감화 작용을 확인함.

verselbständigen [fɛɐˈzɛlpˌʃtɛndɪgn̩] ⟨h⟩ 독립시키다. **Verselbständigung**, die; -en ↑verselbständigen의 명사형.

Versemacher, der; -s, - 《대개 폄》아마추어 시인.

versenden* ⟨h⟩ (많은 사람에게) 보내다, 발송하다: Warenproben v. 상품 견본을 발송하다. **Versendung**, die; -en ↑versenden의 명사형.

versengen ⟨h⟩ 약간 태워 손상을 입히다: sein Hemd mit der Zigarette v. 담배불로 셔츠에 구멍을 내다; die Sonne hat die Felder versengt 햇볕으로 해서 농작물이 시들었다. **Versengung**, die; -en ↑versengen의 명사형.

Versenkantenne, die; -n ⟨전문어⟩ ↑Teleskopantenne. **versenkbar** [fɛɐˈzɛŋkbaːɐ̯] ⟨Adj.⟩ 가라 앉힐 수 있는, 낮출 수 있는, 내릴 수 있는: eine -e Nähmaschine 접어 넣을 수 있는 재봉틀. **Versenkbühne**, die; -n [연극] 승강 무대. **versenken** ⟨h⟩ 1. a) 물속으로 가라 앉히다: (feindliche) Schiffe v. 적함을 침몰시키다. b) 박아 넣다: eine versenkte Schraube 깊이 박혀 표면 위로 돌출하지 않은 나사못. 2. ⟨v. + sich⟩ 집중하다, 몰두하다: sich in ein Buch v. 책에 몰두하다. **Versenkung**, die; -en 1. 침몰, 침하. 2. 집중, 몰두, 탐닉. 3. [연극] 승강 무대: in der V. verschwinden 《통용어》 공공 석상에 나타나지 않다; aus der V. auftauchen 《통용어》 예기치 않게 다시 나타나다.

Verseschmied, der; -(e)s, -e 《농·폄》 ↑Versemacher.

versessen [fɛɐˈzɛsn̩] 1. ↑versitzen. 2. **auf etw. v. sein** 꼭 가지려고 하다, 갖고 싶어하다. **Versessenheit**, die; -en 열중, 몰두, 탐닉.

versetzen ⟨h⟩ 1. a) 옮겨 놓다, (자리를) 바꿔 놓다: einen Grenzstein v. 경계석을 옮겨 놓다. b) 근무처를 옮기다: jmdn. nach Köln v. 누구를 쾰른으로 전임(轉任)시키다. c) (학생을) 진급시키다. d) 《고어》 막다, 억누르다. 2. a) 다른 상황으로 가져 가다: eine Maschine in Bewegung v. (유휴 상태의) 기계를 작동시키다; seine Mitteilung versetzte uns in Unruhe 그의 말은 우리를 불안하게 했다. b) ⟨v. + sich⟩ 입장을 바꾸어 생각하다: versetzen Sie sich einmal in meine Lage! 내 입장이 되어서 한번 생각해 보시오! 3. 《퇴색해로운 짓을 가하다, 가격하다: jmdm. einen Schlag v. 누구를 때리다; **jmdm. eine(eins) v.** 《통용어》 ↑ verpassen (2). 4. a) 저당 잡히다. b) 돈으로 바꾸다. 5. 《통용어·폄》 헛되이 기다리게 하다: wir waren heute verabredet, aber sie hat mich versetzt 우리는 오늘 만나기로 약속했으나 그 여자는 나를 헛되이 기다리게 했다 (오지 않았다). 6. 결연히 답변하다. 7. 섞다, 혼합하다 (그래서 질을 떨어뜨리다): Wasser und Wein v. 포도주에 물을 섞다. **Versetzung**, die; -en 옮김, 이전; 전임(轉任); 진급; 저당 잡힘; 혼합. **Versetzungszeichen**, das 《음악》 임시 기호.

verseuchen [fɛɐˈzɔyçn̩] ⟨h⟩ 병균으로 오염시키다: radioaktiv verseuchte Milch 방사선으로 오염된 우유. **Verseuchung**, die; -en ↑verseuchen의 명사형.

Versicherer, der; -s, - 보험(업)자. **versichern** ⟨h⟩ 1. 확신하다, (사실임을) 약속하다, 보증하다: er versicherte, daß er nicht der Täter sei 그는 자기가 범행자가 아니라고 맹세했다. 2. ⟨아어⟩ 확약하다, 확약시키다: jmdn. seiner Freundschaft[seines Vertrauens] v. 누구에게 자기의 우정[신뢰]을 확약하다; Sie können versichert sein, daß die Sache sich so verhält 일이 그렇게 진행되리라고 확신하셔도 됩니다. b) ⟨v. + sich⟩ 확인하다, 점검하다: ich habe mich seines Schutzes versichert 나는 그의 보호를 확인했다. c) ⟨아이·준고어⟩ 사로잡다, 탈취하다. 3. a) 보험에 들다: er hat sein Haus gegen Feuer versichert 그는 그의 집을 화재 보험에 넣었다. b) 보험 계약에 따른 보호를 해주다. **Versicherte***, der / die 피 보험자. **Versicherung**, die; -en 1. 확언, 확약: eine eidesstattliche V. 선서를 대신하는 보증. 2. a) 보험(계약): eine V. abschließen [erneuern] 보험 계약을 체결하다[갱신하다]. b) 보험료: die V. beträgt 20 Mark im Monat 보험료는 매달 20 마르크이다. c) 보험 회사: in diesem Fall zahlt die V. nicht 이 경우 보험 회사는 (보험금을) 지불하지 않는다. d) 보험(가입): die V. des Wagens kostet 500 Mark im Jahr 이 자동차의 보험료는 년간 500 마르크이다.

versicherungs-, Versicherungs-: ~**agent**, der ↑ ~**vertreter**. ~**angestellte***, der / die 보험 회사 직원. ~**anspruch**, der 보험 배상 청구권. ~**anstalt**, die ↑ ~**gesellschaft**. ~**beitrag**, der 보험료. ~**bestätigungskarte**, die [관] 자동차 의무 보험 가입 신청 확인서. ~**betrag**, der ↑ ~**summe**. ~**betrug**, der 보험사기. ~**fall**, der 보험 사고(보험금을 지불해야 할 경우). ~**frei** ⟨Adj.⟩ 보험가입이 의무가 아닌. ~**freiheit**, die ↑ ~**frei**의 명사형. ~**geber**, der 《전문어》 ↑ ~**gesellschaft**. ~**gesellschaft**, die 보험 회사. ~**karte**, die 1. 국민 연금 보험 카드. 2. 녹색 보험 카드(국제적인 자동차 보험 증명서). ~**kaufmann**, der 보험 전문 요원. ~**leistung**, die 피 보험자에 대한 보상. ~**mathematik**, die 보험 수학(사고의 확률을 조사하는 응용 수학의 한 분야). ~**nehmer**, der 《전문어》 피 보험자.

~pflicht, die 보험 가입 의무. ~pflichtig 〈Adj.〉↑~pflicht의 형용사형. ~police, die 보험 증서. ~prämie, die《전문어》↑~beitrag. ~rabatt, der 보험료 할인. ~recht, das 보험법. ~schein, der 보험 증서. ~schutz, der 보험을 통한 보호. ~schwindel, der《통용어》↑~betrug. ~steuer, [세무] Versicherungsteuer, die 보험세. ~summe, die 보험금. ~träger, der《전문어》근로자들의 사회 보장 보험 담당 기구. ~vertrag, der 보험 계약. ~vertreter, der 보험 대리점(외판원). ~wert, das《대물 보험시의》보험 가액(價額). ~wesen, der 〈Pl. 없음〉 보험 제도. ~zeit, die 〈대개 Pl.〉 (법적인 사회 보장 보험에서) 보험료가 지불된 기간.

versickern 〈s〉 새어 없어지다. Versickerung, die; -en ↑versickern의 명사형.

versieben 〈h〉《통용어》1. 부주의로 잃어버리다: 2. 잘못해서 망치다, 버리다: es bei jmdm. v.《통용어》누구와의 관계를 망쳐 버리다.

versiegeln 〈h〉 1. 봉인하다: einen Brief v. 편지를 봉인하다. 2. 보호막을 첨가해서 튼튼하게 만들다: das Parkett v. 널 마루에 니스칠을 하다. Versiegelung, die; -en ↑versiegeln의 명사형.

versiegen 〈s〉《아어》말라서 흐르지 않다, 바싹 마르다: der Brunnen versiegt 우물이 말라서 흐르지 않는다; 전의 seine Geldquelle ist versiegt 그의 돈줄은 고갈되었다; er hat einen nie versiegenden Humor 그에게는 유머가 끊이 없이 솟아나온다.

versiert [ver'ziːɐ̯t] 〈Adj.〉 경험이 많고 숙련된: er ist in Finanzfragen sehr v. 그는 재정 문제에 있어서는 아주 능통한 사람이다. Versiertheit, die; 〈Pl. 없음〉↑versiert의 명사형. Versifex ['verzifeks], der; -es, -e《고어》↑Verseschmied. Versifikation [verzifika'tsi̯oːn], die; -en [lat. versificātiō] 운문화, 시화. versifizieren [...'tsiːrən] 〈h〉 [lat. versificāre] 운문화하다, 시화하다. Versikel [ver'ziːkl], der; -s, - [lat. versiculus] [신교 및 가톨릭 예배] 찬미가의 짧막한 연결 구절.

Versilberer, der; -s, - 은도금사. versilbern [fɛɐ̯'zɪlbən] 〈h〉 1. 은도금하다: Bestecke v. 식사용 기구를 은도금하다. 2.《통용어》돈으로 바꾸다, 매각하다: seine Uhr v. 시계를 팔아서 돈을 만들다. Versilberung, die; -en 1. 은도금. 2. 도금된 돈.

versimpeln [fɛɐ̯'zɪmpəln] 〈h〉 1.《치졸할 정도로》단순화하다: Charaktere in einem Stück v. 극중 인물들의 성격을 단순화하다. 2. 〈s〉 단순하게 되다, 간소하게 되다. Versimpelung, die; -en ↑versimpeln의 명사형.

versingen', sich 〈h〉 노래를 잘못 부르다.

versinken' 〈s〉 1. a) 가라앉다, 침몰하다: das Schiff versank 배가 침몰했다; die Sonne versank über den Feldern 태양이 들판 너머로 사라졌다. b)《어느 정도의 깊이로》빠지다, 잠기다: er ist bis zu den Knöcheln im Schlamm versunken 그는 발목까지 진흙탕에 빠졌다. 2. 몰두하다, 전념하다, 깊이 빠져 있다: er versank in seinen Erinnerungen 그는 깊은 회상 속에 잠겨 있었다.

versinnbilden [fɛɐ̯'zɪnbɪldn̩] 〈h〉《드물게》↑versinnbildlichen. versinnbildlichen [fɛɐ̯'zɪnbɪltlɪçn̩] 〈h〉 상징적으로 묘사하다, 상징하다. Versinnbildlichung, die; -en ↑versinnbildlichen의 명사형. versinnlichen [fɛɐ̯'zɪnlɪçn̩] 〈h〉 지각할 수 있게 하다, 구체화하다. Versinnlichung, die; -en ↑versinnlichen의 명사형.

versintern [기술] 1. 〈h〉 석회화하다. 2. 〈s〉 석회화하다. 3.《고어》 〈s〉 ↑versickern. Versinterung, die; -en ↑versintern (1, 2)의 명사형.

Version [vɛr'zi̯oːn], die; -en [frz. version, lat. versum, ↑Vers와 관련] 1. a) 표현법, 서술, 표현 형태: die ältere V. des Gedichtes ist nicht überliefert 이 시의 옛 형태는 전래되지 않았다. b) 번역(판(본)): eine englische V. des Romans veröffentlichen 이 소설의 영문 번역판을 출간하다. 2. 설명, 해석, 견해. 3. 개량형, 변형: gegenwärtig ist eine verbesserte V. dieses Kampfflugzeugs in der Erprobung 현재 이 전투기의 개량형이 시험 중에 있다.

versippen [fɛɐ̯'zɪpn̩], sich 〈h〉 결혼을 통해서 인척이 되다:〈대개 과거분사로〉 mit einer Familie versippt sein 어느 집안과《결혼을 통해》인척 관계를 맺다. Versippung, die; -en ↑versippen의 명사형.

versitzen' 〈h〉《통용어》1. 앉아서 빈둥빈둥 시간을 보내다: ich habe den ganzen Morgen im Wartezimmer des Arztes versessen 나는 아침 내내 환자 대기실에서 하는 일없이 앉아 있었다. 2. a)《옷을》앉아서 구기다. b) (의자의 쿠션 등을) 앉아서 낡게 하다.

versklaven [fɛɐ̯'sklaːvn̩, 《또한》...aːfn̩] 〈h〉 노예로 만들다. Versklavung, die; -en ↑versklaven의 명사형. verslumen [fɛɐ̯'slaməm] 〈s〉 슬럼화되다, 영락하다. Verslumung, die; -en ↑verslumen의 명사형.

versnoben [fɛɐ̯'snɔbn̩] 〈s〉《폄》잘난 척하는 속물이 되다.

Verso ['vɛrzo], das; -s, -s [lat. verso(foliō)]《전문어》종이의 뒷면, [이면] (반대: Rekto).

versoffen [fɛɐ̯'zɔfn̩] 1. ↑versaufen 참조. 2. 〈Adj.〉《약간 폄》 a) 습관적으로 술을 마시는. b) 습관적인 음주의 결과로 인한.

versohlen [fɛɐ̯'zoːlən] 〈h〉《통용어》마구 때리다, 후려갈기다: ich werde dir gleich den Hintern v. 곧 네 녀석의 엉덩이를 후려갈겨 주겠다.

versöhnen [fɛɐ̯'zøːnən] 〈h〉 1. 〈v. + sich〉 화해하다, 다시 사이좋게 지내다: sich mit seiner Frau v. 부인과 화해하다; sie sind wieder versöhnt 그들은 다시 화해했다. 2. a) 화해시키다, 조정하다: die Streitenden wieder v. 다투는 사람들을 다시 화해시키다; 전의 sie sprach das versöhnende Wort 그 여자는 유화적인 발언을 했다. b) 달래다, 무마하다. Versöhner, der; -s, -《구동독·폄》기회주의적 타협주의자. versöhnlerisch 〈Adj.〉《구동독·폄》 타협주의적인. Versöhnlertum, das; -s《구동독·폄》 기회주의적 타협 성향·태도. versöhnlich [fɛɐ̯'zøːnlɪç] 〈Adj.〉 a) 유화적인, 화해적인, 즐거움을 주는, 위안을 주는: das Buch hat einen -en Schluß 그 책의 끝은 그 어떤 희망적인 것을 예시해 주고 있다. Versöhnlichkeit, die ↑versöhnlich의 명사형. Versöhnung, die; -en 1. 화해, 유화. 2. 화해시킴.

Versöhnungs-: ~fest, das [유태교] ↑Jom Kippur. ~tag, der [유태교] 속죄의 날. ~trunk, der 화해 주(酒).

versonnen 〈Adj.〉 명상에 잠긴, 꿈꾸는 듯한: Versonnenheit, die ↑versonnen의 명사형.

versorgen 〈h〉 1. a) 필요한 것을 주다, 공급하다: jmdn. mit Geld(Lebensmitteln) v. 누구에게 돈(식량)을 제공해 주다; eine Stadt mit Strom(Gas) v. 한 도시에 전력[가스]을 공급하다;《전치사 목적어 없이도》 Berlin mußte während der Blockade aus der Luft(auf dem Luftwege) versorgt werden 베를린은 봉쇄 기간 동안 (모든 것을) 공중(항로)을 통해서 공급 받아야만 했다. b) 부양하다, 먹여 살리다: er hat eine Familie zu v. 그는 한 가족의 생계를 꾸려 나가야 한다. c) 살림을 맡아보다. d) 병자나 부상자를 돌보다: jmdn. ärztlich v. 누구를 치료해 주다. 2. 담당하다, 맡아서 처리하다, 취급하다:

der Hausmeister versorgt die Heizung 난방에 관한 일은 관리인이 맡아서 행하고 있다. **3.** 《schweiz.》 **a)** 보관하다, 간직하다. **b)** 넣어 두다, 감추어 놓다. **Versorger**, der; -s, - ↑Ernährer (a). **Versorgerin**, die; -nen ↑Versorger의 여성형. **versorgt** 〈Adj.〉 《드물게》 걱정에 가득 찬, 수심에 찬. **Versorgung**, die ↑ versorgen의 명사형.

versorgungs-, Versorgungs-: ~**amt**, das (전쟁 희생자들을 위한) 원호청. ~**anspruch**, der 부양(연금) 청구권. ~**ausgleich**, der 〔법〕 이혼 후 연금 등의 배분. ~**behörde**, die ↑~amt. ~**berechtigt** 〈Adj.〉 부양을 받을 자격이 있는. ~**berechtigte***, der / die 피부양권 소유자. ~**betrieb**, der 공익 사업 부문. ~**bezüge** (Pl.) 부양비, 양육비. ~**einheit**, die 《군》 병참 부대. ~**empfänger**, der 피 부양자. ~**empfängerin**, die ↑~empfänger의 여성형. ~**engpaß**, der ↑ ~schwierigkeiten. ~**gut**, die 생필품 (Pl.) 주민들의 생활에 필수적인 물품, 생필품. ~**haus**, das 《österr.·口어》양로원. ~**krise**, die ↑~schwierigkeiten. ~**lage**, die 생필품 공급 현황. ~**leitung**, die 공급관[파이프]. ~**lücke**, die ↑~schwierigkeiten. ~**netz**, das 공급[보급]망. ~**schwierigkeiten** 〈Pl.〉 생필품 공급의 부족, 어려움. ~**staat**, der 《정치 은어·대개 蔑》복지 국가.

versotten [fɛɐ̯ˈzɔtn̩] 〈s〉 《전문어》 (벽난로 등이) 매연, 재 같은 것이 쌓여 기능이 저하되다. **Versottung**, die; -en ↑versotten의 명사형.

verspachteln 〈h〉 **1.** 흙손질하다. **2.** 《통어》 먹어 치우다.

verspakt [fɛɐ̯ˈʃpaːkt] 〈Adj.〉 《nordd.》 부패한, 곰팡이 간 는.

verspannen 〈h〉 **1. a)** 버팀줄로 고정·부착시키다. **b)** 양탄자를 울지 않게 잡아당겨 깔다. **2.** 〈v. + sich〉 경련을 일으키다. **Verspannung**, die; -en **1. a)** 버팀줄로 고정시킴. **b)** 버팀 줄. **2.** 경련.

versparen 〈h〉 《고어》 뒤로 미루다, 연기하다: einen Besuch v. 방문을 연기하다.

verspäten [fɛɐ̯ˈʃpɛːtn̩], sich 〈h〉 늦게 도착하다, 지각하다: der Zug hat sich (um) zehn Minuten verspätet 기차는 10분 연착했다; 〈과거분사로〉 verspätete Glückwünsche 늦은 축하 인사; verspätet ankommen 늦게 도착하다. **Verspätung**, die; -en ↑verspäten의 명사형: entschuldige bitte meine V. 늦어서 미안하네.

verspeisen* 〈h〉 《아어》 즐기다 먹다.

verspekulieren 〈h〉 **1.** 투기로 잃어버리다: er hat sein ganzes Vermögen verspekuliert 그는 전 재산을 투기로 날려 버렸다. **2.** 〈v. + sich〉 **a)** 헛되이 투기하다, 성과없이 투기하다. **b)** 《통어》 잘못 추측하다, 잘못 계산하다.

versperren 〈h〉 **1. a)** 폐쇄하다, 통행을 불가능하게 하다: einen Durchgang 〔mit Kisten〕 v. 통로를〔상자로〕 차단하다. **b)** 가로막다 〔지나다〕: ein umgestürzter Baum versperrte die Straße 쓰러진 나무가 길을 차단하고 있었다. **2.** 〈österr.〉 **a)** 잠그다: die Haustür v. 대문을 걸어 잠그다. **b)** 〈v. + sich〉 《드물게》 틀어 박히다. **c)** 《물건을》 치워 넣다, 넣어 두다. **3.** 〈v. + sich〉 《아이》 받아들이지 않다, 경원하다. **Versperrung**, die; -en ↑ versperren의 명사형.

verspiegeln 〈h〉 **a)** 거울을 달다. **b)** 《전문어》 반사막을 입히다.

verspielen 〈h〉 **1. a)** 도박에 져서 잃다: große Summen v. 도박에서 큰 돈을 잃다. **b)** (경망한 행동으로) 잃다: sein Glück v. 경망한 행동으로 행운을 날려보내다; **bei jmdm. verspielt haben** 《통어》 누구의 환심을 잃다: der hat bei mir schon lange verspielt 그 녀석 이미 오래 전부터 내 눈 밖에 났다. **2.** 내 돈으로 걸다. **3.** 놀면서 시간을 보내다: Stunden am Meer v. 바다에서 놀면서 시간을 보내다. **4.** 〈v. + sich〉 실수하다, 잘못 연주하다. **verspielt** 〈Adj.〉 **1.** 도박[놀이]에 열중한. **2.** 명랑한, 경쾌한, 가벼운. **Verspietheit**, die ↑verspielt 의 명사형.

verspießern [fɛɐ̯ˈʃpiːsɐn] 〈s〉 《蔑》 속물이 되다, 고루하고 편협하게 되다. **Verspießerung**, die 〈s〉 ↑verspießern의 명사형.

verspillern [fɛɐ̯ˈʃpɪlɐn] 〈s〉 《전문어》 ↑vergeilen. **Verspillerung**, die; -en 《전문어》 ↑verspillern의 명사형.

verspinnen* 〈h〉 **1. a)** 짜다, (실을) 잣아서 만들다: die Wolle wird von Hand versponnen 이 모직물은 손으로 짜인 것이다. **b)** 짜서 가공하다: Wolle zu Garn v. 털실로 연사를 만들다. **c)** (실을) 잣는 데 사용하다. **2.** 〈v. + sich〉 **a)** 《드물게》 ↑einspinnen (1). **b)** (기이한 정도로) 어떤 생각에 열중하다.

verspleißen* 〈h〉 〔선원〕 꼬아서 잇다, 연결하다. **Verspleißung**, die; -en 〔선원〕 ↑verspleißen의 명사형.

versplinten [fɛɐ̯ˈʃplɪntn̩] 〈h〉 〔기술〕 고정쇠로 (나사를) 고정시키다. **Versplintung**, die; -en 〔기술〕 ↑versplinten의 명사형.

versponnen [fɛɐ̯ˈʃpɔnən] **1.** ↑verspinnen 참조. **2.** 〈Adj.〉 이상한 생각에 몰두한, 기발한 생각을 잘하는. **Versponnenheit**, die ↑versponnen의 명사형.

verspotten 〈h〉 조롱하다, 야유하다, 조소의 대상으로 만들다. **Verspottung**, die; -en ↑verspotten의 명사형.

versprechen 〈h〉 **1.** 〈v. + sich〉 잘못 말하다, 실언하다: der Vortragende war sehr nervös und versprach sich ständig 그 연사는 너무 긴장해서 계속 실언했다. **2. a)** 약속하다, 서약하다: er hat (mir) versprochen, pünktlich zu sein 그는 (나에게) 늦지 않겠다고 약속했다. **b)** 누구에게 무엇을 (주겠다고) 확약하다, 약속해 주다: er hat ihr die Ehe versprochen 그는 그 여자에게 결혼할 것을 약속했다; sich jmdm. v. 《고어》 누구에게 결혼을 약속하다. **c)** 《고어》 ↑verloben. **3. a)** 〈werden + zu와 결합하여〉 기대를 걸게 하다, 희망을 주다: das Wetter〔es〕 verspricht schön zu werden 날씨가 좋아질 것 같다. **b)** 기대하게 하다: das Barometer verspricht gutes Wetter 기압계에 의하면 날씨가 좋아질 것 같다. **4.** 〈v. + sich〉 기대하다, 희망을 걸다: was versprichst du dir davon? 너는 그 일에 무슨 기대를 걸고 있느냐? **Versprechen**, das; -s, - 약속, 확약: ein V. (ein)halten〔einlösen, erfüllen〕 약속을 지키다〔이행하다〕. **Versprecher**, der; -s, - 실언, 잘못 말함: dem Redner sind etliche V. unterlaufen 연사는 많은 실언을 했다. **Versprechung**, die; -en 〈대개 Pl.〉 약속.

versprengen 〈h〉 **a)** 《특히 군》 산산히 흩어지게 하다, 궤산(潰散)시키다: 〈자주 과거분사로〉 versprengte Soldaten (소속 부대에서 떨어져 헤매는) 낙오병. **b)** 《사냥》 (짐승을) 쫓다. **2.** 〔홀〕 뿌리다. **Versprengung**, die; -en ↑versprengen의 명사형.

verspritzen 〈h〉 **a)** (물 따위를) 튀기다, 뿌리다: er verspritzte Unmengen Parfüm 그는 향수를 잔뜩 뿌렸다. **b)** (흙탕물 등을) 뿌려서 더럽히다.

versproch(e)nermaßen 〈Adv.〉 《드물게》 약속한 대로.

verspröden [fɛɐ̯ˈʃprøːdn̩] 〈h〉 《전문어》 (특히 쇠가) 유연성이 없어지다. **Versprödung**, die; -en ↑versprö-den의 명사형.

Verspruch, der; -(e)s, Versprüche 《고어》 **1.** 약속. **2.** 약혼.

versprudeln 〈h〉 《österr.·요리》 ↑verquirlen.

versprühen 1. 〈h〉 **a)** 분무하다: Wasser v. 물을 안개처럼 뿜어내다. **b)** (불똥 따위를) 튀기다, 날리다: 〔전의〕 er sprühte Geist 그에게는 재질이 번뜩이고 있었다. **2.**

⟨s⟩ a) 《아어》 분무되다. b) 《불꽃 등이》 사방으로 흩어지다: die Funken versprühten 불꽃이 튀겨 사방으로 흩어졌다.
verspunden, verspünden ⟨h⟩ **1.** 《통에》 마개를 하다, 마개로 틀어막다. **2.** 〖목공〗 ↑spunden (1).
verspüren ⟨h⟩ **a)** 느끼다, 감지하다: Schmerz [Hunger] v. 고통[배고픔]을 느끼다; er verspürte einen heftigen Brechreiz 그는 심한 구토증을 느꼈다. **b)** 《마음 속으로》 느끼다, 감정의 움직임을 갖다: Angst [Verlangen nach etw.] v. 불안[무엇에 대한 욕구]을 느끼다. **c)** 인식하다, 확인하다, 감지하다: in seinem Werk ist der Einfluß Goethes deutlich zu v. 그의 작품에는 괴테의 영향이 뚜렷이 감지된다.
verstaatlichen [fɛɐ̯'ʃtaːtlɪçn̩] ⟨h⟩ 국유화하다: die Banken v. 은행을 국유화하다. **Verstaatlichung**, die; -en 국유화.
verstädtern [fɛɐ̯'ʃtɛtɐn] ⟨(또한) fɛɐ̯'ʃtetɐn⟩ **1.** ⟨s⟩ **a)** 《거주지가》 도시화되다. **b)** 《생활 방식이》 도시화되다. **2.** ⟨h⟩ 《드물게》 **a)** 《지역을》 도시화하다: die Industrialisierung verstädtert das Land 산업화로 인해 나라가 도시화되고 있다. **b)** 《생활 양식을》 도시화하다. **Verstädterung** [(또한) ...'ʃtɛt...], die; -en ↑verstädtern의 명사형. **Verstadtlichung** [fɛɐ̯'ʃtatlɪçʊŋ], die; -en 《드물게》 시유화(市有化), 시영화.
verstählen ⟨h⟩ 《전문어》 강철막을 씌우다[입히다]. **Verstählung**, die; -en 《전문어》 ↑verstählen의 명사형.
Verstand, der; -(e)s **1.** 이해력, 사유 능력, 판단력, 지성, 오성: der menschliche V. 인간의 오성; das zu begreifen, reicht mein V. nicht aus 내 이해력으로는 그것을 파악할 수 없다; kein Fünkchen V. haben 사유 능력을 전혀 갖고 있지 못하다; die Gier raubte ihnen den V.《아어》 탐욕이 그들의 이성을 마비시켰다; manchmal zweifle ich an seinem V. 때때로 나는 그의 사유 능력을 의심한다; du bist wohl nicht ganz bei V.《통용어》 너 제 정신이 아니구나; das geht über meinen V.《통용어》 내 능력으로는 그것을 이해할 수 없다; der Schmerz hat ihm um den V. gebracht 고통으로 인해 그는 (이성을 잃고) 미친 듯이 되었다; 성구 er hat den V. im kleinen Finger als ein anderer im Kopf 《통용어》 그는 굉장히 영리한 사람이다; **jmdm. steht der V. still[bleibt der V. stehen]** 《통용어》 무엇을 도저히 이해할 수가 없다; **etw. mit V. essen[trinken, rauchen]** 무엇을 아주 의식적으로 즐기며 먹다[마시다, 피우다]: den Wein muß man mit V. trinken 포도주를 마실 때는 생각하면서 음미해야 한다. **2.** 《아어》 의미.
verstandes-, Verstandes-: ~ehe 《드물게》 ↑Vernunftehe. **~kraft**, die 사유의 힘. **~mäßig** ⟨Adj.⟩ **1.** 이치에 맞는, 합리적인. **2.** 지적(知的)인, 지력의: seine offenkundige -e Unterlegenheit 그의 명백한 지적인 열등성. **~mäßigkeit**, die ↑~mäßig의 명사형. **~mensch**, der 이지적인[논리적인] 사람(반대: Gefühlsmensch). **~schärfe**, die 총명, 영민.
verständig ⟨Adj.⟩ 지성적인, 사려 있는, 영리한, 합리적인: ein -er Mensch 사려 깊은 사람. **verständigen** [fɛɐ̯'ʃtɛndɪɡn̩] ⟨h⟩ **1.** 알려 주다, 가르쳐 주다, 통고하다: du hättest mich [von dem (über den) Vorfall] sofort v. sollen (그 사건에 대해서) 너는 나에게 즉시 통고했어야 했다. **2.** ⟨v. + sich⟩ 의사를 전달하다, 의사 소통을 하다: wir konnten uns nur auf englisch v. 우리는 단지 영어로만 의사 소통을 할 수 있었다. **3.** ⟨v. + sich⟩ 서로 양해하다, 타협하다, 의견의 일치를 보다. **Verständigkeit**, die 총명, 사려, 분별. **Verständigung**, die; -en **1.** 알려 줌, 연락, 통고: ich übernehme die V. der Angehörigen 가족들에 대한 연락은 내가 담당한다. **2.** 의사 소통. **3.** 양해, 타협, 의견 일치: über diesen Punkt konnte keine V. erreicht werden [kam es zu keiner V.] 이 점에 대해서는 타협이 이루어지지 못했다.
verständigungs-, Verständigungs-: ~bereit ⟨Adj.⟩ 타협할 의사가 있는. **~bereitschaft**, die ⟨Pl. 없음⟩ ↑~bereit의 명사형. **~feindlich** ⟨Adj.⟩ 타협을 거부하는, 타협을 방해하는. **~feindlichkeit**, die ⟨Pl. 없음⟩ ↑~feindlich의 명사형. **~mittel**, das 의사 소통 수단. **~schwierigkeit**, die 《대개 Pl.》 의사 소통의 어려움. **~versuch**, der 의사 소통의 시도, 타협의 시도. **~wille**, der ↑~bereitschaft. **~willig** ⟨Adj.⟩ ↑~bereit.
verständlich [fɛɐ̯'ʃtɛntlɪç] ⟨Adj.⟩ **1.** 잘 들리는, 명료한, 알아들을 수 있는: ich mußte schreien, um mich v. zu machen 내 말을 전달하기 위해서 나는 고함쳐야 했다. **2.** 이해할 수 있는, 알기 쉬운: eine klare und -e Sprache 명확하고 알기 쉬운 언어; ein Problem v. darstellen 문제를 잘 이해되도록 설명하다. **3.** 이해될 수 있는, 수긍[납득]이 가는: eine -e Erklärung 납득이 가는 설명. **verständlicherweise** ⟨Adv.⟩ 이해할 수 있는 바, 물론: darüber ist er v. böse 거기에 대해 그는 물론 화가 나 있다. **Verständlichkeit**, die ↑verständlich의 명사형. **Verständnis** [fɛɐ̯'ʃtɛntnɪs], das; -ses, -se **1.** 《지적》 이해, 파악: dem Leser das V. (des Textes) erleichtern 독자에게 (텍스트의) 이해를 쉽게 해 주다. **2.** 《Pl. 없음》 이해심, 이해: ihm geht jedes V. für Kunst ab 그에게는 예술에 대한 이해력이 전적으로 결여되어 있었다; kein V. für die Jugend haben 청소년에 대한 이해심이 없다; der Lehrer bringt seinen Schülern viel V. entgegen 그 선생님은 큰 이해심을 가지고 학생들을 대한다. **3.** 《고어》 합의, 타협: jmdn. ins V. ziehen 누구와 타협을 보다.
verständnis-, Verständnis-: ~innig ⟨Adj.⟩ 《아어》 이해심 많은. **~los** ⟨Adj.⟩ 이해하지 못하는, 모르는: der modernen Malerei steht er völlig v. gegenüber 현대 미술을 그는 전혀 이해하지 못한다. **~losigkeit**, die ↑~los의 명사형. **~schwierigkeit**, die 《대개 Pl.》 이해상의 어려움: bei dem Vortrag hatte ich doch erhebliche -en 그 강연은 내게는 정말 이해하기 어려운 것이었다. **~voll** ⟨Adj.⟩ 이해심이 많은.
Verstandskasten, der; -s, Verstandskästen /《드물게》《통용어》《사고력의 근원[도서로서의] 머리.
verstänkern ⟨h⟩ 《통용어·폄》 나쁜 냄새로 가득 채우다.
verstärken ⟨h⟩ **1.** 더 견고하게 하다, 더 튼튼하게 하다: einen Deich v. 둑을 보강하다. **2.** 증강하다, 강화하다: die Truppen (auf 1500 Mann) v. 병력을 (1500명으로) 증강하다;《또한》 v. + sich》 für das neue Projekt hat sich das Team um drei Leute verstärkt 새 프로젝트를 위해 그 팀은 3명이 보강되었다. **3.** 더 크게 하다, 강화하다: einen Druck v. 압력을 강화하다; seine Bemühungen v. 그의 노력을 강화하다; der Kaffee verstärkt die Wirkung der Tabletten 커피는 약의 효과를 강화시킨다. **4.** 〖스포츠〗 《전력을》 강화하다: ein Team v. 팀의 전력을 강화하다;《또한》 v. + sich》 die Mannschaft will sich durch den Einkauf eines neuen Mannes v. 그 팀은 선수를 한 명 더 스카우트함으로써 전력을 강화시키려 한다. **5.** 《사진》 《음화의 현상시에》 화학 약품으로 콘트라스트를 크게 하다. **6.**《v. + sich》 더 크게 되다, 강화되다: der Druck verstärkt sich, wenn man das Ventil schließt 밸브를 잠그면 압력은 더 커진다; verstärkte Nachfrage 더 커진 수요.
Verstärker, der; -s, - **1.** 〖전자·전기〗 《전력, 전압 등의》 증폭기. **2.** 〖기술〗 기계적으로 에너지를 증대하는 장치. **3.** 《사진》 증도액(增度液). **4.** 증폭 작용을 행하는 모든 기기.

Verstärker-: ~**anlage**, die 〔전기〕 앰프 (장치). ~**leistung**, die (증폭기의) 증폭 능력. ~**röhre**, die 〔전자〕 증폭관.
Verstärkung, die; -en **1.** 강화, 보강: die V. der Fundamente 토대의 강화. **2.** 증원, 증강: eine V. der Streitkräfte ist nicht geplant 병력의 증강은 계획되고 있지 않다. **3.** 증폭. **4.** 〔스포츠〕 전력 강화. **5.** 〔사진〕 콘트라스트의 강화. **6.** 자체 강화, 커짐. **7.** 보강 인원: um V. bitten 보강 인원을 요청하다. **8.** 강화, 보강.
verstäten [fɛɐ̯ˈʃtɛːtn̩] 〈h〉 〈schweiz.〉 (바느질할 때) 실끝을 매듭짓다.
verstatten [fɛɐ̯ˈʃtatn̩] 〈h〉 〔고어〕 ↑**gestatten**. **Verstattung**, die 〔고어〕 ↑**verstatten**의 명사형.
verstauben 〈s〉 먼지에 쌓여 있다, 먼지투성이가 되다: 〔전의〕 seine Romane verstauben in den Bibliotheken 그의 소설들은 읽히지 않고 도서관에서 먼지에 쌓여 있다.
verstäuben 〈h〉 분무하다, 뿌리다: Insektizide v. 살충제를 뿌리다. **verstaubt** 〈Adj.〉 〈썀〉 낡은, 구식의, 진부한. **Verstäubung**, die; -en 분무.
verstauchen 〈h〉 [niederd. verstüken] 삐게 하다, 탈구시키다: ich habe mir die Hand verstaucht 나는 손을 삐었다. **Verstauchung**, die; -en 뺌.
verstauen 〈h〉 〈차곡차곡〉 쌓아 넣다: Bücher [Geschirr] in Kisten v. 책〔그릇〕을 궤짝 안에 쌓아 넣다; 《농》er verstaute seine Familie im Auto 그는 그의 가족들을 차 안에 쌓아 넣었다. **Verstauung**, die; -en 쌓아 넣음.
Versteck [fɛɐ̯ˈʃtɛk], das; -(e)s, -e [niederd. vorstecke] 은신처, 피난처, 잠복처: er blieb in seinem V. 그는 그의 은신처에 머물러 있었다; V. **spielen** 숨바꼭질을 하다; V. **(mit〔vor〕jmdm.) spielen** (누구에게) 자신의 생각, 감정, 의도 등을 숨기다: er spielt vor seiner Frau V. 그는 아내에게 속마음을 숨기고 있다.
verstecken 〈h〉 숨기다, 감추다: jmdm. die Schuhe 〔die Brille〕 v. 누구의 신발(안경)을 감춰 놓다; die Mutter versteckte die Schokolade vor den Kindern 어머니는 초콜릿을 아이들에게 감추어 놓았다; er hielt sich in seinem Keller versteckt 그는 그의 지하실 속에 숨어 있었다; 〔전의〕 er versteckte sich hinter seinen Vorschriften 그는 그의 직무 규정을 핑계로 삼았다; **sich vor**《(드물게) **neben**》**jmdm. v. müssen**〔**können**〕(통용어) (능력이나 질적인 면에서) 누구에게 비교할 수 없이 뒤떨어지다; **sich vor**〔(드물게) **neben**〕**jmdm. nicht zu v. brauchen** 〔통용어〕누구와 다를 바 없다. **Verstecken**, das; -s 숨바꼭질: 〔전의〕 er spielt v. mit ihr 그는 그 여자에게 무언가 숨기고 있다. **Versteckerlspiel**, das; -(e)s, -e 〔österr.〕 숨바꼭질. **Versteckspiel**, das; -(e)s, -e 숨바꼭질. **versteckt 1.** ↑**verstecken** 참조. **2.** 〈Adj.〉 **a)** 숨겨진, 눈에 띄지 않는. **b)** 간접적인: -e Drohungen 간접적인 (은밀한) 위협. **c)** 비밀의, 은밀한: -e Umtriebe 비밀 책동. **3.** 〔인쇄〕 잘못 조판된. **Versteckheit**, die 은밀함, 비밀, 은폐.
verstehbar [fɛɐ̯ˈʃteːbaːɐ̯] 〈Adj.〉 이해할〔이해될〕 수 있는. **Verstehbarkeit**, die ↑**verstehbar**의 명사형.
verstehen* 〈h〉 **1.** 뚜렷하게 듣다, 알아듣다: ich konnte ihn bei dem Lärm nicht v. 소음 때문에 나는 그의 말을 알아들을 수 없었다. **2. a)** 의미를 파악하다, 이해하다: einen Zusammenhang v. 연관 관계를 이해하다; das verstehst du noch nicht 그것을 이해하기에는 너 아직 어리다; ja, ich verstehe! 네, 알았습니다! 〔전의〕 du bleibst hier, verstehst du〔verstanden〕! 너는 여기 머물러 있다, 알겠어! ; 〔경·위협투의 강조〕 **jmdm. etw. zu v. geben** 누구에게 암시하다, 시사하다: ich habe ihm deutlich zu v. gegeben, daß ich sein Verhalten mißbillige 내가 그의 행동을 용인하지 않는다는 사실을 나는 그에게 분명히 암시했다; **sich (von selbst) v.** 당연〔자명〕하다: daß ich dir helfe, versteht sich (von selbst) 내가 너를 돕는다는 것은 너무나 당연한 일이다. **b)** (특정한 방법으로) 해석하다, 파악〔이해〕하다: er hat deine Worte falsch verstanden 그는 네 말을 잘못 이해했다(오해했다); unter Freiheit versteht jeder etwas anderes 자유라는 말을 사람들은 모두 제각기 다르게 해석한다. **c)** 자신이 …라고 생각하다: er versteht sich als Revolutionär 그는 자신을 혁명가라고 생각한다. **d)** 〈v. + sich〉〔상〕 어떠 어떠한 가격이다: der Preis versteht sich ab Werk, einschließlich Mehrwertsteuer 이 가격은 부가 가치세를 포함한 공장도 가격이다. **3. a)** 이해해 주다, 이해심을 보이다: sie ist die einzige, die mich versteht 그 여자는 나를 이해해 주는 유일한 사람이다. **b)** (다른 사람의 행위 등을) 이해하다, 정당하게 생각하다: ich verstehe deine Reaktion sehr gut 나는 네 반응을 아주 잘 이해할 수 있다. **4.** 〈v. + sich〉 누구와 좋은 관계를 가지고 있다, 친하다, 서로를 잘 이해하다: wie verstehst du dich mit ihr? 너 그 여자와 관계가 어때? **5. a)** 잘하다, 능숙하다: sein Handwerk〔seine Sache〕 v. 자신의 일을 능숙하게 처리하다; er versteht es, andere zu überzeugen 그는 다른 사람들을 설득시키는 데 능숙하다. **b)** (어느 분야에) 특별한 지식을 갖고 있다, 통달〔숙달〕하고 있다: er versteht etwas (nichts) von Musik 그는 음악에 대해서는 아는 게 있다 (아무것도 모른다). **c)** 〈v. + sich〉 할 수 있다, 능력이 있다: er versteht sich aufs Dichten 그는 시를 쓸 줄 안다. **d)** 〈v. + sich〉 잘 알다, 능숙하게 다룰 수 있다: er versteht sich auf Pferde 그는 말을 잘 다룰 줄 안다. **6.** 〈v. + sich〉 〔준고어〕 (내키지는 않으나) …할 용의가 있다: ich verstehe mich zum Schadenersatz v. 손해 배상할 용의가 있다. **7.** (통용어) 허술하다, 낡이허다.
versteifen 1. 〈h〉 뻣뻣〔빡빡〕하게 하다: einen Kragen (mit einer Einlage) v. (심을 넣어) 칼라를 빡빡하게 만들다. **2. a)** 〈s〉 뻣뻣하게 되다, 굳어지다: seine Glieder versteifen zusehends 그의 사지는 눈에 띄게 뻣뻣하게 되어간다. **b)** 〈v. + sich〉 〈h〉 발기하다. **3.** 〈h〉 (버팀목으로) 받치다: einen Zaun mit〔durch〕 Latten v. 울타리를 횡목으로 받치다. **4.** 〈v. + sich〉 〈h〉 완강히 주장하다, 고집하다: sich auf sein Recht v. 그의 권리를 완강히 주장하다. **5.** 〈v. + sich〉 〔증권〕 (주식, 채권 등이) 강세이다. **Versteifung**, die; -en **1.** 뻣뻣해짐, 단단해짐, 경직. **2.** eine V. des Kniegelenks 무릎 관절의 경화. **2.** 받치거나 버티는 데 쓰이는 것: -en aus Holz 나무로 된 보강재(補強材).
versteigen*, sich 〈h〉 **1.** 잘못 오르다, 산을 오르다가 길을 잃다. **2.** (아어) 지나친 행동이나 생각을 하다: er verstieg sich zu der Behauptung, er sei unschlagbar 그는 자신이 패배를 모르는 사람이라고 주장할 정도까지 이르렀다. **Versteigerer**, der; -s, - 경매인. **versteigern** 〈h〉 경매하다: Fundsachen (öffentlich) v. 습득물을 (공개적으로) 경매하다; **amerikanisch v.** 미국식 경매를 하다. **Versteigerung**, die; -en **1.** 경매, 경매에 부침: mehrere kostbare Uhren kamen zur V. 많은 값비싼 시계들이 경매에 부쳐졌다; **amerikanische V.** 미국식 경매(최초의 입찰자가 자신의 입찰 금액을 즉시 지불하고 차후 입찰자는 앞 입찰 금액과 자신의 입찰 금액간의 차액만 지불하는 경매). **2.** 경매(행사).
versteinen [fɛɐ̯ˈʃtainən] 〈준고어〉 **1. a)** 〈s〉 돌이 되다, 석화(石化)하다. **b)** 〈v. + sich〉 〈h〉 굳어지다. **c)** (아어) 〈h〉 굳어지게 하다. **2.** 〈h〉 경계석을 세우다. **versteinern 1.** 〈s〉 돌이 되다, 화석(化石)이 되다: er stand wie versteinert 화석이 된 것처럼 서 있었다. **2.** 〈v. + sich〉 〈h〉 (아어) 굳어지다: sein Gesicht ver-

steinerte sich 그의 얼굴이 굳어졌다. 3. ⟨h⟩ ⟨아어⟩ 돌처럼 굳어지게 하다. **Versteinerung**, die; -en 1. ↑versteinern의 명사형. 2. 돌이 됨 되, 화석.
verstellbar [fɛɐ̯'ʃtɛlbaːɐ̯] ⟨Adj.⟩ 움직일 수 있는, 위치를 조정할 수 있다. **Verstellbarkeit**, die ↑verstellbar의 명사형. **verstellen** ⟨h⟩ 1. 잘못 놓다, 제 자리가 아닌 곳에 놓다. 2. a) 바꾸어 놓다, 움직이다, 위치를 조정하다 (대부분 틀리게): wer hat meinen Wecker verstellt? 누가 내 자명종을 돌려 놓았느냐? b) ⟨v. + sich⟩ ⟨잘못⟩ 옮겨지다, ⟨잘못⟩ 조정되다. 3. a) ⟨물건을 놓아⟩ 가로 막다, 폐쇄하다: jmdm. den Weg v. 누구의 길을 막다. b) 가로막고 서 있다, 차단하다: der Wagen verstellt die Ausfahrt 그 차가 출구를 가로막고 서 있다. c) ⟨schweiz.⟩ 치우다, 제쳐 놓다: [전의] wir sollten diese Frage zunächst v. 우리는 이 문제를 우선 접어 두어야 하겠다. 4. a) ⟨남을 속일 목적으로⟩ 바꾸다, 위조하다: seine Handschrift v. 그의 필적을 위조하다. b) ⟨v. + sich⟩ 위장하다, 꾸미다. **Verstellung**, die; -en 1. ⟨드물게⟩ ↑verstellen의 명사형. 2. 꾸밈,위장, 가장. **Verstellungskunst**, die ⟨대개 Pl.⟩ 꾸밈술, 위장술.

versteppen ⟨s⟩ 초원으로 되다. **Versteppung**, die; -en ↑versteppen의 명사형.
versterben' ⟨s⟩ ⟨아어⟩ 죽다, 사망하다: an Blutkrebs v. 백혈병으로 죽다; mein verstorbener Onkel Franz 돌아가신 나의 프란츠 아저씨.
versteti̱gen [fɛɐ̯'ʃteːtɪgn̩] ⟨h⟩ 【경제】 1. 지속시키다, 계속되게 하다. 2. ⟨v. + sich⟩ 지속되다. **Verstetigung**, die; -en 【경제】 ↑verstetigen의 명사형.
versteuern ⟨h⟩ ⟨무엇에 대하여⟩ 세금을 납부하다: das Urlaubsgeld mußt du auch v. 휴가비에 대해서도 너는 세금을 내야 한다. **Versteuerung**, die; -en ↑versteuern의 명사형.
verstie̱ben' ⟨s⟩ ⟨아어·준고어⟩ 흩날리다: ein heftiger Windstoß ließ den Schnee v. 강한 돌풍이 눈을 흩날리게 했다.
verstiegen [fɛɐ̯'ʃtiːgn̩] 1. ↑versteigen 참조. 2. ⟨Adj.⟩ 허황된, 극단의, 상례를 벗어난, 비현실적인: seine Pläne sind recht v. 그의 계획들은 정말로 비현실적이다. **Verstiegenheit**, die; -en 1. ⟨Pl. 없음⟩ 허황, 극단, 허황. 2. 과장된 생각, 허황된 언행: seine -en nimmt doch kein Mensch ernst 그의 허황된 말을 아무도 진지하게 받아들이지 않는다.
verstimmen 1. ⟨h⟩ ⟨악기의⟩ 음이 맞지 않게 하다. 2. a) ⟨v. + sich⟩ ⟨h⟩ 음이 맞지 않다, 제 소리가 나지 않다: das Klavier hat sich verstimmt 그 피아노는 제 음이 나지 않는다. b) ⟨s⟩ ⟨드물게⟩ 음이 맞지 않다. 3. ⟨h⟩ 화나게 하다, 불쾌하게 하다: du hast ihn mit deiner Antwort ziemlich verstimmt 네 대답이 그 사람의 기분을 상당히 상하게 했다; [전의] einen verstimmten Magen haben 약간 상한 위를 가지고 있다. **Verstimmtheit**, die ↑verstimmen의 명사형, 언짢음. **Verstimmung**, die; -en 1. a) ⟨악기의⟩ 음을 잘못 나게 함. b) ⟨악기의⟩ 좋지않은 상태. 2. 불쾌, 나쁜 기분: eine V. hervorrufen 나쁜 기분을 유발시키다.
verstinken' ⟨h⟩ ⟨통어·멸⟩ ↑verstänkern.
verstocken ⟨h⟩ 1. ⟨v. + sich⟩ 완고하다, 고집 불통이 다, 남의 말을 듣지 않다. 2. 완고하게 ⟨고집 불통으로⟩ 만들다. **verstockt** ⟨Adj.⟩ ⟨멸⟩ 완고한, 고집 불통의: der Angeklagte war[zeigte sich] v. 그 피고는 고집 불통이었다. **Verstocktheit**, die 완고함, 완강함, 고집 불통.
verstohlen [fɛɐ̯'ʃtoːlən] ⟨Adj.⟩ 은밀한, 남모르는, 눈에 띠지 않는: er warf ihr einen -en Blick zu 그는 그 여자에게 은밀한 시선을 던졌다. **Verstohlenheit**, die ↑verstohlen의 명사형.
verstolpern ⟨h⟩ ⟨스포츠·은어⟩ ⟨비틀거리는 통에⟩ 기회를 놓치다.

verstopfen 1. ⟨h⟩ a) ⟨적당한 물건을 집어 넣어⟩ 막다, 채우다: ich mußte mir die Ohren mit Watte v. 나는 귀를 솜으로 막아야 했다. b) 길을 가로 막다, 지나갈 수 없게 하다: Schleim verstopfte ihm die Kehle 가래가 그의 목구멍을 막았다; meine Nase ist verstopft 내 코가 막혔다; ich bin verstopft 나는 변비를 앓고 있다; [전의] alle Kreuzungen waren (von Fahrzeugen) verstopft 모든 교차로가 차량에 의해 꽉 막혔다. 2. ⟨s⟩ 막히다: wirf den Abfall nicht ins Klo, es verstopft sonst 변기 안에 쓰레기를 넣지 마라, 넣으면 변기가 막힌다. **Verstopfung**, die; -en 1. 막음, 막힘. 2. 변비: er leidet an (chronischer) V. 그는 (만성적인) 변비를 앓고 있다.

verstorben ⟨Adj.⟩ 죽은. **Verstorbene*** , der / die 죽은 사람, 고인.
verstören ⟨h⟩ 당황하게 하다, 혼란시키다: der Anblick verstörte das Kind 그 시선이 아이를 당황하게 했다; er machte einen verstörten Eindruck 그는 당황한 하는 인상을 주었다; verstört sah mich blicken 당황해서 주위를 살피다. **Verstörtheit**, die 당황, 심적인 혼란. **Verstörung**, die ↑Verstörtheit.
Verstoß, der; -es, Verstöße 1. 위반, 저촉: V. gegen den Anstand 예절에 어긋남; ein V. gegen grammatische Regeln 문법 규칙의 위반. 2. in V. geraten ⟨österr.·고어⟩ 잃어버리다, 없어지다. **versto̱ßen'** 1. ⟨h⟩ 무엇을 위반하다, 깨뜨리다: gegen ein Tabu v. 금기를 깨다; er hat gegen die Straßenverkehrsordnung verstoßen 그는 도로 교통법을 위반했다. 2. 쫓아내다, 추방하다: er wurde von den Stammesangehörigen verstoßen 그는 종족들로부터 추방 당했다. **Verstoßung**, die -en 추방, 배척.
verstrahlen ⟨h⟩ 1. 발산하다. [전의] Charme v. 매력을 풍기다. 2. 방사선으로 오염시키다. **Verstrahlung**, die; -en ↑verstrahlen의 명사형.
verstreben ⟨h⟩ ⟨버팀목으로⟩ 받치다. **Verstrebung**, die; -en 1. 받침, 굄. 2. 받침대.
verstreichen' 1. ⟨h⟩ a) 칠하다, 바르다: die Farbe mit einem Pinsel v. 붓으로 색을 칠하다. b) 칠해서 소모하다, 바르는 데 사용하다. c) 칠해서 ⟨틈새 따위를⟩ 막다(때우다]. 2. ⟪아어⟫ ⟨s⟩ ⟨시간이⟩ 흘러가다: zwei Jahre sind seitdem verstrichen 그 이래로 2년이 흘러갔다. 3. 【사냥】 서식지를 떠나다.
verstreuen ⟨h⟩ 1. a) 뿌리다: Asche auf dem vereisten Fußweg v. 얼어붙은 보도에 재를 뿌리다. b) ⟨잘못 해서⟩ 흘리다, 엎지르다. 2. 뿌려서 소모하다: wir streuen jeden Winter ein paar Zentner Vogelfutter 우리는 겨울마다 몇 백 킬로그램의 새 모이를 뿌려 준다. 3. 여기저기 어질다[흐트러]: seine Kleider lagen im ganzen Zimmer verstreut 그의 옷들은 온 방에 여기저기 널려 있었다; [전의] verstreute Ortschaften 여기저기 산재한 마을들.
verstricken ⟨h⟩ 1. a) ⟨v. + sich⟩ 잘못 뜨다. b) 뜨개질에 소비하다: wir verstricken nur reine Wolle 우리는 순모만 사용한다. c) ⟨v. + sich⟩ 뜨게질되다, 짜지다. 2. ⟪아어⟫ a) 누구를 ⟨좋지않은 일에⟩ 끌어들이다: er versuchte, ihn in ein Gespräch über Politik zu v. 그는 그 사람을 정치에 관한 대화에 끌어들이려고 시도했다. b) ⟨v. + sich⟩ ⟨좋지 않은 상황에⟩ 끌려 들어가다, 빠지다. **Verstrickung**, die; -en ⟨좋지 않은 상황에⟩ 끌려 들어감, 얽혀듦.
verstro̱men [fɛɐ̯'ʃtroːmən] ⟨h⟩ ⟨전문어⟩ 전력 생산에 사용하다. **verströmen** 1. ⟨h⟩ 발산하다, 퍼뜨리다: Rosen verströmten ihren Duft 장미들이 향기를 발산했다. 2. ⟨v. + sich⟩ ⟨시어⟩ 흘러 들어가서 사라지다.

Verstromung, die; -en 《전문어》↑verstromen의 명사형: die V. von Kohle 전력생산을 위한 석탄 사용.
verstrubbeln [fɛɐ̯'ʃtrʊbḷn] ⟨h⟩ 《통용어》헝클어 뜨리다.
verstümmeln ⟨h⟩ 사지를 절단하다, 조각[토막]내다, 훼손하다: bei dem Unfall wurden mehrere Personen bis zur Unkenntlichkeit verstümmelt 그 사고에서 많은 사람들의 시체가 알아볼 수 없을 정도로 훼손되었다; 전의 einen Text v. 텍스트를 삭제하여 훼손시키다.
Verstümm(e)lung, die; -en 1. ↑verstümeln의 명사형. 2. 주요 부분의 삭제, 불구.
verstummen [fɛɐ̯'ʃtʊmən] ⟨s⟩ 《아이》 a) (말, 노래를) 그치다, 입을 다물다; 집필을 중단하다: vor Schreck verstummte er (jäh) 깜짝 놀라서 (갑자기) 말문이 막히다; 전의 der Motor verstummte plötzlich 모터가 갑자기 멈췄다. b) (소리가) 그치다: 전의 jeder Zweifel verstummte 모든 의심이 싹 가셨다.
verstürzen ⟨h⟩ 《재단》 솔기를 뒤집다. **Verstürznaht**, die 《재단》 솔기, 봉합선.
Ver. St. v. A. = Vereinigte Staaten von Amerika (미 합중국)의 약어.
Versuch [fɛɐ̯'zuːx], der; -(e)s, -e 1. a) 시도, 기도: der erste V. ist gescheitert[fehlgeschlagen] 최초의 시도는 실패로 돌아갔다; ich will noch einen letzten V. mit ihm machen 나는 그에게 마지막으로 한번 더 기회를 주겠다; es käme auf einen V. an 시도는 해 보아야 할 거야. b) 문학[예술] 작품: die Gesamtausgabe enthält auch seine ersten lyrischen -e 그 전집에는 그의 최초의 서정시들도 포함되어 있다; „V. über das absurde Theater" 부조리극 시론(試論). 2. a) 《스포츠》시기. b) 《럭비》 터치-다운. 3. 실험, 시험, 테스트: einen V. vorbereiten[anstellen] 실험을 준비[실시]하다. **versuchen** ⟨h⟩ 1. a) (어려운 일을) 해보다, 시도하다: er versuchte vergeblich, sie zu trösten 그는 그 여자를 위로해보려고 했으나 헛일이었다; das Unmögliche v. 불가능한 일을 시도하다; er wurde wegen versuchten Mordes verurteilt 그는 살인 미수 혐의로 유죄를 선고 받았다; **es mit jmdm. v.** 누구에게 (자신의 능력을 보여줄) 기회를 주다: er wollte ihn schon entlassen, aber jetzt will er es doch noch einmal mit ihm v. 그는 그를 해고할려고 했다. 그러나 지금 그는 그에게 한번 더 기회를 주려고 한다; **es mit etw. v.** 무엇으로 시험[시도]해 보다: wenn das nicht hilft, versuch es doch mal mit Kamillentee 그것이 효과가 없으면 카밀라차 차로 한번 시험해보아라. b) (결과를 확인하기 위해) 해보다, 시험해보다: ich möchte mal v., wie schnell das Auto fährt 그 자동차가 얼마나 빨리 달리는지 한번 시험해보고 싶다. 2. 시식(시음)하다: willst du mal (davon) v.? (저것 좀) 먹어 보겠느냐? 3. a) ⟨v. + sich⟩ (낯선 분야에서 자신의 능력을) 시험해보다, 종사하다, 활동하다: er versucht sich in der Malerei[an einem Roman] 그는 그림을 그리고[소설을 써보고] 있다. b) 《아이》(쓸모 및 효용을) 시험해보다. 4. 《아이·성서》시험에 들게하다, 유혹하다: **versucht sein[sich versucht fühlen], etw. zu tun** 무엇을 하려는 강한 유혹을 느끼다: ich war versucht, ihm zu sagen, was ich dachte 그 사람에게 내가 생각한 것을 말하고 싶은 강한 유혹을 느꼈다. **Versucher**, der; -s, - 《아이》유혹자: Jesus und der V. (기독교) 예수와 유혹자(악마). **Versucherin**, die; -nen ↑Versucher의 여성형. **versucherisch** ⟨Adj.⟩ 《드물게》유혹적인.
versuchs-, Versuchs-: **~abteilung**, die 실험[사] 담당 부서. **~anlage**, die a) 실험 장치, 테스트 기구. b) 시운전 중인 시설. **~anordnung**, die 실험 실시 조건. **~anstalt**, die 실험소, 실험장. **~ballon**, der 《기상》 바람의 방향을 조사하는 기구; 전의 das neue Modell ist in erster Linie als V. gedacht 그 새로운 모델은 일차적으로는 시장 조사를 위한 것이다. **~bedingung**, die 실험 조건. **~bühne**, die 실험 무대. **~fahrer**, der 시험 운전자. **~feld**, das 시험장. **~gelände**, das 시험장. **~gruppe**, die [의학·심리] 피시험자 그룹. **~kaninchen**, das 1. (드물게) 실험용 토끼. 2. 《통용어·폄》 피시험자. **~karnickel**, das 《지역적·폄》 ↑kaninchen. **~laboratorium**, das 실험실. **~leiter**, der [심리] 실험팀장. **~modell**, das 시험용 모델. **~objekt**, das 시험 대상자[물(物)]. **~person**, die 【의학·심리】 피시험자, 실험 대상. **~puppe**, die 실험용 인형. **~reihe**, die 일련의 실험. **~schule**, die 실험 학교. **~serie**, die ↑~reihe. **~stadium**, das 실험 단계. **~stand**, der ↑Prüfstand. **~station**, die ↑~anstalt. **~stopp**, der ↑Teststopp. **~strecke**, die 주행 시험 구간. **~tier**, das 실험 동물. **~weise** ⟨Adv.⟩ 시험삼아, 실험적으로. **~zweck**, der 《대개 Pl.》 실험 목적.

Versuchung, die; -en 1. 《아이》유혹, 유혹에 듦: die V. Jesu in der Wüste 광야에서의 예수에 대한 유혹. 2. 유혹, 욕망, 욕구: jmdn. in (die) V. bringen, etw. zu tun 무엇을 하도록 누구를 유혹하다; in (die) V. kommen[geraten], etw. zu tun 무엇을 할 유혹에 빠지다, 욕망에 사로잡히다; jmdn. in V. führen 누구를 (나쁜 일을 하도록) 유혹하다.
versühnen ⟨h⟩ 《고어》↑versöhnen. **Versühnung**, die; -en 《고어》↑versühnen의 명사형.
versumpfen ⟨s⟩ 1. 늪이 되다, 소택지화하다: 전의 sie wollten in dem Kaff nicht v. 그들은 시골 구석에 파묻혀 썩어가지고 싶지 않았다. 2. 《통용어》타락하다, 방탕해지다. **Versumpfung**, die; -en ↑versumpfen의 명사형.
versündigen, sich ⟨h⟩ 《아이》나쁜 짓을 하다, 죄를 짓다: sich an der Natur v. 자연에 대해 죄를 범하다. **Versündigung**, die; -en 《아이》↑versündigen의 명사형.
Versunkenheit [fɛɐ̯'zʊŋkn̩haɪt], die 《아이》깊은 생각에 빠져 있음: in seiner V. hatte er ihr Kommen gar nicht bemerkt 깊은 생각에 잠겨서 그는 그 여자가 오는 것도 알지 못했다.
versus ['vɛrzʊs; lat.] 《교양어》대(對).
versüßen ⟨h⟩ 1. 《드물게》달게 하다. 2. 안락하게 하다, 편안하게 하다: sich das Leben v. 삶을 안락하게 만들다. **Versüßung**, die; -en ↑versüßen의 명사형.
vert. = ↑vertatur.
vertäfeln ⟨h⟩ 무늬목을 붙이다. **Vertäfelung** 《드물게》 **Vertäflung**, die; -en 1. ↑vertäfeln의 명사형. 2. 무늬목.
vertagen ⟨h⟩ 1. 미루다, 연기하다: die Entscheidung wurde (auf nächsten Montag) vertagt 결정은 (다음 월요일로) 미루어졌다. 2. ⟨v. + sich⟩ (회의 등이) 결말없이 연기되나, 정회(停會)되다. **Vertagung**, die; -en ↑vertagen의 명사형.
vertändeln ⟨h⟩ 《준고어》 (시간 등을) 허비하다.
vertatur! [vɛr'taːtʊr; lat.] 《인쇄·고어》 뒤집으시오! (거꾸로 인쇄된 글자의 교정 지시로 기호는 √).
vertauben [fɛɐ̯'taʊbn̩] ⟨h⟩ 《광》 광맥이 끝나다. **Vertaubung**, die; -en 《광》 광맥이 끝남.
vertäuen [fɛɐ̯'tɔyən] ⟨h⟩ 【선원】 (배를) 밧줄로 붙들어 매 (언덕에), 계류하다.
vertauschbar [fɛɐ̯'taʊʃbaːɐ̯] ⟨Adj.⟩ 《드물게》교환[교체] 될 수 있는. **Vertauschbarkeit**, die 교환할 수 있음. **vertauschen** ⟨h⟩ 1. 잘못 바꾸다: unsere Hüte wurden vertauscht 우리의 모자가 잘못 바뀌었다. 2. (기존의 것을 새로운 것으로) 갈다, 바꾸다, 교환하다: er

vertauschte die Kanzel mit dem Ministersessel 그는 목사를 그만두고 장관이 되었다. **Vertauschung**, die; -en ↑vertauschen의 명사형.
vertausendfachen ⟨h⟩ 천배로 하다. **vertausendfältigen**[...fɛltɪgn̩] ⟨h⟩ 《준고어》 천배로 하다.
Vertäuung [fɛɐ̯'tɔyʊŋ], die; -en [선원] 1. 계류(繫留). 2. 계류용 밧줄.
verte! ['vɛrtə; lat.; ↑ Vers] [음악] 페이지를 넘기시오, 뒷면을 보시오! (악보에서의 지시). **vertebral** [vɛrte'bra:l] ⟨Adj.⟩ [해부·의학] 척추 동물에 속하는, 척추의, 척추로 된. **Vertebrat**, der; -en, -en, **Vertebrate** [...'bra:t(ə)], der; -n, -n ⟨대개 Pl.⟩ [동물] 척추 동물.
vertechnisieren ⟨h⟩ 과도하게 기술화하다, 지나치게 기교를 부리다. **Vertechnisierung**, die; -en ↑vertechnisieren의 명사형.
verteidigen [fɛɐ̯'taɪdɪgn̩] ⟨h⟩ **1.** 지키다, 방어하다: seine Freiheit (die Demokratie) v. 자기의 자유[민주주의]를 지키다; wer verteidigt im Spiel gegen England? [스포츠] 대 영국전에서 누가 수비를 담당하는가? **2. a)** 옹호하다, 지지하다: seine Meinung v. 자기의 의견을 옹호하다. **b)** 변명하다. **3.** (법정에서 피고를) 변호하다, 변론하다: er wird von Rechtsanwalt Kruse verteidigt 크루제 변호사가 그의 변호를 맡고 있다. **4.** [스포츠] **a)** 지키다, 유지하다: die Mannschaft konnte den Vorsprung bis zum Schlußpfiff v. 그 팀은 경기 종료까지 앞선 득점을 지킬 수 있었다. **b)** (타이틀 등을) 방어하다: der Weltmeister wird seinen Titel gegen Muhammad Ali v. 그 세계 챔피언은 타이틀을 무하마드 알리와의 대전에서 방어할 것이다. **Verteidiger**, der; -s, -1. 방어자, 지키는 사람. **2.** [스포츠] 수비 선수. **3.** 변호사. **Verteidigerin**, die; -nen ↑Verteidiger의 여성형. **Verteidigung**, die; -en **1.** 방어, 수비, 지킴: die V. der Festung 요새의 방어. ⟨Pl. 없음⟩ 방위력, 군사력: der Minister für V. 국방부 장관. **3.** [스포츠] (한 팀의) 수비(진). **4.** 변명: was hast du zu deiner V. vorzubringen? 무어라고 변명하겠느냐? **5.** 변호, 변론. **6.** 변호사, (법정의) 변호인: die V. zieht ihren Antrag zurück 변호인은 이의 신청을 취하한다.
verteidigungs-, Verteidigungs-: **~allianz**, die 방위 동맹. **~anlage**, die 방위 시설. **~anstrengung**, die ⟨대개 Pl.⟩ 방위 노력. **~ausgabe**, die ⟨대개 Pl.⟩ 방위비. **~beitrag**, der (동맹국의) 방위 분담(금). **~bereit** ⟨Adj.⟩ 방위 준비가 되어 있는. **~bereitschaft**, die ⟨Pl. 없음⟩ 방위 준비[태세]. **~budget**, das 국방 예산. **~bündnis**, das 방위 동맹. **~drittel**, das [아이스 하키] 자기편 골문이 있는 아이스하키 경기장의 1/3. **~etat**, der 국방 예산. **~fall**, der 방위상의 긴급 사태. **~gürtel**, der [군] 방어 대. **~haushalt**, der 국방 예산: den V. kürzen 국방 예산을 삭감하다. **~industrie**, die 《구동독》 방위 산업. **~krieg**, der 방어전 (반대: Angriffskrieg). **~linie**, die [군] 방어 선. **~minister**, der 국방부 장관. **~ministerium**, das 국방부. **~pakt**, der 방위 동맹[조약]. **~rede**, die **a)** 변호사의 변론. **b)** 변명. **~ring**, der [군] ↑~gürtel. **~schrift**, die 변명(옹호)서. **~stellung**, die **a)** (드물게) 방어, 방어 진지. **b)** 방어 자세. **~waffe**, die 방어용 무기 (반대: Angriffswaffe). **~zustand**, der 경계 강화 상태.
verteilen ⟨h⟩ **1.** 나누어 주다, 분배하다, 가르다: Flugblätter (an Passanten) v. 삐라를 (행인들에게) 나누어 주다; der Spielleiter verteilt die Rollen 연출자가 배역을 할당한다; [전의] er verteilte ein paar Ohrfeigen 그는 돌아가며 따귀를 몇 대씩 갈겼다. **2.** 분산하여 분할하다, 배치하다: die Flüchtlinge wurden auf drei Lager verteilt 피난민들은 3개 수용소로 분할 수용되었다. **3.** ⟨v. + sich⟩ **a)** 흩어지다: sie hatten sich auf die verschiedenen Tische verteilt 그들은 여러 개의 식탁으로 흩어져 앉았다. **b)** 퍼지다, 확산되다: gut rühren, damit sich der Farbstoff in der gesamten Masse verteilt 물감이 골고루 퍼지도록 잘 저어라. **4.** ⟨v. + sich⟩ 골고루 나누어져 있다, 분포하다: 50% der Bevölkerung leben in Großstädten, der Rest verteilt sich auf das übrige Land 주민의 50%는 대도시에 살고 있고 나머지는 그 밖의 지역에 골고루 분포되어 있다. **Verteiler**, der; -s, -**1.** 나누어 주는 사람, 분배자. **2.** [통신 판매] 통신 판매원. **3.** [경제] 판매상, 소매 상인. **4.** [에너지 산업] 전기(가스) 판매점. **5.** [사무] 수신자 주소 성명(여러 부 인쇄해 놓았다가 서류에 붙여 발송하는). **6.** [기술] ↑Zündverteiler. **7.** [전기] 배전반(配電盤), 배전함(函).
verteiler-, Verteiler-: **~dose**, die [전기] 배전함. **~finger**, der [기술] ↑~läufer. **~kappe**, die [기술] 배전기 뚜껑. **~kasten**, der [전기] 배전함. **~läufer**, der [기술] 배전기 안의 회전자. **~los** ⟨Adj.⟩ [기술] 배전기가 없는, 배전기 없이 작동하는. **~netz**, das **1.** [에너지 산업] (에너지를 공급하는) 가스관, 송전망. **2.** [경제] 판매망[조직]. **~ring**, der (특히 불법 물품의) 판매망. **~schlüssel**, der **1.** 분배 기준(분배율). **2.** [사무] ↑Verteiler (5). **~stelle**, die 분배 장소, 배급처. **~tafel**, die [전기] 배전반.
Verteilung, die; -en **1.** 나누어 줌, 분배, 분할: zur V. bringen 분배하다, 나누다; zur V. gelangen (kommen) 분배 되다. **2.** [경제] 판매, 유통. **3.** 분포 양식. **4.** 확산 양식.
Verteilungs-: **~netz**, das ↑Verteilernetz. **~schlüssel**, der ↑Verteilerschlüssel. **~stelle**, die ↑Verteilerstelle. **~zahlwort**, das [언어] ↑Distributivum.
vertelefonieren ⟨h⟩ 《통용어·정서》 전화 통화에 쓰다 《소비하다》: ich habe 20 Mark deswegen vertelefoniert 그것 때문에 통화하느라고 20마르크나 썼다.
verte, si placet! ['vɛrtəzi: 'pla:tsɛt; lat.] [음악] 뒷면을 보시오(악보상의 지시). **verte subito!** ['vɛrtə'zu:bito; lat.] [음악] 빨리 뒷면을 보시오(악보상의 지시).
verteuern [fɛɐ̯'tɔyɐn] ⟨h⟩ **1.** 값을 올리다, 비싸게 만들다: die steigenden Transportkosten verteuern die Waren 점증하는 운송비가 상품 값을 올리고 있다. **2.** ⟨v. + sich⟩ 비싸지다: das Leben verteuert sich von Monat zu Monat 생활비가 매달 비싸진다. **Verteuerung**, die; -en ↑verteuern의 명사형.
verteufeln [fɛɐ̯'tɔyfl̩n] ⟨h⟩ (獨) 사악하고 위험한 존재로 낙인찍다[매도하다]. **verteufelt** ⟨Adj.⟩ 《통용어·정서》 **1. a)** 어렵고 불편한, 얄밉고 설킨, 빠져나올 길이 없는: eine -e Situation 복잡 다단한 상황. **b)** 아주 큰, 강한: ich habe einen ganz -en Durst 나는 목이 말라서 죽을 지경이다. **c)** 아주, 매우: er spielt v. gut 그는 기막히게 잘 연주한다. **2.** 대담한, 무모한. **Verteuf(e)lung**, die; -en ↑verteufeln의 명사형.
vertiefen [fɛɐ̯'ti:fn̩] ⟨h⟩ **1. a)** 깊게 하다[파다], 파내리다: der Graben wurde (um 20 cm) vertieft 그 도랑은 (20 cm 더) 깊숙히 파내려졌다. **b)** ⟨v. + sich⟩ 깊어지다: die Kluft zwischen ihnen vertiefte sich immer mehr 그들 사이의 간격은 점점 더 깊어졌다. **2. a)** 강화 [심화]하다, 굳건히 하다: sein Wissen v. 그의 지식을 심화하다. **b)** ⟨v. + sich⟩ 강화[심화]되다. **c)** 보다 깊이 이해하다, 더 잘 알게 되다: die Schüler sollen das Gelernte anhand der historischen Quellen noch v. 학생들은 사료(史料)에 의거하여 배운 것을 보다 깊이 이해해야 한다. **3.** [음악] 음(音)을 내리다. **4.** ⟨v. + sich⟩ 집중하다, 전념하다, 몰두하다: er vertiefte

Vertiefstempel

sich in seine Zeitung 그는 신문 읽기에 몰두해 있었다; er war ganz in Gedanken vertieft 그는 완전히 생각 속에 잠겨 있었다. **Vertiefstempel**, der [금속] ↑Anke (1). **Vertiefung**, die; -en **1.** ↑vertiefen의 명사형. **2.** 오목하게 들어간 곳, 구덩이, 만곡, 홈, 분지.
¹**vertieren** [fɛɐ̯'tiːrən] **1.** ⟨s⟩ 동물적으로 되다, 인간성을 상실하다. **2.** ⟨h⟩ 《드물게》 동물적으로 만들다.
²**vertieren** [vɛr'tiːrən] ⟨h⟩ [lat. vertere] [고어] **1.** 〈한장 한장〉 넘기다. **2.** 다른 언어로 옮기다, 번역하다. **vertikal** [vɛrti'kaːl] ⟨Adj.⟩ [lat. verticālis] 수직의(반대: horizontal).
Vertikal-: ~**ebene**, die 《전문어》 수직면. ~**intensität**, die [물리] 지구 자장(磁場)의 수직 강도. ~**konzern**, der [경제] 수직 구조 기업 연합. ~**schnitt**, der [기하] 종단면. ~**verschiebung**, die [지질] 2개의 지괴(地塊)의 수직 변위.
Vertikale, die; -n ⟨zwei -(n)⟩ 수직, 수직선(반대: Horizontale). **vertikalisieren** [vɛrtikali'ʒiːrən] ⟨h⟩ [미술] 수직선을 특히 강조하다. **Vertikalismus** [...'lɪsmʊs], der; - [미술] 수평선에 비한 수직선의 강조(특히 고딕 양식에 있어서).
Vertiko ['vɛrtiko], das / 《드물게》 der; -s, -s [최초의 제작자인, 베를린 출신의 목수 Vertikow에 따라] 두 개의 문이 달린 조그만한 장식장.
vertikulieren [vɛrtiku'liːrən] ↑ vertikutieren. **vertikutieren** [...ku'tiːrən] ⟨h⟩ [원예] 잔디 등의 목적으로 잔디밭을 군데군데 파내다. **Vertikutierer**, der; -s, - [원예] ↑vertikulieren의 작업 도구. **Vertikutiergerät**, das ↑Vertikutierer. **Vertikutierrechen**, der ↑Vertikutierer.
vertilgen ⟨h⟩ **1.** 말살하다, 박멸하다, 근절하다: Insekten mit einem Sprühmittel v. 분무식 약제를 뿌려 벌레를 박멸하다; [전의] Spuren v. 흔적을 없애다. **2.** 《통용어·농》 많은 음식을 남김없이 먹어 치우다. Vertilgung, die; -en ↑vertilgen의 명사형. **Vertilgungsmittel**, das 제초제, 구충제.
vertippen ⟨h⟩ 《통용어》 **a)** 〈타자기나 계산기의〉 특히 틀린 키를 누르다, 잘못 치다: einen Buchstaben v. 철자 하나를 잘못 치다. **b)** ⟨v. + sich⟩ 타자나 계산기를 잘못 사용하다: sie vertippt sich dauernd 그 여자는 계속해서 오자를 낸다.
vertobaken [fɛɐ̯'toːbakn̩] ⟨h⟩ 《통용어·준용어》 마구 후려 갈기다, 때리다.
¹**vertonen** ⟨h⟩ **1.** 텍스트에 음악(곡)을 붙이다. **2.** 〈필름 등에〉 배경 음악과 해설을 붙이다.
²**vertonen** [niederd. vortonen] [해양] 〈바다 쪽에서 본〉 해안선의 모습을 그리다.
Vertoner, der; -s, - 《드물게》 《필름의》 배경 음악 작곡가. **vertönen** ⟨s⟩ 《드물게》 ↑verhallen. ¹**Vertonung**, die; -en **1.** 텍스트에 음악을 붙임. **2.** 텍스트의 작곡.
²**Vertonung**, die; -en [해양] ↑²vertonen의 명사형.
vertorfen [fɛɐ̯'tɔrfn̩] ⟨s⟩ 《생물》 토탄이 되다. **Vertorfung**, die; -en 《생물》 ↑vertorfen의 명사형.
vertrackt [fɛɐ̯'trakt] ⟨Adj.⟩ **a)** 얼키고 설킨, 복잡 다단한, 쉽게 풀리지 않는: eine -e Lage 복잡한 상황. **b)** 불쾌한, 기분 나쁜. **Vertracktheit**, die; -en ↑vertrackt의 명사형.
Vertrag [fɛɐ̯'traːk], der; -(e)s, Verträge **a)** 《법적 구속력이 있는》 계약, 협약, 조약: ein leoninischer V. [법] 한편에게만 유리한 불평등 계약; einen V. mit jmdm. (ab)schließen (machen) 누구와 계약을 체결하다; einen V. brechen (erfüllen) 계약을 파기하다 (이행하다); ein V. auf drei Jahre 삼년 만기 계약; auf einem V. bestehen 계약대로 할 것을 주장하다; jmdn. aus seinem V. entlassen 누구를 계약에서 풀어 주다; einen Schauspieler unter V. haben 《은어》 어떤 배우와 전속 계약을 맺고 있다. **b)** 계약서: unterschreiben 계약서에 서명하다. **vertragen'** ⟨h⟩ **1. a)** 참아(견데)내다: Rauch (Lärm) schlecht v. 연기(소음)을 잘 참아내지 못하다. **b)** 소화하다, 몸이 잘 받아들이다: er kann nicht viel v. 《통용어》 그는 술을 많이 마시지 못한다; fette Sachen v. 기름진 것을 잘 소화시키다; sein Magen verträgt alles 그의 위는 모든 것을 소화한다; [전의] ich könnte jetzt einen Schnaps v. 《통용어》 지금 소주 한잔 생각이 간절한데! **c)** 《통용어》 《화내지 않고》 견디어 내다, 참다: ich kann das Gezänk nicht v. 나는 그 싸움질을 견디어 낼 수 없다; [전의] die Sache verträgt keinen Aufschub 《아어》 이 일은 연기될 수 없다. **2.** ⟨v. + sich⟩ 사이좋게 지내다, 화합하다: er hat sich immer mit allen vertragen 그는 항시 누구와도 사이좋게 지내왔다; sich mit jmdm. v. 누구와도 사이좋게 지내지 못하다; die zwei vertragen sich wieder 그 두 사람은 다시 뜻이 맞는다; [전의] sein Verhalten verträgt sich nicht mit seiner gesellschaftlichen Stellung 그의 태도는 그의 사회적 지위에 어울리지 않는다. **3.** 《지역적》 ↑abtragen (3). **4.** 《지역적》 운반해 가다, 치우다. **5.** 《schweiz.》 《신문 등을》 배달하다. **Verträger** [fɛɐ̯'trɛːgɐ], der; -s, - 《schweiz.》 신문 배달부. **verträglich** [fɛɐ̯'traːklɪç] ⟨Adj.⟩ 《계약상》의, 계약에 의한; v. zu etw. verpflichtet sein 계약상 무엇을 할 의무를 지니다. **verträglich** [fɛɐ̯'trɛːklɪç] ⟨Adj.⟩ **1.** 소화가 잘 되는, 몸이 잘 받아들이는: das Medikament ist gut v. 이 약은 위에 부담이 되지 않는다. **2.** 대인 관계가 좋은, 타협적인, 붙임성 있는. **3.** 《드물게》 의견이 일치된, 타협을 본. **Verträglichkeit**, die; -en ↑verträglich의 명사형. **vertraglos** ⟨Adj.⟩ 계약이 체결되어 있지 않은, 협정이 맺어져 있지 않은.

vertrags-, Vertrags-: ~**ablauf**, der 《Pl. 없음》 계약 기간 만료. ~**abschluß**, der 계약의 체결. ~**bruch**, der 계약 위반. ~**brüchig** ⟨Adj.⟩ 계약 위반의. ~**dauer**, die 계약 기간. ~**entwurf**, der 계약안, 조약안. ~**erfüllung**, die 계약 이행. ~**freiheit**, die 《법》 계약 체결의 자유, 조약 체결권. ~**gaststätte**, die 술 제조 회사와 판매계약을 맺은 음식점. ~**gebunden** ⟨Adj.⟩ 계약에 매어 있는. ~**gegner**, der 계약 상대자. ~**gemäß** ⟨Adj.⟩ 계약대로의, 계약상의: eine -e Lieferung der Waren 계약에 따른 상품 인도. ~**gerecht** ⟨Adj.⟩ ~gemäß. ~**händler**, der 대리점. ~**heim**, das 《구 동독》 ↑~hotel. ~**kündigung**, die 해약 고지 (解約告知). ~**los** ⟨Adj.⟩ ↑vertraglos. ~**mäßig** ⟨Adj.⟩ ~gemäß. ~**partei**, die ↑~partner. ~**partner**, der 계약 상대자. ~**punkt**, der 계약 조항. ~**recht**, das 《Pl. 없음》 [법] 계약 체결 및 이행에 관한 모든 법규칙. ~**schluß**, der 계약 체결. ~**spieler**, der 《축구·예》 부업으로 한 구단과 계약을 맺은 선수. ~**staat**, der 계약 국가(사회 계약론에 따른). ~**strafe**, die 위약금. ~**text**, der 계약 문, ~**treue**, die 계약 이행. ~**verletzung**, die 계약 위반. ~**werk**, das 광범위한 조약. ~**werkstatt**, die 《생산자가 지정된》 수리소(공장). ~**widrig** ⟨Adj.⟩ 계약에 위배되는, 계약 위반의. ~**widrigkeit**, die 《Pl. 없음》 ↑~widrig의 명사형.
vertragschließend ⟨Adj.⟩ 계약을 맺는. **Vertragschließende'** ⟨Adj.⟩ ↑Vertragspartner.
vertrampeln 《통용어》 ↑zertrampeln.
vertrauen ⟨h⟩ **1.** 신뢰하다, 신용하다, 믿다: jmdm. voll (und ganz) (blind) v. 누구를 전적(맹목적으로) 신뢰하다; auf die Gerechtigkeit (auf seine Stärke) v. 정의(자신의 힘)를 확신하다. **2.** 《아어·준용어》 **a)** 비밀을

털어놓다. **b)** ⟨v. + sich⟩ 속마음을 털어놓다, 자신을 완전히 보여 주다. **Vertrauen,** das; -s 신뢰, 확신, 신임: V. zu jmdm. haben 누구를 신뢰하다; jmds. V. gewinnen[genießen] 누구의 신임을 얻다[받고 있다]; jmdm. V. schenken[entgegenbringen, beweisen] 누구를 신뢰하다; jmdm. das[sein] V. entziehen 누구를 더 이상 신뢰하지 않다; er hat wenig V. zu sich selbst 그는 자신이 별로 미덥지 않다; der Regierung das V. entziehen 〖의회〗 정부에 대해 불신임 표결을 하다; jmdn. seines -s würdigen《아이》누구를 신뢰하다; er ist ein Mann seines -s 그 남자는 그가 전적으로 신임하는 사람이다; sein V. auf[in] jmdn.[etw.] setzen 누구[무엇]를 믿다; im V. gesagt, ich halte nicht viel davon 우리끼리 말이지만 나는 그것을 별로 대단치 않게 생각하네; 〖성구〗 V. gegen V. 믿음에는 믿음으로; V. ist gut, Kontrolle ist besser 믿는 것도 좋지만 더 좋기는 검사하는 것이다. **vertrauenerweckend** ⟨Adj.⟩ 신뢰심을 불러일으키는, 믿음직한.

vertrauens-, Vertrauens-: ~**antrag,** der 〖의회〗 신임 표결안. ~**anwalt,** der ↑ Wahlverteidiger. ~**arzt,** der **1.** 보험회사의 위촉을 받고 피보험자의 발병시 그의 직업 활동 수행 능력 여부를 판정하는 의사. **2.** 보험 회사의 촉탁의. ~**ärztlich** ⟨Adj.⟩ ↑~arzt의 형용사형. ~**basis,** die ⟨Pl. 없음⟩ 상호 신뢰의 바탕: eine V. schaffen 서로 믿을 수 있는 토대를 만들다. ~**beweis,** der 신뢰를 보여주는 증거. ~**bildend** ⟨Adj.⟩ 〖정치〗 상호간의 신뢰를 구축하는. ~**bruch,** der 신뢰의 배신, 배임(背任). ~**frage,** die **1.** 신임[신용]의 문제: es ist eine V., ob man ihm diese Arbeit anvertraut oder nicht 그에게 이 일을 맡기느냐 아니냐의 문제는 그에 대한 신뢰의 문제이다. **2.** 〖의회〗 정부에 의해 의회에 제출된 내각 신임안. ~**frau,** die 신뢰하는 여자. ~**grundlage,** die ⟨Pl. 없음⟩ ↑~basis. ~**körper,** der 노조 대표와 경영주 대표로 구성된 위원회. ~**krise,** die 신뢰 관계의 위기. ~**lehrer,** der 〖학교〗 학생과 교사 및 학교간의 문제를 중재하는 교사. ~**leute** ↑~mann (1)의 복수형. ~**leutekörper,** der 직장 노동 조합 대의원회. ~**mann,** der ⟨Pl. ...leute⟩ 직장 노동 조합 대의원. **2.** ⟨Pl. ...männer / ...leute⟩ 이익 대변인, 단체 대표. **3.** ⟨Pl. ...männer⟩ 중재자, 조정자. **4.** 〖법〗 ↑V-Mann. ~**mißbrauch,** der 신뢰의 악용. ~**person,** die 신임을 받고 있는 사람, 믿을 만한 사람. ~**posten,** der ↑~stellung. ~**sache,** die **1.** ↑ Vertrauensfrage (1): es ist V., ob du ihm das anvertraust 네가 그 사람에게 그것을 맡기느냐 않느냐의 여부는 그 사람을 믿는가 안 믿는가의 문제이다. **2.** 기밀(비밀) 사항. ~**schüler,** der 학생과 교사 및 학교간의 문제를 중재하는 학생. ~**schülerin,** die ↑~schüler의 여성형. ~**schwund,** der 신뢰의 감소. ~**selig** ⟨Adj.⟩ 지나치게 남을 잘 믿는. ~**seligkeit,** die ⟨Pl. 없음⟩ ↑~selig 의 명사형. ~**stelle,** die ↑~stellung. ~**stellung,** die 신임이 두터운 지위, 기밀이 요구되는 직위. ~**verhältnis,** das 서로 신뢰하는 관계. ~**voll** ⟨Adj.⟩ **a)** 확신[믿음]에 찬: V. in die Zukunft blicken 확신에 가득 찬 미래를 바라보다. **b)** 신뢰가 가득 찬. ~**vorschuß,** der 우선 믿어 봄(잘 알아보지 않고). ~**votum,** das 〖의회〗 신임 투표. ~**würdig** ⟨Adj.⟩ 신뢰할 만한, 믿을 수 있는: einen -en Eindruck machen 신뢰할 수 있는 인상을 주다. ~**würdigkeit,** die ↑~würdig 의 명사형.

vertrauern ⟨아이⟩ 슬픔에 잠겨 지내다: seine Jugend v. 젊은 시절을 비탄 속에 보내다.

vertraulich ⟨Adj.⟩ **1.** 은밀한, 비밀의, 공개해서는 안 되는: etw. auf Wunsch v. behandeln 무엇을 요구에 따라 비밀로 취급하다. **2.** 친밀한, 허물없는: zwischen ihnen herrscht das -e Du 그들은 허물없이 말을 트고 지내는 사이이다. **Vertraulichkeit,** die; -en **1.** ⟨Pl. 없음⟩ ↑vertraulich의 명사형. **2.** ⟨대개 Pl.⟩ 지나치게 친한 체 함, 넉살 좋음.

verträumen ⟨h⟩ **a)** 《드물게》꿈꾸며 시간을 보내다: mehrere Stunden des Schlafes v. 자는 동안 여러 가지 꿈을 꾸었다. **b)** 몽상으로 소일하다, 빈둥빈둥 시간을 보내다. **verträumt** ⟨Adj.⟩ **1.** 몽상적인: sie ist zu v. 그 여자는 지나치게 몽상적이다. **2.** 한적한, 목가적인. **Verträumtheit,** die ↑verträumt의 명사형.

vertraut [fɛɐ̯ˈtraʊt] ⟨Adj.⟩ **a)** 친한, 친밀한, 허물없는: sie sind sehr v. miteinander 그들은 매우 친한 사이이다. **b)** 잘 아는, 익숙한, 낯익은, 친숙한: etw. kommt jmdm. v. vor 무엇이 누구에게 낯익게 생각되다; er ist mit dieser Materie gut v. 그는 이 자료를 잘 알고 있다; sich mit einem Gedanken v. machen 어느 생각에 천천히 익숙해지다. **Vertraute*,** der / die 《아이·준고어》친한 (여자)친구, 심복. **Vertrautheit,** die; -en **1.** ⟨Pl. 없음⟩ 친숙, 친숙함. **2.** 친숙한 상태.

vertreiben* ⟨h⟩ **1. a)** 몰아내다, 내쫓다, 추방하다: Menschen aus ihren Häusern v. 사람들을 그들의 집으로부터 몰아내다; hoffentlich habe ich Sie nicht vertrieben? 저 때문에 가시는 것은 아니겠지요?; 〖전의〗 er hat mit seiner Unfreundlichkeit die Kundschaft vertrieben 그의 불친절함이 손님들을 쫓아냈다. **b)** (귀찮은 동물, 벌레 등을) 쫓아[몰아]내다, 구제(驅除)하다: 〖전의〗 das Mittel hat mein Kopfweh vertrieben 이 약이 내 두통을 없애 버렸다. **2.** 도매하다, 팔다: das Produkt wird nur vom Fachhandel vertrieben 이 제품은 전문 상점에서만 판매된다. **3.** 〖전문〗 (그림 그릴 때 음영을 나타내기 위해) 색깔을 희미하게 하다. **Vertreiber,** der 판매 상인. **Vertreibung,** die; -en **1.** 쫓아냄, 추방. **2.** 〖상·드물게〗판매.

vertretbar [fɛɐ̯ˈtreːtbaːɐ̯] ⟨Adj.⟩ **1.** 받아들일 수 있는, 정당화될 수 있는, 인정할 수 있는: ein -er Standpunkt 납득할 수 있는 관점. **2.** 〖법〗 대체할 수 있는. **Vertretbarkeit,** die ↑vertretbar의 명사형. **vertreten*** ⟨h⟩ **1. a)** (잠정적으로) 대리하다: jmdn. in seinem Amt v. 누구의 직무를 대행하다; 〖전의〗 ein Pappkarton vertritt bei ihm den Koffer 한 판지 상자가 그에게서 가방을 대신하다. **b)** (타인의 이익, 권리를) 대변[대표]하다: die Gewerkschaften sollen die Interessen der Arbeiter v. 노동 조합은 노동자의 이익을 대변해야 한다. **c)** 대표하다: er vertritt sein Land als Diplomat bei der UNO 그는 외교관으로서 UN에서 자기 나라를 대표한다; der Sportler vertritt sein Land bei den Olympischen Spielen 체육인은 올림픽 경기에서 자기 나라를 대표한다. **d)** (상인으로서 한 회사를) 대리하다: er vertritt mehrere Verlage im süddeutschen Raum 그는 독일 남부 지역에서 여러 출판사를 대리하고 있다. **2.** 《과거분사로서 sein 동사와 결합하여》 **a)** 참석하다: bei der Preisverleihung waren auch einige Repräsentanten des Staates vertreten 시상식에는 정부 대표 몇 명도 참석했다. **b)** 있다, 나타나다: etw. ist (zahlenmäßig) stark vertreten 무엇이 (수적으로) 많이 나와 있다. **3.** (의견을) 지지하다, 옹호하다, 주장하다, 변호하다: eine These v. 어떤 이론을 주장하다; er vertritt eine Politik der Mäßigung 그는 온건한 정책을 옹호한다. **4.** ⟨v. + sich⟩ 발목을 접질리다, 발을 빼다: ich habe mir den Fuß vertreten 나는 발을 삐었다. **5.** 《지역적》(많이 밟아서) 닳게 하다. **6.** 《지역적》(오래 사용해) 낡고 볼품없이 만들다. **Vertreter,** der; -s, - **1. a)** 대리인: für die Zeit seiner Abwesenheit mußte er einen V. bestimmen 그는 부재시에 대리인을 한 명 지정해야 했다. **b)** (이해 관계의) 대변자, 대리인: die Abgeordneten als gewählte V. des Volkes 선출된 국민의 대변

자로서 의원들. **c)** 대표: er sprach mit führenden -n der Wirtschaft 그는 경제계의 지도적인 대표자들과 대담했다. **d)** ↑Handelsvertreter: er ist V. gegen Provision 그는 수수료를 받고 판매 행위를 하는 위탁 상인이다. **2.** (무엇을 대표하는) 중요한 인물, 대표적 인물: ein wichtiger V. des Expressionismus 표현주의의 중요한 대표자. **3.** 지지자, 주창자: die V. dieser Ideen sind überall zu finden sind 이 생각을 지지하는 사람들은 도처에서 찾아볼 수 있다. **4.** 《통용어·폄》믿을 수 없는 사람.
Vertreter-: ~**provision**, die 위탁상인 수수료. ~**tätigkeit**, die ⟨Pl. 없음⟩ 위탁 상인으로서의 활동. ~**versammlung**, die 위탁 상인 모임, 대표자 회의.
Vertreterin, die; -nen ↑Vertreter (1~3)의 여성형.
Vertretung, die; -en **1.** 대리, 대행, 대표: die V. eines erkrankten Kollegen übernehmen 병든 동료의 대리 임무를 맡다; 《상용 편지 따위에서》i. V. [I. V.] Hans Mayer Hans Mayer씨를 대신하여; jmdn. mit der V. eines anderen beauftragen(betrauen) 누구에게 다른 사람의 직무 대리를 맡기다. **2.** 대리인: sie ist die V. für[von] Frau Mayer 그 여자는 마이어 부인의 대리인이다. **3.** 대표, 대표단: eine diplomatische V. 외교 사절. **4.** [스포츠] 대표팀. **5. a)** 대리점. **b)** 지점: eine V. eröffnen 지점을 개설하다.
vertretungs-, Vertretungs-: ~**befugnis**, die 대리[대행] 권한. ~**körperschaft**, die 대표 단체. ~**stunde**, die 대리 수업 시간. ~**weise** ⟨Adv.⟩ 대리로서, 대표하여.
Vertrieb, der; -(e)s, -e **1.** ⟨Pl. 없음⟩ 판매. **2.** Vertriebsabteilung의 약어. **Vertriebene***, der / die 고향에서 쫓겨난 사람들, 실향민. **Vertriebenenorganisation**, die 실향민 조직.
Vertriebs-: ~**abteilung**, die (회사의) 판매 담당과 [부]. ~**gesellschaft**, die 판매 회사. ~**kosten** ⟨Pl.⟩ 판매 비용. ~**leiter**, der 판매 과장(부장). ~**netz**, das 판매망, 판매 조직. ~**recht**, das 특정상품 판매권. ~**weg**, der 판매 양식, 판로.
vertrimmen ⟨h⟩ 《통용어》마구 후려 갈기다.
vertrinken*⟨h⟩ 술을 마셔 없애다, 음주로 탕진하다: sein ganzes Vermögen v. 전 재산을 술로 탕진하다; 〔전의〕 er vertrank seinen Kummer 〔지역적〕 그는 술로 시름을 잊으려 했다.
vertrocknen⟨s⟩ **a)** 메마르다, 말라서 시들다: vertrocknete Brotscheiben 말라 비틀어진 빵 조각; 〔전의〕 er war ein vertrockneter Mensch 그는 바싹 마른 사람이었다. **b)** 완전히 마르다, 바닥을 들어내다.
vertrödeln ⟨h⟩ 《통용어·폄》빈둥대며 시간을 보내다: den ganzen Tag v. 온 종일을 빈둥대며 보내다.
vertrölen ⟨h⟩ 《schweiz.》↑vertrödeln.
vertröpfeln ⟨h⟩ 한 방울씩 뿌리다.
vertrösten ⟨h⟩ 후일로 기약하다, 무슨 희망을 주어 달래다: von einem Tag auf den anderen v. 하루하루 미뤄 나가다. **Vertröstung**, die; -en ↑vertrösten의 명사형.
vertrotteln ⟨s⟩ 《통용어》바보가 되다, 멍청해지다.
vertrotzt ⟨Adj.⟩ 〔지역적〕 ↑trotzig.
vertrusten [fɛɐ̯'trastn, 《드물게》 ...'trʊstn] ⟨h⟩ [경제] (기업 합동으로) 트러스트를 형성하다. **Vertrustung**, die; -en ↑vertrusten의 명사형.
vertüdern, sich ⟨h⟩ 《nordd.》엉클어지다, 뒤죽박죽되다.
Vertumnalien [vɛrtʊmˈnaːliən] ⟨Pl.⟩ [lat. Vertumnālia] (고대 로마에서의) 계절신에 대한 제사.
vertun*⟨h⟩ **1.** 낭비하다, 헛되이 쓰다: die Mühe war vertan 그 노력은 헛된 것이었다. **2.** ⟨v. + sich⟩ 《통용어》잘못하다, 실수하다: da gibt es kein Vertun! 《지

역적》 이것은 의심할 여지 없는 사실이다! (강조하는 말)
vertuschen ⟨h⟩ 감추다, 덮어두다, 숨기다: einen Skandal v. 스캔들을 숨기다. **Vertuschung**, die; -en ↑vertuschen의 명사형.
verübeln [fɛɐ̯'y:bln] ⟨h⟩ 나쁘게 생각하다, 화를 내다: man hat ihm verübelt, daß er so eigensüchtig gehandelt hat 사람들은 그가 그토록 이기적으로 행동한 데 대해 화를 냈다.
verüben ⟨h⟩ (나쁜 짓을) 저지르다[하다]: einen Raubüberfall v. 강도질을 하다.
verulken ⟨h⟩ 놀리다, 희롱하다. **Verulkung**, die; -en ↑verulken의 명사형.
verumlagen ⟨h⟩ 《österr.·관》 (비용 등을) 나누다, 분담하다. **Verumlagung**, die; -en ↑verumlagen의 명사형.
verumständen [fɛɐ̯'ʊmʃtɛndn̩] ⟨schweiz.⟩ ↑verumständlichen. **verumständlichen** ⟨schweiz.⟩ 복잡하게 만들다. **Verumständlichung**, die; -en ↑verumständlichen의 명사형.
verunechten ⟨h⟩ 《전문어》 (역사 자료를) 변조하다.
verunehren ⟨h⟩ 〔고어〕 남의 명예를 손상시키다.
veruneinigen ⟨h⟩ 《드물게》 ↑entzweien.
verunfallen ⟨s⟩ 《öst.·schweiz.》 사고를 당하다: am Arbeitsplatz v. 작업장에서 사고를 당하다. **Verunfallte***, der / die 《관》 사고를 당한 사람.
verunglimpfen ⟨h⟩ 《아어》 비방하다, (모)욕하다: den politischen Gegner v. 정적(政敵)을 비방하다. **Verunglimpfung**, die; -en 비방, 깎아 내리기.
verunglücken ⟨s⟩ **1.** 사고를 당하다, 조난하다: tödlich v. 치명적인 사고를 당하다. **2.** 《농》 실패하다: der Kuchen ist verunglückt 그 케이크는 실패작이다. **Verunglückte***, der / die 사고를 당한 사람, 조난자.
verunklaren, 《schweiz.》 **verunklären** ⟨h⟩ 흐릿하게 하다, 불명확하게 만들다.
verunkrauten ⟨s⟩ 잡초로 덮여 있다. **Verunkrautung**, die; -en ↑verunkrauten의 명사형.
verunmöglichen [(《또한》 --ˈ----] ⟨h⟩ ⟨schweiz.⟩.방해하다, 불가능하게 만들다.
verunreinigen ⟨h⟩ **a)** 《아어》 더럽히다. **b)** 오염시키다: verunreinigte Gewässer 오염된 하천. **Verunreinigung**, die; -en **1.** 더럽힘, 오염시킴. **2.** 오염 물질.
verunschicken ⟨h⟩ 《schweiz.》 제 잘못으로 잃어 버리다.
verunsichern ⟨h⟩ 불안하게 하다, 자신을 잃게 하다: er wirkt ganz verunsichert 그는 아주 불안하게 보인다. **Verunsicherung**, die; -en ↑verunsichern의 명사형.
verunstalten [fɛɐ̯'ʊnʃtaltn̩] ⟨h⟩ 보기 싫게 만들다, 모양을 망쳐 놓다: eine rote Säufernase verunstaltete sein Gesicht 빨간 주정뱅이 코가 그의 얼굴을 볼품없이 만들었다. **Verunstaltung**, die; -en **1.** 모양을 망쳐 놓음, 일그러 트림. **2.** 보기 싫게 만드는 것.
veruntreuen ⟨h⟩ 횡령하다, 착복하다. **Veruntreuer**, der; -s, - [법] 횡령자, 착복자. **Veruntreuung**, die; -en 횡령, 착복.
verunzieren ⟨h⟩ 보기 흉하게 만들다. **Verunzierung**, die; -en ↑verunzieren의 명사형.
verurkunden ⟨h⟩ 《schweiz.》 ↑beurkunden.
verursachen ⟨h⟩ 야기하다, 초래하다: Schwierigkeiten v. 어려움을 야기시키다; er hat durch seine Unachtsamkeit einen Unfall verursacht 그의 부주의로 인해서 큰 사고가 일어났다. **Verursacher**, der; -s, - [관] 야기시킨 사람, 장본인, 책임자. **Verursacherprinzip**, das ⟨Pl. 없음⟩ 행위자 책임의 원칙. **Verursachung**, die 야기함, 초래함.

verurteilen ⟨h⟩ **1.** 형을 선고하다, (유죄) 판결을 내리다: er wurde zum Tode verurteilt 그는 사형 선고를 받았다; 전의 das Unternehmen war von Anbeginn zum Scheitern verurteilt 그 일은 처음부터 실패할 것이 뻔했다; er war zum Schweigen verurteilt 그는 침묵해야 했다. **2.** 몹시 비난하다, 정면으로 거부하다: eine Tat aufs schärfste v. 어느 행위를 아주 신랄하게 비난하다. **Verurteilte***, der / die 유죄 판결을 받은 사람. **Verurteilung**, die; -en **1.** 유죄 판결, 비난, 매도. **2.** 유죄 판결 받음.

veruzen ⟨h⟩ 《통용어》 ↑ veralbern.

Verve ['vɛrvə], die [frz. verve] 《아어》 열광, 열중, 활기.

vervielfachen ⟨h⟩ **1. a)** 몇 배로 늘리다: das Angebot v. 공급을 몇 배로 늘리다. **b)** ⟨v. + sich⟩ 몇 배로 불어 [늘어]나다. **2.** [수학] 곱하다. **Vervielfachung**, die; -en ↑vervielfachen의 명사형.

vervielfältigen ⟨h⟩ **1.** 복사하여 여러 부를 만들다, 복제하다: einen Brief v. 편지를 여러 부로 복사하다. **2.** 《아어》 증강하다, 강화하다: seine Bemühungen v. 노력을 배가하다. **3.** ⟨v. + sich⟩ 증가되다, 많아지다. **Vervielfältiger**, der; -s, - 복사(제)기. **Vervielfältigung**, die; -en **1.** ↑vervielfältigen의 명사형. **2.** 카피.

Vervielfältigungs-: **~apparat**, der 복사(복제)기. **~recht**, das 복사[복제]할 수 있는 권리. **~verfahren**, das 복사 행위[절차]. **~zahlwort**, das [언어] 배수(倍數).

viervierfachen ⟨h⟩ 4배로 만들다.

vervollkommnen ⟨h⟩ **a)** (더) 완전하게 하다: er bemüht sich, seine Sprachkenntnisse zu v. 그는 그의 언어 지식을 완전하게 만들려고 노력하고 있다. **b)** ⟨v. + sich⟩ 개선되다, 더욱 더 완전하게 되다: die Methode hat sich mit der Zeit vervollkommnet 그 방법은 시간이 흐름에 따라 더욱 더 완벽하게 개선되었다. **Vervollkommnung**, die; -en **1.** 완성, 개선, 개량. **2.** 완성이나 개선을 보여 주는 것: die Methode ist eine wichtige technische V. 그 방법은 하나의 중요한 기술적 완성이다. **vervollkommnungsfähig** ⟨Adj.⟩ 완성될 수 있는, 개선 가능성이 있는.

vervollständigen ⟨h⟩ **1.** 보완(보충)하다, 완벽하게 하다: seine Bibliothek 그의 장서를 보완하다. **2.** ⟨v. + sich⟩ 보완(보충)되다, 완벽하게 되다. **Vervollständigung**, die; -en ↑vervollständigen의 명사형.

verw. = verwitwet 과부가 된.

verwachen ⟨h⟩ 《시어》 잠들지 못하고 시간을 보내다.

¹verwachsen* **1. a)** ⟨s⟩ (상처, 흉터 등이) 아물다, 없어지다: ⟨v. + sich⟩ ⟨h⟩ die Narbe hat sich völlig verwachsen 흉터가 완전히 가셨다. **b)** ⟨v. + sich⟩ ⟨h⟩ 《통용어》 자라면서 정상이 되다: die Fehlstellung der Gliedmaße kann sich noch v. 사지(四肢)의 이상은 크면서 정상으로 될 수 있다. **c)** ⟨s⟩ 자라나 하나가 되다, 합생(合生)하다: 전의 er ist mit seiner Arbeit sehr v. 그는 일과 완전히 하나가 되어 있다. **d)** ⟨s⟩ 무성한 수목으로 뒤덮이다: die Wege verwachsen immer mehr 길이 점점 더 잡초로 무성하게 뒤덮이고 있다. **2.** ⟨h⟩ 《지역적》 지나치게 자라다, 크게 자라다: die Kinder haben ihre Kleider schon wieder verwachsen 아이들이 자라서 벌써 옷이 또 맞지 않는다. **²verwachsen** ⟨Adj.⟩ 잘못 자란, 기형의, 불구의.

³verwachsen, sich ⟨h⟩ [스키] (스키에) 잘못된 왁스를 칠하다.

Verwachsung, die; -en **1.** (상처, 흉터 등이) 아물어 이김. **2.** [의학] 유착. **3.** [광물] (철이나 광석에서) 여러 광물질의 결착.

verwackeln ⟨h⟩ 《통용어》 (셔터를 누를 때 움직여서) 흐릿한 사진을 만들다.

verwählen, sich ⟨h⟩ 《통용어》 (전화걸 때) 번호를 잘못 돌리다.

Verwahr, der; -s 《고어》 ↑Verwahrung (1, 2). **verwahren** ⟨h⟩ **1. a)** 잘 보관하다, 보존하다: den Schmuck im Safe v. 보석을 금고에 보관하다. **b)** ⟨v. + sich⟩ 《지역적》 (잠시) 보관해 두다: sich den Pudding für den Nachmittag v. 오후에 먹으려고 푸딩을 보관해 두다. **c)** 《고어》 가두어 두다. **d)** 《아어·고어》 안전하게 보호하다. **2.** ⟨v. + sich⟩ 무엇으로부터 자신을 지키다, 무엇에 대해 강하게 항의하다: sich gegen eine Anschuldigung v. 비난에 대해 강력하게 항의하다.

Verwahrer, der; -s, - 보관하는 사람. **verwahrlosen** [fɛɐ̯ˈvaːɡloːzn̩] ⟨s⟩ (방임, 방치로 인해) 영락하다, 몰락하다, 타락하다: verwahrloste Jugendliche 제멋대로 성장한 청소년들; ihre Wohnung ist total verwahrlost 그녀의 집은 완전히 황폐해졌다. **Verwahrloste***, der / die (돌보지 않아서) 타락한 사람, 보살핌을 받지 못하는 사람. **Verwahrlosung**, die **1.** 영락, 방치. **2.** 영락, 황폐화됨. **Verwahrsam**, der; -s 《고어》 ↑Verwahrung (1). **Verwahrung**, die **1.** 보관, 보존: etw. in V. geben 무엇을 보관하도록 맡기다. **2.** 《법·구제》 감금. **3.** 항의, 이의: V. (gegen etw.) einlegen (무엇에 대해) 항의를 제기하다.

verwaisen ⟨s⟩ 양친을 잃다, 고아가 되다: die Kinder waren früh verwaist 이 아이들은 일찍이 고아가 되었다; 전의 《아어》 sich verwaist fühlen 외롭게 느끼다.

verwalken ⟨h⟩ 《통용어》 힘껏 갈기다.

verwalten ⟨h⟩ **a)** (위탁) 관리하다: die Jungendlichen möchten ihr Jugendzentrum selbst v. 청소년들은 청소년 센터를 스스로 관리하고 싶어한다. **b)** (책임을 지고) 이끌어 나가다, 영도하다: ein Land v. 한 나라를 이끌어 가다. **c)** (관직을 맡다, (직책을) 차지하다: ein Amt v. 어떤 직책을 맡다. **Verwalter**, der; -s, - 관리인, 지배인, 위탁 경영자. **Verwalterin**, die; -nen ↑Verwalter의 여성형. **Verwaltung**, die; -en **1.** 관리, 행정, 지휘, 지도: mit der V. von etw. betraut sein 무엇의 관리를 위촉 받다; unter staatlicher V. stehen 국가의 관리 하에 있다. **2. a)** (회사 따위의) 관리 담당 부서, 행정 관청: er arbeitet in der V. der Firma 그는 회사의 관리과에 근무하고 있다. **b)** 관리실. **3.** 행정 기구: die öffentliche [staatliche] V. 공공[국가] 행정 기구.

verwaltungs-, **Verwaltungs-**: **~akt**, der 행정 행위. **~angestellte***, der 행정 부서 관리 직원. **~apparat**, der 행정(관리) 기구. **~aufgaben** ⟨Pl.⟩ 행정 관청의 임무; (회사의) 관리 담당 부서의 임무. **~bau**, der 행정(관리)동(棟). **~beamte***, der 행정 관리. **~beamtin**, die ↑beamte의 여성형. **~behörde**, die 행정 관청. **~bezirk**, der 행정 구역. **~dienst**, der ⟨Pl. 없음⟩ 행정(관리)직. **~gebäude**, das 행정 관리 담당 부서가 들어있는 건물. **~gebühr**, die 행정 수수료. **~gericht**, das 행정 재판소. **~gerichtshof**, der 상급 행정 재판소. **~intern** ⟨Adj.⟩ 행정 부서 내부의. **~kosten** ⟨Pl.⟩ 관리 비용, 행정비. **~kram**, der 《통용어·폄》 행정(관리)상의 잡다한 일. **~mäßig** ⟨Adj.⟩ 행정(관리)상의. **~organ**, das 행정 기관. **~rat**, der (공법(公法)상의 여러 단체의 활동에 대한) 감독심의 위원회, das ⟨Pl. 없음⟩ 행정법. **~reform**, die 행정 개혁. **~tätigkeit**, die 행정 활동. **~technisch** ⟨Adj.⟩ 행정 기술상의. **~vorschrift**, die ⟨대개 Pl.⟩ (하급 관서에 대한) 행정 지침. **~weg**, der 행정 경로: etw. auf dem [im] V. regeln 무엇을 행정 경로를 통해 처리하다.

verwamsen ⟨h⟩ 《통용어》 두들겨 패다.

verwandelbar [fɛɐ̯ˈvandlbaːɐ̯] ⟨Adj.⟩ 변할 수 있는, 달

라질 수 있는. **verwandeln** ⟨h⟩ **1. a)** 크게 변화[변형]시키다, 완전히 다르게 만들다: das Erlebnis verwandelte ihn 그 체험이 그를 크게 변화시켰다. **b)** 변신시키다, 다른 무엇으로 만들다: ein Zauber hatte den Prinzen im Märchen in einen Frosch verwandelt 그 동화에서는 한 마법사가 왕자를 개구리로 만들었다. **c)** ⟨v. + sich⟩ 무엇으로 바꾸다[변하다]: das kleine Mädchen hat sich inzwischen in eine junge Dame verwandelt 그 조그마한 여자 아이는 그 사이에 젊은 숙녀로 변했다. **2.** 무엇을 다른 것으로 바꾸다[만들다]: Wasser in Dampf v. 물을 수증기로 만들다; 전의 er hat die Niederlage in einen Sieg verwandelt 그는 패배를 승리로 전환시켰다. **3.** [구기] 득점으로 연결시키다: einen Eckball v. 코너킥을 골로 연결시키다. **Verwandlung**, die; -en 변화, 변신. **Verwandlungskünstler**, der 변신술사.
¹**verwandt**: ↑verwenden. ²**verwandt** ⟨Adj.⟩ **1. a)** 친척의, 같은 혈통인: mit jmdm. nahe[entfernt] v. sein 누구와 가까운[먼] 친척이다; die beiden sind nicht (miteinander) v. 그 두 사람은 친척 관계가 아니다. **b)** (동식물, 암석, 화학 물질 등이) 같은 종[과]에 속하는. **c)** 뿌리가 같은: -e Völker 조상이 같은 민족들; die Wörter sind etymologisch v. 이 단어들은 어원상 근원이 같다. **2.** 비슷한, 유사한, 동질의, 동류의: sie sind sich geistig sehr v. 그들은 정신적으로 매우 유사하다; sie haben viel Verwandtes 그들은 많은 유사점을 가지고 있다. **Verwandte***, der / die 친척: ein naher -er von mir 나의 가까운 친척.
Verwandten-: ~**besuch**, der **a)** 친척을 방문하는 것. **b)** 친척의 방문. ~**ehe**, die [법] 근친 결혼. ~**heirat**, die ↑~ehe. ~**kreis**, der 친척(집합적 의미): im (engsten) V. feiern (가장 가까운) 친척들만 모여서 축하하다.
Verwandtschaft, die; -en **1.** 친척[동족]임, 친척 관계. **2.** ⟨Pl. 없음⟩ 친척 일동, 친족: die (ganze) V. war gekommen 친척들이 (모조리 다) 왔었다. **verwandtschaftlich** ⟨Adj.⟩ 친척 관계의, 친척의.
Verwandtschafts-: ~**bande** ⟨Pl.⟩ 《아어》 친척 관계, 혈연 관계. ~**beziehungen** ⟨Pl.⟩ ↑~bande. ~**grad**, der 촌수. ~**verhältnis**, das 친척 관계.
verwanzen ⟨s⟩ 빈대가 우글거리다.
verwarnen ⟨h⟩ 경고하다, 질책하다: jmdm. (wegen etw.) wiederholt v. 누구에게 (무엇 때문에) 거듭 경고하다; er wurde polizeilich verwarnt 그는 경찰로부터 경고를 받았다. **Verwarnung**, die; -en 경고, 질책: jmdm. eine V. erteilen 누구에게 경고하다. **Verwarnungsgeld**, das [관] 벌칙금.
verwarten ⟨h⟩ 기다리며 시간을 보내다.
verwaschen ⟨Adj.⟩ **a)** 빨아서 바랜, 퇴색한. **b)** 빗물에 바랜, 희미해진. **c)** (특히 색깔이) 희미해진, 불분명해진, 흐릿한: die Konturen sind v. 윤곽이 희미하다; 전의 eine ~e Vorstellung 명확하지 못한 생각. **Verwaschenheit**, die 불분명함, 애매모호함.
verwässern ⟨h⟩ **1.** 물을 너무 많이 타다, 묽게 하다: die Milch ist[schmeckt] verwässert 이 우유는 진하지 않다. **2.** 약하게 하다, 희미하게 하다: eine verwässerte Interpretation 설득력이 약한 해석. **Verwässerung**, die; -en ↑verwässern의 명사형.
verweben⟨*⟩ ⟨h⟩ **1.** 〈약변화〉 짜는 데 사용하다: sie hat nur Wolle verwebt 그녀는 털실만 사용하여 뜨개질했다. **2. a)** 〈강/약변화〉 짜서 합치다, 섞어 짜다: die Fäden (miteinander) v. 실들을 (한데) 엮어 짜다; 전의 eng miteinander verwobene Vorhaben 서로간에 긴밀히 연관된 의도들. **b)** 〈약/강변화〉 짜넣다. **c)** ⟨v. + sich; 강변화⟩ 〈시어〉 밀접하게 연결되다, 하나의 전체로 엮어지다: Realität und Traum haben sich in seiner Dichtung verwoben 그의 시에는 현실과 꿈이 밀접하게 연결되어 하나의 총체를 이루었다.

verwechselbar [fɛɐ̯ˈvɛks|baːɐ̯] ⟨Adj.⟩ 혼동되기[혼동하기] 쉬운. **verwechseln** ⟨h⟩ **a)** 명확하게 구분하지 못하다, 잘못 생각하다: ich habe ihn mit seinem Bruder verwechselt 나는 그를 그의 형[동생]으로 잘못 생각했다. **b)** 뒤바꾸다, 혼동하다: sie verwechselt häufig „mir" und „mich" 그 여자는 자주 mir와 mich를 혼동한다; da verwechselst du aber die Begriffe 《쯤》 너는 개념들을 일부러 뒤섞고 있다; die beiden sind sich zum Verwechseln ähnlich 그 두 사람은 구분할 수 없을 정도로 닮았다. **Verwechs(e)lung**, die; -en 혼동.
verwedeln ⟨h⟩ 《schweiz.》 (발자국, 바퀴자국 등을) 지우다. **Verwedelung**, die; -en ↑verwedeln의 명사형. **Verwedelungsversuch**, der 흔적을 없애려는 시도.
verwegen ⟨Adj.⟩ 대담한, 두려움을 모르는, 무모한, 모험적인: ein -er Gedanke 대담하기 짝이 없는 구상. **Verwegenheit**, die; -en ⟨Pl. 없음⟩ 대담함, 무모함, 모험적임. **2.** 대담한 행동.
verwehen 1. ⟨h⟩ 불어서 메우다(덮다): der Wind hat die Spur im Sand verweht 바람이 모래 위의 발자국을 (모래로) 덮어버렸다. **2.** ⟨h⟩ 흩날리게 하다, 비산(飛散)시키다: der Wind verwehte die Blätter 바람으로 낙엽들이 이리저리 흩날렸다; 성구 (das ist) vom Winde verweht! (그것은) 잊혀졌다! **3.** ⟨s⟩ 〈시어〉 사라지다, 없어지다, 흘러가다: die Rufe verwehten im Wind 부르는 소리는 바람 속으로 사라졌다; 전의 seine Trauer verwehten 그의 슬픔은 지나갔다.
verwehren ⟨h⟩ 허용하지 않다, 거절하다: jmdm. den Zutritt v. 누구의 출입을 허용하지 않다; 전의 ein hoher Baum verwehrte uns den Ausblick 높은 나무가 우리들의 시야를 가렸다. **Verwehrung**, die ↑verwehren의 명사형.
Verwehung, die; -en ↑verwehen (1)의 명사형.
verweiblichen ⟨h⟩ 《전문어》 여성화하다: die Hormongaben haben ihn verweiblicht 호르몬 투여가 그 남자를 여성화했다. **Verweiblichung**, die 여성화.
verweichlichen a) ⟨s⟩ 허약하게 되다, 연약해지다. **b)** ⟨h⟩ 허약하게 하다, 기력을 빼앗다: seine Lebensweise hat ihn verweichlicht 그의 생활 양식이 그를 허약하게 만들었다. **Verweichlichung**, die ↑verweichlichen의 명사형.
Verweigerer, der; -s, - 사회의 기대나 요구를 저버린 청소년. **verweigern** ⟨h⟩ **1.** 허용하지 않다, 거부하다, 거절하다: jmdm. das Visum v. 누구에게 비자 발급을 거부하다; Annahme verweigert (우편물의) 수취 거부; er hat den Wehrdienst verweigert 그는 군복무를 거부했다; ⟨v. + sich⟩ sie hat sich ihrem Mann verweigert 〈아어〉 그녀는 남편에게 동침을 거부했다. **2.** (승마) (말이) 장애물을 뛰어 넘으려 하지 않다. **Verweigerung**, die; -en 거부, 거절. **Verweigerungsfall**, der [법] 〈대개 다음 용법으로〉 im V. 거절할 경우에는. **Verweigerungshaltung**, die 거부의 태도.
Verweildauer, die 《전문어》 체류 기간: die V. der Speisen im Magen 음식물이 위에 머무르는 시간. **verweilen** ⟨h⟩ 〈아어〉 **1.** 머무르다, 체류하다: sie verweilten lange vor dem Gemälde 그들은 오랫동안 그 그림 앞에 머물러 있었다; 《드물게》 ⟨v. + sich⟩ sie verweilten sich ein paar Tage bei den Freunden 그들은 며칠 동안 친구들 집에 머물렀다; jmdn. zum Verweilen auffordern 머무르라고 붙잡다; 전의 bei einem Thema v. 얼마 동안 어떤 문제를 다루다. **Verweilzeit**, die; -en 《전문어》 체류 기간.
verweinen ⟨h⟩ **a)** 〈아어〉 울며 지내다, 울며 시간을 보내

다: sie hatte viele Stunden verweint 그 여자는 많은 시간을 울며 지냈다. b) 울어서 빨갛게 되다, 울어서 통통 붓다: verweinte Gesichter 울어서 통통 부은 얼굴들.
Verweis, der; -(e)s, -e 1. 비난, 질책, 꾸짖음: jmdm. einen V. erteilen 누구를 질책하다; einen V. erhalten [bekommen] 질책을 듣다. 2. 텍스트의 다른 구절에 대한 참조권유. **verweisen*** ⟨h⟩ 1. 《아어·준고어》 a) 나무라다: die Mutter verwies der Tochter die vorlauten Worte 어머니는 딸의 주제넘은 말을 나무랐다. b) 누구에게 무엇을 못하게 하다. c) 꾸짖다, 질책하다, 비난하다: ein verweisender Blick 비난어린 눈길. 2. 가르키다, 주의를 환기시키다: jmdn. auf die gesetzlichen Bestimmungen v. 누구에게 법적 규정에 대한 주의를 환기시키다. 3. a) an jmdn. [etwas] v. 누구에게 [어디로] 향하도록 충고[지시]하다. b) [법] 넘겨주다, 회부하다. 4. a) 추방하다, 쫓아내다: jmdn. des Landes v. 누구를 국외로 추방하다; er wurde von der Schule verwiesen 그는 퇴학 당했다. b) 《드물게》(어디로 가도록) 지시하다, 강요하다. 5. [스포츠] (경기에서) 경쟁자를 자기보다 낮은 순위로 밀어내다. 6. 《준고어》 특정한 행동을 요구하다: jmdn. zur Ordnung v. 누구에게 질서를 지킬 것을 요구하다. **Verweisung**, die -en ↑verweisen의 명사형.
verwelken ⟨s⟩ a) 시들다: die Blumen verwelken schnell 그 꽃들은 빨리 시든다; [전의] (시어) Ruhm verwelkt schnell 명성은 빨리 시든다. b) 축 늘어지다, 쭈글쭈글해지다.
verweltlichen 1. ⟨h⟩ 세속화하다, 환속시키다. 2. ⟨s⟩ (아어) 세속적으로 되다, 환속하다: ihre Lebensformen verweltlichten 그들의 생활 형태가 세속화되었다. **Verweltlichung**, die ↑verweltlichen의 명사형.
verwendbar [fɛɐ̯'vɛntbaːɐ̯] ⟨Adj.⟩ 사용할 수 있는. **Verwendbarkeit**, die ↑verwendbar의 명사형. **verwenden*** ⟨h⟩ 1. a) (어떤 목적을 위해) 사용하다, 이용하다: zum Kochen nur Butter v. 요리에 버터만을 사용하다; er hat in seinem Text zu viele Fremdwörter verwendet 그는 그의 책에 너무 많은 외국어를 사용했다. b) (어떤 일에) 사용하다, 쓰다: sein Geld für [zu] etw. v. 무엇을 위해 돈을 쓰다. c) (사람을) 쓰다, 투입하다: man kann ihn zu nichts v. 그는 어떤 일에도 쓸모가 없다. d) (지식이나 능력을) 이용하다, 써 먹다. 2. ⟨v. + sich⟩ 《아어》 누구[무엇]를 위해 진력하다, 헌신하다: sich für einen Freund v. 친구를 위해 진력하다. 3. 《아어·고어》 (몸, 시선 등을) 돌리다. **Verwender**, der; -s, - ↑Benutzer. **Verwendung**, die; -en 1. 쓸모, 유용성, 사용: keine V. für jmdn. [etw.] haben 누구[무엇]를 쓸 수가 없다; V. finden 사용되다; in V. stehen (österr.) 사용 중이다. 2. ⟨Pl. 없음⟩ 《아어·준고어》 진력, 헌신.
verwendungs-, Verwendungs-: ~bereich, der 사용 범위. **~fähigkeit**, die ⟨Pl. 없음⟩ 사용 가능성. **~möglichkeit**, die 사용 가능성. **~weise**, die 사용 방법. **~zweck**, der 사용 목적.
verwerfen* ⟨h⟩ 1. 단념하다, 포기하다, 버리다: einen Gedanken v. 어떤 생각을 단념하다. 2. [법] 기각하다: einen Antrag v. 어떤 제안을 기각하다. 3. 《아어》 배척하다, 비난하다. 4. 《성서적》 쫓아내다, 버리다: Gott verwirft die Frommen nicht 신은 신실한 사람들을 버리지 않는다. 5. ⟨v. + sich⟩ (목재 등이) 휘다, 비틀리다. 6. (젖먹이 동물이) 유산하다. 7. ⟨v. + sich⟩ [지질] 단층이 생기다. 8. ⟨v. + sich⟩ [카드] a) 패를 잘못 나누다. b) 실수로 틀린 패를 내다. 9. 《schweiz.》 손짓을 하다, 머리 위로 두손을 마주잡다. **verwerflich** ⟨아어⟩ 사악한, 부도덕한, 비난 받아 마땅한. **Verwerflichkeit**, die ↑verwerflich의 명사형. **Verwer-**

fung, die; -en 1. 단념, 포기, 파기, 기각, 배척, 비난, 유산. 2. [지질] 단층. **Verwerfungslinie**, die 단층대.
verwertbar [fɛɐ̯'veːɐ̯tbaːɐ̯] ⟨Adj.⟩ (아직) 사용할 수 있는. **Verwertbarkeit**, die ↑verwertbar의 명사형. **verwerten** ⟨h⟩ 사용하다, 이용하다, 다른 것으로 만들다: Abfälle (noch zu etw.) v. 쓰레기를 (다른 것으로) 이용하다; Erfahrungen v. 경험을 이용하다. **Verwerter**, der; -s, - ↑Benutzer. **Verwertung**, die; -en 사용, 이용.
¹verwesen ⟨s⟩ 썩다, 부패하다, 분해하다: die toten Pferde waren schon stark verwest 죽은 말들은 이미 심하게 부패해 있었다.
²verwesen ⟨h⟩ (고어) (대리인으로서) 관리하다, 대행하다. **Verweser**, der; -s, - (역사적) (직책 등의) 대리인. **Verweserei**, die; -en 《schweiz.》 관리, 행정.
verweslich ⟨Adj.⟩ 썩는, 부패한. **Verweslichkeit**, die 썩음, 부패함. **Verwesung**, die 부패: in V. übergehen 썩기 시작하다. **Verwesungsgeruch**, der 썩는 냄새.
verwestlichen ⟨s⟩ 서구화되다.
verwetten ⟨h⟩ a) 내기에 걸다: er verwettet eine Menge Geld 그는 많은 돈을 건다; [전의] seinen Kopf für etw. v. 목을 걸 정도로 무엇을 확신하다. b) 내기[놀음]에서 지다.
verwichen [fɛɐ̯'vɪçn̩] ⟨Adj.⟩ 《준고어》 지나간, 과거의, 흘러간: im -en Jahr 지난 해에.
verwichsen ⟨h⟩ (일용어) 1. 두들겨 패다. 2. (돈을) 낭비하다.
verwickeln ⟨h⟩ 1. ⟨v. + sich⟩ a) 엉클어지다, 서로 꼬이다: die Kordel hat sich verwickelt 노끈이 뒤엉켰다. b) 얽히다, 얽혀서 빠져 나오지 않다: das Seil des Ballons hatte sich in der Hochspannungsleitungen verwickelt 기구(氣球)의 줄이 고압선에 얽혔다; [전의] er hat sich bei seinen Aussagen in Widersprüche verwickelt 그는 발언 중 스스로 모순에 빠졌다. 2. 《지역적》 휘감다, 감싸다: dem Verletzten das Bein v. 부상자의 다리를 붕대로 감다. 3. (좋지 않은 일에) 끌어들이다, 연루시키다, 휩쓸려 들게하다: er ist in einen Skandal verwickelt 그는 한 스캔들에 휩쓸려 들었다; jmdn. in ein Gespräch v. 누구를 대화에 끌어들이다. **verwickelt** ⟨Adj.⟩ 복잡한, 꿰뚫어 볼 수 없는: der Fall ist sehr v. 그 사건은 매우 복잡다단하다. **Verwickeltheit**, die ↑verwickelt의 명사형. **Verwickelung, Verwicklung**, die; -en 1. 연루됨, 휩쓸려 듦. 2. (대개 Pl.) 어려움, 복잡한 문제.
verwiegen* ⟨h⟩ 1. ⟨v. + sich⟩ 저울을 잘못 달다. 2. 《전문어·관》 ↑wiegen (2 a). **Verwieger**, der; -s, - 무게 측정자. **Verwiegung**, die; -en 《전문어》 무게 측정.
verwildern ⟨s⟩ 1. 잡초로 뒤덮이다, 황폐해지다: der Garten ist völlig verwildert 정원은 완전히 황폐해졌다. 2. a) (가축이) 다시 야성화하다: solche Katzen verwildern leicht 저러한 고양이들은 쉽사리 야성화한다. b) (식물이) 마구 자라다. 3. 《아어》 거칠어지다, 야만화하다: er sieht ganz verwildert aus 그는 아주 거칠게 보인다; verwilderte Sitten 거칠어진 관습. **Verwilderung**, die ↑verwildern의 명사형.
¹verwinden* ⟨h⟩ 《아어》 이겨내다, 극복하다, 잊다: einen Schmerz v. 아픔을 이겨내다. **Verwindung**, die ↑verwinden의 명사형.
²verwinden* ⟨h⟩ [기술] 비틀다, 꼬다. **Verwindung**, die; -en [기술] 비틀림, (나선형의) 꼬임.
verwindungs-, Verwindungs-: ~fest ⟨Adj.⟩ 비틀리지 않는. **~frei** ⟨Adj.⟩ ↑verwindungsfest. **~stabil** ⟨Adj.⟩ ↑verwindungsfest. **~steif** ⟨Adj.⟩

verwindungsfest. ~**steifheit,** die ↑~steif의 명사형.

verwinkelt 〈Adj.〉 좁고 구불구불한: ein -es Gäßchen 좁고 구불구불한 골목.

verwirbeln 〈h〉 소용돌이치게 하다: eine Schraube verwirbelt die Luft 프로펠러가 공기를 소용돌이치게 한다.

verwirken 〈h〉 (아이) (스스로의 잘못으로) 잃다, 상실하다: jmds. Vertrauen v. 누구의 신임을 잃다; er hat sein Leben verwirkt 그는 그의 잘못을 죽음으로 보상해야 한다. **verwirklichen** 〈h〉 **1. a)** 실현하다, 실행하다: seinen Traum von einem eignen Haus v. 자기 집을 갖겠다는 꿈을 실현하다. **b)** 〈v. + sich〉 실현 되다: seine Hoffnungen haben sich nie verwirklicht 그의 희망은 결코 실현되지 못했다. **2.** 〈v. + sich〉 자아를 구현하다: sich in seiner Arbeit v. 작업 속에서 스스로를 구현하다. **Verwirklichung,** die; -en 실현, 실행, 현실화. **Verwirkung,** die; -en [법] 권리 상실.

verwirren 〈h〉 **1. a)** 엉클어지게 하다, 얽히게 하다: die Fäden v. 실을 엉클어지게 하다; verwirrtes Haar 헝클어진 머리카락. **b)** 〈v. + sich〉 엉클어지다, 뒤엉키다: das Garn hatte sich verwirrt 실이 뒤엉켰다. **2. a)** 혼란시키다, 당황하게 하다: die Frage hat ihn verwirrt 그 질문이 그를 당황하게 했다; die schrecklichen Erlebnisse haben seinen Geist(ihm die Sinne) verwirrt 그 끔찍한 체험들이 그의 마음을 혼란에 빠트렸다. **b)** 〈v. + sich〉 혼란에 빠지다, 흐트러지다: seine Sinne hatten sich verwirrt 그의 의식이 혼란에 빠졌다. **Verwirrspiel,** das 의도적으로 조장된 혼란. **Verwirrtheit,** die (정신적 또는 심리적인) 혼란 상태. **Verwirrung,** die; -en 혼란, 소요, 뒤죽박죽: jmdn. in V. bringen 누구를 혼란에 빠트리다. **Verwirrungszustand,** der 심리적 혼란 상태.

verwirtschaften 〈h〉 (서투른 경영으로) 낭비하다, 다 써 버리다: ein Vermögen v. 재산을 날리다. **Verwirtschaftung,** die ↑verwirtschaften의 명사형.

verwischen 〈h〉 **1.** 희미하게 지우다: eine verwischte Unterschrift 희미하게 지워진 서명. **2.** 〈v. + sich〉 흐릿해지다, 희미해지다: die sozialen Unterschiede haben sich verwischt 사회적 차별이 희미해졌다. **3.** [고어] 지우다, 닦다: 전의 der Mörder hat versucht, alle Spuren zu v. 그 살인범은 모든 흔적을 없애려고 시도했다. **Verwischung,** die; -en ↑verwischen의 명사형.

verwissenschaftlichen 〈h〉 **1.** (지나칠 정도로) 학문화 하다: die Berufspraxis v. 직업 실습을 (지나치게) 학문화하다. **2.** 학문적 수준으로 올리다: die Sprachpflege v. 언어 육성을 학문화하다. **Verwissenschaftlichung,** die; -en ↑verwissenschaftlichen의 명사형.

verwittern 〈s〉 **1.** 비바람에 씻기다, 풍화하다: das Gestein verwittert 암석은 풍화한다; 전의 das verwitterte Gesicht des alten Seemanns 그 늙은 뱃사람의 비바람에 시달린 얼굴. **2.** [사냥] (사냥감을 유인하기 위해) 강한 냄새를 풍기다. **Verwitterung,** die; -en ↑verwittern의 명사형.

verwitwet 〈Adj.〉 과부의, 홀아비의: die verwitwete Frau Schulz 과부가 된 슐츠 부인; er ist seit zwei Jahren v. 그는 홀아비가 된 이년이 되었다(약어: verw.). **Verwitwete*,** der / die 홀아비, 홀어미.

verwoben: ↑verweben (2) 참조. **Verwobenheit,** die 《아이》 얽힘, 서로 꼬임.

verwohnen 〈h〉 (집을 오래 살아서) 낡게 하다: das Zimmer sieht verwohnt aus 그 방은 낡아 보인다.

verwöhnen [fɛɐ̯'vøːnən] 〈h〉 **a)** 나쁜 버릇을 들이다, 버릇없이 키우다: sie hat ihre Kinder verwöhnt 그 여자

는 자식들을 버릇없게 키웠다. **b)** 호강시키다, 기쁘게 해 주다, 비위를 맞추다: seine Braut (mit Geschenken) v. 그의 신부를 (선물로) 기쁘게 해 주다; 전의 das Schicksal hat ihn nicht gerade verwöhnt 운명은 그에게 썩 자애롭지는 않았다. **verwöhnt** 〈Adj.〉 요구 수준이 높은, 까다로운, 고급만 찾는: ein -er Gaumen 식도락을 즐기는 입; die Zigarre für den -en Raucher 고급 애연가를 위한 시가. **Verwöhntheit,** die ↑verwöhnt의 명사형. **Verwöhnung,** die 악습에 젖게 함, 호강을 시킴.

verworfen [fɛɐ̯'vɔrfn̩] **1.** ↑verwerfen 참조. **2.** 〈Adj.〉《아이》 사악한, 타락한, 죄악에 빠진: ein -er Mensch 타락한 사람. **Verworfenheit,** die ↑verworfen의 명사형.

verworren [fɛɐ̯'vɔrən] **1.** ↑verwirren 참조. **2.** 〈Adj.〉 혼란스러운, 불분명한, 어지러운: -e Aussagen 종잡을 수 없는 발언; die politische Lage war reichlich v. 정치적 상황은 매우 혼란스러웠다. **Verworrenheit,** die ↑verworren의 명사형.

verwühlen 〈h〉 어지럽게 파헤치다.

verwundbar [fɛɐ̯'vʊntbaːɐ̯] 〈Adj.〉 **1.** 상처 받기 쉬운, 상할 수 있는: Achilles war an der Ferse v. 아킬레스는 발뒤꿈치에 약점이 있었다. **2.** 감정을 상하기 쉬운. **Verwundbarkeit,** die ↑verwundbar의 명사형. **verwunden** [fɛɐ̯'vʊndn̩] 〈h〉 부상을 입히다, 상처를 주다: an der Front (tödlich) verwundet werden 전선에서 (치명)상을 입다; verwundete Soldaten 상이 군인; jmds. Gefühle[Herz] schwer v. 누구의 마음을 크게 상하게 하다.

verwunderlich 〈Adj.〉 놀랄 만한, 기이한: was ist daran v.? 거기에 놀랄 만한 것이 무엇이냐? **verwundern** 〈h〉 **a)** 놀라게 하다: das verwundert mich gar nicht 그것은 나를 전혀 놀라게 하지 않는다; es ist nicht zu v., daß er darüber enttäuscht war 그가 그 일에 환멸을 느낀 것은 놀랄 일이 아니다; jemanden verwundert ansehen 놀란 눈으로 누구를 바라보다. **b)** 〈v. + sich〉 놀라다, 기이하게 여기다: wir haben uns über seine Entscheidung sehr verwundert 우리는 그의 결정에 매우 놀랐다. **Verwunderung,** die 놀람, 경탄, 아: bei jmdm. V. erregen[jmdn. in V. setzen] 누구를 놀라게 하다; zu meiner großen V. haben sie sich getrennt 놀랍게도 그들은 헤어졌다.

Verwundete*, der / die 다친 사람. **Verwundetenabzeichen,** das 《군》 상이 군인 기장(記章). **Verwundetentransport,** der 부상자 운반. **Verwundung,** die; -en **a)** 부상을 당함. **b)** 부상, 상처.

verwunschen 〈Adj.〉 마법에 걸린, 매혹된: ein -er Prinz 마법에 걸린 왕자. **verwünschen** 〈h〉 **1.** 저주하다, 증오하다: sein Geschick v. 그의 운명을 저주하다; verwünscht! 제기랄, 빌어먹을! (불쾌함의 표시). **2.** 《고어》 ↑verzaubern (1). **verwünscht** 〈Adj.〉 《감정》 저주 받은, 불쾌한, 기분 나쁜: eine -e Geschichte! 불쾌하기 짝이 없는 이야기로군! **Verwünschung,** die; -en **1. a)** 저주, 증오함. **b)** 저주의 말, 욕설. **2.** 《고어》 ↑Verzauberung.

verwurschteln, verwursteln 《통용어》 **a)** 뒤죽박죽으로 만들다, 뒤틀다: du hast dein Halstuch ganz verwurschtelt 너는 네 목도리를 온통 비비꼬아 놓았다. **b)** 〈v. + sich〉 엉망진창으로 되다, 뒤틀리다: die Telefonstrippe hat sich ganz verwurschtelt 전화선이 온통 뒤틀렸다. **verwursten** 〈h〉 소시지로 가공하다.

verwurzeln 〈s〉 뿌리를 박다: die umgepflanzten Bäume sind gut verwurzelt 옮겨 심은 나무들이 뿌리를 잘 박았다; 전의 er ist in seiner Heimat verwurzelt 그는 그의 고향에 뿌리를 내렸다. **Verwurz(e)lung,**

die ↑verwurzeln의 명사형.
verwuscheln ⟨h⟩ 엉클어지게 하다: verwuscheltes Haar 엉클어진 머리.
verwüsten ⟨h⟩ 황폐하게 하다, 온통 파괴하다: das Erdbeben hat weite Teile des Landes verwüstet 지진이 이 나라의 많은 지역을 폐허로 만들었다. **Verwüstung**, die; -en 황폐시킴, 폐허화.
verzagen ⟨s/⟨드물게⟩h⟩ ⟨아어⟩ 용기를 잃다, 자신감을 상실하다, 겁을 먹다: er war ganz verzagt 그는 완전히 겁을 먹었다. **Verzagtheit**, die 겁먹음, 절망함.
¹verzählen, sich ⟨h⟩ 잘못 세다, 오산하다.
²verzählen ⟨h⟩ ⟨지역적⟩ 이야기하다.
verzahnen ⟨h⟩ 1. (서로) 맞물게 하다, (맞물게 하여) 연결하다: Maschinenteile (miteinander) v. 기계의 여러 부분이 (서로간에) 맞물고 돌아가게 하다. 2. 톱니를 달다: Räder v. 바퀴에 톱니를 달다. **Verzahnung**, die; -en ↑verzahnen의 명사형.
verzanken, sich ⟨h⟩ ⟨통용어⟩ 서로 싸우다.
verzapfen ⟨h⟩ 1. ⟨지역적⟩ 통으로부터 직접 따르다: Bier v. 통으로부터 따르다. 2. ⟨전문어⟩ 장부로 잇다: Balken v. 도리를 장부로 잇다. 3. ⟨통용어・폄⟩ 어리석은 짓을 하다: Unsinn v. 엉터리 짓을 저지르다. **Verzapfung**, die; -en ⟨전문어⟩ 장부로 잇기.
verzärteln ⟨h⟩ ⟨폄⟩ 과보호로 유약하게 키우다: sie verzärtelt ihren Jüngsten 그 여자는 막내 아들을 과보호하여 유약하게 키운다. **Verzärtelung**, die ↑verzärteln의 명사형.
verzaubern ⟨h⟩ 1. 마법을 써서 변신시키다: die Hexe verzauberte die Kinder (in Raben) 마녀는 마법으로 아이들을 (까마귀로) 만들었다. 2. 매혹하다, 홀리게 하다: ihr Gesang hat uns alle verzaubert 그 여자의 노래는 우리를 모두 사로잡았다. **Verzauberung**, die; -en ↑verzaubern의 명사형.
verzäunen ⟨h⟩ 울타리를 두르다: ein Stück Land v. 한 쪽의 땅에 울타리를 두르다. **Verzäunung**, die; -en 1. 울타리를 두름. 2. 울타리. 3. 울, 담.
verzechen ⟨h⟩ 1. 음주에 소비하다: er hat sein ganzes Geld verzecht 그는 술 마시는 데 돈을 다 써버렸다. 2. 술 마시며 시간을 보내다: sie haben die Nacht verzecht 그들은 밤새도록 술을 마셨다.
verzehnfachen [fɛɐ̯'tseːnfaxn̩] ⟨h⟩ a) 10배로 하다: eine Zahl v. 어느 숫자에 10을 곱하다. b) ⟨v. + sich⟩ 10배가 되다: der Ertrag hat sich verzehnfacht 소득이 10배가 되었다. **verzehnten** ⟨h⟩ ⟨구제⟩ 십일조를 바치다: den Acker v. 경작지 소득의 십일조를 바치다.
Verzehr [fɛɐ̯'tseːɐ̯], der; -(e)s 1. 먹고 마시기: zum (als)baldigen V. bestimmt! 바로 드십시오! (상품 포장지에 적힌 설명문). 2. ⟨전문어⟩ das(Es) 음식물값, 음식값: Berg wollte der Bedienerin das V. bezahlen 베르크는 하녀에게 음식값을 지불하려 했다.
Verzehr-: ~bon, der 식권. ~karte, die ↑~bon. ~zwang, der (식당에서) 음식 주문 의무.
verzehren ⟨h⟩ 1. a) 다 먹다, 먹어 치우다: das Mittagessen v. 점심 식사를 마치다. b) ⟨전문어⟩ 먹다, 소비하다: der Gast hat nichts verzehrt 손님은 아무것도 먹지 않았다. 2. ⟨준고어⟩ ⟨살아가느라고⟩ 써버리다, 소모하다: die kleine Erbe war längst verzehrt 그 작은 유산은 오래 전에 탕진되었다. 3. a) ⟨육체적・정신적으로⟩ 기진맥진하게 만들다, 쇠약하게 만들다: der Gram verzehrt sie 한탄이 그녀의 심신을 쇠약하게 한다. b) ⟨아어⟩ ⟨v. + sich⟩ (무엇에 대한 열망으로) 병들다: sich vor Sehnsucht nach jmdm. v. 누구에 대한 그리움으로 쇠약해지다. **Verzehrer**, der; -s, - ⟨드물게⟩ 먹어치우는 사람.
verzeichnen ⟨h⟩ 1. 적다, 기록하다: die Namen sind in der Liste verzeichnet 이름들은 리스트에 기록되어 있다; ⟨전의⟩ Fortschritte wurden nicht verzeichnet 발전은 없었다. 2. 잘못 그리다: auf diesem Bild ist die Hand verzeichnet 이 그림에는 손이 잘못 그려져 있다; ⟨전의⟩ in diesem Roman sind die sozialen Verhältnisse der damaligen Zeit ziemlich verzeichnet 이 소설에는 당시의 사회적 상황이 상당히 잘못 묘사되어 있다. **Verzeichnis**, das; -ses, -se 표, 목록, 명세서, 명부: ein alphabetisches V. 알파벳 순서로 된 목록; etw. in ein V. eintragen[aufnehmen] 무엇을 목록에 기입하다. **Verzeichnung**, die; -en 1. 기입, 기록, 기재. 2. 잘못된 기록, 왜곡.
verzeigen ⟨h⟩ ⟨schweiz.⟩ ↑anzeigen (1). **Verzeigung**, die; -en ⟨schweiz.⟩ ↑Anzeige (1).
verzeihen' ⟨h⟩ 용서하다, 화를 풀다: so etwas ist nicht zu v. 그런 것은 결코 용서될 수 없다; verzeihen Sie bitte! ⟨의례적 인사⟩ 실례합니다!; verzeihen Sie bitte die Störung 방해해서 죄송합니다! **verzeihlich** ⟨Adj.⟩ 용서할 수 있는: eine -e Schwäche 용서할 수 있는 약점. **Verzeihung**, die 용서: jmdn. um V. bitten 누구에게 용서를 빌다; **V.!** ⟨의례적 인사⟩ 실례합니다.
verzerren ⟨h⟩ 1. a) 일그러뜨리다, 찌푸리다: das Gesicht (vor Schmerz) v. 얼굴을 (고통으로) 일그러 뜨리다. b) 일그러지게 만들다, 찌푸리게 하다: Schmerz verzerrte sein Gesicht 고통이 그의 얼굴을 일그러지게 만들었다. c) ⟨v. + sich⟩ 일그러지다, 비뚤어지다: sein Gesicht verzerrte sich vor Wut zur gräßlichen Fratze 그의 얼굴은 분노로 그로테스크하게 끔찍한 모양이 되었다. 2. 지나치게 잡아 당겨 상처를 입히다: sich einen Muskel v. 한쪽 근육이 이완되다. 3. a) 일그러진 모습으로 나타나다: dieser Spiegel verzerrt die Gestalt 이 거울에 비친 모양은 일그러져 나타난다. b) (소리를) 찌그러뜨리다: der Empfänger gibt die Musik verzerrt wieder 이 수신기는 찌그러진 음악 소리를 낸다. c) 왜곡하다: die tatsächlichen Verhältnisse völlig v. 실질적 상황을 완전히 왜곡하다. **Verzerrung**, die; -en ↑verzerren의 명사형.
¹verzetteln ⟨h⟩ 무엇의 카드식 색인을 만들다.
²verzetteln ⟨h⟩ 1. a) 이것저것에 낭비하다, 헛되이 쓰다: sein Geld v. 자기돈을 여기저기 낭비하다. b) ⟨v. + sich⟩ 쓸데없는 일에 정력을 소모하다: du verzettelst dich zu sehr an deinen Hobbys 너는 네 취미 생활에 지나치게 정력을 소모하고 있다. 2. ⟨südd., schweiz.⟩ (말리기 위해) 흩뿌리다, 펼쳐 놓다: Heu v. 건초를 펼쳐 놓다.
¹Verzett(e)lung, die; -en 카드식 색인화.
²Verzett(e)lung, die; -en 낭비, 정력 소모.
Verzicht [fɛɐ̯'tsɪçt], der; -(e)s, -e 포기, 단념: seinen V. auf etw. erklären 무엇의 포기를 선언하다; V. leisten(üben) 포기하다, 단념하다.
Verzicht-: ~erklärung, ⟨또한⟩ Verzichtserklärung, die 포기 선언. ~leistung, die 포기함, 단념함. ~politik, die 포기 정책. ~politiker, der ⟨폄⟩ 포기를 잘하는 정치가. ~urteil ↑Verzichtsurteil.
verzichten ⟨h⟩ 1. 포기하다, 단념하다, 기권하다: auf sein Recht v. 그의 권리를 포기하다; freiwillig v. 자발적으로 포기하다; ich verzichte auf deine Hilfe 나는 네 도움을 요구하지 않는다(거절의 표현); auf die Anwendung von Gewalt v. 무력 사용을 포기하다. 2. (können 및 müssen과 함께) 누구가[무엇]없이 해 나가다: auf jmds. Mitarbeit nicht v. können 누구의 협력 없이는 불가능하다. **Verzichtserklärung**: ↑Verzichterklärung, **Verzichtsurteil**, das; -s, -e ⟨법⟩ 소송기각 판결.

verziehen¹ 1. ⟨h⟩ **a)** 찡그리다, 찌푸리다, 일그러뜨리다: den Mund zynisch v. 입을 조소하듯이 비죽거리다; er verzog das Gesicht vor Schmerz 그는 고통으로 얼굴을 찡그렸다; ohne eine Miene zu v. 얼굴표정 하나 바꾸지 않고. **b)** ⟨v. + sich⟩ 찌푸려지다, 일그러지다: sein Gesicht verzog sich schmerzlich 그의 얼굴이 고통스럽게 일그러졌다. **2.** ⟨h⟩ **a)** 《드물게》 비틀리게 만들다, 굽거나 휘게 만들다: feuchtwarme Luft verzog die Holzrahmen 축축하고 따뜻한 공기가 나무틀을 휘게 했다. **b)** ⟨v. + sich⟩ 굽다, 휘다, 비틀거리다: die Türen haben sich (durch die dauernde Feuchtigkeit) verzogen 문짝들이 (지속적인 습기로 말미암아) 비틀렸다. **3.** ⟨s⟩ 다른 곳(집)으로 이사가다: sie sind in eine andere Stadt verzogen 그들은 다른 도시로 이사갔다. **4.** ⟨v. + sich⟩ **a)** 점차 사라지다, 지나가다: die Regenwolken verziehen sich 비구름이 점차 사라진다; der Schmerz hat sich verzogen 고통이 사라졌다. **b)** 슬그머니 사라지다, 벗어나다, 물러나다: verzieh dich! (경) 꺼져라! **5.** ⟨h⟩ 과보호로 잘못 키우다, 교육을 잘못하다: sie hat ihre Kinder verzogen 그 여자는 자식들의 교육을 그르쳤다. **6.** [농업] ⟨h⟩ 솎아 내다: Rüben v. 무를 솎아 내다. **7.** [구기] ⟨h⟩ 《볼을》 잘못 차다: der Spieler verzog den Ball 그 선수는 볼을 잘못 찼다. **8.** ⟨h⟩ (고어) **a)** 늦어지다, 지각하다. **b)** 주저하다, 머무적거리다: mit seiner Hilfe v. 주저주저하며 돕지 않는다. **c)** 머무르다, 체류하다.
verzieren ⟨h⟩ 치장하다, 장식하다: eine Decke mit Stickereien v. 이불에 수를 놓아 치장하다. **Verzierung,** die; -en 1. 치장, 장식. **2.** 장식물: [성구] brich dir (nur, bloß, ja) keine V. ab! 《제발》 그 따위로 치장하지 말아라!
verzimmern ⟨h⟩ [토건] 재목으로 버티다. **Verzimmerung,** die; -en 1. 재목으로 버팀. 2. 버팀용 재목(각목, 널판지 등).
¹verzinken ⟨h⟩ 아연을 입히다.
²verzinken ⟨h⟩ 《통용어》 배반하다.
Verzinkung, die; -en 1. 아연 도금. 2. 아연 표면막.
verzinnen ⟨h⟩ 주석으로 도금하다. **Verzinnung,** die; -en 1. 주석 도금. 2. 주석 표면막.
verzinsbar ⟨Adj.⟩ ↑verzinslich. **verzinsen** ⟨h⟩ **a)** 이자를 지불하다: die Bank verzinst das Kapital mit 6 Prozent 은행은 그 자본에 대해 6퍼센트 이자를 지불한다. **b)** ⟨v. + sich⟩ 이자를 낳다: das Kapital verzinst sich gut 그 자본은 좋은 이자를 받고 있다. **verzinslich** ⟨Adj.⟩ 이자가 붙는: die Wertpapiere sind mit (zu) 5 Prozent v. 이 유가 증권에는 5퍼센트의 이자가 붙는다; Kapital v. anlegen 이자조로 투자하다. **Verzinslichkeit,** die ↑verzinslich의 명사형. **Verzinsung,** die; -en 이자 지불, 이자 생김.
verzögern ⟨h⟩ **1. a)** 늦추다, 지연시키다: die Unterrichtung der Presse v. 언론에 알리는 것을 미루다. **b)** 늦어지게 하다: der strenge Winter hat die Baumblüte (um drei Wochen) verzögert 추운 겨울이 나무의 꽃피는 시기를 (3주일) 늦어지게 했다. **c)** ⟨v. + sich⟩ 늦어지다, 지각하다, 지연되다: die Fertigstellung des Manuskriptes verzögerte sich 원고의 완성이 지연되었다. **2.** 천천히 끌고가다, 느리게 하다: den Schritt v. 발걸음을 느리게 하다. **3.** ⟨v. + sich⟩ 지체하다. **Verzögerung,** die; -en ↑verzögern의 명사형.
Verzögerungs-: ~manöver, das 지연 작전. **~mittel,** das 지연 수단. **~taktik,** die 지연 전술. **~zinsen** ⟨Pl.⟩ ↑Verzugszinsen.
verzollen ⟨h⟩ 관세를 물다: Waren v. 상품에 대해 관세를 물다. **Verzollung,** die; -en ↑verzollen의 명사형.
verzopft ⟨Adj.⟩ 《드물게》 편벽의.

verzotteln ⟨h⟩ **1.** 《통용어》《머리털 등을》 헝클어지게 하다: der Sturm hat sein Haar verzottelt 강한 바람이 그의 머리를 뒤헝클어 놓았다. **2.** 《지역적》 ↑verlegen (1).
verzücken ⟨h⟩ 황홀케 하다, 열광하게 하다: die Musik verzückte ihn 음악이 그를 황홀케 했다; ein verzücktes Gesicht 황홀해진 얼굴.
verzuckern ⟨h⟩ **1.** 설탕을 뿌리다, 설탕에 절이다, 설탕을 입히다: verzuckerte Früchte 설탕에 절인 과실. [생화학] 단당류로 분해하다: Zellulose v. 섬유소를 단당류로 분해하다. **Verzuckerung,** die; -en ↑verzuckern의 명사형.
Verzücktheit, die 황홀, 황홀(경). **Verzückung,** die; -en **a)** 황홀케 함. **b)** ⟨Pl. 없음⟩ 황홀, 황홀감.
Verzug, der; -(e)s 1. 지연, 지체, 연기: er ist mit der Arbeit in V. [in V.] geraten [gekommen] 그는 이 일을 함에 있어 머무적 거린다 (제대로 진척시키지 못했다); das wird ohne V. erledigt 그 일은 즉시 해결된다; Gefahr ist im V. [es ist Gefahr im V.] 위험이 박두해 있다. **2.** 《지역적·준고어》 과보호된 아이, 귀염둥이, 총아: der Jüngste ist ihr kleiner V. 막내 아들이 그녀의 귀염둥이이다. **3.** [광] 갱목과 갱목 사이의 천장에 판자를 댐(낙석 방지용). **Verzugszinsen** ⟨Pl.⟩ [법] 연체 이자.
verzundern ⟨h⟩ [기술] 산화물을 형성하다. **Verzunderung,** die; -en ↑verzundern의 명사형.
verzupfen ⟨h⟩ ⟨v. + sich⟩ (österr.·통용어) 슬그머니 사라지다.
verzurren ⟨h⟩ ↑festzurren.
verzwackt ⟨Adj.⟩ 《통용어》 ↑verzwickt.
verzwatzeln ⟨s⟩ 《지역적》(조급함으로) 미칠 지경이다.
verzweifachen ⟨h⟩ 《드물게》 ↑verdoppeln.
verzweifeln ⟨s / ⟨고어⟩ h⟩ 절망하다, 자포자기하다: am Leben v. 삶에 절망하다; es besteht kein Grund zu v. 절망할 이유가 전혀 없다; sie war ganz verzweifelt 그 여자는 완전히 자포자기하고 있었다. **verzweifelt** ⟨Adj.⟩ **1.** 희망이 없는, 절망적인: eine -e Situation 절망적 상황. **2. a)** 죽을 힘을 다하는, 필사적인: es war ein -er Kampf ums Überleben 그것은 살아남기 위한 필사적인 싸움이었다. **b)** 매우, 극도로: die Situation ist v. ernst 상황이 심히 절박하다. **Verzweiflung,** die; -en 절망, 절망적 상태: eine tiefe V. überkam ihn 깊숙한 절망감이 그를 엄습했다; (über jmdn. [etw.]) in V. geraten (누구[무엇]에 대한) 절망감에 빠지다; jmdn. in die V. [zur V.] treiben 누구를 절망으로 몰아가다.
verzweiflungs-, Verzweiflungs-: ~akt, der ↑~tat. **~ruf,** der 절망적 외침. **~tat,** die 절망적 행위. **~voll** ⟨Adj.⟩ 절망에 가득 찬.
verzweigen, sich ⟨h⟩ 가지를 사방으로 뻗다, 분지(분기)하다: die Pflanze verzweigt sich 그 식물이 가지들을 내뻗는다; [전의] ein verzweigtes System von Kanälen 복잡하게 얽힌 운하망. **Verzweigung,** die; -en 1. **a)** 가지가 갈라져 나감. **b)** 갈려져 나간 가지. **2.** (schweiz.) ↑Kreuzung (1).
verzwergen a) ⟨h⟩ 왜소하게 보이게 하다: der Fernsehturm verzwergt das Kongreßzentrum 텔레비전 방송탑이 의회 중앙 건물을 왜소하게 보이게 한다. **b)** ⟨s⟩ 왜소하게 보이다.
verzwickt ⟨Asj.⟩ 《통용어》 복잡한, 어려운, 얽힌: eine -e Angelegenheit 복잡한 일. **Verzwicktheit,** die 《통용어》 복잡함, 어려움.
verzwirnen ⟨h⟩ 드리다, 꼬다.
Vesikans [ve'zi:kans], das; -, …kantia [vezi'kantsia] / …kanzien [..iən; lat. vēsīca] [의학] **a)** 발포성의 고약.

b) 파스. **Vesikuläratmen** [...kuˈlɛːɐ̯-], das; -s [lat. vēsīcula] 〔의학〕 폐포음(肺胞音).

Vesper [ˈfɛspɐ], die; -n [1: lat. vespera] **1. a)** 〔가〕 저녁 기도. **b)** 저녁 예배: V. halten 저녁 예배를 드리다. **2.** 《(südd.)》 das; -s, -로도 《(südd.)》 (오후의) 간식: etw. zur[zum] V. essen 무엇을 간식으로 들다.

Vesper-: ~**bild**, das ↑Pieta. ~**brot**, das 《(südd.)》 **a)** 〈Pl. 없음〉 ↑Vesper (2). **b)** 간식용 빵. ~**glocke**, die 저녁 예배를 알리는 종소리(만종). ~**läuten**, das; -s 일과 끝을 알리는 종소리, 저녁 예배 시작 종소리. ~**zeit**, die 《(südd.)》 간식 시간.

vespern [ˈfɛspɐn] ⟨h⟩ 《(südd.)》 간식을 들다, 간식으로 먹다.

Vesta [ˈvɛsta] (로마 신화의) 화덕의 여신.

Vestalin [vɛsˈtaːlɪn], die; -nen [lat. Vestālis] (로마 신화의) 화덕의 여신의 여사제.

Veste [ˈfɛstə] ↑Feste (1 a).

Vestibül [vɛstiˈbyːl], das; -s, -e [frz. vestibule]《(교양어)》(극장, 호텔 등의) 입구의 홀. **Vestibulum** [vɛsˈtiːbulʊm], das; -s, ...la [1 : lat. vestibulum] **1.** 옛 로마식 주택의 입구 홀(현관). **2.** 〔해부〕(기관의) 전정(前庭).

Vestitur [vɛstiˈtuːɐ̯], die; -en 서임, 성직의 서임.

Veston [vɛsˈtõː], das; -s, -s [frz. veston]《(schweiz.)》 남자용 스포츠복 상의.

Veteran [veteˈraːn], der; -en, -en [lat. veterānus] **1.** 노병(老兵), 고참자, 베테랑: ein V. des Ersten Weltkrieges 일차 세계 대전에 참전했던 노병사. **2.** 옛 모델의 자동차. **Veteranenrennen**, das 〔모터 스포츠〕 옛 모델 자동차들의 경주. **Veteranentreffen**, das 노병들의 만남.

Veterinär [veteriˈnɛːɐ̯], der; -s, -e [frz. vétérinaire]《(전문어)》 수의사.

veterinär-, Veterinär-: ~**hygiene**, die 동물 위생학. ~**klinik**, die 동물 병원. ~**medizin**, die 수의학. ~**medizinisch** ⟨Adj.⟩ 수의학의.

Veto [ˈveːto], das; -s, -s [frz. veto]《(교양어)》 **a)** 거부, 부인, 비토: sein V. gegen eine Entscheidung einlegen 어떤 결정을 거부하다. **b)** 거부권: ein absolutes V. 절대적 거부권; von seinem V. Gebrauch machen 거부권을 사용하다. **Vetorecht**, das ↑Veto (b).

Vettel [ˈfɛtl̩], die; -n [lat. vetula]《(폄)》추악한 노파: so eine alte V.! 저런 끔찍한 노파같으니! **vettelhaft** ⟨Adj.⟩ 추악한 노파 같은.

Vetter [ˈfɛtɐ], der; -s, -n **1.** ↑Cousin. **2.** 《(고어)》 먼 친척. **Vetterin**, die; -nen 《(고어)》 먼 여자 친척. **Vetterleswirtschaft**, die 《(지역적)》 ↑Vetternwirtschaft. **Vetterliwirtschaft**, die 《(schweiz.)》 ↑Vetternwirtschaft. **Vetternehe**, die; -n 사촌간의 결혼. **Vetternschaft**, 《(또한)》 Vetterschaft, die **1.** 사촌들. **2.** 《(경멸)》 Verwandtschaft. **Vetternwirtschaft**, die 《(폄)》 친척 편애, 족벌주의. **Vetterschaft**: ↑ Vetternschaft.

Vetus Latina [ˈveːtʊs laˈtiːna], die [lat. vetus + Latīnus] 불가타 번역본 이전의 라틴어 성서 번역.

Vexation [vɛksaˈtsi̯oːn], die; -en [lat. vexātio]《(교양어·고어)》 괴롭힘, 추한 행위.

Vexier-: ~**bild**, das **a)** 알아 맞히기 그림. **b)** 옆면에 역으로 그려져 있는 두 개의 모습을 함축한 그림. ~**gefäß**, das 기이한 모양의 음료 용기. ~**rätsel**, das 익살스러운 수수께끼. ~**schloß**, das 특정 숫자나 글자를 맞추어 여는 자물쇠. ~**spiegel**, der 물체를 이그러지게 비추어 주는 거울.

vexieren [vɛˈksiːrən] ⟨h⟩ [lat. vexāre]《(교양어·준고어)》 **1.** 자극하다, 화를 내게 하다. **2.** 희롱하다.

Vexillologie [vɛksɪlo-], die 깃발 의미론(깃발의 의장·

역사의 연구). **Vexillum** [vɛˈksɪlʊm], das; -s, ...lla / ...llen [1 : lat. vexillum, ↑Velum] **1.** 고대 로마의 군기. **2.** 〔동물〕 ↑Fahne (5). **3.** 〔식물〕 ↑Fahne (6).

Vezier [veˈziːɐ̯] ↑Wesir.

V-förmig [ˈfaʊ̯-] ⟨Adj.⟩ V자 모양의. **V-Gespräch** [ˈfaʊ̯-], das; -(e)s, -e [V = Voranmeldung] 지명 호출 국제 전화.

vgl. = vergleiche! 비교하라!

v. g. u. = vorgelesen, genehmigt, unterschrieben 결재필.

v. H. = vom Hundert 100개 중에(백분의).

via [ˈviːa] ⟨Präp.⟩ [lat. viā] **a)** 경유하여, 거쳐서: v. München nach Wien fliegen 뮌헨을 경유하여 빈으로 비행하다. **b)** 통하여: sie forderten ihn v. Verwaltungsgericht zu sofortiger Zahlung auf 그들은 행정 재판을 통해 그 남자에게 즉시 돈을 지불할 것을 요구했다.

Viadukt [vi̯aˈdʊkt], der / das; -(e)s, -e [lat. via + ductum] 계곡 위의 다리, 구름 다리.

Viatikum [ˈvi̯aːtikʊm], das; -s, ...ka / ...ken [lat. viaticum] 〔가〕 임종 때 하는 영성체.

Vibrant [viˈbrant], der; -en, -en 〔언어〕 전동음, 권설음 《(舌舌音)》(예컨대 : r). **Vibraphon** [vibraˈfoːn], das; -s, -e 《(engl.-amerik. vibraphone)》 비브라폰(금속 타악기). **Vibraphonist** [...foˈnɪst], der; -en, -en 비브라폰 연주자. **Vibrati** [viˈbraːti]: Vibrato의 복수형. **Vibration** [vibraˈtsi̯oːn], die; -en [lat. vibrātio] 진동, 흔들림. **Vibrationsgerät**, das ↑Vibrator. **Vibrationsmassage**, die 전동 마사지. **vibrato** [viˈbraːto] ⟨Adv.⟩ [ital. vibrato] 〔음악〕(소리가) 가볍게 떨리게, 진동음으로. **Vibrato**, das; -s, -s / ...ti 〔음악〕(소리의) 가벼운 떨림, 비브라토. **Vibrator** [...toːɐ̯, 《(또한)》 ...toːʀən], der; -s, -en [...braˈtoːʀən] 〔전기〕 진동기, 바이브레이터. **vibrieren** [viˈbriːrən] ⟨h⟩ [lat. vibrāre] 흔들리다, 진동하다: die Wände vibrierten durch den[von dem] Lärm 벽들이 소음으로 흔들렸다; seine Stimme vibrierte leicht 그의 목소리가 가볍게 떨렸다. **Vibromassage** [ˈviːbro-], die; -n ↑Vibrationsmassage의 약칭.

Viburnum [viˈbʊrnʊm], das; -s [lat. viburnum] 〔식물〕 ↑Schneeball (2).

vice versa [ˈvɪtsə ˈvɛrza] ⟨Adv.⟩ [lat. = im umgekehrten Wechsel] 《(교양어)》 거꾸로, 역으로, 역 또한 마찬가지로(약어: v. v.): ich hasse ihn, und v. v. 나는 그를 증오하고 그 또한 나를 증오한다.

Vichy [viˈʃi], der; - [프랑스 도시 Vichy에 따라] 부드러운 격자무늬의 면직.

Vicomte [vikõːt], der; -s, -s [frz. vicomte] **a)** ⟨Pl. 없음⟩ 자작위(子爵位). **b)** 자작. **Vicomtesse** [vikõˈtɛs], die; -n frz. vicomtesse] 자작 부인(딸).

Victimologie: ↑Viktimologie.

vide! [ˈviːdə] ⟨Interj.⟩ [lat. vidē = sieh!]《(고어)》 참조하라! (약어: v.). **videatur** [videˈaːtʊr] [lat. videre]《(고어)》 ↑vide!(약어: vid.).

Video [ˈviːdi̯o], der; -s 《(통용어)》 ↑Videotechnik의 약칭. **video-, Video-** [-; engl. video-] (다음의 뜻을 지닌 규정어로서) 텔레비전의, 텔레비전 영상 송수신용의, 텔레비전 방송물 녹화의 뜻. **Videoaufzeichnung**, die; -en 비디오 녹화. **Videoband**, das; Videobänder 비디오 테이프. **Videobandgerät**, das; -(e)s, -e 비디오 테이프 녹화기. **Videocasting** [-kaːstɪŋ], das; -s, -s [engl. casting] 《(영화·은어)》 비디오 녹화 분석에 의한 배역 결정. **Videofilm**, der; -(e)s, -e 비디오 카메라에 의해 촬영된 영화. **Videogerät**, das; -(e)s, -e 비디오 장치. **Videogespräch**, das; -(e)s, -e 텔레비전 전화를 통한 통화. **Videokamera**, die; -s 비디오 카메라. **Videokanal**, der; -s 비디오 채널, 비디오 회로. **Videokassette**, die; -n 비디오 카세트. **Videokassettenrecorder**, der; -s, - 비디오 카세트 녹화기. **Videoplatte**, die, ↑Bildplatte. **Videoplattenspieler**, der; -s, - ↑Bildplatte. **Videorecorder**, der; -s, - 비디오 녹화 장치. **Videotechnik**, die 비디오 테크닉[기술]. **videotechnisch** 〈Adj.〉 비디오 기술의. **Videotelefon**, das; -s, -e ↑Bildtelefon. **Videotext**, der; -(e)s, -e 비디오 텍스트, 문자(다중) 방송. **Videothek** [...'te:k], die; -en 〈녹화된〉 비디오 테이프 저장소 [전문점]. **Videoüberwachung**, die; -en 비디오 장치를 이용한 경비. **vidi** ['vi:di; lat. vidēre] 《교양어·고어》 나는 보았다(약어: v.). **Vidi** [-], das; -(s), -(s) 〈서류 따위에 표시하는〉 증명, 인증. **Vidicon**: ↑Vidikon. **vidieren** [vi'di:rən] 〈h〉 《österr.》 인증하다, 서명하다. **Vidikon** ['vi:dikɔn; das, -s, -s [-s [griech. kōnos] 비디콘, 텔레비전용 카메라의 촬상관. **Vidimation** [vidima'tsjo:n], die; -en 《교양어·고어》 인증, 사증. **vidimieren** [...'mi:rən] 〈h〉 《교양어·고어》 인증하다, 사증하다. **vidit** ['vi:dit; lat.]) 《교양어·고어》 보았다, 알았다(약어: vdt.).

Viech [fi:ç], das; -(e)s, -er **1.** 《통용어·폄》 ↑Vieh (2). **2.** 《속어·폄》 짐승 같은 사람. **Viecherei** [fi:çə'raj], die; -en 《통용어》 **1.** 아주 힘든 일, 견디기 어려운 일: es ist schon eine V., bei 35° zu arbeiten 35°에서 일한다는 것은 정말로 견디기 힘든 일이다. **2.** 《폄》 비열함, 파렴치함: er ist zu jeder V. fähig 그는 어떤 파렴치한 짓도 할 수 있다. **3.** 야비한 농담. **Viechskerl**, der 《속어·폄》 천하고 잔인한 사람. **Vieh** [fi:], das; -(e)s **1. a)** 가축: V. züchten 가축을 기르다; das V. füttern 가축에게 먹이를 주다; jmdn. wie ein Stück V. behandeln 누구를 가축처럼 취급하다. **b)** ↑Rindvieh (1): das V. auf die Weide treiben 소떼를 풀밭으로 몰고가다. **2. a)** 《통용어》 짐승: das arme, kleine V. sieht ja halb verhungert aus! 이 불쌍하고 작은 짐승은 거의 굶어 죽어가는 것처럼 보인다. **b)** 《속어·폄》 ↑Viech (2).

Vieh-: **~abtrieb**, der ↑Abtrieb (1). **~auftrieb**, der ↑Auftrieb (3 b). **~bestand**, der 보유 가축 현황. **~doktor**, der 《통용어·농》 ↑Tierarzt. **~fliege**, die ↑²Bremse. **~futter**, das 가축 사료. **~habe**, die 《schweiz.》 ~bestand. **~halter**, der 가축 사육자. **~haltung**, die 가축 사육. **~handel**, der 가축 매매. **~händler**, der 가축 상인. **~herde**, die 가축의 떼. **~hirt**, der 가축 지기. **~hof**, der 도살용 가축 매매소. **~hüter**, der 소치기. **~koppel**, die 가축용 목초지. **~markt**, der 가축 시장. **~pfleger**, der ↑Tierpfleger. **~salz**, das (Pl. 없음) 가축용 소금. **~seuche**, die 가축 전염병. **~stall**, der 가축 우리. **~stand**, der 《schweiz.》 ↑~bestand. **~tränke**, die 가축 물 먹이는 곳. **~transport**, der 가축 운반. **~transporter**, der 가축 운반 전용차[열차, 배]. **~treiber**, der 가축 모는 사람. **~trieb**, der 가축 몰기. **~versicherung**, die 가축 보험. **~wagen**, der 가축 운반용 화물 열차. **~waggon**, der ↑~wagen. **~wirtschaft**, die (Pl. 없음) 축산업. **~zählung**, die 공식적인 가축수 조사. **~zeug**, das 《통용어》 **a)** 가축, 특히 어린 가축. **b)** 《폄》 《귀찮은》 짐승, 동물. **~zucht**, die (Pl. 없음) 축산. **~züchter**, der 축산업자.

viehisch 〈Adj.〉 **1.** 《폄》 동물 같은, 비인간적인: so ein Leben ist V. 저런 삶은 동물의 삶이다. **2.** 《폄》 거칠은, 잔인한, 폭폭한: ein -es Verbrechen 잔인한 범죄. **3.** 《감정적 강조》 거대한, 강한, 과도한: -e Schmerzen 커다란 고통.

viel [fi:l] **I.** 〈Indefinitpron. / 부정수사; mehr, meist...〉 (반대: wenig I.) **1.** vieler, viele, vieles 〈Sg.〉 **a)** 《막연한 다수를 이루는 많은 수의 개별적인 것을 지칭》 여러 가지의, 많은 종류의: 《부가어》 in -er Hinsicht hat er recht 여러 가지 관점에서 그는 옳다; 〈독립적〉 er weiß -es 그는 여러 가지 것을 알고 있다; sie ist um -es jünger als er 그 여자는 그 남자보다 여러 해 젊다. **b)** 《종종 불변화》 viel 《통일체로서의 전체를 이루는 다수를 지칭》 많은 수(양)(의): 《부가어》 der Regen hat der Ernte geschadet 많은 양의 비가 수확을 해쳤다; (haben Sie) -en Dank! 매우 감사합니다！; er trinkt v. Wein 그는 포도주를 많이 마신다; das kostet v. Zeit 그것은 시간이 많이 걸린다; 〈독립적〉 er ißt v. 그는 많이 먹는다; er kann nicht v. vertragen 그는 〈술을〉 많이 마시지 못한다; er hat v. von seinem Vater 그는 그의 아버지를 많이 닮았다; das ist ein bißchen v. 그것은 약간 지나치다; was kann dabei schon v. passieren? 거기에 또 무슨 일이 생기겠습니까？(아무일도 일어날 수 없다는 의미). **2.** viele, 〈격변화 없음〉 viel 〈Pl.〉 《많은 수의 사람이나 동일한 사물을 지칭》 다수의: 《부가어》 die -en fremden Gesichter verwirrten sie 많은 낯선 얼굴들이 그 여자를 혼란시게 만들었다; -e Menschen hatten sich versammelt 많은 수의 사람들이 모였다; mach nicht so v. [-e] Worte! 그렇게 떠벌리지 마라！; die Angaben -er Befragter[Befragten] waren ungenau 질문을 받은 많은 사람들의 진술은 부정확했다; 〈독립적〉 -e können das nicht verstehen 많은 사람들이 그것을 이해하지 못한다; einer unter -en sein 많은 사람들 중의 하나이다. **3.** viele, 〈불변화〉 viel 《정도를 나타내는 부사와 결합하여 그 정도를 규정함》: 《부가어》 sie haben gleich v. [-e] Dienstjahre 그들은 같은 복무 연수를 가지고 있다; 〈독립적〉 sie verdienen gleich v. 그들의 수입은 같다; so viel ist sicher 이 점만은 확실하다. **II.** 〈Adv.; mehr, am meisten〉 **1.** 《여러 번 반복되어 많은 시간이 소요됨을 표현》 (반대: wenig II 1): v. schlafen [wandern] 자주 자다[산보하다]; man redet v. vom Fortschritt 사람들은 진보에 대해서 말하고 있다. **2.** 《격변화 없음》 《비교급 및 정도를 나타내는 부사 zu의 의미를 강조해 줌》 본질적으로, 훨씬, 현저하게: er weiß v. mehr[weniger] als ich 그는 나보다 훨씬 많이[더 적게] 알고 있다; seine Freundin ist v. netter 그의 여자 친구는 본질적으로 더 친절하다; die Schuhe sind mir v. zu klein 이 신발은 내게 너무너무 작다.

viel-, **Viel-**: **~armig** 〈Adj.〉 팔이 많이 있는. **~artig** 〈Adj.〉 많은 종류의, 종류가 다양한. **~bändig** 〈Adj.〉 ↑mehrbändig. **~befahren** 〈Adj.〉 차가 많이 다니는, 교통량이 많은. **~beschäftigt** 〈Adj.〉 바쁜. **~besprochen** 〈Adj.〉 많은 사람의 입에 오른. **~besucht** 〈Adj.〉 방문객이 많은: ein -er Urlaubsort 찾는 사람이 많은 휴양지. **~besungen** 〈Adj.〉 《아어》 많은 사람이 찬미하는[찬탄하는]: der -e Rhein 많은 사람이 찬미하는 라인 강. **~bietend** 〈Adj.〉 《상》 《경매 등에서》 높은 값을 제시하는. **~blätt(e)rig** 〈Adj.〉 잎이 많은. **~blütig** 〈Adj.〉 꽃이 많이 피는. **~borster** [-bɔrstə], der 《동물》 ↑Borstenwurm. **~deutig** 〈Adj.〉 여러 의미로 해석할 수 있는, 애매한: ein -er Begriff 다의 개념. **~deutigkeit**, die 다의, 애매. **~diskutiert** 〈Adj.〉 자주(많이) 토론되는: ein -es Thema 많이 토론되는 주제. **~eck**, das 다각형, 다변형. **~eckig** 〈Adj.〉 모서리가 많은, 다각의. **~ehe**, die ↑Polygamie (1 a). **~fach I** vielfach. **~farbig** 〈Adj.〉 《österr.》 ↑bunt 〈Adj.〉 여러 빛깔의. **~farbigkeit**, die; 여러 빛깔임, 다양함. **~flach**, das [↑¹flach] ↑Polyeder. **~flächig** 〈Adj.〉 ↑polyedrisch. **~flächner**, der [↑¹flach] ↑Polyeder. **~förmig** 〈Adj.〉 다양한 형식의, 여러 형태의. **~fraß**, der [1: ahd. vilifrāʒ; 2: niederd. velevras] **1.** 《통용어》 대식가. **2.** 담비 속에 속하는

는 육식동물. ~**füßig** 〈Adj.〉 발이 많이 달린. ~**gebraucht** 〈Adj.〉 자주[많이] 이용되는. ~**gefragt** 〈Adj.〉 많은 사람이 찾는, 수요가 많은: ein -es Fotomodell 인기 있는 사진 모델. ~**gekauft** 〈Adj.〉 많이 팔리는. ~**gelesen** 〈Adj.〉 많이 읽히는. ~**geliebt** 〈Adj.〉(고어) 많은 사랑을 받는: mein -es Kind 나의 사랑하는 아이. ~**gelobt** 〈Adj.〉《(반어》↑~gerühmt. ~**genannt** 〈Adj.〉 자주[많이] 언급되는. ~**gepriesen** 〈Adj.〉↑~gerühmt. ~**gereist** 〈Adj.〉 여행을 자주 하는. ~**gereiste*** , der / die 자주 여행하는 남자[여자]. ~**gerühmt** 〈Adj.〉 많은 칭찬을 받는. ~**geschmäht** 〈Adj.〉《(아어》↑~gescholten. ~**gescholten** 〈Adj.〉《(아어》 많은 비판을 받는, 욕먹는. ~**geschossig** 〈Adj.〉↑mehrgeschossig. ~**gestaltig** 〈Adj.〉 여러 가지 형태의, 많은 종류의: -e Versteinerungen 다양한 형태의 화석. ~**gestaltigkeit**, die 많은 종류, 다양성. ~**glied(e)rig** 〈Adj.〉 다지(多肢)의. ~**gliedrigkeit**, die ↑~gliedrig의 명사형. ~**götterei** [-gœta'raj], die ↑Polytheismus. ~**hundertmal** [-'--] 〈Adv.〉《(드물게)》 수백번. ~**jährig** 〈Adj.〉《(드물게)》 ↑langjährig. ~**köpfig** 〈Adj.〉 1. 많은 사람으로 이루어진: eine -e Familie 대가족. 2. 머리가 여러 개 달린: die -e Hydra 머리 여럿 달린 히드라(그리스 신화에 등장하는 뱀). ~**leicht**: ↑vielleicht. ~**liebchen** [-'--], das a) 두 개의 같이 자란 과실, 특히 두 개의 씨를 가진 편도(옛 관습에 의하면 두 사람이 이 편도를 나누어 먹고 다음날 누가 먼저 상대방에게 Vielliebchen이라고 말하는지 내기 했다함). b)《(드물게)》 Vielliebchen 내기에서 진 사람이 내는 음식. ~**mal** 〈Adv.〉《(고어》↑~mals. ~**malig** 〈Adj.〉《(드물게)》 여러 번의, 누차의. ~**mals** 〈Adv.〉 1. (인사하는, 감사하는, 또는 용서를 비는 동사들과 같이 쓰며 그 뜻을 강조해줌) 진심으로, 특별히, 매우: jmdm. v. danken 누구에게 진심으로 감사하다; ich laß v. grüßen 그는 진심으로 인사를 전한다. 2.《(드물게)》 여러 번. ~**männerei** [-mɛnə'raj], die ↑polyandrie(반대: ~weiberei). ~**mehr**: ↑vielmehr. ~**sagend** 〈Adj.〉 의미 심장한, 많은 것을 암시하는, 함축성 있는: ein -er Blick 많은 것을 암시하는 눈길; -es Lächeln 의미 심장한 미소. ~**schichtig** 〈Adj.〉 1. 여러 층으로 된. 2. 서로 다른 것들이 모인, 이질적인. ~**schichtigkeit**, die ↑~schichtig의 명사형. ~**schreiber**, der (감정)(보잘것 없는 것을) 많이 쓰는 사람. ~**schreiberei** [--'-'-], die(Pl. 없음)(질 낮은 것의) 다작. ~**seitig** 〈Adj.〉 1. a) 많은 것에 흥미가 있는, 다방면에 능통한: ein -er Mensch 다방면에 능통한 사람. b) 여러 분야의, 광범위한: eine -e Ausbildung 여러 분야에 걸친 교육; dieses Gerät läßt sich v. verwenden 이 장치는 광범위하게 사용될 수 있다. 2. 많은 사람들이므로: auf -en Wunsch wird die Aufführung wiederholt 많은 사람들의 소망에 따라 그 공연은 되풀이 되게 되었다. 3. 다면[변]의: eine -e Figur 다면체. ~**seitigkeit**, die ↑~seitig의 명사형. ~**seitigkeitsprüfung**, die (승마) 마술 종합 시험. ~**silbig** 〈Adj.〉 다음절의. ~**sprachig** 〈Adj.〉 여러 나라 말의, 여러 가지 언어를 사용하는. ~**sprung**, der [육상] ↑Mehrsprung. ~**staaterei** [-ʃtatə'raj], die 여러 작은 국가로의 분리. ~**stimmig** 〈Adj.〉 a) 여러 음성으로 이루어진: ein -er Gesang 여러 음성으로 이루어진 노래. b) 다음성의, 대위법의: ein -es Geläut 다성의 종소리. ~**stimmigkeit**, die ↑~stimmig의 명사형. ~**stöckig** 〈Adj.〉 ↑mehrstöckig. ~**strophig** 〈Adj.〉 여러 절의. ~**tausendmal** [-'---] 〈Adv.〉 (감정) 수 없이, 수천 번이나: ich grüße dich v. 나는 수천 번 네게 인사한다. ~**teilig** 〈Adj.〉 많은 부분으로 이루어진(나누어진). ~**umstritten** 〈Adj.〉 크게 논란이 된. ~**umworben** 〈Adj.〉 청혼자가 많은, 인기가 있는. ~**verheißend** 〈Adj.〉《(아어》 ↑~versprechend. ~**verkauft** 〈Adj.〉 잘 팔리는. ~**versprechend** 〈Adj.〉 앞날이 촉망되는, 큰 기대를 할 수 있는: das klingt ja v. 그 말은 참 희망차게 들린다. ~**völkerstaat**, der ↑Nationalitätenstaat. ~**weiberei** [-vajba'raj], die ↑Polygynie(반대: ~männerei). ~**wisser** [-vɪsɐ], der; -s, - (폄) 많이 아는 체하는 사람. ~**wisserei** [-vɪsə'raj], die 박식한 체 함. ~**zahl**, die 다수(의 사람이나 물건). ~**zeller** [-tsɛlɐ], der; -s, - [생물] 다세포의 하등 동물. ~**zellig** 〈Adj.〉 [생물] 다세포의. ~**zitiert** 〈Adj.〉 자주 인용되는. ~**zweck-** (다목적의 뜻을 가진 규정어로) Vielzweckmedikament 다용도 약품.

vielenorts ↑vielerorts. **vielerlei** (부정 종수; 격변화 없음) a) 여러 가지의, 많은 종류의, 각 가지의: v. Sorten Brot 여러 종류의 빵. b) 여러 가지 것, 여러 가지 물건: v. zu erzählen haben 이야기할 것이 많다. **Vielerlei**, das; -s, -s 여러 가지, 다양한 것의 다수. **vielerorten** 《고어》↑vielerorts. **vielerorts** 〈Adv.〉 여러 곳에서: der Dauerregen verursachte v. Überschwemmungen 지속되는 비가 여러 곳에서 홍수를 야기했다. **vielfach** 〈Adj.〉 1. a) 여러 곱의: jmdm. einen Schaden v. ersetzen 누구에게 손해를 몇 배로 보상해 주다; das Vielfache(ein Vielfaches) an Unkosten haben 몇 갑절의 비용이 들다. b) 여러 번, 누차의, 반복된: ein v. gefaltetes Papier 몇 겹으로 접혀진 종이. 2. 다양한, 여러 종류의, 여러 방법의: -e Wandlungen 다양한 변화. 3. (통용어) 아주 자주: man kann dieser Meinung v. begegnen 사람들은 이 의견을 아주 자주 접할 수 있다. **Vielfachgerät**, das 1. 다용도 녹기계. 2. ↑Vielfachmeßgerät. **Vielfachmeßgerät**, das 다용도 전류 및 전압 측정기.

Vielfalt ['fi:falt], die; -en 다양, 다양함: eine erstauliche V. an[von] etw. aufweisen 무엇의 놀랄 만한 다양함을 내보이다. **vielfältig** 〈Adj.〉 다양한: -e Anregungen 다양한 자극. **Vielfältigkeit**, die 다양함, 잡다함. **Vielheit**, die 잡다(雜多). **vielleicht** [fi-] 〈Adv.〉 [mhd. vil lîhte = sehr leicht] 1.(어떤 발언의 확실성을 상대화함) 아마, 아마도: du hast dich v. geirrt 아마도 네가 잘못 생각한 것 같다. 2.(수치나 측정치의 정확성을 상대화함) 대략, 어림잡아: es waren v. dreißig Leute da 대략 30명의 사람들이 거기에 있었다. 3. (통용어) a) (감정적 강조) 정말로 심하게: ich war v. aufgeregt! 나는 정말로 심하게 흥분했다. b)《(제시된 요구에 대한 강조)》...하겠지!: v. wartest du, bis du an der Reihe bist! 네 차례가 될 때까지 너 기다리겠지! (기다릴 것을 강하게 요구함). c)《(스스로 던진 질문에 대한 부정적인 답변을 전제하거나나 요구함)》설마 아니겠지: ist das v. dein Ernst? 이것이 설마 네 진심은 아니겠지? **vielmehr** [[(또한) -'-] 〈Konj. / Adv.〉 오히려, 반대로, 그 정확히 말하자면: er versteht sie, v. er liebt sie 그는 그 여자를 존경한다, 더 정확하게 말하자면 그는 그 여자를 사랑한다(자주 접속사 sondern뒤에 위치하여 의미를 강조함) das ist kein Spaß, sondern v. bitterer Ernst 이것은 농담이 아니라 쓰디쓴 진실이다.

vier [fi:ɐ] (기수)(숫자로는 4) 넷: die v. Jahreszeiten 사계절; die v. Elemente 4원소; (명사화) Gespräche der großen Vier 4대 강국간의 대담; **alle -e von sich strecken** 《통용어》 (누워서) 사지를 쭉 뻗는다; **auf allen -en** 《통용어》 기어서. **Vier** [-], die; -en 4(의 수), 평점 4.

vier-, Vier-: ~**achser**, der 《통용어》 네개의 차축(車軸)을 가진 차. ~**achsig** 〈Adj.〉 [기술] 네개의 차축을 가진. ~**acheltakt**, der 8분의 4박자. ~**akter**, der 4막극. ~**armig** 〈Adj.〉 팔이 네개 있는. ~**augenge-**

sprächt, das 두 사람간만의 대담. ⇒**bändig** ⟨Adj.⟩ 네 권으로 된. ⇒**beiner** [-bainɐ], der; -s, - 《통용어》네 발 달린 동물(특히 개). ⇒**beinig** ⟨Adj.⟩ 발이 넷인. ⇒**blättrig** ⟨Adj.⟩ 잎이 네 개인. ⇒**dimensional** ⟨Adj.⟩ 《물리》 4차원의. ⇒**drei-drei-System**, das 《Pl. 없음》 [축구] 4-3-3 전법. ⇒**eck**, das a) 사각형, 4각 평면. b) 《통용어》정사각형, 직사각형: Gebäude bilden ein V. 그 건물들은 4각형을 이루고 있다. ⇒**eckig** ⟨Adj.⟩ 사각형의, 정사각형의. ⇒**ecktuch**, das 4각형의 천. ⇒**einhalb** 〈분수〉 4½. ⇒**farbendruck**, der a) 《Pl. 없음》 《황색, 적색, 청록색, 흑색》 4색 인쇄. b) 4색 인쇄물. ⇒**flach**, das ⇒**flächner**, der ↑Tetraeder. ⇒**fürst**, der ↑Tetrarch. ⇒**füßer**, der 《동물》 발이 넷인 척추 동물. ⇒**füßig** ⟨Adj.⟩ 1. 네 발의. 2. 《운율》 4각운의. ⇒**ganggetriebe**, das 4단 변속기. ⇒**geschossig** ⟨Adj.⟩ 4층의. ⇒**gespann**, das 4 두 마차. ⇒**gitterrohre**, die [전기] ↑Hexode. ⇒**händig** ⟨Adj.⟩ 네 손의, 두 사람의: -es Klavierspiel 네 대의 피아노를 이용한 두 사람의 연주. ⇒**hundert** 〈기수〉 400. ⇒**jahresplan**, der 4개년 경제 계획. ⇒**jährig** ⟨Adj.⟩ 4년의, 4살의. ⇒**kant** ⟨Adv.⟩ [선원] 수직선에 직각으로. ⇒**kant**, der / das; -(e)s, -e 1. ↑kantschlüssel. 2. ↑kanteisen. ⇒**kanteisen**, das 4각형 철재. ⇒**kantfeile**, die 네모진 줄. ⇒**kantholz**, das ↑Kantholz. ⇒**kantig** ⟨Adj.⟩ 네모진, 4각의. ⇒**kantschlüssel**, der 4각 열쇠(스패너). ⇒**mal** ⟨Adv.⟩ 네 번에 걸친. ⇒**master**, der 돛대가 4개 있는 배. ⇒**mastzelt**, das 기둥이 4개 있는 천막. ⇒**motorig** ⟨Adj.⟩ 엔진이 4개 장착된. ⇒**paß**, der 4엽(葉) 장식. ⇒**plätzer**, der 《schweiz.》 ↑-sitzer. ⇒**plätzig** ⟨Adj.⟩ 《schweiz.》 ↑-sitzig. ⇒**pol**, der [전기] 4단자(端子). ⇒**radantrieb**, der 《자동차》 Allradantrieb. ⇒**radbremse**, die 《자동차》 4바퀴에 동시 작용하는 제동장치. ⇒**rädig** ⟨Adj.⟩ 《드물게》 ⇒**räderig** ⟨Adj.⟩ 4륜의. ⇒**ruderer**, der ↑Quadrireme. ⇒**saitig** ⟨Adj.⟩ 4현의, 현이 네 개 달린(악기). ⇒**satz** [-] 《음악》 4악장으로 된. ⇒**schrötig** [-froːtɪç] ⟨Adj.⟩ 억센, 거칠은, 조야한: ein -er Mann 거친 남자. ⇒**seitig** ⟨Adj.⟩ 1. 4변의, 4페이지의. 2. 4자간(四者間)의. ⇒**sitzer**, der 4인승 차로 된 자동차. ⇒**sitzig** ⟨Adj.⟩ 4인 승의. ⇒**spänner**, der 4두 마차. ⇒**spännig** ⟨Adj.⟩ 4 두 마차의: v. fahren 4두 마차를 타고 가다. ⇒**spurig** ⟨Adj.⟩ 4차선의. ⇒**stellig** ⟨Adj.⟩ 네 자리의. ⇒**sternegeneral**, der 《은어》 대장, 4성 장군. ⇒**sternehotel**, das 고급 호텔. ⇒**stimmig** ⟨Adj.⟩ 4 성(聲)부의. ⇒**stöckig** ⟨Adj.⟩ 5층의. ⇒**strahlig** ⟨Adj.⟩ 4발 제트의. ⇒**stündig** ⟨Adj.⟩ 4시간 걸리는. ⇒**stündlich** ⟨Adj.⟩ 4시간 마다의. ⇒**tägig** ⟨Adj.⟩ 4일 걸리는. ⇒**täglich** ⟨Adj.⟩ 4일 마다의. ⇒**takter**, der ↑Viertaktmotor(의 약어). ⇒**taktmotor**, der [자동차] 4사이클식 엔진. ⇒**tausend** 〈기수〉 4천. ⇒**tausender**, der 4000m의 산. ⇒**teilen** ⟨h⟩ 1. (특히 중세에서) 사지를 찢어 죽이다: der Mörder wurde geviertelt 그 살인자는 사지가 찢겨 죽었다. 2. 《드물게》 네 조각으로 하다, 4분하다: ein Stück Papier v. 종이 한장을 네 쪽으로 나누다. ⇒**teilig** ⟨Adj.⟩ 4부분으로 된. ⇒**türig** ⟨Adj.⟩ 문에 넷 달린. ⇒**undeinhalb** 4½. ⇒**undsechzigstel** 64분의 1(의). ⇒**undsechzigstel**, das / 《schweiz.》 der; -s, - a) 64분의 1. b) 64분 음표. ⇒**undsechzigstelnote**, die 64분 음표. ⇒**undsechzigstelpause**, die 64분 쉼표. ⇒**undzwanzig** 24. ⇒**vierteltakt** [-ˈfɪrtl-], der 4분의 4박자. ⇒**wegehahn**, der 4개의 관(파이프)을 동시에 개폐할 수 있는 꼭지. ⇒**wertig** ⟨Adj.⟩ 4가(價)의. ⇒**wöchentlich** ⟨Adj.⟩ 4주 마다의. ⇒**wöchig** ⟨Adj.⟩ 4주의.

[ˈfɪr-] 14. ⇒**zehnjährig** [ˈfɪr- - - -] ⟨Adj.⟩ 14년의, 14 살의. ⇒**zehntägig** [ˈfɪr- - - -] ⟨Adj.⟩ 2주 동안의. ⇒**zehntäglich** [ˈfɪr- - - -] ⟨Adj.⟩ 2주 마다의. ⇒**zeiler**, der; -s, - 4행시. ⇒**zellenbad**, das [의학] 4지를 각기 물체로 통에 넣고 하는 전기 목욕. ⇒**zimmerwohnung**, die 방이 넷 달린 주택. ⇒**zwei-vier-System**, das 《Pl. 없음》 [축구] 4-2-4 전법. ⇒**zylinder**, der 4기통. ⇒**zylindermotor**, der 4기통 엔진. ⇒**zylindrig** ⟨Adj.⟩ 4기통의.

vieren [ˈfiːrən] ⟨h⟩ [목공] ↑abvieren. **Vierer** [ˈfiːrɐ], der; -s, - 1. [조정] 4인승 경주 보트. 2. (100점의 4 개의 올바른 숫자. 3. 《지역적》평점 4. 4. [골프] 두 명이 한 조를 이룬 두 팀간의 경기. 5. (은어) 네 사람간의 혼음 {輕淫}.

Vierer-: ⇒**bob**, der 4인승 봅슬레이(경주용 썰매). ⇒**kajak**, der / 《드물게》 das 4인승 카약. ⇒**reihe**, die 네 사람씩으로 이루어진 열. ⇒**zug**, der ↑Viergespann.

viererlei 〈격변화 없음〉 a) 서로 다른 4종류의. b) 4개의 서로 다른 것. **vierfach** 4배의. **Vierfache**, das; -n 4 배. **Vierling** [..lɪŋ], der; -s, -e 네 쌍둥이. **viert** [fiːɐt] 《다음 용법으로》 **zu v.** 네 사람에서. **viert...** [ˈfiːɐt...] 〈4배의 수사〉 (숫자로는 4.) 네번째의. **viertel** [ˈfɪrtl] 4분의 1의. **Viertel** [-], das / 《schweiz. 대개》 der; s, - 1. a) 4분의 1: drei V. [dreiviertel] der Bevölkerung 주민의 4분의 3; ein V. Leberwurst 4분의 1파운드 간 소시지; es ist (ein) V. vor [nach] eins 1시 15분 전[후]이다; im zweiten V. des 12. Jahrhunderts 12세기의 이사분기에; wir treffen uns um V. acht 《지역적》 V. nach sieben) 우리는 7시 15분에 만난다. b) [음악] 4분 음표. 2. 도시의 구역, 도시의 한 지역: ein verrufenes V. 평판이 나쁜 도시 구역. 3. 《지역적》 Quadrat (b 1).

viertel-, Viertel- [ˈfɪrtl-]: ⇒**bogen**, der [서적] 8페이지 분량이 인쇄된 용지(전지 4분의 1). ⇒**drehung**, die 90° 회전. ⇒**finale**, das [스포츠] 준준결승. ⇒**finalist**, der 준준결승에 오른 팀이나 선수. ⇒**jahr** [- - -'-], das 4분의 1년, 3개월. ⇒**jahr(e)sschrift** [- - -'-(-)-], die 3개월마다 발간되는 잡지(계간지). ⇒**jahrhundert** [- - - -'-], das 4분의 1세기, 25년. ⇒**jährig** ⟨Adj.⟩ 3개월의. ⇒**jährlich** ⟨Adj.⟩ 3개월 마다의. ⇒**kreis**, der 1. ↑Quadrant (1 a, b). 2. [축구] 경기장 코너 깃발을 중심으로 반경 1m의 4분원. ⇒**liter** [《또한》 - - -'-], der / das 4분의 1리터. ⇒**note**, die 4분 음표. ⇒**pause**, die 4분 쉼표. ⇒**pfund** [- - -'- 《또한》 - - -], das 4분의 1 파운드, 125g. ⇒**stab**, der 측면이 4분원인 세모난 머름. ⇒**stunde** [- - -'- -], die 4분의 1시간, 15분. ⇒**stündig** ⟨Adj.⟩ 15분의. ⇒**stündlich** ⟨Adj.⟩ 15분마다의. ⇒**ton**, der 《Pl. -töne》 [음악] 4분음(分 音). ⇒**tonmusik**, die 《Pl. 없음》 4분음을 이용한 음악. ⇒**zentner**, der 25파운드.

Viertele [ˈfɪrtələ], das; -s, - 《schwäb.》 포도주 4분의 1 리터, 4분의 1리터짜리 포도주잔. **vierteln** [ˈfɪrtln] ⟨h⟩ 등분하다. **viertens** [ˈfɪːɐtns] ⟨Adv.⟩ 4번째로. **Vierung**, die; -en [건축] 십자 모양의 교회에 가로 건물과 세로 건물이 교차하는 장방형 공간.

Vierungs-: [건축] ⇒**kuppel**, die (↑Vierung 내의) 장방형 공간의 둥근 천장(지붕). ⇒**pfeiler**, der (↑ Vierung 내의) 장방형공간의 장식용 기둥. ⇒**turm**, der 장방형 공간위의 탑.

vierzig [ˈfɪrtsɪç] 〈기수〉 40: Schuhgröße v. 신발 크기 40. **Vierzig** [-], die 40(의 수), 40세. **vierziger** [ˈfɪrtsɪgɐ] ⟨Adj.⟩ 〈격변화 없음〉 1. 40년의. 2. 40년대의. **Vierziger** [-], der 1. a) 40대 남자. b) 40년대 소속 병사. c) 40년도산 포도주. 〈Pl.〉 ↑Vierzigerjahre의

칭. **Vierzigerin** ['fɪr...], die 40대의 여자. **Vierzigerjahre** ['fɪr..., 《또한》'−−−'−−] 40대 연령. **vierzigjährig** ['fɪr...] 〈Adj.〉 **a)** 40세 된. **b)** 40년 동안의. **vierzigst...** ['fɪrtsɪçst...] 〈↑ vierzig의 서수〉 40번째의. **vierzigstel** ['fɪr...] 《분수》 40분의 1. **Vierzigstel** [-], das / 《대개 schweiz.》 der 40분의 1. **Vierzigstundenwoche**, die 주당 40 노동 시간.

Vietcong [viɛtˈkɔŋ], der; -s, -(s) **1.** 〈Pl. 없음〉 (1975년까지의) 월남 게릴라 운동. **2.** 위 게릴라 운동의 구성원.

Viez [fiːts], der; -es, -e 《westmd.》사과주(Apfelwein).

vif [viːf] 〈Adj.〉 [frz. vif] 《고어》활기 있는, 발랄한: seine Freundin ist sehr v. 그의 여자 친구는 매우 발랄하다.

Vigil [viˈɡiːl], die; -ien [...i̯ən; lat. vigilia] 《가》 **1.** 승려들의 밤 기도. **2.** 교회 축제일의 전날 밤[전야제]. **vigilant** [vigiˈlant] 〈Adj.〉 [lat. vigilāns] 《준고어》교활한, 약고 빈틈없는. **Vigilant** [-], der; -en, -en 《고어》경찰의 밀정. **Vigilanz** [...ˈlants], die **1.** 《교양어・준고어》교활함, 빈틈없음. **2.** 《심리》주의, 각성. **Vigilie** [viˈɡiːli̯ə], die; -n [lat. vigilia] 고대 로마군의 밤 보초. **vigilieren** [vigiˈliːrən] 〈h〉 [lat. vigilāre] 《교양어・고어》경계심이 많다, 주의하다.

Vignette [vɪnˈjɛtə], die; -n [frz. vignette] **1.** 〔서적〕 (책의 표지, 각 장의 머리와 끝, 또는 책 끝장의) 장식용 그림. **2.** 〔사진〕 **a)** 카메라 렌즈 앞의 보조 장치로서 특별한 모양의 틀이 있는 가리개. **b)** 음화의 특별 부분을 덮는 가리개. **Vignettierung** [vɪnjɛˈtiːrʊŋ], die; -en 〔사진〕 사진의 가장자리를 흐릿하게 함.

Vigogne [viˈɡɔnjə], die; -n, **Vigognewolle** die [frz. vigogne] 양모와 목면의 혼합사.

Vigor [ˈviːɡɔr], der; -s [lat. vigor] 《교양어・고어》활력, 원기 왕성. **vigorös** [vigoˈrøːs] 〈Adj.〉 [frz. vigoureux] 《교양어・고어》힘센, 원기 있는. **vigoroso** [vigoˈroːzo] 〈Adv.〉 [ital. vigoroso] 〔음악〕 힘차게.

Vikar [viˈkaːɐ̯], der; -s, -e [lat. vicārius] **1.** 〔가〕 성직자 대리인. **2.** 〔신교〕 **a)** ↑Pfarrvikar (b). **b)** 수습 목사. **3.** 《schweiz.》 대리 교사. **Vikariat** [vikaˈri̯aːt], das; -(e)s, -e 위의 직. **vikariieren** [...riˈiːrən] 〈h〉 위의 직을 담당하다. 《교양어・고어》 누구를 대리하다. **vikariierend** 〈Adj.〉 **1.** 〔의학〕 (기능이 정지된) 다른 기관의 역할을 담당하는. **2.** 〔생물〕 대상성(代償性)의. **Vikarin**, die; -nen ↑Vikar (2, 3)의 여성형.

Viktimologie [vɪktimo...], die [lat. victima] (범죄학의 분야로서) 피해자 연구.

¹Viktoria [vɪkˈtoːri̯a], die; -s /...ien [...i̯ən; lat. Victōria] (고대 로마의) 승리의 여신상. **²Viktoria** [-], das; -s, -s 《대개 Art. 없음》승리(의 외침): V. schreien 승리를 외치다. **viktorianisch** [vɪktoˈri̯aːnɪʃ] 〈Adj.〉 (영국 빅토리아 여왕 시대(1819~1901)의 정신에 따른) 빅토리아풍의: -e Strenge 빅토리아 풍의 엄격함.

Viktualien [vɪkˈtu̯aːli̯ən] 〈Pl.〉 [lat. vīctuālia] 《고어》(일상적) 식료품.

Viktualien-: ~brüder: ↑Vitalienbrüder. **~handlung**, die 《고어》식료품 상점. **~markt**, der 《고어》식료품 시장.

Vikuna [viˈkunja], das; -s, -s 《또는》die; ...jen [span. vicuña] 비쿠냐(남미산 야생 라마의 일종). **Vikunjawolle**, die 비쿠냐의 털.

Vila [ˈviːla] (바누아투의 수도).

Villa [ˈvɪla], die; Villen [ital. villa] **a)** (교외의) 고급 저택: eine V. aus dem 19. Jh. 19세기 시대의 고급 저택. **b)** 고급 별장, 빌라. **Villanell** [vɪlaˈnɛl], das; -s, -e, **Villanelle** [...ˈlə], die, ...llen [ital. villanella] (16/17세기) 이탈리아의 농부나 목동들의 단순

한 노래. **Villen:** ↑Villa의 복수형.

Villen-: ~gegend, die 고급 주택가, 별장 지대. **~viertel**, das ↑~gegend. **~vorort**, der ↑~gegend.

Vinaigrette [vinɛˈɡrɛt(ə)], die; -n [frz. vinaigrette] (식초, 기름, 겨자 등으로 만든) 비네그레트 소스.

Vindikation [vɪndikaˈtsi̯oːn], die; -en [lat. vindicātio] 《법・고어》(원 소유자의) 반환 청구.

Vinkulation [vɪŋkulaˈtsi̯oːn], die; -en [lat. vinculum] 〔금융〕 (유가증권의) 양도권 제한. **vinkulieren** [...ˈliːrən] 〈h〉 [lat. vinculāre] 〔금융〕 유가증권의 양도권을 (발행자의 허가와 연계시켜) 제한하다: vinkulierte Namensaktien 양도권이 제한된 기명식 주식. **Vinkulierung**, die; -en ↑Vinkulation.

Vinothek [vinoˈteːk], die; -en [lat. vīnum + griech. thékē] 좋은 포도주 수집소. **Vinyl** [viˈnyːl], das; -s [lat. vīnum + griech. hýlē] 〔화학〕 비닐.

Vinyl-: ~acetat, das 초산 비닐. **~benzol**, das ↑ Styrol. **~chlorid**, das 염화 비닐. **~gruppe**, die 비닐기(基).

Vinzentiner [vɪntsɛnˈtiːnɐ], der; -s, - 〔창립자인 성 Vinzenz v. Paul(1581~1660)에 따라〕 라자리스트회 수도사(Lazarist). **Vinzentinerin**, die; -nen (국가와 종교의 엄격한 분리를 요구하는) 애덕 수도회 수녀.

¹Viola [ˈviːola], die; ...len [ˈvi̯oːlən] [lat. viola] 〔식물〕 제비꽃.

²Viola [ˈvi̯oːla], die; ...len [ital. viola] ↑Bratsche. **Viola da braccio** [-da ˈbratʃo], die; ...le - - [ital. = Armgeige] 비올라(악기 이름). **Viola da gamba** [-- ˈɡamba], die; ...le - - [ital. = Beingeige] ↑ Gambe. **Viola d'amore** [-daˈmoːrə], die; ...le - [ital. = Liebesgeige] 비올라 다모레(악기 이름). **Viola pomposa** [-pɔmˈpoːza], die; ...le ...se [ital. = prächtige Geige] 커다란 5현 비올라.

Violation [vi̯olaˈtsi̯oːn], die; -en [lat. violātio] 《교양어・고어》 상해, 능욕, 강간.

Viola tricolor [-ˈtriːkoloːɐ̯], die [lat. tricolor] 〔식물〕 꼬까오랑캐꽃. **Viole** [ˈvi̯oːlə], die; -n 《교양어》제비꽃. **violent** [vi̯oˈlɛnt] 〈Adj.〉 [lat. violentus] 《교양어・고어》 격렬한, 폭력적인. **violento** [vi̯oˈlɛnto] 〈Adv.〉 [ital. violento] 〔음악〕 격렬하게. **Violenz** [...ˈlɛnts], die [lat. violentia] 《교양어・고어》 격렬, 광포.

violett [vi̯oˈlɛt] 〈Adj.〉 [frz. violet] 보라색의, 자색의: sein Gesicht lief v. an 그의 얼굴은 점차 자색으로 변해 갔다. **Violett** [-], das; -s, - / 《통용어》-s 보라색, 자색.

Violin-: ~abend [vi̯oˈliːn-]: ~konzert, das 바이올린 콘체르트. **~literatur**, die 바이올린 악보책. **~musik**, die 바이올린 음악. **~part**, der 바이올린 파트. **~saite**, die 바이올린 현. **~schlüssel**, der 고음부 기호. **~schule**, die 바이올린 교본. **~solo**, das 바이올린 독주. **~sonate**, die 바이올린 소나타. **~spiel**, das ↑Geigenspiel. **~stunde**, die ↑Geigenstunde.

Violine [vi̯oˈliːnə], die; -n [ital. violino] 《전문어》 바이올린. **Violinist** [vi̯oliˈnɪst], der; -en, -en 《드물게》 바이올린 연주자. **Violoncell** [vi̯olɔnˈtʃɛl], das; -s, -e ↑ Violoncello. **Violoncellist** [...nˈtʃɛˈlɪst], der; -en, -en ↑Cellist. **Violoncello** [...nˈtʃɛlo], das; -s, ...celli / 《통용어》 -s [ital. violoncello] 첼로. **Violone** [vi̯oˈloːnə], der; -s, ...ni / 《통용어》 -s [ital. violone] ↑Kontrabaß.

VIP [vɪp], **V. I. P** [ˈviːaɪˈpiː], die; -s [engl. V. I. P: very important person] 중요 인사(브이 아이 피).

Viper [ˈviːpɐ], die; -n [lat. vīpera] **1.** 〔동물〕 북살무사 (독사). **2.** 《은어》 완치된 마약 중독자.

Viraginität [viragini'tɛːt], die [lat. virāgo] 《의학》 여성의 (병적인) 남성적 성적 충동. **Virago** [vi'raːgo], die; -s / ...gines [...gineːs; lat. virāgo] 《의학》 남성적 성적 충동을 갖는 여자.
viral [vi'raːl] 〈Adj.〉 《의학》 바이러스에 의한, 바이러스의.
Virelai [vir'le], das; -(s), -s [vir'lɛ; frz. virelai] 13~15세기의 프랑스의 시 형식.
Virement [virə'mãː], das; -s, -s [frz. virement] 《경제》 국가 예산의 전용 또는 이월.
Viren: ↑ Virus의 복수형.
Virgel ['virgl], die; -n [lat. virgula] (글자, 숫자 사이의) 사선(斜線)(예컨대: Männer und / oder Frauen).
Virginia [vir'giːnia, (또한) virˈdʒiːnia], die; -s [미국 Virginia 주에 따라] 버지니아 여송연(시가). **Virginiatabak**, der 버지니아 담배. **virginisch** [vir'giːniʃ] 〈Adj.〉 버지니아(산)의.
Virginität [virgini'tɛːt], die [lat. virginitās] 《교양어·드물게》 처녀성, 순결.
viribus unitis ['viːribus u'niːtiːs; lat.] 단결된 힘으로.
viril [vi'riːl] 〈Adj.〉 [lat. virilis] 남성적인, 사내다운.
Virilismus [viri'lɪsmʊs], der; - 《의학》 1. 여성의 남성화. 2. (남자 아이의) 성적 조숙. **Virilität** [...li'tɛːt], die [lat. virīlitās] 《의학》 남자의 생식 능력, 남성의 힘, 사내다움. **Virilstimme**, die [lat. virilis] (19세기까지) 헌법 기관에서의 개인 투표(권).
Virologe [viro...], der; -n, -n 바이러스 (연구)학자. **Virologie**, die 바이러스 학(學). **virologisch** 〈Adj.〉 바이러스 학의. **Virose** [vi'roːzə], die; -n 《의학》 ↑ Viruserkrankung.
virtual [vɪr'tuaːl] 〈Adj.〉 《고어》 ↑ virtuell. **Virtualität** [vɪrtuali'tɛːt], die; -en [frz. virtualité] 《교양어》 잠재력, 잠재적 가능성. **virtualiter** [vɪr'tuaːlitɐ] 〈Adv.〉 [lat. virtualiter] 《교양어》 가능성으로서. **virtuell** [vɪr'tuɛl] 〈Adj.〉 [frz. virtuel] 잠재적인, 잠재력이 있는, 가능성이 있는: ein artikulierter oder zumindest »er Gegensatz der Interessen 뚜렷해진, 아니면 최소한 잠재적인 이해의 상충. **virtuos** [vɪr'tuoːs] 〈Adj.〉 뛰어난, 대가다운, 탁월한: ein »er Pianist 대가다운 피아니스트.
Virtuose [vɪr'tuoːzə], der; -n, -n [ital. virtuoso] (일반적으로 악기 연주의) 대가, 명수: er ist ein V. auf der Geige 그는 바이올린 연주의 대가이다. **Virtuosentum** [...zn̩tuːm], das; -s 대가다운 재능. **Virtuosin**, die; -nen ↑ Virtuose의 여성형. **Virtuosität** [vɪrtuozi'tɛːt], die 《예술적》 기교의 완벽성. **Virtus** ['vɪrtʊs], die [lat. virtūs] 《윤리》 남성적 능력, 용감함, 덕성.
virulent [viru'lɛnt] 〈Adj.〉 [lat. virulentus] 1. 《의학》 감염성의(반대: avirulent): »e Tuberkelbazillen 전염성의 결핵균. 2. 《교양어》 위험한, 위험한 결과를 초래하는: »e Vorurteile 위험한 편견. **Virulenz** [...'lɛnts], die 《교양어》 전염성, 독성. **Virus** ['viːrʊs], das / der; -, Viren [lat. vīrus] 바이러스, 여과성 병원체.
Virus-: ~**erkrankung**, die 바이러스 질병. ~**forschung**, die 바이러스 연구. ~**grippe**, die 바이러스 독감. ~**infektion**, die 바이러스 감염. ~**krankheit**, die ↑ ~erkrankung. ~**träger**, der 바이러스 보균자.
Visa-: ↑ Visum의 복수형. **visa-, Visa-:** ↑ visum-, Visum-. **Visage** [vi'zaːʒə], die; -n [frz. visage] a) 《폄》 얼굴, 낯짝: jmdm. in die V. schlagen 누구의 낯짝을 후려 갈기다. b) 《경》 얼굴 표정: eine enttäuschte V. machen 실망한 얼굴 표정을 하다. **Visagist** [viza'ʒɪst], der; -en, -en [frz. visagiste] 화장술 전문가. **Visagistin**, die; -nen ↑ Visagist의 여성형. **vis-à-vis** [viza'viː; frz. vis-à-vis] I. 〈Präp.³〉 마주 보는 (gegenüber): der Park liegt dem Rathaus v. 공원은 시청을 마주보고 있다. II. 〈Adv.〉 건너편에: sie wohnt gleich v. 그 여자는 바로 길 건너편에 산다; 〖성구〗 da stehst du machtlos v. 거기에 대해서는 어떻게 할 도리가 없다. **Visavis** [-], das; -, [...viː(s)], - [...viːs] 상대편 사람, 건너편 거주자.
Visconte [vɪs'kɔntə], der; -, ...ti [ital. visconte] 자작 (이탈리아의 귀족 칭호). **Viscontessa** [vɪskɔn'tesa], die; ...tesse [ital. viscontessa] ↑ Visconte의 여성형. **Viscount** ['vaɪkaunt], der; -s, -s [engl. viscount] 자작(영국의 귀족 칭호). **Viscountess** ['vaɪkauntɪs], die; -es [...tɪsɪz; engl. viscountess] ↑ Viscount의 여성형.
Visen: ↑ Visum의 복수형. **visibel** [vi'ziːbl] 〈Adj.〉 [lat. vīsibilis] 《전문어》 보이는, 볼 수 있는(반대: invisibel). **Visier** [vi'ziːɐ̯], das; -s, -e [frz. visière] 1. a) (투구의) 면갑(面甲): das V. aufschlagen 면갑을 올리다; **das V. herunterlassen** 마음 속을 들여다 보이지 않기 위해 질문에 답하지 않다; **mit offenem V. kämpfen** 자신의 의도를 숨기지 않은 채 싸우다. b) (경주 운전자나 이륜차 운전자의) 헬멧에 있는 면갑. 2. (총의) 가늠자: der Jäger bekam einen Bock ins V. 그 사냥꾼은 사슴 한 마리를 조준했다; **etw. ins V. fassen** 무엇에 시선을 돌리다; **jmdn. ins V. nehmen** 악의를 품고서 누구를 지켜보다.
Visier-: ~**einrichtung**, die 조준 장치. ~**fernrohr**, das 《광학》 조준 망원경. ~**linie**, die 《광학》 조준선.
visieren [vi'ziːrən] 〈h〉 [frz. viser] 1. 겨냥하다, 조준하다, 목표로 삼다: er visierte auf seinen Kopf 그는 그의 머리를 겨냥했다; die Mitte der Scheibe v. 과녁의 한 가운데를 겨누다; 〖성구〗 ein neues Betätigungsfeld v. 새로운 활동 영역을 조준하다. 2. 《드물게》 검정하다, 검량하다, 크기를 재다. 3. 《드물게》 (여권에) 사증을 내 주다.
Vision [vi'zioːn], die; -en [lat. visio] a) 《종교적 체험으로서의》 초자연적 현상: die »en der Apokalypse 요한계시록의 현상들. b) 환상, 환각, 공상: immer wieder narrten ihn »en 환상들이 항시 그를 바보로 만들었다. c) 미래상, 비전: eine V. eines geeinten Europas 통일된 유럽의 미래상; er wollte seine politische V. verwirklichen 그는 그의 정치적 비전을 실현시키려 했다.
visionär [vizio'nɛːɐ̯] 〈Adj.〉 [frz. visionnaire] 《교양어》 a) 환상적인, 공상적인: eine »e Erscheinung 환각적인 현상. b) 환상 속에 자신을 표현하는, 예언적인: ein »er Maler 환상적 그림을 그리는 화가. **Visionär** [-], der; -s, -e 《교양어》 환상가(특히 환상적 예술가), 공상가. **Visionsradius**, der 《광학》 시축(視軸). **Visitation** [vizita'tsioːn], die; -en [frz. visitation] 1. 《옷, 짐 등의》 수색, 뒤짐, 조사: eine V. vornehmen 수색하다, 조사하다. 2. a) 《 Kirchenvisitation 》 《 준고어 》 (장학관의) 수업 시찰. b) 《의사의 환자》 회진. **Visitator** [...'taːtor, (또한) ...toːɐ̯], der; -s, -en [...ta'toːrən] ↑ Visitation (2)의 수행자. **Visite** [vi'ziːtə, (또한) ...zɪtə], die; -n [frz. visite] 1. a) (의사의) 회진: der Arzt macht gerade V. 의사는 지금 막 회진 중이다. b) 회진 의사, 회진 의사 팀(의사, 보조의사, 간호사): in einer halben Stunde kommt die V. 30분 후에 회진 의사가 온다. 2. 《교양어·준고어》 방문, 예방: bei jmdm. V. machen 누구를 예방하다. **Visitenkarte**, die 명함: jmdm. seine V. geben 누구에게 그의 명함을 주다; 〖전의〗 saubere Gardinen sind die V. der Hausfrau 깨끗한 커튼은 주부의 명함이다; **seine V. hinterlassen** 《은폐·조롱》 손님으로서 지저분한 것을 남겨 놓고 가다. **visitieren** [vizi'tiːrən] 〈h〉 [frz. visiter] 1. (옷, 짐, 주택 등을) 수색하다, 뒤지다, 조사하다: die Reisenden wurden bis aufs Hemd visitiert 그 여행자들은 내의까지 조사가 됐다. 2. 조사차 방문하다, 검열하다: die Wachen v. 초소를 검열하다; 〖전의〗 er visitierte die Speisekammer

그는 음식물 저장소를 검열했다(실컷 먹어 치웠다). **Visitkarte** [vi'zit-], die; -n 《österr.》↑Visitenkarte.
viskos [vɪs'koːs], 《드물게》 **viskös** [vɪs'køːs] 〈Adj.〉 [lat. viscōsus] 【화학】 끈적끈적한, 점착성의. **Viskose** [vɪs'koːzə], die 【화학】 비스코스. **Viskosefaser**, die 비스코스 사(섬유). **Viskoseschwamm**, der 비스코스 해면. **Viskosimeter** [vɪskozi-], das; -s, - 《전문어》 점도계(점착성을 측정하는 계기). **Viskosimetrie**, die 【화학·기술】 점도 및 점도 측정에 대한 이론. **Viskosität** [...i'tɛːt], die 【화학·기술】(액체나 가스의) 점착성, 점도; die V. von Öl 기름의 점도.
Vis major ['viːs 'maːjɔr], die [lat.] 【법】 불가항력.
Vista ['vɪsta], die [ital. vista] 【금융】(어음의) 일람, 제시. **Vistawechsel**, der 【금융】↑Sichtwechsel.
Vistra ⓦ ['vɪstra], die 《인공어》 비스트라(비스코스로 만든 인조 섬유).
visualisieren [vizuali'ziːrən] 〈h〉 [engl. to visualize] 【광고】 눈에 보이듯이 묘사하다; die Aussage eines Werbeprospekts v. 광고 책자의 글이 눈에 띄도록 만들다. **Visualisierung**, die; -en 【광고】 ↑visualisieren 의 명사형. **Visualizer** ['vɪʒʊalaɪzə, 《또한》 'vɪz...], der; -s, - [engl. visualizer] 【광고】 광고 아이디어를 생생하게 언어화[형상화]하는 전문가. **visuell** [vi'zuɛl] 〈Adj.〉 [frz. visuel] 《교양어》 시각적인, 보는 것을 통한: eine -e Information 시각을 통한 정보; er ist ein -er Typ 그는 (듣는 것보다는) 보는 것을 좋아하는 타입이다. **Visum** ['viːzʊm], das; -s, -s 또는 Visa / Visen [lat. vīsum] (여권의) 입국 사증, 비자: das V. ist abgelaufen 사증 기한이 만료했다; ein V. beantragen 입국 사증을 청하다.
visum-, Visum-: **~antrag**, der 입국 사증 신청. **~frei** 〈Adj.〉 비자가 면제된, 사증이 필요 없는: die Ein-und Ausreise ist in diesen Ländern v. 이 나라들에서는 입·출국시 사증이 필요 없다. **~zwang**, der 〈Pl. 없음〉 사증(제시) 의무.
viszeral [vɪstsɛ'raːl] 〈Adj.〉 [lat. viscerālis] 【의학】 내장의, 내장과 관계 있는.
Vita ['viːta], die, Viten / Vitae ['viːtɛ; lat. vīta] a) 《전문어》 《성인들의 전기》 《傳記》 die V. des heiligen Benedikt 성 베네딕트의 전기. b) 《교양어》 삶, 생애, 일생: seine V. schreiben 그의 생애를 기록하다. **Vita activa** [-ak'tiːva], die 【철학】 활동적인 삶. **Vita contemplativa** [-kɔntɛmpla'tiːva], die 【철학】 명상적인 삶. **vital** [vi'taːl] 〈Adj.〉 [frz. vital] **1.** 생명력이 왕성한, 넘치는: ein -er Mensch 생명력이 왕성한 사람. **2.** 아주 중요한, 큰 의미가 있는: jmds. -e Bedürfnisse 누구에게 절대적으로 필요한 것들.
Vital-: **~färbung**, die 《전문어》(현미경 관찰을 위한) 생체 염색. **~funktion**, die 【의학】(호흡, 심장 박동 등) 절대적으로 중요한 신체의 기능. **~kapazität**, die 〈Pl. 없음〉 폐활량.
Vitalianer [vita'liaːnɐ] 〈Pl.〉 《드물게》 ↑Vitalienbrüder.
Vitalienbrüder [vi'taːliən...], Viktualienbrüder [vɪk'tuaːliən...] 〈Pl.〉 《역사적》 (14, 15세기의) 발트해 및 북해의 해적(단). **vitalisieren** [vitali'ziːrən] 〈h〉 《교양어》 활기 있게 만들다, 격려하다, 자극[고무]하다. **Vitalismus** [vita'lɪsmʊs], der; - 《자연 철학적》 생기론, 활력설. **Vitalist** [...'lɪst], der; -en, -en 생기론자. **vitalistisch** [...'lɪstɪʃ] 〈Adj.〉 생기론적, 생기론적인. **Vitalität** [vitali'tɛːt], die [frz. vitalité] 생명력, 활력, 넘치는 힘: V. besitzen 활력을 소지하다. **Vitamin** [vita'miːn], das; -s, -e [lat. vīta + ↑Amin] 비타민: Vitamin A, C 비타민 A, C; **Vitamin B** [-'beː] 《통용어·농》 (Beziehung의 두음자를 따서 정치·사업상의 인간적인)

관계.
vitamin-, Vitamin-: **~arm** 〈Adj.〉 비타민 결핍의, 비타민이 적은. **~forschung**, die 〈Pl. 없음〉 비타민 연구. **~gehalt**, der 비타민 함유량. **~haushalt**, der 모든 비타민의 종합적 작용. **~mangel**, der 〈Pl. 없음〉 비타민 부족[결핍]. **~präparat**, das (강화) 비타민제. **~reich** 〈Adj.〉 비타민이 풍부한. **~spender**, der 비타민이 풍부한 식품. **~spritze**, die 비타민 주사. **~stoß**, der 비타민의 다량 투입. **~tablette**, die 비타민 정제(錠劑).
vitaminieren [vitami'niːrən] 〈h〉 비타민을 첨가하다. **Vitaminierung**, die; -en 비타민 첨가. **vitaminisieren** [...ini'ziːrən] 〈h〉 《드물게》 ↑vitaminieren. **Vitaminisierung**, die; -en 《드물게》 ↑Vitaminierung.
vite [vit], **vitement** [vɪt'mãː] 〈Adv.〉 [frz. vite, vitement] 《교양어》 급히게, 빠르게.
Viten: ↑Vita의 복수형.
Vitia: ↑Vitium의 복수형. **vitiös** [vi'tsi̯øːs] 〈Adj.〉 [lat. vitiōsus] 《교양어·고어》 **a)** 결함 있는, 오류 있는. **b)** 악의 있는. **Vitium** ['viːtsi̯ʊm], das; -s, Vitia ['viːtsia; lat. vitium] 【의학】 기관의 결함[장애].
Vitrage [vi'traːʒə], die; -n [frz. vitrage] 【고어】 창문 커튼. **Vitrine** [vi'triːnə], die; -n [frz. vitrine] **a)** ↑Schaukasten: die -n eines Museums 박물관의 진열 상자들. **b)** 《Glasschrank: Porzellan in der V. aufbewahren 도자기를 유리 진열장 안에 보관하다. **Vitriol** [vi'tri̯oːl], das; -s, -e [lat. vitriolum] 【화학·고어】 황산염. **vitriolhaltig** 〈Adj.〉 황산염을 함유한. **Vitriollösung**, die 【화학 고어】 황산염 용액.
Vitzliputzli [vɪtsli'pʊtsli], der; -(s) [Azteke 족 신의 이름 Huitzilopochtli에서] 《지역적》 **1.** 무서운 모습, (어린애를 놀래 주려고 꾸민) 요괴. **2.** 《은폐》 악마.
vivace [vi'vatʃə] 〈Adv.〉 più vivace [piu-], vivacissimo [viva'tʃisimo] [ital. vivace] 【음악】 활발하게, 빠르게. **Vivace** [-], das; -, - 【음악】 활기 있고 빠른 템포. **vivacissimo**: ↑vivace. **vivant!** ['viːvant; lat. vīvere] 《교양어·준고어》 그들 만세(sie sollen leben)! **Vivarium** [vi'vaːri̯ʊm], das; -s, ...ien [...i̯ən; lat. vīvārium] **1.** 작은 동물을 넣어두는 상자. **2.** (동물원의) 작은 동물 사육실(건물). **vivat!** ['viːvat; lat., vīvere] 《교양어·준고어》 만세(er[sie] lebe)! **Vivat** [-], das; -s, -s 《교양어·준고어》 만세의 외침. **vivat, crescat, floreat** [-'krɛskat 'floːreat; lat. vīvere, crescere, flōrēre] 【대학생】 살고, 자라고, 번성하라(er[sie] lebe, wachse, blühe)!
Vivianit [vivi̯a'niːt, 《또한》 ...nɪt], das; -s, -e 〈영국 광물학자 J. G. Vivian(19세기)에 따라〉 ↑Blaueisenerz.
vivipar [vivi'paːr] 〈Adj.〉 [**1**: lat. vīviparus + parere] **1.** 【생물】 ↑lebendgebärend. **2.** [식물] 모체 발아의. **Viviparie** [vivipa'riː], die; - 【동물】 태생(胎生). **2.** [식물] 모체 발아. **Vivisektion**, die; -en 《전문어》 (연구를 위한) 동물의 생체 해부. **vivisezieren** 〈h〉 《전문어》 (동물의) 생체 해부를 하다. **vivo** ['viːvo] 〈Adv.〉 [ital. vivo] 【음악】 활기 있게.
Vize ['fiːtsə, 《드물게》 'viːtsə], der; -s, -s 《통용어》 대리인, 대표자, 대임자. **¹Vize-** [lat. vice] 《대리》, 《부》(副)를 뜻하는 규정어로, 예컨대 Vizebürgermeister 부사장; -vorstand 부의장.
²Vize-: **~admiral**, der **a)** 〈Pl. 없음〉 해군 중장의 직(지위). **b)** 해군 중장. **~kanzler**, der 부수상. **~könig**, der 〈예〉 총독, 태수. **~konsul**, der 부영사. **~meister**, der (체육 경기에서의) 준우승자. **~meisterschaft**, die 준우승. **~präsident**, der 부통령, 부의장, 부회장.

vizinal [vitsi'na:l] 〈Adj.〉 [lat. vīcīnālis] 《고어》 이웃의, 인접한. **Vizinalweg**, der 《고어》 (두 지역간의) 사잇길, 옆길.

Viztum ['fītstu:m, 《또한》 'vi:ts...], der; -s, -e [lat. vicedominus] 《고어》 교회나 귀족의 재산 관리인.

v. J. = vorigen Jahres 작년에.

Vlies [fli:s], das; -es, -e [niederl. vlies] **1.** 양의 모피, 양의 원모: **das Goldene Vlies** (그리스 신화의) 금 양피. **2.** (보온용 안감의) 부드러운 보풀[섬유층]. **Vlieseline** Ⓦ [fli:zə'li:nə], die 《인공어》 플리세린(버크럼 대용의 보풀심). **Vliesstoff**,der; -(e)s, -e 심감(안감)의 보풀천.

v. M.= vorigen Monats 지난 달에.

V-Mann ['faʊ-], der; -(e)s, V-Leute / V-Männer [↑ Verbindungs-, Vertrauensmann (4)] 비밀 정보원, 경찰의 끄나풀.

VN = Vereinte Nationen 국제 연합.

v. o = von oben 위로부터.

Voces: ↑ **Vox**의 복수형.

Vogel ['fo:g], der; -s, Vögel ['fø:gl] **1.** 《축소형: ↑ Vögelchen, Vög(e)lein》 새, 날짐승: der V. fliegt in die Lüfte 새가 공중으로 날아오른다; diese Vögel ziehen im Herbst nach dem Süden 이 새들은 가을에는 남쪽으로 이동한다; [성구] **friß, V., oder stirb!** (통용어) 선택의 여지가 없다; der V. ist ausgeflogen (통용어) 1) 만나려고 한 사람을 만나지 못하다. 2) 〈누구가〉도 망쳤다; **(mit etw.) den V. abschießen** 《통용어》 (남을) 앞도하다, 최고의 업적을 이룩하다; **einen V. haben** 《경》 약간 돌다, 이상한 생각을 하다; **jmdm. den(einen) V. zeigen** (손가락으로 자기 이마를 두드림으로) 상대방이 돌았다는 표시를 하다. **2.** 《경·농》 이상한 사람, 기이한 사람: **ein lustiger(lockerer) V.** 익살스런[단정치 못한] 녀석; **so ein V. bist du also!** (알고보니) 너는 형편 없는 녀석이구나! **3.** [항공] 비행기: der V. **hebt ab**(setzt auf) 비행기가 이륙한다(착륙하다).

vogel-, Vogel-: **~art**, die 새의 종류. **~auge**, das 새의 눈. **~bauer**, das, 《또한》 der ↑ **~käfig.** **~beerbaum**, der ↑ Eberesche. **~beere**, die 마가목 열매. **~beringung**, die (연구 목적으로) 새 다리에 고리를 끼우는 것. **~dreck**, der 《통용어》 새똥. **~dunst**, der [사냥] 산탄(散彈). **~ei**, die 새의 알. **~fang**, der (Pl. 없음) 새 잡기. **~fänger**, der 새 잡는 사람. **~feder**, die 새의 깃털. **~flug**, der 새의 날기, 비상. **~fraß**, der (새의) 먹어 치움: **durch V. vernichtet werden** 새가 먹어 치워서 없어지다. **~frei** 〈Adj.〉 《구례》 법률의 보호 밖에 놓인, 권리 없고 천대 받는: **jmdn. für v. erklären** 누구를 법률의 보호 밖으로 추방하다. **~fuß**, der ↑ Serradella. **~futter**, das 새 모이. **~gesang**, der (Pl. 없음) 새의 지저귐, 새의 노래. **~geschrei**, das (시끄러운) 새 소리, 새 아래 턱이 유난히 작은 얼굴. **~gezwitscher**, das 새의 지저귐. **~haus**, das (동물원의) 새 집. **~häuschen**, das ↑ Futterhäuschen. **~herd**, der 《고어》 새 덫을 놓는 곳. **~käfig**, der ↑ Käfig (b). **~kirsche**, die [식물] 귀룽나무. **~kunde**, die (Pl. 없음) 조류학. **~kundler** [-kʊntlɐ], der; -s, - 조류학자. **~kundlich** [-kʊntlɪç] 〈Adj.〉 조류학의. **~laut**, der 새 소리. **~leim**, der 새 잡는 끈끈이. **~miere**, die [식물] 별꽃. **~milbe**, die 새 진드기. **~milbenkrätze**, die (Pl. 없음) 새 진드기로 인한 피부의 옴. **~mist**, der ↑ Guano. **~nest**, das 새 집. **~netz**, das 새 잡는 그물. **~paradies**, das (감정) 새의 천국. **~perspektive**, die [frz. à vue d'oiseau] 조감도. **~reuse**, die 새 잡는 살, 새잡이 통발. **~ruf**, der ↑ ~laut. **~schar**, die 새떼, 새의 무리. **~schau**, die **1.** ↑ ~perspektive. **2.** 《종교》 새점(占). **~scheuche**, die 허수아비: [전의] **sie ist eine wan-**delnde V. 그는 떠돌아다니는 허수아비이다(깡마르고 추악한 모습을 한, 또는 형편 없이 옷을 입은 사람을 지칭). **~schießen**, das (장대 끝에 단 나무로 새를 쏘아 맞히는) 사격 경기. **~schlag**, der 비행기와 새의 공중 충돌. **~schrei**, der ↑ ~laut. **~schutz**, der (법률에 의한) 조류 보호. **~schutzgebiet**, das 조류 보호 구역. **~schutzwarte**, die 조류 보호 및 관측용 망대. **~schwarm**, der ↑ ~schar. **~schwinge**, die ↑ Schwinge (1 a). **~steller**, der ↑ ~fänger. **~stimme**, die ↑ ~laut. **~Strauß-Politik** [--'----], die 《Pl. 없음》 미봉 정책, 고식 정책(쫓긴 타조가 머리만을 모래 속에 처박는 데서 연유). **~warte**, die 조류 측소. **~welt**, die 《Pl. 없음》 새의 세계. **~züchter**, der 새 기르는 사람, 양금가. **~zug**, der 새들의 이동.

Vögelchen ['fø:gl̩çən], **Vögelein** ['fø:gəlajn] (드물게), **Vöglein** ['fø:glajn], das; -s, - **1.** ↑ Vogel (1) 참조. **2.** 어린 아이[소녀]에 대한 애칭. **vogelig** ['fo:gəlɪç] 〈Adj.〉 《경》 이상한, 기이한: **ihr neuer Freund ist ziemlich v.** 그 여자의 새 남자 친구는 꽤 이상하다. **vögeln** ['fø:gl̩n] 〈h〉 《비어》 a) ↑**koitieren** (a): **auf der Couch v.** 소파 위에서 성교를 하다. **b)** 성행위를 끝마치다: **er hat sie im Auto gevögelt** 그는 자동차 안에서 그녀와의 성행위를 마쳤다. **Vogerlsalat** ['fo:gɐl-], der; -(e)s, -e 《österr.》 [식물] 들상치. **Vöglein**: ↑ Vögelchen. **Vogler** ['fo:glɐ], der; -s, - 《고어》 Vogelfänger.

Vogt [fo:kt], der; -(e)s, Vögte ['fø:ktə; lat. vocatus] **1.** 《구례》 (영주의) 관리인, 태수. **2.** 《schweiz. · 고어》 후견인. **Vogtei** [fo:k'taj], die; -en **a)** Vogt의 직책[직위]. **b)** Vogt의 임지. **Vögtin**, die; -nen ↑ Vogt의 여성형.

Vogue [vo:k, 《frz.》 vɔg], die [frz. vogue] 《교양어· 고어》 명망, 인기, 호평.

voila [voa'la; frz. voilà] 《교양어》 자, 저기를 보아라!

Voile [voa:l], der; -, -s [frz. voile] 보일천(옷감이나 커튼 기지), **Voilekleid**, das 보일천으로 만든 옷.

Voix mixte [voa'mikst], die [frz. = gemischte Stimme] [음악] 흉성(胸聲)과 두성(頭聲)의 혼합음.

Vokabel [vo'ka:bl̩], die / 《österr.》 das; -, -n [lat. vocābulum] **a)** (외국어의) 개개 단어: (lateinische) V. lernen (라틴어의) 단어를 배우다. **b)** (단어로 나타난) 특정적 표현(개념): **die gefürchteten -n der Politik** 정치의 무서운 표현들. **Vokabelheft**, das 단어장. **Vokabelschatz**, der 외국어의 어휘. **Vokabular** [vokabu'la:ɐ̯], das; -s, -e [2: lat. vocābulārium] **1.** 《교양어》 (특정 분야의) 어휘, der V. der Intellektuellen 지식인들의 어휘; **er hat ein rüdes V.** 그는 거친 어휘를 구사한다. **2.** 단어집. **Vokabularium** [...laːrɪʊm], das; -s, ...ien [...iən] 《고어》 Vokabular. **vokal** [vo'ka:l] 〈Adj.〉 [lat. vōcālis] [음악] 성악의, 노랫소리의(반대: instrumental 1): **-er Klang** 노랫소리의 울림. **Vokal** [-], der; -s, -e [lat. vōcālis (littera)] [언어] 모음(반대: Konsonant).

Vokal-: **~harmonie**, die 〈Pl. 없음〉 [언어] 모음 조화. **~komposition**, die 성악의 작곡. **~konzert**, das 성악 콘서트. **~musik**, die 성악(반대: Instrumentalmusik). **~part**, der 성악 파트. **~solist**, der ↑ Gesangssolist. **~stück**, das 성악곡. **~werk**, das ↑ ~stück.

Vokalisation [vokaliza'tsio:n], die; -en [음악] (노래에서) 모음의 형성과 발음. **vokalisch** 〈Adj.〉 [언어] 모음의, 모음으로 된: **ein Wort mit -em Anlaut** 모음으로 시작되는 단어. **Vokalise** [voka'li:zə], die; -n [frz. vocalise] [음악] (모음만으로 노래하는) 성악 연습. **vokalisieren** [vokali'zi:rən] 〈h〉 [음악] (노래에서) 모음

을 형성하고 발음하다. **Vokalisierung**, die; -en ↑vokalisieren의 명사형. **Vokalismus** ['...lɪsmʊs], der; - [언어] 모음 체계. **Vokalist** [...'lɪst], der; -en, -en 성악가(반대: Instrumentalist). **Vokalistin**, die; -nen ↑Vokalist의 여성형. **Vokation** [voka'tsjoːn], die; -en [lat. vocātio] 《교양어》(관직으로의) 부름, 초빙. **Vokativ** ['voːkatiːf], der; -s, -e [...iːvə; lat. (casus) vocātīvus] [언어] 호격.

Vol. = Volumen 체적, 용적.

Vol.-% = Volumprozent 용적률.

Voland ['foːlant], der; -(e)s [niederd. vālant] [고어] 악마.

Volant [voˈlɑ̃ː, (schweiz.) 'voː...], der/(schweiz.) das; -s, -s [frz. volant] **1.** (부인복의) 가장자리 장식. **2.** 《준고어·모터 스포츠》(자동차의) 핸들. **Vol-au-vent** [volo'vɑ̃ː], der; -, -s [frz. vol-au-vent] [요리] 볼로방(고기 넣은 파이의 일종). **Voliere** [voˈliɛːrə], die; -n [frz. volière] 특별히 큰 새장.

Volk [fɔlk], das; -(e)s, Völker ['fœlkɐ] **1.** (동일한 언어, 문화, 역사를 가진) 민족: **das auserwählte V.** [유태교] 선택 받은 민족(유태인을 지칭). **2.** 〈Pl. 없음〉 대중, 주민, 국민: das V. steht hinter der Regierung 국민들은 정부를 지지한다; (in einer Volksabstimmung) das V. befragen [국민 투표에서] 국민들의 의사를 묻다; 성구 jedes V. hat die Regierung, die es verdient 모든 국민들은 그들에게 합당한 정부를 가지고 있다. **3.** 〈Pl. 없음〉 중·하층 주민, 평민, 서민, 민중: ein Mann aus dem -e 평민 출신의 사람; **dem V. aufs Maul schauen** 백성들의 입을 바라보다(백성들의 의사 표시를 관찰하고 그들로부터 배우다). **4.** 〈Pl. 없음〉 **a)** 《통용어》 사람들의 무리, 사람들, 다중, 군중: das kleine V. stürmte herein 《농》 아이들이 뛰어 들어왔다; der V. unters V. bringen 널리 알리다, 공표하다; **fahrendes V.** 《고어》(유랑하는) 예술인들, 배우들. **b)** 《축소형: ↑Völkchen》(특정한 유형의) 사람들, 단체, 패거리: die Künstler waren ein lustiges V. 그 예술가들은 유쾌한 패거리들이었다; 전의 die Spatzen sind ein freches V. 참새들은 뻔뻔한 무리들이다. **5. a)** 《전문어》(공동체를 구성해서 사는) 곤충들: drei Völker Bienen 3무리의 벌떼들. **b)** [사냥] 자고, 메추라기들의 떼. **-volk** [-], der; -(e)s 〈Pl. 없음〉 《다른 명사와의 복합어로, 특정 단체를 형성한 구성원의 전부를 의미, 예컨대》 Parteivolk, 정당원, Wählervolk 선거인들.

volkarm 〈Adj.; ...ärmer, ...ärmste〉 《드물게》 주민수가 적은(반대: volkreich). **Völkchen** ['fœlkçən], das; -s, - ↑Volk (4 b).

völker-, Völker-: ~**ball**, der 〈Pl. 없음〉 피구. ~**bund**, der 국제 연맹. ~**familie**, die 〈Pl. 없음〉 《아어》 국제 사회[공동체]. ~**freundschaft**, die 〈Pl. 없음〉 국제 친선. ~**gemisch**, das 종족 혼혈. ~**kunde**, die 〈Pl. 없음〉 문화 인류학, 인종학. ~**kundler** [...kʊntlɐ], der; -s, - 문화 인류학자, 민족[인종]학자. ~**kundlich** [...kʊntlɪç] 〈Adj.〉 문화 인류학의, 민족[인종]학의. ~**mord**, der [법] 인종[민족, 종족] 말살. ~**name**, der 어느 민족의 이름. ~**recht**, der 〈Pl. 없음〉 [법] 국제법. ~**rechtler** [-rɛçtlɐ], der; -s, - 국제법 전문가. ~**rechtlich** 〈Adj.〉 국제법의, 국제법상의. ~**stamm**, der ↑Volksstamm. ~**verbindend** 〈Adj.〉 국제 친선을 촉진하는. ~**verständigung**, die 국제적인 이해와 합의. ~**wanderung**, die [lat. migrātio gentium] **1.** [인종·사회] ↑Migration (1 a). **2.** 《통용어》 사람들의 대규모 이동, 이동 행렬.

Völkerschaft, die; -en (소규모의) 종족, 부족. **völkisch** ['fœlkɪʃ] 〈Adj.〉 **1.** 《나치》 순 민족적인, (나치즘의 반유태적 인종주의에 입각한) 민족주의적인. **2.** 《고어》 민족적인. **volklich** 〈Adj.〉《드물게》 민족의. **volkreich** 〈Adj.〉《드물게》 주민수가 많은(반대: volkarm).

volks-, Volks-: ~**abstimmung**, die 국민 투표, 주민 투표. ~**aktie**, die 사유화된 국영 기업체의 주식. ~**aktionär**, der Volksaktie의 소유자. ~**armee**, die (인민 민주주의 국가들의) 인민군. ~**armist**, der 인민군 소속 군인. ~**auflauf**, der ↑Auflauf (1). ~**aufstand**, der ↑~erhebung. ~**ausgabe**, die 《준고어》 (책의) 보급판. ~**ballade**, die [문예학] 민속적 발라드. ~**befragung**, die 국민 투표, 주민 투표. ~**begehren**, das [정치] 국민 청원, 국민 발안. ~**belustigung**, die **1.** 주민 오락. **2.** 주민 오락 잔치. ~**bewegung**, die 민중 운동. ~**bibliothek**, die 《옛》 ↑~bücherei. ~**bibliothekar**, der 《옛》 주민 도서관 사서. ~**bildung**, die **1.** ↑Erwachsenenbildung의 옛 명칭. **2.** 《구동독》 조직적인 주민 교육. ~**brauch**, der 민속, 국민적 관습. ~**buch**, das [문예학] (특히 16세기의) 민속적 이야기 책. ~**bücherei**, die 주민 도서관. ~**buchhandlung**, die 《구동독》 인민 소유 서점. ~**charakter**, der 국민성, 민족성. ~**demokratie**, die [russ. narodnaja demokratija] **1.** 인민 민주주의. **2.** 인민 민주주의 국가. ~**demokratisch** 〈Adj.〉 인민 민주주의의. ~**deutsche**, der/die 국외에 거주하는 독일인. ~**dichte**, die 인구 밀도. ~**dichter**, der 민속 시인. ~**dichtung**, die [문예학] 민속 문학. ~**eigen** 〈Adj.〉 《구동독》 인민 소유의, 국유의: ein -es Gut 《구동독》 국영 농장(약어: VEG). ~**eigentum**, das 《구동독》 사회주의 국가 재산. ~**einkommen**, das 국민 소득. ~**empfinden**, das (일반적) 국민 감정. ~**entscheid**, der [정치] 국민 투표, 국민 투표에 의한 결정. ~**epos**, das [문예학] 민족 서사시. ~**erhebung**, die 민중 봉기. ~**etymologie**, die [언어] **1.** 민속어원학적 어의 설명. **2.** (언어학적으로는 잘못된) 민속어원학적 어원 추구. ~**etymologisch** 〈Adj.〉 민속 어원학의. ~**feind**, der 《감정·폄》 민족[국민]의 적, 민중의 적. ~**feindlich** 〈Adj.〉 《감정·폄》 국민[민중]의에 해에 반(反)하는, 민중에 적대적인. ~**fest**, das (지역) 주민들을 위한 축제: jmdm. ein V. sein 《통용어·농·준고어》 누구에게 큰 기쁨이다. ~**fremd** 〈Adj.〉 《폄》 민족[국민]에게 이질적인, 어울리지 않는. ~**freund**, der 민족[국민]의 벗, 민중의 친구. ~**front**, die [정치] 인민 전선. ~**frontregierung**, die 인민 전선 정부. ~**geist**, der 민족 정신, 국민 정신. ~**gemeinschaft**, die 《나치》 [민속/무르믈] 민족 공동체. ~**gemurmel**, das **1.** [연극] 군중들의 웅성거림. **2.** 《통용어·농》 (무엇에 대한) 많은 사람들의 중얼거림. ~**genosse**, der 《나치》 [민속] 민족 공동체의 일원. ~**genossin**, die ↑~genosse의 명사형. ~**gericht**, das **1.** (옛 독일 법의) 민중 재판. **2.** 《구제》(특정 정치 범죄에 대한) 특별 재판. ~**gerichtshof**, der 《나치》 (나치 독일의) 특별 재판소. ~**gesundheit**, die 국민 건강. ~**glaube** 《드물게》 ↑~glauben. ~**glauben**, der [민속] 민속 신앙, 미신. ~**gruppe**, die (어느 국가 내의) 소수 민족. ~**gunst**, die 민중들의 총애: sich in der V. sonnen 민중들의 총애를 받고 있다, 인망이 높다. ~**gut**, das 《구동독·농업》 국영 농장. ~**held**, der 국민적 영웅, 민족의 영웅. ~**herrschaft**, die 〈Pl. 없음〉 민주 정치, 민주주의. ~**hochschule**, die 성인 학교, 시민 대학. ~**initiative**, die (schweiz.) ↑~begehren. ~**instrument**, das 민속 음악 악기. ~**kammer**, die 《구동독》 인민회의(구동독의 최고 권력 기관). ~**kampf**, der 《공산주의》 인민들의 (해방)투쟁. ~**kirche**, die [기독교] (특정 종파의 사람들만이 교인이 될 수 있는) 종파 교회. ~**kommissar**, der [russ. narodny komissar] 《구제》 (구소련의) 장

관. ~**kommissariat**, das [russ. narodny komissariat] (구제) (구소련의) 성, 부. ~**kommune**, die (중국의) 인민 공사. ~**kontrolle**, die (구동독) 인민 관리. ~**korrespondent**, der (《공산주의》 《명예직》) 인민 통신원. ~**krankheit**, die 국가적 질병, 전 국민적 질병. ~**krieg**, der ↑~kampf. ~**kunde**, die 민속학. ~**kundler** [...kʉntlɐ], der; -s, - 민속학자. ~**kundlich** [...kʉntlɪç] ⟨Adj.⟩ 민속학의, 민속 음악적인. ~**kunst**, die ⟨Pl. 없음⟩ 민중 예술, 민속 예술. ~**künstler**, der (구동독) 인민 예술가. ~**lauf**, der 민속 경주 대회. ~**lied**, das 민요. ~**liedersammlung**, die 민요 수집, 민요 모음집. ~**macht**, die ⟨Pl. 없음⟩ (공산주의) **1.** 인민 민주주의적 통치. **2.** (인민 민주주의 정치 권력의 원천으로서) 전체 인민. ~**märchen**, das 민간 동화, 전래 동화. ~**marine**, die (구동독) 해군. ~**marsch**, der ↑~lauf. ~**masse**, die **1.** (대개 Pl.) 민중. **2.** 사람들의 무리, 군중, 다중. ~**mäßig** ⟨Adj.⟩ ⟨드물게⟩ 민중적인, 민족적인, 민속적인. ~**medizin**, die ⟨Pl. 없음⟩ 민간 요법, 전래 의학. ~**meinung**, die 국민 여론, 민의, 세론. ~**menge**, die 사람들의 무리, 군중, 다중. ~**miliz**, die (특정 공산국가들의) 민병대. ~**mission**, die (교회 밖에서의) 복음 전도. ~**missionär**, der (《österr.》) (교회 밖에서 활동하는) 복음 전도사. ~**mund**, der 민중의 입, 민중의 언어. ~**musik**, die 민속 음악. ~**nah** ⟨Adj.⟩ 민중에 친근한. ~**nahrung**, die ↑~nahrungsmittel. ~**nahrungsmittel**, das 국민의 주식. ~**park**, der 주민들을 위한 공원. ~**poesie**, die ↑~dichtung. ~**polizei**, die (구동독의) 인민 경찰. ~**polizist**, der 인민 경찰관. ~**radfahren**, das; -s 시민 자전차 경주 대회. ~**rede**, die ⟨준고어⟩ 대중 연설: -n(eine V.) halten (통용어·퓜) 잘난 체하며 떠벌리다. ~**redner**, der (준고어) 대중 연설가. ~**regierung**, die 인민 정부. ~**republik**, die 인민 공화국 (약어: VR). ~**revolution**, die 민중 혁명. ~**sage**, die 민간 설화. ~**sänger**, der 민중 음악 가수. ~**schaffen**, das (구동독) ↑~kunst. ~**schauspieler**, der 민속적 배우. ~**schicht**, die ⟨대개 Pl.⟩ 서민층, 평민층, 하층 계급. ~**schriftsteller**, der 민속 작가. ~**schulbildung**, die ⟨Pl. 없음⟩ 국민 학교 교육, 의무 교육. ~**schuldienst**, der ⟨Pl. 없음⟩ 국민 학교 교직 근무. ~**schule**, die **1. a)** (구서독, 스위스에서의 4년 과정 교육을 담당하는) 국민학교. **b)** (österr.) ↑Grundschule. **2.** 국민학교 건물. ~**schüler**, der 국민학교 남학생. ~**schülerin**, die 국민학교 여학생. ~**schullehrer**, der 국민학교 남자 교사. ~**schullehrerin**, die 국민학교 여자 교사. ~**schuloberstufe**, die 《österr.》 Hauptschule. ~**schwimmen**, das; -s 시민 수영대회. ~**seele**, die 국민적 감정, 국민적 의식, 민심, 민족 정서: die V. kocht (통용어·조롱) 민심이 끓고 있다. ~**seuche**, die (통용어·감정) ↑~krankheit. ~**sitte**, die ↑~brauch. ~**skilauf**, der 시민 스키 대회. ~**souveränität**, die (정치) 국민 주권, 주권 재민. ~**sport**, der 대중 스포츠. ~**sprache**, die 대중들의 언어, 통용어. ~**sprachlich** ⟨Adj.⟩ 통용어의. ~**staat**, der 인민 공화국, 인민 국가. ~**stamm**, der 종족, 부족. ~**stimme**, die 국민의 소리, 여론. ~**stück**, das [연극] 대중극, 민속극. ~**sturm**, der (제2차대전 말기 독일군의) 향토 방위대. ~**sturmmann**, der ⟨Pl. -männer/-leute⟩ 위의 향토 방위 대원. ~**tanz**, der 민속 무용. ~**tanzgruppe**, die 민속 무용단. ~**tracht**, die 한국 고유의 복장, 지방의 전통적 복장. ~**trauertag**, der 국민 애도일 (나치즘의 희생자 및 전몰장병 추도의 날). ~**tribun**, der [lat. tribūnus plēbis] (고대 로마의) 호민관. ~**überlieferung**, die 민간 전설, 민화. ~**verbunden** ⟨Adj.⟩ 국민과 가까운, 민중과 결합된. ~**verbundenheit**, die 민중과의 단결, 결합. ~**verdummung**, die (통용어·퓜) 국민의 우매화, (의식적인) 국민의 오도(誤導). ~**verführer**, der (퓜) 국민의 오도자, 국민을 타락시키는 사람, 선동자. ~**verhetzung**, die 국민에 대한 선동(사주). ~**vermögen**, das 【경제】 국민의 총재산. ~**verräter**, der (퓜) 국민(민중·민족)의 배신자. ~**versammlung**, die **1. a)** (정치적) 대중 집회. **b)** 대중 집회의 전체 참석자. **2.** (특정 국가의) 국회, 의회. ~**vertreter**, der 국민의 대표, 의원. ~**vertretung**, die 의회, 의원. ~**wahl**, die [정치] **1.** 국민의 직접 선거. **2.** ⟨Pl.⟩ (구동독) 인민 의회 선거. ~**wandern**, das; -s 시민 걷기 대회. ~**wandertag**, der 시민 걷기 대회의 날. ~**weise**, die 민요의 곡조. ~**weisheit**, die 민중들의 지혜. ~**wettbewerb**, der [스포츠] 민속적 운동 경기. ~**wille**, die ⟨드물게⟩ ~**willen**, der [정치] 민중들의 의지, 국민의 뜻. ~**wirt**, der (국민) 경제학자. ~**wirtschaft**, die; [engl. national economy] (국민) 경제. ~**wirtschafter**, der 《schweiz.》 ↑~wirtschaftler. ~**wirtschaftler**, der (국민) 경제학자. ~**wirtschaftlich** ⟨Adj.⟩ 경제의. ~**wirtschaftslehre**, die (국민) 경제학. ~**wohl**, das 국민의 복지. ~**zählung**, die 인구 조사. ~**zorn**, der 민중(국민)의 분노. ~**zugehörigkeit**, die (어느) 민족에의 소속.

Volkstum, das; -s 민족성, 국민성. **Volkstümelei** [fɔlksty:məˈlaɪ], die; -en (퓜) 민속적·민족적인 것의 지나친 과장. **volkstümeln** [ˈfɔlksty:mln] ⟨h⟩ (퓜) 민속적인 것을 과장하다, 자신을 민속적으로 나타내다. **volkstümlich** ⟨Adj.⟩ **1. a)** 대중적인, 인기 있는: sich v. geben 평이하게 처신하다. **b)** 민족적인, 민속적인. **2.** 대중이 이해할 수 있는, 평이한: ein -er Vortrag 알기 쉬운 강연. **Volkstümlichkeit**, die ↑volkstümlich 의 명사형.

voll [fɔl] ⟨Adj.⟩ **1. a)** 가득 찬, 꽉 찬, 더 들어갈 틈이 없는 (반대: leer 1 a): der Saal ist brechend v. 그 홀은 터질듯이 가득 찼다; gerade beide Hände v. haben 마침 두 손 모두 무엇을 들고 있었다; ich bin v. ⟨친근·농⟩ (더 먹을 수 없을 정도로) 배가 부르다; (부가어와 관사를 대동하지 않으며 격변화를 안하거나 3격으로 고착된 명사와 결합하여) sie hatte die Augen v. Tränen 그녀의 두 눈에는 눈물이 가득 고였다; (용량 등을 표시하는 명사와 결합하여) jeder bekam einen Korb v. 모두가 한 바구니 가득 얻었다; (명사의 2격과 함께, 드물게는 명사의 3격이나 mit와 결합하여) ein Korb v. (mit) frischen Eiern 바구니 가득 찬 신선한 달걀; ⟨von, mit 또는 명사의 2격과 함께 숙어적으로⟩ das Zimmer war v. von(mit) schönen antiken Möbeln 그 방은 아름다운 고전적인 가구로 가득 차 있었다; er war v. des süßen Weines(des süßen Weines v.) (농) 그는 포도주를 잔뜩 마시고 취했다; **aus dem -en schöpfen** 마음껏 이용(사용)하다; **aus dem -en leben(wirtschaften)** 아주 풍요롭게 살다(살림살이를 하다); **im -en leben** 호화롭게 살다, **ins -e greifen** 마음대로 꺼내어 사용하다; **v. und bei** [요트] 돛을 활짝 편 채 바람을 가득 안고. **b)** 무엇으로 가득 채워진, 충만한: ein Herz v. Liebe 사랑으로 충만한 가슴; v. des Lobes(des Lobes v.) (über jmdn. (etw.)) sein (아이) 구('무엇)에 대해서) 극찬하다; den Kopf v.(mit seinen eigenen Sorgen) haben (자신의 걱정으로) 머릿속이 꽉 차 있다. **c)** (경) 잔뜩 취한. **2. a)** 둥근, 포동포동한, 풍만한. **b)** 폭넓은, 조밀한, 밀집한. **c)** 활짝 펼쳐진, 충만한. **3.** ⟨드물게 비교 변화⟩ **a)** 완전한, 제한 받지 않는, 전부의: einen -en Tag(Monat) warten müssen 하루(한달)를 꼬박 기다려야 한다; die Bäume stehen in -er Blüte 나무들은 꽃이 만발해 있었다; die Maschine läuft auf -en Touren 기계는 최고 속도로 회

전하고 있다; ich sage das in voll(st)em Ernst 나는 그 것을 정말로 진지하게 말한다; der Mond ist v. 보름달이 다; v. und ganz 완전히, 전적으로; der Stürmer hat v. durchgezogen 《스포츠·은어》 그 공격수는 힘껏 슛을 했다; er bekommt das Geld v. (ohne Abzüge) ausbezahlt 그는 그 돈을 (공제 없이) 완전히 지불 받았다; v. arbeiten (파트 타임이 아니라) 온종일 근무한다; jmdn. v. ansehen 누구를 정면으로 응시하다; jmdn. [etw.] nicht für v. nehmen 누구(무엇)를 경시하다, 깔보다; **in die -en gehen** 가지고 있는 모든 것을 투입하다, 전력 투구하다. **b)** 《통용어》【시기를 표시】: die Uhr schlägt[es schlägt] gleich v. 시계가 곧 정시를 친다(30분이 아니라).

voll-, Voll-, ~**akademiker**, der 대학 졸업생. ~**alarm**, der 비상 경보. ~**auf** [(또한) -'-]〈Adv.〉아주, 완전히, 풍부하게: v. zufrieden sein 완전히 만족하다. ~**automat**, der 【기계】 완전 자동. ~**automatisch**〈Adj.〉완전 자동의. ~**automatisiert**〈Adj.〉완전 자동화된. ~**automatisierung**, die 완전 자동화. ~**bad**, das 전신 목욕. ~**ball**, der 【스포츠】 팽팽한 볼. ~**bart**, der 턱 아래 얼굴을 온통 뒤덮은 수염. ~**bärtig**〈Adj.〉아래 얼굴이 온통 수염에 뒤덮인. ~**bauer**, der 〈구제〉↑Hufe의 농지를 가진 농부. ~**beschäftigt**〈Adj.〉(파트 타임제가 아닌) 정규로 고용된. ~**beschäftigung**, die 〈Pl. 없음〉【경제】완전 고용. ~**besetzt**〈Adj.〉자리가 다 찬, 만원의. ~**besitz**, der 완전 소유 《대개 다음의 용법으로》im V. seiner Sinne sein 정신이 조금도 흐트러지지 않다. ~**bewußtsein**, das 완전한 의식. ~**bier**, das 《전문어》원액 엑스가 11~14% 함유된 맥주. ~**bild**, das 【인쇄】 한면 크기의 삽화. ~**blut**, das [engl. full blood] **1.** 순혈종의 말(특히 경주마). **2.** 【의학】모든 성분을 함유한 혈액. ~**blut-**《다음의 복합어로, 예컨대》Vollblutpolitiker 철저한 정치가. ↑**blüte**, die 활짝 핀 꽃. ~**blüter** [-bly:tɐ], der; -s, - ↑**blut** (1). ~**bluthengst**, der 순혈종의 숫말. ~**blütig**〈Adj.〉**1.** (말이) 순혈종인. **2.** 생명력이 왕성한, 활기 찬. ~**blütigkeit**, die ↑~**blütig**의 명사형. ~**blutpferd**, das ↑~**blut** (1). ~**blutweib**, das 《통용어·감정》활기 찬 여인. ~**bremsung**, die (차를 정지시키는) 완전 제동. ~**bringen**〈h〉(아이) (특히 보통이 아닌 일을) 실행하다, 완성하다, 성취하다. ~**bringung**, die ~(아이) ↑~**bringen**의 명사형. ~**brüstig** [-brʏstɪç]〈Adj.〉《드물게》=**busig**. ~**busig**〈Adj.〉가슴이 풍만한. ~**dampf**, der〈Pl. 없음〉【선임】(증기 기관에서의) 증기의 모든 압력: 《대개 다음의 용법으로》mit V. fahren 전속력으로 달리다; **V. hinter etw. machen** 《통용어》빨리 끝내려고 몰아대다; **mit V.** 《통용어》있는 있는 힘을 다하여. ~**dünger**, der 【농업】 복합 비료. ~**eibig**〈Adj.〉《고어》뚱뚱한. ~**elastisch**〈Adj.〉탄력성이 매우 강한, 유연하기 짝이 없는. ~**elektronisch**〈Adj.〉【전기】완전 전자식의. ~**enden**↑**vollenden** ~**entwickelt**〈Adj.〉완전히 발달된, 완숙된. ~**erntemaschine**, die 【농업】복합 곡물 수확 기계. ~**essen**, sich〈h〉《통용어》포식하다. ~**farbe**, die 《전문어》(검은색, 흰색, 회색이 섞이지 않은) 아주 진하고 밝은 색. ~**fett**〈Adj.〉(치즈에서) 건조시 45% 이상의 지방을 함유한. ~**fressen***, sich 《짐승들이》실컷 먹다. ~**fruchtig**〈Adj.〉《전문어》(포도) 향기가 좋고 신선한. ~**führen**〈h〉완료하다, 수행하다, 실행하다: vor Freude einen Luftsprung v. 기쁨에 겨워 재주넘기를 하다. ~**führung**, die〈Pl. 없음〉↑~**führen**의 명사형. ~**füllen**〈h〉가득 채우다. ~**gas**, das (자동차 등에서) 가속기를 힘껏 밟음: **V. geben** (속력을 최대한으로 높이기 위해) 가속기를 힘껏 밟다; **mit V.** 전속력으로. ~**gatter**, das 【기술】날이 많은 톱. ~**gefressen**〈Adj.〉《속어·폄》뚱뚱한, 돼지처럼 살찐. ~**gefühl**, das 완전한 의식, 완전한 지각[감정]: (대개 다음 용법으로) im V. 완전한 의식 하에. ~**genossenschaftlich**〈Adj.〉(구동독·농업) 완전 집단 농영 체제의. ~**genuß**, der〈Pl. 없음〉《다음 용법으로》im V. von etw. sein 어떤 큰 즐거움을 누리다; **in den V. von etw. kommen** 어떤 큰 즐거움을 같이 누리다, 큰 기쁨을 얻다. ~**gepfropft** 가득 채워진(↑~**pfropfen** 참조). ~**gestopft** 가득 채워진(↑~**stopfen** 참조). ~**gießen***〈h〉**1.** 가득 붓다. **2.** 《통용어》(물 등을) 잔뜩 쏟아 더럽히다, 얼룩이 지게 하다: du hast dir die Hosen (mit Wasser) vollgegossen 너는 바지에 (물을) 잔뜩 쏟았구나. ~**glatze**, die 완전 대머리. ~**gültig**〈Adj.〉완전히 효력이 있는, 무제한 통용되는. ~**gültigkeit**, die ↑~**gültig**의 명사형. ~**gummi**, der, 《또한》das〈Pl. 없음〉순수한 고무. ~**gummireifen**, der 순 고무로 된 타이어. ~**hafter** [-haftɐ], der; -s, - 【경제·법】개인 회사의 실무 책임자. ~**holz**, das (가공용) 통나무. ~**holzig**〈Adj.〉【임업】(통나무 등이) 원통처럼 곧게 뻗은. ~**idiot**, der 《폄》어쩔 수 없는 바보, 멍청이. ~**inhaltlich**〈Adj.〉충분한, 완전한, 전체 내용에 걸친. ~**insekt**, das 【동물】↑Imago (2). ~**invalide**, der 《전문어》완전 근무 불능자. ~**invalidität**, die 《전문어》완전 근무 불능. ~**jährig**〈Adj.〉【법】성년의, 성년이 된. ~**jährigkeit**, die 성년. ~**jährigkeitserklärung**, die; -en 【법·구제】성년 선언. ~**jude**, der (나치) 부모가 모두 유태인인 사람. ~**jurist**, der 판사 자격을 획득한 법률가. ~**kasko**, die 《대개 관사 없음》《은어》=**kaskoversicherung**의 약칭. ~**kaskoversichern**〈h〉부정형과 과거분사로》(과손을 포함한) 자동차 종합 보험에 들다. ~**kaskoversicherung**, die 자동차 종합 보험. ~**kaufmann**, der 【경제·법】(상공인 명부에 기재된) 자영 상인. ~**kerf**, der 《드물게·동물》↑~**insekt**. ~**klimatisiert**〈Adj.〉완전한 냉난방 시설을 갖춘. ~**klimatisierung**, die 완전한 냉난방 시설을 갖춤. ~**kommen**. vollkommen. ~**korn**, das〈Pl. 없음〉《다음의 용법으로》**V. nehmen** (군·사격) (가늠자가 가늠자 위에 위치할 정도로) 높이 조준하다. ~**kornbrot**, das 통밀빵. ~**kornmehl**, das 통밀가루. ~**kotzen**〈h〉《속어》(음식물을) 토해서 심하게 더럽히다. ~**kraft**, die〈Pl. 없음〉왕성한 생명력: er stand in der V. seiner Jugend 그는 젊음의 혈기 방장한 때였다. ~**kriegen**〈h〉《통용어》가득 채우다. ~**kritzeln**〈h〉마구 쓴 글씨로 가득 채우다. ~**laden***〈h〉《비분리시: volladen》(짐 등을) 가득 싣다. ~**last** (비분리시: Vollast), die〈Pl. 없음〉【기술】(기계나 설비의) 완전 이용. ~**laufen** (비분리시: vollaufen)〈s〉넘칠 정도로 가득 차다: **sich v. lassen**〈경〉(취하도록) 마시다. ~**machen**〈h〉**1.** 《통용어》채우다. **2.** 《통용어》더럽히다. **3. a)** (자신의 존재로서) 완전하게 하다, 채우다: etw. macht jmds. Unglück voll 무엇이 누구의 불행을 완전하게 만든다. **b)** 《통용어》(자신의 행동으로서) 무엇을 완전하게 만들다, 채우다. ~**macht**, die; -en **1.** 전권, 대리권, 권한의 위임: jmdm. (die) V. für[zu] etw. geben (erteilen, übertragen) 누구에게 무엇에 대한 전권을 주다(교부하다, 위탁하다); eine V. widerrufen 전권을 취소하다; seine Vollmacht(en) überschreiten (mißbrauchen) 자신의 권한을 넘어서다(남용하다); in V. [in V.] 전권을 받아서 (편지의 끝, 대리권자의 서명 앞에 쓰이는 의례적 문구, 통상 i.V. 또는 I.V.의 약어로 쓰임). **2.** 위임장: jmdm. eine V. ausstellen 누구에게 위임장을 발행해 주다. ~**machtgeber**, der 【법】위임자, 수권자(授權者). ~**machtsurkunde**, die 위임장. ~**malen**〈h〉그림을 그려 면을 가득 채우다. ~**mann**, der《드물게》남자

다운 남자. ~mast 〈Adv.〉 (깃발을) 마스트 끝까지 올린 채로. ~mast, die [임업] 참나무와 너도밤나무의 특별히 풍요로운 결실. ~matrose, der 완전히 교육된 선원. ~mechanisiert 〈Adj.〉 완전 기계화된. ~mechanisierung, die 완전 기계화. ~milch, die 탈지하지 않은 우유. ~milchschokolade, die 탈지하지 않은 우유로 만든 초콜릿. ~mitglied, das 정규 회원. ~mitgliedschaft, die 정규 회원 자격. ~mond, der 1. a) 〈Pl. 없음〉 보름달, 만월: strahlen wie ein V. (통용어·농) 만족하여 행복하게 미소짓다. b) 보름달, 만월 기간. 2. 〈경·농〉 대머리. ~mondgesicht, das 〈경·농〉 1. 둥글고 통통한 얼굴. 2. 둥글고 통통한 얼굴을 가진 사람. ~mundig 〈Adj.〉 (맥주나 포도주 등이) 감칠 맛이 나는. ~name, der 성명(性名). ~narkose, die [의학] 깊은 마취. ~packen 〈h〉 a) 가득(꽉) 채우다. b) 짐을 가득 싣다: [전의] jmdm. den Teller v. 〈통용어〉 누구의 접시를 가득 채우다. ~pappe, die 〈농〉 아주 마분지. ~pension, die 세 끼 주는 하숙. ~pfropfen 〈h〉 ~stopfen (1). ~plastik, die [조형예술] 입체적 조형 예술품. ~plastisch 〈Adj.〉 입체적 조형 예술의. ~pumpen 〈h〉 (펌프로) 가득 뿜어 넣다, 가득 채우다: [전의] sich die Lungen mit Luft v. 깊숙이 숨을 들여 마시다. ~qualmen 〈h〉 〈통용어〉 연기로 가득 채우다. ~quatschen 〈h〉 〈경·펌〉 누구에게 쉴새 없이 지껄이다. ~rausch, der 깊은 도취, 심한 환각. ~reif 〈Adj.〉 완전히 성숙한, 잘 익은. ~reife, die ↑~reif의 명사형. ~reifen, der ↑~gummireifen. ~salz, das [전문어] 요드 처리된 식용 소금. ~sauen 〈h〉 〈경·펌〉 완전히 더럽히다. ~saufen* 〈h〉 〈경·펌〉 만취하다. ~saugen*, sich 〈h〉 1. 잔뜩 빨아 먹다. 2. 흡수하다. ~scheißen* 〈h〉 (속어) ↑~machen (2). ~schenken 〈h〉 (음료수로) 가득 채우다: jmdm.) das Glas (mit Wein) v. 〈누구의〉 잔을 (포도주로) 가득 채우다. ~schiff, das 〈항해·군제〉 완전히 장비를 갖춘 범선. ~schlagen* 1. 〈s〉 (보트 등에) 갑자기 물이 꽉 차다. 2. 〈h〉 〈경〉 잔뜩 먹다: 〈v. + sich〉 ich hatte mich mit Braten vollgeschlagen 나는 구운 고기를 잔뜩 먹었다. ~schlank 〈Adj.〉 (미화) (여자들이) 약간 뚱뚱한, 조금 비만형의. ~schmarotzer, der [식물] * Holoparasit. ~schmieren 〈h〉 〈통용어〉 1. 완전히 더럽히다. (펌) a) 마구 휘갈겨 쓰다, 어지럽게 이것 저것 그리다. b) (쓰거나 그려서) 가득 채우다. ~schreiben* 〈h〉 (글씨로) 가득 채우다. ~schütten 〈h〉 ~gießen 아. ~sinn, der 〈Pl. 없음〉 완전한 의미: 《대개 다음 용법으로》 im V. 완전한 의미로. ~sitzung, die ↑~versammlung. ~sperrung, die [교통] 완전 차단, (교통의) 완전 폐쇄. ~spritzen 〈h〉 《통용어》 완전히 적시다, 온통 젖게 만들다. ~spur, die [철도] 광레(廣軌), 표준 궤간(軌間). ~spurig 〈Adj.〉 광궤의, 표준 궤간의. ~ständig 〈Adj.〉 1. 완전한, 완비된, 빠진 것 없는. 2. 전부의, 전체적인: -e Finsternis 개기식(皆旣蝕), 암흑. ~ständigkeit, die 완전함, 완벽함. ~stellen 〈h〉 《통용어》 가득 차게 세워놓다. ~stock 〈Adv.〉 [전원] ↑~mast. ~stopfen 〈h〉 《통용어》 1. 가득 집어 넣다, 가득 밀어 넣다: [전의] sich den Bauch v. 배를 가득 채우다(실컷 먹다). 2. 〈v. + sich〉 ↑~essen. ~streckbar 〈Adj.〉 [법] 집행할 수 있는. ~streckbarkeit, die ↑~streckbar의 명사형. ~strecken 〈h〉 1. a) [법] (판결 등을) 집행하다: die vollstreckende Gewalt 집행권, 행정권. b) 〈v. + sich·드물게〉 집행되다, 실시되다. 2. 《스포츠 은어》 숫해서 골인시키다: 《4격 목적어 없이도》 Müller vollstreckte blitzschnell 뮐러가 재빨리 숫해서 골인시켰다. ~strecker, der; -s, - 집행자. ~streckung, die [법] 집행. ~streckungsbeamte, der 집행 관리. ~streckungsbefehl, der [법] 잠

정적 지불 명령. ~streckungsbehörde, die 사법부의 집행 부서. ~streckungsgericht, das ↑~behörde. ~studium, das (대학에서의) 정규 학업. ~synthetisch 〈Adj.〉 완전 합성의. ~tanken 〈h〉 1. (자동차 및 비행기의) 연료 탱크를 가득 채우다: 《4격 목적어 없이도》 tanken Sie bitte voll! (연료 탱크를) 가득 채우시오! 2. 〈v. + sich〉〈경〉술을 잔뜩 마시다, 만취하다. ~tönend 〈Adj.〉 잘 울리는, 낭랑한. ~tönig 〈Adj.〉 (드물게) ↑~tönend. ~transistor(is)iert 〈Adj.〉 [전기] 완전히 트랜지스터로 이루어진. ~treffer, der 완전 명중탄: [전의] diese Schallplatte wurde ein V. 이 음반은 대 성과를 거두었다. ~trinken*, sich 〈h〉 1. (드물게) 완전히 취하다. 2. (아어) 가득 받아들이다, 잔뜩 흡수하다: sich mit Eindrücken v. 많은 인상들을 가득 받아 들이다. ~trunken 〈Adj.〉 만취한, 완전히 취한. ~trunkenheit, die ↑~trunken의 명사형. ~umfänglich 〈Adj.〉(schweiz.) 충분하게, 아주 포괄적으로. ~verb, das [언어] (조동사가 아닌) 본동사. ~verpflegung, die 세끼 식사 제공. ~versammlung, die 총회, 총집회. ~waise, die (양친이 모두 죽은) 고아. ~waschmittel, das (모든 온도의 세탁을 할 수 있는) 완전 세제. ~wertig 〈Adj.〉 완전한 가치가 있는. ~wertigkeit, die 〈Pl. 없음〉 ↑~wertig의 명사형. ~wichtig 〈Adj.〉 (주전) 지정된 중량의. ~würzig 〈Adj.〉 아주 향기로운. ~zählig [-tsɛːlɪç] 〈Adj.〉 전수(全數)의, 전부 갖추어진, 결원이 없는: ein -er Satz Briefmarken 전부 갖추어진 우표 세트. ~zähligkeit, die ↑~zählig의 명사형. ~zeitschule, die [학교] 전 일제 학교. ~ziehbar ['tsiːbaːʁ] 〈Adj.〉 실행할 수 있는, 성취될 수 있는. ~ziehbarkeit, die ↑~ziehbar의 명사형. ~ziehen* 〈h〉 1. a) 실행하다, 실현하다, 성취하다: eine Trennung v. 이혼을 하다. b) 실시하다, 수행하다: einen Auftrag v. 임무를 수행하다. 2. 〈v. + sich〉 일어나다, 생기다, 완성되다: in ihr vollzog sich ein Wandel 그 여자에게서 하나의 변화가 이루어졌다. ~ziehung, die ↑vollziehen (1)의 명사형. ~ziehungsbeamte, der ↑~streckungsbeamte. ~zug, der 1. 실행, 완성, 성취. 2. a) ↑ Strafvollzug의 약칭. b) ↑~zugsanstalt. ~zugsanstalt, die ↑ Justizvollzugsanstalt의 약칭. ~zugsbeamte, der 형무소의 관리, 교도관. ~zugsgewalt, die 〈Pl. 없음〉 집행권, 행정권. ~zugskrankenhaus, das ↑ Gefängniskrankenhaus. ~zugsmeldung, die 명령 수행 보고. ~zugspolizei, die (행정 담당 경찰이 아닌) 일반 치안 경찰. ~zugswesen, das 〈Pl. 없음〉 형의 집행과 관련된 모든 것.

Völle ['fœlə], die (드물게) 포만, 지나치게 배가 부름. **Völlegefühl**, das 〈Pl. 없음〉 포만감. **vollenden** [fɔlˈʔɛndn̩, fɔlˈlɛ...] 〈h〉 1. (시작된 것을) 끝내다, 완성하다, 완결하다, 마무르다: [언어] vollendete Gegenwart 현재 완료; vollendete Vergangenheit 과거 완료; [전의] sein Leben v. 〈아어·미화〉 그의 삶을 종결하다(죽다). 2. 〈v. + sich〉 (아어) 성취되다, 완성되다: in diesem Werk vollendete sich das Leben des Künstlers 이 작품에서 그 예술가의 삶이 완성되었다. **Vollender**, der; -s, - 완성시키는 사람. **vollendet** 〈Adj.〉 완전한, 완벽한, 결함이 없는, 최고의: v. schön sein 더할 나위 없이 아름답다. **Vollendetheit**, die ↑vollendet의 명사형. **vollends** ['fɔlɛnts, (또한) 'fɔlɛnts] 〈Adv.〉 완전히, 철두 철미하게, 드디어, 궁극적으로. **Vollendung**, die; -en 1. 완료, 완결, 완성: das Werk geht der V. entgegen 그 작품은 곧 완결된다. 2. (아어) 완성, 성취, 절정. 3. 〈Pl. 없음〉 완전함, 능란, 노련. **voller** ['fɔlɐ] 〈Adj.〉 격변화 없음, 다음에 오는 명사가 단수 복수일 경우 1격, 부가어로 쓸 경우 2격, 드물게는 3격이 됨) 《강

조》 1. 가득 채운, 온통 뒤덮인: ein Gesicht v. Sommersprossen 주근깨로 온통 뒤덮인 얼굴. 2. 충만한, 무엇 투성이인: er ist(steckt) v. Widersprüche 그는 모순 투성이이다. **Völlerei** [fœlə'raɪ], die; -en 《굄》 마구 먹고 마심: zur V. neigen 마구 먹고 마시는 경향이 있다.
volley ['vɔlɪ] 〈Adv.〉 [engl. at the[on the] volley] [스포츠] 발리로, 직접(차거나 침): den Ball v. nehmen 볼을 발리로 받아 넘기다. **Volley** [-], der; -s, -s [engl. volley < frz. volée < lat. volāre] [정구] 발리.
Volley-: ~**ball**, der [engl. volley-ball] 1. 〈Pl. 없음〉 배구. 2. 배구 공. ~**ballspiel**, das 배구. ~**ballspieler**, der 배구하는 사람. ~**schuß**, der [축구] 발리 슛.
Vollheit, die 《드물게》 1. 충만, 가득함. 2. 아주 배가 부름, 위의 포만감.
vollieren [vɔ'liːrən] 〈h〉 [정구] 발리로 볼을 치다.
völlig ['fœlɪç] 〈Adj.〉 완전한, 제한 없는, 충분한, 온전한: -e Unkenntnis 완전한 무지. **vollkommen** 〈Adj.〉 1. [fɔl'kɔmən], 《또한》 '– – –] 완전한, 완성된, 결점이 없는, 더할 나위 없는: eine -e Schönheit 하나의 완전한(즉 고전적인) 아름다움. 2. [–'– –] 전부의, 전적인, 완벽한: ich bin v. deiner Meinung 나는 전적으로 당신과 같은 의견이다. **Vollkommenheit** [(또한》 '– – – –], die ↑vollkommen의 명사형.
Volontär [vɔlɔn'tɛːɐ], der; -s, -e [frz. volontaire < lat. voluntārius] 견습생, 실습생. **Volontariat** [...ta'rɪaːt], das; -(e)s, -e 1. 견습[실습] 기간. 2. 견습[실습] 자리. **Volontärin**, die; -nen 여자 견습[실습]생. **volontieren** [...'tiːrən] 〈h〉 실습하다, 견습생으로 일하다.
Volt [vɔlt], das; - / -(e)s, - [이탈리아의 물리학자 A. Volta(1745~1827)에서 유래] [물리·전기] 볼트(전압의 단위; 기호: V).
Volt- [물리·전기]: ~**ampere**, das 볼트 암페어(피상전력의 측정 단위; 기호: VA). ~**meter**, das 전압계. ~**sekunde**, die 볼트 초(秒)(기호: Vs).
Voltaelement ['vɔlta-], das; -(e)s, -e [Volta, ↑Volt] [물리] 볼타 전지. **Voltairianer** [...tɛ...] der; -s, - 볼테르 철학의 신봉자. **Voltameter**, das; -s, - [물리] 볼타 미터, 전량계.
Volte ['vɔltə], die; -n [frz. volte < ital. volta] 1. 카드를 섞을 때 어느 패가 원하는 자리에 오도록 하는 수법: **die[eine] V. schlagen** 능숙한 솜씨를 구사하다. 2. [승마] 말을 타고 좁은 원을 돎. **voltieren** [vɔl'tiːrən] 〈h〉 [frz. volter < ital. voltare] ↑voltigieren. **Voltige** ['vɔl'tiːʒə], die; -n [frz. voltige] 곡예 마술(馬術).
Voltigeur [vɔltɪ'ʒøːɐ], der; -s, -e [frz. voltigeur] ↑Voltigierer. **voltigieren** [...'ʒiːrən] 〈h〉 [frz. voltiger < ital. volteggiare] 1. [승마] 말을 타고 좁은 원을 돌다. 2. [펜싱] 옆으로 물러서다. 3. 마상 곡예를 하다.
Voltigierer, der; -s, - 곡마사(曲馬師).
Volum- [vo'luːm-]: ~**einheit**, die 공간(용적) 단위. ~**gewicht**, das 비중, 단위 용적의 중량. ~**prozent**, das 용적 백분율.'
Volumen [vo'luːmən], das; -s, - / ...mina[frz. volume < lat. volūmen] 1. 〈Pl. -〉 체적, 용적(기호: V): der Ballon hat ein V. von 1000 m³ 그 기구의 용적은 1000 m³이다. 2. 〈Pl. -〉 부피, 양. 3. 〈Pl. ...mina〉 [서적] 《책들의》 권(vol. 또는 Vol.의 약어로만 사용됨).
Volumen-: ↑Volum-. **Volumetrie** [volu-], die ↑Maßanalyse. **volumetrisch** 〈Adj.〉 용량 분석의.
Volumina: ↑Volumen의 복수형. **voluminös** [volu-mi'nøːs] 〈Adj.〉 [frz. volumineux] 부피가 큰, 용적이 큰: ein -es Wörterbuch 부피가 큰 사전.
Voluntarismus [vɔlʊnta'rɪsmʊs], der; - [lat. voluntārius] 의지주의, 주의설(主意說), 인간의 의지를 존재의 근거로 보는 이론. **Voluntarist**, der; -en, -en 주의설론자. **voluntaristisch** 〈Adj.〉 의지주의의, 주의설적인. **voluntativ** [vɔlʊnta'tiːf] 〈Adj.〉 [lat. voluntātivus] 1. [철학] 의지의, 의지에 대한. 2. [언어] 의지[소망] 화법의.
voluptuös [vɔlʊp'tɥøːs] 〈Adj.〉 [frz. voluptueux < lat. voluptuōsus] 《교양어·준고어》 환락적인, 육욕적인.
Volute [vo'luːtə], die; -n [lat. volūta] [예술] 와형(渦形), (이오니아식 기둥 머리의) 소용돌이 무늬. **Volutenkapitell**, das [예술] 소용돌이 무늬로 장식된 이오니아식 기둥 머리. **volvieren** [vɔl'viːrən] 〈h〉 [lat. volvere] 《준고어》 1. 굴리다, 뒹굴리다. 2. 정확히 관찰하다, 숙고하다. **Volvulus** ['vɔlvulʊs], der; -, ...li [의학] 장의 꼬임.
vom [fɔm] 〈von + dem〉 1. 《대개 분리 불가; 다음 용법으로》 v. Lande sein 시골 출신이다. 2. 《분리 불가; 다음의 특정 용법으로》 v. Bau sein 전문가이다; v. Fleisch fallen 살이 빠지다, 마르다. 3. 《vom + 명사화한 부정형》(원인의 진술》 müde v. Laufen 뛰어서 피곤하다.
Vomhundertsatz, der; -es, ...sätze 백분율.
vomieren [vo'miːrən] 〈h〉 [lat. vomere] [의학] 구토하다.
Vomtausendsatz, der; -es, ...sätze 천분율.
von [fɔn] **I.** 〈Präp.³〉 1. 《장소의 출발점을 나타냄》…으로부터: v. vorn 앞으로부터; v. rechts 오른편으로부터; v. woher stammst du? 너는 어느 곳 출신이냐?; 《다른 전치사들과 함께 쓰여》 v. hier an ist die Strecke eingleisig 이곳으로부터 철도는 단선이다; v. Mannheim aus fährt man über die B 38 만하임에서부터 사람들은 38번 연방 도로를 달리게 된다; v. unten her 밑으로부터. 2. 《무엇으로부터의 분리를 나타냄》…에서, …으로부터: die Wäsche v. der Leine nehmen 빨랫줄에서 빨래를 걷는다; 〈von의 강조와 더불어》 er hat das Essen wieder v. sich gegeben 그는 먹은 것을 다시 토해냈다; ein lieber Freund ist v. uns gegangen 《미화》 사랑하는 친구 한 명이 우리를 떠났다(죽었음을 의미). 3. 《시간의 출발점을 나타냄》…부터, …이래: das Brot ist v. gestern 그 빵은 어제 구운 것이다; 《대개 다음의 전치사들과 함께 쓰여서》 das ist er v. Jugend an(auf) gewöhnt 그는 젊은 시절부터 그것에 익숙해 있다; v. heute ab soll es anders werden 오늘부터는 달라져야 한다; v. Jahr zu Jahr 한 해 한 해. 4. **a)** 《언급된 부분이 속한 전체를 나타냄》 keins v. diesen Bildern gefällt mir 이 그림들 중의 어느 것도 내 맘에 들지 않는다; acht v. hundert[vom Hundert] 8%. **b)** 《von 앞의 명사가 von 뒤의 명사의 형용사 노릇을 함》: ein Teufel v. einem Vorgesetzten 악마 같은 상관. 5. **a)** 《2격을 대신함》…의: in der Umgebung v. München 뮌헨의 주변에서. **b)** 《언급된 것이 속한 영역을 나타냄》…의 점에서, …에 대해서: er ist Lehrer v. Beruf 직업적 관점에서 보면 그는 교사이다(그의 직업은 교사이다); v. Natur aus ist er gutmütig 성격적인 면에서는 그는 선량하다. **c)** 《통용어》 《2격 부가어, 또는 소유대명사를 대신함》 …의: ist das Taschentuch v. dir? 이것이 네 손수건이냐? **d)** 《특정된 부사와 함께》: angesichts v. so viel Elend 그렇게 많은 비참함에 직면하여; an Stelle v. langen Reden 긴 열설 대신에. 6. **a)** 《원천, 원인 또는 수단을 나타냄》…으로부터, …때문에, …으로: Post v. einem Freund bekommen 친구로부터의 우편물을 받다; müde v. der Arbeit 일 때문에 피곤한; v. selbst 스스로. **b)** 《수동문에서 동작의 원래 주체를 나타냄》 …에 의해: er wurde v. seinem Vater gelobt 그는 그의 아버지에 의하여 칭찬 받았다(그의 아버지가 그를 칭찬했다).

voneinander

7. a) 《준고어》《재료나 내용을 나타냄》…으로 된, …의: ein Ring v. Gold 금으로 된 반지(금반지). **b)** 《유형이나 특성을 나타냄》: eine Sache v. Wichtigkeit 중요한 일. **c)** 《수량을 나타냄》: ein Abstand v. fünf Metern 5미터의 간격; eine Gans v. ungefähr vier Kilo 약 4kg 무게의 거위. **8.** 《귀속의 이름 앞에 쓰임》: die Dichtungen Johann Wolfgang v. Goethes 요한 볼프강 폰 괴테의 문학 작품들. **9.** 《통용어》《was와 결합하여》: v. was ist ihm schlecht geworden? 무엇 때문에 그의 상태가 좋지 않은가? **10.** 《대개 숙어적으로》: v. etw. sprechen 무엇에 관하여 말하다; infolge v. …때문에. **II.** 〈Adv.〉 (nordd.) (davon, wovon 등의 분리된 부분으로서): wo haben wir gerade v. gesprochen? 우리가 방금 무엇에 관해 이야기했지?

voneinander 〈Adv.〉 **a)** 서로로부터, 서로서로. **b)** 《일정한 간격을 나타냄》: sie standen weit weg v. 그들은 서로 서로 멀리 떨어져 있었다.

vonnöten [fɔnˈnøːtn̩] 〈Adv.〉 《고어》 von nöten) 《다음 용법으로》 **v. sein** 절대적으로 필요하다.

vonstatten [fɔnˈʃtatn̩] 원래. = von der Stelle] 《다음 용법으로》 **v. gehen** 1) 일어나다, 행해지다, 개최되다. 2) 진척되다, 발전하다.

Voodoo [vuˈduː] ↑ Wodu.

¹Vopo [ˈfoːpo], der; -s, -s 《통용어》 ↑ Volkspolizist의 약칭. **²Vopo** [-], die 《통용어》 ↑ Volkspolizei의 약칭.

vor [foːɐ̯] **I.** 〈Präp.$^{3/4}$〉 **1.** 〈장소〉 《반대: hinter I 1》 **a)** 〈3격 지배〉 앞에, 앞에서: v. dem Haus ist ein kleiner Garten 집 앞에 조그마한 정원이 있다; vor „daß" steht immer ein Komma (접속사) 앞에는 항시 구두점이 있다; v. dem Winde segeln [선원] 바람을 등지고 항해하다; 〈vor에 악센트가 옴〉 er hat das Buch v. sich liegen 그는 그 책을 자기 앞에 놓아 두었다; sie ging zwei Schritte v. ihm 그 여자는 두 걸음을 그 남자 앞에 서서 걸었다; 전의 v. Gericht [v. dem Richter] stehen 《아이》 법정에 서다(고소를 당하다). **b)** 〈4격 지배〉 앞으로: das Auto v. die Garage fahren 자동차를 차고 앞으로 몰고 가다; v. das „aber" mußt du ein Komma setzen „aber" 앞에 너는 구두점을 찍어야 한다; 전의 ich h. jmdn. stellen 누구를 보호하다; **v. sich hin** 혼자서 계속(…하다): v. sich hin schimpfen 혼자서 계속 욕설을 퍼붓다. **2.** 〈3격 지배〉《시간》 **a)** 《의》 전에, 보다 앞서서 《반대: nach I 2》: v. wenigen Augenblicken 바로 조금 전에; heute v. (genau) vierzig Jahren ist es geschehen 《정확하게》 40년 오늘에 그 일은 일어났다; v. Christus 기원전. **b)** 《vor에 악센트가 옴》 《미래나 미래에의 일을 나타냄; 반대: hinter I 3 a》: etw. v. sich haben 앞으로 할 일이 있다. **3.** 〈3격 지배〉 《상대방을 나타냄》: v. jmdm. durchs Ziel gehen 누구에 앞서서 골인하다. **4.** 〈3격 지배〉 《상대방에 대한 관계를 나타냄》 마주 대하고, 면전에서, 앞에서: etw. v. Zeugen erklären 증인들 앞에서 무엇을 설명하다. **5.** 〈3격 지배; 관사 없이〉 《숙어적 용법》 …때문에, …으로 인해, …나머지: v. Kälte zittern 추위로 인해 떨다; schwitzend v. Anstrengung 애쓴 나머지 땀을 흘리며. **6.** 《통용어》 《was와 결합하여》: v. was fürchtest du dich denn? 너는 도대체 무엇을 두려워 하느냐? **7.** 《대개 숙어적 용법으로》 v. etw. davonlaufen 무엇으로부터 도망치다; sich v. etw. schützen 무엇으로부터 자신을 보호하다. **II.** 〈Adv.〉 **1.** 《원래는 생략된 동사의 전철》 앞으로: Freiwillige v.! 지원자는 앞으로 ! **2.** 《부사 vor I, wovor 의 분리된 부분으로서》 (nordd.) da sei Gott v.! 신이 우리를 그것으로부터 보호해 주시기를!; wo hast du denn jetzt noch Angst v.? 도대체 너는 아직도 무엇을 두려워 하느냐?

vorạb 〈Adv.〉 우선, 먼저, 사전에.

Vorabdruck, der; -(e)s, -e **1.** 《책이 발간되기 전 신문 등에의》 부분적 발표. **2.** 미리 발표된 부분.

Vorabend, der; -s, -e 《축일 따위의》 전야《前夜》: 전의 am V. großer Ereignisse 중대한 사건들이 일어나기 직전에. **Vorabendmesse**, die 《가》 토요일 밤의 미사, 축일 전날밤의 미사.

Vorahnung, die; -en (불길한) 예감, 전조, 조짐.

Voralarm, der; -(e)s, -e 《군》 **1.** 경계 경보. **2.** 경계 경보 상황.

Voralpen 〈Pl.〉 알프스의 앞 산맥.

voran [foˈran] 〈Adv.〉 **a)** 앞에, 앞서서, 선두에: v. der Vater, die Kinder hinterdrein 선두에는 아버지가, 아이들은 그 뒤를 따르게. **b)** 앞으로: 《명사화》 die Straße war blockiert, es gab kein Voran 길은 폐쇄되었고 전진은 불가능했다.

voran-: **~bringen*** 〈h〉 진척시키다, 촉진시키다. **~eilen** 〈s〉 앞장서서 급히 가다. **~gehen*** 〈s〉 **1.** 선두에 서서 가다, 앞서서 가다. **2.** 진척되다, 잘 되어 나가다: die Arbeit geht gut voran (mit der Arbeit geht es gut voran) 그 일은 잘 진척되어 간다. **3.** 《무슨 일보다》 앞서 가다, 선행하다: dem Beschluß gingen lange Diskussionen voran 그 결정에 앞서 긴 토론이 있었다; 《자주 현재분사와 과거분사로》 앞의 앞의 앞에 있는 Seiten 앞의 페이지들에서. **~kommen*** 〈s〉 **1.** 앞으로 나가다, 나아가다. **2.** 발전하다, 진보하다, 성공하다. **~machen*** 〈h〉 《통용어》 서두르다. **~schreiten*** 〈s〉 《아이》 ↑ ~gehen (1, 2). **~stellen** 〈h〉 앞[의 앞]에 놓다, 처음에 언급하다. **~tragen*** 〈h〉 앞장서서 들고가다: die Fahne v. 깃발을 들고 앞장서서 가다. **~treiben*** 〈h〉 앞으로 몰아가다, 촉진시키다, 활기를 불어넣다.

Vorankündigung, die; -en 사전 통고, 예고.

voranmelden 〈h; 부정형과 과거분사〉 《전화》 지명 통화 신청을 하다. **Voranmeldung**, die; -en 사전 신청: für die Veranstaltung gibt es schon viele -en 그 행사에는 많은 사전 《참가》 신청이 들어 왔다.

Voranschlag, der; -(e)s, …schläge 《경제》 사전 계산, 견적.

Voranwartschaft, die; -en 《법》 일차 요구권.

Voranzeige, die; -n 《책이나 영화의》 예고[편].

Vorarbeit, die; -en 사전 작업, 예비 공사. **vorarbeiten** 〈h〉 **1.** 미리 일하다 《반대: nacharbeiten 1》: er will für Weihnachten einen Tag v. 그는 성탄절에 쉬려고 미리 하루 더 일하려 한다. **2.** 《v. + sich》 《노력해서》 승진하다, 더 좋은 위치에 달하다: er hat sich vom fünften auf den zweiten Platz vorgearbeitet 그는 다섯번째 서열에서 두번째 서열로 승급했다. **3.** 《누구《무엇》을 위해》 사전 작업을 하다: er hat (mir) gut vorgearbeitet 그는 《나를 위해》 멋진 사전 작업을 해 주었다. **Vorarbeiter**, der; -s, - 근무 조장, 직공장. **Vorarbeiterin**, die; -nen ↑ Vorarbeiter 의 여성형.

Vorarlberg, -s 포아르베르크 《오스트리아의 주》.

vorauf [foˈrauf] 〈Adv.〉 **a)** 앞에, 선두에, 전면에. **b)** 《드물게》 앞으로. **c)** 《드물게》 전에, 이전에.

voraufführen 〈h〉 《특히 영화 등의》 시사회를 갖다. **Voraufführung**, die; -en ↑ voraufführen 의 명사형.

voraufgehen* 〈s〉 《아이》 **1.** 앞서서 가다, 먼저 출발하다. **2.** 《시간적으로》 앞서 가다.

voraus 〈Adv.〉 **1.** [foˈraus] **a)** 앞에, 앞서서, 선두에: 전의 im Rechnen ist sie ihm v. 계산에 있어서 그 여자는 그 남자보다 더 뛰어나다. **b)** 《드물게》 앞에, 전방에: backbord v. ist eine Insel [선원] 전방 왼편에 섬이 있다. **2.** [foˈraus] 《앞으로》: Volldampf v.! 전속력으로 전진! **3.** [ˈfoːraus] 《다음 용법으로》 **im [zum] V.** 미리, 앞서서. **Voraus**, der; - [법] 선취 유증《遺贈》.

voraus-, Voraus-: ~abteilung, die 1. (군대의) 선발대. 2. ↑~kommando. ~ahnen ⟨h⟩ 예감하다. ~bedingen* ⟨h⟩ (고어) 전제 조건으로 삼다. ~bedingung, die 전제 조건. ~berechenbar ⟨Adj.⟩ 미리 계산할 수 있는, 견적이 가능한. ~berechnen ⟨h⟩ 미리 계산하다, 견적하다. ~bestimmen ⟨h⟩ 미리 결정하다, 예정하다. ~berechnung, die 견적. ~bezahlen 미리 지불하다, 선불하다. ~bezahlung, die 선불. ~blick, der ↑~schau. ~blicken ⟨h⟩ ↑~schauen. ~datieren ⟨h⟩ (실제 날짜보다) 뒤의 날짜로 하다(반대: zurückdatieren 1). ~denken* ⟨h⟩ 미리 생각하다. ~eilen ⟨s⟩ 서둘러 앞서 나가다: [전의] meine Gedanken eilten voraus 내 생각은 앞서 달려갔다. ~exemplar, das 정식 발간 이전에 홍보, 비평 등을 위해 신문사 등에 먼저 보내지는 책. ~fahren* ⟨s⟩ (차, 배로) 먼저 가다. ~gehen* ⟨s⟩ 1. 먼저 가다, 선행하다: [전의] sie ist ihrem Mann im Tod vorausgegangen 그 여자는 남편보다 먼저 죽었다. 2. (시간적으로) 먼저 일어나다, 먼저 생기다: 〈분사로서〉 im vorausgehenden 앞 부분에; in vorausgegangenen Zeiten 이전에, 그전에. ~gesetzt: ↑voraussetzen 참조. ~haben* ⟨h⟩ (다음 용법으로) jmdm. (vor jmdm.) etw. v. 무엇에 있어 누구보다 더 우월하다. ~kasse, die (상) 먼저 지불함, 선불, 선금: wir liefern nur gegen V. 우리는 선금을 받고서만 물건을 공급한다. ~kommando, das (군) 선발 부대. ~korrektor, der (인쇄) 조판 직전의 작업을 하는 교정원. ~korrektur, die (인쇄) 조판 직전의 교정 (작업). ~laufen* ⟨s⟩ 앞장서서 달리다. ~nehmen* ⟨h⟩ (드물게) 선취하다. ~planen ⟨h⟩ 미리 계획하다. ~planung, die 미리 계획함. ~reiten* ⟨s⟩ 말을 타고 먼저 가다. ~sagbar ⟨Adj.⟩ 예고[예언]할 수 있는. ~sage, die 예언, 예보, 예고. ~sagen ⟨h⟩ 미리 말하다, 예언하다, 예보하다. ~sagung, die; -en ↑~sage. ~schau, die 예견: in kluger V. 현명하게 예견해서. ~schauen ⟨h⟩ 멀리 앞을 내다 보다, 예견하여 대비하다. ~schicken ⟨h⟩ 1. 먼저 보내다, 미리 보내다. 2. 미리 말하다, 먼저 설명하다: ich muß v., daß ... 나는 다음의 것을 먼저 설명해야겠다. ~sehbar [...ze:ba:ɐ] ⟨Adj.⟩ 예견할 수 있는. ~sehen* ⟨h⟩ 예견하다, 예측하다, 미리 내다 보다. ~setzen ⟨h⟩ a) 가정하다: diese Tatsache darf man wohl als bekannt v. 사람들은 이 사실을 이미 알려진 것으로 가정할 수 있다. b) 전제로 삼다, 전제로 하다: (자주 과거분사로) vorausgesetzt, daß das Wetter schön bleibt, feiern wir im Garten 날씨가 좋으면 우리는 정원에서 파티를 벌인다. ~setzung, die a) 가정, 가설, 전제: er ist von falschen -en ausgegangen 그는 잘못된 전제에서 출발했다. b) 전제 조건: unter der V., daß du mitmachst, stimme ich zu 네가 같이 한다는 전제 조건 하에 나는 동의한다; er machte zur V., daß ... 그는 다음과 같은 것을 전제 조건으로 삼았다. ~setzungslos ⟨Adj.⟩ 전제 조건 없이. ~sicht, die 선견(지명), 통찰, 미리 생각함, 예견, 예측: aller V. nach [nach menschlicher V.] 십중 팔구는, 거의 틀림 없이; in weiser V. (농) 무엇이 필요하려라 예감 하에. ~sichtlich ⟨Adj.⟩ 예측할 수 있는, 있음직한, 가능한: die Wohnung wird v. in drei Wochen bezugsfertig sein 아파트는 아마도 3주 후에 입주가 가능할 것이다. ~vermächtnis, das (법) (특정인에게 주기로) 미리 결정된 유산. ~werfen* ⟨h⟩ : seine Schatten v. 정조가 나타나다, 예고되다. ~wissen* ⟨h⟩ 미리 알다, 예지하다. ~zahlen ⟨h⟩ 미리 지불하다, 선금을 주다. ~zahlung, die 미리 지불함, 선불.

Vorausscheidung, die; -en (스포츠) 예선전에 앞선 경기.

Vorauswahl, die (많은 것 중에서) 일차 선택, 우선 고르기.

Vorbau, der; -(e)s, -ten 1. 건물의 돌출부, 현관. 2. (농) 커다란 젖가슴. 3. (Pl. 없음) [기술] (교량 등의) 디비다 공법에 의한 공사. **vorbauen** ⟨h⟩ 1. a) (건물에) 물출된 부분을 설치하다: einem Haus eine Veranda v. 집에다 베란다를 설치하다. b) 견본으로서 짓다. 2. a) 사전에 대비하다, 미리 준비하다: [속담] der kluge Mann baut vor 현명한 사람은 미리 대비하는 법이다. b) 예방하다.

vorbedacht: ↑vorbedenken 참조. **Vorbedacht**, der (다음 용법으로) aus(mit, voll) V. 미리 잘 생각하여 계획적으로; ohne V. 잘 생각해 보지 않고. **vorbedenken*** ⟨h⟩ 미리 고려[숙고]하다.

Vorbedeutung, die; -en 전조, 징후.

Vorbedingung, die; -en 전제 조건, 선결 사항: die -en für etw. schaffen 무엇을 위한 기본 여건을 마련하다.

Vorbehalt ['foːɐ̯bəhalt], der; -(e)s, -e 유보(留保), 제한, 불확신, 의구심: -e gegen etw. haben[machen] 무엇에 대해 의구심을 갖다. **vorbehalten*** ⟨h⟩ 1. ⟨v. + sich⟩ 유보하다, 보류하다, 남겨 놓다: sich gerichtliche Schritte v. 법적인 조치의 가능성을 남겨 놓다; alle Rechte vorbehalten (원뜻 = wir haben uns alle Rechte vorbehalten) [Recht 2] 판권 소유(무단 번역, 전재, 복제]를 금하다. 2. jmdm. vorbehalten sein[bleiben] 누구에게 정해지다, (운명적으로) 결정되다. 3. (고어) 예약하다, 마련해 두다. **vorbehaltlich**, (schweiz.) **vorbehältlich** [...heltlɪç] I. ⟨Präp.²⟩ (격식 독어) (무엇을) 유보하여, 조건으로 하여: v. behördlicher Genehmigung 관청의 허가를 조건으로 하여. II. ⟨Adj.⟩ 유보적인, 제한된. **vorbehaltlos** ⟨Adj.⟩ 제한 없는, 무조건의. **Vorbehaltlosigkeit**, die ↑vorbehaltlos의 명사형.

Vorbehalts-: ~gut, das (법) 유보 재산. ~klausel, die (경제상의) 유보 약관, 유보 조항, 단서. ~urteil, das (법) 유보 판결.

vorbehandeln ⟨h⟩ 미리 처리하다, 예비 조치하다. **Vorbehandlung**, die; -en ↑vorbehandeln의 명사.

vorbei [foːɐ̯ˈbaɪ, forˈbaɪ] ⟨Adv.⟩ 1. (공간적으로) 옆을 지나서, 통과하여: der Zug ist schon an Gießen v. 그 기차는 기센을 이미 통과했다. 2. (시간적으로) 지나간, 사라진, 끝난: es ist acht Uhr v. 8시가 지났다; [전의] mit dem Kranken wird es bald v. sein (통용어) 그 환자는 곧 죽을 것이다; [성구] (es ist) aus und v. 완전히 끝났기.

vorbei-, Vorbei-: ~benehmen*, sich ⟨h⟩ (통용어) ↑danebenbenehmen. ~bringen* ⟨h⟩ (통용어) (적당한 기회에) 가져오다. ~drücken, sich ⟨h⟩ (통용어) 은밀히 지나가다, 몰래 비켜가다: [전의] du hast dich an den Problemen vorbeigedrückt 너는 그 문제들을 피해서 비켜갔다. ~eilen ⟨s⟩ (옆을) 급히 지나가다. ~fahren* ⟨s⟩ 1. (차를 타고) 옆으로 지나가다: der Bus ist (an der Haltestelle) vorbeigefahren 그 버스는 (정류장을) 지나쳐 갔다(정차하지 않았다). 2. (통용어) 잠깐 방문하다, 잠깐 들르다: wir müssen noch bei meinem Freund v. 우리는 내 친구 집에 잠깐 들러야 한다. ~fliegen* ⟨s⟩ 날아 지나가다. ~fließen* ⟨s⟩ 흘러지나가다. ~flitzen ⟨s⟩ (통용어) 쏜살같이 지나가다. ~führen ⟨h⟩ 1. ↑ entlangführen (1). 2. 옆을 지나가다, 무엇과 나란히 뻗어 있다: [성구] daran führt kein Weg vorbei 그것은 회피할 도리가 없다. ~gehen* ⟨s⟩ 1. a) 걸어서 지나가다, 지나쳐 가다: der Schuß ist (am Ziel) vorbeigegangen 탄환은 (목표물을) 비껴 지나갔다; [전의] am Kern der Sache v. 사건의 핵심을 비껴가

다. b) [스포츠] 추월하다. 2. 《통용어》 (일을 보러) 잠깐 들르다: beim Arzt[im Gemüsegeschäft] v. 의사[채소 가게]에게 잠깐 들르다. 3. 끝나다, 지나가다: [전의] keine Gelegenheit ungenutzt v. lassen 기회를 결코 놓치지 않는다. ~gelingen* ⟨s⟩ 《통용어》 실패하다. ~kommen* ⟨s⟩ 1. (어느 곳에) 들렀다가 다시 가다, 지나가다: wenn wir an einem Gasthaus vorbeikommen, wollen wir einkehren 가는 길에 음식점이 있으면, 그곳에 들르자. 2. (장애물 등을) 피해 지나가다, 비켜가다: [전의] er ist grade noch an einem Strafmandat vorbeigekommen 그는 형사 처벌을 간신히 모면했다. 3. 《통용어》 부담없이 방문하다, 잠깐 들르다: kannst du nicht mal einmal (bei mir) v.? 다시 한번 나에게 잠깐 들릴 수 없겠니? ~können* ⟨h⟩ 《통용어》 vorbeikommen (2) können의 약칭: ich kann (hier) nicht vorbei 나는 (이 곳에) 들를 수 없다. ~lassen* ⟨h⟩ 《통용어》 1. 지나가게 허용하다, 통과시키다. 2. (헛되이) 지나가게 하다. ~laufen* ⟨s⟩ 뛰어 지나가다. ~marsch, der 분열 행진. ~marschieren ⟨s⟩ 행진하여 지나가다, 분열 행진하다. vorbeimüssen* ⟨h⟩ 《통용어》 지나가야 하다. ~planen ⟨h⟩ 계획에 포함시키지 않다, 무엇을 고려하지 않고 계획하다: es wurde am Bedarf vorbeigeplant 수요를 고려하지 않고 계획을 세웠다. ~preschen ⟨s⟩ 뛰어 지나가다. ~quetschen, sich ⟨h⟩ 애써서 장애물을 피해 가려 하다. ~rauschen ⟨s⟩ 소리내며 흘러 지나가다. ~reden ⟨h⟩ 핵심을 빼고 이야기하다, 중요한 것을 말하지 않다: aneinander v. 서로 엇갈리게 이야기하다. ~reiten* ⟨s⟩ 말 타고 지나가다. ~rennen* ⟨s⟩ 달려서 지나가다. ~schauen ⟨h⟩ ↑~kommen (3). ~schießen* 1. ⟨h⟩ 목표를 맞히지 못하다. 2. ⟨s⟩ ⟨누구, 무엇 옆을⟩ 재빨리 지나가다. ~schlängeln, sich ⟨h⟩ ⟨누구, 무엇 옆을⟩ 겹쳐서 지나가다. ~sollen* ⟨s⟩ 《통용어》 지나가야 하다. ~treffen* ⟨h⟩ (목표를) 맞히지 못하다. ~treiben* 1. ⟨h⟩ ↑vorbeiführen. 2. ⟨s⟩ 표류해 지나가다. ~ziehen* ⟨s⟩ 줄을 행진해 지나가다 [전의] die Ereignisse in der Erinnerung v. lassen 그 사건들을 기억 속에 차례로 떠올린다. b) [스포츠] 추월하다.

vorbelastet ⟨Adj.⟩ 처음부터 결함이 있는, 부정적인 것을 타고난. **Vorbelastung**, die; -en 원천적 결함, 타고난 고통.

Vorbemerkung, die; -en 머리말, 서문.

vorberaten* ⟨h⟩ 미리 상의하다. **Vorberatung**; die; -en ↑vorberaten의 명사형.

vorbereiten ⟨h⟩ a) 준비시키다, 대비하게 하다, 채비를 갖추게 하다: der Lehrer bereitet seine Schüler auf [für] das Examen vor 선생님은 학생들로 하여금 시험에 대한 준비를 하게 한다; darauf war ich nicht vorbereitet 그것을 나는 전혀 예상하지 못했다; (때로는 전치사 목적어 없이도) der Schüler hat sich gut vorbereitet 그 학생은 준비가 잘 되어 있었다. b) 준비하다, 채비하다: er hat seine Rede gut vorbereitet 그는 그의 연설을 잘 준비했다. c) 생기다, 발생하다, 뚜렷해지다: ein Gewitter bereitet sich vor 뇌우가 발생하고 있다. **Vorbereitung**, die; -en 준비, 준비를 위한 조처, 준비 행위: die V. auf[für] die Prüfung dauert lange 시험을 위한 준비는 오래 걸린다; -en (für etw.) treffen (무엇에 대한) 준비 조처를 취하다.

Vorbereitungs-: **~dienst**, der 고급 공무원 지망자의 1차 국가 시험 후의 수습 근무. **~kurs(us)**, der 준비 교육과정. **~zeit**, die 준비 기간.

Vorbericht, der; -(e)s, -e 예비 보고(서).

vorbesagt ⟨Adj.⟩ 《준고어》 ↑vorbezeichnet.

Vorbescheid, der; -(e)s, -e (임시직) 예비 결정.

Vorbesitzer, der; -s, - 전 소유자.

Vorbesprechung, die; -en a) 준비 회의. b) (책, 영화 등의) 임시 논평.

vorbestellen ⟨h⟩ 미리 주문하다, 예약하다. **Vorbestellung**, die; -en ↑vorbestellen의 명사형.

vorbestimmen ⟨h⟩ 《대개 과거분사로》 ↑vorherstimmen. **Vorbestimmung**, die; -en ↑vorbestimmen의 명사형.

vorbestraft ⟨Adj.⟩ 《관》 전과가 있는. **Vorbestrafte***, der / die 전과자.

vorbeten ⟨h⟩ 1. 기도를 낭송하다. 2. 《통용어·폄》 장황하게 설명하다, 이야기를 길게 늘어놓다. **Vorbeter**, der; -s, - 기도의 선도자. **Vorbeterin**, die; -nen ↑Vorbeter의 여성형.

Vorbeugehaft, die 《관》 예방 구금. **vorbeugen** ⟨h⟩ 1. 앞으로 구부리다. 2. 예방하다: einer Gefahr(Krankheit) v. 위험[병]을 예방하다. [속담] vorbeugen ist besser als heilen 예방이 치료보다 낫다. **Vorbeugung**, die; -en 예방 조치. **Vorbeugungshaft**, die ↑Vorbeugehaft. **Vorbeugungsmaßnahme**, die 예방책, 예방 조치.

Vorbewußte, das; -n 의식과 무의식의 중간 영역.

vorbezeichnet ⟨Adj.⟩ 《준고어》 전술한, 상기(上記)의. **Vorbezeichnete***, der / die 상기자(上記者).

Vorbild, das; -(e)s, -er 모범, 전형, 본보기: in jmdm. ein V. haben 누구를 본보기로 삼다; diesen Mann nehme ich (mir) zum v. 나는 이 사람을 (나의) 모범으로 삼는다; das ist ohne V. 그것은 유례없는 일이다.

vorbilden ⟨h⟩ 1. a) 미리 형성하다. b) ⟨v. + sich⟩ 생기다, 형성되다: im Keim hat sich die künftige Pflanze schon vorgebildet 싹에 이미 미래의 식물이 형성되어 있었다. 2. 기초 지식을 전달하다, 예비 교육을 실시하다. **vorbildlich** ⟨Adj.⟩ 모범적인, 전형적인, 이상적인: sein Verhalten ist v. 그의 태도는 모범적이다. **Vorbildlichkeit**, die ↑vorbildlich의 명사형. **Vorbildung**, die 기초 지식, 예비 지식.

vorbinden* ⟨h⟩ 1. 앞에 붙들어 매다: ich band mir eine Schürze vor 나는 앞치마를 둘렀다. 2. 《통용어·준고어》 심하게 나무라다.

vorblasen* ⟨h⟩ 1. 취주(吹奏)하여 들려주다. 2. 《통용어》 ↑vorsagen (2).

vorblenden ⟨h⟩ 《전문어》 무엇 앞에 장식물을 달다.

Vorblick, der; -(e)s, -e 앞을 내다봄, 선견지명.

vorbohren ⟨h⟩ [기술] 미리 작은 구멍을 뚫다. **Vorbohrung**, die; -en a) 미리 작은 구멍을 뚫음. b) 작은 구멍이 뚫린 곳.

Vorbörse, die; -n [증권] 공식 거래 개시 전의 거래. **vorbörslich** ⟨Adj.⟩ [증권] 전 거래의.

Vorbote, der; -n, -n 미리 알리는 사람, 선구자, 전조, 징후.

vorbringen* ⟨h⟩ 1. a) (소망, 의견 등을) 제시하다, 제의하다, 말로 나타내다: gegen diesen Plan läßt sich manches v. 이 계획에 대해서 많은 이의가 제시될 수 있다. b) 소리를 내다, 울리게 하다. 2. 《통용어》 앞으로 가져오다: Nachschub v. 〔군〕 보급품을 전방으로 운반하다.

Vorbühne die; -n ↑Proszenium (1).

vorchristlich ⟨Adj.⟩ 서력 기원전의, 예수 탄생 이전의 (반대: nachchristlich).

Vordach, das; -(e)s, Vordächer 앞으로 돌출한 지붕, 차양, 처마.

Vordarm, der; -(e)s, Vordärme ↑Vorderdarm.

vordatieren ⟨h⟩ 1. (실제 날짜보다) 후일의 날짜로 하다 (반대: nachdatieren a): ein vordatierter Scheck [은행] 앞 수표. 2. 《드물게》 ↑zurückdatieren (2). **Vordatierung**, die; -en ↑vordatieren의 명사형.

Vordeck, das; -(e)s, -s [해양] ↑Vorderdeck.

Vordeich der; -(e)s, -e ↑Sommerdeich.
vordem [((또한)) '--'―] 〈Adv.〉 **a)** 《아어》 직전에, 이전에. **b)** 《준고어》 옛날에, 그전에.
vorder... ['fɔrdɐ...] 〈Adj.; 격변화 없음〉 앞의, 앞에 있는, 전방의: die -en Räder des Wagens 차의 앞 바퀴들; an der -sten Front kämpfen 최전선에서 싸우다.
vorder-, Vorder-: **~achse,** die (차의) 앞축(반대: Hinterachse). **~ansicht,** die 전경(前景). **~ausgang,** der 앞쪽 출구(반대: Hinterausgang). **~bein,** das 〖동물〗앞다리(반대: Hinterbein). **~brust,** die 〖동물〗 곤충 가슴의 제일 앞부분. **~bücke,** die 〖체조〗 앞으로 뛰어넘기(반대: Hinterbücke). **~bühne,** die 앞무대, 무대의 전면(반대: Hinterbühne 1). **~darm,** der 〖동물〗 장(腸)의 앞부분(반대: Hinterdarm). **~deck,** das 〖해양〗 이물(선수) 갑판(반대: Hinterdeck). **~eck(kegel),** der 〖볼링〗 앞쪽 핀(반대: Hintereckkegel). **~eingang,** der 앞쪽의 입구(반대: Hintereingang). **~extremität,** die 〈대개 Pl.〉 ↑~gliedmaße. **~flügel,** der 〖곤충〗 앞날개(반대: Hinterflügel). **~front,** die 건물의 전면(반대: Hinterfront 1). **~fuß,** der 앞발(반대: Hinterfuß). **~gassenkegel,** der 〖볼링〗 앞쪽 핀 뒤편에 있는 핀(반대: Hintergassenkegel). **~gaumen,** der 〖의학·언어〗 경구개(硬口蓋). **~gaumenlaut,** der 〖언어〗 경구개음(硬口蓋音). **~gaumig** 〈Adj.〉 〖언어〗 경구개음의. **~gebäude,** das ↑~haus. **~glied,** das 1. 행렬의 앞부분. 2. 〖수학〗 (비례의) 전항. **~gliedmaße,** die 〈대개 Pl.〉 전지(前肢). **~grund,** der 앞쪽, 전면, 전경(반대: Hintergrund): im V. stehen 중심을 이루고 있다, 매우 중요하다; etw. in den V. stellen 무엇을 전면에 내세우다, 강조하다; jmdn. (sich) in den V. spielen(rücken, drängen, schieben) 누구(자신)를 앞으로 밀어 내세우다(중요한 사람으로 부각시키다). **~gründig** [-grʏndɪç] 〈Adj.〉 표면적인, 천박한. **~hand,** die 1. ↑Vorhand (2). 2. ↑Vorhand (3). **~haus,** das 큰 집의 길에 면한 부분(반대: Hinterhaus). **~hirn,** das 〖해부〗 두뇌의 앞부분. **~holz,** das 〈Pl. 없음〉 〖볼링〗 앞쪽 핀. **~huf,** der 앞 앞발굽. **~indien,** 남아시아 대륙. **~kante,** die 앞모서리. **~kappe,** die (구두의) 앞쪽 단단한 부분의 가죽. **~kegel,** der 〖볼링〗 3개의 앞쪽 핀 중의 하나. **~keule,** die 〖요리〗 앞발 넓적다리 고기. **~kiemer** [-kiːmɐ], der 〖동물〗 달팽이과에 속하는 해양 생물. **~kipper,** der 〖자동차〗 소형 덤프 트럭. **~lader,** der 〖무기〗 전장총(前裝銃), 전장포. **~lastig** 〈Adj.〉 (배, 비행기에서) 앞쪽에 짐을 많이 실은. **~lauf,** der 〖사냥〗 (짐승의) 앞다리. **~linse,** die 〖사진〗 (사진기의) 앞쪽 렌즈. **~mann,** der 〖Pl. -männer〗 앞사람: jmdn. auf V. bringen 〈통용어〉 (누구로 하여금) 규율(군기)을 지키도록 만들다. **~mittelfuß,** der (앞 발다리의) 장딴지 아랫부분. **~pausche,** die 〖체조·고어〗 안마의 왼편 손잡이. **~perron,** der 〖고어〗 앞편 승강대. **~pfote,** die 앞발(반대: Hinterpfote). **~pranke,** die 앞다리의 발톱. **~rad,** das 앞바퀴(반대: Hinterrad). **~radachse,** die ↑~achse. **~radantrieb,** der ↑~Frontantrieb. **~radaufhängung,** die 〖자동차〗 앞바퀴의 지탱. **~reifen,** der 앞바퀴 타이어(반대: Hinterreifen). **~satz,** der 〖언어〗 전치문(前値文). **~schiff,** das 선체의 앞부분. **~schinken,** der (돼지의) 어깨살로 만든 햄. **~seite,** die 정면, 앞쪽(반대: Rückseite, Hinterseite). **~sitz,** der 앞좌석. **~spieler,** der 〖파우스트볼〗 경기장 앞편에 배치되어 있는 선수. **~sprung,** der 〖체조·고어〗 (도마 경기에서) 앞쪽으로의 도약. **~steven,** der 〖선원〗 선수재(船首材). **~stübchen,** das ↑~stube. **~stube,** die ↑~zimmer. **~teil,** das / der 앞쪽. **~treppe,** die 뒷문과 연결된 계단. **~tür,** die 정문. **~walzer,** der 압연기의 앞쪽에서 일하는 사람. **~wand,** die 앞벽. **~zahn,** der ↑Schneidezahn. **~zehe,** die 〖동물〗앞다리의 발가락. **~zimmer,** das 전면에 있는 방. **~zungenvokal,** der 〖언어〗 전설모음(前舌母音). **~zwiesel,** der 〖승마〗 (말 안장의) 윗편 갈라진 부분의 앞부분.
vordere ['fɔrdərə], **Vordere** [-], der / die ↑vorder... **Vorder(e)n** 〈Pl.〉 《고어·아어》 ↑Altvordern.
vorderhand [((또한)) 'fɔr..., --'―] 〈Adv.〉 우선, 당분간, 임시로.
vorderst... ['fɔrdɐst...] ↑vorder...
vordrängeln, sich 〈h〉 (다른 사람들을) 밀치고 앞으로 나서다. **vordrängen** 〈h〉 **1.** (v. + sich) **a)** 앞으로 밀고 나아가다, 억지로 앞으로 나서다. **b)** 중요한 위치로 밀치고 나서다, 주의를 끌려고 하다. **2.** 앞으로 몰려가다.
vordringen* 〈s〉 **a)** 밀고 들어가다, 진출하다, 전진하다. **b)** 확산되다, 유포되다, 보급(전파)되다, 유명해지다.
vordringlich 〈Adj.〉 절박한, 긴급한, 긴요한: eine Sache v. behandeln 어떤 일을 긴요하게 취급하다. **Vordringlichkeit,** die ↑vordringlich의 명사형.
Vordruck, der; -(e)s, -e (관청의) 서식, 기입 용지.
vordrucken 〈h〉 미리 인쇄하다, 서식을 인쇄하다: 〈대개 과거분사로〉 vorgedruckte Glückwünsche 미리 인쇄된 축하장.
vorehelich 〈Adj.〉 **a)** 결혼 전의. **b)** 결혼 전에 일어난.
voreilig 〈Adj.〉 성급한, 경솔한, 너무 빠른: v. handeln 경솔하게 행동하다. **Voreiligkeit,** die; -en **a)** 성급함, 경솔, 무분별함. **b)** 성급한 행동. **Voreilung,** die 〖기술〗 실제가보다 높은 측정치(반대: Nacheilung).
voreinander 〈Adv.〉 **a)** (공간적으로) 하나가 다른 것 앞에, 앞뒤로 나란히 배열된: zwei v. gekoppelte Raupenschlepper 두 개의 앞뒤로 서로 연결된 무한궤도 차량. **b)** 서로서로, 상호간에.
voreingenommen 〈Adj.〉 선입견에 사로잡힌, 편파적인, 공정하지 못한: du bist ihm gegenüber viel zu v. 너는 그에 대해서 지나치게 공정하지 못하다. **Voreingenommenheit,** die ↑voreingenommen의 명사형.
Voreinsendung, die; -en 미리 보냄, 우선 송달.
voreinst 〈Adv.〉 《아어·준고어》 매우 오래 전에.
voreiszeitlich 〈Adj.〉 빙하기 이전의.
Voreltern 〈Pl.〉 조상, 선조.
vorenthalten* 〈h〉 누구에게 무엇을 내주지 않다, 억류하다: wir wollen unsern Lesern nichts v. 우리는 이 독자들에게 아무것도 숨기지 않겠다; 〈드물게 비분리로〉 er vorenthielt ihm seine Beobachtungen 그 남자는 그에게 자신이 관찰한 것을 알려 주지 않았다. **Vorenthaltung,** die; -en ↑vorenthalten의 명사형.
Vorentscheid, der; -(e)s, -e ↑Vorentscheidung.
Vorentscheidung, die; -en **a)** 예비 결정, 일차 결정, 선결: im Ministerium wurde bereits eine V. getroffen 내각에서는 이미 일차적 결정이 내려졌다. **b)** 〖스포츠〗 (최종 결정을 예시하는) 일차적 결정. **Vorentscheidungskampf,** der 〖스포츠〗 예선전. **Vorentscheidungslauf,** der 〖스포츠〗 (육상의) 예선.
Vorentwurf, der; -(e)s, Vorentwürfe ↑Vorbescheid.
¹Vorerbe, der; -n, -n 〖법〗 제1 상속인. **²Vorerbe,** das; -s, **Vorerbschaft,** die; -en 제1 상속인이 물려받는 상속 재산.
Vorerkrankung, die; -en 〖보험〗 (보험 가입 이전의) 병력(病歷).
Vorermittlung, die; -en 경찰의 일차 조사.

vorerst [(또한) -'-] ⟨Adv.⟩ [(고형) fürerst] 우선, 당분간, 임시로.

vorerwähnt ⟨Adj.⟩ ↑obenerwähnt.

vorerzählen ⟨h⟩ (통용어) 사실이 아닌 것을 믿게 하려고 하다, (거짓을) 그럴듯하게 이야기하다.

Voressen, das; -s, - (schweiz.) ↑ Ragout.

Vorexamen, das; -s, - 예비 시험.

vorexerzieren ⟨통용어⟩ 시범을 보이다.

Vorfabrikation, die; -en (부품, 자재의) 규격 생산.

vorfabrizieren ⟨h⟩ (부품, 자재 등을) 규격 생산하다: 대개 과거분사로) vorfabrizierte Wände 규격 생산된 벽.

Vorfahr [-faːɐ], der; -en, -en, **Vorfahre**, der; -n, -n 선조, 조상(반대: Nachfahr, Nachfahre): ein V. mütterlicherseits 어머니 쪽으로의 선조 한 분. **vorfahren*** 1. a) ⟨s⟩ (차를) 집(문) 앞으로 타고 가다: mit dem Taxi v. 택시를 타고 집 앞으로 가다. **b)** ⟨h⟩ (차를) 집(문) 앞으로 몰다, 집(문) 앞에 대다: der Chauffeur fuhr den Wagen vor 운전 기사는 차를 문 앞으로 몰고 갔다. 2. a) ⟨s⟩ (차를 타고) 앞서 가다. **b)** ⟨h⟩ 차를 앞으로 몰다: er soll seinen Wagen noch ein Stückchen v. 그는 차를 앞으로 조금 더 빼야 한다. **3.** ⟨s⟩ (통용어) ↑ vorausfahren. **4.** [교통] ⟨s⟩ (선행권을 이용하여) 선행하다; (대개 부정형으로) wer darf an dieser Kreuzung v.? 이 교차로에서는 누가 선행할 수 있는가? **Vorfahrin**, die; -nen ↑Vorfahr(e)의 여성형. **Vorfahrt**, die 1. (드물게) 집 앞으로 차를 타고 감. 2. [교통] (특히 교차로에서의) 선행권: im allgemeinen hat der von rechts Kommende (die) V. 일반적으로 오른편에서 오는 사람(운전자)이 선행권을 가지고 있다.

vorfahrt(s)-, **Vorfahrt(s)-**: **~berechtigt** ⟨Adj.⟩ [교통] 선행권이 있는. **~recht**, das ↑ Vorfahrt (2). **b).** 선행권을 규정하는 규칙. **~regel**, die 선행권과 관련된 교통 규칙. **~schild**, das 선행권 표지. **~straße**, die 선행권을 가진 도로. **~zeichen**, das ↑ ~schild.

Vorfall, der; -(e)s, Vorfälle **1.** (돌발적인) 사건, (갑작스런) 사고, 일: der V. ereignete sich auf dem Marktplatz 그 사건은 광장에서 발생했다. **2.** [의학] ↑ Prolaps. **vorfallen*** ⟨s⟩ **1.** (좋지 않은 일이) 갑자기 생기다, 불시에 일어나다. **2. a)** 앞으로 떨어지다, 앞에 떨어지다. **b)** [의학] ↑ prolabieren.

Vorfeier, die; -n (본 축제 이전의) 사전 축제.

Vorfeld, das; -(e)s, -er **1.** 앞뜰, 앞마당. **2.** [언어] (문장 중 동사의 앞).

vorfertigen ⟨h⟩ ↑vorfabrizieren. **Vorfertigung**, die; -en **a)** 규격 생산. **b)** 규격 생산된 자료.

Vorfilm, der; -(e)s, -e (극장에서) 본 영화 상영 전의 짧막한 영화.

vorfinanzieren ⟨h⟩ [경제] 사전 금융 지원을 하다.

vorfinden* **a)** (특정한 장소에서) 찾아내다, 발견하다. **b)** ⟨v. + sich⟩ 발견되다, 있다.

vorflunkern ⟨h⟩ (통용어) 터무니없는 말을 하다, 엉터리로 꾸민 이야기를 많이 하다.

Vorflut, die; -en [수리] 배수로로 흘러드는 물. **Vorfluter** [-fluːtɐ], der; -s, - [수리] 배수로, 하수로.

Vorform, die; -en (단순한) 초기 형태, 초기 형식. **vorformen** 미리 형성하다. **vorformulieren** ⟨h⟩ 앞서 작성하다, 먼저 표현하다.

Vorfrage, die; -n 선결(선행) 문제.

Vorfreude, die; -n 미래의 것에 대한 기쁨(즐거움), 기대에 찬 즐거움: die V. auf ein Fest 닥쳐올 축제에 대한 즐거움.

vorfristig [-frɪstɪç] ⟨Adj.⟩ 기한 이전의, 만기전의.

Vorfrucht, die; Vorfrüchte [농업] (다른 작물보다) 먼저 재배되는 작물.

Vorfrühling, der; -s, -e 이른 봄.

vorfühlen ⟨h⟩ (누구의 기분, 생각을) 넌지시 알아보다, 은근히 속을 떠보다: er hat nach Arbeitsmöglichkeiten vorgefühlt 그는 취업 가능성을 넌지시 알아보았다.

vorführ-, **Vorführ-**: **~dame**, die ↑Mannequin (1). **~fertig** ⟨Adj.⟩ 상영 준비가 끝난. **~gerät**, das **a)** ↑Projektor. **b)** (상점에서의) 시범용 기구, 전시용 신제품. **~raum**, der 영사실. **~wagen**, der (구매 손님들을 위한) 시승용 자동차. **~zeit**, die 상영(상연) 시간.

vorführen ⟨h⟩ **1.** (연구, 관찰의 목적으로) 누구 앞으로 가져오다, 인도하다. **2. a)** (상품으로서) 내보이다, 제시하다, 전시하다: die neue Mode v. 새로운 유행을 (선)보이다. **b)** (누구에게 무엇을) 알려 주다, 알게 하다. **c)** 시범을 보이다, 실례를 들어가며 설명하다: der Lehrer führt einen Versuch v. 선생님은 어떤 실험의 시범을 보여준다. **d)** 상영하다, 상연하다, 연주(연주)하다: einen Film v. 영화를 상영하다. **Vorführer**, der; -s, - **1.** ↑Filmvorführer. **2.** ⟨드물게⟩ 시범을 보이는 사람. **Vorführung**, die; -en **1.** (연구, 관찰 등을 위해) 누구 앞으로 인도함, 데려옴, 구인(拘引). **2.** 전시, 상연(상영), 소개, 시범을 보임. **Vorführungsraum**, der 전시실, 상영(상연)실, 연주실.

Vorgabe, die; -n **1.** [스포츠] (경기에서) 약한 편에게 유리하게 해 줌, 핸디캡: jmdm. 20 Meter V. geben 누구를 20m 앞서 달리게 하다. **2.** [골프] 핸디캡. **3.** (전문어) (암호, 원칙 등) 미리 규정된 것. **4.** [경제] ↑Vorgabezeit. **5.** [광부] 폭파 작업을 통해 암석에서 분리되어질 부분. **Vorgabezeit**, die [경제] 작업 규정 시간.

Vorgang, der; -(e)s, Vorgänge **1.** 경과, 과정, 사건, 일: geschichtliche Vorgänge 역사 발전 과정. **2.** [관] (특정 인물이나 사건에 대한) 모든 서류. **Vorgänger**, der; -s, - 전임자, 선배. **Vorgängerin**, die; -nen ↑ Vorgänger의 여성형. **vorgängig** **I.** ⟨Adj.⟩ (준고어) 지나간, 오래된. **II.** ⟨Adv.⟩ (schweiz.) 앞서, 먼저. **Vorgangspassiv**, das [언어] 경과(동작)의 수동형. **Vorgangsverb**, das; -s, -en [언어] 경과 동사(예컨대: einschlafen). **Vorgangsweise**, die; -n (österr.) ↑Vorgehensweise.

Vorgarn, das; -(e)s, -e [섬유] 실을 짤 수 있도록 가공된 섬유.

Vorgarten, der; -s, Vorgärten 앞뜰.

vorgaukeln ⟨h⟩ 무엇의 허상을 보여주며 속이다, (감언이설로) 속여서 믿게 하다.

vorgeben* ⟨h⟩ **1.** 제출하다, 앞에 내어놓다. **2.** 꾸며서 주장하다, 사칭하다, (사실이 아닌 것을) 구실로 삼다: er gab vor, krank gewesen zu sein 그는 병이 들었었다고 꾸며댔다. **3.** [스포츠] (경기에서) 약한 편을 유리하게 해주다: ich gebe ihm 50 m vor 나는 그로 하여금 50m 앞서 출발하게 한다. **4.** 정하다, 확정하다, 결정하다.

vorgebirge, das; -s, - **1.** 큰 산맥 앞의 구릉맥. **2.** ⟨농⟩ 큰 젖가슴.

vorgeblich [-geːplɪç] ⟨Adj.⟩ ↑angeblich: er ist v. krank 그는 아픈 체한다.

vorgeburtlich ⟨Adj.⟩ [의학] 탄생 전의, 태내의.

vorgefaßt ⟨Adj.⟩ 선입 관념이 된: eine -e Meinung 선입견.

Vorgefecht, das; -(e)s, -e 전초전.

Vorgefühl, das; -s, -e 예감.

Vorgegenwart, die [언어] ↑ Perfekt.

vorgehen* ⟨s⟩ **1.** 앞으로 가다: die Soldaten gingen vor [군] 병사들이 전진했다. **2. a)** 누구보다 앞서서 가다. **b)** (다른 사람보다) 먼저 가다(출발하다). **3.** (시계 등이) 빨리 가다, (측정기 등이) 높은 수치를 나타내다. **4.** (목적을 달성하기 위해) 조처를 취하다, 특정한 행동을

다: die Polizei ging gegen die Demonstranten mit Wasserwerfern vor 경찰은 살수기를 동원하여 시위자들에게 맞섰다. **5.** 생기다, 일어나다: mit ihm war eine Veränderung vorgegangen 그에게는 변화가 생겼다. **6.** 우선하다, 중요하다: die Sicherheit des Staates geht allem anderen vor 국가의 안전이 다른 모든 것보다 우선한다. **Vorgehen**, das; -s 행동, 행동 양식, 행태. **Vorgehensweise**, die 행동 양식.
vorgelagert 〈Adj.〉 앞에 있는: die (der Küste) -en Inseln (해변) 앞의 섬들.
Vorgelände, das; -s, - 앞의 지역.
Vorgelege, das; -s, - [기술] 전도 장치, 중간축.
vorgenannt 〈Adj.〉 [관] 앞서 언급된.
vorgeordnet 〈Adj.〉 [고어] ↑übergeordnet (2).
Vorgeplänkel, das; -s, - (큰 전투에 앞선) 소규모 충돌, (큰 싸움에 앞선) 말다툼.
Vorgericht, das; -(e)s, -e ↑Vorspeise.
Vorgeschichte, die; -n **1.** 〈Pl. 없음〉 **a)** 선사 시대. **b)** (선사 시대를 연구하는) 학문. **2.** (어떤 사건, 상황에 이르기까지의) 경위, 과정: der Skandal hat eine lange V. 이 추문에 이르기까지는 긴 과정이 있다. **Vorgeschichtler**, der; -s, - 선사 시대 전문 역사학자. **vorgeschichtlich** 〈Adj.〉 선사 시대의. **Vorgeschichtsforschung**, die **a)** 선사 시대 연구. **b)** 〈Pl. 없음〉 선사학.
Vorgeschmack, der; -(e)s (앞으로 겪을 것을) 미리 조금 맛보기, 시식(試食): einen V. von etw. bekommen 무엇에 대해 미리 맛을 좀 보다.
vorgeschritten: ↑vorschreiten 참조.
Vorgesetzte*, der / die 웃사람, 상사, 상관. **Vorgesetztenverhältnis**, das [관] 상사로서의 다른 사람에 대한 관계.
Vorgespräch, das; -(e)s, -e 예비 협상, 예비 토의.
vorgestern 〈Adv.〉 **1.** 그저께. **2.** 《통용어·폄》 다음의 용법으로: **von v.** 시대에 뒤떨어진, 낡은. **vorgestrig** 〈Adj.〉 **1.** 그저께의. **2.** 낡은, 시대에 뒤진.
vorgreifen* 〈h〉 **1.** 앞으로 뻗다: mit den Armen v. 두 팔을 앞으로 뻗다; [전의] ich habe schon auf mein nächstes Monatsgehalt vorgegriffen 나는 이미 내 다음달 월급을 축냈다. **2. a)** 앞질러서 말하다[행동하다], 선수를 치다, 기선을 잡다: du darfst ihm bei dieser Entscheidung nicht v. 이 결정에 있어서 네가 그 사람보다 앞질러서 행동해서는 안된다. **b)** 예측하고 먼저 행동하다: in Stellungnahme v. 태도 표명을 미리 해 버리다. **3.** 미리 말하다. **vorgreiflich** 〈Adj.〉 [고어] 선취하는, 앞서 행동하는, 선수를 치는. **Vorgriff**, der; -(e)s, -e 선취, 예견, 앞선 행동: etw. im [in, unter] V. auf etw. tun 무엇을 예상하고 어떤 행동을 하다.
vorgucken 〈h〉 《통용어》 **1. a)** 앞을 보다. **b)** (무엇 뒤에) 숨어서) 내다보다. **2.** (겉에 걸친 것보다 길어서) 드러나 보이다: das Kleid guckt (unter dem Mantel) vor (외투 안의) 옷이 드러나 보인다.
vorhaben* 〈h〉 **1.** 의도하다, 계획하다, 기도하다: er hat vor, eine größere Reise zu machen 그는 큰 여행을 할 생각을 가지고 있다. **2.** 《통용어》 앞에 걸치고 있다. **3.** 《경》 괴롭히다, 성가시게 굴다. **Vorhaben**, das; -s, - 계획, 의도: sein V. durchführen [ändern] 그의 계획을 실행하다[변경하다].
Vorhafen, der; -s, Vorhäfen ↑Reede.
Vorhalle, die; -n **a)** 현관 앞의 건물. **b)** 현관의 홀.
Vorhalt, der; -(e)s, -e **1.** [음악] 걸림음. **2.** [군] 움직이는 표적을 맞추기 위해 계산되는 표적의 이동 거리. **3.** (schweiz., 그 외 고어) ↑Vorhaltung. **Vorhalte**, die [체조] 팔을 앞으로 뻗은 자세. **vorhalten*** 〈h〉 **1.** 앞에 지니다, 앞에 들고 있다: (beim Husten) die Hand v. (기침을 할 때) 손으로 입을 가리다. **2.** 꾸짖다, 비난하다, 질책하다: jmdm. seine Fehler v. 누구의 실수를 꾸짖다. **3.** 《통용어》 (어느 기간 동안) 부족하지 않다, 지탱할 만하다: [전의] die gute Stimmung hielt nicht lange vor 좋은 기분은 오래 지속되지 못했다. **4.** [토목] 건축 자재를 임시로 빌려 주다. **Vorhaltung**, die; -en 《대개 Pl.》 **1.** 비난, 질책, 꾸짖음: wir haben unserer Tochter (deswegen) -en gemacht 우리는 딸을 (그 때문에) 꾸짖었다. **2.** [토목] 공사 자재를 빌려 줌.
Vorhand, die **1.** [정구·탁구] 포핸드 스트로크, 정상타. **2.** [카드] 선수(先手): die V. haben [in der V. sein] 선수이다; [전의] die Firma war der Konkurrenz gegenüber in der V. 그 회사는 경쟁자들보다 유리했다. **3.** (특히 말의) 앞다리와 전반신. **vorhanden** [-'handŋ] 〈Adj.〉 [원래 = vor den Händen] 존재하는, 있는, 수중에 있는: die Gefahren sind unleugbar v. 위험은 엄연히 존재하고 있다. **Vorhandensein**, das; -s 존재함, 현존.
Vorhandschlag, der; -(e)s, -schläge [테니스·탁구] ↑Vorhand (1).
Vorhang, der; -(e)s, Vorhänge **a)** 커튼, 장막: den V. schließen 커튼을 치다. **b)** (무대의) 막: der V. geht auf [hebt sich] 막이 오르다; in zehn Minuten ist V. 《극장 은어》 10분이면 공연이 끝난다; [전의] über die Ereignisse war der V. gefallen 그 사건들은 이제 완전히 잊혀졌다; **der eiserne V.** [연극] 무대와 객석 사이의 방화막; **der Eiserne V.** [정치] (처칠이 말한) 철의 장막. **c)** 〈지역적·준어〉 ↑Gardine.
Vorhang-: **~bogen**, der [건축] 양면으로 치켜올려진 커튼형의 아치(후기 고딕 양식). **~stange**, die 커튼용 쇠막대. **~stoff**, der 커튼용 천.
¹**vorhängen** 〈h〉 《지역적》 ↑vorgucken. ²**vorhängen** 〈h〉 앞에 걸다, 앞에 부착시키다: eine Decke v. (무엇 앞에) 지붕을 달다. **Vorhängeschloß**, das 맹꽁이 자물쇠.
Vorhaus, das; -es, Vorhäuser 《österr.》 현관, 복도.
Vorhaut, die; Vorhäute (음경의) 포피(包皮). **Vorhautbändchen**, das ↑Frenulum (2). **Vorhautverengung**, die ↑Phimose.
vorheizen 〈h〉 미리 가열하다, 미리 데우다.
vorher 〈Adv.〉 전에, 이전에, 사전에, 미리: am Abend v. 전날 밤에.
vorher-: **~berechnen** 〈h〉 미리 계산하다. **~bestimmen** 〈h〉 미리 결정하다: 《대개 과거분사로》 man glaubte an ein vorherbestimmtes Leben 사람들은 삶이 (운명적으로) 미리 결정된 것이라고 믿었다. **~bestimmung**, die 〈Pl. 없음〉 [신학] ↑Prädestination. **~gehen*** 〈s〉 (시간적으로) 앞서다, 선행하다, 먼저 발생하다: nach Anhaltspunkten suchen, die dem Vorfall vorhergingen 이 사건에 앞서 발생한 단서들을 찾다; im vorhergehenden (weiter oben) habe ich die These entwickelt, daß... 전술한 부분에서 나는 ···이라는 명제를 개진한 바 있다. **~sagbar** 〈Adj.〉 미리 말할 수 있는, 예언이 가능한. **~sage**, die 예언, 예보. **~sagen** 〈h〉 미리 말하다, 예언하다, 예보하다: das Wetter v. 일기를 예보하다. **~sehbar** [-ze:ba:ɐ̯] 〈Adj.〉 미리 알 수 있는. **~sehen*** 〈h〉 미리 알다.
vorherig [-'he:rıç, 《또한》'- - -] 〈Adj.〉 (시간적으로) 앞선, 전의, 이전의: nach -er Vereinbarung 사전 합의에 의해.
Vorherrschaft, die 우월, 우세, 지배, 헤게모니: nach V. streben 패권을 잡으려고 하다. **vorherrschen** 〈h〉 우세하다, 유력하다, 우월하다: es herrscht die Meinung vor, daß... ···이라는 의견이 우세하다.
vorheucheln 〈h〉 《통용어·폄》 ↑vorlügen.

vorheulen ⟨h⟩ 《통용어》 (누구 앞에서) 울며 호소하다, 큰 소리로 탄식하다: hör auf, mir dauernd etwas vorzuheulen! 내 앞에서 계속해서 울며 호소하는 짓 좀 그만 해라!

Vorhieb, der; -(e)s, -e [펜싱] (상대보다) 먼저 찌름, 선제 공격.

vorhin ⟨Adv.⟩ 조금 전에, 방금, 지금 막. **vorhinein** ⟨Adv.⟩ 《다음 용법으로》 **im v.** ⟨österr.⟩ 사전에, 벌써 전에.

Vorhof, der; -(e)s, Vorhöfe **1.** [의학] **a)** 심방(心房). **b)** (귓속의) 평형 기관. **2.** 앞마당. **Vorhofflattern**, das; -s [의학] 빠른 맥박으로 인한 심장 운동 장애. **Vorhofflimmern**, das; -s [의학] 불규칙한 맥박으로 인한 심장 고동 장애.

Vorhölle, die [가] 림보(그리스도 탄생 전의 사람이나 세례 받지 않은 어린애가 죽어서 가는 곳).

Vorhut, die; -en ⟨군⟩ 전위 부대, 선발대.

vorig ['fo:rɪç] ⟨Adj.⟩ **1.** 바로 전의, 직전의: am letzten Tag -en Monats 전달의 마지막 날에; ⟨명사화⟩ wie im -en bereits gesagt 〈준고어〉 이미 앞에서 언급한 바와 같이; das Vorige [연극] 앞장면; die Vorigen [연극] 앞장면의 사람들. **2.** ⟨schweiz.⟩ 남은: etw. v. lassen 무엇을 남기다.

vorindogermanisch ⟨Adj.⟩ 인도게르만 시대 이전의.
vorindustriell ⟨Adj.⟩ 산업화 이전의.

Vorjahr, das; -(e)s, -e 지난해, 작년.
Vorjahr(e)s-: **~ergebnis**, das 지난 해의 성과. **~meister**, der [스포츠] 지난 해의 챔피언. **~sieg**, der [스포츠] 지난 해의 승리. **~sieger**, der [스포츠] 지난 해의 승리자.

vorjährig ⟨Adj.⟩ 지난 해의.
vorjammern ⟨h⟩ 《통용어》 누구 앞에서 탄식하다.
Vorkalkulation, die; -en [상] 사전 계산.
Vorkammer, die; -n ↑Vorhof (1 a).
Vorkämpfer, der; -s, - 선구자, 개척자. **Vorkämpferin**, die; -nen ↑Vorkämpfer의 여성형.

vorkauen ⟨h⟩ **1.** (미개인들이) 어린아이에게 음식물을 씹어서 주다: einem Kind die Nahrung v. 아이에게 음식물을 씹어서 주다. **2.** 《통용어》 자세하게 설명해 주다.

Vorkauf, der; -(e)s, Vorkäufe [경제] 선매(先買). **Vorkäufer**, der; -s, - 선매자. **Vorkaufsrecht**, das [법] 선매권(先買權).

Vorkehr, die; -en 《schweiz.》 ↑Vorkehrung. **vorkehren** ⟨h⟩ **1.** 《통용어》 ↑herauskehren: er kehrt den Chef vor 그는 우두머리인 체하기를 좋아한다. **2.** 《schweiz.》 보호 조처를 취하다, 예방 대책을 강구하다. **Vorkehrung**, die; -en 《대개 Pl.》 보호 조처, 안전 대책: -en treffen 안전 대책을 강구하다.

Vorkeim, der; -(e)s, -e [식물] (이끼류의) 포자에서 나오는 싹. **vorkeimen** ⟨h⟩ 《지역어》 파종하지 않고 씨앗을 발아시키다.

Vorkeller, der; -s, - 지하실 입구의 방.

Vorkenntnis, die; -se 사전 지식, 예비 지식: hierfür sind spezielle -se erforderlich 여기에는 특별한 예비 지식이 필요하다.

vorklagen ⟨h⟩ 《통용어》 누구 앞에서 탄식하다.

vorklinisch ⟨Adj.⟩ [의학] **1.** (의학 교육의) 임상 과정 이전의. **2.** (병의) 증상이 나타나기 전의.

vorknöpfen ⟨h⟩ 《통용어》 호되게 꾸짖다, 몹시 나무라다: den werde ich mir einmal gründlich v. 그 녀석을 나는 한번 호되게 야단치겠다.

vorkochen ⟨h⟩ **1.** 미리 음식을 만들어 두다. **2.** ↑ankochen.

vorkohlen ⟨h⟩ 《통용어》 ↑vorlügen.

vorkommen' ⟨s⟩ **1.** (대개 나쁜 일들이) 일어나다, 생기다: so etw. ist mir noch nie vorgekommen 이런 일은 내게는 생전 처음이다. **2.** 있다, 존재하다, 현존하다: diese Pflanze kommt nur im Gebirge vor 이 식물은 산 속에만 있다. **3.** (무엇으로) 여겨지다, 생각되다, 보이다: das kommt dir nur so vor 그것은 단지 네게 그렇게 보였을 뿐이다(네가 잘못 보았다); wie kommst du mir eigentlich vor? 《통용어》 도대체 네가 어떻게 나에게 그렇게 할 수 있는 거냐?; ich komme mir überflüssig vor 내 자신이 불필요한 존재처럼 여겨진다. **4.** 앞으로 가다(오다). **5.** 나타나다, 보이다, (자태를) 드러내다: komm aus deinem Versteck vor 네 숨은 곳으로부터 나오너라. **vorkommendenfalls** ⟨Adv.⟩ 《관》 유사시에, 만약의 경우에. **Vorkommnis** [-kɔmnɪs], das; -ses, -se 《돌발》 사건, 나쁜 일.

Vorkost, die 《드물게》 ↑Vorspeise. **vorkosten** ⟨h⟩ **a)** 시식(시음)하다. **b)** 《아이》 미리 느끼다, 무엇의 기분을 미리 맛보다.

vorkragen ⟨h⟩ [토목] **a)** 돌출하다, 툭 튀어나오다. **b)** 돌출시키다.

Vorkriegs-: **~generation**, die 전쟁 전의 세대. **~jahr**, das 전쟁 전의 해. **~stand**, der 전쟁 전의 상태 (수준). **~ware**, die 전쟁 전 시대의 상품. **~zeit**, die 전쟁 전 시대.

Vorkurs, der; -es, -e 준비 과정, 예비 코스. **Vorkursus**, der; -, ...kurse ↑Vorkurs.

vorladen' ⟨h⟩ 호출하다, 소환하다: er wurde als Zeuge vorgeladen 그는 증인으로 소환되었다. **Vorladung**, die; -en **a)** 소환, 소환됨: die V. von jmdm. beantragen 누구의 소환을 요청하다. **b)** (소환자가) 소환에 응하기.

Vorlage, die; -n **1.** ⟨Pl. 없음⟩ 제시, 제출: die Karten werden nur gegen V. eines Personalausweises ausgehändigt 카드는 신분증을 제시해야만 (분실 시에) 법률에 의거 발부된다. **2.** 원본. **3. a)** 모범, 모델, 본보기. **b)** [인쇄] 원본. **4.** [축구] 숏으로 연결된 패스: er nahm die V. auf und verwandelte sie zum 2:1 그는 그 패스를 받아서 골로 연결시켜 2:1로 만들었다. **5.** ⟨Pl. 없음⟩ **a)** [조정] ↑Auslage (3 c). **b)** [스키] 상체를 앞으로 숙임. **6.** [건축물] (벽이나 담장을 지탱해 주는) 기둥, 지주. **7.** [화학·제련] 증류수 용기. **8.** [경제] 선불(先拂): **in V. bringen(treten)** 선불하다. **9.** 《지역어》 ↑Vorleger.

vorlamentieren ⟨h⟩ 《통용어》 ↑vorheulen.
Vorland, das; -(e)s **1.** 산맥 앞쪽의 땅. **2.** ↑Deichvorland.

vorlassen' ⟨h⟩ **1.** 《통용어》 **a)** (줄을 서서 기다릴 때) 뒤의 사람에게 앞자리를 내주다, 앞서게 하다. **b)** 통과시키다, 지나가게 하다: einen schnelleren Läufer v. 더 빠른 주자를 통과시키다. **2.** 면회(알현)를 허용하다.

vorlastig ⟨Adj.⟩ ↑kopflastig.
Vorlauf, der; -(e)s, Vorläufe **1.** [화학] (증류할 때) 처음의 증류액. **2.** [육상] 예선. **3.** 《구동독》 사전 연구. **vorlaufen'** ⟨s⟩ 《통용어》 **1.** 앞으로 달리다. **2.** 앞에서 달리다, 선두에 서서 뛰다. **Vorläufer**, der; -s, - **1.** 선구자. **2.** [스키] (경기 전에 경주 구간을 먼저 활주 해보기) 시험 활주자. **3.** 《지역어》 (앞서 떠나는) 임시 열차. **4.** [염색] 직물 양편 가장자리의 줄무늬. **Vorläuferin**, die; -nen ↑Vorläufer (1, a)의 여성형. **vorläufig** ⟨Adj.⟩ 당장의, 우선의, 임시적인, 일시적인: das ist nur ein -er Zustand 그것은 단지 일시적인 상황일 뿐이다; v. wird sich daran nichts ändern 그것에 대해서는 당장에는 변화가 없을 것이다. **Vorläufigkeit**, die ↑vorläufig의 명사형.

vorlaut ⟨Adj.⟩ 제멋대로의, 버릇없는, 건방진.
vorleben ⟨h⟩ 실천하여 모범을 보이다. **Vorleben**, das; -s 내력, 경력, 전력: jmds. V. unter die Lupe nehmen

누구의 내력을 조사하다.

Vorlege-: ~besteck, das (식탁용) 식사 용구. ~gabel, die (식탁용) 포크. ~löffel, der (식탁용) 스푼. ~messer, das (식탁에서) 고기를 썰어 나누어 주는 큰 칼. ~schloß, das 〈지역적〉↑Vorhängeschloß.

vorlegen 〈h〉 1. 누구의 앞에 무엇을 놓다, 제시하다, 제출하다: die Verteidigung legte dem Gericht neues Beweismaterial zur 변호사는 법정에 새로운 증거물을 제출했다. 2. a) (심사를 위해 서류를) 제출하다. b) 내놓다, 공개하다. 3. a) (아이) (누구의 접시에) 음식을 담아 주다. b) (동물 앞에) 먹이를 놓아주다. 4. 설치하다, 장치하다: einen Riegel v. 빗장을 달다, 빗장을 지르다. 5. 〈v. + sich〉 상체를 앞으로 숙이다. 6. [축구] 슛을 하도록 패스를 하다. 7. 《속도를 나타내는 명사와 결합하여》 (경기의 초반에) 높은 기량을 발휘하다: er legte im zweiten Durchgang eine Weite von 8,20 m vor 그는 두 번째 시도에서 8.2 m의 넓이를 뛰었다. 8. 《통용어》 (술을 마시기 전에) 잘 먹어두다. 9. 《준고어》 선불하다, 돈을 먼저 주다. Vorleger, der; -s, - 작은 양탄자. Vorlegung, die ↑vorlegen의 명사형.

vorlehnen, sich 앞으로 기대다.

Vorleistung, die; -en (상대방의 상응하는 행동을 기대하면서 무엇인가를) 먼저 해줌.

Vorlese, die; -n (포도의) 첫물 따기.

vorlesen* 〈h〉 (누구 앞에서) 낭독하다, 큰 소리로 읽다: den Kindern Geschichten v. 아이들에게 이야기를 큰 소리로 읽어 주다. Vorlesepult, das 낭독자용 소책상. Vorleser, der; -s, - (구제)(직업적인) 낭독하는 사람. Vorlesewettbewerb, der (시나 이야기의) 낭독 경연대회. Vorlesung, die; -en 1. 강의(대학에서의 강의): eine V. halten 강의하다; in die[zur] V. gehen 강의를 들으러 가다, 수강하다. 2. 〈Pl. 없음〉 낭독, 큰 소리로 읽음.

vorlesungs-, Vorlesungs- (Vorlesung 1): ~frei 〈Adj.〉 강의가 없는. ~gebühr, die 수강료. ~reihe, die 일련의 강연. ~verzeichnis, das 강의 목록표[요강].

vorletzt... 〈Adj.〉 a) 끝에서 둘째번의. b) 지지난 번의: im -en Jahr 재작년에. c) 마지막 것을 제하고는 단 하나 남은.

Vorliebe, die; -n 특별한 관심, 특히 애호(총애)함, 편애: seine V. gilt der Musik 그는 음악에 특별한 관심을 가지고 있다; er liest mit V. Kriminalromane 그는 범죄 소설을 아주 즐겨 읽는다.

vorliebnehmen* 〈h〉 [↑fürliebnehmen] 무엇으로 만족하다(더 욕심을 내지 않음): heute mußt du mit mir v. 너는 오늘은 나만으로 만족해야 한다.

vorliegen* 〈h〉 1. a) (누구의) 앞에 놓여 있다, 제출되어 있다: das Gutachten liegt der Kommission bereits vor 평가서는 위원회에 이미 제출되어 있다. 〈자주 현재분사로〉 im vorliegenden[in vorliegendem] Fall ist zu berücksichtigen, daß... 본 건에 있어서는 …의 사실이 고려되어야 한다. b) (사실로서) 있다, 존재하다: es liegen Gründe zu der Annahme vor, daß … …의 가정을 할 수 있는 근거가 있다. 2. 《통용어》 장치되어 있다, 설치되어 있다.

vorlings ['fo:rliŋs] 〈Adv.〉 [rücklings의 반대어로 F. L. Jahn(1778~1852)이 사용] [체조] 체조 기구들을 정면으로 보하여.

vorlügen* 〈h〉 《통용어》 거짓을 꾸며 이야기하다.

vorm [fo:ɐ̯m] 《통용어》 vor dem.

vormachen 〈h〉 《통용어》 1. 누구에게 무엇을 해 보이다, 하는 법을 가르치다, 시범을 보이다: darin macht ihm niemand etwas vor 그 점에서는 그보다 능숙한 사람이 없다. 2. (거짓으로) 속이다: sie hat ihm etwas vorgemacht 그 여자는 그 무언가를 속였다; wir wollen uns doch nichts v.! 우리 서로 솔직해지자!; jmdm. ein X für ein U v. 말도 안되는 것있으로 누구를 속이다; sich kein X für ein U v. lassen 엉터리 거짓말에 속아넘어가지 않다. 3. ↑vorlegen (4).

Vormacht, die 우세, 지배적 세력, 패권. Vormachtstellung, die ↑Hegemonie.

Vormagen, der; -s, Vormägen [동물] ↑Pansen (1).

vormagnetisieren 〈h〉 [전자] 정전압(定電壓)과 교류 전압(交流電壓)에 의한 녹음 테이프의 추가 자화(磁化). Vormagnetisierung, die; -en [전자] ↑vormagnetisieren의 명사형.

vormalig 〈Adj.〉 이전의. vormals 〈Adv.〉 이전에, 예전에(약어: vorm.).

Vormann, der; -(e)s, Vormänner 1. 근로 반장. 2. a) 전임자. b) 《österr. · 법》 전 소유주.

Vormarsch, der; -(e)s, Vormärsche 진격, 승리의 진군: auf dem V. sein 진군하다, 전진하다.

Vormärz, der; - 1815년에서 1848년 3월 혁명까지의 기간. vormärzlich 〈Adj.〉 3월 혁명 전기의.

Vormast, der; -(e)s, -en 《또는》 -e 앞돛대.

Vormauer, die; -n 바깥벽, 엄호벽. Vormauerziegel, der; -s, - 엄호벽용 벽돌.

Vormensch, der; -en, -en [인류] ↑Pithekanthropus.

Vormerk-: ~buch, das 수첩, 비망록. ~kalender, der 메모용 달력. ~liste, die 예약자 목록.

vormerken 〈h〉 미리 적어두다, (뒷날을 위하여) 메모해 두다, 예약하다: er hat das Zimmer v. lassen 그는 그 방을 예약했다. Vormerkung, die; -en a) 미리 기록함 [기록됨], 메모. b) [법] 가등기.

Vormieter, der; -s, - 전 임차인.

Vormilch, die [동물] ↑Kolostrum.

vormilitärisch 〈Adj.〉 입대(입영) 전의.

vormittag 〈Adv.〉 오전에: heute v. 오늘 오전에. Vormittag, der; -s, -e 오전: es geschah am frühen V. 그 일은 오전 일찍 일어났다. vormittägig 〈Adj.〉 오전 내내 계속되는, 오전 동안의: die -e Sitzung 오전 내내 계속된 회의. vormittäglich 〈Adj.〉 오전마다의, 매일 오전의: sie machte ihre -en Einkäufe 그 여자는 항시 오전에 하는 쇼핑을 했다. vormittags 〈Adv.〉 오전에: Montag v. 월요일 오전에.

Vormittags-: ~dienst, der 오전 근무. ~programm, das 오전 중의 프로그램. ~schicht, die 오전 작업조. ~stunde, die 오전 시간. ~vorstellung, die 오전 공연, 오전 상영. ~zeit, die 오전 시간.

Vormonat, der; -(e)s, -e 지난 달.

Vormontage, die; -en 예비 조립. vormontieren 〈h〉 예비 조립하다.

Vormund, der; -(e)s, -e / Vormünder 후견인: einen V. bestellen(berufen) 후견인을 임명하다; jmdm. einen V. geben 누구에게 후견인을 붙여 주다. Vormundschaft, die; -en 후견(역), 보좌: die V. über [für] jmdn. übernehmen 누구에 대한 후견을 담당하다; sie wurde unter die V. ihres Onkels gestellt 그 여자는 숙부의 후견을 받게 되었다. vormundschaftlich 〈Adj.〉 후견의, 후견에 관한.

Vormundschafts-: ~behörde, die 후견 감독[담당] 관청. ~bestellung, die [법] 후견(인) 설정. ~gericht, das 후견 재판소.

¹vorn, vorne ['fɔrn(ə)] 〈Adv.〉 앞에, 전면에, 전방에, 바깥쪽에, 선두에: das Fahrrad steht v. (auf der Straße) 자전거는 바깥쪽(길)에 세워져 있다; v. in der Schlange stehen 행렬 선두에 서 있다; bitte v. einsteigen 앞쪽으로 승차하시오; der Wind kam von v. 바람은 전방으로

²**vorn**

부터 불어왔다; das Inhaltsverzeichnis findest du v.(im Buch) 목차는 (책의) 앞쪽에 있다; 전의 der finnische Läufer ging (schob sich) nach v. 핀란드의 주자가 선두로 나섰다; **von v.** 처음부터, 새로이; **von v. bis hinten** 《통용어》 완전히, 전부, 예외 없이, 철두 철미하게.

²**vorn** [fo:ɐn] 《통용어》 vor den.

Vornahme, die; -n 《격식 독어》 실시, 실행, 처리.

Vorname, der; -ns, -n (성 앞의) 이름, 세례명, 본명; jmdn. beim -n rufen (mit dem -n ansprechen) 누구의 이름을 부르다(서로 이름을 부르고 지낼 정도로 친하다).

vorn(e)an [(또한) '--(-)] 〈Adv.〉 앞에, 선두에, 아주 앞쪽에.

vorne: ↑vorn.

vornehm 〈Adj.〉 **1.** 고결한, 고상한, 품위 있는. **2. a)** 신분이 높은, 상류층에 속하는, 고귀한: aus einer -en Familie kommen 고귀한(귀족) 가문 출신이다; sie ist sich wohl zu v., um mit uns zu reden 그 여자는 신분이 높은 체하며 우리와 함께 이야기를 하지 않는다. **b)** 상류층 생활 스타일의, 부유한, 고급의, 비싼: das Hotel ist mir zu v. 그 호텔은 나에게는 너무 고급이다. **3.** 우아한, 취미가 고상한, 품격 높은. **4.** 《대개 최상급으로》《아이》매우 중요한, 절실한: unsere -ste Aufgabe ist (es), die Chancengleichheit durchzusetzen 우리의 절실한 과제는 기회의 균등을 실현시키는 것이다. **vornehmen*** 〈h〉 **1.** 《통용어》 **a)** 앞으로 옮기다, 앞으로 이동시키다. **b)** 신체의 일부분을 보호하기 위해 무엇으로 가리다: ein Taschentuch v. 손수건으로 입을 막다. **2. a)** 작정하다, 마음을 먹다, 결심하다: ich habe mir vorgenommen, in Zukunft darauf zu verzichten 나는 앞으로는 그것을 포기하기로 결심했다. **b)** 《통용어》무엇을 하기 시작하다, 일하기 시작하다. **c)** 《통용어》 혼내 주다, 야단치다: den werde ich mir mal v.! 나는 그 녀석을 한번 혼내 줄 작정이다. **3.** 《통용어》 누구에게 먼저 차례가 가도록 하다. **4.** 실행하다, 실시하다: eine Untersuchung v. 무엇을 조사하다. **Vornehmheit,** die 고귀함, 고상함. **vornehmlich** ['fo:ɐ̯ne:mlɪç] 〈Adv.〉《아이》무엇보다도, 특히. **Vornehmtuer** [-tu:ɐ], der; -s, - 《썸》고상한 체 하는 사람. **Vornehmtuerei** [-tu:ɐraɪ, 《또한》 ---'-], die 《썸》 고상한 체함, 거드름빼기. **vornehmtuerisch** 〈Adj.〉 고상한 체하는, 거드름빼는.

vorneigen 〈h〉 앞으로 숙이다: sich (zum Gruß) v. (인사로) 몸을 굽히다.

Vorneverteidigung, die 《군》 국경에의 군사력 집중.

vorneweg [(또한) -'-] ↑vorweg.

vornherein [(또한) --'-] 《다음 용법으로》 **von v.** 처음부터.

vornhin (또한) -'-] 〈Adv.〉 가장 앞으로, 선두로.

vornhinein (또한) --'-] 《다음 용법으로》 **im v.** 《지역적》 처음부터. **vornüber** 〈Adv.〉 앞쪽으로.

vornüber-: **~beugen** 〈h〉 앞으로 숙이다. **~fallen** 〈s〉 앞으로 쓰러지다. **~kippen** 〈s〉 앞으로 기울다, 앞으로 넘어지다. **~stürzen** 〈s〉 앞으로 쓰러지다.

vornweg [(또한) -'-] ↑vorweg.

vorordnen 〈h〉 우선 정돈(정리)하다.

Vorort, der; -(e)s, Vororte **1.** 교외, 도시의 변두리, 교외의 소도시. **2.** 《schweiz.》 (초지역적 법인, 단체 등의) 회장단(본부) 소재지.

Vorort(s)-: **~bahn,** die 교외와 시내를 연결하는 철도. **~verkehr,** der 교외와 시내간의 교통. **~zug,** der 교외와 시내 사이를 운행하는 열차.

vorplanen 〈h〉 예비 계획하다. **Vorplanung,** die; -en 예비 계획.

Vorplatz, der; -es, -plätze **1.** 건물의 앞뜰, 앞광장. **2.**

《지역적》 ↑Diele (2).

Vorposten, der; -s, - 《군》 **a)** 전초 지점, 전진 초소: auf V. stehen 전초에 근무하다. **b)** 전초대, 전초병. **Vorpostengefecht,** das 《군》 전초전.

vorprellen 〈s〉 **1.** 《지역적》 ↑vorpreschen. **2.** 《사냥》 ↑nachprellen.

vorpreschen 〈s〉 돌진하다: 전의 in den Verhandlungen zu weit v. 협상에서 지나치게 성급히 굴다.

Vorprogramm, das; -s, -e 본 영화에 앞서 상영되는 것. **vorprogrammieren** 〈h〉 (대개 과거분사로) ↑ programmieren (3).

Vorprüfung, die; -en **a)** 예비 시험, 선발 시험. **b)** 모의 시험.

¹**vorquellen*** 〈s〉 ↑hervorquellen (1, 2).

²**vorquellen** 〈h〉 먼저 물에 불리다.

vorragen 〈h〉 ↑hervorragen (1).

Vorrang, der; -(e)s **1.** 상위, 선위, 우위, 더 큰 비중: (den) V. (vor jmdm. [etw.]) haben (누구(무엇)보다) 우위를 점하고 있다; jmdm. den V. streitig machen 누구의 선위에 도전하다. **2.** 《österr.》 ↑Vorfahrt. **vorrangig** 〈Adj.〉 우선한, 더 중요한, 더 긴급한. **Vorrangigkeit,** die; -en ↑vorrangig의 명사형. **Vorrangstellung,** die ↑Vorrang (1): eine V. haben (einnehmen) 우위를 점하고 있다. **Vorrangstraße,** die; -n 《österr.》 선행권을 가진 도로.

Vorrat, der; -(e)s, Vorräte 예비(품), 저장(품), 축(물): ein großer V. an Lebensmitteln 식량의 대규모 비축; etw. in V. haben 무엇을 저장해 두다; 전의 er hatte einen schier unerschöpflichen V. an Witzen auf Lager 그의 재치는 무궁무진하다; auf V. schlafen 후일을 위해 실컷 잠을 자 두다. **vorrätig** 〈Adj.〉 준비한, 저장해 둔, 지금 갖고 있는[쓸 수 있는]: etw. v. haben (halten) 저장해 놓고 있다.

Vorrats-: **~haltung,** die 비축, 저장. **~haus,** das 저장(품)창고. **~kammer,** die 저장실. **~keller,** der 지하 저장실. **~raum,** der 저장실(창고). **~schrank,** der 식료품 넣는 장. **~wirtschaft,** die 〈Pl. 없음〉 저장 (비축) 경제.

Vorraum, der; -(e)s, Vorräume 앞방, 대기실.

vorrechnen 〈h〉 누구에게 무엇을 계산해 보이다: 전의 jmdm. seine Fehler v. 누구의 잘못을 조목조목 따지다.

Vorrecht, das; -(e)s, -e 특권, 특전: -e genießen 특권을 누리다.

Vorrede, die; -n **a)** 《준어》 머리말, 서문. **b)** 서론: spar dir deine (langen) -n! (장황한) 서론은 집어치워라! **vorreden** 《통용어》 그럴싸하게 거짓을 말하다.

Vorredner, der; -s, - 앞서 (먼저) 말한 사람: sich seinem V. anschließen 먼저 발언한 사람과 같은 견해를 표명하다, 의견을 같이 하다.

vorreiten* **1.** 〈s〉 **a)** 말을 타고 앞으로 가다. **b)** 선두에서 말을 타고 가다. **2.** 〈h〉 승마 시범을 보이다. **Vorreiter,** der; -s, - **1.** 시범 기수. **2.** 《통용어》 (사고, 행동에서) 남을 앞서가는 사람, 선도자.

vorrennen* 《통용어》 **1.** 앞으로 달리다. **2.** 앞서서 달리다. **Vorrennen,** das; -s, - [스포츠] (달리기의) 예선 경기.

vorrevolutionär 〈Adj.〉 혁명전의.

vorrichten 〈h〉 《지역적》 ↑herrichten (1 a). **Vorrichtung,** die; -en **1.** 설비, 장비, 기구, 장치: eine V. zum Belüften 환기 장치. **2.** 《지역적》 정비, 정돈. **3.** 【광】 채굴 준비 작업.

vorrücken 1. 〈h〉 **a)** 앞으로 밀다. **b)** 무엇 앞쪽으로 밀다: wenn du den Schrank vorrückst, kann niemand die Tür öffnen 네가 장을 그 앞으로 밀어놓으면 아무도 문을 열 수가 없다. **2.** 〈s〉 **a)** 앞으로 나아가다, 앞

으로 밀고 나가다: unsere Mannschaft ist auf den zweiten Platz vorgerückt 우리 팀은 2위로 올라섰다; [전의] die Zeit rückt vor 1) 시간은 점점 더 늦어진다. 2) 시간은 흘러간다; zu vorgerückter Stunde[Zeit] 《아이》 밤 늦은 밤 시간에. **b)** 《군》 전진하다, 진격하다.
vorrufen' ⟨h⟩ 앞으로 불러내다, 호출하다.
Vorrunde, die; -n [스포츠] (단체 경기의) 제1차 예선.
Vorrundenspiel, das [스포츠] 제1차 예선 경기.
vors 《통용어》 vor das.
Vorsaal, der; -(e)s, Vorsäle 《지역적》 앞방, 복도.
vorsagen ⟨h⟩ **1. a)** (특히 학생들이) 속삭여서 가르쳐 주다, 살짝 귀뜸해 주다: seinem Banknachbarn die Antwort v. 그의 옆자리 친구에게 답을 몰래 속삭여 주다. **b)** (따라 외우거나 받아쓰도록) 문장이나 단어를 불러 주다. **2. a)** 혼자 중얼거리다, 혼자서 말하다. **b)** 〈자신에게 무엇을〉 타일러 권하다, 믿도록 권유하다. **Vorsager**, der; -s, - **1.** 《통용어》 〈배우에게〉 대사를 불러 주는 사람. **2.** 《드물게》 답을 몰래 불러 주는 사람.
Vorsaison, die; -s 《südd. 《또한》 österr.》 -en 계절 [시즌]전(반대: Nachsaison).
Vorsänger, der; -s, - **a)** (합창대, 회중의) 선창자, 주창자. **b)** (교회 예배 중) 신도들의 선창자.
Vorsatz, der; -es, Vorsätze **1.** 〈확고한〉 의도, 〈굳은〉 결의, 결단: den (festen) V. fassen, nicht mehr zu rauchen 금연을 하기로 〈굳은〉 결심을 하다; seinem V. untreu werden (원래의) 의도에서 벗어나다, 결심을 지키지 못하다. **2.** [제본] 면지(面紙). **3.** 추가 장치, 보조 설비.
Vorsatz-: **~blatt**, das [제본] ↑Vorsatz (2). **~linse**, die [사진] 보조 렌즈. **~papier**, das [제본] ↑ Vorsatz (2).
vorsätzlich [-zɛtslɪç] ⟨Adj.⟩ 의도적인, 고의의, 미리 기도한. **Vorsätzlichkeit**, die 고의성.
Vorschäler ['foːɐ̯ʃɛːlɐ], der; -s, - 보조 보습.
vorschalten ⟨h⟩ [전기] (전기 회로에) 연결시키다. **Vorschaltwiderstand**, der [전기] 직렬 저항.
Vorschau, die; -en **1.** (방송, 연극, 영화 등의) 프로그램 예고. **2.** 〈Pl. 없음〉 〈드물게〉 예견, 선견, 장래에의 전망.
Vorschein, der 《다음 용법으로》 **zum V. bringen** 출현시키다, 나타나게 하다, 내보이다; **zum V. kommen** 나타나다, 출현하다, 드러나다.
vorschicken ⟨h⟩ **1.** 앞으로 보내다. **2.** (누구에게 어려운 일을) 임무로 주다, 위임하다: ich denke nicht daran, mich v. zu lassen 나는 〈어려운 일〉 위임 받을 생각이 없다. **3.** 미리 보내다.
vorschieben ⟨h⟩ **1.** (무엇을) 앞으로 밀다: den Riegel v. 빗장을 (문 앞으로) 밀다(빗장을 지르다). **2. a)** 앞쪽으로 밀다, 앞쪽으로 내밀다: Truppen v. 군대를 전진시키다; eine vorgeschobene Stellung 전진 기지. **b)** ⟨v. + sich⟩ 앞으로 나아가다, 전진하다: er konnte sich in der Menge immer weiter v. 그는 군중 속에서도 계속해서 앞쪽으로 나갈 수 있었다. **3.** 〈자신은 배후에 숨은 채 다른 사람을〉 앞세우다, 간판으로 내세우다: einen Strohmann v. 허수아비를 앞세우다. **4.** 핑계를 삼다.
vorschießen' ⟨h⟩ **1.** 〈s⟩ 앞으로 뛰어[튀어] 나오다. **2.** ⟨h⟩ (돈을) 선불하다, 선대하다: kannst du mir die Summe v.? 너는 그 금액을 내게 빌려 줄 수 있느냐?
Vorschiff, das; -(e)s, -e 배의 전반부, 이물.
vorschlafen' ⟨h⟩ 《통용어》 미리 잠을 자두다.
Vorschlag, der; -(e)s, Vorschläge [ital. appoggiatura] **1.** 제안, 건의, 제의: praktische Vorschläge machen 실질적인 제안을 하다; einen V. annehmen [akzeptieren] 제안을 받아들이다; ein V. zur Güte 《농》 화해의 제의; jmdm. etw. in V. bringen 《격식

독어》 누구에게 무엇을 건의하다. **2.** [음악] 앞꾸밈음, 전타음, 의음(倚音). **vorschlagen'** ⟨h⟩ **a)** 제안하다, 제의하다, 건의하다. **b)** (누구를 어디에) 추천하다: jmdn. für ein Amt[für einen Posten] v. 누구를 어느 관직에 [자리에] 추천하다. **Vorschlaghammer**, der; -s, ...hämmer 큰 망치.
Vorschlags-: **~liste**, die ↑ Kandidatenliste. **~recht**, das 추천[천거]권, 발의권. **~wesen**, das 〈Pl. 없음〉 (회사의) 개선안, 관리, 추천제(도).
Vorschlußrunde, die; -n [스포츠] 준결승전.
Vorschmack, der; -(e)s 《드물게》 ↑ Vorgeschmack.
vorschmecken ⟨h⟩ ↑ herausschmecken (b).
vorschneiden' ⟨h⟩ **a)** (먹기 좋게) 잘라 주다. **b)** (식탁에서 나누기 전에) 미리 자르다.
vorschnell ⟨Adj.⟩ ↑voreilig.
vorschnellen ⟨s⟩ 앞으로 뛰어나가다, 튀어오르다.
Vorschoter ['foːɐ̯ʃoːtɐ], der; -s, - [요트] 앞돛의 밧줄 담당자. **Vorschoterin**, die; -nen ↑Vorschoter의 여성형. **Vorschotmann**, der; -(e)s, ...männer / ...leute ↑ Vorschoter.
vorschreiben' ⟨h⟩ **1.** 써서 보이다, 쓰는 법을 가르치다. **2.** 지시하다, 규정하다, 규칙을 정하다: ich lasse mir (von dir) nichts v. 나는 너로부터 지시를 받지 않는다; die vorgeschriebene Dosis einnehmen (약의) 규정된 양을 복용하다.
vorschreiten' ⟨s⟩ ↑vorangehen (2): 〈대개 과거분사로〉 zu vorgeschrittener Stunde 《아이》 꽤 늦은 저녁 시간에.
Vorschrift, die; -en 지시, 규정, 명령: ich lasse mir von dir keine -en machen 나는 너로부터 어떠한 지시도 받지 않는다; die dienstlichen -en beachten [befolgen, umgehen, verletzen] 근무 규정을 유의하다[따르다, 우회하다, 침해하다]; das verstößt gegen die V. 그것은 규정에 어긋난다.
vorschrifts-: **~gemäß** ⟨Adj.⟩, **~mäßig** ⟨Adj.⟩ 규정대로의, 지시에 따른. **~widrig** ⟨Adj.⟩ 규정에 어긋나는, 지시에 어긋나는.
Vorschub, der; -(e)s, Vorschübe **1.** [기술] 기계(기구)의 전진 운동. **2.** **jmdm.**[**einer Sache**] V. leisten 누구[무엇]의 발전을 촉진시키다, 후원하다. **Vorschubleistung**, die (österr.·법) 후원, 촉진, 조성, 조장.
Vorschul-: **~alter**, das ⟨Pl. 없음⟩ (세 살에서 국민 학교 입학까지의) 예비 교육 연령. **~erziehung**, die (국민 학교 입학 전의) 예비 교육, 준비 교육. **~kind**, das 예비 교육기의 아동.
Vorschule, die; -n **1.** (국민 학교 입학 전의) 예비 교육 시설(유아 학교, 유치원 따위). **2.** 《구제》 (상급 학교 입학을 위한) 준비 교육. **Vorschüler**, der; -s, - 예비 교육기의 아동. **vorschulisch** ⟨Adj.⟩ 국민 학교 입학 전의. **Vorschulung**, die -en (특정 임무를 위한) 준비 교육.
Vorschuß, der; ...schusses, ...schüsse 선불(액), 가불(액), 입체금: sich (einen) V. geben lassen 가불을 하다.
Vorschuß-: **~lorbeer**, der 〈대개 Pl.〉 미리 받는 찬사, (작품, 제품이 나오기 전의) 앞선 찬양: -en ernten 사전에 찬사를 받다. **~pflicht**, die 소요 경비의 선불 의무. **~weise** ⟨Adv.⟩ 선불금으로, 선불조로. **~zahlung**, die 선불, 선금, 입체.
vorschützen ⟨h⟩ 구실로 삼다, 거짓 꾸미다: eine Krankheit als Grund für seine Abwesenheit v. 병을 그의 결석의 원인으로 둘러대다. **Vorschützung**, die; -en ↑ vorschützen의 명사형.
vorschwärmen ⟨h⟩ (무엇에 대해) 열광적으로 이야기하다.

vorschweben ⟨h⟩ (누구의) 눈앞에 아른거리다, 머리에 떠오르다: mir schwebt eine andere Lösung vor 나에게는 다른 해결책이 머리에 떠오른다.
vorschwindeln ⟨h⟩ ↑vorlügen.
Vorsegel, das; -s, - [요트] 앞돛대의 앞에 다는 돛.
vorsehen* ⟨h⟩ **1. a)** ↑herausschauen (1 b). **b)** (숨어서) 바라보다: die Kinder sahen hinter der Hausecke vor 아이들은 집 모퉁이 뒤에 숨어서 바라보았다. **2. a)** 계획하다, 의도하다, 예정하다: wir haben eine Erhöhung der Produktion vorgesehen 우리는 생산의 향상을 계획했다. **b)** (무슨 용도에 쓸) 작정을 하다, (어디에나 사용하기로) 예정하다: wir haben das Geld für Einkäufe vorgesehen 우리는 이 돈을 물건 사는 데 쓸 작정을 했다. **3.** 기대하다, 약속하다, 예상하다. **4.** ⟨v. + sich⟩ 조심하다, 주의하다: sich vor etw. v. 무엇을 조심하다. **5.** ⟨v. + sich⟩ 《준고어》 마련해 두다, 준비해 두다: sich ausreichend mit Vorräten v. 충분하게 미리 비축해 두다. **Vorsehung**, die 섭리, 하늘의 뜻: göttliche V. 신의 섭리.
vorsetzen ⟨h⟩ **1.** 앞으로 내놓다. **2. a)** 앞자리를 지정하다, 앞쪽으로 내보내다. **b)** ⟨v. + sich⟩ 앞으로 움직이다, 앞쪽으로 나가다. **3.** 앞에 두다, 앞에 붙이다: (einer Note) ein Kreuz v. (어떤 음표 앞에) 샤프(올림표)를 붙이다. **4.** (음식을 먹으라고) 앞에 놓아 주다, (누구에게) 음식을 대접하다: 〔전의〕 es ist eine Zumutung, einem ein solches Programm vorzusetzen 이런 프로그램으로 사람을 맞는 것은 무례한 짓이다. **5.** ⟨v. + sich⟩ 무엇을 마음에 품다, 결심하다: ich habe mir vorgesetzt, mich nicht aufzuregen 나는 흥분하지 않으려고 마음먹었다.
Vorsicht, die 《대개 관사 없이》 주의, 조심, 신중: Vorsicht! 주의하라!; V., frisch gestrichen 페인트 칠 주의!; hier ist V. geboten[nötig, am Platze] 여기서는 조심해야 한다; alle V. außer acht lassen 전혀 조심하지 않다; ich nehme zur V. einen Krankenschein mit auf die Reise 나는 만일의 경우를 대비하여 의료 보험 증서를 가지고 여행을 떠난다; 〔성구〕 V. ist die Mutter der Weisheit 조심은 지혜의 어머니이다; V. ist besser als Nachsicht 《통용어·농》 미리 조심하는 편이 나중에 신경쓸 필요없다. **vorsichtig** ⟨Adj.⟩ 조심스러운, 주의깊은, 신중한: fahr bitte v. 조심해서 운전해라. **Vorsichtigkeit**, die ↑vorsichtig의 명사형.
vorsichts-, Vorsichts-: ~halber ⟨Adv.⟩ 조심하기 위해, 신중을 기하기 위해. ~maßnahme, die 예방책, 예방 조치. ~maßregel, die 예방 조치, 주의.
Vorsignal, das; -(e)s, -e [철도] 예비 신호.
Vorsilbe, die; -n 전철(前綴).
vorsingen* ⟨h⟩ **1. a)** 누구를 위해 무엇을 노래불러 주다: den Kindern zum Schlafengehen ein Lied v. 아이들이 잠자러 가도록 노래를 불러 주다. **b)** (남들이 따라 부를 수 있게) 먼저 노래하다. **c)** (솔로로) 선창하다: er hat die Strophen vorgesungen, und der Refrain sang der Chor 그가 본절을 선창하고 합창이 후렴을 불렀다. **2.** (평가를 받기 위해) 누구를 앞에서 노래부르다, 오디션을 받다.
vorsintflutlich ⟨Adj.⟩ 《통용어》 낡은, 케케묵은.
Vorsitz, der; -es, -e 의장(직), 사회: den V. haben [übernehmen] 의장직을 가지다[넘겨받다]; denn V. übertragen 누구에게 사회를 넘겨주다. **vorsitzen*** 의장 노릇을 하다, 사회를 맡아보다: einer Kommission v. 어느 위원회의 의장이다. **Vorsitzende***, der/die 의장, 회장. **Vorsitzer**, der; -s, - 《드물게》 회장, 의장.
Vorsommer, der; -s, - 초·초여름.
Vorsorge, die; -n 사전의 배려, 사전의 주의, 예비 조치, 예방책. **vorsorgen** ⟨h⟩ 미리 대비하다, 미리 필요한 조치를 취하다: für schlechte Zeiten v. 어려운 때를 미리 대비하다. **Vorsorgeuntersuchung**, die; -en (질병의) 조기 발견을 위한 정기 진단. **vorsorglich** ⟨Adv.⟩ 미리 배려하여, 신중을 기하기 위해, 만일을 생각해서.
Vorspann, der; -(e)s, -e **1. a)** 《스포츠》 전주곡, 서곡. **b)** 〔영화·텔레비전〕 영화나 텔레비전 드라마가 시작되기 전에 나오는 자막(반대: Abspann). **2.** (앞에서 끄는) 보조 기관차, 앞에서 끄는 동물.
Vorspann-: ~lokomotive, die (앞에서 끄는) 보조 기관차. ~musik, die 타이틀 자막의 배경 음악. ~pferd, das 앞에서 끄는 말.
vorspannen 1. (끌어줄 동물이나 차를) 앞에 매다: 〔전의〕 er wollte sich nicht von den Radikalen v. lassen 그는 과격분자들에게 끌려다니려고 하지 않았다. **2.** [전기] 바이어스를 달다. **Vorspannung**, die; -en 바이어스.
Vorspeise, die; -n 오르되브르, 전채(前菜).
Vorsperre, die 《스포츠》 잠정적으로 출전 금지.
vorspiegeln ⟨h⟩ ↑vortäuschen. **Vorspieg(e)lung**, die; -en 위장, 거짓 꾸밈, 기만.
Vorspiel, das; -(e)s, -e **1.** 〔음악〕 전주곡, 서곡, 개막극(반대: Nachspiel). **2.** 성교 직전의 애무 행위. **3.** [스포츠] 오픈 게임. **vorspielen** ⟨h⟩ **1. a)** 연주하여 들려주다, 다른 사람 앞에서 연주하다: er hat den Gästen vorgespielt 그는 손님들 앞에서 연주했다. **b)** 연주해보이다 (남들이 따라할 수 있도록). **2. a)** (누구를 즐겁게 하기 위해) 연기하다, 상연하다. **b)** (시범적으로) 연기해보이다: der Regisseur spielte die Rolle selbst v. 연출가가 직접 그 역을 연기해 보여주었다. **3.** 연주(연기) 테스트를 받다: dem Orchesterleiter v. 오케스트라 지휘자 앞에서 테스트를 받기 위해 연주하다. **4.** 속이다, 기만하다, 거짓으로 꾸미다.
Vorspinnmaschine, die 【기술】 ↑Flyer (1).
Vorsprache, die; -n (무엇을 상의하기 위한) 짧은 방문, 잠깐 들름. **vorsprechen*** ⟨h⟩ **1.** (남들이 따라 말할 수 있도록) 먼저 말해보이다, 말하는 법을 보여주다: sie sprach ihm die schwierigen Wörter immer wieder vor 그 여자는 그 남자에게 어려운 단어들의 발음을 늘 가르쳐 주었다. **2.** (능력을 시험받기 위해) 대사를 말하다. **3.** (상의하기 위해) 누구를 방문하다, 잠깐 들르다: auf der zuständigen Dienststelle v. 담당 부서에 들르다.
vorspringen* ⟨s⟩ **1. a)** (앞으로) 뛰어나오다, 뛰쳐나오다. **b)** 빨리 움직이다, 뛰어서 나아가다: der Zeiger der Uhr sprang vor 시계의 바늘이 빨리 움직였다. **2.** 튀어나오다, 돌출하다. **Vorspringer**, der; -s - [스키] 경기 시작 전 비약대에서 시험삼아 뛰어내리는 스키어.
Vorspruch, der; -(e)s, Vorsprüche ↑Prolog (1 a).
Vorsprung, der; -(e)s, Vorsprünge **1.** 튀어나온 부분, 돌출부. **2.** 앞선 거리, 앞서기: einen V. haben [herausholen] 앞서고 있다, (누구보다) 앞서서 달리다; 〔전의〕 einen V. an technischer Entwicklung haben 기술 발전상의 우위를 점하고 있다.
Vorspur, die 【자동차】 두 앞 바퀴간의 상호 밸런스.
Vorstadium, das; -s, …dien ↑Vorstufe.
Vorstadt, die; Vorstädte 교외, 변두리.
Vorstadt-: ~bühne, die ↑~theater. ~kino, das 교외의 조그만한 영화관. ~kneipe, die 변두리 술집. ~theater, das 교외의 조그마한 극장.
Vorstädter, der; -s, - 교외 거주자, 변두리 주민. **vorstädtisch** ⟨Adj.⟩ 교외의, 변두리의.
Vorstand, der; -(e)s, Vorstände **1. a)** (회사의) 이사(중역)진, (단체의) 회장단, 수뇌부, 이사회: der V. tagt [tritt zusammen] 중역 회의가 열린다. **b)** 이사(중역), 회장단의 일원. **2.** 《österr.》 책임자, (특히) 역장.
Vorstands-: ~dame, die 여종업, 회장단에 속하는 여자. ~mitglied, das ↑Vorstand (1 b). ~sitzung,

die 이사회, 회장단 회의, 간부회의. ~tisch, der 이사[중역]석, 회장단석. ~vorsitzende*, der / die 회장단의 의장. ~wahl, die 이사(중역) 선출, 회장단 선출.
Vorsteck-: ~ärmel, der 〈대개 Pl.〉↑Ärmelschoner. ~keil, der ↑Vorstecker (1). ~nadel, die 1. 브로치. 2. 넥타이 핀. ~ring, der (결혼 반지에 맞추어 끼는) 장식용 반지.
vorstecken 〈h〉 앞에 꽂다, 앞에 달다: sich ein Sträußchen v. 가슴에 작은 꽃다발을 달다. Vorstecker, der; -s, - 1. 비녀장, 쐐기, 쐐기 핀. 2. (여성의) 흉의, 가슴받이.
vorstehen* 〈h〉 1. 튀어나와 있다, 돌출해 있다: das Haus steht zu weit vor 그 집은 너무 밖으로 돌출해 있다. 2. 〈아어〉 대표하다, 무엇의 책임을 맡다: wer steht dem Haushalt vor? 누가 집안 살림의 책임을 맡고 있는가? 3. 〔사냥〕(사냥개가) 뛰어올 자세를 취하다. vorstehend 〈Adj.〉 텍스트의 앞부분의, 위에 말한, 전술한: wie im -en[wie v. bereits gesagt...] 앞서 말한 바와 같이. Vorsteher, der; -s, - 책임자, 대표, (교)장(長). Vorsteherdrüse, die ↑Prostata. Vorsteherin, die; -nen ↑Vorsteher의 여성형. Vorstehhund, der; -(e)s, -e 포인터, 세터.
vorstellbar ['fo:ɐ̯ʃtɛlba:ɐ̯] 〈Adj.〉 상상할 수 있는, 생각할 수 있는. Vorstellbarkeit, die ↑vorstellbar의 명사형. vorstellen 〈h〉 1. 앞으로 내놓다, 앞으로 가져가다. 2. 앞에 세우다, 앞에 놓다. 3. (시계를) 빠르게 하다, 시(분)침을 앞으로 돌리다(반대: nachstellen 3): du mußt den Wecker (eine Stunde[um eine Stunde]) v. 너는 자명종을 (한 시간) 빨리 해놓아야 한다. 4. a) 소개하다, 인사시키다: darf ich Ihnen Herrn ... v.? 당신에게 …씨를 소개해도 좋을까요? b) 〈v. + sich〉 자신을 소개하다: sich in einer Firma v. (취직하기 위해) 자신을 어느 회사에 소개하다. 5. (의사의) 진찰을 받다: er mußte sich noch einmal dem Arzt v. 그는 다시 한번 그 의사의 진찰을 받아야 했다. 6. a) (그림 등에서) 표현하다, 묘사하다. b) 의미하다, 말해 주다: was soll das eigentlich v.? 저것은 도대체 무엇을 의미하는가? 7. 상상하다, 마음에 그리다, 생각해보다: das kann ich mir lebhaft v.! 나는 그것을 생생하게 상상할 수 있다. kannst du dir meine Überraschung v.? 너는 나의 놀라움을 상상할 수 있겠느냐? 8. 알도록 설명하다, 타일러 들려주다. vorstellig 〈다음 용법으로〉 bei jmdm. [etw.] v. werden 〔격식 독어〕 누구(무엇)에게 의뢰하다, 묻다, 조회하다. Vorstellung, die; -en 1. a) 소개, 인사시킴. b) 자신의 소개, 면접: kommen Sie bitte morgen zur V. in unsere Firma 당신은 면접을 위해 내일 우리 회사로 오십시오. 2. a) 상상, 심상, 생각, 표상: du machst dir keine -, wie unverschämt er ist 그가 얼마나 뻔뻔스러운지 너는 전혀 모른다; sich nur vage -en von etw. machen können 무엇에 대한 뚜렷한 감을 잡지 못하다. b) 〈Pl. 없음〉 (비현실적) 상상, 환상. 3. 공연, 상연, 상영: die V. fällt heute aus[ist gerade zu Ende] 공연이 오늘은 이루어지지 않는다(이제 막 끝났다); 전의 dieser Kollege hat in unserem Betrieb nur eine kurze V. gegeben 〈농〉 이 동료는 우리 회사에서 얼마 일하지 않았다. 4. 〈대개 Pl.〉 (아이) 질책, 비난, 이의: der Arzt machte ihm -en 의사는 그를 질책했다.
Vorstellungs-: ~gabe, die 상상을 잘 하는 재능(천성). ~gespräch, das (입사시의) 면접, 면담. ~kraft, die 상상력. ~vermögen, das ↑~gabe. ~welt, die 상상의 세계.
Vorsteven, der; -s, - 〔선원〕 ↑Vordersteven.
Vorstich, der; -(e)s, -e 〔수공〕 (바늘이 상하로만 움직이는) 단순한 바느질.
Vorstopper, der; -s, - 〔축구〕 (미드필드의) 수비수.

Vorstoß, der; -es, Vorstöße 1. 전진, 진출, 돌격: einen V. unternehmen[machen] 전진하다, 진출하다; 전의 einen V. bei der Geschäftsleitung unternehmen 그는 정력적으로 회사 운영을 하다. 2. 〔유행〕 옷단의 장식, 레이스. 3. 〔펜싱〕 ↑Vorhieb. vorstoßen* 〈h〉 앞쪽으로 밀다, 앞으로 밀어젖히다. 2. 〈s〉 진출하다, 전진하다, 진군하다, 돌진하다: 전의 in die Geheimnisse der Natur v. 자연의 신비 속으로 들어서다.
Vorstrafe, die; -n 〔법〕 전과(前科). Vorstrafenregister, das ↑Strafregister.
vorstrecken 〈h〉 1. a) 앞으로 뻗다: die Arme (weit) v. 팔을 (쭉) 앞으로 뻗다. b) 〈v. + sich〉 〈자신을〉 앞으로 구부리다, 숙이다. 2. (돈을) 꾸어주다, 예치하다.
vorstreichen* 〈h〉 애벌칠하다. Vorstreichfarbe, die 애벌칠 색깔.
Vorstudie, die; -n 연구 논문의 구도, 윤곽. Vorstudium, das; -s, ...studien 〈대개 Pl.〉 예비 연구(조사).
Vorstufe, die; -n 초기 단계, 앞 단계.
vorstülpen 앞으로 젖히다: vorgestülpte Lippen 앞으로 젖혀진 입술.
vorstürmen 〈s〉 앞으로 돌진하다.
vorsündflutlich: ↑vorsintflutlich.
Vortag, der; -(e)s, -e (무슨 일의) 앞날, 전날: am V. der Prüfung war er sehr nervös 시험 전날에 그는 매우 초조했다.
vortanzen 〈h〉 a) (다른 사람에게) 춤을 추어 보이다, 춤추는 법을 가르치다. b) (춤 능력을 시험받기 위해) 다른 사람 앞에서 춤을 추다. Vortänzer, der; -s, - (준교예) Tanzmeister (a).
vortasten, sich 〈h〉 조심스럽게 더듬으며 나아가다.
vortäuschen 〈h〉 그럴싸하게 보이게 하다, 속어서 진짜로 여기게 하다: eine Krankheit v. 병든 체하다. Vortäuschung, die; -en ↑vortäuschen의 명사형.
Vorteig, der; -(e)s, -e ↑Hefestück (1).
Vorteil, der; -(e)s, -e 1. a) 장점, 이점, 유리(한 점), 이득(반대: Nachteil): V. aus etw. ziehen[herausschlagen] 무엇으로부터 이익을 얻다; er ist gegenüber den anderen im V. 그는 다른 사람들에 비해 유리하게 (긍정적으로) 변화했다. b) 〔고어〕 (재정적, 사업상의) 이익: etw. mit V. verkaufen 무엇을 팔아 이익을 남기다. 2. 〔테니스〕 듀스 때의 어드벤티지, 어드밴티지 〈Adj.〉 유익한, 이익이 있는, 유리한: diese Farbe ist v. für dich 이 색깔이 너에게 잘 맞는다. vorteilhafterweise 〈Adv.〉 유리한 상황으로 보아, 유리하게.
Vortrab, der; -(e)s, -e 〔고어〕 (기병대의) 선봉, 전위.
Vortrag, der; -(e)s, Vorträge 1. 강연: ein V. über moderne Malerei 현대 미술에 대한 강연; einen V. halten 강연을 하다. 2. 연주, 연기, 낭독: ein Lied zum V. bringen 〈격식 독어〉 (관중 앞에서) 노래를 부르다. 3. 진술, 설명. 4. 〔상〕 이월: auf neues Konto 새 구좌로의 이월. Vortragekreuz, das; -es, -e ↑Prozessionskreuz. vortragen* 〈h〉 1. (통용어) 앞으로 가져가다: die Hefte zum Lehrer v. 선생님에게 노트를 가져가다; einen Angriff(eine Attacke) v. 〔군〕 공격을 실시하다. 2. 연주(연기)하다, 낭독하다: ein Gedicht v. 시를 낭독하다. 3. (특히 윗사람에게) 말하다, 진술하다: jmdm. seine Wünsche v. 누구에게 그의 소망을 이야기하다. 4. 〔상〕 이월하다: der Verlust(betrag) wird auf neues Konto vorgetragen 손실(금액)은 새 구좌로 이월된다. Vortragende*, der / die 강연의 연사, 연주자, 낭독자.
Vortrags-: ~abend, der 저녁 강연회, 저녁 시낭독회. ~anweisung, die 〔음악〕 ↑~bezeichnung. ~bezeichnung, die 〔음악〕 작곡가에 의한 악보 보충 설명.

vortrefflich 2274

~**folge**, die 상연[공연] 프로그램. ~**kunst**, die 낭독술, 강연술. ~**künstler**, der 낭독에 능한 사람. ~**pult**, das 강연대. ~**raum**, der 강연회장. ~**reihe**, die (동일 주제에 대한) 일련의 강연. ~**reise**, die 강연 여행. ~**saal**, der 강연회장. ~**weise**, die 이야기의 투, 말투, 강의하는 투, 연주 방식. ~**zyklus**, der ↑~reihe.
vortrefflich ⟨Adj.⟩ 뛰어난, 우수한, 훌륭한, 탁월한. **Vortrefflichkeit**, die ↑vortrefflich의 명사형.
vortreiben* ⟨h⟩ 앞쪽으로 몰다, 몰고 가다: der Stollen wurde weitere 100 m vorgetrieben 그 갱도(坑道)는 100m 더 앞으로 나아갔다.
vortreten* ⟨s⟩ 1. a) 앞으로 걸어나가다: einen Schritt v. 한 걸음 앞으로 나가다. b) (다른 사람들의) 앞에 나서다. 2. ⟪광⟫ 튀어나오다, 돌출되다.
Vortrieb, der; -(e)s, -e 1. a) 추진, 굴진, 굴착. b) 【광】굴진 작업 중의 갱도. 2. 【물리·기술】↑Schub (1 b).
Vortriebs-: ~**einrichtung**, die 【기술】 추진력 발생 장치. ~**kraft**, die 추진력. ~**verlust**, der 추진력 상실.
Vortritt, der; -(e)s 1. 앞에서 걷기, 선행(先行)의 기회: 전의 in dieser Angelegenheit lasse ich ihm den V. 이 일에 있어서 나는 그에게 먼저 행동할 기회를 주려 한다. 2. ⟪schweiz.⟫ (교차로 등에서의) 선행, 선행권: jmdm. den V. nehmen 누구로부터 선행권을 빼앗다. **Vortrittsrecht**, das ⟪schweiz.⟫ 선행권.
Vortrupp, der; -s, -s 선발대.
Vortuch, das; -(e)s, Vortücher ⟪지역적⟫ 앞치마.
vorturnen ⟨h⟩ a) 기계 체조의 시범을 보이다. b) (관중들 앞에서) 기계 체조를 하다. **Vorturner**, der; -s, - 기계 체조의 시범자, 체조팀의 조장. **Vorturnerriege**, die (기계체조의) 시범자 그룹.
vorüber [fo'ry:bɐ] ⟨Adv.⟩ 1. ↑vorbei (1). 2. ↑vorbei (2).
vorüber-(↑vorbei-, Vorbei-도 참조): ~**fahren*** ⟨s⟩ ↑vorbeifahren (1). ~**führen** ⟨h⟩ 1. ↑vorbeiführen (1). 2. ↑vorbeiführen (2). ~**gehen*** ⟨s⟩ 1. ↑vorbeigehen (1 a) : an jmdm. gruBlos v. 누구를 인사도 없이 지나쳐 가다; 전의 wir können an diesen Erkenntnissen nicht v. 우리는 이 지식들을 도외시할 수 없다. 2. ↑vorbeigehen (3). ~**gehend** ⟨Adj.⟩ 일시적인, 당분간의, 임시적인: eine -e Wetterbesserung 일시적인 기상 상황의 개선. ~**gleiten*** ⟨s⟩ 미끄러지듯이 지나가다. ~**lassen*** ⟨h⟩ ⟪통용어⟫ ↑vorbeilassen. ~**laufen*** ⟨s⟩ 뛰어서 지나가다. ~**rauschen** ⟨s⟩ ↑vorbeirauschen. ~**schießen*** ⟨s⟩ ↑vorbeischießen (2). ~**treiben*** ⟨s⟩ ↑vorbeitreiben (2). ~**ziehen*** ⟨s⟩ ↑vorbeiziehen (a).
Vorüberlegung, die; -en 초기 단계의 심사 숙고.
Vorübung, die; -en 예습, 연습.
Voruntersuchung, die; -en a) 예비 조사, 사전 연구. b) ⟪법·구제⟫ 예심.
Vorurteil, das; -s, -e 선입견, 편견, 주관적 판단: -e haben[hegen] 편견을 가지고 있다; in -en befangen sein 편견에 사로잡혀 있다.
vorurteils-, **Vorurteils-**: ~**frei** ⟨Adj.⟩ 편견이 없는. ~**los** ⟨Adj.⟩ ↑~frei. ~**losigkeit**, die ↑~los의 명사형.
Vorväter ⟨Pl.⟩ (아어) 선조, 조상.
Vorverfahren, das; -s, - 【법】a) (형사 소송법의) 법정 심리, 예비 소송 절차. b) (행정 소송법의) 이의 심리 절차.
vorvergangen ⟨Adj.⟩ (준고어) 지지난번의, 전전의: am Freitag -er Woche 전전주 금요일. **Vorvergangenheit**, die; -en 【언어】↑Plusquamperfekt (1, 2).

Vorverhandlung, die; -en 예비 협상.
Vorverkauf, der; -(e)s ↑Kartenvorverkauf. **Vorverkaufskasse**, die 예매권 판매소. **Vorverkaufsstelle**, die 예매권을 파는 곳.
vorverlegen ⟨h⟩ 1. 보다 앞쪽으로 옮기다. 2. 앞선 시점으로 옮기다, (날짜를) 앞당기다: die Abfahrt v. 출발을 앞당기다. **Vorverlegung**, die; -en ↑vorverlegen의 명사형.
Vorverstärker, der; -s, - 【전기】 프리앰프, 전치(前置) 증폭기.
Vorversuch, der; -(e)s, -e 예비 시도.
Vorvertrag, der; -(e)s, ...träge 【법】 예약, 계약.
vorverurteilen ⟨h⟩ 미리 판단하다, 속단하다. **Vorverurteilung**, die; -en ↑vorverurteilen의 명사형.
Vorverzerrung, die; -en 【무선】 FM 방송에서의 주파 방해를 예방하기 위한 고주파 발사.
Vorvordern ⟨Pl.⟩ ⟨아어⟩ ↑Altvordern.
vorvorgestern ⟨Adv.⟩ ⟪통용어⟫ 그그저께.
vorvorig ⟨Adj.⟩ ⟪통용어⟫ 전전의, 지지난.
vorvorletzt... ⟨Adj.⟩ ⟪통용어⟫ a) 끝에서 3번째의. b) 지지난, 먼, 보다 먼저의: -es Jahr 재작년의 전년(前年).
vorwagen, sich ⟨h⟩ 감히 나아가다, 과감하게 전진하다.
Vorwahl, die; -en 1. 예비 선택: eine V. treffen 예비 선택을 하다. 2. 【정치】(본 선거의 후보자를 선출하기 위한) 예비 선거. 3. 【전화】= V. 시외 전화 국번. b) 시외 국번을 돌리기: ich habe mich bei der V. verwählt 나는 시외 전화 국번을 잘못 돌렸다. **vorwählen** ⟨h⟩ a) 먼저 선택하다, 먼저 뽑다. b) (상대방의 전화 번호에 앞서) 어느 번호를 먼저 돌리다: bei Ortsgesprächen muß man bei diesem Apparat die 0 v. 이 전화에서 시내 통화를 할 때는 0번을 먼저 돌려야 한다. **Vorwählnummer**, die 【전화】 시외 전화 국번.
vorwalten ⟨h⟩ ⟨아어·준고어⟩ a) 지배하다, 존재[현존] 하다: hier walten merkwürdige Zufälle vor 여기에는 이상한 우연들이 지배하고 있다. b) 월등하다, 우위에 있다.
Vorwand, der; -(e)s, Vorwände 핑계, 구실, 변명: etw. zum V. nehmen 무엇을 구실로 삼다.
vorwärmen ⟨h⟩ 먼저 따뜻하게 하다, 예열하다. **Vorwärmer**, der; -s, - (전문어) 예열기, 예열 장치.
vorwarnen 미리 경고하다. **Vorwarnung**, die; -en 사전 경고.
vorwärts [[또한) 'for...] ⟨Adv.⟩ (반대: rückwärts) 1. a) 앞으로, 전방으로: zwei Schritte v. machen 두 걸음 앞으로 가다; 전의 nun mach mal v.! 이제 좀 서둘러라! b) (몸의) 앞쪽을 전방으로 향하여, 앞쪽으로: den Wagen v. einparken 차 머리를 앞으로 향하여 주차하다. 2. a) 끝을 향하여, 앞에서 뒤로: das Alphabet v. und rückwärts aufsagen 알파벳을 앞에서 뒤로, 그리고 뒤에서 앞으로 암송하다. b) 미래를 향하여 앞으로, 발전적으로.
vorwärts-, **Vorwärts-**: ~**bewegung**, die 전진 운동. ~**bringen*** ⟨h⟩ 진척시키다, 촉진하다, 발전시키다. ~**entwickeln**, sich 발전하다, 진척되다. ~**entwicklung**, die 발전, 진척. ~**gang**, der 【기술】 전진 기어. ~**gehen*** ⟨s⟩ 좋아지다, 발전하다, 이 일은 도대체 진척이 되지 않는다. ~**kommen*** ⟨s⟩ 발전하다, 성과를 거두다. ~**schreiten*** ⟨s⟩ ↑~gehen. ~**schritt**, der 전진, 진보, 발전. ~**streben** ⟨s⟩ 나아가려고 노력하다, 발전하려고 애를 쓰다. ~**verteidigung**, die 적극 방어. ~**weisend** ⟨Adj.⟩ 미래 지향적인, 진취적인.
Vorwäsche, die; -n 1. 초벌 빨래. 2. ↑Vorwaschgang. **vorwaschen** ⟨h⟩ 초벌 빨래를 하다. **Vor-**

waschgang, der 세탁기의 초벌 빨래 프로그램.
vorwẹg ⟨Adv.⟩ **1. a)** (시간적으로) 앞서서, 먼저, 미리: v. kann man das schlecht einschätzen 그것을 미리 평가하기는 어렵다. **b)** (통용어) 처음부터. **2.** (공간적으로) 앞서서, 앞에, 선두에. **3.** 무엇보다도, 특히.
vorwẹg-, Vorwẹg-: ~leistung, die ⟨드물게⟩ ↑ Vorleistung. **~nahme**, die 선취, 앞당김: die V. kommender Freuden 장래의 기쁨을 미리 즐김. **~nehmen*** ⟨h⟩ 선취하다, 앞당기다, 미리 실시하다. **~sagen** ⟨h⟩ 미리[먼저] 말하다. **~schicken** ⟨h⟩ ↑ ~sagen.
Vorwegweiser, der; -s, - **a)** 길 안내 표지판. **b)** (schweiz.) 선행권 표지판.
Vorwehe, die; -n ⟨대개 Pl.⟩ [의학] 출산 직전의 고통.
vorweihnachtlich ⟨Adj.⟩ 크리스마스 직전의. **Vorweihnachtszeit**, die 성탄절 직전.
vorweinen ⟨h⟩ ↑ vorjammern.
Vorweis, der; -es, -e (schweiz.) 제시, 꺼내 보임: einen Paß erhält man gegen V. der Geburtsurkunde 출생 증명서를 제출해야 여권을 받을 수 있다. **vorweisen*** ⟨h⟩ **a)** 제시하다, 꺼내 보이다. **b)** 소지하다, (무엇을 가지고 있음을) 입증하다. **Vorweisung**, die; -en ↑vorweisen의 명사형.
Vorwelt, die 태고(의 세계), 태고의 유물. **vorweltlich** ⟨Adj.⟩ 태고의.
vorwenden* ⟨h⟩ (드물게) 구실로 삼다, 핑계로 이용하다.
vorwerfbar [-vɛrfbaːɐ̯] ⟨Adj.⟩ (관・법) 비난 받을 만한, 질책 당할 만한. **vorwerfen*** ⟨h⟩ **1.** 앞으로 던지다: neue Truppen v. [군] 새로운 병력을 전투 지역에 투입하다. **2.** (누구의) 앞에 던지다: den Tieren Futter v. 동물들 앞에 먹이를 던져 주다. **3.** (누구의 무엇을) 질책하다, 비난하다: ich habe mir in dieser Sache nichts vorzuwerfen 나는 이 일에 있어서 잘못한 것이 없다.
Vorwerk, das; -(e)s, -e **1.** (준고어) 큰 농장에 속한 외딴 농가. **2.** (옛) 외곽 보루.
vorwiegen* ⟨h⟩ **1.** 우위를 차지하다, 우세하다, 지배하다. **2.** 누구 눈 앞에서[보는 데서] 달다. **vorwiegend** ⟨Adv.⟩ 주로, 일차적으로, 특히, 대부분: morgen ist es [das Wetter] v. heiter 내일은 날씨가 주로 맑겠다.
Vorwinter, der; -s, - (드물게) 초겨울.
Vorwissen, das; -s 사전 지식, 예비 지식. **vorwissenschaftlich** ⟨Adj.⟩ (교양의) 일반적 경험에 의한.
Vorwitz, der; -es (아어・준고어) **1.** (경박한) 호기심. **2.** (특히 아이들의) 주제넘음, 참견, 건방짐. **vorwitzig** ⟨Adj.⟩ **1.** (경박한) 호기심이 많은. **2.** (특히 아이들이) 건방진, 주제넘은, 참견하는. **Vorwitzigkeit**, die ↑ Vorwitz (1, 2).
Vorwoche, die; -n 지난 주. **vorwöchig** ⟨Adj.⟩ 지난 주의.
vorwölben ⟨h⟩ **a)** 앞으로 불룩하게 하다, 앞으로 궁형으로 튀어나오게 하다. **b)** (v. + sich) 앞으로 불룩해지다, 앞으로 궁형으로 튀어나오다: vorgewölbte Lippen 둥글게 앞으로 튀어나온 입술. **Vorwölbung**, die; -en ↑ vorwölben의 명사형.
Vorwort, das; -(e)s, -e / Vorwörter **1.** ⟨Pl. -e⟩ 머리말, 서론. **2.** ⟨Pl. -wörter⟩ (österr.・그 외 고어) 전치사.
Vorwuchs, der; -es, Vorwüchse [...vyːksə] [임업] 수림 계획에 의해 빨리 자라는 나무.
Vorwurf, der; -(e)s, Vorwürfe **1.** 비난, 질책, 꾸짖음: ernste Vorwürfe gegen jmdn. [etw.] erheben 누구[무엇]에 대해 심각한 비난을 퍼붓다; ich mache mir wegen dieser Sache bittere Vorwürfe 나는 이 일 때문에 내 자신을 혹독히 비난했다; diesen V. weise ich zurück 나는 이 비난을 거부한다(받아들이지 않는다);

jmdn. mit Vorwürfen überschütten 누구에게 비난을 마구 퍼붓다. **2.** (드물게) (예술적 표현의) 주제, 소재, 대상. **vorwurfsfrei** ⟨Adj.⟩ (schweiz.) 비난할 여지가 없는. **vorwurfsvoll** ⟨Adj.⟩ 비난에 찬, 나무라는 듯한.
vorzählen ⟨h⟩ **a)** (남이 따라할 수 있도록) 세어 보이다, 계산의 실례를 보여주다. **b)** (누구의 눈 앞에서) 세어 보이다, 계산해 보이다: er zählte (mir) das Geld vor 그는 내가 보는 데서 돈을 계산해 보였다.
vorzaubern ⟨h⟩ **a)** 누구에게 요술[마술]을 보여주다: der Zauberkünstler hat uns etwas vorgezaubert 그 마술사는 우리에게 마술을 약간 보여주었다. **b)** (불가능하게 보이는) 일을 누구 앞에서 일어나게 하다.
Vorzeichen, das; -s, - **1.** 전조, 징후, 징조, 조짐. **2. a)** [수학] (숫자 앞의) +, -부호: ein positives[negatives] V. 플러스[마이너스] 부호. **b)** [음악] 조표.
vorzeichnen ⟨h⟩ **1.** (무엇의) 밑그림을 그리다, 모양만을 초잡아 그리다, 스케치하다. **2.** 누구 앞에서 그려 보이다, 그리는 방법을 가르치다. **3.** 미리 확정하다, 미리 결정하다. **Vorzeichnung**, die; -en ↑ vorzeichnen의 명사형.
vorzeigbar [...ts̯aɪkbaːɐ̯] ⟨Adj.⟩ (통용어) 떳떳이 내 보일 만한. **Vorzeige-** (통용어) (다음의 복합어로, 예컨대) Vorzeigeliberaler 대외 선전용 자유주의자; Vorzeigesportler 홍보용 운동선수. **vorzeigen** ⟨h⟩ 제시하다, 꺼내 보이다, 제출하다: seinen Ausweis[Führerschein] 그의 증명서[운전면허증]를 제시하다; 전의 (명사화) Enkel zum Vorzeigen (통용어) 남에게 자랑하는 손자들. **Vorzeigung**, die; -en ↑ vorzeigen의 명사형.
Vorzeit, die; -en 옛날옛적, 태고, 선사 시대: das alles geschah in ferner[in grauer] V. 그것들은 모두 멀고 먼 [까마득한] 옛적에 생긴 일들이다. **vorzeiten** ⟨Adv.⟩ (시어) 옛날에, 일찍이. **vorzeitig** ⟨Adj.⟩ 너무 일찍 이른, 미리 서두른. **Vorzeitigkeit**, die [언어] 부문장의 시제가 주문장의 시제보다 앞섬. **vorzeitlich** ⟨Adj.⟩ 옛날의, 태고의, 이전의. **Vorzeitmensch**, der; -en, -en 선사 시대의 인간, 태고인, 원시인.
Vorzensur, die; -en **1.** [학교] 학생의 평소 성적. **2.** 사전 검열.
vorziehen* ⟨h⟩ **1.** 앞으로 끌다: den Schrank einen Meter v. 장을 1m 앞으로 끌다; Truppen v. [군] 군대를 전투 지역으로 보내다. **2.** 무엇 앞에 끌어당기다, 치다: die Gardinen v. 커튼을 치다. **3.** (통용어) 끌어내다, 꺼내다. **4.** 기한을 앞당기다, 앞당겨 끝내다. **5. a)** 더 좋아하다, 선호하다: ich lese ein interessantes Buch dem Fernsehen vor 나는 텔레비전보다는 재미있는 책을 더 좋아한다; er zog es vor zu schweigen 그는 침묵하기로 작정했다. **b)** (친구) 더 사랑[좋아]하다, 편애하다: ein Lehrer sollte keinen Schüler den anderen v. 선생님은 어떤 학생도 다른 학생보다 더 편애해서는 안된다. **6.** [원예] 어느 정도까지는 자라게 하다. **Vorziehung**, die; -en ↑ vorziehen의 명사형.
Vorzimmer, das; -s, - **a)** 곁방, 대기실, 접수실. **b)** (österr.) ↑ Diele (2). **Vorzimmerdame**, die (통용어) 여비서. **Vorzimmerwand**, die (österr.) 현관에 있는 옷걸이.
Vorzinsen ⟨Pl.⟩ [금융] ↑ Diskont (1).
¹Vorzug, der; -(e)s, Vorzüge ⟨Pl. 없음⟩ 우위, 선위, 상위, 우수: diese Methode verdient gegenüber anderen den V. 이 방법은 다른 것들과 견주어보아 우수하다; ich räume seinen Ideen den V. ein (아이에게) 그 사람의 생각이 우월하다고 인정하다; jmdn. (etw.) mit V. behandeln 누구[무엇]을 우선적으로 다루다. **b)** 특권, 특전: er genießt den V., eingeweiht zu sein 그 정보를 제공 받는 특권을 누리고 있다. **c)** 장점, 이점,

좋은 점: das ist ein besonderer V. an〔von〕ihm 그것은 그의 특별히 좋은 점이다; unser Verfahren hat den V., daß ... 우리의 처리 방법은 …의 장점을 가지고 있다. **d)** 《학교·österr.》 우등상: mit V. maturieren 고등학교를 우등으로 졸업하다. **²Vorzug**, der; -(e)s, Vorzüge 〔철도〕(본 열차보다 먼저 출발하는) 임시열차. **vorzüglich** [...ˈtsyːklɪç, (österr.)ˈ--] **I.** 〈Adj.〉 우수한, 뛰어난, 탁월한: mit -er Hochachtung (아이·준고어) 존경하는 마음으로(편지의 끝에 쓰는 문구); wir haben heute v. gespeist 우리는 오늘 맛있게 먹었다. **II.** 〈Adv.〉《준고어》 주로, 무엇보다도, 특히. **Vorzüglichkeit** [(österr.)ˈ--], die; -en 장점, 좋은 점. **vorzugs-, Vorzugs-**: **~aktie**, die 《대개 Pl.》 〔경제〕 우선주. **~kind**, das 특히 사랑하는 아이. **~milch**, die (품질이 뛰어난) 특별 우유. **~obligation**, die 〔경제〕 우선 채권. **~preis**, der 특별 할인 가격. **~recht**, das 《드물게》 특권. **~schüler**, der (österr.) 우등생. **~stellung**, die 특별 지위. **~weise** 〈Adv.〉 주로, 무엇보다도, 우선적으로.
Vorzukunft, die 〔언어〕 미래완료.
Vota : Votum의 복수형. **Votant** [voˈtant], der; -en, -en 《교양어·고어》 투표자. **Votation** [votaˈtsjoːn], die; -en 《고어》 선거, 투표. **Voten** : ↑Votum의 복수형. **votieren** [voˈtiːrən] 〈h〉 [frz. voter < engl. to vote] 《교양어》 투표하다: für eine Resolution v. 결의안에 찬성 투표를 하다. **Votiv** [voˈtiːf], das; -s, -e [voˈtiːva; lat. votīvus] 《가》 ↑Votivgabe.
Votiv- 《가》 **~bild**, das 봉납화(奉納畵). **~gabe**, die (감사 또는 소원하기 위한) 봉물품. **~kapelle**, die 봉헌 예배당. **~kerze**, die 봉헌초. **~kirche**, die 봉헌(봉납) 교회. **~messe**, die 서원(誓願) 미사. **~tafel**, die 봉헌한 그림(편액). 봉납액자.
Votum [ˈvoːtʊm], das; -s, Voten / Vota [engl., frz. vote < lat. votum] 《교양어》 **1.** (찬반의) 의사 표시, 투표: sein V. (für etw.) abgeben (무엇에 대한 찬성) 투표를 하다. **2.** 표결, 투표에 의한 결정: die Wahl war ein eindeutiges V. gegen die Regierungspolitik 그 선거는 정부의 정책에 대한 명확한 반대 표결이었다. **3.** 판결, 4. 《고어》 맹세, 서약.
Voucher [(engl.) ˈvautʃə], das (또는) der; -s, -(s) [engl. voucher < afrz. vo(u)cher < lat. vocāre] 《관광》 관광 쿠폰.
Voudou [vuˈduː] ↑Wodu.
Voute [ˈvuːtə], die; -n [frz. voûte] 〔토목〕 **1.** 궁륭, 둥근 천정. **2.** 구조(構造), 고조형(刳缺形).
Vox [vɔks], die; Voces [ˈvoːtsɛs; lat. vōx] 〔음악〕 **1.** 소리. **2.** 선율의 음. **Vox nihili** [-ˈniːhili], die [lat.] 《교양어》 ↑Ghostword. **Vox populi vox Dei** [ˈvɔks ˈpoːpuli ˈvɔks ˈdeːi] 민중의 소리(는 신의 소리이다).
Voyageur [voaja'ʒœːɐ], der; -s, -s / -e [frz. voyageur] 《고어》 여행자.
Voyeur [voaˈjøːɐ], der; -s, -e [frz. voyeur < lat. vidēre] 타인의 성행위를 보고 쾌감을 느끼는 사람. **Voyeurismus** [...jøˈrɪsmʊs], der; - [frz. voyeurisme] (성적인) 엿보기 취미, 음란증(觀淫症). **voyeuristisch** 〈Adj.〉 관음증의.
zieren [voˈtsiːrən] 〈h〉 [lat. vocāre] 《교양어·준고어》 **a)** 부르다, 초빙하다. **b)** 소환하다.

VP = Volkspolizei 인민 경찰.
VR = Volksrepublik 인민 공화국.
v. R. w. = von Rechts wegen 합법적으로, 법률상.
vs. = versus 대치하여.
v. T. = vom Tausend 천개 중에서.
v. u. = von unten 아래로부터.
vulgär [vʊlˈgɛːɐ] 〈Adj.〉 [frz. vulgaire < lat. vulgāris] **1.** 《교양어·펌》 천한, 비속한, 조야한, 상스러운. **2.** 《교양어》 깊이가 없는, 비학문적의.
vulgär-, Vulgär-: **~latein**, das 라틴어의 구어(口語), 통속 라틴어. **~marxismus**, der 《교양어·펌》 비하된 마르크시즘, 사이비 마르크시즘. **~sprache**, die **1.** 《교양어·드물게》 상스러운 말, 비어. **2.** 〔언어〕 (중세의) 통속어, 민중들의 언어.
vulgarisieren [vʊlgariˈziːrən] 〈h〉 [lat. vulgāris, ↑vulgär와 관련] **1.** 《교양어·펌》 상스럽게 만들다, 비하하다, 세속화하다. **2.** 《교양어·고어》 통속화[대중화]하다, 널리 보급시키다. **Vulgarisierung**, die; -en 의 명사형. **Vulgarismus** [...ˈrɪsmʊs], der; -, ...men 〔언어〕 상스러운 말, 속어, 비어. **Vulgarität** [...tɛːt], die; -en [lat. vulgāritās] 《교양어》 **1.** (Pl. 없음) **a)** 속됨, 상스러움, 야비. **b)** 표면적임, 깊이가 없음. **2.** 《드물게》 상스러운 표현. **Vulgata** [vʊlˈgaːta], die [lat. vulgāta] 불가타 성서(공인 라틴어로 번역된 성서). **vulgo** [ˈvʊlgo] 〈Adv.〉 [lat.] 일반적으로, 보통으로.
Vulkan [vʊlˈkaːn], der; -s, -e [lat. Vulcānus] 화산: ein tätiger [erloschener] V. 활(사)화산; der V. ist ausgebrochen 화산이 폭발했다. **Vulkanausbruch**, der 화산 폭발. **Vulkanfiber**, die 〈Pl. 없음〉 경화 섬유, 파이버(피혁 또는 고무의 대용품). **Vulkanisation** [vʊlkanizaˈtsjoːn], die; -en [engl. vulcanization] 생고무에 황산을 넣어 탄성고무로 가공함. **vulkanisch** 〈Adj.〉 화산의, 화산 작용에 의한: -es Gestein 화산암. **Vulkaniseur** [vʊlkaniˈzøːɐ], der; -s, -e 고무의 생산 및 가공 전문가. **Vulkanisieranstalt**, die 고무 공장. **vulkanisieren** [...ˈziːrən] 〈h〉 [engl. to vulcanize] **1.** 생고무에 황산을 넣어 탄성고무로 가공하다. **2.** (통용어) 고무 제품을 수리하다: einen Reifen v. 타이어를 수리하다. **Vulkanisierung**, die; -en ↑vulkanisieren의 명사형. **Vulkanismus** [...ˈnɪsmʊs], der; - 〔지질〕 화산 현상, 화산 작용. **Vulkanit** [...ˈniːt, (또한) ...ˈnɪt], der; -s, -e 〔지질〕 화산암, 분출암. **Vulkanologie** [vʊlkano-], die 화산학. **vulkanologisch** 〈Adj.〉 화산학의.
vulnerabel [vʊlneˈraːbl] 〈Adj.〉 [lat. vulnerāre] 〔의학〕 상하기 쉬운, 상처를 입기 쉬운. **Vulnerabilität** [...rabiliˈtɛːt], die 〔의학〕 ↑vulnerabel의 명사형.
Vulva [ˈvʊlva], die; ...ven [lat. vulva] 〔해부〕 여성의 외부 생식기, 보지, 음문.
vuota [ˈvuoːta] 〈Adv.〉 [ital. (corda) vuota] 〔음악〕 (현악기에서) 손가락으로 현을 누르지 않고 (개방현으로) 연주하는.
v. v. = vice versa.
VW, der; -s, -s ↑Volkswagen의 약칭.
V-Waffe [ˈfau-], die; -n 《대개 Pl.》 [Vergeltungswaffe의 약칭] 《군사·옛》 2차 대전 말기 독일군이 사용한 무인 로켓 병기.

w, W [ve:; ↑a, A], das; -, - 독일 알파벳의 스물 세째 자.
Waag, die 《bayr.》 밀물, 홍수, 물.
Waage ['va:gə], die; -n **1.** 저울: diese W. wiegt genau 이 저울은 정확하게 무게를 잰다; etw. auf die W. legen [auf / mit der W. wiegen] 무엇의 무게를 재다; **einer Sache (sich) (gegenseitig) [einander] die W. halten** 무엇이 서로간에 대강 비슷하다, 형평을 이루다, 균형을 이루다. **2.** [점성술] 〈Pl. 없음〉 9월 24일에서 10월 23일까지의 별자리, 천칭자리. b) 위의 별자리 기간 중 태어난 사람. **3.** [스포츠] 수평으로 균형을 취하는 자세. **4.** ↑Wasserwaage의 약칭.
waage-, Waage-: **~amt,** das 《구례》 화물 계량소. **~balken,** der 저울대. **~geld,** das 《구례》 화물 계량 수수료. **~meister,** der 《구례》 화물 계량소장. **~recht,** (또한) waagrecht 〈Adj.〉 수평의. **~rechte,** die; -n, -n 가로줄, 수평선.
Waagenfabrik, die 저울 생산 공장. **waagrecht:** ↑waagerecht. **Waagschale,** die; -n 저울 접시, 천평칭의 저울판: **alle [jedes Wort] auf die W. legen** 모든 것[말 한 마디 한 마디]을 곧이곧대로 받아들이다; **in die W. fallen** 존중되다, 중요시되다, 큰 무게를 가지다; **etw. in die W. werfen** (무엇을 어떤 목적을 위한) 수단으로서 투입하다.
wabbelig, (또한) wabblig ['vab(ə)lɪç] 〈Adj.〉 《통용어》 물컹물컹하는, 흐늘흐늘하는, 걸쭉한, 흔들리는. **wabbeln** ['vabn] 〈h〉 《통용어》 비틀거리다, 흔들거리다, 이리저리 흔들거리다: sein Bierbauch wabbelte vor Lachen 그의 맥주배가 웃는 통에 이리저리 흔들렸다. **wabblig:** ↑wabbelig.
Wabe ['va:bə], die; -n 벌집, 봉방(蜂房). **Wabenhonig,** der 벌집 속의 꿀.
Waberlohe ['va:bərlo:ə], die; -n [북구 신화] 《성을 외부 세계로부터 보호해 주는》 타오르는 불꽃. **wabern** ['va:bən] 〈h〉 《지역적·그 외 아이》 흔들리다, 나부끼다.
wach [vax] 〈Adj.〉 **1.** 깨어 있는, 잠들지 않는: sich die ganze Nacht lang w. halten 밤새도록 깨어 있다; sie rüttelten ihn w. 그 여자는 그를 흔들어 깨웠다; [전의] die alten Ressentiments wurde wieder w. 옛 원한이 되 살아났다. **2.** 정신적으로 깨어, 의식이 뚜렷한: ein -er Geist 깨어 있는 정신.
wach-, Wach-: **~ablösung,** die 보초 교대: [전의] eine politische W. 정치 지도부의 교체. **~bataillon,** das 경비 대대. **~boot,** das 경비정, 순시선, 초계함. **~buch,** das 경비 일지. **~dienst,** der **1.** 〈Pl. 없음〉 경비 근무, 보초 근무. **2.** 경비대. **~feuer,** das 경비하기 위해 놓은 불. **~habend** 〈Adj.〉 당직의, 경비 중의. **~habende*,** der / die 당직자, 경비원. **~halten*** 〈h〉 생생하게 유지하다, 사그라지지 않게 하다: die Erinnerung an jmdn. w. 누구에 대한 기억을 생생하게 유지하다. **~hund,** der 지키는 개, 경비견. **~kompanie,** die 경비 중대. **~lokal,** das 위병실. **~mann,** der 〈Pl.〉 ...männer / ...leute〉 **1.** 지키는 사람, 경비원. **2.** 《österr.》 ↑Polizist. **~mannschaft,** die 경비대. **~posten,** (또한) Wachtposten, der 경비 초소. **~rufen*** 〈h〉 불러일으키다, 일깨우다: eine Vorstellung in jmdm. w. 누구의 마음 속에 어떤 상념을 불러일으키다. **~rütteln** 〈h〉 흔들어 깨우다: jmds. Gewissen w. 누구의 양심을 일깨우다. **~schiff,** das ↑~boot. **~station,** die 중환자실. **~stube,** die ↑lokal. **~traum,** der [심리] 백일몽. **~turm,** (또한) Wachtturm, der 감시탑, 망루(望樓). **~vergehen,** das 경비원의 근무 중 과오. **~zimmer,** das 《österr.》 지서, 파출소. **~zustand,** der 각성 상태.

Wache ['vaxə], die; -n **1.** 경비 근무, 보초 근무: W. haben [halten] 보초를 서다, 경비 근무를 하다; dem nächsten die W. übergeben 다음 사람에게 보초 근무를 인계하다; auf W. sein 〈군〉 보초를 서다; auf W. ziehen 〈군〉 위병 근무로 행진해 가다; **(auf) W. stehen, W. schieben** 《통용어·군인어》 보초를 서다. **2.** 위병, 보초병, 경비원: -n aufstellen 보초를 세우다; die -n ablösen 보초를 교대하다. **3.** a) 위병실. b) 파출소, 지서, ↑Polizeiwache의 약칭). **Wachebeamte,** der; -n, -n 《österr.·관》 ↑Polizist. **wachen** ['vaxn] 〈h〉 **1.** 《아어·드물게》 깨어있다, 잠들지 않다. **2.** 주의 깊게 지켜 보다: sie hat die ganze Nacht bei dem Kranken gewacht 그 여자는 밤새도록 환자 곁에서 지켜보았다. **3.** 감시하다, 경계하다, 주의하다: sorgsam [streng] über etw. w. 세심하게[엄격하게] 무엇을 감시하다. **Wachestehen,** das; -s 입초(立哨), 보초를 섬. **wachestehend** 〈Adj.〉 입초 중인, 보초를 서고 있는. **Wachheit,** die **1.** 《드물게》 깨어 있음, 깨어 있는 상태. **2.** (정신적으로) 깨어 있음, 주의.

Wacholder [va'xɔldɐ], der; -s, - 노간주나무, 두송. **Wacholder-:** **~baum,** der 노간주나무. **~beere,** die 두송의 열매. **~branntwein,** der 두송주, 진. **~busch,** der 관목 형태의 두송. **~drossel,** die 개똥지빠귀의 일종. **~schnaps,** der 《통용어》 ↑~branntwein. **~strauch,** der ↑~busch.

Wachs [vaks], das; -es, 《종류》 -e 밀랍, 밀, 왁스: ihr Gesicht war weiß wie W. 그녀의 얼굴은 밀랍처럼 창백했다; er wurde weich wie W. 그는 밀랍처럼 부드러워졌다(매우 관대해졌다); **W. in jmds. Hand [Händen] sein** 누구에 대해서 매우 관대하다, 누구의 뜻을 그대로 따르다.

wachs-, Wachs-: **~abdruck,** der 납형(蠟型). **~abguß,** der 밀랍 주형. **~bild,** das 밀랍으로 된 양각(陽刻) 형태. **~bildnerei** [-bɪldnə'raɪ], die ↑Zeroplastik (1). **~bleich** 〈Adj.〉 밀랍처럼 창백한. **~blume,** die **1.** 밀랍으로 만든 조화(造花). **2.** ↑Porzellanblume. **~bohne,** die 왁스콩의 일종. **~farbe,** die **1.** 밀랍 채색용 색소. **2.** 밀랍에 의해 색소가 응고되는 그림 물감. **~figur,** die 밀랍 인형, 밀랍 세공품. **~figurenkabinett,** das 밀랍으로 만들어진 유명 인물상 전시실. **~gießer,** der 밀랍 주조자. **~haut,** die [동물] 밀랍막 (특정 조류의 부리의 근본이 되어 있는 노란색의 막). **~kerze,** die 밀랍 초. **~kitt** 〈Pl. 없음〉 《österr.》 ↑~tuch. **~licht,** das 〈Pl. -er〉 ↑~kerze. **~malerei** [- - - '- -], die **1.** 〈Pl. 없음〉 ↑Enkaustik. **2.** 밀랍 물감으로 그린 작품, 납화(蠟畫). **~malkreide,** die 밀랍 물감을 주성분으로 한 색연필, 크레용.

~**malstift**, der ↑~malkreide. ~**maske**, die 밀랍 가면. ~**modell**, das 밀랍 모형. ~**papier**, das 파라핀 지. ~**platte**, die 밀랍 판. ~**rose**, die 수련의 일종. ~**schicht**, die 밀랍 박. ~**siegel**, das 밀랍 봉인. ~**stock**, der 〈Pl. -stöcke〉 나선형의 긴 초. ~**tafel**, die 〈고대의〉 밀랍 칠판. ~**tuch** das **1.** 〈Pl. -e〉 밀먹인 천, 유포, 방수포. **2.** 〈Pl. -tücher〉 유포[방수포]로 만든 식탁보. ~**tuch(tisch)decke**, die ↑~tuch (2). ~**weich** 〈Adj.〉 **1.** 밀랍 같이 연한, 무른. **2.** (영) **a)** 마음이 약한, 줏대가 없는, 성격이 무른: bei dieser Drohung wurde er gleich w. 이 위협에 그는 곧바로 물렁해졌다. **b)** 흐리터분한, 불분명한: ~e Erklärungen 흐리터분한 설명. ~**zelle**, die 벌집의 방. ~**zieher**, der ↑Kerzengießer.

wachsam ['vaxza:m] 〈Adj.〉 주의 깊은, 조심하는, 방심하지 않는: ein -es Auge auf etw. haben 무엇을 주의 깊게 관찰하다. **Wachsamkeit**, die ↑wachsam 의 명사형.

wachseln ['vaksḷn] 〈h〉 (bayr., österr.) ↑²wachsen.

¹**wachsen*** ['vaksn̩] 〈s〉 **a)** 〈생물이〉 자라다, 성장하다: das Gras wächst üppig 풀이 무성하게 자란다; ich lasse mir einen Bart w. 나는 수염을 기른다; 전의 der Neubau wächst Meter um Meter 저 새 건축물은 일미터씩 높아져 간다. **b)** 번성하다, 제대로 자라다: Unkraut wächst überall 잡초는 아무데서나 잘 자란다. **c)** (일정한 모양으로) 자라다, 커지다: der Baum wächst krumm 이 나무는 휘어져 자란다; sie ist gut gewachsen 그 여자는 발육이 좋다. **d)** 자라며 뻗다: die Kletterpflanze wächst an der Mauer in die Höhe 담장이 덩굴이 담에서 위로 뻗으며 자라고 있다. **2. a)** 커지다, 많아지다, 증가하다: die Einwohnerzahl wächst von Jahr zu Jahr 주민 수가 해마다 불어난다; die wachsende Arbeitslosigkeit 실업의 증가. **b)** (강도나 중요성이) 커지다, 고조되다, 증강되다: seine Erregung wuchs immer mehr 그의 흥분은 점점 더 커졌다; er ist an[mit] seinen Aufgaben gewachsen 그는 그의 임무를 수행하면서 (내적으로) 강해졌다; die wachsenden Schwierigkeiten 증대하는 어려움. **c)** (유기적으로) 발전하다, (자연스럽게) 성장하다: eine Kultur kann einem Volk nicht aufgeprägt werden, sie muß w. 어떤 문화가 어느 민족에게 각인될 수는 없다, 문화는 유기적으로 발전해야야 한다.

²**wachsen** [-] 〈h〉 왁스를 바르다: die Treppe w. und bohnern 계단에 왁스를 바르고 문지르다. **wächsern** ['vɛksɐn] 〈Adj.〉 **1.** 밀랍으로 만들어진: -e Figuren 밀랍 인형. **2.** 〈아어〉 밀랍처럼 창백한.

wächst [vɛkst] ↑wachsen 참조.

Wachstum ['vakstu:m], das; -s **1. a)** 성장, 발육, 자람: das (körperliche) W. eines Kindes 어린 아이의 (육체적) 성장. **b)** 자란 것, 성장한 것, 농작물: das Gemüse ist eigenes W. 이 야채는 직접 재배한 것이다. **2.** (양적) 증대, (양적) 성장, 팽창: das rasche W. einer Stadt 어느 도시의 급속한 팽창.

wachstums-, Wachstums-: ~**faktor**, der 성장 요인. ~**fördernd** 〈Adj.〉 **1.** (동식물의) 성장을 촉진하는: -e Hormone 성장 촉진 호르몬. **2.** (경제의) 성장을 촉진하는: -e Maßnahmen 경제 성장을 촉진하는 조치. ~**geschwindigkeit**, die 성장 속도. ~**hemmend** 〈Adj.〉 성장을 저해하는. ~**hormon**, das 성장 호르몬. ~**periode**, die 성장 (발육)기. ~**prozeß**, der 성장 과정. ~**rate**, die (경제) (경제) 성장률. ~**störung**, die (의학) 발육 장애.

Wacht [vaxt], die; -en 〈시어·아어〉 경비, 경계, 보초.

Wacht-: ~**meister**, der **1.** (구제) (포병 등의) 상사. **2. a)** 〈Pl. 없음〉 순경직. **b)** 순경. ~**parade**, die (구제) 위병 사열. ~**posten**, der ↑Wachposten. ~**turm**, der ↑Wachturm.

Wächte ['vɛçtə], die; -n [schweiz.] 산등성이에 쌓인 눈.

Wachtel ['vaxtl̩], die; -n [lautm.] 메추라기.

Wachtel-: ~**ei**, das 메추라기 알. ~**hund**, der 스패니얼(개의 일종). ~**könig**, der 뜸부기의 일종(학명: Crex crex). ~**ruf**, der, ~**schlag**, der 메추라기의 울음 소리.

Wächter ['vɛçtɐ], der; -s, - 파수군, 경비원: 전의 ein W. der Demokratie 민주주의의 파수군. **Wächterkontrolluhr**, die 순찰 시간 기록 시계. **Wächterlied**, das [문예] ↑Taglied. **Wach-und Schließgesellschaft**, die; -en 경비 용역 회사.

Wacke ['vakə], der; -n 〈지역적·그 외 고어〉 자갈.

Wackel-: ~**greis**, der 〈통용어·폄〉 ↑Tattergreis. ~**knie**, das [의학] ↑Schlottergelenk. ~**kontakt**, der (전기의) 불량 접촉. ~**peter**, der 〈친근·농〉 ↑~pudding. ~**pudding**, der 〈친근〉 연한 푸딩.

Wackelei [vakə'laj], die 〈통용어·폄〉 계속 비틀거림.

wackelig, wacklig ['vak(ə)lɪç] 〈Adj.〉 **1. a)** 흔들거리는: ein -er Stuhl 흔들거리는 의자; ein -er Zahn 흔들거리는 치아. **b)** 탄탄하지 않은: -es Mobiliar 흔들거리는 가구. **2.** 〈통용어〉 비실비실하는: ein alter, -er Mann 늙고 힘없는 사람. **3.** 〈통용어〉 불안한, 위험한: -e Arbeitsplätze 불안한 일자리; um die Firma steht es recht w. 그 회사는 흔들리어 망할 징조이다. **wackeln** ['vakn̩] **1.** 〈h〉 **a)** 흔들거리다: der Tisch wackelt 책상이 흔들거린다; seine Zähne wackeln 그의 이빨이 흔들거린다. **b)** 〈통용어〉 진동하다: als ein Lastwagen vorüberfuhr, wackelte das ganze Haus 화물자동차가 지나갈 때면 집 전체가 진동했다. **2.** 〈h〉 〈통용어〉 **a)** 흔들다: an der Tür w. 문짝을 흔들어대다. **b)** 이리저리 움직이다: er kann mit den Ohren w. 그는 귀를 움직일 수 있다; mit den Hüften w. 엉덩이를 흔들다. **3.** 〈s〉 〈통용어〉 비틀거리다: der Alte ist über die Straße gewackelt 그 노인은 비틀거리며 거리를 건넜다. **4.** 〈h〉 〈통용어〉 불안하다, 위협을 받다, 위험에 처하다: seine Stellung wackelt 그의 지위가 불안하다; die Firma wackelt 그 회사가 흔들린다.

wacker ['vakɐ] 〈Adj.〉 〈준고어〉 **1.** 착실한, 정직한, 성실한: sich w. durchs Leben schlagen 성실하게 살아가다. **2.** 용감한, 씩씩한: ein Krieger 용감한 전사; er ist ein -er Esser 〈농〉 그는 맹렬하게 먹어대는 사람이다.

Wackerstein, der; -(e)s, -e 〈지역적〉 ↑Wacke.

wacklig: ↑wackelig.

Wad [vad], das; -s [engl. wad] 맑간 토(土).

Waddike ['vadɪkə], die [niederd. waddeke] 《nordd.》 유청(乳精), 유장(乳漿).

Wade ['va:də], die; -n 장딴지.

waden-, Waden-: ~**bein**, das 비골(腓骨). ~**hoch** 〈Adj.〉 장딴지까지 올라오는. ~**krampf**, der 장딴지 근육의 경련. ~**lang** 〈Adj.〉 장딴지까지 내려오는. ~**muskel**, der 장딴지 근육, 비근. ~**strumpf**, der **1.** (고어) ↑Kniestrumpf. **2.** (민속 의상의) 장딴지용 양말. ~**wickel**, der (해열을 위한) 장딴지(발) 싸개.

Wadi ['va:di], das; -s, -s [arab. wādī] 장마철 때에만 물이 생기는 강바닥.

Wadschrajana [vadʃra'ja:na], das; - [sanskr. vajrayāna] 밀교, 유가종.

Waffe ['vafə], die; -n **1.** 무기, 병기: konventionelle [atomare] -n 재래식[핵] 무기; taktische und strategische -n 전술 및 전략 무기; die -n ruhen 〈아어〉 전투가 중단되었다; -n tragen[führen] 무기를 휴대하다; eine W. besitzen[bei sich haben] 무기를 소지하다; die -n niederlegen 〈아어〉 무기를 내려놓다, 전투를 끝

내다; nach -n durchsuchen 무기를 수색하다; er machte keinen Gebrauch von seiner W. 그는 무기를 사용하지 않았다; sie starrten von -n 《아어》 그들은 중무장을 하고 있었다; [전의] seine Schlagfertigkeit ist seine beste, stärkste W. 그의 기지는 그의 최선의, 가장 강한 무기이다; mit einem politischen Gegner die -n kreuzen 《아어》 정적과 논쟁을 벌이다; jmdn. mit seinen eigenen -n schlagen 《아어》 누구를 바로 그 사람의 논리로 공박하다; mit geistigen -n(mit -n des Geistes) 《아어》 논리적으로; **die -n strecken** 《아어》 1) 적에게 항복하다. 2) 포기하다; **unter (den) -n sein [stehen]** 《아어》 싸울 채비를 갖추다, 무장하고 있다. **b)** 《Pl. 없음》 Waffengattung의 약칭. **2.** 〈Pl.〉《사냥》**a)** ↑ Gewaff (1). **b)** 살쾡이나 스라소니의 발톱. **c)** 맹금류의 발톱.

Waffel ['vafl], die; -n [niederl. wafel] 와플(과자): -n backen 와플을 굽다.

Waffel-: ~eisen, das 와플 (굽는) 쇠판. **~gewebe**, das 벌집 무늬의 옷감. **~muster**, das 벌집 무늬. **~pikee**, das ↑ ~gewebe. **~stoff**, der ↑ ~gewebe.

waffen-, Waffen-: ~arm, der 《펜싱》 칼을 든 팔. **~arsenal**, das 무기고. **~besitz**, der 무기 소지. **~besitzkarte**, die 《관》 무기 소지 허가증. **~bruder**, der 《아어》 전우. **~brüderschaft**, die 《아어》 전우애. **~dienst**, der 《Pl. 없음》《준고어》 병역 근무, 병역. **~fähig** 〈Adj.〉《준고어》 싸울 수 있는, 병역 복무의 능력이 있는. **~farbe**, die 《군》 (병과를 표시해 주는) 어깨 기장의 색깔. **~gang**, der 《준고어》 전투: sich zum nächsten W. rüsten 다음 전투를 준비하다. **~gattung**, die 《군》 **1.** 병과. **2.** 《구제》↑ Truppengattung. **~gefährte**, der 《아어》↑ ~bruder. **~gewalt**, die 《Pl. 없음》 무력 (사용): etw. mit W. erzwingen 무엇을 무력을 사용하여 강요하다. **~händler**, der 무기 상인. **~kammer**, die 《군》 병기실. **~kunde**, die 병기학. **~lager**, das ↑ ~arsenal. **~lieferung**, die 무기 공급. **~los** 〈Adj.〉 무기가 없는, 비무장의. **~meister**, der 《구제》 병기 담당 하사관. **~platz**, der 《schweiz.》 연병장. **~recht**, das 《Pl. 없음》 무기(에 관한) 법. **~rock**, der 《고어》 유니폼 상의. **~ruhe**, die 일정 휴전. **~schein**, der 무기 휴대 허가증. **~schmied**, der (옛) 병기 제조공. **~schmiede**, die 《아어·준고어》 병기 제작소. **~SS**, die 《나치》 나치스의 무장 친위대. **~starrend** 〈Adj.〉《아어》 아주 강한, 무장이 잘 된. **~stillstand**, der 휴전: einen W. abschließen 휴전 협정을 체결하다. **~stillstandsabkommen**, das 휴전 협정[조약]. **~stillstandslinie**, die 휴전선. **~stillstandsverhandlung**, die 《대개 Pl.》 휴전 협상. **~student**, der 결투하는 단체에 속한 대학생. **~studentisch** 〈Adj.〉↑ ~student의 형용사형. **~system**, das 《군》 무기 체제. **~tanz**, der (특히 미개 종족의) 전사들의 춤. **~technik**, die 무기[병기] 기술. **~technisch** 〈Adj.〉 병기 기술의. **~träger**, der 《군》 무기 수송차. **~vergehen**, das 총포 단속법 위반.

waffnen ['vafnən] 〈h〉《고어》**1.** 무장시키다. **2.** 〈w. + sich〉 무장하다.

wäg [vɛːk] 〈Adj.〉 (schweiz. · 아어 · 그 외 고어) 좋은, 유능한.

wägbar ['vɛːkbaɐ] 〈Adj.〉 (드물게) 측정할 수 있는, 평가할 수 있는: eine kaum -e Sache 평가할 수 없는 일. **Wägbarkeit**, die ↑ wägbar의 명사형.

wage-, Wage-: ~hals, der; -es, ...hälse [niederl.] 《준고어》 모험심이 강한 사람. **~halsig**: ↑ waghalsig. **~mut**, der 대담함, 모험심. **~mutig** 〈Adj.〉 대담하고 과감한: eine -e Tat 대담한 행동. **~mutigkeit**, die ↑

~mutig의 명사형. **~stück**, das 《아어》 커다란 모험, 대담한 행동.

Wägelchen ['vɛːglçən], das; -s, - ↑ Wagen (1, 3) 참조.

wagen ['vaːgn] 〈h〉 **1.** 위험을 무릅쓰다, 희생을 각오하다: für das Kind hat er sein Leben gewagt 그 아이를 위하여 그는 자신의 목숨을 걸었다. **2. a)** 감행하다, 두려워하지 않고 시도하다, 감히 하다: einen Versuch w. 어떤 시도를 감행하다; eine Frage w. 어떤 질문을 감히 하다; keinen Blick w. 감히 바라보지 못하다; [속담] wer nicht wagt, der nicht gewinnt 모험을 하지 않는 사람은 아무것도 얻지 못한다. **b)**〈w. + sich〉두려워하지 않고 어디로 가다: sie wagt sich abends nicht mehr aus dem Haus 저녁때면 그 여자는 감히 외출할 생각을 하지 못한다; [전의] du wagst dich an eine schwierige Aufgabe 너는 감히 어려운 과제를 맡으려고 한다.

Wagen [-], der; -s, - / 《südd., österr.》 Wägen ['vɛːgn]. **1.** (축소형: ↑ Wägelchen) **a)** 수레, 마차: zwei-(vierrädriger) W. 이륜(사륜) 마차; der W. rollte über die Straße 마차가 길 위를 굴러갔다; den W. mit Pferden bespannen 마차에 말을 매다; auf(in) dem W. sitzen 마차 위에 앉다; **der Große W., der Kleine W.** 큰곰자리, 작은곰자리; **abwarten[sehen], wie der W. läuft** 《통용어》 일이 어떻게 굴러 갈지를 두고 보다; **jmdm. an den W. fahren[pinkeln, pissen]** 《통용어》 누구에게 거칠게 대들다, 심하게 비난하다(↑ [¹]Karre 1 a); **sich nicht vor jmds. W. spannen lassen** 누구의 앞잡이 노릇을 하지 않다 (↑ Karre 1 b). **b)** ↑ Handwagen의 약칭. **c)** ↑ Kinderwagen의 약칭. **d)** ↑ Servierwagen의 약칭. **2.** (기차나 전차의) 차량: ein Zug mit 20 Wagen 차량이 20개 달린 기차. **3.** (축소형: ↑ Wägelchen) 자동차, (특히) 승용차: einen teuren W. fahren 비싼 자동차를 타고 다니다; aus dem W. [in den W.] steigen 차에서 내리다 [차에 오르다]. **4.** 《기술》↑ Schlitten (4).

wägen¹ ['vɛːgn] 〈h〉 **1.** (전문어·그 외 고어) 저울로 측정하다. **2.** 《아어》 숙고하다, 잘 생각하여 검토하다: jmds. Worte genau w. 누구의 말을 곰곰히 생각하다; [속담] erst w., dann wegen! 먼저 숙고하고 다음에 행동하라!

Wagen-: ~achse, die 차축. **~bauer**, der; -s, - ↑ Stellmacher. **~bühne**, die [연극] ↑ Schiebebühne. **~burg**, die (옛) 원형 마차진(車陣). **~dach**, das 차량 지붕. **~deichsel**, die 수레 채. **~folge**, die (특히 기차의) 차량 순서. **~fond**, der 자동차의 뒷좌석. **~führer**, der (특히 전차의) 운전사. **~heber**, der 자동차용 잭. **~kasten**, der ↑ Kasten (7). **~klasse**, die **1.** 객차의 등급: ein Abteil der ersten W. 일등차의 차실. **2.** Klasse (5 a). **~kolonne**, die 차량 행렬, **~korso**, der ↑ Korso 1 a). **~ladung**, die ↑ ¹Ladung (1). **~macher**, der ↑ Stellmacher. **~mitte**, die 전차나 객차의 가운데. **~park**, der ↑ Fuhrpark (1). **~pferd**, das 《준고어》 마차 끄는 말. **~pflege**, die 차의 손질. **~plane**, die (화물)차의 적재함 덮개. **~rad**, das 수레[마차]바퀴. **~reihe**, die 차량 행렬. **~reinigung**, die ↑ ~wäsche. **~rennen**, das (고대의) 마차 경기. **~schlag**, der 《준고어》 ↑ Schlag (12). **~schmiere**, die 마차용 윤활유. **~spur**, die **1.** 차바퀴 자국. **2.** ↑ Spur (6). **~standgeld**, das (화물의 적재나 하역 시간 초과시 지불하는) 화차 유치료. **~tür**, die 차의 옆문. **~typ**, der (특히) 자동차의 형. **~wäsche**, die 세차.

Wägeschein, der; -(e)s, -e (전문어) 중량 검사서. **Wägestück**, das; -(e)s, -e (전문어) (공인된) 저울 추.

Waggon [va'gōː, va'gɔŋ, 《südd., österr.》 va'goːn], der; -s, -s /-e [va'gonə]; engl. waggon] (철도의) 화물차량: einen W. ankuppeln 화물차 한 량을 연결하다.

Waggonladung, die ↑¹Ladung (1). **waggonweise** ⟨Adv.⟩ 많은 차량으로, 한 차량씩.
waghalsig, w̲agehalsig [...halzɪç] ⟨Adj.⟩ **a)** 대담한, 무모한: er fährt sehr w. 그는 매우 무모하게 차를 몬다. **b)** 위험한: ein -es Experiment 위험한 실험. **Waghalsigkeit**, W̲agehalsigkeit, die **1.** ⟨Pl. 없음⟩ 대담함, 위험함. **2.** 대담한[위험한] 행동.
Wagner ['vaːgnɐ], der; -s, - (südd., österr., schweiz.) ↑Stellmacher.
Wagnerianer [vaːgnəˈriaːnɐ], der; -s, - 작곡가 바그너 숭배자.
Wagnis ['vaːknɪs], das; -ses, -se [zu ↑wagen] **a)** 모험, 대담한 계획: ein kühnes[gefährliches] W. 대담한[위험한] 모험; ein W. unternehmen 모험을 행하다. **b)** 위험: ein großes W. auf sich nehmen 큰 위험을 감수하다.
Wagon-Lit [vagõˈliː], der; -, Wagons-Lits [-; frz. wagon-lit] 침대차.
Wägung, die; -en 무게를 달기, 정확히 평가함.
Wähe ['vɛːə], die; -n (südd., schweiz.) 납작한 케이크.
Wahhabit [vahaˈbiːt], der; -en, -en [창시자 Muhammad Ibn Abd Al Wahhab(대략 1703~1792)에서] 이슬람 교의 한 파.
Wahl [vaːl], die; -en **1.** ⟨Pl. 없음⟩ 선택, 결단: eine schwere[einfache] W. 어려운[간단한] 선택; eine gute W. treffen 좋은 선택을 하다; er hat mir die W. gelassen 그는 나에게 선택을 맡겼다; mir bleibt[ich habe] keine andere W. 나에게는 다른 선택의 여지가 없다; er ist recht geschickt in der W. seiner Mittel vor 는 방법의 선택에 있어서 매우 능숙하다; er stand vor der W., mitzufahren oder zu Hause zu arbeiten 그는 같이 가든지 아니면 집에서 일하든지 결정해야 했다; 속담 wer die W. hat, hat die Qual 선택은 괴로운 것; **erste, zweite, dritte W.** [특히 상] 일등품, 이등품, 삼등품. **2. a)** 선거, 투표: eine demokratische [geheime] W. 민주적[비밀] 선거; freie -en 자유로운 선거; die W. eines Präsidenten 대통령 선거; die -en verliefen ruhig 선거는 평온하게 진행되었다; eine W. durchführen 선거를 실시하다; sich an[bei] einer W. beteiligen 선거에 참여하다; wir schreiten jetzt zur Wahl ⟨아이⟩ 우리는 이제 투표합니다. **b)** ⟨Pl. 없음⟩ 당선, 선출됨: die W. ist auf ihn gefallen 그가 당선[선택]되었다; jmdn. zur W. vorschlagen 누구를 후보자로 추천하다; sich zur W. aufstellen lassen 입후보하다.
¹Wahl- (다음의 규정어로서, 예컨대) **Wahlberliner** 스스로 선택하여 베를린 시민이 된 사람.
wahl-, **²Wahl-**: ~**akt**, der 선거[투표] 행위. ~**alter**, das 선거 자격 연령. ~**art**, die [관] 선거 담당 관청. ~**anzeige**, die 선거 광고. ~**aufruf**, der 선거 참여 촉구. ~**ausgang**, der 선거 결과. ~**ausschuß**, der 선거 위원회. ~**beeinflussung**, die 부정한 선거 간섭. ~**benachrichtigung**, die [관] 선거 통지. ~**berechtigt** ⟨Adj.⟩ 선거권을 가진: -e Bürger 선거권을 가진 시민. ~**berechtigte***, der / die 선거권자. ~**berechtigung**, die 선거권. ~**beteiligung**, die 선거 참여, 투표율. ~**bezirk**, der 투표구. ~**eltern** ⟨Pl.⟩ (österr.) ↑Adoptiveltern. ~**erfolg**, der 선거에서의 성공. ~**ergebnis**, das 선거 결과. ~**essen**, das 선택 식단. ~**fach**, das 선택 과목. ~**frei** ⟨Adj.⟩ 선택의 자유가 있는: -e Fächer 선택 과목들. ~**freiheit**, die ⟨Pl. 없음⟩ (특히 학과목의) 선택 자유. ~**gang**, der 투표: der neue Papst wurde gleich im ersten W. gewählt 새 교황은 첫번째 투표에서 바로 선출되었다. ~**geheimnis**, das ⟨Pl. 없음⟩ 선거의 비밀. ~**geschenk**, das 선거 선심. ~**gesetz**, das 선거법. ~**handlung**, die ↑

~**akt**. ~**heimat**, die 제2의 고향. ~**helfer**, der 선거 운동원. ~**hilfe**, die 선거 지원. ~**jahr**, das 중요한 선거가 있는 해. ~**kabine**, die 기표소. ~**kaisertum**, das 황제를 선거로 선출하는 제국. ~**kampagne**, die ↑~**kampf**. ~**kampf**, der 선거 운동: den W. eröffnen 선거 운동을 시작하다. ~**kind**, das ⟨österr.⟩ ↑Adoptivkind. ~**königtum**, das ↑~monarchie. ~**kreis**, der [관] 선거구. ~**leiter**, der 선거 위원장. ~**liste**, die 입후보자 명단. ~**lokal**, das 투표소. ~**komotive**, die (은어) 선거전의 견인역을 맡은 후보, 간판 후보. ~**los** ⟨Adj.⟩ 무분별한, 제멋대로의: eine -e Aufeinanderfolge 뒤죽박죽; er trank alles w. durcheinander 그는 이것 저것 가리지 않고 마셨다. ~**mann**, der ⟨Pl. -männer⟩ ⟨selten Pl.⟩ (간접 선거에서의) 선거인. ~**modus**, der 선거 방식. ~**monarchie**, die 군주가 선거로 선출되는 왕국. ~**niederlage**, die 선거에서의 패배. ~**organ**, das 선거 관리 기구. ~**parole**, die 선거 구호. ~**party**, die 선거 (승리 축하) 파티. ~**periode**, die 선임 기간. ~**pflicht**, die 선거의 의무. ~**plakat**, das 선거용 플래카드. ~**programm**, das (정당의) 선거 강령. ~**propaganda**, die 선거를 위한 선전. ~**raum**, der ↑~lokal. ~**recht**, das ⟨Pl. 없음⟩ **1.** 선거권; aktives W. 선거권; passives W. 피선거권; sein W. nutzen[ausüben] 자신의 선거권을 행사하다. **2.** 선거법, 선거 규정: das demokratische W. 민주적 선거법. ~**rede**, die 선거 연설. ~**redner**, der 선거 연설자. ~**resultat**, das ↑~ergebnis. ~**schein**, der [관] (부재자 투표자를 위한) 선거 통지서. ~**scheinantrag**, der [관] (부재자용) 투표용지 부 신청. ~**schlacht**, die ⟨감정⟩ ↑~kampf. ~**schlappe**, die ↑~niederlage. ~**schule**, die (의무 교육 이상의) 자유 선택 학교. ~**sieg**, der 선거에서의 승리. ~**slogan**, der ↑~parole. ~**sonntag**, der 선거가 있는 일요일. ~**spruch**, der 표어, 좌우명, 모토. ~**system**, das 선거 제도. ~**tag**, der 선거일. ~**taktik**, die 선거 전략. ~**taktisch** ⟨Adj.⟩ 선거 전략상의. ~**urne**, die ↑Urne (2). ~**veranstaltung**, die 선거 행사. ~**verfahren**, das ↑~modus. **vergehen**, das 선거법 위반. ~**verhalten**, das [사회] (선거 상황에서의) 행동 선택. ~**versammlung**, die 선거 집회. ~**versprechen**, das ↑~geschenk. ~**verteidiger**, der [법] 사선(私選) 변호인. ~**verwandt** ⟨Adj.⟩ (교양어) 친화력 있는, 친화성의. ~**verwandtschaft**, die (교양어) 친화력, 친화성. ~**vorschlag**, der 입후보자 추천. ~**vorstand**, der (선거구의) 선거위원회. ~**vorsteher**, der 선거위원장. ~**weise** ⟨Adv.⟩ 선택에 따라. ~**werber**, der (österr.) 입후보자. ~**zelle**, die ↑~kabine. ~**zettel**, der 투표 용지. Stimmzettel. ~**zuckerl**, das (österr.·통용어) ↑~geschenk.
wählbar ['vɛːlbaːɐ] ⟨Adj.⟩ **1.** 피선거권이 있는. **2.** ⟨드물게⟩ 선택될 수 있는. **Wählbarkeit**, die ↑wählbar의 명사형. **wählen** ['vɛːlən] ⟨h⟩ **1. a)** 선택하다, 고르다: ein Buch als Geschenk w. 책 한 권을 선물로 선택하다; ein Gericht auf der Speisekarte w. 식단표에서 요리 하나를 고르다; den günstigsten Zeitpunkt für etw. w. 무엇을 위한 유리한 시점을 선택하다; er pflegt seine Worte genau zu w. 그는 자기 말을 정확히 골라서 한다; ⟨4격 목적어 없이도⟩ der Ober fragte, ob wir schon gewählt hätten 웨이터는 우리가 이미 (먹을 음식을) 결정했는지를 물었다. **b)** 곰곰히 생각하여 고르다: er wählte lange, bis er sich zu dieser Entscheidung durchrang 그는 이 결정에까지 오랫동안 생각했다. **2.** 전화 번호를 돌리다[누르다]: welche Nummer muß ich w.? 몇 번에 걸어야죠? **3. a)** 선거하다, 선출하다, 투표로 뽑다: einen Präsidenten w. 대통령을 선출하다; jmdn. zum Vorsitzenden w.

누구를 의장으로 뽑다. **b)** 투표하다, 선거하러 가다: hast du schon gewählt? 벌써 투표했느냐?; er wählt konservativ 그는 보수 정당에 표를 준다. **Wähler,** der; -s, - 선거인, 유권자: um die Gunst der W. kämpfen 유권자들의 환심을 사려고 애쓰다.

Wähler-: ~**auftrag,** der **1.** 선거인에 의해 (정당에게) 주어진 내각구성 과업. **2.** (구동독) ↑Mandat (1 b). ~**gruppe,** die 유권자 집단. ~**initiative,** die **1.** 유권자(시민) 운동. **2.** 유권자 운동단체. ~**liste,** die 선거인 명부. ~**scheibe,** die ((드물게)) ↑Wählscheibe. ~**schicht,** die 유권자층. ~**stimme,** die ↑Stimme (6 a). ~**vereinigung,** die 무소속 후보 추천인단. ~**verhalten,** das 선거시의 유권자 태도. ~**vertreter,** der (구동독) 유권자 대표. ~**verzeichnis,** das (관) 선거인 명부. ~**wille,** der 유권자의 뜻.

wählerisch ⟨Adj.⟩ 까다로운, 몹시 고르는: er ist im Essen sehr w. 그는 식성이 매우 까다롭다. **Wählerschaft,** die; -en 총유권자, 전체 선거인.

wählig ['vɛːlɪç] ⟨Adj.⟩ [niederd. welich] (지역적) **1.** 튼튼한, 건강한. **2.** 활달한, 오만한. **Wähligkeit,** die (지역적) ↑wählig의 명사형.

Wählscheibe, die; -n (전화기의 돌리는) 번호판.

Wahn [vaːn], der; -(e)s **1.** (아어) 망상, 환상: ein eitler W. 헛된 망상. **2.** [특히 의학] 조증(躁症).

wahn-, Wahn-: ~**bild,** das, ~**gebilde,** das, ~**idee,** die ↑~vorstellung. ~**kante,** die ((제재·지역적)) ↑Waldkante. ~**kantig** ⟨Adj.⟩ 죽각의. ~**schaffen** ⟨Adj.⟩ (지역적) 추한, 기형의: ein ~es Kind 불구의 아이. ~**sinn,** der (Pl. 없음) **1.** 광기, 정신 착란: er verfiel dem W. (in W.) 그는 정신 착란에 빠졌다. **2.** ((통용어)) 미친 짓, 얼빠진 짓: es ist doch heller (purer, reiner) W. 그것은 정말로 미친 짓이다. ~**sinnig** ⟨Adj.⟩ **1.** 정신 착란의, 광기의, 미친: ~e Taten 정신착란적 행동; er gebärdete sich wie w. 그는 미친 것처럼 행동했다; du bist ja w. ((통용어)) 너 정말 미쳤구나; bei diesem Lärm kann man ja w. werden ((통용어)) 이 소음은 정말 견딜 수 없다; wie w. ((통용어)) ↑verrückt 1. **2.** ((통용어)) 정신나간, 얼빠진, 어리석은: ein ~es Unternehmen 어리석은 짓; (명사화) so etwas Wahnsinniges! 이 무슨 미친 짓이람! **3.** ((통용어)) **a)** 아주 큰, 강한, 격렬한: sie hatte ~e Angst 그 여자는 굉장히 두려웠다; in einem ~en Tempo 무서운 속도로. **b)** (형용사 및 동사 강조) 매우, 대단히, 아주: eine w. hohe Summe 무지무지한 금액; ich habe w. viel zu tun 나는 대단히 할 일이 많다. ~**sinnige*,** der / die 미친 사람, 광인. ~**sinnigwerden,** das; -s (특히 다음 용법으로) **das[es] ist (ja) zum W.** ((통용어·감정)) 이거 정말 미칠 노릇이다. ~**sinnsanfall,** der 광기 발작. ~**sinnsidee,** die 허황된 생각. ~**sinnstat,** die 정신착란 중의 행위. ~**vorstellung,** die 병적인 환상, 환각, 망상: unter ~en leiden 망상에 시달리다. ~**witz,** der (Pl. 없음) 아주 비이성적인 태도, 허황된 행동, 미친 짓. ~**witzig** ⟨Adj.⟩ **1.** 허황된, 미친, 아주 비이성적인. **2.** (드물게) ↑~sinnig (3).

wähnen ['vɛːnən] ⟨h⟩ (아어) **a)** 잘못 생각하다: er wähnte, die Sache sei längst erledigt 그는 그 일이 오래 전에 끝났다고 잘못 생각하였다. **b)** (상황 등을) 잘못 파악하다, 잘못 추측하다: er wähnte sich unbeobachtet 그는 자신이 관찰당하지 않고 있다고 잘못 믿었다.

wahnhaft ⟨Adj.⟩ 허황된, 비현실적인: ~e Vorstellungen 허황된 생각들. **Wahnhaftigkeit,** die ↑wahnhalft의 명사형.

Wahnsinns-: (통용어·대개 감정) ~**arbeit,** die ⟨Pl. 없음⟩ 아주 힘든 일. ~**hitze,** die 미친 듯한 더위. ~**kälte,** die 미친 듯한 추위. ~**preis,** der 터무니없이 비싼 가격. ~**summe,** die 아주 큰 금액.

wahr [vaːɐ̯] ⟨Adj.⟩ **1. a)** 사실과 일치하는, 진실한: seine Worte sind w. 그의 말은 진실이다; das ist nur zu w. 유감스럽게도 그것은 사실이다; das ist alles nicht w. 그것은 모두가 거짓이다; wie w.! 아, 정말이다!; nicht w., du gehst doch mit? 그렇지, 너 같이 가지?; das kann[darf] (doch) nicht w. sein! 그것이 도대체 사실일 수가 있다니!; etw. für w. halten 무엇을 진실이라고 여기다; so w. ich lebe! 맹세코, 단언하건대; (성구) was w. ist, muß w. bleiben 진실은 진실로 남아 있어야 한다; das ist schon gar nicht mehr w. ((통용어)) 그것은 이미 오래전의 얘기야. **b)** 실제의, 본래의: das ist nicht der ~e Grund 그것은 실제 이유가 아니다. **2. a)** (아어) 참된, 정말인: eine ~e Freundschaft(Liebe) 참된 우정(사랑). **b)** 진짜의, 겉뿐만이 아닌: das ist ~e Kunst 그것은 진짜 예술이다. **3.** 제대로의, 참된: ein ~es Wunder 정말 기적 같은 일; eine ~e Lust 매우 즐거움.

wahr-, Wahr-: ~**haben** ((다음 용법으로)) **etw.[es] nicht w. wollen** 무엇을 인정하려 하지 않다. ~**nehmbar** [-neːmbaːɐ̯] ⟨Adj.⟩ 인지(감지)할 수 있는. **Wahrnehmbarkeit,** die ↑nehmbar의 명사형. ~**nehmen*** ⟨h⟩ **1.** 감지하다, 인지하다, 알아차리다: ein Geräusch [einen Geruch] w. 소리[냄새]를 감지하다; etw. an jmdm. w. 누구에게서 무엇을 알아차리다. **2. a)** 이용하다: eine Gelegenheit w. 기회를 포착하다. **b)** (관) 대변하다: jmds. Angelegenheiten[Interessen] w. 누구의 일[이익]을 대변하다; eine Frist w. 기한을 지키다. ~**nehmung,** die; -en **1.** 인지, 감지, 알아차림: die W. eines Geruchs 냄새의 감지; eine W. machen 알아차리다. **2.** 대리, 대표: jmdn. mit der W. seiner Geschäfte betrauen 누구에게 그의 사업을 대리해 줄 것을 위탁하다; in W. seiner Interessen (관) 그의 이익을 대변하여. ~**nehmungsfähigkeit,** die ↑Wahrnehmungsvermögen. ~**nehmungsvermögen,** das ⟨Pl. 없음⟩ 인지(감지) 능력. ~**sagekunst,** die 예언술, 점. ~**sagen** ⟨h⟩ 예언하다, 점치다: aus den Karten w. 카드로 점치다; jmdm. die Zukunft w. 누구에게 미래를 예언해 주다. ~**sager,** der; -s, - (남자) 예언가, 점쟁이. ~**sagerei** [-zaːɡəˈraɪ̯], die; -en (폄) **1.** ⟨Pl. 없음⟩ 점, 예언. **2.** 예언적 발언. ~**sagerin,** die; -nen 여자 점쟁이. ~**sagung,** die; -en **1.** ⟨Pl. 없음⟩ 점을 침, 예언을 함. **2.** 예언된 것. ~**schau!** [선원] 주의! ~**schauen** [niederd. warschouwen] [선원] 망보다. ~**schauer,** der [선원] 경고하는 사람. ~**scheinlich** ↑wahrscheinlich. ~**spruch,** der (법·고어) 판결. ~**traum,** der [심리] 예언적 (나쁜) 꿈. ~**zeichen,** das (도시 등의) 상징, 표적: das Brandenburger Tor ist das W. Berlins 브란덴부르크 문은 베를린의 상징이다.

wahren ['vaːrən] ⟨h⟩ (아어) **a)** 지키다, 유지하다: die Neutralität w. 중립을 유지하다; Stillschweigen w. 침묵을 지키다; ein Geheimnis w. 비밀을 유지하다. **b)** 수호하다, 남이 건드리지 못하게 하다: seine Rechte w. 그의 권리를 수호하다.

währen ['vɛːrən] ⟨h⟩ (아어) 지속되다, 계속되다: das Fest währte bis tief in die Nacht 잔치는 밤 늦게까지 지속되었다; (비인칭으로도) es währte nicht lange, da erschien sie wieder 얼마 지나지 않아서 그 여자가 다시 나타났다. (속담) ehrlich währt am längsten 정직한 것이 가장 오래 지속된다. **während** ['vɛːrənt] **I.** ⟨Konj.⟩ **1.** (시간) …하는 동안에, …하는 사이에: w. sie verreist waren, hat man bei ihnen eingebrochen 그들이 여행하는 동안에 그들의 집에 도둑이 들었다. **2.** (부사적) 반면에: w. die einen sich über die Geschenke freuten, waren die anderen eher enttäuscht 몇 명은 그 선물에 대해 기뻐한 반면에 다른 사람들은 오히려 실망했다. **II.** ⟨Präp.²⟩ …하는 동안에, …하는 사이에, …중에: w. des Krieges lebten sie im Ausland 전쟁 중에 그들은 외국에서 살았다; ⟪(고어·통용어) 3격 지배도⟫ w. dem Essen darfst du nicht sprechen 식사 중에 너는 말해서는 안된다; ⟪(schweiz.) dauern과 결합하여⟫ die Veranstaltung dauert nur w. einiger Stunden 그 행사는 단지 몇 시간 동안만 지속된다; ⟪강변화 명사 중 복수 2격이 불분명하거나 목적이 나올 때는 3격 지배⟫ w. fünf Jahren 5년 동안; w. dem Bericht des Vorstandes 의장의 보고 중에. **währenddem** ⟨Adv.⟩ ⟪통용어⟫ ↑währenddessen. **währenddes, währenddessen** ⟨Adv.⟩ 그 사이에, 그러는 동안에.

Wahrer, der; -s, - 《아이》 지키는 사람, 유지자, 수호자.

wahrhaft ⟨Adj.⟩ 참된, 진정한: ein -er Freund 참된 친구. **wahrhaftig** [-'haftıç] ⟨Adj.⟩ **1.** ⟨아이⟩ 진실한, 진리의: er ist ein -er Mensch 그는 진실한 사람이다; ⟨성서⟩ Gott ist w. 신은 진리이다; ⟨놀라움의 외침⟩ -er Gott! 오, 하느님!; ⟨확언⟩ ich habe -en Gott(e)s nicht gelogen 맹세코 나는 거짓말하지 않았다. **2.** 정말로, 실제로: das ist w. ein Unterschied 그것은 정말로 하나의 차이점이다; ich habe es wirklich und w. nicht getan 나는 정말로 그 짓을 하지 않았다. **Wahrhaftigkeit**, die ⟨아이⟩ 진실, 진실성. **Wahrheit**, die; -en **1.** **a)** ⟨Pl. 없음⟩ 참, 올바름: die W. einer Behauptung anzweifeln 어떤 주장의 올바름을 의심하다. **b)** 진실, 사실, 실제: das ist die nackte W. 그것은 숨김 없는 진실이다; eine traurige [bittere] W. 슬픈 [쓰디 쓴] 진실; die W. wird schon an den Tag kommen 진실은 곧 밝혀질 것이다; die W. sagen [sprechen] 진실을 말하다; du mußt bei der W. bleiben 너는 거짓말해서는 안된다; 성구 die W. liegt in der Mitte 진실은 중간에 있다; in **W**. 원래는, 실제로는. **2.** ⟨철학⟩ 진리(론).

wahrheits-, Wahrheits-: **~begriff**, der ⟨Pl. 없음⟩ ⟨철학⟩ 진리의 개념. **~beweis**, der ⟨법⟩ 진실의 증명: den W. antreten 진실을 입증하다. **~findung**, die ⟨법⟩ 진실의 추구. **~gehalt**, der ⟨Pl. 없음⟩ 사실성, 진실성. **~gemäß** ⟨Adj.⟩ 진실한, 사실대로의. **~getreu** ⟨Adj.⟩ 진실의 입각한, 사실에 충실한. **~liebe**, die 진리애, 정직성. **~liebend** ⟨Adj.⟩ 진실을 사랑하는, 정직한. **~sinn**, der ⟨Pl. 없음⟩ ↑ ~liebe. **~sucher**, der ⟨아이⟩ 진리 탐구자. **~widrig** ⟨Adj.⟩ 진실에 반하는, 사실이 아닌.

wahrlich ['va:ɐ̯lıç] ⟨Adv.⟩ ⟪아이·준고어·강조⟫ 참으로, 정말로: die Sache ist w. nicht einfach 그 일은 정말로 단순하지가 않다.

währschaft ['vɛːɐ̯ʃaft] ⟨Adj.⟩ ⟪schweiz.⟫ **a)** 튼튼한, 오래 견디는. **b)** 유능한, 믿을 만한. **Währschaft**, die ⟪schweiz.⟫ 보증.

wahrscheinlich [vaːɐ̯'ʃaɪnlıç, ⟪드물게⟫ '---] ⟪niederl. waarschijnlijk⟫ **1.** ⟨Adj.⟩ 그럴 듯한, 있을 법한: es ist nicht w., daß er der Täter war 그가 범인일 가능성은 희박하다. **2.** ⟨Adv.⟩ 아마, 다분히, 십중팔구: wir werden w. erst morgen zurückkommen 아마 우리는 내일이 되어서야 돌아올 것이다. **Wahrscheinlichkeit**, die; ⟪전문어⟫ -en 개연성: etw. wird mit hoher [großer] W. eintreffen 무슨 일이 생길 공산은 매우 크다; **aller W**. **nach** 십중팔구 는.

Wahrscheinlichkeits-: **~grad**, der 확률. **~rechnung**, die 확률론, 공산론 (公算論). **~schluß**, der ⟨철학⟩ Enthymem. **~theorie**, die 개연성 이론.

Währung, die 보존, 유지, 보호.

Währung, die; -en **1.** 화폐, 통화: inländische und ausländische -en 내화와 외화. **2.** ↑Währungssystem.

währungs-, Währungs-: **~ausgleich**, der 독일 실향민의 제국 화폐 예금에 대한 보상. **~ausgleichsfonds**, der 외환 안정 기금. **~block**, der ⟨Pl. ...blöcke⟩/⟨드물게⟩ -s⟩ 통화 블록. **~einheit**, die 화폐 단위. **~fonds**, der ↑ ~ausgleichsfonds. **~gebiet**, das 통화 유통구역. **~konferenz**, die 통화 회의. **~krise**, die 통화 위기. **~kurs**, der 화폐의 시장 가치. **~parität**, die ↑Parität (2). **~politik**, die 통화 정책. **~politisch** ⟨Adj.⟩ 통화 정책적인. **~reform**, die 화폐 개혁. **~reserve**, die ⟨대개 Pl.⟩ 외화 보유고. **~schlange**, die ⟨경제·언어⟩ 유럽 공동체 국가들의 통화 동맹. **~stabilität**, die 통화 안정. **~system**, das 통화 제도.

Waid [vaɪt], der; -(e)s, -e 대청, 숭람.

waid-, Waid-: ↑weid-, Weid-.

Waise ['vaɪzə], die; -n **1.** ⟨반쪽⟩ 고아. **2.** ⟨운율⟩ 운이 없는 시행.

Waisen (Waise 1): **~geld**, das ⟨공무원 자녀에 대한⟩ 정 고아 보조금. **~haus**, das ⟨예⟩ 고아원. **~kind**, das ⟨친근·준고어⟩ 고아, 고아원생: **gegen jmdn. ein W. sein** ↑ Waisenknabe 참조. **~knabe**, der ⟨아이·준고어⟩ 남자 고아: **gegen jmdn. ein (reiner [der reine, reinste]) W. sein** (특히 부정적인 측면에서) 누구에 (아주) 못미치다; **ein (reiner [der reine, reinste]) W. in etw. sein** 무엇에 있어서 (아주) 미숙하다. **~rente**, die 고아 연금. **~unterstützung**, die 고아 지원. **~vogt**, der ⟪schweiz.⟫ 고아 담당관.

Wake ['vaːkə], die; -n ⟪niederd. wake⟫ ⟪nordd.⟫ ⟨강 따위의⟩ 얼지 않은 곳, 살얼음.

Wal [vaːl], der; -(e)s, -e 고래.

wal-, Wal-: **~fang**, der 고래잡이. **~fangboot**, das 포경선. **~fänger**, der **1.** 고래잡는 사람. **2.** 소형 포경선. **~fangflotte**, die 포경 선단. **~fangschiff**, das 포경선. **~fangtreibend** ⟨Adj.⟩ 고래잡이를 하는. **~fisch** ['val-, ⟨또한⟩ 'vaːl-], der ↑Wal. **~fischfang**, der ⟨Pl. 없음⟩ 고래잡이. **~fischfänger**, der ↑ ~fänger. **~rat** ['valraːt], der ⟨또는⟩ das; -(e)s [niederd. walrāt] 경랍, 고래밀. **~ratöl**, das 경뇌유 (鯨腦油). **~roß** ['val-], das ⟨Pl. -rosse⟩ **1.** 해마. **2.** ⟪통용어⟫ 굼뜬 사람.

Wald [valt], der; -(e)s, Wälder ['vɛldɐ; 2: lat. silvae] **1.** ⟨축소형: ~Wäldchen⟩ 숲, 수풀, 삼림: ein undurchdringlicher [tiefer] W. 빽빽한 [깊숙한] 숲; einen Wald abholzen [roden] 숲을 벌채하다 [개간하다]; sich im W. verirren 숲에서 길을 잃다; 성구 wie man in den W. hineinruft, so schallt es heraus 가는 말이 고와야 오는 말이 곱다; **ein W. von…** ⟪드물게⟫ **aus…** (빽빽하게 밀집된 것을 표현): ein W. von Antennen 안테나의 숲; **den W. vor (lauter) Bäumen nicht sehen** ⟨농⟩ 1) 무엇을 곧 앞에 두고 찾지 못하다. 2) 나무만 보고 숲을 보지 못하다; **nicht für einen W. von Affen** 절대로 (안된다); **einen ganzen W. absägen** ⟪통용어·농⟫ 요란하게 코골다. **2.** ⟨Pl.⟩ ⟪문예학·고어⟫ 사화집: Poetische Wälder 사화집.

wald-, Wald-: **~ameise**, die 홍개미. **~arbeit**, die 임업 노동. **~arbeiter**, der 임업 노동자. **~arm** ⟨Adj.⟩ 삼림이 적은. **~bad**, das 숲속의 노천 수영장. **~bau**, der ⟨Pl. 없음⟩ ⟨임업⟩ 조림. **~baulich** ⟨Adj.⟩ 조림의. **~beere**, die ⟨대개 Pl.⟩ 산딸기 종류. **~bestand**, der 삼림 현황. **~blume**, die 숲에서 피는 꽃. **~boden**, der 삼림 토양. **~brand**, der 화재, 산불. **~ein** [-'-] ⟨Adv.⟩ 숲속으로. **~einsamkeit**, die ⟨시어⟩ 숲의 정적. **~erdbeere**, die 산딸기의

일종(학명: *Fragaria vesca*). ~**esel**, der 야생 나귀. ~**eule**, die ↑~**kauz**. ~**facharbeiter**, der 임업 전문가. ~**fee**, die: husch, husch, die W.! 《통용어》 1. 꺼져! 2. 바람처럼 스쳐 지나가는 사람(을 나타냄). ~**fläche**, die 삼림 면적. ~**frevel**, der ↑Forstfrevel. ~**gebiet**, das 삼림지. ~**gebirge**, das 숲으로 덮인 산맥. ~**geist**, der 〈Pl. -er〉 숲의 정령. ~**genossenschaft**, die 〔임업〕 임업 조합. ~**gott**, der 〔신화〕 숲의 신. ~**grenze**, die 숲의 경계. ~**horn**, das 〈Pl. -hörner〉 〔프렌치〕 호른. ~**hufendorf**, das 삼림 농가. ~**huhn**, das 들꿩. ~**hüter**, der 〔준고어〕 삼림지기. ~**hyazinthe**, die ↑Stendelwurz (1). ~**innere**, das 숲속 깊은 곳. ~**kante**, die 〔제재〕 ↑Wahnkante. ~**kantig** 〈Adj.〉 죽각의. ~**kauz**, der 올빼미. ~**land**, das 〈Pl. 없음〉 삼림지대. ~**lauf**, der 숲길 달리기, 크로스컨트리 경주. ~**lehrpfad**, der 산림 학습길. ~**lichtung**, die 숲속의 개활지. ~**maus**, die 숲의 가장자리. ~**mark**, die 〔구제〕 공동 상속인들에 의해 공동으로 이용되는 삼림지. ~**markgericht**, das 공유 삼림(Waldmark)을 담당하는 법원. ~**maus**, die 숲속에 사는 쥐의 일종(학명: *Apodemus sylvaticus*). ~**meister**, der; -s 선갈퀴. ~**meisterbowle**, die 선갈퀴 봄. ~**nymphe**, die ↑~geist. ~**ohreule**, die 쥐 부엉이. ~**rand**, der 숲 가장자리. ~**rebe**, die 》 Klematis. ~**reich** 〈Adj.〉 삼림이 많은. ~**reichtum**, der 〈Pl. 없음〉 삼림의 풍부함. ~**saum**, der 〔아어〕 ↑~rand. ~**schneise**, die ↑Schneise (1). ~**schrat**, der ↑Schrat. ~**schule**, die ↑Freiluftschule. ~**schutzgebiet**, das 삼림 보호 지구. ~**see**, der 숲속의 호수. ~**spaziergang**, der 숲속의 산보. ~**sportpfad**, der 〈드물게〉 Trimmdich-Pfad. ~**steppe**, die 〔지리〕 초원과 숲의 경계 지대. ~**storch**, der 먹황새. ~**streu**, die 낙엽 건초. ~**stück**, das a) 조그만한 숲. b) 숲의 한 부분. ~**tier**, das 숲의 동물. ~**umkränzt** 〈Adj.〉 〈시어〉 숲으로 둘러싸인. ~**umsäumt** 〈Adj.〉 〈아어〉 ↑~umkränzt. ~**vogel**, der 숲새. ~**vögelein**, das 너도밤나무 숲에 서식하는 난초의 일종. ~**wärts** 〈Adv.〉 숲 쪽으로. ~**weg**, der 숲길, 오솔길. ~**weide**, die 〈Pl. 없음〉 〔옛〕 숲속의 목초지. ~**wiese**, die 숲속의 초지. ~**wirtschaft**, die ↑Forstwirtschaft. ~**zone**, die 삼림 지역.

Wäldchen ['vɛltçən], das; -s, - ↑Wald (1)의 축소형.

Waldenser [val'dɛnzɐ], der; -s, - 〔lat. Waldenses〕 발드 파(프랑스 인 P. Waldus에 의해 12~13세기 경에 창시된 평신도 운동의 추종자). **waldensisch** 〈Adj.〉 발드 파의.

Wälder: Wald의 복수형.

Waldes-: ~**dunkel**, das 숲의 어두움. ~**rand**, der 숲 가장자리. ~**rauschen**, das; -s 숲의 소리. ~**saum**, der 숲 가장자리.

waldig ['valdɪç] 〈Adj.〉 숲으로 덮인, 삼림이 있는.

Wäldler ['vɛltlɐ], der; -s, - 삼림의 주민.

Waldorfsalat ['valdɔrf-], der; -(e)s, -e 〔뉴욕의 호텔 Waldorf-Astoria에서〕 〔요리〕 샐러리, 사과, 호두 및 마요네즈로 된 샐러드. **Waldorfschule**, die; -n 발도르프 학교(학생들의 창조력 개발을 중시하여 1919년 Stuttgart에 처음 설립된 사립학교).

Wald-und-Wiesen-: ↑Feld-Wald-und-Wiesen-.

Waldung, die; -en 큰 숲, 삼림 지대.

Wälgerholz ['vɛlgɐ-], das; -es, -hölzer 〈지역적〉 ↑Nudelholz. **wälgern** 〈h〉 〈지역적〉 〔반죽 따위를〕 방망이로 밀다.

Walhall ['valhal, 〈또한〉 -'-], das; -s 〔대개 관사 없이〕 〔북구 신화〕 발할(전사한 사람들의 혼령이 사는 곳). **Walhalla** [val'hala], das; -(s) 〔또는〕 die 〔대개 관사 없이〕 ↑Walhall.

Walke ['valkə], die; -n 〔전문어〕 1. 〈Pl. 없음〉 〔모직물의〉 축융(縮絨), 마전. 2. 축융기(縮絨機). **walken** 〈h〉 1. 〔섬유〕 〔모직물을〕 축융하다, 마전하다. 2. 〔가죽을〕 무두질하다. 3. 〔제련〕 양철판을 압연기에 넣어 평평하게 만들다. 4. 〔지역적〕 **a)** 〔가죽 제품에〕 크림을 바르고 주물러서 부드럽게 만들다. **b)** 〔밀가루를〕 힘있게 반죽하다. **c)** 〔누구를〕 힘있게 맛사지하다. **d)** 〔빨래를 손으로 〕 강하게 부비다. **Walker**, der; -s, - 1. 축융공, 유피공. 2. 수염 풍뎅이(학명: *Polyphylla fullo*). 3. 〔지역적〕 ↑Nudelwalker의 약칭. **Walkerde**, die 〔전문어〕 〔직물의 축융에 쓰이는〕 산성 백토.

Walkie-talkie ['wɔ:kɪ'tɔ:kɪ], das; -(s), -s 〔engl. walkie-talkie〕 휴대용 무전기, 워키토키. **Walking-bass** ['wɔ:kɪŋbeɪs], der; - 〔engl.-amerik. walking bass〕 워킹 베이스(재즈로 연주되는 저음의 반주).

Walküre [val'ky:rə, 〈또한〉 '---], die; -n 〔aisl. valkyria〕 1. 〔북구 신화〕 〔전사를 Walhall로 인도하는〕 전쟁의 여신. 2. 〈농〉 우람한 〔금발의〕 여자.

¹**Wall** [-], der; -(e)s, -e 《(그러나) 2 Wall》 80마리(생선 거래의 수량 단위〕: 1 W. Heringe 청어 80마리.

²**Wall** [-], der; -(e)s, Wälle ['vɛlə; lat. vallum〕 누벽, 장벽, 담: einen W. errichten(abtragen) 장벽을 세우다[허물다]. 〔전의〕 ein W. von Schnee umgab das Haus 눈의 울타리가 그 집을 둘러쌌다.

¹**Wall-** (²Wall): ~**anlage**, die 성벽, 방벽. ~**gang**, der 〔선원〕 전함의 방현강(防舷腔). ~**graben**, der 〔옛〕 해자(垓字). ~**hecke**, die 〔지역적〕 ↑Knick (3).

wall-, ²**Wall-** (²wallen) 〈Zssgn〉: ~**fahren** 〈s〉 ~fahrten, -**fahrer**, der 순례자, 참배자. ~**fahrt**, die 순례, 성지 참배. ~**fahrten** 〔준고어〕 순례하다, 성지를 참배하다. ~**fahrtskirche**, die 성지의 교회. ~**fahrtsort**, der 순례지, 성지. ~**fahrtsstätte**, die ↑~fahrtsort.

Wallaby ['wɔləbɪ], das; -s, -s 〔engl. wallaby〕 1. 중간 크기의 캥거루. 2. 캥거루 털.

Wallach ['valax], der; -(e)s, -e 〔österr.〕 -en, -en 거세한 수말.

Wälle: ↑Wall의 복수형.

¹**wallen** ['valən] 1. **a)** 〈h〉 부글부글 끓다: die Milch wallt im Topf 우유가 냄비 안에서 부글부글 끓는다; 〈명사화〉 die Suppe zum Wallen bringen 스프를 끓이다. 〔전의〕 der Zorn brachte sein Blut zum Wallen 〈아어〉 분노로 인해 그는 몹시 흥분했다. **b)** 〈h〉 〈아이〉 파도가 일다, 물결치다: mit Sturm gepeitscht, schäumte und wallte die See 폭풍우로 인해 바다는 거품을 내며 물결쳤다. 2. 〈아어〉 **a)** 〈h〉 〔안개, 연기 등이〕 이리저리 움직이다. **b)** 〈s〉 〔안개, 연기 등이〕 어떤 방향으로 이동하다: Nebelschwaden wallten über die Wiesen 안개가 초원 위로 움직여갔다. 3. 〈아이〉 〈s〉 물결치듯 펄럭이다, 나부끼다: Locken wallten (ihm) über die Schultern 고수머리가 (그 남자의) 어깨 위로 물결치며 흘러내렸다.

²**wallen** [-] 〈아어 · 준고어 · 종교〉 **a)** 〈s〉 엄숙하게 걸어오다. **b)** 〈s〉 〔고어〕 순례하다.

wällen ['vɛlən] 〈h〉 〔지역적〕 끓이다, 삶다: Fleisch w. 고기를 삶다.

¹**Waller** ['valɐ], das; -s, - 〈지역적〉 ↑Wels.

²**Waller** [-], der; -s, - 〔고어〕 ↑Wallfahrer.

Wallholz, das; -es, Wallhölzer (schweiz.) ↑Nudelholz.

Wallung, die; -en 1. 파동, 격동: der Sturm brachte den See in W. 폭풍우가 호수를 파동치게 했다; 〔전의〕 sein Gemüt(Blut) geriet in W. 그는 격렬한 흥분 상태에 빠졌다; etw. hatte sie in W. gebracht 무선가가 그 여자를 격앙시켰다. 2. 〔의학〕 **a)** 충혈; etw. macht

Wallwurz

[verursacht] -en 그 무엇이 충혈을 야기시켰다. **b)** 급작스러운 발열.
Wallwurz, die ↑Beinwell.
¹Walm [valm], der; -(e)s 《지역적》 물의 파동.
²Walm [-], der; -(e)s, -e 【토건】 추녀마루. **Walmdach**, das 귀마루지붕. **walmen** ['valmən] ⟨h⟩【건축】귀마루지붕을 달다. **Walmkappe**, die; -n 귀마루지붕에 사용되는 기와.
Walnuß ['val-], die; Walnüsse [niederd. walnut] **1.** 호두. **2.** ↑Walnußbaum.
walnuß-, Walnuß-: ~**baum**, der 호두나무. ~**groß** ⟨Adj.⟩ 호두 크기의. ~**größe**, die ⟨Pl. 없음⟩ 호두 정도의 크기. ~**kern**, der 호두 알맹이. ~**schale**, die 호두 껍질.
Walone [va'lo:nə], die; -n [ital. vallonea] 【식물】도토리 깍정이.
Walplatz [《또한》 'val-], der; -es, Walplätze ↑Walstatt.
Walpurgisnacht [val'pʊrgɪs-], die; ...nächte 발푸르기스의 밤(마녀들이 무도회장으로 모이는 5월 1일 전야).
Walstatt [《또한》 'val-], die; Walstätten 《시어·고어》싸움터: **auf der W. bleiben** 《고어》 전사하다.
walten ['valtn̩] ⟨h⟩ ⟨jmds⟩ **a)** 《준고어》 지배하다, 관리하다, 좌우하다: **ein König waltet über das Land** 왕이 그 나라를 지배하고 있다. **b)** 존재하다, 널려 있다: **in diesem Haus waltet Frieden** 이 집에는 평온이 있다; **Vernunft w. lassen** 이성 있게 행동하다.
Walz [valts] ↑Walze (9).
Walz-: ~**blech**, das 압연 함석판. ~**draht**, der 압연 철사. ~**gut**, das 압연 제품. ~**stahl**, der 압연 강철. ~**straße**, die 압연로. ~**werk**, das **1.** 롤러링 분쇄기. **2.** 압연 공장《시설》. ~**werker**, der 압연공.
Walze ['valtsə], die; -n **1.** 【기하】 원통형, 원주. **2.** 기둥, 실린더, 롤러, 압연기. **3.** ↑Straßenwalze의 약칭. **4.** ↑Ackerwalze의 약칭. **5.** 《통용어·전문어》↑Walzwerk (2). **6.** 음악 상자 따위에서 음을 내게 하는 장치가 되어 있는 통부분. **7.** 소리의 크기를 조절하는 오르간의 페달. **8.** 《고어》《수련공의》 편력: **auf der W. sein**[**auf die W. gehen**] 편력 중이다.
walzen ['valtsn̩] **1.** ⟨h⟩ 압연하다: **Stahl w.** 강철을 압연하다. **2.** ⟨h⟩ 《롤러로 밀어서》 평평하게 하다, 고르게 하다. **3.** ⟨s⟩ 《준고어·아직 농》 방랑하다: **sie waren und durch halb Europa gewalzt** 그들은 유럽의 절반을 이곳 저곳 돌아다녔다. **4.** ⟨s/h⟩ 《준고어·아직 농》《왈츠》 춤을 추다: **sie haben den ganzen Abend gewalzt** 그들은 밤새도록 춤추었다.
wälzen ['vɛltsn̩] ⟨h⟩ **1. a)** 《무거운 것을》 굴리다, 굴려서 이동시키다: **einen Felsbrocken zur Seite w.** 바위덩어리를 굴려서 옆으로 치우다; 《전의》 **die Schuld**[**Verantwortung**] **auf einen anderen w.** 죄《책임》을 남에게 전가하다. **b)** ⟨w. + sich⟩ 굴러가다: **sich über den Boden w.** 바닥 위로 굴러가다; **sich aus dem Bett w.** 《통용어》 마지못해 일어나다. **2. a)** ⟨w. + sich⟩ 몸을 이리저리 굴리다: **sich hin und her w.** 이리 저리 뒹굴다; **sich schlaflos im Bett w.** 잠들지 못하고 침대에서 이리저리 뒤척이다; 《전의》 **sie wälzten sich vor Lachen** 《통용어》 그들은 배꼽을 잡고 웃었다. **b)** 이리저리 뒤집다: **das Fleisch in Paniermehl w.** 고기를 튀김가루 안에서 이리저리 굴리다. **3.** 《통용어》《책 등을》 뒤적이다: **Reiseführer w.** 여행 안내서를 이리저리 뒤적이다. **4.** 《통용어》이리저리 궁리하다, 이모저모로 생각하다: **ein Problem w.** 어떤 문제를 이모저모로 생각해보다.
walzen-, Walzen-: ~**förmig** ⟨Adj.⟩ 원통형의, 실린더 모양의. ~**lager**, das 【기술】 롤러베어링. ~**mühle**, die 롤러식 분쇄기. ~**spinne**, die 몸통이 원통형인 거미의 일종(학명: *Solifugae*). ~**straße**, die 【기술】 ↑Walzstraße. ~**stuhl**, der 【기술】 ↑~mühle. ~**werk**, das 《기술·도물계》 ↑Walzwerk.
Walzer ['valtsɐ], der; -s, - [zu ↑walzen (4)] 왈츠 춤: **Wiener W.** 빈 왈츠; **einen W. tanzen** 왈츠를 추다.
Wälzer ['vɛltsɐ], der; -s, - 《통용어》 크고 무거운 책.
Walzer-: ~**melodie**, die 왈츠곡. ~**musik**, die 왈츠 음악. ~**schritt**, der 왈츠 스텝. ~**takt**, der 왈츠 박자. ~**tänzer**, der 왈츠를 추는 사람.
walzig ['valtsɪç] ⟨Adj.⟩ 원통형의, 실린더 모양의.
Walzlager ['vɛlts-], das; -s, - 【기술】 롤러베어링
Walzsprung, der; -s, ...sprünge 【육상】 횡목을 돌아 넘을 때 가슴이 아래로 향하는 형태의 높이뛰기.
Wamme ['vamə], die; -n **1.** 《소나 개의》 목 밑에 처진 살. **2.** 【모피】 가죽의 복부면. **3.** 《지역적》 ↑Wampe.
Wammerl, das; -s, -(n) 《südd., österr.》 송아지의 뱃살. **Wampe** ['vampə], die; -n 《통용어·멸》 **a)** 《특히 남자의》 불쑥 나온 배. **b)** 배, 위장: **sich die W. vollschlagen** 배가 터지도록 먹다. **wampert** ['vampɐt] ⟨Adj.⟩ 《südd., österr.·멸》 배가 나온, 뚱뚱한.
Wampum ['vampʊm, 《또한》 vam'pu:m], der; -s, -e [Algonkin (북미의 인디언 어)] **wampum** (북미 인디언의) 조개와 달팽이로 장식된 띠(지불 수단이나 증서로 사용됨).
Wams [vams], das; -es, Wämser ['vɛmzɐ]; afrz. wambais] **1.** 기사의 갑옷 아래에 입는 속옷. **2.** 허리까지 내려오는 남성복. **Wämschen** ['vɛmsçən], das; -s, - 《지역적》 소매없는 조끼. **wamsen** ['vamzn̩] ⟨h⟩ 《지역적》 두들겨 패다.
wand [vant] ↑↑¹**winden** 참조. **Wand** [-], die; Wände ['vɛndə] **1. a)** 《방》 벽: **eine dünne**(**15cm starke**) **W.** 얇은《15cm 두께의》 벽; **die Wände sind hellhörig** 벽이 잘 들린다; **weiß wie die**[**eine**] **W.** 매우 창백한; **die W. hochziehen** 벽을 쌓다; **die Wände tapezieren** 벽을 도배하다, 벽지를 바르다; (mit jmdm.) **W. an W. wohnen** 《누구와》 벽을 사이에 두고 살다; **Bilder an die W. hängen** 그림을 벽에 걸다; 〚전의〛 **da wackelt die W.!** 《통용어》 대소동이다, 요란하게 축제를 벌리다; **die Wände haben Ohren** 낮말은 새가 듣고 밤말은 쥐가 듣는다; **eine spanische W.** 《고어》 병풍, 칸막이; **die** (**eigenen**) **vier Wände** 자기 집; ...**daß die Wände wackeln** 《통용어》 말을 듣지 않으면 혼을 내주겠다; **jmdn. an die W. stellen** 《통용어》 누구를 총살하다; **das**(**es**) **ist, um die Wände**[**an den Wänden**] **hochzugehen; da kann man die Wände**[**an den Wänden**] **hochgehen!** 《통용어》 그것은 도저히 참을 수 없는 일이다, 분노를 억누를 수 없다; **jmdn. an die W. drücken** 《통용어》 경쟁자를 궁지에 몰아넣다; **jmdn. an die W. spielen** 능력면에서 누구를 능가하다, 누구를 따돌리다; **gegen eine W. reden** 쇠귀에 경읽기. **b)** 칸막이 벽, 수직면: **eine W. zum Ankleben von Plakaten** 광고판; **er sah sich einer W. von Mißtrauen gegenüber** 그는 불신의 벽에 직면하였다. **2. a)** 《장 따위의》 측면, 후면. **b)** 《조직 따위의》 내벽: **die W. des Magens** 위벽; **die Wände der Gefäße** 혈관벽. **3. a)** 【등산】 암벽: **eine W. bezwingen**[**erklettern**] 암벽을 정복하다〚등반하다〛. **b)** 【광】 암석. **c)** ↑Wolken-, Regen-, Gewitterwand의 약칭. **4.** 【정구】 ↑Tenniswand의 약칭.
Wand-: ~**arm**, der 팔 모양의 벽걸이《촛대 등》. ~**bank**, die 《Pl. -bänke》 벽에 대놓은 긴 의자. ~**behang**, der 벽걸이. ~**bekleidung**, die 《드물게》 ↑~verkleidung. ~**bespannung**, die ↑~verkleidung. ~**bett**, das ↑~klappbett. ~**bewurf**, der 벽 Bewurf. ~**bild**, das ↑~gemälde. ~**bord**, das 벽

선반. **~brett**, das ↑~bord. **~fach**, das 벽에 부착된 서랍. **~fläche**, die 벽면. **~fliese**, die ↑~platte. **~fries**, der 벽 장식(프리즈). **~gemälde**, das 벽화. **~haken**, der 벽에 달린 고리못. **~hängend** ⟨Adj.⟩ ⟨전문어⟩ 벽에 부착된. **~heizung**, die 벽에 설치된 방열기. **~kachel**, die ↑~platte. **~kalender**, der 벽걸이 달력. **~karte**, die 벽걸이 지도. **~klappbett**, das 벽에 부착된 접는 침대. **~lampe**, die 벽등. **~leuchte**, die ↑~lampe. **~leuchter**, der 벽에 부착된 등걸이(촛대). **~malerei**, die 벽화. **~nische**, die 니치. **~pfeiler**, der 벽기둥(벽의 일부를 튀어나오게 한 기둥). **~pfeilerkirche**, die [예술]벽기둥 형태의 교회. **~platte**, die 벽에 붙이는 타일. **~schirm**, der 병풍, 간막이 판. **~schmuck**, der 벽의 장식. **~schrank**, der ↑Einbauschrank. **~schränkchen**, das 벽걸이 조그마한 장. **~sockel**, der 벽 받침. **~spiegel**, der 벽 거울. **~tafel**, die 칠판. **~täfelung**, die (나무로 된) 벽 장식. **~teller**, der 벽걸이 (장식) 접시. **~teppich**, der 벽걸이 카펫. **~tisch**, der ↑Konsoltischchen. **~uhr**, die 벽시계. **~vase**, die 벽걸이 장식용 꽃병. **~verkleidung**, die 건물의 외장, 내장. **~zeitung**, die [a: russ. stengaseta] **a)** 벽보, 대자보. **b)** 벽보판.

Wandale, Vandale [van'dɑːlə], der; -n, -n ⟨대개 Pl.⟩ ⟨폄⟩ 파괴적인 사람, 파괴분자. **wandalisch**, vandalisch ⟨Adj.⟩ ⟨교양어⟩ 파괴적인, 난폭한. **Wandalismus**, Vandalismus [vandaˈlɪsmʊs], der; - [frz. vandalisme] 맹목적인 파괴욕.

wände ['vɛndə] ↑¹winden 참조. **Wände**: ↑Wand의 복수형.

Wandel ['vandl], der; -s **1.** 변화, 변천: ein allmählicher(rascher) W. 점진적인(격심한) 변화; ein W. vollzieht sich(tritt ein) 변화가 이루어지다(생기다); einen W. erfahren ⟨교양어⟩ 변화를 겪다; einen entscheidenden W. herbeiführen 결정적인 변화를 야기하다; die Mode ist dem W. unterworfen 유행은 끊임없이 변한다; im W. der Zeiten 시간이 지남에 따라. **2.** ⟨고어⟩ ↑Lebenswandel.

Wandel-: **~altar**, der 여러 폭의 가변 제단. **~anleihe**, die [은행] ↑~schuldverschreibung. **~gang**, der ↑~halle. **~halle**, die 휴런홀, 로비. **~monat**, **~mond**, der ⟨고어⟩ 4월. **~obligation** [은행] ↑~schuldverschreibung. **~röschen**, das 용선화(학명: Lantana). **~schuldverschreibung**, die 전환사채. **~stern**, der ⟨고어⟩ ↑Planet (a).

wandelbar ['vandlbaːɐ̯] ⟨Adj.⟩ ⟨아어⟩ 변하는, 덧없는: das -e Glück 덧없는 행복. **Wandelbarkeit**, die wandelbar의 명사형. **wandeln** ['vandln] ⟨아어⟩ **1.** ⟨w. + sich⟩ ⟨h⟩ **a)** 변모하다, 달라지다: du hast dich in den letzten Jahren sehr gewandelt 너는 최근 몇 년 사이에 매우 변했다; Meinungen wandeln sich ⟨교양어⟩ 의견은 변하게 마련이다. **b)** (다른 것으로) 바뀌다: seine Angst hatte sich in Zuversicht gewandelt 그의 걱정이 확신으로 바뀌었다. **2.** ⟨h⟩ **a)** 변화시키다: die Erlebnisse der letzten Wochen haben ihn gewandelt 지난 몇 주의 경험이 그를 변하게 만들었다. **b)** 바꾸다, 다른 것으로 되게 하다: das Chaos in Ordnung w. 혼란을 질서로 바꾸다. **3.** ⟨s⟩ 거닐다, 소요하다: unter Bäumen w. 나무 밑을 거닐다; im Fleische[nach dem Fleische, nach dem Geist] w. ⟨성서⟩ 살다, 삶을 영위하다: **ein(eine) wandelnder(wandelndes, wandelnde) …sein** ⟨통용어·농⟩: er ist ein wandelndes Lexikon 그는 살아있는 사전이다. **Wandelung**, die; -en **1.** ⟨고어·드물게⟩ ↑Wandlung. **2.** [법] 매매 계약의 해제.

wander-, Wander-: **~ameise**, die (남미나 아프리카의) 긴 행렬을 이루어 이동하며 약탈하는 개미(학명: *Dorylinae*). **~arbeiter**, der 뜨내기 일꾼. **~ausstellung**, die 이동[순회] 전람회. **~bewegung**, die 멀리 걷기 운동, 도보 여행 권장 운동. **~bücherei**, die [도서] (지방 도서관 등에 일정 기간 책을 대출해 주는) 이동 도서. **~bursche**, die 순회 극단. **~bursche**, der ⟨옛⟩ 편력 직인. **~düne**, die 이동 사구(砂丘). **~fahne**, die (구동독) 경연 대회 우승자에게 돌아가는 우승기. **~fahrt**, die ⟨준교어⟩ 장거리 도보 여행. **~falke**, der 매의 일종(학명: *Falco peregrinus*). **~fisch**, der 이동 물고기. **~geselle**, der ⟨옛⟩ ↑~bursche. **~gewerbe**, das 행상. **~gewerbeschein**, der 행상 허가서. **~gruppe**, die 도보 여행 그룹. **~heuschrecke**, die (무리를 지어 이동하며 닥치는 대로 먹어치우는) 메두기. **~jahr**, das ⟨대개 Pl.⟩ ⟨옛⟩ (도제, 직공 등의) 편력 시대. **~karte**, die 도보 여행용 지도. **~klasse**, die 이동 교실. **~kleidung**, die 하이킹 복장. **~leben**, das ⟨Pl. 없음⟩ 떠돌이 생활. **~leber**, die [의학] 간하수(증). **~lehrer**, der (구동독) 순회 교사. **~leiter**, der (특히 구동독) 도보여행 그룹 지도자. **~lied**, das 방랑의 노래. **~lust**, die ⟨Pl. 없음⟩ 방랑벽, 여행 좋아하기. **~lustig** ⟨Adj.⟩ 여행을 좋아하는, 방랑벽이 있는. **~muschel**, die 세모난 민물 조개(학명: *Dreissena*). **~niere**, die [의학] 신장하수(증). **~pokal**, der (우승자에게 돌아가는) 우승컵. **~prediger**, der 순회 설교자(목사). **~preis**, der 우승자에게 계승되어가는 상. **~ratte**, die 시궁쥐. **~route**, die 도보 여행길, 하이킹 루트. **~schritt**, der ⟨대개 Sg.⟩ 보조, 걸음걸이. **~schuh**, der 하이킹 구두. **~sport**, der 걷기 운동. **~stab**, der ⟨고어⟩ ↑~stock: 전의 den W. nehmen [zum W. greifen] ⟨농⟩ 도보 여행을 떠나다. **~stiefel**, der 도보 여행용 장화. **~stock**, der 지팡이. **~tag**, der (학교의) 소풍일. **~theater**, das ↑~bühne. **~trieb**, der ⟨Pl. 없음⟩ **1.** [동물] (동물의) 이동 본능. **2.** [의학] (병적인) 방랑벽: 전의 er ist vom W. befallen ⟨농⟩ 그는 여행병에 걸렸다. **~truppe**, die ↑~theater. **~verein**, der ↑~gruppe. **~vogel**, der **1.** ⟨고어⟩ ↑Zugvogel: 전의 er ist ein W. 그는 여행을 즐겨 한다. **2. a)** ⟨Pl. 없음⟩ 반더포겔(1895년 설립된 청년 도보여행 장려회). **b)** 반더포겔 회원. **~weg**, der 산책용 길, 소풍 길. **~wetter**, das 산책하기 좋은 날씨. **~ziel**, das 소풍의 목적지. **~zirkus**, der 순회 서커스단.

Wanderer, ⟨드물게⟩ Wandrer, der; -s, - 도보 여행자, 나그네, 방랑자. **Wanderin**, ⟨드물게⟩ Wandrerin, die; -nen ↑Wanderer의 여성형. **wandern** ['vanden] ⟨s⟩ **1.** 도보 여행하다, 소풍하다: einen ganzen Tag w. 하루종일 도보 여행하다; in den Alpen w. 알프스 산속을 걸어다니다. **2.** 거닐다, 산책하다, 산보하다: durch die Straßen w. 거리를 이리저리 거닐다; 전의 die Wolken wandern (am Himmel) ⟨시어⟩ 구름이 (하늘에) 떠다닌다; seine Blicke[Augen] wanderten von einem zum anderen 그의 시선이 이 사람에서 저 사람에게로 옮겨갔다. **3.** 떠돌다, 방랑하다, 이동하다: die Nomaden wandern mit ihren Herden zu neuen Weideplätzen 유목민들은 그들의 가축떼와 함께 새로운 목초지를 향해 이동한다; wandernde Handwerksburschen 편력 중인 도제들; 전의 ein Splitter wandert im Körper 파편 하나가 몸 속에서 이리저리 움직인다. **4.** ⟨통용어⟩ (특정 목적을 위해) 어느 곳으로 보내지다: für dieses Delikt muß er ins Gefängnis w. 이 불법 행위로 인해 그는 감옥에 가야 한다; seine Uhr ist ins Pfandhaus gewandert 그의 시계는 전당포에 저당잡혔다. **Wanderschaft**, die; -en 방랑 시대, 편력 시기: auf (der) W. sein 편력 중이다; den ganzen Sommer über sind die Tiere der Steppen auf W. 초원의 동물

들은 여름 내내 (먹이를 찾아) 이리저리 돌아다닌다; 전의 sie war den ganzen Vormittag auf W. 《통용어》 그 여자는 오전 내내 쏘다녔다. **Wandersmann**, der; -(e)s, Wandersleute **1.**《옛》편력자. **2.**《농》↑Wanderer. **Wanderung**, die; -en **1.** 도보 여행: eine W. machen[unternehmen] 도보 여행[소풍]하다. **2.** 이동, 이주: die W. der Nomaden 유목민의 이동. **Wanderungsbewegung**, die [사회] ↑Migration (1). **-wandig** [-vandıç]《다음의 합성어로, 예컨대》dickwandig 두꺼운 벽의.

Wandler ['vandlɐ], der; -s, - [기술] 변환기. **Wandlung**, die; -en **1.** 변화, 변형, 변모: eine W. vollzieht sich 변화가 이루어진다; eine innere W. durchmachen 내적으로 변화하다. **2.** [가] ↑Transsubstantiation. **3.** [법] ↑Wandelung (2).

wandlungs-, Wandlungs-: ~**fähig** 〈Adj.〉**a)** 변화할 수 있는, 변형이 가능한. **b)** 변신을 잘 하는: ein -er Schauspieler 여러 역을 연기할 수 있는 배우. ~**fähigkeit**, die ↑~fähig의 명사형. ~**prozeß**, der 변화의 과정.

Wandrer: ↑Wanderer. **Wandrerin:** ↑Wanderin. **wandte** ['vantə] ↑wenden 참조. **Wandung**, die; -en (속이 빈 물체의) 내벽.

Wane ['va:nə], der; -n, -n 〈대개 Pl.〉〈anord. vanr〉[신화] 봐네(북 게르만의 신족).

Wange ['vaŋə], die; -n **1.** (아어) 볼, 뺨: ein Kuß auf die W. 볼에 하는 키스. **2.** 〈전문어〉**a)** 옆 부분, 측면: die ~n eines Regals 책장의 측면. **b)** [건축] 아치형의 중앙부. **c)** (도끼 등의) 측면, 도끼날의 뺨. **d)** [광] 갱도의 측벽.

Wangen- (Wange 1): ~**bein**, das [해부·동물] 광대뼈. ~**knochen**, der (아어) 광대뼈, 악골. ~**muskel**, der (아어·해부·동물) ↑Backenmuskel. ~**rot**, das (드물게) 뺨에 바르는 루즈. ~**röte**, die (아어) 뺨의 불그레한 색, 홍조. ~**streich**, der (고어) ↑Backenstreich (1).

-wangig [-vaŋıç] (아어)《다음의 합성어로, 예컨대》 rotwangig 붉은 뺨의.

Wank [vaŋk], der《다음 용법으로》**ohne**[sonder] **W.**《고어》흔들리지 않고, 굳건히, 자신있게; **keinen W. tun** (schweiz.) **1.)** 꼼짝하지 않다. **2.)** 아무일도 하지 않다; **einen W. tun** (schweiz.) 무엇을 행하다, 하다.

Wankelmotor ['vaŋk-], der; -s, -en 《또는》-e [독일인 기술자 F. Wankel의 이름에서] ↑Rotationskolbenmotor.

Wankelmut, der; -(e)s (아어·폄) 망설임, 주저, 의지박약. **wankelmütig** 〈Adj.〉 (아어·폄) 줏대가 없는, 변덕이 심한, (생각이나 태도가) 확고하지 못한: ein -er Mensch 줏대없는 사람. **Wankelmütigkeit**, die; -en (아어·폄) ↑wankelmütig의 명사형.

wanken ['vaŋkn̩] **1.** 〈h〉흔들리다, 비틀거리다: er wankte unter der Last und brach zusammen 그는 짐 무게 때문에 비틀거리다가 쓰러졌다; der Boden unter ihren Füßen wankte 그들의 발 아래서 땅이 흔들렸다; **nicht w. und (nicht) weichen** (아어) 물러서지 않다. **2.** 〈h〉비틀비틀 걷다: betrunken nach Hause w. 취해서 비틀거리며 집으로 가다. **3.** 〈h〉(아어) 동요하다: seine Stellung begann zu w. 그의 위치가 흔들리기 시작했다; (명사화) sein Entschluß ist ins Wanken geraten 그의 결심은 흔들렸다.

wann [van] **I.** 〈Adv.〉(시간) **a)** 〈의문사〉언제, 어느 때에?: w. bist du geboren? 너는 언제 태어났느냐?; bis w. wirst du bleiben? 너는 언제까지 머무느냐?; seit w. weißt du es? 너는 언제부터 그것을 알고 있느냐?; 《강조하기 위해 문장 끝에 위치하기도 함》 du kommst w.? 너는 언제 온다고?;《간접 의문문과 함께》 frag ihn doch, w. es ihm paßt 어느 때가 그에게 편리한지 물어보아라;《감탄문에서》 w. dir so was immer einfällt! 하필이면 지금 네가 그런 생각이 들다니!; (w. + „immer", „auch", „auch immer") 언제라도, 어느 때든지: du kannst kommen, w. immer du Lust hast 오고 싶을 때는 언제든지 너는 올 수 있다; w. immer du morgen oder w. immer 내일이나 아니면 언제든지 오려므나. **b)** 〈관계부사〉den Termin, w. die Wahlen stattfinden sollen, festlegen 선거를 실시해야 할 때를 확정하다. **2.** 〈조건〉 어떠한 조건 하에: ich weiß nie genau, w. man rechts überholen darf 어떠한 때에 오른편으로 추월해도 좋은 지를 나는 한번도 정확하게 안 적이 없다. **II.** 〈Konj.〉**1.** (시간)〈지역적·고어〉**a)** …할 때에(wenn): w. ich fertig bin, rufe ich dich gleich an 내가 끝나될 때에 즉시 전화하마. **b)** …했을 때 (als). **2.** 〈조건〉(österr.) …한다면(wenn): ja, w. ich das gewußt hätt'! 내가 그것을 알았었다면!

Wännchen ['vɛnçən], das; -s, - ↑Wanne (1, a, b)의 축소형. **Wanne** ['vanə], die; -n [lat. vannus] **1. a)** 축소형: ↑Wännchen (목욕)통; 욕조: die Wanne reinigen 욕조를 청소하다; er sitzt in der W. 그는 목욕 중이다; die Fotos werden in einer W. gewässert 사진들은 큰 통 안에서 물에 잠겨 있다. **b)** 〈축소형: ↑ Wännchen〉(욕조 형태의) 용기, 통: Viehfutter in die W. schütten 가축 사료를 통에 쏟아붓다. **c)** 도랑, 웅덩이, 푹 패어진 곳. **2.** 〈지역적〉(통 모양의) 수위실.

Wanne-Eickel 바네아이켈(루르 지방의 한 도시).

wannen ['vanən] 〈Adv.〉《다음 용법으로》**von w.**《고어》어디로부터.

Wannenbad, das; -(e)s, …bäder **1.** 욕조 안에서의 목욕; ein W. nehmen 욕조 안에서 목욕하다. **2.**《드물어》욕조를 갖춘 목욕탕. **3.** 공중 목욕탕.

Wanst [vanst], der; -(e)s, Wänste ['vɛnstə] / Wänster [vɛnstɐ] **1.**《Pl. Wänste》(약간 폄) **a)** 〈축소형: ↑ Wänstchen〉볼록하게 나온 배: sich den W. vollschlagen 배불리 먹다. **b)** 똥보. **2.** 〈Pl. Wänster〉〈지역적〉↑ [2]Balg. **Wänstchen** ['vɛnstçən], das; -s, - ↑Wanst (1 [2]) 의 축소형.

Want [vant], die; -en 《또는》 das; -s, -en 〈대개 Pl.〉[조선] 돛대를 양 옆으로 잡아당겨 주는 밧줄.

Wanze ['vantsə], die; -n **1. a)** [동물] 반시류(半翅類)의 곤충(학명: *Heteroptera*). **b)** 빈대. **2.**《속·폄》구역질 나는 인간. **3.** 〈은어〉도청기. **wanzen** ['vantsn̩] 〈h〉 빈대를 잡다(없애다): ein Zimmer w. 방에서 빈대를 없애다. **Wanzenvertilgungsmittel**, das; -s, - 빈대를 없애는 약.

Wapiti [va'pi:ti], der; -(s), -s [engl. wapiti] [동물] 북아메리카산의 큰 사슴(학명: *Cervus canadeusis*).

Wappen ['vapn̩], das; -s, - 문장(紋章): das W. der Habsburger 합스부르크 왕가의 문장; die Familie führt einen Adler im W. 그 가문은 독수리를 문장으로 쓰고 있다.

Wappen-: ~**bild**, das 문장의 그림. ~**brief**, der 문장 수여나 등록에 관한 증명서. ~**devise**, die [문장] ↑ ~spruch. ~**dichtung**, die 문장(紋章) 문학. ~**feld**, das [문장] 문장의 분할면. ~**kunde**, die 〈Pl. 없음〉 문장학(紋章學). ~**kunst**, die 〈Pl. 없음〉 문장술. ~**mantel**, der [문장] 문장 방패를 외투 모양으로 싸는 장식. ~**ring**, der [문장] 문장 장식이 있는 반지. ~**saal**, der (성의) 문장으로 장식된 방. ~**schild**, der 《또는》 das [문장] 방패형의 문장 중심부. ~**spruch**, der 문장에 적혀 있는 격언. ~**tier**, das 문장의 동물. ~**zelt**, das [문장] ↑ ~mantel.

Wapperl ['vapɐl], das; -s, -(n) [↑Wappen의 방언적 축

소형》 (bayr., österr.) 상표. **wappnen** ['vapnən] ⟨h⟩ 《아어》 1. ⟨w. + sich⟩ **a)** (위험 등에) 대비하다: sich gegen eine Gefahr w. 위험에 대비하다; ich bin gewappnet 나는 대비가 되어 있다. **b)** (위험 등에 대하여) 무장하다, 준비하다: er wappnete sich mit Geduld 그는 인내로 무장했다. 2. 《드물게》 (무엇에 대비하여) 무엇을 주다: er betete, Gott möge ihn mit Kraft für die schwere Aufgabe w. 그는 신에게 그 어려운 임무에 대처할 힘을 달라고 기도했다.

war [va:ɐ] ↑sein 참조.

Waran [va'ra:n], der; -s, -e [arab. waran] 〔동물〕 큰 도마뱀의 일종(학명: *Varanidae*).

warb [varp] ↑werben 참조.

ward [vart] ↑werden 참조.

Wardein [var'dain], der; -(e)s, -e [niederl. wa(e)rdijn] 《구제》 ↑Münzwardein. **wardieren** [var'di:rən] ⟨h⟩ 《구제》 주화의 순도를 검사한다.

Ware ['va:rə], die; -n 1. 상품, 물품: eine hochwertige W. 귀중한 상품; die W. verkauft sich gut 이 상품은 잘 팔린다; 성구 erst die W., dann das Geld 물품은 먼저, 대금은 나중; 성구 jeder Krämer lobt seine W. 자기 물건 자랑 않는 장사꾼은 없다; gute W. lobt sich selbst 좋은 상품에는 광고가 필요없다; **heiße W.** 《은어》불법 상품. 2. 〔상〕제품: eine synthetische W. 합성 제품.

wäre [ve:rə] ↑sein 참조.

waren-, **Waren-** 《경제·상》: **~abkommen**, das 상품 교역에 대한 국제 협약. **~absatz**, der 상품 판매. **~angebot**, das ↑Angebot (2), Sortiment (1). **~annahme**, die 1. 상품 인수, 입하. 2. 상품 인수처. **~art**, die 상품 종류. **~aufzug**, der 물품 운반용 승강기. **~ausfuhr**, die 상품 수출. **~ausgabe**, die 물품 교부. **~ausgang**, der 1. 〈Pl. 없음〉 상품 인도, 출하. 2. 〈대개 Pl.〉 물품 송달. **~austausch**, der 구상 무역, 상품 교환. **~auswahl**, die ↑angebot. **~automat**, der 자동판매기. **~begleitschein**, der 〔관세〕 상품 송장. **~beleihung**, die 상품을 담보로 한 대출. **~bereitstellung**, die 《특히 구동독》 (국가의 의한) 물품 준비. **~bestand**, der 〔상품의〕 재고. **~bestandsaufnahme**, die 〔상품의〕 재고 조사. **~börse**, die 1. ↑Produktenbörse. 2. 《구동독》 (특정 상품의) 판매 행사. **~charakter**, der 상품성. **~durchfuhr**, 제3국을 통한 상품 수송. **~einfuhr**, die 상품 수입. **~eingang**, der 입하(入荷). **~export**, die 상품 수출. **~fonds**, der 《구동독》 (계획 기간 중의) 상품준비고. **~gattung**, die 상품 종류. **~gruppe**, die 상품 종류별 항목. **~handel**, der 상품 교역. **~haus**, das ↑Kaufhaus. **~import**, der 상품 수입. **~katalog**, der 상품 카탈로그. **~klasse**, die 상품 종류. **~knappheit**, die 상품귀(부족). **~korb**, der 〔통계〕 마켓바스켓(물가지수를 계산하는 데 포함되는 상품 전체). **~kreditbrief**, der 〔은행〕상품 신용장. **~kunde**, die 〈Pl. 없음〉 상품학. **~kundlich** ⟨Adj.⟩ 상품학상의. **~lager**, das 상품 창고. **~lieferung**, die 상품 교부[인도]. **~liste**, die 상품 목록. **~marke**, die ↑zeichen. **~muster**, das 상품 견본. **~nummer**, die 《구동독》 상품 번호. **~posten**, der 상품의 일정분. **~probe**, die 1. 상품 견본. 2. 〔우편〕 ↑sendung (2). **~produktion**, die 상품 생산. **~produzent**, der 상품 생산자. **~prüfung**, die 상품 검사. **~regal**, das 상품 진열대. **~rückvergütung**, die 그 조합의 소속 조합원에 대한 이익 분배. **~sendung**, die 1. 상품 송달. 2. 〔우편〕 상품 견본의 우편 송달. **~sortiment**, das 상품 판매 종류. **~streuung**, die 《구동독》 물품 배급. **~test**, der 상품 테스트. **~träger**, der 《구동독》 상품 진열대. **~um-**

~satz, der 상품 판매고. **~umsatzsteuer**, die (스위스에서의) 물품판매세. **~umschlag**, der 1. 물품 옮겨 싣기. 2. (상인에 의한) 물품의 구입과 판매. **~umschließung**, die 〔전문어〕 상품의 포장. **~umschlagpla‌‌tz**, der ↑Güterverkehr. **~verknappung**, die 물품 부족. **~verzeichnis**, das (통계를 위한) 물품 목록. **~vorrat**, der 재고 상품. **~wert**, der 상품의 가치. **~zeichen**, das 상표. **~zeichenrecht**, das 상표권. **~zeichenschutz**, der 상표 보호. **~zoll**, der 상품 관세.

warf [varf] ↑werfen 참조. **¹Warf** (-), der / das; -(e)s, -e [직조] 날줄, 날실.

²Warf [-], die; -en [niederd. warf], **Warft** [varft], die; -en (nordd.) ↑Wurt.

warm [varm] ⟨Adj.⟩ 1. **a)** 따뜻한, 온난한, 높은 온도의: ein ~er Sommerabend 따뜻한 여름 밤; die ~en Länder des Mittelmeerraumes 지중해 지역의 따뜻한 나라들; ein ~es Essen 따뜻한(덥힌) 음식; -e Miete 《통용어》 난방비가 포함된 월세; heute ist es sehr w. 오늘은 매우 덥다; das Essen w. machen 음식을 데우다; heute abend esse ich w. 오늘 저녁에 나는 따뜻한 식사를 한다; Sportler läuft sich w. 그 운동 선수는 위밍업을 한다; du mußt dich w. halten 너는 몸을 따뜻하게(차지 않게) 해야 한다; 성구 mach dir doch (ein paar) -e Gedanken 《농》 뜨거운 생각을 (몇 가지) 해 보려므나 (줄다고 하는 사람에 대한 답변); 전의 mir wurde ganz w. ums Herz 나는 깊이 감동했다; der Raum wirkt hell und w. 그 공간은 밝고 따뜻한 느낌을 준다. **b)** (몸을) 따뜻하게 해 주는; w. anziehen 따뜻하게 (춥지 않게) 옷을 입다. 2. **a)** 열성적인, 활기찬, 힘 있는: -e Zustimmung 열렬한 동의; weder w. noch kalt [**nicht w. und nicht, kalt**] **sein** 《통용어》 (무엇에 대해) 관심이 없다. **b)** 마음으로부터의, 진심의. **c)** 친절한, 호의적인, 따뜻한, 다정한: er schüttelte ihm w. die Hand 그는 다정하게 그 사람의 손을 잡고 흔들었다; **mit jmdm. w. werden** 《통용어》 누구와 친해지다; **mit etw. w. werden** 《통용어》 무엇을 좋아하다. 3. 《경》 ↑schwul.

warm-, **Warm-**: **~beet**, das 〔원예〕 온상(溫床). **~bier**, das 데운 맥주에 여러 가지 첨가물을 섞은 음료수. **~blut**, das (말의) 온혈종(温血種). **~blüter** [-blʏtɐ], der 〔동물〕 온혈동물. **~blütig** ⟨Adj.⟩ 1. 〔동물〕 homöotherm; -e Tiere 온혈동물. 2. 《드물게》 (말의) 온혈종의. **~blütigkeit**, die ↑-blütig의 명사형. **~blütler**, der 《드물게》 1. ↑-blüter. 2. ↑-blut. **~blutpferd**, das ↑-blut. **~festigkeit**, die 〔기술〕 내열성(耐熱性). **~formung**, die 〔금속〕 가열에 의한 금속 가공. **~front**, der 〔기상〕 온난 전선. **~halteflasche**, die ↑Thermosflasche. **~haltekanne**, die 보온 주전자. **~halten**, sich 《통용어》 누구의 호의를 잃지 않다: ihn solltest du nicht w. 너는 그 사람의 호감을 잃어서는 안된다. **~halteplatte**, die (음식물을 따뜻하게 해 유지해주는) 보온 판. **~haus**, das 〔원예〕 온실. **~herzig** ⟨Adj.⟩ **a)** 마음이 따뜻한, 인정이 많은. **b)** 인정이 많음을 보여주는. **~herzigkeit**, die ↑-herzig의 명사형. **~laufen*** ⟨s⟩ 위밍업하다, (엔진을) 공회전 시켜 예열하다: 《드물게》 (w. + sich) 〔기술〕 der Motor muß sich erst w. laufen 그 엔진은 우선 예열되어야 한다. **~luft**, die 〔기술·기상〕 더운 공기. **~lufteinbruch**, der 〔기상〕 더운 공기의 침투. **~luftgerät**, das (머리 건조기 같은) 뜨거운 공기를 만드는 기구. **~luftheizung**, die 〔기술〕 더운 공기를 통한 중앙 난방. **~luftzufuhr**, die 〔기술·기상〕 더운 공기의 유입, (자동차의) 몰려듦. **~miete**, die 《통용어》 난방비가 포함된 집세. **~nieten** ⟨h⟩ 〔기술〕 가열된 리벳과 함께로 리벳 못을 박다. **~nietung**, die 〔기

술] ↑ ~nieten의 명사형. ~wasser [-'--], das 더운 물, 온수. ~wasseraquarium [-'-----], das 온수 수조, 온수 수족관. ~wasserbereiter [-'----], der [기술] ↑Heißwasserbereiter. ~wasserhahn [-'---], der 온수 수도꼭지. ~wasserheizung [-'----], die [기술] 온수 중앙 난방. ~wasserspeicher [-'----], der [기술] ↑Heißwasserspeicher. ~wasserversorgung [-'-----], die 온수 공급. ~zeit, die [지질] 간빙기(間氷期). ~zeitlich ⟨Adj.⟩ [지질] 간빙기의.

Warme' ['varmə], der ⟨편⟩ 동성 연애자. **Wärme** ['vermə], die 1. a) 따뜻함, 온기, 따스함, 더위: er spürte die W. ihres Körpers 그는 그녀의 체온을 느꼈다; [전의] die W. seiner Stimme 그의 음성의 따스함. b) [물리] ↑Wärmeenergie. 2. 마음의 따뜻함, 인정, 친절: W. ausstrahlen 따뜻한 마음씨를 발하다.

wärme-, Wärme-: ~**abgabe**, die 열의 발산. ~**abstrahlung**, die ↑~abgabe. ~**aufnahme**, die 열의 흡수. ~**ausdehnung**, die [물리] 온도 상승에 의한 물체의 팽창. ~**austausch**, der [전문어] 열의 전달. ~**austauscher**, der [기술] 열 전달장치. ~**bedürftig** ⟨Adj.⟩ 많은 열을 필요로 하는, 고온을 필요로 하는. ~**behandlung**, die 1. [금속] 열 처리. 2. [의학] 열요법. ~**belastung**, die 1. [환경] 폐열에 의한 환경 공해. 2. 열 부하(熱負荷). ~**beständig** ⟨Adj.⟩ [전문어] 내열성의, 열에 잘 견디는. ~**beständigkeit**, die ↑~beständig의 명사형. ~**bett**, das ↑Couveuse. ~**bildung**, die ↑~entwicklung. ~**dämmend** ⟨Adj.⟩ ↑~isolierend. ~**dämmung**, die ↑~isolation. ~**dehnung**, die [물리] ↑~ausdehnung. ~**durchlässig** ⟨Adj.⟩ ⟪전문어⟫ ↑diatherman. ~**einheit**, die 열량 단위: die W. Kalorie 열량 단위인 칼로리. ~**einwirkung**, die 열의 작용. ~**energie**, die 열 에너지. ~**entwicklung**, die 부수현상으로서의 열 발생. ~**erzeugung**, die ↑~entwicklung. ~**gewitter**, das [기상] 높은 온도와 습도로 인한 뇌우. ~**grad**, der 온도, 열도. ~**haushalt**, der [생리] 정상적인 체온 유지를 위한 생리 작용. ~**isolaton**, die 1. 단열, 보온. 2. 단열재. ~**isolierend** ⟨Adj.⟩ 단열하는, 열 손실을 막는: -e Stoffe 단열재. ~**isolierung**, die ↑~isolation. ~**kapazität**, die [물리] 열 용량. ~**kraftmaschine** die [기술] 열 기관. ~**kraftwerk**, das 화력 발전소. ~**lehre**, die [물리] 열역학(熱力學). ~**leiter**, der [물리] 열 전도체. ~**leitzahl**, die 열 전도 계수. ~**leitfähigkeit**, die [물리] 열 전도율. ~**menge**, die 열량. ~**messer**, der [기술] ↑~zähler. ~**pol**, der [지리] 기온이 아주 높은 지역. ~**pumpe**, die [기술] 열 펌프. ~**quelle**, die 열원(熱源). ~**regler**, der 온도 조절기. ~**regulation**, die [생리] 체온 조절. ~**schutz**, der ↑~isolation. ~**sinn**, der [생리] 열 감지 능력. ~**speicher**, der ⟪전문어⟫ 축열기, 축열실. ~**starre**, die [동물] ⟪변온 동물의⟫ 고온에서의 신체의 마비. ~**stau**, der ↑~stauung. ~**stauung**, die 1. [생리·의학] 신체의 고열 현상, 높은 체온. 2. ⟪기계 등의⟫ 비정상적인 과열(현상). ~**strahl**, der ⟪대개 Pl.⟫ ↑~strahlung. ~**strahlung**, die [물리·금속] 열 복사. ~**tauscher**, der [기술] ↑~austauscher. ~**technik**, die [기술] 열 공학. ~**technisch** ⟨Adj.⟩ [기술] 열역학의. ~**tod**, der [우주] ⟪가설적⟫ 저온으로 인한 우주의 종말. ~**träger**, der [전문어] 열 매체. ~**verbrauch**, der 열 소비. ~**verlust**, der 열 손실. ~**wert**, der [기술] 발열량. ~**wirtschaft**, der 열 관리(경제). ~**zähler**, der [기술] 열량계. ~**zufuhr**, die 열 공급.

wärmen ['vermən] ⟨h⟩ 1. a) 따뜻하게 하다: sich die Füße (am Ofen) w. ⟨난로불에⟩ 발을 따뜻이 하다. b) 데우다: sie wärmt dem Baby die Milch 그녀는 아기의 우유를 데운다. 2. a) 열을 발산하여 따뜻하게 해 주다: der Ofen wärmt gut 이 난로는 참 따뜻하다. b) 보온해 주다, 따뜻함을 유지시켜 주다. **wärmer** ['vermɐ] warm의 비교급. **Wärmflasche** ['verm-], die; -n 더운 물을 넣어서 이불 안을 덥히는 ⟨고무⟩ 주머니, 탕파(湯婆). **Wärmkruke**, die; -n [지역적] 탕파로서 사용되는 질 그릇 항아리. **wärmste** ['vermstə] ↑warm의 최상급. **Wärmung**, die ⟨드물게⟩ 따뜻하게 함, 따뜻해짐.

Warm-up ['wɔ:mʌp], die/das; -s, -s [engl. warm-up] [모터스포츠] ⟨엔진을 공회전시켜⟩ 예열함.

warn-, Warn-: ~**anlage**, die 경보 장치. ~**bake**, die [교통] 철도 교차점이나 고속도로 인터체인지를 알리는 3중 표시. ~**blinkanlage**, die [자동차] 점멸 경보 장치, 경보 점멸등. ~**blinken** ⟨h⟩ ⟪대개 부정형이나 과거분사형으로⟫ [자동차] 점멸 경보등을 켜다. ~**blinker**, der ⟪통용어⟫ [자동차] 점멸 경보 장치. ~**blinklampe**, ~**blinkleuchte**, die [자동차] ⟪위험을 알리는⟫ 점멸 경보등. ~**dienst**, der 위험을 예고해 주는 설비. ~**dreieck**, das [자동차] 삼각 경보 표시판. ~**farbe**, die 1. 강렬한⟨자극적인⟩ 색. 2. [동물] ↑~färbung. ~**färbung**, die [동물] ⟪특히 곤충의⟫ 경계색. ~**gerät**, das 경보기. ~**flagge**, die 경보 깃발. ~**glocke**, die 경종. ~**kleidung**, die 눈에 잘 띄는 작업복. ~**kreuz**, das [교통] ↑Andreaskreuz (2). ~**lämpchen**, ~**lampe**, die 경고등. ~**laut**, der [동물] 위험을 알리는 울음 소리. ~**leuchte**, die ↑~lampe. ~**blinkleuchte**. ~**licht**, das ⟨Pl. -er⟩ ↑~signal. ~**linie**, die [교통] 경계 차선. ~**meldung**, die 경계 경보. ~**ruf**, der 1. 경계의 외침, 경보. 2. [동물] ↑~laut. ~**schild**, das ⟨Pl. -er⟩ 1. 경고 표시판. 2. [교통] 위험 표시판. ~**schrei**, der ↑~ruf. ~**schuß**, der 경고[위험] 사격. ~**signal**, das 경계[위험] 신호. ~**sirene**, die 경고 사이렌. ~**streik**, der 경고 파업. ~**system**, das 위험 경고 체제. ~**tafel**, die ↑~schild (1). ~**ton**, der a) ↑~laut. b) ↑~signal. ~**tracht**, die [동물] ↑~färbung. ~**verhalten**, das [동물] a) 동물의 위험적 자세. b) 동료에게 보내는 동물의 위험 신호. ~**zeichen**, das 1. ↑~signal. 2. [교통] ↑~schild (2). 3. 불행을 예고해 주는 현상, 불길한 전조.

warnen ['varnən] ⟨h⟩ 1. 위험을 알려 주다, 경고하다: jmdn. vor einer Gefahr w. 누구에게 어떤 위험에 대해 경고하다; ⟨4격 목적어 없이도⟩ die Polizei warnt vor Taschendieben 경찰은 소매치기를 조심하라고 말한다; ich bin gewarnt 나는 경고를 받았다. 2. ⟨무엇을 하지 않도록⟩ 경고하다, 위험하다, 주의 주다: ich warne dich (davor), dich darauf einzulassen 그 일에 관계되지 말라는 사람. **Warnung**, die; -en 1. 경고, 주의, 훈계. 2. a) 위험을 알려 줌: eine W. vor Glatteis 빙판에 대한 경고. b) 훈계, 경계, 경고: laß dir das eine W. sein 그것이 너에게 좋은 훈계가 되도록 하거라. **Warnungs-** ⟨드물게⟩ ↑Warn-.

¹**Warp** [varp], der ⟪또는⟫ das; -s, -e [engl. warp] [섬유] 1. 날줄, 경사(經絲). 2. 앞치마용 목면 옷감.

²**Warp** [-], der; -(e)s, -e [niederd. warp] [선원] ⟨배를 끌어당기기 위한⟩ 작은 닻. **Warpanker**, der; -s, - [선원] ↑²Warp. **warpen** ['varpən] [선원] 1. ⟨h⟩ Warpanker를 이용하여 배를 끌다. 2. ⟨s⟩ ↑Warpanker를 이용하여 움직이다. **Warpleine**, die [선원] ↑²Warp. **Warpschiffahrt**, die [선원] Warpanker를 이용한 항해. **Warpweber**, der ↑¹Warp (2)를 짜는 직조공.

Warrant [va'rant, 'vɔrənt, ⟪engl.⟫ 'wɔrənt], der; -s, -s

[engl. warrant < frz. warant] 〖경제〗 창고 증권(倉庫證券), 질증권(質證券).
Warschau 바르샤바(폴란드의 수도). ¹**Warschauer**, der; -s, - 바르샤바 사람. ²**Warschauer** 〈Adj.; 격변화없음〉바르샤바의.
Wart [vart], der; -(e)s, -e 《고어·그 외 Torwart 같은 복합어로만 쓰임》 파수꾼, 지키는 사람, 책임자.
Wart- 《schweiz.》↑Warte-.
Warte ['vartə], die; -n **1.** 《아어》주변을 살피기에 적당한 높은 곳; 전의 von meiner W. aus 나의 관점으로는. **2.** 《중세》망루, 망대.
warte-, Warte-: **~bank**, die (Pl. ...bänke) 대기실의 긴 의자. **~frau**, die **1.** 〖고어〗누구를 돌보아 주는 여자, 유모, 간호사. **2.** 《준고어》(화장실 등의) 관리인. **~frist**, die ↑~zeit. **~gebühr**, die (österr.·구례) ↑~geld. **~geld**, das 《구례》(장교, 공무원의) 무보직 대기 수당. **~halle**, die ↑~saal. **~häuschen**, das 대기 기자들을 위한 작은 집. **~liste**, die 대기자 명단; sich auf die W. setzen lassen 대기자 명단에 등록하다. **~pflicht**, die **1.** 〖교통〗 (선행권이 없는 차량의) 대기 의무. **2.** 〖법〗(일정한 기간이 경과하기까지는 특정 행위를 할 수 없는) 대기 의무. **~pflichtig** 〈Adj.〉 교통·법 상의 의무가 있는. **~raum**, der **1.** ↑~saal, ~zimmer. **2.** 〖항공〗(착륙 허가가 내릴 때까지 비행기가 선회해야 하는) 공중 대기 영역. **~saal**, der (정거장의) 대합실. **~stand**, der (Pl. 없음) 《구례》(공무원이나 장교의) 휴직. **~zeit**, die **1.** 기다리는 시간. **2.** 〖보험〗보험금 지불 대기 기간. **~zimmer**, das (병원 등의) 대기실.
warten ['vartn̩] 〈h〉 **a)** 기다리다: geduldig [vergeblich] auf etw. w. 참을성 있게[헛되이] 무엇을 기다리다; auf einen Studienplatz w. 대학의 입학 허가를 기다리다; die Katastrophe ließ nicht lange auf sich w. 그 대참사는 곧바로 닥쳐왔다; worauf wartest du noch? 너는 왜 아직도 망설이고 있느냐?; worauf warten wir noch? 자 이제 시작합시다; 〈전치사 목적어 없이도〉 der soll ruhig [kann] w. 《통용어》그 사람 좀 기다리게 해도 괜찮다; na, warte! 《통용어》기다려 보아라(곧 일이 급할 것은 테니까); 전의 das Essen kann w. 식사가 급할 것은 없다. **b)** 〈한 곳에 머물러서〉 기다리다: 강만 warte mal, ich zeige es dir schnell 잠시 참고 기다려라, 곧 너에게 그것을 보여 주겠다; zu Hause wartete eine Überraschung auf uns 깜짝 놀랄 일이 집에서 우리를 기다리고 있었다; 〈2격과 함께〉 〈아어·준고어〉 in Holland wartete ihrer eine neue Enttäuschung 네덜란드에서 그들은 새로운 환멸을 맛보아야 했다. **c)** 뒤로 미루다, 실행에 옮기지 않다: sie wollen mit der Heirat noch (ein paar Monate) w. 그들은 결혼을 (몇 달) 미루려고 한다. **2. a)** 《아어·준고어》(누구를) 돌보다, 간호하다: Kinder w. 아이들을 돌보다. **b)** 〖기술〗(기계 등이 작동할 수 있도록) 검진하고 정비하다. **c)** 〈드물게〉〖기계·등을〗조작(操作)하다. **Wärter** ['vɛrtɐ], der; -s, - 간호인, 지키는 사람, 관리인.
Wärter-: ~bude, die ↑~haus. **~haus, ~häuschen**, das 관리인이나 수위들이 근무하는 작은 집.
Warterei [vartə'raɪ], die; -en 《통용어·폄》기다리기. **Wärterin**, die ↑Wärter의 여성형.
-wärtig [-vɛrtɪç] 《다음의 복합어로, 예컨대》rückwärtig, widerwärtig, auswärtig. **-wärts** [-vɛrts] 《다음의 복합어로, 예컨대》vorwärts, andererseits, einwärts.
Wartturm, der; -(e)s, Warttürme 《중세》↑Warte (2). **Wartung**, die; -en 돌봄, 보살핌; 점검, 정비.
wartungs-, Wartungs-: ~arbeit, die 《대개 Pl.》정비 작업, 점검 작업. **~arm** 〈Adj.〉돌볼 필요가 별로 없는. **~dienst**, der 정비 근무. **~frei** 〈Adj.〉 정비의 필요가 없는. **~freiheit**, die (Pl. 없음) ↑~frei의 명사형. **~freundlich** 〈Adj.〉 정비하기 쉬운. **~kosten** (Pl.) 정비 요금. **~personal**, das 정비사, 수위, 관리인.
warum [va'rʊm] 〈강조〉 'va:rʊm] 〈Adv.〉 **1.** 《의문사》왜, 무슨 때문에, 무슨 이유로: w. antwortest du nicht? 왜 너는 대답을 안 하느냐?; „Machst du mit?" —„Ja, w. nicht?" 너도 같이 하지? – 물론이지, 왜 안 하겠어?; 〈물음을 강조하기 위해 문장 중간이나 끝에 올 수도 있음〉 du verreist w.? 너, 여행을 떠나려고, 왜 그렇지? **2.** 《관계부사》: der Grund, w. er es getan hat, ist mir nicht bekannt 그가 그것을 한 이유를 나는 알지 못한다.
Wärzchen ['vɛrtsçən], das; -s, - ↑Warze의 축소형. **Warze** ['vartsə], die; -n 〈축소형: ↑Wärzchen〉 **1.** 작은 사마귀. **2.** ↑Brustwarze의 약칭.
warzen-, Warzen-: ~fortsatz, der 〖해부〗 유양(乳樣) 돌기. **~geschwulst**, die 〖의학〗↑Papillom. **~hof**, der 젖꼭지를 둘러싼 검은 피부. **~schwein**, das 〖동물〗(아프리카 산) 멧돼지의 일종. **~stift**, der 사마귀 제거용 부식산(腐蝕用).
warzig ['vartsɪç] 〈Adj.〉 사마귀가 있는, 사마귀 모양의.
was [vas] **I.** 《의문대명사, 중성(1격과 4격, 때로는 3격)》무엇, 무엇이, 무엇을: w. sind Bakterien? 박테리아란 무엇인가?; w. führt dich zu mir? 너는 무슨 일로 내게 오느냐?; w. ist (los)? 무슨 일이야 [어떻게 된거야]?; und w. dann? 《통용어》그리고 나서는 어떻게 되지?; w. ist nun mit morgen abend? 내일 저녁에는 무슨 일이 있을 거지?; aber w., wenn er ablehnt? 《통용어》 그가 거절을 하면 그 때에는 어떻게 하지?; w. denn? 《통용어》도대체 무슨 일이야 [도대체 너는 무엇을 하려고 하느냐]?; w., du hast gewonnen? 《통용어》 무엇이라고, 네가 이겼다고?; das gefällt dir, w.? 저것은 네 마음에 든다, 그렇지?; ich weiß nicht, w. er gesagt hat 나는 그가 뭐라고 말했는지 모르겠다; w. glaubst du, wieviel das kostet? 네 생각으로는 저것의 값이 얼마나 되겠니?; w. ist sieben minus drei? 칠에서 셋을 빼면 얼마인가?; w. gehst du das an? 그것이 너하고 무슨 상관이 있느냐?; 〈강조하여 물을 때는 문장의 중간이나 끝에 위치하기도 함〉 er hat w. gesagt? 그가 뭐라고 했다고?; 〈전치사와 결합하여〉 《통용어》 aus w. besteht das? 그것은 무엇으로 구성되어 있는가?; um w. geht es? 무엇이 문제인가?; 《감탄형으로》 w. hier wieder los ist! 여기에 또 무슨 일이 일어났다!; 〈w. + „immer", „auch", „auch immer"〉 《용인》 w. du auch (immer) tust, denk an dein Versprechen! 네가 무엇을 하든간에 네가 약속한 것은 잊지 마라!; **ach w.!** 《경》천만에!, 바보 같은 소리 하지 말아라!; **w. für (ein)** ... (↑für II); **w. ein** ... 《통용어》어떤 종류의, 그 어떤: w. 'n Pech! 참 재수 없기도 하다!; **und w. nicht alles** 《통용어》그리고 가능한 모든것. **II.** 《관계대명사; 중성(1격과 4격, 때로는 3격)》 **1.** 《중성의 부정 대명사를 선행사로 가짐》: sie haben (alles) mitgenommen, w. nicht niet- und nagelfest war 그들은 움직일 수 있는 것은 모조리 다 가져갔다; 〈w. + „auch", „immer", „auch immer"〉 w. er auch (immer) anfing, wurde ein Erfolg 그가 시작한 것은 무엇이든간에 성공을 거두었다. **2. a)** 누구(wer): w. ein richtiger Kerl ist, (der) wehrt sich selber 사내라면 (누구나) 자신을 방어한다. **b)** 〈지역적·경〉 《관계대명사》(der, die, das): die Frieda, w. unsere Jüngste ist 우리집 막내딸인 프리다. **c)** 〈지역적·경〉 〖여〗 남자(derjenige, der), 여자(diejenige, die). **III.** 《부정대명사(1격과 4격, 때로는 3격)》 **1.** 《통용어》그 무엇, 어떤 것: das ist ja ganz w.

anderes! 그것은 전혀 다른 것이다; ist schon w. (Näheres) bekannt? 무엇인가 (자세한 것이) 이미 알려졌는가?; ist w.? 무슨 일이라도 생겼느냐?; ich weiß w. 나는 무엇인가 좀 알고 있다; er kann w. 그는 무얼 좀 할 능력이 있다; w. zum Lesen 읽을 거리; **so w.** (통용어) 그런 것, 그런 일; **(so) w. wie …** (통용어) …같은 그 무엇. **2.** 《지역적》약간: hast du noch w. Geld? 너 아직 돈 좀 있니? **IV.** 〈*Adv.*〉(통용어) **1.** 왜, 무엇 때문에: w. regst du dich so auf? 왜 너는 그렇게 흥분을 하느냐? **2. a)** 얼마나: wenn du wüßtest, w. das weh tut 그것이 얼마나 고통을 준다는 것을 네가 안다면 《대개 감탄문에서》 w. ist das doch schwierig! 이것은 정말 어렵구나! **b)** 어느 정도로: w. stört dich das? 그것은 어느 정도로 너에게 방해가 되느냐? **3.** 어떤 성격의, 어떤 상황의: weißt du, w. du bist? Stinkfaul (bist du) 너는 네가 어떻게 되어먹은 사람인줄 아느냐? (너는) 형편없는 게으름뱅이다.

wasch-, Wasch-: ~**aktiv** 〈*Adj.*〉 세탁하는. ~**anlage**, die **a)** 자동차 자동 세차 시설. **b)** 〔기술〕 ↑Wäsche (4). ~**anleitung**, die ↑~anweisung. ~**anstalt**, die 《드물게》 세탁업, 세탁소. ~**anweisung**, die 〔섬유〕세탁시 주의 사항. ~**automat**, der 〔전문어〕 ↑~maschine (1). ~**balge**, die (nordd.) ↑~bottich. ~**bär**, der 북아메리카산의 작은 곰. ~**becken**, das **a)** (벽에 부착된) 세면기. **b)** 《드물게》 ↑~schüssel. ~**benzin**, das 드라이 클리닝용 벤진. ~**berge** 〔*Pl.*〕〔광〕석탄의 선광 작업 후 남은 폐석. ~**beton**, der 〔토목〕 (장식용) 자갈 노출 콘크리트. ~**beutel**, der ↑Kulturbeutel. ~**blau**, das 〔화학〕 표백용 청색 착색제. ~**bottich**, der 빨래통. ~**brett**, das 빨래판. **b)** (재즈 음악에 사용되는) 리듬 악기. ~**bürste**, die 세탁솔. ~**bütte**, die ↑~bottich. ~**echt** 〈*Adj.*〉 **1.** 〔섬유〕 빨아도 변하지 않는. **2. a)** 진짜인, 토박이의. **b)** 순수한, 순종의. ~**faß**, das ↑~bottich. ~**fest** 〈*Adj.*〉〔드물게〕 ↑~echt (1). ~**fleck**, der 〔지역적〕 ↑~lappen (1). ~**frau**, die 세탁부. ~**gang**, der (세탁기의) 세탁 과정. ~**gelegenheit**, die 세탁 시설. ~**geschirr**, das 세숫대야와 물 바가지. ~**gold**, das 사금(砂金). ~**gut**, das 〔전문어〕 세탁물. ~**handschuh**, der (장갑처럼 손에 낄 수 있는) 목욕용 타올. ~**haus**, das 세탁소, 세탁장. ~**kaue**, die ↑Kaue (2). ~**kessel**, der 빨래 삶는 솥. ~**kommode**, die ↑~tisch. ~**konservierer**, der 왁스칠 효과까지 가진 자동차용 세차 샴푸. ~**korb**, der ↑Wäschekorb. ~**körbeweise** 〈*Adv.*〉 (통용어) **a)** 빨래 바구니에 담아. **b)** 빨래 바구니를 가득 채울 정도로. ~**kraft**, die 〔광고〕 세척력. ~**küche**, die **1.** (세탁기가 있는) 세탁장. **2.** 《통용어》 짙은 안개. ~**lappen**, der **1.** 때밀이 수건. **2.** 《통용어·〔폄〕》 비겁한 자, 겁쟁이. ~**lauge**, die 세탁비누를 푼 물. ~**lavoir**, das (österr.·그 외 고어) ↑Lavoir. ~**leder**, das 세탁이 가능한 가죽. ~**ledern** 〈*Adj.*〉 빨 수 있는 가죽으로 된. ~**maschine**, die **1.** 세탁기: eine vollautomatische W. 전자동 세탁기. **2.** 〔기술·재련〕 부유선광기(浮遊選鑛機). ~**maschinenfest** 〈*Adj.*〉 세탁기로 세탁이 가능한. ~**mittel**, das 〔합성〕 세제. ~**muschel**, die 〈대개 *Pl.*〉 〔화학〕 ~becken (a). ~**phosphat**, das 〔화학〕 합성 세제 원료로 쓰이는 인산염. ~**pilz**, der 여러 명이 동시에 세탁할 수 있는 원형의 세탁 시설. ~**programm**, das 세탁기의 세탁 프로그램. ~**pulver**, das 가루 세제. ~**raum**, der (여관이나 캠핑장 등의) 공동 세면장. ~**rumpel**, die (österr., südd.) ↑~brett. ~**sachen** 〔*Pl.*〕《통용어》 ↑~zeug. ~**salon**, der (자동 세탁기, 건조기 등을 갖춘) 셀프서비스 세탁소. ~**samt**, der 세탁할 수 있는 우단. ~**schaff**, das (österr., südd.) ↑~bottich. ~**sche-**
mel, der ↑~tisch. ~**schüssel**, die 세수 대야 및 물바가지. ~**schwamm**, der 《드물게》목욕용 해면. ~**seide**, die 세탁할 수 있는 비단. ~**seife**, die 세탁 비누. ~**service**, das ↑~geschirr. ~**stoff**, der 세탁이 가능한 옷감(면직물). ~**straße**, die 〔자동차〕 자동 세차 설비. ~**tag**, der 세탁하는 날. ~**tisch**, der 세면대. ~**toilette**, die ↑~tisch. ~**trog**, der **a)** ↑~bottich. **b)** 〔지역적〕 ↑~schüssel. ~**trommel**, die (세탁기의) 세탁조. ~**vollautomat**, der 전자동 세탁기. ~**vorgang**, der 〔광고〕 세탁 과정. ~**wanne**, die ↑~bottich. ~**wasser**, das 〈*Pl.* 없음〉 빨랫물, 개숫물. ~**weib**, das **1.** 〔고어〕 빨래하는 여자. **2.** 〔폄〕 수다스러운 사람: er ist ein W. 그 사람은 수다쟁이이다. ~**zettel**, der 〔서적〕 (책에 끼우거나 접어넣는) 책의 내용 광고. ~**zeug**, das 세면(목욕) 도구. ~**zuber**, der ↑~bottich. ~**zwang**, der 〔심리〕 청결함에 대한 강박관념.

waschbar ['vaʃbaːɐ̯] 〈*Adj.*〉 세탁할 수 있는, 세탁해도 손상되지 않는. **Wäsche** ['vɛʃə], die; *-n* **1.** 〈*Pl.* 없음〉 (옷이나 식탁보 등 직물로 된) 세탁의 대상이 되는 것, 세탁물, 빨랫감: sie macht ihm die W. 《통용어》 그 여자는 그 남자의 빨래를 해 준다; W. waschen 세탁물을 빨다; W. aufhängen 빨래를 널다; **(seine) schmutzige W. (vor anderen Leuten) waschen** 〔폄〕 유쾌하지 못한 개인적 일을 (남 앞에서) 떠벌리다. **2.** 〈*Pl.* 없음〉 옷안에 입는 옷, 속옷, 셔츠: **(dumm) aus der W. gucken** 〔경〕 얼이 빠져 바라보다; **jmdm. an die W. gehen(wollen)** 《통용어》 누구에게 손찌검하려 하다. **3. a)** 세탁, 빨래: bei uns ist heute große W. 오늘은 우리 집 큰 빨래하는 날이다; etw. in die(zur) W. geben 무엇을 세탁소에 보내다; das Hemd ist (gerade) in der W. 와이셔츠는 이제 (막) 세탁 중이다. **b)** 씻기, 세탁, 세정. **4.** 〔기술〕 세척 시설, 선광 시설.

wäsche-, Wäsche-: ~**band**, das 〈*Pl.* -bänder〉 (바느질할 때 사용되는) 옷감 띠. ~**berg**, der 《통용어》 산처럼 쌓인 빨랫감. ~**beutel**, der 세탁물을 넣는 주머니. ~**boden**, der (지붕 밑의) 세탁물 건조실. ~**bündel**, das 빨래 뭉치. ~**erzeugung**, die (österr.) 내의류 생산 회사. ~**fabrik**, die 내의류 제조 공장. ~**fach**, das (옷장 등의) 내의류 넣어 두는 서랍. ~**garnitur**, die 내의 일습. ~**geschäft**, das 내의류 전문점. ~**gestell**, das ↑Trockengestell. ~**kammer**, die 의류 보관용 방〔창고〕. ~**kasten**, der **1.** 《südd.·österr.·schweiz.》 ↑~schrank. **2.** 빨랫감 모아 두는 상자. ~**kiste**, die ↑~kasten (2). ~**klammer**, die 빨래 집게. ~**knopf**, der 표면을 천으로 감싼 단추. ~**kommode**, die 세탁물 서랍장. ~**korb**, der 빨래 바구니. ~**leine**, die 빨랫줄. ~**mangel**, die ↑²Mangel. ~**paket**, das 세탁물 서랍장. ~**pfahl**, der 세탁물을 매는 기둥. ~**platz**, der 세탁물 건조장. ~**puff**, der ↑ ²Puff (1 a). ~**rolle**, die (österr.) ↑ mangel. ~**schapp**, das 《또는》 das 〔선원〕 내의 보관장. ~**schleuder**, die 탈수기. ~**schrank**, der 세탁물을 넣어 두는 장. ~**speicher**, der (westmd., südd.) ↑Trockenboden. ~**spinne**, die (접을 수 있는) 빨래 건조대. ~**sprenger**, der (다림질 할 때) 빨래에 물을 뿌리는 도구. ~**stampfer**, der 빨래 방망이. ~**ständer**, der ↑Trockengestell. ~**stück**, das (한개 한개의 낱개) 세탁물. ~**stütze**, die 빨랫줄을 받쳐주는 장대. ~**tinte**, die 세탁물의 표식을 위해 사용하는 잉크색의 색소. ~**trockner**, der **1.** 세탁물의 건조기. **2.** ↑~gestell. ~**trommel**, die ↑Waschtrommel. ~**truhe**, die ↑~schrank. ~**waschen**, das: ~빨래하기, 세탁 작업. ~**wechsel**, der 세탁 내의 갈아 입기.

~zeichen, das 세탁물에 다는 표식. ~zettel, der〈고객이 제시하는〉세탁물 명세서.

waschen* ['vaʃn̩] 〈h〉 1. a) 씻다, 더러운 것을 제거하다: sich die Füße w. 발을 씻다; jmdm. die Haare w. 누구의 머리를 감겨 주다; er wusch das Auto 그는 자동차를 씻었다; Erz(Kohle) w.〈전문어〉광석(석탄)을 세광하다, 선광하다; ein Gas w.〈전문어〉가스의 이물질을 제거하다; sich gewaschen haben〈통용어〉(부정적인 면에서) 매우 인상적이다: eine Strafe, die sich gewaschen hat 혹독한 형벌. b) 씻어 내다. 2. (옷, 천 등을) 빨다, 洗濯하다, 세탁하다: (4각 목적어 없이도) heute muß ich w. 오늘 나는 빨래를 해야 한다. 3. 빨래를 해서 어떤 결과에 이르다: etw. sauber(weiß) w. 깨끗하게(하얗게) 되도록 빨다. 4. [선원] a) (파도가) 휩쓸고 지나가다. b) (강물이나 바다의 조류가) 어디로 운반해 가다. 5. (모래나 진흙을) 씻어 내고 무엇을 골라내다: Gold w. 사금을 채취하다. 6. 〈지역적〉장난으로 누구의 얼굴을 눈(雪)으로 부벼대다. 7. (은어) 돈 세탁하다. Wäscher, der; -s, -〈기술〉↑Gaswascher. Wäscher ['vɛʃɐ], der; -s, - 1. 빨래꾼, 세탁인. 2. 〈기술〉↑Wascher. Wascherei [vaʃə'raɪ], die 〈통용어‧경〉빨래질. Wäscherei [vɛʃə'raɪ], die; -en 세탁업, 세탁소. Wäscherin, die; -nen ↑Wäscher의 여성형. wäschst [vɛʃst], wäscht [vɛʃt] ↑waschen 참조. Waschung, die; -en a) (아이) 목욕, 목욕재계(沐浴齊戒). b) [의학] ↑Abwaschung.

¹Wasen ['vazn̩], der; -s, - [nierderd. wasem](nordd.) ↑Wrasen.
²Wasen [-], der; -s, - [1 a: niederd. wase] 1. (südd.·고어) a) 잔디. b) 가죽 벗기는 곳. 2.〈대개 Pl.〉(nordd.) 나뭇단, 나무 다발. Wasenmeister, der (südd.·고어·österr.) 가죽 벗기는 사람.

Waserl ['vazɐl], das; -s, -n (österr.·통용어) 좀 모자라고 의지할 데 없는 사람.

wash and wear ['wɔʃ ənd weɐ] [섬유] 세탁 후 다림질 없이 바로 입을 수 있는. Wash-and-wear-Mantel, der 세탁 후 다림질 없이 바로 입을 수 있는 외투. Washboard ['wɔʃbɔːd], das; -s, -s [engl. washboard] [재즈] ↑Waschbrett (b).

Wasser ['vasɐ], das; -s, - / Wässer 1. a) 물: hartes [weiches] W. 경수(硬水)[연수(軟水)]; ein Zimmer mit fließendem W. 상수도가 설치되어 있는 방; ein Glas W. 물 한 잔; ein W. mit Geschmack (지역적) 레몬수 한 잔; schweres W. [화학] 중수(重水); das W. kocht(siedet) 물이 끓다[끓어오르다]; das W. tropft 물이 방울방울 떨어지다; das W. schöpfen 물을 푸다; (성구) das wäscht kein W. ab 이 치욕은 결코 잊을 수 없다; da wird auch nur mit W. gekocht 여기(이곳)도 별다른 것은 없다; wie Feuer und W. sein 불과 물처럼 서로 대립되는 관계이다; W. in ein Sieb(mit einem Sieb) schöpfen 불가능한 것을 하려고 하다; W. in den Wein schütten(gießen) 누구의 열광을 억누르다, 김을 빼다; jmdm. nicht das W. reichen können (능력이나 업적에서) 누구를 따라가지 못하다; reinsten -s(von reinstem W.) 1) 광채가 뛰어난, 맑게 빛나는. 2) 지독한; bei W. und Brot sitzen (준고어) 감옥에 갇혀 있다; etw. wird zu W. 실패하다, 수포로 돌아가다. b)〈Pl. -〉(강, 호수, 연못, 바다 등의 물): auflaufendes(ablaufendes) W. 밀물(썰물); die W. des Meeres 바닷물; er konnte sich kaum über W. halten 그는 겨우 먹고 살 수 없을 정도였다; der Taucher blieb lange unter W. 그 잠수부는 오랫동안 물 속에 머물렀다; man kann diesen Ort zu W. oder zu Land erreichen 사람들은 이곳에 육로나 수로를 이용해서 올 수 있다; (성구) bis dahin fließt noch viel W. den Berg [Bach, Rhein] hinunter 그때까지는 많은 시간이 걸릴 것이다. (속담) W. hat keine Balken 물에는 붙잡을 것이 없다(위험하다); das W. steht jmdm. bis zum Hals 빚이 많다, 큰 곤경에 처해 있다; etw. ist W. auf jmds. Mühle (누구에게) 큰 이익이 되다; W. treten 1) 발을 빨리 놀려 물 위에 뜨다. 2) (병 치료의 방법으로) 발목까지 차는 찬물에서 이리저리 걷다; jmdm. das W. abgraben 누구를 곤경에 몰아넣다; die Sonne zieht W. 곧 비가 올 것 같다; jmds. Strümpfe ziehen W. 양말이 밑으로 흘러내려 주름이 생기다; nahe am(ans) W. gebaut haben (통용어) 울음이 흔하다; wie aus dem W. gezogen sein 땀으로 푹 젖어 있다; etw. fällt ins W. 실현되지 못하다, 허사가 되다; ins W. gehen (은폐) 물에 빠져 죽다; mit allen -n gewaschen sein (통용어) 만사에 밝다, 산전수전 다 겪었다; sich(jmdm.) über W. halten 간신히 연명하다(누구를 간신히 연명시켜 주다). 2.〈Pl. -〉축소형: ↑Wässerchen〉Gewässer: ein stehendes(tiefes) W. 고여 있는(깊은) 물; (속담) stille W. sind(gründen) 겉 조용한 사람의 속이 더 깊은 법이다; ein stilles W. sein 겉으로처럼 자신의 속 마음을 내보이지 않는다. 3. 〈Pl. Wässer; 축소형: ↑Wässerchen〉(알코올이 혼합된) 액체: duftende Wässer 향수. 4.〈Pl. 없음〉몸에서 생성되는 액체: das W. lief ihm von der Stirn 그의 이마에서 땀이 흘러내렸다; W. lassen (은폐) 오줌을 누다; jmdm. läuft das W. im Mund zusammen (통용어) 누구의 입안에 군침이 돌다; sein W. [sich das W.] abschlagen (경) (남자들이) 오줌을 누다(싸다).

wasser-, Wasser-: ~abfluß, der (Pl. 없음) 배수, 배수로, 배수관. ~abstoßend, (드물게) ~abweisend 〈Adj.〉(직물의) 방수 처리된, 방수의. ~ader, die 땅속의 수맥. ~aloe, die 자라풀과의 물에 서식하는 식물. ~amsel, die 물까마귀류. ~ansammlung, die 저수, 저수지. ~anschluß, der 상수도 연결. ~anwendung, die 물을 이용한 자연 요법. ~arm〈Adj.〉물이 귀한(부족한) (반대: ~reich). ~arm, der 강의 지류. ~armut, die 물의 결핍, 수자원 부족. ~aufbereitung, die 물의 정화. ~aufbereitungsanlage, die 물의 정화 시설. ~bad, das 1. (고어) 수욕(水浴). 2. [요리] 중탕(重湯). 3. [사진] (현상액을 씻어 내기 위해) 인화지를 물에 담가 두는 대야. ~ball, der 1. 물놀이용 볼. 2. 수구용 가죽 볼. 3. 〈Pl. 없음〉수구. ~baller, der ↑수구 선수. ~ballspiel, das ↑Wasserball (3). ~bassin, das 수조, 물탱, 저수장. ~bau, der 〈Pl. 없음〉수리 시설 공사. ~becken, das ↑Bassin. ~bedarf, der 물의 수요. ~behälter, der 저수탑, 수조, 저수장. ~behandlung, die ↑Hydrotherapie (2). ~bett, das 물침대. ~blase, die ↑Blase (1 b). ~blau〈Adj.〉물처럼 푸른, 투명한 푸른색의. ~blüte, die〈Pl. 없음〉[생물] 식물성 플랑크톤의 대규모 증식(이 때문에 물이 갈색, 또는 적색으로 변함). ~bock, der ↑Riedbock. ~bombe, die [군] 수소 폭탄. ~bottich, der 물통, 양동이. ~bruch, der [의학] ↑Hydrozele. ~büffel, der 물의 물소. ~burg, die 해자(垓字)를 두른 성. ~dampf, der ↑Dampf (1). ~dicht〈Adj.〉물이 통하지 않는, 방수의. ~druck, der 〈Pl. -drücke / (드물게) -e〉물의 압력, 수압. ~durchlässig〈Adj.〉물을 투과시키는. ~durchlässigkeit, die ↑durchlässig의 명사형. ~eimer, der 물 양동이. ~enthärtung, die (물의) 연수화(軟水化). ~fahrt, die (드물게) 뱃놀이. ~fahrzeug, das 수상 교통 수단, 선박. ~fall, der 폭포; wie ein W. reden 계속해서 다급한 어조로 말하다. ~farbe, die 수채화용 물감. ~farbenmalerei, die ↑Aquarellmalerei. ~fest〈Adj.〉물에 잘 견디는, 내수성의. ~fläche, die 물의 표

면적, 수면. ~**flasche**, die 물병, 수통. ~**fleck**, der 자국, 물에 의한 얼룩. ~**floh**, der 물벼룩의 일종. ~**flughafen**, der 수상(비행기를 위한) 비행장. ~**flugzeug**, das 수상 비행기. ~**flut**, die 《감정》 넘쳐 흐르는 물, 거대하물에 밀려오는 물. ~**frosch**, der 습기 나 늪에 사는 개구리의 일종. ~**führend** 〈Adj.〉 물이 있는, 마르지 않은. ~**gang**, der 〔해양〕 갑판 주변의 배수구. ~**gas**, das 〔화학〕 (수소와 일산화탄소로 된) 수성 가스. ~**gehalt**, der 물의 함유량, 수분. ~**geist**, der 〈Pl. -er〉 〔신화〕 물의 정령, 물의 요정. ~**gekühlt** 〈Adj.〉 수냉식의, 물로 식히는. ~**geld**, das 《통용어》 물세, 수도세. ~**glas**, das 1. 물컵, 잔. 2. 〔화학〕 물 유리 (규산소다 용액; 접착제 또는 달걀의 보존용). ~**glätte**, die ↑Aquaplaning. ~**haushalt**, der 1. 〔생물·의학〕 해자(垓字), 호(성 따위의). 2. a) 〔승마〕 마술 경기에서의 물 웅덩이 장애. b) 〔육상〕 장애물 경기에서의 물 웅덩이 장애. ~**grundstück**, das 물가의(물가에 있는) 토지. ~**hahn**, der 수도 꼭지, 급수전. ~**haltig** 〈Adj.〉 물을 포함한, 수분이 함유된. ~**haltung**, die 〔광업〕 양수(揚水). ~**haushalt**, der 1. 〔생물·의학〕 수분대사(代謝): der W. einer Pflanze 식물의 수분대사. 2. 수자원 경영. ~**heilkunde**, die 〈Pl. 없음〉 ↑Hydropathie. ~**heilverfahren**, das ↑~anwendung. ~**hell** 〈Adj.〉 물처럼 맑은, 투명한. ~**höhe**, die 물의 수면의 높이, 수위. ~**hose**, die 〔기상〕 (수면 위의) 물기둥이 일어나는 회오리 바람. ~**huhn**, das ↑Bläßhuhn. ~**hülle**, die 〈Pl. 없음〉 〔지질〕 대기 중의 물, 수권(水圈). ~**insekt**, das 물에 사는 곤충. ~**jungfer**, die ↑Libelle (1). ~**kanister**, der 물 담는 양철통. ~**kanne**, die 물병, 조로. ~**kante**, die 〈Pl. 없음〉《드물게》↑Waterkant. ~**karaffe**, die (배가 볼록한) 유리 물병. ~**kasten**, der 수세식 변기에 달린 상자모양의 물통. ~**kessel**, der (금속으로 된) 물 끓이는 주전자. ~**kissen**, das ↑~bett. ~**klar** 〈Adj.〉 물처럼 맑은. ~**klosett**, das 수세식 변소(약어: WC). ~**kopf**, der 〔의학〕 ↑Hydrozephalus. ~**kraft**, die 물의 힘, 수력. ~**kraftmaschine**, die 〔기술〕 수력 기관. ~**kraftwerk**, das 〔기술〕 수력 발전소. ~**kreislauf**, der 〈Pl. 없음〉 〔기상〕(물, 수증기, 비나 눈으로 이어지는) 물의 순환. ~**krug**, der 물 항아리. ~**kühlung**, die 〔기술〕 물을 이용한 냉각, 수냉. ~**kunst**, die (바로크식 궁성 정원의) 인공 폭포, 분수등의 건축물. ~**kur**, die 물을 이용한 치료법. ~**lache**, die 물 웅덩이. ~**lauf**, der 도랑, 개울. ~**läufer**, der 1. 빼돌도요. 2. 소금쟁이의 일종. ~**lebend** 〈Adj.〉 《동물》 물에 사는. ~**leiche**, die 《통용어》 물에 빠져 죽은 시체, 익사체. ~**leitung**, die 수도. ~**leitungsrohr**, das 수도관, 급수관. ~**lichtorgel**, die 음악에 맞추어 춤을 추는 분수를 비추어 주는 조명 시설. ~**linie**, die 〔해양〕 흡수선. ~**linse**, die 좀개구리 밥. ~**loch**, das 물구덩이, 웅덩이. ~**löslich** 〈Adj.〉 물에 녹는, 수용성의. ~**mangel**, der 물 부족. ~**mann**, der 〈Pl. -männer〉 1. 〔신화〕 물의 정령(남성). 2. 〔점성술〕 a) 〈Pl. 없음〉 물병자리(1월 20일~2월 18일 사이의 12궁(宮)). b) 위의 별자리에 태어난 사람. ~**masse**, die 〈대개 Pl.〉 많은 양의 물. ~**melone**, die a) 수박(식물). b) 수박(열매). ~**menge**, die 물의 양, 수량. ~**messer**, der ↑~zähler. ~**mühle**, die 물레방아. ~**nase**, die (빗물이 잘 흘러내리도록) 아래로 약간 경사진 창문 턱. ~**nixe**, die ↑Nixe. ~**nymphe**, die Quellnymphe. ~**oberfläche**, die 물의 표면, 수면. ~**paß**, der 배의 물에 잠기는 부분과 뜨는 부분 사이의 선. ~**perle**, die (물체의 표면에 있는) 작은 물방울. ~**pest**, die 캐나다 말(물속에서 서식하는 식물의 일종). ~**pfeife**, die 물담배 파이프. ~**pflanze**, die 물속에서 식물. ~**pfütze**, die ↑Pfütze. ~**pistole**, die 장난감

물권총. ~**pocken** 〈Pl.〉 ↑Windpocken. ~**polizei**, die 《통용어》↑~schutzpolizei. ~**probe**, die 조사용 표본으로 채취된 물. ~**pumpe**, die ↑Pumpe (1 a). ~**quelle**, die ↑Quelle (1). ~**rad**, das 수차(水車). ~**ratte**, die 1. ↑Schermaus (1). 2. 《통용어·농》 수영을 즐겨하는 사람. ~**recht**, das 〈Pl. 없음〉 수리법(水利法), 용수권(用水權). ~**reich** 〈Adj.〉 물이 풍부한, 물이 혼한(반대: ~arm). ~**reichtum**, der 물의 풍요, 물이 혼함. ~**reis**, das 〈Pl. -er〉 (다량의 수분 섭취로 인해 뻗어나온) 열매가 열리지 않는 곁 가지. ~**reserve**, die 〈대개 Pl.〉 저장된 물, 수자원. ~**reservoir**, das 1. 저수지, 저수통, 탱크. 2. ↑~vorrat. ~**rinne**, die 홈통. ~**rohr**, das 수관(水管). ~**rose**, die ↑¹Seerose. ~**rübe**, die 수분을 많이 함유한 무우. ~**säule**, die 1. 물기둥. 2. 《물리·기술·구제》 압력의 단위로서 관에 들은 물기둥. ~**schaden**, der 물로 인한 피해, 수해. ~**schaff**, das 〈südd., österr.〉 물통. ~**scheide**, die 〔지리〕 분수령, 분수선. ~**schere**, die ↑~aloe. ~**scheu** 〈Adj.〉 물을 싫어하는. ~**scheu**, die 물을 두려워 함. ~**schi**: ↑~ski. ~**schlacht**, die 〔고어〕해전(海戰). ~**schlag**, der 〔건축·토목〕(빗물을 흘러 내려 보내기 위한) 처마 복공의 경사진 면. ~**schlange**, die 물뱀. ~**schlauch**, der 1. 물 호스. 2. 통발의 일종. ~**schloß**, das 1. ↑~burg. 2. 〔기술〕 서지 탱크, 수압 조정 수조. ~**schüssel**, die ↑Waschschüssel. ~**schutzgebiet**, das 수질 보호 구역. ~**schutzpolizei**, die 수상 경찰. ~**schwall**, der 홍수, 높은 파도. ¹~**ski**, der 수상 스키(스포츠 용구). ²~**ski**, das 〈Pl. 없음〉 수상 스키(스포츠). ~**skilauf**, das ↑²~ski. ~**speier**, der; -s, - 〔건축〕 낙숙문 주둥이. ~**spiegel**, der a) ↑Spiegel (2 a). b) ↑Spiegel (2 b). ~**spiel**, das 〈대개 Pl.〉 음악에 맞추어 춤추는 분수들의 율동. ~**spinne**, die 물거미, 소금쟁이. ~**sport**, der 수상 스포츠. ~**sportler**, der 수상 스포츠를 하는 사람. ~**sportlich** 〈Adj.〉 수상 스포츠의. ~**spülung**, die (변기의) 물 세척(시설). ~**stand**, der 물의 높이. ~**standsanzeiger**, der 〔기술〕 수위 측정기. ~**standsmeldung**, die 〈대개 Pl.〉 수위 현황 방송. ~**stau**, der 물을 가두어 모아둠, 저수(貯水). ~**stein**, der 〈Pl. 없음〉 ↑Kesselstein. ~**stelle**, die 물이 있는 곳. ~**stiefel**, der (방수처리 된) 높은 장화. ~**stoff**, der 〈Pl. 없음〉 〔frz. hydrogène에 따라〕 수소(원자 기호: H): schwerer W. 중수소. ~**stoffblond** 〈Adj.〉《통용어》 과산화수소를 이용하여 인공적으로 갈색이 된. ~**stoffbombe**, die 수소 폭탄. ~**stoffperoxid**, 〔화학〕 ~**stoffperoxyd** [———-], das 〔화학〕 과산화수소. ~**stoffsuperoxyd** [———'———], das 〔고어〕↑~stoffperoxyd. ~**strahl**, der 물줄기, 물기둥. ~**strahlpumpe**, die 〔물리〕 수류 펌프. ~**straße**, die 수로(水路). ~**streifen**, der 빵의 덜 구워진 층(부분). ~**sucht**, die 〈Pl. 없음〉 ↑Hydrops. ~**süchtig** 〈Adj.〉 수종(水腫)의. ~**suppe**, die 〔캠〕 멀건 수프. ~**tank**, der 물탱크. ~**temperatur**, die 물의 온도, 수온. ~**tiefe**, die 물의 깊이, 수심. ~**tier**, das 수서(水棲) 동물(반대: Landtier). ~**tonne**, die (차량 운반용) 원통형의 큰 물통. ~**träger**, der 〔정치·스포츠 은어〕 고참에게 봉사하는 초보자. ~**treten**, das; -s 〔대·의학〕 치는 치료, 헤엄. ~**trog**, der (가축의) 물먹이 통. ~**tropfen**, der 물방울. ~**tümpel**, der 물 웅덩이. 못. ~**turbine**, die 〔기술〕 수력 터빈. ~**uhr**, die 1. 물 저수(급수) 탑. 2. ↑~zähler. 2. 물시계. ~**verbrauch**, der 물의 소비. ~**verdrängung**, die 배수량. ~**verschmutzung**, die 하천(물) 오염. ~**versorgung**, die 물 공급. ~**vogel**, der 물새. ~**vorrat**, der ↑~reservoir (2). ~**waage**, die

Wechsel

[토목·기술] 수준기(水準器), 레벨. **~wanderer**, der 보트 여행자. **~weg**, der 물길, 수로. **~welle**, die 〈물 드 파마〉. **~werfer**, der **a)** 〈데모 군중을 해산시키는〉 물대포. **b)** 물 대포차. **~werk**, das 상수도 시설, 급수 시설. **~wirbel**, der ↑Strudel (1). **~wirtschaft**, die 〈Pl. 없음〉 수리(水利). **~wüste**, die 《정서》 망망 대해. **~zähler**, der 수량계, 수로 미터. **~zeichen**, das 〈종이, 돈 등에 넣은〉 빛 쪽으로 들고 봐야 보이는 무늬. **~zufuhr**, die 물의 공급, 급수.

Wässerchen ['vɛsɐçən], das; -s, - **1.** ↑Wasser (2, 3) 의 축소형. **2. kein W. trüben können** 《통용어》 전혀 위험하지 않다, 아무런 해도 끼칠 수 없다. **wässerig**: ↑wäßrig. **wassern** ['vasɐn] 〈h/s〉 〈비행기가〉 착수(着水)하다. **wässern** ['vɛsɐn] 〈h〉 **1.** 〈오랫동안〉 물에 담가두다. **2.** 물을 붓다, 〈나무에〉 물을 주다: in der Trockenheit die Bäume w. 건조할 때 나무들에 물을 주다: 〈4격 목적어 없이도〉 in diesem Sommer mußten wir sehr oft w. 이번 여름에 우리는 매우 자주 물을 주어야 했다. **3.** 《아어》 액체를 흘리다, 물이 나오다: ihm wässerte der Mund 그의 입에서 침이 흘러 나왔다. **Wässerung**, die; -en ↑wässern의 명사형. **wäßrig**, wässerig ['vɛs(ə)rɪç] 〈Adj.〉 **1.** 묽은, 멀건. **2.** 무색으로 묽은, 창백한, (빛이) 바랜: ein wäßriges Blau 묽은 푸른 색. **3.** 〈액체를 흘리는, 물이 나오는: seine Augen sind schon etwas wäßrig 그의 눈은 이미 약간 눈물이 젖어 있다. **Wäßrigkeit**, Wässerigkeit, die ↑wäßrig의 명사형.

waten ['va:tn̩] 〈s〉 〈물이나 진창 속을〉 걷다, 걸어서 건너다: im Schlamm [durch das Wasser] w. 진창 속을 [물을 지나서] 걸어가다.

Waterkant ['va:tɐkant], die [niederd. = Wasserkante] 《농》 북독일의 해안 지방.

Waterloo ['va:tɐlo], das; -, - [Waterloo 전쟁에서 유래] 《대개 다음의 용법으로》 **sein W. erleben** 《교양어》 파멸적인 패배를 맛보다.

waterproof ['wɔ:təpru:f] 〈Adj.〉 [engl. waterproof] 《전문어》 물이 스며들지 않는, 방수의. **Waterproof** [-], der; -s, -s **1.** 방수 물질. **2.** 방수 우비.

Watsche ['vatʃə], **Watschen** ['vatʃn̩], die; ...schen (bayr., österr. · 통용어) 뺨따귀.

Watschelgang ['vatʃl̩-], 〈(또한) va:...〉, der; -(e)s 뒤뚱뒤뚱 걷는 걸음. **watschelig**, 〈Adj.〉 비틀거리는, 뒤뚱거리는. **watscheln** ['vatʃl̩n, 〈(또한) 'va:...〉 〈s〉 비틀비틀 걷다, 뒤뚱뒤뚱 걷다: die Ente watschelt über den Hof 오리가 뒤뚱뒤뚱 마당 위를 걸어간다.

watschen ['va:tʃn̩] 〈h〉 〈bayr., österr. · 통용어〉 뺨을 때리다, **Watschen**: ↑Watsche. **Watschenmann**, der 《통용어》 공개적 비난의 표적이 되는 남자.

¹**Watt** [vat], das; -(e)s, -en [Niederd. < mniederd. wat] 모래톱, 〈바닷가의〉 갯벌.

²**Watt** [-], das; -s, -s [engl. Ingenieur J. Watt의 이름에서 유래] [물리·기술] 와트(전력의 단위).

Watt- (↑¹Watt): **~pflanze**, die 〈해변의〉 모래톱에서 자라는 식물. **~wanderung**, die 〈해변의〉 모래톱을 거닐음. **~wurm**, der 환형(環形) 동물.

Watte [vatə], die; 《종류》 -n [niederl. watte < lat. wadda] 솜, 탈지면: **(wohl) W. in den Ohren haben** 《통용어》 잘 듣지 못하는, 귀가 나쁜; **jmdn. in W. packen** 《통용어》 누구를 아주 조심스럽게 다루다; **sich in W. packen lassen können** 《통용어》 감정이 아주 예민하다.

Watte-: **~bausch**, der 솜 뭉치, 탐폰. **~futter**, das 솜으로 된 외투의 안감. **~jacke**, die 솜을 넣은 재킷. **~pfropfen**, der 솜마개: sich W. in die Ohren stekken 귀를 막다, 들으려 하지 않다. **~polster**, das 솜방석.

Wattenmeer, das; -(e)s, -e 만조시 모래톱을 덮는 얕은 바다.

wattieren [va'ti:rən] 〈h〉 〈옷에〉 솜을 넣다, 솜을 두다: die Schultern in einem Jackett w. 양복의 어깨에 솜 [패드]를 넣다. **Wattierung**, die; -en **1.** 〈드물게 Pl.〉 솜을 넣음. **2.** 솜 안감, 솜 방석. **wattig** ['vatɪç] 〈Adj.〉 솜처럼 부드럽고 하얀, 솜 같은.

Wattmeter, das; -s, - [↑²Watt] [물리·기술] 와트계 (計), 전력계.

Watvogel ['va:t-], der; -s, ...vögel [동물] 얕은 바다나 늪에서 사는 다리가 긴 새.

Watz [vats], der; -es, Wätze [vɛtsə] 《westmd.》 **1.** 수 돼지. **2.** 〈폄〉 구역질 나는 인간.

Wau [vau], der; -(e)s, -e [niederl. wouw] ↑Reseda.

wau, wau! 〈Interj.〉 [아동] 멍멍(개 짖는 소리): w., w. machen (개가) 멍멍 짓다. **Wauwau** [〈(또한) —'—], der; -s, -s [아동] 개.

WC [ve'tse:], das; -(s), -(s) [engl. watercloset의 약어] 변소, 화장실. **WC-Becken**, das 수세식 변기. **WC-Bürste**, die 변기 세척용 솔.

WDR = Westdeutscher Rundfunk

Web- ['ve:p-] (↑Webe-도 참조): **~arbeit**, die 직조, 직물 짜기, 〈짜여진〉 직물. **~faden**, der 직물 짜기에 쓰이는 실. **~fehler**, der **1.** (직물의) 잘못 짜여진 부분. **2.** 《통용어》 돌이킬 수 없는 실수. **~garn**, das 직물용 실. **~kante**, Webekante, die (직물 양 끝의) 가장자리. **~lade**, die [직조] 바디. **~meister**, der 기능장 자격을 취득한 직조공. **~pelz**, der 모조 모피. **~schiffchen**, das ↑Webeschiffchen. **~schützen**, der ↑Weberschiffchen. **~stuhl**, der 베틀, 직조기. **~waren** 〈Pl.〉 직물.

Webe ['ve:bə], die; -n (österr.) 아마포.

Webe- (↑Web-도): **~blatt**, das [직조] 바디. **~kante**, die ↑Webkante. **~leine**, die [선원] 횡삭(橫索)을 결합하는 짧은 가로 줄.

weben* ['ve:bn̩] 〈h〉 **1. a)** 짜다, 뜨다, 엮다: sie webte (an einem Teppich) 그 여자는 〈양탄자를〉 짰다. **b)** 〈직물을〉 생산하다, 만들어내다: der Stoff wurde auf [mit] der Maschine gewebt 이 옷감은 기계로 생산되었다. **2.** 《아어》 **a)** 〈은밀한 힘으로〉 작용하다, 활동하다. **b)** 〈w. + sich〉 〈은밀히〉 생성되다. **Weber**, der; -s, - **1.** ↑Handweber. **2.** 《섬유·고어》 ↑Textilmaschinenführer.

Weber-: **~kamm**, der 《직조》 ↑Webeblatt. **~knecht**, der [↑Schneider (8 b)] 좌우충(거미의 일종). **~knoten**, der 십자 매듭(날실 매는 방법의 하나). **~schiffchen**, das 《직조》 ↑Schiffchen (4). **~vogel**, der 피리새의 한 종류.

Weberei [ve:bə'raɪ], die; -en **1.** 〈Pl. 없음〉 짜기, 직조. **2.** 직조업. **3.** 〈드물게〉 직물. **Weberin**, die; -nen Weber의 여성형.

Wechsel ['vɛksl̩], der; -s, - **1. a)** 변화, 변동, 변천: alles ist dem W. unterworfen 모든 것이 변하게 마련이다; etw. vollzieht sich in schnellem W. 무엇이 빠른 변화 속에서 완성되다. **b)** 교환, 바꿈: der W. des Berufs 직업을 바꿈; beim W. stand es noch 0:0 경기장을 맞바꿀 때까지는 0:0이었다. **c)** 교체, 갈아 치움, 〈새 것으로〉 바꿈: der W. eines oder mehrerer Spieler 〈구기에서〉 하나 또는 여러 선수의 교체. **d)** 【릴레이】 바통을 다른 주자에게 넘김. **e)** [문예학] 《중세의 연애시에서》 남성 독백절과 여성 독백절의 콤비네이션. **2. a)** [은행] 어음, 환: ein gezogener W. 환어음; der W. ist fällig [verfällt] 그 어음은 만기가 되었다 [만기가 지났다]; etw. auf W. kaufen 무엇을 어음으로 구입하다; 전의

wir stellen uns ständig riesige W. auf die Zukunft aus 우리는 모든 것을 미래에 기대한다. **b)** ↑Monatswechsel의 약칭. **3.** ↑Wildwechsel의 약칭.

wechsel-, Wechsel-: ~**bad**, das 냉욕과 온욕을 교대로 함; [전의] jmdn. einem W. aussetzen 누구를 제 멋대로 다룬다. ~**balg**, der (악마가 바꾸어 놓은 아이라는 뜻에서) 흉직한 아이, 기형아. ~**bank**, die 〈Pl. -banken〉 [은행] 할인 은행. ~**beziehung**, die 상호 관계. ~**bezug**, der 상호 관계. ~**bezüglich** 〈Adj.〉 상호의. ~**bezüglichkeit**, die ↑Reziprozität. ~**brief**, der (고어) 어음. ~**bürge**, der [은행] 어음 보증인. ~**bürgschaft**, die [은행] 어음 보증. ~**chor**, der 이부 합창, 교대 합창. ~**fälle** 〈Pl.〉 삶의 화복(禍福), 부침(浮沈). ~**fälschung**, die 어음 위조. ~**feld**, das [물리] 주기적으로 크기와 방향이 변하는 자장(磁場)이나 전장(電場). ~**feucht** 〈Adj.〉 (전문어) 전기와 우기가 교차하는. ~**fieber**, das 〈Pl. 없음〉 ↑Malaria. ~**gebet**, das [가] 선창자와 수창자(隨唱者)가 서로 교차하여 기도하는 예배 형식. ~**geld**, das **a)** 거스름돈. **b)** 〈Pl. 없음〉 거스름돈용 잔돈. ~**gesang**, der 대창(對唱). ~**gespräch**, das ↑Dialog (a). ~**getriebe**, das [기술] 변속(變速) 장치. ~**guß**, der (혈액 순환을 돕기 위해) 찬물과 더운 물을 교대로 끼얹음. ~**jahre** 〈Pl.〉 **a)** 여성의 갱년기, 월경 폐지기(45~55세). **b)** 남성의 갱년기(45~60세). ~**kasse**, die 잔돈 교환소. ~**klausel**, die [상행] 어음 약관. ~**kredit**, der [은행] 어음 담보 대출. ~**kurs**, der [은행] 환시세, **der**: feste[flexible] -e 고정[유동] 환율. ~**marke**, die [육상] ↑Ablaufmarke. ~**nehmer**, der [화폐] ↑Remittent. ~**objektiv**, das [사진] 카메라의 교체 렌즈. ~**protest**, der 어음 ↑Protest (2). ~**prozeß**, der 어음 소송. ~**rahmen**, der 사진을 쉽게 바꿀 수 있는 사진틀[액자]. ~**rede**, die ↑Dialog (a). ~**regreß**, der [화폐] 어음 소지인의 상환 청구. ~**reim**, der (운율) ↑Kreuzreim. ~**reiterei**, die [화폐] 융통 어음 사용. ~**richter**, der [전기] (직류를 교류로 바꾸는) 정류기. ~**schalter**, der [전기] 개폐기(스위치). ~**schicht**, die 교대 시간제 근무. ~**schritt**, der (다른 사람과 발을 맞추기 위해) 짧게 발 바꾸기. ~**schuld**, die [화폐] 어음 채무. ~**schuldner**, der [화폐] 어음 채무자. ~**seitig** 〈Adj.〉 **a)** 서로의, 상호간의: eine -e Beziehung 상호 관계. **b)** 교대하는, 교차하는. ~**seitigkeit**, die ↑-seitig의 명사형. ~**spannung**, die [전기] 교류 전압. ~**spiel**, das (다양한) 변화: das W. der Farben 색의 다양한 변화. ~**ständig** 〈Adj.〉 [식물] 대생(對生)의. ~**stelle**, die ↑ ~stube. ~**steuer**, die [재정] 유통 어음에 부과되는 세금. ~**strom**, der [전기] 교류(交流). ~**stube**, die (역, 국경 근처의) 환전 은행. ~**summe**, die [화폐] 어음 금액. ~**tierchen**, das (생물) ↑Amöbe. ~**verhältnis**, das 상호 관계. ~**verkehr**, der [교통] 교차 왕래. ~**voll** 〈Adj.〉 변화가 심한. ~**wähler**, der 부동(浮動) 투표자. ~**warm** 〈Adj.〉 [동물] ↑kaltblütig (2). ~**weise** 〈Adv.〉 **1.** 교대로, 번갈아서. **2.** 《고어》 서로 서로, 상호간에. ~**wild**, das [사냥] 출몰 장소를 자주 옮기는 야생 동물. ~**wirkung**, die **a)** 상호 작용: -en zwischen Staat und Gesellschaft 국가와 사회간의 상호 작용. **b)** [물리] 물리적 물체간의 상호 작용. ~**wirtschaft**, die [농업] 윤작(輪作).

wechselhaft 〈Adj.〉 자주 변하는, 변화가 심한. **Wechselhaftigkeit**, die ↑wechselhaft의 명사형. **wechseln** ['vɛksln] **1.** 〈h〉 **a)** 바꾸다, 교체하다, (남의 것과는 다른 것을) 갈다: den Beruf[die Schule] w. 직업[학교]을 바꾸다; die Adresse w. 주소를 옮기다; seine Ansichten[seine Gesinnung] w. 그의 견해[신념]을 바꾸다; die Wäsche w. 내의를 갈아 입다; (4격 목적어 없이도)

ich muß jetzt mal w. (가방 등을) 이제 나는 (다른 손으로) 바꾸어 들어야 하겠다. **b)** 맞바꾸다, 교환하다, 주고받다: mit jmdm. Briefe[Blicke] w. 누구와 편지[시선]를 교환하다; wir wechselten nur wenige Worte 우리는 단지 몇 마디 밖에 말을 주고받았다. **2.** 〈h〉 **a)** (큰돈을 잔돈으로) 바꾸다: einen Hundertmarkschein w. 백 마르크짜리 지폐 한 장을 잔돈으로 바꾸다; (4격 목적어 없이도) ich kann leider nicht w. 유감스럽게도 나는 바꿀 수단이 없다. **b)** 다른 나라 화폐로 바꾸다: Mark gegen Schilling w. 마르크화를 실링화로 바꾸다. **3.** 〈h〉 (나타나는 모습이) 바뀌다, 변하다, 달라지다: der Mond wechselt 달의 모양이 변한다; Regen und Sonne wechselten 비와 햇빛이 엇 바뀐다. **4. a)** 〈s〉 (장소를) 옮기다, 다른 곳으로 가다: über die Grenze w. 국경을 넘어가다; der Hirsch ist gewechselt [사냥] 저 사슴은 제 구역을 옮겼다. **b)** 〈h〉 무엇을 몸의 다른 곳으로 옮기다: den Ring an den kleinen Finger w. 반지를 새끼 손가락으로 옮겨 끼다. **Wechsler** ['vɛkslɐ], der; -s, - 환전상인. **Wechs(e)lung**, die; -en 《드물게》 ↑wechseln의 명사형.

Weck: ↑²Wecken.
¹**Weck-**(wecken): ~**amin**, das (짧은 시간 동안 활력을 주는) 각성제, 신경 활력제. ~**auftrag**, der (정해진 시간에 전화를 통해) 잠에서 깨워 달라는 주문. ~**dienst**, der (전화국의) 전화를 통해 고객을 잠에서 깨워 주는 서비스. ~**mittel**, das ↑ ~amin. ~**ruf**, der (잠에서 깨우는) 고함, 외침. ~**uhr**, die ↑Wecker (a).
²**Weck-** [-; ↑einwecken]: ~**apparat**, der 병조림 멸균 장치. ~**glas** ⓦ, das ↑Einweckglas. ~**glasring**, der ↑Einweckgummi. ~**topf**, der ↑Einwecktopf.

Wecke: ↑²Wecken.
wecken ['vɛkn] 〈h〉 **1.** (잠에서) 깨우다, 일으키다: jmdn. mitten in der Nacht[aus tiefem Schlaf] w. 누구를 한밤중에[깊은 잠에서] 깨우다; [전의] der Kaffee weckte seine Lebensgeister 커피가 그의 활력을 일깨웠다. **2.** 불러 일으키다, 유발시키다: der Behauptung weckte seinen Ärger 이 주장이 그의 화를 돋구었다.
¹**Wecken** [-], das; -s - (단체의) 아침 기상: um 5 Uhr früh war W. 아침 5시에 모두 일어났다.
²**Wecken** [-], der; -s, -, **Weck** [vɛk], der; -s, -e, **Wecke** ['vɛkə], die; -n 〈südd., österr.〉 **a)** 길다란 밀가루 하드 롤 빵. **b)** 길다란 밀가루 빵.
Wecker, der; -s, - **a)** 자명종: den W. auf sechs stellen 자명종을 6시에 맞추어 놓다; jmdm. auf den W. fallen[gehen] 누구를 못 견디어 귀찮게 굴다. **b)** (통용어) 큰 손목시계, 탁상시계. **Weckeruhr**, die ↑Wecker (a).

Weda ['ve:da], der; -(s), Weden / -s [sanskr. veda] 베다경(옛 인도의 바라문교 성전).
Wedel ['ve:dl], der; -s, - **1.** 총채, 먼지떨이. **2.** (양치 식물, 종려 따위의) 잎. **3.** [사냥] (사슴, 산돼지 따위의) 꼬리. **Wedelkurs**, der [스키] 평행으로 달리는 스키어가 교차하여 상대방으로 위치를 옮기며 내려오는 코스. **wedeln** ['ve:dln] 〈h〉 **1. a)** 흔들다, 이리저리 움직이다: der Hund wedelt (mit dem Schwanz) 개가 꼬리를 흔든다. **b)** 흔들어서 무엇을 쫓아 내다, 털다. **c)** (흔들음을 통하여) 무엇을 변통하다: er wedelte Kühlung mit seinem mageren Telefonbuch 그는 얇은 전화번호부를 흔들어서 시원함을 마련했다(전화번호부로 부채질했다). **2.** (빨리) 움직이다. **3.** [스키] 평행으로 달리는 스키어가 교차하여 상대방 쪽으로 위치를 옮기다.

Weden: ↑Weda의 복수형.
weder ['ve:dɐ] 〈Konj., Adv.〉 《다음 용법으로만》 **w. ... noch** ...도 아니고 또 ...도 아니다: dafür habe ich w.

Zeit noch Geld 그 일을 위해서라면 나는 시간도 없고 돈도 없다.
Wedgwood ['wedʒwʊd], das; -(s) [영국의 도예가 Wedgwood의 이름에서 유래] 섬세하게 장식된 사기 그릇. **Wedgwoodware**, die ↑Wedgwood.
wedisch 〈Adj.〉 베다경의: die -e Religion 베다경을 성전으로 하는 종교(바라문교). **Wedismus** [ve'dɪsmʊs], der; - 바라문교.
Weekend ['wiːkɛnd], das; -(s), -s [engl. weekend] 《교양어》주말. **Weekendhaus**, das 주말 별장.
Weft [vɛft], das; -(e)s, -e [engl. weft] [직조] 단단한 양털로 된 씨실.
weg [vɛk] I. 〈Adv.〉 1. 《통용어》 a) (어느 장소로부터 멀어져감을 의미》 w. mit euch 저리 가 버려라, 꺼져라; Finger w. (von den Möbeln)! 그 가구에서) 손가락을 치워라; 《전치사 von을 강조함》 von ... w. 《통용어》곧 바로, 즉석에서 어느 장소로부터. **b)** (떠난 결과로) 없어져서, 부재(不在)로: meine Schlüssel sind w. 내 열쇠가 없어졌다; **w. sein** 《통용어》1) 제 정신이 아니다. 2) (자신을 잊고) 열광하다; **über etw. w. sein** 《통용어》무엇을 넘어서다, 극복하다. **c)** (화자로부터의 공간적인 거리를 표시) (얼마) 떨어져서, (얼마) 멀리. **2. in einem w.** 《통용어》계속하여, 중단 없이. II. 〈Konj.〉 《지역적·준고어》빼내면, 감하면: drei w. zwei ist eins 3빼기 2는 1이다.
Weg [veːk], der; -(e)s, -e **1.** (Straße와는 달리) 대개 비포장인 조그만한 길, 소로, 작은 길: ist das der W. zum Strand? 이것이 바닷가로 통하는 길입니까?; der W. führt durch den Wald(am Fluß entlang) 이 길은 숲을 뚫고[강을 따라] 간다; er saß am Weg(e) und ruhte sich aus 그는 길가에 앉아서 쉬었다; [전의] hier trennen sich unsere -e 여기에서 우리의 견해는 서로 갈라진다; das ist der einzig gangbare W. 이것이 목적을 이룰 수 있는 유일한 방법이다; krumme -e gehen 잘못된 짓을 저지르다; **W. und Steg** 《아어·준고어》전 지역, 일대 (一帯); **jmdm.(einer Sache) den W.[die -e] ebnen** 누구의 일(어떤 일의 진척)을 도와 주다, 촉진시키다. **2. a)** (목적지에 이르기 위해) 가야 할 방향[길]: jmdm. den W. (zum Bahnhof) zeigen 누구에게 (역으로 가는) 길을 가르쳐 주다; (im Nebel) vom W. abkommen 안개 속에서 길을 잃다; [전의] neue -e einschlagen(gehen) 새로운 방법을 사용하다; jmdn. auf den rechten(richtigen) W. (zurück)bringen 《아어》누구를 올바른 길로 다시 인도하다; er ist(befindet sich) auf dem W. der Besserung 그는 회복되어 가고 있는 중이다; **den W. allen(alles) Fleisches gehen** 《아어》죽다; **den W. alles Irdischen gehen** 《농》 망가지다, 못쓰게 되다; **seinen (eigenen) W.[seine eigenen -e] gehen** 그의 신념에 따라 흔들리지 않고 행동하다; **seines -es(seiner -e) gehen** 《아어》《목묵히》자신의 길만을 가다. **b)** (목적지에 이르는) 노정(路程), (공간적 거리로서의) 길: jmdm. den W. vertreten [verlegen] 누구의 길을 가로막다; ein gutes Stück W. [Weg(e)s] haben wir noch vor uns 우리는 아직도 꽤 먼 길을 가야 한다; ich kann das Paket mitnehmen, die Post liegt an[auf] meinem W. 가는 길에 우체국이 있으니 내가 소포를 가져갈 수 있다; **auf halbem W. umkehren** 도중에서 돌아서다; **geh doch mal zur Seite, du bist(stehst) mir im W.!** 옆으로 비켜라, 너는 내 길을 가로막고 있다; er stellte sich[trat] mir in den W. 그는 내 길을 가로막았다; [성구] bis dahin ist es noch ein weiter W. 거기까지는 아직도 먼 길을 가야 한다; [속담] viele[alle] -e führen nach Rom 많은(모든) 길이 로마로 통한다(목적에 이르는 방법은 많다의 의미); seinen W. machen 출세의 가도를 달리다; den W. des geringsten Widerstandes gehen 어려운 일은 모두 피하려 한다; **auf den besten Weg(e) sein** 《반어》(어떤 행동으로 인해 바라지 않던) 상황에 곧 이르게 된다; **sich auf halbem Weg(e) treffen** 타협하다; **jmdm. auf halbem Weg(e) entgegenkommen** 누구의 요구를 부분적으로 받아들이다; **auf halbem Weg(e) stehenbleiben(umkehren)** 도중에서 포기하다; **jmdm.(einer Sache) aus dem W. gehen** 누구[무엇]를 피하다; **etw. aus dem W. räumen** 무엇을 제거하다; **jmdn. aus dem W. räumen** 《경》(방해가 되는) 누구를 살해하다; **etw. in die -e leiten** 무엇을 준비하고 실행에 옮기다; **einer Sache steht nichts im W.** 어떤 일이 계획대로 진척될 수 있다; **jmdm. nicht über den W. trauen** 누구를 도무지 믿지 않다. **3. a)** 〈Pl. 없음〉 (어떤 목적을 가진) 행보(行步), 여행: mein erster W. führte mich zu ihm 내 첫 번째 발길은 그에게로 향했다; seinen W. fortsetzen (중단됐던) 길을 다시 가다; sich auf den W. machen 출발하다; einen Brief auf den W. schicken 편지를 보내다; ich traf sie auf dem W. zur Schule 나는 학교로 가는 도중에 그 여자를 만났다; [전의] jmdn. auf seinen letzten W. begleiten 《아어·미화》누구의 장례식에 참석하다. **b)** 《통용어》(용무가 있는) 발걸음, 처리해야 할 일. **4.** (목적을 이루기 위한) 방법, 가능성, 수단: dieser W. steht uns noch offen(scheidet aus) 이 방법은 우리에게 아직 가능하다(더 이상 가능하지 않다); sich auf gütlichem Weg(e) einigen 우호적인 방법으로 합의를 보다; etw. im Wege von Verhandlungen regeln 무엇을 협상을 통하여 정리하다; [속담] wo ein Wille ist, ist auch ein W. 뜻이 있는 곳에 길이 있다; **auf kaltem Weg(e)** 《통용어》수단 방법을 가리지 않고.

weg-, Weg-: ~**angeln** 〈h〉《통용어》(꾀를 써서) 남으로부터 무엇을 빼앗다, 탈취하다, 낚아채다: er hat ihm die Frau weggeangelt 그는 그 남자의 부인을 빼앗았다. ~**arbeiten** 〈h〉(열심히 일해서) 무엇을 끝마치다. ~**ätzen** 〈h〉 산이나 잿물을 써서 무엇을 제거하다. ~**begeben**, sich 《아어》떠나다, 출발하다, 가버리다. ~**bekommen*** 〈h〉 《통용어》 ↑~kriegen. ~**bewegen** 〈h〉 이동(이전)시키다, 딴 데 내다. ~**blasen*** 〈h〉 불어서 떨어 버리다, 불어서 멀리 보내다. ~**bleiben*** 〈통용어〉 1. 오지 않다, 멀리 떨어져 있다: von da an blieb er weg 그때부터 그는 오지 않았다. 2. (갑자기) 중단하다, 멈추다: der Motor blieb weg 엔진이 갑자기 멈추었다. 3. 누락되다, 탈락되다, 빠지다. ~**blicken** 〈h〉 ↑~sehen (1). ~**bringen*** 〈h〉 1. 다른 곳으로 옮기다, 이송하다. 2. 앞으로 끌다, 앞으로 움직이게 하다. 3. 《통용어》 없애다, 제거하다, 치워 버리다. 4. 《통용어》 떼어 놓다, 분리하다. ~**denken*** 〈h〉 없는 것으로 생각하다, 빼놓고 생각하다: wenn man sich die Hochhäuser wegdenkt, ist das Stadtbild recht hübsch 이 고층 건물들을 빼놓고 보면 도시의 모습은 정말 아름답다. ~**diskutieren** 〈h〉 (무엇을) 토론을 통하여 없애 버리다. ~**drängen** 〈h〉 1. 밀어 제쳐다, 한쪽으로 밀어 놓다: er drängte sie von der Tür weg 그는 그 여자를 문으로부터 밀어 제쳤다. 2. 떠나려고 안달이다, 가버리려고 안달하다: die Kinder drängen von den fürsorglichen Eltern weg 아이들은 돌보아 주는 부모를 떠나려고 안달한다. ~**drücken** 〈h〉 ↑~drängen (1). ~**dürfen*** 〈h〉 갈 수 있다, 떠나는 것이 허락되어 있다. ~**essen*** 〈h〉 1. 다 먹어 버리다. 2. 《통용어》 빨리 먹다. ~**fahren*** **a)** 〈s〉 (차를 타고) 떠나다, 출발하다. **b)** 〈h〉 (무엇을) 차로 운반하다. ~**fall**, der ↑Fortfall. **in W. kommen** 《격식 독어》 탈락하다, 폐지되다, 중단되다. ~**fallen*** 〈s〉 ↑fortfallen. ~**fangen*** 〈h〉 《통용어》 1. 잡아서 없애다, 제거하다. 2.

weg-, Weg-

↑ ~schnappen. ~**fausten** ⟨h⟩ (볼을) 손으로 쳐서 저편으로 보내다. ~**fegen 1.** ⟨h⟩ (지역적) 쓸어 가다[버리다], 쓸어 치우다. **2.** ⟨h⟩ 일소하다, 쓸어 버리다: ein Regime w. 정권을 쓸어 버리다[무너뜨리다]. **3.** ⟨s⟩ 요란한 소리를 내며 저편으로 사라지다, 가 버리다. ~**flattern** ⟨s⟩ (나비 등이) 하늘 하늘 날아가 버리다. ~**fliegen*** ⟨s⟩ (비행기 등이) 날아가 버리다, 저편으로 사라지다. ~**fressen*** ⟨h⟩ **1.** ↑~essen (1). **2.** ⟨속어·俗⟩ 처먹다. ~**führen** ⟨h⟩ **1.** (다른 곳으로) 날라가다, 이송하다. **2.** (길이) 어디로부터 뻗어 나간다. ~**futtern** ⟨h⟩ 《통용어》 **1.** ↑~essen (1). **2.** 허겁지겁 먹다. ~**gang**, der ⟨Pl. 없음⟩ 떠남, 가 버림. ~**geben*** ⟨h⟩ 내 맡기다, 주어 버리다. ~**gehen*** ⟨s⟩ **1.** 떠나다, 가버리다: warum geht sie nicht von ihm weg? 왜 그 여자는 그를 떠나지 못하는가?; [성교] geh mir (bloß, ja) weg damit! 《통용어》《제발》 그 일로 나를 귀찮게 굴지 말아라. **2.** 《통용어》 제거되다, 없어지다, 사라지다: der Fleck geht leicht weg 얼룩이 쉽사리 지워진다. **3.** 《통용어》 휘몰아치다: die Welle ging über das Boot weg 파도가 보트를 휘몰아쳤다. **4.** 《통용어》 그냥 넘어가다, 주의를 기울이지 않다: über jmds. unpassende Bemerkung w. 누구의 부적절한 언급을 그냥 넘겨 버리다. **5.** 《통용어》 팔리다, 소모되다. ~**gießen*** ⟨h⟩ 쏟아 버리다. ~**gleiten*** ⟨s⟩ 미끄러져 가버리다. ~**graulen** ⟨h⟩ 《통용어》 쫓아내다. ~**gucken** ⟨h⟩ 《통용어》 ↑~sehen (1). ~**haben*** ⟨h⟩ 《통용어》 **1.** 제거하다, 없애다, 쫓아 버리다. **2.** 《좋지 못한 것을》 받다, 받아 가지다: plötzlich hatte er eine Ohrfeige weg 갑자기 그는 귀싸대기를 한 대 얻어 맞았다; einen w. 《통용어》 1) 약간 취하다. 2) 정신이 약간 이상하다. **3. a)** 이해[터득]하다, **b)** (무엇에 대해) 잘 알고 있다. ~**halten*** ⟨h⟩ (무엇을 누구로부터) 멀리 떼어 놓다. ~**hängen*** ⟨h⟩ 다른 곳으로 옮겨 매달다[걸다]. ~**heben**, sich ⟨h⟩ (고어) 가서 hinweghenben. ~**helfen*** ⟨h⟩ 《통용어》 ↑hinweghelfen. ~**holen** ⟨h⟩ **1.** (어디로 부터) 데리고 가다. **2.** ⟨w. + sich⟩ 《통용어》 무엇을 끌어 들이다, (병에) 걸리다: sich eine Grippe w. 독감에 걸리다. ~**hören** ⟨h⟩ (의식적으로) 귀를 기울이지 않다, 듣지 않다. ~**jagen** ⟨h⟩ 쫓아내다, 추방하다. ~**karren** ⟨h⟩ 수레에 실어 날라 가다, 내다 버리다. ¹~**kehren** ⟨h⟩ ↑~wenden. ²~**kehren** ⟨h⟩ 《süddt.》 ↑~fegen (1). ~**kippen 1.** ⟨h⟩ 쏟아 버리다. **2.** 《경》 기절하다, 실신하다. ~**klappen** ⟨h⟩ 밀어 올리다. ~**kommen*** ⟨h⟩ 《통용어》 **1. a)** 도피하다, 탈출하다, 떠나다. **b)** (누구/무엇)로부터 벗어나다, 풀려나다: vom Öl als Energiequelle w. 에너지원으로서의 석유로부터 벗어나다. **2.** 없어지다, 잃어 버리다. **3.** 견디어 내다, 극복하다: über einen Verlust w. 손실을 극복하다. **4. a)** 어떤 성과를 거두다: der Junge ist (bei der Verteilung) am schlechtesten weggekommen (분배할 때) 그 애가 가장 적게 받았다. **b)** 빠져 나오다. ~**können*** ⟨h⟩ 떠날 수 있다. ~**kratzen** ⟨h⟩ 긁어서 지우다[제거하다]. ~**kriechen*** ⟨s⟩ 기어서 가버리다. ~**kriegen** ⟨h⟩ 《통용어》 **1.** 없애다, 제거하다. **2.** 앞으로 움직이게 하다, 앞으로 밀다. **3.** 얻다, 자기 몫으로 하다(좋지 못한 것을). ~**kucken** ⟨h⟩ (norddt.) ↑~gucken. ~**laßbar** [-lasbaɐ] ⟨Adj.⟩ 생략해도 괜찮은, 없어도 좋은. ~**lassen*** ⟨h⟩ **1.** 떠나가게 하다, 보내다. **2.** 《통용어》 빼다, 생략하다, 빠뜨리다, 삭제하다 [언어 사용상 필수 불가결한 것만 남겨 놓는 방법]. ~**laufen*** ⟨s⟩ **a)** 뛰어가 버리다, 달아나다: jmdm. nicht w. 《통용어》 천천히 해도 된다, 서두르지 않아도 괜찮다: der Abwasch läuft mir nicht weg 설거지는 천천히 해도 된다. **b)** 《통용어》 도망치다: von zu Hause w. 집에서 도망치다. ~**legen** ⟨h⟩ 옮겨 놓다, 옆으로 치우다. ~**leugnen** ⟨h⟩ 부인해 버리다, 부정(否定)해 버리다. ~**loben** ⟨h⟩ (뜻이 맞지 않은 동료를) 칭찬하는 적해서 다른 부서로 보내다. ~**locken** ⟨h⟩ 꾀어 내다. ~**lotsen** ⟨h⟩ 《통용어》 (누구를 설득하여) 다른 곳으로 보내려 하다. ~**lügen*** ⟨h⟩ 거짓말로 부정(否定)하다. ~**machen 1.** ⟨h⟩ 떨어지게 하다, 제거하다. **2.** ⟨w. + sich⟩ 《통용어》 ⟨h⟩ 떠나가 버리다, 도망가 버리다: sie hat sich von zu Hause weggemacht 그 여자는 집으로부터 도망쳤다; ⟨있 없이⟩ ⟨s⟩ (지역적) vor einer Stunde sind sie schon weggemacht 한 시간 전에 이미 그들은 달았다. **3.** 《속어》 성적으로 만족시키다: einen w. 《속어》 성공하다. ~**marschieren** ⟨s⟩ 행진해 가버리다. ~**müssen*** ⟨h⟩ **1.** 떠나가야 하다. **2.** 보내져야 하다. **3.** 제거되어야 하다, 치워져야 하다. ~**nahme**, die ⟨격식 독어⟩ ↑~nehmen의 명사형. ~**nehmen*** ⟨h⟩ **1.** 치우다, 제거하다: (das) Gas w. 발을 액셀러레이터로부터 떼다(자동차를 천천히 몰다). **2.** ↑ fortnehmen (2): jmdm. (heimlich) sein Geld w. 누구로부터 (몰래) 돈을 훔치다. **3.** (장소를) 차지하다, (무엇을) 차단하다. ~**operieren** ⟨h⟩ 《통용어》 수술하여 제거하다. ~**packen** ⟨h⟩ **1.** 다른 곳으로 옮겨 두다, 치우다. **2.** ⟨w. + sich⟩ 《통용어》 ↑fortpacken. ~**putzen** ⟨h⟩ **1.** 씻어 버리다, 닦아 없애다, 훔쳐 버리다. **2.** 《통용어》 (남기지 않고) 먹어 치우다. **3.** ⟨경⟩ 쏘아 죽이다. **4.** 《통용어》 (운동 경기에서) 이기다, 승리하다. ~**radieren** ⟨h⟩ (지우개로) 지워 없애다. ~**raffen** ⟨h⟩ 《은폐》 잡아채다, 빼앗아 가다. ~**rasieren** ⟨h⟩ ↑abrasieren. ~**rationalisieren** ⟨h⟩ (경영) 합리화 조치를 통하여 없애다, 감축하다: Personal w. 합리화 조치를 통하여 인원을 감축하다. ~**räumen** ⟨h⟩ 치우다, 제거하다, 죽이다. ~**reisen** ⟨s⟩ 출발하다, 떠나다. ~**reißen*** ⟨h⟩ 찢어 떼다, 빼앗아 가다, 헐어 버리다(건물 따위). ~**reiten*** ⟨s⟩ ↑ fortreiten. ~**rennen*** ⟨s⟩ ↑fortrennen. ~**retuschieren** ⟨h⟩ (사진 등에) 수정(修正) 작업을 하여 무엇을 제거하다. ~**rollen 1. a)** ↑ fortrollen (2). **b)** 굴러서 넘어가다. **2.** ⟨h⟩ ↑fortrollen (1). ~**rücken 1.** ⟨h⟩ 밀쳐 내다. **2.** 뒤로 나다: sie rückte von ihm weg 그 여자는 그 남자로부터 밀려 났다. ~**rühren**, sich ⟨h⟩ 움직이다. ~**rutschen** ⟨s⟩ (어느 곳으로부터) 미끄러지다: das Auto rutschte in der Kurve weg 그 자동차는 커브길에서 미끄러졌다. ~**sacken** ⟨s⟩ **1.** 《통용어》 **a)** (바닥으로) 가라앉다, 침몰하다. **b)** (밑으로) 떨어지다, 고도를 잃다. **2. a)** 가라앉다: sein Kopf sackte weg 그의 머리가 (앞으로) 숙었다. **b)** 《통용어》 넘어지다, 주저 앉다. ~**saufen*** ⟨h⟩ 《속어》 ↑~trinken. ~**schaffen** ⟨h⟩ **1.** 날라가다, 옮기다, 치우다. **2.** ⟨w. + sich⟩ 《경》 자살하다. ~**schauen** ⟨h⟩ (지역적) ↑~sehen (1). ~**schaufeln** ⟨h⟩ ↑~fegen (1). ~**schenken** ⟨h⟩ 《통용어》 주어 버리다. ~**scheren**, sich ⟨h⟩ 《통용어》 (가위로) 잘라내다. ~**scheuchen** ⟨h⟩ 위협하여 쫓아 버리다. ~**schicken** ⟨h⟩ 보내다, 보내 버리다, (편지를) 부치다. ~**schieben*** ⟨h⟩ 밀어 내다, 옆으로 밀어 붙이다. ~**schießen*** ⟨h⟩ 《통용어》 **1.** 쏘아 떨어뜨리다. **2.** 사살하다. ~**schleichen*** **a)** ⟨s⟩ 살금살금 가버리다. **b)** ⟨w. + sich⟩ ⟨h⟩ 살짝 가버리다. ¹~**schleifen*** ⟨h⟩ (녹, 이 물질 등을) 닦아서[갈아서] (무엇으로부터) 제거하다. ²~**schleifen** ⟨h⟩ 다른 곳으로 질질 끌고 가다. ~**schleppen** ⟨h⟩ 《통용어》 **1.** 끌고 가다. **2.** ⟨w. + sich⟩ 《통용어》 걸어가다. ~**schleudern** ⟨h⟩ 던져 버리다, 내던지다. ~**schließen*** ⟨h⟩ 가두어 놓고 자물쇠를 채우다, 가두어 넣다. ~**schmeißen*** ⟨h⟩ 《통용어》 ↑~werfen (1, 2). ~**schmelzen*** **1.** ⟨s⟩ 점차로 녹아 없어지다. **2.** ⟨h⟩ 녹여 버리다. ~**schnappen** ⟨h⟩ 《통용어》 재빠리 먼저 차지하다, 자기 것으로 만들다: einen Posten w. 어떤 자리를 재빠리 먼저 차지하다. ~**schneiden*** (가위나 칼로) 잘라내다, 절단하다. ~**schnellen 1.** ⟨s⟩ 빠른 속도로 다른

곳을 향하여 가다. **2.** 《(지역적)》 ↑~schnippen. ~**schnippen** ⟨h⟩ 손가락으로 튀겨 버리다. ~**schubsen** ⟨h⟩ 《통용어》 ↑~stoßen. ~**schütten** ⟨h⟩ ↑~gießen. ~**schwemmen** ⟨h⟩ (강물 등이) 휩쓸어 가다, 씻어 가다. ~**schwimmen**' ⟨s⟩ 헤엄쳐서 가버리다. ~**sehen**' ⟨h⟩ **1.** 시선을 돌리다. **2.** 《통용어》 ↑hinwegsehen (1~3). ~**setzen 1. a)** ⟨w. + sich⟩ ⟨h⟩ 옮겨 앉다. **b)** 다른 곳으로 옮겨 앉히다. **2.** 《통용어》 ⟨h / s⟩ 뛰어 넘다. **3.** ⟨w. + sich⟩ ⟨h⟩ 무시하다, 주의를 기울이지 않다. ~**sperren** ⟨h⟩ 《지역적》 ↑~schließen. ~**springen**' ⟨s⟩ 옆으로 뛰다. ~**spülen** ⟨h⟩ 씻어 흘려 버리다, 씻어 버리다. ~**stecken** ⟨h⟩ 《통용어》 **1.** 다른 곳에 감추다. **2.** (불리한 일을) 견디어 내다, 감내하다. ~**stehlen**', sich ⟨h⟩ 몰래 가버리다. ~**stellen** ⟨h⟩ 치우다, 〈대화로〉 옮기다. ~**sterben**' ⟨s⟩ 《통용어》 갑자기 떼를 지어 죽다. ~**stoßen**' ⟨h⟩ 떠밀어 제치다, 옆으로 밀치다. ~**streben 1.** ⟨s⟩ 떠나려 하다, 가려고 하다. **2.** ⟨s⟩ (빠른 속도로) 멀어지다. ~**streichen**' **1.** ⟨h⟩ 쓰다듬어(쓸어) 없애다: die Haare von der Stirn w. 머리카락을 이마로부터 쓸어 올리다. **2.** ⟨h⟩ 삭제하다, 빼다. **3.** 《사냥》 (드물게) ⟨s⟩ (날짐승이) 날아가 버리다. ~**stürzen**' ↑fortstürzen. ~**tauchen** ⟨s⟩ (어려움에서) 빠져 나오다. ~**tauen 1.** ⟨s⟩ ~schmelzen (1). **2.** ⟨h⟩ ↑~schmelzen (2). ~**tragen**' ⟨h⟩ 운반해 가 버리다, 날라가 버리다. ~**treiben**' **1.** ⟨h⟩ 쫓아 버리다. **2.** ⟨s⟩ 떠내려가다. ~**treten**' **1.** ⟨h⟩ (발 등을) 차서 다른 곳으로 보내다. **2.** ⟨s⟩ **a)** 《군》 이동하다: 전의 (geistig) weggetreten sein 얼이 빠졌다. **b)** 물러서다, 비켜서다. ~**trinken**' ⟨h⟩ 다 마셔 버리다. ~**trumpfen** ⟨h⟩ ↑abtrumpfen (1). ~**tun**' ⟨h⟩ **1.** 치우다, 제자리로 옮기다. **2.** 버리다. ~**wälzen** ⟨h⟩ 다른 곳으로 굴러가게 하다. ~**waschen**' ⟨h⟩ 씻어 버리다, 씻어 내다. ~**wehen 1.** ⟨h⟩ 날려보내다. **2.** ⟨s⟩ 바람에 날려가다: das Tuch ist weggeweht 수건이 바람에 날려갔다. ~**weisen**' ⟨h⟩ 추방하다, 쫓아 버리다. ~**weisung,** die ⟨schweiz.⟩ ↑Ausweisung. ~**wenden**' ⟨h⟩ 다른 쪽으로 돌리다, 방향을 바꾸다: den Blick (von jmdm.) w. 시선을 〈누구로부터〉 돌리다. ~**werfen**' **1. a)** 내던져 버리다. **b)** (쓸모없는 것을) 내버리다: 전의 die Flinte ins Korn w. 시선을 누구로부터 돌리다. **2.** ⟨w. + sich⟩ ⟨h⟩ 천하게 굴다, 품위를 떨어뜨리다: wie kann man sich nur so w.! 사람이 어떻게 저렇게 천하게 굴 수가 있을까! ~**werfend** ⟨Adj.⟩ 거부하는 듯한, 모욕적인, 경시하는: jmdn. ws. behandeln 누구를 모욕적으로 대하다. ~**werfflasche,** die 폐기용[일회용] 병. ~**werfgesellschaft,** die 《편》 쓸모있는 것만 추구하는 과소비 복지 사회. ~**werfwindel,** die 일회용 기저귀. ~**wischen** ⟨h⟩ 닦아 내다, 훔쳐 버리다: ihre Angst war wie weggewischt 그녀의 걱정은 말끔히 없어졌다. ~**wollen**' ⟨h⟩ **1.** 떠나려 하다. **2.** 외출하고 싶어 하다, 나다니고 싶어 하다. ~**wünschen** ⟨h⟩ **a)** ⟨w. + sich⟩ 떠나기를 소망하다. **b)** (누가, 무엇이) 없어지기를 바라다: man kann diese Affäre nicht w. 이 사건이 없어졌으면 좋겠다고 바라서는 안된다(이 사건을 호지부지 넘길 수는 없다). ~**wurf,** der ⟨Pl. 없음⟩ 《고어》 내 버려진 것. ~**zählen** ⟨h⟩ ⟨österr.⟩ 빼다, 감하다. ~**zaubern** 마법으로 쫓아 내다, 마법으로 물리치다. ~**zerren** ⟨h⟩ ~ziehen (1). ~**ziehen**' **1.** ⟨h⟩ 끌어서 옮기다, 끌어서 놓다. **2.** ⟨s⟩ 떠나다, 다른 곳으로 가다. ~**zug,** der 떠나 버림.

weg-, Weg- (때로 Wege-와 바꾸어 사용됨): ~**ab** ⟨Adv.⟩ 《준고어》 길을 따라 내려가며. ~**bereiter,** der 개척자, 선구자, 창시자. ~**biegung,** die 굽은 길, 커브길. ~**enge,** die 좁은 길. ~**gabel,** ~**gab(e)lung,** die 길의 갈라짐. ~**gefährte,** der 길 벗, 동반자. ~**genosse,** der 〈ge.〉 길의 급 커브 길. ~**kreuz,** das 길가에 세워진 십자가(에 못박힌 예수상).

~**kreuzung,** die ↑Straßenkreuzung. ~**kundig** ⟨Adj.⟩ 길을 잘 아는. ~**leiter,** der ⟨schweiz.⟩ ↑~weiser. ~**leitung,** die ⟨schweiz., österr.⟩ ↑Anleitung (1, 2). ~**los** ⟨Adj.⟩ 길이 없는. ~**malve,** die (길이나 담에서 자라는) 당아욱. ~**marke,** die ↑~zeichen. ~**markierung,** die 도로 표지(판). ~**messer,** der 거리 계산기, 보도계(步道計). ~**müde** ⟨Adj.⟩ 《시어》 긴 여정에 지친, 먼 길에 지친. ~**rain,** der 길가의 길 로 자란 풀. ~**rand,** der 길가: sich an den W. setzen 길가에 앉다. ~**scheid** [-ʃait], der; -(e)s, -e / ⟨österr.⟩ die; -en ⟨österr. · 그 외 준고어⟩ 길의 갈림, 갈림 길. ~**scheide,** die 《준고어》 ↑~scheid. ~**schnecke,** die (주로 도로변에 서식하는) 달팽이의 일종. ~**skizze,** die 길의 약도, 노정도. ~**spinne,** die 《교통》 많은 도로들이 만나는 곳, 방사선 도로의 중심지. ~**strecke,** die 도정(道程), 거리. ~**stunde,** die 걸어서 한 시간 거리: das Dorf liegt eine W. von hier entfernt 그 마을은 이곳에서 도보로 한 시간 거리이다. ~**überführung,** die ↑Überführung (3). ~**unterführung,** die ↑Unterführung (1). ~**warte,** die (주로 도로변에 자라는) 치코리. ~**wärts** ⟨Adv.⟩ ↑-wärts) 길 쪽으로. ~**weisend** ⟨Adj.⟩ 새 길을 열어 주는, 획기적인. ~**weiser,** der 길 안내 기둥, 도로 표지. ~**weisung,** die 도로 표지판을 이용한 길 안내. ~**zehrung,** die **1.** 《아이》 여행용 식량, 길 양식. **2.** 《가》 ↑Viatikum. ~**zeichen,** das 도표, 이정표.

wege-, Wege- (때로 Weg-과 바꾸어 사용됨): ~**bau,** der ⟨Pl. 없음⟩ 도로 건설. ~**gabel,** ~**gab(e)lung,** die ↑Weggabel, ~gab(e)lung. ~**geld,** das **1.** 거마비, 교통비. **2.** 《고어》 통행세. ~**karte,** die 도로 지도, (특히) 산보로 지도. ~**lagerei** [...laːgəˈrai], die; -en 《편》 노상 강도질. ~**lagerer,** der; -s, - 《편》 노상 강도. ~**lagern** ⟨h⟩ 노상 강도질을 하다. ~**markierung,** die ↑Wegmarkierung. ~**messer,** der ↑Wegmesser. ~**netz,** das 도로망. ~**ordnung,** die ⟨Pl. 없음⟩ ↑~recht. ~**recht,** das ⟨Pl. 없음⟩ 도로법. ~**unfall,** der 《법》 출퇴근[등하교] 길의 사고. ~**warte,** die Wegwarte. ~**zeichen,** das ↑Wegzeichen.

wegen [ˈveːgn̩] ⟨Präp.², 《통용어》 3 격과 함께⟩ **a)** (무엇으로) 인하여, (무엇) 때문에, (무엇으로) 말미암아: w. des schlechten Wetters 《(아이) des schlechten Wetters w.》 나쁜 날씨 때문에; **von ... w.** 〈지시나 명령으로〉 인하여, (어떤 특정한 것) 때문에: etw. von Berufs w. tun 직업 때문에 무엇을 하다. **b)** (무엇이) 있어서, (무엇과) 관련하여: w. dieser Angelegenheit müssen Sie sich an den Vorstand wenden 이 일과 관련하여 당신은 회장단과 상의해야 한다; **von w. ...!** 《통용어》 (이의나 거부의 표현) 안되겠다! **c)** (어떤 행동의 목적이나 원인을 나타냄) 때문에: er hat es w. des Geldes [《아이》 des Geldes w] getan 그는 돈 때문에 그 것을 했다.

Weger [ˈveːgɐ], der; -s, - [niederl. weger] **[조선]** 배의 널판, 선판(船板).

Wegerich [ˈveːgərɪç], der; -s, -e 질경이.

wegern [ˈveːgɐn] ⟨h⟩ **[조선]** 배의 늑재(肋材)에 널판을 붙이다. **Wegerung,** die; -en **[조선] a)** ↑wegern의 명사형. **b)** 늑재의 널판 외피.

wegeskundig ⟨Adj.⟩ 《아이》 ↑wegkundig. **Wegesrand,** der; -(e)s, ...ränder ⟨아이⟩ ↑Wegrand.

Weggen [ˈvɛgn̩], der; -s, - ⟨schweiz.⟩ (약간 길다란) 밀가루로 구운 하드 롤. **Weggli** [ˈvɛgli], das; -s, - ⟨schweiz.⟩ 하드 롤의 일종.

¹**weh** [veː] ↑wehe!. ²**weh** [-] ⟨Adj.⟩ **1.** 아픈, 통증을 일으키는: (대개 tun과 결합하여) der Kopf[Bauch] tut (mir) w. (나의) 머리[배]가 아프다: 전의 seine Worte

haben ihr w. getan 그의 말은 그녀의 마음에 큰 상처를 입혔다. **2.**《아어》(감정적, 정신적으로) 고통스러운: ein -es Gefühl 고통스러운 감정. **Weh** [-], das; -(e)s, -e 《아어》**1.** (정신적) 고통, (마음의) 아픔: mit(unter) W. und Ach《통용어》신음을 하면서, 마지 못해서. **2.**《시어·그 외 고어》육체적 고통.

weh-, Weh-: ~**frau**, die《고어》조산원, 산파. ~**gefühl**, das《아어》슬픈 감정, (정신적인) 고통의 느낌. ~**geschrei**, das 비탄의 외침. ~**klage**, die《아어》탄식, 한탄, 비탄. ~**klagen** 〈*h*〉《아어》탄식하다, 한탄하다. ~**laut**, der《아어》↑Klagelaut. ~**leidig** 〈Adj.〉《폄》**a)** 우는 소리 잘 하는, 엄살이 심한: sei nicht so w.! 그렇게 엄살 부리지 마라! **b)** 엄살이 훤히 들여다 보이는. ~**leidigkeit**, die ↑~leidig의 명사형. ~**mut**, die [niederd. wēmōd]《아어》은밀한 고통, 비애, 애상. ~**mütig** 〈Adj.〉[niederd. wēmōdich] **a)** 비애를 느끼는. **b)** 비애에 찬, 슬픈, 애처로운: w. lächeln 슬프게 미소 짓다. ~**mütigkeit**, die ↑~mütig의 명사형. ~**mutsvoll** 〈Adj.〉《아어》슬픔에 가득 찬. ~**mutter**, die《고어》조산원, 산파. ~**ruf**, der《아어》탄식의 외침. ~**weh** [(《고어》-'-], das; -s, -s 《아동》아픈 곳, 조그마한 상처: ein W. haben 아프다, 다쳤다. ~**wehchen** [ve:ve:çən], das; -s, - 《통용어·조롱》(별것 아닌) 고통.

wehe! ['ve:ə], weh! 〈Interj.〉**a)** (비통, 탄식, 한탄의 외침) 아, 이럴 수가!: o weh! wie konnte das nur geschehen? 저런! 어떻게 그런 일이 일어날 수 있었단 말인가! **b)** (불길한 것을 예고하는 외침): weh(e) denen, die das leugnen! 그것을 부인하는 자들에게 저주 있을 지어다!

¹**Wehe** [-], das; -s 《고어》↑Weh. ²**Wehe** [-], die; -n 《대개 Pl.》산고(産苦), 진통.

³**Wehe** [-], die; -n **a)** ↑Schneewehe. **b)** ↑Sandwehe. **wehen** ['ve:ən] **1. a)** 〈*h*〉(바람이) 불다, (공기가) 움직이다: der Wind weht kühl 바람이 차갑게 분다. (비인칭) draußen weht es heute tüchtig 오늘은 밖에 바람이 세차게 분다. **b)** 〈*h*〉 휘몰아 가다, 불어 옮기다. **c)** 〈*s*〉 (바람에) 날라 오다[가다], 실려 오다: Schneeflocken wehten durch das geöffnete Fenster 눈송이가 열려진 창문을 통해 바람에 날려 들어왔다. **2.** (바람에) 펄럭이다, 나부끼다, 휼날리다: ihre Haare wehten im Wind 그녀의 머리칼이 바람에 나부꼈다.

Wehl, das; -(e)s, -e, **Wehle** ['ve:l(ə)], die; -n [niederd. wēl] (nordd.)(바닷가) 댐 안쪽의 물 웅덩이.

¹**Wehr** [ve:ɐ̯], die; -en **1.**《Pl. 없음》《아어》방어, 자위(自衛)《다음의 용법으로》**sich zur W. setzen** 스스로를 방어하다, 저항하다: sich aufs heftigste gegen etw. zur W. setzen 무엇에 대하여 격렬하게 저항하다. **2.**《시어·고어》(무기, 성벽, 방책 등) 방어의 수단: gegen die W. anrennen 방책을 향하여 돌진하다. **3.** Feuerwehr (1, 2)의 약칭. **4.**《사냥》 몰이 사냥시 열을 지어 나아가는 사수 또는 몰이꾼. ²**Wehr** [-], das; -(e)s, -e 둑, 제방, 방축.

wehr-, Wehr-: ~**bau**, der 《Pl. -ten》 요새화된 건물, 요새, 성채. ~**beauftragte**, der (독일 의회가 임명하는) 국방 의원(군에서의 헌법의 준수를 감시한다). ~**bereich**, der 독일군의 방위 지구. ~**bereichskommando**, das 방위 지구 사령부. ~**bereit** 〈Adj.〉 군무의 용의가 있는. ~**bereitschaft**, die ↑~bereit의 명사형. ~**bezirk**, der 방위 지구. ~**bezirkskommando**, das 방위 지구 사령부, 군관구 사령관. ~**dienst**, der 《Pl. 없음》병역, 군 복무: den W. (ab)leisten 병역을 치르다, 군 복무를 행하다; vom W. freigestellt werden 병역이 면제되다. ~**dienstpflichtig** 〈Adj.〉병역 의무가 있는. ~**dienstpflichtig** 〈Adj.〉〈육체적, 정신적으로〉병역을 치를 수 있는. ~**diensttauglichkeit**, die ↑~diensttauglich의 명사형. ~**dienstuntauglich** 〈Adj.〉(육체적, 정신적으로) 병역을 치를 수 없는(반대: ~diensttauglich). ~**dienstuntauglichkeit**, die ↑~dienstuntauglich의 명사형. ~**dienstverweigerer**, der ↑Kriegsdienstverweigerer. ~**dienstverweigerung**, die 병역 거부. ~**dienstzeit**, die 군 복무 기간. ~**ersatzbehörde**, die 독일군 징모국. ~**ersatzdienst**, der ↑Ersatzdienst. ~**ersatzmann**, das 《Pl. 없음》징병 사무. ~**erziehung**, die《구동독》병역 의무에 대한 정신 교육. ~**etat**, der 국방 예산, 방위비. ~**experte**, der 군사 전문가. ~**fähig** 〈Adj.〉병역 수행 능력이 있는. ~**fähigkeit**, die 《Pl. 없음》↑~fähig의 명사형. ~**gang**, der 《Pl. -gänge》(옛) 성벽 위의 총안이 있는 통로. ~**gehänge**, das **a)** 〈사냥〉↑¹Koppel (b). **b)**《고어》검대(劍帶). ~**gehenk** [-gəhɛŋk], das; -(e)s, -e 《고어》↑~gehänge (b). ~**gerechtigkeit**, die 병역 의무의 공평성. ~**hoheit**, die 《Pl. 없음》(한 국가의) 자주적 국방권. ~**kirche**, die 《중세》요새화된 교회. ~**kleid**, das 《schweiz.》군복. ~**kraft**, die 《Pl. 없음》군사력, 방위 능력. ~**kraftzersetzung**, die 《Pl. 없음》군사력의 해체. ~**kreis**, der = ~bezirk. ~**kreiskommando**, das 방위 지구 사령부, 군관구 사령관. ~**kunde**, die 《Pl. 없음》↑Militärwissenschaft. ~**los** 〈Adj.〉 방어력이 없는, 저항력이 없는: gegen jmds. Vorwürfe völlig w. sein 누구의 비난에 대해 저항할 능력이 없다. ~**losigkeit**, die ↑~los의 명사형. ~**macht**, die 《Pl. 없음》(특히 나치 독일의) 군사력, 국방군. ~**macht(s)angehörige**, der (나치 독일의) 군인. ~**macht(s)bericht**, der 제2차 대전중 매일 발표된 독일군 최고 사령부의 전황 보고. ~**mann**, der **1.** 《Pl. -männer / -leute》↑Feuerwehrmann. **2.**《Pl. -männer》《schweiz.》↑Soldat. ~**mauer**, die 《옛》 총안이 있는 통로를 갖춘 성벽. ~**paß**, der 병역 수첩. ~**pflicht**, die 《Pl. 없음》병역 의무. ~**pflichtig** 〈Adj.〉병역 의무가 있는, 징집 연령의. ~**pflichtige'**, der 병역 의무 소지자, 징집 대상자. ~**politik**, die = Militärpolitik. ~**politisch** 〈Adj.〉방위(국방) 정책의. ~**sold**, der 군인 봉급. ~**spartakiade**, die《구동독》군인 스포츠 분야의 스파르타키아데(사회주의 국가들 간의 체육 경기). ~**sport**, der 군인 스포츠. ~**stand**, der 《Pl. 없음》《고어》**a)** 군인 신분. **b)** 군대. ~**turm**, der 《옛》요새화된 탑. ~**übung**, die 군사 연습, 군사 훈련. ~**unwillig** 〈Adj.〉군 복무를 할 의사가 없는. ~**verband**, der 군 부대 단체. ~**wesen**, das 《Pl. 없음》군사 제도. ~**wissenschaft**, die 《Pl. 없음》↑Militärwissenschaft.

wehrbar ['ve:ɐ̯baːɐ̯] 〈Adj.〉《고어》↑wehrfähig. **wehren** ['ve:rən] 〈*h*〉**1.** (w. + sich) **a)** 공격에 맞서 싸우다, (자신을) 방어하다, 대항하다: sie wehrte sich verzweifelt 그 여자는 필사적으로 저항했다. **b)** (의심, 비난 등에 대해) 대항하다, 항거하다: sich gegen einen Verdacht (mit aller Macht) w. 어떤 의심에 대해 있는 힘을 다하여 항거하다. **c)** 반항하다, 거역하다. **2.**《아어》 저지하다, 방해하다: feindlichen Umtrieben w. 적의 책동을 저지하다. **3.**《아어·군고어》(누가 무엇을 하는 것을) 막다, 제지하다: jmdm. den Zutritt w. 누구의 출입을 막다. **wehrhaft** 〈Adj.〉**1.** 방어의 능력이 있는, 저항력을 갖춘. **2.** 요새화된, 방어 목적으로 증축된. **Wehrhaftigkeit**, die ↑wehrhaft의 명사형.

Weib [vaip], das; -(e)s, -er 《축소형: ↑Weibchen, Weiblein》**1.**《준고어》여성, 여자(남성과 대치되는 개념으로서): zum W. erwachsen[heranwachsen] 여성으로 깨어나다(성숙하다). **2.**《통용어》**a)** (성인이 된) 여

자: hinter den -ern hersein 여자들의 뒤를 쫓아다니다.
b) 《폄》 (부정적 의미로서의) 여자, 여편네, 계집: (욕설로서) blödes W.! 바보 같은 년아! 3. 《고어》 처, 아내: **W. und Kind** 《농》 가족. **Weibchen**, das; -s, - 《또한》 Weiberchen **1.** 암 짐승, 암컷(반대: Männchen). **2.** 《폄》 (성적 대상으로서의) 여자. **3.** 《고어, 농》 부인, 아내: mein W. 나의 아내[처].
Weibel ['vaibl], der; -s, - **1.** 《구제》 (군대의) 중사, 상사. **2.** (schweiz.) 하급 공무원, 정리(廷吏). **weibeln** ⟨s⟩ (schweiz.) 바쁘게 돌아다니다.
Weiber- (Weib 1, 2): **~fas(t)nacht**, die 《지역적》 ↑ Altweiberfas(t)nacht. **~feind**, der 여성을 싫어하는 남자. **~geschichte**, die 〈대개 Pl.〉 《경·폄》 여자들과의 에로틱한 모험 이야기. **~geschwätz**, das 《감정·폄》 여자의 요설[수다]. **~getratsch(e)**, das 《감정·폄》 여자들의 수다. **~held**, der 방탕한 남자, 여자를 잘 유혹하는 남자. **~klatsch**, der ⟨Pl. 없음⟩ 《감정·폄》 여자들의 수다. **~knecht**, der 《경멸조》 여자에게 굽신대는[매어 있는] 남자. **~list**, die 《순고어》 여자 특유의 간계. **~rock**, der 《순고어》 스커트. **~tratsch**, der 《감정·폄》 여자들의 요설[수다]. **~volk**, das ⟨Pl. 없음⟩《폄》 여자들. **~wirtschaft**, die ⟨Pl. 없음⟩《폄》 여자들이나 하는 것.
Weiberchen, das; ↑ Weibchen의 복수형. **Weiberl** ['vaibɛl], das; -s, -(n) (österr.·경) 마누라, 아내. **Weiberlein** das; ↑ Weiblein의 복수형. **weibisch** ['vaibɪʃ] ⟨Adj.⟩《폄》 여자 같은, 남자답지 못한. **Weiblein** [...lain], das; -s, -, 《또한》 Weiberlein **1.** 조그만한 늙은 여자. **2.** 《농》 (남성의 반대 개념으로서의) 여성, 여자. **3.** 《고어, 농》 아내, 처. **weiblich** ⟨Adj.⟩ (반대: männlich) **1.** 여자의, 여성의: das -e Wesen 여자들: -e Blüten 암꽃. **2.** 여성에 속하는: -e Vornamen 여자 이름. **3.** 여성적인, 여자다운(반대: 《또한》 unweiblich): eine typisch -e Eigenschaft 전형적인 여성적 특성. **4. a)** 《언어》 여성의. **b)** 《운율》 약음(弱音)으로 끝나는, 여운(二韻)의. **Weiblichkeit**, die; ⟨Pl. 없음⟩ **1.** 여성적 본질, 여성다움. **2.** 《농》 **a)** ⟨Pl. 없음⟩ 여성 전체, 전 여성. **b)** 여자.
Weibs- (Weib 1, 2): **~bild**, das **1.** 《통용어·südd., österr.》 여자: ein strammes W. 억센 여자. **2.** 《폄》 여편네, 계집. **~leute** ⟨Pl.⟩《폄》 여자들. **~person**, die **1.** 《통용어》 Frauensperson. **2.** 《폄》 여편네, 계집. **~stück**, das 《폄》 여자, 계집. **~volk**, das ⟨Pl. 없음⟩ ↑ Weibervolk.
Weibsen ['vaipsn], das; -s, - 〈대개 Pl.〉 《지역적》 여자.
weich [vaiç] ⟨Adj.⟩ **1. a)** 부드러운, 유연한, 폭신한, 연한, 무른(반대: hart 1 a): das Gemüse ist noch nicht w. 야채가 아직 삶아지지 않았다; das Fleisch w. klopfen 고기를 두들겨서 연하게 하다; die Eier w. kochen 달걀을 반숙하다; [전의] er hat sich w. gebettet 그는 자신의 삶을 편안하게 만들었다. **b)** 촉감이 좋은, 매끄러운, 보들보들한: w. wie Seide 비단처럼 매끄러운. **c)** (물이) 석회 성분이 적은: -es Wasser 단물, 연수. **d)** (돈의 가치가) 안정되지 못한, 불안한: eine -e Währung 불안정한 통화. **e)** (약물 등이) 중독성이 약한. **f)** 부드러운, 충격적이지 않은: eine -e Landung 연 착륙. **2. a)** 유약한, 연약한, 다감한, 감상적인: ihm wurde w. ums Herz 그는 감동이 되었다, 마음이 약해졌다; w. werden 《통용어》 양보하다, 굴복하다. **b)** (외모가) 온화한, 너그러운, 부드러운: sie hat ein -es Gesicht 그녀는 부드러운 얼굴을 가지고 있다. **3. a)** (소리가) 날카롭지 않은, 부드러운: -e Konsonanten 《언어》 유성 자음. **b)** (색이) 연한, 부드러운, 차분한. **4.** (기후 등이) 온화한.
weich-, Weich-: **~bild** ↑ Weichbild, **~blei**, das 정제연(精製鉛). **~faser**, die 탄력 섬유. **~futter**, das

~gedünstet ⟨Adj.⟩ ↑~gekocht (a). **~geklopft** ⟨Adj.⟩ 두드려 연하게 한. **~gekocht** ⟨Adj.⟩ **a)** 연하게 익힌. **b)** (달걀이) 반숙된. **~gepolstert** ⟨Adj.⟩ 탄력있게 쿠션을 댄. **~herzig** ⟨Adj.⟩ 다정다감한, 정에 약한. **~herzigkeit**, die; -en 다정함, 착함. **~holz**, das **a)** 〈대개 Pl.〉 부드럽고 가벼운 목재. **b)** ↑ Splint (2). **~käfer**, der 가뢰. **~käse**, der 연질 치즈. **~lot**, das [금속] 저온도(450°C 이하) 땜질용 합금. **~löten** ⟨h; 부정사와 과거분사로서만 합성 표기⟩ [금속] 저온도(450°C 이하) 땜질을 하다. **~löten**, das; -s ↑~löten의 명사형. **~machen** ⟨h⟩ 《통용어》 기진맥진하게 만들다. **~macher**, der 〘화학·기술〙 연화제(軟化劑). **~mäulig** ⟨Adj.⟩ (말이) 순한, 재갈이 잘 듣는. **~mütig** ⟨Adj.⟩ (아이·준고어) 마음이 고운, 상냥한, 인정에 약한. **~mütigkeit**, die (아이·준고어) ↑~mütig의 명사형. **~porzellan**, das 낮은 온도에서 구워진 자기. **~schalig** [-ʃaːlɪç] ⟨Adj.⟩ 연한 껍질을 가진. **~spüler**, der 《광고》, **~spülmittel**, das 세탁물을 부드럽게 해 주는 세탁제. **~teile** ⟨Pl.⟩ **a)** [해부] (근육·내장 등) 육체의 뼈가 없는 부분. **b)** 《통용어》 (남자의) 생식기. **~teilgewebe**, das [해부] 근육 조직. **~tier**, das 〈대개 Pl.〉 [해부] 연체 동물. **~zeichner**, der [사진] 피사체의 윤곽, 또는 밝은 곳과 어두운 곳의 경계를 완만하게 해 주는 렌즈.
Weichbild, das; -(e)s, -en **1.** 〘역사적〙 **a)** 지역법(法), 도시법. **b)** 위의 법이 통용되는 지역, 도시에 속한 변두리 지역, 시의 영역.
¹**Weiche** ['vaiçə], die; -n **1.** ⟨Pl. 없음⟩ 《드물게》 부드러움, 유함, 연약함. **2.** (몸통의 부드러운) 옆구리.
²**Weiche** [-], die; -n 포인트, 전철기(轉轍器): die -n stellen 전철하다; **die -n für etw. stellen** 장래의 진로를 미리 확정하다.
¹**weichen** ['vaiçn] **1.** ⟨s⟩ (물에 젖어서) 부드러워지다. **2.** ⟨h⟩ (두들겨) 연하게 하다, 부드럽게 만들다: Wäsche w. 빨래를 부드럽게 만들다.
²**weichen*** [-] ⟨s⟩ **1.** (대개 부정문으로) 물러나다, 떨어지다, 가버리다: das Blut[alle Farbe] war aus ihrem Gesicht gewichen 〈아이〉 그녀의 얼굴로부터 핏기가 모두 사라졌다[창백해졌다]. **2.** 후퇴하다, 물러서다, 굴복하다: der Gewalt w. 폭력 앞에 굴복하다; **nicht wanken und (nicht) w.** **1)** 꿈쩍하지 않다, 자리를 지키다. **2)** 자신의 견해를 고수하다. **3.** 차차 사라지다, 점차로 없어지다.
Weichen- (²Weiche): **~steller**, der ↑~wärter. **~stellung**, die 전철의 조종. **~wärter**, der (철도의) 전철(轉轍)수.
Weichheit, die; -en 부드러움, 유약함, 온화함, 다정함. **weichlich** ⟨Adj.⟩ 《폄》 **1.** 약간 물러진. **2. a)** (남자가) 허약한, (신체적으로) 강하지 못한. **b)** 유약한, 패기가 없는: ein -er Charakter 유약한 성격. **Weichlichkeit**, die ↑ weichlich의 명사형. **Weichling**, der; -s, -e 나약한 사람, 약골.
Weichsel ['vaiksl], die; -n 〘지역적〙 Weichselkirsche (1 a, b)의 약칭.
Weichsel-: **~baum**, der **1.** 〘지역적〙 ↑ Sauerkirsche (2). **2.** ↑~kirsche (2). **~kirsche**, die **1.** (지역적) **a)** ↑ Sauerkirsche (1). **b)** ↑ Sauerkirsche (2). **2.** 유럽산 벚나무. **~pfeife**, die 유럽산 벚나무로 만든 파이프. **~rohr**, das 유럽산 벚나무 목.
Weichselzopf, der; -(e)s, ...zöpfe [폴란드의 강 이름 Weichsel에서 유래] 뒤엉킨 머리.
weid-, Weid- 〘사냥〙 (종종 waid-, Waid-로 쓰기도 함): **~genosse**, der 사냥 친구. **~gerecht** ⟨Adj.⟩ 사냥꾼다운, 사냥술에 능한. **~loch**, das 사냥개〘야생 동물

¹**Weide** 2300

의 항문. **~mann,** der ⟨Pl. ...männer⟩ 사냥꾼다운 사냥꾼, 사냥을 제대로 할 줄 아는 사람. **~männisch** ⟨Adj.⟩ 올바른 사냥꾼 같은. **~mannsdank!** [--'-] ↑ ~mannsheil에 대한 대답(인사말). **~mannsheil!** [--'-] 사냥꾼들 사이의 인사(많이 잡히기를 빕니다. **~mannssprache,** die 사냥꾼의 은어, 수렵 용어. **~messer,** das ↑Jagdmesser. **~sack,** der ↑Pansen (1). **~spruch,** der 사냥꾼들 사이의 격언, 변말. **~werk,** das 사냥, 사냥 행위. **~wund** ⟨Adj.⟩ 내장을 관통당한 (짐승), 중상을 입은.
¹**Weide** ['vaidə], die; -n 버드나무, 버들가지.
²**Weide** [-], die; -n 목초지, 목장, 방목장: die Schafe auf die[zur] W. treiben 양들을 목초지로 몰고 가다.
Weide- (²Weide): **~fläche,** die 목초지의 면적. **~gang,** der (목초지에서) 가축들이 풀을 뜯어 먹음. **~grund,** der 목초지, 목장. **~land,** das 방목장으로 적합한 녹지대. **~monat, ~mond,** der ⟨고어⟩ 5월. **~platz,** der 방목지로 적합한 장소. **~rind,** das 방목하는 소. **~vieh,** das 방목하는 가축. **~wirtschaft,** die 축산업.
Weidelgras [↑vajd|-], das; -es 독보리. **weiden** ['vaidn̩] ⟨h⟩ **1.** (가축들이) 목초지에서 풀을 뜯어 먹다. **2.** ⟪드물게⟫ (가축들로 하여금) 풀을 뜯게 하다 지켜 보다. **3.** ⟨w. + sich⟩ **a)** ⟪아어⟫ 무엇을 보고 즐거워하다, 어떤 정경을 즐기다: sich an der schönen Natur w. 아름다운 자연을 보고 즐거워하다. **b)** ⟪멸⟫ (남의 불행을 보고) 좋아하다, (남의 고통을) 즐기다: er weidete sich an ihrer Angst 그는 그녀의 걱정하는 모습을 보고 즐거워했다.
Weiden- (¹Weide): **~baum,** der 버드나무. **~busch,** der 버들숲. **~gerte,** die 잎이 떨어진 버드나무 가지. **~kätzchen,** das 버들강아지. **~korb,** der 버드나무로 엮은 광주리. **~röschen,** das 바늘꽃(속)(잎이 버드나무와 비슷함). **~rute,** die ↑~gerte. **~stumpf,** der 버드나무 그루터기.
Weiderich ['vaidəriç], der; -s 부처꽃속에 속하는 식물들 (잎이 버드나무와 비슷함). ⟨대개 Pl.⟩ 부채꽃속 식물들. **Weiderichgewächs,** das
weidlich ['vaitliç] ⟨Adv.⟩ 매우, 몹시, 마음껏: sich w. über etw. lustig machen 무엇을 실컷 웃음거리로 삼다.
Weidling ['vaitliŋ], der; -s, -e **1.** ⟪süd(west)d., schweiz.⟫ (고기잡이) 보트, 작은 배. **2.** ⟪südd., österr.⟫ ↑Weidling.
Weife ['vaifə], die; -n [섬유] 물레, 얼레, 실감는 틀. **weifen** ['vaifn̩] [섬유] 얼레[물레]에 실을 감다.
Weigand, der; -(e)s, -e ⟨고어⟩ 영웅, 전사.
Weigelie [vai'ge:liə], die; -n [독일의 자연 과학자 Ch. E. von Weigel의 이름에서 유래] 동아시아 계통의 인동 덩굴과에 속하는 식물.
weigerlich ['vaigəliç] ⟨Adj.⟩ ⟪드물게⟫ 거부하는, 거역하는: sich w. stellen 거부하다. **weigern** ['vaigɐn] ⟨h⟩ **1.** ⟨w. + sich⟩ (무엇을) 거부하다, 거절하다: ⟨zu + 부정형 없이도⟩ du kannst dich nicht länger w. 너는 더 이상 거부할 수 없다; ⟨⟨고어⟩ 2격과 함께⟩ er weigerte sich ihrer Bitte nicht 그는 그녀의 청을 거절하지 않았다. **2.** ⟨고어⟩ (무엇을) 거절하다, 거부하다: den Gehorsam w. 복종을 거부하다. **Weigerung,** die; -en 거절, 거부, 거부의 표시. **Weigerungsfall,** der ⟨다음 용법으로⟩ **im W.** [**im -e**] ⟪격식 독어⟫ 거부할 경우에는.
Weih [vai], der; -s, -e ↑²Weihe.
weih-, Weih-: ~bischof, der [가] 보좌 주교. **~gabe,** die, **~geschenk,** das [가] (감사 또는 기원을 위한) 봉납물. **~kerze,** die [가] 봉납 초. **~kessel,** der [가] ↑~wasserbecken. **~nacht,** die ↑Weihnachten. **~nachten,** das ↑weihnachten. **~nachts-** ↑Weihnachts-. **~rauch,** der ⟨Pl. 없음⟩ **a)** 유향(乳香), 향: jmdm. W. streuen ⟪아어⟫ 누구를 극구 찬양하다. **b)** 향을 태우는 연기: von dem Altar stieg W. auf 신전으로부터 향을 태우는 연기가 솟아 올랐다. **~räuchern** ⟨h⟩ ⟪드물게⟫ ↑beweihräuchern. **~wasser,** das [가] 성수(聖水). **~wasserbecken,** das [가] 성수반(盤). **~wasserkessel,** der [가] 성수를 담아두는 그릇. **~wasserwedel,** der, **~wedel,** der [가] **a)** 성수를 뿌려 주는 종려나무 잎. **b)** 관수기(灌水器).
¹**Weihe** ['vaiə], die; -n **1.** ⟨종교⟩ **a)** 신성하게 하기, 축성(祝聖), 축성식: die W. einer Kirche 교회의 축성식. **b)** (가톨릭 교회에서) 서품식, 성직 수여(식): die W. zum Priester empfangen[erteilen] 신부의 서품을 받다[주다]. **2.** ⟪아어⟫ 숭고함, 존엄, 성스러운 진지함.
²**Weihe** [-], die; -n 솔개미의 일종.
weihe-, Weihe- (¹Weihe): **~akt,** der 축성(봉납) 행위, 서품 수여. **~gabe,** die [가] (감사 또는 기원을 위한) 봉납물. **~grad,** der [가] 서품(성직)의 등급. **~hierarchie,** die [가] 성직 계급. **~rede,** die 봉납식(낙성, 개통, 제막식)의 연설. **~stätte,** die ⟪아어⟫ 성지. **~stunde,** die ⟪아어⟫ 엄숙한 시간, 경직 숭고함이 느껴지는 시간. **~voll** ⟨Adj.⟩ ⟪아어⟫ 장엄한, 장중한.
weihen ['vaiən] ⟨h⟩ **1.** [가] **a)** 신성하게 하다, 축성(祝聖)하다, 봉납하다: die Kirche wurde im Jahre 1140 geweiht 이 교회는 1140년에 축성되었다. **b)** 성직에 임명하다, 서품을 수여하다: jmdn. zum Priester[Bischof] w. 누구를 사제[주교]로 서품하다. **2. a)** ⟪종교⟫ (건물 등을) 성자나 신의 이름을 빌려 명명하다(그에게 바쳐졌다는 의미): die Kirche ist dem hl. Ludwig geweiht 이 교회는 성(聖) 루드비히에게 바쳐졌다(성 루드비히 교회라고 불리운다). **b)** ⟪아어⟫ 헌신하다. **c)** ⟪아어⟫ 증정하다, 기증하다: das Denkmal ist den Gefallenen des Krieges geweiht 이 기념비는 전사자들에게 바쳐진 것이다. **3.** ⟪아어⟫ 보호해 주다 내맡겨 버리다: ⟨대개 과거분사로⟩ die Gefangenen waren dem Tod geweiht 포로들은 죽음에 내맡겨졌다(죽으라고 내버려 두었다); ⟨드물게⟩ w. + sich⟩ sich dem Tode w. 자신을 죽음에 내맡기다.
Weiher ['vaie], der; -s, - [lat. vīvārium] ⟪südd.⟫ 연못, 조그만한 호수.
Weihling, der; -s, -e **a)** [가] 서품을 받은 사람, 성직자로 임명된 사람. **b)** 일종의 성년식(↑Jugendweihe 1, 2)에 참가하는 젊은이. **Weihnacht,** die 성탄절, 크리스마스: ich wünsche dir eine frohe W. 네가 즐거운 성탄절을 갖기를 빈다. **weihnachten** ⟨h; 비인칭⟩ 곧 크리스마스가 온다, 크리스마스 기분이 든다: es weihnachtet bereits vürklich 벌써 크리스마스 분위기이다. **Weihnachten,** das; -, - ⟨대개 관사 없음⟩ 특히 남부 독일, 오스트리아, 스위스 및 특정한 축어 인사 형식과 용법에서는 복수로도⟩ **1.** 크리스마스, 성탄절, 성탄절 잔치: diese[dieses] W. fahren wir zu Verwandten 이번 크리스마스에 우리는 친척들에게로 간다; schöne[frohe, fröhliche] W.! 즐거운 크리스마스가 되기를!; W. feiern 성탄절을 축하하다; jmdm. etw. zu W. schenken 성탄절을 맞아 누구에게 무엇을 선사하다. **2.** ⟪드물게⟫ 크리스마스 날. **weihnachtlich** ⟨Adj.⟩ 크리스마스의, 성탄절에 일어나는.
Weihnachts- (↑¹Christ-도): **~abend,** der 성탄 전야, 크리스마스 이브. **~bäckerei,** die **a)** 크리스마스 케이크 만들기. **b)** ⟪österr.⟫ ↑~gebäck. **~baum,** der 크리스마스 트리. **~baumschmuck,** der 크리스마스 트리 장식(물). **~bescherung,** die 성탄절 모티브를 무늬로 가진 식탁보. **~decke,** die 성탄절 모티브를 무늬로 가진 식탁보. **~einkauf,** der ⟨대개 Pl.⟩ 성탄절을 준비하기 위한 쇼

핑. ~**feier**, die 성탄절 축제. ~**feiertag**, der 성탄 축일(12월 25일, 26일). ~**ferien** 〈Pl.〉 성탄 휴가. ~**fest**, das ↑Weihnachten (1). ~**gans**, die 크리스마스에 먹는 거위 구이 요리. ~**gebäck**, das 크리스마스 과자. ~**geld**, das 크리스마스 상여금. ~**geschäft**, das 성탄절 경기. ~**geschenk**, das 크리스마스 선물. ~**geschichte**, die 〈Pl. 없음〉 (신약 성경의) 예수 탄생에 대한 이야기. ~**gratifikation**, die 크리스마스 상여금. ~**kaktus**, der 크리스마스 선인장(성탄절 무렵에 꽃이 핌). ~**karpfen**, der 크리스마스에 먹는 잉어 요리. ~**kerze**, die a) 〈지역적〉 크리스마스 트리 장식용 초. b) 크리스마스 모티브로 장식된 초. ~**krippe**, die ↑Krippe (2). ~**kugel**, die 《지역적》 크리스마스 트리 장식용 공. ~**lied**, das 크리스마스 캐롤. ~**mann**, der 〈Pl. ...männer〉 1. (특히 북독일에서) 아이들에게 크리스마스 선물을 나누어 주는 산타클로스의 모습을 한 남자. 2.《통용어·욕》바보 같은 놈. ~**markt**, der 크리스마스에서는 장. ~**papier**, das 크리스마스 모티브가 인쇄된 선물 포장지. ~**pyramide**, die 크리스마스 식탁용의 촛대. ~**remuneration**, die (österr.) ↑-geld. ~**rose**, die ↑Christrose. ~**spiel**, das 〖문예학〗 예수 탄생을 묘사한 중세 종교극. ~**stern**, der 1. 크리스마스 트리 장식용 별. 2. 크리스마스 꽃(붉은 잎이 별 모양으로 배열된 남미산 식물). ~**stimmung**, die 크리스마스 기분[분위기]. ~**stolle**, die, ~**stollen**, der 크리스마스 케이크의 일종. ~**tag**, der ↑-feiertag의 약칭. ~**teller**, der 크리스마스에 과자나 사탕을 담아 주는 종이 접시. ~**tisch**, der 크리스마스 선물을 놓아두는 탁자. ~**verkehr**, der 크리스마스 전후의 혼잡한 교통(특히 도로 교통). ~**vorbereitungen** 〈Pl.〉 크리스마스 준비. ~**zeit**, die 크리스마스 4주전 일요일부터 연말까지의 시기(특히 12월 24, 25, 26일). ~**zuwendung**, die 크리스마스 상여금.

Weihtum ['vaitu:m], das; -s, ...tümer [...ty:mɐ] 《드물게》 a) 신성(神聖). b) 성화된 것, 성물(聖物). **Weihung**, die; -en 축성(됨), 봉납(됨), 서품(됨).

weil [vail] 〈Konj.〉 1. (아주 강조된 원인 제시의 부문장을 이끎) ···때문에: er ist (deshalb, daher) so traurig, w. sein Vater gestorben ist 그의 아버지가 죽었기 때문에(그 때문에) 그는 그렇게 슬퍼한다; 〈원인을 제시하는 단어나 단어군을 앞에도 위치함〉 das schlechte, w. fehlerhafte Buch 결함이 많은, 그래서 나쁜 책. 2. a) (강조되지 않은 원인 제시의 부문장을 이끎) ···때문에: er hat gute Zensuren, w. er fleißig ist 그는 부지런하기 때문에 좋은 점수를 받았다. b) (강조적인 불변화사와 함께) (부정문에서 제시되는 원인은 이미 알려진 것으로 전제됨) (알려진 바와 같이) 바로 그 때문에, (알고 있겠지만) 바로 그 때문에: ich konnte nicht kommen, w. ja gestern meine Prüfung war 나는 어제 을 수가 없었다, (알고 있겠지만) 어제 시험을 치러야 했기 때문에. 3. (원인을 묻는 물음에 직접적인 대답을 이끎) ···때문에: „Warum kommst du jetzt erst?"—„W. der Bus Verspätung hatte." 왜 너 이제야 비로소 오느냐?—버스가 지각을 했기 때문에. 4. (시간적 의미) 바로 지금, 바로 그 순간에: w. wir gerade davon sprechen, möchte ich auch meinen Standpunkt erläutern 우리가 막 그것에 대해 이야기하고 있는 바로 지금 나는 내 견해도 같이 설명하고 싶다. **weiland** ['vailant] 〈Adv.〉 〈고어〉 이전에, 그전에. **Weilchen** ['vailçən], das; -s ↑Weile의 축소형. **Weile** ['vailə], die (일정하지 않은, 그러나 길지 않은) 시간, 동안: eine kurze(kleine) W. 짧은 시간, 잠시 동안; mit der Sache hat es W. 《아어》 그 일을 그리 서두를 것 없다; nach einer W. ging sie schon 얼마 그 여자는 갔다. **weilen** ['vailən] 〈h〉 〈아어〉 머무르다, 가지 않고 있다: nicht mehr unter den Lebenden w. 〈은폐〉 이미 죽었다.

Weiler ['vailɐ], der; -s, - [lat. villare] 작은 마을.

Weimar 바이마르(구동독 지역의 도시). ¹**Weimarer**, der; -s, - 바이마르 시민. ²**Weimarer** 〈Adj.〉 격변화 없음〉 바이마르 공화국의. **weimarisch** 〈Adj.〉 바이마르의.

Weimutskiefer ['vaimu:ts-] ↑Weymouthskiefer.

Wein [vain], der; -(e)s, -e [lat. vinum] 1. 〈Pl. 없음〉 a) 포도, 포도나무, 포도 덩쿨: W. bauen[anbauen, anpflanzen] 포도를 재배하다. b) 포도알, 포도송이: W. ernten(lesen) 포도를 수확하다. 2. 〈a.〉 포도주: weißer (roter) W. 백(적) 포도주; trockener(herber) W. 달지 않은(떫은) 맛의 포도주; eine Flasche[ein Glas] W. 포도주 한 병[잔]; der Wein steigt in den Kopf[zu Kopf] 포도주(의 주기)가 머리까지 올라온다; W. keltern 포도의 즙을 짜다; W. panschen 포도주에 물을 섞어 변조하다; W. kredenzen (남에게 권하기 전에) 포도주를 먼저 맛보다; 〖속담〗 im W. ist(liegt) Wahrheit 취중 진담 (↑in vino veritas); jmdm. reinen(klaren) W. einschenken 누구에게 진실을 숨김없이 말하다; neuen W. in alte Schläuche füllen 무엇을 근본적으로 개혁하지 않고 적당히 임시 변통으로 넘어가다. b) (포도 이외의) 과실로 빚은 술, 과실 주.

wein-, Wein-: ~**anbau**, der 〈Pl. 없음〉 포도 경작. ~**bau**, der 〈Pl. 없음〉 포도 재배. ~**bauer**, der 〈Pl. 〈또한〉 -n〉 포도 재배자. ~**baugebiet**, das 포도 재배 지역. ~**becher**, der 포도주 잔. ~**beere**, die a) ↑~traube. b) 〈südd., österr., schweiz.〉 건포도. ~**beißer**, der (österr.) 1. ↑Lebkuchen(꿀과 많은 향료가 든 케이크)의 일종. 2. 포도주 전문가. ~**berg**, der (산비탈의) 포도밭, 포도원. ~**berg(s)besitzer**, der (산비탈) 포도밭 소유자. ~**bergschnecke**, die 식용 달팽이의 일종(포도밭에서는 해를 끼침). ~**brand**, der 브랜디, 코냑. ~**brandbohne**, die ↑Kognakbohne. ~**brandverschnitt**, der 브랜디에 다른 술을 섞는 것. ~**ernte**, die ↑~lese. ~**essig**, der 포도주로 만든 식초. ~**farben** 〈Adj.〉 〈드물게〉 ↑~rot. ~**faß**, das 포도주 통. ~**feld**, das ↑~garten. ~**flasche**, die 포도주 병. ~**garten**, der 포도밭. ~**gärtner**, der ↑~bauer. ~**gegend**, die 포도 재배 지역, 포도 산지. ~**geist**, der 〈Pl. 없음〉 주정(酒精). ~**gelb** 〈Adj.〉 밝은 노랑. ~**glas**, das 〈Pl. -gläser〉 포도주 잔. ~**gott**, der 〖고대 신화〗 포도주의 신(바커스). ~**gut**, das (전문적인) 포도 농원. ~**hauer**, der (österr.) ↑Winzer. ~**heber**, der 통에서 포도주를 빨아 올리는 관. ~**hefe**, die 포도주용 발효 곰팡이. ~**jahr**, das: ein gutes [schlechtes] W. 포도 풍년(흉년)의 해. ~**karte**, die (식당에서의) 포도주의 종류와 가격 표. ~**kauf**, der 1. 포도주의 구입. 2. 〈지역적〉 (계약 체결 등이 끝났을 때의) 축하주. ~**keller**, der 포도주를 저장하는 지하실(창고), 포도주 전문 주점. ~**kellerei**, die 포도주 양조장. ~**kenner**, der 포도주 식별 전문가. ~**kelter**, die 포도 압착기. ~**königin**, die (어느 지역에서 선발된) 포도의 여왕. ~**küfer**, der 포도주 생산 설비들을 점검하며 발효 과정을 지켜보는 사람, 포도주 양조 기술자. ~**kühler**, der 포도주를 차갑게 보관하는 통. ~**lage**, die 〈전문어〉 같은 종류의 포도를 재배하여 비슷한 유형의 포도주를 생산하는 지역. ~**land**, das 포도 재배지. ~**laub**, das 포도 잎. ~**laube**, die 포도 덩굴에 덮인 정자. ~**laune**, die 〈Pl. 없음〉 〈농〉 얼근함, 얼큰함. ~**lese**, die 포도의 수확. ~**lied**, das 포도주와 관련된 민요. ~**lokal**, das 포도주 전문 술집. ~**monat**, ~**mond**, der 〈고어〉 10월. ~**panscher**, der 포도주 변조자. ~**pfahl**, der 〖포도 재배〗 포도 덩굴을 지탱해 주는 말뚝. ~**presse**, die 포도 압착기. ~**probe**, die a) 포도주의 숙성도를 알아보기 위

한 시음. b) 여러 종류의 포도주 시음. ~ranke, die 포도 덩굴. ~rausch, der 포도주에 취함, 명정(酩酊). ~raute, die 루타(Ruta)(포도 냄새가 나는 운향과의 상록 다년초, 약초로도 쓰임). ~rebe, die 1. 포도속(屬), 포도나무. 2. 《드물게》(개개의) 포도나무 가지. ~rebengewächs, das 털갈매나무의 일종. ~restaurant, das ↑~lokal. ~rot 〈Adj.〉 어두운 붉은 색. ~sauer 〈Adj.〉 [화학] 포도산(酸)을 함유한, 포도산의. ~säure, die [화학] 포도산. ~schaum, der [요리] 달걀 노른자위, 설탕, 백포도주를 섞어 만든 음식. ~schaumcreme, die ↑~schaum으로 만든 크림. ~schaumsoße, die ↑~schaum으로 만든 소스. ~schlauch, der 포도주 담는 가죽 포대. ~selig 〈Adj.〉 (포도주에) 기분좋게 취한. ~sorte, die 포도주의 종류. ~stein, der 주석(酒石). ~steinsäure, die ↑~säure. ~steuer, die 포도주 세(稅). ~stock, der 재배 식물로서의 포도(야생의 아닌). ~straße, die 유명한 포도주 산지를 가로지르는 지방 도로. ~stube, die 조그만한 (포도주) 주점. ~traube, die 포도 송이. ~trinker, der 포도주를 즐겨 마시는 사람. ~zierl [-tsiɐ̯l], der; -s, -n (bayr., österr.·방언) 포도 재배자. ~zwang, der (식당에서 식사할 때) 포도주를 주문해야 하는 규정.

weinen ['vaɪnən] 〈h〉 a) 울다, 흐느끼다, 눈물을 흘리다 (반대: lachen 1 a): um einen Toten w. 죽은 사람을 애도하며 울다; er war dem Weinen nahe 그는 거의 울 지경이었다; 전의 die Geigen weinten 바이올린의 슬픈 소리를 냈다; leise weinend 기가 죽어서, 의기 소침해서. b) 울어서 어떤 상태에 이르게 하다: sich die Augen rot w. 울어서 눈이 빨개지다; sich die Augen aus dem Kopf w. (눈이 빠져나올 정도로) 격렬하게 울다. c) 울면서 배출하다: bittere Tränen w. 쓰라린 눈물을 흘리다. weinerlich ['vaɪnɐlɪç] 〈Adj.〉 잘 우는, 울 것 같은, 울먹이는: ein -es Gesicht machen 울상이 되다. Weinerlichkeit, die ↑~의 명사형.

weinig ['vaɪnɪç] 〈Adj.〉 a) 포도주가 들어 있는, 포도주 맛이 나는. b) (포도주가) 맛과 향이 뛰어난.

Weinkrampf, der; -(e)s, ...krämpfe 격렬한 발작적 울음.

-weis [-vaɪs] 〈준접미어〉 《österr.》 ↑-weise.

weise ['vaɪzə] 〈Adj.〉 a) 현명한, 현명함을 지닌: die w. Frau 〈고어〉 산파; die drei Weisen aus dem Morgenland 동방에서 온 3명의 현인(성삼왕(聖三王)). b) 현명한, 현명함에서 비롯된, 이해심 있게 해주는.

-weise [-vaɪzə] 〈(복합어를 형성하여 부사로 쓰임, 접두어의 의미에, "방식으로"의 뜻이 첨가됨, 예컨대) normalerweise 정상의 방식으로, 보통, 일반적으로; zwangsweise 강제의 방식으로, 강제로, 억지로; 《명사와 복합하여 규정어로 쓰임, 이 경우에는 부가어적 형용사》 eine strafweise Versetzung 처벌의 의미를 지닌 전근(견책 전근); 《양이나 척도를 나타냄》 gruppenweise 무리를 지어. Weise ['vaɪzə], die; -n 1. (어떤 일이 행하여지는) 양식, 방법, 형태: auf jede[diese] W. 모든[이] 방법으로; in gewisser W. 하ᅵ가 어느 면으로는 그가 옳다; da kann ich dir in keinster W. zustimmen 나는 절대로 너에게 동의할 수 없다. 2. 짧고 단순한 멜로디.

Weisel ['vaɪzl̩], der; -s, - 여왕벌. weisen* [vaɪzn̩] 〈h〉 1. a) 가르치다, 보여 주다: jmdm. den Weg w. 누구에게 길을 가르쳐 주다. b) 가리키다: mit der Hand zur Tür w. 손으로 문쪽을 가리키다; die Magnetnadel weist nach Norden 나침판의 바늘은 북쪽을 가리킨다; 전의 er hat ihn wieder auf den rechten Weg gewiesen 그는 그 사람을 다시 바른 길로 안내했다. c) (꺼내서) 보여 주다. 2. 쫓아내다, 추방하다: jmdn. aus dem Zimmer w. 누구를 방에서 쫓아내다; 전의 er hat diese Vermutung weit von sich gewiesen 그는 이러한 추측을 강력하게 부인했다. Weiser, der; -s, -《고어》 시계 바늘. Weisheit, die; -en 1. 《Pl. 없음》 슬기로움, 지혜, 현명, 총명: die W. (auch nicht) mit Löffeln gefressen(gegessen) haben 《통용어·반어》 머리가 썩 좋아 보이다[보이지 않다]; jmd. glaubt, die W. (alleine) gepachtet zu haben 《통용어》 혼자 영리한 척하다; mit seiner W. am Ende sein 더 이상을 모른다. 2. (현명함에서 얻어진) 인식, 교훈, 격언, 충고. weisheitsvoll 〈Adj.〉 《아어·드물게》 ↑weise. Weisheitszahn, der; -(e)s, ...zähne 사랑니. weislich 〈Adv.〉 《준고어》 충분히 숙고한 후에, 신중히, 영리하게. weismachen 〈h〉 속여서 무엇을 곧이 듣게 하다, 거짓말로 꾸며 대다: das kannst du mir nicht w.! 네 그런 거짓말에 나는 속지 않는다.

¹weiß [vaɪs] ↑wissen 참조.

²weiß [-] 〈Adj.〉 1. 하얀, 흰, 백색의: w. wie Schnee 눈처럼 하얀; -e Haare 흰 머리, 백발; -es Papier 백지, 아무것도 기록되지 않은 종이; -e Weihnachten 화이트크리스마스; vor Schreck(Wut) w. im Gesicht werden 놀라서[분노로] 얼굴이 창백해지다; der -e Sport 테니스; -e Blutkörperchen [의학] 백혈구; der Weiße Sonntag 부활절 후의 일요일; jmdm. nicht das Weiße im Auge gönnen 《통용어》 누구를 매우 미워하다, 싫어하다. 2. a) 밝은, 밝은 색의: -es Brot 밝은 색의 빵(흰빵); -es Fleisch 선홍색의 송아지 고기; einen Weißen trinken 백포도주를 (한 잔) 마시다. b) 백인의, 유럽인의: die -e Rasse 백인종; Weiß* [-], das; -(e)s, - 하얀색, 흰 것, 하얀 옷.

weiß-, Weiß-: ~bart, der 수염이 하얀 (늙은) 사람. ~bärtig 〈Adj.〉 수염이 하얀. ~bier, das (밀과 보리로 만든) 맥주. ~binder, der 《지역적》 a) 나무통을 만드는 사람. b) 칠하는 사람. ~blech, das 함석. ~blei(erz), das 《광물》 백연(白鉛). ~blond 〈Adj.〉 a) 밝은 아마 빛의, 밝은 금발의: seine Frau ist w. 그의 부인의 머리는 밝은 금발이다. ~bluten, sich 《부정형으로》: bis zum Weißbluten 《통용어》 전혀, 완전히, 모조리. ~blütig 〈Adj.〉 《의학·드물게》 백혈병의. ~blütigkeit, die 백혈병을 앓는. ~blütigkeit, die 《의학·드물게》 백혈병. ~brot, das 흰(밀가루) 빵. ~broteinlage, die 수프에 띄우는 조그만 흰 빵. ~brotschnitte, die 흰 빵 조각. ~buch, das 《외교》 백서(白書). ~buche, die ↑Hainbuche. ~dorn, der 〈Pl. -dorne〉 서양산사나무. ~dornhecke, die 서양산사나무 울타리. ~ei, das 《지역적》 (알의) 흰자위. ~erle, die 회색오리나무. ~fisch, der (유럽산의) 작은대구. ~fuchs, der 흰 은여우. ~gar 〈Adj.〉 《제혁》 (가죽을) 하얗게 무두질한. ~gardist, der [10월 혁명 후 러시아 내전에서] 볼셰비키파에 대항해 싸운 백군의 병사. 2. (공산주의·멸) 반동분자. ~gardistisch 〈Adj.〉 ↑~gardist의 형용사. ~gedeckt 〈Adj.〉 하얀 식탁보로 덮인. ~gekalkt 〈Adj.〉 하얗게 석회를 바른. ~gekleidet 〈Adj.〉 하얀 옷을 입은. ~gelb 〈Adj.〉 밝은 노란색의, 담황색의. ~gerber, der 《↑weißgar》 《가죽을 하얗게 하는 무두장이. ~gerbung, die 가죽을 희게 만드는 무두질. ~getüncht 〈Adj.〉 흰색을 칠한. ~glühend 〈Adj.〉 (금속이 열을 받아) 하얗게 빛나는, 백열의. ~glut, das 《금속》 백열, 백열의 단계: jmdn. (bis) zur W. bringen(reizen, treiben) 《통용어》 누구를 미친 듯이 화나게 만들다, 격분시키다. ~gold, das 백금. ~grau 〈Adj.〉 회백색의. ~grundig [-grʊndɪç] 〈Adj.〉 백색 바탕의. ~haarig 〈Adj.〉 백발의, 머리가 하얀. ~herbst, der 《südd.》 백포도주. ~kalk, der [토목] 흰색 석회, 백회. ~käse, der 《지역적》 응유치즈. ~kittel, der 《통용어·조롱》 백색 가운을 입은 사

람(특히 의사). ~**klee**, der 하얀 꽃을 피우는 클로버. ~**kohl**, der 《nordd.》 엷은 초록색 잎을 가진 양배추. ~**kraut**, das 《südd., österr.》 ↑~kohl. ~**lacker** [-lakɐ], der; -s, - 표면이 바니스를 칠한 듯한 치즈. ~**lackiert** 〈Adj.〉 백색 바니스를 칠한. ~**liegende***, das [지질] 2첩계(疊系)의 상층부. ~**macher**, der 세제에 함유된 표백소. ~**mehl**, das 《지역적》 밀가루. ~**metall**, das 백색 합금. ~**nähen** 〈h〉 (침대보, 내의 등을) 바느질하여 수선하다. ~**näherin**, die ↑~nähen을 하는 여자. ~**pappel**, die 백양(은백양)나무. ~**pfennig** der 《옛》 작은 은전. ~**russe**, der; -n, -n 백러시아 사람. ~**russin**, die; -nen 백러시아 여자. ~**russisch**, 〈Adj.〉 백러시아의. ~**rußland**, -s (구소련의) 백러시아 공화국. ~**stein**, der 《Pl. 없음》 [광물] 백립암(白粒岩). ~**stickerei**, die 하얀 천에 흰 실로 놓은 수. ~**sucht**, die 《Pl. 없음》 [드물게] 백피증(白皮症). ~**tanne**, die 독일가문비나무. ~**wal**, der 백경(白鯨). ~**wandreifen**, der 《옛》 백띠를 두른 타이어. ~**waren** 〈Pl.〉《전문어》 **a)** (면, 마 등) 백색 직물류의 총칭, 흰 천류. **b)** 백색 직물류를 가공한 방직물. ~**wäsche**, die 《삶아서 뺄 수 있는》 면직물 제품(반대: Buntwäsche). ~**waschen***, sich 〈h〉 《통용어》 (의심 같은 것으로부터) 벗어나다. ~**wein**, der **1.** 《Pl. 없음》 백포도주. **2.** 백포도주 종류. ~**wurst**, die 하얀색의 소시지. ~**wurz**, die 〈Pl. 없음〉 둥굴레속(屬). ~**zeug**, das 《준교어》 ↑~waren (b).

weissagen ['vaisaːgn̩] 〈h〉 **a)** 예언하다, (미래의 일을) 미리 말하다: Kassandra weissagte den Untergang Trojas 카산드라는 트로이의 멸망을 예언했다. **b)** 예감하게 하다, 전조를 보이다: seine Miene weissagte mir nichts Gutes 그의 표정은 나에게 별로 좋지 않은 예감을 들게 해 주었다. **Weissager**, der; -s, - 예언자. **Weissagerin**, die; -nen ↑Weissager의 여성형. **Weissagung**, die; -en 예언, 신탁(神託).

¹**Weiße** ['vaisə], die; -n **1.** 하얀 것, 흰색, 백색의 외모. **2.** 백맥주. ²**Weiße*** [-], der 백인, 유럽인. **Weiße-Kragen-Kriminalität**, die ↑White-collar-Kriminalität. **weißeln** ['vaisn̩] 〈h〉 《süd(west)d., österr., schweiz.》 ↑weißen. **weißen** ['vaisn̩] 〈h〉 하얗게 칠하다. **Weißung**, die; -en ↑weißen의 명사형. **weißlich** 〈Adj.〉 흰 빛을 띤, 흰색에 가까운. **Weißling** ['vaislɪŋ], der; -s, -e **1.** 흰나비과의 나비. **2.** (은백색으로 빛나는) 잉어. **3.** (유럽산) 대구.

weißt [vaist] ↑wissen 참조.

Weistum ['vaistuːm], das; -s, ...tümer [...tyːmɐ] 《중세》 **a)** 법 지식을 갖춘 사람이 분쟁이 있을 때 내린 판결. **b)** 위의 판결 기록을 모아둔 책. **Weisung**, die; -en **1. a)** 지시, 명령; eine W. erhalten[empfangen] 지시를 받다. **b)** [관] (행정적) 지시, 훈령, (행정) 규정. **2.** [법] 보호 관찰 기간 중 지켜야 할 수칙.

weisungs-, Weisungs- [관-] ~**befugnis**, die ↑ ~**recht**. ~**befugt** 〈Adj.〉 지시를 내릴 권한이 있는. ~**berechtigt** 〈Adj.〉 ↑~befugt. ~**gebunden** 〈Adj.〉 규정[지시]에 매인. ~**gebundenheit**, die ↑ ~gebunden의 명사형. ~**gemäß** 〈Adj.〉 지시대로의, 규정에 따른. ~**gewalt**, die ↑~recht. ~**recht**, das 지시(규정)를 내릴 권한.

weit [vait] 〈Adj.〉 **1. a)** (공간적으로) 넓은, 광대한: die Fenster w. öffnen 창문을 활짝 열다. **b)** 넓게 트인, 광대 무변한, 광활한: die Felder 광활한 들판; in die ~e Welt ziehen 드넓은 세상으로 나가다; **w. und breit** 주변에, 온 둘레에; **das Weite suchen** 도망치다, 재빨리 달아나다; **das Weite gewinnen** 빠져나오다, 탈출하다. **c)** 꽉 끼지 않는, 헐렁한, 품이 넓은. **d)** 폭 넓은, 여유 있는: im weiteren Sinne 좀 더 넓은 의미에서 (약어: i. w. S.). **2.** 긴, 먼, 아득한, 먼 곳의: in -em Abstand folgen 멀찍이 떨어져서 따라가다; sich nicht zu w. hineinwagen 너무 깊숙히 개입하려 하지 않다; wie w. ist es bis dorthin? 그곳까지가 얼마나 머냐?; von w. her kommen 멀리에서 오다; hast du (es) noch w.? 너는 아직도 먼 길을 가야 하느냐?; 〈단위를 나타내는 명사와 함께〉 er sprang zwei Meter weit(er) 그는 2m를 뛰었다; der Ort liegt nur einen Kilometer w. von hier 그곳은 여기에서 단지 1km 떨어져 있다; [전의] eine genauere Erklärung würde zu w. führen 좀더 자세한 설명은 지나치게 길어질 것이다; die Meinungen gingen w. auseinander 의견들은 멀찍이 갈라졌다; er ist zu w. gegangen 그는 너무 지나쳤다; [성구] so w., so gut 지금까지는 모든 것이 잘 되었다; **von -em** 멀리서. **3. a)** 시간적으로 먼(과거, 미래). **b)** (사건이나 행동의 진척의 정도를 표시) 그 정도로까지: schon sehr w. mit einer Sache sein 일이 이미 상당히 진척되어 있다; **so w. sein** 《통용어》 준비가 끝났다, 준비가 되어 있다. **4.** 〈형용사의 비교급과 결합하여 의미를 강조, 그 외에는 단지 부사적〉 아주, 굉장히, 훨씬: w. größer [besser] 훨씬 더 큰[좋은]; **bei -em** 훨씬, 굉장히, 전적으로. **Weit** [-], der; -(e)s 《schweiz. · 스포츠 · 은어》 ↑Weitsprung의 약칭.

weit-, Weit-: ~**ab** 〈Adv.〉 멀리 떨어져서, 아득한 저쪽에: w. (von Bahnhof) wohnen (역으로부터) 멀리 떨어져서 살다. ~**ärm(e)lig** [-|ɛrm(ə)lɪç] 〈Adj.〉 소매가 넓은. ~**aus** 〈Adv.〉 형용사의 비교급 및 최상급과 함께 쓰일 때는 의미의 강조) 월등하게, 훨씬, 아주 심하게: w. besser 월등하게 더 좋은; 《동사와도 결합하여》 alle anderen w. übertreffen 다른 모든 사람들을 훨씬 능가하다. ~**bekannt** 〈Adj.〉 널리 알려진, 명성이 높은. ~**blick**, der 《Pl. 없음》 **1.** 미래를 내다볼 수 있는 능력, 선견지명. **2.** 조망, 전망. ~**blickend** 〈Adj.; 비교급: weiter blickend / -er〉 선견지명이 있는, 앞일을 내다볼 수 있는. ~**gehend** 〈Adj.〉 광범위한, 포괄적인: einen Plan w. verwirklichen 어떤 계획을 포괄적으로 실천하다. ~**gereist** 〈Adj.〉 널리 여행한, 여행에 익숙한. ~**gespannt** 〈Adj.〉 광범위하게 미치는, 매우 포괄적인. ~**greifend** 〈Adj.〉 많은 것을 포함한, 광범위한. ~**her** 〈Adv.〉 (아이) 멀리서. ~**herum** 〈Adv.〉《schweiz.》 널리, 도처에. ~**herzig** 〈Adj.〉《드물게》 ↑großzügig (1). ~**herzigkeit**, die 관대함, 도량이 큼. ~**hin** 〈Adv.〉 **1.** 멀리까지, 널리, 도처에, 먼 곳으로. **2.** 포괄적으로, 대체로: es ist w. sein Verdienst 이것은 대체로 그의 공로이다. ~**hinaus** 〈Adv.〉 오랫동안에. ~**läufig** 〈Adj.〉 **1.** 넓은, 광대한, 큰. **2.** 자세한, 세밀한. **3.** (친척 관계로 보아) 먼: ein -er Verwandter 먼 친척. ~**läufigkeit**, die ↑~läufig의 명사형. ~**maschig** 〈Adj.〉 (그물의) 눈이 성긴: ein -es Netz 눈이 성긴 그물. ~**räumig** 〈Adj.〉 넓은 공간의, 넓은 공간을 요하는. ~**räumigkeit**, die ↑~räumig의 명사형. ~**reichend** 〈Adj.〉 **1.** 멀리 미치는: ein -es Geschütz 장거리 포. **2.** 여러 방면에 미치는, 광범위한: -e Beziehungen 다방면의 관계. ~**schauend** 〈Adj.; 비교급: weiter schauend / -er〉 (아이) ↑~blickend. ~**schichtig** 〈Adj.〉 세밀하고 복잡한. ~**schuß**, der [스포츠] 원거리 슈팅: unerlaubter W. [아이스하키] 허용되지 않은 원거리 슈팅. ~**schweifig** [-ʃvaifɪç] 〈Adj.〉 장황한, 번잡한, 짜임새 없는: ein -er Roman 쓸데없이 긴 소설. ~**schweifigkeit**, die; -en ↑~schweifig의 명사형. ~**sicht**, die 《Pl. 없음》 ↑~blick. ~**sichtig** 〈Adj.〉 **1.** 원시(遠視)의, 노안의(반대: kurzsichtig). **2.** 선견지명이 있는, 미래를 내다봄, 선견지명이 있음. ~**springen** 《부정형과 분사로만 사용됨》 [스포츠] 넓이뛰기를 하다.

~springer, der 넓이뛰기 선수. **~sprung,** der 〖스포츠〗 1. 〈Pl. 없음〉 넓이뛰기: der Olympiasieger im W. 넓이뛰기 종목의 올림픽 우승자. 2. (넓이뛰기 경기에서의) 개개의 시기(試技). **~spurig** 〈Adj.〉 〖철도〗 광궤의. **~strahler,** der 〖자동차〗 상향등. **~tragend** 〈Adj.〉 1. 멀리 미치는, 먼 곳에 이르는: ein -es Geschütz 장거리 포. 2. 광범위한, 파급 효과가 큰: -e Konsequenzen 광범위한 파급 효과. **~um** 〈Adv.〉 ((schweiz. · 드물게)) ↑ ~herum. **~verbreitet** 〈Adj.〉 널리 분포된. 2. 많은 사람들에게 확산된, 널리 퍼진. **~verkehr,** der 〈Pl. 없음〉 〖무선〗 무선 통신, 원거리 통신. **~verzweigt** 〈Adj.〉 1. 광범위하고 세분된. 2. 가지가 많은, 가지가 여러 방향으로 퍼진: ein -es Unternehmen 문어발식 기업. **~winkel,** das; -s, - 《사진·은어》 ↑ ~winkelobjektiv의 약칭. **~winkelobjektiv,** das 〖사진〗 광각 렌즈.
Weite ['vaitə], die; -n 1. 넓은 공간, 넓은 면적, 넓이, 넓음. 2. 〖스포츠〗(도약 경기 종목 등에서) 뛴 거리. 3. (관 따위의) 크기, 직경. 4. (옷 등의) 크기. **weiten** ['vaitn] 〈h〉 1. (특히 구두를) 넓히다, 늘리다. 2. 〈w. + sich〉 넓어지다, 확장되다: 〖전의〗 sein Horizont(Blick) hat sich durch zahlreiche Reisen geweitet 그의 시야는 많은 여행을 통해 넓어졌다. **Weitenjäger,** der; -s, - 《스포츠·은어》 스키 점프 경기 선수. **weiter** ['vaitɐ] 〈Adv.〉 〖원래 ↑weit의 비교급〗 1. (어떤 행동이나 동작의 지속을 나타냄) 계속해서: halt, nicht w.! 멈추어라, 더 계속하지 말아라!; w.! (앞으로) 나아가라!; **und so w.** 기타, 그 외에(약어: usw.). 2. 이어서 계속하여, 계속하여 다음으로. 3. 그 외에: das ist nichts w. als eine Ausrede 그것은 핑계 외에는 아무것도 아니다; kein Wort w.! 그 외에는 (더 이상) 말하지 마라!; was ist da w. dabei 그것말고도 또 무엇이 있는가 〖성구〗 wenn es w. nichts ist! 그것이 전부라면 (별 문제가 아니다). **weiter...** 〈Adj.〉 그 이외의, 그 이상의, 계속되는, 이어지는: haben Sie noch weitere Fragen?; ohne -e Umstände zahlt er 그는 서슴없이 지불했다; im -en 다음에서, 이하에서; **bis auf -es** 당분간은, 우선은; **ohne -es** 아무런 문제〔어려움〕없이, 쉽게; **des -en** (아이) 그 이상으로, 그 밖에.
weiter-, Weiter-: **~arbeiten** 〈h〉 1. 계속 일하다. 2. 〈w. + sich〉 계속 진행되다. **~befördern** 〈h〉 1. (물건이나 사람을) 이어서(인계 받아 계속) 운송(운반)하다. 2. (우편물을) 인계 받아 계속 전달하다. **~beförderung,** die 〈Pl. 없음〉 ~befördern의 명사형. **~behandlung,** die 치료의 계속. **~bestehen** 〈h〉 계속해서 존립하다, 존속하다. **~bilden** 〈h〉 1. a) (교육 과정이 끝난 후에도) 교육을 계속하다, 계속해서 교육을 가르치다. **b)** 〈w. + sich〉 계속하여 교육을 받다. 2. (드물게) 계속 발전시키다. **~bildung,** die 〈Pl. 없음〉 ↑ ~bilden의 명사형. **~bringen*** 〈h〉 촉진하다, 진척시키다. **~denken*** 〈h〉 어떤 생각을 계속하다. **~dürfen*** 〈h〉 계속 갈 수 있다. **~empfehlen*** 〈h〉 (다른 사람에게도) 계속 추천하다. **~entwickeln** 〈h〉 1. 개선하다, 더 좋게 발전시키다. 2. 〈w. + sich〉 개선되다, 더 좋게 발전되다. **~entwicklung,** die ↑ ~entwickeln의 명사형. **~erzählen** 〈h〉 (자기가 들은 것을) 다른 사람에게 말하다. **~existenz,** die 〈Pl. 없음〉 《schweiz.》 존속, 존립. **~fahren*** 〈s〉 1. a) (여행을) 속행하다. **b)** 《südd., schweiz.》 (차를 타고) 떠나다, 가버리다, (차로) 운반하다. **~fahrt,** die 〈Pl. 없음〉 계속 가기(여행). **~feiern** 〈h〉 계속 잔치를 벌이다. **~fliegen*** 〈s〉 비행〔기 여행〕을 속행하다, 계속 비행하다(여행하다). **~flug,** der 〈Pl. 없음〉 (기 여행)의 계속〔계〕. **~führen** 〈h〉 1. a) 계속 설치하다. **b)** (일정한 방향으로) 계속 뻗어가다, 나아가다. 2. **a)** 계속하다, 속행하다: eine Verhandlung w. 협상을 계속하다. **b)** 진척시키다, 앞으로 나아가게 하다. **c)** 무엇을 뛰어넘어 계속 가다: weiterführende Schulen 〖학교〗 의무 교육 이상의 상급 학교(예컨대: 김나지움). **~gabe,** die (받은 것을 제3자에게) 이어 전달함, 계속 전달함. **~gang,** der 〈Pl. 없음〉 1. 가버림. 2. (어떤 일의) 진척, 추이. **~geben*** 〈h〉 (받은 것을 제3자에게) 이어 전달하다: 〖전의〗 einen Ball w. 〖스포츠〗 패스 받은 볼을 다른 사람에게 패스하다. **~gehen*** 〈s〉 1. (중단 후에) 계속하여 가다, 가기를 계속하다: bitte w., nicht stehenbleiben! 멈추지 말고 계속하여 가거라 ! 2. **a)** 앞으로 나아가다: der Weg geht nicht mehr weiter 그 길은 더 이상 앞으로 나가지 않는다(길이 끊겼다). **b)** 아직 끝나지 않았다, (중단되었으나) 앞으로 지속된다: (비인칭) so kann es nicht w. 그런 식으로는 계속될 수 없다. **~gehend**: ↑ weitgehend. **~helfen*** 〈h〉 1. (어려움을 극복하도록) 도와주다: jmdm.(bei einem Problem) w. 누구에(어떤 문제를 극복하도록) 도와 주다. 2. 도와 진척시키다. **~hin** 〈Adv.〉 1. 아직도, 지금도. 2. 미래에도, 장차에도: (auch) w. alles Gute! 앞으로도 만사 형통하기를! 3. 그 이 외에도, 더 나아가서: w. ist folgendes zu bedenken 그 외에도 다음 사항을 염두에 두어야 한다. **~kämpfen** 〈h〉 계속 싸우다. **~kommen*** 〈s〉 1. **a)** 전진하다, 계속해서 나아가다. **b) (zu)sehen(machen), daß man weiterkommt** 《통용어》 재빨리 비켜나(도록)(떠나도록, 도망치도록) 하다. 2. 진척시키다, 성과를 얻다: mit einem Problem w. 어떤 문제를 진척시키다; im Leben w. 인생〔직업〕에서 성과를 얻다; eine Runde w. 〖스포츠〗 다음 라운드에 다다르다. **~können*** 〈h〉 《통용어》 1. 계속 갈 수 있다, 전진할 수 있다: hier können wir nicht weiter 《통용어》 여기서 우리는 더 이상 나아갈 수 없다. 2. 《통용어》 활동〔생활〕을 계속할 수 있다: er löste die Aufgabe halb, dann konnte er nicht weiter 《통용어》 그는 과제를 반쯤 풀고 더 이상 나아갈 수가 없었다. **~laufen*** 〈s〉 1. 계속해서 달리다. 2. 계속 작동하다: eine Maschine pausenlos w. lassen 기계를 쉬지 않고 작동시키다: 〖전의〗 die Fabrik muß w. 공장은 계속 돌아가야 한다. 3. 계속 진행되다: die Ermittlungen laufen weiter 수사는 계속 진행된다. **~leben** 〈h〉 1. **a)** 계속 살다: wenn du w. willst, sei vorsichtiger! 네가 계속 살고 싶으면 좀더 조심하라! **b)** 생명(존재)을 보존하다. 2. ↑ fortleben (1). **~leiten** 〈h〉 다른 사람(부서)에게 전달하다(넘기다): eine Anfrage (an den zuständigen Sachbearbeiter) w. 질의서를 (담당자에게) 전달하다; einen Ball w. 〖스포츠〗 공을 계속 패스하다. **~leitung,** die 계속적 전달(통제). **~machen** 〈h〉 《통용어》 어떤 행동을 계속하다: mit etw. w. 무엇을 계속하다. **~marsch,** der 〈Pl. 없음〉 계속적인 행군. **~marschieren** 〈s〉 계속 행군하다. **~müssen*** 《통용어》 계속해서 해야〔가야〕 한다: ich muß gleich weiter 나는 곧 계속해야 한다. **~reden** 〈h〉 계속 연설하다. **~reichend**: ↑ weitreichend. **~reise,** die 계속적인 여행. **~reisen** 〈s〉 계속 여행하다. **~sagen** 〈h〉 말을 전달하다. **~schenken** 〈h〉 (받아서 선물하는 대신에) 선물한 장소에서 선물하다. **~schicken** 〈h〉 1. 누구에게 계속 보내다. 2. 누구를 멀리 보내다. **~schieben** 〈h〉 앞으로 계속 밀다. **~schlafen*** 〈h〉 계속 잠자다. **~schleppen** 〈h〉 1. **a)** 계속 끌다. 2. 〈w. + sich〉 계속해서 질질 끌고 가다. **~sehen*** 〈h〉 계속해서 보다. **~spielen** 〈h〉 1. 계속 경기하다. 2. 패스하다: den Ball w. 공을 패스하다. **~sprechen*** 〈h〉 계속 말하다. **~tragen*** 〈h〉 1. 계속 끌고 가다(운반하다). 2. 《통용어》 계속 이야기하다(이야기하여 퍼뜨리다). **~treiben*** 1. 〈h〉 계속 몰고 가다(쫓다). 2. 〈h〉 계속하다. 3. 밀고 나가다, 추진하다, 촉진하다: eine Entwicklung w. 발전을 촉진하다. **~verarbeiten***

⟨h⟩ 재가공하다: Halbfabrikare (zu etw.) w. 반제품을 재가공하여 (무엇을) 만들다. **~verarbeitung,** die 재가공. **~veräußern** ⟨h⟩ 재매각하다. **~verbreiten** ⟨h⟩ 계속 전파하다. **~verbreitung,** die 계속적인 전파. **~vererben** ⟨h⟩ **1.** 대대로 물려 주다. **2.** ⟨w. + sich⟩ 상속되다. **~verfolgen** ⟨h⟩ 계속해서 추구(추적)하다. **~verfolgung,** die ↑~verfolgen의 명사형. **~verkauf,** der 계속적인 양도[매각]. **~verkaufen** ⟨h⟩ 계속해서 팔다. **~vermieten** ⟨h⟩ 다시 세주다. **~vermitteln** ⟨h⟩ 계속해서 매개(중개)하다. **~versicherung,** die [보험] 재보험. **~verwenden*** ⟨h⟩ 재사용[적용]하다. **~verwendung,** die 재사용[적용]. **~wachsen*** ⟨s⟩ 계속 성장하다. **~wandern** ⟨s⟩ 계속 방랑하다. **~wirken** ⟨h⟩ 계속 작용하다. **~wissen*** ⟨h⟩ 해결책을 알다, 어떻게 해야 할지를 알다; nicht mehr w. 더 이상 모르겠다. **~wollen*** ⟨h⟩ 《통용어》 계속해서 가려고[하려고] 하다. **~wurs(ch)teln** ⟨h⟩ 《경》 계속해서 일하다. **~zahlen** ⟨h⟩ 계속 지불하다. **~ziehen*** ⟨s⟩ 계속 이동하다.

weitern ⟨h⟩ 《드물게》 넓히[펼치]다, 확장하다.
weiters ['vaitɐs] ⟨Adv.⟩ (österr.) 계속해서(↑weiter hin). **Weiterung** ['vaitəruŋ], die; -en ⟨대개 Pl.⟩ 달갑 잖은[불쾌한] 결과. **weitestgehend:** ↑weitgehend. **Weitling** ['vaitlɪŋ], der; -s, -e 《österr., bayr.》 바닥이 깊은 바리때(단지). **Weitung** ['vaituŋ], die; -en **1.** 확대, 확장, 넓음 **2.** 넓은 장소, 넓어지는 지점.
Weizen ['vaitsn̩], der; -s, ⟨종류⟩ **a)** 밀: W. steht gut 밀이 잘 자라고 있다; **jmds. W. blüht** (아어) 누구의 일이 잘 되어가다. **b)** 밀알: Säcke mit W. füllen 자루에 밀을 담다.
weizen-, Weizen-: **~bier,** das ↑Weißbier. **~blond** ⟨Adj.⟩ ↑semmelblond: -es Haar 연한 블론드의 머리칼. **~brot,** das 밀가루 빵. **~ernte,** die 밀수확. **~feld,** das 밀 밭. **~gelb** ⟨Adj.⟩ 황갈색의. **~halm,** der 밀짚. **~keim,** der 밀의 눈. **~keimöl,** das 밀기름. **~kleie,** die 밀겨[기울]. **~klima,** das 밀 농사에 적합한 기후. **~korn,** das 밀알. **~mehl,** das 밀가루. **~schlag,** der 《지역적》 밀 밭. **~schrot,** der 《또는》 das 거칠게 빻은 밀.
Weka [ve:'ka:], der; -(s), -s 《schweiz.》 반복 코스.
welch: ↑welcher. **welche:** ↑welcher. **welcher** ['vɛlçɐ], welche ['vɛlçə], welches ['vɛlçəs] (welch [vɛlç]) **I. 1.** 어느, 어떤?: welcher Mantel gehört dir? 어느 외투가 너의 것이냐?; welches(《드물게》 welcher) ist dein Hut? 어떤 것이 너의 모자냐?; welchen Mannes Haus? 어느 남자의 집이냐?; welches sind die schönsten Rosen? 어떤 것(들)이 가장 아름다운 장미냐?; (감탄문에서) welches(welchen) Kindes Wunsch wäre das nicht! 어떤 어린아이가 그것을 바라지 않겠는가!; welcher (Verantwortliche) auch (immer)(welcher (Verantwortlicher)) zugestimmt hat, es war nicht recht 어떤 책임있는 사람이 동의했든지 간에 그것은 옳지 않다. **2.** 《아어》 어떤 종류의 (것이)?: welcher schöne Tag ist das heute! 오늘은 참으로 좋은 날이다!; welch ein (Un)glück! 이게 웬 행운[불행]인가! **II.** ⟨Relativpron.; 2격 없음⟩ 《드물게》 ↑der, die, das(III 1 a): Personen, für welche das gilt 그것이 해당되는 사람들; die, welche die beste Arbeit geleistet hatten, wurden nicht erwähnt 최고의 일을 수행한 사람들은 언급되지 않았다. 《격식 독어》 Äpfel, Birnen, Pfirsische, welch letztere besonders schmackhaft waren 사과, 배 그리고 가장 맛있었던 복숭아. **III.** ⟨Indefinitpron.⟩ 얼마(큼), 몇, 약간: ich habe keine Zigaretten. Hast du welche? 나는 담배가 하나도 없다. 너는 좀 가졌느냐?; sind schon welche(von, uns) zurückgekommen? 《통용어》 (우리 중에) 누가 벌써 돌아왔는가? **welcherart** ⟨interrogatives Adj.; 격변화 없음⟩ 어떠한 방식으로, 어떤 종류의?: w. Leute sind das? 그들은 어떤 종류의 사람들인가? **welchergestalt** 《격식 독어》 ↑welcherart. **welcherlei** ⟨interrogatives Art.; 격변화 없음⟩ 여하한 종류의(종류이든간에): w. Gründe er auch (immer) gehabt haben mag, er hätte es nicht tun sollen 어떠한 (종류의) 이유를 그가 가졌더라도 그는 그것을 하지 말았어야 했다. **welcherweise** ⟨Interrogativadv.⟩ 《드물게》 어떠한 방법으로?: w. soll das geschehen? 어떻게 그런 일이 일어난단 말인가? **welches:** ↑welcher.
Welf [vɛlf], der; -(e)s, -e 《또는》 das; -(e)s, -er 동물의 새끼, 어린 짐승.
welk [vɛlk] ⟨Adj.⟩ 시든, 생기 잃은: die Blumen sind w. 그 꽃들은 시들었다. **welken** ['vɛlkn̩] ⟨s⟩ 시들다: die Rose welkt schon 그 장미는 벌써 시들고 있다; 전의 die Schönheit begann zu w. 그 여자의 아름다움은 시들기 시작했다. **Welkheit,** die ↑welken의 명사형.

Well-: **~baum,** der (고어) 돌대(물방아 따위의). **~blech,** das 골함석. **~blechdach,** das 골함석 지붕. **~blechgarage,** die 골함석으로 지은 차고. **~blechhose,** die 《통용어·농》 **1.** 맨체스터 코르덴 바지. **2.** 주름천 바지. **~fleisch,** das ↑Wellfleisch. **~pappe,** die 골판지, 파형판지(波形板紙).
Wellchen ['vɛlçən], das; -s, - ↑Welle (1)의 축소형.
Welle ['vɛlə], die; -n **1.** 물결, 파도: die -n gehen hoch 파도가 높이 친다; das Boot treibt(schaukelt) auf den -n 배가 파도 위를 떠간다; sich von den -n tragen lassen 파도치는 대로 떠다니다; 전의 eine W. von Wut stieg in ihm hoch 그의 마음 속에서 분노의 물결이 치밀었다; die -n der Empörung gingen hoch 분노의 물결이 치솟았다; die -n (der Erregung) haben sich wieder geglättet (흥분의) 물결은 가라앉았다. **2. a)** 물밀듯이 닥쳐드는 것: etw. löst W. von Protesten(Streiks) aus 무엇이 항의(파업)의 물결을 야기하다; **grüne W.** 정지 신호에 걸리지 않고 계속 주행이 가능한 녹색 신호 체제; **(seine) -n schlagen** (자기의) 영향력을 과시[발휘]하다; **hohe -n schlagen** 큰 파문을 일으키다. **b)** 파문(波紋): die neue W. in der Mode betont das Weibliche 의상의 새로운 풍조는 여성미를 강조한다; die weiche W. 《통용어》 (정치, 형벌 시행에서의) 유화(宥和) 풍조. **3. a)** 머리털이 곱슬곱슬한 부분: sich -n legen lassen 머리에 파마하다. **b)** 지형의 작은 기복. **4. a)** [물리] 파동(波動): elektromagnetische -n 전자파(電磁波); die -n des Lichtes(Schalls) 광파 [음파]. **b)** [방송] 방송, 주파: Radio X sendet ab morgen auf einer anderen W. 라디오 X는 내일부터 주파수를 변경하여 방송한다. **5.** [기술] 돌대, 굴대, 회전축[回轉軸]. **6.** [체조] 철봉의 대차류(大車輪), 회전. **7.** 《지역적》 (나무, 벼, 짚의) 작은 단. **wellen** ['vɛlən] ⟨h⟩ **1.** 물결 모양으로 하다[만들다]: sich das Haar w. lassen 머리를 파마하다. **2.** ⟨w. + sich⟩ 주름지다. **b)** 물결 모양을 이루다: ihr Haar wellt sich 그 여자는 곱슬머리이다.

wellen-, Wellen-: **~artig** ⟨Adj.⟩ 물결 같은, 파도치는. **~bad,** das (인공) 파도수영장. **~band,** das ⟨Pl. ...bänder⟩ 주파수대(帶). **~bereich,** der 전파 도달 구역, 주파수 범위. **~berg,** der 물마루, 산더미 같은 파도. **~bewegung,** die 파도(파상) 형성. **~brecher,** der **1.** 방파제. **2.** [조선] 선박 갑판의 파도막이. **3.** 《통용어·nordd.》 소주, 화주(火酒). **~förmig** ⟨Adj.⟩ 파도[물결] 모양으로 된. **~furche** [지질] 고랑[물결] 모양의 땅. **~gang,** der ⟨Pl. 없음⟩ 세찬 파도(침).

~kamm, der 물마루. ~länge, die 1. [물리] 파장(波長). 2. 《통용어》 사고[감응] 방법: die gleiche W. haben(auf der gleichen W. liegen) 사고 방법이 같다. ~linie, die 파동을 이루는 선(線). ~reiten, das [스포츠] 서핑[파도타기]. ~reiter, der 서핑[파도타기] 선수, 파도타는 사람. ~rippeln 〈Pl.〉 ↑Rippeln. ~salat, der 〈Pl. 없음〉 전파 방해, 전파의 혼선. ~schlag, der 파도가 침, 물결치는 파도. ~schliff, der 물결 모양의 칼날. ~sittich, der 깃의 윗부분이 물결 모양을 한 황록색의 앵무새. ~skala, die 라디오 수신기의 지침반, 다이얼. ~strahlen 〈Pl.〉 [물리] 전자파의 방사, 에너지 방선(放線). ~strahlung, die 전자파의 방사. ~tal, das 물골짜. ~theorie, die 〈Pl. 없음〉 1. 〔물리·엣〕 파동설(波動說). 2. [언어] (언어 변천의) 파동설. ~tunnel, der 1. [조선] (터빈 회전용) 파도 터널. 2. 카르단식 터널. ~zug, der [물리] 파동의 흐름이 이루는 선, 파동열.

Weller ['vɛlɐ], der; -s 《종류》-《전문어》짚을 섞은 점토 (목골 가옥용의). wellern ['vɛlɐn] 〈h〉 1. 점토(粘土)를 만들어내다. 2. 《목골 가옥에》 점토반죽(粘土)을 바르다. Wellerwand, die; -wände 목골 가옥의 점토벽. Wellfleisch ['vɛl-], das; -(e)s 갓잡아 삶은 돼지 뱃가죽 고기. Wellhornschnecke ['vɛl-], die 바다달팽이의 일종. wellig ['vɛliç] 〈Adj.〉 파도이는, 물결치는, 물결모양의: -es Haar 물결 모양의 머리털. Welligkeit, die 물결 모양, 파동(波形). Welliné ['vɛli'neː], der; -(e)s, 《종류》 -s 오돌도돌한 무늬의 양모직(羊毛織).

Wellington ['wɛliŋtən] 웰링톤(뉴질랜드의 수도).
Wellingtonia [vɛliŋ'toːnia], die; -, ..ien [..iən; Herzog von Wellington에서 유래] ↑Sequoia.
Wellpappe ['vɛl-], die 파형판지(波形板紙).
Wellrad ['vɛl-], das [기술] 축륜(軸輪)(감는 굴대).
Wellung ['vɛluŋ], die; -en 1. [드물게] 물결 모양, 파형. 2. 땅의 기복이 있는 곳.
Welpe ['vɛlpə], der; -n, -n (개, 늑대, 여우 등의) 새끼.
Wels [vɛls], der; -es, -e 메기(특히 유럽산의 큰 메기).
welsch [vɛlʃ] 〈Adj.〉 1. 《schweiz.》 프랑스어를 사용하는 스위스 지역의. 2. a) [고어] 로만어(라틴)계의, 프랑스[이탈리아]계의. b) 《준고어·폄》외국어의(특히 프랑스, 이탈리아의), 남국의.
welsch-, Welsch-: ~kohl, der 〈지역적〉 양배추의 일종. ~korn, das 〈Pl. 없음〉 〈지역적〉 옥수수. ~kraut, das 〈Pl. 없음〉 ↑Welschkohl. ~land, das 〈Pl. 없음〉 1. 《schweiz.》 프랑스계의 스위스 2. [고어] 이탈리아(프랑스). ~schweizer, der 《schweiz.》 프랑스[이탈리아]어계의 스위스 사람. ~schweizerin, die; -nen 《schweiz.》 프랑스[이탈리아]어계의 스위스 여자. ~schweizerisch 〈Adj.〉 프랑스[이탈리아]어계의 스위스의.
welschen ['vɛlʃn] 1. 〈h〉 [고어] 뜻모를 이야기를 지절이다. 2. 쓸데없는 이야기를 많이 섞어서 말하다.
Welsh rabbit ['wɛlʃ 'ræbit; engl. Welsh rabbit], Welsh rarebit ['wɛlʃ 'rɛəbit], der 치즈를 발라서 구운 흰 빵.
Welt [vɛlt], die; -en 1. 〈Pl. 없음〉 지구, 세상, 세계: die W. erobern(beherrschen) wollen 세계를 정복[지배]하려 하다; die W. gesehen haben 세상 구경을 많이 했다; allein auf der W. sein 혈혈단신이다; eine Reise um die W. 세계 일주 여행; nicht um die W. gebe ich das her 나는 그것을 세상을 준다 해도 주지 않는다; [성구]die W. ist klein[ist ein Dorf] 〈농〉 세상은 넓고도 좁다; hier ist die W. (wie) mit Brettern vernagelt 《통용어》 일이 여기서 콱 막혔다; deswegen [davon] geht die W. nicht unter 《통용어》 그렇다고 [그것으로] 세상이 끝나는 않는다; was kostet die W.? 〈농〉 나는 절대로 물러서지 않겠다; die Alte W. 유럽 (대륙); die Neue Welt 아메리카 (대륙); die dritte W. [정치·경제] 제삼 세계; die vierte W. [정치·경제] 제사 세계(저개발 국가들); nicht die W. sein 《통용어》 대수롭지 않다, 별 것 아니다; nicht die W. kosten 《통용어》 별로 비싸지 않다; auf die W. kommen 태어나다; auf der W. sein 생존하다; etw. mit auf die W. bringen 무엇을 가지고 태어나다; aus aller W. 세상 도처로부터: Nachrichten aus aller W. 세상 도처의 소식; nicht aus der W. sein 《통용어》 고립되지 않다; in aller W. 온 세상에, 전 세계에; in alle W. 전 세계로, 세계 방방곡곡으로. 2. 〈Pl. 없음〉 a) 온 인류, 온 세상 사람들: die ganze W. um sich herum vergessen 《통용어》 세상 모든 것을 잊다; die halbe W. hat nach dir gefragt 무척 많은 사람들이 너에 관해서 물었다; vor der W. 많은 사람 앞에서; in den Augen der W. ein Verbrecher sein 세상 사람들의 눈에 범죄자로 보이다; [성구] die W. ist schlecht 세상 (사람들)은 사악하다; nobel[vornehm] geht die W. zugrunde 《통용어·조롱》멋지게 펑펑 쓰는군; so etwas hat die W. noch nicht gesehen[erlebt]! 《통용어》 그런 것은 전대미문의 일이다!; ich könnte (vor Freude) die ganze W. umarmen! 나는 (너무 기뻐서) 온 세상을 끌어안을 지경이다; alle W. 《통용어》 모든 사람들, 누구나: sich vor aller W. blamieren 모든 사람들의 웃음거리가 되다. b) 〈아어·준고어〉 사회, 집단, 계(界): die gelehrte W. 학계; die vornehme W. 상류 사회; die weibliche W. 여성계; die gefiederte W. 조류(鳥類). 3. 〈Pl. 없음〉 삶을 터전으로서의 세계, 세상: aus der W. gehen(scheiden) 〈아어·은폐〉 죽다, 자살 하다; sich in der W. zurechtfinden 세상살이를 잘 해 나가다; mit sich und der W. zufrieden sein 현실에 만족하다 (das ist) (eine) verkehrte W. 거꾸로된 세상; um nichts in der W.(nicht um alles in der W.) 절대로[결코] …하지 않다; die W. nicht mehr verstehen 세상사를 이해할 수 없다; aus der W. schaffen 제거하다, 없애다; sich durch die W. schlagen 험난한 세상을 살아가다; in die W. setzen 1) 〈경〉 (아이를) 낳다. 2) 《통용어》 (소문 따위를) 퍼뜨리다; um alles in der W. 무슨 일이 있어도, 세상을 다 준다해도; in aller W. 《통용어》 도대체: wie in aller W. war das (nur) möglich? 도대체 그런 일이 어떻게 가능했나?; nicht von dieser W. sein 〈아어〉 이 세상 것이 아니다, 저 세상에 속하다; zur W. kommen 태어나다, 출생하다. 4. 제한된 세계, 생활 영역: die geistige W. (dieses Autors) (이 저자의) 정신 세계; eine völlig neue W. tat sich ihm auf 하나의 완전히 새로운 세계가 그에게 열렸다. 5. a) 〈Pl. 없음〉 우주, 만유. b) 천체, 태양계: [전이] -en liegen zwischen uns[trennen uns] 우리 사이는 너무나 멀다.

welt-, Welt-: (↑welten-, Welten-도 참조): ~abgeschieden 〈Adj.〉 세상과 유리된, 외진. ~abgeschiedenheit, die ↑~abgeschieden의 명사형. ~abgewandt 〈Adj.〉 외면한[등진]. ~abgewandtheit, die 세상과의 절연 상태. ~all, das 우주. ~alter, das 시대(時代), 우주의 연령. ~anschaulich 〈Adj.〉~anschauung의: jmds. -e Einstellung 누구의 세계관. ~anschauung, die 세계관. ~atlas, der 세계 지도. ~auffassung, die 세계관. ~ausstellung, die 만국 박람회. ~auswahl, die [구기] 세계 올스타(팀). ~bank, die 〈Pl. 없음〉 세계 은행. ~bedarf, der (전) 세계적인 수요: der W. an Rohstoffen 원자재의 전세계적 수요. ~bekannt 〈Adj.〉 세계적으로 알려진(유명한). ~berühmt 〈Adj.〉 세계적으로 유명한. ~berühmtheit, die 1. 〈Pl. 없음〉 세계적으로 유명함. 2.

세계적인 인물. ~**best...** 〈Adj.〉세계에서 첫째 가는, 세계 제일의: ~**bestleistung**, die [스포츠] 세계 (최고) 기록. ~**bestzeit**, die 세계(최고) 기록(의 시간): W. schwimmen[laufen] 세계에서 가장 빠르게 수영하다[달리다]. ~**bevölkerung**, die 〈Pl. 없음〉세계 인구. ~**bewegend** 〈Adj.〉세상을 뒤흔드는, 세상을 놀라게 하는: eine -e Idee 일세를 뒤흔드는 사상(관념); die Sache ist nicht w. 《통용어·조롱》그 일은 대단치 않은 일이다. ~**bewegung**, die 전세계적인 운동. ~**bild**, das 세계상(世界像), 세계관. ~**brand**, der 《아이》세계적 대화재, 세계 전쟁. ~**bummler**, der ↑Weltenbummler. ~**bürger**, der 세계 시민, 세계주의자. ~**bürgerlich** 〈Adj.〉세계주의의, 인간가족적인. ~**bürgertum**, das 세계주의, 세계 시민성(주의). ~**chronik**, die 세계 연대기. ~**cup**, der [스포츠] 월드컵. ~**dame**, die 처세에 능한 여자, 사교적 여인. ~**eislehre**, die 〈Pl. 없음〉↑Glazialkosmogonie. ~**elf**, die 전세계 베스트일레븐(축구 팀). ~**elite**, die [스포츠] 세계 최고 선수. ~**ende**, das 1. 《농》세계의 끝, 아주 외진 곳. 2. 세계의 종말. ~**entlegen** 〈Adj.〉세상에서 멀리 떨어진. ~**entrückt** 〈Adj.〉《아이》속세를 떠난, 고독한. ~**ereignis**, das 세계적인 사건. ~**erfahren** 〈Adj.〉산전수전 다 겪은, 이 세상 경험이 많은. ~**erfahrung**, die 세상 경험. ~**erfolg**, der 세계적인 성공: sein Buch wurde ein W. 그 책은 세계적인 성공을 거두었다. ~**erschütternd** 〈Adj.〉세상을 뒤흔드는: die Sache ist nicht w. 《통용어·조롱》그 일은 대단한 일이 아니다. ~**esche** 〈Pl. 없음〉《북구 신화》(우주를 떠받치고 있다는) 우주수(宇宙樹). ~**fern** 〈Adj.〉《아이》↑~abgewandt. ~**flucht**, die 〈Pl. 없음〉세상을 등짐, 세상으로부터의 도피. ~**format**, das 〈Pl. 없음〉세계(수준)급. ~**fremd** 〈Adj.〉세상과 동떨어진, 세상 물정에 어두운: ein -er Mensch[Idealist] 세상 물정에 어두운 사람[이상주의자]. ~**fremdheit**, die ↑~fremd의 명사형. ~**friede**, der 《아이》↑~frieden. ~**frieden**, der 세계 평화. ~**gebäude**, das 〈Pl. 없음〉《아이》우주. ~**gefühl**, das 세계 감정. ~**gegend**, die 방위(方位). ~**geist**, der 〈Pl. 없음〉[철학] 세계 정신, 시대 정신. ~**geistliche**, der [가] 교구 성직자. ~**geistlichkeit**, die 교구 성직 신분. ~**geltung**, die 국제적 평가(중요성). ~**gericht**, das 〈Pl. 없음〉[종교] 최후의 심판. ~**geschehen**, das 전세계의 사건들. ~**geschichte**, die 〈Pl. 없음〉1. 세계(역)사: 그가 da hört (sich) doch die W. auf 《통용어》그것은 얼토당토없는 일이다. 2. in der W. 《통용어·농》세계 도처에, 어디에(서)나: in der W. herumreisen [-wandern] 세계 도처를 두루 여행하다[돌아다니다]. ~**geschichtlich** 〈Adj.〉세계(역)사의. ~**getriebe**, das 〈Pl. 없음〉세계에서 일어나는 분망한 일들. ~**getümmel**, das 《아이》세상에서 일어나는 여러 가지 혼잡한 일들. ~**gewandt** 〈Adj.〉처세에 능한. ~**gewandtheit**, die 처세에 능함. ~**gewissen**, das 〈Pl. 없음〉세계의 양심: an das W. appellieren 세계의 양심에 호소하다. ~**handel**, der 〈Pl. 없음〉세계 통상, 무역. ~**handelsplatz**, der (국제) 무역 중심지, 무역시장. ~**herrschaft**, die 〈Pl. 없음〉세계 지배. ~**hilfssprache**, die 세계(국제)어, 인공어. ~**historie**, die 세계사. ~**historisch** 〈Adj.〉세계사의. ~**jahresbestleistung**, die [스포츠] 해당 연도의 세계 최고 기록. ~**jahresbestzeit**, die [스포츠] 해당 연도의 세계 최고 기록(의 시간). ~**atlas**. ~**kenntnis**, die 〈Pl. 없음〉세상 물정에 대한 식견. ~**kind**, das 현세주의자. ~**klasse**, die 1. [특히 스포츠] 세계 최고 수준 (정상급): diese Sportler sind W. 이 선수들은 세계 정상급이다. 2. 《집합적》세계 정상급 선수(들). ~**klassespieler**, der [스포츠] 세계 정상급 선수. ~**klug** 〈Adj.〉처세에 능한, 세상 물정에 밝은. ~**klugheit**, die 〈Pl. 없음〉처세에 능함. 처세술. ~**konferenz**, die 만국회의, 국제 회의. ~**kongreß**, der ↑~konferenz. ~**körper**, der 《드물게》천체. ~**krieg**, der 세계 대전: der erste[der zweite] W. 일차[이차] 세계 대전. ~**kugel**, die 《드물게》지구. ~**kundig** 〈Adj.〉《아이》1. ↑~erfahren. 2. w. werden 세계에 알려지다: etw. wird w. 무엇이 세계에 알려지다. ~**lage**, die 〈Pl. 없음〉세계 정세. ~**lauf**, der 《드물게》세상 되어가는 형편. ~**läufig** 〈Adj.〉↑ ~gewandt. ~**läufigkeit**, die《아이》↑~gewandtheit. ~**literatur**, die 〈Pl. 없음〉세계 문학. ~**macht**, die (세계적인) 강대국. ~**mann**, der 〈Pl. -männer〉처세에 능한 남자, 사교가, 속된 남자. ~**männisch** 〈Adj.〉세속 인다운, 사교가(적)인, 신사다운. ~**marke**, die 세계적 상표. ~**markt**, der [경제] 세계[국제] 시장. ~**marktpreis**, der 세계 시장 가격. ~**maßstab**, der 〈Pl. 없음〉1. [구동독 경제] 국제 기준. 2. im W. 전세계적으로: diese Entwicklung vollzieht sich im W. 이러한 현상은 전세계적으로 일어나고 있다. ~**meer**, das 대양(大洋). ~**meinung**, die 국제여론. ~**meister**, der 세계 선수권자. ~**meisterin**, die 세계 여자 선수권자. ~**meisterschaft**, die 1. 세계 선수권자의 지위: die W. im Fußball austragen[gewinnen] 축구 세계 선수권 대회를 개최하다[대회에서 우승하다]. 2. 세계 선수권(획득): um die W. spielen[kämpfen] 세계 선수권을 걸고 경기하다. ~**meistertitel**, der 세계 선수권 타이틀: den W. gewinnen 세계 선수권 타이틀을 획득하다. ~**mensch**, der 속인. ~**nah** 〈Adj.〉현실적인, 개방적. ~**niveau**, das [특히 경제] 세계 정상급 수준. ~**offen** 〈Adj.〉1. 개방적인. 2. 《드물게》전세계에 개방된. ~**offenheit**, die (세계로의) 개방성. ~**öffentlichkeit**, die 전세계, 세계 여론. ~**ordnung**, die 세계[국제] 질서. ~**organisation**, die 국제 기구, 국제 조직. ~**politisch** 〈Adj.〉국제 정치적(의). ~**presse**, die 〈Pl. 없음〉세계 신문[언론]. ~**priester**, der ↑~geistlicher. ~**rang**, der 세계 정상급 서열: ein Wissenschaftler von W. 세계 정상급 학자. ~**raum**, der 〈Pl. 없음〉우주: in den W. vorstoßen 우주에 진입하다. ~**raumfahrer**, der 우주 비행[항해]사. ~**raumfahrt**, die 우주 여행. ~**raumfahrzeug**, das 우주선. ~**raumflug**, der 우주 비행. ~**raumforscher**, der 우주 학자. ~**raumforschung**, die 우주 연구. ~**raumkapsel**, die 우주 선 캡슐. ~**raumpilot**, der 우주 비행[항공]사. ~**raumrakete**, die 우주 로켓. ~**raumrecht**, das 우주 관계 국제법. ~**raumschiff**, das 우주선. ~**raumsonde**, die 우주 측정 기구(탐사선). ~**raumstation**, die 우주 정거장. ~**reich**, das 세계적 제국: das römische W. 로마제국. ~**reise**, die 세계 여행. ~**reisende**, der / die 세계 여행객[자]. ~**rekord**, der 세계 기록. ~**rekordhalter**, der 세계 기록 보유자. ~**rekordinhaber**, der 세계 기록 보유자. ~**rekordler**, der ↑ ~rekordinhaber. ~**rekordmann**, der 〈Pl. -männer / -leute〉세계 기록 보유자. ~**religion**, die 세계적 종교. ~**revolution**, die 《공산주의》세계 혁명. ~**revolutionär**, der 《아이》세계 혁명가. ~**ruf**, der 세계적 명성: diese Erzeugnisse haben W. 이 제품들은 세계적으로 이름나 있다. ~**ruhm**, der ↑ ~ruf. ~**schmerz**, der 〈Pl. 없음〉《교양어》감상적 염세 감정, 세계고(世界苦). ~**schmerzlich** 〈Adj.〉염세적인, 세계고(世界苦)로 괴로워하는. ~**schöpfer**, der 조물주, 신(神). ~**seele**, die 〈Pl. 없음〉[철학] 세계 영혼, 세계 원리. ~**sensation**, die 세계적 센세이션. ~**sprache**, die 세계적(으로 중요한) 언어. ~**stadt**, die 세계적 대도시.

~städtisch 〈Adj.〉 세계적 대도시의. ~star, der 세계적인 스타(연예인). ~teil, der 〔드물게〕 대륙. ~theater, das 〔특히 문예학〕 세계(라는) 극장. ~umfassend 〈Adj.〉 세계를 포괄하는, 세계를 둘러싼. ~umseg(e)lung, die (요트에 의한) 세계 일주 항해. ~umsegler, der (요트에 의한) 세계 일주 항해자. ~umspannend 〈Adj.〉 세계를 포함(포괄)하는: ein -es Spionagenetz 전세계에 깔려 있는 간첩망. ~untergang, der 세계의 멸망. ~untergangsstimmung, die 〔과장〕 세계 멸망〔종말〕 분위기. ~uraufführung, die 세계 최초의 공연. ~verändernd 〈Adj.〉 세계를 변화시키는. ~verbesserer, der (조롱) 세계 개혁자(연하는 사람). ~vergessen 〈Adj.〉 (아이) ↑~verloren. ~vergessenheit, die ↑~vergessen의 명사형. ~verloren 〈Adj.〉 1. (아이) 세상을 등진, 몽상에 빠진. 2. 세상에서 버려진, 외로운, 외진. ~vernunft, die 〈Pl. 없음〉 〔철학〕 세계 이성, 세계 정신. ~vorrat, der 세계 저장(예비)량: der W. an Erdöl 석유의 세계 저장량. ~weisheit, die 〈Pl. 없음〉 〔철학·고어〕 철학. ~weit 〈Adj.〉 전세계적으로, 전세계를 망라하여: etw. nimmt w. zu 무엇이 전세계적으로 증가한다. ~wirtschaft, die 세계 경제, 국제 경제. ~wirtschaftlich 〈Adj.〉 세계 경제의. ~wirtschaftskrise, die 세계 경제 위기. ~wunder, das (대개 Pl.) 〔통용어〕 세계(적) 기적: die Sieben W. 세계 칠대 불가사의. ~zeit, die 〈Pl. 없음〉 만국 표준시(약어: WZ). ~zeituhr, die 세계 여러 곳의 시간을 알리는 시계. ~zugewandt 〈Adj.〉 개방적인, 현실(현세)적인.

welten-, Welten-: ~brand, der 〔드물게〕 ↑Weltbrand. ~bummler, der 세계 여행객. ~fern 〈Adj.〉 (아이) 대단히[아득히] 먼. ~raum, der (시어) ↑Weltraum. ~umspannend 〈Adj.〉 (시어) 세계적인, 전세계에 걸친. ~weit 〈Adj.〉 (아이) 대단히 먼. ~wende, die (아이) (사회 구조의) 근본적인 변화.
Welter ['vɛltɐ], das; -s 〔스포츠·은어〕 ↑~gewicht. Weltergewicht, das; -(e)s, -e 〔eng. welterweight〕 1. 〔스포츠〕 웰터급. 2. ↑Weltergewichtler. Weltergewichtler [-gəvɪçtlɐ], der; -s, - 〔스포츠〕 웰터급 선수.
weltlich ['vɛltlɪç] 〈Adj.〉 1. 이 세상의, 현세의, 속세의. 2. 비종교[비교회]적인, 성직자가 아닌, 성직이 없는: sakrale und -e Bauwerke 교회 및 비교회 건축물; geistliche und -e Fürsten 성직 및 세속 영주들.
Weltlichkeit, die; ↑weltlich의 명사형.
wem [ve:m] wer의 3격. Wemfall, der 〔언어〕 3격 (Dativ). wen [ve:n] wer의 4격.
¹Wende ['vɛndə], die; -n 1. 전환점, 전환기, 변화: eine W. zeichnete sich ab[bahnte sich an, trat ein] 하나의 전환점이 생겼다[나타났다]; die W. zum Guten[zum Schlechten] 좋은[나쁜] 일로의 전환(점). 2. an der[um die] W. ...의 전환점[과도기]에. 3. a) 〔수영〕 턴, 회전. b) 〔선윈〕 방향 전환: klar zur W.! 방향 전환! (요트에서의 구령) c) 〔체조〕 전면 도약. d) 〔피겨〕 턴, 회전. 4. 〔스포츠〕 전환점.
²Wende [-], der; -n, -n 서(西)슬라브족 사람.
Wende-: ~hals, der 개미잡이(새의 일종). ~hammer, der 막다른 골목의 끝에 있는 (자동차의) 회전 장소. ~jacke, die 〔의상〕 안팎을 바꿔가며 입을 수 있는 재킷. ~kreis, der 〔griech. tropikòs kýklos〕 1. 〔지리〕 회귀선(回歸線). 2. 〔기술〕 (자동차 바퀴의 축의) 회전 반경. 3. 〔드물게〕 방향 전환. ~manöver, das 〔수영, 배 등의〕 회전 연습. ~mantel, der 〔의상〕 안팎을 바꿔가며 입을 수 있는 외투. ~marke, die 〔요트〕 〔부표 따위의〕 회전 표지. ~platz, der 〔자동차의〕 회전 장소. ~punkt, der 1. 전환점: der W. in seinem Leben 그의 인생의 전환점. 2. 방향 전환점: der nördliche[südliche] W. der Sonne 동(하)지점. ~schleife, die 커브선, 환상(環狀)선. ~schwung, der 〔체조〕 회전 도약.
Wendel ['vɛndl̩], die; -n 〔기술〕 나선, (전구의) 코일.
Wendel-: ~bohrer, der 나선형 드릴. ~rutsche, die 〔기술〕 나선형 슈트. ~treppe, die 나선형 계단.
wenden⁽*⁾ ['vɛndn̩]* 〈h〉 (h) 1. a) 회전시키다, 뒤집다: das Heu muß gewendet werden 건초를 뒤집어놓아야 한다; bitte w.! (장)을 넘기시오 ! (이면(裏面)에 쓰인 글을 보라고 요구할 때; 약어: b. w.!); 〔전의〕 er versucht, das Glück zu w. 그는 복(福)을 차버리려고 한다. b) 〔요리〕 이리저리 묻히다. 2. a) 반대 방향으로 회전[전환]시키다[돌리다]: das Auto w. 자동차를 반대 방향으로 돌리다. b) 반대 방향으로 전환하다: das Auto wendet 자동차가 반대 방향으로 전환한다. c) 〔선윈〕 (범선의) 방향을 돌리다. 3. a) 다른 방향으로 돌리다: den Kopf (sich) (zur Seite) w. 머리(몸)를 (옆으로) 돌리다; keinen Blick von jmdm. w. 누구에게서 시선을 떼지 않다; 〔전의〕 er konnte das Unheil von uns w. 그는 우리에게 닥칠 불행(불운)을 막았다; der Tag hat sich gewendet 〔시어〕 날이 저물었다; etw. wendet sich ins Gegenteil 무슨 일이 반대로 되다; das Glück wendete sich 행복은 (그에게서) 돌아섰다. b) ⟨w. + sich⟩ 준비[착수]하다: sie wandten sich zum Gehen[zur Flucht] 그들은 떠날[도망칠] 채비를 했다. 4. a) 누구에게 돌아가다(의뢰하다 · 호소하다): sich vertrauensvoll (hilfesuchend) an jmdm. w. 누구에게 믿고(도움을 바라며) 의뢰(문의)하다; 〔전의〕 das Buch wendet sich nur an die Fachleute 그 책은 다만 전문가들을 향한 것이다. b) 누구(어떤 일)에게 대항하다: sich gegen jede Art von Gewalt w. 어떠한 종류의 폭력에도 대항하다. 5. 〔돈, 노력 따위를〕 사용하다, 소모하다, 바치다: viel Zeit[Geld, Kraft] auf etw. w. 많은 시간(돈, 힘)을 소모하다(들이다); er hat all seine Ersparnisse an seine Kinder gewandt 그는 자기의 모든 저축금을 자녀들 위해 썼다. Wender, der; -s, - 어떤 물건을 뒤집어[돌려]놓을 때 쓰는 기구(예컨대: ↑Bratenwender). Wendeschaltung, die 〔전기〕 〔회전〕 스위치 시설. wendig ['vɛndɪç] 〈Adj.〉 a) 돌리기[조종하기] 쉬운, 유연한, 손에 익은, 길들이기 쉬운, 숙련된. b) 명민(민활)한, 똑똑한, 센스 있는: einen -en Verstand haben 명민한 이해력을 갖고 있다. Wendigkeit, die 명민(민활)함, 조종하기 쉬움, 사고의 탄력(유연)성.
Wendin ['vɛn-], die; -nen ↑²Wende의 여성형. wendisch ['vɛn-] 〈Adj.〉 서슬라브족의(풍의).
Wendung ['vɛnduŋ], die; -en 1. 방향 전환: er machte eine W. nach rechts[um 180°] 그는 오른쪽으로[180도] 몸을 돌렸다. 2. 굽이, 휨: der Fluß macht hier eine W. 그 강은 여기서 굽이를 이룬다. 3. 변전(변화). 4. 어법, 숙어, 성구, 관용구.
Wenfall, der; -(e)s, Wenfälle 〔언어〕 제 4 격, 대격(對格).
wenig ['ve:nɪç] I. 〈부정대명사 및 부정수사〉 1. a) 적은, 근소한, 소량의: -es erlesenes Silber 소량의 정선된 은; der Prüfling konnte -es richtig beantworten 그 수험생은 소수의 질문에 옳게 대답할 수 있었다; er hat von dem Vortrag nur -es verstanden 그는 그 강연에서 몇 마디 구절만 이해했다. b) (자주 격변화 없음) 조금, 많지 않게: es ist (zu) w. Regen gefallen 비가 (너무) 조금 왔다. w. Zeit[Glück, Mühe, Erfolg] haben 시간(행운, 노력, 보람)이 별로 없다; du solltest -er Bier trinken 너는 맥주를 덜 마셔야 했다; 〔독립적〕 das ist (ziemlich, sehr, erschreckend) w. 그것은(상당히, 매우, 놀라울 정도로) 적다; sie wird immer -er 그 여자는 점점 몸이 마른다; das ist das -ste, was man erwarten

kann 그것은 나의 최소(한)의 기대이다; aus -em mehr machen 적은 양을 크게 불리다; 성구 -er wäre mehr 적은 듯하지만 실은 많은 것이다. **2.** wenige, 〈격변화 없음〉 wenig〈Pl.〉소수의 사람 혹은 사물: -e Leute 소수의 사람들; die Hilfe -er guter Menschen 소수의 선량한 사람(직원)들의 도움; in -en Stunden 수시간 내(후)에; etwas mit w. (-en) Worten erklären 무엇을 몇 마디의 말로 설명하다; nach -en Augenblicken 곧 바로; (독립적) die -sten haben den Vortrag verstanden 극소수의 사람들만이 그 강연을 이해했다; der Reichtum -er (von wenigen) 소수인의 부; das verstehen nur einige -e 다만 소수인만이 그것을 이해한다; 속담 viele Wenig machen ein Viel 티끌 모아 태산. **3.** (앞에 정도를 나타내는 부사와 함께) 〈격변화 없음〉wenige, (격변화 없음) ...한 정도의 적은 양, ...할 정도로 적게: sie haben gleich w. Geld 그들은 똑같이 돈이 별로 없었다; (독립적) weißt du, wie w. du weißt? 너는 네가 얼마나 무식한 지를 알고 있느냐?; zu -e wissen, wie schädlich das ist 그것이 얼마나 해로운 것인가를 아는 사람은 극히 적다. **II.** 〈Adv.〉**1.** 드물게, 적게: w. reden (essen, trinken) 별로 떠들지(먹지, 마시지) 않는다; die Medizin hilft w. 그 약은 효과가 별로 없다. **2.** (형용사, 부사, 동사와 함께) 약간, 별로, 一 아닌게: eine w. bekannte(w. ergiebige) Quelle 별로 알려지지 않은(별로 효율성 없는) 자료; das ist -er schön / angenehm [w. schön / angenehm] 그것은 별로 아름답지(기분좋지) 않다; nichts -er als schön(angenehm) 대단히 추하다(기분 나쁘다); er freut sich nicht w. 그는 매우 기뻐한다; **ein w.** 어느 정도, 약간(긍정적 의미), 좀; ich habe ein w. geschlafen 나는 좀 잠을 잤다. **weniger** ['ve:nıgɐ] **I.** 약간 덜, 보다 적은(↑wenig의 비교급). **II.** 〈Konj.〉↑minus. **Wenigkeit,** die 작은 것, 가치없는 (보잘것 없는) 것: das kostet nur eine W. 그것은 별로 돈이 들지 않는다; **meine W.** 〈농·준고어〉불초소인. **wenigstens** ['ve:nıçstns] **a)** 적어도, 어쨌든: du könntest dich w. entschuldigen! 적어도 너는 사죄할 수는 있겠지!; das ist w. etwas! 그것은 어쨌든 무시할 수 없는 것이다! **b)** (수사와 함께) 최소한도: ich habe w. dreimal geklopft 나는 최소한도 세 번은 문을 두드렸다.

wenn [vɛn] 〈Konj.〉**1.** 〈조건적〉만약 ... 한다면(이라면): w. es dir recht ist, gehen wir spazieren 너에게 좋다면 우리 함께 산보 가자; was würdest du machen, w. ich dich verlassen würde? 내가 만약 너를 떠나면 너는 어떻게 하겠니?; ich könnte nicht, selbst w. ich wollte 내가 비록 하려고 하더라도 나는 할 수 없을 것이다; wehe (dir), w. du das noch einmal tust! 네가 그것을 한번 더 하면 너에게 화가 있을 진저!; w. nötig, komme ich sofort 필요하면 내가 즉시 올 것이다; 성구 속담 w. das Wörtchen w. nicht wär', mein Vater Millionär '만약'이라는 말을 쓴다면, 우리집엔 금송아지도 있(못할 말이 없다). **2.** 〈시간적〉**a)** ...때에(면), ...하자마자: w. die Ferien anfangen, (dann) werden wir gleich tuschen 방학이 시작되면 우리들은 곧 떠날 것이다. **b)** ...때면 언제나: jedesmal, w. wir kommen, gibt es etwas Neues zu sehen 우리가 올 때마다 늘 볼 만한 새로운 것이 있다. **3.** 〈auch, schon 등과 함께 양보적〉...이기는 하지만, (비록) ...일지라도: es war nötig, w. es ihm auch(auch w. es auch) schwerfiel 비록 그것이 그의 마음에 내키지 않았다고 하더라도 그것은 필요했다; (und) w. auch 〈통용어〉아무리 그렇다 하더라도 그렇지!; w. schon nichts weiß, sollte er (wenigstens) den Mund halten 그가 비록 아무것도 모르고 그는 (어쨌든) 입을 다물고 있어야 한다. **4.** 〈doch 혹은 nur 와 결합하여〉소망문을 유도: w. er doch end-

lich käme! 그가 마침내 와준다면(얼마나 좋을까)!; ach, w. ich doch aufgepaßt hätte! 아, 내가 좀 주의를 했다면! **5.** 〈als 혹은 wie와 결합하여〉비현실적 비교를 유도: es ist wie w. kleine Kinder Weihnachten dieselben süßen Geschenke bekommen 그것은 마치 어린아이들이 성탄절 때 사탕이나 과자 등을 선물로 받았을 때와 흡사하다. **Wenn** [-], das; -s, -/〈통용어〉-s 조건, 제한, 유보: da gibt es kein W. und kein Aber 거기에는 어떠한 조건이나 이의가 있을 수 없다. **wenngleich** 〈Konj.〉〈아어〉...임에도 불구하고, 아무리 ...일지라도, ...이기는 하지만: er gab sich große Mühe, w. ihm die Arbeit wenig Freude machte 그 일이 그에게 별로 재미는 없었지만 그러나 그는 수고를 많이 했다. **wennschone** 〈Konj.〉**a)** 〈드물게〉↑wenngleich. **b) (na) w.!** 〈통용어〉관계없어!; **w., dennschon** 〈통용어〉**1.** 그러면 할 수 없지. **2.** 기왕에 하려면 잘해야지.

Wenzel ['vɛntsl̩], der; -s, - [트럼프] (Bube) 잭 (↑Unter).

wer [veːɐ] **I.** 〈의문대명사; was의 남성 및 여성형(중성형↑was)〉**a)** 〈직접 한 사람, 혹은 다수의 사람을 묻는다〉(1격) w. war das? 그가 누구였나?; w. alles ist dabeigewesen? 거기에 누구 누구가 있었나?; wer da? 누구세요?; 〈2격〉wessen erinnerst du dich? 너는 누구를 기억하느냐?; wessen Buch ist das? 그것은 누구의 책이냐?; auf wessen Veranlassung kommt er? 누구의 권유로 그는 오느냐?; 〈3격〉wem hast du das Buch gegeben, und wem gehört es? 너는 그 책을 누구에게 주었으며 그 책은 지금 누구의 것이냐?; mit wem spreche ich? (전화) 누구십니까?; bei wem hast du das Kleid gekauft? 너는 어느 상점에서 그 옷을 샀느냐?; 〈4격〉wen stört das? 그것 때문에 누가 방해 받는가?; an wen soll ich mich wenden? 누구에게 알아야 좋을까?; auf wen wartest du? 너는 누구를 기다리고 있느냐?; für wen ist der Pullover? 저 스웨터는 누구의 것이냐? **b)** 〈감탄사처럼 어떤 대답을 요구하지 않는 수사적인 질문에 쓰임〉w. könnte das verhindern! (감히) 누가 그것을 저지할 수 있겠는가?; w. hat das nicht schon einmal erlebt! 누가 그런 것을 한번쯤 체험하지 못했겠는가!; w. anders als du kann das getan haben! 너 말고 누가 그런 것을 했겠나!; das hat w. weiß wieviel Geld(= sehr viel Geld) gekostet 그것은 매우 많은 돈이 들었다; 성구 wem sagst du das! 〈통용어〉누구한테 그 따위 말을 하는 거야? **II.** 〈관계대명사〉...하는 사람은 (누구나): w. das tut, hat die Folgen zu tragen 그것을 하는 사람은 책임을 져야 한다; wem es nicht gefällt, der soll es bleiben lassen 그것이 싫은 사람은 그것을 내버려두게 해야 한다; wen man in seine Wohnung läßt, dem muß man auch vertrauen können 집에 데리고 올 수 있는 사람은 믿을 수 있는 사람이어야 한다; was das Herz voll ist, des geht der Mund über 마음에 가득 찬 것이 입으로 나오는 법이다 (마태복음 12장 34절). **III.** 〈부정대명사〉〈통용어〉**a)** 어떤 사람이, 누군가가: ist da w.? 거기 누가 있습니까? **b)** 중요한 사람: in seiner Firma ist er w. 그의 회사에서 그는 중요한 존재다.

werbe-, Werbe-: **~abteilung,** die (회사, 기업의) 선전부, 광고부. **~agentur,** die 광고 대리업(대리점). **~aktion,** die 광고(선전) 활동. **~angebot,** das 광고 (선전)용 상품. **~anteil,** der 선전의 효과가 있을 경우의 코미션. **~anzeige,** die 광고. **~berater,** der 광고 컨설턴트, 선전부 고문. **~brief,** der 광고(선전)용 인쇄물, 선전(광고) 편지. **~büro,** das 광고국. **~chef,** der 선전(광고) 부장. **~etat,** der 광고(선전)비. **~fachmann,** der 선전(광고) 전문가. **~feldzug,** der ↑**~kampagne**. **~fernsehen,** das 텔레비전 광고. **~film,** der 선전(광

고) 영화. ~**foto**, das 선전[광고]용 사진. ~**fotograf**, der 선전[광고] 사진사. ~**funk**, der 라디오 광고. ~**gag**, der 개그 섞인 광고[선전]. ~**geschenk**, das 선전[광고]용 선물[경품]. ~**graphik**, die 선전[광고]용 그래픽. ~**graphiker**, der 선전[광고]용 그래픽 전문가. ~**idee**, die 선전[광고] 아이디어. ~**kampagne**, die 선전[광고] 활동(캠페인). ~**kosten** 선전[광고]비. ~**kräftig** ⟨Adj.⟩ 선전[광고] 효과가 있는. ~**leiter**, der ↑~chef. ~**medium**, das 선전[광고] 매개체. ~**methode**, die 선전[광고] 방법. ~**mittel**, das 선전 [광고] 수단[매체]. ~**plakat**, das 광고[선전] 포스터[플래카드]. ~**preis**, der 선전 가격. ~**prospekt**, der 선전용 팜플렛. ~**psychologie**, die 광고 심리학. ~**schrift**, die 선전용 책자[팜플렛]. ~**sendung**, die (텔레비전·라디오의) 광고방송. ~**slogan**, der 선전용 슬로건. ~**spot**, der ↑Spot (1 a, b). ~**sprache**, die ⟨Pl. 없음⟩ 광고 언어. ~**spruch**, der 선전[광고] 구호. ~**text**, der 선전문, 광고문안. ~**texter**, der 선전[광고] 텍스트를 만드는 사람. ~**träger**, der 선전[광고] 매체(신문, 방송, 광고탑 따위). ~**trick**, der 선전[광고] 트릭. ~**trommel**, die ⟨다음 용법으로⟩ **die W. rühren** [**schlagen**] 활발하게 선전[권유]하며 다니다, 모병하고 다니다. ~**wirksam** ⟨Adj.⟩ 선전[광고] 효과가 있는. ~**wirksamkeit**, die 선전[광고] 효력[효과]. ~**zweck**, der 선전[광고] 목적.

werben* ['vɛrbn̩] ⟨h⟩ **1.** 선전(광고, 운동)하다: für ein Waschmittel w. 세제(洗劑)를 선전하다. **2.** (아이) 누구 [무엇]을 얻으려고 애쓰다: um jmds. Vertrauen w. 누구의 신뢰[이해, 사랑]를 얻으려고 애쓰다; er wirbt schon lange um diese Frau 그는 이미 오래 전부터 그 여자에게 구애하고 있다. **3.** 모집[징모]하다: neue Abonnenten w. 새로운 구독자를 모집하다; geworbene Söldner 모집된 용병. **Werber**, der; -s, - **1.** 선전원. **2.** 징모[모집]자. **3.** ⟨고어⟩ 구애자, 구혼자. **werberisch** ⟨Adj.⟩ 선전원의. **werblich** ⟨Adj.⟩ 선전[광고]의, 선전[광고]을 위한. **Werbung** ['vɛrbʊŋ], die **1.** 모집, 추구, 얻으려는 노력, 징집: die W. neuer Mitglieder 새로운 회원의 모집. **2.** ⟨Pl. 없음⟩ **a)** 선전[광고]: diese W. hat Erfolg 이 선전은 효과가 있다. **b)** 선전부, 광고부. **Werbungskosten** ⟨Pl.⟩ **1.** [세무] 필요 경비. **2.** (드물게) 선전[광고]비.

Werda ['vɛːɐda], das; -(s), -s ⟨軍⟩ 수하(誰何). **Werdandi** ['vɛrdandi] (nord.·신화) ⟨대개 Pl.⟩ 현재의 운명의 여신. **Werdaruf**, der 수하 소리.

Werdegang, der; -(e)s, ...gänge 발전[과정], 성장 과정. **werden*** ['veːɐdn̩] **I. 1. a)** 되다, 이르다: arm w. 가난해지다; das Wetter wurde schlechter 날씨가 나빠졌다; (비인칭) heute soll es sehr heiß w. 오늘 날씨가 매우 더워질 것이라고 한다. **b)** 어떤 느낌을 갖게 되다: jmdm. wird (es) übel 누가 속이 메스꺼워지다. **2. a)** ⟨대등보족어와 결합하여⟩ …이 되다: Arzt w. 의사가 되다; ein Traum ist Wirklichkeit geworden 하나의 꿈이 실현되었다; eine werdende Mutter 임신 중의 여자. **b)** 발전하여 무엇이 되다: das Kind ist zum Mann geworden 그 아이는 어른이 되었다; das wurde ihm zum Verhängnis 그것이 결국 그에게는 비운이 되었다. **c)** 무엇이 변하여 다음이 되다: aus Liebe wurde Haß 사랑이 변하여 증오가 되었다. **d)** (비인칭) 어떤 시간이 되다: in wenigen Minuten wird es 10 Uhr 몇 분 후에 10시가 된다; es wird höchste Zeit zur Abreise 이제야말로 떠날 시간이 되어간다. **3. a)** 생기다: es werde Licht! 빛이 있어라!; [성구] was nicht ist, kann noch w. (명사화) 앞으로의 Werden und Vergehen 흥망성쇠. **b)** ⟨통용어⟩ 결과가 뜻한 바대로 나타나다: das Haus wird allmählich 집이 이루어져 가고 있다; wird's bald? 곧 되겠어?; das wird etwas w.! 그것 참 볼 만할거야!; mit den beiden scheint es etwas zu w. 그 둘은 무엇인가 될 것 같다; **nicht mehr werden** ⟨경⟩ 제 정신이 아니다. **4.** ⟨인칭의 3격과 함께⟩ (아어·준고어) 누구에게 주어지다. **II.** ⟨과거분사: worden⟩ **1.** ⟨w. + Inf.⟩ **a)** (미래조동사) es wird regnen 비가 오겠다; ⟨미래완료⟩ bis du zurück kommst, werde ich meine Arbeit beendet haben 네가 돌아올 때까지 나는 나의 일을 끝마치고 있을 것이다. **b)** ⟨추측⟩ er wird doch nicht (etwa) krank sein? 그는 혹시 병이 나지 않았을까?; ⟨미래완료⟩ das Schiff wird (wohl) inzwischen am Ziel angekommen sein 그 배는 아마도 그 사이에 목적지에 도착했을 것이다. **2.** ⟨w. + 과거분사: 수동형⟩ du wirst gerufen 너는 호출 당한다; (비인칭) es wurde gemunkelt, daß … …한 소문이 떠돈다; jetzt wird aber geschlafen! 자 이제 잘 거라! **3.** ⟨접속법 würde + 부정형⟩ ich würde kommen[gekommen sein], wenn das Wetter besser wäre[gewesen wäre] 날씨가 좋으면[좋았다면] 갈 것이다[갔을 것이다]; würdest du bitte etwas für mich besorgen? ⟨명령의 정중한 표현⟩ 나에게 뭣 좀 해주어!

Werder ['vɛrdɐ], der / das; -s, - (하천, 호수 안에 있는) 작은 섬, 강변의 저지(低地), 하주(河州).

Werfall, der; -(e)s, Werfälle [언어] ↑Nominativ.

werfen* ['vɛrfn̩] **1. a)** 던지다, 팽개치다, 투척하다: den Ball w. 공을 던지다; (4격 목적어 없이도) er hat Weltrekord geworfen 그는 던지기에서 세계 기록을 수립했다; (명사화) im Werfen ist er sehr erfolgreich 그는 던지기의 성적이 매우 좋다. **b)** 무엇을 던지다: mit Steinen (nach jmdm.) w. 돌을 (누구에게) 던지다. **c)** 던져서 맞추다: er hat schon drei Tore geworfen 그는 이미 세 골을 던져 넣었다; eine Sechs w. (주사위를) 던져서 6을 얻다. **2. a)** 어디로 던지다: die Kinder warfen Steine ins Wasser 아이들이 돌을 물 속으로 던졌다; wütend warf er die Tür ins Schloß 화난 표정으로 그는 문짝을 쾅 닫았다; sie warfen die Kleider von sich 그들은 옷을 급히 벗어 던졌다; [전의] jmdn. aus dem Zimmer[auf die Straße] w. (통용어) 누구를 방에서[거리로] 내쫓다; eine Frage in die Debatte w. 토론에 질문을 던지다; neue Ware auf den Markt w. 시장에 새로운 상품을 내놓다; Bilder an die Wand w. (통용어) 벽에 사진을 투사하다; eine schwere Grippe warf sie aufs Krankenlager 심한 독감이 그 여자를 병석에 눕혔다. **b)** ⟨w. + sich⟩ 몸을 던지다, 쓰러지다: die Kranke warf sich schlaflos hin und her im Bett 그 여자 환자는 잠을 못 이루고 몸을 이리저리 뒤치락 거렸다; sich jmdm. an den Hals[an die Brust] w. 누구의 목덜미를 끌어안다[누구의 가슴에 안기다]; er warf sich mir zu Füßen 그는 나의 발 밑에 엎드렸다; [전의] sich in andere Kleider w. 다른 옷을 걸치다; er hat sich auf eine neue Aufgabe geworfen 그는 새로운 임무에 몰두했다. **c)** [레슬링·무술] 메어치다, 던져 버리다. **d)** 몸의 어느 부위를 급히 움직이다: den Kopf in den Nacken w. 머리를 뒤로 젖히다. **3. a)** (자연스런 현상으로) 형성하다: Blasen[Falten] w. 거품이 일다[주름지다]. **b)** ⟨w. + sich⟩ (습기, 냉기 등으로 재목 따위가) 굽다, 휘다: das Holz hat sich geworfen 목재가 굽었다. **4.** (포유동물이) 새끼를 낳다: die Katze hat sechs Junge geworfen 그 고양이는 새끼를 여섯 마리 낳았다; (4격 목적어 없이도) unsere Hündin wird bald w. 우리집 암캐는 (곧) 새끼를 낳을 것이다. **5.** ⟨경⟩ 인심 쓰다, 한턱 내다: eine Runde w. 일동에게 술 한 잔 내다. **Werfer**, der; -s, - **1. a)** (공을) 던지는 선수. **b)** [야구] 투수. **c)** [육상] Hammer-, Diskuswerfer의 약어. **2.** ⟨軍⟩ ↑Granat-, Raketenwerfer의 약어.

Werft [verft], die; -en [Niederd. werf] 조선소; 도크, 항공기 제작 및 정비 공장. **Werftanlage**, die 조선소(시설). **Werftarbeiter**, der 조선소 노동자.
Werg [verk], das; -(e)s ↑Hede.
Wergeld ['ve:g-], das; -(e)s, -er (중세의) 살인 배상금.
wergen ['vergṇ] ⟨Adj.⟩ 삼의, 삼으로 만든. **Werggarn**, das; -(e)s, ⟨종류⟩ 삼 실, 마포.
Werk [verk], das; -(e)s, -e **1.** (Pl. 없음) 작업, 일, 사업: mein W. ist vollendet 나의 작업은 완성되었다; er lebt von seiner Hände W. 그는 그의 손재주로 먹고 산다; sie sollten sich endlich ans W. machen 그들은 이제 마침내 일을 착수해야 한다; etw. ins W. setzen 무엇을 실행시키다; **im -e sein** (아어) 무엇이 은연 중에 진행되고 있다; **zu -e gehen** ⟨(아어)⟩ (일에) 착수하다. **2.** 행위, 업적: -e der Nächstenliebe (der Barmherzigkeit) 이웃 사랑(자선)의 행위; diese ganze Unordnung ist dein W. (아어) 이 모든 무질서는 너의 (행위) 탓이다; damit hat er ein großes W. vollbracht 그것으로 그는 위대한 업적을 이룩하였다. **3.** 제작물, (제)작품, 세공품, 창작, 저작(저서): die bekannten -e der Weltliteratur 유명한 세계 문학 작품들; Nietzsches gesammelte -e 니체 전집(全集). **4.** 《옛》 보루(保壘). **5. a)** 제작소, 공(작)장: ein W. der Metallindustrie 금속 (산업)공장. **b)** 공장의 전체 직원: das W. macht im Juli geschlossen Urlaub 공장의 전체 직원이 칠월에 사내 휴가를 떠난다. **6.** 기계 장치: das W. einer Uhr 시계의 내부 기계 장치.

werk-, Werk- (↑werk(s)-, Werk(s)-): ~**analyse**, die 작품 분석. ~**arbeit**, die **a)** ⟨Pl. 없음⟩ ↑~unterricht. **b)** 실습 작품. ~**bank**, die ⟨Pl. -bänke⟩ 작업대(作業臺). ~**everzeichnis**: ↑~verzeichnis. ~**gerecht** ⟨Adj.⟩ **1.** 작품에 맞는(어울리는). **2.** 제작 방법에 맞는: eine -e Interpretation 작품에 맞는 해석. ~**gerechtigkeit**, die 〔신학〕 율법 존중주의. ~**getreu** ⟨Adj.⟩ 원전(작품)에 충실한. ~**lehrer**, der 〔공작〕 교사. ~**leiter**, der 직공 우두머리, 십장. ~**leute**, ⟨Pl.⟩ 〔고어〕 공장노동자, 공원(工員), 노무자. ~**meister**, der 직공장, 작업반장. ~**raum**, der 실습 〔공작〕 수업실. ~**schule**, die 실업학교. ~**schutz** der **1.** 공장 시설물 보호. **2.** 공장 시설물 보호 요원. ~**seitig** ⟨Adj.⟩ 공장편(쪽)의. ~**sleiter** (österr.) ↑~leiter. ~**sseitig** (österr.) ↑~seitig. ~**statt**, die 〔공〕 공장, 서재, 아틀리에: in der W. arbeiten 공장(작업장)에서 일하다. ~**stätte**, die (아어) ↑~statt. ~**stein**, der 〔토목〕 석재(石材). ~**stoff**, der 재료, 제작 재료. ~**stoffgerecht** ⟨Adj.⟩ 제작(공작) 자료에 맞는. ~**stoffingenieur**, der 재료 공학 기사. ~**stofforschung**, die 재료 연구. ~**stoffprüfer**, der 재료 검사관. ~**stoffprüfung**, die 재료 검사. ~**stofftechnik**, die 재료 공학. ~**stück**, das 공업(공작) 재료, 부품. ~**student**, der (준고어) 공학하는 대학생. ~**tag**, der 근무일, 평일. ~**täglich** ⟨Adj.⟩ 평일의, 근무일의. ~**tags** ⟨Adv.⟩ 평일에, 근무일에. ~**tätig** ⟨Adj.⟩ 일하고 있는, 생업에 종사하는, 직업이 있는: die -e Bevölkerung 생업에 종사하고 있는 주민. ~**tätige***, der / die 생업에 종사하고 있는 사람. ~**tisch**, der ↑~bank. ~**treue**, die (음악에서) 작품에 상응한 해석이나 연주. ~**unterricht**, der 공작 수업. ~**vertrag**, der 〔법〕 공사(원고) 계약. ~**verzeichnis**, das 〔음악〕 작곡가의 작품 목록. ~**zeug**, das **1. a)** 기구, 기기, 공구, 수단: 〔전의〕 〔대개 펌〕 jmdn. zu -en eines gefügigen W. der Partei machen 누구를 당에 복종하는 꼭둑각시로 만들다. **b)** ⟨Pl. 없음⟩ 작업에 필요한 모든 도구: in dem Geschäft gibt es W. aller Art 이 가게에는 온갖 공구가 다 있다. **2.** 《전문어》 ↑Werkzeugmaschine의 축소형.

~**zeugkasten**, der 도구 상자, 공구함. ~**zeugkiste**, die ↑~kasten. ~**zeugmacher**, der 공구 제작공. ~**zeugmacherei**, die 공구 제작업. ~**zeugmaschine**, die 공작 기계. ~**zeugschlitten**, der 선반의 활대(滑臺), 활판(滑板). ~**zeugschlosser**, der ↑~zeugmacher. ~**zeugschrank**, der 공구 넣는 장. ~**zeugstahl**, der 공구 제작용 철강. ~**zeugtasche**, die 공구 주머니, 공구 가방.

Werkel ['verkl], das; -s, -(n) (↑Werk) (österr. · 통용어) 수동식(手動式) 풍금. **Werkelmann**, der ⟨Pl. -männer⟩ ~**ärztlich** ⟨Adj.⟩ · 통용어) 수동식 풍금 악사. **Werkelmusik**, die ⟨Pl. 없음⟩ 수동식 풍금 음악. **werkeln a)** 심심풀이로 공작일을 하다. **b)** 〔지역적〕 ↑werken. **Werkeltag**, der; -(e)s, -e (고어) ↑Werktag. **werken** ['verkṇ] ⟨h⟩ 일하다. **Werken**, das; -s ↑Werkunterricht. **Werker** ['verkə] der; -s, - (고어) 일하는 사람, 노동자. **werklich** ⟨Adj.⟩ (고어) 솜씨가 좋은.

werk(s)-, Werk(s)-: ~**angehörige**, der / die 공장 직원. ~**anlage**, die 공장 시설. ~**arzt**, der 공장 전속 의사. ~**ärztlich** ⟨Adj.⟩ 공장 전속 의사의. ~**bücherei**, die 공장(직장) 부속 도서실. ~**eigen** ⟨Adj.⟩ 직장(공장) 소유의. ~**essen**, das 공장(직장) 식당의 식사(음식). ~**fahrer**, der (모터 스포츠) 자동차 공장 전속의 시험 운전수. ~**ferien** ⟨Pl.⟩ 공장(직장) 휴가. ~**feuerwehr**, die 공장(직장) 부속 소방대(소방소). ~**fürsorge**, die 공장 사내(社內) (종업원) 복지. ~**garantie**, die 공장(회사)의 보증. ~**gelände**, das 공장 부지. ~**geprüft** ⟨Adj.⟩ 공장의 시험을 거친. ~**halle**, die (대형) 옥내 공장. ~**kindergarten**, der 공장 부속 유치원. ~**kollektiv** (구동독) 공장 소속 종업원 (전체). ~**küche**, die 공장(직장) 식당의 음식. ~**leitung**, die 공장(직장)의 지휘부. ~**siedlung**, die 공장(직장) 부속의 주거 지역. ~**spionage**, die 산업 스파이. ~**tor**, das 공장의 정문. ~**wohnung**, die 공장 고유의 주택. ~**zeitschrift**, die 공장(사내) 잡지. ~**zeitung**, die 공장 발간 신문.

Wermut ['ve:gmu:t], der; -(e)s **1.** 쑥(약쑥). **2.** 버무드 (vermouth) 주(酒)(포도주에 향료를 섞은 술).

Wermut-: ~**bruder**, der (범) 술꾼 주정쟁이. ~**extrakt**, der 버무드 액즙. ~**kraut**, das 쓴 쑥(약쑥). ~**öl**, das 버무드 기름. ~**pflanze**, die ↑~kraut. ~**tee**, der 버무드 차(茶). ~**tropfen**, der ↑Wermutstropfen. ~**wein**, der 버무드 주(酒).

Wermutstropfen, der; -s, - (아어) 시원섭섭함, 마음이 약간 아픔.

Werra ['vera], die 베저(Weser) 강의 상류.

Werre ['verə], die; -n 〔지역적〕 **1.** ↑Maulwurfsgrille. **2.** ↑Gerstenkorn 2.

Werst [verst], der; -en [russ. wersta] 러시아의 마일 (1,067 km)(기호: W).

wert [ve:gt] ⟨Adj.⟩ **1.** (아어 · 준고어) 값진, 귀중한, 경애하는: wie war noch Ihr -e Name? 존함이 뉘시라 하셨던가요?; Ihr -es Schreiben vom... ...날짜의 귀하의 편지. **2. etwas w. sein** ~의 가치가 있다: der Schmuck ist einige Tausende w. 그 장신구는 수천 (마르크)의 가치가 있다; deine Hilfe ist mir viel w. 너의 도움은 나에게 매우 소중하다; jmds. [einer Sache (드물게)] **eine Sache w. sein** 누구에 상당하다(어울리다)[무엇의 가치가 있다]: sie ist dieses Mannes nicht w. 그 여자는 이 남자를 얻을 자격이 없다; dieses Thema wäre einer näheren Betrachtung w. 이 테마는 좀더 자세히 관찰할 필요가 있다; sie sind unseres Vertrauens nicht w. 그들은 우리의 신뢰를 받을 가치가 없다; **jmdn. [etw.] (für) w. befinden [erachten]** 누구(무엇)를 중히 여기다: er wurde einer öffentlichen

Belobigung w. erachtet 그는 공적인 찬사를 받을 만한 사람으로 여겨졌다. **Wert** [-], der; -(e)s, -e **1. a)** 가치, 가격, 값: dieser Pelz hat einen W. von einigen Tausenden 이 모피 옷은 수천 마르크의 가치가 있다; Aktien steigen(fallen) im W. 주가가 상승하다[하락한다]. **b)** 《마르크스주의》 노동 가치. **2.** 《Pl.》가치: der Krieg hat -e zerstört 전쟁은 가치관을 파괴했다. **3.** 효능, 가치: der künstlerische W. eines Films 영화의 예술적인 가치; man hat der Entscheidung großen W. beigemessen 사람들은 그 결정에 커다란 가치를 부여했다; das ist eine Umkehrung der -e 그것은 일종의 가치전도이다; **W. auf etw. legen** 무엇을 중히 여기다, 무엇에 중요성을 부여하다. **4.** 수치(數値), 값: der gemessene W. stimmt mit dem errechneten überein 측정된 수치가 예상 수치와 일치한다. **5. a)** (가격이 표시된) 우표: von der Serie gibt es noch einen W. zu 50 Pf. 그 연속 발행 우표 중에는 50페니히 짜리가 있다. **b)** 《Pl.》↑ Wertpapiere의 축약형.

wert-, Wert-: ~**achten** 〈h〉 《고어》 ↑ hochachten. ~**achtung**, die 존경(존중). ~**angabe**, die 《우편》(우편물의) 가격 표기. ~**arbeit**, die 고도의 정밀 작업, 고급 작업. ~**ausgleich**, der 《경제》가격(가치) 상쇄, 가치 청산. ~**berichtigung**, die 《경제》가치 재평가. ~**beständig** 〈Adj.〉가치 변동이 없는. ~**beständigkeit**, die 가치(의) 불변성. ~**brief**, der 《우편》 가격 표기(등기)우편. ~**erhaltung**, die 가격 유지. ~**ermittlung**, die 가격 조사. ~**frei** 〈Adj.〉특정 가치관에 얽매이지 않은: -e Erziehung 특정 가치관에 얽매이지 않는 교육. ~**freiheit**, die 《Pl. 없음》몰가치성(沒價値性). ~**gegenstand**, der 유가물건, 귀중품. ~**gemindert** 〈Adj.〉값이 떨어진, 가치가 적어진. ~**gleichheit**, die 《Pl. 없음》 등가(等價). ~**halten*** 〈h〉《남부·준고어》↑ hochhalten (2). ~**lehre**, die **1.** 《철학》 가치론. **2.** 《마르크스주의》 ↑~theorie. ~**los** 〈Adj.〉 **1.** 가치가 없는: die Münzen sind w. geworden 그 동전들은 가치가 없어졌다. **2.** 쓸모없는: -es Gerümpel 쓸모없는 잡동사니. ~**losigkeit**, die 무가치. ~**marke**, die 어음, 증권, 환, 상품권. ~**maß**, das 가치 척도. ~**mäßig** 〈Adj.〉가치에 관한. ~**maßstab**, der 가치 척도, 가치 규준. ~**messer**, der ↑ Maßstab (1). ~**minderung**, die 가치 감소, 감가(減價). ~**neutral** 〈Adj.〉가치 중립적인, 몰가치의. ~**objekt**, das 귀중품. ~**paket**, das 가격 표기 소포. ~**papier**, das 《경제》 유가 증권. ~**papierabteilung**, die 《은행의》 유가 증권부. ~**papierbörse**, die 유가 증권 거래소. ~**papiergeschäft**, das 유가 증권 거래(매매). ~**papierverkehr**, der 유가 증권 거래. ~**sache**, die 《대개 Pl.》 유가물(특히 귀중품). ~**schätzen** 〈h〉《준고어·분리》↑ hochachten: man schätzte den Künstler wert (man wertschätzte den Künstler) 사람들은 그 예술가를 높이 평가했다. ~**schätzung**, die 《아이》존경, 존중, 평가: große W. genießen 대단한 존경을 받다. ~**schöpfung**, die 《경제》 순생산, 잉여 생산. ~**schrift**, die 《schweiz.》↑~papier. ~**sendung**, die 《우편》가격 표기 우편물. ~**skala**, die 가치의 서열. ~**steigerung**, die 가치 상승. ~**stellung**, die 《금융》 이자 기산일(利子起算日)의 결정. ~**stück**, das 《개개의》 귀중품. ~**system**, das 《철학》 가치 체계. ~**theorie**, die 《마르크스주의》 가치설. ~**urteil**, das 가치 판단: ein W. abgeben 가치 판단을 내리다. ~**verlust**, der 가격(가치) 상실. ~**voll** 〈Adj.〉 **a)** 가치가 큰, 귀중한, 값비싼: eine -e alte Uhr 귀중한 골동품 시계. **b)** 효용 가치가 큰: -e Ratschläge 쓸모 있는 충고. ~**vorstellung**, die 《대개 Pl.》 가치관(념). ~**zeichen**, das 우표, 인지; 수표; 주식. ~**zoll**, der 종가세(從價稅).

~**zuwachs**, der 가치의 증대.

werten ['veːɐ̯tn̩] 〈h〉 평가하다, 가치가 있다고 인정하다: diese Leistung kann nicht hoch genug gewertet werden 이 업적은 아무리 높이 평가해도 모자란다. **Wertskala**, die; ...len / -s ↑ Wertskala. ~**wertig** [-veːɐ̯tɪç] 《다음의 합성어로, 예컨대》 gleichwertig 등가(等價)의. **Wertigkeit**, die; -en **1.** 《화학》 원자가. **2.** 《언어》 결합가(結合價): das ist keine W., sondern nur eine Feststellung 그것은 평가가 아니라 다만 확인에 불과하다. **Wertungslauf**, der 《모터 스포츠》 우승 결정을 위한 자동차 경주. **Wertungspunkt**, der 《스포츠》 평점.

werweißen ['veːɐ̯vaisn̩] 〈h〉《schweiz.》 이리저리 억측하다, 결단을 못내리고 주저하다: überall wurde geworweißt 어디서나 억측이 구구하였다[결단을 못내리고 주저했다].

Werwolf ['veːɐ̯-], der; -(e)s, Werwölfe (민간 신앙에서) 늑대 인간.

wes [vɛs] 《고어》 ↑ wessen: w. Brot ich ess', des Lied ich sing' 인간은 신세진 사람의 편을 들게 마련이다.

wesen ['veːzn̩] 〈h〉 《아어·고어》 존재하다. **Wesen** [-], das; -s, - **1. a)** 《Pl. 없음》 특성, 본성, 본체: das ist nicht das W. der Sache 그것은 그 일의 특성이 아니다. **b)** 《철학》 본질: W. und Erscheinung eines Dinges 어떤 사물의 본질과 현상. **2.** 《Pl. 없음》 기질, 정신적 특성, 성향, 성격, 인품: seiner Frau blieb ihm immer fremd 그에게는 자기 아내의 성격이 여전히 익숙치 않았다; sein wahres W. zeigte er nie 그는 자신의 속마음을 보이지 않았다. **3. a)** 《集》 존재(자): phantastische [irdische, körperliche] W. 환상적인[세속적인, 육체적인] 존재; das höchste W. 최고의 존재, 신; der Mensch als gesellschaftliches W. 사회적인 존재로서의 인간. **b)** (피조물로서의) 인간, 생물: das kleine W. wimmerte kläglich 그 아이는 슬피 울었다. **4.** 《Pl. 없음》《고어》행동, 활동: 《주로 다음 용법으로》 **sein W. treiben** (1) 이리저리 돌아다니다. (2) ↑ Unwesen(b); **viel -s(kein W.) (aus / um / von etw.) machen** 《통용어》 무엇에 대해서 법석을 떨다[시큰둥하다]. ~**wesen** [-veːzn̩], das; -s, - 《제한적 의미의 명사와 결합하여 그 명사의 전체성과 특성을 나타냄》 예컨대: Erziehungswesen, Fernmeldewesen, Beamtenwesen 등. **wesenhaft** 〈Adj.〉 《아어·고어》 실체[본질]적인: -e Bedeutungsbeziehungen 실질적 의미 관계; das ist ein -es Kennzeichen der Poesie[gehört w. zur Poesie] 그것은 시의 본질적인 특성이다[본질적으로 시의 일부를 이룬다]. **2.** 《아어·고어》 실재하는. **Wesenheit**, die; -en **1.** ↑ Wesen (1): die W. der Dinge 사물의 본질. **2.** 《준고어》 ↑ Wesen (2). **3.** 실재(實在), 실체. **wesenlos** 〈Adj.〉 **1.** 《아어》실체가 없는, 공허한: -e Träume 공허한 꿈. **2.** 《아어》 의미 없는. **Wesenlosigkeit**, die; 공허, 무의미, 실체가 없음.

wesens-, Wesens-: ~**art**, die ↑~zug: er ist von anderer W. als sein Freund 그는 그의 친구와는 본질적으로 다르다. ~**eigen** 〈Adj.〉 독특한, 고유한: Großzügigkeit ist ihm w. 대범성이 그의 특성이다. ~**fremd** 〈Adj.〉 본질을 달리하는, 내면적으로 연관성이 없는. ~**gemäß** 〈Adj.〉 본질[특성]에 맞는. ~**gleich** 〈Adj.〉 동체[동질]의. ~**gleichheit**, die 동질성. ~**kern**, der 본질적 핵심. ~**mäßig** 〈Adj.〉 본질적인, 본질에 어울리는. ~**merkmal**, das 본질적 특성. ~**notwendig** 〈Adj.〉 본질적으로 필요한. ~**unterschied**, der 본질의 차이. ~**verschieden** 〈Adj.〉 본질이 다른. ~**verwandlung**, die 《가》↑ Transsubstantiation. ~**verwandt** 〈Adj.〉 본질이 비슷한(유사한). ~**verwandtschaft**, die 본질의 유사성. ~**zug**, der

본질적 특징[성].
wesentlich ['veːzn̩tlɪç] ⟨Adj.⟩ **1.** 본질(근본)적인, 중요한: -er Bestandteil von etw. sein 무엇의 본질적인 구성 요소; dieser Begriff ist von -er Bedeutung 이 개념은 대단히 중요하다; er hat Wesentliches auf dem Gebiet der Kybernetik geleistet 그는 인공두뇌 공학 분야에서 중요한 업적을 이룩했다; **im -en 1)** 대체적으로 (보아서), 전반적으로 볼 때: das ist im -en dasselbe 전반적으로 볼 때 그것은 같은 것이다. **2)** 우선, 첫째로: die Ursache dafür ist im -en darin zu sehen, daß ... 그것에 대한 원인은 우선 첫째로 …에서 찾아야 할 것이다; **um ein -es** 《준고어》 현저히. **2.** 대단히, 고도로, 많이: sie hat sich nicht w. verändert 그 여자는 많이 변화하지는 않았다.
Weser ['veːzər], die 베저 강(독일의 강). **Weserbergland** ['veːzər-], das; -(e)s 베저 강 상류의 산악 지대. **Wesergebirge** ['veːzər-], das; -s 베저 강 상류의 산맥.
Wesfall, der; -(e)s, Wesfälle 〔언어학〕 제 2 격.
weshalb ⟨Adv.⟩ 어째서, 무엇 때문에, 그 때문에, 그런 연고로, 그 까닭에.
Wesir [ve'ziːɐ̯], der; -s, -e 〔터크. vezir〕 **a)** 〔역사적〕 (옛 회교국 특히 터키 제국의) 재상. **b)** 회교국가들의 대신(大臣). **Wesirat** [vezi'raːt], das; -(e)s, -e 옛 터키 재상(회교국가들의 대신)의 직위.
Wesleyaner [vɛsliˈaːnɐ, vɛsleˈjaːnɐ], der; -s, - 〔영국의 신학자 J. Wesley에서 유래〕 웨슬리 교도, 메더디스트 교도.
Wespe ['vɛspə], die; -n 말벌속[屬].
Wespen-: **~nest**, das 말벌의 집: **in ein W. stechen (greifen)** 《통용어》 벌집을 건드리다(쑤시다), 긁어 부스럼을 만들다, 성가신 일에 손을 대어 적을 만들다; **sich in ein W. setzen** 《통용어》 (많은) 적을 만들다. **~schwarm**, der 말벌떼. **~stich**, der 말벌에 쏘임. **~taille**, die 가는(날씬한) 허리.
wessen ['vɛsn̩] 의문대명사 및 관계대명사 ↑wer와 ↑was의 2격형. **wessenthalben** [vɛsn̩t-] 〈의문부사〉 〈아어·고어〉 ↑weshalb. **wessentwegen** 〈의문부사〉 〈아어·고어〉 ~wegen. **wessentwillen** 〈의문부사〉 《다음 용법으로》 um w. hast du uns verraten? 너는 누구를 위하여 우리를 배반하였느냐?
West [vɛst], der; -(e)s, -e **1.** 《Pl. 없음》 **a)** 〔선원·기상〕 서쪽, 서방: der Wind kommt aus[von] W. 바람이 서쪽에서 분다; der Konflikt zwischen Ost und W. 동서간의 분쟁. **b)** 서쪽, 서구〔西區〕: Halle W. 할레시 서부. **2.** 〔區·시어〕 서풍.
Westafrika, -s 서 아프리카.
West-Berlin, -s 서 베를린. **Westberliner**, der 서 베를린 사람.
west-, West-: **~deutsch** ⟨Adj.⟩ **a)** 서부 독일의, 독일 서부의. **b)** (비공식적인 언어 습관으로) 구서독의. **~deutschland**, -s a) 서부 독일. b) 구서독. **~erwald** ['vɛstəvalt], der; -(e)s, -e 서유럽. **~europäisch** ⟨Adj.⟩ 서유럽의. **~fale** [vɛstˈfaːlə], der; -n, -n 베스트팔렌 사람. **~falen** [vɛstˈfaːlən], -s 베스트팔렌 주. **~fälin** [vɛstˈfɛːlɪn], die; -nen 베스트팔렌 여자. **~fälisch** [vɛstˈfɛːlɪʃ] ⟨Adj.⟩ 베스트팔렌의. **~fernsehen**, das 〔구동독·구서독의 텔레비전〕 방송. **~flanke**, die 서쪽 측면. **~flügel**, der 서부의 〔西翼〕. **~front**, die 서부 전선. **~geld**, das 구서독 돈(화폐). **~grenze**, die 서쪽 국경〔경계(선)〕. **~indien**, -s 서인도. **~indisch** ⟨Adj.⟩ 서인도의. **~küste**, die 서해안. **~mächte** 〈Pl.〉 〔정치〕 **a)** 일차 세계 대전 중의 서부 연합군(프랑스, 영국, 미국). **b)** 1945년 이후의 서방 연합군(프랑스, 영국, 미국). **~mark**, die 《통용어》 구서독 마르크. **~nordwest** [- -'- -], der 북서

서(약어: WNW). **~nordwesten** [- -'- -], der 서북서(약어: WNW). **~östlich** ⟨Adj.⟩ 서쪽에서 동쪽으로 부는. **~punkt**; der 〔지리〕 서점〔西點〕, 정서〔正西〕. **~rand**, der 서쪽 벼두리, 서쪽 지역. **~rom**; -s 서로마 제국. **~römisch** ⟨Adj.⟩ 서로마 제국의. **~samoa**; -s 서사모아〔국〕. **~seite**, die 서쪽(면). **~seitig** 서쪽(면)의(으로). **~spitze**, die 서쪽 끝(첨단). **~südwest** [- - '- -], der 서남서(약어: WSW). **~südwesten** [- - '- -], der 서남서(약어: WSW). **~teil**, der 서부지역. **~ufer**, das 서쪽 해안. **~wand**, die 서쪽 벽. **~wärts** ⟨Adv.⟩ 서쪽으로. **~wind**, der 서풍. **~zone**, die 〈대개 Pl.〉 〔고어〕 이차 세계 대전 후 독일의 서방 연합군 점령 지역.
West-coast-Jazz ['vɛstˈkoʊstdʒæz], der; - 〔음악〕 미국 재즈 음악의 일종.
Weste ['vɛstə], die; -n 〔frz. veste〕 **1.** 조끼: ein Anzug mit W. 조끼를 갖춘 정장〔正裝〕; **eine(keine) weiße (reine, saubere) W. haben** 《통용어》 죄가 될 만한 일을 저지르지 않다(저지르다); **einen Fleck auf der (weißen) W. haben** 오점〔汚點〕을 갖고 있다, 순결치 못하다; **jmdm. etw. unter die W. jubeln** 《통용어》 누가 본의 아니게〔억지로〕 …하도록 만들다. **2.** 《지역적》 등의 조끼. **3. a)** 방호 조끼: eine schußsichere W. 방탄 조끼. **b)** ↑Schwimmweste의 약칭.
Westen ['vɛstn̩], der; -s **1.** 《대개 관사 없이》 서쪽: der Stern steht im W. 그 별은 서쪽 하늘에 떠 있다. **2.** 서쪽 지방, 서부: im W. Afrikas 아프리카의 서부에서; **der Wilde W.** 개척 시대의 미국의 서부. **3.** 서방〔西方〕, 미국 및 서유럽 국가들: der Diplomat ist in den W. gegangen[geflohen] 그 외교관은 서방으로 넘어갔다[탈출했다].
Westen- (Weste)-: **~futter**, das 조끼의 안감. **~tasche**, die 조끼 주머니: 〔전의〕 ein Abhörgerät für die W. 《통용어》 작은 (휴대용) 도청 장치; **etw. wie seine W. kennen** 《통용어》 (어떤 나라, 지역의 사정을) 휜히 알다. **~taschenformat**, in dem W. 《다음 용법으로》 in W. 1) 작고 편리한: ein Rechner im W. 간편한 계산기. 2) 《통용어·농》 보잘 것 없는.
Westend ['vɛstɛnt], das; -s, -s 대도시의 서부 지역.
Westentaschen- 〈사람을 지칭하는 명사와 함께 결합하여 '아류의', '작은' 등의 뜻이 있음, 예컨대〉 Westentaschen-Al-Capone, Westentaschenplayboy 등.
Western ['vɛstən], der; -(s), - 〔engl. western〕 서부 영화. **Westerner** ['vɛstənə], der; -s, - 〔engl.-amerik. westerner〕 서부의 사나이.
Westinghousebremse 〔Ⓦ〕 ['vɛstɪŋhaʊs-], die; -n 철도 차량용 공기 브레이크.
westisch ['vɛstɪʃ] ⟨Adj.⟩ 〔인류〕 지중해 연안 지역의: -e Rasse 지중해(연안) 종족. **Westler** ['vɛstlɐ], der; -s 《통용어》 구서독 주민(반대: Ostler). **westlerisch** ['vɛstlərɪʃ] ⟨Adj.⟩ 정치 의식 나지 방식의 친서방(親西方)적인. **westlich** ['vɛstlɪç] **I.** ⟨Adj.⟩ **1.** 서쪽에 놓인, 서쪽의: das -e Frankreich 서부 프랑스; 《von과 결합하여》 w. von Zürich 취리히 서쪽의. **2. a)** 서향(西向)의, 서쪽으로 향한. **3.** 서방(西方)에 속하는, 친서방적인: -e Journalisten 친서방 언론인들; die -en Alliierten 친서방 동맹국들. **II.** …의 서쪽에(서쪽인): w. der Grenze 경계선 서쪽.
Westonelement ['vɛstən-], das; -s, -e 〔물리〕 웨스턴 전지(電池) 소자.
Westover [vɛstˈoːvɐ], der; -s, - 〔engl. vest u. over〕 소매없는 스웨터.
West Virginia [-vɪrˈgɪnɪə], -s 웨스트 버지니아(미국의 주).
weswegen [vɛsˈveːgn̩] ⟨Adv.⟩ ↑weshalb, warum.

wett [vɛt] ⟨Adj.⟩ 《드물게》 ↑quitt: 《다음 용법으로》 **(mit jmdm.) w. sein** 《누구와》 대차 관계가 없다.
wętt-, Wętt-: ~**annahme**, die 《경마의》 내기돈 접수처. ~**bewerb**, der **1.** 시합: ein internationaler W. 국제 시합; einen W. gewinnen(verlieren) 경쟁에 이기다(지다); aus einem W. ausscheiden 시합에서 탈락하다; in einem W. siegen 시합에서 우승하다. **2.** ⟨Pl. 없음⟩【경제】경쟁: unter den Firmen herrscht ein harter W. 회사들간에 치열한 경쟁이 벌어지고 있다; unlauterer W. 【법】부당 경쟁. ~**bewerber**, der 1. 시합 출전자(선수). **2.** 【경제】경쟁자. ~**bewerbsbedingung**, die【경제】경쟁 조건. ~**bewerbsbeschränkung**, die 【경제】(기업의) 경쟁 제한. ~**bewerbsbewegung**, die 《구동독·경제》경쟁 운동. ~**bewerbsfähig** ⟨Adj.⟩ 경쟁력이 있는. ~**fähigkeit**, die 경쟁 능력. ~**bewerbsteilnehmer**, der 경쟁(가담)자. ~**bewerbsverbot**, das【경제】경쟁 금지. ~**bewerbsverpflichtung**, die 《구동독·경제》경쟁 의무. ~**bewerbsverzerrung**, die【경제】경쟁 조건의 불공정[불평등]. ~**bewerbswirtschaft**, die 자유 시장 경제. ~**büro**, das ↑~annahme. ~**eifer**, der 경쟁심. ~**eiferer**, der 《드물게》 경쟁자. ~**eifern** ⟨h⟩ 누구와 경쟁하다(겨루다): miteinander w. 서로 경쟁하다(다투다). ~**fahrer**, der 자동차(자전거) 경주 선수. ~**fahrt**, die 자동차(자전거) 경주. ~**kampf**, der 【특히 스포츠】시합: Der W. findet im Stadion statt 그 시합은 경기장에서 개최된다. ~**kampfbedingungen** ⟨Pl.⟩【특히 스포츠】시합 조건. ~**kämpfer**, der 【스포츠】시합자, 경기자. ~**kampfgymnastik**, die 경연 체육, 경연 체조. ~**kampfstätte**, die 【스포츠】시합장, 경기장. ~**lauf**, der 경주(競走): einen W. machen(gewinnen) 경쟁하다(경쟁에서 이기다). ~**laufen** (부정법으로만) 경주하다. ~**läufer**, der 경주자, 달리기 선수. ~**machen** ⟨h⟩ **1.** 《통용어》(손실을) 메우다, 청산하다: den Schaden(das Versäumte) wieder (einigermaßen) w. 손해를(등한히 했던 것을) (어느 정도) 보충하다, sich bemühen, mangelnde Begabung durch Fleiß wettzumachen 부족한 재능을 근면으로 보충하려고 노력하다. **2.** 무엇에 대해서 사의를 표하다. ~**rennen** (부정법으로만) 경주하다. ~**rennen**, das 경주: ein W. veranstalten 경주(경마) 대회를 개최하다. ~**rudern** (부정법으로만) 경주하다. ~**rudern**, das 경조(競漕). ~**rüsten**, das; -s 군비 경쟁. ~**schießen** (부정법으로만) 사격 시합하다. ~**schießen**, das 사격 시합. ~**schwimmen** (부정법으로만) 경영(競泳)하다. ~**schwimmen**, das; -s 경영(競泳). ~**segeln** (보트, 요트의) 경조(경기)를 하다. ~**segeln**, des; -s (보트, 요트의) 경조(경기). ~**spiel**, das 경기[내기]. ~**streit**, der ↑~kampf. ~**bewerb**: sich im W. messen 경쟁에서 자웅을 다투다; mit jmdm. in W. treten 누구와 경쟁하다. ~**streiten** 경쟁하다, 다투다. ~**teufel** (비분리시: Wetteufel) der 내기꾼, 내기(경쟁)를 몹시 좋아하는 사람: **vom W. besessen sein** 내기귀신이 붙은, 내기에 신들린, 경쟁을 몹시 좋아하다. ~**turnen** (비분리시: wetturnen) (부정법으로만) 체조 경기를 하다. ~**turnen** (비분리시: Wetturnen), das 체조 경기.
Wette ['vɛtə], die; -n **1.** 내기: was gilt die W.? 그 내기에는 무엇이 걸려 있나?; eine W.(mit jmdm.) abschließen (누구와) 내기를 걸다; eine W. gewinnen (verlieren) 내기에 이기다(지다); ich gehe jede W. ein (ich mache jede W.), daß ... 나는 ...을 확신한다; ich könnte[möchte] eine W. abschließen, daß das nicht stimmt 나는 그것이 맞지 않는다는 것을 확신한다. **2.** (특히 경마에서) 내기에 건 돈. **3. um die W.** 1) 다투어, 지지 않으려고. 2) 《통용어》 자웅을 가리기 힘들 정도로, 막상막하로. **wetten** ['vɛtn̩] ⟨h⟩ **1. a)** 내기를 걸다: mit jmdm. (um etw.) w. 누구와 (무엇을) 내기 걸다; (wollen wir) w.? 내기 할까요?; [성구] so haben wir nicht gewettet! 《통용어》약속이 틀리는데요! (이의 표명》. **w.** (daß)? 《통용어》틀림없다는 사실이지, ich wette (hundert zu eins), daß du das nicht kannst 《통용어》네가 그것을 할 수 있으면 내 손에 장을 지지겠다. **b)** 내기 돈을 걸다: 10 Mark [einen Kasten Bier] w. 10마르크[맥주 한 상자]를 내기에 걸다; [성구] darauf wette ich meinen Kopf(Hals)!《통용어》그건 틀림없는 사실이야! **2.** (투기, 경마 따위에서) 예상[예측]하다: auf ein Pferd w. 어떤 말에 내기를 걸다. ¹**Wętter**, der; -s, - 내기[투기]꾼.
²**Wętter** ['vɛtɐ], das; -s, - **1.** ⟨Pl. 없음⟩날씨, 천후, 일기: es ist schönes Wetter 날씨가 좋다; mildes W. setzte nach und nach ein 서서히 날씨가 온화해졌다; das W. ist unbeständig(hält sich, wird schlechter) 날씨가 변덕스럽다[한결같다, 점점 나빠진다]; was haben wir heute für W.? 오늘 날씨가 어떻습니까?; das W. voraussagen 일기를 예보하다; er muß bei jedem W. raus 그는 날씨에 관계없이 외출[출근]하여야 한다; nach dem W. sehen 날씨를 알아보다; (das ist) ein W. zum Eierlegen 《경》매우 좋은 날씨이다; (das ist) ein W. zum Jungehundekriegen 《경》매우 나쁜 날씨이다; **bei jmdm. gut W. machen** 《통용어》 누구의 환심 마음을 돌리려고 하다; **bei(in) Wind und W.** 풍우(천)시에; **um gut(es) W. bitten**《통용어》호의(이해)를 구하다. **2.** 《정서》뇌우, 폭풍(우): ein W. braut sich 뇌우(폭풍우)가 몰려온다(몰아친다); das W. tobt 뇌우가 몰아친다; **alle W.!**《통용어》맙소사!, 원 이런! **3.** ⟨Pl⟩【광】갱내 혼합 가스《공기》: **schlagende [böse, matte] W.** 갱내 폭발성 혼합 가스.
wętter-, Wętter- (²Wetter) ~**amt**, das 기상청. ~**änderung**, die 일기 변화. ~**ansage**, die ↑~bericht. ~**aussicht**, die 《마》Pl.⟩ ↑~bericht. ~**austausch**, die 【광】갱내 환기. ~**beobachtung**, die 일기 관측. ~**bericht**, der 일기 예보, 기상 통보. ~**beruhigung**, die 일기 안정. ~**besserung**, die 날씨가 좋아짐. ~**beständig** ⟨Adj.⟩ 비바람을 견디(어 내)는. ~**bestimmend** ⟨Adj.⟩ 일기(기상)를 결정하는. ~**dach**, das 차녀, 챙. ~**dienst**, der 기상통보(업무). ~**ecke**, die 《통용어》악천후 지역. ~**empfindlich** ⟨Adj.⟩ 천후[일기] 변화에 민감한. ~**fahne**, die 풍향계, 풍신기(風信器). ~**fest** ⟨Adj.⟩ 비바람에 잘 견디는. ~**fleck**, der 《österr.》소매없는 넓은 우의. ~**frosch**, der a)《통용어》작은 사다리가 있는 병 안에 넣어 날씨를 예측할 수 있게 한다는 청개구리. b)《농》기상학자, 기상 관측자. ~**fühlig** [-fy:lɪç] ⟨Adj.⟩ 일기 변화에 민감한. ~**fühligkeit**, die 일기 변화에 대한 예민성. ~**führung**, die a) 동굴 안의 자연적인 대기 이동. b)【광】↑Grubenbewetterung. ~**gebräunt** ⟨Adj.⟩ 야(외) 생활로 그을은. ~**geschehen**, das 일기 개황(변화). ~**geschützt** ⟨Adj.⟩ 비바람으로부터 보호받는. ~**glas**, das ⟨Pl.⟩ ↑Barometer. ~**gott**, der 【종교·신화】천후(天候)의 신. ~**hahn**, der ↑~fahne. ~**hart** ⟨Adj.⟩ a)《드물게》비바람과 추위로 거칠어진. b)《드물게》야외 생활이 밴 얼굴 모습. ~**häuschen**, das **1.** 날씨 시 상자; 습도의 변화에 따라 인형이 들락날락하는 장치. **2.** 폭풍 방호 막사. ~**karte**, die 일기(기상)도. ~**kunde**, die ⟨Pl. 없음⟩기상학. ~**kundig** ⟨Adj.⟩기상(날씨 변화)에 통달한. ~**kundlich** ⟨Adj.⟩기상학적인, 기상학상의. ~**lage**, die 【기상】기상 상황. ~**lampe**, die【광】↑Sicherheitslampe. ~**leuchten** ⟨h⟩ 《비인칭》(멀리서) 번쩍불이 번쩍이다: an der Küste

wetterleuchtet es 멀리 해안에서 번갯불이 번쩍인다; 전의 ihr Gesicht wetterleuchtete von Rührung 그 여자의 얼굴에 감동의 빛이 엿보였다. ~**leuchten**, das; -s (멀리서 치는) 번개: 전의 W. am politischen Horizont 심상치 않은 정치 상황의 변화. ~**loch**, das 《통용어》 악천후 지역. ~**macher**, der **1.** 《통용어·농》 기상학자. **2.** ↑Regenmacher. ~**mantel**, der ↑Regenmantel. ~**mäßig** 날씨에 따른. ~**prognose**, die 일기예보. ~**prophet**, der **a)** 일기예보자. **b)** 《농》 기상학자. ~**rakete**, die **a)** 일기 변화를 위한 로켓. **b)** ↑-satellit. ~**regel**, die ↑-Bauernregel. ~**satellit**, der 기상(관측)위성. ~**schacht**, der [광] 통풍갱. ~**schaden**, der 풍수해(風水害). ~**scheide**, die 기상경계 구역. ~**schiff**, das 기상(관측)선. ~**schutz**, der 방수(방설, 방풍) 설비. ~**seite**, die **a)** (산, 건물의) 풍우의 영향이 있는 쪽. **b)** 풍우가 몰아쳐오는 방향. ~**station**, die 기상관측소, 측후소. ~**strom**, der [광] 갱내의 기류. ~**sturz**, der 기온의 급강하. ~**umschlag**, der 급작스런 기상 변화. ~**umschwung**, der ↑-umschlag. ~**verhältnisse** 〈Pl.〉 일기 개황: ungünstige [schlechte] W. 불리한 (나쁜) 일기 개황. ~**verschlechterung**, die 일기의 악화. ~**voraussage**, die 일기 예보. ~**vorhersage**, die ↑-voraussage. ~**wand**, die ↑Gewitterwand. ~**warnung**, die 폭풍(우) 경보. ~**warte**, die 기상 관측소, 측후소. ~**wendisch** 〈Adj.〉《펌》 날씨처럼 변하기 쉬운, 경솔한, 변덕스러운, 줏대없는, 무정견한. ~**wolke**, die ↑Gewitterwolke. ~**zone**, die 특수 기후 지대.

Wetterchen ['vetɐçən], das; -s 대단히 좋은 날씨: das ist ein W. heute! 오늘 날씨는 대단히 좋구나! **wettern** ['vetɐn] 〈h〉 **1.** (비인칭)《준고어》 ↑gewittern. **2.** 《통용어》심하게 욕하다, 저주하다: furchtbar (in einem fort) w. 무섭게[계속해서] 욕하다; sie wetterten auf die Regierung 그들은 정부를 심하게 비난했다.

wetzen ['vɛtsn̩] **1.** 〈h〉 **a)** 갈다, 닦다, 연마하다: das Messer w. 칼을 가죽에 갈다. **b)** 문지르다: der Vogel wetzt seinen Schnabel an einem Ast 그 새는 자기의 부리를 나뭇가지에 문지른다; 전의 **seine Zunge w.** 심한 욕설을 퍼붓다. **2.** 《통용어》〈s〉 달리다.

Wetzlar ['vɛtslar] 베츨라(독일의 도시).
Wetzstahl, der 쇠숫돌. **Wetzstein**, der 숫돌.
WEU [veːeːuː] = Westeuropäische Union 서유럽 동맹.
Weymouthskiefer ['vaimuːts-], die; -n 미송(美松).
WEZ [veːeːtsɛt] = west europäische Zeit 서유럽 표준시.
WGB [veːgeːbeː] = Weltgewerkschaftsbund 세계 노조연맹.
Wheatstonebrücke ['wiːtstən-], die; -n [물리] 휘트스토운 브리지(전기 저항 측정기).
Whig [vɪk, 《engl.》 wɪg], der; -s, -s **a)** 〈옛〉 휘그당원 (19세기 영국 의회의 자유주의 당원). **b)** 영국의 자유주의 정책의 대표자들.
Whipcord ['vɪpkɔrt, 《engl.》 'wɪpkɔːd], der; -s, -s 능직물의 일종.
Whisker ['vɪskɐ], der; -s - [engl. whisker] 〈전문어〉 위스커, 수염 결정(結晶).
Whiskey ['vɪski, 《engl.》 'wɪski], der; -s, -s (아일랜드 및 미국산) 위스키. **Whisky** [-], der; -s, -s (스코틀랜드산) 위스키: einen W. pur[mit Soda] trinken 위스키를 스트레이트로[소다수를 섞어] 마시다; bitte drei W. 위스키 세 잔만 주시오! **Whiskyflasche**, die 위스키병. **Whiskyglas**, das 위스키잔.
Whist [vɪst, 《engl.》 wɪst], das; - (-e)s 휘스트(카드놀이의 일종).
Whistler [vɪslɐ] 〈Pl.〉 [engl. whistler] [물리] (번개에의한) 전자기파(電磁氣波).
Whitecoat ['waɪtkoʊt], der; -s, -s [engl. whitecoat] 화이트코트(백색 바다표범 가죽의 상거래 명칭).
White-collar-Kriminalität ['waɪtkɔlə-], die 화이트칼라 범죄(상류층에 의해서 저질러지는 범죄).
Whitworthgewinde ['wɪtwɔːθ-], das; -s, - 위트워스 나선조(螺旋條) 규격 규격표준하여 인치로 측정함).
WHO [veːhaːoː], die 세계 보건 기구.
wibbelig ['vɪbəlɪç] 〈Adj.〉《지역적》 끊임없이 몸을 움직이는, 안절부절 못하는.
wich [vɪç] ↑²weichen 참조.
Wichs [vɪks], der; -es, -e / 《österr.》 die; -en 〈은어〉 학생 회원의 예식복장. **Wichse** ['vɪksə], die; -n **1.** 《통용어》 구두약: W. auf die Reitstiefel schmieren 승마장화에 구두약을 바르다; **(alles) eine W.!** 모두가 마찬가지이다! **2.** 《Pl. 없음》 매, 구타, 때림: W. kriegen 매를 맞다, 구타를 당하다. **wichsen** ['vɪksn̩] 〈h〉 **1.** 《통용어》 문질러서 광택을 내다: die Stiefel (auf Hochglanz) w. 장화를 닦아서 (번쩍번쩍하게) 광택을 내다. **2.** 《지역적》 때리다, 구타하다: sie haben den Nachbarjungen kräftig gewichst 그들은 그 이웃소년을 심하게 때렸다; jmdm. eine w. 누구의 따귀를 때리다. **3.** 〈속어〉 수음하다. **Wichser**, der; -s, - **1.** 수음하는 사람. **2.** 《경멸》 녀석, 놈. **Wichsgriffel**, der; -s, - 《속어·펌》 손가락: nimm mal deine W. da weg! 손가락 치워라! **Wichsleinwand**, die 〈Pl. 없음〉 《österr.·통용어》 밀 먹인 천, 유포(油布), 방수포(防水布). **Wichsvorlage**, die; -n [zu ↑wichsen 3] 《속어》 음란 간행물.
Wicht [vɪçt], der; -(e)s, -e **1.** 《친근》 어린이, 꼬마. **2.** 《경멸》 녀석, 놈: er ist ein feiger W. 그는 비겁한 녀석이다. **3.** 난쟁이, 꼬마요정.
Wichte [vɪçtə], die; -n 《전문어》 비중(比重). **Wichtezahl** ['vɪçtəzaːl], die [물리] 비중수(比重數).
Wichtel [vɪçtl], der; -s, -, **Wichtelmännchen**, das; -s, - 난쟁이, 꼬마 요정.
wichtig ['vɪçtɪç] 〈Adj.〉 **1.** 중요(중대)한, 주요한, 소중한, 비중 있는: eine -e Neuigkeit 중대한 뉴스; eine -e Meldung(Mitteilung) 중대한 보고[기별]를 하다; er ist ein -er Mann 그는 중요한 인물이다; Vitamine sind für die Ernährung überaus w. 비타민은 영양을 위하여 대단히 중요하다; etw. für sehr w. halten[ansehen] 무엇을 매우 중요하게 보다; nimm die Sache (so) nicht w.! 그 일을 그렇게 중요하게 생각지 말게!; das -ste ist, daß du schweigst 자네가 침묵을 지키는 것이 가장 중요하네; **sich w. machen**[tun, haben]; **sich³ w. vorkommen**《통용어·펌》 거들먹 거리다, 젠체하다, 뽐내다; du kommst dir wohl sehr w. vor! 그렇게 뽐내지 말아라!; **sich (zu) w. nehmen**《통용어》 자기 자신(자기의 문제)을 과대평가하다. **2.** 《조롱》 의미 있는, 의미심장한: ein -es Gesicht machen 중요한 체하는 표정을 짓다.
wichtig-, Wichtig-: ~**macher**, der《통용어·펌·österr.》↑-tuer. ~**tuend** 〈Adj.〉↑-tuerisch. ~**tuer** [-tuːɐ], der; -s, - 거드럭거리는(잘난 체하는) 사람. ~**tuerei** [-tuːəˈrai], die **1.** 〈Pl. 없음〉 뻐김, 잘난 체하기. **2.** 잘난 체하는 언행이나 행동. ~**tuerisch** [-tuːərɪʃ] 〈Adj.〉 잘난 체하는, 점잔 빼는: -es Gerede 잘난 체하는 언변.
Wichtigkeit, die; - 〈Pl. 없음〉 중요(중대)성: einer Angelegenheit besondere W. beimessen [beilegen] 어떠한 일에 특별한 중요성을 부과하다; diese Aufgabe ist von höchster W. 이 임무는 더없이 중요하다. **2.** 중요한 일. **3.** 《조롱·펌》 허풍, 과장된 표현.
Wicke ['vɪkə], die; -n [lat. vicia] 갈퀴줄 식물: **in die -n gehen** 《지역적》 사라지다, 못쓰게 되다, 영락[과멸]

하다.
Wickel ['vɪk]], der; -s, - 1. 포장, 싸개, 수건(↑ Umschlag (2)). 2. (돌돌) 감은[만] 것: der W. der Zigarre 엽궐련의 알맹이; ein W. Wolle 실뭉치. 3. a) 실패, 실꾸리. b) 《드물게》↑Lockenwickel의 약칭. 4. jmdn.(etw.) am(beim) W. packen(kriegen, haben, nehmen) 1) 누구(무엇)를 호되게 꾸짖다(다루다); 전의 ein Thema am W. haben 주제를 철저히 다루다. 2) 누구를 문책하다. 5. 좌우로 번갈아 나는 꽃차례.

Wickel-: ~**bluse**, die 둘러 입는 블라우스. ~**gamasche**, die 감는 각반. ~**kind**, das 강보에 싸인 아이, 갓난 아기. ~**kleid**, das 싸서 입는 옷. ~**kommode**, die 설합 달린 기저귀대. ~**rock**, der 풀치마(스커트). ~**tisch**, der 기저귀대. ~**tuch**, das ⟨Pl. tücher⟩ 1. (삼각형) 쇼올. 2. 《지역적》기저귀.

wickeln ['vɪk]n] ⟨h⟩ 1. a) (실 따위를) 감다: Garn zu einem Knäuel) w. 실을 감아 뭉치로 만들다. b) (어디에) 얽어 매다, 감다: die Schnur auf eine Rolle w. 끈을 실패에 감다; ich wickelte mir einen Schal um den Hals 나는 목에 숄을 감았다; **jmdn. um den (kleinen) Finger w.** 누구를 자기 마음대로 움직이다. c) 감아서 turban을 만들다: einen Turban w. 터번을 (감아서) 만들다. 2. 머리감개에 감아올리다. 3. a) 싸다, 포장하다: den Karton in Packpapier w. 상자를 포장지에 싸다. b) 감싸다, 휘감다: er wickelte sich umständlich in eine Wolldecke 그는 자기 몸을 거추장스럽게 털이불로 감쌌다. c) 기저귀를 채우다. d) 붕대 따위로 감다: das Bein muß gewickelt werden 그 다리를 붕대로 감아야 한다. 4. a) 포장을 풀다: das Buch aus dem Papier w. 포장한 종이에서 책을 풀어 꺼내다. b) 감은 것을 풀다: das Tau vom Pflock w. 말뚝에 감긴 밧줄을 끄르다(풀다). 5. **schief(falsch) gewickelt sein** 《통용어》잘못 생각하다, 오해하다. **Wick(e)lung** ['vɪk(ə)-lʊŋ], die; -en 1. 감기, 싸기. 2. a) 감은 것, 포장된 것. b) 《전문어》촘촘하게 감은 코일. **Wickler** ['vɪklɐ], der; -s, - 1. ↑Lockenwickler의 약칭. 2. 잎말이나방(과).

Widder ['vɪdɐ], der; -s, - 1. a) 양의 수컷. b) [사냥] (사르디니아산) 산양의 수컷. 2. [점성술] a) ⟨Pl. 없음⟩ 백양궁(白羊宮). b) 양자리에 출생한 사람: er[sie] ist (ein) W. 그 남자[여자]는 백양궁(生)이다. 3. **hydraulischer W.** [기술] 수력발전 펌프의 일종. 4. ↑ Mauerbrecher. **Widderpunkt**, der [천문] ↑Frühlingspunkt.

wider ['vi:dɐ] ⟨Präp.⁴⟩ 《준고어·아어》 1. ...에 반대[적대, 반항]하여: w. die Gesetze handeln 법률에 반하여 행동하다; w. jmdn. Anklage erheben 누구에 대하여 공소를 제기하다. 2. ...에 반하여: w. Erwarten 기대에 어긋나게.

widerborstig ⟨Adj.⟩ a) (머리털이) 뻣뻣한, 억센. b) 성질이 억센, 고분고분하지 않는: ein -es Mädchen 다루기 힘든 소녀. **Widerborstigkeit**, die; -en (머리털, 성격 등이) 뻣뻣함, 다루기 힘듦.

Widerchrist 1. der; -(s) ↑Antichrist (1). 2. der; -en, -en 《드물게》↑Antichrist (2).

Widerdruck, der; -(e)s, -e a) [인쇄] 이면(裏面) 인쇄. b) (인쇄지의) 이면(裏面).

widereinander ⟨Adv.⟩ 《아어》서로.

widerfahren '《누구에게》일어나다(미치다), ...을 당하다: ihm ist in seinem Leben viel Leid widerfahren 그는 일생 동안 많은 고생을 했다.

widergesetzlich ⟨Adj.⟩ 위법의, 법률 위반의.

Widerhaken, der; -s, - 역갈고리.

Widerhall, der; -(e)s, -e 반향, 메아리, 반응: der W. des Donners 천둥의 반향; 전의 der W. auf seine Schriften 그의 저술에 대한 반응; **W. finden** 반응을 얻

다. **widerhallen** ⟨h⟩ a) 반향하다, 메아리 치다: der Schuß hallte laut wider 총소리가 크게 울려 왔다; 전의 seine Worte hallten in ihr wider 그의 말은 그 여자의 마음 속에 울려왔다. b) 《드물게》반향[반사]하다: die Wände hallten die Schritte wider 그 벽은 발자국 소리를 반사했다. c) 소리가 울리다: die Bahnhofshalle hallte vom Lärm wider 정거장 홀은 소음이 요란하게 울렸다.

Widerhalt, der; -s 저항(물); 받침; 굄목, 버팀.

Widerhandlung, die; -en ⟨schweiz.⟩ 위반[위배] 행위.

Widerklage, die; -n [법] ↑Gegenklage. **Widerkläger**, der; -s, - [법] 반소인(反訴人).

Widerklang, die; -(e)s, -klänge 메아리, 반향. **widerklingen*** ⟨h⟩ 《드물게》메아리치다, 반향하다.

Widerlager, das; -s, - [토목] 홍예 받침대, 교대(橋臺), 버팀벽, 부벽(扶壁). **widerlegbar** [-'le:kba:ɐ̯] ⟨Adj.⟩ 반박[논박, 부정]할 수 있는. **widerlegen** ⟨h⟩ 반박하다, 반증하다: er hat sich selbst widerlegt 그는 자가당착에 빠졌다. **widerleglich** [-'le:klɪç] ⟨Adj.⟩ ↑widerlegbar. **Widerlegung**, die; -en 반박.

widerlich ['vi:dɐlɪç] ⟨Adj.⟩ 1. 《쯤》언짢은, 마음에 거슬리는, 메스꺼운, 역겨운: ein -er Geruch 역겨운 냄새. 2. 《쯤》지긋지긋한, 혐오스러운: ein -er Mensch 무척 싫은 인간. 3. 《형용사·동사의 강조》대단히, 지나치게, 너무: der Kuchen ist w. süß 이 케이크는 너무 달다. **Widerlichkeit**, die; -en 역겨움, 혐오스러움, 불쾌. **Widerling** [...lɪŋ], der; -(e)s, -e 《쯤》몹시 싫은 사람 [놈]. **widern** ['vi:dɐn] ⟨h⟩ 《아어·준고어》↑ekeln (1 b, c).

widernatürlich ⟨Adj.⟩ 1. 《쯤》자연 법칙에 어긋나는, 인륜에 어긋나는: der Vater hatte jahrelang ein -es Verhältnis zu seiner Tochter 그 아버지는 수년 동안 그 기딸과 인륜에 어긋나는 관계를 가졌다. 2. 《드물게》자연스럽지 않은. **Widernatürlichkeit**, die; -en ↑widernatürlich의 명사형.

Widerpart, der; -(e)s, -e 1. 《아어·준고어》적, 반대자, 상대방, 반대당. 2. **jmdm. W. halten(bieten, geben)** 《아어·준고어》누구에게 저항(대항)하다.

widerraten* ⟨h⟩ 《아어》간(諫)하여 말리다: jmdm. eine Geschäftsverbindung w. 누구의 사업(업무) 관계를 간하여 말리다; der Mutter widerriet einer Ehe 어머니가 결혼을 말렸다.

widerrechtlich ⟨Adj.⟩ 위법(불법)의. **Widerrechtlichkeit**, die; -en 위법, 불법(성).

Widerrede, die; -n 1. 반대, 논박, 반박, 이의, 부정, 부인: etw. ohne W. hinnehmen 무엇을 반대 없이 받아들이다. 2. 답변, 항변, 이의: ↑ Rede und W. 갑론을박. **widerreden** ⟨h⟩ 《드물게》↑widersprechen (1 a).

Widerrist, der; -(e)s, -e (특히 마소의) 앞잔등의 높은 부분.

Widerruf, der; -(e)s, -e 취소, 철회, 무효 선언, 폐지, 파기: W. leisten 취소[철회]하다; der Durchgang ist (bis) auf W. gestattet 통행은 별명이 있을 때까지 허용된다. **widerrufen*** ⟨h⟩ 취소[철회]하다, 무효 선언하다, 폐기하다, 파기하다: eine Erklärung w. 성명을 철회[취소]하다; der Angeklagte hat sein Geständnis widerrufen 그 피고인은 자백을 번복했다. **widerruflich** [-ru:flɪç] 《또한》--'-- ⟨Adj.⟩ 취소[철회]할 수 있음. **Widerrufung**, die; -en 취소, 철회, 무효 선언, 폐지, 파기.

Widersacher, der; -s, - 적수, 반대자, 적대자, 상대방, (성서에서) 악마: ein erbitterter W. 끈질긴 적수.

widerschallen ⟨h⟩ 《준고어》반향하다.

Widerschein, der; -(e)s, -e 반사, 반조(反照), 반영;

[전의] der W. des Glücks lag auf ihrem Gesicht 그 여자의 얼굴에는 행복의 빛이 비쳤다. **widerscheinen*** ⟨h⟩ 반사하다, 반영하다.

Widersee, die; -n [선위] 밀려 들어오는 물결, 격량, (밀려 들어와) 부서지는 파도.

widersetzen, sich ⟨h⟩ 누구[무엇]에게 반항[저항]하다: sich einer Maßnahme (offen) w. 어떤 조치에 (공공연히) 반대하다; er hat sich mir widersetzt 그는 나에게 대항[반항]했다. **widersetzlich** ['-zetslıç, 《또한》' -----] ⟨Adj.⟩ **a)** 반항적인, 다루기 힘든, 고분고분하지 않는: die beiden Gefangenen zeigten sich w. 그 두 명의 포로는 고분고분하지 않았다. **b)** 반항적인 표정의. **Widersetzlichkeit** [《또한》' -----], die; -en ↑ widersetzlich의 명사형.

Widersinn, der; -e(s 반대의 뜻, 오해, 모순, (자가)당착, 불합리, 몰상식, 무의미: welch ein W.! 저런 몰상식한 일이 있나!; er deckte den ganzen W. auf, der in der Behauptung lag 그는 그 주장 속에 포함된 모든 불합리성을 폭로했다. **widersinnig** ⟨Adj.⟩ 불합리한, 배리의, 몰상식한: -e Behauptungen 불합리한 주장. **Widersinnigkeit**, die; -en ↑ widersinnig의 명사형.

widerspenstig [-ʃpɛnstıç] ⟨Adj.⟩ **a)** 반항적인, 완강한, 고집센: ein -es Kind 고집센 아이; 《비유》-es Haar 엉센 머리털. **b)** 반항심을 나타낸다. **Widerspenstigkeit**, die; -en ↑ widerspenstig의 명사형.

widerspiegeln ⟨h⟩ **1. a)** 반사(반영)하다: das Wasser spiegelt die vielen Lichter wider [《드물게》widerspiegelt die vielen Lichter] 물에 수많은 불빛이 반사된다. **b)** ⟨w. + sich⟩ 비치다: der Himmel spiegelt sich in der Lagune wider 하늘이 개펄 호수에 비친다. **2. a)** 표현하다, 나타내다: der Roman spiegelt die damaligen Verhältnisse wider 그 소설은 당시의 상황을 반영하고 있다. **b)** ⟨w. + sich⟩ 나타나다: dieses Erlebnis spiegelt sich in seinem Werk wider 이 체험이 그의 작품에서 나타난다. **Widerspiegelung**, die; -en ↑ widerspiegeln의 명사형. **Widerspieglung** = Widerspiegelung. **Widerspiegelungstheorie**, die [유물 철학] 반영론.

Widerspiel, das; -(e)s **1.** (아이) 적대 행동, 대립: das W. von Regierung und Opposition 정부와 야당의 대립. **2.** 《고어》(정)반대: das gerade W. ist der Fall 그 케이스가 바로 정반대의 경우이다; im W. mit …에 반대로.

widersprechen* ⟨h⟩ **1. a)** 반대하다, 항변하다: jmdm. heftig w. 누구에게 격렬하게 항변하다; ich muß dieser Behauptung mit Nachdruck w. 나는 이 주장에 강력히 반대하여야 한다. **b)** 무엇에 이의를 제기하다: der Betriebsrat hat der Entlassung widersprochen 노조 위원회는 해직에 이의를 제기했다. **2.** 위배(상치)되다, 맞지 않다, 모순되다: dies widerspricht den Tatsachen 이것은 사실에 위배된다; die widersprechendsten Nachrichten trafen ein 서로 엇갈리는 뉴스가 들어왔다.

Widerspruch, der; -(e)s, -sprüche **1.** ⟨Pl. 없음⟩ **a)** 반대, 항의, 항변: seine Äußerungen stießen überall auf W. 그의 발언은 도처에서 항의에 부딪혔다; etw. ohne W. hinnehmen 무엇을 반대없이 받아들이다. **b)** 반대론, 이론(異論), 이의(異議)의 그 제안은 이의없이 채택되었다. **2.** 모순, 당착, 위배, 불일치: das ist ein entscheidender W. 그것을 결정적인 모순이다; etw. ist ein W. in sich 무엇이 그 자체로 모순점을 갖고 있다; in W. zu jmdm. [etw.] geraten 누구[무엇]와의 관계가 나빠지다; sich in Widersprüche verwickeln 모순[자가당착]에 빠지다. **3.** [철학] 모순(矛盾): im antagonistischen W. 하나의 대립적 모순. **widersprüchlich** [-ʃpryçlıç]

⟨Adj.⟩ **a)** 모순되는, 엇갈리는: -e Aussagen 모순되는 진술. **b)** 모순을 드러내는: eine -e Entwicklung 모순적 발전. **Widersprüchlichkeit**, die; -en 모순성(矛盾性), 불일치.

widerspruchs-, Widerspruchs-: **~frei** ⟨Adj.⟩ 모순성이 없는: eine -e Theorie 모순없는 이론(理論). **~geist**, der **1.** ⟨Pl. 없음⟩ 반항심, 반항 정신: in ihm erwachte W. 그의 마음 속에 반항심이 생겼다. **2.** 《통용어》반대론자, 항변자, 반골. **~klage**, die [법] 이의 제기. **~los** ⟨Adj.⟩ w. gehorchen 반대(이의)없이 복종하다. **~losigkeit**, die ↑~los의 명사형. **~voll** ⟨Adj.⟩ 모순투성이의: ein -er Bericht 모순투성이의 보고[보도].

Widerstand, der; -(e)s, -stände **1.** 저항(력), 반항, 반대, 방어: der W. der Bevölkerung gegen das Regime wächst 정권에 대한 국민의 저항이 커진다; aktiven[passiven, offenen] W. leisten 적극적으로[소극적으로, 공공연하게] 저항하다; bei jmdm. [mit etw.] auf W. stoßen 누구[무엇]의 반대에 부딪히다; zum bewaffneten W. aufrufen 무력 저항을 호소하다. **2.** ⟨Pl. 없음⟩ 저항 운동(레지스탕스): während des Krieges gehörte er dem W. an 전쟁 중에 그는 저항 운동을 했다. **3. a)** 방해, 저항, 어려움, 장애물: er schaffte es allen Widerständen zum Trotz 그는 모든 장애를 무릅쓰고 그 일을 해치웠다. **b)** ⟨Pl. 없음⟩ [기계] 저항(유체의) 항력. **4. a)** ⟨Pl. 없음⟩ [전기] 항력: der W. beträgt bei Quarz bis über 10^{18} Ω cm 석영(石英)의 항력은 10^{18} 옴이다; **ohmscher W.** 옴 저항. **b)** 저항기: einen W. einbauen 저항기를 설치하다.

widerstands-, Widerstands-: **~bewegung**, die 저항 운동, 레지스탕스. **~fähig** ⟨Adj.⟩ 저항력이 있는: die Kinder sind nicht sehr w. 어린이들은 저항력이 별로 없다(전염병에). **~fähigkeit**, die ⟨Pl. 없음⟩ (능력. **~gruppe**, die 저항 운동 그룹. **~kampf**, der 저항 [운동] 투쟁[전투]. **~kämpfer**, der 저항 운동가. **~kraft**, die ↑~fähigkeit. **~los** ⟨Adj.⟩ **a)** 저항하지 않는. **b)** 저항[반대]에 부딪치지 않는. **~losigkeit**, die ↑~los의 명사형. **~messer**, der [전기] 저항계. **~metall** [전기] 저항에 강한 금속. **~nest**, das 저항 (운동) 거점. **~organisation**, die 저항 조직. **~recht**, das. **~wille**, der ⟨Pl. 없음⟩ 저항 의지.

widerstehen* ⟨h⟩ **1.** 저항하다, 굴하지 않다: einer Versuchung w. 유혹을 뿌리치다. **2. a)** 견뎌 내다: das Material widersteht allen Belastungen 그 소재는 어떤 것에도 견뎌 낼 수 있도록 내구성이 강하다. **b)** 누구에게[어떤 일에] 효과적으로 저항하다: dem Gegner [einem feindlichen Angriff] w. 적에게[적의 공격에] 효과적으로 저항하다. **3.** ⟨누구에게⟩ 불쾌감(싫증, 혐오감)을 일으키다: mir widersteht es zu lügen 나는 거짓말하기가 싫다.

Widerstrahl, der ↑ Widerschein. **widerstrahlen** ⟨h⟩ 반사하다.

widerstreben ⟨h⟩ **a)** 누구의 마음에 거슬리다: es widerstrebt mir, darüber zu reden 그것에 관하여 떠드는 것은 나의 마음에 거슬린다. **b)** 《아이》 저항하다: Anweisungen w. 지시에 반항하다; etw. mit widerstrebenden Gefühlen tun 무엇을 저항감을 갖고 하다. **Widerstreben**, das; -s 반대, 저항, 혐오.

Widerstreit, der; -(e)s, -e 저항, 항쟁, 반대, 모순, 충돌: der W. der Interesses 이해의 충돌. **widerstreiten*** ⟨h⟩ **a)** …에 모순되다, …을 반하다: etw. widerstreitet allen herkömmlichen Begriffen 무엇이 종래의 모든 개념에 모순된다. **b)** 《고어》누구[어떤 이]에게 반대하다: er hat ihm widerstritten 그는 그 사람에게 반대했다.

widerwärtig 〈Adj.〉 a) 싫은, 꺼리는, 성가신, 번거로운: -e Umstände 번거로운 상황. b) 꺼림직한, 불쾌: dieser Geruch ist mir w. 이 냄새는 나에게 불쾌하다. **Widerwärtigkeit**, die; -en ↑widerwärtig의 명사형.

Widerwille, der; -ns, -n 혐오, 불쾌, 반감, 적의: seinen -n unterdrücken 자기의 불쾌감을 억누르다; etw. nur mit -n essen(tun) können 무엇을 억지로 먹을(할) 수 있다. **widerwillig** 〈Adj.〉 a) 〈대개 adv.〉 마지 못해, 싫지만 할 수 없이. b) 탐탁치 않은, 싫은, 마음에 없는: er sagte das recht w. 그는 무척 싫은 표정으로 말을 했다. **Widerwilligkeit**, die ↑widerwillig의 명사형.

Widerwort, das; -(e)s, -e 〈대개 Pl.〉 항변, 이의(異議): keine -e! 이의(異議)는 용납할 수 없다!

widmen ['vɪtmən] 〈h〉 **1.** 바치다, 봉납하다, 헌정하다: jmdm. ein Buch w. 누구에게 저서를 바치다. **2. a)** 무엇을 오로지 특정인이나 특정한 목적을 위하여 바치다: sein Leben der Kunst w. 그의 인생을 예술에 바치다. **b)** 무엇에 전념하다: 〈w. + sich〉 sich wissenschaftlichen Arbeiten w. 학문 연구에 전념하다. **3.** 〈관〉 공용으로 지정하다(반대: entwidmen). **Widmung**, die; -en **1.** 바침, 헌정, 헌사: in dem Buch stand eine W. des Verfassers 그 책에는 저자의 헌사가 쓰여 있었다. **2.** ↑Schenkung: eine gänzlich unerwartete W. von 900,000 Schilling 조금도 기대하지 않았던 900,000 쉴링의 헌금. **3.** [관] 공공물 지정(公共物指定): die W. von Straßen für den öffentlichen Verkehr 공공 교통을 위한 도로의 공공물 지정.

widrig ['viːdrɪç] 〈Adj.〉 **1.** 반대의, 역의, 불운(불행)한: -e Winde 역풍(逆風); mit -en Umständen(Verhältnissen) fertig werden müssen 불행한 처지를 극복하여야 한다. **2.** 〈퀌·준고어〉 싫은, 불쾌한. **-widrig** [-'viːdrɪç] 〈접미사〉 "…에 어긋나는"의 뜻〔예컨대: verfassungswidrig 헌법 위반의, 위헌의. **widrigenfalls** 〈Adv.〉 〈특히 격식독어〉 그렇지 않으면, 불연이면: es wird angeordnet, daß sie vor Gericht erscheint, w. wird sie vorgeführt(w. sie vorgeführt wird) 그 여자가 법정에 출두하도록 되어 있다, 만약 출두하지 않으면 그 여자는 구인될 것이다. **Widrigkeit**, die; -en 방해가 되는 일, 걸림돌, 장애 요소, 어려움: überall mit Ärger und -en zu kämpfen haben 도처에 극복하여야 할 애로 사항이 많다.

Widum ['vɪdʊm], das; -s, -e 〈österr.·고어〉 교구〔성당구〕소유지.

wie [viː] **I. 1.** 〈의문부사〉 **a)** 어떻게 (해서), 어떤 방법으로: w. funktioniert das? 그것은 어떻게 작동하는가?; wie komme ich zum Bahnhof? 정거장에는 어떻게 갑니까?; w. kommst du dazu, ihn zu schlagen? 너는 어찌다가 그를 때리게 되었느냐?; w. kommt es, daß … …의 원인은 무엇이냐?; w. heißt er? 그의 이름은 무엇이냐?; w. war doch der Name? 그 사람의 이름은 어떻더라?; w. sagt man dafür in der Schweiz? 스위스에서는 그것을 무엇이라고 합니까?; w. (bitte)? 네?(다시 한번 말씀해주십시요)?; w. war das? 〈통용어〉 다시 한번 말씀해주시겠습니까?; 〈감탄문에서〉 w. er das wieder geschafft hat! 그 친구가 그것을 다시 해치우다니! **b)** (특성, 특징에 대해서) 어떻게: w. war das Wetter? 날씨는 어땠니?; w. war es in Spanien? 스페인에서는 어떠했었니?; w. geht es ihm? 그는 어떻게 지내니?; w. findest du das Bild? 저 그림을 너는 어떻게 보니?; w. gefällt er dir? 그 친구 네가 보기엔 어떠니?; w. wär's mit einem Whisky? 위스키를 한 잔 하는 게 어떻겠는가?; hallo Jürgen! Wie? 〈지역적〉 어이 위르겐, 자네 어떻게 지내냐? 〈감탄문에서〉 w. du aussiehst! 너의 꼴이 그게 뭐냐! **c)** 얼마나, 어느 정도로?: w. spät ist es? 지금 몇 시냐?; w. alt bist du? 너는 나이가 몇이냐?; 〈감탄문에서〉 w. er sich freut! 그 친구 꽤나 좋아하는군! **d)** 〈통용어〉 그렇지?: das ärgert dich wohl, w.? 너 화나지, 그렇지? **2.** 〈관계부사〉 **a)** die Art, w. es sich entwickelt hat 그것이 되어진 방법. **b)** die Preise steigen in dem Maße, w. die Löhne erhöht werden 물가는 임금이 인상되는 정도로 상승한다. **II.** 〈Konj.〉 **1.** 〈비교분사〉 **a)** …와 같이(같은), …처럼, …(인)듯이; (so) weiß w. Schnee 눈처럼 흰; das riecht w. Benzin 휘발유 같은 냄새가 난다; in einer Zeit w. der heutigen 오늘날과 같은 시대에; er hat doppelt so viel getrunken w. du 그는 너의 곱절을 마셨다; so schnell w. möglich 가능한 한 빨리; er spielte keiner〔w. selten einer〕 그는 누구보다 더 잘(보기 드물게) 플레이했다. **b)** Haustiere w. Rind(er), Schwein(e), Pferd(e) 소, 돼지, 말 같은 가축. **c)** …대로, …하는 바와 같이, …하듯이: er ist jetzt so alt, w. ich damals war 그는 지금 그 당시 나 정도의 나이이다; alle, w. sie da sitzen 거기에 앉아 있는 모든 사람들; die Formel lautet(,) w. folgt 그 문구는 다음과 같다. **d)** (wenn과 함께) 마치 …인 것처럼: es sieht aus, w. wenn es regnen wollte 마치 비가 올 것 같다. **2. a)** (비교급, "ander …", "anders" 다음에 쓰여, 방언적) er ist größer w. du 그는 너보다 크다; er macht es anders w. ich 그는 그것을 나와는 다르게 한다. **b)** 〈통용어〉 ("nichts" 다음에) …을 제외하고는, …을 빼놓고는: er hat nichts w. Dummheiten im Kopf 그의 머리 속에는 다른 우둔함만 들어 있다. **3.** (나열된 어휘의 연결어로) 그리고, 또한: Männer w. Frauen nahmen teil 남녀가 참여했다. **4.** (als와 비슷한 뜻으로) …했을 때에: w. ich an seinem Fenster vorbeigehe, höre ich ihn singen 내가 그의 창가를 지나갈 때 나는 그의 노래 소리를 듣는다; 〈통용어·지역적〉 〈과거형으로〉 w. ich nach Hause kam, lag ein Brief vor meiner Tür 내가 집에 왔을 때 나의 문 앞에 편지 한 통이 놓여 있었다. **5.** (지각동사 뒤에서 목적문을 이끌어) ich hörte, w. die Haustür ging 나는 문이 열리는 소리를 들었다.

Wiebel ['viːbl], der; -s, - 〈지역적〉 **a)** ↑Getreidemotte. **b)** ↑Kornkäfer. ¹**wiebeln** ['viːbln] 〈지역적〉 우글거리다, 생기 있게 움직이다.

²**wiebeln** [-] 〈h〉 〈md.〉 ↑wiefeln.

Wiede ['viːdə], die; -n 〈südd., südwestd.〉 묶기〔엮기〕위한 나뭇가지, 버드나무 가지, 가지로 꼰 새끼〔줄〕.

Wiedehopf ['viːdəhɔpf], der; -(e)s, -e 〈조류〉 후투티, 오디새: **stinken wie ein W.** 〈경〉 지독한 냄새를 풍기다: er stinkt wie ein W. 그는 지독한 냄새를 풍긴다.

wieder ['viːdɐ] 〈Adv.〉 **1. a)** 또다시, 새로, 재차(로): wir fahren dieses Jahr w. an die See 올해도 우리들은 다시 바다에 간다; w. Krieg! 다시는 전쟁이 없어야 한다!; er macht immer w. denselben Fehler 그는 항상 똑같은 잘못을 저지른다; ich habe ihn w. und w. ermahnt 〈아이〉 나는 누차 그에게 경고했다; was ist denn jetzt schon w. los? 이제 또 무슨 일이냐? **b)** 또 한편으로, 또한: einige sind dafür, andere dagegen und w. andere haben keine Meinung 몇몇은 찬성하고 몇몇은 반대하고 또 몇몇은 의견이 없다; das ist w. etwas anderes 그것은 또 다른 일이다. **2.** 전처럼, 다시: w. gesund sein 다시 건강하다; er fiel und stand sofort w. auf 그는 넘어졌으나 곧 일어났다; gib es ihm w. zurück! 그에게 그것을 되돌려 주어라! **3.** 동시에: es gefällt mir und gefällt mir (andererseits) w. nicht 그것은 나의 마음에 들기도 하지만 다른 한편으로는 마음에 들지 않는다. **4.** ↑wiederum (3). **5.**

《통용어》 똑같이: er hat mir einen Vogel gezeigt, und da habe ich ihm w. einen (Vogel) gezeigt 그가 나에게 돌았느냐는 손짓을 하기(에) 나도 그에게 똑같은 손 짓으로 응대해 주었다. **6.** 《통용어》〈의문문에서〉 noch의 뜻: wie heißt er w.? 그의 이름이 뭐드라? **wieder-, Wieder-** [-] (동사의 전철) **1.** "도로"(zurück)의 뜻(예 컨대: wiederbringen, wiederkommen, wieder- holen). **2.** "원상 복귀"의 뜻(예컨대: wiederaufbauen, wiederbeleben). **3.** "반복"의 뜻(예컨대: wieder- sehen, wiederwählen). **4.** "응답, 보복"의 뜻(예컨대: wiedergrüßen, wiederschlagen).

wieder-, Wieder-: ~**abdruck,** der **1.** (Pl. 없음) 재인쇄, 재판. **2.** ↑Reprint: das Buch ist jetzt als W. lieferbar 그 책은 리프린트판으로 공급될 수 있다. ~**annäherung,** die 재접근, 화해. ~**anpfiff,** der [스 포츠] 경기 속개 신호용 호각(불기). ~**anschaffung,** die 재공급, 재구입, 재조달. ~**anspiel,** das [스포츠] 경기의 속개. ~**anstoß,** der [스포츠] 경기 속개 때의 킥 오프. ~**aufarbeitung,** die ↑~aufbereitung. ~**aufarbeitungsanlage,** die 재처리 시설. ~**aufbau,** der (Pl. 없음) **1.** ↑Aufbau (1 b). **2.** 복구(사 업). ~**aufbauen** 재건하다. ~**aufbereiten** ⟨h⟩ 재 처리(가공)하다. ~**aufbereitung,** die 재처리(작업). ~**aufbereitungsanlage,** die 재처리[작업]장. ~**auf- führen** [연극] 재공연하다. ~**aufführung,** die [연 극] 재공연. ~**aufnahme,** die **1.** 재개(再開). **2.** 재입회 (재입당). **3.** [연극] 재공연. ~**aufnahmeverfahren,** das [법] 재심. ~**aufnehmen'** ⟨h⟩ **1.** 다시 착수하다: die Arbeit w. 작업을 속개하다. **2.** 재입회시키다. **3.** [연극] 재공연 계획하다. ~**aufrichten** 격려하 다, 위로하다(↑aufrichten (3 a)). ~**aufrichtung,** die 격려, 위로. ~**aufrüstung,** die 재군비, 재무장. ~**auftauchen** 재등장하다. ~**begegnen** ⟨s⟩ 다시 만나 다. ~**begegnung,** die 재회. ~**beginn,** der 재개 (시). ~**bekommen'** ⟨h⟩ 되돌려 받다, 도로 찾다. ~**beleben** ⟨h⟩ 소생시키다, 부흥시키다. ~**belebung,** die 소생시킴, 부활시킴. ~**belebungsversuch,** der 부 활 시도, 부흥 시도. ~**beschaffen** ⟨h⟩ 다시 조달[구입] 하다. ~**beschaffung,** die 재조달[재구입]. ~**be- schaffungskosten** ⟨Pl.⟩ 재조달비. ~**beschaffungswert,** der 재구입 가격. ~**besetzen** ⟨h⟩ **1.** (공 석을) 보충하다. **2.** [군] 재점령하다. ~**besetzung,** die 재점령, 충원. ~**bewaffnung,** die 재무장, 재군비. ~**bringen** ⟨h⟩ 다시 데려가다, 되돌려 주다. ~**druck,** der 재판(再版). ~**einfallen'** ⟨s⟩ 기억이 되살아나다. ~**einführung,** die 재도입. ~**eingliederung,** die 재 편성, 재영입. ~**einpflanzung,** die [의학] 재이식. ~**einsetzen** ⟨h⟩ 다시 투입시키다. ~**einsetzung,** die 복직. ~**eintritt,** der **1.** 재가입. **2.** (재)진입. ~**ent- decken** ⟨h⟩ 재발견하다. ~**entdeckung,** die 재발견. ~**ergreifung,** die 재체포. ~**erhalten'** ⟨h⟩ 되돌려 받 다, 도로 찾다. ~**erinnern,** sich 丸 ↑erinnern (1). ~**erkennen'** ⟨h⟩ 재인식하다, 다시 알아보다: ich habe dich im ersten Moment gar nicht wiedererkannt 처 음에 나는 너를 알아보지 못했다. ~**erlangen** ⟨h⟩ 되찾 다. ~**erleben** ⟨h⟩ 다시 체험하다. ~**erobern** ⟨h⟩ 재정 복하다. ~**eroberung,** die **1.** 재점령[탈환]. **2.** 재점령 [탈환]된 것. ~**eröffnen** ⟨h⟩ 다시 열다, 재개하다. ~**eröffnung,** die 재개. ~**erscheinen'** ⟨s⟩ **1.** 다시 나 타나다. **2.** 반복해서 나타나다. ~**erstarken** ⟨s⟩ (아이) 다시 강화[보강]하다. ~**erstatten** ⟨h⟩ 배상(상환)하다. ~**erstattung,** die 배상[상환]. ~**erstehen** ⟨s⟩ **1.** (아 이) 소생[부활]하다. **2.** (아이) 새롭게 나타나다. **3.** 되사 다, 도로 사다. ~**erwachen** ⟨s⟩ 소생하다, 다시 잠을 깨다, 다시 각성하다. ~**erwarten** ⟨h⟩ 다시 기대하

다. ~**erwecken** ⟨h⟩ 다시 깨우다, 소생시키다. ~**er- weckung,** die 소생[재기]시킴. ~**erwerben'** ⟨h⟩ 다시 ~bekommen. ~**erzählen** ⟨h⟩ **1.** 다시 이야기하다. **2.** 《통용어》↑~sagen. ~**finden'** ⟨h⟩ **1. a)** 다시 찾다[발 견하다): hast du den Schlüssel wiedergefunden? 너 는 그 열쇠를 다시 찾았느냐?; sie haben sich nach Jahren wiedergefunden 그들은 수년 후에 다시 만났다. **b)** ⟨w. + sich⟩ 다시 나타나다(나오다): das Buch hat sich wiedergefunden 그 책이 다시 나왔다. **2.** ⟨w. + sich⟩ (갑자기) 어떤 방향으로 가다: unversehens fand sich der Motorradfahrer im Straßengraben wieder 오토바이를 타고 가던 사람이 갑자기 길 옆 도랑에 빠졌다. **3.** ⟨w. + sich⟩ 제정신을 되찾다. **4. a)** 어디에선가 한번 알았던[보았던] 것을 다른 곳에서 다시 발견하다: dieses Stilelement findet man auch in der französischen Architektur wieder 이러한 건축 양식의 특성은 프랑스 건축에서도 발견된다. **b)** ⟨w. + sich⟩ 다시 발견되다. ~**fordern** ⟨h⟩ …의 반환을 요구(청구)하다. ~**fund,** der [행태] 연구용 동물의 재발견. ~**gabe,** die **1.** 재현, 묘사, 설명. **2. a)** 복사, 복제. **b)** 복사[복제]품. **3.** (음악 작품의) 해설, 상연. **4.** 재연, 재생. ~**gänger,** der 원귀 (寃鬼). ~**geben'** ⟨h⟩ **1.** 되돌려 주다: gib ihm das Buch sofort wieder! 그 책을 그에게 당장 되돌려 주어 라! **2. a)** 보고하다, 이야기하다, 묘사하다: er hat wahrheitsgetreu wiedergegeben, was vorgefallen ist 그는 사건을 이실로 묘사했다. **b)** 표현하다: das läßt sich mit Worten gar nicht w. 그것은 도저히 말로 표현 할 수 없다. **c)** 인용하다: ich will es jetzt nicht wörtlich w. 나는 그것을 지금 문자 그대로 인용하지 않 겠다. **3.** 묘사하다, 표현하다. **4.** 재생[재현]하다. **5.** (기 술적으로) 들을[볼] 수 있게 하다: der Lautsprecher gibt die Höhen nicht sehr gut wieder 그 확성기는 고 음(高音)을 썩 훌륭하게 내지 못한다. ~**geboren** ⟨Adj.⟩ (드물게) 다시 태어난. ~**geburt,** die **1.** [종 교] 재탄생, 부활, 환생. **2.** [기독교] 중생(重生), 거듭 남. **3.** (아어) ↑Renaissance. ~**gewinnen'** ⟨h⟩ 되찾 다, 탈환하다. ~**gewinnung,** die 되찾기, 탈환. ~**grü- ßen** ⟨h⟩ (에)답례하다. ~**gutmachen** ⟨h⟩ 갚다, 배상 [보상]하다, 회복[복구]하다. ~**gutmachung,** die **1.** 보상, 배상, 회복, 복구. **2.** 보상[배상]금, 보상[배상] 행 위. ~**gutmachungsleistung,** die 보상[배상] 행위. ~**gutmachungszahlung,** die 보상[배상]금. ~**haben'** 되찾아(받아) 가지고 있다: hast du das verlorene Buch inzwischen wieder? 너는 잃어버린 책을 찾았느냐?; wir wollen unseren alten Lehrer w. 우리들은 전 선생님을 다시 모셔오자. ~**heirat,** die 재혼. ~**herrichten** ⟨h⟩ 다시 정돈하다, 새롭게 하다, 복 구(수선)하다. ~**herrichtung,** die ↑~herrichten의 명사형. ~**herstellen** ⟨h⟩ **1. a)** 원상 복구[회복]시키다, 재건[갱신]하다. **b)** ⟨w. + sich⟩ 다시 이루어지다[행하 여 지다], 발생하다. **2.** 치유하다, 회복시키다. **3.** 고치다, 수리[수선]하다, 복구시키다. ~**herstellung,** die 복구, 부흥, 재건, 수선, (명예 따위의) 회복, (병의) 치유. ~**herstellungskosten** ⟨Pl.⟩ 복구 비용, 수리비. ~**holbar** ⟨Adj.⟩ 반복할 수 있는, 다시 할 수 있는. ~**holen** ⟨h⟩ 다시 가져오다, 되찾다: [전의] wir werden uns den Weltmeistertitel w. 우리는 세계 선수권을 다시 획득할 것이다. ~**holen 1. a)** 다시 하다, 반복 하다. **b)** 재수강하다, 다시 공부하다: der Schüler muß die Klasse w. 그 학생은 한 학년을 다시 공부해야 한다. **2. a)** 다시 말하다: ich will seine Worte hier nicht w. 나는 여기서 그가 말한 것을 재연하지 않겠다. **b)** ⟨w. + sich⟩ 반복되다, 반복 연습하다, 한 번 했던 것을 다시 하다. **3.** (학습을) 반 복하다, 반복 연습하다: Vokabeln [eine Lektion, ein Kapitel aus der Geschichte, den Satz des

wiederum

Pythagoras) w. 어휘[한 과·역사의 한 장·피타고라스의 법칙]를 반복 연습하다. **4. a)** 〈w. + sich〉 다시 일어나다, 재발하다: das kann sich täglich[jederzeit] w. 그러한 일은 날마다[언제나] 다시 일어날 수 있다; diese [so eine] Katastrophe darf sich niemals w. 이러한 [그러한] 재앙은 다시 일어나서는 안된다. **b)** 〈w. + sich〉 반복적으로 나타나다. **c)** 다른 곳에 마찬가지로 나타나게 하다: das Überholverbotszeichen muß nach jeder Kreuzung wiederholt werden 추월 금지 표시는 교차로 다음에는 매번 설치되어 있어야 한다. **~hōlentlich**〈Adj.〉되풀이하여, 몇번이고. **~holt**〈Adj.〉 반복된, 되풀이된, 여러 차례의. **~holung**, die **1. a)** 반복, 되풀이, 되풀이됨: die Sendung ist eine W.! 그것은 재방송이다. **b)** 재수(再受): eine W. der Prüfung ist nicht möglich 재시험은 불가능하다. **2. a)** 증언 부언, 반복해서 말하기. **b)** 되풀이, 반복: seine Rede war voller -en 그의 연설은 똑같은 이야기의 반복으로 가득 찼다. **3.** 반복 연습. **4. a)** 재발. **b)** 반복적으로 나타남. **c)** 다른 장소에도 똑같이 나타나기: die W. eines Motivs als künstlerisches Stilmittel 예술 양식의 표현 수단으로서의 한가지 모티브의 반복적 등장. **~holungsfall**, der 〔관〕 재발할 경우. **~holungsimpfung**, die ↑~impfung. **~holungskurs**, der **1.** 반복 과정(코스). **2.** 《군·schweiz.》예비군 훈련(약어: WK). **~holungsprüfung**, die 재시험. **~holungssendung**, die 〔방송·텔레비전〕 재방송[방영]. **~holungsspiel**, das 〔스포츠〕 재시합. **~holungstäter**, der 〔법〕 재범자. **~holungstäterin**, die 〔법〕 ↑~holungstäter의 여성형. **~holungswahl**, die 재선거. **~holungszahlwort**, das 〔언어〕 ↑Multiplikativum. **~holungszeichen**, das 반복 기호(예컨대: 기악)보법에서의 1:1). **~hören**, das; -s 〈라디오 방송에서나 통화가 끝났을 때 하는 인사〉: (auf) W. 안녕히 계십시오! **⇒impfung**, die 재접종. **~inbesitznahme**, die 재점유[재점령], 탈환. **~inbetriebnahme**, die 재개업(再開業). **~inkrafttreten**, das; -s, 효력 재발생, 재시행. **~instandsetzung**, die 재수선[리]. **~instandsetzungskosten** 〈Pl.〉 재수선[리]비(용). **⇒käuen**〈h〉〔드물게 씀〕↑~käuen. **~käuen** [-kɔyən]〈h〉 **1.** 다시 씹다(새기다), 반추하다: 《격식적이 없이도》 Schafe käuen wieder 양은 새김질한다. **2.** (비) 쓸데없이 자꾸 되풀이하다, 장황하여 지껄이다. **⇒käuer**, der; -s, - 〔동물〕반추동물. **~käuermagen**, der 〔동물〕반추위. **⇒kauf**, der 〔법〕 재매매, 되사들임. **~kaufen**〈h〉〔법〕 다시 사다, 되사다. **~käufer**, der 〔법〕 되사들이는 사람, 재구매자. **~kaufsrecht**, das 〔법〕 환매권, 재매매권, 재매입권. **⇒kehr**, die (아이) **1.** 회귀, 귀환: die W. Christi 그리스도의 재림. **2.** 재발, 되풀이. **⇒kehren**〈s〉 **1. a)** (아이) 돌아오다, 귀향하다: aus dem Krieg nicht w. 전쟁에서 돌아오지 않다 〔전의〕 da kehrte mir der Gedanke wieder 그때 그 생각이 다시 났다. **b)** 다시 오다: eine vielleicht nie wiederkehrende Gelegenheit 아마도 다시 오지 않을 기회. **2.** 반복되다, (다른 곳에도) 똑같이 나타나다: diese Phrasen kehren unablässig wieder 이러한 상투어는 늘 반복된다; wiederkehrende Motive 반복해서 나타나는 모티브. **⇒kennen***〈h〉(nordd.)↑ ~erkennen: dich kennt man ja kaum wieder! 너는 알아보기 힘들게 변했구나. **⇒kommen***〈s〉 **1. a)** 돌아오다: wann kommst du (von der Arbeit) w.? 너는 언제 (일을 마치고) 돌아오느냐? 〔전의〕 die Erinnerung kommt allmählich wieder 기억이 천천히 (점점) 살아난다. **b)** 다시 한 번 오다: könntest du vielleicht ein anderes Mal w.? ich habe im Moment gar keine Zeit 다음에 한 번 다시 오겠어? 나는 지금 도저히 시간이

없으니. **2.** 다시 등장하다[나타나다], 다시 발생하다: die gute alte Zeit kommt nicht wieder 그 좋았던 옛 시절은 다시 오지 않는다. **⇒kriegen**〈h〉《통용어》↑~bekommen: das Geld kriegst du von der Krankenkasse wieder 너는 그 돈을 의료보험에서 다시 받는다. **⇒kunft**, die (아이) ↑~kehr (1): die W. Christi (auf Erden) (이땅에) 그리스도의 재림. **⇒lieben**〈h〉 누구의 사랑에 〈s〉답하다, 누구를 되사랑하다. **⇒portierung**, die《schweiz.》재추천. **⇒sagen**〈h〉《통용어》 말로 퍼뜨리다, 말로 전하다, 말을 옮기다: was ich dir über ihn erzählt habe, darfst du ihm aber auf keinen Fall w.! 그에 관해서 내가 너에게 이야기했던 것을 그에게 말은 해서는 절대로 안돼! **⇒schauen**, das; -s 〔지역적〕 안녕[헤어질 때의 인사말〕: **(auf) W.** 안녕, 다시 만납시다. **⇒schenken**〈h〉 (아이) ↑~geben (1): einem Tier die Freiheit w. 어떤 짐승을 다시 풀어주다. **⇒schlagen***〈h〉 맞때리다, 반격하다. **⇒schreiben***〈h〉 누구에게 답신을 보내다: hast du ihm schon wiedergeschrieben? 너는 그에게 이미 답신을 보냈니? **⇒sehen***〈h〉 **a)** 다시 만나다: ich würde ihn gern mal w. 그가 다시 보고 싶다. **b)** 다시 보다, 다시 찾다: seine Heimat w. 고향을 다시 보다[찾다]; das Geld, das du ihm geliehen hast, siehst du nicht wieder 《통용어》 네가 그에게 빌려준 그 돈을 너는 받지 못할 것이다. **⇒sehen**, das; -s, - **a)** 재회, 다시 만남: ein fröhliches W. 기쁜 재회; es war ein langersehntes W. (mit dem Freund) 그것은 오랫동안 고대하던 (친구와의) 재회였다. 〔성구〕 W. macht Freude 《농》재회는 기쁘다(물건을 남에게 빌려줄 때 되돌려 줄 것을 잊지 말라는 의미로 하는 말); **(auf) W.** (헤어질 때의 인사말) 다시 만납시다: jmdm. auf W. sagen 누구에게 작별인사를 하다. **b)** 다시 보기, 다시 찾기, 재회: er hatte sich das W. mit seiner Vaterstadt schon lange gewünscht 그는 오래 전부터 자기 고향을 찾고 싶어 했다. **⇒sehensfeier**, die 재회 축하 파티. **⇒sehensfreude**, die 재회의 기쁨. **⇒taufe**, die 〔종교〕 재세례. **⇒täufer**, der 〔종교·역사〕 재세례교 교인[도]. **⇒tun***〈h〉 다시(행)하다. **⇒um** ↑wiederum. **⇒vereinigen**〈h〉 다시 결합시키다, 사이좋게 해주다, 화해시키다: unter diesen Bedingungen könnte Korea wiedervereinigt werden 이러한 조건 하에서 한국은 통일될 수도 있다. **⇒vereinigung**, die 재결합, 융화, 화해, 재통합. **⇒verheiraten**, sich 재혼하다. **⇒verheiratung**, die 재혼, 재가. **⇒verkauf**, der 〔경제〕 되팔기, 소매. **⇒verkäufer**, der 〔경제〕 소매상인. **⇒verkaufswert**, der 재판매[처분]가(치). **⇒verwenden** 재활용하다: Altpapier, w. 폐지를 재활용하다. **⇒verwendung**, die **1.** 재사용. **2.** 재활용, 복지. **⇒vorlage**, die 〔관〕 재제안(再提案), 재제시: zur W. 재제안용(약어: z. Wv.). **⇒wahl**, die 재선거: sich zur W. stellen 재선에 출마하다. **⇒wählen**〈h〉 재선하다, 다시 뽑다.

wiederum ['viːdərʊm]〈Adv.〉 **1.** 다시(금), 재차: die Inflationsrate ist w. gestiegen 인플레이션 비율이 다시금 상승했다. **2.** 그는 한편으로는: er glaubte es und glaubte es w. nicht 그는 그것을 믿다가 다른 한편으론 그것을 믿지 않았다. **3.** 자기 나름으로.

wiefeln ['viːfl̩n]〈h〉《schweiz.》 공들여 수선하다〔꿰매다〕: einen Strumpf w. 양말을 잘 깁다.

wiefern [viˈfɛrn]《고어》 **I.**〈Adv.〉↑inwiefern. **II.**〈konj.〉↑sofern, wenn.

Wiege ['viːɡə], die; -n **1.** 요람: ein Kind in die W. legen 어린아이를 요람에 눕히다; 〔전의〕 Griechenland war die W. der abendländischen Kultur 그리스는 서양 문화의 발상지이다; **jmdm. nicht an der W. gesungen worden sein**《통용어》 누구에게 돌발적으

로 발생하다: jmdm. in die W. gelegt worden sein 《통용어》 누구에게 돌발적으로 발생하다; von der W. an 태어나서부터; von der W. bis zur Bahre 나서부터 죽을 때까지, 일평생. 2. [체조] 복부를 마루에 대고 머리와 발을 위로 휘게하는 연습. 3. ↑Granierstahl.

Wiege-: ~braten, der 《요리·지역적》 간고기 요리의 일종. ~brett, das 도마. ~eisen, das ↑Granierstahl. ~karte, die 《동전을 넣어 작동하는 체중기에서 나오는》 체중 기록표. ~messer, das 1. 고기 저미는 칼의 일종. 2. ↑Granierstahl. ~stahl, der ↑Granierstahl.

wiegeln ['viːɡl̩n] 〈h〉 1. 《지역적》 가볍게 흔들다. 2. a) 《준고어》 선동《사주》하다. b) 선동가처럼 행동하다.

¹wiegen* ['viːɡn̩] 〈h〉 1. 무게가 나가다: das Paket wiegt 5 Kilo 이 소포의 무게는 5킬로그램이다; wieviel wiegst du? 너는 체중이 얼마냐?; sein Wort[Urteil, Rat] wiegt schwer 그의 말[판단, 충고]은 높이 평가된다. 2. a) 무게를 달다: ein Paket w. 소포의 무게를 달다; alle Patienten wurden gewogen 모든 환자의 체중을 달았다; [성구] gewogen und zu leicht befunden 검사를 받았지만 미달(불합격) 판정이 났다. b) 어떤 사물의 무게를 손에 들어서 측정하다: er wog den Beutel mit den Nuggets in[auf] der Hand 그는 금덩어리로 든 주머니의 무게를 손으로 측정했다; [전의] sie wog den Brief in der Hand 그 여자는 손에 그 편지를 든 채 마음을 정하지 못했다.

²wiegen [-] 〈h〉 1. a) 흔들다, 요동시키다: ein Kind (in der Wiege) w. 아기를 《요람에 누인 채》 흔들어 주다; der Wind wiegt die Halme sanft (hin und her) 바람이 줄기를 부드럽게 《이리저리》 흔들다. b) 흔들리다: sie wiegt beim Gehen mit den Hüften 그 여자는 걸을 때 궁둥이를 흔든다; einen wiegenden Gang haben 걸을 때 흐느적거리다. c) 흔들어 어떤 상태에 놓다: ein Kind in den Schlaf w. 아기를 흔들어 재우다. d) 〈w. + sich〉 몸을 흔들다: der Trompeter wiegt sich im Rhythmus der Musik 나팔수는 음악의 리듬에 맞춰 몸을 흔들고 있다; [전의] ich wiege mich in der Hoffnung, daß … 나는 …한 희망에 사로잡혀 있다. 2. 칼로 고기나 야채를 잘게 썰다[저미다]: Zwiebeln fein w. 양파를 잘게 썰다; fein gewiegte Kräuter 잘게 썬 야채. 3. 《동판화》 새김칼로 거칠게 깎아 낸다.

Wiegen-: ~druck, der 〈Pl. -e〉 [서적·문예학] ↑Inkunabel. ~fest, das 《아어》 생일 《잔치》. ~lied, das 자장가.

wiehern ['viːɐn] 〈h〉 《의성어》 1. 《말이》 울다: das Pferd wieherte 말이 히힝 소리를 지르며 울었다; [전의] am Ende wiehert er wie ein Pferd 《hin und her》 그는 마침내 껄껄 웃고 말았다; wieherndes Gelächter 홍소(哄笑). 2. 《통용어》 껄껄 웃다: zum Wiehern (sein) 우스운 일이다.

Wiek [viːk], die; -en [niederd. wik] 《nordd.》 《작은》 만(灣), 《발트 해 연안의》 후미.

Wieling ['viːlɪŋ], die; -e [niederd. wiel] [선원] 《배의》 방호[防舷], 방호물.

Wiemen ['viːmən], der; -s, - [niederd. wime] 《nordd., westd.》 1. 훈제육(燻製肉)을 거는 가로대. 2. 《닭, 새의》 홰.

Wien [viːn] 빈, 비엔나《오스트리아의 수도》. ¹Wiener ['viːnɐr], der; -s, -, 빈 사람. ²Wiener ['viːnɐr] 〈Adj.〉 빈의. ³Wiener ['viːnɐr] 《대개 Pl.》 비엔나 소시지: ein Paar W., bitte! 비엔나 소시지 두 개 주세요! Wienerle ['viːnɐlə], das; -s, - 《지역적》 ↑Wiener. Wienerli ['viːnɐli], das; -s, - 《schweiz.》 ↑Wiener. 1. 《통용어》 닦아서《문질러서》 광을 내다: er hat die Schuhe blank gewienert 그는 구두를 닦아서 광을 냈다. 2. jmdm. eine w. 《경》 누구의 따귀를 때리다. Wienerstadt, die 빈(Wien)에 대한 토속적 별칭. Wienerwald, der; -(e)s 비너발트《알프스의 동남 산악지대》.

Wiepe ['viːpə], die; -n [niederd. wippe] 《nordd.》 짚으로 만든 비.

wies [viːs] ↑weisen 참조.

Wies- [-] (Wiese): ~baum, der ↑Heubaum. ~land, das 《schweiz.》 《목》초지. ~wachs, der; -es 《지역적》 풀의 성장, 목초의 수확(고).

Wiesbaden ['viːsbadn̩] 비스바덴《독일의 도시》. ¹Wiesbad(e)ner ['viːsbad(ə)nɐ], der; -s, - 비스바덴 사람. ²Wiesbad(e)ner [-] 〈Adj.〉 비스바덴의. wiesbadesch ['viːsbadəʃ] 〈Adj.〉 비스바덴의. wiesbadisch ['viːsbadɪʃ] 〈Adj.〉 ↑wiesbadesch.

wiescheln ['viːʃəln] ↑wiescherln.

Wieschen ['viːsçən], das; -s, - 작은 초원.

wiescherln ['viːʃɐln], wiescheln ['viːʃl̩n] 〈h〉 《의성어》 《österr.》 《쥐가》 오줌 누다, 쉬하다.

Wiese ['viːzə], die; -n 《축소형: ↑Wieschen》 목초지, 초원: eine W. mähen 목초지의 풀을 베다; auf der grünen W. 한지(閑地)에, 교외에. Wiesebaum, der; -(e)s, Wiesebäume ↑Heubaum.

wiesehr ['viːzeːɐ] 〈Konj.〉 《österr.》 ↑sosehr: w. er sich auch bemühte, er konnte das Buch nicht finden 그는 아무리 애를 썼어도, 그 책을 찾을 수 없었다.

Wiesel ['viːzl̩], das; -s, - [동물] 쪽제비속: er ist flink wie ein W. 그는 《쪽제비처럼》 몸이 잽싸다. wieselflink 〈Adj.〉 쪽제비처럼 잽싼: ein Spieler erwischte den Ball kurz vor der Auslinie 몸이 몹시 잽싼 그 선수가 공을 아웃되기 직전에 잡았다. wieseln ['viːzl̩n] 〈s〉 잽싸게 움직이다, 바쁘게 움직이다. wieselschnell 〈Adj.〉 재빠른.

Wiesen-: ~blume, die 초원의 꽃. ~champignon, der 담자균류의 식용 버섯. ~erz, das 소철광(沼鐵鑛). ~grund, der 《아어·준고어·시어》 골짝기의 풀밭, 《목》초지. ~hang, der 비탈진《경사진》 초원. ~klee, der 토끼풀《진홍색 꽃이 피는》. ~land, das 《목》초지. ~pflanze, die 초원의 식물. ~plan, der; -(e)s, …pläne 《아어·준고어·시어》 풀밭, 잔디밭. ~rain, der 《시어》 풀밭, 잔디밭. ~schaumkraut, das 꽃황새냉이. ~tal, das 계곡을 이룬 초원. ~wachs, der; -es 《지역적》 풀의 성장, 목초의 수확(고): Anno W. 먼 옛날, 태고적에.

wieso [viːzoː] 〈Adv.〉 1. 《의문사》 왜, 어떤 이유로: w. macht er das? 왜 그는 그것을 하느냐? 2. 《관계사》 《드물게》 ↑warum (2).

wieten ['viːtn̩] 〈h〉 [niederd. wēden] 《지역적》 잡초를 뽑《아 버리》다, 제초하다.

wieviel [vi'fiːl] 〈vi'fiːl〉 〈Interrogativadv.〉 1. 얼마나 많이, 어느 만큼: ich weiß nicht, wie viel Zeit du hast 네가 시간이 얼마나 있는지 모르겠다; w. ist acht mal acht? 8에 8을 곱하면 얼마나?; w. kostet das? 그것은 값이 얼마냐?; w. bin ich (Ihnen) schuldig? 내가 《당신에게》 얼마를 드리면 됩니까?; w. er auch verdient, er ist nie zufrieden 그는 아무리 많은 벌든 간에 결코 만족하지 않는다; w. Armut es doch gibt! 빈곤이 얼마나. 2. 《통용어》 얼마의 수, 몇 번?: Band w. ist jetzt erschienen? 몇 권《몇 번째 권》이 발간되었더냐? 3. 《아어》 얼마나, 어느 정도?: w. jünger ist er (als du)? 그《너보다》 얼마나 더 어리냐? wievielerlei 《또한》 vi'fiːləlaɪ 〈Interrogativadv.〉 몇 가지?: w. Sorten Käse gab es? 몇 가지의 치즈가 있었는가? wievielmal 《또한》 vi'fiːlmaːl 〈Interrogativadv.〉 몇 번, 얼

마나 자주?: w. warst du schon in Florenz? 너는 프로렌스에 몇 번이나 갔었니? **wievielt** [ˈviːfiːlt] 〈다음 용법으로〉 zu W. 몇 번째(로)? **wievielt...** [-] 〈Adj.〉 몇 번째?: das -e Mal warst du jetzt in Paris? 너는 몇 번째 파리에 왔느냐?; beim -en Versuch hat es geklappt? 몇 번째 실험에서 성공했니?; der Wievielte ist heute? 오늘은 며칠인가? **wieweit** [viˈvajt] 〈Interrogativadv.〉 어느 정도?: ich weiß nicht, wie w. ich auf ihn verlassen kann 나는 그를 어느 정도 믿을 수 있는지 모르겠다. **wiewohl** [viˈvoːl] 〈Konj.〉 〈아어·준고어〉 …일지라도, …이지만(obwohl): Sie waren abergläubisch, w. sehr beherzt 그들은 용감했지만 (한편) 너무나 미신적이었다.

Wigwam [ˈvɪkvam], der; -s, -s 〈engl. wigwam〉 아메리카 인디언의 천막.

Wiking [ˈviːkɪŋ], der; -s, -er 북유럽 해적, 바이킹. **Wikinger** [ˈviːkɪŋɐ], der; -s, - ↑Wiking. **Wikingerschiff**, das 바이킹 선(船). **wikingisch** 〈Adj.〉 바이킹(족)의.

Wiklifit [vɪkliˈfiːt], der; -en, -en 위클리프(J. Wyclif (약 1320~1384))파의 신도.

Wilajet [vilaˈjɛt], das; -(e)s, -s 〈türk. vilâyet〉 구(舊) 오스만 제국의 행정 구역.

wild [vɪlt] 〈Adj.〉 **1.** 야생의, 저절로 자란: -e Birnen 돌배; -er Wein 머루; -er Honig 야생꿀; ein -er Eber 산돼지; er stürzte sich auf sie wie ein -es Tier 그는 야수처럼 그 여자에게 달려들었다; im Süden kommen Geranien auch w. vor 남쪽에는 야생의 제라늄도 자란다. **2. a)** 미개의: -e Völker 미개 민족. **b)** 야만의: eine -e Bande von Rabauken 야만적인 불량배(무리). **3. a) die Wilde Jagd(die Wilde Fahrt, das Wilde Heer]** [신화] 폭풍우의 밤에 사냥하는 마왕의 일행; **der Wilde Jäger** [신화] 폭풍우의 밤에 사냥하는 마왕. **b) -er Mann** [신화] 야생의 거인. **4. a)** 자연 그대로의, 사람의 손이 미치지 않은: eine -e Berglandschaft 자연 그대로의 산악 지대. **b)** 무성한, 무럭무럭 자란: w. wucherndes Unkraut 무성한 잡초; -e Triebe 사나운 충동; -es Gewebe [의학] (상처가 나은 후 생긴) 굳은 살(조직). **c)** [광] 광석(금속)이 안 섞인, 폐석인: -es Gestein 폐석. **d)** 개간(경작)하지 않은, 황무지의: -es Land 황무지. **5.** 불법의, 부정한, 허가 받지 않은: -e Taxis 무면허 택시; der Texifahrer macht gelegentlich -e Fahrten 그 택시 기사는 때때로 불법 운행을 한다; -es Abladen von Müll 불법적(지정 장소를 지키지 않는) 쓰레기 처리; w. parken 주차 위반하다. **6. a)** 격렬한, 억제되지 않은: eine -e Schlacht 격렬한 전투; eine -e Leidenschaft erfüllte sie 격렬한 열정(정욕)이 그 여자를 사로잡았다; w. entschlossen 〈통용어〉 결연한; **w. auf jmdn.(etw.) sein** 〈통용어〉 누구(무엇)에게 홀딱 빠져 있다(몰두하다). **b)** 흥분한, 난폭한, 분노한; 펄쩍 뛰는: ein -er[w. gewordener] Bulle 난폭한 (사나워진) 황소; wenn du ihm das sagst, wird er w. 네가 그에게 그것을 말하면 아마 그는 펄쩍 뛸 것이다; **wie w.[wie ein Wilder]** 〈통용어〉 미친듯이(미친 사람처럼). **c)** (짐승을) 놀라게 하는: das Feuer hat die Pferde w. gemacht 불이 말들을 깜짝 놀라게 했다. **d)** 매우 활달한, 열정적인: ein -es Kind 성격이 활달한 어린이; treibt es nicht allzu w.! 〈통용어〉 지나치게 설치지 말아라(자제하라). **e)** 〈통용어〉 격동의, 다사다난한, 요란한: eine -e Party 요란스런 파티; das waren -e Zeiten! 그때는 격동기였다(다사다난했다). **7.** 지나친, 절제 없는, 과분한, 과장된, 황량한: er stieß -e Flüche aus 그는 터무니없는 욕을 내뱉았다; **halb so w.[nicht so w.]** 〈통용어〉 과히 나쁘지 않은, 견딜 만한.

Wild [-], das; -(e)s **1. a)** 사냥감 야생 동물(총체적): in Bayern gibt es viel W. 바이에른 지방에는 산[들]짐승이 많다; ein Stück W. 한 마리의 들짐승. **b)** 사냥감 야생동물(개별적): ein gehetztes W. 한 마리의 쫓기는 야생동물. **2.** 야생 동물의 고기.

¹**wild-**, ¹**Wild-** (wild): **~bach**, der (산골짜기의) 급류, 계류. **~bad**, das [고어] 천연 온천(욕). **~beuter** [-bɔytɐ], der; -s, - [선사·민속] 수렵민. **~bret** [-brɛt], das; -s **1.** (아어) 야생 동물의 고기. **2.** (고어) ↑Wild (1 b): einem W. nachstellen 한 마리의 들짐승을 쫓다. **~eber**, der 멧돼지의 수컷. **~ente**, die 야생 오리. **~esel**, der 야생 나귀. **~fang**, der **1.** 난폭한 어린이, 개구장이, 말괄량이. **2.** 잡힌 들짐승[새]. **~form**, die [생물] 야생 형태. **~fremd** 〈Adj.〉 〈정서〉 (특히 사람의 경우〉 생판 모르는, 완전히 낯선: einen -en Menschen ansprechen 생판 모르는 사람에게 말을 걸다. **~frucht**, die 야생의 식용 열매. **~fruchtsaft**, der 야생 식용 열매의 즙. **~gans**, die 기러기. **~geflügel**, das [요리] 야생 조류(鳥類)의 고기. **~gemüse**, das 야생 채소. **~geworden** 〈Adj.〉 〈통용어·폄〉 (공무 집행이) 무분별한, 감정적인, 자의적인: [전위] was rennst du denn hier rum wie ein -er Handfeger! 너는 왜 미친 빗자루처럼 이리저리 날뛰어냐! **~hafer**, der 메귀리. **~hase**, der [요식] 산토끼 고기 요리. **~heu**, das 가축의 발이 안닿는 높은 지대에서 벤 풀로 만든 건초. **~heuer**, der; -s, - 고지대의 풀로 건초를 만드는 사람. **~huhn**, das 〈대개 Pl.〉 [동물] 야생닭, 멧 닭. **~hund**, der [동물] 들개. **~kaninchen**, die 야생 토끼, 산토끼. **2.** 야생토끼 모피. **~katze**, die 삵쾡이(유럽산). **~lebend** 〈Adj.〉 (짐승이) 야생인. **~pferd**, das **1.** 야생마. **2.** 무스탕처럼 자연스럽게 초원에 방목하는 말. **~pflanze**, die 야생 식물. **~rind**, das [동물] 들소. **~romantisch** 〈Adj.〉 매우 자연스럽고 낭만적인: eine -e Landschaft 자연 그대로 낭만적인 경치. **~sau**, die **1.** 멧돼지의 암컷: er fährt wie eine W. 〈속어·폄〉 그는 미친듯이 운전한다. **2.** 〈속어·폄·욕〉 돼지 같은 년. **~schaf**, das 야생 양. **~schwein**, das 〈Pl.〉 [동물] 야생 돼지. **2. a)** 멧돼지의 일종. **b)** (Pl. 없음) 멧돼지고기. **~taube**, die 산비둘기. **~tier**, das 야생 동물. **~wachsend** 〈Adj.〉 (식물이) 야생으로 자라는. **~wasser**, das 〈Pl. -〉 여울, 급류. **~wasserkajak**, der / 〈드물게〉 das 급류 타는 카누. **~wasserrennen**, das 급류타기. **~wasserrennkajak**, der / 〈드물게〉 das ↑wasserkajak. **~wasser(renn)sport**, der 급류타기 스포츠. **~west** 〈Pl. 없음〉 〈engl.-amerik. Wild West〉 미개한 (미국) 서부(西部). **~westfilm** [-ˈ--], der 서부 활극(영화). **~westliteratur** [-ˈ----], die (미국의) 서부 개척 문학. **~westmanier** [-ˈ----], die [펌] 서부 활극식(式): nach W. um sich schießen 서부 활극식으로 마구 총질하다. **~westmethode** [-ˈ----], die 〈대개 Pl.〉 〈폄〉 서부 방법. **~westroman** [-ˈ----], der (미국의) 서부 개척 소설. **~wuchs**, der **a)** (식물의) 자연 성장. **b)** 자연 성장한 식물. **~wüchsig** 〈Adj.〉 〈드물게〉 야생의, 자연에서 자라는. **~ziege**, die 야생 염소.

²**wild-**, ²**Wild-** (Wild): **~acker**, der 〈야생 전문어〉 야생동물의 먹이를 심은 밭. **~bahn**, die 〈다음 용법으로〉 freie W. 자연 상태: Tiere in freier W. beobachten 동물들을 자연상태로 관찰하다. **~bann**, der 〈옛〉 (영주의) 수렵 독점권. **~bestand**, der 일정한 수렵 구역에 서식하는 동물의 총수(효). **~braten**, der 야생 짐승 고기 구이. **~dieb**, der 밀렵꾼. **~dieben** [-dibn] 〈h〉 밀렵하다. **~dieberei** [----], die 밀렵(행위). **~falle**, die 덫. **~fleisch**, das 야생 짐승 고기. **~folge**, die 〈옛〉 엽구(獵區) 밖에서 총에 맞았거나 쫓기는 짐승의 몰이. **~frevel**, der 수렵법 위반, 밀렵. **~frevler**, der

렵꾼. ~**fütterung**, die 야생 짐승에게 먹이 주기. ~**gatter**, das 수렵구(동물원의) 울타리, 짐승의 침입을 막는 울타리. ~**gehege**, das 야생 동물 우리. ~**gericht**, das 야생 동물의 요리. ~**geruch**, der 짐승의 냄새. ~**geschmack**, der 야생 짐승 고기의 맛. ~**hege**, die 금렵구, 야생 동물 보호구. ~**heger**, der 야생 동물 보호자. ~**hüter**, der《고어》↑ ~heger. ~**kanzel**, die【사냥】↑Hochsitz. ~**leder**, das **1.** 야생 동물(특히 사슴, 노루 등의) 가죽. **2.** 거친 표면의 가죽. ~**lederjacke**, die 야생 동물 가죽 재킷. ~**ledermantel**, der 야생 동물 가죽 외투. ~**ledern**〈Adj.〉야생 동물 가죽으로 만든. ~**lederschuh**, der〈대개 Pl.〉야생 동물 가죽 구두. ~**marinade**, die 야생 동물 고기를 절이는 소스. ~**park**, der 야생 동물 사육 공원. ~**pastete**, die 야생 동물 고기 파이. ~**pfad**, der【사냥】↑ ~wechsel (1). ~**pflege**, die ↑~hege. ~**ragout**, das 야생 동물 고기 라구(스튜). ~**reich**〈Adj.〉야생 동물이 많은. ~**reichtum**, der〈Pl. 없음〉야생 동물이 많음. ~**reservat**, das 야생 동물 보호 지역. ~**schaden**, der **1.** 야생 동물에 의한 피해. **2.**【보험】야생 동물로 인한 교통 사고의 물적 피해. ~**schütz**, der; -en, -en 사냥꾼. ~**schütze**, der; -n, -n **1.**《고어》사냥꾼. **2.**《군고어》밀렵꾼. ~**sperrzaun**, der【사냥】야생 동물의 통행을 막는 울타리. ~**stand**, der【사냥】일정한 지역에서 서식하는 야생 동물의 수효. ~**unfall**, der 야생 동물로 인한 교통 사고. ~**verbiß**, der 야생 동물로 인한 농작물 혹은 수목의 피해. ~**wechsel**, der **1.** 야생 동물이 다니는 길. **2.**〈Pl. 없음〉야생 동물의 횡단. ~**zaun**, der 야생 동물 울타리.

Wilde* ['vɪldə], der / die《준고어·폄》야만인, 미개인.

¹wildeln ['vɪldln]〈h〉〈지역적〉(고기가) 약간 상한 맛(냄새)이 나다.

²wildeln [-]〈h〉(österr.·통용어) 거칠게 행동하다, 거침없이 뛰놀다.

wildenzen ['vɪldntsn̩]〈h〉〈지역적〉↑ wildeln. **Wilderei** [vɪldə'raɪ], die; -en 밀렵. **Wilderer** ['vɪldərə], der; -s, - 밀렵꾼. **wildern** ['vɪldən]〈h〉**1. a)** 밀렵하다: er geht w. 그는 밀렵하러 간다; Angler wildern in fremden Revieren 낚시꾼들이 남의 낚시구역에서 몰래 고기를 잡는다. **b)** 불법으로 야생 동물을 죽이다: er hat einen Hasen gewildert 그는 토끼 한 마리를 불법으로 죽였다. (개나 고양이 등이) 야생 동물을 죽이다: wildernde Hunde werden sofort abgeschossen 야생 동물을 물어 죽이는 개들은 즉시 사살된다. **3.**《고어》얽매이지 않은 삶을 살다.

Wildheit, die; -en **1.**〈Pl. 없음〉야생, 사나움, 난폭. **2.** 난폭한 행위. **Wildling** ['vɪltlɪŋ], der; -s, -e **1.** 접본(接本), 대목(臺木). **2.**【전문어】접수 야생 동물. **3.**【임업】야생목(野生木). **4.**《준고어》버릇없는 사람, 야만인, 미개인. **Wildnis** ['vɪltnɪs], die; -se 황무지, 황야: eine undurchdringliche W. 뚫고 들어갈 수 없는 황무지.

Wildschur ['vɪltʃuːɐ], die; -en [poln. wilczura]《고어》털가죽 외투. **Wildungen**: ↑Bad Wildungen.

Wilhelm ['vɪlhɛlm], der; -s, -s《통용어·농》**1.** 빌헬름 (남자 이름): falscher W.《준고어》가발. **2.** ↑Friedrich Wilhelm. **wilhelminisch** [vɪlhɛl'miːnɪʃ]〈Adj.〉빌헬름 2세 시대의 연상케 하는, 빌헬름 2세 시대적인: -es Obrigkeitsdenken 빌헬름 2세 시대의 권위주의적 사고 방식. **Wilhelmshafen** [vɪlhɛlms'haːfən] 빌헬름스 하펜(독일의 도시).

will [vɪl]↑wollen 참조. **Wille** ['vɪlə], der; -ns, -n 의사, 뜻, 의지, 결의: der W. des Volkes zum Frieden 평화에 대한 국민의 의지; der gute W. allein reicht nicht aus 뜻만 좋다고 되는 것은 아니다; seinen durchsetzen 자기의 의지를 관철하다; jmdm. seinen -n aufzwingen (aufnötigen) 누구에게 자기의 의지를 (따를 것을) 강요하다; er hat den festen -n, sich zu ändern 그는 개과 천선할 결심을 했다; die Festigkeit (Stärke, Unbeugsamkeit) seines -ns 그의 의지의 확고성 (강인성, 불굴성); er ist (voll) guten -ns (어떤 일을 하겠다는) 의지는 그에게 충분히 있다; etw. aus freiem -n tun 무엇을 자유 의사에 따라 하다; bei (mit) einigem guten -n wäre es gegangen 뜻만 조금 있었던들 그 일은 잘 되었을 것이다; es steht ganz in deinem -n, dies zu tun 그것을 하는 것은 완전히 너의 뜻에 달려 있다; es wird nach dem -n der Mehrheit entschieden 그것은 다수의 뜻에 따라 결정된다;【속담】wo ein W. ist, ist auch ein Weg 뜻이 있는 데 길이 있다; **der Letzte W.** 유언: **um jmds.** (**einer Sache**) **w.** 누구 (무엇) 때문에, 누구(무엇)를 위하여: er hat es um seines Bruders w. getan 그는 그것을 자기 형제를 위하여 했다. **Willen** [-], der; -s, -《둘째格》↑Wille. **willenlos**〈Adj.〉의지가 없는, 우유부단한, 줏대없는, 소신이 없는. **Willenlosigkeit**, die 소신이 없음, 무의지, 우유부단. **willens** ['vɪləns]〈Adj.〉〈다음 용법으로〉**w. sein, etwas zu tun** 무엇을 하고자 하다, 무엇을 할 생각이다: er war w., sich zu bessern 그는 개과 천선할 생각이었다.

willens-, Willens-: ~**akt**, der 의지 행위. ~**anspannung**, die ↑~anstrengung. ~**anstrengung**, die 의지(정신력)의 집중. ~**äußerung**, die 의지(의향)의 표현, 의지 표시. ~**bekundung**, die (아이) ↑~äußerung. ~**bildung**, die 의지 형성, 의사 결정: der Prozeß der politischen W. eines Volkes 한 민족의 정치적 의사 결정 과정. ~**bildungsprozeß**, der 의지 형성 과정, 의사 결정 과정. ~**erklärung**, die【법】의사 표시. ~**freiheit**, die〈Pl. 없음〉【철학·신학】의지의 자유. ~**kraft**, die〈Pl. 없음〉의지력. ~**kundgebung**, die ↑~äußerung. ~**schwach**〈Adj.〉의지가 약한. ~**schwäche**, die〈Pl. 없음〉의지 박약. ~**stark**〈Adj.〉의지가 강한. ~**stärke**, die〈Pl. 없음〉강한 의지.

willentlich ['vɪləntlɪç]〈Adj.〉고의의, 의도적인. **willfahren** [(또한) '---]〈h〉(아이) 누구의 뜻에 따르다, 누구의 소원을 들어주다: was sie auch verlangte, er willfahrte ihr immer 그 여자가 무엇을 요구하더라도 그는 언제나 그 여자의 뜻을 따랐다. **willfährig** ['vɪlfɛːrɪç, (또한) '-'--]〈Adj.〉(아이·폄) 다른 사람의 뜻에 잘 따르는, 고분고분한, 순응하는: seine Frau mußte ihm stets w. sein 그의 처는 항상 그의 요구에 순응해야만 했다. **Willfährigkeit** [(또한) -'---], die (아이·폄) 고분고분함.

Williams Christ ['vɪljams 'krɪst], der 화주(火酒)의 일종. **Williams Christbirne** ['vɪljamz 'krɪst-, 'vɪljams-], die; -n 배(梨)의 일종.

willig ['vɪlɪç]〈Adj.〉기꺼이 …하는, 온순한: ein -es Kind 대단히 의욕적인 어린이; er folgte immer 기꺼이 순응(적응)하다. -**willig** [-vɪlɪç]**a)**〈준접미사〉…을 원하는(즐겨하는): ein heiratswilliger Mann 결혼을 원하는 남자; er war durchaus nicht zahlungswillig 그는 도대체 돈을 지불할 용의가 없다. **b)** …을 할 용의가 있는(준비가 되어 있는). **willigen** ['vɪlɪɡn̩]〈h〉(아이) 동의(승낙)하다: in eine Scheidung w. 이혼에 동의하다. **Willigkeit**, die 기꺼이(쾌히) 함, 마음내킴, 열심. **Willkomm** ['vɪlkɔm], der; -s, -e **1.**《드물게》↑

Willkommen. 2. 《옛》↑Willkommbecher. **Willkommbecher**, der 《옛》 환영의 술잔, 돌리며 마시는 큰 술잔. **willkommen** [vil'kɔmən] 〈Adj.〉 환영 받는, 즐거이 맞아 주는, 바람직한: ein -er Anlaß zum Feiern 축하할 좋은 기회; -e Gäste 반가운 손님들; das Geschenk war (ihm) sehr w. 그 선물은 (그에게) 반가운 것이었다; Sie sind uns jederzeit w. 우리는 당신을 늘 환영합니다; (sei) w.!(herzlich w.!, w. bei uns!) 《손님을 접대할 때의 인사말》(진심으로 우리 집에 오신 것을) 환영합니다; w. in der Heimat(in Hamburg) ! 고향 (함부르크)에 오신 것을 환영합니다; **jmdn. w. heißen** 누구를 환영하다; er hieß seine Gäste w. 그는 자기의 손님들을 환영했다; ich heiße Sie alle herzlich w. 여러분 모두를 진심으로 환영합니다. **Willkommen** [-] das /〈드물게〉der; -s, - 환영, 환대: **jmdm. ein ziemlich frostiges W. bereiten** 누구를 상당히 냉담하게 맞이하다. **Willkommensgruß**, der 환영(인)사: ein fröhlicher(zurückhaltender) W. 즐거운(조심스런) 환영(인)사. **Willkommenstrunk**, der 《아어》환영의 축배. **Willkür** ['vIlkyːr], die 제멋대로임, 방자, 자의, 전횡: das ist die reine W. 그것은 완전히 폭압이다; wir haben die Pflicht, die W. der Herrschenden einzudämmen 우리들은 지배 세력의 전횡을 막을 의무가 있다; von der W. anderer abhängig sein 다른 사람들의 자의(恣意)에 예속되어 있다.
Willkür-: **~akt**, der 자의적 행위. **~herrschaft**, die 전제(정치), 폭정, 압제. **~maßnahme**, die 자의적(전제적) 조치.
willkürlich 〈Adj.〉 **1. a)** 제멋대로의, 횡포한, 전제적: jmdn. w. benachteiligen 누구에게 의도적으로 불이익[손해]을 끼치다. **b)** 우연적인, 제도적이 아닌, 무작위의: eine -e Auswahl 무작위의 선택. **2.** 수의(隨意)의, 임의의, 의도적: -e Bewegungen 수의 운동, 의지 운동. **Willkürlichkeit**, die ↑willkürlich의 명사형.
willst [vIlst] ↑wollen 참조.
wimmeln ['vIməln] 〈h〉 **a)** 떼를 지어 활발하게 움직이다, 우글거리다: die Fische wimmelten im Netz 물고기들이 그물 속에서 우글거렸다; er schaute von oben auf die wimmelnde Menge von Menschen und Fahrzeugen 그는 위에서 북적 대는 군중과 차량들을 내려다 보았다. **b)** 북적 대는[우글거리는] 군중(생물들)으로 가득 차다: die Straßen wimmeln von Menschen 길거리는 인파로 가득 차 있다; 전의 seine Arbeit wimmelt von Fehlern 그의 작품은 오류투성이다.
wimmen ['vImən] 〈h〉 《schweiz.》 포도를 수확하다: morgen beginnen sie zu w. 그들은 내일 포도를 따기 시작한다. **¹Wimmer**, der; -s, - 《지역적》 포도 따는 사람, 포도 재배자. **²Wimmer**, die; -n 《지역적》 포도 따기 [수확].
³Wimmer, der; -s, - **1.** 《준고어》 (나무의) 옹이, 혹, 그루터기. **2.** 《지역적》 경피(硬皮), 무사마귀.
Wimmerholz, das; -es, -hölzer **a)** 《폄》 바이올린, 기타, 깽깽이: leg doch endlich den W. weg 너의 그 깽깽이 좀 집어다 치워라 ! **b)** 《통용어·감정》 소리가 낮은 저질의 바이올린(따위): auf einem solchen W. spiele ich nicht 나는 그 따위 엉터리 악기는 켜지 않는다.
wimmerig 〈Adj.〉 흐느끼는, 신음하는. **Wimmerkasten**, der; -s, -kästen 소리가 나쁜 피아노.
Wimmerl ['vIməl], das; -s, -n 《bayr., österr.》 **1.** 습진, 물집. **2.** 스키이나 등산객들이 허리춤에 차고 다니는 주머니.
wimmern ['vImərn] 〈h〉 흐느끼다, 슬피 울다, 신음하다: sie wimmerte vor Schmerzen 그 여자는 아파서 신음했다; 〈명사화〉 er hörte das klägliche Wimmern eines Kindes 그는 한 어린이의 슬픈 울음소리를 들었다;

zum Wimmern (sein) 《통용어》 ↑piepen 참조; 전의 《폄》 im Nachbarhaus wimmerte eine Geige 이웃집에서 바이올린 소리가 처량하게 들려왔다.
Wimmet ['vImət], der; -s 《schweiz.》 포도 따기(수확).
Wimpel ['vImpl], der; -s - 기다란 대에 꽂은 《세모꼴의》 기(체육 행사나 선박 신호용의): das Festzelt war mit bunten -n geschmückt 축제의 텐트 막사는 온갖 색깔의 깃발로 꾸며져 있었다.
Wimper ['vImpɐ], die; -n **1.** 속눈썹: künstliche(falsche) -n 인공(가짜) 속눈썹; die -n senken 시선을 내리깔다; **nicht mit der(mit keiner) W. zucken** 눈썹 하나 까딱하지 않다; **ohne mit der W. zu zucken** 눈썹 하나 까딱하지 않은 채, 조금도 동요하지 않고; **sich³ nicht an den -n klimpern lassen** 《통용어》 모가 나다, 꺼떡도 하지 않는다, 의연한 자세를 보이다. **2.** 〔생물〕 솜털, 섬모(纖毛).
wimper-, Wimper-: **~haar**, das 개개의 속눈썹. **~los** 〈Adj.〉 속눈썹이 없는. **~tierchen**, das 섬모충 (纖毛蟲).
Wimperg ['vImpɛrk], der; -(e)s, -e 《또는 **Wimperge** ['vImpɛrgə], die; -n〔건축〕 고딕 양식의 창 · 문 위의》장식, 합각 머리.
Wimperntusche, die; -n 속눈썹용 먹, 마스카라.
wind [vInt] 〈Adj.〉 《다음 용법으로》 **w. und weh** (südwestd., schweiz.》 극히 불편한, 비참한.
Wind [-], der; -(e)s, -e **1.** 바람, 기류: ein leichter W. erhob sich(kam auf, wehte, kam) von Osten 미풍이 동쪽에서 일어났다(불어왔다); der heiße(trockene) W. strich über ihr Gesicht 뜨거운(건조한) 바람이 그 여자의 얼굴을 스쳤다; der Jäger hat guten(schlechten) W. 〔사냥〕 그 사냥꾼은 풍향을 잘(잘못) 잡았다; auf günstigen W. warten 호기를 기다리다; 전의 daher weht (also) der W. 근본 원인은 그것이구나, 속담 wer W. sät, wird Sturm ernten 되로 주고 말로 받는다; 전의 seine Erzählungen sind nicht ernstzunehmen, das ist alles nur W. 그의 이야기들은 곧이 들을 것이 못된다, 그것들은 모두 허풍(거짓)이다; **(schnell) wie der W.** 바람처럼 빠른(빠르게); **irgendwo weht (jetzt) ein anderer(frischer, scharfer, schärferer) W.** 어디선가 (지금) 다른(신선한, 센, 보다 더 센) 바람이 분다; **der W. pfeift (jetzt) aus einem anderen Loch** 《통용어》 실세(實勢)는 다른 데 있다; **wissen(erkennen, spüren, merken), woher der W. weht** 《통용어》 실제 상황이 어떠한가를 알다(인식하다, 느끼다, 감지하다); **W. machen** 《통용어》 허풍떨다, 자만하다, 희떠운 소리를 하다; **viel W. um etw. machen** 《통용어》 무엇을 가지고 공연한 법석을 떨다, 무엇을 과장하다; **W. von etw. bekommen(haben)** 《통용어》 무엇을 낌새 채다(예감하다, 느끼다); **jmdn. den W. aus den Segeln nehmen** 《통용어》 누구의 기를 죽이다(꺾다), 누구의 의도를 무산시키다; sich³ **um die Nase wehen(um die Ohren wehen, pfeifen) lassen** 《통용어》 여러 곳을 편력하다, 세상 물정을 알게 되다; **bei(in) W. und Wetter** 일기에 관계 없이; **gegen den W.(mit dem Wind) segeln** 바람을 등지고(안고) 범주하다; **etw. in den W. schlagen** 무슨 일에 마음을 쓰지 않다, 한쪽 귀로 흘러버리다; **in den W. reden** 쇠귀에 경 읽다; **in alle -e** 산지 사방으로. **2. a)** 《풍금》 송풍바람. **b)** 〔제련〕 풀무바람. **3.** 방귀: verdrängte -e abführen 방귀를 뀌다.
wind-, Wind-: **~abweiser**, der 《자동차 등의》 바람받이. **~bäckerei**, die 《österr.》 일종의 생과자. **~behälter**, der 〔기〕 크림과자의 일종. **2.** 《준고어·폄》 말뿐인 사람, 거짓말쟁이, 허풍선이, 호언장담가. **~beutelei** [-bɔytə'laɪ], die; -en 《준

Winkel

고어·폄) 헛자랑, 허풍, 속임. ~bluse, die ↑~jacke. ~bö, die, (또는) ~böe, die ↑Bö. ~bruch, der 풍해, 바람에 쓰러진[부러진] 수목. ~büchse, die 《드물게》↑Luftgewehr. ~ei, das 1. 껍질이 연한 알, 아주 작은 알. 2. 《폄》무정란(無精卵): [전의] diese Idee war ein W.《폄》그 생각은 처음부터 실현성이 없었다. 3. [의학] ↑²Mole. ~eisen, das [건축] 교회 창틀의 쇠로 만든 바람막이. ~erhitzer, der [제련] 열풍로. ~erosion, die [지질] 풍식(風蝕) (작용). ~fahne, die 풍신기(風信旗), 풍향기(風向器). ~fang, der 1. 현관, 포치. 2. [사냥] (사슴 따위) 짐승의 코. ~fangtür, die 통풍문, 바람받이 문. ~geräusch, das 바람소리. ~geschützt〈Adj.〉 방풍이 잘 된, 바람으로부터 보호된. ~geschwindigkeit, die 풍속: die W. messen 풍속을 측정하다. ~hafer, der 메귀리. ~harfe, die ↑Äolsharfe (1). ~hauch, der 미풍, 산들바람. ~hose, die [기상] 회오리 바람, 바다 회오리, 모래기둥. ~huk [ˈvɪnthuk] 나미비아의 도시(수도 이름). ~hund, der 1. 그레이 하운드(사냥개의 일종). 2.《폄》경솔한 사람, 방탕아. ~jacke, die 방풍 재킷. ~jammer, der; -s, - [선원] 대형 범선. ~kammer, die [건축] ↑~kasten. ~kanal, der 1. (항공기의) 풍동(風洞). 2. (풍금 등의) 송풍관. ~kasten, der (풍금 등의) 송풍상(送風箱). ~lade, die (풍금 등의) 바람상자. ~licht, das 바람막이가 있는 등(燈), 등파가 있는 촛불. ~macher, der (통용어) 허풍선이, 바람잡이, 거짓말쟁이. ~macherei [-maxəˈraɪ], die (통용어) 헛자랑, 흰소리, 허풍(떨기). ~maschine, die 1. [연극] 바람의 효과음 발생 장치. 2. [영화] 인공 바람을 일으키는 기계. ~messer, der 풍력[풍속]계. ~motor, der ↑~rad. ~mühle, die: gegen [mit] ~n kämpfen 가상의 적과 싸우다, 헛된 싸움을 하다. ~mühlenflügel, der 풍차의 날개. gegen [mit] ~n kämpfen 가상의 적과 싸우다, 헛된 싸움을 하다. ~pocken〈Pl〉 수두(水痘), 풍진(風疹). ~rad, das 풍력[풍동]기, 풍차, 통풍(송풍)기. ~rädchen, das 어린이 장난감 풍력[풍동]기. ~richtung, die 풍향. ~röschen, das 아네모네. ~rose, die 나침패, 나침반의 지남면(指南面). ~sack, der (비행장 등에 깃대에 꽂혀 있는) 풍향, 풍속을 측정하는 기구(주머니). ~schaden, der (대개 Pl.) 풍해(風害). ~schatten, der 바람이 들지 않는 곳, 바람을 피한 곳. ~schief〈Adj.〉《폄》바람에 휜[굽은], 바람에 비틀린. ~schirm, der [인쇄] 바람막이, 병풍, 간막이. ~schlüpfig [-ʃlʏpfɪç], ~schnittig〈Adj.〉유선형의, 공기역학의. ~schutz, der 〈Pl. 없음〉 a) 방풍(防風). b) 바람막이 (장치). ~schutzscheibe, die (자동차, 비행기 등의) 방풍 유리. ~seite, die 바람이 불어오는 쪽. ~spiel, das 그레이하운드(사냥개의 일종). ~stärke, die 풍력. ~still〈Adj.〉무풍의, 바람이 자는. ~stille, die 무풍(상태), 바람이 잠. ~stoß, der 돌풍, 진풍(陣風). ~surfer, der 윈드서핑을 하는 사람. ~surfing, das 윈드 서핑. ~turbine, die 풍력 터빈[발동기]. ~verhältnisse〈Pl.〉바람에 관계된 제반 상황[여건], 바람 사정. ~zug, der 〈Pl. 없음〉 기류, 통풍.

Winde [ˈvɪndə], die; -n [↑¹winden] 1. 권양기(捲揚機), 원치, 캡스턴, 나선 기중기: die Balken werden mit einer W. nach oben gebracht 기중기로 들보들이 위로 들어 올려진다. 2. 메꽃과, 특히 서양메꽃. **Windel** [ˈvɪndl̩], die; -n 기저귀: weiche [frische] ~n 부드러운[새] 기저귀; damals lagst du noch in (den) ~n 당시 너는 기저귀를 차고 있었다; **noch in den ~n liegen** 〈stecken, sein〉 아직 어리다, 이제 겨우 시작하는 상태에 있다. **Windelhöschen**, das 어린아이의 기저귀 위에 입히는 바지. **windeln** [ˈvɪndl̩n] 기저귀를 채우다. **windelweich**〈Adj.〉 1. (통용어·폄) 매우 부드러운, 지나

치게 고분고분한: so etwas kann sie nicht mit ansehen, da ist sie w. 그 여자는 마음이 너무 여려서 그러한 것을 차마 볼 수가 없다. 2. 호되게, 녹초가 되도록: jmdn. w. prügeln 누구를 호되게[녹초가 되도록] 두들기다. ¹**winden*** [ˈvɪndn̩]〈h〉 **1.** 〈아어〉 **a)** 감다, 휘감다: die Frauen wanden Zweige und Blumen zu Girlanden 아낙네들이 나뭇가지와 꽃을 얽어서 화환을 만들었다. **b)** 엮어 만들어내다: aus Blumen Kränze w. 꽃을 엮어 화환을 만들어내다. **c)** 둘러싸다, 휘감다: sie windet ein Band um das Buch 그 여자는 책 둘레에 띠를 감았다. **d)** 〈w. + sich〉 죄다: die Bohnen winden sich um die Stangen 콩넝쿨이 막대기를 휘감는다. **2.**《아어》억지로 빼앗다: sie wanden der weinenden Mutter das Kind aus den Armen 우는 어머니의 팔에서 아이를 빼앗았다. **3.**〈w. + sich〉 **a)** 꿈틀꿈틀 기어가다, 꿈틀거리다: der Wurm [die Schlange] windet sich im Sand 벌레[뱀]가 모래 위를 꿈틀거리며 기어간다. **b)** (괴로움에서) 몸을 (뒤)틀다, 몸을 굽히다: sich in Krämpfen w. 경련을 일으키며 몸을 뒤틀다; sie wand sich vor Schmerzen 그 여자는 아픔을 참노라고 몸을 꼬았다. 〈과거분사로〉 eine gewundene Erklärung abgeben 장황하게 설명하다. **4.**〈w. + sich〉《아어》 **a)** 비집고 나아가다: er versuchte sich durch die Menge zu w. 그는 군중 속을 비집고 갈려고 애썼다. **b)** (길 따위가) 굽이치다: ein schmaler Pfad windet sich bergaufwärts 가느다란 길이 산 위로 꼬불꼬불 뻗어 있다. **5.** (권양기[捲揚機]로) 운반하다: die Netze aus dem Meer w. 바다에서 그물을 끌어 올리다. ²**winden** [-]〈h〉 **1.**〈비인칭〉《드물게》바람이 세차게 불다: heute windet es sehr 오늘은 바람이 〈세게〉 분다. **2.** [사냥] (개 또는 짐승이) 냄새맡다: das Reh [der Hund] windet mit hochgehobener Nase 노루[개]가 코를 쳐들고 냄새를 맡는다.

Windepflanze, die; -n 《드물게》 ↑Schlingpflanze. **Windeseile**, die 《다음 용법으로》 **in [mit] W.** 매우 빠르게: das Gerücht hat sich in [mit] W. verbreitet 그 소문은 매우 빠른 속도로 퍼졌다. **windig** [ˈvɪndɪç]〈Adj.〉 **1.** 바람부는, 바람이 센: -es Wetter 바람부는 날씨; das ist hier eine ziemlich -e Stelle 여기는 바람이 많이 부는 장소이다. **2.**《통용어·폄》허풍의, 천박한, 문제점이 있는: ein -er Mensch 허풍선이; eine -e Ausrede 천박한 변명. **Windigkeit**, die 천박함, 공허함, 허황함, 불확실성. **Windsbraut**, die 〈고어〉 선풍(旋風), 돌풍(突風).

Windung, die; -en **1. a)** 굽이, 굴곡. die -en einer Straße 도로의 굴곡. **b)** 감기, 비틀림, 나선: die Treppe führt in engen -en in den ersten Stock hinauf 계단은 좁게 나선형을 이루며 2층으로 연결되어 있다. **2.**《드물게》《뱀·벌레가》 기어가는 모양을 관찰하다: die Windungen eines Wurmes beobachten 벌레가 기어가는 모양을 관찰하다.

Wingert [ˈvɪŋɐt], der; -s, -e [↑Weingarten]《südd., westmd., schweiz.》포도밭.

Wink [vɪŋk], der; -(e)s, -e **1.** 손짓, 눈짓, 윙크: er gab ihr mit dem Kopf einen heimlichen W. 그는 그녀에게 은밀하게 고갯짓으로 신호를 보냈다; auf einen W. hin kam der Kellner herbeigeeilt 손짓을 하자 웨이터가 급히 달려왔다. **2.** 암시, 힌트, 주의: ein wichtiger W. 중요한 암시; [전의] dies ist für ihn ein W. des Schicksals 그것은 그에게는 하나의 운명적인 암시이다. **ein W. mit dem Zaunpfahl**《농》노골적인 암시.

Winkel [ˈvɪŋkl̩], der; -s, - **1.**〔수학〕각, 각도: ein spitzer [stumpfer] W. 예[둔]각: die Schenkel eines -s 한 각을 이루는 두 변; **toter W.** 사각(死角). **2.** 구석, 모서리: die Lampe leuchtet alle W. des Raumes gut aus 그 등은 방의 구석구석을 모두 잘 비쳐 준다. **3.** 조

winkel-, Winkel-: 용한 곳, 구석(진 곳), 벽지: ein stiller W. 한적한 장소; sie kamen aus den entferntesten ~n 그들은 아주 먼 벽지에서 왔다. **4.** ↑Winkelmaß (2)의 약칭. **5.** 『군』 갈매기(모양의 하사관 계급장): er trägt zwei W. auf dem Ärmel 그는 팔소매에 갈매기 두 개를 달고 있다. **6.**《지역적》↑Dreiangel.

winkel-, Winkel-: ~advokat, der《폄》무면허 변호사, 엉터리 변호사. ~anschlag, der 『수공』↑Anschlagwinkel. ~band, das (Pl. -bänder) 〖기술〗돌쩌귀. ~ehe, die《옛》내연의 (부부)관계. ~eisen, das 〖기술〗**1.** 산형강(山形鋼). **2.** 모서리 보호철. ~förmig 〈Adj.〉각이 생긴, 모가 난, 모난. ~funktion, die 〖수학〗삼각관수(關數). ~geschwindigkeit, die 〖수학〗각 속도. ~getreu 〈Adj.〉〖수학〗↑treu. ~haken, der 〖인쇄〗식자가(植字架). ~halbierende*, die 〖수학〗각의 2등분선. ~maß, das **1.** 각의 측정 단위: das W. ist der Grad 각의 측정 단위는 도(度)이다. **2.** 곡척(曲尺), 곱자. ~messer, der 분도기, 각도기. ~meßgerät, das 측각기(測角器), 측도기. ~meßinstrument, das ↑~meßgerät. ~messung, die 측도(측각)(術). ~recht 〈Adj.〉〖고어〗↑rechtwinklig. ~riß, der 〖지역학〗↑Dreiangel. ~stahl, der 〖기술〗↑~eisen (1). ~stütz, der 〖체조〗↑Schwebestütz. ~treu 〈Adj.〉〖수학〗등각(정각)의. ~treue, die 〖수학〗등각(성). ~zug, der (대개 Pl.) 핑계, 구실, 계략, 간계, 계교: er hat sich durch einen raffinierten W. aus der Affäre gezogen 그는 교활한 계략을 써서 그 사건에서 빠져 나왔다.

winkelig, winklig ['vɪŋk(ə)lɪç] 〈Adj.〉모서리가 많은, 모난, 각을 이룬: ein altes, -es Haus 모서리가 많은 古[古屋]. **winkeln** ['vɪŋkln] 〈h〉각지게 구부리다: die Arme w. 양팔을 구부리다. **winken** ['vɪŋkn̩] 〈h〉**1. a)** (손짓으로) 알리다[신호하다]: sie winkten schon von weitem zur Begrüßung 그들은 이미 멀리서부터 인사하고 손짓했다. **b)** 누구에게 손짓으로 자기에게 오라고 신호하다: sie winkte einem Taxi, aber es hielt nicht an 그 여자는 손짓으로 택시를 불렀으나 그 택시는 서지 않았다. **c)** 손으로[손에 든 물건으로] 어디로 가라고 신호하다: der Polizist winkte den Wagen zur Seite 그 순경은 자동차를 옆에 세우도록 손짓했다. **d)** 손짓으로 뜻하다[암시하다]. jmdm. w., unverzüglich zu schweigen 누구에게 즉시 입 다물라고 손짓으로 암시하다. **2.** ...의 전망이 있다, ...할 가능성이 보이다: dem Sieger winkt ein wertvoller Preis 그 승자에게는 값진 수상의 전망이 있다. **Winker**, der; -s, - (다음자 따위의) 방향 지시기. **Winkerflagge**, die 〖해양〗신호기. **winke, winke** ['vɪŋkə]《오직 다음 용법으로》w., w. machen [아동] 손짓하다. **winklig**: ↑winkelig.

Winsch [vɪnʃ], die; -en 〖engl. winch〗〖해양〗대형 기중기.

Winselei [vɪnzə'laɪ], die; -en 《폄》**1.** (개가) 낑낑거림. **2.** 우는[죽는] 소리로 하는 간청, 애걸: jetzt keine -en mehr! 아 이제 그 죽는 소리의 간청은 그만둬! **winseln** ['vɪnzln̩] 〈h〉**1.** (개가) 낑낑 거리다: der Hund winselte vor der Tür 그 개는 문 앞에서 낑낑거렸다. **2.** 《폄》애걸하다: um sein Leben w. 살려달라고 애걸복걸하다.

Winter ['vɪntɐ], der; -s, - 겨울: milder W. 온화한 겨울; es ist tiefer W. 때는 한겨울이다; über den W. bleibt er hier 겨울내내 그는 여기에 머문다.

winter-, Winter-: ~abend, der 겨울 저녁. ~anfang, der 겨울의 시작, 동지. ~anzug, der 겨울옷, 동복. ~bau, der (Pl. 없음) 겨울 재배. ~birne, die 겨울 배, 늦배. ~apfel, der 겨울 사과, 늦사과. ~camper, der 동기(冬期) 야영자. ~camping, das 동기(冬期) 야영.

~einbruch, der 겨울의 내습. ~endivie, die 겨울 꽃상치. ~fahrplan, der 동절기 기차 시간표. ~fell, das 겨울 모피. ~feiern (Pl.) 겨울방학. ~fest 〈Adj.〉**1.** 겨울[동절기]에 적합한: -e Kleidung (월)동복. **2.** ↑~hart. ~frische, die 《준교어》**a)** 겨울 휴양. **b)** 겨울 휴양[요양]지. ~frucht, die ↑~getreide. ~furche, die 〖농업〗겨울갈이. ~garten, der 온실. ~gerste, die 〖농업〗가을 보리. ~getreide, die 겨울 작물. ~grün, das 노루발풀. ~haar, das 겨울털, 동모.(↑~kleid (2 a)). ~hafen, der 부동항. ~halbjahr, das 겨울을 포함한 반년. ~hart 〈Adj.〉〖식물〗내한성(耐寒性)의. ~hilfe, die (나치의 통용어) ↑~hilfswerk. ~hilfswerk, das 《나치》동절기 빈민 구제 사업. ~himmel, der 겨울 하늘. ~jasmin, der 겨울 재스민. ~kälte, die 겨울 추위. ~kartoffel, die 월동(용) 감자. ~kleid, das **1.** 겨울옷. **2. a)** (포유동물의) 겨울털. **b)** 겨울새털. ~kleidung, die ↑~kleid. ~knospe, die 〖Hibernakel. ~kohl, der 〖농업〗↑Grünkohl. ~kollektion, die 겨울 상품 견본(수)집. ~kurort, der 겨울 피한지, 겨울 휴양지. ~landschaft, die 겨울 풍경. ~luft, die 겨울 공기. ~mantel, der 겨울 외투. ~mode, die 겨울 유행. ~monat, der **a)** (Pl. 없음) 〖고어〗12월, 섣달. **b)** 겨울달. ~mond, der (Pl. 없음) ↑~monat. ~morgen, der 겨울 (날) 아침. ~nacht, die 겨울(날) 밤. ~obst, das 겨울 과실. ~offen 〈Adj.〉겨울동안 통행이 가능한. ~olympiade, die 동계 올림픽. ~pause, die 겨울 휴식. ~quartier, das **1.** 동계 주둔 병영, 동계 진지. **2.** (특정 동물의) 동계 서식지. ~rambur, der 사과의 일종. ~reifen, der 스노 타이어. ~reise, die 겨울 여행. ~roggen, der 〖농업〗겨울 호밀. ~ruhe, die 〖동물〗겨울 휴식, 동면. ~saat, die **1.** 〖농업〗가을에 뿌리는 씨. **2.** 〖농업〗겨울 곡식. ~sachen (Pl.) 겨울 옷가지. ~saison, die 겨울 시이즌. ~schlaf, der 〖동물〗겨울잠, 동면: der Hamster hält seinen W. [befindet sich im W.] 햄스터가 겨울잠을 잔다. ~schlußverkauf, der 겨울 상품 대매출. ~schuh, der 겨울 구두. ~semester, das 겨울 학기. ~sonne, die 겨울 해(태양). ~sonnenwende, die 동지. ~speck, der 〖통용어·농〗겨울에 찐 살. ~spiele 〈Pl.〉동계 올림픽 경기. ~sport, der 겨울철 운동(경기). ~sportart, die 겨울 운동(경기) 종목. ~sportgerät, das 겨울 운동(경기) 기구. ~sportler, der 겨울철 운동선수. ~starre, die 〖동물〗(변온 동물의) 겨울철 비활동(非活動) 상태. ~tag, der 겨울날[일]. ~tauglich 〈Adj.〉겨울에 유용한[적합한]. ~tauglichkeit, die 동계 유용[적합]성. ~weide, die 겨울 목초지(목장). ~weizen, der 〖농업〗↑~saat. ~wetter, das 겨울 날씨. ~zeit, die (Pl. 없음) 겨울철, 동계(冬季).

winterlich 〈Adj.〉**a)** 겨울의: eine -e Landschaft 겨울 풍경; es ist schon ganz w. 이미 날씨가 겨울답다. **b)** 겨울에 맞는: -e Kleidung w.용 복장. **Winterling** ['vɪntɐlɪŋ], der; -s, -e 미나리아재비과 식물의 일종(학명: Eranthis hyemalis). **wintern** ['vɪntɐn] 〈h〉〈비인칭〉(아어·드물어) 겨울이 되다: es wintert allmählich 서서히 겨울이 되어간다. **winters** ['vɪntɐs] 〈Adv.〉겨울에, 겨울 동안에, 겨울이면 언제나.

winters-, Winters-: ~anfang, der ↑Winteranfang. ~über 〈Adv.〉겨울 내내, 겨울을 넘기고서, 겨울이 지나도록. ~zeit, die (Pl. 없음) ↑Winterzeit.

Winterung, die; -en 〖농업〗↑Wintergetreide.

Winzer ['vɪntsɐ], der; -s, -e **a)** 포도 재배가. **b)** 포도를 따거나 포도주 담그는 사람. **Winzergenossenschaft**, die 포도 재배가 조합. **Winzermesser**, das ↑Hippe (1).

winzig ['vɪntsɪç] 〈Adj.〉 아주 작은, 자디잔: ein -es Blümchen 아주 작은 꽃; ein w. kleines Tier 매우 작은 동물. **Winzigkeit**, die; -en 1. 〈Pl. 없음〉 미세함, 매우 작음. 2. 《통용어》 매우 사소한 일[물건]: mit solchen -en gibt er sich gar nicht ab 그러한 사소한 일에 그는 절대로 상관하지 않는다. **Winzling** ['vɪntslɪŋ], der; -s, -e 《통용어·농》 보잘것 없는 사람[사물]: dieser W. ist schon ziemlich frech 이 보잘것 없는 놈이 제법 건방지구나.

Wipfel ['vɪpf̩l], der; -s, - 나무의 우듬지, 수관(樹冠): die hohen[spitzen] W. 그 높은(뾰족한) 나무의 우듬지들. **Wipfelsprosse**, die 우듬지 순. **Wippchen** ['vɪpçən], das; -s, - 〈지역적〉 1. 장난, 농담, 우스개(소리), 익살. 2. 구실, 핑계: mach keine W.! 핑계를 대지 말아라!

Wippe ['vɪpə], die; -n 널, 시소: die Kinder schaukelten auf einer W. 어린이들이 시소놀이를 했다. **wippen** ['vɪpn̩] 〈h〉 a) 시소에 타고 오르내리다: er ließ das Kind auf seinen Knien w. 그는 아이를 무릎에 올려놓고 (아래 위로) 흔들어 주었다. b) 몸을 까불대[위 아래로 흔들다]: auf den Zehen[in den Knien] w. 발가락[무릎]을 몹시 까불다. c) 무엇을 세차게 이리저리 (위 아래로) 까딱거리다: mit dem Fuß[mit der Schuhspitze] w. 발(구두 끝)을 몹시 까딱거리다. d) 몹시 흔들리다: die Federn auf ihrem Hut wippten bei jedem Schritt w. 여자의 모자 위의 깃털이 걸을 때마다 몹시 흔들렸다. **Wippschaukel**, die ↑Wippe. **Wippsterz**, der [zu ↑²Sterz (1)] 〈지역적〉 할미새.

wir [viːɐ̯] 〈Personalpron.; 1인칭 복수 1격〉 1. 우리(들), 저희(들): w. müssen uns beeilen 우리들은 서둘러야 한다; w. klugen Menschen 우리 현명한 인간들; w. Deutschen[《순고어》 Deutsche] 우리 독일 사람들; w. beide[w. drei] treffen uns regelmäßig 우리 두[세] 사람은 규칙적으로 만난다; wir anderen gehen zu Fuß 우리 나머지 사람들은 걸어서 간다; hier sind wir ganz unter uns 여기에는 우리들 끼리만 있다. 2. a) 〈연사, 저자 등이 "나" 대신에 쓰는〉 our: im nächsten Kapitel werden w. auf diese Frage noch einmal zurückkommen 다음 장에서 우리들은 이 문제를 다시 한번 살펴 보겠습니다. b) 〈옛〉 《짐(朕)(군주의 자칭)》: wir, Kaiser von Österreich, haben dies beschlossen 짐(朕) 오스트리아 황제는 이것을 결정하였느니라. 3. 《친근》 《어린이나 환자들을 부를때 "너", "너희들", "여러분들" 대신에》 우리(들): wollen w. in Zukunft doch vermeiden, Kinder 여러 어린이들, 이 다음부터는 우리 그러한 짓을 하지 말자.

wirb [vɪrp] ↑werben 참조.

Wirbel ['vɪrb̩l], der; -s, - 1. a) 소용돌이, 와류(渦流), 회오리 바람: sie wollte sich nicht vom W. der Leidenschaften fortreißen lassen 그 여자는 격정의 소용돌이 속에 휩쓸려 들려고 하지 않았다. b) 신속한 선회(旋回), 팔 끝으로 돌기, 파루에트: in schwindelnder W. beendete der Tanz 아찔해질 정도의 선회(旋回)를 끝으로 춤은 끝났다. 2. a) 혼란, 혼잡, 분규. b) 센세이션, 경악, 시끄러움: er verursachte mit seiner Rede einen furchtbaren W. 그는 자신의 연설로 엄청난 센세이션을 불러 일으켰다. 3. ↑**Haarwirbel**의 약칭. 4. 척추골, 추골(椎骨): sich einen W. verletzen[brechen] 척추골을 다치다(부러뜨리다). 5. (현악기의) 줄감개. 6. 〈지역적〉 ↑**Fensterwirbel**의 약칭. 7. ↑**Trommelwirbel**의 약칭: einen W. schlagen 북을 스쳐치기(연타)로 두들기다.

wirbel-, Wirbel-: ~**bogen**, der [해부] (척)추궁 ((脊)椎弓). ~**entzündung**, die [의학] 척추염. ~**erkrankung**, die [해부] 척추 질환. ~**fortsatz**, der [해부] 척추 돌기. ~**gelenk**, das [해부] 척추 관절. ~**kanal**, der [해부] 척주관(脊椎管). ~**kasten**, der [음악] (현악기의) 조이개를 줄감기는 곳. ~**knochen**, der [해부] 척추골, 추골. ~**körper**, der [해부] 추체 (椎體). ~**los** [동물] 무척추의: -e Tiere 무척추 동물. ~**lose** 〈Pl.〉 무척추 동물. ~**säule**, die [해부] 척주. ~**säulenentzündung**, die [의학] 척주염. ~**säulenerkrankung**, die [의학] 척추 질환. ~**säulenleiden**, das [의학] 척추 병, 척추병. ~**säulenkrümmung**, die [의학] 척주 변형, 척주 굴곡. ~**strom**, der [전자] 와전류(渦電流). ~**sturm**, der 대선풍(大旋風) (특히 열대 지방의). ~**tier**, das [동물] 척추 동물. ~**wind**, der 1. 회오리 바람. 2. 《준고어·농》 수선스러운 인간.

wirbelig, wirblig ['vɪrb(ə)lɪç] 1. a) 부박한, 수선스러운, 진득하지 못한: ein -es Kind 진득하지 못한 아이. b) 요란스러운. 2. 현기증이 나는, 당황한, 혼란한: wirblig vor Freude sein 기뻐서 어쩔줄을 모르다. **wirbeln** ['vɪrb̩ln̩] 1. a) 〈s〉 선회하다, 빙빙 돌다, 소용돌이치다: an den Pfeilern wirbelt das Wasser 교각에 부딪혀 물이 소용돌이친다. b) 〈s〉 빠르고 격렬하게 움직이다: bei der Explosion wirbelten ganze Dächer durch die Luft 폭발시 지붕들이 모두 공중으로 치솟았다. c) 〈h/s〉 돌아가다, 선회하다: die Schiffsschraube wirbelte immer schneller 배의 스크류가 점점 더 빠르게 돌았다; 전의 ihm wirbelte der Kopf 그의 머리가 핑핑 돌았다. 2. 돌진하다. 3. 〈h〉 소용돌이치게 하다, 휘몰고 가다: er wirbelte seine Partnerin über die Tanzfläche 그는 여자 파트너를 안고 무도장을 휩쓸었다. 4. 〈h〉 (연타법으로) 요란한 북소리를 내다. **wirblig**: ↑**wirbelig**.

wirbst, wirbt [vɪrp(s)t] ↑**werben** 참조.

wird [vɪrt] ↑**werden** 참조.

wirf! wirfst, wirft [vɪrf(s)t] ↑**werfen** 참조.

Wirk- (wirken): ~**bereich**, der (약의) 효력 범위(권). ~**kraft**, die 「Wirkungskraft. ~**leistung**, die [전기] 유효 전력[출력]. ~**maschine**, die 편물 기계. ~**stoff**, der 작용물질(作用物質)(효소, 호르몬, 비타민 따위의 총칭). ~**teppich**, der 수제 양탄자. ~**waren** 〈Pl.〉 편물.

wirken ['vɪrkn̩] 〈h〉 1. (직업적으로) 활동하다: an einer Schule als Lehrer w. 어느 학교에 교사로서 일하다; in einem Land als Missionar w. 어느 나라에서 선교사로서 활동하다; ich habe heute schon ganz schön gewirkt 《통용어·농》 나는 오늘 열심히 효과적으로 일을 했다. 2. 〈아이〉 수행하다, 성취하다: er hat in seinem Leben viel Gutes gewirkt 그는 생애에 많은 좋은 일을 행했다. 3. (영향, 결과 따위를) 미치게 하다, 일으키다, 생기게 하다: sein Vortrag wirkte ermüdend 그의 강연은 지루한 감을 주었다; ihre Heiterkeit wirkte ansteckend 그 여자의 쾌활성이 파급 효과가 있었다. 4. 누구에게 어떤 인상을 주다: neben jmdm. klein w. 누구와 비교해서 작게 보이다; dieses Vorgehen wirkte rücksichtslos 이 조치는 무자비하게 보였다. 5. 좋은 효과를 나타내다(발휘하다): die Bilder wirken in den kleinen Räumen nicht 그 그림들은 규모가 작은 방에서는 별 효과가 없다. 6. a) 〈섬유〉 짜다, 뜨다, 뜨다, (직물을) 만들다: Pullover w. 스웨터를 짜다. b) (고블랑직의) 양탄자를 뜨다: ein gewirkter Teppich 편물로 뜬 (고블랑직의) 양탄자. 7. 〈농업〉 반죽을 하다: den Teig w. 가루를 반죽하다. **Wirker**, der; -s, - 직물직공, 편물공. **Wirkerei** [vɪrkə'raj], die; -en 1. 직물업, 편물업. 2. 직물[편물] 공장. **Wirkerin**, die; -nen: ↑**Wirker**의 여성형. **wirklich** ['vɪrklɪç] I. 〈Adj.〉 1. 실제의, 실제와 일치하는: das -e Leben sieht ganz anders aus 실제의 인생은 완전히 달라 보인다. 2. 진실의, 정말의, 진짜의: -e Freunde sind selten 진정한 친구는 드물다. II.

Wirklichkeit 〈Adv.〉 실제로, 정말(로): das ist w. eine Weltstadt 이 도시는 정말 세계적인 도시이다; ich weiß w. nicht, wo er ist 나는 그가 어디에 있는지 정말 모른다. **Wirklichkeit**, die; -en 현실(성), 실재, 현존, 실제, 진실, (실)인생, 실생활, 현실계: gesellschaftliche [politische] W. 사회[정치] 현실; sein Traum ist W. geworden 그의 꿈은 실현되었다; in W. ist alles ganz anders 실제는 모든것이 다르다.

wirklichkeits-, Wirklichkeits-: ~**fern** 〈Adj.〉 ↑~fremd. ~**form**, die [언어] 직설법(↑Indikativ). ~**fremd** 〈Adj.〉 현실과 유리된, 현실과 거리가 먼: ~e Ideale 현실과 동떨어진 이상. ~**getreu** 〈Adj.〉 현실과 일치하는, 현실적인: eine ~e Schilderung 사실적(寫實的) 묘사. ~**mensch**, der 현실적인 사람. ~**nah** 〈Adj.〉 현실에 근접한, 현실적인: eine ~e Erzählweise[Darstellung] 사실적 서술 방식[묘사]. ~**sinn**, der 현실 감각. ~**treu** 〈Adj.〉 현실과 일치하는. ~**treue**, die 사실 [현실]에 대한 충실(성).

wirksam ['vɪrkza:m] 〈Adj.〉 활동적인, 작용을 일으키는, 유효한, 효능[효험]이 있는, 듣는, 유력한: ein ~es Medikament 효과[효험] 있는 약; die neuen Bestimmungen werden mit 1. Juli w. 새로운 규정은 7월 1일자로 효력을 발생한다. **Wirksamkeit**, die **a)** 효과, 효과, 효능, 효험. **b)** 《드물게》작용. **Wirkung**, die; -en **1.** 효과, 힘, 세력, 행동, 활동: eine nachhaltige [wohltuende, schnelle] W. 지속적인[유익한, 빠른] 효과; das Medikament tat seine W. 그 약은 효력이 있었다; diese Verfügung wird mit W. vom 1. Oktober ungültig 이 명령은 10월 1일부로 무효이다. **2.** [물리] 작용.

wirkungs-, Wirkungs-: ~**bereich**, der 영향권, 활동영역: einen kleinen W. haben 활동 범위가 좁다. ~**feld**, das 활동 영역. ~**geschichte**, die [문예학] 영향사. ~**grad**, der **a)** [물리·기술] 효율. **b)** 효용도. ~**kraft**, die 영향력, 효력. ~**kreis**, der 작용 범위, 활동(세력) 범위. ~**los** 〈Adj.〉 효력이 없는, 작용을 하지 않는. ~**losigkeit**, die ↑~los의 명사형. ~**mechanismus**, der 효용 메카니즘. ~**radius**, der 세력 범위, 작용[활동] 범위. ~**reich** 〈Adj.〉 영향력이 큰, 크게 작용하는. ~**stätte**, die 《아이》활동 장소. ~**treffer**, der [권투] 강타, 결정타. ~**voll** 〈Adj.〉 영향[작용]이 큰, 효과가 뚜렷한. ~**weise**, die 작용[작동] 방식, 효용 방식.

wirr [vɪr] **a)** 정돈되지 않은, 혼란한: ~es Haar 헝클어진 머리[털]. **b)** 혼란한, 불명확한: ~e Gedanken 혼란한 생각; ~es Zeug reden 잡다하게 떠들다. **c)** 당황한, 어찌할 바를 모르는: er war w. vor Freude 그는 기뻐서 어찌할 바를 몰랐다. **Wirre** ['vɪrə], die; -n **1.** 혼란, 불안, 혼란: in den ~n der Nachkriegszeit 전후(戰後)의 혼란 속에서. **2.** 〈Pl. 없음〉《아어·고어》혼잡, 착종. **wirren** ['vɪrən] 〈h〉《드물게·시어》어지럽게 물결치다: die absonderlichsten Gedanken wirrten in meinem Kopf 이상한 생각들이 내 머리 속에서 혼잡스럽게 물결쳤다. **Wirrheit**, die; - 혼란, 혼잡, 분규, 소동. **Wirrkopf**, der 《괌》정신이 혼란한 사람. **wirrköpfig** 〈Adj.〉《괌》정신이 혼란한. **Wirrköpfigkeit**, die ↑wirrköpfig의 명사형. **Wirrnis** ['vɪrnɪs], die; -se 《아어》**a)** 혼란, 혼잡: die ~se der Revolution 혁명의 혼란. **b)** 사고[감정]의 혼란[혼잡]. **Wirrsal** ['vɪrzaːl], das; -(e)s, -e / -e 《아어》↑Wirrnis. **Wirrung**, die; -en 《시어》 Irrungen ~en 얽히고 설킴. **Wirrwarr** ['vɪrvar], der; -s 혼란, 뒤죽박죽, 문란: ein W. von Stimmen 혼란스런 목소리들. **wirsch** [vɪrʃ] 〈Adj.〉《지역적》노한, 홍분한: ein ~er Kerl 성이 난 녀석.

Wirsing ['vɪrzɪŋ], der; -s, **Wirsingkohl**, der; -(e)s [lombard. verza] 오그랑양배추: Wirsing anbauen 오 그랑양배추를 재배하다.

Wirt [vɪrt], der; -(e)s, -e **1.** ↑Gastwirt: der W. kocht selbst 음식점 주인이 직접 요리한다. **2. a)** ↑Hauswirt. **b)** ↑Zimmervermieter. **3.** ↑Gastgeber: ein liebenswürdiger W. 상냥한 주인(접대자); den W. machen 주인 노릇하다, 접대하다. **4.** [생물] (기생 동식물의) 숙주(宿主).

Wirtel ['vɪrtl], der; -s, - **1.** ↑Spinnwirtel. **2.** [식물] 윤생(輪生). **3.** [건축] 원주에 첨가된 고리모양의 테두리. **wirtelig**, wirtlig ['vɪrt(ə)lɪç] 〈Adj.〉 ↑quirlständig. **wirten** ['vɪrtn] 〈h〉《schweiz.》 주인 노릇하다, 손님 접대를 하다. **Wirtin**, die; -nen ↑Wirt (1~3)의 여성형. **Wirtinnenvers**, der 주인 아줌마 노래(대학생들의 음담 섞인 풍자 노래). **wirtlich** 〈Adj.〉《준고어》손님을 후대하는: sie war eine ~e Hausmutter 그 여자는 후덕한 주부였다. **Wirtlichkeit**, die 《준고어》↑wirtlich의 명사형.

wirtlig: ↑wirtelig.

Wirts-: ~**haus**, das 여관, 음식점. ~**körper**, der 《생물》숙주(宿主)의 몸체. ~**leute 1.** 하숙집(셋방)의 주인 내외. **2.** 여관집[음식점] 주인 부부. ~**organismus**, der 《생물》숙주(宿主)를 하는 식물. ~**schild**, das 《고어》여관집 간판. ~**stube**, die ↑Gaststube. ~**tier**, das 《생물》숙주(宿主)(노릇을 하는) 동물. ~**wechsel**, der 《생물》숙주 교체. ~**zelle**, die 《생물》숙주 세포. ~**zimmer**, das ↑~stube.

Wirtschaft ['vɪrtʃaft], die; -en **1.** 경제: die kapitalistische W. 자본주의 경제; die W. ankurbeln 경제를 활성화하다. **2.** ↑Gastwirtschaft의 약칭: in einer W. einkehren 어느 음식점에 다 들르다. **3.** ↑Landwirtschaft (2)의 약칭: eine kleine W. haben 자그마한 농장을 경영하다. **4.** 가정(家政), 가계: eine eigene W. gründen 자립(독립) 생계를 꾸미다; jmdm. die W. führen 가계를 돌보다. **5.** 〈Pl. 없음〉 **a)** 경제적 살림살이: extensive W. 확장 경제. **b)** 《통용어·괌》무질서, 무질서한 방식: was ist denn das für eine W.! 도대체 이게 왠 난리냐! **; reine W. machen** 《지역적》어떤 일을》청산하다. **c)** 《준고어》번거로움. **6.** 〈Pl. 없음〉《고어》~hup) 웨이터, 접대원. **wirtschaften** [...tn] 〈h〉 **1. a)** 살림살이하다, 경영하다, 영업하다: gut[schlecht] w. 살림을 잘[잘못] 하다. **b)** 살림살이를 통하여 무엇을 어떤 상태에 이르게 하는: eine Firma konkursreif(in den Ruin) w. 어떤 회사를 파산 지경(파멸)에 이르도록 운영하다. **2.** 가계에 종사하다: in der Küche w. 부엌살림을 하다《부엌에서 일하다》. **Wirtschafter**, der; -s, - **1.** [경제] 기업가, 경영자. **2.** 농업(농장) 관리인, 농사 감독. **3.** 《은어》사창가에서 창녀들을 감시 감독하는 남자. **Wirtschafterin**, die; -nen ↑Haushälterin. **Wirtschaftler**, der; -s, - **1.** ↑Wirtschaftswissenschaftler의 약칭. **2.** ↑Wirtschafter (1). **wirtschaftlich** 〈Adj.〉 **1. a)** 경제의: die ~en Verhältnisse 경제 사정[상황]; der ~e Aufbau 경제 건설. **b)** 금전의, 재정의: sich in einer ~en Notlage befinden 재정적으로 궁핍한 상황에 처하다. **2. a)** 살림 잘하는, 경제적인, 절약하는: eine ~e Hausfrau 살림 잘하는 주부. **b)** 경제 원칙에 일치하는, 경제적인: ein ~es Auto 경제적인 자동차. **Wirtschaftlichkeit**, die 수익성.

wirtschafts-, Wirtschafts-: ~**abkommen**, das 경제 협정. ~**asylant**, der 경제 난민(망명자). ~**aufschwung**, der 경제 발전(부흥). ~**ausschuß**, der 경제 위원회. ~**berater**, der 경제 고문. ~**beziehungen** 〈Pl.〉경제 관계. ~**block**, der 〈Pl. ...blöcke《드물

게〉)...blocks〉 경제 블록. ~**blockade**, die 경제 봉쇄. ~**boykott**, der 경제 보이코트. ~**buch**, das 가계부. ~**delikt**, das ↑~straftat. ~**einheit**, die 경제 단위. ~**embargo**, das 경제 엠바아고우(=통상 금지). ~**experte**, der 경제 전문가. ~**flüchtling**, der 경제 난민 [망명자]. ~**form**, die a) 경제 형태. b) 경제적 살림살이의 형태. ~**fragen** 〈Pl.〉 경제 문제. ~**führer**, der 경제계의 지도자. ~**führung**, die 〈Pl. 없음〉 경제 정책의 수행. ~**funktionär**, der 계획 경제에서의 담당 간부. ~**gebäude**, das 〈대개 Pl.〉 농사(農舍), 농장의 관리실. ~**gebiet**, das 경제 영역. ~**geld**, das 가계비, 생계비. ~**gemeinschaft**, die 경제 공동체. ~**geographie**, die 〈Pl. 없음〉 경제지리(학). ~**geschichte**, die 〈Pl. 없음〉 경제사(史). ~**gipfel**, der 경제 정상 회담. ~**gut**, das 〈대개 Pl.〉 인간의 욕구 충족을 위한 자산. ~**gymnasium**, das 상업 김나지움. ~**hilfe**, die 경제 원조. ~**hochschule**, die 상과 대학. ~**hof**, der 1. 농가, 농장. 2. 농사(農舍) 집결지. ~**ingenieur**, der 〈대학 교육을 받은〉 산업 경제 기사. ~**intergration**, die 경제 통합. ~**kapitän**, der 〈정서〉 대기업가, 경영주. ~**kraft**, die 〈Pl. 없음〉 경제력. ~**krieg**, der 경제 전쟁. ~**kriminalität**, die 경제 범죄. ~**krise**, die 경제 위기. ~**lage**, die 경제 상태, 경제 여건. ~**leben**, das 경제 생활. ~**lehre**, die 경제학[론]. ~**lenkung**, die 경제 통제. ~**mathematiker**, der 수리경제학자. ~**minister**, der 경제상(장관). ~**ministerium**, das 경제성(省), 경제부. ~**ordnung**, die 경제 질서. ~**partner**, der 경제 상대자. ~**plan**, der 경제 계획. ~**planung**, die 경제 계획(수립). ~**politik**, die 경제 정책. ~**politisch** 〈Adj.〉 경제 정책적인. ~**potential**, das 경제 잠재력. ~**praxis**, die 경제 실무. ~**presse**, die 경제 신문. ~**prognose**, die 경제진단. ~**prüfer**, der 공인 회계사. ~**prüfung**, die 경제(회계)감사. ~**rat**, der 경제 고문(위원)회. ~**raum**, der 1. 〈대개 Pl.〉 영선(營繕) 관계 설비실. 2. 경제권(經濟圈). ~**recht**, das 경제권(經濟權). ~**sabotage**, die 경제 사보타즈. ~**sektor**, der 경제 부문. ~**spionage**, die 경제 스파이 행위. ~**strafrecht**, das 〈Pl. 없음〉 경제 형법. ~**straftat**, das 경제 범행. ~**system**, das 경제 체제. ~**teil**, der 〈신문의〉 경제란. ~**territorium**, das 경제 영역. ~**theoretisch** 〈Adj.〉 경제 이론적인. ~**theorie**, die 경제 이론, 경제 학설. ~**trakt**, der ~gebäude. ~**treibende**, der / die 〈österr.〉 자영(自營)업자. ~**union**, die 경제 규약. ~**unternehmen**, das 경제 계획, 경제 기획, 경제 기업. ~**verband**, der 경제 연합, 경제 협회. ~**verbindung**, die 〈대개 Pl.〉 ↑beziehungen. ~**verbrechen**, das ↑~straftat. ~**verfassung**, die 경제 규약. ~**vergehen**, das ↑~straftat. ~**wachstum**, das 경제 성장. ~**wissenschaft**, die 〈대개 Pl.〉 경제학. ~**wissenschaftler**, der 경제학자. ~**wissenschaftlich** 〈Adj.〉 경제학적인, 경제학의. ~**wunder**, das 〈통용어〉 경제 기적. ~**zeitung**, die 경제 신문. ~**zweig**, der 산업 부문.

Wirtshausschild, das 음식점 간판.

Wirz [virts], der; -es, -e 〈schweiz.〉 오그라양배추.

Wisch [viʃ], der; -(e)s, -e 1. 〈폄〉 파지, 낡은 종이, 휴지, 못쓸 서류: diesen W. unterschreibe ich nicht 이 따위 휴지 조각에 서명하지 않겠다. 2. 〈고어〉 〈짚의〉 작은 뭉치.

wisch-, Wisch-: ~**fest** 〈Adj.〉 지워지지 않는, 소멸되지 않는. ~**lappen**, die a) 행주, 걸레. b) 〈지역적〉 긴 자루가 달린 걸레. ~**tuch**, das a) 가구 닦는 걸레[수건]. b) 〈지역적〉 긴자루가 달린 걸레.

wischen ['vɪʃn̩] 1. 〈h〉 〈가볍게〉 문지르다: er wischte sich mit dem Ärmel über die Stirn 그는 팔소매로 이마를 문질렀다; jmdm. eine w. 〈통용어〉 누구의 따귀를 때리다. 2. 〈h〉 a) 훔치다, 지우다: den Staub von der Glasplatte w. 유리판에 묻은 먼지를 훔치다; sich den Schlaf aus den Augen w. 눈에서 잠을 쫓아내다. b) 닦다, 씻다: sich (mit der Serviette) den Mund [das Kinn] w. 〈냅킨으로〉 입[턱]을 닦다; (nur) zum Wischen sein 〈경〉 쓸모〈가치〉가 없다. c) 〈지역적〉 〈젖은〉 수건으로 훔치다. 3. 〈s〉 급히 이동하다, 획 지나가다. **Wischer**, der; -s, - 1. ↑Scheibenwischer의 약칭. 2. ↑Tintenwischer의 약칭. 3. 〔그래픽〕 찰모(擦筆). 4. a) 〈군〉 찰나탄(擦過彈). b) 〈통용어〉 가벼운 상처, 생채기, 찰과상. 5. 〈지역적〉 꾸지람, 견책. **Wischarm**, der ↑Wischerarm. **Wischerarm**, der 〈자동차의〉 와이퍼의 철대(帶) 부분. **Wischerblatt**, das 〈자동차의〉 와이퍼의 고무날갈이.

Wischiwaschi [viʃi'vaʃi], das; -s 〈폄〉 재잘거림, 허튼〔잡〕소리.

Wischnu 힌두교의 주신(主神)의 하나.

¹**Wisconsin** [wɪs'kɔnsɪn], der; -(s) 미시시피 강의 지류.

²**Wisconsin**, -s 위스콘신(미국의 연방 주).

Wisent ['vi:zɛnt], das; -s, -e 들소, 바이슨.

Wismut ['vɪsmuːt], 〔화학〕 〈또한〉 Bismut(um) ['bɪs...], das; -(s)는 비스무트, 창연(蒼鉛)(기호: Bi).

wispeln ['vɪspl̩n] 〈h〉 〈의성어·지역적〉 속삭이다, 살랑거리다. **wispern** ['vɪspɐn] 〈h〉 〈의성어〉 a) 소근대다, 속삭이다: die Kinder wisperten (zusammen, miteinander) 어린아이들이 (서로) 종알종알 속삭였다. b) 〈급히〉 귓속말을 하다: jmdm. etw. ins Ohr w. 누구의 귀에 대고 무엇을 속삭이다.

wiß-, Wiß-: ~**begier**, ~**begierde**, die 지식욕, 호기심: sie war von Wißbegier besessen 그 여자는 지식욕에 사로 잡혀 있었다. ~**begierig** 〈Adj.〉 지식욕[호기심]이 가득 찬: die Kinder sind äußerst w. 아이들은 무척 호기심이 강하다.

wissen¹ ['vɪsn̩] 〈h〉 1. 알다, 알고 있다, 알다: etw. aus jmds. eigenem Munde[aus zuverlässiger Quelle] w. 무엇을 누구의 입(만든 소식통)을 통하여 알다; 〈반어〉 das Beste[Schönste] weißt du noch gar nicht 정말 좋은(=나쁜) 일은 모르는구나; nichts von einer Sache w. 무엇에 관하여 아무것도 모르고 있다; woher soll ich das w.? 내가 그것을 어떻게 알겠어?; jmdn. etw. lassen 누구에게 무엇을 알리다; was weiß denn der überhaupt? 그 친구가 무엇을 알겠어?; ich weiß, was ich weiß 나는 내가 아는 바를 굽히고 싶지 않다; ich weiß, daß ich nichts weiß 나는 내가 아무것도 모른다는 것을 알고 있다; er weiß immer alles besser 〈반어〉 그는 자기가 모든 일에서 제일 잘 아는 척한다; ich wüßte nicht, daß ... 나는 ...을 도저히 한 길이 없다; vielleicht ist er schon wieder geschieden, was weiß ich 〈통용어〉 그는 아마 다시 이혼했을 거야, 잘 모르긴해도; weißt du (was), wir fahren einfach dorthin 자 알겠지, 우리는 그저 그리로 가고 보는 거야; im Augenblick herrscht Ruhe, aber man kann nie w. 지금은 평온하지만 앞으로는 알 수 없는 일이지; wer weiß, ob wir uns wiedersehen 우리가 다시 만날는지 누가 알겠나; gewußt, wie! 〈통용어〉 우선 뭐가 뭔지 알아야 할 텐데; 〈통용어〉 mich nicht heiß mehr mich nicht heiß 모르는 게 약이다, 무소식이 희소식이다; **von jmdm. [etw.] nicht (mehr) w. wollen** 누구[무엇]에 관심이 (더 이상) 관심이 없다; **sich³ mit etw. viel w.** 〈아이〉 무엇을 대단히 자랑하다. 2. 잘 알고 있다, 숙지[인지]하고 있다: von jmds. Schwierigkeiten w. 누구의 어려움을 잘 알고 있다. 3. 〈아이〉 누구[무엇]가 어떤 지에 있음을 알다: Haus und Garten in guter Obhut

w. 집과 정원이 잘 관리되고 있음을 알다; seine Kinder bei jmdm. in guten Händen w. 그의 아이들이 누구의 보호 밑에 잘 있음을 알다. **4.** 〈zu 부정법과 함께〉…할 수 있다, …할 줄 알다: sich zu benehmen w. 처신할 줄 알다; etw. zu schätzen w. 무엇을 평가할 줄 알다; sie weiß etwas aus sich zu machen 그 여자는 자기 자신을 내세울 줄 안다. **5.** 〈통용어〉(〈강조의 의미가 있는 삽입구로서〉): so tun, als ob die Angelegenheit wer weiß wie wichtig sei 그 일이 무척 중요한 것처럼 행동하다; dies und ich weiß nicht was noch alles 이것과 그리고 그 외의 모든 것. **Wissen** [-], das; -s **a)** 지식: ein großes W. haben(besitzen) 많은 지식을 갖추다; 속담 W. ist Macht 아는 것이 힘이다. **b)** 무엇에 관한 지식, 앎: meines -s ist er verreist 내가 알기로는 그는 여행을 떠났다; etw. nach bestem W. und Gewissen tun 무슨 일을 소신 있게 하다.
wịssens-, Wịssens-: ~**bereich,** der 지식[학문]의 범위, 학문의 분야. ~**drang,** der 〈Pl. 없음〉 지식욕. ~**durst,** der 지식에 대한 갈증, 지식욕. ~**durstig** 〈Adj.〉 지식에 목마른, 지식욕이 있는. ~**frage,** die 지식 문제. ~**gebiet,** das 지식[학문]의 분야, 전문. ~**gut,** das 〈Pl. 없음〉 지식[학문]의 자산. ~**lücke,** die ↑Bildungslücke. ~**schatz,** der 〈Pl. 없음〉 지식, 학식. ~**stand,** der 지식의 정도(수준). ~**stoff,** der 〈Pl. 없음〉 지식[학문]의 자료. ~**vermittlung,** die 지식의 전달. ~**wert** 〈Adj.〉 알[학문적] 가치가 있는: 〈명사화〉 das Buch enthält viel Wissenswertes 이 책은 알아둘 가치가 있는 것들을 많이 내포하고 있다. ~**zweig,** der 학문 분야.
Wịssenschaft, die; -en **1.** 학문, 과학: reine[angewandte] W. 순수[응용] 과학; die W. fördern 과학을 진흥시키다; der W. dienen 학문에 몸을 바치다[기여하다]; er ist in der W. tätig 그는 학문에 종사한다[학자이다]; 속담 Fährtenlesen – eine W. für sich 발자국을 찾는 일–그것도 하나의 학문이 아니다. **2.** 전문 지식.
Wịssenschafter, der; -s, - (österr.; schweiz.) 학자, 과학자. **Wissenschafterin,** die; -nen (österr.; schweiz.; -s, - 학자, 과학자. **Wissenschaftler,** der; -s, - 학자, 과학자. **Wissenschaftlerin,** die; -nen 여류 (과)학자. **wissenschaftlich** 〈Adj.〉 학문적, 과학적: eine -e Arbeit(Abhandlung) 논문; -e Literatur 학문[학술] 서적, 과학 서적; der -e Nachwuchs 학문의 후계자; w. arbeiten(tätig sein) 학문에 종사하다; diese Theorie ist w. nicht haltbar 이 이론은 과학적 근거가 빈약하다. **Wissenschaftlichkeit,** die 학문성, 과학성, 학술성.
wịssenschafts-, Wịssenschafts-: ~**begriff,** der 학문[과학]적 개념. ~**betrieb,** der 〈Pl. 없음〉 〈통용어〉 과학[학술] 연구 활동: der deutsche[medizinische] W. 독일의[의학] 학술 활동. ~**geschichte,** die 과학사 (科學史), 학문사. ~**geschichtlich** 〈Adj.〉 과학사적(科學史的), 학문사의. ~**glaube,** der 학술(과학)에 대한 신앙 [맹목적 신뢰]. ~**gläubig** 〈Adj.〉 학문[과학]을 맹신하는. ~**gläubigkeit,** die 학문[과학]에 대한 맹신(盲信)하는 행위. ~**journalismus,** der 학문[학술] 저널리즘. ~**journalist,** der 학술[학문] 저널리스트. ~**theorie,** die 〈Pl. 없음〉 학술[과학] 이론. ~**zweig,** der 학문 분야, 과학 분야.
wịssentlich ['vɪsntlɪç] 〈Adj.〉 알고 있는, 의식하고 있는, 고의의: eine -e Kränkung 고의적인 모욕; w. in sein Unglück rennen 뻔히 알면서도 불행을 자초하다.
wist [vɪst] ↑hüst.
Wịtfrau ['vɪt-], die; -en (schweiz. · 고어) 과부. **Wịtib,** (österr.) Wittib ['vɪtɪp], die; -e (고어) 과부. **Wịtmann** ['vɪt-], der; -(e)s, …männer (고어·지역

적) 홀아비.
wịtschen ['vɪtʃn] 〈s〉 〈통용어〉 재빠르게 미끄러져 나가다.
Wịttenberg ['vɪtənbɛrk] 비텐베르크(독일의 도시). **¹Wittenberger** ['vɪtənbɛrɡɐ], der; -s, - 비텐베르크 시민. **²Wittenberger** 〈Adj.; 격변화 없음〉 비텐베르크 의. **wittenbergisch** 〈Adj.〉 비텐베르크의.
wịttern ['vɪtɐn] 〈h〉 **1.** 〈사냥〉 **a)** 냄새 맡아서 찾다: das Reh[der Luchs] wittert 노루[스라소니]가 냄새 맡다; 전의 er hatte mißtrauisch witternd die Luft geprüft 그는 미심쩍은 듯 공기의 냄새를 살폈다. **b)** 무엇을 냄새로 알아내다: der Hund wittert Wild[eine Spur] 개가 냄새로 짐승[발자국]을 찾는다. **2.** 무엇을 추측하다, 눈치채다: Unrat[Unheil] w. 재액[재앙]을 예감하다; er wittert sofort Verrat 그는 곧 배신의 기미를 눈치챘다; er in jmdm. einen neuen Kunden w. 누가 새로운 단골손님임을 알아차리다.
Wịtterung, die; -en **1.** 날씨, 천후, 기상(상황): eine kühle[wechselnde] W. 서늘한[시시각각 변하는] 날씨; der W. ausgesetzt sein 날씨 변화에 대비책이 없는 상태에 놓이다. **2.** [사냥] **a)** 〈동물의〉 후각(嗅覺): das Tier [der Hund] hat eine feine W. 그 짐승[그 개]은 후각이 예민하다. **b)** 냄새: die W. aufnehmen 냄새를 맡다; 전의 er nahm von diesem Frieden W. 그는 평화의 기운을 느꼈다; er bekam W. von ihrer Fürsorge 그는 그 여자의 고마운 마음씨를 느꼈다. **3. a)** 직감력, 예감: eine sichere W. für etw. haben 무엇에 대한 확실한 예측력을 갖고 있다. **b)** 냄새맡기.
wịtterungs-, Wịtterungs-: ~**bedingt** 〈Adj.〉 날씨[기상] 때문에 일어난, 날씨의 영향을 받은: -e Schäden[Krankheiten] 날씨[기상] 관계로 야기된 피해[질병]. ~**beständig** 〈Adj.〉 날씨[기상] 관계에 영향을 받지 않는. ~**einfluß,** der 〈대개 Pl.〉 날씨[기상]의 영향. ~**umschlag,** der 날씨의 급변(특히 악화). ~**verhältnisse** 〈Pl.〉 기상[날씨] 관계: günstige W. 유리한 기상.
Wịtib: ↑Witib. **Wịtiber,** der; -s, - (österr.) 홀아비.
Wịttling ['vɪtlɪŋ], der; -s, -e (유럽산) 대구의 일종.
Wịttum ['vɪtuːm], das; -(e)s, Wittümer [..tyːmə] **1.** [중세 게르만 법률] (자신의 사후 부인의 생계를 위한) 신랑지참금, 과부 생계 보조금. **2.** (가·지역적) 주임 사제 성직록, 주임 사제관(司祭館).
Wịtwe ['vɪtvə], die; -n 과부, 미망인, 홀어미(약어: Wwe.): früh W. werden 일찍이 남편을 여의다; eine zwiefache W. 이중 과부로서; **grüne W.** 〈통용어·농〉 생과부[직업상 바쁜 남편과 떨어져 교외에서 외롭게 사는 부인].
Wịtwen-: ~**ball,** der 〈통용어·고어〉 남자 동반없이 여성들이 찾는 무도회. ~**blume,** die ↑Knautie. ~**geld,** das 통용 미망인 보조금. ~**rente,** die 미망인 연금. ~**schleier,** der 미망인이 쓰는 검은 면사포. ~**stand,** der 〈Pl. 없음〉 과부(미망인) 신분. ~**tröster,** der 〈통용어·농〉 과부 킬러, 과부 편력자. ~**verbrennung,** die (옛) (죽은 남편의 시신과 함께 화장하는 인도 관습의) 과부 순사(殉死).
Wịtwenschaft, die 과부임, 과부의 신분[처지]. **Wịtwentum,** das; -s 과부임, 과부 생활. **Wịtwer** ['vɪtvɐ], der; -s, - 홀아비(약어: Wwr.). **Wịtwerschaft,** die 홀아비임, 홀아비 신세[처지]. **Wịtwerstand,** der 홀아비 신세. **Wịtwertum,** das; -s 홀아비임, 홀아비 생활, 홀아비 신세.
Wịtz [vɪts], der; -es, -e **1.** 익살, 기지가 풍부한 말, 재담, 웃기는 이야기: dieser W. ist uralt 이것은 옛날부터 전해 내려온 익살이다; und was, wo ist jetzt der W. [dabei]? 자, 그러면 이제[거기서] 무엇이 재미있단 말이

야?; einen W. erzählen[vom Stapel lassen] 익살스런[웃기는] 이야기를 하다; sie machten ihre -e mit dem alten Lehrer 그들은 그 늙은 선생님에 대한 익살로 즐겼다; 전의 das ist der (ganze) W. 《통용어》 여기서 중요한 점은 이것이 전부이다; das ist (ja) gerade der W. 《통용어》 바로 그것이 중요한 점이다; der W. ist nämlich der, daß … 문제의 핵심은 바로 …이다; sein Hut war ein W. 《통용어》 그의 모자가 바로 (우스꽝스런) 물건이었다; diese Urteil ist ja ein W. 《통용어》 이 판결은 웃기는(부당한) 판결이다; etw. geradezu als einen W. empfinden 《통용어》 무엇을 우스꽝스런 (이치에 맞지 않는) 일로 간주하다; sich einen W. aus etw. machen 무엇을 재미로 여기다; sich mit jmdm. einen W. erlauben 누구와 농담하다; mach keine -e 《통용어》 농담 집어치우게, 농담이겠지; aus W. 농담으로(재미로); -e reißen 익살부리다. 2. a) 기지, 재기, 위트, 풍자: sein scharfer[beißender, angriffslustiger] W. 그의 날카로운[신랄한, 공격적인] 풍자; sein W. macht vor nichts halt 그의 풍자(조롱)는 한이 없다; der Redner hat viel[entschieden] W. 그 연사는 재기 발랄하다 (대단하다). b) 《준교어》 총명, 명민. **witz-, Witz-**: **~blatt**, das 골계[해학] 신문, 풍자 만화 신문. **~blattfigur**, die 풍자 만화의 등장인물, 만화의 주인공: Ihr Chef ist doch keine W. 당신 사장은 만화의 주인공이 아니다. **~bold**, der ↑Witzbold. **~figur**, die **a)** 익살에 등장하는 인물. **b)** 《통용어·폄》별 볼 일 없는 인물. **~los** 《Adj.》 **1.** 기지[재치]없는, 시시한: in der Wortwahl ist er recht w. 그는 언변이 지지리도 없다. **2.** 《통용어》 의미없는: es ist w., mit ihm zu verhandeln 그와 흥정하는 것은 의미가 없다. **~seite**, die 신문-[잡지]의 만화면.
Witzbold [-bɔlt], der; -(e)s, -e 《통용어》 익살꾼, 농담학가. **Witzelei** [vɪtsə'laɪ], die; -en **a)** 《Pl. 없음》 익살부리기, 농담하기. **b)** 풍자, 야유, 빈정댐. **witzeln** ['vɪtsl̩n] **a)** 익살부리다, 기재(機才)를 부리다; 조롱하다, 비웃다: über jmdn. w. 누구를 비웃다. **b)** 빈정거리다. **witzig** ['vɪtsɪç] 《Adj.》 **1.** 기지 있는, 재치 있는: der Redner war recht w. 연사는 매우 기지가 넘쳤다. **2.** 익살스러운: das ist alles andere als w. 그것은 조금도 우습지 않다. **3.** 영리한, 기발한, 재기 넘치는. **Witzigkeit**, die 재치가 풍부함, 익살, 해학. **Witzling** ['vɪtslɪŋ], der; -s, -e 《통용어》 ↑Witzbold. **Witzwort**, das 《Pl. -e》 기지가 넘치는 말, 경구(警句).
WK = Wiederholungskurs.
w. L. = westlicher Länge.
Wladiwostok [vladivɔsˈtɔk, vladiˈvɔstɔk] 블라디보스토크(러시아의 도시).
WNW = Westnordwest(en).
wo [voː] **I.** 《Adv.》 **1.** 《의문부사》 어디, 어디에?: wo warst du? 너 어디 있었니?; wo gibt's denn so was! 《통용어》 그런 법이 어디 있어?! **2. a)** 《공간적》 die Stelle, wo der Unfall passiert ist 사고가 난 바로 그 장소; bleib, wo du bist! 네가 있는 그곳에 머물러 있어라!; wo immer er auch sein mag 그가 어디에 있든 간에. **b)** 《시간적》 in dem Augenblick[zu dem Zeitpunkt], wo …한 순간에. **c)** 《사람, 사물을 지칭하여》《지역적·경》 das ist, wo, der ist der Mann, wo am Steuer gesessen hat 이 사람이 바로 운전석에 앉았던 사람이다. **3.** 《부정대명사》 《통용어》 어디엔가에. **II.** 《Konj.》 **1.** 《조건절》 《준교어》 …이 …한다면: sie hoffen, die Arbeiten in einem Monat, wo möglich, schon in drei Wochen zu beenden 그들은 그 일을 한 달 내에, 가능하다면, 3주 내에 끝내기를 바란다. **2. a)** 《원인절》 …인데도: was wollt ihr verreisen, wo ihr

es (doch) zu Hause wie im Urlaub habt 집에서도 바캉스 같은 생활인데 너희들은 왜 여행을 떠날려고 하는냐? **b)** 《양보절》 …하는 동안에, …할지라도: sie erklärte sich rundweg außerstande, wo sie (doch) nur keine Lust hatte 그 여자는 단지 의욕이 없을 뿐이면서도 자기자신이 능력이 없다고 말한다. **woanders** [voˈandɐs] 《Adv.》 어딘가 다른 곳에: er wollte es nun w. versuchen 이제 그는 그것을 어딘가 다른 곳에서 시도해 보려고 했다; sie ist mit ihren Gedanken ganz w. 그 여자는 지금 생각이 다른 곳에 가 있다. **woandershin** [voˈandɐs-] 《Adv.》 어딘가 다른 곳으로: sie schüttelte den Kopf und blickte w. 그 여자는 고개를 흔들고 어딘가 다른 곳으로 시선을 던졌다.
wob [voːp], **wöbe** ['vøːbə] ↑weben 참조.
wobbeln ['vɔbl̩n] 《h》 [engl. to wobble] 《통신》 주파수[파장]를 불안정하게 하다. **Wobbelsender, Wobbler** ['vɔblɐ], der; -s, - [engl. wobbler] 《통신》 **1.** 주파 교란기. **2.** 《시험용》 주파 발사자.
wobei [voˈbaɪ] 《Adv.》 **1.** 《의문적》 [《강조》 ˈvoːbaɪ] 어떤 일로, 어떻게 해서?: w. ist die Vase denn entzweigegangen? 어쩌다가 이 꽃병은 두 동강이 났느냐? **2.** 《관계적》 sie gab mir das Buch, w. sie vermied, mich anzusehen 그 여자는 나에게 책을 주면서 나를 쳐다보기를 피했다.
Woche ['vɔxə], die; -n **1.** 주(週), 1주간: diese[die letzte, (über)nächste, vergangene, kommende] W. 이번[지난, (다음) 지난, 다음] 주; die dritte W. des Monats 이 달의 셋째 주; nächste[in der nächsten] W. bin ich verreist 다음 주에 나는 여행간다; alle vier -n [jede vierte W.] treffen sie sich 그들은 4주에 한 번씩 서로 만난다; die W. über, in[während] der W. 주 중에는; im Laufe der W. 주간에; Mitte [Anfang, gegen Ende] der W. 주 중간[초, 말쯤]에; die Seebäder waren auf -n hinaus ausgebucht 해수욕장은 몇 주치가 미리 예약이 완료되었다; heute in[vor] einer W. 내[전] 주 오늘; zweimal die[in der] W. muß sie zur Behandlung 그 여자는 1주 2회 치료 받으러 가야 한다. **2.** 《Pl.》 《통용어·준교어》 산욕(기)(産褥(期)): in den -n ein[liegen] 산욕에 누워 있다; in die -n kommen 산욕에 들다.
wochen-, Wochen-: **~bett**, das 산욕. **~bettfieber**, das 《Pl. 없음》 산욕열. **~blatt**, das 《준교어》 주간지. **~endarrest**, der 주말 구금. **~endausflug**, der 주말 피크닉. **~endausflügler**, der 주말 소풍객. **~endausgabe**, die 《일간 신문의》 주말판. **~endbeilage**, die 《일간 신문》 주말 별지. **~ende**, das 주말: ein langes[verlängertes] W. 주말 연휴; (ein) schönes W.! 주말을 잘 보내십시오! **~endfahrt**, die 주말 여행. **~endgrundstück**, das ↑~endhaus. **~endhaus**, das 주말 별장. **~fluß**, der 《의학》 《Pl. 없음》 오로(惡露). **~geld**, das 《고어》 출산 수당. **~heim**, das 주말 탁아소. **~hilfe**, die 《고어》 출산 수당. **~kalender**, der 주간 달력. **~karte**, die 주간(週間) 정기권. **~krippe**, die ↑Wochenheim. **~lang** 《Adj.》 수 주간, 몇 주 동안. **~lohn**, der 주당 임금. **~markt**, der 매주 1회 (또는 여러 번) 서는 장. **~pflegerin**, die 산부 담당 간호사. **~schau**, die 《영화관의》 주간 뉴스. **~schrift**, die 《준교어》 주간 신문[잡지]. **~spielplan**, der 주간 상연(공연) 계획. **~station**, die ↑Wöchnerinnenstation. **~stube**, die 《고어》 산모실. **~stunde**, die 주당 강의 시간. **~tag**, der 평일. **~tags** 《Adv.》 평일에. **~tölpel**, der 《südd.》 불거리. **~weise** 《Adv.》 1주일마다, 매주. **~zeitschrift**, die 주간 잡지. **~zeitung**, die 주간 신문.
wöchentlich ['vœçntlɪç] 《Adj.》 매주. **-wöchentlich**

-**wöchig** [-vœçntlɪç] 《다음의 뜻을 지닌 복합어로》 …주마다.
-**wöchig** [-vœçɪç] ("주(간)의" 뜻을 지닌 복합어로, 예컨대) letztwöchig, 전 주의, dreiwöchig, 3주간의.
Wöchnerin [ˈvœçnərɪn], die; -nen 산모. **Wöchnerinnenstation**, die 산욕부 병동, 산모 병동.
Wocken [ˈvɔkn̩], der; -s, - (norddt. · 드물게》 실감기대.
Wodka [ˈvɔtka], der; -s, -s [russ. wodka] 러시아 화주, 보드카.
wodran [《강조》 voˈdran] 《통용어》 ↑ woran.
wodrauf [《강조》 voˈdrauf] 《통용어》 ↑ worauf.
Wodu [ˈvoːdu], Voodoo, Voudou, der; - [kreol. voudou] 부두교(敎).
wodurch [voˈdʊrç]〈Adv.〉 **1.** 《의문적》 [《강조》 ˈvoːdʊrç] 무엇 때문에?, 무엇을 통하여?: w. ist das passiert? 무엇 때문에 그런 일이 일어났는가? **2.** 〈관계적〉 sie schlief sich erst einmal aus, w. es ihr schon besser ging 그 여자는 잠을 푹 잠으로써 이제 훨씬 기분이 좋아졌다. **wofern** [voˈfɛrn]〈Konj.〉《고어》↑ sofern.
wofür [voˈfyːɐ̯]〈Adv.〉 **1.** 《의문적》 [《강조》 ˈvoːfyːɐ̯] 무엇을 위하여, 무엇의 대가로?: w. interessierst du dich? 너는 무엇에 흥미가 있느냐?; w. hältst du mich? 너는 나를 어떻게 보느냐? **2.** 〈관계적〉 (바로 언급한) 그것을 위해: ohne zu wissen, w. (man kämpfen soll) 무엇을 위해서 싸워야 하는지도 모르면서; er hatte sich besondere Verdienste erworben, w. er geehrt wurde 그는 특별한 공로를 세웠으며 그 대가로 그는 존경을 받았다.

wog [voːk]↑ wiegen 참조.
Woge [ˈvoːgə], die; -n [Niederd. wage] 《아어》 파랑, 파도: brandende(brausende, schäumende, dunkle) -n 부서지는(난폭한, 거품이 이는, 검은) 파도; von den -n hin und her geworfen werden 파도에 이리저리 밀리다; 《전의》 die -n der Begeisterung 열광의 파도; **die -n glätten** 분쟁 따위를 가라앉히다.
wöge [ˈvøːgə]↑ wiegen 참조.
wogegen [voˈgeːgn̩] **I,** 〈Adv.〉 **1.** 《의문적》 [《강조》 ˈvoːgeːgn̩] 무엇에 대항(반대)하여?: w. sollten wir uns wehren? 무엇에 대하여 우리는 우리 자신을 지켜야 하는가? **2.** 〈관계적〉 (바로 언급한) 그것에 대항하여: er bat um Aufschub, w. nichts einzuwenden war 그는 연기를 요청했는데 그것에 대하여 아무런 이의를 제기할 수 없었다. **II.** 〈Konj.〉 그 반대로, 그것에 비해서: die Frauen gingen nach Hause, w. die Männer sich noch eine halbe Stunde im Garten aufhielten 여자들은 집에 간데 비해서 남자들은 반 시간 정도 더 정원에 머물러 있었다.
wogen [ˈvoːgn̩] 〈h〉 《아어》 파도나 치다, 물결치다: das Meer wogt 바다가 파도친다; 《전의》 der Weizen wogt im Wind 밀이 바람에 파도친다; mit wogendem Busen 젖가슴을 출렁이면서.
Wogen- 《아어》 **~berg**, der 물마루. **~kamm**, der 물마루의 윗부분. **~schlag**, der 밀려드는 물결.

woher [voˈheːɐ̯]〈Adv.〉 **1.** 《의문적》 [《강조》 ˈvoːheːɐ̯] **a)** 어디서?, 어디로부터?: w. kommt der Lärm? 시끄러운 소리가 어디서 나는가?; ich weiß nicht, w. es kommt 나는 그것이 어디서 오는지 모르겠다; jmdn. nach dem Woher (und Wohin) fragen 《아어》 누구의 지나간 인생(과 미래의 계획)에 관하여 묻다; **(aber) w. denn!** (아니) 이럴 수가!; **ach(ja, i) w.!** 《통용어》 (앞서의 주장이나 질문에 대한 강조적 부정으로서) 결코 그렇지 않아! **b)** 누구로부터?, 무엇으로부터?, 어떤 출처에서?: w. hast du die Information? 너의 그 정보의 출처는 어디냐?; w. bist du so braun? 어디서 너는 그렇게 피부를 태웠니? **2.** 〈관계적〉 (바로 언급한) 그 장소로부터: geh hin, w. du gekommen bist 네가 온 곳으로 도로 가거라!; der Laden, w. die Sachen stammen 그 물건들이 나온 가게. **woherum** [voheˈrʊm]〈Adv.〉 어디를 돌아서?: w. muß man gehen, um zum Bahnhof zu kommen? 정거장에 가려면 어디를 돌아서 가야 합니까? **wohin** [voˈhɪn]〈Adv.〉 **1.** 《의문적》 [《강조》 ˈvoːhɪn] 어디로?: w. gehst du? 너는 어디로 가니?; er weiß noch nicht, w. er im Urlaub fahren will 나는 그가 휴가 때 어디로 가는지 모른다; w. damit? 《통용어》 이것을 어떻게 할까?; er mag noch w. 《통용어》 그는 아직 더 나올 곳이 있다, (은폐) 그는 화장실에 가야 한다. **2.** 〈관계적〉 바로 그곳으로: er eilte ins Zimmer, w. ihm die anderen folgten 그는 방으로 급히 들어갔고 다른 사람들도 그를 따라서 그리로 갔다; ihr könnt gehen, w. ihr wollt 너희들은 가고 싶은 데로 갈 수 있다. **wohinauf** [vohɪˈnauf]〈Adv.〉 **1.** 《의문적》 [《강조》 ˈvoːhɪnauf] 위로?: w. führt der Weg? 이 길은 어디로 (올라)가느냐? **2.** 〈관계적〉 바로 그곳으로: die Burg, w. sie sich begeben hatten 그들이 간 그 성(城). **wohinaus** [vohɪˈnaus]〈Adv.〉 **1.** 《의문적》 어느 쪽으로? **2.** 〈관계적〉 바로 그 쪽으로. **wohindurch** [vohɪnˈdʊrç]〈Adv.〉 **1.** 《의문적》 어느 곳을 통하여? **2.** 〈관계적〉 바로 그 곳을 통하여. **wohinein** [vohɪˈnain]〈Adv.〉 **1.** 《의문적》 어느 곳 안으로? **2.** 바로 그 안으로. **wohingegen** [vohɪnˈgeːgn̩]〈Konj.〉 그것에 비해서, 그 반대로, 그와는 다르게: er hat blondes Haar, w. seine Geschwister alle fast schwarze Haare haben 그는 금발이고 그의 형제자매들은 그와는 달리 모두 흑발이다. **wohinter** [voˈhɪntɐ]〈Adv.〉 **1.** 《의문적》 무엇의 뒤(쪽)에(로). **2.** 바로 그것 뒤(쪽)에(로). **wohinunter** [vohɪˈnʊntɐ]〈Adv.〉 《의문적》 무엇 아래로.

wohl [voːl]〈Adv.〉 **1.** 《대개 아어》 **a)** 좋은, 별로 없는, 건강한: w. aussehen 건강하게 보이다; nicht (sich) w. fühlen 컨디션이 좋다[나쁘다]; jmdm. ist nicht w. 누구의 마음이 언짢다. **b)** 기분좋은, 쾌적한: sie haben es sich w. sein lassen 그들은 즐거운 시간을 보냈다; mir ist nicht recht w. bei der Sache 나는 그것에 대해 기분이 좋지 않다; laß es dir w. ergehen! 성공을 비네!, 잘 해보게!; schlaf(e) w.! 잘자라!; (ich) wünsche, w. geruht zu haben 충분히 쉬었기를 바라네!; leb(e), [leben Sie] w.! (작별 인사로) 잘있게[안녕히 계십시오]!; **w. oder übel** 좋든 싫든. **c)** 좋은, 좋게: jmdm. w. gefallen 누구의 마음에 들다; jmdn. w. leiden mögen 누구를 좋아하다. **2.** 아마도, 혹시, 혹: das wird w. das beste sein 이것이 아마 최선일 것이다; er wird w. bald kommen 그는 아마 곧 올 것이다; du hast w. keine Zeit? 시간이 없겠지?; du bist w. nicht recht bei Verstand? 너 혹시 약간 돈 것 아냐? **3.** 절대로, 확실히, (아주) 잘: das weiß ich (sehr) w. 내가 잘 알아; ich habe es w. gemerkt, was hier gespielt wird 내가 여기서 무슨 일이 일어나는지를 나는 치켰어. **4.** 〈aber와 결합하여 양보를 나타냄〉 그렇지만: hier kommen diese Tiere nicht vor, w. aber in wärmeren Ländern 따뜻한 지방에서는 물론 있지만 여기에서 이러한 동물은 나타나지 않는다. **5.** 대략: es waren w. 100 Menschen anwesend 대략 백여 명은 참석했었을 거야. **6.** 《별 뜻이 없는 쉐어(贅語)로서》: willst du w. hören! 한번 들어 봐!; das mag w. sein 그럴 수 있어. **7.** 《아어, 준고어》 《감탄사적으로》: w. dem, der dies gesund überstanden hat 이것을 이기면 자는 복이 있나니. **8.** 《aber, doch, allein 등과 결합하여》 물론 …이긴 하지만: er sagte w., er wolle kommen, aber ich bin nicht ganz sicher, ob er Wort hält 그는 오겠다고 말은 했으나 그가 약속을 지킬지는 나는 확신이 가지 않는다. **9.** 《준고어》 〈동의, 긍정의 뜻으로〉 확실히,

당연히: sehr w., mein Herr! 네 그렇습니다, 선생님! **Wohl** [-], das; -(e)s 안녕, 복지, 건강, 복리, 번영, 이익: das öffentliche[allgemeine] W. 공익; das W. des Staates liegt in der Hand seiner Bürger 국가의 안녕복지는 국민의 손에 달렸다; es geschieht alles nur zu eurem W. 그 모든 일은 너희들의 이익을 위한 것이다; Ihr[dein] W.! 당신[너]의 건강을 위하여(건배할 때); auf Ihr (ganz spezielles) W.! 당신의 (특별한) 건강을 기원하며!; auf jmds. W. trinken 누구의 건강을 기원하며 마시다; **das W. und Wehe** 복과 화, 행과 불행, 운명.

wohl-, Wohl-: **~an** [-'-] 〈Adv.〉 《아어·준고어》 자, 어서!: w. laßt uns gehen! 자, 이제 어서 가자! **~anständig** 〈Adj.〉 《아어》 예의범절에 맞는, 예의바른, 건전한: die -e Gesellschaft 건전한 사회. **~anständigkeit, die** 예의바름, 건전(함). **~auf** [-'-] 〈Adv.〉 **1.** 《아어·준고어》 ↑ ~an. **2.** 《아어》 무사히, 건강히. **~ausgewogen** 〈Adj.〉 《아어》 심사 숙고한, 여러 모로 생각한. **~ausgewogenheit, die** 《아어》 심사숙고, 충분한 배려. **~bedacht** 〈Adj.〉 잘 생각한, 심사 숙고한, 숙려한. **~bedacht** 《다음 용법으로》 mit W. (드물게) 심사 숙고한 후. **~befinden, das; -s** 건재, 무탈, 건강, 몸성함: sich nach jmds. W. erkundigen 누구의 안부를 묻다. **~begründet** 〈Adj.〉 《아어》 확실한 근거[이유]가 있는. **~behagen, das** 쾌적, 유쾌, 만족. **~behalten** 〈Adj.〉 **a)** 《사람이》 무사한: sie sind w. angekommen 그들은 무사히 도착했다. **b)** 《물건이》 온전한, 별탈없는: die Pakete sind w. eingetroffen 소포가 이상없이 도착했다. **~behütet** 〈Adj.〉 《아어》 잘 보호된. **~bekannt** 〈Adj.〉 《아어》 잘 알려진: eine -e Stimme 귀에 익은 목소리, 알려져 있는 (이름난) 목소리. **~beleibt** 〈Adj.〉 《아어》 살찐, 비대한, 뚱뚱한. **~beleibtheit, die** 《아어》 살찜, 비대함, 뚱뚱함. **~bemerkt** 〈Adv.〉 ↑~gemerkt. **~beraten** 〈Adj.〉 《아어》 좋은 조언을 받은, 협의가 잘된: du bist w., wenn du von der Sache Abstand nimmst 네가 그 일을 가까이 하지 않는 것은 잘 생각한 일이다. **~bestallt** 〈Adj.〉 《아어·준고어·농》 훌륭한 지위에 있는, 많은 수당을 받고 있는, 훌륭한 보수를 받고 있는. **~dosiert** 〈Adj.〉 《아어》 잘 처방[조제]된. **~durchdacht** 〈Adj.〉 《아어》 잘 생각한, 충분히 고려한. **~erfahren** 〈Adj.〉 《준고어》 경험이 많은, 노련한, 숙련된. **~ergehen, das; -s** 무사, 무탈, 건강(함), 안녕, 복지, 행복, 번영: sich nach jmds. W. erkundigen 누구의 안부를 묻다. **~erhalten** 〈Adj.〉 《아어》 잘 보존된, 상하지 않은, 무사한: ein -es Exemplar 잘 보존된 견본. **~erwogen** 〈Adj.〉 《아어》 심사 숙고한 끝의. **~erworben** 〈Adj.〉 《아어·드물게》 훌륭하게 획득된, 정당하게 얻은: -e Rechte 정당하게 획득한 권리, 기득권. **~erzogen** 〈Adj.〉 잘 교육된, 행실이 바른. **~erzogenheit, die** 《아어》 행실이 바름. **~fahrt, die** 〈Pl. 없음〉 **1.** 《아어·준고어·옛》 복지, 안녕, 복지: die W. der Menschen im Auge haben 인간의 안녕 복지를 생각하다. **2.** 《옛》 **a)** 공공 구빈 사업. **b)** 《통용어》 ↑ ~fahrtsamt. **~fahrtsamt, das** 《옛》 후생(복지)사업국. **~fahrtsempfänger, der** 《옛》 사회복지 수혜자. **~fahrtsmarke, die** 【우편】 자선 우표. **~fahrtsorganisation, die** 후생(복지) 기구. **~fahrtspflege, die** 복지(후생) 사업, 사회 사업. **~fahrtspflegerin, die** 자선 사업하는 여자. **~fahrtsstaat, der** 《정치·폄》 복지 국가. **~fahrtsverband, der** 복지 사업 단체. **~feil** 〈Adj.〉 《준고어》 **1.** 값싼, 염가의, 저렴한: jmdm. etw. w. überlassen 누구에게 무엇을 염가로 넘기다. **2.** 진부한, 낡은, 천박한: -e Redensarten 진부한 어법. **~geboren** 〈Adj.〉 《아어》 문벌이 좋은. **~gefallen, das** 마음에 맞음, 희열, 찬성: W. an

jmdm.[etw.] haben 누구[무엇]에 호감을 갖다; sie betrachtete ihre Kinder mit W. 그 여자는 자기의 아이들을 사랑스런 눈으로 관찰했다; **sich in W. auflösen** **1)** 만족한 결과로 끝나다, 성공적으로 끝나다. **2)** 여러 부분으로 분해되다, 못 두 동강이 되다. **3)** 소멸되다, 사라지다. **~gefällig** 〈Adj.〉 **1.** 마음에 드는, 뜻에 맞는: jmdm. w. betrachten 누구를 호감을 갖고 관찰하다; er lächelte w. 그는 흐뭇한 표정으로 미소지었다. **2.** 《아어·고어》 기분좋은, 쾌적한: ein dem Auge -er Anblick 눈요기가 되는 광경. **~geformt** 〈Adj.〉 《아어》 모양이 좋은, 아름답게 꾸며진, 잘생긴: -e Beine 잘 생긴 다리. **~gefühl, das** 〈Pl. 없음〉 쾌감. **~gelaunt** 〈Adj.〉 《아어》 기분이 좋은: morgens ist er meist nicht sehr w. 아침에는 그는 보통 기분이 그리 좋지 않다. **~gelitten** 〈Adj.〉 《아어》 호감을 산, 인기 있는: er ist überall w. 그는 어디에서나 인기가 있다. **~gemeint** 〈Adj.〉 성의(선의)에서 우러난, 우호적인: ein -er Rat 선의의 충고. **~gemerkt [[또한)** '-[-'-] 〉 〈Adv.〉 《문장의 처음이나 끝 또는 중간에 삽입되어 단독으로 쓰임》 요주의(要注意)!: w., so war es 주의할 일이지만 사실은 그랬었다. **~gemut** [-gəmu:t] 〈Adj.〉 《아어》 명랑한, 기분좋은, 쾌활한: sie machte sich w. auf den Weg 그 여자는 기분좋게 여행을 떠났다. **~genährt** 〈Adj.〉 《조농》 살이 찐, 뚱뚱한. **~genährtheit, die** 살이 찜, 뚱뚱함. **~geordnet** 〈Adj.〉 《아어》 잘 정돈된: in seinem Haus war alles w. 그의 집안은 모든 것이 잘 정돈되어 있었다. **~geraten** 〈Adj.〉 《아어》 **1.** 잘된, 성공한: eine -e Arbeit 성공한 일. **2.** 《어린이가》 잘 자란, 잘 키운: sie haben drei -e Kinder 그들은 아이 셋을 잘 키웠다. **~geruch, der** 《아어》 좋은 냄새, 향기. **~geschmack, der** 〈Pl. 없음〉 좋은 맛. **~gesetzt** 〈Adj.〉 《아어》 《용어가》 적절한, 알맞은: er dankte in -en Worten 그는 잘 맞추어진 말로 감사했다. **~gesinnt** 〈Adj.〉 친절한, 호의 있는, 다정스러운: ein (mir) -er Mann 《나에게》 친절한 남자; jmdm. w. sein 누구에게 친절하다. **~gestalt** 〈Adj.〉 《아어·준고어》 ↑~gestaltet. **~gestalt, die** 〈Pl. 없음〉 《아어》 아름다운 모양(습). **~gestaltet** 〈Adj.〉 《아어》 모양이 아름다운, 모양이 좋은: ein -er Körper 아름다운 육체. **~getan** **1.** ↑~tun 참조. **2.** 《다음 용법으로》 **w. sein** 《준고어》 썩 잘되어 있다: es ist alles w. 모든 것이 썩 잘 되었다. **~habend** 〈Adj.〉 유복한, 부유한. **~habenheit, die** 유복, 부유. **~klang, der** 〈Pl. 없음〉 **1.** 아름다운 소리, 듣기좋은 소리. **2.** 〈Pl. 없음〉 화음(和音): der W. eines Instruments[einer Stimme] 악기[목소리]의 화음. **~klingend** 〈Adj.〉 《아어》 아름다운 소리가 나는, 아름다운 곡조(가락)의: eine -e Stimme 아름다운 목소리; einen -en Namen haben 명성을 날리다. **~lautend** 〈Adj.〉 ↑~klingend. **~leben, das** 〈Pl. 없음〉 《아어》 유복한 생활. **~löblich** 〈Adj.〉 《준고어·농》 아주 잘한, 칭찬받을 만한. **~meinend** 〈Adj.〉 **1.** ↑~gemeint: ein -er Rat 선의의 충고. **2.** 우호적인, 친절한. **~proportioniert** 〈Adj.〉 《아어》 균형이 잘 잡힌. **~riechend** 〈Adj.〉 《아어》 냄새가 좋은, 좋은 향기가 나는. **~schmeckend** 〈Adj.〉 《아어》 맛 좋은, 감칠맛 나는. **~sein, das** **1.** 《아어》 ↑~gefühl. **2.** 《축배를 들 때》 (zum) W.! 건강을 위하여!; W.! 《누가 재채기를 할 때》 건강하길 바래네! **~sinnig** 〈Adj.〉 《schweiz.》 ↑~gesinnt. **~stand, der** 〈Pl. 없음〉 복지, 번영, 유복, 안녕: ein bescheidener W. 그럭저럭 살만함; im materiellen W. leben 물질적 풍요를 누리다; sie sind zu W. gelangt [gekommen] 그들은 유복해졌다; 성구 bei dir ist wohl der W. ausgebrochen! 《농·조롱》 너희 집 요즘 돈벌이 모양이구나! **~standsbürger, der** 《물질 위주의》 복지 사회 시민. **~standsdenken, das; -s**

(쪽) 물질적 복지 위주의 사고 (방식). ~**standsgesellschaft**, die (쪽) (물질적 풍요만을 추구하는) 복지 사회. ~**standskrankheit**, die 〈대개 Pl.〉 부유병(富裕病). ~**standskriminalität**, die [법] 복지 사회 특유의 범죄. ~**standsmüll**, der (쪽) 변영의 쓰레기(폐기물). ~**standsspeck**, der 〈농·반어〉 경제적 풍요로 인한 비만. ~**tat**, die [lat. beneficium] **1.** 착한 일, 선행, 친절(한 행동), 은혜, 자선: jmdm. eine W. [-en] erweisen 누구에게 은혜를 베풀다; -en empfangen[genießen] 은혜를 입다[향유하다]; auf die -en anderer angewiesen sein 다른 사람들에게 신세를 지는 처지에 있다. **2.** 〈Pl. 없음〉 혜택, 유익한 것[일], 몸에 좋은 것: die W. eines kühlen Trunks 서늘한 음료 한 잔이 주는 쾌적함. ~**täter**, der 선행자, 자선가, 은인: er war ein W. der Menschheit 그는 인류의 은인이었다. ~**täterin**, die ↑ ~täter의 여성형. ~**tätig** 〈Adj.〉 **1.** 〈준고어〉 착한 일을 하는, 자선을 베푸는: eine -e Einrichtung 자선 시설. **2.** 〈아어·준고어〉 고마운, 몸에 좋은, 유익한, 위생적인: ein -er Schlaf umfing ihn 즐거이 달콤하게 그를 엄습했다. ~**tätigkeit**, die 〈Pl. 없음〉 〈준고어〉 착한 일, 선행, 자선, 시여(施與), 희사. ~**tätigkeitsball**, der 자선 무도회. ~**tätigkeitsbasar**, der 자선 바자회. ~**tätigkeitskonzert**, das 자선 음악회. ~**tätigkeitsveranstaltung**, die 자선 모임. ~**tätigkeitsverein**, der 〈고어〉 자선 단체. ~**temperiert** 〈Adj.; besser, am besten temperiert〉 **1.** 〈고어〉 온도 조절이 잘된: der Wein ist w. 이 포도주는 온도가 알맞다. **2.** 〈교양어〉 적절한, 알맞은: jmdm. einen -en Empfang bereiten 누구를 적절히 대접하다. ~**tönend** 〈Adj.〉 〈아어〉 좋은 소리가 나는. ~**tuend** 〈Adj.〉 기분좋은, 유쾌한, 유익한: -e Ruhe [Wärme] 기분좋은 정적(靜寂). ~**tun**¹ 〈h〉 〈아어·준고어〉 **1.** 선을 행하다, 착한 일을 하다: er hat vielen wohlgetan 그는 많은 사람들에게 좋은 일을 하였다. **2.** 누구에게 쾌감을 주다, 기쁘게 하다, (건강 따위에) 도움이 되다. ~**überlegt** 〈Adj.; besser, am besten überlegt, bestüberlegt〉 〈아어〉 심사숙고한, 잘 생각한. ~**unterrichtet** 〈Adj.; besser, am besten unterrichtet, bestunterrichtet〉 〈아어〉 숙지한, 정통한, 현명한, 사려있는. ~**verdient** 〈Adj.〉 상응(상당)한, 의당 당연한. ~**verhalten**, das 올바른 몸가짐, 절제있는 행동. ~**verleih**, der; -(e)s, -(e) 아르니카(Arnika)(약용 식물). ~**versehen** 〈Adj.; besser, am besten versehen〉 〈아어〉 잘 구비한, 충분히 갖춘. ~**versorgt** 〈Adj.; besser, am besten versorgt, bestversorgt〉 〈아어〉 미리 잘 준비해 둔, 미리 비축한. ~**verstanden** 〈Adv.〉 〈아어〉 ↑ ~gemerkt. ~**vertraut** 〈Adj.; besser, am besten vertraut, bestvertraut〉 〈아어〉 잘 숙달된, 매우 친밀해진: ein ihm -er Anblick 그에게 친숙한 광경. ~**verwahrt** 〈Adj.; besser, am besten verwahrt, bestverwahrt〉 〈아어〉 잘 보존(보관)된: etw. liegt w. im Safe 무엇이 금고에 잘 보관되어 있다. ~**vorbereitet** 〈Adj.; besser, am besten vorbereitet〉 〈아어〉 준비가 잘 된: w. ins Examen gehen 준비를 잘하고 시험보다. ~**weislich** [-vaislıç, (또한)'-'--] 〈Adv.〉 지극히 현명하게, 의도적으로. ~**wollen**¹ 〈h〉 〈준고어〉 ···에게 호의를 가지다, ···에게 친절하다, ···의 행복을 원하다. ~**wollen**, das; -s [lat. benevolentia] 호의, 친절, 선의: jmds. W. genießen 누구의 호의를 누리다; sich jmds. W. erwerben(verscherzen) 누구의 호의를 얻다(잃다). ~**wollend** 〈Adj.〉 호의있는, 친절한: eine -e Haltung zeigen[einnehmen] 호의적인 자세를 보이다(취하다); jmdm.[einer Sache] w. gegenüberstehen 누구(무엇)에게 호의적이다.

wohlig ['voːlıç] 〈Adj.〉 유쾌한, 쾌적한, 적의(適宜)한,

안락한: eine -e Müdigkeit[Wärme] 나른한 피로[온도]; ein -es Gefühl 느긋한 감정. **Wohligkeit**, die 쾌적(함), 안락(함).

wohn-, Wohn-: ~**wagen** 〈Pl. ...bauten〉 ↑ ~wagen (1). ~**anlage**, die 주택 단지. ~**baracke**, die 주거 막사, 주택. ~**bau**, der 〈Pl. ...bauten〉 ↑ ~gebäude. ~**bauförderung**, die 〈österr.〉 주택 건설 촉진(정책). ~**baugesellschaft**, die 〈österr.〉 주택 건축 회사. ~**bebauung**, die [관] 주택 건설. ~**berechtigt** 〈Adj.〉 [관] 주거권이 있는. ~**berechtigung**, die 주거권. ~**bereich**, der 〈전문어〉 주거 공간. ~**bevölkerung**, die 〈통계〉 거주자 인구, 현주 인구. ~**bezirk**, der 〈구동독〉 주거 지역. ~**block**, der 〈Pl. ...blocks / 〈schweiz.〉 ...blöcke〉 (네 개의 가로에 둘러싸인) 주택가옥군, 가구(街區). ~**diele**, die 거실, 마루청. ~**ebene**, die [건축] **1.** ↑ Geschoß (2): sie wohnt auf der 8. W. 그 여자는 9층에 산다. **2.** (주거의) 바닥면. ~**einheit**, die [건축] 주택 단위: ein Neubau mit 40 -en 40호(戶)분의 신축 건물. ~**ensemble**, das [건축] 주거 단지, 주택 군(群). ~**fertig** 〈Adj.〉 〈전문어〉 입주 사용이 가능한: eine -e Küche 입주 사용할 수 있는 부엌. ~**fläche**, die 주거 면적. ~**gebäude**, das 주택, 민가. ~**gebiet**, die **1.** 택지, 주거지역. ~**gebiet**, das 〈구동독〉 (대도시 정치조직 단위로서의) 거주지역. ~**gebietsgruppe**, die 〈구동독〉 거주지역 지구당 조직. ~**gegend**, die ↑ ~gebiet (1). ~**geld**, das 주택 수당, 주택 보조금. ~**geldgesetz**, das 주택 수당법. ~**gemach**, das 〈아어·준고어〉 거실. ~**gemeinschaft**, die (여러 가족이 내지는 여러 가족이 한 집에서 공동 생활하는) 주거 공동체: eine W. gründen 주거 공동체를 만들다; in einer W. leben 주거 공동체에서 생활하다. ~**gruppe**, die **1.** 주거 공동체 내에서 같이 사는 사람들(의 그룹). **2.** 〈구동독〉 주거 지역의 지구당 조직. **3.** 〈구동독〉 최소 도시 계획 단위. ~**haus**, das 주택, 저택. ~**heim**, das 기숙사. ~**hochhaus**, das 고층 아파트. ~**kollektiv**, das 〈구동독〉 집단 주거 공동체. ~**kolonie**, die 주택 단지. ~**komfort**, der 안락한 주택, 주거의 안락함. ~**komplex**, der 주거 집단, 주택 단지. ~**küche**, die 거실용 부엌. ~**kultur**, die 〈Pl. 없음〉 주거 문화. ~**lage**, die 주택의 위치. ~**landschaft**, die 호화 응접 세트. ~**laube**, die 주거용 정자. ~**maschine**, die 〈쪽〉 고층 아파트, 매우 큰 주거용 자동차. ~**mobil**, das 주거용 자동차. ~**not**, die 〈schweiz.〉 ↑ Wohnungsnot. ~**objekt**, das 〈österr.·관〉 ↑ ~gebäude. ~**ort**, der 주거지, 사는 곳, 주소지. ~**örtlich** 〈Adj.〉 〈schweiz.〉 주거지가 있는, 주거지의, 사는 곳의. ~**partei**, die (한 집에 사는) 가구, 세대. ~**parteiorganisation**, die 〈구동독〉 주거 지역 지구당 조직. ~**raum**, der **1.** 살림방, 거실. **2.** 〈Pl. 없음〉 주거 공간, 주택. ~**raumbeschaffung**, die 주거 공간 조성, 택지 조성. ~**raumbewirtschaftung**, die 택지의 관리운영. ~**raumlenkung**, die 〈구동독〉 주거 공간의 통제. ~**raumvergabe**, die 〈구동독〉 주거 공간(주택지) 공여. ~**raumversorgung**, die 〈구동독〉 주거 공간의 공급. ~**schaft**, das 주거 겸용 배. ~**schlafzimmer**, das 침실 겸용 거실. ~**sied(e)lung**, die 주택 단지. ~**silo**, der 〈쪽〉 사일로 같은 주거. ~**sitz**, der 주거, 주택 주소. **W.** wechseln 주소를 변경하다, 주소를 옮기다; seinen W. in Berlin haben 주거지를 베를린에 갖고 있다; er ist ohne festen W. 그는 주거가 불확실하다. ~**stadt**, die 대도시의 주거지역. ~**statt**, die 〈아어·고어〉 주소, 주거지. ~**stätte**, die 〈아어〉 주거, 거소, 주택: verlassene -n 버려진 집. ~**stift**, das 〈아어〉 주거지역의 주택가. ~**stube**, die 〈준고어〉 거실. ~**straße**, die [교통] 주택가. ~**turm**, der 〈건축〉 **1.** 중세의 주거용 탑. **2.** 탑 모양의 고층 건물.

~**viertel**, das 주거 지역. ~**wagen**, der **1.** 캠핑 차. **2.** (곡마단 따위의) 주거 및 이동 캐러밴 차. **3.** 【철도】 철도 보수반의 숙직용 차량. ~**wand**, die ↑Schrankwand. ~**zimmer**, das **a)** 거실. **b)** 거실용 가구와 집기. ~**zweck**, der 〈대개 Pl.〉 주거 목적.

wohnen ['vo:nən] 〈h〉 **a)** 살다, 거주하다: in der Stadt [auf dem Land(e), im Grünen, in der Rheinstraße] wohnen 도시[시골·녹지대·라인가]에 살다; im vierten Stock[bei den Eltern, zur Miete, in Untermiete] w. 5층[부모 집, 셋집]에 살다. **b)** 머물다, 투숙하다: er konnte bei Freunden w. 그는 친구 집에 머물 수 있었다. **wohnhaft** ['vo:nhaft] 〈Adj.〉 【관】 어디에 거주하는: die in der Gemeinde -en Personen 그 행정 구역 내에 사는 사람들. **wohnlich** ['vo:nlɪç] 〈Adj.〉 살 수 있는, 살 만한, 살기 좋은: der Raum ist w. 이 방은 살 만하다. **Wohnlichkeit**, die 살 만함, 살기 좋음, 살 수 있음. **Wohnung**, die; -en **a)** 집, 아파트. eine W. mit Bad und Balkon 욕실과 발코니가 있는 집; eine eigene W. haben 자기의 집을 갖고 있다; eine W. suchen[beziehen] 집을 구하다[어느 집으로 입주하다]. **b)** 숙소, 피난처, 거처, 묵을 곳: freie W. haben 무료로 숙박하다; W. nehmen (아어·준고어) 거처를 정하다.

wohnungs-, Wohnungs-: ~**amt**, das 〈통용어〉 (도시의) 주택국(局). ~**bau**, der (Pl. 없음) 주택 건설: der soziale W. 【관】 공공 주택 건설. ~**baugenossenschaft**, die 주택 조합. ~**baugesellschaft**, die 주택 건설 회사. ~**bauminister**, der 〈통용어〉 건설부 장관. ~**bauprogramm**, das 주택 건설 계획. ~**brand**, der 주택의 화재. ~**einheit**, die 【드물게】 ↑Wohneinheit. ~**einrichtung**, die 집안 설비. ~**geld**, das 주택 수당. ~**inhaber**, der 세입자, 거주자. ~**instandsetzung**, die 집수리. ~**knappheit**, die 주택 부족, 주택난. ~**los** 〈Adj.〉 집이 없는, 무주택의. ~**makler**, der 주택 중개인. ~**mangel**, der 주택난. ~**markt**, der 주택 시장. ~**miete**, die 주택 임대[임차]료. ~**not**, die (Pl. 없음) 주택난. ~**politik**, die 주택 정책. ~**schlüssel**, der 집[아파트] 열쇠. ~**suche**, die (셋)집 구하기. ~**suchend, wohnungsuchend** 〈Adj.〉 (셋) 집을 찾는. ~**suchende***, Wohnungsuchende*, der / die (셋)집 찾는 사람. ~**tausch**, der 주택 교환. ~**tür**, die 〈아파트의〉 현관문. ~**verwaltung**, die 〈구동독〉 **1.** 아파트 관리. **2.** 아파트 관리소. ~**wechsel**, der 주택 이전. ~**wesen**, das 〈Pl. 없음〉 주택에 관련된 모든 사항. ~**zins**, der 〈österr.〉 주택 임대[임차]료. ~**zwangswirtschaft**, die 〈옛〉 주택난 시대의 통제 주택 관리.

Wohnungsuche: ↑Wohnungssuche.

Wöhrde ['vø:ɐdə], die; -n (nordd.) 주택 주위의 경작지.

Woilach ['vɔylax], der; -s, -e [russ. woilok] 말안장 담요.

Woiwod [vɔy'vo:t], der; -en, -en [poln. wojewoda] **1.** (역사적) 폴란드의 장군. **2.** 폴란드의 주지사. **Woiwode** [..də], der; -n, -n ↑Woiwod. **Woiwodschaft**, die; -en **a)** 폴란드 장군[주지사]의 직. **b)** 폴란드 주지사의 통치 구역.

Wok [vɔk], der; -s, -s [chin. (kantonesisch) wôk] 중국 광둥 지방의 솥.

wölben ['vœlbn̩] 〈h〉 **1.** 궁륭형으로 하다, 활(반원, 아치) 모양으로 하다: eine gewölbte Kuppel 궁륭형으로 된 둥근 지붕. **2.** (w. + sich) 흥예[아치]형이 되다, 가운데가 불룩해지다, 불룩하게 나오다: sich nach außen [nach oben, nach vorn] w. 밖, 앞(으로 불룩 나오다; eine Brücke wölbte sich über den Fluß 다리 하나가 강 위에 아치형으로 걸려 있었다. **Wölbung**, die;

-en 궁륭 모양, 홍예형, 불룩함: die W. der Decke 천정의 궁륭 모양.

Wolf [vɔlf], der; -(e)s, Wölfe ['vœlfə] **1.** 〈축소형: ↑Wölfchen〉 (동물) 늑대: er war hungrig wie ein W. (통용어) 그는 매우 배가 고팠다; 성구 der W. in der Fabel 호랑이도 제말을 하면 온다(↑Lupus in fabula); **ein W. im Schaf(s)pelz[Schaf(s)fell, Schafskleid] sein** 양가죽을 쓴 이리[양두구육]이다; **mit den Wölfen heulen** (통용어) 대세에 편승하다; **unter die Wölfe geraten (sein)** 이리 떼에 내버려진 것처럼 잔인한 취급(심한 착취)을 당하다. **2. a)** 〈통용어〉↑Fleischwolf의 약칭: etw. durch den W. drehen 고기 가는 기계로 무엇을 갈다; **jmdn. durch den W. drehen** 누구를 호되게 다루다. **b)** 〈통용어〉(종이, 베 따위의) 파쇄기: alte Akten durch den W. jagen 낡은 서류들을 파쇄기로 처분하다. **3.** 〈Pl. 없음〉 낭창(狼瘡), 피부 찰상: sich einen W. laufen 너무 심하게 걸어서 다리에 찰상이 생기다. **Wölfchen** ['vœlfçən], das; -s, - 작은 늑대(이리), 새끼 늑대[이리]. **wölfen** 〈h〉 (늑대, 여우, 개 등이) 새끼를 낳다. **Wölfin** ['vœlfɪn], die; -nen 이리의 암컷. **wölfisch** ['vœlfɪʃ] 〈Adj.〉 이리 같은: eine -e Gier 이리 같은 탐욕. **Wölfling**, der; -s, -e 독일 소년단(Pfadfinder)의 최연소 대원. **Wolfram** ['vɔlfram], das; -s 중석(重石), 텅스텐(기호: W). **Wolframfaden**, der 【기술】 전구나 진공관의 필라멘트. **Wolframit** [vɔlfra'mi:t, die; 《화학》 -s 철망간 중석.

Wolfs- angel, die 이리[늑대]잡이, 이리 덫. ~**eisen**, das 이리 덫. ~**fisch**, der ↑Seewolf. ~**grube**, die 이리[늑대]잡이 함정. ~**hund**, der (동물) 셰퍼드. ~**hunger**, der 〈통용어〉 심한 허기(배고픔). ~**kind**, das [신화] 늑대(가 키운) 아이. ~**klaue**, die 개 뒷다리에 난 기형의 다섯 번째 발가락. ~**mensch**, der 때때로 이리(늑대)로 변하는 사람. ~**milch**, die 〈Pl. 없음〉 【식물】 대극(大戟). ~**milchgewächs**, das 대극과 식물. ~**pelz**, der 이리(늑대)의 털가죽. ~**rachen**, der (민중) 언청이. ~**rudel**, das 이리(늑대) 떼. ~**schlucht**, die 이리가 사는 골짜기; 어둠침침한 협곡. ~**spinne**, die 땅에 사는 거미의 일종. ~**spitz**, der 스피츠개의 일종.

Wolga ['vɔlga, (russ.) 'vɔlgə], die 볼가 강(러시아의 강).

Wolgograd ['vɔlgograːt, (russ.) vəlga'grat], 볼고그라드(러시아의 시).

Wolhynien [vo'ly:niən] ↑Wolynien. **wolhynisch**: ↑wolynisch.

Wölkchen ['vœlkçən], das; -s, - ↑Wolke (1)의 축소형. **Wolke** ['vɔlkə], die; -n **1.** 〈축소형: ↑Wölkchen〉 구름: tiefhängende -n 낮게 걸린 구름; -n ziehen auf (türmen sich auf, regnen sich ab) 구름이 일다(높이 솟아오르다, 비가 되어 내리다]; die Sonne bricht durch die -n 해가 구름을 뚫고 비치다; der Himmel war mit[von] -n bedeckt 하늘이 구름으로 덮여 있었다; das Flugzeug fliegt über den -n 비행기가 구름 위를 난다; 전의 dunkle -n ziehen am Horizont auf (아어) 불길한 일이 일어난다; **eine(ˈne) W. sein** (berlin. 감탄의 표시): die neue Freundin(die neue Disko) ist 'ne W.! 너의 여자 친구(그 새로운 디스코)는 아주 멋지다; **auf -n(in den -n, über den -n) schweben** (아어) 환상(몽상)에 빠져 있다; **aus allen -n fallen** (통용어) 깜짝 놀라다; **von keinem Wölkchen getrübt sein** 맑고 명랑하다: die Stimmung war von keinem Wölkchen getrübt 그 분위기는 아주 화기애애했다. **2.** 구름 같이 많은 것: eine W. von Zigarrenrauch 구름 같은 담배 연기; der Staub stob in dichten -n 먼지가 구름처럼 일다; eine W. von Mücken(Vögeln) 구름 같은 모기(새) 떼. **3.** 【농】 불룩하게 만든 옷감. **4.** [광물] (보석 등의) 흠집.

wolken 〈h〉《드물게》a) 구름처럼 흐려지다. b) 구름처럼 떠다니다.

wolken-, Wolken-: **~arm** 〈Adj.〉 구름이 많지 않은. **~artig** 〈Adj.〉 구름처럼. **~auflösung**, die 【기상】 구름이 걷힘: nach W. steigen die Temperaturen an 구름이 걷힌 후 온도가 상승한다. **~band**, das 〈Pl. ...bänder〉【기상】 구름층. **~bank**, die 〈Pl. ...bänke〉 구름층. **~bedeckt** 〈Adj.〉 구름 덮힌, 날씨가 흐린. **~bildung**, die 〈Pl. ...bänke〉 구름의 형성. **~blitz**, der 【기상】 구름 속의 번개(반대: Erdblitz). **~bruch**, der 〈Pl. ...brüche〉 억수 같은 비, 호우: 성구 es klärt sich auf zum W.!《통용어》 비가 억수 같이 쏟아지기 시작한다. **~bruchartig** 〈Adj.〉 억수 같은. **~decke**, die 〈Pl. 없음〉 하늘을 덮은 구름: die W. reißt auf 비가 쏟아지기 시작한다. **~feld**, das 〈대개 Pl.〉【기상】 하늘을 부분적으로 덮은 구름. **~fetzen**, der 〈대개 Pl.〉《아어》 구름 조각. **~form**, die 구름의 형태 [상]. **~frei** 〈Adj.〉 구름없는, 하늘이 맑은. **~himmel**, der 구름덮힌 하늘. **~höhenmesser**, der 운고계(雲高計). **~kratzer**, der [engl.-amerik. skyscraper] 마천루. **~kuckucksheim** [-·-'---], das 《아어》 [griech. nephelokokkygía Aristophanes (기원전 약 445~385)의 희극 '새'에 나타나는 새의 나라 이름에서] 이상향, 환상(공상)의 세계, 유토피아: im W. leben 꿈나라에서 살다. **~los** 〈Adj.〉 구름없는. **~masse**, die 많은 구름. **~rand**, die 구름의 가장자리. **~reich** 〈Adj.〉【기상】 구름이 많은. **~schatten**, der 《아어》 구름의 그림자[그늘]. **~schleier**, der 가벼운 구름층[흐림]. **~see**, der 주름치트. **~verhangen** 〈Adj.〉 구름으로 가려진. **~wand**, die 구름의 벽, 구름의 층, 층운. **~zug**, der 구름의 오락가락, 떠가는 구름.

wölken ['vœlkn] 〈h〉《드물게》a) 구름을 이루다, 구름 모양으로 만들다: er sah den Dampf aus den Röhren wölken 그는 파이프에서 증기가 구름처럼 나오는 것을 보았다. b) 〈w.+ sich〉 흐리다, 구름이 끼다. **wolkig** ['vɔlkɪç] 〈Adj.〉 **1.** 구름이 낀, 구름 덮인, 흐린: ein -er Himmel 구름 덮인 하늘, 흐린 하늘. **2.** 구름을 이루는, 구름 같은. **3.** 흐릿한, 약이 바랜, 불분명한: die Farbe (der Farbauftrag) ist w. 색(색깔)이 흐리다. **4.** 【광물】 흠(집)이 있는. **5.** 《드물게》 흐린, 불분명한, 안개 같은: -e Vorstellungen (Ideen) von etw. haben 무엇에 관해서 불분명한 생각을 가지다.

woll-, Woll-: **~baum**, der 케이폭[판야]나무(↑ Kapokbaum). **~baumgewächs**, das 【식물】케이폭과의 식물(↑ Königskerze). **~blume**, die 현삼과(玄蔘科)의 식물(↑ Königskerze). **~decke**, die 모포, 담요. **~faden**, der 털실. **~fett**, das 양모지(羊毛脂). **~filzpappe**, die 양모 판지. **~garn**, das 털실. **~georgette**, der 울조젯, 양모(로 된) 크레이프. **~gestrick**, das 양모 편물, 모직 편물. **~gewebe**, das 모직물. **~gras**, das 황새풀 속. **~haar**, das **1.** 양모, 사람이나 짐승의 양털 같은 머리카락 혹은 털. **2.** [해부] 솜털. **~haltig** 〈Adj.〉양털을 함유한, 양털이 섞인. **~handkrabbe**, die 집게의 일종. **~handschuh**, der 〈대개 Pl.〉 양모로 짠 장갑. **~haube**, die (österr.) 털실 모자. **~jacke**, die 모직 재킷. **~kamm**, der 《전문어》 양모 빗는 빗. **~kämmer**, der 소모공(梳毛工). **~kämmerei**, die 소모업(공장). **~kleid**, das 모직 의상, 양모 스커트. **~knäuel**, das 양모실 뭉치. **~krabbe**, die 털게. **~kraut**, das 현삼과(玄蔘科)의 식물의 일종, 모직 걸레. **~laus**, die 《비분리어》: Wollaus 연지벌레의 일종. **~mantel**, der 모직 외투, 모 코트. **~maus**, die **1.** 친칠라 종(種). **2.** 〈지역적·농〉 작은 실밥 덩어리, 먼지 덩어리. **~musselin**, der 털로 짠 모슬린. **~mütze**, die 털실 모자. **~pullover**, der 털실 스웨터. **~rest**, der 쓰다 남은 털실(양모). **~rock**, der 모직[털] 스커트[치마]. **~schaf**, das 면양(緬羊). **~schal**, der 모직[털] 숄. **~schweiß**, der 양모지(羊毛脂), 라놀린. **~siegel**, das 모직물 품질보증인(印). **~socke**, die 모직 양말. **~sorte**, die 양모 종류. **~spinnerei**, die 양모 방적(공장). **~stoff**, das 모직물. **~strumpf**, der 모직으로 된 긴 양말. **~tuch**, das 모직 천, 모직 숄. **~wachs**, das 양모지(羊毛脂). **~ware**, die 〈대개 Pl.〉 모직물.

Wolle ['vɔlə], die **1. a)** 《전문어》 양모(羊毛), 털실: -n von verschiedener Qualität 여러 가지 품질의 양모; 전의 du mußt dir mal deine W. scheren lassen 《통용어·농》 너 머리 좀 깎아라; **in der W. gefärbt [eingefärbt] (sein)** 골수(분자)가 되다: ein in der W. eingefärbter Faschist 철저한[골수분자인] 파시스트; **nicht bis in die W. gefärbt** 《통용어》 철저히 물들지 않았다; **(warm) in der W. sitzen** 《준고어》 유복[안락]하게 지내다; **sich in die W. kriegen** 싸움에 말려들다; **sich in die W. haben (liegen)** 격투하다, 싸우다, 다투다; **in die W. kommen (geraten)** 《통용어》 노하다; **jmdn. in die W. bringen** 《통용어》 누구를 화나게 하다, 격분시키다. **b)** 모사(毛絲): die W. kratzt [läuft] 《전문어》 이 털실은 실하다[효율성이 좋다]; ein Pullover (Strümpfe) aus W. 털실 스웨터(긴 양말). **c)** 〈Pl. 없음〉 모직물: ein Mantel(Anzug) aus W. 모직 외투(양복); der Stoff ist reine W. 이 옷감은 순모이다. **2.** [사냥] **a)** (토끼 등의) 모피, 털가죽. **b)** (오리, 거위 등의) 털. ¹**wollen** ['vɔlən] 〈Adj.〉 양모의, 모직의, 양모로 짠:

²**wollen** [-] 〈h; 화법 조동사〉 **1. a)** 하고자 하다, 원하다: er will uns morgen besuchen 그는 내일 우리를 방문하려고 한다; das Buch habe ich schon immer lesen w. 나는 그 책을 읽고 싶어했다; ich möchte noch etwas essen 나는 무엇을 좀 먹고 싶다; 〈본동사로〉 das habe ich nicht gewollt (《통용어》 nicht w.) 그럴 생각이 없었다 (나의 의도가 아니었다); sie wollen ans Meer (ins Gebirge) 《통용어》 그들은 바다(산)로 가려고 한다; er will zum Theater 《통용어》 그는 배우가 되려고 한다; du mußt nur w., dann geht es auch 뜻이 [확고한 의지가] 있으면 길이 있다; (na) dann wollen wir mal! 《통용어》 (자) 그러면 시작해 보자; das ist, wenn man so will, ein einmaliger Vorgang 그것은 말하자면 [평가해 보자면] 하나의 보기 드문 사건이다. **b)** 갖고자 (얻고자) 원하다: er hat für seine Arbeit nichts (kein Geld) gewollt 《통용어》 그는 일의 대가로 아무것 (한푼의 돈)도 원하지 않았다; er will nur seine Ruhe 그는 그저 휴식을 원하고 있다; ich will, daß du das tust 나는 네가 그것을 하기를 바란다; nimm dir, soviel du willst 네가 갖고 싶은 만큼 가져가라; ich weiß nicht, was du willst 《통용어》 나는 네가 왜 흥분하는지[화를 내는지] 모르겠다; was wollen Sie (denn)? 《통용어》 (도대체) 무엇을 원하십니까?; Sie können es nur der Sache halten, wie Sie wollen 당신은 그것을 마음대로 처리할 수 있다; da ist nichts (mehr) zu w.!《통용어》 그것은 (더 이상) 어쩔 도리가 없습니다; nichts zu w.!《통용어》 안돼! (거절의 표시); ob man will oder nicht geht es voran 원치않든; 성구 wer nicht will, der hat 속담 was du nicht willst, daß man dir tu', das füg auch keinem andern zu 네가 바라지 않는 것은 다른 사람에게도 끼치지 말아라. **2.** 《과거》《준고어·당위적 표현》: ich wollte Sie bitten (fragen), ob ... 당신에게 ··· 인지 아닌지 여쭙고자 [문의하고자] 합니다. **3.** 〈접속법 II식〉《비현실적 소망의 표시》: ich wollte, es wäre alles schon vorüber 모든 일이 다 지나갔으면 했다. **4.** 〈접속법 I식〉《준고어》《소망, 정중한 요청의 표시》: wenn Sie bitte Platz nehmen

wollen 좀 앉으시지요; Sie wollen sich bitte sofort melden 곧 바로 신고를 하십시오. 5. 《주장의 의미》: er will es nicht gewußt[gesehen] haben 그는 그것을 알지[보지] 못했다고 주장한다. 6. 《대개 부정하는 문으로》 바야흐로 …하려고 하다: der Motor wollte nicht anspringen 모터의 발동이 걸릴 낌새가 보이지 않았다; seine Beine wollen nicht mehr 《통용어》 그의 발이 더 이상 말을 듣지 않았다; es will Abend werden 《아어》 서서히 저녁이 된다; das will nichts heißen 그것은 아무런 의미가 없다; ein nicht enden wollender Beifall 그칠줄 모르는 박수. 7. 〈과거분사와 sein 혹은 werden과 결합하여〉 …을 필요로 하다: dieser Schritt will gut überlegt werden 이 조치는 심사숙고할 필요가 있다. 8. 《통용어》 필요로 하다: die Tiere wollen ihre Pflege 그 동물들은 그들의 보살핌이 필요하다. 9. 어떤 목적을 갖고 있다: die Aktion will aufklären über die Verhältnisse in den ärmsten Ländern der Welt 그 운동의 목적은 세계 빈곤국들의 상황을 알게 주는 데 있다. 10. 《통용어》 누구에 대하여 좋지 않은 의도를 갖고 있다: jmdm. etw. w. 누구에 대하여 나쁜 뜻을 갖고 있다; er kann uns gar nichts w. 그는 우리들을 어쩌지 못한다. 11. 〈과거분사의 형태로〉 고의의, 저의가 깔린, 하고자 한: seine Gesten[Reden] sind so gewollt 그의 제스처[언설]는 그러한 저의를 갖고 있다; 《명사화》 der Sache haftet etwas allzu Gewolltes an 그 일에는 고의성이 짙게 깔려 있다.

wöllen [vœlən] [사냥] 《맹금이》 소화되지 않은 것[털, 깃, 뼈 따위]을 토해내다.

Wollen- ((schweiz) ↑Wọll-): **~geschäft**, das 털실가게. **~jacke**, die 울[모직] 상의. **~stoff**, der 모직(천).

wollig ['vɔlıç] 〈Adj.〉 **a)** 털로 된, 털로 덮인: ein -es Fell 털 가죽. **b)** 솜털이 난: ein -es Gewebe 모직물(바탕이 솜털처럼 부드러운). **c)** (머리털이) 숱이 많고 곱슬곱슬한: die -en Haare der Neger 흑인의 곱슬머리. **d)** 부드럽고 털이 많은: -e Blätter 부드럽고 털이 많은 나뭇잎.

Wollust ['vɔlʊst], die; Wollüste [...lystə] 《아어·준고어》 관능적 쾌락, 육욕, 정욕: W. empfinden 육욕을 느끼다; **mit wahrer W. (etw. Bestimmtes tun)** 엽기적인 취미로 (어떤 일을 저지르다): mit wahrer W. rächte er sich an dem Wehrlosen 엽기적인 취미로 무방비의 상대에게 보복했다. **wollüstig** 〈Adj.〉 《아어》 육욕적인, 색정을 자극하는. **Wollüstling**, der; -s, -e 육욕에 빠진 사람, 호색자.

Wolpertinger ['vɔlpɐtıŋɐ], der; -s 《bayr.》 값진 모피를 지닌 환상의 동물(자루와 촛불을 사용 잡을 수 있다고 전해짐).

Wolpryla [vɔl'pry:la], das; -s [인공어] 《구동독》 양털 모양의 합성섬유.

Wolynien [vo'ly:niən] 볼리니아(우크라이나의 지방).
wolynisch [vo'ly:nıʃ] 〈Adj.〉 [역사적 지방 ↑Wolynien(서북 Ukraine)의 이름에 따라] 볼리니아의: 《다음 용법으로》 **-es Fieber** 〔의학〕 5일열.

Wombat ['vɔmbat], der; -s, -s [engl. wombat] 웜뱃(오스트레일리아 산(產)의 유대(有袋) 동물).

Women's Lib ['wɪmɪnz 'lɪb], die [engl.-amerik., Women's Liberation Movement의 약칭] 1960년대의 미국 여성 해방 운동.

womit [vo'mıt] 〈Adv.〉 **1.** 〈의문사〉 〔강조〕 'vo:mıt] **a)** 무엇으로, 어떻게?: w. hast du den Flecken weggebracht? 너는 무엇으로 그 얼룩을 없앴느냐? **2.** 〈관계사〉 **a)** das ist etwas, w. ich nicht einverstanden bin 그것이 바로 내가 동의하지 못하는 점이다. **womöglich** [vo'mø:klıç] 〈Adv.〉 아마도, 혹시: er kommt w. schon heute 그는 아마 오늘 벌써 올런지 모른다; war das nicht w. ein Fehler? 그것은 혹시 잘못은 아니었나? **wonach** [vo'na:x] 〈Adv.〉 **1.** 〈의문사〉 〔강조〕 'vo:na:x] 무엇 쪽으로?, 무엇에 따라?: w. suchst du? 너는 무엇을 찾니?; weißt du, w. es hier riecht? 너 여기서 무슨 냄새가 나는지 너는 아느냐? **2.** 〈관계사〉 **a)** etw., w. sie großes Verlangen hatten 그들이 몹시 갈망했던 것. **b)** es gibt eine Darstellung, w. er nicht an der Sache beteiligt war 그가 그 일에 관여하지 않은 사실을 말해 주는 서술이 있다. **woneben** [vo'ne:bn̩] 〈Adv.〉 〔드물게〕 **1.** 〈의문사〉 〔강조〕 'vo:ne:bn̩] 무엇 곁에(옆에)?: w. soll ich den Stuhl stellen? 이 의자를 무엇 옆에 놓을까? **2.** 〈관계사〉 **a)** das Haus, w. der Baum steht 옆에 나무가 서 있는 그 집. **b)** er arbeitet in einer Fabrik, w. er aber noch viel Zeit auf sein Steckenpferd verwendet 그는 어느 공장에서 일하는데 그 외에도 그는 자기 취미에 많은 시간을 쏟는다.

Wonne [vɔnə], die; -n 《아어·준고어》 기쁨, 희열, 환홀(경): die -n der Liebe 사랑의 기쁨; die Kinder kreischten vor W. 아이들은 기뻐서 소리를 질렀다; **mit W.** 《통용어》 기꺼이: mit W. würde ich das jetzt tun 그것을 나는 기꺼이 지금 하겠다.

wọnne-, Wọnne-: ~bibber [-bıbɐ], der; -s, - 《통용어·농》 ↑Götterspeise (2). **~gefühl**, das 환희의 감정. **~grunzen** 〈다음 용법으로〉 **mit W.** 《통용어·농》 기꺼이. **~kloß**, der 《아어·통용어》 우량아. **~monat, ~mond**, der 〔고어〕 5월(달): es war im W. 때는 5월이었다. **~proppen** [-'prɔpn̩], der; -s, - 《통용어·농》 ↑~kloß. **~schauder**, der 《아어》 환희의 전율. **~schauer**, der 〈아어〉 ↑~schauder. **~trunken** 〈Adj.〉 〈시어〉 기쁨에 취한, 기뻐 날뛰는. **~voll** 〈Adj.〉 〈시어〉 환희에 찬.

wonnig ['vɔnıç] 〈Adj.〉 **1.** 《친근》 매력 있는, 귀여운: ein -es Baby 귀여운 아기. **2.** 《아어》 즐거운, 기쁜, 매우 유쾌한: in -en Gefühlen schwelgen 흐뭇한 기분에 빠져 있다. **wonniglich** ['vɔnıklıç] 〈Adj.〉 〈아어〉 기쁨을 주는, 즐겁게 하는: eine -e Zeit 즐거운 시간.

Wood [wʊd], der; -s, -s [engl. wood] 〔골프〕 우드(헤드가 목제인 클럽).

Woodcockspaniel ['wʊdkɔk-], der; -s, - ↑Cockerspaniel.

Woog [vo:k], der; -(e)s, -e 〈지역적〉 **a)** 작은 호수. **b)** 강의 깊은 곳.

woran [vo'ran] 〈Adv.〉 **1.** 〈의문사〉 〔강조〕 'vo:ran] **a)** 무엇에?: w. hast du dich verletzt? 너는 어디에 부딪혀 상처를 입었느냐? **b)** 어디서?: w. hat er sich gelehnt? 어디에 그는 몸을 기대고 있는가? **c)** 무엇에[무슨 병으로]?: w. ist er gestorben? 그는 무슨 병으로 죽었느냐? **d)** 무슨 일이: w. denkst du? 너는 무슨 생각을 하니? **2.** 〈관계사〉 **a)** der Nagel, w. das Bild hing 그림이 걸려 있는 바로 그 못. **b)** die Wand, w. das Bild hing 그림이 걸려 있던 벽. **c)** 바로 그 일(사물)에: das Buch, w. er gerade arbeitet 그가 지금 연구하고 있는 바로 그 책. **d)** 바로 그 사물에로: er wußte vieles, w. sich sonst niemand mehr erinnerte 그는 다른 사람들이 보통 기억하지 못하는 많은 일을 알고 있었다.

worauf [vo'raʊf] 〈Adv.〉 **1.** 〈의문사〉 〔강조〕 'vo:raʊf] **a)** 어디에?: w. steht das Haus? 그 집은 어디에 있느냐? **b)** 어디로?: w. darf ich mich setzen? 나는 어디로 앉을까요? **c)** 무엇 위에, 무엇 위로?; w. wartest du? 너는 무엇을 기다리느냐?; w. fußt seine Annahme? 그의 가정(假定)은 무엇에 근거하는가? **2.** 〈관계사〉 **a)** 바로 그 사물 위로: das Papier, w. er geschrieben hatte 그가 글씨를 쓴 종이. **b)** 바로 그 사물 위에: die Bank, w. ich saß 내가 앉아 있었던 의자. **c)**

바로 그 일에 이어서: er klingelte, w. unverzüglich die Tür geöffnet wurde 그가 초인종을 누르자 곧 이어서 문이 열렸다. **woraufhin** [-–´-] 〈Adv.〉 **1.** 〈의문사〉 무엇을 향하여?: w. hat er das getan? 그는 왜 그 일을 했는가? **2.** 〈관계사〉 ↑worauf (2 c). **woraus** [vo'raus] 〈Adv.〉 **1.** 〈의문사〉 **a)** 무엇으로부터, 무슨 원료로?: w. ist das Gewebe hergestellt? 이 직물은 무엇으로 만들어졌느냐? **b)** 무엇에서부터, (특히) 어떤 상황에서부터?: w. schließt du das? 어떤 근거에서 너는 그러한 결론을 내리느냐? **2.** 〈관계사〉 바로 그 사물로부터, 바로 그것을 재료로 하여: das Holz, w. die Möbel gemacht sind 그 가구들의 재료가 된 나무; das Buch, w. sie vorlas 그 여자가 낭독했던 책.

Worb [vɔrp], der; -(e)s, **Wörbe** ['vœrbə] / die; -en, **Worbe** ['vɔrbə], die; -n 〔지역적〕 (큰 낫의) 자루〔손잡이〕.

Worcestersoße ['vʊstɐ-], die; -n 〔영국의 도시 Worcester에 따라〕 〔요리〕 우스터 소스(간장, 식초, 향료로 만든).

worden ['vɔrdn̩] werden (II) 참조.

worein [vo'rain] 〈Adv.〉 …안으로〔↑wohinein〕.

worfeln ['vɔrfl̩n] (h) 〔농업·옛〕 곡식을 까불다, 키질하다. **Worfschaufel**, die; -n 〔농업·옛〕 키.

worin [vo'rin] 〈Adv.〉 **1.** 〈의문사〉 〔〈강조〉 ['vɔ:rɪn] 무엇의 안에?, 무엇에 있어서?: w. besteht der Vorteil 그 장점이 어디에 있느냐? (무엇이 장점인가?). **2.** 〈관계사〉 das Haus, w. sie wohnen 그들이 살고 있는 집.

Wörishofen ['vø:rɪsho:fən] ↑Bad Wörishofen.

Workaholic [wə:kə'hɔlɪk], der; -s, -s 〔engl. workaholic〕 〔심리〕 일 중독자, 노동 강박 관념에 빠져있는 사람. **Workshop** ['wə:kʃɔp], der; -s, -s 〔engl. workshop〕 워크샵, 연구 집회. **Work-Song** ['wə:ksɔŋ], der; -s, -s 〔engl. -amerik. work song〕 노동요(특히 노예로 팔려온 북미 흑인들의).

Worldcup ['wə:ldkʌp], der; -s, -s 〔engl. world cup〕 〔스포츠〕 월드컵.

Worms [vɔrms] 보름스(독일의 도시). ¹**Wo̱rmser**, der; -s, - 보름스의 시민. ²**Wo̱rmser** 〈Adj.〉 격변화 없음〕 보름스의. **wo̱rmsisch** 〈Adj.〉 보름스의.

Worpswede [vɔrps've:də] 보름스베데(브레멘 근처의 예술가 촌).

Wort [vɔrt], das; -(e)s, **Wörter** ['vœrtɐ] / **Worte** **1.** 〈축소형: ↑Wörtchen, Wörtlein〕 **a)** 〈Pl. Wörter / Worte〉 낱말, 단어: dieses W. ist ein Substantiv 이 단어는 명사이다; ein W. buchstabieren 어떤 단어의 철자를 말하다; im eigentlichen Sinne des -es 단어의 본래의 뜻에서. **b)** 〈Pl. Worte〉 말(사상, 감정의 표현으로서의): Liebe ist ein großes W. 사랑이라는 것은 큰 의미가 있는 말이다. **2.** 〈Pl. Worte; 축소형: ↑Wörtchen, Wörtlein〉 표현, 언표, 말: Worte des Dankes 감사의 표현; zwischen uns ist kein lautes, böses W. gefallen 우리 사이에는 별다른 언쟁이 없었다; ihm ist ein unbedachtes W. entschlüpft (herausgerutscht) 엉겁결에 분별 없는 말이 그의 입에서 튀어 나왔다; mir fehlen die -e 나는 할 말이 없다; ich habe (finde) keine -e (dafür)! 〔거기에 대해서는〕 무어라 말해야 할지 모르겠다; darüber ist kein W. gefallen 그것에 관해서는 한 마디의 언급도 없었다; ein W. einwerfen 이의를 제기하다; das W. an jmdn. richten 누구에게 말을 건네다; die -e gut zu setzen wissen 〔아어〕 화술이 좋다; viel(e) -e machen 내용없는 말을 많이 하다; davon weiß ich kein W. 그것에 관해서 나는 아는 바가 없다; auf ein W.! 잠시 얘기 좀 하고 싶은데요!; auf jmds. W. [-e] hören 누구의 충고를 귀담아 듣다; (jmdm.) etw. aufs W. glauben (누구의) 무엇을 무조건 믿다; etw. in ein -e fassen (kleiden) 무엇을 말로 표현하다; eine Sprache in W. und Schrift beherrschen 한 언어의 구어와 문어를 마스터하다; in (mit) W. und Tat 말과 행동에서〔으로〕; jmdn. mit leeren -en abspeisen 그럴싸한 말로 누구를 구슬리다(내쫓다); davon war die Rede 그것에 대한 언급이 있었다; mit einem W. 한 마디로 말해서; mit anderen -en 다른 말로 하면; etw. läßt sich nicht mit zwei -en sagen 무엇은 설명하기가 간단치 않다; jmdn. zu W. kommen lassen 누구에게 말할 기회를 주다; 〔성귀〕 dein W. in Gottes Ohr! 제발 너의 말이 거짓이 아니기를!; ein W. gibt das andere 말로서 말이 많다, 갈론 을박하다; das letzte W. (jmds. letztes W. 〔누구의〕 최종 결정; (immer) das letzte W. haben (behalten) wollen (müssen) 자기 주장을 관철시키기 위해 끝까지 물고 늘어지다; das W. haben 발언권을 가지다; das W. ergreifen (nehmen) 발언하다; das W. führen 사회를 보다; das große W. haben (führen) 허풍떨다; jmdm. das W. geben (erteilen) 누구에게 발언권을 주다; jmdm. das W. entziehen 누구의 말문을 막다, 누구의 발언을 중지시키다; jmdm. das W. verbieten (verweigern) 누구의 발언을 금지시키다; jmdm. (einer Sache) das W. reden 〔아어〕 누구 [무엇]에 대한 지지 의사를 강력히 표명하다; für jmdn. ein (gutes) W. einlegen 누구를 위해 조정자로 나서다; etw. nicht W. haben wollen 무엇을 인정하지 않다; jmdm. das W. aus dem Mund (von der Zunge) nehmen 누가 하려는 말을 먼저 말해 버리다; jmdm. das W. im Munde (her)umdrehen 누구의 말을 의도적으로 왜곡하다; (k)ein W. ((k)eine -e) über etwas verlieren 무엇에 관해 언급하다(하지 않다); ein W. mitzureden haben 발언권을 공유하다; jmdm. ins W. fallen 누구의 말을 중간에서 끼어들다; ums W. bitten 발언권을 요구하다; sich zu(m) W. melden 발언권을 신청하다. **3.** 〈Pl. Worte〉 명언, 잠언: geflügelte -e 자주 인용되는 유명한 명언. **4.** 〈Pl. Worte〉 〔아어〕 가사: W. und Weise 가사와 선율. **5.** 〈Pl. 없음〉 언질, 약속, 확약: sein W. geben (halten, einlösen, brechen, zurücknehmen, zurückziehen) 약속을 하다 (지키다, 이행하다, 어기다, 취소하다, 번복하다); ich gebe Ihnen mein W. darauf 거기에 대해서도 보증한다; auf mein W.! 맹세코!; jmdn. beim W. nehmen 누구에게 약속의 이행을 요구하다; bei jmdm. im W. sein 누구에게 약속을 지킬 의무를 지니다. **6.** 〈Pl. 없음〉 **a)** 〈Pl. 없음〉 〔종교〕 복음, 교리, 말씀: das heilige Wort (geoffenbarte) W. 거룩한 (계시의) 복음. **b)** 〔신학〕 성자(聖子): und das W. ist Fleisch geworden 하느님의 아들이 육신을 취하였다.

wort-, Wo̱rt- 〔단어의〕 단어의 강음, 어 강세(語强勢). **~akzent**, der 〔언어〕 단어의 강음, 어 강세(語强勢). **~arm** 〈Adj.〉 〔아어〕 말수가 적은, 어휘가 빈약한. **~art**, die 〔언어〕 말의 종류, 품사. **~atlas**, der 〔언어〕 어휘 지도. **~auswahl**, die 어휘 선택. **~bedeutung**, die ↑Bedeutung (1 b). **~bedeutungslehre**, die 〈Pl. 없음〉 〔언어〕 ↑Semasiologie. **~bestand**, der 〔언어〕 〔한 언어에서의〕 어휘 총 수. **~beugung**, die 〔언어〕 ↑Flexion (1). **~bildung**, die 〔언어〕 **a)** 〈Pl. 없음〉 조어. **b)** 신조어(新造語). **~bildungslehre**, die 〔언어〕 조어론. **~blindheit**, die 〔의학〕 ↑Buchstabenblindheit. **~bruch**, der 식언, 파약, 위약. **~brüchig** 〈Adj.〉 약속을 지키지 않는, 식언하는. **~familie**, die 〔언어〕 동일 어조에서 나온 어족(語族). **~feld**, das 〔언어〕 낱말 밭, 어장. **~fetzen** 어휘 나부랭이. **~folge**, die 〔언어〕 언어의 배치, 어순, 배어법. **~form**, die 〔언어〕 어형. **~forschung**, die 〈Pl. 없음〉 〔언어〕 어휘 연구. **~frequenz**, die 〔언어〕 단어 사용 빈도. **~fuchserei**

[-fʊksərəi], die; -en 《고어》 ↑~klauberei. **~fügung**, die 【언어】 어휘 결합. **~führer**, der 대변자, 의 장. **~gebrauch**, der 단어[어휘]의 사용. **~gefecht**, das 말 싸움, 논쟁. **~geklingel**, das 《폄》공허한 미사 여구, 허튼 소리. **~geographie**, die 어휘 지리학. **~geplänkel**, das ↑Geplänkel (2). **~geschichte**, die 【언어】 1. 《Pl. 없음》 a) 어휘의 내력. b) 어휘사. 2. 어휘사에 관한 저술. **~getreu** ⟨Adj.⟩ 원전의 말에 충실한. **~gewalt**, die 《Pl. 없음》 ↑Sprachgewalt. **~gewaltig** ⟨Adj.⟩ 웅변의. **~gewandt** ⟨Adj.⟩ ↑ redegewandt. **~gewandtheit**, die 능변, 달변. **~gottesdienst**, der 【기독교】 강론 예배. **~gruppe**, die 【언어】 어휘 군(群), 어구. **~gruppenlexem**, das ↑Idiom (2). **~gut**, das 《Pl. 없음》 (한 언어의) 어휘 (재). **~hülse**, die 《폄》 빈 말, 내용이 없는 말. **~index**, der 어휘표, 낱말 색인. **~inhalt**, der 【언어】 낱말의 내용. **~karg** ⟨Adj.⟩ a) 과묵한, 말이 적은: ein -er Mensch 말이 많지 않은 사람. b) 몇 마디의 말로 이루어진, 간결한: eine -e Antwort 간결한 대답. **~kargheit**, die 말이 적음, 간결. **~klasse**, die 품사. **~klauber**, der 《폄》자구(字句)를 꼬치꼬치 캐는 사람. **~klauberei** [---'-], die 《폄》자구를 따지는 일, 말뜻의 현학적 해석. **~klauberisch** ⟨Adj.⟩ 자구를 꼬치꼬치 따지는, 어의를 현학적으로 해석하는. **~körper**, der 【언어】 (낱말의) 음성 표현. **~kreuzung**, die 【언어】 혼성(어), 혼효. **~laut**, der 본문, 원문, 표현: der genaue W. eines Vertrages 계약의 정확한 원문 표현. **~lehre**, die 1. 어형[어휘]론. 2. 어형[어휘]론 책[교과서]. **~los** ⟨Adj.⟩ 말이 없는, 말하지 않는, 침묵하는. **~losigkeit**, die 말이 없음, 침묵. **~meldung**, die 발언 신청: gibt es noch weitere -en zu diesem Punkt? 이 점에 대해서 더 말씀하실 분이 있습니까? **~mischung**, die 【언어】 ↑~kreuzung. **~paar**, das 【언어】 관용 대구(對句)(예컨대: Himmel und Erde). **~prägung**, die 조어(造語). **~register**, das 어휘표, 색인표. **~reich** ⟨Adj.⟩ 1. 말이 장황한: eine -e Rechtfertigung 장황한 변호. 2. 많은 어휘를 구사함. **~reichtum**, der 풍부한 어휘, 말수가 많음. **~salat**, der 《의학》말의 샐러드, 어휘(語鍵)(증). **~schatz**, der 1. 한 언어의 어휘 총수. 2. 개인의 사용 어휘수: einen großen W. haben 많은 어휘를 보유[사용]하다. **~schöpfer**, der 말의 창조(능력)자. **~schöpferisch** ⟨Adj.⟩ 어휘 창조 능력이 있는, 어휘 창조적. **~schöpfung**, die a) 어휘 창조(력). b) 창조된 말, 창조 어휘. **~schrift**, die 단어 문자. **~schwall**, der 《폄》《폄》도도한 변설, 다변; jmdn. mit einem (wahren) W. übergießen 누구에게 장황한 변설을 퍼붓다. **~sinn**, der 단어의 뜻, 말의 뜻. **~sippe**, die 【언어】 어족(語族). **~spalterei** [-ʃpaltəˈrai], die; -en 《폄》지나치게 면밀함. **~spiel**, das 말장난, 익살, 해학, 유머, 농담. **~stamm**, der 【언어】 어간. **~streit**, der 1. 토론, 논쟁. 2. 문자[개념]에 관한 논쟁. **~ungeheuer**, das 《감정》지나치게 길어진 합성어. **~ungetüm**, das 《감정》 ↑~ungeheuer. **~verbindung**, die 【언어】 어휘 결합. **~verdreher**, der 《폄》 말을 곡해하는 사람, 억설자. **~verdrehung**, die 말의 곡해, 억설. **~verzeichnis**, das 어휘 목록. **~vorrat**, der 《준고어》 ↑ ~schatz. **~wahl**, die 어휘 선택. **~wechsel**, der a) 논쟁: (mit jmdm.) einen W. haben (누구와) 논쟁하다. b) 《준고어》 대담, 토론: ein gewisser Ernst mischte sich in unseren freundlichen W. 우리들의 정담에는 어느 정도의 진의가 섞였다. **~wissen**, das 【교육·폄】말로만 들은 지식. **~witz**, der 말장난, 유머. **~wörtlich** [-'---] ⟨Adj.⟩ 문자(자)의 그대로의: eine -e Übereinstimmung beider Texte 두 텍스트의 문자대로의 일치. b) 《대개 Adv.》 그대로. **~zeichen**, das 말의 약어[기호], 어표(예컨대: Dollar의 $), 생략 부호(예컨대: Doktor의 Dr.). **~zusammensetzung**, die 【언어】 a) 《Pl. 없음》 (낱말들의) 합성. b) 합성어.

Wörtchen [ˈvœrtçən], das; -s, -1. ↑Wort (1)의 축소형. 2. 말, 짧은 말, 몇 마디의 말(↑Wort (2)의 축소형: du hast den ganzen Abend noch kein[nicht ein] W. gesagt 너는 저녁 내내 한 마디의 말도 하지 않았다; **noch ein W. mit jmdm. zu reden haben** 《통용어》누구에게 한 마디 짚고 넘어갈 것이 있다, 따질 것이 있다; **ein W. mitzureden haben** 《통용어》무슨 일에 발언권을 가지다. **wörteln** [ˈvœrtl̩n] ⟨h⟩ 《österr.》논쟁을 하다, 토론을 벌이다. **Wortemacher**, der; -s, - 《폄》수다쟁이, 요설가, 다변가. **worten** [ˈvɔrtn̩] ⟨h⟩ 《언어·드물게》(무엇을) 언어화하다. **Wörter**: ↑Wort의 복수형. **Wörterbuch**, das; -(e)s, ...bücher 사전: ein W. der deutschen Umgangssprache[der Aussprache, der Abkürzungen] 독일어 통용어[발음, 약어] 사전. **Wörterverzeichnis**, das; -ses, -se ↑Wortverzeichnis.

Wörther See [ˈvœrtɐ ˈzeː], der; --s 〈오스트리아의〉 뵈르터 호수. **Wörthersee**, der; --s ↑Wörther See.

Wörtlein, das; -s, - 《드물게》 ↑Wörtchen. **wörtlich** [ˈvœrtlɪç] ⟨Adj.⟩ 1. a) 말대로의, 문자대로의; 축어적인, 낱말에 충실한: die -e Übersetzung eines Textes 텍스트의 직역. b) 말의 본래 의미대로의. 2. 《준고어》말로 된, 구두의. **Wortung**, die; -en 【언어·드물게】 어휘 [언어화].

worüber [voˈryːbɐ] ⟨Adv.⟩ 1. 〈의문사〉 [【강조】 ˈvoːryːbɐ] a) 무엇 위에: w. war das Tuch ausgebreitet? 무엇 위에 보자기가 펼쳐졌느냐? b) 무엇 위로: w. bist du gestolpert? 너는 무엇에 걸려 비틀거렸느냐? c) 《드물게》무엇을 두고: w. hast du denn tagelang gebrütet? 도대체 너는 무엇을 수일간이나 곰곰이 생각하였니? d) 무엇에 관하여, 무엇 때문에: w. habt ihr euch unterhalten? 너희들은 무엇에 관하여 환담하였니? 2. 〈관계사〉 a) 그 장소[물건] 위에: ein Vogelkäfig, w. ein Tuch hing 보자기가 걸려 있는 새장. b) 바로 그 장소[물건] 위로: eine Grube, w. man vorsichtshalber Bretter gelegt hatte 안전을 위하여 널판지를 위에 덮어놓은 구덩이. c) 《드물게》바로 그 무엇에 대해: ein Problem, w. er nun schon seit Tagen brütet 그가 수일 전부터 곰곰이 생각하고 있는 바로 그 문제. d) 바로 그 무엇에 관하여: w. er spricht, ist ziemlich brisant 그가 이야기하는 데마는 상당히 폭탄적이다. **worum** [voˈrʊm] ⟨Adv.⟩ 1. 〈의문사〉 [【강조】 ˈvoːrʊm] a) 어떤 장소[사물] 주위에: w. schützt den Schutzhülle? 이 보호 껍데기는 무엇을 둘러싸고 있느냐? b) 무엇을, 무엇에 관해: w. geht es (handelt es sich) denn? 무슨 이야기냐?, 무엇에 관한 이야기냐? , 나는 아직도 무엇에 관해 내가 걱정을 해야 할지 나는 모르겠다. 2. 〈관계사〉 a) 바로 그 장소[사물]을 둘러싸고: der Knöchel, w. sie eine elastische Binde trug 그 여자가 탄성 붕대를 매고 있는 복사뼈. b) 바로 그 사물을 둘러싼: alles[nichts], w. er bat, wurde erledigt 그가 요구한 모든 것이 성취되었다[아무것도 성취되지 않았다]. **worunter** [voˈrʊntɐ] ⟨Adv.⟩ 1. 〈의문사〉 [【강조】 ˈvoːrʊntɐ] a) 어떤 장소[사물] 아래에: w. hatte er sich versteckt? 그는 무엇 밑에 숨었느냐? b) 어떤 장소[사물] 아래에: w. soll ich einen Untersatz tun? 무엇 밑에 나는 받침대를 댈까? c) 어떤 대상 밑에서, 무엇 때문에: w. hat er zu leiden? 무엇 때문에 그는 고생하여야 하는가? 2. 〈관계사〉 a) 바로 그 장소[사물, 대상] 아래에: das ist ja der Baum, w. wir damals gepick-

woselbst 2340

nickt haben 그것은 바로 우리가 그 밑에서 피크닉을 했던 나무이다. **b)** 바로 그 장소[사물, 대상] 아래로[밑으로]: die Heizung, w. er seine nassen Schuhe stellte 그가 그 밑에 자기의 젖은 구두를 놓았던 난로. **c)** 바로 그 사물[대상] 아래에: etwas, w. sie sich gar nichts vorstellen konnte 그에게 어떠한 상상도 할 수 없었던 그 무엇. **d)** 바로 그것들 속에[가운데]: die Briefe, w. etliche Mahnungen waren 몇 가지 경고가 적혀 있었던 편지들.
woselbst [voˈzɛlpst] ⟨Adv.; 관계사⟩ 《아어》 바로 거기에.
Wotan [ˈvoːtan] ↑ Wodan.
wovon [voˈfɔn] ⟨Adv.⟩ **1.** 《의문사》 [《강조》 ˈvoːfɔn] **a)** 어디에서, 무엇으로부터: w. hast du das Schild entfernt? 너는 그 간판을 어디에서 떼어냈느냐? **b)** 무엇에 관하여, 무엇 때문에: w. ist die Rede? 화제가 무엇이냐?; w. soll er denn leben? 어떻게〔무엇을 먹고, 어떤 재정적 수단으로〕그는 살아야 한 말이냐? w. bist du aufgewacht? 너는 무엇 때문에〔무슨 소리 때문에〕잠에서 깨어났니? **2.** ⟨관계사⟩ **a)** 바로 그 장소로부터, 바로 그 물건에서〔으로부터〕: die Mauer, w. er heruntergesprungen war 그가 뛰어내린 담벽. **b)** 바로 그 일에 관하여: es gibt vieles, w. ich nichts verstehe 내가 도저히 이해할 수 없는 일이 많다. **c)** 바로 그 사물을 통하여〔사물로 인하여〕, 바로 그러한 상황으로 인하여. **wovor** [voˈfoːɐ̯] ⟨Adv.⟩ **1.** 《의문사》 [《강조》 ˈvoːfoːɐ̯] **a)** 무엇 앞에, 어느 장소 앞에: w. stand er? 그는 무엇 앞에 서 있었니? **b)** 무엇 앞으로, 어느 장소 앞으로: w. soll ich den Tisch schieben? 무엇 앞으로 나는 그 식탁을 밀어놓을까? **c)** 무엇 앞에: w. scheut er sich? 그는 무엇에 대하여 겁을 내느냐? **2.** ⟨관계사⟩ **a)** 바로 그 앞에: der Eingang, w. sich die Menge drängte 바로 그 앞에 군중이 운집하였던 입구. **b)** 바로 그 앞으로: ihr Schreibtisch, w. sie den neuen Stuhl stellte 그 여자가 그 앞으로 새 의자를 당겨놓은 그 여자의 책상. **c)** 바로 그것에 대하여: die einzige, w. sie sich wirklich fürchtete 그 여자가 실제로 두려워하는 유일한 것.
wozu [voˈtsuː] ⟨Adv.⟩ **1.** 《의문사》 [《강조》 ˈvoːtsuː] **a)** 무슨 의도〔목적〕로, 무엇 때문에: w. hat man ihn rufen lassen? 무슨 일로 그를 부르게 하였는가? **b)** 어떤 계제로?: w. hat er dir gratuliert? 어떤 계제〔무슨 일〕로 그는 너에게 축하 인사를 하였는가? **2.** ⟨관계사⟩ **a)** 바로 그러한 목적〔의도〕으로. **b)** 바로 그 일을 계기〔계제〕로: ein Thema, w. sie sich nicht äußern wollte 그 여자가 언급하려 하지 않았던 주제. **c)** 바로 그것에 추가하여: eine Summe, w. noch etwa achtzig Mark Zinsen kommen 대략 80마르크의 이자가 추가되는 금액.
wozwischen [voˈtsvɪʃn̩] ⟨Adv.⟩ **1.** 《의문사》 [《강조》 ˈvoːtsvɪʃn̩] **a)** 무엇 사이에; w. lag der Brief? 그 편지는 무엇 사이에 놓여 있었는가?; **b)** 무엇 사이에: w. ist es gerutscht(gefallen)? 그것은 무엇 사이로 미끄러졌는가〔떨어졌는가〕? **2.** ⟨관계사⟩ **a)** 바로 그것 사이에: die Buchseiten, w. etwas lag 바로 그 사이에 무엇이 끼워져 있는 책갈피. **b)** 바로 그것 사이로: die Buchseiten, w. ich etwas legte 내가 무엇인가 그 사이로 끼워넣었던 책갈피.
wrack [vrak] ⟨Adj.⟩ [niederd. wrack] [선박·항공기] 쓸모없는, 쓸 수없는, 폐물이 된, 고물이 된: -e Ware ⟨상·준고어⟩ 폐품. **Wrack** [-], das; -(e)s, -s ⟨드물게⟩ -e 노후선, 난파선, 고철화된 항공기: das W. eines Schiffes heben〔verschrotten〕난파선을 끌어 올리다〔고철 처리하다〕; 〔전의〕 ein menschliches W. 폐인, 인간 폐품. **Wrackboje**, die 〔해양〕 난파선 표시 부표.
wrang [vraŋ], **wränge** [ˈvrɛŋə] ↑ wringen 참조.
Wrasen [ˈvraːzn̩], der; -s, - ⟨nordd.⟩ 증기. **Wrasenabzug**, der 증기 배출(구).

wricken [ˈvrɪkn̩], **wriggeln** [ˈvrɪɡl̩n], **wriggen** [ˈvrɪɡn̩] ⟨h⟩ [niederd.] 〔선원〕 (나룻배를) 노로 저어가다; ein Boot w. 보트를 노 하나로 젓다.
wringen* [ˈvrɪŋən] ⟨h⟩ [niederd. wringen] ⟨nordd.⟩ **a)** 양손으로 비틀다: die Wäsche w. 빨래를 비틀어짜다. **b)** 〔드물게〕 비틀어 짜내다: das Wasser aus dem nassen Laken w. 젖은 걸레에서 물기를 짜내다.
Wroclaw [ˈvrɔtsuaf] ↑ Breslau의 폴란드식 이름.
Wruke [ˈvruːkə, 〔또한〕 ˈvruːkɐ], die; -n ⟨nordost.⟩ ↑ Kohlrübe.
Ws = Wattsekunde.
WSW = Westsüdwest(en).
Wucher [ˈvuːxɐ], der; -s 〔폄〕 폭리, 고리대금, 부당 이득 행위: 18 Prozent Zinsen, das ist ja W.! 18 퍼센트 이자, 그것은 고리대금이다; W. treiben 고리대금하다, 폭리를 탐하다.
Wucher-: ~blume, die 데이지의 일종, 프랑스 국화(菊花). **~preis**, der 〔폄〕 터무니없는 가격, 바가지 씌우는 가격. **~zins**, der ⟨대개 Pl.⟩ 〔폄〕 터무니없는 이자.
Wucherei [vuːxəˈraɪ], die; -en 〔폄〕 고리대금, 모리, 폭리 거래. **Wucherer** [ˈvuːxərɐ], der; -s, - 〔폄〕 고리대금업자, 모리배. **Wucherin**, die; -nen 〔폄〕 여자 고리대금업자, 여자 모리배. **wucherisch** [ˈvuːxərɪʃ] ⟨Adj.⟩ 〔폄〕 폭리적인, 터무니없이 비싼. **wuchern** [ˈvuːxɐn] **1.** ⟨s/h⟩ 번성하다, 무성하게 자라다, 우거지다: das Unkraut wuchert 잡초가 무성하게 자라다; eine wuchernde Geschwulst 성이 잔뜩 난 종창. **2.** ⟨h⟩ 고리를 취하다, 폭리를 탐하다. **Wucherung**, die; -en **a)** 군살, 나무의 혹, 곡식덩체, 외골증. **b)** 혹, 종창: eine W. entfernen 종창〔혹〕을 제거하다.
wuchs [vuːks] ↑ wachsen 참조. **Wuchs** [-], der; -es, 〔전문어〕 **Wückse** [ˈvyːksə] **1.** ⟨Pl. 없음⟩ 자라남, 성장, 발육: die Bäume stehen in vollem(bestem) W. 그 나무들은 매우 잘 자라고 있다. **2.** ⟨Pl. 없음⟩ 몸매, 용자, 키, 신장: klein von W. sein 키가 작다. **3.** 유목(幼木), 유수(幼樹), 어린 나무. **wüchse** [ˈvyːksə] ↑ wachsen 참조. **wüchsig** [ˈvyːksɪç] ⟨Adj.⟩ 〔식물〕 (식물이) 잘 자라는: -e Pflanzen 잘 자라는 식물. **-wüchsig** [-vyːksɪç] ⟨다음의 합성어로, 예컨대⟩ großwüchsig, hochwüchsig, kleinwüchsig. **Wüchsigkeit**, die 〔식물〕 (양호한) 성장 발육. **Wuchsstoff**, der; -(e)s, -e ⟨대개 Pl.⟩ 〔전문어〕 **1.** 식물의 성장 호르몬(↑Phytohormon). **2.** 식물의 생장소(生長素)(↑Auxin).
Wucht [vuxt], die; -en [niederd. wicht] **1.** ⟨Pl. 없음⟩ 무게, 중압, 무거운 것, 힘: eine ungeheure W. steckte hinter den Schlägen des Boxers 그 권투 선수의 주먹에는 무서운 힘이 들어 있었다; der Hieb traf ihn mit voller W. am Kopf 그 일격은 그의 머리에 직통으로 맞았다; 〔전의〕 die geistige W. Nietzsches 니체의 무서운 정신력. **2.** ⟨Pl. 없음⟩ 〔지역적〕 심한 매질: eine W. bekommen〔beziehen〕심한 매를 맞다, 매질당하다 맞다. **3.** 〔지역적〕 사물의 많은 양: eine W. Bretter 많은 양의 널판지. **4. eine W. sein** ⟨경⟩ 멋지다, 멋있다: der Film ist wirklich eine W. 그 영화는 정말 인상적이다. **Wuchtbaum**, der 〔지역적〕 지레. **Wuchtbrumme** [-brʊmə], die; -n 〔청소년·준고어〕 매혹적인 소녀: deine Freundin ist 'ne echte W. 너의 여자 친구는 정말 매력있는 소녀이다.
Wuchtel [ˈvʊxtl̩], die; -n ⟨대개 Pl.⟩ ⟨österr.⟩ 밀가루 과자의 일종(Buchtel).
wuchten [ˈvʊxtn̩] ⟨통용어⟩ **1.** ⟨h⟩ **a)** 힘들여 움직이다〔이동시키다〕: schwere Kisten auf den Wagen w. 무거운 상자들을 자동차로 옮기다. **b)** 어느 쪽으로 힘껏 차다〔때리다〕: den Ball mit dem Fuß ins Tor w. 공을 골 포스트 안으로 힘차게 발로 차넣다. **2. a)** ⟨h⟩ 우뚝 서 있다,

무겁게 놓여 있다, 무거운 짐이 되다. **b)** 〈s〉 힘차게)에동하다. **c)** 〈w. + sich〉 〈h〉 힘들어 몸을 옮기다: sich in einen Sessel w. 안락의자로 힘들어 몸을 옮기다. **3.** 〈h〉 (드물게) **뻑빠지게** 일하다. 고된 일을 하다. **wuchtig** 〈Adj.〉 **1.** 무게있는, 평장한, 통렬한: ein -er Schlag 통렬한 일격. **2.** 무거운, 묵직한: ein Mann von -er Statur 듬직한 체구의 사나이. **Wuchtigkeit,** die 중량감, 묵직함, 격심, 통렬성.
Wudu ['vu:du] ↑Wodu.
Wühl-: ~arbeit, die **1.** (흙 따위를) 파 뒤집기. **2.** 〈Pl. 없음〉(폄) 음험한 선동, 중상. **~echse,** die [Skink]. **~maus,** die **1.** 들쥐. **2.** 〈통용어·농〉선동가, 중상모략가. **~tätigkeit,** die 〈Pl. 없음〉(폄) ↑~arbeit. **~tisch,** der 〈통용어〉 골라잡기 상품 판매대.
wühlen ['vy:lən] 〈h〉 **1. a)** (손, 앞발, 주둥이 따위로) 파뒤집다, 파다: er wühlte in der Kiste mit den gesammelten Münzen 그는 동전을 모아두는 상자 속을 헤집었다; Maulwürfe wühlen im Garten 두더지들이 정원의 땅을 파 뒤집는다; 전의 der Schmerz wühlte in seiner Brust 고통이 그의 가슴을 도려내는 듯 했다. **b)** (통용어) 뒤적이다: in der Schublade w. 서랍을 뒤적이다. **2. a)** 구멍을 뚫다: ein Loch (in die Erde) w. (땅 속에) 굴을 파나가다. **b)** 뒤져서 찾아내다 [끄집어내다]: den Schlüssel aus der vollen Einkaufstasche w. 가득찬 시장바구니를 뒤져서 열쇠를 찾아내다. **3. a)** 〈w. + sich〉 땅속을 파고 숨기다: der Maulwurf wühlte sich in die Erde 두더쥐가 땅 속으로 파고 들어가버렸다. **b)** 《드물게》 파묻다, 감추다: den Kopf in das Kissen w. 머리를 베개에 파묻다. **c)** 〈w. + sich〉 길을 뚫어 나아가다: er hat sich durch die Aktenstöße gewühlt 그는 서류더미를 뚫고 나아갔다. **4.** (폄) 교란하다, 선동하다: gegen die Regierung w. 반정부 선동을 하다. **5.** 〈통용어〉 고되게 일을 하다. **Wühler** ['vy:lɐ], der; -s, - **1.** 땅굴을 파는 짐승(두더쥐, 산쥐, 들쥐 따위). **2.** 《폄》교란자, 선동자, 불화 조성자. **3.** 〈통용어〉 쉬지않고 일하는 사람: der neue Mitarbeiter ist ein W. 새로 온 동료는 열성적인 일꾼이다. **Wühlerei** [vy:lə'raɪ], die; -en 〈폄〉 쉴새없이 파 뒤집기, 끊임없는 선동, 쉬지 않고 일하기. **wühlerisch** 〈Adj.〉 《폄》 민심을 어지럽히는, 선동적인.
Wuhne ↑Wune.
Wuhr ['vu:ɐ̯], das; -(e)s, -e, **Wuhre** ['vu:rə], die; -n (bayr., südwestd., schweiz.) 방파제, 방축.
Wulfenit [vʊlfə'ni:t, auch: ...nɪt], das; -s [오스트리아의 광물학자 F. X. v. Wulfen (1728~1805)에 따라] 몰리브덴 연광(鉛鑛)(Gelbbleierz).
Wulst [vʊlst], der; -es, Wülste 〈축소형: ↑Wülstchen〉 **a)** 혹, 융기, 결절: der W. einer vernarbten Wunde 상처가 아문 부위에 생긴 혹. **b)** 둥근 쿠션, (의자, 방석 따위의) 속: die W. eines Helmes 장식용 투구의 불룩한 속. **c)** [건축] 1/4원(圓) 모양의 장식 옥연(玉緣).
wulst-, Wulst-; ~artig 〈Adj.〉 혹과 비슷한. **~bug,** der 〈Pl. -e〉 [조선] 둥근 뱃머리. **~nacken,** der 〈통용어〉 살진(툭 불거진) 목덜미. **~narbe,** die [의학] ↑ Keloid.
Wülstchen ['vʏlstçən], das; -s, - ↑Wulst의 축소형. **wulsten** ['vʊlstn̩] 〈h〉 **a)** 불룩하게 하다, 불룩하다. **b)** 〈w. + sich〉 혹을 이루다, 쿠션을 만들다. **wulstig** 〈Adj.〉 혹 같은, 부푼. **Wulstling** ['vʊlstlɪŋ], der; -s, -e 파리버섯의 일종.
wumm! [vʊm] 〈Interj.〉 〈의성어〉 둔탁한 폭발음, 쿵하는 소리. **wummern** ['vʊmɐn] 〈h〉 **1.** 둔탁한 소리를 내다, 쿵쿵 울리다: die Maschinen(Motoren) wummern 기계(모터)가 윙윙 소리를 내다. **2.** 쾅쾅 소리를 내며 두들기다: mit beider Fäusten gegen die Tür w. 두 주먹으로 문을 쾅쾅 두들기다.
wund [vʊnt] 〈Adj.〉 **1.** 다친, 상처가 난: -e Füße 다친 발; sich w. laufen 달려서 상처나다; ich habe mir die Finger w. geschrieben(telefoniert) 〈통용어〉 나는 손가락이 부르트도록 글을 썼다〔전화를 걸었다〕. **2.** 《사냥·드물게》↑krank (2).
wund-, Wund-: ~arzt, der (옛) 외과 의사. **~behandlung,** die 상처의 치료. **~benzin,** das 의료용 벤진의 일종. **~bett,** das [사냥] 총에 맞은 짐승이 떨어진 곳. **~brand,** der 〈Pl. 없음〉 [의학] 창상괴저(創傷壞疽). **~fieber,** das [의학] 창상열. **~heilung,** die 상처 치료. **~infektion,** die 창상 감염. **~klammer,** die [의학] 상처(수술) 봉합 집게. **~liegen*,** sich 〈h〉 **a)** 욕창이 나다: der Patient hat sich (am Gesäß) wundgelegen 그 환자는 엉덩이에 욕창이 났다. **b)** 욕창이 생기다: ich habe mir den Rücken (das Gesäß) wundgelegen 나는 등허리(엉덩이)에 욕창이 생겼다. **~liegen,** das ↑Dekubitus. **~mal,** das 〈Pl. -e〉 (대개 아이) 흉터: die -e Christi 그리스도의 성흔. **~naht,** die [의학] 상처의 봉합. **~pflaster,** das 반창고. **~puder,** der 상처에 뿌리는 가루약. **~rand,** der 상처의 가장자리. **~reinigung,** die 상처의 세척. **~rose,** die [의학] 창상 단독. **~salbe,** die 창상 연고. **~schmerz,** der [의학] 상처의 아픔, 외상통(증). **~schorf,** der ↑Schorf (1). **~starrkrampf,** der [의학] ↑Tetanus. **~verband,** der 상처 붕대. **~versorgung,** die 상처의 치료.
Wunde [vʊndə], die; -n 상처, 창상, 외상, 손상, 상해, 약점: tödliche W. 치명적 상처; eine W. untersuchen 상처를 진찰하다; eine W. am Kopf haben 머리에 상처를 입다; aus einer W. bluten 상처에서 피가 나다; 《전의》 er hat durch seine Worte alte -n wieder aufgerissen 그 사람의 말은 그의 지난 상처를 파헤쳤다; der Krieg hat dem Land tiefe -n geschlagen (아이) 전쟁은 그 나라에 깊은 상처를 입혔다; du hast damit an eine alte W. gerührt 그것으로 너는 지난 상처를 건드린 것이다.
wunder [vʊndɐ] ↑Wunder (2). **Wunder** [-], das; -s, - **1.** 기적, 놀라운 일: ein W. geschieht (ereignet sich) 기적이 일어난다; Jesus (der Prophet) tat (wirkte) W. 예수 (그 예언자)는 기적을 행하였다; wie durch ein W. hat er überlebt 그는 기적처럼 목숨을 건졌다; 〔성구〕 o W.! (W. über W.!) 아, 기적이다!; **ein(kein) W. (sein)** 〈통용어〉 놀랄 일이 (아니다); **was W.?** 놀랄 게 뭐 있겠는가. **W. wirken** 〈통용어〉 신통한 효력을 나타내다: dieses Medikament wirkt W. 이 약은 효력이 신통하다; **sein blaues W. erleben** 〈통용어〉 무엇을 알고 놀라 자빠지다. **2.** 경이, 놀라운 일: die W. der Natur 연의 경이; 《특정 의문사와 결합하여 소문자화될 경우 비상한, 드문, 특별함을 표현한다》 er meint, was w. ausgeleistet zu haben 그는 자기가 대단한 일을 한 것으로 믿고 있다; er bildet sich ein, er sei w. wie klug (w. wer) 그는 자기가 대단히 총명(특별)하다고 잘못 생각하고 있다.
¹Wunder-: 《다음의 합성어에서는 준접두사적 규정어로서 "상상할 수 없이 좋은, 큰" 등의 감정적 강조를 나타낸다, 예컨대》 Wunderheilung, -mittel, -waffe 등.
wunder-, ²Wunder-: **~baum,** der (민중) 아주까리, 피마자. **~blume,** die **1.** 분꽃. **2.** ↑~kraut. **~ding,** das 〈Pl. 4e〉 《대개 Pl.》 불가사의한 것(일). **b)** (정서) 경이적인 물건. **~doktor,** der 〈조롱〉 엉터리 (가짜) 의사. **~geschwulst,** die [의학] 기형종(腫). **~heilung,** die 기적적인 효력(치료). **~hübsch** 〈Adj.〉 대단히 아름다운. **~kerze,** die 불꽃을 튀기며 타도록 가연성 혼합물을 칠한 도선. **~kind,** das 신동(神童). **~knabe,** der ↑~kind. **~kraft,** die 불가사의한

힘, 괴력. **~kräftig** ⟨Adj.⟩ 불가사의한 힘의, 괴력의. **~kraut**, das 이상한 효험을 내는 약초. **~lampe**, die 1. (동화 속의) 마술 램프. 2. 전기오징어. **~land**, das 이상한 나라, 마술의 나라. ⟨Pl. -männer⟩ ⟨고어⟩ ↑**~täter** (2). **~mild** ⟨Adj.⟩ ⟨시어·준고어⟩ 대단히 온유한, 부드러운. **~mittel**, das 신비의 약. **~nehmen*** ⟨h⟩ ⟨아어⟩ 1. 놀라워 하다: es würde mich nicht w., wenn er das täte 그가 그런 짓을 하더라도 나는 놀라지 않을 것이다. 2. ⟪schweiz.⟫ ↑**wundern** (3 a). **~quelle**, die 마술의 샘, 이상한 샘물. **~schön** ⟨Adj.⟩ 대단히 아름다운. **~sucht**, die ⟨Pl. 없음⟩ 기적벽(奇蹟癖). **~tat**, die 1. ⟨종교⟩ 기적, 역사. 2. 놀랄만한 행위. **~täter**, der 1. ⟨종교⟩ 기적을 행하는 사람. 2. 마술사, 마법사. **~tätig** ⟨Adj.⟩ 기적을 행하는, 기적적인. **~tätigkeit**, die ⟨Pl. 없음⟩ 기적적 행위, 기적적임. **~tier**, das 기괴한 환상의 동물. **~tüte**, die 요술 봉지. **~voll** ⟨Adj.⟩ **a)** ⟨정서⟩ 놀라운, 불가사의한. **b)** (형용사의 강조) 굉장한. **~welt**, die 1. 이상한 나라. 2. 기적의 나라. **~werk**, das 기적, 묘적.

wunderbar [ˈvʊndɐbaːɐ̯] ⟨Adj.⟩ 1. (드물게) 놀라운, 경이로운: sie wurden w. errettet 그들은 놀랍게도 구출되었다. 2. **a)** ⟨정서⟩ 매우 아름다운, 멋있는: er ist ein -er Mensch 그는 매우 멋있는 인간이다; sie kann w. singen 그 여자는 노래를 매우 잘 부른다. **b)** ⟨통어⟩ (형용사의 강조) 매우: der Sessel ist w. bequem 그 안락의자는 매우 안락하다. **wunderbarerweise** ⟨Adv.⟩ 놀랍게도, 기이하게도: ich sauste die steile Treppe hinunter, w. ohne zu stolpern 나는 놀랍게도 그 가파른 계단을 비틀거리지도 않고 쏜살같이 내려갔다. **wunderlich** [ˈvʊndɐlɪç] ⟨Adj.⟩ 별스러운, 기괴한, 기묘한: im Alter ist er w. geworden 노년에 들어서 그는 괴벽스러워졌다. **Wunderlichkeit**, die; -en ⟨Pl. 없음⟩ 기묘함, 괴벽스러움. **b)** 기괴[기묘]한 것(일), 변덕스러운 행위. **wundern** [ˈvʊndən] ⟨h⟩ 1. 놀라게 하다, 이상한 생각이 들게 하다: sein Verhalten wunderte sie 그의 행동은 그 여자를 놀라게 했다; es wundert mich(mich wundert), daß er nichts von sich hat hören lassen 그에게서 아무런 소식이 없어서 나는 의아하게 생각한다. 2. ⟨w. + sich⟩ 의아하게 생각하다: sie wunderte sich, daß er erst so spät nach Hause kam 그 여자는 그가 늦게서야 집에 온 것을 의아하게 생각했다. 3. ⟪schweiz.⟫ **a)** 누구의 호기심을 자극하다: es wundert mich, woher du das weiß 그가 그것을 어떻게 아는지 나로서는 궁금하다. **b)** ⟨w. + sich⟩ 의아하게 생각하다: ich wundere mich, ob sie damit einverstanden sein wird 나는 그 여자가 그것에 동의할지 궁금하다. **wunders** [-] ⟨통어⟩⟨드물게⟩ ↑**wunder**. **wundersam** [ˈvʊndɐzaːm] ⟨Adj.⟩ ⟨아어⟩ 이상한, 수수께끼 같은, 신비한: ein -er Traum 이상한 꿈.

Wundheit, die ⟨드물게⟩ 부상, 찰상.

Wune [ˈvuːnə], die; -n 얼음 구멍.

Wunsch [vʊnʃ], der; -(e)s, Wünsche [ˈvʏnʃə] 1. 소원, 소망, 요청, 욕구, 욕망: sein sehnlichster W. war in Erfüllung gegangen 그의 간절한 소망이 이루어졌다; jmds. Wünsche erraten 누구의 소망을 알아맞추다; er widerstand dem W., sich ein neues Auto zu kaufen 그는 새 자동차를 사고 싶은 욕구를 극복했다; es ging alles nach W. 모든 일이 뜻대로 되었다; 〔성구〕 Ihr W. sei(ist) mir Befehl 당신 분부대로 하겠습니다; **etw. ist ein frommer W.** 무엇이 이룰 수 없는 소망이다. 2. 바라는 것, 소망하는 것, 원하는 바⟨대상⟩: Meine Wünsche begleiten Sie! 저의 모든 소망이 당신께 함께 하기를 빕니다!; Mit den besten Wünschen Ihr [Dein] 돈수재배(頓首再拜; 편지를 끝내는 말).

wunsch-, Wunsch-: **~bild**, das 지상 목표, 이상(理想), 이상의 상(像). **~denken**, das; -s 희망적 관측. **~elf**, die 이상적인 축구 팀. **~form**, die 〔언어〕 희구〔소망〕법. **~gegner**, der 희망 상대. **~gemäß** ⟨Adv.⟩ 희망대로 따라: eine Bestellung w. erledigen 주문대로 이행하다. **~kind**, das 소망해서 얻은 자식: unsere Tochter war ein W. 우리 딸은 바라던 끝에 얻은 자식이었다. **~konzert**, das 희망 음악회. **~liste**, die 희망 사항을 적은 쪽지. **~los** ⟨Adj.⟩ 소원이 없는, 충족한: ich bin w. glücklich 〔농〕 나는 부족함이 없이 행복하다. **~mannschaft**, die 〔스포츠〕 이상적 팀. **~partner**, der 이상적인 동반자. **~satz**, der 〔언어〕 원문망(願望文). **~traum**, der 꿈같은 소망, 큰 희망. **~vorstellung**, die 희망적 관념, 희망적 상상, 허황된 꿈: sich keinen -en hingeben 허황된 생각에 빠지지 않다. **~zettel**, der 희망사항 열거 쪽지.

wünschbar [ˈvʏnʃbaːɐ̯] ⟨Adj.⟩ ⟪schweiz.⟫ 바람직한, 그랬으면 싶은, 탐스러운: es ist nicht w., daß er der neue Trainer wird 그가 새로운 트레이너가 된다는 것은 바람직하지 않다. **Wünschbarkeit**, die; -en ⟪schweiz.⟫ 1. ⟨Pl. 없음⟩ 바람직함, 소망 사항. 2. ⟨대개 Pl.⟩ 소망스러운 것. **Wünschelrute** [ˈvʏnʃl̩-], die; -n 마술 지팡이. **Wünschelrutengänger**, der 마술 지팡이로 수맥이나 광맥을 찾는 사람. **wünschen** [ˈvʏnʃn̩] ⟨h⟩ 1. 원하다, 바라다, 소망하다: etw. aufrichtig von Herzen w. 무엇을 마음 속으로부터 진정으로 바라다. 2. 요망하다: eine Änderung w. 개정을 요망하다; es wünscht Sie jemand zu sprechen 누군가가 당신을 뵙고자 합니다; Sie wünschen bitte? 무엇을 드릴까요?; es verlief alles wie gewünscht 모든 일이 원하는 대로 되어갔다; **etw. läßt (sehr, viel) [etw. läßt nichts] zu w. übrig** 그것은 대단히 유감스러운[절대로 유감이 없는] 일이다. 3. 누구를 위하여 무엇을 기원하다: jmdm. fröhliche Weihnachten w. 누구에게 즐거운 성탄절을 기원하다. 4. 누가 어디에 가 있기를 원하다: jmdn. weit fort w. 누가 멀리 떠나가 있기를 바라다; ich wünschte mich auf eine einsame Insel 나는 어느 외로운 섬에 가 있고 싶다. **wünschenswert** ⟨Adj.⟩ 바라는, 원하는, 탐나는: etw. (nicht) für w. halten 무엇이 바람직하다고(하지 않다고) 생각하다.

wuppdich [ˈvʊpdɪç] ⟨통어⟩ 아차하는 순간에 ! (빠른 동작을 나타내는 표현). **Wuppdich** [-] (다음 용법으로) **mit (einem) W.** ⟨통어⟩ 민첩하게, 기민한 동작으로: mit einem W. war sie aus dem Bett 그 여자는 민첩하게 침대에서 나왔다. **wupp, wups** ⟨통어⟩ ↑ **wuppdich**: wupp war er weg! 그는 휙 하는 사이에 없어져버렸다.

Wupper [ˈvʊpɐ], die 부퍼 강(라인 강의 지류). **Wuppertal** [ˈvʊpɐtaːl] 부퍼탈(독일의 도시).

wurachen [ˈvuːraxn̩] ⟨h⟩ ⟪ostd.⟫ 중노동을 하다.

würbe [ˈvʏrbə] ↑ **werben** 참조.

wurde [ˈvʊrdə], **würde** [ˈvʏrdə]: ↑ **werden** 참조.

Würde [-], die; -n 1. ⟨Pl. 없음⟩ **a)** 품위, 존엄성: die menschliche W. 인간의 품위; jmds. W. antasten [verletzen] 누구의 품위를 해치다. **b)** 품격, 기품, 체면: W. ausstrahlen 기품을 보이다; auf W. bedacht sein 체면을 고려하다; **unter meiner(seiner) W.** 나(그)의 품위에 관계된; **unter aller W.** 대단히 좋지 않은. **c)** 2. 직위, 고위, 작위: akademische -n 학위.

würde-, Würde-: **~los** ⟨Adj.⟩ **a)** 품위 없는, 체면 없는. **b)** 누구의 품위를 손상시키는, 체면을 깎는. **~losigkeit**, die 품위〔위엄〕 없음. **~voll** ⟨Adj.⟩ 품위〔위엄〕 있는, 장중한, 당당한: sich w. bewegen 품위 있게 처신하다.

Würdenträger, der; -s, - ⟪종종 아어⟫ 고위 관직(에 있

는 사람), 현관(顯官), 학위를 받은 사람: hohe geistliche W. 고위 성직자들. **würdig** ['vʏrdɪç] 〈Adj.〉 **1.** 기품 있는, 위엄 있는: ein -er alter Herr 기품 있는 노인; ein Fest w. begehen 축제를 품격을 갖춰 거행하다. **2.** …의 가치가 있는, …에 어울리는, …하기에 족한, 상응하는: einen -en Nachfolger suchen 적합한 후계자를 찾다; sie ist seines Vertrauens w. 그 여자는 그가 신뢰할 만한 가치가 있다; sie fühlte sich seiner nicht w. 그 여자는 자신이 그에게 어울리지 않는다고 느꼈다. **würdigen** ['vʏrdɪgn̩] 〈h〉 **1.** 평가하다, 진가를 인정하다: solche Aufmerksamkeiten wußte sie zu w. 그 여자는 그러한 점에 주의할 줄 알았다. **2.** 누구에게 무엇의 가치를 인정하다: jmdn. keines Grußes w. 누구에게 인사도 하지 않다. **Würdigkeit**, die **1.** 진가. **2.** 가치 (있음). **Würdigung**, die, -en 가치 인정, 평가: in seiner Arbeit wurde ihm der Preis zuerkannt 그의 업적이 인정 받아 그에게 상이 수여되었다.
Wurf [vʊrf], der; -(e)s, Würfe ['vʏrfə] 〈(수량)- **1. a)** 던짐, 투척: der W. ging ins Ziel 던진 것이 목표물에 맞았다; jmdm. in den W. kommen(laufen) 〈지역적〉 누구와 뜻밖에 마주치다. **b)** 〈육상〉 던지기: ein W. von 80 Metern 80미터 던지기. **c)** 〈볼링〉공 던지기(굴리기). **d)** 〈게임〉 주사위 던지기: schon der erste W. brachte eine Sechs 첫 번째 던져서 6이 나타났다; alles auf einen W. setzen 한 판에 승부를 걸다. **2.** 성공적인 작품: mit dieser Erfindung ist ihm ein W. gelungen 이 발명으로 그에게는 한 작품이 성공한 셈이다. **3.** 주름잡이(의 모양). **4.** 짐승의 새끼 낳기, 한 배의 새끼.
Wurf-: ~**bahn**, die 투척물의 비행 궤도, 탄도. ~**bude**, die 놀이터 사격장. ~**disziplin**, die 투척 종목. ~**geschoß**, das 발사체(총알, 로켓, 수류탄 등): einen Stein als W. benutzen 돌을 발사체로 사용하다〔돌을 던지다〕. ~**geschütz**, das 곡사포, 구포(臼砲)〔옛날의 투척[척]기. ~**griff**, der 〈무도〉 상대를 넘어뜨리는 자세. ~**hammer**, der 〈육상〉 투해머. ~**holz**, das 목제 투척물(부메랑 등). ~**keil**, der 쐐기형의 발사체〔투척물〕. ~**keule**, die 곤봉 모양의 발사체〔투척물〕. ~**kreis**, der 〈육상〉 ~ring (1). ~**maschine**, die **1.** 〈옛〉 투척기, 투사 장치, 쇠뇌. **2.** 트램 사격용 발사기. ~**pfeil**, der 던지는 (화)살. ~**ring**, der **1.** 〈육상〉 (투척용) 서클. **2. a)** 던지기 경기에서 사용하는 고무 제품의 링. **b)** 〈놀이터〉 에서 하는 유희의 일종으로 말뚝에 걸리게 하는 쇠고리. ~**scheibe**, die (투척용) 원반. ~**sendung**, die 선전용 우편물. ~**taube**, die 〔사격〕(흙으로 만든) 비둘기〔던져 올려 사격 연습에 씀〕. ~**taubenschießen**, das **1.** 〔흙으로 만든〕 비둘기 표적 사격. **2.** (움직이는) 표적물 사격 경기.
würfe ['vʏrfə]: ↑werfen 참조. **Würfel** ['vʏrfl̩], der; -s, - **1.** 입방체, 정육면체. **2.** 주사위: W. spielen 주사위 놀이하다; 〔성구〕 die W. sind gefallen 결정은 이미 내려졌다(주사위는 던져졌다). **3.** 입방체로 된 물건: Zucker in -n 각설탕.
würfel-, Würfel-: ~**artig** 〈Adj.〉 주사위 모양의. ~**becher**, der 주사위를 넣고 흔들어 던지는 통. ~**brett**, das 주사위 놀이판. ~**bude**, die (시장 따위에서) 주사위놀이 하는 (작은) 집. ~**förmig** 〈Adj.〉 정육면체의, 입방체의. ~**kapitell**, das 〔예술〕 정육면체 모양의 주두(柱頭). ~**muster**, das 입방체 모양의 무늬. ~**spiel**, das **a)** 주사위 도박(놀이). **b)** 주사위 판놀이. ~**spieler**, der 주사위 놀이하는 사람, 노름꾼. ~**zucker**, der 〈Pl. 없음〉 각설탕.
würfelig, würflig ['vʏrf(ə)lɪç] 〈Adj.〉 **a)** 주사위 모양의, 정육면체의. **b)** 〔직물의〕 격자 무늬의, 바둑판 무늬의. **würfeln** ['vʏrfl̩n] 〈h〉 **1. a)** 주사위놀이하다, 도박하다: um Geld w. 돈을 걸고 주사위놀이하다. **b)** 주사위를 던져 일정한 숫자가 나오다: eine Sechs w. 주사위를 던져 6이 나오다. **2. a)** 주사위 모양으로 자르다: das Fleisch wird gewürfelt und angebraten 고기를 주사위 모양으로 잘라 굽는다. **b)** 〈대개 과거분사형으로〉 격자 무늬가 새겨진. **würflig** ↑würfelig.
Würge- (würgen): ~**engel**, der ↑Würgengel. ~**griff**, der 먹살잡기, 목조르기. 〔전의〕 des Todes 임종에 처하여. ~**mal**, das 목조르기로 생긴 반점 (斑點).
würgeln 〈h〉 〔섬유〕 섬유를 가공하여 실을 만들다.
würgen ['vʏrgn̩] 〈h〉 **1.** 목을 조르다: jmdn. am Hals w. 누구의 목을 조르다; 〔성구〕 die Krawatte würgte ihn 넥타이가 목에 꽉 끼었다. **2. a)** 구토증을 느끼다, 속이 메슥거리다: er mußte heftig w. 그는 속이 메슥거렸다; sich würgend erbrechen 목이 메도록 구토하다. **b)** 누구에게 구토증을 주다: es würgte ihn 그는 속이 메슥메슥했다; 〔전의〕 in der Kehle würgte ein heftiges Schluchzen 목이 간질간질하면서 심한 딸꾹질이 났다. **3.** 무엇을 힘들여 끼룩끼룩 삼키다: an zähem Fleisch w. 질긴 고기가 목구멍에 걸리다; das Kind würgt an seinem Essen 그 아이는 음식을 목에 넘어가지 않아 억지로 먹는다. **4.** 〈통용어〉 무엇을 억지로 끼워넣다: er würgte die Knöpfe in die engen Löcher 그는 단추를 좁은 단추 구멍에 억지로 끼웠다. **b)** 힘들여 일하다: den ganzen Tag w. 하루종일 고생스럽게 일하다. **Würgengel**, Würgeengel, der 〔기독교〕 죽음의 천사. **Würger**, der; -s, - **1.** 〔고어·폄〕 교살자, 학살자, 살인자. **2.** 때까치. **Würgschraube**, der 〈교형〉 교형(絞刑)틀.
wurlen ['vʊrlən] 〈s/h〉 (bayr., österr.) **1.** 이리저리 뛰어다니다, 우글거리다. **2.** 열심히 일하다.
¹**Wurm** [vʊrm], der; -(e)s, Würmer ['vʏrmɐ]/Würme ['vʏrmə] **1.** 〈Pl. Würmer; 축소형: ↑Würmchen〕 벌레, 연충(蠕蟲), 모충(毛蟲), 잎벌레, 구더기: die Amsel hat einen fetten W. im Schnabel 지빠귀가 주둥이에 굵은 벌레를 물고 있다; 〔속담〕 auch der W. krümmt sich, wenn er getreten wird 지렁이도 밟으면 꿈틀거린다; **da ist(sitzt) der W. drin** 〈통용어〉 문제가 거기에 있다; **jmdm. die Würmer aus der Nase ziehen** 〈통용어〉 누구의 비밀을 교묘히 알아내다, 유도 심문하다; **einen (nagenden) W. in sich(im Herzen) tragen(haben)** 앙심을 품고 있다; **jmdm. den W. segnen** 〈통용어·준고어〉 누구를 바르게 인도하다; **jmdm. den W. heraustreiben** 〈통용어·준고어〉 누구의 잘못된 생각을 고쳐주다; **den W.(Würmer) baden** 〈통용어·농〉 낚시질하다. **2.** 〈Pl. Würme〉 〔고어〕 용 (龍), 괴물. ²**Wurm** [-], des; -(e)s, Würmer ['vʏrmɐ] 〈축소형 ↑Würmchen〉 〔친근〕 가엾은 인간, 작은 아이, 애기: die armen Würmchen haben nichts zu essen 이 불쌍한 아이들이 먹을 것이 없구나.
wurm-, Wurm-: ~**artig** 〈Adj.〉 벌레 모양의, 벌레 같은. ~**befall**, der 벌레들의 급습, 충해. ~**ei**, das 벌레 알. ~**erkrankung**, die 해충에 의한 발병. ~**farn**, der 〔구충 효과가 있는〕 고사리의 일종. ~**fortsatz**, der 〔lat. processus vermiformis〕 〔의학〕 맹장의 충양돌기. ~**fraß**, der 〈Pl. 없음〉 벌레 먹은 구멍, 충해. ~**krankheit**, die 기생충병. ~**kur**, die 기생충병 치료. ~**leiden**, das 기생충병. ~**mittel**, das 구충제, 구충약. ~**stichig** 〈Adj.〉 벌레 먹은: der Apfel ist w. 이 사과는 벌레 먹었다.
Würmchen ['vʏrmçən]; das; -s, - 작은 벌레(↑¹,²Wurm의 축소형). **wurmen** ['vʊrmən] 〈h〉 〈통용어〉 누구를 화나게 하다: die Niederlage wurmt mich 그 패배는 나를 화나게 한다. **wurmig** ['vʊrmɪç] 〈Adj.〉 (과

일 등에) 벌레가 든, 벌레 먹은: die Kirschen sind fast alle w. 이 버찌들은 거의 모두 벌레 먹었다.
Wurscht [vʊrʃt] ↑Wurst (1). **Wurschtel**: ↑Wurstel. **Wurschtel**: ↑Würstel. **Wurschtelbude**: ↑Würstelbude. **Wurst** [vʊrst], die; Würste ['vyrstə] 《축소형》: ↑Würstchen) **1.** 소시지, 순대: geräucherte W. 훈제한 소시지; eine Scheibe[ein Stück] W. 한 조각[개]의 소시지; ein Brötchen mit W. belegen 순대를 넣어 샌드위치를 만들다; W. wider W. 《통용어》 가는 말에 오는 말; verschwinde wie die W. im Spinde [Winde]! 《통용어》 빨리 꺼져버려!; **jmdm. W. [Wurscht] sein** 《통용어》 무엇이 누구의 관심 밖이다: dieser Mensch ist mir W. 나는 그 사람에게 별 관심이 없다; **sich nicht die W. vom Brot nehmen lassen** 남에게 속지 않는다; **jmdm. die W. auf dem Brot nicht gönnen** 남에게 지지 않는 성미이다, 시기심이 강하다; **mit der W. nach dem Schinken [nach der Speckseite] werfen** 《통용어》 되로 주고 말로 받으려고 한다; **mit dem Schinken nach der W. werfen** 《통용어》 작은 일이 탐나서 큰 모험을 하다. **2.** 순대 모양의 물건: der Hund hinterließ dicke Würste auf der Straße 그 개는 길 위에 똥을 굵게 누어 놓았다; Würstchen machen 《아동》 응가하다.
Wurst-: ~**blatt**, ~**blättchen** 《略》 보잘것 없는 작은 신문. ~**brot**, das 소시지를 넣은 빵. ~**brötchen**, das 소시지를 넣은 빵. ~**brühe**, die 《순대국》. ~**finger**, der 굵고 살찐 손가락. ~**fülle**, die 《지역적》 소시지 소(소시지 속을 채우는 음식물). ~**haut**, die 소시지 껍질. ~**herstellung**, die 소시지 제조. ~**kammer**, die 소시지 광[저장소]. ~**kessel**, der 소시지 제조용의 솥. ~**küche**, die 소시지 제조 부엌. ~**maxe**, der 《경》 거두 순대 장수. ~**pelle**, die (nordd.) 소시지 껍질. ~**platte**, die 《요식》 《여러 종류의》 소시지 쟁반 음식, der 【요리】 소시지 샐러드. ~**scheibe**, die 소시지 조각. ~**stück**, das 소시지 조각(낱개). ~**stulle**, die 《지역적》 소시지 빵. ~**suppe**, die 순대국. ~**vergiftung**, die 소시지 중독. ~**verkäufer**, der 소시지 장수. ~**waren** 소시지 식품. ~**zipfel**, der 순대꼬투리.
Würstchen ['vʏrstçən], das; -s, - **1.** 작은 소시지(↑ Wurst의 축소형; Wiener[Frankfurter] W. 비엔나[프랑크푸르트] 소시지. **2.** 《통용어》 볼 볼일 없는 존재. **Würstchenbude**, die 소시지 가게. **Würstchenstand**, der 소시지 가게[판매대]. **Wurstel** ['vʊrstl], **Wurschtel** ['vʊrʃtl], die; -s, - (bayr., österr.) ↑ Hanswurst. **Würstel** ['vyrstl], **Würstchen** ['vyrstl], das; -s, - (österr.) 작은 《비엔나》 소시지: **da gibt es keine W.** (österr., 통용어) 이 사정 저 사정 볼것이 없다. **Würstelbude**, Würschtelbude, die; - (österr.) 소시지 가게. **Wurstelei** [vʊrstə'laɪ], **Wurschtelei** [vʊrʃtə'laɪ], die; -en (통용어·略) 꿈지럭거리며 일하기, 구습의 답습. **wursteln** [vʊrstln], **wurschteln** ['vʊrʃtln] 〈h〉 꿈지락거리며 꾸준히 일하다. **würsten** ['vʊrstn] 〈h〉 소시지를 제조하다. **Wurster**, der; -s, - (südd.) 소시지 만드는 사람. **Wursterei**, die; -en 순대 제조, 푸줏간. **wurstig** ['vʊrstɪç], **wurschtig** ['vʊrʃtɪç] 〈Adj.〉 《통용어》 무관심한, 관심[흥미]없는: -es Benehmen 무관심한 행동. **Wurstigkeit**, **Wurschtigkeit**, die 무관심. **Wurstler**, der; -s, - 《지역적》 순대 만드는 사람. **Wurstlerei**, die; -en 순대 제조업, 푸줏간, 꿈지락거리는 일, 구습의 답습.
Wurt [vʊrt], die; -en [niederd. wurt] (nordd.) 홍수 등 안전 고지, 제방, 둑: das Haus liegt auf einer W. 그 집은 제방 위에 있다. **Wurte**, die; -n ↑ Wurt.
Württemberg ['vʏrtəmbɛrk], -s 뷔르템베르크(남서 독 일의 주). ¹**Württemberger** ['vʏrtəmbɛrgɐ], der; -s, - 뷔르템베르크의 주민. ²**Württemberger** [-] 〈Adj.〉 격변화 없음〉 뷔르템베르크의. **württembergisch** ['vʏrtəmbɛrgɪʃ] 〈Adj.〉 뷔르템베르크의.
Wurtzit [vʊr'tsiːt], der; -s, -e [프랑스 화학자 A. Wurtz(1817~84)에 따라] 섬유아연광.
Wurz [vʊrts], die; -en 《고어·지역적》 뿌리.
Würzburg ['vʏrtsbʊrk] 뷔르츠부르크(독일의 도시). ¹**Würzburger** ['vʏrtsbʊrgɐ], der; -s, - 뷔르츠부르크의 시민. ²**Würzburger** [-] 〈Adj.; 격변화 없음〉 뷔르츠부르크의. **würzburgisch** 〈Adj.〉 뷔르츠부르크의.
Würz- (würzen) 〔요리〕: ~**fleisch**, das 양념한 고기 (↑Ragout). ~**kraut**, das 양념으로 쓰이는 채소, 향초. ~**mischung**, die 모듬 양념. ~**mittel**, das 양념, 조미료. ~**soße**, die 양념 소스. ~**stoff**, der 양념(거리), 조미료, 향료. ~**wein**, der 향료를 친 포도주. ~**wort** das 〈Pl. ...wörter〉 〔언어〕 뉘앙스를 바꾸는 불변화사.
Würze ['vʏrtsə], die; -n **1. a)** 양념, 조미료, 향료: eine scharfe[süße, bittere] W. 매운[단, 쓴맛이 나는] 양념. **b)** 향기로운 맛이나 냄새: die besondere W. von Wildbret 야생 짐승 요리의 독특한 맛; 〔전의〕 Gefahr, die W. des Lebens 위험, 그것은 인생의 양념. **2.** 〔전문어〕 《발효용》 맥아즙. **Wurzel** ['vʊrtsl], die; -n **1. a)** 《축소형》: ↑Würzelchen) 뿌리: die Pflanzen haben neue -n ausgebildet[getrieben] 그 식물들은 새로 뿌리가 났다; **-n schlagen 1)** (식물이) 뿌리를 내리다. **2)** (사람이) 어디에 정착하다. **b)** ↑Zahnwurzel의 약칭: der Zahn hat noch eine gesunde W. 그 이는 뿌리가 아직 튼튼하다. **c)** ↑Haarwurzel의 약칭: ihr halbgefärbtes Haar war schwarz in den -n 그녀의 반쯤 염색된 머리카락은 모근 부분이 까맣다. **2.** 근원, 원천: hier hat der Schmerz seine W. 여기에 그 고통의 근원이 있다; mit der W. ausrotten (악을) 발본색원하다. **3.** 《지역적》 ↑ Möhre. **4.** (신체 부분의) 근부(根部). **5.** 〔언어〕 어근(語根). **6.** 〔수학〕 **a)** 근(根), 근수(根數): die vierte W. aus 81 ist 3 81의 4제곱근은 3이다. **b)** 평방근: die W. ziehen 평방근을 구하다.
wurzel-, **Wurzel-**: ~**artig** 〈Adj.〉 뿌리 모양의. ~**ballen**, der 뿌리덩이. ~**behandlung**, die 치근(齒根)치료. ~**brand**, der 〈Pl. 없음〉 〔농업〕 (채소 뿌리의) 탈저(脫疽). ~**bürste**, die 단단한 식물의 뿌리로 만든 솔. ~**echt** 〈Adj.〉 접목(接木)되지 않은. ~**faser**, die 식물의 아주 미세한 잔뿌리. ~**füßer**, der 《대개 Pl.》 근족(중)류(根足類), **~füßler**, der ↑~füßer. ~**geflecht**, das 뿌리 세공(細工). ~**gemüse**, das 근채류(무, 당근 등). ~**haut**, die 〔의학〕 치근막(齒根膜). ~**hautentzündung**, die 치근막염, 치주염. ~**kletterer**, der 반요(攀繞) 식물(송악 등). ~**knolle**, die 〔생물〕 괴근(塊根), 괴경(塊莖). ~**los** 〈Adj.〉 뿌리 없는, 기초없는. ~**losigkeit**, die ↑~los의 명사형. ~**schößling**, der ↑ ~**sproß**. ~**silbe** 〔언어〕 어근 음절. ~**sproß**, der 〔식물〕 흡지(吸枝), 흡근(吸根), 만생근(蔓生根). ~**stock**, der **1.** 〔식물〕 근경(根莖), 지하경(地下莖). **2.** 뿌리를 포함한 밑둥치. ~**werk**, das 〈Pl. 없음〉 **1.** 뿌리덩이. **2.** 《지역적》 스프용 근채류. ~**wort**, das 〔언어〕 〔言〕 원어, 어근. ~**zeichen**, das 〔수학〕 근(부)호(기호: √). ~**ziehen**, das; -s 〔수학〕 어떤 수의 근을 구하기.
Würzelchen ['vʏrtsl̩çən], das; -s, - ↑ Wurzel (1 a)의 축소형. **wurzelig** ['vʊrtsəlɪç] ↑ würzlig. **wurzeln** ['vʊrtsl̩n] 〈h〉 **1.** 뿌리 박다(내리다), 뿌리 박고 있다: 〔전의〕 das Mißtrauen wurzelt tief in ihm 그에게 불신이 깊이 뿌리 박혀 있다. **2.** 누구[무엇]에 기인하다, 유래하다. **3.** 《지역적》 왔다갔다 움직이다, 이동하다. **wurzen**

['vʊrtsn̩] ⟨h⟩ ⟪bayr., österr.⟫ 이용할 대로 이용하다, 협잡하다: der Kaufmann hat wieder gewurzt 그 상인은 또다시 협잡했다. **würzen** ['vʏrtsn̩] ⟨h⟩ 양념하다, 조미료를 치다, 흥을 돋우다: das Gulasch (die Suppe) w. 굴라쉬(스프)에 조미료를 치다; 전의 er würzte seine Rede mit allerlei Witzen und Wortspielen 그는 온갖 위트와 말재간을 섞어 연설하였다. **würzig** ['vʏrtsɪç] ⟨Adj.⟩ 풍미있는, 강력한, 맛이 있는 (향기가 나는): 전의 seine Erzählungen sind sehr w. 그의 이야기들은 아주 재미있다. **Würzigkeit, die** ↑würzig의 명사형. **wurzlig** ['vʊrtslɪç], ⟨Adj.⟩ 뿌리가 가득 찬(무성한). **Würzung, die**; -en 양념치기.
wusch [vu:ʃ], **wüsche** ['vy:ʃə] ↑waschen 참조.
Wuschelhaar ['vʊʃ-]-, das; -(e)s, -e ⟪통용어⟫ 고수머리, 흩어진(엉킨)머리. **wuschelig** [vʊʃəlɪç] ⟨Adj.⟩ ⟪통용어⟫ (머리가) 엉킨, 흐트러진. **Wuschelkopf, der;** -(e)s, ...köpfe ⟪통용어⟫ a) 머리카락이 엉킨 머리. b) 엉킨 머리를 한 사람, 고수머리의 사람. **wuschelköpfig** ⟨Adj.⟩ 머리가 엉킨, 고수머리인. **wuscheln** ['vʊʃn̩] ⟨h⟩ ⟪지역적⟫ 손으로 슬쩍 머리를 훑다.
wus(e)lig ['vu:z(ə)lɪç] ⟨Adj.⟩ ⟪지역적⟫ 원기좋은, 귀여운, (쾌감으로) 아찔한, 짜릿한. **wuseln** ['vuzl̩n] ⟨의성어·의태어⟫ ⟪지역적⟫ a) ⟨s⟩ 민첩하게 움직이다. b) ⟨h⟩ 민첩하게 활동하다.
wußte ['vʊstə], **wüßte** ['vʏstə] ↑wissen 참조.
WUST, Wust = ⟪schweiz.⟫ Warenumsatzsteuer 참조.
Wust [vu:st], der; -(e)s ⟪폄⟫ 혼란, 난잡, 허섭쓰레기, 폐물 무더기: ich muß mich erst durch den W. von Akten durcharbeiten 나는 서류 뭉치를 정리해야 한다; 전의 ein W. von Vorurteilen 혼잡한 선입관. **wüst** [vy:st] ⟨Adj.⟩ **1.** 황량한. **2.** 매우 혼란한, 무질서한. **3.** ⟪폄⟫ a) 매우 심한, 난잡한: bei unseren Nachbarn geht es w. zu 우리 이웃사람들의 생활은 매우 난잡하다. b) 조야한, 야비한. c) 나쁜, 심한. d) 추한, 보기 싫은: das Wetter ist w. 날씨가 매우 나쁘다. **Wüste** [vy:stə], die; -n 사막, 황야: die heißen -n der Tropen 뜨거운 열대의 사막; jmdn. in die W. schicken 누구를 실각(매장) 시키다. **wüsten** ['vy:stn̩] ⟨h⟩ 낭비하다, 방종한 생활을 하다: mit dem Geld w. 돈을 낭비하다.
Wüsten-: **~bewohner,** der 황야(사막)의 주민. **~fuchs,** der ↑~Fennek. **~klima,** das 사막의 기후. **~könig,** der ⟨시어⟩ 사자. **~ritt,** der 사막의 (낙타)행군. **~sand,** der 사막의 모래. **~schiff,** das (아이·농) 낙타. **~steppe,** die ⟨지리⟩ 사막의 스텝 지대. **~tier,** das 사막의 동물. **~wind,** der 사막(황야)의 바람.
Wüstenei [vy:stə'nai], die; -en **1.** 황량한 토지, 불모지. **2.** ⟪통용어⟫ 대혼란, 큰 혼잡: in seinem Zimmer herrscht eine schreckliche W. 그의 방은 정돈 상태가 엉망이다. **wüstenhaft** ⟨Adj.⟩ 사막 같은. **Wüstheit,**

die 황량, 불모, 방종, 사악(邪惡), 난폭. **Wüstling** ['vy:stlɪŋ], der; -s, -e ⟪폄⟫ 탕아(蕩兒). **Wüstung** ['vy:stʊŋ], die; -en **a)** ⟨지리⟩ 폐허화된 주거지나 농지. **b)** ⟨광⟩ 폐광.
Wut [vu:t], die **1.** 분노, 격노: die W. des Volkes richtete sich gegen den Diktator 민중의 분노는 그 독재자를 향했다; seine W. an jmdm. (an einer Sache) auslassen 누구(무엇)에게 화풀이하다; 전의 die Donner dämpfen ihre W. 천둥소리는 점점 누그러진다; **(eine) W. im Bauch haben** ⟪통용어⟫ 화가 몹시 나다. **2.** ↑Tollwut의 약칭.
wut-, Wut-: **~anfall,** der 분노의 발작. **~ausbruch,** der 분노의 폭발. **~entbrannt** ⟨Adj.⟩ 분노(격)한. **~geheul,** das 노호(怒號). **~schäumend, ~schnaubend** ⟨Adj.⟩ 화가나서 씩씩거리는. **~schrei,** der 노호(怒號). **~verzerrt** ⟨Adj.⟩ 분노로 일그러진.
wüten ['vy:tn̩] ⟨h⟩ 분노하다, 광란하다: sie haben gewütet wie die Berserker 그들은 웅족족(熊皮族)들처럼 광란했다; 전의 der Sturm wütet 폭풍이 광란한다; Seuchen wüten in dem Land 질병이 이 나라에서 창궐한다. **wütend** ⟨Adj.⟩ **a)** 미쳐 날뛰는, 광포한: je ruhiger ich dastand, desto w. wurde er 내가 거기에 조용히 서 있을수록 그는 더욱 더 광포해졌다; w. auf (über) jmdn. sein 누구에게 몹시 화나 있다. **b)** 매우 큰, 심한: er hatte -e Schmerzen 그의 아픔은 매우 심했다. **Wüter,** der; -s, - ⟨고어⟩ 광포한 사람. **Wüterei** [vy:tə'rai], die ⟪폄⟫ 격노, 광포. **Wüterich** ['vy:tərɪç], der; -s, -e ⟪폄⟫ 광포(잔인)한 사람. **wütig** ['vy:tɪç] ⟨Adj.⟩ ⟨준고어⟩ **a)** 화난, 분노한. **b)** 대담한 것, 용감한: er selber hatte w. in mehreren Scharmützeln mitgefochten 그는 수많은 전투에 직접 참전하여 용전분투했다. **-wütig** [-vy:tɪç] ⟨준접미사로서⟩ 무엇에 미친(열심인). **-wütigkeit** [-vy:tɪçkait], die ↑-wütig의 명사형.
wutsch! [vʊtʃ] ⟨Interj.⟩ ⟪의성어⟫ 휙!, 쉿! (빠르고 갑작스런 동작을 나타낼 때 쓰임).
wutschen ['vʊtʃn̩] ⟨s⟩ ⟪의성어·의태어⟫ ⟪통용어⟫ 신속하게 빠져나가다.
Wutz [vʊts], die; -en / der; -en, -en ⟪의성어⟫ ⟪westmd.⟫ **a)** 돼지(새끼). **b)** 돼지 같은 놈. **wutzen** ['vʊtsn̩] ⟨h⟩ ⟪westmd.⟫ ↑ferkeln (2 a, b).
wuzeln ['vu:tsl̩n] ⟪의성어·의태어⟫ ⟪bayr., österr.⟫ **a)** 돌리다, 감다. **b)** 밀치다, 몰다. **Wuzerl** ['vu:tsɐl], das; -s, -n ⟪österr.⟫ **1.** 뚱보아이. **2.** 꾀깔, 솜털, 깃털.
Wwe. = Witwe. **Wwr.** = Witwer.
Wyandot [vajəndɔt], ⟨engl.⟩ ['waiəndɔt], der -, -s 캐나다의 인디언. **Wyandotte** [vajən'dɔt(ə), ⟨engl.⟩ 'waiəndɔt], das; -, -s / die; -n [engl. wyandotte] 미국산 닭의 일종.

X

x, X [ɪks; ↑a, A], das; -, - **1.** 독일어 자모의 스물 네째 자: jmdm. ein X für ein U vormachen 누구를 기만하다. **2.** 미지의 이름이나 크기에 부치는 기호. **3.** 〈소문자〉 **a)** 【수학】 (방정식에서 일정한 가치를 나타내는) 미지수. **b)** 《통용어》 일정하지 않지만 수많은 반복횟수를 나타내는 기호: das Stück hat x Aufführungen erlebt 그 작품은 꽤 여러 차례 공연되었다.

X, X: ↑Chi.

X 로마 숫자 10.

ξ, Ξ = Xi.

x-, X- [ˈɪks-] 〈연결부호와 함께〉: **~Achse**, die 【수학】 X축. **~Beine** 〈Pl.〉 안짱다리. **~beinig** 〈Adj.〉 안짱다리의. **~beliebig** 〈Adj.〉 《통용어》 임의의, 닥치는 대로의: das kannst du x-beliebig verwenden 너는 그것을 마음대로 사용할 수 있다. **~Chromosom**, das 【생물】 X 염색체. **~Einheit**, die 【물리】 뢴트겐 광선의 길이 단위. **~förmig** 〈Adj.〉 X자 모양의. **~Haken**, der X자 고리. **~mal** 〈Adv.〉 《통용어》 누차, 여러 번. **~Strahlen** 〈Pl.〉 X광선.

¹Xanten [ˈksantən] 크산텐(독일의 도시). **Xantener** [ˈksantənər], der; -s, - 크산텐의 시민.

²Xanthen [ksanˈteːn], das, -s [griech. xanthós] 【화학】 키산텐. **Xanthin** [ksanˈtiːn], das [griech. xanthós] 【생화학】 키산틴.

Xe = Xenon.

Xanthippe [ksanˈtɪpə], die; -n [소크라테스의 악처 이름에서] 《통용어·폄》 바가지 긁는 여자, 악처: er hat eine X. zur Frau 그는 악처를 얻었다.

Xanthophyll [ksantoˈfyl], das; -s [griech. xanthós u. phýllon] 【식물】 엽황소(葉黃素).

Xenie [ˈkseːniə], die; -n 【문예학】 (풍자적) 격언적인 2행시. **Xenion** [ˈkseːnɪɔn], das; -s, …ien [...iən; lat. xenium < griech. xénion] ↑Xenie.

xeno-, Xeno- [kseno-; griech. xénos] 〈"손님, 이방인, 낯선"을 뜻하는 규정어로서, 예컨대〉 xenophob, Xenokratie. **xenoblastisch** [...ˈblastɪʃ] 〈Adj.〉 【광물】 이질적 결정체(結晶體)를 생성하는. **Xenoglossie** [...ˈglɔˈsiː], die; …ien [...iən] 【심리】 ↑Glossolalie. **Xenokratie** [...kraˈtiː], die; -n [...iən; griech. xenokrateīn] 《드물게》 외국의 지배[통치]. **Xenolith** [...ˈlɪt, ...ˈliːt], der; -s / -en, -e(n) 【지질】 이질물[석]. **Xenon** [ˈkseːnɔn], das; -s [engl. xenon] 크세논 (기호: Xe). **Xenonlampe**, die 제논등(燈). **xenophil** [...ˈfiːl] 〈Adj.〉 《교양어》 외국 지향적. **Xenophilie** [...fiˈliː], die 《교양어》 외국 선호(性). **xenophob** [...ˈfoːp] 〈Adj.〉 《교양어》 외국 적대적인(반대: xenophil). **Xenophobie**, die 《교양어》 외국(인) 혐오(반대: Xenophilie).

xer-, Xer-: ↑xero-, Xero-. **Xeranthemum** [ˈkseˈrantemʊm], das; -s, …men [kseranˈteːmən] ↑ Papierblume (1).

Xeres [ˈçeːres] ↑Jerez.

xero-, Xero-, xer-, Xer- [kser(o)-, griech. xerós] 〈trocken을 뜻하는 규정어로서, 예컨대〉 Xerophyt 건생식물. **Xerodermie** [...derˈmiː], die; -n [...iən; griech. dérma] 【의학】 건피증(乾皮症). **Xerographie**, die; -n 【인쇄】 제로그라피, 건식 복사(술). **xerographieren** [...graˈfiːrən] 〈h〉 건식 복사술로 복사하다. **xerographisch** 〈Adj.〉 건식 복사술의. **Xerokopie**, die; -n [...iən] 제록스 복사. **xerokopieren** 〈h〉 ↑xerographieren. **xerophil** [...ˈfiːl] 〈Adj.〉 [griech. phileīn] 【식물】 (식물 따위가) 건조한 기후를 선호하는. **Xerophyt** [...ˈfyːt], der; -en, -en [griech. phytón] 【식물】 건생식물(乾生植物).

x-fach 《통용어》 ↑tausendfach(b). **X-fache**, das; -n X 갑절(배(倍)).

Xi [ksiː], das; -(s), -s [griech. xī] 그리스어 자모의 열 네째자.

Xoanon [ˈksoːanɔn], das; -s …ana [grieh. xóanon] 고대 그리스의 목조(木彫).

x-t... [ɪkst…] **a)** 【수학】 x번째의: die -te Potenz x 제곱. **b)** 《통용어》 누차의(에 걸쳐): der x-te Versuch 누차의 시도. **x-temal** 〈Adv.〉 《다음 용법으로》 beim[zum] x-tenmal 몇 번이고 되풀이해서.

Xylem [ksyˈleːm], das; -s, -e [griech. xýlon] 【식물】 목부(木部). **Xylit** [ksyˈliːt, 〈또한〉 ...lɪt], der; -s, -e **1.** 【화학】 크실리톨. **2.** 갈탄(의 목재성분). **xylo-, Xylo-** [ksylo-; gˈriech. xýlon] 〈Holz를 뜻하는 규정어로, 예컨대〉 Xylophon 목금. **Xylograph**, der; -en, -en 【예술】 Holzschneider. **Xylographie**, die; -n [...iən] **a)** 〈Pl. 없음〉 ↑Holzschneidekunst. **b)** ↑Holzschnitt. **xylographisch** 〈Adj.〉 **a)** 나무에 새긴. **b)** 목판인쇄의. **Xylol** [ksyˈloːl], das; -s 【화학】 크실롤, 자일로유(油). **Xylolith** ⓦ₂ [...ˈlɪt, 〈또한〉 ...lɪt], der; -s / -en, -e(n) 목재석(木材石), 목재로 만든 인조석. **Xylophon**, das; -s, -e 실로폰, 목금. **Xylose** [ksyˈloːzə], die 크실로제, 목당(木糖)의 일종.

Xysti: ↑Xytus의 복수형. **Xystos** [ˈksystɔs], der; -, Xysten [griech. xystós] 크시스토스(고대 그리스의 경기장). **Xystus** [ˈksystʊs], der; -, Xysti [lat. xystus < griech. xystós] 고대 로마식의 노천 테라스[정원].

Y

y, Y ['Ypsilɔn], das; -, - **1.** 독일어 자모의 스물 다섯째 자. **2.** 〈소문자〉【수학】(방정식에서의 제2의) 미지수, 변수.
y. = Yard.
υ, Y: ↑Ypsilon (2).
Y = Ytrium.
¥ = Yen.
y-, Y- 《붙임표와 함께》: **~Achse**, die 【수학】 Y축, 종축. **~Chromosom**, das 【생물】 Y염색체. **~förmig** 〈Adj.〉 Y자형의.
Yacht: ↑Jacht.
Yagiantenne ['ja:gi-], die; -n [일본의 엔지니어 H. Yagi의 이름에서]【전기】FM 수신용 안테나의 일종.
Yak: ↑Jak.
Yamashita [jama'ʃi:ta], der; -(s), -s [일본의 기계체조 선수 H. Yamashita의 이름에서]【체조】야마시타 도약(안마에서의 공중제비).
Yamswurzel ['jams-], die; -n ↑Jamswurzel.
Yang [jaŋ], das; -(s) [chin. yang] 역학(易學)에서의 양(陽).
Yankee ['jɛŋki], der; -s, -s [engl.-amerik.] 양키, 북미인에 대한 별칭. **Yankee-doodle** ['jæŋkɪduːdl], der; -(s) [engl.-amerik. Yankee Doodle] 양키 노래(18세기부터 유행한 미국의 준애국가에 해당하는 노래).
Yard ['jaːɐt], das; -s, -s 야드(91.44cm)(영국의 척도 단위).
Yastik: ↑Jastik.
Yawl [jɔːl], die; -e / -s [engl. yawl, wohl < mniederd. jolle(↑Jolle) od. mniederl. jol] 욜선(돛이 둘 달린 경기용 배).
Yb = Ytterbium.
yd. = Yard.
yds. = Yards.
Yen [jɛn], der; -(s), -(s) [jap. yen < chin. yuan] 엔화(貨).
Yeti ['jeːti], der; -s, -s [tib.] 히말라야 설인(雪人).
Yggdrasil ['Ykdrazɪl], der; -s [nordd.·신화] 우주수(宇宙樹)(세상을 떠받쳐 주는 나무로 그 가지가 하늘과 땅에 두루 뻗어 있다고 함).
Yin [jɪn], das; - [chin. yin] 역학(易學)에서의 음(陰).

Yippie ['jɪpiː], der; -s, -s [amerik. yippie] 과격 행동파 계열의 히피족.
Ylang-Ylang-Baum ['iːlaŋ 'iːlaŋ-], der; -(e)s, -bäume [malaii.] 이일랑 이일랑 나무. **Ylang-Ylang-Öl** ['iːlaŋ'iːlaŋ-], das; -(e)s 이일랑 이일랑 나무 기름(향수의 원료).
YMCA ['waɪ-ɛmsiː'eɪ], die [영어 Young Men's Christian Association의 약어] 기독교 청년회.
Yoga: ↑Joga.
Yogaübung, die 요가 연습.
Yoghurt: ↑Joghurt.
Yogi, Yogin: ↑Jogi, Jogin.
Yohimbin [johm'biːn], das; -s [afrik.] 요힘빈(미약(媚藥)).
Yokohama [joko'haːma] 요코하마(일본의 도시).
Youngster ['jʌŋstə], der; -s, -s [engl. youngster] (스포츠에서의) 유망주, 신예 선수.
Yo- Yo-: ↑Jo- Jo.
Ypsilon ['Ypsilɔn], das; -(s), -s [griech. ỹ psilŏn] **1.** ↑y, Y (1). **2.** 그리스 자모의 스무째자. **Ypsiloneule**, die Y자꼴의 무늬가 있는 밤나방의 일종.
Ysop ['iːzɔp], der; -s, -e [lat. hys(s)opum < griech. hýssōpos] 히소프(꿀풀과의 약초).
Ytong Ⓦ [jˈyːtɔŋ], der; -s, -s [Kunstwort]【토목】건축 자료로 쓰이는 인조 콘크리트의 일종.
Ytterbium [Y'tɛrbjʊm], das; -s [스웨덴의 지명 Ytterby에서 유래] 이테르븀(희토류 원소; 기호: Yb). **Ytter-erden** ['Ytɐr-] 〈Pl.〉【화학】산화이트륨. **Yttrium** ['Ytriʊm], das, -s 이트륨(희토류 원소; 기호: Y).
Yuan ['juːan], der; -(s), -(s) [chin. yuan] 중국의 화폐 단위.
Yucca ['jʊka], die; -s [span. yuca] ↑Palmlilie.
Yuppie [jʊpi, 《engl.》 'jʌpi], der; -s, -s [engl. yuppie, young urban professional (people)의 첫 글자에서] 여피족, 외모에 큰 가치를 부여하는 젊은 도시형 출세파(출세 지향적 도시의) 젊은이.
Yürük: ↑Jürük.
YWCA ['waɪdʌbljuːsiː'eɪ], die [영어 Young Women's Christian Association의 약어] 기독교 여자 청년회.

Z

z, ¹Z [tsɛt; ↑a, A], das; -, - 독어 자모의 스물 여섯째 자.
²Z [-], das; - [Zuchthaus의 첫 철자]《은어·은폐》징역(형).
ƶ, Z: ↑Zeta.
Zabaglione [dzabal'joːnə], **Zabaione** [dzabaˈjoːnə], die; -s [ital. zaba(gl)ione] 크림 소스의 일종(포도주와 계란 흰자위로 만듦).
Zabig ['tsaːbɪç], das,《또한》der; -s, -s《schweiz.》만찬.
zach [tsax]〈Adj.〉 **1.**《südd.》**a)** 질긴. **b)** 지속적인. **2.**《ostmitteld.》인색한. **3.**《nordd.》수줍은, 소심한.
zack! [tsak]〈Interj.〉《경》착!(일이 잘 되어가는 상태를 표현할 때 쓰임): bei ihm muß alles z., z. gehen! 그는 일이 착착 진행되지 않으면 못 참는 성질이다. **Zack** [-]《다음의 용법으로》**auf Z. sein**《통용어》유능하다, 일을 잘 처리하다; **jmdn. auf Z. bringen**《통용어》누구의 일이 잘 되도록 돌봐 주다; **etw. auf Z. bringen**《통용어》무엇을 잘 되도록 주선하다. **Zäckchen** ['tsɛkçən], das; -s, - Zacke 참조. **Zacke** ['tsakə], die; -n (축소형: ↑Zäckchen) 첨두, 첨단: die -n eines Sägeblatts 톱날의 톱니; bei dem Kamm fehlt eine Z. 그 빗은 이가 하나 빠졌다. **zacken** ['tsakn̩]〈h〉…에 첨두(모서리)를 만들다, 톱날 모양으로 만들다, 끝을 톱니 모양으로 하다. **Zacken** [-], der; -s, -《지역적》 **1.** 첨두. **2.** 《지역적》↑Zacke: **sich keinen Z. aus der Krone brechen**《통용어》(무엇에 대해) 체면이 손상되지 않다; **jmdm. bricht kein Z. aus der Krone**《통용어》(누구의) 체면은 조금도 손상시키지 않는다; **einen Z. haben (weghaben)**《통용어》술 취해 있다; **einen (ganz schönen) Z. drauf haben**《경》(자동차 따위가) 대단히 빠르게 달리다.
zącken-, Zącken-: ～**artig**〈Adj.〉톱니 같이 생긴. ～**barsch**, der 열대 지방에서 사는 농어의 일종. ～**firn**, der【지리】↑Büßerschnee. ～**förmig**〈Adj.〉톱니 모양의. ～**hirsch**, der 동남아시아 사슴의 일종. ～**krone**, die 끝이 뾰족한 왕관. ～**linie**, die 톱니 모양의 선. ～**litze**, die 톱니 모양의 레이스. ～**ornament**, das【건축】톱니 모양의 무늬(장식). ～**schnee**, der【지리】↑Büßerschnee.
zackerieren〈h〉[frz. sacré]《nordd.·통용어》불만을 토로하다.
zackern ['tsakɐn]〈h〉《südwestd., westmd.》밭을 갈다.
zackig ['tsakɪç]〈Adj.〉 **1.** 끝이 뾰족뾰족한, 모서리가 난, 톱니 꼴의. **2.**《통용어·군》과단성 있는, 절도 있는, 용감한: der Soldat salutierte z. 그 군인은 절도 있는 동작으로 경례했다. **Ząckigkeit**, die ↑zackig의 명사형.
Zadder [-], **Zadd(e)rig** ['tsad(ə)rɪç]〈Adj.〉《지역적》힘줄로 된, 힘줄이 많은, 고기가 무척 질긴.
zag [tsaːk], **zage** ['tsaːgə]〈Adj.〉《아어》겁 많은, 소심한, 결단성 없는:[전의] eine zage Hoffnung 하나의 엷은 희망.
Zagel ['tsaːgl̩], der; -s, -《지역적》**1.** 꼬리, 음경(陰莖).

2. 머리숱, 다발.
zagen ['tsaːgn̩]〈h〉《아어》겁내다, 겁을 먹다, 두려워하다, 주저하다. **zaghaft** ['tsaːkhaft]〈Adj.〉소심한, 주저하는, 겁내는. **Zaghaftigkeit**, die ↑zaghaft의 명사형. **Zagheit**, die《아어》소심, 겁많음.
Zagreb ['zaːgrɛp] 자그레브(유고슬라비아의 도시).
zäh [tsɛː],《드물게》**zähe** ['tsɛːə]〈Adj.〉 **1. a)** 질긴: das Steak ist ja z. wie Leder! 이 스테이크는 가죽처럼 질기다. **b)** 끈적끈적한, 점액성의, 진득진득한: ein zäher Hefeteig 진득진득한 효모 반죽. **c)** 진척이 더딘(어려운), 질질 끄는 듯한: die Arbeit kommt nur zäh voran 그 일은 진척이 매우 더디다. **2. a)** 강인한, 완강한: Frauen sind oft zäher als Männer 여자들이 때때로 남자들보다 더 모질다. **b)** 지구력이 있는, 꾸준한.
zäh-, Zäh-: ～**fest**〈Adj.〉《전문어》질기고 단단한. ～**festigkeit**, die《전문어》↑~fest의 명사형. ～**flüssig**〈Adj.〉점액성의, 걸쭉한. ～**flüssigkeit**, die《Pl. 없음》↑~flüssig의 명사형. ～**lebig**〈Adj.〉목숨이 질긴, 저항력이 강한. ～**lebigkeit**, die ↑~lebig의 명사형.
zähe: ↑zäh. **Zähe** ['tsɛːə], die《드물게》Zäheit, Zähigkeit. **Zäheit** ['tsɛːhait], die 질김, 질긴 성질, 완강함, 점액성. **Zähigkeit** ['tsɛːɪçkait], die **1. a)** 완강함, 강인성. **b)** 지구력. **2.**《드물게》↑Zäheit.
Zahl [tsaːl], die; -en **1. a)**《數》~en 적자, 결손, 부족액. **b)** 숫자: arabische(römische) -en 아라비아(로마)의 숫자. **2.**【수학】추상적인 개념상의 수: natürliche Z. 자연수; ganze Z 정수(整數)(반대: Bruchzahl); gebrochene Z. 분수; gemischte Z. 대분수(예컨대: 2 1/2); gerade(ungerade) Z. 우수(기수). **3.** 《Pl. 없음》수효, 수량, 개수: die Z. der Mitglieder wächst ständig 회원 수는 계속해서 늘고 있다. **4.**【언어】↑Numerus.
zahl-, ¹Zahl- (Zahl): ～**adjektiv**, das【언어】수형용사. ～**form**, die【언어·드물게】↑Numerus (1). ～**los**〈Adj.〉《감정》대단히 많은, 무수한, 수없는. ～**reich**〈Adj.〉대단히 많은, 수많은. **Z.** 많은 인원을 이루는, 큰: seine -e Nachkommenschaft 그의 수많은 자손. ～**substantiv**, das【언어】수명사(數名詞). ～**wort**, das《Pl. -wörter, 드물게 -e》【언어】수사(數詞). ～**zeichen**, das 숫자: arabische(römische) Z. 아라비아(로마) 숫자.
²Zahl- (zahlen): ～**box**, die (버스 등의) 요금통. ～**brett**, das 계산대, 카운터. ～**grenze**, die【교통】금구간의 경계. ～**karte**, die【우편】우편환 불입 용지. ～**kellner**, der (호텔, 레스토랑의) 서비스와 출납을 맡아보는 웨이터. ～**meister**, der 회계 담당자, 출납계, (군대의) 재정관:[전의] ich bin doch nicht euer Z.《통용어》나는 너희들의 물주가 아니다(왜 항상 내가 돈을 내야만 하느냐는 뜻에서). ～**schalter**, der 지불 창구. ～**stelle**, die **1.** ↑~schalter. **2.**【금융】↑Domizil (2). ～**stellenwechsel**, der【금융】↑Domizilwechsel (2). ～**tag**, der 월급(봉급)날. ～**teller**, der 계산대(접시). ～**tisch**, der 계산대, 카운터.
Zähl-: ～**apparat**, der ↑Zähler (1). ～**appell**, der

[군] 점호. ~**brett**, das 동전 계산판[기]. ~**gerät**, das [탁구] 득점 게시판. ~**kammer**, die [의학] 계산판(혈구 계산용). ~**kandidat**, der [정치] 낙선을 각오하고 다만 인기도를 측정하려는 의도로 출마한 후보. ~**karte**, die [골프] ↑Scorekarte. ~**maß**, das 개수(個數) 묶음 단위(예컨대: 다스). ~**muster**, das [수공] 색채 견본 무늬. ~**reim**, der [드물게] ↑Abzählreim. ~**rohr**, das [기술] 계수관(計數管). ~**spiel**, das [골프] 메달 플레이, 스트로크 플레이. ~**werk**, das 계수(계량) 기구. ~**zwang**, der [심리] 수를 세고 싶어하는 병적인 강박감.

zahlbar ['tsaːlbaːɐ̯] ⟨Adj.⟩ [상] 지불 기한이 된, 지불할 수 있는: z. bei Erhalt 즉시불로. **zählbar** ['tsɛːlbaːɐ̯] ⟨Adj.⟩ **1.** 셀 수 있는. **2. a)** (수량을) 일정한 개수로 표시할 수 있는. **b)** [언어] (명사들이) 개수로 셀 수 있는. **Zahlbarkeit**, die ↑zahlbar의 명사형. **Zählbarkeit**, die ↑zählbar의 명사형. **zählebig** ⟨Adj.⟩ 저항력이 강한, 목숨이 질긴. **Zahlemann** ['tsaːlə-] ⟨다음 용법으로⟩ Z. und Söhne: wenn du mit dem Tempo in eine Geschwindigkeitskontrolle kommst, heißt es Z. und Söhne《통용어・농》만약 네가 그 속도로 달리다가 걸리면 벌금을 내야 한다. **zahlen** ['tsaːlən] ⟨h⟩ **1. a)** 지불하다, 치르다, 돈을 내다: 50 Mark z. 50 마르크를 지불하다; an wen muß ich das Geld z.? 누구에게 돈을 지불해야 되나요?; Herr Ober, bitte z.! (식당 등에서) 자, 계산합시다!; [전의] einem leichtsinn mußte er mit einem gebrochenen Bein z. 그는 너무 경솔해서 다리를 부러뜨릴 수밖에 없었다. **b)** 무엇의 대금을 지불하다: Miete z. 방세를 지불하다. **2.** (통용어) (상품이나 서비스의) 값을 치르다: die Taxifahrt(das Taxi) z. 택시 요금을 내다. **zählen** ['tsɛːlən] ⟨h⟩ **1.** (수를) 세다. **2.** 헤아리다, 계산하다: er zählte das Geld auf den Tisch 그는 탁자 위에서 돈을 올려 놓으면서 일일이 세었다. jmds. **Jahre(Tage) sind gezählt** 누구는 별로 오래 살지 못한다; **die Tage von etw. sind gezählt** 무엇이 오래 지속되지 못할 것이다; **jmds. Tage als etw. sind gezählt** 누가 무슨 노릇하는 것도 불과 얼마 남지 않았다: seine Tage als Kanzler sind gezählt 그가 재상 노릇하는 것도 며칠만 지나면 그만이다; **jmds. Tage irgendwo sind gezählt** 누구는 어디에 더이상 오래 머물지 못할 것이다. **3.** [아어] **a)** ...의 수에 달하다: er zählt ungefähr 40 Jahre 그의 나이는 대략 40이다. **b)** ...의 수를 이루다: die Opfer der Katastrophe zählten nach Tausenden 그 사고의 희생자는 수천에 달한다. **4. a)** 계산에 넣다, ...에 편입시키다: ich zähle ihn zu meinen Freunden 나는 그를 나의 친구라고 생각하고 있다. **b)** ...에 속하다: die Menschenaffen zählen zu den Primaten 인간은 만물의 영장이다; die Pause zählt nicht als Arbeitszeit 휴식 시간은 노동 시간에 포함되지 않는다. **5. a)** 값이 나가다, 가치가 있다. **b)** 효력이 있다: das Tor zählt nicht 그 골인은 무효이다. **c)** 가치를 인정하다: das Tor wurde nicht gezählt 그 골인은 무효로 선언되었다. **d)** 의미를 갖다, 중요하다: bei ihm[für ihn] zählt nur die Leistung eines Mitarbeiters 그에게 중요한 것은 다만 협력자의 성취도이다. **6.** 믿다, 기대하다: kann ich auf dich(deine Hilfe) z.? 너[너의 도움]를 믿어도(기대해도) 되겠는가.

zahlen-, Zahlen-: ~**angabe**, die 수에 의한 표시, 숫자를 들기, 숫자에 의한 데이터. ~**beispiel**, das 숫자로 표시된 예. ~**folge**, die 수열(數列). ~**gedächtnis**, das 숫자 기억(력). ~**gerade**, die [수학] 정수 표시 직선. ~**kolonne**, die 수의 계열, 수열. ~**kombination**, die 숫자 조합. ~**lotto**, das Lotto (1). ~**mäßig** ⟨Adj.⟩ 수에 의한, 숫자상(上)의. ~**material**, das 숫자에 의한 자료. ~**mystik**, die 숫자에 신비성을 부여 하는 신비설. ~**paar**, das [수학] 수의 짝. ~**rätsel**, das 숫자 게임, 수의 수수께끼. ~**reihe**, die 수의 계열, 수열. ~**schloß**, das 숫자를 맞춰 여는 자물쇠, 다이얼 자물쇠. ~**symbolik**, die 상징적 수 해석[수학]. ~**system**, das 기수법(記數法), 수의 조직, 진법(進法). ~**theorie**, die [수학] 정수론(整數論). ~**wert**, der [물리] 수치(數値), 수의 값.

Zähler, der; -s, - 지불하는 사람: er ist ein pünktlicher Z. 그는 셈이 정확한 사람이다. **Zähler**, der; -s, - [lat. numerator] **1.** 계산(계량)기(전기, 가스 등의): den Z. ablesen 계량기를 검침하다. **2.** [수학] 분자(分子)(반대: Nenner, Divisor b). **3.** 재정 (지불) 능력이 있는 사람, 세력가. **4.** 《스포츠・온어》 **a)** 명중탄, 당점. **b)** 점(수), 득점. **Zählerstand**, der (계량기에 나타난 전기, 가스 등의) 소모 상태. **Zahlung**, die **1.** 지불, 지급, 돈을 치름: eine Z. leisten 돈을 지불하다 [은폐] die Firma mußte die -en einstellen [은폐] 그 회사는 지불 정지를 할 수밖에 없었다(파산했다); **etw. in Z. nehmen (2)** 1) 상인이 물건을 팔 때 구매자가 가지고 온 쓰던 물건에 값을 쳐주고 그 나머지 금액만을 계산해 받다. 2) 무엇을 현금 대신으로 인수하다: **etw. in Z. geben** [상] 물건을 살 때 구매자가 쓰던 물건을 돈으로 쳐서 셈에 받다; **an -s Statt** [고어] 현금 대신으로. **2.** 지불액. **Zählung**, die; -en 세기, 셈하기, 계산, 열기, 매기: eine Z. durchführen 세다, 수효를 확인하다.

zahlungs-, Zahlungs-: ~**abkommen**, das [경제] 지불 협정. ~**anweisung**, die 지불 명령(어음, 수표 따위). ~**aufforderung**, die 지불 요구(청구). ~**aufschub**, der 지불 연기(유예). ~**bedingungen**, die 지불 조건. ~**befehl**, der 《법・고어》↑Mahnbescheid. ~**bilanz**, die [국민경제] 지불 결산, 국제 수지. ~**einstellung**, die [경제] 지불 정지. ~**empfänger**, der 지불 수취인. ~**erinnerung**, die ↑-aufforderung. ~**erleichterung**, die 지불 조건의 완화. ~**fähig** ⟨Adj.⟩ 지불 능력이 있는. ~**fähigkeit**, die ⟨Pl. 없음⟩ 지불 능력. ~**frist**, die 지불 기한. ~**halber** ⟨Adv.⟩ (격식 독어) 지불 목적으로, 지불하기 위하여. ~**kräftig** ⟨Adj.⟩ (통용어) 지불 능력이 큰, 돈을 척척 쓸수 있는. ~**mittel**, das 지불 수단(예컨대: 돈, 수표). ~**modus**, der (교양어) ↑-weise. ~**ort**, der 지불지, 지불 장소. ~**pflicht**, die 지불 의무. ~**pflichtig** ⟨Adj.⟩ 지불 의무가 있는. ~**schwierigkeiten** ⟨Pl.⟩ 지불 곤란. ~**termin**, der 지불 기일. ~**unfähig** ⟨Adj.⟩ 지불 불능인. ~**unfähigkeit**, die ⟨Pl. 없음⟩ 지불 의사가 없는. ~**verkehr**, der ⟨Pl. 없음⟩ 지불 유통. ~**verpflichtung**, die 지불 의무, 채무. ~**verzug**, der 지불 연기. ~**weise**, die 지불 방법. ~**willig** ⟨Adj.⟩ 지불 의사가 있는. ~**ziel**, das [상] ↑-frist.

zahm [tsaːm] ⟨Adj.⟩ **1. a)** 길든, 인간 생활에 익숙한, 사람을 잘 따르는: die Eichhörnchen sind so z., daß sie einem aus der Hand fressen 이 다람쥐들은 사람손에서 직접 먹이를 받아 갈 수 있을 정도로 길들어 있다. **b)** (짐승이) 온순한: [전의] die Brandung war ganz z. 파도는 별로 거세지 않았다. **2.** (통용어) **a)** 순종하는, 말 잘 듣는, 착한. **b)** 온건한, 신랄하지 않은: eine sehr -e Kritik 온건한 비평. **zähmbar** ['tsɛːmbaːɐ̯] ⟨Adj.⟩ 길들일 수 있는. **Zähmbarkeit**, die ↑zähmbar의 명사형. **zähmen** ['tsɛːmən] ⟨h⟩ **1.** (동물을) [전의] 길들이다. die Natur(die Naturgewalten) z. 자연[자연의 힘]을 극복하다. **2.** (아어) 제어하다, 억누르다: 《또한》z. + sich er wußte sich kaum noch zu z. 그는 거의 자제 능력을 잃었다. **Zahmheit**, die 길들여짐, 온순. **Zähmung**, die; -en 길들임, 순치(馴致), 억제, 극복.

Zahn [tsaːn], der; -(e)s, Zähne **1.** ⟨축소형: ↑Zähnchen) 이(齒), 치아: kariöse Zähne 충치(蟲齒); die Zähne kommen[brechen durch] 이가 나다; der Z. wackelt[ist locker] 이가 흔들리다; sich die Zähne putzen 이를 닦다; einen Z. plombieren[füllen] 이를 충전하다(때우다); paß auf, Kerl, du spuckst gleich Zähne 《경》 까불지 마 이 놓아, 이빨이 부러져야 정신 차릴래!; mit den Zähnen knirschen (분노로) 이를 갈다; dritte Zähne 《농·은폐》 의치; der Z. der Zeit (통용어) 시간의 파괴력; jmdm. tut kein Z. mehr weh (통용어) 그는 죽었다; jmdm. den Z. ziehen (통용어) 누구의 희망[환상]을 빼앗다; (jmdm.) die Zähne zeigen 《통용어》 (누구에게) 힘이나 의지를 과시하다; die Zähne zusammenbeißen 《통용어》 이를 악물(고 참)다; sich³ an etw. die Zähne ausbeißen 《통용어》 모진 노력에도 불구하고 무엇에 실패하다; lange Zähne machen[mit langen Zähnen essen, 《드물게》 die Zähne heben] 《통용어》 음식을 맛없게 먹다; jmdm. auf den Z. fühlen 《통용어》 누구의 속을 떠보다, 누구의 능력을 타진하다; bis an die Zähne bewaffnet 중무장한; (nur) für einen(den) hohlen Z. reichen(sein) 《경》 (음식이) 너무 적다; etw. mit Zähnen und Klauen verteidigen 《통용어》 무엇을 사수하다. 2. 〈축소형: ↑Zähnchen〉 《동물》 상어의 비늘. 3. 〈축소형: ↑Zähnchen〉 이빨 모양의 물건, 산꼭대기. 4. 《통용어》 고속도, 빠른 속도: einen Z. zulegen 《통용어》 속력을 내다. 5.《청소년·고어》 젊은 여자, 아가씨.

zahn-, Zahn-: ~alveole, die [해부] ↑Alveole (a). ~arme 〈Pl.〉 〔동물〕 빈치류(貧齒類). ~arzt, der 치과의사. ~arzthelferin, die 치과 여간호사. ~ärztin, die ↑~arzt의 여성형. ~ärztlich 〈Adj.〉 치과(의사)의. ~arztpraxis, die 치과 진료소(의원). ~arztstuhl, der 치과 병원의 치료용 의자. ~ausfall, der 〈Pl. 없음〉 이빠짐, 치아 탈락. ~becher, der ↑putzbecher. ~behandlung, die 치과 진료. ~behandlungsschein, der 치과 진료증. ~bein, das 〈Pl. 없음〉 〔생물〕 치골, 상아질. ~belag, der 〔치과〕 치석. ~bett, das 〔해부〕 치근막(齒根膜). ~bettentzündung, die 〔치과〕 치근막염. ~betterkrankung, die 〔치과〕 치근막 발병. ~bettschwund, der 〔치과〕 ↑Parodontose. ~bohrer, der 〔치과〕 치추(齒錐). ~bürste, die 칫솔. ~creme, die 치약. ~durchbruch, der 〔생물〕 이가 남(치생). ~ersatz, der 의치. ~fach, das 〔해부〕 ↑Alveole (a). ~fäule, die ↑Karies (2). ~fieber, das 〔의학〕 치생열(齒生熱). ~fleisch, das 잇몸: auf dem Z. gehen 《통용어》 기진맥진하다. ~fleischbluten, das 잇몸 출혈. ~fleischentzündung, die 〔치과〕 잇몸 염증, 치육증. ~fleischschwund, der 〔치과〕 치육(잇몸) 소멸. ~fleischtasche, die 〔치과〕 치육낭. ~füllung, die 〔치과〕 ↑Füllung (2 b). ~glas, das ↑~putzglas. ~gold, das 금니. ~hals, der 치경(齒頸). ~heilkunde, die 치과학. ~höhle, die [해부] 치강(齒腔), 충치의 공동(空洞). ~karies, die ↑Karies (2). ~karpfen, der 〔동물〕 붕어과의 (아)열대 담수어. ~keim, der 〔의학〕 치배(齒胚). ~klammer, die 〔치과〕 ↑~spange. ~klempner, der 《농·폄》 치과의사. ~klinik, die (대학 소속의) 치과 병원. ~krankheit, die 잇병. ~kranz, der 〔기술〕 톱니바퀴, 림. ~krone, die 치관(齒冠). ~laut, der 〔언어〕 치음(齒音). ~lilie, die 〔식물〕 ↑Hundszahn (1 a). ~los 〈Adj.〉 이가 없는. ~losigkeit, die ↑~los의 명사형. ~lücke, die 결치, 이빠진 자리, 치극(齒隙). ~lücker [-lʏkɐ], der; -s, - 〔동물〕 빈치동물. ~lückig 〈Adj.〉 《드물게》 결치가 있는, 이빨새가 있는.

~mark, das 〔해부〕 치수(齒髓). ~medizin, die 치의학. ~mediziner, der 치과의사. ~medizinerin, die 여치과 의사. ~medizinisch 〈Adj.〉 치과의, 치의학의. ~pasta, die 치약. ~pastaëcheln, das; -s 《통용어·조롱》 억지 웃음. ~pastatube, die 치약 튜브. ~paste, die 《드물게》 ↑~pasta. ~pflege, die 치아 위생. ~praxis, die ↑~arztpraxis. ~prothese, die 〔치과〕 ~pulver, das 가루 치약. ~putzbecher, der 양치용 물컵. ~putzglas, das 양치용 물잔. ~rad, das 〔기술〕 톱니바퀴. ~radbahn, die 〔기술〕 톱니바퀴식 철도(아프트식 철도). ~radgetriebe, das 〔기술〕 톱니바퀴 장치. ~regulierung, die 〔치과〕 치열 조정. ~reihe, die 치열. ~reinigungspulver, das 가루 치약. ~scheibe, die 〔기술〕 나사가 풀리지 않게 하기 위해 사용되는 가장자리가 톱니바퀴식으로 된 고리. ~schein, der 《통용어》 ↑~behandlungsschein. ~schmelz, die 법랑질(琺瑯質), 에나멜질. ~schmerz, der (대개 Pl.) 치통. ~seide, die 〔치과〕 이 청소용 (명주)실. ~spange, die (철사로 만든) 치열 교정기. ~spiegel, der 〔치과〕 치과용 손거울. ~stange, die 〔기술〕 톱니 막대, 라크, 톱니궤도. ~stangengetriebe, das 〔기술〕 톱니막대 장치, 톱니궤도 장치. ~stein, der 〈Pl. 없음〉 치석. ~stellung, die 이의 위치. ~stocher, der 이 쑤시개. ~stummel, der 부러진 이. ~stumpf, der 부러진 이의 뿌리. ~tasche, die 〔치과〕 ↑~fleischtasche. ~technik, die 〈Pl. 없음〉 치과술. ~techniker, der 치과 기공사, 치과 의사의 조수. ~technikerin, die ↑~techniker의 여성형. ~technisch 〈Adj.〉 치과 기술의. ~transplantation, die 〔치과〕 치이식(齒移植). ~trost, der 〔식물〕 민간 요법으로 치통 치료에 쓰이는 식물 이름. ~verfall, der ↑~karies. ~wal, der 〔동물〕 이빨고래(齒鯨). ~wechsel, der 이갈이. ~weh, das 《통용어》 치통. ~wurzel, die [해부] 치근(齒根). ~zange, die 〔치과〕 치과용 (이빼는) 집게. ~zement, der 〔생물〕 치아의 시멘트질, 치과용 시멘트.

Zähnchen ['tsɛːnçən], das; -s, - ↑Zahn (1~3) 참조.

zähne-, Zähne-: ~blecken, das; -s 이빨기(동물들의 공격적인 자세를 취할 때). ~bleckend 〈Adj.〉 이를 드러내 보이는(보이면서). ~fletschen, das; -s ↑~blecken. ~fletschend 〈Adj.〉 ↑~bleckend. ~klappern, das; -s 이를 덜덜 떨기. ~klappernd 〈Adj.〉 이를 덜덜 떠는(떨면서). ~knirschen, das; -s 이를 갈기, 절치(切齒). ~knirschend 〈Adj.〉 1. 이를 가는(갈면서). 2. (불쾌감, 노여움, 분노, 적의를) 억제하면서. ~putzen, das; -s 이를 닦기, 양치질.

zähneln ['tsɛːn]n] 〈h〉 a) 《드물게》 ↑zähnen. b) ↑zahnen. **zähnen** ['tsaːnən] 〈h〉 이가 나다. **zähnen** ['tsɛːnən] 〈h〉 이를 만들다, 새김눈을 톱니꼴로 가다.

zahnig ['tsaːnɪç] 〈Adj.〉 《고어》 a) 이가 있는, 이가 많은. b) 가장자리가 톱니꼴로 된. **-zahnig** [-tsaːnɪç] 《다음의 합성어로, 예컨대》 fünfzahnig 이가 다섯개인. **-zähnig** [-tsɛːnɪç] 《드물게》 ↑-zahnig. **Zahnung** ['tsaːnʊŋ], die; -en 〔기술·우표〕 바퀴나 우표의 톱니(모양) 만들기. **Zähnung** ['tsɛːnʊŋ], die; -en 1. 톱니(새김눈) 만들기. 2. 〔우표〕 ↑Zahnung. **Zähnungsschlüssel**, der 〔우표〕 우표의 톱니 모양 측정기.

Zähre ['tsɛːrə], die; -n 《고어·문어》 ↑Träne 눈물. **Zährte** ['tsɛːɐ̯tə], die; -n 《전문어》 a) ↑Zärte.

Zain [tsaɪn], der; -(e)s, -e 1. (지역적) 나뭇가지, (버들의) 어린 가지. 2. 〔기술〕 주금속(鑄金屬) 막대기, 주입지금(鑄入地金), 금속세봉(金屬細棒). 3. 《사냥》 a) 《오리의》 꼬리. b) 《드물게》 (수사슴의) 성기. **Zaine** ['tsaɪnə],

die; -n 《고어·지역적》 **1.** 짜는[엮는] 세공. **2.** 광주리, 바구니. **zainen** ['tsainən] 〈h〉 《고어·지역적》 엮다, 엮어 만들다.

Zaire [za'iːr] 자이레(공화국). **Zairer** [za'iːrər], der; -s, - 자이레 사람. **zairisch** [za'iːriʃ] 〈Adj.〉 자이레의.

Zamba ['samba], die; -s [span. zamba] ↑Zambo의 여성형. **Zambia:** ↑Sambia. **Zambo** ['sambo], der; -s, -s [span. zambo] 흑인과 인디언의 남자 혼혈아.

Zampano ['tsampano], der; -s, -s 《조롱》 일을 쉽게 풀어나가는 사람.

Zander ['tsandɐ], der; -s, - [mniederd. sandāt] 가시고기의 일종.

Zanella [tsa'nela], die; -s, 《종류》-s [ital. zanella] [섬유] 공단 같은 직물(안감용).

Zange ['tsaŋə], die; -n **1.** 〈축소형: ↑Zängelchen, Zänglein〉 집게, 족집게: einen Zahn mit der Z. ziehen 집게로 이를 뽑다; **jmdn. in die Z. nehmen 1)** 《통용어》 누구에게 무엇을 하도록 압력을 가하다. **2)** 《축구에서》 상대편 선수를 둘이서 협공하다; **jmdn. in der Z. haben** 《통용어》 누구에 대하여 지배력을 행사하다; **jmdn.(etw.) nicht mit der Z. anfassen mögen** 《통용어》 누구(무엇)를 몹시 싫어하다. **2.** 〈축소형: ↑Zängelchen, Zänglein〉《통용어》(동물의) 겸자모양의 턱, (곤충의) 큰 턱, 촉수(觸鬚), 촉감기(器). **Zängelchen** ['tsɛŋəlçən], das; -s, - 〈드물게〉↑Zange (1, 2).

zangen-, Zangen-: ~**griff**, der 《軍》 협공, 양면 공격. ~**artig** 〈Adj.〉 집게 모양의, 집게처럼. ~**bewegung**, die 《軍》 양면 공격, 협공. ~**entbindung**, die 겸자 분만(술). ~**förmig** 〈Adj.〉 집게 모양의. ~**geburt**, die ↑~entbindung: 《전의》 das war die harte Z. 《통용어》 그것은 매우 힘들고 어려웠다. ~**griff**, der **1.** 집게의 손잡이. **2.** [스포츠] 양쪽에서 꽉 붙듦.

Zänglein ['tsɛŋlain], das; -s, - ↑Zange (1, 2) 참조.

Zank [tsaŋk], der; -(e)s 싸움, 논쟁, 불화: in Z. um (über) etw. geraten 무엇 때문에 싸움이 벌어지다.

zank-, Zank-: ~**apfel**, der [lat. pōmum Eridos] 불화의 여신 Eris의 황금사과, 불화의 씨. ~**sucht**, die 〈Pl. 없음〉《폄》호전성. ~**süchtig** 〈Adj.〉 싸움을 좋아하는, 호전성의. ~**teufel**, der 《통용어·폄》싸움쟁이.

zanken ['tsaŋkn] 〈h〉 **1.** ⟨z. + sich⟩ 누구와 싸우다, 다투다: 《전의》 die Spatzen zankten sich um das Futter 참새들은 먹이 때문에 싸웠다. **2.** 〈지역적〉《통용어》 누구(에게) 욕하다. **Zänker** ['tsɛŋkɐ], der; -s, - 《폄》 싸움쟁이, 욕쟁이. **Zankerei** [tsaŋkə'rai], die; -en 《통용어·폄》(지속적인) 싸움, 다툼. **Zankerei** [tsɛŋkə'rai], der; -en 《대개 Pl.》 작은 싸움, 작은 다툼. **Zänkerin**, die; -nen ↑Zänker의 여성형. **zänkisch** ['tsɛŋkiʃ] 〈Adj.〉 싸우기 좋아하는, 잔소리하기 좋아하는.

Zänogenese [tseno-], die; -n [griech. kainós] 《동물》태아의 이상 발육. **zänogenetisch** 〈Adj.〉《동물》태아의 이상 발육의.

Zapf [tsapf], der; -(e)s, Zäpfe ['tsɛpfə] **1.** 〈드물게〉↑Zapfen. **2.** 〈südd.·드물게〉목로주점, 선술집. **3.** 〈österr.·학생〉 구두(의) 시험.

Zapf-: ~**hahn**, der (물·술·통) 주둥이, 꼭지, 마개. ~**pistole**, die 권총 모양의 통 주둥이. ~**säule**, die (주유소의) 계량 유기. ~**schlauch**, der 급유(수) 호스. ~**stelle**, die 주유소, 급유(수)전. ~**welle**, die [기술] 동력 취출(動力取出) 장치.

Zäpfchen ['tsɛpfçən], das; -s, - **1.** ↑Zapfen (1, 2, 4) 참조. **2.** 좌약(座藥). **3.** [해부] 목젖, 현옹수. **Zäpfchen-R**, das; - [언어] 현옹수의 진동에 의해서 생기는 r음.

zapfen ['tsapfn] 〈h〉 **1.** 마개를 열고(꼭지를 이용해서) (물, 술, 기름 따위를) 따르다. **2.** 〈전문어·드물게〉장부촉으

로 잇다. **3.** 《österr.·학생》구두로 시험을 보게 하다. **Zapfen** [-], der; -s, - **1.** 〈축소형: ↑Zäpfchen〉 [식물] (오리나무, 소나무, 전나무, 잣나무 등의) 송이, 구과(毬果). **2. a)** (술, 물통의) 마개: **über den Z. hauen** (**wichsen**) 《전의》 점호에 불참하다, 점호시간을 어기다. **b)** 《schweiz.》↑Korken. **3.** [기술] **a)** 《제재》나무편, 장부촉. **b)** 굴대(회전축)의 끝부분, 볼트. **4.** 〈축소형: ↑Zäpfchen〉 원추형 모양의 물체(고드름, 얼음 따위의). **5.** [포도 재배] 두개의 눈만 남긴 채 전지(剪枝)된 (포도 나무의) 발아. **6.** [해부] 망막추(상)체(網膜錐(狀)體). **7.** 〈지역적〉 술취함, 술에 취해 몽롱해짐. **8.** 〈Pl. 없음〉《österr.·통용어》 대단히 추운 날씨.

zapfen-, Zapfen-: ~**artig** 〈Adj.〉 ↑~förmig. ~**förmig** 〈Adj.〉 마개 모양의, 구과(毬果) 모양의. ~**geld**, das 《schweiz.》 ↑Korkengeld. ~**streich**, der 《軍》 **1.** 〈구제〉 귀영 신호: **der Große Z.** 1) 여러 병과(兵科) 악대의 조합으로, 군가 연주회. 2) 혼성곡이 연주되는 군대 음악 축제. **2.** 《Pl. 없음》 귀영 시간. ~**träger**, der 《식물·드물게》 ↑Konifere. ~**zieher**, der 《südwestd., schweiz.》 ↑Korkenzieher.

Zapfer ['tsapfɐ], der; -s, - **1.** (술집에서) 술 따르는 사람. **2.** 《지역적》 술집 주인.

zaponieren [tsapo'niːrən] 〈h〉 …에 자폰 라크칠을 하다. **Zaponlack** [tsa'poːn-], der; -(e)s, 《종류》-e 《인공어》[화학] 자폰-라크(금속 표면에 칠하는 무색 도금).

Zappeler ↑Zappler. **zappelig, zapplig** ['tsap(ə)liç] 〈Adj.〉 《통용어》**a)** 몸을 가만히 두지 못하는, 출석 많은, 안절부절 못하는. **b)** 흥분한, 불안해 하는, 신경 과민의. **Zappeligkeit, Zappligkeit**, die 《통용어》 ↑zappelig의 명사형. **zappeln** ['tsapln] 〈h〉 버둥거리다, 허우적 거리다, 꾀덕이다, 안절부절 못하다: **jmdn. z. lassen** 《통용어》 누구를 의도적으로 불안하게[초조하고 궁금하게] 만들다. **Zappelphilipp** ['tsapfi:lip], 《또한》…filip], der; -s, -e / -s 《통용어·폄》잠시도 가만히 있지 못하는 아이.

zappenduster ['tsapn̩'duːstɐ] 〈Adj.〉 《통용어》 매우[완전히] 어두운; 《전의》 wenn es einen Atomkrieg gibt, ist es sowieso z. 만약 핵전쟁이 벌어지면 그때는 어차피 끝장이다. mit der Berufsberatung ist es bei uns z. 이 나라에는 직업 상담 문제가 아주 엉망이야; nun reiche es, nun sei es z.! 《통용어》 이제 더 이상은 참을 수 없다!

Zappler, Zappeler ['tsap(ə)lɐ], der; -s, - 《통용어》 촐싹대는 사람, 안절부절 못하는 사람. **Zapplerin**, die; -nen 《통용어》 ↑Zappler의 여성형. **zapplig:** ↑zappelig. **Zappligkeit:** ↑Zappeligkeit.

Zar [tsaːɐ], der; -en, -en [russ. zar < got. kaisar] 《역사적》〈Pl. 없음〉옛 러시아의 황제, 옛 불가리아·세르비아 왕의 칭호. **b)** 러시아 황제 칭호의 소유자: Z. Peter der Große 페터 대제(大帝). **-zar** [-tsaːɐ], der; -en, -en 《통용어·농》특정한 분야의 최고 권위자를 나타내며, 다음의 복합어로, 예컨대 Filmzar, Pressezar. **Zarenherrschaft**, die 러시아 황제의 통치. **Zarenreich**, das; -(e)s, -e 《역사적》제정 러시아. **Zarentum**, das; -s 《역사적》**a)** 러시아의 제정. **b)** 황제(의) 신분. **Zarewitsch** [tsa're:vitʃ], der; -(e)s, -e [russ. zarewitsch] 《역사적》러시아 황제의 아들, 러시아 황태자. **Zarewna** [tsa'revna], das; -s, -s [russ. zarewna] 《역사적》러시아 황제의 딸.

Zarge ['tsargə], die; -n 《전문어》**a)** 문[창]틀. **b)** 책상, 의자 등의 테두리. **c)** 상자나 케이스 따위의 측면을 이루는 부분. **d)** 현악기(또는 드럼의) 동체의 측면.

Zarin, die; -nen **1.** 옛 러시아의 여제(女帝). **2.** 옛 러시아 황후. **Zarismus** ['tsa'rismʊs], der; 《역사적》 러시아 제정[전제 정치]. **zaristisch** 〈Adj.〉《역사적》 옛 러시아

Zariza 황제의[황제다운]. **Zariza** [tsa'ritsə], die; -s /...zen [russ. zariza] 《역사적》 옛 러시아 황후.

zart [tsa:ɐ̯t] 〈Adj.〉 **1. a)** 민감한, 깨지기[상하기] 쉬운, 여린: -e Haut 여린 피부; [전의] eine -e Gesundheit 나약한 건강 상태; das Kind starb im -en Alter von vier Jahren 《아이》 그 아이는 어린 나이인 네 살 때에 죽었다. **b)** 감각이 매우 예민한, 감수성이 강한. **2.** 연한, 느슨한, 씹기 편한: -es Fleisch 연한 고기. **3.** 매력적으로 섬세한 [부드러운]: sie strich ihm z. über den Kopf 그 여자는 그의 머리를 부드럽게 쓰다듬었다. **4. a)** 《준고어》 다정스러운, 애정을 지닌. **b)** 정성이 깃든, 신중한. **5.** 은근한, 얌전한, 다소곳한: eine -e Geste[Andeutung] 은근한 제스쳐[암시].

zart-, Zart-: **~besaitet** 〈Adj.〉 예민한, 민감한: ein -es Gemüt 예민한 감정. **~bitter** 〈Adj.〉 (초콜릿이) 우유가 들지 않고 약간 쓴 맛이 나는. **~bitterschokolade**, die 우유가 들지 않고 약간 쓴 맛이 나는 초콜릿. **~blau** 〈Adj.〉 연한 청색인[의]. **~farbig** 〈Adj.〉 《드물게》 연한 청색의. **~fühlend** 〈Adj.〉 **a)** 마음이 상냥한, 동정심이 많은, 정성스러운, 민감한. **b)** 《드물게》 감수성이 예민한. **~gefühl**, das 〈Pl. 없음〉 **a)** 마음이 온유함, 동정심, 민감함. **b)** 《드물게》 여린[예민한] 감정. **~gelb** 〈Adj.〉 담황색의. **~gliedrig** 〈Adj.〉 사지가 가냘픈. **~grün** 〈Adj.〉 담록색의. **~lila** 〈Adj.〉 엷은 등꽃색의. **~rosa** 〈Adj.〉 담홍색의. **~sinn**, der 〈Pl. 없음〉 《아이・준고어》 **~gefühl. ~sinnig** 〈Adj.〉 《아이・준고어》 **~fühlend. ~violett** 〈Adj.〉 연 보라색의.

¹Zärte [tsɛrtə], die; -n [mniederd. serte, czerte < russ. syrt] 황어의 일종.

²Zärte [tsɛ:ɐ̯tə] 〈고어〉 ↑Zartheit. **Zärtelei** [tsɛ:ɐ̯tə'laɪ], die; -en 《드물게・폄》 부드럽고 상냥한 체함, (지속적인) 정겨운 행동. **zärteln** [tsɛ:ɐ̯tl̩n] 〈h〉 《고어》 《드물게》 회롱하다, 애무하다. **Zartheit**, die; -en **1.** 〈Pl. 없음〉 상냥함, 우아함, 다정, 연약함, 상하기 쉬움. **2.** 《드물게》 상냥한[다정스런] 언행[표현]. **zärtlich** [tsɛ:ɐ̯tlɪç] 〈Adj.〉 **1.** 애정이 듬뿍 담긴, 정겨운: z. zu jmdm. sein 누구에게 정이 넘치다; z. werden 《통용어・은폐》 애정 관계에 빠지다. **2.** 《아이》 자상한, 정성스런. **Zärtlichkeit**, die; -en **1.** 〈Pl. 없음〉 애정깊음, 연정, 상냥함: er empfand eine große Z. für sie 그는 그 여자에게 깊은 애정을 느꼈다. **2.** 《아이》 자상함. **3.** 〈Pl. 없음〉 《아이》 배려. **Zärtlichkeitsbedürfnis**, das 애정의 욕구. **zärtlichkeitsbedürftig** 〈Adj.〉 애정을 필요로 하는. **Zärtling** [tsɛ:ɐ̯tlɪŋ], der; -s, -e 《준고어》 유약한 남자, 응석받이로 자란 남자.

Zasel ['tsa:zl̩], die; -, -n 《고어・지역적》 섬유. **Zaser** ['tsa:zɐ], die; -n 《축소형: ↑Zäserchen》 《고어・지역적》 섬유. **Zäserchen** ['tsɛ:zɐçən], das; -s, - ↑Zaser의 축소어. **zaserig** ['tsa:zərɪç] 〈Adj.〉 《고어・지역적》 섬유질의. **zasern** ['tsa:zɐn] 〈h〉 《고어・지역적》 섬유로 분해되다, 풀어서 실로 만들다.

Zaspel ['tsaspl̩], die; -n 옛날의 실의 양(量)의 단위, 실타래.

Zaster ['tsastɐ], der; -s [Zigeunerspr. sáster] 《경》 돈, 금전.

Zäsur [tsɛ'zu:ɐ̯], die; -en [en lat. caesúra] **a)** 《운율》 중간 휴지(休止). **b)** 【음악】 (악절 중의) 숨 쉬는 곳. **c)** 《교양어》 (역사 발전의) 단면.

Zattelstracht ['tsatl̩-], die; -en 중세의 복장(물결 모양의 자수로 장식된).

Zauber ['tsaʊbɐ], der; -s, - **1. a)** 마법, 마술, 요술: Z. treiben 마술을 부리다; **fauler Z.** 《통용어・폄》 사기, 거짓, 야바위짓. **b)** 마력. **c)** 마법의 효과[매력]. **d)** 《드물게》 마력이 있는 물건[물질]. **2.** 〈Pl. 없음〉 **a)** 마력, 현혹,

고혹, 끄는 힘: er ist ihrem Z. erlegen 그는 그 여자의 매력에 사로잡혔다. **b)** 특이한 매력: der Z. des Provisorischen 임시적인 새것의 매력. **3.** 〈Pl. 없음〉《통용어》**a)**《폄》쓸데없는 소란[법석]: einen mächtigen Z. veranstalten 엄청난 법석을 떨다. **b)** 가치 없는 물건.

zauber- Zauber-: **~bann**, der 《아이》마력, 주술의 힘으로 사로잡음. **~buch**, das 마법의 책, 요술책. **~flöte**, die 마법의 피리, 마적(魔笛). **~formel**, die **1.** 주문(呪文). **2.** ↑Patentlösung. **~glaube**, der 마술에 대한 믿음. **~hand**, die 《다음의 용법으로》 **wie von (durch) Z.** 삽시간에, 순식간에. **~kasten**, der 마술[요술] 상자. **~kraft**, die 마력. **~kräftig** 〈Adj.〉 요괴의 힘이 있는, 마력이 있는. **~kreis**, der 마력이 작용하는 원. **~kunst**, die **1.** 〈Pl. 없음〉 마법, 요술. **2.** 《대개 Pl.》 마력: all seine Zauberkünste versagten 그는 마력을 잃었다. **~künstler**, der 마법[마술]사. **~kunststück**, das ↑trick. **~land**, das 마술[요술]의 나라. **~laterne**, die 환등기. **~macht**, die ↑kraft. **~mächtig** 〈Adj.〉 《드물게》 ↑kräftig. **~märchen**, das 【문예학】 마술[요술] 동화, 요정 이야기. **~mittel**, das **1.** 마술 도구. **2.** 마술약, 영약. **~nuß**, die 조록나무의 일종. **~nußgewächs**, das 《대개 Pl.》【식물】조록나무과의 대표적 식물. **~oper**, die 【연극】마술 오페라(예컨대: 모차르트의「마적」). **~posse**, die 【연극】마법이 등장하는 소극(笑劇). **~priester**, der 【인종】마력을 지닌 사제. **~reich**, das ↑**~land**. **~schlag**, der 《다음의 용법으로》 **wie durch einen Z.** 순식간에, 삽시간에. **~schloß**, das 마법의 성(城), 마술로 만든 성. **~spiegel**, der 요술 거울. **~spiel**, das ↑**~stück**. **~spruch**, der 【문예학】주문(呪文). **~stab**, der 마술 지팡이. **~stück**, das 【연극】마술이 기본 소재가 되는 연극. **~trank**, der 마법의 물약, 영약, 미약. **~trick**, der 마술을 통한 속임수. **~welt**, die ↑**~reich**. **~wesen**, das 마법[요술, 마력]이 있는 생물, 매혹적인 사물. **~wirkung**, die 마술 효과. **~wort**, das 〈Pl. -e〉 ↑**~formel** (1). **~wurzel**, die 【민속】 마력을 지닌 약초 뿌리.

Zauberei [tsaʊbə'raɪ], die; -en **1.** 〈Pl. 없음〉 마법, 요술, 마술, 기술(奇術). **2.** 마술을 통한 속임수. **Zauberer**, 《드물게》 Zaubrer [tsaʊb(ə)rɐ], der; -s, - **1. a)** 마력을 지닌 사람. **b)** 마력을 가진 동화의 인물. **2.** 마술사, 요술쟁이. **zauberhaft** 〈Adj.〉 매혹적인, 신비스런. **Zauberin** (또한) Zaubrerin [tsaʊb(r)ərɪn], die; -nen ↑Zauberer의 여성형. **zauberisch** 〈Adj.〉 **1.** 《고어》 마력이 《붙어》있는: ein -er Trank 미약, 영약. **2.** 《준고어・아이》 **a)** 환상적이고 비현실적인. **b)** 매혹적인. **zaubern** [tsaʊbɐn] 〈h〉 **1. a)** 마법을 쓰다, 요술을 부리다: 【강조】ich kann doch nicht z. 《통용어》 그 일을 난 그렇게 빨리 해낼 수 없다, 그건 불가능하다. **b)** 마술을 연출하다[해 보이다]. **2.** 마술을 부려서 나타나게 하거나 사라지게 하거나 혹은 둔갑시키다: [전의] er zauberte die herrlichsten Töne aus der Flöte 그는 그 피리로 아주 멋있는 소리를 냈다. **3.** 마법으로 (무엇을) 만들어 보이다: [전의] sie hat aus den Resten eine herrliche Mahlzeit gezaubert 그 여자는 그 나머지 음식으로 훌륭한 식사를 마련하였다. **Zauberer**: ↑Zauberer. **Zauberin**: ↑Zauberin.

Zauche ['tsaʊxə], die; -n 《고어・지역적》 **1.** 암캐. **2.** 《폄》 흐릿하게 늙은[단정치 못한, 칠칠치 못한, 경박한] 여자.

Zauderei [tsaʊdə'raɪ], die; -en 《폄》 주저, 망설임. **Zauderer** [tsaʊdərɐ] Zaudrer [tsaʊdrɐ], der; -s, - 주저하는 사람, 우유부단한 사람. **zaudern** [tsaʊdɐn] 〈h〉 주저하다, 망설이다: sie zauderten mit der Ausführung des Planes 그들은 그 계획의 실행을 주저했다. **Zaudrer**: ↑Zauderer.

Zaum [tsaum], der; -(e)s, Zäume 재갈, 고삐, 재갈용 고삐: einem Pferd den Z. anlegen 말에 재갈을 물리다; **jmdn.[sich, etw.] im Z.** [《아어》 **-e**] halten 누구[자신, 무엇]를 억누르다, 고삐를 채우다. **Zäumen** ['tsɔymən] ⟨h⟩ 《아어》 (마소에) 재갈을 물리다, 고삐를 채우다. **Zäumung**, die; -en 《말의》 머리용 장구, 억제, 제어. **Zaumzeug**, das; -(e)s, -e ↑Zaum.

Zaun [tsaun], der; -(e)s, Zäune ['tsɔynə] 울타리: einen Z. ziehen(errichten) 울타리를 치다(세우다); **ein lebender Z.** 울타리용으로 심은 잔나무(관목); **etw. vom Z.** [《아어·드물게》 **-e**] **brechen** 무엇을 갑자기 시작하다(야기시키다).

zaun-, Zaun-: **~dürr** ⟨Adj.⟩ 《österr.·통용어》 수척한, 깡마른, 빼쩍 마른. **~eidechse**, die 도마뱀의 일종. **~gast**, der ⟨Pl. -gäste⟩ 울타리 밖(공짜)의 구경꾼: 〈전의〉 der Bürger von morgen wird heute in der Schule zum Z. des Sports erzogen 오늘날 학교에서는 내일의 시민들이 스포츠의 단순한 구경꾼으로 교육 받고 있다. **~könig**, der [lat. regulus] 굴뚝새. **~latte**, die 울타리의 (얇고 긴) 작은 막대기. **~lilie**, die ↑Graslilie. **~pfahl**, der 울타리 말뚝: **ein Wink mit dem Z.** 노골적인 눈짓[암시]: **mit dem Z. winken** 노골적으로 눈짓[암시]하다. **~pfosten**, der 울타리 기둥. **~rebe**, die 미국담쟁이, 브리오니아속(屬). **~rübe**, die 브리오니아속(屬). **~schlüpfer**, der 《지역적》 ↑ ~könig. **~winde**, die 메꽃과(科)의 일종. **zäunen** ['tsɔynən] ⟨h⟩ 《드물게》 ↑ein-, umzäunen. **Zaunspfahl**: ↑Zaunpfahl.

Zaupe ['tsaupə], die; -n 《지역적》 1. 암캐. 2 《폄》 흘게 늦은(단정치 못한, 칠칠치 못한, 경박한) 여자.

Zausel ['tsauzl], der; -s, - 《지역적·폄》 노인, 늙은이.

zausen ['tsauzn] ⟨h⟩ **a)** 잡아 당기다, 흔들어 당기다: 〈전의〉 der Wind hat mächtig die Baumkronen gezaust 바람은 세차게 나무의 우듬지를 흔들었다. **b)** 《머리카락, 털 따위를》 잡아 뜯다, 약간 헝클어뜨리다: 〈전의〉 das Leben[das Schicksal] hat sie mächtig gezaust 인생(운명)은 그 여자를 몹시 괴롭혔다. **zausig** ['tsauzɪç] ⟨Adj.⟩ 《österr.》 헝클어진, 봉두난발의.

z. B. = zum Beispiel.

z. b. V. = zur besonderen Verwendung.

z. D. = zur Disposition.

z. d. A. = zu den Akten(erledigt).

ZDF = Zweites Deutsches Fernsehen.

z. E = zum Exempel.

Zea ['tse:a], die [↑Zein] [식물] 옥수수.

Zebaot: ↑Zebaoth.

Zebaoth ['tse:baɔt] 《초교파적》 《다음 용법으로》 Gott (der Herr) Z. 만군의 주(여호와 신의 별명).

Zebra ['tse:bra], das; -s, -s 얼룩말.

Zebra-: **~fell**, das 얼룩말 가죽(모피). **~holz**, das ↑ Zebrano. **~streifen**, der 얼룩말 무늬 횡단 보도.

Zebrano [tse'bra:no], das; -s [port. zebra] 서 아프리카 산의 물결 모양의 얼룩 무늬 목재. **Zebrina** [tse'bri:na], die; ...nen 중미(中美)산의 관상용 식물. **Zebroid** [tsebro'i:t], das; -(e)s, -e [griech. -oeidés] 얼룩말과 말(혹은 당나귀)의 잡종.

Zebu ['tse:bu], der 《또는》 das; -s, -s [frz. cébu] ↑ Buckelochse, -rind.

Zech- (zechen): **~bruder**, der 《통용어·폄》 1. 술꾼, 술고래. 2. ↑ ~genosse. **~gelage**, der 《준고어》 주연(酒宴). **~genosse**, der 《준고어》 술 친구. **~kumpan**, der 《통용어·폄》 술 친구. **~preller**, der 술값 떼어먹는 사람. **~prellerei** [- - - -́], die 술값 떼어 먹기. **~stein**: ↑Zechstein. **~tour**, die 술집 편력.

Zeche ['tsɛçə], die; -n 1. 연회비, 회식값: eine große Z. machen 많이 먹[어 버리]다; **die Z. prellen** 《통용어》 음식값을 지불하지 않다; **die Z. bezahlen müssen** 《통용어》 어떤 일의 좋지 못한 결과에 대한 책임을 떠맡아야 하다. 2. 광산, 갱(坑): **auf einer Z. arbeiten** 광부 노릇을 하다. **zechen** ['tsɛçn] ⟨h⟩ 《아어·준고어·농》 남들과 어울려 많은 술을 마시다. **Zecher**, der; -s, - 《아어·준고어·농》 술꾼, 주객, 술고래. **Zecherei** [tsɛçə'rai], die; -en 《아어·준고어·농》 대음, 통음, 주연. **Zecherin**, die 《아어·준고어·농》 ↑Zecher의 여성형.

Zechine [tsɛ'çi:nə], die; -n [ital. zecchino] 구(舊) 베니스 금화.

Zechstein ['tsɛç-], der; -s [지질] 백운석(白雲石), 고회통(苦灰統).

¹Zeck [tsɛk], der 《또는》 das; -(e)s 《berlin》 ↑ Einkriegezeck의 약칭.

²Zeck [-], der; -(e)s, -e 《südd., österr.·통용어》 ↑ Zecke. **Zecke** ['tsɛkə], die; -n 진드기의 일종.

zecken ['tsɛkŋ] ⟨h⟩ 《지역적》 1. 술래잡기하다. 2. a) 약올리다, 화나게 하다. b) ⟨z. + sich⟩ 싸우다, 다투다. **Zeckspiel**, das; -(e)s ↑ ¹Zeck.

Zedent ['tse:dɛnt], der; -en, -en [lat. cedens] [법] 양도인, 배서인.

Zeder ['tse:dɐ], die; -n [lat. cedrus < griech. kédros] 1. 히말라야삼나무속. 2. ⟨Pl. 없음⟩ 히말라야삼나무 목재. **zedern** ['tse:dɐn] ⟨Adj.⟩ 히말라야삼나무(로 만든), **Zedernholz**, das ↑Zeder (2). **Zedernholzöl**, das 히말라야삼나무 기름.

zedieren [tse'di:rən] ⟨h⟩ [lat. cēdere] [법] 양도하다: **eine Forderung(einen Anspruch) z.** 요구[청구권]를 양도하다.

Zedrachgewächs [tse:drax-], das; -es, -e [arab. azādiral] 체드라스나무(열대 지방에서 자라는 수목으로 양질의 제목감으로 사용됨).

Zedrelaholz [tse'dre:la-], das; -es 체드렐(나무)목재(향을 발하며 권련담는 통으로 사용됨). **Zedrele** ['tse'dre:lə], die; -n [lat. cedrelate < griech. kedrelátē] 체드라스나무의 일종.

Zeese ['tse:zə], die; -n [mniederd. sēse] 《어업·지역적》 《발틱해 연안의 어부들이 사용하는》 예인망(曳引網). **Zeesenboot**, das 《어업·지역적》 위의 예인망을 갖춘 어선.

Zeh [tse:], der; -s, -en ↑Zehe (1). **Zehe** ['tse:ə], die; -n 1. 발가락: **die große (kleine) Z.** 엄지(새끼) 발가락; er stellte sich auf die -n 그는 발돋음하여 섰다: er trat ihr beim Tanzen mehrmals auf die -n 그는 춤을 추다가 여러 번 그 여자의 발가락을 밟았다; **jmdm. auf die -n treten** 《통용어》 1) 누구를 모욕하다. 2) 누구를 닦달하다.

Zehen- (Zehe 1): **~gänger**, der [동물] 지행류(趾行類)《곰, 개 따위》. **~glied**, das 발가락 마디. **~nagel**, der 발톱. **~ring**, der 발가락 반지. **~spitze**, die 발가락 끝.

-zeher [-tse:ɐ], der; -s, - 《다음의 합성어로, 예컨대》 Haftzeher, Paarzeher. **-zehig** [-tse:ɪç] 《다음의 합성어로, 예컨대》 einzehig 단 한 개의 발가락이 달린.

zehn [tse:n] 《기수》 10, 열(값): **die z. Finger der beiden Hände** 양손의 열 손가락. **Zehn**, [-], die; -en a) 10의 수(숫자): **eine Z. an die Tafel schreiben** 흑판에 숫자 10을 쓰다. **b)** 10패의 카드; c) 10번의(번) 자동차(기차): wo hält die Z.? 10번차가 어디에 섭니까?

zehn-, Zehn-: **~eck**, das 십각[변]형. **~eckig** ⟨Adj.⟩ 십각[변]의. **~einhalb** 《분수》 10 1/2. **~ender**, der [사냥] 열 갈래 뿔의 사슴. **~finger-Blind-**

schreib(e)methode, die 〈Pl. 없음〉 십지(指)타자법. **~fingersystem,** das 〈Pl. 없음〉 십지법(十指法). **~flach,** das, **~flächner,** der 【기하】 ↑Dekaeder. **~füßer,** der 십각류(十脚類). **~fußkrebs,** der 다리가 열 개 달린 게(의 총칭). **~jahresfeier,** die ↑~jahrfeier. **~jahresplan,** der 십개년 계획. **~jahrfeier,** die 십주년 기념제. **~jährig** 〈Adj.〉 십년의, 열살의. **~jährlich** 〈Adj.〉 십년마다(의). **~jahrplan,** der ↑~jahresplan. **~kampf,** der 【스포츠】 십종 경기. **~kämpfer,** der 【스포츠】 십종 경기 선수. **~klassenschule,** die 《구동독》 십년제 종합 고등 기술 학교. **~mal** 〈Adv.〉 열번. **~malig** 〈Adj.〉 열번의, 십회의. **~markschein,** der 십마르크짜리 지폐. **~meterbrett,** das 십미터 폭의 지폐. **~meterplattform,** die 십미터 폭의 플랫폼. **~monatskind,** das 임신 십개월째 낳은 아이. **~pfennigbriefmarke,** die 십 페니히 짜리 우표. **~pfennigstück,** das 십 페니히 짜리 주화. **~tausend** (기수) 만(萬): **die oberen Zehntausend** 상류층(부유층). **~tonner,** der 십톤짜리 트럭. **~undeinhalb** (분수) ↑ ~einhalb.

Zehner ['tseːnɐ], der; -s, - **1.** (통용어) **a)** ↑ Zehnpfennigstück. **b)** ↑ Zehnmarkschein. **2.** 〈대개 Pl.〉 10(의 수), 10자리(의 수). **3.** 〈지역적〉 **a)** (트럼프) 10의 패. **b)** 10번(선) 차량.

Zehner-: **~bruch,** der ↑Dezimalbruch. **~jause,** die 《österr.·통용어》 (오전 10시경에 먹는) 간식. **~karte,** die 십회용 입장권〈승차권〉. **~logarithmus,** der 【수학】 10대수. **~packung,** die 열개들이 짐[포장]. **~stelle,** die 【수학】 10자리. **~system,** das 【수학】 ↑Dezimalsystem.

zehnerlei 〈↑-lei〉 〈종수·격변화 없음〉 열 종류(가지)의. **zehnfach** 〈↑-fach〉 10갑 십 갑절의. **Zehnfache,** das; ~n 열 갑, 열 겹. **zehnt** [tseːnt]의 〈다음 용법으로〉 **zu z.** 열 사람 단위로(씩). **Zehnt** [-], der; -en, -en (구제) ↑Zehnte. **zehntens...** [tseːnt...]〈↑zehn의 서수〉 열번째의, 제 십의. **zehnt-, Zehnt-** 〈↑zehn의 서수〉 《복합어》 열 번째. **Zehnte,** der; -n, -n (구제) ↑Zehnt. **zehntel** ['tseːntl] 〈분수〉 십분의 일의. **Zehntel** [-], das / 〈schweiz.〉 der; -s, - 십분의 일. **zehnteln** [tseːntln] 〈h〉 십분의 일로 나누다. **Zehntelsekunde,** die 십분의 일초. **zehntens** ['tseːntns] 〈Adv.〉 열 번째로. **Zehntrecht,** das; -(e)s (구제) 십일조 징수 권리.

Zehr-: **~geld,** das 《고어》 여행 중의 식비, 여비, 노자. **~pfennig,** der 《고어》 ↑ ~geld. **~wespe,** die 《동물》 말벌의 일종.

zehren ['tseːrən] 〈h〉 **1.** 먹다, 먹어 치우다, 먹고 살아가다: 〈전의〉 von schönen Erinnerungen z. 아름다운 추억에 잠기다; er zehrt des noch von seinem alten Ruhm 그는 아직도 그의 과거의 명성에 집착하고 있다. **2. a)** 체력을 소모시키다, 몸을 여위게 하다: Fieber zehrt 열(병)이 몸을 여위게 한다; 〈전의〉 eine zehrende Leidenschaft (아어) 몸을 쇠하게 하는 정욕. **b)** 누구를 몹시 괴롭히다: der Kummer[die Sorge] hat sehr an ihr gezehrt 근심[걱정]이 그 여자를 몹시 괴롭혔다. **Zehrung,** die; -en (고어) (여행 중에) 먹을 것, 양식.

Zeichen ['tsaiçn], das; -s, - **1. a)** (몸짓이나 소리 등을 통해 알리는) 신호: jmdm. ein Z. geben 누구에게 신호하다; sie machte ein Z., er solle sich unbemerkt entfernen 그 여자는 그에게 슬며시 나가라고 신호했다; zum Z. [als Z.] ihrer Versöhnung umarmten sie sich 그들은 화해의 표시로 서로 껴안았다. **b)** 표, 정표, 표지(표시): setzen Sie bitte Ihr Z. unter jedes gelesene Schriftstück 읽으신 문건 마다에 수결(手決)을 하시오; **ein Z.[Z.] setzen** 방향을 제시하다, 자극을 주

다; **seines[ihres] -s** (준고어·농) 직업상(직업으로): er war seines -s Schneider[war seines Schneider seines -s] 그의 직업은 재단사였다. **c)** 기호, 부호: gedruckte [mathematische, chemische] Z. 인쇄된[수학, 화학] 기호; du mußt die Z. richtig setzen 너는 구두점을 올바르게 표기해야 한다; man bezeichnet die Sprache als ein System von Z. 【언어】 사람들은 언어를 기호 체계라고 칭한다. **2.** 징후, 징조: ein Z. einer Krankheit 병의 첫 증상; sie nahm dies als ein günstiges Z. 그 여자는 이것을 하나의 길조로 보았다; 〈성구〉 es geschehen noch Z. und Wunder! 이런 일이 있을 수가 있다니! (기대하지 않았던 일이 일어났을 때의 놀라움의 표현)에 die Z. der Zeit 시운(時運). **3.** 수대(獸帶)기호, 성운(星塞), 성좌(星座): die Z. des Tierkreises 별의 십이궁(十二宮); **im[unter dem] Z. von etw. stehen[geschehen, leben]** 《아어》 무엇의 영향 하에 놓이다(일어나다, 살다); **unter einem guten[glücklichen, günstigen] Z. stehen** 좋은[좋은, 유리한] 상황에 놓여 있다.

¹Zeichen-: **~charakter,** der 기호[부호]의 특성. **~erklärung,** die ↑Legende (4). **~geld,** das 〈전문어〉 표시가대로 태환이 되지 않는 화폐(예컨대: 지폐). **~rolle,** die (특허청의) 상표원부(商標原簿), 상표 등록부. **~schutz,** der ↑Warenzeichenschutz. **~setzung,** die 구두법. **~sprache** die 기호법, 신호법, 수화법, 암호법: die Z. der Gehörlosen 청각 장애자의 신호법(언어).

²Zeichen-: **~block,** der 〈Pl. -blöcke / -s〉 제도용지 첩(帖). **~brett,** das 제도판. **~dreieck,** das 〈Winkelmaß (2). **~feder,** die 제도용 펜. **~film,** der ↑~trickfilm. **~heft,** das ↑~block. **~kohle,** die ↑Kohlestift. **~kunst,** die 제도(기)술. **~lehrer,** der 〈옛〉 ~lehrerin의 여성형. **~maschine,** die 제도기. **~material,** das 제도 재료. **~papier,** das 제도 용지, 도화지. **~saal,** der 《학교의》 제도[미술]실. **~stift,** der 제도용 연필. **~stunde,** die 제도[도화] 시간. **~tisch,** der 제도용 책상. **~trickfilm,** der 만화 영화, 그림 영화. **~unterricht,** der 제도[도화] 교본. **~vorlage,** die 제도[도화] 교본. **~winkel,** der ↑Winkelmaß (2).

zeichenhaft 〈Adj.〉 《아어》 상징적, 암시적: Naturereignisse wurden früher oft z. gedeutet 자연 현상들이 과거에는 때때로 상징적인 것으로 해석되었다.

zeichnen ['tsaiçnən] 〈h〉 **1. a)** (선으로) 도형(도면)을 그리다, 스케치하다: 〈전의〉 er versuchte in dem Bild von Geschehen zu z. 그는 사건의 전말을 스케치하려고 시도했다. **b)** 누구(무엇의) 모양을 그리다: 〈전의〉 er zeichnet die Figuren in seinen Romanen meist sehr realistisch 그는 자기 소설의 인물들을 대개 매우 사실적으로 그리고 있다. **c)** 화가 활동(노릇)을 하다, 그림을 그리다: er zeichnet am liebsten mit Kohle[nach Vorlagen] 그는 주로 목탄으로[본을 보고] 그림을 그린다; 〈명사화〉 er hatte in Zeichnen eine Zwei 그는 그림그리기에서 우(優)를 받았다. **2.** ···에 표, 기호를 넣다, 표시하다: Bäume zum Fällen z. 벨 나무에 표시하다; 〈전의〉 Sorgen hatten sein Gesicht gezeichnet 《아어》 근심 걱정이 그의 얼굴에 서려 있었다; er war vom Alten [von der schweren Krankheit] gezeichnet 〈아어〉 그는 나이든[중병을 앓은] 티가 역력했다; 〈명사화〉 ein vom Tode Gezeichneter 《아어》 죽음에 임박한 사람. **3.** 〈상〉 **a)** 《준고어》 문서[편지]에 서명하다. **b)** 서명으로 결제[재가]하다: neue Aktien[eine Anleihe] z. 새 주식(차관)에 (인수했음을) 서명하다. **4.** 【관】 책임이 있다: für diesen Artikel zeichnet der Chefredakteur 이 기사는 편집장이 책임진다. **5.** 【사냥】 (짐승이) 총에 맞은 흔

적을 보이다: der Hirsch zeichnete stark 그 사슴은 심한 혈흔을 보였다. **Zeichner**, der; -s, - **1.** 그림 그리는 사람, 도안[제도]가, 화가. **2.** 〖상〗 주식[차관] 서명인. **Zeichnerin**, die; -nen ↑Zeichner의 여성형. **zeichnerisch** ⟨Adj.⟩ 도화[도안]의, 소묘의, 제도(상)의. **Zeichnung**, die; -en **1.** 그림, 견취도, 도안, 도화: eine Z. entwerfen(anfertigen, ausführen) 견취도를 그리다; 〖전의〗 die lebendige(realistische) Z. der Figuren eines Romans 소설의 인물의 생생한[사실적인] 묘사. **2.** 동·식물의 색체(무늬): ein Fell[Pelz] mit einer besonders hübschen Z. 각별히 아름다운 무늬[색체]의 가죽(모피). **3.** 〖상〗 서명: die Z. von Aktien 주식의 서명(응모). **zeichnungsberechtigt** ⟨Adj.⟩ 〖상〗 서명권이 있는. **Zeichnungsberechtigung**, die; -en 〖상〗 서명권: der Prokurist der Firma hat (eine) Z. bis zu 500 DM 그 회사의 대리는 500 마르크까지 서명할 수 있다.
Zeidelmeister ['tsaɪdl-], der; -s, - 〈고어〉 양봉가.
zeideln ['tsaɪdln] ⟨h⟩ 〈고어〉 꿀밭집을 도려내다.
Zeidler ['tsaɪdlɐ], der; -s, - 〈고어〉 ↑Zeidelmeister.
Zeidlerei [tsaɪdlə'raɪ], die; -en 〈고어〉 **1.** ⟨Pl. 없음⟩ 양봉. **2.** 양봉장.
Zeigefinger, der; -s, - 집게 손가락, 인지: 〖전의〗 in seinen Stücken spürt man zu sehr den erhobenen Zeigefinger 그의 작품들은 교훈적인 색채가 농후함을 느끼게 한다. **Zeigefürwort**, das; -(e)s, -wörter ↑Demonstrativpronomen. **zeigen** ['tsaɪgn] ⟨h⟩ **1.** 가리키다: mit dem Finger[einem Stock, dem Schirm] auf etw. z. 손가락(막대기), 우산)으로 무엇을 가리키다; der Wegweiser zeigte nach Süden 이정표는 남쪽을 가리켰다; der Schreibtisch zeigt zur Wand 책상은 벽쪽으로 되어 있다; die Uhr zeigt zwölf 시계는 열두시를 가리킨다. **2. a)** 누구에게 분명히 알리다[설명하다, 가르쳐 주다]: sie hat mir genau gezeigt, wie man das Gerät bedient 그 여자는 나에게 그 기구를 다루는 법을 정확히 가르쳐 주었다. **b)** 누구에게 무엇을 보여주다: ich kann es dir schwarz auf weiß z. 나는 너에게 그것을 명확하게 보여줄 수 있다; **es jmdm. z.** ⟨통용어⟩ 1) 누구에게 자기의 입장을 솔직하게 밝히다. 2) 누구에게 자기 자신(자기의 능력)을 과시하다. **c)** ⟨z. + sich⟩ 자신의 모습을 보이다, 나타내다: der König zeigte sich der Menge 왕이 군중에 모습을 보였다; 〖전의〗 die Stadt zeigte sich im Festglanz 온 도시는 축제가 한창이었다. **3. a)** (아이) 표현하다, 나타내다: das Bild zeigte eine Landschaft 그 그림은 풍경화이다; 〖전의〗 die Arbeit zeigt Talent 그 작품에는 솜씨가 담겨져 있다; seine Antwort zeigt mir, daß er nichts begriffen hat 그의 대답으로 나는 그가 아무것도 이해하지 못했음을 알 수 있다. **b)** ⟨z. + sich⟩ 나타나다, 보이다: 〖전의〗 endlich zeigte sich ein Hoffnungsschimmer 마침내 희망의 빛이 보였다; es wird sich ja z., wer im Recht ist 누가 옳은지 알게 될 것이다. **4. a)** 표현하다, 눈치채게 하다: er will seine Gefühle nicht z. 그는 자기의 감정을 표현하려고 하지 않는다; jmdm. seine Zuneigung [Liebe, sein Wohlwollen] Z. 누구에게 자기의 애착(애정, 호의)을 표현하다. **b)** 입증하다, 확신시키다: nun zeige einmal, was du kannst 네가 무엇을 할 수 있는가를 확신시켜라. **c)** ⟨z. + sich⟩ 어떤 특정한 인상을 주다, 특정한 사람으로 행동하다: er zeigte sich darüber sehr befriedigt 그는 그것에 매우 만족해 보였다.
Zeiger, der; -s, - 지시하는 물건(사람), 지침, 바늘. der große(kleine) Z. einer Uhr 시계의 큰(작은) 바늘.
Zeigertelegraf, der 〈옛·기술〉 전기 충격에 의해 움직이는 바늘로 글자가 새겨지는 전신기. **Zeigestock**, der; -(e)s, ...stökke 지시봉. **Zeigfinger**, der; -s, - ⟨schweiz.⟩ ↑Zeigefinger.
zeihen¹ ['tsaɪən] ⟨h⟩ 나무라다, 꾸짖다: jmdn. des Verrates z. 누구의 배신을 나무라다.
Zeile ['tsaɪlə], die; -n **1.** 행(行), 줄: eine Z. unterstreichen 한 줄에 밑줄을 긋다; Ihre -n habe ich erhalten 귀하의 서신 (잘) 받았습니다; einen Text Z. für Z. durchgehen 어떤 교재를 한줄 한줄 (빼놓지 않고) 다루다; etw. auf der Schreibmaschine mit zwei -n Abstand schreiben 무엇을 타자기로 두 줄 펜 간격으로 쓰다; **zwischen den -n lesen** 행간의 뜻을 읽다, 행간을 읽다. **2.** 열(列): mehrere -n junger Bäume 많은 어린 나무의 열.
zeilen-, Zeilen-: ~**abstand**, der 행 간격. ~**abstandeinsteller**, der ↑~einsteller. ~**bau**, der ⟨Pl. 없음⟩ 열을 맞춰 짓는 주택 건축. ~**bauweise**, die 열을 맞추는 주택 건축 방식, 띠 모양의 주택 건축 방식. ~**dorf**, das 길죽하게 뻗은, 도로변의 마을. ~**durchschuß**, der 〖인쇄〗 ↑Durchschuß (2). ~**einsteller**, der 타자기의 행간 조정대(단추). ~**frei** ⟨Adj.⟩ 〖텔레비전〗 텔레비전의 주사선을 식별할 수 없는. ~**frequenz**, die 〖텔레비전〗 ↑Horizontalfrequenz. ~**gießmaschine**, ~**gußmaschine**, die 〖인쇄〗 자동식자기, 라이노 타이프. ~**honorar**, das 행으로 계산하는 원고료. ~**länge**, die 행의 길이. ~**norm**, die 〖텔레비전〗 주사선 수의 규정. ~**schalter**, der ↑~einsteller. ~**schinder**, der ⟨통용어⟩ 돈을 더 받기 위해 원고를 필요 이상으로 길게 쓰는 사람. ~**setzmaschine**, die 〖인쇄〗 행 주식기(鑄植機). ~**sprung**, der 〖운율〗 ↑Enjambement. ~**sprungverfahren**, das ⟨Pl. 없음⟩ 〖텔레비전〗 비월주사(飛越走査) 방식. ~**steller**, der ↑~einsteller. ~**weise** ⟨Adv.⟩ 한 줄씩, 행(수)에 따라(맞추어).
-zeiler [-tsaɪlɐ], der; -s, - 《다음의 합성어로, 예컨대》Vierzeiler. **-zeilig** [-tsaɪlɪç] 《다음의 합성어로, 예컨대》vierzeilig(4zeilig).
Zein [tse'in], das; -s [lat. zea ⟨ griech. zeá] 옥수수 단백질.
Zeine ['tsaɪnə], die; -n ⟨schweiz.⟩ ↑Zaine (2).
Zeischen ['tsaɪsçən], das; -s, - ↑Zeisig.
Zeiselbär ['tsaɪzl-], der; -en, -en 〈지역적〉 ↑Tanzbär. **¹zeiseln** ['tsaɪzln] ⟨h⟩ [↑zeisen] 《지역적》 서두르다, 바쁘다.
²zeiseln [-] ⟨h⟩ ⟨schwäb.⟩ 꾀다, 유혹하다.
Zeiselwagen, der; -s, - ...wagen / ...wägen 〈지역적〉 **1.** 급행 우편 마차. **2.** 건초 운반 마차. **zeisen** ['tsaɪzn] ⟨h⟩ ⟨bayr.⟩ 쥐어 뜯어 가르다, 얽힌 것을 풀다: Flachs(Baumwolle) z. 아마(목화)를 쥐어 뜯어 가르다.
Zeisig ['tsaɪzɪç], der; -s, -e ⟨축소형: ↑Zeischen⟩ [tschech. čížek] 검은방울새: der Z. baut sein Nest oft in Fichten 검은방울새는 때때로 가문비나무에 보금자리를 만든다; **ein lockerer Z.** ⟨통용어·농⟩ 주착 없는 인간, 경솔한 사람, 방랑자.
Zeising ['tsaɪzɪŋ], die; -s, -e [niederd. seisen] 〖요트〗 돛을 묶는 단단한 끈(괄착밧줄).
zeit [tsaɪt] ⟨Präp.²⟩ [Zeit의 4격에서 유래] 《다음의 용법으로만》 **z. meines(deines) Lebens** 나(너)의 일생 동안. **Zeit** [-], die; -en **1.** ⟨Pl. 없음⟩, 때, 시간: die Z. vergeht (wie im Fluge) 시간은 (날듯) 지나간다; im Laufe der Z. 시간이 흐르면서; 〖속담〗 die Z. heilt (alle) Wunden 시간은 모든 것을 치유한다(시간이 약이다); kommt Z., kommt Rat 때가 되면 자연히 해결된다; 〖전의〗 die Z. arbeitet für jmdn. 시간이 지남에 따라 일이 누구에게 유리하게 전개된다; langsam und stetig, so, so, **für Z. und Ewigkeit** 《아어》 영원히. **2. a)** 시점, 시기: die Z. der Ernte 수확기; es ist jetzt

nicht die Z., das zu erörtern 지금은 그것을 논할 때가 아니다; ihre Z. ist gekommen 《아어·은폐》그 여자의 해산일이 다가왔다; seine Z. war gekommen 《아어·은폐》 그가 죽을 때가 되었다; seine Z. für gekommen halten 그의 때[세상]가 왔다고 생각하다; außer der Z. [außerhalb der üblichen Z.] 때를 지나서[보통때를 피하여]; seit der[dieser] Z. 그[이] 때부터 [줄곧]; um diese Z. 이 때 쯤(에); vor der Z. 시기에 앞서서, 너무 일찍이; zu jeder Z. 항상, 늘; zur rechten Z. 적시에; zu gegebener Z. 주어진 시간에; nur zu bestimmten -en 오직 특정한 시간에만; [성구] alles zu seiner Z. 만사는 제때에, [속담] wer nicht kommt zur rechten Z., der muß nehmen[essen, sehen], was übrigbleibt 제때에 오지 않는 사람의 몫은 찌꺼기 뿐이다; es ist[wird] Z. (무엇을 할) 때가 왔다[온다]; es ist hohe[die höchste, allerhöchste] Z. 지금이야 말로 (가장) 좋은 때이다; alle heiligen -en einmal (österr.) 어쩌다 한번, 드물게, 가물에 콩나듯; es ist an der Z. (무엇을 할)시간이 되었다; von Z. zu Z. 때때로; zur Z. 지금, 목하, 현재(약어: z. Z(t).); zu nachtschlafender Z. 《통용어》 한(오)밤중에. b) 시(時), 시간(Uhrzeit): welche Z. ist es? 몇 시입니까?; zu welcher Z.? 몇 시에? c) 지역[지방]시, 현지 시간: die mitteleuropäische Z. 중부 유럽 현지 시간(약어: MEZ); um 19 Uhr Moskauer Z. 모스크바 현지 시간 19시에. 3. a) 시절, 시기: die Z. des Studiums 대학 시절; die schönste Z. des Lebens[im Leben] 인생의 가장 좋은 시절; sie sind schon längere Z. verheiratet 그들이 결혼한지도 꽤 오래 되었다; die Z. war erst alles ungewohnt 처음에는 모든것이 서툴다; eine kurze Z. lang 잠시 동안; für kurze Z. verreist sein 잠시 여행 중이다; ein Vertrag auf Z. 기한부 계약; für alle Z. 영원히; in der nächsten[in nächster] Z. 곧; in der letzten[in letzter] Z. 직전에, 조금 전에, 지난 번에; nach kurzer Z. 조금 후에; seit einiger[langer] Z. 얼마[오래] 전부터; vor einiger[langer] Z. 얼마[오래] 전에; während dieser Z. 그 동안에; zu aller Z. [allen -en] 항상 늘; irgendwo die längste Z. gewesen sein 《통용어》 어디에 더 오래 머물지 않다[머물 수 없다, 머물러고 하지 않다]. b) 짬, (시간적) 여유: jmdm. bleibt noch Z., etw. zu tun 누구에게 무엇을 할 짬이 (남아)있다; die Z. drängt 시간이 급하다; er gönnt sich kaum (die) Z. zum Essen 그는 식사할 짬도 내기 힘들다; viel Z. (und Mühe) auf etw. verwenden[an etw. wenden] 무엇에 많은 시간(과 노력)을 들이다; Z. sparen 시간을 절약하다; etw. braucht (viel) Z. [nimmt viel Z. in Anspruch] 무엇이 (많은) 시간을 필요로 하다[요구하다]; etw. dauert seine Z. 무엇하는 데에 제 시간이 걸린다; schade um die Z. 시간이 아깝다; jmdm. die Z. stehlen 《통용어》 누구의 시간을 빼앗다; [속담] spare in der Z., so hast du in der Not [농] sparen in der Not, da hast Du dazu 여유 있을 때 절약하라, 그러면 궁할 때 쓰인다; Z. ist Geld 시간은 돈이다; jmdm. [sich] die Z. (mit etw.) vertreiben (무엇으로) 누구(자기)의 시간을 재미있게 하다; die Z. vertreiben (schweiz.) 시간을 보내다; die Z. totschlagen 《통용어·폄》 심심풀이[시간]을 보내다; Z. gewinnen 시간을 벌다; jmdm. Z. lassen 누구에게 여유를 주다; sich³ Z. lassen 침착하게 무엇을 하다; sich³ (für jmdn. [für etw.]) Z. nehmen 누구(무엇)를 위해 시간을 (누구[자기]의) 시간을 다루다; etw. hat[mit etw. hat es] Z. 무엇을 하는 데 (시간적) 여유가 있다; auf Z. spielen 《스포츠·은어》 의도적으로 시간을 끌다. c) [스포츠] 소요 시간, 시간 성적: eine gute Z. laufen 좋은 시간 성적으로 뛰다; die Z. stoppen (스톱워치로) 시간 기록을 측정

하다. d) [스포츠] 시합[경기]의 지속 시간: einen Vorsprung über die Z. bringen 시합[경기]의 끝까지 우위를 지탱하다; über die Z. kommen [권투] 시합을 끝까지 버티다. e) Z. nehmen (müssen) 《권투·은어》 카운트 다운을 당하다. 4. 시대, 시절: die Z. des Barock 바로크 시대; die Z., als es noch kein elektrisches Licht gab 전기불이 아직 없던 시대; der Geist der Z. 시대 정신; eine Sage aus alter Z. 옛날부터 전해 오는 전설; in jüngster Z. 최근에; mit der Z. gehen 시대에 발 맞추다; zu jener Z. 그 당시(에); zu unser Z. 1) 그가 살았을 당시. 2) 《통용어》 그가 우리와 함께 있었을 때; zu keiner Z. 결코 …아니다; das waren schlechte[finstere] -en 그때는 나쁜[음울한] 시대였다; in[zu] allen -en 언제나, 항상; in früheren -en 과거에; das war in seinen besten -en 그것은 그의 전성기의 일이었다; in -en der Not 곤궁할 때, 비상시에; seit ewigen -en 《통용어·과장》 이미 오랫동안; [성구] die -en ändern sich 시대는 변한다; andere -en, andere Sitten 시대가 변하면 풍습도 변한다; (ach) du liebe Z.! 아, 이럴 수가!; seit[vor] undenklicher Z. [undenklichen -en] 아득한 옛날부터[옛날에]; vor -en 《시어》 오래 전에; zu -en (누구의[무슨]) 시대에. 5. [언어] 시제, 시형: in welcher Z. steht dieser Satz[das Prädikat] 이 문장[술어]의 시제는 무엇이냐? zeit-, Zeit- (↑zeiten-, Zeiten-): ~ablauf, der 시간 (의) 경과. ~abschnitt, der 시기, 시대. ~abstand, der 시간 간격: im Z. von je einer Stunde 한 시간 씩의 간격으로. ~alter, das 1. (역사 구분의) 시대, 연대: das Z. der Technik 과학 기술 시대; das Goldene [Saturnische] Z. (고대의) 황금 시대. 2. [지질] (분류 상의) 대(代). ~angabe, die 1. 시간(시각) 표시, 일부 (日附), 연월일. 2. [언어] 시간 부사어(상황 규정어). ~ansage, die (라디오의) 시보. ~arbeit, die [경제] 시간제 노동. ~aufnahme, die 1. [사진] (약 1/2초 이상의) 노출 시간 촬영(어간: Momentaufnahme). 2. [경제] (노동 조건 조사론에 따른) 효과적 노동 시간 조사. ~aufwand, der 시간의 소비(낭비). ~aufwendig (Adj.) 시간을 소비하는. ~ausschluß, der 《아이스하키》 일시적 벌칙 퇴장. ~ball, der [해양] 시구(時球), 보시구(報時球). ~bedingt (Adj.) 시간의 제약을 받는. ~begriff, der 시간의 개념. ~bewußtsein, das 시간의식(관념). ~bezogen (Adj.) 시간과 관련한. ~bild, das (문학, 영화 등에서) 시대상(時代像). ~bombe, die 시한 폭탄: 전의 die Z. tickt 위험이 다가오고 있다. ~dauer, die 시간(길이), 시간, 기간. ~differenz, die 시차(時差). ~dokument, das 시대(현대)(의) 기록 문서(물): der Film ist ein eindrückendes Z. 그 영화는 충격적인 시대 기록물이다. ~druck, der 〈Pl. 없음〉 시간적 압박: unter Z. stehen[arbeiten] 시간적 압박하에 있다[일하다]. ~einheit, die 시간 단위. ~einteilung, die 시간의 구분, 시간 할당(배당). ~empfinden, das 시간 감각. ~ereignis, das 〈대개 Pl.〉 시대적 사건. ~erscheinung, die 시대의 현상. ~ersparnis, die durch Rationalisierung (경영) 합리화를 통한 시간 절약. ~fahren, das; -s, - (사이클) 타임 트라이얼(스타트를 각각 다르게 하여 개인마다 타임을 측정하는 경주). ~faktor, der 〈Pl. 없음〉 시간적 요인. ~fehler, der [경마] 시간 초과 감점. ~folge, die 시간의 연속, 시대의 순서. ~form, die 시간 형식, 시제(Tempus). ~frage, die 1. 〈Pl. 없음〉 시간 문제[시간의 유무]: ich besuche dich gern einmal, das ist nur eine Z. 나는 너를 기꺼이 한번 방문하겠다, 그것은 다만 시간 문제이다. 2. 시사 문제: zu -n Stellung nehmen 시사 문제에 입장을 표명하다. ~gebunden (Adj.) 시대[시류]와 연관된

[결부된]. ~**gefühl**, das ⟨Pl. 없음⟩ 시간 감각. ~**geist**, der ⟨Pl. 없음⟩ 시대 정신. ~**gemälde**, das 시대상(時代像), 시대 묘사. ~**gemäß** ⟨Adj.⟩ 때에 맞는, 시류에 적합한, 현대식의, 유행의: ein -es Thema 시의 적절한 테마. ~**genosse**, der **1.** 동시대인(同時代人): ein Z. Goethes 괴테와 같은 시대 사람. **2.** 동료, 이웃 사람, 인간: ein sturer Z. 완고한 사람. ~**genossin**, die ↑~genosse의 여성형. ~**genössisch** ⟨Adj.⟩ 동시대의: -e Quellen 동시대의 문헌; -e Malerei 당시[현대]의 미술. ~**gerecht** ⟨Adj.⟩ **1.** 시대에 맞는, 현대적인. **2.** (österr., schweiz.) ↑ rechtzeitig. ~**geschäft**, das [증권] ↑ Termingeschäft. ~**geschehen**, das ⟨Pl. 없음⟩ 시사 사건[문제]. ~**geschichte**, die ⟨Pl. 없음⟩ **1.** 현대, 시사. **2.** 현대사(時事). ~**geschichtlich** ⟨Adj.⟩ 시사적, 현대사적. ~**geschmack**, der ⟨Pl. 없음⟩ 시대 취미, 현대적 취미[감각]. ~**gewinn**, der 시간의 절용(節用)[절약]: das bedeutet einen Z. von vier Stunden 그것은 네시간의 시간 절약을 의미한다. ~**gleich** ⟨Adj.⟩ **1.** 동시 동작의, 동시적: -e Vorgänge 동시적 사건. **2.** [스포츠] 시간 기록이 같은: z. ins Ziel kommen 동시에 목표 지점에 도달하다. ~**glocke**, die (schweiz.) 탑시계. ~**gründe** ⟨Pl.⟩ 《다음의 용법으로》 aus -n 시간이 없어서. ~**her** [-'-] ⟨Adv.⟩ ↑ seither. ~**herig** ['he:rɪç] ⟨Adj.⟩ (고어) ↑ seitherig. ~**hinausstellung**, die [스포츠] 일시적 퇴장. ~**horizont**, der 《교양어》예상된 시간 한계[범위]. ~**intervall**, das 《교양어》시간 간격. ~**karte**, die [교통] 정기 승차권 (예컨대: Wochen-, Monatskarte). ~**karteninhaber**, der 《관》정기 승차권 소지자. ~**kino**, das 《관》[구둔독] 시사(홍보)영화관. ~**kolorit**, das 《교양어》시대색(時代色). ~**kontrolle**, die [경제] 시간 관리. ~**krankheit**, die 시대병. ~**kritik**, die 시사 평론[비평], 시대 비평. ~**kritisch** ⟨Adj.⟩ 시대 비평의, 시사평론적. ~**lang** 《다음의 용법으로》 eine Z. 잠시, 얼마 동안. ~**lauf**, der; -(e)s, -läuf(t)e ⟨Pl.⟩ 시국, 시세: in diesen Zeitläuf(t)en 이러한 시국에. **2.** ⟨Pl. 없음⟩ 《드물게》시간의 경과. ~**lebens** [-'le:bns] ⟨Adv.⟩ 한평생(동안), 종신토록: sich z. an etw. erinnern werden 종신토록 무엇을 잊지 못하다. ~**limit**, das [사이클·승마·요트 등] 시간 제한. ~**lohn**, der [경제] 시간적 임금. ~**los** ⟨Adj.⟩ **1.** 시대를 초월한, 시류에 따르지 않는: eine -e kunst 시대를 초월한 예술. **2.** 《드물게》시간 제약을 받지 않는. ~**lose**, die ↑ Zeitlose. ~**losigkeit**, die 시간이 없음, 시간을 초월함. ~**lupe** ⟨Pl. 없음⟩ [영화] 고속도 촬영(기)(반대: Zeitraffer). ~**lupenaufnahme**, die [영화] 고속도 촬영. ~**lupentempo**, das 《Pl. 없음》매우 느린 속도: im Z. arbeiten 《통용어·조롱》매우 느리게 일하다. ~**mangel**, der ⟨Pl. 없음⟩ 시간 부족: aus Z. 시간 부족으로. ~**maß**, das **1.** 속도, 박자. **2.** 《드물게》시간의 척도, 시간을 재는 표준. ~**messer**, der 측시기(예컨대: 시계, 크로노미터), (음악의) 박절기(拍節器). ~**messung**, die 시간 측정, 계시(計時). ~**nah(e)** ⟨Adj.⟩ 시사성이 있는: ein zeitnahes Bühnenstück 시사성이 있음. ~**nähe**, die 시대 시사성이 있음. ~**nahme**, die [스포츠] 시간 측정, 계시(計時): automatische Z. 자동 시간 측정. ~**nehmer**, der **1.** [스포츠] 시간을 재는 사람, 계시원(計時員). **2.** [경제] 공정 및 작업 소요 시간 조사원. ~**nehmertreppe**, die 계시(원), 심판대. ~**not**, die ⟨Pl. 없음⟩ 시간 부족. ~**personal**, das 시간제 노동자. ~**plan**, der 시간 계획표, 일정표, 시간표. ~**problem**, das 시대 문제, 시대의 문제거리. ~**punkt**, der 시각, 순간, 시점, (역사상의) 시기[시대]: der Z. seines Todes 그의 임종시 (각); den richtigen Z. (für etw.) abwarten (무엇을

위한) 적합한 시기를 기다리다; zu diesem Z. war er schon abgereist 이 시각에 그는 이미 (여행을) 떠났다. ~**raffer**, der ⟨Pl. 없음⟩ [영화] 미(저)속도 촬영(기)(반대: Zeitlupe). ~**raubend** ⟨Adj.⟩ 시간을 빼앗는, 시간이 걸리는, 시간이 드는: eine -e Arbeit 시간이 (많이) 걸리는 작업. ~**raum**, der 시간, 시기, 시대: etw. umfaßt[umspannt] einen Z. von mehreren Tagen 무엇이 수일 걸린다. ~**rechnung**, die **1.** 연대(계산), 기원, 연호: in den ersten Jahrhunderten unserer [christlicher, der christlichen] Z. 서력 기원 초기 수세기에; das Jahr 328 vor unserer Z. (약어: v. u. Z.) 기원전 328년; im 1. Jahrhundert nach unserer Z. (약어: n. u. Z) 서기 1세기에. **2.** 《천문적》시간 계산. ~**rente**, die [관] 시간 연금. ~**roman**, der 시대 소설. ~**schnell** ⟨Adj.⟩ [스포츠] 시간 기록상으로 빠른. ~**schrift**, die **1.** 잡지: eine medizinische Z. 의학지. **2.** 정기 편집(요원): zwei Jahre später druckte eine gelehrte Z. diesen Vortrag 2년 후에 학식있는 편집 요원이 이 강연문을 인쇄하였다. ~**schriftenaufsatz**, der 잡지 기사. ~**schriftenlesesaal**, der 잡지 열람실. ~**schriftenverleger**, der 잡지 발행인. ~**schriftenwerber**, der 잡지 구독자. ~**schuß**, der **1.** [요트] 출발 신호 사격. **2.** 조정 경기에서 시간을 알리는 사격. ~**sinn**, der ⟨Pl. 없음⟩ 시간 감각. ~**soldat**, der (특히 독일 연방군에서의) 단기 복무 군인(약어: Z-Soldat). ~**spanne**, die 시간, 시기, (짧은) 기간: in einer Z. von 12 Tagen kann sich einiges ändern 2일의 기간 동안에 몇 가지가 변경될 수 있다. ~**sparend** ⟨Adj.⟩ 시간을 줄이는[절약하는]. ~**springen**, das [경기] 시간 제한 점프 테스트(실험)로 시간으로 계산하여 가장 짧은 시간이 승리하는. ~**stil**, der 시대 양식. ~**strafe**, die [스포츠] 일시 퇴장 벌칙. ~**strömung**, die 시류(時流). ~**stück**, das 시대극, 시사 문제극. ~**studien** ⟨Pl.⟩ [경제] 작업 시간 연구. ~**stunde**, die 시간(60분의). ~**tafel**, die 시간표, 연대표. ~**takt**, der [전화] 통화 요금 단위 서간. ~**überschreitung**, die [스포츠] 제한 시간 초과. ~**umstände** ⟨Pl.⟩ 시세, (당시의) 세태, 시국. ~**unterschied**, der 시간 차(이). ~**vergeudung**, die ⟨Pl. 없음⟩ [감정] ↑ ~verschwendung. ~**verhältnisse** ⟨Pl.⟩ 시간 관계, 시대 상황. ~**verlauf**, der ⟨Pl. 없음⟩ 시간의 경과. ~**verlust**, der ⟨Pl. 없음⟩ 시간의 손실: den Z. aufholen 시간의 손실을 보충하다. ~**versäumnis**, die ⟨Pl. 없음⟩ (아어·준고어) ↑ ~verlust. ~**verschwendung**, die ⟨Pl. 없음⟩ [감정] 시간(의) 낭비. ~**versetzt** ⟨Adj.⟩ 시간이 지연된. ~**vertreib** [-fɛɐ̯trajp], der; -(e)s, -e 오락, 소창, 기분풀이, 소일(거리): Lesen ist mein liebster Z. 독서는 내가 가장 좋아하는 소일거리이다; etw. nur zum Z. tun 무엇을 (오직) 기분풀이로 하다. ~**verzug**, der 시간의 지연[지체]: das Getreide ohne Z. bergen 곡식을 늦지 않게 저장하다. ~**vorsprung**, der 시간으로 앞지르기. ~**waage**, die [기술] 전자 크로노그래프. ~**weilig** [-vailɪç] ⟨Adj.⟩ **1.** 일시적인, 잠시의: eine -e Maßnahme 잠정적 조처. **2.** 때때로의, er ist z. nicht zurechnungsfähig 그는 이따금 제정신을 잃는다. ~**weise** ⟨Adv.⟩ **1.** 때때로: (nur) z. anwesend sein (다만) 가끔 참석하다. (부가어적으로도) ein -s Abflauen 이따금씩의 경기침체. **2.** 잠정적[일시적]으로): z. schien es so, als sei alles wieder in Ordnung 일시적으로 모든 것이 정상적인 것처럼 보였다. ~**wende**, die **1.** 서력 기원의 시작 전[vor/nach] der Z. 기원전[후](약어: v.[n.] d. Z.). **2.** ↑ Zeitenwende. ~**wert**, der **1.** (중고품의) (현)시가(時價)(반대: Neuwert): die Versicherung ersetzt nur den Z. der gestohlenen Sachen 보험은 다만 도난당한 물건들의

현시가 만을 보상해 준다. 2. [음악] (음부에 표기된) 음의 상대적 길이. ~wertversicherung, die 시가 보험. ~wort, das ⟨Pl. -wörter⟩ [언어] ↑Verb. ~wörtlich ⟨Adj.⟩ [언어] ↑verbal (2). ~zeichen, das [방송] 시보(時報). ~zone, die (지구상의) 동일 표준시 지역. ~zünder, der 시한 신관(반대: Aufschlagzünder). ~zünderbombe, die 시한 (신관) 폭탄. ~zündung, die 시한 점화.

zeiten ['tsaitn̩] ⟨h⟩ (schweiz. · 스포츠) (스톱워치로) 시간을 재다.

zeiten-, Zeiten- (↑zeit-, Zeit-): ~**folge**, die [언어] (복합문에서 주문과 부문의) 시제의 일치. ~**wende**, die 시대의 전환(점). ~**weise** ⟨Adv.⟩ (schweiz.) ↑ zeitweise.

zeitig ['tsaitɪç] ⟨Adj.⟩ 1. 약간 이른, 늦지 않은: ein -er Winter 약간 이른 겨울; du hättest -er kommen müssen 너는 좀더 일찍 왔어야 하는데. 2. (시기적) 적당한, 때가 찬: das Getreide ist z. 그 곡식은 익었다.

zeitigen ['tsaitɪɡn̩] ⟨h⟩ 1. (아이) (결과를) 가져오다. 초래하다, 야기하다: etw. zeitigt (reiche) Früchte/(nur) Mißerfolge 무엇이 결실((다만) 실패만)을 가져오다. 2. (österr.) 익다. **zeitlich** ['tsaitlɪç] ⟨Adj.⟩ 1. 때의, 시간상의, 시간적인: der -e Ablauf 시간의 경과; in großem(kurzem) -em Abstand 큰(짧은) 시간적 간격으로. 2. [종교] 허무한, 속세의, 일시적인: das Zeitliche segnen (통용어·농) 죽다. 3. (österr.·통용어) 이른, 늦지 않은. **Zeitlichkeit**, die 1. [철학] 시간성. 2. [종교] 허무한 세상, 속세: die Z. verlassen 속세를 떠나다. **Zeitlose** ['tsaitlozə], die; -n [↑Herbstzeitlose] 1. [식물] 콜히쿰이 속한 백합과 식물. 2. (고어) 콜히쿰(약용 식물).

Zeitung ['tsaitʊŋ], die; -en [niederd. tīdinge] 1. a) 신문: eine Z. herausgeben 신문을 발행하다; die Z. lesen 신문을 읽다; eine Z. abonnieren(abbestellen) 신문을 정기 구독하다(구독을 취소하다); verschiedene -en halten(beziehen) 여러 가지 신문을 구독하다; eine austragen 신문을 배달하다; die Z. kassieren (통용어) 신문 대금을 징수하다; etw. aus der Z. erfahren 무엇에 대해 신문을 보고 알다; in der Z. steht, daß ... 신문에 …이 실려 있다; eine Anzeige in die Z. setzen 광고를 신문에 싣다. b) 신문 편집부, 신문사: Mitarbeiter einer Z. sein 신문 편집부의 일원이다; bei einer Z. arbeiten 신문사에 일하다. 2. (고어) 소식, 뉴스, 보고: (eine) gute(schlechte) Z. bringen 좋은(나쁜) 소식을 전하다.

Zeitungs-: ~**ablage**, die 신문 모아두는 곳. ~**abonnement**, das 신문 예약 구독. ~**agentur**, die 신문 리점(보급소). ~**annonce**, die 신문 광고. ~**anzeige**, die ↑~annonce. ~**artikel**, der 신문 기사. ~**ausschnitt**, der 오려낸 신문 조각. ~**ausschnittbüro**, das ↑Ausschnittbüro. ~**austräger**, der 신문 배달원. ~**austrägerin**, die 여자 신문 배달원. ~**bericht**, der 신문 기사(보도). ~**bude**, die 신문 매점. ~**deutsch**, das [언어] 신문의 오보(誤報). ~**ente**, die (통용어) 신문의 오보(誤報). ~**frau**, die (통용어) 1. ↑~austrägerin. 2. ↑~händlerin, ~verkäuferin. ~**fritze**, der (欺) ↑journalist. ~**halter**, der 신문 틀. ~**händler**, der 신문 판매원. ~**händlerin**, die 여자 신문 판매원. ~**inserat**, das 신문 광고. ~**journalist**, der 신문 기자. ~**junge**, der 1. 신문 판매 소년. 2. 신문 배달 소년. ~**kiosk**, der ↑~bude. ~**korrespondent**, der 신문 통신원(특파원). ~**kunde**, die ⟨Pl. 없음⟩ (준어) 신문학. ~**leser**, der 신문 독자. ~**mann**, der ⟨Pl. ...männer / ...leute⟩ (통용어) 1. ⟨Pl. 대개 ...leute⟩ 신문 기자. 2. 신문 판매 상인.

신문 판매원. ~**meldung**, die 신문 보도. ~**notiz**, die 신문의 작은 기사, 단평. ~**nummer**, die 신문 번호. ~**papier**, das 1. 신문지: etw. in Z. einwickeln 무엇을 신문지에 싸다. 2. 신문 용지. ~**redakteur**, der 신문 편집자. ~**redaktion**, die 신문 편집국. ~**roman**, der 신문(연재) 소설. ~**seite**, die 신문면. ~**spalte**, die 신문란(단). ~**spanner**, der 신문철. ~**stand**, der 신문 판매대. ~**ständer**, der 신문 보관대. ~**stil**, der 신문의 문체. ~**träger**, der ↑~austräger. ~**verkäufer**, der 신문 판매원. ~**verkäuferin**, die 여자 신문 판매원. ~**verlag**, der 신문(출판)사. ~**verleger**, der 신문 발행인. ~**verschleißer**, der (österr.) ↑~händler. ~**verträger**, der (schweiz.) ↑~austräger. ~**werbung**, die ⟨Pl. 없음⟩ 신문 광고. ~**wesen**, das ⟨Pl. 없음⟩ 신문업(계). ~**wissenschaft**, die 신문(정보)학.

Zelebrant [tsele'brant], der; -en, -en [lat. celebrāns] [가] (미사를 올리는) 사제(동祭). **Zelebration** [tselebra'tsi̯oːn], die; -en [lat. celebrātio] [가] 미사, 의식, 제전. **Zelebret** ['tseːlebret], das; -s, -s [lat. celebret] [가] 사제에게 주는 미사 허가(서). **zelebrieren** [tsele'briːrən] ⟨h⟩ [lat. celebrāre] 1. [가] 미사를 올리다, 의식(축전)을 거행하다. 2. ⟨교양어·조롱⟩ (의식적으로) 엄숙하게 거행하다: eine Ansprache(das Mittagessen) z. 엄숙하게 연설하다(점심식사를 하다). 3. ⟨교양어·드물게⟩ 축하하다, 기념식을 올리다. **Zelebrierung**, die; -en 의식의 거행, 미사를 올림. **Zelebrität** [tselebriˈtɛːt], die; -en [lat. celebritās] ⟨교양어⟩ 1. 저명(유명) (인사). 2. ⟨고어⟩ 엄숙, 장엄.

Zelge ['tsɛlɡə], die; -n ⟨südd.⟩ 밭, 경작지.

zell-, Zell- (↑zellen-, Zellen-도 참조): ~**atmung**, die [생물] 세포 호흡. ~**bau**, der ⟨Pl. 없음⟩ [생물] 세포 구조. ~**bildung**, die [생물] 세포 형성. ~**diagnostik**, die ↑Zytodiagnostik. ~**fett**, das ↑Organfett. ~**forschung**, die ↑Zytologie. ~**gewebe**, das [생물] 세포 조직. ~**gewebsentzündung**, die [의학] ↑Bindegewebsentzündung. ~**gift**, das [생물·의학] 세포독. ~**glas**, das ⟨Pl. 없음⟩ (전문어) 셀로판(종이). ~**gummi**, der (드물게) ↑Schaumgummi. ~**haut**, die ⟨Pl. 없음⟩ (드물게) ↑~glas. ~**horn**, das ⟨Pl. 없음⟩ (드물게) ↑Zelluloid. ~**kern**, der [생물] 세포핵. ~**kolonie**, die ↑Zönobium (2). ~**körper**, der [생물] 세포체. ~**lehre**, die (드물게) ↑~kunde. ~**membran** die [생물] 세포막. ~**mund**, der ↑Zytostom(a). ~**organell(e)** ↑Organell(e). ~**stoff**, der 1. 섬유소, 펄프. 2. 섬유소면, 탈지면. ~**stofffabrik**, die 섬유소공장. ~**stofftuch**, das ⟨Pl. -tücher⟩ 섬유소 천. ~**stoffwechsel**, der [생물] 세포의 신진대사. ~**substanz**, die [생물] 세포질. ~**teilung**, die [생물] 세포분열. ~**vermehrung**, die [생물] 세포증식. ~**verschmelzung**, die [생물] 세포융합. ~**wachstum**, das [생물] 세포 성장. ~**wand**, die [생물] 세포벽. ~**wolle**, die (인조) 섬유, 스프. ~**wucherung**, die [생물] 과잉 세포 증식.

Zella [ˈtsɛla], die [Cella. **Zelle** ['tsɛlə], die; -n [1. lat. cella] 1. 작은 방, 독방, 암자, 감방. 2. a) ↑Telefonzelle의 약칭. b) ↑Badezelle의 약칭. 3. (꿀벌의) 봉방, 벌집, 공동(空洞): die -n einer Honigwabe 꿀벌집의 봉방. 4. [전자] 전지. 5. [생물] 세포: die -n teilen sich 세포들이 분열하다. **die (kleinen) grauen -n** (통용어·농) 뇌(세포), 사고력. 6. 작은 단체(세포)(특히 정치적): eine Z. bilden 작은 단체를 만들다.

zellen-, Zellen- (↑zell-, Zell-): ~**bildung**, die 1. [생물] ↑Zellbildung. 2. [정치] 작은 단체의(세포) 조직. ~**förmig** ⟨Adj.⟩ 세포 모양의. ~**gefangene***,

der 감방수. **~genosse,** der 감방 동료. **~gewebe,** das ↑Zellgewebe. **~gewölbe,** das [건축] 후기 고딕 양식의 세포조직 모양을 한 둥근 지붕. **~insasse,** der ↑ **~gefangene. ~koller,** der 말의 조광병(躁狂病). **~lehre,** die ↑Zytologie. **~leiter,** der [나치] 지부 (정치) 단체의 장, 세포 위원장. **~schmelz,** der ↑ Cloisonné. **~tür,** die 감방문.
Zeller ['tsɛlɐ], der; -s ⟨österr.·통용어⟩ [식물] 셀러리 (Sellerie).
zellig ['tsɛlɪç] ⟨Adj.⟩ [생물] 세포로 된. **-zellig** [-tsɛ-lɪç] ⟨다음의 복합어로, 예컨대⟩ mehrzellig 다세포의.
Zellobiose ['tsɛlo'bi̯o:zə], die -n [화학] 셀로비오스.
Zelloidinpapier [...oi'di:n-], das; -s [Zellulose + griech. -oeidēs = ähnlich an 관련] [사진] 콜로디온(감광막을 입힌 특수) 인화지. **Zellophan** [...'fa:n], das; -s ↑Cellophan.
Zellophan-: ~beutel, der 셀로판 주머니[지갑]. **~folie,** die 셀로판 박(箔). **~hülle,** die 셀로판 주머니 [상자]. **~packung,** die 셀로판 포장. **~papier,** das 셀로판 종이.
zellular [tsɛlu'la:ɐ̯], **zellulär** [...'lɛ:ɐ̯] ⟨Adj.⟩ [lat. cellula] 1. 세포로 된, 세포의. 2. 세포(의) 속성이 있는.
Zellularpathologie, die ⟨Pl. 없음⟩ [의학] 세포 병리학. **Zellulartherapie,** die ⟨Pl. 없음⟩ 세포(주입) 요법. **Zellulase** [...'la:zə], die; -n [철학] 섬유소 분해 효소[셀룰라제]. **Zellulitis** [...'li:tɪs], die; ...itiden [...'li:tɪdn̩] [의학] 봉소염(蜂巢炎), 결합조직염. **Zelluloid,** [화학] Celluloid [...'lɔyt, ⟨드물게⟩...lo'i:t], das; -(e)s [engl.-amerik. celluloid] 1. 셀룰로이드: ein Kamm aus Z. 셀룰로이드로 만든 빗. 2. (은어) 영화 필름.
Zelluloid- ⟨⟨준고어·농⟩⟩: **~held,** der 영화의 주인공. **~schönheit,** die 미모의 여배우. **~streifen,** der 영화 필름.
Zellulose, [화학] cellulose [tsɛlu'lo:zə] die; ⟨종류⟩ -n [lat. cellula] 셀룰로오스, 섬유소.
Zelot [tse'lo:t], der; -en, -en [griech. zēlōtēs] 1. ⟨교양어⟩ 열광자, ⟨종교적⟩ 광신자. 2. ⟨예⟩ 열심 당원(기원 1세기 로마에 반항한 유대 민족주의자). **zelotisch** ⟨Adj.⟩ **a)** ⟨교양어⟩ 광신자 같은, 광신적인. **b)** 열심 당원에 관한, 열심 당원의. **Zelotismus** [tselo'tɪsmus], der; - ⟨교양어⟩ ⟨종교적⟩ 열광, 광신.
¹Zelt [tsɛlt], das; -(e)s, -e 천막, 텐트: ein Z. aufschlagen [abbauen] 천막을 치다[걷다]; ein Zirkus errichtete sein Z. auf dem Festplatz 서커스단이 축제 광장에 천막을 쳤다; das himmlische Z. ⟨전의⟩ 하늘 (천공(天空), 창공; **seine -e irgendwo aufschlagen** ⟨농⟩ 어딘가에 정착하다; **seine -e abbrechen** ⟨농⟩ 거처를 떠나다[옮기다]. **²Zelt** [-], der; -(e)s ⟨고어⟩ (말의) 측대보(側對步).
Zelt-: ~bahn, die 1. 천막용 삼베. 2. ↑**~plane. ~blache,** die (schweiz.) ↑~plane. **~bau,** der ⟨Pl. 없음⟩ 천막 세우기. **~blatt,** das (österr.) ↑ **~plane. ~dach,** das [건축] 1. 천막형의 지붕. 2. 천막형의 이동주조물로 된 지붕. **~eingang,** der 천막의 입구. **~lager,** das 야영장. **~leinwand,** die 천막용 방수 아마포. **~mast,** der 천막주(柱). **~mission,** die 복음 교회만의 이동 선교단. **~pflock,** der 천막 말뚝. **~plane,** die 천막포(布). **~platz,** der 천막 칠 장소, 야영장. **~stadt,** die 대형 야영장. **~stange,** die 천막 기둥(柱). **~stock,** der ↑~stange. **~stoff,** der 천막용 천. **~wand,** die 천막의 측면.
zelten ['tsɛltn̩] ⟨h⟩ 천막을 치고 숙영하다[살다]: geht Ihr dieses Jahr wieder z.? 올해도 또 텐트 생활하러 갈 겁인가요. **Zelten** [-], der; -s ⟨준고어⟩ 1. ⟨südd., österr.⟩ 평평하고 둥근 작은 과자. 2. ⟨westösterr.⟩ 작

은 열매를 넣어 만든 빵. **¹Zelter** ['tsɛltɐ], der; -s, - (드물게) ↑Zeltler.
²Zelter [-], der; -s, - ⟨예⟩ 측대보로 훈련 받은 (부인용) 말.
Zeltler ['tsɛltlɐ], der; -s, - 천막 생활인.
¹Zement [tse'mɛnt], der; -(e)s, ⟨종류⟩ -e [lat. cīmentum] 1. 시멘트, 양회: schnellbindender Z. 접착이 잘 되는 시멘트. 2. [치과] 이의 백악질(白堊質), 치과용 시멘트. **²Zement** [-], das; -(e)s, -e ↑Zahnzement.
zement-, Zement-: ~bahn, die [스포츠] 시멘트로 된 (사이클용) 주행로. **~boden,** der 시멘트 바닥. **~fabrik,** die 시멘트 공장. **~füllung,** die [치과] 시멘트 충전. **~fußboden,** der 시멘트 바닥. **~grau** ⟨Adj.⟩ 시멘트색의, 회색의. **~mörtel,** der 시멘트 모르타르. **~platz,** der [스포츠] 시멘트로 만든 운동장(특히 테니스장). **~sack,** der 시멘트 부대. **~silo,** der / das 시멘트 저장 사일로. **~werk,** das 시멘트 공장.
Zementation [tsemɑnta'tsi̯o:n], die; -en 1. [화학] (용액에서) 금속 첨전. 2. [금속] 침탄(浸炭)(법). **zementen** [tse'mɛntn̩] ⟨Adj.⟩ 1. 시멘트로 된한. 2. ⟨시어⟩ 회색의: ein -er Himmel 회색의 하늘. **zementieren** [tsemɛn'ti:rən] ⟨h⟩ 1. 시멘트로 바르다[접합하다]: einen Weg z. 길을 시멘트로 깔다. 2. ⟨교양어⟩ (상태를) 고착시키다[고정화하다]: die Spaltung Koreas darf nicht zementiert werden 한국의 분단이 고착되어서는 안된다. 3. [금속] 침탄법(浸炭法)으로 제강하다. **Zementierung,** die; -en 1. 시멘트 접합. 2. 공고화. 3. [금속] 침탄법. **Zementit** [tsemɛn'ti:t, ⟨또한⟩ ...tɪt], der; -s [화학] 탄화철(炭化鐵).
Zen [zɛn, ⟨또한⟩ tsɛn], das; -(s) [jap. zen] [종교] 선(禪).
Zenana [ze'na:na], die; -s [pers. zenana] (모슬렘, 힌두족의) 규방(閨房).
Zenerdiode ['tse:nɐ-], die; -n [미국 물리학자 C. M. Zener(1905~)에 따라] [전자] 제너 이주 진공관(다이오드).
Zenit [tse'ni:t, ⟨또한⟩ ...nɪt], der; -(e)s [ital. zenit(h)] 1. 천정(天頂): der Stern steht im Z. 그 별은 천정에 떠 있다. 2. ⟨교양어⟩ 절정, 정점: er stand im Z. seines Ruhms 그는 인기의 절정에 있었다. **zenital** [tseni'ta:l] ⟨Adj.⟩ 천정의, 하늘 끝의. **Zenitalregen,** der [기상] 열대 지방에 내리는 한여름의 폭우. **Zenitdistanz,** die [천문] 천정거리.
Zenotaph: ↑Kenotaph.
zensieren [tsɛn'zi:rən] ⟨h⟩ [lat. cēnsēre] 1. 평가하다, 심사하다, 점수 매기다: einen Aufsatz z. 작문을 평가하다; der Lehrer zensiert streng 그 선생은 엄격하게 점수 매긴다. 2. (출판물, 홍행물을) 검열하다: die Tageszeitungen werden in diesem Land scharf zensiert 이 나라에서는 일간 신문들이 엄한 검열을 받는다. **Zensierung,** die; -en 평가, 심사, 검열. **Zensor** [tsɛnzɔr, ⟨또한⟩ ...zo:ɐ̯], der; -s, -en [tsɛn'zo:rən; 2. lat. cēnszor, sor] 1. (출판물, 홍행물의) 검열관: dieser Satz ist dem Rotstift des ~s zum Opfer gefallen 이 문장은 검열관의 적색 연필에 희생되었다. 2. (고대 로마의) 풍기 감찰관. **zensorisch** [tsɛn'zo:rɪʃ] ⟨Adj.⟩ [lat. cēnsōrius] 검열관의, 검열관 직능(직권)의. **Zensur** [tsɛn'zu:ɐ̯], die; -en [lat. cēnsūra] 1. (특히 학교의) 성적(표), 평점: eine schlechte Z. in Deutsch haben[bekommen] 독일어에서 나쁜 성적을 받다[받았다]((전) 남을 이러쿵저러쿵 비판하다). **2. a)** (출판물, 홍행물의) 검열: in diesem Staat gibt es keine Z. der Presse 이 나라에는 언론 검열이 없다; etw. unterliegt der Z. 무엇이 검열을 받고 있는 중이다. **b)** 검열관청: die Z. hat den Film verboten 검열 관청이 이 영화

를 금지했다; alle Briefe gehen durch die Z. 모든 서신들이 검열을 받는다. **Zensurendurchschnitt**, der [(대)학교] 성적 평균. **Zensurenkonferenz**, die [학교] 사정회. **zensurieren** [tsɛnzuˈriːrən] ⟨h⟩ ⟪österr.⟫ ↑zensieren (2). **Zensus** [ˈtsɛnzʊs], der; -, - [lat. cēnsus] **1.** ⟪전문어⟫ 인구조사. **2.** ⟪역사적⟫ 조세, 세금 (할당). **3.** (고대 로마의) 재산 평가 등록. **Zensuswahlrecht**, das ⟪옛⟫ 재산 평가에 의한 차등 선거권.

Zent [tsɛnt], die; -en [lat. centa] **1.** (고대 독일의) 군구 (軍區), 재판구. **2.** (중세의) 백작령 예속 행정구.

zent-, **Zent-**: ~**frei** ⟨Adj.⟩ (고대 독일, 중세의) 재판구에 예속되지 않은. ~**gericht**, das (고대 독일, 중세의) 형사 재판소. ~**graf**, der (중세의) 백작령 예속 행정구의 장(재판관).

Zentaur [tsɛnˈtaṷɐ̯], ⟪또한⟫ Kentaur [kɛn...], der; -en, -en [...ˈtaṷrən; lat. Centaurus < griech. Kéntauros] ⟪신화⟫ 반인반마(半人半馬)의 괴물.

Zentenar [tsɛnteˈnaːɐ̯], der; -s, -e **1.** ⟪교양어·드물게⟫ 100세의 노인. **2.** (고대 독일의) 형사재판소장. **Zentenarausgabe**, die ⟪교양어⟫ 출판 100주년 기념판. **Zentenarfeier**, die ⟪교양어⟫ ↑Zentenarium. **Zentenarium** [...ˈnaːriʊm], das; -s, ...ien [...iən; lat. centenarium] ⟪교양어⟫ 백년제(祭).

Zenterhalf [ˈtsɛntɐ-], der; -s, -s [engl. centrehalf] ⟪österr.·고어⟫ 센터 하프(Mittelläufer). **zentern** [ˈtsɛntɐn] ⟨h⟩ ⟪österr.⟫ ↑ 공을 중앙으로 보내다, 센터링하다. **Zenterstürmer**, der; -s, - ⟪österr.·고어⟫ 센터 포워드(Mittelstürmer).

zentesimal [tsɛnteziˈmaːl] ⟨Adj.⟩ [lat. centēsimus] ⟪전문어⟫ 백분의. **Zentesimalpotenz**, die ⟪의학⟫ 백분도 투약. **Zentesimalwaage**, die 백분도 저울.

Zenti- [tsɛnti-; frz. centi] ⟨- (꽃잎이 여러 겹인) 천엽화 장미. ~**gramm** [⟪또한⟫ˈ---], das 백분의 1 그램, 센티그램(기호: cg). ~**liter** [⟪또한⟫ˈ----], der / das 백분의 1리터, 센티리터(기호: cl). ~**meter** [⟪또한⟫ˈ----], der / das 백분의 1미터, 센티미터. ~**meter-Gramm-Sekunden-System**, das ⟨Pl. 없음⟩ ↑CGS-System. ~**metermaß**, das 센티미터 자.

Zentner [ˈtsɛntnɐ], der; -s, - [lat. centenārius] **1.** 50킬로그램[백 파운드](중량)(약어: Ztr.): ein Z. kanadischer Weizen 백 파운드의 캐나다산 밀. **2.** ⟪österr., schweiz.⟫ 백 킬로그램(기호: q).

zentner-, **Zentner-**: ~**gewicht**, das **1.** ⟨Pl. 없음⟩ (수)백 파운드의 무게. **2.** 백 파운드 무게의 추. ~**last**, die 백 파운드의 짐: diese Sorge lag ihm wie eine Z. auf der Seele 이 근심은 백 파운드의 짐처럼 그의 마음을 눌렀다. ⟪전의⟫ jmdm. fällt eine Z. vom Herzen[von der Seele] 누구의 무거운 마음의 부담이 덜어지다. ~**sack**, der 백 파운드들이 자루. ~**schwer** ⟨Adj.⟩ 백 혹은 수백 파운드 무게의: Es liegt jmdm. z. auf der Seele, daß... ...은 누구의 마음을 매우 무겁게 짓누른다. ~**weise** ⟨Adv.⟩ 백 파운드씩으로, 대량으로: es wurde z. Propagandamaterial abtransportiert 많은 양의 선전물이 반출되었다.

Zento, der; -s, -s / Zentonen [tsɛnˈtoːnən] ↑Cento.

zentral [tsɛnˈtraːl] ⟨Adj.⟩ [lat. centrālis] **1. a)** 중심부에 있는(반대: peripher, dezentral 1): seine Wohnung liegt (sehr) z. 그의 집은 (아주) 중심부에 있다. **b)** (무엇의) 중심을 이루는(반대: dezentral 1): Bauten mit -er Tendenz [건축] 집중식 건축물. **c)** 중심적인(반대: peripher), 가장 중요한, 근본적인: die -e Figur in diesem Drama 이 연극의 중심 인물; ein -es Problem 근본적인 문제. **2.** 중앙 통제의(반대: dezentral 2): die -en Staatsorgane 중앙의 국가 기관; eine z. geleitete Industrie 중앙 통제의 산업; das ~e Nervensystem [의학] 중추 신경계통.

zentral-, **Zentral-**: ~**abitur**, das [학교] 대입 국가 시험. ~**afrika**, -s 중앙 아프리카. ~**ausschuß**, der 중앙 위원회. ~**bank**, die ⟨Pl. -en⟩ [금융] 중앙 은행. ~**bau**, der ⟨Pl. -ten⟩ [건축] 집중식 건축. ~**beheizt** ⟨Adj.⟩ **1.** 중앙 난방의. **2.** 원격 난방의. ~**behörde**, die 중앙 관청. ~**einheit**, die [전산] 중앙 처리 장치. ~**figur**, die 중심 인물: die Z. in einem politischen Skandal 정치 스캔들의 중심 인물. ~**flughafen**, der 중앙 공항. ~**geheizt** ⟨Adj.⟩ ↑ ~beheizt (1). ~**genossenschaft**, die [경제] 중앙 협동 조합. ~**gesteuert** ⟨Adj.⟩ 중앙에서 조종하는. ~**gestirn**, das [천문] 중심 성신(星辰)(예컨대: die Sonne). ~**gewalt**, die [정치] 중앙(최고) 권력. ~**heizung**, die **1.** 중앙 난방, 집중 난방. **2.** 중앙 난방의 방열체(방열기). ~**institut**, das 중앙 연구소. ~**katalog**, der [도서] 중앙 목록, 총목록. ~**komitee**, das (특히 공산당의) 중앙 위원회(약어: ZK). ~**körperchen**, das; -s, - [생물] 중심소체, 중심립(粒). ~**kraft**, die [물리] 중심력. ~**nervensystem**, das [의학·동물] 중추 신경계. ~**organ**, das **1.** (정당 따위의) 기관지(신문). **2.** [생물] 중추 기관. ~**perspektive**, die ⟪전문어⟫ 중심 투시도법. ~**perspektivisch** ⟨Adj.⟩ ⟪전문어⟫ 중심 투시도법의. ~**problem**, das ⟪교양어⟫ 근본(중심) 문제. ~**projektion**, die ⟪전문어⟫ 중심 투영(사영). ~**rat**, der 최고 위원회. ~**raum**, der [건축] 집중식 홀. ~**regierung**, die 중앙 정부. ~**register**, das 중앙 목록. ~**schaffe**, die ⟨Pl. 없음⟩ 매우 인상적인 일. ~**schule**, die ↑Mittelpunktschule. ~**sekundenzeiger**, der [시계] 중앙 초침. ~**stelle**, die 중심(중앙) 부서, 중심부, 본부, 본사, 본점. ~**thema**, das ⟪교양어⟫ 중심 테마, 주제. ~**uhranlage**, die ⟪교양어⟫ 중앙 조정 시계 장치. ~**verband**, der 중앙(통제) 기관, 상부 기관, 수뇌부. ~**verschluß**, der [사진] 중앙 셔터(중앙으로부터 열리는). ~**verwaltung**, die 중앙 행정(관리). ~**wert**, der [통계] 중앙치, 중(간)수. ~**zylinder**, der [식물] 중심주(柱).

Zentrale [tsɛnˈtraːlə], die; -n **1. a)** 본부, 본점, 중심부: die Z. einer Partei 당 중앙 본부; die Z. wird Ihnen einen Wagen schicken (택시 회사) 본부에서 당신에게 차를 한 대 보낼 것입니다. ⟪전의⟫ die Stadt wurde zur Z. der Aussteiger 그 도시는 차에서 내린 사람들이 붐비는 곳이 되었다. **b)** 전화 교환대[국](Telefonzentrale). **2.** [기하] 중심선. **Zentralisation** [tsɛntralizaˈtsi̯oːn], die; -en [frz. centralisation] **1.** 중앙 집권(화). **2.** 집중: die Z. der Verwaltung vorantreiben 행정의 중앙 집권화를 추진하다. **Z.** 집중: wirtschaftliche Z. 경제적 집중. **zentralisieren** [...ˈziːrən] ⟨h⟩ [frz. centraliser] 중심으로 모으다, 한 점에 집중시키다, 중앙 집권하다: die Verwaltung z. 행정을 중앙 집권화하다. **Zentralisierung**, die; -en ↑Zentralisation. **Zentralismus** [tsɛntraˈlɪsmʊs], der; - 중앙 집권제(반대: Föderalismus): ein straffer Z. 엄격한(철저한) 중앙 집권제. **zentralistisch** ⟨Adj.⟩ 중앙 집권제의. **Zentralität** [tsɛntraliˈtɛːt], die ⟪전문어⟫ 중심임, 구심성. **zentrieren** [tsɛnˈtriːrən] ⟨h⟩ **1. a)** ⟪교양어⟫ 중심에 두다. **b)** ⟨z. + sich⟩ 중심에 놓여 있다. **2.** [기술] 중심점을 정하다, 초점을 맞추기. **Zentrierung**, die; -en 중심을 정하기, 중심에 놓기. **Zentriervorrichtung**, die [기술] 중심 장치. **zentrifugal** [tsɛntrifuˈgaːl] ⟨Adj.⟩ [lat. fugere] ⟪반대: zentripetal⟫ **1.** [물리] 원심적인: ~e Bewegung 원심 운동. ⟪전의⟫ die -en Tendenzen in einem Bundesstaat ⟪교양어⟫ 연방 국가 안의 원심적인 경향. **2.**

[생물·의학] 원심성의, 원심적인. **Zentrifugalkraft**, die [물리] 원심력. **Zentrifuge** [tsɛntri'fu:gə], die; -n [frz. centrifuge] 원심(분리)기. **zentrifugieren** [...fu-'gi:rən] ⟨h⟩ 《전문어》 원심분리하다: Blut z. 혈액을 원심 분리하다. **Zentrifugierung**, die; -en 원심 분리. **Zentriol** [tsɛntri'o:l], das; -s, -e [생물] ↑Zentralkörperchen. **zentripetal** [...peˈtaːl] ⟨Adj.⟩ [lat. petere] (반대: zentrifugal) 1. [물리] 구심적인. 2. [생물·의학] 구심성의, 구심적인. **Zentripetalkraft**, die [물리] 구심력. **zentrisch** ['tsɛntrɪʃ] ⟨Adj.⟩ 1. 중심의. 2. 중심에 있는, 중심을 지나는. **Zentrismus**, der 《공산주의·폄》 중도(온건)주의. **Zentrist** [tsɛn'trɪst], der; -en, -en 《공산주의·폄》 중도주의자. **Zentriwinkel**, der; -s, - [기하] 중심각. **Zentrosom** [tsɛntro'zo:m], das; -s, -e [griech. sōma] [생물] ↑Zentralkörperchen. **Zentrum** ['tsɛntrʊm], das; -s, ...tren [lat. centrum < griech. kéntron] 1. 중심, 중앙: das Z. eines Kreises 원의 중심; die Stadt liegt im Z. eines Industriegebietes 그 도시는 공업 지역의 중심부에 놓여 있다; 전의 etw. steht im Z. der Diskussion 무엇이 토의의 중심을 이루다. 2. a) 중심지: das industrielle Z. des Landes 나라의 공업 중심지; die Zentren der Macht 권력의 중심지. b) 센터(시설, 기관으로서): ein Z. für die Jugend 청소년 센터. **-zentrum** [-tsɛntrʊm], das; -s, ...tren 《중요한 시설의 의미가 있는 합성어의 기본어로, 예컨대》 Einkaufs-, Jugend-, Sportzentrum. **Zenturie** [tsɛn'tu:riə], die; -n [lat. centuria] 100인대(隊)(고대 로마 군단의 最소 단위). **Zenturio** [tsɛn'tu:rio], der; -s, -nen [...u'rio:nən; lat. centurio] 100인대장. **Zentyrium** [...riʊm], das; -s [lat. centum] 《고어》 페르뮴(방사성 원소)(기호: Ct). **Zeolith** [tseo'li:t, (또한) ...lɪt], der; -s / -en, -e(n) [griech. zeīn] 비석(沸石). **zephal-, Zephal-** ↑zephalo-, Zephalo-; **Zephalhämatom**, das; -s, -e [의학] 신생아의 두부(頭部). **zephalo-, Zephalo-**, (또한 모음과 h앞에서는) zephal-, Zephal- [tsefal(o)-; griech. kephalḗ] 「머리」를 뜻하는 규정어로서, 예컨대》 Zephalhämatom, zephalometrisch, Zephalopode. **Zephalometrie**, die《의학·인류》두개골 측정. **zephalometrisch** ⟨Adj.⟩ 두개골 측정의. **Zephalopode** [...'po:də], der; -n, -n 《대개 Pl.》 [griech. poús] [동물] 두족류(頭足類). **Zephalosporin** [...spo'ri:n], das; -s, -e《대개 Pl.》 [의학] 세팔로스포린(페니실린과 유사한 항생물질). **Zephir** ['tse:fɪr], Zephyr ['tse:fyr], der; -s, -e [lat. zephyrus < griech. zéphyros] 1. 《Pl. 없음》《시어·고어》미풍, 연풍. 2. 부드러운 면직물. **Zephirgarn**, Zephyrgarn, das 부드러운 세모사. **zephirisch** [tse-ˈfiːrɪʃ], zephyrisch [tseˈfyːrɪʃ] ⟨Adj.⟩ 《시어·고어》 남풍(미풍) 같은, 부드러운, 상쾌한: ein Windhauch 부드러운 바람. **Zephirwolle**, Zephyrwolle, die (편물용의) 고급 세모사. **Zephyr**: ↑Zephir. **Zeppelin** ['tsɛpəliːn], der; -s, -e [발명자 Zeppelin(1837~1917)의 이름에서] 《예》체펠린 비행선. **Zeppelinluftschiff**, das ↑Zeppelin. **Zepter** ['tsɛptɐ], Szepter ['stsɛptɐ], das; -s, - [lat. scēptrum < griech. skēptron] 《제왕의 왕권을 상징하는》 왕홀(王笏), 주권: 전의 unter seinem Z. blühte der Handel 그 왕의 지배 하에 상업이 번성했다; **das Z. führen [schwingen]** 군림하다, 지배[집권]하다, 주도권을 행사하다.
Zer-: ↑Cer.
zer- [tsɛɐ̯-] 《비분리 동사의 전철》 1. 《명사(드물게 형용사)와 어미를 결합하여 어떤 사물의 형성·변화를 나타냄, 예

컨대》 zerfasern, zerkleinern, zerkrümmeln. 2.《명사와 어미, 동사 자체와 결합하여 해체, 손상, 파괴를 의미, 예컨대》 zerbeulen, zerbomben, zersägen. 3. 《동사와 결합하여 결과적으로 방해, 의식을 의미, 예컨대》 zerdenken, zerfiedeln, zerklatschen.
Zerat [tseˈraːt], das; -(e)s, -e [lat. cēra = Wachs] 납고(蠟膏).
Zerbe ['tsɛrbə] ↑Zirbe.
zerbeißen* ⟨h⟩ 1. 씹어서 부수다[깨다]. 2. 씹어[물어] 상처내다: Flöhe hatten ihn zerbissen 그는 벼룩한테 물렸었다.
zerbersten* ⟨s⟩ 파열하다, 터지다: das Flugzeug [der Tank] zerbarst 비행기[탱크]가 폭파하여 깨졌다; 전의 er zerbarst fast vor Wut 그는 화가 나서 터질 지경이었다.
Zerberus ['tsɛrberʊs], der; -, -se [lat. Cerberus < griech. Kérberos = 그리스 신화에서 지옥(하계)의 입구를 지킨다는 개의 이름] 《농》 입구를 지키는 사나운 개나 불친절한 문지기.
zerbeulen ⟨h⟩ 《드물게》 ↑verbeulen.
zerblättern ⟨h⟩ 《드물게》 (잎이) 하나씩 떨어지다: die Rose zerblätterte 장미꽃은 한 잎 두 잎 떨어져 나갔다.
zerbomben ⟨h⟩ 포탄으로 파괴(파손)하다: zerbombte Häuser[Straßen] 폭파된 가옥[거리].
zerbrechen* 1. ⟨s⟩ 부서지다, 깨지다: der Teller fiel auf die Erde und zerbrach 접시가 땅에 떨어져 깨졌다; 전의 eine Bindung[Freundschaft] zerbricht 결속[우정]이 깨지다. 2. ⟨h⟩ 무엇을 쪼개다[부러뜨리다]: voller Wut zerbrach er den Stock 잔뜩 화가 나서 그는 지팡이를 부러뜨렸다; 전의 sich über etw. den Kopf z. 무슨 일로 머리를 앓다, 노심초사하다. **zerbrechlich** [tsɛɐ̯'brɛçlɪç] ⟨Adj.⟩ 1. 깨지기[부서지기] 쉬운. 2. 《아이》 아주 연약한, 허약 체질의: sie ist[wirkt] sehr z. 그녀는 아주 연약하다[연약한 인상을 준다]. **Zerbrechlichkeit**, die 1. 부서지기 쉬움. 2. (아이) 약함, 허약성.
zerbröckeln 1. ⟨s⟩ 산산조각이 나다, 부서지다: 전의 das Reich zerbröckelte 《아이》 제국은 산산조각이 났다. 2. ⟨h⟩ 손가락으로 잔 조각을 내다[부수다]. **Zerbröck(e)lung**, die ↑zerbröckeln의 명사형.
zerbröseln (아이) ⟨h⟩ (빵)부스러기로 화하다[바스러지다]. ⟨h⟩ (빵)부스러기로 만들다.
zerchen ['tsɛrçn] ⟨h⟩《westmd.》 ↑zergen.
zerdehnen ⟨h⟩ 《드물게》 1. a) 과도하게 늘어다[넓혀 놓다]: ein Gewebe z. 어떤 조직을 과도하게 늘이다. b) (z. + sich) 과도하게 늘어나다, 펴지다[넓어지다], 팽창하다: Rauchwolken zerdehnen sich langsam in der Luft 연기구름이 과도하게 불어나 천천히 대기 속에서 흩어진다. 2. 과도하게 연장하다. **Zerdehnung**, die ↑zerdehnen의 명사형.
zerdeppern [tsɛɐ̯'dɛpɐn] ⟨h⟩《통용어》(무엇을) 부수다, 박살내다: zerdeppertes Porzellan 박살난 도자기.
zerdreschen* ⟨h⟩《통용어》 사정없이 파괴하다[박살내다].
zerdrücken ⟨h⟩ 1. a) 눌러 부스러뜨리다, 으깨다: die Banane für das Baby z. 아기에게 주려고 바나나를 으깨다. b) 눌러 망가뜨리다: 전의 bei der Feierlichkeit zerdrückte sie ein paar Tränen 축제시에 그녀는 감동하여 약간 눈물을 짰다[흘렸다]. 2. 《통용어》 구기다[↑ verknittern]: das Kleid z. 의복을 구기다.
Zerealie [tsɛreˈaːli̯ə], die; -n 《대개 Pl.》 [lat. cereālia; Cereālis (곡물 재배의 여신 cerēs에 속하는)와 관련]《드물게》 곡류, 곡류.
zerebellar [tserebeˈlaːɐ̯] ⟨Adj.⟩ [해부·의학] 작은 골의 [에 관한]. **Zerebellum** [...'bɛlʊm], das; -s, ...bella

zerebral

[lat. cerebellum, cerebrum = Gehirn] [해부·의학] 작은 골, 소뇌. **zerebral** [...'braːl] ⟨Adj.⟩ **1.** 특히 의학) 큰 골에 관한[속하는], 뇌수의. **2.** 〖언어〗 ↑ retroflex. **3.** 《교양어·드물게》지적인, 정신적인. **Zerebral** [-], der; -s, -e [lat. cerebrum] [언어] ↑ Retroflex. **~system**, das 뇌 신경계. **Zerebralisation** [...braliza'tsjoːn], die [특히 동물·의학] (태아 기에 있어서) 뇌 기관의 형성 및 분화된(현상). **Zerebrallaut**, der; -(e)s, -e ↑ Zerebral. **zerebrospinal** [...bro-] ⟨Adj.⟩ [의학] 뇌 척수의, 뇌와 척수에 속하는. **Zerebrum, Cerebrum**, das; -s, ..bra [lat. cerebrum] [해부] 대뇌, 뇌.

Zereisen, das; -s [화학] 세륨과 란탄과 철의 합금.

Zeremoniar [tseremo'njaːr], der; -s, -e [가] 가톨릭 성직자. **Zeremonie** [...'niː, (österr.) ...mo:njə], die; -n [...'niːən, (또한) ...'moːnjən; lat. caerimonia = religiöse Handlung, Feierlichkeit] 의식, 예식, 전례: die Z. der Taufe 세례식[영세식]; 전의 die Z. des Zähneputzens[des Auskleidens] 〈농〉양치질하는 [옷 벗는] 의식[격식]. **zeremoniell** [...mo'njɛl] ⟨Adj.⟩ [frz. cérémonial] 《교양어》 의식적인, 예의바른, 의례적인: bei den Staatsempfängen geht es sehr z. zu 의전 식[儀典式]은 아주 격식에 맞추어서 진행된다. **Zeremoniell** [-], das; -s, -e [frz. cérémonial] 《교양어》 의전 (儀典), 의식, 제의식서(諸儀式書); ein feierliches[militärisches, höfisches] Z. 장엄한(군사적, 궁정의) 의식 [의전, 예법]. **Zeremonienmeister** [tsere'moːnjən-], der; -s, - 궁정 의전관(儀典官). **zeremoniös** [...mo'njøːs] ⟨Adj.⟩ [frz. cérémonieux] 《교양어》딱딱한, 격식만 차리는, 의례적인[형식적인].

Zeresin [tsere'ziːn], das; -s [lat. cera = Wachs] [화학] 세레신, 정제 지랍(精製地蠟), 광물성 백랍(白蠟)(파라핀의 일종).

Zerevis [tsere'viːs], das; - **1.** 옛 학생 조합원의 (금실이나 은실로 수놓은 차양이 없는) 모자. **2.** 《대학생·고어》 맥주.

¹zerfahren* ⟨h⟩ **1.** (잦은 차량 통행으로) 완전히 헐게 하다[파손하다]: zerfahrene Wege (많이 다녀서) 다 망가진(파손된) 도로. **2.** 《드물게》 치어 압사시키다(죽이다): von Autos zerfahrene Tiere 자동차에 치어 압사된 동물. **²zerfahren** ⟨Adj.⟩ 어지럽고 산만한: er macht einen -en Eindruck 그는 얼떨떨한 인상을 짓고 있다. **Zerfahrenheit**, die ↑ ²zerfahren의 명사형.

Zerfall, der; -(e)s **1.** [전문어] 〈Pl. 없음〉 붕괴, 와해, 파멸. **2.** [핵] 분열: die Zerfälle radioaktiver Teilchen 방사능 물질[미립자, 분자]의 분열. **3.** 〈Pl. 없음〉 몰락: der Z. des Reichs 제국의 몰락. **4.** 〈Pl. 없음〉 쇠퇴. **zerfallen*** ⟨s⟩ **1.** 붕괴하다, 무너지다, 허물어지다, 부서져 떨어지다: das alte Gemäuer[das Gebäude] zerfällt 옛 성벽[건물]이 허물어지고 있다. **2.** 〖핵〗 분열하다. **3.** 와해되다, 몰락하다: Moral und Kultur waren zerfallen 도덕과 문화는 몰락하였다. **4.** 분리되어 있다, 구성되다, 이루어지다: der Aufsatz zerfällt in die Teile 그 작품은 여러 부분으로 나뉘어진다. **5.** 누구와 사이가 나쁘게 되다, 반목하다, 틀어지다: 〈대개 과거분사로〉er war mit seiner Familie zerfallen 그는 자신의 가족들과 사이가 나빴었다. **6.** 《드물게》↑verfallen (1 b): der Kranke zerfällt immer mehr 환자는 점점 더 쇠약해지고 있다.

Zerfalls-: ~erscheinung, die 붕괴[와해]현상. **~produkt**, das [특히 원자] 핵분열시 발생하는 부산물. **~prozeß**, der 핵분열 과정. **~reihe**, die [원자] (방사성 원소의) 붕괴열(崩壞列). **~stoff**, der [특히 의학] 이물질의 파괴시에 생기는 물질.

zerfasern 1. ⟨s⟩ 가닥으로 풀리다: das Papier[das Holz] ist an den Rändern zerfasert 그 종이[나무]의 가장자리 섬유질이 가닥으로 풀렸다. **2.** ⟨h⟩ 가닥을 풀다, 섬유로 풀다. **zerfeilen** ⟨h⟩ 줄로 가늘게 하다, 줄로 끊다.

zerfetzen ⟨h⟩ **1.** 갈기갈기 찢다, 산산조각을 내다: er zerfetzte die Zeitung 그는 신문을 갈기갈기 찢었다; 전의 eine Granate hatte sein Bein zerfetzt 수류탄이 그의 발을 산산조각을 내버렸다. **2.** ↑ verreißen (2): ein Buch[eine Theateraufführung] z. 어떤 책[연극 상연]을 혹평하다.

zerflattern ⟨s⟩ **1.** 흩날리다, 사라지다. **2.** 산만해지다.

zerfleddern, zerfledern ⟨대개 과거분사로⟩ **1.** ⟨s⟩ (특히 가장자리가) 가닥이 풀리다, 망가지다, 형편없이 되다: die Bücher waren ganz zerfleddert 책들은 완전히 닳아 망가져 버렸다. **2.** ⟨h⟩ (가장자리를) 풀어 젖히다 [뜯어 버리다], 사용하여 망가뜨리다: er hat sein Schulheft völlig zerfled(d)ert 그는 공책의 가장자리가 완전히 해어지도록 사용했다.

zerfleischen [tsɛɐ'flaɪʃn] ⟨h⟩ (이빨로) 갈기갈기 찢다: die Beute z. 노획물[먹이]을 이빨로 갈기갈기 찢다; 전의 ⟨z. + sich⟩ sie zerfleischt sich in Selbstvorwürfen 그녀는 자책감으로 괴로워하고 있다. **Zerfleischung**, die; -en ↑ zerfleischen의 명사형.

zerfliegen ⟨s⟩ 비산하다, 흩날리다.

zerfließen* ⟨s⟩ **1.** 융해하다, 녹다, 조해(潮解)하다: 전의 er zerfloß in(vor) Großmut(Mitleid) 그는 연기를 하듯 관용(동정)을 표시했다; das Geld war ihnen unter den Händen zerflossen 그들은 돈을 너무 빨리 탕진해 버렸다. **2.** 퍼지다, 번지다: die Farbe(Tinte) ist zerflossen 색채(잉크)가 번졌다; 전의 die Grenzen(Formen) zerflossen 경계선[형태]이 희미해졌다. **zerfließbar** ⟨Adj.⟩ 융해할 수 있는, 조해성의. **Zerfließung**, die ↑ zerfließen의 명사형.

zerfransen 1. ⟨s⟩ 끝(가닥)이 해어져 풀리다: die Hosenbeine sind völlig zerfranst 바지 가랑이의 끝자락이 완전히 너덜너덜해져 버렸다. **2.** ⟨h⟩ (끝, 가닥을 풀어서) 술로 만들다: vor Nervosität zerfranste sie die Papierserviette 그녀는 긴장한 나머지 종이냅킨을 만지작거려 너덜너덜하게 만들었다. **3.** 〖통용어〗 ⟨z. + sich⟩ 지칠대로 지치다, 녹초가 되다.

zerfressen* ⟨h⟩ **1.** 물어뜯다(망가뜨리다), 부식[침식]하다: Motten haben die Wollsachen[den Pelz] zerfressen 좀이 모직물[모피]에 쏠렸다. **2.** 침식하다, 파괴하다: Rost zerfrißt das Eisen 철에 녹이 슬었다; 전의 Kummer(Eifersucht) zerfrißt ihm das Herz 걱정 때문에[질투로] 그는 몹시 괴로움을 당하고 있다.

zerfurchen ⟨h⟩ **1.** 도랑을 내어 파손시키다: Panzer zerfurchen die Wege 전차는 길을 움푹 파헤쳤다. **2.** 주름이 잡히게 하다: düstere Gedanken zerfurchten seine Stirn 침울한 생각이 그의 이마에 주름이 잠혔다.

zergehen* ⟨s⟩ 녹다, 녹아 흐르다(없어지다), 융해하다, 허물어물해지다: das Eis zergeht an der Sonne 얼음이 햇빛에 녹는다; das Fleisch war so zart, daß es uns auf der Zunge zerging 그 고기는 너무나 연해서 우리의 혀바닥에서 슬슬 녹을 지경이었다.

zergeln ['tsɛɐgl̩n] ⟨h⟩ (ost(md)) ↑ zergen. **zergen** ['tsɛɐgən] ⟨h⟩ 《지역적》 희롱(야유)하다, 놀려서 골나게 하다, 자극하다: zergt den Hund nicht! 그 개를 건드리지 마!

zergliedern ⟨h⟩ **1.** 해부[분해, 분석]하다: einen Leichnam z. 시체를 해부하다. **2.** ↑ analysieren: ein Verhalten(einen Prozeß) z. 어떤 행동[과정]을 분석하다. **Zergliederung**, die; -en ↑ zergliedern의 명사형. **Zergliederungskunst**, die 《준고어》 **1.** ↑ Anatomie (1a). 해부(술). **2.** 분석의 기술[기법]. **Zergliede-**

rungsmesser, das 해부도(刀).
zergrübeln, sich ⟨h⟩ (하찮은 일을) 꼬치꼬치 생각하면서 시간을 보내다: sich³ den Kopf[das Hirn, das Gehirn] z. 골똘히 숙고하다[천착하다], 침사(沈思)하다.
zerhacken ⟨h⟩ 두 동강이로 쪼개다, 토막내다, 잘게 썰다, 저미다: Fleisch[Knochen] z. 살코기[뼈다귀]를 잘게 다지다. **Zerhacker**, der [전기] 초퍼, 직교전환기(直交轉換器).
zerhauen* 절단하다, 저미다: ein Brett z. 판자를 쪼개다.
Zerit [tse'ri:t, (또한) ...rɪt], der; -s, -e 세륨. **Zerium** ['tse:rium], das; -s 《화학·고어》 ↑ Cer.
zerkauen ⟨h⟩ 깨물어 부수다, 으깨다, 저작(咀嚼)하다: einen Grashalm[die Fingernäge] z. 풀줄기[손톱]를 깨물어 뜯다.
zerkleinern [tsɛɐ̯'klainɐn] ⟨h⟩ 잘게 하다[자르다], 부수다: Gemüse mit einer Maschine z. 야채를 기계로 잘게 썰다. **Zerkleinerung**, die ↑zerkleinern의 명사형. **Zerkleinerungsmaschine**, die 잘게 부수는 기계, 파쇄기.
zerklirren ⟨s⟩ 쨍그랑 소리를 내면서 깨지다.
zerklopfen ⟨h⟩ 두들겨 빠개다[부수다].
zerklüftet [tsɛɐ̯'klyftət] ⟨Adj.⟩ 깊은 틈이 많은, 예리하게 갈라진, 뾰족뾰족한: -e Felswände 갈라진 틈이 많은 암벽; [전의] zerklüftete Mandeln 균열이 심한 편도선. **Zerklüftung**, die; -e 갈라진 틈, 째진 틈, 균열.
zerknacken 1. ⟨h⟩ 딱 부러뜨리다[깨다, 쪼개다]. **2. a)** ⟨s⟩ 깨져 부서지다: die dürren Äste zerknackten beim Darauftreten 마른 가지들은 그 위에 발을 올려놓자 딱 부러져버렸다. **b)** ⟨h⟩ 바스러뜨리다, 눌러 짓뭉개다.
zerknallen 1. ⟨s⟩ 평하며 파열하다: der Luftballon zerknallte 풍선이 평하고 터졌다. **2.** ⟨h⟩ 평하고 터뜨리다: sie hat die Vase zerknallt [통용어] 그녀는 꽃병을 던져 깨뜨려버렸다.
zerknäueln, zerknäulen ⟨h⟩ 《지역적》 ↑zerknüllen.
zerknautschen ⟨h⟩ 《통용어》 ↑zerknittern: den Rock z. 치마를 구기다; [전의] ein zerknautschtes Gesicht haben 의기소침한 얼굴을 지니다.
zerknicken 1. ⟨h⟩ 여러 번 부러뜨리다[꺾다]. **2.** ⟨s⟩ 여러 차례, 꺾여서 파손되다: ganze Wälder zerknickten unter den Sturmböen 온통 산림이 폭풍에 꺾여서 파손되었다.
zerknirscht [tsɛɐ̯'knɪrʃt] ⟨Adj.⟩ 후회막심한, 뉘우치고 있는, 회한(悔恨)에 가득 찬: sie macht ein -es Gesicht 그녀는 후회막심한 얼굴 표정을 짓고 있다. **Zerknirschtheit**, die 회한, 회오, 통회(痛悔), 죄의식. **Zerknirschung**, die ↑Zerknirschtheit.
zerknittern ⟨h⟩ 구기다: ein Kleidungsstück z. 의복을 구기다; [전의] er hat ein ganz zerknittertes Gesicht 그는 아주 의기소침한 표정을 짓고 있다. **zerknittert** ⟨Adj.⟩ 《통용어》 의기소침한, 풀이 죽은, 기가 꺾인.
zerknüllen ⟨h⟩ 구기(박)지르다, 손 안에서 똘똘 뭉치다: sie zerknüllte vor Aufregung das Taschentuch in ihrer Hand 그녀는 흥분하여 손수건을 쥔 채로 구기박질렀다.
zerkochen 1. ⟨s⟩ 삶아져 호무러지다[호물호물하게 되다]: die Kartoffeln sind (zu Brei) zerkocht 감자가 삶아져 호물호물하게 (죽이) 되어버렸다. **2.** ⟨h⟩ 삶아 호물 어지게 하다.
zerkörnen ⟨h⟩ 《전문어》 ↑granulieren (1).
zerkratzen ⟨h⟩ **1.** 긁어 찢다[손상시키다, 깨뜨리다]: zerkratzte Brillengläser 긁혀 얼룩이 진 안경알. **2.** 할퀴어 상처를 내다: jmdm. das Gesicht z. 누구의 얼굴을 할퀴다.

zerkriegen, sich ⟨h⟩ (österr. · 통용어) 싸워 갈라지다, 분쟁으로 갈라서다.
zerkrümeln ⟨h⟩ ↑zerbröseln.
zerlappt [tsɛɐ̯'lapt] ⟨Adj.⟩ (드물게) ↑zerlumpt.
zerlassen* ⟨h⟩ [요리] (버터 따위를) 녹이다, 용해시키다: Margarine in der Pfanne z. 마가린을 냄비에 녹이다.
zerlaufen* ⟨s⟩ ↑zerfließen.
zerlegbar [tsɛɐ̯'le:kba:ɐ̯] ⟨Adj.⟩ 나눌 수 있는, 해체[분해, 분석]할 수 있는: -e Möbel 조립 가구. **zerlegen** ⟨h⟩ **1.** 해체[분해]하다: einen Motor z. 모터를 분해하다; [전의] ein Prisma zerlegt den Lichtstrahl in die Farben des Spektrums 프리즘은 광선을 스펙트럼의 색대로 분광시킨다. **2.** 여러 부분으로 베다, 썰어 나누다: die gebratene Gans z. 구운 거위 고기를 썰어 나누다; einen Leichnam in der Anatomie z. 시체를 해부하다. **3.** [언어] ↑analysieren. **Zerlegspiel**, das 조립[해체] 놀이. **Zerlegung**, die; -en ↑zerlegen의 명사형.
zerlesen* ⟨h⟩ 많이 읽어서 (책 따위를) 헐게 하다[낡게 하다]: ⟨대개 과거분사로⟩ -e Illustrierte 다 해어진 화보.
zerliegen* ⟨h⟩ 드러누워 짓뭉개다: ein zerlegenes Kissen[Bettuch] 사용해서 짓뭉개진 베개[침대포].
zerlöchern ⟨h⟩ 마구 구멍을 내다, 구멍투성이로 만들다: seine Strümpfe waren zerlöchert 그의 양말은 구멍투성이었다.
zerlösen, sich ⟨h⟩ (아어 · 드물게) ↑auflösen: der Nebel zerlöste sich 안개는 걷혔다.
zerlumpt [tsɛɐ̯'lʊmpt] ⟨Adj.⟩ **a)** 너덜너덜한, 갈기갈기 찢겨진. **b)** 넝마를 입은. **Zerlumptheit**, die ↑zerlumpt의 명사형.
zermahlen ⟨h⟩ 갈아 가루로 만들다[부수다]: die Mühle zermahlt das Getreide (zu Mehl) 방아가 곡식을 빻아 가루로 만든다.
zermalmen ⟨h⟩ 으스러뜨리다, 짓눌러 부수다, 분쇄하다: viele Tiere wurden von den Rädern der Lokomotive zermalmt 많은 동물들이 기관차 바퀴에 치어 죽었다.
zermanschen ⟨h⟩ 《통용어》 으깨다, 눌러 반죽을 만들다.
zermartern, sich ⟨h⟩ 괴롭힘[괴로움]을 당하다, 번민하다: sich den Kopf[das Hirn] z. 골치를 썩히다, 고민하다 (↑Hirn).
zermatschen ⟨h⟩ 《통용어》 ↑zermanschen: zermatschtes Obst 짓뭉개진 과일.
Zermatt [tsɛɐ̯'mat] 체어마트(스위스 발리스 주(州)의 휴양지).
zermürben [tsɛɐ̯'myrbn] ⟨h⟩ **1.** (드물게) (취)약하게[썩게] 만들다. **2.** 누구의 기를 꺾다, 저항력을 소진시키다: Sorgen[Kummer] zermürben jmdn. 근심 걱정으로 누가 지칠대로 지치다. **Zermürbung**, die; -en ↑zermürben의 명사형. **Zermürbungskrieg**, der 소모전(消耗戰).
zernagen ⟨h⟩ ↑zerfressen.
zernarben ⟨h⟩ 흉터로 뒤덮다: 《대개 과거분사로》 ein zernarbtes Gesicht 흉터투성이의 얼굴.
zernepft [tsɛɐ̯'nɛpft] ⟨Adj.⟩ (österr. · 통용어) 구겨진, 누더기가 된, 볼품사나운.
zernichten [tsɛɐ̯'nɪçtn] ⟨h⟩ (시어 · 고어) ↑vernichten. **Zernichtung**, die; -en (시어 · 준고어) ↑nichten의 명사형.
zernieren [tsɛr'ni:rən] ⟨h⟩ [frz. cerner] (교양어 · 준고어) 포위하다, 봉쇄하다. **Zernierung**, die; -en ↑zernieren의 명사형. **Zernierungsarmee**, die 포위군.
Zero ['ze:ro], die; -s (또는) das; -s, -s [frz. zéro] **1.** (룰렛에서) 도박의 물주가 이기는 득점권, 영(零), 제로.

2. [언어] ↑Nullmorphem.
Zerograph [tsero-], der; -en, -en [griech. kērographein = mit Wachs malen] 황랍 조각사. **Zerographie**, die; -n [...iən; griech. kērographía] 1. ⟨Pl. 없음⟩ 황랍 판화 예술, 황랍 (판)화법. 2. 황랍 판화. **Zeroplastik**, die; -en 1. ⟨Pl. 없음⟩ 황랍 조각술. 2. 황랍 조각품.
zerpfeifen* ⟨h⟩ 《특히 축구·운어》ein Spiel z. 너무 자주 호각을 불어 그 경기의 흐름을 망치게 하다.
zerpflücken ⟨h⟩ 1. 쥐어뜯다, 뜯어 으깨다〔내다〕. 2. 하나하나 검토하여 부정적 판정을 내리다: jmds. Rede〔ein neues Theaterstück〕 z. 누구의 연설〔새 연극〕을 (꼬치꼬치) 논박〔혹평〕하다.
zerpflügen ⟨h⟩ ↑zerfurchen (1): Panzer zerpflügten die Felder 탱크가 (마구 도랑을 만들어) 들판을 망쳤다.
zerplạtzen ⟨s⟩ 파열하다, 터지다: [전의] vor Wut (Zorn, Neid) (schier) z. (매우) 격분〔분노, 시기〕하다.
zerpulvern ⟨h⟩ 《드물게》↑pulverisieren.
zerquält ⟨Adj.⟩ 번민〔고민〕에 찬.
zerquẹtschen ⟨h⟩ 으깨다, 찧어〔밟아〕 부수다: von dem umstürzenden Wagen wurde ihm das Bein zerquetscht 전복하는 차에 깔려 그의 다리가 으스러져 버렸다; [전의] das Buch kostet 20 Mark und ein paar Zerquetschte 《통어》 그 책 값은 20마르크 약간 상회하다.
zerraufen, sich ⟨h⟩ (머리 칼을) 쥐어 뜯다, 잡아 젖다; ihre Haare waren zerrauft 그녀의 머리는 (온통) 헝클어져 있었다.
Zẹrrbild, das; -(e)s, -er 희화(戲畵), 풍자화, 왜곡된〔일그러진〕 상(像).
zerrẹden ⟨h⟩ 역겨울 정도도 그 애기 지껄이다.
zerreibbar [tsɛɐ̯'raipbaːɐ̯] ⟨Adj.⟩ 갈아 부술〔으깰〕수 있는. **zerreiben*** ⟨h⟩ 1. 갈아 부수다〔으깨다, 바스러뜨리다〕: Farben z. 색을 지워 없애다; [전의] die Truppenverbände wurden vom Feind zerrieben 그 연대〔부대〕는 적에 의해 완전 섬멸당했다. 2. ⟨z. + sich⟩ 지치다, 녹초가 되다. **Zerreibung**, die; ↑zerreiben의 명사형.
zerrẹiß-, Zerrẹiß- ~**fest** ⟨Adj.⟩ [기술] 잘 찢기지 않는, 질긴. ~**festigkeit**, die [기술] 인장력(引張力)의 세기. ~**probe**, die [기술] ↑~versuch: eine Z. machen 인장력〔신장력〕 시험을 하다, 절단(유연) 시험을 하다. 2. 매우 큰 부담. ~**versuch**, der [기술] 인장력 시험.
zerreißbar [tsɛɐ̯'raisbaːɐ̯] ⟨Adj.⟩ 갈기갈기 (잡아) 찢을 수 있는, 찢기기 쉬운. **zerreißen** 1. ⟨h⟩ **a)** 갈기갈기 (잡아) 찢다〔뜯다〕: er zerriß das Dokument vor Wut in kleine Stücke 그는 화가 나서 그 서류를 갈기갈기 어버렸다; ich könnte ihn z. 《통어》 난 그 녀석 때문에 화가 나서 미치겠어; sie hat sich förmlich zerrissen (für uns) 《통어》 《그녀는 (우리를 도우려고) 최대의 노력을 쏟았다; es hat mich fast zerrissen 《통어》 나는 몹시 웃지 않을 수가 없었다; [전의] Schüsse zerrissen die Stille 총성이 잠시 정막을 깨뜨렸다. **b)** 몹시 파손시키다: er zerreißt seine Sachen 《통어》 그는 자기 물건을 망가뜨린다. 2. ⟨s⟩ **a)** 단번에 끊어지다〔찢어지다〕: das Seil zerriß 자일은 끊어져 버렸다, [전의] der Nebel zerreißt 《아어》 안개는 금방 흩어진다; 《명사화》 die Atmosphäre war zum Zerreißen gespannt 분위기는 폭발할 정도로 긴장되어 있었다. **b)** 구멍나다, 헤어지다: das Papier zerreißt leicht 종이는 쉽게 찢어진다. **Zerreißung**, die; -en ↑zerreißen의 명사형.
zerren ['tsɛrən] ⟨h⟩ 1. (무리하게) 당기다, (억지로) 잡아끌다: jmdn. aus dem Bett z. 누구를 침대 밖으로 끌어내다; [전의] jmdn. vor Gericht z. 누구를 법정에 서게 하다.

다. 2. 세게 잡아당기다: er zerrte an der Glocke 그는 종 줄을 세게 잡아당겼다; [전의] der Lärm zerrt an meinen Nerven 소음이 몹시 내 신경을 건드리고 있다. 3. ⟨z. + sich⟩ 너무 심하게 확장하다, 과대 확장으로 다치다. **Zerrerei** [tsɛrəˈrai], die; -en 《대개 폄》 《계속적으로》 잡아당김.
zerrịnnen* ⟨s⟩ 《아어》 (천천히) 녹아내리다, 풀리다: [전의] die Zeit zerrann 시간이 흘러가 버렸다; Träume (Pläne) zerrinnen (in nichts) 꿈〔계획〕이 수포로 돌아가다.
zerrịssen [tsɛɐ̯'rɪsn̩] ⟨Adj.⟩ 자기 분열의, 염세적인. **Zerrịssenheit**, die ↑zerrissen의 명사형.
Zẹrrspiegel, der; -s, - ↑Vexierspiegel.
Zẹrrung, die; -en 1. (근육 따위가) 과도한 긴장으로 통증을 일으킨 상태, 열상(裂傷), 견인(牽引), 잡아당김. 2. [지질] 압력이나 견인으로 인한 암석의 확장.
zerrụpfen ⟨h⟩ 잡아 쥐어 뜯다〔꺾다〕.
zerrụ̈tten [tsɛɐ̯'rʏtn̩] ⟨h⟩ 1. 완전 녹초로 만들다: die Kette von Aufregungen hat seine Gesundheit zerrüttet 흥분의 연속으로 그의 건강은 엉망이 되었다. 2. 완전 교란〔혼란〕시키다, 파괴하다: die dauernden Streitigkeiten haben ihre Ehe zerrüttet 끊임없는 분쟁이 그들의 부부 관계를 파괴해 버렸다. **Zerrụ̈ttung**, die; -en ↑zerrütten의 명사형〔파괴, 혼란, 정신착란, 난심〕. **Zerrụ̈ttungsprinzip**, das ⟨Pl. 없음⟩ [법] 이혼 성립 기본 항목.
zersäbeln ⟨h⟩ 《통어》 ↑zerschneiden.
zersägen ⟨h⟩ 톱질하여 조각내다, 조각조각 톱질하다.
zerschẹllen ⟨s⟩ 박살나다, 가루가 되게 부서지다, 산산 조각 부서지다: das Schiff ist an einem Felsen〔einem Riff〕 zerschellt 배가 암초에 부딪혀 산산조각이 났다; [전의] an seinem Widerstand zerschellten alle Wünsche〔Pläne〕 모든 소망〔계획〕이 그 사람의 저항으로 박살이 났다.
zerschießen* ⟨h⟩ 쏘아서 파괴하다〔온통 구멍을 내다〕: zerschossene Häuser 총탄으로 구멍투성이가 된 집들.
¹zerschlagen* ⟨h⟩ 1. **a)** 던져〔떨어뜨려〕 부수다: einen Teller z. 접시를 떨어뜨려 부수다. **b)** 때려〔쳐〕 부수다: ein Stein zerschlug die Windschutzscheibe 돌에 맞아 차의 앞창이 깨졌다. **c)** 두 동강이를 내다, 쪼개다: [전의] einen Spionagering z. 한 간첩 조직을 일망 타진하다. 2. ⟨z. + sich⟩ 실패하다, 수포로 돌아가다: seine Hoffnungen zerschlugen sich 그의 희망은 수포로 돌아가고 말았다. **²zerschlagen** ⟨Adj.⟩ 지쳐버린, 극도로 피로한, 녹초가 된, 의기소침한: sie fühlt sich[ist] bei diesem Wetter oft völlig z. 그녀는 이런 날씨 가끔 완전히 녹초가 된 느낌을 갖는다. **Zerschlagenheit**, die ↑²zerschlagen의 명사형. **Zerschlagung**, die; -en 파괴, 분쇄, 타도.
zerschlẹißen* ⟨h/s⟩ ↑verschleißen (1 a, 2).
zerschlịtzen ⟨h⟩ 절개하여 파손하다, 완전히 찢어 젖히다.
zerschmẹißen* ⟨h⟩ 《통어》 《내동댕이쳐》 박살내다.
zerschmẹlzen* ⟨h/s⟩ 완전히 녹다.
zerschmẹttern ⟨h⟩ 때려 부수다, 분쇄하다, 박살내다: sie wollten ihre Feinde z. 그들은 적을 완전 섬멸하려 했다.
zerschnẹiden ⟨h⟩ 1. 자르다, 절단하다: die Schnur mit der Schere z. 끈을 가위로 절단하다; [전의] das Schiff zerschneidet die Wellen 《아어》 배가 파도를 가른다. 2. 베어 상처내다, 손상시키다, 파괴하다.
zerschnịppeln ⟨h⟩ 《통어》 작은 조각〔동강〕으로 자르다, 잘게 토막치다〔가위질하다〕.
zerschrạmmen ⟨h⟩ 긁어〔할퀴어〕 상처를 내다, 만신창이로 만들다: sie hat sich bei ihrem Sturz die Beine

zerschrammt 그녀는 추락할 때 다리가 긁혀서 만신창이가 되었다.
zerschründet [tsɛɐ̯ˈʃrʏndət] ⟨Adj.⟩ 갈라진 틈투성이의, (온 데) 금이 간.
zerschunden [tsɛɐ̯ˈʃʊndn̩] ⟨Adj.⟩ 찰과상(擦過傷)을 입은, 생채기투성이의: seine Ellenbogen waren z. 그의 양팔꿈치는 찰과상투성이였.
zersetzen ⟨h⟩ **1. a)** 분해하다, 녹이다, 용해하다: die Säure zersetzt das Metall 산(酸)은 금속물을 녹인다. **b)** ⟨z. + sich⟩ 해체되다: das morsche Holz zersetzt sich 썩은 나무는 저절로 부서진다. **2.** (질서를) 해치다, 위해를 가하다: zersetzende Schriften[Reden] 위험 문서[불온한 말]. **Zersetzung**, die ↑zersetzen의 명사형.
Zersetzungs- (zersetzen 1): ~**erscheinung**, die (대개 Pl.) 분해[붕괴, 해체] 현상. ~**produkt**, das 분해물. ~**prozeß**, der 분해[해체, 붕괴] 과정.
zersiedeln ⟨h⟩ (관) (무계획적으로) 택지를 조성하다[개발하다]: eine Landschaft z. 무계획적인 택지 건설로 경관을 파괴하다[망치다]. **Zersied(e)lung**, die; -en ↑zersiedeln의 명사형.
zersingen* ⟨h⟩ **1.** (세월의 흐름에 따라) 노래의 가사와 멜로디를 바꾸다[변경시키다]: viele der Volkslieder sind ganz zersungen 많은 민요들의 가사와 멜로디는 완전히 변해버렸다. **2.** 높은 음을 내며 파열시키다.
zersorgen, sich ⟨h⟩ 《아어·준고어》 걱정 때문에 애태우다[괴로워하다].
zerspalten ⟨h⟩ (완전히) 쪼개다, 가르다. **Zerspaltung**, die; -en ↑zerspalten의 명사형.
zerspanen ⟨h⟩ **1.** 대패로 (목재를) 얇게 깎다. **2.** [기술] 대패질하여 가공하다. **Zerspanung**, die; -en ↑zerspanen의 명사형.
zerspellen [tsɛɐ̯ˈʃpɛlən] ⟨h⟩ (드물게) (잘게) 쪼개다, (갈기갈기) 찢다.
zerspleißen* ⟨h⟩ 《드물게》 ↑zerspellen.
zersplittern ⟨h⟩ **1.** 산산조각이 나다, 분산하다: bei dem Aufprall zersplitterte die Windschutzscheibe 충돌로 자동차 앞유리가 박살이 났다; [전의] Deutschland war in viele Kleinstaaten zersplittert 독일은 수많은 소국가로 산산조각이 났다. **2.** 산산조각 내다, 박살내다: [전의] seine Kräfte z. 그의 힘을 낭비[허비]하다; er zersplittert sich zu sehr 그는 (한꺼번에) 너무 여러 일에 손을 댄다. **Zersplitterung**, die; -en ↑zersplittern의 명사형.
zerspratzen ⟨s⟩ [지질] (용암의 가스와 증기가 갑자기 빠짐으로써) 파열하다, 터지다. **Zerspratzung**, die [지질] ↑zerspratzen의 명사형.
zersprengen ⟨h⟩ **1.** 폭파시키다, 조각 내다: Gesteinsblöcke z. 암괴를 폭파하다. **2.** 쫓아서 흩다, 패주시키다: die Truppen waren zersprengt worden 군대는 괴멸되고 말았다. **Zersprengung**, die; -en ↑zersprengen의 명사형.
zerspringen* ⟨s⟩ **1.** 산산조각으로 깨지다, 파열하다: der Spiegel ist zersprungen 거울이 깨졌다; [전의] (아이) der Kopf wollte mir z. vor Schmerzen 내 머리는 고통으로 터질 것 같았다. **2.** 《아이》 끊어지다: die Saite zersprang 현이 끊어졌다.
zerstampfen ⟨h⟩ **1.** 밟아 으깨다[파쇄하다], 짓밟다: die Pferde zerstampften die Wiese 말들이 풀밭을 짓밟아 망쳐 놓았다. **2.** (절구로) 빻다, 찧어 부수다: Kartoffeln mit dem Stampfer z. 감자를 절굿공이로 으깨다.
zerstäuben ⟨h⟩ 먼지처럼 날려 흩다, 살포하다: ein Pulver gegen Insekten z. 살충제 분말을 뿌리다[살포하다]. **Zerstäuber**, der; -s, - 분무기. **Zerstäubung**, die; -en ↑zerstäuben의 명사형.

zerstechen* ⟨h⟩ **1.** 찔러 부수다, 마구 찌르다: die Venen des Patienten sind schon ganz zerstochen 환자의 혈관은 이미 온 데 주사 자국이 나 있다. **2.** 누구에게 많은 자상(刺傷)을 입히다: die Schnaken haben ihn fürchterlich zerstochen 그는 모기한테 마구 물려 상처투성이다.
zerstieben* ⟨s⟩ 《아어》 먼지같이 날아 흩어지다, 사라지다: die Menschenmenge war zerstoben 사람의 무리는 흩어져 사라졌다; [전의] ihre Traurigkeit war zerstoben 그녀의 슬픔은 홀연히 사라져버렸다.
zerstörbar [tsɛɐ̯ˈʃtøːɐ̯baːɐ̯] ⟨Adj.⟩ 파괴할 수 있는. **Zerstörbarkeit**, die ↑zerstörbar의 명사형. **zerstören** ⟨h⟩ **1.** 파괴하다, 박살내다, 분쇄하다: die Stadt ist durch den Krieg[im Krieg] zerstört worden 그 도시는 전쟁통에 박살이 났다; [전의] das große Reich wurde zerstört 대제국은 와해되었다. **2.** 멸망시키다, 폐허화시키다, 말살하다: jmds. Existenz[Leben] z. 누구의 삶을 파멸시키다, 짓밟다. **Zerstörer**, der; -s, - **1.** 파괴자. **2.** 구축함. **3.** (2차 대전 시의) 중폭격기. **zerstörerisch** ⟨Adj.⟩ 파괴적인. **Zerstörung**, die; -en 파괴, 와해, 파멸, 멸망.
zerstörungs-, Zerstörungs-: ~**frei** ⟨Adj.⟩ [기술] 위해가 없는, 절대 안전한. ~**lust**, die (Pl. 없음) 파괴욕. ~**trieb**, der (Pl. 없음) 파괴 본능, 파괴욕. ~**werk**, das (Pl. 없음) 파괴 공작[행위], 때려 부수기. ~**wut**, die 심한 파괴욕(慾): in blinder Z. alles zerschlagen 맹목적인 파괴욕에 사로잡혀 모든 걸 때려 부수다.
zerstoßen* ⟨h⟩ ↑zerstampfen (2).
zerstrahlen ⟨h⟩ [핵] 방사(放射)에 의해 분해[해체]하다. **Zerstrahlung**, die; -en [핵] 소멸방사(消滅放射).
zerstreiten*, sich ⟨h⟩ 싸워서 갈라지다: sie sind zerstritten 그들은 다툼으로 갈라진 상태다.
zerstreuen ⟨h⟩ **1.** ↑verstreuen (3): der Wind zerstreut die Blätter über den ganzen Hof 바람이 나뭇잎새들을 온 마당에 흩뿌리고 있다; die Linse zerstreut das Licht [광학] 그 렌즈는 빛을 분산시킨다; [전의] zerstreut liegende Gehöfte (사방으로) 분산되어 있는 농장. **2. a)** 분산시키다: die Polizei zerstreute die Menge 경찰은 군중을 사방으로 흩어지게 했다. **b)** ⟨z. + sich⟩ 뿔뿔이[사방으로] 흩어지다, 산회하다: die Menschenmenge hat sich (wieder) zerstreut 모인 사람들은 (재차) 뿔뿔이 흩어졌다. **3.** (논의와 설득으로) 제거하다, 풀다, 없애다. **4.** ↑ablenken (2 b): sich bei[mit] etw. z. 무엇을 방심시키다, 생각을 다른 데로 쏠리게 하다, 즐겁게 하다: er ging ins Kino, um sich zu z. 그는 (답답한) 마음을 풀어 보려고 영화관에 갔다. **zerstreut** ⟨Adj.⟩ 방심한, 멍한, 부주의한: auf die Frage nickte er nur z. 그는 질문을 받고 멍하니 고개만 끄덕였다. **Zerstreutheit**, die ↑zerstreut의 명사형. **Zerstreuung**, die; -en **1. a)** ⟨Pl. 없음⟩ 쫓아 흩음, 분산[해산](시키기). **b)** 제거, 해소: die Z. eines Verdachts 의심의 제거[해소]. **2.** ⟨Pl. 없음⟩ 방심, 부주의. **3.** 오락, 기분(심심)풀이, 휴식: den Gästen en bieten 손님들에게 오락을 제공하다. **Zerstreuungslinse** die [광학] 오목렌즈.
zerstückeln ⟨h⟩ 잘게 자르다[썰다], 토막내다. **Zerstück(e)lung**, die; -en ↑zerstückeln의 명사형.
zertalt [tsɛɐ̯ˈtaːlt] ⟨Adj.⟩ [지리] 골짜기에 의해서 세분화된.
Zertamen [tsɛrˈtaːmən], das; -s, ...mina [...ˈtaːmina] lat. certāmen⟩ ⟪교양어·고어⟫ 경쟁, (학교의) 석차 다툼.
zerteilen ⟨h⟩ **1.** 분할하다, 세분하다, 나누다: [전의] der Bug des Schiffs zerteilt die Wellen 뱃머리가 파도를

가른다[헤쳐나간다]. 2. ⟨z. + sich⟩ 흩어지다, 분해(세 분)되다: die Wolken zerteilen sich 구름이 흩어진다. **Zerteilung**, die; -en ↑zerteilen의 명사형.
zerteppern ['tsɛtəpən] ⟨h⟩ ↑zerdeppern.
zertieren [...'tiːrən] ⟨h⟩ [lat. certāre] (교양어·고어) 경쟁하다, (학교에서) 석차 다툼하다.
Zertifikat [tsɛrtifi'kaːt], das; -(e)s, -e [frz. certificat] 1. ⟨준고어⟩(관청의) 증명서, 공증서. 2. 수료증서, 자격증: ein Z. bekommen[erhalten, erwerben] 수료증서를 받다[획득하다]. 3. [금융] 투자 증권, (발행된) 약속어음(↑Investmentzertifikat). **Zertifikation** [...ka-'tsjoːn], die; -en [frz. certification] 증명, 공증. **zertifizieren** [...'tsiːrən] ⟨h⟩ [frz. certifier] 증명하다, 공증하다, 증명서를 붙이다[교부하다]. **Zertifizierung**, die; -en ↑zertifizieren의 명사형.
zertrampeln ⟨h⟩ 짓밟다, 밟아 으깨다.
zertrennen ⟨h⟩ (옷의 솔기 따위를) 뜯다, 너덜너덜하게 만들다. **Zertrennung**, die ↑zertrennen의 명사형.
zertreten ['tsɛrtreːtn] ⟨h⟩ 마구 짓밟아 망치다, 유린하다: er zertrat einen Käfer 그는 한 마리의 딱정벌레를 짓밟았다.
zertrümmern [tsɛɐ̯'trʏmɐn] ⟨h⟩ 파괴하다, 분쇄하다: die schweren Brecher hatten das Boot zertrümmert 세찬 격랑이 그 보트를 박살냈다. **Zertrümmerung**, die; -en ↑zertrümmern의 명사형.
Zerumen [tseˈruːmən], das; -s [lat. cera = Wachs] [의학] ↑Ohrenschmalz.
Zerussit [tsɛruˈsit, (또한) ...sɪt], der; -s, -e [lat. cērussa = Bleiweiß] 백연(白鉛), 연백(鉛白).
Zervelatwurst [tsɛrvəˈlaːt-, (또한) tsɛrvə...], die; ...würste [ital. cervellata] (장기식용) 소시지, 직장(直腸)순대(Schlackwurst).
zervikal [tsɛrvi'kaːl] ⟨Adj.⟩ [lat. cervix = Genick] [의학] 1. 목 부분의. 2. 경부(頸部)의, 경부 기관에 속하는. **Zervikalschleim, Zervixschleim** ['tsɛrvɪks-], der; -(e)s (의학) 자궁 분비액. **Zervix** ['tsɛrvɪks], die; -, Zervices [tsɛr'viːtseːs], [lat. cervix = Hals, Nacken] [해부] 1. 목. 2. 기관의 경부(頸部), 목 부분(예컨대 자궁 경부).
zerweichen ⟨h⟩ 완전 연화되다, 물렁물렁해지다.
zerwerfen*, sich ⟨h⟩ (드물게) 누구와 불화를 빚다, 다투다.
zerwirken ⟨h⟩ [사냥] (사슴, 산돼지 따위를) 해체하다, 가죽을 벗기고 고기를 베내다.
zerwühlen ⟨h⟩ 마구 파헤치다: Wildschweine haben den Boden zerwühlt 산돼지들이 땅을 마구 파헤쳐 놓았다.
Zerwürfnis [tsɛɐ̯'vʏrfnɪs], das; -ses, -se ⟨아어⟩ 의견의 상충, 불화, 이간(離間), 알력: es kam zu einem schweren Z. zwischen den Freunden 친구들간에 심한 의견 충돌로 불화가 빚어졌다.
zerzausen ⟨h⟩ 쥐어[잡아] 뜯어 엉클다, 헝클어놓다: eine zerzauste Frisur 마구 헝클어진 머리 모양; [전의] der Sturm hatte die Bäume zerzaust 폭풍이 나무들을 엉망으로 만들었다.
zerzupfen ⟨h⟩ 쥐어 뜯어(당겨) 찢다, 낱낱으로 쥐어 뜯다.
Zessalien: ↑Zissalien. **zessibel** [tsɛˈsiːbl̩] ⟨Adj.⟩ [법] (채권 따위의) 양도할 수 있는, 양도 가능의. **Zession** [tsɛˈsjoːn], die; -en [lat. cessio] [법] 권리의 양도. **Zessionar** [tsɛsioˈnaːɐ̯], der; -s, -e [lat. cessionarius] [법] 피양도인, 양수인(讓受人), 수탁자(受託者).
Zet [tsɛt], das; -s ⟨은어·은폐⟩ ↑²Z.
Zeta ['tsɛta], das; -(s), -s [griech. zēta] 그리스 문자의 여섯 번째 자. (Z, ζ).
Zeter ['tsɛːtɐ]; mhd. zet(t)er] ⟨다음의 용법으로⟩ Z. und Mord(io) schreien ⟨통용어⟩ (좀 과장되게) 큰 소리를 지르다, 사람 죽이네 하고 비명을 올리다. **Zetergeschrei**, das ⟨통용어⟩ 호통 치는 소리, 고함지르는 소리. **zetermordio!** [tseːtɐˈmɔrdjo] ⟨다음 용법으로⟩ **Z. schreien** 외쳐 대다, ...고함을 지르다. **Zetermordio**, das; -s ⟨통용어·준고어⟩ ↑Zetergeschrei. **zetern** ['tseːtɐn] ⟨h⟩ (욕·경멸) 화가 나서 호통 치다, 호되게 꾸짖다, 고함을 지르다, 한탄하다: seine Frau zetert den ganzen Tag 그의 부인은 종일 고함을 지르고 있다.
¹Zettel ['tsɛtl̩], der; -s, - [섬유] ↑Kette (3).
²Zettel [-], der; -s, - ⟨축소형: ↑Zettelchen⟩ (메모용의) 종이 쪽지, 종잇조각, 메모, 각서(覺書): ein Z. hing [klebte] an der Tür 종이 쪽지 한 장이 문에 붙어 있었다.
Zettel- (²Zettel): **~bank**, die ⟨Pl. -en⟩ (고어) ↑Notenbank. **~ei**, die; -en, -en [편집]. 2. ⟨통용어·폄⟩ ↑Zettelwirtschaft. **~kartei**, die ↑Kartei. **~kasten**, der 카드(식) 정리 상자[함]. **~katalog**, der 카드식 목록. **Zettelkram**, der ⟨폄·통용어⟩ ↑Zettelwirtschaft. **~wirtschaft**, die ⟨통용어·폄⟩ 정돈되지 않은 카드나 종이 쪽지에 무언가 어지럽게 기록되어 있는 혼돈상.
Zettelchen ['tsɛtlçən], das; -s, - ↑²Zettel.
zetteln ['tsɛtl̩n] ⟨h⟩ 1. [섬유] 날실을 베틀에 걸어 팽팽하게 하다. 2. ⟨지역적⟩ ↑anzetteln. 3. ⟨지역적⟩ 흩뜨리다, 널리 퍼뜨리다.
zeuch!, zeuchst, zeucht [tsɔʏç, tsɔʏçst, tsɔʏçt] zieh(e)!, ziehst, zieht의 고형.
Zeug [tsɔʏk], das; -(e)s, -e 1. ⟨Pl. 없음⟩ ⟨통용어·폄⟩ a) 하찮은 것, 쓸모없는 물건, 쓸데없는 일(언행): ich hab' genug von dem Z. 그런 너절한 일엔 신물이 나네. b) 무의미한 일[지껄임]: (das ist doch) dummes Z.! (그건) 무의미한 어리석은 짓거리다! 2. a) (고어) 포제품(布製品), 옷감, 직물. b) (고어) 의복, 내복: sie tragen der Kälte wegen dickes Z. 그들은 추위 때문에 두터운 내의를 입고 있다. **jmdm. etw. am -(e) flicken** (통용어) 누구의 무엇을 비난하다, 나무라다. c) ⟨고어⟩ 도구, 연장: **jmd. hat(in jmdm. steckt) das Z. zu etw.** (통용어) 누구에겐 무엇을 할 역량(재능)이 있다. d) [사냥] ↑Lappen (5): dunkle -e 삼베 휘장 따위. e) [선원] ↑Takelage. 3. ⟨고어⟩ 부리는 짐승 (소 따위)의 먹이그릇: **was das Z. hält** 젖먹은 힘을 다 내어, 힘껏 (↑Leder 1) ; **sich (für jmdn. [etw.]) (mächtig, tüchtig, richtig) ins Z. legen** (통용어) (무엇을 위해) 힘껏 노력하다, (누구[무엇]를 위해) 온 힘을 기울이다; **für jmdn. [etw.] ins Z. gehen** 누구[무엇]를 위해 정성을 쏟다[열심히 하다]. 4. (전문어) ↑Bierhefe.
Zeug-: **~amt**, das ⟨군·구제⟩ 병기창(국)(↑~haus). **~druck**, der ⟨Pl. -e⟩ [섬유] 1. ⟨Pl. 없음⟩ ↑Stoffdruck. 2. 날염(捺染)으로 무늬가 박힌 직물. **~haus**, das ⟨군·구제⟩ 병기창, 병참부.
Zeuge ['tsɔʏɡə], der; -n, -n a) 증인, 목격자: das Testament wurde vor m eröffnet 증인을 앞에서 개봉되었다; [전의] **die Ruinen sind (stumme) -n der Vergangenheit** 폐허는 과거에 대한 (말없는 증인이다; **jmdn. als -n (zum -n) anrufen** 누구를 증인으로 나서다[소환되다]. b) [법] 증인: **ein vertrauenswürdiger Z.** 믿을 만한 증인; **als Z. auftreten** 증인으로 나서다, **vorgeladen werden** (소환되다). **¹zeugen** [tsɔʏɡn̩] ⟨h⟩ 1. 증언하다: **für[gegen] jmdn. z.** 누구에게 유리하게[불리하게] 증언하다; [전의] **das zeugt nicht für seine Uneigennützigkeit** 그것은 그 사람의 고매함에 대한 증좌는 아니다. 2. **von etw. z.** 무엇을 증명하다: **ihre Arbeit zeugt von großem Kön-**

nen 그녀의 작업은 많은 능력을 증명해 주고 있다. ²zeugen [-] ⟨h⟩ (특히 인간이) 생명을 탄생시키다, 만들어내다: ein Kind (mit jmdm.) z. (누구의) 아이를 만들다; [전의] das zeugt nur Unheil 《통용어》 그것은 단지 불길한 일만 유발시킬 뿐이다.

Zeugen-: ~**aussage**, die 증인의 진술. ~**bank**, die ⟨-bänke⟩ (법정의) 증인석. ~**beeinflussung**, die 증인에 대한 간섭. ~**befragung**, die 증인의 심문(訊問) (↑~vernehmung). ~**beweis**, der 증언에 대한 증거. ~**einvernahme**, die 《österr., schweiz.》 ↑~vernehmung. ~**gebühr**, die ↑~geld. ~**geld**, das 증인의 보수[일당(日當)]. ~**stand**, der ⟨Pl. 없음⟩ (법정의) 증인석. ~**vorladung**, die 증인의 소환. ~**verhör**, das, ~**vernehmung**, die 증인 심문. ~**vorladung**, die 증인의 소환.

Zeugenschaft, die; -en 1. ⟨Pl. 없음⟩ 증인으로서의 등장[출두], 증인 자격: jmds. Z. gegen jmdn. fordern 누구에 대해서 누구가 증인으로 나서줄 것을 요구하다. 2. (소송의) 증인단. **Zeugin**, die; -nen ↑Zeuge의 여성형.

Zeugma ['tsɔygma], das; -s, -s / -ta [lat. zeugma < griech. zeûgma] 〖언어〗 액어법(軛語法)(두 문장에 걸쳐 동일 단어를 다른 의미로 사용하는 어법, 예컨대 nimm dir Zeit und nicht das Leben!에서 nimm의 용법).

Zeugnis ['tsɔyknɪs], das; -ses, -se 1. a) 증서, (성적)증명서: das Z. der Reife 《준용어》 졸업증서, (특히 독일어의) 아비투어 증서(Abiturzeugnis). b) 면허장, 증명서, 신분증: [전의] ich kann meinem Kollegen nur das beste Z. ausstellen 나는 내 동료에 관해서는 극히 긍정적인 평가를 달리 표현할 수가 없다. 2. 추천(서), 감정(탄정, 의견)서. 3. 《아어·준용어》 법정에서의 진술[증언]: falsches Z. (für/gegen jmdn.) ablegen. (누구에게 이로운[불리한]) 위증을 하다. 4. (아어) 확증, 보증, 증명: diese Entscheidung ist Z. seines politischen Weitblicks 이 결단은 그의 넓은 정치적 안목을 증명하는 것이다; von etw. Z. ablegen[geben] 무엇을 증언[입증]하다(↑¹zeugen 2).

Zeugnis-: ~**abschrift**, die 증명서의 사본. ~**pflicht**, die 〖법〗 증언의 의무. ~**verweigerung**, die 〖법〗 증언 거부. ~**verweigerungsrecht**, das 〖법〗 증언 거부권.

Zeugs [tsɔyks], das; - 《통용어·폄》 ↑Zeug (1): was soll ich mit dem Z. da? 저걸 어쩌란 말이냐.

Zeugung, die; -en ²zeugen의 명사형(생식, 낳기).

zeugungs-, Zeugungs-: ~**akt**, der 생식 행위, 성교, 교접(交接). ~**fähig** ⟨Adj.⟩ 아이를 가질 수 있는, 생식 능력 있는. ~**fähigkeit**, die ⟨Pl. 없음⟩ ↑~fähig의 명사형. ~**glied**, das ↑Glied (2). ~**kraft**, die ↑~fähigkeit. ~**unfähig** ⟨Adj.⟩ 생식 능력이 없는, 불임증의, 음위의. ~**unfähigkeit**, die ↑~unfähig의 명사형(생식 불능).

Zeus [tsɔys], der [그리스 신화] 최고의 신(神)들과 인간의 왕이며 아버지; Kronos와 Rhea의 아들; = 로마 신 (神) Jupiter).

Zeute ['tsɔytə], die; -n ↑Zotte (2)의 지역적인 별칭.

Zezidie ['tse'tsidiə], die; -n 〈zu griech. kēkídion = Galläpfelchen〉 〖식물〗 ↑²Galle (2).

ZGB = Zivilgesetzbuch 민법전(民法典).

z. H., z. Hd. = zu Händen, zuhanden 귀하, 전교(轉交).

Zibbe ['tsɪbə], die; -n ⟨nordd., md.⟩ 1. (특히 염소, 양, 토끼) 어미 짐승, 암컷. 2. (욕) 계집(↑Zicke (2)).

Zibebe [tsi'be:bə], die; -n [ital. zibibbo] 《österr., südd.》 알이 큰 건포도.

Zibeline [tsibə'li:nə], die [frz. zibeline] 〖섬유〗 담비의 모피, 담비 모피 비슷한 모직물.

Zibet ['tsi:bɛt], der; -s [ital. zibetto] **a)** 강한 사향(麝香) 냄새를 풍기는 사향고양이의 분비물. **b)** 위의 것을 재료로 만든 향료. **Zibetbaum**, der ↑Durianbaum. **Zibetkatze**, die (아시아, 아프리카산의) 사향고양이 [...].

Ziborium [tsi'bo:rium], das; -s, ...ien [...iən; lat. cibōrium = Trinkbecher] 1. [가] 성합(聖盒). 2. [토건] 제단의 천개(天蓋), 성막(聖幕)(Tabernakel).

Zichorie [tsi'ço:riə], die; -n [ital. cicoria] 1. 치커리(↑Wegwarte). 2. (치커리의 뿌리를 갈아 만든) 커피 대용품 [가미품]. **Zichorienkaffee**, der 치커리 커피. **Zichorienwurzel**, die 치커리[=꽃상추] 뿌리.

Zicke ['tsɪkə], die; -n 1. ⟨축소형: ↑Zicklein⟩ 염소의 암컷. 2. 계집(년): seine Frau ist eine furchtbare Z. 그의 아내는 형편 없는 계집이다. 3. ⟨Pl.⟩ 《통용어》 멍청한 짓: nur -n im Kopf haben 머리 속에 멍청한 생각만 지니다; **-n machen** 곤란하게 만들다, 어색구니없는 짓을 하다; mach bloß keine -n! 제발 난처하게 만들지마!

Zickel ['tsɪkl], das; -s, -(n) ⟨축소형: ↑Zickelchen⟩ 새끼 염소. **Zickelchen** ['tsɪklçən], das; -s, - ↑Zickel. **zickeln** ['tsɪkln] ⟨h⟩ (염소가) 새끼를 낳다.

zickig ['tsɪkɪç] ⟨Adj.⟩ 《통용어·폄》 주저주저하는, 개방적이 못되는, (성격이) 괴팍한, 쌀쌀한: eine -e Zimmerwirtin 괴팍스러운 하숙집 여주인; sie ist unerhört z. 그녀는 지나치게 비개방적이다. **Zicklein** ['tsɪklaɪn], das; -s, - ↑Zicke (1).

zickzack ['tsɪktsak] ⟨Adv.⟩ 지그재그로, Z자 모양으로. **Zickzack** [-], der; -(e)s, -e 지그재그, Z자 모양: im Z. gehen[fahren] 지그재그로 가다(운전하다).

zickzack-, Zickzack-: ~**förmig** ⟨Adj.⟩ 지그재그형의. ~**fries**, der 지그재그 모양의 프리즈, 대상(帶狀)장식. ~**gang**, der 지그재그 코스: er steuerte das Auto im Z. durch die Straße 그는 자동차를 지그재그로 몰면서 거리를 통과했다. ~**linie**, die 지그재그형의 선. ~**naht**, die 지그재그 모양의 솔기(깁는 법), 톱니꼴로 이은 곳. ~**schere**, die 지그재그 가위.

zickzacken ['tsɪktsakn] ⟨h/s⟩ 지그재그로 움직이다(달리다).

Zider ['tsi:dɐ], der; -s [frz. cidre] 사과주, 능금술.

Zieche ['tsi:çə], die; -n 《österr. 통용어 südd.》 침대(베개) 커버, 웃잇.

Ziechling ['tsi:çlɪŋ], der; -s, -e 〖전문어〗 ↑Ziehklinge.

Ziefer ['tsi:fɐ], das; -s, - 《südwestd.》 ↑Federvieh.

ziefern ['tsi:fɐn] ⟨h⟩ ⟨md.⟩ 1. 애달프다, 비통하다. 2. 고통으로(추위에) 떨다.

Ziege ['tsi:gə], die; -n 1. 염소: sie ist mager[neugierig] wie eine Z. 그 여자는 염소처럼 여위었다(호기심이 많다). 2. (욕) 계집(년) (↑Zicke (2)). 3. 잉어의 일종.

Ziegel ['tsi:gl], der; -s, - a) (적)벽돌: Z. brennen 벽돌(기와)을 굽다. b) (적)기와.

ziegel-, Ziegel-: ~**bau**, der 1. ⟨Pl. 없음⟩ 벽돌 건축물의 설치. 2. ⟨Pl. -ten⟩ 벽돌 건물. ~**brenner**, der 벽돌 굽는 사람. ~**brennerei**, die ↑Ziegelei. ~**dach**, das 기와 지붕. ~**farben** ⟨Adj.⟩ ~**rot**. ~**ofen**, der 벽돌 굽는 가마. ~**presse**, die 벽돌형을 만드는 프레스기. ~**rot** ⟨Adj.⟩ 적벽돌색의. ~**stein**, der ↑Ziegel (a). ~**streicher**, der 벽돌 제조공.

Ziegelei [tsi:gə'laɪ], die; -en 벽돌(기와류) 제조업체(공장). **ziegeln** ['tsi:gln] ⟨h⟩ 〈고어〉 벽돌을 생산하다(제조하다).

Ziegen-: ~**bart**, der 1. 염소의 수염: [전의] ein Herr mit Z. 《통용어》 염소 수염(턱수염)을 기른 신사. 2. 싸리버섯(Korallenpilz). ~**bock**, der 염소의 수컷. ~**herde**, die 염소의 떼. ~**hirt**, der 염소 치는 사람, 염소지기. ~**käse**, der 염소젖 치즈. ~**lamm**, das 《전문어》

새끼 염소. ~**leder**, das 염소 가죽(Chevreau). ~**lippe**, die 식용버섯의 일종(학명: *Xeroconus subtomentosus*). ~**melker**, der 속독새과의 제비(Nachtschwalbe). ~**milch**, die 염소의 젖. ~**peter**, der; -s, - (통용어) 유행성 이하선염(耳下腺炎), 볼거리(↑Mumps).
Zieger ['tsi:gɐ], der; -s, - (österr., südd.) **a)** 양념한 치즈(Kräuterkäse). **b)** 응유(凝乳)(Quark, Molke), 응유치즈. **Ziegerkäse**, der ↑Zieger.
Ziegler ['tsi:glɐ], der; -s, - (고어) ↑Ziegelbrenner.
zieh [tsi:] ↑ziehen 참조.
zieh-, Zieh-: ~**bank**, die (Pl. ...bänke) [기술] 철사 제조대(製造臺), 다이스. ~**brunnen**, der 두레 우물. **Ziehe**, die (Pl. 없음) (sächs.) 양육, 보육: ein Kind in Z. nehmen[haben] 애를 수양 아들[수양 딸]로 삼다. ~**eisen**, das [기술] 철사 제조기, (철사 제조용의) 다이스 철판. ~**eltern**, (Pl.) (지역적) ↑Pflegeeltern. ~**feder**, die ↑Reißfeder. ~**harmonika**, die 손풍금, 아코디언. ~**kind**, das (지역적) ↑Pflegekind. ~**klinge**, die [제재] 목재 다듬는 예리한 칼. ~**leute** (Pl.) (지역적) 가구 운반자(Möbelpacker). ~**messer**, das [제재] ↑~klinge. ~**mutter**, die (지역적) ↑Pflegemutter. ~**pflaster**, das ↑Zugpflaster. ~**schleifahle**, die [기술] 쇠붙이를 고르게 가는 데 쓰이는 기구. ~**schleifen** ⟨h⟩ ↑honen. ~**vater**, der (지역적) ↑Pflegevater. ~**wagen**, der 손수레(Handwagen).
ziehen ['tsi:ən]* **1.** ⟨h⟩ 끌다, (자기 뒤로) 당기다: einen Handwagen z. 손수레를 끌다: [전의] etw. nach sich z. 무엇을 뒤로 당기다; **die Karre[den Karren] aus dem Dreck z.** 무엇을 다시 정돈하다(정상 회복하다) (↑Karre 1 a). **2.** ⟨h⟩ **a)** 당기다, (자기쪽으로) 끌다: z.(!) (문에 부착된 표시문자로서) 당기시오(!); den Verunglückten aus dem Auto z. 사고 당한 자를 차 밖으로 끌어내다. **b)** 잡아끌다[당기다]: sie zog ihn ins andere Zimmer 그녀는 (손을 잡고) 그를 다른 방으로 끌고 갔다; sie zogen ihn mit Gewalt ins Auto 그들은 강제로 그를 자동차 속으로 끌어들였다; **jmdn.[etw.] an Land z.** 누구[무엇]을 얻다(차지하다)(↑Land 1); **jmdn. auf seine Seite z.** 누구를 자기편에 들게 하다 (↑Seite 9 a). **c)** (누구가) 다가오게 하다, 누구를 끌어 안다: er zog sie liebevoll(zärtlich) an sich 그는 사랑스럽게 그녀를 끌어안았다. **d)** (핸들을 조작하여) 방향을 조종하다: der Pilot zog die Maschine wieder nach oben 조종사는 비행기를 다시금 상승 조종했다. **3.** ⟨h⟩ **a)** 자기쪽으로 잡아 당기다: der Hund zieht 개가 앞으로 잡아 끈다; **an einem[am gleichen, an demselben] Strang ziehen** 동일한 목표로 추구하다(↑Strang 1 b); **Leine z.** 사라지다 (↑Leine). **b)** 잡아당기[당기다]: jmdn. am Ärmel z. 누구의 소매자락을 잡아당기다. **c)** 당기다: **alle Register z.** 전력 투구하다(↑Register 3 a); **die Fäden z.** 뒤에서 권력을 행사하다. **d)** 자동 판매기에서 무엇을 빼내다(잡아뽑다). **4.** ⟨h⟩ 끌어 당기는 힘이 있다, 견인하다: der Wagen zieht ausgezeichnet 그 자동차는 견인력이 뛰어나다. **5.** ⟨h⟩ 일정한 방향으로 움직이다: er zog die Knie bis unters Kinn 그는 무릎을 턱에 이르기까지 (끌어)올렸다; die Strümpfe kurz durchs Wasser z. 스타킹을 재빨리 씻다; [전의] (비인칭) es zog ihn in die Ferne 그는 멀리[외국으로] 떠났다; **jmdn.[etw.] durch den Kakao z.** 누구(무엇)를 마음껏 비웃다, 바우다(↑Kakao); **jmdn. [etw.] in den Dreck[Schmutz] z.** 누구[무엇]을 모함하다, 비방하다(↑Schmutz 1). **b)** 특정한 위치에(로) 이르게 하다(가져오다): Perlen auf eine Schnur z. 진주를 실에 꿰다; den Hut (tief) ins Gesicht z. 얼굴을 가릴 정도로 모자를 푹 눌러쓰다; den Schleier vor das Gesicht z. 베일로 얼굴을 가리다. **c)** ⟨h⟩ 껴입다, 받쳐 입다: er zog ein Hemd unter den Pullover 그는 스웨터 안에 와이셔츠를 껴입었다. **d)** (특히 서양장기에서) 말을 다른 곳으로 이동시키다: den Springer auf ein anderes Feld z. 장기말을 장기판의 다른 눈에 가져가다; (4격 목적어 없이도) du mußt z.! 두어야지! **e)** 뽑아 내다(없애다), 옮기다: jmdm. einen Zahn z. 누구의 이를 뽑다; einen Nagel aus dem Brett z. 널판지에서 못을 뽑아내다; den Hut z. 모자를 들어 올리다(벗다); [전의] Banknoten aus dem Verkehr z. 지폐의 유통을 금하다; **jmdm. das Fell über die Ohren z.** 누구를 속이다 (누구에게 사기치다); **jmdm. etw.(die Würmer) aus der Nase z.** 누구를 꾀어 비밀을 알아내다; **jmdm. den Zahn z.** 누구의 희망을 빼앗다. **6.** ⟨h⟩ 잡아 빼다, 뽑다: den Degen[das Schwert] z. 단검[칼]을 뽑다; (4격 목적어 없이(끝내 (칼)을 뽑아라!; **vom Leder z.** 무기를 사용하다(↑Leder 1). **b)** (여러 개 중에서) 선택하여 뽑다: sie hat einen Gewinn gezogen 그녀는 당첨권을 뽑았다; **den kürzeren z.** 불리한(손해보는) 것을 맡다, 패배하다; **mit jmdm.(etw.) das Große Los z.(gezogen haben)** 누구와 함께(무엇으로) 행운을 잡다. **7.** ⟨s⟩ 이전(이사)하다: das Institut zieht bald in ein neues Gebäude 그 연구소는 곧 새 건물로 이사간다. **8.** ⟨s⟩ 이동하다, 떠나가다, 옮아가다: die Soldaten zogen ins Manöver 군인들이 기동훈련을 갔다; die Schwalben ziehen nach Süden 제비들은 남쪽으로 이동한다; die Feuchtigkeit ist in die Wände gezogen 온 벽에 습기가 찼다; die verschiedensten Gedanken zogen durch ihren Kopf 착잡한 생각들이 그녀의 머리를 스쳤다; **gegen[für] jmdn.(etw.) zu Felde z.** 누구(무엇)의 대항전(지원전)에 출정하다; **auf Wache z.** 보초 설 차례가 되다; **einen z. lassen** 방귀뀌다. **9.** ⟨z. + sich⟩ ⟨h⟩ 미치다, 달하다, 연이어지다, 잇달다, 걸치다: die Straße zieht sich zur Küste 길은 해안까지 뻗어 있다. **10.** ⟨h⟩ **a)** (길게 해서) 생산하다: Draht(Röhren, Kerzen) z. 철사[(도)관, 양초]를 만들다. **b)** (양쪽에서 당겨) 늘이다: Kaugummi läßt sich gut z. 껌은 잘 늘어진다; **etw. in die Länge z.** 무엇을 지연시키다. **c)** 생기게 하다, 형성하다: bei der Hitze zog das Pflaster Blasen 더위(열기)에 도로의 포장이 부풀어 올랐다; **Blasen z.** 결과가 좋지 않다. **b)** ↑aufziehen (3): eine neue Saite auf die Geige z. 바이올린에 새 줄(현)을 치다(켕기다). **e)** (노래하거나 말할 때 음을) 길게 끌다. **11.** ⟨h⟩ (팽팽하게) 치다, 걸다: Leitungen z. (도)선을 깔다(배관하다). **12.** ⟨h⟩ (별난) 표정을 짓다: (nachdenklich) die Stirn in Falten z. (심각하여) 이마를 찌푸렸다; die Augenbrauen nach oben z. 눈썹을 치켜 세우다; **ein schiefes Maul z.** 입을 삐죽하다; **ein Gesicht z.** 어떤 표정을 짓다. **13.** ⟨z. + sich⟩ ↑verziehen (2 b). **14.** ⟨h⟩ **a)** 당기는 힘을 지니다: der Magnet zieht nicht mehr 그 자석은 이제 더 이상 자력이 없다. **b)** (통용어) 효험이 있다: deine Tricks(Ausreden) ziehen nicht mehr 너의 술수(핑계)는 더이상 먹혀들지 않는다(효과가 없다). **c)** 주의를 끌다: alle Blicke auf sich z. 모든 시선을 자기에게 향하게 하다. **15.** ⟨h⟩ **a)** 들이마시다: jmdn. den Rauch tief in die Lungen z. 그는 연기를 폐 깊숙이 들이켰다. **b)** 빨다, 빨아 당기다: an der Pfeife z. 파이프를 빨아대다; sie zieht (은어) 그녀는 대마초 연기를 피운다(흡연한다). **16.** ⟨h⟩ **a)** (식물이 영양분을) 흡취하다. **b)** 얻다, 채취하다: Öl aus bestimmten Pflanzen z. 특정한 식물로부터 기름을 채취하다; [전의] Profit(Nutzen, einen Vorteil) aus etw. z. 무엇에서 이득을 얻다(무엇을 선용하다). **17.** ⟨h⟩ **a)** 긋다, 그리다: eine Senkrechte[einen

Kreis) z. 수직선[원]을 그리다; [전의] Parallelen z. 무엇을 서로 비교하다; einen Schlußstrich unter etw. z. 무엇에 결말을 내다. b) 선을 따라 형성하다: sie zogen eine Mauer (um die Stadt) 그들은 (도시 주위로) 담을 쌓았다. c) (특정한 선으로) 그리다: Schlittschuhlaufen Figuren z. 스케이팅을 하면서 형상을 그리다. 18. ⟨h⟩ 육성하다, (먹여) 기르다: Rosen [Spargel] z. 장미[아스파라거스]를 키우다[재배하다]; [전의] den Jungen werde ich mir noch z. 그 녀석은 내가 원하는 대로 교육시킬거야. 19. ⟨h⟩ a) 달여지다, 끓여지다, 우러나오게 하다: den Tee 3 Minuten z. lassen 차를 3분간 우러나게 하다; der Kaffee hat lange genug gezogen 커피는 충분히 오래 끓여졌다. b) [요리] 뜸을 들이다, 고다: der Fisch soll nicht kochen, sondern z. 생선은 삶는 것이 아니라 고아야 한다. 20. ⟨h⟩ (비인칭) 바람이 새다: (Tür zu) es zieht! (문 닫어) 바람이 새어 온다니까 ! 21. ⟨h⟩ 통풍이 되다: Schornstein zieht gut(schlecht) 굴뚝이 통풍이 잘 (안)된다. 22. ⟨h⟩ 통증이 있다: es zieht (mir) im Rücken (나는) 등어리가 아프다; (명사화) sie verspürte ein leichtes[starkes] Ziehen im Bauch 그녀는 가벼운[심한] 복부 통증을 느꼈다. 23. [화폐] ⟨h⟩ 어음을 발행하다: einen Wechsel auf jmdn. z. 누구에게 돈지불을 약속하는 어음을 발행하다. 24. ⟨h⟩ 들고 치다: jmdm. eine Latte über den Kopf z. 각목을 들어 누구의 머리(통)을 갈기다, 치다. 25. [무기] ⟨h⟩ 강선(腔線)으로 장전하다: (대개 과거분사로) ein Gewehr mit gezogenem Lauf 강선이 쳐진 총신을 지닌 총. 26. ⟨h⟩ (퇴색) (기능 동사로서): Lehren aus etw. z. 무엇으로 배우다, 무엇을 교훈으로 삼다; den Schluß zu etw. z. 무엇에서 추리하다, 유추하다; Vergleiche z. 무엇을 서로 비교하다; jmdn. zur Rechenschaft[zur Verantwortung] z. 누구에게 무엇에 대한 책임을 지우다(지게 하다); (die) Bilanz (aus etw.) z. (↑Bilanz b); das Fazit aus etw. z. (↑Fazit 2); jmdn. [etw.] in Betracht z. (↑Betrach); etw. in Erwägung z. (↑Erwägung); jmdn. [etw.] in Mitleidenschaft z. (↑Mitleidenschaft); jmdn. ins Vertrauen z. (↑Vertrauen); etw. in Zweifel z. (↑Zweifel); jmdn. [etw.] zu Rat(e) z. (↑Rat 1). Ziehung, die; -en 제비(뽑기), 추첨. Ziehungsliste, die 추첨 번호집[명단].

Ziel [tsi:l], das; -(e)s, -e 1. a) 목표[지]점, 목적: das Z. einer Reise 여행의 목적지; (kurz) vor dem Z. umkehren 목적지 (바로) 직전에서 방향을 돌리다, 되돌아가다. b) [스포츠] 결승점: (als erster) durch Z. erreichen (일등으로) 결승점에 도달하다. 2. 표적, 과녁, 목표: ein Z. treffen 표적을 (쏘아) 맞추다; ein Z. unter Beschuß nehmen 표적을 노리다. 3. 목적, 뜻(한 바), 의향: ein (klares) Z. vor Augen haben (뚜렷한) 목표를 목전에 두다; ein bestimmtes Z. ins Auge fassen 어떤 특정한 뜻[목표]을 염두에 두다[계획하다]; (unbeirrbar) auf sein Z. lossteuern (통용어) 무엇을 계획대로 실천하다; sich etw. zum Z. setzen 무엇을 목표로 삼다, 염두에 두다. [성경] Beharrlichkeit führt zum Z. 끈기는 뜻한 바를 이룬다; (weit) über das Z. (hinaus) schießen (통용어) 이성적인(신뢰할 수 있는) 한계를 (훨씬) 벗어나다, 넘치다, 분수[도]를 넘치다. 4. (상·용어) 기일, 지불일(기한): das Z. der Zahlung ist 30 Tage 지불 기한은 30일간이다.

ziel-, Ziel- [tsi:l-] ~ansprache, die [군] 목표물 묘사. ~bahnhof, der 종착역. ~band, das ⟨Pl. -bänder⟩ [스포츠] 결승선(에 치는) 테이프. ~bewußt ⟨Adj.⟩ 목적[목표]을 의식한[잊지 않는], 목적 의식에 투철한. ~bewußtheit, die ↑~bewußt의 명사형. ~drama, das [문예학] 목표극(반대: analystisches Drama) ~einrichtung, die ↑~vorrichtung. ~fahndung, die [형사] (형사의) 용의자 추적[수색]. ~fahndungskommando, das 용의자 추적[수색]대. ~fahrt, die [스포츠] (많은 출발점에서 중심의 목표 지점을 향하여 달리는) 자동차(오토바이) 경주. ~fehler, der 사격의 부정확한 겨냥. ~fernrohr, das (화기의) 망원 조준기. ~film, der 1. (전차나 버스 정면의) 노선 표시판: bitte Z. des Zuges beachten 열차의 행선지 표시판에 주의하시오! 2. [스포츠] ↑~foto. ~fluggerät, das 비행기용 방향 측정기. ~foto, das [스포츠] 골 판정 사진. ~gebiet, das [군] 공격 목표 지역. ~gerade, die [스포츠] 결승점 앞의 직선 주로(走路). ~gerät, das (폭격) 조준기. ~gerichtet ⟨Adj.⟩ 뚜렷한 목표를 향한. ~gerichtetheit, die ↑~gerichtet의 명사형. ~gruppe, die 목표 집단. ~hafen, der 최종 도착지 (↑~bahnhof 참조). ~kamera, die 골 판정사진 촬영기. ~kauf, der [경제] 크레디트[신용] 구매(구매). ~kurve, die [스포츠] 결승점 앞 직선 주로 전의 커브. ~landung, die 정점(定點)[목표지역 내의] 착륙. ~linie, die [스포츠] a) 골-라인, 결승점 표시선. b) ↑Ziel (1 b). ~loch, das [골프] 홀. ~los ⟨Adj.⟩ 목표[목적] 없는, 정처 없는: z. durch die Straßen irren 정처 없이 거리를 방황하다. ~losigkeit, die ↑~los의 명사형. ~marke, die (조준기의) 조준용 표지. ~ortung, die 목표 위치[방향] 측정. ~prämie, die (구동독) 계획 달성에 대한 상여금(장려금, 특별 수당). ~punkt, der 표적, 목표(점), (과녁의) 한가운데(검은, 노란) 점. ~richter, der [스포츠] 결승점 심판원. ~scheibe, die 1.사격표적: auf eine Z. [nach einer Z.] schießen 표적을 향해 쏘다; [전의] er war Z. des Spottes der Kollegen 그는 동료들의 조롱의 표적이었다. ~schiff, das 1. [군] (포격 연습용) 표적함. 2. [요트] 결승 라인을 표시하고 있는 배. ~schild, das ↑~film (1). ~setzung, die 목표설정, 계획, 의도. ~sicher ⟨Adj.⟩ a) 목표에 어긋나지 않는. b) 분명히 목표를 쫓는: z. den Hafen ansteuern 정확히 목표를 쫓아 항구로 향하다. ~sicherheit, die ⟨Pl. 없음⟩ ↑~sicher의 명사형. ~sprache, die [언어] 1. 번역어(반대: Ausgangssprache). 2. (습득해야 할) 목표어. ~stellung, die (구동독) ↑~setzung. ~strebig [-ʃtre:bɪç] ⟨Adj.⟩ 1. 목표를 향해 노력하는. 2. 목표 지향적인. ~strebigkeit, die ↑~strebig의 명사형. ~verkehr, der [교통] 특정 지역으로 들어가는 교통(반대: Quellverkehr). ~vorrichtung, die 조준기[장치], 조척(照尺).

zielen ['tsi:lən] ⟨h⟩ 1. 조준하다, 겨누다, 노리다, 목표로 하다: [전의] ihre Frage zielte ins Schwarze 그녀의 질문은 정곡[핵심]을 찔렀다. 2. 가리키다, 암시하다, 지향하다: er zielte mit seiner Kritik auf die Mißstände 그의 비판은 (사회적) 불공평[불공정]을 겨냥하였다.

zielend ⟨Adj.⟩ [언어] ↑transitiv.

Ziem [tsi:m], der; -(e)s, -e [고어] (소의) 넓적다리 살코기.

ziemen ['tsi:mən] ⟨h⟩ (아어·준고어) 1. ⟨z. + sich⟩ 알맞다, 예의 바르다, 적당하다: es ziemt sich nicht, den Gesprächen anderer zuzuhören 다른 이들의 대화에 귀 기울이는 일은 예의 바르지 못하다. 2. (드물게) 누구에게 어울리다, 적합하다, 걸맞다.

Ziemer-, ['tsi:me], der; -s, - 1. [사냥] 엽수(獵獸)의 등살(사슴의 등밑살 따위). 2. 채찍(↑Ochsenziemer)에 대한 약칭.

ziemlich ['tsi:mlɪç] I. ⟨Adj.⟩ 1. (통용어) 상당한, 어지간한: das ist eine -e Frechheit 그것은 매우 뻔뻔스러운 일이다; etw. mit -er Sicherheit wissen 무엇을 거의 확실히 알다. 2. 《아어·준고어》예의[예절] 바른, 알맞는:

ein -es Benehmen 예의바른 행동. II. 〈Adv.〉 1. 상당히, 꽤, 제법, 매우: ich kenne ihn z. gut 나는 그를 제법 잘 알고 있다. 2. 〈통용어〉 거의, 대체로, 대략: ich bin mit der Arbeit z. fertig 나는 그 일을 거의 마무리 짓고 있다.

Ziepchen, Ziepelchen ['tsi:p(l)çən], das; -s, - 〈지역적〉 병아리. **ziepen** ['tsi:pn] 〈h〉 〈의성어〉 〈nordd.〉 1. 찍익찍익 울다. 2. a) 잡아당겨 따끔하게 하다. b) 〈비인칭〉 꼭 찌르듯이 아프다: au, das ziept! 아야, 따끔한데!

Zier [tsi:ɐ̯], die 〈고어〉 ↑Zierde.

Zier-: **~affe**, der 〈준고어·폄〉 ↑~bengel. **~baum**, der ↑~pflanze. **~bengel**, der 〈준고어·폄〉 멋쟁이, 맵시꾼, 호사바치(Geck). **~blume**, die 관상용(반대: Nutzgarten). **~farn**, der ↑~gras. **~fisch**, der 관상용(玩賞用) 물고기(금붕어 따위). **~garten**, der 화원(반대: Nutzgarten). **~giebel**, der 【토건】 장식 박공(膊栱). **~glas**, das 〈Pl. -gläser〉 장식용 유리잔. **~gras**, das 관상용 잔디의 일종. **~kürbis**, der 관상용 호박(↑Cucurbita). **~leiste**, die 1. 장식널(몰딩). 2. 【인쇄】〈책의〉 장식용 줄무늬. **~motiv**, das 【예술】장식 모티브. **~nadel**, die 장식용 핀. **~naht**, die 【수공】 장식 솔기(이은 곳). **~pflanze**, die 관상〈용〉 식물. **~profil**, das 【토건】 장식용 프로필(측면도). **~puppe**, die 〈준고어·폄〉 멋쟁이로 차려입은, 빼기는 여자〈처녀〉, 유행을 쫓는 여자. **~rand**, der 장식 테두리[모서리]. **~schrift**, die 장식 문자〈활자〉. **~stab**, der 【토건】 〈건물 전면의〉 장식 지주. **~stich**, der 【수공】 장식〈화식〉 자수. **~strauch**, der 관상용 관목(↑~pflanze). **~streifen**, der 장식 줄무늬. **~stück**, das 〈준고어〉 장신구, 치장품. **~vogel**, der 완상용 새.

Zierat ['tsi:ra:t], der; -(e)s, -e 〈아어〉 장식물, 장신구: die Fassaden sind reich an -en 그 건물 정면은 장식이 풍부하다. **Zierde** ['tsi:ɐ̯də], die; -n 치레, 장식(품): zur Z. Blumen auf den Tisch stellen 장식용으로 식탁에 꽃을 놓다; der Dom ist eine Z. für die Stadt 그 사원은 이 도시의 자랑거리이다. **zieren** ['tsi:rən] 〈h〉 1. a) 〈아어·드물게〉 꾸미다, 멋내다, 성장하다: seine Hände waren mit Ringen geziert 그의 양손은 반지로 멋을 내고 있다. b) 무엇의 장식〈자랑〉이 되다, 장식〈치장〉하다: Orden zierten seine Brust 훈장이 그의 가슴을 치장해 주고 있다. 2. 〈z. + sich〉 〈aff〉 …새 하다, 얌전[점잔] 빼다, 새침 떨다, 젠 체하다, 체면 차리다: zier dich nicht so! 그렇게 얌전빼지 말아요! **Ziererei** [tsi:rə'rai], die; -, -en 〈폄〉 젠 체하는〈거드름피우는〉 언행. **zierlich** 〈Adj.〉 귀염성 있는, 우아한, 사랑스러운, 예쁜: eine -e Figur(Gestalt) 귀여운 체구, 모습; sie ist sehr z. 그녀는 매우 우아하다. **Zierlichkeit**, die; -en ↑zierlich의 명사형.

Ziesel ['tsi:zl], der/〈österr.〉 das; -s, - 〈동구와 북러시아의〉 다람쥐의 한 종류.

Ziest [tsi:st], der; -(e)s, -e 〔혈액 정화 효과가 있는 정화용 약초〕〈꿀풀과의〉개석잠풀, 두루미냉이.

Ziff. = Ziffer.

Ziffer ['tsɪfɐ], die; -n 1. 숫자(로 나타낸 수), 부호, 암호: arabische〈römische〉 -n 아라비아〈로마〉숫자; eine Zahl mit drei-en 세 자리의 수. 2. 아라비아 숫자로 표시된 항: Paragraph 8, Z. 4 (des Gesetzes) 〈법규의〉 8조 4항.

Ziffer-: **~blatt**, das 시계 글자판(숫자판). **~kasten**, der ↑Ziffernkasten. **~schrift**, die 암호 문서〔문자〕, 전신 약호(略號).

-zifferig [-tsɪfərɪç] ↑-ziffrig.

ziffern-, Ziffern- (↑Ziffer-): **~kasten**, der 〔인쇄〕숫자 활용 상자. **~kolonne**, die 숫자의 난(欄)〔단

〈段〉, 열〈列〉〕, 숫자를 수직으로 기재한 난. **~mäßig** 〈Adj.〉 수에 의한, 숫자상의, 숫자로. **~schrift**, die ↑Zifferschrift.

-ziffrig [-tsɪfrɪç] 〈다음의 합성어로, 예컨대〉 achtziffrig 여덟 자리 수의, 여덟 개의 숫자로 형성된.

-zig 〔독일어〕 **zig** [tsɪç] 〈부정 수사〉〈통용어〉 [10자리(20~90) 수의 어미〕정확히는 알 수 없으나 아주 많은 수라고 여겨지는 자리에 쓰임: er ging mit -zig sachen in die kurve 그는 대단한 속력을 내면서 커브길로 들어섰다; ich kenne ihn schon z. Jahre 나는 그를 이미 오랜 세월 동안 알고 있다.

zig-, Zig- 〈통용어〉: **~hundert** 〈부정 수사〉 수백(의). **~hunderte** 〈Pl.〉 수백(명): vor -n von Jahren 수백 년 전에. **~mal** 〈Adv.〉 여러 번, 자주. **~tausend** 〈부정 수사〉 수천(의). **~tausende** 〈Pl.〉 수천(명).

zigst... [tsɪçst...] 〈서수의 유동형(類同形), ↑-zig, zig〉 〈통용어〉 das ist heute schon der -e Anruf 그건 오늘 벌써 수십 번째의 전화이다.

Zigarettchen [tsiga'rɛtçən], das; -s, - ↑Zigarette. **Zigarette** [tsiga'rɛtə], die; -n 〈축소형: ↑Zigarettchen〉 [frz. cigarette] 궐련(卷煙), 담배: selbstgedrehte -n 손수만 개비담배(권련); jmdm. eine Z. anbieten 누구에게 담배 한 개비를 권하다.

Zigaretten-: **~anzünder**, der 〈자동차에 붙은〉궐련용 라이터. **~asche**, die 담배 재. **~automat**, der 담배 자동 판매기. **~bild**, das 〈예〉 담배 갑에 첨부된 수집용 그림. **~etui**, das 담배 케이스. **~fabrik**, die 연초 공장. **~geschäft**, das 〈통용어〉 ↑Tabakwarenladen. **~hülse**, die 담배 말 종이(껍질). **~kippe**, die 담배 꽁초. **~länge**, die 〈다음 용법으로〉 **auf eine Z.** 〈통용어〉 담배 한대 피울 동안에〔사이에〕: er kam auf eine Z. herüber 그는 담배 한 개비 피울 만한 시간에 건너왔다. **~linie**, die 〔유행〕 허벅다리에서 바지단까지 수직으로 흐르는 주름〔본, 재단법〕. **~packung**, die 담배갑. **~papier**, das 담배 말이 종이. **~pause**, die 〈통용어〉 담배 한대 피울 만한 짧은 휴식(막간). **~qualm**, der 담배 연기. **~rauch**, der 담배 연기. **~raucher**, der 끽연자, 흡연자. **~rest**, der 궐련 꽁초. **~schachtel**, die 담배갑. **~sorte**, die 담배의 종류. **~spitze**, die 궐련용 물부리(파이프). **~stummel**, der ↑¹Kippe. **~tabak**, der 궐련용 담배.

Zigarillo [tsiga'rɪlo, 〈드물게〉 'rɪljo], der 〈또는〉 das; -s, -s 〈통용어〉 die; -s [span. cigarillo] 작은 여송연 (엽궐련). **Zigärrchen** [tsi'gɛrçən], das; -s, - 〈통용어〉 ↑Zigarre의 축소형. **Zigarre** [tsi'garə], die; -n [span. cigarro] 1. 엽궐련, 여송연: sich eine Z. anstecken 여송연에 불을 붙이다. 2. 〈통용어〉 심한 꾸지람, 질책, 호통: der Chef hat ihm eine Z. verpaßt 주인〈과장〉은 그를 몹시 나무랐다〔질책했다〕.

Zigarren-: **~abschneider**, der 엽궐련의 끝을 자르는 도구〔가위〕. **~asche**, die 여송연의 재. **~etui**, das 엽궐련〔시가〕 케이스. **~fabrik**, die 여송연 공장. **~fabrikation**, die 엽궐련 제조〔제작〕. **~kiste**, die 엽궐련 갑 〔나무 케이스〕. **~qualm**, der 여송연〔시가〕 연기. **~rauch**, der 엽궐련〔타는〕 연기. **~raucher**, der 엽궐련을 주로 피우는 사람. **~schere**, die ↑~abschneider. **~sorte**, die 엽궐련의 종류. **~spitze**, die 1. 엽궐련의 물부리. 2. ↑Zigarettenspitze. **~stummel**, der 여송연 꽁초. **~tabak**, der 엽궐련용 담배(연초).

Ziger ['tsi:gɐ], der; -s, - 〈schweiz.〉 ↑Zieger.

Zigeuner [tsi'gɔynɐ], der; -s, - 1. 집시, 유랑〈流浪〉민족. 2. 〈통용어〉 떠돌이, 뜨내기, 보헤미안: er ist ein (richtiger) Z. 그는 진짜 보헤미안이다.

Zigeuner-: **~kapelle**, die 집시의 악대(樂隊), 집시 밴드. **~kind**, das 집시의 아이. **~lager**, das 집시의 숙박

지(宿泊地)[숙영지]. ~**leben**, das 〔집시의〕 유랑 생활. ~**musik**, die 집시의 음악. ~**primas**, der 집시 밴드의 지휘자(수석 바이올린 연주자). ~**schnitzel**, das 〔요리〕 집시 커트렛트(파프리카, 양파, 토마토 등을 첨가한 소스를 곁들인 송아지 혹은 돼지고기 커트렛트). ~**sprache**, die 집시 언어.

zigeunerhaft 〈Adj.〉 **a)** 집시를 닮은. **b)** 유랑의, 정착하지 않은: ein -es Leben führen 유랑(방랑) 생활을 하다. **Zigeunerin**, die; -nen ↑Zigeuner의 여성형.

zigeunerisch 〈Adj.〉 ↑zigeunerhaft (a, b) **zigeunern** [tsi'gɔynɐn] **1.** 〈s〉 정처 없이 유랑(방랑)하다: er ist durch die halbe Welt gezigeunert 그는 지구의 반을 떠돌아다녔다. **2.** 〈h〉 집시 생활을 하다, 집시처럼 살다.

zigfach 〈합성어〉 ↑vielfach (1): etw. z. vergrößern 무엇을 여러 배 확대하다. **Zigfache**, das; -n 〔통용어〕 수배: die Waren haben sich um ein -es verteuert 상품값은 수배를 뛰었다. **zighundert, zigmal, zigtausend**: ↑zig-, Zig-.

Zikade [tsi'ka:də], die; -n [lat. cicāda] 매미.

Zikkurat [tsikurat, ――'―], die; -s 치쿠라트(바빌로니아의 독특한 고층 종교 건축물).

ziliar [tsi'liaːɐ̯] 〈Adj.〉 [lat. cilium = Augenlid] 〔의학〕 속눈썹의. **Ziliarkörper**, der 〔의학〕 모양체(毛樣體). **Ziliarmuskel**, der 모양체근. **Ziliate** [tsi'liaːtə], die; -n 〔동물〕 섬모충(纖毛蟲).

Zille [ˈtsɪlə], die; **-n a)** (ostmd., österr.) 짐배, 거룻배. **b)** (österr.) 〔한 개의 노만으로 움직이는〕 작은 배. **Zillenschlepper**, der (ostmd., österr.) 예선(曳船)용 통통배(증기선).

Zimbal ['tsɪmbal], **Zymbal** ['tsʏmbal], das; -s, -e / -s [lat. cymbalum] 침벌론(피아노의 전신인 cembalo, dulcimer 같은 옛 타현악기 = Hackbrett). **Zimbel** ['tsɪmbl̩], die; -n **1.** 심벌즈(타악기의 일종). **2.** 매우 밝고 높은 음색의 오랜 음전(音栓).

Zimber ['tsɪmbɐ], **Kimber**, der; -s, -n 게르만 민족의 한 종족. **zimbrisch, kimbrisch** 〈Adj.〉 ↑Zimber, Kimber의 형용사형: die -e Halbinsel 유틀란트 반도(= Jütland).

Zimelie [tsi'meːli̯ə], die; -n, **Zimelium** [-li̯ʊm], das; -s, ... ien [...i̯ən] griech. keimḗlion = Schatz] (교양・준고어) 보물, 보석, (교회의) 귀중품, 귀중한 책(문서).

Ziment [tsi'mɛnt], das; -(e)s, -e [ital. cimento] (bayr., österr.·고어) (금속으로 된 원통 모양의) 검사를 받은 되〔그릇〕. **zimentieren** [tsimɛnˈtiːrən] 〈h〉 (bayr., österr.·준고어) **1.** (도량형을) 검사하다. **2.** 시험형의 말(되)로 재다(되다).

Zimier [tsi'miːɐ̯], das; -s, -e (문장(紋章)을 본뜬) 투구 장식(Helmschmuck).

Zimmer ['tsɪmɐ], das; -s, - **1.** 방, 침실: die Z. gehen ineinander 방들은 (서로 복도에 연결되어 있다); Z. frei(Z. zu vermieten!) 방 있음, 방 빌려 줌！（셋방 있음！）; Berliner Z. 베를린(식) 방(대개 복도에 있는 창문 하나짜리 방); sich das Frühstück aufs Z. bringen lassen 아침식사를 호텔 방으로 가져오게 하다; **das Z. hüten müssen** 누워 있어야만 하다. **2.** ↑Zimmereinrichtung의 약칭: das neue Z. war sehr teuer 방을 새로 시설하는 데 비용이 아주 비싸게 치었다.

zimmer-, Zimmer- (Zimmer, zimmern): ↑stuben-, Stuben-도): ~**antenne**, die 실내 안테나(반대: Außen-, Freiantenne). ~**aralie**, die [주로 실내 화초로 키우는] 일본산 땅두릅속(屬). ~**arbeit**, die 목수일, 목공일. ~**arrest**, der 〔통용어〕 ↑Stubenarrest. ~**beleuchtung**, die 실내 조명. ~**blume**, die ~pflanze. ~**brand**, der 실내 화재. ~**chef**, der 《schweiz.·군》 내무반장(Stubenältester), 실장. ~**decke**, die 천정. ~**ecke**, die 방 구석, 실내 코너. ~**einrichtung**, die 실내 장식, 방 설비. ~**flak**, die 〔농〕 권총(Pistole, Revolver). ~**flucht**, die 일련의 나란한 방의 열(列)(줄)(음), 한 줄로 연이어 있는 방의 연결. ~**frau**, die **1.** ↑~mädchen. **2.** (österr) 하숙, 아파트의 여주인(↑~vermieterin). ~**genosse**, der ↑Stubengenosse. ~**geselle**, der 목수도제, 소목수. ~**handwerk**, das 목수일. ~**herr**, der 〔준고어〕 하숙인, 세(방)든 사람(Untermieter). ~**kamerad**, der ↑Stubengenosse. ~**kellner**, der (호텔)방 전속 보이, 객실 서비스 요원. ~**lautstärke**, die 실내음 크기(실내 청취용 음성강도): das Radiogerät auf Z. einstellen 라디오의 소리를 실내음 크기로 맞추다. ~**linde**, die 〔식물〕 스파르마니아(보리수과의 실내용 관상 식물). ~**luft**, die 실내의 (나쁜) 공기. ~**mädchen**, das 객실 전속 메이드, 하녀. ~**mann**, der 〈Pl. -leute〉 목수: **jmdm. zeigen, wo der Z. das Loch gelassen hat** 〔통용어〕 누구에게 그 장소(방)를 떠나도록 요구(권유)하다, 누구를 쫓아내다(내쫓다). ~**manns(blei)stift**, der 목공용 굵은 연필. ~**mannstracht**, die (검은 맨체스터 무명바지와 챙이 넓은 모자가 따른) 목수의 상. ~**meister**, der 목수의 도목수, 대목. ~**nachbar**, der 옆방 친구. ~**nummer**, die 객실(방)의 호수. ~**palme**, die 실내용 종려수. ~**pflanze**, die 실내 (장식) 식물, 관상 식물. ~**rein** 〈Adj.〉 (österr.) 방을 깨끗이 하도록 길들여진, 청렴한, 품행이 방정한. ~**schmuck**, der 실내 장식품. ~**service**, der / das 룸 서비스. ~**suche**, die (셋) 방 구하기(찾기). ~**tanne**, die (관상 식물로서) 남양삼(杉). ~**temperatur**, die **a)** 실내 온도. **b)** 실내 생활에 적합한 온도(약 $18°～20°C$). ~**theater**, das **1.** 소극장, 실험 극장. **2.** 실험(실내) 극단. ~**thermometer**, das (österr., schweiz.) 실내 온도계. ~**trakt**, der 여러 개의 방으로 형성된 건물의 퇴간. ~**tür**, die 방문. ~**vermieter**, der 하숙(아파트)의 주인, 방 세놓는 주인. ~**vermieterin**, die ↑~vermieter의 여성형. ~**wand**, die 〔실〕내 벽. ~**warm** 〈Adj.〉 실내(적당한) 온도의. ~**werkstatt**, die 목공의 작업장, 목공실. ~**wirt**, der ↑~vermieter. ~**wirtin**, die ↑~wirt의 여성형.

Zimmerei [tsɪmə'raɪ], die; -en **1.** ↑Zimmerwerkstatt. **2.** 〈Pl. 없음〉 〔통용어〕 목공(목수)일. **Zimmerer** ['tsɪmərɐ], der; -s, - ↑Zimmermann.

Zimmerer-: ~**arbeit**, die ↑Zimmerarbeit. ~**handwerk**, das ↑Zimmerhandwerk. ~**tracht**, die ↑Zimmermannstracht.

-zimmerig, **-zimmrig** [-tsɪm(ə)rɪç] (다음의 합성어로, 예컨대) zweizimmerig 방이 두 개인.

Zimmerling ['tsɪmɐlɪŋ], der; -s, -e 〔광〕 〔갱내에〕 갱목 대는 목수. **zimmern** ['tsɪmɐn] 〈h〉 **a)** 나무로 짜다, 조립하다, 짓다: eine grob gezimmerte Bank 아무렇게나 짜 맞춘 나무 걸상(의자); [전의] sich ein neues Leben z. 새 생활을 설계하다. **b)** 목공일을 하다: in seiner Freizeit zimmert er gern 그는 자유 시간에 목수일을 기꺼이 한다. **Zimmerung**, die; -en **1.** 〈Pl. 없음〉 목수일, 목공 공작. **2.** 【광】 동바리(갱내에 갱목 대는 일).

Zimmet ['tsɪmət], der; -s 〔고어〕 ↑Zimt (1).

-zimmrig: ↑-zimmerig.

zimperlich ['tsɪmpɐlɪç] 〈Adj.〉 〔폄〕 **1.** 까다로운, 꼼꼼한, 세심한, 과민한: sei nicht so z., es tut doch gar nicht weh 엄살 떨지마, 전혀 아프지 않을 테니까; er ist nicht (gerade) z. 그는 막무가내이다. **2.** 지나치게 수줍은, 새침때는, 점잔빼는: warum dieses -e Getue? 왜 이렇게 새침부리는 짓을 하지? **Zimperlichkeit**, die;

Zimperliese ['tsɪmpɐ-], die; -n 《통용어·폄》 새침데기 아가씨[여자]. 점잔빼는《젠 체하는》 사람. **zimpern** 〈h〉 《지역적·폄》 얌전해지다, 점잖은 체하다[체하는 것].

Zimt [tsɪmt], der; -(e)s, -e **1.** (세일론 산의) 계피(양념), 육계(肉桂). **2.** 《통용어·폄》 **a)** 허튼소리, 넌센스: rede nicht solchen Z.! 그런 허튼소리 작작하게! **b)** 귀찮은 일, 하찮은 일: laß doch mich mit dem ganzen Z. in Ruhe! 제발 온통 귀찮은 일로 나를 괴롭히지 말아 주게! **c)** 무가치한 일[물건], 하찮은 것[짓].

zimt-, Zimt-: **~apfel,** der **a)** (서인도 산 과수로서) 반려지(潘荔枝)의 일종. **b)** 위의 과실. **~baum,** der 육계수. **~braun** 〈Adj.〉 ↑~farben. **~farben, ~farbig** 〈Adj.〉 육계색의, 육계와 같은 갈색의. **~öl,** das 계피유. **~rinde,** die (육)계피. **~säure,** die 계피산(酸). **~stange,** die 계피의 대, 육계의 봉. **~stern,** der (계피가루를 친) 별 비스킷. **~zicke, ~ziege** 《욕》 ↑Zicke (2).

Zinckenit [tsɪŋkəˈniːt, 《또한》 ...nɪt], der; -s [독일 광산주 J. Zincken(1790~1862)에 따라] 징케나이트(납, 안티몬 및 유황으로 구성된 광물).

Zincum ['tsɪŋkʊm], das; -s 아연(기호; Zn).

Zindeltaft ['tsɪnd(ə)l-], der; -(e)s, 《종류》 -e 얀감응 호박단.

Zinder ['tsɪndɐ], der; -s, - 〈engl. cinder〉 〈대개 Pl.〉 석탄의 탄재, 광재(鑛滓).

Zineraria [tsine'raːria], **Zinerarie** [...riə], die; ...ien [...iən; lat. cinis = Asche] 《식물》 시네라리아.

¹Zingel ['tsɪŋl], der; -s, - 농어의 일종.

²Zingel [-], der; -s, - 《고어》 시의 성벽, 둘레벽, 주벽(周壁). **zingeln** ['tsɪŋln] 〈h〉 《고어》 **1.** 둘러막다, 두르다. **2.** ↑umzingeln. **Zingulum** [ˈtsɪŋɡulʊm], das; -s, -s / ...la [lat. cingulum = Gürtel] **1.** (장백의(長白衣)에 매는) 허리띠. **2.** (가톨릭 성직자들의) 제복(수도복)의 띠, 성대(聖帶).

¹Zink [tsɪŋk], das; -(e)s 아연(기호; Zn; ↑Zincum).

²Zink [-], der; -(e)s, -en 칭크(중세에서 18세기까지 사용된 코넷 모양의 목관 악기의 일종).

zink-, Zink-: **~ätzung,** die 〈인쇄〉 아연판 부식술, 식각법(蝕刻法) 부각법[에칭]. **~badewanne,** die 아연으로 만든 욕조. **~blech,** das 아연판, 아연판. **~blende,** die 〈광〉 섬아연광(閃亜鉛鑛). **~chlorid,** das 염화아연. **~druck,** der **a)** 아연판 인쇄. **b)** 아연판 인쇄물. **~eimer,** der 함석 통. **~erz,** das 아연 광. **~farbe,** die 아연 빛[색]. **~folie,** die 아연 박(箔). **~haltig** 〈Adj.〉 아연을 함유하고 있는. **~legierung,** die 아연 합금. **~leimverband,** der [의학] 우나풀(네의 아연고로 보강된 붕대). **~platte,** die 아연판, 사진 철판(凸板). **~oxid,** das ↑~oxyd에 대한 화학 전문어. **~oxyd,** das 산화 아연, 아연화. **~salbe,** die [의학] 아연화 연고. **~salz,** das 아연산염(亜鉛酸塩). **~sarg,** der [광] 능(菱) 아연광. **~silikat,** das 아연 규산염(硅酸塩). **~spat,** der [광] 능(菱) 아연광. **~sulfat,** das [화학] 황화 아연(유안). **~verbindung,** die 아연 화합물. **~vergiftung,** die 아연 중독. **~wanne,** die 아연으로 만든 통[수조]. **~weiß,** das 산화 아연의 흰 빛[색].

Zinke ['tsɪŋkə], die; -n **1.** (갈퀴나 포크의) 뾰족한 갈래 [끝], 모서리: einige -n des Kammes waren abgebrochen 그 빗의 이[살]가 몇 개 부러져 있었다. **2.** 《제재》 장부 맞춤, 사개 맞춤. **¹zinken** ['tsɪŋkn] 〈h〉 **1.** (속이려고) 카드에 안표(眼標)를 하다. **2.** 《약간 폄》 무엇의 정체[비밀]를 폭로하다. **²zinken** [-] 〈Adj.〉 아연으로 만든. **Zinken** [-], der; -s, - **1.** (거지나 사기꾼 패거리들의) 암호(변말): an der Tür hatten Landstreicher Z. angebracht 부랑인들이 문에 암호 표

시를 했다. **2.** 《통용어·농》 큰 코. **Zinkenbläser,** der; -s, - 취주자(↑²Zink). **Zinkenverbindung,** die; -en 【제재】 장부 맞춤, 사개 맞춤(↑Zinke (2)). **Zinkenist** ['tsɪŋkəˈnɪst], der; -en, -en ↑Zinkenbläser. **Zinker** ['tsɪŋkɐ], der; -s, - **1.** (속이려고) 카드에 안표를 하는 자. **2.** 비밀 누설자, 배반자, 간첩. **-zinkig** [-tsɪŋkɪç] (다음의 합성어로, 예컨대) dreizinkig 세갈래의(뾰족한 끝을 가진). **Zinkit** [tsɪŋˈkiːt, 《또한》 ...kɪt], der; -s, -e 【광】 적아연광. **Zinko** ['tsɪŋko], das; -s, -s ↑Zinkographie의 약칭. **Zinkographie,** die; -n [인쇄] ↑Zinkdruck (a, b).

Zinn [tsɪn], das; -(e)s **1.** 주석(원소기호; Sn; ↑Stannum). **2.** 주석 (그릇)제품.

zinn-, Zinn-: **~becher,** der 주석 잔. **~bergwerk** 주석 광산. **~blech,** das 주석 판. **~erz,** das 주석 광(석). **~figur,** die 주석 인형. **~folie,** die 주석 폴리[석박(錫箔), 은총이, 납지]. **~geschirr,** das 주석 그릇, 석기(錫器). **~geschrei,** das 주석봉을 휘게 할 때 나는 특이한 소리. **~gießer,** der 석주공, 석기 제조인. **~gießerei,** die 석기 제조업(공장). **~glasiert** 〈Adj.〉 주석 유액을 칠한. **~glasur,** die 산화(주)석의 흰 유액(광택제, 바니쉬). **~guß,** der **1.** 〈Pl. 없음〉 석주물(錫鑄物). **2.** 석주 물(상품). **~haltig** 〈Adj.〉 주석을 함유한. **~kies,** das 【광】 황석광(黃錫鑛), 유석광(硫錫石). **~kraut,** das 〈Pl. 없음〉 속새. **~krug,** der 주석제 잔[조끼]. **~legierung,** die 주석 합금. **~leuchter,** der 주석제의 촛대. **~löffel,** der 주석제 숟갈. **~oxyd,** [화학] ~oxid, das 산화석(가루). **~pest,** die 석 페스트. **~schale,** die 주석제 접시. **~schrei,** der 《드물게》 ↑~geschrei. **~schüssel,** die 주석제 대접. **~soldat,** der (장난감용) 주석 병정. **~stein,** der 주석 광석, 석석(錫石). **~teller,** der 주석제 쟁반[접시]. **~waldit** 〈또한〉 ...dɪt], der; -s [에르츠 산맥의 지명 Zinnwald에 따라] 친발디트(운모의 일종)[광석].

Zinnamom [tsɪnaˈmoːm], das; -s [lat. cinna(mo)mum] 《고어》 ↑Zimt (1). **2.** 《식물》 ↑Zimtbaum.

Zinne ['tsɪnə], die; -n **1.** (성벽 위의 요철형) 흉벽(胸壁), 성가퀴, 성첩(城堞). **2.** 《schweiz.》 옥상 테라스.

zinnen ['tsɪnən], **zinnern** ['tsɪnɐn] 〈Adj.〉 주석제(製)의. **Zinnie** ['tsɪniə], die; -n [독일의 의사이자 식물학자 J. G. Zinn(1727-1759)에 따라] 백일초(百日草)[관상식물의 일종].

Zinnober [tsɪˈnoːbɐ], der; -s, - **1.** [광] 진사(辰砂), 적색황화수은(赤色黃化水銀). **2.** 《österr.》 -s; Pl. 없음) **a)** 주색(朱色), 주홍(색). **b)** 황적색조(黃赤色調). **3.** 〈Pl. 없음〉《약간 폄》 **a)** 보잘것 없는 것, 잡동사니. **b)** 어리석은 것, 허튼 수작: rede nicht solchen Z. 그런 헛소리 작작하라니. **zinnoberrot** 〈Adj.〉 주색(朱色)의, 주홍빛의.

Zins [tsɪns], der; -es, -sen, -en / -e [lat. census, ↑Zensus] **1.** 〈Pl. -en; 대개 Pl.〉 이자, 이익, 금리, 이식, 이윤: er lebt von den -en seines Vermögens 그는 자기 재산의 이자로 생활하고 있다. jmdm. etw. mit -en[mit Z. und Zinseszins] zurückzahlen 누구에게 무엇의 보답(앙갚음)을 톡톡히 하다. **2.** 〈Pl. -e〉 (südd., österr., schweiz.》 〈집〉세, 임대료. **3.** 〈Pl. -e〉 지대(地代)(↑Grundzins의 약칭), 소작료.

zins-, Zins- (↑Zinsen-): **~abschnitt,** der 【증권】 이자 지불용 쿠폰[전표]. **~arbitrage,** die 【증권】 재정거래(裁定去來), 중개 매매. **~bauer,** der (중세의) 소작농(인). **~bogen,** der 【증권】 이자권(券), 이자 지불용 전표철 이찰지. **~einnahme,** die 〈대개 Pl.〉 이자 수익(소득). **~erhöhung,** die 금리 인상. **~ertrag,** der ↑~einnahme. **~frei** 〈Adj.〉 ↑~los. **~freiheit,** die

〈Pl. 없음〉무이자, 무세금, 지대[집세] 없음. **~fuß,** der 이율. **~gefälle,** das 【경제】금리차(差), 비율폭. **~groschen,** der 《중세의》공납전, (돈으로 바치는) 조세[지대]. **~günstig** 〈Adj.〉 【금융】**a)** 지불 금리가 유리한[좋은]. **b)** 이율이 좋은[유리한]. **~gut,** das 《중세의》소작지. **~hahn,** der 〈역사적〉소작료로 바치는 수탉: **rot wie ein Z.** (흥분하여) 얼굴을 붉히고[노발대발하고]. **~haus,** die 《südd., österr., schweiz.》 셋집(Mietshaus), 땅세를 내는 집. **~herr,** der ↑Grundherr. **~herrschaft,** die 《중세의》지대 징수 대권(권). **~knechtschaft,** die 《중세의》지대 부담 의무 신분[계급], 농노의 지대 예속(성).

Zippus ['tsɪpʊs], der; -, Zippi / Zippen [lat. cippus] 〈고대의〉기념비, 경계석, 묘비석.
Zippverschluß, der; ...schlusses, ...schlüsse 《österr.》지퍼.
Zirbe, Zirbel ['tsɪrbə, 'tsɪrbl], die; -n ↑Zirbelkiefer.
Zirbel-: ~drüse, die 【생물】송과선(松果腺), 골윗샘. **~holz,** das 서양잣나무 목재. **~kiefer,** die **a)** 서양잣나무. **b)** ↑Zirbelholz. **~nuß,** die 서양잣나무 열매, 송과(松果).
Zirconium 〈Adj.〉↑Zirkonium.
zirka ['tsɪrka] 〈Adv.〉 [lat. circā] 약, 대략(약어: ca.): **er verdient z. 3000 Mark** 그는 대략 3000 마르크 정도 번다. **Zirkaauftrag,** der 《증권》시세의 약간의 차이는 허용하는 매입 위탁. **zirkadian** [tsɪrka'di̯an], **zirkadianisch** 〈Adj.〉 【의학】24시간 주기의. **Zirkel** ['tsɪrkl], der; -s - [lat. circinus] **1.** 콤파스, 양각기(兩脚器): **mit dem Z. einen Kreis ziehen[schlagen]** 콤파스로 원을 그리다. **2.** 원, 윤(輪), 권(圈), 원주(圓周): **die Pfadfinder standen in einem Z. um das Feuer** 소년단원들이 캠프파이어 둘레에 원을 그리고 서 있었다. **3.** 서클, 집단, 모임: **der engste Z. war versammelt** 가장 가까운 사람들의 모임이었다. **4.** 《승마》윤승(輪乘), 원형으로 말을 몰아 돌기. **5.** 《특정 학생조합의 символ를 나타내는》원형의 상징. **6.** 《구동독》연구회, 작업 공동체. **7.** 【음악】↑Quintenzirkel의 약칭. **8.** 【학문】↑Zirkelschluß의 약칭.
zirkel-, Zirkel-: ~abend, der 《구동독》작업 공동체의 야회(夜會). **~arbeit,** die 《구동독》작업 공동체 내에서의 작업. **~beweis,** die 【학문】↑~schluß. **~definition,** die 【학문】순환 정의(循環定義). **~kanon,** der 【음악】순환 카논, 무한[영구] 카논. **~kasten,** der 제도[제품] 용구 상자의 장(長). **~leiter,** der 《구동독》작업 공동체의 장(長). **~mitglied,** die 《구동독》작업 공동체의 소속원[구성원]. **~rund** 〈Adj.〉 〈고어〉 원형의. **~schluß,** der 【학문】순환 논법[논증]. **~teilnehmer,** der 《구동독》↑~mitglied. **~training,** das 【스포츠】↑Circuittraining.
zirkeln ['tsɪrkln] 〈h〉 **a)** 정확하게 측정[측량]하다: 〈대개 과거분사로〉**gezirkelte Gärten** 정확하게 측량된 정원. **b)** 〈통용어〉정확히 시험해 보다. **c)** 〈통용어〉정확하게 운반하다[나르다]: **der Libero zirkelte den Ball in Tor** 리베로는 정확히 공을 안으로 차 넣었다. **2.** 《드물게》순환하다, 원을 그리다.
Zirkon [tsɪr'koːn], der; -s, -e 【광물】지르콘, 풍신자광(風信子鑛)《보석의 일종》. **Zirkonium** [tsɪr'koːni̯ʊm], 【화학】Zirconium, das; -s 지르코늄《기호: Zr》.
zirkular [tsɪrku'laːɐ̯], **zirkulär** [...lɛːɐ̯] 〈Adj.〉 [lat. circulāris] 《전문어》원형의, 순환(회전)하는: **zirkuläres Irresein** 《심리·정신의학》주기적 정신병. **Zirkular** [-], das; -s, -e [frz. lettre circulaire] 〈고어〉 ↑Rundschreiben.
Zirkular-: ~kreditbrief, der 【금융】통문(通文) 신용장. **~note,** die 【국제법】회람 통첩. **~schreiben,**

das 〈고어〉↑Rundschreiben.
Zirkulation [tsɪrkula'tsi̯oːn], die; -en **1. a)** 순환, (화폐의) 유통. **b)** 상품 교환의 전과정. **c)** 【의학】혈액 순환. **2.** 【펜싱】회전 찌르기.
Zirkulations-: ~mittel, das 《마르크스주의》유통수단, 지불 수단. **~prozeß,** der 유통[순환] 과정. **~störung,** die 《의학》혈액 순환 장애.
zirkulieren [tsɪrku'liːrən] 〈s / 《드물게》h〉 [lat. circulāre] **a)** 순환하다: **das im Körper zirkulierende Blut** 체내에서 순환하는 혈액. **b)** 유통하다, (소문 따위가) 퍼지다: **über ihn zirkulieren allerlei Gerüchte** 그에 관해서 온갖 소문이 퍼지고 있다.
zirkum-, Zirkum- [tsɪrkʊm-; lat. circum] 〈um ...herum을 뜻하는 규정어로서, 예컨대〉zirkumskript. Zirkumzision. **Zirkumferenz** [...fe'rɛnts], die; -en [lat. circumferentia] 《전문어》범위, 확장, 넓이, 차원. **zirkumflektieren** 〈h〉 (한 단어에) 장음부(長音符)를 붙이다. **Zirkumflex** [...'flɛks], der; -es, -e [lat. circumflexus] 【언어】장음부《예컨대: ô》. **Zirkumpolarstern,** der; -(e)s, -e 【천문】주극성(周極星). **zirkumskript** [...'skrɪpt] 〈Adj.〉 [lat. circumscrīptum] 【의학】국한(局限)(성)의. **Zirkumzision** [...tsi'zi̯oːn], die; -en [lat. circumcīsio] 【의학】 **1.** 포경 제거, 할례(割禮). **2.** 〈종양 부위의〉윤상 절개(輪狀切開). **Zirkus** ['tsɪrkʊs], der; -, -se [lat. circus 〈 griech. kírkos] **1.** 〈고대 로마의〉원형 경기장. **2. a)** 서커스[곡마단]: **der Z. geht auf Tournee** 그 곡마단은 순회 공연에 나선다. **b)** 곡마장(曲馬場). **c)** 〈Pl. 없음〉서커스 공연: **wir gehen heute in den Z.** 우린 오늘 서커스 공연 구경하러 간다. **d)** 〈Pl. 없음〉서커스 관중. **3.** 〈Pl. 없음〉《통용어·폄》법석, 혼란, 혼잡: **mach nicht so einen Z.!** 제발 그렇게 법석 떨지마라! **-zirkus** [-tsɪrkʊs], der; -, -se 《다른 명사와 결합해서 등장하는 기본어로서, 예컨대》 Literaturzirkus, Skizirkus, Liederzirkus 등.
Zirkus-: ~bau, der, 〈Pl. -ten〉서커스 건(축)물[세트]. **~blut,** das 곡마단 생활의 기질[천성]. **~clown,** der 어릿광대. **~direktor,** der 곡마단 단장. **~kunst,** die 〈Pl. 없음〉곡예술(曲藝術). **~künstler,** der 곡예가. **~kuppel,** die 곡마장 건축물의 둥근 지붕[반구(半球)] 천장. **~luft,** die 서커스 분위기. **~manege,** die 서커스의 마술(馬術). **~nummer,** die 서커스의 출연물(의 세목). **~pferd,** das 서커스의 말. **~reiter,** der 곡마사(曲馬師). **~reiterin,** die ↑reiter의 여성형. **~unternehmen,** das 서커스단[곡마단]. **~vorstellung,** die 서커스 공연. **~zelt,** das 서커스 공연용 대형 천막.
Zirpe ['tsɪrpə], die; -n 〈지역적〉귀뚜라미, 매미. **zirpen** ['tsɪrpn] 〈h〉 《의성어》(곤충이) 찌(르)륵 찌(르)륵 울다: 〈전의〉**„Nein, danke", zirpte sie mit leiser Stimme "괜찮아요"**라고 그녀는 낮은 목소리로 응얼거렸다. **Zirpen,** der 벌레 우는 소리.
Zirren: ↑Zirrus의 복수형.
Zirrhose [tsɪ'roːzə], die; -n [frz. cirrhose] 【의학】(간장 따위의) 경변(증)《硬變症》. **zirrhotisch** [...'roːtɪʃ] 〈Adj.〉경변(증)의[으로 인한].
Zirrokumulus [tsɪro-], der; -, ...li 【기상】햇무리구름, 견적운(絹積雲). **Zirrostratus,** der; -, ...ti 【기상】조개 구름, 견층운(絹層雲). **Zirrus** ['tsɪrʊs], der; -, - / Zirren [lat. cirrus] 【기상】새털구름, 견운(絹雲). **Zirruswolke,** die 【기상】↑Zirrus.
zirzensisch [tsɪr'tsɛnzɪʃ] 〈Adj.〉 [lat. circēnsis] 〈고대 로마의〉원형 경기장의.
zisalpin, zisalpinisch [tsɪs|al'piːn(ɪʃ)] 〈Adj.〉 《로마에서 보아》알프스 산맥 이쪽[남쪽]의.
Zischelei [tsɪʃə'laɪ], die; -en 《폄》속삭임. **zischeln**

zischen ['tsɪʃn] 〈h〉 **a)** (짜증스러운 어조로) 속삭이다, 속닥거리다: er zischelte ihr etwas ins Ohr 그는 그녀의 귀에 대고 무엇인가 속삭이었다. **b)** 수근대다, 귓속말을 하다.

zischen ['tsɪʃn] 《의성어》 **1.** 〈h〉 쉿 소리를 내다〈울리다〉, 쉬쉬하며 야유하다: „Pst!" zischte sie „쉿!" 하고 그녀는 소리쳤다; das Publikum zischte 관중은 쉬이쉬이하며 야유했다. **b)** 낮게 언짢은 소리로 말하다: „Laß das!" zischte er „관둬!"하고 그는 언짢게 소리죽여 말했다. **2.** 〈s〉 쉿 소리를 내며 움직이다: der Dampf zischt aus dem Kessel 김이 냄비에서 쉬쉬 소리를 내며 나오고 있다; 〔전의〕 sie ist gerade um die Ecke gezischt 《통용어》 그녀는 잽싸게 막 모퉁이를 돌아 섰다. **3. einen〔ein〕 Bier z.** 《경》맥주를 한 잔 마시다.

Zischlaut, der 〔언어〕 치찰음(齒擦音).

Ziseleur [tsize'løːɐ̯, 《또한》 tsizə'løːɐ̯], der; -s, -e 〔frz. ciseleur〕 금속 조각사. **Ziselierarbeit**, die **1.** 금속 조각 상감(象嵌) 세공. **2.** 금속 조각품〔세공품〕. **ziselieren** [tsize'liːrən, 《또한》 tsizə'liːrən] 〈h〉 〔frz. ciseler〕 금속에 세공〔조각〕하다, 상감하다: Blumenmotive in Silber z. 은으로 꽃 모티브를 세공하다. **Ziselierer**, der; -s, - ↑Ziseleur. **Ziselierkunst**, die 〈Pl. 없음〉 금속 세공술. **Ziselierung**, die; -en **1.** 금속 조각〔세공〕 작업. **2.** 금속에 조각된 문자〔장식〕.

Zislaweng, Cislaweng [tsɪsla'vɛŋ] 《다음 용법으로》 **mit einem Z.** 《통용어》 노련하게, 교묘하게: er hat die Sache mit einem Z. erledigt 그는 일을 노련하게 처리했다.

Zisleithanien [tsɪslaɪ̯taːni̯ən], -s 《옛》 치스라이타니아 (합스부르크 이중왕국의 오스트리아령에 대한 구명칭).

Zissalien [tsɪ'saːli̯ən], Zessalien [tsɛ...] 〈Pl.〉 〔lat. cessāre〕 결함이 있는 주화, 잘못 주조된 화폐.

Zissoide [tsɪso'iːdə], die; -n 〔griech. kissós u. -oeidés〕 〔수학〕 시소이드 질주선(疾走線).

Zista ['tsɪsta], **Ziste** ['tsɪstə], die; -n 〔lat. cista〕 **a)** (선사 시대의) 원통형의 청동제 그릇. **b)** 유골단지, 질그릇 항아리. **Zisterne** [tsɪs'tɛrnə], die; -n 〔lat. cisterna〕 물통, 빗물통(땅밑에 벽돌 따위로 테두리를 친). **Zisternenwasser**, das 〈Pl. 없음〉물통에 고인 〔빗〕물.

Zisterzienser [tsɪstɛr'tsi̯ɛnzɐ], der; -s, - 〔프랑스의 수도원 Cîteaux에서〕 시토(Cîteaux) 교단(敎團)의 수도사.

Zisterzienser-: **~baukunst**, die 〔예술〕 시토 교단식의 건축(예). **~kloster**, das 시토 교단의 사원. **~mönch**, der 시토 교단의 수(도)사. **~orden**, der 〈Pl. 없음〉 시토 교단.

Zisterzienserin, die; -nen 시토 교단의 여 수도사.

Zistrose ['tsɪst-], die; -n 〔lat. cisthos < griech. kíst(h)os〕 〔식물〕 (목서과의 시계비꽃과의) 상록관목). **Zistrosengewächs**, das 시스트 관목.

Zitadelle [tsita'dɛlə], die; -n 〔frz. citadelle〕 요새 안의 독립된 작은 보루, 내성(內城).

Zitat [tsi'taːt], das; -(e)s, -e 〔lat. citātum〕 **a)** 인용구〔구(句)〕: etw. mit einem Z. belegen 무엇을 인용문으로 증명하다. **b)** 인용 명언(名言); das ist ein (bekanntes) Z. aus Goethes „Faust" 그것은 괴테의 「파우스트」에서 나온 명구(名句)이다. **Zitatenlexikon**, das 인용 사전 〔辭典〕. **Zitatenschatz**, der ↑ ~lexikon. **Zitation** [tsita'tsi̯oːn], die; -en 〔lat. citātio〕 **1.** 〈고어〕 소환, 호출. **2.** 인용문〔구〕.

Zither ['tsɪtɐ], die; -n 〔lat. cithara < griech. kithára〕 치터(고대 그리스의 현악기). **Zitherspiel**, das 〈Pl. 없음〉 치터 연주.

zitieren [tsi'tiːrən] 〈h〉 〔lat. citāre vorladen〕 **1.** 인용하다: seinen Chef z. 사장 말을 인용하다; ein oft zitierter Satz 자주 인용되는 문장. **2.** 소환하다〔불러내다〕: er wurde vor Gericht zitiert 그는 법정으로 출두하라는 소

환을 받았다. **Zitierung**, die; -en ↑zitieren의 명사형.

Zitrat [tsiˈtraːt], 〔화학〕 Citrat [-], das; -(e)s, -e 〔화학〕 구연산염. **¹Zitrin** [tsiˈtriːn], der; -s, -e 황수정(黃水晶). **²Zitrin** [-], das; -s 치트린(비타민 P). **Zitronat** [tsitro'naːt], das; -(e)s, -e 〔종류〕-e 〔frz. citronnat〕 사탕에 절인 레몬 껍질. **Zitrone** [tsi'troːnə], die; -n 〔lat. citrus〕 **a)** 레몬(과실 및 나무): eine Z. auspressen 레몬의 즙을 짜다; **mit -n gehandelt haben** 《통용어》 사업에 실패하다; **jmdn. auspressen〔ausquetschen〕 wie eine Z.** 《통용어》 **1)** 누구를 꼬치꼬치 캐묻다. **2)** 누구에게 돈을 많이 쓰게 하다. **b)** ↑Zitronenbaum의 약칭.

zitronen-, Zitronen-: **~baum**, der 레몬나무. **~creme**, die 레몬 맛이 나는 크림. **~falter**, der 노랑나비. **~farben, ~farbig** 〈Adj.〉 ↑~gelb. **~gelb** 〈Adj.〉 레몬색의, 담황색의. **~holz**, das 시트론 목재. **~kern**, der 레몬의 씨. **~kraut**, das 〈Pl. 없음〉 **1.** ↑~melisse. **2.** 개사철쑥(↑Eberraute). **~limonade**, die 레몬 수(水), 레몬즙으로 만든 음료. **~melisse**, die 향수 박하, 멜리사(↑Melisse). **~öl**, das 레몬 유(油). **~presse**, die 레몬 즙기(器) (레몬을 짜는 틀). **~rolle**, die 레몬 크림을 넣어 돌돌 말아 만든 비스킷 과자. **~saft**, der 레몬 즙. **~sauer** 〈Adj.〉 〔화학〕 구연산을 함유한. **~säure**, die 〔화학〕 구연산. **~säurezyklus**, der 〔생화학〕 구연산의 합성 회로(回路). **~schale**, die 레몬 껍질. **~scheibe**, die 레몬 조각. **~spalte**, die 레몬의 균열. **~speise**, die 레몬즙이 들어간 크림. **~wasser**, das 〈Pl. 없음〉 레몬수(水).

Zitrulle [tsi'trʊlə], die; -n 〔frz. citrouille〕 《준고어》 수박.

Zitrus- [tsi'trʊs-; lat. citrus]: **~frucht**, die 감귤류의 과실 (오렌지, 레몬, 만다린 따위). **~gewächs**, das ↑~pflanze. **~öl**, das 시트론 기름. **~pflanze**, die 감귤류의 재배 식물.

Zitter-: **~aal**, der (남미산의) 전기뱀장어. **~gras**, das 방울내풀(속). **~lähmung**, die 〔의학〕 ↑Parkinsonsche Krankheit. **~laut**, der 〔언어〕 떨림 소리, 전음 (↑Vibrant). **~pappel**, die 은백양(↑Espe). **~prämie**, die 《통용어·농》 위험 수당. **~rochen**, der 전기메기(시끈 가오리과의). **~spiel**, das 《스포츠·은어》예측 불허의 경기.

zitterig ['tsɪtərɪç] zittrig. **zittern** ['tsɪtɐn] **1.** 〈h〉 **a)** 떨다: vor Kälte z. 추위 때문에 떨다. **b)** 진동하다: bei der Explosion zitterten die Wände 폭발과 함께 벽이 진동하였다. **2.** 〈h〉 **a)** 두려워하다, 전율하다: er zittert vor seinem Vater 그는 아버지를 두려워한다; 〈명사화〉 **mit Zittern und Zagen** 공포에 질려서. **b)** 걱정하다: um sein Vermögen z. 자기 재산 걱정을 몹시 하다. **3.** 《경》 어디론가 가다: er zitterte um die Ecke 그는 모퉁이를 돌아 어디론가 갔다.

zittrig ['tsɪtrɪç] 〈Adj.〉 떨리는, 떠는: sich nach einer Krankheit z. fühlen 병을 앓고 난 후 허약하게 느끼다.

Zitwer ['tsɪtvɐ], der; -s, - 울금, 봉아술(뿌리는 약재, 향료로 쓰임). **Zitwerblüte**, die 울금 꽃. **Zitwersamen**, der **a)** ↑Zitwerblüte. **b)** 울금씨.

Zitz [tsɪts], der; -es [niederl. sits] 〔옷감〕 ↑Chintz.

Zitze ['tsɪtsə], die; -n **a)** (동물 암컷의) 젖꼭지. **b)** (속어) (여성의) 유방, 유두, 젖가슴.

Zivette ['tsivɛtə], die; -n 〔frz. civette〕 ↑Zibetkatze.

zivil [tsi'viːl] 〈Adj.〉 〔frz. civil〕 **1.** 민간의, 시민의; 민사 (民事)의: die -e Bevölkerung 일반 시민, 비전투원; das -e Recht 민법, 사법. **2.** 예의바른, 정중한, 값싼, 용납할 수 있는: die Preise in dem Lokal sind fair, die Umgebung ist gemütlich, das Publikum ist international, die Küche ist gut, und die Zivil 있다 예술의 있다. **Zivil** [-], das; -s **1.** 평복, 사복: Z. tragen 사복을 입고 있다. **2.** 《드물게》 일반 시민:

zum Z. übertreten (제대하여) 시민 생활로 돌아가다. **3.** 《schweiz.》 호적상의 신분.
zivil-, Zivil-: **~anzug**, der ↑~kleidung. **~behörde**, die 민간 당국. **~beruf**, der 민간 직업. **~beschädigte***, der / die 민간인 피해자. **~beschäftigte***, der / die 군속(軍屬). **~bevölkerung**, die 일반시민, 비전투원. **~courage**, die 시민의 용기(비스마르크가 1864년에 한 말). **~diener**, der 《österr.》 ↑~dienstleistende. **~dienst**, der 병역 대체 근무. **~dienstbeauftragte***, der / die 《구서독》 (노동성(省)의) 병역 대체 근무 담당관. **~dienstleistende***, der 병역 대체 근무자. **~dienstler**, der; -s, - (은어) ↑~dienstleistende. **~ehe**, die 민간 법률(호적)상의 결혼. **~fahndung**, die 사복조에 의한 추적. **~flughafen**, der 민간용 공항. **~flugzeug**, das 민간 항공기, 비군용기. **~gefangene***, der / die 《국제법》 민간인 포로. **~gericht**, das 민사재판소(법정). **~gerichtsbarkeit**, die 민사 재판(관할)권. **~gesetzbuch**, das 《schweiz.》 민법전(약어: ZGB). **~kammer**, die 〔법〕 민사부. **~klage**, die 〔법〕 Privatklage. **~kleid**, das, **~kleidung**, die 평복(반대: Uniform). **~leben**, das 민간 생활. **~liste**, die (의회가 정한) 황실비(費). **~luftfahrt**, die 민간 항공. **~person**, die 민간인, 시민. **~prozeß**, der 〔법〕 민사 소송. **~prozeßordnung**, die 민사 소송 규정(약어: ZPO). **~prozeßrecht**, das 〈Pl. 없음〉 〔법〕 ↑~prozeßordnung. **~recht**, das 〈Pl. 없음〉 〔법〕 Privatrecht. **~rechtlich** 〈Adj.〉 민법의. **~richter**, der 민사 법정의 판사. **~sache**, die **1.** 〔법〕 민사(소송) 사건. **2.** 〈Pl.〉 ↑~kleidung. **~schutz**, der **a)** 민방위. **b)** 민방위 조직(↑Zivilschutzkorps의 약칭). **~schutzkorps**, das 민방위대. **~senat**, der 민사 합의부. **~stand**, der 《schweiz.》 법률(호적)상의 신분. **~standsamt**, das 《schweiz.》 호적 사무소. **~standsamtlich** 〈Adj.〉 《schweiz.》 호적 사무소의. **~trauung**, die 호적(법률)상의 결혼. **~verfahren**, das ↑~prozeß. **~verteidigung**, die 민방위.
Zivilisation [tsiviliza'tsjo:n], die; -en 〔frz. civilisation〕 **1. a)** 문명: China ist ein Land mit alter Kultur, aber geringer Z. 중국은 오랜 문화는 가졌으나 문명은 빈약한 나라이다. **b)** 개화. **2.** 〈Pl. 없음〉 《드물게》 (생활 태도의) 세련, 우아.
zivilisations-, Zivilisations-: **~krankheit**, die 문명병. **~müde** 〈Adj.〉 문명(생활)에 지친. **~müdigkeit**, die 문명 혐오증. **~schaden**, der 문명 장애 [병]. **~stufe**, die 문명 단계.
zivilisatorisch [tsiviliza'to:rɪʃ] 〈Adj.〉 문명(개화)의, 문명으로 이끄는, 개화시키는. **zivilisieren** [tsivili'zi:rən] 〈h〉 〔frz. civiliser〕 **1.** 문명으로 이끌다, 개화시키다. **2.** 《드물게》 교화하다, 세련되게 하다. **zivilisiert 1.** ↑zivilisieren 참조. **2.** 〈Adj.〉 **a)** 개명된, 문화적인, 개화한. **b)** 교양 있는, 세련된. **Zivilisierung**, die; -en 문명화, 개명화. **Zivilist** [tsivi'lɪst], der; -en, -en **a)** 비전투원, 민간인, 일반 시민: in dem Krieg wurden auch -en gefangengenommen 전시엔 민간인도 포로가 되었다. **b)** 제복을 입지 않은 자: neben dem General standen zwei -en 장군 옆엔 평복 차림을 한 두 사람이 서 있었다. **zivilistisch** 〈Adj.〉 민간인의.
zizerweis 〈Adv.〉 ↑zizerweis.
zizerlweis ['tsɪtsɐlvaɪs] 〈Adv.〉 《bayr., österr.》 점진적으로, 차차, 할부로.
ZK [tsɛt'ka:], das; -(s), -s 《드물게》 《공산주의》 중앙위원회의 약칭(Zentralkomitee). **ZK-Mitglied** ['tsɛt'ka:-], das 당 중앙위원.
Zloty ['zlɔti, 'slɔti], der; -s, -s 《그러나》 5 Zloty [poln. zloty] 슬로티(폴란드의 화폐 단위)(1 Zloty = 100 Grosze; 약어: Zl, Zł).
Zn = Zink.
Znüni ['tsny:ni], der 《또는》 das; -s, -s 《schweiz.》 오전의 간식[새참].
Zobel ['tso:bl̩], der; -s, - **1.** 검은담비. **2. a)** 검은담비의 모피. **b)** 검은담비의 모피복(服). **Zobeljacke**, die 검은담비의 모피로 만든 저고리. **Zobelpelz**, der 검은담비의 모피 외투.
Zober ['tso:bɐ], der; -s, - ↑Zuber.
zockeln ['tsɔkl̩n] 〈s〉 (통용어) ↑zuckeln.
zocken [tsɔkn] 〈h〉 [jidd. z(ch)ocken] 〔부랑자〕 노름 [도박]하다. **Zocker**, der; -s, - [jidd. z(ch)ocker] 노름[도박]꾼.
zodiakal [tsodia'ka:l] 〈Adj.〉 황도대(黃道帶)의, 수대(獸帶)의. **Zodiakallicht**, das 〔천문〕 황도광(黃道光). **Zodiakus** [tso'di:akʊs], der; - [lat. zōdiacus < griech. zōdiakós] 〔천문·점성〕 ↑Tierkreis.
Zöfchen ['tsœfçən], das; -s, - ↑Zofe. **Zofe** ['tso:fə], die; -n 〈축소형: ↑Zöfchen〉 〔옛〕 시녀, 몸종.
Zoff [tsɔf], der; -s [jidd. zoff] (통용어) 싸움, 다툼, 불화.
zog [tso:k], **zöge** ['tsø:gə] ↑ziehen 참조. **zögerlich** ['tsøːgɐlɪç] 〈Adj.〉 주저하는, 우물쭈물하는, 머뭇거리는. **Zögerlichkeit**, die ↑zögerlich의 명사형. **zögern** [tsøːgɐn] 〈h〉 주저〔우물쭈물〕하다, 망설이다, 머뭇거리다: er zögerte nicht, die Operation durchzuführen 그는 그 수술을 하는데 망설이지 않았다; 《명사화》 ohne Zögern stimmte er zu 그는 주저하지 않고 찬성했다. **Zögling** ['tsøːklɪŋ], der; -s, -e 〈준고어〉 (기숙사 등의) 사생, 생도.
Zohe ['tso:ə], die; -n 〔südwestd.〕 암캐.
Zölenterat [tsølɛntə'ra:t], der; -en, -en (대개 Pl.) [griech. koîlos u. énteron] 〔동물〕 ↑Hohltier.
Zölestin [tsølɛs'ti:n], der; -s, -e [lat. caelestis] 〔광물〕 천청석(天靑石). **zölestisch** [tsølɛstɪʃ] 〈Adj.〉 〔교양어 · 고어〕 ↑himmlisch.
Zöliakie [tsølia'ki:], die; -n [...i:ən; griech. koilía] 〔의학〕 유아기의 만성 소화 장애.
Zölibat [tsøli'ba:t], das 《또는》 〔신학〕 der; -(e)s, -e [lat. caelibātus] (가톨릭 성직자의 경우) 독신(제): im Z. leben 독신 생활을 하다. **zölibatär** [...ba'tɛ:ɐ̯] 〈Adj.〉 독신으로 사는, 독신의. **Zölibatär** [-], der; -s, -e
¹Zoll [tsɔl], der; -(e)s, Zölle ['tsɛlə; lat. telōnium < griech. telōnion] **1. a)** 관세: der Staat erhebt Z. 국가는 관세를 징수한다. **b)** 《옛》 통행세, 다리세. **2.** 〈Pl. 없음〉 세관.
²Zoll [-], der; -(e)s, - **a)** (2.3~3cm의 길이에 해당하는) 옛날의 길이 단위(기호: "), das; zwei Z. starke Bretter (아이·준고어) 2" 두께의 판자들; jeder Z. [Z. für Z., in jedem Z.] (아이·준고어) 완벽한, 빈틈없는; sie ist Z. für Z. eine Dame 그녀는 어느 모로 보나 숙녀다. **b)** ↑Inch.
¹zoll-, Zoll- (¹Zoll): **~abfertigung**, die 통관 (수속). **~amt**, das **a)** 세관. **b)** 세관 건물. **~amtlich** 〈Adj.〉 세관의. **~angelegenheit**, die 세관 업무. **~anmeldung**, die 관세 신고(서). **~anschluß**, der (국외 국경 지역의) 자국 관세 영역으로의 편입(반대: ~ausschluß). **~ausland**, das (자국)관세 자국 밖의 국가. **~ausschluß**, der (공동) (국외 국경 지역의) 자국 관세 영역으로부터의 제외; 관세 제외 지역(예컨대: 자유항 지역)(반대: ~anschluß). **~barriere**, die ↑~schranke. **~beamte**, der 세관원. **~behörde**, die 세관(稅關). **~bestimmungen** 〈Pl.〉 관세 규정 ↑

²zoll-, Zoll- ~gesetz. ~bürgschaft, die 관세 지불 보증. ~deklaration, die ↑~erklärung. ~dienststelle, die 관세 업무 취급소. ~einnehmer, der 《옛》통행세 징수자. ~erklärung, die 과세품 신고(서). ~fahnder [-faːndɐ], der; -s, - 세관 경찰, 세관 감시자. ~fahndung, die 세관 수색〈위반 적발〉. ~fahndungsdienst, die 세관 수색 업무. ~fahndungsstelle, die 관세 위반 적발소, 세관 경찰서. ~forderung, die 관세 징수. ~formalität, die ⟨대개 Pl.⟩ 통관 수속. ~frei ⟨Adj.⟩ 관세 면제의, 면세의: -e Waren 면세품. ~freigebiet, das 면세 구역(예컨대: 자유항). ~freiheit, die 관세 면제, 면세. ~gebäude, das 세관 건물. ~gebiet, das 관세 구역. ~gebühr, die 관세법. ~grenzbezirk, der 관세 국경 지역. ~grenze, die 관세 국경. ~gut, das [관] 과세품. ~haus, das ↑~amt (b). ~hoheit, die 〈국가의〉 관세 징수권, 관세 자주권. ~hund, der 세관 감시견〈犬〉. ~inhaltserklärung, die 관세 대상 품목 명세서. ~kontrolle, die 세관 검사, 통관. ~linie (비분철시 Zollinie), die ↑~grenze. ~ordnung, die 세관 법규(↑~gesetz). ~organ, das ↑~behörde. ~pflichtig ⟨Adj.⟩ 관세의 의무(부담)가 있는. ~politik, die 관세 정책. ~recht, das ⟨Pl. 없음⟩ 관세법(규). ~schranke, die ⟨대개 Pl.⟩ 관세 장벽. ~station, die 국경의 세관. ~stelle, die ↑~station. ~strafrecht, das 관세 형법. ~straße, die (과세 물품 수송용) 통과로. ~tarif, der 관세율. ~union, die 관세 동맹. ~vergehen, das 관세법 위반〈저촉〉. ~vertrag, der 관세 협정. ~verwaltung, die 관세 행정[관리], 세관(사무소). ~wesen, das ⟨Pl. 없음⟩ 관세 제도(조직), 세관 사무.

²zoll-, Zoll- (²Zoll): ~breit ⟨Adj.⟩ 1인치 폭의. ~breit, die; -, -1″[올]의 폭. ~hoch ⟨Adj.⟩ 1인치 높이의. ~maß, das ↑~stock. ~stock, der 밀리미터 (전에는 쫄) 단위까지 잴 수 있는 접는 자.

zollbar ['tsɔlbaːɐ̯] ⟨Adj.⟩ ↑zollpflichtig. zollen ['tsɔlən] ⟨h⟩ 1. 《아이》 표하다, 바치다: jmdm. Verehrung z. 누구에게 존경을 표하다. 2. 《고풍》 치르다, 지불하다. -zöllig [-tsœlɪç], ⟨또한⟩ -zollig [-tsɔlɪç] (다음의 합성어로, 예컨대) achtzöllig 8″[올]의. Zöllner ['tsœlnɐ], der; -s, - [lat. telōnārius] a) 《옛》 세리(稅吏): Jesus nahm sich der verachteten Z. an 예수는 멸시 당한 세리들도 돌봐 주었다. b) 《통용어·준고어》 세관원[리].

Zölom [tsøˈloːm], das; -s, -e [griech. koílōma] 〖생물〗 체강(體腔), 복강(腹腔). Zölostat [tsølɔˈstaːt], der; -(e)s / -en, -en [griech. koîlos u. statós] 〖천문〗 천체의 빛을 동일 방향으로 유도하는 장치.

Zombie ['tsɔmbi], der; -(s), -s 좀비(시체 속에 들어가 다시 살아나게 한다는 영력, 또는 그것에 의하여 살아난 자), 얼간이, 바보.

zombig ['tsɔmbɪç] ⟨Adj.⟩ 〈청소년〉 좋은, 훌륭한, 탁월한.

Zömeterium [tsømeˈteːrjʊm], das; -s, ...ien [...iən] lat. coemētērium < griech. koimētērion] 1. 〈초기 기독교의〉 묘지. 2. ↑Katakombe.

zonal [tsoˈnaːl], zonar [tsoˈnaːɐ̯] ⟨Adj.⟩ [lat. zōnālis] 띠 모양의, 대상(帶狀)의. Zone ['tsoːnə], die; -n [lat. zōna < griech. zōnē] 1. a. (대(帶): (sub)tropische Z. 〈아〉열대: eine entmilitarisierte Z. schaffen 비무장 지대를 만들다. b) 특정 구역[지역], 영역: eine Z. des Schweigens 침묵지역. 《역사적》 〈종전 직후 독일의 연합군〉 점령 지구: er wurde in die amerikanische Z. entlassen 그는 미군 점령 지구로 추방당했다. b) 《구서독·통용어·준고어》 〈구소련 점령 지구〉 구동독: ein Paket in die Z. schicken 동독으로 소포를 보내다.

Zonen-: ~grenze, die 《통용어·준고어》 1. a) 《역사적》 (제 2차 대전 후) 점령 지역간의 경계. b) 《구서독》 구 독일(DDR)과의 경계. 2. ↑Zahlgrenze. -randförderung, die 국경 지역(에 대한 구서독의) 지원책. ~randgebiet, das 《구서독》 (구동독과의) 국경 연안 지역. ~tarif, der 〖교통·우편〗 구간제[구역별] 요금(률). ~turnier, das 〖장기〗 지역 〈예선〉경기. ~zeit, die 표준시(時), 지역[지대] 시(時).

zonieren [tsoˈniːrən] ⟨h⟩ 《드물게》 지역으로 구분하다. Zonierung, die; -en ↑zonieren의 명사형.

Zönobit [tsønoˈbiːt], der; -en, -en [lat. coenobīta] 〈수도원에 사는〉 수도사(修道士). zönobitisch ⟨Adj.⟩ ↑Zönobit의 형용사형. Zönobium [tsøˈnoːbjʊm], das; -s, ...ien [...iən; lat. coenobium < griech. koinóbion] 1. 〖종교〗 (공동 생활을 하는) 수도원 제도. 2. 〖생물〗 다핵(多核) 세포.

Zoo [tsoː], der; -s, -s 동물원.
Zoo- 《통용어》: ~arzt, der 동물원의 수의사. ~direktor, der 동물원 원장. ~handlung, die ↑Tierhandlung. ~tier, das, das 동물원의 사육 동물.
zoo-, Zoo- [tsoo-; griech. zōon] ("생명, 생명체, 동물"을 뜻하는 규정어로서, 예컨대) zoogen, Zoologie. zoogen ⟨Adj.⟩ 〖지질〗 동물의 잔해에서 형성된. Zoogeographie, die ↑Geozoologie. zoogeographisch ⟨Adj.⟩ ↑geozoologisch. Zoogeschäft, das 동물 가게(Tierhandlung). Zoographie, die; -n [...iən] 동물 분류학(分類學). Zoolatrie, die; -n [...iːən; ↑Latrie] ↑Tierkult. Zoolith [...'liːt, 〈또한〉...lɪt], der; -s / -en, -e(n) 〖지질〗 동물 화석. Zoologe, der; -n, -n 동물학자. Zoologie, die 동물학. zoologisch ⟨Adj.⟩ 동물학의. Zoologische, der; -n, -n 《통용어·준고어》 동물원.
Zoom [zuːm], das; -s, -s [engl. zoom lens] 1. ↑Zoomobjektiv의 약칭. 2. 〖영화〗 줌 렌즈에 의한 영상의 확대〈축소〉. zoomen ['zuːmən] ⟨h⟩ [engl. to zoom] 〖영화·사진〗 줌 렌즈로 대상[피사체]을 확대〈축소〉하다. Zoomobjektiv, das; -s, -e 줌 렌즈.
Zoonose [tsooˈnoːzə], die; -n [griech. nósos] 〖의학〗 동물원성(動物原性) 질환(공수병, 파상열처럼 동물에서 사람에게 감염하는 질환). Zoon politikon ['tsoːn politiˈkɔn], das; - - [griech.] 〖철학〗 국가적(사회적, 정치적) 동물 (아리스토텔레스의 인간에 관한 정의).
zoophag [...ˈfaːk] ⟨Adj.⟩ [griech. phageîn] 〖생물〗 육식의. Zoophage [...ˈfaːgə], der; -n, -n 〖생물〗 육식 동물. Zoophilie [...fiˈliː], die [griech. philía] 〖의학·성학〗 《드물게》 ↑Sodomie. Zoophobie, die; -n [...iːən] 〖심리〗 동물공포증. Zoophyt [...ˈfyːt], der 〈또는〉 das, -en, -en [griech. phytón] 〖동물·고어〗 식충류(植蟲類)(말미잘, 산호, 해면, 태선충처럼 형태가 식물 비슷한 동물). Zooplankton, das; -s 동물성 플랑크톤. Zoospermie [zooˈspɛrmiː], die; -n 〖의학〗 정충, 정자. Zoospore, die; -n ⟨대개 Pl.⟩ 〖생물〗 유주자(遊走子)(동물의 정자에 해당하는 유연성의 무성 포자). Zootechnik [(또한) '------], die 《구동독》 동물 사육술. Zootechniker [(또한) '------], der; -s, - 《구동독》 동물 사육사. zootechnisch [(또한) '------] ⟨Adj.⟩ 동물 사육술의. Zootomie [...], die 동물해부학. Zootoxin, das; -s, -e 동물독소(毒素). Zoozönologie [...tsøno-], die ↑Tiersoziologie.

Zopf [tsɔpf], der; -(e)s, Zöpfe ['tsœpfə] 1. 〈축소형: ↑Zöpfchen〉 땋은 머리쪽, (여자의) 땋아늘인 머리, (옛날 남자의) 변발(辮髮), 꽁지, 쪽: einen Z. flechten 머리를 땋다; sich Zöpfe flechten 머리를 땋다; ein alter Z. 《통용어》 고루한 생각, 시대에 뒤떨어진 풍습; den alten

Z. (die alten Zöpfe) abschneiden 《통용어》 구습을 제거하다. **2.** 변발 형태로 구운 빵〔과자〕류. **3.** 《지역적》 가벼운 취기(醉氣): sich einen Z. antrinken 가볍게 한 잔 하다, 약간 취하게 마시다. **4.** [임업] 나무끝.

Zopf-: **~band,** das 〈Pl. -bänder〉 변발(땋아늘인 머리)의 리본, 댕기. **~halter,** der ↑~band. **~muster,** das [수공·제빵] (땋아늘인 가닥을 본뜬) 변발의 본(形). **~perücke,** die 변발 가발(假髮). **~stil,** der [예술] 변발 양식(로코코와 의고주의의 예술 양식). **~zeit,** die 〈Pl. 없음〉 변발 양식 시대(1760~1780).

Zöpfchen ['tsœpfçən], das; -s, - ↑ Zopf (1). **zopfig** ['tsɔpfɪç] 〈Adj.〉 《폄》 시대에 뒤진, 고루한, 낡아빠진.

Zophoros ['tso:foros], **Zophorus** [...rʊs], der; -, ...phoren [tso'fo:rən]; lat. zōphorus < griech. zōophóros [건축] (고대 그리스 신전의 얕각 인물들을 담은) 대상(帶狀) 장식.

zoppo ['tsɔpo] 〈Adv.〉 [ital. zoppo] [음악] 약하게, 완만하게.

Zoppot ['tsɔpɔt] 초포트(그다니스크 만에 면한 폴란드 도시). **Zoppoter** ['tsɔpɔtɐ], der; -s, - 초포트 주민.

Zores ['tso:rəs], der; - [jidd. zores (Pl.)] 《지역적》 **1.** 혼란, 번거로움, 화, 기분이 언짢음: (jmdm.) Z. machen 《누구를》 번거롭게 하다. **2.** 《드물게》 무뢰한, 천민.

Zorilla [tso'rɪla], der; -s, -s, 《또한》 die; -, -s [span. zorilla] 스컹크.

Zorn [tsɔrn], der; -(e)s 골[화], 성(남), 노여움, 분노, 격 분: jmdn. packt der Z. 분노가 누구를 사로잡다; ihr Z. hat sich gelegt 그녀의 화는 가라 앉았다; in Z. geraten 노하다, 성나다; **von Z. (auf[gegen] jmdn.) erfüllt sein** 《누구에 대한》 분노로 충만되어 있다; sie war rot vor Z. 그녀는 화가 나서 빨갛게 달아 올랐다.

zorn-, Zorn-: **~ader**: ↑Zornesader. **~ausbruch,** der 《드물게》 ↑Zornesausbruch. **~bebend** 〈Adj.〉 격분하여 몸을 떨면서. **~binkel,** der 《österr. 통용어》 성 잘 내는 사람, 화쟁이, 성미 급한 자. **~entbrannt** 〈Adj.〉 ↑wutentbrannt. **~funkelnd** 〈Adj.〉 노여움에 불타는. **~mütig** 〈Adj.〉 **a)** 노하기 쉬운, 성미가 급한. **b)** 노해서, 매우 격하게. **~rot** 〈Adj.〉 성나서 (얼굴을) 붉힌. **~röte**: ↑Zornesröte. **~schnaubend** 〈Adj.〉 매우 화가 난.

Zornes-: **~ader,** die 《다음 용법으로》 jmdm. schwillt die Z. **(an)** 《아이》 누가 격노하다. **~ausbruch,** Zornausbruch, der 분노의 격발, 화가 터짐. **~falte,** die 《아이》 화낼 때 짓는 이마의 수직 주름. **~miene,** die 화난 얼굴(표정). **~röte,** Zornröte, die 《다음 용법으로》 **das treibt einem die Z. ins Gesicht** 《아이》 그것에 대해서는 가분하지 않을 수 없다.

zornig 〈Adj.〉 《격》노한, 화난: er ist sehr z. auf mich 그는 나에게 매우 격노하고 있다.

Zoroastrier [tsoro'astriɐ], der; -s, - 조로아스터교(教)의 추종자. **zoroastrisch** 〈Adj.〉 조로아스터교의. **Zoroastrismus** [...'rɪsmʊs], der; - ↑Parsismus.

Zosse ['tsɔsə], der; -n, -n, **Zossen** [...sṇ], der; -, - [jidd. zosse(n), suss < hebr. sûs = Pferd] 《berlin.》 (늙은) 말(馬).

Zoster: ↑ Herpes zoster.

Zote ['tso:tə], die; -n 《폄》 외설스러운 말[농담], 음담; **-n reißen** 《통용어》 음담을 하다(↑Witz 1). **zoten** ['tso:tṇ] 〈h〉 《드물게·폄》 음담을 하다. **zotenhaft** 〈Adj.〉 ↑zotig. **Zotenreißer,** der; -s, - 《폄》 음담가, **zotig** ['tso:tɪç] 〈Adj.〉 《폄》 음란한, 외설스러운, 야비한: -e Redensarten 음란한 말투. **Zotigkeit,** die; -en 1. 〈Pl. 없음〉 음란성, 음담. **2.** 음담, 외설.

Zotte ['tsɔtə], die; -n **1.** 《대개 Pl.》 **a)** 늘어진 털, 다발,

술. **b)** [해부] 융모(絨毛). **2.** 《südwestdt.》 ↑Schnabel (3). **Zottel** ['tsɔtl], die; -n **1.** 《통용어》 **a)** 《대개 Pl.》 ↑Zotte (1 a). **b)** 〈Pl.〉 《폄》 텁수룩한 머리 털, 봉발. **c)** ↑Quaste (1 a). **2.** 《지역적》 칠칠지 못한(타락한) 여자.

Zottel-: **~bär,** der 《아동어》 융모 (만든) 곰. **~haar,** das 《통용어》 텁수룩한〔흩어진〕 머리털. **~kopf,** der 《통용어》 텁수룩한 머리의 지저분한 사람. **Zottelei** [tsɔtə'laɪ], die; -en 《통용어·폄》 어슬렁 어슬렁 걷기. **zottelig,** zottlig ['tsɔt(ə)lɪç] 〈Adj.〉 **a)** 텁수룩한 (털의). **b)** 《폄》 무질서한, 어지러운: die Haare hängen ihr z. ins Gesicht 머리카락이 헝클어진 채 그녀의 얼굴에 드리워져 있다. **zotteln** ['tsɔtl̩n] 《통용어》 **1.** 〈s〉 어슬렁 어슬렁 걷다. **2.** 〈h〉 텁수룩하게 머리카락을 늘어뜨리다. **zottig** 〈Adj.〉 **a)** (털이) 텁수룩한, 늘어뜨린, (머리가) 다발진. **b)** 《폄》 헝클어진, 뒤엉킨: ihre Haare sind ungekämmt und z. 그녀의 머리카락은 빗질도 않아 헝클어져 있다. **zottlig**: ↑zottelig.

ZPO = Zivilprozeßordnung 민사 소송 규칙.

Zr = Zirkonium 지르코늄.

Z-Soldat ['tsɛt-], der; -en, -en 《은어》 ↑Zeitsoldat의 약칭.

z. T. = zum Teil 부분적으로.

Ztr. = Zentner 젠트너(=50kg, 오스트리아에서는 10kg).

zu [tsu:] **I.** 〈Präp.³〉 **1.** 《공간적》 **a)** 《목표를 향한 (운동) 방향》 ···로: das Kind läuft zu der Mutter 아이가 엄마한테로 달려가다; sich jmdm. beugen 누구에게 절하다; er stürzte zu Boden 《아이》 그는 바닥에 넘어졌다; zu Bett gehen 잠자리에 들다, 자러 가다; sich zu Tisch setzen 《아이》 식탁에 앉다. **b)** 《첨가·추가》 ···에다가: zu dem Essen gab es einen herben Wein 식사에 곁들여서 떫은 포도주가 나왔다; du kannst das Kleid nicht zu diese Schuhe nicht tragen 너는 그 옷에다가 이 신발을 신을 수는 없다. **c)** 《장소·위치》 ···에(서): zu ebener Erde 일층에(서); zu beiden Seiten des Gebäudes 건물 양쪽에; er saß zu ihrer Linken 《아이》 그는 그녀의 왼편에 앉아 있었다; sie saßen zu Tisch 그들은 식사 중이었다, 식탁에 앉아 있었다; sie liegt bereits zu Bett 《아이》 그들은 이미 잠자리에 들었다; er ist zu Hause 그는 집에 있다; man erreicht diesen Ort zu Wasser und zu Lande 유로로도 수로로도 이곳에 닿을 수 있다; er kam zu dieser Tür herein 그는 이 문으로[이 문을 통해] 들어 왔다; 《지명 앞에서》 der Dom zu 《고어》 in) Speyer 슈파이어의 대성당; geboren wurde er zu Frankfurt am Main 그는 프랑크푸르트에서 태어났다; 《여관·음식점 이름으로》 Gasthaus zu den drei Eichen 세 떡갈나무 《요리》집; 《고유명사의 일부로》 Graf zu Mansfeld 만스펠트 백작. **2.** 《시간적》 ···(때)에: es geschah zu Anfang des Jahres [zu früher Morgenstunde, zu Lebzeiten seiner Mutter] 연초에[이른 아침 시간에, 그의 어머니가 살아계실 때에] 발생한 일이었다; zu meiner Zeit 내가 젊었을 때; was schenkst du ihnen zu Weihnachten? 너는 성탄때 그들에게 뭘 선물할래?; zu Ostern verreisen 부활절에 여행을 하다; die Jahreswende von 1949 auf 1950 1950년 신년. **3.** 《상황》 **a)** 《방법》 ···하도록: er erledigte alles zu meiner Zufriedenheit 그는 만사를 나에게 만족하게끔 처리하였다; zu deinem Vorteil 너한테 득이 되게[유리하게]; er verkauft alles zu niedrigsten Preisen 그는 모든것을 매우 저렴한 가격으로 판다. **b)** 《진행의 방식》 ···로: sie kamen zu Pferd 그들은 말을 타고 왔다; sie wollen zu Schiff reisen 그들은 배로 여행하고자 한다. **4. a)** 《수량·빈도》 ···씩(정도): sie kamen zu Dutzenden 《아이》 그들은 12명씩[두명씩] 왔다; zu einem großen Teil 대부분; zu einem Drittel ⅓ 정도;

zu 50% 50% 정도. **b)** 《수적 관계》…의 수로: das Spiel endete 2 zu 1[2:1] 경기는 2대1로 끝났다; sie haben schon wieder zu Null gespielt 〈스포츠·은어〉그들은 또다시 한 골도 얻지 못했다. **c)** 《가격》…짜리의: das Pfund wurde zu einer Mark angeboten 파운드 당 1마르크에 팔리고 있다; es gab Stoff zu zwanzig, aber auch zu hundert Mark der Meter 20 마르크 짜리는 물론이고 미터당 100 마르크짜리 천도 있었다; fünf Briefmarken zu fünfzig (Pfennig) 50 페니히짜리 우표 다섯장; er kaufte sich eine Zigarre zu einer Mark zwanzig 그는 한 대에 1마르크 20페니히짜리 여송연을 피우고 있다. **d)** 《부피·무게》…들이/무게》의: ein Faß zu zehn Litern 10리터들이 통; Portionen zu je einem Pfund 1파운드짜리 덩어리(예컨대: 고기). 5. 《목적·목표·결과》…를 위해: zu seinen Ehren 그에게 경의를 표하기 위해서; zu deinem Vergnügen 네가 즐거워 하도록; das sei zu deiner Beruhigung gesagt 너를 안정시키려고 그런 말을 했던 것이다; er mußte zu einer weiteren Untersuchung in die Schweiz fahren 그는 또 한번 진찰을 받기 위해 스위스로 가야 했다; er rüstet sich zu einer Reise 그는 여행 준비를 하고 있다; sie kaufte Stoff zu einem Kleid 그녀는 옷을 만들려고 옷감을 샀다. 6. 《결과·효과》…이 되도록: das Eiweiß zu Schaum schlagen 흰자를 저어서 거품이 되게 하다; die Kartoffeln zu einem Brei zerstampfen 감자를 으깨어 죽같이 만들다; Obst zu Schnaps verarbeiten 과일로 소주[술]을 만들다; zu Staub zerfallen 먼지로 화하다; dieses Erlebnis hat ihn zu seinem Freund gemacht 이 체험으로 그는 그의 친구가 되었다. 7. 《관계》…에 대해: das war der Auftakt zu dieser Veranstaltung 그것은 이 행사의 서곡이었다; zu diesem Thema wollte er sich nicht äußern 이 테마에 대해서는 언급하려고 하지 않았다; er hat ihm zu einer Stellung verholfen 그는 그에게 직장을 얻어 주었다; er gehört zu ihnen 그는 그들 사람이다; er war sehr freundlich zu mir 그는 나에게 매우 친절하였다. **II.** ⟨Adv.⟩ **1.** 《정도》 너무: das Kleid ist zu groß 옷이 너무 크다; das ist ja zu schön 그것은 너무 아름답다. **2.** 《운동 방향》(…쪽으로) 갈수록: gegen die Grenze zu [zur Grenze zu] vermehrten sich die Kontrollen 국경 쪽으로 갈수록 통제가 심해졌다; zum Fenster zu [nach dem Fenster zu] stand ein Polizist 창문쪽을 향해서 경찰이 한 명 서 있었다. **3.** 《생략》《통용어》《반대: auf II, 2) **a)** 《닫으라는 명령》Tür zu! 문닫아!; Augen zu! 눈감아! **b)** 《닫힌 상태》die Flasche stand, noch fest zu, auf dem Tisch 병은 아직도 꽉 닫힌 채식탁 위에 놓여 있었다; eine zue[zune] Flasche 《경》닫힌 병. **4.** 《시작·계속의 명령》 na, dann zu! 자, 그럼 시작해!; immer zu, wir müssen uns beeilen! 계속해, 우린 서둘러야만 해! **III.** ⟨Konj.⟩ **1.** 《특히 부정법과 함께》er ist heute nicht zu sprechen 그는 오늘 면회할 수 없다; dort gibt es eine Menge zu sehen 그곳은 구경할 것이 많다; er schaute nur zu, anstatt ihm zu helfen 그는 그를 도와 주는 대신 그는 구경만 했다; er nahm das Buch, ohne zu fragen 그는 물어보지도 않고 책을 가져갔다; er kam, um sich zu vergewissern 그는 확인하기 위해서 왔다. **2.** 《현재분사와 함께》 처리해야 할 우편물; der zu erwartende Widerspruch 예상되는 반대(모순); es gab noch einige zu bewältigende Hindernisse 아직도 몇몇 해결되어야 할 장애가 있었다.

zuallerallererst ⟨Adv.⟩《감정적 강조》제일[맨] 먼저.
zuallerallerletzt ⟨Adv.⟩《감정적 강조》제일[맨] 마지막에. **zuallererst** 《감정적 강조》 맨 먼저. **zuallerletzt** ⟨Adv.⟩《감정적 강조》맨 나중에. **zuallermeist**

⟨Adv.⟩《감정적》제일 많이. **zualleroberst** ⟨Adv.⟩《감정적 강조》맨 위에. **zuallerunterst** ⟨Adv.⟩《감정적 강조》맨 아래에.
zuarbeiten ⟨h⟩ 선행[예비] 작업으로 도와 주다. **Zuarbeiter**, der; -s, - 예비작업으로 돕는 자.
zuäußerst ⟨Adv.⟩《드물게》제일 바깥[외부]으로.
Zuave ['tsua:və, 《또한》 tsu'a:və], der; -n, -n [frz. zouave] 주아브 병(兵)(아라비아 복장을 한 알제리아의 프랑스 군인).
zuballern ⟨h⟩《통용어》《문을》 쾅 닫다.
Zubau, der; -(e)s, -ten 《österr.》 증축(한 부분)(↑ Anbau (1 b)). **zubauen** ⟨h⟩ 증축하다, 지어 늘리다, 건물로 막다[덮다]: dieses schöne Gelände wird auch bald zugebaut sein 이 아름다운 지대도 금방 건물로 뒤덮여질 것이다.
Zubehör ['tsu:bəhø:ɐ̯], das;《드물게》der; -(e)s, -e /《schweiz.》-en **a)** 부속물[설비], 부속[부대] 시설: ein Haus mit allem Z. 부대 시설을 완벽하게 갖춘 집. **b)** 부(속)품(附屬品): das Z. eines Staubsaugers 진공소제기의 부속품.
Zubehör-: ~**handel**, der 부품 취급[판매](가게). ~**industrie**, die 부품 산업. ~**katalog**, der 부품 카탈로그. ~**teil**, das 부품속품, 액세서리.
zubeißen ⟨h⟩ 달려들어 물다, 이로 꽉 물다: der Hund biß plötzlich zu 개가 갑자기 달려들어 물었다.
zubekommen ⟨h⟩《통용어》닫을[잠글] 수 있다(반대: aufbekommen 1): den Koffer nicht z. 가방을 잠글 수 없다. **2.** 《지역적》 ↑dazubekommen.
zubenamt = zubenannt.
zubenannt ⟨Adj., 후치⟩《고어》…라는 별명의[별명을 얻은]: Friedrich, z. der Große 대왕이라는 별명의 프리드리히.
Zuber ['tsu:bɐ], der; -s, -《지역적》《두개의 손잡이가 있는 대형》 물통(Bottich).
zubereiten ⟨h⟩ 《음식 등을》 준비하다, 마련하다, 조제하다: die Speisen waren mit Liebe zubereitet 음식은 사랑으로 마련된 것이었다. **Zubereitung**, die; -en ↑ zubereiten의 명사형.
zubetonieren ⟨h⟩ 콘크리트 층으로 덮다.
Zubettgehen, das; -s 취침.
zubewegen ⟨h⟩ **a)** 무엇[누구]의 방향으로 움직이다: er bewegte seine Hand ganz vorsichtig auf den Schmetterling zu 그는 손을 아주 조심스럽게 나비쪽으로 움직였다. **b)** ⟨z. + sich⟩ 무엇[누구]의 방향으로 가다: das Reh bewegte sich vorsichtig auf den Wald zu 노루는 조심스럽게 숲쪽으로 달려갔다.
zubilligen ⟨h⟩ 인정[승인, 시인]하다: jmdm. eine Entschädigung z. 누구에게 보상을 승인하다. **Zubilligung**, die; -en 인정, 승인, 시인: unter Z. mildernder Umstände 참작해야 할 정상을 인정하여.
zubinden* ⟨h⟩ 묶어 매다(봉하다)(반대: aufbinden 1): du mußt dem Kind die Schnürsenkel (fester) z. 너는 아이의 구두끈을 (더 꽉) 매 주어야 한다.
Zubiß, der; Zubisses, Zubisse 꽉 무는 행위.
zubleiben* ⟨h⟩《통용어》닫힌 채로 있다, 변함 없이 닫혀 있다(반대: aufbleiben 1).
zublinzeln ⟨h⟩ 누구에게 눈짓하다.
zubringen* ⟨h⟩ **1.** 《시간을》 보내다: er mußte einige Wochen im Bett z. 그는 몇 주 동안 병상에서 시간을 보내야 했다. **2.** 《통용어》《간신히》 닫을[잠글] 수 있다(반대: aufbringen 2): vor Überraschung brachte er den Mund nicht zu 《농》 그는 놀라서 입을 다물지 못했다. **3.** 《드물게》 누구[무엇]에게 무엇을 가져오다[지참하다]: in der Kasse war ein ansehnlicher Betrag, den größten Teil davon hatte er zugebracht 금고에는 상

당한 액수가 있었는데, 그 대부분은 그가 조달했었다. **Zubringer**, der; -s, - 《교통》 1. (고속도로 등 주요도로에 닿는) 연락[연결] 도로. 2. 연락[연결]용 교통수단(공항버스 등).

Zubringer-: **~bus**, der 연락[연결] 버스. **~dienst**, der 연결[연락] 교통 서비스. **~linie**, die (정기)연결 노선. **~straße**, die ↑ Zubringer (1). **~strecke**, die ↑ ~linie. **~verkehr**, der ↑ ~dienst.

Zubrot, das; -(e)s 1. 《고어》 빵에 덧붙여 먹는 것(버터, 소시지, 치즈 따위). 2. 《농》 부수입: zur Zeit verdient er sich ein Z. als Schwimmlehrer 그는 현재 수영 교사로서 부수입을 올리고 있다.

zubrüllen 〈h〉 누구를 향해 큰소리로 부르다[외치다].
Zubuße, die; -n 《드물게》 보조금, 지원금.
zubuttern 〈h〉 《통용어》 기부하다, 기여하다, 공헌하다.
Zucchetto [tsu'keto], der; -s, ...tti [ital. zucchetto] 《schweiz. · 드물게》 ↑ Zucchini. **Zucchini** [tsu'ki:ni], die [ital. zucchini (Pl.), 《지역적》 zucca의 축소형] (오이 모양의) 외호박. **Zucchino** [tsu'ki:no], der; -s, ...ni 《대개 Pl.》 ↑ Zucchini.

Züchen ['tsyːçn̩], der; -s, - 《지역적》 ↑ Zieche.
Zucht [tsuxt], die; -en 1. a) 재배, 사육, 양식, 배양, 번식: sie half ihm bei der Z. seiner Orchideen 그녀는 그의 난초 재배일을 도왔다. b) 배양[사육]된 것, 육종(育種), 품종 개량: diese Rosen stammen aus einer Z. 이 장미들은 한가지의 육종에서 나온 것이다. c) 《드물게》 ↑ Zuchtstätte. 2. a) 《준교어》 교육, 훈육: er ist in strenger Z. aufgewachsen 그는 엄격한 교육을 받고 성장하였다. b) 《아어·펌》 규율(군기), 풍기(질서), 순종: in dieser Klasse ist wenig Z. 이 학급은 풍기가 문란하다; **in Züchten** 《고어·농》 예절바르게, 미풍 양속으로.

zucht-, Zucht-: **~buch**, das (특히 사육 가축의) 혈통대장(증명서). **~bulle**, der 종우(種牛)의 수컷. **~eber**, der 종돈(種豚) 수컷. **~erfolg**, der 사육(飼育)의 성공[성과]. **~form**, die [생물] 사육[재배]종의 특수 형태. **~haus**, das 《옛》 1. 교도소, 감옥, 형무소: er ist aus dem Z. ausbrechen 감옥을 탈출하다; im Z. sein 복역중이다. 2. (Pl. 없음) 징역: zu 10 Jahren Z. verurteilt werden 10년의 징역형을 선고 받다. **~häusler**, der 《준고어·펌》 징역수. **~hausstrafe** (옛) 징역형(刑). **~hengst**, der 종마(種馬)의 수컷. **~los** 〈Adj.〉 《준고어·펌》 버릇이 나쁜, 단정치 못한, 방자(放恣)한, 질서문란한. **~losigkeit**, die; -en ↑ ~los의 명사형. **~meister**, der 《고어·농》 (엄격한) 교사. **~mittel**, das [법] 교정(矯正) 방법[수단], (소년 형법의) 징계 수단. **~perle**, die 양식 진주. **~register**, das ↑ ~buch. **~reif** 〈Adj.〉 [사육] 번식시킬 시점에 이른. **~reife**, die [사육] 종축의 번식 가능 시점. **~rüde**, der 번식용 사냥개. **~rute**, die 《아어·준고어》 징계용 채찍. **~stammbuch**, das ↑ ~buch. **~stätte**, die 종축장. **~stier**, der ↑ ~bulle. **~stute**, die 종마의 암컷. **~tauglich** 〈Adj.〉 사육[배양]에 적합한. **~tauglichkeit**, die ↑ ~tauglich의 명사형. **~tier**, das 종축(種畜). **~vieh**, das ↑ ~tier. **~voll** 〈Adj.〉 《고어·펌》 예의 바른, 질서가 잡힌, 순종적인, 잘 훈련된. **~wahl**, die ↑ Selektion (1).

züchten ['tsyçtn̩] 〈h〉 1. 사육[재배], 양식, 육성, 배양, 품종 개량(하다): bestimmte Sorten von Getreide z. 특정 곡물을 재배[품종 개량]하다; Schweine mit fettarmem Fleisch z. 지방질이 적은 고기를 가진 돼지를 사육하다. 2. [동물·사냥] 교미하다: die Wildenten haben gezüchtet 야생 오리들은 교미하였다. **Züchter**, der; -s, - 사육자, 재배[배양]자: ein hervorragender Z. von Rosen 뛰어난 장미 재배가. **Züchterin**, die; -nen ↑ Züchter의 여성형. **züchterisch** 〈Adj.〉 사육[재배, 양식](상)의. **züchtig** ['tsʏçtɪç] 〈Adj.〉 《고어·농》 행실이 좋은, 예절이 바른, 정숙한: z. die Augen niederschlagen 정숙하게 눈길을 아래로 두다. **züchtigen** ['tsʏçtɪɡn̩] 〈h〉 《아어》 징벌[징계, 견책]하다: Kinder mit einer Rute z. 아이들을 회초리로 엄하게 벌하다. **Züchtigkeit**, die 《고어·농》 행실[버릇]이 좋음, 예의 바름, 정숙한 태도. **Züchtigung**, die; -en 《아어》 징계[징벌], 견책, 체벌. **Züchtigungsrecht**, das 〈Pl. 없음〉 [법] 체벌권. **Züchtling**, der; -s, -e 《고어·펌》 징역수, 피징계자. **Züchtung**, die; -en 1. 사육[재배], 배양. 2. 사육[재배]된 것.

zuck: ↑ ruck, zuck. **Zuck** [tsuk], der; -(e)s, -e 《드물게》 (전광석화처럼) 급격한 움직임, 경련, 실룩거림: in einem[mit einem] Z. 순식간에, 눈 깜짝할 사이에.
zuckeln ['tsʊkl̩n] 〈h〉 《통용어》 느릿느릿 느리게 가다, 어슬렁 어슬렁 걷다: der Karren zuckelte über das Feld 짐수레는 느릿느릿 들판을 지나갔다. **Zuckeltrab**, der 《통용어》 (말의) 느린 속보. **zucken** ['tsʊkn̩] 1. 〈h〉 a) 급격히 움직이다, 경련하다, 움찔하다, 실룩거리다: er zuckte, als er die Nadel spürte 그는 바늘이 닿는 것을 느끼자 움찔했다; seine Lippen zuckten 그의 입술이 실룩거렸다; (비인칭) es zuckte in seinem Gesicht 그의 얼굴에 경련이 일어났다; (명사화) er spürte ein Zucken in ihrer Hand 그는 그녀의 손에서 경련을 느꼈다. b) 번쩍이다: Blitze zuckten 번개가 번쩍였다. 2. 〈s〉 섬광처럼 움직이다: die Flammen zuckten bereits aus dem Dach 불길이 벌써 지붕을 뚫고 나왔다; (전의화) plötzlich zuckte ein Gedanke durch seinen Kopf 느닷없이 어떤 생각이 머리 속을 섬광처럼 스쳐갔다. **zücken** ['tsʏkn̩] 〈h〉 1. 《아어》 급히 빼다[뽑다]: den Degen z. 칼을 빼다; er ging mit gezückter Waffe auf ihn los 그는 잽싸게 무기를 뽑아들고 그를 향해 돌진했다. 2. 《농》 재빨리 꺼내 준비하다: er zückte Bleistift und Notizblock, um alles aufzuschreiben 모든 것을 기록해 두려고 그는 재빨리 연필과 노트를 꺼냈다.

Zucker ['tsʊkɐ], der; -s, 《종류》 - [ital. zucchero] 1. a) 설탕: ein Eßlöffel (voll) Z. 설탕 한 숟갈(가득); ein Stück Z. 각설탕 한 개; **Z. sein** 《경》 열광[경탄]할 정도로 아름답다, 훌륭하다: das Mädchen ist so Z.! 그 소녀는 정말 아름답다!; deine Idee ist Z. 너의 아이디어는 참으로 훌륭하다; **jmdm. Z. in den Hintern [Arsch] blasen** 《속어》 누구를 과도하게 호강시키다(향응하다), 지나치게 알랑거려 누구의 환심을 사려하다. b) 《화학》 당(糖)(분). 2. (Pl. 없음) a) 《의학·은어》 Blutzuckerspiegel의 약칭: den Z. bestimmen 혈당도를 결정하다. b) 당뇨병: er hat Z. [ist an Z. erkrankt] 그는 당뇨병에 걸려 있다.

zucker-, Zucker-: **~bäcker**, der 《고어·südd., österr.》 ↑ Konditor. **~bäckerei**, die 《고어·österr.》 ↑ Konditorei. **~bäckerstil**, der 〈Pl. 없음〉 《펌》 장식이 과장된 건축 양식. **~brot**, das 1. 《고어》 비스킷, 사탕 과자: **mit Z. und Peitsche** 《농》 강·온 양면책을 (임의로) 구사하면서: er trainiert seine Mannschaft mit Z. und Peitsche 그는 강·온 양면책을 구사하여 선수들을 훈련시킨다. 2. 《친근》 설탕을 뿌린 빠른 빵. **~chen**, das; -s, - 《친근·준고어》 봉봉 사탕. **~couleur**, die 〈Pl. 없음〉 ↑ Karamel. **~dose**, die 식탁용 설탕그릇. **~erbse**, die (익히지 않고 먹는) 단 콩. **~fabrik**, die 제당 공장. **~gast**, der 《지역적》 ↑ Silberfischchen. **~gehalt**, der 함당량(含糖量). **~gewinnung**, die 설탕 채취, 제당. **~glasur**, die 설탕을 입힘, 당의(糖衣). **~guß**, der ↑ ~glasur. **~haltig** 〈Adj.〉 당분이 있는, 설탕을 함유한. **~harnruhr**, die ↑ Diabetes mellitus. **~hut**, der 막대 사탕.

~kand [-kant], der; -(e)s 《통용어》, **~kandis**, der 《통용어》, **~kandl** [-kand]], das; -s 《österr. 준고어》↑ Kandiszucker, der 《Pl. -körner》. **~krümel.** **~krank** 〈Adj.〉 당뇨병의. **~krankheit**, die ↑ Diabetes mellitus. **~kringel**, der 고리 모양의 사탕 과자, 비스킷. **~krümel**, der 설탕 낟알. **~kuchen**, der 설탕 케이크. **~lecken**, das 《다음의 용법으로》 **kein Z. sein** 《통용어》 속 편한 것만은 아니다(↑ Honiglecken). **~lösung**, die 설탕용액, 당액(糖液). **~masse**, die 설탕 덩이[덩어리]. **~plätzchen**, das ↑ Plätzchen (3). **~puppe**, die 《통용어・친근》 귀여운 [예쁜] 소녀[아가씨]. **~raffinade**, die ↑ Raffinade. **~raffinerie**, die 설탕 정제소, 제당소(공장). **~rohr**, das 사탕수수. **~rohranbau**, der, **~rohrplantage**, die 사탕수수 재배. **~rübe**, die 사탕무. **~rübenanbau**, der 사탕무 재배. **~rübenernte**, die 사탕무 수확. **~rübenschnitzel** 〈Pl.〉 사탕무 조가리[동강]. **~rübensirup**, der 사탕무 시럽. **~schlecken**, das ↑ ~lecken. **~spiegel**, der ↑ Blutzuckerspiegel. **~stange**, die 막대 사탕. **~stein**, der 《지역적》 Bonbon. **~streuer**, der 《뚜껑에 구멍이 많은》 설탕통. **~süß** 〈Adj.〉 《감정》 매우 달콤한, 설탕처럼 단; Birnen 꿀배; die Sekretärin ist z. zur Gattin des Chefs 〈펌〉 여비서는 사장 부인에게 과도하게 친절하다. **~tüte**, der 《지역적》 ↑ Schultüte. **~wasser**, das 〈Pl. 없음〉 당액(糖液), 설탕물. **~watte**, die 솜사탕, 소캐 과자. **~werk**, das 〈Pl. 없음〉 《준고어》 사탕 과자. **~zange**, die 각설탕 집게. **~zeug**, das 《준고어》 단 것.

zuckerig, zuckrig ['tsʊk(ə)rɪç] 〈Adj.〉 **a)** 설탕을 친, 설탕 투성이의. **b)** 설탕으로 만든. **Zuckerl** ['tsʊkɐl]; das; -s, -(n) 《südd., österr.》 봉봉(과자): Z. lutschen 봉봉을 빨아 먹다. **zuckern** ['tsʊkɐn] 〈h〉 **1.** 설탕을 넣어 달게 하다: Wein z. 포도주 생산시에 설탕을 넣어 달게 하다. **2.** 설탕을 뿌리다(덮다). **Zuckerung**, die 《포도주 생산시의》 설탕첨가. **zuckrig**: ↑ zuckerig.

Zuckfuß, der 〈Pl. 없음〉 《말의》 파행증(跛行症). **Zuckmücke**, die 〈n〉 모기붙이과(科). **Zuckung**, die; -en 급격한 움직임, 경련.

Zudeck, das; -(e)s, -e, **Zudecke**, die; -n 《지역적》 이불, 덮개. **zudecken** 〈h〉 **a)** 덮다, 가리다, 은폐하다: ich deckte mich (bis zum Hals) zu 나는 목까지 이불을 덮었다; 전의 die Stellungen wurden mit schwerem Artilleriefeuer zugedeckt 진지들은 맹렬한 포화에 휩싸였다; Mißstände zuzudecken versuchen 폐해를 은폐하려 하다. **b)** 덮어 씌우다, 덮다: den Topf (mit einem Deckel) zu. 냄비를 (뚜껑으로) 덮다; der Brunnen muß immer zugedeckt sein 그 우물은 항시 뚜껑이 덮여 있어야 한다.

zudem 〈Adv.〉 《아이》 그 외에, 그 위에(뿐만 아니라), 또한: es war kalt und regnete z. (noch) 추웠는데다가 또한 비까지 왔다.

zudenken* 〈h〉 《아이》 누구에게 무엇을 주려고 생각하다, 주기로 하다; 《대개 완료형으로》 jmdm. eine Rolle z. 누구에게 한 역할을 주려고 생각하다.

zudienen 〈h〉 《schweiz.》 누구에게 속하다: 《대개 현재분사로》 Acker- und Wiesenland mit zudienenden Gebäulichkeiten 부속 건조물들이 딸린 밭과 초지.

zudiktieren 〈h〉 《과제, 벌로서》 〈부〉과하다: jmdm. eine Strafe z. 누구에게 어떤 형벌을 과하다.

Zudrang, der; -(e)s 《고어》 쇄도, 밀어닥침.

zudrehen 〈h〉 **1.** 《반대 aufdrehen》 a) 돌려서[틀어서] 죄다: einen Hahn z. 수도꼭지를 돌려서 잠그다. 〈통용어〉 돌려서 방류를 막다: dreh das Wasser zu! 수도물을 잠그라! **c)** 〈나사 따위를〉 꽉 죄다. **2.** 〈돌아서〉 향하다: jmdm. den Rücken z. 누구를 등지다; er drehte mir seinen Kopf zu 그는 고개를 나에게로 돌렸다; 〈z. + sich〉 Oberhof drehte sich ihm zu 오버호프는 그남자 쪽으로 몸을 돌렸다.

zudringlich 〈Adj.〉 집요한, 넉살좋은, 〈신체적으로〉 귀찮게 구는, 주제넘은: ihre -e Art geht mir auf die Nerven 그녀의 집요한 성벽이 나의 신경을 건드린다; seine -en Blicke wurden ihr lästig 그의 넉살좋은 눈길이 그녀에겐 부담이 되었다. **Zudringlichkeit**, die; -en **1.** 위의 성벽[기질]. **2.** 위의 행동.

zudrücken 〈h〉 **1.** 밀어서 닫다[잠그다]: er drückte dem Toten die Augen zu 그는 사자(死者)의 두 눈을 감겨주었다. **2.** 힘껏 누르다: er packte ihn an der Kehle und drückte zu 그는 그의 목을 움켜 잡고 힘껏 눌렀다.

zueignen 〈h〉 **1.** 〈아이〉 바치다, 헌사하다: jmdm. ein Buch z. 누구에게 책을 바치다〈헌사(獻辭)하다〉. **2.** 〈고어〉 선사하다. **3.** 〈z. + sich〉 【법】 자기 것으로 만들다, 전유(專有)하다〔횡령(橫領)하다〕, 찰탈하다: sich herrenloses Gut z. 주인없는 재산을 자기 것으로 만들다. **Zueignung**, die; -en **1.** 전유, 횡령, 착복. **2.** 헌사, 헌정(獻呈). **Zueignungsabsicht**, die 【법】 횡령(착복) 의도. **Zueignungstitel**, der 〔서적〕 ↑ Dedikationstitel.

zueilen 〈s〉 《…쪽으로》 서둘러 가다: auf jmdn. (etw.) z. 누구[무엇]를 향해서 급히 가다.

zueinander [tsu|ai'nandɐ] 〈Adv.〉 서로, 마주 보고: ihr Verhältnis z. 그들 서로간의 관계; nett z. sein 서로에게 친절하다.

zueinander-: ~dürfen* 〈h〉 서로 만남이 허용되다, 서로 만날 수 있다: im geteilten Deutschland nicht z. 분단된 독일에서는 서로의 만남이 허용되지 않는다. **~finden*** 〈h〉 서로 가까워지다: die beiden haben zueinandergefunden 두 사람은 서로 가까워졌다. **~halten*** 〈h〉 ↑ halten (11 a): sie haben in guten und schweren Zeiten zueinandergehalten 그들은 좋을 때나 궂을 때나 서로가 뭉쳤다. **~kommen*** 〈s〉 서로 접근해서 만나다: sie konnten nicht z. 그들은 서로 만날 수가 없었다. **~können*** 〈h〉 ↑ ~dürfen. **~lassen*** 〈h〉 서로 만나도록 하다: sie wollten uns nicht z. 그들은 우리가 서로 만나도록 해줄 의사가 없었다. **~legen**, sich 〈h〉 〈어느 곳에〉 함께 드러눕다. **~setzen**, sich 〈h〉 함께 앉다. **~stehen*** 〈h〉 ↑ ~halten: die Bündnispartner standen treu zueinander 동맹자들은 서로 충실히 협조하였다. **~stellen**, sich 〈h〉 함께 서다. **~streben** 〈s〉 서로 합치려고 애쓰다(반대: auseinanderstreben 1). **~treiben*** 〈h〉 서로의 방향으로 몰다. **~wollen*** 〈h〉 ↑ ~dürfen: längst wollen die Bürger zueinander 오래전부터 시민들은 서로 만나고 싶어한다.

zuerkennen* 〈erkennt zu / 《드물게》 zuerkannt〉 (《드물게》 zuerkannte, hat zuerkannt) 《판결에 의해서》 승인하다, 인정하다: jmdm. das Recht z., seine Meinung frei zu äußern 자신의 견해를 자유롭게 표현할 수 있는 권리를 누구에게 인정하다; die Fakultät hat ihm den Doktortitel zuerkannt 〈단과〉대학은 그에게 박사 학위를 승인하였다. **Zuerkennung**, die; -en ↑ zuerkennen의 명사형.

zuerst 〈Adv.〉 **1. a)** 첫째로, 맨먼저: ich war z. auf dem Bahnhof und dann auf der Post 나는 맨먼저 정거장에 갔다가 그 다음에 우체국에 갔다; wer von euch beiden war z. da? 너희 둘 중 누가 첫번째로 왔니? **2.** 최초에, 처음에는: z. hatte er große Schwierigkeiten bei der Arbeit 처음에는 일하는 데 그는 어려움이 컸다. **3.** 처음으로, 비로소. **4.** 우선은: daran muß man sich z. gewöhnen 우선 그 일에 익숙해

zuerteilen 〈h〉 《드물게》 할당하다[배당하다] : jmdm. eine Aufgabe z. 누구에게 과제를 배당하다. **Zuerteilung**, die; -en 〈드물게〉 ↑zuerteilen의 명사형.

Zuerwerb, der; -(e)s 부업, 부수입. **Zuerwerbsbetrieb**, der [농업] 부업 농작.

zufächeln 〈h〉 《드물게》 누구(무엇)에 부채질하다: ich fächelte ihm (mit einer Zeitung) Luft zu 나는 (신문지로) 부채질하여 그에게로 바람을 보냈다.

zufahren* 1. 〈s〉 무엇(누구)을 향해 (타고)가다: der Wagen fuhr auf ihn zu 자동차는 그를 향해 움직였다. 2. 〈s〉 돌진하다, 달려들다: sie fuhr wie ein Wirbelwind auf mich zu 그녀는 회오리바람처럼 나에게로 달려 들었다. 3. 《드물게》 〈h〉 자동차로 나르다: die Ware wird (den Kunden) frei Haus zugefahren 상품은 고객에게 집까지 무료로 배달된다. 4. 《통용어》 〈s〉 빨리 몰다 《특히 명령문에서》 : fahr doch mal ein bißchen zu! 좀(더) 빨리 몰아라! **Zufahrt**, die; -en 1. 〈Pl. 없음〉 진입 가능성: die Z. (zum Stadion aus östlicher Richtung) erfolgt über die Ebertbrücke (동쪽 방향으로부터 경기장에 이르는) 진입은 에베르트 다리를 통해 가능하다. 2. 진입로.

Zufahrts-: **~rampe**, die 진입 경사로. **~straße**, die 진입로. **~weg**, der ↑~straße.

Zufall, der; -(e)s, Zufälle [lat. accidēns] 1. 우연(한 일), 우발[돌발]적 사고, 생각지 않던 재난[사고]: das ist aber ein Z.! 그것은 (정말) 예기치 않았던 일이야!; das verdankt er nur einem Z. 그가 그것을 얻은 것은 순전히 우연의 덕택이다; Z. wollte es, daß ... 우연히 ... 하게 되었다; etw. dem Z. überlassen 무엇을 일이 되어가는 대로 맡기다; der Z. hat uns dorthin geführt 우연히 우리들은 거기로 가게 되었다; durch Z. 우연히, 뜻밖에, 공교롭게. 2. 〈대개 Pl.〉 〈고어〉 발작.

zufallen* 〈s〉 1. 떨어져 닫히다[막히다]: ihr fallen (vor Müdigkeit) die Augen zu (피로한 나머지) 그녀의 눈은 저절로 감긴다. 2. a) 누구의 것(소유)으로 되다 [돌아가다] : das Vermögen fällt (dem Staat) zu 재산은 (국가에) 귀속된다. b) 할당(배당)되다, 주어지다: diese Aufgabe ist mir zugefallen 이 과제는 나에게 할당되었다. **zufällig** 〈Adj.〉 우연의, 불의의, 우발[돌발]적인, 뜻 아닌, 고의가 아닌: eine ~e Begegnung 해후, 우연한 만남; er ist ein ~er Bekannter von mir 그는 내가 우연한 기회에 알게된 사람이다; weißt du z., wie spät es ist? 《통용어》 자네 혹시 지금 몇 시인지 알고 있나? **zufälligerweise** 〈Adv.〉 혹시(나), 우연히(도), 불의의. **Zufälligkeit**, die; -en 1. 〈Pl. 없음〉 우연성. 2. 우연히 된 일, 공교로운(뜻밖의) 사건: das Leben wird oft von -en bestimmt 인생은 자주 뜻밖의 사건에 의해 결정된다.

zufalls-, Zufalls-: **~abhängig** 〈Adj.〉 우연에 의존하는(좌우되는). **~auswahl**, die [통계] 임의[무작위] 추출(抽出). **~bedingt** 〈Adj.〉 우연에 조건지워진, 우연에 의거한. **~bekanntschaft**, die 1. 우연으로 알게된 사람. 2. 우연히 알게된 친면. **~beobachtung**, die 우연한 목격(관찰). **~ergebnis**, das 우연한 결과. **~fund**, der 우연한 발견(발굴). **~größe**, die [수학] 확률 변수(↑~variable). **~haftung**, die [법] 무과실(無過實) 책임. **~streuung**, die [통계] 무작위 분산. **~tor**, das [구기] ↑~treffer. **~treffer**, der 우연한 득점, 명중탄. **~variable**, die [수학] 확률 변수.

zufassen 〈h〉 1. 붙잡다, 포착하다. 2. 《통용어》 열성적으로 일하다.

zufeilen 〈h〉 줄질을 하여 모양을 내다.

zufeuern 〈h〉 〈경〉 ↑zuwerfen (1) : er feuerte die Tür zu 그는 문을 쾅 닫았다.

zuflattern 〈s〉 ↑zufliegen.

zufleiß 〈Adv.〉 《bayr., österr.·통용어》 의도[의식]적 으로, 고의로, 일부러, 짐짓 : jmdm. z. 누구를 화나게 하려고: das hat er mir z. getan 그는 나를 골탕 먹이려고 그것을 했다.

zuflicken 〈h〉 《통용어》 기워 막다.

zufliegen* 〈s〉 1. 향해 날아가다: das Flugzeug flog genau auf den Berg zu 비행기는 정확히 산 쪽으로 날아 갔다. 2. (누구에게로) 날아와 머물다: [전의] ihm fliegen die Herzen (der Mädchen) zu (아가씨들의) 마음은 그 에게로 가있었다. 3. 《통용어》 바람으로 닫히다: die Tür flog zu 문이 바람으로 닫혔다.

zufließen* 〈s〉 1. a) 〈무엇 쪽으로〉 흘러가다. b) 흘러 들어가: dem Bassin fließt ständig frisches Wasser zu 수조(水槽) [저수지] 속으로 계속 새 물이 흘러 들어간 다. 2. 주어지다, 소유로 돌아가다: dem Verein flossen von allen Seiten Spenden zu 사방에서 헌금이 그 단체 에 답지하였다.

Zuflöte, die; -n 《통용어·농》 여자 프롬프터.

Zuflucht, die; -en 피난처, 은신처, 도피처, 보호자: er suchte (bei Freunden) Z. vor den Verfolgern 그는 추적자들을 피해 (친구들에게) 은신처를 요청했다; sie fanden in einer Scheune Z. vor dem Unwetter 그들은 소나기를 피할 곳을 헛간에서 발견했다; jmdm. Z. geben[bieten] 누구에게 피난처를 제공하다; (seine) Z. zu etw. nehmen (최후의 수단으로) 무엇에 호소하다; in seiner Verzweiflung nahm er Z. zum Alkohol 절망한 그는 알코올에 호소했다. **Zufluchtnahme**, die 〈Pl. 없음〉 도피[피난]행위.

Zuflucts-: **~hafen**, der 대피 항(구). **~ort**, der 피 난처, 은신처. **~stätte**, die 〈아〉 ↑Ort.

Zufluß, der; Zuflusses, Zuflüsse 1. 〈Pl. 없음〉 흘러 들어감[유입]: der ständige Z. frischen Wassers 신선한 물의 지속적인 유입[흘러 듦]. 2. 지류(支流): dieser Bach ist der einzige Z. des Sees 이 시내는 그 호수의 유일한 지류이다.

zuflüstern 〈h〉 속삭이다, 암시하다: der Schüler flüsterte seinem Nachbarn die Antwort zu 그 학생은 옆 친구에게 해답을 속삭여 주었다.

zufolge 〈Präp.〉 《명사의 뒤에서 3격, 드물게 명사의 앞에서 2격》 …에 따라서, …에 의거해서 : einem Gerücht z. will er heiraten 소문에 의하면 그는 결혼하려고 한다; z. seines Versprechens 그의 약속에 따라서.

zufrieden 〈Adj.〉 만족한, 흡족한: mit jmdm. [etw.] z. sein 누구(무엇)에 만족하다; ein ~es Gesicht machen 흡족한 표정을 짓다; bist du jetzt (endlich) z.? 이 제 (드디어) 소원대로 되었느냐?; er ist mit sehr wenig z. 그는 아주 욕심이 없다, 겸허하다; damit mußt du z. sein 더 이상 요구해서는 안된다; ich bin es z., wenn er die Rolle übernimmt 《준고어》 만약 그가 그 역을 맡는 다면 나는 이의가 없다; er ist mit dem Ergebnis ganz z. 그는 결과에 동의하고 있다.

zufrieden-: **~geben**, sich 〈h〉 만족하다: mit 100 Mark wollte er sich nicht z. 100 마르크로 그는 만족하려고 하지 않았다. **~lassen*** 방해하지 않다, 내버려 두다: laß mich zufrieden ich habe zu tun 나를 내버려 두어라 나는 할 일이 있다. **~stellen** 〈h〉 만족시키다, 누구의 뜻을 충족하다, 요구에 응하다: wir werden immer bemüht sein, Sie zufriedenzustellen 우리들은 당신의 뜻을 충족시키는 데 언제나 노력하고 있을 것입니다; sein Befinden ist nicht zufriedenstellend 그의 건강 상태는 만족할 만한 정도가 아니다.

Zufriedenheit, die 만족(함), 행복: er strahlt Z. aus 그는 만족의 빛을 발하고 있다; er war voller Z. über das Erreichte 그는 달성한 것에 대해서 만족감에 넘쳐 흘

렸다.

zufrieren* ⟨s⟩ 얼어 붙다, 결빙(結氷)하다: der See ist zugefroren 호수는 얼어 붙었다.

zufügen ⟨h⟩ 1. (고통 따위를) 주다, 가하다: jmdm. einen schweren Verlust z. 누구에게 심각한 손실을 가하다; 속담 was du nicht willst, daß man dir tu', das füg auch keinem andern zu 너가 싫어하는 것은 남에게도 해서는 안된다. 2. 첨가하다, 부가[부기]하다: sie fügte der Suppe noch einen Schuß Wein zu 그녀는 수프에 또 소량의 포도주를 쳤다. **Zufügung**, die; -en ↑zufügen의 명사형.

Zufuhr ['tsu:fu:ɐ̯], die; -en 1. 수송[운송, 운반, 수수], 공급[배급], 도입[유입]: dem Feind die Z. abschneiden 적의 보급을 차단하다. 2. 수송 화물, 양식[식료품], 군수품, 보급량: er mußte eine neue Z. von Wein und Kuchen besorgen 그는 포도주와 케이크의 새로운 보급량을 확보해야만 했었다. **zuführen** ⟨h⟩ 1. a) 인도하다, 수송[운반]하다, 공급하다: dem Vergaser wird über die Benzinleitung Kraftstoff zugeführt 연료는 휘발유 관을 통해서 기화기로 공급된다; 전의 dem Unternehmen muß frisches, neues Blut zugeführt werden 그 기업은 신선하고 젊은 신진들을 필요로 한다. b) 소개하다, 중매하다, 대리고 가다, 강구하다: jmdm. Kunden z. 누구에게 고객을 소개하다; die Braut dem Brautigam z. 신부를 신랑에게 중매하다; 퇴색 etw. einem Zweck z. 무엇을 어떤 목적에 이용하다; ein Problem einer Lösung z. 문제의 해결책을 강구하다. 2. ···(쪽)으로 통하다: die Straße führt auf das Dorf zu 길은 마을로 통한다. **Zuführung**, die -en 1. 수송, 공급, 보급, 도입, 수입. 2. 공급관(선), 배관(배선), 도관[도선]. **Zuführungsleitung**, die ↑Zuführung (2). **Zuführungsrohr**, das 공급관.

zufüllen ⟨h⟩ 1. 매립하다, 가득 메우다(채우다). 2. 《지역적》더 채우다, 추가로 붙다.

Zufußgehen, das; -s 보행.

¹Zug [tsu:k], der; -(e)s, Züge ['tsy:gə] mhd., ahd., zuc, eigtl. = das Ziehen; 1 a : nach engl. train] **1. a)** 기(관)차, 열차: der Z. nach Frankfurt läuft auf Gleis 2 ein 프랑크푸르트행 열차는 2번 홈에 들어오고 있다; dieser Z. hat keinen Anschluß 이 기차는 갈아 타야할 기차와 연결되지 않는다; er hat den Zug verpaßt [versäumt] 그는 열차를 놓쳤다; sich nach den Zügen erkundigen 열차 시간을 문의하다; 성구 der Z. ist abgefahren 《통용어》 때는 너무 늦었다, 기차는 떠났다. **im falschen Z. sitzen** 《통용어》 잘못 판단[결정]하였다. **b)** ↑Lastzug. **c)** ↑Feuerlöschzug. **d)** 연수(聯獸) (한 수레를 끄는 두 마리 이상의 마소 따위): ein Z. Ochsen(Schlittenhunde) (한 수레를 끄는) 한 동아리의 황소[썰매 견(犬)]. **2. a)** 행열(行列), 대열(隊列), 소대 : ein langer Z. von Demonstranten 긴 시위 행렬; sich zu einem Z. formieren 대열을 이루다. **b)** 행진[행군], 진군, 이동, 출정[병], 원정: der Z. der Wildgänse nach Norden hat begonnen 야생 오리들의 북쪽으로의 이동이 시작되었다; die drei wurden bei einem Z. verhaftet 세 놈이 절도 행각에서 체포되었다; 전의 im -e der neuen Entwicklung 《격식 독어》 새로운 발전의 행(과정)에서; **einen Z. durch die Gemeinde machen** 《통용어》 술잡을 전전하다. **3.** 끎, 당김, 견인, 흡인, 예선(曳船): ein starker Z. nach unten 아래쪽으로 세차게 당기기[노젓기]; Z. ausüben 당기다, 견인하다, 예선하다; dem Z. des Herzens folgen 마음 내키는 대로 하다. **in etw. ist Z.** 《통용어》 어떤 일이 번창하다; **gut im -e[im besten -e] mit etw. sein** 무엇이 잘 진척되다. **4. a)** 끌어당기는 기구[장치]: der Z. am Rolladen[an der Gardine] 블라인드[커튼]의 당김줄; der Z. der Posaune 트롬본의 (음)조절 간(桿). **b)** 《지역적》 서랍, 빼닫이: die Züge im Schreibtisch 책상 서랍들. **5.** [장기] 말의 움직임, 수(를 씀): wer hat den ersten Z.? 누가 선(先)인가?; matt in drei Zügen 세 수(手)(만)에 외통이 된다; 전의 taktische Züge 전술 행마(수); **zum Zug(e) kommen** 활동을 시작하게 되다: er ist wieder nicht zum -e gekommen 그는 다시 활동을 시작하지 못했다. **6. a)** (한)모금, 삼킴: einen kräftigen Z. aus dem Glas tun 글라스에서 꿀꺽 한 모금 마시다; einen tiefen Z. nehmen 죽 들이키다; er stürzte das Bier in einem Z. hinunter[leerte das Glas auf einen / in einem Z.] 그는 단숨에 맥주를 들이켰다[잔을 단숨에 비웠다]; 성구 einen guten Z. haben 술을 잘 마신(한번에) 마시다; **in einem Zug(e)** 중단하지 않고, 단숨에. **b)** (연기의) 흡입: er tat einige Züge 그는 몇 모금 피웠다; ein paar Züge (aus der Pfeife) rauchen 두서너 모금 (파이프로) 피우다. **c)** 심호흡: **etw. in vollen Zügen genießen** 무엇을 만끽하다, 마음껏 즐기다; **in den letzten Zügen liegen** 《통용어》 빈사 상태에(처해) 있다. **7.** (수영 혹은 노를 저을 때) 힘껏 젓기(노 또는 팔을): sie schwamm nur drei Züge 그녀는 세 번을 더 힘껏 팔을 저어 헤엄쳤다; in langen Zügen rudern 힘차게 노를 젓다. **8.** [Pl. 없음] **a)** ((창)문을 통한) 통풍, 맞바람, 외풍[샛바람]: hier herrscht (ein) ständiger Z. 여기는 외풍이 항상 있다; ich kann keinen Z. vertragen 나는 맞바람이 싫다; im Z. sitzen 맞바람을 맞고 앉아 있다; du mußt dich vor Z. schützen 맞바람을 조심해라. **b)** (굴뚝의) 통풍, 통기: der Ofen hat (k)einen guten Z. 난로는 통풍이 좋다(좋지 않다). **9.** 통기관[장치], 연도(煙道): man muß die Züge von Zeit zu Zeit entschlacken 통기 장치는 때때로 청소를 해 주어야만 한다. **10.** 필치[필적], 필세: die Züge der Schrift können etwas über den Charakter des Schreibers aussagen 필적은 얼마간 기록자의 성격을 말해 줄 수 있다; **in großen(groben) Zügen** 대략 윤곽만 나타내어: etw. in großen Zügen darstellen 무엇을 대체적(윤곽상)으로만 묘사하다. **11.** 얼굴의 윤곽, 용모, 생김새: seine Züge hellten sich auf 그의 얼굴 표정이 밝아졌다; er hat einen energischen Z. um den Mund 그의 입언저리의 생김새는 정력적이다; 전의 diese Stadt trägt noch dörfliche Züge 이 도시는 아직도 농촌 모습을 지니고 있다. **12.** 특징, 특성, 본성: das ist ein eigenartiger Z. an ihm 그것이 그의 독특한 특징이다; das war kein schöner Z. von dir 그것이 너의 장점은 아니었다. **13.** 《통용어》 기풍, 기율, 기강(紀綱): militärischer Z. 군대식 기풍; der Trainer hat Z. in die Mannschaft gebracht 트레이너는 선수단의 기강을 잡았다; **jmdn. gut im Z. haben** 누구를 잘 교육(훈련)시켜 놓다. **14. a)** 소대(小隊), 구대(區隊): ein Z. Infanterie 보병 1개 소대. **b)** 전공별 분반, 분과: der altsprachliche Z. eines Gymnasiums 어느 고등학교의 고대어 반(班). **15.** (총신이나 포신 속의) 강선(腔線): **jmdn. auf dem Z. haben** 《통용어》 누구에게 화내다. **16.** 《드물게》 지대(地帶), 산맥.

²Zug 추크(스위스의 주(洲) 및 도시).

zug-, ¹Zug- (Zug 2~16); **~band**, das [기술·토목] 당기는 끈, 버팀목, 버팀쇠. **~belastung**, die 항장력(부하), 항장(견인) 하중(荷重). **~brücke**, die 도개교(跳開橋). **~dienst**, die 열차 근무, 견인(牽引) 스프링. **~fest** ⟨Adj.⟩ [기술] 항장력(抗張力)이 있는. **~festigkeit**, die 장력, 항장력. **~frei** ⟨Adj.⟩ 샛바람(외풍)이 없는. **~führer**, der **1.** ↑²Zug-. **2.** [군] 소대장. **~klappe**, die 난로의 통풍기[뚜껑]. **~kraft**, die **1.** [물리] 장력, 견인력. **2.** 매력, 인기. **~kräftig**

〈Adj.〉 인기가 있는, 매력적인. ~last, die 끌어갈 짐. ~leine, die a) 예삭(曳索), (잡아)끄는 밧줄. b) 《드물게》↑Zügel. ~luft, die 외풍, 샛바람, 기류. ~maschine, die 견인차. ~mittel, das a) [의학] ~pflaster. b) 손님을 끄는 계책, 인기 끄는 수단. ~netz, das [어업] ↑Schleppnetz. ~nummer, die 1. 인기 프로. 2. ↑²Zug-. ~ochse, der 우차소, 견인소. ~pferd, das 1. 마차말, 견인마. 2. a) 인기(인)물. b) 활력을 불어넣는 사람. ~pflaster, das [의학] 발포고. ~richtung, die 견인 방향. ~salbe, die [의학] ↑~pflaster. ~scheit, das 《지역적》 마차의 횡목(橫木). ~seil, das 예삭(曳索). ~spannung, die [물리·기술] 탄력(성). ~stange, die 예봉(曳棒), 접합봉(接合棒). ~stiefel, der 《옛》 목이 긴 고무 구두. ~strang, der ↑Strang (1 b). ~tier, das 수레를 끄는 짐승. ~trompete, die 슬라이드 트럼펫. ~vieh, das ↑~tier. ~vogel, der 철새, 후조. ~vorrichtung, die (커튼 따위의) 당기는 장치, (금관 악기의) 활주관(滑走管) 장치. ~weise 〈Adv.〉 열[떼]을 지어, 소대를 이루어서. ~wind, der 강한 외풍(맞바람). ~zeit, die 《대개 이동 시기. ~zwang, der (원래 장기에의) 초 읽기, 강요된 행마: in Z. geraten 초읽기에 걸리다, 행마의 강요를 받

²Zug- (Zug 1 a): ~abstand, der 열차(운행) 간격. ~abteil, das 열차의 객실(칸). ~anschluß, der ↑Anschluß (2). ~begleiter, der 1. 열차 승무원. 2. 열차 안내 책자. ~dichte, die 열차 운행 간격의 밀도. ~ende, das 열차의 끝, (열차의) 마지막 객차. ~fahrt, die 열차 운행[여행]. ~folge, die ↑~abstand. ~führer, der 1. 여객 주임, 차장. 2. ↑zug-, ¹Zug-. ~funk, der 열차 방송(시설). ~garnitur, die 《전문어》객차 설비. ~kontrolle, die 1. 여객 검사(차표, 여권, 수하물 따위의). 2. 여객 검사원. ~länge, die 열차 길이. ~nummer, die 1. ↑zug-, ¹Zug-. 2. 열차 번호 (운행시간표 안의). ~personal, das 열차 승무원. ~schnaffner, der 차장. ~sekretariat, die 열차내 사무실. ~sekretärin, die 열차내 사무실 여직원. ~sicherung, die 열차의 안전 시설[장치]. ~signal, das ↑Eisenbahnsignal. ~telefon, das 철도 전화. ~telegramm, das 철도 전신. ~unglück, das 열차 사고. ~verbindung, die a) 철도 교통. b) 철도의 접속[연결]. ~verkehr, der 철도 교통. ~verspätung, die 열차의 연착.

Zugabe, die; -n 1. a) 덤, 프리미엄, 보너스, 부록. b) 앙코르(추가 연주): der Pianist wurde stürmisch gefeiert und gab noch eine Z. 피아니스트는 폭발적인 찬사를 받고는 또 한 곡 앙코르 연주를 했다. 2. 〈Pl. 없음〉 첨가(하기), 더 줌.

Zugang, der; -(e)s, Zugänge 1. a) 입구, 통로, 출입: die Polizei ließ alle Zugänge sperren 경찰은 모든 통로를 차단시켰다. b) 접근, 출입: Z. verboten! 접근(출입) 금지!; 〈전의〉 zu jmdm. keinen Z. haben 누구에게 이해할 수 없다. 2. a) 〈Pl. 없음〉 증가, 증대: der Z. an Büchern in der Bibliothek war groß 도서관의 도서 증가는 대단했다. b) 신참자, (상품의) 입하(入荷): die Zugäng nahmen bereits am Training teil 신참자는 벌써 훈련[연습]에 참여하였다. **zugange** [tsu'gaŋə]《다음 용법으로》**mit jmdm.(einer Sache) z. sein**《통용어》누구(무엇)에 매우 열중하다: **irgendwo z. sein**《통용어》어디서든지 어떤 일을 수행하다. **zugängig** 〈Adj.〉《드물게》↑zugänglich. **zugänglich** ['tsu:gɛŋlɪç] 〈Adj.〉 1. a) 출입(접근)할 수 있는. b) 사용할 수 있는: diese Informationen sollten jedem (für jeden) z. sein 이 정보는 누구나 이용할 수 있어야 한다. 2. 붙임성 있는, 상냥한, 감수성이 있는: für alles Schöne z.

sein 모든 아름다운것에 대해서 민감하다. **Zugänglichkeit**, die ↑zugänglich의 명사형. **Zugangsstraße**, die, -n 진입로. **Zugangsweg**, der; -(e)s, -e ↑Zugangsstraße.

zugeben* 〈h〉 **1. a)** 덤으로 주다, 덧붙여 주다: der Sänger gab noch ein Volkslied zu 가수는 재청으로 민요를 또 한곡 불렀다. **b)** 〈카드〉 요구된 같은 짝의 패를 내다. **2. a)** (끝내) 고백하다: er gab zu, diese Tatsache verschwiegen zu haben 그는 이 사실을 말하지 않았다고 고백하였다. **b)** 시인(인정)하다: du wirst doch z. müssen, daß es so nicht geht 그렇게는 되지 않는다는 점을 너는 역시 시인해야만 할 것이다; es war, zugegeben, viel Glück dabei 인정하지만 거기엔 운이 많이 따랐다. **3.** 허용(승인)하다: 《대개 부정문이나 의문문》 er wollte nicht z., daß ich allein reise 내가 혼자 여행하는 것을 그는 허용하지 않으려 했다.

zugedacht: ↑zudenken의 과거 분사.

zugegebenermaßen 〈Adv.〉 고백한 대로, 고백에 의하여, die ↑zugänglich의 명사형; 인정 받을 수 있을 만큼. **zugegen** 〈Adj.〉 《다음 용법으로》 **z. sein**《아어》er war bei dem Unfall z. 그는 사고 현장에 있었다.

zugehen* 〈s〉 **1.** 누구(무엇)를 향해 가다: 〈전의〉 er geht schon auf die Achtzig zu 그는 벌써 팔순이 가깝게; es geht auf Weihnachten zu 성탄절이 가까워진다. **2.** 《통용어》 매진하다, 급히 나아가다: ihr müßt tüchtig z., wenn ihr rechtzeitig dort sein wollt 시간에 맞게 그곳에 당도하려면 자네들은 열심히 전진해야만 한다. **3.** [관] (누구에게) 전해지다: die Bescheinigung geht Ihnen in Kürze zu 증명서는 곧 당신에게 도착합니다; jmdm. etw. z. lassen 누구에게 무엇을 보내다. **4.** (어떤 모양으로) 되어가다: der Turm geht spitz (in einer Spitze) zu 탑의 꼭대기는 점점 뾰족해진다. **5.** (비인칭) (어떤 식으로) 일어나다: es müßte seltsam z., wenn ... 만약 ···한다면 기묘한 일임에 틀림없을 것이다. **6.** 《통용어》 닫히다(반대: aufgehen 2 a): der Reißverschluß geht so schwer zu 지퍼가 잘 잠켜지지 않는다. **Zugeherin**, die; -nen, **Zugehfrau**, die; -en 《südd., westösterr.》↑Putzfrau.

Zugehör, der; -(e)s, -e (schweiz.), die (österr., schweiz.·그 외 고어)↑Zubehör. **zugehören** 〈h〉 《아어》(누구에게, 무엇에) 속하다. **zugehörig** 〈Adj.〉 (누구에게, 무엇에) 속하는. **Zugehörigkeit**, die ↑zugehörig의 명사형. **Zugehörigkeitsgefühl**, das 〈Pl. 없음〉 소속감.

zugeknöpft ['tsu:gəknœpft] 〈Adj.〉 《통용어》 냉담한, 마음을 터놓지 않은, 무뚝뚝한. **Zugeknöpftheit**, die ↑zugeknöpft의 명사형.

Zügel [tsy:gl], der; -s, - 고삐: die Z. straff ziehen (locker (schleifen) lassen) 고삐를 팽팽히 당기다(늦추다); mit verhängtem Z. 고삐를 늦추고; **die Z. (fest) in der Hand haben** 주도권(전권)을 장악하다; **die Z. straffer anziehen** 고삐를 바짝 죄다; **die Z. schleifen lassen(lockern)** 고삐를 늦추다, 사소한 것은 묵과하다; **jmdm.[einer Sache] anlegen** 누구의 하는 일(무엇)을 제어하다; **(jmdm.(einer Sache)) die Z. schießen lassen** (누구(무엇)) 되는대로 내두다, 방임하다; **jmdn.(etw.) am langen Z. führen** 누구(무엇)을 조심스럽게[여유 있게] 다루다.

zügel-, Zügel-: ~**führung**, die [승마] 고삐 다루는 법. ~**hand**, die [승마] 고삐 쥐는 (왼)손. ~**hilfe**, die [승마] 고삐로 말에게 내리는 지시. ~**los** 〈Adj.〉 고삐가 풀린: ein -es Leben führen 무절제한 삶을 영위하다. ~**losigkeit**, die ↑zügellos의 명사형.

¹zügeln ['tsy:gḷn] 〈h〉 **a)** 고삐로 (말을) 어거하다. **b)** 억제 [제어]하다: zügele deine Zunge! 너 입 조심해! **²zü-**

geln [-] (schweiz. · 방언) **a)** ⟨s⟩ 이사하다. **b)** ⟨h⟩ 옮겨 놓다, 이동시키다. **Zügelung, Züglung, die; -en** ↑ zügeln의 명사형.

Zugemüse, das; -es, - (고어) 고기에 곁들이는 야채.

Zuger ['tsu:gɐ], der, -s, - 추크 시민(주민).

Zugereiste*, der / die 이주민.

zugerisch ['tsu:gərɪʃ] ⟨Adj.⟩ 추크(시)의.

zugesellen, sich ⟨h⟩ 한패[친구]가 되다, 어울리다: dem verlassenen Tier im Käfig wurde ein Weibchen zugesellt 우리에서 혼자가 된 동물한테 암컷 한 마리가 합쳐졌다.

zugestandenermaßen ⟨Adv.⟩ (격식 독어) 인정하는 바이지만: z. hätte er sich mehr bemühen müssen 어실히 그는 더욱 노력했어야만 했다. **Zugeständnis,** das; -ses, -se 인정, 양보: -sen an die Mode machen 매 유행의 흐름을 허용하다. **zugestehen*** ⟨h⟩ **a)** 정당한 요구를 허용하다, 누구에게 권리를 승인(인정)하다: er gestand mir zu, noch ein paar Tage zu bleiben 그는 나에게 며칠 더 머무는 일을 승인하였다. **b)** 시인하다, 고백하다: mit so vielen Schwierigkeiten hatte ich nicht gerechnet, das gestehe ich zu 그렇게 어려움이 많으리라고는 예측하지 않았음을 나는 시인한다.

zugetan: 1. ↑zutun의 과거분사. **2.** ⟨Adj.⟩ (다음 용법으로) **jmdm. [einer Sache] z. sein** (아어) 누구[무엇]를 진심으로 좋아하다; der dem Alkohol zugetane Hausmeister 술을 좋아하는 빌딩 관리인.

Zugewinn, der; -(e)s, -e 추가분, 증가분: die Partei erzielte bei den Wahlen leichte -e 그 당은 선거에서 약간의 득표 증가를 달성했다. **Zugewinnausgleich,** der [법] (이혼시) 증식 재산의 균배. **zugewinnen*** ⟨h⟩ 추가로 얻다. **Zugewinngemeinschaft,** die; -en [법] (부부간의) 증식 재산 공동 관리(제).

zugießen* ⟨h⟩ 더붓다. (목적어 없이도) darf ich z.? 물을 더 부을까요?

zugig ['tsu:gɪç] ⟨Adj.⟩ 외풍이 있는, 맞바람이 치는: hier ist es mir zu z. 여기는 외풍이 너무 심하다. **zügig** ['tsy:gɪç] ⟨Adj.⟩ **1.** 거침없이 신속한, 적체가 없는: sie haben den Umbau z. in Angriff genommen 그들은 신속하게 개축에 착공했다. **2.** (schweiz.) (잡아) 당기는 힘이 있는, 견인력이 강한. **Zügigkeit,** die ↑zügig의 명사형.

zugipsen ⟨h⟩ 석고로 메꾸다.

zugleich ⟨Adv.⟩ **a)** 동시에. **b)** 마찬가지로, 또한, 역시: er ist Maler und Dichter z. 그는 화가이며 또한 시인이다.

Züglete ['tsy:glətə], die; -n (schweiz. · 방언) 이사, 이주. **Züglung:** ↑Zügelung.

zugreifen* ⟨h⟩ **1. a)** 움켜 쥐다, 잡아주다: er hat mit beiden Händen zugegriffen 그는 양손으로 움켜쥐었다. **b)** 잡아채다: greif tüchtig zu! 마음껏 먹어라！; (전의) 요즘에 이러한 싼 가격에 대해서는 즉각 사야한다: 이 가격이면 즉각 사야한다. **2.** 열심히 해내다: sie hat im Haushalt tüchtig zugegriffen 그녀는 가사 일에 열심히 했다. **Zugriff,** der; -(e)s, -e 움켜 잡으려함, 붙잡음; (경찰의) 덮침, 체포: sich dem Z. der Polizei entziehen 경찰의 손을 빠져 나가다. **zugriffig** ⟨Adj.⟩ (schweiz.) 행동력이 강한, 억척의.

zugrunde [tsu:'grʊndə] ⟨Adv.⟩ (다음 용법으로) viele Kulturen sind schon z. gegangen 많은 문화들은 이미 몰락하였다; er ist elend zugrunde gegangen 그는 비참하게 죽었다. **z. legen** 기초로 삼다, 기반으로 하다: er legte seiner Predigt einen Text aus dem Johannesevangelium zu. 그는 요한복음의 한 텍스트를 설교의 기초로 삼았다. **z. liegen** 기초(근간)을 이루다: das diesem Urteil z. liegende Gesetz 이 판결의 기초가 되는 법(규); **z. richten** 파멸[파괴]시키다. **Zugrundelegung,** die; -en 기초로 삼음.

Zugs- (österr., (또한) schweiz.; ↑²Zug-): **~abteil,** das 열차의 객실. **~führer,** der 차장. **~unglück,** das 열차 사고. **~verbindung,** die 철도 교통. **~verkehr,** der 철도 교통. **~verspätung,** die 열차 연착.

Zugspitze ['tsu:kʃpɪtsə], die 추크스피체(바이에른 주의 독일에서 제일 높은 산, 2962m).

Zugstück, das 크게 인기 끄는 연극.

zugucken ⟨h⟩ (통용어) 보다, 구경하다: es macht Spaß, ihm zuzugucken 그를 보고 있으면 재미있다.

Zug-um-Zug-Leistung, die [법] 반대 급부.

zugunsten [tsu:'gʊnstn] ⟨Präp.²⟩; 때때로 _zu_ + 3격이 오거나 드물게는 3격의 뒤에 위치하여) 누구[무엇]를 위해서: er hat z. seines Sohnes auf das Erbe verzichtet 그는 자기 아들을 위하여 유산을 포기했다.

zugut ⟨Adv.⟩ (다음 용법으로) **z. haben** (schweiz., (또한) südd.) 받을 것이 있다. **zugute** ⟨Adv.⟩ (다음 용법으로) **jmdm. etw. z. halten** (아어) 누구의 어떤 점을 잘 참작해 주다; **sich³ etwas auf eine Sache z. tun [halten]** (아어) 무엇을 자부하다; **sich³ etwas z. tun** 무엇을 (마음대로) 향유하다[즐기다]; **jmdm. [einer Sache] z. kommen** 누구[무엇]에게 유용하다: er will sein Vermögen einer Stiftung für Behinderte z. kommen lassen 그는 자기 재산이 장애자를 위한 재단에 사용되기를 바란다.

zuhaben* ⟨h⟩ (통용어) 닫고 있다.

zuhaken ⟨h⟩ 후크를 잠그다 (반대: aufhaken 1).

zuhalten ⟨h⟩ **1. a)** 닫아 두다, 열지 않다: bei der kalten Luft den Mund z. 공기가 찰 때는 입을 닫고 있다. **b)** 손으로 가리다(닫다): dem Kind den Mund z. 아이의 입을 손으로 가려 주다. **c)** 꽉 부여 잡다[쥐다]: die Tür von innen z. 문을 안 쪽으로 꽉 부여잡고 있다. **2.** 누구[무엇]를 향하여 나아가다: das Schiff hält auf die Landungsbrücke zu 배는 선착교를 향해 나아가고 있다. **3.** (schweiz.) [관] 누구에게 무엇을 할당[배분]하다. **Zuhälter** ['tsu:hɛltɐ], der; -s, - 포주, 뚜쟁이. **Zuhälterei** [tsu:hɛltə'raj], die [법] 매춘 중개업. **Zuhälterin,** die; -nen (드물게) ↑Zuhälter의 여성형. **zuhälterisch** ⟨Adj.⟩ 매춘을 중개하는. **Zuhaltung,** die; -en [기술] (붙박이 자물쇠의) 공간(槓杆)[지렛쇠].

zuhanden [tsu:'handn] **1. jmdm. z. sein** (드물게) 누구의 손에 닿을 수 있다: fast alles ist uns heute verfügbar, was z. kommen soll 우리들은 오늘날 거의 모든 것을 가질 수 있다; **jmdm. z. kommen** (고어) 우연히 누구의 수중에 들어오다. **2.** (österr., schweiz.) ↑zu Händen.

zuhängen ⟨h⟩ 가리다, 덮어 막다, (커튼 따위를) 치다.

zuhauen* ⟨h⟩ (통용어) ↑zuschlagen (1~3, 5 a).

zuhauf [tsu:'haʊf] ⟨Adv.⟩ (아어) 대량으로, 다수로, 수많이: z. kommen 떼지어 오다.

Zuhause [tsu:'haʊzə], das; -s 집, 가정: kein Z. haben 집이 없다. **Zuhausegebliebene***, der / die 고향을 떠나지 않은 자.

zuheften ⟨h⟩ 시침질하다, 가봉하다; (책을) z 가철하다, (상처를) 봉합하다.

zuheilen ⟨s⟩ 아물다: der Schnitt ist zugeheilt 찢진 곳이 아물었다.

Zuhilfenahme, die 도움(을 받기); es ging nicht ohne(nur mit / unter) Z. von ... …의 도움을 빌어서만 가능했다.

zuhinterst ⟨Adv.⟩ 맨 뒤에, 최후에.

zuhöchst ⟨Adv.⟩ 맨 위에, 꼭대기에.

zuhorchen ⟨h⟩ (지역어) ↑zuhören.

zuhören ⟨h⟩ **a)** 경청하다, 귀를 기울이다: du hast nicht

richtig zugehört 너는 제대로 귀기울이지 않았다; hör mal zu., ... 《어떤 말을 하기 위한 상투어》jetzt hör(e) mal (gut) zu, ... 《통용어·약간 위협》(잘) 들어봐…. b) (무엇을) 방청하다, 청취하다: einer Verhandlung z. 재판을 방청하다, **Zuhörer**, der; -s, - 청중, 방청자. **Zuhörerbank**, die 〈Pl. -bänke; 대개 Pl.〉방청석. **Zuhörerin**, die; -nen Zuhörer의 여성형. **Zuhörerschaft**, die 청중.
zuinnerst 〈Adv.〉《아어》마음속 깊이: z. von etw. überzeugt[getroffen] sein 마음속 깊이 무엇에 확신을 갖다(타격을 받다).
zujauchzen 〈h〉↑zujubeln.
zujubeln 〈h〉환호로써 맞이하다, 환성을 올리다: die Menge jubelte den Siegern[den Stars] zu 군중은 승자들(스타들)을 향해 환성을 올렸다.
Zukauf, der; -(e)s, Zukäufe 추가 구입. **zukaufen** 〈h〉추가 구입하다, 사서 채우다.
zukehren 1. 〈h〉↑zudrehen. **2.** 《österr.》〈s〉**a)** ↑einkehren (1). **b)** 잠시 들리다.
zukitten 〈h〉퍼티[시멘트]로 봉하다.
zuklappen 《반대: aufklappen 1》**a)** 〈h〉찰카닥[꽝] 닫다, 잠그다: den Kofferraum z. (자동차의) 트렁크를 꽝 닫다. **b)** 〈s〉꽝 닫히다: das Fenster ist zugeklappt 창문이 꽝 닫혔다.
zukleben 〈h〉**1.** 붙여서 봉하다: den Unschlag z. 편지 봉투를 (풀로) 봉하다. **2.** 잔뜩 붙이다: die Wand ist ganz und gar mit Zigarettenwerbung zugeklebt 벽은 완전히 담배 광고로 뒤덮여 있다.
zukleistern 〈h〉《경》↑zukleben (2).
zuklinken 〈h〉걸쇠를 걸다《반대: aufklinken》.
zuknallen 《통용어》**a)** 〈h〉탕 소리내어 닫다《반대: aufknallen 3》. **b)** 〈s〉탕하고 닫히다: bei dem Luftzug knallte das Fenster zu 바람에 창문이 탕하고 닫혔다.
zukneifen* 〈h〉꼭 감다[다물다]: ein Auge[den Mund] z. 눈을 꼭 감다(입을 꼭 다물다).
zuknipsen 〈h〉《통용어》탁[찰칵] 하고 닫다: die Geldbörse z. 돈지갑을 찰칵 닫다.
zuknöpfen 〈h〉단추를 채우다《반대: aufknöpfen 1》.
zuknoten 〈h〉매듭으로 매다, 매듭짓다《반대: aufknoten b》: einen Sack z 자루를 (매듭으로) 매다.
zukommen* 〈s〉**1.** 접근하다: auf jmdn. z. 누구를 향해 가까이 다가가다; [전의] er ahnte nicht, was noch auf ihn z. sollte 자기 앞에 또 무엇이 닥쳐올지 그는 예감하지 못했다; du mußt die Sache auf dich z. lassen 너는 사태의 진전을 기다려야만 한다. **2.** 《아어》**a)** 수중에 들어오다, 귀속되다: jmdm. Geld z. lassen 누구에게 돈을 주다. **b)** 송부[전달]되다: es war ihm die Nachricht zugekommen, daß ... 그에게 ...이란 소식이 전달되었다. **3. a)** 누구에게 ... 할 권리가 있다: es kommt ihm nicht zu, sich in diese Angelegenheit einzumischen 그에겐 이 일에 개입할 권리가 없다. **b)** 누구(무엇)에게 제격이다, 어울리다: ihm kommt die Führungsrolle zu 그에겐 지도자의 역할이 제격이다. **c)** (속성으로서) 지니다, 수반되다: dieser Entdeckung kommt eine große Bedeutung zu 이 발견에는 커다란 의미가 부여된다.
zukorken 〈h〉코르크 마개를 하다《반대: aufkorken》: eine Flasche z. 병에 코르크 마개를 하다.
Zukost, die 《드물게》반찬, 부식물, 안주.
zukriechen* 〈s〉누구(무엇)를 향해 기어가다.
zukriegen 〈h〉《통용어》↑zubekommen.
zukucken (nordd.) ↑zugucken.
Zukunft ['tsu:kʊnft], die; - 《드물게》Zukünfte ['tsu:kʏnftə] **1. a)** 미래, 장래 z. wird es fernen, ob die Handlungsweise richtig war 행동 방식이 옳았는지의 여부는 장래에 알게 될 것이다; ängstlich in die Z.

schauen[blicken] 불안스럽게 앞날을 바라보다; in ferner Z. 먼 장래에; **in Z.** 앞으로, 금후에; **(keine) Z. haben** 장래성이 있다[없다]; **einer Sache gehört die Z.** 무엇은 대단히 발전할 것이다; **mit[ohne] Z.** 전망이 있는[없는]. **b)** 〈Pl. 없음; 대개 소유대명사와 함께〉전도[앞길, 앞날]: man prophezeit ihm eine große Z. 사람들은 그의 전도가 대단하리라고 예견하고 있다; Vorsorge für seine Z. treffen 그의 여생에 대한 대비를 하다. **2.** [언어학] 미래(형). **zukünftig** [mhd. zuokünftic] **I.** 〈Adj.〉미래의, 장래의《↑künftig I》. **II.** 〈Adv.〉↑künftig **II. Zukünftige***, der / die 《통용어》약혼자.
zukunfts-, Zukunfts-: ~absichten 〈Pl.〉↑~pläne. **~angst**, die 《대개 Pl.》미래[장래]에 대한 불안. **~aussichten** 〈Pl.〉《Pl.》미래[장래]에 대한 전망. **~bezogen** 〈Adj.〉미래 연관적인. **~forscher**, der ↑Futurologe. **~forschung**, die 〈Pl. 없음〉↑Futurologie. **~freudig** 〈Adj.〉《아어》↑~froh. **~froh** 〈Adj.〉《아어》미래에 낙관적인, 낙천적인. **~glaube(n)**, der 《아어》미래에 대한 신뢰. **~gläubig** 〈Adj.〉미래를 신뢰하는. **~hoffnung**, die 《대개 Pl.》장래에 대한 희망. **~musik**, die 〈Pl. 없음〉[Richard Wagner의 음악에 대한 논쟁적인 개념] 미래의 음악(樂), 먼 장래의 꿈, 환상(공상): die klassenlose Gesellschaft erscheint ihm als Z. 무계급 사회는 그에게 먼 장래의 환상으로 여겨진다. **~orientiert** 〈Adj.〉미래 지향적인. **~perspektive**, die 《대개 Pl.》↑Perspektive (3 a). **~plan**, der 《대개 Pl.》미래에 대한 설계. **~reich** 〈Adj.〉전도가 유망한. **~roman**, der [문예학] 미래 소설. **~sicher** 〈Adj.〉장래가 확실한. **~sicherung**, die 〈Pl. 없음〉장래에의 (생활)보장. **~staat**, der 미래 국가. **~trächtig** 〈Adj.〉장래성 있는. **~traum**, der 미래의 꿈. **~verheißung**, die 《아어》미래의 약속. **~weisend** 〈Adj.〉미래 지향적인.
zukunftweisend: ↑zukunftsweisend.
zulächeln 누구에게 미소짓다, 미소를 띠고 쳐다보다: sie lächelten sich[《아어》einander] zu 그들은 서로 미소를 지었다.
zulachen 〈h〉웃으면서 쳐다보다: er lachte ihr freundlich zu 그는 정답게 웃으면서 그녀를 쳐다보았다.
zuladen* 〈h〉추가로 적재하다[싣다]. **Zuladung**, die; -en **1.** 추가 적재. **2.** 추가로 적재된 화물.
Zulage, die; -n **a)** 추가 수당. **b)** 《지역적》고기와 함께 달아서 파는 빵.
zulande [tsu'landə] 〈Adv.〉《다음 용법으로》**bei jmdm.** 《준고어》누구의 고향[지역 / 나라]에서는.
zulangen 〈h〉**1. a)** 《통용어》음식 쪽으로 손을 뻗치다, (음식을) 열심히 들다: die Kinder hatten großen Hunger und langten kräftig zu 아이들은 매우 배가 고팠으므로 열심히 들었다. **b)** 《작업에서》열심히 일하다. **c)** 타격을 가하다. **2.** 《지역적》족하다, 충분하다: langt das zu? 그것으로 족한가? **zulänglich** 〈Adj.〉《아어》충분한, 족한. **Zulänglichkeit**, die; -en **1.** 〈Pl. 없음〉충분함, 족함. **2.** 충분한 점.
zulassen* 〈h〉**1.** 허용하다, 용인하다: so etwas würde er niemals z. 그런 것은 그가 결코 용납하지 않을거야. **2.** (입장, 참여를) 허용하다; 허가하다: der Film ist für Jugendliche nicht zugelassen 그 영화는 청소년 입장 불가이다; ein Tier zur Zucht z. [농업] 어떤 동물을 사육 적합 판정을 내리다. **3.** 가능하게 하다, 허용하다: etw. läßt keine Ausnahme zu 무엇이 예외를 허용하지 않는다. **4.** 《통용어》닫아 두다: einen Brief z. 편지를 뜯지 않다.
zulässig 〈Adj.〉허락된, 관인된: etw. ist rechtlich z. 어떤 것은 법적으로 허용되어 있다. **Zulässigkeit**, die ↑zulässig의 명사형. **Zulassung**, die; -en **1.** 〈Pl. 없

zulassungs-, Zulassungs- 음) 허가. 2. 《통용어》 자동차 등록증, 차량 검사증.
zulassungs-, Zulassungs-: ~**papier**, das 자동차 등록증(차량 검사증). ~**pflichtig** 〈Adj.〉 허가를 필요로 하는. ~**prüfung**, die 면허[허가] 시험. ~**schein**, der 허가증, 〈입장〉 허가증. ~**stelle**, die 허가[인가] 기관, 자동차 운행 허가 관청. ~**verfahren**, das 허가[인가] 절차.

Zulauf, der; -(e)s, Zuläufe 1. 〈Pl. 없음〉 쇄도, 군집, 밀어닥침, 성황: der Arzt hat großen Z. 그 의사에게는 손님이 많이 몰린다. 2. 〈드물게〉 Zufluß (2). 3. 〈전문어〉 **a)** 물의 유입. **b)** 유입구. **zulaufen*** 〈s〉 1. 〈누구[무엇]를 향해〉 뛰어가다[달리다]: wir laufen jetzt dem Dorf zu 우리는 이제 마을쪽으로 뛰어간다. 2. 《통용어》 〈발걸음을〉 서두르다: lauf zu, sonst ist der Zug weg! 서둘러라, 그렇지 않으면 열차는 떠나버린다! 3. 〈어디로〉 뻗어 있다[흐르다]: die Straße läuft auf den Wald zu 길은 숲 쪽으로 나있다. 4. 합류하다, 찾아들다: eine Katze ist uns zugelaufen 고양이 한 마리가 우리 집에 찾아 들었다. 5. 〈누구〉 찾아가다. 6. 흘러들다: warmes Wasser z. lassen (in die Badewanne) 더운 물을 (욕조에) 받다. 7. 어떤 형태가 되다: Hosen mit schmal (eng) zulaufenden Beinen 아래로 좁아지는 가랭이의 바지.

zulegen 〈h〉 1. 〈z. + sich〉 《통용어》 구입하다, 마련하다: [전의] er hat sich einen Bauch(einen Bart) zugelegt 〈농〉 그는 배가 나왔다(수염을 기르고 있다). 2. 《통용어》 속도를 올리다: die Läufer hatten tüchtig zugelegt 주자들은 점점 더 속력을 내었다. 3. 《지역적》 덧붙이다, 〈돈 따위〉 투자하다: wenn du noch etwas zulegst, bekommst du ein viel schöneres Kleid 조금 더 투자하면, 너는 훨씬 더 예쁜 드레스를 살 수 있다; [전의] einen Schritt z. 좀 더 빨리 가다.

zuleid(e) 《다음 용법으로》 jmdm. etwas z. tun 누구에게 어떤 해를 끼치다[마음의 상처를 주다].

zuleiten 〈h〉 1. der Mühle Wasser z. 물레방아에 물을 대다. 2. 전달(송부)하다: jmdm. eine Nachricht z. 누구에게 소식을 전하다. **Zuleitung**, die; -en 1. 〈Pl. 없음〉 인도, 끌어대기: die Z. wurde unterbrochen 물을 끌어대기가 중단되었다. **b)** 전달, 송부. 2. 도관 따위: eine Z. verlegen 도관 따위를 묻다(부설하다). **Zuleitungsrohr**, das 도관.

zulernen 〈h〉 《통용어》 더 배우다.

zuletzt 〈Adv.〉 1. 마지막에, 최후에: diese Arbeit werde ich z. machen 이 일을 나는 마지막에 할 것이다; daran hätte ich z. gedacht 그런 생각을 한다는 것은 나로서는 쉽지 않았다; **nicht z.** 〈강조〉 특별히, 특히: nicht z. seiner Hilfe ist es zu verdanken, daß ... ...는 특히 그의 도움 덕택이다. 2. 끝으로, 제일 뒤(끝)에: das z. geborene Kind 마지막으로 태어난 아이. 3. 《통용어》 마지막으로: er war z. vor fünf Jahren hier 그가 마지막으로 여기에 온 것이 5년전이었다. 4. 끝내, 드디어, 결국: wir mußten z. doch umkehren 우리는 결국 돌아가지 않을 수 없었다.

zulieb (bes. österr.), **zuliebe** 〈Adv.〉 누구(무엇)를 위해서: der Wahrheit z. muß das gesagt werden 진리를 위해서는 그것을 말해야만 한다.

Zulieferant, der; -en, -en ↑Zulieferer. **Zulieferbetrieb**, der ↑Zulieferer. **Zulieferer**, der; -s, - 하청업(자), 부품 공급업(자). **Zuliefererindustrie**, **Zulieferindustrie**, die ↑Zulieferer. **zuliefern** 〈h〉 1. **a)** 하청을 맡다. **b)** 납품하다. 2. 〈법〉 (범인 등을) 인도하다. **Zulieferung**, die; -en ↑zuliefern의 명사형.

zullen ['tsʊlən] 〈h〉 《의성어》 《지역적》 〈젖꼭지 따위를〉 빨다. **Zuller** ['tsʊlɐ], der; -s, - 《지역적》 고무 젖꼭지.

zulosen 〈h〉 [스포츠] 추첨으로 상대자를 정해 주다.

zulöten 〈h〉 납땜(질)하다, 땜납으로 때다.
Zulp [tsʊlp], der; -(e)s, -e 〈지역적〉 고무 (대용) 젖꼭지.
zulpen ['tsʊlpn̩] 〈h〉 ↑zullen.
¹Zulu [tsu:lu] der; -(s), -(s) 추루 사람(아프리카 남동부 해안 지방 거주의 Bantu 계급족). **²Zulu** [-], das; -(s) 추루어(Bantu어족).
Zuluft, die [기술] 유입 공기.

zum [tsʊm] 〈Präp. zu + Art. dem〉 die Tür z. Wohnzimmer 거실 출입문; er verlangte etwas z. Essen (südd., österr. • 통용어) 그는 먹을 것을 요구했다.

zumachen 〈h〉 1. 《통용어》 ↑schließen (1)(반대: aufmachen 1 a): ich habe die ganze Nacht kein Auge zugemacht 나는 밤새도록 눈 한번 붙이지 않았다. 2. 《통용어》 닫는다(↑schließen (7)): wann machen die Geschäfte zu? 상점은 언제 문을 닫는가? 3. 《지역적》 서두르다: mach zu.! 서둘러라.

zumal I. 〈Adv.〉 특히, 무엇보다도: alle, z. die Neuen, waren begeistert 모두들, 특히 신참자들이 열광하였다. II. 〈Konj.〉 특히 ... 때문에: er nimmt die Einladung gerne an, z. er alleine ist 특히 그는 혼자 있기 때문에 초대를 기꺼이 수락한다.

zumarschieren 〈s〉 누구(무엇)를 향해서 행군하다, ...쪽으로 나아가다: sie marschierten auf den Wald zu 그들은 숲 쪽으로 행군했다.

zumauern 〈h〉 벽으로 막다.

zumeist 〈Adv.〉 《드물게》 대부분은, 대개.

zumessen* 〈h〉 〈아이〉 1. 할당(배당)하다: ein reichlich zugemessenes Taschengeld z. 풍부하게 책정된 용돈을 할당하다; [전의] jmdm. die Schuld an etw. z. 누구에게 무엇에 대한 책임을 전가하다; es war ihm nur eine kurze Zeit für seine Lebensarbeit zugemessen 그는 일찍 죽어야만 했다. 2. ↑beimessen: einer Sache (jmds. Worten) große Bedeutung z. 어떤 일(누구의 말)에 커다란 의미를 부여하다. **Zumessung**, die; -en ↑zumessen의 명사형.

zumindest 〈Adv.〉 **a)** 최소한, 여하튼: es ist keine schwere, z. keine bedrohliche Krise 그것은 결코 어렵다거나, 최소한 위협적인 위기는 아니다. **b)** 적어도: hätte er sich entschuldigen müssen 그는 적어도 사과는 했어야만 했다.

zumischen 〈h〉 《드물게》 첨가해서 섞다. **Zumischung**, die; -en 1. 첨가해서 섞는 일. 2. 첨가물.

zumut 《통용어》 ↑zumute. **zumutbar** ['tsu:mu:tba:ɐ̯] 〈Adj.〉 어렵지만 부탁할 수 있는, 과도하지 않은, 무리가 없는: eine -e Belastung 적당한 부담. **Zumutbarkeit**, die; -en 1. ↑zumutbar의 명사형. 2. 《드물게》 기대(요구)할 수 있는 것. **zumute** [tsu'mu:tə] 《다음 용법으로》 **jmdm. z. sein**(《드물게》 **werden**) 누구에게 어떤 기분이 들다: jmdm. ist ängstlich z. 누구는 기분이 불안하다; es war ihm wenig nach Scherzen(zum Lachen) 그는 농담할(웃을) 기분이 아니었다. **zumuten** 〈h〉 1. (부당한) 요구(기대)를 하다: das kannst du ihm nicht z. 너는 그것을 그에게서 요구할 수는 없다; du hast dir zuviel zugemutet 너는 너무 무리하였다, 터무니 없는 일을 꾀하였다. 2. (schweiz.) ...한다고 믿다. **Zumutung**, die; -en (부당한) 요구, (무리한) 기대: eine Z. an jmdn. stellen 누구에게 무리한 요구를 하다.

zunächst I. 〈Adv.〉 **a)** 처음에, 맨 먼저: er war z. nicht aufgefallen 그는 처음에는 눈에 띄지 않았다. **b)** 우선, 당분간은: das wollen wir z. beiseite lassen 그 것은 당분간 제쳐두자. II. 〈Präp.³〉 〈아어〉 ...의 바로 옆 (근처)에: die Bäume, die der Straße z. [z. der Straße] stehen 도로 바로 옆에 서 있는 나무. **Zunächstliegende***, das 《드물게》 가장 가까이에 있는 것

[일].
zunageln ⟨h⟩ 못질하여 막다[폐쇄하다].
zunähen ⟨h⟩ 꿰매다.
Zunahme, die; -n **1.** 증가, 증대(반대: Abnahme 2). **2.** 【수공】(편물의 코 따위의) 늘리는 일.
Zuname, der; -ns, -n 성, 씨, 가명(家名).
Zünd-: **~anlage**, die 【자동차】점화 장치. **~blättchen**, das (장난감 권총용) 화약 종이. **~funke(n)**, der 【자동차】점화 스파크. **~hilfe**, die 【자동차】점화 보조 장치. **~holz**, das 《전문어·südd., österr.》성냥(개비). **~hölzchen**, das ↑~holz의 축소형. **~holzschachtel**, die 성냥갑. **~hütchen**, das **1.** 뇌관(↑ Sprengkapsel). **2.** 《통용어·농》 아주 작은 두건[모자]. **~kabel**, der 【자동차】점화선(線). **~kapsel**, die ↑ Sprengkapsel. **~kerze**, die 【자동차】점화 플러그[전(栓)]. **~mittel**, das 【전문어】점화 화약. **~nadelgewehr**, das 《옛》격침 발사총. **~pfanne**, die 《옛》↑ Pfanne (2). **~plättchen**, das ↑~blättchen. **~punkt**, der 【기술】점화점, 연소[착화]점. **~satz**, der 【기술】점화제. **~schalter**, der 점화 스위치. **~schloß**, das 【자동차】점화 스위치(시동 키를 꽂는) 시동 스위치, 점화 장치. **~schlüssel**, der 【자동차】점화 키, 시동 열쇠. **~schnur**, die 도화선, 화승(火繩). **~spule**, die 【자동차】점화 코일. **~stein**, der ↑ Feuerstein (2). **~stift**, der 【무기】↑ Piston (3). **~stoff**, der ↑Initialsprengstoff. **~verteiler**, der 【자동차】배전기. **~vorrichtung**, die 【기술】점화 장치. **~ware**, die 《대개 Pl.》【상】성냥, 라이터. **~warenmonopol**, das 발화용품 전매. **~zeitpunkt**, der 【자동차】점화 시점.

zündbar ['tsYntbaːɐ̯] ⟨Adj.⟩ 점화할 수 있는. **Zundel** ['tsYndl], der ↑ Zunder (1). **zündeln** ['tsYndln] ⟨h⟩ (südd., österr.) 불장난을 하다, 등불을 함부로 다루다. **zünden** ['tsYndn] ⟨h⟩ **1. a)** 【기술】불을 붙이다, 점화하다: eine Sprengladung z. 폭약 장전을 점화시키다. **b)** 《고어·südd.》불을 붙이다: eine Kerze z. 촛불을 켜다; (4격 목적어 없이도) der Blitz hat gezündet 번개가 화재를 일으켰다. **2. a)** 【기술】불이 붙다: die Rakete hat nicht gezündet 로켓은 점화되지 않았다. **b)** 《준고어》불붙다: das Pulver will nicht z. 화약은 불붙으려 하지 않는다; [전의] sein Witz zündete 그의 재치에 불이 붙었다; er hielt eine zündende Rede 그의 연설은 열화 같았다(청중을 감동시켰다); **bei jmdm. hat es gezündet** 《통용어·농》누가 무엇을 드디어 이해했다. **Zunder** ['tsʊndɐ], der; -s, - **1.** 《옛》부싯깃의 일종: etw. brennt wie Z. 무엇이 아주 쉽게 불붙는다; das Holz ist trocken wie Z. 나무가 (부싯깃처럼) 바싹 말랐다; **jmdm. Z. geben** 《통용어》 1) 누구를 재촉하다. 2) 누구를 때리다, 매질하다. 3) 누구를 욕하다, 꾸짖다; **es gibt Z.** 1) 《통용어》(일종의 위험의 표시로) 벌[매]이 기다리고 있다. 2) 【군】총격[사격]이 있다. **Z. bekommen(kriegen)** 《통용어》 1) 구타를 당하다, 매를 맞다. 2) 견책당하다, 훈계받다. 3) 【군】사격을 받다. **2.** 【기술】금속이 달아오를 때 생기는 산화층. **Zünder** ['tsʏndɐ], der; -s, - **1.** 【무기】발화구기, 뇌관, 신관. **2.** ⟨Pl.⟩ 《österr.》성냥.
zunder-, Zunder-: **~beständig** ⟨Adj.⟩ 【기술】산화층 형성에 대해 불변하는[견고한]. **~beständigkeit**, die ↑~beständig의 명사형. **~pilz**, der 『Feuerschwamm. **~schwamm**, der 『Feuerschwamm.
Zündung, die; -en 【기술】 **1.** 점화, 발화, 연소: die Z. einer Sprengladung 폭약 장전의 점화. **2.** ↑Zündanlage.
zunehmen° ⟨h⟩ **1.** (반대: abnehmen II) **a)** 증대하다, 상승하다, 강화되다 (성장하다, 증가하다: die Windstärke nimmt zu 바람의 강도가 커지고 있다; die Schmerzen nehmen wieder zu 고통이 다시 가중되고 있다; die Tage nehmen zu 낮이 길어진다; eine zunehmende Radikalisierung 점증하는 극렬화; zunehmender Mond 차는 달. **b)** 더 많이 얻다[취하다]: er hat an Gewicht zugenommen 그는 체중이 더 불었다. **c)** 체중이 증가하다, 비대해지다. **2.** 《통용어》 덧붙여 하다. **3.** 【수공】(코 따위를) 늘리다. **zunehmend** ⟨Adv.⟩ 점점 더, 눈에 띄게.
zuneigen ⟨h⟩ **1. a)** (마음이) 기울다, 쏠리다: ich neige mehr dieser Ansicht zu 나는 이 견해가 더 좋다고[옳다고] 생각한다. **b)** ⟨z. + sich⟩ 《아어》 마음이 쏠리다: (대개 과거분사로) er ist ihr sehr zugeneigt 그는 그녀에게 폐 마음이 쏠려 있다. **2.** 《아어》 **a)** (어느 쪽으로) 기울다: er neigte mir seinen Kopf zu 그는 내쪽으로 머리를 향했다. **b)** ⟨z. + sich⟩ (누구에게로, 무엇 쪽으로) 기울다: die am Ufer stehenden Bäume neigen sich dem Fluß zu 제방에 서 있는 나무들은 강쪽으로 향하고 있다; [전의] das Jahr neigt sich dem Ende zu 한해가 저물어 간다. **Zuneigung**, die; -en 애착심, 애정, 애호, 동정: jmdm. (seine) Z. schenken 누구에게 《자신의》 애정을 바치다; jmds. Z. gewinnen 누구의 호감을 사다.

Zunft [tsʊnft], die; Zünfte [tsʏnftə] 《특히 중세》 (의) 길드, 동업자 조합[협회]: **von der Z. sein** 전문가이다, 전문이다.
Zunft-: **~brief**, der 조합 규약(서). **~bruder**, der ↑ **~genosse**. **~geist**, der ⟨Pl. 없음⟩ 《폄》 당파심, 파벌 근성. **~genosse**, der 조합원. **~gerecht** ⟨Adj.⟩ 《준고어》 전문적. **~haus**, das ↑ Gildehaus, Gewandhaus. **~meister**, der 조합장, 동업자 대표. **~ordnung**, die 조합 규약. **~rolle**, die ↑~brief, ~ordnung. **~wappen**, das 조합 문장. **~wesen**, das 조합. **~zeichen**, das ↑~wappen. **~zwang**, der ⟨Pl. 없음⟩ 조합 가입 의무.
zünftig ['tsʏnftɪç] ⟨Adj.⟩ **1.** 《준고어》 전문의, 본직의. **2.** 《통용어》 본격적인, 격에 어울리는: eine -e Campingausrüstung 전문적인 캠핑 장비. **3. a)** 조합에 속하는. **b)** 조합과 관련이 있는. **Zünftler** ['tsʏnftlɐ], der; -s, - 조합원.

Zunge ['tsʊŋə], die; -n **1.** (축소형: ↑ Zünglein) 혀: eine belegte Z. 설태에 덮인[혀앓게 된] 혀; mir klebt (vor Durst) die Z. am Gaumen (갈증으로) 혀가 입천장에 들어 붙을 지경이다; das Fleisch zergeht auf der Z. 고기가 혓바닥에서 슬슬 녹는 것 같다; er stößt mit der Z. 《통용어》 그는 속삭거린다; [전의] er hat eine spitze Z. 그는 날카로운 말을 잘하는 경향이 있다; er hat eine falsche Z. 《아어》 그는 거짓말쟁이다; er spricht mit doppelter(gespaltener) Z. 《아어》 그는 표리가 다르다; er hat eine schwere Z. 《아어》 그는 혀가 꼬부라진다; eine feine(verwöhnte) Z. haben 《아어》 입맛이 섬세하다; ihm hing die Z. aus dem Hals 《통용어》 1) 그는 매우 목이 말랐다. 2) 그는 숨이 넘어갈 듯 했다; nach und nach lösten sich die ~n 《아어》 점차 말[입]이 풀렸다; mit (heraus)hängender Z. 숨을 헐떡이면서, [전의] er ließ den Namen auf der Z. zergehen 그는 그 이름을 입에서 슬슬 굴리면서 발음하였다; **böse -n** 험담가들; **seine Z. hüten(im Zaum halten, zügeln)** 입조심하다; **seine Z. an etw. wetzen** 《폄》 누구에 관하여 악담 의(의견을) 말하다; **sich die Z. verbrennen** 말로 화를 입다; **jmdm. die Z. lösen** 1) 누구를 수다스럽게 만들다. 2) 누구로 하여금 (강제로) 말문을 열게 하다. **sich eher(lieber) die Z. abbeißen (als etw. zu sagen)** 절대로 누설하지 않다; **sich auf die Z. beißen** (말하지 않으려고) 혀를 깨

물다; **jmdm. auf der Z. liegen**〔(아이) **schweben**〕 1) 누구의 혀끝에서 뱅뱅 돌지만 생각나지는 않다. 2) 하마터면 말할 뻔하다; **etw. auf der Z. haben** 1) 생각날 듯하다. 2) 말할 뻔하다; **jmdm. auf der Z. brennen** 말하고 싶은 충동을 강하게 느끼다: es brannte mir auf der Z., ihm das zu sagen 그에게 그 말을 하고 싶은 충동이 나에겐 강렬하였다; **jmdm. leicht [glatt, schwer] von der Z. gehen** 발언하는 것이 누구에겐 용이하다(아무렇지도 않다, 어렵다]. **2.** 〖동물〗 (특정 곤충의) 아래 입술에 쌓으로 달린 촉설(中舌). **3.** 〖음악〗 (취주 악기의) 혀, 리드. **4.** 〖축소형: ↑ Znglein〗 (저울의) 지침(指針). **5.** 〖기술〗 전철기의 가동 궤도. **6.** (구두의) 혀 모양의 부분. **7.** (대개 Pl.) 〖동물〗 넙치의 일종, 우설류. **8.** 〖축소형: ↑ Znglein〗 〖동물〗 혀(모양의 물건). **9.** (Pl. 없음) (특히 송아지나 쇠고기의) 혀. **10.** (아어·시어) 언어: so weit die deutsche Z. klingt 독일어를 하는 곳은 어디든; **etw. mit tausend -n predigen** 〔(아이)〕 무엇을 강조하여 지시하다. **zngeln** ['tsyŋ]n] ⟨h⟩ **a)** (뱀이) 혀를 날름거리다. **b)** (뱀처럼) 날름거리다, 혀를 내밀다.

zungen-, Zngen-: **~akrobatik**, die 〔통용어·농〕 혀의 곡예. **~band**, das (Pl. ...bnder) 〔드물게〕, **~bndchen**, das 〔해부〕 설소대(舌小帶). **~bein**, das 〔해부·동물〕 설골(舌骨). **~belag**, der 〖의학〗 설태(舌苔). **~blte**, die 〖식물〗 설상화(舌狀花), 혀꽃. **~brecher**, der 〔통용어〕 발음하기 매우 어려운 것(단어]. **~brecherisch** ⟨Adj.⟩ 발음하기 까다로운. **~fertig** ⟨Adj.⟩ 달변의, 능변의. **~fertigkeit**, die (Pl. 없음) ↑ **~fertig**의 명사형. **~frmig** ⟨Adj.⟩ 혀 모양의. **~gewandt** ⟨Adj.⟩ ↑ **~fertig**. **~gewandtheit**, die 달변, 능변. **~krebs**, der 〖의학〗 설암(舌癌). **~kuß**, der 혀를 서로 빠는 키스. **~laut**, der 〔언어〕 설음(↑Lingual). **~mandel**, die 〔해부〕 설편도(舌扁桃). **~papille**, die 〔해부〕 설유두(舌乳頭). **~pfeife**, die 〔음악〕 ↑Lingualpfeife. **~R**, das (붙임표와 함께) 〔언어〕 설음으로 발음되는 R-음. **~ragout**, das 〔요리〕 혀고기로 만든 스튜. **~reden**, das; -s 〖심리학〗 ↑ Glossolalie. **~redner**, der 〖심리학〗 ↑Glossolale. **~rednerin**, die 〖심리학〗 ↑Glossolale. **~register**, das 〖음악〗 (파이프-오르간의) 음전(音栓). **~rcken**, der 〔해부〕 설배(舌背). **~schlag**, der **1.** 재빠른 혀놀림. **2.** 〖음악〗 취주악기로 특정 음절을 부는 방법. **3. a)** 억양. **b)** 어조, 어투: falscher Z. 실언. **~spatel**, der 〖의학〗 혀주걱. **~spitze**, die 혀끝. **~stimme**, die 〔음악〕 ↑ **R**. **~wurst**, die 〔요리〕 혀고기 소시지. **~wurzel**, die 〔해부〕 설근(舌根), 혀뿌리.

Znglein ['tsyŋlaɪn], das; -s, - ↑Zunge (1, 4, 8)의 축소형: **das Z. an der Waage** 결정적인 작용을 하는 사람[역할], 대세를 결정짓는 요인(원래는 저울의 지침).

zunichte [tsu'nɪçtə] 〈다음 용법으로〉 **etw. z. machen** 무엇을 무너뜨리다(파괴하다]: seine pltzliche Krankheit hat all unsere Hoffnungen g. gemacht 그의 갑작스런 병으로 우리의 모든 희망이 수포로 돌아갔다; **z. werden(sein)** 무너져 버리다.

zunicken ⟨h⟩ 고개를 끄덕이다: jmdm. freundlich z. 누구에게 친절히 고갯짓하다; ⟨z. + sich⟩ sie nickten sich zu 그들은 서로 고갯짓을 했다.

zuniederst [tsu'niːdɐst] ⟨Adv.⟩ 〈지역적〉 ↑zuunterst.

zunieten ⟨h⟩ 리베트로 박아 죄다.

Znsler ['tsynslɐ], der; -s, - 〔동물〕 명충나방.

zunutze [tsu'nʊtsə] 〈다음 용법으로〉 **sich³ etw. z. machen** 1) 무엇을 사용[응용]하다. 2) 무엇을 (유리하게) 이용하다.

zuoberst ⟨Adv.⟩ **a)** 제일 위에, 최상부에(반대: zuunterst]. **b)** 상단에: ganz z. auf dem Briefbogen 편지지의 최상단에. **c)** 머리(말)에: z. (an der Tafel) saß das Familienoberhaupt (식탁의) 머리에 가장이 앉아 있었다.

zuordenbar ⟨Adj.⟩ 〔드물게〕 부속(귀속)될 수 있는.

zuordnen ⟨h⟩ (…에) 부속[귀속]시키다: er lßt sich keiner politischen Richtung eindeutig z. 그는 어떤 정치노선에도 명확히 편입시킬 수가 없다. **Zuordnung**, die; -en 귀속, 편입.

zupacken ⟨h⟩ **1.** 손을 뻗쳐 움켜쥐려 하다, 재빨리 꽉 움켜잡다: mit beiden Hnden z. 양손으로 꽉 움켜잡다. **2.** 과단성 있게 작업에 임하다, 힘껏 일하다: bei dieser Arbeit mssen alle krftig z. 이 작업에는 모두가 다 힘껏 가담해야만 한다. **3.** 〔통용어〕 무엇으로 완전히 덮어 씌우다.

zupaß, 〔드물게〕 **zupasse** [tsu'pas(ə)] 〈다음 용법으로〉 **jmdm. z. kommen** 〔아어〕 때맞추어 오다: seine Hilfe kam mir sehr gut z. 그 사람의 도움이 나에겐 마침 아주 좋은 때에 베풀어졌다.

zuparken ⟨h⟩ 주차하여 (길을) 막다: eine Ausfahrt z. 주차하여 출구를 막다.

zupassen ⟨h⟩ 〔특히 축구〕 패스하다.

zupfen ['tsʊpfn] ⟨h⟩ **1.** 살짝 잡아 당기다: an jmds. Bart z. 누구의 수염을 살짝 잡아 당기다; sie zupfte ihn am rmel 여자는 그의 소매를 잡아 당겼다. **2.** 살짝(잡아) 뽑다, 잡아 빼다: Unkraut z. 잡초를 뽑다; sich die Augenbrauen mit der Pinzette) z. 눈썹을 (핀셋트로) 뽑아 내다. **3.** 〔현악기의 현을〕 뜯다. **Zupfgeige**, die 〔고어〕 기타. **Zupfinstrument**, das 현악기.

zupflastern ⟨h⟩ 포석을 깔아 완전히 덮다.

zupfropfen ⟨h⟩ ↑zukorken.

zuplinkern ⟨h⟩ 〔nordd.〕 ↑zublinzeln.

zupreschen ⟨s⟩ 누구(무엇)의 방향으로 뛰다[조급히 서두르다].

zupressen ⟨h⟩ 눌러(밀어) 닫다(막다).

zuprosten ⟨h⟩ 건강을 축복하며 마시다.

zur [tsu:ɐ, tsʊr] 〈Prp. zu + Art. der (= 여성 3격)〉 z. Post gehen 우체국에 가다; (흔히 비분리적 고정형으로) z. Genge 충분히, 넉넉히; z. Ruhe kommen 잠잠해지다.

zuraten* ⟨h⟩ 권(장)하다(반대: abraten): er riet mir zu hinzugehen 그는 나에게 그리로 가라고 충고(권고)했다.

zuraunen ⟨h⟩ 〔아어〕 조용히 누구에게 무엇을 속삭이다 (소곤대다].

¹**Zrcher** ['tsʏrçɐ] 〔schweiz.〕 der -s, - 취리히 사람.
²**Zrcher** ['tsʏrçɐ] 〔schweiz.〕 ⟨Adj.⟩ 취리히의. **zrcherisch** 〔schweiz.〕 ⟨Adj.⟩ 취리히(풍)의.

zurechenbar ['tsuːrɛçn̩baːʀ] ⟨Adj.⟩ 책임 능력이 있는. **Zurechenbarkeit**, die ↑zurechenbar의 명사형.

zurechnen ⟨h⟩ **1.** 귀속(편입)시키다. **2.** 〔드물게〕 〔책임 (부담)을 지우다. **3.** 〔드물게〕 가산하다, 더하다. **Zurechnung**, die; -en 가산, 더하기, 산입.

zurechnungs-, Zurechnungs-: **~fhig** ⟨Adj.⟩ **1.** 〔법·구제〕 ↑schuldfhig. **2.** 정신이 건전한, 판단력이 있는. **~fhigkeit**, die (Pl. 없음) **1.** 〔법·구제〕 ↑ Schuldfhigkeit. **2.** 책임 능력, 건전한 이성. **~unfhig** ⟨Adj.⟩ 〔법·구제〕 ↑schuldunfhig. **~unfhigkeit**, die 〔법·구제〕 책임질 능력이 없는 상태, 책임 불능.

zurecht-, Zurecht-: **~basteln** ⟨h⟩ (손질하여) 짜서 만들어 놓다: 〔전의〕 er hat sich eine Ausrede zurechtgebastelt 〔통용어〕 그는 적당한 핑계를 둘러대었다. **~biegen*** ⟨h⟩ 제대로 굽히다[휘다]: 〔전의〕 er wird die Sache schon wieder z. 〔통용어〕 그는 그 일을 다시금 (잘) 처리할 것이다. **~bringen*** ⟨h⟩ 정리하다, (잘) 처리

[해결]하다. ~**feilen** ⟨h⟩ ↑~biegen. ~**finden**, sich ⟨h⟩ 제자리를 찾다, (환경, 상황 등에) 익숙해지다, 가야 할 길을 알다, 올바른 길을 찾아내다: mit der Zeit fand er sich in der neuen Umgebung zurecht 시간과 더불어 그는 새 환경에 익숙해졌다. ~**flicken** ⟨h⟩ 적당하게 꿰매다. ¹~**kommen*** ⟨s⟩ **1.** 잘 해내다, 잘 다루다: wie soll man wohl mit einer solchen Maschine z.? 그런 기계를 어떻게 다루어야 한담?; sie kommt mit den kindern nicht mehr zurecht 그 여자는 더 이상 자녀들을 마음대로 다루지 못한다. **2.** 《드물게》 제때에 오다. ↑~**legen 1.** 준비해 놓다: ich habe (mir) die Kleider für morgen schon zurechtgelegt 내일을 위한 의상을 이미 준비해 두었어. **2.** (마음의) 준비를 하다: sich eine Ausrede z. 미리 핑계를 준비하다. ~**machen** ⟨h⟩ 《통용어》 **1.** 준비하다, 정돈하다. **2.** 단장하다, (이쁘게) 꾸미다: die Kosmetikerin machte die Kundin geschickt zurecht 미용사가 여자손님을 능숙하게 화장시켰다. **3.** 《준고어》 생각해내다, 고안[안출]하다(↑~legen (2)). ~**rücken** ⟨h⟩ 바른 위치로 옮기다: 전의 die Mutter mußt diese Sache wieder z. 《통용어》 너는 이 일을 다시 정리 해야만 해. ~**schneiden*** ⟨h⟩ (옷감을) 재단하다, 마르다. ~**schneidern** ⟨h⟩ 《통용어·편》 (의상을) 어중간하게 만들어내다. 전의 ein Programm z. 프로그램을 어중간하게 작성하다. ~**schustern** ⟨h⟩ 《통용어·편》 ↑~schneidern. ~**setzen** ⟨h⟩ **1.** (z. + sich) 제자리에 앉다. **2.** ↑~rücken: die Brille z. 안경을 바로하다. ~**stauchen** ⟨h⟩ 《통용어》 심히 훈계[견책]하다. ~**stellen** ⟨h⟩ 제자리에 놓다. ~**streichen** ⟨h⟩ 쓰다듬어 바로하다, 마루다[고르다]. ~**stutzen** ⟨h⟩ ↑~schneiden. ~**weisen*** ⟨h⟩ 꾸짓다, 훈계[견책]하다. ~**weisung**, die **1.** 훈계, 견책, 질책. **2.** 훈계의 말, 책망. ~**ziehen*** ⟨h⟩ ↑~streichen. ~**zimmern** ⟨h⟩ 《적당히》 짜 맞추다. ~**zupfen** ↑~streichen.

zureden ⟨h⟩ 설복하려 하다: jmdm. gut z. 누구를 잘 설복하려고 하다.

zureichen ⟨h⟩ **1.** 누구에게 무엇을 넘겨 주다, 전하다: du kannst mir die Nägel z. 나한테 못 좀 건네줄 수 있겠지. **2.** (지역적) 족하다, 넉넉하다. **zureichend** ⟨Adj.⟩ (아어) ↑hinreichend.

zureiten¹ 1. ⟨h⟩ 말을 타서 길들이다, 조교하다. **2.** ⟨s⟩ (어떤 방향으로) 말을 달리다: sie ritten dem Wald[auf den Wald] zu 그들은 숲을 향해 말을 달렸다.

Zürich [⟨schweiz.⟩ 'tsʏrɪç] 취리히. **Zürichbiet**, das -s 《Pl. 없음》 취리히 지역. **Zürcher** ['tsʏrɪçɐ] **I** Zürcher. **zürcherisch ¹** zürcherisch. **Zürichsee**, der; -s 취리히 호수.

zurichten ⟨h⟩ **1.** 《지역적·전문어》 준비하다, 조리하다, 마무리, 정돈하다, 가공하다: eine Mahlzeit für die Kinder z. 아이들을 위해 식사를 준비하다; eine Druckform z. [인쇄] 정판(整版)하다; Leder z. [제혁] 가죽을 무두질하다; Felle z. [모피업] 모피를 가공하다; Gewebe z. [섬유] 직물을 마무르다, 광택을 내다. **2. a)** 가해하다, 혼내주다: sie haben ihn bei der Schlägerei schrecklich zugerichtet 그들은 싸움판에서 그를 마구 두들겨 패주었다. **b)** 망가뜨리다, 마모시키다: die Kinder haben die Möbel schon ziemlich zugerichtet 아이들은 가구를 이미 어느정도 망쳐 놓았다. **Zurichter**, der; -s, - (각 전문 분야의) 마무리공(工). **Zurichtung**, die; -en 준비, 조제, 조리, 끝손질.

zuriegeln ⟨h⟩ 빗장으로 잠그다《반대: aufriegeln》. **Zurieg(e)lung**, die; -en 빗장으로 잠금.

zürnen ['tsʏrnən] ⟨h⟩ (아어) 노하다[분해하다]: tagelang hat sie ihm [mit ihm] gezürnt 수일 동안 그녀는 그에게 화가 나 있었다.

zurollen ⟨h⟩ **1.** (…쪽으로) 굴리다: sie rollten das schwere Faß langsam auf den Wagen zu 그들은 그 무거운 통을 천천히 자동차 쪽으로 굴렸다. **2.** ⟨s⟩ (…쪽으로) 굴러가다: der Ball rollte auf das Tor zu 공은 문 쪽으로 굴러갔다.

zurren ['tsʊrən] ⟨h⟩ [niederl. sjorren] **1.** [선원] (꼭) 잡아매다, (무엇으로) 고정시키다. **2.** 《지역적》 당기다, (질질) 끌다. **Zurring** ['tsʊrɪŋ], der; -s, -s / -e [선원] 짧은 밧줄, 닻줄.

Zurschaustellung, die; -en 전람, 진열, 공개, 과시.

zurück [tsu'rʏk] ⟨Adv.⟩ **1. a)** 되돌아가 《반대: hin \\ IV, 1 a》: hin sind wir gelaufen, z. haben wir ein Taxi genommen 갈 때는 (빠른 걸음으로) 걸어서 갔지만 올 때는 택시를 탔다; eine Stunde hin und eine Stunde z. 가는 데 한 시간 오는 데 한 시간. **b)** 도로 원점에: ich bin in zehn Minuten z. 나는 10분 이내에 다시 돌아와요. **2.** 뒤쪽으로, 뒤로: einen Schritt z.! 한 발자욱 뒤로! 뒤떨어져: seine Frau folgte etwas weiter z. 그의 아내는 약간 뒤떨어져 따라오고 있었다. **4.** 《지역적》 (이)전에. **5.** 《통용어》 뒤처져: er ist mit seinem Arbeitspensum ziemlich z. 그는 자기가 해야할 책임량에 상당히 뒤지고 있다. **Zurück** [-], das; -s 되돌아갈 수 있는 가능성: es gibt (für uns) kein Z. mehr 우리들에게 후퇴는 더 이상 없다.

zurück-, Zurück- (↑rück-, Rück-도): ~**ballern** ⟨h⟩ 《통용어》 ↑~schießen (1). ~**befördern** ⟨h⟩ 《통용어》 되돌려 보내다, 회송[환송]하다. ~**begeben**, sich ⟨h⟩ 되돌아가다. ~**begleiten** ⟨h⟩ ↑befördern: ich begleitete ihn zurück zu seinem Platz 나는 그를 그의 자리로 바래다 주었다. ~**behalten*** ⟨h⟩ **1.** 내주지 않다, 억류 [유치]하다: etw. als Pfand z. 무엇을 담보로 유치하다. **2.** 남겨 가지다: er hat (von dem Unfall) eine Narbe zurückbehalten 그는 사고로 흔터를 남겼다. ~**behaltungsrecht**, das 《Pl. 없음》 [법] ↑Retentionsrecht. ~**bekommen*** ⟨h⟩ **1.** 되돌려 받다: sie bekommen noch 10 Mark zurück 10마르크를 (거스름돈으로) 되돌려 받겠습니다. **2.** 《통용어》 되돌리다. ~**beordern** ⟨h⟩ (누구에게) 귀환하라고 명하다. ~**berufen*** ⟨h⟩ ↑~rufen (1 b). ~**besinnen***, sich ⟨h⟩ **a)** (무엇을 기억) 상기하다. **b)** (무엇을) 다시 의식하게 하다. ~**beugen** ⟨h⟩ **1.** 뒤로 굽히다(젖히다). **2.** ⟨z. + sich⟩ 몸을 뒤로 굽히다. ~**bewegen** ⟨h⟩ (원상태로) 되돌려(갖다 놓)다. **b)** ⟨z. + sich⟩ 다시 출발점으로 되돌아 가다. ~**biegen*** ⟨h⟩ ↑~beugen. ~**bilden**, sich ⟨h⟩ **a)** 원 상태로 되돌아가다. **b)** 퇴화하다. ~**bildung**, die 《Pl. 없음》 ~bilden의 명사형. ~**binden*** ⟨h⟩ 뒤로 묶다. ~**blättern** ⟨h⟩ 《책 따위를》 뒤에서부터 넘기다. ~**bleiben*** ⟨s⟩ **1. a)** 잔류하다: alle liefen davon, und ich blieb als einziger zurück 모두가 달아났지만 유일하게 나만이 잔류했었다. **b)** 뒤처지다: ich blieb ein wenig zurück (hinter den anderen) 나는 (다른 이들보다) 약간 뒤처졌다. **2. a)** 나머지로 (잔류분으로) 잔존하다: von dem Fleck ist ein häßlicher Rand zurückgeblieben 얼룩 중에서 보기 싫은 가장자리 부분은 지워지지 않았다. **b)** 후유증으로 남다: von der Krankheit ist (bei ihm) nichts zurückgeblieben (그에겐) 그 병의 후유증이라고는 하나도 남지 않았다. **3.** (가까이하지 않고) 그대로 있다. **4. a)** 기대된 것처럼 발전하지 못하다, 낙오(열등)하다: die Entwicklung blieb hinter den Erwartungen zurück 발전은 기대에 미치지 못했다; in der Schule zurück 나는 학교에서 뒤처졌다. **b)** 계획한 대로 못지다: Simon ist mit mancher Arbeit ein wenig zurückgeblieben 시몬은 여러 가지 일이 잘 진전되지 않았다. ~**blenden** ⟨h⟩ [영화] 회상 장면을 삽입하다. ~**blicken** ⟨h⟩ **1. a)** 뒤를 (돌아다) 보다: er drehte sich noch einmal um und blickte (auf die Stadt)

zurück-, Zurück-

zurück 그는 다시 한번 돌아서서 (도시 쪽을) 돌아 보았다. **b)** 빙 둘러 보다: er hat, ohne zurückzublicken, die Spur gewechselt 그는 주위를 살펴보지도 않고 차선을 바꾸었다. **2.** 회고하다: **auf etw. z. können** 되돌아 볼 만한 일을 하다: er kann auf ein reiches Leben z. 그는 풍성한 삶을 누렸다; der Verein kann auf eine lange Tradition z. 그 클럽(협회)은 역사가 오랜 전통을 지녔다. **~bringen*** ⟨h⟩ **1. a)** 되가져 오다: der Wagen muß nach Hamburg zurückgebracht werden 자동차는 함부르크로 되돌려 주어야만 한다; [전의] jmdn. ins Leben z. 누구를 소생시키다. **b)** ↑~führen (1), ~begleiten. **2.** 《통용어》 ↑~werfen (4). **3.** [지역적] ↑ ~bekommen (2), ↑**~brüllen** ⟨h⟩ 되받아 소리지르다. **~dämmen** ⟨h⟩ **1.** ↑eindämmen (1), **2.** ↑eindämmen (2). **~datieren** ⟨h⟩ **1.** 이전 날짜로 하다(반대: vorausdatieren): eine Rechnung z. 계산서의 날짜를 뒤로 돌리다. **2.** 무엇의 생성 시점을 이전으로 추정하다(가정하다). **3.** ↑~gehen (6). **~denken*** ⟨h⟩ 추억하다, 회상(회고)하다: an ein Erlebnis gern z. 어떤 체험을 즐겨 회고하다. **~drängen** ⟨h⟩ **1. a)** 다시 밀어 붙이다. **b)** 뒤로 밀다: [전의] er versuchte die Angst zurückzudrängen 그는 불안을 억누르려고 애썼다. **2.** 다시 원점으로 돌아가다. **3.** (파급 효과를) 제한하다[줄이다, 격퇴하다]: die Kassette drängt die Schallplatte immer weiter zurück 음반 카세트가 음반(의 확산)을 감소시키고 있다. **~drängung**, die; -en ↑drängen의 명사형. **~drehen** ⟨h⟩ **1. a)** 되돌리다. **b)** 뒤로 돌리다, 역전시키다: beim Stellen der Uhr soll man die (Zeiger) nicht z. 시계를 맞출 때는 (시침을) 뒤로 돌리지 말아야 한다. **c)** 돌려서 잠그다(줄이다). **2.** ⟨z. + sich⟩ die Räder drehen sich zurück (바퀴가) 뒤로 돌다(역 회전하다). **~drücken** ⟨h⟩ **a)** 뒤로 밀(치)다(밀어 붙이다). **b)** 밀어 원위치로 보내다(복귀시키다): er drückte ihn ins Zimmer zurück 그는 그 사람을 도로 방 속으로 밀어 넣었다. **~dürfen*** ⟨h⟩ **a)** 돌아가도록 허용되다: er darf nie mehr (in seine Heimat) zurück 그는 자신의 고향에 더이상 돌아갈 수가 없다. **b)** 다시 넣어도 되다. **~eilen** ⟨s⟩ 급히 뒤로 돌아가다. **~entwickeln**, sich ⟨h⟩ 퇴화하다. **~erbitten*** ⟨h⟩ 《아어》 ↑~fordern. **~erhalten*** ⟨h⟩ ↑~bekommen (1). **~erinnern**, sich ⟨h⟩ 회상(기억)하다, 추억하다. **~erlangen** ⟨h⟩ 《아어》 ↑ ~bekommen (1). **~erobern** ⟨h⟩ (정복하여) 탈환하다(되찾다). **~eroberung**, die ↑~erobern의 명사형. **~erstatten** 배상(상환)하다, 변제하다. **~erstattung**, die ↑~erstatten의 명사형. **~erwarten** ⟨h⟩ 누구(무엇)의 귀환을 기대하다. **~fahren* 1.** ⟨s⟩ **a)** (타고) 되돌아오다. 뒤로 운전하다: fahr doch mal ein Stück zurück! 약간만 후진해! **2.** ⟨h⟩ (태워서) 돌려 보내다. **b)** 출발점으로 타고 가다: ich muß den Leihwagen heute noch nach Köln z. 나는 렌트카를 오늘 중으로 쾰른에 반환해야 한다. ⟨s⟩ 갑자기 뒤로 물러서다: sie fuhr vor der Schlange zurück 그녀는 뱀을 보고 기겁을 해서 뒤로 물러섰다. 《기술 은어》 축소 단축하다: ein Kraftwerk z. 발전량을 줄이다. **~fallen*** ⟨s⟩ **1. a)** (있던 자리에) 도로 놓다. **b)** 뒤로 넘어지다(떨어지다): er ließ sich (in den Sitz) z. 그는 (자리에) 도로 앉았다. **2.** [특히 스포츠] **a)** 뒤떨어지다: der Läufer ist(weit, eine Runde) zurückgefallen 주자는 (많이, 한 바퀴나) 뒤떨어졌다. **b)** 성적이 부진하다: die Mannschaft ist auf den fünften Platz zurückgefallen 팀 성적이 5등으로 떨어졌다. **3.** [군] ↑~weichen. **4.** 원상 복귀하다, 그전 상태로 다시 떨어지다: er fiel wieder in seine alte Lethargie zurück 그는 다시 옛날의 권태 상태에 빠져 들었다. **5.** 다시 귀속되다: das Grundstück fällt an den Staat zurück 그 대지는 다시 국가에 귀속된

다. **6.** 누구에게 불리해지다(불이익을 초래하다): deine Gemeinheiten werden eines Tages auf dich (selbst) z. 너의 야비한 짓은 언젠가는 너에게 불이익을 초래할 것이다. **~feuern** ⟨h⟩ ↑~schießen, **~fighten** ⟨h⟩ [특히 권투] (재)도전하다. **~finden*** ⟨h⟩ 귀로를 발견하다(알다): im Dunkeln nicht mehr z. 어두워서 돌아오는 길을 더이상 알지 못하다; zu sich selbst z. 제 정신으로 돌아오다. **~fliegen* 1.** ⟨s⟩ **a)** 날아 돌아오다. **2.** ⟨h⟩ **a)** 비행기로 돌려 보내다. **b)** 출발지로 비행하다. **3.** (통용어) ⟨s⟩ 부닥쳐 되돌아 오다. **~fließen*** ⟨s⟩ **1.** 역류하다, 되흐르다: der Strom fließt zur Batterie zurück 전류(출)전기로 되흐른다. **2.** (돈 따위가) 다시 흘러 들어오다. **~fluten** ⟨s⟩ ↑~fließen (1). **~fordern** ⟨h⟩ 반환을 요구하다. **~fragen* 1.** 반문하다. **2.** 《드물게》 되묻다(↑rückragen). **~führen** ⟨h⟩ **1.** 도로 데려가다, 복귀시키다: jmdn. (nach Hause) z. 누구를 (집으로) 도로 데려가다(오다). **2.** 뒤로 이어지다: die Linie führt in vielen Windungen zum Anfangspunkt zurück 그 선은 여러 번 꼬불꼬불 돌아서 출발점으로 돌아간다. **3.** ↑~bewegen. **4.** …으로 위로하다, …의 원천으로 소급하여 가다: etw. auf seinen Ursprung z. 무엇의 근원으로 거슬러 가다. **5.** 무엇의 결과로 돌리다: das Unglück ist auf menschliches Versagen zurückzuführen 그 불행은 인간의 실책의 결과로 돌릴 수 있다. **~gabe**, die 《드물게》 반환, 환부. **~geben* 1. a)** 돌려주다: sein Parteibuch z. 탈당하다. **b)** 반환하다. **c)** 사용하지 않은 승차권을 반환하다. **c)** (직책 따위를) 내 놓다. **2.** [구기] **a)** (공을) 도로 보내다. **b)** ↑~spielen (b). **3. a)** 같은 방식으로 응답하다: einen Blick z. 시선을 맞받다. **b)** 대답하다: "Danke gleichfalls!" gab er zurück "감사해요" 하고 그는 대답했다. **~geblieben 1.** ↑~bleiben. **2.** 〈Adj.〉 정신 발육이 부진한: ein -es Kind 지진아. **~gebliebenheit**, die ↑~geblieben의 명사형. **~gehen*** ⟨s⟩ **1. a)** 되돌아가다(오다): auf seinen Platz z. 자기 자리로 되돌아가다. **b)** 퇴(퇴보, 퇴각)하다: der Feind geht zurück 적은 퇴각하고 있다. [전의] weit in die Geschichte z. 깊이 역사를 거슬러 올라가다. **2.** 되돌아 움직이다. **b)** der Zeiger geht langsam auf Null zurück 바늘이 천천히 영점으로 되돌아간다. [전의] der Fahrer ging auf 80 zurück 운전기사는 시속 80으로 감속했다. **3. a)** 《통용어》 주거지를 환원시키다. **b)** 다시 들어가다: er will in die Industrie zurück 그는 다시 산업체로 되돌아가고자 한다. **c)** 귀로에 나서다: unser Bus geht um 11 Uhr zurück 우리 버스는 11시에 되돌아간다. **d)** (여행 등에서) 귀환하다: wann soll die Reise z.? 언제 돌아가는 거지? (여행에서). **4. a)** 작아지다: das Geschwür geht allmählich zurück 종기는 점차 작아진다. **b)** 감소하다: die Zahl der Verkehrstoten ist leicht zurückgegangen 교통사고 사망자의 숫자가 약간 줄었다. **5.** 반송되다, 반품되다: die beschädigten Bücher gehen an den Verlag zurück 파손된 책은 출판사로 반품된다. **6.** 무엇에 연원하다: diese Redensart geht auf Luther zurück 이 어법은 루터에서 연원된다. **~gelangen** ⟨s⟩ ↑~kommen (2). **~geleiten** ⟨h⟩ ↑~begleiten. **~gewinnen** ⟨h⟩ 도로 찾다: verspieltes Geld z. (도박에서) 잃은 돈을 되찾다; [전의] sein Selbstvertrauen z. 자신감을 되찾다. **~gewinnung**, die ↑gewinnen의 명사형. **~gezogen 1.** ↑~ziehen. **2.** 〈Adj.〉 은둔적인, 은거적: er lebt noch -er als vorher 그는 그전보다 더 은둔적인 삶을 산다. **~gezogenheit**, die 은둔, 은거(은둔). **~gleiten*** ⟨s⟩ 미끄러져 돌아오다: [전의] in Entschlußlosigkeit z. 도로 우유부단해지다. **~greifen*** ⟨h⟩ **1.** 이야기를 소급하다: werdet nicht wieder zornig, wenn ich wieder zurückgreife 내가 이야기를 다시 소급하더

라도 또 노하지도 말겠나. **2.** 아직까지 사용하지 않았던 것을 이용하다: auf seine Ersparnisse z. 자기가 저축한 것에 손대다. **~grüßen** ⟨h⟩ (드물게) ↑wiedergrüßen. **~haben*** ⟨h⟩ (통용어) ↑wiederhaben. **~hallen** ⟨s⟩ 되울리다. **~halten*** ⟨h⟩ **1.** 만류하다, 말리다, 잡아 두다: jmdn. am Arm z. 누구의 팔을 잡아 말리다; wer gehen will, den soll man nicht z. 가고자 하는 자는 만류하지 말아야 한다. **2.** 저지[제지]하다: Demonstranten z. 시위대를 제지하다. **3.** 유치(留置)하다, 보류하다: die Sendung wird noch vom Zoll zurückgehalten 송달물은 아직도 세관에 유치되어 있다; sein Wasser[den Stuhl] z. 오줌[대변]을 참다. **4.** 막다, 방해하다: er war durch nichts davon zurückzuhalten er 무리해도 그가 그 일을 하는 것을 막을 수 없었다. **5. a)** 억제하다: er hielt seine Meinung(mit seiner Meinung) zurück 그는 자기 견해를 밝히지 않을 수 없었다. **b)** 기다리다, 주저하다: er hält mit dem Verkauf der Aktien noch zurück 그는 주식의 매도를 아직도 주저하고 있다. **6.** ⟨z + sich⟩ **a)** 자제하다, 삼가하다: sich beim Trinken z. 마시는 것을 삼가하다. **b)** 앞에 나서지 않다: er hielt sich in der Diskussion sehr zurück 그는 토론에서 매우 소극적이었다. **~haltend** (Adj.) **a)** 삼가는, 사양하는, 나서지 않는, 소극적인, 검손한. **b)** 조심스러운, 냉담한, 유보적인: der Beifall des Premierenpublikums war recht z. 초연에 온 청중의 갈채는 아주 유보적이었다. -e Nachfrage 현재 극히 빈약한 수요; er ist mit Lob sehr z. 그가 칭찬하는 경우는 매우 드물다. **~haltung**, die ⟨Pl. 드물⟩ **1.** (드물게) 억제, 자제, 근거. **2. a)** 겸양, 신중함. **b)** 유보: die Kritik hat seinen neuen Roman mit Z. aufgenommen 비평계는 그의 새 장편소설을 유보적으로 받아 들였다; [전의] an der Börse herrschte große Z. 증권가에는 매우 침체된 기운이 감돌았다. **~hauen*** ⟨h⟩ (통용어) ↑schlagen (1). **~holen** ⟨h⟩ 도로 데리고 오다. **~jagen 1.** ⟨h⟩ 쫓다. **2.** ⟨s⟩ (특히 말을 달려) 서둘러 돌아오다. **~kämmen** ⟨h⟩ 뒤로 벗어넘기다. **~kaufen** ⟨h⟩ (판 것을) 도로 매입하다. **~kehren** ⟨s⟩ (아이) **~kommen (1 a):** [전의] zum Ausgangspunkt der Diskussion z. 토론의 출발점으로 되돌아 오다. **2.** 다시 원점으로 되돌아가다. **3.** 다시 소생하다: allmählich kehrte das Bewußtsein zurück 점차 의식이 되살아났다. **4.** 소급하다: zu klassischen Formen z. 고전주의 형식으로 소급하다. **~klappen** ⟨h⟩ 뒤로 접다. **~kommandieren** ⟨h⟩ 소환을 명하다. **~kommen*** ⟨s⟩ **1. a)** 되돌아오다: der Brief ist zurückgekommen 편지가 되돌아왔다. **b)** 다시 나타나다(생기다): allmählich kam (ihm) die Erinnerung zurück 점차 그에게 기억이 되살아났다. **c)** (통용어에) 돌아오다, 반환되다: die Bücher kommen alle in mein Zimmer zurück 책은 모두 내 방으로 되돌려 주십시오. **2.** 다시 출발점에 되돌아오다다: und wie soll ich dann (von da) ohne Auto z.? 그럼 (거기서) 자동차도 없이 어떻게 돌아온담? **3.** 재론하다, 재고하다: auf eine Frage z. 어떤 문제로 다시 돌아오다. **~können*** ⟨h⟩ **1. a)** 돌아갈[올] 수 있다. **b)** 반환될 수 있다. **2.** 환원시킬 수 있다: wenn du erst mal unterschrieben hast, kannst du nicht mehr zurück 네가 서명했다면 더 이상 취소할 수 없다. **~kriegen** ⟨h⟩ ↑bekommen. **~lächeln** ⟨h⟩ 미소를 되받다. **~lachen** ⟨h⟩ 되받아 웃다. **~lassen*** ⟨h⟩ **1.** 두고오다, 남겨두다; ich lasse dir[für dich] eine Nachricht zurück 너에게 소식을 남겨 두도록 할게; [전의] der tödlich Verunglückte ließ eine Frau und zwei Kinder zurück 사고로 죽은 그 사람은 부인과 두 아이를 남겨 놓았다. **b)** 남기다: die Wunde hat eine Narbe zurückgelassen 상처

가 흉터를 남겼다. **2.** 돌아가게 해주다. **~lassung**, die ↑lassen (1 a)의 명사형. **~laufen*** ⟨s⟩ **1.** 되돌아(달려)가다. **2.** ↑~fließen (1 a): das Wasser läuft in den Behälter zurück 물은 용기 속으로 역류한다. **3.** 역행하다: das Tonband z. lassen 녹음기를 거꾸로 돌아가게 하다. **~legen** ⟨h⟩ **1.** (원 장소에) 도로 두다. **2.** 뒤로 구부리다[제치다]: er legte den Kopf zurück 그는 머리를 뒤로 제쳤다. **3.** ⟨z + sich⟩ **a)** 뒤로 기대다: er legte sich (im Sessel) bequem zurück 그는 (안락의자에) 편안히 등을 기대었다. **b)** 몸을 뒤로 비스듬히 기울게 하다: beim Wasserskifahren muß man sich etwas z. 수상 스키에서는 약간 뒤로 기울게 해야 한다. **4.** ↑~schieben (3): den Riegel z. 빗장을 도로 밀어넣다. **5.** 저축하다. **6.** (어떤 고객을 위해) 팔지 않고 비치해 두다: können Sie mir den Mantel (gegen eine Anzahlung) bis morgen z.? (선불을 좀 할테니) 그 외투를 내일까지 놓아 둘 수 있겠지요? **7.** (일정 거리를) 뒤로하다: die letzten zwei Kilometer legte er zu Fuß zurück 그는 마지막 2 km를 도보로 나아갔다; [전의] die Höhe der Leistungen hängt von den zurückgelegten Versicherungszeiten ab (전문어) 보상액은 보험에 든 기간에 좌우된다. **8.** (österr.) (직책을) 그만 두다. **~lehnen** ⟨h⟩ 뒤로 기대다: er lehnte sich (im Sessel) zurück 그는 (안락의자에) 등을 기대었다. **~leiten** ⟨h⟩ 되돌아가게 하다: unzustellbare Sendungen werden zum Absender zurückgeleitet 배달 불능 발송품들은 발송인에게 반송된다. **~lenken** ⟨h⟩ **1.** 도로 원점으로 소급하다. **2.** 다시 무엇으로 유도하다: das Gespräch auf das eigentliche Thema z. 대화를 본래의 주제로 되돌리다. **~liegen** ⟨h⟩ **1.** 과거사에 속하다, 지난 일이다: dieses Ereignis liegt inzwischen schon lange zurück 이 사건은 그 사이에 이미 오랜 과거사에 속한다. **2.** (특히 스포츠) 뒤지다, 뒤떨어져 있다: der Läufer liegt eine Runde zurück 주자는 한 바퀴 뒤져 있다. **3.** (드물게) (놓여) 있다, 비치해 있다. **~machen** ⟨h⟩ (통용어) **1.** 도로 움직이다(접다): den Riegel z. 빗장을 도로 걸다. **2.** (지역적) ↑~fahren, ~gehen, ~kehren. **~marschieren** ⟨s⟩ 퇴각하다, 행진해 돌아오다. **~melden** ⟨h⟩ **a)** ⟨z + sich⟩ 돌아온 것을 알리다, 귀환 보고[통지]를 하다. **b)** (드물게) 귀환을 신고하다: der Hauptmann meldete seine Kompanie zurück 중대장은 자기중대의 귀환을 신고했다. **~müssen*** ⟨h⟩ **1.** 돌아가야만 하다: ich muß jetzt wirklich zurück (통용어) 이젠 정말 집에 돌아가야만 하겠다. **2.** 도로 가져다 놓아야만 하다: (통용어) der Schrank muß ins Schlafzimmer zurück 장은 도로 침실로 옮겨 놓아야만 한다. **~nahme**, die 되찾기[음], 취소(취하), 철회, 파기, 폐지. **~nehmen*** ⟨h⟩ **1.** 환불하다: der Händler hat das defekte Gerät anstandslos zurückgenommen 상인은 하자가 있는 제품을 군말없이 환불해 주었다. **2. a)** (주장 따위를) 취소하다: er wollte die Beleidigung nicht z. 그는 그 모욕을 취소할 생각이 없었다; [정구] ich nehme alles zurück und behaupte das Gegenteil (농) 나는 그 말을 취소하네. **b)** (고소 따위를) 취하하다, 파기하다: einen Antrag z. 신청을 취소하다. **3. a)** (군) 철군[철수]하다. **b)** (스포츠) (선수를) 뒤로 배치하다. **4.** 줄이다 (한 수) 무르다. **5. a)** (신체의 한 부분을) 뒤로 하다(제치다). **b)** 도로 제자리에 두다(놓다): nimm sofort deinen Fuß zurück! 당장 발을 치우지 못해! **6.** 줄이다: das Gas[die Lautstärke] (etwas / ganz) z. 가스[소리의 강도]를 (약간 / 완전히) 줄이다. **~neigen** ⟨h⟩ 뒤로 굽히다. **~passen** ⟨h⟩ (구기) 뒤로 패스하다. **~pfeifen*** ⟨h⟩ **1.** 휘파람을 불어 되돌아오게 하다. **2.** (경) 중단을 명하다: der Polizeipräsident wurde vom Innenminister zurückgepfiffen 경찰청장은 내무장관에 의해 작전 중지 명

령을 받았다. **~prallen** ⟨s⟩ **1.** 되튀다: von etw. z. 무엇부터 튀어나오다. **2.** 놀라서 뒤로 물러서다: er prallte vor dem entsetzlichen Anblick zurück 그는 그 끔찍한 광경을 보고 소스라치게 놀랐다. **~reichen** ⟨h⟩ **1.** 되돌려 주다. **2.** 거슬러 미치다: die Tradition reicht (bis) ins Mittelalter zurück 전통(의 발생)은 중세로(까지) 소급한다. **~reisen** ⟨s⟩ 귀로에 오르다, 여행에서 돌아오다. **~reißen** ⟨h⟩ 뒤로 잡아채다(당기다). **~reiten*** ⟨s⟩ 말 타고 돌아오다. **~rennen*** ⟨s⟩ 달려 돌아가다. **~rollen a)** ⟨h⟩ 굴려서 되돌리다: er hat das Faß zurückgerollt 그는 통을 굴려 되돌려 보냈다. **b)** ⟨s⟩ 되구르다, 뒤로 굴러가다: der Ball ist zurückgerollt 공은 뒤로 굴러갔다. **~rufen*** ⟨h⟩ **1. a)** 불러 되돌리다, 도로 부르다: 전의 jmdn. ins Leben z. 누구를 다시 소생시키다. **b)** ↑ ~beordern: einen Botschafter z. 대사를 소환하다. **2.** (의식 속으로) 불러들이다: sich³ (jmdm.) etw. ins Gedächtnis (ins Bewußtsein, in die Erinnerung) z. 무엇을 자신(누구)의 기억 속에 되살리다(회상하다). **3.** 소리쳐 대답하다. **4. a)** 응답 전화를 하다: ich habe im Moment keine Zeit, kann ich später z.? 지금은 시간이 없는데 나중에 전화드려도 될까요? **b)** (지역적) 다시 전화걸다. **~rutschen** ⟨s⟩ ↑ ~gleiten. **~schaffen** ⟨h⟩ 도로 가지고 가다(오다), 도로 찾다, 송환하다. **~schallen*** ⟨s⟩ 되울리다. **~schalten** ⟨h⟩ **1.** 다시 원위치로 돌리다: schalte doch bitte aufs dritte Programm zurück! 제3프로그램으로 되돌려 줘! **2.** 저속기어로 바꾸다: er schaltete vor der Steigung (in [auf] den 2. Gang) zurück 그는 오르막의 시작 전에 (2단 기어로) 변속기를 낮추었다. **~schaudern** ⟨s⟩ **1.** 무서워서 물러나다, 뒤로 무르춤하다: 전의 vor einem Gedanken z. 어떤 생각으로 (기가) 질리다. **2.** (드물게) ↑ **~²schrecken** (2): er schauderte vor der Tat zurück 그는 그 행동을 겁내어 하지 않았다. **~schauen** ⟨h⟩ (südd., österr., schweiz.) ↑ ~blicken (1, 2). **~scheren**, sich ⟨h⟩ 재빠르게 뒤로 돌아가다: scher dich gefälligst (auf deinen Platz) zurück! 당장 (네 자리로) 돌아가. **~scheuchen** ⟨h⟩ 위협하여 물러나게 하다, 쫓아 버리다. **~scheuen** ⟨s⟩ **1.** (두려워서) 뒷걸음질치다, 거리를 취하다: nicht vor Mord z. 살인을 꺼려하지 않다; er scheut vor nichts zurück 그는 아무것도 두려워하는 것이 없다. **2.** (드물게) 무서워서 뒤로 물러나다: der Junge scheute vor dem Doktor zurück 소년은 무서워서 의사를 피했다. **~schicken** ⟨h⟩ **1.** 도로 돌려 보내다, 반송하다: einen Brief (an den Empfänger) z. 편지를 (발신인에게) 반송하다. **2.** 돌아가게 하다: die Mutter schickte den Jungen mit dem verschimmelten Brot zum Bäcker zurück 엄마는 소년이 곰팡이가 쓴 빵을 빵집에 도로 가져가게 했다. **~schieben*** **1. a)** 밀어서 도로 보내다, 되밀다. **b)** 뒤로 밀다. **2.** (z. + sich) 뒤로 밀리다. **3.** 옆으로 밀어 젖히다: die Vorhänge z. 커튼을 옆으로 밀어 젖히다. **~schießen*** **1.** ⟨h⟩ 응사하다. **2.** ⟨s⟩ 다시 쏜살같이 달려가다. **~schlagen*** **1.** ⟨h⟩ 반격하다: 전의 dem Feind darf keine Zeit bleiben zurückzuschlagen 적에게 반격할 여유를 주어서는 안된다. **2.** ⟨h⟩ 차서(쳐서) 도로 보내다. **3.** ⟨s⟩ **a)** ↑ ~bewegen (b). **b)** 때리며 뒤로 튀기다: die Wellen schlugen von den Klippen zurück 파도는 암벽에 부딪혀 뒤퉁겼다. **4.** ⟨h⟩ **a)** 뒤로 젖히다: er schlug seinen Kragen zurück 그는 자신의 옷깃을 뒤로 접었다. **b)** 옆으로 젖히다. **5.** ⟨h⟩ 물리치다, 격퇴하다. **6.** ⟨h⟩ 역효과를 내다: dieser Schritt der Regierung wird mit Sicherheit auf internationalen Beziehungen z. 정부의 이번 조치는 틀림없이 국제 관계에 역효과를 낼 것이다. **~schleppen** ⟨h⟩ **1.** 도로 끌고 가다. **2.** (z. + sich) 다시 원점으로 무겁게 걸어가다: er schleppte sich (zum Haus) zurück 그는 (건물 쪽으로) 무거운 발걸음을 옮겼다. **~schleudern** ⟨h⟩ ↑ ~werfen. **~schneiden*** ⟨h⟩ [원예] 가지치기를 하다. **~schnellen 1.** ⟨s⟩ 튀기돌려지다. **2.** ⟨h⟩ 세차게 도로 던지다. 그는 가지가 되튀기도록 했다. **2.** ⟨h⟩ 세차게 도로 던지다. **~schrauben** ⟨h⟩ 줄이다, 단축하다, 축소하다: der Energieverbrauch muß zurückgeschraubt werden 에너지 소비는 감축되어야만 한다. **~¹schrecken** ⟨h⟩ (드물게) 놀라게 못하게 하다: seine Drohungen schrecken mich nicht zurück 그의 위협을 나는 개의치 않는다. **~²schrecken!** (준고어) **1.** 무엇에 놀라 뒤로 주춤하다(움질하다, 물러나다): entsetzt schreckte er zurück, als er sein entstelltes Gesicht sah 그는 자신의 일그러진 얼굴을 보자, 기겁을 하고 그는 뒤로 물러났다. **2.** ↑ zurückscheuen. **~schreiben*** ⟨h⟩ 답장을 쓰다, 회신하다. **~schwimmen*** ⟨s⟩ 되로 출발점으로 헤엄쳐 가다(오다). **~schwingen*** ⟨s⟩ 진동하여 되돌아 가다(오다). **~sehen*** ⟨h⟩ 되돌아보다, 회고하다. **~sehnen**, sich ⟨h⟩ 돌아가고 싶어하다: ich sehne mich zu ihr (nach Italien) zurück 나는 그녀에게로 (이탈리아로) 돌아가고 싶다. **~senden*** (아이) ↑ ~schicken. **~setzen 1.** ⟨h⟩ **a)** 다시 원위치에 놓다(두다): er setzte den Fisch ins Aquarium zurück 그는 물고기를 수족관에 도로 넣었다. **b)** (z + sich) 도로 그 자리에 앉다: er setzte sich an den Tisch zurück 그는 도로 책상에 앉았다. **2.** ⟨h⟩ 뒤로 옮기다, 후퇴시키다. **3.** ⟨h⟩ **a)** (z + sich) 뒤에 앉다: ich setze mich (ein paar Reihen) zurück 나는 (몇 줄) 뒤로 옮겨 앉았다. **b)** 뒤쪽에 앉다. **4.** ⟨h⟩ **a)** (차를) 후진시키다: er setzte den Wagen (zwei Meter) zurück 그는 자동차를 (2미터) 뒤로 가다, 후진하다. **5.** ⟨h⟩ 냉대하다, 얕보다, 무시하다: er fühlte sich zurückgesetzt 그는 무시 당하고 있는 듯이 느껴졌다. **6.** ⟨h⟩ (지역적) ⟨h⟩ (상품의 값을) 내리다. **7.** [사냥] ⟨h⟩ 지난해 보다 뿔이 작다. **~setzung**, die **1.** ↑ ~setzen의 명사형(후치, 후진 등). **2.** 냉대(멸시), 경시(무시): er empfand es als Z. seiner Person, daß man seinen Vorschlag nicht einmal diskutierte 자신의 제안이 토론조차 되지 않았던 점을 그는 (자신의 인격에 대한) 무시라고 느꼈다. **~sinken*** ⟨s⟩ **1.** 뒤로 주저 앉다: er sank in seinen Sessel zurück 그는 안락의자에 주저 앉았다. **2.** (아이) 다시 빠져 들어가다: er ist wieder in seinen Fatalismus zurückgesunken 그는 다시 자신의 숙명론에 빠졌다. **~sollen*** ⟨h⟩ 돌아가(와)야만 한다. **~spielen** ⟨h⟩ [구기] **a)** ↑ ~geben (2 a). **b)** (공을) 뒤로 돌리다(넘기다). **~springen*** ⟨s⟩ **1.** 뛰어 돌아오다 (가다). **b)** 뒤로 도약하다: er mußte vor dem heranrasenden Motorrad z. 돌진해 오는 오토바이를 피해서 그는 뒤로 뛰지 않을 수 없었다. **2. a)** 갑작스럽게 뒤로 움직이다. **b)** 되튀다, 통겨오다. **3.** 뒤로 쑥 들어가 있다. **~spulen** ⟨h⟩ 되감다: das Tonband z. 녹음 테이프를 도로 감다. **~stauen** ⟨h⟩ **1.** 도로 꿇다. **b)** (z + sich) 물이 막히다. **~stecken** ⟨h⟩ **1.** 도로 꽂다. **2.** 뒤쪽에 (옮겨)꽂다. **3.** 적은 것으로 만족하다: er ist bereit zurückzustecken 그는 요구를 완화할 준비가 되어있다. **~stehen*** ⟨h⟩ **1.** 뒤에 서 있다. **2.** 뒤지다, 못 미치다: keiner wollte da natürlich z. 아무도 뒤지고 싶어하지 않았다. **3.** (아이) 손해보다: er war nicht bereit zurückzustehen 그는 양보할 자세가 아니었다. 전의 dies ist eine Frage, hinter der alle anderen Probleme z. müssen 이것은 모든 다른 문제보다 우선되어야 할 물음이다. **~stellen** ⟨h⟩ **1.** 제자리에 갖다 놓다: stell das Buch (ins Regal) zurück! 책을 (서가에) 도로 갖다 둬! **2.** 뒤로 세우다. **3.** 줄이다, 작게 하다: ich werde die Heizung (etwas) z. 나는 히팅을 (약간) 줄일 것이다. **4.** 남겨 두다: können Sie mir von dem Wein eine Kiste z.? 포도주 한 상자를 (나에게) 남겨 둘 수 있겠습니까? **5.** (징집 따위를) 연기하다[보류하다]: er wurde (für ein Jahr vom Wehrdienst) zurückgestellt 그는 (일년간 징집을) 연기 받았다. **6. a)** 보류하다, 뒤로 미루다. **b)** 무시(경시)하다: in dieser Situation müssen alle Sonderwünsche zurückgestellt werden 이 상황에서는 모든 특별 요망은 무시되지 않을 수 없다. **7.** (österr.) 반환하다, 돌려주다. ~**stellung**, die ↑ ~stellen의 명사형. ~**stoßen*** **1.** ⟨h⟩ **a)** 도로 밀치다. **b)** 쳐서 뒤로 붙이다. **c)** 밀치다, 떨치다: 전의 er stieß die Hand zur Versöhnung zurück 그는 화해의 손길을 거부하였다. **2.** ⟨h⟩ (드물게) 혐오감을 주다: seine aalglatte Art stößt mich zurück 미꾸라지같은 그의 기질이 나는 싫다. **3.** ⟨s⟩ **a)** (자동차 따위가) 조금 뒤로 가다. **b)** 조금 뒤로 움직이다. ~**strahlen** ⟨h⟩ 반사하다. **b)** 반사되다. ~**strahlung**, die (드물게) 반사, 방사. ~**streichen*** ⟨h⟩ (머리 따위를) 뒤로 쓰다듬다. ~**streifen** ⟨h⟩ 뒤로 벗(기)다[까다]. ~**strömen** ⟨s⟩ 되돌아 흐르다, 역류하다: 전의 nach der Pause strömte das Publikum in den Saal zurück 휴식이 끝나자 관객은 물밀듯이 홀 안으로 도로 들어갔다. ~**stufen** ⟨h⟩ (호봉 따위의) 급수를 내리다. ~**stufung**, die ↑ ~stufen의 명사형(↑Rückstufung). ~**taumeln** ⟨s⟩ **1.** 비틀거리며 돌아오다[가다]. **2.** 뒤로 비틀거리다. ~**tragen*** ⟨h⟩ ↑ ~bringen (1 a). ~**transportieren** ⟨h⟩ ↑ ~bringen (1 a). ~**treiben*** ⟨h⟩ 몰고 돌아오다, 되몰다. ~**treten*** **1.** ⟨h⟩ ↑ ~schlagen (1). **2.** 뒤로 물러서다. **3.** ⟨s⟩ 쑥 들어가다. **4.** ⟨s⟩ (영향력 등이) 감퇴하다, 희박해지다: kleine Betriebe treten immer mehr zurück 소기업들은 자꾸 더 감소한다. **5.** ⟨s⟩ 은퇴하다, 퇴진하다: die Regierung[der Kanzler] soll z. 내각(수상)이 사퇴한다고 하더라; er ist zurückgetreten worden (통용어·농) 그는 퇴진하지 않을 수 없었다. **6.** ⟨s⟩ 철회[포기]하다. **7.** ⟨s⟩ 무효를 선언하다, 해약하다: von dem Vertrag kannst du innerhalb einer Woche jederzeit z. 너는 일주일 이내에 언제나 해약할 수 있다. ~**tun*** ⟨h⟩ (통용어) ↑ ~legen, ~stellen, ~setzen. ~**übersetzen*** ↑rückübersetzen. ~**verfolgen** ⟨h⟩ 소급하다, 연원하다: läßt 중세까지 연원[소급, 추적]될 수 있다는 전통. ~**verlangen** ⟨h⟩ **1.** 반환을 요구하다(↑ ~fordern). **2.** (아어·드물게) 돌아가기를 싫어하다, 도로 갖고 싶어하다: er verlangte sehnlich nach ihr[nach ihrer Liebe] zurück 그는 애타게 그녀(그의 사랑)를 도로 차지하고 싶어했다. ~**verlegen** ⟨h⟩ 도로 (제 자리로) 옮기다. ~**versetzen*** ⟨h⟩ **1.** 원(예)상태로 복귀시키다: der Lehrer wurde an seine alte Schule zurückversetzt 선생님은 다시 그전 학교로 전근되었다. **2.** 과거로 되돌리다. ~**versetzung**, die ↑ ~versetzen의 명사형. ~**verwandeln** ⟨h⟩ 다시 그전 상태로 변화시키다. ~**verweisen*** ⟨h⟩ 무엇을 누구에게 반송하다: eine Gesetzesvorlage an den Parlamentsausschuß z. 법률안을 의회의 분과위원회에 되돌려보내다. ~**wälzen** ⟨h⟩ 되굴리다, 되밀쳐 돌려보내다. ~**wandern** ⟨s⟩ (떠돌다가) 되돌아오다[가다]. ~**weichen*** ⟨s⟩ **1.** 물러서다[다]: die Menge wich ehrfürchtig zurück 군중은 공손하게 물러섰다. **2.** (드물게) 퇴각하다, 개입하지 않다, 피하다, 양보하다: vor einer Schwierigkeit z. 어려움을 피하다. ~**weisen*** ⟨h⟩ **1. a)** 되돌아 가도록 명하다[지시하다]: wir wurden an der Grenze zurückgewiesen 우리는 국경에서 (입국을) 거절당했다. **b)** 뒤쪽을 가리키다. **2.** 거부하다, 퇴짜놓다, 각하하다, 거절하다, 되돌려보내다: eine Frage z. 질문에 대답을 거부하다. **3.** 항의하다, 논박(반박)하다, 반대하다: eine Behauptung z. 주장을 반박하다. ~**weisung**, die ↑ ~weisen의 명사형.

~**wenden** ⟨h⟩ **a)** 다시 그전 방향으로 향하다[돌리다]: den Blick z. 눈길을 도로 돌리다; ⟨z + sich⟩ er wandte sich ins Zimmer zurück 그는 다시 방(안)으로 향했다. **b)** 뒤로 돌리다: ⟨z + sich⟩ er wandte sich in der Tür noch einmal zurück 그는 문에서 다시 한번 돌아 보았다. ~**werfen*** **1. a)** 다시 원위치로 던지다: 전의 die Brandung warf ihn ans Ufer zurück 파도가 그를 해안으로 다시 내동댕이쳤다. **b)** 뒤로 던지다: den Kopf z. 머리를 뒤로 젖히다. **2.** 반사하다. **3.** (군) 격퇴하다. **4.** 뒤지게 하다, 곤경에 빠뜨리다: seine Krankheit hat ihn (beruflich, in der Schule) zurückgeworfen 병으로 그는 (직업상, 학교에서) 뒤떨어지고 말았다. ~**winken** ⟨h⟩ 인사에 응답하다. ~**wirken** ⟨h⟩ 반응(반향)하다, 소급하여 효력을 갖다: die Reaktion des Publikums wirkt auf die Schauspieler zurück 관객의 반응은 연기자에 도로 작용한다. ~**wollen*** ⟨h⟩ 돌아가고 싶어하다. **2.** (통용어) 도로 갖고 싶어하다: ich will mein Geld zurück! 나는 내 돈을 돌려받고 싶다! ~**wünschen** ⟨h⟩ **1.** 되찾고 싶어하다: wünscht du (dir) nicht auch manchmal deine Jugend zurück? 너도 역시 때때로 너의 청춘을 되찾고 싶어하겠지? **2.** ⟨z + sich⟩ ↑ ~sehnen. ~**zahlen** ⟨h⟩ **1.** 도로 치르다, 상환하다: er hat das Darlehen[seine Schulden] (an ihn) zurückgezahlt 그는 대여금(빚)을 (그 남자에게) 상환하였다. **2.** (통용어) ↑heimzahlen **(a)**: das werde ich ihm z.! 나는 그것을 그에게 보복(앙갚음)하고야 말것이다! ~**zahlung**, die (드물게) ↑Rückzahlung. ~**ziehen*** **1.** ⟨h⟩ **a)** 도로 원위치로 잡아 끌다. **b)** 뒤로 밀다[잡아 당기다]. **2.** ⟨h⟩ 옆으로 잡다[당겨끌다]: er zog den Riegel[die Gardine] zurück 그는 빗장[커튼]을 옆으로 잡아당겼다. **3.** ⟨h⟩ 되돌아가게 하는 이유가 되다: ⟨비인칭⟩ es zieht mich zu ihr [dorthin] zurück 내 마음은 그녀에게로[거기로] 되돌아가고 있다. **4.** ⟨h⟩ 퇴각(철수)시키다, 소환하다: einen Botschafter (aus einem Land) z. 대사를 (어떤 나라에서) 소환하다. **5.** ⟨h⟩ 철회(취하)하다, 취소하다, 해약하다: seine Kandidatur z. 입후보를 철회(사퇴)하다. **6.** ⟨h⟩ 회수하다: der Hersteller hat das neue Medikament bereits wieder zurückgezogen 제조업자는 벌써 새 약품을 다시 회수하였다. **7.** ⟨z + sich⟩ **a)** 쑥 들어가다, 되돌아오다. **b)** (군) 퇴각하다, 후퇴하다: der Feind hat sich auf sein eigenes Territorium zurückgezogen 적은 자기 영토로 퇴각하였다. **c)** (조용한 곳으로) 물러나다, 은퇴하다: ich zog mich zum Schlafen in mein Zimmer zurück 나는 잠자려고 내 방으로 물러났다; 전의 sich ins Privatleben z. 야인(野人)으로 돌아가다; sich in sich selbst z. 깊은 생각에 잠기다. **d)** 참여를 중단하다, 손을 떼다, 포기하다: sich aus der Politik z. 정계에서 은퇴하다. **e)** 관계(접촉)를 끊다: sich von den Menschen z. 사람들[자기 친구들]과의 관계를 끊다. **8.** ⟨s⟩ 전에 살던 곳으로 도로 이사하다. ~**zieher**, der; -s, - (드물게) ↑Rückzieher. ~**ziehung**, die ↑ ~ziehen의 명사형. ~**zucken** ⟨s⟩ 움찔거리며 뒤로 물러서다.

Zuruf, der; -(e)s, -e 부름, 부르는 소리, 수하(誰何): die Hunde gehorchten ihm auf Z. 개들은 그가 부르는 데로 복종하였다; die Wahl des Vorstands erfolgte durch Z. 회장단 선거는 박수갈채로 이루어졌다. **zurufen*** ⟨h⟩ 소리쳐 알리다: ich rief ihm zu, er solle warten 나는 그에게 기다리라고 소리쳤다.

zurüsten ⟨h⟩ 준비[채비]하다. **Zurüstung**, die; -en ↑ zurüsten의 명사형.

zurzeit ⟨Adv.⟩ (schweiz., österr.) 목하, 현금.

Zusage, die; -n **a)** (초청에의) 승낙, 수락, 약정(반대: Absage 1 a): seine Z., bei der Eröffnung anwesend zu sein, geben 개막식 초대에 참석하겠다고 승낙하다. **b)** 확약, 약속: bindende(glaubhafte) -n geben 구속력 있는(신뢰할 수 있는) 약속을 하다. **zusagen** ⟨h⟩ **1. a)** ⟨수락(승낙)하다, 보장하다(반대: absagen 2): am Montag hatte er (ihnen) sein Kommen noch zugesagt 월요일에 그는 온다는 것까지도 (그들에게) 보장하였다. **b)** 약속(확언)하다: jmdm. prompte Erledigung z. 누구에게 즉각 처리해 줄 것을 약속하다. **2.** 상응하다, 마음에 들다, 알맞다, 적합하다: dieser Wein sagt mir mehr zu 이 포도주는 내 구미에 더 맞는다.

zusammen [tsuˈzamən] ⟨Adv.⟩ **1.** 함께, 같이, 공동으로: sie bestellten z. eine Flasche Wein 그들은 공동으로 포도주 한병을 주문했다. **2.** 모두 합쳐, 통틀어서: sie besitzen z. ein Vermögen von 50,000 Mark 그들은 모두 합쳐 5만 마르크의 재산을 소유하고 있다.

zusammen-, Zusammen-: **~arbeit,** die ⟨Pl. 없음⟩ 공동 작업, 협력: eine enge(internationale, wirtschaftliche) Z. 밀접한(국제적, 경제적) 협력. **~arbeiten** ⟨h⟩ 함께(협력하여) 일하다, 공동의 노력을 경주하다: beide Staaten wollen auf diesem Sektor künftig enger z. 양국은 이 분야에서 앞으로 더 밀접하게 협력하고자 한다. **~backen** ⟨h⟩ ⟨지역적⟩ 한 덩어리로 붙이다, 타서 붙어붙다(빵 따위가). **~ballen** ⟨h⟩ **a)** 둥글게 하다, 둥근 덩어리로 만들다: die Fäuste z. (양손의) 주먹을 움켜쥐다. **b)** ⟨z + sich⟩ 단단한 덩어리로 뭉쳐지다. **~ballung,** die 집결, 집적, 집합, 집합체를 이루기: die Z. von Macht 힘의 결집(집합). **~basteln** ⟨부품으로⟩ 조립하다: sich Lautsprecheranlagen z. 손수 스피커 시설을 조립하다. 〔전의〕er hatte sich seine Weltanschauung zusammengebastelt ⟨통용어⟩ 그는 스스로 자신의 세계관을 구축하였다. **~bau,** der ⟨Pl. -e⟩ 조립, 몽타즈. **~bauen** ⟨h⟩ ⟨부품으로⟩ 조립하다: ein Auto z. 자동차를 조립하다. **~beißen*** ⟨h⟩ **1.** (이를) 악물다: (vor Schmerz) die Zähne z. (고통으로) 이를 악물다. **2. ~** (z + sich) ⟨통용어⟩ ↑ **~raufen. ~bekommen*** ⟨h⟩ **a)** ↑ **~bringen** (1 a). **b)** ⟨통용어⟩ **~bringen** (1 b). **~bildung,** die [언어] 합성(예컨대: beidarmig = mit beiden Armen). **~binden*** ⟨h⟩ 한데 묶다, 묶어매다: Blumen (zu einem Strauß) z. 꽃을 (다발로, 묶다(꽃다발을 만들다). **~bleiben*** ⟨s⟩ **a)** 함께 머무르다: wir sind mit den Freunden) noch etwas zusammengeblieben 우리들은 (친구들과) 얼마쯤 더 함께 있었다. **b)** 개인적인 관계를 유지하다, 떨어지지 않다: das Paar wollte immer z. 그 쌍은 (언제까지) 함께 있고자 했다. **~brauen** ⟨h⟩ ⟨통용어⟩ ⟨여러 재료로⟩ 양조하다, 음료를 만들다. **2.** ⟨z + sich⟩ 불길한 것으로 발전하다: etwas schien sich zusammenzubrauen 무슨 일이 일어날 것 같았다. **~brechen*** ⟨s⟩ **1.** 부서지다, 붕괴(와해)하다: das Gerüst(die Brücke) ist zusammengebrochen 골조(다리)가 붕괴하고 말았다; die Woge brach über mir zusammen 파도가 나를 덮쳤다. **2.** 허물어지다, 주저앉다, 쓰러지다, 탈진상태에 빠지다: auf dem Marsch (vor Erschöpfung, infolge Überarbeitung) z. 행군중에 (지쳐서, 과로로) 쓰러지다 (졸도하다). **3.** 좌절하다, 실패로 돌아가다, 마비되다, 도산하다: der Verkehr(das System) brach zusammen 교통(체계)이 마비되고 말았다. **~bringen*** ⟨h⟩ **1. a)** (돈을) 모으다, 조달하다, 마련하다: er kann nicht einmal das Geld für einen neuen Anzug z. 그는 새 양복한 벌을 살 돈조차도 마련할 수 없다. **b)** ⟨통용어⟩ ⟨기억으로⟩ 텍스트 등을) 짜 맞추어 내다, 가다듬다: die Verse nicht mehr z. 싯구를 더이상 짜 맞추지 못하다; er brachte keine drei Sätze(Worte) zusammen 그는 흥분해서 아무 말도 할 수 없었다. **c)** 다시 한 군데로 모으다. **2.** 화해시키다, 서로 인사시키다: ich brachte ihn mit einem meiner Kollegen zusammen 나는 그를 내 동료중의 한 사람에게 소개하였다. **3.** ⟨무엇을 무엇과⟩ 연결지우다, 관계 맺게 하다. **~bruch,** der **1.** 붕괴, 실각, 마비, 좌절, 졸도, 탈진: er war dem Z. nahe 그는 거의 탈진 상태였다. **2.** 파산, 파탄, 도산: der politische [wirtschaftliche] Z. eines Landes 한 나라의 정치적(경제적) 파탄. **~drängen** ⟨h⟩ **1. a)** 한 군데로 밀어붙이다. **b)** ⟨z + sich⟩ 밀집하다(복작거리다), 밀려들다: sie drängten sich wie die Schafe zusammen 그들은 양떼처럼 군집하였다. **2. a)** 압축(응축)하다, 요약하다: seine Schilderung in wenige Sätze z. 그의 서술을 몇몇 문장으로 압축하다(요약하다). **b)** ⟨z + sich⟩ 폭주하다, 단시간 내에 일어나다. **~drehen** ⟨h⟩ (새끼 따위)를 꼬다. **~drückbar** [-drykbaːʀ] ⟨Adj.⟩ [물리] **~pressibel. ~drückbarkeit,** die [물리] ↑ **Kompressibilität. ~drücken** ⟨h⟩ 여러 방향에서 눌러 납작하게 만들다(으깨다), 압착하다. **~fahren*** **1.** ⟨s⟩ 충돌하다: das Auto ist mit dem Lastwagen zusammengefahren 승용차가 짐차와 충돌했다. **2.** ⟨s⟩ 움찔하다, 기겁하다. **3.** ⟨통용어⟩ ⟨h⟩ **~kaputtfahren** (b): ein zusammengefahrenes Auto 다 망가져 버린(수명이 다한) 자동차. **~fall,** der ⟨Pl. 없음⟩ 동시 발생, 합류. **~fallen*** ⟨s⟩ **1.** 붕괴(와해)하다: das Haus fiel wie ein Kartenhaus zusammen 집이 공중 누각처럼 붕괴하였다. **2.** 오그라들다, 수축하다, 쇠미(쇠퇴)하다: 〔전의〕 Pläne fallen in sich zusammen 계획들이 실현성 없는 것으로 드러난다. **3.** 쇠약해지다, 쇠하여 여위다: er ist in letzter Zeit sehr zusammengefallen 그는 최근에 아주 쇠약해졌다. **4. a)** 동시에 발생하다: sein Geburtstag fällt dieses Jahr mit Ostern zusammen 그의 생일은 올해 부활절과 같은 날이다. **b)** (기하의 도형 따위가) 일치하다, 합동이다. **5.** ⟨österr.⟩ ↑ **hinfallen** (1 a). **~falten** ⟨h⟩ **1.** 접다(반대: auseinanderfalten): etw. zweimal z. 무엇을 두번 접다. **2.** ↑ **falten** (3): die Hände z. 양손을 합장하다. **~fassen** ⟨h⟩ **1.** 보다 큰 것으로 합치다, 통합하다: die Teilnehmer in Gruppen(zu Gruppen) von 10 Personen z. 참가자들을 묶어 각각 10명의 집단으로 만들다; verschiedene Dinge unter einem Oberbegriff z. 상이한 사물들을 하나의 상위 개념 아래 통합하다. **2.** 요약하다, 총괄하다: die Ergebnisse der Untersuchung kurz z. 연구의 결과를 간략히 요약하다. **~fassung,** die **1.** 합성. **2.** 요약(約言), ⟨서사의⟩ 적요: am Schluß des Buches steht eine Z. 책의 말미에 요약이 있다. **~fegen** ⟨h⟩ ⟨지역적⟩ 쓸어 모으다. **~finden*** ⟨h⟩ **1.** (z + sich) 합치다, 결합하다, 제휴하다: sie haben sich zu einer gemeinschaftlichen Arbeit zusammengefunden 그들은 공동작업을 하려고 제휴했다. **b)** 특정한 일을 하려고 회동(회합)하다, 모이다. **3.** ⟨드물게⟩ 다시 짜맞추다. **~flicken** ⟨h⟩ ⟨통용어·폄⟩ 헝겊(조각)을 대고 깁다(땜질하다), 보철하다. 〔전의〕 nach seinem Unfall hat man ihn im Krankenhaus wieder zusammengeflickt 사고후 그는 병원에서 다시 재생되었다. **2.** 간신히 끼워(짜)맞추다: einen Artikel z. 간신히 기사를 짜 맞추었다. **~fließen*** ⟨s⟩ 합류하다, 융합하다: 〔전의〕 zusammenfließende Klänge 융합하는 음향들. **~fluß,** der **1.** 합류(合流). **2.** 합류 지점. **~fügen** ⟨h⟩ ⟨아어⟩ **1.** 조립하다, 결합(결합, 연결)하다: Steine zu einem Mosaik z. 돌들을 모자이크로 짜맞추다; 〔전의〕 was Gott zusammengefügt hat, das soll der Mensch nicht scheiden 하느님이 짝지어 주신 것을 사람이 나누지 못할지니라(마태. 19장 6절). **2.** ⟨z + sich⟩ 조립(접합, 연결)되다, 이어지다. **~führen** ⟨h⟩ 결합(결연)시키다, 다시 합치다: getrennte Familien wieder z. 이산가족들을 다시 합치다. **~führung,** die ↑ **~führen**의 명사형. **~geben*** ⟨h⟩ ⟨아어·준고어⟩ 결혼시키다. **~ge-**

hen* ⟨s⟩ 1. 제휴[협력]하다, 동행하다: Grüne und Jusos gehen zusammen 녹색당원과 청년 사민당원들이 제휴한다. 2. 서로 어울리다, 일치되다, 부합되다. 3. 《지역적》 ⟨s⟩ a) 양이 적어지다. b) 수축하다: der Pullover ist beim Waschen zusammengegangen 스웨터가 세탁시 줄어들었다. 4. ⟨통어〉 만나다, 합치다. ~gehören ⟨h⟩ ⟨통어〉 a) 서로에게 속하다, 함께 하나의 전체를 이루다: wir gehören nicht zusammen 우리는 서로 전혀 관계가 없다. b) 짝을 이루다: 전의 Freude und Leid gehören zusammen 기쁨과 고통은 짝을 이룬다. ~gehörig ⟨Adj.⟩ a) 밀접하게 연결[결합]되어 있는: sie fühlen sich z. 그들은 서로 결합되어 있다고 느낀다. b) 동종[동질]의, 한 쌍을 이루는: etw. ist nicht z. 무엇이 쌍을 이루지 않는다. ~gehörigkeit, die 소속이 같음, 짝을 이룸, 동종[질]성, 상관성, 공속(共屬). ~gehörigkeitsgefühl, das 공속감, 동질체 의식, 연대감. ~geraten* ⟨s⟩ 교전[충돌]하다, 말다툼하다. ~gewürfelt ⟨Adj.⟩ a) 임의적으로 합친[합성된]: eine (bunt) -e Reisegruppe 여러 종류의 사람들로 [대체롭게] 구성된 여행 단체. b) 뒤죽 박죽으로 섞인, 조화를 이루지 못하는, 혼란스러운, 어지러운. ~gießen* ⟨h⟩ 한 군데에 쏟다, 부어[모아] 모으다. ~haben* ⟨h⟩ ⟨통어〉 ⟨전부 모아⟩ 가지고 있다. ~halt, der ⟨Pl. 없음⟩ 1. 접착, 합착(合着), 응집(력), 결합. 2. 일치, 단결: der Z. lockert sich[geht verloren] 단결이 해이해지고[사라지고] 있다. ~halten* ⟨h⟩ 1. 결합[접착]되어 있다, 한데 붙어 있다. 2. 일치단결하여 있다: die Familie hält sehr zusammen 그 가족은 단결력[결집력]이 강하다. 3. a) 〈부분들을〉 결속하다, 응집하다: 전의 die Gruppe wird von gemeinsamen Interessen zusammengehalten 집단은 공동 관심에 의해 결속된다. b) 흐트러지지 않게 하다, 집중하다: 전의 er versucht vergebens, seine Gedanken zusammenzuhalten 그는 자신의 생각을 집중하려고 해보았으나 헛된 일이었다. 4. 비교[대조]하다. ~hang, der 연관, 연결, 관계, 관련, 맥락, 연계: es besteht ein Z. zwischen beiden Vorgängen 두 사건 간에는 관련이 있다; das ist aus dem Z. gerissen 그것은 맥락[문맥]에서 벗어나 있다; etw. miteinander in Z. bringen 무엇을 서로 관련짓다[연관시키다]; in diesem Z. 이와 관련해서. ~hängen* ⟨h⟩ 1. ⟨서로〉 연결되어 있다, 결합[부착]되어 있다 b) etw. zusammenhängend darstellen 무엇을 조리있게[연관지어서] 묘사하다. 2. 무엇과 관계가 있다, 연관되어 있다: daß er zu spät kam, hing mit dem schlechten Wetter zusammen 그가 너무 늦게 온 것은 불순한 날씨와 관계가 있었다. ~hanglos, ⟨드물게⟩ ~hangslos ⟨Adj.⟩ 연관(성)이 없는, 지리멸렬한, 산만한. ~hanglosigkeit, ⟨드물게⟩ ~hangslosigkeit, die ↑~hang(s)los의 명사형. ~hauen* ⟨h⟩ ⟨통어〉 1. 때려 부수다[눕히다], 박살내다. 2. ↑~schlagen (2 a): Rowdys hatten ihn nachts auf der Straße zusammengehauen 그는 밤에 노상에서 불량배들에 의해 구타당했다. 3. 비전문적으로 ⟨아무렇게나⟩ 만들어내다: 전의 einen Aufsatz[Artikel] eilig z. 논문[기사]을 성급하게 [빨리] 쓰다. ~heften ⟨h⟩ 철하다. ~heilen ⟨h⟩ 상처가 아물다, 유합(유착(癒着))하다. ~hocken ⟨h⟩ ⟨통어〉 ↑~sitzen. ~holen ⟨h⟩ 쳐부수다, 불러 모으다. ~kauern, sich ⟨h⟩ 웅크리고 앉다, 움츠리다. ~kaufen ⟨h⟩ 사 모으다, 몽땅 사다. ~kehren ⟨h⟩ ⟨지역적⟩ ↑~fegen. ~ketten ⟨h⟩ 사슬로 함께 연결하다, 합쳐 있다, 연쇄시키다. ~kitten ⟨h⟩ 양회로 접합하다(↑kitten (1)). ~klang, der ⟨협⟩화음, 현음(絃音), 조화. ~klappbar [-klapbaːɐ̯] ⟨Adj.⟩ 접을 수 있는, 개킬 수 있는. ~klappen ⟨h⟩ 1. 접어서 ⟨개켜서⟩ 줄이다, ⟨찰각, 탁〉 접다, 개(키)다. 2. ⟨통어〉 ⟨h⟩ ~schlagen (1): die Hacken z. ⟨구두⟩ 뒤축을 두들겨 맞 추다[붙이다]. 3. ⟨s⟩ ↑~brechen (2): sie war vor Erschöpfung ohnmächtig zusammengeklappt 그녀는 지쳐서 실신해 버리고[졸도하고] 말았다. ~klauben ⟨h⟩ ⟨süd., österr.⟩ 주워 모으다, ⟨연대기 따위를⟩ 편찬하다, 따서 모으다. ~klauen ⟨h⟩ ⟨통어〉 훔쳐 모으다. ~kleben ⟨h⟩ ↑aneinanderkleben (1, 2 a). ~kleistern ⟨h⟩ 1. 맞붙이다, 풀로 맞추어 붙이다. 2. ↑~kitten. ~klingen ⟨h⟩ 화(현)음을 내다, 복합조음을 내다: Glocken klangen zusammen 종소리는 이 화음을 이루며 동시에 울렸다. ~klittern ⟨h⟩ 여기저기서 떼다 붙이다. ~knallen 1. ⟨h⟩ ↑~schlagen (1), 2. ⟨s⟩ ⟨경⟩ 격돌[충돌]하다: er ist mit dem Chef zusammengeknallt 그는 사장과 격돌했다[몹시 다투었다]. ~kneifen* ⟨h⟩ ↑~pressen: die Lippen[den Mund] z. 입술[입]을 꼭 다물다. ~knicken ⟨s⟩ ⟨통어〉 꼬꾸라지다, 꾸부리다. ~knoten ⟨h⟩ ↑~knoten. ~knüllen ⟨h⟩ knüllen (1): den Brief hastig z. 편지를 급히 구겨버리다. ~knüppeln ⟨h⟩ 몽둥이로 때려 눕히다. ~kommen* ⟨s⟩ 1. a) 모이다, 회합하다, 집합하다: zu einer Kundgebung z. 시위하려고 모이다. b) 만나다: er ist mit vielen Leuten zusammengekommen 그는 많은 사람들을 알게 되었다. 2. a) ⟨대개 주어 없이 일이⟩ 함께[동시에] 일어나다: an diesem Tag ist (aber auch) alles zusammengekommen ⟨역시⟩ 이날은 모든 것이 한꺼번에 일어났다. b) 축적되다, 수집되다: es ist wieder einiges an Spenden[Geschenken] zusammengekommen 다시 얼마간의 기부[선물]가 모여졌다. ~koppeln ⟨h⟩ ↑koppeln (1, 2). ~krachen ⟨s⟩ ⟨경⟩ 1. ⟨굉장한 소리를 내면서⟩ 부서지다, 무너지다. 2. 요란한 소리를 내면서 충돌하다: die Fahrzeuge sind auf der Kreuzung zusammengekracht 자동차들이 교차로에서 요란한 소리를 내면서 충돌했다. ~krampfen, sich ⟨h⟩ ↑krampfen (1 a). ~kratzen ⟨h⟩ ⟨통어〉 그러[긁어]모으다: ich habe mein letztes Geld zusammengekratzt 나는 마지막 한푼도 남기지 않고 긁어 모았다; 전의 wir haben unser ganzes Englisch zusammengekratzt 우리들은 영어 실력을 총동원했다. ~kriegen ⟨h⟩ ⟨통어〉 ↑~bekommen, ~bringen. ~krümmen, sich ⟨h⟩ ↑krümmen (2 a). ~kunft, die [-kʊnft]; -künfte [-kʏnftə] 회합, 집회, 회의, 모임: irgendwo eine Z. haben[halten] 어디에서인지 모임을 갖는다. ~läppern, sich ⟨h⟩ ⟨통어〉 퇴적[축적]되다. ~lassen* ⟨h⟩ a) 분리시키지 않다. b) ↑zueinanderlassen. ~laufen* ⟨s⟩ 1. a) 뛰어와 모이다, 모여들다: die Menschen liefen (neugierig) zusammen 사람들은 ⟨호기심에서⟩ 모여들었다. b) 합류하다: jmdm. läuft das Wasser im Mund zusammen 누구의 입안에 먹고 싶어 군침이 돈다. c) ⟨통어⟩ ⟨색채 따위가⟩ 융합하다, 섞이다. 2. ⟨한 점에⟩ 모이다: 전의 in seiner Hand liefen alle Fäden zusammen 모든 실마리는 그가 쥐고 있었다. 3. ⟨지역적⟩ ⟨우유 따위가⟩ 엉기다. 4. ⟨통어⟩ ⟨직물 따위가⟩ 줄다. ~leben ⟨h⟩ a) 함께 살다, 동거[동서]하다. b) ⟨z + sich⟩ 오랜 공동 생활로 서로 익숙[친]해지다: wir haben uns (mit unserem Vermieter) gut zusammengelebt 우리는 ⟨집주인과⟩ 함께 오래 잘 지내며 살았다. ~leben, das ⟨Pl. 없음⟩ 공동[사회] 생활, 동거 [동서]. ~legbar [-leːkbaːɐ̯] ⟨Adj.⟩ ⟨옷이⟩ 접을 수 있는: ein -er Schirm 접는 우산. ~legen ⟨h⟩ 1. ~falten (1). 2. 한데 모으다. 3. 서로 연결하다, 병합[통합]하다: die Bauern ermutigen, den zersplitterten Bodenbesitz zusammenzulegen 흩어진 토지를 병합하여 경지 정리를 하도록 농민들을 부추기다. 4. 합숙시키다: die Kranken z. 환자들을 한 방에 함께 있게 하다. 5. 모금하다: wir legten für ein Geschenk zusammen 우리들은 선물하려고 모금하였다. 6. ⟨손이나 팔을⟩ 포개다.

~legung, die; -en 함께 (모아)두기, 병합, (주식·토지 따위의) 정리 통합, 경지 정리. ~leimen ⟨h⟩ 아교로 붙이다, 교착(膠着)시키다. ~lesen* ⟨h⟩ 주워[따] 모으다, 수합하다. ~liegen* ⟨h⟩ 나란히 붙어 있다, 인접해 있다. ~lügen* ⟨h⟩ 《통용어》 거짓말로 그럴싸하게 꾸미다[속이다]: das ist doch alles zusammengelogen! 그 모든 것은 역시 거짓말로 그럴싸하게 꾸민 것이었다! ~mischen ⟨h⟩ 서로 뒤섞다, 혼합하다. ~nähen ⟨h⟩ 꿰매다, 봉합하다. ~nehmen* ⟨h⟩ 1. 집중하다, 총괄하다: seinen ganzen Verstand[Mut] z. 모든 이성[용기]을 총동원하다. 2. (z + sich) 생각을 가다듬다, 정신차리다, 자제하다: nimm dich (gefälligst) zusammen! (제발) 정신 좀 차려라! 3. 전체적으로 보다[고려하다]: alles zusammengenommen macht es 50 Mark 전부 합하면 50마르크 된다. ~packen ⟨h⟩ 1. a) 한데[함께] 묶다[수합하다]. b) 한데 꾸리다[싸다]. 2. 끝내다, 일을 마치다, 쉬우다: ich werde jetzt z. und Feierabend machen 나는 이제 치우고 퇴근할 생각이다. ~passen ⟨h⟩ 1. (서로) 걸맞다, 적합하다, 어울리다: die Gardinen passen überhaupt nicht mit der Tapete zusammen 커튼과 벽지는 전혀 어울리지 않는다. 2. 잘 배합하다, 조화시키다, 짝맞추다. ~pferchen ⟨h⟩ 같은 우리에 넣다, 꼭꼭 채우다 (↑pferchen от): (대개 과거분사로) in der winzigen Zelle waren 20 Menschen zusammengepfercht 좁은 감방에 20명이나 빽빽이 들어 차 있었다. ~prall, der 충돌. ~prallen ⟨s⟩ 충돌하다. ~pressen ⟨h⟩ a) 꼭 다물다[합치다]. b) 눌러 으깨다, 압착[압축]하다. ~pressung, die ↑~pressen의 명사형. ~raffen 1. ↑raffen (1 b): er raffte seine Unterlagen zusammen 그는 자기 서류들을 긁어 모았다. 2. 《폄》 낚아채다(↑raffen 2): er hat in kurzer Zeit ein beträchtliches Vermögen zusammengerafft 그는 단시일내에 상당한 재산을 축재했다. 3. ↑raffen (2). 4. (z + sich) 《통용어》 (무리하여) 전력을 기울이다, 용기를 내다. ~raufen, sich ⟨h⟩ 《통용어》 (다소간의 애로를 겪은 후) 점차 이해하게 되다: sich mit jmdm. z. 누구와 점차적으로 서로 이해하게 되다. ~rechnen ⟨h⟩ 가산(합산)하다, 합계하다. ~reimen ⟨h⟩ 《통용어》 a) 설명하다: ich kann mir das nur so z. 나는 그것을 단지 그렇게만 설명할 수 있을 따름이다. b) (z + sich) 명백해지다, 설명되다: wie reimt sich das zusammen? 그것은 대체 어떻게 설명되는가? ~reißen* ⟨h⟩ 《통용어》 1. (z + sich) 정신차리다, 기운내다, 분기하다: reiß dich zusammen! 정신차려라[주의해, 기운을 내]! 2. [군] 세차보게 맞붙이다 (부딪히게 하다): die Glieder(Knochen) z. 차렷 자세를 취하다. ~ringeln, sich ⟨h⟩ 몸을 둘둘 감다(사리다), 또아리를 틀다. ~rollen ⟨h⟩ 뭉쳐 감다, 말아올리다: zusammengerollte Landkarten 똘똘 감긴 지도. b) (z + sich) ↑~ringeln. ~rotten, sich ⟨h⟩ 도당(떼)을 짓다, 반란(폭동)을 일으키다. ~rottung, die; -en ↑~rotten의 명사형. ~rücken 1. ⟨h⟩ 접근시키다: die Stühle z. 의자를 다가놓아 사이를 좁히다. 2. ⟨s⟩ 당겨 앉다, 자리를 좁히다, 가까워지다: sie rückten noch näher zusammen 그들은 더 가까이 앉아 있었다. 전의 wenn die Großmächte auf scharfen Kurs gehen, dann rücken die Neutralen zusammen 강대국들이 강경 노선을 걸으면, 중립국들은 서로 접근할 것이다. ~rufen* ⟨h⟩ a) 불러 모으다, 집합시키다. b) ↑einberufen (1): das Parlament z. 의회를 소집하다. ~sacken ⟨s⟩ 《통용어》 1. 무너지다: das notdürftig wiedererrichtete Haus sackte (in sich) zusammen 임시변통으로 다시 올려세운 집이 (폭삭) 붕괴[도괴]하다. 2. ↑brechen (2), ~sinken (2 a): unter der Last z. 짐이 무거워 기진맥진해져서 주저 앉다[쓰러지다]. 3. ↑sinken (2 b): er sackte zusammen, als er das Urteil hörte 그는 판결(선고)을 들었을 때, 졸도(실신)해 버렸다. ~scharen ⟨h⟩ 누구 주위에 모이다: seine Anhänger hatten sich (um ihn) zusammengeschart 그의 추종자들이 (그의 주위에) 모였다. ~scharren ⟨h⟩ a) 긁어 모으다. b) 《통용어·폄》 ↑~raffen (2). ~schau, die ⟨Pl. 없음⟩ 개관, 개요, 요약. ~scheißen* ⟨h⟩ 《속》 훈계(질책)하다, 설교하다. ~schiebbar [-ʃiːpbaːɐ̯] ⟨Adj.⟩ 밀어 모을[칠] 수 있는. ~schieben* ⟨h⟩ a) 밀어 모으다(사이를 좁히다), 겹접합식으로 만들다: die Bänke z. 의자들을 밀어 사이를 좁히다. b) (z + sich) 죄어지다, 겹쳐 좁혀지다: der Vorhang schob sich zusammen 커튼은 제쳐졌다(열렸다). ~schießen* ⟨h⟩ a) (사격, 포격하여) 파괴하다, 섬멸[격파]하다: ganze Dörfer wurden damals rücksichtslos zusammengeschossen 당시 마을들은 모조리 무자비하게 (포격으로) 파괴되었다. b) 《통용어》 사살하다. ~schlagen* 1. ⟨h⟩ 때려(쳐서, 두들겨) 다지다(맞붙이다): die Absätze(Hacken) z. 신발 뒤꿈치를 딱 맞붙이다, 부동자세를 취하다; die Hände überm Kopf z. (놀라) 말문이 막혀 버리다, 무엇에 대해서 매우 놀라다(경악하다). 2. ⟨h⟩ 《통용어》 a) 때려 눕히다: er wurde von drei Männern zusammengeschlagen und beraubt 그는 세 남자들에게 매가 두들겨 맞고 강탈당했다. b) 때려 부수다, 두들겨 깨다: in seiner Wut schlug er alles zusammen 그는 격노하여 모든 것을 때려 부수었다. 3. ⟨h⟩ ↑falten (1). 4. ⟨s⟩ ↑(누구의 머리 위에) 덮치다(떨어지다): die Wellen schlugen über dem sinkenden Boot zusammen 파도가 침몰하는 보트를 덮쳤다; 전의 jetzt schlug das Verhängnis über ihm zusammen 이제 액운이 그의 신상에 닥쳤다. ~schließen* ⟨h⟩ 1. 한줄에 묶다: die Gefangenen waren mit Handschellen zusammengeschlossen 포로[죄수]들이 수갑으로 한데 묶여 있었다. 2. (z + sich) 결합[통합], 합병]하다, 연합[동맹]하다, 제휴[밀집]하다: die beiden Firmen haben sich zusammengeschlossen 두 회사가는 합병하였다. ~schluß, der ↑~schließen의 명사형. ~schmelzen* 1. ⟨h⟩ a) 용해시키다, 융합하다. b) 녹이다. 2. ⟨s⟩ (차차) 녹아 없어지다[줄다]: der Schnee ist (an der Sonne) zusammengeschmolzen 눈은 (햇빛에) 차차 녹아 없어졌다; 전의 das Geld ist bis auf einen kleinen Rest zusammengeschmolzen 돈이 줄어들어 조금 밖에 남지 않았다. ~schneiden* ⟨h⟩ [영화·방송·텔레비젼] ↑cutten: einen Film auf die Hälfte z. 영화를 반으로 줄여 편집하다. ~schnüren ⟨h⟩ 1. a) ↑schnüren (1 b). b) ↑schnüren (1 c). 2. 졸라매다, 조르다: 전의 die Angst schnürte mir das Herz [die Kehle] zusammen 두려움이 나의 가슴[목]을 짓눌렀다. ~schrauben ⟨h⟩ 나사로 죄어 맞추다[연결하다]. ~schrecken ⟨s⟩ 깜짝 놀라다, 움찔하다, 소스라치다, 움츠러 들다: bei jedem Geräusch schrak er unwillkürlich zusammen 그는 자기도 모르게 움츠러들었다. ~schreiben* ⟨h⟩ 1. 한 단어로 붙여 쓰다, 한 말로 합치다. 2. 편찬(작성)하다, 써서 모으다(정돈하다): ein Referat[eine Rede] z. 리포트[연설문]를 작성하다. 3. 《통용어·폄》 (아무렇게나) 써갈기다. 4. 《통용어》 글(쓰기)로 돈벌이하다: sie hat (sich) mit ihren Romanen ein Vermögen zusammengeschrieben 그녀는 장편 소설들을 써서 큰 재산을 모았다. ~schreibung, die ↑~schreiben의 명사형. ~schrumpfen ⟨s⟩ ↑schrumpfen (2): sein Vermögen ist auf die Hälfte zusammengeschrumpft 그의 재산은 반으로 줄어들었다. ~schustern ⟨h⟩ 《통용어·폄》 날림으로 제조[제작]하다, 조각을 대고 깁다: ein zusammengeschusterter Artikel 어설프게 작성된 글. ~schweißen ⟨h⟩ 용접하다: 전의 der gemeinsame Erfolg hat sie noch mehr zusammengeschweißt 공동의 성공이 그들을 더

욱 밀착시켰다. ~sein* ⟨s⟩ 일정한 시간을 함께 있다[보내다, 지내다]: 전의 sie ist drei Jahre mit ihm zusammengewesen 그녀는 그와 3년을 함께 살았다; er ist schon mal mit ihr zusammengewesen 《은폐》 그는 그녀와 이미 함께 잔적이 있다. ~sein, das a) ↑ Beisammensein (a). b) 사교적인 모임[집회]. ~setzen ⟨h⟩ 1. a) ↑~fügen (1). b) 조립[조성, 구성]하다: er hat das Fahrrad auseinandergenommen und wieder zusammengesetzt 그는 자전거를 분해했다가 다시 조립하였다. 2. ⟨z. + sich⟩ 성립하다, 구성되다: die Uhr setzt sich aus vielen Teilen zusammen 시계는 많은 부속[구성[조립]된다; ein zusammengesetztes Wort 합성어, 복합어. 3. ⟨z. + sich⟩ a) 함께[나란히] 앉다: wir sollten uns einmal z. und ein Glas Wein trinken 우리 한번 함께 자리를 같이하여 포도주 한잔 해야 할텐데. b) 만나다, 모이다. ~setzung, die 1. ⟨Pl. 없음⟩ 조립[조성, 구성], 화합(化合). 2. 구성(조제, 합성) 방식: die Z. der Mannschaft erwies sich als ungünstig 선수단의 구성(방식)은 비효율적임이 입증되었다. 3. 【언어】 합성어[복합어]《예컨대: Tischbein, friedliebend 등》. ~sinken* ⟨s⟩ 1. ↑~brechen (1), ↑~fallen (1): die Dachkonstruktion sank langsam in sich zusammen 지붕 구조물이 천천히 내려 앉았다. 2. a) 넘어지다, 주저앉다: ohnmächtig [tot] z. 실신하여 넘어지다[죽다]. b) 녹초가 되다, 기진 맥진해지다: sie saß ganz in sich zusammengesunken da 그녀는 완전히 녹초가 되어 거기 앉아 있었다. 3. 천천히 꺼지다. ~sitzen* ⟨h⟩ a) 같이[나란히] 앉다. b) 동석하다. ~sparen ⟨h⟩ 절약하여 모으다, 저축하다: sich ein Fahrrad z. 자전거 살 돈을 절약하여 모으다. ~sperren 한 장소에[함께] 가두다. ~spiel, das ⟨Pl. 없음⟩ a) 팀워, 합동 경기(유희), 공연(共演), 합동극. b) 공동(상호) 작용, 협력. ~spielen ⟨h⟩ a) 공연(共演)하다: die beiden haben nicht sonderlich gut zusammengespielt 두 사람은 특별히 좋은 공연을 하진 못했다. b) 상호작용하다, 협력하다: merkwürdige Zufälle spielten dabei zusammen 이상한 몇몇 사건들이 거기에 함께 작용하였다. ~stauchen ⟨h⟩ 1. 눌러 짓뭉개다, 압착하다. 2. 《통용어》 누구를 매도하다, 되게 몰아세우다. ~stecken ⟨h⟩ 1. 꽂아 서로 연결하다: den Stoff mit Nadeln z. 옷감을 바늘로 꽂아 접합시키다. 2. 《통용어》 자주 함께 있다: die beiden stecken immer zusammen! 그 둘은 항상 붙어다닌단 말이야! ~stehen* ⟨h⟩ 1. 함께 서 있다. 2. 결속하다[단결하다]: wir sollten alle z. und die Forderung durchsetzen 우리들은 모두 결속해서 요구를 관철시켜야 한다. ~stellen* ⟨h⟩ 훑어 모으다. ~stellen ⟨h⟩ 1. 함께 《세워》놓다, 나란히 두다, 모으다: stellt euch näher zusammen! 너희들 좀더 좁혀 서 ! 2. 총괄(일괄)하다, 통합하다, 편찬(작성)하다, 편성[조립, 조성]하다: die Delegation ist noch nicht zusammengestellt worden 대표단이 아직 구성되지 않았다. ~stellung, die 1. ↑~stellen (2)의 명사형: sie haben bei der Z. der vorliegenden Bandes wertvolle Hilfe geleistet 그들은 본 책자의 편찬시 값진 도움을 주었다. 2. 분류, 정돈, 개관: eine historische Z. der Ereignisse 사건들의 역사적 개관. ~stimmen ⟨h⟩ 1. 화성이 되다, 화음을 이루다. 2. 일치[조화]하다, 화합하다: die Angaben(Aussagen) stimmen nicht zusammen 보고(진술)들은 서로 일치하지 않는다. ~stoppeln ⟨h⟩ 《통용어·폄》 주위 모아 만들다, 엮기저기서 주어, 편찬[편집]하다: in aller Eile einen Aufsatz[ein Buch] z. 논문[책]을 급조하다. ~stoß, der a) 충돌: bei dem Z. (der Züge) gab es viele Tote (열차의) 충돌시에 많은 사망자가 발생했다. b) 《통용어》 압력, 쟁론, 갈등, 회전(會戰): einen Z. mit seinem Vorgesetzten haben 자기 상급자와 의견 충돌을 빚다. ~stoßen* ⟨s⟩ 1. a) 충돌하다: die zwei Maschinen sind frontal zusammengestoßen 두 비행기가 정면으로 충돌했다. b) (드물게) 격론을 벌이다, 심하게 다투다. 2. 접합하다, 공동경계를 갖다: die beiden Grundstücke stoßen zusammen 두 대지는 경계선을 공유한다. ~streichen* ⟨h⟩ 《통용어》 삭제하여 단축하다: einen Text z. 텍스트를 삭제하여 줄이다. ~strömen ⟨s⟩ ↑~laufen (1 a, b). ~stückeln ⟨h⟩ 조각조각을 붙여 만들다[제조하다], 많은 부분으로 제작하다. ~stücken ⟨h⟩ ↑~stückeln. ~stürzen ⟨h⟩ 붕괴하다, 무너지다: 전의 man sieht eine Welt z. 사람들은 한 세계가 무너지는 것을 본다. ~suchen ⟨h⟩ 찾아[주어] 모으다: die notwendigen Papiere[Unterlagen] z. 필요한 서류를 수합하다[찾아 모으다]. ~tragen* ⟨h⟩ 운반하여 모으다, 수집하다, 편찬하다: 전의 Material für eine Dokumentation z. 기록 문서로 남기기 위한 자료를 수집하다. ~treffen* ⟨s⟩ 1. 만나다, 조우(遭遇)하다: ich traf im Theater mit alten Bekannten zusammen 나는 극장에서 옛 친지들과 만났다. 2. 동시에 일어나다, 병발하다: hier treffen mehrere günstige Umstände z. 여기서 여러 유리한 상황들이 동시에 벌어진다. ~treffen, das ⟨Pl. 없음⟩ 만남, 해후, 병발. ~treiben* ⟨h⟩ 한데 몰아서 모으다, 몰아넣다. ~treten* 1. ⟨h⟩ 《통용어》 마구 짓밟다, 유린하다: einen Häftling z. 한 죄수를 짓밟아 쓰러뜨리다. 2. ⟨s⟩ 모이다, 회동하다: der neue Bundestag tritt erst Mitte Oktober zusammen 새 연방 의회는 10월 중순이 되어서야 소집된다. ~trommeln ⟨h⟩ 《통용어》 소집하다, 불러 모으다. ~tun* ⟨h⟩ 《통용어》 1. a) 합치다, (한군데) 모으다, 함께하다: Äpfel und Birnen in einer Kiste z. 사과와 배를 한 상자에 함께 넣다. b) ↑~legen (3). 2. ⟨z. + sich⟩ 결합[연대]하다, 연맹을 결성하다: sie haben sich mit den Grünen zusammengetan 그들은 녹색당원들과 연대했다. ~wachsen* ⟨s⟩ (다시) 하나로 자라다, 합생(合生)하다, 유착하다: der Knochen will nicht z. 뼈가 잘 붙으려 하지 않는다; 전의 die beiden Städte wachsen langsam zusammen 두 도시는 차차 커져 하나로 합쳐지고 있다. ~wehen ⟨h⟩ 불어 모으다: der Wind hat das Laub[den Schnee] zusammengeweht 바람이 낙엽[눈]을 한군데로 쌓이게 했다. ~werfen* ⟨h⟩ 1. 한데 던져 모으다, 던져 쌓이게 하다. 2. 뒤범벅으로 만들다, 혼합하다, 혼동하다: hier werden gänzlich verschiedene Dinge[Begriffe] zusammengeworfen 여기서는 완전히 상이한 사물[개념]들이 뒤섞여진다. 3. 《통용어》 돈을 합치다. ~wickeln ⟨h⟩ 한데[함께] 말다(말다). ~wirken ⟨h⟩ a) (아이) 협력(공동 작업)하다: bei dem Projekt haben zahlreiche Spezialisten zusammengewirkt 그 프로젝트에는 수많은 전문가들이 협력했다. b) 함께 작용하다: eine Menge von Faktoren wirkten hier glücklich zusammen 많은 요인들이 여기서 성공적으로 함께 작용하였다. ~würfeln ⟨h⟩ 뒤죽박죽으로 섞다. ~zählen ⟨h⟩ 합산[합계]하다. ~ziehen* 1. ⟨h⟩ a) 오그라뜨리다, 수축[수렴]시키다. 오므리다: ein Loch im Strumpf (mit einem Faden) z. (실로) 양말의 구멍을 꿰매다; die Brauen nachdenklich z. 그의 눈살을 심각하게 찌푸리다. b) ⟨z. + sich⟩ 줄다, 쭈그러 들다, 수축[수렴]하다: bei Kälte ziehen sich die Körper zusammen 추위에 물체가 오그라든다. 2. ⟨h⟩ 모이게 하다, 집중하다, 집결[집합]시키다. 3. ⟨h⟩ 합산[합계]하다. 4. ⟨z. + sich⟩ (위험 따위를) 배태하다: ein Gewitter zieht sich zusammen 소나기 구름이 몰려든다; 전의 ein Unheil zieht sich (über mir) zusammen 어떤 불행이(나에게) 몰아 닥친다. 5. ⟨s⟩ 함께 같은 집으로 이사하다: die beiden sind zusammengezogen 두 사람은 같은 집으로 옮겼다. ~ziehung, die ~ziehen (1~3)의 명사형. ~zimmern ⟨h⟩ 《통용어》 a)

궁색하게나마 조립하다: primitiv zusammengezimmerte Hütten 원시적으로 쌓아 올린 오두막. **~zucken** ⟨s⟩ 놀라 몸을 움찔하다, 경련하다.
zusamt [tsu'zamt] ⟨Präp.³⟩ 《지역적·준고어》 …와 함께 [같이].
Zusatz, der; -es, Zusätze 1. ⟨Pl. 없음⟩ 부가(물), 추가, 보충, 첨가: unter Z. von Öl wird die Mayonnaise ständig gerührt 기름을 보충해 주면서 마요네즈를 계속 젓는다. 2. 부가물, 가미료(加味料), 첨가물: Zusätze zu Lebensmitteln 식품 첨가물. 3. 부록, 추신, 부기(付記): Zusätze zu einem Vertrag 계약의 부대 조항; einen Z. anbringen[machen] 부록을 달다. 4. 《드물게》 추가액.
Zusatz-: **~abkommen**, das 추가[부속] 협정. **~antrag**, der 수정안. **~bad**, das (약초 따위를 넣은) 온천욕, 약욕(藥浴). **~bestimmung**, die 추가 규정, 부칙(附則). **~gerät**, das: ein Z. zum Empfang von Bildschirmtexten 비디오 텍스트 수신용 부착기[부속 기구]. **~steuer**, die 부가세. **~stoff**, der 식품 첨가물. **~tarif**, der 추가 요금. **~teil** 부착기, 부속 기구. **~versicherung**, die 추가 보험. **~zahl**, die (복권에서의) 추가 당첨 숫자.
zusätzlich ['tsu:zɛtslɪç] ⟨Adj.⟩ 부가[추가, 보충]의: -e Informationen[Kosten] 추가 정보[비용]; ich möchte dich nicht noch z. belasten 나는 너를 추가로 괴롭히고 싶지 않다.
zuschanden [tsu'ʃandn] ⟨Adv.⟩ 훼손되어, 못쓰게 되어, 망하여, 무익하게: jmds. Hoffnungen[Erwartungen] z. machen 누구의 희망[기대]을 깨다; all seine Pläne wurden[gingen] z. 그의 모든 계획은 수포로 돌아갔다.
zuschanzen ⟨h⟩ 《통용어》 누구에게 무엇을 주선[알선]해 주다, 돌보아 주다, 시중들다.
zuscharren ⟨h⟩ 긁어모아 메우다(덮다, 막다)(반대: aufscharren b): ein Loch z. (흙을 긁어) 구멍을 막다[메우다].
zuschauen ⟨h⟩ 《südd., österr., schweiz.》 ↑zusehen. **Zuschauer**, der; -s, - 구경꾼, 관객, 목격자, 관중, 시청자: viele Z. waren von dem Stück[Fußballspiel] enttäuscht 많은 관객들은 그 작품[축구경기]에 실망했다; die Z. klatschten Beifall[rasten vor Begeisterung] 관객들은 박수갈채를 보냈다[감격으로 흥분하였다].
Zuschauer-: **~kulisse**, die 무대[배경]로서의 관중: das Länderspiel fand vor einer imposanten Z. statt 국가 대항전은 엄청난 관중들의 주시 하에 치루어졌다. **~leuchte**, die 【펜싱】 (관객용) 경기 상황 표시등. **~raum**, der a) 관람석, (법정의) 방청석. **b)** 총관람. **~tribüne**, die ↑Tribüne (2). **~zahl**, die 관중[관객]수.
Zuschauerin, die; -nen ↑Zuschauer의 여성형.
zuschaufeln ⟨h⟩ 삽질하여 메우다.
zuschenken ⟨h⟩ 《아어》 ↑zugießen: darf ich dir noch etwas Tee z.? 홍차를 좀 더 따라 줄까?
zuschicken ⟨h⟩ 보내다, 송부하다: ich schicke Ihnen die Unterlagen (noch heute) zu 당신에게 관계 서류를 (오늘 중으로) 보내겠다. **Zuschickung**, die; -en ↑zuschicken의 명사형.
zuschieben' 1. 밀어서 닫다. 2. a) 누구에게 밀어 주다[붙이다, 떠밀다]: sie schob ihm ihr Glas zu 그녀가 자기 잔을 그에게 떠밀었다. b) 전가시키다: jmdm. die Schuld[Verantwortung] z. 누구에게 죄[책임]를 전가시키다.
zuschießen' 1. ⟨h⟩ (공을) … 방향으로 차 보내다: 전의 er schoß ihm einen wütenden Blick zu 그는 노한 눈

초리를 그에게 보냈다. 2. ⟨s⟩ … 향하여 덤벼들다[돌진하다]: er schoß auf mich[auf den Ausgang] zu 그는 나[출구]를 향해 돌진했다. 3. 《통용어》 ⟨h⟩ 기부하다, 각출하다, 출연(出捐)하다: kannst du 50 Mark z.? 너 50마르크 출연할 수 있니?
zuschippen ⟨h⟩ 《nordd., md.》 ↑zuschaufeln.
Zuschlag, der; -(e)s, Zuschläge 1. a) 할증(割增)요금(금액), 가산금: die Ware wurde mit einem Z. von 10 Mark verkauft 그 상품은 10마르크의 가산금이 붙어서 팔렸다. b) 특별 수당: für Nachtarbeit[Feierabend] werden Zuschläge gezahlt 밤일[(공)휴일 작업]에는 특별 수당이 지급된다. 2. 【철도】 급행(특급)료: einen Z. lösen 할증 승차권을 끊다. 3. a) (경매의) 낙찰: der Z. erfolgt an Herrn X[wurde Herrn X erteilt] 낙찰은 X씨에게 돌아간다[낙찰되었다]. b) 수주(受注): jmdm. den Z. für etw. geben[erteilen] 누구에게 무엇에 대한 수주를 지급하다. 4. 【토목·컨런】 혼합제, 골제, 매용제(媒熔劑).
zuschlag-, Zuschlag-: **~frei** ⟨Adj.⟩ 【철도】 할증 요금(급행료)이 불필요한. **~kalkulation**, die ↑Zuschlagskalkulation. **~karte**, die 【철도】 ↑Zuschlag (2). **~pflichtig** ⟨Adj.⟩ 【철도】 할증 요금(급행료)을 물어야 하는. **~satz**, der 【컨】 ↑Zuschlagssatz. **~stoff**, der 【토목·컨런】 ↑Zuschlag (4).
zuschlagen' 1. a) ⟨h⟩ 탁(쾅) 닫다: er schlug wütend das Buch zu 그는 화가 나서 책을 탁 덮었다. ⟨s⟩ 탁[쾅] 닫히다: die Tür schlug (mit einem Knall) zu 문이 쾅 하고 닫혔다. 2. ⟨h⟩ (망치로) 쳐닫다[막다]: eine Kiste z. 상자 뚜껑을 망치로 때려 박다. 3. ⟨h⟩ (망치로) 두들겨 만들다. 4. ⟨h⟩ 누구에게 무엇을 쳐서 보내다. 5. ⟨h⟩ a) 구타하다, 공격을 가하다: hart[rücksichtslos] z. 가혹하게[가차없이] 치다 패다; 전의 die Armee schlug zu 군대가 공격을 가하였다. b) 《경》 주저하지 않고[거침없이] 행하다: als ich diesen Mantel gesehen habe, habe ich gleich zugeschlagen 이 외투를 보았을 때 나는 즉시 사버렸다. 6. ⟨h⟩ a) 무엇을 누구의 소유로 선언하다, 누구에게 무엇을 낙찰시키다: das Haus wurde dem Erbe des Sohnes zugeschlagen 그 집은 아들의 유산으로 선언되었다. b) 입찰(경매)에서 수주를 받다[낙찰되다]: der Auftrag wurde der Baufirma X zugeschlagen 그 수주는 토목 회사 X에 돌아갔다. 7. ⟨h⟩ 일정한 할증료(가산금)를 붙이다: (zu) dem[auf den] Preis werden noch 10% zugeschlagen 그 금액에 또 10%의 가산금이 붙는다. 8. ⟨h⟩ 【토목·컨런】 혼합제(골제, 매용제)를 섞다[첨가하다].
Zuschlagskalkulation, die; -en 【경제】 할증료 계산. **Zuschlagssatz**, der 【컨】 할증률, 가산률.
zuschleifen' ⟨h⟩ ↑zufeilen: eine Klinge z. (칼)날을 예리하게 갈다.
zuschließen' ⟨h⟩ 돌려(자물쇠로) 잠그다(폐쇄하다): das Zimmer[den Koffer] z. 방(가방)의 자물쇠를 채우다.
zuschmeißen' ⟨h⟩ 《통용어》 쾅 닫다.
zuschmettern ⟨h⟩ 《통용어》 세차게 쾅 닫다: die Tür z. 문을 (세차게) 쾅 닫다.
zuschmieren ⟨h⟩ 발라서 막다(덮어 없애다): nur notdürftig zugeschmierte Risse 임시변통으로 틀어 막은 틈새.
zuschnallen ⟨h⟩ 죔쇠로 죄다(채우다): die Skistiefel z. 스키화의 죔쇠를 죄다.
zuschnappen 1. ⟨s⟩ 탁 닫히다: die Falle schnappte zu 덫이 탁 닫혔다. 2. ⟨h⟩ 덥석 물다: schnappte der Hund zu 갑자기 개가 덥석 물었다.
Zuschneide-: **~brett**, das 재단대(裁斷臺). **~kurs**, **~kursus**, der 재단 코스[과정]. **~maschine**, die 재단기.

zuschneiden* ⟨h⟩ a) 무엇에 맞게 자르다, 잘라 만들다: Bretter für Kisten z. 상자를 만들려고 판자를 자르다; 전의 die Sendung war ganz auf den Geschmack des breiten Publikums zugeschnitten 그 방송 프로는 완전히 대중 취향에 맞추어 제작된 것이었다. b) 재단하다, 마르다: eine Jacke (nach einem Schnittmuster) z. 상의를 (본에 맞추어) 재단하다. **Zuschneider**, der; -s, - 재단사. **Zuschneiderin**, die; -nen ↑Zuschneider의 여성형.

zuschneien ⟨s⟩ 눈으로 묻히다[막히다, 덮이다].

Zuschnitt, der; -(e)s, -e **1.** ⟨Pl. 없음⟩ 재단: eine Maschine für den Z. von Blechen 함석 재단기. **2.** 재단법[스타일, 형(型), 본, 풍(風), 양식]: der Z. des Anzuges ist ganz modern 그 양복 형은 완전히 현대적이다; 전의 ein Mann von diesem Z. wird es weit bringen 이러한 스타일의 남자는 성공할 것이다.

zuschnüren ⟨h⟩ 끈으로 조르다[매다, 묶다]: ein Paket [die Schuhe] z. 소포를 끈으로[신발끈을] 묶다.

zuschrauben ⟨h⟩ 쬠쇠(뚜껑)를 틀어 닫다[죄다]: das Marmeladenglas z. 잼 병의 뚜껑을 닫다.

zuschreiben* ⟨h⟩ **1.** a) 누구에게 무엇을 그의 장본인(원인)으로 간주[선언]하다, 누구의 탓으로 돌리다: dieses Bild wird (fälschlich) Botticelli zugeschrieben 이 그림은 (잘못되어) 보티첼리의 작품으로 간주되고 있다; daß es so weit gekommen ist, hast du dir selbst zuzuschreiben 일이 그렇게 많이 되게 대해서는 너 스스로 책임져야 한다. b) 누구(무엇)에 …이 있다고[속한다고] 생각하다: einer Quelle wunderkräftige Wirkung z. 샘(물)에 기적을 일으키는 효력[힘]이 있다고 하다. **2.** 누구의 명의로 이전하다, 양도하다. **3.** ⟨통용어⟩ 덧붙여 쓰다: willst du noch ein paar Worte [einen Gruß] z.? 너 몇마디 말[인사말]을 덧붙여 쓰겠니?

zuschreien* ⟨h⟩ 누구를 향해 소리치다: jmdm. eine Warnung [Schimpfworte] z. 누구를 향해 소리쳐 경고하다[욕하다].

zuschreiten* ⟨s⟩ ⟨아어⟩ **1.** 누구(무엇)를 향해 걸어가다; langsam auf jmdn. z. 천천히 누구 쪽으로 다가가다. **2.** ↑ausschreiten (2).

Zuschrift, die; -en 투서, 서한, 편지: sie erhielt viele -en auf ihre Annonce 그녀는 자기가 낸 광고에 대해서 많은 편지를 받았다.

zuschulden ⟨Adv.⟩ ⟨다음 용법으로⟩ **sich etw. z. kommen lassen** 어떤 죄를 범하다: er hat sich nichts [nie etw.] z. kommen lassen 그는 결코 아무런 죄도 범하지 않았다.

Zuschuß, der; Zuschusses, Zuschüsse **1.** 보조금, 수당: einen Z. beantragen [bewilligen, erhalten] 보조금을 신청[승인, 수령]하다. **2.** [인쇄] 증쇄분[增刷分] (용지).

Zuschuß-: ~betrieb, der 보조금을 받는 기업(체). **~bogen**, der [인쇄] ↑Zuschuß (2). **~unternehmen**, das ↑~betrieb. **~wirtschaft**, die 보조금 의존적 경제.

zuschustern ⟨h⟩ ⟨통용어⟩ **1.** (누구를 위해) 은밀히 배려하다: jmdm. einen guten Posten z. 누구에게 좋은 자리를 몰래 주선해주다. **2.** (돈을) 기부하다[퍼붓다], 출연하다: sein Vater hat zum Moped einiges z. müssen 그의 아버지는 모페드구입에 얼마간을 내놓지 않을 수 없었다; ⟨4격 목적어 없이도⟩ bei diesem Geschäft hat er nur zugeschustert 이 사업에 그는 손해만 보았을 뿐이다.

zuschütten ⟨h⟩ **1.** 부어 채우다[메우다]: einen Brunnen z. 우물을 메꾸다. **2.** ⟨통용어⟩ (수북이) 더 담다[붓다].

zuschweißen ⟨h⟩ 용접해 붙이다[메꾸다].

zuschwellen* ⟨s⟩ 부어서 막히다: ihr Auge ist fast ganz zugeschwollen 그녀의 눈은 부어서 거의 완전히 붙어버렸다.

zuschwingen* ⟨s⟩ 쾅(세게) 닫히다.

zuschwimmen* ⟨s⟩ 누구(무엇)를 향해 수영해서 가다: auf das andere Ufer z. 다른 쪽 해변(강변)을 향해 헤엄쳐 가다.

zuschwören* ⟨h⟩ 《아어》 a) 맹세[확약]하다: jmdm. etw. z. 누구에게 무엇을 줄[할] 것을 맹세[약속]하다; einander [sich (gegenseitig)] Treue z. 서로 서로 충성을 맹세하다. b) 무엇을 준수하기로 서약하다.

zusehen* ⟨h⟩ **1.** (바라)보다, 구경하다: jmdm. beim Arbeiten interessiert z. 누구가 일하고 있는 것을 흥미롭게 바라보다; ⟨명사화⟩ bei näherem [genauerem] Zusehen sieht man, daß … 보다 자세히[면밀히] 주의해보면 …를 알게 된다. **2.** 방관하다, (형세를) 관망하다: einem Unrecht ruhig z. 어떤 불의를 수수 방관하다. **3.** 돌보다, 배려하다, 염려하다: sieh zu, daß nichts passiert! 아무 일도 생기지 않도록 조심해! **zusehends** [ˈtsuːzeːənts] ⟨Adv.⟩ 눈 깜빡할 사이에, 눈에 뜨이게, 뚜렷하게, 현저하게: sich z. erholen 눈에 뜨이게 원기를 되찾다[회복되다]. **Zuseher**, der; -s, - 《österr.》 구경꾼, 관중. **Zuseherin**, die; -nen ↑Zuseher의 여성형.

zusein* ⟨s⟩ **1.** ⟨통용어⟩ a) 닫혀 있다(geschlossen sein). b) 잠겨 있다: das Schloß ist aufgebrochen, also muß der Aktenschrank zugewesen sein 자물쇠가 부서져 있는 걸 보니 서류함이 잠겨 있었던 것 분명해. c) 닫다: der Laden ist schon zugewesen 상점은 이미 문을 닫아버렸다. **2.** ⟨경⟩ (술에) 취해 있다: der war mal wieder ganz schön zu 그자는 또다시 곤드레 만드레 취했더라네.

zusenden* ⟨h⟩ 누구에게 발송하다. **Zusender**, der; -s, - 발송인. **Zusenderin**, die; -nen ↑Zusender의 여성형. **Zusendung**, die; -en a) 발송. b) 발송물.

zusetzen ⟨h⟩ **1.** 첨가(부가)하다, 섞다: (zu) dem Wein Wasser [Zucker] z. 포도주에 물[설탕]을 섞다[타다]. **2.** 손해보다, 잃다, 소비(소모)하다, 추가 지불하다: viel Geld [einen Teil seines Vermögens] z. 많은 돈[자기 재산의 일부분]을 손해보다; 전의 du hast nicht mehr viel [nichts] zuzusetzen ⟨통용어⟩ 자넨 더이상 여력이 없잖아. **3.** ⟨통용어⟩ a) 누구를 조르다, 추근대다, 괴롭히다: jmdm. mit Bitten [einem Anliegen] z. 누구에게 성가시게 [어떤 문제로] 졸라대다. b) 누구를 (감정이 상하도록) 압박하다, 몰아세우다. c) 누구에게 좋지않은 영향을 미치다: die Krankheit hat ihm (sehr) zugesetzt 그 병은 그의 컨디션에 (매우) 나쁜 영향을 미쳤다.

zusichern ⟨h⟩ 확약하다, 보증하다: jmdm. eine Unterstützung [seine Hilfe] z. 누구에게 지지[도움]를 서약하다. **Zusicherung**, die; -en a) 확약, 보증. b) 확약[보증]된 것.

zusiegeln ⟨h⟩ 봉함(封緘)하다, 무엇에 봉인을 하다.

Zuspätkommende, der / die 지각자, 지각생.

Zuspeise, die; -n 《드물게》 부식, 반찬, 안주.

zusperren ⟨h⟩ 《südd., österr.》 자물쇠[차단]하다, 닫다.

Zuspiel, das; -(e)s [구기] 패스: sein Z. ging daneben 그의 패스가 빗나갔다. **zuspielen** ⟨h⟩ **1.** [구기] 패스하다. **2.** 슬쩍 [슬며시] 건네(주)다, 흘려주다, 쥐어주다, 양도[교부]하다.

zuspitzen ⟨h⟩ **1.** ⟨드물게⟩ a) ↑spitzen (1): einen Pfahl z. 말뚝을 뾰족하게 하다. b) ⟨z. + sich⟩ 뾰족해지다, 날카롭게 되다. **2.** a) 더 절박하게 만들다, 첨예화시키다: diese Kriegsdrohung hat die Lage auf neue zugespitzt 이 전쟁 위협은 사태를 더욱이 더 어렵게 만들었다. b) ⟨z. + sich⟩ 첨예화[극단화]되다: der Konflikt [die Krise] spitzt sich gefährlich zu 갈등[위기]

은 위태롭게 첨예화되고 있다. **Zuspitzung**, die; -en 첨예화, 극단화, 절박함.
Zusprache, die; -n ↑Zuspruch.
zusprechen* ⟨h⟩ 1. a) 말하여 무엇을 주다: jmdm. Trost (Hoffnung) z. 누구에게 말로써 위로(희망)를 주다. b) 누구에게 말하여 어떤 감정을 일으키다, …의 말을 (전)하다: jmdm. tröstend [ermutigend] z. 누구에게 위로(격려)의 말을 하다. 2. a) 누구의 소유로 공인하다: das Gericht sprach die Kinder der Mutter zu 법정은 아이들이 엄마에게 귀속됨을 공인하였다. b) 누구의 탓 (덕)으로 돌리다(전가하다), 무엇에 득분이 있다고 생각하다: das sind Verdienste, die man ihm z. muß 그것은 그에게 돌려져야만 할 공적이다. 3. ⟨아어⟩ 무엇을 취하다, 향유하다: dem Essen reichlich [kräftig] z. 음식을 잔뜩 먹다. **Zusprechung**, die; -en ↑zusprechen의 명사형.
zuspringen* ⟨s⟩ a) 누구에게[…쪽으로] 뛰어(달려)가다: die Kinder sprangen dem Haus [auf das Haus] zu 아이들은 집으로 달려갔다. b) ⟨지역적⟩ 도움을 주려고 서둘러 가다. c) ⟨자물쇠 따위가⟩ 찰각 잠기다.
Zuspruch, der; -(e)s ⟨아이⟩ 1. 위로의 말, 격려, 권고: aller Z. war vergebens 모든 권고도 소용없었다. 2. 방문, 가뭄, 수요, 호평(인기): bei diesen Konzerten ist der Z. immer recht groß 이런 음악회는 항상 청중이 많이 모인다; Z. finden 호평을 받다, 인기가 있다.
Zustand, der; -(e)s, Zustände a) 현재의 상태, 상황, 형편, 사정, 용태, 신상, 처지: ihr körperlicher [seelischer, geistiger] Z. ist bedenklich 그녀의 신체적(영적, 정신적) 상태는 심각하다; der Z. des Patienten hat sich gebessert 환자의 (건강)상태는 호전되었다; er hat in seinem betrunkenen Z. allerlei angestellt 그는 술이 취한 상태에서 온갖 짓을 다 저질렀다; Zustände bekommen (kriegen) ⟨통용어⟩ 격노하다, 흥분하다, 격분하다. b) ⟨대개 Pl.⟩ 형세, 정세, 상황: hier herrschen unerträgliche [unglaubliche] Z. 여기의 형세는 참을[믿을] 수 없을 지경이다; 성구 das ist doch kein Z.! ⟨통용어⟩ 그럴 수는 없다, 그것은 달라져야만 한다; Zustände wie im alten Rom! ⟨통용어⟩ 그건 정말 형편없는 일이다(말한다), 엉망인 상태이다.
zustande [tsuˈʃtandə] ⟨다음 용법으로⟩ **etw. z. bringen** (어려움을 극복하고) 무엇을 성취하다, 끝내다, 완성시키다 (eine Einigung [eine Koalition] z. bringen 의견 통일(연정)을 이룩하다; **z. kommen** 난관에도 불구하고 달성되다, 이루어지다: die Ehe kam doch noch z. 결혼이 결국 성사되었다. **Zustandebringen**, das; -s 성취, 완성. **Zustandekommen**, das; -s 성공, 성립, 실현. **zuständig** ⟨Adj.⟩ 1. 무엇에 결정권(권한)이 있는: die -e Behörde [Stelle] 당해(관청) 주무(주청) 관청(부서); dafür sind wir nicht z. 우리는 그것에 대해서 권한이 없다, 그것은 우리 관할이 아니다. 2. ⟨österr.·관⟩ ⟨특정 지역에⟩ 주거권이 있는: ich bin nach Wien z. 나는 빈에 거주권이 있다. 3. 누구에게 속하는, 누구의 소유인. **zuständigenorts** [ˈtsuːʃtɛndɪɡnˈʔɔrts] ⟨Adv.⟩ ⟨격식 독어⟩ 해당 관청으로부터, 주무 부서에 의해서; es wurde z. genehmigt 그것은 주무 부서에서 해 승인이 났다. **Zuständigkeit**, die; -en a) 직속 권능, 관할(권). b) ↑Zuständigkeitsbereich: das fällt nicht in unsere Z. 그것은 우리 관할구역에 속하지 않는다. **Zuständigkeitsbereich**, der 관할 영역(구역). **zuständigkeitshalber** ⟨Adv.⟩ ⟨격식 독어⟩ 관할에 의해. **zuständlich** ⟨Adj.⟩ ⟨드물게⟩ 상태(현상황)의, 상태(현상황)에 처한, 상태를 고려한, 정태적, 현상 유지적: -es Zeitwort 상태를 나타내는 (자)동사.
Zustands-: **~änderung**, die ⟦물리⟧ 상태 변화. **~diagramm**, das ⟦물리⟧ 상태도(狀態圖). **~gleichung**, die ⟦물리⟧ 상태식(狀態式), 상태방정식. **~größe**, die ⟦물리⟧ 상태량. **~passiv**, das ⟦언어⟧ 상태 수동. **~verb**, das ⟦언어⟧ 상태동사(예컨대: liegen, wohnen).
zustatten [tsuˈʃtatn̩]; ↑vonstatten ⟨다음 용법으로⟩ **jmdm. [einer Sache] z. kommen** 누구(무엇)에게 도움이 되다(유익하다, 유리하게 되다): für diesen Sport kommt ihm seine Größe sehr z. 이 스포츠에 있어서 그의 큰 키가 그에게 많은 도움이 된다.
zustechen* ⟨h⟩ ⟨칼 따위로⟩ 찌르다.
zustecken ⟨h⟩ 1. 바늘로 꽂거나 꿰매어 막다(합치다). 2. 몰래 주다, 슬쩍 쥐어 주다: die Großmutter steckte ihm immer noch etwas Geld zu 할머니는 여전히 약간의 돈을 그에게 슬쩍 집어 주었다.
zustehen* ⟨h⟩ 1. 누구의 권한에 속하다, 누구에게 귀속되다: dieses Recht steht jedem zu 이 권리는 누구에게나 있다. 2. …할 권한이 있다: es steht dir nicht zu, ihn zu verdammen 너에겐 그를 매도할 권리가 없다.
zusteigen* ⟨s⟩ ⟨정류장에서⟩ 승차하다: ich bin bei der letzten Station zugestiegen 나는 바로 앞 정류장에서 승차했다; ist hier noch jemand zugestiegen? 여기 승차하신 분 또 계십니까?
Zustell-: ⟨우편⟩ **~bezirk**, der 배달 구역. **~gebühr**, die 배달료. **~vermerk**, der 배달(불능) 메모(사유서).
zustellen ⟨h⟩ 1. 물건을 놓아 가로 막다. 2. ⟨관⟩ ⟨우편으로⟩ 송달하다, 교부(수교)하다: die Post wird hier täglich zweimal zugestellt 여기는 우편물이 매일 두 번 배달된다; der Gerichtsvollzieher hat ihm die Klage zugestellt 법원 직원이 그에게 고소장을 수교했다. **Zusteller**, der; -s, - ⟨관⟩ 집배원. **Zustellung**, die; -en ⟨관⟩ (우편물 따위의) 배달, 송달. **Zustellungsurkunde**, die ⟨관⟩ 송달(배달)장(狀), 송달(배달) 증서.
zusteuern 1. ⟨s⟩ a) 무엇을 향해 가다: das Schiff steuert auf den Hafen zu 배는 항구를 향해 키를 잡는다(항해 한다); ⟨전의⟩ das Regime steuert dem Abgrund zu 그 정권은 몰락에 이르고 있다. ⟨통용어⟩ …을 목표로 하다: er steuerte gleich auf die nächste Kneipe zu 그는 즉각 그다음 술집으로 달려갔다. 2. ⟨h⟩ 누구[어떤 목표]에게로 방향을 잡다: er steuerte den Wagen dem Wald [auf den Wald] zu 그는 차를 숲을 향해 몰았다. 3. ⟨통용어⟩ 기부하다, 내놓다.
zustimmen ⟨h⟩ 찬성을 나타내다, 동감을 표시하다: in diesem Punkt stimme ich Ihnen völlig zu 이점에 있어서 나는 당신의 의견에 전적으로 찬성합니다. b) 동의하다, 승인(용납, 응낙)하다: einem Vorschlag (Plan) z. 제안(계획)을 승인하다. **Zustimmung**, die; -en 찬성, 동의: sie holte seine Z. ein 그녀는 그의 동의를 얻었다; sein Vorschlag fand lebhafte Z. 그의 제의는 열렬한 갈채를 받았다.
zustopfen ⟨h⟩ 1. 채워서 막다(메우다): ich habe mir die Ohren mit Watte zugestopft 나는 귀에 솜을 채워 막았다. 2. ⟨드물게⟩ 바늘로 꿰매어 (터진데 따위를) 없애다.
zustöpseln ⟨h⟩ ⟨코르크 따위의⟩ 마개를 닫다: eine Flasche z. 병마개를 닫다.
zustoßen* 1. ⟨h⟩ 밀쳐서 (탁) 닫다. 2. ⟨h⟩ 누구[무엇]에게 충격을 가하다: er nahm das Messer und stieß mehrmals heftig zu 그는 칼을 쥐고 여러번 세차게 찔렀다. 3. ⟨s⟩ ⟨누구에게 무엇이⟩ 일어나다, 닥치다, 생기다: sie hat immer Angst, es könnte den Kindern unterwegs etwas z. 도중에 아이들에게 무슨 사고가 발생하지 않을까 하고 그녀는 항시 불안해 한다; du weißt, wenn mir etwas zustößt, habe ich für dich gesorgt ⟨은폐⟩ 만약 내가 죽을 경우엔 내가 너를 걱정했었다는 점을 너는 알 것이다.

zustreben ⟨s⟩ 누구[무엇]를 향해 달려가다[매진하다]: die Menge strebte dem Ausgang[auf den Ausgang] zu 군중들은 출구를 향해 몰려 갔다.

Zustrom, der; -(e)s 1. 도래, 유입: der Z. warmer Meeresluft nach Europa hält an 유럽을 향해서 불어오고 있는 따뜻한 해양성 기류는 지속될 것이다. 2. 쇄도, 밀어 닥침. **zuströmen** ⟨s⟩ 1. 흘러들다, 유입되다: die Abwässer strömen ungehindert dem Meer zu 폐수가 거침없이 바다로 흘러든다. 2. 쇄도하다, 몰려들다: die Menschen strömten den Ausgängen[auf die Ausgänge] zu 사람들이 출구로 몰려갔다.

zustürmen ⟨s⟩ 누구[무엇]를 향해 돌진하다, 몰려 가다: als sie ihn erblickten, stürmten alle auf ihn zu 그들은 그를 목격하자 모두 그에게로 몰려 갔다.

zustürzen ⟨s⟩ 누구[무엇]를 향해 돌진하다: er kam atemlos auf mich zugestürzt 그는 허겁지겁 나에게 달려 왔다.

zustutzen ⟨h⟩ (수목을) 전정(剪定)하다: die Hecken z. 나무 울타리를 깎아 다듬다.

zutage [tsu'ta:gə] ⟨Adv.⟩ 《다음 용법으로》 z. treten (kommen) 1) 노출되다, 드러나다. 2) 공개되다, 밝혀지다; etw. z. bringen[fördern] 꺼내다, 폭로하다, 채굴하다: die Untersuchung brachte viel Belastendes z. 조사[수사] 결과 불리한 것들이 많이 드러났다; offen[klar] z. liegen 명백(분명)하다, 분명히 인식할 수 있다: der Fehler liegt klar z. 잘못이 백일하에 드러나 있다.

zutanken ⟨h⟩ 탱크에 채우다: Super z. 고급 휘발유를 넣다.

zutappen ⟨s⟩ 위태위태한 걸음걸이를 하다, 손으로 더듬으며 나아가다, 머뭇거리며 걷다.

Zutat, die; -en a) 《대개 Pl.》 성분, 재료, 원료. b) 부가물, (나중에) 첨가된 것: diese Stelle ist eine Z. des Übersetzers 이 부분은 역자가 첨가한 것이다.

zuteil ⟨Adv.⟩ 《다음 용법으로》 z. werden (아이) 주어지다, 부여되다: sie haben ihren Kindern eine gute Erziehung z. werden lassen 그들은 자식들이 훌륭한 교육을 받게 했다. **zuteilen** ⟨h⟩ a) 부여하다, 분배하다, 위탁하다, 맡기다: jmdm. eine Aufgabe(Rolle) z. 누구에게 어떤 과제[역할]를 맡기다. b) 할당(배당)하다, 분배하다: den Kindern das Essen z. 아이들에게 음식을 나누어주다; im Kriege wurden die Lebensmittel zugeteilt 전시에는 식료품이 배급되었다. **Zuteilung**, die; -en 1. 부여, 배당, 분배. 2. 할당(배당·배급)량: die -en wurden immer kleiner 배급량이 점점 더 적어졌다. **zuteilungsreif** ⟨Adj.⟩ 【경제】 (지불)만기가 된.

zutiefst [tsu'ti:fst] ⟨Adv.⟩ 매우 깊게, 극도로: z. beleidigt sein 매우 심한 모욕을 당하다.

zutraben ⟨s⟩ auf etw. z. 무엇을 향해 구보로 달리다[접근하다].

zutragen* ⟨h⟩ 1. 누구에게로 나르다, 알리다, 고자질하다: das Tier trägt seinen Jungen Futter zu 그 짐승이 새끼들에게 먹이를 날라준다; 【전의】 jmdm. Nachrichten[Gerüchte] z. 누구에게 새소식[소문]을 전하다. 2. ⟨ + sich⟩ (아이) 일어나다, 생기다: da trug sich etwas Seltsames zu 그때 무언가 기묘한 일이 발생했다. **Zuträger**, der; -s, - 〈佛〉 밀고자, 고자질하는 사람, 정보원. **Zuträgerei** [tsu:trɛ:gəˈraj], die; -en 〈佛〉 a) 〈Pl. 없음〉 밀고, 고자질. b) 밀고된 내용, 풍문, 수다: er weigerte sich, solchen -en sein Ohr zu leihen 그는 그러한 수다에 귀기울이려고 하지 않았다. **zuträglich** ['tsu:trɛːklɪç] ⟨Adj.⟩ 《다음 용법으로》 jmdm.[einer Sache] z. sein (아이) 누구[무엇]에게 유익하다, 건강에 좋다, 실효가 있다: die kalte Luft ist ihm nicht z. 차가운 공기는 그의 건강에 좋지 않다; das der Natur -e Maß ist hier überschritten 자연에 유익한 정도가 여기선 위반되고[지켜지지 않고] 있다. **Zuträglichkeit**, die ↑zuträglich의 명사형.

zutrauen ⟨h⟩ a) 누구에게 재능[끈기]이 있음을 믿다: jmdm. Talent[Ausdauer] z. 누구에게 재능[끈기]이 있음을 믿다. b) 누가 무엇을 하리라고 기대[생각]하다: ich hätte ihm niemals zugetraut, daß er das fertigbringt 나는 그가 그것을 완수하리라고는 결코 기대하지 않았는데. **Zutrauen**, das; -s 신뢰, 촉망, 신임: er gewann das Z. seiner Vorgesetzten 그는 자신의 상사들의 신임을 얻었다. **zutraulich** ⟨Adv.⟩ 신뢰[신임]하고 있는, 친해질 수 있는, 붙임성 있는, 두려움없이 친밀한: das Tier kam z. heran 그 동물은 전혀 두려움없이 다가왔다. **Zutraulichkeit**, die; -en 1. ⟨Pl. 없음⟩ 신뢰성, 친밀감. 2. 거리낌 없는(태연한) 언사·태도.

zutreffen* ⟨h⟩ a) 옳다, 맞다, 바르다: die Annahme (Behauptung) trifft zu 그 가정(주장)은 옳다. b) (누구에게) 적용되다, 적합하다: die Beschreibung trifft auf ihn[auf diesen Fall] zu 그 묘사는 그에게[이 경우에] 들어맞는다. **zutreffend** ⟨Adj.⟩ 적절한, 정확한, 해당되는, 올바른: eine -e Bemerkung 적절한 언급; 〈명사화〉 Zutreffendes bitte ankreuzen! 【관】 해당 사항에 표시하시오! **zutreffendenfalls** ⟨Adv.⟩ 《격식 독어》 해당되는 경우에는.

zutreiben* 1. ⟨h⟩ 누구[무엇]를 무엇(누구)쪽으로 몰다, 쫓다. 2. ⟨s⟩ 누구[무엇]에게로 향해 가다(표류하다): 【전의】 wir treiben einer Katastrophe zu 우리는 파국으로 치닫고 있다.

zutreten* 1. ⟨s⟩ 누구[무엇]에게로 다가가다, 가까이 가다. 2. ⟨h⟩ 누구에게 발길질하다, 무엇을 밟다, 누구를 걷어차다: plötzlich trat er zu 갑자기 그가 발길질을 했다.

zutrinken* ⟨h⟩ 건배하다: sie hoben ihre Gläser und tranken einander zu 그들은 잔을 들어 서로 건배했다.

Zutritt, der; -(e)s a) 입장(허가), 들어감: (Unbefugten ist der) Z. verboten! (부당자) 출입 금지!; Z. (zu etw.) haben (무엇에 의한) 출입이 허가되다. b) 참여, 유입.

Zutrunk, der; -(e)s (아이) 건배, 축배.

zutschen ['tsu:tʃn] ⟨h⟩ 《의성어·지역적》 소리를 내면서 빨다, 핥다. **Zutscher**, der; -s, - 고무 꼭꼭지.

Züttel ['tsyt̪l], der; -s, - 《schweiz.》 비겁자, 겁쟁이.

zutulich: ↑zutunlich. **zutun*** ⟨h⟩ 《통용어》 1. ↑ dazutun: ich muß noch etwas Wasser z. 나는 물을 약간 더 첨가해야만 한다. 2. a) 닫다, 감다: tu den Mund zu! 입다쳐! b) ⟨ + sich⟩ ↑zugehen (6). 3. ⟨z. + sich⟩ 《südwestd.》 무엇을 구입하다, 조달하다, 사들이다. **Zutun**, das; -s 도움, 지지, 관여 《다음 용법으로》 ohne jmds. Z. 누구의 도움(조력)도 받지 않고.

zutunlich, 《또한》 zutulich ['tsu:tu:(n)lɪç] ⟨Adj.⟩ 《고어》 친절한, 붙임성 있는, 다정스러운, 친절미 있는: ein -es Wesen 그녀는 친절한 성격으로. **Zutunlichkeit**, die ↑zutunlich의 명사형.

zutuscheln ⟨h⟩ 《통용어》 귓속말로 전하다.

zuungunsten [tsu:ˈʊŋɡʊnstn̩] ⟨Präp.²⟩ 혹은 von + 3격; 《고어》 후치적 Präp.³ 누구[무엇]에게 불리하게: ein Vertragsabschluß z. der Arbeitnehmer 노동자에게 불리한 계약 체결.

zuunterst ⟨Adv.⟩ 아주 아래쪽에, 제일 밑에: was ich suchte, lag z. (im Koffer) 내가 찾고 있었던 것은 (트렁크의) 맨 밑에 있었다.

zuverdienen ⟨h⟩ 《통용어》 추가로 벌다. **Zuverdienst**, der; -(e)s, -e 추가 수입(금), 과외 수입.

zuverlässig ⟨Adj.⟩ a) 신뢰[신임], 신임할 수 있는: er arbeitet sehr z. 그의 직업은 아주 믿음직스럽다. b) 믿을 만한, 확실한: das kann ich z. bestätigen 나는 그것을

틀림없이 확인할 수 있다. **Zuverlässigkeit, die** ↑ zuverlässig의 명사형.
Zuverlässigkeits-: **~fahrt, die** [자동차·스포츠] (차량의 내구성을 시험하는) 신뢰도 테스트 경주. **~prüfung, die; ~test, der** 내구성[신뢰도] 테스트.
Zuversicht ['tsu:fɛɐ̯zɪçt], **die** 확고한 기대, 확신, 신뢰: große Z. erfüllte ihn 그는 확실한 기대감으로 넘쳐 흘렀다; voll(voller) Z. sein 확신하고 있다. **zuversichtlich** ⟨Adj.⟩ 확신하고 있는, 기대감에 충만한, 낙관적인, 유망한: eine -e Stimmung 낙관적인 분위기. **Zuversichtlichkeit, die** ↑ zuversichtlich의 명사형.
zuviel ⟨Indefinitpron.⟩ 너무 많은 (것): in der Suppe ist z. Salz 수프에 소금이 너무 많이 들어 있다; einen (ein) Glas z. getrunken haben 《통용어》 과음하다, 취하다; 〈성구〉 ich krieg' z.! 《경》 화날 일이야 《화나는데》; was z. ist, ist z.! 참는 것도 한계가 있다 (더 못참겠어). **Zuviel, das; -s** 과잉(과다), 지나침: ein Z. an Liebe kann dem Kind auch schaden 과잉 사랑도 아이에겐 해가 될 수 있다.
zuvor ⟨Adv.⟩ 먼저, 앞서, 미리, 사전에: sie sah schöner aus als je z. 그녀는 그전 어느 때보다도 더 아름답게 보였다.
zuvor-: **~einnehmen*** ⟨h⟩ a) 미리 점령하다. b) 미리 마음을 사로잡다(끌다). **~erwägen*** ⟨h⟩ 미리(사전에) 숙고하다. **~kommen*** ⟨s⟩ a) 누구를 앞지르다, 선수치다: er wollte bezahlen, aber ich bin ihm zuvorgekommen 그가 지불하려 했으나, 내가 먼저 선수를 쳤다. b) (무엇을) 예방하다, 방지하다: Vorwürfen z. 비난을 사전에 예방하다(막다). **~kommend** ⟨Adj.⟩ 친절한, 공손한, 상냥한, 호의를 보이는, 눈치 빠른: in diesem Geschäft wird man sehr z. bedient 이 가게에서는 고객 접대(서비스)가 극진하다. **Zuvorkommenheit, die** ↑ ~kommen의 명사형. **~tun*** ⟨h⟩ (아이) 무엇에 있어서 누구보다도 낫다(뛰어나다, 앞서다), 능가하다: es jmdm. an Geschicklichkeit z. 숙련도(성)에 있어서 누구를 능가하다.
zuvorderst ⟨Adv.⟩ 맨(아주) 앞(선두)에. **zuvörderst** ['tsu:fœɐ̯dɛst] ⟨Adv.⟩ 《준고어》 우선, 무엇보다도 먼저.
Zuwaage, die; -n 《bayr., österr.》 쇠고기를 살 때 끼워 주는 뼈.
Zuwachs, der; -es, 《전문어》 **Zuwächse** ['tsuːvɛksə] 성장, 증대, 증가: ein Z. an Besitz(Vermögen) 재산의 증대; dieses Jahr brachte einen hohen wirtschaftlichen Z. 올해는 높은 경제 성장을 이뤄왔다; **auf Z.** 《통용어: 자녀의 성장을 요량해서》 좀 큼직하게 만든: der Kindermantel war auf Z. genäht 그 아동용 외투는 (자라날 것을 미리 감안하여) 큼직하게끔 만들어져 있었다. **zuwachsen*** ⟨s⟩ **1. a)** 상처가 아물다. **b)** (식물이) 자라서 덮이다(막히다): das Fenster war mit Efeu zugewachsen 창문은 담쟁이 넝쿨로 무성하게끔 덮여 버렸다. **2.** ⟨추상적인 것으로 되다⟩: jmdm. sind neue Kräfte(Erkenntnisse) zugewachsen 새로운 힘(인식)이 누구에게 주어졌다. **3.** 무엇을 서서히 달성하다, 불어나다. **Zuwachsrate, die** 《전문어》 성장률: die Z. der Stahlindustrie 철강 산업의 성장률.
Zuwahl, die 새 의원(위원)의 보궐 선거.
Zuwanderer, der; -s, - 이주자, 이주민(移住民). **zuwandern** ⟨s⟩ 이주하여 오다: aus dem Dominion wanderten vor allem Inder zu 《영국의》 자치령으로부터는 특히 인도인들이 이주해 왔다. **Zuwanderung, die; -en** 이주, 이민.
zuwanken ⟨s⟩ 누구(무엇) 쪽으로 비틀거리며 가다: er wankte auf dem Schreibtisch zu 그는 책상 쪽으로 비틀거리며 나아갔다(접근했다).
zuwarten ⟨h⟩ 조용히 《참고》 기다리다.

zuwege [tsu'veːgə] ⟨Adv.⟩ 《다음 용법으로》 **etw. z. bringen** 무엇을 실행하다(성사시키다): was niemand z. gebracht hat, ihm ist es gelungen 아무도 실행하지 못한 것을 그는 성사시켰다; **mit etw. z. kommen** 무엇을 완성하다, 끝내다; **gut(schlecht) z. sein** 《통용어》 건강 상태가 좋다(나쁘다).
zuwehen 1. ⟨h⟩ 바람이 불어 모래(눈)로 덮다(막다): der Wind wehte die Wege zu 바람이 불어 눈으로 길을 완전히 덮어 버렸다. **2.** ⟨h/s⟩ ···쪽으로 불다: der Wind weht auf uns zu 바람은 우리 쪽으로 불고 있다. **3.** ⟨s⟩ 기류로[돌풍에 의해] 운반되다, 불다: die Abgase wehten uns direkt zu 배기 가스는 바람을 타고 바로 우리 쪽으로 몰려왔다. **4.** ⟨h⟩ 바람을 누구에게 보내다: jmdm. mit dem Fächer Kühlung z. 누구에게 부채질하여 찬 바람을 보내다.
zuweilen [tsu'vailən] ⟨Adv.⟩ 때때로, 가끔, 이따금씩: z. wählte er den Strandweg für seine Spaziergänge 때때로 그는 해변길을 자신의 산책로로 택했다.
zuweisen* ⟨h⟩ 지정하다, 할당(割當)하다, 배분(배치, 알선)하다, 배속하다: jmdm. eine Aufgabe(Rolle) z. 누구에게 어떤 과제(역할)을 지정하다. **Zuweisung, die** ↑ zuweisen의 명사형.
zuwenden* ⟨h⟩ **1.** ···쪽으로 향하게 하다: sich seinem Nachbarn z. 몸을 옆사람 쪽으로 돌리다; er stand im Zimmer, das Gesicht der Tür zugewandt 그는 얼굴을 문 쪽으로 향한 채 방 안에 서 있었다. **2.** 무엇에 주의를 기울이다, 열중(종사)하다, 다루다: sich dem Studium (einem andern Thema) z. 공부에 열중하다(다른 주제로 넘어가다); jmdm. (einer Sache) sein Interesse (seine Aufmerksamkeit) z. 누구에(어떤 일)에게 관심(주의)을 기울이다, [전의] das Glück wandte sich ihr zu 행운은 그녀에게로 돌아갔다; die Gott zugewandte Seele 신을 향한 영혼. **3.** 기부(증여, 희사)하다, 주다: jmdm. Geld z. 누구에게 돈을 주다. **Zuwendung, die; -en 1.** 기부(희사)금: von jmdm. gelegentlich -en erhalten 누구로부터 수시로 기부금을 얻다. **2.** ⟨Pl. 없음⟩ 온정, 자애, 애정, 관심: Kinder brauchen sehr viel Z. 아이들은 아주 많은 사랑을 필요로 한다.
zuwenig ⟨Indefinitpron.⟩ 너무 적은 (것), 아주 충분하지 못한 (양): für dieses Projekt haben sie viel z. Leute 이 프로젝트를 위해 그들이 갖고 있는 인원은 너무나 부족하다. **Zuwenig, das; -s** 과소, 부족(액), 결손: ein Zuviel ist besser als ein Z. 너무 적은 것보다는 너무 많은 것이 낫다.
zuwerfen* ⟨h⟩ **1.** 무엇을 쾅 닫다: der Wagenschlag wurde von außen zugeworfen 자동차 문이 밖에서 쾅 닫혔다. **2.** ⟨ ⟩ zuschütten: einen Graben(eine Grube) z. 〈홈을 던져 넣어〉 구덩이를 메우다. **3.** 무엇을 누구에게 던져 주다: [전의] jmdm. einen Blick (ein Lächeln) z. 누구에게 눈길(미소)을 보내다.
zuwider I. ⟨Adv.⟩ **1.** 몹시 싫은, 불쾌한, 혐오스러운: Szenen waren ihm zutiefst z. (무대)장면들이 그에게는 몹시 역겨웠다; ein -er Kerl 몹시 싫은 녀석. **2.** ···에 거슬리는(위배되), 반하는, 불리한: die Umstände waren seinen Plänen z. 상황이 그의 계획에 불리했다. **II.** ⟨후치적 Präp.³⟩ (정당한 기대에) 어긋나게, 위반해서: dem Abkommen(dem Verbot) z. griff er doch ein 협정(금지(조항))에 위반하여서 그는 결국 개입했다.
zuwider-, Zuwider-: **~handeln** ⟨h⟩ 위반(위배)하다: dem Gesetz z. 법규를 위반하다. **~handelnde**, der / die 위반자: Z. müssen mit Bestrafung rechnen 위반자는 벌금형을 감수해야 한다. **~handlung, die** 위반(위배) 행위: für eine Z. ist eine Geldstrafe belegt werden 위반 행위에 대해서는 벌금형이 부과된다. **~laufen*** ⟨s⟩ 역행하다, 반하다, 모순되다: dies

läuft den Gesetzen[Vorschriften] zuwider 이는 법률 (규정)에 위배되는 것이다.
zuwinken ⟨h⟩ **a)** 손을 흔들다, 손짓하다: jmdm. beim [zum] Abschied z. 누구에게 헤어질 때 손을 흔들다. **b)** 손짓 따위로 신호하다: jmdm. einen Gruß z. 누구에게 손짓으로 인사하다.
Zuwuchs, der; -es, Zuwüchse ['tsu:vy:ksə] 《고어》↑ Zuwachs.
zuzahlen ⟨h⟩ 추가 지불하다, 더 치뤄 주다: bei Zahnkronen muß der Kassenpatient noch einen Betrag z. 치관(齒冠)의 경우 보험 환자는 일정액을 추가 지불해야 한다. **zuzählen** ⟨h⟩ **a)** ↑dazurechnen. **b)** 귀속(포함) 시키다: dieses Bauwerk ist bereits dem Barock zuzuzählen 이 건축물은 이미 바로크에 포함시킬 수 있다.
Zuzahlung, die; -en 추가 지불. **Zuzählung**, die; -en 가산, 산입(算入), 할당, 귀속, 포함.
zuzeiten [tsu'tsaitn] ⟨Adv.⟩ 때때로, 이따금, 종종, 왕왕: z. Gewissensbisse über etw. empfinden 때때로 무엇에 대해서 양심의 가책을 느끼다.
zuzeln ['tsu:tsln] ⟨h⟩ 《의성어·bayr., österr.·통용어》 **1.** 빨다, 핥다. **2.** 속삭이다, 귓속말하다.
zuziehen[1]. **1.** ⟨h⟩ **a)** 끌어당겨서 닫다: die Tür (hinter sich) z. 문을 (등 뒤에서) 끌어당겨 닫다. **b)** (양쪽을 당겨서) 닫다: die Vorhänge(Gardinen) z. 커튼을 치다. **c)** 잡아당겨 (꽉) 죄다: einen Knoten z. 매듭을 잡아당겨 꼭 죄다. **2.** ⟨h⟩ ↑hinzuziehen: einen Spezialisten z. 한 전문가를 끌어들이다. **3.** ⟨h⟩ 누구의 신상에 안 좋은 일이 일어나게 하다: ich habe mir eine Erkältung zugezogen 나는 감기에 걸렸다. **4.** ⟨s⟩ 이주하여 오다, 이주하다: aus der Großstadt z. 대도시에서 이주하여 오다. **5.** ⟨s⟩ 어딘가로 움직이다[진군하다]: die Aufständischen ziehen auf die Hauptstadt zu 폭도들이 수도를 향해 진군하고 있다. **Zuziehung**, die 관여, 개입, 상담, 진단, 감정: die Behandlung erfolgte unter Z. eines Facharztes 치료는 한 전문의의 관여 아래 이루어졌다.
Zuzug, der; -(e)s, Zuzüge **1.** 이주: der Z. von Ausländern 외국인의 이주. **2.** 증원(增援), 원군, 원병.
Zuzüger ['tsu:tsy:gɐ], der; -s, - 《schweiz.》↑ Zuzügler. **Zuzügler** ['tsu:tsy:klɐ], der; -s, - (새) 이주자, 이주해 온 사람. **zuzüglich** ['tsu:tsy:klɪç] ⟨Präp.²⟩ 《상》 …을 가산하여: die Wohnung kostet 400 Mark z. der Heizkosten 방값은 400 마르크에다 난방비를 추가한 금액이다; (단수 명사의 경우 격변화 없이) der Katalog kostet 30 DM z. Porto 카탈로그 값은 30 마르크에다 우편료를 가산해야 한다; (2격이 드러나지 않을 경우 복수 3격으로) z. Beträgen für Verpackung und Versand 포장료와 우송료를 가산하여. **Zuzugsgenehmigung**, die; -en 이주 허가.
zuzwinkern ⟨h⟩ 누구에게 눈짓[윙크]하다: er zwinkerte ihm mit einem Auge zu 그는 그에게 윙크했다.
ZVS [tsetfau'es] = Zentralstelle für die Vergabe von Studienplätzen (Dortmund에 있는) 대학 진학 희망자 학적 배정 센터.
zwacken ['tsvakn] ⟨h⟩ 《통용어》 쥐어(집어) 뜯다, 꼬집다, 괴롭히다: 전의 von Neid gezwackt werden 시기(질투)로 괴로워하다.
zwang [tsvaŋ] ↑zwingen 참조. **Zwang** [-], der; -(e)s, Zwänge ['tsvɛŋə] **a)** 강제, 강압, 강요, 압박: Z. auf jmdn. ausüben 누구에게 강요하다(압력을 가하다); jmdn. Z. auferlegen 누구를 강제하다; seine Kinder mit[ohne] Z. erziehen 자신의 아이들을 강압적으로 (자유롭게) 교육하다(기르다). **b)** 충동(열망), 절박함, 부득이: ein schwer zu bekämpfender Z. läßt sie gähnen 억누르기 어려운 불가피성 때문에 그녀는 하품을 하지 않을 수 없다. **c)** 구속, 속박, 부자유, 무리: sich (seiner Natur, seinen Empfindungen) Z. auf(er)legen 스스로(자신의 천성, 감정)를 억압하다; 전의 einem Begriff[Text] Z. antun 개념[텍스트]을 임의로 해석하다. **d)** (강한) 영향력, 마력, 중압(重壓): jmds. Z. erliegen 누구의 영향력에 굴복하다. **e)** 구속력, 억제력, 의무: soziale[bürgerliche] Zwänge 사회적[시민적] 제약; es besteht kein Z., etwas zu kaufen 무엇을 사야 할 의무는 없다; etw. ist freiwilliger Z. 무엇은 자발적인 제약이다. **f)** 필연성, 불가피성: der Z. der Verhältnisse 상황의 필연성; der Z. zur Kürze(Selbstbehauptung) 단축하지 않을 수 없는(자기 주장에 대한) 불가피성. **g)** [심리] 강박(관념): die Zwänge eines Patienten 어떤 환자의 강박관념들.
zwang-, Zwang- (↑zwangs-, Zwangs-도 참조): **~läufig** ⟨Adj.⟩ [기술] 직접(고정) 구동(驅動)의: -e Getriebe 직접 구동(고정) 기어(변속기). **~läufigkeit**, die [기술] 직접(고정) 구동성(驅動性). **~los** ⟨Adj.⟩ **a)** 형식(의식)에 구애받지 않는, 자유분방한, 활달한, 마음 편한: sich z. unterhalten 자유롭게 환담하다. **b)** 부정기적인, 불규칙적인: die Zeitschrift erscheint in -er Folge 그 잡지는 부정기적으로 발간된다. **~losigkeit**, die ↑ los의 명사형.
zwänge ['tsvɛŋə] ↑zwingen 참조. **zwängen** ['tsvɛŋən] ⟨h⟩ 무리하게 밀어붙이다, 억지로 행하다(눌러 넣다): dicke Bücher in seine Aktentasche z. 두꺼운 책들을 억지로 그의 서류 가방에 밀어넣다; 전의 etw. in ein System z. 무엇을 무리하게 한 체계 속으로 편입시키다.
zwanghaft ⟨Adj.⟩ **a)** 강제적인, 필연적인, 불가피한: eine -e Solidarität 필연적인 연대성. **b)** 불가항력적인, 작위적인, 강제(강압)에 의한. **Zwanghuf**, der 《전문어》 (잘못 형성된) 말편자.
zwangs-, Zwangs- (↑zwang-. Zwang-도 참조): **~anleihe**, die 강제 공채(公債). **~arbeit**, die (Pl. 없음) 강제 노동형: zu 25 Jahren Z. verurteilt werden 25년간 강제 노동형에 선고되다. **~arbeiter**, der 강제 노동(수형)자. **~arbeiterin**, die ↑~arbeiter의 여성형. **~arbeitslager**, das 강제 노동(수형)자 수용소. **~aufenthalt**, der 강제 체재(체류). **~bewirtschaftung**, die 통제경제. **~einweisung**, die 강제 수용, 강제 입원(입소) 명령. **~entlüftung**, die 강제 환기(승용차의). **~ernährung**, die 강제 음식(먹기를 거부하는 사람에게). **~geld**, das [법] 과태료, 범칙금. **~gewalt**, die (Pl. 없음) [법] 공권력. **~handlung**, die [심리] 강박 행위. **~herrschaft**, die 전제(정치), 독재. **~hypothek**, die 강제 저당(抵當). **~idee**, die ↑ ~vorstellung. **~jacke**, die (미치광이의 난폭행위 따위를 막기 위해 뒤에서 잠그는 소매가 긴) 구속복, 가죽조끼; jmdn. in eine Z. stecken 누구에게 구속복을 입히다. **~kurs**, der [금융] 강제 공정 시세, 관리 외환 시세. **~lage**, die 진퇴양난, 딜레마, 궁지: er ist befindet sich in einer Z. 그는 궁지에 처해 있다. **~läufig** ⟨Adj.⟩ 부득이한, 불가피한, 강제적(필연적)인: das ist eine -e Folge dieser Entscheidung 그것은 이러한 결정의 필연적인 결과이다. **~läufigkeit**, die; -en ↑ ~läufig의 명사형. **~lizenz**, die (특허권의) 강제 실시권. **~maßnahme**, die [법] 강제 조치(처분), 제재(制裁). **~mäßig** ⟨Adj.⟩ 강제적인. **~mittel**, das 강제 수단(방법). **~neurose**, die [심리] 강박(성) 신경증. **~räumung**, die 강제 퇴거(명도). **~regulierung**, die [증권] 일방적인 지급 중단. **~sparen**, das; -s 강제 저축. **~umsiedeln** ⟨h⟩ (부정사와 분사로만) 강제로 이주시키다. **~verfahren**, das [법] 강제 절차. **~vergleich**, der [법] 강제화의(和議). **~verschicken** ⟨h⟩ (용법은 부정사와 분사로만) 강제로 이송하다. (국외로) 추방하다. **~verschickung**, die 강제이송(移送), (국외) 추방.

추방(유형). ~**versicherung**, die 강제 보험. ~**versteigern** ⟨h⟩ (부정사와 분사로만) [법] 강제 경매에 회부하다. ~**versteigerung**, die [법] 강제 경매. ~**verteidiger**, der ⟨감정⟩ 국선변호인(Pflichtverteidiger). ~**verwaltung**, die [법] 강제 관리. ~**vollstreckung**, die [법] 강제 집행. ~**vorführen** ⟨h⟩ [관] 강제 구인(拘引)하다: der Zeuge wurde dem Richter) zwangsvorgeführt 증인은 판사 앞으로 구인되었다. ~**vorführung**, die 강제 구인: es wurde die Z. angeordnet 구인장이 발부되었다. ~**vorstellung**, die [심리] 강박관념: an(unter) -en leiden 강박관념으로 시달리다. ~**weise** ⟨Adv.⟩ **a)** 강제적으로: einen Beamten Z. versetzen 한 관리를 강제로 전보시키다; jmdn. z. versichern 누구를 강제로 보험에 들게 하다. **b)** 부득이(불가피)하게: z. auftretende Fehler und Mängel 불가피하게 나타나는 오류와 결함. ~**wirtschaft**, die ⟨Pl. 없음⟩ 통제 경제.

zwanzig ['tsvantsɪç] ⟨기수⟩ (숫자: 20) 스물. **Zwanzig** [-], die 20의 수.

zwanzig-, Zwanzig-: ~**flach**, das, ~**flächner**, der [기하] 20면체(↑Ikosaeder). ~**jährig** 20세의(년간)의). ~**jährlich** ⟨Adj.⟩ 20년마다. ~**mal** 20회[번], 20배로. ~**markschein**, der 20마르크짜리 지폐. ~**pfennigmarke**, die 20페니히의 주화(동전)(숫자로는: 20-Pfennig-Marke). ~**prozentig** 20퍼센트의. ~**stöckig** 20층의. ~**tausend** 2만(의), 20000. ~**teilig** 20부분으로 이루어지는. ~**uhrnachrichten**, die (오후) 8시 뉴스. ~**uhrvorstellung**, die ↑Achtuhrvorstellung.

zwanziger ['tsvantsɪɡɐ] ⟨Adj.⟩ ⟨격변화 없음⟩ 20년대의: die goldenen 2. Jahre 황금의 20년대의 해들(↑ Roaring Twenties). ¹**Zwanziger** [-], der 20세[대]의 사람, 제20년대 소속자, (천 몇 백) 20년산(産)의 포도주, 예 20페니히 화폐. ²**Zwanziger** [-], der (통용어) 20페니히(짜리) 우표. **Zwanzigerin**, die 20세[대]의 여인. **Zwanzigerjahre** ⟨Pl.⟩ 20대의 해들, 20년대. **zwanzigfach** ⟨배수⟩ (숫자: 20fach) 20배의. **Zwanzigfache***, das ⟨숫자: 20fach⟩ 20배. **zwanzigst** ['tsvantsɪçst...] ⟨분수⟩ 20분의 1의. **Zwanzigstel**, das /(schweiz.) der/ -s, - 20부(의) 1. **zwanzigstens** [...tns] ⟨Adv.⟩ 20번째로.

zwar [tsvaːɐ̯] ⟨Adv.⟩ [mhd. z(e)wāre] **1.** (aber나 doch와 결합하여) 과연 (…이긴 하지만): er ist z. groß, doch an seine Brüder er noch nicht heran 그는 과연 크긴 하지만, 아직은 자기 형에 미치지 못한다. **2.** (앞의 und와 결합하여) 보다 정확하게 말하면, 실로, 더욱이: ich komme heute, und z. um fünf Uhr 오늘 가마, 더 정확하게 5시에; ⟨권고의 강조⟩ komme her, und z. sofort 오라니까, 즉각.

zwatzelig ['tsvatsəlɪç] ⟨Adj.⟩ ⟨지역적⟩ 침착하지 못한, 안절부절 못하는. **zwatzeln** ['tsvatsl̩n] ⟨h⟩ ⟨의성어·의태어·지역적⟩ 안절부절 못하다, 조마조마해(주저주저) 하다.

Zweck [tsvɛk], der; -(e)s, -e **1.** 목적[목표], 의도, 지망: einen bestimmten Z. haben[erreichen] 어떤 특정의 목적을 갖다[달성하다]; etw. zum -e der Verbesserung des Gesundheitszustands tun 건강 상태를 개선할 의도로 무엇을 행하다; 성구 der Z. heiligt die Mittel 목적은 수단을 성화(聖化)시킨다. **2.** 의미: der Z. des Ganzen ist nicht zu erkennen 전체의 의미는 인식될 수 없다; es hat wenig Z. (keinen Z. (mehr)), auf eine Besserung zu hoffen 병세의 회복을 기대하는 것은 거의(더이상) 아무런 의미가 없다.

zweck-, Zweck-: ~**aufwand**, der [재정] 목적 경비(비용, 지출). ~**bau**, der ⟨Pl. -ten⟩ 실용적인 건축물, 업무용 건조물(Nutzbau). ~**bestimmtheit**, die 목적성, 실용[기능] 본위적 성격. ~**bestimmung**, die ↑Bestimmung (2 a). ~**bindung**, die [재정] (경비)의 용도 구속성. ~**bündnis**, das 실용적 목적으로 결성된 동맹. ~**denken**, das; -s 실용[기능] 본위의 생각(사고). ~**dienlich** ⟨Adj.⟩ [관] 목적 달성에 도움이 되는, 유용[유효]한: etw. für z. halten 무엇을 목적에 부합된다고 생각하다. ~**dienlichkeit**, die ↑~dienlich의 명사형. ~**entfremden** ⟨h⟩ 본래의 목적과 달리 사용하다: Wohnraum als Lager z. 주거 공간을 본래의 목적과 달리 창고로 사용하다; zweckentfremdete Gelder 본래의 목적에서 벗어나서 유용된 돈. ~**entfremdung**, die ↑~entfremden의 명사형. ~**entsprechend** ⟨Adj.⟩ 목적에 맞는, 유용한, 유효한. ~**forschung**, die 실용화될 수 있는 연구, 구체적 목적을 지닌 연구. ~**frei** ⟨Adj.⟩ 실용성을 지향하지 않는: -e Forschung 특정목적에 구애받지 않는 연구. ~**freiheit**, die 몰목적성. ~**fremd** ⟨Adj.⟩ 원래 목적에서 벗어난. ~**gebunden** ⟨Adj.⟩ 용도가 지정된: -e Gelder 용도가 지정된 돈. ~**gebundenheit**, die 목적 구속성. ~**gemäß** ⟨Adj.⟩ 합목적적인, 목적에 맞는(부합되는). ~**leuchte**, die 장식용는 (단순한) 등(灯). ~**los** ⟨Adj.⟩ **1.** 의미없는, 무용[무익]한, 무효의[허사의]: es ist z., hier um Hilfe zu bitten 여기서 도움을 청한다는 것은 무의미하다. **2.** ⟨드물게⟩ 특별한 의도가 없는, 별다른 뜻이 없는. ~**losigkeit**, die ↑~los의 명사형. ~**lüge**, die 의도적인 거짓말. ~**mäßig** ⟨Adj.⟩ **a)** 합목적적인, 실용적인: eine -e Einrichtung 실용적인 설비. **b)** 유효[적절]한, 유용한, 시기에 알맞는: sich als z. erweisen 시의적절한 것으로 입증되다(나타나다). ~**mäßigerweise** ⟨Adv.⟩ 합목적적으로. ~**mäßigkeit**, die 합목적성. ~**mäßigkeitserwägung**, die 합목적성에 입각한 고려. ~**meldung**, die 공개된 보고, 공고. ~**optimismus**, der (특정 효과를 노리는) 과시적 낙관주의. ~**pessimismus**, der 과시적 비관주의: der Trainer macht in Z. 코치는 괜히 비관적인 체한다. ~**propaganda**, die (특정 효과를 노리는) 과시적 선전. ~**rationalität**, die [철학] 목적합리성. ~**satz**, der [언어] 목적문(Finalsatz). ~**sparen**, das; -s 목적 저축. ~**steuer**, die **a)** 목적세. **b)** (비정기) 목적세. ~**stil**, der [건축] 실용(기능주의) 양식(↑ Funktionalismus (1)). ~**verband**, der (단체들이 공동 목적을 위하여 결성한) 목적 연합. ~**vermögen**, das [법] 목적 재산. ~**voll** ⟨Adj.⟩ 목적에 맞는, 유효한, 의미있는. ~**widrig** ⟨Adj.⟩ 목적에 반하는, 부적당한.

Zwecke ['tsvɛkə], die; -n **1.** ⟨지역적⟩ 머리를이 큰 짧은 못, 특히 신발용 못, 나무못, 제도용 핀: ein plumper Schuh mit dicken -n 두꺼운 징을 박은 볼품없는 구두. **2.** ⟨준고어⟩ ↑Reiß-, Heftzwecke. **zwecken** ⟨h⟩ ⟨지역적⟩ ↑anzwecken. **zweckhaft** ⟨Adj.⟩ 합목적적인, 목적에 맞는, 의도적인. **Zweckhaftigkeit**, die ↑zweckhaftig의 명사형. **zwecks** [tsvɛks] ⟨Präp.⟩[2] [관] …의 목적으로, …을 위하여: z. Feststellung der Personalien wurde er auf die Polizei gebracht 인적 사항의 확인을 위해 그는 경찰에 인도되었다.

zween [tsveːn] ⟨기수⟩ ⟨고어⟩ 둘(의)(↑zwei의 남성형).

Zwehle ['tsveːlə], die; -, -n ⟨westmd.⟩ 수건, 식탁보.

zwei [tsvaɪ̯] ⟨기수⟩ [ahd. zwei (중성형), ↑zwen, zwo)] ⟨숫자: 2⟩ 둘(의): sie gehen z. und z. (zu, -en) nebeneinander 그들은 둘씩 나란히 걸어간다; innerhalb -er Jahre[von z. Jahren] 2년 이내에; 성구 dazu gehören immer noch z. 백지장도 맞들면 낫다; das ist so sicher, wie z. mal z. vier ist ⟨통용어⟩ 그것은 절대적으로 확실하다; **für z.** 과도하게, 아주 많이.

Zwei [-], die; -en **a)** 2(둘)의 수. **b)** 기호 2가 적힌 카드. **c)** (주사위나 카드의) 2점. **d)** 평점 2(↑ gut 1a) (우리의

「우」에 해당함): sie hat die Prüfung mit Z. bestanden 그녀는 시험에서 평점 2(「우」로 합격했다. **e)** 《통용어》 2번 노선의 버스나 지하철.

zwei-, Zwei-: ~**achser,** der 두 축(軸)의(차축이 둘이 있는) 차. ~**achsig** 이축(二軸)의. ~**akter,** der 2막극. ~**aktig** 2막극의. ~**armig** 두 팔의, 양팔이 있는. ~**atomig** [-ato:mɪç] 〈Adj.〉 【화학·물리】 2원자의. ~**bahnig** [-ba:nɪç] 〈Adj.〉 【교통】 **a)** 각 차도마다 양쪽으로 오고 갈 수 있게 한, 복선의. **b)** ↑~spurig (1 b): der -e Ausbau der B 9 zwischen Mainz und Worms 마인츠와 보름스간 9번 국도의 2차선으로의 증설. ~**bändig** 두 권으로 된. ~**beiner** [-baɪnɐ], der; -s, - 《통용어·농》 (2족 동물로서의) 인간. ~**beinig** 두 다리의, 2각(脚)의, 2족의. ~**bettig** 침대가 둘 있는. ~**bettzimmer,** das 침대가 둘 있는 방. ~**blatt,** das 두루미꽃. ~**blättrig** 쌍엽의, 두 꽃잎이 있는. ~**decker,** der **1.** ~Doppeldecker (1). **2.** 《해양·준고어》 2층 갑판선. ~**deckschiff,** das ↑~decker.(2). ~**deutig** 〈Adj.〉 [lat. aequivocus] **a)** 불명료한, 불확실한, 모호한, 두 뜻이 있는: ein -es Orakel 두 가지 뜻으로 해석할 수 있는 신탁(神託). **b)** 능청맞은, 아슬아슬한, 외설한, 점잖지 않은: -e Witze 능청맞은 농담. ~**deutigkeit,** die; -en **1.** 《Pl. 없음》 ↑~deutig의 명사형. **2.** 위의 언표[말씨]. ~**dimensional** 〈Adj.〉 2차원의, 평면적인: im Film wird die dreidimensionale Welt z. abgebildet 영화에서는 3차원적인 세계가 평면작으로 묘사[표현]된다. ~**drittelmehrheit,** die 【정치】 3분의 2의 다수. ~**dritteltaler,** der 《옛》 (제국탈러 한 개의 3분의 2 가치의) 수집용 은화. ~**eiig** 이란성(二卵性)의. ~**einhalb** 2½의. ~**fach** 〈Adj.〉 2중[2배]의. ~**fächerig** 포실(胞室)이 둘 있는(↑~fächerig). ~**familienhaus,** das 두 가구 주택. ~**farbendruck,** der 2색 인쇄(物). ~**farbig,** (österr.) ~**färbig** 〈Adj.〉 두 빛깔의, 두 색이 있는. ~**farbigkeit,** die ↑~farbig, ~färbig의 명사형. ~**felderwirtschaft,** die 이포식(二圃式) 재배(윤작(輪作)). ~**fenstrig** 복창(倂窓). 《통용어》 두 개의 창이 달린[난]. ~**flammig** [-flamɪç] 〈Adj.〉 전구가 두 개 달린, 전열력이 두 개 있는. ~**flüg(e)lig** 두 날개의, 날개가 둘 달린. ~**flügler** 〈Pl.〉 Dipteren. ~**frontenkrieg,** der 두 전선 전쟁. ~**füßer,** der 양족(兩足) 동물(인간). ~**füßig** 〈Adj.〉 **1.** 양발이 있는, 양각(兩脚)의. **2.** 《운율》 2운각(韻脚)의. ~**geleisig** ↑~gleisig. ~**geschlechtig** 〈Adj.〉 【식물】 양성(兩性)의. ~**geschlechtigkeit,** die; - ↑~geschlechtig의 명사형. ~**geschlechtlich** 〈Adj.〉 남녀양성을 가진. ~**geschossig** 2층의. ~**gesichtig** 〈Adj.〉 ↑doppelgesichtig (a). ~**gespann,** das (한 수레를 끄는) 두 필의 말, 쌍망 마차; 2인 일조의 작업 동료, 두 사람의; 한 쌍. ~**gespräch,** das 〈고어〉 ↑Zwiegespräch. ~**gestrichen** 2점음(點音)의(예컨대: C″). ~**geteilt** 〈Adj.〉 둘로 나누어진, 양분된. ~**gewaltenlehre,** die (특히 중세에) 있어서 국가와 교회가 양립할 것을 주장하던 양검설(兩劍說), 양검론. ~**gipf(e)lig** ↑-gipfelig. ~**gleisig** 〈Adj.〉 **a)** 복선의, (제도가) 복선의: eine -e Bahnstrecke 복선의 철도구간; [전의] eine -e Erziehung 복선적인 교육. **b)** (평) 두 가능성을 추구하는. ~**gleisigkeit,** die ↑~gleisig의 명사형. ~**gliedrig** 〈Adj.〉 두 마디의[가랑이의], 2열(항)의, 2분된. ~**händer** [-hɛndɐ], der; -s, - 양손으로 잡는 칼(검). ~**händig** 〈Adj.〉 양손에 있는, 양손잡이의. ~**häusig** [-hɔyzəç] 〈Adj.〉 【식물】 자웅이주(雌雄異株)의(반대: einhäusig): die Weide ist eine -e Pflanze 수양버들은 자웅이주성 식물이다. ~**häusigkeit,** die ↑Diözie. ~**henk(e)lig** 〈Adj.〉 손잡이가 두 개 달린. ~**höck(e)rig** 〈Adj.〉 das -e Kamel 두 개의 혹이 있는(쌍봉

의) 낙타. ~**hufer** [-hu:fɐ], der; -s, - ↑Paarhufer. ~**hufig** [-hu:fɪç] 〈Adj.〉 【동물】 쌍발굽의. ~**hundert** 〈기수〉 200(의). ~**jahresplan,** der 2개년 계획. ~**jährig** 2년의, 2년간(생)의, 두살의. ~**jährlich** 〈Adj.〉 2년마다의. ~**jahrplan,** der ↑~jahresplan. ~**kammersystem,** das (의회의) 양원제. ~**kampf,** der [lat. duellum] **1.** 결투: jmdn. zum Z. herausfordern 누구에게 결투를 신청하다. **2.** [스포츠] 양자(양팀)의 대결. ~**karäter** [-kare:tɐ], der 2캐럿(짜리) 보석. ~**keimblätt(e)rig** 쌍자엽(双子葉)의. ~**kerstadium,** das 쌍 세포핵의 단계. ~**köpfig** 〈Adj.〉 **1.** 2인으로 구성된: ein -es Direktorium 이두집정(二頭執政). **2.** 쌍두의, 두 머리를 가진. ~**korn,** das 〈Pl. 없음〉 ↑Emmer. ~**kreisbremse,** die 【자동차】 2중 브레이크 〔제동장치〕. ~**kreissystem,** das 【경제】 복식 부기. ~**literflasche** [-'- - - -], die 2리터들이 병. ~**mähdig** 두 번 거둬들이는. ~**mal** 〈Adv.〉 두 번, 두 배(로). ~**malig** 〈Adj.〉 두 번의, 반복된. ~**mannboot,** das 2인승 보트. ~**markstück,** das 2마르크짜리 동전. ~**master,** der 쌍돛단배. ~**minutig,** ~**minütig** 〈Adj.〉 2분 동안의. ~**monatig** 〈Adj.〉 2개월(간)의. ~**monatlich** 〈Adj.〉 2개월마다의. ~**monatsschrift,** die 2개월마다 발간되는 잡지. ~**motorig** 〈Adj.〉 쌍발(동기)의. ~**parteiensystem,** das 양당제. ~**pfennigstück,** das 2페니히 동전. ~**pfundbrot,** das 2파운드 무게의 빵. ~**pfünder,** der 2파운드 무게의 물건이나 동물. ~**phasenstrom,** der [전기] 이상(二相) 교류. ~**phasig** 이상(二相)의. ~**pol,** der [전기] 쌍극, 양극(兩極). ~**polig** 쌍극의, 분극의. ~**poligkeit,** die 양(쌍)극성(Bipolarität). ~**punktgurt,** der 2점 고정 안전벨트. ~**rad,** das (자전거 따위의) 2륜차. ~**radfahrer,** der 2륜차 타는 사람. ~**rädrig,** 《드물게》 ~**räderig** 두 바퀴 달린, 쌍륜의. ~**reiher** der 【재단】 두 줄 단추 신사복(반대: Einreiher). ~**reihig** 〈Adj.〉 **a)** 2열의. **b)** 단추가 두 줄로 달린. ~**ruderer,** der ↑Bireme. ~**saitig** (악기 따위의) 2현(弦)의. ~**schichtig** 〈Adj.〉 **a)** 두 층으로 이루어진. **b)** 2교대로의. ~**schiffig** 〈Adj.〉 회중석이 둘 있는, 회당이 두 개인. ~**schläfig** [-ʃle:fɪç], ~**schläfrig,** 《드물게》 ~**schläferig** 〈Adj.〉 둘이 자는(잘 수 있는): ein -es Bett 더블베드. ~**schneidig** 〈Adj.〉 양날을 가진: ein Messer 쌍날의 칼; [전의] eine -e Angelegenheit 장단점을 지닌 문제. ~**schneidigkeit,** die; -en ↑~schneidig의 명사형. ~**schürig** 한 해에 두 번 털을 깎을 수 있는, (초지의) 한 해에 두 번 베는. ~**schüssig** 〈Adj.〉 【직조】 한 줄에 2가닥의 씨를 가진. ~**seitig** 〈Adj.〉 **1.** 양면의, 두 변의. **2.** 두 당파(정당)간의, 쌍무의: -e Verträge 쌍무 계약. ~**seitigkeit,** die ↑~seitig의 명사형. ~**silbig** 두 음절의. ~**sitzer,** der 2인승의 차. ~**sitzig** 〈Adj.〉 2인승의. ~**spaltig** 〈Adj.〉 둘로 쪼개진(갈라진), 두 단(段)으로 된. ~**spänner,** der **1.** 쌍두 마차. **2.** 【토건】 계단 양측으로 각기 주거할 수 있는 주택. ~**spitz,** der 뾰족한 끝이 두 개 있는 모자. ~**sprachig** 〈Adj.〉 《사용》의: das Kind wächst z. auf 그 아이는 2개국어를 하면서 자라고 있다. **b)** 2개 국어로 된: ein -es Wörterbuch 2개 국어로 된 사전. ~**sprachigkeit,** die 2개 국어 사용(능력)(Bilingualismus). ~**spurig** 〈Adj.〉 **1. a)** ↑~gleisig (a). **b)** 2차선 도로의. **2.** 양쪽으로 바퀴자국을 남기는: ein Pkw ist ein -es Fahrzeug 승용차는 양쪽으로 바퀴자국을 남기는 차다. ~**stärkenglas,** das ↑Bifokalglas. ~**stellig** 〈Adj.〉 두 자리의, 2가(價)의. ~**stimmig** 〈Adj.〉 2성(聲)의, 2중창의. ~**stöckig** 2층(건물)의. ~**strahlig** 제트 엔진을 둘 가진. ~**stromland,** das 유프라테스와 티그리스강 사이의 지역

(Mesopotamien)의 별칭). ~**stückweise** 〈Adv.〉두 개씩. ~**stufenrakete**, die 〈Adj.〉2단 로켓. ~**stufig** 〈Adj.〉2단계의, 2단식의. ~**stündig** 〈Adj.〉두 시간의. ~**stündlich** 〈Adj.〉두 시간마다(의), ~**tägig** 〈Adj.〉 2일(간)의. ~**täglich** 〈Adj.〉2일마다의: das Schiff verkehrt z. 배는 2일마다 왕래한다. ~**takter**, der; -s, - 2행정〈行程〉[사이클〕엔진[차]. ~**taktmotor**, der 2행정모터[엔진]. ~**tausend** 〈기수〉2000(의). ~**tausender**, der (해발) 2000m급의 산. ~**tausendjährig** 〈Adj.〉2000년의: die -e Akropolis 2000년 역사 의 아크로폴리스. ~**teilen** 〈h〉《드물게》2등분하다, 2분 (할)하다. ~**teiler**, der 《통용어》두 부분으로 나뉜 수영 복, 비키니. ~**teilig** 2등분의, 두 부분으로 나뉜. ~**teilung**, die 2(등)분. ~**touren(druck)maschine** [-'tu:...], die 2회전 인쇄기. ~**tourig** 〈Adj.〉2회전하는. ~**türig** 두 쪽인(투 도어의). ~**unddreißigstelnote**, die 32분 음표. ~**unddreißigstelpause**, die 32분 휴지부(符). ~**undeinhalb** 두 개 반의(2½). ~**vierteltakt** [-'fırtl-], der 4분의 2박자. ~**wegehahn**, der 양편 개폐 꼭지(코크). ~**wertig** 2가(價) 의 (원소). ~**wöchentlich** 〈Adj.〉2주마다(의). ~**wöchig** 〈Adj.〉2주간의. ~**zack**, der 두 갈래진 도 구(갈퀴, 포크 등). ~**zackig** 〈Adj.〉두 갈래진. ~**zahn**, der 〖식물〗가막사리 속, 도깨비 바늘. ~**zehig** 〈Adj.〉쌍지(雙趾)의. ~**zeiler**, der 2행시[연구(連句)]. ~**zeilig** 〈Adj.〉2행의. ~**zentnergewicht**, das 200파운드 무게(의 사람). ~**zimmerwohnung**, die 방이 두 개 있는 아파트(주택). ~**züger**, der 두 수에 푸는 체스(서양장기) 대국(문제). ~**zügig** 〈Adj.〉eine -e Schule 두 분야[과]로 나뉘어진 학교. ~**zylinder**, der 2기통 엔진. ~**zylindermotor** 2기통 모터. 〈또는〉zylindrig 〈Adj.〉2기통의.
zweien 〈h〉《고어》《z. + sich》서로 한 패가 되다, 접목되다.
Zweier ['tsvajɐ], der; -s, - 1. 《통용어》2페니히 동전. 2. [스포츠] 2인승 보트, 2인조(組). 3. 숫자 2; 주사위의 눈 수 2; 평점 2; 2번 노선의 차. 4. [골프] 두 사람의 대항 전. 5. 〈schweiz.〉2데시리터(dl)의 수량.
Zweier-: ~**anschluß**, der 〖전화〗2인 공용 전화선[연 결]. ~**beziehung**, die 〖심리〗두 배우자(간)의 관계. ~**bob**, der 2인승 봅슬레이. ~**gespann**, das [Zweigespann. ~**kajak**, der /《드물게》das 2인승 카약크. ~**reihe**, die 두 사람(사물)이 형성하는 열. ~**spiel**, das 〖골프〗↑Zweier (4). ~**system**, das 〖수학〗↑Dualsystem. ~**takt**, der 2박자.
zweierlei 〖종수; 격변화 없음〗a) 2종의, 두 가지의: der Pullover ist aus z. Wolle 그 스웨터는 두 종류의 양 모로 짜여진 것이다. b) 두 가지 다른 사항(행위)의: es ist z., ob ... ⋯인지 아닌지는 별개의 문제이다; Ordnung und Ordnung ist z. 《비판》나는 "질서"라는 말을 다른 의미로 이해한다. ~**fach** 〈Adj.〉2중(배)의.
Zweifache', das 2중(배).
Zweifel ['tsvajfl], der; -s, - [ahd. zwīfal] 의심, 의혹, 의문, 주저, 머뭇거림, 의혹(懷疑): (nicht der geringste) Z., daß ... ⋯은 (조금도) 의심없는 일이다; er hat recht, daran kann kein Z. sein 그가 옳아, 그것에 대해서는 의심의 여지가 있다니까; Z. hegen 의혹을 품다; er ließ keinen Z. daran, daß es ihm ernst war mit seiner Drohung 그는 자신의 위 협이 진정이라는 것을 분명히 했다; **außer (allem) Z. stehen** 아주 확실한 일이다; **Z. in etw. setzen**〔etw. **in Z. ziehen**, 《드물게》**stellen**〕무엇을 의심하다; (**über etw.**) **im Z. sein** 1) 무엇을 아주 정확히는 알지 못하다. 2) 아직 (무엇에 관해서) 결단을 내리지 못했다; **ohne Z.** 아주 확실히. **zweifelhaft** 〈Adj.〉a) 회의적

인, 불확실한, 의아스러운: es ist z., ob er das durchhalten kann 그가 그것을 참아낼 수 있을지는 불확실하다. b) 미심쩍은, 의심스러운, 수상한, 망설이는: eine -e Person 미심쩍은 인물; sein plötzlicher Reichtum erschien der Polizei z. 그의 갑작스러운 부가 경찰에겐 수상쩍어 보였다. **zweifellos** 〈Adv.〉《감정》의심(할 여지)없는, 확실한: z. kann sich dieser Zustand sehr schnell ändern 틀림없이 이 상태는 매우 빨리 변할 수 있 다. **zweifeln** ['tsvajfln] 〈h〉믿지 않다, 의심하다, 수상 히(의아하게) 여기다: er sah mich an, als zweifle er an meinem Verstand 그는 마치 정신 상태를 의심하는 듯이 나를 쳐다보았다; sie zweifelt, ob sie der Einladung folgen soll 그녀는 초대에 응해야할지의 여부를 놓고 망설이고 있다.
zweifels-, Zweifels-: ~**fall**, der 의문이 나는 경우: im Z. rufen Sie bitte die Auskunft an 의문이 있으시 면 안내에 전화하십시요. ~**frage**, die 불확실해야 하는 질문. ~**frei** 〈Adj.〉의심(의문)이 없는, 확실한: diese Krankheit geht z. auf einen Virus zurück 이 병은 확 실히 어떤 바이러스에 기인한다. ~**ohne** [--'--] 〈Adv.〉《감정》틀림없이, 극히 분명한: z. war es ein Mord 확실히 그것은 살인이었다.
Zweifelsucht, die《드물게》회의벽, 의혹증(강박관념의 일종). **Zweifler** ['tsvajflɐ], der; -s, - 의심[회의]하는 자: dies Ergebnis muß auch den letzten Z. überzeugen 이 결과는 마지막 회의자까지도 확신시켜줄 것임 에 틀림없다. **zweiflerisch** 〈Adj.〉의심에 가득 찬, 회 의적인: er wiegte z. den Kopf 그는 회의적으로 머리를 흔들었다.
Zweig [tsvajk], der; -(e)s, -e 1. (Ast에서 나뉜) 작은 [잔] 가지(Reis보다 큰): die -e brechen auf 가지들이 푸르러지다; **auf keinen grünen Z. kommen**《통용어》성공(출세)하지 못하다. 2. a) 분가 (分家). b) 분과, (지)부, 부문, 지맥(脈, 선): die Mikrobiologie ist ein wichtiger junger Z. der Naturwissenschaften 미생물학은 자연과학의 중요하고도 새로 운 분과의 하나이다.
Zweig-: ~**bahn**, die ↑Nebenbahn. ~**betrieb**, der 자회사, 지사. ~**geschäft**, das ↑Filiale (1). ~**linie**, die a) 지선. b) ↑Zweig (2 a). ~**niederlassung**, die ↑Filiale (2). ~**postamt**, das 우체국 지국(支局). ~**spitze**, die 가지의 맨 끝. ~**stelle**, die ↑~niederlassung. ~**werk**, das 자공장(子工場).
Zweiheit ['tsvajhajt], die ↑Dualismus (1, 2): die Z. von Gott und Welt 신과 세계(세속)의 이원론(二元 論). b) 이원성, 이중성(二重性). **zweisam** ['tsvajza:m] 〈Adj.〉《드물게》둘이함께(의좋게, 일치하여): sie lebten z. in ihrem großen Haus 그들은 둘이 의좋게 넓은 집에서 살았다. **Zweisamkeit**, die; -en 둘만의 (의좋 은) 생활(행동). **zweit** [tsvajt] 《다음 용법으로》**zu z.** 둘이 함께, 두사람이서: zu z. lebt man billiger als allein 둘이 함께면 혼자보다 더 싸게 산다. **zweit...** ['tsvajt...] 〈↑zwei의 서수〉《숫자: 2.》제 2의, 두 번째의: der -e von hinten 뒤에서 두 번째(사람); dieser Ort ist ihre -e Heimat 이 고장은 그들의 제 2의 고향이다; das wird mir nicht ein -es Mal passieren 그것은 나에게서 두 번 다시 생기지 않을 것이다; er verspricht, ein großer Musiker zu werden《통용어·과장》그는 탁월한 음악가가 될 것 으로 기대된다; am Zweiten des Monats 매월 초이틀 날에; bitte einmal Zweiter nach München! 뮌헨행 2 등표 한 장 주시오! **¹zweit-, Zweit-** 〈↑zwei의 서수: 최상급과 복합어로〉⋯된 특성에서 제 2의 자리에 위치하는. **zweitältest...** 두 번째로 나이 많은(주민), **zweitbest...** (예 컨대: der zweitbeste Schüler seiner Klasse 자기반에

Zwickmühle

서 성적 2등인 학생), **zweitgrößt**... (예컨대: die zweitgrößte Stadt 제2의 대도시), **zweithöchst**... (예컨대: der zweithöchste Berg 두 번째로 높은 산), **zweitlängst**... (예컨대: der zweitlängste Fluß Europas 유럽에서 두 번째로 긴 강), **zweitletzt**... (예컨대: er kam als zweitletzter 그는 마지막에서 두 번째로 왔다), **zweitschlechtest**... (예컨대: das zweitschlechteste Ergebnis 두 번째로 나쁜 결과(성적)), **zweitschönst**... (예컨대: die zweitschönste Bewerberin bei der Wahl 선발 대회에서 두 번째로 아름다운 여성 후보자).

²**zweit-, Zweit-:** ~**ausfertigung**, die 복사, 사본. ~**auto**, das ↑~wagen. ~**beruf**, der 제2의(추가로 배운) 직업. ~**besitzer**, der 두 번째 소유주(자동차). ~**druck**, der 재판(再版). ~**erkrankung**, die (어떤 병의 후속 현상인) 제3의 질병(발병). ~**fahrzeug**, das (같은 사람의) 두 번째(여분의) 차량. ~**frisur**, die (은폐) (여성용) 가발. ~**gerät**, das 여벌의 (가사)용구(라디오, 텔레비전 등). ~**impfung**, die ↑Revakzination. ~**kindergeld**, das 둘째 자녀에 대한 수당. ~**klaß** (schweiz.) (국민학교) 2학년(생)의. ~**klässer**, der ↑~kläßler. ~**klassig** (Adj.) (병) 이류(二流)의, 중급의: ein -es Lokal 이류 술집. ~**klassigkeit**, die 이류(중류)급. ~**klaßler der** ~**kläßler**, der (국민학교) 2학년생. ~**placierte***, (독어화) ~**plazierte***, der / die 2등을 차지한[2등급에 든]자, 2위 입상자. ~**rangig** (Adj.) 제2급의, 중위(中位)의. ~**schlüssel** der 제2의(또 다른, 여분의) 열쇠. ~**schrift**, die ↑~ausfertigung. ~**sekretärin**, die 제2의 여비서. ~**stimme**, die (유권자가 연방의회선거에서 정당에 던지는) 투표(권), 제2표. ~**studium**, das: nach dem Examen nahm er noch ein Z. auf (졸업 후에) 두 번째 전공을 취했다. ~**wagen**, der 여분의 (또다른 가정용) 자동차. ~**wohnung**, die (주말이나 휴가용의) 별장(제2의 주택).

zweitemal (다음 용법으로) das z.; beim[zum] zweitenmal 두 번째로. **zweitens** ['tsvaitns] (Adv.) 두 번째에[로], 둘째로서. **Zweite(r) Klasse-Abteil**, das (열차의) 2등(칸막이)칸. **Zweite(r) Klasse-Wagen**, der 2등열차(객차).

Zwenke ['tsvɛŋkə], die; -n 사료로 되는 풀의 일종.

zwerch [tsvɛrç] (Adv.) (지역적) 가로질러(guer): z. über die Wiese reiten 풀밭을 가로질러 말을 달리다.

zwerch-, Zwerch-: ~**fell**, das 횡격막. ~**fellatmung**, die ↑Bauchatmung. ~**fellerschütternd** (Adj.) a) (웃음이) 아주 격렬한(폭발적인). b) 포복절도할 것 같은. ~**giebel**, der [건축] 가로 합각머리. ~**haus**, das [건축] 성채 따위의 지붕에 돌출한 작은 집.

Zwerg [tsvɛrk], der; -(e)s, -e 1. 난쟁이, 꼬마동이, 작은 요정: Schneewittchen und die sieben -e 백설공주와 일곱 난쟁이. 2. (체구가) 작은 사람, 소인. 3. [천문] Zwergstern.

zwerg-, Zwerg-: ~**artig** (Adj.) 난쟁이 같은, 왜소한, 발육이 불완전한. ~**baum**, der [식물] 작은 나무, 분재(盆栽)인 나무. ~**betrieb**, der [경제] 미니 기업. ~**dackel**, der 땅개. ~**fliegenschnäpper**, der ↑~schnäpper. ~**flußpferd**, das 난쟁이 하마. ~**form**, die 아주 왜소한 (미니) 형태. ~**füßer**, der 다족류(多足類), 종지네류. ~**galerie**, die [건축] (교회의) 벽감을 이용한 회랑(回廊). ~**huhn**, das 자고(鷓鴣)의 일종. ~**hund**, der 애완용 작은 개. ~**hundrasse**, die 애완용 작은 개(종류). ~**kiefer**, die 왜송(矮松). ~**männchen**, das 들쥐의 일종. ~**maus**, die 들쥐의 일종. ~**obst**, das ↑Formobst (1). ~**pinscher**, der (영국산) 땅개의

일종, 핀셔(테리어종의 사냥개). ~**pudel**, der 난쟁이 푸들(북슬개의 일종). ~**schnäpper**, der 작은 딱새의 일종. ~**schule**, die 미니 학교. ~**staat**, der 소국(가) (Kleinstaat). ~**stern**, der [천문] 왜성(矮星). ~**strauch**, der 50cm 이하로 자라는 관목[덤불]. ~**volk**, das 키작은 종족, 왜인족. ~**wuchs**, der 1. [의학] 발육부전, 성장위축, 소인증(症), 왜소발육증. 2. [생물] 왜성(矮性), 왜화(矮化). ~**wüchsig** (Adj.) 작은 모양의, 발육이 불완전한.

zwergenhaft (Adj.) 1. 눈에 띄게[두드러지게] 작은(왜소한). 2. 난쟁이처럼 보이는: in dem Märchenspiel traten -e Gestalten auf 그 동화극에서는 난쟁이처럼 보이는 인물들이 등장하였다. **Zwergenhaftigkeit**, die ↑zwergenhaft의 명사형. **zwerghaft** (Adj.) (드물게) ↑zwergenhaft. **Zwerghaftigkeit**, die (드물게) ↑zwerghaft의 명사형. **zwergig** ['tsvɛrgɪç] (Adj.) (드물게) ↑zwergenhaft. **Zwergin** ['tsvɛrgɪn], die; -nen ↑Zwerg (1, 2)의 여성형.

Zwetsche ['tsvɛtʃə], die; -n [lat. damascēna (Pl.) = Pflaumen aus Damaskus] 1. [식물] 서양자두. 2. 서양자두나무.

Zwetschen- (↑Zwetschen-) ~**baum**, der 서양자두나무. ~**kern**, der 서양자두의 씨. ~**kuchen**, der 자두가 든 과자(케이크). ~**mus**, das 서양자두잼. ~**schnaps**, der 서양자두로 만든 화주(火酒)(소주). ~**wasser**, das ↑~schnaps.

Zwetschge ['tsvɛtʃgə], die; -n (südd., schweiz. · 전문어) ↑Zwetsche (1, 2); **seine sieben -n (ein)packen** (통용어) 자기의 소유물을 꾸리다(챙겨서 떠나다).

Zwetschgen- (südd., schweiz. · 전문어) ↑Zwetschen-, (또한) ↑Zwetschen-: **Zwetschgenbaum:** ↑Zwetschenbaum.

Zwetschke ['tsvɛtʃkə], die; -n (österr.) ↑Zwetsche (1, 2).

Zwetschken- (↑Zwetschen-) (österr.): ~**knödel**, der [요리] 서양자두 한 개가 든 크뇌델(경단). ~**krampus**, der 말린 자두로 만든 인물상(인형). ~**mus**, das ↑Zwetschenmus. ~**pfeffer**, der 말린 자두로 만든 잼(콤포트). ~**röster**, der ↑Zwetschenmus. ~**schnaps**, der ↑Zwetschenschnaps.

Zwicke ['tsvɪkə], die; -n 1. (지역적) 집게, 못뽑이, 펜치. 2. (고어) 나무못, 편자못의 쐐기 모양의 대가리. 3. (생물) 암컷과 수컷이 쌍등이로 태어난 양(羊)(양(羊)의 암컷. **Zwickel** ['tsvɪkl], der; -s, - 1. 옷에 대는 쐐기 모양의 천조각, 옷섶, 이음천, 장식용 수자: einen Z. unter angeschnittenen Ärmeln einsetzen 소매짓 아래에 섶을 붙이다. 2. [건축] a) 둥근 천장을 이루는 중앙 부분. b) 두 아치 사이의 삼각형 벽면, 홍예 받침. 3. (지역적) 괴짜, 변덕스러운 사람. 4. (청소년) 2학년으로 떨어진 자. **zwicken** ['tsvɪkŋ] (h) 1. (südd., österr.) (살짝) (꼬)집다: jmdn. [jmdm.] in die Wange z. 누구의 뺨을 (살짝) 꼬집다. 2. (südd., österr.) a) (약간) 끼이다: die Hose zwickt am Bund 바지가 허리띠 부분이 약간 끼인다. b) 불편하게 하다, 괴롭히다, 아픔을 느끼게 하다: er hat zuviel gegessen, nun zwickt sein (zwickt ihn) der Bauch 그는 너무 많이 먹었으니, 이제 배가 불편한 것이다; 전래 ihr Gewissen zwickt sie ein wenig 그녀 양심의 가책을 약간 받고 있다. 3. (südd.) (차표에) 구멍을 뚫다(내다), 개찰하다. 4. (österr.) (쇠기로) 죄다, (집게로) 고정시키다. **Zwicker**, der; -s - 1. (südd., österr.) (코)안경 (Kneifer): er hatte einen randlosen Z. auf der Nase sitzen 그는 갓테가 없는 코안경을 걸고 있었다. 2. 엘자스 지방산 백포도주. **Zwickmühle**, die; -n 1. 서양오목놀이(Mühlespiel)에서 상대방이

아무리 말을 잘 써도 궁지에 빠지도록 되어 있는 포석(방법). 2. 《통용어》 진퇴양난, 곤경, 궁지: in einer Z. sein[sitzen] 궁지에 몰려 있다[절박한 처지에 있다].
zwie-, Zwie- ['tsvi:]: **~back** [...bak], der; -(e)s, ...bäcke [...bekə] / -e 두번 구운 빵[과자], 비스킷, 건빵. **~brache**, die 《고어》 (가을철 휴경지의) 이듬갈이. **~brachen** [...braːxn̩] 〈h〉 《고어》 이듬갈이를 하다. **~fach**: ↑zweifach. **~fältig**: ↑zweifältig. **~genäht** 〈Adj.〉 이중으로 박은(꿰맴). **~gesang**, der 《드물게》 ↑Duett (1 b). **~geschlechtig** 〈Adj.〉 《고어》 ↑zweigeschlechtig. **~geschlechtigkeit**, die 《준고어》 양성(兩性). **~geschlechtlich** 〈Adj.〉 남녀 양성의[에 관한]. **~geschlechtlichkeit**, die ~geschlechtlich의 명사형. **~gespräch**, das 《아어》 (친근한) 대화, 대담. **~griff**, der 《체조》 〔철봉에서〕 양손을 서로 역으로 잡는 법[쥐는 법]. **~griffs** 〈Adv.〉 《체조》 양손을 역으로 쥐고. **~laut**, der 〔언어〕 ↑Diphthong. **~licht**, das 〈Pl. 없음〉 [niederd. twëlicht] **1. a)** 여명, 박명(薄明), 황혼. **b)** 자연적 미광에 인공조명이 가미된 빛: im[bei] Z. zu lesen ist schlecht für die Augen 자연빛과 인공조명이 합쳐진 데에서 글을 읽는 것은 눈에 나쁘다. **2.** ins Z. geraten [bringen] 불투명한[의심스러운] 상황에 처하다[상황으로 몰고가다]. **~lichtig** [-lɪçtɪç] 〈Adj.〉 불투명하여 의심스러운: er ist eine -e Persönlichkeit 그는 정체불명의 인물이다. **~lichtigkeit**, die ~lichtig의 명사형. **~milchernährung**, die 〔의학〕 모유와 우유에 의한 영아 양육. **~natur**, die 《아어》 2중 성격. **~spalt**, der; -(e)s, -e / ...spälte [...ʃpɛltə] **a)** (내적) 불일치, 내부 분열, 알력, 갈등, 모순, 상극(相克): er befand sich in einem inneren Z. 그는 내적 갈등에 처해 있었다. **b)** 《드물게》 불화, 쟁투: innerhalb der Partei war ein Z. entstanden 당내에 불화가 생겨났다. **~spältig** [...ʃpɛltɪç] 〈Adj.〉 불화한, 알력의, 모순을 간직한, 내적 모순(심적 갈등)의. **~spältigkeit**, die ~spältig의 명사형. **~sprache**, die 《아어》 (상상적인) 대답(대화): Z. mit dem Toten halten 망자와 대화를 나누다. **~tracht**, die [niederd. twidracht] 《아어》 불일치(불화)의 상태, 쟁투: Z. säen 불화의 씨를 뿌리다. **~trächtig** 〈Adj.〉《드물게》 불화로 가득 찬, 불화 투성이의. **~wuchs**, der 〔농업〕 **1.** 아령 모양으로 잘못 자란 감자. **2.** (냉해(冷害)에 의한) 곡식줄기의 때늦은 형성.
Zwiebel ['tsviːbl̩], die; -n [lat. cēpul(l)a] **1. a)** 〔식물〕 구근(球根), 구경(球莖), 인경(鱗茎). **b)** 재배용 구근 식물. **c)** 양파: eine Z. in Ringe schneiden 양파를 고리 형으로 자르다. **2.** ↑Zwiebeldach. **3.** 《통용어·농》 회중시계: wie spät ist es auf deiner Z.? 자네의 회중시계로는 몇 시냐? **4.** 《통용어·농》 머리 쪽: eine Z. haben[tragen] 둥글게 감아 땋은 머리를 하고 있다.
zwiebel-, Zwiebel- : **~dach**, das 양파형의 (교회) 지붕. **~fisch**, der 〔인쇄〕 잘못 끼어든 종류가 다른 활자. **~förmig** 〈Adj.〉 양파 모양과 닮은, 구근 모양의. **~gewächs**, das ↑~pflanze. **~haube**, die 〔건축〕 (교회 종)탑을 마무리하는 양파 모양의 지붕. **~kuchen**, der 양파 등을 넣어 효모 반죽으로 만든 케이크. **~kuppel**, die 〔건축〕 양파 모양의 둥근 지붕. **~marmor**, der ↑Cipollin. **~muster**, das (독일의 Meißen산 도자기 등에 있는) 청색의 양파꽃 무늬. **~pflanze**, die 〔식물〕 구경(球莖) 식물. **~ring**, der 양파를 둥글게 절단할 때 생기는 고리. **~schale**, die 양파 껍질. **~scheibe**, die 양파의 둥근 면. **~suppe**, die 양파 수프. **~turm**, der 양파 모양의 지붕을 한 (종)탑.
zwiebeln ['tsviːbl̩n] 〈h〉 **1.** 못살게 굴다, (성가시게) 괴롭히다, 착취하다: der Lehrer zwiebelt die Schüler 그 선생은 학생들을 못살게 군다.

zwiefach ['tsviːfax] 《배수》 《아어·준고어》↑zweifach. **Zwiefache***, der (특히 바이에른, 오스트리아 지방의) 2박자와 3박자가 자주 교체하는 민속춤. **zwiefältig** ['tsviːfɛltɪç] 〈Adj.〉 《아어·준고어》 ↑zweifältig. **Zwiefaltige***, der ↑Zwiefache. **Zwiesel** ['tsviːzl̩], die; -n / der; -s, **- 1.** (지역적) 분기되어 두 개의 수관을 가진 나무, 가랑이진 가지. **2.** 〔승마〕 안교(鞍橋)(헝가리식 안장), 안장의 가랑이진 윗부분. **Zwieselbeere**, die; -n (지역적) 야생의 단 버찌(Vogelkirsche). **Zwieseldorn**, der; -(e)s, -dörner (지역적) 서양참호랑가시나무(Stechpalme). **zwies(e)lig** ['tsviːz(ə)lɪç] 〈Adj.〉 (지역적) 두 갈래로 갈라진(나뉜). **zwieseln** ['tsviːzl̩n], sich 〈h〉 (지역적) 두 갈래로 되다, 분기하다. **zwieslig**: ↑zwieselig.
Zwilch [tsvɪlç], der; -(e)s, **-e** ↑Zwillich. **zwilchen** ['tsvɪlçn̩] 〈Adj.〉 삼베의, 삼베로 만든: eine -e Hose 삼베 바지. **Zwilchhose**, die 삼베 바지[의 것]. **Zwilchjacke**, die 삼베 웃도리(상의). **Wille** ['tsvɪlə], die; -n (지역적) **1.** ↑Astgabel. **2.** 나무로 만든 새총, 작은 투석기. **Zwillich** ['tsvɪlɪç], der; -s, -e 《종류》↑[lat. bilīx] 질긴 삼베(무명). **Zwillichhose**, die ↑Zwilchhose. **Zwillichjacke**, die ↑Zwilchjacke. **Zwilling** ['tsvɪlɪŋ], der; -s, -e **1.** 쌍둥이(의 한 사람): eineiige[zweieiige] -e 일란(이란)성 쌍둥이. **:** siamesische -e 샴 쌍둥이. **2.** 〔천문〕 **a)** 〈Pl.〉 쌍둥이자리 (5.21-6.20일 사이의 별자리): im Zeichen -e(der -e) geboren sein 쌍둥이 별자리에서 탄생하다. **b)** 쌍둥이자리를 가진 자: diese Eigenschaft soll für alle -e typisch sein 이 특징은 모든 쌍둥이 별자리를 가진 자에게 전형적이라고 한다. **3. a)** 쌍신포(双身砲), 복신포. **b)** 쌍신총(銃), 복신총.
Zwillings- : **~bruder**, der: die beiden sind Zwillingsbrüder 그 두 사람은 쌍둥이 형제들이다. **~formel**, die 〔언어〕 관용 대구(對句)(예컨대 Haus und Hof). **~forschung**, die 쌍생아 연구. **~geburt**, die 쌍둥이의 출산. **~geschütz**, das ↑Zwilling (3 a). **~geschwister** 〈Pl.〉 쌍둥이 남매. **~paar**, das 쌍생아(의 두 사람). **~reifen**, der 병렬 타이어(바퀴, 차륜)(특히 화물차의). **~schwester**, die 쌍둥이 자매.
Zwingburg, die; -en (중세 폭군의) 성채(城砦)(아성). **Zwinge** ['tsvɪŋə], die; -n [↑zwingen] **1.** 죄는 도구, 쥠쇠, 거멀쇠, 꺾쇠, 바이스. **2.** (송곳·칼의 손잡이 따위에 끼는) 쇠테, 클램프, 물미, 콜릿. **zwingen*** ['tsvɪŋən] 〈h〉 **1. a)** 강요하다, 강제로 시키다: das Flugzeug wurde zum Landen gezwungen 비행기는 강제로 착륙 당했다. **b)** (z. + sich) 자제(극기)하다, 무리하다, 자신에게 억지 쓰다: du mußt dich z. etwas mehr zu essen 자네는 무리를 해서라도 필 좀더 먹도록 해야 하네; er zwang sich zum Arbeiten 그는 억지로 공부하려 했다. **2.** … 을 불가피하게 만들다, 할 수 없이[부득이] … 하게 하다: wir sind gezwungen, das Geschäft aufzugeben 우리는 부득이 사업을 포기하지 않을수 없다; (흔히 현재분사로) diese Gründe sind nicht zwingend 이 이유들은 설득력이 없다; eine Aussage von zwingender Logik 반박할 수 없는(확고한) 논리적 진술. **3.** 《아어》 억지로[무리하게] 강제하다: er zwang den Gefesselten auf einen Stuhl 그는 결박자를 억지로 의자에 앉게 했다; sie zwangen die Gefangenen in einen engen Raum 그들은 포로들을 무리하게 좁은 공간 속으로 몰쳐넣었다. **4.** (지역적) 극복하다, 성취하다, 달성하다: er wird diese Arbeit schon z. 그는 이 일을 확실히 해낼 것이다. **Zwinger**, der; -s, **- 1. a)** ↑Hundezwinger의 약칭. **b)** 《드물게》 맹수의 우리. **2.** 종자견 사육용. **Zwingherr**, der; -n / 《드물게》 -en, -en (특히 중세의) 전제 군주, 폭군, 지주. **Zwingherrschaft**, die

전제정치, 폭정, 압정, 학정.
Zwinglianer [ˈtsvɪŋˈliaːnə], der; -s, - 스위스 종교 개혁자 U. Zwingli(1484~1531)에 따라 《종교》 츠빙글리파 교도.
zwinkern [ˈtsvɪŋkən] ⟨h⟩ 눈을 깜박거리다: vielsagend (mit den Augen) z. 의미심장하게 눈을 깜박거리다.
zwirbeln [ˈtsvɪrbl] ⟨h⟩ 손끝으로 비비 틀다(꼬다), 빙글빙글 돌리다: die Bartenden z. 수염 끝을 꼬다.
Zwirn [tsvɪrn], der; -(e)s, ⸚-e 꼰(드린) 실: drei Rollen Z. kaufen 세 타래 드린 실을 사다. ¹**zwirnen** [ˈtsvɪrnən] ⟨h⟩ (실을) 드리다(꼬다, 만들다): Seide(nfäden) z. 명주실을 드리다. [-] ⟨Adj.⟩ ²**zwirnen** (드린 실로 만든) 명주실의: ein -es Gewebe 꼰 실로 만든 천. **Zwirner**, der; -s, - 연사(撚絲) 직공. **Zwirnerei** [ˈtsvɪrnəˈraɪ], die; -en 연사 공장(기업). **Zwirnerin**, die; -nen ↑Zwirner의 여성형. **Zwirnhandschuh**, der 드린 실로 만든 장갑. **Zwirnsfaden**, der 꼰 실, 연사: etw. mit einem Z. vernähen 무엇을 (드린) 실로 꿰매다; **an einem Z. hängen** 매우 위험스럽다, 결과가 극히 불확실하다.
zwischen [ˈtsvɪʃn̩] I. ⟨Präp.³/⁴⟩ [ahd. zuiski] 1. 《공간적》 (Präp.³) a) (양자의) 중간에, 사이에: er steht auf dem Foto z. seinem Vater und seinem Bruder 그는 사진에서 자기 아버지와 형 사이에 있다. b) 《두 지점 내의 간격 표시》…사이에: der Abstand z. den Häusern 집들 사이의 간격. c) (양이나 수 중에 있음을 표시)…중에: er saß z. fremden Leuten 그는 낯선 사람들 중 (사이에) 앉아 있었다. 2. 《공간적》(Präp.⁴) a) … 중간 쯤에: er stellt das Auto z. zwei Straßenbäume 그는 두 가로수의 중간쯤에 차를 세운다. b) … 중에, 사이로: er setzt sich z. seine Gäste 그는 그의 손님들 가운데 앉는다. 3. 《시간적》(Präp.³/⁴) 사이에: z. acht und neun Uhr 8시와 9시 사이에; sein Geburtstag liegt z. Weihnachten und Neujahr 〔fällt zwischen das Weihnachtsfest und Neujahr〕 그의 생일은 성탄절과 새해 사이에 있다. 4. 《Präp.³》 a) 《상호 관계를 표시》 eine Diskussion z. den Teilnehmern 참가자들 상호간의 토론; es ist aus z. ihnen 《통용어》 그들간의 우정은 끝장이 났다. b) 《상이한 것들 간의 관계 표시》 das Verhältnis z. Theorie und Praxis 이론과 실천간의 관계; z. Wein und Wein ist ein großer Unterschied 《통용어》 포도주라고 모두가 질이 같은 것은 아니다. 5. 《Präp.³》 a) 《중간치를 표시》eine Farbe z. Grau und Blau 회색과 청색 간의 중간색. b) 《수량의 경우 한계치 내의 것을 표시》 die Bäume sind z. 15 und 20m hoch 나무들의 키는 15m와 20m사이다. II. ⟨„dazwischen, wozwischen"같은 부사의 분리형으로서⟩ (nordd.) 사이에: ein Befehl dürfte da nicht zwischen sein 그 사이에는 명령이란 있을 수 없었다.
zwischen-, Zwischen-: **~abrechnung**, die 중간결산. **~akt**, der 《구제》 막간(幕間), 막간극. **~aktmusik**, die 막간음악, 간주곡. **~applaus**, der 《연주, 연설》 도중의 박수갈채. **~aufenthalt**, der 도중 체류(체재), 도중 정차(停車). **~aufheiterung**, die 《기상》 잠시 동안의 맑음(갬). **~auslandsverkehr**, der 과왕래(Transitverkehr). **~ausweis**, der 임시 증명서. **~bemerkung**, die 중간의 언급, 여담. **~bericht**, der 중간 보고. **~bescheid**, der 잠정적 보고, 중간 회답 (판결). **~betrieblich** ⟨Adj.⟩ 기업간의, 각기업 공동의. **~bilanz**, die 중간 결산(대차 대조표). **~blenden** ⟨h⟩ 【영화】 ↑einblenden. **~blutung**, die 두 생리주기 사이에 생기는 출혈. **~boden**, der ↑-decke. **~buchhandel**, der 서적의 (중간) 도매(업), 서적의 거간판매(업)(점). **~deck**, das a) 중갑판. b) 《구제》 보통(3등) 선실. **~decke**, die 【토건】 (두 층 사이에 추가로

지른) 중간 천장. **~ding**, das 《통용어》 ↑Mittelding. **~drein** [-—ˈ-] ⟨Adv.⟩ a) 《공간적》 그(중간으로, 한가운데로: auf dem Tisch lag ein Stapel Bücher, er legte seines z. 책상 위에 책이 한무더기 쌓여 있었는데 그는 자기것을 그 중간으로 밀어 넣었다. b) 《시간적》 ↑~durch (1 a). **~drin** [-—ˈ-] ⟨Adv.⟩ a) 《공간적》 그(중간에, 다른 것(사람들) 사이에. b) 《통용어》 그러는 동안에(사이에): das können wir mal z. erledigen 그러는 사이에 우리는 일단 그것을 처리할 수 있을 것이다. **~durch** [-—ˈ-] ⟨Adv.⟩ 1. 《시간적》 a) 때때로, 가끔, 이따금씩: sie las und sah z. immer wieder nach dem schlafenden Kind 그녀는 책을 읽다가 이따금씩 반복해서 자는 아이를 살펴보았다. b) 그(러는) 사이에, 막간에: er hatte z. mehrmals die Stellung gewechselt 그는 그 사이에 여러 번 자세를 바꾸었다. c) 두 시점 사이에(내에): du darfst nicht so viel z. essen 너는 그 시간 내에 그렇게 많이 먹어서는 안된다. 2. 《공간적》 따로 (떨어져서, 여기저기에: ein Parkplatz voller Autos und z. ein paar Motorräder 자동차들로─ 그리고 여기저기 몇 대의 오토바이들도 있었지만─로 가득찬 한 주차장. 3. 가운데를 꿰뚫어, 가로질러서, 중간에: z. verlaufen 가운데를 꿰뚫고 지나가다. **~ein** [-—ˈ-] ⟨Adv.⟩ 1. (드물게 아어) ↑~durch (1 a). 2. 《공간적》 한가운데로, 사이로. **~eiszeit**, die 【지질】 간빙기(間氷期). **~eiszeitlich** ⟨Adj.⟩ 【지질】 간빙기의. **~ergebnis**, das 중간 결과, 도중의 성과. **~examen**, das ↑-prüfung. **~fall**, der a) 우발(돌발) 사건, 예기치 않은 일: die Reise verlief ohne Zwischenfälle 여행은 순조롭게 진행되었다. b) ⟨Pl.⟩ 소요, 소란: es kam zu blutigen Zwischenfällen 유혈사태가 빚어졌다. **~farbe**, die 중간색. **~finanzieren** ⟨h⟩ 【금융】 (단기 신용으로) 중간 융자하다. **~finanzierung**, die 【금융】 중간 융자. **~frage**, die 중간 질의. **~frucht**, die 【농업】 중간수확물. **~futter**, das 《재단》 중간 안집. **~gas**, das ⟨Pl. 없음⟩ 《자동차》 변속 조작용으로 가하는 가스: Z. geben 변속 조작을 위해 가스 페달을 밟다. **~gericht**, das 【요리】 (주요리 사이에 나오는) 앙트레, (수프 다음에 내는) 사잇 요리. **~geschoß**, das 보통 층(계)보다 낮은 층(미니층, 두 층간의 사이층. **~glied**, das 연결부(링크), (쇠사슬의) 고리 부분, 중간항(項). **~größe**, die 중간 사이즈(크기). **~halt**, der (schweiz.) ↑aufenthalt. **~handel**, der 도매업, 중개업, 통과(중계) 무역. **~händler**, der 도매업자, 중개(상)인, 거간꾼. **~her** [-—ˈ-] ⟨Adv.⟩ 《드물게》 ↑~durch. **~hinein** [-—ˈ-] ⟨Adv.⟩ 《schweiz.》 ↑~durch. **~hirn**, das 【해부】 간뇌(間腦). **~hoch**, das 【기상】 단기 고기압권. **~inne** [-—'-] ⟨Adv.⟩ 《지역적》 중간에, 한가운데에, 때때로, 가끔. **~kiefer(knochen)**, der 삼간골(插間骨). **~kirchlich** ⟨Adj.⟩ ↑interkonfessionell. **~konto**, das ↑Interimskonto. **~kredit**, der ↑-finanzierung. **~lager**, das 중계(中繼)(일시 보관) 창고. **~lagern** ⟨h⟩ 임시로 보관하다(저장하다): radioaktive Abfälle z. 핵폐기물을 임시로 저장하다. **~lagerung**, die ↑~lagern의 명사형. **~landen** ⟨s⟩ 도중(도중) 착륙하다. **~landung**, die 중간착륙(기착). **~lauf**, der 【육상】 준결승 경주. **~lösung**, die (임시) 해결. **~mahlzeit**, die 중간 간식, 간단한 식사. **~meister**, der 중간 수공업자 (상인). **~menschlich** ⟨Adj.⟩ -e Beziehungen 인간 상호간의 제관계. **~musik**, die 중간 음악. **~pause**, die 중간 휴식. **~pfeiler**, der 간주(間柱). **~produkt**, das 【경제】 (반가공)중간 제품(생성물). **~prüfung**, die 중간 (자격)시험. **~raum**, der 1. 중간의 틈(새), 공지(空地), 공간, (글자와 글자의) 간격: der Z. zwischen

Zwist 2410

den beiden Läufern verringert sich immer mehr 두 주자간의 간격은 점점 더 줄어들고 있다. 2. (시간적) 간격, 사이, 틈, 휴지[중지] 기간: in kurzen Zwischenräumen 짧은 휴지 기간 (사이)에. **~rechnung**, die 잠정적 계산, 가(假) 청구서. **~reich**, das 1. 《고어》↑Interregnum. 2. 《생과 사, 하늘과 땅 사이의》 중간 세계. **~rein** [――'―]〈Adv.〉《통용어》↑~durch. **~ring**, der [사진] (근접 촬영용) 삽입링. **~rippenmuskel**, der [해부] 늑간근(肋間筋). **~ruf**, der 다른 사람의 담화 중에 지르는 소리[야유]. **~rufer**, der 남의 발언 중에 소리치는 자. **~runde**, die [스포츠] 준결승전. **~saison**, die 중간 시즌[철, 외적]. **~satz**, der 1. [언어] 삽입문[장]. 2. [음악] 중간(삽입) 악절. **~schalten** ⟨h⟩ ↑dazwischenschalten. **~schaltung**, die 중간 삽입(물), 중간 스위치[플러그]. [경제] ↑Interimsschein. **~schicht**, die 중간층. **~sohle**, die 중간 구두창. **~spiel**, das 1. [음악] **a)** 간주(곡). **b)** 가요나 합창의 소절 연결용 삽입 기악. **c)** ↑~aktmusik. 2. [문예학] 막간극, 삽입극, 삽화(적 사건). **~spurt**, der [육상] (도중의) 중간 스퍼트(역주). **~staatlich**〈Adj.〉 국제적인, 국가간의. **~stadium**, das 중간 단계. **~station**, die 1. ↑~aufenthalt. 2. 중간 정거장(기착지), 도중 체류지[착륙지]: 전의 eine Z. in seinem Entwicklungsgang 그의 발전과정에서의 한 중간 기착점. **~stock**, der ↑~geschoß. **~stockwerk**, das ↑~geschoß. **~stoffwechsel**, der 신진대사의 중간 단계. **~stück**, das 1. 연결 링크, 쇠사슬의 고리. 2. **~spiel** (2). **~stufe**, die 중급(中級), 중간 단계. **~stunde**, die ↑Freistunde. **~text**, der 중간 자막(字幕), 장면 연결용 텍스트. **~titel**, der 1. [영화·텔레비전] 중간표제(자막), 서브타이틀, 부제. 2. [인쇄] 책의 내용 표시면(쪽). **~ton**, der 색채 뉴앙스, 중간 색조. 중간음. **~träger**, der 《뀸》 밀고자, 고자질하는 사람, 매개자. **~trägerei** [tsvɪʃn̩trɛɡəˈraɪ], die; -en 《뀸》↑~en 고자질, 밀고, 내통. **~trägerin**, die《뀸》↑~träger의 여성형. **~tür**, die 중간 문[5]. **~urteil**, das [법] (민사재판에서) 잠정적(중간) 판결. **~verpflegung**, die (schweiz.) (오후의 간단한) 간식. **~wand**, die 칸막이 (격)벽. **~wirbelscheibe**, die [해부] ↑Bandscheibe. **~wirt**, der [생물·의학] 중간 숙주(宿主). **~zähler**, der 보조 계량[계산]기. **~zahnlaut**, der [언어] ↑Interdental. **~zeit**, die 1. 중간 기간[짬]: in der Z. ist hier viel geschehen 그 사이에(그간) 여기서는 많은 일이 발생했다. 2. [스포츠] 도중(중간) 기록 (시간): eine gute Z. haben 좋은 중간기록을 갖다. **~zeitlich**〈Adj.〉《관》그 사이에(동안)의 die Sache hat sich z. erledigt 그 일은 그러는 동안에 처리[해결]되었다. **~zellraum**, der [생물] 세포 간격(間隔). **~zeugnis**, das 1. 학년 중간 성적(표). 2. 중간 고가표[평가서]. **~ziel**, das 잠정(중간) 목표. **~zins**, der [금융] ↑Diskont (1).

Zwist [tsvɪst], der; -(e)s, -e [niederd., twist] 《아이》 알력, 반목(反目), 불화, 의견의 분열, 갈등, 분쟁: einen Z. beilegen 갈등(분쟁)을 해결하다; sie leben im{in} Z. miteinander 그들은 서로가 반목하면서 살고 있다. **zwistig** ['tsvɪstɪç]〈Adj.〉《아이·고어》↑Zwist의 형용사형: -e Auseinandersetzungen 분쟁. **Zwistigkeit**, die; -en 《아이 pl.》↑《아이》극열한 쟁투, 불화, 반목: alle -en beenden 모든 불화를 끝막음하다.

zwitschern ['tsvɪtʃən]⟨h⟩ [의성어] **a)** 지저귀다: die Vögel zwitscherten und sangen bereits vor Sonnenaufgang 새들은 해뜨기 전에 벌써 지저귀고 울었다. **b)** 전음(顫音)을 울리다(내다): 전의 sie zwitscherte, daß sie ihn liebe 그녀는 자기가 그를 사랑한다고 재잘거렸다; **einen z.**《통용어》술 (같은 것)을 마시다.

Zwitter ['tsvɪtɐ], der; -s, - ↑Hermaphrodit: Schwämme sind tierische Z. 해면은 양성(자웅동체) 동물이다.
Zwitter-: **~bildung**, die 양성(잡종) 형성, 자웅동체성 (현상). **~blüte**, die [식물] 양성화(兩性花). **~ding**, das〈Pl. -er〉《드물게》↑Mitteilding. **~form**, die ↑~bildung. **~stellung**, die 중간 위치. **~wesen**, das 1.〈Pl. 없음〉반음양(양성)적 존재, 자웅동체. 2. ↑~bildung. **Zwitterhaft**〈Adj.〉자웅동체의, 남녀추니의, 반음양의, 잡종의: ein -es Wesen(Gebilde) 자웅동체적 존재 [형성물]. **Zwitterhaftigkeit**, die ↑zwitterhaft의 명사형. **zwitterig**〈Adj.〉↑zwittrig. **Zwittertum**, das; -s 반음양, 남녀추니, 자웅동체 현상. **zwittrig**, zwitterig ['tsvɪt(ə)rɪç]〈Adj.〉↑zwitterhaft: 전의 die leitenden Angestellten sind -e Vertrauenspersonen 고급 사원들은 그 신뢰성으로 볼 때 중간적인 (입장의) 인물들이다. **Zwittrigkeit**, die 양성유성(兩性具有性), 자웅동체 (성).

zwo [tsvo:]〈기수〉[ahd. zwō, zwā (↑zwei의 여성형)] 《통용어》; „drei"와 혼동하지 않기 위해서) 2, 둘 (↑ zwei).

zwölf [tsvœlf]〈기수〉(숫자: 12): die z. Apostel 열두 제자(사도); 2. Stück sind ein Dutzend 12개는 한 다스 (타)이다. **Zwölf** [-], die; -en **a)** 12(의 수). **b)**《통용어》12번 노선의 차(열차).

zwölf-, Zwölf-: **~eck**, das 12각. **~eckig**〈Adj.〉12각의. **~einhalb** 〈Adj.〉12½: z. Meter 12½ 미터. **~ender**, der; -s, - 1. [사냥] 12갈래의 뿔을 지닌 큰 사슴. 2.《통용어·농·준고어》12년을 복무한 군인. **~fingerdarm**, der [의학] 십이지장. **~flach**, das, **~flächner**, der [기하] 12면체 (↑Dodekaeder). **~jährig**〈Adj.〉(숫자: 12jährig) 12년(간)의, 12세의. **~jährlich**〈Adj.〉(숫자: 12 jährlich) 12년마다의. **~kampf**, der [스포츠] (6가지 기구의) 12종 남자 체조 경기. **~kämpfer**, der 12종 남자체조경연자. **~mal** (반복수; Adv.) 12회(번), 12배로, 12번째. **~malig**〈Adj.〉12회 (번)의. **~meilenzone**, die 12해리 영해(領海). **~tafelgesetze**〈Pl.〉(관사와 함께) (고대 로마의) 12동 판법. **~tausend**〈기수〉(숫자: 12000) 1만 2천(의). **~töner** [-tœnɐ], der; -s, - [음악 은어] 12음 작곡가. **~tonmusik**, die 12음 음악. **~tonner**, der (숫자: 12tonner) 12톤 트럭. **~tontechnik**, die 12음 음악기법. **~undeinhalb**〈분수〉(숫자의 수: 12½) ↑~einhalb. **~zylinder**, der 12기통. **~zylindermotor**, der 12기통 모터. **zwölzylindrig**〈Adj.〉(숫자: 12zylindrig) 12기통의.

z. Wv. = zur Wiedervorlage 다시 제안[제출]하기 위해.
z. w. V = zur weiteren Veranlassung 차후 기회를 위해.

Zwölfer-: **~karte**, die 12회용 승차(입장)권. **~packung**, die 12개들이 포장. **~system**, das 《드물게》↑Duodezimalsystem.

zwölferlei 〈종류수/격변화 없음〉 12가지의. **zwölffach**〈배수〉(숫자: 12 fach) 12배의. **Zwölffache***, das (숫자: 12 fache) 12배한 것. **Zwölft** [tsvœlft] (주로 통용법으로) **zu z.** 12인 단체로서. **zwölft-**. [tsvœlft-]〈↑zwölf의 서수〉(숫자: 12) 제12(번 째)의. **zwölft-, Zwölft-** 〈↑Zwölf의 서수〉(복합어 용법은 ↑Dritt- 참조). **zwölftel** ['tsvœlft(ə)l]〈분수〉(숫자: 1/12) 12분의 1의. **Zwölftel** [-], das, (schweiz. 대개): -s, - ↑Zwölft. 1. 12분의 1. **Zwölften**〈Pl.〉《지역적》열두밤: während der Z. 열두밤 동안에. **zwölftens** ['tsvœlftn̩s]〈Adv.〉제12번째에 [로].

zwot… [tsvo:t:…]〈↑zwo의 서수〉《통용어》↑zweit….

zwotens ['tsvo:tn̩s] ⟨Adv.⟩ 《통용어》 ↑zweitens.
Zyan: ↑Cyan. **Zyane** ['tsÿa:nə], die; -n [griech. kýanos] 《아이》 달구지국화(Kornblume). **zyanenblau** ⟨Adj.⟩ 《아이》 달구지국화빛 청색의. **Zyanid**: ↑Cyanid.
Zyanisation [tsÿ...] ↑Kyanisation. **zyanisieren**: ↑kyanisieren.
Zyankali [tsÿa:n'ka:li], ⟨드물게⟩ **Zyankalium** [...liʊm], das; -s 시안화칼륨, 청산가리. **Zyanose** [tsÿa-'no:zə], die; -n [griech. kyáneos] ↑Blausucht. **Zyanotypie** [...noty'pi:], die; -n [...iən] **1.** ⟨Pl. 없음⟩ 청사진법. **2.** 청사진. **Zyanwasserstoff**, der; -(e)s ↑Zyanwasserstoffsäure의 약칭. **Zyanwasserstoffsäure**, die ↑Blausäure.
Zyathus ['tsy:atʊs] ↑Kyathos.
Zygäne [tsy'gɛ:nə], die; -n [1: griech. zýgaina] 〔동물〕 **1.** 귀상어의 일종. **2.** 작은 나방의 일종.
Zygoma [tsy'go:ma, 'tsy:goma], das; -s, -ta [...'go:mata; griech. zýgōma] 〔해부〕 ↑Jochbogen (1). **zygomorph** [tsygo-] ⟨Adj.⟩ 〔식물〕 좌우상칭(相稱)의, 단대형(單對形)의, 가지런하지 않는. **Zygote** [tsy'go:tə], die; -n [griech. zygōtós] 〔생물〕 접합자(接合子), 수정란.
Zykas ['tsy:kas], die [lat.] 〔식물〕 사고나무〔야자〕, 소철속.
zykl-, Zykl-: ↑zyklo-, Zyklo-. **Zykladen**: ↑Kykladen, **zyklamen** [tsy'kla:mɛn] ⟨Adj.⟩ 《교양어》 암홍색(暗紅色)의, 청색기가 도는 강열한 장미빛의. **zyklamfarben, zyklamrot** ⟨Adj.⟩ ↑zyklam. **Zyklame** [...'kla:mə], die; -n (österr.), **Zyklamen** [...'kla:mən], das; -s, - [lat. cyclamen < griech. kyklámīnos] 〔식물〕 시클라멘(Alpenveilchen). **Zyklen**: ↑Zyklus의 복수형. **Zyklide** [tsy'kli:də], die; -n [griech. -eidés] 〔수학〕 사이클라이드, 사차대수곡면(四次式敵曲面). **Zykliker** ['tsy:klikɐ, 〈또한〉 'tsyk...], der; -s, - 〔일리아드와 오딧세이아 서사시 문학권으로 총괄된〕 고대 그리스 서사시의 시인. **zyklisch** 〔화학〕 cyclisch ['tsy:klɪʃ, 〈또한〉 'tsyk...] ⟨Adj.⟩ [lat. cyclicus < griech. kyklikós] **1.** 순환적인, 반복적인: etw. läuft z. ab 무엇이 순환적으로 진행된다. **2.** 연속적인, 고리 모양의, 일군(群)의, 일단의: der -e Aufbau eines musikalischen Werkes 음악 작품의 연속(연작)적인 구성. **3.** 원형의, 환상(環狀)의: -e Verbindungen 〔화학〕 환식(環式) 화합물. **4.** 주기에 상응하는, 주기적인. **Zyklitis** [tsy'kli:tɪs], die; ...tiden [...li'ti:dn̩] 〔의학〕 모양체(毛樣體)의 염증. **zyklo-, Zyklo-** 〔모음 앞〕 zykl-, Zykl- [tsykl(o); lat. cyclus < griech. kýklos] ⟨"원, 원형의"를 뜻하는 규정어로서, 예컨대〕 zyklothym, Zykloide. **Zyklogenese**, die; -n 〔기상〕 저기압(성순환)의 발생. **Zyklogramm**, das; -s, -e 사이클로그램, 일관공정도표. **zykloid** [tsyklo'i:t] ⟨Adj.⟩ [griech. -oeidés] **1.** 〔수학〕 원형의, 환상의. **2.** 〔심리·의학〕 순환조울증의, 순환병질의. **Zykloide** [tsyklo'i:də], die; -n 〔수학〕 사이클로이드, 파선(擺線). **Zykloidschuppe**, die; -n 〔물고기의〕 원형(환상) 비늘. **Zyklolyse**, die; -n 〔기상〕 저기압 소멸. **Zyklometer**, das; -s, - 〈고어〉 주행 거리계, 차륜 회전 기록기. **Zyklometrie**, die 〔고어〕 원호법(圓弧法), 윤전측정법(輪轉測程法). **zyklometrisch** ⟨Adj.⟩ 《다음 용법으로》 -e Funktion 〔수학〕 역(逆)삼각함수(↑Arkusfunktion). **¹Zyklon** [tsy'klo:n], der; -e, -e 〔기상, engl. cyclone〕 **1.** 〔기상〕 〔열대성〕 선풍(旋風), 회오리 바람. **2.** Ⓦ 〔기술〕 원심력을 응용한 먼지 흡수기, 흡진장치. **²Zyklon** Ⓦ [-], das; -s 〔화학〕 살충제. **Zyklone**, die; -n 〔기상〕 이동성 저기압(구역). **Zyklonopathie** [tsyklono-], die [의학·심리] (날씨 변화에 민감한) 주기성 불쾌. **Zyklonose** [...klo'no:zə], die; -n 〔의학〕 기압증(症). **Zyklop** [tsy'klo:p], der; -en, -en [lat. Cyclōps < griech. kýklōps] 〔신화〕 (오딧세이아 중에 나오는) 한 눈을 가진 거인, 사이클로프스. **Zyklopenmauer**, die; -n 사이클로프스 석벽(고대 그리스의 큰 자연석 건축). **Zyklopie** [tsyklo'pi:], die; -n 〔의학〕 단안증(單眼症). **zyklopisch** ⟨Adj.⟩ 거대한, 엄청난 크기의: eine -e Mauer 거대한 성벽. **zyklothym** [...'ty:m] ⟨Adj.⟩ [griech. thymós] 〔심리·의학〕 조울병(성)의, 조울 증세가 있는; ein -es Temperament 조울증 기질. **Zyklothyme*** [...'ty:mə], der / die 〔심리·의학〕 조울병자. **Zyklothymie** [...ty'mi:], die 조울병. **Zyklotron** [tsy'klotro:n, 'tsyk..., tsyklo'tro:n], das; -s, -e [...'tro:nə; engl. cyclotron] 〔핵물리〕 사이클로트론 (원자핵 파괴 장치). **Zyklus** ['tsy:klʊs, 〈또한〉 'tsyklʊs], der; -, Zyklen [lat. cyclus < griech. kýklos] **1.** 순환(과정), 사이클, 규칙적 반복(운행): einem Z. unterliegen 순환 운동을 하게 되다. **2.** (내용적으로 동종에 속하는 일련의 작품)(군)(群), 연작(連作), 권(圈): ein Z. von Geschichten(Liedern) 일련의 연작 단편들(가곡집(歌曲集)). **3.** 〔의학〕 (여성의) 생리 주기. **4.** 〔수학〕 순회치환(巡回置換). **5.** 〔경제〕 주기.
Zylinder [tsi'lɪndɐ, 〈드물게〉 tsy-] ['ʦɪ...], der; -s, - [lat. cylindrus < griech. kýlindros] **1.** 〔기하〕 원통, 원주(圓柱). **2.** 〔기술〕 기통, 실린더: einen Z. schleifen 실린더를 보링하다. **3.** 등피(燈皮): der Z. der Petroleumlampe ist verrußt 석유등피가 그을려졌다. **4.** 실린더(모자), 실크해트: er erschien in Frack und Z. 그는 연미복과 실크해트를 쓰고 나타났다. **Zylinder-**: **~block**, der ⟨Pl. ...blöcke⟩ 〔기술〕 (단위로서의) 실린더 블록. **~glas**, das 원주 렌즈. **~hut**, der ↑Zylinder (4). **~kopf**, der 〔기술〕 실린더 헤드: den Z. festziehen 실린더 헤드를 조이다. **~mantel**, der 〔기하〕 ↑Mantel (7). **~projektion**, die (지도 작성의) 원통도법(圓筒圖法).
-zylindrig [-tsilindrɪç, 〈드물게〉 -tsy-] ⟨다음과 같은 복합어로, 예컨대〕 vierzylindrig 4기통을 단. **zylindrisch** ⟨Adj.⟩ 원주(원통)형의. **Zylindrom** [tsyli'dro:m], das; -s, -e 〔의학〕 원주종(圓柱腫).
Zymase [tsy'ma:zə], die [frz. zymase] 치마제(효소의 일종).
Zymbal: ↑Zimbal.
zymisch ['tsy:mɪʃ] ⟨Adj.⟩ 〔화학〕 효모에 의한, 발효한.
Zymogen [tsymo-], das; -s, -e 〔화학〕 발효 물질, 효소원. **Zymologie**, die 발효학, 양조학. **zymotisch** [tsy'mo:tɪʃ] ⟨Adj.⟩ 〔화학〕 발효(성)의, 발효를 촉진하는(일으키는).
Zynegetik [tsyne'ge:tik], die [griech. kynēgétēs] 〔사냥〕 사냥개 조련(술). **zynegetisch** ⟨Adj.⟩ ↑Zynegetik의 형용사형. **Zyniker** ['tsy:nikɐ], der; -s, - 빈정거리는(냉소하는) 사람, 비꼬는 사람, 기성가치를 무시하는 신랄한 풍자가. **zynisch** ['tsy:nɪʃ] ⟨Adj.⟩ [frz. cynique] **a)** 부끄럼을 모르는, 염세적(조롱)적인, 신랄한(냉소적인): seine Worte klangen z. 그 사람의 말은 냉소적으로 들렸다. **b)** 철면피한, 야비한, 세상일을 백안시하는: es ist z., das Jubiläum zu feiern und gleichzeitig die Schließung des Schauspiels zu planen 기념축제를 거행하면서 동시에 그 극장의 폐쇄를 계획한다는 것은 야비한 것이다. **Zynismus** [tsy'nɪsmʊs], der; -, ...men [cynismus < griech. kynismós] **1.** ⟨Pl. 없음⟩ 신랄한 냉소(조소), 철면피적(경멸적)인 태도: jmds. Z. unerträglich finden 누구의 철면피한 태도를 참을 수 없다고 여기다. **2.** 〔대개 Pl.〕 위의 언급(말).

Zypergras ['tsy:pɐ-], das; -es, Zypergräser [lat. cypēros < griech. kýpeiros Zypern섬에 따라] [식물] 방동산이속(屬).

Zypern ['tsy:pɐn] 사이프러스(지중해에 있으며 1960년 독립공화국이 된 섬나라). **Zyprer** ['tsy:prɐ], der; -s, - 사이프러스인(주민).

Zypresse [tsy'prɛsə], die; -n [lat. cypressus < griech. kypárissos] [식물] 실측백나무(측백나무의 변종으로 애도·거상(居喪)의 상징). **zypressen** [tsy'prɛsn̩] ⟨Adj.⟩ 실측백나무로 만든.

Zypressen-: ~hain, der 실측백나무 숲. **~holz,** das 실측백나무 목재. **~kraut,** das [식물] 산톨리나(국화과의 초본).

Zyprier ['tsy:priɐ], der; -s, - ↑Zyprer. **Zypriot** ['tsypri'o:t], der; -en, -en ↑Zyprer. **zypriotisch** ['tsypri'o:tɪʃ] 사이프러스(섬)의. **zyprisch** ['tsy:prɪʃ] ↑ zypriotisch.

zyrillisch [tsy'rɪlɪʃ] ↑kyrillisch.

zyst-, Zyst-: ↑zysto-, Zysto-. **Zystalgie** [tsystal'gi:], die; -n [...iən; griech. álgos] [의학] 방광통. **Zyste** ['tsystə], die; -n [griech. kýstis] 1. [의학] 낭종(囊腫). 낭포(囊胞). 2. [생물] 포낭(包囊), 낭자(囊子), 포자(包子). **Zystein** [tsyste'i:n], das; -s [생물·화학] 치스테인(유황 함유의, 담백질 성분으로서 나타나는 아미노산). **Zystektomie** [tsyst-], die; -n [...iən] [의학] 1. 담낭과 방광의 절제(술). 2. 낭종의 절제(술). **Zystenlunge,** die; -n [의학] 많은 공동(空洞)을 지닌 선천적 기형 심장. **Zystenniere,** die; -n [의학] 많은 공동을 지닌 기형 신장. **Zystin** [tsys'ti:n], das; -s [생물·화학] 치스틴(케라틴, 신장결석, 요석 중에 나타나는 유황 함유의 아미노산). **zystisch** ['tsystɪʃ] ⟨Adj.⟩ [의학] 1. 낭종을 형성하는. 2. 방광의, 방광에 속하는. **Zystitis** [tsys'ti:tɪs], die; ...titiden [...ti'ti:dn̩] [의학] 방광염. **Zystizerkose** [tsystitsɛr'ko:zə], die; -n 낭충증(囊蟲症). **zysto-, Zysto-,** (모음 앞) zyst-, Zyst- [tsyst(o)-; griech. kýstis] ⟨"방광"을 뜻하는 규정어로서, 예컨대⟩ Zystektomie, Zystoskopie. **Zystopyelitis** [...pye'li:tɪs], die; ...itiden [...li'ti:dn̩; griech. pýelos] [의학] 방광신우염(腎盂炎). **Zystoskop** [...'skɔp], das; -s, -e [griech. skopeîn] [의학] ↑Blasenspiegel. **Zystoskopie** [...sko'pi:], die; -n [...i:ən] [의학] ↑Blasenspiegelung. **Zystospasmus,** der; -, ...men [의학] ↑Blasenkrampf. **Zystostomie** [...sto'mi:], die; -n [...i:ən; griech. stóma] [의학] 방광루(瘻) 설치술(요도를 통하지 않고 배뇨를 가능하게 하는 수술). **Zystotomie** [...to'mi:], die; -n [...i:ən; griech. tomḗ] [의학] 방광의 절개(수술). **Zystozele** [...'tse:lə], die; -n [griech. kḗlə] [의학] 방광낭류(膀胱囊瘤).

zyto-, Zyto- [tsyto-; griech. kýtos] ⟨"세포"를 뜻하는 규정어로서, 예컨대⟩ zytogen, Zytoplasma. **Zytoarchitektonik,** die [의학] (대뇌피질의) 세포 구조(학). **Zytoblast** [...'blast], der; -en, -en [griech. blastós] [의학·생물] 세포핵. **Zytoblastom,** das; -s, -e [의학] 분열조직종(腫), 세포종(腫). **Zytochrom,** das; -s, -e [griech. chrôma] [의학] 시토크롬(산소를 흡수 혹은 배출하는 능력을 가진 세포속의 색소 살생 물질). **Zytode** [tsy'to:də], die; -n [griech. -ốdēs] [생물] (핵이 없는) 의세포(擬細胞). **Zytodiagnostik,** die; -en [의학] 세포 조직 검사, 세포 진단(학). **zytogen** ⟨Adj.⟩ [생물] 세포에 의해서 형성된, 세포 형성의. **Zytogenetik,** die [의학·생물] 세포유전학[발생학]. **Zytologe,** der; -n, -n [의학] 세포학자. **Zytologie,** die [의학] 세포학. **zytologisch** [의학] 세포학적(의). **Zytolyse,** die; -n [의학] 세포 붕괴[용해]. **Zytolysin,** das; -s, -e [의학] 세포를 분해시키는 능력을 지닌 항체[물질]. **Zytoplasma,** das; -s, ...men [생물] 세포(원형)질. **Zytostatikum** [...'sta:tikʊm], das; -s, ...ka [griech. statikós] [의학·생물] 세포 안정제, 세포 분열 저지제. **zytostatisch** ⟨Adj.⟩ [의학·생물] ↑Zytostatikum의 형용사형. **Zytosom,** das; -, -e, **Zytosoma,** das; -s, -ta [griech. sōma] (전문어 - 옛) 세포질체(體)(↑Mitochondrium). **Zytostom,** das; -s, -e, **Zytostoma,** das; -s, -ta [griech. stóma] [동물] (원생동물의) 세포구(口). **Zytotoxin,** das; -s, -e [의학] 세포독(素), 세포 유독소. **zytotoxisch** ⟨Adj.⟩ [의학·생물] 세포독(소)의, 세포에 유독한. **Zytotoxizität,** die [의학·생물] 세포독특성.

Zz. = Zinszahl (이자 계산표의) 이자를 표시한 숫자.
z. Z., z. Zt. = zur Zeit 지금, 목하.

부 록

자모 일람 ································· 2414
분철법 ···································· 2415
기호 읽는 법 ···························· 2417
문   법 ································· 2420
발   음 ································· 2445
국명/도시명/연방주명 ················ 2450
동사 변화표 ···························· 2456

자모 일람

문자의 서체

라틴 서체		독어의 서체				
활자체	필기체	①	②	③	④	⑤
A a	A a	A a	A a	A a	A a	A a
B b	B b	B b	B b	B b	B b	B b
C c	C c	C c	C c	C c	C c	C c
D d	D d	D d	D d	D d	D d	D d
E e	E e	E e	E e	E e	E e	E e
F f	F f	F f	F f	F f	F f	F f
G g	G g	G g	G g	G g	G g	G g
H h	H h	H h	H h	H h	H h	H h
I i	I i	I i	I i	I i	I i	I i
J j	J j	J j	J j	J j	J j	J j
K k	K k	K k	K k	K k	K k	K k
L l	L l	L l	L l	L l	L l	L l
M m	M m	M m	M m	M m	M m	M m
N n	N n	N n	N n	N n	N n	N n
O o	O o	O o	O o	O o	O o	O o
P p	P p	P p	P p	P p	P p	P p
Q q	Q q	Q q	Q q	Q q	Q q	Q q
R r	R r	R r	R r	R r	R r	R r
S s	S s	S s	S ſs	S s	S s	S s
T t	T t	T t	T t	T t	T t	T t
U u	U u	U u	U u	U u	U u	U u
V v	V v	V v	V v	V v	V v	V v
W w	W w	W w	W w	W w	W w	W w
X x	X x	X x	X x	X x	X x	X x
Y y	Y y	Y y	Y y	Y y	Y y	Y y
Z z	Z z	Z z	Z z	Z z	Z z	Z z

① Fraktur 활자체
② Schwabacher 활자체
③ Gotik 활자체
④ 표준 필기체
⑤ Sütterlin 필기체

1941년 독어의 서체는 폐지되고 라틴 서체로 대치되었다. 그러나 라틴 서체에는 없는 독어 특유의 합자의 서체가 있고 :

ß(필기체 β) [εs'tsεt] : s와 z의 합자이지만 음가는 [s]이며, 바꾸어 쓸 경우 ss가 쓰인다.

또한, 독어 특유의 서체로 변모음(Umlaut) ä, ö, ü 가 있으며 바꾸어 쓸 경우 ae, oe, ue가 쓰인다.

그리스어 자모

대문자	소문자	명칭	대응 라틴자모
A	α	Alpha ['alfa]	a
B	β	Beta ['beta]	b
Γ	γ	Gamma ['gama]	g
Δ	δ	Delta ['dɛlta]	d
E	ε	Epsilon ['ɛpsilɔn]	e
Z	ζ	Zeta ['tse:ta]	z
H	η	Eta ['e:ta]	ᄅ(ㅎ처럼 발음)
Θ	ϑ	Theta ['te:ta]	th
I	ι	Jota ['jo:ta]	i
K	κ	Kappa ['kapa]	k
Λ	λ	Lambda ['lampda]	l
M	μ	My [my:]	m
N	ν	Ny [ny:]	n
Ξ	ξ	Xi [ksi:]	x
O	o	Omikron ['o:mikrɔn]	o
Π	π	Pi [pi:]	p
P	ρ	Rho [ro:]	r
Σ	σ	Sigma ['zigma]	s
T	τ	Tau [tau]	t
Υ	υ	Ypsilon ['ʏpsilɔn]	y(ü처럼 발음)
Φ	φ	Phi [fi:]	ph(f처럼 발음)
X	χ	Chi [çi:]	ch(ich의 ch처럼 발음)
Ψ	ψ	Psi [psi:]	ps
Ω	ω	Omega ['o:mega]	ŏ

분철법(Silbentrennung)

1. 분철의 기본 원칙

1) 단일어에서는 천천히 발음할 때 자연스럽게 구분되는 음절에 의해서 분철한다: Wa-gen, Bru-der, Stu-dent; fin-den, Ar-beit, El-tern, un-ter
   * 1음절어는 자모수의 다소에 관계없이 분철할 수 없다: Strand, Herbst, Schwanz
2) 복합어에서는 그 구성 요소에 의한 분철이 우선한다: Kraft-wagen, be-arbeiten, Eltern-schaft
   * 구성 요소의 경계는 음절의 구분과 반드시 일치하는 것은 아니다: her-unter [hɛ-'rʊn-tɐ], Inter-esse [ɪn-tɐ-'rɛ-sə]

2. 음절에 있어서 자음자의 취급

1) 음절이 끊어지는 곳에 하나의 자음자가 있는 경우에는 그 자음자로 다음 음절이 시작한다: fra-gen, hei-ter, Flü-gel; rei-zen, Stra-ße, Ta-xe
   * 모음 다음의 발음되지 않는 h(연음의 h)도 분철상으로는 자음처럼 간주한다: ste-hen, Rei-he
2) 음절이 끊어지는 곳에 둘 이상의 자음자가 있는 경우에는 그 마지막 자음자로 다음 음절이 시작한다: oh-ne, Gar-ten, dun-kel, Wech-sel, Erb-se, Brem-se
   * 파찰음을 나타내는 경우도 이와 같다: Ap-fel, kämp-fen, lot-sen, set-zen
3) 발음상은 단자음을 나타내는 ng, dt나 ff, ll, mm, nn, pp, rr, ss, tt 따위의 자음중복은 각각의 글자로 치고 두 자로 취급한다: an-geln, Städ-ter; al-lein, ken-nen, Klas-se, bet-teln(그러나 Ang-ler, Bett-ler: ↑2의 2) 참조)
   * ck를 끊을 때는 k-k로 간주한다: dek-ken, Zuk-ker
4) 발음상 단자음을 나타내는 ch, sch나 외래어의 ph, rh, sh, th는 특히 한 자음자로 간주한다: si-cher, wa-schen; Nym-phe, Bu-shel, Diar-rhö, My-thos
   * 타자기의 글자 관계 따위로 ß대신에 쓴 ss도 한 자음자로 간주한다: grü-ßen — grü-ssen
5) 발음상은 두 자음을 나타내는 st도 특례로서 한 자음자로 간주한다: ge-stern, ko-sten, ber-sten
6) 외래어에서는 bl, fl, gl, kl, pl; br, dr, fr, gr, kr, tr; gn, kn 따위가 전통적으로 한 자음자 취급을 하고 있는 것에 있어서 특히 주의해야 한다: pu-blik, Zy-klus, Di-plom, Hy-drat, Afri-ka, Emi-grant, Ma-gnet

3. 음절에 있어서 모음자의 취급

1) 모음자가 하나이며 자음자가 없는 음절은 독립 음절로 삼지 않는다. 따라서 e-del, Treu-e와 같이 분철할 수 없다.
   * 모음자가 둘이면 분철할 수 있다: aa-len, ei-gen, Eu-le
2) 모음자가 있어도 그것이 발음되지 않는 음절은 독립 음절로 삼지 않는다: Bou-tique [bu-'tiːk], Des-cartes [de-'kart]
   * qu는 발음이 어떻든간에 한 자로 취급한다: Fre-quenz [fre-'kvɛnts]
3) 연속된 모음자가 단모음, 장모음, 복모음을 나타내는 경우는 그 중간에서 분철할 수 없다: Chaus-see [ʃɔ-'seː], stei-gen, Boy-kott, Duis-burg ['dyːs-bʊrk]

* 타자기의 글자 관계나 고유명사로서 변모음(Umlaut)을 나타내는 ae, oe, ue는 한 자로 취급한다 : Län-ge — Laen-ge, träu-men — traeu-men; Goe-the
4) 외래어로서 연속된 모음자의 발음이 뚜렷하게 구별되는 경우에는 그 중칸에서 분철한다 : Muse-um [mu-ˈzeː-ʊm], Kollo-id [kɔ-lo-ˈit]
5) 외래어로서 연속된 모음자가 발음상 구획이 뚜렷하지 않은 경우에는, 특별히 필요가 없는 한 분철하지 않는 것이 좋다고 여겨진다 : Na-tion, ak-tuel(특별히 필요한 경우에는 Nati-on, aktu-el이라는 형태도 있을 수 있다)

4. 복합어의 분철

1) 합성어에서는 전반의 규정어와 후반의 기본어 사이에서 분철하는 것이 가장 좋다 : Kinder-arzt, Höflichkeits-form, Straßenbahn-haltestelle
   * 복합의 경우, 같은 자음이 셋 겹치기 때문에 한 자가 생략되어 있을 때는, 거기에서 분철하는 경우 본래의 글자가 살아난다 : Schiffahrt — Schiff-fahrt, Kammacher — Kamm-macher
2) 파생어에서는 기본어와 파생접사(접두사·접미사) 사이에서 가르는 것이 좋다 : ver-sprechen, Auf-bau; lang-sam, höf-lich; Erkennt-nis 또는 Er-kenntnis
   * 모음으로 시작하는 접미사는 음절에 의한 분철((↑2의 3) 참조)을 한다 : Lan-dung, gra-phisch; Befrei-ung 또는 Be-freiung, europä-isch
3) 부득이 딴 곳에서 분철하는 경우에도, 되도록 구성 요소를 존중하는 것이 좋다 : Straßenbahnhalte-stelle 또는 Straßen-bahnhaltestelle, Höflich-keitsform 또는 Höf-lichkeitsform
4) 구성 요소에 의한 분철에서는, 어떻게 해도 처리할 수 없는 경우에 한하여 음절에 의한 분철이 허용된다 : Kin-derarzt, eu-ropäisch 또는 euro-päisch
   * 이 경우에 읽기 어려운 형태가 되지 않도록 특히 유의해야 한다(Spar-gelder, Erd-achse라고 하는 대신에 Spargel-der, Erdach-se라고 하는 것은 피한다)
5) 구성 요소가 애매하게 된 말에 대해서는 음절에 의한 분철이 인정되고 있다 : Tran-sit(본래는 Trans-it), Epi-sode 또는 Episo-de(본래는 Epis-ode)

5. 어형 변화에 따르는 분철점의 증감 및 이동

1) 명사적 품사가 모음으로 시작하는 어미를 갖고 있는 경우는, 분철점이 증가하고 이동하는 일이 많다 : Frau — Frau-en, Baum — Bäu-me, groß — grö-ßer, Lan-dung — Landun-gen 또는 Lan-dungen, fer-tig — ferti-gen 또는 fer-tigen(그러나 자음에 의한 어미를 갖고 있는 경우는 분철점이 변동하지 않는다 : Blu-me — Blu-men, Va-ter — Va-ters)
2) 동사가 어미가 없어지거나 자음으로 시작하는 어미를 갖고 있는 경우는, 분철점이 감소되거나 이동하는 일이 많다 : ge-ben — gab, gibt; sa-gen — sagt, sag-te(그러나 모음에 의한 어미를 갖고 있는 경우는 분철점이 변동하지 않는다 : ge-be, öff-nen — öff-nete 또는 öffne-te)
3) 어형 변화시에 어간의 약음 e가 탈락하느냐 않느냐에 따라 분철점의 이동이 일어날 수 있다 : dun-kel — dunk-le, han-deln — hand-le, wan-dern — wande-re 또는 wan-dere 또는 wand-re
   * 외래형용사로서 -abel, -ibel의 형태를 갖는 것은 격변화·비교급에서 약음 e가 탈락하며, bl이 한 자음으로 간주된다(↑2.의 6) 참조) : kapabel — kapa-bler 또는 ka-pabler
4) 어형 변화에 의하여 낱말 끝의 ee, ie가 [eː], [iːə]를 나타내는 경우에는, 발음상으로는 음절이 증가하지만 분철점은 변동하지 않는다 : Ar-mee — Ar-meen, Par-tie — Par-tien(그러나 Prä-mie [ˈprɛmiə] — Prä-mien 또는 Prämi-en; knien [ˈkniːən] — knie-te [ˈkniːtə])

기호 읽는 법

1. 수 학

1) 대 수

수식	읽는 법
$a+b=c$	a plus b ist (gleich) c ; a und b ist c
$a-b=c$	a minus b ist (gleich) c ; a weniger b ist c
$a \times b = c$ $a \cdot b = c$	a mal b ist (gleich) c
$a:b=c$ $a/b=c$	a (geteilt) durch b ist (gleich) c
$a \equiv b$	a ist identisch (gleich) b
$a \neq b$ $a \pm b$	a ist nicht gleich b
$a \approx b$	a ist ungefähr (gleich) b
$a > b$	a ist größer als b
$a < b$	a ist kleiner als b
$a \gg b$	a ist sehr groß gegen b
$a \ll b$	a ist sehr klein gegen b
$a \geq b$	a ist größer oder gleich b
$a \leq b$	a ist kleiner oder gleich b
$(a+b)^n$	Klammer auf, a plus b, Klammer zu, hoch n
a^n	a hoch n ; n-te Potenz von a
$\sqrt{a}$	Wurzel aus a ; Quadratwurzel aus a ; zweite Wurzel aus a
$\sqrt[3]{a}$	Kubikwurzel aus a ; dritte Wurzel aus a
$\sqrt[n]{a}$	n-te Wurzel aus a
$n!$	n Fakultät
$f(x)$	Funktion von x
$\int_b^a f(x) d(x)$	Integral von $f(x)$ von a bis b

2) 기 하

수식	읽는 법
AB ∥ CD	Gerade AB ist parallel zur Geraden CD
AB⊥CD	Gerade AB ist senkrecht auf Gerade CD
△ABC≅△DEF	Dreieck ABC ist kongruent [deckungsgleich] Dreieck DEF
△ABC∼△DEF	Dreieck ABC ist ähnlich Dreieck DEF

3) 집 합 론

수식	읽는 법
$a \in A$	a ist ein Element von A
$A \subset B$	A (ist) enthalten in B ; A (ist) Teilmenge von B
$A \supset B$	A umfaßt B
$A \cup B$	A vereinigt mit B ; Vereinigungsmenge von A und B
$A \cap B$	A geschnitten mit B ; Schnittmenge von A und B
$\{x \mid A(x)\}$	Menge (Klasse) aller x mit der Eigenschaft A von x ; Menge (Klasse) aller x, für die gilt A von x
xRy	x steht zu y in der Relation R

2. 논리학

논리식	읽는 법
$A \wedge B$	A und B
$A \vee B$	A oder B
$A \mid B$	nicht beide A und B
$A \asymp B$	entweder A oder B
$A \rightarrow B$	wenn A dann B
$A \leftrightarrow B$	A genau dann, wenn B
$\neg A$ $\sim A$	nicht A
$\forall A(x)$	für manche x A von x
$\wedge A(x)$	für alle x A von x

3. 수 사

1) 로마 숫자

I(1), V(5), X(10), L(50), C(100), D(500), M(1000), A(5000)를 배합해서 나타낸다. 즉, 같은 수 또는 작은 수를 큰 수의 오른쪽에 쓴 경우에는 그 수를 모두 보태고, 작은 수를 큰 수의 왼쪽에 쓴 경우에는 작은 수를 큰 수에서 뺀다. 다만, 작은 수는 큰 수의 왼쪽에 하나밖에 쓸 수 없다:

I, II, III, IV, V, VI, VII, VIII, IX, X, XI, XII,
(1) (2) (3) (4) (5) (6) (7) (8) (9) (10) (11) (12)
... XIV, XV, XVI, ... XIX, XX, XXI, ... XXX, XL,
(14) (15) (16) (19) (20) (21) (30) (40)
VL, L, LXX, ... XC, C, CC, ... CD, VD, D,
(45) (50) (70) (90) (100) (200) (400) (495) (500)
DC, ... CM, IM, M, A, MCMLXXXV
(600) (900) (999) (1000) (5000) (1985)

2) 수사의 구체적인 사용례와 읽는 법

a) 소수: 소수점은 콤마로 나타낸다. 소수점 이하의 수는 보통 한자리씩 읽는다.

18, 21   achtzehn Komma zwei eins(일상적으로는 achtzehn Komma einundzwanzig로 읽을 때도 있다. 이하의 예에서도 같다.)

21, 18   einundzwanzig Komma ein acht

0, 8 p.m.   null Komma acht pro mille

12, 34 s   zwölf Komma drei vier Sekunden

b) 서수: 숫자 다음에 온점[피리어드]을 붙여서 나타낸다.

Ludwig I.   Ludwig der Erste (1격)
Elisabeth II.   Elisabeth die Zweite (1·4격)
Heute ist der 1. Mai.
     Heute ist der erste Mai.
Ich bin am 5. April geboren.
     Ich bin am fünften April geboren.
vom 10.-16. dieses Monats
     vom zehnten bis sechzehnten dieses Monats

c) 연월일: 연호는 1100년부터 1999년까지는 백자리에서 둘로 나누어 읽는다. 그 밖에는 보통으로 읽는다.

993   neunhundertdreiundneunzig
1993   neunzehnhundertdreiundneunzig
im Jahre 2001   im Jahre zweitausendeins

날짜는 (때로는 달도) 서수로 나타낸다.

(편지 따위에서) Seoul, den 5. Juni[6.] 1993
Seoul, den fünften Juni[sechsten] neunzehnhundertdreiundneunzig
(일기에서) Dienstag, 24. 5. [V.]
Dienstag, vierundzwanzigster, fünfter

d) 시각

Es ist	Es ist
1.00 Uhr	ein Uhr ; Es ist eins.
3.05 Uhr	drei Uhr fünf (Minuten) ; fünf (Minuten) nach drei
5.15 Uhr	fünf Uhr fünfzehn (Minuten) ; fünfzehn (Minuten) nach fünf ; (ein) Viertel nach fünf ; (ein) Viertel sechs
7.25 Uhr	sieben Uhr fünfundzwanzig (Minuten) ; fünf vor halb acht
8.30 Uhr	acht Uhr dreißig (Minuten) ; halb neun
10.35 Uhr	zehn Uhr fünfunddreißig (Minuten) ; fünf nach halb elf.
12.45 Uhr	zwölf Uhr fünfundvierzig (Minuten) ; (ein) Viertel vor eins ; drei Viertel eins

e) 전화 번호: 보통은 하나씩 읽지만, 둘씩 읽을 경우도 있다.

(06 21) 4 40 11   Vorwahl null sechs zwei eins [null sechs einundzwanzig], Nummer vier vier null eins eins [vier vierzig elf]

zwei는 drei로 잘못 아는 일을 피하기 위해 zwo라는 형태를 쓰는 일이 있다.

22 13   zwo zwo eins drei [zwoundzwanzig dreizehn]

f) 가격

DM 1, 00   eine Mark

6, 25 DM	sechs Mark fünfundzwanzig (Pfennig)		

g) 속도
130 km/h hundertdreißig Kilometer pro Stunde ; hundertdreißig Stundenkilometer

h) 각도・위도・경도
∢ABC = 18° 15′ Winkel ABC ist gleich achtzehn Grad fünfzehn Minuten
134° 25′ 30″ ö. L. hundertvierunddreißig Grad fünfundzwanzig Minuten dreißig Sekunden östlicher Länge

i) 온도
18°C achtzehn Grad Celsius
65°F fünfundsechzig Grad Fahrenheit

4. 연 보(年譜)

•기호	•읽는 법	•기호	•읽는 법
*	geboren	⚭	geschieden
†	gestorben	⚔	gefallen
⚭	verheiratet	☐	begraben
O─O	ledig		

Heine, Heinrich, Dichter, *Düsseldorf 13. 12. 1797, †Paris 17. 2. 1856

• 읽는 법
Heine Heinrich, Dichter, geboren in Düsseldorf am dreizehnten, zwölften, siebzehnhundertsiebenundneunzig, gestorben in Paris am siebzehnten, zweiten, achtzehnhundertsechsundfünfzig

5. 기 타

1) 문자의 보조 기호

•기호	•읽는 법	•기호	•읽는 법
´	Akut	°	Ringelchen, Kringel
`	Gravis	~	Tilde
^	Zirkumflex	ˇ	Haken, Häkchen
¸	Cedille	‾	Querstrich, Balken
¨	Trema		

2) 문장의 보조 기호

•기호	•읽는 법
.	Punkt
,	Beistrich, Komma
;	Strichpunkt, Semikolon
:	Doppelpunkt, Kolon
?	Fragezeichen
!	Ausrufezeichen
─	Gedankenstrich
…	Pünktchen, Auslassungspunkte, drei Punkte
-	Bindestrich
'	Auslassungszeichen, Apostroph
" "	Anführungsstriche, Gänsefüßchen, Anführungszeichen
» «	Anführungszeichen
' ' > <	halbe Anführungszeichen
( )	runde Klammern
[ ]	eckige Klammern
{ }	geschwungene Klammern
§	Paragraph

3) 인 쇄

	•읽는 법
<u>Grammatik</u>	Grammatik unterstrichen
G r a m m a t i k	Grammatik gesperrt gedruckt
Grammatik	Grammatik kursiv gedruckt
Grammatik	Grammatik (halb)fett gedruckt
GRAMMATIK	Grammatik groß geschrieben (gedruckt)

문 법

1. 어휘와 품사

1) 어형

독어에는 어형 변화를 하지 않는 불변화사("und, auf, über ...")와 어형 변화를 할 수 있는 다수의 변화사가 있다. 이러한 어형의 변화를 변화형(Flexion)이라고 하며, 곡용(Deklination), 활용(Konjugation), 비교형(Komparation)으로 구분된다.

das alte Schloß des alten Schlosses dem alten Schloß das alte Schloß	die alten Schlösser der alten Schlösser den alten Schlössern die alten Schlösser	곡 용: 명사, 형용사, 관사, 대명사는 성(Genus), 수(Numerus), 격(Kasus)에 따라 변화한다.
ich sage du sagst er / sie / es sagte	wir werden sagen ihr sagtet sie hätten gesagt es wird gesagt	활 용: 동사는 인칭(Person), 수(Numerus), 시칭(Tempus), 법(Modus), 태(Genus verbi)에 따라 변화한다.
kühl kühler der kühlste	viel mehr am meisten	비교형: 비교형은 형용사(및 몇 개의 부사)에 있어서의 형태 변화로 3단계가 있다: 원급(Positiv), 비교급(Komparativ), 최상급(Superlativ).

2) 어휘의 구조

접두사(들)	어간	접미사	변화어미	
	un Klar klär Ver klär un-er klär	klar heit ung lich	t e	어휘는 대개 형태소들로 결합되어 있어 보통 어간(Stamm), 접두사(Präfix), 접미사(Suffix), 변화어미(Flexionsendung)로 구분한다. 많은 형태소들은 단독으로는 나타나지 않으나, 한 어휘의 전체 의미에 관여하는 독자적 의미를 가지고 있다.

3) 조어(Wortbildung)

어휘와 조어 형태소들은 일정한 규칙이나 모형(Muster)에 따라 새로운 어휘를 만들 수 있다. 여기에 주요한 두 종류의 조어가 있으니 합성(Komposition)과 파생(Derivation)이 그것이다.

Tisch - bein Hunde - futter wetter - leuchten wasser - dicht	1. 합성어(Kompositum)는 2개 또는 여러 개의 독립적으로 나타나는 어휘로 구성되며 보통 규정어(Bestimmungswort)와 기본어(Grundwort)로 되어 있다.

er-kennen ur-alt Mess-ung lieb-lich	2. 파생어(Derivat)는 하나의 독립적으로 나타나는 어휘(및 어간)과 하나 또는 여러 개의 비독립적인[조어] 형태소로 구성되어 있다.

4) 품사(Wortarten)

어휘들은 일정한 특질(Merkmal)에 의하여 품사로 구분한다.

품 사	형태적 특질	통사적 특질	의미적 특질
동사(Verb)	활용 변화	기능 : 특히 술어 분포 : 주어와 일치	상태, 과정, 행위
명사(Substantiv)	곡용 변화	기능 : 주어, 목적어, 상황어, 부가어 분포 : 관사와 함께	생물, 사물, 개념
형용사(Adjektiv)	곡용・비교형 변화	기능 : 부가어, 상황어 분포 : 명사 및 동사와 함께	성질
관사(Artikel) 대명사(Pronomen)	곡용 변화	기능 : 부가어 또는 독립적 분포 : 명사와 함께 또는 명사 대신	지시, 더 자세한 규정
불변화사 : —부사(Adverb)	불변화	기능 : 부가어, 상황어 분포 : 명사・형용사・동사와 함께	더 자세한 상황
—전치사(Präposition)	불변화	기능 : 전치사격 분포 : 명사(대명사) 앞[뒤]	관계
—접속사(Konjunktion)	불변화	기능 : 연결, 인도, 종속 분포 : 어휘, 문장 성분, 문장간의	논리적, 시간적, 원인적, 방법적 결합
감탄사(Interjektion)	불변화	보통 통사적으로 독립	느낌, 감정, 입장

2. 동사(Verb)

단순동사(„trinken, lesen ...")와 더불어 파생 및 합성에 의해 생긴 많은 동사(„be-kommen, teil-nehmen ...")가 있다. 합성동사는 일반적으로 분리동사(„nahm ...teil")에 속하고, 접두사를 가진 동사는 일부는 분리하고, 일부는 비분리한다.

기본 의미에 따라 구분하면 다음과 같다 :

Claudia *ist* krank. Der Schaden *beträgt* 3 000 DM. Ich konnte nicht *einschlafen*. Er ist spät *aufgewacht*. Der Fahrer wollte *abbiegen*. Die Kinder *spielen*.	1. 상태 동사(Zustandsverben) 2. 과정 동사(Vorgangsverben) 3. 행위 동사(Tätigkeitsverben)
Sie *liebt* ihn. Der Fahrer *übersah* den entgegenkommenden Bus. Der Unfall *forderte* zwei Verletzte.	완전동사(Vollverben) : 문장에서 단독으로 나타날 수 있는 동사이다.
Die Kinder *haben* geschlafen / *sind* aufgewacht, *hatten* geschlafen / *waren* aufgewacht, *werden* schlafen ; *werden* / *wurden* geweckt. Ich *habe* keine Zeit. Gestern *waren* wir im Kino. Er *wird* Ingenieur. *Werde* bald wieder gesund.	조동사(Hilfsverben)(„haben, sein, werden") : 완전동사와 함께 나타날 시칭(„haben, sein" : 현재완료, 과거완료 : „werden" : 미래)과 수동태(„werden")를 만든다. „haben, sein, werden"은 또한 독립적으로 완전동사를 나타낼 수 있다.
Können wir uns morgen treffen? Ich *muß* den Termin absagen. Wir *möchten* / *wollen* ins Kino gehen. *Darf* ich rauchen? Wir *sollen* uns gedulden.	화법조동사(Modalverben) : 부정형의 완전동사와 결합하여 가능, 필연, 소망, 허용, 요구 등을 표현한다.

Er *drohte* (war im Begriff) zu ertrinken. Es schien (hatte den Anschein) zu glücken. Auf dem Foto *war* nichts zu erkennen (konnte man nichts erkennen). Ich *habe* noch zu arbeiten (muß noch arbeiten).	수식동사(Modifizierende Verben) : zu-부정형의 완전동사와 결합하여 완전동사의 내용을 수식한다.
zum Abschluß bringen ; zur Verteilung gelangen ; zur Anwendung kommen ; in Erwägung ziehen.	기능동사(Funktionsverben) : 일정명사와 결합하여 동사 원래의 의미를 상실한다. 기능동사구는 보통 하나의 동사로 바꾸어 쓸 수 있다 : zur Aufführung bringen = aufführen.
Ich *laufe.* Du *lachst.* Sie *arbeitet.* Es *regnet* / *nieselt* / *donnert* / *blitzt* / *schneit.* Die Küche *blitzt* vor Sauberkeit.	인칭동사와 비인칭동사(Persönliche und unpersönliche Verben) : 인칭동사는 3개의 인칭에 다 사용될 수 있고, 비인칭동사는 es하고만 결합될 수 있다. 전의적 용법으로는 다른 대명사나 명사도 쓸 수 있다.
Ich schäme *mich.* Freust du *dich* nicht? Sie eignet *sich* das Buch an. (재귀적 :) Sie wäscht *sich.* (비재귀적 :) Sie wäscht das Kind / es.	재귀동사(Reflexive Verben) : 완전재귀동사는 문장 주어에 관계된 재귀대명사와 항상 나타난다. 불완전재귀동사는 재귀대명사 대신에 명사 또는 대명사와도 사용될 수 있다.

1) 동사와 그 보충어(Ergänzungen)

동사는 일정수의 보충어를 요구[지배]한다. 이것을 동사의 결합가(Valenz)라고 부르고 다음과 같은 식으로 구분한다 :

Das Baby schläft. Die Sonne scheint.	―주어만을 가지는 동사
Er repariert sein Auto. Sie liest einen Roman.	―주어와 4격 보충어를 가지는 동사
Das Buch gehört mir. Sie dankte den Rettern.	―주어와 3격 보충어를 가지는 동사
Er schenkt ihr ein Buch.	―주어와 3격 보충어와 4격 보충어를 가지는 동사
Sie gedachten der Toten.	―주어와 2격 보충어를 가지는 동사
Die Sitzung dauerte zwei Stunden.	―주어와 상황 보충어를 가지는 동사
Die Feuerwehr *löschte* den Brand. (수동태 :) Der Brand *wurde* von der Feuerwehr *gelöscht.*	타동사와 자동사 : 4격 보충어를 가지고 있고 수동태를 만들 수 있는 동사를 타동사라고 하며, 그 밖의 모든 동사를 자동사라고 한다.

2) 활용(Konjugation)

동사의 활용에서 가장 중요한 구별은 과거형(Präteritum)과 과거분사형(Partizip Ⅱ)이다. 이 두 형식의 형성 방식에 따라 다음과 같이 구분한다 :

단 순 동 사			
부정형	1인칭 단수 과거	과거분사	1. 규칙 [약]변화 동사 : 약변화 동사는 어간 모음이 변하지 않고 과거형은 어간과 어미 사이에 -t-를 넣어 만들고, 과거분사는 전철 ge-와 어미 -t를 써서 만든다.
sagen	sagte	gesagt	
lieben	liebte	geliebt	

단 순 동 사			
부정형	1인칭 단수 과거	과거분사	
reiten	ritt	geritten	2. 불규칙 [강]변화 동사:
sprechen	sprach	gesprochen	강변화 동사는 어간모음이 교체되고, 과거분사는 전철 ge-와
binden	band	gebunden	어미 -en으로 만든다.
werfen	warf	geworfen	
ziehen	zog	gezogen	몇몇 동사에서는 어간모음 다음의 자음도 변한다.
stehen	stand	gestanden	
brennen	brannte	gebrannt	불규칙 동사의 제2그룹은 과거형과 과거분사에서 모음(및
denken	dachte	gedacht	자음) 변화가 있으나 어미에서는 규칙 변화를 한다(혼합 변화
bringen	brachte	gebracht	라고도 한다).

3) 동사형(Verbformen)

① 인칭형(Personalform):

인칭과 수에 있어서 주어와 일치하는 동사형을 인칭형[정동사형]이라 한다. 인칭과 수는 동사어간에 첨가되는 (인칭)어미에 의해 표시되며, 동사의 인칭형이 나타내는 것은:

Wer tut etwas?	1, 2, 3인칭	1. 인칭(Person)
Wie viele tun etwas?	단수, 복수	2. 수(Numerus)
Wann geschieht etwas?	현재, 현재완료, 과거, 과거완료, 미래, 미래완료	3. 시칭(Tempus)
Tut die Person etwas?	능동태	4. 태(Genus verbi)
Wird etwas getan?	수동태	
Geschieht etwas wirklich?	직설법	5. 법(Modus)
Ist es möglich, daß etwas geschieht?	접속법	
Aufforderung, etwas zu tun	명령법	

② 부정형(Infinitiv)과 분사(Partizip):

부정형은 동사어간과 어미 -en 또는 (-el, -er의 동사에서는) -n("komm-en, les-en, dunkel-n, kletter-n")으로 구성된다. 부정형의 사용은:

Ich muß *abreisen*. Er scheint noch nicht ganz wach zu *sein*. Wann werden wir uns *wiedersehen*? 문장 성분: *Reisen* bildet den Menschen. 부가어: Unser Entschluß *abzureisen* stand fest. Dieses Problem zu *lösen* ist schwierig. Er nahm sich vor, im neuen Jahr ein besserer Mensch zu *werden*.	—다른 동사(특히 조동사 werden과 화법 조동사)와 결합하여 —문장 성분으로서 또는 명사에 대한 부가어로서 —부정형에 다른 어휘나 어군이 따르게 되면 부정형 그룹이 나타난다.
Das hätte er mir auch schreiben *können* (불가: *gekonnt*). Sie hätte sich besser vorbereiten *sollen*. Wir haben nicht lange zu warten *brauchen*.	부정형 또는 과거분사: 부정형의 다른 동사와 결합되는 몇몇 동사들은 과거분사형이 부정형에 의해 대치된다(화법조동사와 brauchen의 경우는 항상 그렇다)
kommen -*d*, weinen -*d*, blühen -*d*; 부가어: ein *weinendes* Kind; 방법 상황어: Das Kind lief *weinend* zur Mutter.	현재분사: —형성: 부정형+-d —용도: 명사에 대한 부가어로서 또는 방법 상황어로서

stellen — gestellt, arbeiten — gearbeitet, brechen — gebrochen, bestellen — bestellt, verarbeiten — verarbeitet, zerbrechen — zerbrochen, prophezeien — prophezeit, vorbestellen — vorbestellt ; vorstellen — vorgestellt, anbinden — angebunden ; er hat *gesagt* / er hatte *gesagt* (현재완료/과거완료) er wird *gesagt* haben / es wird *gesagt* (미래완료/수동태) 부가어 : ein *geprügelter* Hund ; 방법상황어 : Sie dachte *angestrengt* nach.	과거분사 : —형성 : 일반적으로 전철 ge-를 갖는데, ge-가 탈락되는 경우는 비분리동사와 -ieren, -eien 등의 동사에서이다. —분리동사에서는 -ge-는 전철과 동사어간 사이에 온다. —용도 : 주로 조동사와 결합하여(시칭과 수동태) ; —명사에 대한 부가어로 또는 방법상황어로
현재분사 : Die Reise war *anstrengender*, als ich dachte. 과거분사 : Er ist *gewandter* geworden. Du hast immer die *verrücktesten* Ideen.	형용사로서만 느껴지는 분사들은 비교형도 만들 수 있으며, sein, werden 등과 결합하여 방법보충어로 사용될 수 있다.
der dem Prozeß *vorausgegangene* Streit = der Streit, der dem Prozeß vorausgegangen ist ; *Laut lachend*, machte er sich ans Werk (= Er machte sich ans Werk, indem er laut lachte).	분사구문 : 분사에 다른 어휘나 어군이 따르면 분사구가 나타난다. 방법상황어로서의 분사구는 거의 부문장(분사 문장)의 성격을 갖는다.

4) 6개의 시칭과 용법

Wohin *gehst* du? Ich *gehe* nach Hause. Zwei mal drei *ist* sechs. Morgen *fliege* ich nach Irland. Das *bereut* er noch. Im Jahre 55 v. Chr. *landen* die Römer in Britannien.	1. 현재형(Präsens) : 현재형으로 나타낼 수 있는 것은 : —현재의 사건 ; —일반적 타당성 ; —미래의 사건(시간 상황어) ; —과거의 사건(역사적 현재형).
Es *war* einmal ein König, der *hatte* drei Töchter. Im Jahre 44 v. Chr. *wurde* Caesar *ermordet*. Er dachte angestrengt nach. Wie *konnte* das geschehen?	2. 과거형(Präteritum) : 과거형은 사건을 과거적인 것이나 과거에 끝나는 것으로 묘사한다 ; 또한 과거형은 표현되지 않는 생각을 나타내는 데도 사용된다("체험 화법").
상태나 지속의 사건을 표현하는 자동사 : Wir *haben* früher in Bochum *gewohnt*. Ich *habe* die ganze Nacht nicht *geschlafen*. Im Urlaub *haben* wir viel *geschwommen*. 상태변화 또는 장소이동을 나타내는 자동사 : Er *ist* nach Bochum *gefahren*. Erst gegen Morgen *bin* ich *eingeschlafen*. Einmal *sind* wir bis zu der Insel *geschwommen*.	3. 현재완료형(Perfekt) : 현재완료형은 조동사 sein 또는 haben의 현재형과 과거분사로 형성된다 ; 대부분의 동사(모든 타동사)는 haben으로 형성하고 ; 자동사는 일부는 haben으로 일부는 sein으로 현재완료형을 만든다.
Es *hat geschneit*. *Hast* du das Buch *gekauft*? Sie *sind* gestern *abgefahren*. Morgen *haben* wir es *geschafft*.	현재완료형은 완료된 사건이나 도달된 상태—때때로는 미래에 있어서도—를 나타내는 데 사용된다.
Ich *hatte gespielt*. Du *warst gekommen*. Er gestand, daß er das Buch *gestohlen hatte*. Als er kam, *waren* seine Freunde schon *gegangen*. Er *hatte* zwar etwas anderes *vorgehabt*, aber er *hat* uns trotzdem begleitet.	4. 과거완료형(Plusquamperfekt) : 과거완료형은 조동사 sein이나 haben의 현재형과 과거분사로 형성되며 ; 완료된 사건을 표현하는 데 사용된다. 과거형이나 현재완료형과 결합하여 과거완료형은 한 사건이 시간적으로 다른 사건에 앞서 있음을 표현한다.

Ich *werde lesen.* Du *wirst kommen.* Nachts *wird* der Wind *auffrischen.* Ich *werde* pünktlich da *sein.* Du *wirst* das sofort *zurücknehmen.* Er *wird* schon längst in Rom *sein.*	5. 미래형(Futur Ⅰ): 미래형은 조동사 werden의 현재형과 부정형으로 형성되며 -통고, 예고[미리 말함] -의도, 약속 -강한 요구 -추측 등을 표현한다.
Ich *werde abgereist sein.* Bis morgen *werde* ich die Aufgabe *erledigt haben.* Du *wirst geträumt haben.* Es *wird* schon nicht so schlimm *gewesen sein.*	6. 미래완료형(Futur Ⅱ): 미래완료형은 조동사 werden의 현재형과 완료부정형으로 형성되며 미래의 한 시점에 끝나 있을 사건을 나타내는 데 사용되거나, 또는 과거의 사건에 대한 추측을 표현한다.

5) (화)법(Modus)

독어에는 3개의 (화)법이 있으며, 일정한 동사형에 의해 표시된다:
직설법(Indikativ), 접속법(Konjunktiv)과 명령법(Imperativ)이 그것이다.

Peter *hat* das Abitur *bestanden* und *geht* jetzt auf die Universität. Schnell *sprang* das Rotkäppchen aus dem Bauch des Wolfes und die Großmutter auch.	직설법: 직설법은 언어적 발화의 기본[규범]형이며, 한 실상 (Sachverhalt)을 주어진[실제적인] 것으로 나타낸다.
직설법 현재형 : er *geh-t* 직설법 과거형 : er *ging* 접속법 Ⅰ식 : er *geh-e* 접속법 Ⅱ식 : er *ging-e*	접속법: 형성과 사용에 따라 다음과 같이 구분한다: -접속법 Ⅰ식, 동사의 현재형 어간에 의해 형성된다. -접속법 Ⅱ식, 동사의 과거형 어간에 의해 형성된다.
er *würde gehen* / er *würde gegangen sein*	접속법의 würde형은 werden의 접속법 Ⅱ식형과 (완료)부정형으로 형성된다.

6) 접속법의 용법

Dem Himmel *sei* Dank! Er *lebe* hoch! Er *ruhe* in Frieden. Man *vermische* alle Zutaten ...	접속법Ⅰ식-소망과 요구의 표현: 드물게 쓰이나, 보통 판에 박힌 어투와 성구에 쓰이며 사용법을 지시하는 텍스트에 나타난다.
Stell' dir vor, es *wären* Ferien, ... Wenn er Zeit *hätte, käme* er mit. Er rannte, als wenn es um sein Leben *ginge.* *Hätten* Sie einen Moment Zeit für mich? Ich *würde* sagen / meinen / dafür plädieren, ...	접속법Ⅱ식-비현실성의 표현: -어떤 것을 다만 상상만하는, 비현실적인 경우에 쓰인다. -특히 자주 「비현실 조건문」에서 -마찬가지로 「비현실 비교문」에서 -또한 (의문문의 형태로) 공손한 요구나 조심스런 확정에 서.

간접 화법(Indirekte Rede)에서의 접속법

접속법은 간접화법의 주요 특징이며, 보고자의 입장에서 보고 내용이 간접화법으로 나타나고, 대개 「Sagen, Fragen, Denken 따위」의 동사가 이끈다.

접속법Ⅰ식:
간접화법은 항상 접속법Ⅰ식으로 쓰이는 것이 원칙이고 상응하는 직접화법과 같은 시간으로 나타난다.

직접화법:		간접화법:
Kann ich ins Kino gehen?	Sie fragt / fragte / wird fragen usw.,	ob sie ins Kino gehen *könne.*
Ich habe nichts *gesehen.*	Er behauptet / behauptete / wird behaupten usw.,	er *habe* nichts *gesehen.*
Ich *sah* nichts.		
Ich *werde* nicht *auftreten.*	Er erklärt / erklärte / wird erklären usw.,	daß er nicht *auftreten werde.*

Der Minister berichtete über den Verlauf der Verhandlungen. Man *hätte* intensiv miteinander gesprochen ; die Gespräche *hätten* zu guten Ergebnissen geführt.	접속법 II 식 : 접속 I 식이 직설법과 형태가 동일하면 간접화법에서 애매함과 오해를 피하기 위해 접속법 II 식이 사용된다.

7) 명령법(Imperativ)

Komm! Kommt! Kommen Sie! *Beeil(e) dich! Putz(e)* dir die Zähne! *Lese / Lesen Sie* das bitte nochmal durch. *Sprich* (불가 : *Sprech*) lauter! *Lies* (불가 : *Les*) das! *Hilf* (불가 : *Helf*) mir! 그러나 : *Werd* (불가 : *Wird*) endlich vernünftig	명령법 : －(명령, 금지, 지시, 권유, 소망, 요청, 경고 등의)요구를 표현하고 2인칭(단·복수)로만 쓰이며 공손한 예절형에서는 Sie가 쓰인다. 명령법은 동사의 현재형 어간에 의해 형성되고 단수형에서는 보통 -e로 끝난다. －현재형 어간에 e/i(e)교체가 일어나는 강변화 동사는 항상 어미가 없이 그리고 어간모음 i(e)로 나타난다.

8) 태(Genus verbi) :

능동태(Aktiv)와 수동태(Passiv)

동사형 능동태와 수동태는 각기 다른 관점 및 행위 종류를 표현한다.
모든 동사는 능동태를 만들 수 있으나 수동태는 그렇지 못하다.

Der Vorstand *beschloß* den Spielerkauf. Die Mitschüler *wählten* ihn zum Klassensprecher.	능동태 : 능동태에서는 사건 설명이 그 사건의 전담자[행위자]에 의해 나타난다.
Der Motor *wurde* von den Mechanikern *ausgebaut*. Die Fenster *sind* vom Hausmeister *geöffnet worden*. Die Rechnung *wurde bezahlt*.	과정 수동태(werden-Passiv) : 과정 수동태(Vorgangspassiv)는 werden+과거분사로 만들며, 과정(사건, 행위)를 중시하고 행위자는 꼭 열거될 필요는 없다.
Das Gelände *ist* von den Demonstranten *besetzt*. Die Autobahn *ist* wegen Bauarbeiten *gesperrt*. Der Antrag *ist* bereits *abgelehnt*.	상태 수동태(sein-Passiv) : 상태 수동태(Zustandspassiv)는 sein+과거분사로 만들며, (선행된 과정의 결과로서) 상태를 표현한다.
Die Behörde lehnte den Antrag *ab*. Der Antrag *wurde* von der Behörde *abgelehnt*.	수동태 변형이 가능한 동사 : 4격 보충어를 갖는 대부분의 동사는 수동태 변형이 가능하고, 능동문의 4격 보충어는 수동문의 주어가 되며, 능동문의 주어는 수동문에서 전치사구(보통 von)가 된다.
Sie *hat* eine neue Frisur(불가 : Eine neue Frisur *wird* von ihr *gehabt*). Damit *ist* mir auch nicht *geholfen*. Gestern *ist* bei uns lange *gefeiert worden*. Es *wurde* viel *gelacht*.	－4격 보충어를 갖는 몇몇 동사는 수동태로 만들 수 없다 (haben, besitzen, bekommen, kennen, wissen, enthalten 등). －자동사 중에 일정한 행위동사(helfen, lachen, tanzen, feiern, sprechen 등)만이 비인칭 수동태로 만들 수 있다.
Sie *bekam* einen Blumenstrauß *überreicht*. Er *erhielt* ein winziges Zimmer *zugeteilt*. Der Motor *war* nicht mehr *zu reparieren*. Das Formular *ist* mit Bleistift *auszufüllen*. Die Uhr *ließ sich* nicht mehr *aufziehen*. Nicht abgeholte Fundsachen *kommen zur Versteigerung*.	수동태 변이형 : －bekommen/erhalten+과거분사(과정 수동태의 일종) －sein+zu-부정형(können/müssen을 가진 과정 수동태와 일치) －sich lassen+부정형(können을 가진 과정 수동태와 일치) －일정한 기능동사구는 종종 과정 수동태 대신에 사용된다.

9) 활용 변화표(Konjugationstabellen)

능동태의 활용 변화 본보기

규칙[약] 변화

	직설법	접속법 I 식	접속법 II 식
현재	ich frag-e du frag-st er sie } frag-t es wir frag-en ihr frag-t sie frag-en	ich frag-e du frag-est er sie } frag-e es wir frag-en ihr frag-et sie frag-en	
과거	ich frag-t-e du frag-t-est er sie } frag-t-e es wir frag-t-en ihr frag-t-et sie frag-t-en		ich frag-t-e du frag-t-est er sie } frag-t-e es wir frag-t-en ihr frag-t-et sie frag-t-en
현재완료	ich habe gefragt du hast gefragt er sie } hat gefragt es wir haben gefragt ihr habt gefragt sie haben gefragt	ich habe gefragt du habest gefragt er sie } habe gefragt es wir haben gefragt ihr habet gefragt sie haben gefragt	
과거완료	ich hatte gefragt du hattest gefragt er sie } hatte gefragt es wir hatten gefragt ihr hattet gefragt sie hatten gefragt		ich hätte gefragt du hättest gefragt er sie } hätte gefragt es wir hätten gefragt ihr hättet gefragt sie hätten gefragt
미래	ich werde fragen du wirst fragen er sie } wird fragen es wir werden fragen ihr werdet fragen sie werden fragen	ich werde fragen du werdest fragen er sie } werde fragen es wir werden fragen ihr werdet fragen sie werden fragen	
미래완료	ich werde du wirst er sie } wird es wir werden ihr werdet sie werden ge-fragt haben	ich werde du werdest er sie } werde es wir werden ihr werdet sie werden ge-fragt haben	

부정형 : fragen 명령법 단수 : frage!
완료부정형 : gefragt haben 복수 : fragt!
현재분사 : fragend
과거분사 : gefragt

불규칙[강] 변화

	직설법	접속법 I 식	접속법 II 식
현재	ich komm-e du komm-st er sie } komm-t es wir komm-en ihr komm-t sie komm-en	ich komm-e du komm-est er sie } komm-e es wir komm-en ihr komm-et sie komm-en	
과거	ich kam du kam-st er sie } kam es wir kam-en ihr kam-t sie kam-en		ich käm-e du käm-(e)st er sie } käm-e es wir käm-en ihr käm-(e)t sie käm-en
현재완료	ich bin gekommen du bist gekommen er sie } ist gekommen es wir sind gekommen ihr seid gekommen sie sind gekommen	ich sei gekommen du sei(e)st gekommen er sie } sei gekommen es wir seien gekommen ihr seiet gekommen sie seien gekommen	
과거완료	ich war gekommen du warst gekommen er sie } war gekommen es wir waren gekommen ihr wart gekommen sie waren gekommen		ich wäre gekommen du wär(e)st gekommen er sie } wäre gekommen es wir wären gekommen ihr wär(e)t gekommen sie wären gekommen
미래	ich werde kommen du wirst kommen er sie } wird kommen es wir werden kommen ihr werdet kommen sie werden kommen	ich werde kommen du werdest kommen er sie } werde kommen es wir werden kommen ihr werdet kommen sie werden kommen	
미래완료	ich werde du wirst er sie } wird es wir werden ihr werdet sie werden ge-kommen sein	ich werde du werdest er sie } werde es wir werden ihr werdet sie werden ge-kommen sein	

부정형 : kommen 명령법 단수 : komm!
완료부정형 : gekommen sein 복수 : kommt!
현재분사 : kommend
과거분사 : gekommen

음운상의 특성:

- **e음 삽입**: 어간이 d/t로 끝나는 동사에서는 어미 앞에 e가 삽입된다: du find-e-st, ihr hielt-e-t; 어간이 자음+m/n(lm, ln, rm, rn은 제외)으로 끝나는 동사에서도 마찬가지이다: du atm-e-st, sie rechn-e-t (그러나: du lern-st, du qualm-st).
- **s음 탈락**: 어간이 s, ß, x, z로 끝나는 동사에서는 2인칭 단수어미의 s가 탈락한다: reisen – du reis-t, mixen – du mix-t, reizen – du reiz-t (그러나 동사어간이 sch로 끝나면 s는 유지된다: waschen – du wäsch-st, herrschen – du herrsch-st.
- **e음 탈락**: -eln / -ern으로 끝나는 동사에서는 1·3인칭 복수현재형에서 어미의 e가 탈락하고: handeln – wir / sie handel-n, ändern – wir / sie änder-n; -eln의 동사에서는 대개 1인칭 단수 현재형과 명령법 단수에서 어간의 e가 탈락하며: ich handle / lächle, handle! / lächle!; -ern의 동사에서는 e가 보통 유지된다: ich ändere / wandere, ändere! / wandere!
- **변모음(Umlaut)**: 어간모음 a, au, o를 갖는 대부분의 불규칙 동사에서는 2·3인칭 단수 현재형에서 변모음한다: tragen – du trägst, er trägt; laufen – du läufst, er läuft; stoßen – du stößt, er stößt.
- **e / i(e) 교체**: 몇 개의 불규칙동사에서는 2·3인칭 단수 현재형과 명령법 단수에서 e / i(e) 교체가 일어난다: geben – du gibst, er gibt, gib!; nehmen – du nimmst, er nimmt, nimm!; sehen – du siehst, er sieht, sieh!

10) 수동태의 활용 변화 본보기

다음의 본보기에서는 간략하여 3인칭 단수형만을 제시하였으니 그 밖의 인칭형들은 쉽게 보충할 수 있기 때문이다.

1. *werden* - Passiv:

	직설법	접속법 I 식	접속법 II 식
현재	er sie es } wird gefragt	er sie es } werde gefragt	
과거	er sie es } wurde gefragt	er sie es } würde gefragt	
현재완료	er sie es } ist gefragt worden	er sie es } sei gefragt worden	
과거완료	er sie es } war gefragt worden	er sie es } wäre gefragt worden	
미래	er sie es } wird gefragt werden	er sie es } werde gefragt werden	
미래완료	er sie es } wird gefragt worden sein	er sie es } werde gefragt worden sein	

2. *sein* - Passiv:

	직설법	접속법 I 식	접속법 II 식
현재	er sie es } ist gefragt	er sie es } sei gefragt	
과거	er sie es } war gefragt	er sie es } wäre gefragt	
현재완료	er sie es } ist gefragt gewesen	er sie es } sei gefragt gewesen	
과거완료	er sie es } war gefragt gewesen		er sie es } wäre gefragt gewesen
미래	er sie es } wird gefragt sein	er sie es } werde gefragt sein	
미래완료	er sie es } wird gefragt gewesen sein	er sie es } werde gefragt gewesen sein	

11) haben, sein, werden과 화법 조동사의 활용 변화

복합 동사형(현재완료·과거완료·미래·미래완료)은 3인칭 단수형만을 제시한다.

① ***haben***:

	직설법	접속법 Ⅰ식	접속법 Ⅱ식
현재	ich habe du hast er sie } hat es wir haben ihr habt sie haben	ich habe du habest er sie } habe es wir haben ihr habet sie haben	
과거	ich hatte du hattest er sie } hatte es wir hatten ihr hattet sie hatten		ich hätte du hättest er sie } hätte es wir hätten ihr hättet sie hätten
현재완료	er sie } hat es gehabt	er sie } habe es gehabt	
과거완료	er sie } hatte es gehabt		er sie } hätte es gehabt
미래	er sie } wird es haben	er sie } werde es haben	

미래완료	er
	sie } wird
	es gehabt
	    haben
		er
		sie } werde
		es gehabt
		    haben	

부정형 : haben   명령법 단수 : habe!
완료부정형 : gehabt haben   복수 : habt!
현재분사 : habend
과거분사 : gehabt

② ***sein***:

	직설법	접속법 Ⅰ식	접속법 Ⅱ식
현재	ich bin du bist er sie } ist es wir sind ihr seid sie sind	ich sei du sei(e)st er sie } sei es wir seien ihr seiet sie seien	
과거	ich war du warst er sie } war es wir waren ihr wart sie waren		ich wäre du wär(e)st er sie } wäre es wir wären ihr wär(e)t sie wären
현재완료	er sie } ist es gewesen	er sie } sei es gewesen	
과거완료	er sie } war es gewesen		er sie } wäre es gewesen
미래	er sie } wird es sein	er sie } werde es sein	

미래완료	er
	sie } wird
	es gewesen
	    sein
		er
		sie } werde
		es gewesen
		    sein	

부정형 : sein   명령법 단수 : sei!
완료부정형 : gewesen sein   복수 : seid!
현재분사 : seiend
과거분사 : gewesen

③ ***werden***:

	직설법	접속법 Ⅰ식	접속법 Ⅱ식
현재	ich werde du wirst er sie } wird es wir werden ihr werdet sie werden	ich werde du werdest er sie } werde es wir werden ihr werdet sie werden	
현재완료	er sie } ist es geworden	er sie } sei es geworden	
과거완료	er sie } war es geworden		er sie } wäre es geworden

	직설법	접속법 Ⅰ식	접속법 Ⅱ식
과거	ich wurde du wurdest er sie } wurde es wir wurden ihr wurdet sie wurden		ich würde du würdest er sie } würde es wir würden ihr würdet sie würden
미래	er sie } wird es werden	er sie } werde es werden	

미래완료	er
	sie } wird
	es geworden
	    sein
		er
		sie } werde
		es geworden
		    sein	

부정형 : werden
완료부정형 : (ge)worden sein
현재분사 : werdend

과거분사 : (완전동사)geworden
           (조동사)worden
명령법 단수 : werde!
      복수 : werdet!

④ 화법 조동사와 *wissen* :
복합형은 haben(현재완료, 과거완료) 및 werden(미래, 미래완료)과 형성된다.

		dürfen	können	mögen	müssen	sollen	wollen	wissen
직설법 현재	ich	darf	kann	mag	muß	soll	will	weiß
	du	darfst	kannst	magst	mußt	sollst	willst	weißt
	er sie es	darf	kann	mag	muß	soll	will	weiß
	wir	dürfen	können	mögen	müssen	sollen	wollen	wissen
	ihr	dürft	könnt	mögt	müßt	sollt	wollt	wißt
	sie	dürfen	können	mögen	müssen	sollen	wollen	wissen
접속법 I식	ich	dürfe	könne	möge	müsse	solle	wolle	wisse
	du	dürfest	könnest	mögest	müssest	sollest	wollest	wissest
	er sie es	dürfe	könne	möge	müsse	solle	wolle	wisse
	wir	dürfen	können	mögen	müssen	sollen	wollen	wissen
	ihr	dürfet	könnet	möget	müsset	sollet	wollet	wisset
	sie	dürfen	können	mögen	müssen	sollen	wollen	wissen
직설법 과거	ich	durfte	konnte	mochte	mußte	sollte	wollte	wußte
	du	durftest	konntest	mochtest	mußtest	solltest	wolltest	wußtest
	er sie es	durfte	konnte	mochte	mußte	sollte	wollte	wußte
	wir	durften	konnten	mochten	mußten	sollten	wollten	wußten
	ihr	durftet	konntet	mochtet	mußtet	solltet	wolltet	wußtet
	sie	durften	konnten	mochten	mußten	sollten	wollten	wußten
접속법 II식	ich	dürfte	könnte	möchte	müßte	sollte	wollte	wüßte
	du	dürftest	könntest	möchtest	müßtest	solltest	wolltest	wüßtest
	er sie es	dürfte	könnte	möchte	müßte	sollte	wollte	wüßte
	wir	dürften	könnten	möchten	müßten	sollten	wollten	wüßten
	ihr	dürftet	könntet	möchtet	müßtet	solltet	wolltet	wüßtet
	sie	dürften	könnten	möchten	müßten	sollten	wollten	wüßten

과거분사 : gedurft, gekonnt, gemocht, gemußt, gesollt, gewollt, gewußt

3. 명사(Substantiv)

명사는 총어휘의 가장 큰 부분을 차지하고 다양하게 새로운 낱말로 합성될 수 있으며, 모든 다른 품사의 낱말들이 명사화될 수 있다. 명사는 일반적으로 확정된 성(Genus)을 가지고 있고 수(Numerus)와 격(Kasus)에 따라 변화한다. 다음과 같이 구분할 수 있다.

Tisch, Lampe ; Tulpe, Rose ; Inge, Berlin ; Auto, Hammer, Werkstatt, Schiedsrichter.	1. 구상[구체]명사(Konkreta)
Anna, Neumann, Japan, Rom, Goethehaus, Feldberg.	─고유명사
Mensch, Frau, Freund, Katze, Rose, Stern, Haus, Tisch.	─보통명사
Stahl, Silber, Holz, Leder, Leinen, Wolle, Öl, Fleisch.	─물질명사
Mut, Streß, Alter, Torheit, Verstand, Frieden, Abrüstung.	2. 추상명사(Abstrakta)

1) 곡용 변화(Deklination)의 종류

명사는 문장 내에서 여러 격으로 나타나고 일반적으로 단수(Singular)와 복수(Plural)가 있다. 그러므로 명사는 성, 수, 격에 따라 변화한다. 단수 2격형과 복수 1격형에 따라 다음과 같이 구분한다.

		남 성	여 성	중 성	강변화(Starke Deklination):
단수	1격	der Vogel	die Nacht	das Bild	남성・중성명사의 2격어미는 -es/-s이다.
	2″	des Vogel-s	der Nacht	des Bild-es	
	3″	dem Vogel	der Nacht	dem Bild(-e)	
	4″	den Vogel	die Nacht	das Bild	
복수	1격	die Vögel	die Nächt-e	die Bild-er	복수형에는 상이한 어미가 나타난다.
	2″	der Vögel	der Nächt-e	der Bild-er	
	3″	den Vögel-n	den Nächt-en	den Bild-ern	
	4″	die Vögel	die Nächt-e	die Bild-er	

des Hauses, des Fußes, des Gebäudekomplexes, des Schmerzes, des Gesetzes; des Bildes, des Raumes, des Buches, des Stuhles; des Betrages, des Besuches, des Arbeitsplanes.	-es가 나타나는 경우: —-s, -ß, -x, -z, -tz로 끝나는 명사에 —종종 끝에 자음을 가진 단음절 명사에 —종종 끝에 강세[악센트]가 있는 다음절 명사와 접합소(Fugen) -s를 가진 합성어에:
des Vogels, des Gartens, des Lehrers, des Mädchens; des Knies, des Neubaus, des Schuhs; des Monats, des Antrags, des Urlaubs.	-s가 나타나는 경우: —항상 -el, -em, -en, -er, -chen, -lein으로 끝나는 명사에 —대개 끝에 모음(+h)을 가진 명사에 —대개 끝에 강세가 없는 다음절 명사에
am nächsten Tag(e), auf dem Weg(e); in diesem Sinne, im Laufe der Zeit, im Grunde.	3격 -e: —오늘날은 아주 드물게 사용한다. —아직도 일정한 성구에

		남 성	여 성	약변화(Schwache Deklination):
단수	1격	der Mensch	die Frau	약변화 중성명사는 없다; (1격을 제외한) 남성명사의 단수형 어미는 -en / -n이다.
	2″	des Mensch-en	der Frau	
	3″	dem Mensch-en	der Frau	
	4″	den Mensch-en	die Frau	
복수	1격	die Mensch-en	die Frau-en	복수형 어미는 -en / -n이다.
	2″	der Mensch-en	der Frau-en	
	3″	den Mensch-en	den Frau-en	
	4″	die Mensch-en	die Frau-en	

	단 수	복 수	혼합변화(Gemischte Deklination):
1격	der Staat	die Staat-en	몇 개의 남성・중성 명사(Auge, Ohr, Doktor 등)는 단수에서 강변화하고 복수에서 약변화한다.
2″	des Staat-(e)s	der Staat-en	
3″	dem Staat(-e)	den Staat-en	
4″	den Staat	die Staat-en	

2) 인명(Personennamen)

	관사 없이	관사와 함께
하나의 이름	2격에 -s: die Rede Meiers	2격에 -s가 없다: die Rede des Meier
여러 개의 이름	마지막 이름만 2격에 -s: die Rede Horst Meiers	2격에 -s가 없다: die Rede des Horst Meier

칭호 따위+이름	이름이 변화 어미를 가진다 : die Rede Direktor Meiers	칭호 따위가 변화 어미를 가진다 : die Rede des Direktors Meier
여러 개의 칭호 따위+이름	이름이 변화 어미를 가진다 : die Rede Direktor Professor Meiers	첫번째 칭호 따위가 변화 어미를 가진다 : die Rede des Direktors Professor Meier
Herr(+칭호)+이름	Herr는 항상 변화 어미를 가진다 : die Rede Herren Meiers	die Rede des Herrn Direktor Meier
Doktor[Dr.]+이름	Doktor[Dr.]는 결코 변화 어미를 갖지 않는다 : die Rede Doktor Meiers	die Rede des Doktor Meier

3) 지명(Geographische Namen)

die Teilung *Deutschlands*, *Schwedens* Königin, die Nationalmannschaft *Uruguays*, die Geschichte *Roms*.	지명은 그것이 남성이나 중성이고 만약 관사 없이 사용되면 2격에 -s를 갖는다.

4) 단수(Singular)와 복수(Plural)

단수형 : 그 의미 때문에 단수로만 쓰일 수 있는 것은 :

Gerechtigkeit, Glück, Sozialismus, Friede, Hitze, Kälte; Gold, Stahl, Blei(또한 전문어 : Stähle, Bleie).	—다수의 추상명사 —(전문어에서는 제외한) 물질명사

복수형 : 독어에는 복수형을 만드는 여러 종류가 있다. 종종 복수는 합성어에 의해서만 표현될 수도 있고(예컨대 : Fleisch—Fleischsorten, Regen—Regenfälle 등), 여러 명사들은 복수형으로만 나타난다(예컨대 : Einkünfte, Lebensmittel, Kosten 등).

-en	die Frau, der Mensch	die Frauen, die Menschen	이중의 복수형으로 종종 낱말의 의미가 구별된다(예컨대 : Bank—Bänke(긴 의자), Banken(은행)); 그리스어, 라틴어, 이탈리아어에서 온 많은 외래어들은 특수한 복수형을 가진다(예컨대 : das Album—die Alben, das Cello—die Celli, das Praktikum—die Praktika)
-n	der Bote, die Nadel	die Boten, die Nadeln	
-e	der Tag, das Brot	die Tage, die Brote	
-e+변모음	die Nacht, der Sohn	die Nächte, die Söhne	
—	der Zettel, das Segel	die Zettel, die Segel	
—+변모음	der Vogel, der Garten	die Vögel, die Gärten	
-er	das Bild, das Feld	die Bilder, die Felder	
-er+변모음	der Wald, das Haus	die Wälder, die Häuser	
-s	das Auto, der Park	die Autos, die Parks	

5) 성(Genus)

모든 명사는 일정한 문법적 성을 가진다 : 남성(maskulin), 여성(feminin) 또는 중성(neutral). 몇몇 명사는 변동적인 성을 가진다(예컨대 : der/das Barock).

여러 명사에서는 상이한 성이 의미의 차이를 나타낸다(예컨대 : der Band(책, 권), die Bände — das Band(끈, 띠), die Bänder).

남성 : der Baum, der Apfel, der Ball ; 여성 : die Tanne, die Birne, die Uhr ; 중성 : das Holz, das Obst, das Blei.	성은 정관사(der, die, das)에 의해 표시된다.

6) 명사의 조어(Wortbildung)

das *Rauschen* des Flusses ; das *Blau* des Himmels ; alles *Liebe* zum Geburtstag ; vergiß das *Gestern*.	1. 명사화 : — 동사에서 — 형용사에서 — 불변화사에서
명사+명사 : Haus-tür, Hof-hund ; 동사+명사 : Kehr-woche, Mal-kasten ; 형용사+명사 : Hoch-brücke Blau-licht ; Um welt schutz organisation -(e)s Geburtstag, Liebesdienst, Arbeitsplatz ; -e Hundehütte, Mauseloch, Lesebuch, Wartesaal ; -(e)n Nummernschild, Taschentuch, Strahlenschutz ; -er Wörterbuch, Kindergarten, Rinderbraten.	2. 합성어(Zusammensetzungen) : — 기본어(Grundwort)의 성이 합성명사의 성을 확정한다(예컨대 : die Haus*tür*). — 규정어(Bestimmungswort)와 (드물게는) 기본어는 복합성분일 수 있다. — 합성어의 한 부분에는 구성 부분들 사이에 일정한 음운 및 자모가 접합될 수 있다(Fugenzeichen).
Miß-erfolg, Un-sinn, Anti-raucher, Ex-kanzler, Poly-gamie, Pseudo-krise ; landen → Landung, retten → Rettung ; schön → Schönheit, heiter → Heiterkeit ; reiten → Reiter, bohren → Bohrer ; Lehrer → Lehrerin.	3. 파생어(Ableitungen) : — 명사에는 접두사를 이용하여 — 다른 품사로부터는 접미사를 이용하여
Rad ← Fahrrad ; Krimi ← Kriminalroman ; Kripo ← Kriminalpolizei ; Juso ← Jungsozialist ; Ufo ← unbekanntes Flugobjekt.	4. 명사의 약칭 : — 앞부분이나 뒷부분을 자름. — 구성 성분들의 음절만 생략. — 성분들의 자모로 생략.

7) 동격(Apposition)

명사(또는 대명사)에 대한 부가어(Attribut)로서 일반적으로 관련어(Bezugswort)와 동일한 격으로 오는 명사(또는 명사구)가 나타날 수 있다.

Peter Müller ; er spricht über Karl *den Großen* ; *Direktor Dr. Schmidt* ; mein *Onkel* Theo ; ein Glas *Wein* ; mit einer Tasse *Kaffee* ; mit einem Pfund *Nüssen*.	— 부르는 이름, 별명, 직업명, 칭호 등은 동격이다. — 측정되거나 헤아려지는 대상의 명사도 동격이다.
Peter hat Herrn Müller, *seinen Klassenlehrer*, auf der Straße gesehen.	— 동격은 관련어의 앞이나 뒤에 올 수 있다.
Unternehmungen *wie einen Ausflug* schätzt er nicht. Ihm *als dem Kapitän* des Schiffes ist zu vertrauen.	— 동격은 wie/als로 연결될 수 있다.

4. 명사의 동반사(Begleiter)와 대행사(Stellvertreter)

1) 관사(Artikel)

정관사(der, die, das)는 항상 명사를 동반하고, 그 명사의 성·수·격을 나타낸다.

	단 수			복 수
	남 성	여 성	중 성	
1격	der Stuhl	die Lampe	das Bild	die Stühle, Lampen, Bilder
2〃	des Stuhles	der Lampe	des Bildes	der Stühle, Lampen, Bilder
3〃	dem Stuhl	der Lampe	dem Bild	den Stühlen, Lampen, Bildern
4〃	den Stuhl	die Lampe	das Bild	die Stühle, Lampen, Bilder

부정관사(ein, eine, ein)는 항상 명사를 동반한다.

	단 수		
	남 성	여 성	중 성
1격	ein Stuhl	eine Lampe	ein Bild
2〃	eines Stuhles	einer Lampe	eines Bildes
3〃	einem Stuhl	einer Lampe	einem Bild
4〃	einen Stuhl	eine Lampe	ein Bild

Widerstand ist nutzlos. *Ende* der Woche. Er trinkt gern *Wein*. *Gold* ist ein *Edelmetall*. *Fuß* fassen, *Widerstand* leisten, *Frieden* schließen, an *Bord* gehen, an *Hand*, bei *Tisch*. *Fraktion* fordert *Mitspracherecht*. Johann Wolfgang von Goethe starb in Weimar. Deutschland, Frankreich, die Niederlande ; der Königstuhl, das Riesengebirge, der Rhein, der Bodensee.	관사없이 종종 쓰이는 경우 : −추상명사 −물질명사 −숙어적 어법이나 성구에서의 명사 −단축된 표현에서의 명사 −인명 −지명은 일부는 관사없이, 일부는 관사와 함께 쓰인다 ; 산, 산맥, 강, 호수와 바다의 이름은 관사와 함께 쓰인다.

2) 대명사(Pronomen)

인칭대명사(Personalpronomen)는 말한 이(1인칭), 듣는 이(2인칭), 언급되는 사람이나 사물(3인칭)을 나타내며, 3인칭에서만 명사를 대행[대신]한다.

	단 수					복 수		
	1인칭	2인칭	3인칭			1인칭	2인칭	3인칭
1격	ich	du	er	sie	es	wir	ihr	sie
2〃	meiner	deiner	seiner	ihrer	seiner	unser	euer	ihrer
3〃	mir	dir	ihm	ihr	ihm	uns	euch	ihnen
4〃	mich	dich	ihn	sie	es	uns	euch	sie

경칭으로 사용되는 Sie는 3인칭 복수형의 전용이며 첫글자를 대문자로 쓰고 단·복수의 의미로 사용된다.

재귀대명사(Reflexivpronomen)는 보통 문장의 주어에 관계하고 이 주어와 인칭과 수에 일치하며, 격은 동사에 좌우된다.

(3격 단수 :) Damit schadet er *sich* nur. (4격 단수 :) Sie schminkt *sich*. (3격 복수 :) Sie haben *sich* viel erzählt. (4격 복수 :) Die Gäste begrüßten *sich*. Ich langweile *mich*. Damit schadest du *dir* nur. Wir haben *uns* sehr über die Geschenke gefreut. Ihr werdet *euch* wundern!	−3인칭에는 sich 이다. −1·2인칭에는 인칭대명사의 상응하는 형이 사용된다.

소유대명사(Possessivpronomen)는 소유관계를 지시하나 또한 소속성, 부속 내지 연계성도 표현한다. 소유대명사는 명사를 동반·대행할 수 있고 그것의 형은 관계된 인칭에 따르며; 동반한 명사와 성·수·격에 일치한다.
소유대명사의 단수와 복수는 1인칭에서 mein—unser, 2인칭에서 dein—euer, 3인칭(남성·여성·중성)에서 sein, ihr, sein—ihr이다.

	단 수			복 수
	남 성	여 성	중 성	
1격	mein Sohn	mein-e Tochter	mein Kind	mein-e Söhne / Töchter / Kinder
2〃	mein-es Sohnes	mein-er Tochter	mein-es Kindes	mein-er Söhne / Töchter / Kinder
3〃	mein-em Sohn(e)	mein-er Tochter	mein-em Kind(e)	mein-en Söhnen / Töchtern / Kindern
4〃	mein-en Sohn	mein-e Tochter	mein Kind	mein-e Söhne / Töchter / Kinder

Mein Mantel ist zerrissen und *deiner* auch.
Ich habe genug Geld, du kannst *dein(e)s* behalten.

소유대명사가 명사를 대행하면,
남성형은 1격 단수에서 어미 -er를 갖고,
중성형은 1·4격 단수에서 어미 -(e)s를 갖는다.

지시대명사(Demonstrativpronomen)는 이미 알려진 어떤 것 또는 그러나 더 자세히 규정될 수 있는 어떤 것을 지시한다. 지시대명사는 성·수·격에 있어서 그것이 동반하거나 대행하는 명사에 따른다.

	단 수			복 수	
	남 성	여 성	중 성		
1격	dies-er	dies-e	dies(-es)	dies-e	—dieser와 jener는 명사를 동반하거나 대행한다. 이 때에 dieser는 더 가까운 것을, jener는 더 먼 것을 지시한다.
2〃	dies-es	dies-er	dies-es	dies-er	
3〃	dies-em	dies-er	dies-em	dies-en	
4〃	dies-en	dies-e	dies(-es)	dies-e	
1격	der-jenige	die-jenige	das-jenige	die-jenigen	—derjenige는 명사와 함께 또는 명사 대신에 쓸 수 있다.
2〃	des-jenigen	der-jenigen	des-jenigen	der-jenigen	
3〃	dem-jenigen	der-jenigen	dem-jenigen	den-jenigen	—derselbe/der gleiche는 derjenige처럼 변화한다.
4〃	den-jenigen	die-jenige	das-jenige	die-jenigen	
1격	der	die	das	die	—명사를 대행하는 지시대명사 der는 (명사를 동반하는) 관사 der와 구별된다. 이 지시대명사는 일반적으로 앞의 것이나 뒤의 것을 지시한다.
2〃	dessen	deren / derer	dessen	deren / derer	
3〃	dem	der	dem	denen	
4〃	den	die	das	die	

부정대명사(Indefinitpronomen)

jemanden / etwas loben, *jemandes* gedenken,
jemandem etwas schenken, *jemanden* an *jemanden* verweisen.

Etwas ist geschehen. Ich weiß davon *nichts*. Ich habe *etwas* darüber gehört. Daraus wird *nichts*.

jemand — niemand — etwas — nichts:
jemand는 아주 일반적이고 일정치 않게 생물을 칭하고, etwas는 사물과 사태 등을 칭한다; etwas와 nichts는 1격과 4격 또는 전치사 뒤에서만 사용될 수 있다.

Sie haben *allen* Schülern etwas geschenkt.
Alles Hoffen / *Alle* Mühe war umsonst.
Jeder Schüler wurde aufgerufen. *Jeder* mußte ein Gedicht vortragen. Sie haben *jedem* dasselbe Buch geschenkt.
Ich habe *keinen* Hund besessen. Ich habe *keinen*.

alle — sämtliche — jeder — kein:
alle는 전체를 나타내고 일반적으로 명사 앞에 오는 형용사처럼 변화한다; jeder는 반면에 이러한 전체의 개별적인 것에 관계되며, 일반적으로 명사 앞에 오는 형용사처럼 변화한다; kein은 jeder의 반대어이며, 소유대명사 mein처럼 변화한다.

Manche kamen nie an. *Mehreren* von ihnen dauerte es zu lang. *Einige* sind gegangen. *Man* sagt, er gehe oft ins Theater. *Man* hat ihn gestern im Theater gesehen.	manche — mehrere — einige: 이것들은 부정수를 나타내고 일반적으로 명사 앞의 형용사처럼 변화한다. man: man은 일정치 않는 사람을 칭하고, 이 형태만을 가지며 1격 단수로만 사용된다.

의문대명사(Interrogativpronomen)

1격	*Wer* kauft ein?	*Was* ist das?
2 〃	*Wessen* Hemd ist das?	*wessen*
3 〃	*Wem* gehört das Hemd?	—
4 〃	*Wen* sehe ich da?	*Was* sehe ich da?

의문대명사 wer/was는 명사의 대행으로 사용되고, 단수형만 있으며 사람(wer)과 사물 및 사태(was) 사이만 구별한다.

Welches Kleid soll ich nehmen (— das blaue oder das schwarze)? *Welches* steht mir besser? *Welche* Partei wählt er eigentlich? (Ich hätte gern 100g Schinken.) *Welcher* darf's denn sein? Mit *welchem* Zug kommst du? *Welche* von diesen Sachen sollen wir aufheben, *welche* können weggeworfen werden?	의문대명사 welcher, welche, welches는 명사의 동반 및 대행으로 나타나고, 일정한 종류나 수량에서 고르는 식으로 사람이나 사물에 대해 묻는다; 이 의문대명사는 dieser처럼 변화한다.
Was für ein Mensch ist das eigentlich? — *Was für einer* ist das eigentlich? *Was für einen* Wein möchten Sie (— einen trockenen oder einen lieblichen)?	was für ein(er)으로는 사람이나 사물의 성격 및 성질에 대해 묻는다; was는 변화하지 않고 ein(er)만 변화한다.

관계대명사(Relativpronomen) der, die, das와 잘 쓰이지 않는 welcher, welche, welches는 부문[관계문]을 이끈다. 성과 수에 있어서는 주문(장)의 선행사에 따르고, 반면에 격은 관계문 자체의 동사(또는 전치사)에 좌우된다(예컨대: Ich sah *den Mann, der* den Brief eingeworfen hat. Er begrüßt *die Frau, welche* ihn eingeladen hat.).

Wer nicht hören will, muß fühlen. Ich kann mir denken, *wen / was* du meinst. Mach, *was* du willst.	관계대명사 wer/was는 일반적으로 사람이나 사물 및 사태를 나타내고; 주문장의 보충어를 대행하는 부문장을 이끈다.

5. 형용사(Adjektiv)

형용사는 일반적으로 3가지 종류를 구분한다:

Rote Rosen sind ihre Lieblingsblumen. Es war ein *kalter* Winter. Mit *großer* Freude haben wir von seinem *guten* Examen erfahren.	성질형용사(Eigenschaftswörter)는 누가/무엇이 어떻게 생긴 것(색깔·모양·범위·성질)인지, 무엇이 어떻게 일어나는지를 기술[평가]한다.
원 인 자: *polizeiliche* Maßnahmen, *ärztliche* Hilfe; 공 간/시 간: die *karibischen* Inseln, der *gestrige* Tag; 관계점/분야: *wirtschaftliche* Zusammenarbeit, *technischer* Fortschritt.	관계형용사(Beziehungsadjektive)는 사람들이나 대상들 사이의 일정한 관계를 나타낸다.

die *erste* Gruppe; mit *fünf* Punkten; am *zweiten* April;	수형용사(Zahladjektive)는 명사의 부가어로 올 수 있는 모든 수사(Zahlwörter)들이다 :
ein(s), zwei, siebzehn, achtundachtzigtausend; der / die / das erste, dritte, siebenundzwanzigste; halb, drittel, achtel, zwanzigstel, hundertstel; dreifach, fünffach, tausendfach; ganz, viel, wenig, sämtlich, sonstig.	—기수(Grundzahlen); —서수(Ordnungszahlen); —분수(Bruchzahlen); —승수(Vervielfältigungszahlwörter); —부정 수형용사(Unbestimmte Zahladjektive).

1) 형용사의 곡용 변화(Deklination)

거의 모든 형용사는 명사 앞의 부가어로 올 경우 그 명사와 성·수·격에 일치(Kongruenz)하여 변화한다. 명사구에서 형용사 앞에 올 수 있는 어형에 따라 형용사의 변화를 구별한다 :

	단 수			강변화(Starke Deklination) :
	남 성	여 성	중 성	관사없이 사용될 때 ;
1격	hell-er Tag	hell-e Nacht	hell-es Licht	마찬가지로 :
2〃	hell-en Tages	hell-er Nacht	hell-en Lichtes	—어미없는 수형용사 뒤에서(예컨대 : Er sah *zwei* helle Lichter)
3〃	hell-em Tag(e)	hell-er Nacht	hell-em Licht	—*manch, solch, welch, viel, wenig* 뒤에서(예컨대 : bei *solch* schönem Wetter ; *welch* herrlicher Blick)
4〃	hell-en Tag	hell-e Nacht	hell-es Licht	
	복 수			—*etwas, mehr* 뒤에서(예컨대 : mit *etwas* gutem Willen; ich brauche *mehr* helles Licht)
1격	hell-e Tage	Nächte	Lichter	
2〃	hell-er Tage	Nächte	Lichter	
3〃	hell-en Tagen	Nächten	Lichtern	—*deren / dessen* 뒤에서(예컨대 : Der Libero, von *dessen* Spiel alle begeistert waren.)
4〃	hell-e Tage	Nächte	Lichter	

	단 수			약변화(Schwache Deklination) :
	남 성	여 성	중 성	정관사 뒤에서 ;
1격	der hell-e Tag	die hell-e Nacht	das hell-e Licht	마찬가지로 :
2〃	des hell-en Tages	der hell-en Nacht	des hell-en Lichtes	대명사 *dieser, jener, derselbe, derjenige, jeder, welcher* 뒤에서
3〃	dem hell-en Tag(e)	der hell-en Nacht	dem hell-en Licht	
4〃	den hell-en Tag	die hell-e Nacht	das hell-e Licht	
	복 수			
1격	die hell-en Tage	Nächte	Lichter	
2〃	der hell-en Tage	Nächte	Lichter	
3〃	den hell-en Tagen	Nächten	Lichtern	
4〃	die hell-en Tage	Nächte	Lichter	

	단 수			혼합변화(Gemischte Deklination) :
	남 성	여 성	중 성	부정관사 뒤에서 ;
1격	ein hell-er Tag	eine hell-e Nacht	ein hell-es Licht	소유대명사, kein 뒤에서
2〃	eines hell-en Tages	einer hell-en Nacht	eines hell-en Lichtes	
3〃	einem hell-en Tag(e)	einer hell-en Nacht	einem hell-en Licht	
4〃	einen hell-en Tag	eine hell-e Nacht	ein hell-es Licht	
	복 수			
1격	keine hell-en Tage	Nächte	Lichter	
2〃	keiner hell-en Tage	Nächte	Lichter	
3〃	keinen hell-en Tagen	Nächten	Lichtern	
4〃	keine hell-en Tage	Nächte	Lichter	

Es geschah an einem *schönen, sonnigen* Morgen. Er besitzt ein *altes, klappriges* Auto. Ich *altes* Kamel ; du *armer* Junge ; du *lieber* Himmel ; du *Guter* (남성), du *Gute* (여성). Mir *alten, erfahrenen* Frau ; dir *jungen* Kerl(또는 : dir *jungem* Kerl), wir alten Freunde.	—명사 앞의 여러 개의 형용사는 각각 동일한 변화를 한다. —인칭대명사 뒤에서는 (명사화된) 형용사는 일반적으로 강변화한다. —*mir, dir, wir, ihr* 다음에 오는 형용사는 대개 약변화한다.

부정대명사(alle, manche 등)와 부정수형용사(viele, wenige 등) 다음에 오는 형용사의 변화는 일정치 않다 :

	약 변 화	동일어미	
all-	+		Bei allem *guten* Willen, das geht entschieden zu weit. Aller *guten* Dinge sind drei.
ander-		+	Man hat noch anderes *belastendes* Material gefunden. Es gibt noch andere *fähige* Leute.
beide	+		Die Vorsitzenden beider *großen* Parteien sind anwesend. Beide *kleinen* Mädchen weinten.
einig-		+	Wir haben noch einiges *französisches* Geld übrig. Ich greife einige *wichtige* Punkte heraus.
etlich-		+	Im Keller stand etliches *altes* Gerümpel. Der Betrieb hat etliche *alte* Mitarbeiter entlassen.
folgend-	+ (단수에서)	+ (복수에서)	Die Maschine arbeitet nach folgendem *einfachen* Prinzip. Der Test hat folgende *neue* Erkenntnisse gebracht.
irgendwelch-	+		Er hat irgendwelches *dumme* Zeug geredet. Die Meinung irgendwelcher *fremden* Leute interessiert mich nicht.
manch-	+		Wir haben manches *freie* Wochenende dort verbracht. Man trifft dort manche *interessanten* Leute.
mehrere		+	Er hat mehrere *schwerwiegende* Fehler gemacht. Er steht wegen mehrerer *kleiner* Vergehen vor Gericht.
sämtlich-	+		Sämtliches *gestohlene* Geld konnte sichergestellt werden. Sie alarmiert sämtliche *erreichbaren* Nachbarn.
solch-	+		Solches *herrliche* Wetter hatten wir lange nicht mehr. Sie sagt immer solche *merkwürdigen* Sachen.
viel-		+	Das hat er in vieler *mühsamer* Kleinarbeit gebastelt. Sie haben viele *schöne* Reisen zusammen gemacht.
wenig-		+	Die Flüsse führen nur noch weniges *trübes* Wasser. Er hat nur wenige *gute* Freunde.

강 변 화	약 변 화	
Vorsitzender ist Herr Müller.	Der *Vorsitzende* heißt Müller.	명사화된 형용사 :
Ich wünsche dir nur *Gutes*.	Ich wünsche dir alles *Gute*.	명사화된 형용사는(명사 앞에 오는)
Liberale und *Grüne* stimmten dagegen.	Die *Liberalen* und die *Grünen* stimmten dagegen.	부가어적 형용사처럼 변화한다. 그러므로 관사 없이 또는 어미 없는 낱말
Mein *Bekannter* ist *Angestellter* bei der Bank.	Die *Angestellten* der Bank sind unsere *Bekannten*.	뒤에 쓰이면 강변화하고, 정관사류의 낱말 뒤에 쓰이면 약변화한다.
Reisende ohne Gepäck bitte zu Schalter 3.	Die *Reisenden* nach Hongkong bitte zur Abfertigung.	
Im Westen nichts *Neues*.	Hast du schon das *Neueste* gehört?	

sieben Raben ; die sieben Raben ; von sieben Raben ; die Türme des Ulmer Münsters ; in den siebziger Jahren ; ein super Essen ; ein klasse Auto. Er packt das Buch in rosa Geschenkpapier.	변화형 없는 형용사: —zwei 부터의 기수. —명사 앞에서 장소명, 나라명 및 기수에 접미사 -er이 붙은 파생형용사. —super, fit, egal, klasse 같은 형용사; 그것들 중 몇 개만이 부가어로 쓰일 수 있다. —rosa, lila, orange 같은 색채형용사.

2) 형용사의 비교형(Komparation)

많은 형용사는 비교형을 만들 수 있다: 원급(Positiv: *schnell*), 비교급(Komparativ: *schneller*)과 최상급 (Superlativ: *am schnellsten*)이 그것이다. 형용사가 명사에 부가어적으로 쓰이면 이 -er과 -st에 성·수·격의 변화어미가 온다.

Klaus ist *so alt wie* Peter. Maria ist *älter als* Claudia. Er ist *der jüngste* von drei Brüdern. Das ist das *Neueste*, was es auf dem Markt gibt. Der Betrieb arbeitet mit *modernsten* Maschinen.	비교형의 용법: —원급: 비교되는 사람이나 대상에 있어서 어떤 성질의 정도가 동일하다. —비교급: 어떤 성질의 같지 않은[더 높거나 더 낮은] 정도를 나타낸다. —최상급: 어떤 성질의 가장 높은 정도를 표현하거나 또는 만약 어떤 비교도 없는 경우에는 아주 일반적으로 대단히 높은 정도(절대적 최상급)를 나타낸다.

-er, -st	tief	tiefer	tiefste	여러 형용사의 비교형은 음운 변화를 일으키며; gut은 다른 어간으로 비교급과 최상급을 만든다(gut, besser, best).
-er, -st, 변모음	warm	wärmer	wärmste	
-er, -st, 변모음과 자음 교체	hoch	höher	höchste	
	nah	näher	nächste	
-er, -st, e- 탈락	dunkel	dunkler	dunkelste	
-er, -est	heiß	heißer	heißeste	
-er, -est, 변모음	kalt	kälter	kälteste	

절대적 형용사 이미 최고[최저]의 정도를 나타내는 형용사 꼴형용사(Formadjektiv) 관계형용사 수형용사	tot, lebendig, stumm, blind, kinderlos maximal, minimal, optimal, total, absolut, erstklassig rund, viereckig, quadratisch, kegelförmig karibisch, wirtschaftlich, dortig, jetzig drei, halb, siebenfach, ganz, einzig	비교형이 없는 형용사: 여러 형용사에서는 그 형용사가 어떤 성질을 나타내는데 전의적으로 사용되는 경우에만 비교형이 가능하다(예컨대: das *lebendigste* Kind = das *lebhafteste* Kind).

3) 형용사의 조어(Wortbildung)

대부분의 형용사는 파생형용사(*un-schön, berg-ig, zeit-lich*)이거나 합성형용사(*hell-rot, stein-hart, bären-stark*)이다. 이것과 더불어 어군으로부터의 「공성」(zusammengebildet) 형용사(ein *viertüriges* Auto = ein Auto *mit vier Türen*)도 있다.

	1. 파생 형용사:
atypisch, intolerant, unzufrieden, erzkonservativ, uralt ; dehnbar, hölzern, seiden, fehlerhaft, sandig, italienisch, gewerblich, reparabel, katastrophal, formell, intensiv.	—접두사에 의해 ; —접미사에 의해.

동 사＋형용사 : röst-frisch, koch-fertig, denk-faul ; 형용사＋형용사 : hell-rot, schwer-krank, naß-kalt ; 명 사＋형용사 : stein-hart, wetter-fest ; steinhart = hart wie Stein, kochfertig = fertig zum Kochen, denkfaul = faul im Denken ; naßkalt(= naß und kalt), taubstumm, dummdreist, feuchtwarm, neblig-trüb, wissenschaftlich-technisch.	2. 합성형용사 : －2개(드물게는 그 이상)의 낱말로 구성되며, 그 중에 두번째(또는 끝의) 낱말은 항상 형용사(또는 분사)이다. －대개 두번째 구성 부분[형용사]이 선행하는 낱말에 의해 더 자세히 규정된다. －몇몇 형용사＋형용사 합성어에서는 부분들이 서로 대등한 관계이다.
ein *schwerverständlicher* Text — ein noch *schwerer verständlicher* Text — der *am schwersten verständliche* Text ; in *altmodischster* Kleidung ; die *weittragendsten* Entscheidungen ; die *hochfliegendsten* Pläne ; *zartfühlender* sein.	합성형용사의 비교형 : －두 부분이 아직 그들 의미를 지니고 있으면 첫 부분 [규정어]이 비교형으로 된다. －합성어가 통일된, 새로운 개념을 형성하면 기본어가 비교형으로 된다.

4) 문장 내에서 형용사의 사용

형용사는 명사의 부가어로(부가어적), sein, werden 등과 같은 동사와 결합하여(술어적) 그리고 다른 동사들과 결합하여(부사적) 사용될 수 있다.

ein *trockener* Wein ; die *bunten* Bilder ; *blaue* Augen ; Whisky *pur* ; Röslein *rot*.	부가어로서 형용사는 －보통 명사 앞에 놓이고 변화한다 ; －때때로 명사 뒤에 놓이고 불변화한다.
Sie ist *neugierig*. Es wird *dunkel*. Er blieb *freundlich*. Michael war der *erste*. Die Westküste ist die *schönste*. Dieses Foto ist das *neueste*.	sein, werden 류의 동사와 결합하여 형용사는 －방법 보충어이고 변화하지 않는다 ; －서수와 최상급 형용사는 변화하고 관사와 함께 쓰인다.
Der Vater liest *laut* vor. Sie spricht *leise*. Sie hatte ihn *sehnsüchtig* erwartet. Sie lag *ohnmächtig* da.	다른 동사에서 형용사는 －임의적 방법지시어(Artangabe)이고 변화하지 않는다.

형용사는 일정동사와 결합하여 보충어를 요구할 수 있거나 요구해야 한다. 구분해 보면 다음과 같다 :

einer Sache schuldig, bewußt, eingedenk, gewiß sein ;	－2격 보충어를 갖는 형용사 ;
jemandem behilflich, bekömmlich, ähnlich, bekannt sein ;	－3격 보충어를 갖는 형용사 ;
eine Sache wert sein ; *jemanden* leid sein ;	－4격 보충어를 갖는 형용사 ;
auf etwas angewiesen, gespannt sein ; *bei jemandem* beliebt sein ; *für jemanden* nachteilig sein ;	－전치사적 보충어를 갖는 형용사 ;
irgendwo wohnhaft, beheimatet, tätig sein.	－장소 보충어를 갖는 형용사.

6. 부사(Adverb)

부사는 개개의 낱말, 어군 또는 전체 문장에 관계되고, 사건의 상황(Umstände)을 나타낸다. 부사는 불변화 품사(Partikel)에 속하고 불과 몇 개만이 비교형을 만들 수 있다.

장소 부사 (Lokaladverbien)	wo? wohin? woher?	*da, daher, dorthin, hierher, drinnen, innen, vorn, links, oben, unten, vorwärts, unterwegs* ...

시간 부사 (Temporaladverbien)	wann? seit wann? bis wann? wie lange?	jetzt, nie, jemals, niemals, bald, stets, immer, einst, bisher, neuerdings, allzeit, heute, morgen, winters, zeitlebens, jahrelang, vorher ...
방법 부사 (Modaladverbien)	wie? wie sehr? auf welche Art und Weise?	allein, zusammen, allerdings, beinahe, fast, kaum, genau, gewiß, nur, gern, doch, durchaus, leider, möglicherweise, etwa, wohl, kopfüber ...
원인부사 (Kausaladverbien)	warum? weshalb? wozu? wodurch? worüber?	daher, darum, deswegen, demzufolge, folglich, dadurch, deshalb ...

1) 부사의 조어 (Wortbildung)

morgens, abends, anfangs, frühestens; ostwärts, talwärts; glücklicherweise, seltsamerweise; zugegebenermaßen	1. 파생 부사 : 접미사를 이용하여.
daran, dabei, dahinter, danach, darüber, dazwischen; hierauf, hierdurch, hierfür, hiermit, hierunter, hiervor; voraus; wobei, worin, worüber, wovon, wozu.	2. 합성 부사 : 대부분은 da, hier, wo와 전치사로 형성된 부사들이며; 전치사가 모음으로 시작되면 da와 wo에 r가 붙는다.

2) 대명사적 부사 (Pronominaladverbien)

darauf, hierüber 등과 같은 대명사적 부사는 종종 일정한 대명사들처럼 (전치사를 갖는) 명사구를 대행하여 사용된다. 이것을 구분해 보면 다음과 같다:

전치사적 부사 (사물에 관계)	전치사 + 대명사 (사람에 관계)
Wir diskutieren gerade über die Pausenregelung. Wissen Sie etwas Genaueres *darüber*?	Wir sprechen gerade über den neuen Chef. Wissen Sie etwas Genaueres *über ihn*?
Kann ich mich *darauf* verlassen, daß die Arbeit morgen fertig ist?	Er ist eine gute Kraft. *Auf ihn* kann man sich verlassen.
Hiermit will ich nichts zu tun haben.	*Mit dem / ihm / denen* ... will ich nichts zu tun haben.

3) 부사의 비교형

oft	öfter	am öftesten / häufigsten	불과 몇 개의 부사만이 비교형을 가지는데 대개는 비교급과 최상급이 원급의 어간과 다른 어간에 의해 형성된다.
bald	eher	am ehesten	
gern	lieber	am liebsten	
sehr	mehr	am meisten	
wohl(= gut)	besser / wohler	am besten / wohlsten	

4) 문장 내에서 부사의 사용

Hier entstehen fünf Neubauten. *Gestern* hat es geregnet. Ich konnte *leider* nicht kommen. Ich fand ihn *sehr* nett. Warum sagst du mir das *erst* jetzt?	— 동사나 전체 문장에 관계되면 독립적 문장 성분(부사규정어)으로서;
Bald nach dem Vorfall ist sie weggezogen. Die Läden schließen hier *schon* um 18 Uhr.	— 개개 낱말이나 어군에 부속되면 부가어로서;
Die Vorstellung *gestern* war ausverkauft. Die zweite Straße *links* führt zum Bahnhof. In dem Haus *dort* haben wir früher gewohnt.	— 부가어로서 부사는 관련어(구)의 앞 또는 뒤에 올 수 있다.
Ich bin in *spätestens* zwei Tagen / *spätestens* in zwei Tagen zurück. Sie kommt in *frühestens* / *frühestens* in zwanzig Minuten zurück.	— 수치어(Zahlangabe)를 가진 전치사구에서 정도부사는 또한 전치사구 안에 즉 전치사 뒤에도 올 수 있다.

5. 전치사(Präposition)

전치사는 불변화 품사에 속하며, 항상 다른 낱말, 일반적으로 명사나 대명사와 함께 나타나고 이들의 격을 전치사가 규정[지배]한다. 여러 전치사들은 2개의 격을 지배할 수도 있다. 전치사는 대개 지배된 낱말의 앞에 오고, 이 낱말과 함께 전치사구를 형성하며 4개의 주요 의미 그룹으로 구분할 수 있다:

1. 장소(lokal):	*an* (der Grenze), *auf* (dem Hof), *aus* (Frankreich), *in* (der Stadt), *neben* (dem Haus), *über* (den Wolken), *vor* (der Baustelle) ;
2. 시간(temporal):	*an* (diesem Tage), *in* (der nächsten Woche), *seit* (zwei Jahren), *um* (12 Uhr), *während* (des Krieges) ;
3. 원인, 결과 등(kausal):	*wegen* (Bauarbeiten), *dank* (seiner Hilfe), *aus* (Mitleid), *durch* (Neugierde), *zu* (Ihrer Information) ;
4. 방법(modal):	*ohne* (mein Wissen), *mit* (ihrer Zustimmung), *gemäß* (den Vorschriften), *gegen* (seinen Rat).

1) 가장 중요한 전치사와 그 격지배(Rektion)

ab Dat. / Akk.	bis Akk.	inklusive Gen. / Dat.	um — willen Gen.
abseits Gen.	dank Gen. / Dat.	inmitten Gen.	ungeachtet Gen.
abzüglich Gen. / Dat.	diesseits Gen.	innerhalb Gen. / Dat.	unter Dat. / Akk.
an Dat. / Akk.	durch Akk.	jenseits Gen.	unterhalb Gen.
angesichts Gen.	einschließlich Gen. / Dat.	kraft Gen.	von Dat.
an Hand Gen.	entgegen Dat.	längs Gen.	vor Dat. / Akk.
anläßlich Gen.	entlang Gen. / Dat. / Akk.	laut Gen. / Dat.	während Gen. / Dat.
(an)statt Gen. / Dat.	entsprechend Dat.	mangels Gen. / Dat.	wegen Gen. / Dat.
an Stelle Gen.	exklusive Gen. / Dat.	mit Dat.	wider Akk.
auf Dat. / Akk.	für Akk.	mittels Gen. / Dat.	zeit Gen.
auf Grund Gen.	gegen Akk.	nach Dat.	zu Dat.
aus Dat.	gegenüber Dat.	neben Dat. / Akk.	zufolge Gen. / Dat.
ausschließlich Gen. / Dat.	gemäß Dat.	oberhalb Gen.	zuliebe Dat.
außer Dat.	halber Gen.	ohne Akk.	zu(un)gunsten Gen.
außerhalb Gen. / Dat.	hinsichtlich Gen.	seit Dat.	zuzüglich Gen. / Dat.
bei Dat.	hinter Dat. / Akk.	trotz Gen. / Dat.	zwischen Dat. / Akk.
bezüglich Gen.	in Dat. / Akk.	über Dat. / Akk.	
binnen Gen. / Dat.	infolge Gen.	um Akk.	

(Gen. = 2격, Dat. = 3격, Akk. = 4격).

2) 여러 격지배를 가진 전치사:

an, auf, hinter, in, neben, über, unter, vor, zwischen	장소적: 3격(장소, wo?) 4격(방향, wohin?)	Das Bild hängt an der Wand. Sie hängt das Bild an die Wand.
ab	장소적: 3격 시간적: 3격/4격	ab unserem Werk ; ab erstem / ersten Juli ;
abzüglich, zuzüglich, ausschließlich, einschließlich, außerhalb, innerhalb, mangels, mittels, trotz, während, wegen	일반적으로 2격; 어형이 2격으로 식별될 수 없거나 전치사구가 또 하나의 2격을 가질 경우에는 3격.	abzüglich der bezahlten Kosten ; abzüglich Steuerfreibeträgen ; während Hern Meiers langem Vortrag.

Sie suchte *in und unter dem Schrank*. *Vor, hinter, und neben dem Minister* drängten sich die Reporter. Die Menschen *diesseits und jenseits der Grenze* wollen den Frieden. Kommt ihr *mit oder ohne*(+4격) *Kinder*? Sie kommen *teils ohne, teils mit*(+3격) *Kindern*.	—같은 격을 지배하는 전치사들은 병렬되어 한 명사 또는 대명사에 관계될 수 있다. —격지배가 다를 경우 마지막 전치사의 격을 택한다.

3) 전치사의 위치(Position)

für mich, *nach* Feierabend, *im* Auto ; *wegen* der Kinder / der Kinder *wegen*, *nach* meiner Meinung / meiner Meinung *nach*, *entlang* dem Fluß / des Flusses(3격/2격) / den Fluß *entlang*(4격) ; dem Pressesprecher *zufolge*, der Wahrheit *halber* ; *um* des lieben Friedens *willen*, *von* morgen an.	—대부분의 전치사는 지배된 낱말의 앞에 놓인다. —몇몇 전치사는 지배된 낱말의 앞 또는 뒤에 올 수 있다. —불과 몇 개의 전치사는 뒤에만 오고 ; 「이중 전치사」(Doppelpräposition)는 지배된 요소를 앞뒤로 둘러싼다.

4) 전치사와 관사의 융합

an / in+dem→am / im, bei+dem→beim, an / in+das→ans / ins, von+dem→vom, zu+dem / der→zum / zur ; *am schönsten* sein, *zum Tanzen* auffordern, *im Juli* beginnen, *aufs Ganze* gehen, *hinters Licht* führen.	—몇몇 전치사는 관사형과 하나의 어형으로 융합할 수 있다. —많은 어구와 성구에서는 융합형만이 가능하다.

6. 접속사(Konjunktion)

접속사는 불변화 품사에 속하고, 문장 및 문장 부분들을 서로 결합시킨다. 병렬[등위]접속사(und, oder, aber, denn)와 더불어 종속접속사(weil, obwohl, daß, ob)가 있으며, 결합된 문장 및 문장 부분들 사이의 일정한 내용적 관계를 나타낸다. oder, aber, ob과 같은 단순 접속사와 더불어 sowohl—als auch, entweder—oder 등과 같은 복합 접속사도 있다.

	병렬접속사가 결합시키는 것은 :
Er klingelte an der Tür, *aber* sie machte nicht auf. Wir hoffen, daß es dir gut geht *und* (daß) dir der Aufenthalt gefällt.	—동급의 주문장과 부문장들 ;
Sowohl in Rom *als auch* in Paris ; durch List *oder* durch Gewalt ;	—어군들(Wortgruppen) ;
auf *und* ab ; arm *aber* glücklich ; rechts *oder* links ; West- *und* Osteuropa ; be- *oder* entladen.	—낱말들 ; —낱말 부분들이다.
Er ist ein besserer Schüler *als* sein Freund. Heute ist das Wetter nicht so schön *wie* gestern.	als와 wie는 이것들이 형용사의 비교형으로 쓰이면 병렬접속사로 속한다.
Er konnte nicht glauben, *daß* das schon die Entscheidung gewesen sein sollte. Es dauerte lange, *bis* das nächste Tor fiel. Die Mannschaft kämpfte, *um* das Spiel herumzureißen. Sie kämpfte, *ohne* zum Erfolg *zu* kommen.	종속접속사 : —*daß, weil, nachdem, bis* 등과 같은 종속접속사는 항상 부문장을 주문장에 연결시킨다 ; —*um zu, ohne zu, (an)statt zu*는 동사가 부정형으로 쓰이는 부문장을 이끈다.

병렬접속사는	총괄, 포함 :	und, (so)wie, sowohl — als / wie, sowohl — als auch / wie auch ;
4개의 의미그룹으로	서로 다른 가능성 :	oder, entweder — oder, bzw.(= beziehungsweise) ;
나눈다 :	대립, 제한 :	aber, (je)doch, allein, sondern ;
	원인 :	denn.
종속접속사의	시간(temporal) :	als, nachdem, bis, während, ehe, bevor, sobald, solange, wenn ;
가장 중요한	원인(kausal) :	weil, da, zumal ;
의미그룹 :	목적(final) :	damit, daß, um zu ;
	조건(konditional) :	wenn, falls, sofern, soweit ;
	용인(konzessiv) :	obwohl, obgleich, obschon, wenn auch ;
	방법(modal) :	indem, wie, als ob, ohne daß ;
	독자적 의미없이 :	daß, ob.

7. 감탄사(Interjektion)

감탄사는 자신의 독자적 발화를 나타내고 문장 내에서 고립되어(isoliert) 쓰인다. 감탄사는 특히 구어에 나타나며 종종 말한 이의 느낌이나 태도(놀람, 기쁨, 숙고, 망설임 등)를 표현한다.

ach, ah, au, hurra, igitt, oh, owe ;	—느낌의 낱말(Empfindungswörter) ;
hallo, he, heda, hey, tschüs, dalli, hü, pscht ;	—요구의 낱말(Aufforderungswörter) ;
hahaha, hatschi, miau, kikeriki, peng, klirr ;	—의성어(Lautnachahmungen) ;
hm, ja, aha, genau, richtig, bitte?, was?	—대화의 낱말(Gesprächswörter) ;
ja, nein.	—대답의 불변화사(Antwortpartikel).

발 음

독어는 영어·불어 등과 마찬가지로 말하는 사람의 사회적 계층, 직업, 연령, 성별, 교육 정도, 지역 소속 등 등의 차이에 따라 그 발음이 똑같지는 않다. 이 사전에 이용된 발음은 종전의 무대 발음(Bühnenaussprache)이 아니고 오늘날 언어 현실에 있어서 독어로 쓰는 모든 사람에게 두루 이해될 수 있는 초지역적 표준 발음 (Standardaussprache)이다.

이 사전의 발음 부호가 정확하고 완전한 독어 발음을 위한 지침이 될 수 있도록 우선 이 사전에서 이용된 국제 발음 부호(IPA)를 통해서 독어의 음운 체계를 살피고, 그 다음 올바른 독어 발음을 위해서 필요하나 일일이 발음 부호와 함께 병기할 수 없는 발음상의 몇 가지 일반적 규칙을 약술하기로 한다.

1. 발음 기관

그림을 통해 발음에 관여하는 장소와 그 장소에서 나는 음성 명칭을 제시하면 다음과 같다:

발음 기관의 도표

조음 장소:	음성 명칭:
1. 코안[비강]	비강자음[콧 소리]
2. 입술	순음[입술 소리]
3. 이	치음[잇 소리]
4. 잇몸	치조[치경]음[잇몸 소리]
5. 센입천장	경구개음[센 입천장 소리]
6. 여린입천장	연구개음[여린 입천장 소리]
7. 목젖	구개수음[목젖 소리]
8. 입안[구강]	구강자음[입안 소리]
9. 혀끝	설단음[혀끝 소리]
10. 혓바닥	설배음[혓바닥 소리]
11. 목구멍	인후음[목구멍 소리]
12. 성대(순)	유·무성음, 후두음

2. 음운 체계

a) 모 음

이 사전에 나오는 모음으로 불어계, 영어계 등 외래모음을 제외하면 다음과 같은 독어 모음소와 그 변이음들이 있다:

음소	변이음	음소	변이음
/iː/	[iː i i̯]	/ə/	[ə]
/ɪ/	[ɪ]	/uː/	[uː u u̯]

/e:/	[e: e]	/ʊ/	[ʊ]
/ɛ:/	[ɛ:]	/o:/	[o: o ǫ]
/ɛ/	[ɛ]	/ɔ/	[ɔ]
/a:/	[a:]	/ai/	[ai̯]
/a/	[a]	/au/	[au̯]
/y:/	[y: y ẙ]	/ɔy/	[ɔy̯]
/Y/	[Y]		
/ø:/	[ø: ø]		
/œ/	[œ]		

따라서 독어 모음소 총 19개는 장모음소 8개, 단(短)모음소 7개, 이중모음소 3개와 약모음소 1개(/ə/)로 이루어져 있다.

주 1) [m̩], [n̩], [l̩], [r̩]는 음소의 연속인 /əm/, /ən/, /əl/, /ər/로 파악할 것.
   예컨대: groβmem / 'gro:səm / ['gro:sm̩], reden / 're:dən / ['re:dn̩], edel / 'e:dəl / ['e:dl̩], besser / 'bɛsər / ['bɛsr̩].

2) [iə i̯ə y̯i: u̯ə o̯a]와 같은 상승 복모음은 / i:ə e:i y:i: u:ə o:a /와 같은 음소 연속으로 파악할 것.
   예컨대: Studie / 'ʃtu:di:ə / ['ʃtu:di̯ə], loyal / lo:a'ja:l / [lo̯a'ja:l].

3) 둘째 음이 [ɐ̯]인 하강 이중모음은 음소연속 /장모음/+/r/로 파악할 것.
   예컨대: Bier / bi:r / [bi:ɐ̯], Friseur / fri:'zø:r / [fri:'zø:ɐ̯], Genre / ʒã:r / [ʒã:ɐ̯].

b) 위의 음들을 각기 그 음색 및 음질에 따라 분류하고, 그 발음 상태를 모음 4각도로 제시하며, 각 발음마다 예를 들면 다음과 같다:

단(單)모음: [i: i i ɪ e: e e ɛ: ɛ a: a y: y ẙ Y ø: ø œ ə u: u u̯ ʊ o: o ǫ ɔ].
이중(二重)모음: [ai̯ au̯ ɔy̯].

단(單)모음 도표

이중(二重)모음 도표

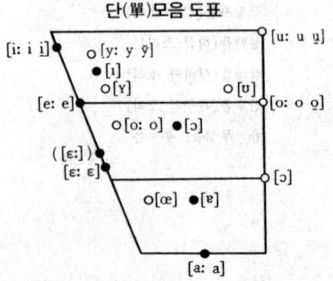
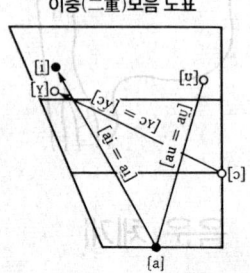

모음은 모음 4각도를 통해 혀의 높낮이와 전후 위치를 살펴볼 수 있다. 전설모음은 조음시에 혀의 앞 부분이 경구개를 향해 올라가는 것을 말하고, 후설모음이란 조음시에 혀의 뒷부분이 연구개를 향해 올라가는 것을 말한다. 따라서, 전자를 경구개모음 후자를 연구개모음이라고도 부른다. 또한, 후설모음 전부와 전설모음의 일부는 조음시에 입술이 둥글게 되는 특징이 있어 원순모음이라고 부르는데 반하여(예컨대: [y: y ẙ Y ø: ø œ u: u u̯ ʊ o: o ǫ], 나머지 전설모음은 입술 모양이 원형이 아니므로 평순모음이라고 부른다.

그리고 같은 음질의 모음은 조음시 혀의 높낮이에 의해 개폐도의 차이가 있어 높은 곳에 있으면 폐(모)음이고 낮은 곳에 있으면 개(모)음이다.

모음	예	발음	명칭
[iː]	mied	[miːt]	(고·전설·평순의) 장·폐모음 i
[i]	binär	[bi'nɛːɐ̯]	(〃) 단·폐모음 i
[i̯]	Studie	[ˈʃtuːdi̯ə]	(〃) 음절 비주음 i
[ɪ]	mit	[mɪt]	(중·전설·평순의) 단·개모음 i
[eː]	See	[zeː]	(〃) 장·폐모음 e
[e]	Methan	[meˈtaːn]	(〃) 단·폐모음 e
[ɛː]	Räte	[ˈrɛːtə]	(〃) 장·개모음 e
[ɛ]	hätte	[ˈhɛtə]	(〃) 단·개모음 e
[aː]	Rat	[raːt]	(저설·중립의) 장모음 a
[a]	hat	[hat]	(〃) 단모음 a
[yː]	müde	[ˈmyːdə]	(고·전설·원순의) 장·폐모음 ü
[y]	Physik	[fyˈziːk]	(〃) 장·개모음 ü
[y̯]	Etui	[eˈty̯iː]	(〃) 음절 비주음 ü
[ʏ]	Hürde	[ˈhʏrdə]	(〃) 단·개모음 ü
[øː]	mögen	[ˈmøːgn̩]	(중·전설·원순의) 장·폐모음 ö
[ø]	Zölom	[tsøˈloːm]	(〃) 단·폐모음 ö
[œ]	Götter	[ˈgœtɐ]	(〃) 단·개모음 ö
[ə]	halte	[ˈhaltə]	(비강세의) 약모음 e
[ɐ]	besser	[ˈbɛsɐ]	(/er/또는 /장모음+r/의) 약화된 모음 a
[uː]	gut	[guːt]	(고·후설·원순의) 장·폐모음 u
[u]	Butan	[buˈtaːn]	(〃) 단·폐모음 u
[u̯]	Statue	[ˈʃtaːtu̯ə]	(〃) 음절 비주음 u
[ʊ]	und	[ʊnt]	(〃) 단·개모음 u
[oː]	los	[loːs]	(중·후설·원순의) 장·폐모음 o
[o]	modal	[moˈdaːl]	(〃) 단·폐모음 o
[o̯]	loyal	[lo̯aˈjaːl]	(〃) 음절 비주음 o
[ɔ]	fort	[fɔrt]	(〃) 단·개모음 o
[ai]	Bein	[bain]	(변화의) ai- 이중모음
[au]	aus	[aus]	(〃) au- 이중모음
[ɔy]	freut	[frɔyt]	(〃) eu- 이중모음

주) /ə/+/m/, /n/, /l/, /r/의 발음.

일반적으로 음소 /ə/는 [ə]로 발음된다:

예컨대: Belang / bəˈlaŋ / [bəˈlaŋ], Rederei / reːdəˈrai / [reːdəˈrai], ziehe / ˈtsiːə / [ˈtsiːə], gehende / ˈgeːəndə / [ˈgeːəndə].

그러나 음소연속 /əm/, /ən/, /əl/, /ɐr/ (앞에서 언급한 ↑a)의 주 1)참조)는 표준적 발음이나 일정 위치에서는 [əm], [ən], [əl], [ɐr]로 되지 않고 보통, 음절적 [m̩], [n̩], [l̩]과 음절모음적 [ɐ]로 발음된다. 천천히 또는 또록또록하게 발음할 때는 /əm/, /ən/, /əl/은 [əm], [ən], [əl]로 발음되며, /ɐr/는 [a]대신 [ɐʀ]([ɐ]+약한 혀끝 떨음소리 R) 또는 [ɐᴿ]([ɐ]+약한 목젖 떨음소리)로 발음된다:

발 음

	낱말	음소 표기	표준적	천천히
/əm/	großem	/ˈgroːsəm/	[ˈgroːsm̩]	[ˈgroːsəm]
	Cochem	/ˈkɔxəm/	[ˈkɔxm̩]	[ˈkɔxəm]
	schwarzem	/ˈʃvartsəm/	[ˈʃvartsm̩]	[ˈʃvartsəm]
/ən/	haben	/ˈhaːbən/	[ˈhaːbn̩]	[ˈhaːbən]
	hatten	/ˈhatən/	[ˈhatn̩]	[ˈhatən]
	Haken	/ˈhaːkən/	[ˈhaːkn̩]	[ˈhaːkən]
/əl/	Nabel	/ˈnaːbəl/	[ˈnaːbl̩]	[ˈnaːbəl]
	Himmel	/ˈhıməl/	[ˈhıml̩]	[ˈhıməl]
	Löffel	/ˈlœfəl/	[ˈlœfl̩]	[ˈlœfəl]
/ər/	näher	/ˈnɛːər/	[ˈnɛːɐ]	[ˈnɛːɐᴿ], [ˈnɛːɐᴿ]
	Wasser	/ˈvasər/	[ˈvasɐ]	[ˈvasɐᴿ], [ˈvasɐᴿ]

이 사전에서는 표준적 발음만이 표기된다 :

예컨대 : Cochem [ˈkɔxm̩], haben [ˈhaːbn̩], Wasser [ˈvasɐ].

c) 자 음

이 사전에 나오는 자음으로 외래자음을 제외하면 다음과 같은 독어 자음소와 그 변이음들이 있다 :

음소	변이음	음소	변이음
/p/	[p]	/s/	[s]
/b/	[b]	/z/	[z]
/t/	[t]	/ʃ/	[ʃ]
/d/	[d]	/x/	[ç x]
/k/	[k]	/j/	[j]
/g/	[g]	/h/	[h]
/m/	[m]	/pf/	[pf]
/n/	[n]	/ts/	[ts]
/ŋ/	[ŋ]		
/l/	[l]		
/r/	[r ʁ]		
/f/	[f]		
/v/	[v]		

주) 성문폐색음 [|]은 자음소가 아니고 경계 신호로서 모음 앞에서 단어 시작을 나타내주고 접두사조어와 합성어에서 접합점을 나타내 준다 :

예컨대 : anekeln [ˈ|anˌ|eːkl̩n], beachten [bəˈ|axtn̩]

d) 이상 독어 자음소는 21개가 있는데 크게 2가지로 나누어, 입김이 입안을 통하는 구강자음과 입김이 코안을 통하는 비강자음이 있다.

구강자음은 다시 조음종류(Artikulationsart)에 의해 폐색[파열]음, 마찰음, 파찰음과 유활음으로 나누어지는데, 폐색음은 입김의 통로를 일시적으로 막았다가 갑작스레 열어 줄 때 나오는 파열음(예컨대 : [p b t d k g])이고 ; 마찰음은 구강 내의 어느 부분을 협착하여 입김을 마찰시켜 내보내는 음(예컨대 : [f v s z ʃ ç x j])이고 ; 파찰음은 파열음과 마찰음이 동시에 나오는 음(예컨대 : [pf ts])이고; 유활음은 혀끝이 잇몸을 밀착시켜 입김이 혀의 양 옆으로 흘러 나오는 설측음(예컨대 : [l])과 혀끝이 잇몸에서 진동하거나 목젖이 떨려 나오는 전음(예컨대 : [r R])이다.
비강자음은 입김이 입안으로 가는 것을 막고 코안으로 통하게 하는 음(예컨대 : [m n ŋ])이다.
구강·비강에 속하지 않는 독어의 자음에 성문에서 폐색되는 음(예컨대 : [ǀ])과 마찰되는 음(예컨대 : [h])이 있다.

이들 조음 종류에 의한 자음들은 조음 장소(Artikulationsstelle)에 따라 구별하고 폐색음과 마찰음은 조음시 성대의 진동 여부에 따라 유·무성으로 구별되어 이들 모든 음성 특질에 따라 도표화하면 다음과 같다 ;

조음종류	조음장소	양순음	순치음	치음	치조음	경구개음	연구개음	목젖소리	목청소리
파열[폐색]음	무성	p		t			k		ǀ
	유성	b		d			g		
파찰음			pf		ts				
마찰음	무성		f		s	ʃ	ç	x	h
	유성		v		z		j		
비(강자)음		m			n		ŋ		
유활음	설측음				l				
	전음				r			R	

각 자음의 예를 들면 다음과 같다 :

자음	예	발음	명칭
[p]	Panne	['panə]	양순 무성 파열음
[b]	Bau	[bau]	양순 유성 파열음
[t]	Tau	[tau]	치음 무성 파열음
[d]	dann	[dan]	치음 유성 파열음
[k]	Kahl	[kaːl]	연구개 무성 파열음
[g]	Gast	[gast]	연구개 유성 파열음
[ǀ]	Verein	[fɛɐ̯ˈǀain]	성문 폐색음
[pf]	Pfau	[pfau]	(양순)순치 파찰음
[ts]	Zahl	[tsaːl]	치음 파찰음
[f]	fast	[fast]	순치 무성 마찰음
[v]	was	[vas]	〃 유성 〃
[s]	Mast	[mast]	치음 무성 〃
[z]	Hase	[ˈhazə]	〃 유성 〃
[ʃ]	Schau	[ʃau]	치조 무성 〃
[ç]	ich	[ɪç]	경구개 무성 〃
[x]	ach!	[ax]	연구개 〃 〃
[j]	ja	[jaː]	경구개 유성 〃
[h]	Halt	[halt]	성문 무성 〃
[m]	Maus	[maus]	양순 비음
[n]	Naht	[naːt]	치조 비음
[ŋ]	lange	[laŋə]	연구개 비음
[l]	Lage	[ˈlaːgə]	(치조) 설측음
[r]	Rast	[rast]	치조 전음
[R]	Rast	[Rast]	목젖 전음

마지막의 [R]은 음소 /r/의 자유 변이음이기 때문에 이 사전에서는 [r]로 표기된다.

국명 / 도시명 / 연방주명

1. 국명

국가/지역/종교	주 민	형용사
Abchasien	Abchasier, -in	abchasisch
Afghanistan	Afghane, Afghanin	afghanisch
Afrika	Afrikaner, -in	afrikanisch
Ägypten	Ägypter, -in	ägyptisch
Albanien	Albaner, -in	albanisch
Algerien	Algerier, -in	algerisch
Amerika	Amerikaner, -in	amerikanisch
Andalusien	Andalusier, -in	andalusisch
Andorra	Andorraner, -in	andorranisch
Angola	Angolaner, -in	angolanisch
Arabien	Araber, -in	arabisch
Argentinien	Argentinier, -in	argentinisch
Armenien	Armenier, -in	armenisch
Aserbeidschan	Aserbeidschaner, -in	aserbeidschanisch
Asien	Asiat, Asiatin	asiatisch
Äthiopien	Äthiopier, -in	äthiopisch
Australien	Australier, -in	australisch
Baden	Badener, -in	badisch
das Baltikum	Balte, Baltin	baltisch
Bangladesch	Bangladescher, -in	bangladeschisch
das Baskenland	Baske, Baskin	baskisch
Bayern	Bayer, -in	bay(e)risch
Belgien	Belgier, -in	belgisch
Birma; ⓒⒽ Burma (seit 1989 Myanmar)	Birmane, Birmanin; ⓒⒽ Burmese, Burmesin	birmanisch; ⓒⒽ burmesisch
Böhmen	Böhme, Böhmin	böhmisch
Bolivien	Bolivianer, -in	bolivianisch
Bosnien	Bosnier, -in	bosnisch
Brandenburg	Brandenburger, -in	brandenburgisch
Brasilien	Brasilianer, -in	brasilianisch
die Bretagne	Bretone, Bretonin	bretonisch
Bulgarien	Bulgare, Bulgarin	bulgarisch
Burgund	Burgunder, -in	burgundisch
Chile	Chilene, Chilenin	chilenisch
China	Chinese, Chinesin	chinesisch
Costa Rica	Costaricaner, -in	costaricanisch
Côte d'Ivoire(Elfenbeinküste)	Ivorer, -in	ivorisch
Dänemark	Däne, Dänin	dänisch
(*die* Bundesrepublik) Deutschland	Deutsche(r), Deutsche	deutsch
die Dominikanische Republik	Dominikaner, -in	dominikanisch
Ecuador	Ecuadorianer, -in	ecuadorianisch
El Salvador	Salvadorianer, -in	salvadorianisch
das Elsaß	Elsässer, -in	elsässisch
England	Engländer, -in	englisch
Estland	Este, Estin / Estländer, -in	estnisch / estländisch

국가/지역/종교	주 민	형 용 사
Europa	Europäer, -in	europäisch
Finnland	Finne, Finnin	finnisch
Flandern	Flame, Flämin	flämisch
Franken	Franke, Fränkin	fränkisch
Frankreich	Franzose, Französin	französisch
Friesland	Friese, Friesin	friesisch
Gemeinschaft Unabhängiger Staaten (GUS)	Einwohner (in) der GUS	
Georgien	Georgier, -in	georgisch
Ghana	Ghanaer, -in	ghanaisch
Griechenland	Grieche, Griechin	griechisch
Grönland	Grönländer, -in	grönländisch
Großbritannien	Brite, Britin	britisch
Guatemala	Guatemalteke, Guatemaltekin	guatemaltekisch
Guinea	Guineer, -in	guineisch
Haiti	Haitianer, -in	haitianisch / haitisch
Hawaii	Hawaiianer, -in	hawaiisch
Herzegowina	Herzegowiner, -in	herzegowinisch
Hessen	Hesse, Hessin	hessisch
Holland	Holländer, -in	holländisch
Holstein	Holsteiner, -in	holsteinisch
Indien	Inder, -in	indisch
Indonesien	Indonesier, -in	indonesisch
(der) Irak	Iraker, -in	irakisch
der Iran	Iraner, -in	iranisch
Irland	Ire, Irin	irisch
Island	Isländer, -in	isländisch
Israel	Israeli	israelisch
Italien	Italiener, -in	italienisch
Japan	Japaner, -in	japanisch
der Jemen	Jemenit, -in	jemenitisch
Jordanien	Jordanier, -in	jordanisch
Jugoslawien 《역사적》	Jugoslawe 《역사적》, Jugoslawin 《역사적》	jugoslawisch 《역사적》
Kambodscha	Kambodschaner, -in	Kambodschanisch
Kamerun	Kameruner, -in	kamerunisch
Kanada	Kanadier, -in	kanadisch
die Kanarischen Inseln, Kanaren	Kanarier, -in	kanarisch
Kasachstan	Kasache, Kasachin	kasachisch
Kastilien	Kastilier, -in	kastilisch
Katalonien	Katalane, Katalanin	katalanisch
Kenia	Kenianer, -in	kenianisch
Kirgisien	Kirgise, Kirgisin	kirgisisch
Kolumbien	Kolumbianer, -in	kolumbianisch
der Kongo	Kongolese, Kongolesin	kongolesisch
Korea	Koreaner, -in	koreanisch
Korsika	Korse, Korsin	korsisch
Kreta	Kreter, -in	kretisch
Kroatien	Kroate, Kroatin	kroatisch
Kuba	Kubaner, -in	kubanisch
Kurdistan	Kurde, Kurdin	kurdisch

국가/지역/종교	주 민	형 용 사
Laos	Laote, Laotin	laotisch
Lappland	Lappe, Lappin	lappländisch
Lettland	Lette, Lettin	lettisch
der Libanon	Libanese, Libanesin	libanesisch
Libyen	Libyer, -in	libysch
Liechtenstein	Liechtensteiner, -in	liechtensteinisch
Litauen	Litauer, -in	litauisch
Lothringen	Lothringer, -in	Lothringer / lothringisch
Luxemburg	Luxemburger, -in	Luxemburger / luxemburgisch
Madagaskar	Madagasse, Madagassin	madagassisch
Mähren	Mähre, Mährin	mährisch
Makedonien	Makedonier, -in	makedonisch
Malaysia	Malaysier, -in	malaysisch
Malta	Malteser, -in	maltesisch
die Mandschurei	Mandschure, Mandschurin	mandschurisch
Marokko	Marokkaner, -in	marokkanisch
Mauretanien	Mauretanier, -in	mauretanisch
Mazedonien	Mazedonier, -in	mazedonisch
Mecklenburg	Mecklenburger, -in	mecklenburgisch
Mexiko	Mexikaner, -in	mexikanisch
Moldawien	Moldawier, -in	moldawisch
Monaco	Monegasse, Monegassin	monegassisch
die Mongolei	Mongole, Mongolin	mongolisch
Montenegro	Montenegriner, -in	montenegrisch
Mosambik	Mosambikaner, -in	mosambikanisch
Namibia	Namibier, -in	namibisch
Nepal	Nepalese, Nepalesin	nepalesisch
Neuseeland	Neuseeländer, -in	neuseeländisch
Nicaragua	Nicaraguaner, -in	nicaraguanisch
die Niederlande	Niederländer, -in	niederländisch
¹Niedersachsen	Niedersachse, -sächsin	niedersächsisch
Niger	Nigrer, Nigrerin	nigrisch
Nigeria	Nigerianer, -in	nigerianisch
Nordkorea	Nordkoreaner, -in	nordkoreanisch
die Normandie	Normanne, Normannin	normannisch
Norwegen	Norweger, -in	norwegisch
die Oberpfalz	Oberpfälzer, -in	Oberpfälzer / oberpfälzisch
Österreich	Österreicher, -in	österreichisch
Pakistan	Pakistaner, -in / Pakistani	pakistanisch
Palästina	Palästinenser, -in	palästinensisch / palästinisch
Panama	Panamaer, -in	panamaisch
Paraguay	Paraguayer, -in	paraguayisch
Persien	Perser, -in	persisch
Peru	Peruaner, -in	peruanisch
Pfalz(Rheinland)	Pfälzer, -in	pfälzisch
	(Rheinpfälzer, -in)	(rheinpfälzisch)
die Philippinen	Philippiner, -in	philippinisch
Polen	Pole, Polin	polnisch
Pommern	Pommer, -in	pommersch
Portugal	Portugiese, Portugiesin	portugiesisch
Preußen 《역사적》	*Preuße, Preußin*	*preußisch*

국가/지역/종교	주 민	형 용 사
die Provence	Provenzale, Provenzalin	provenzalisch
Rheinland	Rheinländer, -in	rheinländisch
Rumänien	Rumäne, Rumänin	rumänisch
Rußland	Russe, Russin	russisch
Saarland	Saarländer, -in	saarländisch
Sachsen	Sachse, Sächsin	sächsisch
Sardinien	Sarde, Sardin	sardi(ni)sch
Saudi-Arabien	Saudi / Saudiaraber, -in	saudiarabisch
Schlesien	Schlesier, -in	schlesisch
Schleswig	Schleswiger, -in	schleswig(i)sch
Schottland	Schotte, Schottin	schottisch
Schwaben	Schwabe, Schwäbin	schwäbisch
Schweden	Schwede, Schwedin	schwedisch
die Schweiz	Schweizer, -in	schweizerisch / schweizer
Senegal	Senegalese, Senegalesin	senegalesisch
Serbien	Serbe, Serbin	serbisch
Sibirien	Sibir(i)er, -in	sibirisch
Siebenbürgen	Siebenbürger, -in	siebenbürgisch
Singapur	Singapurer, -in	singapurisch
Sizilien	Sizilianer, -in	sizilianisch
Skandinavien	Skandinavier, -in	skandinavisch
die Slowakische Republik (SR) / die Slowakei	Slowake, Slowakin	slowakisch
Slowenien	Slowene, Slowenin	slowenisch
Somalia	Somali / Somalier, -in	somalisch
die Sowjetunion (UdSSR) 《역사적》	Sowjetbürger, -in 《역사적》	sowjetisch 《역사적》
Spanien	Spanier, -in	spanisch
Sri Lanka	Srilanker, -in	srilankisch
Südafrika	Südafrikaner, -in	südafrikanisch
der Sudan	Sudanese, Sudanesin	sudanesisch
Südkorea	Südkoreaner, -in	südkoreanisch
Südtirol	Südtiroler, -in	Südtiroler
Syrien	Syrer, -in	syrisch
Tadschikistan	Tadschike, Tadschikin	tadschikisch
Tansania	Tansanier, -in	tansanisch
Thailand	Thai / Tthailänder, -in	thailändisch
Tibet	Tibeter, -in / Tibetaner, -in	tibetisch / tibetanisch
die Tschechische Republik (ČR) / die Tschechei	Tscheche, Tschechin	tschechisch
die Tschechoslowakei (ČSFR) 《역사적》	Tschechoslowake 《역사적》, Tschechoslowakin 《역사적》	tschechoslowakisch 《역사적》
Tunesien	Tunesier, -in	tunesisch
die Türkei	Türke, Türkin	türkisch
Turkmenistan / Turkmenien	Turkmene, Turkmenin	turkmenisch
Uganda	Ugander, -in	ugandisch
die Ukraine	Ukrainer, -in	ukrainisch
Ungarn	Ungar, -in	ungarisch
Uruguay	Uruguayer, -in	uruguayisch
Usbekistan	Usbeke, Usbekin	usbekisch
Venezuela	Venezolaner, -in	venezolanisch

국가/지역/종교	주 민	형 용 사
die Vereinigten Arabischen Emirate	Araber, -in	aravisch
die Vereinigten Staaten (von Amerika) (USA)	Amerikaner, -in / US-Bürger, -in	(US-) amerikanisch
Vietnam	Vietnamese, Vietnamesin	vietnamesisch
Wales	Waliser, -in	walisisch
Weißrußland	Weißrusse, Weißrussin	weißrussisch
Westfalen	Westfale, Westfälin	westfälisch
Württemberg	Württemberger, -in	württembergisch
Zaire	Zairer, -in	zairisch
Zypern	Zypriot, -in / Zyprer, -in	zypriotisch / zyprisch

참조 1 : 대부분의 독일어 국명과 지명은 중성이며, 대체로 관사없이 사용된다(예컨대 : *Freinkreich, Deutschland, Italien*(예외 : *das Frankreich Napoleons* = Frankreich zur Zeit Napoleons)). 항상 관사와 함께 사용되는 경우는 명시되어 있다(예컨대 : *die* Schweiz, *das* Elsaß).

2. 도시명

도 시	주 민	도 시	주 민
Aachen	Aachener, -in	Lissabon	Lissaboner, -in
Amsterdam	Amsterdamer, -in	London	Londoner, -in
Athen	Athener, -in	Lüttich	Lütticher, -in
Bagdad	Bagdader, -in	Madrid	Madrider, -in
Basel	Basler, -in	Mailand	Mailänder, -in
Beirut	Beiruter, -in	Moskau	Moskauer, -in
Belgrad	Belgrader, -in	München	Münchner, -in
Berlin	Berliner, -in	Neapel	Neapolitaner, -in
Bern	Berner, -in	New York	New Yorker, -in
Bonn	Bonner, -in	Nürnberg	Nürnberger, -in
Bozen	Bozener, -in	Oslo	Osloer, -in
Brüssel	Brüsseler, -in	Paris	Pariser, -in
Budapest	Budapester, -in	Peking	Pekinger, -in
Bukarest	Bukarester, -in	Petersburg	Petersburger, -in
Damaskus	Damaszener, -in	Prag	Prager, -in
Den Haag	Den Haager, -in	Rom	Römer, -in
Dresden	Dresd(e)ner, -in	Rostock	Rostocker, -in
Dublin	Dubliner, -in	Seoul	Seöuler, -in
Edinburg(h)	Edinburg(h)er, -in	Stockholm	Stockholmer, -in
Florenz	Florentiner, -in	Straßburg	Straßburger, -in
Frankfurt	Frankfurter, -in	Stuttgart	Stuttgarter, -in
Genf	Genfer, -in	Teheran	Teheraner, -in
Hamburg	Hamburger, -in	Tokio	Tokioer, -in / Tokioter, -in
Kairo	Kairoer, -in	Venedig	Venezianer, -in
Kapstadt	Kapstädter, -in	Warschau	Warschauer, -in
Kiew	Kiewer, -in	Washington	Washingtoner, -in
Köln	Kölner, -in	Wien	Wiener, -in
Kopenhagen	Kopenhagener, -in	Zürich	Zür(i)cher, -in
Leipzig	Leipziger, -in		

참조 2 : *Römer, Mailänder* 등과 같은 표기가 일반적이지 않을 경우에는 Einwohner (in) von + 도시명(*Einwohner (in) von Sofia, Ankara, Tel Aviv, Istanbul* 등)으로 주민을 나타낸다. 그러나 독일어권 도시명의 경우에는 도시명 + *-er (in)* 로 나타낸다(예컨대 : *Innsbruck → Innsbrucker (in), Dortmund → Dortmunder (in), Luzern → Luzerner (in)*).

3. 연방주명

독일 : 연방주
- Baden-Württemberg
- Bayern
- Berlin
- Brandenburg
- Bremen
- Hamburg
- Hessen
- Mecklenburg-Vorpommern
- Niedersachsen
- Nordrhein-Westfalen
- Rheinland-Pfalz
- Saarland
- Sachsen
- Sachsen-Anhalt
- Schleswig-Holstein
- Thüringen

오스트리아 : 연방주
- Burgenland
- Kärnten
- Niederösterreich
- Oberösterreich
- Salzburg
- Steiermark
- Tirol
- Vorarlberg
- Wien

스위스 : 연방주(Kantone)
(In klammern: zugehörige Halbkantone)
- Aargau
- Appenzell(Inner-Rhoden;Außer-Rhoden)
- Basel
- Bern
- Freiburg
- Genf
- Glarus
- Graubünden
- Jura
- Luzern
- Neuenburg
- Sankt Gallen
- Schaffhausen
- Schwyz
- Solothurn
- Tessin
- Thurgau
- Unterwalden(Obwalden, Nidwalden)
- Uri
- Waadt
- Wallis
- Zug
- Zürich

동사 변화표

1. 부정형의 자모순으로 불규칙[강]변화 및 혼합변화에 속하는 각 동사는 부정형-직설법현재형-직설법과거형-과거분사-명령법을 제시한다.
2. 직설법현재형에는 어간모음에 변모음, e/i 교체 현상 등이 나타나는 경우 2인칭, 3인칭(경우에 따라서는 1인칭) 단수형이 제시된다.
3. 직설법과거형에는 [ ] 속에 접속법Ⅱ식이 제시된다(단, 약변화 과거형과 접속법Ⅱ식이 동형일 때는 제시하지 않는다).
4. 과거분사에는 현재완료형으로 변형시 쓰이는 조동사가 sein이면 〈s〉를, sein도 쓰고 haben도 쓰면 〈s/h〉를 표기한다.
5. 명령법은 2인칭단수형만 제시하고, 제시하지 않는 것은 명령법이 없는 경우이다.
6. 복합동사는 단순동사처럼 변화하여(예컨대 : abbrechen은 brechen처럼) 제시하지 않고, 예외의 경우에는 제시한다.
7. 별형이 있을 때는 사선(/)을 긋고, 필요에 따라 《고어·드물게》 따위의 특질을 명시하고; 생략 가능한 것의 표시는 ( )를 사용한다.
8. 변화표에는 명시하지 못하나 설명이 필요한 경우 해당 어형 오른쪽 어깨에 주)를 단다.

부 정 형	직설법현재형	직설법과거형 [접속법Ⅱ식]	과 거 분 사	명 령 법
backen[1] (빵을) 굽다	du bäckst / backst er bäckt / backt	backte / 《고어》 buk [büke]	gebacken	back(e)!
befehlen 명령하다	du befiehlst er befiehlt	befahl [beföhle / befähle]	befohlen	befiehl!
befleißen, sich[2] 전심하다		befliß [beflisse]	beflissen	befleiß(e)!
beginnen 시작하다		begann [begänne / begönne]	begonnen	beginn(e)!
beißen (깨)물다		biß [bisse]	gebissen	beiß(e)!
bergen 구(조)하다	du birgst er birgt	barg [bärge]	geborgen	birg!
bersten 파열하다	du birst / 《고어》 berstest er birst / 《고어》 berstet	barst [bärste]	〈s〉 geborsten	《드물게》 birst!
bewegen[3] 무엇을 하게 하다		bewog [bewöge]	bewogen	beweg(e)!
biegen 구부러지다/ 구부리다		bog [böge]	〈s/h〉 gebogen	bieg(e)!

1) "굽다"의 의미일 때는 강변화 또는 약변화하지만, "달라붙다"의 의미일 때는 약변화한다 : Der Schnee backt/backte/hat gebackt.
2) 오늘날은 드물게 쓰인다. 보통 쓰이는 sich befleißigen은 약변화한다.
3) "움직이다, 감동시키다"의 의미일 때는 약변화한다 : bewegte, bewegt.

부 정 형	직설법현재형	직설법과거형 [접속법 II 식]	과 거 분 사	명 령 법
bieten 제공하다		bot [böte]	geboten	biet(e)!
binden 매다		band [bände]	gebunden	bind(e)!
bitten 요청하다		bat [bäte]	gebeten	bitt(e)!
blasen 불다	du bläst er bläst	blies [bliese]	geblasen	blas(e)!
bleiben 머무르다		blieb [bliebe]	⟨s⟩ geblieben	bleib(e)!
bleichen[4)] 바래다		blich [bliche]	⟨s⟩ geblichen	bleich(e)!
braten (고기를) 굽다	du brätst er brät	briet [briete]	gebraten	brat(e)!
brechen 깨지다/깨다	du brichst er bricht	brach [bräche]	⟨s/h⟩ gebrochen	brich!
brennen (불)타다		brannte [((드물게)) brennte]	gebrannt	brenn(e)!
bringen 가져오다		brachte [brächte]	gebracht	bring(e)!
denken 생각하다		dachte [dächte]	gedacht	denk(e)!
dingen ⟪아어⟫ 고용하다		dang[5)] [dänge]	gedungen[6)]	ding(e)!
dreschen 타작하다	du drischst er drischt	drosch/⟪고어⟫ drasch [drösche/⟪고어⟫ dräsche]	gedroschen	drisch!
dringen 돌입하다/ 무엇을 강요하다		drang [dränge]	⟨s/h⟩ gedrungen	dring(e)!
dünken 여겨지다	dir [dich], ihm [ihn] dünkt / deucht	deuchte[7)]	gedeucht[7)]	
dürfen 해도 좋다	ich darf du darfst er darf	durfte [dürfte]	gedurft	
empfehlen 추천하다	du empfiehlst er empfiehlt	empfahl [empföhle/⟪드물 게⟫ empfähle]	empfohlen	empfiehl!
erkiesen[8)] ⟪아어⟫ (가려) 뽑다		erkor [erköre]	erkoren	erkies(e)!

4) 대개 aus-, er-, verbleichen과 같은 복합어에서는 아직도 강변화하고; "표백하다, 퇴색시키다"의 의미일 때는 약변화 한다: bleichte, gebleicht. ausbleichen의 과거분사형은 "표백하다, 퇴색시키다"의 의미일 때는 ausgebleicht이고; "퇴색하다"의 의미일 때는 ausgeblichen이나, 또한 ausgebleicht로도 쓴다. erbleichen은 erbleichte, ⟨s⟩ erbleicht의 형을 가지고 있는데, 고어와 "죽었다"의 의미로는 erblichen만 쓴다.
5) 오늘날은 대개 약변화한다: dingte.
6) 드물게 약변화한다: gedingt.
7) 고어이고 오늘날은 대개: dünkte, gedünkt이다.
8) 드물게는 약변화도 한다: erkieste, erkiest. 이 동사의 부정형과 현재형은 잘 쓰이지 않는다.

동사 변화표

부 정 형	직설법현재형	직설법과거형 [접속법 II식]	과 거 분 사	명 령 법
essen 먹다	du ißt er ißt	aß [äße]	gegessen	iß!
fahren (차를) 타고가다/ (차를) 몰다	du fährst er fährt	fuhr [führe]	⟨s/h⟩ gefahren	fahr(e)!
fallen 떨어지다	du fällst er fällt	fiel [fiele]	⟨s⟩ gefallen	fall(e)!
fangen (붙)잡다	du fängst er fängt	fing [finge]	gefangen	fang(e)!
fechten 싸우다	du fichtst[9] er ficht	focht [föchte]	gefochten	ficht!
finden 발견하다		fand [fände]	gefunden	find(e)!
flechten 엮다	du flichtst[10] er flicht	flocht [flöchte]	geflochten	flicht!
fliegen 날다/(비행기를) 조종하다		flog [flöge]	⟨s/h⟩ geflogen	flieg(e)!
fliehen 달아나다/멀리하다		floh [flöhe]	⟨s/h⟩ geflohen	flieh(e)!
fließen 흐르다		floß [flösse]	⟨s⟩ geflossen	fließ(e)!
fragen 묻다	du fragst / 《지역적》 frägst er fragt / 《지역적》 frägt	fragte/《지역적》 frug [früge]	gefragt	frag(e)!
fressen (짐승이) 먹다	du frißt er frißt	fraß [fräße]	gefressen	friß!
frieren 얼다		fror [fröre]	gefroren	frier(e)!
gären[11] 발효하다		gor [göre]	⟨h/s⟩ gegoren	gär(e)!
gebären[12] 낳다	《아이》 du gebierst sie gebiert	gebar [gebäre]	geboren	《아이·드물게》 gebier!
geben 주다	du gibst er gibt	gab [gäbe]	gegeben	gib!
gedeihen 번영하다		gedieh [gediehe]	⟨s⟩ gediehen[13]	gedeih(e)!
gehen 가다		ging [ginge]	⟨s⟩ gegangen	geh(e)!
gelingen 성공하다		gelang [gelänge]	⟨s⟩ gelungen	geling(e)!
gelten 무엇으로 여겨지다	du giltst er gilt	galt [gölte / gälte]	gegolten	《드물게》 gilt!
genesen 낫다		genas [genäse]	⟨s⟩ genesen	genes(e)!

9) 통용어에서는 발음이 동화된 완화형을 쓴다 : fichst.
10) 통용어에서는 발음이 동화된 완화형을 쓴다 : flichst.
11) 특히 전의적으로는 약변화로도 쓰인다 : gärte, gegärt.
12) 그 밖에는 보통 현재형은 du gebärst, sie gebärt ; 명령법은 gebär(e)!이다.
13) 옛 과거분사형 gediegen은 형용사로 되었다.

부 정 형	직설법현재형	직설법과거형 [접속법 II 식]	과 거 분 사	명 령 법
genießen 누리다		genoß [genösse]	genossen	genieß(e)!
geschehen (사건이) 일어나다	es geschieht	geschah [geschähe]	⟨s⟩ geschehen	
gewinnen 얻다, 이기다		gewann [gewönne / gewänne]	gewonnen	gewinn(e)!
gießen 붓다		goß [gösse]	gegossen	gieß(e)!
gleichen 같다		glich [gliche]	geglichen	gleich(e)!
gleiten[14] 미끄러지다		glitt [glitte]	⟨s⟩ geglitten	gleit(e)!
glimmen[15] 희미하게 빛나다		glomm [glömme]	geglommen	glimm(e)!
graben 파다	du gräbst er gräbt	grub [grübe]	gegraben	grab(e)!
greifen 잡다		griff [griffe]	gegriffen	greif(e)!
haben 가지다	du hast er hat	hatte [hätte]	gehabt	hab(e)!
halten 지니다, 멈추다	du hältst er hält	hielt [hielte]	gehalten	halt(e)!
hängen[16] 걸려 있다		hing [hinge]	gehangen	häng(e)!
hauen[17] 베다		hieb [hiebe]	gehauen	hau(e)!
heben 올리다		hob/《고어》 hub[18] [höbe/《고어》 hübe]	gehoben	heb(e)!
heißen …라고 불리우다		hieß [hieße]	geheißen[19]	heiß(e)!
helfen 돕다	du hilfst er hilft	half [hülfe/《드물게》 hälfe]	geholfen	hilf!
kennen 알다		kannte [《드물게》 kennte]	gekannt	kenn(e)!
kiesen: ↑ erkiesen				
klimmen[20] 기어오르다		klomm [klömme]	⟨s⟩ geklommen	klimm(e)!
klingen (소리가) 울리다		klang [klänge]	geklungen	kling(e)!

14) 고어 : gleitete, gegleitet.
15) 그 밖에 약변화로도 쓰인다 : glimmte, geglimmt.
16) 고어나 방언으로는 : hangen. "걸다"의 의미일 때는 약변화한다 : Er hängte das Bild an die Wand. Er hat das Bild an die Wand gehängt.
17) 강변화형 hieb는 표준어에서 "무기로 치다, 싸움에서 상처를 입히다"의 뜻으로 쓰이고, 때로는 아어로서 haute 대신에 쓰이기도 한다. 그 밖에는 일반적으로 haute가 쓰인다. gehaut는 지역적 통용어에 속한다.
18) anheben "시작하다"은 과거에 hob/hub an을 갖는다.
19) 과거분사형 gehießen은 지역적 통용어이다.
20) 오늘날은 약변화로도 쓰인다 : klimmte, geklimmt.

동사 변화표

부 정 형	직설법현재형	직설법과거형 [접속법 II 식]	과 거 분 사	명 령 법
kneifen[21] (꼬)집다		**kniff** [kniffe]	**gekniffen**	kneif(e)!
kommen 오다	du kommst/《고어》 kömmst er kommt/《고어》 kömmt	**kam** [käme]	⟨s⟩ **gekommen**	komm(e)!
können 할 수 있다.	ich kann du kannst er kann	**konnte** [könnte]	**gekonnt**	
kreischen[22] 쇳소리를 내다		**krisch** [krische]	**gekrischen**	kreisch(e)!
kriechen 기다		**kroch** [kröche]	⟨s⟩ **gekrochen**	kriech(e)!
küren[23] 《아어》 (가려) 뽑다		**kor** [köre]	**gekoren**	kür(e)!
¹laden 싣다	du lädst er lädt	**lud** [lüde]	**geladen**	lad(e)!
²laden 오라고 요청하다	du lädst/《지역적》 ladest er lädt/《지역적》 ladet	**lud** [lüde]	**geladen**	lad(e)!
lassen … 하게 하다	du läßt er läßt	**ließ** [ließe]	**gelassen**	laß! / lasse!
laufen 달리다	du läufst er läuft	**lief** [liefe]	⟨s/h⟩ **gelaufen**	lauf(e)!
leiden 괴로워하다		**litt** [litte]	**gelitten**	leid(e)!
leihen 빌려주다		**lieh** [liehe]	**geliehen**	leih(e)!
lesen 읽다	du liest er liest	**las** [läse]	**gelesen**	lies!
liegen 누워[놓여] 있다		**lag** [läge]	⟨h/《지역적》 s⟩ **gelegen**	lieg(e)!
löschen[24] 꺼지다	du lischst er lischt	**losch** [lösche]	⟨s⟩ **geloschen**	lisch!
lügen 거짓말하다		**log** [löge]	**gelogen**	lüg(e)!
mahlen 빻다		**mahlte**	**gemahlen**	mahl(e)!
meiden 피하다		**mied** [miede]	**gemieden**	meid(e)!
melken[25] 젖을 짜다	du milkst er milkt	**molk**[25] [mölke]	**gemolken**[25]	milk!
messen 재다	du mißt er mißt	**maß** [mäße]	**gemessen**	miß!

---

21) 같은 의미의 kneipen, knipp, geknippen은 지역적으로 쓰이며; Kneipe에서 파생된 통용어 kneipen "(주점에서) 술을 마시다"는 약변화한다.
22) 강변화형은 고어 또는 방언이다. 표준어로는 오늘날 약변화한다: kreischte, gekreischt.
23) 약변화형이 오늘날 더 일반적이다: kürte, gekürt.
24) 대개 자동사인 auslöschen〈고어〉, er-, verlöschen과 같은 복합어에서만 강변화하고; 타동사인 löschen, auslöschen, verlöschen은 약변화한다: Er löschte das Feuer/hat das Feuer gelöscht.
25) 약변화형인 du melkst, er melkt; melkte; melk(e)!가 오늘날 더 일반적이다. gemolken과 더불어 gemelkt도 쓰인다.

동사 변화표

부 정 형	직설법현재형	직설법과거형 [접속법II식]	과 거 분 사	명 령 법
mißlingen 실패하다		**mißlang** [mißlänge]	⟨s⟩ mißlungen	
mögen 좋아하다	ich mag du magst er mag	**mochte** [möchte]	gemocht	
müssen …해야 하다	ich muß du mußt er muß	**mußte** [müßte]	gemußt	
nehmen 잡다, 받다	du nimmst er nimmt	**nahm** [nähme]	genommen	nimm!
nennen 명명하다		**nannte** [《드물게》 nennte]	genannt	nenn(e)!
pfeifen 휘파람을 불다		**pfiff** [pfiffe]	gepfiffen	pfeif(e)!
pflegen[26] 돌보다		**pflog** [pflöge]	gepflogen	pfleg(e)!
preisen 칭찬하다		**pries** [priese]	gepriesen	preis(e)!
quellen[27] (물이) 솟다	du quillst er quillt	**quoll** [quölle]	⟨s⟩ gequollen	《드물게》 quill!
raten 조언하다	du rätst er rät	**riet** [riete]	geraten	rat(e)!
reiben 문지르다		**rieb** [riebe]	gerieben	reib(e)!
reißen 찢다/끊어지다		**riß** [risse]	⟨h/s⟩ gerissen	reiß(e)!
reiten 말을 타다/ 말타고 가다		**ritt** [ritte]	⟨h/s⟩ geritten	reit(e)!
rennen 질주하다		**rannte** [《드물게》 rennte]	⟨s⟩ gerannt	renn(e)!
riechen 냄새 나다		**roch** [röche]	gerochen	riech(e)!
ringen 격투하다		**rang** [ränge]	gerungen	ring(e)!
rinnen 흐르다		**rann** [ränne/《드물게》 rönne]	⟨s⟩ geronnen	rinn(e)!
rufen 부르다		**rief** [riefe]	gerufen	ruf(e)!
salzen 소금에 절이다		**salzte**	gesalzen/《드물게》 gesalzt	salz(e)!
saufen (동물이) 마시다	du säufst er säuft	**soff** [söffe]	gesoffen	sauf(e)!
saugen[28] (젖을) 빨다		**sog** [söge]	gesogen	saug(e)!

[26] der Ruhe pflegen같은 어법에서는 아직도 강변화한다. "환자를 돌보다, … 하는 버릇이 있다"의 의미로는 약변화만 한다 : Er pflegte ihn/hat ihn gepflegt; er pflegte früh aufzustehen.
[27] 자동사는 강변화이나, 타동사는 약변화한다 : Die Mutter quellte Bohnen/hat Bohnen gequellt.
[28] 약변화형인 saugte, gesaugt는 오늘날 이미 많이 사용되는데, 특히 기술어에서이다.

부 정 형	직설법현재형	직설법과거형 [접속법 II 식]	과 거 분 사	명 령 법
schaffen[29] 창작〔창조〕하다		schuf [schüfe]	geschaffen	schaff(e)!
schallen (소리가) 울리다		scholl[30] [schölle]	geschallt	schall(e)
scheiden 분리하다/헤어지다		schied [schiede]	⟨h/s⟩ geschieden	scheid(e)!
scheinen 비치다		schien [schiene]	geschienen[31]	schein(e)!
scheißen 《비어》 똥누다		schiß [schisse]	geschissen	scheiß(e)!
schelten 꾸짖다	du schiltst er schilt	schalt [schölte]	gescholten	schilt!
scheren[32] 자르다		schor [schöre]	geschoren	scher(e)!
schieben 밀다		schob [schöbe]	geschoben	schieb(e)!
schießen 쏘다/질주하다		schoß [schösse]	⟨h/s⟩ geschossen	schieß(e)!
schinden[33] 가죽을 벗기다		schund	geschunden	schind(e)!
schlafen 잠자다	du schläfst er schläft	schlief [schliefe]	geschlafen	schlaf(e)!
schlagen 치다, 때리다	du schlägst er schlägt	schlug [schlüge]	geschlagen	schlag(e)!
schleichen 살금살금 가다		schlich [schliche]	⟨s⟩ geschlichen	schleich(e)!
schleifen[34] 갈다, 연마하다		schliff [schliffe]	geschliffen	schleif(e)!
schleißen[35] (깃털을) 잡아 뽑다		schliß [schlisse]	geschlissen	schleiß(e)!
schließen 닫다, 잠그다		schloß [schlösse]	geschlossen	schließ(e)!
schlingen 휘감다		schlang [schlänge]	geschlungen	schling(e)!
schmeißen[36] 《통용어》 던지다		schmiß [schmisse]	geschmissen	schmeiß(e)!
schmelzen[37] 녹다	du schmilzt er schmilzt	schmolz [schmölze]	⟨s⟩ geschmolzen	《드물게》 schmilz!

29) "완성하다, 《지역적》 일하다"의 의미로는 약변화한다 : schaffte, geschafft. 일정 명사와 결합한 경우는 : Er schuf/schaffte Abhilfe, Platz, Rat, Raum, Wandel. Es muß endlich Abhilfe, Ordnung usw. geschaffen/《드물게》 geschafft werden.
30) 약변화형이 더 자주 쓰인다 : schallte. 복합어 erschallen은 erscholl과 더불어 드물게는 erschallte도 쓰이고, 그 밖에 약변화 과거분사형과 더불어 강변화 erschollen도 쓰인다. verschollen은 오늘날 동사체계에서 벗어났다.
31) 지역적으로는 종종 : scheinte, gescheint.
32) 약변화는 드물다. sich scheren "《통용어》 달아나다, 근심하다"는 약변화한다 : Er scherte sich fort/hat sich um ihn nicht geschert.
33) 과거형은 대개 회피하며, 만약 사용될 경우 오늘날은 일반적으로 약변화한다. 과거분사형은 강변화한다.
34) "바닥으로 질질 끌다"의 의미로는 약변화한다 : Er schleifte ihn/hat ihn geschleift.
35) 약변화도 쓰인다 : schleißte, geschleißt.
36) "[사냥] 똥을 싸다, 더럽히다"의 의미로는 약변화한다 : schmeißte, geschmeißt.
37) "녹이다" 의미의 타동사도 오늘날은 강변화한다 : Er schmilzt/schmolz das Eisen/hat das Eisen geschmolzen. 약변화형은 고어이다.

부 정 형	직설법현재형	직설법과거형 [접속법 II 식]	과 거 분 사	명 령 법
schnauben[38] 헐떡이다		schnob [schnöbe]	geschnoben	schnaub(e)!
schneiden 자르다		schnitt [schnitte]	geschnitten	schneid(e)!
schrecken[39] 놀라다	du schrickst er schrickt	schrak [schräke]	⟨s⟩ ⟪고어⟫ geschrocken	schrick!
schreiben (글을) 쓰다		schrieb [schriebe]	geschrieben	schreib(e)!
schreien 외치다		schrie [schriee]	geschrie(e)n	schrei(e)!
schreiten ⟪아어⟫ 걷다		schritt [schritte]	⟨s⟩ geschritten	schreit(e)!
schwären 곪다	es schwärt/⟪고어⟫ schwiert	schwärte/⟪고어⟫ schwor	geschwärt/⟪고어⟫ geschworen	schwär(e)!/⟪고어⟫ schwier!
schweigen 침묵하다		schwieg [schwiege]	geschwiegen	schweig(e)!
schwellen[40] 부풀다, 커지다	du schwillst er schwillt	schwoll [schwölle]	⟨s⟩ geschwollen	schwill!
schwimmen 헤엄치다		schwamm [schwömme/⟪드물게⟫ schwämme]	⟨h/s⟩ geschwommen	schwimm(e)!
schwinden 사라지다		schwand [schwände]	⟨s⟩ geschwunden	schwind(e)!
schwingen 흔들다		schwang [schwänge]	geschwungen	schwing(e)!
schwören 맹세하다		schwor/⟪고어⟫ schwur [schwüre/⟪드물게⟫ schwöre[41]]	geschworen	schwör(e)!
sehen 보다	du siehst er sieht	sah [sähe]	gesehen	sieh(e)!
sein …이다, 있다	ich bin du bist er ist	war	⟨s⟩ gewesen	sei!
senden[42] 보내다		sandte / sendete [⟪드물게⟫ sendete]	gesandt / gesendet	send(e)!
sieden[43] 끓다, 삶다		sott [sötte]	gesotten	sied(e)!
singen 노래부르다		sang [sänge]	gesungen	sing(e)!

---

38) 약변화형 schnaubte, geschnaubt가 오늘날은 일반적이다.
39) er-, auf-, hoch-, zusammenschrecken 같은 복합어에서 아직도 쓰일 뿐이다. 사냥꾼말에서 "(사슴이) 소리지르다"의 의미로는 약변화한다 : Das Reh schreckte/hat geschreckt. "놀라게 하다"의 타동사, 타동사 ab-, auf-, erschrecken 및 드물게 쓰이는 verschrecken은 약변화한다 : Er schreckte ihn(ab, auf)/hat ihn erschreckt. 타동사 zurückschrecken은 규칙적으로 약변화하고, 자동사 zurückschrecken은 구체적 사용에서는 여전히 강변화로 널리 쓰이고 있으나, 강변화 과거분사형 zurückgeschrocken은 드물게 쓰이고 자주 약변화 과거분사형이 쓰인다. 전의적 사용에서는 자동사 zurückschrecken은 vor와 결합하여 "무엇을 감히 못하다"의 의미로 주로 약변화한다 : Er schreckte vor dem Verbrechen zurück/war davor zurückgeschreckt.
40) "크게 하다"의 타동사는 약변화한다 : schwellte, geschwellt.
41) 과거형 schwor에 의한 접속법 II 식 schwöre는 접속법 I 식 및 현재형과 동음이다.
42) "방송하다"의 의미로는 오로지 약변화한다.
43) 약변화형 siedete, gesiedet는 강변화와 더불어 자주 사용된다.

부 정 형	직설법현재형	직설법과거형 [접속법 II식]	과 거 분 사	명 령 법
sinken 가라앉다		sank [sänke]	⟨s⟩ gesunken	sink(e)!
sinnen (곰곰이) 생각하다		sann [sänne/《고어》sönne]	gesonnen[44]	sinn(e)!
sitzen 앉아 있다		saß [säße]	gesessen	sitz(e)!
sollen 당연히 …해야 하다	ich soll du sollst er soll	sollte	gesollt	
spalten 쪼개다		spaltete	gespalten[45]/ gespaltet	spalt(e)!
speien[46] 침을 뱉다		spie [spiee]	gespie(e)n	spei(e)!
spinnen (실을) 잣다		spann [spönne/spänne]	gesponnen	spinn(e)!
spleißen 쪼개다		spliß [splisse]	gesplissen	spleiß(e)!
sprechen 말하다	du sprichst er spricht	sprach [spräche]	gesprochen	sprich!
sprießen 싹트다		sproß [sprösse]	⟨s⟩ gesprossen	sprieß(e)!
springen 뛰어오르다		sprang [spränge]	⟨s⟩ gesprungen	spring(e)!
stechen 찌르다	du stichst er sticht	stach [stäche]	gestochen	stich!
stecken 꽂혀 있다		stak[47] [stäke]	gesteckt	steck(e)!
stehen 서 있다		stand [stünde/stände]	gestanden	steh(e)!
stehlen 훔치다	du stiehlst er stiehlt	stahl [stähle/《드물게》stöhle]	gestohlen	stiehl!
steigen 올라가다		stieg [stiege]	⟨s⟩ gestiegen	steig(e)!
sterben 죽다	du stirbst er stirbt	starb [stürbe]	⟨s⟩ gestorben	stirb!
stieben[48] 흩어지다		stob [stöbe]	⟨s/h⟩ gestoben	stieb(e)
stinken 악취가 나다		stank [stänke]	gestunken	stink(e)!
stoßen 마주치다/밀치다	du stößt er stößt	stieß [stieße]	⟨s/h⟩ gestoßen	stoß(e)!
streichen 쓰다듬다/배회하다		strich [striche]	⟨h/s⟩ gestrichen	streich(e)!

44) gesonnen sein(Er ist gesonnen)의 결합에서 gesonnen은 오늘날 사멸한 동사에서 유래한 것이고; gesinnt(Er ist treu gesinnt)는 명사 Sinn의 파생어이다.
45) 강변화형 gespalten은 특히 형용사적 용법에 쓰인다: gespaltenes Holz.
46) 간혹 약변화형의 사용은 방언이다.
47) 약변화형도 있다: steckte. "고정시키다"의 타동사는 오로지 약변화만 한다: steckte, gesteckt.
48) 오늘날은 이미 약변화도 한다: stiebte, gestiebt.

부 정 형	직설법현재형	직설법과거형 [접속법 II 식]	과 거 분 사	명 령 법
streiten 다투다		stritt [stritte]	gestritten	streit(e)!
tragen 나르다	du trägst er trägt	trug [trüge]	getragen	trag(e)!
treffen 맞히다	du triffst er trifft	traf [träfe]	getroffen	triff!
treiben 몰다/밀려가다		trieb [triebe]	⟨h/s⟩ getrieben	treib(e)!
treten 밟다/(들어)가다	du trittst er tritt	trat [träte]	⟨h/s⟩ getreten	tritt!
triefen[49] (뚝뚝) 듣다		troff [tröffe]	getroffen	trief(e)!
trinken 마시다		trank [tränke]	getrunken	trink(e)!
trügen 속이다		trog [tröge]	getrogen	trüg(e)!
tun (행)하다		tat [täte]	getan	tu(e)!
verderben 망하게 하다/상하다	du verdirbst er verdirbt	verdarb [verdürbe]	⟨h/s⟩ verdorben[50]	verdirb!
verdrießen 불쾌하게 하다		verdroß [verdrösse]	verdrossen	verdrieß(e)!
vergessen 잊다	du vergißt er vergißt	vergaß [vergäße]	vergessen	vergiß!
verlieren 잃다		verlor [verlöre]	verloren	verlier(e)!
wachsen 자라다	du wächst er wächst	wuchs [wüchse]	⟨s⟩ gewachsen	wachs(e)!
wägen[51] (무게를) 달다		wog [wöge]	gewogen	wäg(e)!
waschen 씻다	du wäschst er wäscht	wusch [wüsche]	gewaschen	wasch(e)!
weben[52] 짜다		wob [wöbe]	gewoben	web(e)!
weichen[53] 양보하다		wich [wiche]	⟨s⟩ gewichen	weich(e)!
weisen 가리키다		wies [wiese]	gewiesen	weis(e)!
wenden[54] (방향을) 돌리다		wandte / wendete [((드물게)) wendete]	gewandt / gewendet	wend(e)!
werben 구하다, 광고하다	du wirbst er wirbt	warb [würbe]	geworben	wirb!

---

49) 오늘날은 종종 약변화한다 : Seine Nase triefte/hat getrieft. 그러나 점잖은 어법에서는 과거형이 강변화형으로 더 많이 쓰인다 : troff.
50) verderbt "나쁜"은 오로지 형용사로만 사용된다.
51) 약변화형 wägte, gewägt도 때때로 나타난다. abwägen은 강변화형과 약변화형이 있다 : wägte/wog ab, abgewogen/abgewägt.
52) 전의적 사용에는 대개 강변화이고, 원래 의미로는 반대로 약변화이다 : webte, gewebt.
53) "부드럽게 하다, 연하게 하다"의 의미로는 약변화한다 : weichte, geweicht.
54) "옷을 뒤집다, 차를 돌리다"의 의미로는 약변화만 한다 : wendete, gewendet. gewandt "노련한"은 또한 동사체계에서 벗어나 있다. entwenden에서 강변화형은 고어이다 : entwandte, entwandt.

동사 변화표

부 정 형	직설법현재형	직설법과거형 [접속법 II 식]	과 거 분 사	명 령 법
werden 되다	du wirst er wird	wurde/((시어)) ward [würde]	⟨s⟩ geworden/ 《조동사》 worden	werd(e)!
werfen 던지다	du wirfst er wirft	warf [würfe]	geworfen	wirf!
wiegen[55] 무게가 …이다		wog [wöge]	gewogen	wieg(e)!
winden (휘)감다		wand [wände]	gewunden	wind(e)!
winken 신호하다		winkte	gewinkt[56]	wink(e)!
wissen 알고 있다	ich weiß du weißt er weiß	wußte [wüßte]	gewußt	wisse!
wollen 원하다	ich will du willst er will	wollte	gewollt	wolle!
wringen (빨래를) 짜다		wrang [wränge]	gewrungen	wring(e)!
zeihen 나무라다		zieh [ziehe]	geziehen	zeih(e)!
ziehen 끌다/이동하다		zog [zöge]	⟨h/s⟩ gezogen	zieh(e)!
zwingen 강요하다		zwang [zwänge]	gezwungen	zwing(e)!

55) "흔들다"의 의미로서는 약변화한다 : wiegte, gewiegt.
56) 강변화 과거분사형 gewunken은 표준어로서는 고어이고, 오늘날은 다만 방언이나 농담조로 사용된다.

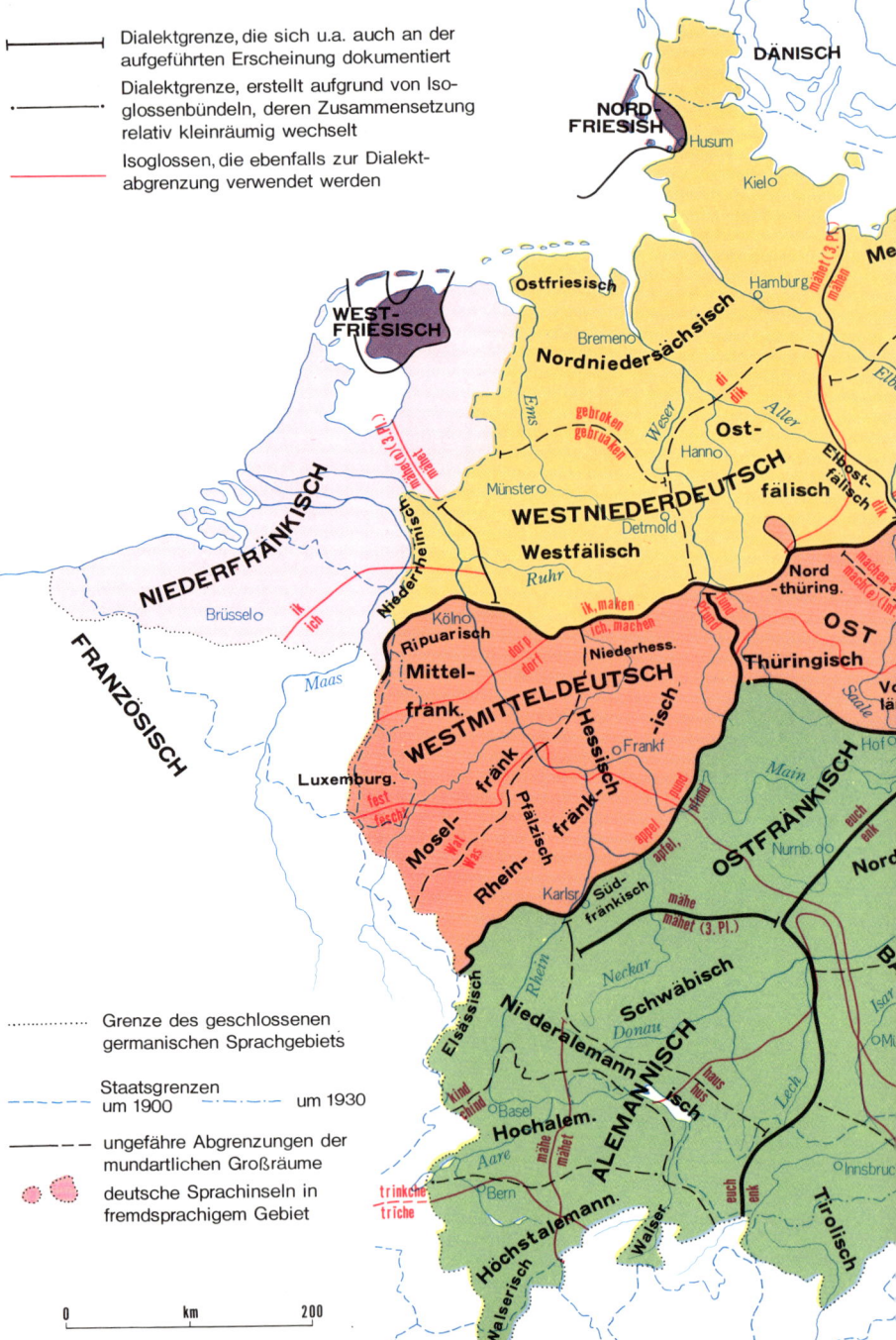